VIDAL®

du particulier

Editions du Vidal®

Avertissement aux lecteurs

L'OVP tient à attirer l'attention du lecteur sur les risques inhérents à la prise d'un ou plusieurs médicaments, notamment ceux liés à la survenue d'effets indésirables, d'interactions médicamenteuses ou au non respect des précautions d'emploi, que ceux-ci soient mentionnés ou non dans le **VIDAL du particulier**.

L'OVP ne saurait être tenu pour responsable d'un accident, inconfort et, en général, de toute conséquence dommageable survenant du fait de la prise d'un médicament.

Le **VIDAL du particulier** apporte des informations sur les médicaments, il ne prône pas l'utilisation de l'un ou de l'autre d'entre eux, ni leur usage en général. Malgré le soin et la rigueur apportés à la rédaction du **VIDAL du particulier**, des erreurs ou omissions ont pu s'y glisser. Les délais de fabrication n'ont notamment pas permis d'intégrer certaines informations tardives ; celles-ci seront prises en compte dans la prochaine édition. Le lecteur est invité à vérifier auprès de son médecin ou de son pharmacien, ou à la lecture de la notice du conditionnement, que son état de santé permet la prise ou l'arrêt d'un médicament ou l'association de plusieurs médicaments.

Compte tenu de la complexité et de l'étendue des domaines traités ainsi que de la rapidité des progrès scientifiques en la matière, l'OVP ne saurait être tenu pour responsable des conséquences dommageables résultant d'une information erronée ou omise, ou d'une mauvaise compréhension de l'information par le lecteur.

Par ailleurs, l'Éditeur tient à souligner que les noms de marque des médicaments figurant dans l'ouvrage ne signifient pas une préconisation des médicaments cités et, qu'à l'inverse, l'absence de certains noms de marque n'implique pas de critique ou de jugement négatif sur ceux-ci.

ISBN : 2-85091-072-4

Avant-propos de l'Éditeur

Le présent ouvrage porte le nom de Louis Vidal qui, en 1914, décidait de réunir dans un dictionnaire toute l'information disponible sur les médicaments et les préparations pharmaceutiques de l'époque. Destiné aux professionnels de la santé, ce premier dictionnaire est rapidement devenu la référence.

Aujourd'hui, le Dictionnaire VIDAL délivre une information objective et actualisée, conforme à la réglementation en vigueur, grâce à laquelle les praticiens peuvent prescrire et dispenser le médicament dans les meilleures conditions.

Dans le monde actuel, l'information sur les médicaments concerne également les particuliers. L'Éditeur du VIDAL professionnel a donc décidé de mettre en œuvre sa compétence dans l'élaboration d'un ouvrage destiné à promouvoir le bon usage du médicament auprès du public.

En proposant une information précise, rigoureuse et adaptée sur les médicaments, le **VIDAL du particulier** a pour objectifs de :

- prolonger le message du médecin, favorisant ainsi une meilleure observance de la prescription (les médicaments de prescription médicale obligatoire sont mis en évidence par un symbole très visible : le caducée rouge).
- prolonger aussi le conseil du pharmacien,
- faciliter le dialogue entre le patient et les praticiens.

Le **VIDAL du particulier** doit être considéré comme un ouvrage sur lequel s'appuie le dialogue entre le patient et les professionnels de la santé, en vue de mettre en œuvre le meilleur usage du médicament. Il ne doit en aucun cas se substituer au jugement du médecin ou du pharmacien dont les avis restent indispensables et qui sont seuls compétents pour prescrire ou conseiller un médicament.

Le **VIDAL du particulier** a été rédigé par la direction scientifique et médicale de l'OVP, composée de pharmacologues, de médecins généralistes, de pharmaciens d'officine et de spécialistes dans les diverses disciplines thérapeutiques.

La rigueur apportée à la rédaction des textes, le souci de clarté dans les termes choisis, l'explication des mots difficiles dans un lexique représentent plusieurs années de travail de notre équipe rédactionnelle.

L'évolution des connaissances et l'apparition de médicaments nouveaux, résultant des progrès scientifiques, imposent naturellement une édition annuelle du **VIDAL du particulier**, votre ouvrage de référence.

Préface

Une des caractéristiques de notre époque, tout au moins dans les pays dits développés, me paraît être une sorte d'extension du champ des connaissances, oh combien superficielles ! qui touche à peu près à tous les domaines.

Tout un chacun est, ou se croit, informé sur le dernier prix littéraire, la dernière réforme scolaire, le lancement de la dernière fusée spatiale, voire la dernière innovation dans le domaine de la domotique.

Dans ce large éventail d'informations, où se situent celles qui concernent les médicaments ?

On remarquera d'abord que beaucoup d'opinions, aussi contradictoires que péremptoires, s'expriment à leur sujet : "ils sont dangereux", "ils sont très utiles", "on en consomme trop, cela coûte cher à la Sécurité sociale", "on aimerait mieux les connaître". Mais le public a-t-il une claire compréhension de la place que tient le médicament dans sa vie quotidienne, dans son confort et dans son espérance de vie ?

Les Français ont dépensé au cours des dernières années en moyenne plus de 600 milliards par an pour se soigner et, sur cette somme, un peu plus de 100 milliards par an pour se procurer des médicaments. Ceux-ci traitent ou soulagent des maladies graves ou bénignes, les vaccins protègent, les antibiotiques et les anesthésiques rendent possible la chirurgie, les produits "anti-rejet" permettent les transplantations d'organes.

Mais le monde des médicaments, issus de la chimie, de la biologie, des plantes, de la science moléculaire et génétique, est devenu d'une infinie complexité pour le médecin qui écrit l'ordonnance et pour le pharmacien qui délivre le produit.

Faut-il que le patient accède lui aussi à un certain degré d'information ? C'est le cœur du débat.

Certes, pendant des siècles, la thérapeutique, en raison même de sa quasi-inefficacité, a utilisé les recettes de la magie et donc du secret. Expliquer au malade ce qu'on lui faisait, commenter ce qu'on lui prescrivait, ne pouvait que nuire à un effet fondé sur le mystère. Molière a finement analysé ce processus.

Mais les temps ont changé. Certains patients ont toutefois conservé un comportement de type irrationnel : ils ne veulent pas savoir, ne demandent d'explication ni au médecin, ni au pharmacien, ni sur leur maladie, ni sur les médicaments, ni sur les examens prescrits. Ils font, disent-ils, "une confiance aveugle" aux hommes de l'art.
Ils sont de plus en plus rares, mais nous devons respecter leur attitude. Cet ouvrage n'est manifestement pas pour eux.
Mais il y a les autres, certainement les plus nombreux, qui désirent savoir, même un peu, et qui demeurent en partie insatisfaits.

Il faut bien évoquer ici "le bruit de fond" assourdissant, cette multitude d'informations ou prétendues telles, souvent spectaculaires, parfois fausses, qui parviennent à nos oreilles par tous les canaux, engendrant à la fois l'intérêt, le trouble et le doute.

En fait, on estime que, pour qu'un médicament soit correctement utilisé par un patient, de multiples informations lui sont utiles :

- quelle maladie ou quel symptôme ?
- quel est le mécanisme d'action du médicament ?
- combien de prises par jour ?
- à quelle heure ?
- avant, pendant ou après les repas ?
- quelle durée de traitement ?
- quelles sont les précautions à prendre : boisson, aliments ?
- quels inconvénients peut-il susciter ?
- quels autres médicaments sont à éviter ?
- que faire en fin de traitement ?

De nombreuses enquêtes effectuées dans le monde entier, concernant les patients et leurs médicaments, mettent en évidence des comportements qui peuvent être générateurs de mauvais usage :

- médicament important non consommé,
- traitement interrompu ou poursuivi trop longtemps,
- sous ou surdosage,
- médicament abandonné dans une armoire à pharmacie et repris à mauvais escient,
- effet indésirable non pris en compte ou surestimé.

Quand il s'agit d'un médicament de prescription, le rôle du médecin et son relais par le pharmacien sont évidemment décisifs.
Mais la pédagogie, car il s'agit bien de cela, est aussi affaire de préparation des esprits et de conviction.
Le message des professions de santé pourrait être amplifié, complété de différentes façons. Un minimum de connaissances sur les problèmes de physiologie du corps humain, sur l'hygiène et sur le médicament devrait être diffusé dès l'école et ensuite par les médias, qui ont dans ce cas un rôle utile à jouer.
Le médecin pourrait alors dialoguer avec un patient mieux instruit, qui pourrait lui signaler un symptôme anormal, lui poser des questions et saurait interpréter, si besoin, la notice de la boîte. Le problème serait de même nature pour le pharmacien dans le cadre de ses conseils au patient.

On retrouve ici très clairement pour le praticien l'intérêt d'avoir des partenaires avertis et, pour le patient, l'intérêt – on pourrait presque dire son droit légitime – d'avoir accès à des informations fiables, qui faciliteront le dialogue avec son médecin et son pharmacien.
On en vient ainsi à démontrer le grand intérêt, pour un individu ou pour une famille, de disposer d'un ouvrage dont on a vu, au fil de cet exposé, quelles devraient être les principales caractéristiques.

Il doit être aussi complet que possible, décrivant aussi bien les médicaments de l'ordonnance du médecin, ceux que conseille le pharmacien, que ceux destinés à l'automédication.

Son objectivité et sa rigueur scientifique doivent être sans faille et, contrairement à d'autres ouvrages, il ne doit pas comporter de jugement de valeur sur les médicaments, évitant ainsi de s'exposer au reproche d'interférer avec la prescription médicale et le conseil pharmaceutique.

Enfin, le langage utilisé dans un tel ouvrage doit être à la fois précis et compréhensible par tout lecteur qui n'a pas la connaissance spécifique du "jargon médical".

Définir comme nous venons de le faire les principales caractéristiques d'un dictionnaire des médicaments à mettre entre les mains du public à la recherche d'informations, c'est pratiquement décrire le VIDAL du particulier.

L'objectivité et la rigueur du VIDAL du particulier sont garanties par la réputation de son éditeur. L'OVP réalise depuis 80 ans l'ouvrage de référence sur le médicament que chaque médecin et chaque pharmacien consultent quotidiennement.
Quant à sa lisibilité et à son utilité pour le patient dans la gestion de ses problèmes de santé et dans sa relation avec médecins et pharmaciens, les lecteurs seront les meilleurs juges.

Professeur Jean-Pierre Bader

Le **VIDAL du particulier** a été rédigé par l'équipe scientifique et médicale de l'OVP, sous la direction d'Annie Lwoff, pharmacien, directeur scientifique, et de Dominique Dupagne, médecin généraliste.

- **ont participé à la rédaction de l'ouvrage :**
  Colette Pecquet, pharmacologue, maître de conférences à l'université Paris XI,
  Pauline Mourgues, pharmacien,
  Jacques Miguérès, médecin généraliste, médecin du sport,
  Olivier Jeanjean, médecin gériatre,
  Patrice Biechler, médecin homéopathe,
  Guy Frydman, pharmacien d'officine,
  Agnès Gagne-Vabois, pharmacien, service de documentation ;

- **avec le concours de spécialistes :**
  Élisabeth Éléfant, médecin embryologiste, praticien hospitalier,
  Michel Gerson, médecin endocrinologue, praticien hospitalier,
  Georges Laroche, médecin ophtalmologiste,
  Jean-Michel Tétau, pharmacien, médecin homéopathe,
  Jacques Semler-Collery, expert consommateur ;

- **ont également participé à la rédaction de l'ouvrage :**
  - *pour les Généralités sur le médicament :* Jean-Michel Lwoff, pharmacologue,
  - *pour la Santé au quotidien :* Catherine Dumont, pédiatre, praticien hospitalier, et Christine Duval, médecin inspecteur à la Direction Générale de la Santé.

- Les professeurs Jean-Pierre Bader et Michel Detilleux, médecins des Hôpitaux, ont bien voulu conseiller l'équipe rédactionnelle.

En sa qualité d'auteur, l'OVP tient à remercier toutes ces personnalités qui, par leur haute compétence, actualisée par leur pratique quotidienne du médicament, ont permis l'élaboration du **VIDAL du particulier**.

VIDAL du particulier

Plan de l'ouvrage

VIDAL du particulier

GÉNÉRALITÉS SUR LE MÉDICAMENT

Un peu d'histoire

Le médicament peut être défini comme une substance ou une association de substances qui permet de soigner des maladies ou d'éviter leur apparition.
Depuis toujours, l'homme se soigne : dessins et écrits permettent de connaître les médications utilisées dans l'art de soigner, la thérapeutique. Ainsi, l'opium, résine qui coule de la capsule incisée du pavot, servait déjà autrefois à soulager les douleurs ; depuis, la substance qui, dans la résine, produit cet effet, a été isolée : c'est la morphine, médicament antidouleur de référence. La digitale contient dans ses feuilles la digitaline, employée dans le traitement de certaines maladies du cœur. D'autres exemples pourraient être cités : la belladone, la coca, le quinquina... utilisés depuis toujours sous forme d'extraits végétaux.
De nos jours, les plantes sont toujours utilisées comme médicaments : en phytothérapie (phytos, en grec, signifie plante), des parties ou extraits de plantes sont employés, mais, plus généralement, le principe actif est isolé de la plante, purifié ou synthétisé afin d'être précisément dosé dans le médicament.

Le médicament : fruit de la recherche

Dans l'industrie pharmaceutique, la recherche a pour fonction de concevoir et de synthétiser des molécules chimiques, d'étudier leur activité pharmacologique et d'élucider leur mécanisme d'action, c'est-à-dire savoir si elles ont une activité thérapeutique potentielle chez l'homme et comment elles agissent.
Outre cette activité de synthèse chimique, la recherche continue de s'intéresser aux substances issues de plantes.

Conception

Plusieurs pistes s'ouvrent aux chercheurs pour trouver des idées de molécules susceptibles de devenir des médicaments :

- La première piste, la plus séduisante, est de raisonner par analogie avec des substances chimiques que notre organisme fabrique lui-même et dont on connaît l'action biologique. Ces substances se fixent sur des récepteurs placés à la surface de nos cellules, qu'elles stimulent ou bloquent, déclenchant ainsi les réactions qui participent au fonctionnement du corps : contraction ou dilatation des vaisseaux sanguins, accélération du cœur, blocage de la production d'acide par l'estomac... Le chercheur tente de trouver des structures chimiques qui ressemblent aux substances fabriquées par l'organisme et qui tromperont le récepteur : elles pourront le bloquer et empêcher son activation (on les appelle antagonistes) ou, au contraire, le stimuler et déclencher la réaction (on les appelle agonistes).
- La deuxième piste est de raisonner par analogie avec des médicaments déjà connus et de fabriquer des molécules de structure chimique voisine en espérant obtenir une meilleure activité ou une meilleure tolérance.
- La troisième piste, enfin, est de fabriquer des molécules et de les étudier sans idée préconçue sur leur activité. De grandes découvertes, essentiellement dues à l'esprit d'observation aiguë de l'expérimentateur, ont pu ainsi être faites, mais le succès est assez aléatoire. Certains hasards ont été fructueux.

Synthèse chimique

Le chimiste de recherche fabrique dans son laboratoire quelques milligrammes de cette molécule et la confie au pharmacologue pour qu'il détermine son activité.

Activité pharmacodynamique

Pharmacodynamie vient des mots grecs pharmakon, qui signifie médicament, et dunamikos, qui signifie puissance. La pharmacodynamie étudie l'intensité de l'activité de la molécule comme médicament.
Cette recherche se fait d'abord sur des récepteurs que l'on isole de la surface de la cellule ; ces récepteurs sont acteurs spécifiques d'au moins une activité biologique : maintien de la pression artérielle à un niveau constant, déclenchement d'une sécrétion d'hormone...
Il s'agit de mesurer, en tube à essai, l'affinité de la molécule pour le récepteur et de déterminer si elle est agoniste ou antagoniste, donc si elle stimule ou bloque le récepteur. Il est bien entendu nécessaire de le vérifier chez des animaux, car l'organisme est une machine extrêmement complexe dont le fonctionnement est la résultante d'actions multiples et simultanées, beaucoup plus subtiles que celles d'un récepteur isolé.
Si, par rapport aux médicaments existants, l'activité pharmacodynamique est plus puissante ou la toxicité moindre, le produit va entrer en développement.

Le développement : de la molécule au médicament

Le développement est l'ensemble des études nécessaires pour transformer en médicament la molécule chimique isolée par le chercheur. Il a pour finalité de prouver que le médicament est actif et d'emploi sûr. C'est un long parcours, très coûteux, qui implique quinze corps de métier différents. Les obstacles sont multiples : pendant les dix années que dure en moyenne ce développement, nombreux seront les arrêts pour toxicité, efficacité insuffisante, effets indésirables...

Quatre groupes d'études sont effectués :

- sécurité ;
- efficacité ;
- devenir du médicament dans l'organisme ;
- conception de la forme pharmaceutique.

Sécurité

Les médicaments doivent présenter les garanties d'emploi maximales pour le malade. Le médicament doit donc être de qualité constante et ses effets indésirables connus. Les médicaments sont parmi les produits les plus contrôlés, non seulement par le fabricant mais aussi, en France, par le Laboratoire national de la Santé, qui fait des prélèvements dans les pharmacies et vérifie la qualité des médicaments.
Le premier critère de qualité est la pureté chimique : celle-ci doit être parfaite (même si un taux connu et constant d'impuretés peut être toléré). Ces exigences de qualité s'appliquent également au produit pharmaceutique tel qu'il sera administré (comprimé, ampoule...) dont la composition et la stabilité dans les conditions usuelles de conservation doivent être parfaitement conformes aux normes définies.
Le deuxième critère est la tolérance (absence d'effets indésirables) : il convient de l'évaluer en fonction des doses qui seront utilisées parfois pendant toute la durée de la vie, chez les adultes comme chez les enfants ou les personnes âgées, de savoir s'il y a un risque particulier pour la femme enceinte, de connaître les effets d'une intoxication accidentelle et comment la traiter...
Les études qui vont permettre de prévoir les effets indésirables chez l'homme sont réalisées sur des cellules ou des organes isolés, mais également sur des animaux, comme l'exigent les autorités administratives. Ces dernières sont d'autant plus exigeantes que le bénéfice apporté par le nouveau médicament est modeste. Au contraire, un médicament indispensable et irremplaçable sera autorisé à la vente malgré la possibilité d'effets indésirables gênants, mais bien connus, supportables et contrôlables.

Efficacité

L'évaluation de l'efficacité d'un médicament est le fruit de plusieurs années d'études chez l'homme. On distingue trois phases :
- Phase 1, pendant laquelle le devenir du principe actif dans l'organisme est étudié chez des volontaires non malades.
- Phase 2, où la dose active est déterminée chez des malades ayant donné leur accord.
- Phase 3, durant laquelle les différentes propriétés du médicament vont être précisées, l'activité comparée à celle de médicaments connus, la tolérance appréciée lors de traitements dans les conditions réelles d'utilisation, toujours chez des malades ayant donné leur accord pour participer à l'étude. Les protocoles de toutes les études chez l'homme doivent avoir reçu l'autorisation de mise en œuvre de la part d'un comité de protection de la personne, comité indépendant, agréé par l'administration.

Devenir du médicament dans l'organisme

Après prise orale du médicament par le malade, le principe actif sort de la forme pharmaceutique (gélule, comprimé...). Il est absorbé par la paroi de l'intestin, passe dans la circulation sanguine et va ainsi être distribué dans tout l'organisme. Le principal facteur influant sur l'absorption est le niveau de remplissage de l'estomac : en général, s'il est vide, l'absorption est plus rapide, mais l'inverse peut être observé. Il est donc important de respecter les recommandations concernant l'horaire de prise des médicaments par rapport aux repas.
Le principe actif est transformé par l'organisme, par le foie en particulier, on dit alors qu'il est métabolisé. Des produits chimiques voisins sont formés, les métabolites, eux-mêmes actifs ou non. Le principe actif et ses métabolites vont se fixer sur les récepteurs cellulaires, qu'ils activent ou bloquent, provoquant des effets qui concourent pour constituer l'activité thérapeutique.
Le médicament et ses métabolites sont enfin éliminés, dans l'urine surtout, les matières fécales et, à moindre titre, par la sueur et la respiration.
Les caractéristiques d'élimination varient selon les individus et il peut être nécessaire de doser le principe actif dans le sang pour adapter au mieux la dose et le mode de traitement, surtout si le médicament risque de provoquer des effets indésirables lorsque la dose est trop forte.

Conception de la forme pharmaceutique

La forme pharmaceutique du médicament (comprimé, gélule...) doit permettre au principe actif d'atteindre l'organe visé, le plus vite et le mieux possible. C'est une partie importante du développement car un mode d'administration bien adapté est gage de meilleure efficacité et de moindre risque. La forme pharmaceutique optimale est choisie en fonction du site d'action, de la durée d'action, instantanée ou retardée, et des malades (adultes, enfants ou nourrissons).

Comprimé, gélule, pommade, suppositoire... : les formes pharmaceutiques

Le très grand nombre de présentations des médicaments ne permet pas d'en faire là une revue complète, aussi cette description se limite-t-elle aux formes pharmaceutiques les plus usuelles.

On distingue les préparations :
- orales, administrées par la bouche ;
- injectables, administrées par injection ;
- inhalées, administrées par aérosols et inhalations ;
- dermiques, appliquées sur la peau ;
- rectales, introduites dans le rectum ;
- vaginales, introduites dans le vagin ;
- introduites dans le nez, les oreilles, les yeux.

• Formes orales

Après ingestion, les formes à libération instantanée libèrent le principe actif en un temps très court ; les formes à libération prolongée (formes retard) le libèrent lentement.

Formes à libération instantanée

Comprimé

Le principe actif est comprimé avec des substances inertes (excipients). Pour contribuer à sa bonne stabilité, éventuellement masquer un goût ou une odeur, le comprimé est le plus souvent entouré d'une pellicule (comprimé pelliculé), parfois d'une couche de sucre, en général colorée (dragée ou comprimé dragéifié). Une barre de section apparaît parfois pour permettre de prendre un demi-comprimé (pour le casser aisément, il faut poser le comprimé sur une table, la barrette de section étant côté table, et appuyer légèrement de part et d'autre de la barrette).
Certains comprimés sont enrobés d'un film particulier, dit gastrorésistant, qui évite leur dissolution dans l'estomac et donc leur dégradation par les sucs gastriques acides. Le comprimé se dissout seulement dans l'intestin (comprimé entérosoluble) : il doit être avalé intact avec de l'eau.

Le comprimé doit d'ailleurs toujours être avalé avec de l'eau, sauf s'il s'agit de :
- comprimé effervescent ou comprimé à dissolution préalable, qui doit être dissous dans un demi-verre d'eau ;
- comprimé sublingual, qui doit être placé sous la langue, où il se dissout rapidement : le principe actif traverse la muqueuse et passe immédiatement dans la circulation sanguine ;
- comprimé destiné à soigner une affection de la bouche.

Gélule

Le principe actif est mélangé à des excipients et mis dans des coques de gélatine qui s'emboîtent (sauf les gélules prévues pour être mâchées, mais elles sont très rares). La gélule doit toujours être avalée avec de l'eau, sinon elle risque de se coller dans l'œsophage et de provoquer des irritations locales.

Capsule

C'est une enveloppe de gélatine, entièrement close, destinée à contenir des liquides.

Solution (gouttes, sirop...)

Elles sont à utiliser pures ou diluées dans un peu d'eau, selon les cas. La quantité à prendre doit être mesurée avec la mesurette ou le compte-gouttes fournis, et qui sont calibrés en fonction de la nature du liquide. Il faut toujours utiliser l'appareil de mesure du conditionnement.

Suspension

Le principe actif n'est pas soluble ; il est mis en suspension dans l'eau grâce à des excipients. Il faut toujours bien agiter la suspension avant de mesurer la dose indiquée.

Poudre, granulés effervescents

Ils doivent être dissous dans l'eau.

Formes à libération prolongée

Certains médicaments, très vite éliminés, doivent être pris trois ou quatre fois par jour pour assurer une activité constante. Il est plus confortable pour le malade de disposer de comprimés ou de gélules qui libèrent lentement le principe actif, en 12 ou 24 heures, permettant ainsi de ne prendre le médicament qu'une ou deux fois par jour. L'autre avantage que présentent ces formes est d'éviter des concentrations sanguines trop élevées pendant un court laps de temps ; une diffusion lente évite ces pics brefs et intenses et peut diminuer la survenue des effets indésirables.

Il existe plusieurs procédés permettant d'obtenir cet effet retard ; deux sont souvent utilisés :
- Les microgranules, intégrés dans des gélules ; ce sont de très petites billes avec des pores de diamètre variable, qui contiennent une quantité donnée de principe actif. L'eau du liquide gastrique et intestinal pénètre à l'intérieur de ces billes et dissout le principe actif ; l'intensité de la diffusion est proportionnelle au diamètre des pores de la microbille. Chaque gélule contiendra des quantités déterminées de billes de porosité différente permettant une diffusion continue du principe actif.
- Les comprimés à libération prolongée contiennent le principe actif dispersé dans des cires qui le libèrent graduellement.

Malheureusement, tous les principes actifs ne se prêtent pas à la mise en forme retard et doivent souvent être pris plusieurs fois par jour.

• Formes injectables

Certains principes actifs ne peuvent pas être absorbés par l'intestin (vaccins, insuline, antibiotiques...) ; ils doivent donc être injectés. La voie injectable peut être également utilisée quand on veut obtenir un effet intense et rapide dans un contexte d'urgence.
L'injection est, selon les produits, intramusculaire (pratiquée dans le muscle de la fesse, l'épaule, la cuisse...), sous-cutanée (pratiquée sous la peau), intraveineuse (pratiquée dans la veine du pli du coude, de la main...).
Il existe plusieurs types de formes injectables :
- solution en ampoule ou en seringue préremplie ;
- poudre (lyophilisat) à dissoudre au moment de l'emploi (il faut s'assurer de la bonne dissolution avant l'injection) ;
- suspension (il faut bien agiter avant l'injection) ;
- solution pour perfusion : le volume est important (0,5 à 1 litre) et est perfusé lentement dans une veine.

• Formes inhalées

Aérosol

Ce système pulvérise le principe actif en poudre ou en solution, en quantité dosée qui est inhalée lors d'une inspiration.

Inhalation

Le produit, en général à base de plantes aromatiques, est mis dans de l'eau chaude : les vapeurs sont inspirées.

• Formes dermiques

Ces formes permettent d'appliquer le médicament sur la peau où il agit localement, ou, s'il peut pénétrer à travers la peau, passe dans la circulation sanguine.
Les principales formes dermiques sont :
- pommade, riche en corps gras ;
- crème, mélange de corps gras et d'eau ;
- gel, constitué majoritairement d'eau ;
- pâte, où le principe actif insoluble forme une pâte avec de l'eau ;
- lotion et liniment aqueux ou alcooliques pour friction ;
- poudre ou solution aqueuse ou alcoolique, en flacon pressurisé ;
- patch (adhésif), où le principe actif est contenu dans un système permettant une diffusion lente et régulière à travers la peau, permettant un traitement pendant un à plusieurs jours avec un même patch.

• Formes rectales

Suppositoire

Le principe actif est dissous, ou en suspension dans une cire synthétique, ou, moins souvent maintenant, dans du beurre de cacao. Introduite dans le rectum, cette forme permet de traiter des personnes ayant des difficultés à avaler les médicaments ou de traiter localement certaines affections du rectum ou de l'anus. Le débat sur le sens d'introduction du suppositoire est toujours aussi vivant : extrémité pointue d'abord ou non ? Certains laboratoires ont résolu le problème en fabriquant des suppositoires dont les deux extrémités sont identiques.

Lavement

Il est administré dans le rectum à l'aide d'une canule reliée à un récipient placé légèrement en hauteur. Il existe des micro-lavements de quelques millilitres, contenus dans une ampoule en plastique terminée par une canule.

• Formes vaginales

Ovule

Le principe actif est dissous dans de la gélatine. Il est recommandé d'humecter l'ovule avant sa mise en place dans le vagin.

Comprimé gynécologique

Il doit être mouillé avant sa mise en place dans le vagin.

• Formes pour nez, oreilles, œil

Les différentes formes sont :

◇ **pour le nez**

Gouttes

Elles doivent être administrées avec un compte-gouttes, la tête étant penchée vers l'arrière, ou par pression sur le flacon.

Flacon pressurisé

La pression sur la valve libère la solution contenue dans le flacon.

◇ **pour les oreilles**

Gouttes

Elles sont administrées le plus facilement en position couchée sur le côté.

◇ **pour l'œil**

Collyre

Il est administré dans une poche que l'on forme en tirant sur la paupière inférieure ; le produit est réparti uniformément en ouvrant et en fermant les yeux.

Pommade

Elle est appliquée également dans une poche formée avec la paupière inférieure ou directement sur le bord de celle-ci. Les préparations destinées à soigner des maladies de l'œil (préparations ophtalmiques) sont stériles : elles doivent être manipulées avec soin et conservées dans un endroit propre pour éviter les contaminations par des microbes. Lorsque le traitement est terminé, le produit restant doit être jeté. Il convient de suivre strictement les règles de conservation de ces préparations.

La fabrication du médicament est sévèrement contrôlée

La fabrication des médicaments est soumise aux règles de « Bonnes Pratiques de Fabrication (BPF) » promulguées par le ministère de la Santé. Ces règles, très sévères, contraignent le fabricant à suivre des procédures qui empêchent pratiquement les erreurs.
Les procédés de fabrication sont décrits en détail et déposés au ministère de la Santé, qui envoie régulièrement des inspecteurs dans les usines pour vérifier leur suivi.
Des contrôles sont pratiqués pendant toute la chaîne de production : contrôle du respect des BPF, contrôle de qualité du produit pharmaceutique suivant des normes très strictes qu'il n'est pas possible de modifier sans autorisation du ministère de la Santé ; contrôle de stabilité dans des conditions de conservation extrêmes (température, humidité, durée).
Les médicaments sont parmi les produits les plus contrôlés et les plus sûrs.

Tout médicament doit obtenir une Autorisation de Mise sur le Marché (AMM)

Un médicament doit, pour être commercialisé, avoir obtenu une Autorisation de Mise sur le Marché (AMM), qui est donnée par l'administration compétente ; en France, l'AMM est signée par le directeur de l'Agence du médicament. Cette agence a pour mission essentielle l'évaluation, le contrôle et le suivi du médicament. Elle s'appuie sur les avis de commissions spécialisées : les commissions de l'Autorisation de Mise sur le Marché (AMM), de la pharmacopée, de la publicité, de la transparence, de la pharmacovigilance, des stupéfiants et des psychotropes ; toutes ces commissions sont composées d'experts indépendants.
L'AMM est un document qui résume en particulier les caractéristiques du médicament, sa composition, les maladies qu'il est destiné à soigner ou à prévenir, son mode et ses limites d'utilisation.
Dans les pays de l'Union européenne, la législation et les règlements qui régissent la vie du médicament sont identiques. L'Agence européenne, située à Londres, a été créée en janvier 1995 pour finaliser l'harmonisation européenne ; elle a notamment le pouvoir d'accorder une AMM valable dans tous les pays de l'Union.
Les agences des divers pays centralisent toutes les informations sur les effets indésirables des médicaments. Elles prennent les décisions qui s'imposent si un effet lié au traitement par un médicament, mais inconnu jusqu'alors, survient et nécessite une modification de l'AMM. Le réseau d'information est constitué par les centres régionaux de pharmacovigilance, qui reçoivent l'information des hôpitaux, des médecins, des pharmaciens et des laboratoires pharmaceutiques.

Les médicaments ne sont vendus qu'en pharmacie

En France, aucun médicament ne peut être vendu au public en dehors des pharmacies.
Certains médicaments présentent des difficultés d'emploi ou des risques s'ils sont mal utilisés. Ils sont inscrits sur la Liste I, sur la Liste II ou sur la Liste des stupéfiants et ne peuvent être obtenus que sur prescription par un médecin ou, pour certains médicaments propres à leur spécialité, par un chirurgien-dentiste ou par une sage-femme.
Les médicaments inscrits sur la Liste I ne peuvent être délivrés qu'une seule fois par le pharmacien avec la même ordonnance, sauf si le médecin mentionne expressément la possibilité d'un renouvellement.
La délivrance des médicaments inscrits sur la Liste II peut être renouvelée, même si le médecin ne le mentionne pas, pendant six mois, mais le pharmacien ne peut délivrer lors de chaque renouvellement que la quantité nécessaire à un mois de traitement.
La morphine et ses dérivés sont inscrits sur la Liste des stupéfiants et leur délivrance est soumise à des règles très strictes : le médecin doit rédiger une ordonnance spéciale sur un carnet à souches. La quantité délivrée est limitée à 7 ou 14 jours suivant les médicaments.
Le pharmacien peut conseiller les médicaments non inscrits sur ces listes.
Les médicaments non inscrits sur les listes peuvent être librement achetés mais il est vivement conseillé, avant tout achat spontané de médicament, de demander conseil au pharmacien sur l'opportunité de cet achat. Il faut notamment lui indiquer à quel trouble ou à quelle maladie l'on destine ce médicament, en précisant les autres maladies dont on souffre et les médicaments éventuellement utilisés simultanément.

Bien prendre son médicament

Le respect de la prescription et des conseils du pharmacien est indispensable pour bien se soigner, c'est-à-dire obtenir le meilleur effet du médicament avec le moins d'effets indésirables possibles.
Même en cas de guérison apparente, la durée du traitement doit être respectée.

Respect de la prescription

Le médecin inscrit sur l'ordonnance le nombre de comprimés, cuillerées, gouttes... à prendre à chaque moment de la journée, ainsi que la durée du traitement. Il est conseillé de lire l'ordonnance en présence du médecin, pour s'assurer de sa bonne compréhension. Il ne faut pas hésiter à lui demander les éclaircissements nécessaires ou un mode de traitement adapté à ses possibilités. Si ces informations n'ont pas été demandées au médecin, le pharmacien pourra répondre à vos questions et vous donner des précisions complémentaires sur les médicaments prescrits.
Ces précautions sont très importantes car certains médicaments peuvent induire des effets gênants qui rendent le suivi du traitement difficile : ainsi, il peut être opportun de prendre le soir seulement un médicament susceptible de provoquer une somnolence ; il peut être nécessaire de prendre un médicament à jeun, pendant ou à la fin d'un repas pour améliorer son efficacité ou sa tolérance.

En l'absence de prescription

Lorsque vous achetez un médicament sans ordonnance ou lorsque votre pharmacien vous conseille un médicament, n'hésitez pas à lui faire préciser les précautions d'emploi. Pour bien vous conseiller, il doit savoir à qui est destiné le médicament et dans quelles circonstances il va être employé.

Doses en fonction de l'âge

En général, les enfants et les personnes âgées sont plus sensibles à l'action des médicaments, aussi les doses doivent-elles être adaptées ; de même, il peut être nécessaire de les calculer par rapport au poids.

Grossesse et allaitement

Il faut toujours informer le médecin d'une grossesse ou d'un allaitement en cours. Certains médicaments peuvent avoir des effets indésirables s'ils sont pris dans ces situations, le médicament pouvant passer dans le sang du fœtus ou dans le lait.

Interactions médicamenteuses

L'absorption des médicaments peut être modifiée, on l'a vu, si l'on est ou non à jeun. D'autres facteurs peuvent diminuer cette absorption, donc risquer de rendre inefficace le traitement ou, au contraire, l'augmenter et accroître le risque de survenue d'effets indésirables.
La prise simultanée d'autres médicaments peut faciliter, freiner, voire supprimer leur absorption. Deux médicaments peuvent avoir des effets qui s'ajoutent ou qui s'opposent. Il est essentiel d'informer le médecin ou le pharmacien si d'autres traitements sont en cours, y compris la prise de pilule contraceptive.
L'alcool augmente généralement l'absorption des médicaments et peut exacerber certains effets indésirables, en particulier diminuer la vigilance. L'abstinence stricte d'alcool est donc la règle si l'on doit conduire ou travailler sur des machines dangereuses.

Risque en cas de conduite d'automobile ou d'engins dangereux

L'attention, la qualité de la vision, la vitesse de réaction peuvent être modifiées par certains médicaments. Il faut donc informer le médecin si l'on conduit ou si l'on travaille sur des machines dangereuses.

Notice de conditionnement

Dans chaque boîte de médicament, une notice donne des indications sur le médicament. Il est essentiel de la lire car elle apporte des informations et des recommandations précieuses.
Elle précise les indications thérapeutiques, la présentation et la formule, la dose moyenne en fonction de l'âge, la façon de le prendre, les précautions d'emploi, les effets indésirables possibles et, éventuellement, les conditions de conservation.

Elle insiste également sur les points suivants :
- le médicament a été personnellement prescrit dans une situation précise ;
- il peut ne pas être adapté à un autre cas ;
- il ne faut pas le réutiliser sans avis médical ;
- il ne faut pas le conseiller à une autre personne ;
- il faut s'assurer, dans le cas d'une réutilisation ultérieure, que la date limite d'utilisation qui figure sur l'emballage n'est pas dépassée.

Le remboursement des médicaments

Le prix de chaque médicament et le taux de remboursement sont fixés par le Comité économique du médicament, où sont représentés les ministres de la Santé, des Finances et de l'Industrie, la Direction générale de la Santé et la Sécurité sociale. Il se prononce sur avis d'une commission de l'Agence du médicament, la Commission de transparence, qui est constituée de médecins hospitaliers, de généralistes, de pharmaciens et d'économistes.
Le taux de remboursement des médicaments par la Caisse Nationale d'Assurance Maladie des Travailleurs Salariés (CNAMTS) est fonction de la gravité de la maladie et du prix des médicaments :
100 % : médicaments irremplaçables et coûteux. La vignette est blanche et barrée.
35 % : médicaments principalement destinés au traitement des affections sans caractère habituel de gravité. La vignette est bleue.
65 % : tous les autres médicaments remboursés. Leur vignette est blanche.
La somme qui reste à la charge de l'assuré social après le remboursement par la Sécurité sociale porte le nom de ticket modérateur (destiné à modérer la consommation de médicaments).
Si l'affection est grave et de longue durée, les médicaments destinés à soigner cette maladie peuvent être remboursés au taux de 100 % quelle que soit leur catégorie. Cette exonération du ticket modérateur est prononcée par le médecin conseil de la caisse d'assurance maladie au vu d'un dossier rempli par le médecin traitant.
Pour certains produits, objets de pansement (compresses, bandages), dont le prix de vente est libre, le remboursement s'effectue sur la base du TIPS, tarif interministériel des prestations sociales.

Comment obtenir ses médicaments à l'étranger

Quel que soit le pays, l'ordonnance doit toujours être présentée au pharmacien car toutes les législations nationales interdisent de délivrer des médicaments sur simple demande.
Mais ce document peut, en pratique, ne pas être suffisant car le nom commercial des médicaments varie souvent selon les pays. En général, les pharmaciens ont un dictionnaire leur permettant de retrouver les équivalences ; cela peut ne pas être le cas, il est donc prudent d'emporter soit la boîte contenant le médicament, soit simplement la notice qui l'accompagne. Sur ces documents sont indiquées notamment la Dénomination Commune Internationale (DCI) des substances actives attribuées par l'Organisation Mondiale de la Santé, la nature du médicament (comprimés, gélules...) et la quantité de substances actives par unité de prise.

VIDAL du particulier

COMMENT CONSULTER LE DICTIONNAIRE DES MÉDICAMENTS

Abréviations et conventions adoptées par l'Éditeur

ABRÉVIATIONS

aa	en quantité égale
Ad.	Adulte
Ado.	Adolescent
amp.	ampoule
amp. inj.	ampoule injectable
buv.	buvable
c. à c.	cuillère à café
c. à d.	cuillère à dessert
c. à s.	cuillère à soupe
c. dose	cuillère(s)-dose
c. mes.	cuillère(s)-mesure
caps.	capsule
caps. gyn.	capsule gynécologique
cg	centigramme
CH	centésimale hahnemannienne
cig.	cigarette
cig. menth.	cigarette mentholée
comp.	comprimé
comp. efferv.	comprimé effervescent
comp. gyn.	comprimé gynécologique
DH	décimale hahnemannienne
disp.	dispositif
efferv.	effervescent
ELISA	enzyme-linked immunosorbent assay
Enf.	Enfant
fl.	flacon
fl. inj.	flacon injectable
g	gramme
gél.	gélule
gél. gyn.	gélule gynécologique
g/kg	gramme par kilogramme
g/l	gramme par litre
gte(s)	goutte(s)
gyn.	gynécologique
I.D.	intradermique
I.M.	intramusculaire
inhal.	inhalation
I.V.	intraveineuse
kat	katal
kcal	kilocalorie
kJ	kilojoule
L.A.	longue action
L.P.	libération prolongée
lyoph.	lyophilisat
lyoph. oral	lyophilisat oral
M	million
mEq	milliéquivalent
mes.	mesure
µg	microgramme
µkat	microkatal
mg	milligramme
mg/kg	milligramme par kilo
ml	millilitre
nkat	nanokatal
Nour.	Nourrisson
p.	par
past.	pastille
pil.	pilule
pom.	pommade
poudre pour susp buv	poudre pour suspension buvable
prép. inj.	préparation injectable
pulv.	pulvérisation
q.s.	quantité suffisante
q.s.p.	quantité suffisante pour
quadriséc.	quadrisécable
sach.-dose	sachet(s)-dose
S.C.	sous-cutané
séc.	sécable
shamp.	shampooing
sol.	solution
sol. alcool.	solution alcoolique
sol. buv.	solution buvable
sol. huil.	solution huileuse
sol. inj.	solution injectable
suppos.	suppositoire
susp.	suspension
susp. buv.	suspension buvable
tabl.	tablette
TM	teinture mère
U	unité
UAE	unité d'activité enzymatique
UAH	unité antihéparine
UI	unité internationale
U ph. eur.	unité de la pharmacopée européenne

SIGNIFICATION DES PICTOGRAMMES

- médicament vendu uniquement sur ordonnance
- médicament contenant une substance dopante
- présence d'un message d'attention pour les conducteurs
- conseils, compléments d'information

CATÉGORIES DE PERSONNES

Nouveau-né :..... moins de 1 mois

Nourrisson : ...... de 1 à 30 mois

Enfant : .... de 30 mois à 15 ans

Adulte : .... plus de 15 ans

CONTENANCE DES CUILLÈRES

1 cuillère à café : .... 5 ml

1 cuillère à dessert : .... 10 ml

1 cuillère à soupe : .... 15 ml

GÉNÉRALITÉS

Quatre-vingts ans après sa création, l'OVP met à la disposition du public un dictionnaire des médicaments rédigé dans un langage accessible à tous : le **VIDAL du particulier.** Il était devenu nécessaire que chacun puisse disposer d'une source d'information fiable et complète facilitant le bon usage du médicament.

ce n'est pas un guide d'automédication

Il ne s'agit pas d'un guide d'automédication. L'objectif de cet ouvrage est de rappeler ou de compléter les explications fournies par le médecin ou le pharmacien, de pallier la perte de la notice du médicament, ou d'en faciliter la compréhension.
La source de l'information est constituée pour l'essentiel par un document officiel émanant du ministère de la Santé et lié à l'Autorisation de Mise sur le Marché (AMM). Obligatoire pour tout médicament commercialisé, elle résulte de l'étude, par un collège d'experts, des données scientifiques disponibles sur le médicament.

la plupart des médicaments sont décrits

La plupart des médicaments disponibles en pharmacie figurent dans le **VIDAL du particulier**. Cependant, dans cette première édition, des médicaments très spécialisés, comme les produits de contraste radiologiques ou les médicaments utilisés uniquement à l'hôpital, n'ont pas été traités. Certains médicaments rarement prescrits par les médecins sont également absents.

le classement est alphabétique

Cet ouvrage est conçu comme un dictionnaire et les médicaments sont classés par ordre alphabétique.

Chaque fiche de médicament est construite sur le même plan :

- PRÉSENTATION
- COMPOSITION
- INDICATIONS
- CONTRE-INDICATIONS
- ATTENTION
- INTERACTIONS MÉDICAMENTEUSES
- GROSSESSE, ALLAITEMENT ET NOUVEAU-NÉ
- MODE D'EMPLOI ET POSOLOGIE
- ☛ (CONSEILS)
- EFFETS INDÉSIRABLES POSSIBLES

Pour un médicament donné, en l'absence d'informations pertinentes, certaines rubriques peuvent ne pas figurer dans la fiche.
Des pictogrammes permettent d'appréhender rapidement certains renseignements : obtention avec ou sans ordonnance ⚕, risque en cas de conduite de véhicules, risque de test antidopage positif.

un lexique définit les termes médicaux

Les textes ont été rédigés dans un langage accessible au plus grand nombre. Certains termes médicaux figurent en italique et sont explicités dans le lexique en fin d'ouvrage.

Des explications générales sur les médicaments et des conseils de santé au quotidien complètent le dictionnaire des médicaments et son lexique.

FICHE ET RUBRIQUES

le titre correspond au nom du médicament

Le titre de chaque fiche (nom en majuscule figurant dans un encadré rouge) peut concerner plusieurs formes ou dosages d'un même médicament. Ce titre correspond généralement à l'intitulé de la boîte du médicament. Dans certains cas, ce titre, et donc le classement alphabétique, ne reprend que partiellement cet intitulé. Par exemple, le BAUME DELABARRE et le SOLUTÉ DELABARRE sont regroupés dans une notice unique dont le titre est DELABARRE.
Sous le titre figure la Dénomination Commune Internationale (DCI) de la ou des principales substances actives contenues dans le médicament. Ces DCI sont parfois remplacées par leurs noms courants (aspirine au lieu d'acide acétylsalicylique), par des noms chimiques simplifiés (fluor plutôt que fluorure de sodium), par des noms de plantes, ou par la caractéristique principale du médicament (homéopathie, oligo-élément...).
Lorsque le médicament contient plus de trois substances actives différentes, aucune d'entre elles n'est mentionnée (pour en faciliter la lecture).

les médicaments disponibles uniquement sur ordonnance sont signalés par un caducée ⚕

La présence d'un caducée à droite du titre signifie que le médicament ne peut être délivré par le pharmacien que s'il a été prescrit par un médecin ou, pour certains médicaments, par un chirurgien-dentiste ou une sage-femme.

les différentes présentations du médicament sont énumérées

La rubrique Présentation décrit pour chacune des formes ou dosages du médicament concerné :

- l'intitulé présent sur le conditionnement et éventuellement le dosage ;
- la forme (comprimé, gélule, suppositoire, solution buvable ou injectable...) avec mention, chaque fois que possible, de la couleur des comprimés et des gélules et du goût des sirops, des solutions buvables et des pastilles à sucer ;
- le conditionnement (sachet, ampoule, flacon, tube...), la contenance et le nombre d'unités ;
- le taux de remboursement par la Caisse d'Assurance Maladie des Travailleurs Salariés ;
- l'appartenance à une liste de médicaments disponibles uniquement sur ordonnance (Liste I, Liste II ou stupéfiant : voir Généralités sur le médicament au début de l'ouvrage).

Cette rubrique se termine par le nom du laboratoire pharmaceutique qui fabrique ou distribue ce médicament.

le tableau de composition précise le dosage en substances actives

Le tableau de composition énumère les substances actives présentes dans le médicament. Pour chaque forme (gélule, suppositoire...) et dosage (Adulte, Enfant...), la quantité de chaque substance active est précisée, généralement par unité de prise (sachet, comprimé, cuillère-mesure, goutte...). Certains excipients (sucre, sel, substances allergisantes) figurent dans le tableau ; lorsque leur quantité n'est pas précisée, leur présence est signalée par le signe +.

les indications présentent les circonstances ou maladies dans lesquelles le médicament est utilisé

Le premier paragraphe de la rubrique Indications décrit les principales propriétés du médicament ou des substances actives qui le composent.
Le deuxième paragraphe précise dans quelles situations le médicament est utilisé.

les contre-indications signalent les circonstances ou maladies dans lesquelles le médicament ne doit pas être utilisé

Les situations dans lesquelles le médicament ne doit en aucun cas être utilisé sont les contre-indications dites absolues. Il s'agit le plus souvent de maladies qui peuvent nuire à l'élimination du médicament (défaut de fonctionnement du foie ou des reins) ou s'aggraver sous l'effet du traitement. La grossesse, l'allaitement ou les interactions entre médicaments constituent également souvent des contre-indications.

L'allergie à la substance active du médicament constitue une contre-indication évidente et n'a été mentionnée que dans deux cas :
- lorsque la substance allergisante risque de ne pas être identifiée facilement dans le tableau de composition (mélange de nombreuses substances) ;
- lorsque l'allergie concerne la famille de médicaments à laquelle appartient la substance active.

Il existe plus rarement des contre-indications dites relatives : c'est au médecin de juger si le bénéfice qu'apporte le médicament est supérieur aux risques encourus par son patient. Cette décision est strictement individuelle et ne peut être généralisée à tous les malades.

la rubrique Attention souligne les précautions et les mises en garde

La rubrique Attention regroupe les précautions et mises en garde nécessaires à la bonne utilisation du médicament, en particulier les informations sur l'état de santé du malade qui doivent être signalées au médecin ou au pharmacien.

Deux pictogrammes peuvent suivre le titre de cette rubrique :
🏃 : ce médicament contient une substance susceptible de rendre positifs les tests antidopage pratiqués lors des compétitions sportives (liste publiée par le ministère de la Jeunesse et des Sports). Dans certains cas, cette substance est contenue dans un collyre, une solution nasale ou auriculaire, une crème ; la possibilité de la retrouver dans le sang ou dans les urines est faible mais ne peut être exclue. Dans le doute, nous avons préféré attirer l'attention des sportifs sur ce risque potentiel.
🚗 : ce médicament peut altérer la vigilance ou provoquer des troubles pouvant être dangereux pour les conducteurs d'automobiles ou les utilisateurs de machines.
Lorsqu'un excipient (sucre, sel...), ou un solvant (alcool...) est présent en quantité notable dans le médicament, l'information est donnée à l'attention des personnes pour lesquelles un apport important pourrait avoir des conséquences gênantes (diabétiques, personnes suivant un régime...).

les interactions médicamenteuses présentant un risque sont indiquées

La prise conjointe de médicaments différents peut donner lieu à des interactions néfastes. Le plus couramment, les interactions concernent des médicaments dont l'activité peut être diminuée ou les effets indésirables augmentés par la prise d'autres médicaments, même si plusieurs heures, voire plusieurs jours, séparent les deux prises. Parfois, l'un peut nuire à l'absorption de l'autre ; cette rare éventualité doit conduire à décaler les prises.
Ces interactions peuvent concerner des formes orales (comprimés, gélules...) comme des formes locales (crèmes, collyres...).
Certaines interactions potentiellement graves interdisent l'emploi conjoint de médicaments ; ceux-ci sont généralement cités et le risque est précisé. D'autres interactions doivent seulement être prises en compte par le médecin ; celui-ci peut adapter la posologie ou prescrire des analyses de sang.

que faire en cas de grossesse ou d'allaitement ?

Les données scientifiques concernant l'effet du médicament sur la femme enceinte, l'embryon ou le fœtus sont encore limitées. Quelques substances sont connues pour être dangereuses pendant la grossesse, mais elles sont très peu nombreuses. Pour d'autres, on dispose de données ou d'un recul suffisant permettant de penser que leur administration au cours de la grossesse ne présente pas de risque particulier. Enfin, les médicaments récents sont fréquemment contre-indiqués pendant la grossesse, par mesure de prudence. Cependant, il convient de rappeler que lors de toute grossesse il existe un risque de malformation spontanée, indépendant de la prise de médicament. La relation entre la survenue d'une malformation et la prise d'un médicament est donc souvent difficile à établir.
Le médecin évalue individuellement la nécessité d'utiliser un médicament, en fonction des connaissances disponibles sur un risque éventuel pour la mère ou l'enfant à naître.
Lorsqu'une femme enceinte doit poursuivre un traitement jusqu'à la fin de sa grossesse, il arrive que le nouveau-né puisse présenter des troubles transitoires ou nécessiter une surveillance. En effet, lors de la naissance, le médicament qui lui était apporté par le sang de la mère peut provoquer, chez le nouveau-né, des déséquilibres temporaires.
Beaucoup de médicaments passent dans le lait maternel. La prise de médicaments est souvent déconseillée pendant l'allaitement. Si un traitement est indispensable, votre médecin vous proposera peut-être d'arrêter l'allaitement.
Cette rubrique n'apparaît pas lorsque le médicament n'est jamais destiné à une femme en âge d'avoir des enfants ou d'allaiter.

le mode de prise est détaillé

Le mode d'emploi décrit chaque fois que possible le mode de prise détaillé du médicament.
Certaines formes orales doivent être prises à un moment précis, notamment par rapport aux repas. D'autres, plus nombreuses, peuvent être prises indifféremment avant, pendant ou après l'absorption de nourriture ; généralement, dans ce cas, aucune information n'est précisée.
Une quantité suffisante de liquide (eau généralement) est nécessaire pour éviter que le médicament ne reste dans l'œsophage au lieu de descendre dans l'estomac.
Les formes injectables sont parfois destinées exclusivement à une voie d'administration particulière : intramusculaire, intraveineuse, sous-cutanée...

la posologie moyenne est mentionnée chaque fois que possible

La posologie est généralement adaptée par le médecin en fonction de la maladie traitée ou de l'état du malade. La posologie moyenne a été précisée chaque fois que possible en fonction de l'âge, mais le médecin peut s'en écarter sensiblement. Pour les médicaments pris en automédication, il est important de ne pas dépasser la posologie maximale lorsqu'elle est indiquée.

des conseils donnés sur le bon usage du médicament

Une rubrique introduite par le signe ☛ contient des conseils qui concernent le bon usage du médicament ou qui permettent d'atténuer les symptômes de la maladie traitée. Sont également mentionnés les conseils de régime ou d'hygiène de vie adaptés à la maladie ou au traitement.

Si tous les médicaments sont susceptibles d'être altérés par une chaleur excessive, certains d'entre eux requièrent des conditions de conservation particulières, qui sont indiquées.

les effets indésirables possibles sont mentionnés

Beaucoup de médicaments sont susceptibles de provoquer des effets indésirables plus ou moins gênants. Ceux-ci sont généralement peu fréquents et discrets. Sauf indication contraire, ils disparaissent à l'arrêt du traitement. L'énumération des effets indésirables, parfois impressionnante, ne doit pas vous inquiéter : la majorité des médicaments sont bien supportés et il est exceptionnel qu'un malade ressente plus de un ou deux effets gênants. Dans tous les cas, n'hésitez pas à en parler à votre médecin ou à votre pharmacien avant de prendre une décision par vous-même.

AVERTISSEMENT

ces informations complètent mais ne remplacent pas celles que vous délivrent votre médecin ou votre pharmacien

Ce dictionnaire des médicaments doit vous permettre de mieux les utiliser. Les informations que vous pourrez lire complètent, mais ne remplacent pas, celles que peuvent vous apporter votre médecin ou votre pharmacien.
Cette première édition a nécessité un important travail de mise en place. Elle a été rédigée par des médecins généralistes et des pharmaciens. Des conseils ont été pris auprès de divers spécialistes. Malgré notre vigilance, il est possible que des erreurs ou des imperfections subsistent. Elles seront corrigées dans les éditions ultérieures. N'hésitez pas à nous faire part de vos remarques et suggestions.

VIDAL du particulier

DICTIONNAIRE DES MÉDICAMENTS

A

A 313 capsule
vitamine A

PRÉSENTATION

A 313 : capsule (jaune orangé) ; boîte de 30 - Remb. 35 % - Liste I

Laboratoires Pharmadéveloppement

COMPOSITION

	p. caps.
Rétinol (vitamine A)	50 000 UI

INDICATIONS

Ce médicament contient de la *vitamine* A, substance indispensable au *métabolisme*. La *carence* en vitamine A est responsable de troubles de la vision nocturne et d'une sécheresse de la peau et des *muqueuses*.

Ce médicament est utilisé dans le traitement des carences en vitamine A.

CONTRE-INDICATIONS

Ce médicament ne doit pas être utilisé en cas de **grossesse**, compte tenu de sa teneur en *vitamine* A.

ATTENTION

La *vitamine* A est présente dans de nombreux médicaments dont certains sont disponibles en automédication : évitez de les associer à ce médicament car un surdosage en vitamine A est susceptible d'entraîner des effets indésirables graves, notamment chez le *nourrisson*. Respectez la *posologie* et la durée de traitement prescrites par votre médecin.

Les *carences* en vitamine A dues à une mauvaise absorption par le tube digestif ne peuvent être corrigées que par de la vitamine A injectable.

Tenir les capsules hors de la portée des enfants.

GROSSESSE, ALLAITEMENT ET NOUVEAU-NÉ

Grossesse :

Compte tenu de la teneur en *vitamine* A, ce médicament est contre-indiqué pendant la grossesse.

Chez la femme enceinte, les apports quotidiens en vitamine A ne doivent pas dépasser 6 000 *UI* par jour, alimentation comprise.

Allaitement :

Ce médicament passe dans le lait maternel : à forte dose, il est déconseillé pendant l'allaitement.

MODE D'EMPLOI ET POSOLOGIE

Les prises peuvent être espacées : le foie assure le stockage de la *vitamine* A.

Les capsules doivent être avalées avec un peu d'eau.

Posologie usuelle :

- Adulte et enfant de plus de 8 ans : 1 ou 2 capsules (50 000 ou 100 000 *UI*) tous les 10 à 15 jours. Ne renouvelez pas les cures sans l'avis de votre médecin.

La *vitamine* A est apportée par les corps gras : surtout l'huile de foie de poisson, le jaune d'œuf, le beurre et les laitages. Elle est également fabriquée par le foie à partir de certains aliments : légumes, fruits. Une alimentation équilibrée et diversifiée apporte habituellement des quantités suffisantes de vitamine A.

Conserver ce médicament à l'abri de la lumière.

EFFETS INDÉSIRABLES POSSIBLES

L'apparition d'effets indésirables traduit un surdosage et impose l'arrêt du traitement :

- intoxication aiguë : maux de tête, perte de l'appétit, nausées, vomissements, diarrhée, irritabilité, confusion des idées, *convulsions* ;
- intoxication par accumulation : sécheresse de la peau et des *muqueuses*, incapacité à supporter la lumière, irritabilité, pertubation du sommeil, perte de l'appétit, nausées, douleur musculaire, douleur des os et des articulations.

A 313 pommade
vitamine A, tyrothricine

PRÉSENTATION

A 313 : pommade ; tube 50 g - Non remb.

Laboratoires Pharmadéveloppement

COMPOSITION

	p. 100 g
Rétinol (vitamine A)	200 000 UI
Tyrothricine	0,06 g

INDICATIONS

Cette pommade contient un *antibiotique* et de la *vitamine* A.

Elle est utilisée pour prévenir les infections et favoriser la cicatrisation en cas de brûlure superficielle de faible étendue, d'engelure, de gerçure ou de crevasse.

ATTENTION

Évitez d'utiliser ce médicament, notamment chez l'enfant, de manière prolongée et sur des surfaces de peau étendues ou profondément lésées sans l'avis de votre médecin.

INTERACTIONS MÉDICAMENTEUSES

Évitez d'associer cette pommade à un *antiseptique* : risque d'annulation de son effet.

GROSSESSE, ALLAITEMENT ET NOUVEAU-NÉ

L'effet de ce médicament pendant la grossesse ou l'allaitement est mal connu. L'évaluation du risque éventuel lié à son utilisation est individuelle : demandez conseil à votre pharmacien ou à votre médecin.

Allaitement :

En raison du risque d'ingestion par le *nouveau-né*, la pommade ne doit pas être appliquée sur le mamelon de la femme qui allaite.

MODE D'EMPLOI ET POSOLOGIE

Nettoyer la lésion à traiter avant d'appliquer la pommade en couche épaisse. Recouvrir d'une compresse stérile. Renouveler le pansement tous les jours.

La durée du traitement ne doit pas dépasser 8 jours, sans avis médical.

Posologie usuelle :

1 application par jour.

Conserver le tube à l'abri de la chaleur.

ABBÉ CHAUPITRE Nº 1
homéopathie

PRÉSENTATION

ABBÉ CHAUPITRE Nº 1 : solution buvable ; flacon de 20 ml (gouttes) - Non remb.

Laboratoires LHC

COMPOSITION

Aconitum 3 CH, Belladonna 3 CH, Bryonia 3 CH, Drosera 3 CH, Ipeca 3 CH, Rhus toxicodendron 3 CH, Argentum follium 6 CH, Aurum 6 CH, Calcarea phosphorica 6 CH, Hepar sulfuris 6 CH, Kalium bromatum 6 CH, Kalium nitricum 6 CH, Spongia 6 CH, Stannum 6 CH, Sulfur 6CH, aa

INDICATIONS

Ce médicament est un *complexe* (association) de remèdes homéopathiques.

Il est utilisé comme *draineur* général et dans le *traitement symptomatique* des rhumes.

GROSSESSE, ALLAITEMENT ET NOUVEAU-NÉ

Aux *dilutions homéopathiques*, les substances contenues dans ce médicament ne sont pas connues pour être toxiques pendant la grossesse ou l'allaitement.

MODE D'EMPLOI ET POSOLOGIE

Ce médicament doit être pris de préférence à distance des repas.

Les gouttes peuvent être diluées dans un peu d'eau ou mises directement sous la langue.

Posologie usuelle :

5 ou 6 gouttes, 3 fois par jour.

Certains homéopathes recommandent de ne pas absorber de camphre pendant un traitement homéopathique.

ABBÉ CHAUPITRE Nº 5

homéopathie

PRÉSENTATION

ABBÉ CHAUPITRE Nº 5 : solution buvable ; flacon 20 ml (gouttes) - Non remb.

Laboratoires LHC

COMPOSITION

Aconitum 3 CH, Belladonna 3 CH, Bryonia 3 CH, Drosera 3 CH, Ipeca 3 CH, Silphium 3 CH, Hepar sulfuris 6 CH, aa

INDICATIONS

Ce médicament est un *complexe* (association) de remèdes homéopathiques.

Il est utilisé dans le *traitement symptomatique* de la grippe.

GROSSESSE, ALLAITEMENT ET NOUVEAU-NÉ

Aux *dilutions homéopathiques*, les substances contenues dans ce médicament ne sont pas connues pour être toxiques pendant la grossesse ou l'allaitement.

MODE D'EMPLOI ET POSOLOGIE

Les gouttes doivent être diluées dans un peu d'eau ou mises directement sous la langue, et prises à distance des repas.

Posologie usuelle :

5 ou 6 gouttes, 3 fois par jour.

Certains homéopathes recommandent de ne pas absorber de camphre pendant un traitement homéopathique.

ABBÉ CHAUPITRE Nº 6

homéopathie

PRÉSENTATION

ABBÉ CHAUPITRE Nº 6 : solution buvable ; flacon 20 ml (gouttes) - Non remb.

Laboratoires LHC

COMPOSITION

Aconitum 3 CH, Anacardium 3 CH, Belladonna 3 CH, Berberis 3 CH, Bryonia 3 CH, Cicuta virosa 3 CH, Crocus 3 CH, Rhus toxicodendron 3 CH, Stramonium 3 CH, Calcarea phosphorica 6 CH, aa

INDICATIONS

Ce médicament est un *complexe* (association) de remèdes homéopathiques.

Il est utilisé comme *traitement d'appoint* des troubles de la circulation artérielle, de l'*hypertension artérielle*, des *vertiges* et des maux de tête.

ATTENTION

L'*hypertension artérielle* peut être à l'origine de graves maladies cardiovasculaires. Ce médicament ne saurait remplacer à lui seul le traitement de l'*hypertension artérielle* qui vous a été prescrit.

GROSSESSE, ALLAITEMENT ET NOUVEAU-NÉ

Grossesse :

Aux *dilutions homéopathiques*, ce médicament ne contient aucune substance connue pour être toxique pendant la grossesse ou l'allaitement.

MODE D'EMPLOI ET POSOLOGIE

Ce médicament est pris de préférence en dehors des repas.

Les gouttes peuvent être diluées dans un peu d'eau ou absorbées directement sous la langue.

Posologie usuelle :

5 à 6 gouttes, 3 fois par jour.

Votre tension artérielle doit être l'objet de contrôles réguliers par votre médecin. Les appareils d'automesure de la tension artérielle, disponibles dans le commerce, ne sont pas tous homologués : demandez conseil à votre pharmacien.

Certains homéopathes recommandent de ne pas absorber de camphre pendant un traitement homéopathique.

ABBÉ CHAUPITRE Nº 7

homéopathie

PRÉSENTATION

ABBÉ CHAUPITRE Nº 7 : solution buvable ; flacon 20 ml (gouttes) - Non remb.

Laboratoires LHC

COMPOSITION

Chamomilla 6 CH, Hyosciamus niger 6 CH, Pulsatilla 6 CH, Helleborus 6 CH, Ignatia 6 CH, Opium 6 CH, aa

INDICATIONS

Ce médicament est un *complexe* (association) de remèdes homéopathiques.

Il est utilisé dans le *traitement symptomatique* des troubles légers liés à l'anxiété et à l'hyperexcitabilité (troubles du sommeil, nervosité...).

GROSSESSE, ALLAITEMENT ET NOUVEAU-NÉ

Aux *dilutions homéopathiques*, les substances contenues dans ce médicament ne sont pas connues pour être toxiques pendant la grossesse ou l'allaitement.

MODE D'EMPLOI ET POSOLOGIE

Ce médicament doit être pris à distance des repas.

Les gouttes peuvent être diluées dans un peu d'eau ou mises directement sous la langue.

Posologie usuelle :

5 ou 6 gouttes, 3 fois par jour.

Troubles du sommeil : 10 à 15 gouttes, 1 heure après le repas du soir.

Certains homéopathes recommandent de ne pas absorber de camphre pendant un traitement homéopathique.

ABBÉ CHAUPITRE Nº 8

homéopathie

PRÉSENTATION

ABBÉ CHAUPITRE Nº 8 : solution buvable ; flacon 20 ml (gouttes) - Non remb.

Laboratoires LHC

COMPOSITION

Arnica 6 CH, Myristica 6 CH, Sarracenia 6 CH, Aconitum 6 CH, Belladonna 6 CH, aa

INDICATIONS

Ce médicament est un *complexe* (association) de remèdes homéopathiques.

Il est utilisé dans le *traitement d'appoint* des abcès, des panaris (*inflammation* purulente d'un doigt ou d'un orteil) et des plaies.

GROSSESSE, ALLAITEMENT ET NOUVEAU-NÉ

Aux *dilutions homéopathiques*, les substances contenues dans ce médicament ne sont pas connues pour être toxiques pendant la grossesse ou l'allaitement.

MODE D'EMPLOI ET POSOLOGIE

Les gouttes doivent être diluées dans un peu d'eau ou mises directement sous la langue, et prises à distance des repas.

Dans le traitement des abcès et des panaris, appliquer une compresse imprégnée de quelques gouttes de solution.

Posologie usuelle :

3 ou 4 gouttes, 5 ou 6 fois par jour.

Certains homéopathes recommandent de ne pas absorber de camphre pendant un traitement homéopathique.

ABBÉ CHAUPITRE Nº 10

homéopathie

PRÉSENTATION

ABBÉ CHAUPITRE Nº 10 : solution buvable ; flacon 20 ml (gouttes) - Non remb.

Laboratoires LHC

COMPOSITION

Arnica 6 CH, Alumina 6 CH, Aurum 6 CH, Antimonium crudum 6 CH, Staphysagria 6 CH, aa

INDICATIONS

Ce médicament est un *complexe* (association) de remèdes homéopathiques.

Il est utilisé dans le *traitement symptomatique* des *sinusites* et des *rhinites*.

GROSSESSE, ALLAITEMENT ET NOUVEAU-NÉ

Aux *dilutions homéopathiques*, les substances contenues dans ce médicament ne sont pas connues pour être toxiques pendant la grossesse ou l'allaitement.

MODE D'EMPLOI ET POSOLOGIE

Ce médicament doit être pris de préférence à distance des repas.

Les gouttes peuvent être diluées dans un peu d'eau ou mises directement sous la langue.

Posologie usuelle :

5 ou 6 gouttes, 3 fois par jour.

> Certains homéopathes recommandent de ne pas absorber de camphre pendant un traitement homéopathique.

ABBÉ CHAUPITRE Nº 15
homéopathie

PRÉSENTATION

ABBÉ CHAUPITRE Nº 15 : solution buvable ; flacon 20 ml (gouttes) - Non remb.

Laboratoires LHC

COMPOSITION

Arnica 6 CH, Hamamelis 6 CH, Nux vomica 6 CH, Aesculus 6 CH, aa

INDICATIONS

Ce médicament est un *complexe* (association) de remèdes homéopathiques.

Il est utilisé dans le *traitement symptomatique* des hémorroïdes et des varices.

> **ATTENTION**
> En cas de persistance des *symptômes*, un changement de traitement peut se révéler nécessaire : consultez votre médecin.

GROSSESSE, ALLAITEMENT ET NOUVEAU-NÉ

Aux *dilutions homéopathiques*, les substances contenues dans ce médicament ne sont pas connues pour être toxiques pendant la grossesse ou l'allaitement.

MODE D'EMPLOI ET POSOLOGIE

Ce médicament doit être pris de préférence à distance des repas.

Les gouttes peuvent être diluées dans un peu d'eau ou mises directement sous la langue.

Posologie usuelle :

5 ou 6 gouttes, 3 fois par jour.

> Certains homéopathes recommandent de ne pas absorber de camphre pendant un traitement homéopathique.

ABBÉ CHAUPITRE Nº 18
homéopathie

PRÉSENTATION

ABBÉ CHAUPITRE Nº 18 : solution buvable ; flacon 20 ml (gouttes) - Non remb.

Laboratoires LHC

COMPOSITION

Nux vomica 6 CH, Mercurius corrosivus 6 CH, Aconitum 6 CH, China 6 CH, Chamomilla 6 CH, Dulcamara 6 CH, aa

INDICATIONS

Ce médicament est un *complexe* (association) de remèdes homéopathiques.

Il est utilisé dans le *traitement symptomatique* de l'aérophagie et des brûlures d'estomac.

> **ATTENTION**
> Si les troubles persistent plus de quelques jours, n'hésitez pas à consulter votre médecin.

GROSSESSE, ALLAITEMENT ET NOUVEAU-NÉ

Aux *dilutions homéopathiques*, les substances contenues dans ce médicament ne sont pas connues pour être toxiques pendant la grossesse ou l'allaitement.

MODE D'EMPLOI ET POSOLOGIE

Ce médicament est pris de préférence à distance des repas.

Les gouttes peuvent être diluées dans un peu d'eau ou mises directement sous la langue.

Posologie usuelle :

5 ou 6 gouttes, 3 fois par jour.

> Certains homéopathes recommandent de ne pas absorber de camphre pendant un traitement homéopathique.

ABBÉ CHAUPITRE Nº 19
homéopathie

PRÉSENTATION

ABBÉ CHAUPITRE Nº 19 : solution buvable ; flacon 20 ml (gouttes) - Non remb.

Laboratoires LHC

COMPOSITION

Veratrum album 6 CH, Opium 6 CH, Arsenicum album 6 CH, Plumbum 6 CH, Cuprum 6 CH, Sulfur 6 CH, aa

INDICATIONS

Ce médicament est un *complexe* (association) de remèdes homéopathiques.

Il est utilisé dans le *traitement symptomatique* des nausées, des vomissements, des digestions difficiles et des ballonnements.

GROSSESSE, ALLAITEMENT ET NOUVEAU-NÉ

Aux *dilutions homéopathiques*, les substances contenues dans ce médicament ne sont pas connues pour être toxiques pendant la grossesse ou l'allaitement.

MODE D'EMPLOI ET POSOLOGIE

Ce médicament est pris de préférence à distance des repas.

Les gouttes peuvent être diluées dans un peu d'eau ou mises directement sous la langue.

Posologie usuelle :

5 ou 6 gouttes, 3 fois par jour.

> Certains homéopathes recommandent de ne pas absorber de camphre pendant un traitement homéopathique.

ABBÉ CHAUPITRE Nº 25
homéopathie

PRÉSENTATION

ABBÉ CHAUPITRE Nº 25 : solution buvable ; flacon 20 ml (gouttes) - Non remb.

Laboratoires LHC

COMPOSITION

Rhus toxicodendron 6 CH, Belladonna 6 CH, Bryonia 6 CH, Aconitum 6 CH, Arnica 6 CH, aa

INDICATIONS

Ce médicament est un *complexe* (association) de remèdes homéopathiques.

Il est utilisé dans le *traitement symptomatique* des douleurs rhumatismales.

GROSSESSE, ALLAITEMENT ET NOUVEAU-NÉ

Aux *dilutions homéopathiques*, les substances contenues dans ce médicament ne sont pas connues pour être toxiques pendant la grossesse et l'allaitement.

MODE D'EMPLOI ET POSOLOGIE

Ce médicament est pris de préférence à distance des repas.

Les gouttes peuvent être diluées dans un peu d'eau ou mises directement sous la langue.

Posologie usuelle :

5 ou 6 gouttes, 3 fois par jour.

> Certains homéopathes recommandent de ne pas absorber de camphre pendant un traitement homéopathique.

> *L'exposition au soleil peut être contre-indiquée pendant certains traitements*

ABBÉ CHAUPITRE Nº 44
homéopathie

PRÉSENTATION

ABBÉ CHAUPITRE Nº 44 : solution buvable ; flacon 20 ml (gouttes) - Non remb.

Laboratoires LHC

COMPOSITION

Viola odorata 6 CH, Calcarea carbonica 6 CH, Carbo vegetabilis 6 CH, aa

INDICATIONS

Ce médicament est un *complexe* (association) de remèdes homéopathiques.

Il est utilisé dans le traitement des infestations par les oxyures et les ascaris.

GROSSESSE, ALLAITEMENT ET NOUVEAU-NÉ

Aux *dilutions homéopathiques*, les substances contenues dans ce médicament ne sont pas connues pour être toxiques pendant la grossesse ou l'allaitement.

MODE D'EMPLOI ET POSOLOGIE

Ce médicament doit être pris de préférence à distance des repas.

Les gouttes peuvent être diluées dans un peu d'eau ou mises directement sous la langue.

Posologie usuelle :

5 ou 6 gouttes, 3 fois par jour.

> ☛ Certains homéopathes recommandent de ne pas absorber de camphre pendant un traitement homéopathique.
>
> En cas d'échec, l'utilisation d'un autre vermifuge doit être envisagée.

ABBÉ CHAUPITRE Nº 48
homéopathie

PRÉSENTATION

ABBÉ CHAUPITRE Nº 48 : solution buvable ; flacon 20 ml (gouttes) - Non remb.

Laboratoires LHC

COMPOSITION

Iodum 6 CH, Silicea 6 CH, Causticum 6 CH, Hepar sulfuris 6 CH, Calcarea carbonica 6 CH, aa

INDICATIONS

Ce médicament est un *complexe* (association) de remèdes homéopathiques.

Il est utilisé dans le *traitement symptomatique* de la fatigue (convalescence).

GROSSESSE, ALLAITEMENT ET NOUVEAU-NÉ

Aux *dilutions homéopathiques*, les substances contenues dans ce médicament ne sont pas connues pour être toxiques pendant la grossesse ou l'allaitement.

MODE D'EMPLOI ET POSOLOGIE

Ce médicament est pris de préférence à distance des repas.

Les gouttes peuvent être diluées dans un peu d'eau ou mises directement sous la langue.

Posologie usuelle :

5 ou 6 gouttes, 3 fois par jour.

> ☛ Certains homéopathes recommandent de ne pas absorber de camphre pendant un traitement homéopathique.

ABBÉ CHAUPITRE Nº 59
homéopathie

PRÉSENTATION

ABBÉ CHAUPITRE Nº 59 : solution buvable ; flacon 20 ml (gouttes) - Non remb.

Laboratoires LHC

COMPOSITION

Sepia 6 CH, Arsenicum album 6 CH, Rhus toxicodendron 6 CH, Lycopodium 6 CH, aa

INDICATIONS

Ce médicament est un *complexe* (association) de remèdes homéopathiques.

Il est utilisé dans le *traitement symptomatique* de l'*eczéma* sec et des infections de la peau.

GROSSESSE, ALLAITEMENT ET NOUVEAU-NÉ

Aux *dilutions homéopathiques*, les substances contenues dans ce médicament ne sont pas connues pour être toxiques pendant la grossesse ou l'allaitement.

MODE D'EMPLOI ET POSOLOGIE

Ce médicament est pris de préférence à distance des repas.

Les gouttes peuvent être diluées dans un peu d'eau ou mises directement sous la langue.

Posologie usuelle :

5 ou 6 gouttes, 3 fois par jour.

> ☛ Certains homéopathes recommandent de ne pas absorber de camphre pendant un traitement homéopathique.

ABBÉ CHAUPITRE Nº 64
homéopathie

PRÉSENTATION

ABBÉ CHAUPITRE Nº 64 : solution buvable ; flacon 20 ml (gouttes) - Non remb.

Laboratoires LHC

COMPOSITION

Hamamelis 6 CH, Arsenicum album 6 CH, Aesculus 6 CH, Pulsatilla 6 CH, aa

INDICATIONS

Ce médicament est un *complexe* (association) de remèdes homéopathiques.

Il est utilisé dans le *traitement symptomatique* des troubles de la circulation veineuse et le *traitement d'appoint* des *phlébites*.

> **ATTENTION**
>
> Certains troubles de la circulation veineuse peuvent avoir des conséquences graves, notamment la *phlébite*. Dans ce cas, un traitement par les *anticoagulants* est nécessaire.

GROSSESSE, ALLAITEMENT ET NOUVEAU-NÉ

Aux *dilutions homéopathiques*, les substances contenues dans ce médicament ne sont pas connues pour être toxiques pendant la grossesse ou l'allaitement.

MODE D'EMPLOI ET POSOLOGIE

Ce médicament est pris de préférence à distance des repas.

Les gouttes peuvent être diluées dans un peu d'eau ou mises directement sous la langue.

Posologie usuelle :

5 à 6 gouttes, 3 fois par jour.

ABBÉ CHAUPITRE Nº 67
homéopathie

PRÉSENTATION

ABBÉ CHAUPITRE Nº 67 : solution buvable ; flacon 20 ml - Non remb.

Laboratoires LHC

COMPOSITION

Arsenicum album 6 CH, Ipeca 6 CH, Stramonium 6 CH, aa

INDICATIONS

Ce médicament est un *complexe* (association) de remèdes homéopathiques.

Il est utilisé dans le *traitement d'appoint* de l'*asthme*.

> **ATTENTION**
>
> Comme tout *traitement d'appoint*, ce médicament peut être insuffisant pour traiter l'*asthme*.

GROSSESSE, ALLAITEMENT ET NOUVEAU-NÉ

Aux *dilutions homéopathiques*, les substances contenues dans ce médicament ne sont pas connues pour être toxiques pendant la grossesse ou l'allaitement.

MODE D'EMPLOI ET POSOLOGIE

Ce médicament doit être pris de préférence à distance des repas.

Les gouttes peuvent être diluées dans un peu d'eau ou mises directement sous la langue.

Posologie usuelle :

5 à 6 gouttes, 3 fois par jour.

> ☛ Certains homéopathes recommandent de ne pas absorber de camphre pendant un traitement homéopathique.

ABBÉ CHAUPITRE N° 79
homéopathie

PRÉSENTATION
ABBÉ CHAUPITRE N° 79 : solution buvable ; flacon 20 ml (gouttes) - Non remb.
Laboratoires LHC

COMPOSITION
Causticum 6 CH, Lycopodium 6 CH, Silicea 6 CH, Sulfur 6 CH, aa

INDICATIONS
Ce médicament est un *complexe* (association) de remèdes homéopathiques.
Il est utilisé dans le *traitement symptomatique* des verrues, des kystes et des excroissances fibreuses.

GROSSESSE, ALLAITEMENT ET NOUVEAU-NÉ
Aux *dilutions homéopathiques*, les substances contenues dans ce médicament ne sont pas connues pour être toxiques pendant la grossesse ou l'allaitement.

MODE D'EMPLOI ET POSOLOGIE
Ce médicament est pris de préférence à distance des repas.
Les gouttes peuvent être diluées dans un peu d'eau ou mises directement sous la langue.
Posologie usuelle :
5 ou 6 gouttes, 3 fois par jour.

> Certains homéopathes recommandent de ne pas absorber de camphre pendant un traitement homéopathique.

ABBÉ CHAUPITRE N° 82
homéopathie

PRÉSENTATION
ABBÉ CHAUPITRE N° 82 : solution buvable ; flacon 20 ml (gouttes) - Non remb.
Laboratoires LHC

COMPOSITION
China 3 CH, Digitalis 3 CH, Nux vomica 3 CH, Pulsatilla 3 CH, Rhus toxicodendron 3 CH, Sulfur 6 CH, aa

INDICATIONS
Ce médicament est un *complexe* (association) de remèdes homéopathiques.
Il est utilisé pour favoriser l'élimination de l'eau par les reins. Il est également utilisé dans le *traitement d'appoint* de la congestion de la prostate et de l'*énurésie*.

> **ATTENTION**
> En cas de persistance des *symptômes*, consultez votre médecin.

GROSSESSE, ALLAITEMENT ET NOUVEAU-NÉ
Aux *dilutions homéopathiques*, les substances contenues dans ce médicament ne sont pas connues pour être toxiques pendant la grossesse ou l'allaitement.

MODE D'EMPLOI ET POSOLOGIE
Ce médicament est pris de préférence à distance des repas.
Les gouttes peuvent être diluées dans un peu d'eau ou mises directement sous la langue.
Posologie usuelle :
5 ou 6 gouttes, 3 fois par jour.

> Certains homéopathes recommandent de ne pas absorber de camphre pendant un traitement homéopathique.

ABBÉ CHAUPITRE N° 83
homéopathie

PRÉSENTATION
ABBÉ CHAUPITRE N° 83 : solution buvable ; flacon 20 ml (gouttes) - Non remb.
Laboratoires LHC

COMPOSITION
Chamomilla 6 CH, Arsenicum album 6 CH, Nux vomica 6 CH, Sulfur 6 CH, aa

INDICATIONS
Ce médicament est un *complexe* (association) de remèdes homéopathiques.
Il est utilisé dans le *traitement d'appoint* des troubles des règles et de la *ménopause*.

MODE D'EMPLOI ET POSOLOGIE
Ce médicament est pris de préférence à distance des repas.
Les gouttes peuvent être diluées dans un peu d'eau ou mises directement sous la langue.
Posologie usuelle :
5 ou 6 gouttes, 3 fois par jour.

> Certains homéopathes recommandent de ne pas absorber de camphre pendant un traitement homéopathique.

ABBÉ CHAUPITRE N° 88
homéopathie

PRÉSENTATION
ABBÉ CHAUPITRE N° 88 : solution buvable ; flacon de 20 ml (gouttes) - Non remb.
Laboratoires LHC

COMPOSITION
Belladonna 3 CH, Bryonia 3 CH, China 3 CH, Nux vomica 3 CH, Arsenicum album 6 CH, Mercurius dulcis 6 CH, Sulfur 6 CH, aa

INDICATIONS
Ce médicament est un *complexe* (association) de remèdes homéopathiques.
Il est utilisé dans le *traitement symptomatique* de l'*insuffisance hépatique*.

GROSSESSE, ALLAITEMENT ET NOUVEAU-NÉ
Aux *dilutions homéopathiques*, les substances contenues dans ce médicament ne sont pas connues pour être toxiques pendant la grossesse ou l'allaitement.

MODE D'EMPLOI ET POSOLOGIE
Ce médicament doit être pris à distance des repas.
Les gouttes peuvent être diluées dans un peu d'eau, ou mises directement sous la langue.
Posologie usuelle :
5 ou 6 gouttes, 3 fois par jour.

> Certains homéopathes recommandent de ne pas absorber de camphre pendant un traitement homéopathique.

ABBÉ CHAUPITRE N° 91
homéopathie

PRÉSENTATION
ABBÉ CHAUPITRE N° 91 : solution buvable ; flacon 20 ml (gouttes) - Non remb.
Laboratoires LHC

COMPOSITION
Aconitum 3 CH, Belladonna 3 CH, Ipeca 3 CH, Calcarea phosphorica 6 CH, Hepar sulfuris 6 CH, Kalium bromatum 6 CH, Iodum 6 CH, Spongia 6 CH, Sulfur 6 CH, aa

INDICATIONS
Ce médicament est un *complexe* (association) de remèdes homéopathiques.
Il est utilisé dans le *traitement symptomatique* des angines et des laryngites.

> **ATTENTION**
> En l'absence d'amélioration ou en cas d'apparition de fièvre, consultez votre médecin.

GROSSESSE, ALLAITEMENT ET NOUVEAU-NÉ
Aux *dilutions homéopathiques*, les substances contenues dans ce médicament ne sont pas connues pour être toxiques pendant la grossesse ou l'allaitement.

MODE D'EMPLOI ET POSOLOGIE
Ce médicament doit être pris de préférence à distance des repas.
Les gouttes peuvent être diluées dans un peu d'eau ou mises directement sous la langue.
Posologie usuelle :
5 ou 6 gouttes, 3 fois par jour.

> Certains homéopathes recommandent de ne pas absorber de camphre pendant un traitement homéopathique.

ABBOTICINE
érythromycine

PRÉSENTATION

ABBOTICINE 200 mg/5 ml : granulé pour sirop ; flacon 60 ml (12 cuillères-dose 5 ml) - Remb. 65 % - Liste I

Laboratoires Abbott-France

COMPOSITION

	p. c. dose
Érythromycine	200 mg
Saccharose	1,5 g

INDICATIONS

C'est un *antibiotique* qui appartient à la famille des *macrolides*.

Il est utilisé dans le traitement de diverses maladies infectieuses, notamment celles des poumons, des bronches, de la peau, du nez, de la bouche et des dents, de l'appareil génital...

CONTRE-INDICATIONS

Ce médicament ne doit pas être utilisé dans les cas suivants :
- *allergie* aux *macrolides*,
- association avec des médicaments contenant de la terfénadine, de l'astémizole, de l'ergotamine ou de la dihydroergotamine.

ATTENTION

Des précautions sont nécessaires en cas d'*insuffisance hépatique* grave.

Une diminution de la fièvre ou une disparition des troubles ne sont pas synonymes de guérison : la durée du traitement doit absolument être respectée pour éviter les rechutes.

Ce médicament contient du *sucre* (saccharose) en quantité notable.

INTERACTIONS MÉDICAMENTEUSES

Ce médicament ne doit pas être associé aux médicaments contenant de :
- l'ergotamine ou de la dihydroergotamine : risque d'*ergotisme* ;
- la terfénadine (TELDANE...) ou de l'astémizole (HISMANAL...) : risque de *torsades de pointes*.

Il peut interagir avec d'autres médicaments notamment ceux contenant de la théophylline. Signalez tout autre traitement en cours à votre médecin ou à votre pharmacien.

MODE D'EMPLOI ET POSOLOGIE

Le sirop est reconstitué par addition d'eau jusqu'au trait.

Ce médicament doit être pris de préférence juste avant les repas.

Posologie usuelle :
- Nourrisson : 1 cuillère-dose par 5 kg et par jour ; soit par exemple pour un enfant de 10 kg : 1 cuillère-dose, 2 fois par jour.
- Enfant : 1/2 à 1 cuillère-dose, 4 fois par jour.

☛ Le médecin peut prescrire un prélèvement pour identifier le *germe* responsable de l'infection et tester sa sensibilité aux *antibiotiques*. Le résultat de cet examen peut être faussé en cas d'automédication préalable : ne donnez pas d'antibiotique sans avis médical.

L'éventuelle impression de fatigue n'est pas due à l'antibiotique, mais à l'infection elle-même.

EFFETS INDÉSIRABLES POSSIBLES

Troubles digestifs.

Allergie cutanée.

ABEREL
trétinoïne

PRÉSENTATION

ABEREL 0,025 % : gel dermatologique ; tube 30 g - Non remb. - Liste I

ABEREL 0,05 % : tampon imbibé pour application locale ; boîte de 30 - Non remb. - Liste I

ABEREL 0,10 % : solution pour application locale ; flacon 15 ml - Non remb. - Liste I

ABEREL 0,20 % : solution pour application locale ; flacon 15 ml - Non remb. - Liste I

ABEREL 0,30 % : solution pour application locale ; flacon 15 ml - Non remb. - Liste I

Laboratoires Cilag

COMPOSITION

	gel p. 100 g	p. tampon	solution p. 100 ml
Trétinoïne	0,025 g		0,10 g
Tétrinoïne solution à 0,05 %		1,4 ml	
Alcool		+	+

	solution p. 100 ml	solution p. 100 ml
Trétinoïne	0,20 g	0,30 g
Alcool	+	+

INDICATIONS

C'est un antiacnéique local qui appartient à la famille des dérivés de la *vitamine* A acide (*rétinoïdes*). Il facilite l'évacuation du sébum en éliminant les bouchons qui obstruent les pores de la peau.

Il est utilisé pour traiter certains types d'*acné*. Les formes fortement dosées (0,20 % et 0,30 %) sont habituellement réservées aux maladies se traduisant par un épaississement de la peau (*hyperkératinisation*).

ATTENTION

N'appliquez aucun autre médicament ou cosmétique (lotion après-rasage, crème...) sans l'accord de votre médecin.

Ce médicament expose à une *photosensibilisation* : une exposition aux rayons *ultraviolets* (soleil, lampe à bronzer) peut provoquer des réactions cutanées. N'omettez pas de signaler à votre médecin vos projets de vacances au soleil pendant la durée du traitement.

INTERACTIONS MÉDICAMENTEUSES

Ce médicament peut interagir avec d'autres médicaments. Signalez tout autre traitement en cours à votre médecin ou à votre pharmacien.

GROSSESSE, ALLAITEMENT ET NOUVEAU-NÉ

Grossesse :

Ce médicament est déconseillé par prudence pendant les 3 premiers mois de la grossesse. Toutefois, une grossesse survenant sous traitement ne justifie aucune inquiétude particulière, mais doit vous conduire à consulter votre médecin.

Allaitement :

Les données disponibles ne permettent pas de savoir si ce médicament passe dans le lait maternel.

MODE D'EMPLOI ET POSOLOGIE

Traitement de l'*acné* : avant l'application, laver la peau avec un savon doux. Rincer et laisser sécher soigneusement avant d'appliquer le produit.

Posologie usuelle :

En général, le traitement commence par une application le soir ; ensuite, la fréquence est adaptée à la réaction de la peau. Ce traitement doit être poursuivi au moins 3 mois ; un *traitement d'entretien* est souvent nécessaire pour éviter les rechutes.

Traitement de l'*hyperkératinisation* : la *posologie* est variable et individuelle.

☛ Une irritation et une aggravation de l'*acné* sont fréquentes et normales en début de traitement ; ne vous découragez pas : les boutons qui apparaissent traduisent une élimination du sébum. Le résultat est nettement visible à partir de la 6e semaine ; ensuite, les applications seront espacées dès que le résultat obtenu sera jugé satisfaisant.

Si vous vous exposez exceptionnellement au soleil, n'appliquez pas ce médicament la veille, le jour même ni lendemain. En cas de coup de soleil, attendez un complet rétablissement avant la reprise du traitement.

Si vous mettez accidentellement cette substance en contact avec les yeux, les paupières, la bouche, les narines ou les *muqueuses*, rincez abondamment.

Ce médicament doit être conservé à l'abri de la lumière.

EFFETS INDÉSIRABLES POSSIBLES

Rougeur sèche et parfois cuisante de la peau, surtout autour de la bouche et du cou.

Ces réactions peuvent être prévenues ou atténuées par l'emploi de crèmes calmantes, ou par une modification de la *posologie*. Demandez conseil à votre médecin.

ABUFÈNE
bêta-alanine

PRÉSENTATION

ABUFÈNE 400 : comprimé (blanc) ; boîte de 12 - Remb. 65 %

Laboratoires Doms-Adrian

COMPOSITION

	p. comp.
Bêta-alanine	400 mg

INDICATIONS

Ce médicament contient une substance non hormonale.

Il est utilisé dans le traitement des bouffées de chaleur de la *ménopause*.

MODE D'EMPLOI ET POSOLOGIE

Ce médicament doit être pris de préférence avant les repas.

Posologie usuelle :

1 comprimé, 1 à 3 fois par jour, pendant 15 jours.

Ce traitement peut être renouvelé en cas de réapparition des troubles.

ACADIONE
tiopronine

PRÉSENTATION

ACADIONE : comprimé (bleu) ; boîte de 120 - Remb. 65 % - Liste I

Laboratoires Cassenne

COMPOSITION

	p. comp.
Tiopronine	250 mg

INDICATIONS

Ce médicament est un antirhumatismal d'action lente.

Il est utilisé dans le *traitement de fond* de la *polyarthrite rhumatoïde*. Il peut être également utilisé pour dissoudre certains calculs rénaux.

CONTRE-INDICATIONS

Ce médicament ne doit pas être utilisé dans les cas suivants :
- certaines maladies du rein,
- certaines maladies du sang,
- *lupus érythémateux*,
- *myasthénie*,
- maladie de peau grave,
- *antécédent* d'accidents graves avec la D-pénicillamine (TROLOVOL...) ou le pyritinol (ENCÉPHABOL...),
- grossesse,
- allaitement.

ATTENTION

En cas d'*intolérance* aux sels d'or, prévenez votre médecin.

Au cours du traitement, une surveillance médicale et des analyses de sang régulières sont nécessaires.

L'effet de ce médicament est lent à apparaître : un délai d'action de 2 à 3 mois est nécessaire avant de pouvoir juger de l'efficacité du traitement. Dans l'intervalle, l'usage des traitements *antalgiques* habituels reste possible.

Ce médicament est destiné au traitement d'un *rhumatisme inflammatoire* : il ne convient pas en cas d'*arthrose* ou de rhumatisme banal.

GROSSESSE, ALLAITEMENT ET NOUVEAU-NÉ

Grossesse :

Ce médicament est contre-indiqué chez la femme enceinte ou susceptible de l'être. Une contraception efficace est recommandée.

Allaitement :

Les données actuellement disponibles ne permettent pas de savoir si ce médicament passe dans le lait maternel : l'allaitement est contre-indiqué.

MODE D'EMPLOI ET POSOLOGIE

Les comprimés doivent être pris avec un verre d'eau.

Posologie usuelle :

Elle est strictement individuelle, et adaptée progressivement par le médecin qui recherche la *posologie* efficace la plus faible.

EFFETS INDÉSIRABLES POSSIBLES

Perte du goût, *troubles digestifs* (nausées, vomissements, diarrhée) : ces anomalies peuvent survenir même lorsque l'effet du traitement est favorable.

Si surviennent des démangeaisons, des éruptions, des *aphtes* ou de la fièvre, prévenez immédiatement votre médecin.

ACAL
huile de paraffine

PRÉSENTATION

ACAL : huile buvable arôme estragon ; flacon 500 ml - Non remb.

Laboratoires C.P.F.

COMPOSITION

	p. 100 ml
Paraffine liquide	85,5 g

INDICATIONS

C'est un *laxatif lubrifiant*. Il agit en ramollissant les selles et en facilitant leur progression dans l'intestin.

Ce médicament est utilisé comme *traitement symptomatique* de la constipation.

ATTENTION

Ce médicament peut réduire l'absorption de certaines *vitamines* (A, D, E, K) lors d'une utilisation prolongée.

Les laxatifs ne doivent pas être utilisés de façon prolongée sans avis médical.

Leur usage doit rester exceptionnel chez l'enfant.

GROSSESSE, ALLAITEMENT ET NOUVEAU-NÉ

Grossesse :

Ce médicament ne contient aucune substance connue pour être toxique pendant la grossesse ; néanmoins, il peut réduire l'absorption de certaines *vitamines* : son usage doit être ponctuel.

MODE D'EMPLOI ET POSOLOGIE

La prise peut avoir lieu soit le matin à jeun, soit à distance des repas.

En cas de prise le soir, tenir compte du délai d'action (de 6 à 8 heures), en particulier chez l'enfant.

Posologie usuelle :
- Adulte : 1 à 3 cuillères à soupe par jour.
- Enfant de plus de 6 ans : 1 à 3 cuillères à café par jour.

☞ Des mesures simples d'hygiène alimentaire et des exercices physiques sont à envisager avant d'utiliser un laxatif : parlez-en à votre médecin ou à votre pharmacien.

EFFETS INDÉSIRABLES POSSIBLES

Suintement anal.

ACDRIL
acétylasparaginate d'arginine

PRÉSENTATION

ACDRIL : granulé (orange pâle) arôme orange ; boîte de 20 sachets - Non remb.

Laboratoires Eurorga

COMPOSITION

	p. sachet
Arginine acétylasparaginate	250 mg
Saccharose	2,48 g
Mannitol	1 g

INDICATIONS

C'est un *antiasthénique* qui contient une association d'*acides aminés*.

Ce médicament est utilisé dans le *traitement symptomatique* de la fatigue.

ATTENTION

Ce médicament contient du *sucre* (saccharose) en quantité notable.

GROSSESSE, ALLAITEMENT ET NOUVEAU-NÉ

Ce médicament ne contient que des substances présumées sans danger pendant la grossesse ou l'allaitement. Néanmoins, ne l'utilisez pas de façon prolongée sans l'avis de votre pharmacien ou de votre médecin.

MODE D'EMPLOI ET POSOLOGIE

Le contenu des sachets peut être croqué ou dilué dans un verre d'eau.

Posologie usuelle :
- Adulte et enfant : 2 ou 3 sachets par jour, avant le petit déjeuner et le déjeuner.

☞ Une fatigue persistante ne doit pas vous conduire à augmenter les prises de ce médicament : consultez votre médecin.

EFFETS INDÉSIRABLES POSSIBLES

Diarrhée, douleur abdominale.

Les mots en italique sont expliqués dans le lexique

ACIDRINE

PRÉSENTATION

ACIDRINE : comprimé (chamois clair) ; boîte de 40 - Remb. 35 % - Liste II

Laboratoires LTM

COMPOSITION

	p. comp.
Myrtécaïne	2,5 mg
Aluminium aminoacétate	250 mg
Galactane sulfate	200 mg
Saccharose	600 mg

INDICATIONS

C'est une association de substances qui contient un *antiacide* et un *anesthésique* d'action locale. L'antiacide agit en neutralisant les acides sécrétés par l'estomac et l'anesthésique endort les parois de l'estomac.

Ce médicament est utilisé dans le *traitement symptomatique* des douleurs *fonctionnelles* de l'estomac et de l'œsophage.

ATTENTION

En cas de persistance des *symptômes*, des examens peuvent être nécessaires : consultez votre médecin.

Ce médicament contient du *sucre* (saccharose) en quantité notable.

INTERACTIONS MÉDICAMENTEUSES

Ce médicament peut interagir avec de nombreux autres médicaments en diminuant leur absorption : il convient de séparer les prises d'au moins 2 heures.

GROSSESSE, ALLAITEMENT ET NOUVEAU-NÉ

L'effet de ce médicament pendant la grossesse ou l'allaitement est mal connu : seul votre médecin peut évaluer le risque éventuel de son utilisation dans votre cas.

MODE D'EMPLOI ET POSOLOGIE

Les comprimés peuvent être sucés ou croqués.

Posologie usuelle :

3 à 6 comprimés par jour après chaque repas ou au moment des douleurs.

Une alimentation équilibrée, une mastication lente et l'élimination des aliments difficiles à digérer permettent souvent de faire disparaître les douleurs d'estomac qui ne sont pas liées à un *ulcère*.

Si vous êtes fumeur, la poursuite du tabagisme nuit à l'efficacité du traitement.

EFFETS INDÉSIRABLES POSSIBLES

Exceptionnellement : constipation.

ACLOSONE

alclométasone

PRÉSENTATION

ACLOSONE 0,05 p. cent : crème ; tube 30 g - Non remb. - Liste I

ACLOSONE 0,05 p. cent : pommade ; tube 30 g - Non remb. - Liste I

Laboratoires Schering-Plough

COMPOSITION

	p. 100 g
Alclométasone dipropionate	50 mg

INDICATIONS

C'est un *dermocorticoïde* d'activité assez forte. Comme les autres dérivés de la *cortisone* à usage local, il freine le renouvellement et la multiplication des cellules de la peau et limite le suintement.

Il est utilisé pour traiter les *eczémas* de contact ou *atopiques*, les *lichénifications*, le *psoriasis*, le *prurigo*, la *dyshidrose*.

CONTRE-INDICATIONS

Ce médicament ne doit pas être utilisé dans les cas suivants :
- infection et parasitose non traitées de la peau (ce médicament n'a pas d'effet anti-infectieux),
- lésion ulcérée,
- *acné* et *rosacée*.

ATTENTION

Comme les autres *dermocorticoïdes*, ce médicament a souvent une action efficace et rapide sur les lésions de la peau ; il peut être tentant de le réutiliser, mais l'automédication expose à des risques importants : aggravation de certaines lésions, installation d'une *dépendance* (amélioration de moins en moins visible des lésions et *recrudescence* des *symptômes* à chaque arrêt du traitement) et altération durable de la peau.

Suivez attentivement la prescription de votre médecin et n'hésitez pas à lui demander des explications.

GROSSESSE, ALLAITEMENT ET NOUVEAU-NÉ

L'effet de ce médicament pendant la grossesse ou l'allaitement est mal connu : seul votre médecin peut évaluer le risque éventuel de son utilisation dans votre cas.

MODE D'EMPLOI ET POSOLOGIE

La crème est adaptée au traitement des lésions suintantes, la pommade à celui des lésions sèches.

Étaler le médicament sur les lésions et le faire pénétrer par un léger massage. Pour traiter de grandes surfaces : appliquer en touches espacées, puis étaler avec un gant en plastique jusqu'à complète absorption.

Posologie usuelle :

1 ou 2 applications par jour.

Le médecin prescrit fréquemment un arrêt progressif du traitement : espacement des applications ou diminution de la quantité appliquée.

Ne conseillez pas, ne donnez pas ce médicament à un proche.

Pensez à vous laver les mains après l'application. En cas d'utilisation sur une grande surface de peau, le port d'un gant est recommandé.

EFFETS INDÉSIRABLES POSSIBLES

Ils apparaissent surtout en cas d'usage prolongé :
- *atrophie* avec microhémorragie de la peau (*purpura*), dilatation des petits vaisseaux, vergetures, éruption de boutons ;
- développement anormal des poils, dessèchement, fragilisation et décoloration irrégulière de la peau ;
- rougeur autour de la bouche, apparition d'une *rosacée* ;
- retard de cicatrisation.

ACNESTROL

broparestrol, pyridoxine, hexachlorophène

PRÉSENTATION

ACNESTROL : émulsion pour application locale ; flacon 80 g - Remb. 65 % - Liste II

Laboratoires Patrick Poirier

COMPOSITION

	p. 100 g
Broparestrol	5 g
Pyridoxine (vitamine B6)	2 g
Hexachlorophène	0,5 g

INDICATIONS

Cette émulsion contient un *antiseptique*, de la *vitamine* B6 et un *estrogène* d'action locale (le broparestrol).

Ce médicament est utilisé dans le *traitement d'appoint* de l'*acné*.

CONTRE-INDICATIONS

Ce médicament ne doit pas être utilisé chez le jeune garçon (présence d'*estrogène*).

ATTENTION

Ce médicament contient de l'hexachlorophène ; cette substance passe dans le sang et peut être responsable d'effets indésirables.

Évitez de l'appliquer sur de larges surfaces ou sur une peau abîmée.

Ne l'utilisez pas sans l'avis de votre médecin.

INTERACTIONS MÉDICAMENTEUSES

L'association à d'autres *antiseptiques* est déconseillée car leurs effets risquent de s'annuler.

GROSSESSE, ALLAITEMENT ET NOUVEAU-NÉ

L'effet de ce médicament pendant la grossesse ou l'allaitement est mal connu : seul votre médecin peut évaluer le risque éventuel de son utilisation dans votre cas.

MODE D'EMPLOI ET POSOLOGIE

Après la toilette, appliquer l'émulsion à l'aide d'un morceau de coton imbibé.

Posologie usuelle :

1 ou 2 applications par jour.

Cette émulsion ne tache pas le linge.

EFFETS INDÉSIRABLES POSSIBLES

Irritation locale.

ACTAPULGITE

attapulgite de Mormoiron activée

PRÉSENTATION

ACTAPULGITE : poudre orale ; boîte de 30 sachets - Remb. 65 %

ACTAPULGITE : poudre orale ; boîte de 60 sachets - Remb. 65 %

Laboratoires Beaufour

COMPOSITION

	p. sachet
Attapulgite de Mormoiron activée	3 g
Saccharose	2,7 g

INDICATIONS

C'est un médicament qui appartient à la famille des *pansements digestifs* : il contient de l'argile. Il protège le tube digestif en le couvrant d'un film qui l'isole de son contenu.

Il est utilisé pour traiter les troubles *fonctionnels* du côlon, en particulier en cas de diarrhée accompagnée de ballonnements. Il est également utilisé en lavement dans le traitement des *rectocolites hémorragiques*.

ATTENTION

Ce médicament contient du *sucre* (saccharose) en quantité notable.

Ce médicament est surtout destiné aux affections du tube digestif entraînant des diarrhées ; il convient mal en cas de constipation.

Si les troubles persistent au-delà de quelques jours, consultez votre médecin.

INTERACTIONS MÉDICAMENTEUSES

Ce médicament peut interagir avec de nombreux autres médicaments en diminuant leur absorption : il convient de séparer les prises d'au moins 2 heures.

GROSSESSE, ALLAITEMENT ET NOUVEAU-NÉ

Les substances contenues dans ce médicament sont peu absorbées ; l'automédication est possible en cure courte ou ponctuelle pendant la grossesse ou l'allaitement.

MODE D'EMPLOI ET POSOLOGIE

Ce médicament est pris de préférence avant les repas.

Posologie usuelle :

- Adulte : 2 à 3 sachets par jour.
- Enfant de plus de 10 kg : 2 sachets par jour.
- Enfant de moins de 10 kg : 1 sachet par jour.

Pour obtenir un mélange homogène et agréable au goût : mélangez la poudre avec du sucre avant d'ajouter l'eau, ou mélangez-la à un yaourt.

ACTÉBRAL

cyprodénate

PRÉSENTATION

ACTÉBRAL 50 : comprimé (rose) ; boîte de 40 - Non remb.

ACTÉBRAL 100 : comprimé (jaune) ; boîte de 40 - Non remb.

Laboratoires Biologiques Ile-de-France

COMPOSITION

	p. comp.	p. comp.
Cyprodénate maléate acide	50 mg	100 mg

INDICATIONS

C'est un *psychostimulant* qui appartient à la famille chimique du déanol. Il vise à améliorer la consommation d'oxygène et de glucose par le cerveau.

Il est utilisé dans le *traitement symptomatique* de certaines fatigues (*asthénies fonctionnelles*).

CONTRE-INDICATIONS

Ce médicament ne doit pas être utilisé dans les cas suivants :
- enfant de moins de 30 mois,
- *épilepsie*.

GROSSESSE, ALLAITEMENT ET NOUVEAU-NÉ

L'effet de ce médicament pendant la grossesse ou l'allaitement est mal connu. L'évaluation du risque éventuel lié à son utilisation est individuelle : demandez conseil à votre pharmacien ou à votre médecin.

MODE D'EMPLOI ET POSOLOGIE

Les comprimés doivent être avalés avec un peu d'eau, de préférence juste avant les repas.

Posologie usuelle :

- Adulte : 2 comprimés à 100 mg, 1 à 3 fois par jour.
- Enfant de 10 à 15 ans : 1 comprimé à 50 mg, 3 à 4 fois par jour.
- Enfant de 5 à 10 ans : 1 comprimé à 50 mg, 2 à 3 fois par jour.
- Enfant de 30 mois à 5 ans : 1 comprimé à 50 mg, 1 à 2 fois par jour.

La prise du médicament le soir doit être évitée pour ne pas gêner l'endormissement.

Une fatigue persistante ne doit pas conduire à augmenter les prises de ce médicament : consultez votre médecin.

EFFETS INDÉSIRABLES POSSIBLES

Insomnie.

Rarement : *troubles digestifs*, devant faire diminuer les doses ou arrêter le traitement.

ACT-HIB

vaccin antihaemophilus type b

PRÉSENTATION

ACT-HIB : préparation injectable ; flacon de lyophilisat et seringue de solvant 0,5 ml - Remb. 65 %

Laboratoires Institut Mérieux

COMPOSITION

	p. seringue
Polyoside Haemophilus influenzae type b conjugué à la protéine tétanique	10 µg

INDICATIONS

C'est un *vaccin* composé de fragments de *germes* d'Haemophilus influenzae type b. Il ne contient aucun germe vivant.

Il est utilisé dans la prévention des infections graves dues aux Haemophilus influenzae type b, *méningites* et *épiglottites* notamment.

GROSSESSE, ALLAITEMENT ET NOUVEAU-NÉ

Ce *vaccin* est destiné au jeune enfant et n'est pas utilisé pendant la grossesse.

MODE D'EMPLOI ET POSOLOGIE

Bien agiter la seringue avant l'emploi, la réchauffer à température ambiante si nécessaire. L'injection doit être réalisée par *voie* sous-cutanée ou intramusculaire.

Posologie usuelle :

- Enfant de 1 à 5 ans : 1 seule injection.
- Nourrisson de 6 à 12 mois : 2 premières injections réalisées à 1 mois d'intervalle. Rappel à 18 mois.
- Nourrison de moins de 6 mois : 3 premières injections réalisées à 1 mois d'intervalle, couplées ou non avec les autres vaccinations infantiles. Rappel à 18 mois.

La présence d'une protéine tétanique dans la composition du *vaccin* n'entraîne pas de protection contre le tétanos ; elle est destinée à favoriser l'action du vaccin antihaemophilus.

Pour des raisons de confort, la vaccination doit être différée en cas de fièvre élevée.

Les réactions fébriles dues aux *vaccins* peuvent être combattues en prenant de l'aspirine ou du paracétamol.

Pour garder son efficacité, ce vaccin doit être conservé entre + 2 et + 8 °C (compartiment à beurre du réfrigérateur), mais quelques jours à une température ne dépassant pas 25 °C ne prêtent pas à conséquence. Il ne doit pas être congelé.

EFFETS INDÉSIRABLES POSSIBLES

Réactions au point d'injection.

Fièvre modérée pendant 1 ou 2 jours surtout en cas de vaccination simultanée avec un autre *vaccin*.

🏃 = risque de test antidopage positif

ACTI 5

PRÉSENTATION

ACTI 5 : solution buvable arôme mirabelle ; boîte de 30 ampoules 5 ml - Non remb.

ACTI 5 : sirop arôme cassis ; flacon 125 ml - Non remb.

Laboratoires Pierre Fabre

COMPOSITION

	p. amp.
Glutamate de déanol	100 mg
Para-aminobenzoate de magnésium	300 mg
Soit magnésium	0,37 mEq
Hespéridine méthyl chalcone	50 mg
Acide ascorbique sel de sodium	200 mg
Sorbitol	1,75 g
Alcool à 95°	0,712 ml

	p. c. à c.
Glutamate de déanol	50 mg
Chlorhydrate de lysine	200 mg
Gluconoglucoheptonate de calcium	150 mg
Acide phosphorique	0,025 ml
Sorbitol	750 mg
Saccharose	1,925 g

INDICATIONS

C'est un *psychostimulant* qui contient une association de substances, notamment le déanol, la *vitamine* C et le magnésium.

Il est utilisé dans le traitement de certaines fatigues (*asthénies fonctionnelles*).

CONTRE-INDICATIONS

Ce médicament ne doit pas être utilisé en cas d'*épilepsie*.

ATTENTION

Si vous souffrez d'une maladie des *voies biliaires*, prévenez votre médecin (présence de sorbitol).

Le sirop contient du *sucre* (saccharose) en quantité notable. La solution buvable contient de l'*alcool* : elle ne doit pas être utilisée chez l'enfant ni en cas de désintoxication alcoolique.

GROSSESSE, ALLAITEMENT ET NOUVEAU-NÉ

L'effet de ce médicament pendant la grossesse ou l'allaitement est mal connu. L'évaluation du risque éventuel lié à son utilisation est individuelle : demandez conseil à votre pharmacien ou à votre médecin.

MODE D'EMPLOI ET POSOLOGIE

Les ampoules doivent être avalées avec un peu d'eau au moment des repas.

Posologie usuelle :

- Adulte : 1 ampoule, 2 ou 3 fois par jour.
- Enfant de plus de 6 ans : 2 cuillères à café de sirop, 2 ou 3 fois par jour.
- Enfant de 30 mois à 6 ans : 1 cuillère à café de sirop, 2 ou 3 fois par jour.

EFFETS INDÉSIRABLES POSSIBLES

Insomnie, maux de tête, démangeaisons ; ces effets disparaissent au cours du traitement ou après diminution des doses.

Troubles digestifs.

ACTICARBINE

charbon, papavérine

PRÉSENTATION

ACTICARBINE : comprimé (blanc) ; boîte de 42 - Remb. 35 %

ACTICARBINE : comprimé (blanc) ; boîte de 84 - Remb. 35 %

Laboratoires Élerté

COMPOSITION

	p. comp.
Charbon activé	70 mg
Papavérine chlorhydrate	14 mg
Saccharose	425 mg

INDICATIONS

C'est une association de substances qui contient du charbon activé et de la papavérine. Le charbon activé facilite la digestion en fixant les toxines et les gaz présents dans le tube digestif. La papavérine calme les spasmes de l'intestin.

Ce médicament est utilisé dans le *traitement symptomatique* des maladies *fonctionnelles* du côlon, notamment avec diarrhée et ballonnements.

ATTENTION

Si la diarrhée persiste, consultez votre médecin. Une diarrhée expose à un risque de déshydratation qui peut être grave.

INTERACTIONS MÉDICAMENTEUSES

Ce médicament peut interagir avec de nombreux autres médicaments en diminuant leur absorption : il convient de séparer les prises d'au moins 2 heures.

GROSSESSE, ALLAITEMENT ET NOUVEAU-NÉ

L'effet de ce médicament pendant la grossesse ou l'allaitement est mal connu. L'évaluation du risque éventuel lié à son utilisation est individuelle : demandez conseil à votre pharmacien ou à votre médecin.

MODE D'EMPLOI ET POSOLOGIE

Les comprimés doivent être avalés avec un peu d'eau, sans être croqués.

Posologie usuelle :

1 ou 2 comprimés 3 fois par jour, avant les repas.

EFFETS INDÉSIRABLES POSSIBLES

Coloration des selles en noir.

ACTIDILON comprimé

triprolidine

PRÉSENTATION

ACTIDILON : comprimé sécable (blanc) ; boîte de 20 - Non remb.

Laboratoires Warner Wellcome

COMPOSITION

	p. comp.
Triprolidine chlorhydrate	2,5 mg

INDICATIONS

Ce médicament est un *antihistaminique* antiallergique. Il a en outre des effets *sédatifs* et *atropiniques*.

Il est utilisé dans le traitement des *allergies* : *rhinite*, *urticaire*, *conjonctivite*...

CONTRE-INDICATIONS

Ce médicament ne doit pas être utilisé dans les cas suivants :

- *glaucome* à angle fermé,
- risque de blocage des urines (*adénome de la prostate*).

ATTENTION

Des précautions sont nécessaires en cas d'*insuffisance hépatique*, d'*insuffisance rénale* ou d'*insuffisance respiratoire*.

Évitez les boissons alcoolisées : augmentation du risque de somnolence.

Ce médicament est responsable d'une baisse de la vigilance : la conduite, les activités professionnelles ou de loisirs exposant à un danger sont formellement déconseillées.

INTERACTIONS MÉDICAMENTEUSES

Ce médicament peut interagir avec d'autres médicaments, notamment les *sédatifs* et les *atropiniques*. Signalez tout autre traitement en cours à votre médecin ou à votre pharmacien.

GROSSESSE, ALLAITEMENT ET NOUVEAU-NÉ

L'effet de ce médicament pendant la grossesse ou l'allaitement est mal connu. L'évaluation du risque éventuel lié à son utilisation est individuelle : demandez conseil à votre pharmacien ou à votre médecin.

MODE D'EMPLOI ET POSOLOGIE

Ce médicament n'est pas adapté à l'enfant de moins de 12 ans.

Les comprimés doivent être avalés avec un verre d'eau.

Posologie usuelle :

- Adulte et enfant de plus de 12 ans : 1 ou 2 comprimés, 2 ou 3 fois par jour.

Ce médicament agit sur les manifestations de l'*allergie* mais n'en supprime pas la cause. Si les *symptômes* persistent ou s'aggravent, n'hésitez pas à consulter votre médecin.

EFFETS INDÉSIRABLES POSSIBLES

Somnolence.

Effets *atropiniques*.

Exceptionnellement : éruption cutanée, confusion mentale ou excitation chez la personne âgée.

= médicament délivré uniquement sur ordonnance

ACTIDILON crème
triprolidine

PRÉSENTATION
ACTIDILON : crème ; tube 15 g - Non remb.

Laboratoires Warner Wellcome

COMPOSITION

	p. 100 g
Triprolidine	200 mg

INDICATIONS
Cette crème contient un *antihistaminique* antiallergique.

Elle est utilisée dans le *traitement symptomatique* des démangeaisons d'origine allergique.

CONTRE-INDICATIONS
Cette crème ne doit pas être appliquée sur des plaies ou des lésions suintantes.

ATTENTION

Si les démangeaisons persistent ou s'aggravent, elles peuvent être dues à une *allergie* à l'*antihistaminique* : demandez conseil à votre médecin ou à votre pharmacien.

Ce médicament est photosensibilisant : exposer au soleil les régions traitées peut provoquer des réactions cutanées.

GROSSESSE, ALLAITEMENT ET NOUVEAU-NÉ
L'effet de ce médicament pendant la grossesse ou l'allaitement est mal connu. L'évaluation du risque éventuel lié à son utilisation est individuelle : demandez conseil à votre pharmacien ou à votre médecin.

MODE D'EMPLOI ET POSOLOGIE
Appliquer la crème en massant légèrement.

Posologie usuelle :

2 ou 3 applications par jour.

EFFETS INDÉSIRABLES POSSIBLES
Photosensibilisation (voir ATTENTION).

Allergie cutanée.

ACTIFED
triprolidine, pseudoéphédrine, paracétamol

PRÉSENTATION
ACTIFED : comprimé sécable (blanc) ; boîte de 20 - Non remb.

ACTIFED : solution buvable avec gobelet doseur ; flacon 100 ml - Non remb.

Laboratoires Warner Wellcome

COMPOSITION

	p. comp.	p. 5 ml
Triprolidine chlorhydrate	2,5 mg	1,25 mg
Pseudoéphédrine chlorhydrate	50 mg	25 mg
Paracétamol	300 mg	125 mg
Alcool à 95°		10 %

INDICATIONS
Ce médicament contient un *antihistaminique*, un décongestionnant et du paracétamol (*antipyrétique* et *antalgique*).

Il est utilisé dans le *traitement symptomatique* des affections aiguës du nez et de la gorge, et des états grippaux.

CONTRE-INDICATIONS
Ce médicament ne doit pas être utilisé dans les cas suivants :
- enfant de moins de 6 mois,
- *glaucome* à angle fermé,
- risque de blocage des urines (*adénome de la prostate*...),
- *insuffisance hépatique* grave,
- en association avec un *antidépresseur* de type *IMAO* non sélectif.

ATTENTION

Des précautions particulières s'imposent en cas d'*angine de poitrine*, d'*hypertension artérielle*, d'*hyperthyroïdie* ou de *diabète*. Demandez conseil à votre pharmacien ou à votre médecin.

De nombreux médicaments contiennent du paracétamol. Tenez-en compte en cas de prise conjointe car le surdosage en paracétamol peut être toxique pour le foie.

Évitez les boissons alcoolisées : augmentation du risque de somnolence.

Conducteur : ce médicament peut être responsable d'une somnolence ou d'une baisse de la vigilance.

INTERACTIONS MÉDICAMENTEUSES
Ce médicament ne doit pas être associé aux *antidépresseurs* de type *IMAO* non sélectifs (MARSILID, NIAMIDE...) : risque de crise hypertensive.

Il peut interagir avec de nombreux autres médicaments. Signalez tout autre traitement en cours à votre médecin ou à votre pharmacien.

GROSSESSE, ALLAITEMENT ET NOUVEAU-NÉ
L'effet de ce médicament pendant la grossesse ou l'allaitement est mal connu. L'évaluation du risque éventuel lié à son utilisation est individuelle : demandez conseil à votre pharmacien ou à votre médecin.

MODE D'EMPLOI ET POSOLOGIE
Pour la solution buvable, utiliser le gobelet doseur.

Posologie usuelle :
- Adulte et enfant de plus de 12 ans : 1 comprimé ou 2 doses de 5 ml, 3 fois par jour.
- Enfant de 6 à 12 ans : 1/2 comprimé ou 1 dose de 5 ml, 3 fois par jour.
- Enfant de 30 mois à 6 ans : 1 dose de 2,5 ml, 3 fois par jour.
- Enfant de 6 à 30 mois : 1 dose de 2,5 ml, 2 fois par jour.

Ce médicament n'a pas d'effet anti-infectieux. En cas d'infection bactérienne, un traitement *antibiotique* peut être nécessaire.

Ce médicament peut provoquer des effets indésirables graves en cas de surdosage : ne laissez pas le sirop à la portée des enfants.

EFFETS INDÉSIRABLES POSSIBLES
Effets *atropiniques* : sécheresse de la bouche, troubles visuels, rétention urinaire, confusion des idées et agitation chez la personne âgée.

Allergie cutanée.

Somnolence.

ACTIPHOS

PRÉSENTATION
ACTIPHOS : solution buvable ; boîte de 14 ampoules 3 ml - Non remb.

ACTIPHOS : solution buvable ; boîte de 30 ampoules 3 ml - Non remb.

Laboratoires Théraplix

COMPOSITION

	p. amp.
Acide phosphorique total en P2O5	834 mg
Phosphates diacides de :	
Lithium	41,8 mg
Calcium	503,6 mg
Magnésium	321,7 mg
Manganèse	32,7 mg
Sodium	135 mg
Fer	43,7 mg
Soit	
Phosphore	364 mg
Lithium	2,79 mg
Calcium	86,23 mg
Magnésium	35,84 mg
Manganèse	7,22 mg
Sodium	25,87 mg
Fer	7,04 mg

INDICATIONS
Ce médicament contient une association de substances, notamment du phosphore, du magnésium et du calcium.

Il est utilisé dans le *traitement symptomatique* de la fatigue.

CONTRE-INDICATIONS
Ce médicament ne doit pas être utilisé dans les cas suivants :
- *antécédents* de calculs des *voies urinaires*,
- *ulcère* de l'estomac et du *duodénum*,
- *insuffisance rénale* grave.

GROSSESSE, ALLAITEMENT ET NOUVEAU-NÉ
Avant d'utiliser ce médicament pendant la grossesse ou l'allaitement, demandez conseil à votre médecin ou à votre pharmacien.

MODE D'EMPLOI ET POSOLOGIE
Le contenu des ampoules doit être dilué dans un verre d'eau, et avalé par petites gorgées au cours des repas.

Posologie usuelle :
- Adulte : 1 ampoule, 2 à 4 fois par jour.
- Enfant : 1 ampoule, 1 ou 2 fois par jour.

Une fatigue persistante ne doit pas vous conduire à augmenter les prises de ce médicament : demandez conseil à votre médecin ou à votre pharmacien.

ACTISANE manifestations articulaires douloureuses

harpagophytum, reine-des-prés

PRÉSENTATION

ACTISANE MANIFESTATIONS ARTICULAIRES DOULOUREUSES : tisane ; boîte de 20 sachets-dose - Non remb.

Laboratoires Dolisos

COMPOSITION

	p. sach.-dose
Harpagophytum, racine	1,2 g
Reine-des-prés, sommité fleurie	0,8 g

INDICATIONS

C'est une tisane qui contient un mélange de plantes.

Elle est utilisée dans le *traitement symptomatique* des douleurs articulaires.

GROSSESSE, ALLAITEMENT ET NOUVEAU-NÉ

Ce médicament ne contient que des plantes présumées sans danger pendant la grossesse ou l'allaitement. Néanmoins, ne l'utilisez pas de façon prolongée sans l'avis de votre pharmacien ou de votre médecin.

MODE D'EMPLOI ET POSOLOGIE

En *infusion* : 1 sachet-dose dans une tasse d'eau bouillante. Laisser infuser 10 minutes.

Posologie usuelle :

1 tasse (200 ml), 1 à 3 fois par jour.

Ce médicament doit être conservé à l'abri de la chaleur et de l'humidité.

ACTISANE constipation

séné, tamarin

PRÉSENTATION

ACTISANE CONSTIPATION OCCASIONNELLE : tisane ; boîte de 20 sachets-dose - Non remb.

Laboratoires Dolisos

COMPOSITION

	p. sach.-dose
Séné, feuille	0,8 g
Tamarin, pulpe de fruit	1,2 g

INDICATIONS

Cette tisane est un mélange de plantes. Le séné est un *laxatif stimulant*. Il augmente les sécrétions et la motricité de l'intestin.

Elle est utilisée dans le *traitement symptomatique* de la constipation.

CONTRE-INDICATIONS

Ce médicament ne doit pas être utilisé dans les cas suivants :

- maladies inflammatoires du côlon ;
- constipation ou douleur abdominale due à une obstruction du tube digestif : rétrécissement intestinal, *fécalome* (bouchon de selles) ;
- enfant de moins de 12 ans, sauf après avis médical.

ATTENTION

Cette tisane contient un *laxatif stimulant* (séné). Elle doit être utilisée en cure brève (pas plus de 10 jours). Son usage régulier peut entraîner :

- une *dépendance* ;
- des troubles intestinaux graves ;
- une perte de sels minéraux et notamment de *potassium*, pouvant être à l'origine de troubles cardiaques graves.

Arrêter le traitement en cas de diarrhées ou de douleurs abdominales.

INTERACTIONS MÉDICAMENTEUSES

Ce médicament peut interagir avec d'autres médicaments, notamment ceux contenant de la *vincamine* et certains *antiarythmiques*. Signalez tout autre traitement en cours à votre médecin ou à votre pharmacien.

GROSSESSE, ALLAITEMENT ET NOUVEAU-NÉ

Ce médicament est déconseillé pendant la grossesse et l'allaitement.

MODE D'EMPLOI ET POSOLOGIE

1 sachet-dose en *infusion* dans une tasse (200 ml), 1 ou 2 fois par jour.

Des mesures simples d'hygiène alimentaire et des exercices physiques sont à envisager avant d'utiliser un laxatif : parlez-en à votre médecin ou à votre pharmacien.

Ce médicament doit être conservé à l'abri de la chaleur et de l'humidité.

EFFETS INDÉSIRABLES POSSIBLES

Diarrhée, douleur abdominale.

ACTISANE digestion

artichaut, boldo, fumeterre

PRÉSENTATION

ACTISANE DIGESTION : tisane ; boîte de 20 sachets-dose - Non remb.

Laboratoires Dolisos

COMPOSITION

	p. sach.-dose
Artichaut, feuille	1 g
Boldo, feuille	0,5 g
Fumeterre, parties aériennes fleuries	0,5 g

INDICATIONS

Cette tisane contient un mélange de plantes qui agit en augmentant la production de bile.

Elle est utilisée dans le *traitement symptomatique* des *troubles digestifs*.

ATTENTION

Un avis médical est nécessaire en cas d'obstruction des *voies biliaires*.

GROSSESSE, ALLAITEMENT ET NOUVEAU-NÉ

Ce médicament ne contient que des plantes présumées sans danger pendant la grossesse ou l'allaitement. Néanmoins, ne l'utilisez pas de façon prolongée sans l'avis de votre pharmacien ou de votre médecin.

MODE D'EMPLOI ET POSOLOGIE

Posologie usuelle :

1 sachet-dose en *infusion* dans une tasse (200 ml), 1 à 3 fois par jour.

La prise de ce médicament ne dispense pas d'une alimentation appropriée : parlez-en à votre médecin ou à votre pharmacien.

Ce médicament doit être conservé à l'abri de la chaleur et de l'humidité.

ACTISANE fatigue passagère

ginseng, thé noir

PRÉSENTATION

ACTISANE FATIGUE PASSAGÈRE : tisane arôme mandarine ; boîte de 20 sachets-dose - Non remb.

Laboratoires Dolisos

COMPOSITION

	p. sach.-dose
Ginseng panax, racine	300 mg
Thé noir, feuilles	1,7 g

INDICATIONS

C'est une tisane qui contient un mélange de plantes.

Elle est utilisée dans le *traitement symptomatique* des états de fatigue.

ATTENTION

Une fatigue persistante ne doit pas vous conduire à augmenter les prises de ce médicament : consultez votre médecin.

GROSSESSE, ALLAITEMENT ET NOUVEAU-NÉ

Ce médicament ne contient que des plantes présumées sans danger pendant la grossesse ou l'allaitement. Néanmoins, ne l'utilisez pas de façon prolongée sans l'avis de votre pharmacien ou de votre médecin.

MODE D'EMPLOI ET POSOLOGIE

Infusion : verser 200 ml d'eau bouillante (1 tasse) sur un sachet-dose. Couvrir et attendre 10 minutes.

Posologie usuelle :

1 tasse d'infusion, 1 à 3 fois par jour.

Le traitement ne doit pas dépasser 3 mois.

Pour éviter les risques d'insomnie, il est préférable de prendre ce médicament avant 16 heures.
Ce médicament doit être conservé à l'abri de la chaleur et de l'humidité.

ACTISANE hémorroïdes jambes lourdes

vigne rouge, marron d'Inde, mélilot

PRÉSENTATION

ACTISANE HÉMORROÏDES JAMBES LOURDES : tisane ; boîte de 20 sachets-dose - Non remb.

Laboratoires Dolisos

COMPOSITION

	p. sach.-dose
Vigne rouge, feuille	840 mg
Marron d'Inde, graine	660 mg
Mélilot, sommité fleurie	500 mg

INDICATIONS

Cette tisane contient un mélange de plantes.

Elle est utilisée dans le *traitement symptomatique* des troubles pouvant être en rapport avec une mauvaise circulation veineuse ou *lymphatique* : jambes lourdes, *hémorroïdes*.

ATTENTION
Ce médicament soulage mais n'empêche pas l'aggravation de l'*insuffisance veineuse*, qui requiert des mesures spécifiques telles que la *contention élastique*.

GROSSESSE, ALLAITEMENT ET NOUVEAU-NÉ

Ce médicament ne contient que des plantes présumées sans danger pendant la grossesse ou l'allaitement. Néanmoins, ne l'utilisez pas de façon prolongée sans l'avis de votre pharmacien ou de votre médecin.

MODE D'EMPLOI ET POSOLOGIE

Posologie usuelle :

1 sachet-dose en *infusion* dans une tasse (200 ml), 1 à 3 fois par jour.

Une activité sportive régulière et la surélévation des pieds du lit permettent de faciliter la circulation veineuse et *lymphatique*.
Ce médicament doit être conservé à l'abri de la chaleur et de l'humidité.

ACTISANE minceur

orthosiphon, fucus, reine-des-prés

PRÉSENTATION

ACTISANE MINCEUR : tisane ; boîte de 20 sachets-dose - Non remb.

Laboratoires Dolisos

COMPOSITION

	p. sach. dose
Orthosiphon, feuille	1 g
Fucus, thalle	0,2 g
Reine-des-prés, sommité fleurie	0,8 g

INDICATIONS

C'est une tisane qui contient un mélange d'extraits végétaux.

Elle est utilisée en complément des régimes amaigrissants.

GROSSESSE, ALLAITEMENT ET NOUVEAU-NÉ

Ce médicament ne contient que des plantes présumées sans danger pendant la grossesse ou l'allaitement. Néanmoins, ne l'utilisez pas de façon prolongée sans l'avis de votre pharmacien ou de votre médecin.

MODE D'EMPLOI ET POSOLOGIE

Infusion : verser 200 ml d'eau bouillante (une tasse) sur un sachet-dose. Couvrir et attendre 10 minutes.

Posologie usuelle :

1 tasse, 1 à 3 fois par jour.

La prise de ce médicament ne dispense pas d'une alimentation appropriée : parlez-en à votre médecin ou à votre pharmacien.
Ce médicament doit être conservé à l'abri de la chaleur et de la lumière.

ACTISANE nervosité

aubépine, coquelicot, passiflore

PRÉSENTATION

ACTISANE NERVOSITÉ : tisane arôme cassis citron ; boîte de 20 sachets-dose 1,5 g - Non remb.

Laboratoires Dolisos

COMPOSITION

	p. sach.-dose
Aubépine, sommités fleuries	495 mg
Coquelicot, pétales	375 mg
Passiflore, parties aériennes	630 mg

INDICATIONS

Cette tisane contient différentes plantes ayant un effet *sédatif*.

Elle est utilisée dans le traitement des *palpitations*.

ATTENTION
Les *palpitations* peuvent être le *symptôme* d'une maladie cardiaque : n'utilisez pas ce médicament de façon prolongée sans l'avis de votre médecin.

GROSSESSE, ALLAITEMENT ET NOUVEAU-NÉ

Ce médicament ne contient que des plantes présumées sans danger pendant la grossesse ou l'allaitement. Néanmoins, ne l'utilisez pas de façon prolongée sans l'avis de votre pharmacien ou de votre médecin.

MODE D'EMPLOI ET POSOLOGIE

Ce médicament est préparé en *infusion*.

Posologie usuelle :

1 sachet-dose dans une tasse, 1 à 3 fois par jour.

Les *palpitations* peuvent être favorisées par la prise d'excitants : café, thé, boissons alcoolisées et certains sodas contenant de la caféine.
Conserver ce médicament à l'abri de la chaleur et de l'humidité.

ACTISANE troubles du sommeil

PRÉSENTATION

ACTISANE TROUBLES DU SOMMEIL : tisane ; boîte de 20 sachets-dose - Non remb.

Laboratoires Dolisos

COMPOSITION

	p. sach.-dose
Aubépine, sommité fleurie	680 mg
Tilleul, inflorescence	360 mg
Valériane, rhizome	560 mg

INDICATIONS

C'est une tisane qui contient un mélange de plantes.

Elle est utilisée dans le *traitement d'appoint* de la nervosité ou des troubles légers du sommeil, chez l'adulte comme chez l'enfant.

GROSSESSE, ALLAITEMENT ET NOUVEAU-NÉ

Ce médicament ne contient que des plantes présumées sans danger pendant la grossesse ou l'allaitement. Néanmoins, ne l'utilisez pas de façon prolongée sans l'avis de votre pharmacien ou de votre médecin.

MODE D'EMPLOI ET POSOLOGIE

Posologie usuelle :

1 sachet-dose en *infusion* dans une tasse (200 ml), 1 à 3 fois par jour.

Ce médicament doit être conservé à l'abri de la chaleur et de l'humidité.

ACTISOUFRE

soufre, levure

PRÉSENTATION

ACTISOUFRE : solution buvable ou nasale ; boîte de 30 ampoules 10 ml et 1 flacon compte-gouttes - Remb. 35 %

Laboratoires Serozym

COMPOSITION

	p. amp.
Sulfure de sodium (soufre)	4 mg
Levure saccharomyces cerevisiae	50 mg

INDICATIONS

Ce médicament contient du soufre et des levures.

Il est utilisé dans le *traitement d'appoint* des *rhinites* et des *rhino-pharyngites*.

CONTRE-INDICATIONS

Ce médicament ne doit pas être utilisé en cas d'*intolérance* au soufre.

GROSSESSE, ALLAITEMENT ET NOUVEAU-NÉ

Ce médicament ne contient aucune substance connue pour être toxique pendant la grossesse ou l'allaitement.

MODE D'EMPLOI ET POSOLOGIE

Il est nécessaire de bien agiter l'ampoule avant l'emploi.

Le contenu de l'ampoule peut être dilué dans un verre d'eau et avalé au cours des repas. Il peut aussi être utilisé en *irrigation nasale*.

Posologie usuelle :

En irrigation nasale : 1 ampoule dans chaque narine, 2 fois par jour, aussi bien chez l'adulte que chez l'enfant.

Par voie orale :

- Adulte et enfant de plus de 5 ans : 2 ampoules par jour.
- Enfant de moins de 5 ans : 1/2 à 1 ampoule par jour.

> Pour plus de confort, il est préférable de faire tiédir la solution avant utilisation en irrigation.
>
> Rincer soigneusement le flacon compte-gouttes à l'eau courante après usage.

EFFETS INDÉSIRABLES POSSIBLES

Douleurs d'estomac.

ACTITONIC

PRÉSENTATION

ACTITONIC ADULTES : solution buvable arôme framboise ; boîte de 18 ampoules 5 ml - Non remb.

ACTITONIC ENFANTS : solution buvable arôme framboise ; boîte de 20 ampoules 2 ml - Non remb.

Laboratoires Amido

COMPOSITION

	p. amp.	p. amp.
L-histidine monochlorhydrate	30 mg	20 mg
L-lysine monochlorhydrate	30 mg	20 mg
Hydrogénophosphate de calcium	150 mg	
Acide phosphorique officinal	500 mg	
Glycérol		1,20 g
Soit calcium	34,8 mg	
Soit phosphore	106 mg	

INDICATIONS

C'est un *antiasthénique* qui contient une association d'*acides aminés*. La solution Adulte contient également des sels minéraux.

Ce médicament est utilisé dans le *traitement symptomatique* de la fatigue.

CONTRE-INDICATIONS

La solution buvable Adulte ne doit pas être utilisée dans les cas suivants :
- calcul des *voies* urinaires,
- *ulcère* de l'estomac et du *duodénum*.

> **ATTENTION**
>
> Des précautions sont nécessaires en cas d'*insuffisance rénale* grave.

INTERACTIONS MÉDICAMENTEUSES

Ce médicament peut interagir avec d'autres médicaments, notamment ceux contenant de l'hydroxyde d'aluminium ou une forte quantité de calcium. Il convient de séparer les prises d'au moins 2 heures. Signalez tout autre traitement en cours à votre médecin ou à votre pharmacien.

GROSSESSE, ALLAITEMENT ET NOUVEAU-NÉ

L'effet de ce médicament pendant la grossesse ou l'allaitement est mal connu. L'évaluation du risque éventuel lié à son utilisation est individuelle : demandez conseil à votre pharmacien ou à votre médecin.

MODE D'EMPLOI ET POSOLOGIE

Le contenu des ampoules doit être dilué dans un verre d'eau, et pris avant les repas.

Posologie usuelle :

- Adulte : 2 ou 3 ampoules Adulte par jour.
- Enfant : 1 à 3 ampoules Enfant par jour.

> Une fatigue persistante ne doit pas vous conduire à augmenter les prises de ce médicament : consultez votre médecin.

ACTRAPID HM ge 40 UI/ml

insuline

PRÉSENTATION

ACTRAPID HM ge 40 : solution injectable d'insuline d'action rapide et brève ; flacon 10 ml (400 unités internationales) - Remb. 65 %

Laboratoires Novo Nordisk

COMPOSITION

	p. ml
Insuline humaine biogénétique	40 UI

INDICATIONS

C'est une *insuline* identique à l'insuline humaine, obtenue par *biotechnologie*. Son action est rapide et brève : son effet apparaît vers la 30e minute qui suit l'injection et s'estompe vers la 8e heure.

Elle est utilisée exclusivement en injection dans le traitement du *diabète*.

> **ATTENTION**
>
> La mise en route du traitement suppose un apprentissage correct : apprendre à injecter l'*insuline*, à contrôler la *glycémie* au doigt, à rechercher le *sucre* et l'acétone dans les urines et à tenir un carnet de surveillance.
>
> L'*hypoglycémie* est la principale complication des traitements par l'insuline. Il s'agit le plus souvent de malaises hypoglycémiques sans gravité dont les principaux signes sont : sueurs, tremblements, troubles visuels, vision double, fatigue soudaine, fringale, *vertiges*, difficulté de concentration. En ce cas, le diabétique doit aussitôt absorber 3 à 6 morceaux de sucre ou un sirop sucré.
>
> Beaucoup plus rarement, l'hypoglycémie peut être grave et peut entraîner des troubles du comportement (comparables notamment à l'ébriété), des *convulsions*, voire une perte de connaissance : 1 ampoule de GLUCAGON doit être injectée immédiatement par *voie* sous-cutanée ou intramusculaire, même à travers les vêtements en cas d'agitation. Si le diabétique ne reprend pas conscience, prévenez un service d'urgence dans les minutes qui suivent. Dans le doute, il n'y a pas de danger à injecter du GLUCAGON à un diabétique traité par l'insuline. Dans tous les cas, la prise d'une collation ou d'un repas reste nécessaire.
>
> L'autre complication possible chez le diabétique est la survenue d'une *acidocétose* due à un manque important d'insuline. Elle peut être déclenchée par une infection (qui augmente les besoins en insuline) : grippe, rhume, *cystite*, abcès, etc. Elle se manifeste par une grande fatigue, une soif intense et des *troubles digestifs*. Il faut alors rechercher la présence de sucre et d'acétone dans les urines : la présence des deux en quantité importante confirme le diagnostic. Le traitement par insuline ne doit pas être arrêté ; le diabétique doit suivre les consignes de son médecin et, si besoin, le joindre d'urgence.
>
> Évitez la prise de boissons alcoolisées à jeun ou à distance des repas : augmentation du risque d'hypoglycémie.
>
> La concentration de cette solution n'est pas adaptée aux stylos injecteurs ou aux pompes à *perfusion*.
>
> Conducteur : une hypoglycémie peut entraîner un malaise pendant la conduite ou l'utilisation de machines.

INTERACTIONS MÉDICAMENTEUSES

Certains médicaments peuvent déséquilibrer la *glycémie* : signalez votre traitement par l'*insuline* à tout médecin consulté ou à votre pharmacien.

GROSSESSE, ALLAITEMENT ET NOUVEAU-NÉ

Grossesse :

L'*insuline* est adaptée au *diabète* de la femme enceinte ou aux troubles passagers de la *glycémie* pendant la durée de la grossesse.

Allaitement :

Le traitement par l'*insuline* n'est pas une contre-indication à l'allaitement.

MODE D'EMPLOI ET POSOLOGIE

Cette *insuline* est habituellement injectée par *voie* sous-cutanée. Elle ne doit être injectée par voie intramusculaire ou par voie intraveineuse qu'en milieu hospitalier ou sous surveillance médicale.

Les seringues utilisées doivent avoir une graduation en unité d'insuline.

Respectez les horaires et les zones d'injection recommandés par votre médecin.

Posologie usuelle :

Elle est adaptée en fonction des résultats des analyses réalisées par le diabétique ou par son entourage (carnet de surveillance) et des conseils de son médecin.

En cas d'activité sportive, il est préférable d'injecter l'*insuline* à distance des muscles qui travaillent pour éviter une absorption trop rapide. De plus, il est habituellement nécessaire d'adapter les doses d'insuline selon les recommandations du médecin.

Prenez contact avec les associations pour diabétiques : elles diffusent une information utile sur le traitement et la surveillance du *diabète*.

Votre entourage doit savoir reconnaître les signes d'une *hypoglycémie* et pouvoir vous administrer, en cas de perte de connaissance, une ampoule de GLUCAGON. Celle-ci peut être conservée au domicile ou sur le lieu de travail à température ambiante (moins de 25 °C) pendant 2 ans. Après reconstitution, la solution ne doit pas être conservée plus d'une semaine au réfrigérateur ni être congelée.

Veillez à ne pas manquer d'insuline ou de seringues, notamment pendant les week-ends et les jours fériés ; lors de vos déplacements, munissez-vous d'une réserve ou de votre ordonnance en cours de validité. Un certificat de traitement par l'insuline peut être nécessaire pour franchir certaines frontières.

Avant une première utilisation, il est préférable de conserver l'insuline dans le bas du réfrigérateur (entre + 2 °C et + 8 °C). Si le flacon a été soumis à des températures comprises entre 22 °C et 35 °C pendant moins de 72 heures, il peut être utilisé mais doit ensuite être conservé au frais.

Pour un meilleur confort, l'insuline doit être sortie du réfrigérateur une heure avant l'injection ou réchauffée dans les mains pendant quelques minutes, puis injectée à température ambiante.

Après une première utilisation, les flacons entamés peuvent être conservés 3 semaines à température ambiante (inférieure à 25 °C) dans un endroit propre et sec, à l'abri de la lumière.

EFFETS INDÉSIRABLES POSSIBLES

Nodules graisseux sous-cutanés.

Rares *allergies*, essentiellement cutanées.

ACTRAPID HM ge Penfill 100 UI/ml

insuline

PRÉSENTATION

ACTRAPID HM ge PENFILL 100 UI/ml : solution injectable d'*insuline* d'action rapide et brève ; boîte de 5 cartouches de 1,5 ml (150 unités internationales) - Remb. 65 %

Laboratoires Novo Nordisk

COMPOSITION

	p. cartouche
Insuline humaine biogénétique	150 UI

INDICATIONS

C'est une *insuline* identique à l'insuline humaine, obtenue par *biotechnologie*. Son action est rapide et brève : son effet apparaît vers la 30e minute qui suit l'injection et s'estompe vers la 8e heure.

Elle est utilisée exclusivement en injection dans le traitement du *diabète*, et conditionnée en cartouche adaptée uniquement aux stylos injecteurs.

ATTENTION

La concentration de cette solution n'est pas adaptée aux seringues ni aux pompes à *perfusion* : risque majeur d'*hypoglycémie* grave par surdosage.

La mise en route du traitement suppose un apprentissage correct pour injecter l'*insuline*, contrôler la *glycémie* au doigt, rechercher le *sucre* et l'acétone dans les urines et tenir un carnet de surveillance.

L'hypoglycémie est la principale complication des traitements par l'insuline. Il s'agit le plus souvent de malaises hypoglycémiques sans gravité dont les principaux signes sont : sueurs, tremblements, troubles visuels, vision double, fatigue soudaine, fringale, *vertiges*, difficulté de concentration. En ce cas, le diabétique doit aussitôt absorber 3 à 6 morceaux de sucre ou un sirop sucré.

Beaucoup plus rarement, l'hypoglycémie peut être grave et entraîner des troubles du comportement (comparables notamment à l'ébriété), des *convulsions*, voire une perte de connaissance : 1 ampoule de GLUCAGON doit être injectée immédiatement par *voie* sous-cutanée ou intramusculaire, même à travers les vêtements en cas d'agitation. Si le diabétique ne reprend pas conscience dans les minutes qui suivent, prévenez un service d'urgence. Dans le doute, il n'y a pas de danger à injecter du GLUCAGON à un diabétique traité par l'insuline. Dans tous les cas, la prise d'une collation ou d'un repas reste nécessaire.

L'autre complication possible chez le diabétique est la survenue d'une *acidocétose* due à un manque important d'insuline. Elle peut être déclenchée par une infection (qui augmente les besoins en insuline) : grippe, rhume, *cystite*, abcès, etc. Elle se manifeste par une grande fatigue, une soif intense et des *troubles digestifs*. Il faut alors rechercher la présence de sucre et d'acétone dans les urines : la présence des deux en quantité importante confirme le diagnostic. Le traitement par l'insuline ne doit pas être arrêté ; le diabétique doit suivre les consignes de son médecin et, si besoin, le joindre d'urgence.

Évitez la prise de boissons alcoolisées à jeun ou à distance des repas : augmentation du risque d'hypoglycémie.

Conducteur : une hypoglycémie peut entraîner un malaise pendant la conduite ou l'utilisation de machines.

INTERACTIONS MÉDICAMENTEUSES

Certains médicaments peuvent déséquilibrer la *glycémie* : signalez votre traitement par l'*insuline* à tout médecin consulté ou à votre pharmacien.

GROSSESSE, ALLAITEMENT ET NOUVEAU-NÉ

Grossesse :

L'*insuline* est adaptée au *diabète* de la femme enceinte ou aux troubles passagers de la *glycémie* pendant la durée de la grossesse.

Allaitement :

Le traitement par l'*insuline* n'est pas une contre-indication à l'allaitement.

MODE D'EMPLOI ET POSOLOGIE

Cette *insuline* doit être injectée uniquement par *voie* sous-cutanée ; son conditionnement en cartouche est exclusivement réservé aux stylos injecteurs prescrits par votre médecin.

Avant injection, purgez l'air éventuellement contenu dans la cartouche.

L'aiguille doit être changée après chaque injection.

Respectez les horaires et les zones d'injection recommandés.

Posologie usuelle :

Elle est adaptée en fonction des résultats des analyses réalisées par le diabétique ou son entourage (carnet de surveillance) et des conseils de son médecin.

Il est prudent de disposer d'une *insuline* équivalente pour seringue afin de faire face à une perte ou à un défaut de fonctionnement du stylo.

Si vous utilisez deux stylos destinés à injecter deux insulines, veillez à pouvoir les distinguer facilement.

Pour le maniement précis du stylo, conformez-vous à la notice fournie par le fabricant et veillez à ne pas l'égarer.

En cas d'activité sportive, il est préférable d'injecter l'insuline à distance des muscles qui travaillent pour éviter une absorption trop rapide de l'insuline. De plus, une adaptation des doses d'insuline est habituellement nécessaire selon les conseils du médecin.

Prenez contact avec les associations pour diabétiques : elles diffusent une information utile sur le traitement et la surveillance du *diabète*.

Votre entourage doit savoir reconnaître les signes d'une *hypoglycémie* et pouvoir vous administrer, en cas de perte de connaissance, une ampoule de GLUCAGON. Celle-ci peut être conservée au domicile ou sur le lieu de travail à température ambiante (inférieure à 25 °C) pendant 2 ans. Après reconstitution, la solution ne doit pas être conservée plus d'une semaine au réfrigérateur ni être congelée.

Veillez à ne pas manquer d'insuline ou de seringues, notamment lors des week-ends et jours fériés ; lors de vos déplacements, munissez-vous d'une réserve ou de votre ordonnance en cours de validité. Un certificat de traitement par l'insuline peut être nécessaire pour franchir certaines frontières.

Avant une première utilisation, il est préférable de conserver vos réserves d'insuline dans le bas du réfrigérateur (entre + 2 °C et + 8 °C). Si les cartouches ont été soumises à des températures comprises entre 22 °C et 35 °C pendant moins de 72 heures, elles peuvent être utilisées mais doivent ensuite être conservées au frais.

Après une première utilisation, la cartouche peut être conservée dans le stylo 3 semaines à température ambiante (inférieure à 25 °C), dans un endroit propre et sec, à l'abri de la lumière.

EFFETS INDÉSIRABLES POSSIBLES

Nodules graisseux sous-cutanés.

Rares *allergies*, essentiellement cutanées.

ACTRON

PRÉSENTATION

ACTRON : comprimé effervescent (blanc) ; boîte de 20 - Non remb.

ACTRON : comprimé effervescent (blanc) ; boîte de 30 - Non remb.

Laboratoires Bayer Pharma

COMPOSITION

	p. comp.
Acide acétylsalicylique (aspirine)	0,267 g
Paracétamol	0,133 g
Caféine	0,040 g
Carbonate acide de sodium	1,606 g
Acide citrique	0,954 g
Soit sodium	440 mg

INDICATIONS

Ce médicament, *antalgique* et *antipyrétique*, associe de l'aspirine, du paracétamol et de la caféine.

Il est utilisé dans le *traitement symptomatique* de la douleur ou de la fièvre.

CONTRE-INDICATIONS

Ce médicament ne doit pas être utilisé dans les cas suivants :
- enfant de moins de 4 ans,
- *allergie* aux *salicylés* ou aux *AINS*,
- *ulcère* de l'estomac ou du *duodénum*,
- *hémorragie* et risque hémorragique,
- maladies graves du foie,
- **grossesse** : pendant les 3 derniers mois, ou en prise prolongée à toute période de la grossesse.

ATTENTION

Un avis médical est préférable en cas d'*antécédent* d'*ulcère* de l'estomac ou du *duodénum*, même ancien, d'*asthme*, d'*insuffisance rénale*.

Ce médicament est déconseillé chez les personnes atteintes de *goutte*.

Évitez de prendre ce médicament pendant la semaine qui précède une extraction dentaire, une opération, ou pendant des règles abondantes : augmentation du risque d'*hémorragie*.

Ce médicament contient du *sel* (sodium) en quantité notable.

INTERACTIONS MÉDICAMENTEUSES

Ce médicament contient de l'aspirine : les personnes traitées par des médicaments anticancéreux contenant du méthotrexate ne doivent pas l'utiliser.

Il peut interagir avec d'autres médicaments, notamment avec les *anticoagulants* et les *antiagrégants plaquettaires* (TICLID...) : augmentation du risque hémorragique. Signalez tout autre traitement en cours à votre médecin ou à votre pharmacien.

GROSSESSE, ALLAITEMENT ET NOUVEAU-NÉ

Grossesse :

Compte tenu de la présence d'aspirine, seule la prise ponctuelle de ce médicament est admise durant les 6 premiers mois de la grossesse ; au cours des 3 derniers mois, ce médicament est contre-indiqué.

Allaitement :

Ce médicament passe dans le lait maternel : il est déconseillé pendant l'allaitement.

MODE D'EMPLOI ET POSOLOGIE

Les comprimés doivent être dissous dans un verre d'eau.

Respectez un intervalle d'au moins 4 heures entre 2 prises.

Posologie usuelle :
- Adulte : 1 ou 2 comprimés par prise. Ne pas dépasser 8 comprimés par jour.

De nombreux médicaments contiennent de l'aspirine et du paracétamol : en tenir compte en cas de prise conjointe. Le surdosage en paracétamol est toxique pour le foie.

Il est préférable de ne pas prendre ce médicament en fin de journée (présence de caféine).

EFFETS INDÉSIRABLES POSSIBLES

Liés à l'aspirine :
- *gastrite*, douleurs abdominales, saignements du nez ou des gencives ;
- rares et parfois graves : *hémorragie* du tube digestif (vomissements sanglants, selles noires, ou plus souvent pertes de sang imperceptibles, responsables de l'apparition progressive d'une *anémie*) ; accidents allergiques (*urticaire*, *œdème*, *asthme*) ;
- signes devant faire penser à un surdosage : bourdonnements d'oreille, sensation de baisse de l'audition, maux de tête.

Liés au paracétamol : très rares réactions allergiques.

Liés à la caféine : insomnie, excitation, *palpitations*.

ACUITEL

quinapril

PRÉSENTATION

ACUITEL 5 mg : comprimé (jaune) ; boîte de 28 - Remb. 65 % - Liste I

ACUITEL 20 mg : comprimé sécable (jaune) ; boîte de 28 - Remb. 65 % - Liste I

Laboratoires Parke-Davis

COMPOSITION

	p. comp. 5 mg	p. comp. 20 mg
Quinapril		

INDICATIONS

Ce médicament appartient à la famille des inhibiteurs de l'*enzyme* de conversion (IEC). L'enzyme de conversion est une substance naturellement présente dans l'organisme ; elle est responsable d'une contraction des artères qui augmente la tension artérielle et fatigue le cœur.

Ce médicament est utilisé dans le traitement de l'*hypertension artérielle* et de l'*insuffisance cardiaque*.

CONTRE-INDICATIONS

Ce médicament ne doit pas être utilisé en cas de **grossesse** ou d'**allaitement**.

ATTENTION

Si vous suivez un traitement par *diurétique* ou un régime sans *sel*, la baisse de la tension artérielle peut être importante lors des premières prises : un malaise ou des étourdissements peuvent survenir ; il est préférable de choisir une période de repos et de prendre garde au risque de chute.

Les *sels* de régime contiennent souvent du *potassium* ; ne les utilisez pas sans avis médical pendant le traitement.

Des précautions sont nécessaires chez la personne âgée et celle atteinte d'*insuffisance rénale*.

INTERACTIONS MÉDICAMENTEUSES

Ce médicament peut interagir avec d'autres médicaments, notamment ceux contenant du *lithium*, certains *diurétiques* et les *sels* de régime. Signalez tout autre traitement en cours à votre médecin ou à votre pharmacien.

GROSSESSE, ALLAITEMENT ET NOUVEAU-NÉ

Grossesse :

L'effet de ce médicament sur l'enfant à naître est mal connu. Quelques accidents ayant été rapportés, son usage pendant la grossesse est contre-indiqué.

Allaitement :

Les données actuellement disponibles ne permettent pas de savoir si ce médicament passe dans le lait maternel : l'allaitement est contre-indiqué.

MODE D'EMPLOI ET POSOLOGIE

Ce médicament peut être pris indifféremment au cours ou en dehors des repas.

Posologie usuelle :
- Adulte : la posologie est variable en fonction des cas :
  - *hypertension artérielle* : 1 comprimé à 20 mg par jour, en 1 prise ;
  - *insuffisance cardiaque* : 5 à 20 mg par jour, en 1 ou 2 prises.

En cas d'*insuffisance rénale*, de traitement préalable par des *diurétiques* ou de régime sans *sel*, la *posologie* initiale est faible ; elle est augmentée progressivement par le médecin en fonction des effets du médicament.

Le traitement médicamenteux ne dispense pas de mesures simples pouvant faire baisser la tension artérielle : activité physique régulière, modération de la consommation de boissons alcoolisées, lutte contre le surpoids.

EFFETS INDÉSIRABLES POSSIBLES

Étourdissements et maux de tête.

Plus rarement : toux sèche, fatigue, nausées, diarrhée.

Rares réactions allergiques : œdème de *Quincke*, *allergie* cutanée.

ACUPAN
néfopam

PRÉSENTATION

ACUPAN : solution injectable *I.M.* et *I.V.* ; boîte de 5 ampoules 2 ml - Remb. 65 % - Liste I

Laboratoires 3M Santé

COMPOSITION

	p. amp. inj.
Néfopam chlorhydrate	20 mg

INDICATIONS

C'est un *antalgique* injectable puissant qui n'est pas dérivé de la *morphine*.

Il est utilisé dans le *traitement symptomatique* des douleurs intenses.

CONTRE-INDICATIONS

Ce médicament ne doit pas être utilisé dans les cas suivants :
- *glaucome* à angle fermé,
- risque de blocage des urines (*adénome de la prostate*),
- *antécédent* de *convulsions*,
- enfant de moins de 15 ans.

ATTENTION
Des précautions sont nécessaires en cas d'*insuffisance hépatique* ou d'*insuffisance rénale*.

INTERACTIONS MÉDICAMENTEUSES

Ce médicament peut interagir avec d'autres médicaments. Signalez tout autre traitement en cours à votre médecin ou à votre pharmacien.

GROSSESSE, ALLAITEMENT ET NOUVEAU-NÉ

L'effet de ce médicament pendant la grossesse ou l'allaitement est mal connu : seul votre médecin peut évaluer le risque éventuel de son utilisation dans votre cas.

MODE D'EMPLOI ET POSOLOGIE

Ce médicament peut être injecté par *voie intramusculaire* profonde ou voie intraveineuse lente, en position allongée afin d'éviter la survenue de nausée ou de *vertiges*.

Posologie usuelle :
Strictement individuelle, elle est adaptée par votre médecin en fonction de l'intensité de la douleur.

Un intervalle minimal de 4 heures entre 2 injections est habituellement respecté.

EFFETS INDÉSIRABLES POSSIBLES

Sueur, somnolence, nausées, vomissements.

Moins fréquemment : effets *atropiniques*.

ADALATE
nifédipine

PRÉSENTATION

ADALATE 10 mg : capsule (orange) ; boîte de 30 - Remb. 65 % - Liste I

ADALATE 10 mg : capsule (orange) ; boîte de 90 - Remb. 65 % - Liste I

ADALATE L.P. 20 mg : comprimé à *libération prolongée* (orangé) ; boîte de 30 - Remb. 65 % - Liste I

Laboratoires Bayer Pharma

COMPOSITION

	p. caps. 10 mg	p. comp. L.P. 20 mg
Nifédipine		

INDICATIONS

Ce médicament est un *vasodilatateur* qui appartient à la famille des *inhibiteurs calciques*.

Il est utilisé dans :
- le *traitement de fond* de l'*hypertension artérielle* (comprimé à 20 mg),
- les poussées d'hypertension artérielle graves (capsule à 10 mg),
- le *traitement préventif* des crises d'*angine de poitrine* (capsule à 10 mg),
- le *traitement préventif* et le *traitement curatif* des phénomènes de *Raynaud* (capsule à 10 mg).

CONTRE-INDICATIONS

Ce médicament ne doit pas être utilisé dans les cas suivants :
- **grossesse,**
- **allaitement.**

ATTENTION
La décision de traiter une poussée d'*hypertension artérielle* par une seule capsule d'ADALATE 10 mg par *voie sublinguale* ne peut être prise que par le médecin. Des baisses de tension brutales et parfois graves ont été observées lors de l'usage intempestif de cette voie d'administration.

INTERACTIONS MÉDICAMENTEUSES

Ce médicament peut interagir avec d'autres médicaments. Signalez tout autre traitement en cours à votre médecin ou à votre pharmacien.

GROSSESSE, ALLAITEMENT ET NOUVEAU-NÉ

Grossesse :
Ce médicament est contre-indiqué chez la femme enceinte ou susceptible de l'être : une contraception efficace est recommandée.

Allaitement :
Ce médicament passe dans le lait maternel : l'allaitement est contre-indiqué.

MODE D'EMPLOI ET POSOLOGIE

Les capsules à 10 mg ne doivent pas être croquées ni percées sauf dans certaines situations d'urgence où un effet rapide est désiré. Les comprimés à 20 mg doivent être avalés avec un peu d'eau sans être croqués ni écrasés.

Posologie usuelle :
- ADALATE 10 mg
  - la posologie varie suivant les indications : 1 ou 2 capsules, 3 fois par jour ;
  - dans certaines situations d'urgence, poussée d'*hypertension artérielle* par exemple, le médicament peut être administré par *voie sublinguale* sous contrôle médical ; la capsule est croquée et son contenu liquide est gardé dans la bouche 1 à 2 minutes puis avalé en même temps que la capsule vide.
- ADALATE L.P. 20 mg : 1 comprimé, matin et soir.

Conserver les comprimés et les capsules à l'abri de la lumière.
Le traitement médicamenteux ne dispense pas des mesures simples pouvant faire baisser la tension artérielle : activité physique régulière, modération de la consommation de boissons alcoolisées, lutte contre le surpoids.

EFFETS INDÉSIRABLES POSSIBLES

Les plus fréquents sont la conséquence de la dilatation des vaisseaux sanguins :
- rougeur du visage, bouffées de chaleur, maux de tête ;
- jambes lourdes ou enflées.

Plus rarement : baisse excessive de la tension artérielle, étourdissements, fatigue, démangeaisons, gonflement des gencives.

ADANCOR
nicorandil

PRÉSENTATION

ADANCOR 10 mg : comprimé (blanc cassé) ; boîte de 30 - Remb. 65 % - Liste I

ADANCOR 20 mg : comprimé (blanc cassé) ; boîte de 30 - Remb. 65 % - Liste I

Laboratoires Merck-Clévenot

COMPOSITION

	p. comp. 10 mg	p. comp. 20 mg
Nicorandil		

INDICATIONS

Ce médicament est un *vasodilatateur*. Il dilate les artères, améliore l'oxygénation du cœur et lutte contre les spasmes des *artères coronaires*.

Il est utilisé dans le *traitement préventif* des crises d'*angine de poitrine*.

CONTRE-INDICATIONS

Ce médicament ne doit pas être utilisé dans les cas suivants :
- *choc* cardio-vasculaire,
- baisse de la tension artérielle,
- certains cas d'*insuffisance cardiaque*.

GROSSESSE, ALLAITEMENT ET NOUVEAU-NÉ

L'effet de ce médicament pendant la grossesse ou l'allaitement est mal connu : seul votre médecin peut évaluer le risque éventuel de son utilisation dans votre cas.

MODE D'EMPLOI ET POSOLOGIE

Les comprimés doivent être avalés avec un verre d'eau.

Posologie usuelle :
- Adulte : 1 comprimé à 10 mg ou 1 comprimé à 20 mg, 2 fois par jour.

> Chez la personne âgée, surtout en période de forte chaleur, il est utile de boire suffisamment pour éviter une baisse de la tension artérielle.

EFFETS INDÉSIRABLES POSSIBLES

Maux de tête, fréquents en début de traitement, limités par une augmentation progressive de la *posologie*.

Baisse de la tension artérielle ou augmentation du rythme cardiaque, à forte dose.

Exceptionnellement : nausées, vomissements, *vertiges*, rougeur cutanée.

> Une fatigue persistante ne doit pas vous conduire à augmenter les prises de ce médicament : consultez votre médecin.

ADENA C 500 mg

acide désoxyribonucléique, citrate de magnésium, vitamine C

PRÉSENTATION

ADENA C 500 mg : comprimé (rose : 30 et blanc : 30) ; boîte de 60 - Non remb.

Laboratoires Innothéra

COMPOSITION

	p. comp. rose	p. comp. blanc
Acide désoxyribonucléique	200 mg	
Citrate de magnésium	50 mg	
Soit magnésium	6 mg	
Acide ascorbique (vitamine C)		500 mg

INDICATIONS

C'est un *antiasthénique* qui contient notamment de la *vitamine* C et du magnésium.

Ce médicament est utilisé dans le *traitement symptomatique* de la fatigue.

GROSSESSE, ALLAITEMENT ET NOUVEAU-NÉ

Ce médicament ne contient que des substances présumées sans danger pendant la grossesse ou l'allaitement. Néanmoins, ne l'utilisez pas de façon prolongée sans l'avis de votre pharmacien ou de votre médecin.

MODE D'EMPLOI ET POSOLOGIE

Les comprimés doivent être avalés avec un verre d'eau.

Posologie usuelle :

1 comprimé rose et 1 comprimé blanc, le matin et à midi.

ADÉNYL

adénosine phosphate

PRÉSENTATION

ADÉNYL 60 mg : comprimé (blanc) ; boîte de 30 - Remb. 35 %

Laboratoires Wyeth France

COMPOSITION

	p. comp.
Adénosine phosphate	60 mg

INDICATIONS

C'est un *veinotonique*. Il stimule la circulation du sang dans les veines.

Il est utilisé dans le *traitement symptomatique* :
- des jambes lourdes, des *œdèmes*, des crampes, des *impatiences* et autres troubles pouvant être en rapport avec une mauvaise circulation veineuse ou *lymphatique* ;
- des crises d'*hémorroïdes*.

> **ATTENTION**
>
> Ce médicament est insuffisant pour prévenir le risque de *phlébite* chez les malades alités ou plâtrés.
>
> Ce médicament soulage, mais n'empêche pas l'aggravation de l'*insuffisance veineuse*, qui requiert des mesures spécifiques telles que la *contention élastique*.

GROSSESSE, ALLAITEMENT ET NOUVEAU-NÉ

L'effet de ce médicament pendant la grossesse ou l'allaitement est mal connu. L'évaluation du risque éventuel lié à son utilisation est individuelle : demandez conseil à votre pharmacien ou à votre médecin.

MODE D'EMPLOI ET POSOLOGIE

Ce médicament doit être pris avec un verre d'eau au cours des repas.

Posologie usuelle :

1 comprimé le matin et 1 comprimé le soir.

> Une activité physique régulière et la surélévation du pied du lit permettent de faciliter la circulation veineuse et *lymphatique*.
>
> La constipation, la consommation de mets épicés et de vins riches en tanins favorisent les *hémorroïdes*.

Les médicaments sont prescrits dans une situation précise : ne les réutilisez pas sans avis médical.

ADEPAL

éthinylestradiol, lévonorgestrel

PRÉSENTATION

ADEPAL : comprimé (blanc : 7 et rose orangé : 14) ; boîte de 1 plaquette de 21 - Remb. 65 % - Liste I

ADEPAL : comprimé (blanc : 7 et rose orangé : 14) ; boîte de 3 plaquettes de 21 - Remb. 65 % - Liste I

Laboratoires Wyeth France

COMPOSITION

	p. comp. blanc	p. comp. rose orangé
Éthinylestradiol	0,03 mg	0,04 mg
Lévonorgestrel	0,15 mg	0,20 mg

INDICATIONS

C'est un *contraceptif* oral (pilule) qui contient un *estrogène* et un *progestatif*. Il est minidosé (moins de 0,04 mg d'estrogène) et biphasique (tous les comprimés ne contiennent pas la même quantité d'*hormones* et sont de deux couleurs différentes). Ce médicament est également prescrit pour traiter les douleurs des règles.

CONTRE-INDICATIONS

Ce médicament ne doit pas être utilisé dans les cas suivants :
- certaines maladies cardiaques ou *vasculaires*, notamment l'*hypertension artérielle* et les *antécédents* de *phlébite* ;
- certaines causes de saignement entre les règles ;
- *diabète*, excès de *cholestérol* ou de *triglycérides* ;
- maladie du foie grave ou récente, jaunisse chronique ou survenue lors d'une grossesse ;
- cancer du sein ou de l'utérus ainsi que certains autres cancers ;
- *tumeur de l'hypophyse*, excès de *prolactine* ;
- certaines maladies rares (*connectivite*, *porphyrie*, *otosclérose*, *otospongiose*) ;
- *insuffisance rénale* ;
- **grossesse ;**
- **allaitement.**

Dans tous les autres cas, le médecin est seul juge pour prescrire ce médicament, notamment en cas d'obésité, de *tumeur* bénigne du sein ou de l'utérus.

> **ATTENTION**
>
> Chez la femme de plus de 35 ans ou chez la femme qui fume, le risque de complications cardio-vasculaires liées aux *estrogènes* augmente nettement.
>
> Tout *symptôme* pouvant faire craindre une complication impose l'arrêt du traitement : maux de tête importants et inhabituels, troubles de la vision, élévation franche de la tension artérielle.
>
> La survenue d'un léger saignement entre les règles (spotting) est fréquente chez les femmes prenant la pilule. Vous devez néanmoins en informer votre médecin.
>
> Une surveillance médicale et des analyses sont nécessaires avant et pendant la contraception orale. Cette surveillance sera renforcée chez la femme souffrant

d'*épilepsie*, de *migraine*, d'*asthme*, de *dépression*, ou ayant des *antécédents* familiaux de maladie *vasculaire*.

En cas d'opération ou d'immobilisation pour une période prolongée, un autre mode de contraception est préférable.

INTERACTIONS MÉDICAMENTEUSES

L'efficacité contraceptive de la pilule peut être diminuée par la prise de certains médicaments : les *barbituriques*, certains antiépileptiques (TÉGRÉTOL, DI-HYDAN...), les médicaments contenant de la rifampicine (RIMACTAN, RIFADINE...) ou de la griséofulvine (FULCINE, GRISÉFULINE...).

GROSSESSE, ALLAITEMENT ET NOUVEAU-NÉ

Ce médicament est contre-indiqué pendant la grossesse et l'allaitement.

MODE D'EMPLOI ET POSOLOGIE

Prendre régulièrement, et sans oubli, 1 comprimé par jour à la même heure pendant 21 jours consécutifs, avec un arrêt de 7 jours entre chaque plaquette de 21 comprimés.

En cas de première contraception orale ou de reprise d'une contraception interrompue temporairement, prendre le premier comprimé le premier jour des règles.

En cas de changement de *contraceptif*, prendre le premier comprimé :
- après un arrêt de 7 jours, si le précédent contraceptif comportait 21 comprimés par plaquette ;
- après un arrêt de 6 jours, si le précédent contraceptif comportait 22 comprimés par plaquette ;
- sans interruption, si le précédent contraceptif comportait 28 comprimés par plaquette.

En cas de suite d'accouchement ou d'interruption de grossesse : suivre les indications du médecin.

> En cas d'oubli d'un comprimé :
> - retard de moins de 12 heures : prendre le comprimé oublié et continuer à l'heure habituelle ;
> - retard de plus de 12 heures : prendre le comprimé oublié et continuer à l'heure habituelle, mais la sécurité contraceptive n'est plus assurée et une méthode complémentaire doit être employée pour le cycle en cours (spermicide, préservatif, diaphragme).
>
> En cas de vomissement ou de diarrhée survenant juste après la prise du comprimé (sans rapport avec la prise du *contraceptif*), prendre un comprimé identique sur une autre plaquette. Si ces troubles durent plus de 12 heures, la sécurité contraceptive n'est plus assurée et une méthode complémentaire doit être employée pour le cycle en cours.

EFFETS INDÉSIRABLES POSSIBLES

Peu graves et n'empêchant pas la poursuite du traitement : nausées, maux de tête banals, prise de poids, tension modérée des seins, taches sombres sur le visage, jambes lourdes, irritation oculaire par les lentilles de contact, saignement entre les règles, diminution ou disparition des règles, *candidose* vaginale, irritabilité et tendance à la *dépression*.

Rares mais devant faire interrompre la prise de ce *contraceptif* : *hypertension artérielle*, accident cardiaque ou *vasculaire*, jaunisse, augmentation importante des lipides dans le sang, *diabète*, *nodule* ou douleur importante des seins, *migraine*, *vertiges*, troubles de la vision, aggravation d'une *épilepsie*, écoulement de lait.

Exceptionnellement, certaines pilules peuvent être responsables de calculs de la vésicule biliaire, de *tumeur* bénigne du foie, ou de *mastopathie*.

ADIAZINE
sulfadiazine

PRÉSENTATION

ADIAZINE : comprimé (blanc) ; boîte de 20 - Remb. 65 % - Liste I

Laboratoires Doms-Adrian

COMPOSITION

	p. comp.
Sulfadiazine	500 mg

INDICATIONS

C'est un *antibiotique* qui appartient à la famille des *sulfamides*.

Il est utilisé dans le traitement de diverses maladies infectieuses.

CONTRE-INDICATIONS

Ce médicament ne doit pas être utilisé dans les cas suivants :
- *allergie* aux *antibiotiques* de la famille des *sulfamides*,
- déficit en *G6PD*,
- *insuffisance hépatique* ou *insuffisance rénale* graves,
- dernier mois de la **grossesse**,
- **allaitement**,
- *nouveau-né*.

> **ATTENTION**
>
> En cas d'apparition de boutons, de cloques, arrêtez votre traitement et prévenez votre médecin.

INTERACTIONS MÉDICAMENTEUSES

Ce médicament peut interagir avec d'autres médicaments. Signalez tout autre traitement en cours à votre médecin ou à votre pharmacien.

GROSSESSE, ALLAITEMENT ET NOUVEAU-NÉ

L'organisme du *nouveau-né* étant incapable d'éliminer ce médicament, son usage est contre-indiqué en fin de grossesse, pendant l'allaitement et chez le nouveau-né.

MODE D'EMPLOI ET POSOLOGIE

Ce médicament sera pris de préférence au cours des repas.

Posologie usuelle :
- Adulte : 2 ou 3 comprimés, 4 fois par jour.
- Enfant : 1 comprimé par 3 kg et par jour. Soit, pour un enfant de 12 kg : 1 comprimé, 4 fois par jour.

> Le médecin peut prescrire un prélèvement pour identifier le *germe* responsable de l'infection et tester sa sensibilité aux *antibiotiques*. Le résultat de cet examen peut être faussé en cas d'automédication préalable : ne prenez pas d'antibiotique sans avis médical.
>
> Il est souhaitable de boire abondamment des eaux minérales riches en bicarbonate (eau de Vichy, eau de Vals...) pendant la durée du traitement.

EFFETS INDÉSIRABLES POSSIBLES

Troubles digestifs : nausées, maux d'estomac.

Réactions cutanées allergiques.

Anomalies de la *numération formule sanguine*.

ADRIGYL
vitamine D3

PRÉSENTATION

ADRIGYL : solution buvable ; flacon compte-gouttes 20 ml - Remb. 65 %

Laboratoires Doms-Adrian

COMPOSITION

	p. gte
Colécalciférol (vitamine D3)	300 UI
Degré alcoolique	90°

INDICATIONS

Ce médicament contient de la *vitamine* D, qui permet la fixation osseuse du calcium et dont la *carence* est responsable du *rachitisme*.

Il est utilisé pour prévenir et traiter les carences en vitamine D. Il peut être également utilisé chez l'adulte et la personne âgée dans le traitement de l'*ostéomalacie*.

CONTRE-INDICATIONS

Ce médicament ne doit pas être utilisé dans les cas suivants :
- excès de calcium dans le sang et dans les urines,
- *antécédents* de calculs rénaux contenant du calcium,
- immobilisation prolongée.

> **ATTENTION**
>
> Un surdosage en *vitamine* D expose à des effets indésirables graves.
>
> La vitamine D est présente dans de nombreux laits pour bébé et médicaments disponibles sans ordonnance : prenez l'avis de votre médecin ou de votre pharmacien pour éviter tout risque de surdosage.

GROSSESSE, ALLAITEMENT ET NOUVEAU-NÉ

Grossesse :

Ne prenez pas de *vitamine* D sans avis médical pendant la grossesse.

Allaitement :

Ce médicament passe dans le lait maternel : à forte dose, il est déconseillé pendant l'allaitement.

MODE D'EMPLOI ET POSOLOGIE

La solution doit être diluée dans le lait du biberon ou dans de l'eau.

Posologie usuelle :

Prévention du *rachitisme* :

- Nourrisson de moins de 18 mois : 4 ou 5 gouttes par jour (jusqu'à 7 gouttes pour les enfants à peau sombre) durant toute l'année.
- Enfant de 18 mois à 6 ans : même dose, durant les mois d'hiver seulement.

Dans les autres cas, notamment chez la femme enceinte et la personne âgée, la *posologie* est strictement individuelle.

> Les *carences* en *vitamine* D sont particulièrement fréquentes chez les jeunes enfants à peau sombre ou peu exposée au soleil ; en effet, la vitamine D est fabriquée par la peau sous l'influence des rayons *ultraviolets*.
>
> La prévention du *rachitisme* par la vitamine D est mise en œuvre de façon systématique chez le *nourrisson* et le jeune enfant.
>
> Ce médicament doit être conservé à l'abri de la chaleur et de la lumière.

EFFETS INDÉSIRABLES POSSIBLES

Aucun effet indésirable n'est généralement constaté aux doses usuelles ; certains signes doivent cependant faire penser à un surdosage : perte de l'appétit, soif intense, nausées, vomissements. Prévenez d'urgence votre médecin.

ADVIL Adulte

ibuprofène

PRÉSENTATION

ADVIL 200 mg : comprimé (marron) ; boîte de 20 - Remb. 65 %

Laboratoires Whitehall

COMPOSITION

	p. comp.
Ibuprofène	200 mg

INDICATIONS

C'est un *anti-inflammatoire* non stéroïdien (*AINS*) qui appartient au groupe des propioniques. Il possède à faible dose (200 mg) des propriétés *antalgiques* et *antipyrétiques* proches de celle de l'aspirine.

Il est utilisé dans le *traitement symptomatique* de la fièvre, des maux de tête, des douleurs dentaires, des douleurs diverses (en particulier rhumatismales) et des règles douloureuses.

CONTRE-INDICATIONS

Ce médicament ne doit pas être utilisé dans les cas suivants :

- *antécédent* d'*allergie* à l'aspirine ou aux *anti-inflammatoires* non stéroïdiens (*AINS*),
- *ulcère* de l'estomac ou du *duodénum*,
- *insuffisance hépatique* grave,
- *insuffisance rénale* grave,
- 3 derniers mois de la **grossesse**,
- enfant de moins de 15 ans.

> **ATTENTION**
>
> Tout traitement prolongé ou surdosage d'*AINS* expose à des effets indésirables graves.
>
> Des précautions sont nécessaires en cas d'*antécédents* d'*ulcère* de l'estomac ou du *duodénum*, de troubles de la vue, de *lupus érythémateux* disséminé, et chez la femme qui porte un stérilet.
>
> Conducteur : ce médicament peut provoquer parfois des étourdissements.

INTERACTIONS MÉDICAMENTEUSES

Ce médicament peut interagir avec d'autres médicaments, notamment :

- l'aspirine et les autres *anti-inflammatoires* non stéroïdiens, les *anticoagulants*, les *antiagrégants plaquettaires* (TICLID...) : augmentation du risque hémorragique ;
- le *lithium* (TÉRALITHE, NEUROLITHIUM...) : augmentation du taux de lithium dans le sang.

Signalez tout autre traitement en cours à votre médecin ou à votre pharmacien.

GROSSESSE, ALLAITEMENT ET NOUVEAU-NÉ

Grossesse :

Des effets néfastes pour la mère et l'enfant ont été mis en évidence lorsque ce médicament, comme tous les *AINS*, est utilisé au cours des 3 derniers mois de la grossesse : son usage est formellement contre-indiqué pendant cette période.

Pendant les 6 premiers mois, l'effet de ce médicament est mal connu. L'évaluation du risque éventuel lié à son utilisation est individuelle : demandez conseil à votre pharmacien ou à votre médecin.

Allaitement :

Ce médicament passe dans le lait maternel : il est déconseillé pendant l'allaitement.

MODE D'EMPLOI ET POSOLOGIE

Ce médicament peut être pris au cours des repas, mais l'effet sera plus rapide s'il est pris à jeun. Les prises doivent être espacées de 4 à 6 heures.

Posologie usuelle :

- Adulte : 1 ou 2 comprimés, 1 à 3 fois par jour (ne pas dépasser 6 comprimés par jour).

> Ne prolongez pas la prise du médicament plus que nécessaire. Si les *symptômes* persistent, consultez votre médecin.
>
> La prise au moment des repas diminue le risque d'*intolérance* digestive.

EFFETS INDÉSIRABLES POSSIBLES

Gastrite, douleurs abdominales.

Exceptionnels : *vertiges*, maux de tête, allergie cutanée (éruptions, démangeaisons, *œdème*), *asthme*.

Rares et parfois graves : *hémorragie* du tube digestif (vomissements sanglants, selles noires, ou plus souvent pertes de sang imperceptibles responsables de l'apparition progressive d'une *anémie*).

ADVIL Enfant et Nourrisson

ibuprofène

PRÉSENTATION

ADVIL ENFANT et NOURRISSON : suspension buvable avec mesurettes graduées (2,5 ml et 5 ml) ; flacon 200 ml - Remb. 65 % - Liste II

Laboratoires Whitehall

COMPOSITION

	p. 1 ml
Ibuprofène	20 mg
Saccharose	500 mg
Sorbitol	70 mg

INDICATIONS

Ce médicament est un *anti-inflammatoire* non stéroïdien (*AINS*). Il possède à faible dose des propriétés *antalgiques* et *antipyrétiques* proches de celles de l'aspirine.

Il est utilisé dans le *traitement symptomatique* de la fièvre chez le *nourrisson* et l'enfant.

CONTRE-INDICATIONS

Ce médicament ne doit pas être utilisé dans les cas suivants :

- *antécédent* d'*allergie* à l'aspirine ou aux *anti-inflammatoires* non stéroïdiens (*AINS*),
- *ulcère* de l'estomac ou du *duodénum*,
- *insuffisance hépatique* ou *insuffisance rénale* graves,
- *lupus érythémateux*,
- enfant de moins de 6 mois.

> **ATTENTION**
>
> Tout traitement prolongé ou surdosage d'*AINS* expose à des effets indésirables graves.
>
> Des précautions sont nécessaires en cas d'*asthme*, de risque hémorragique, de troubles de la vue.
>
> Ce médicament contient du *sucre* (saccharose) en quantité notable.

INTERACTIONS MÉDICAMENTEUSES

Ce médicament peut interagir avec d'autres médicaments, notamment :

- l'aspirine et les autres *anti-inflammatoires* non stéroïdiens, les *anticoagulants*, les *antiagrégants plaquettaires* (TICLID...) : augmentation du risque hémorragique ;
- le *lithium* (TÉRALITHE, NEUROLITHIUM...) : augmentation du taux de lithium dans le sang.

Signalez tout autre traitement en cours à votre médecin ou à votre pharmacien.

MODE D'EMPLOI ET POSOLOGIE

Le flacon doit être agité avant utilisation. Les prises doivent être espacées d'au moins 6 heures.

Posologie usuelle :

Elle dépend du poids et peut varier de 20 mg à 30 mg par kg et par jour répartis en 3 ou 4 prises.

Ne pas dépasser la *posologie* et la durée prescrites par le médecin, afin de limiter les effets indésirables.

EFFETS INDÉSIRABLES POSSIBLES

Gastrite, douleurs abdominales.

Allergie cutanée, *asthme*.

Rares et parfois graves : *hémorragie* du tube digestif (vomissements sanglants, selles noires, ou plus souvent pertes de sang imperceptibles responsables de l'apparition progressive d'une *anémie*).

AÉINE

phénobarbital, aubépine

PRÉSENTATION

AÉINE : comprimé (jaune orangé) ; boîte de 30 - Non remb.

Laboratoires Gallier

COMPOSITION

	p. comp.
Phénobarbital	15 mg
Aubépine, extrait sec	32 mg

INDICATIONS

Ce médicament est une association de plante (aubépine) et de phénobarbital de la famille des *barbituriques*.

Il est utilisé comme *sédatif* dans les formes légères d'anxiété ou d'insomnie.

CONTRE-INDICATIONS

Ce médicament ne doit pas être utilisé dans les cas suivants :
- *porphyrie*,
- *insuffisance respiratoire* grave,
- *allergie* aux *barbituriques*,
- enfant de moins de 15 ans.

ATTENTION

Des précautions sont nécessaires en cas d'*insuffisance hépatique* et chez la personne âgée.

Évitez les boissons alcoolisées : augmentation du risque de somnolence.

Conducteur : ce médicament peut être responsable d'une somnolence ou d'une baisse de la vigilance.

INTERACTIONS MÉDICAMENTEUSES

Ce médicament peut interagir avec de nombreux médicaments, notamment les *contraceptifs* oraux (pilule) : risque de contraception inefficace. Signalez tout autre traitement en cours à votre médecin ou à votre pharmacien.

GROSSESSE, ALLAITEMENT ET NOUVEAU-NÉ

Grossesse et nouveau-né :

Si une grossesse survient pendant le traitement, consultez votre médecin. Il appréciera le risque éventuel lié à l'utilisation de ce médicament dans votre cas.

Si le traitement est poursuivi jusqu'à l'accouchement, une surveillance médicale du *nouveau-né* est nécessaire.

Allaitement :

Ce médicament passe dans le lait maternel : il est déconseillé pendant l'allaitement.

MODE D'EMPLOI ET POSOLOGIE

Les comprimés doivent être avalés avec un peu d'eau.

Posologie usuelle :

- Adulte : 2 comprimés, 2 fois par jour.

EFFETS INDÉSIRABLES POSSIBLES

Dus au phénobarbital : somnolence, réaction cutanée, excitation, confusion des idées en particulier chez la personne âgée.

AÉROCID

PRÉSENTATION

AÉROCID : comprimé (marron foncé) ; boîte de 60 - Remb. 35 %

Laboratoires Aérocid

COMPOSITION

	p. comp.
Surrénine (porc)	10 mg
Pancréatine (porc)	10 mg
Foie, poudre totale (porc)	150 mg
Ergot de seigle, extrait mou	10 mg

INDICATIONS

C'est une association de substances d'origines animale et végétale.

Elle est utilisée dans le *traitement symptomatique* des troubles de la digestion.

GROSSESSE, ALLAITEMENT ET NOUVEAU-NÉ

L'effet de ce médicament pendant la grossesse ou l'allaitement est mal connu. L'évaluation du risque éventuel lié à son utilisation est individuelle : demandez conseil à votre pharmacien ou à votre médecin.

MODE D'EMPLOI ET POSOLOGIE

Ce médicament doit être avalé avec un grand verre d'eau.

Posologie usuelle :

2 comprimés le matin au lever et 2 comprimés le soir au coucher.

Une alimentation équilibrée, une mastication lente et l'élimination des aliments difficiles à digérer permettent souvent d'atténuer, voire de faire disparaître, les *troubles digestifs* qui ne sont pas liés à un *ulcère*.

AÉROPHAGYL

PRÉSENTATION

AÉROPHAGYL : comprimé (blanc) ; boîte de 48 - Non remb.

Laboratoires Monal

COMPOSITION

	p. comp.
Méthénamine	25 mg
Bromure de sodium	230 mg
Acide citrique	200 mg
Carbonate de calcium	100 mg

INDICATIONS

C'est un *antiseptique* intestinal utilisé pour traiter les ballonnements dus aux fermentations.

GROSSESSE, ALLAITEMENT ET NOUVEAU-NÉ

L'effet de ce médicament pendant la grossesse ou l'allaitement est mal connu. L'évaluation du risque éventuel lié à son utilisation est individuelle : demandez conseil à votre pharmacien ou à votre médecin.

MODE D'EMPLOI ET POSOLOGIE

Les comprimés doivent être pris au milieu des repas, midi et soir.

Posologie usuelle :

- Adulte : 1 ou 2 comprimés, 2 fois par jour ; prendre 2 comprimés en cas de crise.
- Enfant de 2 à 10 ans : 1 comprimé, 2 fois par jour.
- Nourrisson : 1 comprimé par jour.

Des mesures d'hygiène alimentaire sont à envisager : consultez votre médecin.

EFFETS INDÉSIRABLES POSSIBLES

Ne surviennent qu'en cas de dépassement des doses préconisées :
- somnolence et manifestations cutanées dues au brome,
- constipation.

AFEBRYL

aspirine, paracétamol, vitamine C

PRÉSENTATION

AFEBRYL : comprimé effervescent sécable (blanc) ; boîte de 16 - Remb. 65 %

Laboratoires Galephar

COMPOSITION

	p. comp.
Acide acétylsalicylique (aspirine)	300 mg
Paracétamol	200 mg
Acide ascorbique (vitamine C)	300 mg
Sodium	322,55 mg

INDICATIONS

Ce médicament associe de l'aspirine et du paracétamol, qui luttent contre la douleur et la fièvre, et de la *vitamine* C.

Il est utilisé dans le *traitement symptomatique* des affections douloureuses ou fébriles, notamment dans les états grippaux, les maux de tête, les courbatures.

CONTRE-INDICATIONS

Ce médicament ne doit pas être utilisé dans les cas suivants :
- *allergie* aux *salicylés* ou aux *AINS*,
- *ulcère* de l'estomac ou du *duodénum*,

- *hémorragie* et risque hémorragique,
- maladie grave du foie,
- enfant de moins de 4 ans,
- **grossesse** : pendant les 3 derniers mois, ou en prise prolongée, à toute période de la grossesse.

ATTENTION

Des précautions sont nécessaires en cas d'*asthme*, d'*insuffisance rénale*, d'*antécédent* d'*ulcère* de l'estomac ou du *duodénum*, même ancien, d'antécédent de calcul des *voies* urinaires (pour des doses de *vitamine* C supérieures à 1 g par jour), et chez la femme qui porte un stérilet.

Ce médicament est déconseillé chez les personnes atteintes de *goutte* et chez les femmes lors de règles abondantes.

Évitez de prendre ce médicament pendant la semaine qui précède une extraction dentaire ou une opération (augmentation du risque d'*hémorragie*).

INTERACTIONS MÉDICAMENTEUSES

Les personnes traitées par des médicaments anticancéreux contenant du méthotrexate ne doivent pas utiliser d'aspirine.

Ce médicament peut interagir avec d'autres médicaments, notamment les *anticoagulants* et les *antiagrégants plaquettaires* (TICLID...) : augmentation du risque hémorragique. Signalez tout autre traitement en cours à votre médecin ou à votre pharmacien.

GROSSESSE, ALLAITEMENT ET NOUVEAU-NÉ

Grossesse :

Compte tenu de la présence d'aspirine, seule la prise ponctuelle de ce médicament est admise durant les 6 premiers mois de la grossesse ; au cours des 3 derniers mois, ce médicament est contre-indiqué.

Allaitement :

Ce médicament passe dans le lait maternel : il est déconseillé en prises répétées pendant l'allaitement.

MODE D'EMPLOI ET POSOLOGIE

Les comprimés doivent être dissous dans un verre d'eau.

Respecter un intervalle d'au moins 4 heures entre 2 prises.

Posologie usuelle :

- Adulte : 1 ou 2 comprimés, 2 ou 3 fois par jour selon l'intensité de la douleur ou de la fièvre.
- Enfant de 10 à 15 ans : 1 comprimé, 1 à 3 fois par jour.
- Enfant de 4 à 10 ans : 1/2 comprimé, 1 à 3 fois par jour.

De nombreux médicaments contiennent de l'aspirine et du paracétamol : un surdosage expose à une augmentation des effets indésirables. Le surdosage en paracétamol est toxique pour le foie.

EFFETS INDÉSIRABLES POSSIBLES

Liés à l'aspirine :

- *gastrite*, douleurs abdominales, saignements du nez ou des gencives ;
- rares et parfois graves : *hémorragie* du tube digestif (vomissements sanglants, selles noires, ou plus souvent pertes de sang imperceptibles, responsables de l'apparition progressive d'une *anémie*) ; accidents allergiques (*urticaire*, *œdème*, *asthme*) ;
- signes devant faire penser à un surdosage : bourdonnements d'oreille, sensation de baisse de l'audition, maux de tête.

Liés à la *vitamine* C, à forte dose (supérieure à 1 g par jour) : calculs des *voies* urinaires chez les personnes prédisposées.

Liés au paracétamol : rares *allergies* cutanées.

AFÉRADOL
paracétamol

PRÉSENTATION

AFÉRADOL : comprimé sécable (blanc) ; boîte de 16 - Non remb.

AFÉRADOL : comprimé effervescent sécable (blanc) ; boîte de 16 - Non remb.

Laboratoires Oberlin

COMPOSITION

	p. comp.	p. comp. efferv.
Paracétamol	500 mg	500 mg
Sodium		412,4 mg

INDICATIONS

Ce médicament est un *antalgique* et un *antipyrétique* qui contient du paracétamol.

Il est utilisé :

- pour faire baisser la fièvre,
- dans le traitement des affections douloureuses.

CONTRE-INDICATIONS

Ce médicament ne doit pas être utilisé dans les cas suivants :

- maladie grave du foie,
- enfant de moins de 7 ans (sauf prescription médicale).

ATTENTION

De nombreux médicaments contiennent du paracétamol : en tenir compte en cas de prise conjointe car le surdosage en paracétamol peut être toxique pour le foie.

Les comprimés effervescents contiennent du *sel* (sodium) en quantité notable.

GROSSESSE, ALLAITEMENT ET NOUVEAU-NÉ

Grossesse :

Les études scientifiques actuellement disponibles n'ont pas mis en évidence de problème particulier lors de l'utilisation chez la femme enceinte.

Allaitement :

Aux doses usuelles, l'usage de ce médicament est possible pendant l'allaitement.

MODE D'EMPLOI ET POSOLOGIE

Ce médicament peut être pris indifféremment pendant ou entre les repas. Respecter un intervalle minimal de 4 heures entre 2 prises.

Les comprimés effervescents doivent être dissous dans un verre d'eau.

Posologie usuelle :

- Adulte : 1 ou 2 comprimés, 1 à 3 fois par jour. Ne pas dépasser 3 g (6 comprimés) par jour.
- Enfant de 13 à 15 ans : 1 comprimé, 1 à 3 fois par jour.
- Enfant de 7 à 13 ans : 1/2 comprimé, 1 à 3 fois par jour.
- Insuffisant rénal : respecter un intervalle de 8 heures entre 2 prises.

Des sueurs abondantes accompagnent généralement la baisse de température lors du traitement des fièvres élevées. Ce phénomène est normal.

Les comprimés effervescents doivent être conservés à l'abri de l'humidité et de la chaleur.

EFFETS INDÉSIRABLES POSSIBLES

Ce médicament est très bien supporté. Les effets indésirables sont rares : *allergies* cutanées essentiellement.

AGATHOL baume

PRÉSENTATION

AGATHOL BAUME : pommade ; tube 56 g - Non remb.

Laboratoires Iderne

COMPOSITION

	p. 100 g
Oxyde de zinc	3 g
Oxyde de titane	2 g
Baume du Pérou	0,20 g
Crésylol officinal	0,06 g
Lanoline	+

INDICATIONS

Cette pommade est protectrice et nutritive.

Elle est utilisée dans le traitement des maladies de la peau non suintantes : *eczéma*, brûlure et plaies superficielles, gerçure, engelure.

CONTRE-INDICATIONS

Cette pommade ne doit pas être utilisée en cas de lésions suintantes ni dans les plis de la peau.

GROSSESSE, ALLAITEMENT ET NOUVEAU-NÉ

Ce médicament ne contient que des substances présumées sans danger pendant la grossesse ou l'allaitement. Néanmoins, ne l'utilisez pas de façon prolongée sans l'avis de votre pharmacien ou de votre médecin.

MODE D'EMPLOI ET POSOLOGIE

Appliquer une couche mince sur la peau préalablement nettoyée.

Recouvrir éventuellement d'une compresse de gaze stérile.

Posologie usuelle :

2 ou 3 applications par jour.

EFFETS INDÉSIRABLES POSSIBLES

Eczéma dû au médicament (présence de baume du Pérou et de lanoline).

AGIOLAX
ispaghul, séné

PRÉSENTATION

AGIOLAX : granulé arôme menthe ; boîte de 100 g - Non remb.

AGIOLAX : granulé arôme menthe ; boîte de 200 g - Non remb.

Laboratoires Madaus

COMPOSITION

	p. c. à c.
Ispaghul graine, poudre	3,80 g
Séné fruit, poudre	0,87 g

INDICATIONS

Ce médicament contient un *laxatif de lest* (ispaghul) et un *laxatif stimulant* (séné). Le laxatif de lest rend les selles plus volumineuses et moins fermes. Le laxatif stimulant augmente les sécrétions et la motricité de l'intestin.

Il est utilisé comme *traitement symptomatique* de la constipation.

CONTRE-INDICATIONS

Ce médicament ne doit pas être utilisé dans les cas suivants :
- maladies inflammatoires du côlon ;
- constipation ou douleur abdominale due à une obstruction du tube digestif : rétrécissement intestinal, *fécalome* (bouchon de selles) ;
- enfant de moins de 12 ans, sauf sur prescription médicale.

ATTENTION

Ce médicament doit être utilisé de façon épisodique et en cure très brève : pas plus de 8 à 10 jours.

Son usage régulier peut entraîner :
- une *dépendance*,
- des troubles intestinaux graves,
- une perte de sels minéraux et notamment de *potassium*, pouvant entraîner des *troubles du rythme cardiaque* graves.

Il est nécessaire de boire beaucoup d'eau, particulièrement en cas de dilatation du côlon, d'alitement et chez la personne âgée.

Arrêter le traitement en cas de diarrhée ou de douleurs abdominales.

INTERACTIONS MÉDICAMENTEUSES

Ce médicament peut interagir avec d'autres, notamment certains *antiarythmiques* et les médicaments contenant de la *vincamine*. Signalez tout autre traitement en cours à votre médecin ou à votre pharmacien.

GROSSESSE, ALLAITEMENT ET NOUVEAU-NÉ

Ce médicament est déconseillé pendant la grossesse ou l'allaitement.

MODE D'EMPLOI ET POSOLOGIE

Ce médicament doit être avalé avec un liquide, sans être mâché. Il doit être pris de préférence après le dîner.

L'effet peut être obtenu en 24 ou 48 heures.

Posologie usuelle :
- Adulte et enfant de plus de 12 ans : 1 cuillère à café par jour.

En cas de port de prothèse dentaire (dentier...), il peut être préférable de prendre ce médicament avec une boisson fortement gazeuse afin d'éviter que les granulés ne se collent à l'appareil.

Des mesures simples d'hygiène alimentaire et des exercices physiques sont à envisager avant d'utiliser un laxatif : parlez-en à votre médecin ou à votre pharmacien.

EFFETS INDÉSIRABLES POSSIBLES

Diarrhée, douleurs abdominales.
Sensation de ballonnement.

A-GRAM oral
amoxicilline

PRÉSENTATION

A-GRAM 125 mg : poudre pour suspension buvable (blanc) ; flacon 60 ml (12 cuillères-mesure 5 ml) - Remb. 65 % - Liste I

A-GRAM 250 mg : poudre pour suspension buvable (blanc) ; flacon 60 ml (12 cuillères-mesure 5 ml) - Remb. 65 % - Liste I

A-GRAM 500 mg : poudre pour suspension buvable (blanc) ; flacon 60 ml (12 cuillères-mesure 5 ml) - Remb. 65 % - Liste I

A-GRAM 500 mg : comprimé effervescent (blanc) ; boîte de 12 - Remb. 65 % - Liste I

A-GRAM 500 mg : gélule (orange et blanc) ; boîte de 12 - Remb. 65 % - Liste I

Laboratoires Inava

COMPOSITION

	p. c. mes.	p. c. mes.	p. c. mes.
Amoxicilline	125 mg	250 mg	500 mg
Saccharose	2,16 g	2,10 g	1,80 g

	p. comp.	p. gél.
Amoxicilline	500 mg	500 mg
Sodium	258 mg	

INDICATIONS

C'est un *antibiotique* qui appartient à la famille des *pénicillines* à spectre élargi, c'est-à-dire actives sur un plus grand nombre de *germes* que la pénicilline simple.

Ce médicament est utilisé dans le traitement de diverses maladies infectieuses, notamment des poumons, des bronches, du nez, de la gorge ou des oreilles, de l'appareil digestif ou urinaire, des *voies* génitales, des gencives et des dents.

CONTRE-INDICATIONS

Ce médicament ne doit pas être utilisé dans les cas suivants :
- *allergie* aux *pénicillines*,
- *mononucléose infectieuse*.

Ce médicament ne peut être utilisé qu'après avis médical en cas d'allergie aux *céphalosporines*.

ATTENTION

Des précautions sont nécessaires en cas d'*insuffisance rénale*.

Le médecin peut prescrire un prélèvement pour identifier le *germe* responsable de l'infection et tester sa sensibilité à l'*antibiotique*. Le résultat de cet examen peut être faussé en cas d'automédication préalable : ne prenez pas d'antibiotique sans avis médical.

Des *antécédents* d'*allergie* à la *pénicilline* contre-indiquent l'usage de ce médicament. La survenue de toute manifestation allergique (boutons, *œdème*, malaise) impose l'arrêt immédiat du traitement : consultez votre médecin.

Une diminution de la fièvre ou une disparition des *symptômes* ne sont pas synonymes de guérison : la durée du traitement doit absolument être respectée pour éviter les rechutes.

La suspension buvable contient du *sucre* (saccharose) en quantité notable.

INTERACTIONS MÉDICAMENTEUSES

Ce médicament peut interagir avec d'autres médicaments. Signalez tout autre traitement en cours à votre médecin ou à votre pharmacien.

GROSSESSE, ALLAITEMENT ET NOUVEAU-NÉ

Grossesse :

Les études scientifiques actuellement disponibles n'ont pas mis en évidence de problème particulier lors de l'utilisation chez la femme enceinte. Seul votre médecin peut apprécier la nécessité du traitement et son risque pendant la grossesse.

Allaitement :

Ce médicament passe dans le lait maternel.

MODE D'EMPLOI ET POSOLOGIE

Les gélules doivent être avalées avec un peu d'eau.

Les comprimés effervescents doivent être dissous dans un verre d'eau.

La suspension buvable doit être préparée : dissoudre la poudre avec de l'eau minérale en quantité suffisante pour que la solution obtenue atteigne le trait gravé sur le flacon.

Les repas ne modifient pas l'absorption du médicament, qui peut donc être pris à n'importe quel moment de la journée.

Posologie usuelle :

Elle varie en fonction des indications.

À titre indicatif et pour des infections courantes :
- Adulte : 500 mg, matin et soir.
- Enfant et nourrisson : 50 mg par kg et par jour, répartis en 3 prises ; soit par exemple pour un enfant de 15 kg : une cuillère-mesure de sirop à 250 mg, matin midi et soir.

L'éventuelle impression de fatigue n'est pas due à l'*antibiotique*, mais à l'infection elle-même.

L'odeur particulière des urines est normale et traduit l'élimination de l'antibiotique.

Le sirop reconstitué se conserve une semaine à température ambiante ; il est préférable de l'agiter avant chaque usage.

EFFETS INDÉSIRABLES POSSIBLES

Fréquents mais généralement bénins :
- *allergie* cutanée,
- *troubles digestifs* (nausée, diarrhée),
- *candidose*.

Rares mais parfois graves :
- œdème de *Quincke*,
- *choc* allergique (exceptionnel).

A-GRAM injectable

amoxicilline

PRÉSENTATION

A-GRAM 500 mg : préparation injectable *I.M.* ; flacon de poudre et ampoule de solvant 5 ml - Remb. 65 % - Liste I

A-GRAM 1 g : préparation injectable *I.M.* ; flacon de poudre et ampoule de solvant 5 ml - Remb. 65 % - Liste I

Laboratoires Inava

COMPOSITION

	p. fl.	p. fl.
Amoxicilline	500 mg	1 g
Alcool benzylique	+	+

INDICATIONS

C'est un *antibiotique* qui appartient à la famille des *pénicillines* à spectre élargi, c'est-à-dire actives sur un plus grand nombre de *germes* que la pénicilline simple.

Ce médicament est utilisé dans le traitement de diverses maladies infectieuses, notamment celles des poumons, des bronches, du nez, de la gorge ou des oreilles, de l'appareil digestif ou urinaire, des *voies génitales*, des gencives et des dents.

CONTRE-INDICATIONS

Ce médicament ne doit pas être utilisé dans les cas suivants :
- *allergie* aux *pénicillines*,
- *mononucléose infectieuse*.

Ce médicament ne peut être utilisé qu'après avis médical en cas d'allergie aux *céphalosporines*.

ATTENTION

Des précautions sont nécessaires chez le *nourrisson* de moins de 3 mois, en raison de la nature du solvant (alcool benzylique), et chez l'*insuffisant rénal*.

Le médecin peut prescrire un prélèvement pour identifier le *germe* responsable de l'infection et tester sa sensibilité à l'*antibiotique*. Le résultat de cet examen peut être faussé en cas d'automédication préalable : ne prenez pas d'antibiotique sans avis médical.

Des *antécédents* d'*allergie* à la *pénicilline* contre-indiquent l'usage de ce médicament. La survenue de toute manifestation allergique (boutons, *œdème*, malaise) impose l'arrêt immédiat du traitement : consultez votre médecin.

Une diminution de la fièvre ou une disparition des *symptômes* ne sont pas synonymes de guérison : la durée du traitement doit absolument être respectée pour éviter les rechutes.

INTERACTIONS MÉDICAMENTEUSES

Ce médicament peut interagir avec d'autres médicaments. Signalez tout autre traitement en cours à votre médecin ou à votre pharmacien.

GROSSESSE, ALLAITEMENT ET NOUVEAU-NÉ

Grossesse :

Les études scientifiques actuellement disponibles n'ont pas mis en évidence de problème particulier lors de l'utilisation chez la femme enceinte. Seul votre médecin peut apprécier la nécessité du traitement et son risque pendant la grossesse.

Allaitement :

Ce médicament passe dans le lait maternel : l'arrêt de l'allaitement devra être envisagé.

MODE D'EMPLOI ET POSOLOGIE

La solution injectable est obtenue en mélangeant la poudre avec l'ampoule de solvant fournie. Une légère coloration de la solution est normale.

La solution ainsi obtenue doit être injectée par *voie* intramusculaire, jamais par voie intraveineuse.

Aucun autre produit ne doit être mélangé au contenu du flacon.

Posologie usuelle :

Elle varie en fonction des indications.

À titre indicatif et pour des infections courantes :
- Adulte et enfant de plus de 15 ans : 1 g, matin et soir.
- Enfant de moins de 15 ans et nourrisson : 50 mg par kg et par jour.

La solution doit être injectée dans l'heure qui suit sa préparation.

L'éventuelle impression de fatigue n'est pas due à l'*antibiotique*, mais à l'infection elle-même.

L'odeur particulière des urines est normale et traduit l'élimination de l'antibiotique.

EFFETS INDÉSIRABLES POSSIBLES

Fréquents mais généralement bénins :
- *allergie* cutanée,
- *troubles digestifs* (nausée, diarrhée),
- *candidose*.

Rares mais parfois graves :
- œdème de *Quincke*,
- *choc* allergique (exceptionnel).

= présence d'un message d'attention pour les conducteurs

AGRÉAL

véralipride

PRÉSENTATION

AGRÉAL : gélule (vert) ; boîte de 20 - Remb. 35 % - Liste I

Laboratoires Delagrange

COMPOSITION

	p. gél.
Véralipride	100 mg

INDICATIONS

Ce médicament appartient à la famille des *neuroleptiques*.

Il est utilisé dans le traitement des troubles qui accompagnent la *ménopause*, notamment les bouffées de chaleur.

CONTRE-INDICATIONS

Ce médicament ne doit pas être utilisé dans les cas suivants :
- *tumeur de l'hypophyse*,
- *phéochromocytome*.

ATTENTION

Ce médicament n'est pas une *hormone* : il ne traite pas une éventuelle *carence* hormonale.

En cas d'apparition d'un écoulement de lait, consultez votre médecin.

Évitez les boissons alcoolisées : augmentation du risque de somnolence.

Conducteur : ce médicament peut être responsable d'une somnolence ou d'une baisse de la vigilance.

INTERACTIONS MÉDICAMENTEUSES

Ce médicament peut interagir avec d'autres médicaments. Signalez tout autre traitement en cours à votre médecin.

MODE D'EMPLOI ET POSOLOGIE

Ce médicament peut être pris indifféremment au cours ou en dehors des repas.

Posologie usuelle :

1 gélule par jour, pendant 20 jours.

Ce traitement peut être renouvelé en cas de réapparition des troubles.

EFFETS INDÉSIRABLES POSSIBLES

Prise de poids, écoulement de lait, somnolence, mouvements involontaires, tremblements, raideur anormale, grimaces involontaires.

AGYRAX

méclozine

PRÉSENTATION

AGYRAX : comprimé sécable (blanc) ; boîte de 15 - Remb. 65 %

Laboratoires Vedim

COMPOSITION

	p. comp.
Méclozine chlorhydrate	25 mg

INDICATIONS

C'est un antivertigineux qui appartient à la famille des *antihistaminiques*.

Il est utilisé dans le *traitement symptomatique* des *vertiges*.

CONTRE-INDICATIONS

Ce médicament ne doit pas être utilisé dans les cas suivants :
- *glaucome* à angle fermé,
- risque de blocage des urines (*adénome de la prostate*),
- grossesse.

> **ATTENTION**
> Évitez les boissons alcoolisées : augmentation du risque de somnolence.
> Conducteur : ce médicament peut être responsable d'une somnolence ou d'une baisse de la vigilance.

INTERACTIONS MÉDICAMENTEUSES

Ce médicament peut interagir avec d'autres médicaments, notamment les *sédatifs* et les *atropiniques*. Signalez tout autre traitement en cours à votre médecin ou à votre pharmacien.

GROSSESSE, ALLAITEMENT ET NOUVEAU-NÉ

Grossesse :

En l'absence de données suffisantes dans l'espèce humaine, ce médicament est contre-indiqué pendant les 3 premiers mois de la grossesse.

MODE D'EMPLOI ET POSOLOGIE

Les comprimés doivent être avalés sans être croqués avec un verre d'eau, juste avant les repas.

Posologie usuelle :

1 comprimé, 1 à 3 fois par jour.

> Ce médicament est destiné au traitement des *vertiges* et non des troubles de l'équilibre : parlez-en à votre médecin ou à votre pharmacien.

EFFETS INDÉSIRABLES POSSIBLES

Bouche sèche, constipation, troubles visuels, difficultés à uriner et risque de confusion des idées chez la personne âgée.

AIGLONYL
sulpiride

PRÉSENTATION

AIGLONYL : gélule (blanc) ; boîte de 30 - Remb. 65 % - Liste I

AIGLONYL : solution buvable 0,5 % arôme citron ; flacon 200 ml (40 cuillères à café ou 4 000 gouttes) - Remb. 65 % - Liste I

Laboratoires Fumouze

COMPOSITION

	p. gél.	p. 20 gtes
Sulpiride	50 mg	5 mg

INDICATIONS

C'est un *neuroleptique* qui appartient à la famille chimique des benzamides. Ce médicament lutte contre certains dérèglements nerveux.

Il est utilisé dans le traitement de la fatigue d'origine nerveuse.

CONTRE-INDICATIONS

Ce médicament ne doit pas être utilisé dans les cas suivants :
- *phéochromocytome*,
- en association avec les médicaments contenant de la lévodopa.

> **ATTENTION**
> En cas de survenue d'une fièvre inexpliquée, suspendez la prise de ce médicament, et alertez immédiatement votre médecin.
> La guérison peut nécessiter un traitement prolongé ; une amélioration survenant en début de traitement ne doit pas vous conduire à l'arrêter sans l'avis de votre médecin.
> Des précautions sont nécessaires chez les personnes âgées, en cas d'*épilepsie*, d'*insuffisance rénale*, ou de maladie de *Parkinson*.
> Évitez les boissons alcoolisées : augmentation du risque de somnolence.
> Conducteur : ce médicament peut être responsable d'une somnolence ou d'une baisse de la vigilance.

INTERACTIONS MÉDICAMENTEUSES

Ce médicament ne doit pas être associé à ceux contenant de la lévodopa (LARODOPA, MODOPAR, SINEMET...) : risque d'annulation de leurs effets.

Ce médicament peut interagir avec d'autres médicaments, notamment les *antihypertenseurs* et les *sédatifs*. Signalez tout autre traitement en cours à votre médecin ou à votre pharmacien.

GROSSESSE, ALLAITEMENT ET NOUVEAU-NÉ

Grossesse et nouveau-né :

Si une grossesse survient pendant le traitement, consultez votre médecin : il appréciera le risque éventuel lié à l'utilisation de ce médicament dans votre cas.

Si le traitement est poursuivi jusqu'à l'accouchement, une surveillance médicale du *nouveau-né* est nécessaire.

Allaitement :

Ce médicament passe dans le lait maternel.

MODE D'EMPLOI ET POSOLOGIE

Les gélules peuvent être avalées avec un verre d'eau.

La solution buvable est adaptée à l'enfant (1 cuillère à café = 25 mg de sulpiride).

Posologie usuelle :

Elle est strictement individuelle.

EFFETS INDÉSIRABLES POSSIBLES

Somnolence.

Mouvements involontaires, tremblements, raideur anormale, grimaces involontaires.

Hypotension orthostatique.

Absence de règles, augmentation du volume des seins, écoulement de lait par le mamelon.

Prise de poids.

AINSCRID
indométacine

PRÉSENTATION

AINSCRID 75 mg : gélule à *libération prolongée* ; boîte de 20 - Remb. 65 % - Liste I

Laboratoires Gerda

COMPOSITION

	p. gél. L.P.
Indométacine	75 mg

INDICATIONS

Ce médicament est un *anti-inflammatoire* non stéroïdien (*AINS*). Il lutte contre l'*inflammation* et la douleur, fait baisser la fièvre et fluidifie le sang.

Il est utilisé dans le *traitement symptomatique* :
- des *rhumatismes inflammatoires* ;
- des *arthrites*, des *tendinites*, des *lombalgies*, des *arthroses*.

Il est également utilisé dans le traitement de certaines fièvres et des suites de chirurgie orthopédique.

CONTRE-INDICATIONS

Ce médicament ne doit pas être utilisé dans les cas suivants :
- *allergie* aux *AINS*, y compris l'aspirine ;
- *ulcère* de l'estomac ou du *duodénum* ;
- *insuffisance hépatique*, *insuffisance rénale* graves ;
- enfant de moins de 15 ans ;
- grossesse (3 derniers mois) ;
- allaitement.

> **ATTENTION**
> Tout traitement prolongé ou surdosage d'*AINS* expose à des effets indésirables graves.
> Des précautions sont nécessaires en cas de troubles nerveux, d'*épilepsie*, de maladie de *Parkinson*, d'*antécédents* d'*ulcère* de l'estomac ou du *duodénum*, ou de risque hémorragique, et chez la personne âgée et la femme qui porte un stérilet.
> Conducteur : ce médicament peut provoquer parfois des étourdissements.

INTERACTIONS MÉDICAMENTEUSES

Ce médicament peut interagir avec d'autres médicaments, notamment :
- l'aspirine et les autres *anti-inflammatoires* non stéroïdiens : risque d'accroissement des effets indésirables ;
- les *anticoagulants* et les *antiagrégants plaquettaires* (TICLID...) : augmentation du risque hémorragique ;

- le *lithium* (TÉRALITHE, NEUROLITHIUM) : augmentation du taux de lithium dans le sang.

Signalez tout autre traitement en cours à votre médecin ou à votre pharmacien.

GROSSESSE, ALLAITEMENT ET NOUVEAU-NÉ

Grossesse :

Des effets néfastes graves pour la mère et l'enfant à naître ont été mis en évidence lorsque ce médicament, comme tous les *AINS*, est utilisé au cours des 3 derniers mois de la grossesse : son usage est formellement contre-indiqué pendant cette période.

Pendant les 6 premiers mois, l'effet de ce médicament est mal connu : seul votre médecin peut évaluer le risque éventuel de son utilisation dans votre cas.

Allaitement :

Ce médicament passe dans le lait maternel : par mesure de prudence, il est contre-indiqué pendant l'allaitement.

MODE D'EMPLOI ET POSOLOGIE

Les gélules doivent être avalées, sans être ouvertes, avec un verre d'eau, de préférence au cours des repas.

Posologie usuelle :

1 gélule, de préférence le soir.

Ne dépassez pas la *posologie* ni la durée de traitement prescrites par votre médecin afin d'éviter les effets indésirables.

Ce médicament vous a été prescrit dans une situation précise : ne le conseillez pas à un proche, ne le réutilisez pas sans avis médical.

EFFETS INDÉSIRABLES POSSIBLES

Troubles digestifs : *gastrite*, diarrhée, douleurs abdominales, *ulcérations* du tube digestif.

Maux de tête, *vertiges*, bourdonnement d'oreille, somnolence ou insomnie.

Jaunisse.

Réactions allergiques cutanées (*urticaire*, démangeaisons...), *asthme*.

Troubles visuels exceptionnels en cas de traitement prolongé.

AKINDEX

dextrométhorphane

PRÉSENTATION

AKINDEX ADULTE : sirop arôme abricot ; flacon 200 ml (14 gobelets doseurs) - Non remb.

AKINDEX ENFANT : sirop arôme banane ; flacon 125 ml - Non remb.

Laboratoires Fournier

COMPOSITION

	p. gobelet	p. c. à. c.
Dextrométhorphane bromhydrate	20 mg	5 mg
Saccharose	11,5 g	4 g

INDICATIONS

Ce sirop *antitussif* contient du dextrométhorphane, qui agit sur les centres de la toux.

Il est utilisé dans le *traitement symptomatique* des toux sèches.

CONTRE-INDICATIONS

Ce médicament ne doit pas être utilisé dans les cas suivants :

- *insuffisance respiratoire*, *asthme* ;
- association avec un *antidépresseur* de type *IMAO* non sélectif ;
- enfant de moins de 15 ans (sirop Adulte) ;
- enfant de moins de 30 mois (sirop Enfant) .

ATTENTION

Ce médicament n'est pas adapté au traitement de la toux grasse, qui est un mécanisme de défense normal de l'organisme permettant l'évacuation des mucosités présentes dans les bronches.

La toux est un *symptôme* qui peut révéler de nombreuses maladies : consultez votre médecin si elle persiste plus de quelques jours.

Des précautions sont nécessaires en cas d'*insuffisance hépatique*.

Ce médicament contient du *sucre* (saccharose) en quantité notable.

Évitez les boissons alcoolisées : augmentation du risque de somnolence.

Conducteur : ce médicament peut être responsable d'une somnolence ou d'une baisse de la vigilance.

INTERACTIONS MÉDICAMENTEUSES

Ce médicament ne doit pas être associé aux *antidépresseurs* de type *IMAO* (MARSILID, NIAMIDE...) : risque d'élévation de la température, d'agitation, de chute brutale de la tension artérielle.

GROSSESSE, ALLAITEMENT ET NOUVEAU-NÉ

Grossesse :

Compte tenu de la présence de dextrométhorphane, n'utilisez pas ce médicament pendant la grossesse sans prendre l'avis de votre pharmacien ou de votre médecin.

Allaitement :

Les données actuellement disponibles ne permettent pas de savoir si ce médicament passe dans le lait maternel : par mesure de prudence, il est déconseillé pendant l'allaitement.

MODE D'EMPLOI ET POSOLOGIE

Ce médicament peut être pris indifféremment au cours ou en dehors des repas, en plusieurs prises dans la journée.

Posologie usuelle :

- Adulte : 3 à 6 gobelets de sirop Adulte par jour, répartis en 3 ou 4 prises. Chez la personne âgée, réduire la *posologie* de moitié.
- Enfant de 6 à 15 ans : 2 cuillères à café de sirop Enfant, 2 à 5 fois par jour selon l'âge.
- Enfant de 30 mois à 6 ans : 1 cuillère à café de sirop Enfant, 2 à 4 fois par jour.

Ce médicament n'entraîne pas de risque de *dépendance* ni *de dépression respiratoire*, aux doses usuelles.

Une toux nocturne aggravée par ce médicament peut être une toux allergique : demandez conseil à votre médecin.

Fumer, ou être exposé à la fumée des autres, nuit à l'efficacité du traitement.

Des mesures simples permettent de calmer les toux sèches : boissons chaudes et humidification de l'air ambiant.

EFFETS INDÉSIRABLES POSSIBLES

Constipation, somnolence, nausées, vomissements, sensation de *vertige*, rare *allergie* cutanée, spasme des bronches.

AKINETON RETARD

bipéridène

PRÉSENTATION

AKINETON RETARD : comprimé (grenat) ; boîte de 30 - Remb. 65 % - Liste I

Laboratoires Knoll France

COMPOSITION

	p. comp.
Bipéridène chlorhydrate	4 mg

INDICATIONS

C'est un antiparkinsonien qui appartient à la famille des anticholinergiques (*atropiniques*).

Il est utilisé principalement dans le traitement de la maladie de *Parkinson* et des autres *syndromes* parkinsoniens.

CONTRE-INDICATIONS

Ce médicament ne doit pas être utilisé dans les cas suivants :

- *glaucome*,
- risque de blocage des urines (*adénome de la prostate*),
- maladies obstructives de l'intestin,
- maladies cardiaques graves.

ATTENTION

Vous ne devez pas interrompre brutalement votre traitement.

Si vous souffrez d'*antécédents* de constipation grave ou de rétention urinaire, prévenez votre médecin.

Conducteur : ce médicament peut être responsable de troubles visuels et d'une sensibilité anormale à la lumière.

INTERACTIONS MÉDICAMENTEUSES

Ce médicament peut interagir avec d'autres médicaments. Signalez tout autre traitement en cours à votre médecin ou à votre pharmacien.

GROSSESSE, ALLAITEMENT ET NOUVEAU-NÉ

Grossesse :

L'effet de ce médicament sur l'enfant à naître est mal connu. Par mesure de prudence, son usage pendant la grossesse est déconseillé.

Allaitement :

L'allaitement est déconseillé pendant le traitement.

MODE D'EMPLOI ET POSOLOGIE

La *posologie* est strictement individuelle.

EFFETS INDÉSIRABLES POSSIBLES

Rarement : troubles de l'*accommodation*, bouche sèche, constipation, difficultés à uriner, *glaucome* à angle fermé, étourdissements.

En cas de surdosage, ces signes sont accentués et une confusion des idées peut apparaître, en particulier chez la personne âgée.

ALBATRAN

papavérine

PRÉSENTATION

ALBATRAN : comprimé *gastrorésistant* (jaune) ; boîte de 30 - Remb. 35 % - Liste I

Laboratoires Beaufour

COMPOSITION

	p. comp.
Papavérine	58 mg

INDICATIONS

Ce médicament lutte contre les spasmes des artères.

Il est utilisé dans le traitement :
- des troubles du comportement et de la mémoire liés au vieillissement, des étourdissements de la personne âgée ;
- des maladies des yeux dues à un défaut de vascularisation ;
- des manifestations douloureuses de l'*artérite* ;
- de certains *accidents vasculaires cérébraux*.

CONTRE-INDICATIONS

Ce médicament ne doit pas être utilisé dans les cas suivants :
- *hypertension intracrânienne*,
- *bloc auriculo-ventriculaire*,
- *syndrome parkinsonien* traité ou non par la lévodopa.

INTERACTIONS MÉDICAMENTEUSES

Ce médicament peut interagir avec d'autres médicaments, signalez tout autre traitement en cours à votre médecin ou à votre pharmacien.

GROSSESSE, ALLAITEMENT ET NOUVEAU-NÉ

L'effet de ce médicament pendant la grossesse ou l'allaitement est mal connu : seul votre médecin peut évaluer le risque éventuel de son utilisation dans votre cas.

MODE D'EMPLOI ET POSOLOGIE

Les comprimés doivent être pris avec un peu d'eau.

Posologie usuelle :

1 à 2 comprimés, 2 à 3 fois par jour.

EFFETS INDÉSIRABLES POSSIBLES

Troubles cardio-vasculaires : accélération du cœur, bouffées de chaleur.

Troubles digestifs, constipation notamment.

Somnolence.

ALCAPHOR

trométamol (T.H.A.M.)

PRÉSENTATION

ALCAPHOR : solution buvable arôme caramel ; flacon 250 ml - Non remb. - Liste I

Laboratoires Théraplix

COMPOSITION

	p. c. à s.
Trométamol (T.H.A.M.)	2,3 g
Citrate disodique anhydre	0,238 g
Soit sodium	46 mg
Citrate dipotassique anhydre	0,543 g
Soit potassium	0,156 g

INDICATIONS

Ce médicament est alcalinisant : il diminue l'acidité des urines et empêche la formation de cristaux d'*acide urique* ou de *cystine*. Dans certains cas, il peut faciliter la dissolution de calculs déjà formés.

Il est utilisé dans le *traitement d'appoint* et dans le *traitement préventif* des *lithiases* (calculs) d'acide urique ou de cystine. Il est également utilisé dans le traitement des excès d'acidité urinaire.

CONTRE-INDICATIONS

Ce médicament ne doit pas être utilisé dans les cas suivants :
- *insuffisance rénale* grave,
- certaines diarrhées chroniques.

INTERACTIONS MÉDICAMENTEUSES

Ce médicament peut interagir avec d'autres médicaments, notamment ceux contenant de la quinidine (LONGACOR...). Signalez tout autre traitement en cours à votre médecin ou à votre pharmacien.

GROSSESSE, ALLAITEMENT ET NOUVEAU-NÉ

L'effet de ce médicament pendant la grossesse ou l'allaitement est mal connu : seul votre médecin peut évaluer le risque éventuel de son utilisation dans votre cas.

MODE D'EMPLOI ET POSOLOGIE

Ce médicament peut être pris pur ou dilué dans un verre d'eau. Il doit être absorbé par petites gorgées au cours des repas.

Posologie usuelle :

2 à 4 cuillères à soupe par jour.

La *posologie* varie en fonction du *pH* urinaire, mesuré à l'aide d'un papier réactif :
- en cas de pH inférieur à 6,5 : les urines sont trop acides, la posologie doit être augmentée ;
- en cas de pH supérieur à 7 : les urines sont trop alcalines, la posologie doit être diminuée.

La prise d'un antidiarrhéique peut permettre de corriger la diarrhée induite par le médicament.

EFFETS INDÉSIRABLES POSSIBLES

Diarrhée pendant les premiers jours de traitement.

ALCOR

PRÉSENTATION

ALCOR : sirop ; flacon 150 ml - Non remb.

Laboratoires Amido

COMPOSITION

	p. c. à s.
Ephédrine chlorhydrate	2 mg
Benzoate de sodium	125 mg
Eucalyptol	2 mg
Bromoforme	1 mg
Acide benzoïque	16 mg
Camphosulfonate de sodium	20 mg
Aconit, teinture	25 mg
Belladone, teinture	50 mg
Grindélia, teinture	50 mg
Jusquiame, teinture	50 mg
Lobélie, teinture	50 mg
Eau de laurier-cerise	200 mg
Sirop thébaïque	2 g
Saccharose	30,33 g

INDICATIONS

Ce médicament associe notamment une substance qui dilate les bronches et stimule la respiration (éphédrine), des *expectorants* (benzoate de sodium et acide benzoïque) et un *antispasmodique* (*belladone*).

Il est utilisé dans le *traitement symptomatique* de certaines maladies respiratoires.

CONTRE-INDICATIONS

Ce médicament ne doit pas être utilisé dans les cas suivants :
- *troubles du rythme cardiaque*, *hypertension artérielle*, *insuffisance coronarienne* ;
- *artérite* ;
- *hyperthyroïdie* ;
- *glaucome* à angle fermé ;
- risque de rétention des urines (*adénome de la prostate*...) ;
- en association avec les *antidépresseurs* de type *IMAO* non sélectifs ;
- enfant de moins de 15 ans.

ATTENTION

Un avis médical est préférable en cas d'*insuffisance cardiaque* ou de *diabète*.

Ce médicament contient du *sucre* en quantité notable.

Conducteur : ce médicament peut être responsable d'une somnolence ou d'une baisse de la vigilance.

INTERACTIONS MÉDICAMENTEUSES

Ce médicament ne doit pas être associé aux *antidépresseurs* de type *IMAO* non sélectifs (MARSILID, NIAMIDE...) : risque d'hypertension grave.

Il peut interagir avec d'autres médicaments. Signalez tout autre traitement en cours à votre médecin ou à votre pharmacien.

GROSSESSE, ALLAITEMENT ET NOUVEAU-NÉ

Ce médicament est déconseillé pendant la grossesse ou l'allaitement.

MODE D'EMPLOI ET POSOLOGIE

Les prises de ce médicament doivent être réparties au cours de la journée, en dehors des repas.

Posologie usuelle :
- Adulte : 1 cuillère à soupe de sirop, 3 ou 4 fois par jour.

EFFETS INDÉSIRABLES POSSIBLES

Somnolence.

ALDACTAZINE

altizide, spironolactone

PRÉSENTATION

ALDACTAZINE : comprimé sécable (blanc) ; boîte de 20 - Remb. 65 % - Liste II

Laboratoires Searle

COMPOSITION

	p. comp.
Altizide	15 mg
Spironolactone micronisée	25 mg

INDICATIONS

C'est une association de deux *diurétiques* : l'altizide, dont la structure est proche de celle des *sulfamides*, et la spironolactone, qui a pour caractéristique d'empêcher la perte du *potassium* dans les urines, habituelle avec l'altizide.

Ce médicament est utilisé dans le traitement :
- de l'*hypertension artérielle*,
- de l'*ascite* ou des *œdèmes* liés à une *insuffisance hépatique*, à une *insuffisance cardiaque* ou à un *syndrome néphrotique*.

CONTRE-INDICATIONS

Ce médicament ne doit pas être utilisé dans les cas suivants :
- *insuffisance rénale*,
- *hyperkaliémie* (excès de *potassium* dans le sang),
- *allergie* connue à l'un des constituants ou à la famille des *sulfamides*.

ATTENTION

Ce médicament peut être responsable d'une augmentation ou au contraire d'une baisse de la *kaliémie* (taux du *potassium* dans le sang), qui peut être aggravée par l'usage prolongé de *laxatifs stimulants*. Un contrôle par des analyses de sang est souvent prescrit par le médecin.

Chez les personnes souffrant d'une *insuffisance hépatique* grave, l'apparition de troubles de la conscience peut annoncer une complication grave. Arrêtez le traitement et prenez un avis médical d'urgence.

N'utilisez de *sel* de régime, souvent riche en potassium, qu'avec l'accord de votre médecin.

Les *diurétiques* peuvent augmenter le taux d'*acide urique* ou de *sucre* dans le sang.

INTERACTIONS MÉDICAMENTEUSES

Ce médicament peut interagir avec d'autres médicaments, notamment ceux contenant du *lithium*, et les *sels* de régime. Signalez tout autre traitement en cours à votre médecin ou à votre pharmacien.

GROSSESSE, ALLAITEMENT ET NOUVEAU-NÉ

Grossesse :

Les études scientifiques actuellement disponibles n'ont pas mis en évidence de problème particulier lors de l'utilisation chez la femme enceinte. Néanmoins, les *diurétiques* ne sont pas adaptés au traitement de l'*hypertension artérielle* et des *œdèmes* pendant la grossesse. Seul votre médecin peut apprécier la nécessité du traitement et le risque éventuel de son utilisation dans votre cas.

Allaitement :

Ce médicament passe dans le lait maternel : l'allaitement est déconseillé.

MODE D'EMPLOI ET POSOLOGIE

Ce médicament doit être pris avec un peu d'eau.

Posologie usuelle :

La posologie varie selon la nature et la gravité de la maladie.

Ce médicament augmente le volume des urines, surtout en début de traitement. Évitez une prise le soir, source de gêne nocturne.

Les *diurétiques* exposent au risque de déshydratation : veillez à proposer des boissons abondantes aux personnes âgées, notamment pendant les fortes chaleurs.

EFFETS INDÉSIRABLES POSSIBLES

Déshydratation.

Troubles digestifs, troubles des règles, augmentation du volume des seins, éruption cutanée.

ALDACTONE

spironolactone

PRÉSENTATION

ALDACTONE 50 : comprimé sécable (blanc) ; boîte de 20 - Remb. 65 % - Liste II

ALDACTONE 75 : comprimé sécable (blanc) ; boîte de 20 - Remb. 65 % - Liste II

Laboratoires Searle

COMPOSITION

	p. comp.	p. comp.
Spironolactone microfine	50 mg	75 mg

INDICATIONS

C'est un médicament qui appartient à la famille des *diurétiques*. Il a pour caractéristique d'empêcher la perte du *potassium* dans les urines, habituelle avec la plupart des autres diurétiques. Il agit en bloquant l'action de l'aldostérone, substance naturelle dont le taux peut être anormalement élevé dans certaines maladies ou au cours de certains traitements.

Il est utilisé dans le traitement :
- des troubles en rapport avec un excès d'aldostérone dans le sang,
- de l'*hypertension artérielle*,
- de l'*ascite* ou des *œdèmes* liés à une *insuffisance hépatique*, à une *insuffisance cardiaque* ou à un *syndrome néphrotique*.

Il est également utilisé dans le *traitement d'appoint* de la *myasthénie*, pour lutter contre les pertes de potassium.

CONTRE-INDICATIONS

Ce médicament ne doit pas être utilisé dans les cas suivants :
- *insuffisance rénale* grave,
- *hyperkaliémie* (excès de *potassium* dans le sang).

ATTENTION

Ce médicament peut être responsable d'une augmentation de la *kaliémie* (taux de *potassium* dans le sang). Un contrôle par des analyses de sang est souvent prescrit par le médecin.

N'utilisez de *sel* de régime, souvent riche en potassium, qu'avec l'accord de votre médecin.

Les *diurétiques* peuvent augmenter le taux d'*acide urique* ou de *sucre* dans le sang.

INTERACTIONS MÉDICAMENTEUSES

Ce médicament ne doit pas être associé aux *diurétiques* élevant le taux de *potassium* dans le sang.

Il peut interagir avec d'autres médicaments, notamment ceux contenant du *lithium* et les *sels* de régime. Signalez tout autre traitement en cours à votre médecin ou à votre pharmacien.

GROSSESSE, ALLAITEMENT ET NOUVEAU-NÉ

Grossesse :

Les études scientifiques actuellement disponibles n'ont pas mis en évidence de problème particulier lors de l'utilisation chez la femme enceinte. Néanmoins, les *diurétiques* ne sont pas adaptés au traitement de l'*hypertension artérielle* et des *œdèmes* pendant la grossesse. Seul votre médecin peut apprécier la nécessité du traitement et le risque éventuel de son utilisation dans votre cas.

Allaitement :

Ce médicament passe dans le lait maternel : l'allaitement est déconseillé.

MODE D'EMPLOI ET POSOLOGIE

Ce médicament doit être pris avec un verre d'eau.

Posologie usuelle :

Elle varie selon la nature et la gravité de la maladie.

Ce médicament augmente le volume des urines, surtout en début de traitement. Évitez une prise le soir, source de gêne nocturne.

Les *diurétiques* exposent au risque de déshydratation : veillez à proposer des boissons abondantes aux personnes âgées, notamment pendant les fortes chaleurs.

EFFETS INDÉSIRABLES POSSIBLES

Troubles digestifs, troubles des règles, augmentation du volume des seins, éruption cutanée.

ALDALIX

furosémide, spironolactone

PRÉSENTATION

ALDALIX : gélule (jaune) ; boîte de 30 - Remb. 65 % - Liste II

Laboratoires Searle

COMPOSITION

	p. comp.
Furosémide	20 mg
Spironolactone	50 mg

INDICATIONS

Ce médicament est une association de deux *diurétiques* : le furosémide, dont la structure est proche de celle des *sulfamides*, et la spironolactone, qui a pour caractéristique d'empêcher la perte du *potassium* dans les urines, habituelle avec le furosémide.

Il est utilisé dans le traitement des *œdèmes* liés à une *insuffisance cardiaque*.

CONTRE-INDICATIONS

Ce médicament ne doit pas être utilisé dans les cas suivants :
- *allergie* aux *sulfamides*,
- *insuffisance rénale* grave,
- *hyperkaliémie* (excès de *potassium* dans le sang).

ATTENTION

Ce médicament peut être responsable d'une augmentation ou au contraire d'une baisse de la *kaliémie* (taux de *potassium* dans le sang), qui peut être aggravée par l'usage prolongé de *laxatifs stimulants*. Un contrôle par des analyses de sang est souvent prescrit par le médecin.

Chez les personnes souffrant d'une *insuffisance hépatique* grave, l'apparition de troubles de la conscience peut annoncer une complication grave. Arrêtez le traitement et prenez un avis médical d'urgence.

N'utilisez de *sel* de régime, souvent riche en potassium, qu'avec l'accord de votre médecin.

Les *diurétiques* peuvent augmenter les taux d'*acide urique* ou de *sucre* dans le sang.

INTERACTIONS MÉDICAMENTEUSES

Ce médicament peut interagir avec d'autres médicaments, notamment ceux contenant du *lithium*, et les *sels* de régime. Signalez tout autre traitement en cours à votre médecin ou à votre pharmacien.

GROSSESSE, ALLAITEMENT ET NOUVEAU-NÉ

Grossesse :

Les études scientifiques actuellement disponibles n'ont pas mis en évidence de problème particulier lors de l'utilisation chez la femme enceinte. Néanmoins, les *diurétiques* ne sont pas adaptés au traitement des *œdèmes* pendant la grossesse. Seul votre médecin peut apprécier la nécessité du traitement et le risque éventuel de son utilisation dans votre cas.

Allaitement :

Ce médicament passe dans le lait maternel : l'allaitement est déconseillé.

MODE D'EMPLOI ET POSOLOGIE

Ce médicament doit être pris avec un verre d'eau.

Posologie usuelle :

1 ou 2 gélules par jour après le repas du matin.

Ce médicament augmente le volume des urines, surtout en début de traitement. Évitez une prise le soir, source de gêne nocturne.

Les *diurétiques* exposent au risque de déshydratation : veillez à proposer des boissons abondantes aux personnes âgées, notamment pendant les fortes chaleurs.

EFFETS INDÉSIRABLES POSSIBLES

Déshydratation.

Troubles digestifs, troubles des règles, augmentation du volume des seins, éruption cutanée.

Exceptionnellement : *hypotension orthostatique*, crampes.

ALDÉCINE

béclométasone

PRÉSENTATION

ALDÉCINE : aérosol ; flacon pressurisé (Fréon) (220 doses) et embout buccal et nasal - Remb. 65 % - Liste I

ALDÉCINE NASAL : aérosol ; flacon pressurisé (Fréon) (120 doses) et embout nasal - Remb. 35 % - Liste I

Laboratoires Byk France

COMPOSITION

	p. dose
Béclométasone dipropionate	50 µg

INDICATIONS

Ce médicament d'usage local contient un *corticoïde* qui possède une activité *anti-inflammatoire* marquée sur les *muqueuses*, notamment celles des bronches et du nez.

Ce médicament est utilisé :
- en inhalation buccale dans le *traitement de fond* de l'*asthme*,
- en inhalation nasale dans le traitement des *rhinites* d'origine allergique (rhume des foins) ou inflammatoire.

CONTRE-INDICATIONS

Ce médicament ne doit pas être utilisé dans les cas suivants :
- saignement de nez ;
- tuberculose pulmonaire non traitée ;
- *ulcère* de l'estomac ou du *duodénum* en évolution, non traité.

ATTENTION

Une aggravation de l'*asthme*, l'apparition de fièvre, la coloration des sécrétions nasales peuvent traduire une infection : consultez votre médecin.

GROSSESSE, ALLAITEMENT ET NOUVEAU-NÉ

Grossesse :

Les études scientifiques actuellement disponibles n'ont pas mis en évidence de problème particulier lors de l'utilisation ponctuelle chez la femme enceinte. Seul votre médecin peut apprécier la nécessité du traitement et son risque pendant la grossesse.

Allaitement :

Par mesure de prudence, l'usage de ce médicament est déconseillé pendant l'allaitement.

MODE D'EMPLOI ET POSOLOGIE

N'hésitez pas à demander une démonstration du maniement de cet appareil à votre médecin ou à votre pharmacien.

En inhalation buccale : la prise du médicament doit se faire au cours d'une inspiration profonde, précédée si possible d'une expiration forcée. Il est ensuite nécessaire de retenir sa respiration pendant quelques instants.

En inhalation nasale : ce médicament doit être inhalé après un mouchage soigneux.

Posologie usuelle :

Elle est strictement individuelle et adaptée par votre médecin, qui recherche la *posologie* efficace la plus faible.

En inhalation buccale :
- Adulte : 2 inhalations (doses) espacées d'une trentaine de secondes, 3 ou 4 fois par jour.
- Enfant : 1 ou 2 inhalations (doses), 2 à 4 fois par jour.

En inhalation nasale :
- Adulte : 1 inhalation (dose) dans chaque narine, 3 ou 4 fois par jour.
- Enfant : 4 à 6 inhalations (doses) par jour, réparties en plusieurs prises.

Ce médicament d'action lente n'est pas adapté au traitement des crises d'*asthme* ou des *rhinites* aiguës. Un délai de quelques jours est nécessaire pour qu'il soit actif.

Seules les prises régulières et prolongées permettent d'obtenir l'amélioration recherchée.

Il est conseillé de boire un verre d'eau après chaque inhalation buccale pour limiter le risque de *mycose* ou de voix rauque lié à l'utilisation de ce médicament.

Le flacon est sous pression : le conserver à l'abri de la chaleur.

EFFETS INDÉSIRABLES POSSIBLES

En cas d'inhalation buccale : irritation de la bouche et de la gorge, toux, voix rauque. Par ailleurs, une *mycose* de la bouche et de la gorge peut apparaître.

En cas d'inhalation nasale : irritation locale passagère, sécrétions striées de sang en cas d'assèchement rapide du nez, surtout en début de traitement.

ALDOMET

méthyldopa

PRÉSENTATION

ALDOMET 250 mg : comprimé rond (jaune) ; boîte de 30 - Remb. 65 % - Liste I

ALDOMET 250 mg : comprimé rond (jaune) ; boîte de 100 - Remb. 65 % - Liste I

ALDOMET 500 mg : comprimé rond (jaune) ; boîte de 30 - Remb. 65 % - Liste I

Laboratoires M.S.D.-Chibret

COMPOSITION

	p. comp.	p. comp.
Méthyldopa	250 mg	500 mg

INDICATIONS

Ce médicament est un *antihypertenseur* d'action centrale : il agit sur les centres du *système nerveux central* qui interviennent dans la régulation de la tension artérielle.

Il est utilisé dans le traitement de l'*hypertension artérielle*.

CONTRE-INDICATIONS

Ce médicament ne doit pas être utilisé dans les cas suivants :
- *état dépressif* grave,
- maladie grave du foie,
- *anémie hémolytique*.

ATTENTION

Si vous avez déjà souffert d'une *hépatite* due à des médicaments, signalez-le à votre médecin. Des troubles tels qu'une fatigue anormale, une coloration jaune de la peau ou une fièvre inexpliquée doivent vous conduire à consulter votre médecin. Des analyses de sang sont souvent prescrites en début de traitement pour vérifier l'absence d'anomalies de la formule sanguine.

Si vous souffrez d'*insuffisance rénale*, prévenez votre médecin.

Conducteur : ce médicament peut être responsable d'une somnolence ou d'une baisse de la vigilance.

INTERACTIONS MÉDICAMENTEUSES

Ce médicament peut interagir avec d'autres médicaments, notamment ceux contenant de la lévodopa. Signalez tout autre traitement en cours à votre médecin ou à votre pharmacien.

GROSSESSE, ALLAITEMENT ET NOUVEAU-NÉ

Grossesse :

Les études scientifiques actuellement disponibles n'ont pas mis en évidence de problème particulier lors de l'utilisation chez la femme enceinte. Seul votre médecin peut apprécier la nécessité du traitement et son risque pendant la grossesse.

Allaitement :

Ce médicament passe dans le lait maternel : l'allaitement est déconseillé.

MODE D'EMPLOI ET POSOLOGIE

Posologie usuelle :

- Adulte : la *posologie* initiale est habituellement de 1 comprimé à 250 mg, 3 fois par jour. Elle peut être augmentée par paliers.

Dans la mesure du possible, il est conseillé de prendre la dose la plus forte le soir, pour limiter la gêne due à l'effet *sédatif* de ce médicament.

Ce médicament peut provoquer une *hypotension orthostatique* : il est préférable d'éviter de se lever brutalement, surtout en début de traitement.

Le traitement médicamenteux ne dispense pas des mesures simples pouvant faire baisser la tension artérielle : activité physique régulière, modération de la consommation de boissons alcoolisées, lutte contre le surpoids.

EFFETS INDÉSIRABLES POSSIBLES

Liés à l'action du médicament sur le système nerveux : fatigue, maux de tête, *syndrome parkinsonien*, fourmillements, mouvements anormaux, étourdissements, sensation de tête vide, *dépression*, cauchemars.

Sont également parfois observés : *troubles digestifs*, *hypotension orthostatique*, *œdème* des membres inférieurs, *hépatite*, *eczéma*, sensation de nez bouché, augmentation du volume des seins, arrêt des règles, douleurs articulaires, modifications du résultat de certaines analyses de sang.

ALEPSAL

phénobarbital, caféine

PRÉSENTATION

ALEPSAL 15 mg : comprimé (blanc-vert) ; boîte de 30 - Remb. 65 % - Liste II

ALEPSAL 50 mg : comprimé (gris-vert) ; boîte de 30 - Remb. 65 % - Liste II

ALEPSAL 100 mg : comprimé (gris-vert) ; boîte de 30 - Remb. 65 % - Liste II

ALEPSAL 150 mg : comprimé (gris-beige) ; boîte de 30 - Remb. 65 % - Liste II

Laboratoires Génévrier

COMPOSITION

	p. comp.	p. comp.
Phénobarbital	15 mg	50 mg
Caféine	3,6 mg	12,5 mg

	p. comp.	p. comp.
Phénobarbital	100 mg	150 mg
Caféine	25 mg	87,5 mg

INDICATIONS

C'est un *anticonvulsivant* qui appartient à la famille des *barbituriques*.

Il est utilisé dans le traitement des *épilepsies*. Il peut être également utilisé chez l'adulte, dans certains types de tremblements.

CONTRE-INDICATIONS

Ce médicament ne doit pas être utilisé dans les cas suivants :
- *porphyrie*,
- *insuffisance respiratoire* grave,
- *allergie* aux *barbituriques*.

ATTENTION

N'interrompez jamais votre traitement sans l'avis de votre médecin : risque de réapparition des *convulsions*, même si aucune crise n'est survenue depuis une longue période.

Si vous souffrez d'une *insuffisance hépatique* ou d'une *insuffisance rénale*, prévenez votre médecin afin qu'il puisse adapter la *posologie*.

Un traitement prolongé chez l'enfant peut nécessiter la prise conjointe de *vitamine* D.

Évitez les boissons alcoolisées : augmentation du risque de somnolence.

Conducteur : ce médicament peut être responsable d'une somnolence ou d'une baisse de la vigilance.

INTERACTIONS MÉDICAMENTEUSES

Ce médicament peut interagir avec d'autres médicaments, notamment les *contraceptifs* oraux (pilule) : risque d'inefficacité de la contraception. Signalez tout autre traitement en cours à votre médecin ou à votre pharmacien.

GROSSESSE, ALLAITEMENT ET NOUVEAU-NÉ

Grossesse et nouveau-né :

Si une grossesse survient sous traitement, consultez votre médecin. L'arrêt brutal de ce médicament pendant la grossesse expose à la réapparition de crises préjudiciables à la mère et à l'enfant à naître. Le médecin appréciera le risque éventuel lié à l'utilisation de ce médicament dans votre cas. Des examens particuliers permettent de vérifier l'absence d'anomalie chez l'enfant à naître.

Si le traitement est poursuivi jusqu'à l'accouchement, une surveillance médicale du *nouveau-né* est nécessaire.

Allaitement :

Ce médicament passe dans le lait maternel : l'allaitement est déconseillé.

MODE D'EMPLOI ET POSOLOGIE

Une seule prise par jour, au coucher.

Posologie usuelle :

- Adulte et enfant : la *posologie* est strictement individuelle.

Veillez à ne pas manquer de ce médicament ; lors de vos déplacements, munissez-vous d'une réserve ou de votre ordonnance en cours de validité.

Les comprimés seront conservés à l'abri de la lumière et de l'humidité, à la température ambiante.

EFFETS INDÉSIRABLES POSSIBLES

En début de traitement : somnolence, *vertiges*, éruptions cutanées, troubles de l'*humeur*. Ces effets disparaissent avec la poursuite du traitement ou la diminution de la *posologie*.

Douleurs articulaires, notamment de l'épaule.

ALÉRION

cromoglycate de sodium

PRÉSENTATION

ALÉRION : solution pour pulvérisation nasale ; flacon pulvérisateur 13 ml avec valve doseuse (100 pulvérisations) - Remb. 35 % - Liste II

Laboratoires Fisons

COMPOSITION

	p. 100 ml
Cromoglycate de sodium	2 g

INDICATIONS

Cette solution nasale contient un antiallergique d'action locale.

Elle est utilisée dans le traitement des *rhinites* allergiques.

GROSSESSE, ALLAITEMENT ET NOUVEAU-NÉ

Grossesse :

L'effet de ce médicament sur l'enfant à naître est mal connu. Par mesure de prudence, il est déconseillé pendant les 3 premiers mois de la grossesse.

Allaitement :

Ce médicament ne passe pas dans le lait maternel.

MODE D'EMPLOI ET POSOLOGIE

Ce médicament doit être utilisé après un mouchage soigneux.

Posologie usuelle :

- Adulte et Enfant : 1 pulvérisation dans chaque narine, 5 ou 6 fois par jour.

EFFETS INDÉSIRABLES POSSIBLES

Irritation nasale passagère.

ALFATIL

céfaclor

PRÉSENTATION

ALFATIL 125 mg : poudre orale arôme fraise ; boîte de 12 sachets - Remb. 65 % - Liste I

ALFATIL 125 mg/5 ml : poudre pour suspension buvable arôme fraise ; flacon de poudre (12 cuillères-mesure) - Remb. 65 % - Liste I

ALFATIL 250 mg : gélule (mauve et blanc) ; boîte de 12 - Remb. 65 % - Liste I

ALFATIL 250 mg : poudre orale arôme fraise ; boîte de 12 sachets - Remb. 65 % - Liste I

ALFATIL 250 mg/5 ml : poudre pour suspension buvable arôme fraise ; flacon de poudre (12 cuillères-mesure) - Remb. 65 % - Liste I

Laboratoires Lilly France

COMPOSITION

	p. sachet	p. c. mes.	p. gél.
Céfaclor	125 mg	125 mg	250 mg

	p. sachet	p. c. mes.
Céfaclor	250 mg	250 mg

INDICATIONS

Cet *antibiotique* appartient à la famille des *céphalosporines*, antibiotiques proches des *pénicillines*, qui sont actives sur un plus grand nombre de *germes* que la pénicilline simple.

Ce médicament est utilisé dans le traitement de diverses maladies infectieuses, notamment celles des poumons, des bronches, du nez, de la gorge ou des oreilles, de l'appareil urinaire.

CONTRE-INDICATIONS

Ce médicament ne doit pas être utilisé en cas d'*allergie* aux *céphalosporines*.

Dans tous les autres cas, le médecin est seul juge pour prescrire ce médicament, notamment en cas d'allergie aux *pénicillines*.

ATTENTION

Si vous souffrez d'*insuffisance rénale*, signalez-le à votre médecin afin qu'il puisse adapter la *posologie*.

Le médecin peut prescrire un prélèvement pour identifier le *germe* responsable de l'infection et tester sa sensibilité aux *antibiotiques*. Le résultat de cet examen peut être faussé en cas d'automédication préalable : ne prenez pas d'antibiotique sans avis médical.

Des *antécédents* d'*allergie* à une *céphalosporine* contre-indiquent l'usage de ce médicament. La survenue de toute manifestation allergique (boutons, *œdème*, malaise) impose l'arrêt immédiat du traitement : consultez votre médecin.

Une diminution de la fièvre ou une disparition des troubles ne sont pas synonymes de guérison : la durée du traitement doit absolument être respectée pour éviter les rechutes.

INTERACTIONS MÉDICAMENTEUSES

Ce médicament peut interagir avec d'autres médicaments. Signalez tout autre traitement en cours à votre médecin ou à votre pharmacien.

GROSSESSE, ALLAITEMENT ET NOUVEAU-NÉ

Grossesse :

Les études scientifiques actuellement disponibles n'ont pas mis en évidence de problème particulier lors de l'utilisation ponctuelle chez la femme enceinte. Seul votre médecin peut apprécier la nécessité du traitement et son risque pendant la grossesse.

Allaitement :

Ce médicament passe dans le lait maternel : l'arrêt de l'allaitement devra être envisagé.

MODE D'EMPLOI ET POSOLOGIE

Les repas ne modifient pas l'absorption du médicament, qui peut donc être pris à n'importe quel moment de la journée.

Les sirops doivent être reconstitués avec de l'eau et bien agités avant l'emploi. Le contenu des sachets doit être dissous dans un verre d'eau.

Posologie usuelle :

- Adulte : 1 gélule, 3 fois par jour.
- Enfant et nourrisson : 20 mg par kg et par jour, répartis en 2 ou 3 prises ; soit par exemple pour un enfant de 20 kg : 1 cuillère-mesure de sirop dosé à 125 mg, matin midi et soir.

L'éventuelle impression de fatigue n'est pas due à l'*antibiotique*, mais à l'infection elle-même.

Le sirop reconstitué doit être conservé au frais (+ 4 °C) 14 jours au maximum.

EFFETS INDÉSIRABLES POSSIBLES

Troubles digestifs : nausée, diarrhée.

Allergie cutanée, œdème de *Quincke*.

Choc anaphylactique rare.

Fièvre particulière due à l'*antibiotique*, associée ou non à des douleurs articulaires (très rare).

ALGÉSAL SURACTIVÉ

salicylate de diéthylamine, myrtécaïne

PRÉSENTATION

ALGÉSAL SURACTIVÉ : pommade ; tube 40 g - Remb. 35 %

Laboratoires LTM

COMPOSITION

	p. 100 g
Salicylate de diéthylamine	10 g
Myrtécaïne	1 g

INDICATIONS

Cette pommade *antalgique* contient un *salicylé* et un *anesthésique* local.

Elle est utilisée dans le traitement local des douleurs et des contusions musculaires et ligamentaires.

CONTRE-INDICATIONS

Ce médicament ne doit pas être utilisé en cas d'*allergie* aux *salicylés* et aux *anesthésiques* locaux.

ATTENTION

Ce médicament ne doit pas être appliqué sur les *muqueuses*, les brûlures et les plaies cutanées.

GROSSESSE, ALLAITEMENT ET NOUVEAU-NÉ

L'effet de ce médicament pendant la grossesse ou l'allaitement est mal connu. L'évaluation du risque éventuel lié à son utilisation est individuelle : demandez conseil à votre pharmacien ou à votre médecin.

MODE D'EMPLOI ET POSOLOGIE

La pommade doit être appliquée en massage doux et prolongé jusqu'à pénétration complète.

Posologie usuelle :
2 ou 3 applications par jour.

EFFETS INDÉSIRABLES POSSIBLES

Réaction allergique locale imposant l'arrêt du traitement.

ALGIFÈNE
ibuprofène

PRÉSENTATION

ALGIFÈNE 200 mg : comprimé (rose) ; boîte de 20 - Remb. 65 %

Laboratoires Soekami Lefrancq

COMPOSITION

	p. comp.
Ibuprofène	200 mg

INDICATIONS

Ce médicament est un *anti-inflammatoire* non stéroïdien (*AINS*). Il possède à faible dose des propriétés *antalgiques* et *antipyrétiques* proches de celles de l'aspirine.

Ce médicament est utilisé dans le *traitement symptomatique* : de la fièvre, des maux de tête, des douleurs dentaires, des douleurs diverses (en particuliers rhumatismales) et des règles douloureuses.

CONTRE-INDICATIONS

Ce médicament ne doit pas être utilisé dans les cas suivants :
- *antécédent* d'*allergie* à l'aspirine ou aux *anti-inflammatoires* non stéroïdiens (*AINS*),
- *ulcère* de l'estomac ou du *duodénum*,
- *insuffisance rénale* grave,
- *insuffisance hépatique* grave,
- 3 derniers mois de la **grossesse**,
- enfant de moins de 15 ans.

ATTENTION

Tout traitement prolongé ou surdosage d'*AINS* expose à des effets indésirables graves.

Des précautions sont nécessaires en cas d'*antécédents* d'*ulcère* de l'estomac ou du *duodénum*, de risque hémorragique, de troubles de la vue, de *lupus érythémateux* disséminé, et chez la femme qui porte un stérilet.

Conducteur : ce médicament peut provoquer parfois des étourdissements.

INTERACTIONS MÉDICAMENTEUSES

Ce médicament peut interagir avec d'autres médicaments, notamment :
- l'aspirine et les autres *anti-inflammatoires* non stéroïdiens, les *anticoagulants*, *antiagrégants plaquettaires* (TICLID...) : augmentation du risque hémorragique ;
- le *lithium* (TÉRALITHE, NEUROLITHIUM...) : augmentation du taux de lithium dans le sang.

Signalez tout autre traitement en cours à votre médecin ou à votre pharmacien.

GROSSESSE, ALLAITEMENT ET NOUVEAU-NÉ

Grossesse :

Des effets néfastes pour la mère et l'enfant ont été mis en évidence lorsque ce médicament, comme tous les *AINS*, est utilisé au cours des 3 derniers mois de la grossesse : son usage est formellement contre-indiqué pendant cette période.

Pendant les 6 premiers mois, l'effet de ce médicament est mal connu. L'évaluation du risque éventuel lié à son utilisation est individuelle : demandez conseil à votre pharmacien ou à votre médecin.

Allaitement :

Ce médicament passe dans le lait maternel : par mesure de prudence, il est déconseillé pendant l'allaitement.

MODE D'EMPLOI ET POSOLOGIE

Afin de limiter la survenue de *troubles digestifs*, les comprimés peuvent être pris au cours des repas, accompagnés d'un grand verre d'eau. Toutefois, dans les douleurs aiguës, la prise à jeun assure un effet plus rapide.

Posologie usuelle :
- Adulte : 1 ou 6 comprimés par jour, répartis en plusieurs prises espacées de 4 à 6 heures. Ne pas dépasser 6 comprimés par jour.

Ne pas dépasser la *posologie* et la durée prescrites par votre médecin, afin de limiter les effets indésirables.

EFFETS INDÉSIRABLES POSSIBLES

Gastrite, douleurs abdominales.

Exceptionnels : *vertiges*, maux de tête, *allergie* cutanée (éruptions, démangeaisons, *œdème*), *asthme*.

Rares et parfois graves : *hémorragie* du tube digestif (vomissements sanglants, selles noires, ou plus souvent pertes de sang imperceptibles responsables de l'apparition progressive d'une *anémie*).

ALGIPAN

PRÉSENTATION

ALGIPAN BAUME MIDY : crème ; tube de 80 g - Non remb.

Laboratoires Sterling Midy

COMPOSITION

	p. 100 g
Méphénésine	10 g
Nicotate de méthyle	1,50 g
Salicylate de glycol	5 g
Dichlorhydrate d'histamine	0,10 g
Capsicine	0,10 g

INDICATIONS

Ce baume contient une association de substances révulsives et myorelaxantes (relaxant musculaire).

Il est utilisé en massage dans le traitement local des *tendinites* et des contractures musculaires douloureuses.

CONTRE-INDICATIONS

Ce médicament ne doit pas être utilisé dans les cas suivants :
- *allergie* aux *salicylés*,
- sur des *muqueuses*, des plaies ou de la peau lésée.

GROSSESSE, ALLAITEMENT ET NOUVEAU-NÉ

L'effet de ce médicament pendant la grossesse ou l'allaitement est mal connu. L'évaluation du risque éventuel lié à son utilisation est individuelle : demandez conseil à votre pharmacien ou à votre médecin.

MODE D'EMPLOI ET POSOLOGIE

Appliquer par un massage doux et prolongé jusqu'à faire disparaître les traces de crème.

Posologie usuelle :
Plusieurs applications par jour.

Évitez le contact avec les yeux. Lavez-vous les mains après utilisation.

EFFETS INDÉSIRABLES POSSIBLES

Allergie cutanée (éruption de boutons, démangeaisons...) imposant l'arrêt du traitement ; à ne pas confondre avec une rougeur au point d'application due au médicament.

ALGISEDAL
paracétamol, codéine

PRÉSENTATION

ALGISEDAL : comprimé (blanc) ; boîte de 16 - Remb. 65 %

Laboratoires ASTA Medica

COMPOSITION

	p. comp.
Paracétamol	400 mg
Codéine phosphate	25 mg

INDICATIONS

Ce médicament contient deux *antalgiques* : le paracétamol, qui empêche la transmission de la douleur, et la codéine, qui agit directement sur le cerveau.

Il est utilisé dans le *traitement symptomatique* des douleurs.

CONTRE-INDICATIONS

Ce médicament ne doit pas être utilisé dans les cas suivants :
- maladie grave du foie,
- *insuffisance respiratoire*,
- enfant de moins de 15 ans.

ATTENTION

De nombreux médicaments contiennent du paracétamol : en tenir compte en cas de prise conjointe car le surdosage en paracétamol peut être toxique pour le foie.

Évitez les boissons alcoolisées : augmentation du risque de somnolence.

Conducteur : ce médicament peut être responsable d'une somnolence ou d'une baisse de la vigilance.

INTERACTIONS MÉDICAMENTEUSES

Ce médicament peut interagir avec d'autres médicaments. Signalez tout autre traitement en cours à votre médecin ou à votre pharmacien.

GROSSESSE, ALLAITEMENT ET NOUVEAU-NÉ

Grossesse :

Ce médicament contient de la codéine : il est déconseillé en automédication pendant la grossesse.

Allaitement :

Ce médicament passe dans le lait maternel : l'allaitement est déconseillé.

MODE D'EMPLOI ET POSOLOGIE

Ce médicament peut être pris indifféremment avant, pendant ou après les repas. Les comprimés doivent être avalés avec un verre d'eau.

Respectez un intervalle minimal de 4 heures entre 2 prises.

Posologie usuelle :

- Adulte et enfant de plus de 15 ans : 1 ou 2 comprimés, 1 à 3 fois par jour.

EFFETS INDÉSIRABLES POSSIBLES

Liés au paracétamol : *allergie* exceptionnelle.

Liés à la codéine : constipation, somnolence, *troubles digestifs*, *bronchospasme*, états vertigineux.

ALGO-NÉVRITON

aspirine, acétiamine

PRÉSENTATION

ALGO-NÉVRITON : comprimé à double noyau (blanc) ; boîte de 40 - Non remb.

Laboratoires Sciencex

COMPOSITION

	p. comp.
Acide acétylsalicylique (aspirine)	350 mg
Acétiamine	50 mg

INDICATIONS

Ce médicament contient de l'aspirine, *antalgique*, *antipyrétique* et *anti-inflammatoire* à dose élevée.

Il est utilisé dans le *traitement symptomatique* des douleurs rhumatismales, des contractions musculaires douloureuses, des *arthrites*, des *arthroses* ou des douleurs dues à une entorse, à une fracture...

CONTRE-INDICATIONS

Ce médicament ne doit pas être utilisé dans les cas suivants :
- *allergie* à l'aspirine et aux *anti-inflammatoires* non stéroïdiens (*AINS*),
- *ulcère* de l'estomac ou du *duodénum*,
- *hémorragie* et risque hémorragique,
- enfant de moins de 10 ans,
- **grossesse** : pendant les 3 derniers mois, ou en prise prolongée à toute période de la grossesse.

ATTENTION

Évitez de prendre ce médicament pendant la semaine qui précède une extraction dentaire, une opération, ou pendant des règles abondantes : augmentation du risque d'*hémorragie*.

Ce médicament est déconseillé chez les personnes atteintes de *goutte*. Un avis médical est préférable en cas d'*antécédent* d'*ulcère* de l'estomac ou du *duodénum* même ancien, d'*asthme*, d'*insuffisance rénale*.

INTERACTIONS MÉDICAMENTEUSES

Ce médicament contient de l'aspirine : les personnes traitées par des médicaments anticancéreux contenant du méthotrexate ne doivent pas l'utiliser.

Il peut interagir avec de nombreux médicaments, notamment avec les *anticoagulants* et les *antiagrégants plaquettaires* (TICLID...) : augmentation du risque hémorragique. Signalez tout autre traitement en cours à votre médecin ou à votre pharmacien.

GROSSESSE, ALLAITEMENT ET NOUVEAU-NÉ

Grossesse :

Compte tenu de la présence d'aspirine, seule la prise ponctuelle est admise durant les 6 premiers mois. Toute prise d'aspirine est contre-indiquée au cours des 3 derniers mois.

Allaitement :

Ce médicament passe dans le lait maternel : il est déconseillé pendant l'allaitement.

MODE D'EMPLOI ET POSOLOGIE

Les comprimés doivent être avalés sans être croqués ni sucés, avec un grand verre d'eau, de préférence au moment des repas.

Posologie usuelle :

- Adulte : 1 ou 2 comprimés, 2 ou 3 fois par jour.
- Enfant de plus de 10 ans : 1 comprimé, 1 ou 2 fois par jour.

☛ De nombreux médicaments contiennent de l'aspirine : en tenir compte en cas de prise conjointe (risque de surdosage).

EFFETS INDÉSIRABLES POSSIBLES

Gastrite, douleurs abdominales, saignements du nez ou des gencives.

Rares et parfois graves : *hémorragie* du tube digestif (vomissements sanglants, selles noires, ou plus souvent pertes de sang imperceptibles, responsables de l'apparition progressive d'une *anémie*) ; accidents allergiques (*urticaire*, *œdème*, *asthme*).

Signes devant faire penser à un surdosage : bourdonnements d'oreille, sensation de baisse de l'audition, maux de tête.

ALGOPHYTUM

harpagophytum

PRÉSENTATION

ALGOPHYTUM : capsule (brun) ; boîte de 30 - Non remb.

Laboratoires Herbaxt

COMPOSITION

	p. caps.
Harpagophytum, extrait aqueux	250 mg

INDICATIONS

Ce médicament contient un extrait de plante.

Il est utilisé dans le *traitement symptomatique* des douleurs articulaires.

GROSSESSE, ALLAITEMENT ET NOUVEAU-NÉ

Ce médicament contient une plante présumée sans danger pendant la grossesse ou l'allaitement. Néanmoins, ne l'utilisez pas de façon prolongée sans l'avis de votre pharmacien ou de votre médecin.

MODE D'EMPLOI ET POSOLOGIE

Ce médicament doit être pris de préférence avant les repas, avec un grand verre d'eau.

Posologie usuelle :

1 capsule, 1 à 3 fois par jour.

☛ Les capsules doivent être conservées à l'abri de la chaleur.

ALGOSTERIL

alginate de calcium

PRÉSENTATION

ALGOSTERIL : compresse imprégnée stérile (5 cm x 5 cm) ; boîte de 10 - Non remb.

ALGOSTERIL : compresse imprégnée stérile (10 cm x 10 cm) ; boîte de 10 - Non remb.

ALGOSTERIL : compresse imprégnée stérile (10 cm x 20 cm) ; boîte de 10 - Non remb.

Laboratoires Brothier

COMPOSITION

Alginate de calcium (en compresse non tissée)

INDICATIONS

Ce médicament est une compresse stérile imprégnée d'une substance qui favorise la formation d'un caillot.

Il est utilisé pour arrêter le saignement des petites plaies.

ATTENTION

En cas de saignement important, comprimez la plaie pendant plusieurs minutes avec la compresse. Si l'*hémorragie* persiste, prévenez d'urgence votre médecin.

Évitez de laver ou de frotter une blessure qui vient de s'arrêter de saigner.

MODE D'EMPLOI ET POSOLOGIE

Nettoyer la plaie puis recouvrir avec la compresse et la maintenir avec un pansement.

☛ Pour retirer la compresse, dégager la partie non adhérente, puis rincer

l'ensemble avec du *sérum physiologique* en tirant doucement.
Les particules de compresse retenues par le caillot disparaîtront naturellement.

ALGOTROPYL
paracétamol, prométhazine

PRÉSENTATION

ALGOTROPYL à la prométhazine : suppositoire Bébé ; boîte de 10 - Remb. 65 %

ALGOTROPYL à la prométhazine : suppositoire Enfant ; boîte de 10 - Remb. 65 %

Laboratoires Théraplix

COMPOSITION

	p. suppos. Bébé	p. suppos. Enf.
Paracétamol	200 mg	400 mg
Prométhazine chlorhydrate	5 mg	10 mg

INDICATIONS

Ce médicament contient du paracétamol, substance qui lutte contre la douleur et la fièvre, et un *antihistaminique* antiallergique.

Il est utilisé dans le *traitement symptomatique* des affections douloureuses, fébriles ou allergiques.

CONTRE-INDICATIONS

Ce médicament ne doit pas être utilisé en cas de maladie grave du foie.

ATTENTION
De nombreux médicaments contiennent du paracétamol : en tenir compte en cas de prise conjointe car le surdosage en paracétamol peut être toxique pour le foie.

INTERACTIONS MÉDICAMENTEUSES

Ce médicament peut interagir avec d'autres médicaments. Signalez tout autre traitement en cours à votre médecin ou à votre pharmacien.

MODE D'EMPLOI ET POSOLOGIE

Respecter un intervalle minimal de 4 heures entre 2 prises.

Posologie usuelle :
- Enfant de 6 à 15 ans : 2 à 4 suppositoires Enfant par jour.
- Enfant de 4 à 6 ans : 1 ou 2 suppositoires Enfant par jour.
- Enfant de 2 à 4 ans : 2 ou 3 suppositoires Bébé par jour.
- Nourrisson de 1 à 2 ans : 1 ou 2 suppositoires Bébé par jour.

EFFETS INDÉSIRABLES POSSIBLES

Rarement : *allergie* cutanée. Somnolence.

ALINAM
chlormézanone

PRÉSENTATION

ALINAM : comprimé sécable (blanc) ; boîte de 20 - Remb. 65 % - Liste II

ALINAM : suppositoire ; boîte de 10 - Remb. 65 % - Liste II

Laboratoires Thérabel Lucien

COMPOSITION

	p. comp.	p. suppos.
Chlormézanone	200 mg	200 mg

INDICATIONS

Ce médicament est un myorelaxant (relaxant musculaire). Il possède également un léger effet *sédatif*.

Il est utilisé dans le traitement des contractures musculaires douloureuses (torticolis, *lombalgies, dorsalgies*).

ATTENTION
Ce médicament est réservé à l'adulte.
Une éruption cutanée impose l'arrêt du traitement et un avis médical.
Des précautions sont nécessaires en cas d'*insuffisance rénale* ou d'*insuffisance hépatique*.
Évitez les boissons alcoolisées : augmentation du risque de somnolence.
Conducteur : ce médicament peut être responsable d'une somnolence ou d'une baisse de la vigilance.

INTERACTIONS MÉDICAMENTEUSES

Ce médicament peut interagir avec d'autres médicaments, notamment les *sédatifs*. Signalez tout autre traitement en cours à votre médecin ou à votre pharmacien.

GROSSESSE, ALLAITEMENT ET NOUVEAU-NÉ

L'effet de ce médicament pendant la grossesse ou l'allaitement est mal connu : seul votre médecin peut évaluer le risque éventuel de son utilisation dans votre cas.

MODE D'EMPLOI ET POSOLOGIE

- Adulte : 1 comprimé, 1 à 3 fois par jour ou un 1 suppositoire, matin et soir.

Les suppositoires doivent être conservés à l'abri de la chaleur.

EFFETS INDÉSIRABLES POSSIBLES

Parfois : somnolence. Rarement : *vertiges*, nausées, sécheresse de la bouche, bouffées de chaleur.

Exceptionnellement : *allergie* cutanée, baisse de la tension artérielle.

ALIPASE
pancrélipase

PRÉSENTATION

ALIPASE : gélule à microgranules *gastrorésistants* (blanc) ; boîte de 24 - Remb. 65 %

ALIPASE : gélule à microgranules *gastrorésistants* (blanc) ; boîte de 120 - Remb. 65 %

Laboratoires Cilag

COMPOSITION

	p. gél.
Pancrélipase	234,24 mg
soit amylase	5 800 U
soit lipase	7 500 U
soit protéase	600 U

INDICATIONS

C'est un médicament qui contient des extraits de pancréas. Ceux-ci remplacent ou complètent une production insuffisante d'*enzymes pancréatiques*, nécessaires à la digestion.

Il est utilisé après une opération du pancréas ou de l'estomac et dans certaines maladies pancréatiques, notamment la *mucoviscidose*.

GROSSESSE, ALLAITEMENT ET NOUVEAU-NÉ

L'effet de ce médicament pendant la grossesse ou l'allaitement est mal connu. L'évaluation du risque éventuel lié à son utilisation est individuelle : demandez conseil à votre pharmacien ou à votre médecin.

MODE D'EMPLOI ET POSOLOGIE

Ce médicament doit être pris au début des repas, avec un verre d'eau.

Posologie usuelle :
Elle est strictement individuelle, en fonction de l'âge et de l'importance des troubles.

Les gélules peuvent être ouvertes, notamment pour le *nourrisson*, et leur contenu (granules) mélangé dans un aliment semi-liquide ou du lait. Les granules, *gastrorésistants*, ne doivent être ni croqués, ni mâchés.

ALKA-SELTZER
aspirine, bicarbonate de sodium, acide citrique

PRÉSENTATION

ALKA-SELTZER : comprimé effervescent (blanc) ; boîte de 20 - Non remb.

ALKA-SELTZER : comprimé effervescent (blanc) ; boîte de 40 - Non remb.

Laboratoires Bayer Pharma

COMPOSITION

	p. comp.
Acide acétylsalicylique (aspirine)	324 mg
Bicarbonate de sodium	1 625 mg
Acide citrique	965 mg
Soit Sodium	525 mg

INDICATIONS

Ce médicament contient de l'aspirine, qui possède de nombreuses propriétés : *antalgique* et *antipyrétique*, mais aussi *anti-inflammatoire* à dose élevée, et fluidifiant du sang.

Il est utilisé en cas de maux de tête avec lourdeur d'estomac passagère, douleurs diverses, fièvre (mais n'agit pas sur sa cause), états grippaux.

CONTRE-INDICATIONS

Ce médicament ne doit pas être utilisé dans les cas suivants :
- *allergie* aux *salicylés* ou aux *AINS*,
- *ulcère* de l'estomac ou du *duodénum*,
- *hémorragie* et risque hémorragique,
- enfant de moins de 12 ans,
- **grossesse** : pendant les 3 derniers mois, ou, en prise prolongée, à toute période de la grossesse.

ATTENTION

L'aspirine n'est pas un médicament anodin. Tout surdosage ou prise prolongée exposent à des complications sérieuses.

Un avis médical est préférable chez les personnes présentant des *antécédents* d'*ulcère* de l'estomac ou du *duodénum*, même ancien, d'*asthme*, d'*insuffisance rénale*, et chez les femmes qui portent un stérilet.

L'aspirine est déconseillée chez les personnes atteintes de *goutte* et chez les femmes lors de règles abondantes.

Évitez de prendre ce médicament pendant la semaine qui précède une extraction dentaire ou une opération (augmentation du risque d'*hémorragie*).

Évitez la prise de boissons alcoolisées avec l'aspirine.

Ce médicament contient du *sel* (sodium) en quantité notable.

INTERACTIONS MÉDICAMENTEUSES

Les personnes traitées par des médicaments anticancéreux contenant du méthotrexate ne doivent pas utiliser d'aspirine.

Ce médicament peut interagir avec d'autres médicaments, notamment les *anticoagulants* et les *antiagrégants plaquettaires* (TICLID...) : augmentation du risque hémorragique. Signalez tout autre traitement en cours à votre médecin ou à votre pharmacien.

GROSSESSE, ALLAITEMENT ET NOUVEAU-NÉ

Grossesse :

Des effets néfastes pour la mère et pour l'enfant à naître ont été mis en évidence lorsque l'aspirine est utilisée au cours des 3 derniers mois de la grossesse. En conséquence, seule la prise ponctuelle est admise durant les 6 premiers mois. Toute prise d'aspirine est contre-indiquée au cours des 3 derniers mois.

Allaitement :

Ce médicament passe dans le lait maternel : il est déconseillé pendant l'allaitement.

MODE D'EMPLOI ET POSOLOGIE

Les comprimés doivent être dissous dans un verre d'eau.

Les prises du médicament doivent être espacées d'au moins 4 heures.

Posologie usuelle :

- Adulte : 1 ou 2 comprimés, 1 à 4 fois par jour, sans dépasser 8 comprimés par jour.
- Enfant de 12 à 15 ans : 1 ou 2 comprimés, 1 à 3 fois par jour, au maximum.

EFFETS INDÉSIRABLES POSSIBLES

Gastrite, douleurs abdominales, saignements du nez ou des gencives.

Rares et parfois graves :
- *hémorragie* du tube digestif : vomissements sanglants, selles noires, ou plus souvent pertes de sang imperceptibles, responsables de l'apparition progressive d'une *anémie* ;
- accidents allergiques : *urticaire*, *œdème*, *asthme*.

Signes devant faire penser à un surdosage : bourdonnements d'oreille, sensation de baisse de l'audition, maux de tête.

ALKÈNIDE

poloxamère

PRÉSENTATION

ALKÈNIDE : solution moussante pour application locale ; flacon 240 ml (bouchon doseur 14 ml) - Non remb.

ALKÈNIDE : solution moussante pour application locale ; flacon 500 ml (bouchon doseur 14 ml) - Non remb.

Laboratoires Théraplix

COMPOSITION

	p. 100 ml
Poloxamère	5 g

INDICATIONS

C'est un *antiseptique* local qui a une action détergente.

Il est utilisé pour nettoyer et désinfecter la peau ou les *muqueuses* des organes génitaux.

ATTENTION

Évitez une utilisation répétée sur une peau desséchée ou un *eczéma* suintant.

INTERACTIONS MÉDICAMENTEUSES

L'association à d'autres *antiseptiques* est déconseillée, car leurs effets risquent de s'annuler.

GROSSESSE, ALLAITEMENT ET NOUVEAU-NÉ

L'utilisation ponctuelle de ce médicament pendant la grossesse ou l'allaitement ne semble pas poser de problème particulier.

MODE D'EMPLOI ET POSOLOGIE

Pour l'utiliser comme savon liquide : mélanger 1 volume du produit avec 2 volumes d'eau. Bien rincer après usage.

En bain local (de pied, de siège...) : 3 ou 4 bouchons par litre d'eau. Rincer abondamment.

☛ La solution diluée doit être employée immédiatement.

Tous les *antiseptiques* peuvent être contaminés par des *germes* : ne les conservez pas inutilement.

EFFETS INDÉSIRABLES POSSIBLES

Comme tout produit acide, ce médicament peut favoriser une *mycose* (*candidose*).

Rarement : *allergie* cutanée, irritation en cas d'utilisation prolongée ou répétée.

ALLERGA comprimé

méfénidramium

PRÉSENTATION

ALLERGA : comprimé (blanc) ; boîte de 20 - Non remb.

Laboratoires Goupil

COMPOSITION

	p. comp.
Méfénidramium	60 mg

INDICATIONS

Ce médicament est un *antihistaminique* antiallergique. Il a en outre des effets *sédatifs* et *atropiniques*.

Il est utilisé dans le traitement des *allergies* : rhume des foins, *urticaire*, *conjonctivite*, œdème de *Quincke*. Il est également utilisé dans le traitement des démangeaisons non allergiques.

CONTRE-INDICATIONS

Ce médicament ne doit pas être utilisé dans les cas suivants :
- *glaucome* à angle fermé,
- risque de blocage des urines (*adénome de la prostate*),
- enfant de moins de 5 ans.

ATTENTION ⊛

Évitez les boissons alcoolisées : augmentation du risque de somnolence.

Ce médicament est responsable d'une baisse de la vigilance : la conduite, les activités professionnelles ou de loisirs exposant à un danger sont formellement déconseillées.

INTERACTIONS MÉDICAMENTEUSES

Ce médicament peut interagir avec d'autres médicaments, notamment les *sédatifs* et les *atropiniques*. Signalez tout autre traitement en cours à votre médecin ou à votre pharmacien.

GROSSESSE, ALLAITEMENT ET NOUVEAU-NÉ

Grossesse :

L'usage de ce médicament est déconseillé pendant les 3 premiers mois de la grossesse. Son usage pendant les 6 derniers mois doit être soumis à l'appréciation de votre médecin.

Grossesse et nouveau-né :

En cas de traitement prolongé au cours des derniers mois de la grossesse, une surveillance du *nouveau-né* est nécessaire.

Allaitement :

Les données actuellement disponibles ne permettent pas de savoir si ce médicament passe dans le lait maternel : par mesure de prudence, il est déconseillé pendant l'allaitement.

MODE D'EMPLOI ET POSOLOGIE

Les comprimés doivent être avalés avec un verre d'eau.

Posologie usuelle :

- Adulte : 1 comprimé, 2 ou 3 fois par jour.
- Enfant de plus de 5 ans : 1 comprimé, 1 ou 2 fois par jour.

Ce médicament agit sur les manifestations de l'*allergie* mais n'en supprime pas la cause. Si les *symptômes* persistent ou s'aggravent, n'hésitez pas à consulter votre médecin.

EFFETS INDÉSIRABLES POSSIBLES

Somnolence.

Effets *atropiniques*.

Dans de rares cas, ce médicament peut provoquer une agitation ou une excitation chez le *nourrisson* ou la personne âgée.

En cas d'usage très prolongé, des mouvements involontaires (grimaces, tics) peuvent survenir.

ALLERGA crème

méfénidramium

PRÉSENTATION

ALLERGA : crème ; tube 30 g - Non remb.

Laboratoires Goupil

COMPOSITION

	p. 100 g
Méfénidramium	3 g

INDICATIONS

Cette crème contient un *antihistaminique* antiallergique.

Elle est utilisée pour apaiser les démangeaisons.

GROSSESSE, ALLAITEMENT ET NOUVEAU-NÉ

L'effet de ce médicament pendant la grossesse ou l'allaitement est mal connu. L'évaluation du risque éventuel lié à son utilisation est individuelle : demandez conseil à votre pharmacien ou à votre médecin.

MODE D'EMPLOI ET POSOLOGIE

Appliquer la crème en massant légèrement.

Posologie usuelle :

3 ou 4 applications par jour.

ALLERGEFON

carbinoxamine

PRÉSENTATION

ALLERGEFON : comprimé (blanc) ; boîte de 40 - Remb. 65 %

Laboratoires Lafon

COMPOSITION

	p. comp.
Maléate acide de carbinoxamine	2 mg

INDICATIONS

Ce médicament est un *antihistaminique* antiallergique. Il a en outre des effets *sédatifs* et *atropiniques*.

Il est utilisé dans le traitement des *allergies* : rhume des foins, *urticaire*, *conjonctivite*, œdème de *Quincke*...

CONTRE-INDICATIONS

Ce médicament ne doit pas être utilisé dans les cas suivants :

- *glaucome* à angle fermé,
- risque de blocage des urines (*adénome de la prostate*).

ATTENTION

Évitez les boissons alcoolisées : augmentation du risque de somnolence.

Ce médicament est responsable d'une baisse de la vigilance : la conduite, les activités professionnelles ou de loisirs exposant à un danger sont formellement déconseillées.

INTERACTIONS MÉDICAMENTEUSES

Ce médicament peut interagir avec d'autres médicaments, notamment les *sédatifs* et les *atropiniques*. Signalez tout autre traitement en cours à votre médecin ou à votre pharmacien.

GROSSESSE, ALLAITEMENT ET NOUVEAU-NÉ

L'effet de ce médicament pendant la grossesse ou l'allaitement est mal connu. L'évaluation du risque éventuel lié à son utilisation est individuelle : demandez conseil à votre pharmacien ou à votre médecin.

MODE D'EMPLOI ET POSOLOGIE

Les comprimés doivent être avalés avec un verre d'eau.

Posologie usuelle :

- Adulte : 3 à 6 comprimés par jour.
- Enfant de plus de 6 ans : 2 ou 3 comprimés par jour.
- Enfant de 6 mois à 6 ans : 1 ou 2 comprimés par jour.

Ce médicament agit sur les manifestations de l'*allergie* mais n'en supprime pas la cause. Si les *symptômes* persistent ou s'aggravent, n'hésitez pas à consulter votre médecin.

EFFETS INDÉSIRABLES POSSIBLES

Somnolence.
Effets *atropiniques*.

Un médicament périmé peut être dangereux. Faites régulièrement le tri dans votre armoire à pharmacie.

ALLOCHRYSINE LUMIÈRE

aurothiopropanolsulfonate de sodium

PRÉSENTATION

ALLOCHRYSINE LUMIÈRE 25 mg : préparation injectable ; ampoule 2 ml et ampoule de diluant 8 ml - Remb. 65 % - Liste I

ALLOCHRYSINE LUMIÈRE 50 mg : préparation injectable ; ampoule 2 ml et ampoule de diluant 8 ml - Remb. 65 % - Liste I

ALLOCHRYSINE LUMIÈRE 100 mg : préparation injectable ; ampoule 2 ml et ampoule de diluant 8 ml - Remb. 65 % - Liste I

Laboratoires LTM

COMPOSITION

	p. amp. inj.	p. amp. inj.	p. amp. inj.
Aurothiopropanolsulfonate de sodium à 30 % d'or ...	25 mg	50 mg	100 mg

INDICATIONS

Ce médicament est un antirhumatismal d'action lente. Il contient des sels d'or.

Il est utilisé exclusivement dans le *traitement de fond* des *rhumatismes inflammatoires*, notamment de la *polyarthrite rhumatoïde*.

CONTRE-INDICATIONS

Ce médicament ne doit pas être utilisé dans les cas suivants :

- certaines maladies du rein,
- *insuffisance rénale*,
- *insuffisance hépatique*,
- certaines maladies du sang,
- *inflammation* de la bouche ou des gencives,
- *insuffisance cardiaque*,
- *lupus érythémateux* disséminé,
- certaines autres maladies de peau,
- **grossesse,**
- **allaitement.**

ATTENTION

En cas d'*insuffisance hépatique*, d'*insuffisance rénale* ou d'*antécédent* de maladie du sang, prévenez votre médecin.

Au cours du traitement, une surveillance médicale et des analyses de sang régulières sont nécessaires.

L'effet de ce médicament est lent à apparaître : un délai d'action de 2 à 3 mois est nécessaire avant de pouvoir juger de l'efficacité du traitement. Dans l'intervalle, l'usage des traitements *antalgiques* habituels reste possible.

Ce médicament est destiné au traitement d'un *rhumatisme inflammatoire* ; il ne convient pas en cas d'*arthrose* ou de rhumatisme banal.

INTERACTIONS MÉDICAMENTEUSES

Ce médicament peut interagir avec d'autres médicaments, notamment ceux contenant de la phénylbutazone : risque d'augmentation des effets indésirables. Signalez tout autre traitement en cours à votre médecin ou à votre pharmacien.

GROSSESSE, ALLAITEMENT ET NOUVEAU-NÉ

Grossesse :

Ce médicament est contre-indiqué chez la femme enceinte ou susceptible de l'être. Une contraception efficace est recommandée.

Allaitement :

Les données actuellement disponibles ne permettent pas de savoir si ce médicament passe dans le lait maternel : l'allaitement est contre-indiqué.

MODE D'EMPLOI ET POSOLOGIE

Ce médicament est uniquement administré par *voie* intramusculaire.

Posologie usuelle :

Elle est strictement individuelle et adaptée par le médecin, qui recherche la *posologie* efficace la plus faible possible.

- En début de traitement : 1 injection par semaine.
- En *traitement d'entretien* : 1 injection par mois.

> Une recrudescence passagère des douleurs articulaires après les premières injections est normale.

EFFETS INDÉSIRABLES POSSIBLES

Irritation locale au point d'injection.

Certains effets plus graves peuvent conduire à interrompre le traitement : démangeaisons, éruptions cutanées, aphtes, jaunisse, *troubles digestifs*. Prévenez immédiatement votre médecin lors de leur survenue.

ALLOPURINOL-RATIOPHARM

allopurinol

PRÉSENTATION

ALLOPURINOL-RATIOPHARM : capsule (beige) ; boîte de 28 - Remb. 65 % - Liste I

ALLOPURINOL-RATIOPHARM : capsule (beige) ; boîte de 28 - Remb. 65 % - Liste I

Laboratoires Lafon-Ratiopharm

COMPOSITION

	p. caps.	p. caps.
Allopurinol	100 mg	300 mg

INDICATIONS

Ce médicament est un hypo-uricémiant : il diminue la production d'*acide urique* et abaisse son taux dans le sang.

Il est utilisé dans le traitement de l'excès d'acide urique et notamment dans le *traitement préventif* de la *goutte*.

CONTRE-INDICATIONS

Ce médicament ne doit pas être utilisé en cas d'*allergie* à l'allopurinol.

> **ATTENTION**
>
> Ce médicament n'est pas un *traitement de la crise* de *goutte*. D'autre part, paradoxalement, il peut provoquer des crises de goutte en début de traitement. Le médecin lui associe généralement de la colchicine pendant le premier mois de traitement.
>
> Des précautions sont nécessaires en cas d'*insuffisance rénale* ou d'*insuffisance hépatique*.
>
> Des analyses de sang et d'urine sont nécessaires pour juger de l'efficacité du traitement.

INTERACTIONS MÉDICAMENTEUSES

Ce médicament peut interagir avec d'autres médicaments, notamment certaines *pénicillines* à spectre élargi (ampicilline). Signalez tout autre traitement en cours à votre médecin ou à votre pharmacien.

GROSSESSE, ALLAITEMENT ET NOUVEAU-NÉ

Grossesse :

L'effet de ce médicament sur l'enfant à naître est mal connu : par mesure de prudence, son usage est déconseillé pendant la grossesse.

Allaitement :

Ce médicament passe dans le lait maternel : l'allaitement est déconseillé.

MODE D'EMPLOI ET POSOLOGIE

Les capsules doivent être avalées de préférence après les repas pour améliorer la tolérance digestive.

Posologie usuelle :

Elle varie en fonction du taux d'*acide urique*.

> Une crise de *goutte* peut être provoquée par un excès alimentaire mais aussi par un jeûne prolongé, une fatigue excessive, un stress ou un traumatisme.
>
> Le traitement reste justifié même si le taux d'*acide urique* est normal pendant la crise de goutte.

EFFETS INDÉSIRABLES POSSIBLES

En début de traitement, crise de *goutte* prévenue généralement par l'association de colchicine (voir ATTENTION).

Nausées, diarrhée, brûlures d'estomac.

Allergie cutanée : prévenez immédiatement votre médecin.

Rarement : maux de tête et *vertiges*.

ALMIDE

lodoxamide

PRÉSENTATION

ALMIDE : collyre ; flacon 5 ml - Remb. 65 %

Laboratoires Alcon

COMPOSITION

	p. 100 ml
Lodoxamide	100 mg
Benzalkonium chlorure	+

INDICATIONS

C'est un collyre antiallergique.

Il est utilisé dans le traitement des *allergies* oculaires.

CONTRE-INDICATIONS

Ce collyre ne doit pas être utilisé en cas d'*allergie* aux *antiseptiques* de la famille des *ammoniums quaternaires* (présence de benzalkonium).

INTERACTIONS MÉDICAMENTEUSES

Ce collyre peut interagir avec d'autres collyres : respectez un intervalle de 15 minutes entre deux instillations.

GROSSESSE, ALLAITEMENT ET NOUVEAU-NÉ

L'effet de ce médicament pendant la grossesse ou l'allaitement est mal connu. L'évaluation du risque éventuel lié à son utilisation est individuelle : demandez conseil à votre pharmacien ou à votre médecin.

MODE D'EMPLOI ET POSOLOGIE

Tirer la paupière inférieure vers le bas tout en regardant vers le haut. Déposer les gouttes de collyre entre la paupière et le globe oculaire (*cul-de-sac conjonctival*).

Posologie usuelle :

- Adulte et enfant de plus de 4 ans : 1 ou 2 gouttes, 4 fois par jour.

> Le port de lentilles de contact est déconseillé en cas d'irritation oculaire. Les lentilles souples ne devront être réutilisées qu'après l'arrêt complet du traitement car elles peuvent s'imprégner des substances contenues dans ce collyre.
>
> L'application correcte du produit peut nécessiter une aide, notamment chez une personne handicapée ou âgée.
>
> Ne conservez pas ce collyre plus de 15 jours après une première utilisation.

EFFETS INDÉSIRABLES POSSIBLES

Irritation locale.

ALODONT

PRÉSENTATION

ALODONT : solution pour *bain de bouche* ; flacon 200 ml - Remb. 35 %

Laboratoires Parke-Davis

COMPOSITION

	p. 100 g
Cétylpyridinium chlorure	5 mg
Vératrol	5 mg
Chlorobutanol	50 mg
Eugénol	4 mg
Menthe, essence	+

INDICATIONS

Cette solution pour *bain de bouche* et *gargarisme* contient une association de substances *antiseptiques* et *antalgiques*.

Elle est utilisée en bain de bouche dans le *traitement d'appoint* des infections de la gorge, de la bouche ou après une opération des dents ou des gencives.

CONTRE-INDICATIONS

Ce médicament ne doit pas être utilisé chez l'enfant de moins de 30 mois (présence de menthol).

> **ATTENTION**
> L'usage prolongé de ce médicament n'est pas souhaitable ; il peut modifier l'équilibre microbien naturel de la gorge.
> En l'absence d'amélioration au bout de 5 jours, en cas d'apparition de fièvre, consultez votre médecin.

GROSSESSE, ALLAITEMENT ET NOUVEAU-NÉ

L'effet de ce médicament pendant la grossesse ou l'allaitement est mal connu. L'évaluation du risque éventuel lié à son utilisation est individuelle : demandez conseil à votre pharmacien ou à votre médecin.

MODE D'EMPLOI ET POSOLOGIE

Chez l'adulte, la solution est utilisée pure. Chez l'enfant de plus de 30 mois, la solution doit être diluée de moitié (1 volume de solution pour 1 volume d'eau).

Posologie usuelle :

- Adulte et enfant de plus de 30 mois : 1 *bain de bouche* ou 1 *gargarisme*, 3 fois par jour.

La solution ne doit en aucun cas être avalée.

La durée du traitement ne dépasse habituellement pas 10 jours.

> Il est généralement conseillé de ne pas s'alimenter ou de ne pas boire immédiatement après un *bain de bouche* afin de permettre aux substances actives d'agir.
> Certains dentistes et stomatologistes recommandent de ne pas pratiquer de bain de bouche dans les heures qui suivent une extraction dentaire afin d'éviter de faire saigner la plaie.

ALOPEXY

minoxidil

PRÉSENTATION

ALOPEXY : solution pour application locale ; flacon 15 ml - Non remb. - Liste II

ALOPEXY : solution pour application locale ; flacon 60 ml - Non remb. - Liste II

ALOPEXY : solution pour application locale ; coffret de 3 flacons de 60 ml - Non remb. - Liste II

Laboratoires Pierre Fabre

COMPOSITION

	p. 100 ml
Minoxidil	2 g
Alcool à 95°	55 ml

INDICATIONS

Ce médicament contient une substance qui stimule la pousse des cheveux.

Il est utilisé dans le traitement des chutes de cheveux d'origine hormonale.

> **ATTENTION**
> En cas d'application accidentelle sur les yeux, les *muqueuses* ou la peau abîmée, rincer abondamment.

INTERACTIONS MÉDICAMENTEUSES

Ce médicament peut interagir avec d'autres médicaments. Signalez tout autre traitement en cours à votre médecin ou à votre pharmacien.

GROSSESSE, ALLAITEMENT ET NOUVEAU-NÉ

La sécurité d'emploi de ce médicament n'a pas été établie pendant la grossesse ou l'allaitement. Par mesure de prudence, son usage est déconseillé.

MODE D'EMPLOI ET POSOLOGIE

Sur des cheveux parfaitement secs, appliquer la solution du centre vers la périphérie de la région à traiter.

Se laver soigneusement les mains après usage.

Laisser sécher les cheveux naturellement : en accélérant l'évaporation du produit, l'utilisation d'un sèche-cheveux nuirait à l'efficacité du traitement.

Habituellement, le traitement n'est efficace qu'au bout de 4 mois ou plus ; pour en garder le bénéfice, il ne doit jamais être interrompu.

Posologie usuelle :

2 applications de 1 ml (quelle que soit la surface à traiter), par jour.

Une augmentation de la dose n'augmente pas l'efficacité du traitement.

> Ce produit est inflammable : conservez-le à l'abri de la chaleur.

EFFETS INDÉSIRABLES POSSIBLES

Réaction mineure et peu grave : irritation, sécheresse de la peau, pousse excessive des poils en dehors de la région traitée.

Rarement : *allergie*, *vertiges*, maux de tête, irritation des yeux, altération du goût, troubles visuels, *otite* externe, fatigue, *œdème*, *névrite*.

Exceptionnellement : perte de cheveux (effet paradoxal), douleur thoracique, *hépatite*, calcul rénal.

ALOPLASTINE

oxyde de zinc, glycérine, talc

PRÉSENTATION

ALOPLASTINE : pâte à l'eau (blanc) ; tube 90 g - Remb. 35 %

Laboratoires Biologiques Île-de-France

COMPOSITION

	p. 100 g
Oxyde de zinc	25 g
Glycérine	20 g
Talc	25 g

INDICATIONS

Ce médicament est une pâte non grasse, décongestionnante, calmante et légèrement *antiseptique*.

Il est utilisé dans le *traitement d'appoint* de certaines lésions de la peau, notamment la rougeur des fesses du *nourrisson* et l'*eczéma*.

GROSSESSE, ALLAITEMENT ET NOUVEAU-NÉ

Ce médicament ne contient que des substances présumées sans danger pendant la grossesse ou l'allaitement. Néanmoins, ne l'utilisez pas de façon prolongée sans l'avis de votre pharmacien ou de votre médecin.

MODE D'EMPLOI ET POSOLOGIE

Appliquer une couche épaisse sur la zone à traiter.

Posologie usuelle :

1 application, matin et soir, ou plus si nécessaire.

> La rougeur des fesses du *nourrisson* est souvent due à l'imprégnation de la peau par l'urine, sous la couche. Il est donc nécessaire de nettoyer et de rincer abondamment la peau avec de l'eau avant d'appliquer le médicament.

ALOPLASTINE ACIDE

glycérine, talc

PRÉSENTATION

ALOPLASTINE ACIDE : pâte à l'eau ; tube 65 g - Remb. 35 %

Laboratoires Biologiques Île-de-France

COMPOSITION

	p. 100 g
Glycérine	15 g
Talc	15 g
Acide lactique	+

INDICATIONS

Ce médicament est une pâte non grasse, décongestionnante et calmante.

Il est utilisé dans le *traitement d'appoint* des irritations de la peau et de certains *eczémas*.

GROSSESSE, ALLAITEMENT ET NOUVEAU-NÉ

Ce médicament ne contient que des substances présumées sans danger pendant la grossesse ou l'allaitement. Néanmoins, ne l'utilisez pas de façon prolongée sans l'avis de votre pharmacien ou de votre médecin.

MODE D'EMPLOI ET POSOLOGIE

Appliquer une couche épaisse sur la zone à traiter.

Posologie usuelle :

1 application, matin et soir, ou plus si nécessaire.

> Bien nettoyer la peau avant d'appliquer la pâte.

EFFETS INDÉSIRABLES POSSIBLES

Parfois : *eczéma* dû au médicament, *mycose*.

ALOPLASTINE ICHTHYOLÉE

PRÉSENTATION

ALOPLASTINE ICHTHYOLÉE : pâte à l'eau ; tube 90 g - Remb. 35 %

Laboratoires Biologiques Île-de-France

COMPOSITION

	p. 100 g
Ichthyolammonium	5 g
Oxyde de zinc	25 g
Glycérine	20 g
Talc	25 g

INDICATIONS

Ce médicament est une pâte non grasse, adoucissante et légèrement *antiseptique*.

Il est utilisé dans le *traitement d'appoint* de certains *eczémas*.

GROSSESSE, ALLAITEMENT ET NOUVEAU-NÉ

Ce médicament ne contient que des substances présumées sans danger pendant la grossesse ou l'allaitement. Néanmoins, ne l'utilisez pas de façon prolongée sans l'avis de votre pharmacien ou de votre médecin.

MODE D'EMPLOI ET POSOLOGIE

Appliquer une couche épaisse sur la zone à traiter.

Posologie usuelle :

1 application, matin et soir, ou plus si nécessaire.

Bien nettoyer la peau avant d'appliquer la pâte.

ALOSTIL
minoxidil

PRÉSENTATION

ALOSTIL : solution pour application locale ; boîte de 1 flacon pulvérisateur 60 ml avec applicateur - Non remb. - Liste II

ALOSTIL : solution pour application locale ; boîte de 3 flacons pulvérisateurs 60 ml avec applicateur - Non remb. - Liste II

ALOSTIL : gel pour application locale ; flacon 60 ml avec pompe doseuse (120 doses) - Non remb. - Liste II

Laboratoires Sanofi Winthrop

COMPOSITION

	p. 100 ml
Minoxidil	2 g
Alcool	+

INDICATIONS

Ce médicament contient une substance qui stimule la pousse des cheveux.

Il est utilisé dans le traitement des chutes de cheveux d'origine hormonale.

ATTENTION

En cas d'application accidentelle sur les yeux, les *muqueuses* ou la peau abîmée, rincer abondamment.

INTERACTIONS MÉDICAMENTEUSES

Ce médicament peut interagir avec d'autres médicaments. Signalez tout autre traitement en cours à votre médecin ou à votre pharmacien.

GROSSESSE, ALLAITEMENT ET NOUVEAU-NÉ

La sécurité d'emploi de ce médicament n'a pas été établie pendant la grossesse ou l'allaitement. Par mesure de prudence, son usage est déconseillé.

MODE D'EMPLOI ET POSOLOGIE

Sur des cheveux parfaitement secs, appliquer le gel ou la solution du centre vers la périphérie de la région à traiter. Se laver soigneusement les mains après usage.

Laisser sécher les cheveux naturellement : en accélérant l'évaporation du produit, l'utilisation d'un sèche-cheveux nuirait à l'efficacité du traitement.

Habituellement, le traitement n'est efficace qu'au bout de 4 mois ou plus : pour en garder le bénéfice, il ne devrait jamais être interrompu.

Posologie usuelle :

1 application de 1 ml (quelle que soit la surface à traiter), 2 fois par jour, soit :
- gel : 2 doses par application ;
- solution : 6 pulvérisations ou 1 dose de tampon applicateur, par application.

Une augmentation de la dose n'augmente pas l'efficacité du traitement.

Conservez ce produit à l'abri de la chaleur.

EFFETS INDÉSIRABLES POSSIBLES

Réaction mineure et peu grave : irritation, sécheresse de la peau, pousse excessive des poils en dehors de la région traitée.

Rarement : *allergie*, *vertiges*, maux de tête, irritation des yeux, altération du goût, troubles visuels, *otite* externe, fatigue, *œdème*, *névrite*.

Exceptionnellement : perte des cheveux (effet paradoxal), douleur thoracique, *hépatite*, calcul rénal.

ALPAGELLE
chlorure de miristalkonium

PRÉSENTATION

ALPAGELLE : crème ; tube 80 g avec applicateur - Non remb.

ALPAGELLE : crème ; tube 80 g - Non remb.

ALPAGELLE : crème ; boîte de 6 tubes unidoses - Non remb.

Laboratoires Pharmascience

COMPOSITION

	p. 100 g
Miristalkonium chlorure	0,90 g
Acide borique	2 g

INDICATIONS

Cette crème contient un *antiseptique* de la famille des *ammoniums quaternaires*, qui a la propriété de détruire les spermatozoïdes.

Elle est utilisée comme *contraceptif* local.

ATTENTION

L'efficacité de cette contraception n'étant pas absolue, il est d'autant plus important de respecter les règles d'utilisation.

En cas de traitement vaginal par d'autres produits locaux, il est préférable d'attendre la fin du traitement avant d'utiliser cette contraception.

Cette crème contenant une substance pouvant être irritante, elle ne doit pas être utilisée en cas de plaie ou d'*ulcération* génitale (*herpès*...).

INTERACTIONS MÉDICAMENTEUSES

L'association à d'autres *antiseptiques* ou à des savons diminue l'efficacité de la crème : entre le moment de son application et les rapports sexuels, n'utilisez que de l'eau pure pour votre toilette intime.

GROSSESSE, ALLAITEMENT ET NOUVEAU-NÉ

Grossesse :

Lors de grossesses survenues malgré l'utilisation de ce spermicide, aucune anomalie de l'enfant à naître n'a été constatée.

Allaitement :

Ce médicament ne passe pas dans le lait maternel.

MODE D'EMPLOI ET POSOLOGIE

L'application de la crème dans le vagin peut se faire juste avant les rapports sexuels, son effet protecteur étant immédiat.

Renouveler l'application de la crème avant chaque rapport.

Tout usage de savon pour la toilette intime de l'un des partenaires fait disparaître l'effet contraceptif de la crème. Il est alors nécessaire de rincer soigneusement le vagin ou le pénis et de renouveler l'application de crème avant de nouveaux rapports sexuels.

Après les rapports sexuels, une toilette externe est possible mais attendez au moins 1 heure avant une douche vaginale.

ALPHACHYMOTRYPSINE CHOAY
chymotrypsine

PRÉSENTATION

ALPHACHYMOTRYPSINE CHOAY : comprimé (blanc) ; boîte de 20 - Remb. 35 %

ALPHACHYMOTRYPSINE CHOAY : pommade ; tube de 20 g - Remb. 35 %

Laboratoires Sanofi Winthrop

COMPOSITION

	p. comp.	p. tube
Chymotrypsine	25 U	300 U

INDICATIONS

Ce médicament contient une *enzyme*. Il agit en luttant contre les *œdèmes* et les *inflammations*.

Il est utilisé dans le *traitement symptomatique* des œdèmes survenant après un traumatisme ou une opération.

CONTRE-INDICATIONS

La pommade ne doit pas être mise au contact des plaies, des yeux ou des *muqueuses*.

GROSSESSE, ALLAITEMENT ET NOUVEAU-NÉ

L'effet de ce médicament pendant la grossesse ou l'allaitement est mal connu. L'évaluation du risque éventuel lié à son utilisation est individuelle : demandez conseil à votre pharmacien ou à votre médecin.

MODE D'EMPLOI ET POSOLOGIE

Laisser fondre le comprimé sous la langue (voie *sublinguale*) ou l'avaler avec un verre d'eau.

Posologie usuelle :

Comprimé :
- *voie* orale : 2 comprimés, 3 ou 4 fois par jour ;
- voie *sublinguale* : 4 à 6 comprimés par jour.

Pommade :
- 1 application, en massant légèrement, à répéter plusieurs fois par jour.

EFFETS INDÉSIRABLES POSSIBLES

Allergie cutanée devant faire arrêter le traitement.

ALPHACHYMOTRYPSINE LEURQUIN

chymotrypsine

PRÉSENTATION

ALPHACHYMOTRYPSINE LEURQUIN 5 mg : préparation injectable ; boîte de 5 ampoules lyophilisat et 5 ampoules de solvant 5 ml - Remb. 35 %

Laboratoires Leurquin Mediolanum

COMPOSITION

	p. unité
Chymotrypsine lyophilisée	5 mg

INDICATIONS

Ce médicament contient une *enzyme* destinée à lutter contre l'*œdème* et l'*inflammation*.

Il est utilisé dans le traitement des œdèmes survenant après un traumatisme ou une opération.

ATTENTION

L'apparition d'une *allergie* cutanée impose l'arrêt du traitement.

INTERACTIONS MÉDICAMENTEUSES

La solution injectable ne doit pas être mélangée à d'autres médicaments dans la même seringue.

GROSSESSE, ALLAITEMENT ET NOUVEAU-NÉ

L'effet de ce médicament pendant la grossesse ou l'allaitement est mal connu : seul votre médecin peut évaluer le risque éventuel de son utilisation dans votre cas.

MODE D'EMPLOI ET POSOLOGIE

Ce médicament doit être administré par *voie* intramusculaire.

Posologie usuelle :

1 ampoule par jour.

ALPHACUTANÉE

chymotrypsine

PRÉSENTATION

ALPHACUTANÉE : émulsion pour application locale ; boîte de 5 flacons de *lyophilisat* et 5 flacons d'émulsion 5 g - Remb. 35 %

Laboratoires Leurquin Mediolanum

COMPOSITION

	p. flacon-dose
Chymotrypsine	5 mg

INDICATIONS

Cette émulsion d'usage local contient une *enzyme* destinée à lutter contre l'*œdème* et l'*inflammation*.

Elle est utilisée dans le traitement des œdèmes survenant après un traumatisme ou une opération.

CONTRE-INDICATIONS

Cette émulsion ne doit pas être appliquée sur les *muqueuses*, les plaies ou la peau lésée.

GROSSESSE, ALLAITEMENT ET NOUVEAU-NÉ

Ce médicament peut être utilisé ponctuellement pendant la grossesse ou l'allaitement.

MODE D'EMPLOI ET POSOLOGIE

Ne préparer l'émulsion qu'au moment de l'utilisation.

Verser l'émulsion sur la région à traiter et faire pénétrer par un léger massage.

Appliquer l'émulsion le plus tôt possible après le traumatisme.

Posologie usuelle :

1 ou plusieurs applications par jour.

☛ Après reconstitution, l'émulsion ne doit pas être conservée plus de 48 heures.

EFFETS INDÉSIRABLES POSSIBLES

Réaction allergique locale, imposant l'arrêt du traitement.

ALPHA RENOL

PRÉSENTATION

ALPHA RENOL : solution buvable ; flacon 200 ml - Non remb.

Laboratoires Monin

COMPOSITION

	p. 100 ml
Prêle, extrait fluide	3 g
Maïs, extrait fluide	3 g
Genévrier, extrait fluide	3 g
Chiendent, extrait fluide	3 g
Alcool à 95°	20 g

INDICATIONS

Ce médicament contient des extraits de plantes.

Il est utilisé pour faciliter les fonctions d'élimination rénale et digestive.

ATTENTION

Ce médicament contient de l'*alcool* en quantité notable.

GROSSESSE, ALLAITEMENT ET NOUVEAU-NÉ

Ce médicament ne contient que des plantes présumées sans danger pendant la grossesse ou l'allaitement. Néanmoins, ne l'utilisez pas de façon prolongée sans l'avis de votre pharmacien ou de votre médecin.

Grossesse :

Ce médicament n'est pas adapté au traitement d'une éventuelle rétention d'eau survenant pendant la grossesse. L'apparition d'*œdèmes* impose une consultation médicale.

MODE D'EMPLOI ET POSOLOGIE

La solution doit être diluée dans un verre d'eau ou dans une tisane.

Posologie usuelle :

1 cuillère à soupe, 3 fois par jour.

☛ Ce médicament doit être conservé à l'abri de la lumière et de la chaleur.

ALPHINTERN

chymotrypsine, trypsine

PRÉSENTATION

ALPHINTERN : comprimé (bleu) ; boîte de 20 - Remb. 35 %

Laboratoires Leurquin Mediolanum

COMPOSITION

	p. comp.
Chymotrypsine	14 µkat
Trypsine	5 µkat

INDICATIONS

Ce médicament contient des *enzymes* destinées à lutter contre l'*œdème*, l'*inflammation* et la douleur.

Il est utilisé dans le traitement des œdèmes survenant après un traumatisme ou une opération. Il est également utilisé dans le *traitement d'appoint* des affections des *voies* respiratoires.

ATTENTION

La survenue d'une *allergie* cutanée impose l'arrêt du traitement.

En cas d'infection, consultez votre médecin.

GROSSESSE, ALLAITEMENT ET NOUVEAU-NÉ

L'effet de ce médicament pendant la grossesse ou l'allaitement est mal connu. L'évaluation du risque éventuel lié à son utilisation est individuelle : demandez conseil à votre pharmacien ou à votre médecin.

MODE D'EMPLOI ET POSOLOGIE

Les comprimés doivent être avalés avec un peu d'eau.

Posologie usuelle :

1 comprimé, 3 fois par jour.

EFFETS INDÉSIRABLES POSSIBLES

Allergie cutanée.

ALPHOSYL

goudron de houille, allantoïne

PRÉSENTATION

ALPHOSYL : crème ; tube 75 g - Non remb.

Laboratoires Stafford-Miller

COMPOSITION

	p. 100 g
Extrait de goudron de houille	5 g
Allantoïne	2 g
Lanoline	+

INDICATIONS

Cette crème contient de l'allantoïne, qui a des propriétés hydratantes, et du goudron de houille, qui lutte contre l'épaississement anormal de la peau.

Elle est utilisée dans le traitement du *psoriasis*.

ATTENTION

Une irritation locale impose l'arrêt du traitement.

Ce produit ne doit pas être mis en contact avec l'œil.

GROSSESSE, ALLAITEMENT ET NOUVEAU-NÉ

L'effet de ce médicament pendant la grossesse ou l'allaitement est mal connu. L'évaluation du risque éventuel lié à son utilisation est individuelle : demandez conseil à votre pharmacien ou à votre médecin.

MODE D'EMPLOI ET POSOLOGIE

Masser légèrement pour faire pénétrer la crème.

Posologie usuelle :

2 à 4 applications par jour.

En cas de contact accidentel avec les yeux, rincer immédiatement et abondamment à l'eau tiède. Il est indispensable de se laver les mains après l'application.

EFFETS INDÉSIRABLES POSSIBLES

Poussée de boutons semblables à de l'*acné*, irritation de la peau (particulièrement dans les plis).

Photosensibilisation.

ALPRESS

prazosine

PRÉSENTATION

ALPRESS LP 2,5 mg : comprimé à *libération prolongée* (blanc et marron) ; boîte de 30 - Remb. 65 % - Liste I

ALPRESS LP 5 mg : comprimé à *libération prolongée* (blanc et marron) ; boîte de 30 - Remb. 65 % - Liste I

Laboratoires Pfizer

COMPOSITION

	p. comp. L.P.	p. comp. L.P.
Prazosine chlorhydrate	2,5 mg	5 mg

INDICATIONS

Ce médicament est un *antihypertenseur* qui appartient à la famille des *vasodilatateurs alphabloquants*.

Il est utilisé dans le traitement de l'*hypertension artérielle*.

CONTRE-INDICATIONS

Ce médicament ne doit pas être utilisé chez l'enfant de moins de 12 ans.

ATTENTION

Ce médicament peut être responsable de troubles de l'équilibre et parfois de malaises avec chutes. Faites contrôler votre tension artérielle si vous êtes sujet à des étourdissements en vous levant brusquement.

Des précautions sont nécessaires chez la personne âgée.

Conducteur : ce médicament peut être responsable d'une baisse de la vigilance, particulièrement en début de traitement.

INTERACTIONS MÉDICAMENTEUSES

Ce médicament peut interagir avec d'autres médicaments, notamment certains *antihypertenseurs* (*inhibiteurs calciques*) : signalez tout autre traitement en cours à votre médecin ou à votre pharmacien.

GROSSESSE, ALLAITEMENT ET NOUVEAU-NÉ

L'effet de ce médicament pendant la grossesse ou l'allaitement est mal connu : seul votre médecin peut évaluer le risque éventuel de son utilisation dans votre cas.

MODE D'EMPLOI ET POSOLOGIE

Les comprimés doivent être avalés tels quels sans être écrasés ni fractionnés ni croqués.

Posologie usuelle :

De 2,5 mg à 5 mg par jour, en 1 prise.

Ce médicament doit être tenu à l'abri de l'humidité : en tenir compte lors de la préparation hebdomadaire des médicaments pour une personne âgée.

Il est normal de retrouver le comprimé dans les selles : son contenu a été libéré dans l'intestin.

EFFETS INDÉSIRABLES POSSIBLES

Les plus fréquents sont la conséquence d'une *hypotension orthostatique* : *vertiges*, faiblesse, étourdissement, chute, exceptionnelles pertes de connaissance.

Peuvent également survenir :
- rétention d'eau : *œdème* des jambes ;
- *troubles digestifs* ;
- somnolence, troubles de la vision ;
- incontinence urinaire, envie d'uriner fréquente ;
- accélération du cœur ;
- démangeaisons, *allergie* cutanée ;
- maux de tête, congestion du nez ou des yeux, saignement de nez, douleurs articulaires, sueurs.

ALTIM

cortivazol

PRÉSENTATION

ALTIM : suspension injectable ; seringue préremplie 1,5 ml et 2 aiguilles - Remb. 65 % - Liste I

Laboratoires Roussel

COMPOSITION

	p. seringue
Cortivazol	3,75 mg

INDICATIONS

C'est un *anti-inflammatoire* stéroïdien qui appartient à la famille des *corticoïdes* de synthèse (dérivés chimiques de la *cortisone* naturelle). Les propriétés de la cortisone sont nombreuses, mais ce médicament est surtout utilisé pour son effet anti-inflammatoire puissant et rapide. Il présente, à efficacité égale, moins d'effets indésirables que la cortisone naturelle.

Il est utilisé en traitement local (*infiltration*) dans de nombreuses affections, notamment :
- *inflammation* des articulations, des tendons et des ligaments, poussées douloureuses d'*arthrose* ;
- maladie de *Dupuytren*, *syndrome du canal carpien* ;
- inflammation des nerfs (*sciatique*, *névralgie cervicobrachiale*...).

CONTRE-INDICATIONS

Ce médicament ne doit pas être utilisé dans les cas suivants :
- infection ou *mycose* non contrôlées par un traitement adapté,
- maladies virales en évolution (*zona*, *herpès* oculaires).

ATTENTION
L'injection de ce médicament ne doit être pratiquée que sous contrôle médical.
Des précautions sont nécessaires en cas d'*ulcère* de l'estomac ou du *duodénum*.

INTERACTIONS MÉDICAMENTEUSES

En cas d'injections répétées pendant plusieurs mois, ce médicament peut interagir avec d'autres médicaments et avec certains *vaccins*. Signalez tout traitement en cours à votre médecin ou à votre pharmacien.

GROSSESSE, ALLAITEMENT ET NOUVEAU-NÉ

Grossesse :
Les études scientifiques actuellement disponibles n'ont pas mis en évidence de problème particulier lors de l'utilisation ponctuelle chez la femme enceinte. Seul votre médecin peut évaluer le risque éventuel de son utilisation dans votre cas.

Allaitement :
Ce médicament passe dans le lait maternel : il est déconseillé pendant l'allaitement.

MODE D'EMPLOI ET POSOLOGIE

L'injection est faite dans ou à proximité de la zone à traiter.

Posologie usuelle :
Elle est strictement personnelle et peut être renouvelée au bout de quelques jours ou de quelques semaines, selon l'évolution.

Afin de compenser une baisse du taux de *potassium* dans le sang lors d'un traitement prolongé, le médecin peut être amené à prescrire du potassium.

EFFETS INDÉSIRABLES POSSIBLES

Liés à la *voie* d'administration : infection, *atrophie* cutanée.

En cas de traitement prolongé et à forte dose :
- rétention d'eau et de sel avec parfois *hypertension artérielle* ;
- baisse du taux de *potassium* dans le sang ;
- gonflement du visage et du buste, taches cutanées violacées, apparition de poils ;
- surexcitation avec euphorie et troubles du sommeil ;
- atrophie musculaire, *ostéoporose* ;
- *diabète* (réversible), arrêt de la croissance chez l'enfant, troubles des règles ;
- *gastrite*, *ulcère* ;
- certaines formes de *glaucome* ou de *cataracte*.

ALTOCEL
lopéramide

PRÉSENTATION

ALTOCEL : gélule ; boîte de 20 - Remb. 35 % - Liste II

Laboratoires IREX

COMPOSITION

	p. gél.
Lopéramide chlorhydrate	2 mg

INDICATIONS

C'est un antidiarrhéique qui agit en ralentissant le *transit intestinal* et en réduisant les sécrétions du tube digestif.

Il est utilisé dans le *traitement symptomatique* des diarrhées.

CONTRE-INDICATIONS

Ce médicament ne doit pas être utilisé dans les cas suivants :
- crise aiguë de *rectocolite hémorragique*,
- enfant de moins de 8 ans.

ATTENTION
Ce médicament n'est pas adapté au traitement des diarrhées dues à certains *antibiotiques*.
Une diarrhée qui s'accompagne de torpeur, de soif, de fièvre ou de sang dans les selles nécessite un avis médical rapide.
L'apparition d'une constipation ou d'un ballonnement abdominal impose l'arrêt du traitement.
Des précautions sont à prendre en cas d'*insuffisance hépatique*.

GROSSESSE, ALLAITEMENT ET NOUVEAU-NÉ

Grossesse :
Les études actuellement disponibles n'ont pas mis en évidence de problème particulier lors de l'utilisation ponctuelle chez la femme enceinte. Cependant pendant les 3 premiers mois de la grossesse, évitez de prendre ce médicament sans prescription médicale.

Allaitement :
Ce médicament passe faiblement dans le lait maternel : il peut être utilisé pendant l'allaitement.

MODE D'EMPLOI ET POSOLOGIE

Les gélules doivent être avalées avec un verre d'eau, sans être ouvertes.

Posologie usuelle :
- Adulte :
- diarrhée aiguë : commencer par 2 gélules, puis 1 gélule supplémentaire après chaque selle liquide, sans dépasser 8 gélules par jour ;
- diarrhée chronique : la *posologie* initiale est de 2 gélules par jour, puis elle est adaptée en fonction des résultats obtenus.
- Enfant de plus de 8 ans :
- diarrhée aiguë : commencer par 1 gélule, puis 1 gélule supplémentaire après chaque selle liquide, sans dépasser 6 gélules par jour ;
- diarrhée chronique : la posologie initiale est de 1 gélule par jour, puis elle est adaptée en fonction des résultats obtenus.

Une diarrhée peut provoquer une déshydratation. Cette perte d'eau par l'organisme peut entraîner des troubles graves (fatigue, malaise, confusion des idées...). Il est indispensable de prévenir cette déshydratation par des boissons sucrées abondantes et des bouillons salés, notamment chez la personne âgée.

EFFETS INDÉSIRABLES POSSIBLES

Constipation : elle nécessite le plus souvent l'arrêt du traitement, parfois une simple diminution de la *posologie*.

Allergie cutanée.

Douleurs abdominales, ballonnements, nausées, vomissements, fatigue, somnolence, *vertiges*, sécheresse de la bouche : mais ces *symptômes* peuvent être dus à la diarrhée elle-même.

Certains signes doivent faire penser à un surdosage : arrêt du transit intestinal, torpeur, somnolence, *myosis*, augmentation du tonus musculaire, ralentissement de la respiration, mauvaise coordination des mouvements : consultez immédiatement votre médecin, à défaut appelez le 15 ou un service médical d'urgence.

ALUCTYL collutoire

PRÉSENTATION

ALUCTYL : *collutoire* arôme orange ; flacon pressurisé à l'azote - Non remb.

Laboratoires Monal

COMPOSITION

	p. fl.
Lactate d'aluminium	300 mg
Glycérol	9 g
Ester propylique de l'acide parahydroxybenzoïque	7,5 mg
Ester méthylique de l'acide parahydroxybenzoïque	37,5 mg

INDICATIONS

Ce *collutoire* possède une action *antiseptique* et légèrement *antalgique*.

Il est utilisé dans le *traitement d'appoint* des infections de la bouche et de la gorge.

CONTRE-INDICATIONS

Ce médicament ne doit pas être utilisé chez l'enfant de moins de 7 ans.

ATTENTION
Les traitements locaux (*gargarisme*, *collutoire*, pastille) n'agissent que superficiellement ; dans le cas d'infection profonde (angines...), un autre mode de traitement est nécessaire pour éviter des complications ultérieures, cardiaques ou rénales.
L'usage prolongé de ce médicament n'est pas souhaitable ; il peut modifier l'équilibre microbien naturel de la gorge et favoriser l'apparition de *candidose*.
En l'absence d'amélioration au bout de 5 jours, en cas d'apparition de fièvre : consultez votre médecin.

INTERACTIONS MÉDICAMENTEUSES

Il est généralement inutile d'associer des *antiseptiques* différents. Ceux-ci peuvent être contenus dans de nombreux produits disponibles en automédication : pastille, *collutoire* et solution nasale ; demandez conseil à votre pharmacien.

GROSSESSE, ALLAITEMENT ET NOUVEAU-NÉ

L'effet de ce médicament pendant la grossesse ou l'allaitement est mal connu. L'évaluation du risque éventuel lié à son utilisation est individuelle : demandez conseil à votre pharmacien ou à votre médecin.

MODE D'EMPLOI ET POSOLOGIE

Posologie usuelle :

- Adulte : 4 à 8 pulvérisations par jour.
- Enfant de 7 à 15 ans : 2 à 4 pulvérisations par jour.

Chez le jeune enfant, la pulvérisation peut provoquer un spasme du larynx : n'introduisez pas trop profondément l'embout dans sa bouche.

ALUCTYL comprimé

lactate d'aluminium

PRÉSENTATION

ALUCTYL : comprimé à sucer (blanc) ; boîte de 30 - Non remb.

Laboratoires Monal

COMPOSITION

	p. comp.
Lactate d'aluminium	25 mg
Saccharose	465 mg

INDICATIONS

Ce médicament contient un *antiseptique*.

Il est utilisé dans le traitement des affections de la bouche et de la gorge.

CONTRE-INDICATIONS

Ce médicament ne doit pas être utilisé chez l'enfant de moins de 7 ans.

ATTENTION

L'usage prolongé de ce médicament n'est pas souhaitable : il est susceptible de modifier l'équilibre microbien naturel de la gorge et de favoriser l'apparition de *candidose*.

En cas d'aggravation, d'absence d'amélioration au bout de 5 jours ou d'apparition de fièvre : consultez votre médecin.

Ce médicament contient du *sucre* (saccharose) en quantité notable.

GROSSESSE, ALLAITEMENT ET NOUVEAU-NÉ

L'effet de ce médicament pendant la grossesse ou l'allaitement est mal connu. L'évaluation du risque éventuel lié à son utilisation est individuelle : demandez conseil à votre pharmacien ou à votre médecin.

MODE D'EMPLOI ET POSOLOGIE

Les comprimés doivent être sucés lentement, sans être croqués.

Posologie usuelle :

- Adulte : 10 comprimés par jour.
- Enfant de 7 à 15 ans : 8 comprimés par jour.

Certaines infections de la gorge nécessitent un traitement *antibiotique* pour éviter des complications ultérieures, cardiaques ou rénales : si les troubles persistent, consultez votre médecin.

ALUPENT aérosol

orciprénaline

PRÉSENTATION

ALUPENT : aérosol ; flacon 15 ml avec valve doseuse (300 bouffées) - Remb. 35 % - Liste I

Laboratoires Boehringer Ingelheim France

COMPOSITION

	p. bouffée
Orciprénaline sulfate	750 µg

INDICATIONS

Ce médicament est un bronchodilatateur. Il est apparenté à l'*adrénaline*, qui lutte notamment contre la contraction anormale des muscles de la paroi des bronches.

Il est utilisé dans le *traitement de la crise* d'*asthme*.

CONTRE-INDICATIONS

Ce médicament ne doit pas être utilisé dans les cas suivants :

- *troubles du rythme cardiaque*,
- *insuffisance coronarienne*,
- *infarctus du myocarde*,
- *hyperthyroïdie*.

ATTENTION

Certaines maladies en cours doivent être portées à la connaissance de votre médecin : *hypertension artérielle*, *insuffisance cardiaque*, *insuffisance coronarienne*, *diabète*.

Si une crise d'*asthme* ne cède pas malgré des inhalations répétées, ne vous obstinez pas et consultez immédiatement votre médecin.

INTERACTIONS MÉDICAMENTEUSES

Ce médicament peut interagir avec d'autres médicaments. Signalez tout autre traitement en cours à votre médecin ou à votre pharmacien.

GROSSESSE, ALLAITEMENT ET NOUVEAU-NÉ

L'effet de ce médicament pendant la grossesse ou l'allaitement est mal connu : seul votre médecin peut évaluer le risque éventuel de son utilisation dans votre cas.

MODE D'EMPLOI ET POSOLOGIE

Enlever le capuchon protecteur, tenir l'appareil en dirigeant le fond de la cartouche vers le haut. Bien agiter. Pour inhaler, appuyer une fois sur le fond de la cartouche. L'inhalation doit être faite au cours d'une inspiration profonde précédée d'une expiration forcée. Retenez ensuite votre respiration quelques instants.

Posologie usuelle :

1 bouffée, renouvelable 1 fois après un délai de 2 ou 3 minutes. Ne pas dépasser 3 bouffées par jour et 1 flacon tous les 3 mois.

Nettoyer soigneusement à l'eau l'embout buccal avant et après chaque emploi.

EFFETS INDÉSIRABLES POSSIBLES

Les plus fréquents sont : accélération du cœur, *troubles digestifs*, tremblements, baisse de la tension artérielle.

ALVITYL

PRÉSENTATION

ALVITYL : comprimé (marron) ; boîte de 50 - Non remb.

ALVITYL : sirop arôme prune ; flacon pressurisé 150 ml - Non remb.

Laboratoires LTM

COMPOSITION

	p. comp.	p. c. à c.
Rétinol (vitamine A)	1 500 UI	1 500 UI
Thiamine chlorhydrate (vitamine B1)	2,5 mg	2,5 mg
Riboflavine phosphate (vitamine B2)	2,5 mg	2,5 mg
Pantothénate de calcium (vitamine B5)	2,5 mg	
Dexpanthénol (vitamine B5)		2,15 mg
Pyridoxine chlorhydrate (vitamine B6)	0,75 mg	0,75 mg
Biotine (vitamine H)	0,025 mg	0,025 mg
Acide folique (vitamine B9)	0,0625 mg	
Cyanocobalamine (vitamine B12)	1,5 µg	1,5 µg
Acide ascorbique (vitamine C)	37,5 mg	37,5 mg
Colécalciférol (vitamine D3)	150 UI	150 UI
Acétate alpha-tocophérol (vitamine E)	5 mg	2,5 mg
Nicotinamide (vitamine PP)	12,5 mg	12,5 mg
Saccharose		3 g

INDICATIONS

Ce médicament contient une association de *vitamines*.

Il est utilisé dans la prévention ou la correction des troubles en rapport avec une alimentation carencée ou déséquilibrée.

ATTENTION

Ce médicament contient des *vitamines* A et D ; leur surdosage expose à des effets indésirables graves. Ces vitamines sont présentes dans de nombreux médicaments, dont certains sont disponibles en automédication : évitez de les associer.

Le sirop contient du sucre (saccharose) en quantité notable.

INTERACTIONS MÉDICAMENTEUSES

Ce médicament ne doit pas être associé aux médicaments contenant de la lévodopa seule (LARODOPA...) : risque d'annulation des effets de la lévodopa par la *vitamine* B6.

À forte dose, certaines vitamines (acide folique) peuvent interagir avec d'autres médicaments, notamment avec les *barbituriques* et les médicaments contenant de la phénytoïne. Signalez tout autre traitement en cours à votre médecin ou à votre pharmacien.

GROSSESSE, ALLAITEMENT ET NOUVEAU-NÉ

Grossesse :

Chez la femme enceinte ou qui allaite, les apports quotidiens en *vitamine* A ne doivent pas dépasser 6 000 *UI* par jour, alimentation comprise.

Allaitement :

Aux doses usuelles, ce médicament peut être pris pendant l'allaitement.

MODE D'EMPLOI ET POSOLOGIE

Ce médicament peut être pris dans la journée ou au moment des repas.

Le sirop est adapté à l'enfant de moins de 6 ans.

Les comprimés doivent être croqués, sucés ou avalés avec un verre d'eau.

Posologie usuelle :

- Adulte et adolescent : 1 comprimé ou 1 cuillère à café de sirop, 1 à 3 fois par jour.
- Enfant de 6 à 15 ans : 1 comprimé ou 1 cuillère à café de sirop, 1 ou 2 fois par jour.
- Enfant de 30 mois à 6 ans : 1/2 à 1 cuillère à café de sirop par jour.

> Un comprimé contient 1 500 *UI* de *vitamine* A et 150 *UI* de vitamine D. Une alimentation équilibrée et diversifiée apporte habituellement des quantités suffisantes de vitamines. Cependant, certaines circonstances peuvent justifier un apport supplémentaire : prenez l'avis de votre médecin ou de votre pharmacien.
>
> En l'absence d'utilisation régulière, rincez le pulvérisateur après usage.

EFFETS INDÉSIRABLES POSSIBLES

Ce médicament est habituellement bien supporté ; des nausées, vomissements, diarrhée, maux de tête, doivent faire penser à un surdosage en *vitamine* D ou A : prévenez d'urgence votre médecin.

AMICIC

PRÉSENTATION

AMICIC : collyre ; flacon 5 ml - Remb. 65 %

Laboratoires Faure

COMPOSITION

	p. 100 ml
L-Hydroxyproline	0,480 g
L-Aspartate de potassium	0,050 g
L-Arginine chlorhydrate	0,070 g
L-Histidine chlorhydrate	0,070 g
L-Phénylalanine	0,120 g
L-Thréonine	0,120 g
L-Isoleucine	0,130 g
L-Sérine	0,170 g
L-Valine	0,190 g
L-Lysine chlorhydrate	0,210 g
L-Glutamate de magnésium	0,350 g
L-Alanine	0,550 g
L-Proline	0,450 g
Glycine	3,070 g

INDICATIONS

Ce collyre contient une association d'*acides aminés*.

Il est utilisé dans le *traitement d'appoint* des *ulcères* de la *cornée*.

INTERACTIONS MÉDICAMENTEUSES

Ce collyre peut interagir avec d'autres collyres : respectez un intervalle de 15 minutes entre deux instillations.

GROSSESSE, ALLAITEMENT ET NOUVEAU-NÉ

L'effet de ce médicament pendant la grossesse ou l'allaitement est mal connu. L'évaluation du risque éventuel lié à son utilisation est individuelle : demandez conseil à votre pharmacien ou à votre médecin.

MODE D'EMPLOI ET POSOLOGIE

Tirer la paupière inférieure vers le bas tout en regardant vers le haut et déposer une goutte de collyre entre la paupière et le globe oculaire (*cul-de-sac conjonctival*).

Posologie usuelle :

1 ou 2 gouttes, 4 à 6 fois par jour.

> L'application correcte du produit peut nécessiter une aide, notamment chez une personne handicapée ou âgée.

AMINSANE

fucus, orthosiphon, reine-des-prés

PRÉSENTATION

AMINSANE : comprimé ; boîte de 36 - Non remb.

Laboratoires Dolisos

COMPOSITION

	p. comp.
Fucus, thalle, extrait sec	120 mg
Orthosiphon, feuille, extrait sec	100 mg
Reine-des-prés, sommité fleurie, extrait sec	80 mg
Aspartam	7 mg

INDICATIONS

Ce médicament contient des extraits végétaux.

Il est utilisé en complément des régimes amaigrissants.

CONTRE-INDICATIONS

Ce médicament ne doit pas être utilisé en cas de *phénylcétonurie* (présence d'aspartam).

GROSSESSE, ALLAITEMENT ET NOUVEAU-NÉ

Ce médicament ne contient que des plantes présumées sans danger pendant la grossesse ou l'allaitement. Néanmoins, ne l'utilisez pas de façon prolongée sans l'avis de votre pharmacien ou de votre médecin.

MODE D'EMPLOI ET POSOLOGIE

Les comprimés peuvent être sucés ou dissous dans de l'eau chaude (verser sur le comprimé un demi-verre d'eau portée à ébullition et attendre pendant 5 minutes la solubilisation).

Posologie usuelle :

1 ou 2 comprimés, 1 ou 2 fois par jour.

> La prise de ce médicament ne dispense pas d'une alimentation appropriée : parlez-en à votre médecin ou à votre pharmacien.
>
> Conservez les comprimés à l'abri de la chaleur et de l'humidité.

AMLOR

amlodipine

PRÉSENTATION

AMLOR 5 mg : gélule (jaune et blanc) ; boîte de 30 - Remb. 65 % - Liste I

Laboratoires Pfizer

COMPOSITION

	p. gél.
Amlodipine	5 mg

INDICATIONS

Ce médicament est un *vasodilatateur* qui appartient à la famille des *inhibiteurs calciques*.

Il est utilisé dans :

- le *traitement préventif* des crises d'*angine de poitrine*,
- le *traitement de fond* de l'*hypertension artérielle*.

> **ATTENTION**
>
> Si vous souffrez d'*insuffisance hépatique*, signalez-le à votre médecin.

INTERACTIONS MÉDICAMENTEUSES

Ce médicament peut interagir avec d'autres médicaments. Signalez tout autre traitement en cours à votre médecin ou à votre pharmacien.

GROSSESSE, ALLAITEMENT ET NOUVEAU-NÉ

L'effet de ce médicament pendant la grossesse ou l'allaitement est mal connu : seul votre médecin peut évaluer le risque éventuel de son utilisation dans votre cas.

MODE D'EMPLOI ET POSOLOGIE

Les gélules doivent être avalées avec un verre d'eau.

Posologie usuelle :

1 ou 2 gélules par jour en 1 seule prise.

> Le traitement médicamenteux ne dispense pas des mesures simples pouvant faire baisser la tension artérielle : activité physique régulière, modération de la consommation de boissons alcoolisées, lutte contre le surpoids.

EFFETS INDÉSIRABLES POSSIBLES

Les plus fréquents sont la conséquence de la dilatation des vaisseaux sanguins :

- rougeur du visage, bouffées de chaleur, maux de tête,
- jambes lourdes ou enflées.

Plus rarement nausées, étourdissements, fatigue anormale, somnolence, éruptions cutanées, gonflement des gencives.

AMODEX oral
amoxicilline

PRÉSENTATION

AMODEX 250 mg : poudre pour sirop arôme fraise-citron ; flacon 60 ml (12 cuillères-mesure 5 ml ou 24 cuillères-mesure 2,5 ml) - Remb. 65 % - Liste I

AMODEX 500 mg : poudre pour sirop arôme fraise-citron ; flacon 60 ml (12 cuillères-mesure 5 ml) - Remb. 65 % - Liste I

AMODEX 500 mg : gélule (orange et gris) ; boîte de 12 - Remb. 65 % - Liste I

Laboratoires Bouchara

COMPOSITION

	p. c. mes.	p. c. mes.	p. gél.
Amoxicilline	250 mg	500 mg	500 mg
Saccharose	2,1 g	1,83 g	

INDICATIONS

C'est un *antibiotique* qui appartient à la famille des *pénicillines* à spectre élargi, c'est-à-dire actives sur un plus grand nombre de *germes* que la pénicilline simple.

Ce médicament est utilisé dans le traitement de diverses maladies infectieuses, notamment celles des poumons, des bronches, du nez, de la gorge ou des oreilles, de l'appareil digestif ou urinaire, des *voies* génitales, des gencives et des dents.

CONTRE-INDICATIONS

Ce médicament ne doit pas être utilisé dans les cas suivants :
- *allergie* aux *pénicillines*,
- *mononucléose infectieuse*.

Ce médicament ne peut être utilisé qu'après avis médical en cas d'allergie aux *céphalosporines*.

ATTENTION

Des précautions sont nécessaires en cas d'*insuffisance rénale*.

Le médecin peut prescrire un prélèvement pour identifier le *germe* responsable de l'infection et tester sa sensibilité à l'*antibiotique*. Le résultat de cet examen peut être faussé en cas d'automédication préalable : ne prenez pas d'antibiotique sans avis médical.

Des *antécédents* d'*allergie* à la *pénicilline* contre-indiquent l'usage de ce médicament. La survenue de toute manifestation allergique (boutons, *œdème*, malaise) impose l'arrêt immédiat du traitement : consultez votre médecin.

Une diminution de la fièvre ou une disparition des *symptômes* ne sont pas synonymes de guérison : la durée du traitement doit absolument être respectée pour éviter les rechutes.

Le sirop contient du *sucre* (saccharose) en quantité notable.

INTERACTIONS MÉDICAMENTEUSES

Ce médicament peut interagir avec d'autres médicaments. Signalez tout autre traitement en cours à votre médecin ou à votre pharmacien.

GROSSESSE, ALLAITEMENT ET NOUVEAU-NÉ

Grossesse :

Les études scientifiques actuellement disponibles n'ont pas mis en évidence de problème particulier lors de l'utilisation chez la femme enceinte. Seul votre médecin peut apprécier la nécessité du traitement et son risque pendant la grossesse.

Allaitement :

Ce médicament passe dans le lait maternel.

MODE D'EMPLOI ET POSOLOGIE

Les gélules doivent être avalées avec un liquide.

Le sirop doit être préparé : dissoudre la poudre avec de l'eau en quantité suffisante pour que la solution obtenue atteigne le trait gravé sur le flacon.

Les repas ne modifient pas l'absorption du médicament, qui peut donc être pris à n'importe quel moment de la journée.

Posologie usuelle :

Elle varie en fonction des indications.

À titre indicatif et pour des infections courantes :
- Adulte : 500 mg, matin et soir.
- Enfant et nourrisson : 50 mg par kg et par jour, répartis en 3 prises ; soit pour un enfant de 15 kg : une cuillère-mesure de sirop à 250 mg, matin midi et soir.

L'éventuelle impression de fatigue n'est pas due à l'*antibiotique*, mais à l'infection elle-même.

L'odeur particulière des urines est normale et traduit l'élimination de l'antibiotique.

Le sirop reconstitué se conserve une semaine à température ambiante et 10 jours à 4 °C ; il est préférable de l'agiter avant chaque usage.

EFFETS INDÉSIRABLES POSSIBLES

Fréquents mais généralement bénins :
- *allergie* cutanée,
- *troubles digestifs* (nausée, diarrhée),
- *candidose*.

Rares mais parfois graves :
- œdème de *Quincke*,
- *choc* allergique (exceptionnel).

AMODEX injectable
amoxicilline

PRÉSENTATION

AMODEX 1 g : préparation injectable *I.M.* ; flacon de poudre et ampoule de solvant 5 ml - Remb. 65 % - Liste I

Laboratoires Bouchara

COMPOSITION

	p. fl.
Amoxicilline	1 g
Alcool benzylique	+

INDICATIONS

C'est un *antibiotique* qui appartient à la famille des *pénicillines* à spectre élargi, c'est-à-dire actives sur un plus grand nombre de *germes* que la pénicilline simple.

Ce médicament est utilisé dans le traitement de diverses maladies infectieuses, notamment celles des poumons, des bronches, du nez, de la gorge ou des oreilles, de l'appareil digestif ou urinaire, des voies génitales, des gencives et des dents.

CONTRE-INDICATIONS

Ce médicament ne doit pas être utilisé dans les cas suivants :
- *allergie* aux *pénicillines*,
- *mononucléose infectieuse*.

Ce médicament ne peut être utilisé qu'après avis médical en cas d'allergie aux *céphalosporines*.

ATTENTION

Des précautions sont nécessaires chez le *nourrisson* de moins de 3 mois, en raison de la nature du solvant (alcool benzylique), et en cas d'*insuffisance rénale*.

Le médecin peut prescrire un prélèvement pour identifier le *germe* responsable de l'infection et tester sa sensibilité à l'*antibiotique*. Le résultat de cet examen peut être faussé en cas d'automédication préalable : ne prenez pas d'antibiotique sans avis médical.

Des *antécédents* d'*allergie* à la *pénicilline* contre-indiquent l'usage de ce médicament. La survenue de toute manifestation allergique (boutons, *œdème*, malaise) impose l'arrêt immédiat du traitement : consultez votre médecin.

Une diminution de la fièvre ou une disparition des *symptômes* ne sont pas synonymes de guérison : la durée du traitement doit absolument être respectée pour éviter les rechutes.

INTERACTIONS MÉDICAMENTEUSES

Ce médicament peut interagir avec d'autres médicaments. Signalez tout autre traitement en cours à votre médecin ou à votre pharmacien.

GROSSESSE, ALLAITEMENT ET NOUVEAU-NÉ

Grossesse :

Les études scientifiques actuellement disponibles n'ont pas mis en évidence de problème particulier lors de l'utilisation chez la femme enceinte. Seul votre médecin peut apprécier la nécessité du traitement et son risque pendant la grossesse.

Allaitement :

Ce médicament passe dans le lait maternel.

MODE D'EMPLOI ET POSOLOGIE

La solution injectable est obtenue en mélangeant la poudre avec l'ampoule de solvant fournie. Une légère coloration de la solution est normale.

La solution ainsi obtenue doit être injectée par *voie* intramusculaire, jamais par voie intraveineuse.

Aucun autre produit ne doit être mélangé au contenu du flacon.

Posologie usuelle :
Elle varie en fonction des indications.
À titre indicatif et pour des infections courantes :
- Adulte et enfant de plus de 15 ans : 1 g, matin et soir.
- Enfant de moins de 15 ans et nourrisson : 50 mg par kg et par jour.

La solution doit être injectée dans l'heure qui suit sa préparation.
L'éventuelle impression de fatigue n'est pas due à l'*antibiotique*, mais à l'infection elle-même.
L'odeur particulière des urines est normale et traduit l'élimination de l'antibiotique.

EFFETS INDÉSIRABLES POSSIBLES

Fréquents mais généralement bénins :
- *allergie* cutanée,
- *troubles digestifs* (nausée, diarrhée),
- *candidose*.

Rares mais parfois graves :
- œdème de *Quincke*,
- *choc* allergique (exceptionnel).

AMOPHAR
amoxicilline

PRÉSENTATION

AMOPHAR 250 mg : poudre pour sirop arôme fraise-citron ; flacon 60 ml (12 cuillères-mesure 5 ml) - Remb. 65 % - Liste I

AMOPHAR 500 mg : poudre pour sirop arôme fraise-citron ; flacon 60 ml (12 cuillères-mesure 5 ml) - Remb. 65 % - Liste I

AMOPHAR 500 mg : gélule (orange et gris) ; boîte de 12 - Remb. 65 % - Liste I

Laboratoires Dakota Pharm

COMPOSITION

	p. c. mes. 250 mg	p. c. mes 500 mg	p. gél. 500 mg
Amoxicilline			
Saccharose	2,1 g	1,83 g	

INDICATIONS

C'est un *antibiotique* qui appartient à la famille des *pénicillines* à spectre élargi, c'est-à-dire actives sur un plus grand nombre de *germes* que la pénicilline simple.
Ce médicament est utilisé dans le traitement de diverses maladies infectieuses, notamment celles des poumons, des bronches, du nez, de la gorge ou des oreilles, de l'appareil digestif ou urinaire, des *voies* génitales, des gencives et des dents.

CONTRE-INDICATIONS

Ce médicament ne doit pas être utilisé dans les cas suivants :
- *allergie* aux *pénicillines*,
- *mononucléose infectieuse*.

Ce médicament ne peut être utilisé qu'après avis médical en cas d'allergie aux *céphalosporines*.

ATTENTION
Des précautions sont nécessaires en cas d'*insuffisance rénale*.
Le médecin peut prescrire un prélèvement pour identifier le *germe* responsable de l'infection et tester sa sensibilité à l'*antibiotique*. Le résultat de cet examen peut être faussé en cas d'automédication préalable : ne prenez pas d'antibiotique sans avis médical.
Des *antécédents* d'*allergie* à la *pénicilline* contre-indiquent l'usage de ce médicament. La survenue de toute manifestation allergique (boutons, *œdème*, malaise) impose l'arrêt immédiat du traitement : consultez votre médecin.
Une diminution de la fièvre ou une disparition des *symptômes* ne sont pas synonymes de guérison : la durée du traitement doit absolument être respectée pour éviter les rechutes.
Le sirop reconstitué contient du *sucre* (saccharose) en quantité notable.

INTERACTIONS MÉDICAMENTEUSES

Ce médicament peut interagir avec d'autres médicaments. Signalez tout autre traitement en cours à votre médecin ou à votre pharmacien.

GROSSESSE, ALLAITEMENT ET NOUVEAU-NÉ

Grossesse :
Les études scientifiques actuellement disponibles n'ont pas mis en évidence de problème particulier lors de l'utilisation chez la femme enceinte. Seul votre médecin peut apprécier la nécessité du traitement et son risque pendant la grossesse.

Allaitement :
Ce médicament passe dans le lait maternel.

MODE D'EMPLOI ET POSOLOGIE

Les gélules doivent être avalées avec un peu d'eau.
Le sirop doit être préparé : dissoudre la poudre avec de l'eau en quantité suffisante pour que la solution obtenue atteigne le trait gravé sur le flacon.
Les repas ne modifient pas l'absorption du médicament, qui peut donc être pris à n'importe quel moment de la journée.

Posologie usuelle :
Elle varie en fonction des indications.
À titre indicatif et pour des infections courantes :
- Adulte : 500 mg, matin et soir.
- Nourrisson et enfant : 50 mg par kg et par jour, répartis en 3 prises ; soit par exemple pour un enfant de 15 kg : une cuillère-mesure de sirop à 250 mg, matin midi et soir.

L'éventuelle impression de fatigue n'est pas due à l'*antibiotique*, mais à l'infection elle-même.
L'odeur particulière des urines est normale et traduit l'élimination de l'antibiotique.
Le sirop reconstitué se conserve une semaine à température ambiante ou 10 jours à 4 °C ; il est préférable de l'agiter avant chaque usage.

EFFETS INDÉSIRABLES POSSIBLES

Fréquents mais généralement bénins :
- *allergie* cutanée,
- *troubles digestifs* (nausée, diarrhée),
- *candidose*.

Rares mais parfois graves :
- œdème de *Quincke*,
- *choc* allergique (exceptionnel).

AMPECYCLAL
adénosine phosphate d'heptaminol

PRÉSENTATION

AMPECYCLAL 300 mg : gélule (blanc) ; boîte de 30 - Remb. 35 %

Laboratoires ASTA Medica

COMPOSITION

	p. gél.
Adénosine phosphate d'heptaminol	300 mg

INDICATIONS

C'est un *veinotonique*. Il stimule la circulation du sang dans les veines.
Il est utilisé dans le *traitement symptomatique* :
- des jambes lourdes, *œdèmes*, crampes, *impatiences* et autres troubles pouvant être en rapport avec une mauvaise circulation veineuse ou *lymphatique* ;
- des crises d'*hémorroïdes* ;
- des saignements entre les règles dus notamment au port d'un stérilet, uniquement après avis médical.

CONTRE-INDICATIONS

Ce médicament ne doit pas être utilisé dans les cas suivants :
- excès d'*hormones thyroïdiennes*,
- association aux médicaments de la famille des *IMAO* non sélectifs.

ATTENTION
Des précautions sont nécessaires en cas d'*angine de poitrine* ou d'*antécédents* de *trouble du rythme cardiaque*.
Ce médicament peut provoquer une augmentation de la tension artérielle : faites-la surveiller.

INTERACTIONS MÉDICAMENTEUSES

Ce médicament ne doit pas être associé aux médicaments de la famille des *IMAO* non sélectifs : risque d'*hypertension artérielle* grave. Signalez tout autre traitement en cours à votre médecin ou à votre pharmacien.

GROSSESSE, ALLAITEMENT ET NOUVEAU-NÉ

L'effet de ce médicament pendant la grossesse ou l'allaitement est mal connu. L'évaluation du risque éventuel lié à son utilisation est individuelle : demandez conseil à votre pharmacien ou à votre médecin.

MODE D'EMPLOI ET POSOLOGIE

Les gélules doivent être avalées avec un verre d'eau.

Posologie usuelle :
1 ou 2 gélules, 3 fois par jour.

Une activité physique régulière et la surélévation du pied du lit permettent de faciliter la circulation veineuse et *lymphatique*.

EFFETS INDÉSIRABLES POSSIBLES

Rares nausées et maux d'estomac.

AMPHOCYCLINE comprimé

tétracycline, amphotéricine B

PRÉSENTATION

AMPHOCYCLINE : comprimé (rouge) ; boîte de 16 - Remb. 65 % - Liste I

Laboratoires Bristol-Myers Squibb

COMPOSITION

	p. comp.
Tétracycline chlorhydrate	250 mg
Amphotéricine B	50 mg

INDICATIONS

Ce médicament associe un *antibiotique* de la famille des *tétracyclines* et un *antifongique* destiné à prévenir le développement de champignons microscopiques dans l'intestin.

Il est utilisé dans le traitement de diverses maladies infectieuses, lorsque l'association d'un antibiotique et d'un antifongique est indispensable.

CONTRE-INDICATIONS

Ce médicament ne doit pas être utilisé dans les cas suivants :
- *allergie* aux *tétracyclines* ou à l'amphotéricine B,
- enfant de moins de 8 ans (risque de coloration définitive des dents),
- association avec les *rétinoïdes*,
- grossesse,
- allaitement.

ATTENTION

Des précautions sont nécessaires en cas d'*insuffisance rénale* ou d'*insuffisance hépatique*.

Ce médicament est photosensibilisant : une exposition aux rayons *ultraviolets* peut provoquer des réactions cutanées. Évitez toute exposition au soleil et n'omettez pas de signaler à votre médecin vos projets de vacances pendant la durée du traitement.

L'emploi de *tétracyclines* périmées peut provoquer des lésions rénales.

Ce médicament peut perturber certaines analyses d'urine, notamment la recherche de glucose.

INTERACTIONS MÉDICAMENTEUSES

Ce médicament ne doit pas être associé à ceux contenant des *rétinoïdes* (ROACCUTANE oral, SORIATANE...) : risque d'*hypertension intracrânienne*.

Il peut interagir avec d'autres médicaments, notamment les *anticoagulants* oraux : signalez tout autre traitement en cours à votre médecin ou à votre pharmacien.

GROSSESSE, ALLAITEMENT ET NOUVEAU-NÉ

Ce médicament peut provoquer des anomalies dentaires chez l'enfant à naître ou le *nourrisson* : son usage est contre-indiqué pendant la grossesse et l'allaitement.

MODE D'EMPLOI ET POSOLOGIE

Ce médicament doit être pris avec un verre d'eau, de préférence une demi-heure avant ou deux heures après un repas.

Posologie usuelle :
- Adulte : 6 à 8 comprimés par jour, en 2 à 4 prises.
- Enfant de plus de 8 ans : la *posologie* varie en fonction du poids.

Le médecin peut prescrire un prélèvement pour identifier le *germe* responsable de l'infection et tester sa sensibilité aux *antibiotiques*. Le résultat de cet examen peut être faussé en cas d'automédication préalable : un avis médical est toujours préférable avant la prise d'antibiotiques.

Une diminution de la fièvre ou une disparition des troubles ne sont pas synonymes de guérison : la durée du traitement doit absolument être respectée pour éviter les rechutes.

EFFETS INDÉSIRABLES POSSIBLES

Troubles digestifs : diarrhée, nausée.

Allergie cutanée, œdème de *Quincke*.

Réaction de *photosensibilisation* : rougeurs cutanées dues à une exposition aux rayons *ultraviolets*.

AMPHOCYCLINE ovule sec

tétracycline, amphotéricine B

PRÉSENTATION

AMPHOCYCLINE : ovule sec ; boîte de 12 - Remb. 65 % - Liste I

Laboratoires Bristol-Myers Squibb

COMPOSITION

	p. ovule
Tétracycline	100 mg
Amphotéricine B	50 mg

INDICATIONS

Cet ovule gynécologique contient un *antibiotique* de la famille des *tétracyclines* et un *antifongique*, l'amphotéricine B.

Il est utilisé dans le traitement des infections vaginales.

CONTRE-INDICATIONS

Ce médicament ne doit pas être utilisé dans les cas suivants :
- *allergie* aux *tétracyclines*,
- grossesse,
- allaitement.

ATTENTION

Le médecin prescrit parfois un prélèvement pour identifier le *germe* responsable de l'infection et tester sa sensibilité aux *antibiotiques*. Le résultat de cet examen peut être faussé en cas d'automédication préalable : ne prenez pas d'antibiotique sans avis médical.

GROSSESSE, ALLAITEMENT ET NOUVEAU-NÉ

Ce médicament peut provoquer des anomalies dentaires chez l'enfant à naître et le *nourrisson* : son usage est contre-indiqué pendant la grossesse et l'allaitement.

MODE D'EMPLOI ET POSOLOGIE

Mouiller l'ovule, puis le mettre en place au fond du vagin.

Posologie usuelle :

1 ovule, 1 ou 2 fois par jour, pendant 12 jours.

Introduire l'ovule en position couchée, puis rester allongée pendant 5 à 10 minutes. En fondant dans le vagin, l'ovule peut être à l'origine d'un écoulement gênant : il est conseillé de porter une protection.

Pendant les règles, ne pas interrompre le traitement et éviter de porter des tampons.

Les *antibiotiques* de la famille des *tétracyclines* peuvent être toxiques s'ils sont utilisés au-delà de leur date de péremption.

EFFETS INDÉSIRABLES POSSIBLES

Eczéma de contact ou à distance du lieu d'application, en cas d'emploi prolongé.

AMPHO-VACCIN intestinal

PRÉSENTATION

AMPHO-VACCIN INTESTINAL : solution buvable ; boîte de 24 ampoules 5 ml - Remb. 35 %

Laboratoires Millot-Solac

COMPOSITION

	p. amp.
Bifidobacterium bifidum	0,140 mg
Escherichia coli	0,125 mg
Streptococcus faecalis	0,155 mg
Proteus vulgaris	0,155 mg
Pseudomonas aeruginosa	0,125 mg

INDICATIONS

C'est un médicament qui appartient à la famille des antidiarrhéiques d'origine microbienne. Il favorise la restauration de la flore intestinale.

Il est utilisé dans le *traitement symptomatique* des diarrhées.

GROSSESSE, ALLAITEMENT ET NOUVEAU-NÉ

Grossesse :

L'effet de ce médicament pendant la grossesse ou l'allaitement est mal connu. L'évaluation du risque éventuel lié à son utilisation est individuelle : demandez conseil à votre pharmacien ou à votre médecin.

MODE D'EMPLOI ET POSOLOGIE

Les ampoules doivent être agitées avant l'emploi et leur contenu doit être dilué dans un demi-verre d'eau, sucrée ou non.

Posologie usuelle :

- Adulte : 1 ou 2 ampoules, 2 ou 3 fois par jour.
- Enfant : 1 ampoule, 1 à 3 fois par jour.

Si la diarrhée persiste au-delà de quelques jours : consultez votre médecin.

> Une diarrhée peut provoquer une déshydratation. Cette perte d'eau par l'organisme peut entraîner des troubles graves (fatigue, malaise, confusion des idées...). Il est indispensable de prévenir cette déshydratation par des boissons sucrées abondantes et des bouillons salés, notamment chez les personnes âgées et les enfants.

AMUKINE

hypochlorite de sodium

PRÉSENTATION

AMUKINE : solution pour application locale ; flacon 250 ml - Non remb.

Laboratoires Gifrer Barbezat

COMPOSITION

	p. 100 ml
Hypochlorite de sodium et chlorure de sodium en solution aqueuse	5 ml
Soit chlore actif	60 mg

INDICATIONS

Ce médicament est un *antiseptique* local qui contient du chlore.

Il est utilisé pour désinfecter la peau, les *muqueuses* et les plaies superficielles.

INTERACTIONS MÉDICAMENTEUSES

L'association à d'autres *antiseptiques* est déconseillée car leurs effets risquent de s'annuler.

GROSSESSE, ALLAITEMENT ET NOUVEAU-NÉ

Cet *antiseptique* peut être utilisé chez la femme enceinte ou qui allaite (mais ne pas l'appliquer sur le mamelon).

MODE D'EMPLOI ET POSOLOGIE

Cette solution s'emploie pure. Elle peut être utilisée en lavage, bain local, compresse imbibée, pansement humide...

En cas de toilette préalable au savon, bien rincer avant utilisation.

> Le simple lavage à l'eau et au savon permet d'éliminer la majorité des *germes* ; il est recommandé avant toute application d'*antiseptique* sur la peau.
>
> Tous les antiseptiques peuvent être contaminés par des germes : ne les conservez pas inutilement après une première utilisation.
>
> Ce produit doit être conservé à l'abri de la lumière.

AMYCOR

bifonazole

PRÉSENTATION

AMYCOR : crème ; tube 15 g - Remb. 65 % - Liste I

AMYCOR : solution pour application locale ; flacon pulvérisateur 15 ml - Remb. 65 % - Liste I

AMYCOR : poudre pour application locale ; flacon poudreur 15 g - Remb. 65 % - Liste I

Laboratoires Aron-Médicia

COMPOSITION

	p. 100 g	p. 100 ml
Bifonazole	1 g	1 g

INDICATIONS

Ce médicament d'action locale contient un *antifongique* de la famille des *imidazolés*.

Il est utilisé dans le traitement de certaines maladies de la peau et des *muqueuses*, dues à des champignons microscopiques : *candidose, pityriasis versicolor, dermatophyties...*

CONTRE-INDICATIONS

Ce médicament ne doit pas être utilisé en cas d'*allergie* aux *antifongiques* de la famille des *imidazolés*.

> **ATTENTION**
>
> Évitez d'utiliser ce médicament, notamment chez l'enfant, de manière prolongée et sur des surfaces étendues ou profondément lésées, sans l'avis de votre pharmacien ou de votre médecin.
>
> Rincez abondamment en cas de contact accidentel avec les yeux.

GROSSESSE, ALLAITEMENT ET NOUVEAU-NÉ

L'effet de ce médicament pendant la grossesse ou l'allaitement est mal connu : seul votre médecin peut évaluer le risque éventuel de son utilisation dans votre cas.

MODE D'EMPLOI ET POSOLOGIE

Dans tous les cas, le médicament doit être appliqué après lavage et séchage soigneux de la zone à traiter.

Crème : appliquer directement sur les lésions et masser pour faire pénétrer. Dans les plis de la peau, la crème doit être appliquée en petite quantité pour limiter le risque de macération.

Solution : après agitation du flacon, pulvériser sur les lésions en respectant une distance d'au moins 10 cm, puis masser pour faire pénétrer.

Poudre : destinée aux lésions des orteils, elle est, dans certains cas, également pulvérisée dans les chaussures (*traitement préventif* des rechutes).

Posologie usuelle :

1 application par jour.

La forme utilisée (crème, solution, poudre) et la durée du traitement varient selon les cas.

> En cas de *candidose*, évitez d'utiliser des savons acides : ils favorisent la multiplication des champignons.
>
> En cas de lésion importante des ongles des orteils, un meulage préalable par un pédicure facilite l'action du médicament.
>
> Les lésions dues à des champignons sont facilitées par une transpiration excessive. Le port de chaussettes en fibre naturelle (coton, laine) est recommandé. La même paire de chaussures ne doit pas être portée deux jours de suite.

EFFETS INDÉSIRABLES POSSIBLES

Irritation cutanée.

AMYGDOL

chlorhexidine, amyléine

PRÉSENTATION

AMYGDOL : *collutoire* ; flacon pressurisé à l'azote 30 ml - Non remb.

Laboratoires Bouchara

COMPOSITION

	p. 100 ml
Chlorhexidine digluconate	100 mg
Amyléine chlorhydrate	100 mg
Menthol	50 mg

INDICATIONS

Ce *collutoire* contient un *antiseptique* et un *anesthésique* local.

Il est utilisé dans le *traitement d'appoint* des infections de la bouche et de la gorge.

CONTRE-INDICATIONS

Ce médicament ne doit pas être utilisé dans les cas suivants :

- *allergie* aux *anesthésiques* locaux,
- enfant de moins de 5 ans.

> **ATTENTION**
>
> Les traitements locaux (*gargarisme*, *collutoire*, pastille) n'agissent que superficiellement ; dans le cas d'infections profondes de la gorge (angines...), un traitement *antibiotique* est nécessaire.
>
> L'usage prolongé de ce médicament n'est pas souhaitable : il peut modifier l'équilibre microbien naturel de la gorge.
>
> Une surconsommation pourrait provoquer des troubles nerveux et cardiaques : respectez la *posologie*.
>
> En l'absence d'amélioration au bout de 5 jours, en cas d'apparition de fièvre, consultez votre médecin.

INTERACTIONS MÉDICAMENTEUSES

Il est généralement inutile d'associer des *antiseptiques* différents. Ceux-ci peuvent être contenus dans de nombreux produits disponibles en automédication : pastille, *collutoire* et solution nasale ; demandez conseil à votre pharmacien.

GROSSESSE, ALLAITEMENT ET NOUVEAU-NÉ

L'effet de ce médicament pendant la grossesse ou l'allaitement est mal connu. L'évaluation du risque éventuel lié à son utilisation est individuelle : demandez conseil à votre pharmacien ou à votre médecin.

MODE D'EMPLOI ET POSOLOGIE

3 à 6 pulvérisations par jour.

Chez le jeune enfant, la pulvérisation peut provoquer un spasme du larynx : n'introduisez pas trop profondément l'embout dans sa bouche.

Chez l'enfant et la personne âgée, évitez l'usage de ce médicament avant les repas : l'*anesthésique* local est susceptible de provoquer des troubles de la déglutition ; ceux-ci pourraient être à l'origine du passage d'aliments dans les *voies* respiratoires.

EFFETS INDÉSIRABLES POSSIBLES

Allergie.

AMYGDORECTOL

bismuth

PRÉSENTATION

AMYGDORECTOL ADULTES : suppositoire ; boîte de 6 - Remb. 35 %

AMYGDORECTOL ENFANTS : suppositoire ; boîte de 6 - Remb. 35 %

Laboratoires Merck-Clévenot

COMPOSITION

	p. suppos. Ad.	p. suppos. Enf.
Bismuth camphocarbonate	190 mg	95 mg

INDICATIONS

Ce médicament contient du bismuth.

Il est utilisé comme décongestionnant dans les angines et les *pharyngites.*

CONTRE-INDICATIONS

Ce médicament ne doit pas être utilisé dans les cas suivants :
- certaines maladies chroniques du rein, *insuffisance rénale* ;
- constipation chronique ;
- enfant de moins de 5 ans ;
- **grossesse ;**
- **allaitement.**

ATTENTION

L'existence ou l'apparition de signes d'infection (fièvre, coloration des crachats) imposent un avis médical.

GROSSESSE, ALLAITEMENT ET NOUVEAU-NÉ

Ce médicament est contre-indiqué pendant la grossesse et l'allaitement.

MODE D'EMPLOI ET POSOLOGIE

Posologie usuelle :
- Adulte : 1 suppositoire Adulte, 2 fois par jour.
- Enfant de plus de 5 ans : 1 suppositoire Enfant, 2 fois par jour.

Il est sans intérêt de prolonger le traitement au-delà de 3 jours.

AMYGDOSPRAY

hexamidine, tétracaïne

PRÉSENTATION

AMYGDOSPRAY : *collutoire* arôme menthe ; flacon pressurisé à l'azote 30 ml - Remb. 35 %

Laboratoires Merck-Clévenot

COMPOSITION

	p. 100 ml
Hexamidine di-iséthionate	100 mg
Tétracaïne chlorhydrate	50 mg
Essence de menthe	+

INDICATIONS

Ce *collutoire* contient un *antiseptique* et un *anesthésique* local.

Il est utilisé dans le *traitement d'appoint* des infections de la bouche et de la gorge.

CONTRE-INDICATIONS

Ce médicament ne doit pas être utilisé dans les cas suivants :
- *allergie* aux *anesthésiques* locaux,
- enfant de moins de 3 ans.

ATTENTION

Les traitements locaux (*gargarisme, collutoire*, pastille) n'agissent que superficiellement ; dans le cas d'infections profondes de la gorge (angines...), un traitement *antibiotique* est nécessaire pour éviter des complications ultérieures, cardiaques ou rénales.

L'usage prolongé de ce médicament n'est pas souhaitable : il peut modifier l'équilibre microbien naturel de la gorge et favoriser l'apparition de *candidose.*

Une surconsommation pourrait provoquer des troubles nerveux et cardiaques : respectez la *posologie.*

En l'absence d'amélioration au bout de 5 jours, en cas d'apparition de fièvre : consultez votre médecin.

INTERACTIONS MÉDICAMENTEUSES

Il est généralement inutile d'associer des *antiseptiques* différents. Ceux-ci peuvent être contenus dans de nombreux produits disponibles en automédication : pastille, *collutoire* et solution nasale ; demandez conseil à votre pharmacien.

GROSSESSE, ALLAITEMENT ET NOUVEAU-NÉ

L'effet de ce médicament pendant la grossesse ou l'allaitement est mal connu. L'évaluation du risque éventuel lié à son utilisation est individuelle : demandez conseil à votre pharmacien ou à votre médecin.

MODE D'EMPLOI ET POSOLOGIE

Posologie usuelle :
- Adulte : 6 pulvérisations par jour.
- Enfant de plus de 3 ans : 3 pulvérisations par jour.

Chez le jeune enfant, la pulvérisation peut provoquer un spasme du larynx : n'introduisez pas trop profondément l'embout dans sa bouche.

Chez l'enfant et la personne âgée, évitez l'usage de ce médicament avant les repas : l'*anesthésique* local est susceptible de provoquer des troubles de la déglutition ; ceux-ci pourraient être à l'origine du passage d'aliments dans les *voies* respiratoires.

EFFETS INDÉSIRABLES POSSIBLES

En cas de réaction allergique cutanée, arrêtez le traitement.

Engourdissement passager de la langue.

AMYLODIASTASE THÉPÉNIER

extrait de céréales germées

PRÉSENTATION

AMYLODIASTASE : comprimé (blanc bistre) ; boîte de 40 - Remb. 35 %

AMYLODIASTASE : comprimé (blanc bistre) ; boîte de 240 - Remb. 35 %

Laboratoires Thépénier

COMPOSITION

	p. comp.
Céréales germées, extrait	89 mg
soit Amylase	35 U
Lactose	359 mg
Saccharose	240 mg

INDICATIONS

C'est un médicament qui contient des extraits de céréales germées.

Il est utilisé dans le *traitement symptomatique* des digestions difficiles.

GROSSESSE, ALLAITEMENT ET NOUVEAU-NÉ

Aucun problème particulier n'a été mis en évidence lors de l'utilisation courante chez la femme enceinte.

MODE D'EMPLOI ET POSOLOGIE

Croquer 3 ou 4 comprimés après chacun des 3 principaux repas.

Tenir à l'abri de l'humidité.

ANAFRANIL

clomipramine

PRÉSENTATION

ANAFRANIL 10 mg : comprimé triangulaire (jaune pâle) ; boîte de 60 - Remb. 65 % - Liste I

ANAFRANIL 25 mg : comprimé rond (jaune pâle) ; boîte de 50 - Remb. 65 % - Liste I

ANAFRANIL 75 mg : comprimé oblong sécable (rose) ; boîte de 20 - Remb. 65 % - Liste I

Laboratoires Ciba-Geigy

COMPOSITION

	p. comp. à 10 mg	p. comp. à 25 mg	p. comp. à 75 mg
Clomipramine chlorhydrate ..	10 mg	25 mg	75 mg

INDICATIONS

C'est un *antidépresseur* de la famille des imipraminiques.

Il est utilisé dans le traitement :
- des *états dépressifs*,
- de la prévention des *attaques de panique*,
- des *troubles phobiques*,
- de l'*énurésie* (comprimés à 10 mg).

CONTRE-INDICATIONS

Ce médicament ne doit pas être utilisé dans les cas suivants :
- *glaucome* à angle fermé,
- risque de blocage des urines (*adénome de la prostate*),
- association avec les *IMAO* non sélectifs ou le BARNETIL.

ATTENTION

En cas d'*antécédents* cardiaques, ou si vous souffrez d'*épilepsie*, prévenez votre médecin.

Une fièvre, une angine ou une infection sous traitement doivent vous inciter à consulter votre médecin.

Avant une *anesthésie* locale, notamment chez le dentiste, signalez la prise de ce médicament.

Évitez les boissons alcoolisées : augmentation du risque de somnolence.

Conducteur : ce médicament peut être responsable d'une baisse de la vigilance, particulièrement en début de traitement.

INTERACTIONS MÉDICAMENTEUSES

Ce médicament ne doit pas être associé aux médicaments suivants :
- *IMAO* non sélectifs (MARSILID, NIAMIDE...) : risque de *collapsus cardio-vasculaire*, ou *d'hypertension artérielle*, de fièvre et de *convulsions*. Respectez un délai de 15 jours après l'arrêt de l'IMAO.
- BARNETIL : risque de *troubles du rythme cardiaque* graves.

Ce médicament peut interagir avec d'autres médicaments, notamment des *anticonvulsivants*, les *antihypertenseurs* et les *atropiniques*, le PROZAC, l'*adrénaline* et la *noradrénaline*, et les médicaments *sédatifs*. Signalez tout autre traitement en cours, ou récemment arrêté, à votre médecin ou à votre pharmacien.

GROSSESSE, ALLAITEMENT ET NOUVEAU-NÉ

Grossesse et nouveau-né :

Si une grossesse survient pendant le traitement, consultez votre médecin. Il appréciera le risque éventuel lié à l'utilisation de ce médicament dans votre cas.

Si le traitement est poursuivi jusqu'à l'accouchement, une surveillance médicale du *nouveau-né* est nécessaire.

Allaitement :

Ce médicament passe dans le lait maternel : l'allaitement est déconseillé.

MODE D'EMPLOI ET POSOLOGIE

Avaler les comprimés avec un peu d'eau.

Posologie usuelle :

Elle est individuelle, et variable selon les indications.

L'efficacité des *antidépresseurs* n'est généralement pas immédiate. Un délai pouvant atteindre plusieurs semaines est parfois nécessaire pour que les effets bénéfiques se fassent sentir.

Les effets indésirables éventuels apparaissant en début de traitement ne doivent pas vous conduire à l'arrêter prématurément.

EFFETS INDÉSIRABLES POSSIBLES

Rarement : tremblements, difficulté de la parole, insomnie, confusion, troubles de l'*accommodation*.

Parfois : bouche sèche, accélération du cœur, sueurs, bouffées de chaleur, constipation, difficultés à uriner, *vertiges*, *hypotension orthostatique*, prise de poids, *allergie*, excitation anormale.

Certains de ces effets peuvent être prévenus ou corrigés.

ANAHELP

adrénaline

PRÉSENTATION

ANAHELP trousse d'urgence : solution injectable *S.C.-I.M.* 1 mg/1 ml ; boîte de 1 seringue 1 ml avec piston gradué - Non remb. - Liste I

Laboratoires Stallergènes

COMPOSITION

	p. ml
Épinéphrine (ou adrénaline)	1 mg
Sulfites	+

INDICATIONS

Ce médicament est un puissant stimulant du système cardio-vasculaire ; il contient de l'*adrénaline*. Cette *hormone*, normalement sécrétée par la glande *surrénale*, contracte les vaisseaux sanguins et accélère le cœur.

Il est exclusivement destiné à prévenir ou traiter le *choc anaphylactique* chez les personnes prédisposées.

CONTRE-INDICATIONS

Ce médicament est destiné à prévenir un malaise grave, potentiellement mortel ; les contre-indications qui suivent doivent rendre prudent dans son utilisation, sans pour autant interdire son emploi si le malaise paraît sérieux et si aucun médecin ne peut intervenir rapidement :
- *angine de poitrine*,
- certains *troubles du rythme cardiaque*,
- *hypertension artérielle* grave,
- enfant de moins de 6 ans.

ATTENTION

Ce médicament n'est en aucun cas destiné au traitement des *allergies* bénignes, aussi pénibles et spectaculaires soient-elles. Son effet préventif ou curatif ne s'exerce que sur le *choc anaphylactique* : malaise avec chute brutale de la tension artérielle et perte de connaissance qui suit l'exposition à une substance allergisante (piqûre de guêpe, par exemple). Chez la personne ayant déjà présenté un tel malaise, l'injection pourra être pratiquée dès l'apparition des signes annonciateurs : démangeaison généralisée, difficultés respiratoires...

Le premier geste à faire face à une personne présentant un *choc anaphylactique* est de l'allonger sur le dos et de lui surélever les jambes jusqu'à l'arrivée des secours.

Dans la mesure du possible et en cas de doute sur la nature du malaise, prenez un avis médical avant de pratiquer l'injection.

Ce médicament ne doit jamais être injecté par *voie* intraveineuse.

INTERACTIONS MÉDICAMENTEUSES

Ce médicament peut interagir avec d'autres médicaments, notamment certains *antidépresseurs*. Signalez tout autre traitement en cours à votre médecin ou à votre pharmacien.

MODE D'EMPLOI ET POSOLOGIE

Ce médicament doit être injecté exclusivement par *voie* sous-cutanée ou intramusculaire, de préférence dans la partie antérieure et externe de la cuisse. Faites-vous expliquer précisément la technique d'injection par votre médecin lors de la prescription. Dans la mesure du possible, désinfectez la peau au préalable avec une solution alcoolisée, de l'éther ou un autre *antiseptique*.

Posologie usuelle :

- Adulte et enfant de plus de 6 ans : 1/4 d'ampoule, soit 0,25 mg d'*adrénaline*, obtenue en poussant le piston jusqu'à la première butée. Il est possible, chez l'adulte, de renouveler l'injection après un quart d'heure en cassant une ailette du piston, ce qui permet d'injecter 0,25 mg d'adrénaline supplémentaire.

En cas de forte corpulence (poids supérieur à 90 kg) et chez une personne indemne de toute affection cardiaque, il est possible d'injecter d'emblée 0,50 mg en cassant la première ailette du piston.

Ce médicament doit être conservé au frais : + 2 °C à + 8 °C (compartiment à beurre du réfrigérateur) jusqu'à la fin de sa date de péremption. À température ambiante et à l'abri de la lumière du jour, il reste efficace pendant plusieurs semaines, mais doit être jeté à la fin des vacances ou de l'activité à risque.

Changez la trousse après une utilisation même partielle du produit, ou si vous constatez que le contenu de la seringue, initialement incolore, tourne au brun-rose.

Lisez attentivement la notice lors de l'achat du médicament et assurez-vous d'avoir bien compris son maniement en mimant les étapes du mode d'emploi.

EFFETS INDÉSIRABLES POSSIBLES

Les plus fréquents sont transitoires et traduisent l'action de l'*adrénaline* : *palpitations*, pâleur, tremblements.

Peuvent également survenir : étourdissement, faiblesse, maux de tête, fièvre, *hypertension artérielle*.

ANAKIT
épinéphrine

PRÉSENTATION

ANAKIT : solution injectable *S.C.* 1 mg/1 ml ; boîte de 1 seringue double piston - Non remb. - Liste I

Laboratoires Bayer Pharma

COMPOSITION

	p. ml
Épinéphrine (ou adrénaline)	1 mg
Sulfites	+

INDICATIONS

Ce médicament est un puissant stimulant du système cardio-vasculaire ; il contient de l'*adrénaline*. Cette *hormone*, normalement sécrétée par la glande *surrénale*, contracte les vaisseaux sanguins et accélère le cœur.

Il est exclusivement destiné à prévenir ou à traiter le *choc anaphylactique* chez les personnes prédisposées.

CONTRE-INDICATIONS

Ce médicament est destiné à prévenir un malaise grave, potentiellement mortel ; les contre-indications qui suivent doivent rendre prudent dans son utilisation, sans pour autant interdire son emploi si le malaise paraît sérieux et si aucun médecin ne peut intervenir rapidement :
- *angine de poitrine*,
- certains *troubles du rythme cardiaque*,
- *hypertension artérielle* grave.

ATTENTION

Ce médicament n'est en aucun cas destiné au traitement des *allergies* bénignes, aussi pénibles et spectaculaires soient-elles. Son effet préventif ou curatif ne s'exerce que sur le *choc anaphylactique* : malaise avec chute brutale de la tension artérielle et perte de connaissance qui suit l'exposition à une substance allergisante (piqûre de guêpe par exemple). Chez la personne ayant déjà présenté un tel malaise, l'injection pourra être pratiquée dès l'apparition des signes annonciateurs : démangeaison généralisée, difficultés respiratoires...

Le premier geste à faire face à une personne présentant un *choc anaphylactique* est de l'allonger sur le dos et de lui surélever les jambes jusqu'à l'arrivée des secours.

Dans la mesure du possible et en cas de doute sur la nature du malaise, prenez un avis médical avant de pratiquer l'injection.

Ce médicament ne doit jamais être injecté par *voie* intraveineuse.

INTERACTIONS MÉDICAMENTEUSES

Ce médicament peut interagir avec d'autres médicaments, notamment certains *antidépresseurs*. Signalez tout autre traitement en cours à votre médecin ou à votre pharmacien.

MODE D'EMPLOI ET POSOLOGIE

Ce médicament doit être injecté exclusivement par *voie* sous-cutanée ou intramusculaire, de préférence dans la partie antérieure et externe de la cuisse. Faites-vous expliquer précisément la technique d'injection par votre médecin lors de la prescription. Dans la mesure du possible, désinfectez la peau au préalable avec une solution alcoolisée, de l'éther ou un autre *antiseptique*.

Posologie usuelle :
- Adulte : 0,30 ml. Il est possible de renouveler l'injection après un quart d'heure.
- Enfant de 6 à 12 ans : 0,20 ml.
- Enfant de 2 à 6 ans : 0,15 ml.
- Enfant de moins de 2 ans : 0,10 ml.

Ce médicament doit être conservé au frais : + 2 °C à + 8 °C (compartiment à beurre du réfrigérateur) jusqu'à la date de péremption. À température ambiante et à l'abri de la lumière du jour, il reste efficace pendant plusieurs semaines, mais doit être jeté à la fin des vacances ou de l'activité à risque.

Changez la trousse après une utilisation même partielle du produit, ou si vous constatez que le contenu de la seringue, initialement incolore, tourne au brunrose.

Lisez attentivement la notice lors de l'achat du médicament et assurez-vous d'avoir bien compris son maniement en mimant les étapes du mode d'emploi.

EFFETS INDÉSIRABLES POSSIBLES

Les plus fréquents sont transitoires et traduisent l'action de l'*adrénaline* : *palpitations*, pâleur, tremblements.

Peuvent également survenir : étourdissement, faiblesse, maux de tête, fièvre, *hypertension artérielle*.

ANAUSIN
métoclopramide

PRÉSENTATION

ANAUSIN MÉTOCLOPRAMIDE 15 mg : comprimé à *libération prolongée* (blanc) ; boîte de 30 - Remb. 65 % - Liste II

Laboratoires Sarget

COMPOSITION

	p. comp.
Métoclopramide chlorhydrate	15 mg

INDICATIONS

C'est un médicament *antiémétique*, modificateur de la motricité du tube digestif. Il régularise la contraction des muscles de l'œsophage, de l'estomac et de l'intestin.

Il est utilisé dans le traitement des nausées et des vomissements ainsi que dans certains troubles de la digestion.

CONTRE-INDICATIONS

Ce médicament ne doit pas être utilisé dans les cas suivants :
- *hémorragie* ou obstruction du tube digestif,
- *antécédents* de *dyskinésie* (mouvements involontaires ou inadaptés) due aux *neuroleptiques*,
- *phéochromocytome*,
- en association avec les médicaments contenant de la lévodopa.

ATTENTION

Des précautions sont nécessaires en cas d'*épilepsie* et d'*insuffisance rénale* sévère.

Évitez les boissons alcoolisées : augmentation du risque de somnolence.

Conducteur : ce médicament peut être responsable d'une somnolence ou d'une baisse de la vigilance.

INTERACTIONS MÉDICAMENTEUSES

Ce médicament ne doit pas être associé aux médicaments contenant de la lévodopa : risque d'annulation réciproque de leurs effets.

Il peut interagir avec d'autres médicaments : signalez tout autre traitement en cours à votre médecin ou à votre pharmacien.

GROSSESSE, ALLAITEMENT ET NOUVEAU-NÉ

Grossesse :

Les études scientifiques actuellement disponibles n'ont pas mis en évidence de problème particulier lors de l'utilisation chez la femme enceinte.

Allaitement :

Ce médicament passe dans le lait maternel : il est déconseillé pendant l'allaitement.

MODE D'EMPLOI ET POSOLOGIE

Les comprimés sont à prendre avant les repas.

Posologie usuelle :
- Adulte : 1 comprimé, 2 fois par jour.

Lors de vomissements répétés, les pertes en eau et en sels minéraux sont importantes. Elles doivent être compensées par des aliments liquides (bouillons salés, sodas...) pris en petites quantités et régulièrement. Les nausées de la femme enceinte peuvent être combattues par la prise du petit déjeuner au lit.

EFFETS INDÉSIRABLES POSSIBLES

Somnolence, lassitude, *vertiges*.

Exceptionnellement :
- maux de tête, insomnie, spasmes de la face ;
- mouvements involontaires ou inadaptés pouvant survenir tardivement lors de traitement prolongé ;
- arrêt des règles, augmentation du volume des seins (chez l'homme comme chez la femme).

ANAXÉRYL

PRÉSENTATION

ANAXÉRYL : pommade ; tube 38,5 g - Remb. 65 %

Laboratoires Bailly-Speab

COMPOSITION

	p. 100 g
Dithranol	0,35 g
Ichthyolammonium	0,85 g
Acide salicylique	0,30 g
Résorcine	0,20 g
Baume du Pérou	1 g
Huile de goudron de bouleau	0,30 g

INDICATIONS

Cette pommade contient des substances destinées à traiter les lésions sèches et épaissies de la peau.

Elle est notamment utilisée dans le traitement du *psoriasis* et de l'*eczéma* non suintant.

CONTRE-INDICATIONS

Cette pommade ne doit pas être utilisée en cas d'*eczéma* suintant.

ATTENTION

Ce médicament ne doit être utilisé ni sur les *muqueuses* ni sur les régions cutanées humides ou fragiles (visage, parties génitales...).

GROSSESSE, ALLAITEMENT ET NOUVEAU-NÉ

L'effet de ce médicament pendant la grossesse ou l'allaitement est mal connu. L'évaluation du risque éventuel lié à son utilisation est individuelle : demandez conseil à votre pharmacien ou à votre médecin.

MODE D'EMPLOI ET POSOLOGIE

Laver la région à traiter au savon de Marseille, puis sécher avant d'appliquer la pommade en massant légèrement pour la faire pénétrer.

Enlever l'excédent de pommade avec un morceau de coton ou une compresse.

Posologie usuelle :

1 application par jour.

Le traitement dure habituellement 1 mois.

En cas de contact avec les yeux, les paupières ou les *muqueuses*, rincer immédiatement et abondamment à l'eau tiède.

Se laver les mains après l'application.

Pour éviter une irritation éventuelle de la peau saine, il est possible d'appliquer une couche de vaseline autour de la lésion.

ANDRACTIM

androstanolone

PRÉSENTATION

ANDRACTIM : gel ; tube 80 g - Remb. 65 % - Liste II

Laboratoires Besins-Iscovesco

COMPOSITION

	p. dose (5 g)
Androstanolone	125 mg

INDICATIONS

Ce gel contient une *hormone* mâle (*hormone androgène*). Il permet une action locale ou à distance, car il traverse la peau et passe dans le sang.

Il est utilisé :

- chez l'homme, dans le traitement des affections en rapport avec un déficit en hormones mâles ;
- chez la femme, dans le traitement local d'une maladie de la vulve : le lichen scléro-atropique.

CONTRE-INDICATIONS

Ce médicament ne doit pas être utilisé dans les cas suivants :

- cancer de la prostate,
- en association avec une autre *hormone androgène*,
- grossesse.

ATTENTION

Ce médicament ne doit jamais être employé ou réemployé en dehors d'une prescription médicale.

Chez la femme, il ne peut être utilisé que sous strict contrôle médical : risque de *virilisation*.

INTERACTIONS MÉDICAMENTEUSES

Ce médicament ne doit pas être associé à d'autres *hormones androgènes* : risque accru de *virilisation*.

MODE D'EMPLOI ET POSOLOGIE

Les applications doivent être faites après la toilette, sur une large surface de peau. Laisser sécher avant de recouvrir la surface enduite.

Posologie usuelle :

La *posologie* est strictement individuelle. La dose la plus faible possible est toujours recherchée.

EFFETS INDÉSIRABLES POSSIBLES

Acné, prise de poids, irritabilité.

ANDROCUR

cyprotérone

PRÉSENTATION

ANDROCUR : comprimé sécable (blanc) ; boîte de 20 - Remb. 65 % - Liste I

Laboratoires Schering

COMPOSITION

	p. comp.
Cyprotérone acétate	50 mg

INDICATIONS

Ce médicament contient un dérivé de la *progestérone*, qui s'oppose à l'action des *hormones androgènes* (hormones mâles). Celles-ci sont présentes en petite quantité chez la femme et sont impliquées dans les troubles de la pilosité et certaines maladies de peau.

Il est utilisé dans le traitement de l'*hirsutisme* chez la femme et dans certains cas de développement anormal de la prostate chez l'homme.

CONTRE-INDICATIONS

Ce médicament ne doit pas être utilisé dans les cas suivants :

- *antécédent* d'*accident thrombo-embolique* (*phlébite*, *embolie* pulmonaire...) ;
- maladie grave du foie ;
- *diabète* grave ;
- *dépression* grave ;
- *tuberculose* ;
- grossesse ;
- allaitement.

ATTENTION

Des analyses de sang peuvent être nécessaires avant et pendant le traitement.

Tout *symptôme* pouvant faire craindre une complication impose l'arrêt du traitement : maux de tête importants et inhabituels, trouble de la vision, élévation franche de la tension artérielle, jaunisse.

INTERACTIONS MÉDICAMENTEUSES

Ce médicament peut interagir avec les *antidiabétiques*.

GROSSESSE, ALLAITEMENT ET NOUVEAU-NÉ

Grossesse :

Ce médicament est contre-indiqué pendant la grossesse : risque de malformation des organes sexuels chez l'enfant à naître.

Allaitement :

Ce médicament passe dans le lait maternel : il est contre-indiqué pendant l'allaitement.

MODE D'EMPLOI ET POSOLOGIE

Ce médicament doit être avalé avec un verre d'eau.

Posologie usuelle :

Elle varie selon les cas et est fixée par le médecin. Dans certains cas, il peut être nécessaire d'associer d'autres *hormones* à ce médicament.

EFFETS INDÉSIRABLES POSSIBLES

Chez la femme : troubles des règles pendant et après le traitement, prise de poids.

Chez l'homme : stérilité temporaire, *gynécomastie*, variation de poids, impuissance.

Chez la femme comme chez l'homme : jambes lourdes, maux de tête, maladie du foie.

ANDROTARDYL

testostérone

PRÉSENTATION

ANDROTARDYL : solution injectable huileuse ; boîte de 1 ampoule 1 ml - Remb. 65 % - Liste II

Laboratoires Schering

COMPOSITION

	p. amp.
Testostérone énanthate	250 mg

INDICATIONS

Ce médicament contient une *hormone* mâle (*hormone androgène*).

Il est utilisé comme *traitement substitutif* pour remplacer la testostérone naturelle lorsque celle-ci n'est plus sécrétée en quantité suffisante par les testicules. Cette insuffisance de sécrétion peut être due aux testicules eux-mêmes ou à l'insuffisance d'une autre glande qui commande la sécrétion testiculaire (maladie ou ablation de l'*hypophyse*).

Il est également utilisé en cas de dénutrition grave de la personne âgée.

CONTRE-INDICATIONS

Ce médicament ne doit pas être utilisé dans les cas suivants :
- femme en âge d'avoir des enfants ;
- période précédant la puberté ;
- *adénome de la prostate*, cancer de la prostate ou cancer du sein chez l'homme ;
- *insuffisance hépatique*, *hépatite* récente ;
- états agressifs ;
- grossesse ;
- allaitement.

ATTENTION
Ce médicament ne doit jamais être employé ou réemployé en dehors d'une prescription médicale. Chez la femme, il ne peut être utilisé que sous strict contrôle médical : risque de *virilisation*.

MODE D'EMPLOI ET POSOLOGIE

Ce médicament doit être injecté exclusivement par *voie* intramusculaire.

Posologie usuelle :

Elle est individuelle, et variable selon les indications.

Le contenu de l'ampoule est huileux : il est préférable d'utiliser des seringues en verre.

EFFETS INDÉSIRABLES POSSIBLES

Acné, augmentation du volume des seins, *œdèmes*, excès de calcium dans le sang, *virilisation* chez la femme, diminution de la production de spermatozoïdes chez l'homme.

ANGIOPHTAL
chromocarbe

PRÉSENTATION

ANGIOPHTAL : collyre ; flacon compte-gouttes 10 ml - Remb. 65 %

Laboratoires M.S.D.-Chibret

COMPOSITION

	p. 100 ml
Chromocarbe diéthylamine	10 g

INDICATIONS

Ce collyre contient un protecteur *vasculaire*.

Il est utilisé dans le traitement des *hémorragies* de la *conjonctive* (taches rouges du blanc de l'œil).

ATTENTION
Une *hémorragie* de la *conjonctive* nécessite une consultation médicale afin d'en connaître la cause.

INTERACTIONS MÉDICAMENTEUSES

Ce collyre peut interagir avec d'autres collyres : respectez un intervalle de 15 minutes entre deux instillations.

GROSSESSE, ALLAITEMENT ET NOUVEAU-NÉ

L'effet de ce médicament pendant la grossesse ou l'allaitement est mal connu. L'évaluation du risque éventuel lié à son utilisation est individuelle : demandez conseil à votre pharmacien ou à votre médecin.

MODE D'EMPLOI ET POSOLOGIE

Tirer la paupière inférieure vers le bas tout en regardant vers le haut et déposer les gouttes de collyre entre la paupière et le globe oculaire (*cul-de-sac conjonctival*).

Posologie usuelle :

1 ou 2 gouttes, 3 à 6 fois par jour.

L'application correcte du produit peut nécessiter une aide, notamment chez une personne handicapée ou âgée.

Ne conservez pas ce collyre plus de 15 jours après une première utilisation.

ANGI-SPRAY
hexétidine, acide propionique, chlorobutanol

PRÉSENTATION

ANGI-SPRAY : *collutoire* ; flacon pressurisé à l'azote 40 ml - Non remb.

Laboratoires Monot

COMPOSITION

	p. fl.
Hexétidine	72,80 mg
Acide propionique	47,20 mg
Chlorobutanol	200 mg
Alcool éthylique 95°	+
Essence de menthe	+

INDICATIONS

Ce *collutoire* contient des *antiseptiques* et un *anesthésique* local.

Il est utilisé dans le *traitement d'appoint* des infections de la bouche et de la gorge.

CONTRE-INDICATIONS

Ce médicament ne doit pas être utilisé dans les cas suivants :
- *allergie* aux *anesthésiques* locaux,
- enfant de moins de 3 ans.

ATTENTION
Les traitements locaux (*gargarisme*, *collutoire*, pastille) n'agissent que superficiellement ; dans le cas d'infections profondes de la gorge (angines...), un traitement *antibiotique* est nécessaire pour éviter des complications ultérieures, cardiaques ou rénales.

L'usage prolongé de ce médicament n'est pas souhaitable : il peut modifier l'équilibre microbien naturel de la gorge et favoriser l'apparition de *candidose*.

Une surconsommation pourrait provoquer des troubles nerveux et cardiaques : respectez la *posologie*.

En l'absence d'amélioration au bout de 5 jours, en cas d'apparition de fièvre, consultez votre médecin.

INTERACTIONS MÉDICAMENTEUSES

Il est généralement inutile d'associer des *antiseptiques* différents. Ceux-ci peuvent être contenus dans de nombreux produits disponibles en automédication : pastille, *collutoire* et solution nasale ; demandez conseil à votre pharmacien.

GROSSESSE, ALLAITEMENT ET NOUVEAU-NÉ

L'effet de ce médicament pendant la grossesse ou l'allaitement est mal connu. L'évaluation du risque éventuel lié à son utilisation est individuelle : demandez conseil à votre pharmacien ou à votre médecin.

MODE D'EMPLOI ET POSOLOGIE

Posologie usuelle :
- Adulte : 4 à 6 pulvérisations par jour.
- Enfant de 10 à 15 ans : 4 pulvérisations par jour.
- Enfant de 5 à 10 ans : 3 pulvérisations par jour.
- Enfant de 3 à 5 ans : 2 pulvérisations par jour.

Chez l'enfant, la pulvérisation peut provoquer un spasme du larynx : n'introduisez pas trop profondément l'embout dans sa bouche.

Chez l'enfant et la personne âgée, évitez l'usage de ce médicament avant les repas : l'*anesthésique* local est susceptible de provoquer des troubles de la déglutition ; ceux-ci pourraient être à l'origine du passage d'aliments dans les *voies* respiratoires.

ANOLAN
énoxolone, amyléine

PRÉSENTATION

ANOLAN : suppositoire ; boîte de 10 - Non remb.

Laboratoires Goupil

COMPOSITION

	p. suppos.
Énoxolone	25 mg
Amyléine chlorhydrate	30 mg

INDICATIONS

Ce médicament à usage local contient un *anti-inflammatoire* et un *anesthésique*.

Il est utilisé dans le *traitement symptomatique* des douleurs et des démangeaisons de l'anus, en particulier dues aux *hémorroïdes*.

CONTRE-INDICATIONS

Ce médicament ne doit pas être utilisé dans le cas d'*allergie* aux *anesthésiques* locaux.

ATTENTION
Le traitement doit être de courte durée : consultez votre médecin si les *symptômes* persistent.

GROSSESSE, ALLAITEMENT ET NOUVEAU-NÉ

L'effet de ce médicament pendant la grossesse ou l'allaitement est mal connu. L'évaluation du risque éventuel lié à son utilisation est individuelle : demandez conseil à votre pharmacien ou à votre médecin.

MODE D'EMPLOI ET POSOLOGIE

1 suppositoire le matin et éventuellement 1 le soir.

Pour prévenir les *hémorroïdes*, des mesures simples d'hygiène alimentaire et des exercices physiques sont à envisager. Parlez-en à votre médecin ou à votre pharmacien.
Les suppositoires doivent être conservés à l'abri de la chaleur.

ANORÉÏNE
carraghénates, bismuth, oxyde de zinc

PRÉSENTATION

ANORÉÏNE : suppositoire ; boîte de 12 - Remb. 35 %
Laboratoires Jean-Paul Martin

COMPOSITION

	p. suppos.
Carraghénates	400 mg
Sous-gallate de bismuth	500 mg
Oxyde de zinc	500 mg

INDICATIONS

C'est un médicament à usage local.
Il est utilisé dans le *traitement symptomatique* des douleurs et des démangeaisons de l'anus, en particulier dues aux *hémorroïdes*.

ATTENTION
Le traitement doit être de courte durée : si les *symptômes* persistent, consultez votre médecin.

GROSSESSE, ALLAITEMENT ET NOUVEAU-NÉ

L'effet de ce médicament pendant la grossesse ou l'allaitement est mal connu. L'évaluation du risque éventuel lié à son utilisation est individuelle : demandez conseil à votre pharmacien ou à votre médecin.

MODE D'EMPLOI ET POSOLOGIE

1 ou 2 suppositoires après la selle.

Pour prévenir les *hémorroïdes*, des mesures simples d'hygiène alimentaire et des exercices physiques sont à envisager : parlez-en à votre médecin ou à votre pharmacien.
Les suppositoires doivent être conservés à l'abri de la chaleur.

ANOREX
amfépramone

PRÉSENTATION

ANOREX : gélule (jaune transparent) ; boîte de 30 - Non remb. - Liste I
Laboratoires Crinex

COMPOSITION

	p. gél.
Amfépramone chlorhydrate	75 mg

INDICATIONS

Ce médicament est un *anorexigène* (coupe-faim) qui appartient à la famille des *amphétamines*.
Il est utilisé en complément du régime hypocalorique pour traiter un excès de poids.

CONTRE-INDICATIONS

Ce médicament ne doit pas être utilisé dans les cas suivants :
- maladie cardiaque grave, *hypertension artérielle* ;
- *hyperthyroïdie* ;
- risque de rétention des urines (*adénome de la prostate*...) ;
- *glaucome* à angle fermé ;
- *antécédents* de troubles nerveux : *dépression*, *anorexie* mentale ;
- association aux *antidépresseurs IMAO* non sélectifs ;
- **grossesse ;**
- **allaitement.**

ATTENTION
L'efficacité de ce médicament tend à diminuer au bout de quelques semaines de traitement. L'augmentation des doses expose à un risque de *dépendance* et de troubles psychiques graves. Ne dépassez pas la *posologie* prescrite par votre médecin.
Il est fréquent que la perte de poids obtenue à l'aide de ce médicament ne persiste pas après l'arrêt du traitement. Un régime reste nécessaire.
Ce médicament peut modifier le comportement : prudence lors de la conduite ou de l'utilisation de machines dangereuses.

INTERACTIONS MÉDICAMENTEUSES

Ce médicament ne doit pas être associé aux *antidépresseurs IMAO* non sélectifs (MARSILID, NIAMIDE) : risque de poussée d'*hypertension artérielle* ou de fièvre élevée. Cette contre-indication persiste pendant les 15 jours qui suivent l'arrêt d'un traitement par IMAO.
Ce médicament peut interagir avec d'autres médicaments. Signalez tout autre traitement en cours à votre médecin ou à votre pharmacien.

GROSSESSE, ALLAITEMENT ET NOUVEAU-NÉ

Grossesse :
En l'absence de données suffisantes, ce médicament est contre-indiqué pendant la grossesse.
Allaitement :
Les données actuellement disponibles ne permettent pas de savoir si ce médicament passe dans le lait maternel : l'allaitement est contre-indiqué.

MODE D'EMPLOI ET POSOLOGIE

Les gélules doivent être avalées avec un peu d'eau.
Posologie usuelle :
- Adulte : 1 gélule, de préférence le matin ou au moins 2 heures avant le repas de midi.

L'utilisation de ce médicament ne se conçoit que dans le cadre d'un régime hypocalorique adapté.
Ce médicament peut entraîner des difficultés d'endormissement ; il est conseillé de ne pas le prendre au-delà du repas de midi.

EFFETS INDÉSIRABLES POSSIBLES

Insomnie, maux de tête, bouche sèche, constipation, accélération du cœur, *allergie* cutanée, nervosité, tendance dépressive et plus rarement nausées, vomissements.
Certains signes doivent faire penser à un surdosage : accélération de la respiration, *tachycardie*, élévation ou au contraire baisse de la tension artérielle, agitation, confusion des idées, hallucinations ; prévenez d'urgence votre médecin.

ANTADYS
flurbiprofène

PRÉSENTATION

ANTADYS : comprimé (bleu) ; boîte de 15 - Remb. 65 % - Liste II
Laboratoires Théramex

COMPOSITION

	p. comp.
Flurbiprofène	100 mg

INDICATIONS

Ce médicament est un *anti-inflammatoire* non stéroïdien (*AINS*). Il lutte contre l'*inflammation* et la douleur, fait baisser la fièvre et fluidifie le sang.
Il est utilisé chez l'adulte dans le traitement :
- des *rhumatismes inflammatoires* ;
- de certaines *arthroses* ;
- des *tendinites*, des *lombalgies*... ;
- des règles douloureuses.

CONTRE-INDICATIONS

Ce médicament ne doit pas être utilisé dans les cas suivants :
- *allergie* aux *AINS*, y compris l'aspirine ;

- *ulcère* de l'estomac ou du *duodénum* ;
- *insuffisance hépatique*, *insuffisance rénale* graves ;
- enfant de moins de 16 ans ;
- **grossesse** (3 derniers mois) ;
- **allaitement.**

ATTENTION

Tout traitement prolongé ou surdosage d'*AINS* expose à des effets indésirables graves.

Tout *symptôme* faisant craindre des complications (maux d'estomac, *allergie* cutanée) doit être signalé à votre médecin.

Des précautions sont nécessaires chez la personne souffrant d'*antécédents* d'*ulcère* de l'estomac ou du *duodénum*, ou présentant un risque hémorragique, chez la personne âgée et chez la femme qui porte un stérilet.

Conducteur : ce médicament peut provoquer parfois des étourdissements.

INTERACTIONS MÉDICAMENTEUSES

Ce médicament peut interagir avec d'autres médicaments, notamment :
- l'aspirine et les autres *anti-inflammatoires* non stéroïdiens : risque d'accroissement des effets indésirables ;
- les *anticoagulants* et les *antiagrégants plaquettaires* (TICLID...) : augmentation du risque hémorragique ;
- le *lithium* (TÉRALITHE, NEUROLITHIUM) : augmentation du taux de lithium dans le sang.

Signalez tout autre traitement en cours à votre médecin ou à votre pharmacien.

GROSSESSE, ALLAITEMENT ET NOUVEAU-NÉ

Grossesse :

Des effets néfastes graves pour la mère et l'enfant à naître ont été mis en évidence lorsque ce médicament, comme tous les *AINS*, est utilisé au cours des 3 derniers mois de la grossesse : son usage est formellement contre-indiqué pendant cette période.

Pendant les 6 premiers mois, l'effet de ce médicament est mal connu : seul votre médecin peut évaluer le risque éventuel de son utilisation dans votre cas.

Allaitement :

Ce médicament passe dans le lait maternel : par mesure de prudence, il est contre-indiqué pendant l'allaitement.

MODE D'EMPLOI ET POSOLOGIE

Les comprimés doivent être pris de préférence au milieu des repas afin de limiter les effets digestifs indésirables. Ils doivent être avalés avec un verre d'eau sans être croqués ni écrasés.

Posologie usuelle :
- Adulte :
  - *traitement d'attaque* : 300 mg par jour, soit 1 comprimé, 3 fois par jour.
  - *traitement d'entretien* : 100 à 200 mg par jour, soit 1 comprimé, 1 ou 2 fois par jour.

Ne dépassez pas la *posologie* ni la durée de traitement prescrites par votre médecin.

Ce médicament vous a été prescrit dans une situation précise : ne le conseillez pas à un proche, ne le réutilisez pas sans avis médical.

EFFETS INDÉSIRABLES POSSIBLES

Troubles digestifs : *gastrite*, voire *ulcère* de l'estomac ou du *duodénum*, le plus souvent lors d'un traitement de longue durée ou à forte dose. Exceptionnellement : *hémorragie* du tube digestif (vomissements de sang ou selles noires) ou plus souvent pertes de sang imperceptibles, responsables de l'apparition progressive d'une *anémie*.

Allergie cutanée, *asthme*.

Vertiges, maux de tête exceptionnels.

ANTALVIC

dextropropoxyphène

PRÉSENTATION

ANTALVIC : comprimé sécable (blanc) ; boîte de 30 - Remb. 65 % - Liste I

Laboratoires Houdé

COMPOSITION

	p. comp.
Dextropropoxyphène chlorhydrate	65 mg

INDICATIONS

C'est un *antalgique* qui combat la douleur en agissant directement sur le cerveau.

Il est utilisé dans le *traitement symptomatique* de la douleur.

CONTRE-INDICATIONS

Ce médicament ne doit pas être utilisé dans les cas suivants :
- *insuffisance rénale* grave,
- enfant de moins de 15 ans.

ATTENTION

Le dextropropoxyphène est apparenté à la *morphine*. À dose élevée, en usage prolongé, ce médicament expose à un risque de *dépendance* : ne dépassez pas la dose et la durée de traitement prescrites par votre médecin.

Évitez les boissons alcoolisées : augmentation du risque de somnolence.

Conducteur : ce médicament peut être responsable d'une somnolence ou d'une baisse de la vigilance.

INTERACTIONS MÉDICAMENTEUSES

Ce médicament peut interagir avec d'autres médicaments, notamment certains *sédatifs* et *anticonvulsivants* (carbamazépine).

GROSSESSE, ALLAITEMENT ET NOUVEAU-NÉ

L'effet de ce médicament pendant la grossesse ou l'allaitement est mal connu : seul votre médecin peut évaluer le risque éventuel de son utilisation dans votre cas.

MODE D'EMPLOI ET POSOLOGIE

Les comprimés ne doivent pas être pris à jeun. Ils doivent être avalés avec un peu d'eau, de préférence au cours des repas.

Posologie usuelle :
- Adulte : 1 comprimé, 3 fois par jour ; ne pas dépasser 5 comprimés par 24 heures.

Ce médicament peut retarder un diagnostic en masquant la douleur : ne le prenez pas sans l'avis de votre médecin ; ne le conseillez pas à un proche.

EFFETS INDÉSIRABLES POSSIBLES

Nausées, vomissements. Plus rarement, constipation, maux de tête, éruption cutanée, somnolence, *vertiges*.

ANTALYRE

synéphrine, chlorhexidine, potassium

PRÉSENTATION

ANTALYRE : collyre ; boîte de 10 flacons unidoses 0,4 ml - Non remb.

Laboratoires Boehringer Ingelheim France

COMPOSITION

	p. flacon
Synéphrine tartrate	2 mg
Chlorhexidine gluconate	0,1 mg
Potassium gluconate	12,8 mg

INDICATIONS

C'est un collyre décongestionnant qui contient un *vasoconstricteur* et un *antiseptique*.

Il est utilisé pour traiter les *conjonctivites* non infectieuses, et notamment les irritations dues à des corps étrangers, à des gaz irritants, à des poussières ou à une lumière excessive.

CONTRE-INDICATIONS

Ce médicament ne doit pas être utilisé en cas de *glaucome* à angle fermé.

ATTENTION

Une rougeur ou une douleur de l'œil ne correspondent pas toujours à une *conjonctivite*. Des soins urgents peuvent être nécessaires, notamment en cas de vision floue.

Ce collyre peut provoquer un *glaucome* aigu par fermeture de l'angle chez les personnes prédisposées : œil rouge, dur, douloureux, et flou de la vision. Une consultation d'urgence dans un service spécialisé est alors nécessaire.

Du fait de la présence d'un *vasoconstricteur*, les instillations répétées doivent être évitées chez les personnes souffrant d'*angine de poitrine* ou d'*hypertension artérielle*.

INTERACTIONS MÉDICAMENTEUSES

Ce médicament peut interagir avec d'autres médicaments, notamment les *antidépresseurs* de la famille des *IMAO* non sélectifs (MARSILID, NIAMIDE...). Signalez tout autre traitement en cours à votre médecin ou à votre pharmacien.

GROSSESSE, ALLAITEMENT ET NOUVEAU-NÉ

L'effet de ce médicament pendant la grossesse ou l'allaitement est mal connu.

L'évaluation du risque éventuel lié à son utilisation est individuelle : demandez conseil à votre pharmacien ou à votre médecin.

MODE D'EMPLOI ET POSOLOGIE

Utiliser un nouveau flacon unidose lors de chaque application.

Tirer la paupière inférieure vers le bas tout en regardant vers le haut et déposer les gouttes de collyre entre la paupière et le globe oculaire (*cul-de-sac conjonctival*).

Posologie usuelle :

1 ou 2 gouttes, 1 à 4 fois par jour.

> Les lentilles de contact ne doivent pas être portées en cas d'irritation oculaire ni réutilisées avant l'arrêt complet du traitement.
>
> L'application correcte du produit peut nécessiter une aide, notamment chez l'enfant ou la personne handicapée ou âgée.

EFFETS INDÉSIRABLES POSSIBLES

Glaucome aigu par fermeture de l'angle (voir ATTENTION).

Accélération du cœur, *palpitations* du fait du passage possible du *vasoconstricteur* dans le sang.

ANTÉBOR

PRÉSENTATION

ANTÉBOR : lotion ; flacon 150 ml - Remb. 65 %

ANTÉBOR B6 : lotion ; flacon 125 ml - Remb. 65 %

Laboratoires Biologiques Île-de-France

COMPOSITION

	p. 100 g
Sulfacétamide sodique	10 g
Alcool	+

	p. 100 g
Sulfacétamide sodique	10 g
Pyridoxine chlorhydrate (vitamine B6)	2,2 g
Alcool	+

INDICATIONS

Cette lotion contient un *antibiotique* local de la famille des *sulfamides* associé ou non à de la *vitamine* B6.

Elle est utilisée dans le *traitement d'appoint* de l'*acné* et de certaines infections de la peau. La lotion à la vitamine B6 est plus adaptée au traitement d'appoint des *dermites séborrhéiques*.

CONTRE-INDICATIONS

Ce médicament ne doit pas être utilisé dans les cas suivants :
- *allergie* à un *antibiotique* de la famille des *sulfamides*,
- dermatose allergique (*eczéma*),
- *nouveau-né*,
- 3 derniers mois de la **grossesse**,
- **allaitement**.

> **ATTENTION**
>
> Ce médicament est un *antibiotique* qui peut passer dans le sang et être responsable d'effets indésirables. Évitez de l'appliquer sur de larges surfaces de peau ou sous les couches des *nourrissons*. Ne le prenez pas sans l'avis de votre pharmacien ou de votre médecin.
>
> Ce médicament expose à une *photosensibilisation* : une exposition aux rayons *ultraviolets* (soleil, lampe à bronzer) peut provoquer des réactions cutanées. N'omettez pas de signaler à votre médecin vos projets de vacances au soleil pendant la durée du traitement.

INTERACTIONS MÉDICAMENTEUSES

L'association à des *antiseptiques* ou à des *anesthésiques* locaux est déconseillée car leurs effets risquent de s'annuler.

GROSSESSE, ALLAITEMENT ET NOUVEAU-NÉ

Grossesse :

Ce médicament est contre-indiqué pendant les 3 derniers mois de la grossesse : risque de jaunisse chez l'enfant à naître.

Allaitement :

Ce médicament passe dans le lait maternel : il est contre-indiqué pendant l'allaitement.

MODE D'EMPLOI ET POSOLOGIE

Appliquer la lotion abondamment après la toilette, en laissant sécher sans essuyer.

Posologie usuelle :

1 application, 1 ou 2 fois par jour.

EFFETS INDÉSIRABLES POSSIBLES

Allergie cutanée.

Photosensibilisation.

ANTELMINA
pipérazine

PRÉSENTATION

ANTELMINA : sirop ; flacon 200 ml - Remb. 65 %

Laboratoires Gerda

COMPOSITION

	p. c. à c.
Pipérazine hydrate	750 mg

INDICATIONS

Ce médicament est un vermifuge, actif sur certains vers parasites de l'intestin. Il paralyse les vers à l'intérieur du tube digestif, permettant ainsi leur élimination.

Il est utilisé pour éliminer les oxyures et les ascaris.

CONTRE-INDICATIONS

Ce médicament ne doit pas être utilisé dans les cas suivants :
- *insuffisance rénale*,
- *insuffisance hépatique*,
- *épilepsie*.

GROSSESSE, ALLAITEMENT ET NOUVEAU-NÉ

L'effet de ce médicament pendant la grossesse ou l'allaitement est mal connu. L'évaluation du risque éventuel lié à son utilisation est individuelle : demandez conseil à votre pharmacien ou à votre médecin.

MODE D'EMPLOI ET POSOLOGIE

Le traitement se fait par cure.

Oxyures : 2 cures de 7 jours, espacées de 15 à 20 jours pour éviter une réinfestation par les œufs qui ne sont pas détruits par le médicament.

Ascaris : 1 cure de 3 à 5 jours.

Posologie usuelle :
- Adulte et enfant de plus de 12 ans : 3 cuillères à café, par jour.
- Enfant de 7 à 12 ans : 2 cuillères à café, par jour.
- Enfant de 1 à 7 ans : 1 cuillère à café, par jour.

> Les oxyures se transmettant par les mains, pour éviter la réinfestation, il est recommandé :
> - de se laver les mains et de se brosser les ongles plusieurs fois dans la journée,
> - de couper très court les ongles des enfants,
> - de traiter tous les membres de la famille en même temps car il est fréquent que l'infestation ne donne aucun *symptôme*.

EFFETS INDÉSIRABLES POSSIBLES

Rares *troubles digestifs* : nausées, vomissements, diarrhées.

Exceptionnellement : *convulsions*, *vertiges*, spasmes musculaires, troubles visuels.

ANTHÉLOX
géraniol, essence de niaouli

PRÉSENTATION

ANTHÉLOX : capsule ; boîte de 20 - Remb. 65 %

Laboratoires Lesourd

COMPOSITION

	p. caps.
Géraniol	120 mg
Essence de niaouli	65 mg

INDICATIONS

Ce médicament contient des extraits de plantes.

Il est utilisé comme vermifuge.

GROSSESSE, ALLAITEMENT ET NOUVEAU-NÉ

Ce médicament ne contient que des substances présumées sans danger pendant la grossesse ou l'allaitement. Néanmoins, ne l'utilisez pas de façon prolongée sans l'avis de votre pharmacien ou de votre médecin.

MODE D'EMPLOI ET POSOLOGIE

Ce médicament peut être pris indifféremment avant, pendant ou après les repas.

Posologie usuelle :
- Adulte : 2 ou 3 capsules, matin et soir, pendant 5 jours ; recommencer le traitement 10 jours après.

• Enfant de plus de 5 ans : 2 capsules, à chaque repas, pendant 4 jours.

> Les oxyures se transmettant par les mains, pour éviter la réinfestation, il est recommandé :
> - de se laver les mains et de se brosser les ongles plusieurs fois dans la journée,
> - de couper très court les ongles des enfants,
> - de traiter tous les membres de la famille en même temps car il est fréquent que l'infestation ne donne aucun symptôme.
>
> En cas d'échec, l'utilisation d'un vermifuge plus puissant doit être envisagée.

ANTHRANOL

dithranol

PRÉSENTATION

ANTHRANOL 2 % : pommade ; tube 50 g - Remb. 65 %

Laboratoires Stiefel

COMPOSITION

	p. 100 g
Dithranol	2 g

INDICATIONS

Cette pommade contient une substance qui lutte contre l'épaississement anormal de la peau.

Elle est utilisée pour traiter le *psoriasis* en plaques.

CONTRE-INDICATIONS

Ce médicament ne doit pas être utilisé dans les cas suivants :
- *psoriasis* pustuleux ou inflammatoire,
- *dermatose* bulleuse,
- enfant de moins de 15 ans,
- grossesse.

> **ATTENTION**
>
> Compte tenu de son effet caustique, ce médicament ne doit être utilisé ni sur les *muqueuses*, ni sur les régions où la peau est fragile (visage, plis et zones génitales), ni sur le cuir chevelu.
>
> Il ne doit pas être appliqué sur une plaie ou une lésion suintante.
>
> Il doit rester en contact avec la peau pendant une durée limitée.
>
> Prenez garde à bien l'éliminer des plis de la peau et ne le recouvrez jamais d'un pansement.

GROSSESSE, ALLAITEMENT ET NOUVEAU-NÉ

Grossesse :

En l'absence de données suffisantes, ce médicament est déconseillé pendant la grossesse.

Allaitement :

Les données actuellement disponibles ne permettent pas de savoir si ce médicament passe dans le lait maternel. Demandez conseil à votre pharmacien ou à votre médecin.

MODE D'EMPLOI ET POSOLOGIE

Après s'être protégé avec un gant jetable, masser légèrement pour étaler la pommade en couche mince sur les lésions. Éviter de déborder sur la peau saine.

La durée de l'application varie de 15 à 30 minutes.

La pommade doit être ensuite enlevée avec un mouchoir en papier et la région traitée doit être lavée deux fois de suite avec le produit spécifique prescrit par le médecin.

Posologie usuelle :

1 application par jour ou 1 jour sur 2.

La durée du traitement est strictement individuelle.

> Après séchage de la peau, il est possible d'utiliser une crème adoucissante.
>
> Se laver soigneusement les mains après chaque application.
>
> En cas de contact avec les yeux, les paupières ou les *muqueuses*, rincer immédiatement et abondamment à l'eau tiède.
>
> Éviter le contact de ce produit avec les vêtements : il peut les tacher. De plus, associé à l'eau de Javel, il tache l'émail : rincer lavabo, douche ou baignoire à l'eau.

EFFETS INDÉSIRABLES POSSIBLES

Dans les minutes qui suivent l'application, sensation de cuisson passagère et disparaissant rapidement.

Une rougeur peut apparaître sur la peau saine qui entoure la lésion : si elle n'est pas douloureuse, le traitement pourra être poursuivi ; dans le cas contraire, il est nécessaire de prendre l'avis de votre médecin.

Pour éviter cette réaction, vous pouvez entourer la lésion d'une couche de vaseline.

Une coloration passagère peut apparaître sur les zones traitées : elle disparaît 1 à 2 semaines après l'arrêt du traitement.

ANTHRAXIVORE

suc d'Arctium lappa

PRÉSENTATION

ANTHRAXIVORE : solution buvable ; flacon 125 ml - Remb. 65 %

Laboratoires Picot

COMPOSITION

	p. 100 ml
Suc d'Arctium lappa	20 g

INDICATIONS

Ce médicament d'origine végétale stimule la transpiration et a une action *diurétique* et *antiseptique*.

Il est utilisé dans le traitement de l'*acné*, des furonculoses et de certaines autres *dermatoses*.

> **ATTENTION**
>
> En cas de persistance des *symptômes*, un changement de traitement peut être nécessaire : consultez votre médecin.

GROSSESSE, ALLAITEMENT ET NOUVEAU-NÉ

L'effet de ce médicament pendant la grossesse ou l'allaitement est mal connu. L'évaluation du risque éventuel lié à son utilisation est individuelle : demandez conseil à votre pharmacien ou à votre médecin.

MODE D'EMPLOI ET POSOLOGIE

Ce médicament peut être pris pur ou dilué dans un peu d'eau, juste avant le repas.

Posologie usuelle :

Furonculose :
• Adulte :
- *traitement d'attaque* pendant 4 à 6 jours : 2 cuillères à soupe, 3 fois par jour ;
- *traitement d'entretien* pendant 1 semaine : 1 cuillère à soupe, 3 fois par jour.

• Enfant :
- traitement d'attaque pendant 4 à 6 jours : 1 cuillère à soupe, 3 fois par jour,
- traitement d'entretien pendant 1 semaine : 1/2 cuillère à soupe, 3 fois par jour.

Acné et autres *dermatoses* :
• Adulte : 1 cuillère à soupe, 3 fois par jour ;
• Enfant : 1/2 cuillère à soupe, 1 à 3 fois par jour.

> Ne pas garder ce flacon plus de 15 jours après ouverture.

ANTIBIO-ABEREL

trétinoïne, érythromycine

PRÉSENTATION

ANTIBIO-ABEREL : gel pour application locale ; tube 40 g - Non remb. - Liste I

ANTIBIO-ABEREL : tampon imbibé pour application locale ; boîte de 30 - Non remb. - Liste I

Laboratoires Cilag

COMPOSITION

	gel p. 100 g	tampon p. 100 g solution
Trétinoïne	0,025 g	0,05 g
Érythromycine base	4 g	4 g
Alcool à 95°	+	+

INDICATIONS

C'est un antiacnéique local qui contient un dérivé de la *vitamine* A acide (*rétinoïde*) et un *antibiotique* de la famille des *macrolides*. Le dérivé de la vitamine A facilite l'évacuation du sébum en éliminant les bouchons qui obstruent les pores de la peau ; l'antibiotique agit en détruisant les *germes* responsables de l'*inflammation* du comédon et de la formation de pustules.

Ce médicament est utilisé dans le traitement de l'*acné*.

CONTRE-INDICATIONS

Ce médicament ne doit pas être utilisé en cas d'*allergie* aux *antibiotiques* de la famille des *macrolides*.

ATTENTION

Évitez d'utiliser tout autre médicament ou cosmétique (eau de Cologne, lotion après-rasage, crème...) sans l'accord de votre médecin.

Ce médicament expose à une *photosensibilisation* : une exposition aux rayons *ultraviolets* (soleil, lampe à bronzer) peut provoquer des réactions cutanées. N'omettez pas de signaler à votre médecin vos projets de vacances au soleil pendant la durée du traitement.

Évitez l'application de ce médicament sur les *muqueuses* (présence d'*alcool*).

INTERACTIONS MÉDICAMENTEUSES

Ce médicament peut interagir avec d'autres médicaments. Signalez tout autre traitement en cours à votre médecin ou à votre pharmacien.

GROSSESSE, ALLAITEMENT ET NOUVEAU-NÉ

Grossesse :

Ce médicament est déconseillé par prudence pendant les 3 premiers mois de la grossesse. Toutefois, une grossesse survenant sous traitement ne justifie aucune inquiétude particulière, mais doit vous conduire à consulter votre médecin.

Allaitement :

Les données disponibles ne permettent pas de savoir si ce médicament passe dans le lait maternel.

MODE D'EMPLOI ET POSOLOGIE

Avant l'application, laver la peau avec un savon doux. Rincer et sécher soigneusement avant d'appliquer le produit.

En général, le traitement commence par 1 ou 2 applications par jour ; ensuite, la fréquence est adaptée à la réaction de la peau.

Le traitement doit être poursuivi au moins 3 mois ; un *traitement d'entretien* est souvent nécessaire pour éviter les rechutes.

Une irritation et une aggravation de l'*acné* sont fréquentes et normales en début de traitement ; ne vous découragez pas : les boutons qui apparaissent traduisent une élimination du sébum.

Le résultat est nettement visible à partir de la 6e semaine ; ensuite, les applications seront espacées dès que le résultat obtenu sera jugé satisfaisant.

Si vous vous exposez exceptionnellement au soleil, n'appliquez pas ce médicament la veille, le jour même ni le lendemain. En cas de coup de soleil, attendez un complet rétablissement avant la reprise du traitement.

Si vous mettez accidentellement cette substance en contact avec les yeux, les paupières, la bouche, les narines ou les *muqueuses*, rincez abondamment.

EFFETS INDÉSIRABLES POSSIBLES

Rougeur sèche et parfois cuisante de la peau, surtout autour de la bouche et du cou. Ces réactions peuvent être prévenues ou atténuées par l'emploi de crèmes calmantes, ou par une modification de la *posologie*. Demandez conseil à votre médecin.

ANTIBIOPHILUS

Lactobacille

PRÉSENTATION

ANTIBIOPHILUS : gélule (blanc) ; boîte de 20 - Remb. 35 %

Laboratoires Lyocentre

COMPOSITION

	p. gél.
Lactobacillus casei variété rhamnosus, culture lyophilisée	250 mg

INDICATIONS

C'est un médicament qui appartient à la famille des antidiarrhéiques d'origine microbienne. Il favorise la restauration de la flore intestinale.

Il est utilisé dans le *traitement symptomatique* des diarrhées.

GROSSESSE, ALLAITEMENT ET NOUVEAU-NÉ

Grossesse :

Ce médicament peut être utilisé chez la femme enceinte.

MODE D'EMPLOI ET POSOLOGIE

Les gélules doivent être prises de préférence en dehors des repas et avalées avec un verre d'eau.

Posologie usuelle :

2 gélules, 1 à 4 fois par jour.

Une diarrhée peut provoquer une déshydratation. Cette perte d'eau par l'organisme peut entraîner des troubles graves (fatigue, malaise, confusion des idées...). Il est indispensable de prévenir cette déshydratation par des boissons sucrées abondantes et des bouillons salés, notamment chez les personnes âgées et les enfants.

Si la diarrhée persiste plus de quelques jours, consultez votre médecin.

ANTIBIO SYNALAR

polymyxine B, néomycine, fluocinolone

PRÉSENTATION

ANTIBIO SYNALAR : solution auriculaire ; flacon 10 ml - Remb. 35 % - Liste I

Laboratoires Cassenne

COMPOSITION

	p. 100 ml
Polymyxine B sulfate	1 M UI
Néomycine sulfate exp en base	350 000 UI
Fluocinolone acétonide	25 mg

INDICATIONS

Ce médicament d'usage local contient deux *antibiotiques* et un *anti-inflammatoire* de la famille des *corticoïdes*.

Il est utilisé dans le traitement des *otites*.

CONTRE-INDICATIONS

Ce médicament ne doit pas être utilisé dans les cas suivants :
- perforation du tympan,
- *allergie* aux *antibiotiques* de la famille des *aminosides* (néomycine...).

ATTENTION

Ce médicament peut être dangereux en cas de tympan perforé : ne le réutilisez pas sans un contrôle médical de l'intégrité du tympan.

GROSSESSE, ALLAITEMENT ET NOUVEAU-NÉ

L'effet de ce médicament pendant la grossesse ou l'allaitement est mal connu : seul votre médecin peut évaluer le risque éventuel de son utilisation dans votre cas.

MODE D'EMPLOI ET POSOLOGIE

Les instillations sont faites en gardant la tête penchée pendant quelques minutes (bain d'oreille).

Afin de limiter la sensation désagréable de liquide froid dans l'oreille, il est conseillé de réchauffer le flacon dans la main avant l'instillation.

Posologie usuelle :

1 instillation de 3 à 6 gouttes dans l'oreille à traiter, 2 fois par jour.

La durée du traitement ne dépasse généralement pas 10 jours.

Si les troubles persistent ou si une fièvre apparaît malgré un traitement bien suivi, consultez votre médecin.

EFFETS INDÉSIRABLES POSSIBLES

Réaction allergique cutanée.

Troubles de l'audition ou de l'équilibre en cas de perforation du tympan (voir ATTENTION).

ANTIBIOTULLE LUMIÈRE

néomycine, polymyxine B

PRÉSENTATION

ANTIBIOTULLE LUMIÈRE : compresse imprégnée stérile (10 cm x 10 cm) ; boîte de 10 - Remb. 65 %

ANTIBIOTULLE LUMIÈRE : compresse imprégnée stérile (20 cm x 20 cm) ; boîte de 5 - Remb. 65 % - Liste I

ANTIBIOTULLE LUMIÈRE : bande médicamenteuse (60 cm x 20 cm) ; boîte de 3 - Remb. 65 % - Liste I

Laboratoires LTM

COMPOSITION

	p. 100 g
Néomycine sulfate	425 000 UI
Polymyxine B sulfate	300 000 UI
Vaseline	q.s.p. 100 g

INDICATIONS

Cette compresse stérile ou cette bande, imprégnées de vaseline, contiennent deux *antibiotiques* : la polymyxine B, et la néomycine qui appartient à la famille des *aminosides*.

Elles sont utilisées dans le traitement des lésions infectées de la peau (plaies, brûlures superficielles, *ulcères* de jambe).

CONTRE-INDICATIONS

Ce médicament ne doit pas être utilisé en cas d'*allergie* à la polymyxine ou aux *antibiotiques* de la famille des *aminosides*.

ATTENTION

Si l'infection ne disparaît pas après quelques jours, consultez votre médecin.

Évitez d'utiliser cette compresse ou cette bande, notamment chez l'enfant, de manière prolongée et sur des surfaces étendues ou profondément lésées sans l'avis de votre médecin.

GROSSESSE, ALLAITEMENT ET NOUVEAU-NÉ

L'effet de ce médicament pendant la grossesse ou l'allaitement est mal connu : seul votre médecin peut évaluer le risque éventuel de son utilisation dans votre cas.

Allaitement :

En raison du risque d'ingestion par le *nouveau-né*, ce médicament ne doit pas être appliqué sur le mamelon de la femme qui allaite.

MODE D'EMPLOI ET POSOLOGIE

Ouvrir le sachet, sortir la compresse en totalité ou couper dans la bande la surface de tulle désirée. Ôter un des feuillets protecteurs puis appliquer le tulle sur la lésion. Retirer le second feuillet et recouvrir le tulle de compresses de gaze ou d'un morceau de coton. Maintenir l'ensemble à l'aide d'un bandage.

Posologie usuelle :

Changer le pansement tous les 2 jours.

Lavez-vous les mains après utilisation.

EFFETS INDÉSIRABLES POSSIBLES

Réaction allergique (*eczéma*) au point d'application du tulle ou à distance de celui-ci.

Un médicament n'est pas un produit comme les autres

ANTIGOUTTEUX REZALL

PRÉSENTATION

ANTIGOUTTEUX REZALL : sirop ; flacon 125 ml - Non remb.

Laboratoires Médecine végétale

COMPOSITION

	p. c. à c.
Lithium benzoate	39 mg
Lithium salicylate	117 mg
Soit en lithium	7,75 mg
Colchique, teinture	19 mg
Stigmate de maïs, extrait fluide	19 mg
Orange amère, extrait concentré pour sirop	156 mg
Saccharose	4 g

INDICATIONS

Ce médicament associe diverses substances :

- la teinture de colchique contient de la colchicine et agit principalement sur l'*inflammation* due à la présence de cristaux microscopiques dans les articulations (*acide urique*, calcium...) ;
- le *lithium* permet l'élimination par le rein de l'acide urique.

Ce médicament est utilisé dans le *traitement symptomatique* des douleurs rhumatismales et de la *goutte*.

CONTRE-INDICATIONS

Ce médicament ne doit pas être utilisé dans les cas suivants :

- *insuffisance hépatique* ou *insuffisance rénale* graves,
- **grossesse.**

ATTENTION

L'apparition d'une diarrhée n'impose pas l'arrêt du traitement mais peut justifier la prise d'un antidiarrhéique : demandez conseil à votre pharmacien ou à votre médecin.

En revanche, la survenue de vomissements traduit un surdosage : ne dépassez pas la *posologie* recommandée.

Ce médicament contient du *sucre* (saccharose) en quantité notable.

INTERACTIONS MÉDICAMENTEUSES

Ce médicament peut interagir avec d'autres médicaments, notamment les *diurétiques*. Signalez tout autre traitement en cours à votre médecin ou à votre pharmacien.

GROSSESSE, ALLAITEMENT ET NOUVEAU-NÉ

Grossesse :

Ce médicament est contre-indiqué pendant la grossesse.

Allaitement :

Les données actuellement disponibles ne permettent pas de savoir si ce médicament passe dans le lait maternel.

MODE D'EMPLOI ET POSOLOGIE

Ce médicament doit être pris de préférence 1 ou 2 heures après les repas.

Posologie usuelle :

1 cuillère à café, 3 fois par jour.

Une crise de *goutte* peut être provoquée par un excès alimentaire mais aussi par un jeûne prolongé, une fatigue excessive, un stress ou un traumatisme.

EFFETS INDÉSIRABLES POSSIBLES

Diarrhée dont l'intensité dépend de la *posologie*.

ANTIGRIPPINE À L'ASPIRINE état grippal

aspirine, vitamine C, caféine

PRÉSENTATION

ANTIGRIPPINE À L'ASPIRINE ÉTAT GRIPPAL : comprimé (blanc) ; boîte de 20 - Non remb.

Laboratoires Sterling Midy

COMPOSITION

	p. comp.
Acide acétylsalicylique (aspirine)	500 mg
Acide ascorbique (vitamine C)	100 mg
Caféine	10 mg

INDICATIONS

Ce médicament associe de l'aspirine, qui lutte contre la douleur et la fièvre, de la *vitamine* C et de la caféine.

Il est utilisé dans le traitement des affections douloureuses ou fébriles, notamment les états grippaux.

CONTRE-INDICATIONS

Ce médicament ne doit pas être utilisé dans les cas suivants :

- *allergie* aux *salicylés* ou aux *AINS*,
- *ulcère* de l'estomac ou du *duodénum*,
- *hémorragie* et risque hémorragique,
- enfant de moins de 6 ans,
- **grossesse** : pendant les 3 derniers mois, ou en prise prolongée, à toute période de la grossesse.

ATTENTION

Des précautions sont nécessaires en cas d'*asthme*, d'*insuffisance rénale*, d'*antécédent* d'*ulcère* de l'estomac ou du *duodénum*, même ancien, et chez la femme qui porte un stérilet.

Ce médicament est déconseillé chez les personnes atteintes de *goutte* et chez les femmes pendant des règles abondantes.

Évitez de prendre ce médicament pendant la semaine qui précède une extraction dentaire ou une opération (augmentation du risque d'*hémorragie*).

INTERACTIONS MÉDICAMENTEUSES

Les personnes traitées par des médicaments anticancéreux contenant du méthotrexate ne doivent pas utiliser d'aspirine.

Ce médicament peut interagir avec d'autres médicaments, notamment les

anticoagulants et les *antiagrégants plaquettaires* (TICLID...) : augmentation du risque hémorragique. Signalez tout autre traitement en cours à votre médecin ou à votre pharmacien.

GROSSESSE, ALLAITEMENT ET NOUVEAU-NÉ

Grossesse :

Compte tenu de la présence d'aspirine, seule la prise ponctuelle de ce médicament est admise durant les 6 premiers mois de la grossesse ; au cours des 3 derniers mois, ce médicament est contre-indiqué.

Allaitement :

Ce médicament passe dans le lait maternel : il est déconseillé pendant l'allaitement.

MODE D'EMPLOI ET POSOLOGIE

Les comprimés doivent être avalés avec un verre d'eau.

Respecter un intervalle d'au moins 4 heures entre 2 prises.

Posologie usuelle :

- Adulte : 2 à 4 comprimés par jour selon l'intensité de la douleur ou de la fièvre.
- Enfant de plus de 10 ans : 1 à 3 comprimés par jour.
- Enfant de 6 à 10 ans : 1 ou 2 comprimés par jour.

> De nombreux médicaments contiennent de l'aspirine : un surdosage expose à une augmentation des effets indésirables.

EFFETS INDÉSIRABLES POSSIBLES

Liés à l'aspirine :

- *gastrite*, douleurs abdominales, saignements du nez ou des gencives ;
- rares et parfois graves : *hémorragie* du tube digestif (vomissements sanglants, selles noires, ou plus souvent pertes de sang imperceptibles, responsables de l'apparition progressive d'une *anémie*) ; accidents allergiques (*urticaire*, *œdème*, *asthme*) ;
- signes devant faire penser à un surdosage : bourdonnements d'oreille, sensation de baisse de l'audition, maux de tête.

ANTIGRIPPINE AU PARACÉTAMOL état grippal

paracétamol, vitamine C

PRÉSENTATION

ANTIGRIPPINE AU PARACÉTAMOL ÉTAT GRIPPAL : poudre pour solution buvable ; boîte de 10 sachets - Non remb.

Laboratoires Sterling Midy

COMPOSITION

	p. sachet
Paracétamol	500 mg
Acide ascorbique (vitamine C)	50 mg
Aspartam	+

INDICATIONS

Ce médicament associe du paracétamol, qui lutte contre la douleur et la fièvre, et de la *vitamine* C.

Il est utilisé dans le *traitement symptomatique* des affections douloureuses ou fébriles.

CONTRE-INDICATIONS

Ce médicament ne doit pas être utilisé dans les cas suivants :

- maladie grave du foie,
- *phénylcétonurie* (présence d'aspartam),
- enfant de moins de 15 ans.

> **ATTENTION**
>
> De nombreux médicaments contiennent du paracétamol : en tenir compte en cas de prise conjointe car le surdosage en paracétamol peut être toxique pour le foie.

GROSSESSE, ALLAITEMENT ET NOUVEAU-NÉ

Grossesse :

Les études scientifiques actuellement disponibles n'ont pas mis en évidence de problème particulier lors de l'utilisation de paracétamol chez la femme enceinte.

Allaitement :

Aux doses usuelles, l'usage de ce médicament est possible pendant l'allaitement.

MODE D'EMPLOI ET POSOLOGIE

Le contenu des sachets doit être dilué dans un verre d'eau froide ou chaude. Respecter un intervalle minimal de 4 heures entre deux prises.

Posologie usuelle :

- Adulte : 1 ou 2 sachets, 1 à 3 fois par jour ; ne pas dépasser 6 sachets par jour.
- Insuffisant rénal : respecter un intervalle de 8 heures entre deux prises.

EFFETS INDÉSIRABLES POSSIBLES

Rarement : *allergie* cutanée.

ANTI-H

PRÉSENTATION

ANTI-H : comprimé à croquer (blanc) ; boîte de 30 - Remb. 65 %

ANTI-H : poudre orale ; boîte de 130 g (43 cuillères à café) - Remb. 65 %

Laboratoires Amido

COMPOSITION

	p. comp.	p. c. à c.
Silicate d'aluminium et sodium	120 mg	150 mg
Carbonate de calcium	400 mg	1,20 g
Kaolin lourd	120 mg	450 mg
Bicarbonate de sodium	200 mg	1,20 g
dont Sodium	54,7 mg	325 mg
Saccharose	1,52 g	

INDICATIONS

C'est un médicament qui appartient à la famille des *antiacides* d'action locale. Il agit en neutralisant les acides sécrétés par l'estomac.

Il est utilisé comme *traitement symptomatique* des douleurs, brûlures, aigreurs de l'estomac ou de l'œsophage et dans les cas de ballonnements.

> **ATTENTION**
>
> Des douleurs qui persistent peuvent être dues à une lésion du tube digestif : consultez votre médecin.
>
> Les comprimés contiennent du *sucre* (saccharose) en quantité notable.
>
> La poudre orale contient du *sel* (sodium) en quantité notable.

INTERACTIONS MÉDICAMENTEUSES

Ce médicament peut interagir avec de nombreux autres médicaments en diminuant leur absorption : il convient de séparer les prises d'au moins 2 heures.

GROSSESSE, ALLAITEMENT ET NOUVEAU-NÉ

L'effet de ce médicament pendant la grossesse ou l'allaitement est mal connu. L'évaluation du risque éventuel lié à son utilisation est individuelle : demandez conseil à votre pharmacien ou à votre médecin.

MODE D'EMPLOI ET POSOLOGIE

La poudre doit être prise dans un peu d'eau.

Les comprimés peuvent être croqués.

Posologie usuelle :

1 cuillère à café de poudre ou 1 à 2 comprimés, 1 heure après chaque repas ou au moment des douleurs. Ne pas dépasser 6 cuillères à café ou 6 comprimés par jour.

> Une alimentation équilibrée, une mastication lente et l'élimination des aliments difficiles à digérer permettent souvent d'atténuer, voire de faire disparaître, les douleurs d'estomac qui ne sont pas liées à un *ulcère*.
>
> Si vous êtes fumeur, la poursuite du tabagisme nuit à l'efficacité du traitement.

EFFETS INDÉSIRABLES POSSIBLES

Parfois, constipation.

Excès de calcium dans le sang, *insuffisance rénale*, en cas d'usage prolongé, à forte dose.

ANTI-HÉMORROÏDAIRE CASSENNE

PRÉSENTATION

ANTI-HÉMORROÏDAIRE CASSENNE : pommade ; tube 10 g (canule) - Remb. 35 % - Liste I

ANTI-HÉMORROÏDAIRE CASSENNE : suppositoire ; boîte de 6 - Remb. 35 % - Liste I

Laboratoires Cassenne

COMPOSITION

	p. tube	p. suppos.
Hydrocortisone	50 mg	5 mg
Héparine	10 000 UI	1000 UI
Esculoside	100 mg	10 mg
Framycétine sulfate	100 mg	10 mg
Éthoforme	100 mg	25 mg
Butoforme	100 mg	25 mg

INDICATIONS

C'est un médicament qui contient notamment un *corticoïde*, deux *anesthésiques* d'action locale, et un veinotonique.

Il est utilisé dans le *traitement symptomatique* des douleurs et des démangeaisons de l'anus, en particulier dues aux *hémorroïdes*.

CONTRE-INDICATIONS

Ce médicament ne doit pas être utilisé dans le cas d'*allergie* aux *anesthésiques* locaux.

ATTENTION

Le traitement doit être de courte durée : consultez votre médecin si les *symptômes* persistent. Si la lésion est infectée, un traitement anti-infectieux doit précéder ou être associé à l'usage de ce médicament.

INTERACTIONS MÉDICAMENTEUSES

Ce médicament peut interagir avec d'autres médicaments, en particulier certains médicaments pouvant provoquer des *troubles du rythme cardiaque* (*vincamine*, érythromicine *I.V.*, sultopride) : signalez tout autre traitement à votre médecin ou votre pharmacien.

GROSSESSE, ALLAITEMENT ET NOUVEAU-NÉ

L'effet de ce médicament pendant la grossesse ou l'allaitement est mal connu : seul votre médecin peut évaluer le risque éventuel de son utilisation dans votre cas.

MODE D'EMPLOI ET POSOLOGIE

1 suppositoire matin et soir, de préférence après être allé à la selle, ou 2 ou 3 applications de pommade.

Des mesures simples d'hygiène alimentaire et des exercices physiques sont à envisager pour prévenir les *hémorroïdes* : parlez-en à votre médecin ou à votre pharmacien.

Les suppositoires doivent être conservés à l'abri de la chaleur.

ANTIMUCOSE

extrait de bile de bœuf

PRÉSENTATION

ANTIMUCOSE EXTRAIT DE BILE DE BŒUF : suppositoire ; boîte de 10 - Remb. 35 %

Laboratoires Promedica

COMPOSITION

	p. suppos.
Bile de bœuf, extrait	0,33 g

INDICATIONS

C'est un laxatif administré par *voie* rectale. Il déclenche le réflexe d'évacuation des selles.

Il est utilisé comme *traitement symptomatique* de la constipation.

ATTENTION

Comme tous les laxatifs, il ne doit pas être utilisé de façon prolongée sans avis médical. De plus, il doit être utilisé avec prudence chez la personne atteinte d'*hémorroïdes*, de *fissure anale* ou de *rectocolite hémorragique*.

GROSSESSE, ALLAITEMENT ET NOUVEAU-NÉ

Grossesse :

Ce médicament peut être utilisé de façon ponctuelle pour traiter la constipation de la femme enceinte.

MODE D'EMPLOI ET POSOLOGIE

Le délai d'action de ce médicament peut être rapide.

Posologie usuelle :

- Adulte : 1 suppositoire par jour.

Des mesures simples d'hygiène alimentaire et des exercices physiques sont à envisager avant d'utiliser un laxatif : parlez-en à votre médecin ou à votre pharmacien.

EFFETS INDÉSIRABLES POSSIBLES

Un usage prolongé peut occasionner des sensations de brûlure anale et exceptionnellement des *inflammations* du rectum.

ANTINAL

nifuroxazide

PRÉSENTATION

ANTINAL : gélule (jaune) ; boîte de 14 - Non remb. - Liste II

ANTINAL : gélule (jaune) ; boîte de 28 - Non remb. - Liste II

Laboratoires Roques

COMPOSITION

	p. gél.
Nifuroxazide	200 mg

INDICATIONS

C'est un *antiseptique* intestinal qui appartient à la famille des nitrofuranes.

Il est utilisé pour traiter les diarrhées aiguës bénignes.

CONTRE-INDICATIONS

Ce médicament ne doit pas être utilisé dans les cas suivants :

- *antécédent* d'*allergie* à un nitrofurane,
- prématuré et *nouveau-né*.

ATTENTION

Si la diarrhée persiste ou s'il apparaît une fièvre, des frissons, une grande fatigue, du sang ou des glaires dans les selles, ce traitement est insuffisant et des examens peuvent être nécessaires : consultez votre médecin.

GROSSESSE, ALLAITEMENT ET NOUVEAU-NÉ

L'effet de ce médicament pendant la grossesse ou l'allaitement est mal connu : seul votre médecin peut évaluer le risque éventuel de son utilisation dans votre cas.

MODE D'EMPLOI ET POSOLOGIE

Les gélules doivent être avalées avec un peu d'eau. Pour le *nourrisson*, mélanger le contenu des gélules à une cuillère d'aliments ; ne pas le mettre dans le biberon.

Le traitement ne doit pas dépasser 7 jours.

Posologie usuelle :

- Adulte : 1 gélule, 4 fois par jour.
- Enfant de plus de 6 ans : 1 gélule, 3 à 4 fois par jour.
- Enfant de moins de 6 ans et nourrisson : 1 gélule, 1 à 3 fois par jour selon l'âge.

Une diarrhée peut provoquer une déshydratation. Cette perte d'eau par l'organisme peut entraîner des troubles graves (fatigue, malaises, confusion des idées...). Il est indispensable de prévenir cette déshydratation, en particulier chez les personnes âgées et les enfants, par des boissons sucrées abondantes et des bouillons salés. Il existe des préparations à cet effet destinées aux jeunes enfants.

EFFETS INDÉSIRABLES POSSIBLES

Allergie.

ANTINERVEUX LESOURD

lotier, mélilot

PRÉSENTATION

ANTINERVEUX LESOURD : solution buvable ; flacon compte-gouttes 45 ml (1800 gouttes) - Remb. 65 %

Laboratoires Lesourd

COMPOSITION

	p. 1 ml
Lotier corniculé	55 mg
Mélilot	25 mg
Alcool	+

INDICATIONS

Ce médicament contient une association de plantes sédatives.

Il est utilisé dans le traitement des troubles légers du sommeil, de l'irritabilité ou de la nervosité.

GROSSESSE, ALLAITEMENT ET NOUVEAU-NÉ

Ce médicament ne contient que des plantes présumées sans danger pendant la

grossesse ou l'allaitement. Néanmoins, ne l'utilisez pas de façon prolongée sans l'avis de votre pharmacien ou de votre médecin.

MODE D'EMPLOI ET POSOLOGIE

La solution buvable peut être diluée dans un peu d'eau sucrée ou dans une *infusion* chaude.

Posologie usuelle :

20 à 50 gouttes, 1 ou 2 fois par jour.

ANTIPHLOGISTINE

acide salicylique, kaolin

PRÉSENTATION

ANTIPHLOGISTINE : cataplasme ; pot 150 g - Remb. 35 %

ANTIPHLOGISTINE : cataplasme ; pot 300 g - Remb. 35 %

ANTIPHLOGISTINE : cataplasme ; pot 450 g - Remb. 35 %

ANTIPHLOGISTINE : cataplasme ; pot 900 g - Remb. 35 %

ANTIPHLOGISTINE : cataplasme ; boîte de 3 sachets - Non remb.

Laboratoires Fumouze

COMPOSITION

	p. 100 g
Kaolin	55 g
Acide salicylique	0,018 g

INDICATIONS

Ce *cataplasme* contient de l'argile et de l'acide salicylique.

Il est utilisé dans le traitement local des douleurs des muscles, des tendons et des ligaments. Il peut être également utilisé en complément du traitement de certaines maladies respiratoires.

GROSSESSE, ALLAITEMENT ET NOUVEAU-NÉ

Ce médicament peut être utilisé ponctuellement pendant la grossesse ou l'allaitement.

MODE D'EMPLOI ET POSOLOGIE

Le pot ou le sachet doit être chauffé au bain-marie, jamais au four à micro-ondes. L'application peut être faite directement sur la peau ou sur une compresse de gaze. Couvrir ensuite avec du coton hydrophile et maintenir par un bandage. Vérifier la température du pansement avec le dos de la main avant de l'appliquer sur la peau : il doit être chaud mais pas brûlant.

Posologie usuelle :

1 *cataplasme*, à renouveler si nécessaire 8 à 12 heures après.

Un médicament périmé peut être dangereux. Faites régulièrement le tri dans votre armoire à pharmacie.

ANTISEPTIQUE-CALMANTE

PRÉSENTATION

ANTISEPTIQUE-CALMANTE : pommade ophtalmique ; tube 5 g - Remb. 65 % - Liste I

Laboratoires Chauvin

COMPOSITION

	P. 100 g
Méthylthioninium chlorure	0,01 g
Violet de méthyle	0,01 g
Acide borique	0,5 g
Procaïne chlorhydrate	3 g

INDICATIONS

C'est une pommade ophtalmique *antiseptique* et *anesthésique*.

Elle est utilisée dans le *traitement symptomatique* des lésions de la *conjonctive* ou de la *cornée* dues à un traumatisme ou à un corps étranger.

CONTRE-INDICATIONS

Ce médicament ne doit pas être utilisé dans les cas suivants :
- *allergie* à la procaïne ou à un autre constituant de la pommade,
- enfant de moins de 30 mois.

ATTENTION

Cette pommade contient un *anesthésique* qui supprime la douleur et peut provoquer de graves lésions oculaires.

Elle ne doit être utilisée que ponctuellement, et sous strict contrôle médical.

GROSSESSE, ALLAITEMENT ET NOUVEAU-NÉ

L'effet de ce médicament pendant la grossesse ou l'allaitement est mal connu : seul votre médecin peut évaluer le risque éventuel de son utilisation dans votre cas.

MODE D'EMPLOI ET POSOLOGIE

Tirer la paupière inférieure vers le bas tout en regardant vers le haut et déposer un grain de riz de pommade entre la paupière et le globe oculaire (*cul-de-sac conjonctival*). L'œil peut être éventuellement recouvert d'un pansement.

Posologie usuelle :

- Adulte et enfant de plus de 30 mois : 3 applications par jour, pendant 48 heures au maximum.

L'application correcte du produit peut nécessiter une aide, notamment chez une personne handicapée ou âgée.

Ne conservez pas inutilement cette pommade après une première utilisation.

ANTRIMA

sulfadiazine, triméthoprime

PRÉSENTATION

ANTRIMA : comprimé sécable (blanc) ; boîte de 10 - Remb. 65 % - Liste I

ANTRIMA ENFANT NOURRISSON : suspension buvable arôme réglisse-anis-menthe poivrée ; flacon 50 ml (20 cuillères-mesure 2,5 ml) - Remb. 65 % - Liste I

Laboratoires Doms-Adrian

COMPOSITION

	p. comp.	p. c. mes.
Sulfadiazine	400 mg	100 mg
Triméthoprime	80 mg	20 mg
Saccharose		1 g

INDICATIONS

C'est une association de deux *antibiotiques* : la sulfadiazine, qui appartient à la famille des *sulfamides*, et le triméthoprime, qui appartient à la famille des diaminopyrimidines.

Ce médicament est utilisé dans le traitement de diverses maladies infectieuses, notamment bronchiques, pulmonaires, urinaires et génitales...

CONTRE-INDICATIONS

Ce médicament ne doit pas être utilisé dans les cas suivants :
- *allergie* aux *antibiotiques* de la famille des *sulfamides*,
- déficit en *G6PD*,
- en fin de **grossesse**,
- **allaitement**,
- *nouveau-né*,
- association avec le méthotrexate.

ATTENTION

En cas d'apparition de boutons, de cloques, consultez votre médecin avant de poursuivre le traitement.

Si vous souffrez d'*insuffisance rénale* ou d'*insuffisance hépatique*, prévenez votre médecin.

La suspension buvable contient du *sucre* (saccharose) en quantité notable.

INTERACTIONS MÉDICAMENTEUSES

Ce médicament peut interagir avec d'autres médicaments. Signalez tout autre traitement en cours à votre médecin ou à votre pharmacien.

GROSSESSE, ALLAITEMENT ET NOUVEAU-NÉ

Ce médicament est déconseillé pendant la grossesse.

L'organisme du *nouveau-né* étant incapable d'éliminer ce médicament, son usage est contre-indiqué en fin de grossesse, pendant l'allaitement et chez le *nourrisson* de moins de 6 semaines.

MODE D'EMPLOI ET POSOLOGIE

Ce médicament sera pris de préférence au cours des repas.

Posologie usuelle :

- Adulte et enfant de plus de 40 kg : 1 comprimé matin et soir.
- Enfant de moins de 40 kg : 1 cuillère-mesure par 5 kg et par jour, sans dépasser 8 cuillères-mesure par jour. Soit par exemple pour un enfant de 10 kg : 1 cuillère-mesure matin et soir.

Ces *posologies* peuvent être augmentées considérablement dans le traitement de certaines infections liées au sida.

Le médecin peut prescrire un prélèvement pour identifier le *germe* responsable de l'infection et tester sa sensibilité aux *antibiotiques*. Le résultat de cet examen peut être faussé en cas d'automédication préalable : ne prenez pas d'antibiotiques sans avis médical.

EFFETS INDÉSIRABLES POSSIBLES

Troubles digestifs : nausées, maux d'estomac.

Réactions cutanées allergiques.

Anomalies de la *numération formule sanguine*.

ANUSOL

PRÉSENTATION

ANUSOL : pommade rectale ; tube 33 g + canule - Non remb.

ANUSOL : suppositoire ; boîte de 24 - Non remb.

Laboratoires Warner Wellcome

COMPOSITION

	p. 100 g	p. suppos.
Oxyde de bismuth	0,875 g	0,024 g
Sous-gallate de bismuth	2,25 g	0,059 g
Oxyde de zinc	10,75 g	0,296 g
Baume du Pérou	+	+

INDICATIONS

C'est un médicament à usage local.

Il est utilisé dans le *traitement symptomatique* des douleurs et des démangeaisons de l'anus, en particulier dues aux *hémorroïdes*.

CONTRE-INDICATIONS

Ce médicament ne doit pas être utilisé en cas d'*allergie* au baume du Pérou.

ATTENTION

Le traitement doit être de courte durée : si les *symptômes* persistent, consultez votre médecin.

GROSSESSE, ALLAITEMENT ET NOUVEAU-NÉ

L'effet de ce médicament pendant la grossesse ou l'allaitement est mal connu. L'évaluation du risque éventuel lié à son utilisation est individuelle : demandez conseil à votre pharmacien ou à votre médecin.

MODE D'EMPLOI ET POSOLOGIE

1 suppositoire ou 1 application de pommade matin et soir et après chaque selle.

Pour prévenir les *hémorroïdes*, des mesures simples d'hygiène alimentaire et des exercices physiques sont à envisager : parlez-en à votre médecin ou à votre pharmacien.

Les suppositoires doivent être conservés à l'abri de la chaleur.

EFFETS INDÉSIRABLES POSSIBLES

Allergie locale liée à la présence de baume du Pérou.

ANXORAL

PRÉSENTATION

ANXORAL : comprimé (blanc) ; boîte de 50 - Remb. 65 %

Laboratoires Iprad

COMPOSITION

	p. comp.
Phénobarbital	9,8 mg
Aubépine, extrait sec	16,66 mg
Passiflore, extrait sec	4,16 mg
Valériane, extrait sec	29,16 mg

INDICATIONS

Ce médicament contient un *sédatif* de la famille des *barbituriques*, le phénobarbital, et des extraits de plantes.

Il est utilisé dans le traitement des *palpitations* et des formes légères d'anxiété ou d'insomnie.

CONTRE-INDICATIONS

Ce médicament ne doit pas être utilisé dans les cas suivants :
- *allergie* aux *barbituriques*,
- *porphyries*,
- *insuffisance respiratoire*,
- enfant de moins de 15 ans.

ATTENTION

Les *palpitations* peuvent être le *symptôme* d'une maladie cardiaque : n'utilisez pas ce médicament de façon prolongée sans l'avis de votre médecin.

Évitez les boissons alcoolisées : augmentation du risque de somnolence.

Conducteur : ce médicament peut être responsable d'une somnolence ou d'une baisse de la vigilance.

INTERACTIONS MÉDICAMENTEUSES

Ce médicament peut interagir avec d'autres médicaments, notamment les *contraceptifs* oraux (pilule) : risque de contraception inefficace. Signalez tout autre traitement en cours à votre médecin ou à votre pharmacien.

GROSSESSE, ALLAITEMENT ET NOUVEAU-NÉ

Grossesse :

L'effet de ce médicament pendant la grossesse est mal connu. L'évaluation du risque éventuel lié à son utilisation est individuelle : demandez conseil à votre pharmacien ou à votre médecin.

Allaitement :

Ce médicament passe dans le lait maternel : il est déconseillé pendant l'allaitement.

MODE D'EMPLOI ET POSOLOGIE

Les comprimés doivent être avalés avec un verre d'eau.

Posologie usuelle :

• Adulte :
- *palpitations* : 2 ou 3 comprimés, 2 fois par jour avant les repas ;
- troubles du sommeil : 4 à 6 comprimés, en 1 prise le soir.

Les *palpitations* peuvent être favorisées par la prise d'excitants : café, thé, alcool et certains sodas contenant de la caféine.

EFFETS INDÉSIRABLES POSSIBLES

Dus au phénobarbital : somnolence, réaction cutanée, excitation, confusion des idées chez la personne âgée.

AOTAL
acamprosate

PRÉSENTATION

AOTAL : comprimé gastrorésistant (blanc) ; boîte de 60 - Remb. 65 % - Liste II

Laboratoires Meram

COMPOSITION

	p. comp.
Acamprosate	333 mg

INDICATIONS

C'est un médicament qui diminue la *dépendance* à l'*alcool* en réduisant les *symptômes* de manque chez les grands buveurs.

Il est utilisé dans les premiers mois de l'aide à la désintoxication alcoolique.

CONTRE-INDICATIONS

Ce médicament ne doit pas être utilisé en cas de **grossesse**.

ATTENTION

La prise de ce médicament ne se conçoit pas sans l'arrêt préalable de toute boisson alcoolisée.

GROSSESSE, ALLAITEMENT ET NOUVEAU-NÉ

Grossesse :

En l'absence de données suffisantes, ce médicament est déconseillé pendant les 3 premiers mois de la grossesse.

Allaitement :

Les données actuellement disponibles ne permettent pas de savoir si ce médicament passe dans le lait maternel. Par mesure de prudence, l'allaitement est déconseillé.

MODE D'EMPLOI ET POSOLOGIE

Les comprimés doivent être avalés avec un peu d'eau, avant les repas.

Posologie usuelle :

2 comprimés le matin, 1 à midi, et 1 le soir, pendant 3 mois maximum.

Ce médicament n'est qu'un élément de l'aide que peut recevoir le grand buveur : le rôle du médecin ou des associations d'anciens buveurs est capital.

EFFETS INDÉSIRABLES POSSIBLES

Démangeaisons, diarrhée cédant à la diminution de la *posologie*.

APAROXAL

phénobarbital

PRÉSENTATION

APAROXAL : comprimé sécable (blanc) ; boîte de 20 - Remb. 65 % - Liste II

Laboratoires Veyron et Froment

COMPOSITION

	p. comp.
Phénobarbital	100 mg

INDICATIONS

C'est un *anticonvulsivant* qui appartient à la famille des *barbituriques*.

Il est utilisé dans le traitement des *épilepsies*. Il est aussi parfois utilisé chez l'adulte dans le traitement de certains tremblements en cas d'échec des autres traitements.

CONTRE-INDICATIONS

Ce médicament ne doit pas être utilisé dans les cas suivants :
- *porphyrie*,
- *insuffisance respiratoire* grave,
- *allergie* aux *barbituriques*.

ATTENTION

N'interrompez jamais votre traitement sans l'avis de votre médecin : risque de réapparition des *convulsions*, même si aucune crise n'est survenue depuis une longue période.

Si vous souffrez d'une *insuffisance hépatique* ou d'une *insuffisance rénale*, prévenez votre médecin afin qu'il puisse adapter la *posologie*.

Un traitement prolongé chez l'enfant peut nécessiter la prise conjointe de *vitamine* D.

Évitez les boissons alcoolisées : augmentation du risque de somnolence.

Conducteur : ce médicament peut être responsable d'une somnolence ou d'une baisse de la vigilance.

INTERACTIONS MÉDICAMENTEUSES

Ce médicament peut interagir avec d'autres médicaments, notamment les *contraceptifs* oraux (pilule) : risque d'inefficacité de la contraception. Signalez tout autre traitement en cours à votre médecin ou à votre pharmacien.

GROSSESSE, ALLAITEMENT ET NOUVEAU-NÉ

Grossesse et nouveau-né :

Si une grossesse survient sous traitement, consultez votre médecin. L'arrêt brutal de ce médicament pendant la grossesse expose à la réapparition de crises préjudiciables à la mère et à l'enfant à naître. Le médecin appréciera le risque éventuel lié à l'utilisation de ce médicament dans votre cas. Des examens particuliers permettent de vérifier l'absence d'anomalie chez l'enfant à naître.

Si le traitement est poursuivi jusqu'à l'accouchement, une surveillance médicale du *nouveau-né* est nécessaire.

Allaitement :

Ce médicament passe dans le lait maternel : l'allaitement est déconseillé.

MODE D'EMPLOI ET POSOLOGIE

Ce médicament peut être pris avec un peu d'eau, en une seule prise par jour, au coucher.

Posologie usuelle :
- Adulte : la *posologie* est strictement individuelle.

Afin d'éviter les oublis, il est recommandé de prendre ce médicament à heure fixe.

Veillez à ne pas manquer de ce médicament ; lors de vos déplacements, munissez-vous d'une réserve ou de votre ordonnance en cours de validité.

EFFETS INDÉSIRABLES POSSIBLES

En début de traitement : somnolence, *vertiges*, éruptions cutanées, troubles de l'*humeur*. Ces effets disparaissent avec la poursuite du traitement ou la diminution de la *posologie*.

Douleur articulaire, notamment de l'épaule.

APEGMONE

tioclomarol

PRÉSENTATION

APEGMONE : comprimé sécable (blanc) ; boîte de 30 - Remb. 65 % - Liste I

Laboratoires Oberval

COMPOSITION

	p. comp.
Tioclomarol	4 mg

INDICATIONS

Ce médicament est un *anticoagulant* oral qui appartient à la famille des *antivitamines K*. Il empêche la formation des caillots en se substituant à la *vitamine* K. Celle-ci est indispensable à la synthèse par le foie des facteurs de la coagulation.

Il est utilisé dans le *traitement préventif* et curatif des *accidents thrombo-emboliques*.

CONTRE-INDICATIONS

Ce médicament ne doit pas être utilisé dans les cas suivants :
- hémophilie et maladies apparentées,
- risque de saignement d'un organe (*ulcère* de l'estomac ou du *duodénum*...),
- *hypertension artérielle* grave,
- *insuffisance rénale* et *insuffisance hépatique* graves,
- association aux médicaments contenant de l'aspirine, de la phénylbutazone ou du miconazole (sauf formes à usage local).

ATTENTION

L'action de ce médicament est adaptée avec précision par votre médecin en fonction du résultat d'analyses de sang régulières : un *TP* trop élevé traduit une action insuffisante et un risque de caillot sanguin ; un TP trop bas traduit un surdosage et un risque d'*hémorragie*.

Tout signe pouvant faire penser à une hémorragie (urines rouges, selles rouges ou noires, taches anormales de la peau ou bleus multiples, saignement du nez ou des gencives...) doit vous conduire à prévenir immédiatement votre médecin ou un service médical d'urgence.

Pendant la durée du traitement, les injections intramusculaires sont interdites mais les injections par *voie* sous-cutanée ou intraveineuse sont possibles, de même que les prises de sang.

De nombreux médicaments contenant de l'aspirine sont vendus sans ordonnance : compte tenu des risques d'hémorragie qu'ils entraînent, l'automédication est particulièrement dangereuse.

En cas d'intervention chirurgicale ou d'extraction dentaire, signalez à l'anesthésiste ou à votre dentiste la prise de ce médicament : une modification de votre traitement pourra éventuellement être décidée.

Les boissons alcoolisées, augmentant les effets de ce médicament, sont déconseillées pendant la durée du traitement : risque de saignement.

INTERACTIONS MÉDICAMENTEUSES

Ce médicament ne doit pas être associé aux médicaments contenant de la phénylbutazone, de l'aspirine ou du miconazole (l'utilisation de formes à usage local est possible) : risque d'*hémorragie*. Signalez tout autre traitement en cours à votre médecin ou à votre pharmacien.

GROSSESSE, ALLAITEMENT ET NOUVEAU-NÉ

Grossesse :

Ce médicament ne doit pas être utilisé pendant la grossesse, sauf sur prescription médicale.

Allaitement :

Ce médicament passe dans le lait maternel : l'allaitement est déconseillé.

MODE D'EMPLOI ET POSOLOGIE

Les comprimés seront avalés avec un grand verre d'eau, mais jamais en position couchée. Pour un effet constant de ce médicament, la prise doit être régulière, toujours à la même heure, pendant ou en dehors des repas.

Posologie usuelle :

Elle est adaptée par le médecin en fonction des résultats des analyses de sang (*TP*, *INR*). Néanmoins, compte tenu de l'action retardée du produit, les variations du TP ou de l'INR n'apparaissent que plusieurs jours après les modifications de traitement.

Lorsque ce médicament remplace un *anticoagulant* injectable, les deux traitements peuvent se chevaucher pendant quelques jours.

Veillez à ne pas manquer de ce médicament ; lors de vos déplacements, munissez-vous d'une réserve ou de votre ordonnance en cours de validité.

Certaines activités ou sports violents pouvant entraîner des blessures ou des coupures (risque d'*hémorragie*), leur pratique est déconseillée pendant la durée du traitement.

En cas de saignement, comprimez la plaie pendant plusieurs minutes.

Un jeûne prolongé ou au contraire un apport alimentaire important en *vitamine* K (céréales, brocolis, choux, choucroute, carottes, abats) sont à éviter.

EFFETS INDÉSIRABLES POSSIBLES

Hémorragies de gravité variable.

Troubles digestifs, éruptions cutanées.

APHILAN

buclizine

PRÉSENTATION

APHILAN : comprimé sécable (blanc) ; boîte de 10 - Non remb.

Laboratoires Darcy

COMPOSITION

	p. comp.
Buclizine dichlorhydrate	25 mg

INDICATIONS

Ce médicament est un *antihistaminique* antiallergique. Il a en outre des effets *sédatifs* et *atropiniques*.

Il est utilisé dans le traitement des *allergies* : rhume des foins, *urticaire*, *conjonctivite*, œdème de *Quincke*. Il est également utilisé dans le traitement des démangeaisons non allergiques.

CONTRE-INDICATIONS

Ce médicament ne doit pas être utilisé dans les cas suivants :
- *glaucome* à angle fermé,
- risque de blocage des urines (*adénome de la prostate*).

ATTENTION

Évitez les boissons alcoolisées : augmentation du risque de somnolence.

Ce médicament est responsable d'une baisse de la vigilance : la conduite, les activités professionnelles ou de loisirs exposant à un danger sont formellement déconseillées.

INTERACTIONS MÉDICAMENTEUSES

Ce médicament peut interagir avec d'autres médicaments, notamment les *sédatifs* et les *atropiniques*. Signalez tout autre traitement en cours à votre médecin ou à votre pharmacien.

GROSSESSE, ALLAITEMENT ET NOUVEAU-NÉ

L'effet de ce médicament pendant la grossesse ou l'allaitement est mal connu. L'évaluation du risque éventuel lié à son utilisation est individuelle : demandez conseil à votre pharmacien ou à votre médecin.

MODE D'EMPLOI ET POSOLOGIE

Ce médicament n'est pas adapté à l'enfant de moins de 1 an.

Les comprimés doivent être avalés avec un verre d'eau, de préférence le soir au coucher.

Posologie usuelle :

- Adulte : 1 à 2 comprimés par jour.
- Enfant de plus de 1 an : 1/2 comprimé par jour.

Ce médicament agit sur les manifestations de l'*allergie* mais n'en supprime pas la cause. Si les *symptômes* persistent ou s'aggravent, n'hésitez pas à consulter votre médecin.

EFFETS INDÉSIRABLES POSSIBLES

Somnolence.

Effets *atropiniques*, *troubles digestifs*.

Dans de rares cas, ce médicament peut provoquer une agitation ou une excitation chez le *nourrisson* ou la personne âgée.

En cas d'usage très prolongé, des mouvements involontaires (grimaces, tics) peuvent survenir.

APHLOÏNE P

PRÉSENTATION

APHLOÏNE P : solution buvable arôme cacao ; flacon 150 ml - Non remb.

Laboratoires DB Pharma

COMPOSITION

	p. c. à c.
Aphoïa	25 mg
Hamamélis	25 mg
Hydrastis	12,5 mg
Viburnum	20 mg
Esculoside	2 mg
Piscidia	25 mg
Alcool	1 ml
Saccharose	1 g

INDICATIONS

C'est un protecteur *vasculaire* et *veinotonique* qui associe plusieurs extraits de plantes. Il stimule la circulation du sang dans les veines et lutte contre l'altération des *vaisseaux capillaires*.

Il est utilisé dans le *traitement symptomatique* :
- des jambes lourdes, *œdèmes*, crampes, *impatiences* et autres troubles pouvant être en rapport avec une mauvaise circulation veineuse ou *lymphatique* ;
- des crises d'*hémorroïdes*.

ATTENTION

Ce médicament est insuffisant pour prévenir le risque de *phlébite* chez les malades alités ou plâtrés.

Il soulage, mais n'empêche pas l'aggravation de l'*insuffisance veineuse*, qui requiert des mesures spécifiques telles que la *contention élastique*.

Ce médicament contient une quantité non négligeable d'*alcool* et de *sucre* (saccharose).

GROSSESSE, ALLAITEMENT ET NOUVEAU-NÉ

L'effet de ce médicament pendant la grossesse ou l'allaitement est mal connu. L'évaluation du risque éventuel lié à son utilisation est individuelle : demandez conseil à votre pharmacien ou à votre médecin.

MODE D'EMPLOI ET POSOLOGIE

Ce médicament doit être pris avant les repas.

Posologie usuelle :

1 à 2 cuillères à café de solution buvable, 2 ou 3 fois par jour.

Une pratique sportive régulière et la surélévation du pied du lit permettent de faciliter la circulation veineuse et *lymphatique*.

APHTIRIA

lindane

PRÉSENTATION

APHTIRIA : poudre pour application locale ; flacon poudreur 180 g - Non remb.

Laboratoires Debat

COMPOSITION

	p. 100 g
Lindane	0,4 g

INDICATIONS

Ce médicament contient une substance active sur les poux.

Il est utilisé pour détruire les poux de la tête ou du pubis, et leurs œufs (lentes). Il peut également être utilisé pour la désinfection des vêtements et de la literie en cas de gale.

ATTENTION

Évitez d'appliquer cette poudre sur une peau lésée, notamment chez l'enfant.

Rincez abondamment en cas de contact accidentel avec les yeux ou les *muqueuses*.

GROSSESSE, ALLAITEMENT ET NOUVEAU-NÉ

L'effet de ce médicament pendant la grossesse ou l'allaitement est mal connu. L'évaluation du risque éventuel lié à son utilisation est individuelle : demandez conseil à votre pharmacien ou à votre médecin.

MODE D'EMPLOI ET POSOLOGIE

Pour les poux de la tête : appliquer la poudre sur le cuir chevelu sec et laisser agir pendant la nuit (7 heures au moins) sous une serviette ou un bonnet. Laver puis demêler les cheveux au peigne fin et rincer abondamment à l'eau tiède.

Pour les poux du pubis : appliquer la poudre le soir et porter un slip pendant la nuit.

Pour la désinfection des vêtements et de la literie : saupoudrer largement et laisser agir pendant 12 heures.

Posologie usuelle :

- Adulte et enfant de plus de 2 ans : 1 application, à renouveler le lendemain et 8 jours après ;
- Enfant de moins de 2 ans : 1 application ne dépassant pas 12 heures, à renouveler 8 jours après.

Pour éviter les réinfestations, il est nécessaire que l'entourage suive le même traitement.

Les chapeaux, bonnets, écharpes doivent être désinfectés.
Les lentes fixées à plus de 2 cm du cuir chevelu sont généralement mortes, et leur présence ne signifie pas que le traitement a échoué. Leur élimination peut être facilitée en démêlant les cheveux avec un peigne trempé dans de l'eau vinaigrée.

EFFETS INDÉSIRABLES POSSIBLES

En cas d'ingestion accidentelle : risque de *convulsions*. Appeler le centre anti-poison.

APILAXE
sorbitol, guimauve

PRÉSENTATION

APILAXE : solution buvable ; flacon 150 ml - Non remb.

Laboratoires C.P.F.

COMPOSITION

	p. c. à c.	p. c. à s.
Sorbitol	833 mg	2,5 g
Guimauve, feuilles infusées	33 mg	99 mg

INDICATIONS

Ce médicament facilite le passage de la bile vers le tube digestif et permet une meilleure hydratation des selles.

Il est utilisé dans le *traitement symptomatique* de la constipation chez l'enfant.

CONTRE-INDICATIONS

Ce médicament ne doit pas être utilisé dans les cas suivants :
- maladies inflammatoires du côlon,
- constipation ou douleur abdominale due à une obstruction du tube digestif : rétrécissement intestinal, *fécalome* (bouchon de selles).

ATTENTION

Des précautions sont nécessaires en cas d'obstruction des *voies biliaires*.

En cas de douleurs abdominales répétées ou prolongées, ce médicament ne doit pas être pris sans avis médical.

L'utilisation des laxatifs doit être exceptionnelle chez l'enfant.

MODE D'EMPLOI ET POSOLOGIE

Posologie usuelle :
- Enfant de plus de 3 ans : 1 cuillère à soupe de solution buvable, 1 ou 2 fois par jour.
- Enfant de 2 à 3 ans : 1 cuillère à café de solution buvable, 3 fois par jour.

Ce traitement doit être accompagné de mesures simples d'hygiène alimentaire (régime riche en fibres et boissons abondantes) : consultez votre médecin ou votre pharmacien.

EFFETS INDÉSIRABLES POSSIBLES

Diarrhée.

APOKINON
apomorphine

PRÉSENTATION

APOKINON 1 % : solution injectable ; boîte de 10 ampoules 1 ml - Remb. 65 % - Liste I

Laboratoires Aguettant

COMPOSITION

	p. amp. inj.
Apomorphine chlorhydrate	10 mg
Sulfite de sodium	+

INDICATIONS

C'est un antiparkinsonien qui appartient à la famille des dopaminergiques.

Il est utilisé en complément du traitement de la maladie de *Parkinson* pour lutter contre les variations brusques de l'efficacité du traitement.

CONTRE-INDICATIONS

Ce médicament ne doit pas être utilisé dans les cas suivants :
- *insuffisance hépatique*,
- troubles psychiques.

ATTENTION

Ce produit contient un *sulfite* susceptible d'entraîner une *allergie*.

En cas de maladie cardiaque et d'*antécédent* de troubles psychiques, prévenez votre médecin afin qu'il puisse adapter la *posologie*.

INTERACTIONS MÉDICAMENTEUSES

Ce médicament peut interagir avec d'autres médicaments, notamment les *neuroleptiques*. Signalez tout autre traitement en cours à votre médecin ou à votre pharmacien.

GROSSESSE, ALLAITEMENT ET NOUVEAU-NÉ

L'effet de ce médicament pendant la grossesse ou l'allaitement est mal connu : seul votre médecin peut évaluer le risque éventuel de son utilisation dans votre cas.

MODE D'EMPLOI ET POSOLOGIE

Ce médicament doit être injecté par *voie sous-cutanée*.

Posologie usuelle :

Elle est strictement individuelle.

EFFETS INDÉSIRABLES POSSIBLES

Démangeaison ou induration au point d'injection, nausées, vomissements, baisse de la tension artérielle, troubles psychiques.

APRANAX
naproxène

PRÉSENTATION

APRANAX 275 mg : comprimé (bleu) ; boîte de 10 - Remb. 65 % - Liste II

APRANAX 275 mg : comprimé (bleu) ; boîte de 30 - Remb. 65 % - Liste II

APRANAX 550 mg : comprimé sécable (orangé) ; boîte de 16 - Remb. 65 % - Liste II

APRANAX 750 mg : comprimé (orangé) ; boîte de 15 - Remb. 65 % - Liste II

APRANAX 250 mg : granulé pour suspension buvable arôme banane - orange - vanille ; boîte de 30 sachets - Remb. 65 % - Liste II

APRANAX 500 mg : granulé pour suspension buvable arôme banane - orange - vanille ; boîte de 16 sachets - Remb. 65 % - Liste II

APRANAX 500 mg : suppositoire ; boîte de 12 - Remb. 65 % - Liste II

Laboratoires Syntex

COMPOSITION

	p. comp. 275 mg	p. comp. 550 mg	p. comp. 750 mg
Naproxène			

	p. sachet 250 mg	p. sachet 500 mg	p. suppos. 500 mg
Naproxène			

INDICATIONS

Ce médicament est un *anti-inflammatoire* non stéroïdien (*AINS*). Il lutte contre l'*inflammation* et la douleur, fait baisser la fièvre et fluidifie le sang.

Il est utilisé dans le *traitement symptomatique* :
- des *rhumatismes inflammatoires* ;
- de certaines *arthroses* ;
- des *tendinites*, des *lombalgies*... ;
- des entorses ;
- des règles douloureuses.

Il est également utilisé dans le *traitement d'appoint* des manifestations inflammatoires de la bouche, du nez, de la gorge et des oreilles.

Il est utilisé chez l'enfant dans le traitement des *rhumatismes inflammatoires* (comprimé à 275 mg).

CONTRE-INDICATIONS

Ce médicament ne doit pas être utilisé dans les cas suivants :
- *allergie* aux AINS, y compris l'aspirine ;
- *ulcère* de l'estomac ou du *duodénum* ;
- *insuffisance hépatique*, *insuffisance rénale* graves ;
- *inflammation* récente du rectum (suppositoire) ;
- enfant de moins de 15 ans et de moins de 50 kg (comprimés à 550 mg et 750 mg, suppositoire à 500 mg) ;
- enfant de moins de 5 ans et de moins de 25 kg (comprimé à 275 mg et sachet à 250 mg) ;
- **grossesse** (3 derniers mois) ;
- **allaitement.**

ATTENTION

Tout traitement prolongé ou surdosage d'*AINS* expose à des effets indésirables graves.

Tout *symptôme* pouvant faire craindre des complications (douleurs d'estomac, *allergie* cutanée) doit être signalé à votre médecin.

Des précautions sont nécessaires chez la personne souffrant d'*antécédents* d'*ulcère* de l'estomac ou du *duodénum*, ou présentant un risque hémorragique, chez la personne âgée et chez la femme qui porte un stérilet.

Conducteur : ce médicament peut provoquer parfois des étourdissements.

INTERACTIONS MÉDICAMENTEUSES

Ce médicament peut interagir avec d'autres médicaments, notamment :
- l'aspirine et les autres *anti-inflammatoires* non stéroïdiens : risque d'accroissement des effets indésirables ;
- les *anticoagulants* et les *antiagrégants plaquettaires* (TICLID...) : augmentation du risque hémorragique ;
- le *lithium* (TÉRALITHE, NEUROLITHIUM) : augmentation du taux de lithium dans le sang.

Signalez tout autre traitement en cours à votre médecin ou à votre pharmacien.

GROSSESSE, ALLAITEMENT ET NOUVEAU-NÉ

Grossesse :

Des effets néfastes graves pour la mère et l'enfant à naître ont été mis en évidence lorsque ce médicament, comme tous les *AINS*, est utilisé au cours des 3 derniers mois de la grossesse : son usage est formellement contre-indiqué pendant cette période.

Pendant les 6 premiers mois, l'effet de ce médicament est mal connu : seul votre médecin peut évaluer le risque éventuel de son utilisation dans votre cas.

Allaitement :

Ce médicament passe dans le lait maternel : par mesure de prudence, il est contre-indiqué pendant l'allaitement.

MODE D'EMPLOI ET POSOLOGIE

Les comprimés doivent être avalés avec un verre d'eau, sans être croqués ; le contenu des sachets doit être dilué dans un demi-verre d'eau.

Afin de limiter les effets digestifs indésirables, les comprimés et les granulés doivent être pris de préférence au milieu des repas.

Posologie usuelle :

- Adulte :
  - *traitement d'attaque* : 1 000 à 1 100 mg par jour (soit 4 sachets à 250 mg ou 2 sachets à 500 mg ou 4 comprimés à 275 mg ou 2 comprimés à 550 mg par jour), en 2 prises ;
  - *traitement d'entretien* : 500 à 750 mg par jour (soit 2 sachets à 250 mg ou 1 sachet à 500 mg ou 2 comprimés à 275 mg ou 1 comprimé à 550 mg ou 1 comprimé à 750 mg par jour).

Les suppositoires sont habituellement utilisés en remplacement des comprimés ou des sachets, notamment le soir.

- Enfant de plus de 5 ans et de plus de 25 kg : 10 mg par kg et par jour ; soit, pour un enfant de 30 kg, 1 comprimé à 275 mg ou 1 sachet à 250 mg par jour.

Ne dépassez pas la *posologie* ni la durée de traitement prescrites par votre médecin.

Ce médicament vous a été prescrit dans une situation précise : ne le conseillez pas à un proche, ne le réutilisez pas sans avis médical.

Les effets indésirables de ce médicament sur l'estomac peuvent survenir aussi bien avec les suppositoires qu'avec les comprimés.

Ce médicament doit être conservé à l'abri de la lumière.

EFFETS INDÉSIRABLES POSSIBLES

Troubles digestifs : *gastrite*, voire *ulcère* de l'estomac ou du *duodénum*, le plus souvent lors d'un traitement de longue durée ou à forte dose. Exceptionnellement : *hémorragie* du tube digestif (vomissements de sang, ou selles noires).

Allergie cutanée, *asthme*.

Maux de tête, *vertiges*, somnolence, difficulté de concentration, trouble de l'audition ou de la vision.

Pour les suppositoires : brûlure et démangeaisons rectales.

APURONE
fluméquine

PRÉSENTATION

APURONE : comprimé (blanc) ; boîte de 30 - Remb. 65 % - Liste I

Laboratoires 3M Santé

COMPOSITION

	p. comp.
Fluméquine	400 mg

INDICATIONS

C'est un *antibiotique* qui appartient à la famille des quinolones.

Il est utilisé dans le traitement des infections des *voies* urinaires, en l'absence de fièvre.

CONTRE-INDICATIONS

Ce médicament ne doit pas être utilisé dans les cas suivants :
- *allergie* aux *antibiotiques* de la famille des quinolones,
- enfant de moins de 15 ans,
- déficit en *G6PD*,
- **grossesse,**
- **allaitement.**

ATTENTION

Des précautions sont nécessaires chez les personnes souffrant d'*insuffisance rénale* ou d'*insuffisance hépatique* graves et chez celles ayant des *antécédents* d'*épilepsie*.

Ce médicament est photosensibilisant : une exposition aux rayons *ultraviolets* (soleil, lampe à bronzer) peut provoquer des réactions cutanées. N'omettez pas de signaler à votre médecin vos projets de vacances au soleil pendant la durée du traitement.

En cas d'apparition de fièvre, consultez votre médecin.

Conducteur : ce médicament peut être responsable de vertiges.

INTERACTIONS MÉDICAMENTEUSES

Ce médicament peut interagir avec d'autres médicaments, notamment les *anticoagulants* oraux. Signalez tout autre traitement en cours à votre médecin ou à votre pharmacien.

GROSSESSE, ALLAITEMENT ET NOUVEAU-NÉ

Quelques cas de malformations ont été constatés chez l'animal. En l'absence de données dans l'espèce humaine, ce médicament est contre-indiqué pendant la grossesse et l'allaitement.

MODE D'EMPLOI ET POSOLOGIE

Ce médicament doit être pris de préférence au cours d'un repas.

Posologie usuelle :

Adulte et enfant de plus de 15 ans : 1 comprimé, 3 fois par jour.

Le médecin prescrit parfois une analyse d'urine pour identifier le *germe* responsable de l'infection et tester sa sensibilité aux *antibiotiques*. Le résultat de cet examen peut être faussé en cas d'automédication préalable : ne prenez pas d'antibiotiques sans avis médical.

EFFETS INDÉSIRABLES POSSIBLES

Photosensibilisation.

Réactions allergiques.

Étourdissements, vision floue, *vertiges*.

Troubles digestifs.

ARCALION
sulbutiamine

PRÉSENTATION

ARCALION 200 : comprimé (orange) ; boîte de 30 - Non remb.

Laboratoires Therval

COMPOSITION

	p. comp.
Sulbutiamine	200 mg

INDICATIONS

C'est un médicament qui appartient à la famille des *psychostimulants*.

Il est utilisé dans le traitement de certaines fatigues *(asthénies fonctionnelles)*.

GROSSESSE, ALLAITEMENT ET NOUVEAU-NÉ

L'effet de ce médicament pendant la grossesse ou l'allaitement est mal connu. L'évaluation du risque éventuel lié à son utilisation est individuelle : demandez conseil à votre pharmacien ou à votre médecin.

MODE D'EMPLOI ET POSOLOGIE

Les comprimés doivent être avalés avec un peu d'eau.

Posologie usuelle :

2 comprimés au petit déjeuner.

☛ Une fatigue persistante ne doit pas vous conduire à augmenter les prises de ce médicament : consultez votre médecin.

EFFETS INDÉSIRABLES POSSIBLES

Allergie cutanée, et agitation chez la personne âgée.

ARCHITEX
fluor, calcium

PRÉSENTATION

ARCHITEX : comprimé effervescent (orangé) ; boîte de 60 - Remb. 65 %

Laboratoires Meram

COMPOSITION

	p. comp.
Monofluorophosphate disodique	100 mg
Soit fluor	13,2 mg
Calcium carbonate	1,250 g
Soit calcium	500,5 mg

INDICATIONS

Ce médicament contient du fluor, qui s'incorpore à l'os et le rend plus dense, et du calcium, principal constituant de l'os.

Il est utilisé chez l'adulte dans le *traitement curatif* de l'*ostéoporose* compliquée du tassement d'une ou plusieurs vertèbres.

CONTRE-INDICATIONS

Ce médicament ne doit pas être utilisé dans les cas suivants :
- *insuffisance rénale*,
- *ostéomalacie*,
- période de croissance osseuse,
- **grossesse**,
- **allaitement**.

ATTENTION

Ce médicament, fortement dosé en fluor, est réservé à l'adulte. Il ne convient pas à la prévention de la carie dentaire chez l'enfant.

Bien que ce médicament puisse être obtenu sans ordonnance, ne l'utilisez pas sans l'avis de votre médecin.

INTERACTIONS MÉDICAMENTEUSES

Ce médicament peut interagir avec d'autres médicaments, notamment les *pansements digestifs* (sels d'aluminium et de magnésium) : risque de diminution de l'absorption intestinale du fluor. Signalez tout autre traitement en cours à votre médecin ou à votre pharmacien.

GROSSESSE, ALLAITEMENT ET NOUVEAU-NÉ

Grossesse :

L'effet de ce médicament sur l'enfant à naître est mal connu. Par mesure de prudence, il est contre-indiqué chez la femme enceinte ou susceptible de l'être.

Allaitement :

Compte tenu de sa teneur en fluor, ce médicament est contre-indiqué pendant l'allaitement.

MODE D'EMPLOI ET POSOLOGIE

Les comprimés doivent être avalés, sans être croqués ni écrasés, avec un verre d'eau, au moment des repas.

Posologie usuelle :
- Adulte : 1 comprimé, 2 fois par jour.

Le traitement de l'*ostéoporose* est généralement de longue durée.

☛ Ce fluor, sous forme de monofluorophosphate, ne donne lieu à aucune interaction avec le calcium, contrairement au fluorure de sodium contenu dans d'autres médicaments.

Une alimentation riche en calcium et en *vitamine* D ainsi que des exercices physiques réguliers contribuent à limiter l'évolution de l'*ostéoporose*.

EFFETS INDÉSIRABLES POSSIBLES

Troubles digestifs.

En cas de douleurs osseuses au voisinage des articulations : consultez votre médecin car elles peuvent traduire une complication qui nécessite l'arrêt du traitement.

ARGENT COLLOÏDAL HAMEL

PRÉSENTATION

ARGENT COLLOÏDAL HAMEL : pommade ; tube 10 g - Non remb.

Laboratoires C.P.F.

COMPOSITION

	p. 100 g
Argent colloïdal	15 g

INDICATIONS

Cette pommade contient un *antiseptique* à base d'argent.

Elle est utilisée dans le traitement des infections de la peau.

ATTENTION

Si l'infection ne disparaît pas après quelques jours, consultez votre médecin.

GROSSESSE, ALLAITEMENT ET NOUVEAU-NÉ

L'effet de ce médicament pendant la grossesse ou l'allaitement est mal connu. L'évaluation du risque éventuel lié à son utilisation est individuelle : demandez conseil à votre pharmacien ou à votre médecin.

Allaitement :

En raison du risque d'ingestion par le *nouveau-né*, la pommade ne doit pas être appliquée sur le mamelon de la femme qui allaite.

MODE D'EMPLOI ET POSOLOGIE

Appliquer la pommade par un léger massage, 1 ou plusieurs fois par jour.

EFFETS INDÉSIRABLES POSSIBLES

En cas d'usage prolongé : coloration bleuâtre de la peau, indélébile.

ARGININE VEYRON
chlorhydrate d'arginine

PRÉSENTATION

ARGININE VEYRON : solution buvable arôme caramel ; boîte de 20 ampoules 5 ml - Non remb.

ARGININE VEYRON : sirop arôme caramel ; flacon 250 ml - Non remb.

Laboratoires Veyron et Froment

COMPOSITION

	p. amp.	p. c. à s.
L-Arginine chlorhydrate	1 g	3 g
Saccharose		6,5 g

INDICATIONS

Ce médicament contient un *acide aminé*.

Il est utilisé dans le *traitement symptomatique* des *troubles digestifs* d'origine hépatique.

ATTENTION

Si votre état ne s'améliore pas, des examens peuvent être nécessaires : consultez votre médecin.

Le sirop contient du *sucre* (saccharose) en quantité notable.

GROSSESSE, ALLAITEMENT ET NOUVEAU-NÉ

Ce médicament ne contient que des substances présumées sans danger pendant la grossesse ou l'allaitement. Néanmoins, ne l'utilisez pas de façon prolongée sans l'avis de votre pharmacien ou de votre médecin.

MODE D'EMPLOI ET POSOLOGIE

Le sirop doit être dilué dans un verre d'eau.

Posologie usuelle :
- Adulte : 3 à 6 ampoules ou 1 ou 2 cuillères à soupe de sirop, par jour.
- Enfant : 2 ou 3 ampoules par jour.
- Nourrisson : 1 ampoule par jour.

ARGINOTRI-B

PRÉSENTATION

ARGINOTRI-B : comprimé (rose) ; boîte de 24 - Non remb.

Laboratoires Bouchara

COMPOSITION

	p. comp.
L-arginine chlorhydrate	0,25 g
Thiamine chlorhydrate (vitamine B1)	0,10 g
Pyridoxine chlorhydrate (vitamine B6)	0,10 g
Hydroxocobalamine anhydre (vitamine B12)	250 µg

INDICATIONS

C'est une association utilisée dans le *traitement symptomatique* de la fatigue avec amaigrissement, des états de convalescence, notamment chez la personne âgée. Ce médicament est également utilisé dans certaines maladies du foie, certains troubles nerveux et les *polynévrites*.

CONTRE-INDICATIONS

Ce médicament ne doit pas être utilisé en cas :
- d'*antécédent* d'*allergie* aux cobalamines,
- en association avec la lévodopa.

ATTENTION
En cas de persistance des *symptômes*, des examens peuvent être nécessaires : consultez votre médecin.

INTERACTIONS MÉDICAMENTEUSES

Ce médicament ne doit pas être associé à la lévodopa (antiparkinsonien) : risque de diminution de l'efficacité de la lévodopa. Signalez tout autre traitement en cours à votre médecin ou à votre pharmacien.

GROSSESSE, ALLAITEMENT ET NOUVEAU-NÉ

Grossesse :

Ce médicament ne contient que des substances présumées sans danger pendant la grossesse ou l'allaitement. Néanmoins, ne l'utilisez pas de façon prolongée sans l'avis de votre pharmacien ou de votre médecin.

MODE D'EMPLOI ET POSOLOGIE

6 à 8 comprimés par jour.

☛ Ce traitement peut être accompagné d'une alimentation appropriée : parlez-en à votre médecin ou à votre pharmacien.

ARHÉMAPECTINE ANTIHÉMORRAGIQUE

acide galacturonique

PRÉSENTATION

ARHÉMAPECTINE ANTIHÉMORRAGIQUE : solution buvable et pour application locale ; boîte de 8 ampoules 20 ml - Non remb.

Laboratoires Aérocid

COMPOSITION

	p. amp.
Pectine exprimée en acide galacturonique	280 mg

INDICATIONS

Ce médicament contient une substance qui favorise la formation d'un caillot.

Il est utilisé par *voie* orale ou locale pour traiter les petites *hémorragies* de la bouche et du nez.

ATTENTION
En cas de saignement important, comprimez la plaie avec une compresse pendant plusieurs minutes. Si l'*hémorragie* persiste, prévenez d'urgence votre médecin.
Évitez de laver ou de frotter une blessure qui vient de s'arrêter de saigner.

MODE D'EMPLOI ET POSOLOGIE

Le contenu des ampoules peut être soit dilué dans un demi-verre d'eau sucrée et avalé, soit utilisé en *bain de bouche* ou sur une compresse appliquée localement.

Posologie usuelle :

2 à 4 ampoules à boire dans la journée, ou 1 ou 2 ampoules par jour en application locale.

ARIK GINSENG

ginseng

PRÉSENTATION

ARIK GINSENG : gélule (ivoire) ; boîte de 30 - Non remb.

ARIK GINSENG : gélule (ivoire) ; boîte de 50 - Non remb.

Laboratoires Arik

COMPOSITION

	p. gél.
Ginseng, poudre de racine	250 mg

INDICATIONS

C'est un médicament d'origine végétale, qui contient de la poudre de racine de ginseng.

Il est utilisé dans le *traitement symptomatique* de certaines fatigues (*asthénie fonctionnelle*).

GROSSESSE, ALLAITEMENT ET NOUVEAU-NÉ

Ce médicament contient une plante présumée sans danger pendant la grossesse ou l'allaitement. Néanmoins, ne l'utilisez pas de façon prolongée sans l'avis de votre pharmacien ou de votre médecin.

MODE D'EMPLOI ET POSOLOGIE

Les gélules doivent être prises avec un verre d'eau ou être ouvertes et diluées dans un liquide, le matin et à midi, de préférence avant les repas.

Posologie usuelle :

- Adulte : 1 gélule, 2 à 4 fois par jour.

☛ Une fatigue persistante ne doit pas vous conduire à augmenter les prises de ce médicament : demandez conseil à votre médecin ou à votre pharmacien.

ARKOGÉLULES DE CHARBON VÉGÉTAL

charbon activé

PRÉSENTATION

ARKOGÉLULES DE CHARBON VÉGÉTAL ACTIVÉ : gélule (transparent) ; boîte de 50 - Non remb.

Laboratoires Arkopharma

COMPOSITION

	p. gél.
Charbon végétal activé	225 mg

INDICATIONS

C'est un médicament qui contient du charbon activé. Il facilite la digestion en fixant les toxines et les gaz présents dans le tube digestif.

Il est utilisé essentiellement dans le *traitement symptomatique* des maladies *fonctionnelles* du côlon avec diarrhées et ballonnements.

CONTRE-INDICATIONS

Ce médicament ne doit pas être utilisé chez l'enfant de moins de 6 ans.

ATTENTION
Si les troubles persistent, consultez votre médecin. Une diarrhée expose à un risque de déshydratation qui peut être grave.

INTERACTIONS MÉDICAMENTEUSES

Du fait des propriétés adsorbantes du charbon, ce médicament peut interagir avec d'autres en diminuant leur absorption : il convient de séparer les prises d'au moins 2 heures.

GROSSESSE, ALLAITEMENT ET NOUVEAU-NÉ

Grossesse :

Ce médicament peut être utilisé chez la femme enceinte.

MODE D'EMPLOI ET POSOLOGIE

Les gélules doivent être avalées avec un grand verre d'eau.

Posologie usuelle :

- Adulte : 2 gélules, midi et soir.
- Enfant de plus de 6 ans : 1 à 4 gélules suivant l'âge.

EFFETS INDÉSIRABLES POSSIBLES

Selles de coloration noire.

ARKOGÉLULES DE PASSIFLORE

passiflore

PRÉSENTATION

ARKOGÉLULES PASSIFLORE : gélule ; boîte de 50 - Non remb.

Laboratoires Arkopharma

COMPOSITION

	p. gél.
Passiflore, poudre	230 mg

INDICATIONS

Ce médicament contient une plante sédative.

Il est utilisé pour traiter les troubles légers du sommeil et de la nervosité, chez l'adulte et l'enfant.

GROSSESSE, ALLAITEMENT ET NOUVEAU-NÉ

Ce médicament ne contient que des plantes présumées sans danger pendant la

grossesse ou l'allaitement. Néanmoins, ne l'utilisez pas de façon prolongée sans l'avis de votre pharmacien ou de votre médecin.

MODE D'EMPLOI ET POSOLOGIE

Les gélules doivent être avalées sans être croquées avec un grand verre d'eau.

Posologie usuelle :

1 ou 2 gélules, au moment des repas. Ne pas dépasser 9 gélules par jour.

> Ce médicament doit être conservé à l'abri de la lumière, de la chaleur et de l'humidité.

ARKOGÉLULES DE PRÊLE

PRÉSENTATION

ARKOGÉLULES DE PRÊLE : gélule (transparent) ; boîte de 50 - Non remb.

Laboratoires Arkopharma

COMPOSITION

	p. gél.
Prêle, poudre de la partie aérienne stérile	190 mg

INDICATIONS

Ce médicament contient un extrait de plante.

Il est utilisé pour faciliter les fonctions d'élimination rénale et digestive.

GROSSESSE, ALLAITEMENT ET NOUVEAU-NÉ

Ce médicament contient une plante présumée sans danger pendant la grossesse ou l'allaitement. Néanmoins, ne l'utilisez pas sans l'avis de votre pharmacien ou de votre médecin.

Grossesse :

Ce médicament n'est pas adapté au traitement d'une éventuelle rétention d'eau survenant pendant la grossesse. L'apparition d'*œdèmes* impose une consultation médicale.

MODE D'EMPLOI ET POSOLOGIE

Les gélules doivent être avalées avec un grand verre d'eau, au moment des repas.

Posologie usuelle :

2 gélules, matin et soir.

> Ce médicament doit être conservé à l'abri de la lumière et de la chaleur.

ARKOGÉLULES ORTHOSIPHON

orthosiphon

PRÉSENTATION

ARKOGÉLULES ORTHOSIPHON : gélule ; boîte de 50 - Non remb.

ARKOGÉLULES ORTHOSIPHON : gélule ; boîte de 200 - Non remb.

Laboratoires Arkopharma

COMPOSITION

	p. gél.
Orthosiphon, poudre de feuilles	250 mg

INDICATIONS

Ce médicament contient un extrait de plante.

Il est utilisé pour faciliter les fonctions d'élimination rénale et digestive et dans le *traitement d'appoint* des régimes amaigrissants.

GROSSESSE, ALLAITEMENT ET NOUVEAU-NÉ

Ce médicament contient une plante présumée sans danger pendant la grossesse ou l'allaitement. Néanmoins, ne l'utilisez pas sans l'avis de votre pharmacien ou de votre médecin.

Grossesse :

Ce médicament n'est pas adapté au traitement d'une éventuelle rétention d'eau survenant pendant la grossesse. L'apparition d'*œdèmes* impose une consultation médicale.

MODE D'EMPLOI ET POSOLOGIE

Ce médicament est pris avec un grand verre d'eau, de préférence avant les repas.

Posologie usuelle :

1 ou 2 gélules, 3 fois par jour.

ARKOPHYTUM

harpagophytum, cassis, saule

PRÉSENTATION

ARKOPHYTUM : gélule (ivoire) ; boîte de 30 - Non remb.

Laboratoires Arkopharma

COMPOSITION

	p. gél.
Harpagophytum	300 mg
Cassis	80 mg
Saule	80 mg

INDICATIONS

Ce médicament contient des extraits de plantes.

Il est utilisé dans le *traitement symptomatique* des douleurs articulaires.

GROSSESSE, ALLAITEMENT ET NOUVEAU-NÉ

Ce médicament ne contient que des plantes présumées sans danger pendant la grossesse ou l'allaitement. Néanmoins, ne l'utilisez pas de façon prolongée sans l'avis de votre pharmacien ou de votre médecin.

MODE D'EMPLOI ET POSOLOGIE

Ce médicament doit être pris de préférence à la fin du repas, avec un grand verre d'eau.

Posologie usuelle :

Traitement d'attaque : 2 gélules, 3 fois par jour pendant 15 jours.

Traitement d'entretien : 1 gélule, 3 fois par jour pendant 1 mois.

> Les gélules doivent être conservées à l'abri de la lumière, de la chaleur et de l'humidité.

EFFETS INDÉSIRABLES POSSIBLES

À dose élevée : rares nausées et douleur d'estomac.

ARMOPHYLLINE

théophylline

PRÉSENTATION

ARMOPHYLLINE 50 mg : gélule à *libération prolongée* (blanc) ; boîte de 30 - Remb. 65 %

ARMOPHYLLINE 100 mg : gélule à *libération prolongée* (bleu clair et blanc) ; boîte de 40 - Remb. 65 %

ARMOPHYLLINE 200 mg : gélule à *libération prolongée* (bleu clair) ; boîte de 40 - Remb. 65 %

ARMOPHYLLINE 300 mg : gélule à *libération prolongée* (bleu foncé et bleu clair) ; boîte de 30 - Remb. 65 %

Laboratoires Bellon

COMPOSITION

	p. gél. L.P.	p. gél. L.P.
Théophylline	50 mg	100 mg

	p. gél. L.P.	p. gél. L.P.
Théophylline	200 mg	300 mg

INDICATIONS

Ce médicament est un bronchodilatateur qui contient de la théophylline. Il lutte contre la contraction anormale des muscles de la paroi des bronches et stimule la respiration.

Il est utilisé dans le traitement de l'*asthme* et de certaines maladies respiratoires.

CONTRE-INDICATIONS

Ce médicament ne doit pas être utilisé dans les cas suivants :

- enfant de moins de 3 ans,
- en association avec les médicaments contenant de l'énoxacine.

> **ATTENTION**
>
> Ce médicament n'est pas adapté en cas de crise d'*asthme*.
>
> Ce médicament contient de la théophylline : ne l'utilisez pas sans l'avis de votre médecin.
>
> Des précautions sont nécessaires en cas d'*insuffisance cardiaque*, d'*insuffisance hépatique*, d'*insuffisance coronarienne*, d'*hyperthyroïdie*, d'*antécédent de convulsions*, d'obésité, d'*ulcère* de l'estomac et du *duodénum*.
>
> Le tabac interagit avec la théophylline dont il diminue fortement l'efficacité, mais son arrêt peut conduire à un surdosage. Votre médecin adaptera la *posologie* en conséquence.

INTERACTIONS MÉDICAMENTEUSES

Ce médicament ne doit pas être associé aux médicaments contenant de l'énoxacine (ENOXOR...) : risque de surdosage en théophylline.

Il peut interagir avec d'autres médicaments. Signalez tout autre traitement en cours à votre médecin ou à votre pharmacien.

GROSSESSE, ALLAITEMENT ET NOUVEAU-NÉ

Grossesse et nouveau-né :

Lors de son utilisation en fin de grossesse, ce médicament peut provoquer une accélération du cœur et une agitation importante chez le *nouveau-né*.

Allaitement :

Les données actuellement disponibles ne permettent pas de savoir si ce médicament passe dans le lait maternel.

MODE D'EMPLOI ET POSOLOGIE

Les gélules peuvent être ouvertes et mélangées à un aliment liquide ou semi-liquide, en veillant à ce que leur contenu ne soit pas croqué.

Posologie usuelle :

Elle est précise et strictement individuelle. Elle est adaptée progressivement par votre médecin en fonction des analyses de sang indiquant le taux de théophylline.

La *posologie* efficace la plus faible possible est toujours recherchée.

> Toute modification de la *posologie* expose à la survenue d'une crise d'*asthme* : veillez à ne jamais manquer de ce médicament.
>
> Fumer, ou être exposé à la fumée des autres, nuit à l'efficacité du traitement.
>
> Les excitants, tels que le thé ou le café, peuvent accroître certains effets indésirables de la théophylline et doivent être consommés avec modération.

EFFETS INDÉSIRABLES POSSIBLES

Les effets indésirables varient d'une personne à l'autre. Leur intensité peut traduire un surdosage et rendre nécessaire une adaptation de la *posologie* : consultez votre médecin.

Les plus fréquents sont : maux de tête, agitation, insomnie, accélération du cœur, *troubles digestifs*.

ARNICAN
arnica

PRÉSENTATION

ARNICAN : crème ; tube 50 g - Non remb.

Laboratoires C.P.F.

COMPOSITION

	p. 100 g
Arnica, extrait fluide	4 g
Menthol	+

INDICATIONS

Ce médicament d'usage local contient un extrait d'arnica, destiné à lutter contre les *œdèmes* et les *inflammations*.

Il est utilisé pour limiter les œdèmes survenant après un choc (bleu, bosse) ou pour soulager les entorses et les foulures.

GROSSESSE, ALLAITEMENT ET NOUVEAU-NÉ

Ce médicament peut être utilisé ponctuellement pendant la grossesse ou l'allaitement.

MODE D'EMPLOI ET POSOLOGIE

La crème est appliquée par un massage doux jusqu'à pénétration complète.

Posologie usuelle :

2 ou 3 applications par jour.

ARNILOSE

PRÉSENTATION

ARNILOSE : solution buvable arôme citron ; boîte de 20 ampoules 5 ml - Non remb.

Laboratoires AJC Pharma

COMPOSITION

	p. amp.
Arginine chlorhydrate	500 mg
Ornithine chlorhydrate	50 mg
Sorbitol	1,280 g
Lévulose	1 g
Pantothénate de calcium (vitamine B5)	100 mg
Acide ascorbique (vitamine C)	250 mg

INDICATIONS

Ce médicament facilite le passage de la bile vers le tube digestif et permet une meilleure hydratation des selles.

Il est utilisé dans le *traitement symptomatique* des digestions difficiles.

> **ATTENTION**
>
> Des précautions sont nécessaires en cas d'obstruction des *voies biliaires*.

GROSSESSE, ALLAITEMENT ET NOUVEAU-NÉ

Grossesse :

L'effet de ce médicament pendant la grossesse ou l'allaitement est mal connu. L'évaluation du risque éventuel lié à son utilisation est individuelle : demandez conseil à votre pharmacien ou à votre médecin.

MODE D'EMPLOI ET POSOLOGIE

Diluer l'ampoule dans un demi-verre d'eau.

Posologie usuelle :

- Adulte : 1 ampoule, matin et midi.

> La prise de ce médicament ne dispense pas d'une alimentation appropriée : parlez-en à votre pharmacien ou à votre médecin.

L'exposition au soleil peut être contre-indiquée pendant certains traitements

AROMABYL

PRÉSENTATION

AROMABYL : solution buvable ; flacon 90 ml (gouttes) - Non remb.

Laboratoires Plantes et Médecines

COMPOSITION

	p. fl.
Artichaut, extrait fluide	4,5 g
Bardane, extrait fluide	4,5 g
Cascara, extrait fluide	4,5 g
Noyer, extrait fluide	4,5 g
Sodium salicylate	22,5 mg
Sodium arséniate	0,9 mg
Boldo, extrait fluide	90 g
Combretum, extrait fluide	90 g

INDICATIONS

Ce médicament est une association d'extraits de plantes et d'autres substances actives. Il agit en augmentant la production de bile et en facilitant son passage vers le tube digestif ; il a par ailleurs une action laxative.

Il est utilisé dans le *traitement symptomatique* des digestions difficiles et de la constipation.

CONTRE-INDICATIONS

Ce médicament ne doit pas être utilisé chez l'enfant de moins de 15 ans.

> **ATTENTION**
>
> Des précautions sont nécessaires en cas d'obstruction des *voies biliaires* et de maladie grave du foie.
>
> Ce médicament contient un extrait de plante, la cascara, qui est un *laxatif stimulant*. Ne pas l'utiliser de façon prolongée.
>
> Arrêtez le traitement en cas de diarrhée ou de douleurs abdominales.

GROSSESSE, ALLAITEMENT ET NOUVEAU-NÉ

Grossesse :

L'effet de ce médicament pendant la grossesse est mal connu. L'évaluation d'un risque éventuel lié à son utilisation est individuelle : demandez conseil à votre pharmacien ou à votre médecin.

Allaitement :

Comme tous les laxatifs, ce médicament est susceptible de freiner les montées de lait.

MODE D'EMPLOI ET POSOLOGIE

Ce médicament doit être pris avant les trois principaux repas dans un grand verre d'eau chaude.

Posologie usuelle :

- Adulte : 25 gouttes par prise, 3 fois par jour.

> Ce traitement ne dispense pas d'une alimentation appropriée : parlez-en à votre pharmacien ou à votre médecin.
>
> Ce médicament doit être conservé à l'abri de la lumière.

AROMALGYL

PRÉSENTATION

AROMALGYL : solution buvable ; flacon 90 ml - Non remb.

Laboratoires Plantes et Médecines

COMPOSITION

	p. 100 g
Stigmates de maïs, extrait fluide	2 g
Méthénamine	10 g
Vergerette, orthosiphon, frêne, extrait fluide aa q.s.p.	100 g

INDICATIONS

Ce médicament contient des extraits de plantes, et une substance *antiseptique* urinaire (méthénamine).

Il est utilisé dans le *traitement d'appoint* des douleurs rhumatismales.

GROSSESSE, ALLAITEMENT ET NOUVEAU-NÉ

L'effet de ce médicament pendant la grossesse ou l'allaitement est mal connu. L'évaluation du risque éventuel lié à son utilisation est individuelle : demandez conseil à votre pharmacien ou à votre médecin.

MODE D'EMPLOI ET POSOLOGIE

Les gouttes doivent être prises entre les repas, et diluées dans un demi-verre d'eau chaude.

Posologie usuelle :

- Adulte : 25 gouttes, 4 fois par jour.

> Ce médicament doit être conservé à l'abri de la lumière.

AROMASOL

PRÉSENTATION

AROMASOL : solution pour *aérosol* et inhalation ; flacon 45 ml - Non remb.

Laboratoires Plantes et Médecines

COMPOSITION

	p. 100 ml
Pin, essence	1,64 g
Serpolet, essence	0,82 g
Menthe, essence	3,82 g
Lavande, essence	1,64 g
Romarin, essence	0,96 g
Girofle, essence	3,82 g
Cannelle, essence	0,96 g

INDICATIONS

Cette solution pour *aérosol* et inhalation contient une association d'essences végétales, qui possède une action locale décongestionnante et *antiseptique* sur les *muqueuses* des *voies* respiratoires.

Elle est utilisée dans le *traitement d'appoint* des affections des voies respiratoires.

CONTRE-INDICATIONS

Ce médicament ne doit pas être utilisé chez l'enfant de moins de 30 mois.

ATTENTION

N'utilisez pas ce médicament chez le jeune enfant sans prendre l'avis de votre médecin.

GROSSESSE, ALLAITEMENT ET NOUVEAU-NÉ

Ce médicament ne contient que des plantes présumées sans danger pendant la grossesse ou l'allaitement. Néanmoins, ne l'utilisez pas de façon prolongée sans l'avis de votre pharmacien ou de votre médecin.

MODE D'EMPLOI ET POSOLOGIE

Ce médicament peut être utilisé sous forme d'*aérosol* ou d'inhalation.

Les aérosols peuvent être obtenus au moyen d'un générateur électrique pour aérosol disponible en pharmacie.

Posologie usuelle :

- Aérosol : il est prescrit par le médecin, qui détermine la *posologie*.
- Inhalation : 50 gouttes dans un bol d'eau chaude, 4 ou 5 fois par jour.

> Il est important de lutter contre la sécheresse de l'air ambiant (humidificateur...) pour éviter le dessèchement des sécrétions nasales et bronchiques.
>
> Avant l'inhalation, il est indispensable d'attendre quelques secondes l'évaporation de l'alcool après dilution dans l'eau chaude.
>
> Conservez ce médicament à l'abri de la lumière, elle pourrait en dégrader les principes actifs.

EFFETS INDÉSIRABLES POSSIBLES

Réactions allergiques.

AROVIT

vitamine A

PRÉSENTATION

AROVIT : comprimé (orange) ; boîte de 30 - Remb. 35 % - Liste I

AROVIT : suspension buvable ; flacon 10 ml (300 gouttes) - Remb. 35 % - Liste I

Laboratoires Roche

COMPOSITION

	p. comp.	p. gte
Rétinol palmitate (vitamine A)	50 000 UI	5 000 UI
Tartrazine	+	

INDICATIONS

Ce médicament contient de la *vitamine* A, substance indispensable au *métabolisme*. La *carence* en vitamine A est responsable de troubles de la vision nocturne et d'une sécheresse de la peau et des *muqueuses*.

Ce médicament est utilisé dans le traitement :

- des carences en vitamine A,
- de certains troubles de la vision,
- des *rhinites atrophiques*,
- de certains troubles des organes des sens.

CONTRE-INDICATIONS

Ce médicament ne doit pas être utilisé en cas de **grossesse**, compte tenu de la teneur en *vitamine* A.

ATTENTION

Ce médicament contient de la tartrazine : prévenez votre médecin en cas d'*allergie* à cette substance ou à l'aspirine.

La *vitamine* A est présente dans de nombreux médicaments dont certains sont disponibles en automédication : évitez de les associer à ce médicament car un surdosage en vitamine A est susceptible d'entraîner des effets indésirables graves, notamment chez le *nourrisson*. Respectez la posologie et la durée de traitement prescrites par votre médecin.

Les carences en vitamine A dues à une mauvaise absorption par le tube digestif ne peuvent être corrigées que par de la vitamine A injectable.

Tenir les comprimés hors de la portée des enfants.

GROSSESSE, ALLAITEMENT ET NOUVEAU-NÉ

Grossesse :

Compte tenu de sa teneur en *vitamine* A, ce médicament est contre-indiqué pendant la grossesse.

Chez la femme enceinte, les apports quotidiens en vitamine A ne doivent pas dépasser 6 000 *UI* par jour, alimentation comprise.

Allaitement :

Ce médicament passe dans le lait maternel : il est déconseillé pendant l'allaitement.

MODE D'EMPLOI ET POSOLOGIE

Les prises peuvent être espacées : le foie assure le stockage de la *vitamine* A.

Les comprimés, de goût agréable, peuvent être sucés ou croqués. Les gouttes peuvent être prises dans du lait, du jus de fruit, ou de l'eau.

Posologie usuelle :

- Adulte et enfant de plus de 8 ans : 1 à 2 gouttes (5 000 à 10 000 *UI*) par jour pendant quelques semaines, ou 1 ou 2 comprimés (50 000 ou 100 000 UI) tous les 15 jours.
- Enfant de moins de 8 ans : 3 gouttes par semaine.

Ne renouvelez pas les cures sans l'avis de votre médecin.

> La *vitamine* A est apportée par les corps gras : surtout l'huile de foie de poisson, le jaune d'œuf, le beurre, et les laitages. Elle est également fabriquée par le foie à partir de certains aliments : légumes, fruits. Une alimentation équilibrée et diversifiée apporte habituellement des quantités suffisantes de vitamine A.

EFFETS INDÉSIRABLES POSSIBLES

L'apparition d'effets indésirables traduit un surdosage et impose l'arrêt du traitement :

- intoxication aiguë : maux de tête, perte de l'appétit, nausées, vomissements, diarrhée, irritabilité, confusion des idées, *convulsions* ;

- intoxication par accumulation : sécheresse de la peau et des *muqueuses*, incapacité à supporter la lumière, irritabilité, perturbation du sommeil, perte de l'appétit, nausées, douleur musculaire, douleur des os et des articulations.

ARPAMYL
vérapamil

PRÉSENTATION

ARPAMYL L.P. 240 mg : comprimé sécable à *libération prolongée* (vert) ; boîte de 30 - Remb. 65 % - Liste I

Laboratoires Jouveinal

COMPOSITION

	p. comp. L.P.
Vérapamil chlorhydrate	240 mg

INDICATIONS

Ce médicament est un *vasodilatateur* qui appartient à la famille des *inhibiteurs calciques*.

Il est utilisé dans le *traitement de fond* de l'*hypertension artérielle*.

CONTRE-INDICATIONS

Ce médicament ne doit pas être utilisé dans les cas suivants :
- *bloc auriculo-ventriculaire* grave et certaines maladies de l'automatisme cardiaque,
- *insuffisance cardiaque* mal équilibrée malgré un traitement spécifique.

ATTENTION

Si vous souffrez d'*insuffisance cardiaque* ou d'*insuffisance hépatique*, signalez-le à votre médecin. Des précautions sont nécessaires chez la personne âgée.

INTERACTIONS MÉDICAMENTEUSES

Ce médicament peut interagir avec d'autres médicaments, notamment les *antiarythmiques*. Signalez tout autre traitement en cours à votre médecin ou à votre pharmacien.

GROSSESSE, ALLAITEMENT ET NOUVEAU-NÉ

Grossesse :

Les études scientifiques disponibles n'ont pas mis en évidence de problème particulier lors de l'utilisation chez la femme enceinte.

Allaitement :

Les données disponibles ne permettent pas de savoir si ce médicament passe dans le lait maternel. L'allaitement est déconseillé pendant le traitement.

MODE D'EMPLOI ET POSOLOGIE

Les comprimés doivent être avalés avec un verre d'eau.

Posologie usuelle :

1 comprimé, en 1 prise le matin.

☛ Le traitement médicamenteux ne dispense pas des mesures simples pouvant faire baisser la tension artérielle : activité physique régulière, modération de la consommation de boissons alcoolisées, lutte contre le surpoids.

EFFETS INDÉSIRABLES POSSIBLES

Troubles digestifs : constipation essentiellement.

Baisse de la tension artérielle, ralentissement important du cœur, *bloc auriculo-ventriculaire*, *insuffisance cardiaque*.

ARPHOS
vitamine B12, acide phosphorique, calcium

PRÉSENTATION

ARPHOS VITAMINE B12 : solution buvable arôme cassis ; boîte de 20 ampoules 5 ml - Non remb.

ARPHOS VITAMINE B12 : solution buvable arôme cassis ; boîte de 20 ampoules 10 ml - Non remb.

Laboratoires Fournier

COMPOSITION

	p. amp. 5 ml	p. amp. 10 ml
Cyanocobalamine (vitamine B12)	0,1 mg	0,2 mg
Acide phosphorique concentré	88 mg	176 mg
Soit phosphore	23 mg	47 mg
Calcium glucoheptonate	535 mg	1,07 g
Soit calcium	43,5 mg	87 mg
Saccharose	1,325 g	2,65 g
Sorbitol à 70 %	0,66 g	1,32 g

INDICATIONS

C'est un *antiasthénique* qui contient notamment de la *vitamine* B12 et des *sels* minéraux (phosphore, calcium).

Ce médicament est utilisé dans le *traitement symptomatique* de la fatigue.

CONTRE-INDICATIONS

Ce médicament ne doit pas être utilisé en cas de calcul des *voies* urinaires.

ATTENTION

Des précautions sont nécessaires en cas d'*insuffisance rénale* grave. Ce médicament contient du *sucre* (saccharose) en quantité notable.

INTERACTIONS MÉDICAMENTEUSES

Ce médicament peut interagir avec d'autres médicaments. Signalez tout autre traitement en cours à votre médecin ou à votre pharmacien.

GROSSESSE, ALLAITEMENT ET NOUVEAU-NÉ

Ce médicament ne contient que des substances présumées sans danger pendant la grossesse ou l'allaitement. Néanmoins, ne l'utilisez pas de façon prolongée sans l'avis de votre pharmacien ou de votre médecin.

MODE D'EMPLOI ET POSOLOGIE

Le contenu des ampoules doit être dilué dans un demi-verre d'eau, au début des repas.

Posologie usuelle :
- Adulte et adolescent : 2 ou 3 ampoules de 10 ml par jour.
- Enfant de moins de 15 ans : 2 ou 3 ampoules de 5 ml par jour.

☛ Afin d'éviter d'éventuels *troubles digestifs*, ne pas prendre ce médicament à jeun.

La quantité de *vitamine* B12 contenue dans ce médicament est insuffisante pour traiter une *carence* vraie en cette vitamine.

Une fatigue persistante ne doit pas vous conduire à augmenter les prises de ce médicament : consultez votre médecin.

EFFETS INDÉSIRABLES POSSIBLES

Diarrhée, douleur abdominale.

ARSACOL
acide ursodésoxycholique

PRÉSENTATION

ARSACOL 150 mg : comprimé sécable (blanc) ; boîte de 20 - Remb. 65 % - Liste I

ARSACOL 150 mg : comprimé sécable (blanc) ; boîte de 50 - Remb. 65 % - Liste I

Laboratoires Zambon France

COMPOSITION

	p. comp.
Acide ursodésoxycholique	150 mg

INDICATIONS

C'est un médicament qui appartient à la famille des dissolvants des calculs de la vésicule biliaire. Il contient une substance qui se trouve normalement dans la bile.

Il est utilisé pour dissoudre les calculs biliaires formés de *cholestérol*.

CONTRE-INDICATIONS

Ce médicament ne doit pas être utilisé dans les cas suivants :
- certaines maladies du foie, de l'estomac ou du tube digestif ;
- grossesse.

ATTENTION

L'action de ce médicament est lente. La taille du calcul peut être surveillée par *échographie*.

INTERACTIONS MÉDICAMENTEUSES

Ce médicament peut interagir avec d'autres médicaments, notamment ceux contenant de la colestyramine (QUESTRAN...) : signalez tout autre traitement en cours à votre médecin ou à votre pharmacien.

GROSSESSE, ALLAITEMENT ET NOUVEAU-NÉ

Grossesse :

Ce médicament est contre-indiqué pendant la grossesse : une contraception est recommandée pendant toute la durée du traitement.

Allaitement :

Les données actuellement disponibles ne permettent pas de savoir si ce médicament passe dans le lait maternel.

MODE D'EMPLOI ET POSOLOGIE

Ce médicament doit être pris pendant les repas ou le soir au coucher, de préférence avec un verre de lait.

Posologie usuelle :

1 comprimé, 3 à 4 fois par jour ; la prise du soir peut être de 2 comprimés.

Ce traitement dure habituellement 6 mois et peut être poursuivi plus longtemps si le calcul est volumineux.

EFFETS INDÉSIRABLES POSSIBLES

Rarement : diarrhée.

ARSIQUINOFORME
quinine

PRÉSENTATION

ARSIQUINOFORME : comprimé (bleu clair) ; boîte de 30 - Remb. 65 %

Laboratoires Synthélabo France

COMPOSITION

	p. comp.
Acétarsolate de quinine	0,15 g
Formiate de quinine	0,075 g
Gluten	+

INDICATIONS

Ce médicament contient un antipaludéen, la quinine.

Il est utilisé dans le *traitement curatif* des crises de *paludisme* et également dans le *traitement préventif* en cas de résistance à d'autres antipaludéens.

CONTRE-INDICATIONS

Ce médicament ne doit pas être utilisé en cas de *troubles du rythme cardiaque*.

ATTENTION

Si une prise prolongée à forte dose est envisagée, un bilan auditif initial est nécessaire, à renouveler tous les 3 à 6 mois.

Ce médicament ne doit pas être utilisé sans avis médical.

GROSSESSE, ALLAITEMENT ET NOUVEAU-NÉ

Grossesse :

Les études scientifiques actuellement disponibles n'ont pas mis en évidence de problème particulier lors de l'utilisation ponctuelle chez la femme enceinte. Néanmoins, ce médicament ne doit pas être utilisé sans avis médical.

La quinine peut augmenter les contractions chez la femme enceinte.

Allaitement :

Les données disponibles ne permettent pas de savoir si ce médicament passe dans le lait maternel.

MODE D'EMPLOI ET POSOLOGIE

Ce médicament doit être pris avant les repas.

Posologie usuelle :

Le *traitement préventif* du *paludisme* commence avant le départ, se poursuit pendant la durée de l'exposition au risque et se termine 6 semaines après le retour : 1 comprimé matin et soir.

Le *traitement curatif* varie selon l'âge :
- Adulte : 6 comprimés par jour, en 2 ou 3 prises.
- Enfant de 6 à 12 ans : 2 à 4 comprimés par jour.
- Enfant de 3 à 6 ans : 1 ou 2 comprimés par jour.

La prise de ce médicament ne dispense pas de mesures visant à prévenir les piqûres de moustiques : utilisation de vêtements longs après le coucher du soleil, insecticides, moustiquaire...

Le risque maximal de crise de *paludisme* se situe dans les 4 semaines qui suivent le retour d'un pays tropical : toute fièvre, même banale, pendant cette période, doit vous amener à consulter un médecin.

Une rechute peut toujours survenir, même après un traitement bien suivi.

EFFETS INDÉSIRABLES POSSIBLES

Allergie cutanée.

Bourdonnements d'oreille, baisse de l'audition, *vertiges*.

ART 50
diacerhéine

PRÉSENTATION

ART 50 : gélule (bleu) ; boîte de 30 - Remb. 65 % - Liste I

Laboratoires Negma

COMPOSITION

	p. gél.
Diacerhéine	2 g

INDICATIONS

Ce médicament a un effet *anti-inflammatoire* spécifique.

Il est utilisé dans le *traitement symptomatique* de l'*arthrose*.

CONTRE-INDICATIONS

Ce médicament ne doit pas être utilisé dans les cas suivants :
- *insuffisance hépatique* grave,
- enfant de moins de 15 ans.

ATTENTION

L'effet *antalgique* de ce médicament est lent à apparaître : son délai d'action est de 30 à 45 jours.

Des précautions sont nécessaires en cas d'*insuffisance rénale* grave.

INTERACTIONS MÉDICAMENTEUSES

Ce médicament peut interagir avec d'autres médicaments, notamment avec les *antiacides*. Signalez tout autre traitement en cours à votre médecin ou à votre pharmacien.

GROSSESSE, ALLAITEMENT ET NOUVEAU-NÉ

Ce médicament est récent : par mesure de prudence, il est déconseillé pendant les 3 premiers mois de la grossesse et pendant l'allaitement.

MODE D'EMPLOI ET POSOLOGIE

Ce médicament est réservé à l'adulte.

Les gélules doivent être avalées avec un verre d'eau, de préférence au milieu des repas.

Posologie usuelle :

- Adulte : 1 gélule matin et soir.

EFFETS INDÉSIRABLES POSSIBLES

Diarrhée et douleurs abdominales.

ARTANE
trihexyphénidyle

PRÉSENTATION

ARTANE 2 mg : comprimé (blanc) ; boîte de 50 - Remb. 65 % - Liste I

ARTANE 5 mg : comprimé (blanc) ; boîte de 20 - Remb. 65 % - Liste I

ARTANE 4 mg/ml : solution buvable ; boîte de 30 ml (gouttes) - Remb. 65 % - Liste I

ARTANE 10 mg/5 ml : solution injectable *I.M.* ; boîte de 5 ampoules 5 ml - Remb. 65 % - Liste I

ARTANE 15 : comprimé sécable à effet prolongé (bleu et blanc) ; boîte de 20 - Remb. 65 % - Liste I

Laboratoires Théraplix

COMPOSITION

	p. comp.	p. comp.	p. 10 gtes
Trihexyphénidyle chlorhydrate	2 mg	5 mg	1 mg

	p. amp. inj.	p. comp.
Trihexyphénidyle chlorhydrate	10 mg	15 mg

INDICATIONS

C'est un antiparkinsonien qui appartient à la famille des anticholinergiques (*atropiniques*).

Il est utilisé principalement dans la maladie de *Parkinson* et les autres *syndromes* parkinsoniens.

CONTRE-INDICATIONS

Ce médicament ne doit pas être utilisé dans les cas suivants :
- *glaucome* à angle fermé,
- risque de blocage des urines (*adénome de la prostate*),
- maladies cardiaques graves.

ATTENTION

Vous ne devez pas interrompre brutalement votre traitement.

Si vous souffrez d'*antécédents* de constipation grave ou de rétention urinaire, prévenez votre médecin.

Conducteur : ce médicament peut être responsable de troubles visuels et d'une sensibilité anormale à la lumière.

INTERACTIONS MÉDICAMENTEUSES

Ce médicament peut interagir avec d'autres médicaments. Signalez tout autre traitement en cours à votre médecin ou à votre pharmacien.

GROSSESSE, ALLAITEMENT ET NOUVEAU-NÉ

Grossesse et nouveau-né :

L'effet de ce médicament pendant la grossesse est mal connu : seul votre médecin peut évaluer le risque éventuel de son utilisation dans votre cas.

Si le traitement est poursuivi jusqu'à l'accouchement, une surveillance médicale du *nouveau-né* est nécessaire.

Allaitement :

L'allaitement est déconseillé pendant le traitement.

MODE D'EMPLOI ET POSOLOGIE

Les comprimés doivent être pris avec un peu d'eau. La solution injectable doit être administrée par *voie* intramusculaire.

Posologie usuelle :

Elle est strictement individuelle.

EFFETS INDÉSIRABLES POSSIBLES

Effets *atropiniques* : troubles de l'*accommodation*, bouche sèche, constipation, difficultés à uriner, *glaucome* à angle fermé, étourdissements.

Éruptions cutanées, dilatation du côlon.

En cas de surdosage, ces signes sont accentués et une confusion des idées peut apparaître, en particulier chez la personne âgée.

ARTÉRASE

PRÉSENTATION

ARTÉRASE : comprimé (mauve) ; boîte de 50 - Non remb.

Laboratoires P.P.D.H.

COMPOSITION

	p. comp.
Prêle, poudre	80 mg
Ail, extrait sec	20 mg
Gui, extrait sec	20 mg
Cupressus, extrait sec	20 mg
Marron d'Inde, extrait sec	20 mg
Thiosulfate de magnésium	50 mg
Citrate de sodium	30 mg

INDICATIONS

Ce médicament associe plusieurs substances qui régularisent la circulation du sang dans les veines et luttent contre l'altération des *vaisseaux capillaires*.

Il est utilisé dans le *traitement symptomatique* :

- des troubles pouvant être en rapport avec une mauvaise circulation veineuse,
- des crises d'*hémorroïdes*.

ATTENTION

Ce médicament est insuffisant pour prévenir le risque de *phlébite* chez les malades alités ou plâtrés.

Ce médicament soulage, mais n'empêche pas l'aggravation de l'*insuffisance veineuse*, qui requiert des mesures spécifiques telles que la *contention élastique*.

GROSSESSE, ALLAITEMENT ET NOUVEAU-NÉ

L'effet de ce médicament pendant la grossesse ou l'allaitement est mal connu. L'évaluation du risque éventuel lié à son utilisation est individuelle : demandez conseil à votre pharmacien ou à votre médecin.

MODE D'EMPLOI ET POSOLOGIE

Ce médicament doit être pris avec un verre d'eau au cours des repas.

Posologie usuelle :

1 à 2 comprimés, 3 fois par jour.

Une activité physique régulière et la surélévation du pied du lit permettent de faciliter la circulation veineuse et *lymphatique*.

ARTEX
tertatolol

PRÉSENTATION

ARTEX 5 mg : comprimé sécable (blanc) ; boîte de 30 - Remb. 65 % - Liste I

Laboratoires Therval

COMPOSITION

	p. comp.
Tertatolol chlorhydrate	5 mg

INDICATIONS

Ce médicament appartient à la famille des *bêtabloquants*. Ceux-ci agissent en bloquant l'action de l'*adrénaline* (et d'autres *hormones* apparentées) sur de nombreux organes et notamment sur le cœur, les vaisseaux et les bronches.

Il est utilisé dans le traitement de l'*hypertension artérielle*.

CONTRE-INDICATIONS

Ce médicament ne doit pas être utilisé dans les cas suivants :

- *asthme*,
- *insuffisance cardiaque* grave non contrôlée par un traitement spécifique,
- *bloc auriculo-ventriculaire* grave,
- rythme cardiaque inférieur à 50 battements par minute,
- syndrome de *Raynaud*,
- *insuffisance rénale* très grave,
- association avec les médicaments contenant de la floctafénine.

ATTENTION

N'interrompez jamais brutalement le traitement. Espacez progressivement les prises. Un avis médical est toujours préférable.

Diabétiques : les *bêtabloquants* peuvent masquer certains *symptômes* de l'*hypoglycémie*, essentiellement *palpitations* et accélération du cœur.

INTERACTIONS MÉDICAMENTEUSES

Ce médicament ne doit pas être associé à la floctafénine (IDARAC...) : risque d'augmentation de la gravité d'un éventuel *choc* allergique.

Il peut interagir avec d'autres médicaments, notamment ceux contenant de l'amiodarone. Signalez tout autre traitement en cours à votre médecin ou à votre pharmacien.

GROSSESSE, ALLAITEMENT ET NOUVEAU-NÉ

Grossesse et nouveau-né :

L'effet de ce médicament sur l'enfant à naître est mal connu. Seul votre médecin peut apprécier la nécessité du traitement et son risque.

L'effet *bêtabloquant* persiste quelques jours chez le *nouveau-né* et justifie une surveillance médicale renforcée pendant les premiers jours de la vie.

Allaitement :

Ce médicament passe dans le lait maternel : l'allaitement est déconseillé.

MODE D'EMPLOI ET POSOLOGIE

Ce médicament peut être pris indifféremment pendant ou en dehors des repas.

Posologie usuelle :

1 comprimé par jour, le matin.

Veillez à toujours disposer d'une réserve de ce médicament : une plaquette dans la boîte à gants de la voiture et dans la trousse de toilette, par exemple.

Il est normal que le rythme cardiaque ralentisse sous l'effet du traitement ; néanmoins, en cas de fatigue anormale et de pouls inférieur à 50 battements par minute, consultez votre médecin.

EFFETS INDÉSIRABLES POSSIBLES

Bénins et peu fréquents : *troubles digestifs*, fatigue en début de traitement, troubles du sommeil, syndrome de *Raynaud* et fourmillement des extrémités ; parfois, réactions cutanées.

Potentiellement graves et rares : *bloc auriculo-ventriculaire*, ralentissement important du cœur, chute de tension, *insuffisance cardiaque*, crise d'*asthme*.

ARTHROCINE
sulindac

PRÉSENTATION

ARTHROCINE 100 : comprimé sécable hexagonal (jaune) ; boîte de 40 - Remb. 65 % - Liste I

ARTHROCINE 200 : comprimé sécable hexagonal (jaune) ; boîte de 30 - Remb. 65 % - Liste I

Laboratoires M.S.D.-Chibret

COMPOSITION

	p. comp.	p. comp.
Sulindac	100 mg	200 mg

INDICATIONS

Ce médicament est un *anti-inflammatoire* non stéroïdien (*AINS*). Il lutte contre l'*inflammation* et la douleur, fait baisser la fièvre et fluidifie le sang.

Il est utilisé dans le *traitement symptomatique* :
- des *rhumatismes inflammatoires*,
- des *arthroses*,
- des *tendinites*.

CONTRE-INDICATIONS

Ce médicament ne doit pas être utilisé dans les cas suivants :
- *allergie* aux *AINS*, y compris l'aspirine ;
- *ulcère* de l'estomac ou du *duodénum* ;
- *insuffisance hépatique*, *insuffisance rénale* graves ;
- enfant de moins de 15 ans ;
- **grossesse** (3 derniers mois) ;
- **allaitement.**

ATTENTION

Tout traitement prolongé ou surdosage d'*AINS* expose à des effets indésirables graves.

Tout *symptôme* pouvant faire craindre une complication impose l'arrêt du traitement : fièvre, *allergie* cutanée.

Des précautions sont nécessaires en cas d'*antécédents* d'*ulcère* de l'estomac et du *duodénum*, de risque hémorragique et chez la femme qui porte un stérilet.

Conducteur : ce médicament peut provoquer parfois des étourdissements.

INTERACTIONS MÉDICAMENTEUSES

Ce médicament peut interagir avec d'autres médicaments, notamment :
- l'aspirine et les autres *anti-inflammatoires* non stéroïdiens : risque d'accroissement des effets indésirables ;
- les *anticoagulants* et les *antiagrégants plaquettaires* (TICLID...) : augmentation du risque hémorragique ;
- le *lithium* (TÉRALITHE, NEUROLITHIUM) : augmentation du taux de lithium dans le sang.

Signalez tout autre traitement en cours à votre médecin ou à votre pharmacien.

GROSSESSE, ALLAITEMENT ET NOUVEAU-NÉ

Grossesse :

Des effets néfastes graves pour la mère et l'enfant à naître ont été mis en évidence lorsque ce médicament, comme tous les *AINS*, est utilisé au cours des 3 derniers mois de la grossesse : son usage est formellement contre-indiqué pendant cette période.

Pendant les 6 premiers mois, l'effet de ce médicament est mal connu : seul votre médecin peut évaluer le risque éventuel de son utilisation dans votre cas.

Allaitement :

Ce médicament passe dans le lait maternel : par mesure de prudence, il est contre-indiqué pendant l'allaitement.

MODE D'EMPLOI ET POSOLOGIE

Les comprimés doivent être avalés avec un verre d'eau, de préférence au cours des repas.

Posologie usuelle :

- Adulte : 2 comprimés à 100 mg ou 1 comprimé à 200 mg, 1 ou 2 fois par jour.

Ne dépassez pas la *posologie* ni la durée de traitement prescrites par votre médecin afin d'éviter les effets indésirables.

Ce médicament vous a été prescrit dans une situation précise : ne le conseillez pas à un proche, ne le réutilisez pas sans avis médical.

EFFETS INDÉSIRABLES POSSIBLES

Troubles digestifs : *gastrite*, *stomatite*, douleurs abdominales.

Jaunisse, *ulcérations* du tube digestif.

Maux de tête, *vertiges*, bourdonnement d'oreille, somnolence ou insomnie.

Réactions allergiques cutanées (éruptions, démangeaisons...), *asthme*.

Troubles visuels exceptionnels.

ARTISIAL

PRÉSENTATION

ARTISIAL : solution pour application locale ; flacon pressurisé 100 ml - Remb. 35 %

Laboratoires Jouveinal

COMPOSITION

	p. 100 ml
Chlorure de potassium	62,450 mg
Chlorure de sodium	86,550 mg
Chlorure de magnésium	5,875 mg
Chlorure de calcium	16,625 mg
Phosphate dipotassique	80,325 mg
Phosphate monopotassique	32,600 mg

INDICATIONS

Cette solution d'usage local a une composition proche de celle de la salive.

Elle est utilisée en cas de diminution ou d'absence de sécrétions salivaires.

GROSSESSE, ALLAITEMENT ET NOUVEAU-NÉ

Ce médicament peut être utilisé chez la femme enceinte ou qui allaite.

MODE D'EMPLOI ET POSOLOGIE

Pulvériser la solution dans la bouche en tenant le flacon verticalement.

Posologie usuelle :

6 à 8 pulvérisations par jour.

Le flacon est pressurisé : il ne doit pas être exposé à des températures supérieures à 50 °C, ni percé.

EFFETS INDÉSIRABLES POSSIBLES

Exceptionnellement : picotements, nausées.

Les médicaments sont prescrits dans une situation précise : ne les réutilisez pas sans avis médical.

ARTROSAN

harpagophytum, reine-des-prés

PRÉSENTATION

ARTROSAN : comprimé arôme orange ; boîte de 36 - Non remb.

Laboratoires Dolisos

COMPOSITION

	p. comp.
Harpagophytum, racine, extrait sec	200 mg
Reine-des-prés, sommité fleurie, extrait sec	100 mg
Aspartam	+

INDICATIONS

Ce médicament contient des extraits de plantes.

Il est utilisé dans le *traitement symptomatique* des douleurs articulaires.

CONTRE-INDICATIONS

Ce médicament ne doit pas être utilisé en cas de *phénylcétonurie* (présence d'aspartam).

GROSSESSE, ALLAITEMENT ET NOUVEAU-NÉ

Ce médicament ne contient que des plantes présumées sans danger pendant la grossesse ou l'allaitement. Néanmoins, ne l'utilisez pas de façon prolongée sans l'avis de votre pharmacien ou de votre médecin.

MODE D'EMPLOI ET POSOLOGIE

Les comprimés peuvent être sucés ou dissous dans de l'eau chaude (verser sur le comprimé un demi-verre d'eau portée à ébullition et attendre pendant 5 minutes la solubilisation).

Posologie usuelle :

1 à 3 comprimés, 2 fois par jour.

Conserver les comprimés à l'abri de la chaleur et de l'humidité.

ASCABIOL

benzoate de benzyle, sulfirame

PRÉSENTATION

ASCABIOL : lotion ; flacon 125 ml - Non remb.

Laboratoires Théraplix

COMPOSITION

	p. 100 ml
Benzoate de benzyle	10 g
Sulfirame	2 g

INDICATIONS

Cette lotion contient une substance active sur certains parasites de la peau.

Elle est principalement utilisée contre les parasites de la gale (sarcoptes) et les aoûtats.

ATTENTION

Ce médicament peut être irritant : rincer abondamment en cas de contact avec les *muqueuses*.

Éviter d'utiliser cette lotion sur une peau lésée, notamment chez l'enfant.

Il est recommandé de mettre des gants aux jeunes enfants, pour éviter une ingestion éventuelle du produit.

GROSSESSE, ALLAITEMENT ET NOUVEAU-NÉ

Grossesse :

Ce médicament peut être utilisé chez la femme enceinte, mais la durée d'application ne doit pas dépasser 12 heures.

Allaitement :

N'allaitez pas pendant la durée du traitement.

MODE D'EMPLOI ET POSOLOGIE

Traitement de la gale : avant le traitement, prenez un bain et séchez-vous soigneusement. À l'aide d'un pinceau, appliquez la lotion sur tout le corps, sauf sur le visage et le cuir chevelu, en insistant sur les mains et dans les plis de la peau. Laissez agir le traitement pendant 24 heures (12 heures seulement pour l'enfant de moins de 2 ans et pour la femme enceinte), puis lavez-vous pour éliminer le produit. Les draps doivent être changés deux fois : juste avant l'application du produit et lors de la première nuit, après le rinçage. Les démangeaisons peuvent persister 10 à 15 jours : elles ne doivent pas conduire au renouvellement du traitement.

Traitement des aoûtats : appliquez la lotion sur les lésions à l'aide d'un morceau de coton.

Si la gale est infectée, consultez votre médecin avant tout traitement.

Une irritation persistante ou un *eczéma* peuvent apparaître après le traitement et justifier des soins spécifiques. Cela ne signifie pas que le traitement a échoué.

Pour éviter une réinfestation, il est nécessaire que l'entourage (famille, partenaire sexuel) suive le même traitement. Les vêtements récemment portés, les chaussons et les chapeaux doivent être désinfectés. Le linge de corps et les draps doivent être lavés à 60 °C.

La literie (couverture, couette, oreillers) doit aussi être désinfectée.

Il existe également un moyen simple de se débarrasser du parasite : laissez les vêtements contaminés dans un endroit frais pendant une quinzaine de jours.

EFFETS INDÉSIRABLES POSSIBLES

Irritation locale fréquente, *eczéma*.

En cas d'ingestion accidentelle : risque de *convulsions*. Appeler le centre antipoison.

ASCENCYL

PRÉSENTATION

ASCENCYL : solution buvable arôme orange ; boîte de 20 ampoules 10 ml - Non remb.

Laboratoires Théraplix

COMPOSITION

	p. amp.
Adénosine phosphate	20 mg
Cyanocobalamine anhydre (vitamine B12)	1 mg
Magnésium aspartate	100 mg
Manganèse gluconate	6 mg
Soit magnésium	6,75 mg
Soit manganèse	0,685 mg
Alcool à 95°	1,8 ml
Saccharose	3 g

INDICATIONS

Ce médicament est un *antiasthénique*. C'est une association de substances contenant de la *vitamine* B12, du magnésium et du manganèse.

Il est utilisé dans le *traitement symptomatique* de la fatigue.

ATTENTION

Ce médicament contient de l'*alcool* et du *sucre* (saccharose) en quantité notable.

GROSSESSE, ALLAITEMENT ET NOUVEAU-NÉ

Ce médicament ne contient que des substances présumées sans danger pendant la grossesse ou l'allaitement. Néanmoins, ne l'utilisez pas de façon prolongée sans l'avis de votre pharmacien ou de votre médecin.

MODE D'EMPLOI ET POSOLOGIE

Le contenu des ampoules peut être avalé pur ou dilué dans un peu d'eau, au moment des repas.

Posologie usuelle :

- Adulte : 1 ampoule, 2 ou 3 fois par jour. Ce médicament ne convient pas à l'enfant de moins de 15 ans.

La quantité de *vitamine* B12 contenue dans ce médicament est insuffisante pour traiter une *carence* vraie en cette vitamine.

Une fatigue persistante ne doit pas vous conduire à augmenter les prises de ce médicament : consultez votre médecin.

EFFETS INDÉSIRABLES POSSIBLES

Rarement : *allergie* lié à la *vitamine* B12.

ASCOFER

ascorbate ferreux

PRÉSENTATION

ASCOFER : gélule (rouge brique et noir) ; boîte de 30 - Remb. 65 %

Laboratoires Gerda

COMPOSITION

	p. gél.
Ascorbate ferreux	245 mg
Soit fer	33 mg

INDICATIONS

Ce médicament contient du fer, élément minéral essentiel au fonctionnement de l'organisme. Le fer est nécessaire à la formation de l'*hémoglobine*, contenue dans les *globules rouges* et qui assure le transport de l'oxygène dans le sang.

Il est utilisé dans le traitement des *carences* en fer responsables de certaines formes d'*anémies*. Il est également utilisé pour prévenir cette carence chez la femme enceinte, le *nouveau-né* ou le *nourrisson*, lorsque les apports alimentaires sont insuffisants.

CONTRE-INDICATIONS

Ce médicament ne doit pas être utilisé en cas d'excès de fer dans l'organisme.

ATTENTION

Un apport en fer sous forme de médicament ne peut être décidé que par votre médecin. La quantité de fer contenue dans une alimentation diversifiée est généralement suffisante.

INTERACTIONS MÉDICAMENTEUSES

Ce médicament peut interagir avec les *antibiotiques* de la famille des *cyclines*. Respectez un intervalle de 2 heures entre les prises des deux médicaments. Signalez tout autre traitement en cours à votre médecin ou à votre pharmacien.

GROSSESSE, ALLAITEMENT ET NOUVEAU-NÉ

Ce médicament peut être utilisé pendant la grossesse ou l'allaitement uniquement s'il vous a été prescrit par votre médecin.

MODE D'EMPLOI ET POSOLOGIE

Ce médicament est mieux absorbé s'il est pris avec un verre d'eau avant les repas. En cas d'*intolérance*, vous pouvez le prendre en plusieurs fois au cours des repas.

Pour le *nourrisson* et le jeune enfant, ouvrez la gélule et délayez son contenu dans une boisson ou un aliment semi-liquide (purée...).

Posologie usuelle :

- Adulte et enfant de plus de 12 ans : 3 à 6 gélules par jour.
- Femme enceinte : 1 ou 2 gélules par jour pendant les 3 derniers mois de la grossesse (sur prescription médicale).
- Nourrisson et enfant de moins de 12 ans : 1/2 à 3 gélules par jour.

La coloration des selles en noir est habituelle et ne doit pas vous conduire à interrompre le traitement.

Si vous ne supportez pas ce médicament (*troubles digestifs*), prévenez votre médecin : il pourra vous proposer un autre traitement.

La reconstitution du stock en fer de l'organisme nécessite un traitement de longue durée (plusieurs mois) ; respectez la durée prescrite par votre médecin.

Les aliments les plus riches en fer sont d'origine animale : viande, poisson, volaille, abats.

EFFETS INDÉSIRABLES POSSIBLES

Nausées, constipation, diarrhée.

ASCORBATE DE CALCIUM RICHARD
vitamine C

PRÉSENTATION

ASCORBATE DE CALCIUM : granulé (jaune) arôme citron ; boîte de 125 g - Non remb.

Laboratoires Richard

COMPOSITION

	p. c. à c.
Ascorbate de calcium	
Soit acide ascorbique (vitamine C)	150 mg
Soit calcium	35,25 mg
Tartrazine	+

INDICATIONS

Ce médicament contient de l'acide ascorbique (*vitamine* C), indispensable au *métabolisme*. Sa *carence* était autrefois responsable du scorbut chez les navigateurs.

Il est utilisé :
- à faible dose, dans le *traitement préventif* des carences en vitamine C et le traitement du scorbut confirmé (exceptionnels en France) ;
- à forte dose, dans le traitement de la fatigue au cours des états grippaux et des suites de maladie.

CONTRE-INDICATIONS

Ce médicament ne doit pas être utilisé dans les cas suivants :
- à une dose supérieure à 1 g par jour, en cas d'*antécédents* de calcul des *voies* urinaires ;
- *allergie* à la tartrazine ou à l'aspirine.

ATTENTION

La *vitamine* C est dégradée dans l'organisme en acide oxalique pouvant favoriser la formation de calculs dans les *voies* urinaires. Ne prenez pas de dose importante de vitamine C pendant une longue durée sans avis médical.

Des précautions sont nécessaires en cas de déficit en *G6PD*.

GROSSESSE, ALLAITEMENT ET NOUVEAU-NÉ

La *vitamine* C, à faible dose, n'est pas toxique chez la femme enceinte ou qui allaite.

MODE D'EMPLOI ET POSOLOGIE

Posologie usuelle :
- Adulte : 2 à 6 cuillères à café par jour.
- Enfant : 1 à 3 cuillères à café par jour.

Il est préférable de ne pas prendre ce médicament en fin de journée à cause de son effet légèrement stimulant.

Une prise quotidienne (supérieure à 2 g) de *vitamine* C peut modifier certaines analyses de sang.

La vitamine C est présente dans les légumes, y compris la pomme de terre, et les fruits ; elle est dégradée en partie par la chaleur et la lumière. Elle est largement utilisée comme conservateur dans les produits alimentaires.

Une alimentation équilibrée et diversifiée apporte habituellement des quantités suffisantes de vitamine C. Il est inutile d'augmenter les doses ou la durée du traitement conseillées par votre médecin ou votre pharmacien : un excès d'apport est éliminé par les urines.

EFFETS INDÉSIRABLES POSSIBLES

À forte dose (supérieure à 1 g) : brûlures d'estomac, diarrhée.

Chez les personnes prédisposées : calculs des *voies* urinaires.

ASCORTONYL

PRÉSENTATION

ASCORTONYL : solution buvable ; boîte de 12 ampoules A (5 ml) et 12 ampoules B (5 ml) - Non remb.

Laboratoires Gerda

COMPOSITION

	p. amp. A	p. amp. B
Aspartate magnésopotassique	400 mg	
Acide ascorbique (vitamine C)	450 mg	
Cyanocobalamine (vitamine B12)		220 µg
Sorbitol à 60 %		2,85 g
Soit magnésium	14,6 mg	
Soit potassium	59,6 mg	
Soit sodium	88,70 mg	

INDICATIONS

Ce médicament contient un *acide aminé*, des éléments minéraux (magnésium, *potassium*), des *vitamines* et du sorbitol.

Il est utilisé dans le *traitement symptomatique* de certaines fatigues (*asthénies fonctionnelles*).

ATTENTION

Dans l'organisme, la *vitamine* C est dégradée en acide oxalique pouvant favoriser la formation de calculs dans les *voies* urinaires. Ne prenez pas de dose importante et prolongée de vitamine C sans avis médical.

Ce médicament contient du *sucre* en quantité notable.

La quantité de vitamine B12 contenue dans ce médicament est insuffisante pour traiter une *carence* vraie mais peut en masquer les signes.

INTERACTIONS MÉDICAMENTEUSES

Ce médicament peut interagir avec d'autres médicaments, signalez tout autre traitement en cours à votre pharmacien ou à votre médecin.

GROSSESSE, ALLAITEMENT ET NOUVEAU-NÉ

Ce médicament ne contient que des substances présumées sans danger pendant la grossesse ou l'allaitement. Néanmoins, ne l'utilisez pas de façon prolongée sans l'avis de votre pharmacien ou de votre médecin.

MODE D'EMPLOI ET POSOLOGIE

Le contenu des ampoules A et B doit être mélangé dans un peu d'eau et pris au début ou au cours des repas.

Posologie usuelle :
- Adulte et enfant de plus de 6 ans : 1 prise d'ampoules A et B, 2 fois par jour.
- Enfant de 2 à 6 ans : 1 prise d'ampoules A et B par jour.

Afin d'éviter d'éventuels *troubles digestifs*, ne prenez pas ce médicament à jeun.

Une fatigue persistante ne doit pas vous conduire à augmenter les prises de ce médicament : consultez votre médecin.

EFFETS INDÉSIRABLES POSSIBLES

Diarrhée, douleur abdominale chez les personnes prédisposées.

ASPAM
aspartam

PRÉSENTATION

ASPAM : comprimé ; boîte de 200 - Non remb.

ASPAM : poudre orale ; boîte poudreuse 50 g - Non remb.

Laboratoires C.P.F.

COMPOSITION

	p. comp.	p. c. à c.
Aspartam	22 mg	350 mg
Glucides assimilables	50 mg	3,25 g

INDICATIONS

Ce médicament contient une substance au goût sucré (édulcorant de synthèse).

Il est utilisé en remplacement du *sucre* par les personnes qui suivent un régime (*diabète*, surpoids).

CONTRE-INDICATIONS

Ce médicament ne doit pas être utilisé en cas de *phénylcétonurie*.

GROSSESSE, ALLAITEMENT ET NOUVEAU-NÉ

Ce médicament peut être utilisé pendant la grossesse ou l'allaitement si votre médecin le juge nécessaire.

MODE D'EMPLOI ET POSOLOGIE

1 comprimé a le pouvoir sucrant d'un morceau de sucre de 5 g, 1 cuillère à café de poudre, celui de 13 cuillères à café de sucre.

L'aspartam ne peut pas subir de cuisson et doit par conséquent être utilisé avec des aliments déjà chauds.

Les comprimés apportent 0,3 kcal et une cuillère à café de poudre apporte 14 kcal.

ASPÉGIC

acétylsalicylate de lysine

PRÉSENTATION

ASPÉGIC Enfants-Nourrissons : poudre orale arôme mandarine ; boîte de 20 sachets - Remb. 65 %

ASPÉGIC 250 : poudre orale arôme mandarine ; boîte de 20 sachets - Remb. 65 %

ASPÉGIC 500 : poudre orale arôme mandarine ; boîte de 20 sachets - Remb. 65 %

ASPÉGIC 1000 Adulte : poudre orale arôme mandarine ; boîte de 20 sachets - Remb. 65 %

Laboratoires Synthélabo France

COMPOSITION

	p. sach. Enf. nour.	p. sachet
Acétylsalicylate de lysine Soit acide acétylsalicylique (aspirine) ...	100 mg	250 mg
	p. sachet	p. sachet
Acétylsalicylate de lysine Soit acide acétylsalicylique (aspirine) ...	500 mg	1 000 mg

INDICATIONS

C'est un médicament aux nombreuses propriétés : *antalgique* et *antipyrétique*, mais aussi *anti-inflammatoire* à dose élevée, et fluidifiant du sang. Son principe actif est l'aspirine.

Il est principalement utilisé en cas de :
- fièvre (mais n'agit pas sur sa cause) ;
- courbatures, états grippaux, maux de tête ;
- douleurs diverses ;
- rhumatismes.

CONTRE-INDICATIONS

Ce médicament ne doit pas être utilisé dans les cas suivants :
- *allergie* à l'aspirine et aux *AINS*,
- *ulcère* de l'estomac ou du *duodénum*,
- *hémorragie* et risque hémorragique,
- **grossesse :** pendant les 3 derniers mois ou, en prise prolongée, à toute période de la grossesse.

ATTENTION

L'aspirine n'est pas un médicament anodin. Tout surdosage ou prise prolongée exposent à des complications sérieuses.

Ne laissez pas ce médicament à la portée des enfants. En cas d'intoxication accidentelle, appelez un service d'urgence ou un centre antipoison (voir Annexes).

Évitez de prendre ce médicament pendant la semaine qui précède une extraction dentaire ou une opération (augmentation du risque d'*hémorragie*).

Un avis médical est préférable chez les personnes présentant des *antécédents* d'*ulcère* de l'estomac ou du *duodénum*, même ancien, d'*asthme*, d'*insuffisance rénale*, et chez les femmes qui portent un stérilet.

L'aspirine est déconseillée chez les personnes atteintes de *goutte* et chez les femmes lors de règles abondantes.

Évitez la prise de boissons alcoolisées avec l'aspirine.

INTERACTIONS MÉDICAMENTEUSES

Les personnes traitées par des médicaments anticancéreux contenant du méthotrexate ne doivent pas utiliser d'aspirine.

Ce médicament peut interagir avec d'autres médicaments, notamment les *anticoagulants* et les *antiagrégants plaquettaires* (TICLID...) : augmentation du risque hémorragique. Signalez tout autre traitement en cours à votre médecin ou à votre pharmacien.

GROSSESSE, ALLAITEMENT ET NOUVEAU-NÉ

Grossesse :

Des effets néfastes pour la mère et pour l'enfant à naître ont été mis en évidence lorsque l'aspirine est utilisée au cours des 3 derniers mois de la grossesse. En conséquence, seule la prise ponctuelle est admise durant les 6 premiers mois. Toute prise d'aspirine est contre-indiquée au cours des 3 derniers mois.

Allaitement :

Ce médicament passe dans le lait maternel : il est déconseillé pendant l'allaitement.

MODE D'EMPLOI ET POSOLOGIE

Verser le contenu du sachet dans un verre. Ajouter de l'eau, du lait ou un jus de fruit. La dissolution est rapide et totale.

Les prises doivent être espacées d'au moins 4 heures. Le médicament peut être pris au cours des repas. L'effet sera plus rapide s'il est pris à jeun.

Posologie usuelle :
- Adulte :
  - douleur isolée : 500 mg à 1 g en une prise ;
  - fièvre : 500 mg, 3 à 5 fois par jour ; ne pas dépasser 3 g par jour ;
  - douleurs rebelles ou rhumatismales : 1 g, 3 fois par jour. Cette *posologie* ne doit pas être prolongée sans l'avis de votre médecin ; dans certains cas, celui-ci pourra prescrire jusqu'à 6 g par jour.
- Enfant : la *posologie* dépend du poids, elle peut varier entre 25 mg et 50 mg par kg et par jour répartis en 3 ou 4 prises. Par exemple pour un enfant de 20 kg : la dose la plus forte habituelle est 1 sachet dosé à 250 mg, 4 fois par jour (soit une dose totale de 1 g par jour). Respectez la posologie fixée par votre médecin.

ASPÉGIC Enfants-Nourrissons convient dès la naissance.
ASPÉGIC 250 convient à l'enfant de plus de 30 mois.
ASPÉGIC 500 peut être utilisé chez l'enfant, mais seulement après 6 ans.
ASPÉGIC 1000 ne doit pas être utilisé chez l'enfant de moins de 15 ans.

Pour adapter la *posologie* au poids d'un enfant, il vaut mieux fractionner le médicament en solution plutôt que d'essayer de partager la poudre. La solution se conserve sans problème 4 à 5 heures au réfrigérateur.

EFFETS INDÉSIRABLES POSSIBLES

Gastrite, douleurs abdominales, saignements du nez ou des gencives.

Rares et parfois graves :
- *hémorragie* du tube digestif : vomissements sanglants, selles noires, ou plus souvent pertes de sang imperceptibles responsables de l'apparition progressive d'une *anémie* ;
- accidents allergiques : *urticaire*, *œdème*, *asthme*.

Symptômes devant faire penser à un surdosage : bourdonnements d'oreille, sensation de baisse de l'audition, maux de tête.

ASPIRINE BAYER

PRÉSENTATION

ASPIRINE BAYER 500 mg : comprimé (blanc) ; boîte de 20 - Non remb.

ASPIRINE BAYER 500 mg : comprimé (blanc) ; boîte de 50 - Non remb.

Laboratoires Bayer Pharma

COMPOSITION

	p. comp.
Acide acétylsalicylique (aspirine)	500 mg

INDICATIONS

Ce médicament contient de l'aspirine, qui possède de nombreuses propriétés : *antalgique* et *antipyrétique*, mais aussi *anti-inflammatoire* à dose élevée, et fluidifiant du sang.

Il est principalement utilisé en cas de douleurs diverses, courbatures, fièvre (mais n'agit pas sur sa cause), états grippaux.

CONTRE-INDICATIONS

Ce médicament ne doit pas être utilisé dans les cas suivants :
- *allergie* aux *salicylés* ou aux *AINS*,
- *ulcère* de l'estomac ou du *duodénum*,
- *hémorragie* et risque hémorragique,
- enfant de moins de 6 ans,
- **grossesse :** pendant les 3 derniers mois, ou, en prise prolongée, à toute période de la grossesse.

ATTENTION

L'aspirine n'est pas un médicament anodin. Tout surdosage ou prise prolongée exposent à des complications sérieuses.

Un avis médical est préférable chez les personnes présentant des *antécédents* d'*ulcère* de l'estomac ou du *duodénum*, même ancien, d'*asthme*, d'*insuffisance rénale*, et chez les femmes qui portent un stérilet.

L'aspirine est déconseillée chez les personnes atteintes de *goutte* et chez les femmes lors de règles abondantes.

Évitez de prendre ce médicament pendant la semaine qui précède une extraction dentaire ou une opération (augmentation du risque d'*hémorragie*).

Évitez la prise de boissons alcoolisées avec l'aspirine.

INTERACTIONS MÉDICAMENTEUSES

Les personnes traitées par des médicaments anticancéreux contenant du méthotrexate ne doivent pas utiliser d'aspirine.

Ce médicament peut interagir avec d'autres médicaments, notamment les *anticoagulants* et les *antiagrégants plaquettaires* (TICLID...) : augmentation du risque hémorragique. Signalez tout autre traitement en cours à votre médecin ou à votre pharmacien.

GROSSESSE, ALLAITEMENT ET NOUVEAU-NÉ

Grossesse :

Des effets néfastes pour la mère et pour l'enfant à naître ont été mis en évidence lorsque l'aspirine est utilisée au cours des 3 derniers mois de la grossesse. En conséquence, seule la prise ponctuelle est admise durant les 6 premiers mois. Toute prise d'aspirine est contre-indiquée au cours des 3 derniers mois.

Allaitement :

Ce médicament passe dans le lait maternel : il est déconseillé pendant l'allaitement.

MODE D'EMPLOI ET POSOLOGIE

Les comprimés doivent être désagrégés dans un grand verre d'eau.

Ce médicament doit être pris de préférence au moment des repas. Mais l'effet sera plus rapide s'il est pris à jeun.

Les prises du médicament doivent être espacées d'au moins 4 heures.

Ce médicament est réservé à l'adulte et à l'enfant de plus de 6 ans.

Posologie usuelle :

- Adulte : 1 comprimé, 1 à 6 fois par jour. Ne pas dépasser 3 g par jour.
- Enfant de 6 à 15 ans : la *posologie* dépend du poids ; elle peut varier entre 25 mg et 50 mg par kg et par jour, répartis en 2 à 5 prises. Par exemple, pour un enfant de 30 kg, la dose la plus forte habituelle est de 1 comprimé, 3 fois par jour.

EFFETS INDÉSIRABLES POSSIBLES

Gastrite, douleurs abdominales, saignements du nez ou des gencives.

Rares et parfois graves :

- *hémorragie* du tube digestif : vomissements sanglants, selles noires, ou plus souvent pertes de sang imperceptibles, responsables de l'apparition progressive d'une *anémie* ;
- accidents allergiques : *urticaire*, *œdème*, *asthme*.

Signes devant faire penser à un surdosage : bourdonnements d'oreille, sensation de baisse de l'audition, maux de tête.

ASPIRINE CORBIÈRE

PRÉSENTATION

ASPIRINE SOLUBLE CORBIÈRE 100 mg : poudre orale arôme mandarine ; boîte de 20 sachets - Remb. 65 %

ASPIRINE SOLUBLE CORBIÈRE 250 mg : poudre orale arôme mandarine ; boîte de 20 sachets - Remb. 65 %

ASPIRINE SOLUBLE CORBIÈRE 500 mg : poudre orale arôme mandarine ; boîte de 20 sachets - Remb. 65 %

ASPIRINE SOLUBLE CORBIÈRE 1 g : poudre orale arôme mandarine ; boîte de 20 sachets - Remb. 65 %

Laboratoires Evans Medical

COMPOSITION

	p. sachet	p. sachet
Acétylsalicylate de lysine	180 mg	450 mg
Soit acide acétylsalicylique (aspirine)	100 mg	250 mg

	p. sachet	p. sachet
Acétylsalicylate de lysine	900 mg	1,8 g
Soit acide acétylsalicylique (aspirine)	500 mg	1 g

INDICATIONS

Ce médicament contient de l'aspirine, qui possède de nombreuses propriétés : *antalgique* et *antipyrétique*, mais aussi *anti-inflammatoire* à dose élevée, et fluidifiant du sang.

Il est principalement utilisé en cas de fièvre (mais n'agit pas sur sa cause), états grippaux, douleurs diverses (maux de tête, douleurs dentaires...) et rhumatismes.

CONTRE-INDICATIONS

Ce médicament ne doit pas être utilisé dans les cas suivants :

- *allergie* aux *salicylés* ou aux *AINS* ;
- *ulcère* de l'estomac ou du *duodénum*,
- *hémorragie* et risque hémorragique,
- **grossesse** : pendant les 3 derniers mois, ou, en prise prolongée, à toute période de la grossesse.

ATTENTION

L'aspirine n'est pas un médicament anodin. Tout surdosage ou prise prolongée exposent à des complications sérieuses.

Ne laissez pas ce médicament à la portée des enfants. En cas d'intoxication accidentelle, contactez un service d'urgence ou un centre antipoison (voir Annexes).

Un avis médical est préférable chez les personnes présentant des *antécédents* d'*ulcère* de l'estomac ou du *duodénum*, même ancien, d'*asthme*, d'*insuffisance rénale*, et chez les femmes qui portent un stérilet.

L'aspirine est déconseillée chez les personnes atteintes de *goutte* et chez les femmes lors de règles abondantes.

Évitez de prendre ce médicament pendant la semaine qui précède une extraction dentaire ou une opération (augmentation du risque d'*hémorragie*).

Évitez la prise de boissons alcoolisées avec l'aspirine.

INTERACTIONS MÉDICAMENTEUSES

Les personnes traitées par des médicaments anticancéreux contenant du méthotrexate ne doivent pas utiliser d'aspirine.

Ce médicament peut interagir avec d'autres médicaments, notamment les *anticoagulants* et les *antiagrégants plaquettaires* (TICLID...) : augmentation du risque hémorragique. Signalez tout autre traitement en cours à votre médecin ou à votre pharmacien.

GROSSESSE, ALLAITEMENT ET NOUVEAU-NÉ

Grossesse :

Des effets néfastes pour la mère et pour l'enfant à naître ont été mis en évidence lorsque l'aspirine est utilisée au cours des 3 derniers mois de la grossesse. En conséquence, seule la prise ponctuelle est admise durant les 6 premiers mois. Toute prise d'aspirine est contre-indiquée au cours des 3 derniers mois.

Allaitement :

Ce médicament passe dans le lait maternel : il est déconseillé pendant l'allaitement.

MODE D'EMPLOI ET POSOLOGIE

Verser le contenu du sachet dans un verre. Ajouter de l'eau, du lait ou un jus de fruit. La dissolution est rapide et totale.

Ce médicament peut être pris au cours des repas, mais l'effet sera plus rapide s'il est pris à jeun.

Les prises doivent être espacées d'au moins 4 heures.

Posologie usuelle :

- Adulte :
  - douleur isolée : 500 mg à 1 g en une prise, sans dépasser 3 g par jour ;
  - fièvre : 250 mg à 1 g par prise, sans dépasser 3 g par jour ;
  - douleurs rebelles ou rhumatismales : 500 mg à 2 g par prise. Cette *posologie* ne doit pas être prolongée sans l'avis de votre médecin ; dans certains cas, celui-ci pourra prescrire jusqu'à 6 g par jour.
- Enfant : la *posologie* dépend du poids, elle peut varier entre 25 mg et 50 mg par kg et par jour répartis en 3 ou 4 prises. Par exemple, pour un enfant de 20 kg, la dose la plus forte habituelle est de 1 sachet dosé à 250 mg, 4 fois par jour (soit une dose totale de 1 g par jour).

Les sachets à 100 mg conviennent dès la naissance.

Les sachets à 250 mg conviennent à l'enfant de plus de 4 ans.

Les sachets à 500 mg peuvent être utilisés chez l'enfant, mais seulement après 10 ans.

Les sachets à 1 g ne doivent pas être utilisés chez l'enfant de moins de 15 ans.

Pour adapter la *posologie* au poids d'un enfant, il vaut mieux fractionner le médicament en solution plutôt que d'essayer de partager la poudre. La solution se conserve sans problème 4 à 5 heures au réfrigérateur.

EFFETS INDÉSIRABLES POSSIBLES

Gastrite, douleurs abdominales, saignements du nez ou des gencives.

Rares et parfois graves :

- *hémorragie* du tube digestif : vomissements sanglants, selles noires, ou plus souvent pertes de sang imperceptibles, responsables de l'apparition progressive d'une *anémie* ;

- accidents allergiques : *urticaire*, *œdème*, *asthme*.

Symptômes devant faire penser à un surdosage : bourdonnements d'oreille, sensation de baisse de l'audition, maux de tête.

ASPIRINE DU RHÔNE

PRÉSENTATION

ASPIRINE DU RHÔNE 500 : comprimé (blanc) ; boîte de 30 - Non remb.

ASPIRINE DU RHÔNE 500 : comprimé (blanc) ; boîte de 100 - Non remb.

ASPIRINE DU RHÔNE 500 : comprimé à croquer (blanc) ; boîte de 24 - Non remb.

Laboratoires RP Labo

COMPOSITION

	p. comp.	p. comp. à croquer
Acide acétylsalicylique (aspirine)	500 mg	500 mg

INDICATIONS

Ce médicament contient de l'aspirine, qui possède de nombreuses propriétés : *antalgique* et *antipyrétique*, mais aussi *anti-inflammatoire* à dose élevée, et fluidifiant du sang.

Il est principalement utilisé en cas de douleurs diverses (maux de tête, douleurs dentaires...), courbatures, fièvre (mais n'agit pas sur sa cause), états grippaux.

CONTRE-INDICATIONS

Ce médicament ne doit pas être utilisé dans les cas suivants :
- *allergie* aux *salicylés* ou aux *AINS*,
- *ulcère* de l'estomac ou du *duodénum*,
- *hémorragie* et risque hémorragique,
- enfant de moins de 11 ans,
- **grossesse** : pendant les 3 derniers mois, ou, en prise prolongée, à toute période de la grossesse.

ATTENTION

L'aspirine n'est pas un médicament anodin. Tout surdosage ou prise prolongée exposent à des complications sérieuses.

Un avis médical est préférable chez les personnes présentant des *antécédents* d'*ulcère* de l'estomac ou du *duodénum*, même ancien, d'*asthme*, d'*insuffisance rénale*, et chez les femmes qui portent un stérilet.

L'aspirine est déconseillée chez les personnes atteintes de *goutte* et chez les femmes lors de règles abondantes.

Évitez de prendre ce médicament pendant la semaine qui précède une extraction dentaire ou une opération (augmentation du risque d'*hémorragie*).

Évitez la prise de boissons alcoolisées avec l'aspirine.

INTERACTIONS MÉDICAMENTEUSES

Les personnes traitées par des médicaments anticancéreux contenant du méthotrexate ne doivent pas utiliser d'aspirine.

Ce médicament peut interagir avec d'autres médicaments, notamment les *anticoagulants* et les *antiagrégants plaquettaires* (TICLID...) : augmentation du risque hémorragique. Signalez tout autre traitement en cours à votre médecin ou à votre pharmacien.

GROSSESSE, ALLAITEMENT ET NOUVEAU-NÉ

Grossesse :

Des effets néfastes pour la mère et pour l'enfant à naître ont été mis en évidence lorsque l'aspirine est utilisée au cours des 3 derniers mois de la grossesse. En conséquence, seule la prise ponctuelle est admise durant les 6 premiers mois. Toute prise d'aspirine est contre-indiquée au cours des 3 derniers mois.

Allaitement :

Ce médicament passe dans le lait maternel : il est déconseillé pendant l'allaitement.

MODE D'EMPLOI ET POSOLOGIE

Le comprimé à croquer doit être mastiqué de préférence avec de l'eau.

Ce médicament est pris de préférence au moment des repas, mais l'effet sera plus rapide s'il est pris à jeun.

Les prises doivent être espacées d'au moins 4 heures.

Posologie usuelle :
- Adulte : 1 à 6 comprimés par jour. Ne pas dépasser 3 g par jour.
- Enfant de 11 à 15 ans : 1 ou 2 comprimés par prise, sans dépasser 5 comprimés par jour.

EFFETS INDÉSIRABLES POSSIBLES

Gastrite, douleurs abdominales, saignements du nez ou des gencives.

Rares et parfois graves :
- *hémorragie* du tube digestif : vomissements sanglants, selles noires, ou plus souvent pertes de sang imperceptibles, responsables de l'apparition progressive d'une *anémie* ;
- accidents allergiques : *urticaire*, *œdème*, *asthme*.

Signes devant faire penser à un surdosage : bourdonnements d'oreille, sensation de baisse de l'audition, maux de tête.

ASPIRINE MONOT

PRÉSENTATION

ASPIRINE MONOT : comprimé à croquer ; boîte de 12 - Non remb.

Laboratoires Monot

COMPOSITION

	p. comp.
Acide acétylsalicylique (aspirine)	500 mg

INDICATIONS

Ce médicament contient de l'aspirine, qui possède de nombreuses propriétés : *antalgique* et *antipyrétique*, mais aussi *anti-inflammatoire* à dose élevée, et fluidifiant du sang.

Il est principalement utilisé en cas de douleurs diverses (maux de tête, douleurs dentaires...), rhumatismes, courbatures, fièvre (mais n'agit pas sur sa cause), états grippaux.

CONTRE-INDICATIONS

Ce médicament ne doit pas être utilisé dans les cas suivants :
- *allergie* aux *salicylés* ou aux *AINS*,
- *ulcère* de l'estomac ou du *duodénum*,
- *hémorragie* et risque hémorragique,
- enfant de moins de 4 ans,
- **grossesse** : pendant les 3 derniers mois, ou, en prise prolongée, à toute période de la grossesse.

ATTENTION

L'aspirine n'est pas un médicament anodin. Tout surdosage ou prise prolongée exposent à des complications sérieuses.

Ne laissez pas ce médicament à la portée des enfants. En cas d'intoxication accidentelle, appelez un service d'urgence ou un centre antipoison (voir Annexes).

Un avis médical est préférable chez les personnes présentant des *antécédents* d'*ulcère* de l'estomac ou du *duodénum*, même ancien, d'*asthme*, d'*insuffisance rénale*, et chez les femmes qui portent un stérilet.

L'aspirine est déconseillée chez les personnes atteintes de *goutte* et chez les femmes lors de règles abondantes.

Évitez de prendre ce médicament pendant la semaine qui précède une extraction dentaire ou une opération (augmentation du risque d'*hémorragie*).

Évitez la prise de boissons alcoolisées avec l'aspirine.

INTERACTIONS MÉDICAMENTEUSES

Les personnes traitées par des médicaments anticancéreux contenant du méthotrexate ne doivent pas utiliser d'aspirine.

Ce médicament peut interagir avec d'autres médicaments, notamment les *anticoagulants* et les *antiagrégants plaquettaires* (TICLID...) : augmentation du risque hémorragique. Signalez tout autre traitement en cours à votre médecin ou à votre pharmacien.

GROSSESSE, ALLAITEMENT ET NOUVEAU-NÉ

Grossesse :

Des effets néfastes pour la mère et pour l'enfant à naître ont été mis en évidence lorsque l'aspirine est utilisée au cours des 3 derniers mois de la grossesse. En conséquence, seule la prise ponctuelle est admise durant les 6 premiers mois. Toute prise d'aspirine est contre-indiquée au cours des 3 derniers mois.

Allaitement :

Ce médicament passe dans le lait maternel : il est déconseillé pendant l'allaitement.

MODE D'EMPLOI ET POSOLOGIE

Ce médicament doit être croqué. Si possible, boire un verre d'eau après la prise.

L'effet de ce médicament est plus rapide s'il est pris à jeun.

Les prises doivent être espacées d'au moins 4 heures.

Posologie usuelle :

- Adulte :
  - douleur modérée et fièvre : 1 ou 2 comprimés, 2 fois par jour ; ne pas dépasser 3 g par jour ;
  - douleurs rebelles ou rhumatismales : 2 comprimés, 2 ou 3 fois par jour. Cette *posologie* ne doit pas être prolongée sans l'avis de votre médecin.
- Enfant de 12 à 15 ans : 1 ou 2 comprimés par jour.
- Enfant de 9 à 11 ans : 1/2 ou 1 comprimé par jour.
- Enfant de 4 à 8 ans : 1/2 comprimé par jour.

EFFETS INDÉSIRABLES POSSIBLES

Gastrite, douleurs abdominales, saignements du nez ou des gencives.

Rares et parfois graves :

- *hémorragie* du tube digestif : vomissements sanglants, selles noires, ou plus souvent pertes de sang imperceptibles, responsables de l'apparition progressive d'une *anémie* ;
- accidents allergiques : *urticaire*, *œdème*, *asthme*.

Signes devant faire penser à un surdosage : bourdonnements d'oreille, sensation de baisse de l'audition, maux de tête.

ASPIRINE pH8

PRÉSENTATION

ASPIRINE pH8 : comprimé *gastrorésistant* (blanc) ; boîte de 20 - Remb. 65 %

ASPIRINE pH8 : comprimé *gastrorésistant* (blanc) ; boîte de 50 - Remb. 65 %

Laboratoires 3M Santé

COMPOSITION

	p. comp.
Acide acétylsalicylique (aspirine)	500 mg

INDICATIONS

Ce médicament contient de l'aspirine, qui possède de nombreuses propriétés : *antalgique* et *antipyrétique*, mais aussi *anti-inflammatoire* à dose élevée, et fluidifiant du sang.

Il est principalement utilisé en cas de douleurs diverses (maux de tête, douleurs dentaires...), rhumatismes, courbatures, fièvre (mais n'agit pas sur sa cause), états grippaux.

CONTRE-INDICATIONS

Ce médicament ne doit pas être utilisé dans les cas suivants :

- *allergie* aux *salicylés* ou aux *AINS*,
- *ulcère* de l'estomac ou du *duodénum*,
- *hémorragie* et risque hémorragique,
- **grossesse** : pendant les 3 derniers mois, ou, en prise prolongée, à toute période de la grossesse.

ATTENTION

L'aspirine n'est pas un médicament anodin. Tout surdosage ou prise prolongée exposent à des complications sérieuses.

Un avis médical est préférable chez les personnes présentant des *antécédents* d'*ulcère* de l'estomac ou du *duodénum*, même ancien, d'*asthme*, d'*insuffisance rénale*, et chez les femmes qui portent un stérilet.

L'aspirine est déconseillée chez les personnes atteintes de *goutte* et chez les femmes lors de règles abondantes.

Évitez de prendre ce médicament pendant la semaine qui précède une extraction dentaire ou une opération (augmentation du risque d'*hémorragie*).

Évitez la prise de boissons alcoolisés avec l'aspirine.

INTERACTIONS MÉDICAMENTEUSES

Les personnes traitées par des médicaments anticancéreux contenant du méthotrexate ne doivent pas utiliser d'aspirine.

Ce médicament peut interagir avec d'autres médicaments, notamment les *anticoagulants* et les *antiagrégants plaquettaires* (TICLID...) : augmentation du risque hémorragique. Signalez tout autre traitement en cours à votre médecin ou à votre pharmacien.

GROSSESSE, ALLAITEMENT ET NOUVEAU-NÉ

Grossesse :

Des effets néfastes pour la mère et pour l'enfant à naître ont été mis en évidence lorsque l'aspirine est utilisée au cours des 3 derniers mois de la grossesse. En conséquence, seule la prise ponctuelle est admise durant les 6 premiers mois. Toute prise d'aspirine est contre-indiquée au cours des 3 derniers mois.

Allaitement :

Ce médicament passe dans le lait maternel : il est déconseillé pendant l'allaitement.

MODE D'EMPLOI ET POSOLOGIE

Les comprimés doivent être avalés sans être croqués, avec un verre d'eau. L'effet sera plus rapide s'ils sont pris à jeun.

Les prises doivent être espacées d'au moins 4 heures.

Ce médicament est réservé à l'adulte et à l'enfant de plus de 12 ans.

Posologie usuelle :

- Adulte :
  - douleur modérée et fièvre : 1 ou 2 comprimés, 1 à 3 fois par jour ; ne pas dépasser 3 g par jour ;
  - douleurs rebelles ou rhumatismales : 2 comprimés, 4 fois par jour. Cette *posologie* ne doit pas être prolongée sans l'avis de votre médecin.
- Enfant de 12 à 15 ans : 1 comprimé, 1 à 2 fois par jour.

EFFETS INDÉSIRABLES POSSIBLES

Douleurs abdominales, saignements du nez ou des gencives.

Rares et parfois graves :

- *hémorragie* du tube digestif : selles noires, ou plus souvent pertes de sang imperceptibles, responsables de l'apparition progressive d'une *anémie* ;
- accidents allergiques : *urticaire*, *œdème*, *asthme*.

Signes devant faire penser à un surdosage : bourdonnements d'oreille, sensation de baisse de l'audition, maux de tête.

ASPIRINE SAREIN

PRÉSENTATION

ASPIRINE ENTÉRIQUE SAREIN : comprimé enrobé (blanc) ; boîte de 48 - Non remb.

Laboratoires Goupil

COMPOSITION

	p. comp.
Acide acétylsalicylique (aspirine)	500 mg

INDICATIONS

Ce médicament contient de l'aspirine. Il possède de nombreuses propriétés : *antalgique* et *antipyrétique*, mais aussi *anti-inflammatoire* à dose élevée, et fluidifiant du sang.

Il est principalement utilisé en cas de douleurs diverses (maux de tête, douleurs dentaires...), courbatures, rhumatismes, fièvre (mais n'agit pas sur sa cause), états grippaux.

CONTRE-INDICATIONS

Ce médicament ne doit pas être utilisé dans les cas suivants :

- *allergie* aux *salicylés* ou aux *AINS*,
- *ulcère* de l'estomac ou du *duodénum*,
- *hémorragie* et risque hémorragique,
- **grossesse** : pendant les 3 derniers mois, ou, en prise prolongée, à toute période de la grossesse.

ATTENTION

L'aspirine n'est pas un médicament anodin. Tout surdosage ou prise prolongée exposent à des complications sérieuses.

Un avis médical est préférable chez les personnes présentant des *antécédents* d'*ulcère* de l'estomac ou du *duodénum*, même ancien, d'*asthme*, d'*insuffisance rénale*, et chez les femmes qui portent un stérilet.

L'aspirine est déconseillée chez les personnes atteintes de *goutte* et chez les femmes lors de règles abondantes.

Évitez de prendre ce médicament pendant la semaine qui précède une extraction dentaire ou une opération (augmentation du risque d'*hémorragie*).

Évirez la prise de boissons alcoolisées avec l'aspirine.

INTERACTIONS MÉDICAMENTEUSES

Les personnes traitées par des médicaments anticancéreux contenant du méthotrexate ne doivent pas utiliser d'aspirine.

Ce médicament peut interagir avec d'autres médicaments, notamment les *anticoagulants* et les *antiagrégants plaquettaires* (TICLID...) : augmentation du risque d'*hémorragie*. Signalez tout autre traitement en cours à votre médecin ou à votre pharmacien.

GROSSESSE, ALLAITEMENT ET NOUVEAU-NÉ

Grossesse :

Des effets néfastes pour la mère et pour l'enfant à naître ont été mis en évidence lorsque l'aspirine est utilisée au cours des 3 derniers mois de la grossesse. En conséquence, seule la prise ponctuelle est admise durant les 6 premiers mois. Toute prise d'aspirine est contre-indiquée au cours des 3 derniers mois.

Allaitement :

Ce médicament passe dans le lait maternel : il est déconseillé pendant l'allaitement.

MODE D'EMPLOI ET POSOLOGIE

Les comprimés doivent être avalés sans être croqués, avec un verre d'eau. L'effet sera plus rapide si les comprimés sont pris à jeun.

Les prises du médicament doivent être espacées d'au moins 4 heures.

Ce médicament est réservé à l'adulte et à l'enfant de plus de 15 ans.

Posologie usuelle :

- douleur isolée : 1 ou 2 comprimés en une prise ;
- fièvre : 1 comprimé, 3 à 5 fois par jour ; ne pas dépasser 3 g par jour ;
- douleurs rebelles ou rhumatismales : 2 comprimés, 4 fois par jour. Cette *posologie* ne doit pas être prolongée sans l'avis de votre médecin ; dans certains cas, celui-ci pourra prescrire jusqu'à 12 comprimés par jour.

EFFETS INDÉSIRABLES POSSIBLES

Douleurs abdominales, saignements du nez ou des gencives.

Rares et parfois graves :

- *hémorragie* du tube digestif : selles noires, ou plus souvent pertes de sang imperceptibles, responsables de l'apparition progressive d'une *anémie* ;
- accidents allergiques : *urticaire, œdème, asthme.*

Signes devant faire penser à un surdosage : bourdonnements d'oreille, sensation de baisse de l'audition, maux de tête.

ASPIRINE UPSA 1000

PRÉSENTATION

ASPIRINE UPSA 1 000 mg : comprimé sécable effervescent (blanc) arôme orange ; boîte de 20 - Remb. 65 %

Laboratoires UPSA

COMPOSITION

	p. comp.
Acide acétylsalicylique (aspirine)	1 000 mg
Sodium	460 mg
Lactose	+
Aspartam	+

INDICATIONS

Ce médicament contient de l'aspirine, qui possède de nombreuses propriétés : *antalgique* et *antipyrétique*, mais aussi *anti-inflammatoire* à dose élevée, et fluidifiant du sang.

Il est principalement utilisé en cas de douleurs diverses (maux de tête, douleurs dentaires, rhumatismales...), fièvre (mais n'agit pas sur sa cause), états grippaux.

CONTRE-INDICATIONS

Ce médicament ne doit pas être utilisé dans les cas suivants :

- *allergie* aux *salicylés* et aux *AINS*,
- *ulcère* de l'estomac ou du *duodénum*,
- *hémorragie* et risque hémorragique,
- *phénylcétonurie* (présence d'aspartam),
- enfant de moins de 15 ans,
- **grossesse** : pendant les 3 derniers mois, ou, en prise prolongée, à toute période de la grossesse.

ATTENTION

L'aspirine n'est pas un médicament anodin. Tout surdosage ou prise prolongée exposent à des complications sérieuses.

Un avis médical est préférable chez les personnes présentant des *antécédents* d'*ulcère* de l'estomac ou du *duodénum*, même ancien, d'*asthme*, d'*insuffisance rénale*, et chez les femmes qui portent un stérilet.

L'aspirine est déconseillée chez les personnes atteintes de *goutte* et chez les femmes lors de règles abondantes.

Évitez de prendre ce médicament pendant la semaine qui précède une extraction dentaire ou une opération (augmentation du risque d'*hémorragie*).

Ce médicament contient du *sel* (sodium) en quantité notable.

Évitez la prise de boissons alcoolisées avec l'aspirine.

INTERACTIONS MÉDICAMENTEUSES

Les personnes traitées par des médicaments anticancéreux contenant du méthotrexate ne doivent pas utiliser d'aspirine.

Ce médicament peut interagir avec d'autres médicaments, notamment les *anticoagulants* et *antiagrégants plaquettaires* (TICLID...) : augmentation du risque hémorragique. Signalez tout autre traitement en cours à votre médecin ou à votre pharmacien.

GROSSESSE, ALLAITEMENT ET NOUVEAU-NÉ

Grossesse :

Des effets néfastes pour la mère et pour l'enfant à naître ont été mis en évidence lorsque l'aspirine est utilisée au cours des 3 derniers mois de la grossesse. En conséquence, seule la prise ponctuelle est admise durant les 6 premiers mois. Toute prise d'aspirine est contre-indiquée au cours des 3 derniers mois.

Allaitement :

Ce médicament passe dans le lait maternel : il est déconseillé pendant l'allaitement.

MODE D'EMPLOI ET POSOLOGIE

Les comprimés doivent être dissous dans un verre d'eau. L'effet sera plus rapide si les comprimés sont pris à jeun.

Les prises du médicament doivent être espacées d'au moins 4 heures.

Posologie usuelle :

- Adulte :
  - douleur isolée et fièvre : 1 comprimé par prise, sans dépasser 3 comprimés par jour ;
  - douleurs rebelles ou rhumatismales : 1 comprimé, 3 fois par jour. Cette *posologie* ne doit pas être prolongée sans l'avis de votre médecin ; dans certains cas, celui-ci pourra prescrire jusqu'à 6 comprimés par jour.

EFFETS INDÉSIRABLES POSSIBLES

Gastrite, douleurs abdominales, saignements du nez ou des gencives.

Rares et parfois graves :

- *hémorragie* du tube digestif : vomissements sanglants, selles noires, ou plus souvent pertes de sang imperceptibles, responsables de l'apparition progressive d'une *anémie* ;
- accidents allergiques : *urticaire, œdème, asthme.*

Signes devant faire penser à un surdosage : bourdonnements d'oreille, sensation de baisse de l'audition, maux de tête.

ASPIRINE UPSA vitaminée C

aspirine, vitamine C

PRÉSENTATION

ASPIRINE UPSA VITAMINÉE C : comprimé effervescent sécable (blanc) ; boîte de 20 - Remb. 65 %

Laboratoires UPSA

COMPOSITION

	p. comp.
Acide acétylsalicylique (aspirine)	330 mg
Acide ascorbique (vitamine C)	200 mg
Soit Sodium	485 mg

INDICATIONS

Ce médicament contient de l'aspirine, qui lutte contre la douleur et la fièvre, et de la *vitamine* C. À forte dose, l'aspirine a également un effet *anti-inflammatoire*.

Il est utilisé dans le *traitement symptomatique* des affections douloureuses ou fébriles, notamment les états grippaux avec fatigue. Il est également utilisé dans le *traitement symptomatique* des rhumatismes.

CONTRE-INDICATIONS

Ce médicament ne doit pas être utilisé dans les cas suivants :

- *allergie* aux *salicylés* ou aux *AINS*,
- *ulcère* de l'estomac ou du *duodénum*,
- *hémorragie* et risque hémorragique,
- *antécédent* de calcul des *voies* urinaires (pour les doses de *vitamine* C supérieures à 1 g par jour),
- enfant de moins de 4 ans,
- **grossesse** : pendant les 3 derniers mois, ou en prise prolongée, à toute période de la grossesse.

ATTENTION

Des précautions sont nécessaires en cas d'*asthme*, d'*insuffisance rénale*, d'*antécédent* d'*ulcère* de l'estomac ou du *duodénum*, même ancien, et chez la femme qui porte un stérilet.

Ce médicament est déconseillé chez les personnes atteintes de *goutte* et chez les femmes pendant des règles abondantes.

Évitez de prendre ce médicament pendant la semaine qui précède une extraction dentaire ou une opération (augmentation du risque d'*hémorragie*).

Ce médicament contient du *sel* (sodium) en quantité notable.

INTERACTIONS MÉDICAMENTEUSES

Les personnes traitées par des médicaments anticancéreux contenant du méthotrexate ne doivent pas utiliser d'aspirine.

Ce médicament peut interagir avec d'autres médicaments, notamment les *anticoagulants* et les *antiagrégants plaquettaires* (TICLID...) : augmentation du risque hémorragique. Signalez tout autre traitement en cours à votre médecin ou à votre pharmacien.

GROSSESSE, ALLAITEMENT ET NOUVEAU-NÉ

Grossesse :

Compte tenu de la présence d'aspirine, seule la prise ponctuelle de ce médicament est admise durant les 6 premiers mois de la grossesse ; au cours des 3 derniers mois, ce médicament est contre-indiqué.

Allaitement :

Ce médicament passe dans le lait maternel : il est déconseillé en prises répétées pendant l'allaitement.

MODE D'EMPLOI ET POSOLOGIE

Les comprimés doivent être dissous dans un verre d'eau.

Respecter un intervalle d'au moins 4 heures entre 2 prises.

Posologie usuelle :

- Adulte : 1 à 12 comprimés par jour selon l'intensité de la douleur ou de la fièvre.
- Enfant de plus de 4 ans : la *posologie* dépend du poids, elle peut varier entre 25 et 50 mg d'aspirine par kg et par jour, répartis en 4 ou 5 prises. Par exemple, pour un enfant de 30 kg, 4 comprimés par jour.

De nombreux médicaments contiennent de l'aspirine : un surdosage expose à une augmentation des effets indésirables.

EFFETS INDÉSIRABLES POSSIBLES

Liés à l'aspirine :

- *Gastrite*, douleurs abdominales, saignements du nez ou des gencives ;
- rares et parfois graves : *hémorragie* du tube digestif (vomissements sanglants, selles noires, ou plus souvent pertes de sang imperceptibles, responsables de l'apparition progressive d'une *anémie*) ; accidents allergiques (*urticaire*, *œdème*, *asthme*) ;
- signes devant faire penser à un surdosage : bourdonnements d'oreille, sensation de baisse de l'audition, maux de tête.

Liés à la *vitamine* C à forte dose (supérieure à 1 g par jour) : calculs des *voies* urinaires chez les personnes prédisposées.

= présence d'un message d'attention pour les conducteurs

ASPIRINE vitamine C OBERLIN

PRÉSENTATION

ASPIRINE 500 VITAMINE C OBERLIN : comprimé effervescent sécable (blanc) ; boîte de 30 - Non remb.

Laboratoires Oberlin

COMPOSITION

	p. comp.
Acide acétylsalicylique (aspirine)	500 mg
Acide ascorbique (vitamine C)	200 mg
Sodium	391 mg

INDICATIONS

Ce médicament associe de l'aspirine, qui lutte contre la douleur et la fièvre, et de la *vitamine* C. À forte dose, l'aspirine a également un effet *anti-inflammatoire*.

Il est utilisé dans le *traitement symptomatique* des affections douloureuses ou fébriles, notamment les états grippaux avec fatigue.

CONTRE-INDICATIONS

Ce médicament ne doit pas être utilisé dans les cas suivants :

- *allergie* aux *salicylés* ou aux *AINS*,
- *ulcère* de l'estomac ou du *duodénum*,
- *hémorragie* et risque hémorragique,
- enfant de moins de 6 ans,
- **grossesse** : pendant les 3 derniers mois, ou en prise prolongée, à toute période de la grossesse.

ATTENTION

Des précautions sont nécessaires en cas d'*asthme*, d'*insuffisance rénale*, d'*antécédent* d'*ulcère* de l'estomac ou du *duodénum* même ancien, d'antécédents de calculs des *voies* urinaires (pour des doses de *vitamine* C supérieures à 1 g par jour), et chez la femme qui porte un stérilet.

Ce médicament est déconseillé chez les personnes atteintes de *goutte* et chez les femmes pendant des règles abondantes.

Évitez de prendre ce médicament pendant la semaine qui précède une extraction dentaire ou une opération (augmentation du risque d'*hémorragie*).

Ce médicament contient du *sel* (sodium) en quantité notable.

INTERACTIONS MÉDICAMENTEUSES

Les personnes traitées par des médicaments anticancéreux contenant du méthotrexate ne doivent pas utiliser d'aspirine.

Ce médicament peut interagir avec d'autres médicaments, notamment les *anticoagulants* et les *antiagrégants plaquettaires* (TICLID...) : augmentation du risque hémorragique. Signalez tout autre traitement en cours à votre médecin ou à votre pharmacien.

GROSSESSE, ALLAITEMENT ET NOUVEAU-NÉ

Grossesse :

Compte tenu de la présence d'aspirine, seule la prise ponctuelle de ce médicament est admise durant les 6 premiers mois de la grossesse ; au cours des 3 derniers mois, ce médicament est contre-indiqué.

Allaitement :

Ce médicament passe dans le lait maternel : il est déconseillé en prises répétées pendant l'allaitement.

MODE D'EMPLOI ET POSOLOGIE

Les comprimés doivent être dissous dans un verre d'eau.

Respecter un intervalle d'au moins 4 heures entre 2 prises.

Posologie usuelle :

- Adulte : 1/2 à 2 comprimés, 1 à 4 fois par jour selon l'intensité de la douleur ou de la fièvre. Ne pas dépasser 8 comprimés par jour.
- Enfant de 10 à 15 ans : 1/2 à 1 comprimé, 5 fois par jour.
- Enfant de 6 à 10 ans : 1/2 comprimé, 4 ou 5 fois par jour.

De nombreux médicaments contiennent de l'aspirine : un surdosage expose à une augmentation des effets indésirables.

EFFETS INDÉSIRABLES POSSIBLES

Liés à l'aspirine :

- *gastrite*, douleurs abdominales, saignements du nez ou des gencives ;
- rares et parfois graves : *hémorragie* du tube digestif (vomissements sanglants, selles noires, ou plus souvent pertes de sang imperceptibles, responsables de l'apparition progressive d'une *anémie*) ; accidents allergiques (*urticaire*, *œdème*, *asthme*) ;
- signes devant faire penser à un surdosage : bourdonnements d'oreille, sensation de baisse de l'audition, maux de tête.

Liés à la *vitamine* C : calculs des *voies* urinaires chez les personnes prédisposées.

ASPIRINE vitaminée B1 C DEROL

aspirine, vitamine C, vitamine B1

PRÉSENTATION

ASPIRINE VITAMINÉE B1 C DEROL : comprimé (blanc) ; boîte de 20 - Non remb.

Laboratoires Leurquin Mediolanum

COMPOSITION

	p. comp.
Acide acétylsalicylique (aspirine)	400 mg
Acide ascorbique (vitamine C)	20 mg
Monophosphothiamine (vitamine B1)	2 mg

INDICATIONS

Ce médicament associe de l'aspirine, qui lutte contre la douleur et la fièvre, et des *vitamines* C et B1. À forte dose, l'aspirine a également un effet *anti-inflammatoire*.

Il est utilisé dans le *traitement symptomatique* des affections douloureuses ou fébriles, notamment les états grippaux. Il est également utilisé dans le *traitement symp-*

tomatique des rhumatismes, des *sciatiques* et des lumbagos.

CONTRE-INDICATIONS

Ce médicament ne doit pas être utilisé dans les cas suivants :
- *allergie* aux *salicylés* ou aux *AINS*,
- *ulcère* de l'estomac ou du *duodénum*,
- *hémorragie* et risque hémorragique,
- **grossesse** : pendant les 3 derniers mois, ou en prise prolongée, à toute période de la grossesse.

ATTENTION

Ce médicament est réservé à l'adulte et à l'enfant de plus de 4 ans.

Des précautions sont nécessaires en cas d'*asthme*, d'*insuffisance rénale*, d'*antécédent* d'*ulcère* de l'estomac ou du *duodénum*, même ancien, et chez la femme qui porte un stérilet.

Ce médicament est déconseillé chez les personnes atteintes de *goutte* et chez les femmes pendant des règles abondantes.

Évitez de prendre ce médicament pendant la semaine qui précède une extraction dentaire ou une opération (augmentation du risque d'*hémorragie*).

INTERACTIONS MÉDICAMENTEUSES

Les personnes traitées par des médicaments anticancéreux contenant du méthotrexate ne doivent pas utiliser d'aspirine.

Ce médicament peut interagir avec d'autres médicaments, notamment les *anticoagulants* et les *antiagrégants plaquettaires* (TICLID...) : augmentation du risque hémorragique. Signalez tout autre traitement en cours à votre médecin ou à votre pharmacien.

GROSSESSE, ALLAITEMENT ET NOUVEAU-NÉ

Grossesse :

Compte tenu de la présence d'aspirine, seule la prise ponctuelle de ce médicament est admise durant les 6 premiers mois de la grossesse ; au cours des 3 derniers mois, ce médicament est contre-indiqué.

Allaitement :

Ce médicament passe dans le lait maternel : il est déconseillé en prises répétées pendant l'allaitement.

MODE D'EMPLOI ET POSOLOGIE

Les comprimés doivent être dissous dans un verre d'eau.

Respecter un intervalle d'au moins 4 heures entre 2 prises.

Posologie usuelle :
- Adulte : 1 à 6 comprimés par jour, selon l'intensité de la douleur ou de la fièvre.
- Enfant de plus de 12 ans : 2 comprimés par jour, à répartir en 2 à 4 prises.
- Enfant de 8 à 12 ans : 1 et 1/2 comprimés par jour, à répartir en 2 à 4 prises.
- Enfant de 4 à 8 ans : 1 comprimé par jour, à répartir en 2 à 4 prises.

☛ De nombreux médicaments contiennent de l'aspirine : un surdosage expose à une augmentation des effets indésirables.

EFFETS INDÉSIRABLES POSSIBLES

Liés à l'aspirine :
- *gastrite*, douleurs abdominales, saignements du nez ou des gencives ;
- rares et parfois graves : *hémorragie* du tube digestif (vomissements sanglants, selles noires, ou plus souvent pertes de sang imperceptibles, responsables de l'apparition progressive d'une *anémie*) ; accidents allergiques (*urticaire*, *œdème*, *asthme*) ;
- signes devant faire penser à un surdosage : bourdonnements d'oreille, sensation de baisse de l'audition, maux de tête.

ASPRO
aspirine

PRÉSENTATION

ASPRO : comprimé (blanc) ; boîte de 30 - Non remb.

ASPRO : comprimé (blanc) ; boîte de 60 - Non remb.

ASPRO : comprimé (blanc) ; boîte de 180 - Non remb.

ASPRO 500 : comprimé sécable effervescent (blanc) arôme citron ; boîte de 20 - Non remb.

ASPRO 500 : comprimé sécable effervescent (blanc) arôme citron ; boîte de 36 - Non remb.

Laboratoires Roche Nicholas

COMPOSITION

	p. comp.	p. comp. efferv.
Acide acétylsalicylique (aspirine) ...	320 mg	500 mg
Sodium		255 mg

INDICATIONS

Ce médicament contient de l'aspirine, qui possède de nombreuses propriétés : *antalgique* et *antipyrétique*, mais aussi *anti-inflammatoire* à dose élevée, et fluidifiant du sang.

Il est principalement utilisé en cas de douleurs diverses (maux de tête, douleurs dentaires...), courbatures, fièvre (mais n'agit pas sur sa cause), états grippaux.

CONTRE-INDICATIONS

Ce médicament ne doit pas être utilisé dans les cas suivants :
- *allergie* aux *salicylés* ou aux *AINS*,
- *ulcère* de l'estomac ou du *duodénum*,
- *hémorragie* et risque hémorragique,
- enfant de moins de 6 ans (comprimé à 320 mg),
- enfant de moins de 4 ans (comprimé sécable à 500 mg),
- **grossesse** : pendant les 3 derniers mois, ou, en prise prolongée, à toute période de la grossesse.

ATTENTION

L'aspirine n'est pas un médicament anodin. Tout surdosage ou prise prolongée exposent à des complications sérieuses.

Un avis médical est préférable chez les personnes présentant des *antécédents* d'*ulcère* de l'estomac ou du *duodénum*, même ancien, d'*asthme*, d'*insuffisance rénale*, et chez les femmes qui portent un stérilet.

L'aspirine est déconseillée chez les personnes atteintes de *goutte* et chez les femmes lors de règles abondantes.

Évitez de prendre ce médicament pendant la semaine qui précède une extraction dentaire ou une opération (augmentation du risque d'*hémorragie*).

Les comprimés effervescents contiennent du *sel* (sodium) en quantité notable.

INTERACTIONS MÉDICAMENTEUSES

Les personnes traitées par des médicaments anticancéreux contenant du méthotrexate ne doivent pas utiliser d'aspirine.

Ce médicament peut interagir avec d'autres médicaments, notamment les *anticoagulants* et les *antiagrégants plaquettaires* (TICLID...) : augmentation du risque hémorragique. Signalez tout autre traitement en cours à votre médecin ou à votre pharmacien.

GROSSESSE, ALLAITEMENT ET NOUVEAU-NÉ

Grossesse :

Des effets néfastes pour la mère et pour l'enfant à naître ont été mis en évidence lorsque l'aspirine est utilisée au cours des 3 derniers mois de la grossesse. En conséquence, seule la prise ponctuelle est admise durant les 6 premiers mois. Toute prise d'aspirine est contre-indiquée au cours des 3 derniers mois.

Allaitement :

Ce médicament passe dans le lait maternel : il est déconseillé pendant l'allaitement.

MODE D'EMPLOI ET POSOLOGIE

Les comprimés doivent être dissous dans un verre d'eau.

Ce médicament peut être pris au moment des repas. Toutefois, l'effet sera plus rapide s'il est pris à jeun.

Les prises doivent être espacées d'au moins 4 heures.

Posologie usuelle :
- Adulte : 1 ou 2 comprimés à 320 mg, 4 ou 5 fois par jour, ou 1 ou 2 comprimés à 500 mg, 2 ou 3 fois par jour. Ne pas dépasser 3 g par jour.
- Enfant de 4 à 15 ans : la *posologie* dépend du poids ; elle peut varier entre 25 mg et 50 mg par kg et par jour, répartis en 2 à 4 prises. Par exemple, pour un enfant de 20 kg, la dose la plus forte habituelle est de 1/2 comprimé à 500 mg, 4 fois par jour.

EFFETS INDÉSIRABLES POSSIBLES

Gastrite, douleurs abdominales, saignements du nez ou des gencives.

Rares et parfois graves :
- *hémorragie* du tube digestif : vomissements sanglants, selles noires, ou plus souvent pertes de sang imperceptibles,

responsables de l'apparition progressive d'une *anémie* ;
- accidents allergiques : *urticaire*, *œdème*, *asthme*.

Signes devant faire penser à un surdosage : bourdonnements d'oreille, sensation de baisse de l'audition, maux de tête.

ASPRO 500 vitamine C

aspirine, vitamine C

PRÉSENTATION

ASPRO 500 VITAMINE C : comprimé effervescent sécable (blanc) ; boîte de 20 - Non remb.

Laboratoires Roche Nicholas

COMPOSITION

	p. comp.
Acide acétylsalicylique (aspirine)	500 mg
Acide ascorbique (vitamine C)	200 mg
Soit Sodium	255 mg

INDICATIONS

Ce médicament associe de l'aspirine, qui lutte contre la douleur et la fièvre, et de la *vitamine* C. À forte dose l'aspirine a également un effet *anti-inflammatoire*.

Il est utilisé dans le *traitement symptomatique* des affections douloureuses ou fébriles, notamment les états grippaux accompagnés de fatigue.

CONTRE-INDICATIONS

Ce médicament ne doit pas être utilisé dans les cas suivants :
- *allergie* aux *salicylés* ou aux *AINS*,
- *ulcère* de l'estomac ou du *duodénum*,
- *hémorragie* et risque hémorragique,
- enfant de moins de 6 ans,
- **grossesse** : pendant les 3 derniers mois, ou en prise prolongée, à toute période de la grossesse.

ATTENTION

Des précautions sont nécessaires en cas d'*asthme*, d'*insuffisance rénale*, d'*antécédent* d'*ulcère* de l'estomac ou du *duodénum*, même ancien, d'antécédent de calcul des *voies* urinaires (pour des doses de *vitamine* C supérieures à 1 g par jour), et chez la femme qui porte un stérilet.

Ce médicament est déconseillé chez les personnes atteintes de *goutte* et chez les femmes pendant des règles abondantes.

Évitez de prendre ce médicament pendant la semaine qui précède une extraction dentaire ou une opération (augmentation du risque d'*hémorragie*).

Ce médicament contient du *sel* (sodium) en quantité notable.

INTERACTIONS MÉDICAMENTEUSES

Les personnes traitées par des médicaments anticancéreux contenant du méthotrexate ne doivent pas utiliser d'aspirine.

Ce médicament peut interagir avec d'autres médicaments, notamment les *anticoagulants* et les *antiagrégants plaquettaires* (TICLID...) : augmentation du risque hémorragique. Signalez tout autre traitement en cours à votre médecin ou à votre pharmacien.

GROSSESSE, ALLAITEMENT ET NOUVEAU-NÉ

Grossesse :

Compte tenu de la présence d'aspirine, seule la prise ponctuelle de ce médicament est admise durant les 6 premiers mois de la grossesse ; au cours des 3 derniers mois, ce médicament est contre-indiqué.

Allaitement :

Ce médicament passe dans le lait maternel : il est déconseillé en prises répétées pendant l'allaitement.

MODE D'EMPLOI ET POSOLOGIE

Les comprimés doivent être dissous dans un verre d'eau.

Respecter un intervalle d'au moins 4 heures entre 2 prises.

Posologie usuelle :
- Adulte : 1 à 2 comprimés, 2 ou 3 fois par jour selon l'intensité de la douleur ou de la fièvre.
- Enfant de plus de 6 ans : la *posologie* dépend du poids, elle peut varier entre 25 et 50 mg d'aspirine par kg et par jour, répartis en 4 ou 5 prises. Soit, pour un enfant de 40 kg, 1/2 à 1 comprimé, 4 fois par jour.

☛ De nombreux médicaments contiennent de l'aspirine : un surdosage expose à une augmentation des effets indésirables.

EFFETS INDÉSIRABLES POSSIBLES

Liés à l'aspirine :
- *gastrite*, douleurs abdominales, saignements du nez ou des gencives ;
- rares et parfois graves : *hémorragie* du tube digestif (vomissements sanglants, selles noires, ou plus souvent pertes de sang imperceptibles, responsables de l'apparition progressive d'une *anémie*) ; accidents allergiques (*urticaire*, *œdème*, *asthme*) ;
- signes devant faire penser à un surdosage : bourdonnements d'oreille, sensation de baisse de l'audition, maux de tête.

Liés à la *vitamine* C : à forte dose (supérieure à 1 g par jour), calculs des *voies* urinaires chez les personnes prédisposées.

ASSAGIX

bromolactobionate de calcium, tilleul

PRÉSENTATION

ASSAGIX : sirop Enfant ; flacon 150 ml - Non remb.

Laboratoires Pierre Fabre

COMPOSITION

	p. c. à c.
Bromolactobionate de calcium	250 mg
Soit calcium	18,80 mg
Soit brome	37,60 mg
Tilleul inflorescences et bractées	87,5 mg

INDICATIONS

Ce médicament est une association de substances sédatives (le calcium et le brome) et de tilleul.

Il est utilisé dans le traitement des troubles légers du sommeil, de l'irritabilité, et de la nervosité chez le jeune enfant.

CONTRE-INDICATIONS

Ce médicament ne doit pas être utilisé en cas de maladies rénales en rapport avec un excès de calcium dans le sang et les urines.

ATTENTION

En cas de traitement prolongé, le brome peut provoquer l'apparition de boutons particuliers appelés bromides. Consultez votre médecin.

MODE D'EMPLOI ET POSOLOGIE

Ne prolongez pas le traitement ou n'augmentez pas les doses sans l'avis de votre médecin ou de votre pharmacien.

Posologie usuelle :
- Enfant de plus de 3 ans : 2 à 4 cuillères à dessert par jour.
- Enfant de moins de 3 ans : 2 à 4 cuillères à café par jour.

EFFETS INDÉSIRABLES POSSIBLES

Rarement : éruptions cutanées, surtout en cas de traitement prolongé.

ASTHMALGINE

PRÉSENTATION

ASTHMALGINE : comprimé (rouge) ; boîte de 40 - Non remb.

ASTHMALGINE : solution buvable ; flacon 180 ml - Non remb.

Laboratoires Marx

COMPOSITION

	p. comp.	p. c. à s.
Éphédrine chlorhydrate	15 mg	35 mg
Benzoate de sodium	120 mg	350 mg
Caféine	30 mg	70 mg
Jusquiame, teinture		624 mg
Jusquiame, extrait	4 mg	
Sirop de Desessartz		750 mg
Saccharose		3 g

INDICATIONS

Ce médicament associe notamment une substance qui dilate les bronches et stimule la respiration, l'éphédrine, un *expectorant*, le benzoate de sodium, et un *antispasmodique*, la jusquiame.

Il est utilisé dans le *traitement de fond* de l'*asthme*.

CONTRE-INDICATIONS

Ce médicament ne doit pas être utilisé dans les cas suivants :
- enfant de moins de 8 ans ;

- *troubles du rythme cardiaque, hypertension artérielle, insuffisance coronarienne* ;
- *hyperthyroïdie* ;
- *glaucome* à angle fermé ;
- risque de rétention des urines (*adénome de la prostate*...) ;
- en association avec les *antidépresseurs* de type *IMAO*.

ATTENTION
Des précautions sont nécessaires en cas d'*insuffisance cardiaque*, de *diabète*, et chez la personne âgée.

INTERACTIONS MÉDICAMENTEUSES

Ce médicament ne doit pas être associé aux *IMAO* (MARSILID, NIAMIDE) : risque d'hypertension grave.

Il peut interagir avec d'autres médicaments. Signalez tout autre traitement en cours à votre médecin ou à votre pharmacien.

GROSSESSE, ALLAITEMENT ET NOUVEAU-NÉ

L'effet de ce médicament pendant la grossesse ou l'allaitement est mal connu. L'évaluation du risque éventuel lié à son utilisation est individuelle : demandez conseil à votre pharmacien ou à votre médecin.

MODE D'EMPLOI ET POSOLOGIE

Posologie usuelle :
- Adulte : 1 à 3 cuillères à soupe ou 4 à 6 comprimés par jour.
- Enfant de plus de 12 ans : 1 à 3 cuillères à dessert ou 2 ou 3 comprimés par jour.
- Enfant de 8 à 12 ans : 1 à 3 cuillères à café par jour.

Les excitants tels que le thé ou le café peuvent accroître certains effets indésirables dus à ce médicament ; ils doivent être consommés avec modération.

EFFETS INDÉSIRABLES POSSIBLES

Maux de tête, nausées, accélération du cœur, douleur thoracique, sueurs, rétention d'urine, tremblements, insomnie, anxiété.

ASTHMASÉDINE

PRÉSENTATION

ASTHMASÉDINE : solution buvable ; flacon 90 ml - Remb. 65 % - Liste II

Laboratoires Soekami Lefrancq

COMPOSITION

	p. c. à c.
Éphédrine chlorhydrate	15 mg
Théophylline	50 mg
Benzoate de sodium	100 mg
Phénobarbital sodique	15 mg
Caféine	50 mg
Iodure de potassium	150 mg
Belladone, extrait	14 mg
Lobélie, extrait	10 mg
Saccharose	+

INDICATIONS

Ce médicament associe plusieurs substances, notamment la théophylline et l'éphédrine, qui dilatent les bronches, stimulent la respiration et ont un effet excitant que le phénobarbital est destiné à limiter. Il contient également un *expectorant* (benzoate de sodium) et un *antispasmodique* (belladone).

Il est utilisé dans le *traitement de fond* de l'*asthme* et de certaines maladies respiratoires.

CONTRE-INDICATIONS

Ce médicament ne doit pas être utilisé dans les cas suivants :
- enfant de moins de 15 ans ;
- *troubles du rythme cardiaque, hypertension artérielle, insuffisance coronarienne* ;
- *hyperthyroïdie* ;
- *glaucome* à angle fermé ;
- risque de rétention des urines (*adénome de la prostate*...) ;
- excès de *potassium* dans le sang ;
- *insuffisance rénale* grave ;
- *insuffisance respiratoire* grave ;
- *porphyries* ;
- en association avec les *antidépresseurs* de type *IMAO* et les médicaments contenant de l'énoxacine ;
- **grossesse** ;
- **allaitement.**

ATTENTION
Des précautions sont nécessaires en cas d'*antécédent* de *convulsions*, d'*ulcère* de l'estomac et du *duodénum*, d'obésité, d'*insuffisance hépatique*, d'*insuffisance cardiaque*, de *diabète*, et chez la personne âgée.
Le tabac interagit avec la théophylline, dont il diminue fortement l'efficacité, mais son arrêt peut conduire à un surdosage. Votre médecin adaptera la *posologie* en conséquence.
Évitez les boissons alcoolisées en raison de la présence de phénobarbital : augmentation du risque de somnolence.
Conducteur : ce médicament peut être responsable d'une somnolence ou d'une baisse de la vigilance.

INTERACTIONS MÉDICAMENTEUSES

Ce médicament ne doit pas être associé :
- aux *IMAO* (MARSILID, NIAMIDE) : risque d'hypertension grave,
- aux médicaments contenant de l'énoxacine : risque de surdosage en théophylline.

Il peut interagir avec d'autres médicaments, notamment les *contraceptifs* oraux (pilule). Signalez tout autre traitement en cours à votre médecin ou à votre pharmacien.

GROSSESSE, ALLAITEMENT ET NOUVEAU-NÉ

Grossesse :
Ce médicament contient du phénobarbital ; il est contre-indiqué pendant la grossesse.

Allaitement :
Ce médicament passe dans le lait maternel : l'allaitement est contre-indiqué.

MODE D'EMPLOI ET POSOLOGIE

Ce médicament doit être dilué dans un demi-verre d'eau, sucrée de préférence, et pris avant les repas.

Un intervalle d'au moins 4 heures doit être respecté entre chaque prise. La dernière prise doit se situer à distance du coucher.

Posologie usuelle :
- Adulte :
  - *traitement préventif* : 1 à 3 cuillères à café par jour.
  - *traitement de la crise* : 1 à 6 cuillères à café par jour.
- Adolescent de plus de 15 ans : 1 à 4 demi-cuillères à café par jour.

Toute modification de la *posologie* expose à la survenue d'une crise d'*asthme* : veillez à ne jamais manquer de médicament.
Le tabagisme, notamment celui de l'entourage, est un frein important à l'efficacité du traitement.
Les excitants tels que le thé ou le café peuvent accroître certains effets indésirables de la théophylline et doivent être consommés avec modération.

EFFETS INDÉSIRABLES POSSIBLES

Maux de tête, excitation, accélération du cœur, *troubles digestifs*. Éruption cutanée, irritabilité, confusion mentale chez la personne âgée.

Douleur thoracique, sueurs, rétention d'urine, tremblements, anxiété.

ASTRESSANE
aubépine, coquelicot, passiflore

PRÉSENTATION

ASTRESSANE : comprimé ; boîte de 36 - Non remb.

Laboratoires Dolisos

COMPOSITION

	p. comp.
Aubépine, sommité fleurie, extrait sec	100 mg
Coquelicot, pétale, extrait sec	75 mg
Passiflore, parties aériennes, extrait sec	125 mg
Aspartam	+

INDICATIONS

Ce médicament contient des extraits de plantes ayant un effet *sédatif*.

Il est utilisé dans le traitement des *palpitations*.

CONTRE-INDICATIONS

Ce médicament ne doit pas être utilisé en cas de *phénylcétonurie* (présence d'aspartam).

ATTENTION
Les *palpitations* peuvent être le *symptôme* d'une maladie cardiaque : n'utilisez pas ce médicament de façon prolongée sans l'avis de votre médecin.

GROSSESSE, ALLAITEMENT ET NOUVEAU-NÉ

Ce médicament ne contient que des plantes présumées sans danger pendant la

grossesse ou l'allaitement. Néanmoins, ne l'utilisez pas de façon prolongée sans l'avis de votre pharmacien ou de votre médecin.

MODE D'EMPLOI ET POSOLOGIE

Les comprimés peuvent être sucés ou dissous dans de l'eau chaude (verser sur le comprimé un demi-verre d'eau portée à ébullition et attendre pendant 5 minutes la solubilisation).

Posologie usuelle :

1 ou 2 comprimés, 1 ou 2 fois par jour.

> Les *palpitations* peuvent être favorisées par la prise d'excitants : café, thé, alcool et certains sodas contenant de la caféine.
> Conserver les comprimés à l'abri de la chaleur et de l'humidité.

ASTYL

bisorcate de déanol

PRÉSENTATION

ASTYL : capsule (orangée) ; boîte de 40 - Non remb. - Liste II

Laboratoires Laphal

COMPOSITION

	p. caps.
Bisorcate de déanol	200 mg

INDICATIONS

C'est un *psychostimulant* qui contient du déanol.

Il est utilisé dans le traitement de certaines fatigues (*asthénies fonctionnelles*).

CONTRE-INDICATIONS

Ce médicament ne doit pas être utilisé en cas d'*épilepsie*.

> **ATTENTION**
> L'utilisation de ce médicament est réservée à l'adulte.

GROSSESSE, ALLAITEMENT ET NOUVEAU-NÉ

L'effet de ce médicament pendant la grossesse ou l'allaitement est mal connu. L'évaluation du risque éventuel lié à son utilisation est individuelle : demandez conseil à votre pharmacien ou à votre médecin.

MODE D'EMPLOI ET POSOLOGIE

Les capsules doivent être avalées avec un peu d'eau au moment des repas.

Posologie usuelle :

2 capsules, matin et midi.

> Une fatigue persistante ne doit pas vous conduire à augmenter les prises de ce médicament : consultez votre médecin.

EFFETS INDÉSIRABLES POSSIBLES

Insomnie, maux de tête, démangeaisons ; ces effets disparaissent au cours du traitement ou après diminution des doses.

ATARAX

hydroxyzine

PRÉSENTATION

ATARAX 25 mg : comprimé sécable (blanc) ; boîte de 30 - Remb. 65 % - Liste I

ATARAX 100 mg : comprimé sécable (blanc) ; boîte de 30 - Remb. 65 % - Liste I

ATARAX : sirop ; flacon 200 ml - Remb. 65 % - Liste I

ATARAX : solution injectable ; boîte de 6 ampoules (2 ml) - Remb. 65 % - Liste I

Laboratoires UCB

COMPOSITION

	p. comp.	p. comp.
Hydroxyzine dichlorhydrate	25 mg	100 mg
	p. c. à c.	**p. amp. inj.**
Hydroxyzine dichlorhydrate	10 mg	100 mg
Menthol	+	
Alcool	+	

INDICATIONS

Ce médicament est un *tranquillisant* utilisé dans les états d'anxiété. C'est également un *antihistaminique* utilisé dans le *traitement symptomatique* des démangeaisons.

CONTRE-INDICATIONS

Ce médicament ne doit pas être utilisé dans les cas suivants :
- *glaucome* à angle fermé,
- risque de rétention des urines (*adénome de la prostate*...).

> **ATTENTION**
> Toute douleur oculaire accompagnée d'un trouble de la vision peut révéler l'existence d'un *glaucome* et nécessite d'urgence une consultation chez un ophtalmologiste.
> Utilisé seul, ce médicament n'est pas adapté au traitement des *états dépressifs*.
> Évitez les boissons alcoolisées : augmentation du risque de somnolence.
> Conducteur : ce médicament peut être responsable d'une somnolence ou d'une baisse de la vigilance.

INTERACTIONS MÉDICAMENTEUSES

Ce médicament peut interagir avec d'autres médicaments, notamment les *atropiniques* et les *sédatifs*. Signalez tout autre traitement en cours à votre médecin ou à votre pharmacien.

GROSSESSE, ALLAITEMENT ET NOUVEAU-NÉ

Grossesse :

L'effet de ce médicament sur l'enfant à naître est mal connu. Par mesure de prudence, son usage est déconseillé pendant les 3 premiers mois de la grossesse.

Allaitement :

Les données actuellement disponibles ne permettent pas de savoir si ce médicament passe dans le lait maternel.

MODE D'EMPLOI ET POSOLOGIE

Les comprimés doivent être avalés avec un peu d'eau. La solution injectable est administrée de préférence par *voie* intramusculaire. En injection intraveineuse, l'ampoule doit être diluée dans du *sérum physiologique*.

Posologie usuelle :

Elle est strictement individuelle.

> Les *tranquillisants* ne sont pas la seule réponse aux troubles dus à une anxiété. Une meilleure hygiène de vie, une consommation modérée d'excitants (y compris les boissons alcoolisées) permettent aussi de lutter efficacement contre les excès du stress.

EFFETS INDÉSIRABLES POSSIBLES

Somnolence ou au contraire excitation, constipation, troubles de l'*accommodation*, bouche sèche, rétention des urines, confusion des idées chez la personne âgée.

ATÉNOLOL ZENECA PHARMA

aténolol

PRÉSENTATION

ATÉNOLOL 50 mg ZENECA PHARMA : comprimé (blanc) ; boîte de 28 - Remb. 65 % - Liste I

Laboratoires Zeneca Pharma

COMPOSITION

	p. comp.
Aténolol	50 mg

INDICATIONS

Ce médicament appartient à la famille des *bêtabloquants*. Ceux-ci agissent en bloquant l'action de l'*adrénaline* (et d'autres *hormones* apparentées) sur de nombreux organes et notamment sur le cœur, les vaisseaux et les bronches.

Il est utilisé dans le traitement de l'*hypertension artérielle*.

CONTRE-INDICATIONS

Ce médicament ne doit pas être utilisé dans les cas suivants :
- *insuffisance cardiaque* grave non contrôlée par un traitement spécifique,
- *bloc auriculo-ventriculaire* grave,
- rythme cardiaque inférieur à 50 battements par minute,
- en association avec les médicaments contenant de la floctafénine.

Dans tous les autres cas, le médecin est seul juge, notamment en cas d'*asthme*.

> **ATTENTION**
> N'interrompez jamais brutalement le traitement. Espacez progressivement les prises. Un avis médical est toujours préférable.
> Diabétiques : les *bêtabloquants* peuvent masquer certains *symptômes* de l'*hypoglycémie*, essentiellement des *palpitations* et l'accélération du cœur.

INTERACTIONS MÉDICAMENTEUSES

Ce médicament ne doit pas être associé à la floctafénine (IDARAC...) : risque d'augmentation de la gravité d'un éventuel *choc* allergique.

Il peut interagir avec d'autres médicaments, notamment ceux contenant de l'amiodarone. Signalez tout autre traitement en cours à votre médecin ou à votre pharmacien.

GROSSESSE, ALLAITEMENT ET NOUVEAU-NÉ

Grossesse et nouveau-né :

Les études scientifiques actuellement disponibles n'ont pas mis en évidence de problème particulier lors de l'utilisation chez la femme enceinte.

L'effet *bêtabloquant* persiste quelques jours chez le *nouveau-né* et justifie une surveillance médicale renforcée pendant les premiers jours de la vie.

Allaitement :

Ce médicament passe dans le lait maternel : l'allaitement est déconseillé.

MODE D'EMPLOI ET POSOLOGIE

Ce médicament sera pris de préférence une demi-heure avant les repas.

Posologie usuelle :

2 comprimés en 1 prise le matin.

> Veillez à toujours disposer d'une réserve de ce médicament : une plaquette dans la boîte à gants de la voiture et dans la trousse de toilette, par exemple.
>
> Il est normal que le rythme cardiaque ralentisse sous l'effet du traitement ; néanmoins, en cas de fatigue anormale et de pouls inférieur à 50 battements par minute, consultez votre médecin.

EFFETS INDÉSIRABLES POSSIBLES

Bénins et peu fréquents : fatigue en début de traitement, rares troubles du sommeil, syndrome de *Raynaud* et fourmillement des extrémités ; parfois, réactions cutanées.

Potentiellement graves et rares : *bloc auriculo-ventriculaire*, ralentissement important du cœur, chute de tension, *insuffisance cardiaque*, crise d'*asthme*.

ATÉPADÈNE

adénosine triphosphate

PRÉSENTATION

ATÉPADÈNE : gélule (rouge) ; boîte de 30 - Remb. 35 %

Laboratoires Mayoly-Spindler

COMPOSITION

	p. gél.
Adénosine triphosphate	30 mg

INDICATIONS

Ce médicament contient une substance indispensable au *métabolisme* du muscle et des nerfs.

Il est utilisé dans le traitement des *dorsalgies*.

GROSSESSE, ALLAITEMENT ET NOUVEAU-NÉ

Ce médicament ne contient que des substances présumées sans danger pendant la grossesse ou l'allaitement. Néanmoins, ne l'utilisez pas de façon prolongée sans l'avis de votre pharmacien ou de votre médecin.

MODE D'EMPLOI ET POSOLOGIE

Les gélules doivent être avalées avec un verre d'eau.

Posologie usuelle :

1 gélule, 2 ou 3 fois par jour.

ATHYMIL

miansérine

PRÉSENTATION

ATHYMIL 10 mg : comprimé (blanc) ; boîte de 30 - Remb. 65 % - Liste I

ATHYMIL 30 mg : comprimé (blanc) ; boîte de 30 - Remb. 65 % - Liste I

ATHYMIL 60 mg : comprimé sécable (blanc) ; boîte de 14 - Remb. 65 % - Liste I

Laboratoires Organon

COMPOSITION

	p. comp. 10 mg	p. comp. 30 mg	p. comp. 60 mg
Miansérine chlorhydrate			

INDICATIONS

C'est un *antidépresseur* qui appartient à la famille des antidépresseurs non *IMAO*, non imipraminiques.

Il est utilisé dans le traitement des *états dépressifs* de toute nature.

CONTRE-INDICATIONS

Ce médicament ne doit pas être utilisé dans les cas suivants :
- association aux *IMAO* non sélectifs,
- enfant de moins de 15 ans.

> **ATTENTION**
>
> Si vous souffrez d'*épilepsie*, ou de *diabète*, prévenez votre médecin afin qu'il puisse adapter la *posologie*.
>
> Évitez les boissons alcoolisées : augmentation du risque de somnolence.
>
> Conducteur : ce médicament peut être responsable d'une baisse de la vigilance, particulièrement en début de traitement.

INTERACTIONS MÉDICAMENTEUSES

Ce médicament ne doit pas être associé aux *IMAO* non sélectifs (MARSILID, NIAMIDE...) : risque de poussée d'*hypertension artérielle* ou de malaise grave.

Lorsque ce médicament vient en remplacement d'un IMAO non sélectif, il convient de respecter un délai d'au moins 15 jours.

Lorsqu'un IMAO vient en remplacement de ce médicament, un intervalle de 3 jours suffit.

Ce médicament peut interagir avec d'autres médicaments, notamment ceux contenant de la clonidine (CATAPRESSAN, BARCLYD...), dont il risque d'annuler les effets, et les autres *sédatifs*. Signalez tout autre traitement en cours à votre médecin ou à votre pharmacien.

GROSSESSE, ALLAITEMENT ET NOUVEAU-NÉ

L'effet de ce médicament est mal connu pendant la grossesse et l'allaitement : par mesure de prudence son usage est déconseillé.

MODE D'EMPLOI ET POSOLOGIE

Les comprimés doivent être avalés avec un peu d'eau, en 1 prise, de préférence le soir, ou répartis dans la journée.

Posologie usuelle :

Elle est strictement individuelle, et instaurée progressivement en une semaine.

> L'efficacité de ce médicament peut ne pas être immédiate. N'arrêtez pas le traitement prématurément.

EFFETS INDÉSIRABLES POSSIBLES

Somnolence, bouche sèche, constipation.

Rarement : *convulsions*, douleur articulaire, prise de poids, *œdème*, jaunisse.

ATOUCLINE

pentoxyvérine, sulfogaïacol, benzoate de sodium

PRÉSENTATION

ATOUCLINE : sirop ; flacon 150 ml - Non remb.

Laboratoires Lederle

COMPOSITION

	p. c. à c.	p. c. à s.
Pentoxyvérine citrate	7 mg	21 mg
Sulfogaïacol	37 mg	111 mg
Benzoate de sodium	37 mg	111 mg
Saccharose	4,1 g	12,3 g

INDICATIONS

Ce sirop contient un *antitussif* (pentoxyvérine) associé à des *expectorants*.

Il est utilisé dans le *traitement symptomatique* de la toux sèche et de certaines affections des bronches.

CONTRE-INDICATIONS

Ce médicament ne doit pas être utilisé dans les cas suivants :
- *asthme*,
- *insuffisance respiratoire*,
- enfant de moins de 3 ans.

> **ATTENTION**
>
> Des précautions sont nécessaires en cas de maladie de l'estomac.
>
> Ce médicament n'est pas adapté au traitement de la toux grasse, qui est un mécanisme de défense normal de l'organisme permettant l'évacuation des mucosités présentes dans les bronches.
>
> La toux est un *symptôme* qui peut révéler de nombreuses maladies : consultez votre médecin si elle persiste plus de quelques jours.
>
> Ce médicament contient du *sucre* (saccharose) en quantité notable.
>
> Évitez les boissons alcoolisées : augmentation du risque de somnolence.

Conducteur : ce médicament peut être responsable d'une somnolence ou d'une baisse de la vigilance.

GROSSESSE, ALLAITEMENT ET NOUVEAU-NÉ

L'effet de ce médicament pendant la grossesse ou l'allaitement est mal connu. L'évaluation du risque éventuel lié à son utilisation est individuelle : demandez conseil à votre pharmacien ou à votre médecin.

MODE D'EMPLOI ET POSOLOGIE

Les prises doivent être régulièrement réparties au cours de la journée, de préférence en dehors des repas.

Posologie usuelle :

- Adulte : 1 cuillère à soupe de sirop, 4 ou 5 fois par jour.
- Enfant de 8 à 15 ans : 1 cuillère à soupe de sirop, 2 ou 3 fois par jour.
- Enfant de 3 à 8 ans : 1 cuillère à café de sirop, 2 à 4 fois par jour.

Fumer, ou être exposé à la fumée des autres, nuit à l'efficacité du traitement.

Des mesures simples permettent de calmer les toux sèches : boissons chaudes et humidification de l'air ambiant.

EFFETS INDÉSIRABLES POSSIBLES

Douleurs d'estomac.

Somnolence.

ATOUCLINE expectorant

carbocistéine

PRÉSENTATION

ATOUCLINE expectorant Adulte : sirop arôme caramel ; flacon 150 ml - Non remb.

ATOUCLINE expectorant Adulte : sirop arôme caramel ; flacon 250 ml - Non remb.

Laboratoires Lederle

COMPOSITION

	p. c. à s.
Carbocistéine	750 mg
Saccharose	6 g

INDICATIONS

Ce médicament fluidifie les sécrétions bronchiques. Il facilite leur évacuation par la toux.

Il est utilisé dans les états d'encombrement des bronches, associés aux maladies bronchiques aiguës ou chroniques.

ATTENTION

Des précautions sont nécessaires en cas d'*ulcère* de l'estomac ou du *duodénum*.

N'utilisez pas d'*antitussif* en plus de ce médicament sans l'avis de votre médecin ou de votre pharmacien.

Si les sécrétions persistent au-delà de quelques jours, si elles se colorent ou si vous avez de la fièvre, consultez votre médecin.

Le sirop contient du *sucre* (saccharose) en quantité notable.

GROSSESSE, ALLAITEMENT ET NOUVEAU-NÉ

L'effet de ce médicament pendant la grossesse ou l'allaitement est mal connu. L'évaluation du risque éventuel lié à son utilisation est individuelle : demandez conseil à votre pharmacien ou à votre médecin.

MODE D'EMPLOI ET POSOLOGIE

Posologie usuelle :

- Adulte : 1 cuillère à soupe de sirop, 3 fois par jour.

Fumer, ou être exposé à la fumée des autres, est un frein important à l'évacuation des mucosités.

Il est nécessaire de lutter contre la sécheresse de l'air ambiant (humidificateur...) pour éviter le dessèchement des sécrétions. Il est également recommandé de boire beaucoup.

Des crachats fluides et abondants traduisent l'efficacité de ce médicament.

Chez la personne âgée, l'incapacité à évacuer les crachats peut justifier l'aide d'un kinésithérapeute, sur prescription médicale.

EFFETS INDÉSIRABLES POSSIBLES

Troubles digestifs : nausées, vomissements.

ATRICAN

ténonitrozole

PRÉSENTATION

ATRICAN : comprimé (blanc) ; boîte de 20 - Remb. 65 %

Laboratoires Innotech International

COMPOSITION

	p. comp.
Ténonitrozole	100 mg

INDICATIONS

Ce médicament contient une substance *antifongique* et antiparasitaire.

Il est utilisé dans le traitement des infections génitales à *trichomonas*, associées ou non à une *candidose*.

CONTRE-INDICATIONS

Ce médicament ne doit pas être utilisé en cas d'*insuffisance hépatique*.

ATTENTION

Évitez l'absorption de boissons alcoolisées pendant le traitement : risque d'*effet antabuse*.

GROSSESSE, ALLAITEMENT ET NOUVEAU-NÉ

L'utilisation ponctuelle de ce médicament pendant la grossesse ou l'allaitement ne semble pas poser de problème particulier.

MODE D'EMPLOI ET POSOLOGIE

Ce médicament est pris de préférence au moment des repas.

Posologie usuelle :

2 comprimés, 2 ou 3 fois par jour, pendant 3 à 10 jours.

Le médecin prescrit parfois un prélèvement pour identifier le *germe* responsable de l'infection et tester sa sensibilité aux *antibiotiques*. Le résultat de cet examen peut être faussé en cas d'automédication : prévenez votre médecin si vous avez pris ce médicament.

En cas d'infection génitale, votre partenaire peut être contaminé alors qu'il ne présente aucun *symptôme*. S'il n'est pas traité conjointement, une recontamination est possible.

Une coloration jaune des larmes est possible : le port de lentilles de contact est déconseillé pendant la durée du traitement.

EFFETS INDÉSIRABLES POSSIBLES

Nausées, perte d'appétit.

ATRIUM

fébarbamate, difébarbamate, phénobarbital

PRÉSENTATION

ATRIUM 100 : comprimé sécable (jaune) ; boîte de 30 - Remb. 65 % - Liste I

ATRIUM 300 : comprimé sécable (blanc) ; boîte de 20 - Remb. 65 % - Liste I

Laboratoires Riom-CERM

COMPOSITION

	p. comp. 100	p. comp. 300
Fébarbamate	50 mg	150 mg
Difébarbamate	35 mg	105 mg
Phénobarbital	15 mg	45 mg

INDICATIONS

C'est un médicament qui associe des *tranquillisants* et du phénobarbital appartenant à la famille des *barbituriques*.

Il est utilisé dans le traitement des états d'anxiété.

CONTRE-INDICATIONS

Ce médicament ne doit pas être utilisé dans les cas suivants :

- *myasthénie*,
- *porphyrie*,
- *insuffisance respiratoire*,
- *insuffisance cardiaque*,
- *insuffisance hépatique*,
- *insuffisance rénale*.

ATTENTION

Une prise prolongée ou des doses importantes de ce médicament favorisent une *dépendance*. Respectez la *posologie* et la durée de traitement prescrites par votre médecin.

Ce médicament n'est pas adapté au traitement des *états dépressifs*.

L'arrêt brutal de ce médicament expose à un sevrage pénible. Il faut y penser en présence des signes suivants : réapparition de l'anxiété, agitation, irritabilité, insomnie, maux de tête, douleurs musculaires, tremblements ou hallucinations.

Il faut donc s'entourer de conseils médicaux avant d'envisager une diminution progressive des doses et un espacement des prises, sur une période d'autant plus longue que le traitement a été prolongé.

Évitez les boissons alcoolisées : augmentation du risque de somnolence.

Conducteur : ce médicament peut être responsable d'une somnolence ou d'une baisse de la vigilance.

INTERACTIONS MÉDICAMENTEUSES

Ce médicament peut interagir avec d'autres médicaments notamment les *contraceptifs* oraux (pilule) : risque de contraception inefficace. Signalez tout autre traitement en cours à votre médecin ou à votre pharmacien.

GROSSESSE, ALLAITEMENT ET NOUVEAU-NÉ

Grossesse :

En l'absence de données dans l'espèce humaine et par mesure de prudence, ce médicament est déconseillé pendant la grossesse.

Allaitement :

Les données disponibles ne permettent pas de savoir si ce médicament passe dans le lait maternel.

MODE D'EMPLOI ET POSOLOGIE

Les comprimés doivent être avalés avec un verre d'eau.

Posologie usuelle :

Elle est strictement individuelle. Le comprimé dosé à 300 mg est réservé à l'adulte.

Chez l'enfant, le traitement doit être de courte durée.

Ce médicament vous a été prescrit dans une situation précise : ne le conseillez pas à une autre personne.

Les *tranquillisants* ne sont pas la seule réponse aux troubles dus à une anxiété exagérée. Une meilleure hygiène de vie, une consommation modérée d'excitants (y compris les boissons alcoolisées) permettent aussi de lutter efficacement contre les excès de stress.

EFFETS INDÉSIRABLES POSSIBLES

Fréquemment en début de traitement : somnolence.

Rarement : *allergie*, douleur articulaire.

ATROVENT aérosol buccal

bromure d'ipratropium

PRÉSENTATION

ATROVENT : suspension pour aérosol buccal ; flacon pressurisé 10 ml avec valve doseuse et embout buccal (200 bouffées) - Remb. 65 % - Liste I

Laboratoires Boehringer Ingelheim France

COMPOSITION

	p. bouffée
Ipratropium bromure	20 µg

INDICATIONS

C'est un bronchodilatateur qui appartient à la famille des anticholinergiques (*atropiniques*). Il agit localement contre la contraction anormale des muscles de la paroi des bronches. Son action est rapide (quelques minutes) et se poursuit 4 à 6 heures.

Il est utilisé dans :
- l'*asthme* (*traitement de la crise, traitement de fond*),
- certaines maladies des bronches.

CONTRE-INDICATIONS

Bien qu'il ait des effets *atropiniques*, ce médicament ne présente aucune contre-indication, car il agit localement et n'est pas diffusé dans l'organisme.

ATTENTION

Si une crise d'*asthme* ne cède pas malgré des inhalations répétées à la *posologie* usuelle, ne pas s'obstiner et consulter immédiatement votre médecin (à défaut appeler le 15 ou un service médical d'urgence).

GROSSESSE, ALLAITEMENT ET NOUVEAU-NÉ

Grossesse :

Par mesure de prudence, ce médicament est déconseillé pendant les 3 premiers mois de la grossesse.

Allaitement :

Les données actuellement disponibles ne permettent pas de savoir si ce médicament passe dans le lait maternel : par mesure de prudence, il est déconseillé pendant l'allaitement.

MODE D'EMPLOI ET POSOLOGIE

Le flacon doit être agité avant l'emploi. Présenter l'embout à l'entrée de la bouche, le fond de la cartouche dirigé vers le haut. Appuyer sur le fond de la cartouche tout en inhalant. L'inhalation doit être faite au cours d'une inspiration profonde, précédée d'une expiration forcée. Il est ensuite nécessaire de retenir sa respiration quelques instants.

Se rincer la bouche avec de l'eau après l'emploi.

Posologie usuelle :

- Adulte et enfant de plus de 5 ans : 1 ou 2 bouffées, 3 ou 4 fois par jour.

Lire attentivement la notice du médicament avant son emploi.

N'hésitez pas à demander une démonstration du maniement de cet appareil à votre médecin ou votre pharmacien.

L'utilisation de l'aérosol doseur chez les personnes maîtrisant mal la technique d'inhalation peut être facilitée par l'emploi d'un réservoir en matière plastique qui s'interpose entre l'aérosol doseur et la bouche. Demandez conseil à votre pharmacien.

Pensez à nettoyer à l'eau régulièrement l'embout buccal avant et après l'emploi.

Le récipient est sous pression : le maintenir à l'abri de la chaleur.

EFFETS INDÉSIRABLES POSSIBLES

Sécheresse de la bouche, irritation de la gorge, au cours d'administrations prolongées.

ATROVENT nasal

bromure d'ipratropium

PRÉSENTATION

ATROVENT NASAL : solution nasale ; flacon pressurisé (Fréon) 10 ml (200 doses) et embout nasal - Remb. 35 % - Liste I

Laboratoires Boehringer Ingelheim France

COMPOSITION

	p. dose
Ipratropium bromure	20 µg

INDICATIONS

Ce médicament appartient à la famille des anticholinergiques (*atropiniques*). Il agit localement en asséchant les sécrétions nasales. Son action est rapide (quelques minutes) et se poursuit 1 à 4 heures.

Ce médicament est utilisé dans le traitement de l'écoulement nasal de liquide clair au cours des *rhinites* non infectées.

CONTRE-INDICATIONS

Ce médicament ne doit pas être utilisé en cas de *rhinite* accompagnée de signes d'infection (fièvre, sécrétions épaisses et colorées).

GROSSESSE, ALLAITEMENT ET NOUVEAU-NÉ

Grossesse :

L'effet de ce médicament sur l'enfant à naître est mal connu : par mesure de prudence, il est déconseillé pendant les 3 premiers mois de la grossesse.

Allaitement :

Les données disponibles ne permettent pas de savoir si ce médicament passe dans le lait maternel : par mesure de prudence, il est déconseillé pendant l'allaitement.

MODE D'EMPLOI ET POSOLOGIE

Le flacon doit être agité avant l'emploi et tenu verticalement, fond de la cartouche dirigé vers le haut. La solution est pulvérisée dans chaque narine au cours d'une brève inspiration.

Posologie usuelle :

- Adulte : 2 doses dans chaque narine après mouchage, 2 à 4 fois par jour. Il est inutile de dépasser cette *posologie*. Ce médicament n'est pas adapté à l'enfant.

Pensez à nettoyer régulièrement à l'eau l'embout nasal.

Le récipient est sous pression : conservez-le à l'abri de la chaleur.

EFFETS INDÉSIRABLES POSSIBLES

Irritation nasale pouvant se compliquer de croûtes et de saignements de nez.

Sécheresse de la bouche et du nez.

ATURGYL

fénoxazoline

PRÉSENTATION

ATURGYL : solution nasale ; flacon pulvérisateur 15 ml - Remb. 35 % - Liste II

Laboratoires Synthélabo France

COMPOSITION

	p. 100 ml
Fénoxazoline chlorhydrate	0,1 g

INDICATIONS

Cette solution nasale contient un *vasoconstricteur* qui lutte contre la congestion nasale, due à la dilatation des vaisseaux sanguins.

Elle est utilisée dans le *traitement symptomatique* des congestions nasales aiguës.

CONTRE-INDICATIONS

Ce médicament ne doit pas être utilisé dans les cas suivants :
- enfant de moins de 7 ans,
- *glaucome* à angle fermé,
- en association avec les *antidépresseurs* de type *IMAO* non sélectif.

ATTENTION

Des précautions particulières sont nécessaires dans le cas d'*hypertension artérielle*, de certains troubles cardiaques, d'*hyperthyroïdie*.

L'utilisation répétée ou prolongée des *vasoconstricteurs* expose à un risque de *rhinite* grave, parfois irréversible. La brièveté de l'effet décongestionnant ne doit pas vous conduire à dépasser la *posologie* prescrite par votre médecin.

INTERACTIONS MÉDICAMENTEUSES

Ce médicament ne doit pas être associé aux *antidépresseurs* de type *IMAO* non sélectifs (MARSILID, NIAMIDE...) : risque de crise hypertensive.

GROSSESSE, ALLAITEMENT ET NOUVEAU-NÉ

L'effet de ce médicament pendant la grossesse ou l'allaitement est mal connu : seul votre médecin peut évaluer le risque éventuel de son utilisation dans votre cas.

MODE D'EMPLOI ET POSOLOGIE

Les pulvérisations doivent être faites au cours d'une brève inspiration, en tenant le flacon verticalement.

Posologie usuelle :
- Adulte et enfant de plus de 7 ans : 1 pulvérisation dans chaque narine, 3 fois par jour.

La durée du traitement ne doit pas dépasser 7 jours.

Ce médicament contient une substance active puissante : ne le laissez pas à la portée des enfants.

EFFETS INDÉSIRABLES POSSIBLES

Sécheresse nasale.

Plus rarement, en cas de passage dans le sang : maux de tête, insomnie, accélération du cœur.

ATUSSIL

PRÉSENTATION

ATUSSIL : sirop ; flacon 200 ml - Non remb.

ATUSSIL Eucalyptol : suppositoire ; boîte de 10 - Non remb.

Laboratoires Goupil

COMPOSITION

	p. c. à s.	p. suppos.
Pentoxyvérine	20,25 mg	50 mg
Eucalyptol		60 mg
Menthol	+	
Alcool à 95°	0,47 g	
Saccharose	11,25 g	

INDICATIONS

Ce médicament est un *antitussif*.

Il est utilisé dans le *traitement symptomatique* de la toux sèche.

CONTRE-INDICATIONS

Ce médicament ne doit pas être utilisé dans les cas suivants :
- *asthme*,
- *insuffisance respiratoire*,
- *glaucome* à angle fermé,
- risque de rétention des urines (*adénome de la prostate*...),
- enfant de moins de 15 ans (sirop),
- enfant de moins de 5 ans (suppositoire).

ATTENTION

Ce médicament n'est pas adapté au traitement de la toux grasse, qui est un mécanisme de défense normal de l'organisme permettant l'évacuation des mucosités présentes dans les bronches.

La toux est un *symptôme* qui peut révéler de nombreuses maladies : consultez votre médecin si elle persiste plus de quelques jours.

Le sirop contient du *sucre* (saccharose) et de l'*alcool* en quantité notable.

Évitez les boissons alcoolisées : augmentation du risque de somnolence.

Conducteur : ce médicament peut être responsable d'une somnolence ou d'une baisse de la vigilance.

GROSSESSE, ALLAITEMENT ET NOUVEAU-NÉ

L'effet de ce médicament pendant la grossesse ou l'allaitement est mal connu. L'évaluation du risque éventuel lié à son utilisation est individuelle : demandez conseil à votre pharmacien ou à votre médecin.

MODE D'EMPLOI ET POSOLOGIE

Les prises doivent être régulièrement réparties au cours de la journée.

Le sirop peut être pris pur ou dilué dans un verre d'eau.

Posologie usuelle :
- Adulte : 1 cuillère à soupe, 4 fois par jour ou 1 suppositoire matin et soir.
- Enfant de plus de 5 ans : 1/2 suppositoire matin et soir.

Fumer, ou être exposé à la fumée des autres, nuit à l'efficacité du traitement.

Des mesures simples permettent de calmer les toux sèches : boissons chaudes et humidification de l'air ambiant.

EFFETS INDÉSIRABLES POSSIBLES

Nausées, vomissements, constipation.

Éruption cutanée, bouche sèche, sensation de *vertige*, somnolence.

AUBÉLINE

aubépine

PRÉSENTATION

AUBÉLINE : gélule ; boîte de 50 - Non remb.

Laboratoires Arkopharma

COMPOSITION

	p. gél.
Aubépine, poudre de sommités fleuries	270 mg

INDICATIONS

Ce médicament contient un extrait de plante à effet *sédatif*, l'aubépine.

Il est utilisé dans le traitement des *palpitations* et des troubles légers du sommeil chez l'adulte comme chez l'enfant.

ATTENTION

Les *palpitations* peuvent être le *symptôme* d'une maladie cardiaque : n'utilisez pas ce médicament de façon prolongée sans l'avis de votre médecin.

GROSSESSE, ALLAITEMENT ET NOUVEAU-NÉ

Ce médicament contient une plante présumée sans danger pendant la grossesse ou l'allaitement. Néanmoins, ne l'utilisez pas de façon prolongée sans l'avis de votre pharmacien ou de votre médecin.

MODE D'EMPLOI ET POSOLOGIE

Ce médicament doit être pris de préférence au moment des repas, avec un grand verre d'eau.

Posologie usuelle :

2 à 4 gélules par jour.

Les *palpitations* peuvent être favorisées par la prise d'excitants : café, thé, boissons alcoolisées et certains sodas contenant de la caféine.

Ce médicament doit être conservé à l'abri de la lumière.

AUGMENTIN oral

amoxicilline, acide clavulanique

PRÉSENTATION

AUGMENTIN NOURRISSON 100 mg/ml : poudre pour suspension buvable arôme framboise, orange ; flacon 30 ml et pipette 4 ml (112 doses de graduations) - Remb. 65 % - Liste I

AUGMENTIN 250 mg : poudre orale arôme citron, fraise et pêche ; boîte de 12 sachets - Remb. 65 % - Liste I

AUGMENTIN 250 mg/5 ml : poudre pour suspension buvable arôme framboise, orange ; flacon 60 ml (12 cuillères-mesure de 5 ml) - Remb. 65 % - Liste I

AUGMENTIN 500 mg : poudre orale ; boîte de 12 sachets - Remb. 65 % - Liste I

AUGMENTIN 500 mg : comprimé oblong (blanc) ; boîte de 12 - Remb. 65 % - Liste I

Laboratoires SmithKline Beecham

COMPOSITION

	p. ml	p. sachet	p. c. mes.
Amoxicilline	100 mg	250 mg	250 mg
Acide clavulanique	12,5 mg	62,5 mg	62,5 mg
Saccharose		3 g	

	p. sachet	p. comp.
Amoxicilline	500 mg	500 mg
Acide clavulanique	125 mg	125 mg
Saccharose	3 g	

INDICATIONS

C'est un *antibiotique* qui appartient à la famille des *pénicillines* à spectre élargi, c'est-à-dire actives sur un plus grand nombre de *germes* que la pénicilline simple. L'adjonction d'acide clavulanique permet d'empêcher la destruction de l'amoxicilline par certaines bactéries.

Ce médicament est utilisé dans le traitement de diverses maladies infectieuses, notamment celles des poumons, des bronches, du nez, de la gorge ou des oreilles, des *voies* urinaires, des voies génitales, des gencives et des dents.

CONTRE-INDICATIONS

Ce médicament ne doit pas être utilisé dans les cas suivants :
- *allergie* aux *pénicillines*,
- *mononucléose infectieuse*.

Ce médicament ne peut être utilisé qu'après avis médical en cas d'allergie aux *céphalosporines*.

ATTENTION

Des précautions sont nécessaires en cas d'*insuffisance rénale*.

Le médecin peut prescrire un prélèvement pour identifier le *germe* responsable de l'infection et tester sa sensibilité à l'*antibiotique*. Le résultat de cet examen peut être faussé en cas d'automédication préalable : ne prenez pas d'antibiotique sans avis médical.

Des *antécédents* d'*allergie* à la *pénicilline* contre-indiquent l'usage de ce médicament. La survenue de toute manifestation allergique (boutons, *œdème*, malaise) impose l'arrêt immédiat du traitement : consultez votre médecin.

Une diminution de la fièvre ou une disparition des *symptômes* ne sont pas synonymes de guérison : la durée du traitement doit absolument être respectée pour éviter les rechutes.

La poudre orale contient du *sucre* (saccharose) en quantité notable.

INTERACTIONS MÉDICAMENTEUSES

Ce médicament peut interagir avec d'autres médicaments. Signalez tout autre traitement en cours à votre médecin ou à votre pharmacien.

GROSSESSE, ALLAITEMENT ET NOUVEAU-NÉ

Grossesse :

Les études scientifiques actuellement disponibles n'ont pas mis en évidence de problème particulier lors de l'utilisation chez la femme enceinte. Seul votre médecin peut apprécier la nécessité du traitement et son risque pendant la grossesse.

Allaitement :

Ce médicament passe dans le lait maternel.

MODE D'EMPLOI ET POSOLOGIE

Les comprimés doivent être avalés avec un verre d'eau.

Les sachets peuvent être dissous dans de l'eau, du lait, un jus de fruit ou un sirop.

La suspension buvable doit être préparée : dissoudre la poudre avec de l'eau minérale en quantité suffisante pour que la solution obtenue atteigne le trait gravé sur le flacon. La suspension buvable à 100 mg/ml permet un ajustement précis de la *posologie* grâce à sa pipette : la dose par prise est indiquée, en fonction du poids de l'enfant, sur le piston de la pipette graduée en kg. Par exemple, la graduation n° 10 correspond à la dose à administrer par prise pour un enfant de 10 kg.

Les prises doivent être au nombre de 3 par jour.

Les repas ne modifient pas l'absorption du médicament, qui peut donc être pris à n'importe quel moment de la journée.

Posologie usuelle :

Elle varie en fonction des indications.

À titre indicatif et pour des infections courantes :
- Adulte : 500 mg, matin et soir.
- Enfant et nourrisson : 40 à 50 mg par kg et par jour, répartis en 3 ou 4 prises ; soit par exemple pour un enfant de 15 kg : une cuillère-mesure de sirop à 250 mg, matin, midi et soir.

L'éventuelle impression de fatigue n'est pas due à l'*antibiotique*, mais à l'infection elle-même.

L'odeur particulière des urines est normale et traduit l'élimination de l'antibiotique.

Les selles rendues liquides par cet antibiotique ne justifient généralement aucune mesure particulière, sauf chez les jeunes enfants portant des couches, qui risquent de présenter une irritation de la peau des fesses ; demandez conseil à votre médecin ou à votre pharmacien.

La suspension buvable reconstituée se conserve une semaine au réfrigérateur ; il est préférable de l'agiter avant chaque usage.

EFFETS INDÉSIRABLES POSSIBLES

Fréquents mais généralement bénins :
- *allergie* cutanée,
- *troubles digestifs* (nausée, diarrhée),
- *candidose*.

Rares mais parfois graves :
- œdème de *Quincke*,
- *choc* allergique (exceptionnel).

AUGMENTIN injectable

amoxicilline, acide clavulanique

PRÉSENTATION

AUGMENTIN ADULTE 1 g/200 mg : préparation injectable *I.V.* ; flacon de poudre et ampoule de solvant 20 ml - Remb. 65 % - Liste I

Laboratoires SmithKline Beecham

COMPOSITION

	p. fl.
Amoxicilline	1 g
Acide clavulanique	200 mg

INDICATIONS

C'est un *antibiotique* qui appartient à la famille des *pénicillines* à spectre élargi, c'est-à-dire actives sur un plus grand nombre de *germes* que la pénicilline simple. L'adjonction d'acide clavulanique permet d'empêcher la destruction de l'amoxicilline par certaines bactéries.

Ce médicament est utilisé dans le traitement de diverses maladies infectieuses, notamment celles des poumons, des bronches, du nez, de la gorge ou des oreilles, de l'appareil digestif ou urinaire, des *voies* génitales, des gencives et des dents.

CONTRE-INDICATIONS

Ce médicament ne doit pas être utilisé dans les cas suivants :
- *allergie* aux *pénicillines*,
- *mononucléose infectieuse*.

Ce médicament ne peut être utilisé qu'après avis médical en cas d'allergie aux *céphalosporines*.

ATTENTION

Des précautions sont nécessaires en cas d'*insuffisance rénale*.

Le médecin peut prescrire un prélèvement pour identifier le *germe* responsable de l'infection et tester sa sensibilité à l'*antibiotique*. Le résultat de cet examen peut être faussé en cas d'automédication préalable : ne prenez pas d'antibiotique sans avis médical.

Des *antécédents* d'*allergie* à la *pénicilline* contre-indiquent l'usage de ce médicament. La survenue de toute manifestation allergique (boutons, *œdème*, malaise) impose l'arrêt immédiat du traitement : consultez votre médecin.

Une diminution de la fièvre ou une disparition des *symptômes* ne sont pas synonymes de guérison : la durée du traitement doit absolument être respectée pour éviter les rechutes.

INTERACTIONS MÉDICAMENTEUSES

Ce médicament peut interagir avec d'autres médicaments. Signalez tout autre traitement en cours à votre médecin ou à votre pharmacien.

GROSSESSE, ALLAITEMENT ET NOUVEAU-NÉ

Grossesse :

Les études scientifiques actuellement disponibles n'ont pas mis en évidence de problème particulier lors de l'utilisation chez la femme enceinte. Seul votre médecin peut apprécier la nécessité du traitement et son risque pendant la grossesse.

Allaitement :

Ce médicament passe dans le lait maternel.

MODE D'EMPLOI ET POSOLOGIE

La solution injectable est obtenue en mélangeant la poudre avec l'ampoule de solvant fournie. Une légère coloration de la solution est normale.

Ce médicament est réservé à la *voie* intraveineuse et doit être injecté lentement : 3 minutes au minimum.

Posologie usuelle :

Elle est strictement individuelle. Déterminée par le médecin, elle varie en fonction des indications.

> L'éventuelle impression de fatigue n'est pas due à l'*antibiotique*, mais à l'infection elle-même.
> L'odeur particulière des urines est normale et traduit l'élimination de l'antibiotique.

EFFETS INDÉSIRABLES POSSIBLES

Fréquents mais généralement bénins :
- *allergie* cutanée,
- *troubles digestifs* (nausée, diarrhée),
- *candidose*.

Rares mais parfois graves :
- œdème de *Quincke*,
- *choc* allergique (exceptionnel).

AURÉOMYCINE
chlortétracycline

PRÉSENTATION

AURÉOMYCINE : pommade ; tube 15 g - Non remb.

Laboratoires Monot

COMPOSITION

	p. 100 g
Chlortétracycline	3 g
Lanoline	+

INDICATIONS

Cette pommade contient un *antibiotique* de la famille des *tétracyclines*.

Elle est utilisée dans le traitement des infections de la peau, du conduit auditif et du nez.

CONTRE-INDICATIONS

Ce médicament ne doit pas être utilisé dans les cas suivants :
- *allergie* aux *antibiotiques* de la famille des *tétracyclines* ou à la lanoline,
- infection du mamelon au cours de l'allaitement.

> **ATTENTION**
> Ce médicament est photosensibilisant : une exposition aux rayons *ultraviolets* (soleil, lampe à bronzer) des régions traitées peut provoquer des réactions cutanées.
> Évitez d'utiliser cette pommade, notamment chez l'enfant, de manière prolongée et sur des surfaces étendues ou profondément lésées sans l'avis de votre médecin. Elle ne doit pas non plus être appliquée dans les plis ou sur les lésions suintantes.

GROSSESSE, ALLAITEMENT ET NOUVEAU-NÉ

L'effet de ce médicament pendant la grossesse ou l'allaitement est mal connu. L'évaluation du risque éventuel lié à son utilisation est individuelle : demandez conseil à votre pharmacien ou à votre médecin.

Allaitement :

En raison du risque d'ingestion par le *nouveau-né*, la pommade ne doit pas être appliquée sur le mamelon de la femme qui allaite.

MODE D'EMPLOI ET POSOLOGIE

Nettoyer au savon la lésion à traiter avant l'application.

Posologie usuelle :

2 ou 3 applications par jour.

La durée du traitement est habituellement limitée à 8 jours.

> Les *antibiotiques* de la famille des *tétracyclines* peuvent être toxiques s'ils sont utilisés au-delà de leur date de péremption.

EFFETS INDÉSIRABLES POSSIBLES

Irritation locale ou *allergie* cutanée (*eczéma*).

Photosensibilisation (voir ATTENTION).

AURISTAN
chlorhexidine, phényléphrine

PRÉSENTATION

AURISTAN : solution auriculaire ; flacon 10 ml - Remb. 35 %

Laboratoires Monin

COMPOSITION

	p. fl.
Chlorhexidine gluconate	40 mg
Phényléphrine chlorhydrate	50 mg

INDICATIONS

Ce médicament d'usage local contient un *antiseptique* et un *vasoconstricteur*.

Il est utilisé dans le traitement des *otites* externes.

CONTRE-INDICATIONS

Ce médicament ne doit pas être utilisé en cas de perforation du tympan.

> **ATTENTION**
> Bien que ce médicament puisse être vendu sans ordonnance, faites vérifier l'absence de perforation de votre tympan par un médecin.

GROSSESSE, ALLAITEMENT ET NOUVEAU-NÉ

L'effet de ce médicament pendant la grossesse ou l'allaitement est mal connu : seul votre médecin peut évaluer le risque éventuel de son utilisation dans votre cas.

MODE D'EMPLOI ET POSOLOGIE

Ce médicament doit être introduit dans l'oreille avec précaution. Les instillations sont faites en gardant la tête penchée pendant 10 à 15 minutes (bain d'oreille).

La durée du traitement ne doit pas dépasser 10 jours.

Posologie usuelle :

1 instillation de quelques gouttes dans l'oreille à traiter, 3 fois par jour.

> Si les troubles persistent malgré un traitement bien suivi, consultez votre médecin.

EFFETS INDÉSIRABLES POSSIBLES

Irritation, réaction allergique locale.

Troubles de l'audition ou de l'équilibre en cas de perforation du tympan (voir ATTENTION).

AUTOPLASME VAILLANT
farine de lin, farine de moutarde

PRÉSENTATION

AUTOPLASME VAILLANT : *cataplasme* sinapisé ; boîte de 3 - Non remb.

Laboratoires Chefaro-Ardeval

COMPOSITION

	p. 100 g
Farine de lin déshuilée	58 g
Farine de moutarde déshuilée	42 g

INDICATIONS

C'est un *cataplasme* à la farine de moutarde (sinapisme). Il a un effet *révulsif* et *antalgique*.

Il est utilisé dans le traitement local des douleurs d'origine rhumatismale. Il peut être également utilisé en complément du traitement de certaines maladies respiratoires.

CONTRE-INDICATIONS

Ce médicament ne doit pas être utilisé sur des *muqueuses*, des plaies ou des maladies de peau.

GROSSESSE, ALLAITEMENT ET NOUVEAU-NÉ

Ce médicament peut être utilisé ponctuellement pendant la grossesse ou l'allaitement.

MODE D'EMPLOI ET POSOLOGIE

Découper la surface de *cataplasme* nécessaire avant de l'humecter avec de l'eau froide ou tiède. Déposer le cataplasme sur la partie à traiter et le maintenir avec une serviette. Laisser agir jusqu'à ce que la peau devienne rouge et qu'une sensation de chaleur soit ressentie. Retirer le cataplasme. L'application ne doit pas durer plus de 20 minutes

EFFETS INDÉSIRABLES POSSIBLES

Rougeur normale au point d'application due au médicament.

AUXERGYL D3

vitamine A, vitamine D3

PRÉSENTATION

AUXERGYL D3 : solution buvable (jaune pâle) ; boîte de 3 ampoules 1,5 ml - Non remb. - Liste I

Laboratoires Roussel

COMPOSITION

	p. amp.
Rétinol en acétate (vitamine A)	50 000 UI
Colécalciférol (vitamine D3)	200 000 UI

INDICATIONS

Ce médicament est une association de *vitamines* A et D. La *carence* en vitamine A est responsable de troubles de la vision nocturne et d'une sécheresse de la peau et des *muqueuses*. La vitamine D participe à la croissance de l'os ; sa carence est responsable du *rachitisme*.

Ce médicament est utilisé dans le traitement des carences vitaminiques, notamment dans la prévention systématique du rachitisme chez le *nourrisson* et le jeune enfant.

Chez l'adulte et la personne âgée, il peut être également utilisé dans le traitement de l'*ostéomalacie*, de la *tétanie* et de la *spasmophilie* dues à un manque de calcium.

CONTRE-INDICATIONS

Ce médicament ne doit pas être utilisé en cas d'excès de calcium dans le sang ou dans les urines, avec ou sans calculs.

ATTENTION

Lorsque ce médicament est destiné à traiter la décalcification due à une immobilisation prolongée, il ne doit être pris que lors de la reprise de la marche.

Un surdosage en *vitamines* A et D ou une prise prolongée exposent à des effets indésirables graves. Les vitamines A et D sont présentes dans de nombreux médicaments dont certains sont disponibles sans ordonnance. La vitamine D est également présente dans de nombreux laits pour bébé : prenez l'avis de votre médecin ou de votre pharmacien pour éviter tout risque de surdosage.

GROSSESSE, ALLAITEMENT ET NOUVEAU-NÉ

Grossesse :

De fortes doses de *vitamines* A et D ne peuvent être utilisées chez la femme enceinte que sur avis médical.

Allaitement :

Ce médicament passe dans le lait maternel : à forte dose, il est déconseillé pendant l'allaitement.

MODE D'EMPLOI ET POSOLOGIE

Le contenu de l'ampoule de solution buvable peut être dilué dans le lait du biberon ou du jus de fruit.

Posologie usuelle :

La *posologie* est variable en fonction du diagnostic, notamment chez la femme enceinte et la personne âgée.

À titre indicatif, dans la prévention du *rachitisme* :

- Nourrisson de moins de 18 mois : 1 ampoule tous les 6 mois.
- Enfant de 18 mois à 6 ans : 1 ampoule par an au début de l'hiver.

Ne renouvelez pas les cures sans l'avis de votre médecin.

La *vitamine* A est apportée par les corps gras : surtout l'huile de foie de poisson, le jaune d'œuf, le beurre et les laitages. Elle est également fabriquée par le foie à partir de certains aliments : légumes, fruits. Une alimentation équilibrée et diversifiée apporte habituellement des quantités suffisantes de vitamine A.

Les *carences* en vitamine D sont particulièrement fréquentes chez les enfants à peau sombre ou peu exposée au soleil ; en effet, la vitamine D est fabriquée par la peau sous l'influence des rayons *ultraviolets*.

EFFETS INDÉSIRABLES POSSIBLES

Aucun effet indésirable n'est généralement constaté aux doses usuelles ; certains signes doivent cependant faire penser à un surdosage : perte de l'appétit, soif intense, nausées, vomissements. Prévenez d'urgence votre médecin.

AUXISONE

dexaméthasone

PRÉSENTATION

AUXISONE : aérosol ; flacon pressurisé 10 ml avec valve doseuse et embout buccal (150 bouffées) - Remb. 65 % - Liste I

Laboratoires Boehringer Ingelheim France

COMPOSITION

	p. bouffée
Dexaméthasone 21 isonicotinate	0,125 mg

INDICATIONS

Ce médicament d'action locale contient un *corticoïde* qui possède une activité *anti-inflammatoire* marquée sur les *muqueuses*, notamment celle des bronches.

Il est utilisé dans le *traitement de fond* de l'*asthme* et de certaines maladies des bronches.

CONTRE-INDICATIONS

Ce médicament ne doit pas être utilisé dans les cas suivants :

- *tuberculose* pulmonaire non traitée,
- *ulcère* de l'estomac ou du *duodénum* en évolution, non traité.

ATTENTION

Ce médicament d'action lente n'est pas adapté au *traitement de la crise* d'*asthme*. Une aggravation de l'asthme peut traduire une infection : consultez votre médecin.

GROSSESSE, ALLAITEMENT ET NOUVEAU-NÉ

Grossesse :

Les études scientifiques actuellement disponibles n'ont pas mis en évidence de problème particulier lors de l'utilisation ponctuelle chez la femme enceinte. Seul votre médecin peut apprécier la nécessité du traitement et son risque pendant la grossesse.

Allaitement :

Par mesure de prudence, ce médicament est déconseillé pendant l'allaitement.

MODE D'EMPLOI ET POSOLOGIE

L'inhalation du médicament doit se faire au cours d'une inspiration profonde, précédée si possible d'une expiration forcée. Il est ensuite nécessaire de retenir sa respiration pendant quelques instants.

Agiter vigoureusement l'appareil. Placer l'embout devant la bouche, le fond de la cartouche dirigé vers le haut. Expirer à fond, puis inspirer rapidement et profondément tout en appuyant sur le fond de la cartouche. Chaque pression délivre une dose unique.

Posologie usuelle :

Elle est strictement individuelle. La dose efficace la plus faible est toujours recherchée ; elle est répartie régulièrement en 2 ou 4 prises au cours de la journée.

Lisez attentivement la notice du médicament avant son emploi.

N'hésitez pas à demander une démonstration du maniement de cet appareil à votre médecin ou à votre pharmacien.

L'utilisation de l'aérosol doseur chez les personnes maîtrisant mal la technique d'inhalation peut être facilitée par l'emploi d'un réservoir en matière plastique qui s'interpose entre l'aérosol doseur et la bouche. Demandez conseil à votre pharmacien.

Nettoyez l'embout à l'eau avant et après chaque utilisation.

Lorsque ce médicament est utilisé conjointement avec un bronchodilatateur, le bronchodilatateur devra être inhalé en premier.

Il est conseillé de boire un verre d'eau après chaque inhalation pour limiter le risque de *candidose* ou d'enrouement lié à l'utilisation de ce médicament.

Le flacon est sous pression : maintenez-le à l'abri de la chaleur.

EFFETS INDÉSIRABLES POSSIBLES

Irritation de la bouche et de la gorge, toux, voix rauque.

Par ailleurs, une *candidose* de la bouche et de la gorge peut apparaître.

AUXITRANS
pentaérythritol

PRÉSENTATION

AUXITRANS : poudre orale ; boîte de 20 sachets - Remb. 35 %

Laboratoires Gallier

COMPOSITION

	p. sachet
Pentaérythritol	5 g

INDICATIONS

C'est un *laxatif osmotique*. Il permet une meilleure hydratation des selles.

Il est utilisé dans le *traitement symptomatique* de la constipation.

CONTRE-INDICATIONS

Ce médicament ne doit pas être utilisé dans les cas suivants :
- maladies inflammatoires du côlon,
- constipation ou douleur abdominale due à une obstruction du tube digestif : rétrécissement intestinal, *fécalome* (bouchon de selles).

ATTENTION

Il est nécessaire de boire beaucoup d'eau, particulièrement en cas de dilatation du côlon, d'alitement et chez la personne âgée.

Les laxatifs ne doivent pas être utilisés de façon prolongée sans avis médical.

GROSSESSE, ALLAITEMENT ET NOUVEAU-NÉ

Grossesse :

Ce médicament peut être utilisé chez la femme enceinte.

Allaitement :

Comme tous les laxatifs, ce médicament est susceptible de freiner les montées de lait.

MODE D'EMPLOI ET POSOLOGIE

Dissoudre la poudre dans un grand verre d'eau ou dans une boisson chaude.

Son action se manifeste, en général, une demi-heure après la prise.

Posologie usuelle :
- Adulte : 1 à 3 sachets par jour.
- Enfant : 1/2 à 2 sachets par jour.

☛ Ce traitement doit être accompagné de mesures simples d'hygiène alimentaire (régime riche en fibres et boissons abondantes) et d'exercices physiques : consultez votre médecin ou votre pharmacien.

EFFETS INDÉSIRABLES POSSIBLES

Ballonnement abdominal et diarrhée en cas de surdosage.

AVAFORTAN
noramidopyrine, camylofine

PRÉSENTATION

AVAFORTAN à la noramidopyrine : comprimé (bleu) ; boîte de 30 - Remb. 35 % - Liste I

AVAFORTAN à la noramidopyrine : suppositoire ; boîte de 8 - Remb. 35 % - Liste I

AVAFORTAN à la noramidopyrine : solution injectable ; boîte de 5 ampoules 5 ml - Remb. 65 % - Liste I

Laboratoires Thérabel Lucien

COMPOSITION

	p. comp.	p. suppos.	p. amp. inj.
Métamizole sodique (noramidopyrine)	210 mg	500 mg	1,20 mg
Camylofine (noramidopyrine méthane sulfonate)	60 mg		120 mg
Camylofine chlorhydrate		50 mg	

INDICATIONS

Ce médicament contient un *antalgique* puissant (la noramidopyrine) et un *antispasmodique*.

Il est utilisé dans le *traitement symptomatique* des douleurs accompagnées de spasmes, et qui résistent aux autres antalgiques.

CONTRE-INDICATIONS

Ce médicament ne doit pas être utilisé dans les cas suivants :
- *allergie* à la noramidopyrine, à l'amidopyrine ou à l'aspirine ;
- *antécédent* d'*agranulocytose* ;
- enfant de moins de 15 ans ;
- **grossesse ;**
- **allaitement.**

ATTENTION

La prise de ce médicament expose à un risque très rare mais grave, l'*agranulocytose* (disparition des *globules blancs* du sang). Elle peut se manifester par une fièvre élevée, une angine, des aphtes. L'une de ces manifestations impose l'arrêt immédiat du traitement et des analyses de sang : prévenez d'urgence votre médecin.

Ce médicament vous a été prescrit dans une situation précise : ne le conseillez pas à une autre personne. Ses effets indésirables sur le sang sont imprévisibles et peuvent survenir après une seule prise.

GROSSESSE, ALLAITEMENT ET NOUVEAU-NÉ

Ce médicament est contre-indiqué pendant la grossesse et l'allaitement.

MODE D'EMPLOI ET POSOLOGIE

La solution doit être injectée par *voie* intramusculaire ou intraveineuse lente, en position allongée et de préférence à jeun.

Les comprimés doivent être avalés avec un verre d'eau.

Posologie usuelle :
- Adulte : jusqu'à 6 comprimés ou 3 suppositoires par jour selon l'intensité de la douleur.

Dans les crises aiguës, il est habituel d'utiliser la solution injectable.

☛ Une coloration brune des urines est normale et traduit l'élimination du médicament.

Les suppositoires doivent être conservés au frais et les ampoules injectables à l'abri de la lumière.

EFFETS INDÉSIRABLES POSSIBLES

Parfois : réactions allergiques.

Exceptionnellement : *agranulocytose*, *choc* allergique grave (en injection).

AVIBON capsule
vitamine A

PRÉSENTATION

AVIBON 50 000 UI : capsule (ambrée) ; boîte de 20 - Non remb. - Liste I

Laboratoires Théraplix

COMPOSITION

	p. caps.
Rétinol (vitamine A)	50 000 UI

INDICATIONS

Ce médicament contient de la *vitamine* A, substance indispensable au *métabolisme*. La *carence* en vitamine A est responsable de troubles de la vision nocturne et d'une sécheresse de la peau et des *muqueuses*.

Ce médicament est utilisé dans le traitement et la prévention des carences en vitamine A.

CONTRE-INDICATIONS

Ce médicament ne doit pas être utilisé en cas de **grossesse**, compte tenu de sa teneur en vitamine A.

ATTENTION

La *vitamine* A est présente dans de nombreux médicaments dont certains sont disponibles en automédication : évitez de les associer à ce médicament car un surdosage en vitamine A est susceptible d'entraîner des effets indésirables graves, notamment chez le *nourrisson*. Respectez la *posologie* et la durée de traitement prescrites par votre médecin.

Les *carences* en vitamine A dues à une mauvaise absorption par le tube digestif ne peuvent être corrigées que par de la vitamine A injectable.

Tenir les capsules hors de la portée des enfants.

GROSSESSE, ALLAITEMENT ET NOUVEAU-NÉ

Grossesse :

Compte tenu de sa teneur en *vitamine* A, ce médicament est contre-indiqué pendant la grossesse.

Chez la femme enceinte, les apports quotidiens en vitamine A ne doivent pas dépasser 6 000 *UI* par jour, alimentation comprise.

Allaitement :

Ce médicament passe dans le lait maternel : il est déconseillé pendant l'allaitement.

MODE D'EMPLOI ET POSOLOGIE

Les prises peuvent être espacées : le foie assure le stockage de la *vitamine* A.

Les capsules doivent être avalées avec un peu d'eau.

Posologie usuelle :

- Adulte et enfant de plus de 8 ans : 1 ou 2 capsules (50 000 ou 100 000 *UI*) tous les 10 à 15 jours.
- Enfant de moins de 8 ans : 1 capsule (50 000 UI) tous les 10 à 30 jours ou 2 capsules (100 000 UI) tous les 20 à 60 jours.

Ne renouvelez pas les cures sans l'avis de votre médecin.

> La *vitamine* A est apportée par les corps gras : surtout l'huile de foie de poisson, le jaune d'œuf, le beurre, et les laitages. Elle est également fabriquée par le foie à partir de certains aliments : légumes, fruits. Une alimentation équilibrée et diversifiée apporte habituellement des quantités suffisantes de vitamine A.

EFFETS INDÉSIRABLES POSSIBLES

L'apparition d'effets indésirables traduit un surdosage et impose l'arrêt du traitement :

- intoxication aiguë : maux de tête, perte de l'appétit, nausées, vomissement, diarrhée, irritabilité, confusion des idées, *convulsions* ;
- intoxication par accumulation : sécheresse de la peau et des *muqueuses*, incapacité à supporter la lumière, irritabilité, perturbation du sommeil, perte de l'appétit, nausées, douleur musculaire, douleur des os et des articulations.

AVIBON pommade

vitamine A

PRÉSENTATION

AVIBON : pommade ; tube 30 g - Non remb.

Laboratoires Théraplix

COMPOSITION

	p. 100 g
Rétinol (vitamine A)	1 million UI
Lanoline	+

INDICATIONS

Cette pommade contient de la *vitamine* A. Elle est nutritive et calmante.

Elle est utilisée dans le traitement de certaines maladies de la peau : *eczéma*, rougeur des fesses du *nourrisson*, coup de soleil, crevasse, gerçure, engelure.

CONTRE-INDICATIONS

Ce médicament ne doit pas être utilisé en cas de lésion suintante.

> **ATTENTION**
>
> Évitez d'utiliser cette pommade, notamment chez l'enfant, de manière prolongée et sur des surfaces étendues ou profondément lésées sans l'avis de votre pharmacien ou de votre médecin.

INTERACTIONS MÉDICAMENTEUSES

Évitez d'associer cette pommade à un *antiseptique* : risque d'annulation de son effet.

GROSSESSE, ALLAITEMENT ET NOUVEAU-NÉ

Compte tenu de sa teneur en *vitamine* A, n'utilisez pas cette pommade sans avis médical pendant la grossesse ou l'allaitement.

MODE D'EMPLOI ET POSOLOGIE

Si la peau n'est pas lésée : masser pour faire pénétrer la pommade.

En cas de plaie ou de brûlure : appliquer une couche épaisse et recouvrir d'une compresse stérile.

Posologie usuelle :

2 ou 3 applications par jour.

> La rougeur des fesses du *nourrisson* est souvent due à l'imprégnation de la peau par l'urine, sous la couche. Il est donc nécessaire de nettoyer et de rincer abondamment la peau avec de l'eau avant d'appliquer le médicament.

EFFETS INDÉSIRABLES POSSIBLES

Eczéma dû au médicament (présence de lanoline).

AVLOCARDYL

propranolol

PRÉSENTATION

AVLOCARDYL 40 mg : comprimé sécable (blanc) ; boîte de 50 - Remb. 65 % - Liste I

AVLOCARDYL L.P. 160 mg : gélule à *libération prolongée* (rose opaque et rose translucide) ; boîte de 28 - Remb. 65 % - Liste I

Laboratoires Zeneca Pharma

COMPOSITION

	p. comp.	p. gél. L.P.
Propranolol chlorhydrate	40 mg	160 mg

INDICATIONS

Ce médicament appartient à la famille des *bêtabloquants*. Ceux-ci agissent en bloquant l'action de l'*adrénaline* (et d'autres *hormones* apparentées) sur de nombreux organes et notamment le cœur, les vaisseaux et les bronches.

Les deux formes (40 mg et *L.P.* 160 mg) sont utilisées dans :

- l'*hypertension artérielle* ;
- la prévention des crises d'*angine de poitrine* et les suites d'*infarctus du myocarde* ;
- certains *troubles du rythme cardiaque* ;
- les manifestations cardio-vasculaires des excès d'*hormones thyroïdiennes* ;
- les *cardiomyopathies* obstructives ;
- le *traitement de fond* des *migraines* et des *algies vasculaires de la face* ;
- la prévention des récidives des *hémorragies* digestives chez les personnes atteintes de *cirrhose* du foie.

La forme à 40 mg est également utilisée dans le traitement de certains tremblements.

CONTRE-INDICATIONS

Ce médicament ne doit pas être utilisé dans les cas suivants :

- *asthme*,
- *insuffisance cardiaque* grave non contrôlée par un traitement spécifique,
- *bloc auriculo-ventriculaire* grave,
- rythme cardiaque inférieur à 50 battements par minute,
- association avec les médicaments contenant de la floctafénine.

Dans tous les autres cas, le médecin est seul juge, notamment en cas de syndrome de *Raynaud*.

> **ATTENTION**
>
> N'interrompez jamais brutalement le traitement. Espacez progressivement les prises. Un avis médical est toujours préférable.
>
> Diabétiques : les *bêtabloquants* peuvent masquer certains *symptômes* de l'*hypoglycémie*, essentiellement *palpitations* et accélération du cœur.

INTERACTIONS MÉDICAMENTEUSES

Ce médicament ne doit pas être associé à la floctafénine (IDARAC...) : risque d'augmentation de la gravité d'un éventuel *choc* allergique.

Il peut interagir avec d'autres médicaments, notamment ceux contenant de l'amiodarone. Signalez tout autre traitement en cours à votre médecin ou à votre pharmacien.

GROSSESSE, ALLAITEMENT ET NOUVEAU-NÉ

Grossesse et nouveau-né :

Les études scientifiques actuellement disponibles n'ont pas mis en évidence de problème particulier lors de l'utilisation chez la femme enceinte.

L'effet *bêtabloquant* persiste quelques jours chez le *nouveau-né* et justifie une surveillance médicale renforcée pendant les premiers jours de la vie.

Allaitement :

Ce médicament passe dans le lait maternel : l'allaitement est déconseillé.

MODE D'EMPLOI ET POSOLOGIE

Ce médicament peut être pris indifféremment pendant ou en dehors des repas.

Posologie usuelle :

Elle dépend des indications : de 1/2 comprimé à 40 mg, 3 fois par jour, jusqu'à 1 gélule *L.P.* à 160 mg, matin et soir.

> Veillez à toujours disposer d'une réserve de ce médicament : une plaquette dans la boîte à gants de la voiture et dans la trousse de toilette, par exemple.

Il est normal que le rythme cardiaque ralentisse sous l'effet du traitement ; néanmoins, en cas de fatigue anormale et de pouls inférieur à 50 battements par minute, consultez votre médecin.

EFFETS INDÉSIRABLES POSSIBLES

Bénins et peu fréquents : *troubles digestifs*, fatigue en début de traitement, troubles du sommeil, syndrome de *Raynaud* et fourmillement des extrémités ; parfois, réactions cutanées.

Potentiellement graves et rares : *bloc auriculo-ventriculaire*, ralentissement important du cœur, chute de tension, *insuffisance cardiaque*, crise d'*asthme*.

AXONYL
piracétam

PRÉSENTATION

AXONYL : solution buvable ; flacon 125 ml et seringue doseuse - Remb. 35 % - Liste II

Laboratoires Parke-Davis

COMPOSITION

	p. dose Ad.
Piracétam	1 g

INDICATIONS

Ce médicament aux nombreuses propriétés est destiné à améliorer le fonctionnement du cerveau.

Il est utilisé dans le *traitement symptomatique* :
- des troubles du comportement et de la mémoire liés au vieillissement,
- des *accidents vasculaires cérébraux*,
- de certains troubles de l'équilibre (*vertiges*),
- de la *dyslexie* de l'enfant.

CONTRE-INDICATIONS

Ce médicament ne doit pas être utilisé chez les personnes atteintes d'*insuffisance rénale* grave.

ATTENTION

Si vous souffrez d'*insuffisance rénale*, signalez-le à votre médecin.

GROSSESSE, ALLAITEMENT ET NOUVEAU-NÉ

L'effet de ce médicament pendant la grossesse ou l'allaitement est mal connu : seul votre médecin peut évaluer le risque éventuel de son utilisation dans votre cas.

MODE D'EMPLOI ET POSOLOGIE

La solution peut être absorbée pure ou préalablement diluée dans un peu d'eau. Il existe des graduations sur la pipette-doseuse qui permettent de déterminer la dose pour l'adulte ou pour l'enfant.

Posologie usuelle :
- Adulte : 1 dose Adulte, un peu avant chacun des 3 principaux repas.
- Enfant : utiliser les graduations de la pipette-doseuse et administrer la dose correspondant au poids, 3 fois par jour.

☛ Rincez la pipette-doseuse après chaque usage.

EFFETS INDÉSIRABLES POSSIBLES

Troubles digestifs, nervosité, insomnies, essentiellement à forte dose.

AXYOL
iode, amidon

PRÉSENTATION

AXYOL : poudre pour application locale (noir) ; flacon poudreur 15 g - Remb. 35 %

Laboratoires du Praticien

COMPOSITION

	p. 100 g
Iode (iodure d'amidon 2/3 et iodure de fécule 1/3)	3,5 g

INDICATIONS

Ce médicament contient de l'iode et de l'amidon.

Il est utilisé dans le *traitement d'appoint* des *ulcères* de la jambe, des plaies et des brûlures infectées.

CONTRE-INDICATIONS

Ce médicament ne doit pas être utilisé en cas d'*allergie* ou d'*intolérance* à l'iode.

GROSSESSE, ALLAITEMENT ET NOUVEAU-NÉ

L'effet de ce médicament pendant la grossesse ou l'allaitement est mal connu. L'évaluation du risque éventuel lié à son utilisation est individuelle : demandez conseil à votre pharmacien ou à votre médecin.

MODE D'EMPLOI ET POSOLOGIE

Cette poudre est l'un des composants d'un traitement qui associe d'autres médicaments : suivez attentivement la prescription de votre médecin.

AZANTAC
ranitidine

PRÉSENTATION

AZANTAC 150 : comprimé (blanc) ; boîte de 30 - Remb. 65 % - Liste II

AZANTAC 300 : comprimé (blanc) ; boîte de 15 - Remb. 65 % - Liste II

AZANTAC 150 effervescent : comprimé (blanc-jaune pâle) ; tube de 30 - Remb. 65 % - Liste II

AZANTAC 300 effervescent : comprimé (blanc-jaune pâle) ; tube de 15 - Remb. 65 % - Liste II

Laboratoires Glaxo

COMPOSITION

	p. comp.	p. comp.
Ranitidine	150 mg	300 mg

	p. comp. efferv.	p. comp. efferv.
Ranitidine	150 mg	300 mg
Sodium	328 mg	479 mg

INDICATIONS

C'est un antiulcéreux qui appartient à la famille des *antihistaminiques* de type H2 : ceux-ci agissent en bloquant l'action de l'*histamine*, qui stimule la sécrétion acide de l'estomac.

Il est principalement utilisé pour le traitement des *ulcères* de l'estomac et du *duodénum*, les *inflammations* de l'œsophage dues au reflux des acides de l'estomac vers l'œsophage et pour prévenir les rechutes de l'ulcère du duodénum. Mais il est aussi utilisé pour traiter certaines maladies rares.

CONTRE-INDICATIONS

Ce médicament ne doit pas être utilisé en cas d'*allergie* à la ranitidine.

ATTENTION

La disparition des douleurs ne signifie pas que l'*ulcère* est cicatrisé : la durée du traitement doit être respectée.

Si vous souffrez d'*insuffisance rénale* ou d'*insuffisance hépatique*, prévenez votre médecin afin qu'il puisse adapter la *posologie*.

Les comprimés effervescents contiennent du *sel* (sodium) en quantité notable.

INTERACTIONS MÉDICAMENTEUSES

Si vous prenez un *pansement digestif*, respectez au moins 2 heures d'intervalle avec la prise de ce médicament.

GROSSESSE, ALLAITEMENT ET NOUVEAU-NÉ

Grossesse :

L'effet de ce médicament sur l'enfant à naître est mal connu : seul votre médecin peut apprécier la nécessité du traitement et son risque pendant la grossesse.

Allaitement :

Ce médicament passe dans le lait maternel ; il est déconseillé pendant l'allaitement.

MODE D'EMPLOI ET POSOLOGIE

Ce médicament peut être pris indifféremment pendant ou en dehors des repas.

Les comprimés sont à avaler avec un peu d'eau.

Les comprimés effervescents doivent être dissous dans un verre d'eau. La forme effervescente est d'action rapide : 10 minutes environ.

Posologie usuelle :

Elle varie en fonction des indications : 150 à 300 mg par jour, habituellement en 1 ou 2 prises.

Le traitement des *ulcères* dure 4 à 6 semaines au moins, même si les *symptômes* s'améliorent ou disparaissent avant ce délai.

☛ Si vous êtes fumeur, la poursuite du tabagisme nuit à l'efficacité du traitement.

Des mesures d'hygiène alimentaire sont à envisager : consultez votre médecin.

L'aspirine, les *anti-inflammatoires* et les *corticoïdes* peuvent être agressifs pour l'estomac : n'en prenez pas sans l'avis de votre médecin.

EFFETS INDÉSIRABLES POSSIBLES

Parfois : diarrhée ou constipation, douleurs musculaires, maux de tête, *vertiges*, éruption cutanée.

Exceptionnellement : confusion des idées, chez la personne âgée.

AZANTAC injectable

ranitidine

PRÉSENTATION

AZANTAC injectable : solution injectable *I.M.* et *I.V.* ; boîte de 5 ampoules 2 ml - Remb. 65 % - Liste II

Laboratoires Glaxo

COMPOSITION

	p. amp.
Ranitidine	50 mg

INDICATIONS

C'est un antiulcéreux qui appartient à la famille des *antihistaminiques* de type H2 : ceux-ci agissent en bloquant l'action de l'*histamine*, qui stimule la sécrétion acide de l'estomac.

Il est principalement utilisé dans :
- le traitement des *ulcères* de l'estomac et du *duodénum*,
- le traitement des *hémorragies* liées aux ulcères,
- les *inflammations* de l'œsophage dues au reflux des acides de l'estomac vers l'œsophage,
- le traitement de certaines maladies rares.

CONTRE-INDICATIONS

Ce médicament ne doit pas être utilisé en cas d'*allergie* à la ranitidine.

ATTENTION

Si vous souffrez d'*insuffisance rénale* ou d'*insuffisance hépatique*, prévenez votre médecin afin qu'il puisse adapter la *posologie*.

GROSSESSE, ALLAITEMENT ET NOUVEAU-NÉ

Grossesse :

L'effet de ce médicament sur l'enfant à naître est mal connu. Seul votre médecin peut apprécier la nécessité du traitement et son risque pendant la grossesse.

Allaitement :

Ce médicament passe dans le lait maternel : il est déconseillé pendant l'allaitement.

MODE D'EMPLOI ET POSOLOGIE

La solution peut être injectée par *voie* intramusculaire ou en intraveineuse lente.

Posologie usuelle :

Elle varie en fonction des indications : 1 à 4 ampoules par jour, réparties dans la journée.

Si vous êtes fumeur, la poursuite du tabagisme nuit à l'efficacité du traitement.

Des mesures d'hygiène alimentaire sont à envisager : consultez votre médecin.

L'aspirine, les *anti-inflammatoires* et les *corticoïdes* peuvent être agressifs pour l'estomac : n'en prenez pas sans l'avis de votre médecin.

EFFETS INDÉSIRABLES POSSIBLES

Diarrhée ou constipation, maux de tête, *vertiges*, fatigue, ralentissement cardiaque.

Exceptionnellement : confusion des idées ou dépression (en particulier chez la personne âgée), éruption cutanée, douleurs musculaires, *pancréatite*, anomalies de la *numération formule sanguine*.

AZEDAVIT

PRÉSENTATION

AZEDAVIT : comprimé enrobé (pêche) ; boîte de 15 - Non remb.

Laboratoires Lederle

COMPOSITION

	p. comp.
Rénitol acétate (vitamine A)	5 000 UI
Ergocalciférol (vitamine D2)	400 UI
Acétate d'alpha-tocophérol (vitamine E)	30 UI
Acide ascorbique (vitamine C)	90 mg
Thiamine (vitamine B1)	2,25 mg
Riboflavine (vitamine B2)	2,6 mg
Pyridoxine (vitamine B6)	3 mg
Cyanocobalamine (vitamine B12)	9 µg
Acide folique (vitamine B9)	0,4 mg
Nicotinamide (vitamine PP)	20 mg
Biotine (vitamine H)	45 µg
Acide pantothénique sel de calcium	10 mg
Calcium (en phosphate dicalcique)	162 mg
Phosphore (en phosphate dicalcique)	125 mg
Iode (en iodure de potassium)	150 µg
Fer (en fumarate ferreux)	27 mg
Magnésium (en oxyde de magnésium)	100 mg
Cuivre (en oxyde de cuivre)	3 mg
Manganèse sulfate	7,5 mg
Potassium sulfate	7,5 mg
Zinc sulfate	22,5 mg
Sulfites	+

INDICATIONS

Ce médicament contient des *vitamines* et de faibles quantités d'éléments minéraux.

Il est utilisé dans la prévention et la correction des troubles en rapport avec une alimentation carencée ou déséquilibrée chez l'adulte ainsi que chez l'adolescent.

CONTRE-INDICATIONS

Ce médicament ne doit pas être utilisé en cas de surcharge en fer.

ATTENTION

Ce médicament contient des *vitamines* A et D : leur surdosage expose à des effets indésirables graves. Ces vitamines sont présentes dans de nombreux médicaments dont certains sont disponibles en automédication : évitez de les associer.

INTERACTIONS MÉDICAMENTEUSES

Ce médicament ne doit pas être associé aux médicaments contenant de la lévodopa seule (LARODOPA...) : risque d'annulation des effets de la lévodopa par la *vitamine* B6.

En raison de la présence de fer, ce médicament peut interagir avec d'autres, notamment avec les *antibiotiques* de la famille des *cyclines* : respectez un intervalle de 2 heures entre les prises de chacun de ces médicaments. Signalez tout autre traitement en cours à votre médecin ou à votre pharmacien.

GROSSESSE, ALLAITEMENT ET NOUVEAU-NÉ

Grossesse :

Chez la femme enceinte ou qui allaite, les apports quotidiens en *vitamine* A ne doivent pas dépasser 6 000 *UI* par jour, alimentation comprise.

Allaitement :

Aux doses usuelles, ce médicament peut être pris pendant l'allaitement.

MODE D'EMPLOI ET POSOLOGIE

Les comprimés doivent être avalés avec un verre d'eau, de préférence le matin.

Posologie usuelle :

1 comprimé par jour.

Une alimentation équilibrée et diversifiée apporte habituellement des quantités suffisantes de *vitamines*. Cependant, certaines circonstances peuvent justifier un apport supplémentaire : demandez conseil à votre médecin ou à votre pharmacien.

La coloration des selles en noir est normale sous traitement : elle est liée à la présence de fer.

EFFETS INDÉSIRABLES POSSIBLES

Troubles digestifs.

AZULÈNE

guaïazulène

PRÉSENTATION

AZULÈNE 0,05 % : collyre ; flacon 10 ml - Remb. 65 %

Laboratoires Allergan France

COMPOSITION

	p. 10 ml
Guaïazulène, solution à 25 %	5 mg
Benzododécinium	+

INDICATIONS

Ce collyre contient un constituant de l'essence de camomille, destiné à lutter contre l'*inflammation*.

Il est utilisé dans le traitement des *conjonctivites* non infectieuses.

CONTRE-INDICATIONS

Ce médicament ne doit pas être utilisé en cas d'*allergie* aux *ammoniums quaternaires* (benzododécinium utilisé comme conservateur).

ATTENTION

Une rougeur ou une douleur de l'œil ne correspondent pas toujours à une *conjonctivite*. Des soins urgents peuvent être nécessaires, notamment en cas de vision floue.

En l'absence d'amélioration rapide, consultez votre médecin.

INTERACTIONS MÉDICAMENTEUSES

Ce collyre peut interagir avec d'autres collyres. Respectez un intervalle minimal de 15 minutes entre deux instillations.

GROSSESSE, ALLAITEMENT ET NOUVEAU-NÉ

Ce médicament ne contient aucune substance connue pour être toxique pendant la grossesse ou l'allaitement.

MODE D'EMPLOI ET POSOLOGIE

Tirer la paupière inférieure vers le bas tout en regardant vers le haut et déposer une goutte de collyre entre la paupière et le globe oculaire (*cul-de-sac conjonctival*).

Posologie usuelle :

1 goutte, 3 fois par jour.

☛ Les lentilles de contact ne doivent pas être portées en cas d'irritation oculaire ni réutilisées avant l'arrêt complet du traitement.

L'application correcte du produit peut nécessiter une aide, notamment chez l'enfant ou la personne handicapée ou âgée.

Ne conservez pas ce collyre plus de 15 jours après une première utilisation.

EFFETS INDÉSIRABLES POSSIBLES

Irritation ou réaction allergique locale.

AZYM

PRÉSENTATION

AZYM poudre : poudre orale ; boîte de 145 g (35 c. à c.) - Non remb.

Laboratoires Laphal

COMPOSITION

	p. c. à c.
Hydroxyde de magnésium	104 mg
Hydrocarbonate de magnésium	104 mg
Sulfate de sodium anhydre	145 mg
Phosphate disodique anhydre	290 mg
Carbonate de calcium	394 mg
Carbonate monosodique	787 mg
dont Sodium	350 mg
Saccharose	2,80 g

INDICATIONS

C'est un médicament qui appartient à la famille des *antiacides* d'action locale. Il agit en neutralisant les acides sécrétés par l'estomac.

Il est utilisé comme *traitement symptomatique* des douleurs, brûlures, aigreurs de l'estomac ou de l'œsophage.

ATTENTION

Des douleurs qui persistent peuvent être dues à une lésion du tube digestif : consultez votre médecin.

Ce médicament contient du *sel* (sodium) et du *sucre* (saccharose) en quantité notable.

INTERACTIONS MÉDICAMENTEUSES

Ce médicament peut interagir avec de nombreux autres médicaments en diminuant leur absorption : il convient de séparer les prises d'au moins 2 heures.

GROSSESSE, ALLAITEMENT ET NOUVEAU-NÉ

L'effet de ce médicament pendant la grossesse ou l'allaitement est mal connu. L'évaluation du risque éventuel lié à son utilisation est individuelle : demandez conseil à votre pharmacien ou à votre médecin.

MODE D'EMPLOI ET POSOLOGIE

La poudre doit être dissoute dans un verre d'eau.

Posologie usuelle :

- Adulte : 1 cuillère à café après les repas ou au moment des douleurs.
- Enfant : 1/2 cuillère à café après les repas ou au moment des douleurs.

☛ Une alimentation équilibrée, une mastication lente et l'élimination des aliments difficiles à digérer permettent souvent d'atténuer, voire de faire disparaître, les douleurs d'estomac qui ne sont pas liées à un *ulcère*.

Si vous êtes fumeur, la poursuite du tabagisme nuit à l'efficacité du traitement.

EFFETS INDÉSIRABLES POSSIBLES

Excès de calcium dans le sang, *insuffisance rénale*, en cas d'usage prolongé, à forte dose.

B

BACAMPICINE
bacampicilline

PRÉSENTATION

BACAMPICINE : comprimé oblong sécable (blanc) ; boîte de 12 - Remb. 65 % - Liste I

Laboratoires Upjohn

COMPOSITION

	p. comp.
Bacampicilline	400 mg

INDICATIONS

C'est un *antibiotique* qui appartient à la famille des *pénicillines* à spectre élargi, c'est-à-dire actives sur un plus grand nombre de *germes* que la pénicilline simple.

Ce médicament est utilisé dans le traitement de diverses maladies infectieuses, notamment celles des poumons, des bronches, du nez, de la gorge ou des oreilles, de l'appareil digestif ou urinaire, des *voies* génitales, des gencives et des dents.

CONTRE-INDICATIONS

Ce médicament ne doit pas être utilisé dans les cas suivants :
- *allergie* aux *pénicillines*,
- *mononucléose infectieuse*.

Ce médicament ne peut être utilisé qu'après avis médical en cas d'allergie aux *céphalosporines*.

> **ATTENTION**
>
> Des précautions sont nécessaires en cas d'*insuffisance rénale*.
>
> Le médecin peut prescrire un prélèvement pour identifier le *germe* responsable de l'infection et tester sa sensibilité à l'*antibiotique*. Le résultat de cet examen peut être faussé en cas d'automédication préalable : ne prenez pas d'antibiotique sans avis médical.
>
> Des *antécédents* d'*allergie* à la *pénicilline* contre-indiquent l'usage de ce médicament. La survenue de toute manifestation allergique (boutons, *œdème*, malaise) impose l'arrêt immédiat du traitement : consultez votre médecin.
>
> Une diminution de la fièvre ou une disparition des *symptômes* ne sont pas synonymes de guérison : la durée du traitement doit absolument être respectée pour éviter les rechutes.

INTERACTIONS MÉDICAMENTEUSES

Ce médicament peut interagir avec d'autres médicaments. Signalez tout autre traitement en cours à votre médecin ou à votre pharmacien.

GROSSESSE, ALLAITEMENT ET NOUVEAU-NÉ

Grossesse :

Les études scientifiques actuellement disponibles n'ont pas mis en évidence de problème particulier lors de l'utilisation chez la femme enceinte. Seul votre médecin peut apprécier la nécessité du traitement et son risque pendant la grossesse.

Allaitement :

Ce médicament passe dans le lait maternel.

MODE D'EMPLOI ET POSOLOGIE

Ce médicament peut être pris indifféremment pendant ou en dehors des repas. Les comprimés doivent être avalés avec un peu d'eau.

Posologie usuelle :

Elle varie en fonction des indications.

À titre indicatif et pour des infections courantes :
- Adulte : 2 à 3 comprimés par jour en 2 prises.
- Enfant de plus de 5 ans : 1 comprimé, matin et soir.

> L'éventuelle impression de fatigue n'est pas due à l'*antibiotique*, mais à l'infection elle-même.
>
> L'odeur particulière des urines est normale et traduit l'élimination de l'antibiotique.

EFFETS INDÉSIRABLES POSSIBLES

Fréquents mais généralement bénins :
- *allergie* cutanée,
- *troubles digestifs* (nausée, diarrhée),
- *candidose*.

Rares mais parfois graves :
- œdème de *Quincke*,
- *choc* allergique (exceptionnel).

BACICOLINE
hydrocortisone, colistine, bacitracine

PRÉSENTATION

BACICOLINE : collyre ; flacon de poudre et ampoule de solvant 5 ml - Remb. 65 % - Liste I

Laboratoires M.S.D.-Chibret

COMPOSITION

	p. 100 ml
Hydrocortisone acétate	1 g
Colistine mésilate de sodium	25 MU
Bacitracine	50 000 U

INDICATIONS

Ce collyre contient un *corticoïde* et des *antibiotiques*.

Il est utilisé dans le traitement des infections de l'œil.

CONTRE-INDICATIONS

Ce médicament ne doit pas être utilisé dans les cas suivants :
- *kératite* virale, *mycose* oculaire, *ulcère* de la *cornée* ;
- *tuberculose* oculaire ;
- *antécédent* personnel ou familial de *glaucome*.

> **ATTENTION**
>
> Certaines contre-indications ne peuvent être détectées que par un ophtalmologiste : ne réutilisez pas ce médicament sans avis médical.
>
> En l'absence d'amélioration après quelques jours de traitement, n'hésitez pas à consulter votre médecin.
>
> Ce médicament ne doit pas être utilisé chez le *nourrisson*.

INTERACTIONS MÉDICAMENTEUSES

Ce collyre peut interagir avec d'autres collyres : respectez un intervalle de 15 minutes entre deux instillations.

GROSSESSE, ALLAITEMENT ET NOUVEAU-NÉ

L'effet de ce médicament pendant la grossesse ou l'allaitement est mal connu : seul votre médecin peut évaluer le risque éventuel de son utilisation dans votre cas.

MODE D'EMPLOI ET POSOLOGIE

Tirer la paupière inférieure vers le bas tout en regardant vers le haut et déposer une goutte de collyre entre la paupière et le globe oculaire (*cul-de-sac conjonctival*).

Posologie usuelle :

1 goutte, 3 à 8 fois par jour, pendant 7 jours.

> Le port de lentilles de contact doit être immédiatement interrompu en cas d'infection oculaire et les lentilles ne doivent pas être réutilisées avant guérison complète.
>
> L'application correcte du produit peut nécessiter une aide, notamment chez une personne handicapée ou âgée.

Ne conservez pas ce collyre plus de 15 jours après une première utilisation.

EFFETS INDÉSIRABLES POSSIBLES

Irritation ou réaction allergique locale.

En cas d'utilisation prolongée : *cataracte*, augmentation de la *tension intraoculaire* (*glaucome*), *kératite* superficielle.

BACIFURANE
nifuroxazide

PRÉSENTATION

BACIFURANE 200 mg : gélule (jaune) ; boîte de 28 - Remb. 35 % - Liste II

Laboratoires Meram

COMPOSITION

	p. gél.
Nifuroxazide	200 mg

INDICATIONS

C'est un *antiseptique* intestinal qui appartient à la famille chimique des nitrofuranes.

Il est utilisé pour traiter les diarrhées aiguës bénignes et certaines diarrhées chroniques.

CONTRE-INDICATIONS

Ce médicament ne doit pas être utilisé dans les cas suivants :
- *antécédent* d'*allergie* à un nitrofurane,
- prématuré et *nouveau-né*.

ATTENTION

Si la diarrhée persiste ou s'il apparaît une fièvre, des frissons, une grande fatigue, du sang ou des glaires dans les selles, ce traitement est insuffisant et des examens peuvent être nécessaires : consultez votre médecin.

GROSSESSE, ALLAITEMENT ET NOUVEAU-NÉ

L'effet de ce médicament pendant la grossesse ou l'allaitement est mal connu : seul votre médecin peut évaluer le risque éventuel de son utilisation dans votre cas.

MODE D'EMPLOI ET POSOLOGIE

Les gélules doivent être avalées avec un peu d'eau. Pour le *nourrisson* et le jeune enfant, mélanger le contenu des gélules à une cuillère d'aliments ; ne pas le mettre dans le biberon.

Le traitement ne doit pas dépasser 7 jours.

Posologie usuelle :
- Adulte : 1 gélule, 3 à 4 fois par jour.
- Enfant de plus de 6 mois : 1 gélule, 3 fois par jour.
- Nourrisson de 1 à 6 mois : 1 gélule, 2 fois par jour.

Une diarrhée peut provoquer une déshydratation. Cette perte d'eau par l'organisme peut entraîner des troubles graves (fatigue, malaises, confusion des idées...). Il est indispensable de prévenir cette déshydratation, en particulier chez les personnes âgées et les enfants, par des boissons sucrées abondantes et des bouillons salés. Pour les jeunes enfants, il existe des préparations destinées à cet effet.

EFFETS INDÉSIRABLES POSSIBLES

Allergie.

BACITRACINE collyre

PRÉSENTATION

BACITRACINE : collyre ; flacon de poudre et ampoule de solvant 10 ml - Remb. 65 %

Laboratoires CIBA Vision Ophthalmics

COMPOSITION

	p. 100 ml
Bacitracine	50 000 UI

INDICATIONS

Ce collyre contient un *antibiotique*, la bacitracine.

Il est utilisé pour traiter les infections de l'œil.

ATTENTION

Une rougeur ou une douleur de l'œil ne correspondent pas toujours à une infection. Des soins urgents peuvent être nécessaires, notamment en cas de vision floue. N'utilisez pas ce médicament sans avis médical.

Le collyre peut être contaminé par l'œil infecté : évitez de mettre en contact l'extrémité du flacon avec l'œil ; ne conservez pas ce médicament plus de 10 jours après une première utilisation.

GROSSESSE, ALLAITEMENT ET NOUVEAU-NÉ

L'effet de ce médicament pendant la grossesse ou l'allaitement est mal connu : seul votre médecin peut évaluer le risque éventuel de son utilisation dans votre cas.

MODE D'EMPLOI ET POSOLOGIE

Reconstituer le collyre en mélangeant la poudre avec le solvant.

Tirer la paupière inférieure vers le bas tout en regardant vers le haut. Déposer les gouttes de collyre entre la paupière et le globe oculaire (*cul-de-sac conjonctival*).

Posologie usuelle :

1 ou 2 gouttes, 3 à 6 fois par jour.

Une application correcte du produit peut nécessiter une aide, notamment chez l'enfant ou la personne handicapée ou âgée.

Les lentilles de contact ne doivent pas être portées en cas d'infection oculaire ni réutilisées avant guérison complète.

EFFETS INDÉSIRABLES POSSIBLES

Irritation ou réaction allergique locale.

BACTÉKOD
sulfaméthoxazole, triméthoprime

PRÉSENTATION

BACTÉKOD NOURRISSON ET ENFANT : suspension buvable ; flacon 100 ml (20 cuillères-mesures 5 ml) - Remb. 65 % - Liste I

BACTÉKOD ADULTE : comprimé (blanc) ; boîte de 20 - Remb. 65 % - Liste I

BACTÉKOD FORT : comprimé oblong sécable (blanc) ; boîte de 10 - Remb. 65 % - Liste I

Laboratoires Biogalénique

COMPOSITION

	p. c. mes.	p. comp. Ad.	p. comp. Fort
Sulfaméthoxazole	200 mg	400 mg	800 mg
Triméthoprime	40 mg	80 mg	160 mg
Saccharose	2,5 g		

INDICATIONS

Ce médicament est une association de deux *antibiotiques* : le sulfaméthoxazole, qui appartient à la famille des *sulfamides*, et le triméthoprime, qui appartient à la famille des diaminopyrimidines.

Il est utilisé dans le traitement de diverses maladies infectieuses, notamment bronchiques, pulmonaires, urinaires et génitales...

CONTRE-INDICATIONS

Ce médicament ne doit pas être utilisé dans les cas suivants :
- *allergie* aux *antibiotiques* de la famille des *sulfamides*,
- déficit en *G6PD*,
- dernier mois de la **grossesse**,
- **allaitement**,
- *nouveau-né*,
- association au méthotrexate.

ATTENTION

En cas d'apparition de boutons, de cloques, arrêtez le traitement et prévenez votre médecin.

Des précautions sont nécessaires en cas d'*insuffisance rénale* et d'*insuffisance hépatique*.

La suspension buvable contient du *sucre* (saccharose) en quantité notable.

INTERACTIONS MÉDICAMENTEUSES

Ce médicament ne doit pas être associé au méthotrexate, utilisé notamment dans certaines chimiothérapies antitumorales : risque d'*aplasie médullaire*.

Ce médicament peut interagir avec d'autres médicaments. Signalez tout autre traitement en cours à votre médecin ou à votre pharmacien.

GROSSESSE, ALLAITEMENT ET NOUVEAU-NÉ

Ce médicament est déconseillé pendant la grossesse.

L'organisme du *nouveau-né* étant incapable d'éliminer ce médicament, son usage est contre-indiqué en fin de grossesse, pendant l'allaitement et chez le *nourrisson* de moins de 6 semaines.

MODE D'EMPLOI ET POSOLOGIE

Ce médicament doit être pris de préférence au cours des repas.

Posologie usuelle :
- Adulte : 1 comprimé de BACTÉKOD FORT ou 2 comprimés BACTÉKOD ADULTE, matin et soir.
- Enfant de 6 à 12 ans : 2 cuillères-mesure, matin et soir.
- Enfant de 6 mois à 6 ans : 1 cuillère-mesure, matin et soir.
- Nourrisson de 6 semaines à 6 mois : 1/2 cuillère-mesure, matin et soir.

Ces *posologies* peuvent être augmentées considérablement dans le traitement de certaines infections liées au sida.

Le médecin peut prescrire des analyses pour identifier le *germe* responsable de l'infection et tester sa sensibilité aux *antibiotiques*. Le résultat de cet examen peut être faussé en cas d'automédication préalable : ne prenez pas d'antibiotique sans avis médical.

EFFETS INDÉSIRABLES POSSIBLES

Troubles digestifs : nausées, vomissements.

Réactions cutanées allergiques.

Rarement : œdème de *Quincke*, anomalies de la *numération formule sanguine*.

BACTÉOMYCINE
bacitracine, néomycine

PRÉSENTATION

BACTÉOMYCINE : pommade ; tube 15 g - Non remb.

BACTÉOMYCINE : pommade ; tube 30 g - Non remb.

Laboratoires Monot

COMPOSITION

	p. 100 g
Bacitracine	50 000 UI
Néomycine	0,35 g

INDICATIONS

Ce médicament d'usage local contient deux *antibiotiques*, dont un de la famille des *aminosides*.

Il est utilisé dans le traitement des infections de la peau, du nez, et de l'oreille.

CONTRE-INDICATIONS

Ce médicament ne doit pas être utilisé dans les cas suivants :
- *allergie* aux *antibiotiques* de la famille des *aminosides* (néomycine...),
- infection du mamelon au cours de l'allaitement.

ATTENTION

La persistance des troubles, leur aggravation, notamment l'extension des lésions et l'apparition d'une fièvre, imposent de prendre rapidement un avis médical.

N'utilisez pas cette pommade sur des lésions étendues, en particulier chez le *nourrisson*, sans l'avis de votre médecin.

Cette pommade grasse ne doit pas être appliquée sur les lésions suintantes.

GROSSESSE, ALLAITEMENT ET NOUVEAU-NÉ

Grossesse :

L'effet de ce médicament pendant la grossesse est mal connu. L'évaluation du risque éventuel lié à son utilisation est individuelle : demandez conseil à votre pharmacien ou à votre médecin.

Allaitement :

En raison du risque d'ingestion par le *nouveau-né*, la pommade ne doit pas être appliquée sur le mamelon de la femme qui allaite.

MODE D'EMPLOI ET POSOLOGIE

Le traitement ne doit pas dépasser 8 jours.

Posologie usuelle :

2 applications par jour.

EFFETS INDÉSIRABLES POSSIBLES

Allergie, *mycose*.

BACTISUBTIL
Bacillus cereus

PRÉSENTATION

BACTISUBTIL : gélule (blanc) ; boîte de 20 - Remb. 35 %

Laboratoires Marion Merrell Dow

COMPOSITION

	p. gél.
Bacillus cereus, poudre desséchée	35 mg

INDICATIONS

C'est un médicament qui appartient à la famille des antidiarrhéiques d'origine microbienne. Il favorise la restauration de la flore intestinale.

Il est utilisé dans le *traitement symptomatique* des diarrhées.

GROSSESSE, ALLAITEMENT ET NOUVEAU-NÉ

Grossesse :

Ce médicament peut être utilisé chez la femme enceinte.

MODE D'EMPLOI ET POSOLOGIE

Les gélules peuvent être avalées avec un verre d'eau ou ouvertes ; leur contenu ne doit pas être mélangé à un liquide ou un aliment trop chaud (50 °C), glacé ou alcoolisé.

Posologie usuelle :
- Adulte et adolescent : 4 à 8 gélules par jour, réparties en 3 ou 4 prises.
- Enfant de plus de 2 ans : 3 à 6 gélules par jour, réparties en 3 ou 4 prises.

Le contenu des gélules peut être mélangé à un biberon, une bouillie, de l'eau sucrée ou de la confiture.

Une diarrhée peut provoquer une déshydratation. Cette perte d'eau par l'organisme peut entraîner des troubles graves (fatigue, malaise, confusion des idées...). Il est indispensable de prévenir cette déshydratation par des boissons sucrées abondantes et des bouillons salés, notamment chez les personnes âgées et les enfants.

Si la diarrhée persiste plus de quelques jours, consultez votre médecin.

BACTOX oral
amoxicilline

PRÉSENTATION

BACTOX 125 mg : poudre pour suspension buvable ; flacon 60 ml (12 cuillères-mesure 5 ml) - Remb. 65 % - Liste I

BACTOX 250 mg : poudre pour suspension buvable ; flacon 60 ml (12 cuillères-mesure 5 ml) - Remb. 65 % - Liste I

BACTOX 500 mg : gélule (jaune et rouge) ; boîte de 12 - Remb. 65 % - Liste I

Laboratoires Innotech International

COMPOSITION

	p. c. mes.	p. c. mes.	p. gél.
Amoxicilline	125 mg	250 mg	500 mg
Saccharose	2,65 g	2,65 g	

INDICATIONS

Ce médicament est un *antibiotique* de la famille des *pénicillines* à spectre élargi, c'est-à-dire actives sur un plus grand nombre de *germes* que la pénicilline simple.

Il est utilisé dans le traitement de diverses maladies infectieuses, notamment celles des poumons, des bronches, du nez, de la gorge ou des oreilles, du sang, de l'appareil digestif ou urinaire, des *voies* génitales, des gencives et des dents, etc.

CONTRE-INDICATIONS

Ce médicament ne doit pas être utilisé dans les cas suivants :
- *allergie* aux *pénicillines*,
- *mononucléose infectieuse*.

Il ne peut être utilisé qu'après avis médical en cas d'allergie aux *céphalosporines*.

ATTENTION

Des précautions sont nécessaires en cas d'*insuffisance rénale*.

Le médecin peut prescrire un prélèvement pour identifier le *germe* responsable de l'infection et tester sa sensibilité aux *antibiotiques*. Le résultat de cet examen peut être faussé en cas d'automédication préalable : ne prenez pas d'antibiotique sans avis médical.

Des *antécédents* d'*allergie* contre-indiquent l'usage de ce médicament. La survenue de toute manifestation allergique (boutons, *œdème*, malaise) impose l'arrêt immédiat du traitement : consultez votre médecin.

Une diminution de la fièvre ou une disparition des *symptômes* ne sont pas synonymes de guérison : la durée du traitement doit absolument être respectée pour éviter les rechutes.

La suspension buvable (sirop) contient du *sucre* (saccharose) en quantité notable.

INTERACTIONS MÉDICAMENTEUSES

Ce médicament peut interagir avec d'autres médicaments. Signalez tout autre traitement en cours à votre médecin ou à votre pharmacien.

GROSSESSE, ALLAITEMENT ET NOUVEAU-NÉ

Grossesse :
Les études scientifiques actuellement disponibles n'ont pas mis en évidence de problème particulier lors de l'utilisation chez la femme enceinte. Seul votre médecin peut apprécier la nécessité du traitement et son risque pendant la grossesse.

Allaitement :
Ce médicament passe dans le lait maternel.

MODE D'EMPLOI ET POSOLOGIE

La suspension buvable (sirop) doit être reconstituée avec de l'eau et bien agitée avant l'emploi. Les gélules doivent être avalées avec un verre d'eau.

Les repas ne modifient pas l'absorption du médicament, qui peut donc être pris à n'importe quel moment de la journée.

Posologie usuelle :
- Adulte : 1 gélule, 2 fois par jour.
- Enfant et nourrisson : 50 mg par kg et par jour, répartis en 2 ou 3 prises ; soit par exemple, pour un enfant de 15 kg, 1 cuillère-mesure de sirop dosé à 250 mg, matin, midi et soir.

L'éventuelle impression de fatigue n'est pas due à l'*antibiotique*, mais à l'infection elle-même.

Le sirop reconstitué se conserve une semaine à température ambiante ; il est préférable de bien l'agiter avant chaque usage.

EFFETS INDÉSIRABLES POSSIBLES

Fréquents mais généralement bénins :
- *allergie* cutanée,
- *troubles digestifs* (nausée, diarrhée),
- *candidose*.

Rares mais parfois graves :
- œdème de *Quincke*,
- *choc* allergique (exceptionnel).

BACTOX injectable
amoxicilline

PRÉSENTATION

BACTOX 500 mg : préparation injectable *I.M.* ; flacon de poudre et ampoule de solvant 5 ml - Remb. 65 % - Liste I

BACTOX 1 g : préparation injectable *I.M.* ; flacon de poudre et ampoule de solvant 5 ml - Remb. 65 % - Liste I

Laboratoires Innotech International

COMPOSITION

	p. fl.	p. fl.
Amoxicilline	500 mg	1 g
Alcool benzylique	150 mg	150 mg

INDICATIONS

Ce médicament est un *antibiotique* de la famille des *pénicillines* à spectre élargi, c'est-à-dire actives sur un plus grand nombre de *germes* que la pénicilline simple.

Il est utilisé dans le traitement de diverses maladies infectieuses, notamment respiratoires, dentaires, *ORL*, rénales, urinaires et génitales, gynécologiques, digestives et biliaires.

CONTRE-INDICATIONS

Ce médicament ne doit pas être utilisé dans les cas suivants :
- *allergie* aux *pénicillines*,
- *mononucléose infectieuse*.

Il ne peut être utilisé qu'après avis médical en cas d'allergie aux *céphalosporines*.

ATTENTION

Des précautions sont nécessaires en cas d'*insuffisance rénale* et chez le *nourrisson* de moins de 3 mois, en raison de la nature du solvant (alcool benzylique).

Des *antécédents* d'*allergie* à la *pénicilline* contre-indiquent l'usage de ce médicament. La survenue de toute manifestation allergique (boutons, *œdème*, malaise) impose l'arrêt immédiat du traitement : consultez votre médecin.

Une diminution de la fièvre ou une disparition des *symptômes* ne sont pas synonymes de guérison : la durée du traitement doit absolument être respectée pour éviter les rechutes.

INTERACTIONS MÉDICAMENTEUSES

Ce médicament peut interagir avec d'autres médicaments. Signalez tout autre traitement en cours à votre médecin ou à votre pharmacien.

GROSSESSE, ALLAITEMENT ET NOUVEAU-NÉ

Grossesse :
Les études scientifiques actuellement disponibles n'ont pas mis en évidence de problème particulier lors de l'utilisation chez la femme enceinte. Seul votre médecin peut apprécier la nécessité du traitement et son risque pendant la grossesse.

Allaitement :
Ce médicament passe dans le lait maternel.

MODE D'EMPLOI ET POSOLOGIE

La solution injectable est obtenue en mélangeant la poudre avec l'ampoule de solvant fournie. Une légère coloration de la solution est normale.

La solution ainsi obtenue ne doit jamais être injectée par *voie* intraveineuse mais uniquement par voie intramusculaire.

Aucun autre produit ne doit être mélangé au contenu du flacon.

Posologie usuelle :
Elle varie selon les cas. À titre indicatif et pour des infections courantes :
- Adulte : 1 g, 2 fois par jour.
- Enfant et nourrisson : 50 mg par kg et par jour.

La solution doit être injectée dans l'heure qui suit sa préparation.

L'éventuelle impression de fatigue n'est pas due à l'*antibiotique*, mais à l'infection elle-même.

EFFETS INDÉSIRABLES POSSIBLES

Fréquents mais généralement bénins :
- *allergie* cutanée,
- *troubles digestifs* (nausée, diarrhée),
- *candidose*.

Rares mais parfois graves :
- œdème de *Quincke*,
- *choc* allergique (exceptionnel).

BACTRIM oral
sulfaméthoxazole, triméthoprime

PRÉSENTATION

BACTRIM ROCHE NOURRISSON-ENFANT : suspension buvable arôme tutti frutti ; flacon 100 ml (20 cuillères-mesure 5 ml) - Remb. 65 % - Liste I

BACTRIM ROCHE ENFANT : comprimé (blanc) ; boîte de 20 - Remb. 65 % - Liste I

BACTRIM ROCHE ADULTE : comprimé sécable (blanc) ; boîte de 20 - Remb. 65 % - Liste I

BACTRIM FORTE ROCHE : comprimé sécable (blanc) ; boîte de 10 - Remb. 65 % - Liste I

Laboratoires Roche

COMPOSITION

	p. c. mes.	p. comp. Enf.
Sulfaméthoxazole	200 mg	100 mg
Triméthoprime	40 mg	20 mg
Saccharose	2,5 g	

	p. comp. Ad.	p. comp. Fort
Sulfaméthoxazole	400 mg	800 mg
Triméthoprime	80 mg	160 mg

INDICATIONS

C'est une association de deux *antibiotiques* : le sulfaméthoxazole, qui appartient à la famille des *sulfamides*, et le triméthoprime, qui appartient à la famille des diaminopyrimidines.

Ce médicament est utilisé dans le traitement de diverses maladies infectieuses, notamment bronchiques, pulmonaires, urinaires et génitales...

CONTRE-INDICATIONS

Ce médicament ne doit pas être utilisé dans les cas suivants :
- *allergie* aux *antibiotiques* de la famille des *sulfamides*,
- déficit en *G6PD*,
- dernier mois de la **grossesse**,
- **allaitement**,
- *nouveau-né*,
- association avec les médicaments contenant du méthotrexate.

ATTENTION

En cas d'apparition de boutons, de cloques, arrêtez votre traitement et prévenez votre médecin.

Des précautions sont nécessaires en cas d'*insuffisance rénale* et d'*insuffisance hépatique*.

La suspension buvable contient du *sucre* (saccharose) en quantité notable.

INTERACTIONS MÉDICAMENTEUSES

Ce médicament ne doit pas être associé au méthotrexate, utilisé notamment dans certaines chimiothérapies antitumorales : risque d'*aplasie médullaire*.

Ce médicament peut interagir avec d'autres médicaments. Signalez tout autre traitement en cours à votre médecin ou à votre pharmacien.

GROSSESSE, ALLAITEMENT ET NOUVEAU-NÉ

Ce médicament est déconseillé pendant la grossesse.

L'organisme du *nouveau-né* étant incapable d'éliminer ce médicament, son usage est contre-indiqué en fin de grossesse, pendant l'allaitement et chez le *nourrisson* de moins de 6 semaines.

MODE D'EMPLOI ET POSOLOGIE

Ce médicament sera pris de préférence au cours des repas.

Posologie usuelle :

- Adulte : 1 comprimé de BACTRIM FORTE ou 2 comprimés de BACTRIM ADULTE, matin et soir.
- Enfant de plus de 20 kg : 4 comprimés Enfant ou 2 cuillères-mesure de suspension buvable, matin et soir.
- Enfant de moins de 20 kg : 2 comprimés Enfant ou 1 cuillère-mesure de suspension buvable, matin et soir.
- Nourrisson : 1/2 cuillère-mesure de suspension buvable, matin et soir.

Ces posologies peuvent être augmentées considérablement dans le traitement de certaines infections liées au sida.

☛ Le médecin peut prescrire un prélèvement pour identifier le *germe* responsable de l'infection et tester sa sensibilité aux *antibiotiques*. Le résultat de cet examen peut être faussé en cas d'automédication préalable : ne prenez pas d'antibiotique sans avis médical.

EFFETS INDÉSIRABLES POSSIBLES

Troubles digestifs : nausées, vomissements, maux d'estomac.

Réactions cutanées allergiques.

Rarement : œdème de *Quincke*, anomalies de la *numération formule sanguine*.

BACTRIM injectable

sulfaméthoxazole, triméthoprime

PRÉSENTATION

BACTRIM FORTE : solution injectable *I.M.* ; boîte de 1 ampoule 3 ml - Remb. 65 % - Liste I

BACTRIM FORTE : solution injectable ; boîte de 6 ampoules 3 ml - Remb. 65 % - Liste I

Laboratoires Roche

COMPOSITION

	p. amp. inj.
Sulfaméthoxazole	800 mg
Triméthoprime	160 mg
Sulfites	+

INDICATIONS

C'est une association de deux *antibiotiques* : le sulfaméthoxazole, qui appartient à la famille des *sulfamides*, et le triméthoprime, qui appartient à la famille des diaminopyrimidines.

Ce médicament est utilisé dans le traitement de diverses maladies infectieuses, notamment bronchiques, pulmonaires, urinaires et génitales...

CONTRE-INDICATIONS

Ce médicament ne doit pas être utilisé dans les cas suivants :

- *allergie* aux *antibiotiques* de la famille des *sulfamides*,
- déficit en *G6PD*,
- enfant de moins de 6 ans,
- dernier mois de la **grossesse**,
- **allaitement**,
- *nouveau-né*,
- en association avec le méthotrexate.

ATTENTION

En cas d'apparition de boutons, de cloques, arrêtez votre traitement et prévenez votre médecin.

Des précautions sont nécessaires en cas d'*insuffisance rénale* et d'*insuffisance hépatique*.

INTERACTIONS MÉDICAMENTEUSES

Ce médicament ne doit pas être associé au méthotrexate, utilisé notamment dans certaines chimiothérapies antitumorales : risque d'*aplasie médullaire*.

Ce médicament peut interagir avec d'autres médicaments, en particulier les *antidiabétiques* oraux ou les *anticoagulants* oraux. Signalez tout autre traitement en cours à votre médecin ou à votre pharmacien.

GROSSESSE, ALLAITEMENT ET NOUVEAU-NÉ

Ce médicament est déconseillé pendant la grossesse.

L'organisme du *nouveau-né* étant incapable d'éliminer ce médicament, son usage est contre-indiqué en fin de grossesse, pendant l'allaitement et chez le *nourrisson* de moins de 6 semaines.

MODE D'EMPLOI ET POSOLOGIE

La solution doit être injectée exclusivement par *voie* intramusculaire profonde. Si la dose dépasse 1 ampoule, faire une injection dans chaque fesse.

Le contenu d'une ampoule entamée doit être jeté ; utilisez une nouvelle ampoule pour chaque injection.

Ce médicament ne doit pas être utilisé pendant plus de 5 jours.

Posologie usuelle :

- Adulte et enfant de plus de 12 ans : 1 ampoule, matin et soir.
- Enfant de 6 à 12 ans : 1/2 ampoule, matin et soir.

EFFETS INDÉSIRABLES POSSIBLES

Douleur au point d'injection.

Troubles digestifs : nausées, vomissements.

Réactions cutanées allergiques.

Rarement : œdème de *Quincke*, anomalies de la *numération formule sanguine*.

BAIN DE BOUCHE BANCAUD

phénol, chloral, salicylate de sodium

PRÉSENTATION

BAIN DE BOUCHE BANCAUD : solution pour *bain de bouche* ; flacon 125 ml - Remb. 35 %

Laboratoires C.P.F.

COMPOSITION

	p. 100 g
Phénol officinal	6,80 g
Chloral hydrate	5,66 g
Salicylate de sodium	6,80 g
Menthe, essence	+

INDICATIONS

Cette solution pour *bain de bouche* contient un *antiseptique*, un *anesthésique* et un *antalgique*.

Elle est utilisée en *bain de bouche* dans le *traitement d'appoint* des infections de la bouche ou des douleurs des gencives.

CONTRE-INDICATIONS

Ce médicament ne doit pas être utilisé dans les cas suivants :

- *allergie* aux *salicylés*,
- enfant de moins de 7 ans.

ATTENTION

L'usage prolongé de ce médicament n'est pas souhaitable ; il peut modifier l'équilibre microbien naturel de la gorge.

En l'absence d'amélioration au bout de 5 jours, consultez votre médecin.

GROSSESSE, ALLAITEMENT ET NOUVEAU-NÉ

L'effet de ce médicament pendant la grossesse ou l'allaitement est mal connu. L'évaluation du risque éventuel lié à son utilisation est individuelle : demandez conseil à votre pharmacien ou à votre médecin.

MODE D'EMPLOI ET POSOLOGIE

Diluer 1 cuillère à soupe dans un verre d'eau chaude mais non brûlante.

Posologie usuelle :

- Adulte et enfant de plus de 7 ans : 1 *bain de bouche*, plusieurs fois par jour.

La solution ne doit en aucun cas être avalée.

La durée du traitement ne dépasse habituellement pas 10 jours.

☛ Il est généralement conseillé de ne pas s'alimenter ou de ne pas boire

immédiatement après un *bain de bouche* afin de permettre aux substances actives d'agir.
Certains dentistes et stomatologistes recommandent de ne pas pratiquer de bain de bouche dans les heures qui suivent une extraction dentaire afin d'éviter de faire saigner la plaie.

BAIN DE BOUCHE LIPHA

PRÉSENTATION

BAIN DE BOUCHE LIPHA : solution pour *bain de bouche* ; flacon 150 ml - Non remb.

Laboratoires Lipha

COMPOSITION

	p. 100 ml
Résorcine	18,9 mg
Chloral hydraté	756 mg
Vératrol	236 mg
Menthol	236 mg

INDICATIONS

Cette solution pour *bain de bouche* contient une association de substances *antiseptiques* et *antalgiques*.

Elle est utilisée dans le *traitement d'appoint* des infections de la gorge et de la bouche ou après une opération des dents ou des gencives.

CONTRE-INDICATIONS

Ce médicament ne doit pas être utilisé chez l'enfant de moins de 30 mois.

ATTENTION

N'utilisez pas ce médicament sans avis médical chez l'enfant de moins de 7 ans (présence de menthol).

L'usage prolongé de ce médicament n'est pas souhaitable ; il peut modifier l'équilibre microbien naturel de la gorge.

Les traitements locaux (*gargarisme*, *collutoire*, pastille) n'agissent que superficiellement ; dans le cas d'infections profondes (angines, abcès...), un autre mode de traitement est nécessaire.

En l'absence d'amélioration au bout de 5 jours, en cas d'apparition de fièvre, consultez votre médecin.

GROSSESSE, ALLAITEMENT ET NOUVEAU-NÉ

L'effet de ce médicament pendant la grossesse ou l'allaitement est mal connu. L'évaluation du risque éventuel lié à son utilisation est individuelle : demandez conseil à votre pharmacien ou à votre médecin.

MODE D'EMPLOI ET POSOLOGIE

Cette solution est utilisée en *bain de bouche* : diluer 1 cuillère à soupe dans un verre d'eau tiède.

Posologie usuelle :

- Adulte et enfant de plus de 30 mois : 1 *bain de bouche* plusieurs fois par jour.

La durée du traitement ne dépasse habituellement pas 10 jours.

Il est généralement conseillé de ne pas s'alimenter ou de ne pas boire immédiatement après un *bain de bouche* afin de permettre aux substances actives d'agir.
Certains dentistes et stomatologistes recommandent de ne pas pratiquer de bain de bouche dans les heures qui suivent une extraction dentaire afin d'éviter de faire saigner la plaie.

BAIN SOUFRÉ AU SULFURYL

PRÉSENTATION

BAIN SOUFRÉ AU SULFURYL MONAL : poudre pour bain ; boîte de 360 g - Non remb.

Laboratoires Aérocid

COMPOSITION

	p. 100 g
Silicoaluminate sodique sulfuré	1 g
Soufre précipité	8 g
Laurylsulfate de sodium	1 g
Carbonate disodique anhydre	90 g

INDICATIONS

Ce médicament contient du soufre.

Il est utilisé en bain comme *antiseptique* (infection de la peau, gale...) et pour apaiser les douleurs d'*arthrose*.

INTERACTIONS MÉDICAMENTEUSES

L'association à d'autres *antiseptiques* est déconseillée car leurs effets risquent de s'annuler.

GROSSESSE, ALLAITEMENT ET NOUVEAU-NÉ

Cet *antiseptique* peut être utilisé par la femme enceinte ou qui allaite.

MODE D'EMPLOI ET POSOLOGIE

2 ou 3 mesurettes pour 1 bain.

Prendre 3 bains de 20 à 30 minutes par semaine.

BALSAMORHINOL

PRÉSENTATION

BALSAMORHINOL : solution nasale huileuse ; flacon compte-gouttes 20 ml - Non remb.

Laboratoires Etris

COMPOSITION

	p. 100 g
Chlorobutanol	0,40 g
Menthol	0,12 g
Essence de bergamote	0,45 g
Essence d'orange	0,23 g
Essence de néroli synthétique	0,25 g

INDICATIONS

Cette solution nasale huileuse contient une association de substances *antiseptiques*.

Elle est utilisée comme *traitement d'appoint* des *rhinites*, des *rhino-pharyngites* et des *sinusites*.

CONTRE-INDICATIONS

Ce médicament ne doit pas être utilisé chez l'enfant de moins de 30 mois.

ATTENTION

N'utilisez pas ce médicament sans avis médical chez l'enfant de moins de 7 ans.

En l'absence d'amélioration ou en cas d'apparition de fièvre, consultez votre médecin.

GROSSESSE, ALLAITEMENT ET NOUVEAU-NÉ

L'effet de ce médicament pendant la grossesse ou l'allaitement est mal connu. L'évaluation du risque éventuel lié à son utilisation est individuelle : demandez conseil à votre pharmacien ou à votre médecin.

MODE D'EMPLOI ET POSOLOGIE

Les gouttes sont instillées la tête penchée en arrière.

Le traitement ne doit pas dépasser 10 jours.

Posologie usuelle :

- Adulte : 3 ou 4 gouttes dans chaque narine, 3 à 5 fois par jour.
- Enfant de plus de 30 mois : 1 ou 2 gouttes dans chaque narine, 3 à 5 fois par jour.

EFFETS INDÉSIRABLES POSSIBLES

Réaction allergique locale.

BALSOFLÉTOL

PRÉSENTATION

BALSOFLÉTOL ADULTE : solution nasale huileuse ; ampoule 10 ml et flacon pulvérisateur - Non remb.

Laboratoires Pharmascience

COMPOSITION

	p. amp.
Rétinol (vitamine A)	500 000 UI
Essence d'eucalyptus	50 mg
Essence de pin	50 mg
Essence de thym	50 mg
Essence de romarin	50 mg
Essence de citron	50 mg
Essence de lavande	50 mg
Camphre	50 mg
Résorcine	30 mg

INDICATIONS

Cette solution nasale huileuse contient une association de substances *antiseptiques*.

Elle est utilisée comme *traitement d'appoint* des *rhinites*, des *rhino-pharyngites* et des *sinusites*.

ATTENTION

En l'absence d'amélioration ou en cas d'apparition de fièvre, consultez votre médecin.

GROSSESSE, ALLAITEMENT ET NOUVEAU-NÉ

L'effet de ce médicament pendant la grossesse ou l'allaitement est mal connu.

L'évaluation du risque éventuel lié à son utilisation est individuelle : demandez conseil à votre pharmacien ou à votre médecin.

MODE D'EMPLOI ET POSOLOGIE

- Adulte : 1 instillation ou 1 pulvérisation dans chaque narine, 2 ou 3 fois par jour. Habituellement, le traitement ne dépasse pas 10 jours.

Ne pas conserver la solution plus de 1 mois après l'avoir transvasée dans le flacon pulvérisateur.

BALSOFUMINE

PRÉSENTATION

BALSOFUMINE SIMPLE : solution pour inhalation ; flacon 84 ml - Non remb.

BALSOFUMINE MENTHOLÉE 1 % : solution pour inhalation ; flacon 84 ml - Non remb.

BALSOFUMINE MENTHOLÉE 4 % : solution pour inhalation ; flacon 84 ml - Non remb.

Laboratoires Millot-Solac

COMPOSITION

	simple p. 100 g	mentholée 1 % p. 100 g	mentholée 4 % p. 100 g
Baume du Pérou	1 g	1 g	1 g
Benjoin, teinture	10 g	10 g	10 g
Eucalyptus, teinture	60 g	60 g	60 g
Lavande, essence	1 g	1 g	1 g
Thym, essence	1 g	1 g	1 g
Menthol		1 g	4 g
Alcool 80°	+	+	+

INDICATIONS

Cette solution pour inhalation contient une association d'essences végétales, qui possède une action locale décongestionnante et *antiseptique* sur les *muqueuses* des *voies* respiratoires.

Elle est utilisée dans le *traitement d'appoint* des affections des voies respiratoires.

CONTRE-INDICATIONS

BALSOFUMINE MENTHOLÉE ne doit pas être utilisée chez l'enfant de moins de 30 mois.

ATTENTION

N'utilisez pas ce médicament chez le jeune enfant sans prendre l'avis de votre médecin.

GROSSESSE, ALLAITEMENT ET NOUVEAU-NÉ

Ce médicament ne contient que des plantes présumées sans danger pendant la grossesse ou l'allaitement. Néanmoins, ne l'utilisez pas de façon prolongée sans l'avis de votre pharmacien ou de votre médecin.

MODE D'EMPLOI ET POSOLOGIE

1 cuillère à café dans un bol d'eau très chaude. Les inhalations peuvent être répétées au cours de la journée.

Il est important de lutter contre la sécheresse de l'air ambiant (humidificateur...) pour éviter le dessèchement des sécrétions nasales et bronchiques.

Avant l'inhalation, il est indispensable d'attendre quelques secondes l'évaporation de l'alcool après dilution dans l'eau chaude.

EFFETS INDÉSIRABLES POSSIBLES

Réactions allergiques, notamment au baume du Pérou.

BALSOLÈNE

PRÉSENTATION

BALSOLÈNE : solution pour inhalation ; flacon 125 ml - Non remb.

Laboratoires C.P.F.

COMPOSITION

	p. 100 g
Benjoin	1,5 g
Niaouli, essence	800 mg
Menthol	800 mg
Aconit, teinture	1 g
Eucalyptus, essence	1,3 g
Terpinol	400 mg
Alcool	+

INDICATIONS

Cette solution pour inhalation contient une association de substances qui possède une action locale *antiseptique* sur les *muqueuses* des *voies* respiratoires.

Elle est utilisée dans le *traitement d'appoint* des affections des voies respiratoires.

CONTRE-INDICATIONS

Ce médicament ne doit pas être utilisé chez l'enfant de moins de 30 mois.

ATTENTION

N'utilisez pas ce médicament chez le jeune enfant sans prendre l'avis de votre médecin.

Ce médicament ne doit pas être avalé ; ne le laissez pas à la portée des enfants.

GROSSESSE, ALLAITEMENT ET NOUVEAU-NÉ

L'effet de ce médicament pendant la grossesse ou l'allaitement est mal connu. L'évaluation du risque éventuel lié à son utilisation est individuelle : demandez conseil à votre pharmacien ou à votre médecin.

MODE D'EMPLOI ET POSOLOGIE

1 cuillère à café dans un bol d'eau très chaude. Les inhalations peuvent être répétées 3 ou 4 fois par jour.

Avant l'inhalation, il est indispensable d'attendre quelques secondes l'évaporation de l'*alcool* après dilution dans l'eau chaude.

BANIKOL VITAMINÉ B1

iodure de tétraméthylammonium, vitamine B1

PRÉSENTATION

BANIKOL VITAMINÉ B1 : solution injectable ; boîte de 5 ampoules 1 ml - Non remb.

Laboratoires Pharmy II

COMPOSITION

	p. amp. inj.
Tétraméthylammonium iodure	9 mg
Thiamine chlorhydrate (vitamine B1)	100 mg

INDICATIONS

Ce médicament contient une substance qui agit sur la transmission de l'influx nerveux. Son action est renforcée par l'effet *antalgique* de la *vitamine* B1.

Il est utilisé dans le traitement de douleurs nerveuses (*névrite*, *polynévrite*, *sciatique*) ou musculaires. Il est également utilisé en *mésothérapie*.

CONTRE-INDICATIONS

Ce médicament ne doit pas être utilisé dans les cas suivants :

- *allergie* à l'iode,
- grossesse,
- allaitement.

ATTENTION

Ce médicament contient de l'iode (présence de tétraméthylammonium iodure). Des précautions sont nécessaires en cas d'anomalie de la glande *thyroïde*.

GROSSESSE, ALLAITEMENT ET NOUVEAU-NÉ

Ce médicament est contre-indiqué chez la femme enceinte ou chez celle qui allaite.

MODE D'EMPLOI ET POSOLOGIE

Ce médicament peut être administré par *voie* intramusculaire ou sous-cutanée.

Posologie usuelle :

1/2 à 1 ampoule par jour.

Ce médicament doit être conservé à l'abri de la chaleur.

EFFETS INDÉSIRABLES POSSIBLES

Vertiges, troubles de la vue, de courte durée.

Troubles du fonctionnement de la glande *thyroïde* dus à l'iode, notamment chez la personne âgée.

BARALGINE

noramidopyrine, pitofénone, fenpiverinium

PRÉSENTATION

BARALGINE à la noramidopyrine : comprimé (blanc) ; boîte de 20 - Remb. 35 % - Liste I

BARALGINE à la noramidopyrine : suppositoire ; boîte de 10 - Remb. 35 % - Liste I

BARALGINE à la noramidopyrine : solution injectable ; boîte de 2 ampoules 5 ml - Remb. 35 % - Liste I

Laboratoires Hoechst

COMPOSITION

	p. comp.	p. suppos.	p. amp. inj.
Noramidopyrine méthane sulfonate de sodium	0,5 g	1 g	2,5 g
Pitofénone chlorhydrate ...	5 mg	10 mg	10 mg
Fenpiverinium bromure	0,1 mg	0,1 mg	0,1 mg

INDICATIONS

Ce médicament associe un *antalgique* puissant (la noramidopyrine) et deux *antispasmodiques*.

Il est utilisé dans le *traitement symptomatique* des douleurs accompagnées de spasmes, et qui résistent aux autres antalgiques.

CONTRE-INDICATIONS

Ce médicament ne doit pas être utilisé dans les cas suivants :
- *allergie* à la noramidopyrine, à l'amidopyrine ou à l'aspirine ;
- risque de blocage des urines (*adénome de la prostate*) ;
- *glaucome* à angle fermé ;
- *antécédent* d'*agranulocytose* ;
- déficit en *G6PD* ;
- *porphyries* ;
- enfant de moins de 15 ans.

ATTENTION

La prise de ce médicament expose à un risque très rare mais grave, l'*agranulocytose* (disparition des *globules blancs* du sang). Elle peut se manifester par une fièvre élevée, une angine, des aphtes. L'une de ces manifestations impose l'arrêt immédiat du traitement et des analyses de sang : prévenez d'urgence votre médecin.

Ce médicament vous a été prescrit dans une situation précise : ne le conseillez pas à une autre personne. Ses effets indésirables sur le sang sont imprévisibles et peuvent survenir avec une seule prise.

Des précautions sont nécessaires en cas d'*insuffisance hépatique*, d'*insuffisance rénale*, d'*insuffisance coronarienne* ou de maladie bronchique.

INTERACTIONS MÉDICAMENTEUSES

Ce médicament peut interagir avec d'autres médicaments. Signalez tout autre traitement en cours à votre médecin ou à votre pharmacien.

GROSSESSE, ALLAITEMENT ET NOUVEAU-NÉ

Grossesse :

L'effet de ce médicament pendant la grossesse est mal connu : seul votre médecin peut évaluer le risque éventuel de son utilisation dans votre cas.

Grossesse et nouveau-né :

Ce médicament est déconseillé en fin de grossesse : risque de constipation grave chez le *nouveau-né*.

Allaitement :

Ce médicament passe dans le lait maternel : il est déconseillé pendant l'allaitement.

MODE D'EMPLOI ET POSOLOGIE

La solution doit être injectée par *voie* intramusculaire ou intraveineuse lente.

Les comprimés doivent être avalés avec de l'eau.

Posologie usuelle :
- Adulte : jusqu'à 6 comprimés ou 3 suppositoires par jour selon l'intensité de la douleur.

Dans les crises aiguës, il est habituel d'utiliser la solution injectable.

Une coloration rouge des urines est normale et traduit l'élimination du médicament.

Les suppositoires doivent être conservés à l'abri de la chaleur.

EFFETS INDÉSIRABLES POSSIBLES

En cas d'injection intraveineuse trop rapide : douleur dans la veine, baisse de la tension artérielle.

Parfois : *allergie* cutanée.

Exceptionnellement : *agranulocytose*, *choc* allergique grave (en injection).

Risque d'effets *atropiniques* en cas de surdosage.

BARCLYD

clonidine

PRÉSENTATION

BARCLYD 0,150 mg : comprimé sécable (blanc) ; boîte de 15 - Remb. 65 % - Liste II

BARCLYD 0,150 mg : comprimé sécable (blanc) ; boîte de 30 - Remb. 65 % - Liste II

Laboratoires Biogalénique

COMPOSITION

	p. comp.
Clonidine chlorhydrate	0,15 mg

INDICATIONS

Ce médicament est un *antihypertenseur* d'action centrale. Il agit sur les centres du *système nerveux central* qui interviennent dans la régulation de la tension artérielle.

Il est utilisé dans le traitement de l'*hypertension artérielle*.

CONTRE-INDICATIONS

Ce médicament ne doit pas être utilisé dans le traitement des *états dépressifs* graves.

ATTENTION

N'interrompez jamais brutalement le traitement. Diminuez progressivement les doses : un demi-comprimé pendant quelques jours, puis tous les deux jours pendant une semaine par exemple. Un avis médical est toujours préférable.

Des précautions sont nécessaires chez la personne âgée et celle atteinte d'un syndrome de *Raynaud*.

Évitez les boissons alcoolisées : augmentation du risque de somnolence.

Conducteur : ce médicament peut être responsable d'une somnolence ou d'une baisse de la vigilance.

INTERACTIONS MÉDICAMENTEUSES

Ce médicament peut interagir avec d'autres médicament. Signalez tout autre traitement en cours à votre médecin ou à votre pharmacien.

GROSSESSE, ALLAITEMENT ET NOUVEAU-NÉ

Grossesse :

Les études scientifiques actuellement disponibles n'ont pas mis en évidence de problème particulier lors de l'utilisation chez la femme enceinte. Seul votre médecin peut apprécier la nécessité du traitement et son risque pendant la grossesse.

Allaitement :

Le passage de ce médicament dans le lait maternel impose une surveillance médicale attentive du *nouveau-né*.

MODE D'EMPLOI ET POSOLOGIE

La *posologie* usuelle est de 2 à 4 comprimés par jour, répartis en 2 prises.

Le traitement médicamenteux ne dispense pas des mesures simples pouvant faire baisser la tension artérielle : activité physique régulière, modération de la consommation de boissons alcoolisées, lutte contre le surpoids.

EFFETS INDÉSIRABLES POSSIBLES

Fréquents : sécheresse de la bouche, somnolence.

Rares : *allergies* cutanées, diarrhée ou constipation, *hypotension orthostatique*.

BASDÈNE

benzylthio-uracile

PRÉSENTATION

BASDÈNE : comprimé (rose) ; boîte de 50 - Remb. 65 %

Laboratoires Doms-Adrian

COMPOSITION

	p. comp.
Benzylthio-uracile	25 mg

INDICATIONS

C'est un médicament qui appartient à la famille des *antithyroïdiens*. Il bloque la synthèse des *hormones thyroïdiennes*.

Il est utilisé dans le traitement de certaines maladies de la glande *thyroïde*, notamment les *hyperthyroïdies* et la maladie de *Basedow*.

CONTRE-INDICATIONS

Ce médicament ne doit pas être utilisé dans les cas suivants :
- certains cancers de la *thyroïde*,
- certaines maladies graves du sang,
- **allaitement**.

Dans tous les autres cas, le médecin est seul juge pour prescrire ce médicament, notamment au cours des 6 derniers mois de la **grossesse**.

ATTENTION

Ce médicament peut être responsable d'une baisse du nombre de *globules* blancs dans le sang. Des analyses de sang régulières sont nécessaires, à plus forte raison en cas de fièvre, angine ou autre infection, qui peuvent traduire cette anomalie sanguine.

INTERACTIONS MÉDICAMENTEUSES

Ce médicament peut interagir avec d'autres médicaments. Signalez tout autre traitement en cours à votre médecin ou à votre pharmacien.

GROSSESSE, ALLAITEMENT ET NOUVEAU-NÉ

Grossesse :

Le traitement peut être poursuivi pendant les 3 premiers mois de la grossesse. Il doit être arrêté pendant les 6 derniers mois pour éviter le risque d'une *hypothyroïdie* chez l'enfant à naître.

Dans certains cas exceptionnels, le médecin reste seul juge de la poursuite du traitement.

Allaitement :

Ce médicament est contre-indiqué pendant l'allaitement.

MODE D'EMPLOI ET POSOLOGIE

Avaler le comprimé avec de l'eau.

La dose quotidienne est répartie en 3 ou 4 prises, de préférence pendant les repas.

Posologie usuelle :

Elle est fixée par le médecin en fonction de l'intensité de l'*hyperthyroïdie*. Elle est modifiée en fonction de la réponse au traitement, qui dure généralement 18 mois.

EFFETS INDÉSIRABLES POSSIBLES

Allergie cutanée, fièvre, rougeur, douleurs articulaires, courbatures.

Augmentation du volume du *goitre*, en général liée à un surdosage.

BAUME ARÔMA

PRÉSENTATION

BAUME ARÔMA : pommade ; tube 50 g - Remb. 35 %

Laboratoires Mayoly-Spindler

COMPOSITION

	p. 100 g
Baies de genièvre, essence	1,44 g
Girofle, essence	2,98 g
Capsicum, essence	0,20 g
Salicylate d'amyle	1,94 g
Acide salicylique	4 g
Menthol	+

INDICATIONS

Cette pommade, qui a un effet *révulsif* et *antalgique*, contient un *salicylé* et des essences végétales.

Elle est utilisée dans le traitement local des douleurs des muscles, des tendons et des ligaments.

CONTRE-INDICATIONS

Ce médicament ne doit pas être utilisé dans les cas suivants :
- en application sur les *muqueuses*, les plaies ou la peau lésée ;
- enfant de moins 30 mois (présence de menthol).

GROSSESSE, ALLAITEMENT ET NOUVEAU-NÉ

L'effet de ce médicament pendant la grossesse ou l'allaitement est mal connu. L'évaluation du risque éventuel lié à son utilisation est individuelle : demandez conseil à votre pharmacien ou à votre médecin.

MODE D'EMPLOI ET POSOLOGIE

La pommade doit être appliquée en massage doux.

Posologie usuelle :

1 ou 2 applications par jour.

> Se laver les mains après application. En cas de contact accidentel avec les yeux, rincer abondamment.

EFFETS INDÉSIRABLES POSSIBLES

Allergie cutanée (éruption de boutons, démangeaisons...) imposant l'arrêt du traitement ; à ne pas confondre avec une rougeur au point d'application due au médicament.

BAUME DALET

PRÉSENTATION

BAUME DALET : pommade ; tube 24 g - Non remb.

Laboratoires Phygiène

COMPOSITION

	p. 100 g
Huile de jusquiame composée	8 g
Salicylate d'amyle	5 g
Gaïacol	2 g
Menthol	0,60 g
Chloroforme	2 g

INDICATIONS

Cette pommade est décongestionnante et *antalgique*.

Elle est utilisée dans le traitement des déformations douloureuses des pieds.

> **ATTENTION**
>
> En cas de contact accidentel avec les yeux ou les *muqueuses*, rincez abondamment.

MODE D'EMPLOI ET POSOLOGIE

Posologie usuelle :

2 applications par jour.

> Conservez ce médicament à l'abri de la chaleur.

BAUME DE HOLLANDE

baume du Pérou, baume de Tolu

PRÉSENTATION

BAUME DE HOLLANDE DE MENON : pommade ; tube 30 g - Non remb.

BAUME DE HOLLANDE DE MENON : pommade ; pot 90 g - Non remb.

Laboratoires Siron

COMPOSITION

	p. 100 g
Baume du Pérou	5 g
Baume de Tolu	1,7 g

INDICATIONS

Cette pommade est calmante et légèrement *antiseptique*.

Elle est utilisée dans le traitement des contusions, des crevasses, des rougeurs diverses et des brûlures.

CONTRE-INDICATIONS

Ce médicament ne doit pas être utilisé en cas d'*allergie* au baume du Pérou.

GROSSESSE, ALLAITEMENT ET NOUVEAU-NÉ

Ce médicament ne contient que des substances présumées sans danger pendant la grossesse ou l'allaitement. Néanmoins, ne l'utilisez pas de façon prolongée sans l'avis de votre pharmacien ou de votre médecin.

Allaitement :

Pendant l'allaitement, n'appliquez pas ce médicament sur le mamelon sans prendre l'avis de votre médecin ou de votre pharmacien.

MODE D'EMPLOI ET POSOLOGIE

La pommade s'applique en massage ou en friction.

EFFETS INDÉSIRABLES POSSIBLES

Allergie.

BAUME DISALGYL

PRÉSENTATION

BAUME DISALGYL : crème ; tube 20 g - Remb. 35 %

Laboratoires Monin

COMPOSITION

	p. 100 g
Salicylate de méthyle	4,13 g
Borate de sodium	3,5 g
Résine de capsicum	1,5 g
Camphre	2 g

INDICATIONS

Cette crème *antalgique* contient un *salicylé* et des substances qui ont un effet *révulsif*.

Elle est utilisée dans le traitement local des douleurs des muscles, des tendons et des ligaments.

CONTRE-INDICATIONS

Ce médicament ne doit pas être utilisé dans les cas suivants :
- en application sur les *muqueuses*, les plaies ou la peau lésée ;
- enfant de moins 30 mois.

ATTENTION
Des précautions sont nécessaires chez l'enfant de moins de 7 ans (présence de camphre).

GROSSESSE, ALLAITEMENT ET NOUVEAU-NÉ

L'effet de ce médicament pendant la grossesse ou l'allaitement est mal connu. L'évaluation du risque éventuel lié à son utilisation est individuelle : demandez conseil à votre pharmacien ou à votre médecin.

MODE D'EMPLOI ET POSOLOGIE

La crème doit être appliquée en massage doux.

Posologie usuelle :
1 ou 2 applications par jour.

Se laver les mains après application. En cas de contact accidentel avec les yeux, rincer abondamment.

EFFETS INDÉSIRABLES POSSIBLES

Allergie cutanée (éruption de boutons, démangeaisons...) imposant l'arrêt du traitement ; à ne pas confondre avec une rougeur au point d'application due au médicament.

BAUME SAINT-BERNARD

PRÉSENTATION

BAUME SAINT-BERNARD : crème ; tube 42 g - Non remb.

BAUME SAINT-BERNARD : crème ; tube 100 g - Non remb.

Laboratoires Monot

COMPOSITION

	p. 100g
Acide salicylique	1 g
Menthol	500 mg
Camphre synthétique	2 g
Salicylate d'amyle	5 g
Capsicum, extrait	250 mg
Benzylidène acétone	1 g

INDICATIONS

Cette crème *antalgique* contient des *salicylés* et des substances qui ont un effet *révulsif*.

Elle est utilisée en massage dans le traitement local des *tendinites* et des douleurs musculaires, ligamentaires et articulaires.

CONTRE-INDICATIONS

Ce médicament ne doit pas être utilisé dans les cas suivants :
- *allergie* aux *salicylés* ;
- sur des *muqueuses*, des plaies ou de la peau lésée ;
- enfant de moins de 12 ans.

GROSSESSE, ALLAITEMENT ET NOUVEAU-NÉ

L'effet de ce médicament pendant la grossesse ou l'allaitement est mal connu. L'évaluation du risque éventuel lié à son utilisation est individuelle : demandez conseil à votre pharmacien ou à votre médecin.

MODE D'EMPLOI ET POSOLOGIE

Appliquer par un massage doux et prolongé jusqu'à faire disparaître les traces de crème.

Posologie usuelle :
- Adulte et enfant de plus de 12 ans : 1 ou 2 applications par jour.

Se laver soigneusement les mains après utilisation. En cas de contact accidentel avec les yeux, rincer abondamment.

EFFETS INDÉSIRABLES POSSIBLES

Allergie cutanée (éruption de boutons, démangeaisons...) imposant l'arrêt du traitement ; à ne pas confondre avec une rougeur normale au point d'application due au médicament.

BAYOLINE

héparine, salicylate d'éthylèneglycol, nicotinate de benzyle

PRÉSENTATION

BAYOLINE : pommade ; tube 40 g (avec tampon applicateur) - Remb. 35 %

Laboratoires Bayer-Pharma

COMPOSITION

	p. 100 g
Héparine	10 000 UI
Monosalicylate d'éthylèneglycol	10 g
Nicotinate de benzyle	2,5 g

INDICATIONS

Cette pommade possède un effet *révulsif* et *antalgique*.

Elle est utilisée en massage dans le traitement local des *tendinites* et des douleurs musculaires et ligamentaires.

CONTRE-INDICATIONS

Ce médicament ne doit pas être utilisé dans les cas suivants :
- *allergie* aux *salicylés*,
- sur des *muqueuses*, des plaies ou de la peau lésée.

GROSSESSE, ALLAITEMENT ET NOUVEAU-NÉ

L'effet de ce médicament pendant la grossesse ou l'allaitement est mal connu. L'évaluation du risque éventuel lié à son utilisation est individuelle : demandez conseil à votre pharmacien ou à votre médecin.

MODE D'EMPLOI ET POSOLOGIE

Masser légèrement à l'aide du tampon applicateur.

Posologie usuelle :
2 ou 3 applications par jour.

Évitez le contact avec les yeux. Lavez-vous soigneusement les mains après utilisation.

EFFETS INDÉSIRABLES POSSIBLES

Allergie cutanée (éruption de boutons, démangeaisons...) imposant l'arrêt du traitement ; à ne pas confondre avec une rougeur au point d'application due au médicament.

BAYPRESS

nitrendipine

PRÉSENTATION

BAYPRESS 10 mg : comprimé (gris orangé) ; boîte de 28 - Remb. 65 % - Liste I

BAYPRESS 20 mg : comprimé (jaune) ; boîte de 28 - Remb. 65 % - Liste I

Laboratoires Bayer-Pharma

COMPOSITION

	p. comp.	p. comp.
Nitrendipine	10 mg	20 mg

INDICATIONS

Ce médicament est un *vasodilatateur* qui appartient à la famille des *inhibiteurs calciques*.

Il est utilisé dans le *traitement de fond* de l'*hypertension artérielle*.

CONTRE-INDICATIONS

Ce médicament ne doit pas être utilisé dans les cas suivants :
- **grossesse,**
- **allaitement.**

ATTENTION
Si vous souffrez d'*insuffisance hépatique*, signalez-le à votre médecin. Des précautions sont nécessaires chez la personne âgée.
Conducteur : ce médicament peut être responsable d'une baisse de la vigilance, particulièrement en début de traitement.

INTERACTIONS MÉDICAMENTEUSES

Ce médicament peut interagir avec d'autres médicaments. Signalez tout autre traitement en cours à votre médecin ou à votre pharmacien.

GROSSESSE, ALLAITEMENT ET NOUVEAU-NÉ

Grossesse :
Ce médicament est contre-indiqué chez la femme enceinte ou susceptible de l'être : une contraception efficace est recommandée.

Allaitement :
Les données actuellement disponibles ne permettent pas de savoir si ce médicament passe dans le lait maternel. L'allaitement est contre-indiqué pendant le traitement.

MODE D'EMPLOI ET POSOLOGIE

10 à 20 mg par jour, en 1 ou 2 prises.

Les comprimés doivent être conservés à l'abri de la lumière.
Le traitement médicamenteux ne dispense pas des mesures simples pouvant

faire baisser la tension artérielle : activité physique régulière, modération de la consommation de boissons alcoolisées, lutte contre le surpoids.

EFFETS INDÉSIRABLES POSSIBLES

Les plus fréquents sont la conséquence de la dilatation des vaisseaux sanguins :
- rougeur du visage, bouffées de chaleur, maux de tête ;
- jambes lourdes ou enflées.

Plus rarement : nausées, fatigue, accélération du cœur, *palpitations*, démangeaisons, gonflement des gencives.

B CHABRE
vitamines du groupe B

PRÉSENTATION

B CHABRE : comprimé (rouge) ; boîte de 30 - Non remb.

Laboratoires AJC Pharma

COMPOSITION

	p. comp.
Thiamine (vitamine B1)	100 mg
Cyanocobalamine (vitamine B12)	100 µg
Riboflavine (vitamine B2)	50 mg
Nicotinamide (vitamine B3)	50 mg
Pyridoxine (vitamine B6)	100 mg
Adénine (vitamine B4)	50 mg
Pantothénate de calcium (vitamine B5)	50 mg

INDICATIONS

Ce médicament contient une association de *vitamines* du groupe B, indispensables au *métabolisme*.

Il est utilisé dans les états de *carences* en vitamines B lors de certains *régimes restrictifs*.

CONTRE-INDICATIONS

Ce médicament ne doit pas être utilisé dans les cas suivants :
- *intolérance* à la *vitamine* B1 ou à la vitamine B12,
- en association avec les médicaments contenant de la lévodopa seule.

ATTENTION

Une prise de *vitamine* B6 supérieure à 2 g par jour peut entraîner des effets indésirables ; n'associez pas les médicaments ou les produits diététiques contenant des vitamines sans l'avis de votre médecin ou de votre pharmacien.

INTERACTIONS MÉDICAMENTEUSES

Ce médicament ne doit pas être associé aux médicaments contenant de la lévodopa seule (LARODOPA...) : risque d'annulation des effets de la lévodopa.

GROSSESSE, ALLAITEMENT ET NOUVEAU-NÉ

Ce médicament ne contient aucun constituant connu pour être toxique pendant la grossesse ou l'allaitement.

MODE D'EMPLOI ET POSOLOGIE

Les comprimés doivent être avalés avec un verre d'eau.

Posologie usuelle :

2 comprimés, 1 à 3 fois par jour.

☛ Une alimentation équilibrée et diversifiée apporte habituellement des quantités suffisantes de *vitamine* B6. Cependant, certaines circonstances peuvent justifier un apport supplémentaire : prenez l'avis de votre médecin ou de votre pharmacien.

EFFETS INDÉSIRABLES POSSIBLES

Fourmillements, lors d'une prise prolongée de *vitamine* B6 supérieure à 2 g par jour.

BÉBÉGEL
glycérol

PRÉSENTATION

BÉBÉGEL : gel rectal ; boîte de 6 récipients unidoses 5 g - Non remb.

Laboratoires Sarget

COMPOSITION

	p. unité
Glycérol	3,90 g

INDICATIONS

C'est un laxatif administré par *voie* rectale. Il délite les selles et provoque leur évacuation rapide.

Il est utilisé comme *traitement symptomatique* de la constipation.

ATTENTION

Comme tous les laxatifs, il ne doit pas être utilisé de façon prolongée sans avis médical. De plus, il doit être utilisé avec prudence chez la personne atteinte d'*hémorroïdes*, de *fissure anale* ou de *rectocolite hémorragique*.

Chez le *nourrisson*, son usage doit rester exceptionnel : il risque d'empêcher le réflexe d'expulsion des selles.

GROSSESSE, ALLAITEMENT ET NOUVEAU-NÉ

Grossesse :

Ce médicament peut être utilisé de façon ponctuelle pour traiter la constipation de la femme enceinte.

MODE D'EMPLOI ET POSOLOGIE

Enlever le capuchon, introduire la canule dans le rectum et vider le contenu du tube par pression. La canule peut être lubrifiée pour en faciliter l'introduction.

Le délai d'action de ce médicament peut être rapide.

Posologie usuelle :
- Adulte et enfant de plus de 6 ans : 1 dose, à renouveler 1 heure après en cas de constipation rebelle.
- Enfant de 2 à 6 ans : 1 dose par jour.
- Nourrisson : 1 dose en interrompant régulièrement le traitement (au moins tous les 3 jours).

☛ Des mesures simples d'hygiène alimentaire et des exercices physiques sont à envisager avant d'utiliser un laxatif : parlez-en à votre médecin ou à votre pharmacien.

Pour le *nourrisson*, l'équilibre alimentaire doit être particulièrement respecté.

EFFETS INDÉSIRABLES POSSIBLES

Un usage prolongé peut occasionner des sensations de brûlure anale et exceptionnellement des *inflammations* du rectum.

BÉCILAN
vitamine B6

PRÉSENTATION

BÉCILAN 250 mg : comprimé sécable (blanc) ; boîte de 40 - Non remb.

BÉCILAN 250 mg/5 ml : solution injectable ; boîte de 5 ampoules 5 ml - Remb. 35 %

Laboratoires Specia

COMPOSITION

	p. comp.	p. amp. inj.
Pyridoxine chlorhydrate (vitamine B6)	250 mg	250 mg
Sulfites		+

INDICATIONS

Ce médicament contient de la *vitamine* B6, substance indispensable au *métabolisme*.

Il est utilisé dans le traitement des *carences* en vitamine B6, lors de certains *régimes restrictifs*, et dans le *traitement préventif* des *neuropathies* liées à la prise de certains médicaments, notamment le RIMIFON.

CONTRE-INDICATIONS

Ce médicament ne doit pas être utilisé en association avec les médicaments contenant de la lévodopa seule.

ATTENTION

Une prise de *vitamine* B6 supérieure à 2 g par jour peut entraîner des effets indésirables ; n'associez pas les médicaments ou les produits diététiques contenant des vitamines sans l'avis de votre médecin ou de votre pharmacien.

La solution injectable de ce médicament contient des *sulfites* qui peuvent entraîner ou aggraver certaines *allergies*.

INTERACTIONS MÉDICAMENTEUSES

Ce médicament ne doit pas être utilisé en association avec les médicaments contenant de la lévodopa seule (LARODOPA) : risque d'annulation des effets de la lévodopa.

GROSSESSE, ALLAITEMENT ET NOUVEAU-NÉ

Ce médicament ne contient aucune substance connue pour être toxique pendant la grossesse ou l'allaitement. Néanmoins, ne l'utilisez pas de façon prolongée sans l'avis de votre pharmacien ou de votre médecin.

MODE D'EMPLOI ET POSOLOGIE

La solution injectable peut être administrée par *voie* intramusculaire ou intraveineuse.

Les comprimés doivent être avalés avec un verre d'eau.

Posologie usuelle :

- Adulte : 1 à 4 comprimés ou 1/2 à 4 ampoules injectables par jour, 15 jours par mois.
- Enfant : la *posologie* est fixée par le médecin en fonction du poids et de l'âge.

> Une alimentation équilibrée et diversifiée apporte habituellement des quantités suffisantes de *vitamine* B6. Certaines circonstances peuvent cependant justifier un apport supplémentaire : prenez l'avis de votre médecin ou de votre pharmacien.

EFFETS INDÉSIRABLES POSSIBLES

Allergie (solution injectable).

BÉCONASE

béclométasone

PRÉSENTATION

BÉCONASE 50 : suspension nasale ; flacon pressurisé aux fréons (100 doses) - Remb. 35 % - Liste I

Laboratoires Glaxo

COMPOSITION

	p. dose
Béclométasone dipropionate	50 µg

INDICATIONS

Ce médicament d'usage local contient un *corticoïde* qui possède une activité *anti-inflammatoire* marquée sur les *muqueuses*, notamment celles du nez.

Il est utilisé dans le *traitement de fond* des *rhinites* d'origine allergique (rhume des foins) ou inflammatoire.

CONTRE-INDICATIONS

Ce médicament ne doit pas être utilisé dans les cas suivants :

- saignement de nez,
- *tuberculose* pulmonaire non traitée,
- *ulcère* de l'estomac ou du *duodénum* en évolution, non traité,
- enfant de moins de 3 ans.

> **ATTENTION**
> En cas de signes d'infection nasale (fièvre, coloration des sécrétions nasales), consultez votre médecin.

GROSSESSE, ALLAITEMENT ET NOUVEAU-NÉ

Grossesse :

Les études scientifiques actuellement disponibles n'ont pas mis en évidence de problème particulier lors de l'utilisation ponctuelle chez la femme enceinte. Seul votre médecin peut apprécier la nécessité du traitement et son risque pendant la grossesse.

Allaitement :

Par mesure de prudence, l'usage de ce médicament est déconseillé pendant l'allaitement.

MODE D'EMPLOI ET POSOLOGIE

Ce médicament doit être inhalé après un mouchage soigneux.

Posologie usuelle :

Elle est strictement individuelle et adaptée par votre médecin, qui recherche la *posologie* efficace la plus faible :

- Adulte : 1 inhalation (dose), 4 fois par jour.
- Enfant de plus de 3 ans : 1 inhalation (dose), 2 fois par jour.

> Ce médicament d'action lente n'est pas adapté au traitement des *rhinites* aiguës. Un délai de quelques jours est nécessaire pour qu'il soit actif.
>
> Seules les prises régulières et prolongées permettent d'obtenir l'amélioration recherchée.
>
> Le récipient est sous pression : le conserver à l'abri de la chaleur.

EFFETS INDÉSIRABLES POSSIBLES

Irritation locale passagère.

Sécrétions striées de sang en cas d'assèchement rapide du nez, surtout en début de traitement.

BÉCOTIDE

béclométasone

PRÉSENTATION

BÉCOTIDE 50 µG : aérosol ; flacon pressurisé (100 doses) et embout buccal - Remb. 65 % - Liste I

BÉCOTIDE 250 µG : aérosol ; flacon pressurisé (80 doses) et embout buccal - Remb. 65 % - Liste I

Laboratoires Glaxo

COMPOSITION

	p. dose	p. dose
Béclométasone	50 µg	250 µg

INDICATIONS

Ce médicament d'action locale contient un *corticoïde* qui possède une activité *anti-inflammatoire* marquée sur les *muqueuses*, notamment celle des bronches.

Ce médicament est utilisé dans le *traitement de fond* de l'*asthme*.

CONTRE-INDICATIONS

Ce médicament ne doit pas être utilisé dans les cas suivants :

- *tuberculose* pulmonaire non traitée,
- *ulcère* de l'estomac ou du *duodénum* en évolution, non traité.

> **ATTENTION**
> Ce médicament d'action lente n'est pas adapté au *traitement de la crise* d'*asthme*. Une aggravation de l'asthme peut traduire une infection : consultez votre médecin.

GROSSESSE, ALLAITEMENT ET NOUVEAU-NÉ

Grossesse :

Les études scientifiques actuellement disponibles n'ont pas mis en évidence de problème particulier lors de l'utilisation ponctuelle chez la femme enceinte. Seul votre médecin peut apprécier la nécessité du traitement et son risque pendant la grossesse.

Allaitement :

Par mesure de prudence, ce médicament est déconseillé pendant l'allaitement.

MODE D'EMPLOI ET POSOLOGIE

L'inhalation du médicament doit se faire au cours d'une inspiration profonde, précédée si possible d'une expiration forcée. Il est ensuite nécessaire de retenir sa respiration pendant quelques instants.

Agiter vigoureusement l'appareil. Placer l'embout devant la bouche, le fond de la cartouche dirigé vers le haut. Expirer à fond, puis inspirer rapidement et profondément tout en appuyant sur le fond de la cartouche. Chaque pression délivre une dose unique.

Posologie usuelle :

Elle est strictement individuelle. La dose efficace la plus faible est toujours recherchée ; elle est répartie régulièrement en 2 ou 4 prises au cours de la journée.

> Lisez attentivement la notice jointe au médicament.
>
> N'hésitez pas à demander une démonstration du maniement de cet appareil à votre médecin ou à votre pharmacien.
>
> L'utilisation de l'aérosol doseur chez les personnes maîtrisant mal la technique d'inhalation peut être facilitée par l'emploi d'un réservoir en matière plastique qui s'interpose entre l'aérosol doseur et la bouche. Demandez conseil à votre pharmacien.
>
> Nettoyez l'embout à l'eau avant et après chaque utilisation.
>
> Lorsque ce médicament est utilisé conjointement avec un bronchodilatateur, le bronchodilatateur devra être inhalé en premier.
>
> Il est conseillé de boire un verre d'eau après chaque inhalation pour limiter le risque de *candidose* ou d'enrouement lié à l'utilisation de ce médicament.
>
> Le flacon est sous pression : maintenez-le à l'abri de la chaleur.

EFFETS INDÉSIRABLES POSSIBLES

Irritation de la bouche et de la gorge, toux, voix rauque.

Par ailleurs, une *candidose* de la bouche et de la gorge peut apparaître.

BÉCOZYME

vitamines du groupe B

PRÉSENTATION

BÉCOZYME : comprimé (brun) ; boîte de 20 - Non remb.

BÉCOZYME : solution injectable *I.M.* ou *I.V.* ; boîte de 12 ampoules 2 ml - Non remb.

Laboratoires Roche

COMPOSITION

	p. comp.	p. amp. inj.
Thiamine (vitamine B1)	15 mg	10 mg
Riboflavine (vitamine B2)	15 mg	4 mg
Nicotinamide (vitamine PP)	50 mg	40 mg
Pyridoxine (vitamine B6)	10 mg	4 mg
Pantothénate de calcium (vitamine B5)	25 mg	
Dexpanthénol (vitamine B5)		6 mg

INDICATIONS

Ce médicament contient une association de *vitamines* du groupe B (sauf B12), substances indispensables au *métabolisme*.

Il est utilisé dans la prévention des *carences* en vitamines B lors de certains *régimes restrictifs*, et des *polynévrites* douloureuses ou non. Il peut également être utilisé par *voie* injectable et à forte dose dans le traitement des douleurs rebelles.

CONTRE-INDICATIONS

Ce médicament ne doit pas être utilisé dans les cas suivants :
- *intolérance* à la *vitamine* B1,
- association avec les médicaments contenant de la lévodopa seule.

> **ATTENTION**
> Une prise de *vitamine* B6 supérieure à 2 g par jour peut entraîner des effets indésirables ; n'associez pas les médicaments ou les produits diététiques contenant des vitamines sans l'avis de votre médecin ou de votre pharmacien.

INTERACTIONS MÉDICAMENTEUSES

Ce médicament ne doit pas être associé aux médicaments contenant de la lévodopa (LARODOPA) : risque d'annulation des effets de la lévodopa.

GROSSESSE, ALLAITEMENT ET NOUVEAU-NÉ

Ce médicament ne contient que des substances présumées sans danger pendant la grossesse ou l'allaitement. Néanmoins, ne l'utilisez pas de façon prolongée sans l'avis de votre pharmacien ou de votre médecin.

MODE D'EMPLOI ET POSOLOGIE

Les comprimés doivent être avalés avec un verre d'eau. Ce médicament peut être injecté indifféremment par *voie* intramusculaire, intraveineuse ou en *perfusion*.

Posologie usuelle :
- Adulte : 2 comprimés, 1 ou 2 fois par jour ou 1 ou 2 ampoules de solution injectable par jour.
- Enfant : 1 comprimé par jour.

> Une alimentation équilibrée et diversifiée apporte habituellement des quantités suffisantes de *vitamine* B6. Cependant, certaines circonstances peuvent justifier un apport supplémentaire : prenez l'avis de votre médecin ou de votre pharmacien.
> Sous traitement, la coloration jaune des urines est normale : elle est due à la vitamine B2.

EFFETS INDÉSIRABLES POSSIBLES

Fourmillements lors d'une prise prolongée de *vitamine* B6 supérieure à 2 g par jour.

Uniquement avec la solution injectable : baisse de la tension artérielle et exceptionnellement, *choc anaphylactique*.

BEDELIX
montmorillonite beidellitique

PRÉSENTATION

BEDELIX : poudre orale et rectale ; boîte de 30 sachets - Remb. 65 %

BEDELIX : poudre orale et rectale ; boîte de 60 sachets - Remb. 65 %

Laboratoires Beaufour

COMPOSITION

	p. sachet
Montmorillonite beidellitique	3 g
Gel d'hydroxyde d'aluminium et de carbonate de magnésium codesséchés	0,125 g

INDICATIONS

C'est un médicament qui appartient à la famille des *pansements digestifs* : il contient de l'argile. Il protège le tube digestif en le couvrant d'un film l'isolant de son contenu.

Il est utilisé pour traiter les troubles *fonctionnels* du côlon, les *gastrites*, les *hernies hiatales*, les *ulcères* de l'estomac ou du *duodénum*.

CONTRE-INDICATIONS

Ce médicament ne doit pas être utilisé en cas de maladie comportant un risque d'obstruction du tube digestif.

> **ATTENTION**
> Si les troubles persistent au-delà de quelques jours, consultez votre médecin.

INTERACTIONS MÉDICAMENTEUSES

Ce médicament peut interagir avec de nombreux autres médicaments en diminuant leur absorption : il convient de séparer les prises d'au moins 2 heures.

GROSSESSE, ALLAITEMENT ET NOUVEAU-NÉ

Les substances contenues dans ce médicament sont peu absorbées ; l'automédication est possible en cure courte ou ponctuelle pendant la grossesse ou l'allaitement.

MODE D'EMPLOI ET POSOLOGIE

Ce médicament est pris de préférence entre ou avant les repas. Il peut être mélangé à de l'eau ou à un aliment semi-liquide tel que compote, bouillie, purée...

Posologie usuelle :
- Adulte et enfant de plus de 10 ans : 1 sachet, 3 fois par jour.
- Enfant de 5 à 10 ans : 1 sachet, 2 fois par jour.
- Enfant de 2 à 5 ans : 1/2 sachet, 2 ou 3 fois par jour.
- Enfant de moins de 2 ans : 1/2 sachet, 1 ou 2 fois par jour.

En lavement : diluer 1 à 3 sachets dans 100 ml d'eau tiède pour chaque lavement, 1 à 3 fois par jour.

> Pour obtenir un mélange homogène et agréable au goût : mélangez la poudre avec du sucre avant d'ajouter l'eau, ou mélangez-la à un yaourt.

BÉFIZAL
bézafibrate

PRÉSENTATION

BÉFIZAL 200 mg : comprimé (jaune orangé) ; boîte de 84 - Remb. 65 % - Liste II

BÉFIZAL 400 mg : comprimé à *libération prolongée* (blanc) ; boîte de 30 - Remb. 65 % - Liste II

Laboratoires Oberval

COMPOSITION

	p. comp.	p. comp. L.P.
Bézafibrate	200 mg	400 mg

INDICATIONS

C'est un *hypolipidémiant* qui appartient à la famille des fibrates. Il permet d'abaisser le taux des graisses circulant dans le sang : *cholestérol* et *triglycérides*, essentiellement.

Il est utilisé dans le traitement des excès de cholestérol ou de triglycérides, lorsqu'un régime adapté et assidu n'est pas suffisant.

CONTRE-INDICATIONS

Ce médicament ne doit pas être utilisé dans les cas suivants :
- *insuffisance hépatique* grave,
- *insuffisance rénale* grave.

> **ATTENTION**
> Des anomalies de certaines constantes sanguines, telles que les *transaminases*, peuvent apparaître en cours de traitement. Elles justifient la prescription d'une prise de sang tous les trois mois la première année de traitement.

INTERACTIONS MÉDICAMENTEUSES

Ce médicament peut interagir avec d'autres médicaments, notamment les *anticoagulants* oraux. Signalez tout autre traitement en cours à votre médecin ou à votre pharmacien.

GROSSESSE, ALLAITEMENT ET NOUVEAU-NÉ

Grossesse :

L'effet de ce médicament sur l'enfant à naître est mal connu : seul votre médecin peut évaluer le risque éventuel de son utilisation dans votre cas.

Allaitement :

En l'absence de données, l'allaitement est déconseillé.

MODE D'EMPLOI ET POSOLOGIE

Ce médicament sera pris de préférence au cours d'un repas.

Posologie usuelle :
- Adulte : la *posologie* est adaptée par le médecin en fonction des résultats de la prise de sang. Elle est habituellement de 1 comprimé à 200 mg, 3 fois par jour, ou de 1 comprimé à 400 mg par jour.

Le régime reste indispensable pendant toute la durée du traitement.

> Un régime pauvre en *cholestérol* et en graisses animales n'est pas simple à suivre : les erreurs sont fréquentes. Demandez conseil à votre médecin, à votre pharmacien, ou à un professionnel de la nutrition.

EFFETS INDÉSIRABLES POSSIBLES

Troubles digestifs : nausées, digestions difficiles, maux de tête, sensation de *vertige*.

Rarement : douleurs musculaires, *allergie* cutanée.

BÉFLAVINE
vitamine B2

PRÉSENTATION

BÉFLAVINE ROCHE : comprimé (jaune) ; boîte de 20 - Non remb.

Laboratoires Roche

COMPOSITION

	p. comp.
Riboflavine (vitamine B2)	10 mg

INDICATIONS

Ce médicament contient de la *vitamine* B2, substance indispensable au *métabolisme*.

Il est utilisé dans la prévention et le traitement des *carences* en vitamine B2 lors de certains *régimes restrictifs*, le plus souvent associé aux autres vitamines du groupe B.

GROSSESSE, ALLAITEMENT ET NOUVEAU-NÉ

Ce médicament ne contient aucune substance connue pour être toxique pendant la grossesse ou l'allaitement. Néanmoins, ne l'utilisez pas de façon prolongée sans l'avis de votre pharmacien ou de votre médecin.

MODE D'EMPLOI ET POSOLOGIE

Les comprimés doivent être avalés sans être croqués, avec un verre d'eau.

Posologie usuelle :

2 ou 3 comprimés par jour.

> Une alimentation équilibrée et diversifiée apporte habituellement des quantités suffisantes de *vitamine* B2. Certaines circonstances peuvent cependant justifier un apport supplémentaire : prenez l'avis de votre médecin ou de votre pharmacien.
>
> Sous traitement, la coloration jaune des urines est normale : elle est due à la vitamine B2.

BÉNADRYL
phénylpropanolamine, diphénhydramine, paracétamol

PRÉSENTATION

BÉNADRYL JOUR ET NUIT : comprimé ; boîte de 12 comprimés (jaune) et 4 comprimés (bleu) - Non remb.

Laboratoires Warner Wellcome

COMPOSITION

	p. comp. jaune	p. comp. bleu
Phénylpropanolamine chlorhydrate	25 mg	
Diphénhydramine chlorhydrate		25 mg
Paracétamol	500 mg	500 mg

INDICATIONS

Ce médicament se présente sous forme de deux comprimés différents : les comprimés jaunes contiennent un décongestionnant et du paracétamol (*antipyrétique* et *antalgique*) ; les comprimés bleus, destinés à être pris le soir, contiennent un *antihistaminique* et du paracétamol.

Il est utilisé dans le *traitement symptomatique* des rhumes avec congestion nasale, maux de tête ou fièvre.

CONTRE-INDICATIONS

Ce médicament ne doit pas être utilisé dans les cas suivants :
- enfant de moins de 15 ans,
- *glaucome* à angle fermé,
- risque de blocage des urines (*adénome de la prostate*...),
- *insuffisance hépatique* grave,
- en association avec un *antidépresseur* de type *IMAO* non sélectif,
- **grossesse,**
- **allaitement.**

> **ATTENTION**
>
> Des précautions particulières s'imposent en cas d'*angine de poitrine*, d'*hypertension artérielle*, d'*hyperthyroïdie*, de *diabète* ou de troubles nerveux. Demandez conseil à votre pharmacien ou à votre médecin.
>
> De nombreux médicaments contiennent du paracétamol : tenez-en compte en cas de prise conjointe car le surdosage en paracétamol peut être toxique pour le foie.
>
> Évitez les boissons alcoolisées : augmentation du risque de somnolence.
>
> Conducteur : ce médicament peut être responsable d'une somnolence ou d'une baisse de la vigilance.

INTERACTIONS MÉDICAMENTEUSES

Ce médicament ne doit pas être associé aux *antidépresseurs* de type *IMAO* non sélectifs (MARSILID, NIAMIDE...) : risque de crise hypertensive.

Il peut interagir avec de nombreux autres médicaments. Signalez tout autre traitement en cours à votre médecin ou à votre pharmacien.

GROSSESSE, ALLAITEMENT ET NOUVEAU-NÉ

En l'absence de données suffisantes, ce médicament est contre-indiqué pendant la grossesse et l'allaitement.

MODE D'EMPLOI ET POSOLOGIE

Les comprimés doivent être avalés avec un verre d'eau.

Posologie usuelle :
- Adulte et enfant de plus de 15 ans : 1 comprimé jaune le matin, à midi et au dîner, et 1 comprimé bleu le soir au coucher.

> Si les troubles persistent plus de 4 jours, consultez votre médecin : un traitement *antibiotique* peut être nécessaire.

EFFETS INDÉSIRABLES POSSIBLES

Effets *atropiniques* : sécheresse de la bouche, troubles visuels, rétention urinaire.

Palpitations, anxiété, difficulté d'endormissement, maux de tête, *troubles digestifs*.

Plus rarement et imposant l'arrêt du traitement : *allergie*.

BÉNERVA
vitamine B1

PRÉSENTATION

BÉNERVA 250 mg : comprimé (jaune orangé) ; boîte de 40 - Non remb.

BÉNERVA 100 mg : solution injectable ; boîte de 3 ampoules 1 ml - Non remb.

BÉNERVA 500 mg : solution injectable ; boîte de 1 flacon-ampoule 5 ml - Non remb.

Laboratoires Roche

COMPOSITION

	p. comp.	p. amp. inj.	p. fl. inj.
Thiamine chlorhydrate (vitamine B1)	250 mg	100 mg	500 mg

INDICATIONS

Ce médicament contient de la *vitamine* B1, substance indispensable au *métabolisme*.

La *carence* en vitamine B1 (béribéri) est responsable de lésions des nerfs.

Ce médicament est utilisé dans :
- le traitement du béribéri,
- la prévention des carences en vitamine B1 lors de certains *régimes restrictifs*,
- le traitement des *polynévrites*, douloureuses ou non.

GROSSESSE, ALLAITEMENT ET NOUVEAU-NÉ

Ce médicament ne contient aucune substance connue pour être toxique pendant la grossesse ou l'allaitement. Néanmoins, ne l'utilisez pas de façon prolongée sans l'avis de votre pharmacien ou de votre médecin.

MODE D'EMPLOI ET POSOLOGIE

Les comprimés doivent être avalés avec un peu d'eau. La solution injectable peut être administrée par *voie* intramusculaire ou intraveineuse.

Posologie usuelle :

1 ou 2 comprimés par jour ; jusqu'à 4 comprimés par jour sur prescription médicale.

> La *vitamine* B1 est présente dans la levure de bière, les céréales (riz, pain

complet...), les légumes, les fruits, ainsi que dans le jaune d'œuf, le lait et les abats. Une alimentation équilibrée et diversifiée apporte habituellement des quantités suffisantes de *vitamine* B1. Certaines circonstances peuvent cependant justifier un apport supplémentaire : prenez l'avis de votre médecin ou de votre pharmacien.

EFFETS INDÉSIRABLES POSSIBLES

Dans le cas de la solution injectable par *voie* intraveineuse : baisse de la tension artérielle, *choc anaphylactique* (exceptionnel).

BENTOS

béfunolol

PRÉSENTATION

BENTOS 0,25 % : collyre ; flacon 3 ml - Remb. 65 % - Liste I

BENTOS 0,50 % : collyre ; flacon 3 ml - Remb. 65 % - Liste I

Laboratoires Faure

COMPOSITION

	p. 100 ml	p. 100 ml
Béfunolol chlorhydrate	0,25 g	0,50 g
Benzalkonium chlorure	+	+

INDICATIONS

Ce collyre *bêtabloquant* a la propriété de diminuer la pression des liquides contenus dans l'œil (*tension intraoculaire*).

Il est utilisé dans le traitement des maladies dues à un excès de tension intraoculaire, et notamment du *glaucome* à angle ouvert.

CONTRE-INDICATIONS

Compte tenu du passage du *bêtabloquant* dans le sang, ce médicament ne doit pas être utilisé dans les cas suivants :
- *asthme*,
- *insuffisance cardiaque* grave non contrôlée par un traitement spécifique,
- *bloc auriculo-ventriculaire* grave,
- phénomène de *Raynaud*,
- rythme cardiaque inférieur à 50 battements par minute.

ATTENTION

Des précautions sont nécessaires en cas d'*insuffisance cardiaque* ou d'*allergie* aux *antiseptiques* de la famille des *ammoniums quaternaires* (présence de benzalkonium).

Diabétiques : les *bêtabloquants* peuvent masquer certains *symptômes* de l'*hypoglycémie*, essentiellement les *palpitations* et l'accélération du cœur.

INTERACTIONS MÉDICAMENTEUSES

Ce collyre peut interagir avec d'autres collyres : respectez un intervalle de 15 minutes entre deux instillations, sauf indication contraire de votre ophtalmologiste.

Il peut interagir avec certains médicaments utilisés par *voie* orale, notamment ceux contenant de l'amiodarone (CORDARONE...) et ceux qui ont pour but d'abaisser la pression artérielle. Signalez tout autre traitement en cours à votre médecin ou à votre pharmacien.

GROSSESSE, ALLAITEMENT ET NOUVEAU-NÉ

Grossesse :

L'effet de ce médicament pendant la grossesse est mal connu : seul votre médecin peut évaluer le risque éventuel de son utilisation dans votre cas.

Allaitement :

Ce médicament passe dans le lait maternel. L'allaitement est déconseillé pendant le traitement.

MODE D'EMPLOI ET POSOLOGIE

Tirer la paupière inférieure vers le bas tout en regardant vers le haut et déposer une goutte de collyre entre la paupière et le globe oculaire (*cul-de-sac conjonctival*).

Posologie usuelle :

- Adulte : 1 goutte, 2 fois par jour.

Habituellement, la *posologie* est fixée par l'ophtalmologiste en fonction de la *tension intraoculaire*.

Le port de lentilles de contact est déconseillé pendant le traitement car elles peuvent être mal tolérées (risque de sécheresse de l'œil) ou s'imprégner des substances contenues dans le collyre.

L'application correcte du produit peut nécessiter une aide, notamment chez une personne handicapée ou âgée.

Ne conservez pas ce collyre plus de 15 jours après une première utilisation.

EFFETS INDÉSIRABLES POSSIBLES

Irritation locale, troubles visuels.

Dus au passage du *bêtabloquant* dans le sang :
- généralement bénins : nausées, fatigue en début de traitement, maux de tête ;
- rares mais potentiellement graves : ralentissement important du cœur, chute de tension, *insuffisance cardiaque*, *bloc auriculo-ventriculaire*, crise d'*asthme*.

BENZOCHLORYL

clofénotane

PRÉSENTATION

BENZOCHLORYL : solution pour application locale ; flacon 125 ml - Non remb.

Laboratoires Goupil

COMPOSITION

	p. 100 g
Clofénotane	6 g

INDICATIONS

Cette solution contient une substance active sur certains parasites de la peau.

Elle est principalement utilisée contre les parasites de la gale (sarcoptes) et les aoûtats.

ATTENTION

Ce médicament peut être irritant : rincer abondamment en cas de contact avec les *muqueuses*.

Évitez d'utiliser cette solution sur une peau lésée, notamment chez l'enfant.

Il est recommandé de mettre des gants aux jeunes enfants pour éviter une ingestion éventuelle du produit.

GROSSESSE, ALLAITEMENT ET NOUVEAU-NÉ

L'effet de ce médicament pendant la grossesse ou l'allaitement est mal connu. L'évaluation du risque lié à son utilisation est individuelle : demandez conseil à votre pharmacien ou à votre médecin.

MODE D'EMPLOI ET POSOLOGIE

Traitement de la gale : avant le traitement, prenez un bain et séchez-vous soigneusement. À l'aide d'un pinceau, appliquez la solution sur tout le corps, sauf sur le visage et le cuir chevelu, en insistant sur les mains et dans les plis de la peau. Laissez agir le traitement pendant 24 heures (12 heures seulement pour l'enfant de moins de 2 ans), puis lavez-vous pour éliminer le produit. Les draps doivent être changés deux fois : juste avant l'application du produit et lors de la première nuit, après le rinçage. Les démangeaisons peuvent persister 10 à 15 jours : elles ne doivent pas conduire au renouvellement du traitement.

Traitement des aoûtats : appliquez la lotion sur les lésions à l'aide d'un morceau de coton.

Si la gale est infectée, consultez votre médecin avant tout traitement.

Une irritation persistante ou un *eczéma* peuvent apparaître après le traitement et justifier des soins spécifiques. Cela ne signifie pas que le traitement a échoué.

Pour éviter une réinfestation, il est nécessaire que l'entourage (famille, partenaire sexuel) suive le même traitement. Les vêtements récemment portés, les chaussons et les chapeaux doivent être désinfectés. Le linge de corps et les draps doivent être lavés à 60 °C. La literie (couverture, couette, oreillers) doit aussi être désinfectée.

Il existe également un moyen simple de se débarrasser du parasite : laissez les vêtements contaminés dans un endroit frais pendant une quinzaine de jours.

EFFETS INDÉSIRABLES POSSIBLES

Irritation locale fréquente, *eczéma*.

En cas d'ingestion accidentelle : risque de *convulsions*. Appeler le centre antipoison.

BENZODODÉCINIUM CHIBRET

benzododécinium

PRÉSENTATION

BENZODODÉCINIUM CHIBRET 0,25 ‰ : collyre ; flacon 10 ml - Remb. 65 %

Laboratoires M.S.D.-Chibret

COMPOSITION

	p. 10 ml
Benzododécinium bromure	2,5 mg

INDICATIONS

Ce collyre contient un *antiseptique* de la famille des *ammoniums quaternaires*.

Il est utilisé dans le traitement de certaines infections oculaires.

CONTRE-INDICATIONS

Ce médicament ne doit pas être utilisé en cas d'*allergie* aux *ammoniums quaternaires*.

ATTENTION

Une rougeur ou une douleur de l'œil ne correspondent pas toujours à une infection. Des soins urgents peuvent être nécessaires, notamment en cas de vision floue.

Ce médicament peut être insuffisant pour guérir à lui seul une infection de l'œil : ne l'utilisez pas plus de quelques jours sans avis médical.

Le collyre peut être contaminé par l'œil infecté : évitez de mettre en contact l'extrémité du flacon avec l'œil ; ne le conservez pas plus de 15 jours après une première utilisation.

GROSSESSE, ALLAITEMENT ET NOUVEAU-NÉ

L'effet de ce médicament pendant la grossesse ou l'allaitement est mal connu. L'évaluation du risque éventuel lié à son utilisation est individuelle : demandez conseil à votre pharmacien ou à votre médecin.

MODE D'EMPLOI ET POSOLOGIE

Tirer la paupière inférieure vers le bas tout en regardant vers le haut et déposer une goutte de collyre entre la paupière et le globe oculaire (*cul-de-sac conjonctival*).

Posologie usuelle :

1 goutte, 2 ou 3 fois par jour.

Les lentilles de contact ne doivent pas être portées en cas d'irritation oculaire ni être réutilisées avant l'arrêt complet du traitement.

L'application correcte du produit peut nécessiter une aide, notamment chez l'enfant ou la personne handicapée ou âgée.

BENZO-GYNŒSTRYL

estradiol

PRÉSENTATION

BENZO-GYNŒSTRYL 5 mg : solution huileuse injectable *I.M.* (jaune clair) ; boîte de 1 ampoule 1 ml - Remb. 65 % - Liste II

BENZO-GYNŒSTRYL RETARD 5 mg : solution huileuse injectable *I.M.* (jaune clair) ; boîte de 1 ampoule 1 ml - Remb. 65 % - Liste II

Laboratoires Roussel

COMPOSITION

	p. amp.	p. amp.
Estradiol benzoate	5 mg	5 mg

INDICATIONS

Ce médicament contient une *hormone* naturelle, l'estradiol, qui appartient à la famille des *estrogènes*.

Il est utilisé pour traiter les *carences* en estrogènes, notamment lors de la *ménopause*, en association avec un traitement *progestatif*.

CONTRE-INDICATIONS

Ce médicament ne doit pas être utilisé dans les cas suivants :
- *accident thrombo-embolique* ;
- maladie cardiaque ou *vasculaire* ;
- maladie du foie grave ou récente ;
- cancer du sein ou de l'utérus ;
- *tumeur de l'hypophyse* ;
- saignement entre les règles, de diagnostic non précisé ;
- certaines maladies rares (*connectivite*, *porphyries*, *otosclérose*) ;
- **grossesse.**

Dans tous les autres cas, le médecin est seul juge pour prescrire ce médicament, notamment en cas de *diabète*, d'obésité, d'augmentation des lipides dans le sang, de *tumeur* bénigne du sein et de l'utérus, d'écoulement de lait, d'allaitement, d'*insuffisance rénale*, de jaunisse chronique ou survenue lors d'une grossesse.

ATTENTION

Chez la femme de plus de 35 ans ou chez celle qui fume, le risque de complications cardio-vasculaires liées aux *estrogènes* augmente nettement.

Tout *symptôme* pouvant faire craindre une complication impose l'arrêt du traitement : maux de tête importants et inhabituels, troubles de la vision, élévation franche de la tension artérielle.

Le médecin prescrit habituellement un *progestatif* en complément de ce médicament pour limiter une stimulation excessive de la glande mammaire et de l'utérus : n'arrêtez pas la prise du progestatif sans son avis.

Une surveillance médicale et des analyses régulières sont nécessaires avant et pendant le traitement. Cette surveillance sera renforcée chez la femme souffrant d'*épilepsie*, de *migraine*, d'*asthme*, de *dépression*, ou ayant des *antécédents* familiaux de maladie *vasculaire* ou de cancer du sein.

INTERACTIONS MÉDICAMENTEUSES

Ce médicament peut interagir avec d'autres médicaments. Signalez tout autre traitement en cours à votre médecin ou à votre pharmacien.

GROSSESSE, ALLAITEMENT ET NOUVEAU-NÉ

Grossesse :

Ce médicament est contre-indiqué pendant la grossesse.

Allaitement :

Ce médicament bloque la lactation.

MODE D'EMPLOI ET POSOLOGIE

L'injection doit être faite par *voie* intramusculaire, à l'aide d'une seringue en verre.

Posologie usuelle :

La posologie est strictement individuelle et dépend des cas.

Il est normal d'avoir un petit saignement vaginal après chaque interruption de traitement.

EFFETS INDÉSIRABLES POSSIBLES

Peu graves et n'empêchant pas la poursuite du traitement : nausées, maux de tête banals, prise de poids, tension modérée des seins, irritabilité, tendance à la *dépression*, jambes lourdes, saignement entre les règles, *candidose* vaginale, irritation oculaire par les lentilles de contact, taches sombres sur le visage.

Rares mais devant faire arrêter le traitement : *hypertension artérielle* (en cas de dose élevée), *accident thrombo-embolique*, accident cardiaque ou *vasculaire*, jaunisse, augmentation importante des lipides dans le sang, *diabète*, *nodule* ou douleur importante des seins, maux de tête importants et inhabituels, *vertiges*, trouble de la vue, aggravation d'une *épilepsie*.

Exceptionnellement, ce médicament peut favoriser l'apparition de calculs dans la vésicule biliaire.

BEPANTHÈNE

vitamine B5

PRÉSENTATION

BEPANTHÈNE : comprimé (blanc) ; boîte de 20 - Non remb.

BEPANTHÈNE : comprimé (blanc) ; boîte de 60 - Non remb.

BEPANTHÈNE : solution injectable *I.M.*, *I.V.* ; boîte de 6 ampoules 2 ml - Non remb.

Laboratoires Roche

COMPOSITION

	p. comp.	p. amp. inj.
Dexpanthénol (vitamine B5)	100 mg	500 mg

INDICATIONS

Ce médicament contient de la *vitamine* B5, substance indispensable au *métabolisme*. Elle intervient notamment dans le renouvellement des ongles, des poils et des cheveux.

Il est utilisé dans le traitement de la chute des cheveux, des troubles de la croissance des ongles. Il peut également être utilisé dans le traitement de l'*inflammation* des *voies* respiratoires supérieures, et des crampes pendant la grossesse.

GROSSESSE, ALLAITEMENT ET NOUVEAU-NÉ

Ce médicament ne contient aucune substance connue pour être toxique pendant la grossesse ou l'allaitement. Néanmoins, ne l'utilisez pas de façon prolongée sans l'avis de votre pharmacien ou de votre médecin.

MODE D'EMPLOI ET POSOLOGIE

La solution injectable sera administrée par *voie* intramusculaire ou intraveineuse. Les comprimés doivent être avalés avec un verre d'eau.

Posologie usuelle :

- Adulte : 2 comprimés ou 1 ampoule injectable, 1 ou 2 fois par jour.
- Enfant : 1 comprimé à 1 et 1/2 comprimé par jour.

EFFETS INDÉSIRABLES POSSIBLES

Rarement : éruptions cutanées.

BÉPANTHÈNE onguent
vitamine B5

PRÉSENTATION

BÉPANTHÈNE : onguent ; tube 80 g - Non remb.

Laboratoires Roche

COMPOSITION

	p. 100 g
Dexpanthénol (vitamine B5)	5 g
Lanoline	+

INDICATIONS

Cet onguent adoucissant et cicatrisant contient de la *vitamine* B5.

Il est utilisé dans le traitement des rougeurs des fesses du *nourrisson*, des crevasses lors de l'allaitement, des gerçures et dans le *traitement d'appoint* des brûlures et des plaies superficielles peu étendues.

CONTRE-INDICATIONS

Ce médicament ne doit pas être utilisé en cas d'*allergie* à la lanoline.

ATTENTION

Cet onguent ne doit pas être appliqué sur des lésions suintantes.

GROSSESSE, ALLAITEMENT ET NOUVEAU-NÉ

Ce médicament peut être utilisé pendant la grossesse ou l'allaitement.

MODE D'EMPLOI ET POSOLOGIE

Nettoyer la région à traiter puis appliquer l'onguent par un léger massage.

Posologie usuelle :

Rougeur des fesses du *nourrisson* : 1 application après chaque change.

Crevasse du sein : 1 application après chaque tétée.

Plaie, brûlure : 1 ou plusieurs applications par jour.

La rougeur des fesses du *nourrisson* est souvent due à l'imprégnation de la peau par l'urine, sous la couche. Il est donc nécessaire de nettoyer et de rincer abondamment la peau avec de l'eau avant d'appliquer le médicament.

EFFETS INDÉSIRABLES POSSIBLES

Eczéma dû au médicament.

BÉROTEC
fénotérol

PRÉSENTATION

BEROTEC 200 µg/dose : aérosol doseur ; flacon pressurisé 10 ml (200 bouffées) et embout buccal - Remb. 65 % - Liste I

Laboratoires Boehringer Ingelheim France

COMPOSITION

	p. bouffée
Fénotérol bromhydrate	200 µg

INDICATIONS

Ce médicament est un bronchodilatateur qui lutte contre la contraction anormale des muscles de la paroi des bronches. Il est apparenté à une substance naturelle, l'*adrénaline* ; mais contrairement à cette substance, il a peu d'effet sur le cœur.

Son action est rapide et se prolonge pendant environ 7 heures.

Il est utilisé dans :
- le *traitement de la crise* d'*asthme*,
- le *traitement de fond* de l'asthme,
- certaines maladies respiratoires.

ATTENTION

Si une crise d'*asthme* ne cède pas malgré des inhalations répétées, ne vous obstinez pas et consultez immédiatement votre médecin ou à défaut appelez le 15 ou un service médical d'urgence.

GROSSESSE, ALLAITEMENT ET NOUVEAU-NÉ

Ce médicament peut être utilisé pendant la grossesse ou l'allaitement.

MODE D'EMPLOI ET POSOLOGIE

L'inhalation du médicament doit se faire au cours d'une inspiration profonde, précédée si possible d'une expiration forcée. Il est ensuite nécessaire de retenir sa respiration pendant quelques instants. Agiter vigoureusement l'appareil. Placer l'embout dans la bouche, le fond de la cartouche dirigé vers le haut. Expirer à fond, puis inspirer rapidement et profondément tout en appuyant sur le fond de la cartouche. Chaque pression délivre une dose unique.

Posologie usuelle :

- Adulte et enfant :
  - *Traitement de la crise* : 1 à 2 bouffées, que l'on peut renouveler après 1 minute si l'effet est insuffisant.
  - *Traitement de fond* : 4 à 12 bouffées par jour, régulièrement réparties dans la journée.

Ne pas dépasser, en tout, 15 bouffées par jour.

Lisez attentivement la notice du médicament avant son emploi.

N'hésitez pas à demander une démonstration du maniement de cet appareil à votre médecin ou à votre pharmacien.

L'utilisation de l'aérosol doseur chez les personnes maîtrisant mal la technique d'inhalation peut être facilitée par l'emploi d'un réservoir en matière plastique qui s'interpose entre l'aérosol doseur et la bouche. Demandez conseil à votre pharmacien.

Pensez à nettoyer régulièrement à l'eau l'embout buccal avant et après utilisation.

Le flacon est sous pression : conservez-le à l'abri de la chaleur.

EFFETS INDÉSIRABLES POSSIBLES

Les effets indésirables sont rares et bénins avec les formes inhalées. Leur survenue est favorisée par une augmentation de la *posologie*.

Tremblements des extrémités, accélération du cœur peuvent être observés à forte dose.

BÊTA-ADALATE
aténolol, nifédipine

PRÉSENTATION

BÊTA-ADALATE : gélule (blanc et brun-rouge) ; boîte de 28 - Remb. 65 % - Liste I

Laboratoires Bayer Pharma

COMPOSITION

	p. gél.
Aténolol	50 mg
Nifédipine	20 mg

INDICATIONS

Cet *antihypertenseur* contient deux substances :
- l'aténolol, un *bêtabloquant* qui bloque l'action de l'*adrénaline* (et d'autres hormones apparentées) sur de nombreux organes et notamment sur le cœur, les vaisseaux et plus faiblement sur les bronches ;
- la nifédipine, un *vasodilatateur* de la famille des *inhibiteurs calciques*. Son action renforce celle de l'aténolol.

Ce médicament est utilisé dans le traitement de l'*hypertension artérielle*.

CONTRE-INDICATIONS

Ce médicament ne doit pas être utilisé dans les cas suivants :
- *asthme*,
- *insuffisance cardiaque* grave non contrôlée par un traitement spécifique,
- *bloc auriculo-ventriculaire* grave,
- rythme cardiaque inférieur à 50 battements par minute,
- phénomène de *Raynaud*,
- association avec les médicaments contenant de la floctafénine,
- grossesse.

ATTENTION

N'interrompez jamais brutalement le traitement. Espacez progressivement les prises. Un avis médical est toujours préférable.

Diabétiques : les *bêtabloquants* peuvent masquer certains *symptômes* de l'*hypoglycémie* : *palpitations* et accélération du cœur, essentiellement.

Des précautions sont nécessaires chez la personne âgée et chez celle atteinte d'*insuffisance rénale* ou de syndrome de *Raynaud*.

INTERACTIONS MÉDICAMENTEUSES

Ce médicament ne doit pas être associé à la floctafénine (IDARAC...) : risque d'augmentation de la gravité d'un éventuel *choc* allergique.

Il peut interagir avec d'autres médicaments, notamment ceux contenant de l'amiodarone. Signalez tout autre traitement en cours à votre médecin ou à votre pharmacien.

GROSSESSE, ALLAITEMENT ET NOUVEAU-NÉ

Grossesse :

Ce médicament est contre-indiqué chez la femme enceinte ou susceptible de l'être : une contraception efficace est recommandée.

Allaitement :

Les données actuellement disponibles ne permettent pas de savoir si ce médicament passe dans le lait maternel. Par mesure de prudence, il est déconseillé pendant l'allaitement.

MODE D'EMPLOI ET POSOLOGIE

La *posologie* usuelle est de 1 gélule, 1 à 2 fois par jour.

Veillez à toujours disposer d'une réserve de ce médicament : une plaquette dans la boîte à gants de la voiture et dans la trousse de toilette par exemple.

Il est normal que le rythme cardiaque se ralentisse sous l'effet du traitement ; néanmoins, en cas de fatigue anormale et de pouls inférieur à 50 battements par minute, consultez votre médecin.

Le traitement médicamenteux ne dispense pas des mesures simples pouvant faire baisser la tension artérielle : activité physique régulière, modération de la consommation de boissons alcoolisées, lutte contre le surpoids.

Conservez les gélules à l'abri de la lumière.

EFFETS INDÉSIRABLES POSSIBLES

Troubles digestifs, fatigue, rougeur du visage, bouffées de chaleur, maux de tête, fourmillement des extrémités, *œdème* des jambes, en début de traitement.

Plus rares : *bloc auriculo-ventriculaire*, ralentissement important du cœur, chute de tension, *insuffisance cardiaque*, crise d'*asthme*, étourdissements, gonflement des gencives et *allergie* cutanée.

BÉTADINE
polyvidone iodée

PRÉSENTATION

BÉTADINE : solution pour application locale ; flacon 125 ml - Remb. 65 %

BÉTADINE Scrub : solution moussante pour application locale ; flacon 125 ml - Remb. 65 %

BÉTADINE : compresse imprégnée ; boîte de 6 sachets (3,5 cm x 5 cm) - Non remb.

BÉTADINE : pansement médicamenteux ; boîte de 10 sachets (1 compresse de gaze hydrophile 10 cm x 10 cm) - Non remb.

BÉTADINE : pommade ; tube 30 g - Remb. 65 %

Laboratoires ASTA Medica

COMPOSITION

	p. 100 ml	p. 100 ml	p. compresse
Polyvidone iodée	10 g	4 g	350 mg

	p. pansement	p. 100 g
Polyvidone iodée	300 mg	10 g

INDICATIONS

Ce médicament est un *antiseptique* local qui contient de l'iode.

Il est utilisé pour désinfecter les plaies, les brûlures superficielles peu étendues mais également la peau saine. Il est en outre utilisé dans le *traitement d'appoint* des infections de la peau et des *muqueuses*.

CONTRE-INDICATIONS

Ce médicament ne doit pas être utilisé dans les cas suivants :
- *antécédent* d'*intolérance* ou d'*allergie* à l'iode,
- *nouveau-né*.

ATTENTION

N'utilisez pas ce médicament sur une large surface de peau sans avis médical : risque de passage d'iode dans le sang qui pourrait entraîner une perturbation du fonctionnement de la *thyroïde*.

Par mesure de prudence, chez un enfant de moins de 30 mois, procédez à des applications brèves et suivies d'un lavage à l'eau bouillie.

INTERACTIONS MÉDICAMENTEUSES

L'association à d'autres *antiseptiques* est déconseillée : risque d'annulation de leurs effets ou de formation de substances caustiques.

GROSSESSE, ALLAITEMENT ET NOUVEAU-NÉ

Compte tenu de la teneur en iode de ce médicament, seul votre médecin peut apprécier la nécessité du traitement et son risque pendant la grossesse (du 4e au 9e mois) et l'allaitement.

MODE D'EMPLOI ET POSOLOGIE

Le médecin choisit la forme la mieux adaptée à la lésion à traiter. En automédication, pour désinfecter les plaies courantes, utiliser de préférence la solution moussante (Scrub).

Le simple lavage à l'eau et au savon permet d'éliminer la majorité des *germes* ; il doit être suivi d'un rinçage soigneux car le savon peut inactiver certains *antiseptiques*.

Tous les antiseptiques peuvent être contaminés par des germes : ne les conservez pas inutilement.

N'exposez pas les zones badigeonnées au soleil.

Les taches sur les vêtements dues au médicament disparaissent après lavage.

Conservez le produit à l'abri de la chaleur.

EFFETS INDÉSIRABLES POSSIBLES

Allergie cutanée.

En cas d'emploi prolongé : perturbation du fonctionnement de la glande *thyroïde*.

BÉTADINE gargarisme, bain de bouche
polyvidone iodée

PRÉSENTATION

BÉTADINE : *bain de bouche* et *gargarisme* ; flacon 125 ml - Remb. 35 %

Laboratoires ASTA Medica

COMPOSITION

	p. 100 ml
Polyvidone iodée	8,50 g
Soit iode	0,85 g
Menthe, essence	+

INDICATIONS

Cette solution *antiseptique* pour *bain de bouche* ou *gargarisme* contient de l'iode.

Elle est utilisée dans le traitement des infections de la gorge ou de la bouche et dans les suites d'opération des dents ou des gencives.

CONTRE-INDICATIONS

Ce médicament ne doit pas être utilisé dans les cas suivants :
- *allergie* à l'iode,
- enfant de moins de 30 mois (présence de menthol).

ATTENTION

Ne pas utiliser ce médicament sans avis médical chez l'enfant de moins de 5 ans.

Les traitements locaux (*gargarisme*, *collutoire*, pastille) n'agissent que superficiellement ; dans le cas d'infections profondes (angine, abcès...), un autre mode de traitement est nécessaire.

L'usage prolongé de ce médicament n'est pas souhaitable : il peut modifier l'équilibre microbien de la gorge.

Comme tous les médicaments contenant de l'iode, cette solution peut perturber le fonctionnement de la *thyroïde*.

En l'absence d'amélioration au bout de 5 jours, consultez votre médecin.

INTERACTIONS MÉDICAMENTEUSES

Il est généralement inutile d'associer des *antiseptiques* différents. Ils peuvent être contenus dans de nombreux produits disponibles en automédication (pastille, *collutoire*, solution nasale) ; demandez conseil à votre pharmacien.

GROSSESSE, ALLAITEMENT ET NOUVEAU-NÉ

Compte tenu de sa forte teneur en iode, ce médicament ne doit pas être utilisé sans avis médical pendant la grossesse et l'allaitement.

MODE D'EMPLOI ET POSOLOGIE

La durée de traitement ne doit pas dépasser 10 jours.

La solution ne doit pas être utilisée pure.

Évitez de manger ou de boire dans l'heure qui suit le *gargarisme* ou le *bain de bouche*. Ce médicament ne doit en aucun cas être avalé.

Posologie usuelle :

1 ou 2 cuillères à café dans un verre d'eau tiède en gargarisme ou en bain de bouche, 4 fois par jour.

> ☛ Certains dentistes et stomatologistes recommandent de ne pas pratiquer de *gargarisme* ou de *bain de bouche* dans les heures qui suivent une extraction dentaire afin d'éviter de faire saigner la plaie.

EFFETS INDÉSIRABLES POSSIBLES

Allergie.

Trouble du fonctionnement de la *thyroïde* en cas de traitement prolongé.

BÉTADINE gynécologique

polyvidone iodée

PRÉSENTATION

BÉTADINE : comprimé gynécologique (jaune-brun) ; boîte de 8 - Remb. 65 %

BÉTADINE : ovule ; boîte de 8 - Remb. 65 %

BÉTADINE : solution vaginale (brun) ; flacon 125 ml - Remb. 65 %

Laboratoires ASTA Medica

COMPOSITION

	p. comp.	p. ovule	p. 100 ml
Polyvidone iodée	250 mg	250 mg	10 g
Soit iode	25 mg	25 mg	1 g

INDICATIONS

Ce médicament est un *antiseptique* d'usage local qui contient de l'iode.

Il est utilisé dans le *traitement d'appoint* des infections de la vulve, du vagin et du col de l'utérus.

CONTRE-INDICATIONS

Ce médicament ne doit pas être utilisé dans les cas suivants :
- *intolérance* ou *allergie* à l'iode,
- grossesse.

> **ATTENTION**
>
> N'utilisez pas ce médicament de façon prolongée sans avis médical : risque de passage de l'iode dans le sang, qui pourrait entraîner une perturbation du fonctionnement de la *thyroïde*.
>
> Le médecin prescrit parfois un prélèvement pour identifier le *germe* responsable de l'infection et tester sa sensibilité aux *antibiotiques* ; le résultat de cet examen peut être faussé en cas d'automédication : prévenez votre médecin si vous avez pris ce médicament.
>
> En cas d'infection génitale, votre partenaire peut être contaminé alors qu'il ne présente aucun *symptôme*. S'il n'est pas traité conjointement, une recontamination est possible.

INTERACTIONS MÉDICAMENTEUSES

L'association à d'autres *antiseptiques*, en particulier à ceux contenant du mercure, ou à des savons alcalins est déconseillée : risque d'annulation de leurs effets ou de formation de substances caustiques.

GROSSESSE, ALLAITEMENT ET NOUVEAU-NÉ

Grossesse :

En raison de la présence d'iode, ce médicament est contre-indiqué pendant la grossesse.

Allaitement :

En l'absence de données suffisantes, ce médicament est déconseillé pendant l'allaitement.

MODE D'EMPLOI ET POSOLOGIE

Comprimé gynécologique et ovule : ils sont mis en place au fond du vagin, de préférence le soir au coucher. Le comprimé gynécologique doit être humidifié rapidement avant son introduction.

Solution gynécologique : en badigeonnage externe ou interne, elle est utilisée pure et appliquée à l'aide d'une compresse ; en *irrigation vaginale*, elle doit être diluée (2 cuillères à soupe par litre d'eau tiède). Ne conservez pas l'excédent de solution diluée.

Posologie usuelle :

Comprimé gynécologique et ovule : 1 par jour, pendant 8 à 16 jours.

Solution gynécologique : 1 ou 2 irrigations vaginales ou badigeonnages par jour.

> ☛ Introduire le comprimé gynécologique ou l'ovule en position couchée, puis rester allongée pendant 5 à 10 minutes. En fondant dans le vagin, le comprimé, ou l'ovule, peut être à l'origine d'un écoulement gênant : il est conseillé de mettre une protection.
>
> Les taches dues au médicament disparaissent après lavage.
>
> Pendant les règles, ne pas interrompre le traitement et éviter de porter des tampons.

EFFETS INDÉSIRABLES POSSIBLES

En cas d'utilisation prolongée : perturbation du fonctionnement de la glande *thyroïde*.

BÉTANOL

métipranolol

PRÉSENTATION

BÉTANOL 0,1 % : collyre ; flacon 3 ml - Remb. 65 % - Liste I

BÉTANOL 0,3 % : collyre ; flacon 3 ml - Remb. 65 % - Liste I

BÉTANOL 0,6 % : collyre ; flacon 3 ml - Remb. 65 % - Liste I

Laboratoires Allergan France

COMPOSITION

	p. 100 ml	p. 100 ml	p. 100 ml
Métipranolol	0,10 g	0,30 g	0,60 g
Benzalkonium chlorure	+	+	+

INDICATIONS

Ce collyre *bêtabloquant* a la propriété de diminuer la pression des liquides contenus dans l'œil (*tension intraoculaire*).

Il est utilisé dans le traitement des maladies dues à un excès de tension intraoculaire, et notamment du *glaucome* à angle ouvert.

CONTRE-INDICATIONS

Compte tenu du passage du *bêtabloquant* dans le sang, ce médicament ne doit pas être utilisé dans les cas suivants :
- *asthme*,
- *insuffisance cardiaque* grave non contrôlée par un traitement spécifique,
- *bloc auriculo-ventriculaire* grave,
- phénomène de *Raynaud*,
- rythme cardiaque inférieur à 50 battements par minute.

> **ATTENTION**
>
> Des précautions sont nécessaires en cas d'*insuffisance cardiaque* ou d'*allergie* aux *antiseptiques* de la famille des *ammoniums quaternaires* (présence de benzalkonium).
>
> Diabétiques : les *bêtabloquants* peuvent masquer certains *symptômes* de l'*hypoglycémie*, essentiellement les *palpitations* et l'accélération du cœur.

INTERACTIONS MÉDICAMENTEUSES

Ce collyre peut interagir avec d'autres collyres : respectez un intervalle de 15 minutes entre deux instillations, sauf indication contraire de votre ophtalmologiste.

Il peut également interagir avec certains médicaments utilisés par *voie* orale, notamment ceux contenant de l'amiodarone (CORDARONE...) et ceux qui ont pour but d'abaisser la pression artérielle. Signalez tout autre traitement en cours à votre médecin ou à votre pharmacien.

GROSSESSE, ALLAITEMENT ET NOUVEAU-NÉ

Grossesse :

L'effet de ce médicament pendant la grossesse est mal connu : seul votre médecin peut évaluer le risque éventuel de son utilisation dans votre cas.

Allaitement :

Ce médicament passe dans le lait maternel : l'allaitement est déconseillé pendant le traitement.

MODE D'EMPLOI ET POSOLOGIE

Tirer la paupière inférieure vers le bas tout en regardant vers le haut et déposer une goutte de collyre entre la paupière et le globe oculaire (*cul-de-sac conjonctival*).

Posologie usuelle :

- Adulte : 1 goutte, 2 fois par jour.

Habituellement, la *posologie* est fixée par l'ophtalmologiste en fonction de la *tension intraoculaire*.

Le port de lentilles de contact est déconseillé pendant le traitement car elles peuvent être mal tolérées (risque de sécheresse de l'œil) ou s'imprégner des substances contenues dans le collyre.

L'application correcte du produit peut nécessiter une aide, notamment chez une personne handicapée ou âgée.

Ne conservez pas ce collyre plus de 15 jours après une première utilisation.

EFFETS INDÉSIRABLES POSSIBLES

Irritation locale, troubles visuels.

Dus au passage du *bêtabloquant* dans le sang :
- généralement bénins : nausées, fatigue en début de traitement, maux de tête ;
- rares mais potentiellement graves : ralentissement important du cœur, chute de tension, *insuffisance cardiaque*, *bloc auriculo-ventriculaire*, crise d'*asthme*.

BETAPRESSINE
lévo-penbutolol

PRÉSENTATION

BETAPRESSINE : comprimé oblong (jaune) ; boîte de 30 - Remb. 65 % - Liste I

Laboratoires Roussel

COMPOSITION

	p. comp.
Lévo-penbutolol sulfate	40 mg

INDICATIONS

Ce médicament appartient à la famille des *bêtabloquants*. Ceux-ci agissent en bloquant l'action de l'*adrénaline* (et d'autres *hormones* apparentées) sur de nombreux organes et notamment le cœur, les vaisseaux et les bronches.

Il est utilisé dans :
- le traitement de l'*hypertension artérielle*,
- la prévention des crises d'*angine de poitrine*.

CONTRE-INDICATIONS

Ce médicament ne doit pas être utilisé dans les cas suivants :
- *asthme*,
- *insuffisance cardiaque* grave non contrôlée par un traitement spécifique,
- *bloc auriculo-ventriculaire* grave,
- rythme cardiaque inférieur à 50 battements par minute,
- phénomène de *Raynaud*,
- association avec les médicaments contenant de la floctafénine.

ATTENTION

N'interrompez jamais brutalement le traitement. Espacez progressivement les prises. Un avis médical est toujours préférable.

Diabétiques : les *bêtabloquants* peuvent masquer certains *symptômes* de l'*hypoglycémie*, essentiellement *palpitations* et accélération du cœur.

INTERACTIONS MÉDICAMENTEUSES

Ce médicament ne doit pas être associé à la floctafénine (IDARAC...) : risque d'augmentation de la gravité d'un éventuel *choc* allergique.

Il peut interagir avec d'autres médicaments, notamment ceux contenant de l'amiodarone. Signalez tout autre traitement en cours à votre médecin ou à votre pharmacien.

GROSSESSE, ALLAITEMENT ET NOUVEAU-NÉ

Grossesse et nouveau-né :

Les études scientifiques actuellement disponibles n'ont pas mis en évidence de problème particulier lors de l'utilisation chez la femme enceinte.

L'effet *bêtabloquant* persiste quelques jours chez le *nouveau-né* et justifie une surveillance médicale renforcée pendant les premiers jours de la vie.

Allaitement :

Ce médicament passe dans le lait maternel : l'allaitement est déconseillé.

MODE D'EMPLOI ET POSOLOGIE

Ce médicament peut être pris indifféremment pendant ou en dehors des repas.

Posologie usuelle :

1 comprimé par jour.

Veillez à toujours disposer d'une réserve de ce médicament : une plaquette dans la boîte à gants de la voiture et dans la trousse de toilette, par exemple.

Il est normal que le rythme cardiaque ralentisse sous l'effet du traitement ; néanmoins, en cas de fatigue anormale et de pouls inférieur à 50 battements par minute, consultez votre médecin.

Ce médicament doit être conservé à l'abri de la lumière et de la chaleur.

EFFETS INDÉSIRABLES POSSIBLES

Bénins et peu fréquents : *troubles digestifs*, fatigue en début de traitement, troubles du sommeil, syndrome de *Raynaud* et fourmillement des extrémités ; parfois, réactions cutanées.

Potentiellement graves et rares : *bloc auriculo-ventriculaire*, ralentissement important du cœur, chute de tension, *insuffisance cardiaque*, crise d'*asthme*.

BETATOP
aténolol

PRÉSENTATION

BETATOP 50 mg : comprimé (blanc) ; boîte de 28 - Remb. 65 % - Liste I

BETATOP 100 mg : comprimé (blanc) ; boîte de 28 - Remb. 65 % - Liste I

Laboratoires Marcofina

COMPOSITION

	p. comp.	p. comp.
Aténolol	50 mg	100 mg
Lactose	+	+

INDICATIONS

Ce médicament appartient à la famille des *bêtabloquants*. Ceux-ci agissent en bloquant l'action de l'*adrénaline* (et d'autres *hormones* apparentées) sur de nombreux organes et notamment le cœur, les vaisseaux et les bronches.

Il est utilisé dans :
- le traitement de l'*hypertension artérielle*,
- la prévention des crises d'*angine de poitrine*.

CONTRE-INDICATIONS

Ce médicament ne doit pas être utilisé dans les cas suivants :
- *insuffisance cardiaque* grave non contrôlée par un traitement spécifique,
- *bloc auriculo-ventriculaire* grave,
- rythme cardiaque inférieur à 50 battements par minute,
- association avec les médicaments contenant de la floctafénine.

Dans tous les autres cas, le médecin est seul juge, notamment en cas d'*asthme*.

ATTENTION

N'interrompez jamais brutalement le traitement. Espacez progressivement les prises. Un avis médical est toujours préférable.

Diabétiques : les *bêtabloquants* peuvent masquer certains *symptômes* de l'*hypoglycémie*, essentiellement *palpitations* et accélération du cœur.

INTERACTIONS MÉDICAMENTEUSES

Ce médicament ne doit pas être associé à la floctafénine (IDARAC...) : risque d'augmentation de la gravité d'un éventuel *choc* allergique.

Il peut interagir avec d'autres médicaments, notamment ceux contenant de l'amiodarone. Signalez tout autre traitement en cours à votre médecin ou à votre pharmacien.

GROSSESSE, ALLAITEMENT ET NOUVEAU-NÉ

Grossesse et nouveau-né :

Les études scientifiques actuellement disponibles n'ont pas mis en évidence de problème particulier lors de l'utilisation chez la femme enceinte.

L'effet *bêtabloquant* persiste quelques jours chez le *nouveau-né* et justifie une surveillance médicale renforcée pendant les premiers jours de la vie.

Allaitement :

Ce médicament passe dans le lait maternel : l'allaitement est déconseillé.

MODE D'EMPLOI ET POSOLOGIE

Ce médicament sera pris de préférence une demi-heure avant les repas.

Posologie usuelle :

100 mg en 1 prise le matin.

Veillez à toujours disposer d'une réserve de ce médicament : une plaquette dans la boîte à gants de la voiture et dans la trousse de toilette, par exemple.

Il est normal que le rythme cardiaque ralentisse sous l'effet du traitement ; néanmoins, en cas de fatigue anormale et de pouls inférieur à 50 battements par minute, consultez votre médecin.

Ce médicament doit être conservé à l'abri de la lumière et de la chaleur.

EFFETS INDÉSIRABLES POSSIBLES

Bénins et peu fréquents : *troubles digestifs*, fatigue en début de traitement, troubles du sommeil, syndrome de *Raynaud* et fourmillement des extrémités ; parfois, réactions cutanées.

Potentiellement graves et rares : *bloc auriculo-ventriculaire*, ralentissement important du cœur, chute de tension, *insuffisance cardiaque*, crise d'*asthme*.

BETNESALIC

bétaméthasone, acide salicylique

PRÉSENTATION

BETNESALIC : pommade ; tube 30 g - Remb. 65 % - Liste I

Laboratoires Glaxo

COMPOSITION

	p. 100 g
Bétaméthasone 17-valérate	0,1 g
Acide salicylique	3 g

INDICATIONS

Cette pommade contient deux substances :
- un *dermocorticoïde* d'activité forte qui freine le renouvellement et la multiplication des cellules de la peau et limite le suintement ;
- l'acide salicylique qui réduit l'épaisseur de la couche cornée superficielle de la peau ; il facilite ainsi l'activité du dermocorticoïde qui lui est associé.

Elle est utilisée dans le traitement des *dermatoses* comportant un épaississement de la peau, notamment les *lichénifications*, les *dermites séborrhéiques* (sauf au visage), le *psoriasis*.

CONTRE-INDICATIONS

Ce médicament ne doit pas être utilisé dans les cas suivants :
- *allergie* aux *salicylés* ;
- infections et parasitoses non traitées de la peau (ce médicament n'a pas d'effet anti-infectieux) ;
- plaie, *ulcère* de jambe, *escarre* ;
- *acné* et *rosacée* ;
- *dermatose* suintante ;
- *nourrisson* de moins de un an.

Le médecin est seul juge pour prescrire ce médicament chez le *nourrisson* et le jeune enfant.

ATTENTION

Comme les autres *dermocorticoïdes*, ce médicament a souvent une action efficace et rapide sur les lésions de la peau ; il peut être tentant de le réutiliser, mais l'automédication expose à des risques importants : aggravation de certaines lésions, installation d'une *dépendance* (amélioration de moins en moins visible des lésions et recrudescence des *symptômes* à chaque arrêt de traitement) et altération durable de la peau.

Suivez attentivement la prescription de votre médecin et n'hésitez pas à lui demander des explications.

GROSSESSE, ALLAITEMENT ET NOUVEAU-NÉ

Grossesse :

L'effet de ce médicament sur l'enfant à naître est mal connu. Seul votre médecin peut apprécier la nécessité du traitement pendant la grossesse.

MODE D'EMPLOI ET POSOLOGIE

Étaler la pommade sur les lésions et faire pénétrer par un léger massage.

Posologie usuelle :

2 applications par jour.

Le médecin prescrit fréquemment un arrêt progressif du traitement : espacement des applications ou diminution de la quantité appliquée.

Ne conseillez pas, ne donnez pas ce médicament à un proche.

Pensez à vous laver les mains après l'application. En cas d'utilisation sur une grande surface de peau, le port d'un gant est recommandé.

EFFETS INDÉSIRABLES POSSIBLES

Sont à craindre en cas d'usage prolongé : *atrophie* cutanée, *télangiectasie* (dilatation des petits vaisseaux), vergeture, *purpura* (micro-hémorragies de la peau), fragilisation de la peau.

Sur le visage, ce médicament peut créer une *dermite* péri-orale (rougeur bordant la bouche), ou créer ou aggraver une *rosacée*.

Sont possibles également : retard de cicatrisation, *acné*, développement anormal des poils, décoloration localisée de la peau.

BETNESOL comprimé

bétaméthasone

PRÉSENTATION

BETNESOL : comprimé soluble sécable (rose pâle) ; boîte de 30 - Remb. 65 % - Liste I

Laboratoires Glaxo

COMPOSITION

	p. comp.
Bétaméthasone	0,5 mg

INDICATIONS

C'est un *anti-inflammatoire* stéroïdien qui appartient à la famille des *corticoïdes* de synthèse (dérivés chimiques de la *cortisone* naturelle). Les propriétés de la cortisone sont nombreuses, mais ce produit est surtout utilisé pour son effet anti-inflammatoire puissant. Il présente, à efficacité égale, moins d'effets indésirables que la cortisone naturelle. Ces propriétés sont utiles dans le traitement de nombreuses affections comportant une composante inflammatoire ou allergique, mais aussi dans certains cancers où ce médicament permet de lutter contre la prolifération cellulaire. Il diminue les réactions immunitaires et est donc utilisé pour prévenir le rejet des greffes d'organes.

Ce médicament est utilisé dans le traitement de certaines maladies graves : cancer, *sclérose en plaques*, *rhumatisme articulaire aigu* par exemple, mais également de maladies plus bénignes : *allergies*, crise d'*asthme*, *sinusite* aiguë, *otite*. Dans ces derniers cas, le traitement est souvent court.

CONTRE-INDICATIONS

Ce médicament ne doit pas être utilisé dans les cas suivants :
- infection ou *mycose* non contrôlée par un traitement adapté,
- *herpès* ou *zona* oculaires,
- *goutte*,
- *cirrhose* alcoolique grave,
- *hépatite* virale aiguë,
- *psychose*,
- *ulcère* de l'estomac ou du *duodénum* en évolution.

ATTENTION

Ce médicament ne doit jamais être employé ou réemployé en dehors d'une prescription médicale.

Si vous avez un *diabète*, vous risquez de le déséquilibrer si vous modifiez la quantité ou le rythme de la prise de *cortisone* sans avis médical.

Les personnes ayant des *antécédents* de *tuberculose*, d'*ulcère*, les personnes souffrant d'*insuffisance rénale*, de colite ulcéreuse, d'*hypertension artérielle*, d'*ostéoporose*, de *myasthénie* grave et les personnes sous *anticoagulants* doivent faire l'objet d'une prise en charge médicale particulière.

L'arrêt du traitement doit être progressif pour permettre aux glandes *surrénales* de reprendre la synthèse de cortisone naturelle. Un arrêt brutal expose par ailleurs à une rechute de la maladie traitée. Cette précaution n'est utile que lorsque la durée du traitement dépasse une semaine.

INTERACTIONS MÉDICAMENTEUSES

Ce médicament peut interagir avec d'autres médicaments et avec certains *vaccins*. Signalez tout autre traitement en cours à votre médecin ou à votre pharmacien.

GROSSESSE, ALLAITEMENT ET NOUVEAU-NÉ

Grossesse et nouveau-né :

Les études scientifiques actuellement disponibles n'ont pas mis en évidence de risque de malformation lors de l'utilisation de ce médicament pendant la grossesse. Seul votre médecin peut apprécier la nécessité du traitement et son risque pendant la grossesse.

Lorsqu'une maladie grave impose un traitement prolongé chez la mère, une surveillance médicale du *nouveau-né* est nécessaire.

Allaitement :

Ce médicament passe dans le lait maternel : l'allaitement est déconseillé.

MODE D'EMPLOI ET POSOLOGIE

Ce médicament doit être absorbé au cours d'un repas, de préférence en une fois, le matin.

Lors des traitements prolongés, et dès que le bon contrôle de la maladie le permet, une prise alternée un jour sur deux est préférable, notamment chez l'enfant.

Les comprimés peuvent être dissous dans de l'eau ou avalés directement.

Posologie usuelle :

Fréquemment, la *posologie* initiale est élevée (*traitement d'attaque*) ; elle est ensuite diminuée jusqu'à la posologie minimale efficace (*traitement d'entretien*).

Tout traitement prolongé à forte dose doit être arrêté progressivement : suivre les indications du médecin.

> Ce traitement nécessite :
> - la diminution de la consommation de *sel*,
> - la prise de *potassium* (prescrit par le médecin),
> - un régime riche en protéines et en calcium, pauvre en *glucides*.

EFFETS INDÉSIRABLES POSSIBLES

Ils sont à craindre surtout lors d'un traitement prolongé et à forte dose :
- rétention d'eau et de sel, *hypertension artérielle* ;
- baisse du taux de *potassium*, à prévenir par un apport systématique ;
- modifications physiques fréquentes : gonflement du visage et du buste, apparition de poils, taches cutanées violacées, *acné* ;
- surexcitation, euphorie, troubles du sommeil ou, au contraire, *état dépressif*, à l'arrêt du traitement ;
- faiblesse puis fonte musculaires, lentement réversibles ;
- *ostéoporose* (décalcification des os) parfois définitive ;
- troubles hormonaux et métaboliques : *diabète* (réversible), arrêt de la croissance chez l'enfant, troubles des règles chez la femme ;
- *troubles digestifs* : *gastrite*, *ulcère* ;
- troubles des yeux : certaines formes de *cataracte* et de *glaucome*.

BETNESOL injectable

bétaméthasone

PRÉSENTATION

BETNESOL : solution injectable ; boîte de 3 ampoules 1 ml - Remb. 65 % - Liste I

Laboratoires Glaxo

COMPOSITION

	p. amp. inj.
Bétaméthasone	4 mg
Sulfites	+

INDICATIONS

C'est un *anti-inflammatoire* stéroïdien qui appartient à la famille des *corticoïdes* de synthèse (dérivés chimiques de la *cortisone* naturelle). Les propriétés de la cortisone sont nombreuses, mais ce médicament est surtout utilisé pour son effet anti-inflammatoire puissant et rapide. Il présente, à efficacité égale, moins d'effets indésirables que la cortisone naturelle.

Il est utilisé dans le traitement de nombreuses affections inflammatoires ou allergiques, lorsqu'un effet rapide est désiré ou lorsque l'état du malade ne permet pas l'absorption de comprimés, notamment :
- *choc* allergique, œdème de *Quincke* ;
- *connectivites* ;
- *œdème* du cerveau ;
- maladies inflammatoires des reins ou des yeux ;
- laryngite suffocante ;
- *asthme* grave.

Il est également utilisé en traitement local (*infiltration*) dans les affections suivantes :
- *inflammation* des articulations, des tendons et des ligaments, poussées douloureuses d'*arthrose* ;
- maladie de *Dupuytren*, *syndrome du canal carpien* ;
- inflammation des nerfs (*sciatique*, *névralgie cervicobrachiale*...).

CONTRE-INDICATIONS

Ce médicament ne doit pas être utilisé dans les cas suivants :
- maladies virales en évolution (*zona*, *herpès* oculaires),
- infection ou *mycose* non contrôlées par un traitement adapté,
- *goutte*,
- *cirrhose* alcoolique grave,
- *hépatite* virale aiguë,
- *psychose*,
- *ulcère* de l'estomac ou du *duodénum* en évolution,
- *purpura* (par *voie* intramusculaire).

> **ATTENTION**
>
> L'injection de ce médicament ne doit être pratiquée que sous contrôle médical.
>
> En cas de traitement prolongé, l'arrêt de celui-ci doit être progressif pour permettre aux glandes *surrénales* de reprendre la synthèse de la *cortisone* naturelle. Un arrêt brutal expose par ailleurs à une rechute de la maladie traitée. Cette précaution n'est utile que lorsque la durée du traitement dépasse 7 jours.
>
> Ce médicament contient des *sulfites* qui peuvent aggraver les réactions allergiques chez les personnes prédisposées.

INTERACTIONS MÉDICAMENTEUSES

En cas d'injections répétées, ce médicament peut interagir avec d'autres médicaments et avec certains *vaccins*. Signalez tout autre traitement en cours à votre médecin ou à votre pharmacien.

GROSSESSE, ALLAITEMENT ET NOUVEAU-NÉ

Grossesse :

Les études scientifiques actuellement disponibles n'ont pas mis en évidence de problème particulier lors de l'utilisation ponctuelle chez la femme enceinte. Seul votre médecin peut évaluer le risque éventuel de son utilisation dans votre cas.

Allaitement :

Les données actuellement disponibles ne permettent pas de savoir si ce médicament passe dans le lait maternel.

MODE D'EMPLOI ET POSOLOGIE

L'injection peut être réalisée par *voie* intramusculaire ou intraveineuse, cette dernière permettant l'action la plus rapide. Les *infiltrations* sont réalisées par le médecin, dans la zone lésée ou à proximité.

Posologie usuelle :

Elle dépend de la gravité de la maladie traitée. Des doses importantes (plusieurs ampoules) peuvent être nécessaires.

> Afin de compenser une baisse du taux de *potassium* dans le sang lors d'un traitement prolongé, le médecin peut être amené à prescrire du potassium.

EFFETS INDÉSIRABLES POSSIBLES

Liés à la *voie* d'administration : infection, *atrophie* cutanée.

En cas de traitement prolongé et à forte dose :
- rétention d'eau et de sel avec parfois *hypertension artérielle* ;
- baisse du taux de *potassium* dans le sang ;
- gonflement du visage et du buste, taches cutanées violacées, apparition de poils ;
- surexcitation avec euphorie et troubles du sommeil ;
- atrophie musculaire, *ostéoporose* ;
- *diabète* (réversible), arrêt de la croissance chez l'enfant, troubles des règles ;
- *gastrite*, *ulcère* ;
- certaines formes de *glaucome* ou de *cataracte*.

BETNESOL solution rectale

bétaméthasone

PRÉSENTATION

BETNESOL : solution rectale ; sachet 100 ml avec canule - Remb. 65 % - Liste I

Laboratoires Glaxo

COMPOSITION

	p. sachet
Bétaméthasone phosphate disodique	5 mg

INDICATIONS

Cette solution rectale contient un *corticoïde* de synthèse qui a une action *anti-inflammatoire* sur la *muqueuse* du rectum et du côlon.

Elle est utilisée pour traiter la *rectocolite hémorragique* et la maladie de *Crohn*.

CONTRE-INDICATIONS

Ce médicament ne doit pas être utilisé dans les cas suivants :
- infection bactérienne ou parasitaire non traitée ;
- certaines maladies virales, en particulier *herpès* et *zona* de l'œil ;

- *ulcère* de l'estomac ou du *duodénum* en évolution ;
- maladie grave du foie ;
- *goutte* ;
- *psychose*.

ATTENTION
Des précautions sont nécessaires en cas de *diabète*.

INTERACTIONS MÉDICAMENTEUSES

Ce médicament peut interagir avec d'autres médicaments, notamment les *anticoagulants* et certains *vaccins*. Signalez tout autre traitement en cours à votre médecin ou à votre pharmacien.

GROSSESSE, ALLAITEMENT ET NOUVEAU-NÉ

L'effet de ce médicament pendant la grossesse ou l'allaitement est mal connu : seul votre médecin peut évaluer le risque éventuel de son utilisation dans votre cas.

MODE D'EMPLOI ET POSOLOGIE

Faire le lavement de préférence le soir au lit afin de le garder le plus longtemps possible.

Lubrifier la canule avec de la vaseline puis, couché sur le côté, l'introduire jusqu'à la moitié de sa longueur dans le rectum.

Enrouler progressivement la poche, afin que son contenu passe en 1 à 2 minutes dans le rectum. Cette manœuvre terminée, s'allonger sur le ventre pendant 3 à 5 minutes avant de prendre sa position d'endormissement.

Posologie usuelle :

1 lavement par jour pendant 15 à 20 jours, puis, en *traitement d'entretien*, 4 à 6 lavements par mois.

Conservez ce médicament à l'abri de la lumière.

N'hésitez pas à demander des informations précises sur le mode d'emploi de ce lavement à votre pharmacien ou à votre médecin.

EFFETS INDÉSIRABLES POSSIBLES

Surtout en cas d'usage prolongé ou à forte dose : apparition de fatigue persistante, faiblesse musculaire, prise de poids, *hypertrichose*. Ces effets indésirables doivent vous amener à consulter votre médecin.

BETNEVAL
bétaméthasone

PRÉSENTATION

BETNEVAL : crème ; tube 10 g - Remb. 65 % - Liste I

BETNEVAL : crème ; tube 30 g - Remb. 65 % - Liste I

BETNEVAL : pommade ; tube 10 g - Remb. 65 % - Liste I

BETNEVAL : pommade ; tube 30 g - Remb. 65 % - Liste I

BETNEVAL : lotion ; flacon 15 g - Remb. 65 % - Liste I

Laboratoires Glaxo

COMPOSITION

	p. 100 g
Bétaméthasone (en 17-valérate)	100 mg

INDICATIONS

C'est un *dermocorticoïde* d'activité forte. Comme les autres dérivés de la *cortisone* à usage local, il freine le renouvellement et la multiplication des cellules de la peau et limite le suintement.

Il est utilisé pour traiter les *eczémas* de contact ou *atopiques*, les *lichénifications*, les *dermites séborrhéiques* sauf celles du visage, le *psoriasis*, le *prurigo*, la *dyshidrose*, et pour soulager les démangeaisons dues aux piqûres d'insectes ou à la présence de parasites sous la peau. Il est également utilisé dans le traitement de certaines maladies rares : *granulome annulaire*, *lupus érythémateux* discoïde, *mycosis fongoïde*.

CONTRE-INDICATIONS

Ce médicament ne doit pas être utilisé dans les cas suivants :
- infection et parasitose non traitées de la peau (ce médicament n'a pas d'effet anti-infectieux),
- lésion ulcérée,
- *acné* et *rosacée*.

ATTENTION
Comme les autres *dermocorticoïdes*, ce médicament a souvent une action efficace et rapide sur les lésions de la peau ; il peut être tentant de le réutiliser, mais l'automédication expose à des risques importants : aggravation de certaines lésions, installation d'une *dépendance* (amélioration de moins en moins visible des lésions et recrudescence des *symptômes* à chaque arrêt de traitement) et altération durable de la peau.

Suivez attentivement la prescription de votre médecin et n'hésitez pas à lui demander des explications.

GROSSESSE, ALLAITEMENT ET NOUVEAU-NÉ

Grossesse :

L'effet de ce médicament pendant la grossesse ou l'allaitement est mal connu : seul votre médecin peut évaluer le risque éventuel de son utilisation dans votre cas.

MODE D'EMPLOI ET POSOLOGIE

La crème est adaptée au traitement des lésions suintantes, la pommade à celui des lésions sèches. La lotion est adaptée et destinée au traitement des régions pileuses et des plis de la peau.

Étaler le médicament sur les lésions et le faire pénétrer par un léger massage. Pour traiter de grandes surfaces : appliquer le produit en touches espacées, puis étaler avec un gant en plastique jusqu'à complète absorption. Dans les affections du cuir chevelu, la solution sera appliquée raie par raie en dépassant largement la surface à traiter.

Posologie usuelle :

1 ou 2 applications par jour, suivies d'un léger massage.

Le médecin prescrit fréquemment un arrêt progressif du traitement : espacement des applications ou diminution de la quantité appliquée.

Ne conseillez pas, ne donnez pas ce médicament à un proche.

Pensez à vous laver les mains après l'application. En cas d'utilisation sur une grande surface de peau, le port d'un gant est recommandé.

EFFETS INDÉSIRABLES POSSIBLES

Ils apparaissent surtout en cas d'usage prolongé :
- *atrophie* avec microhémorragie de la peau (*purpura*), dilatation des petits vaisseaux, vergetures, éruption de boutons ;
- développement anormal des poils, dessèchement, fragilisation et décoloration irrégulière de la peau ;
- rougeur autour de la bouche, apparition d'une *rosacée* ;
- retard de cicatrisation.

BETNEVAL buccal
bétaméthasone

PRÉSENTATION

BETNEVAL BUCCAL : tablette (blanc) ; boîte de 50 - Remb. 35 % - Liste I

Laboratoires Glaxo

COMPOSITION

	p. tabl.
Bétaméthasone	0,1 mg

INDICATIONS

Ce médicament d'usage local contient un *anti-inflammatoire* de la famille de la *cortisone*.

Il est utilisé dans le *traitement d'appoint* de l'*inflammation* de la bouche et des gencives (aphtes, irritation due aux appareils dentaires).

CONTRE-INDICATIONS

Ce médicament ne doit pas être utilisé en cas d'infection virale.

ATTENTION
Ne réutilisez pas ce médicament sans l'avis de votre médecin. Une infection buccale due à une bactérie ou à un champignon nécessite un traitement spécifique en association avec ce médicament.

INTERACTIONS MÉDICAMENTEUSES

Ce médicament peut interagir avec d'autres médicaments. Signalez tout autre traitement en cours à votre médecin ou à votre pharmacien.

GROSSESSE, ALLAITEMENT ET NOUVEAU-NÉ

L'effet de ce médicament pendant la grossesse ou l'allaitement est mal connu : seul votre médecin peut évaluer le risque éventuel de son utilisation dans votre cas.

MODE D'EMPLOI ET POSOLOGIE

Laisser fondre les tablettes dans la bouche, au contact des lésions à traiter, sans les croquer.

Posologie usuelle :

5 à 10 tablettes par jour.

La durée du traitement ne dépasse habituellement pas 10 jours.

EFFETS INDÉSIRABLES POSSIBLES

Dans de rares cas, ce médicament peut favoriser une *candidose* buccale.

BETNEVAL-NÉOMYCINE

bétaméthasone, néomycine

PRÉSENTATION

BETNEVAL-NÉOMYCINE : crème ; tube 10 g - Remb. 65 % - Liste I

BETNEVAL-NÉOMYCINE : crème ; tube 30 g - Remb. 65 % - Liste I

BETNEVAL-NÉOMYCINE : pommade ; tube 10 g - Remb. 65 % - Liste I

BETNEVAL-NÉOMYCINE : pommade ; tube 30 g - Remb. 65 % - Liste I

BETNEVAL-NÉOMYCINE : lotion ; flacon 15 g - Remb. 65 % - Liste I

Laboratoires Glaxo

COMPOSITION

	p. 100 g
Bétaméthasone	0,10 g
Néomycine	0,35 g

INDICATIONS

Ce médicament contient un *dermocorticoïde* d'activité forte et un *antibiotique* de la famille des *aminosides*. Comme les autres médicaments contenant un dérivé de la *cortisone* à usage local, il freine le renouvellement et la multiplication des cellules de la peau.

Ce médicament est utilisé dans le traitement initial de certaines lésions inflammatoires de la peau (*eczéma*, *dyshidrose*, *psoriasis*...) lorsqu'elles sont infectées.

CONTRE-INDICATIONS

Ce médicament ne doit pas être utilisé dans les cas suivants :

- *allergie* aux *antibiotiques* de la famille des *aminosides* ;
- infections de la peau dues à un champignon ou à un *virus* ;
- plaies chroniques, *ulcère* de la jambe, *escarre* ;
- *rosacée* ;
- sous pansement étanche (occlusif).

ATTENTION

Ce médicament n'est pas destiné à traiter les infections bactériennes de la peau mais à traiter l'infection qui vient compliquer une lésion préexistante.

Comme les autres *dermocorticoïdes*, ce médicament a souvent une action efficace et rapide sur les lésions de la peau ; il peut être tentant de le réutiliser, mais l'automédication expose à des risques importants : aggravation de certaines lésions, installation d'une *dépendance* (amélioration de moins en moins visible des lésions et recrudescence des *symptômes* à chaque arrêt de traitement) et altération durable de la peau.

Suivez attentivement la prescription de votre médecin et n'hésitez pas à lui demander des explications.

GROSSESSE, ALLAITEMENT ET NOUVEAU-NÉ

L'effet de ce médicament pendant la grossesse ou l'allaitement est mal connu : seul votre médecin peut évaluer le risque éventuel de son utilisation dans votre cas.

MODE D'EMPLOI ET POSOLOGIE

La crème est adaptée au traitement des lésions suintantes, la pommade à celui des lésions sèches. La lotion est destinée au traitement des lésions des régions pileuses et des plis de la peau.

Étaler la crème ou la pommade en couche mince sur les lésions et faire pénétrer par un léger massage. Dans le cas d'affections du cuir chevelu, la lotion sera appliquée raie par raie en dépassant largement la surface à traiter.

Posologie usuelle :

1 ou 2 applications par jour, pendant 8 jours au maximum.

Ne conseillez pas, ne donnez pas ce médicament à un proche.

Pensez à vous laver les mains après l'application.

EFFETS INDÉSIRABLES POSSIBLES

Compte tenu de la brièveté du traitement, ils sont peu fréquents :

- vergetures, éruption de boutons ;
- développement anormal des poils, dessèchement, fragilisation et décoloration irrégulière de la peau ;
- rougeur autour de la bouche, apparition d'une *rosacée* ;
- *allergie* cutanée (néomycine).

BETOPTIC

bétaxolol

PRÉSENTATION

BETOPTIC 0,25 % : suspension ophtalmique ; flacon compte-gouttes 3 ml - Remb. 65 % - Liste I

BETOPTIC 0,5 % : collyre ; flacon 3 ml - Remb. 65 % - Liste I

Laboratoires Alcon

COMPOSITION

	p. 100 ml	p. 100 ml
Bétaxolol	250 mg	500 mg
Benzalkonium chlorure	+	+

INDICATIONS

Ce collyre *bêtabloquant* a la propriété de diminuer la pression des liquides contenus dans l'œil (*tension intraoculaire*).

Il est utilisé dans le traitement des maladies dues à un excès de tension intraoculaire, et notamment du *glaucome* à angle ouvert.

CONTRE-INDICATIONS

Compte tenu du passage du *bêtabloquant* dans le sang, ce médicament ne doit pas être utilisé dans les cas suivants :

- *insuffisance cardiaque* grave non contrôlée par un traitement spécifique,
- *bloc auriculo-ventriculaire* grave,
- rythme cardiaque inférieur à 50 battements par minute.

ATTENTION

Des précautions sont nécessaires en cas d'*asthme*, de phénomène de *Raynaud*, d'*insuffisance cardiaque* ou d'*allergie* aux *antiseptiques* de la famille des *ammoniums quaternaires* (présence de benzalkonium).

Diabétiques : les *bêtabloquants* peuvent masquer certains *symptômes* de l'*hypoglycémie*, essentiellement les *palpitations* et l'accélération du cœur.

INTERACTIONS MÉDICAMENTEUSES

Ce collyre peut interagir avec d'autres collyres : respectez un intervalle de 15 minutes entre deux instillations, sauf indication contraire de votre ophtalmologiste.

Il peut interagir avec certains médicaments utilisés par *voie* orale, notamment ceux qui ont pour but d'abaisser la pression artérielle. Signalez tout autre traitement en cours à votre médecin ou à votre pharmacien.

GROSSESSE, ALLAITEMENT ET NOUVEAU-NÉ

Grossesse :

L'effet de ce médicament pendant la grossesse est mal connu : seul votre médecin peut évaluer le risque éventuel de son utilisation dans votre cas.

Allaitement :

Ce médicament passe dans le lait maternel. L'allaitement est déconseillé pendant le traitement.

MODE D'EMPLOI ET POSOLOGIE

Tirer la paupière inférieure vers le bas tout en regardant vers le haut et déposer une goutte de collyre entre la paupière et le globe oculaire (*cul-de-sac conjonctival*).

Posologie usuelle :

- Adulte : 1 goutte, 2 fois par jour.

Habituellement, la *posologie* est fixée par l'ophtalmologiste en fonction de la *tension intraoculaire*.

Le port de lentilles de contact est déconseillé pendant le traitement car elles peuvent être mal tolérées (sécheresse de l'œil) ou s'imprégner des substances contenues dans le collyre.

L'application correcte du produit peut nécessiter une aide, notamment chez une personne handicapée ou âgée.

Ne conservez pas ce collyre plus de 15 jours après une première utilisation.

EFFETS INDÉSIRABLES POSSIBLES

Irritation locale, sécheresse oculaire, troubles visuels.

Dus au passage du *bêtabloquant* dans le sang :
- généralement bénins : nausées, fatigue en début de traitement, maux de tête ;
- rares mais potentiellement graves : ralentissement important du cœur, chute de tension, *insuffisance cardiaque*, *bloc auriculo-ventriculaire*, crise d'*asthme*.

BÉTRIPHOS C

PRÉSENTATION

BÉTRIPHOS C : gélule (blanc) ; boîte de 30 - Non remb.

Laboratoires Marcofina

COMPOSITION

	p. gél.
Triphosadénine (ATP) sel de sodium	15 mg
Acide ascorbique (vitamine C)	100 mg
Thiamine chlorhydrate (vitamine B1)	100 mg
Pyridoxine chlorhydrate (vitamine B6)	100 mg
Cyanocobalamine (vitamine B12)	100 µg

INDICATIONS

Ce médicament contient notamment des *vitamines* (C, B1, B6 et B12) indispensables au *métabolisme*.

Il est utilisé dans les cas suivants :
- fatigue (*asthénie fonctionnelle*),
- convalescence, *carences* en vitamines lors de certains *régimes restrictifs*,
- certaines douleurs (*polynévrites*...).

INTERACTIONS MÉDICAMENTEUSES

Ce médicament ne doit pas être associé aux médicaments contenant de la lévodopa seule (LARODOPA) : risque d'annulation des effets de la lévodopa par la *vitamine* B6.

GROSSESSE, ALLAITEMENT ET NOUVEAU-NÉ

Ce médicament ne contient que des substances présumées sans danger pendant la grossesse ou l'allaitement. Néanmoins, ne l'utilisez pas de façon prolongée sans l'avis de votre pharmacien ou de votre médecin.

MODE D'EMPLOI ET POSOLOGIE

Les gélules doivent être avalées avec un verre d'eau.

Posologie usuelle :
- fatigue, douleur : 4 à 6 gélules par jour,
- *carence* : 3 gélules par jour.

> ☛ Une fatigue persistante ne doit pas vous conduire à augmenter les prises de ce médicament ; consultez votre médecin.
>
> La quantité de *vitamine* B12 contenue dans ce médicament est insuffisante pour traiter une *carence* vraie en cette vitamine.

BÉVITINE
vitamine B1

PRÉSENTATION

BÉVITINE 250 mg : comprimé (rose) ; boîte de 20 - Non remb.

BÉVITINE 100 mg/2 ml : solution injectable *I.M.* ; boîte de 5 ampoules 2 ml - Remb. 35 %

Laboratoires Specia

COMPOSITION

	p. comp. 250 mg	p. amp. inj. 100 mg
Thiamine chlorhydrate (vitamine B1)	250 mg	100 mg

INDICATIONS

Ce médicament contient de la *vitamine* B1, substance indispensable au *métabolisme*. La *carence* en vitamine B1 (béribéri) est responsable de lésions des nerfs.

Il est utilisé dans :
- le traitement du béribéri,
- la prévention des carences en vitamine B1 lors de certains *régimes restrictifs*,
- le traitement des *polynévrites*, douloureuses ou non.

GROSSESSE, ALLAITEMENT ET NOUVEAU-NÉ

Ce médicament ne contient aucune substance connue pour être toxique pendant la grossesse ou l'allaitement. Néanmoins, ne l'utilisez pas de façon prolongée sans l'avis de votre pharmacien ou de votre médecin.

MODE D'EMPLOI ET POSOLOGIE

Les comprimés doivent être avalés avec un verre d'eau. La solution doit être injectée par *voie* intramusculaire. Ne pas injecter par voie intraveineuse.

Posologie usuelle :

1 ou 2 comprimés par jour.

> ☛ La *vitamine* B1 est présente dans la levure de bière, les céréales (riz, pain complet...), les légumes, les fruits, ainsi que dans le jaune d'œuf, le lait et les abats. Une alimentation équilibrée et diversifiée apporte habituellement des quantités suffisantes de vitamine B1. Certaines circonstances peuvent cependant justifier un apport supplémentaire : prenez l'avis de votre médecin ou de votre pharmacien.

EFFETS INDÉSIRABLES POSSIBLES

Dans le cas de la solution injectable : baisse de la tension artérielle, *choc anaphylactique* (exceptionnel).

BIAFINE

PRÉSENTATION

BIAFINE : émulsion pour application locale ; tube 100 ml (93 g) - Remb. 35 %

BIAFINE : émulsion pour application locale ; tube 200 ml (186 g) - Non remb.

Laboratoires Médix

COMPOSITION

	p. 100 g
Alginate de trolamine et de sodium	0,702 g
Éthylèneglycol stéarate	5,450 g
Acide stéarique	3,625 g
Palmitate de cétyle	0,350 g
Paraffine solide	1,600 g
Paraffine liquide	6,850 g
Propylèneglycol	2,300 g
Huile d'avocat	1 g
Perhydrosqualène	1,500 g
Trolamine	0,670 g
Acide sorbique (sel de sodium)	0,100 g

INDICATIONS

Ce médicament est une émulsion détergente et hydratante de la peau.

Il est utilisé dans le traitement des brûlures et des plaies superficielles non infectées.

CONTRE-INDICATIONS

Ce médicament ne doit pas être utilisé sur des plaies ou sur des lésions de la peau dues à des *allergies*.

> **ATTENTION**
>
> Évitez d'utiliser cette émulsion, notamment chez l'enfant, de manière prolongée et sur des surfaces étendues ou profondément lésées sans l'avis de votre pharmacien ou de votre médecin.

GROSSESSE, ALLAITEMENT ET NOUVEAU-NÉ

Ce médicament ne contient que des substances présumées sans danger pendant la grossesse ou l'allaitement. Néanmoins, ne l'utilisez pas de façon prolongée sans l'avis de votre pharmacien ou de votre médecin.

MODE D'EMPLOI ET POSOLOGIE

Appliquer une couche épaisse sur la zone à traiter. L'émulsion est absorbée par la peau : renouveler l'application toutes les 10 minutes tant que persiste une impression de chaleur. La dernière application peut être recouverte d'une compresse humide.

EFFETS INDÉSIRABLES POSSIBLES

Douleur passagère de la zone traitée.

BICLINOCILLINE
bénéthamine benzylpénicilline, benzylpénicilline

PRÉSENTATION

BICLINOCILLINE : préparation injectable *I.M.* ; flacon de poudre et ampoule de solvant 3 ml - Remb. 65 % - Liste I

Laboratoires Clin Midy

COMPOSITION

	p. unité
Bénéthamine benzylpénicilline	600 000 UI
Benzylpénicilline	400 000 UI
Sodium	19 mg

INDICATIONS

C'est un *antibiotique* qui appartient à la famille des *pénicillines*.

Il est utilisé dans le traitement de diverses maladies infectieuses, notamment celles des poumons, des bronches, du nez, de la gorge ou des oreilles, de la peau.

CONTRE-INDICATIONS

Ce médicament ne doit pas être utilisé en cas d'*allergie* aux *pénicillines*.

Dans tous les autres cas, le médecin est seul juge pour prescrire ce médicament, notamment en cas d'allergie aux *céphalosporines*.

ATTENTION

Des précautions sont nécessaires en cas d'*insuffisance rénale*.

Le médecin peut prescrire un prélèvement pour identifier le *germe* responsable de l'infection et tester sa sensibilité aux *antibiotiques*. Le résultat de cet examen peut être faussé en cas d'automédication préalable : ne prenez pas d'antibiotiques sans avis médical.

Des *antécédents* d'*allergie* à la *pénicilline* contre-indiquent l'usage de ce médicament. La survenue de toute manifestation allergique (boutons, *œdème*, malaise) impose l'arrêt immédiat du traitement : consultez votre médecin.

Une diminution de la fièvre ou une disparition des *symptômes* ne sont pas synonymes de guérison : la durée du traitement doit absolument être respectée pour éviter les rechutes.

Ce médicament est destiné à être injecté par *voie* intramusculaire exclusivement.

GROSSESSE, ALLAITEMENT ET NOUVEAU-NÉ

Grossesse :

Les études actuellement disponibles n'ont pas mis en évidence de problème particulier lors de l'utilisation chez la femme enceinte. Seul votre médecin peut apprécier la nécessité du traitement et son risque pendant la grossesse.

Allaitement :

Ce médicament passe dans le lait maternel : l'arrêt de l'allaitement devra être envisagé.

MODE D'EMPLOI ET POSOLOGIE

La poudre doit être préalablement dissoute avec l'ampoule de solvant fournie. La solution obtenue est injectée par *voie* intramusculaire profonde exclusivement.

Posologie usuelle :

- Adulte : 1 injection tous les jours ou tous les 2 jours, 1 ou 2 ampoules par injection.
- Enfant de plus de 6 mois : 1 ampoule tous les 2 jours.
- Enfant de moins de 6 mois : 1/2 ampoule tous les 2 jours.

☛ L'éventuelle impression de fatigue n'est pas due à l'*antibiotique*, mais à l'infection elle-même.

L'odeur particulière des urines est normale et traduit l'élimination de l'antibiotique.

EFFETS INDÉSIRABLES POSSIBLES

Douleur au point d'injection.

Allergie cutanée, œdème de *Quincke*, exceptionnel *choc* allergique.

BILIFLUINE

bile, oléate de sodium

PRÉSENTATION

BILIFLUINE : comprimé ; boîte de 60 - Non remb.

Laboratoires Promedica

COMPOSITION

	p. comp.
Bile dépigmentée et décholestérinée	100 mg
Oléate de sodium	100 mg
Dont sodium	7,5 mg
Gluten	+

INDICATIONS

C'est une association qui contient de la bile et un stimulant de la sécrétion biliaire.

Il est utilisé dans le *traitement symptomatique* des digestions difficiles et de la constipation.

CONTRE-INDICATIONS

Ce médicament ne doit pas être utilisé en cas de *maladie cœliaque* par *intolérance* au gluten.

ATTENTION

Si vous souffrez d'une maladie grave du foie ou d'une obstruction des *voies biliaires*, notamment si elle est due à des calculs, n'utilisez pas ce médicament sans avis médical. En cas de persistance des *symptômes*, des examens peuvent être nécessaires : consultez votre médecin.

GROSSESSE, ALLAITEMENT ET NOUVEAU-NÉ

Ce médicament ne contient que des substances présumées sans danger pendant la grossesse ou l'allaitement. Néanmoins, ne l'utilisez pas de façon prolongée sans l'avis de votre pharmacien ou de votre médecin.

MODE D'EMPLOI ET POSOLOGIE

Ce médicament doit être pris au cours du repas.

Posologie usuelle :

2 comprimés 2 fois par jour, midi et soir.

☛ Ce traitement doit être accompagné d'une alimentation appropriée : parlez-en à votre pharmacien ou à votre médecin.

Un médicament n'est pas un produit comme les autres

BI-LIPANOR

ciprofibrate

PRÉSENTATION

BI-LIPANOR : gélule (blanc) ; boîte de 30 - Remb. 65 % - Liste II

Laboratoires Sterling Winthrop

COMPOSITION

	p. gél.
Ciprofibrate	200 mg

INDICATIONS

C'est un *hypolipidémiant* qui appartient à la famille des fibrates. Il permet d'abaisser le taux des graisses circulant dans le sang : *cholestérol* et *triglycérides*, essentiellement.

Il est utilisé dans le traitement des excès de cholestérol ou de triglycérides, lorsqu'un régime adapté et assidu n'est pas suffisant.

CONTRE-INDICATIONS

Ce médicament ne doit pas être utilisé dans les cas suivants :

- *insuffisance hépatique*,
- *insuffisance rénale*,
- grossesse,
- allaitement.

ATTENTION

Des anomalies de certaines constantes sanguines, telles que les *transaminases*, peuvent apparaître en cours de traitement. Elles justifient la prescription d'une prise de sang tous les trois mois la première année de traitement.

INTERACTIONS MÉDICAMENTEUSES

Ce médicament peut interagir avec d'autres médicaments, notamment les *anticoagulants* oraux. Signalez tout autre traitement en cours à votre médecin ou à votre pharmacien.

GROSSESSE, ALLAITEMENT ET NOUVEAU-NÉ

Grossesse :

L'effet de ce médicament sur l'enfant à naître est mal connu. Par mesure de prudence, son usage pendant la grossesse est contre-indiqué.

Allaitement :

En l'absence de données, l'allaitement est contre-indiqué.

MODE D'EMPLOI ET POSOLOGIE

Ce médicament sera pris de préférence au cours d'un repas.

Posologie usuelle :

- Adulte : la *posologie* est adaptée par le médecin en fonction des résultats de la prise de sang. Elle est habituellement de 1 gélule à 200 mg par jour.

Le régime reste indispensable pendant toute la durée du traitement.

☛ Un régime pauvre en *cholestérol* et en graisses animales n'est pas simple à suivre : les erreurs sont fréquentes.

Demandez conseil à votre médecin, à votre pharmacien, ou à un professionnel de la nutrition.

EFFETS INDÉSIRABLES POSSIBLES

Maux de tête, nausées, éruptions cutanées.

BILKABY

vitamine K, sels biliaires

PRÉSENTATION

BILKABY : comprimé (jaune) ; boîte de 30 - Remb. 65 %

Laboratoires Bailly-Speab

COMPOSITION

	p. comp.
Ménadione (vitamine K liposoluble)	2 mg
Sels biliaires	50 mg
Gluten	+
Tartrazine	+

INDICATIONS

Ce médicament contient de la *vitamine* K. Cette vitamine intervient dans la formation des caillots sanguins qui permettent à l'organisme de lutter contre les *hémorragies*. Elle est normalement apportée par l'alimentation, et les *carences* ne se rencontrent que dans des situations très particulières : maladie intestinale qui diminue son absorption, prise prolongée de certains *antibiotiques* puissants, prise de médicaments *anticoagulants* oraux.

Il est utilisé pour prévenir et traiter les hémorragies par carence en vitamine K.

ATTENTION

Des précautions sont nécessaires en cas d'*intolérance* au *gluten*, de déficit en *G6PD*, d'*allergie* à la tartrazine et à l'aspirine.

N'utilisez pas ce médicament sans avis médical.

GROSSESSE, ALLAITEMENT ET NOUVEAU-NÉ

L'effet de ce médicament pendant la grossesse ou l'allaitement est mal connu : seul votre médecin peut évaluer le risque éventuel de son utilisation dans votre cas.

MODE D'EMPLOI ET POSOLOGIE

Les comprimés doivent être avalés avec un peu d'eau.

Posologie usuelle :

Elle varie selon les cas.

BIOCALYPTOL PHOLCODINE

PRÉSENTATION

BIOCALYPTOL À LA PHOLCODINE : sirop ; flacon 200 ml - Remb. 35 %

BIOCALYPTOL À LA PHOLCODINE ADULTE : suppositoire ; boîte de 8 - Remb. 35 %

BIOCALYPTOL À LA PHOLCODINE ENFANT : suppositoire ; boîte de 8 - Remb. 35 %

Laboratoires Laphal

COMPOSITION

	p. c. à s.	p. suppos. Ad.	p. suppos. Enf.
Pholcodine	19,5 mg	15 mg	5 mg
Cinéol (eucalyptol)	366,8 mg	120 mg	100 mg
Gaïacol	2,97 mg	60 mg	30 mg
Saccharose	12,6 g		
Alcool	73,8 mg		

INDICATIONS

Ce médicament contient un *antitussif* (pholcodine), un *antiseptique* (eucalyptol) et un régulateur des sécrétions bronchiques (gaïacol). Il a aussi un effet *sédatif*.

Il est utilisé dans le *traitement symptomatique* des toux sèches.

CONTRE-INDICATIONS

Ce médicament ne doit pas être utilisé dans les cas suivants :
- *asthme*,
- *insuffisance respiratoire*,
- *glaucome* à angle fermé,
- risque de blocage des urines (*adénome de la prostate*...),
- enfant de moins de 30 mois (sirop),
- enfant de moins de 8 ans (suppositoire Enfant),
- enfant de moins de 15 ans (suppositoire Adulte).

ATTENTION

Ce médicament n'est pas adapté au traitement de la toux grasse, qui est un mécanisme de défense normal de l'organisme permettant l'évacuation des mucosités présentes dans les bronches.

La toux est un *symptôme* qui peut révéler de nombreuses maladies : consultez votre médecin si elle persiste plus de quelques jours.

Le sirop contient du *sucre* (saccharose) en quantité notable.

Évitez les boissons alcoolisées : augmentation du risque de somnolence.

Conducteur : ce médicament peut être responsable d'une somnolence ou d'une baisse de la vigilance.

INTERACTIONS MÉDICAMENTEUSES

Ce médicament peut interagir avec d'autres médicaments. Signalez tout autre traitement en cours à votre médecin ou à votre pharmacien.

GROSSESSE, ALLAITEMENT ET NOUVEAU-NÉ

Grossesse :

Compte tenu de la présence de pholcodine, n'utilisez pas ce médicament pendant la grossesse sans prendre l'avis de votre pharmacien ou de votre médecin.

Allaitement :

Les données actuellement disponibles ne permettent pas de savoir si ce médicament passe dans le lait maternel. Par mesure de prudence, il est déconseillé pendant l'allaitement.

MODE D'EMPLOI ET POSOLOGIE

Les prises de ce médicament doivent être réparties au cours de la journée.

Posologie usuelle :
- Adulte : 1 cuillère à soupe de sirop, ou 1 suppositoire Adulte, 4 fois par jour.
- Enfant de 8 à 15 ans : 1 cuillère à café de sirop, par 6 kg et par jour ou 1 suppositoire Enfant, 4 fois par jour.
- Enfant de 30 mois à 8 ans : 1/2 cuillère à café de sirop, par 6 kg et par jour.

Une toux nocturne aggravée par ce médicament peut être une toux allergique : demandez conseil à votre médecin.

Fumer, ou être exposé à la fumée des autres, nuit à l'efficacité du traitement.

Des mesures simples permettent de calmer les toux sèches : boissons chaudes et humidification de l'air ambiant.

EFFETS INDÉSIRABLES POSSIBLES

Liés à la pholcodine : somnolence et plus rarement, nausées, sensation vertigineuse, réactions cutanées allergiques, difficultés respiratoires.

BIOCARDE

PRÉSENTATION

BIOCARDE : solution buvable ; flacon 30 ml (1 ml = 40 gouttes) - Remb. 65 %

Laboratoires Lehning

COMPOSITION

	p. 100 ml
Pulsatille, alcoolature	1,66 ml
Aubépine, alcoolature	16,66 ml
Passiflore, alcoolature	11 ml
Muguet, alcoolature au 1/10	6,66 ml
Strophantus, alcoolature	0,66 ml
Avena sativa, alcoolature	6,66 ml
Valériane éthérée, teinture	16,66 ml
Cactus, teinture	16,66 ml
Alcool camphré	6,66 ml
Or colloïdal	0,05 ml
Caramel en solution	q.s.

INDICATIONS

Ce médicament contient des extraits de plantes à effet *sédatif*, de l'or et de l'*alcool* camphré.

Il est utilisé dans le traitement de certains troubles du système *neurovégétatif* (*palpitations*, oppression...).

ATTENTION

Les *palpitations* peuvent être le *symptôme* d'une maladie cardiaque : n'utilisez pas ce médicament de façon prolongée sans l'avis de votre médecin.

GROSSESSE, ALLAITEMENT ET NOUVEAU-NÉ

L'effet de ce médicament pendant la grossesse ou l'allaitement est mal connu. L'évaluation du risque éventuel lié à son utilisation est individuelle : demandez conseil à votre pharmacien ou à votre médecin.

MODE D'EMPLOI ET POSOLOGIE

Les gouttes peuvent être diluées dans un peu d'eau ou mises directement sous la langue.

Posologie usuelle :
Pour prévenir un malaise : 30 à 40 gouttes en 1 seule prise.
En *traitement d'entretien* :
- Adulte : 15 gouttes, 3 fois par jour.
- Enfant de plus de 10 ans : 8 à 10 gouttes, 2 fois par jour.

Les *palpitations* peuvent être favorisées par la prise d'excitants : café, thé, boissons alcoolisées et certains sodas contenant de la caféine.

BIOCIDAN collyre
céthexonium

PRÉSENTATION
BIOCIDAN 0,25 p. 1 000 : collyre ; ampoule compte-gouttes 10 ml - Remb. 65 %
Laboratoires Menarini France

COMPOSITION

	p. 10 ml
Céthexonium	2,5 mg

INDICATIONS
Ce collyre contient un *antiseptique* de la famille des *ammoniums quaternaires.*
Il est utilisé comme *traitement d'appoint* antiseptique dans les affections de l'œil.

CONTRE-INDICATIONS
Ce médicament ne doit pas être utilisé en cas d'*allergie* aux *ammoniums quaternaires.*

ATTENTION
Une rougeur ou une douleur de l'œil ne correspondent pas toujours à une *conjonctivite.* Des soins urgents peuvent être nécessaires, notamment en cas de vision floue.
Ce traitement peut être insuffisant pour guérir à lui seul une infection de l'œil : ne l'utilisez pas plus de quelques jours sans avis médical.

INTERACTIONS MÉDICAMENTEUSES
Ce collyre peut interagir avec d'autres collyres. Respectez un intervalle minimal de 15 minutes entre deux instillations.

GROSSESSE, ALLAITEMENT ET NOUVEAU-NÉ
L'effet de ce médicament pendant la grossesse ou l'allaitement est mal connu. L'évaluation du risque éventuel lié à son utilisation est individuelle : demandez conseil à votre pharmacien ou à votre médecin.

MODE D'EMPLOI ET POSOLOGIE
Tirer la paupière inférieure vers le bas tout en regardant vers le haut et déposer une goutte de collyre entre la paupière et le globe oculaire (*cul-de-sac conjonctival*).
Posologie usuelle :
1 goutte, 3 ou 4 fois par jour.

Les lentilles de contact ne doivent pas être portées en cas d'irritation oculaire ni réutilisées avant l'arrêt complet du traitement.
L'application correcte du produit peut nécessiter une aide, notamment chez l'enfant ou la personne handicapée ou âgée.
Ne conservez pas ce collyre plus de 15 jours après une première utilisation.

EFFETS INDÉSIRABLES POSSIBLES
Irritation ou réaction allergique.

BIOCIDAN nasal
céthexonium, phényltoloxamine

PRÉSENTATION
BIOCIDAN : solution nasale ; flacon pulvérisateur 15 ml - Non remb.
Laboratoires Menarini France

COMPOSITION

	p. 100 ml
Céthexonium bromure	50 mg
Phényltoloxamine citrate	174,2 mg

INDICATIONS
Cette solution nasale contient un *antiseptique* et un *antihistaminique* antiallergique.
Elle est utilisée comme *traitement d'appoint* des *rhinites*, des *rhino-pharyngites* et des *sinusites.*

CONTRE-INDICATIONS
Ce médicament ne doit pas être utilisé en cas d'*allergie* aux *antiseptiques* de la famille des *ammoniums quaternaires.*

ATTENTION
La persistance des *troubles* au-delà de quelques jours, la survenue d'une fièvre ou la coloration des sécrétions nasales imposent de prendre un avis médical.
Évitez les boissons alcoolisées : augmentation du risque de somnolence.
Conducteur : ce médicament peut être responsable d'une somnolence ou d'une baisse de la vigilance.

GROSSESSE, ALLAITEMENT ET NOUVEAU-NÉ
L'effet de ce médicament pendant la grossesse ou l'allaitement est mal connu. L'évaluation du risque éventuel lié à son utilisation est individuelle : demandez conseil à votre pharmacien ou à votre médecin.

MODE D'EMPLOI ET POSOLOGIE
La solution doit être pulvérisée au cours d'une brève inspiration, en tenant le flacon verticalement.
Posologie usuelle :
4 à 6 pulvérisations dans chaque narine par jour, sans dépasser 10 jours.

Tous les *antiseptiques* peuvent être contaminés par des *germes.* Ne conservez pas ce médicament inutilement après une première utilisation.

EFFETS INDÉSIRABLES POSSIBLES
Somnolence, effets *atropiniques.*

BIOGAZE

PRÉSENTATION
BIOGAZE : compresse imprégnée (12 cm x 9 cm) ; boîte de 10 sachets unitaires - Non remb.
Laboratoires Théraplix

COMPOSITION

	p. compresse
Camphre	140 mg
Essence de niaouli	86 mg
Essence de thym	57 mg
Extrait chlorophyllien cuprique liposolubilisé	3,5 mg
Huile de flétan	3,5 mg
Huile de foie de morue	105 mg
Vitamine A	13,5 UI
Paraffine	54 mg
Lanoline	977 mg

INDICATIONS
Ce médicament est un pansement gras cicatrisant.
Il est utilisé dans le *traitement d'appoint* des brûlures et des plaies.

CONTRE-INDICATIONS
Ce médicament est contre-indiqué chez le *nourrisson.*

ATTENTION
Évitez d'utiliser ces compresses, notamment chez l'enfant, de manière prolongée et sur des surfaces étendues ou profondément lésées sans avis médical : risque de passage de camphre dans le sang, qui pourrait entraîner des *convulsions.*

GROSSESSE, ALLAITEMENT ET NOUVEAU-NÉ
Aucun problème particulier n'a jusqu'à ce jour été mis en évidence lors de l'utilisation chez la femme enceinte ou qui allaite.

MODE D'EMPLOI ET POSOLOGIE
Nettoyer et désinfecter la plaie avant d'appliquer les compresses imprégnées, les recouvrir de gaze ou de coton. Maintenir l'ensemble avec une bande.
Posologie usuelle :
Renouveler le pansement tous les 2 ou 3 jours.

EFFETS INDÉSIRABLES POSSIBLES
Eczéma dû au médicament (présence de lanoline).

BIOMAG
homéopathie

PRÉSENTATION
BIOMAG : comprimé (blanc) ; boîte de 45 - Non remb.
Laboratoires Lehning

COMPOSITION

	p. comp.
Magnesii chloridum D1	50 mg
Magnesii bromidum D4	10 mg
Magnesii phosphas D1	50 mg
Plumbum metallicum D8	10 mg
Kalii phosphas D5	10 mg
Ambra grisea D5	10 mg

INDICATIONS

Ce médicament est un *complexe* (association) de remèdes homéopathiques.

Il est utilisé pour traiter les états de fatigue nerveuse (perte de mémoire, fatigue cérébrale, diminution de la résistance physique...) associées aux *carences* en magnésium.

GROSSESSE, ALLAITEMENT ET NOUVEAU-NÉ

Aux *dilutions homéopathiques*, les substances contenues dans ce médicament ne sont pas connues pour être toxiques pendant la grossesse ou l'allaitement.

MODE D'EMPLOI ET POSOLOGIE

Croquer les comprimés avant de les laisser fondre.

Posologie usuelle :

1 comprimé, matin et soir.

> ☛ Certains homéopathes recommandent de ne pas absorber de camphre pendant un traitement homéopathique.

BIO-SÉLÉNIUM

sélénium, vitamine E, huile de germe de blé

PRÉSENTATION

BIO-SÉLÉNIUM : capsule (orange) ; flacon de 60 - Non remb.

Laboratoires Herbaxt

COMPOSITION

	p. caps.
Sélénium	35 µg
Alpha-tocophérol (vitamine E)	1,80 mg
Huile de germe de blé	122,7 mg

INDICATIONS

Ce médicament contient un élément minéral trace (oligo-élément) et de la *vitamine* E.

Il est utilisé comme *modificateur de terrain* dans le *traitement de fond* des maladies des muscles et de la peau.

GROSSESSE, ALLAITEMENT ET NOUVEAU-NÉ

Compte tenu de sa très faible concentration en minéraux, ce médicament peut être utilisé pendant la grossesse ou l'allaitement.

MODE D'EMPLOI ET POSOLOGIE

Les capsules doivent être avalées sans être croquées, avec un verre d'eau et avant les repas.

Posologie usuelle :

- Adulte : 2 ou 3 capsules par jour.
- Enfant : 1 capsule par jour.

BIOSTIM

PRÉSENTATION

BIOSTIM : comprimé (blanc) ; boîte de 8 - Remb. 35 %

BIOSTIM ENFANT : gélule (bleu et blanc) ; boîte de 8 - Remb. 35 %

Laboratoires Cassenne

COMPOSITION

	p. comp.	p. gél.
Glycoprotéine extrait de Klebsiella pneumoniae exprimée en produit anhydre	1 mg	1 mg

INDICATIONS

Ce médicament est un stimulant de l'immunité : il renforce les défenses de l'organisme contre l'infection.

Il est utilisé dans le *traitement préventif* des infections récidivantes respiratoires.

CONTRE-INDICATIONS

Ce médicament ne doit pas être utilisé dans les cas suivants :
- certaines maladies du système immunitaire,
- enfant de moins de 1 an,
- grossesse.

GROSSESSE, ALLAITEMENT ET NOUVEAU-NÉ

Grossesse :

L'effet de ce médicament sur l'enfant à naître est mal connu. Par mesure de prudence, il est contre-indiqué pendant la grossesse.

MODE D'EMPLOI ET POSOLOGIE

Ce médicament doit être avalé de préférence le matin à jeun. Les gélules peuvent être ouvertes et leur contenu mélangé à un liquide ou à un aliment.

Posologie usuelle :

Une cure complète s'étale sur 3 mois et nécessite 4 boîtes. Chaque mois, faire une cure de 8 jours puis arrêter le traitement pendant 3 semaines. La cure est répétée 3 fois de suite.

- Adulte :
  - 1re cure : 2 comprimés par jour, pendant 8 jours.
  - 2e et 3e cures : 1 comprimé par jour, pendant 8 jours.
- Enfant :
  - 1re cure : 2 gélules par jour, pendant 8 jours.
  - 2e et 3e cures : 1 gélule par jour, pendant 8 jours.

> ☛ Habituellement, ce médicament diminue la fréquence des infections mais ne les fait pas disparaître. Il ne dispense pas des vaccins spécifiques, notamment l'antigrippal.
>
> La fréquence des infections respiratoires chez l'enfant peut être notablement diminuée par l'arrêt du tabagisme de l'entourage.
>
> Le traitement peut être débuté en même temps qu'un *antibiotique*.
>
> En cas de difficulté à avaler les comprimés, les adultes peuvent également utiliser les gélules.

EFFETS INDÉSIRABLES POSSIBLES

Troubles digestifs.

BIOTINE ROCHE

vitamine H

PRÉSENTATION

BIOTINE ROCHE : comprimé (blanc) ; boîte de 20 - Non remb.

BIOTINE ROCHE : comprimé (blanc) ; boîte de 60 - Non remb.

BIOTINE ROCHE : solution injectable ; boîte de 6 ampoules 1 ml - Non remb.

Laboratoires Roche

COMPOSITION

	p. comp.	p. amp. inj.
Biotine (vitamine H)	5 mg	5 mg

INDICATIONS

Ce médicament contient de la *vitamine* H, substance indispensable au *métabolisme*.

Il est utilisé dans le traitement de la chute des cheveux, des *dermites séborrhéiques* de l'adulte et du *nourrisson* et des troubles cutanés liés à la *carence* en vitamines du groupe B.

GROSSESSE, ALLAITEMENT ET NOUVEAU-NÉ

Ce médicament ne contient aucune substance connue pour être toxique pendant la grossesse ou l'allaitement. Néanmoins, ne l'utilisez pas de façon prolongée sans l'avis de votre pharmacien ou de votre médecin.

MODE D'EMPLOI ET POSOLOGIE

Les comprimés doivent être avalés avec un verre d'eau.

La solution peut être injectée par *voie* intramusculaire ou intraveineuse.

Posologie usuelle :

Chute des cheveux chez l'adulte :
- *traitement d'attaque* : 1 ou 2 ampoules, 3 fois par semaine pendant 6 semaines ;
- *traitement d'entretien* : 3 comprimés par jour pendant 2 mois.

Maladie de la peau :
- Adulte : 2 comprimés, 1 ou 2 fois par jour.
- Nourrisson : suivre les indications du médecin.

BIOTONE

PRÉSENTATION

BIOTONE : solution buvable arôme framboise ; boîte de 30 ampoules 10 ml - Non remb.

Laboratoires Laphal

COMPOSITION

	p. amp.
Alcoolature de graines de kola	3,420 g
Acide phosphorique à 50 %	0,570 g
Acide fytique (sel de calcium et magnésium)	0,296 g
Glycérophosphate de manganèse	28,5 mg
Alcool à 95°	1,30 g
Saccharose	0,85 g

INDICATIONS

Ce médicament est un *antiasthénique* qui contient notamment des sels minéraux (magnésium, calcium et manganèse).

Il est utilisé dans le *traitement symptomatique* de la fatigue.

CONTRE-INDICATIONS

Ce médicament ne doit pas être utilisé en cas de calcul des *voies* urinaires.

ATTENTION
Ce médicament contient de l'*alcool* en quantité notable.

INTERACTIONS MÉDICAMENTEUSES

Ce médicament ne doit pas être associé aux médicaments contenant du disulfirame (ESPÉRAL) : *effet antabuse*.

GROSSESSE, ALLAITEMENT ET NOUVEAU-NÉ

Ce médicament ne contient que des substances présumées sans danger pendant la grossesse ou l'allaitement. Néanmoins, ne l'utilisez pas de façon prolongée sans l'avis de votre pharmacien ou de votre médecin.

MODE D'EMPLOI ET POSOLOGIE

Le contenu des ampoules doit être dilué dans un peu d'eau, et pris avant les repas.

Ce médicament ne convient pas à l'enfant de moins de 12 ans.

Posologie usuelle :

- Adulte : 1 ampoule le matin et à midi.
- Enfant de plus de 12 ans : 1 ampoule à midi.

Une fatigue persistante ne doit pas conduire à augmenter les prises de ce médicament : consultez votre médecin.

BIOVALINE

valine, vitamine B6, vitamine B12

PRÉSENTATION

BIOVALINE : solution buvable arôme framboise ; boîte de 20 ampoules 10 ml - Non remb.

Laboratoires Gerda

COMPOSITION

	p. amp.
Valine	500 mg
Pyridoxine (vitamine B6)	50 mg
Cyanocobalamine (vitamine B12)	50 µg

INDICATIONS

Ce médicament est un *antiasthénique* qui contient un *acide aminé* et des *vitamines* B6 et B12.

Il est utilisé dans le *traitement symptomatique* de la fatigue.

CONTRE-INDICATIONS

Ce médicament ne doit pas être utilisé en association avec les médicaments contenant de la lévodopa seule.

ATTENTION
Une prise de *vitamine* B6 supérieure à 2 g par jour peut entraîner des effets indésirables ; n'associez pas les médicaments ou les produits diététiques contenant des vitamines sans l'avis de votre médecin ou de votre pharmacien.

INTERACTIONS MÉDICAMENTEUSES

Ce médicament ne doit pas être associé aux médicaments contenant de la lévodopa seule (LARODOPA) : risque d'annulation des effets de la lévodopa.

GROSSESSE, ALLAITEMENT ET NOUVEAU-NÉ

Ce médicament ne contient que des substances présumées sans danger pendant la grossesse ou l'allaitement. Néanmoins, ne l'utilisez pas de façon prolongée sans l'avis de votre pharmacien ou de votre médecin.

MODE D'EMPLOI ET POSOLOGIE

Le contenu des ampoules peut être avalé pur ou dilué dans un peu d'eau.

Posologie usuelle :

- Adulte : 2 à 4 ampoules par jour.
- Enfant : 1 à 2 ampoules par jour.

La quantité de *vitamine* B12 contenue dans ce médicament est insuffisante pour traiter une *carence* vraie en cette vitamine.
Une fatigue persistante ne doit pas vous conduire à augmenter les prises de ce médicament : consultez votre médecin.

EFFETS INDÉSIRABLES POSSIBLES

Fourmillements lors d'une prise prolongée de *vitamine* B6 supérieure à 2 g par jour.

BIOVEINAL

PRÉSENTATION

BIOVEINAL : solution buvable ; flacon 250 ml - Non remb.

Laboratoires Fuca

COMPOSITION

	p. c. à c.
Hamamélis, extrait fluide	400 mg
Viburnum, extrait fluide	160 mg
Marron d'Inde, alcoolature	160 mg
Esculoside	0,320 mg
Saccharose	3,17 g
Alcool	0,49 ml

INDICATIONS

C'est un protecteur *vasculaire* et *veinotonique* qui associe plusieurs extraits de plantes. Il régularise la circulation du sang dans les veines et lutte contre l'altération des *vaisseaux capillaires*.

Il est utilisé dans le *traitement symptomatique* :

- des jambes lourdes, *œdèmes*, crampes, *impatiences* et autres troubles pouvant être en rapport avec une mauvaise circulation veineuse ou *lymphatique* ;
- des crises d'*hémorroïdes* ;
- des petites *hémorragies* sous-cutanées se traduisant par des taches rouges ou violacées.

ATTENTION
Ce médicament est insuffisant pour prévenir le risque de *phlébite* chez les malades alités ou plâtrés.
Ce médicament soulage, mais n'empêche pas l'aggravation de l'*insuffisance veineuse*, qui requiert des mesures spécifiques telles que la *contention élastique*.
Ce médicament contient du *sucre* (saccharose) en quantité notable.

GROSSESSE, ALLAITEMENT ET NOUVEAU-NÉ

L'effet de ce médicament pendant la grossesse ou l'allaitement est mal connu. L'évaluation du risque éventuel lié à son utilisation est individuelle : demandez conseil à votre pharmacien ou à votre médecin.

MODE D'EMPLOI ET POSOLOGIE

Ce médicament peut être pris pur ou avec un peu d'eau au moment des repas.

Posologie usuelle :

1 ou 2 cuillères à café, 3 fois par jour.

Une activité physique régulière et la surélévation du pied du lit permettent de faciliter la circulation veineuse et *lymphatique*.

BIOXYOL

PRÉSENTATION

BIOXYOL : pâte pour application locale ; pot 190 g - Remb. 35 %

Laboratoires du Praticien

COMPOSITION

	p. 100 g
Oxyde de zinc	28,3 g
Peroxyde de zinc titré à 70 %	7,7 g
Amidon	18 g
Dioxyde de titane	0,20 g
Poudre de diatomées	9 g
Vaseline	22,4 g
Lanoline	14,4 g

INDICATIONS

Ce médicament est une pâte *antiseptique* et cicatrisante.

Elle est utilisée dans le traitement des plaies, des *ulcères* et des brûlures superficielles.

ATTENTION
Évitez d'utiliser cette pâte, notamment chez l'enfant, de manière prolongée et sur des surfaces étendues ou profondé-

ment lésées sans l'avis de votre pharmacien ou de votre médecin.

GROSSESSE, ALLAITEMENT ET NOUVEAU-NÉ

Ce médicament ne contient que des substances présumées sans danger pendant la grossesse ou l'allaitement. Néanmoins, ne l'utilisez pas de façon prolongée sans l'avis de votre pharmacien ou de votre médecin.

MODE D'EMPLOI ET POSOLOGIE

Cette pâte est l'un des composants d'un traitement qui associe d'autres médicaments : suivez attentivement la prescription de votre médecin.

EFFETS INDÉSIRABLES POSSIBLES

Eczéma dû au médicament (présence de lanoline).

BIPÉNICILLINE DIAMANT

benzylpénicilline, procaïne

PRÉSENTATION

BIPÉNICILLINE DIAMANT 1 000 000 UI : préparation injectable *I.M.* ; flacon de poudre et ampoule de solvant 2 ml - Remb. 65 % - Liste I

Laboratoires Diamant

COMPOSITION

	p. unité
Benzylpénicilline	400 000 UI
Benzylpénicillinate de procaïne	600 000 UI
Sodium	19 mg

INDICATIONS

C'est un *antibiotique* qui appartient à la famille des *pénicillines*.

Il est utilisé dans le traitement de diverses maladies infectieuses, notamment des poumons, des bronches, du nez, de la gorge ou des oreilles, de la peau.

CONTRE-INDICATIONS

Ce médicament ne doit pas être utilisé dans les cas suivants :
- *allergie* aux *pénicillines*,
- *allergie* à la procaïne,
- enfant de moins de 5 ans.

Dans tous les autres cas, le médecin est seul juge pour prescrire ce médicament, notamment en cas d'allergie aux *céphalosporines*.

ATTENTION

Le médecin peut prescrire un prélèvement pour identifier le *germe* responsable de l'infection et tester sa sensibilité aux *antibiotiques*. Le résultat de cet examen peut être faussé en cas d'automédication préalable : ne prenez pas d'antibiotique sans avis médical.

Des *antécédents* d'*allergie* à la *pénicilline* contre-indiquent l'usage de ce médicament. La survenue de toute manifestation allergique (boutons, *œdème*, malaise) impose l'arrêt immédiat du traitement : consultez votre médecin.

Une diminution de la fièvre ou une disparition des *symptômes* ne sont pas synonymes de guérison : la durée du traitement doit absolument être respectée pour éviter les rechutes.

Ce médicament est destiné à être injecté par *voie* intramusculaire exclusivement.

GROSSESSE, ALLAITEMENT ET NOUVEAU-NÉ

Grossesse :

Les études actuellement disponibles n'ont pas mis en évidence de problème particulier lors de l'utilisation chez la femme enceinte. Seul votre médecin peut apprécier la nécessité du traitement et son risque pendant la grossesse.

Allaitement :

Ce médicament passe dans le lait maternel : l'arrêt de l'allaitement devra être envisagé.

MODE D'EMPLOI ET POSOLOGIE

La poudre doit être préalablement dissoute avec l'ampoule de solvant fournie. La solution obtenue est injectée par *voie* intramusculaire profonde.

Posologie usuelle :
- Adulte : 1 ou 2 ampoules, 2 fois par jour.
- Enfant de plus de 5 ans : 1/4 à 1 ampoule par jour, en 2 injections.

L'éventuelle impression de fatigue n'est pas due à l'*antibiotique*, mais à l'infection elle-même.

L'odeur particulière des urines est normale et traduit l'élimination de l'antibiotique.

La solution reconstituée peut se conserver 24 heures au réfrigérateur.

EFFETS INDÉSIRABLES POSSIBLES

Allergie cutanée, œdème de *Quincke*, exceptionnel *choc* allergique.

BIPHÉDRINE

éphédrine, amyléine, chlorobutanol

PRÉSENTATION

BIPHÉDRINE AQUEUSE : solution nasale ; flacon pulvérisateur 15 ml - Non remb. - Liste II

Laboratoires Bouchara

COMPOSITION

	p. 100 g
Éphédrine chlorhydrate	0,50 g
Amyléine chlorhydrate	0,10 g
Chlorobutanol	0,125 g
Eau distillée de laurier-cerise	1 g

INDICATIONS

Cette solution nasale contient un *vasoconstricteur*, un *anesthésique*, et un *antiseptique*.

Elle est utilisée dans le *traitement symptomatique* des affections congestives aiguës du nez : *rhinites*, *rhino-pharyngites*.

CONTRE-INDICATIONS

Ce médicament ne doit pas être utilisé dans les cas suivants :
- traitement en cours par un *antidépresseur* de type *IMAO* non sélectif,
- *glaucome* à angle fermé,
- enfant de moins de 3 ans.

ATTENTION

Des précautions sont nécessaires en cas d'*hypertension artérielle*, d'*insuffisance coronarienne*, d'*hyperthyroïdie*.

L'utilisation prolongée ou répétée des *vasoconstricteurs* expose à un risque de *rhinite* grave, parfois irréversible. La brièveté de l'effet décongestionnant ne doit pas vous conduire à dépasser la *posologie* prescrite par votre médecin.

INTERACTIONS MÉDICAMENTEUSES

Ce médicament ne doit pas être associé aux *antidépresseurs* de type *IMAO* non sélectifs (MARSILID, NIAMIDE) : risque de crise hypertensive.

GROSSESSE, ALLAITEMENT ET NOUVEAU-NÉ

L'effet de ce médicament pendant la grossesse ou l'allaitement est mal connu : seul votre médecin peut évaluer le risque éventuel de son utilisation dans votre cas.

MODE D'EMPLOI ET POSOLOGIE

Ce médicament doit être pulvérisé au cours d'une brève inspiration, en tenant le flacon verticalement.

Posologie usuelle :
- Adulte : 1 ou 2 pulvérisations dans chaque narine, 3 à 6 fois par jour.
- Enfant de plus de 5 ans : 1 pulvérisation dans chaque narine, 3 ou 4 fois par jour.
- Enfant de 3 à 5 ans : 1 pulvérisation dans chaque narine, matin et soir.

La durée du traitement ne doit pas dépasser 7 jours.

Ce médicament peut provoquer des effets secondaires graves chez l'enfant : ne le laissez pas à sa portée.

EFFETS INDÉSIRABLES POSSIBLES

Allergie.

Sécheresse nasale.

Plus rarement, en cas de passage dans le sang : maux de tête, insomnie, accélération du cœur.

BI-PROFÉNID

kétoprofène

PRÉSENTATION

BI-PROFÉNID 150 mg : comprimé sécable (blanc et jaune) ; boîte de 20 - Remb. 65 % - Liste II

Laboratoires Specia

COMPOSITION

	p. comp.
Kétoprofène	150 mg

INDICATIONS

Ce médicament est un *anti-inflammatoire* non stéroïdien (*AINS*). Il lutte contre l'*inflammation* et la douleur, fait baisser la fièvre et fluidifie le sang.

Il est utilisé dans le *traitement symptomatique* :
- des *rhumatismes inflammatoires*,
- de certaines *arthroses*,
- des *tendinites*...

CONTRE-INDICATIONS

Ce médicament ne doit pas être utilisé dans les cas suivants :
- *allergie* aux *AINS*, y compris l'aspirine ;
- *ulcère* de l'estomac ou du *duodénum* ;
- *insuffisance hépatique*, *insuffisance rénale* graves ;
- **grossesse** (3 derniers mois) ;
- **allaitement.**

ATTENTION

Ce médicament n'est pas adapté à l'enfant de moins de 15 ans.

Tout traitement prolongé ou surdosage d'*AINS* expose à des effets indésirables graves.

Tout *symptôme* pouvant faire craindre des complications (douleurs d'estomac, *allergie* cutanée) doit être signalé à votre médecin.

Des précautions sont nécessaires chez la personne souffrant d'*antécédents* d'*ulcère* de l'estomac ou du *duodénum*, ou présentant un risque hémorragique, chez la personne âgée, et chez la femme qui porte un stérilet.

Conducteur : ce médicament peut provoquer parfois des étourdissements.

INTERACTIONS MÉDICAMENTEUSES

Ce médicament peut interagir avec d'autres médicaments, notamment :
- l'aspirine et les autres *anti-inflammatoires* non stéroïdiens : risque d'accroissement des effets indésirables ;
- les *anticoagulants* et les *antiagrégants plaquettaires* (TICLID...) : augmentation du risque hémorragique ;
- le *lithium* (TÉRALITHE, NEUROLITHIUM...) : augmentation du taux de lithium dans le sang.

Signalez tout autre traitement en cours à votre médecin ou à votre pharmacien.

GROSSESSE, ALLAITEMENT ET NOUVEAU-NÉ

Grossesse :

Des effets néfastes graves pour la mère et l'enfant à naître ont été mis en évidence lorsque ce médicament, comme tous les *AINS*, est utilisé au cours des 3 derniers mois de la grossesse : son usage est formellement contre-indiqué pendant cette période.

Pendant les 6 premiers mois, l'effet de ce médicament est mal connu : seul votre médecin peut évaluer le risque éventuel de son utilisation dans votre cas.

Allaitement :

Les données actuellement disponibles ne permettent pas de savoir si ce médicament passe dans le lait maternel : par mesure de prudence, il est contre-indiqué pendant l'allaitement.

MODE D'EMPLOI ET POSOLOGIE

Les comprimés doivent être avalés de préférence au milieu des repas afin de limiter les effets digestifs indésirables.

Posologie usuelle :
- Adulte :
  - *traitement d'attaque* : 1 comprimé, 2 fois par jour ;
  - *traitement d'entretien* : 1 comprimé par jour, ou 1/2 comprimé, 2 fois par jour.

Ne dépassez pas la *posologie* ni la durée de traitement prescrites par votre médecin.

Ce médicament vous a été prescrit dans une situation précise : ne le conseillez pas à un proche, ne le réutilisez pas sans avis médical.

EFFETS INDÉSIRABLES POSSIBLES

Troubles digestifs : *gastrite*, voire *ulcère* de l'estomac ou du *duodénum*, le plus souvent lors d'un traitement de longue durée ou à forte dose.

Réactions allergiques, *asthme*.

Maux de tête, *vertiges*, somnolence.

Exceptionnellement : *hémorragie* digestive (vomissements de sang, selles noires ou, plus souvent, pertes de sang imperceptibles responsables de l'apparition progressive d'une *anémie*).

BIQUINOL

PRÉSENTATION

BIQUINOL ADULTE : suppositoire ; boîte de 10 - Non remb.

BIQUINOL ENFANT : suppositoire ; boîte de 10 - Non remb.

Laboratoires Monot

COMPOSITION

	p. suppos. Ad.	p. suppos. Enf.
Bismuth succinate	50 mg	20 mg
Eucalyptol	45 mg	30 mg
Gaïacol	38 mg	10 mg
Camphre	30 mg	15 mg
Quinine sulfate	150 mg	76 mg

INDICATIONS

Ce médicament contient du bismuth, de la quinine et des *antiseptiques* des *voies respiratoires*.

Il est utilisé dans le *traitement d'appoint* des angines et des *pharyngites*.

CONTRE-INDICATIONS

Ce médicament ne doit pas être utilisé dans les cas suivants :
- certaines maladies du rein,
- maladie cardiaque,
- enfant de moins de 15 ans (suppositoire Adulte),
- enfant de moins de 4 ans (suppositoire Enfant),
- **grossesse,**
- **allaitement.**

ATTENTION

L'existence ou l'apparition de signes d'infection (fièvre, coloration des crachats) imposent un avis médical.

GROSSESSE, ALLAITEMENT ET NOUVEAU-NÉ

Ce médicament est contre-indiqué pendant la grossesse et l'allaitement.

MODE D'EMPLOI ET POSOLOGIE

Posologie usuelle :
- Adulte : 1 suppositoire Adulte, 1 à 3 fois par jour.
- Enfant de plus de 4 ans : 1 suppositoire Enfant, 1 à 3 fois par jour.

EFFETS INDÉSIRABLES POSSIBLES

Troubles digestifs, *allergie* cutanée, coloration de la peau et des ongles.

BISEPTINE

chlorhexidine, benzalkonium chlorure, alcool benzylique

PRÉSENTATION

BISEPTINE : solution pour application locale ; flacon pulvérisateur 100 ml - Remb. 65 %

BISEPTINE : solution pour application locale ; flacon 500 ml - Remb. 65 %

Laboratoires Nicholas

COMPOSITION

	p. 100 ml
Chlorhexidine gluconate	250 mg
Benzalkonium chlorure	25 mg
Alcool benzylique	4 ml

INDICATIONS

Ce médicament est un *antiseptique* local.

Il est utilisé pour nettoyer la peau et désinfecter les plaies et les brûlures superficielles. Il est en outre utilisé comme *traitement d'appoint* dans certaines infections de la peau.

CONTRE-INDICATIONS

Ce médicament ne doit être utilisé ni sur les *muqueuses*, ni dans l'œil, ni dans l'oreille (risque de toxicité en cas de perforation du tympan).

ATTENTION

N'utilisez pas ce médicament sur une large surface de peau sans avis médical : risque de passage du médicament dans le sang.

INTERACTIONS MÉDICAMENTEUSES

L'association à d'autres *antiseptiques* est déconseillée car leurs effets risquent de s'annuler.

GROSSESSE, ALLAITEMENT ET NOUVEAU-NÉ

L'utilisation ponctuelle de ce médicament pendant la grossesse ou l'allaitement ne semble pas poser de problème particulier.

Allaitement :

Ne pas appliquer sur les seins en cas d'allaitement.

MODE D'EMPLOI ET POSOLOGIE

Cette solution est appliquée pure.

Posologie usuelle :

2 applications par jour.

Le simple lavage à l'eau et au savon permet d'éliminer la majorité des *germes* ; il doit être suivi d'un rinçage soigneux car le savon peut inactiver certains *antiseptiques*.

Tous les antiseptiques peuvent être contaminés par des germes : une fois ouverts, ne les conservez pas inutilement.

EFFETS INDÉSIRABLES POSSIBLES

Allergie cutanée.

BISMURECTOL

bismuth, eucalyptol, camphre

PRÉSENTATION

BISMURECTOL ADULTE : suppositoire ; boîte de 10 - Non remb.

BISMURECTOL ENFANT : suppositoire ; boîte de 10 - Non remb.

Laboratoires Bouchara

COMPOSITION

	p. suppos. Ad.	p. suppos. Enf.
Bismuth orthoxyquinoléate	80 mg	40 mg
Eucalyptol	80 mg	50 mg
Camphre naturel	50 mg	20 mg

INDICATIONS

Ce médicament contient du bismuth et des *antiseptiques* des *voies* respiratoires.

Il est utilisé dans le *traitement d'appoint* de la grippe, des angines et des affections des *voies* respiratoires.

CONTRE-INDICATIONS

Ce médicament ne doit pas être utilisé dans les cas suivants :
- certaines maladies du rein,
- enfant de moins de 15 ans (suppositoire Adulte),
- enfant de moins de 5 ans (suppositoire Enfant).

ATTENTION

L'existence ou l'apparition de signes d'infection (fièvre, coloration des crachats) imposent un avis médical.

GROSSESSE, ALLAITEMENT ET NOUVEAU-NÉ

L'effet de ce médicament pendant la grossesse ou l'allaitement est mal connu. L'évaluation du risque éventuel lié à son utilisation est individuelle : demandez conseil à votre pharmacien ou à votre médecin.

MODE D'EMPLOI ET POSOLOGIE

Il est sans intérêt de prolonger le traitement au-delà de quelques jours.

Posologie usuelle :
- Adulte : 1 suppositoire Adulte, 1 à 3 fois par jour.
- Enfant de plus de 5 ans : 1 suppositoire Enfant, matin et soir.

EFFETS INDÉSIRABLES POSSIBLES

Maux de tête ou troubles psychiques nécessitant l'arrêt du traitement.

BISOLVON

bromhexine

PRÉSENTATION

BISOLVON 4 mg : comprimé (blanc) ; boîte de 40 - Remb. 35 % - Liste II

BISOLVON 8 mg : comprimé (blanc) ; boîte de 30 - Remb. 35 % - Liste II

BISOLVON 2 mg/1 ml : solution buvable et pour aérosol ; flacon 60 ml - Remb. 35 % - Liste II

BISOLVON 2 mg/1 ml : solution buvable et pour aérosol ; flacon 150 ml - Remb. 35 % - Liste II

BISOLVON : solution injectable *I.M.* ou *I.V.* ; boîte de 5 ampoules 2 ml - Remb. 35 % - Liste II

Laboratoires Boehringer Ingelheim France

COMPOSITION

	p. comp.	p. comp.
Bromhexine chlorhydrate	4 mg	8 mg
	p. c. à c.	p. amp. inj.
Bromhexine chlorhydrate	10 mg	4 mg

INDICATIONS

Ce médicament facilite l'évacuation des sécrétions bronchiques en les fluidifiant.

Il est utilisé dans le *traitement d'appoint* des troubles de la sécrétion bronchique associés aux maladies bronchiques aiguës ou chroniques.

ATTENTION

Ce médicament ne doit pas être associé aux *antitussifs* ni aux substances asséchant les sécrétions bronchiques.

Certaines maladies ou traitements en cours doivent être portés à la connaissance de votre médecin :
- difficultés d'expectoration,
- antitussifs,
- *atropiniques*.

GROSSESSE, ALLAITEMENT ET NOUVEAU-NÉ

Par mesure de prudence, en l'absence de données suffisantes, ce médicament est déconseillé pendant la grossesse et l'allaitement.

MODE D'EMPLOI ET POSOLOGIE

Les prises doivent être régulièrement réparties au cours de la journée.

L'*aérosol* est obtenu à l'aide d'un générateur d'aérosol ; suivez les indications de votre médecin ou de votre pharmacien.

Posologie usuelle :
- Adulte :
  - soit 1 ou 2 comprimés à 4 mg, 3 fois par jour ;
  - soit 4 à 6 comprimés à 8 mg par jour, répartis en 3 prises ;
  - soit 1/2 à 1 cuillère à café de solution buvable, 3 fois par jour ;
  - soit 1 ou 2 ampoules de solution injectable, 2 fois par jour, en injection intramusculaire ou intraveineuse.
- Enfant de plus de 30 mois :
  - soit 1 comprimé à 4 mg, 1 à 3 fois par jour ;
  - soit 1/2 à 1 et 1/2 cuillère à café de solution buvable par jour ;
  - soit 1/2 à 1 ampoule de solution injectable, 2 fois par jour, en injection intramusculaire ou intraveineuse.
- Nourrisson :
  - 1/2 à 1 cuillère à café de solution buvable par jour.

EFFETS INDÉSIRABLES POSSIBLES

Troubles digestifs : nausées, vomissements.

Augmentation de l'encombrement bronchique chez les personnes ayant des difficultés à expectorer.

BI-TILDIEM

diltiazem

PRÉSENTATION

BI-TILDIEM 90 mg : comprimé à *libération prolongée* (blanc) ; boîte de 28 - Remb. 65 % - Liste I

BI-TILDIEM 120 mg : comprimé à *libération prolongée* (blanc) ; boîte de 28 - Remb. 65 % - Liste I

Laboratoires Synthélabo France

COMPOSITION

	p. comp. L.P.	p. comp. L.P.
Diltiazem	90 mg	120 mg

INDICATIONS

Ce médicament est un *vasodilatateur* qui appartient à la famille des *inhibiteurs calciques*. Il a un effet protecteur sur le cœur.

Cette forme est réservée au *traitement préventif* des crises d'*angine de poitrine*.

CONTRE-INDICATIONS

Ce médicament ne doit pas être utilisé dans les cas suivants :
- *insuffisance cardiaque* grave,
- certaines maladies de l'automatisme cardiaque,
- grossesse.

ATTENTION

Des précautions sont nécessaires en cas de *troubles du rythme cardiaque*, d'*insuffisance rénale*, d'*insuffisance hépatique* et chez la personne âgée.

Signalez la prise de ce médicament à l'anesthésiste en cas d'intervention chirurgicale.

INTERACTIONS MÉDICAMENTEUSES

Ce médicament peut interagir avec d'autres médicaments, notamment certains *antiarythmiques*. Signalez tout autre traitement en cours à votre médecin ou à votre pharmacien.

GROSSESSE, ALLAITEMENT ET NOUVEAU-NÉ

Grossesse :

Ce médicament est contre-indiqué chez la femme enceinte ou susceptible de l'être. Une contraception efficace est recommandée.

Allaitement :
Ce médicament passe dans le lait maternel : l'allaitement est déconseillé.

MODE D'EMPLOI ET POSOLOGIE

Les comprimés doivent être pris avec un peu d'eau sans être croqués.

Posologie usuelle :
1 comprimé à 90 mg ou à 120 mg, matin et soir.

> Il est normal de retrouver le comprimé dans les selles : son contenu a été libéré dans l'intestin.

EFFETS INDÉSIRABLES POSSIBLES

Rarement :
- rougeur de la face, bouffées de chaleur, maux de tête, jambes lourdes ou enflées, *palpitations* ;
- fatigue, *troubles digestifs*, éruptions cutanées.

Exceptionnellement : ralentissement important du cœur.

BLACKOÏDS du Dr MEUR
menthol, suc de réglisse

PRÉSENTATION

BLACKOÏDS DU Dr MEUR : pastille (noir) ; sachet 20 g - Non remb.

Laboratoires S.E.R.P.

COMPOSITION

	p. past.
Menthol	1 mg
Suc de réglisse	99 mg
Soit glycyrrhizine	17,8 mg

INDICATIONS

Ce médicament d'usage local contient un *antiseptique*.

Il est utilisé pour calmer les irritations de la gorge.

CONTRE-INDICATIONS

Ce médicament ne doit pas être utilisé dans les cas suivants :
- *hypertension artérielle*,
- enfant de moins de 5 ans.

> **ATTENTION**
> En cas d'aggravation, d'absence d'amélioration au bout de 10 jours ou d'apparition de fièvre : consultez votre médecin.
> La consommation excessive de réglisse peut entraîner une augmentation de la pression artérielle.

GROSSESSE, ALLAITEMENT ET NOUVEAU-NÉ

Aucun problème particulier n'a été mis en évidence aux doses usuelles lors d'une utilisation de courte durée pendant la grossesse ou l'allaitement.

MODE D'EMPLOI ET POSOLOGIE

Les pastilles doivent être sucées sans être croquées.

Posologie usuelle :
- Adulte : 10 à 20 pastilles par jour.
- Enfant de 10 à 15 ans : 5 à 10 pastilles par jour, selon l'âge.
- Enfant de 5 à 10 ans : 1 à 5 pastilles par jour, selon l'âge.

> Certaines infections de la gorge nécessitent un traitement *antibiotique* pour éviter des complications ultérieures, cardiaques ou rénales : si les troubles persistent, consultez votre médecin.

EFFETS INDÉSIRABLES POSSIBLES

À forte dose : *hypertension artérielle*.

BLÉPHASEPTYL
fludrocortisone, hexamidine, sélénium

PRÉSENTATION

BLÉPHASEPTYL : gel ophtalmique ; tube 5 g - Remb. 65 % - Liste I

Laboratoires Chauvin

COMPOSITION

	p. 100 g
Fludrocortisone acétate	0,1 g
Hexamidine di-iséthionate	0,1 g
Bisulfure de sélénium	1 g

INDICATIONS

Ce gel ophtalmique contient un *corticoïde*, un *antiseptique* et du sélénium.

Il est utilisé dans le traitement de l'*inflammation* des paupières due à un excès de sécrétion de sébum.

CONTRE-INDICATIONS

Ce médicament ne doit pas être utilisé dans les cas suivants :
- *kératite* virale, *mycose* oculaire ;
- *tuberculose* oculaire ;
- *antécédent* personnel ou familial de *glaucome*.

> **ATTENTION**
> Certaines contre-indications ne peuvent être détectées que par un ophtalmologiste : ne réutilisez pas ce médicament sans avis médical.
> Le gel doit être appliqué sur les paupières ; évitez de le faire pénétrer dans l'œil.

GROSSESSE, ALLAITEMENT ET NOUVEAU-NÉ

L'effet de ce médicament pendant la grossesse ou l'allaitement est mal connu : seul votre médecin peut évaluer le risque éventuel de son utilisation dans votre cas.

MODE D'EMPLOI ET POSOLOGIE

Appliquer le gel en petite quantité sur le bord de la paupière, à la base des cils, en évitant de le faire pénétrer dans l'œil.

Posologie usuelle :
2 ou 3 applications par jour pendant 10 à 15 jours.

> L'application correcte du produit peut nécessiter une aide, notamment chez une personne handicapée ou âgée.

BLUCINEL
sulfacétamide, tétraméthylthionine, borate de sodium

PRÉSENTATION

BLUCINEL : collyre ; flacon 10 ml - Non remb.

Laboratoires P.P.D.H.

COMPOSITION

	p. 100 ml
Sulfacétamide sodique	10 g
Tétraméthylthionine	10 mg
Borate de sodium	0,5 mg

INDICATIONS

Ce collyre contient des *antiseptiques*.

Il est utilisé dans le *traitement d'appoint* des infections de l'œil et des paupières.

> **ATTENTION**
> Une rougeur ou une douleur de l'œil ne correspondent pas toujours à une infection. Des soins urgents peuvent être nécessaires, notamment en cas de vision floue.
> Le traitement peut être insuffisant pour guérir à lui seul une infection de l'œil : n'utilisez pas ce collyre plus de quelques jours sans avis médical.
> Le collyre peut être contaminé par l'œil infecté : évitez de mettre en contact l'extrémité du flacon avec l'œil ; ne conservez pas le collyre inutilement après une première utilisation.

INTERACTIONS MÉDICAMENTEUSES

Ce collyre peut interagir avec d'autres collyres. Respecter un intervalle minimal de 15 minutes entre 2 instillations.

GROSSESSE, ALLAITEMENT ET NOUVEAU-NÉ

L'effet de ce médicament pendant la grossesse ou l'allaitement est mal connu. L'évaluation du risque éventuel lié à son utilisation est individuelle : demandez conseil à votre pharmacien ou à votre médecin.

MODE D'EMPLOI ET POSOLOGIE

Tirer la paupière inférieure vers le bas tout en regardant vers le haut et déposer une goutte de collyre entre la paupière et le globe oculaire (*cul-de-sac conjonctival*).

Posologie usuelle :
- Adulte : 1 goutte, 5 ou 6 fois par jour.

> Les lentilles de contact ne doivent pas être portées en cas d'infection oculaire ni réutilisées avant l'arrêt complet du traitement.

L'application correcte du produit peut nécessiter une aide, notamment chez une personne handicapée ou âgée.

EFFETS INDÉSIRABLES POSSIBLES

Irritation locale.

BOLCITOL

PRÉSENTATION

BOLCITOL : solution buvable ; flacon 125 ml - Non remb.

Laboratoires Lesourd

COMPOSITION

	p. 100 ml
Fumeterre, extrait fluide	5,4 g
Boldo, extrait fluide	3,6 g
Sauge, extrait fluide	3,6 g
Fenouil, teinture	3,6 g
Alcool	+
Saccharose	6 g

INDICATIONS

Ce médicament associe plusieurs extraits de plantes. Il agit en augmentant la production de bile.

Il est utilisé dans le *traitement symptomatique* des digestions difficiles.

ATTENTION

Ce médicament contient du *sucre* (saccharose) et de l'*alcool* en quantité notable.

Si vous souffrez d'obstruction des *voies biliaires*, parlez-en à votre médecin ou à votre pharmacien.

GROSSESSE, ALLAITEMENT ET NOUVEAU-NÉ

Ce médicament ne contient que des plantes présumées sans danger pendant la grossesse ou l'allaitement. Néanmoins, ne l'utilisez pas de façon prolongée sans l'avis de votre pharmacien ou de votre médecin.

MODE D'EMPLOI ET POSOLOGIE

1 à 3 cuillères à café par jour.

☛ Ce médicament ne dispense pas d'une alimentation appropriée : parlez-en à votre médecin ou à votre pharmacien.

BOLDOFLORINE

PRÉSENTATION

BOLDOFLORINE : comprimé (rose) ; boîte de 40 - Non remb.

Laboratoires Exflora

COMPOSITION

	p. comp.
Boldine	1 mg
Séné, extrait sec	24 mg
Bourdaine, extrait sec	4,875 mg
Romarin, extrait sec	12 mg

INDICATIONS

C'est un *laxatif stimulant*. Il augmente les sécrétions et la motricité de l'intestin.

Ce médicament est utilisé comme *traitement symptomatique* de la constipation.

CONTRE-INDICATIONS

Ce médicament ne doit pas être utilisé dans les cas suivants :
- maladies inflammatoires du côlon,
- constipation ou douleur abdominale due à une obstruction du tube digestif : rétrécissement intestinal, *fécalome* (bouchon de selles),
- enfant de moins de 12 ans.

ATTENTION

Ce médicament doit être utilisé de façon épisodique et en cure très brève : pas plus de 8 à 10 jours.

Son usage régulier peut entraîner :
- une *dépendance*,
- des troubles intestinaux graves,
- une perte de sels minéraux et notamment de *potassium*, pouvant entraîner des *troubles du rythme cardiaque* graves.

Arrêter le traitement en cas de diarrhée ou de douleurs abdominales.

INTERACTIONS MÉDICAMENTEUSES

Ce médicament peut interagir avec d'autres médicaments, notamment certains *antiarythmiques* et ceux contenant de la *vincamine*. Signalez tout autre traitement en cours à votre médecin ou à votre pharmacien.

GROSSESSE, ALLAITEMENT ET NOUVEAU-NÉ

Ce médicament est déconseillé pendant la grossesse ou l'allaitement.

MODE D'EMPLOI ET POSOLOGIE

1 à 3 comprimés, après le repas du soir.

☛ Des mesures simples d'hygiène alimentaire et des exercices physiques sont à envisager avant d'utiliser un laxatif : parlez-en à votre médecin ou à votre pharmacien.

EFFETS INDÉSIRABLES POSSIBLES

Diarrhée, douleurs abdominales.

BOLDOLAXINE

PRÉSENTATION

BOLDOLAXINE : comprimé (marron) ; boîte de 30 - Non remb. - Liste II

Laboratoires Bouchara Santé Active

COMPOSITION

	p. comp.
Phénolphtaléine	75 mg
Belladone, extrait	3 mg
Boldo, poudre	70 mg
Lichen	10 mg

INDICATIONS

Ce médicament contient un *laxatif stimulant* (phénolphtaléine) et un *atropinique* (belladone). Le laxatif stimulant augmente les sécrétions et la motricité de l'intestin. La *belladone* a une action *antispasmodique*.

Il est utilisé comme *traitement symptomatique* de la constipation.

CONTRE-INDICATIONS

Ce médicament ne doit pas être utilisé dans les cas suivants :
- maladies inflammatoires du côlon,
- maladie comportant un risque d'obstruction du tube digestif,
- *glaucome* à angle fermé,
- risque de blocage urinaire lié à un *adénome de la prostate*,
- enfant de moins de 15 ans.

ATTENTION

Ce médicament doit être utilisé de façon épisodique et en cure très brève : pas plus de 8 à 10 jours.

Son usage régulier peut entraîner :
- une *dépendance*,
- des troubles intestinaux graves,
- une perte de sels minéraux et notamment de *potassium*, pouvant entraîner des *troubles du rythme cardiaque* graves.

Arrêter le traitement en cas de diarrhée ou de douleurs abdominales.

INTERACTIONS MÉDICAMENTEUSES

Ce médicament peut interagir avec d'autres, notamment certains *antiarythmiques* et les médicaments contenant de la *vincamine*. Signalez tout autre traitement en cours à votre médecin ou à votre pharmacien.

GROSSESSE, ALLAITEMENT ET NOUVEAU-NÉ

En raison de la présence de phénolphtaléine, ce médicament est fortement déconseillé pendant la grossesse ou l'allaitement.

MODE D'EMPLOI ET POSOLOGIE

Ce médicament doit être pris de préférence avant le dîner.

L'effet ne peut être obtenu qu'après 6 à 8 heures.

Posologie usuelle :
- Adulte : 1 comprimé par jour.

☛ Des mesures simples d'hygiène alimentaire et des exercices physiques sont à envisager avant d'utiliser un laxatif : parlez-en à votre médecin ou à votre pharmacien.

EFFETS INDÉSIRABLES POSSIBLES

Diarrhée, douleurs abdominales.

Réaction allergique cutanée, *photosensibilisation*.

À forte dose, effets *atropiniques*.

BOLINAN

polyvidone

PRÉSENTATION

BOLINAN : comprimé sécable (blanc) ; boîte de 15 - Remb. 65 %

BOLINAN : comprimé sécable (blanc) ; boîte de 40 - Remb. 65 %
Laboratoires Syntex

COMPOSITION

	p. comp.
Polyvidone	2 g

INDICATIONS

Ce médicament est un protecteur du tube digestif.
Il est utilisé pour traiter les troubles *fonctionnels* du côlon, notamment en cas de ballonnements.

GROSSESSE, ALLAITEMENT ET NOUVEAU-NÉ

La substance contenue dans ce médicament est peu absorbée ; l'automédication est possible en cure courte ou ponctuelle pendant la grossesse ou l'allaitement.

MODE D'EMPLOI ET POSOLOGIE

Les comprimés doivent être délayés dans un demi-verre d'eau et pris juste avant les repas.
Posologie usuelle :
2 comprimés, midi et soir.

> Si ces troubles persistent plus de quelques jours, consultez votre médecin.

B.O.P.
olivier, bouleau

PRÉSENTATION

B.O.P. : comprimé (blanc) ; boîte de 60 - Remb. 65 %
Laboratoires P.P.D.H.

COMPOSITION

	p. comp.
Olivier, nébulisat	65 mg
Bouleau, nébulisat	95 mg

INDICATIONS

Ce médicament contient des extraits de plantes.
Il est utilisé pour favoriser l'élimination d'eau par le rein.

GROSSESSE, ALLAITEMENT ET NOUVEAU-NÉ

Ce médicament ne contient que des plantes présumées sans danger pendant la grossesse ou l'allaitement. Néanmoins, ne l'utilisez pas de façon prolongée sans l'avis de votre pharmacien ou de votre médecin.
Grossesse :
Ce médicament n'est pas adapté au traitement d'une éventuelle rétention d'eau survenant pendant la grossesse. L'apparition d'*œdèmes* impose une consultation médicale.

MODE D'EMPLOI ET POSOLOGIE

Les comprimés doivent être avalés avec un verre d'eau.
Posologie usuelle :
2 comprimés, 3 fois par jour.

BORIBEL Nº 1
homéopathie

PRÉSENTATION

BORIBEL Nº 1 : granule ; boîte de 160 - Non remb.
Laboratoires Monal

COMPOSITION

	p. 100 g
Solidago virga aurea D3	5 g
Belladonna D6	10 g
Aconitum napellus D2	10 g
China D3	5 g
Ferrum phosphoricum D12	10 g
Arnica montana D2	10 g
Rhus toxicodendron D3	5 g
Colubrina D3	5 g
Carduus marianus D2	10 g
Berberis vulgaris D2	10 g
Hydrocotyle asiatica D2	10 g
Aesculus hippocastanum D2	10 g

INDICATIONS

Ce médicament est un *complexe* (association) de remèdes homéopathiques.
Il est utilisé dans le *traitement symptomatique* des coups de froid, des états grippaux et des courbatures. Il est également utilisé comme draineur général.

GROSSESSE, ALLAITEMENT ET NOUVEAU-NÉ

Aux *dilutions homéopathiques*, les substances contenues dans ce médicament ne sont pas connues pour être toxiques pendant la grossesse ou l'allaitement.

MODE D'EMPLOI ET POSOLOGIE

Les granules doivent être placés sous la langue ou dissous dans un peu d'eau. Ils seront pris de préférence à distance des repas.
Posologie usuelle :
6 granules, 4 fois par jour.

> Certains homéopathes recommandent de ne pas absorber de camphre pendant un traitement homéopathique.

BORIBEL Nº 3
homéopathie

PRÉSENTATION

BORIBEL Nº 3 : granule ; boîte de 160 - Non remb.
Laboratoires Monal

COMPOSITION

	p. 100 g
Valeriana officinalis D3	30 g
Gelsemium sempervirens D3	10 g
Hyoscyamus niger D3	10 g
Sumbul D3	10 g
Passiflora incarnata D3	10 g
Lobelia inflata D3	10 g
Ignatia amara D3	10 g
Kalium phosphoricum D8	10 g

INDICATIONS

Ce médicament est un *complexe* (association) de remèdes homéopathiques.
Il est utilisé dans le *traitement symptomatique* des troubles légers liés à la nervosité (trac, troubles du sommeil, surmenage, tics...).

GROSSESSE, ALLAITEMENT ET NOUVEAU-NÉ

Aux *dilutions homéopathiques*, les substances contenues dans ce médicament ne sont pas connues pour être toxiques pendant la grossesse ou l'allaitement.

MODE D'EMPLOI ET POSOLOGIE

Les granules doivent être placés sous la langue ou dissous dans un peu d'eau. Ils seront pris à distance des repas.
Posologie usuelle :
6 granules, 4 fois par jour.

> Certains homéopathes recommandent de ne pas absorber de camphre pendant un traitement homéopathique.

BORIBEL Nº 10
homéopathie

PRÉSENTATION

BORIBEL Nº 10 : granule ; boîte de 160 - Non remb.
Laboratoires Diététique et Santé

COMPOSITION

Argentum nitricum D 6, Belladonna D 6, Hepar sulfuris calcareum D 6, Arum triphyllum D 3, Spongia tosta D 3, Phytolacca decandra D 3, Borax veneta D 3, Apis mellifica D 3, Kalium chloratum D 8, Kalium sulfuricum D 8, aa

INDICATIONS

Ce médicament est un *complexe* (association) de remèdes homéopathiques.
Il est utilisé dans le *traitement symptomatique* des affections de la gorge et des enrouements.

> **ATTENTION**
> En cas d'absence d'amélioration, ou en cas d'apparition de fièvre, consultez votre médecin.

GROSSESSE, ALLAITEMENT ET NOUVEAU-NÉ

Aux *dilutions homéopathiques*, les substances contenues dans ce médicament ne sont pas connues pour être toxiques pendant la grossesse ou l'allaitement.

MODE D'EMPLOI ET POSOLOGIE

Les granules doivent être placés sous la langue ou dissous dans un peu d'eau. Ils seront pris de préférence à distance des repas.
Posologie usuelle :
6 granules, 4 fois par jour.

> Certains homéopathes recommandent de ne pas absorber de camphre pendant un traitement homéopathique.

BORIBEL Nº 15
homéopathie

PRÉSENTATION

BORIBEL Nº 15 : granule ; boîte de 160 - Non remb.

Laboratoires Monal

COMPOSITION

	p. 100 g
Radix brasiliensis D6	10 g
Colubrina D3	10 g
Lycopodium clavatum D3	10 g
China D3	10 g
Natrum phosphoricum D8	10 g
Argentum nitricum D6	10 g
Camphora D6	10 g
Chelidonium majus D3	10 g
Carduus marianus D3	10 g
Thlaspi bursa pastoris D3	10 g

INDICATIONS

Ce médicament est un *complexe* (association) de remèdes homéopathiques.

Il est utilisé dans le *traitement symptomatique* des nausées, des vomissements, des ballonnements, des digestions difficiles et du mal de mer.

GROSSESSE, ALLAITEMENT ET NOUVEAU-NÉ

Aux *dilutions homéopathiques*, les substances contenues dans ce médicament ne sont pas connues pour être toxiques pendant la grossesse ou l'allaitement.

MODE D'EMPLOI ET POSOLOGIE

Les granules doivent être placés sous la langue ou dissous dans un peu d'eau. Ils seront pris de préférence à distance des repas.

Posologie usuelle :

6 granules, 4 fois par jour.

> ☛ Certains homéopathes recommandent de ne pas absorber de camphre pendant un traitement homéopathique.

BORIBEL Nº 22
homéopathie

PRÉSENTATION

BORIBEL Nº 22 : granule ; boîte de 160 - Non remb.

Laboratoires Monal

COMPOSITION

	p. 100 g
Berberis vulgaris D3	10 g
Hepar sulfuris calcareum D12	20 g
Silicea D12	10 g
Sulfur iodatum D12	10 g
Belladonna D12	10 g
Hydrocotyle asiatica D3	10 g
Rhus toxicodendron D3	10 g
Kalium sulfuricum D8	10 g
Baptisia tinctoria D3	10 g

INDICATIONS

Ce médicament est un *complexe* (association) de remèdes homéopathiques.

Il est utilisé dans le *traitement symptomatique* des démangeaisons, de l'*eczéma*, de l'*urticaire*, de l'*acné* et de l'*impétigo*.

GROSSESSE, ALLAITEMENT ET NOUVEAU-NÉ

Aux *dilutions homéopathiques*, les substances contenues dans ce médicament ne sont pas connues pour être toxiques pendant la grossesse ou l'allaitement.

MODE D'EMPLOI ET POSOLOGIE

Les granules doivent être placés sous la langue ou dissous dans un peu d'eau, et pris de préférence à distance des repas.

Posologie usuelle :

6 granules, 4 fois par jour.

> ☛ Certains homéopathes recommandent de ne pas absorber de camphre pendant un traitement homéopathique.

BORIBEL Nº 23
homéopathie

PRÉSENTATION

BORIBEL Nº 23 : granule ; boîte de 160 - Non remb.

Laboratoires Diététique et Santé

COMPOSITION

	p. 100 g
Acidum benzoïcum D2	10 g
Bryonia alba D2	10 g
Lithium iodatum D2	10 g
Colchicum automnale D3	10 g
Kalmia latifolia D3	10 g
Digitalis purpurea D3	10 g
Asclepias tuberosa D3	10 g
Apocynum cannabinum D3	10 g
Oleander D3	10 g
Rhus toxicodendron D3	10 g

INDICATIONS

Ce médicament est un *complexe* (association) de remèdes homéopathiques.

Il est utilisé dans le *traitement symptomatique* des *tendinites*, des *sciatiques*, des lumbagos et des *inflammations* de l'articulation du coude.

GROSSESSE, ALLAITEMENT ET NOUVEAU-NÉ

Aux *dilutions homéopathiques*, les substances contenues dans ce médicament ne sont pas connues pour être toxiques pendant la grossesse ou l'allaitement.

MODE D'EMPLOI ET POSOLOGIE

Ce médicament doit être pris de préférence à distance des repas.

Les granules peuvent être placés sous la langue ou dissous dans un peu d'eau.

Posologie usuelle :

6 granules, 4 fois par jour.

> ☛ Certains homéopathes recommandent de ne pas absorber de camphre pendant un traitement homéopathique.

BORIBEL Nº 40
homéopathie

PRÉSENTATION

BORIBEL Nº 40 : granule ; boîte de 160 - Non remb.

Laboratoires Diététique et Santé

COMPOSITION

Aesculus hippocastanum D2, Hamamelis virginica D2, Paeonia officinalis D2, Sulfur D3, Aloe D3, Collinsonia canadensis D3, Colubrina D3, Teucrium marum verum D3, Hydrastis canadensis D3, Cupressus D3, aa 10 g

INDICATIONS

Ce médicament est un *complexe* (association) de remèdes homéopathiques.

Il est utilisé dans le *traitement symptomatique* des varices et des *hémorroïdes*.

> **ATTENTION**
> Certains troubles de la circulation veineuse peuvent avoir des conséquences graves, notamment la *phlébite*. Dans ce cas, un traitement par les *anticoagulants* est nécessaire.

GROSSESSE, ALLAITEMENT ET NOUVEAU-NÉ

Aux *dilutions homéopathiques*, les substances contenues dans ce médicament ne sont pas connues pour être toxiques pendant la grossesse ou l'allaitement.

MODE D'EMPLOI ET POSOLOGIE

Les granules doivent être placés sous la langue ou dissous dans un peu d'eau. Ils seront pris de préférence à distance des repas.

Posologie usuelle :

6 granules, 4 fois par jour.

> ☛ Certains homéopathes recommandent de ne pas absorber de camphre pendant un traitement homéopathique.

BORIBEL Nº 41
homéopathie

PRÉSENTATION

BORIBEL Nº 41 : granule ; boîte de 160 - Non remb.

Laboratoires Monal

COMPOSITION

	p. 100 g
Ballota D3	20 g
Passiflora incarnata D3	20 g
Crataegus oxyacantha D3	20 g
Solidago virga aurea D3	20 g
Origanum majorana D3	20 g

INDICATIONS

Ce médicament est un *complexe* (association) de remèdes homéopathiques.

Il est utilisé dans le *traitement symptomatique* des troubles légers liés à l'anxiété et à l'hyperexcitabilité (insomnie, *palpitations*, troubles des règles, mal de mer).

GROSSESSE, ALLAITEMENT ET NOUVEAU-NÉ

Aux *dilutions homéopathiques*, les substances contenues dans ce médicament ne sont pas connues pour être toxiques pendant la grossesse ou l'allaitement.

MODE D'EMPLOI ET POSOLOGIE

Les granules doivent être placés sous la langue ou dissous dans un peu d'eau. Ils seront pris à distance des repas.

Posologie usuelle :

6 granules, 4 fois par jour.

Certains homéopathes recommandent de ne pas absorber de camphre pendant un traitement homéopathique.

BORIBEL N° 43
homéopathie

PRÉSENTATION

BORIBEL N° 43 : granule ; boîte de 160 - Non remb.

Laboratoires Monal

COMPOSITION

	p. 100 g
China D1	10 g
Foenum graecum D1	10 g
Gelsemium sempervirens D3	10 g
Colubrina D3	10 g
Solidago virga aurea D2	10 g
Gentiana lutea D2	10 g
Arsenicum iodatum D4	10 g
Crataegus oxyacantha D3	10 g
Acidum phosphoricum D3	10 g
Bovista D3	10 g

INDICATIONS

Ce médicament est un *complexe* (association) de remèdes homéopathiques.

Il est utilisé dans le *traitement symptomatique* de la fatigue chez l'adulte et l'enfant (croissance, convalescence, surmenage...), du manque d'appétit et de l'amaigrissement.

ATTENTION

Une perte de l'appétit ou une perte de poids doivent vous conduire à consulter votre médecin afin d'en rechercher la cause.

GROSSESSE, ALLAITEMENT ET NOUVEAU-NÉ

Aux *dilutions homéopathiques*, les substances contenues dans ce médicament ne sont pas connues pour être toxiques pendant la grossesse ou l'allaitement.

MODE D'EMPLOI ET POSOLOGIE

Les granules doivent être placés sous la langue ou dissous dans un peu d'eau. Ils seront pris de préférence à distance des repas.

Posologie usuelle :

6 granules, 4 fois par jour.

Certains homéopathes recommandent de ne pas absorber de camphre pendant un traitement homéopathique.

BORIBEL N° 45
homéopathie

PRÉSENTATION

BORIBEL N° 45 : granulé ; boîte de 160 - Non remb.

Laboratoires Monal

COMPOSITION

	p. 100 g
Cynara scolymus D3	10 g
Peumus boldus D3	10 g
Allium sativum D3	10 g
Radix brasiliensis D3	10 g
Camphora D3	10 g
Chelidonium majus D3	10 g
Baptisia tinctoria D3	10 g
China D3	10 g
Thlaspi bursa pastoris D3	10 g
Kalium sulfuricum D8	10 g

INDICATIONS

Ce médicament est un *complexe* (association) de remèdes homéopathiques.

Il est utilisé dans le *traitement symptomatique* des vomissements et des digestions difficiles liées à une paresse du foie et de la vésicule biliaire.

GROSSESSE, ALLAITEMENT ET NOUVEAU-NÉ

Aux *dilutions homéopathiques*, les substances contenues dans ce médicament ne sont pas connues pour être toxiques pendant la grossesse ou l'allaitement.

MODE D'EMPLOI ET POSOLOGIE

Les granules doivent être placés sous la langue ou dissous dans un peu d'eau. Ils seront pris à distance des repas.

Posologie usuelle :

6 granules, 4 fois par jour.

Certains homéopathes recommandent de ne pas absorber de camphre pendant un traitement homéopathique.

BOROCLARINE
phényléphrine, acide borique, borate de sodium

PRÉSENTATION

BOROCLARINE : collyre ; flacon 15 ml - Remb. 65 %

Laboratoires CIBA Vision Ophthalmics

COMPOSITION

	p. fl.
Phényléphrine chlorhydrate	15 mg
Acide borique	150 mg
Borate de sodium	15 mg

INDICATIONS

C'est un collyre décongestionnant qui contient un *vasoconstricteur* et un *antiseptique*.

Il est utilisé pour traiter les *conjonctivites* non infectieuses, notamment les irritations dues à des corps étrangers, à des gaz irritants, à des poussières ou à une lumière excessive.

CONTRE-INDICATIONS

Ce médicament ne doit pas être utilisé dans les cas suivants :
- *glaucome* à angle fermé,
- enfant de moins de 3 ans.

ATTENTION

Une rougeur ou une douleur de l'œil ne correspondent pas toujours à une *conjonctivite*. Des soins urgents peuvent être nécessaires, notamment en cas de vision floue.

Ce collyre peut provoquer un *glaucome* aigu par fermeture de l'angle chez les personnes prédisposées : œil rouge, dur, douloureux, et flou de la vision. Une consultation d'urgence dans un service spécialisé est alors nécessaire.

Du fait de la présence d'un *vasoconstricteur*, les instillations répétées doivent être évitées chez les personnes souffrant d'*angine de poitrine* ou d'*hypertension artérielle*.

Des instillations répétées peuvent provoquer une sensibilité anormale à la lumière, gênante en cas de conduite automobile.

INTERACTIONS MÉDICAMENTEUSES

Ce médicament peut interagir avec d'autres médicaments, notamment les *antidépresseurs* de la famille des *IMAO* non sélectifs (MARSILID, NIAMIDE...). Signalez tout autre traitement en cours à votre médecin ou à votre pharmacien.

GROSSESSE, ALLAITEMENT ET NOUVEAU-NÉ

L'effet de ce médicament pendant la grossesse ou l'allaitement est mal connu. L'évaluation du risque éventuel lié à son utilisation est individuelle : demandez conseil à votre pharmacien ou à votre médecin.

MODE D'EMPLOI ET POSOLOGIE

Tirer la paupière inférieure vers le bas tout en regardant vers le haut et déposer les gouttes de collyre entre la paupière et le globe oculaire (*cul-de-sac conjonctival*).

Posologie usuelle :

- Adulte et enfant de plus de 3 ans : 1 goutte, 2 à 4 fois par jour, pendant 7 jours en moyenne.

Les lentilles de contact ne doivent pas être portées en cas d'irritation oculaire ni réutilisées avant l'arrêt complet du traitement.

Ce collyre peut colorer de façon irréversible les lentilles souples.

L'application correcte du produit peut nécessiter une aide, notamment chez l'enfant ou la personne handicapée ou âgée.

Ne conservez pas ce collyre plus de 15 jours après une première utilisation. Il doit être conservé à l'abri de la chaleur et de la lumière.

EFFETS INDÉSIRABLES POSSIBLES

Glaucome aigu par fermeture de l'angle (voir ATTENTION).

Accélération du cœur, *palpitations* du fait du passage possible du *vasoconstricteur* dans le sang.

Sensibilité excessive à la lumière due à une dilatation de la pupille.

BOROSTYROL

PRÉSENTATION

BOROSTYROL SCHLATTER : pommade (jaune) ; tube 50 g - Non remb.

BOROSTYROL SCHLATTER : solution alcoolique pour application locale (jaune clair) ; flacon 30 ml - Non remb.

Laboratoires Mayoly-Spindler

COMPOSITION

	pommade p. 100 g	solution alcoolique p. 100 ml
Thymol	0,90 g	0,703 g
Salol	1,34 g	1,405 g
Menthol	0,60 g	0,452 g
Bergamote, essence	0,09 g	
Acide borique		0,967 g
Benjoin		4 g
Degré alcoolique		75°

INDICATIONS

Ce médicament est une association de substances *antiseptiques* et *antalgiques*.

La solution est utilisée dans le *traitement d'appoint* des piqûres d'insectes et des *inflammations* de la bouche et des gencives : aphtes, plaies par prothèse dentaire, gingivites.

La pommade est destinée au traitement d'appoint des brûlures superficielles, des crevasses et des gerçures.

CONTRE-INDICATIONS

Ce médicament ne doit pas être utilisé chez l'enfant de moins de 30 mois.

ATTENTION

Ce médicament contient des substances aromatiques puissantes qui peuvent être toxiques, notamment chez l'enfant, en cas d'inhalation ou d'application sur de larges surfaces.

GROSSESSE, ALLAITEMENT ET NOUVEAU-NÉ

Ce médicament ne contient que des substances présumées sans danger pendant la grossesse ou l'allaitement. Néanmoins, ne l'utilisez pas de façon prolongée sans l'avis de votre pharmacien ou de votre médecin.

MODE D'EMPLOI ET POSOLOGIE

La solution s'applique avec un morceau de coton, par tamponnement léger.

Posologie usuelle :

2 ou 3 applications de pommade ou de solution par jour.

☛ Pour éviter le risque de *photosensibilisation* locale (due à la bergamote), n'exposez pas la zone traitée par la crème au soleil ou aux rayons *ultraviolets*.

La solution est très alcoolisée : appliquez-la avec prudence sur les plaies et les *muqueuses* fragiles.

EFFETS INDÉSIRABLES POSSIBLES

Irritation, *eczéma*.

BRADYL 250

nadoxolol

PRÉSENTATION

BRADYL 250 : comprimé (jaune pâle) ; boîte de 30 - Remb. 65 % - Liste II

Laboratoires Lafon

COMPOSITION

	p. comp.
Nadoxolol chlorhydrate	250 mg

INDICATIONS

Ce médicament appartient à la famille des *antiarythmiques*. Il lutte contre les contractions anarchiques du muscle cardiaque.

Il est utilisé dans le *traitement symptomatique* des *extrasystoles* bénignes.

ATTENTION

Si vous souffrez d'*insuffisance rénale*, signalez-le à votre médecin.

INTERACTIONS MÉDICAMENTEUSES

Ce médicament peut interagir avec d'autres médicaments, notamment les autres *antiarythmiques*. Signalez tout autre traitement en cours à votre médecin ou à votre pharmacien.

GROSSESSE, ALLAITEMENT ET NOUVEAU-NÉ

L'effet de ce médicament pendant la grossesse ou l'allaitement est mal connu : seul votre médecin peut évaluer le risque éventuel de son utilisation dans votre cas.

MODE D'EMPLOI ET POSOLOGIE

Les comprimés doivent être avalés avec un peu d'eau.

Posologie usuelle :

1 ou 2 comprimés, 3 fois par jour.

EFFETS INDÉSIRABLES POSSIBLES

Troubles digestifs, *hypotension orthostatique*.

Rarement : *allergies* cutanées, *insuffisance cardiaque*, ralentissement anormal du cœur.

L'exposition au soleil peut être contre-indiquée pendant certains traitements

BREXIN

piroxicam

PRÉSENTATION

BREXIN : comprimé sécable (jaune pâle) ; boîte de 14 - Remb. 65 % - Liste I

Laboratoires Robapharm

COMPOSITION

	p. comp.
Piroxicam	20 mg

INDICATIONS

Ce médicament est un *anti-inflammatoire* non stéroïdien (*AINS*). Il lutte contre l'*inflammation* et la douleur, fait baisser la fièvre et fluidifie le sang.

Il est utilisé dans le *traitement symptomatique* :

- des *rhumatismes inflammatoires* ;
- des crises d'*arthrose* ;
- des *arthrites*, des *tendinites*, des entorses... ;
- des *sciatiques* et des *cruralgies*.

CONTRE-INDICATIONS

Ce médicament ne doit pas être utilisé dans les cas suivants :

- *allergie* aux *AINS*, y compris l'aspirine ;
- *ulcère* de l'estomac ou du *duodénum* ;
- *insuffisance hépatique*, *insuffisance rénale* graves ;
- enfant de moins de 15 ans ;
- grossesse (3 derniers mois) ;
- allaitement.

ATTENTION

Tout traitement prolongé ou surdosage d'*AINS* expose à des effets indésirables graves.

Tout *symptôme* pouvant faire craindre une complication impose l'arrêt du traitement : *allergie* cutanée (rougeur, démangeaison, éruption...).

Des précautions sont nécessaires en cas d'*antécédent* d'*ulcère* de l'estomac ou du *duodénum*, ou de risque hémorragique, et chez la femme qui porte un stérilet.

Conducteur : ce médicament peut provoquer parfois des étourdissements.

INTERACTIONS MÉDICAMENTEUSES

Ce médicament peut interagir avec d'autres médicaments, notamment :

- l'aspirine et les autres *anti-inflammatoires* non stéroïdiens : risque d'accroissement des effets indésirables ;
- les *anticoagulants* et les *antiagrégants plaquettaires* (TICLID...) : augmentation du risque hémorragique ;
- le *lithium* (TÉRALITHE, NEUROLITHIUM...) : augmentation du taux de lithium dans le sang.

Signalez tout autre traitement en cours à votre médecin ou à votre pharmacien.

GROSSESSE, ALLAITEMENT ET NOUVEAU-NÉ

Grossesse :

Des effets néfastes graves pour la mère et l'enfant ont été mis en évidence lorsque ce médicament, comme tous les *AINS*, est utilisé au cours des 3 derniers mois de la grossesse : son usage est formellement contre-indiqué pendant cette période.

Pendant les 6 premiers mois, l'effet de ce médicament est mal connu : seul votre médecin peut évaluer le risque éventuel de son utilisation dans votre cas.

Allaitement :

Ce médicament passe dans le lait maternel : par mesure de prudence, il est contre-indiqué pendant l'allaitement.

MODE D'EMPLOI ET POSOLOGIE

Les comprimés doivent être avalés avec un verre d'eau, de préférence au cours des repas.

Posologie usuelle :

- Adulte :
  - *traitement d'attaque* : 1 comprimé, 2 fois par jour, sans dépasser 40 mg par jour.
  - *traitement d'entretien* : 1 comprimé par jour.

> Ne dépassez pas la *posologie* et la durée prescrites par votre médecin afin d'éviter les effets indésirables.

EFFETS INDÉSIRABLES POSSIBLES

- Aphtes, *inflammation* de la bouche ou des gencives.
- *Troubles digestifs*, *gastrite*, voire *ulcère* de l'estomac ou du *duodénum*, le plus souvent lors d'un traitement prolongé ou à des doses supérieures à 30 mg par jour. Exceptionnellement : *hémorragie* du tube digestif (vomissements sanglants, selles noires, ou plus souvent pertes de sang imperceptibles, responsables de l'apparition progressive d'une *anémie*).
- Réactions allergiques cutanées, *asthme*.
- Étourdissement, maux de tête, bourdonnements d'oreille, somnolence.

BRIAZIDE

bénazépril, hydrochlorothiazide

PRÉSENTATION

BRIAZIDE : comprimé sécable (rose) ; boîte de 28 - Remb. 65 % - Liste I

Laboratoires Pierre Fabre

COMPOSITION

	p comp.
Bénazépril chlorhydrate	10 mg
Hydrochlorothiazide	12,5 mg

INDICATIONS

Cet *antihypertenseur* contient deux substances :

- le bénazépril, un inhibiteur de l'*enzyme* de conversion. Cette enzyme est une substance naturellement présente dans l'organisme, responsable d'une contraction des artères qui augmente la tension artérielle et fatigue le cœur ;
- l'hydrochlorothiazide, un *diurétique* dont la structure chimique est proche de celle des *sulfamides*. Son action renforce celle du bénazépril.

Ce médicament est utilisé dans le traitement de l'*hypertension artérielle*.

CONTRE-INDICATIONS

Ce médicament ne doit pas être utilisé dans les cas suivants :

- *allergie* connue à l'un des constituants ou à la famille des *sulfamides*,
- *insuffisance rénale* grave,
- *insuffisance hépatique* grave,
- grossesse.

> **ATTENTION**
>
> Si vous suiviez auparavant un traitement par *diurétique* ou un régime sans *sel*, la baisse de la tension artérielle peut être importante lors des premières prises : un malaise ou des étourdissements peuvent survenir ; il est préférable de choisir une période de repos et de prendre garde au risque de chute.
>
> Des précautions sont nécessaires chez la personne âgée.
>
> Ce médicament peut être responsable d'une baisse de la *kaliémie* (taux du potassium dans le sang), qui peut être aggravée par l'usage immodéré de *laxatifs stimulants*. Des analyses de sang sont souvent prescrites par le médecin.

INTERACTIONS MÉDICAMENTEUSES

Ce médicament peut interagir avec d'autres médicaments, notamment ceux contenant du *lithium*, certains *diurétiques* et les *sels* de régime.

Signalez tout autre traitement en cours à votre médecin ou à votre pharmacien.

GROSSESSE, ALLAITEMENT ET NOUVEAU-NÉ

Grossesse :

L'effet de ce médicament sur l'enfant à naître est mal connu.

Quelques cas de complications ont été rapportés et son usage pendant la grossesse est contre-indiqué.

Allaitement :

Ce médicament passe dans le lait maternel : l'allaitement est déconseillé.

MODE D'EMPLOI ET POSOLOGIE

Ce médicament doit être pris avec un verre d'eau.

Posologie usuelle :

- Adulte : 1/2 à 1 comprimé par jour.

En cas de traitement préalable par des *diurétiques* ou de régime sans *sel*, la *posologie* initiale est faible ; elle est augmentée progressivement par le médecin en fonction des effets du médicament.

> Le traitement médicamenteux ne dispense pas de mesures simples pouvant faire baisser la tension artérielle : activité physique régulière, modération de la consommation de boissons alcoolisées, lutte contre le surpoids.

EFFETS INDÉSIRABLES POSSIBLES

Toux sèche, *vertiges*, étourdissements, nausées, fatigue, *hypotension orthostatique*.

Élévation du taux de *sucre* ou d'*acide urique* dans le sang.

Baisse du taux de potassium dans le sang associée ou non à des crampes.

Rares réactions allergiques : œdème de *Quincke*, *allergie* cutanée.

BRICANYL comprimé

terbutaline

PRÉSENTATION

BRICANYL : comprimé sécable (blanc) ; boîte de 50 - Remb. 65 % - Liste I

BRYCANYL L.P. : comprimé à *libération prolongée* (blanc) ; boîte de 30 - Remb. 65 % - Liste I

Laboratoires Astra France

COMPOSITION

	p. comp.	p. comp. L.P.
Terbutaline sulfate	2,5 mg	5 mg

INDICATIONS

Ce médicament est un bronchodilatateur qui lutte contre la contraction anormale des muscles de la paroi des bronches. Il est apparenté à une substance naturelle : l'*adrénaline* ; mais contrairement à cette substance, il a peu d'effets sur le cœur.

Il est utilisé dans le *traitement de fond* de l'*asthme* et de certaines maladies des bronches.

BRICANYL à 2,5 mg est également utilisé pour traiter les menaces d'accouchement prématuré, en raison de son action relaxante sur la musculature de l'utérus.

CONTRE-INDICATIONS

BRICANYL L.P. ne doit pas être utilisé chez l'enfant de moins de 5 ans.

> **ATTENTION**
>
> Ce médicament n'est pas adapté au *traitement de la crise* d'*asthme*.
>
> Certaines maladies ou traitements en cours doivent être portés à la connaissance de votre médecin : maladies cardiaques graves (*troubles du rythme cardiaque*, *angine de poitrine*), *hypertension artérielle*, *hyperthyroïdie*, *diabète* ou traitement par un autre bronchodilatateur.

GROSSESSE, ALLAITEMENT ET NOUVEAU-NÉ

Grossesse :

Ce médicament peut être employé chez la femme enceinte.

Allaitement :

Ce médicament passe dans le lait maternel.

MODE D'EMPLOI ET POSOLOGIE

Les comprimés à 2,5 mg peuvent être écrasés dans un peu d'eau. La prise doit avoir lieu dans la demi-heure précédant le repas.

Les comprimés à *libération prolongée* 5 mg doivent être avalés sans être coupés ni croqués ni écrasés, au cours du repas, avec un grand verre d'eau.

Posologie usuelle :
Comprimé à 2,5 mg :
- Adulte :
  - *Asthme* : 1 comprimé, 3 fois par jour.
  - Menace d'accouchement prématuré : 1 ou 2 comprimés toutes les 3 à 4 heures.
- Enfant et nourrisson : 1 comprimé par 10 à 15 kg et par jour.

Comprimé à libération prolongée à 5 mg :
- Adulte et enfant de plus de 5 ans (pesant plus de 20 kg) : 1 comprimé, matin et soir.

> Toute interruption du traitement expose à une recrudescence de l'*asthme*.
> Les excitants tels que le thé ou le café peuvent majorer certains effets indésirables de la terbutaline, et doivent être consommés avec modération.

EFFETS INDÉSIRABLES POSSIBLES

Tremblements des extrémités, accélération du cœur à forte dose.

BRICANYL inhalé
terbutaline

PRÉSENTATION

BRICANYL : aérosol doseur ; flacon pressurisé 5 ml (200 bouffées) - Remb. 65 % - Liste I

BRICANYL TURBUHALER : poudre pour inhalation buccale ; flacon doseur (200 doses) - Remb. 65 % - Liste I

Laboratoires Astra France

COMPOSITION

	p. bouffée	p. dose
Terbutaline sulfate	0,25 mg	0,5 mg

INDICATIONS

Ce médicament est un bronchodilatateur qui lutte contre la contraction anormale des muscles de la paroi des bronches. Il est apparenté à une substance naturelle, l'*adrénaline* ; mais contrairement à cette substance, il a peu d'effet sur le cœur. Son action est rapide et se prolonge pendant environ 6 heures.

Il est utilisé dans :
- le *traitement de la crise* d'*asthme*,
- le *traitement de fond* de l'asthme,
- la prévention de la crise d'asthme pendant l'effort,
- certaines maladies respiratoires.

> **ATTENTION**
> Si une crise d'*asthme* ne cède pas malgré des inhalations répétées, ne vous obstinez pas et consultez immédiatement votre médecin ou à défaut appelez le 15 ou un service médical d'urgence.
> BRICANYL TURBUHALER n'est pas adapté aux enfants de moins de 5 ans.

GROSSESSE, ALLAITEMENT ET NOUVEAU-NÉ

Ce médicament peut être utilisé pendant la grossesse ou l'allaitement.

MODE D'EMPLOI ET POSOLOGIE

Quel que soit le système utilisé, l'inhalation du médicament doit se faire au cours d'une inspiration profonde, précédée si possible d'une expiration forcée. Il est ensuite nécessaire de retenir sa respiration pendant quelques instants.

- Aérosol doseur (délivrant 0,25 mg par dose) : l'aérosol doseur doit être agité, puis tenu verticalement, flacon vers le haut, face à la bouche ouverte. La bouffée est libérée par pression de l'index lors du début d'une inspiration profonde. Retenir ensuite sa respiration pendant quelques instants.
  Les *posologies* sont valables pour l'enfant comme pour l'adulte :
  - *Traitement de la crise* : 1 ou 2 bouffées, que l'on peut renouveler après 1 minute si l'effet est insuffisant.
  - *Traitement de fond* : 4 à 12 bouffées par jour, régulièrement réparties dans la journée.

Ne pas dépasser, en tout, 15 inhalations par jour.

- Turbuhaler (délivrant 0,5 mg par dose) : l'appareil doit être chargé (clic audible en faisant tourner la base de l'appareil), puis placé entre les lèvres. L'inspiration doit être rapide et profonde. Contrairement à l'aérosol, le Turbuhaler n'entraîne aucune sensation particulière, bien que le produit soit délivré au niveau du poumon. Il ne faut jamais souffler dans l'appareil ni le mouiller. Ne pas omettre de revisser le capuchon après usage.
  - *Traitement de la crise* :
    - Adulte et enfant de plus de 5 ans : 1 inhalation d'une dose, que l'on peut renouveler après 20 minutes.
  - *Traitement de fond* :
    - Adulte et enfant de plus de 12 ans : 1 inhalation, 3 ou 4 fois par jour, régulièrement réparties dans la journée.
    - Enfant de 5 à 12 ans : 1 inhalation, 2 ou 3 fois par jour, régulièrement réparties dans la journée.
  - *Traitement préventif* de l'*asthme* d'effort : 1 inhalation, 15 à 30 minutes avant l'exercice.

Ne pas dépasser, en tout, 8 inhalations par jour.

> Lisez attentivement la notice du médicament avant son emploi.
> N'hésitez pas à demander une démonstration du maniement de ces appareils à votre médecin ou à votre pharmacien.
> L'utilisation de l'aérosol doseur chez les jeunes enfants ou les personnes maîtrisant mal la technique d'inhalation peut être facilitée par l'emploi d'un réservoir en matière plastique qui s'interpose entre l'aérosol doseur et la bouche.
> La chambre d'inhalation adaptée au BRICANYL aérosol s'appelle Nebuhaler. Demandez conseil à votre pharmacien.
> Nettoyez l'embout buccal de l'aérosol doseur à l'eau, avant et après utilisation. Dans le cas du Turbuhaler : démontez l'appareil et nettoyez à l'eau l'embout buccal, 2 ou 3 fois par semaine.
> Le flacon d'aérosol est sous pression : conservez-le à l'abri de la chaleur.

EFFETS INDÉSIRABLES POSSIBLES

Les effets indésirables sont rares et bénins avec les formes inhalées. Leur survenue est favorisée par une augmentation de la *posologie*.

Tremblements des extrémités, accélération du cœur peuvent être observés à forte dose.

BRIEM
bénazépril

PRÉSENTATION

BRIEM 5 mg : comprimé sécable (jaune pâle) ; boîte de 28 - Remb. 65 % - Liste I

BRIEM 10 mg : comprimé (jaune foncé) ; boîte de 28 - Remb. 65 % - Liste I

Laboratoires Pierre Fabre

COMPOSITION

	p. comp.	p. comp.
Bénazépril chlorhydrate	5 mg	10 mg

INDICATIONS

Ce médicament appartient à la famille des inhibiteurs de l'*enzyme* de conversion (IEC). L'enzyme de conversion est une substance naturellement présente dans l'organisme ; elle est responsable d'une contraction des artères qui augmente la tension artérielle et fatigue le cœur.

Il est utilisé dans le traitement de l'*hypertension artérielle*.

CONTRE-INDICATIONS

Ce médicament ne doit pas être utilisé en cas de **grossesse**.

> **ATTENTION**
> Si vous suivez un traitement par *diurétique* ou un régime sans *sel*, la baisse de la tension artérielle peut être importante lors des premières prises : un malaise ou des étourdissements peuvent survenir ; il est préférable de choisir une période de repos et de prendre garde au risque de chute.
> Les *sels* de régime contiennent souvent du *potassium* ; ne les utilisez pas sans avis médical pendant le traitement.
> Des précautions sont nécessaires chez la personne âgée et celle atteinte d'*insuffisance rénale*.
> Conducteur : ce médicament peut être responsable de vertiges ou d'une baisse de la vigilance.

INTERACTIONS MÉDICAMENTEUSES

Ce médicament peut interagir avec d'autres médicaments, notamment ceux contenant du *lithium*, certains *diurétiques* et les *sels* de régime. Signalez tout autre traitement en cours à votre médecin ou à votre pharmacien.

GROSSESSE, ALLAITEMENT ET NOUVEAU-NÉ

Grossesse :
L'effet de ce médicament sur l'enfant à naître est mal connu. Quelques accidents

ayant été rapportés, son usage pendant la grossesse est contre-indiqué.

Allaitement :

Les données actuellement disponibles ne permettent pas de savoir si ce médicament passe dans le lait maternel : l'allaitement est déconseillé.

MODE D'EMPLOI ET POSOLOGIE

Ce médicament peut être pris indifféremment au cours ou en dehors des repas.

Posologie usuelle :

- Adulte : 10 mg par jour en 1 prise.

En cas d'*insuffisance rénale*, de traitement par des *diurétiques* ou de régime sans *sel*, la *posologie* initiale est faible ; elle est augmentée progressivement par le médecin en fonction des effets du médicament.

> Le traitement médicamenteux ne dispense pas des mesures simples pouvant faire baisser la tension artérielle : activité physique régulière, modération de la consommation de boissons alcoolisées, lutte contre le surpoids.

EFFETS INDÉSIRABLES POSSIBLES

Toux sèche, *vertiges*, maux de tête, étourdissements, fatigue, *hypotension orthostatique*.

Rares réactions allergiques : œdème de *Quincke*, *allergie* cutanée.

BRINALDIX
clopamide

PRÉSENTATION

BRINALDIX : comprimé (vert pâle) ; boîte de 25 - Remb. 65 % - Liste II

Laboratoires Sandoz

COMPOSITION

	p. comp.
Clopamide	20 mg

INDICATIONS

C'est un médicament qui appartient à la fois à la famille des *diurétiques* et à celle des *sulfamides*.

Il est utilisé dans le traitement :
- de l'*hypertension artérielle*,
- des *œdèmes* liés à une *insuffisance hépatique*, à une *insuffisance cardiaque* ou à un *syndrome néphrotique*.

CONTRE-INDICATIONS

Ce médicament ne doit pas être utilisé dans les cas suivants :
- *allergie* aux *sulfamides*,
- *insuffisance rénale* grave,
- maladie d'*Addison*.

> **ATTENTION**
>
> Ce médicament peut être responsable d'une baisse de la *kaliémie* (taux de *potassium* dans le sang), qui peut être aggravée par l'usage prolongé de *laxatifs stimulants*. Un contrôle par des analyses de sang est souvent prescrit par le médecin.
>
> Chez les personnes souffrant d'une *insuffisance hépatique* grave, l'apparition de troubles de la conscience peut annoncer une complication grave. Arrêtez le traitement et prenez un avis médical d'urgence.
>
> Les *diurétiques* peuvent augmenter le taux d'*acide urique* ou de *sucre* dans le sang.

INTERACTIONS MÉDICAMENTEUSES

Ce médicament peut interagir avec d'autres médicaments, notamment ceux contenant du *lithium* ou de la *vincamine*. Signalez tout autre traitement en cours à votre médecin ou à votre pharmacien.

GROSSESSE, ALLAITEMENT ET NOUVEAU-NÉ

Grossesse :

Les études scientifiques actuellement disponibles n'ont pas mis en évidence de problème particulier lors de l'utilisation de ce médicament chez la femme enceinte. Néanmoins, les *diurétiques* ne sont pas adaptés au traitement de l'*hypertension artérielle* et des *œdèmes* pendant la grossesse.

Allaitement :

Ce médicament passe dans le lait maternel : l'allaitement est déconseillé.

MODE D'EMPLOI ET POSOLOGIE

Ce médicament doit être pris avec un verre d'eau.

Posologie usuelle :

Elle varie selon la nature de l'affection.

> Ce médicament augmente le volume des urines, surtout en début de traitement. Une prise le soir peut occasionner des gênes pendant la nuit.
>
> Les *diurétiques* exposent au risque de déshydratation : les personnes âgées devront boire abondamment, notamment pendant les fortes chaleurs.

EFFETS INDÉSIRABLES POSSIBLES

Baisse du taux de *potassium* dans le sang.

Allergie cutanée.

BRISTAMOX
amoxicilline

PRÉSENTATION

BRISTAMOX 500 mg : poudre pour sirop ; flacon 60 ml (12 cuillères-mesure de 5 ml) - Remb. 65 % - Liste I

BRISTAMOX 250 mg : poudre pour sirop ; flacon 60 ml (12 cuillères-mesure de 5 ml) - Remb. 65 % - Liste I

BRISTAMOX 125 mg : poudre pour sirop ; flacon 60 ml (12 cuillères-mesure de 5 ml) - Remb. 65 % - Liste I

BRISTAMOX 500 mg : gélule (orange et gris) ; boîte de 12 - Remb. 65 % - Liste I

Laboratoires Bristol-Myers Squibb

COMPOSITION

	p. c. mes.	p. c. mes.
Amoxicilline	125 mg	250 mg
Saccharose	2,20 g	2,15 g

	p. c. mes.	p. gél.
Amoxicilline	500 mg	500 mg
Saccharose	1,90 g	

INDICATIONS

C'est un *antibiotique* qui appartient à la famille des *pénicillines* à spectre élargi, c'est-à-dire actives sur un plus grand nombre de *germes* que la pénicilline simple.

Ce médicament est utilisé dans le traitement de diverses maladies infectieuses, notamment celles des poumons, des bronches, du nez, de la gorge ou des oreilles, de l'appareil digestif ou urinaire, des *voies génitales*, des gencives et des dents.

CONTRE-INDICATIONS

Ce médicament ne doit pas être utilisé dans les cas suivants :
- *allergie* aux *pénicillines*,
- *mononucléose infectieuse*.

Ce médicament ne peut être utilisé qu'après avis médical en cas d'allergie aux *céphalosporines*.

> **ATTENTION**
>
> Des précautions sont nécessaires en cas d'*insuffisance rénale*.
>
> Le médecin peut prescrire un prélèvement pour identifier le *germe* responsable de l'infection et tester sa sensibilité à l'*antibiotique*. Le résultat de cet examen peut être faussé en cas d'automédication préalable : ne prenez pas d'antibiotique sans avis médical.
>
> Des *antécédents* d'*allergie* à la *pénicilline* contre-indiquent l'usage de ce médicament. La survenue de toute manifestation allergique (boutons, *œdème*, malaise) impose l'arrêt immédiat du traitement : consultez votre médecin.
>
> Une diminution de la fièvre ou une disparition des *symptômes* ne sont pas synonymes de guérison : la durée du traitement doit absolument être respectée pour éviter les rechutes.
>
> Le sirop reconstitué contient du *sucre* (saccharose) en quantité notable.

INTERACTIONS MÉDICAMENTEUSES

Ce médicament peut interagir avec d'autres médicaments. Signalez tout autre traitement en cours à votre médecin ou à votre pharmacien.

GROSSESSE, ALLAITEMENT ET NOUVEAU-NÉ

Grossesse :

Les études scientifiques actuellement disponibles n'ont pas mis en évidence de problème particulier lors de l'utilisation chez la femme enceinte. Seul votre médecin peut apprécier la nécessité du traitement et son risque pendant la grossesse.

Allaitement :

Ce médicament passe dans le lait maternel.

MODE D'EMPLOI ET POSOLOGIE

Les gélules doivent être avalées avec un peu d'eau.

Le sirop doit être préparé : dissoudre la poudre avec de l'eau en quantité suffisante pour que la solution obtenue atteigne le trait gravé sur le flacon.

Les repas ne modifient pas l'absorption du médicament, qui peut donc être pris à n'importe quel moment de la journée.

Posologie usuelle :

Elle varie en fonction des indications.

À titre indicatif et pour des infections courantes :

- Adulte : 500 mg, matin et soir.
- Enfant et nourrisson : 50 mg par kg et par jour, répartis en 3 prises ; soit par exemple pour un enfant de 15 kg : une cuillère-mesure de sirop à 250 mg, matin, midi et soir.

L'éventuelle impression de fatigue n'est pas due à l'*antibiotique*, mais à l'infection elle-même.

L'odeur particulière des urines est normale et traduit l'élimination de l'antibiotique.

Le sirop reconstitué se conserve une semaine à température ambiante ; il est préférable de l'agiter avant chaque usage.

EFFETS INDÉSIRABLES POSSIBLES

Fréquents mais généralement bénins :
- *allergie* cutanée,
- *troubles digestifs* (nausée, diarrhée),
- *candidose*.

Rares mais parfois graves :
- œdème de *Quincke*,
- *choc* allergique (exceptionnel).

BRISTOPEN oral
oxacilline

PRÉSENTATION

BRISTOPEN 250 mg : poudre pour sirop Enfant Nourrisson ; flacon 60 ml (12 cuillères-mesure 5 ml) - Remb. 65 % - Liste I

BRISTOPEN 250 mg : comprimé (blanc) ; boîte de 24 - Remb. 65 % - Liste I

BRISTOPEN 500 mg : gélule (vert et blanc) ; boîte de 12 - Remb. 65 % - Liste I

Laboratoires Bristol-Myers Squibb

COMPOSITION

	p. c. mes.	p. comp.	p. gél.
Oxacilline	250 mg	250 mg	500 mg
Saccharose	2,03 g		

INDICATIONS

C'est un *antibiotique* qui appartient à la famille des *pénicillines* M. Cette famille est particulièrement efficace contre les *staphylocoques*, *germes* capables d'inactiver la pénicilline simple.

Ce médicament est utilisé dans le traitement de diverses maladies infectieuses, notamment celles des poumons, des bronches, du nez, de la gorge ou des oreilles, de l'appareil urinaire, de la peau ou des os.

CONTRE-INDICATIONS

Ce médicament ne doit pas être utilisé en cas d'*allergie* aux *pénicillines*.

Il ne peut être utilisé qu'après avis médical en cas d'allergie aux *céphalosporines*.

ATTENTION

Le médecin peut prescrire un prélèvement pour identifier le *germe* responsable de l'infection et tester sa sensibilité à l'*antibiotique*. Le résultat de cet examen peut être faussé en cas d'automédication préalable : ne prenez pas d'antibiotiques sans avis médical.

Des *antécédents* d'*allergie* à la *pénicilline* contre-indiquent l'usage de ce médicament. La survenue de toute manifestation allergique (boutons, *œdème*, malaise) impose l'arrêt immédiat du traitement : consultez votre médecin.

Une diminution de la fièvre ou une disparition des *symptômes* ne sont pas synonymes de guérison : la durée du traitement doit absolument être respectée pour éviter les rechutes.

Le sirop contient du *sucre* (saccharose) en quantité notable.

GROSSESSE, ALLAITEMENT ET NOUVEAU-NÉ

Grossesse :

Les études scientifiques actuellement disponibles n'ont pas mis en évidence de problème particulier lors de l'utilisation chez la femme enceinte. Seul votre médecin peut apprécier la nécessité du traitement et son risque pendant la grossesse.

Allaitement :

Ce médicament passe dans le lait maternel : l'arrêt de l'allaitement devra être envisagé.

MODE D'EMPLOI ET POSOLOGIE

Ce médicament doit être pris de préférence une demi-heure avant les repas.

Les gélules doivent être avalées avec un verre d'eau. Les comprimés peuvent être écrasés et mélangés à un aliment tel que du lait, un jus de fruit sucré, de la confiture ou du miel.

Le sirop doit être préparé : dissoudre la poudre avec de l'eau en quantité suffisante pour que la solution obtenue atteigne le trait gravé sur le flacon.

Posologie usuelle :

Elle varie en fonction des indications.

Pour des infections courantes :
- Adulte : 2 gélules, matin et soir.
- Enfant : 2 cuillères-mesure de sirop ou 2 comprimés, matin et soir.
- Nourrisson : 1/2 cuillère-mesure de sirop par 5 kg, 2 fois par jour.

L'éventuelle impression de fatigue n'est pas due à l'*antibiotique*, mais à l'infection elle-même.

L'odeur particulière des urines est normale et traduit l'élimination de l'antibiotique.

Le sirop reconstitué se conserve 15 jours à température ambiante.

EFFETS INDÉSIRABLES POSSIBLES

Fréquents mais généralement bénins :
- *allergie* cutanée,
- *troubles digestifs* : nausée, diarrhée.

Rares mais parfois graves :
- œdème de *Quincke*.

Exceptionnel :
- *choc* allergique.

BRISTOPEN injectable
oxacilline

PRÉSENTATION

BRISTOPEN 0,50 g : préparation injectable *I.M.* et *I.V.* ; flacon de poudre et ampoule de solvant 2 ml - Remb. 65 % - Liste I

BRISTOPEN 1 g : préparation injectable *I.M.* et *I.V.* ; flacon de poudre et ampoule de solvant 5 ml - Remb. 65 % - Liste I

Laboratoires Bristol-Myers Squibb

COMPOSITION

	p. fl.	p. fl.
Oxacilline	500 mg	1 g

INDICATIONS

Ce médicament est un *antibiotique* de la famille des *pénicillines* M. Cette famille est particulièrement efficace contre les *staphylocoques*, *germes* capables d'inactiver la pénicilline simple.

Il est utilisé dans le traitement de diverses maladies infectieuses, notamment celles des poumons, des bronches, du nez, de la gorge ou des oreilles, de l'appareil urinaire, de la peau ou des os.

CONTRE-INDICATIONS

Ce médicament ne doit pas être utilisé en cas d'*allergie* aux *pénicillines*.

Il ne peut être utilisé qu'après avis médical en cas d'allergie aux *céphalosporines*.

ATTENTION

Des *antécédents* d'*allergie* à la *pénicilline* contre-indiquent l'usage de ce médicament. La survenue de toute manifestation allergique (boutons, *œdème*, malaise) impose l'arrêt immédiat du traitement : consultez votre médecin.

Une diminution de la fièvre ou une disparition des troubles ne sont pas synonymes de guérison : la durée du traitement doit absolument être respectée pour éviter les rechutes.

INTERACTIONS MÉDICAMENTEUSES

Ce médicament peut interagir avec d'autres médicaments. Signalez tout autre traitement en cours à votre médecin ou à votre pharmacien.

GROSSESSE, ALLAITEMENT ET NOUVEAU-NÉ

Grossesse :

Les études scientifiques actuellement disponibles n'ont pas mis en évidence de problème particulier lors de l'utilisation chez la femme enceinte. Seul votre médecin peut apprécier la nécessité du traitement et son risque pendant la grossesse.

Allaitement :

Ce médicament passe dans le lait maternel : l'arrêt de l'allaitement devra être envisagé.

MODE D'EMPLOI ET POSOLOGIE

La solution est injectée par *voie* intramusculaire profonde, ou éventuellement en *perfusion*.

Posologie usuelle :

- Adulte, enfant, nourrisson : 50 à 100 mg, par kg et par jour.

> L'éventuelle impression de fatigue n'est pas due à l'*antibiotique*, mais à l'infection elle-même.
>
> La solution doit être utilisée dans les 4 heures qui suivent sa préparation.

EFFETS INDÉSIRABLES POSSIBLES

Fréquents mais généralement bénins :
- douleur au point d'injection ;
- *allergie* cutanée ;
- *troubles digestifs* : nausée, diarrhée.

Rare mais parfois grave :
- œdème de *Quincke*.

Exceptionnel :
- *choc* allergique.

BRITANE
miconazole

PRÉSENTATION

BRITANE : poudre pour application locale ; flacon 20 g - Non remb.

BRITANE : gel pour application locale ; tube 15 g - Non remb.

BRITANE : lotion ; flacon 20 g - Non remb.

Laboratoires Janssen-Solucal

COMPOSITION

	p. 100 g
Miconazole nitrate	2 g

INDICATIONS

Ce médicament d'action locale contient un *antifongique* de la famille des *imidazolés*. Il est utilisé dans le traitement de certaines maladies de la peau et des *muqueuses* dues à des champignons microscopiques : *candidose*, *pityriasis versicolor*, *dermatophyties*...

CONTRE-INDICATIONS

Ce médicament ne doit pas être utilisé en cas d'*allergie* aux *antifongiques* de la famille des *imidazolés*.

> **ATTENTION**
>
> Évitez d'utiliser ce médicament, notamment chez l'enfant, de manière prolongée et sur des surfaces étendues ou profondément lésées sans l'avis de votre pharmacien ou de votre médecin.

GROSSESSE, ALLAITEMENT ET NOUVEAU-NÉ

L'effet de ce médicament pendant la grossesse ou l'allaitement est mal connu. L'évaluation du risque éventuel lié à son utilisation est individuelle : demandez conseil à votre pharmacien ou à votre médecin.

MODE D'EMPLOI ET POSOLOGIE

Les savons acides peuvent neutraliser le gel ou la lotion : éviter leur emploi juste avant l'application.

Posologie usuelle :

1 application, 2 fois par jour.

La forme utilisée (gel, lotion, poudre) et la durée du traitement varient selon les cas.

> En cas de *candidose*, évitez d'utiliser des savons acides : ils favorisent la multiplication des champignons.

EFFETS INDÉSIRABLES POSSIBLES

Irritation ou *allergie* cutanée.

BROMO-KIN
bromocriptine

PRÉSENTATION

BROMO-KIN 2,5 mg : comprimé sécable (blanc) ; boîte de 30 - Remb. 65 % - Liste I

BROMO-KIN 5 mg : gélule (blanc et bleu) ; boîte de 30 - Remb. 65 % - Liste I

BROMO-KIN 10 mg : gélule (blanc) ; boîte de 30 - Remb. 65 % - Liste I

Laboratoires IREX

COMPOSITION

	p. comp.	p. gél.	p. gél.
Bromocriptine	2,5 mg	5 mg	10 mg

INDICATIONS

C'est un médicament qui appartient à la famille des dopaminergiques. Il possède plusieurs propriétés : il pallie le déficit en dopamine, substance normalement sécrétée par certaines cellules du système nerveux, et freine la sécrétion de la *prolactine*.

Il est utilisé dans le traitement de la maladie de *Parkinson*, seul ou en association.

> **ATTENTION**
>
> Si vous êtes âgé de plus de 65 ans, ou si vous souffrez d'une maladie cardiaque grave, un contrôle régulier de la tension artérielle est nécessaire.
>
> Des précautions sont nécessaires en cas de troubles psychiques graves, d'*antécédents* d'*ulcère* de l'estomac ou du *duodénum*. Si au cours du traitement apparaissent une gêne respiratoire inexpliquée, une douleur lombaire, un *œdème* des jambes, des maux de tête ou une *hypertension artérielle*, prévenez d'urgence votre médecin.
>
> Évitez les boissons alcoolisées : augmentation du risque de somnolence.
>
> Conducteur : ce médicament peut provoquer parfois des étourdissements.

INTERACTIONS MÉDICAMENTEUSES

Ce médicament peut interagir avec d'autres médicaments, notamment avec les *antibiotiques* de la famille des *macrolides*. Signalez tout autre traitement en cours à votre médecin ou à votre pharmacien.

GROSSESSE, ALLAITEMENT ET NOUVEAU-NÉ

Grossesse :

Ce médicament ne semble pas avoir d'effets nocifs pendant la grossesse. Cependant, si vous êtes enceinte, votre médecin appréciera l'opportunité de poursuivre le traitement.

Allaitement :

Ce médicament inhibe la lactation.

MODE D'EMPLOI ET POSOLOGIE

Ce médicament doit être pris au milieu des repas.

Posologie usuelle :

L'augmentation de la *posologie* est progressive pour limiter l'apparition des effets indésirables. Le médecin recherche la posologie efficace la plus faible possible qui est strictement individuelle.

EFFETS INDÉSIRABLES POSSIBLES

Surtout en début de traitement : *troubles digestifs* et baisse de la tension artérielle.

Rarement : mouvements anormaux, bouche sèche, constipation, *œdème* des jambes, syndrome de *Raynaud*.

À forte dose : confusion, excitation ou hallucinations. Ces troubles nécessitent la réduction de la *posologie*, voire l'arrêt du traitement.

BRONCHALÈNE

PRÉSENTATION

BRONCHALÈNE ADULTE : sirop arôme caramel orange fraise ; flacon 150 ml - Non remb.

BRONCHALÈNE ENFANT : sirop arôme caramel fraise ; flacon 150 ml - Non remb.

Laboratoires Jean-Paul Martin

COMPOSITION

	Sirop Ad. p. c. à s.	Sirop Enf. p. c. à c.
Pholcodine	12 mg	2,5 mg
Chlorphénamine maléate	1,99 mg	0,5 mg
Benzoate de sodium	75 mg	25 mg
Acide ascorbique (vitamine C)	150 mg	37,5 mg
Sorbitol	2,25 g	0,6 g
Saccharose	6,75 g	2,75 g

INDICATIONS

Ce médicament contient un *antitussif* (pholcodine), un *antihistaminique* antiallergique (chlorphénamine) et un stimulant des sécrétions bronchiques (benzoate de sodium). Il contient également de la *vitamine* C.

Il est utilisé dans le *traitement symptomatique* des toux sèches, notamment d'origine allergique ou irritative.

CONTRE-INDICATIONS

Ce médicament ne doit pas être utilisé dans les cas suivants :
- *asthme*,
- *insuffisance respiratoire*,
- *glaucome* à angle fermé,
- risque de blocage des urines (*adénome de la prostate*...),
- enfant de moins de 15 ans (sirop Adulte),
- enfant de moins de 3 ans (sirop Enfant).

ATTENTION

Ce médicament n'est pas adapté au traitement de la toux grasse, qui est un mécanisme de défense normal de l'organisme permettant l'évacuation des mucosités présentes dans les bronches.

La toux est un *symptôme* qui peut révéler de nombreuses maladies. Consultez votre médecin si elle persiste plus de quelques jours.

Ce médicament contient du *sucre* (saccharose) en quantité notable.

Évitez les boissons alcoolisées : augmentation du risque de somnolence.

Conducteur : ce médicament peut être responsable d'une somnolence ou d'une baisse de la vigilance.

INTERACTIONS MÉDICAMENTEUSES

Ce médicament peut interagir avec d'autres médicaments. Signalez tout autre traitement en cours à votre médecin ou à votre pharmacien.

GROSSESSE, ALLAITEMENT ET NOUVEAU-NÉ

Grossesse :

Compte tenu de la présence de pholcodine, n'utilisez pas ce médicament pendant la grossesse sans prendre l'avis de votre pharmacien ou de votre médecin.

Allaitement :

Les données actuellement disponibles ne permettent pas de savoir si ce médicament passe dans le lait maternel : par mesure de prudence, il est déconseillé pendant l'allaitement.

MODE D'EMPLOI ET POSOLOGIE

Le traitement ne doit pas dépasser 10 jours.

Le sirop doit être pris de préférence avant les repas.

Posologie usuelle :
- Adulte : 1 cuillère à soupe de sirop Adulte, 3 ou 4 fois par jour.
- Enfant de 11 à 15 ans : 1 cuillère à soupe de sirop Enfant, 3 ou 4 fois par jour.
- Enfant de 8 à 11 ans : 1 cuillère à soupe de sirop Enfant, 2 ou 3 fois par jour.
- Enfant de 6 à 8 ans : 1 cuillère à café de sirop Enfant, 3 ou 4 fois par jour.
- Enfant de 3 à 6 ans : 1 cuillère à café de sirop Enfant, 2 ou 3 fois par jour.

Fumer, ou être exposé à la fumée des autres, nuit à l'efficacité du traitement.

Des mesures simples permettent de calmer les toux sèches : boissons chaudes et humidification de l'air ambiant.

EFFETS INDÉSIRABLES POSSIBLES

Liés à la pholcodine : nausées, sensations de vertiges, réactions cutanées allergiques, difficultés respiratoires.

Liés à la chlorphénamine : somnolence et effets *atropiniques*, rares aux doses habituelles.

BRONCHALÈNE Nourrisson

PRÉSENTATION

BRONCHALÈNE NOURRISSON : sirop arôme caramel - fraise ; flacon 125 ml - Non remb.

Laboratoires Jean-Paul Martin

COMPOSITION

	p. c. à c.
Chlorphénamine maléate	0,5 mg
Benzoate de sodium	25 mg
Sorbitol	500 mg
Tolu extrait	0,15 ml
Eau de fleur d'oranger	0,3 ml
Saccharose	2,75 g

INDICATIONS

Ce médicament est une association de substances qui contient notamment un *antihistaminique* antiallergique (chlorphénamine) et un *expectorant* (benzoate de sodium).

Il est utilisé dans le *traitement symptomatique* des toux sèches, notamment allergiques et irritatives.

ATTENTION

Ce médicament n'est pas adapté au traitement de la toux grasse, qui est un mécanisme de défense normal de l'organisme permettant l'évacuation des mucosités présentes dans les bronches.

La toux est un *symptôme* qui peut révéler de nombreuses maladies : consultez votre médecin si elle persiste plus de quelques jours.

Ce sirop contient du *sucre* (saccharose) en quantité notable.

INTERACTIONS MÉDICAMENTEUSES

Ce médicament peut interagir avec d'autres médicaments, notamment les *sédatifs*. Signalez tout autre traitement à votre médecin ou à votre pharmacien.

MODE D'EMPLOI ET POSOLOGIE

Les prises du médicament doivent être réparties au cours de la journée.

Posologie usuelle :
- Enfant de 2 à 3 ans : 1 cuillère à café, 4 fois par jour.
- Enfant de 1 à 2 ans : 1 cuillère à café, 2 ou 3 fois par jour.
- Enfant de moins de 1 an : 1/2 cuillère à café, 2 ou 3 fois par jour.

Des mesures simples permettent de calmer les toux sèches : boissons chaudes et humidification de l'air ambiant.

EFFETS INDÉSIRABLES POSSIBLES

Fréquemment : somnolence.

Troubles digestifs, épaississement des sécrétions bronchiques, sécheresse de la bouche, constipation, rétention d'urine.

Rarement : agitation.

BRONCHATHIOL
carbocistéine

PRÉSENTATION

BRONCHATHIOL ADULTE : solution buvable arôme framboise ; flacon 150 ml - Non remb.

BRONCHATHIOL ENFANT NOURRISSON : solution buvable arôme framboise ; flacon 125 ml - Non remb.

Laboratoires Jean-Paul Martin

COMPOSITION

	sol. Ad. p. c. à s.	sol. Enf. p. c. à c.
Carbocistéine	750 mg	100 mg

INDICATIONS

Ce médicament fluidifie les sécrétions bronchiques et nasales. Il facilite leur évacuation par la toux et le mouchage.

Il est utilisé dans les états d'encombrement des bronches, associés à des maladies bronchiques aiguës ou chroniques.

ATTENTION

Des précautions sont nécessaires en cas d'*ulcère* de l'estomac et du *duodénum*.

N'utilisez pas d'*antitussif* en plus de ce médicament sans l'avis de votre médecin ou de votre pharmacien.

Si les sécrétions persistent au-delà de quelques jours, si elles se colorent ou si vous avez de la fièvre, consultez votre médecin.

GROSSESSE, ALLAITEMENT ET NOUVEAU-NÉ

L'effet de ce médicament pendant la grossesse ou l'allaitement est mal connu. L'évaluation du risque éventuel lié à son utilisation est individuelle : demandez conseil à votre pharmacien ou à votre médecin.

MODE D'EMPLOI ET POSOLOGIE

Posologie usuelle :
- Adulte : 1 cuillère à soupe de solution buvable Adulte, 3 fois par jour.
- Enfant de plus de 5 ans : 1 cuillère à café de solution buvable Enfant Nourrisson, 3 fois par jour.
- Enfant de 30 mois à 5 ans : 1 cuillère à café de solution buvable Enfant Nourrisson, 1 ou 2 fois par jour.
- Nourrisson de 1 à 30 mois : 1/2 cuillère à café de solution buvable Enfant Nourrisson, 1 ou 2 fois par jour.

La poursuite du tabagisme est un frein important à l'évacuation des mucosités.

Il est nécessaire de lutter contre la sécheresse de l'air ambiant (humidificateur...) pour éviter le dessèchement des sécrétions. Il est également recommandé de boire beaucoup.

Des crachats fluides et abondants traduisent l'efficacité de ce médicament.

Chez la personne âgée ou le très jeune enfant, l'incapacité à évacuer les crachats peut justifier l'aide d'un kinésithérapeute, sur prescription médicale.

EFFETS INDÉSIRABLES POSSIBLES

Troubles digestifs : nausées, diarrhée.

BRONCHOCYST

carbocistéine

PRÉSENTATION

BRONCHOCYST ADULTE : sirop arôme rhum-caramel ; flacon 150 ml - Non remb.

BRONCHOCYST ENFANT : solution buvable arôme abricot-cerise ; flacon 150 ml - Non remb.

Laboratoires Sterling Midy

COMPOSITION

	sirop Ad. p. c. à s.	sol. buv. Enf. p. c. à c.
Carbocistéine	750 mg	100 mg
Saccharose	3,37 g	
Alcool	2,4°	

INDICATIONS

Ce médicament fluidifie les sécrétions bronchiques. Il facilite leur évacuation par la toux.

Il est utilisé dans les états d'encombrement des bronches, associés aux maladies bronchiques aiguës ou chroniques.

ATTENTION

Des précautions sont nécessaires en cas d'*ulcère* de l'estomac et du *duodénum*.

N'utilisez pas d'*antitussif* en plus de ce médicament sans l'avis de votre médecin ou de votre pharmacien.

Si les sécrétions persistent au-delà de quelques jours, si elles se colorent ou si vous avez de la fièvre, consultez votre médecin.

Le sirop Adulte contient du *sucre* (saccharose) en quantité notable.

GROSSESSE, ALLAITEMENT ET NOUVEAU-NÉ

L'effet de ce médicament pendant la grossesse ou l'allaitement est mal connu. L'évaluation du risque éventuel lié à son utilisation est individuelle : demandez conseil à votre pharmacien ou à votre médecin.

MODE D'EMPLOI ET POSOLOGIE

Posologie usuelle :

- Adulte : 1 cuillère à soupe de sirop Adulte, 3 fois par jour.
- Enfant de plus de 5 ans : 1 cuillère à café de solution buvable Enfant, 3 fois par jour.
- Enfant de 1 mois à 5 ans : 1 cuillère à café de solution buvable Enfant, 1 ou 2 fois par jour.

La poursuite du tabagisme est un frein important à l'évacuation des mucosités.

Il est nécessaire de lutter contre la sécheresse de l'air ambiant (humidificateur...) pour éviter le dessèchement des sécrétions. Il est également recommandé de boire beaucoup.

Des crachats fluides et abondants traduisent l'efficacité de ce médicament.

Chez la personne âgée ou le très jeune enfant, l'incapacité à évacuer les crachats peut justifier l'aide d'un kinésithérapeute, sur prescription médicale.

EFFETS INDÉSIRABLES POSSIBLES

Troubles digestifs : nausées, diarrhée.

BRONCHODERMINE

eucalyptol, gaïacol

PRÉSENTATION

BRONCHODERMINE : pommade ; tube de 60 g - Remb. 35 %

BRONCHODERMINE ADULTE : suppositoire ; boîte de 10 - Remb. 35 %

BRONCHODERMINE ENFANT : suppositoire ; boîte de 10 - Remb. 35 %

BRONCHODERMINE NOURRISSON : suppositoire ; boîte de 10 - Remb. 35 %

Laboratoires Tissot

COMPOSITION

	pom. p. 100 g	p. suppos. Ad.
Eucalyptol	1 g	40 mg
Terpinol	0,60 g	250 mg
Terpinéol	0,60 g	
Amyléine chlorhydrate		5 mg
Gaïacol	1,55 g	200 mg
Pin, essence	1 g	50 mg

	p. suppos. Enf.	p. suppos. Nour.
Eucalyptol	20 mg	10 mg
Terpinol	125 mg	62,5 mg
Amyléine chlorhydrate	2,5 mg	1,25 mg
Gaïacol	100 mg	50 mg
Pin, essence	25 mg	12,5 mg

INDICATIONS

Ce médicament est un fluidifiant des sécrétions bronchiques.

Il est utilisé dans le *traitement symptomatique* des maladies respiratoires.

CONTRE-INDICATIONS

Ce médicament ne doit pas être utilisé dans les cas suivants :

- *allergie* aux *anesthésiques* locaux (suppositoire),
- **grossesse,**
- **allaitement.**

ATTENTION

La pommade risque de provoquer des irritations si elle est appliquée sur les *muqueuses*, les lésions de la peau et les brûlures.

GROSSESSE, ALLAITEMENT ET NOUVEAU-NÉ

En l'absence de données suffisantes, ce médicament ne doit pas être utilisé pendant la grossesse ou l'allaitement.

MODE D'EMPLOI ET POSOLOGIE

Appliquer la pommade sur le dos, la poitrine et le cou en frictionnant quelques instants, puis recouvrir avec un linge.

Posologie usuelle :

Pommade : 2 ou 3 applications par jour.

Suppositoire : 1 suppositoire, 1 à 3 fois par jour, en utilisant la forme adaptée à l'âge.

Pour une meilleure conservation, garder les suppositoires au frais.

BRONCHODUAL

fénotérol, bromure d'ipratropium

PRÉSENTATION

BRONCHODUAL : suspension pour inhalation buccale ; flacon pressurisé 10 ml (200 bouffées) et embout buccal - Remb. 65 % - Liste I

Laboratoires Boehringer Ingelheim France

COMPOSITION

	p. bouffée
Fénotérol bromhydrate	50 µg
Ipratropium monohydraté bromure	20 µg

INDICATIONS

Ce médicament contient deux bronchodilatateurs, l'un apparenté à une substance naturelle, l'*adrénaline*, l'autre de la famille des anticholinergiques (*atropiniques*). Il agit localement contre la contraction anormale des muscles de la paroi des bronches.

Son action est rapide (quelques minutes) et se poursuit pendant 5 à 6 heures.

Il est utilisé dans :

- le *traitement de la crise* d'*asthme*,
- le *traitement de fond* de l'asthme,
- la prévention de la crise d'asthme pendant l'effort,
- certaines maladies respiratoires.

CONTRE-INDICATIONS

Bien qu'il ait des effets *atropiniques*, ce médicament ne présente aucune contre-indication, car il agit localement et n'est pas diffusé dans l'organisme.

ATTENTION

Si une crise d'*asthme* ne cesse pas malgré des inhalations répétées à la posologie usuelle, ne vous obstinez pas et consultez immédiatement votre médecin ou à défaut appelez le 15 ou un service médical d'urgence.

GROSSESSE, ALLAITEMENT ET NOUVEAU-NÉ

Grossesse :

Les résultats expérimentaux ne laissent pas préjuger un risque de malformation dans l'espèce humaine. Toutefois, par mesure de prudence, ce médicament est déconseillé pendant les 3 premiers mois de la grossesse.

Allaitement :

Les données actuellement disponibles ne permettent pas de savoir si ce médicament passe dans le lait maternel : par mesure de prudence, il est déconseillé pendant l'allaitement.

MODE D'EMPLOI ET POSOLOGIE

Agiter. Présenter l'embout à l'entrée de la bouche, le fond de la cartouche dirigé vers le haut. Appuyer sur le fond de la cartouche tout en inhalant. L'inhalation doit être faite au cours d'une inspiration profonde, précédée d'une expiration forcée. Il est ensuite nécessaire de retenir sa respiration quelques instants.

Posologie usuelle :

- Adulte et enfant :
  - *Traitement de la crise* : 1 ou 2 bouffées, que l'on peut renouveler après 1 minute si l'effet est insuffisant.
  - *Traitement de fond* : 4 à 8 bouffées par jour, régulièrement réparties dans la journée.

Pensez à nettoyer à l'eau l'embout buccal de propulsion avant et après l'emploi.

N'hésitez pas à demander une démonstration du maniement de cet appareil à votre médecin ou à votre pharmacien.

L'utilisation de l'aérosol doseur par les personnes maîtrisant mal la technique d'inhalation peut être facilitée en interposant un réservoir en matière plastique entre l'aérosol doseur et la bouche. Ce réservoir est disponible en pharmacie.

Le flacon d'aérosol est sous pression : maintenez-le à l'abri de la chaleur.

EFFETS INDÉSIRABLES POSSIBLES

Sécheresse de la bouche, irritation de la gorge.

Les effets indésirables sont rares avec les formes inhalées. Leur survenue est favorisée par une augmentation de la *posologie*.

Tremblements des extrémités, accélération du cœur peuvent être observés à forte dose.

BRONCHOKOD
carbocistéine

PRÉSENTATION

BRONCHOKOD SIROP ADULTE : sirop ; flacon 125 ml - Remb. 35 %

BRONCHOKOD SIROP ADULTE : sirop ; flacon 300 ml - Remb. 35 %

BRONCHOKOD SIROP ENFANT NOURRISSON : sirop ; flacon 125 ml - Remb. 35 %

BRONCHOKOD SANS SUCRE ADULTE : solution buvable ; flacon 125 ml - Remb. 35 %

BRONCHOKOD SANS SUCRE ADULTE : solution buvable ; flacon 300 ml - Remb. 35 %

BRONCHOKOD SANS SUCRE ENFANT : solution buvable ; flacon 125 ml - Remb. 35 %

Laboratoires Biogalénique

COMPOSITION

	sirop Ad. p. c. à s.	sirop Enf. Nour. p. c. à c.
Carbocistéine	750 mg	100 mg

	sol. buv. Ad p. c. à s.	sol. buv. Enf. p. c. à c.
Carbocistéine	750 mg	100 mg

INDICATIONS

Ce médicament fluidifie les sécrétions bronchiques. Il facilite leur évacuation par la toux.

Il est utilisé dans les états d'encombrement des bronches, associés aux maladies bronchiques aiguës ou chroniques.

ATTENTION

Des précautions sont nécessaires en cas d'*ulcère* de l'estomac et du *duodénum*.

N'utilisez pas d'*antitussif* en plus de ce médicament sans l'avis de votre médecin ou de votre pharmacien.

Si les sécrétions persistent au-delà de quelques jours, si elles se colorent ou si vous avez de la fièvre, consultez votre médecin.

Une des formes de sirop contient du *sucre* (saccharose) en quantité notable.

GROSSESSE, ALLAITEMENT ET NOUVEAU-NÉ

L'effet de ce médicament pendant la grossesse ou l'allaitement est mal connu. L'évaluation du risque éventuel lié à son utilisation est individuelle : demandez conseil à votre pharmacien ou à votre médecin.

MODE D'EMPLOI ET POSOLOGIE

Le traitement doit être de courte durée.

Posologie usuelle :

- Adulte : 1 cuillère à soupe de sirop Adulte, 3 fois par jour.
- Enfant de plus de 5 ans : 1 cuillère à café de sirop Enfant, 3 fois par jour.
- Enfant de 30 mois à 5 ans : 1 cuillère à café de sirop Enfant, 2 fois par jour.
- Nourrisson de 1 à 30 mois : 1/2 cuillère à café de sirop Enfant, 2 fois par jour.

La poursuite du tabagisme est un frein important à l'évacuation des mucosités.

Il est nécessaire de lutter contre la sécheresse de l'air ambiant (humidificateur...) pour éviter le dessèchement des sécrétions. Il est également recommandé de boire beaucoup.

Des crachats fluides et abondants traduisent l'efficacité de ce médicament.

Chez la personne âgée ou le très jeune enfant, l'incapacité à évacuer les crachats peut justifier l'aide d'un kinésithérapeute, sur prescription médicale.

EFFETS INDÉSIRABLES POSSIBLES

Troubles digestifs, à forte dose.

BRONCHORECTINE AU CITRAL

PRÉSENTATION

BRONCHORECTINE AU CITRAL ADULTE : suppositoire ; boîte de 10 - Remb. 35 %

BRONCHORECTINE AU CITRAL ENFANT : suppositoire ; boîte de 10 - Remb. 35 %

BRONCHORECTINE AU CITRAL NOURRISSON : suppositoire ; boîte de 10 - Remb. 35 %

Laboratoires Mayoly-Spindler

COMPOSITION

	p. suppos. Ad.	p. suppos. Enf.	p. suppos. Nour.
Citral	5 mg	3 mg	2 mg
Cinnamate de benzyle	5 mg	3 mg	2 mg
Gaïacol	50 mg	30 mg	
Terpinol	30 mg	20 mg	10 mg
Pin sylvestre, essence	30 mg	20 mg	10 mg
Serpolet, essence	20 mg	10 mg	5 mg

INDICATIONS

Ce médicament contient une association de substances *antiseptiques* et fluidifiantes.

Il est utilisé dans le *traitement symptomatique* des affections respiratoires.

GROSSESSE, ALLAITEMENT ET NOUVEAU-NÉ

L'effet de ce médicament pendant la grossesse ou l'allaitement est mal connu. L'évaluation du risque éventuel lié à son utilisation est individuelle : demandez conseil à votre pharmacien ou à votre médecin.

MODE D'EMPLOI ET POSOLOGIE

Posologie usuelle :

1 suppositoire, 2 ou 3 fois par jour, en utilisant le suppositoire adapté à l'âge.

Pour une meilleure conservation, garder les suppositoires au frais.

BRONCHOSPRAY

PRÉSENTATION

BRONCHOSPRAY : solution pour pulvérisation ; flacon (35 doses) - Remb. 35 %

Laboratoires Tissot

COMPOSITION

	p. 100 g
Nicotinate de guétol	3 g
Guaïfénésine	2,5 g
Terpinéol	2,5 g
Eucalyptol	3,5 g
Essence de pin	2 g
Essence de lavande	3 g
Alcool à 95°	25 g

INDICATIONS

Cette solution d'usage locale a un effet *antiseptique* et *révulsif*.

Elle est utilisée dans le *traitement d'appoint* des affections respiratoires, avec ou sans toux.

ATTENTION

N'utilisez pas ce médicament chez l'enfant de moins de 5 ans, sans avis médical.

Ce médicament ne doit pas être appliqué sur les *muqueuses*, les brûlures et sur la peau lésée.

GROSSESSE, ALLAITEMENT ET NOUVEAU-NÉ

L'effet de ce médicament pendant la grossesse ou l'allaitement est mal connu. L'évaluation du risque éventuel lié à son utilisation est individuelle : demandez conseil à votre pharmacien ou à votre médecin.

MODE D'EMPLOI ET POSOLOGIE

Pulvériser la solution sur la poitrine ou sur le dos, en tenant le flacon verticalement à une distance de 25 cm. Recouvrir d'un linge la surface traitée. Ne pas frictionner.

Posologie usuelle :

1 ou 2 pulvérisations par jour.

Se laver les mains après utilisation.

BRONCHO-TULISAN EUCALYPTOL

noscapine, aspirine, cinéole

PRÉSENTATION

BRONCHO-TULISAN EUCALYPTOL ADULTE : suppositoire ; boîte de 10 - Non remb.

BRONCHO-TULISAN EUCALYPTOL ENFANT : suppositoire ; boîte de 10 - Non remb.

Laboratoires Logeais

COMPOSITION

	p. suppos. Ad.	p. suppos. Enf.
Noscapine camphosulfonate	60 mg	10 mg
Soit en base	38,4 mg	6,4 mg
Acide acétylsalicylique (aspirine)	500 mg	200 mg
Cinéol (eucalyptol)	100 mg	70 mg

INDICATIONS

C'est un médicament qui contient un *antitussif* (noscapine), un *antipyrétique* et *antalgique* (aspirine), et un *antiseptique* des *voies* respiratoires (eucalyptol).

Il est utilisé dans le *traitement symptomatique* des toux sèches, au cours des affections respiratoires avec fièvre.

CONTRE-INDICATIONS

Ce médicament ne doit pas être utilisé dans les cas suivants :

- *allergie* aux *salicylés*,
- *ulcère* de l'estomac ou du *duodénum*,
- *hémorragie* et risque hémorragique,
- *asthme*,
- *insuffisance respiratoire*,
- enfant de moins de 15 ans (suppositoire Adulte),
- enfant de moins de 30 mois (suppositoire Enfant),
- **grossesse** : pendant les 3 derniers mois ou, en prise prolongée, à toute période de la grossesse, en raison de la présence d'aspirine.

ATTENTION

Ce médicament n'est pas adapté au traitement de la toux grasse, qui est un mécanisme de défense normal de l'organisme permettant l'évacuation des mucosités présentes dans les bronches.

La toux est un *symptôme* qui peut révéler de nombreuses maladies : consultez votre médecin si elle persiste plus de quelques jours.

Évitez les boissons alcoolisées : augmentation du risque de somnolence.

Conducteur : ce médicament peut être responsable d'une somnolence ou d'une baisse de la vigilance.

INTERACTIONS MÉDICAMENTEUSES

Ce médicament peut interagir avec d'autres médicaments, notamment avec les *anticoagulants*. Signalez tout autre traitement en cours à votre médecin ou à votre pharmacien.

GROSSESSE, ALLAITEMENT ET NOUVEAU-NÉ

Grossesse :

Compte tenu de la présence de noscapine et d'aspirine, n'utilisez pas ce médicament pendant la grossesse sans prendre l'avis de votre pharmacien ou de votre médecin.

Allaitement :

Les données actuellement disponibles ne permettent pas de savoir si ce médicament passe dans le lait maternel : il est déconseillé pendant l'allaitement.

MODE D'EMPLOI ET POSOLOGIE

Les prises de ce médicament doivent être réparties au cours de la journée.

Posologie usuelle :

- Adulte et enfant de plus de 15 ans : 1 ou 2 suppositoires Adulte par jour.
- Enfant de plus de 30 mois : 1 ou 2 suppositoires Enfant par jour.

De nombreux médicaments contiennent de l'aspirine ; évitez de les associer : risque de surdosage.

Fumer, ou être exposé à la fumée des autres, nuit à l'efficacité du traitement.

Des mesures simples permettent de calmer les toux sèches : boissons chaudes et humidification de l'air ambiant.

EFFETS INDÉSIRABLES POSSIBLES

Somnolence, états vertigineux, *allergie* cutanée, nausées, vomissements.

Signes devant faire penser à un surdosage en aspirine : bourdonnements d'oreille, sensation de baisse de l'audition, maux de tête.

BRONCHY pâtes

PRÉSENTATION

BRONCHY : pâtes à sucer arôme mandarine ; boîte de 20 - Non remb.

Laboratoires Bouchara

COMPOSITION

	p. pâte
Pholcodine	3 mg
Sulfogaïacol	4 mg
Benzoate de sodium	20 mg
Baume de Tolu, teinture	5 mg
Benjoin, teinture	10 mg
Menthol	2 mg
Niaouli, essence	1 mg
Saccharose	1,6 g

INDICATIONS

Ce médicament *antitussif* contient de la pholcodine, qui a un effet *sédatif* sur le *système nerveux central* et notamment les centres de la toux, et des substances adoucissantes et expectorantes (benzoate de sodium, sulfogaïacol).

Il est utilisé dans le *traitement symptomatique* des toux sèches.

CONTRE-INDICATIONS

Ce médicament ne doit pas être utilisé dans les cas suivants :

- enfant de moins de 5 ans,
- *asthme*,
- *insuffisance respiratoire*.

ATTENTION

Ce médicament n'est pas adapté au traitement de la toux grasse, qui est un mécanisme de défense normal de l'organisme permettant l'évacuation des mucosités présentes dans les bronches.

La toux est un *symptôme* qui peut révéler de nombreuses maladies : consultez votre médecin si elle persiste plus de quelques jours.

Ce médicament contient du *sucre* (saccharose) en quantité notable.

Évitez les boissons alcoolisées : augmentation du risque de somnolence.

Conducteur : ce médicament peut être responsable d'une somnolence ou d'une baisse de la vigilance.

INTERACTIONS MÉDICAMENTEUSES

Ce médicament peut interagir avec d'autres médicaments. Signalez tout autre traitement en cours à votre médecin ou à votre pharmacien.

GROSSESSE, ALLAITEMENT ET NOUVEAU-NÉ

Grossesse :

Compte tenu de la présence de pholcodine, n'utilisez pas ce médicament pendant la grossesse sans prendre l'avis de votre pharmacien ou de votre médecin.

Allaitement :

Les données actuellement disponibles ne permettent pas de savoir si ce médicament passe dans le lait maternel : il est déconseillé pendant l'allaitement.

MODE D'EMPLOI ET POSOLOGIE

Posologie usuelle :

- Adulte : 8 à 15 pâtes par jour.
- Enfant de 10 à 15 ans : 6 à 8 pâtes par jour.
- Enfant de 5 à 10 ans : 3 à 6 pâtes par jour.

> Ce médicament n'est pas un bonbon : le tenir hors de portée des enfants.
>
> Fumer, ou être exposé à la fumée des autres, nuit à l'efficacité du traitement.
>
> Des mesures simples permettent de calmer les toux sèches : boissons chaudes et humidification de l'air ambiant.

EFFETS INDÉSIRABLES POSSIBLES

Constipation, somnolence, états vertigineux, nausées, vomissements, *bronchospasme*, *allergie* cutanée, gêne respiratoire.

BRONCHY sirop Adulte

PRÉSENTATION

BRONCHY ADULTE : sirop arôme caramel ; flacon 180 ml - Non remb.

Laboratoires Bouchara

COMPOSITION

	p. c. à s.
Codéine	2,33 mg
Codéthyline chlorhydrate	6 mg
Solution de bromoforme	213 mg
Aconit, teinture	38,8 mg
Eau de laurier-cerise	387,9 mg
Baume de Tolu, sirop	4,65 mg
Saccharose	11,64 g

INDICATIONS

Ce sirop *antitussif* contient de la codéine et de la codéthyline, qui ont un effet *sédatif* sur le *système nerveux central* et notamment sur les centres de la toux.

Il est utilisé dans le *traitement symptomatique* des toux sèches.

CONTRE-INDICATIONS

Ce médicament ne doit pas être utilisé dans les cas suivants :
- *asthme*,
- *insuffisance respiratoire*,
- enfant de moins de 15 ans.

> **ATTENTION**
>
> Ce médicament n'est pas adapté au traitement de la toux grasse, qui est un mécanisme de défense normal de l'organisme permettant l'évacuation des mucosités présentes dans les bronches.
>
> La toux est un *symptôme* qui peut révéler de nombreuses maladies : consultez votre médecin si elle persiste plus de quelques jours.
>
> Évitez les boissons alcoolisées : augmentation du risque de somnolence.
>
> Conducteur : ce médicament peut être responsable d'une somnolence ou d'une baisse de la vigilance.

INTERACTIONS MÉDICAMENTEUSES

Ce médicament peut interagir avec beaucoup d'autres médicaments, notamment chez les personnes âgées ; signalez tout autre traitement en cours à votre médecin ou à votre pharmacien.

GROSSESSE, ALLAITEMENT ET NOUVEAU-NÉ

Grossesse :

Compte tenu de la présence de codéine, n'utilisez pas ce médicament pendant la grossesse sans prendre l'avis de votre pharmacien ou de votre médecin.

Allaitement :

Ce médicament passe dans le lait maternel : il est déconseillé pendant l'allaitement.

MODE D'EMPLOI ET POSOLOGIE

Les prises de ce médicament doivent être réparties au cours de la journée, de préférence à distance des repas.

Posologie usuelle :

- Adulte : 1 cuillère à soupe de sirop, 3 ou 4 fois par jour.

> De nombreux médicaments, notamment certains *antitussifs* ou *antalgiques*, contiennent de la codéthyline ou une substance voisine, la codéine : un surdosage expose à une augmentation des effets indésirables.
>
> Une toux nocturne aggravée par ce médicament peut être une toux allergique : demandez conseil à votre médecin.
>
> Fumer, ou être exposé à la fumée des autres, nuit à l'efficacité du traitement.
>
> Des mesures simples permettent de calmer les toux sèches : boissons chaudes et humidification de l'air ambiant.

EFFETS INDÉSIRABLES POSSIBLES

Liés à la présence de codéine : constipation et, plus rarement, somnolence, nausées, vomissements, *bronchospasme*, sensation vertigineuse, *allergie* cutanée, ralentissement de la respiration.

BRONCHY sirop Enfant

PRÉSENTATION

BRONCHY ENFANT : sirop ; flacon 180 ml - Non remb.

Laboratoires Bouchara

COMPOSITION

	p. c. à c.
Codéine	1,29 mg
Belladone, teinture	25,9 mg
Drosera, teinture	19,4 mg
Eucalyptus, sirop	970 mg
Benzoate de sodium	48,5 mg
Bromure de sodium	16 mg
Bromure de potassium	16 mg
Bromure de calcium	16 mg
Ipécacuanha, sirop	4,5 g
Saccharose	3,68 g
Degré alcoolique	2,7°

INDICATIONS

Ce sirop *antitussif* contient de la codéine, un *antispasmodique* (*belladone*) et des fluidifiants bronchiques (benzoate de sodium, bromure de sodium...). La codéine a un effet *sédatif* sur le *système nerveux central* et notamment les centres de la toux.

Il est utilisé dans le *traitement symptomatique* des toux sèches.

CONTRE-INDICATIONS

Ce médicament ne doit pas être utilisé dans les cas suivants :
- *asthme*,
- *insuffisance respiratoire*,
- enfant de moins de 3 ans.

> **ATTENTION**
>
> Ce médicament n'est pas adapté au traitement de la toux grasse, qui est un mécanisme de défense normal de l'organisme permettant l'évacuation des mucosités présentes dans les bronches.
>
> La toux est un *symptôme* qui peut révéler de nombreuses maladies : consultez votre médecin si elle persiste plus de quelques jours.

INTERACTIONS MÉDICAMENTEUSES

Ce médicament peut interagir avec beaucoup d'autres médicaments ; signalez tout autre traitement en cours à votre médecin ou à votre pharmacien.

MODE D'EMPLOI ET POSOLOGIE

Les prises de ce médicament doivent être réparties au cours de la journée, de préférence à distance des repas. Le sirop peut être pris pur ou dilué dans une *infusion*.

Posologie usuelle :

- Enfant de 12 à 15 ans : 1 cuillère à soupe de sirop, 3 ou 4 fois par jour.
- Enfant de 6 à 12 ans : 2 cuillères à café de sirop, 3 ou 4 fois par jour.
- Enfant de 3 à 6 ans : 1 cuillère à café de sirop, 3 ou 4 fois par jour.

> De nombreux médicaments contiennent de la codéine, notamment certains *antitussifs* et *antalgiques*. Le surdosage expose à une augmentation des effets indésirables, en cas de prise conjointe.
>
> Une toux nocturne aggravée par ce médicament peut être une toux allergique ; demandez conseil à votre médecin.
>
> Des mesures simples permettent de calmer les toux sèches : boissons chaudes et humidification de l'air ambiant.

EFFETS INDÉSIRABLES POSSIBLES

Liés à la présence de codéine : constipation et, plus rarement, somnolence, nausées, vomissements, *bronchospasme*, sensation vertigineuse, *allergie* cutanée, ralentissement de la respiration.

Liés à la présence de *belladone* : effets *atropiniques*, rares aux doses habituelles.

BRONCHY sirop Nourrisson

PRÉSENTATION

BRONCHY NOURRISSON : sirop ; flacon 180 ml - Non remb.

Laboratoires Bouchara

COMPOSITION

	p. c. à c.
Rhubarbe	7,8 mg
Angélique	19,5 mg
Séné	39,7 mg
Capillaire du Canada	7,8 mg
Serpolet	13 mg
Coquelicot	39,7 mg
Menthe poivrée	39,7 mg
Genévrier	19,5 mg
Réglisse	39,7 mg
Fucus vesiculosus	39,7 mg
Saccharose	4,05 g

INDICATIONS

Ce médicament contient des extraits végétaux qui ont des propriétés sédatives et expectorantes.

Il est utilisé dans le traitement de la toux aux cours des affections des *voies* respiratoires.

CONTRE-INDICATIONS

Ce médicament ne doit pas être utilisé chez le *nourrisson* de moins de 2 mois.

ATTENTION

Une toux grasse est un mécanisme de défense normal de l'organisme permettant l'évacuation des mucosités présentes dans les bronches.

MODE D'EMPLOI ET POSOLOGIE

Le sirop peut être pris pur ou dilué dans une boisson chaude.

Les prises doivent être réparties au cours de la journée.

Posologie usuelle :

- Nourrisson de 1 à 3 ans : 3 à 5 cuillères à café de sirop par jour.
- Nourrisson de 6 mois à 1 an : 3 cuillères à café de sirop par jour.
- Nourrisson de 2 à 6 mois : 1 ou 2 cuillères à café de sirop par jour.

Des mesures simples permettent de calmer les toux sèches : boissons chaudes et humidification de l'air ambiant.

BRONCOCLAR

carbocistéine

PRÉSENTATION

BRONCOCLAR ADULTE : sirop arôme caramel ; flacon 150 ml - Non remb.

BRONCOCLAR ENFANT : sirop arôme banane ; flacon 125 ml - Non remb.

Laboratoires Oberlin

COMPOSITION

	sirop Ad. p. c. à s.	sirop Enf. p. c. à c.
Carbocistéine	750 mg	100 mg
Saccharose	6 g	3,5 g

INDICATIONS

Ce médicament fluidifie les sécrétions bronchiques. Il facilite leur évacuation par la toux.

Il est utilisé dans les états d'encombrement des bronches, associés aux maladies bronchiques aiguës ou chroniques.

ATTENTION

Des précautions sont nécessaires en cas d'*ulcère* de l'estomac ou du *duodénum*.

N'utilisez pas d'*antitussif* en plus de ce médicament sans l'avis de votre médecin ou de votre pharmacien.

Si les sécrétions persistent au-delà de quelques jours, si elles se colorent ou si vous avez de la fièvre, consultez votre médecin.

Les sirops contiennent du *sucre* (saccharose) en quantité notable.

GROSSESSE, ALLAITEMENT ET NOUVEAU-NÉ

L'effet de ce médicament pendant la grossesse ou l'allaitement est mal connu. L'évaluation du risque éventuel lié à son utilisation est individuelle : demandez conseil à votre pharmacien ou à votre médecin.

MODE D'EMPLOI ET POSOLOGIE

Posologie usuelle :

- Adulte : 1 cuillère à soupe de sirop Adulte, 3 fois par jour.
- Enfant de plus de 5 ans : 1 cuillère à café de sirop Enfant, 3 fois par jour.
- Enfant de 30 mois à 5 ans : 1 cuillère à café de sirop Enfant, 2 fois par jour.

La poursuite du tabagisme est un frein important à l'évacuation des mucosités.

Il est nécessaire de lutter contre la sécheresse de l'air ambiant (humidificateur...) pour éviter le dessèchement des sécrétions. Il est également recommandé de boire beaucoup.

Des crachats fluides et abondants traduisent l'efficacité de ce médicament.

Chez la personne âgée ou le très jeune enfant, l'incapacité à évacuer les crachats peut justifier l'aide d'un kinésithérapeute, sur prescription médicale.

EFFETS INDÉSIRABLES POSSIBLES

Troubles digestifs : nausées, diarrhée.

BRONCORINOL expectorant

carbocistéine

PRÉSENTATION

BRONCORINOL expectorant : solution buvable arôme framboise ; flacon 200 ml - Non remb.

Laboratoires Roche Nicholas

COMPOSITION

	p. c. à s.
Carbocistéine	750 mg

INDICATIONS

Ce médicament fluidifie les sécrétions bronchiques. Il facilite leur évacuation par la toux.

Il est utilisé dans le traitement des états d'encombrement des bronches, associés aux maladies bronchiques aiguës ou chroniques.

ATTENTION

Ce médicament ne convient pas à l'enfant.

Des précautions sont nécessaires en cas d'*ulcère* de l'estomac ou du *duodénum*.

N'utilisez pas d'*antitussif* en plus de ce médicament sans l'avis de votre médecin ou de votre pharmacien.

Si les sécrétions persistent au-delà de quelques jours, si elles se colorent ou si vous avez de la fièvre, consultez votre médecin.

GROSSESSE, ALLAITEMENT ET NOUVEAU-NÉ

L'effet de ce médicament pendant la grossesse ou l'allaitement est mal connu. L'évaluation du risque éventuel lié à son utilisation est individuelle : demandez conseil à votre pharmacien ou à votre médecin.

MODE D'EMPLOI ET POSOLOGIE

Agiter le flacon avant utilisation.

Posologie usuelle :

- Adulte : 1 cuillère à soupe de sirop, 3 fois par jour.

La poursuite du tabagisme est un frein important à l'évacuation des mucosités.

Il est nécessaire de lutter contre la sécheresse de l'air ambiant (humidificateur...) pour éviter le dessèchement des sécrétions. Il est également recommandé de boire beaucoup.

Des crachats fluides et abondants traduisent l'efficacité de ce médicament.

Chez la personne âgée, l'incapacité à évacuer les crachats peut justifier l'aide d'un kinésithérapeute, sur prescription médicale.

EFFETS INDÉSIRABLES POSSIBLES

Troubles digestifs : nausées, diarrhée.

BRONCORINOL toux sèche

PRÉSENTATION

BRONCORINOL TOUX SÈCHE ADULTE : sirop ; flacon 200 ml - Non remb.

Laboratoires Roche Nicholas

COMPOSITION

	p. c. à c.
Pholcodine	2,5 mg
Benzoate de sodium	10 mg
Aconit, teinture	10 mg
Jusquiame, teinture	20 mg
Lobélie, teinture	30 mg
Polygala, teinture	10 mg
Eucalyptus, teinture	2,5 mg
Alcool	+
Saccharose	+

INDICATIONS

Ce sirop *antitussif* contient de la pholcodine, qui a un effet *sédatif* sur le *système nerveux central* et notamment sur les centres de la toux, des *expectorants* (benzoate de sodium, polygala) et des *antispasmodiques* (jusquiame, lobélie).

Il est utilisé dans le *traitement symptomatique* des toux sèches d'irritation et des affections des bronches.

CONTRE-INDICATIONS

Ce médicament ne doit pas être utilisé dans les cas suivants :
- *glaucome* à angle fermé,
- risque de blocage des urines (*adénome de la prostate*...),
- enfant de moins de 15 ans.

ATTENTION

La toux est un *symptôme* qui peut révéler de nombreuses maladies : consultez votre médecin si elle persiste plus de quelques jours.

Ce médicament contient du *sucre* (saccharose) et de l'*alcool* en quantité notable.

Évitez les boissons alcoolisées : augmentation du risque de somnolence.

Conducteur : ce médicament peut être responsable d'une somnolence ou d'une baisse de la vigilance.

INTERACTIONS MÉDICAMENTEUSES

Ce médicament peut interagir avec d'autres médicaments. Signalez tout autre traitement en cours à votre médecin ou à votre pharmacien.

GROSSESSE, ALLAITEMENT ET NOUVEAU-NÉ

Grossesse :

Compte tenu de la présence de pholcodine, n'utilisez pas ce médicament pendant la grossesse sans prendre l'avis de votre pharmacien ou de votre médecin.

Allaitement :

Les données actuellement disponibles ne permettent pas de savoir si ce médicament passe dans le lait maternel : il est déconseillé pendant l'allaitement.

MODE D'EMPLOI ET POSOLOGIE

Le sirop doit être agité avant l'emploi.

Les prises de ce médicament doivent être réparties au cours de la journée.

Posologie usuelle :
- Adulte : 2 cuillères à café de sirop, 3 ou 4 fois par jour.

Une toux nocturne aggravée par ce médicament peut être une toux allergique : demandez conseil à votre médecin.

La poursuite du tabagisme nuit à l'efficacité du traitement.

Des mesures simples permettent de calmer les toux sèches : boissons abondantes et humidification de l'air ambiant.

EFFETS INDÉSIRABLES POSSIBLES

Constipation et plus rarement : somnolence, nausées, vomissements, *bronchospasme*, états vertigineux, *allergie* cutanée.

BRONILIDE

flunisolide

PRÉSENTATION

BRONILIDE 250 : aérosol ; flacon pressurisé avec valve doseuse et embout buccal (120 bouffées) - Remb. 65 % - Liste I

Laboratoires Cassenne

COMPOSITION

	p. bouffée
Flunisolide	250 µg

INDICATIONS

Ce médicament d'action locale contient un *corticoïde* qui possède une activité *anti-inflammatoire* marquée sur les *muqueuses*, notamment celles des bronches.

Ce médicament est utilisé dans le *traitement de fond* de l'*asthme*.

CONTRE-INDICATIONS

Ce médicament ne doit pas être utilisé dans les cas suivants :
- *tuberculose* pulmonaire non traitée,
- *ulcère* de l'estomac ou du *duodénum* en évolution, non traité.

ATTENTION

Ce médicament d'action lente n'est pas adapté au *traitement de la crise* d'*asthme*. Une aggravation de l'asthme peut traduire une infection : consultez votre médecin.

GROSSESSE, ALLAITEMENT ET NOUVEAU-NÉ

Grossesse :

Les études scientifiques actuellement disponibles n'ont pas mis en évidence de problème particulier lors de l'utilisation ponctuelle chez la femme enceinte. Seul votre médecin peut apprécier la nécessité du traitement et son risque pendant la grossesse.

Allaitement :

Par mesure de prudence, ce médicament est déconseillé pendant l'allaitement.

MODE D'EMPLOI ET POSOLOGIE

L'inhalation du médicament doit se faire au cours d'une inspiration profonde, précédée si possible d'une expiration forcée. Il est ensuite nécessaire de retenir sa respiration pendant quelques instants.

Agiter vigoureusement l'appareil. Placer l'embout devant la bouche, le fond de la cartouche dirigé vers le haut. Expirer à fond, puis inspirer rapidement et profondément tout en appuyant sur le fond de la cartouche. Chaque pression délivre une dose unique.

Posologie usuelle :

Elle est strictement individuelle. La dose efficace la plus faible est toujours recherchée ; elle est répartie régulièrement en 2 ou 4 prises au cours de la journée.

Lisez attentivement la notice jointe au médicament.

N'hésitez pas à demander une démonstration du maniement de cet appareil à votre médecin ou à votre pharmacien.

L'utilisation de l'aérosol doseur chez les personnes maîtrisant mal la technique d'inhalation peut être facilitée par l'emploi d'un réservoir en matière plastique qui s'interpose entre l'aérosol doseur et la bouche. Demandez conseil à votre pharmacien.

Nettoyez l'embout à l'eau avant et après chaque utilisation.

Lorsque ce médicament est utilisé conjointement avec un bronchodilatateur, le bronchodilatateur devra être inhalé en premier.

Il est conseillé de boire un verre d'eau après chaque inhalation pour limiter le risque de *candidose* ou d'enrouement lié à l'utilisation de ce médicament.

Le flacon est sous pression : maintenez-le à l'abri de la chaleur.

EFFETS INDÉSIRABLES POSSIBLES

Irritation de la bouche et de la gorge, toux, voix rauque.

Par ailleurs, une *candidose* de la bouche et de la gorge peut apparaître.

BRONPAX Adulte

codéine, sulfogaïacol, teinture de belladone

PRÉSENTATION

BRONPAX ADULTE : sirop ; flacon 180 ml (12 cuillères à soupe) - Non remb.

Laboratoires Biocodex

COMPOSITION

	p. c. à. s.
Codéine	9 mg
Sulfogaïacol	328 mg
Benzoate de sodium	328 mg
Piscidia, teinture au 1/5	410 mg
Aconit, teinture	122 mg
Belladone, teinture	122 mg
Bourgeons de sapin, extrait	245 mg
Desessartz, extrait	328 mg
Tolu, extrait	328 mg
Élixir de terpine	821 mg
Réglisse, extrait	15 mg
Sirop simple q.s.p.	15 ml
Saccharose	10 g

INDICATIONS

Ce sirop *antitussif* contient de la codéine associée à un *antispasmodique* (*belladone*) et à des fluidifiants bronchiques. La codéine a une action sédative sur le *système nerveux central*, et notamment sur les centres de la toux.

Ce médicament est utilisé dans le *traitement symptomatique* des toux sèches.

CONTRE-INDICATIONS

Ce médicament ne doit pas être utilisé dans les cas suivants :
- *insuffisance respiratoire*,
- *asthme*,
- *glaucome* à angle fermé,
- risque de blocage des urines (*adénome de la prostate*...),
- enfant de moins de 15 ans.

ATTENTION

Ce médicament n'est pas adapté au traitement de la toux grasse, qui est un mécanisme de défense normal de l'organisme permettant l'évacuation des mucosités présentes dans les bronches.

La toux est un *symptôme* qui peut révéler de nombreuses maladies. Consultez votre médecin si elle persiste plus de quelques jours.

Ce médicament contient du *sucre* (saccharose) en quantité notable.

Évitez les boissons alcoolisées : augmentation du risque de somnolence.

Conducteur : ce médicament peut être responsable d'une somnolence ou d'une baisse de la vigilance.

INTERACTIONS MÉDICAMENTEUSES

Ce médicament peut interagir avec d'autres médicaments : signalez tout autre traitement en cours à votre médecin ou à votre pharmacien.

GROSSESSE, ALLAITEMENT ET NOUVEAU-NÉ

Grossesse :

Compte tenu de la présence de codéine, n'utilisez pas ce médicament pendant la grossesse sans prendre l'avis de votre pharmacien ou de votre médecin.

Allaitement :

Ce médicament passe dans le lait maternel : par mesure de prudence, il est déconseillé pendant l'allaitement.

MODE D'EMPLOI ET POSOLOGIE

Les prises de ce médicament doivent être réparties au cours de la journée.

Posologie usuelle :

6 ou 7 cuillères à soupe par jour. Chez la personne âgée, réduire la *posologie* de moitié.

De nombreux médicaments contiennent de la codéine, notamment certains *antitussifs* et certains *antalgiques*. Le surdosage expose à une augmentation des effets indésirables.

Une toux nocturne aggravée par ce médicament peut être une toux allergique : demandez conseil à votre médecin.

Fumer, ou être exposé à la fumée des autres, nuit à l'efficacité du traitement.

Des mesures simples permettent de calmer les toux sèches : boissons abondantes et humidification de l'air ambiant.

EFFETS INDÉSIRABLES POSSIBLES

Liés à la présence de codéine : constipation ; et plus rarement, somnolence, nausées, vomissements, *bronchospasme*, réactions allergiques cutanées, ralentissement de la respiration.

Liés à la présence de *belladone* : effets *atropiniques*, rares aux doses habituelles.

BRONPAX Enfant

PRÉSENTATION

BRONPAX ENFANT : sirop ; flacon 180 ml (36 cuillères à café) - Non remb.

Laboratoires Biocodex

COMPOSITION

	p. c. à d.	p. c. à c.
Sulfogaïacol	74 mg	37 mg
Benzoate de sodium	74 mg	37 mg
Terpine, élixir	185 mg	94 mg
Belladone, teinture	27 mg	13 mg
Piscidia, teinture au 1/5	95 mg	48 mg
Aconit, teinture	27 mg	13 mg
Bourgeons de sapin, extrait pour sirop	54 mg	27 mg
Tolu, extrait pour sirop	125 mg	63 mg
Réglisse, extrait pour sirop	11 mg	5 mg
Bourdaine, extrait fluide	27 mg	13 mg
Saccharose	8 g	4 g

INDICATIONS

C'est un médicament qui contient notamment des substances *expectorantes* (benzoate de sodium, terpine, sulfogaïacol) et *antiseptiques* des *voies* respiratoires, ainsi qu'un *antispasmodique* (*belladone*).

Il est utilisé dans le *traitement symptomatique* des maladies respiratoires.

CONTRE-INDICATIONS

Ce médicament ne doit pas être utilisé chez l'enfant de moins de 30 mois.

ATTENTION

Ce médicament n'est pas adapté au traitement de la toux grasse, qui est un mécanisme de défense normal de l'organisme permettant l'évacuation des mucosités présentes dans les bronches.

La toux est un *symptôme* qui peut révéler de nombreuses maladies : consultez votre médecin si elle persiste plus de quelques jours.

Ce médicament contient du *sucre* (saccharose) en quantité notable.

MODE D'EMPLOI ET POSOLOGIE

Les prises de ce médicament doivent être réparties au cours de la journée.

Posologie usuelle :

- Enfant de 12 à 15 ans : 5 ou 6 cuillères à dessert par jour.
- Enfant de 8 à 12 ans : 3 ou 4 cuillères à dessert par jour.
- Enfant de 5 à 8 ans : 4 à 6 cuillères à café par jour.
- Enfant de 3 à 5 ans : 3 cuillères à café par jour.

Des mesures simples permettent de calmer les toux sèches : boissons chaudes et humidification de l'air ambiant.

Le tabagisme de l'entourage nuit à l'efficacité du traitement.

EFFETS INDÉSIRABLES POSSIBLES

Effets *atropiniques*, réduits aux doses habituelles.

Douleurs abdominales.

BRONPAX pâtes à la tyrothricine

tyrothricine, codéthyline

PRÉSENTATION

BRONPAX PÂTE À LA TYROTHRICINE : pâte à mâcher arôme orange ; boîte de 40 - Non remb.

Laboratoires Biocodex

COMPOSITION

	p. pâte
Codéthyline chlorhydrate	1 mg
Tyrothricine	1 mg
Benzoate de sodium	5 mg
Menthol	0,8 mg
Glycyrrhizine	1 mg
Sulfogaïacol	5 mg
Terpinol	1 mg
Saccharose	300 mg

INDICATIONS

Ce médicament est une association de substances qui contient notamment un *antitussif*, la codéthyline, et un *antibiotique* d'action locale, la tyrothricine. La codéthyline a une action sédative sur le *système nerveux central* et notamment les centres de la toux.

Il est utilisé dans le *traitement symptomatique* des toux sèches, ainsi que dans le traitement de l'irritation de la gorge et de la trachée.

CONTRE-INDICATIONS

Ce médicament ne doit pas être utilisé dans les cas suivants :
- *asthme*,
- *insuffisance respiratoire*,
- enfant de moins de 30 mois.

ATTENTION

Ce médicament n'est pas adapté au traitement de la toux grasse, qui est un mécanisme de défense normal de l'organisme permettant l'évacuation des mucosités présentes dans les bronches.

La toux est un *symptôme* qui peut révéler de nombreuses maladies : consultez votre médecin si elle persiste plus de quelques jours.

Ce médicament contient du *sucre* (saccharose) en quantité notable.

Évitez les boissons alcoolisées : augmentation du risque de somnolence.

Conducteur : ce médicament peut être responsable d'une somnolence ou d'une baisse de la vigilance.

INTERACTIONS MÉDICAMENTEUSES

Ce médicament peut interagir avec d'autres médicaments, notamment chez les personnes âgées. Signalez tout autre traitement en cours à votre médecin ou à votre pharmacien.

GROSSESSE, ALLAITEMENT ET NOUVEAU-NÉ

Grossesse :

Compte tenu de la présence de codéthyline, n'utilisez pas ce médicament pendant la grossesse sans prendre l'avis de votre pharmacien ou de votre médecin.

Allaitement :

Ce médicament est déconseillé pendant l'allaitement.

MODE D'EMPLOI ET POSOLOGIE

Posologie usuelle :
- Adulte : 8 à 12 pâtes par jour.
- Enfant de plus de 30 mois : 4 à 8 pâtes par jour.

De nombreux médicaments contiennent de la codéthyline ou une substance voisine, la codéine : tenez-en compte lors de la prise conjointe avec ce médicament.

Une toux nocturne aggravée par ce médicament peut être une toux allergique : demandez conseil à votre médecin.

La poursuite du tabagisme nuit à l'efficacité du traitement.

Des mesures simples permettent de calmer les toux sèches : boissons chaudes et humidification de l'air ambiant.

EFFETS INDÉSIRABLES POSSIBLES

Les effets indésirables sont liés à la présence de la codéthyline : constipation et, plus rarement, somnolence, nausées, vomissements, *bronchospasme*, sensation vertigineuse, *allergies* cutanées, ralentissement de la respiration.

BROPARESTROL
broparestrol

PRÉSENTATION

BROPARESTROL : pommade ; tube 30 g - Non remb.

Laboratoires Patrick Poirier

COMPOSITION

	p. 100 g
Broparestrol	10 g

INDICATIONS

Cette pommade contient un *estrogène* d'action locale.

Ce médicament est utilisé dans le *traitement d'appoint* de l'*acné*.

CONTRE-INDICATIONS

Ce médicament ne doit pas être utilisé chez le jeune garçon (présence d'*estrogène*).

ATTENTION

Le passage dans le sang de l'*estrogène* contenu dans ce médicament est mal connu. Évitez de l'appliquer sur de larges surfaces ou sur une peau abîmée. Ne l'utilisez pas sans l'avis de votre pharmacien ou de votre médecin.

GROSSESSE, ALLAITEMENT ET NOUVEAU-NÉ

L'effet de ce médicament pendant la grossesse ou l'allaitement est mal connu. L'évaluation du risque éventuel lié à son utilisation est individuelle : demandez conseil à votre pharmacien ou à votre médecin.

MODE D'EMPLOI ET POSOLOGIE

Appliquer la pommade après la toilette.

Posologie usuelle :

1 application, matin et soir.

Cette pommade ne tache pas le linge.

BRUFEN
ibuprofène

PRÉSENTATION

BRUFEN 400 : comprimé (rose) ; boîte de 30 - Remb. 65 % - Liste II

BRUFEN 500 : suppositoire ; boîte de 12 - Remb. 65 % - Liste II

Laboratoires Boots Pharma

COMPOSITION

	p. comp.	p. suppos.
Ibuprofène	400 mg	500 mg

INDICATIONS

Ce médicament est un *anti-inflammatoire* non stéroïdien (*AINS*). Il lutte contre l'*inflammation* et la douleur, fait baisser la fièvre et fluidifie le sang.

Il est utilisé chez l'adulte dans le *traitement symptomatique* :
- des *rhumatismes inflammatoires* ;
- de certaines *arthroses* ;
- des *arthrites*, des *tendinites*, des *lombalgies*... ;
- des entorses ;
- des règles douloureuses.

CONTRE-INDICATIONS

Ce médicament ne doit pas être utilisé dans les cas suivants :
- *allergie* aux *AINS*, y compris l'aspirine ;
- *ulcère* de l'estomac ou du *duodénum* ;
- *insuffisance hépatique*, *insuffisance rénale* graves ;
- *inflammation* récente du rectum (suppositoire) ;
- **grossesse** (3 derniers mois) ;
- **allaitement.**

ATTENTION

Ce médicament n'est pas adapté à l'enfant de moins de 15 ans.

Tout traitement prolongé ou surdosage d'*AINS* expose à des effets indésirables graves.

Des précautions sont nécessaires en cas de *lupus érythémateux* disséminé, chez la personne souffrant d'*antécédents* d'*ulcère* de l'estomac ou du *duodénum*, ou présentant un risque hémorragique, chez la personne âgée, et chez la femme qui porte un stérilet.

Conducteur : ce médicament peut provoquer parfois des étourdissements.

INTERACTIONS MÉDICAMENTEUSES

Ce médicament peut interagir avec d'autres médicaments, notamment :
- l'aspirine et les autres *anti-inflammatoires* non stéroïdiens : risque d'accroissement des effets indésirables ;
- les *anticoagulants* et les *antiagrégants plaquettaires* (TICLID...) : augmentation du risque hémorragique ;
- le *lithium* (TÉRALITHE, NEUROLITHIUM...) : augmentation du taux de lithium dans le sang.

Signalez tout autre traitement en cours à votre médecin ou à votre pharmacien.

GROSSESSE, ALLAITEMENT ET NOUVEAU-NÉ

Grossesse :

Des effets néfastes graves pour la mère et l'enfant à naître ont été mis en évidence lorsque ce médicament, comme tous les *AINS*, est utilisé au cours des 3 derniers mois de la grossesse : son usage est formellement contre-indiqué pendant cette période.

Pendant les 6 premiers mois, l'effet de ce médicament est mal connu : seul votre médecin peut évaluer le risque éventuel de son utilisation dans votre cas.

Allaitement :

Ce médicament passe dans le lait maternel : par mesure de prudence, il est contre-indiqué pendant l'allaitement.

MODE D'EMPLOI ET POSOLOGIE

Les comprimés doivent être pris de préférence au milieu des repas afin de limiter les effets digestifs indésirables.

Posologie usuelle :
- Adulte :
  - *traitement d'attaque* : 2 comprimés, 3 fois par jour ;

- *traitement d'entretien* : 1 comprimé, 3 ou 4 fois par jour.

Les suppositoires sont généralement utilisés en remplacement des comprimés, notamment le soir.

> Ne dépassez pas la *posologie* ni la durée de traitement prescrites par votre médecin.
> Ce médicament vous a été prescrit dans une situation précise : ne le conseillez pas à un proche, ne le réutilisez pas sans avis médical.
> Les effets indésirables de ce médicament sur l'estomac peuvent survenir aussi bien avec les suppositoires qu'avec les comprimés.

EFFETS INDÉSIRABLES POSSIBLES

Troubles digestifs : *gastrite*, voire *ulcère* de l'estomac ou du *duodénum*, le plus souvent lors d'un traitement de longue durée ou à forte dose. Exceptionnellement : *hémorragie* du tube digestif (vomissements sanglants, selles noires ou le plus souvent pertes de sang imperceptibles responsables de l'apparition progressive d'une *anémie*).

Allergie cutanée (éruptions, démangeaisons, *œdème*), *asthme*.

Vertiges, maux de tête, troubles de la vision.

BRULEX

PRÉSENTATION

BRULEX : pommade ; tube 55 g - Non remb.

Laboratoires Bailly-Speab

COMPOSITION

	p. 100 g
Phénazone	0,5 g
Sous-gallate de bismuth	0,5 g
Oxyde de zinc	5 g
Baume du Pérou	1 g
Phénosalyl	0,2 g
Lanoline	+

INDICATIONS

Ce médicament est une pommade calmante, cicatrisante et légèrement *antiseptique*.

Elle est utilisée dans le traitement des brûlures, des coups de soleil, des gerçures, des crevasses, des piqûres d'insectes et des plaies superficielles peu étendues.

CONTRE-INDICATIONS

Ce médicament ne doit pas être utilisé en cas d'*allergie* aux pyrazolés ou au baume du Pérou.

GROSSESSE, ALLAITEMENT ET NOUVEAU-NÉ

L'effet de ce médicament pendant la grossesse ou l'allaitement est mal connu. L'évaluation du risque éventuel lié à son utilisation est individuelle : demandez conseil à votre pharmacien ou à votre médecin.

MODE D'EMPLOI ET POSOLOGIE

Nettoyer la région à traiter avant l'application.

Posologie usuelle :

Plusieurs applications par jour.

EFFETS INDÉSIRABLES POSSIBLES

Eczéma (présence de baume du Pérou et de lanoline).

BUCCAWALTER

PRÉSENTATION

BUCCAWALTER : *bain de bouche* et *gargarisme* ; flacon 200 g - Non remb.

Laboratoires Sterling Midy

COMPOSITION

	p. 100 g
Hydrate de chloral	5 g
Phénosalyl	1 g
Borate de sodium	1 g
Amyléine chlorhydrate	0,053 g
Menthol	+

INDICATIONS

C'est une solution pour *bain de bouche* et *gargarisme* qui associe des *antiseptiques* et un *anesthésique* local.

Elle est utilisée dans le *traitement d'appoint* des infections superficielles de la gorge et de la bouche ou dans les suites d'opération des amygdales.

CONTRE-INDICATIONS

Ce médicament ne doit pas être utilisé dans les cas suivants :
- *allergie* aux *anesthésiques* locaux,
- enfant de moins de 6 ans.

> **ATTENTION**
> L'usage prolongé de ce médicament n'est pas souhaitable : il peut modifier l'équilibre microbien de la gorge et favoriser l'apparition d'une *candidose*.
> Un surdosage pourrait provoquer des troubles nerveux et cardiaques : respectez la *posologie*.
> En l'absence d'amélioration au bout de 5 jours, consultez votre médecin.

GROSSESSE, ALLAITEMENT ET NOUVEAU-NÉ

L'effet de ce médicament pendant la grossesse ou l'allaitement est mal connu. L'évaluation du risque éventuel lié à son utilisation est individuelle : demandez conseil à votre pharmacien ou à votre médecin.

MODE D'EMPLOI ET POSOLOGIE

La durée de traitement ne doit pas dépasser 10 jours. La solution ne doit pas être utilisée pure. Évitez de manger ou de boire dans l'heure qui suit le *bain de bouche*. Ce médicament ne doit en aucun cas être avalé.

Posologie usuelle :

- Adulte : 3 à 4 cuillères à café dans un verre d'eau tiède, 2 à 4 fois par jour.
- Enfant de plus de 6 ans : 1 ou 2 cuillères à café dans un verre d'eau tiède, 2 à 4 fois par jour.

BUFAL
bufexamac

PRÉSENTATION

BUFAL : crème ; tube 30 g - Non remb.

Laboratoires Pierre Fabre

COMPOSITION

	p. 100 g
Bufexamac	5 g

INDICATIONS

Cette crème contient un *anti-inflammatoire* non stéroïdien.

Elle est utilisée pour calmer les démangeaisons de la peau.

CONTRE-INDICATIONS

Ce médicament ne doit pas être utilisé en cas :
- d'infection ou de parasitose non traitée de la peau (ce médicament n'a pas d'effet anti-infectieux),
- de rougeur des fesses du *nourrisson*.

> **ATTENTION**
> Évitez d'appliquer cette crème sur des zones étendues ou lésées : risque de passage du médicament dans le sang.

GROSSESSE, ALLAITEMENT ET NOUVEAU-NÉ

L'effet de ce médicament pendant la grossesse ou l'allaitement est mal connu : demandez conseil à votre pharmacien ou à votre médecin.

MODE D'EMPLOI ET POSOLOGIE

La crème doit être appliquée en couche mince, en massant légèrement.

Posologie usuelle :

2 applications par jour.

EFFETS INDÉSIRABLES POSSIBLES

Eczéma dû au médicament.

BURINEX
bumétanide

PRÉSENTATION

BURINEX : comprimé sécable (blanc) ; boîte de 30 - Remb. 65 % - Liste II

BURINEX : solution injectable *I.V.* ; boîte de 1 ampoule 4 ml - Remb. 65 % - Liste II

Laboratoires Leo

COMPOSITION

	p. comp.	p. amp. inj.
Bumétanide	1 mg	2 mg

INDICATIONS

C'est un *diurétique* qui appartient à la famille des *diurétiques de l'anse*, dont l'action est puissante et rapide. Il appartient par ailleurs à la famille des *sulfamides*.

Il est utilisé dans le traitement de l'*insuffisance cardiaque* et de certains *œdèmes*.

CONTRE-INDICATIONS

Ce médicament ne doit pas être utilisé dans les cas suivants :
- *allergie* aux *sulfamides*,
- 3 premiers mois de la **grossesse**.

ATTENTION

Ce médicament peut être responsable d'une baisse de la *kaliémie* (taux de *potassium* dans le sang) qui peut être aggravée par l'usage prolongé de *laxatifs stimulants*. Un contrôle par des analyses de sang est souvent prescrit par le médecin.

L'effet diurétique est parfois brutal, notamment lors des premiers jours de traitement. Prévoyez une étape aux toilettes dans l'heure qui suit la prise.

Les *diurétiques* peuvent augmenter le taux d'*acide urique* ou de *sucre* dans le sang.

INTERACTIONS MÉDICAMENTEUSES

Ce médicament peut interagir avec de nombreux autres médicaments, notamment ceux contenant du *lithium* ou de la *vincamine*. Signalez tout autre traitement en cours à votre médecin ou à votre pharmacien.

GROSSESSE, ALLAITEMENT ET NOUVEAU-NÉ

L'effet de ce médicament sur l'enfant à naître est mal connu. Par prudence, son usage est contre-indiqué pendant les 3 premiers mois de la grossesse. Seul votre médecin peut apprécier la nécessité du traitement et son risque pendant la grossesse.

Allaitement :

Ce médicament passe dans le lait maternel : l'allaitement est déconseillé.

MODE D'EMPLOI ET POSOLOGIE

Les comprimés doivent être pris avec un verre d'eau. La solution injectable est utilisée par le médecin en cas d'urgence.

Posologie usuelle :

Elle varie selon la nature et la gravité de l'affection.

Ce médicament augmente le volume des urines, surtout en début de traitement. Une prise le soir peut occasionner des gênes pendant la nuit.

Les *diurétiques* exposent au risque de déshydratation : veillez à proposer des boissons abondantes aux personnes âgées, notamment pendant les fortes chaleurs.

EFFETS INDÉSIRABLES POSSIBLES

À forte dose : baisse du taux de *potassium* dans le sang.

Déshydratation avec *hypotension orthostatique*.

Rare : réaction allergique cutanée.

BUSPAR

buspirone

PRÉSENTATION

BUSPAR 10 mg : comprimé sécable oblong (blanc) ; boîte de 20 - Remb. 65 % - Liste I

Laboratoires Bristol-Myers Squibb

COMPOSITION

	p. comp.
Buspirone chlorhydrate	10 mg

INDICATIONS

Ce médicament est un *tranquillisant*. Il est utilisé dans le traitement de l'anxiété lorsqu'elle s'accompagne de troubles gênants.

CONTRE-INDICATIONS

Ce médicament ne doit pas être utilisé en cas d'*insuffisance rénale* ou d'*insuffisance hépatique* graves.

ATTENTION

Ce médicament est réservé à l'adulte de plus de 18 ans. Utilisé seul, ce médicament n'est pas adapté au traitement des *états dépressifs*. Il n'entraîne pas de *dépendance*.

Conducteur : ce médicament peut être responsable de vertiges.

INTERACTIONS MÉDICAMENTEUSES

Ce médicament peut interagir avec d'autres médicaments. Signalez tout autre traitement en cours à votre médecin ou à votre pharmacien.

GROSSESSE, ALLAITEMENT ET NOUVEAU-NÉ

Grossesse :

En l'absence de données suffisantes dans l'espèce humaine et par mesure de prudence, ce médicament est déconseillé pendant la grossesse.

Allaitement :

En l'absence de données disponibles sur le passage dans le lait maternel, l'allaitement est déconseillé pendant la durée du traitement.

MODE D'EMPLOI ET POSOLOGIE

Les comprimés doivent être avalés avec un peu d'eau.

Posologie usuelle :

Elle est strictement individuelle. Lorsque ce médicament vient en remplacement d'un autre *tranquillisant* (*benzodiazépine*), sa prescription précède généralement de 15 jours l'arrêt progressif de celui-ci.

Ce médicament vous a été prescrit dans une situation précise : ne le conseillez pas à une autre personne. Les *tranquillisants* ne sont pas la seule réponse à l'anxiété : une meilleure hygiène de vie, une consommation modérée d'excitants (y compris les boissons alcoolisées) permettent aussi de lutter efficacement contre l'excès de stress.

EFFETS INDÉSIRABLES POSSIBLES

En début de traitement : étourdissements, *vertiges*, maux de tête, *troubles digestifs*, nervosité, sueurs.

BUTAZOLIDINE

phénylbutazone

PRÉSENTATION

BUTAZOLIDINE 100 : comprimé (rose) ; boîte de 20 - Remb. 65 % - Liste I

BUTAZOLIDINE : suppositoire ; boîte de 5 - Remb. 65 % - Liste I

Laboratoires Ciba-Geigy

COMPOSITION

	p. comp.	p. suppos.
Phénylbutazone	100 mg	250 mg

INDICATIONS

Ce médicament est un *anti-inflammatoire* non stéroïdien (*AINS*). Il lutte contre l'inflammation et la douleur.

Il est utilisé dans le *traitement symptomatique* de courte durée des *arthrites* aiguës dues à des dépôts de cristaux (*goutte*) et de certaines maladies rhumatismales (*spondylarthrite ankylosante*).

CONTRE-INDICATIONS

Ce médicament ne doit pas être utilisé dans les cas suivants :
- *allergie* aux *AINS*, y compris l'aspirine ;
- *ulcère* de l'estomac ou du *duodénum* ;
- *insuffisance hépatique* ;
- *insuffisance rénale* ;
- *insuffisance cardiaque* ;
- *hypertension artérielle* grave ;
- maladie de la glande *thyroïde* ;
- *inflammation* ou *hémorragie* récente du rectum (suppositoire) ;
- anomalie de la *numération formule sanguine*, et certaines maladies du sang ;
- certaines maladies rares (*lupus érythémateux*) ;
- traitement par le méthotrexate ou les *anticoagulants* oraux ;
- 3 premiers et 3 derniers mois de la **grossesse**.

ATTENTION

Certains signes imposent l'arrêt du traitement : éruption cutanée, *urticaire*, fièvre, angine, ulcération de la bouche, hématome (bleu).

Cet *anti-inflammatoire* peut provoquer des anomalies de la *numération formule sanguine* : il ne doit pas être utilisé en dehors des cas pour lesquels il vous a été prescrit.

Des précautions sont nécessaires en cas d'*antécédents* d'*ulcère* de l'estomac ou du *duodénum*, chez les personnes âgées, et chez la femme qui porte un stérilet.

INTERACTIONS MÉDICAMENTEUSES

Ce médicament est contre-indiqué en association avec le méthotrexate (augmentation de la toxicité de celui-ci) et avec les *anticoagulants* oraux (augmentation du risque hémorragique).

Il peut interagir avec d'autres médicaments, notamment l'aspirine, les *AINS* et le *lithium*. Signalez tout autre traitement en cours à votre médecin ou à votre pharmacien.

GROSSESSE, ALLAITEMENT ET NOUVEAU-NÉ

Grossesse :

Ce médicament est contre-indiqué pendant les 3 premiers et surtout les 3 derniers mois de la grossesse.

Allaitement :

Ce médicament passe dans le lait maternel : par mesure de prudence, l'allaitement est déconseillé pendant le traitement.

MODE D'EMPLOI ET POSOLOGIE

Les comprimés doivent être avalés sans être croqués, au milieu des repas, avec un verre d'eau.

Posologie usuelle :

- Adulte :
  - *traitement d'attaque* : 2 comprimés, 2 ou 3 fois par jour, ou 1 suppositoire, 2 fois par jour ;
  - *traitement d'entretien* : 1 à 3 comprimés ou 1 suppositoire par jour.

> Afin de limiter les effets indésirables, ne dépassez pas la *posologie* et la durée de traitement prescrites par votre médecin.

EFFETS INDÉSIRABLES POSSIBLES

Troubles digestifs.

Allergie cutanée, *urticaire*, *œdème*, irritation rectale avec les suppositoires.

Très rarement : anomalie de la *numération formule sanguine*, *hépatite*, maux de tête, *stomatite*.

Exceptionnellement, troubles de la vision.

BUTIX comprimé

méquitazine

PRÉSENTATION

BUTIX : comprimé sécable (blanc) ; boîte de 14 - Non remb.

Laboratoires Pierre Fabre

COMPOSITION

	p. comp.
Méquitazine	5 mg

INDICATIONS

Ce médicament est un *antihistaminique* antiallergique. Il possède en outre des effets *atropiniques*.

Il est utilisé dans le traitement des *allergies* : rhume des foins, *urticaire*, *conjonctivite*, œdème de *Quincke*. Il est également utilisé dans le traitement des démangeaisons non allergiques.

CONTRE-INDICATIONS

Ce médicament ne doit pas être utilisé dans les cas suivants :

- *glaucome* à angle fermé,
- risque de blocage des urines (*adénome de la prostate*).

INTERACTIONS MÉDICAMENTEUSES

Ce médicament peut interagir avec d'autres médicaments, notamment ceux ayant des effets *atropiniques*. Signalez tout autre traitement en cours à votre médecin ou à votre pharmacien.

GROSSESSE, ALLAITEMENT ET NOUVEAU-NÉ

L'effet de ce médicament pendant la grossesse ou l'allaitement est mal connu. L'évaluation du risque éventuel lié à son utilisation est individuelle : demandez conseil à votre pharmacien ou à votre médecin.

MODE D'EMPLOI ET POSOLOGIE

Ce médicament n'est pas adapté à l'enfant de moins de 6 ans.

Les comprimés doivent être avalés avec un verre d'eau, de préférence le soir au coucher.

Posologie usuelle :

- Adulte : 1 comprimé matin et soir ou 2 comprimés le soir.
- Enfant de plus de 6 ans : 1/2 comprimé par 10 kg et par jour.

> Ce médicament agit sur les manifestations de l'*allergie* mais n'en supprime pas la cause. Si les *symptômes* persistent ou s'aggravent, n'hésitez pas à consulter votre médecin.

EFFETS INDÉSIRABLES POSSIBLES

Effets *atropiniques*.

BUTIX gel

diphenhydramine

PRÉSENTATION

BUTIX : gel ; tube 30 g - Non remb.

Laboratoires Pierre Fabre

COMPOSITION

	p. 100 g
Diphenhydramine chlorhydrate	2 g
Alcool à 95°	39,5 ml

INDICATIONS

Ce gel contient un *antihistaminique* antiallergique.

Il est utilisé dans le *traitement symptomatique* des démangeaisons, notamment celles dues aux piqûres d'insectes.

CONTRE-INDICATIONS

Ce gel ne doit pas être utilisé dans les cas suivants :

- *allergie* aux *antihistaminiques*,
- en application sur des plaies, un *eczéma*, ou des lésions suintantes.

> **ATTENTION**
>
> Si les démangeaisons persistent ou s'aggravent, elles peuvent être dues à une *allergie* à l'*antihistaminique* : demandez conseil à votre médecin ou à votre pharmacien.
>
> Évitez d'utiliser cette crème chez le *nourrisson*.
>
> Ce médicament est photosensibilisant : exposer au soleil les régions traitées peut provoquer des réactions cutanées.

GROSSESSE, ALLAITEMENT ET NOUVEAU-NÉ

Ce médicament est déconseillé pendant la grossesse et l'allaitement.

MODE D'EMPLOI ET POSOLOGIE

Appliquer le gel en massant légèrement.

Posologie usuelle :

2 ou 3 applications par jour.

EFFETS INDÉSIRABLES POSSIBLES

Photosensibilisation (voir ATTENTION).

Allergie cutanée.

BUTOBARBITAL DIPHARMA

butobarbital

PRÉSENTATION

BUTOBARBITAL DIPHARMA : suppositoire Adulte ; boîte de 10 - Remb. 65 % - Liste I

Laboratoires Amido

COMPOSITION

	p. suppos.
Butobarbital	200 mg

INDICATIONS

C'est un somnifère qui appartient à la famille des *barbituriques*.

Il est utilisé dans le traitement de l'insomnie occasionnelle.

CONTRE-INDICATIONS

Ce médicament ne doit pas être utilisé dans les cas suivants :

- *porphyrie*,
- *insuffisance respiratoire* grave,
- *allergie* aux *barbituriques*,
- enfant de moins de 15 ans.

> **ATTENTION**
>
> Des précautions sont nécessaires en cas d'*insuffisance rénale* ou d'*insuffisance hépatique*, et chez la personne âgée.
>
> Une prise prolongée ou des doses importantes de ce médicament, son association à des *sédatifs* ou à des boissons alcoolisées favorisent une *dépendance*. Respectez la *posologie* et la durée de traitement prescrites par votre médecin.
>
> Un trouble du sommeil persistant ne doit pas vous conduire à augmenter les doses, mais à consulter votre médecin.
>
> Ce médicament expose à un risque de chute nocturne chez la personne âgée ayant l'habitude de se lever la nuit.
>
> L'arrêt brutal de ce médicament expose à un *syndrome de sevrage* : insomnie, tremblements, *troubles digestifs*, fatigue, *convulsions*. L'arrêt du traitement doit être progressif, sur plusieurs jours.
>
> Évitez les boissons alcoolisées : augmentation du risque de somnolence.
>
> Conducteur : ce médicament peut être responsable d'une somnolence ou d'une baisse de la vigilance.

INTERACTIONS MÉDICAMENTEUSES

Ce médicament peut interagir avec d'autres, notamment les *contraceptifs* oraux (pilule) : risque d'inefficacité de la contraception. Signalez tout autre traitement en cours à votre médecin ou à votre pharmacien.

GROSSESSE, ALLAITEMENT ET NOUVEAU-NÉ

Grossesse :

En l'absence de données disponibles et par mesure de prudence, son usage est déconseillé pendant la grossesse : seul votre médecin peut évaluer le risque éventuel de son utilisation dans votre cas.

Allaitement :

Ce médicament passe dans le lait maternel : il est déconseillé pendant l'allaitement.

MODE D'EMPLOI ET POSOLOGIE

Posologie usuelle :

- Adulte : 1 ou 2 suppositoires au coucher.

> ☛ Ce médicament vous a été prescrit dans une situation précise. Ne le conseillez pas à une autre personne.
>
> Les somnifères ne sont pas la seule réponse aux troubles du sommeil. Une meilleure hygiène de vie, une consommation modérée d'excitants (y compris les boissons alcoolisées) permettent aussi de lutter efficacement contre les insomnies.

EFFETS INDÉSIRABLES POSSIBLES

Somnolence pendant la journée, sensation d'ivresse, ralentissement des idées, ou au contraire excitation, irritabilité, confusion des idées en particulier chez la personne âgée, hallucinations, fatigue, éruption cutanée.

C

Ca C 1 000 SANDOZ
vitamine C, calcium

PRÉSENTATION

Ca C 1 000 SANDOZ : comprimé effervescent ; boîte de 10 - Non remb.

Laboratoires Sandoz

COMPOSITION

	p. comp.
Acide ascorbique (vitamine C)	1 g
Gluconolactate de calcium	1 g
Soit calcium	130 mg
Saccharose	2,27 g
Sodium	275 mg

INDICATIONS

Ce médicament contient de l'acide ascorbique (*vitamine* C), indispensable au *métabolisme*, et du calcium.

Il est utilisé :
- à faible dose, dans le *traitement préventif* des *carences* en vitamine C (exceptionnelles en France) ;
- à forte dose, dans le *traitement symptomatique* de la fatigue (*asthénie fonctionnelle*).

CONTRE-INDICATIONS

Ce médicament ne doit pas être utilisé dans les cas suivants :
- excès de calcium dans le sang ou dans les urines, avec ou sans *lithiase* ;
- *insuffisance rénale* grave ;
- *antécédent* de calculs des *voies* urinaires (pour une dose de *vitamine* C supérieure à 1 g par jour).

ATTENTION

La *vitamine* C est dégradée dans l'organisme en acide oxalique pouvant favoriser la formation de calculs dans les *voies* urinaires. Ne prenez pas de vitamine C en quantité importante pendant une longue durée, sans avis médical.

Des précautions sont nécessaires en cas de déficit en *G6PD*.

Ce médicament contient du *sucre* (saccharose) et du *sel* (sodium) en quantité notable.

INTERACTIONS MÉDICAMENTEUSES

Ce médicament peut interagir avec d'autres médicaments. Signalez tout autre traitement en cours à votre médecin ou à votre pharmacien.

GROSSESSE, ALLAITEMENT ET NOUVEAU-NÉ

N'utilisez pas ce médicament pendant la grossesse ou l'allaitement sans prendre l'avis de votre pharmacien ou de votre médecin.

MODE D'EMPLOI ET POSOLOGIE

Les comprimés doivent être dissous dans un verre d'eau.

Posologie usuelle :

1 ou 2 comprimés par jour.

Il est préférable de ne pas prendre ce médicament en fin de journée, à cause de son effet légèrement stimulant.

Une prise quotidienne (supérieure à 2 g) de *vitamine* C peut modifier certaines analyses de sang.

La vitamine C est présente dans les légumes, y compris la pomme de terre, et les fruits ; elle est dégradée en partie par la chaleur et la lumière. Elle est largement utilisée comme conservateur dans les produits alimentaires.

Une alimentation équilibrée et diversifiée apporte habituellement des quantités suffisantes de vitamine C. Il est inutile d'augmenter les doses ou la durée de traitement conseillées par votre médecin ou votre pharmacien : un excès d'apport est éliminé par les urines.

Ce médicament doit être conservé à l'abri de l'humidité.

EFFETS INDÉSIRABLES POSSIBLES

À forte dose (supérieure à 1 g) : brûlures d'estomac, diarrhée.

Chez les personnes prédisposées : calculs des *voies* urinaires.

CACIT
calcium

PRÉSENTATION

CACIT 500 : comprimé effervescent arôme orange-mandarine ; boîte de 60 - Remb. 65 %

CACIT 1 000 : comprimé effervescent arôme orange-mandarine ; boîte de 30 - Remb. 65 %

Laboratoires Procter & Gamble

COMPOSITION

	p. comp.	p. comp.
Carbonate de calcium	1,250 g	2,5 g
Soit calcium	500 mg	1 000 mg

INDICATIONS

Ce médicament contient une forte quantité de calcium, principal constituant de l'os.

Il est utilisé en cas de régime pauvre en calcium, de besoins accrus (période de croissance, grossesse, allaitement) ou de décalcification osseuse, notamment due à une immobilisation prolongée ou à un traitement à la *cortisone*. Il est également utilisé dans le *traitement d'appoint* de l'*ostéoporose*.

CONTRE-INDICATIONS

Ce médicament ne doit pas être utilisé dans les cas suivants :
- excès de calcium dans le sang ou dans les urines, avec ou sans *lithiase* ;
- immobilisation prolongée ;
- enfant de moins de 15 ans (CACIT 1 000).

ATTENTION

Des apports excessifs en calcium peuvent être dangereux. N'utilisez pas ce médicament sans avis médical.

Lorsque ce médicament est destiné à traiter la décalcification due à une immobilisation prolongée, il ne doit être pris que lors de la reprise de la marche.

Ce médicament est quelquefois associé à la *vitamine* D, qui favorise son absorption ; dans ce cas, des analyses de sang et d'urine sont parfois nécessaires.

INTERACTIONS MÉDICAMENTEUSES

Ce médicament peut interagir avec d'autres médicaments. Signalez tout autre traitement en cours à votre médecin ou à votre pharmacien.

GROSSESSE, ALLAITEMENT ET NOUVEAU-NÉ

Ce médicament peut être prescrit par votre médecin pendant la grossesse ou l'allaitement.

MODE D'EMPLOI ET POSOLOGIE

Les comprimés effervescents doivent être dissous dans un verre d'eau.

Posologie usuelle :
- Adulte : 1 comprimé de CACIT 1 000 par jour.
- Enfant : 1 ou 2 comprimés de CACIT 500 par jour en fonction de l'âge.

La prise de ce médicament ne dispense pas de la consommation régulière de laitages, naturellement riches en calcium.

Les comprimés effervescents doivent être conservés à l'abri de l'humidité.

EFFETS INDÉSIRABLES POSSIBLES

Rarement : *troubles digestifs*.

CADITAR
huile de cade

PRÉSENTATION

CADITAR : préparation concentrée d'huile de cade hydrosoluble ; flacon 250 ml - Remb. 65 %

Laboratoires IPRAD

COMPOSITION

	p. 100 g
Huile de cade	35 g

INDICATIONS

Ce médicament contient de l'huile de cade, qui lutte contre l'épaississement anormal de l'*épiderme* et apaise les démangeaisons.

Il est notamment utilisé pour traiter le *psoriasis* et les *séborrhées*.

ATTENTION

Des précautions sont nécessaires en cas d'affection cutanée suintante, infectieuse, ou de peau crevassée.

Ce produit ne doit pas être mis en contact avec l'œil.

GROSSESSE, ALLAITEMENT ET NOUVEAU-NÉ

L'effet de ce médicament pendant la grossesse ou l'allaitement est mal connu. L'évaluation du risque éventuel lié à son utilisation est individuelle : demandez conseil à votre pharmacien ou à votre médecin.

MODE D'EMPLOI ET POSOLOGIE

Cette préparation se mélange à l'eau et doit être diluée. Elle ne décolore pas les cheveux et ne tache pas la peau.

Elle peut être utilisée en bain de 10 à 15 minutes, en lotion ou être appliquée sur une compresse.

Posologie usuelle :

En bain : 2 à 4 cuillères à soupe par baignoire d'eau chaude.

En lotion : 1/2 à 1 cuillère à café par litre d'eau.

Sur une compresse : 1/4 à 1/2 cuillère à café par litre d'eau.

La fréquence des applications est fixée par le médecin.

CALCIBRONAT
bromo-galactogluconate de calcium

PRÉSENTATION

CALCIBRONAT 2 g : comprimé effervescent (blanc) ; boîte de 20 - Remb. 65 %

CALCIBRONAT 2 g : comprimé effervescent (blanc) ; boîte de 60 - Remb. 65 %

CALCIBRONAT 13,3 p. cent : sirop ; flacon 200 ml - Remb. 65 %

CALCIBRONAT 0,124 g/ml I.V. : solution injectable ; boîte de 10 ampoules (5 ml) - Remb. 65 %

CALCIBRONAT 0,124 g/ml I.V. : solution injectable ; boîte de 5 ampoules (10 ml) - Remb. 65 %

Laboratoires Sandoz

COMPOSITION

	p. comp.	p.c. à s.
Bromogalactogluconate de calcium	2 g	2 g
Calcium	105,7 mg	105,7 mg
Brome	301 mg	301 mg
Sodium	241 mg	
Saccharose	2,86 g	8,50 g
	p. amp. 5 ml	**p. amp. 10 ml**
Bromogalactogluconate de calcium	0,62 g	1,24 g
Calcium	46,5 mg	93 mg
Brome	93 mg	186 mg

INDICATIONS

Ce médicament est une association de substances sédatives : le calcium et le brome.

Il est utilisé dans le traitement des troubles légers du sommeil, de l'anxiété et de la nervosité, et dans les crises de tétanie (forme injectable).

CONTRE-INDICATIONS

Ce médicament ne doit pas être utilisé dans les cas suivants :
- *acné* ;
- *hypercalcémie*, maladies rénales en rapport avec un excès de calcium dans le sang et les urines ;
- en association avec les *digitaliques* (solution injectable) ;
- personne âgée *dénutrie* ou déshydratée ;
- enfant de moins de 30 mois ;
- **allaitement**.

ATTENTION

Les comprimés et le sirop contiennent une quantité notable de *sucre* (saccharose) ; les comprimés contiennent une quantité notable de *sel* (sodium).

En cas de traitement prolongé, le brome peut provoquer l'apparition de boutons particuliers appelés bromides. Consultez votre médecin.

Un surdosage peut provoquer des troubles du comportement, particulièrement chez la personne âgée. Arrêtez immédiatement le traitement et prévenez votre médecin.

Évitez les boissons alcoolisées : augmentation du risque de somnolence.

Conducteur : ce médicament peut être responsable d'une somnolence ou d'une baisse de la vigilance.

INTERACTIONS MÉDICAMENTEUSES

Ce médicament ne doit pas être utilisé sous sa forme injectable en association avec les *digitaliques* : risque de *troubles du rythme cardiaque* graves.

Ce médicament peut également interagir avec d'autres médicaments. Signalez tout autre traitement en cours à votre médecin ou à votre pharmacien.

GROSSESSE, ALLAITEMENT ET NOUVEAU-NÉ

Grossesse et nouveau-né :

L'usage de ce médicament a été à l'origine de complications chez le *nouveau-né*. Il est déconseillé pendant la grossesse.

Allaitement :

Ce médicament passe dans le lait maternel : il est contre-indiqué pendant l'allaitement.

MODE D'EMPLOI ET POSOLOGIE

Les comprimés effervescents sont dissous dans un demi-verre d'eau.

La solution injectable est administrée par *voie* intraveineuse lentement, en position allongée pour éviter les bouffées de chaleur ou des vomissements.

Ne prolongez pas le traitement ou n'augmentez pas les doses sans l'avis de votre médecin ou de votre pharmacien.

Posologie usuelle :

Comprimé et sirop :
- Adulte et enfant de plus de 12 ans : 1 ou 2 comprimés ou 1 ou 2 cuillères à soupe de sirop par jour.
- Enfant de 6 ans à 12 ans : 3 à 5 cuillères à café par jour.
- Enfant de 30 mois à 6 ans : 1 à 3 cuillères à café par jour.

Solution injectable : ne pas dépasser 10 ml par jour sans avis médical.

Les comprimés effervescents doivent être conservés à l'abri de l'humidité.

La sensation de chaleur perceptible lors de l'injection est normale : elle traduit la diffusion du médicament.

EFFETS INDÉSIRABLES POSSIBLES

Perte de l'appétit, constipation.

Rarement : éruptions cutanées surtout en cas de traitement prolongé, troubles psychiques surtout en cas de surdosage (voir ATTENTION).

CALCIDIA
carbonate de calcium

PRÉSENTATION

CALCIDIA : poudre orale ; boîte de 20 sachets-dose - Remb. 65 %

Laboratoires Soekami Lefrancq

COMPOSITION

	p. sach.-dose
Carbonate de calcium	3,85 g
Soit calcium	1,54 g
Saccharose	0,82 g

INDICATIONS

Ce médicament apporte une forte quantité de calcium et possède des propriétés *antiacides*. Il permet de compenser l'*hypocalcémie* observée en cas d'*insuffisance rénale*. Il lutte également contre l'accumulation de phosphore en favorisant son élimination.

Il est utilisé dans le *traitement préventif* et curatif des anomalies osseuses associées à l'insuffisance rénale.

CONTRE-INDICATIONS

Ce médicament ne doit pas être utilisé dans les cas suivants :
- excès de calcium dans le sang ou les urines, avec ou sans *lithiase* ;
- immobilisation prolongée.

> **ATTENTION**
> En cas d'alitement prolongé, ce médicament ne doit être pris que lors de la reprise de la marche.
> Ce médicament est parfois associé à la *vitamine* D, qui favorise son absorption ; des analyses de sang et d'urine peuvent être nécessaires dans ce cas.

INTERACTIONS MÉDICAMENTEUSES

Ce médicament peut interagir avec d'autres médicaments, notamment les *antibiotiques* de la famille des *tétracyclines*. Signalez tout autre traitement en cours à votre médecin ou à votre pharmacien.

GROSSESSE, ALLAITEMENT ET NOUVEAU-NÉ

Ce médicament peut être prescrit par votre médecin pendant la grossesse et l'allaitement.

MODE D'EMPLOI ET POSOLOGIE

Le contenu des sachets-dose doit être dissous dans un verre d'eau et pris au cours des repas.

Posologie usuelle :
- Adulte : 2 ou 3 sachets par jour.

EFFETS INDÉSIRABLES POSSIBLES

Exceptionnellement : légers *troubles digestifs*.

CALCIFORTE
calcium

PRÉSENTATION

CALCIFORTE : solution buvable arôme citron, mirabelle ; boîte de 30 ampoules 10 ml - Remb. 65 %

CALCIFORTE : poudre orale arôme citron, mirabelle ; boîte de 30 sachets - Remb. 65 %

Laboratoires Serozym

COMPOSITION

	p. amp.	p. sachet
Gluconate de calcium	1,050 g	0,100 g
Lactate de calcium	0,960 g	0,950 g
Glucoheptonate de calcium	0,930 g	0,516 g
Chlorure de calcium	0,544 g	0,433 g
Carbonate de calcium		0,500 g
Levure saccharomyces cerevisiae	0,030 g	0,030 g
Soit calcium	500 mg	500 mg

INDICATIONS

Ce médicament contient une forte quantité de calcium, principal constituant de l'os.

Il est utilisé en cas de régime pauvre en calcium, de besoins accrus (période de croissance, grossesse, allaitement) ou de décalcification osseuse, notamment due à une immobilisation prolongée ou à un traitement à la *cortisone*. Il est également utilisé dans le *traitement d'appoint* de l'*ostéoporose*.

CONTRE-INDICATIONS

Ce médicament ne doit pas être utilisé dans les cas suivants :
- excès de calcium dans le sang ou dans les urines, avec ou sans *lithiase* ;
- immobilisation prolongée.

> **ATTENTION**
> Des apports excessifs en calcium peuvent être dangereux. N'utilisez pas ce médicament sans avis médical.
> Lorsque ce médicament est destiné à traiter la décalcification due à une immobilisation prolongée, il ne doit être pris que lors de la reprise de la marche.
> Ce médicament est quelquefois associé à la *vitamine* D, qui favorise son absorption ; dans ce cas, des analyses de sang et d'urine sont parfois nécessaires.

INTERACTIONS MÉDICAMENTEUSES

Ce médicament peut interagir avec d'autres médicaments. Signalez tout autre traitement en cours à votre médecin ou à votre pharmacien.

GROSSESSE, ALLAITEMENT ET NOUVEAU-NÉ

Ce médicament peut être prescrit par votre médecin pendant la grossesse ou l'allaitement.

MODE D'EMPLOI ET POSOLOGIE

Les ampoules doivent être agitées avant ouverture, et leur contenu dilué dans un peu d'eau. Le contenu des sachets doit être dissous dans un verre d'eau.

Ce médicament doit être pris au cours des repas.

Posologie usuelle :
- Adulte : 2 ampoules ou 2 sachets par jour.
- Enfant de plus de 5 ans : 1 à 2 ampoules ou 1 à 2 sachets par jour.
- Enfant de moins de 5 ans : 1/2 à 1 ampoule ou 1/2 à 1 sachet par jour selon l'âge.

> La prise de ce médicament ne dispense pas de la consommation régulière de laitages, naturellement riches en calcium.

EFFETS INDÉSIRABLES POSSIBLES

Rarement : *troubles digestifs*.

CALCIPARINE sous-cutanée
héparine calcique

PRÉSENTATION

CALCIPARINE : solution injectable *S.C.* ; boîte de 2 ampoules 1 ml et 2 seringues graduées en 1/10 de ml - Remb. 65 % - Liste I

CALCIPARINE : solution injectable *S.C.* ; boîte de 2 ampoules 0,8 ml et 2 seringues graduées en 1/10 de ml - Remb. 65 % - Liste I

CALCIPARINE : solution injectable *S.C.* ; boîte de 2 ampoules 0,5 ml et 2 seringues graduées en 1/10 de ml - Remb. 65 % - Liste I

CALCIPARINE : solution injectable *S.C.* ; boîte de 2 seringues préremplies unidoses 0,3 ml - Remb. 65 % - Liste I

CALCIPARINE : solution injectable *S.C.* ; boîte de 2 seringues préremplies unidoses 0,2 ml - Remb. 65 % - Liste I

Laboratoires Sanofi Winthrop

COMPOSITION

	p. amp. 1 ml	p. amp. 0,8 ml	p. amp. 0,5 ml
Héparine calcique	25 000 UI	20 000 UI	12 500 UI

	p. amp. 0,3 ml	p. amp. 0,2 ml
Héparine calcique	7 500 UI	5 000 UI

INDICATIONS

Ce médicament est un *anticoagulant* de la famille de l'héparine. Il empêche la formation de caillots dans les vaisseaux sanguins.

Il est utilisé :
- à faible dose, dans le *traitement préventif* des *accidents thrombo-emboliques* chez les opérés récents ou les malades alités ou immobilisés ;
- à forte dose, dans le traitement des *thromboses* veineuses (phlébite...).

CONTRE-INDICATIONS

Ce médicament ne doit pas être utilisé dans les cas suivants :
- hémophilie et maladies apparentées,
- risque de saignement d'un organe (*ulcère* de l'estomac ou du *duodénum*),
- *accident vasculaire cérébral*,
- *allergie* ou baisse des *plaquettes* sanguines lors d'une précédente utilisation de ce médicament.

> **ATTENTION**
> Des analyses de sang sont nécessaires en début et en cours de traitement, pour contrôler l'efficacité du traitement et le taux de *plaquettes* dans le sang.
> Des précautions sont nécessaires en cas d'*insuffisance hépatique*, d'*insuffisance rénale*, ou d'*ulcère* de l'estomac ou du *duodénum* même ancien.
> L'aspirine augmente le risque hémorragique lié à l'usage de ce médicament. De nombreux produits qui en contiennent sont vendus sans ordonnance. Ne prenez aucun médicament sans l'avis de votre médecin ou de votre pharmacien.
> Prévenez votre dentiste de la prise de ce médicament.
> Ce médicament expose au risque d'*hémorragie* interne : les sports violents ou les activités dangereuses sont déconseillés au cours du traitement.

INTERACTIONS MÉDICAMENTEUSES

Ce médicament peut interagir avec de nombreux médicaments, notamment ceux contenant de l'aspirine, des *anti-inflammatoires* non stéroïdiens et de la ticlopidine : augmentation du risque d'*hémorragie*.

Signalez tout autre traitement en cours à votre médecin ou à votre pharmacien.

GROSSESSE, ALLAITEMENT ET NOUVEAU-NÉ

Grossesse :

Votre médecin est seul juge pour apprécier la nécessité de ce traitement et son risque pendant la grossesse.

Allaitement :

Ce médicament ne passe pas dans le lait maternel : l'allaitement est possible.

MODE D'EMPLOI ET POSOLOGIE

La solution injectable est exclusivement administrée par *voie* sous-cutanée dans un pli de la peau pincé entre deux doigts. L'injection se fait habituellement dans la paroi abdominale.

Posologie usuelle :

Elle est strictement individuelle. Elle varie selon la maladie à traiter et le poids de la personne. En cas d'immobilisation, le traitement durera au moins jusqu'à la reprise normale de la marche.

Le nombre d'injections est de 2 ou 3 par jour, régulièrement espacées.

> ☛ Lorsque ce médicament est remplacé par les *anticoagulants* oraux, ces deux traitements peuvent être pris simultanément pendant quelques jours.
>
> Il est normal de voir apparaître des hématomes (bleus) au point d'injection. Ils disparaîtront spontanément.

EFFETS INDÉSIRABLES POSSIBLES

Hémorragies de gravité variable.

Baisse des *plaquettes* sanguines, justifiant des analyses de sang avant et pendant le traitement.

Rarement, douleur durable au point d'injection pouvant traduire une lésion de la peau : consultez votre médecin.

CALCITAR

calcitonine de porc

PRÉSENTATION

CALCITAR 50 UI ADULTE : préparation injectable ; boîte de 1 flacon de *lyophilisat* et 1 ampoule de solvant gélatineux 2 ml - Remb. 65 % - Liste II

CALCITAR 160 UI ADULTE : préparation injectable ; boîte de 1 flacon de *lyophilisat* et 1 ampoule de solvant gélatineux 2 ml - Remb. 65 % - Liste II

Laboratoires Specia

COMPOSITION

	p. unité	p. unité
Calcitonine de porc	50 UI	160 UI

INDICATIONS

Ce médicament contient de la calcitonine de porc. Normalement sécrétée par les glandes *parathyroïdes*, cette *hormone* a plusieurs propriétés :

- elle freine l'activité des cellules qui détruisent l'os (*ostéoclastes*),
- elle facilite la fixation du calcium sur l'os et abaisse le taux de calcium dans le sang,
- elle a une action *antalgique*.

Ce médicament est utilisé dans le traitement de la maladie de *Paget*, de l'*algodystrophie* et de certaines anomalies du *métabolisme* osseux associées ou non à un excès de calcium dans le sang.

GROSSESSE, ALLAITEMENT ET NOUVEAU-NÉ

L'effet de ce médicament pendant la grossesse ou l'allaitement est mal connu : seul votre médecin peut évaluer le risque éventuel de son utilisation dans votre cas.

MODE D'EMPLOI ET POSOLOGIE

Ce médicament est injecté par *voie* intramusculaire ou sous-cutanée.

Posologie usuelle :

Elle est individuelle et adaptée par votre médecin en fonction de la maladie en cause et de l'évolution des signes.

> ☛ Compte tenu des effets indésirables possibles après l'injection de ce médicament, il est préférable de prévoir une période de repos après son administration.

EFFETS INDÉSIRABLES POSSIBLES

Troubles digestifs, bouffées de chaleur, rougeur du visage, des mains et des pieds, surtout lors des premières injections.

Rare réaction allergique.

CALCIUM CORBIÈRE oral

PRÉSENTATION

CALCIUM CORBIÈRE BUVABLE VITAMINÉ C, D, PP : solution buvable arôme citron ; boîte de 24 ampoules 10 ml - Non remb.

CALCIUM CORBIÈRE BUVABLE VITAMINÉ FORT C 500, D, PP : solution buvable arôme citron ; boîte de 16 ampoules 10 ml - Non remb.

CALCIUM CORBIÈRE C 1 000, D, PP : comprimé effervescent (jaune orangé) ; boîte de 10 - Non remb.

Laboratoires Millot-Solac

COMPOSITION

	p. amp.	p. amp.	p. comp.
Glucoheptonate de calcium	1,10 g	1,10 g	1 g
Soit calcium	90 mg	90 mg	82 mg
Acide ascorbique (vitamine C)	100 mg	500 mg	1 g
Nicotinamide (vitamine PP)	50 mg	100 mg	100 mg
Ergocalciférol (vitamine D2)	0,05 mg	0,05 mg	
Colécalciférol (vitamine D3)			0,05 mg
Acide hypophosphoreux	40 mg	30 mg	
Sodium	81 mg	177 mg	365 mg
Saccharose	5 g	5 g	0,7 g
Alcool	0,121 ml	0,121 ml	
Sulfites	+	+	

INDICATIONS

Ce médicament contient des *vitamines*, indispensables au *métabolisme*, et du calcium.

Il est utilisé dans le *traitement symptomatique* de certaines fatigues (*asthénies fonctionnelles*).

CONTRE-INDICATIONS

Ce médicament ne doit pas être utilisé dans les cas suivants :

- augmentation du taux de calcium dans le sang,
- calcul des *voies* urinaires.

> **ATTENTION**
>
> Ce médicament contient de la *vitamine* D : son surdosage expose à des effets indésirables graves. Elle est présente dans de nombreux médicaments dont certains sont disponibles en automédication : évitez de les associer.
>
> La solution buvable contient du *sucre* (saccharose) en quantité notable, et des *sulfites*.
>
> Les comprimés contiennent du *sel* (sodium) en quantité notable.

INTERACTIONS MÉDICAMENTEUSES

Ce médicament peut interagir avec d'autres médicaments, notamment avec les *antibiotiques* de la famille des *cyclines* : respectez un intervalle de 3 heures entre les prises de chacun de ces médicaments.

GROSSESSE, ALLAITEMENT ET NOUVEAU-NÉ

Ce médicament ne contient que des substances présumées sans danger pendant la grossesse ou l'allaitement. Néanmoins, ne l'utilisez pas de façon prolongée sans l'avis de votre pharmacien ou de votre médecin.

MODE D'EMPLOI ET POSOLOGIE

Ce médicament sera pris de préférence le matin et à midi.

Les comprimés doivent être dissous dans un verre d'eau.

Posologie usuelle :

- Adulte et adolescent : 1 ou 2 ampoules buvables, ou 1 ou 2 comprimés par jour.
- Enfant : 1 ampoule buvable par jour.

> ☛ Évitez la prise de ce médicament après 17 heures : risque d'insomnie.
>
> Une fatigue persistante ne doit pas vous conduire à augmenter les prises de ce médicament : consultez votre médecin.

CALCIUM SANDOZ FORTE

calcium

PRÉSENTATION

CALCIUM SANDOZ « FORTE » : comprimé effervescent (blanc) ; boîte de 20 - Remb. 65 %

Laboratoires Sandoz

COMPOSITION

	p. comp.
Gluconolactate de calcium	2,94 g
Carbonate de calcium	0,30 g
Soit calcium	500 mg
Sodium	275 mg
Saccharose	825 mg

INDICATIONS

Ce médicament contient une forte quantité de calcium, principal constituant de l'os.

Il est utilisé en cas de régime pauvre en calcium, de besoins accrus (période de croissance, grossesse, allaitement) ou de décalcification osseuse, notamment due à une immobilisation prolongée ou à un traitement à la *cortisone*. Il est également utilisé dans le *traitement d'appoint* de l'*ostéoporose* ou de la *spasmophilie*.

CONTRE-INDICATIONS

Ce médicament ne doit pas être utilisé dans les cas suivants :
- excès de calcium dans le sang ou dans les urines, avec ou sans *lithiase* ;
- immobilisation prolongée.

ATTENTION

Des apports excessifs en calcium peuvent être dangereux. N'utilisez pas ce médicament sans avis médical.

Lorsque ce médicament est destiné à traiter la décalcification due à une immobilisation prolongée, il ne doit être pris que lors de la reprise de la marche.

Ce médicament est quelquefois associé à la *vitamine* D, qui favorise son absorption ; dans ce cas, des analyses de sang et d'urine sont parfois nécessaires.

Ce médicament contient du *sucre* (saccharose) et du *sel* (sodium) en quantité notable.

INTERACTIONS MÉDICAMENTEUSES

Ce médicament peut interagir avec d'autres médicaments. Signalez tout autre traitement en cours à votre médecin ou à votre pharmacien.

GROSSESSE, ALLAITEMENT ET NOUVEAU-NÉ

Ce médicament peut être prescrit par votre médecin pendant la grossesse ou l'allaitement.

MODE D'EMPLOI ET POSOLOGIE

Les comprimés effervescents doivent être dissous dans un verre d'eau.

Posologie usuelle :
- Adulte : 2 comprimés par jour.
- Enfant : 1 ou 2 comprimés par jour.

☛ La prise de ce médicament ne dispense pas de la consommation régulière de laitages, naturellement riches en calcium.

Les comprimés effervescents doivent être conservés à l'abri de l'humidité.

EFFETS INDÉSIRABLES POSSIBLES

Rarement : *troubles digestifs*.

CALCIUM SANDOZ sirop
calcium

PRÉSENTATION

CALCIUM SANDOZ : sirop ; flacon 200 ml - Remb. 65 %

Laboratoires Sandoz

COMPOSITION

	p. c. à c.	p. c. à s.
Gluconate de calcium	0,505 g	1,515 g
Lactobionate de calcium	0,89 g	2,67 g
Soit calcium	90 mg	270 mg
Saccharose	1,5 g	4,5 g

INDICATIONS

Ce médicament contient du calcium, principal constituant de l'os.

Il est utilisé chez l'enfant en cas de régime pauvre en calcium ou de décalcification osseuse due au *rachitisme* ou à une immobilisation prolongée (plâtre). Il est également utilisé dans le *traitement d'appoint* de la *spasmophilie*.

CONTRE-INDICATIONS

Ce médicament ne doit pas être utilisé dans les cas suivants :
- excès de calcium dans le sang ou dans les urines, avec ou sans *lithiase* ;
- immobilisation prolongée ;
- *galactosémie.*

ATTENTION

Des apports excessifs en calcium peuvent être dangereux. N'utilisez pas ce médicament sans avis médical.

Lorsque ce médicament est destiné à traiter la décalcification due à une immobilisation prolongée, il ne doit être pris que lors de la reprise de la marche.

Ce médicament est parfois associé à la *vitamine* D, qui favorise son absorption ; dans ce cas, des analyses de sang et d'urine sont parfois nécessaires.

Ce médicament contient du *sucre* (saccharose) en quantité notable.

INTERACTIONS MÉDICAMENTEUSES

Ce médicament peut interagir avec d'autres médicaments. Signalez tout autre traitement en cours à votre médecin ou à votre pharmacien.

MODE D'EMPLOI ET POSOLOGIE

Posologie usuelle :
- Enfant de moins de 3 ans : 2 à 5 cuillères à café de sirop par jour.
- Enfant de plus de 3 ans : 2 ou 3 cuillères à soupe de sirop par jour.

☛ La prise de ce médicament ne dispense pas de la consommation régulière de laitages, naturellement riches en calcium.

CALCIUM-SORBISTERIT
polystyrol sulfonate de calcium

PRÉSENTATION

CALCIUM-SORBISTERIT : poudre orale ; boîte de 500 g (cuillère-mesure de 20 g) - Remb. 100 % - Liste II

Laboratoires Biosédra

COMPOSITION

	p. c. mes.
Polystyrol sulfonate de calcium	18 g
Acide citrique	+
Saccharose	2 g

INDICATIONS

Ce médicament contient des microbilles de polystyrol (résine échangeuse d'ions) qui ont la propriété, à leur passage dans l'intestin, de libérer du calcium et d'absorber à sa place du *potassium*, qui s'évacue dans les selles.

Il est utilisé pour traiter les *hyperkaliémies* (excès de potassium dans le sang).

CONTRE-INDICATIONS

Ce médicament ne doit pas être utilisé lorsque le taux de *potassium* sanguin est inférieur ou égal à 5 *mEq* par litre.

ATTENTION

Un contrôle du taux sanguin de *potassium* et de certains autres sels minéraux (notamment le calcium) est nécessaire en cas de traitement prolongé à forte dose.

Ce médicament contient du *sucre* (saccharose) en quantité notable.

GROSSESSE, ALLAITEMENT ET NOUVEAU-NÉ

L'effet de ce médicament pendant la grossesse ou l'allaitement est mal connu : seul votre médecin peut évaluer le risque éventuel de son utilisation dans votre cas.

MODE D'EMPLOI ET POSOLOGIE

Ce médicament peut être mélangé avec de l'eau, du lait, du café, du thé, ou un aliment sucré (confiture, compote).

Posologie usuelle :

La *posologie* est adaptée par le médecin en fonction de la quantité de *potassium* à éliminer et de l'âge du malade.

EFFETS INDÉSIRABLES POSSIBLES

Troubles digestifs mineurs, constipation essentiellement.

CALDINE
lacidipine

PRÉSENTATION

CALDINE 2 mg : comprimé (blanc) ; boîte de 28 - Remb. 65 % - Liste I

CALDINE 4 mg : comprimé sécable (blanc) ; boîte de 28 - Remb. 65 % - Liste I

Laboratoires Boehringer Ingelheim

COMPOSITION

	p. comp.	p. comp.
Lacidipine	2 mg	4 mg

INDICATIONS

Ce médicament est un *vasodilatateur* qui appartient à la famille des *inhibiteurs calciques*.

Il est utilisé dans le *traitement de fond* de l'*hypertension artérielle*.

CONTRE-INDICATIONS

Ce médicament ne doit pas être utilisé en cas de :
- *insuffisance cardiaque* grave,
- grossesse.

ATTENTION

Si vous souffrez de *troubles du rythme cardiaque* ou d'*insuffisance hépatique*, signalez-le à votre médecin.

Des précautions sont nécessaires chez la personne âgée.

INTERACTIONS MÉDICAMENTEUSES

Ce médicament peut interagir avec d'autres médicaments. Signalez tout autre traitement en cours à votre médecin ou à votre pharmacien.

GROSSESSE, ALLAITEMENT ET NOUVEAU-NÉ

Grossesse :
L'effet de ce médicament sur l'enfant à naître est mal connu. Par mesure de prudence, son usage est contre-indiqué pendant la grossesse.

Allaitement :
Ce médicament passe dans le lait maternel. L'allaitement est déconseillé pendant le traitement.

MODE D'EMPLOI ET POSOLOGIE

Les comprimés doivent être avalés avec un verre d'eau. Ce médicament peut être pris au cours ou en dehors des repas.

Posologie usuelle :
- Adulte : 4 mg en 1 prise le matin.

Les comprimés doivent être conservés à l'abri de la lumière.

Le traitement médicamenteux ne dispense pas des mesures simples pouvant faire baisser la tension artérielle : activité physique régulière, modération de la consommation de boissons alcoolisées, lutte contre le surpoids.

EFFETS INDÉSIRABLES POSSIBLES

Les plus fréquents sont la conséquence de la dilatation des vaisseaux sanguins :
- rougeur du visage, bouffées de chaleur, maux de tête ;
- jambes lourdes ou enflées, *palpitations*, étourdissement.

Plus rarement : fatigue, nausées, maux d'estomac, éruptions cutanées, démangeaisons, gonflement des gencives.

CALENDULÈNE
calendula

PRÉSENTATION

CALENDULÈNE : solution ophtalmique ; flacon 125 ml - Non remb.

Laboratoires Allergan France

COMPOSITION

	p. 100 ml
Calendula officinalis, extrait glycériné	0,25 g

INDICATIONS

Cette solution ophtalmique est une lotion oculaire décongestionnante, calmante et adoucissante.

Elle est utilisée pour l'hygiène oculaire (bains, lavages, applications externes).

ATTENTION

Une irritation oculaire peut être due à une infection : en cas de doute, n'hésitez pas à consulter votre médecin. N'utilisez pas ce médicament de façon prolongée sans prendre un avis médical.

MODE D'EMPLOI ET POSOLOGIE

Lavages : pressez légèrement le flacon et arrosez l'œil irrité. En cas de brûlure par des gaz lacrymogènes ou par une autre substance chimique irritante, écartez les paupières pour bien nettoyer la totalité de l'œil et n'hésitez pas à utiliser une quantité importante de solution.

Bains : nettoyez préalablement les paupières et les cils avec un morceau de coton imbibé, puis remplissez au tiers une œillère de solution et appliquez-la sur l'œil bien ouvert pendant quelques minutes.

Applications externes : appliquez une compresse ou un coton imbibé de solution sur l'œil fermé pendant quelques minutes.

L'application correcte du produit peut nécessiter une aide, notamment chez une personne handicapée ou âgée.

Ne conservez pas cette solution plus de 15 jours après une première utilisation.

CALMADERM
bufexamac

PRÉSENTATION

CALMADERM : crème ; tube 30 g - Non remb.

Laboratoires Novalis

COMPOSITION

	p. 100 g
Bufexamac	5 g

INDICATIONS

Cette crème contient un *anti-inflammatoire* non stéroïdien.

Elle est utilisée pour calmer les démangeaisons de la peau.

CONTRE-INDICATIONS

Ce médicament ne doit pas être utilisé en cas :
- d'infection ou de parasitose non traitée de la peau (ce médicament n'a pas d'effet anti-infectieux),
- de rougeur des fesses du *nourrisson*.

ATTENTION

Évitez d'appliquer cette crème sur des zones étendues ou lésées : risque de passage du médicament dans le sang.

GROSSESSE, ALLAITEMENT ET NOUVEAU-NÉ

L'effet de ce médicament pendant la grossesse ou l'allaitement est mal connu : demandez conseil à votre pharmacien ou à votre médecin.

MODE D'EMPLOI ET POSOLOGIE

La crème doit être appliquée en couche mince, en massant légèrement.

Posologie usuelle :
2 applications par jour.

EFFETS INDÉSIRABLES POSSIBLES

Eczéma dû au médicament.

CALMIXÈNE
pimétixène

PRÉSENTATION

CALMIXÈNE : sirop arôme marasquin ; flacon 150 ml - Remb. 65 % - Liste II

Laboratoires Sandoz

COMPOSITION

	p. c. à c.
Pimétixène	1 mg

INDICATIONS

Ce médicament lutte contre l'*inflammation* des bronches et leur contraction anormale.

Il est utilisé dans le traitement de certaines toux sifflantes du *nourrisson* et de l'enfant.

MODE D'EMPLOI ET POSOLOGIE

Posologie usuelle :
- Enfant de 5 à 15 ans : 5 ou 6 cuillères à café par jour.
- Enfant de moins de 5 ans : 3 ou 4 cuillères à café par jour.
- Nourrisson : 2 ou 3 cuillères à café par jour.

EFFETS INDÉSIRABLES POSSIBLES

Somnolence.

CALMOROÏDE
ruscogénines, vitamine A

PRÉSENTATION

CALMOROÏDE : pommade rectale ; tube 20 g - Non remb.

CALMOROÏDE : suppositoire ; Boîte de 10 - Non remb.

Laboratoires Phygiène

COMPOSITION

	p. 100 g	p. suppos.
Ruscogénines	0,8 g	8 mg
Vitamine A palmitate	75 000 UI	1 500 UI

INDICATIONS

C'est un médicament qui contient un décongestionnant à usage local et un cicatrisant (*vitamine* A).

Il est utilisé dans le *traitement symptomatique* des douleurs et des démangeaisons de l'anus, en particulier dues aux *hémorroïdes*.

ATTENTION

Le traitement doit être de courte durée : si les *symptômes* persistent, consultez votre médecin.

GROSSESSE, ALLAITEMENT ET NOUVEAU-NÉ

A la posologie usuelle, ce médicament ne contient aucune substance connue pour être toxique pendant la grossesse ou l'allaitement.

MODE D'EMPLOI ET POSOLOGIE

1 application de pommade ou 1 suppositoire, matin et soir et après chaque selle.

Pour prévenir les *hémorroïdes*, des mesures simples d'hygiène alimentaire et des exercices physiques sont à envisager : parlez-en à votre médecin ou à votre pharmacien.

CALPEROS
calcium

PRÉSENTATION

CALPEROS 500 mg : comprimé à sucer sécable (blanc) ; boîte de 60 - Remb. 65 %

Laboratoires Doms-Adrian

COMPOSITION

	p. comp.
Carbonate de calcium	1,25 g
Soit calcium	500 mg
Aspartam	+

INDICATIONS

Ce médicament contient une forte quantité de calcium, principal constituant de l'os.

Il est utilisé en cas de besoins accrus en calcium (grossesse, allaitement, période de croissance) et dans le *traitement d'appoint* de l'*ostéoporose*.

CONTRE-INDICATIONS

Ce médicament ne doit pas être utilisé dans les cas suivants :
- excès de calcium dans le sang ou dans les urines, avec ou sans *lithiase* ;
- immobilisation prolongée ;
- *phénylcétonurie* (présence d'aspartam).

ATTENTION

Des apports excessifs en calcium peuvent être dangereux. N'utilisez pas ce médicament sans avis médical.

Lorsque ce médicament est destiné à traiter la décalcification due à une immobilisation prolongée, il ne doit être pris que lors de la reprise de la marche.

Ce médicament est parfois associé à la prise de *vitamine* D, qui favorise son absorption ; en cas de forte *posologie*, des analyses de sang et d'urine peuvent être nécessaires.

INTERACTIONS MÉDICAMENTEUSES

Ce médicament peut interagir avec d'autres médicaments. Signalez tout autre traitement en cours à votre médecin ou à votre pharmacien.

GROSSESSE, ALLAITEMENT ET NOUVEAU-NÉ

Ce médicament peut être prescrit par votre médecin pendant la grossesse ou l'allaitement.

MODE D'EMPLOI ET POSOLOGIE

Les comprimés doivent être sucés.

Posologie usuelle :
- Adulte : 2 ou 3 comprimés par jour.
- Enfant : 1 ou 2 comprimés par jour.

La prise de ce médicament ne dispense pas de la consommation régulière de laitages, naturellement riches en calcium.

EFFETS INDÉSIRABLES POSSIBLES

Rarement : *troubles digestifs*.

CALSYN
calcitonine de synthèse

PRÉSENTATION

CALSYN 50 UI : préparation injectable ; boîte de 1 flacon de *lyophilisat* et 1 ampoule de solvant 2 ml - Remb. 65 % - Liste II

CALSYN 100 UI : préparation injectable ; boîte de 1 flacon de *lyophilisat* et 1 ampoule de solvant 2 ml - Remb. 65 % - Liste II

Laboratoires Specia

COMPOSITION

	p. unité	p. unité
Calcitonine de synthèse	50 UI	100 UI

INDICATIONS

Ce médicament contient une calcitonine de synthèse. Normalement sécrétée par les glandes *parathyroïdes*, cette *hormone* a plusieurs propriétés :
- elle freine l'activité des cellules qui détruisent l'os (*ostéoclastes*),
- elle facilite la fixation du calcium sur l'os et abaisse le taux de calcium dans le sang,
- elle a une action *antalgique*.

Ce médicament est utilisé dans le traitement de la maladie de *Paget*, de l'*algodystrophie*, de certaines anomalies du *métabolisme* osseux (associées ou non à un excès de calcium dans le sang) et de l'*ostéoporose* compliquée du tassement d'une ou plusieurs vertèbres.

CONTRE-INDICATIONS

Ce médicament ne doit pas être utilisé en cas d'*allergie* à la calcitonine de saumon, cette dernière ayant servi de modèle à cette calcitonine de synthèse.

GROSSESSE, ALLAITEMENT ET NOUVEAU-NÉ

L'effet de ce médicament pendant la grossesse ou l'allaitement est mal connu : seul votre médecin peut évaluer le risque éventuel de son utilisation dans votre cas.

MODE D'EMPLOI ET POSOLOGIE

Ce médicament est injecté par *voie* intraveineuse, intramusculaire ou souscutanée.

Posologie usuelle :

Elle est individuelle et adaptée par votre médecin en fonction de la maladie en cause et de l'évolution des signes.

Compte tenu des effets indésirables possibles après l'injection de ce médicament, il est préférable de prévoir une période de repos après son administration.

EFFETS INDÉSIRABLES POSSIBLES

Troubles digestifs, bouffées de chaleur, rougeur du visage, des mains et des pieds, surtout lors des premières injections.

Rare réaction allergique.

CALTRATE
calcium

PRÉSENTATION

CALTRATE 600 mg : comprimé sécable (blanc) ; boîte de 60 - Remb. 65 %

Laboratoires Lederle

COMPOSITION

	p. comp.
Carbonate de calcium	1,498 g
Soit calcium	600 mg

INDICATIONS

Ce médicament contient une forte quantité de calcium, principal constituant de l'os.

Il est utilisé en cas de régime pauvre en calcium, de besoins accrus (période de croissance, grossesse, allaitement) ou de décalcification osseuse, notamment due à une immobilisation prolongée ou à un traitement à la *cortisone*. Il est également utilisé dans le *traitement d'appoint* de l'*ostéoporose*.

CONTRE-INDICATIONS

Ce médicament ne doit pas être utilisé dans les cas suivants :
- excès de calcium dans le sang ou dans les urines, avec ou sans *lithiase* ;
- immobilisation prolongée.

ATTENTION

Des apports excessifs en calcium peuvent être dangereux. N'utilisez pas ce médicament sans avis médical.

Lorsque ce médicament est destiné à traiter la décalcification due à une immobilisation prolongée, il ne doit être pris que lors de la reprise de la marche.

Ce médicament est quelquefois associé à la *vitamine* D, qui favorise son absorption ; dans ce cas, des analyses de sang et d'urine sont parfois nécessaires.

INTERACTIONS MÉDICAMENTEUSES

Ce médicament peut interagir avec d'autres médicaments. Signalez tout autre traitement en cours à votre médecin ou à votre pharmacien.

GROSSESSE, ALLAITEMENT ET NOUVEAU-NÉ

Ce médicament peut être prescrit par votre médecin pendant la grossesse ou l'allaitement.

MODE D'EMPLOI ET POSOLOGIE

Les comprimés doivent être avalés avec un verre d'eau.

Posologie usuelle :
- Adulte : 2 à 3 comprimés par jour.
- Enfant : 1 à 2 comprimés par jour selon l'âge.

> La prise de ce médicament ne dispense pas de la consommation régulière de laitages, naturellement riches en calcium.

EFFETS INDÉSIRABLES POSSIBLES

Rarement : *troubles digestifs.*

CALYPTOL INHALANT

PRÉSENTATION

CALYPTOL INHALANT : émulsion pour inhalation et application locale ; boîte de 10 ampoules 5 ml - Remb. 35 %

Laboratoires Techni-Pharma

COMPOSITION

	p. amp.
Eucalyptol	250 mg
Terpinéol	25 mg
Pin, huile essentielle	50 mg
Thym, huile essentielle	50 mg
Romarin, huile essentielle	50 mg

INDICATIONS

Ce médicament d'usage local contient une association d'essences végétales qui possède une action décongestionnante et *antiseptique* sur les *muqueuses* des *voies* respiratoires.

Il est utilisé dans le *traitement d'appoint* des affections des voies respiratoires.

CONTRE-INDICATIONS

Ce médicament ne doit pas être utilisé chez l'enfant de moins de 30 mois.

> **ATTENTION**
> N'utilisez pas ce médicament chez le jeune enfant sans prendre l'avis de votre médecin.
> Ce médicament ne doit pas être avalé ; ne le laissez pas à la portée des enfants.

GROSSESSE, ALLAITEMENT ET NOUVEAU-NÉ

Ce médicament ne contient que des plantes présumées sans danger pendant la grossesse ou l'allaitement. Néanmoins, ne l'utilisez pas de façon prolongée sans l'avis de votre pharmacien ou de votre médecin.

MODE D'EMPLOI ET POSOLOGIE

Le contenu des ampoules peut être utilisé en inhalation, en friction thoracique, ou pour assainir les chambres des malades.

Posologie usuelle :

En inhalation : 1 ampoule dans un bol d'eau très chaude, 2 ou 3 fois par jour.

En friction thoracique : 1 ampoule sur un tissu laineux, 1 à 3 fois par jour.

Pour assainir une chambre : 1 ampoule dans un récipient d'eau maintenue très chaude.

> Il est important de lutter contre la sécheresse de l'air ambiant (humidificateur...) pour éviter le dessèchement des sécrétions nasales et bronchiques.

CAMILINE
thé vert

PRÉSENTATION

CAMILINE ARKOGÉLULES : gélule (transparent) ; boîte de 50 - Non remb.

Laboratoires Arkopharma

COMPOSITION

	p. gél.
Thé vert, poudre du bouton et des 2 premières feuilles des rameaux	300 mg

INDICATIONS

Ce médicament est utilisé en complément des régimes amaigrissants.

GROSSESSE, ALLAITEMENT ET NOUVEAU-NÉ

Ce médicament ne contient que des plantes présumées sans danger pendant la grossesse ou l'allaitement. Néanmoins, ne l'utilisez pas de façon prolongée sans l'avis de votre pharmacien ou de votre médecin.

MODE D'EMPLOI ET POSOLOGIE

Les gélules doivent être avalées avec un grand verre d'eau au début des repas.

Posologie usuelle :

2 gélules, 3 fois par jour.

> Les médicaments ne sont pas la seule réponse à votre problème de poids ; des mesures simples d'hygiène alimentaire et des exercices physiques sont à envisager : parlez-en à votre médecin ou à votre pharmacien.
> Évitez les boissons alcoolisées : elles augmentent le nombre de calories de votre régime.
> Une perte de poids trop rapide peut entraîner une fatigue physique et psychique importante : il est préférable de la limiter (1 à 2 kg par mois).
> Les pertes de poids sont individuelles ; elles se font souvent par paliers : ne vous découragez pas.
> Conservez les gélules à l'abri de la lumière et de la chaleur.

CAMPEL
chromocarbe diéthylamine

PRÉSENTATION

CAMPEL : gélule (rose et bleu) ; boîte de 50 - Remb. 35 %

Laboratoires Promedica

COMPOSITION

	p. gél.
Chromocarbe diéthylamine	200 mg

INDICATIONS

C'est un protecteur *vasculaire* et *veinotonique*. Il régularise la circulation du sang dans les veines et lutte contre l'altération des *vaisseaux capillaires*.

Il est utilisé dans le *traitement symptomatique* :
- des jambes lourdes, *œdèmes*, crampes, *impatiences* et autres troubles pouvant être en rapport avec une mauvaise circulation veineuse ou *lymphatique* ;
- des crises d'*hémorroïdes* ;
- de l'insuffisance d'irrigation de la *rétine*.

> **ATTENTION**
> Ce médicament est insuffisant pour prévenir le risque de *phlébite* chez les malades alités ou plâtrés.
> Ce médicament soulage, mais n'empêche pas l'aggravation de l'*insuffisance veineuse*, qui requiert des mesures spécifiques telles que la *contention élastique*.

GROSSESSE, ALLAITEMENT ET NOUVEAU-NÉ

L'effet de ce médicament pendant la grossesse ou l'allaitement est mal connu. L'évaluation du risque éventuel lié à son utilisation est individuelle : demandez conseil à votre pharmacien ou à votre médecin.

MODE D'EMPLOI ET POSOLOGIE

Ce médicament peut être pris indifféremment au cours ou en dehors des repas.

Posologie usuelle :

4 à 6 gélules par jour réparties en 2 ou 3 prises.

> Une activité physique régulière et la surélévation du pied du lit permettent de faciliter la circulation veineuse et *lymphatique*.

EFFETS INDÉSIRABLES POSSIBLES

Rares : maux d'estomac, nausées et *allergie* cutanée.

CAMPHO-PNEUMINE sirop

PRÉSENTATION

CAMPHO-PNEUMINE NOURRISSON : sirop arôme framboise ; flacon 90 ml - Remb. 35 %

Laboratoires Marion Merrell Dow

COMPOSITION

	p. c. à c.
Camphosulfonate de sodium	10 mg
Benzoate de sodium	37,5 mg
Bromure de sodium	25 mg
Sulfogaïacol	37,5 mg
Thiamine dicamphosulfonate	3,6 mg
Capillaire, sirop	500 mg
Coquelicot, sirop	2,25 g
Tolu, sirop	1,93 g
Saccharose	3,9 g

INDICATIONS

Ce médicament contient notamment des *expectorants* (benzoate de sodium, sulfogaïacol) et un *sédatif* (bromure de sodium).

Il est utilisé pour éviter l'assèchement des bronches et calmer les toux irritatives chez le *nourrisson*.

CONTRE-INDICATIONS

Ce médicament ne doit pas être utilisé dans les cas suivants :
- *asthme*,
- *insuffisance respiratoire*.

ATTENTION

Ce médicament n'est pas adapté au traitement de la toux grasse, qui est un mécanisme de défense normal de l'organisme permettant l'évacuation des mucosités présentes dans les bronches.

La toux est un *symptôme* qui peut révéler de nombreuses maladies : consultez votre médecin si elle persiste plus de quelques jours.

Ce médicament contient du *sucre* (saccharose) en quantité notable.

MODE D'EMPLOI ET POSOLOGIE

Les prises de ce médicament doivent être réparties au cours de la journée.

Posologie usuelle :
- Enfant de 1 à 5 ans : 2 ou 3 cuillères à café de sirop par jour.

Des mesures simples permettent de calmer les toux sèches : boissons chaudes et humidification de l'air ambiant.

EFFETS INDÉSIRABLES POSSIBLES

Somnolence.

CAMPHO-PNEUMINE suppositoire

PRÉSENTATION

CAMPHO-PNEUMINE ADULTE : suppositoire ; boîte de 8 - Remb. 35 %

CAMPHO-PNEUMINE ENFANT : suppositoire ; boîte de 8 - Remb. 35 %

CAMPHO-PNEUMINE NOURRISSON : suppositoire ; boîte de 8 - Remb. 35 %

Laboratoires Marion Merrell Dow

COMPOSITION

	p. suppos. Ad.	p. suppos. Enf.	p. suppos. Nour.
Camphre	100 mg	40 mg	20 mg
Gaïacol	60 mg	20 mg	
Créosote	70 mg		
Eucalyptol	50 mg	50 mg	30 mg
Gaïacol glycolate d'éthyle	150 mg	80 mg	30 mg
Amyléine chlorhydrate	10 mg		

INDICATIONS

Ce médicament est un fluidifiant des sécrétions bronchiques.

Il est utilisé dans le *traitement symptomatique* des maladies des *voies* respiratoires.

CONTRE-INDICATIONS

Ce médicament ne doit pas être utilisé en cas d'*allergie* aux *anesthésiques* locaux (suppositoire Adulte).

ATTENTION

Les suppositoires Nourrisson ne doivent pas être utilisés chez l'enfant de moins de 3 mois.

Évitez d'utiliser ces suppositoires en cas d'*hémorroïdes*.

GROSSESSE, ALLAITEMENT ET NOUVEAU-NÉ

L'effet de ce médicament pendant la grossesse ou l'allaitement est mal connu. L'évaluation du risque éventuel lié à son utilisation est individuelle : demandez conseil à votre pharmacien ou à votre médecin.

MODE D'EMPLOI ET POSOLOGIE

Les prises de ce médicament doivent être réparties au cours de la journée.

Posologie usuelle :
- Adulte : 2 ou 3 suppositoires Adulte par jour.
- Enfant de plus de 3 ans : 1 à 3 suppositoires Enfant par jour.
- Enfant de 3 mois à 3 ans : 1 à 3 suppositoires Nourrisson par jour, selon l'âge.

Pour une meilleure conservation, garder les suppositoires au frais.

CAMPHO-PNEUMINE AMINOPHYLLINE

PRÉSENTATION

CAMPHO-PNEUMINE AMINOPHYLLINE ADULTE : sirop arôme framboise ; flacon 90 ml - Remb. 35 %

CAMPHO-PNEUMINE AMINOPHYLLINE ENFANT : sirop arôme framboise ; flacon 90 ml - Remb. 35 %

Laboratoires Marion Merrell Dow

COMPOSITION

	Sirop Adulte p. c. à. c.	Sirop Enfant p. c. à. c.
Codéine	5 mg	2 mg
Belladone, teinture	100 mg	50 mg
Benzoate de sodium	100 mg	50 mg
Sulfogaïacol	75 mg	50 mg
Aconit, teinture	75 mg	
Bromoforme	5 mg	
Camphosulfonate de sodium	70 mg	19 mg
Thiamine dicamphosulfonate	6 mg	6 mg
Aminophylline	5 mg	2 mg
Potion de Todd	1,5 g	
Grindelia, teinture		12,5 mg
Gelsémium, teinture		12,5 mg
Eucalyptus, sirop	250 mg	
Fumeterre, sirop	500 mg	500 mg
Sirop de Desessartz	1,5 g	3 g
Sirop de Tolu	1,06 g	1,75 g

INDICATIONS

Ce sirop *antitussif* contient de la codéine associée à un *antispasmodique* (*belladone*), à un dilatateur des bronches (aminophylline) et à des fluidifiants bronchiques. La codéine a une action sédative sur le *système nerveux central* et notamment sur les centres de la toux.

Ce médicament est utilisé dans le *traitement symptomatique* des toux sèches.

CONTRE-INDICATIONS

Ce médicament ne doit pas être utilisé dans les cas suivants :
- *asthme*,
- *insuffisance respiratoire*,
- *glaucome* à angle fermé,
- risque de blocage des urines (*adénome de la prostate*...),
- enfant de moins de 5 ans.

ATTENTION

Ce médicament n'est pas adapté au traitement de la toux grasse, qui est un mécanisme de défense normal de l'organisme permettant l'évacuation des mucosités présentes dans les bronches.

La toux est un *symptôme* qui peut révéler de nombreuses maladies. Consultez votre médecin si elle persiste plus de quelques jours.

Ce médicament contient du *sucre* (saccharose) en quantité notable.

Évitez les boissons alcoolisées : augmentation du risque de somnolence.

Conducteur : ce médicament peut être responsable d'une somnolence ou d'une baisse de la vigilance.

INTERACTIONS MÉDICAMENTEUSES

Ce médicament peut interagir avec beaucoup d'autres médicaments : signalez tout autre traitement en cours à votre médecin ou à votre pharmacien.

GROSSESSE, ALLAITEMENT ET NOUVEAU-NÉ

Grossesse :

Compte tenu de la présence de codéine, n'utilisez pas ce médicament pendant la grossesse sans prendre l'avis de votre pharmacien ou de votre médecin.

Allaitement :

Ce médicament passe dans le lait maternel : il est déconseillé pendant l'allaitement.

MODE D'EMPLOI ET POSOLOGIE

Les prises de ce médicament doivent être réparties au cours de la journée.

Posologie usuelle :
- Adulte : 6 à 8 cuillères à café de sirop Adulte par jour.
- Enfant de plus de 5 ans : 2 à 6 cuillères à café de sirop Enfant par jour.

De nombreux médicaments contiennent de la codéine, notamment certains *antitussifs* et certains *antalgiques*. Tenez-en compte en cas de prise conjointe car le surdosage expose à une augmentation des effets indésirables. Tenez compte également des autres médicaments contenant de l'aminophylline ou de la théophylline.

Une toux nocturne aggravée par ce médicament peut être une toux allergique : demandez conseil à votre médecin.

Fumer, ou être exposé à la fumée des autres, nuit à l'efficacité du traitement.

Des mesures simples permettent de calmer les toux sèches : boissons chaudes et humidification de l'air ambiant.

EFFETS INDÉSIRABLES POSSIBLES

Liés à la présence de codéine : constipation et, plus rarement, somnolence, nausées, vomissements, *bronchospasme*, *allergies* cutanées, ralentissement de la respiration.

Liés à la présence de *belladone* : effets *atropiniques*, rares aux doses habituelles.

CAMPHRICE DU CANADA

PRÉSENTATION

CAMPHRICE DU CANADA : baume ; bâton de 30 g - Non remb.

Laboratoires Homme de Fer

COMPOSITION

	p. 100 g
Camphre synthétique	4 g
Thym, essence	100 mg
Terpinol	100 mg

INDICATIONS

Ce baume apaise les démangeaisons et favorise la cicatrisation.

Il est utilisé dans le traitement des crevasses, des gerçures, des engelures, des coups de soleil et des piqûres d'insectes.

CONTRE-INDICATIONS

Ce médicament ne doit pas être utilisé dans les cas suivants :
- enfant de moins de 30 mois,
- enfant de moins de 7 ans en cas d'*antécédent* de *convulsions* ou en cas de lésion étendue de la peau.

GROSSESSE, ALLAITEMENT ET NOUVEAU-NÉ

L'effet de ce médicament pendant la grossesse ou l'allaitement est mal connu : demandez conseil à votre pharmacien ou à votre médecin.

MODE D'EMPLOI ET POSOLOGIE

Laver la région à traiter avant l'application.

Posologie usuelle :

2 applications par jour.

EFFETS INDÉSIRABLES POSSIBLES

Réaction allergique locale.

CANOL

PRÉSENTATION

CANOL : comprimé (bleu) ; boîte de 30 - Remb. 65 %

Laboratoires Jolly-Jatel

COMPOSITION

	p. comp.
Cynara, nébulisat	0,10 g
Lawsonia, nébulisat	0,07 g
Chimaphylla, nébulisat	0,03 g
Aphloïa, nébulisat	0,01 g

INDICATIONS

Ce médicament est une association de plantes, qui agit en augmentant la production de bile.

Il est utilisé dans le *traitement symptomatique* des digestions difficiles.

ATTENTION

Si vous souffrez d'obstruction des *voies biliaires* et d'*insuffisance hépatique* grave, parlez-en à votre médecin ou à votre pharmacien.

GROSSESSE, ALLAITEMENT ET NOUVEAU-NÉ

Ce médicament ne contient que des plantes présumées sans danger pendant la grossesse ou l'allaitement. Néanmoins, ne l'utilisez pas de façon prolongée sans l'avis de votre pharmacien ou de votre médecin.

MODE D'EMPLOI ET POSOLOGIE

Posologie usuelle :
- Adulte : 4 à 6 comprimés par jour.
- Enfant : 2 ou 3 comprimés par jour.

Ce médicament peut être accompagné d'une alimentation appropriée : parlez-en à votre médecin ou à votre pharmacien.

CANTABILINE
hymécromone

PRÉSENTATION

CANTABILINE 400 : comprimé (blanc) ; boîte de 30 - Remb. 35 %

Laboratoires Aron-Médicia

COMPOSITION

	p. comp.
Hymécromone	400 mg

INDICATIONS

C'est un médicament qui appartient à la famille des *cholérétiques*. Il agit en augmentant la production de bile et lutte contre les spasmes des *voies biliaires*.

Il est principalement utilisé dans le *traitement symptomatique* des *troubles digestifs* en rapport avec une paresse biliaire.

ATTENTION

Si vous souffrez d'une maladie grave du foie ou d'une obstruction des *voies biliaires* notamment due à des calculs, n'utilisez pas ce médicament sans avis médical.

En cas de persistance des *symptômes*, des examens peuvent être nécessaires : consultez votre médecin.

GROSSESSE, ALLAITEMENT ET NOUVEAU-NÉ

Grossesse :

En l'absence de données suffisantes, ce médicament est déconseillé pendant la grossesse.

Allaitement :

Les données disponibles ne permettent pas de savoir si ce médicament passe dans le lait maternel.

MODE D'EMPLOI ET POSOLOGIE

Ce médicament doit être pris au début des repas.

Posologie usuelle :
- Adulte : 1 comprimé, 2 ou 3 fois par jour.

EFFETS INDÉSIRABLES POSSIBLES

Rarement : diarrhée, *allergie* cutanée.

CANTALÈNE
lysozyme, chlorhexidine, tétracaïne

PRÉSENTATION

CANTALÈNE : comprimé à sucer (blanc) arôme fraise ; boîte de 24 - Non remb.

Laboratoires Salver

COMPOSITION

	p. comp.
Lysozyme chlorhydrate	20 mg
Chlorhexidine acétate	2 mg
Tétracaïne chlorhydrate	0,20 mg
Saccharose	951 mg

INDICATIONS

Ce médicament d'usage local contient une *enzyme*, un *antiseptique* et un *anesthésique*.

Il est utilisé comme *traitement d'appoint* en cas de mal de gorge sans fièvre et d'affection de la bouche.

CONTRE-INDICATIONS

Ce médicament ne doit pas être utilisé dans les cas suivants :
- *allergie* aux *anesthésiques* locaux ou aux *antiseptiques*,
- enfant de moins de 6 ans.

ATTENTION

L'usage prolongé de ce médicament n'est pas souhaitable : il est susceptible de modifier l'équilibre microbien naturel de la gorge (apparition de *candidose*).

Une surconsommation pourrait provoquer des troubles nerveux et cardiaques : respectez la *posologie*.

En cas d'aggravation, d'absence d'amélioration au bout de 5 jours ou d'apparition de fièvre : consultez votre médecin.

Ce médicament contient du *sucre* (saccharose) en quantité notable.

GROSSESSE, ALLAITEMENT ET NOUVEAU-NÉ

L'effet de ce médicament pendant la grossesse ou l'allaitement est mal connu. L'évaluation du risque éventuel lié à son utilisation est individuelle : demandez conseil à votre pharmacien ou à votre médecin.

MODE D'EMPLOI ET POSOLOGIE

Les comprimés doivent être sucés lentement sans être croqués.

Posologie usuelle :
- Adulte : 6 comprimés par jour, les prises devant être espacées d'au moins 2 heures.
- Enfant de 6 à 15 ans : 3 comprimés par jour, les prises devant être espacées d'au moins 4 heures.

Chez l'enfant et les personnes âgées, évitez l'usage de ce médicament avant les repas : l'*anesthésique* local est susceptible de provoquer des troubles de la déglutition ; ceux-ci pourraient être à l'origine du passage d'aliments dans les *voies* respiratoires.

Certaines infections de la gorge nécessitent un traitement *antibiotique* pour éviter des complications ultérieures, cardiaques ou rénales : si les troubles persistent, consultez votre médecin.

EFFETS INDÉSIRABLES POSSIBLES

En cas de réaction allergique cutanée, arrêtez le traitement.

Engourdissement passager de la langue.

Coloration brune de la langue et des dents disparaissant à l'arrêt du traitement.

CAPERGYL

dihydroergotoxine

PRÉSENTATION

CAPERGYL 4,5 mg : capsule (marron clair et marron foncé) ; boîte de 30 - Remb. 35 % - Liste II

Laboratoires Thérica

COMPOSITION

	p. caps.
Dihydroergotoxine mésilate	4,5 mg

INDICATIONS

Ce médicament est un *vasodilatateur* qui appartient à la famille des dérivés de l'*ergot de seigle*. Il augmente le débit sanguin cérébral.

Il est utilisé dans le traitement des troubles du comportement et de la mémoire liés au vieillissement.

ATTENTION

Chez une personne âgée, des troubles attribués au vieillissement peuvent être dus à une *dépression* ; ils nécessitent alors un traitement spécifique.

MODE D'EMPLOI ET POSOLOGIE

La *posologie* usuelle est de 1 capsule avant le repas de midi.

Ne pas prendre ce médicament à jeun afin d'éviter d'éventuels *troubles digestifs*.

EFFETS INDÉSIRABLES POSSIBLES

- Nausées, en cas de prise à jeun.
- Rarement : congestion nasale.

CAPISTAN

Serenoa repens

PRÉSENTATION

CAPISTAN : gélule (vert) ; boîte de 60 - Remb. 35 %

Laboratoires Sanofi Winthrop

COMPOSITION

	p. gél.
Serenoa repens, extrait lipidostérolique	160 mg

INDICATIONS

Ce médicament contient un extrait végétal qui a des propriétés décongestionnantes sur l'appareil urinaire. Il freine l'action de l'*hormone* mâle sur la prostate, permettant de retarder le développement des adénomes prostatiques.

Il est utilisé dans le traitement des troubles urinaires liés à un *adénome de la prostate*.

ATTENTION

Si les troubles persistent, parlez-en à votre médecin.

Ce médicament ne peut guérir un *adénome de la prostate* ; en cas de blocage progressif ou brutal des urines, consultez d'urgence votre médecin ou un chirurgien.

MODE D'EMPLOI ET POSOLOGIE

Ce médicament doit être pris au cours des repas pour éviter d'éventuelles nausées.

Posologie usuelle :

1 gélule, matin et soir.

Conserver ce médicament à l'abri de la chaleur.

CAPSULES PHARMATON

PRÉSENTATION

CAPSULES PHARMATON : capsule (marron foncé) ; boîte de 15 - Non remb.

CAPSULES PHARMATON : capsule (marron foncé) ; boîte de 30 - Non remb.

CAPSULES PHARMATON : capsule (marron foncé) ; boîte de 60 - Non remb.

CAPSULES PHARMATON : capsule (marron foncé) ; boîte de 75 - Non remb.

Laboratoires Boehringer Ingelheim France

COMPOSITION

	p. caps.
Déanol bitartrate	26 mg
Extrait sec concentré de ginseng	40 mg
Rétinol palmitate (vitamine A)	2 000 UI
Thiamine mononitrate (vitamine B1)	2 mg
Riboflavine (vitamine B2)	2 mg
Pyridoxine chlorhydrate (vitamine B6)	1 mg
Cyanocobalamine (vitamine B12)	1 µg
Acide ascorbique (vitamine C)	60 mg
Nicotinamide (vitamine PP)	15 mg
Ergocalciférol (vitamine D)	400 UI
Acétate d'alpha-tocophérol (vitamine E)	10 mg
Sulfate de cuivre	2,510 mg
Sulfate de manganèse	3,1 mg
Oxyde de zinc	1,250 mg
Fluorure de calcium	0,420 mg
Sulfate de potassium	9 mg
Sulfate de magnésium	50,7 mg
Sulfate ferreux	50 mg
Phosphate dicalcique	352 mg

INDICATIONS

Ce médicament contient des *vitamines*, des éléments minéraux et un *psychostimulant*, le déanol.

Il est utilisé dans le *traitement symptomatique* de certaines fatigues (*asthénies fonctionnelles*).

CONTRE-INDICATIONS

Ce médicament ne doit pas être utilisé dans les cas suivants :

- *épilepsie*,
- calculs des *voies* urinaires.

ATTENTION

Ce médicament contient des *vitamines* A et D : leur surdosage expose à des effets indésirables graves. Ces vitamines sont présentes dans de nombreux médicaments dont certains sont disponibles en automédication : évitez de les associer.

Des précautions sont nécessaires en cas de désintoxication alcoolique (*effet antabuse*).

INTERACTIONS MÉDICAMENTEUSES

Ce médicament ne doit pas être associé aux médicaments contenant de la lévodopa seule (LARODOPA...) : risque d'annulation des effets de la lévodopa par la *vitamine* B6.

À forte dose, certaines vitamines peuvent interagir avec d'autres médicaments. Signalez tout autre traitement en cours à votre médecin ou à votre pharmacien.

GROSSESSE, ALLAITEMENT ET NOUVEAU-NÉ

Grossesse :

Chez la femme enceinte ou qui allaite, les apports quotidiens en *vitamine* A ne doivent pas dépasser 6 000 *UI* par jour, alimentation comprise.

Allaitement :

Les données actuellement disponibles ne permettent pas de savoir si ce médicament passe dans le lait maternel.

MODE D'EMPLOI ET POSOLOGIE

Les capsules doivent être avalées avec un verre d'eau, de préférence au petit déjeuner et au déjeuner.

Posologie usuelle :

- Adulte : 1 capsule, 2 fois par jour.

Évitez de prendre ce médicament le soir : risque d'insomnie.

Une fatigue persistante ne doit pas vous conduire à augmenter les prises de ce médicament : consultez votre médecin.

Ce médicament doit être conservé à l'abri de l'humidité, à la température ambiante.

EFFETS INDÉSIRABLES POSSIBLES

Troubles digestifs.

CAPSYL

dextrométhorphane

PRÉSENTATION

CAPSYL : capsule brun-rouge ; boîte de 12 - Non remb.

Laboratoires Sandoz

COMPOSITION

	p. caps.
Dextrométhorphane bromhydrate	15 mg

INDICATIONS

Ce médicament *antitussif* contient du dextrométhorphane, qui agit sur les centres de la toux.

Il est utilisé dans le *traitement symptomatique* des toux sèches.

CONTRE-INDICATIONS

Ce médicament ne doit pas être utilisé dans les cas suivants :
- *insuffisance respiratoire*, *asthme* ;
- association avec un *antidépresseur* de type *IMAO* non sélectif ;
- enfant de moins de 15 ans.

ATTENTION

Ce médicament n'est pas adapté au traitement de la toux grasse, qui est un mécanisme de défense normal de l'organisme permettant l'évacuation des mucosités présentes dans les bronches.

La toux est un *symptôme* qui peut révéler de nombreuses maladies : consultez votre médecin si elle persiste plus de quelques jours.

Des précautions sont nécessaires en cas d'*insuffisance hépatique*.

Évitez les boissons alcoolisées : augmentation du risque de somnolence.

Conducteur : ce médicament peut être responsable d'une somnolence ou d'une baisse de la vigilance.

INTERACTIONS MÉDICAMENTEUSES

Ce médicament ne doit pas être associé aux *antidépresseurs* de type *IMAO* (MARSILID, NIAMIDE...) : risque d'élévation de la température, d'agitation, de chute brutale de la tension artérielle.

GROSSESSE, ALLAITEMENT ET NOUVEAU-NÉ

Grossesse :

Compte tenu de la présence de dextrométhorphane, n'utilisez pas ce médicament pendant la grossesse sans prendre l'avis de votre pharmacien ou de votre médecin.

Allaitement :

Les données actuellement disponibles ne permettent pas de savoir si ce médicament passe dans le lait maternel : par mesure de prudence, il est déconseillé pendant l'allaitement.

MODE D'EMPLOI ET POSOLOGIE

Les capsules peuvent être sucées ou avalées telles quelles, et prises indifféremment au cours ou en dehors des repas.

Posologie usuelle :

- Adulte : 1 ou 2 capsules, 3 ou 4 fois par jour. Chez la personne âgée, réduire la *posologie* de moitié.

Ce médicament n'entraîne pas de risque de *dépendance* ni de *dépression respiratoire*, aux doses usuelles.

Une toux nocturne aggravée par ce médicament peut être une toux allergique : demandez conseil à votre médecin.

Fumer, ou être exposé à la fumée des autres, nuit à l'efficacité du traitement.

Des mesures simples permettent de calmer les toux sèches : boissons chaudes et humidification de l'air ambiant.

EFFETS INDÉSIRABLES POSSIBLES

Constipation, somnolence, nausées, vomissements, sensation de vertige, rare *allergie* cutanée, spasmes des bronches.

CAPTEA

captopril, hydrochlorothiazide

PRÉSENTATION

CAPTEA : comprimé sécable ovoïde (rose orangé) ; boîte de 28 - Remb. 65 % - Liste I

Laboratoires Bellon

COMPOSITION

	p. comp.
Captopril	50 mg
Hydrochlorothiazide	25 mg

INDICATIONS

Cet *antihypertenseur* contient deux substances :
- le captopril, un inhibiteur de l'*enzyme* de conversion. Cette enzyme est une substance naturellement présente dans l'organisme, responsable d'une contraction des artères qui augmente la tension artérielle et fatigue le cœur ;
- l'hydrochlorothiazide, un *diurétique* dont la structure chimique est proche de celle des *sulfamides*. Son action renforce celle du captopril.

Ce médicament est utilisé dans le traitement de l'*hypertension artérielle*.

CONTRE-INDICATIONS

Ce médicament ne doit pas être utilisé dans les cas suivants :
- *allergie* connue à l'un des constituants ou à la famille des *sulfamides*,
- *insuffisance rénale* grave,
- *insuffisance cardiaque* grave,
- grossesse.

ATTENTION

Si vous suiviez auparavant un traitement par *diurétique* ou un régime sans *sel*, la baisse de la tension artérielle peut être importante lors des premières prises : un malaise ou des étourdissements peuvent survenir ; il est préférable de choisir une période de repos et de prendre garde au risque de chute.

Des précautions sont nécessaires en cas d'*insuffisance hépatique* et chez la personne âgée.

Ce médicament peut être responsable d'une baisse de la *kaliémie* qui peut être aggravée par l'usage immodéré de *laxatifs stimulants*. Des analyses de sang sont souvent prescrites par le médecin.

INTERACTIONS MÉDICAMENTEUSES

Ce médicament peut interagir avec d'autres médicaments, notamment certains *diurétiques*, ceux contenant du *lithium* et les *sels* de régime. Signalez tout autre traitement en cours à votre médecin ou à votre pharmacien.

GROSSESSE, ALLAITEMENT ET NOUVEAU-NÉ

Grossesse :

L'effet de ce médicament sur l'enfant à naître est mal connu. Quelques cas de complications ont été rapportés et son usage pendant la grossesse est contre-indiqué.

Allaitement :

Ce médicament passe dans le lait maternel : l'allaitement est déconseillé.

MODE D'EMPLOI ET POSOLOGIE

Ce médicament doit être pris avec le petit déjeuner.

Posologie usuelle :

- Adulte : 1/2 à 1 comprimé par jour en 1 prise le matin.

En cas d'*insuffisance rénale*, de traitement préalable par des *diurétiques* ou de régime sans *sel*, la *posologie* initiale est faible ; elle est augmentée progressivement par le médecin en fonction des effets du médicament.

Le traitement médicamenteux ne dispense pas de mesures simples pouvant faire baisser la tension artérielle : activité physique régulière, modération de la consommation de boissons alcoolisées, lutte contre le surpoids.

EFFETS INDÉSIRABLES POSSIBLES

Toux sèche, *troubles digestifs*, *hypotension orthostatique*.

Élévation du taux de *sucre* ou d'*acide urique* dans le sang.

Baisse du taux de potassium dans le sang associée ou non à des crampes.

Rares réactions allergiques : œdème de *Quincke*, *allergie* cutanée.

CAPTOLANE

captopril

PRÉSENTATION

CAPTOLANE 25 mg : comprimé quadrisécable (blanc) ; boîte de 30 - Remb. 65 % - Liste I

CAPTOLANE 50 mg : comprimé sécable (blanc) ; boîte de 30 - Remb. 65 % - Liste I

Laboratoires Théraplix

COMPOSITION

	p. comp.	p. comp.
Captopril	25 mg	50 mg

INDICATIONS

Ce médicament appartient à la famille des inhibiteurs de l'*enzyme* de conversion (IEC). L'enzyme de conversion est une substance naturellement présente dans l'organisme ; elle est responsable d'une contraction des artères qui augmente la tension artérielle et fatigue le cœur.

Ce médicament est utilisé dans le traitement de l'*hypertension artérielle* et de l'*insuffisance cardiaque*.

CONTRE-INDICATIONS

Ce médicament ne doit pas être utilisé en cas de grossesse.

ATTENTION

Si vous suivez un traitement par *diurétique* ou un régime sans *sel*, la baisse de la tension artérielle peut être importante lors des premières prises : un malaise ou des étourdissements peuvent survenir ; il est préférable de choisir une période de repos et de prendre garde au risque de chute.

Les *sels* de régime contiennent souvent du *potassium* ; ne les utilisez pas sans avis médical pendant le traitement.

Des précautions sont nécessaires chez la personne âgée et celle atteinte d'*insuffisance rénale*.

INTERACTIONS MÉDICAMENTEUSES

Ce médicament peut interagir avec d'autres médicaments, notamment avec ceux contenant du *lithium*, certains *diurétiques* et les *sels* de régime. Signalez tout autre traitement en cours à votre médecin ou à votre pharmacien.

GROSSESSE, ALLAITEMENT ET NOUVEAU-NÉ

Grossesse :

L'effet de ce médicament sur l'enfant à naître est mal connu. Quelques accidents ayant été rapportés, son usage pendant la grossesse est contre-indiqué.

Allaitement :

Les données actuellement disponibles ne permettent pas de savoir si ce médicament passe dans le lait maternel : l'allaitement est déconseillé.

MODE D'EMPLOI ET POSOLOGIE

Ce médicament peut être pris indifféremment au cours ou en dehors des repas.

Posologie usuelle :

Elle est variable en fonction des cas :

- *hypertension artérielle* : 1 comprimé à 50 mg en 1 prise (au lever) ou 1 comprimé à 25 mg matin et soir ;
- *insuffisance cardiaque* : 50 à 100 mg par jour, atteints progressivement, répartis en 2 ou 3 prises.

En cas d'*insuffisance rénale*, de traitement préalable par des *diurétiques* ou de régime sans *sel*, la *posologie* initiale est faible ; elle est augmentée progressivement par le médecin en fonction des effets du médicament.

☛ Le traitement médicamenteux ne dispense pas des mesures simples pouvant faire baisser la tension artérielle : activité physique régulière, modération de la consommation de boissons alcoolisées, lutte contre le surpoids.

EFFETS INDÉSIRABLES POSSIBLES

Toux sèche, rares *troubles digestifs*, hypotension.

Rares réactions allergiques : œdème de *Quincke*, *allergie* cutanée.

CARBACTIVE

charbon, benzonaphtol

PRÉSENTATION

CARBACTIVE : granulé ; boîte de 100 g - Non remb.

Laboratoires C.P.F.

COMPOSITION

	p. 100 g
Charbon activé	10 g
Benzonaphtol	6 g
Saccharose	+

INDICATIONS

C'est une association de substances qui contient du charbon activé et un *antiseptique* intestinal (benzonaphtol). Le charbon facilite la digestion en fixant les toxines et les gaz présents dans le tube digestif.

Ce médicament est utilisé dans le *traitement symptomatique* des diarrhées et ballonnements dus notamment aux intoxications alimentaires.

ATTENTION

Si les troubles persistent, consultez votre médecin.

Une diarrhée expose à un risque de déshydratation qui peut être grave.

Ce médicament contient du *sucre* (saccharose) en quantité notable.

INTERACTIONS MÉDICAMENTEUSES

Ce médicament peut interagir avec de nombreux autres médicaments en diminuant leur absorption : il convient de séparer les prises d'au moins 2 heures.

GROSSESSE, ALLAITEMENT ET NOUVEAU-NÉ

L'effet de ce médicament pendant la grossesse ou l'allaitement est mal connu. L'évaluation du risque éventuel lié à son utilisation est individuelle : demandez conseil à votre pharmacien ou à votre médecin.

MODE D'EMPLOI ET POSOLOGIE

Les granulés peuvent être croqués ou délayés dans un verre d'eau, et pris après les repas.

Posologie usuelle :

1 ou 2 cuillères à café de granulés, 2 fois par jour.

☛ Une diarrhée peut provoquer une déshydratation. Cette perte d'eau peut provoquer des troubles graves (fatigue, malaise, confusion des idées...). Il est indispensable de prévenir cette déshydratation par des boissons sucrées abondantes et des bouillons salés, notamment chez les personnes âgées et les enfants.

CARBO-DOME

goudron de houille

PRÉSENTATION

CARBO-DOME : crème ; tube 30 g - Non remb.

Laboratoires Dome-Hollister

COMPOSITION

	p. 100 g
Goudron de houille en solution alcoolique à 20 %	10 g

INDICATIONS

Cette crème contient du goudron de houille, qui lutte contre l'épaississement anormal de la peau.

Elle est notamment utilisée pour traiter le *psoriasis*, les *eczémas* secs et épaissis.

CONTRE-INDICATIONS

Ce médicament ne doit pas être utilisé dans le traitement des affections cutanées suintantes.

ATTENTION

Des précautions sont nécessaires en cas d'affection cutanée infectieuse, ou de peau crevassée.

Ce produit ne doit pas être mis en contact avec l'œil.

GROSSESSE, ALLAITEMENT ET NOUVEAU-NÉ

L'effet de ce médicament pendant la grossesse ou l'allaitement est mal connu. L'évaluation du risque éventuel lié à son utilisation est individuelle : demandez conseil à votre pharmacien ou à votre médecin.

MODE D'EMPLOI ET POSOLOGIE

Masser légèrement pour faire pénétrer la crème.

Posologie usuelle :

2 ou 3 applications par jour.

☛ En cas de contact accidentel avec les yeux, rincer immédiatement et abondamment à l'eau tiède. Il est indispensable de se laver les mains après l'application.

CARBOLEVURE

charbon activé, levure

PRÉSENTATION

CARBOLEVURE ADULTE : gélule (noir et rouge-brun) ; boîte de 20 - Remb. 35 %

CARBOLEVURE ENFANT : gélule (noir et rouge-brun) ; boîte de 20 - Remb. 35 %

Laboratoires Vedim

COMPOSITION

	p. gél. Ad.	p. gél. Enf.
Charbon activé	109 mg	48 mg
Levure déshydratée vivante	108,5 mg	47,7 mg

INDICATIONS

C'est une association de substances qui contient du charbon activé et des *levures*. Le charbon activé facilite la digestion en fixant les toxines et les gaz présents dans le tube digestif. Les levures favorisent l'équilibre de la flore digestive.

Ce médicament est utilisé dans le *traitement symptomatique* des maladies *fonctionnelles* du côlon, notamment avec diarrhée et ballonnements.

ATTENTION

Si la diarrhée persiste, consultez votre médecin. Une diarrhée expose à un risque de déshydratation qui peut être grave.

INTERACTIONS MÉDICAMENTEUSES

Ce médicament peut interagir avec de nombreux autres médicaments en diminuant leur absorption : il convient de séparer les prises d'au moins 2 heures.

GROSSESSE, ALLAITEMENT ET NOUVEAU-NÉ

Grossesse :

Ce médicament peut être utilisé chez la femme enceinte.

MODE D'EMPLOI ET POSOLOGIE

Les gélules doivent être avalées avec un peu d'eau. Pour les nourrissons, la gélule peut être ouverte et son contenu dilué dans le biberon ou toute autre boisson : bien mélanger avant l'emploi.

Posologie usuelle :

- Adulte : 1 gélule Adulte, 3 fois par jour.
- Enfant et nourrisson : 1 à 3 gélules Enfant par jour.

Une diarrhée peut provoquer une déshydratation. Cette perte d'eau par l'organisme peut entraîner des troubles graves (malaises, fatigue, confusion des idées...). Il est indispensable de prévenir cette déshydratation par des boissons sucrées abondantes et des bouillons salés, notamment chez les personnes âgées et les enfants.

EFFETS INDÉSIRABLES POSSIBLES

Selles de coloration noire.

CARBONEX

soufre, hydroxyde de magnésium

PRÉSENTATION

CARBONEX : poudre orale ; boîte de 100 g - Remb. 65 %

Laboratoires Aérocid

COMPOSITION

	p. 100 g
Soufre sublimé	10 g
Magnésium, hydroxyde	70 g
Lactose	20 g

INDICATIONS

C'est un *laxatif osmotique*. Il permet une meilleure hydratation des selles.

Il est utilisé dans le *traitement symptomatique* de la constipation et des *troubles digestifs* en rapport avec une paresse de la digestion.

CONTRE-INDICATIONS

Ce médicament ne doit pas être utilisé dans les cas suivants :
- maladies inflammatoires du côlon,
- constipation ou douleurs abdominales dues à une obstruction du tube digestif : rétrécissement intestinal, *fécalome* (bouchon de selles).

ATTENTION

Il est nécessaire de boire beaucoup d'eau, particulièrement en cas de dilatation du côlon, d'alitement et chez la personne âgée.

Les laxatifs ne doivent pas être utilisés de façon prolongée sans avis médical.

GROSSESSE, ALLAITEMENT ET NOUVEAU-NÉ

Grossesse :

Ce médicament peut être utilisé chez la femme enceinte.

Allaitement :

Comme tous les laxatifs, ce médicament est susceptible de freiner les montées de lait.

MODE D'EMPLOI ET POSOLOGIE

Dissoudre la poudre dans un grand verre d'eau.

Posologie usuelle :

1/2 à 4 cuillères à café par jour, le matin à jeun ou le soir au coucher.

Ce traitement doit être accompagné de mesures simples d'hygiène alimentaire (régime riche en fibres et boissons abondantes) et d'exercices physiques : consultez votre médecin ou votre pharmacien.

EFFETS INDÉSIRABLES POSSIBLES

Ballonnement abdominal et diarrhée en cas de surdosage.

CARBOPHAGIX

charbon activé, levure

PRÉSENTATION

CARBOPHAGIX : gélule (vert et bleu) ; boîte de 30 - Non remb.

Laboratoires Darcy

COMPOSITION

	p. gél.
Charbon activé	109 mg
Levure déshydratée vivante	108,5 mg

INDICATIONS

C'est une association de substances qui contient du charbon activé et des *levures*. Le charbon activé facilite la digestion en fixant les toxines et les gaz présents dans le tube digestif. Les levures favorisent l'équilibre de la flore digestive.

Ce médicament est utilisé dans le *traitement symptomatique* des maladies *fonctionnelles* du côlon, notamment avec diarrhée et ballonnements.

ATTENTION

Si les troubles persistent, consultez votre médecin. Une diarrhée expose à un risque de déshydratation qui peut être grave.

INTERACTIONS MÉDICAMENTEUSES

Ce médicament peut interagir avec de nombreux autres médicaments en diminuant leur absorption : il convient de séparer les prises d'au moins 2 heures.

GROSSESSE, ALLAITEMENT ET NOUVEAU-NÉ

Grossesse :

Ce médicament peut être utilisé chez la femme enceinte.

MODE D'EMPLOI ET POSOLOGIE

Les gélules doivent être avalées avec un peu d'eau.

Posologie usuelle :

Adulte et enfant de plus de 2 ans : 3 gélules par jour.

EFFETS INDÉSIRABLES POSSIBLES

Selles de coloration noire.

CARBOPHOS

PRÉSENTATION

CARBOPHOS : comprimé sécable à croquer (noir) ; boîte de 40 - Remb. 35 %

Laboratoires UPSA

COMPOSITION

	p. comp.
Charbon végétal	400 mg
Carbonate de calcium	200 mg
Phosphate neutre de calcium	100 mg
dont calcium	118 mg
Saccharose	500 mg

INDICATIONS

C'est une association de substances qui contient du charbon activé. Il facilite la digestion en fixant les toxines et les gaz présents dans le tube digestif. Les autres substances neutralisent les acides sécrétés par l'estomac.

Ce médicament est utilisé dans le *traitement symptomatique* :
- des maladies *fonctionnelles* du côlon ;

- des *troubles digestifs*, notamment les ballonnements ;
- des brûlures de l'estomac.

ATTENTION
Des douleurs qui persistent peuvent être dues à une lésion du tube digestif : consultez votre médecin.

INTERACTIONS MÉDICAMENTEUSES

Ce médicament peut interagir avec de nombreux autres médicaments en diminuant leur absorption : il convient de séparer les prises d'au moins 2 heures.

GROSSESSE, ALLAITEMENT ET NOUVEAU-NÉ

L'effet de ce médicament pendant la grossesse ou l'allaitement est mal connu. L'évaluation du risque éventuel lié à son utilisation est individuelle : demandez conseil à votre pharmacien ou à votre médecin.

MODE D'EMPLOI ET POSOLOGIE

Les comprimés peuvent être avalés avec un peu d'eau, ou être croqués avant ou après les repas et au coucher.

Posologie usuelle :
- Adulte : 1 à 2 comprimés, 4 fois par jour.
- Enfant de 3 à 15 ans : 1/2 comprimé, 3 ou 4 fois par jour.

Une alimentation équilibrée, une mastication lente et l'élimination des aliments difficiles à digérer permettent souvent d'améliorer, voire de faire disparaître, les douleurs d'estomac qui ne sont pas liées à un *ulcère*.

EFFETS INDÉSIRABLES POSSIBLES

Selles de coloration noire.

CARBOSYLANE
charbon activé, diméticone

PRÉSENTATION

CARBOSYLANE : gélule gastrosoluble (bleu) et gélule *gastrorésistante* (rouge) jumelées ; boîte de 24 - Remb. 35 %

CARBOSYLANE : gélule gastrosoluble (bleu) et gélule *gastrorésistante* (rouge) jumelées ; boîte de 48 - Remb. 35 %

Laboratoires Sérolam

COMPOSITION

	p. gél.-gastrosoluble	p. gél.-gastrorésistante
Charbon activé ...	140 mg	140 mg
Diméticone	45 mg	45 mg

INDICATIONS

C'est une association de substances qui contient du charbon activé. Il facilite la digestion en fixant les toxines et les gaz présents dans le tube digestif.

Ce médicament est utilisé dans le *traitement symptomatique* des *troubles digestifs* et des ballonnements.

ATTENTION
Si les troubles persistent, consultez votre médecin.

INTERACTIONS MÉDICAMENTEUSES

Ce médicament peut interagir avec de nombreux autres médicaments en diminuant leur absorption : il convient de séparer les prises d'au moins 2 heures.

GROSSESSE, ALLAITEMENT ET NOUVEAU-NÉ

Grossesse :
Ce médicament peut être utilisé chez la femme enceinte.

MODE D'EMPLOI ET POSOLOGIE

Une dose comprend une gélule bleue et une gélule rouge. Les gélules doivent être avalées ensemble avec un peu d'eau.

Posologie usuelle :
1 dose 3 fois par jour, avant les repas.

EFFETS INDÉSIRABLES POSSIBLES

Selles de coloration noire.

CARDIOCALM
phénobarbital, aubépine

PRÉSENTATION

CARDIOCALM : comprimé (rose) ; boîte de 40 - Remb. 65 %

Laboratoires Pharmastra

COMPOSITION

	p. comp.
Phénobarbital	20 mg
Aubépine, extrait sec	100 mg

INDICATIONS

Ce médicament contient un *sédatif* de la famille des *barbituriques* et un extrait végétal (aubépine).

Il est utilisé dans le traitement des *palpitations* et des formes légères d'anxiété ou d'insomnie.

CONTRE-INDICATIONS

Ce médicament ne doit pas être utilisé dans les cas suivants :
- *allergie* aux *barbituriques*,
- *porphyries*,
- *insuffisance respiratoire* grave.

ATTENTION
Les *palpitations* peuvent être le *symptôme* d'une maladie cardiaque : n'utilisez pas ce médicament de façon prolongée sans l'avis de votre médecin.

Ce médicament n'est pas adapté à l'enfant de moins de 15 ans.

Évitez les boissons alcoolisées : augmentation du risque de somnolence.

Conducteur : ce médicament peut être responsable d'une somnolence ou d'une baisse de la vigilance.

INTERACTIONS MÉDICAMENTEUSES

Ce médicament peut interagir avec d'autres médicaments, notamment les *contraceptifs* oraux (pilule) : risque de contraception inefficace. Signalez tout autre traitement en cours à votre médecin ou à votre pharmacien.

GROSSESSE, ALLAITEMENT ET NOUVEAU-NÉ

Grossesse :
L'effet de ce médicament pendant la grossesse est mal connu. L'évaluation du risque éventuel lié à son utilisation est individuelle : demandez conseil à votre pharmacien ou à votre médecin.

Allaitement :
Ce médicament passe dans le lait maternel : il est déconseillé pendant l'allaitement.

MODE D'EMPLOI ET POSOLOGIE

Les comprimés doivent être avalés avec un verre d'eau.

Posologie usuelle :
- Adulte :
  - *palpitations*, nervosité, anxiété : 1 comprimé, 2 ou 3 fois par jour avant les repas ;
  - troubles du sommeil : 2 ou 3 comprimés en 1 seule prise le soir.

Les *palpitations* peuvent être favorisées par la prise d'excitants : café, thé, boissons alcoolisées et certains sodas contenant de la caféine.

EFFETS INDÉSIRABLES POSSIBLES

Dus au phénobarbital : somnolence, réaction cutanée, excitation, confusion des idées chez la personne âgée.

CARDIOQUINE
quinidine

PRÉSENTATION

CARDIOQUINE 166 mg : comprimé sécable (gris-jaune) ; boîte de 40 - Remb. 65 %

Laboratoires ASTA Medica

COMPOSITION

	p. comp.
Quinidine	166 mg

INDICATIONS

Ce médicament appartient à la classe I de la famille des *antiarythmiques*. Il modifie la vitesse de transmission de l'influx nerveux au sein du muscle cardiaque et lutte contre ses contractions anarchiques.

Il est utilisé dans le traitement de certains *troubles du rythme cardiaque*.

CONTRE-INDICATIONS

Ce médicament ne doit pas être utilisé dans les cas suivants :
- *allergie* à la quinine,

- *bloc auriculo-ventriculaire* grave,
- *maladie de l'oreillette*,
- association avec certains médicaments (voir INTERACTIONS MÉDICAMENTEUSES).

Dans tous les autres cas, le médecin est seul juge pour prescrire ce médicament, notamment en cas de *bloc auriculo-ventriculaire* incomplet, *insuffisance cardiaque*, *myasthénie*, utilisation régulière de *laxatifs stimulants*.

ATTENTION
Si vous souffrez d'*insuffisance rénale*, signalez-le à votre médecin.

INTERACTIONS MÉDICAMENTEUSES

Ce médicament ne doit pas être associé aux médicaments favorisant un *trouble du rythme cardiaque* particulier et potentiellement grave : les *torsades de pointes*. Ces médicaments sont : certains autres *antiarythmiques* et les médicaments contenant de la *vincamine*, du sultopride, du sotalol, de l'amiodarone.

Il peut interagir avec d'autres médicaments, notamment les *laxatifs stimulants*, les *diurétiques* et tout autre médicament susceptible de provoquer une *hypokaliémie*. Signalez tout traitement en cours à votre médecin ou à votre pharmacien.

GROSSESSE, ALLAITEMENT ET NOUVEAU-NÉ

L'effet de ce médicament pendant la grossesse ou l'allaitement est mal connu : seul votre médecin peut évaluer le risque éventuel de son utilisation dans votre cas.

MODE D'EMPLOI ET POSOLOGIE

Les comprimés doivent être avalés avec un peu d'eau.

Posologie usuelle :

1 et 1/2 comprimé, 4 fois par jour.

Conserver à l'abri de la lumière.

EFFETS INDÉSIRABLES POSSIBLES

Troubles digestifs.

Malaise, *vertiges*.

Troubles de la vision : vision double ou incapacité à supporter la lumière.

Bourdonnements d'oreille, baisse de l'audition.

Troubles *hématologiques* : baisse des *globules rouges* ou des *plaquettes* sanguines.

Aggravation paradoxale de l'*arythmie*, ou apparition de nouveaux *troubles du rythme cardiaque*.

Allergie cutanée.

CARENCYL

PRÉSENTATION

CARENCYL : capsule (rouge) ; boîte de 30 - Non remb. - Liste I

Laboratoires Riom-CERM

COMPOSITION

	p. caps.
N-acétyl-asparaginate d'arginine	100 mg
Rétinol (vitamine A)	7,5 mg
Colécalciférol (vitamine D3)	1 mg
Thiamine mononitrate (vitamine B1)	2,5 mg
Riboflavine (vitamine B2)	2,5 mg
Pyridoxine chlorhydrate (vitamine B6)	2,5 mg
Cyanocobalamine (vitamine B12)	4 µg
Acide ascorbique (vitamine C)	75 mg
Acide folique (vitamine B9)	1 mg
Acétate d'alpha-tocophérol (vitamine E)	5 mg
Nicotinamide (vitamine PP)	25 mg
Fumarate ferreux	40 mg
Phosphate dicalcique	100 mg
Sulfate de manganèse	0,5 mg
Oxyde de zinc	0,5 mg
Fluorure de calcium	1 mg
Soit fer	13,14 mg
Soit manganèse	0,15 mg
Soit calcium	32,63 mg
Soit zinc	0,34 mg

INDICATIONS

Ce médicament contient des *vitamines*, des éléments minéraux et des *acides aminés*.

Il est utilisé dans le *traitement symptomatique* de certaines fatigues (*asthénies fonctionnelles*).

CONTRE-INDICATIONS

Ce médicament ne doit pas être utilisé dans les cas suivants :
- enfant de moins de 30 mois,
- calculs des *voies* urinaires.

ATTENTION
Ce médicament contient des *vitamines* A et D : leur surdosage expose à des effets indésirables graves. Ces vitamines sont présentes dans de nombreux médicaments dont certains sont disponibles en automédication : évitez de les associer.

INTERACTIONS MÉDICAMENTEUSES

Ce médicament ne doit pas être associé aux médicaments contenant de la lévodopa seule (LARODOPA...) : risque d'annulation des effets de la lévodopa par la *vitamine* B6.

Il peut interagir avec d'autres médicaments, notamment avec les *antibiotiques* de la famille des *cyclines* : respectez un intervalle de 3 heures entre les prises de chacun de ces médicaments.

GROSSESSE, ALLAITEMENT ET NOUVEAU-NÉ

Grossesse :

Chez la femme enceinte ou qui allaite, les apports quotidiens en *vitamine* A ne doivent pas dépasser 6 000 *UI* par jour, alimentation comprise.

Allaitement :

Les données actuellement disponibles ne permettent pas de savoir si ce médicament passe dans le lait maternel.

MODE D'EMPLOI ET POSOLOGIE

Les capsules peuvent être sucées, mâchées ou avalées.

Posologie usuelle :

- Adulte : 1 à 3 capsules par jour.
- Enfant de plus de 8 ans : 1 capsule, 3 fois par semaine.
- Enfant de 30 mois à 8 ans : 1 capsule, 2 fois par semaine.

Les quantités de *vitamine* B12 et de fer contenues dans ce médicament sont insuffisantes pour traiter une *carence* vraie mais peuvent en masquer les signes.
Une fatigue persistante ne doit pas vous conduire à augmenter les prises de ce médicament : consultez votre médecin.

EFFETS INDÉSIRABLES POSSIBLES

Une soif intense, des nausées, des vomissements, des diarrhées, des maux de tête et des douleurs osseuses doivent faire penser à un surdosage en *vitamine* A ou D. Prévenez d'urgence votre médecin.

CARLYTÈNE
moxisylyte

PRÉSENTATION

CARLYTÈNE 30 mg : comprimé (blanc) ; boîte de 32 - Remb. 35 %

Laboratoires ASTA Medica

COMPOSITION

	p. comp.
Moxisylyte chlorhydrate	30 mg

INDICATIONS

C'est un *vasodilatateur* qui appartient à la famille des *alphabloquants*. Il augmente le débit du sang dans les artères et permet au cerveau de mieux résister à un défaut d'apport en oxygène.

Il est utilisé dans le *traitement symptomatique* :
- des troubles du comportement et de la mémoire liés au vieillissement,
- des sensations d'étourdissement de la personne âgée,
- du phénomène de *Raynaud*.

GROSSESSE, ALLAITEMENT ET NOUVEAU-NÉ

L'effet de ce médicament pendant la grossesse ou l'allaitement est mal connu : seul votre médecin peut évaluer le risque éventuel de son utilisation dans votre cas.

MODE D'EMPLOI ET POSOLOGIE

Les comprimés doivent être pris au moment des repas.

Posologie usuelle :

1 comprimé, 3 fois par jour.

EFFETS INDÉSIRABLES POSSIBLES

Troubles digestifs mineurs.

CAROMINTHE
homéopathie

PRÉSENTATION

CAROMINTHE : solution buvable ; flacon 90 ml (3 600 gouttes) - Non remb.

Laboratoires Lehning

COMPOSITION

	p. fl.
Absinthium D3	6,6 g
Artemisia D2	6,6 g
Collinsonia D3	6,6 g
Nux vomica D4	6,6 g
Lupulinum D2	6,6 g
Mentha piperita TM	3,3 g
Acorus calamus TM	3,3 g

INDICATIONS

Ce médicament est un *complexe* (association) de remèdes homéopathiques.

Il est utilisé dans le *traitement symptomatique* des digestions difficiles et des brûlures d'estomac.

ATTENTION
Si les troubles persistent plus de quelques jours, n'hésitez pas à consulter votre médecin.

GROSSESSE, ALLAITEMENT ET NOUVEAU-NÉ

Aux *dilutions homéopathiques*, les substances contenues dans ce médicament ne sont pas connues pour être toxiques pendant la grossesse ou l'allaitement.

MODE D'EMPLOI ET POSOLOGIE

Les gouttes peuvent être diluées dans une infusion ou mises sur un morceau de sucre.

Posologie usuelle :
- Adulte : 30 à 40 gouttes, après les repas.
- Enfant de plus de 8 ans : 15 à 20 gouttes, après les repas.

Certains homéopathes recommandent de ne pas absorber de camphre pendant un traitement homéopathique.

CARTÉOL
carteolol

PRÉSENTATION

CARTÉOL 1 % : collyre ; flacon 3 ml - Remb. 65 % - Liste I

CARTÉOL 2 % : collyre ; flacon 3 ml - Remb. 65 % - Liste I

Laboratoires Chauvin

COMPOSITION

	p. 100 ml	p. 100 ml
Cartéolol chlorhydrate	1 g	2 g
Benzalkonium chlorure	5 mg	5 mg

INDICATIONS

Ce collyre *bêtabloquant* a la propriété de diminuer la pression des liquides contenus dans l'œil (*tension intraoculaire*).

Il est utilisé dans le traitement des maladies dues à un excès de tension intraoculaire, et notamment du *glaucome* à angle ouvert.

CONTRE-INDICATIONS

Compte tenu du passage du *bêtabloquant* dans le sang, ce médicament ne doit pas être utilisé dans les cas suivants :
- *asthme*,
- *insuffisance cardiaque* grave non contrôlée par un traitement spécifique,
- *bloc auriculo-ventriculaire* grave,
- phénomène de *Raynaud*,
- rythme cardiaque inférieur à 50 battements par minute.

ATTENTION
Des précautions sont nécessaires en cas d'*insuffisance cardiaque* ou d'*allergie* aux *antiseptiques* de la famille des *ammoniums quaternaires* (présence de benzalkonium).

Diabétiques : les *bêtabloquants* peuvent masquer certains *symptômes* de l'*hypoglycémie*, essentiellement les *palpitations* et l'accélération du cœur.

INTERACTIONS MÉDICAMENTEUSES

Ce collyre peut interagir avec d'autres collyres : respectez un intervalle de 15 minutes entre deux instillations, sauf indication contraire de votre ophtalmologiste.

Il peut interagir avec certains médicaments utilisés par *voie* orale, notamment ceux contenant de l'amiodarone (CORDARONE...) et ceux qui ont pour but d'abaisser la pression artérielle : signalez tout autre traitement en cours à votre médecin ou à votre pharmacien.

GROSSESSE, ALLAITEMENT ET NOUVEAU-NÉ

Grossesse :
L'effet de ce médicament pendant la grossesse est mal connu : seul votre médecin peut évaluer le risque éventuel de son utilisation dans votre cas.

Allaitement :
Ce médicament passe dans le lait maternel. L'allaitement est déconseillé pendant le traitement.

MODE D'EMPLOI ET POSOLOGIE

Tirer la paupière inférieure vers le bas tout en regardant vers le haut et déposer une goutte de collyre entre la paupière et le globe oculaire (*cul-de-sac conjonctival*).

Posologie usuelle :
- Adulte : 1 goutte, 2 fois par jour.

Habituellement, la *posologie* est fixée par l'ophtalmologiste en fonction de la *tension intraoculaire*.

Le port de lentilles de contact est déconseillé pendant le traitement car elles peuvent être mal tolérées (risque de sécheresse de l'œil) ou s'imprégner des substances contenues dans le collyre.
L'application correcte du produit peut nécessiter une aide, notamment chez une personne handicapée ou âgée.
Ne conservez pas ce collyre plus de 15 jours après une première utilisation.

EFFETS INDÉSIRABLES POSSIBLES

Irritation locale, troubles visuels.

Dus au passage du *bêtabloquant* dans le sang :
- généralement bénins : nausées, fatigue en début de traitement, maux de tête ;
- rares mais potentiellement graves : ralentissement important du cœur, chute de tension, *insuffisance cardiaque*, *bloc auriculo-ventriculaire*, crise d'*asthme*.

CARUDOL
phénylbutazone, pipérazine, nicotinate de méthyle

PRÉSENTATION

CARUDOL : gel pour application locale ; tube 40 g - Non remb. - Liste II

Laboratoires Boehringer Ingelheim France

COMPOSITION

	p. 100 g
Phénylbutazone-pipérazine	5 g
Nicotinate de méthyle	0,100 g
Pipérazine hexahydrate	0,500 g
Alcool à 95°	+

INDICATIONS

Ce gel contient un *anti-inflammatoire* non stéroïdien (*AINS*).

Il est utilisé dans le traitement local des *tendinites*, des douleurs articulaires, des entorses, des contusions, des lumbagos et des courbatures.

CONTRE-INDICATIONS

Ce médicament ne doit pas être utilisé dans les cas suivants :
- *allergie* à l'aspirine ou aux *AINS*,
- en application sur les *muqueuses*, les plaies ou la peau lésée.

ATTENTION
N'utilisez pas ce gel de façon prolongée sans avis médical.

GROSSESSE, ALLAITEMENT ET NOUVEAU-NÉ

L'effet de ce médicament pendant la grossesse ou l'allaitement est mal connu : seul votre médecin peut évaluer le risque éventuel de son utilisation dans votre cas.

MODE D'EMPLOI ET POSOLOGIE

Le gel doit être appliqué en massage doux et prolongé.

Posologie usuelle :
2 ou 3 applications par jour.

Se laver les mains après application. En cas de contact accidentel avec les yeux, rincer abondamment.

EFFETS INDÉSIRABLES POSSIBLES

Imposant l'arrêt du traitement : *allergie* cutanée (éruption de boutons, démangeaisons...).

CATABEX
dropropizine, guaïfénésine

PRÉSENTATION

CATABEX : sirop arôme orange-citron ; flacon 200 ml - Non remb.

Laboratoires Darcy

COMPOSITION

	p. c. à c.
Dropropizine	15 mg
Guaïfénésine	50 mg

INDICATIONS

Ce médicament contient un *antitussif* (dropropizine) et un *expectorant* (guaïfénésine).

Il est utilisé dans le *traitement symptomatique* de la toux accompagnée de sécrétions importantes.

CONTRE-INDICATIONS

Ce médicament ne doit pas être utilisé chez l'enfant de moins de 6 mois.

> **ATTENTION**
> La toux est un *symptôme* qui peut révéler de nombreuses maladies : consultez votre médecin si elle persiste plus de quelques jours.

GROSSESSE, ALLAITEMENT ET NOUVEAU-NÉ

L'effet de ce médicament pendant la grossesse ou l'allaitement est mal connu. L'évaluation du risque éventuel lié à son utilisation est individuelle : demandez conseil à votre pharmacien ou à votre médecin.

MODE D'EMPLOI ET POSOLOGIE

Les prises doivent être régulièrement réparties au cours de la journée.

Posologie usuelle :

- Adulte : 1 cuillère à soupe, 3 ou 4 fois par jour.
- Enfant de 11 à 15 ans : 1 cuillère à soupe, 1 ou 2 fois par jour.
- Enfant de 5 à 11 ans : 3 ou 4 cuillères à café par jour.
- Enfant de 3 à 5 ans : 2 ou 3 cuillères à café par jour.
- Enfant de 1 à 3 ans : 1 ou 2 cuillères à café par jour.
- Enfant de 6 mois à 1 an : 1 cuillère à café par jour.

> Aux doses usuelles, ce médicament n'entraîne pas de risque de *dépression respiratoire*.
>
> Fumer, ou être exposé à la fumée des autres, nuit à l'efficacité du traitement.
>
> Il est important de lutter contre la sécheresse de l'air ambiant (humidificateur...) pour éviter le dessèchement des sécrétions. Il est également recommandé de boire beaucoup.

CATACOL

inosine monophosphate

PRÉSENTATION

CATACOL : collyre ; flacon compte-gouttes 10 ml - Remb. 65 %

Laboratoires Alcon

COMPOSITION

	p. 100 ml
Inosine monophosphate sel disodique	0,1 g

INDICATIONS

Ce collyre est utilisé dans le *traitement d'appoint* de la *cataracte*.

INTERACTIONS MÉDICAMENTEUSES

Ce collyre peut interagir avec d'autres collyres : respectez un intervalle de 15 minutes entre deux instillations.

MODE D'EMPLOI ET POSOLOGIE

Tirer la paupière inférieure vers le bas tout en regardant vers le haut et déposer une goutte de collyre entre la paupière et le globe oculaire (*cul-de-sac conjonctival*).

Posologie usuelle :

1 goutte, 2 à 4 fois par jour.

> L'application correcte du produit peut nécessiter une aide, notamment chez une personne handicapée ou âgée.
>
> Ne conservez pas ce collyre plus de 15 jours après une première utilisation.

CATALGINE

aspirine

PRÉSENTATION

CATALGINE ENFANT NOURRISSON 0,10 g : poudre orale ; boîte de 20 sachets - Remb. 65 %

CATALGINE 0,25 g : poudre orale ; boîte de 20 sachets - Remb. 65 %

CATALGINE 0,50 g : poudre orale ; boîte de 20 sachets - Remb. 65 %

CATALGINE 1 g : poudre orale ; boîte de 20 sachets - Remb. 65 %

Laboratoires Schwarz Pharma

COMPOSITION

	p. sachet	p. sachet
Acétylsalicylate de sodium, carbonate monosodique	0,16 g	0,40 g
Soit acide acétylsalicylique (aspirine)	0,10 g	0,25 g

	p. sachet	p. sachet
Acétylsalicylate de sodium, carbonate monosodique	0,80 g	1,6 g
Soit acide acétylsalicylique (aspirine)	0,50 g	1 g
Sodium	128 mg	256 mg

INDICATIONS

Ce médicament contient de l'aspirine, qui possède de nombreuses propriétés : *antalgique* et *antipyrétique*, mais aussi *anti-inflammatoire*, et fluidifiant du sang.

Il est principalement utilisé en cas de fièvre (mais n'agit pas sur sa cause), états grippaux, maux de tête, douleurs diverses, courbatures, rhumatismes.

Il est également utilisé chez l'adulte, à faible dose, pour limiter les risques de complications des suites d'*infarctus du myocarde*.

CONTRE-INDICATIONS

Ce médicament ne doit pas être utilisé dans les cas suivants :

- *allergie* aux *salicylés* et aux autres *AINS*,
- *ulcère* de l'estomac ou du *duodénum*,
- *hémorragie* et risque hémorragique,
- **grossesse :** pendant les 3 derniers mois, ou, en prise prolongée, à toute période de la grossesse.

> **ATTENTION**
> L'aspirine n'est pas un médicament anodin. Tout surdosage ou prise prolongée exposent à des complications sérieuses.
>
> Ne laissez pas ce médicament à la portée des enfants. En cas d'intoxication accidentelle, contactez un service d'urgence ou un centre antipoison (voir Annexes).
>
> Un avis médical est préférable chez les personnes présentant des *antécédents* d'*ulcère* de l'estomac ou du *duodénum*, même ancien, d'*asthme*, d'*insuffisance rénale*, et chez les femmes qui portent un stérilet.
>
> L'aspirine est déconseillée chez les personnes atteintes de *goutte* et chez les femmes lors de règles abondantes.
>
> Évitez de prendre ce médicament pendant la semaine qui précède une extraction dentaire ou une opération (augmentation du risque d'*hémorragie*).
>
> Ce médicament contient du *sel* (sodium) en quantité notable.

INTERACTIONS MÉDICAMENTEUSES

Les personnes traitées par des médicaments anticancéreux contenant du méthotrexate ne doivent pas utiliser d'aspirine.

Ce médicament peut interagir avec d'autres médicaments, notamment les *anticoagulants* et les *antiagrégants plaquettaires* (TICLID...) : augmentation du risque hémorragique. Signalez tout autre traitement en cours à votre médecin ou à votre pharmacien.

GROSSESSE, ALLAITEMENT ET NOUVEAU-NÉ

Grossesse :

Des effets néfastes pour la mère et pour l'enfant à naître ont été mis en évidence lorsque l'aspirine est utilisée au cours des 3 derniers mois de la grossesse. En conséquence, seule la prise ponctuelle est admise durant les 6 premiers mois. Toute prise d'aspirine est contre-indiquée au cours des 3 derniers mois.

Allaitement :

Ce médicament passe dans le lait maternel : il est déconseillé pendant l'allaitement.

MODE D'EMPLOI ET POSOLOGIE

Verser le contenu du sachet dans un verre. Ajouter de l'eau, du lait ou un jus de fruit. Agiter quelques secondes. La dissolution est rapide et totale.

Ce médicament peut être pris au cours des repas. Toutefois, l'effet sera plus rapide s'il est pris à jeun.

Les prises doivent être espacées d'au moins 4 heures.

Posologie usuelle :

- Adulte :
  - douleur isolée : 500 mg à 1 g en une prise ;
  - fièvre : 500 mg, 3 à 5 fois par jour ; ne pas dépasser 3 g par jour ;

- douleurs rebelles ou rhumatismales : 1 g, 3 fois par jour. Cette *posologie* ne doit pas être prolongée sans l'avis de votre médecin ; dans certains cas, celui-ci pourra prescrire jusqu'à 6 g par jour ;
- dans les suites d'un *infarctus du myocarde* : 1 sachet à 250 mg par jour.

• Enfant : la *posologie* dépend du poids ; elle peut varier entre 25 mg et 50 mg par kg et par jour, répartis en 3 ou 4 prises. Par exemple, pour un enfant de 20 kg, la dose la plus forte habituelle est de 1 sachet dosé à 250 mg, 4 fois par jour (soit une dose totale de 1 g par jour). Respectez la posologie fixée par votre médecin.

> CATALGINE 0,10 g convient dès la naissance.
>
> CATALGINE 0,25 g convient à l'enfant de plus de 30 mois.
>
> CATALGINE 0,50 g peut être utilisé chez l'enfant, mais seulement après 10 ans.
>
> CATALGINE 1 g ne doit pas être utilisé chez l'enfant de moins de 15 ans.
>
> Pour adapter la *posologie* au poids d'un enfant, il vaut mieux fractionner le médicament en solution plutôt que d'essayer de partager la poudre. La solution se conserve sans problème 4 à 5 heures au réfrigérateur.

EFFETS INDÉSIRABLES POSSIBLES

Gastrite, douleurs abdominales, saignements du nez ou des gencives.

Rares et parfois graves :
- *hémorragie* du tube digestif : vomissements sanglants, selles noires, ou plus souvent pertes de sang imperceptibles, responsables de l'apparition progressive d'une *anémie* ;
- accidents allergiques : *urticaire*, *œdème*, *asthme*.

Symptômes devant faire penser à un surdosage : bourdonnements d'oreille, sensation de baisse de l'audition, maux de tête.

CATALGINE vitamine C

aspirine, vitamine C

PRÉSENTATION

CATALGINE 0,50 g À LA VITAMINE C : poudre orale ; boîte de 20 sachets - Remb. 65 %

Laboratoires Schwarz Pharma

COMPOSITION

	p. sachet
Acétylsalicylate de sodium, carbonate monosodique	0,80 g
Soit acide acétylsalicylique (aspirine)	0,50 g
Acide ascorbique (vitamine C)	0,25 g
Sodium	128 mg

INDICATIONS

Ce médicament associe de l'aspirine, qui lutte contre la douleur et la fièvre, et de la *vitamine* C. À dose élevée, l'aspirine a également un effet anti-inflammatoire.

Il est utilisé dans le *traitement symptomatique* des affections douloureuses ou fébriles, notamment les états grippaux avec fatigue.

Il est également utilisé dans le *traitement symptomatique* des rhumatismes.

CONTRE-INDICATIONS

Ce médicament ne doit pas être utilisé dans les cas suivants :
- *allergie* aux *salicylés* ou aux *AINS*,
- *ulcère* de l'estomac ou du *duodénum*,
- *hémorragie* et risque hémorragique,
- enfant de moins de 10 ans,
- **grossesse** : pendant les 3 derniers mois, ou en prise prolongée, à toute période de la grossesse.

> **ATTENTION**
>
> Des précautions sont nécessaires en cas d'*asthme*, d'*insuffisance rénale*, d'*antécédent* d'*ulcère* de l'estomac ou du *duodénum*, même ancien, d'antécédent de calcul des *voies* urinaires (pour des doses de *vitamine* C supérieures à 1 g par jour), et chez la femme qui porte un stérilet.
>
> Ce médicament est déconseillé chez les personnes atteintes de *goutte* et chez les femmes pendant des règles abondantes.
>
> Évitez de prendre ce médicament pendant la semaine qui précède une extraction dentaire ou une opération (augmentation du risque d'*hémorragie*).
>
> Ce médicament contient du *sel* (sodium) en quantité notable.

INTERACTIONS MÉDICAMENTEUSES

Les personnes traitées par des médicaments anticancéreux contenant du méthotrexate ne doivent pas utiliser d'aspirine.

Ce médicament peut interagir avec d'autres médicaments, notamment les *anticoagulants* et les *antiagrégants plaquettaires* (TICLID...) : augmentation du risque hémorragique. Signalez tout autre traitement en cours à votre médecin ou à votre pharmacien.

GROSSESSE, ALLAITEMENT ET NOUVEAU-NÉ

Grossesse :

Compte tenu de la présence d'aspirine, seule la prise ponctuelle de ce médicament est admise durant les 6 premiers mois de la grossesse ; au cours des 3 derniers mois, ce médicament est contre-indiqué.

Allaitement :

Ce médicament passe dans le lait maternel : il est déconseillé en prises répétées pendant l'allaitement.

MODE D'EMPLOI ET POSOLOGIE

Le contenu des sachets doit être dissous dans un verre d'eau, de lait ou de jus de fruit.

Respecter un intervalle d'au moins 4 heures entre 2 prises.

Posologie usuelle :

• Adulte : 3 ou 4 sachets par jour.

• Enfant de plus de 10 ans : 1 et 1/2 ou 2 sachets par jour, en 2 à 4 prises.

> De nombreux médicaments contiennent de l'aspirine : un surdosage expose à une augmentation des effets indésirables.

EFFETS INDÉSIRABLES POSSIBLES

Liés à l'aspirine :
- *gastrite*, douleurs abdominales, saignements du nez ou des gencives ;
- rares et parfois graves : *hémorragie* du tube digestif (vomissements sanglants, selles noires, ou plus souvent pertes de sang imperceptibles, responsables de l'apparition progressive d'une *anémie*) ; accidents allergiques (*urticaire*, *œdème*, *asthme*) ;
- signes devant faire penser à un surdosage : bourdonnements d'oreille, sensation de baisse de l'audition, maux de tête.

Liés à la *vitamine* C et à forte dose (supérieure à 1 g par jour) : calculs des *voies* urinaires chez les personnes prédisposées.

CATAPLASME D'ALUMINE

acétotartrate d'alumine

PRÉSENTATION

CATAPLASME D'ALUMINE DEFRESNE : *cataplasme* ; boîte de 2 petits formats (8,5 cm x 12,5 cm) - Remb. 35 %

CATAPLASME D'ALUMINE DEFRESNE : *cataplasme* ; boîte de 4 grands formats (12,5 cm x 17 cm) - Remb. 35 %

Laboratoires Synthélabo France

COMPOSITION

	cataplasme petit format	cataplasme grand format
Acétotartrate d'alumine	2,5 g	5 g

INDICATIONS

C'est un *cataplasme* utilisé dans le traitement local des *œdèmes* survenus après un choc, une contusion ou une opération. Il peut être également utilisé dans le traitement de certaines affections cutanées (abcès, furoncles...).

> **ATTENTION**
>
> Certaines infections de la peau nécessitent un traitement *antibiotique*. En l'absence d'amélioration rapide, consultez votre médecin.

GROSSESSE, ALLAITEMENT ET NOUVEAU-NÉ

Ce médicament peut être utilisé ponctuellement pendant la grossesse ou l'allaitement.

MODE D'EMPLOI ET POSOLOGIE

Imbiber abondamment le *cataplasme* d'eau. Après un essorage léger, l'appliquer sur la peau et le maintenir avec une bande peu serrée.

Posologie usuelle :

1 *cataplasme*, à renouveler si nécessaire après quelques heures.

CATAPRESSAN
clonidine

PRÉSENTATION

CATAPRESSAN 0,15 mg : comprimé sécable (blanc) ; boîte de 20 - Remb. 65 % - Liste II

CATAPRESSAN 0,15 mg : comprimé sécable (blanc) ; boîte de 100 - Remb. 65 % - Liste II

Laboratoires Boehringer Ingelheim

COMPOSITION

	p. comp.
Clonidine chlorhydrate	0,15 mg

INDICATIONS

C'est un médicament *antihypertenseur* d'action centrale : il agit directement sur les centres nerveux qui interviennent dans la régulation de la tension artérielle.

Il est utilisé dans le traitement de l'*hypertension artérielle*.

CONTRE-INDICATIONS

Ce médicament ne doit pas être utilisé dans le traitement des *états dépressifs*.

ATTENTION

N'interrompez jamais brutalement le traitement. Diminuez progressivement les doses : un demi-comprimé pendant quelques jours, puis tous les deux jours pendant une semaine par exemple. Un avis médical est toujours préférable.

Des précautions sont nécessaires chez la personne âgée et celle atteinte d'un syndrome de *Raynaud*.

Évitez les boissons alcoolisées : augmentation du risque de somnolence.

Conducteur : ce médicament peut être responsable d'une somnolence ou d'une baisse de la vigilance.

INTERACTIONS MÉDICAMENTEUSES

Ce médicament peut interagir avec d'autres médicaments. Signalez tout autre traitement en cours à votre médecin ou à votre pharmacien.

GROSSESSE, ALLAITEMENT ET NOUVEAU-NÉ

Grossesse :

Les études scientifiques actuellement disponibles n'ont pas mis en évidence de problème particulier lors de l'utilisation chez la femme enceinte. Seul votre médecin peut apprécier la nécessité du traitement et son risque pendant la grossesse.

Allaitement :

Le passage de ce médicament dans le lait maternel impose une surveillance médicale attentive du *nouveau-né*.

MODE D'EMPLOI ET POSOLOGIE

La *posologie* usuelle est de 1 à 4 comprimés par jour, en 2 prises au minimum.

Le traitement médicamenteux ne dispense pas des mesures simples pouvant faire baisser la tension artérielle : activité physique régulière, modération de la consommation de boissons alcoolisées, lutte contre le surpoids.

EFFETS INDÉSIRABLES POSSIBLES

Fréquents : sécheresse de la bouche, somnolence.

Rares : *allergies* cutanées, *troubles digestifs*, fatigue, *palpitations*, *hypotension orthostatique*.

CATARIDOL
iodure de sodium, chlorure de calcium

PRÉSENTATION

CATARIDOL : collyre ; flacon 15 ml - Remb. 65 %

Laboratoires CIBA Vision Ophthalmics

COMPOSITION

	p. 100 ml
Iodure de sodium	1 g
Chlorure de calcium	1 g

INDICATIONS

Ce collyre contient de l'iode et des sels minéraux.

Il est utilisé dans le *traitement d'appoint* de la *cataracte*.

ATTENTION

Ce médicament peut être mal supporté en cas d'*intolérance* à l'iode.

INTERACTIONS MÉDICAMENTEUSES

Ce collyre ne doit pas être associé à des collyres ou pommades ophtalmiques contenant des *antiseptiques* mercuriels.

MODE D'EMPLOI ET POSOLOGIE

Tirer la paupière inférieure vers le bas tout en regardant vers le haut et déposer une goutte de collyre entre la paupière et le globe oculaire (*cul-de-sac conjonctival*).

Posologie usuelle :

1 ou 2 gouttes, matin et soir.

L'application correcte du produit peut nécessiter une aide, notamment chez une personne handicapée ou âgée.

CATARSTAT

PRÉSENTATION

CATARSTAT : collyre ; flacon 10 ml - Remb. 65 %

Laboratoires Chauvin

COMPOSITION

	p. 100 g
Pyridoxine chlorhydrate (vitamine B6)	20 mg
Glycine	240 mg
Acide aspartique sels de magnésium et de potassium	100 mg
Acide glutamique	380 mg

INDICATIONS

Ce collyre contient de la *vitamine* B6, des *acides aminés* et des sels minéraux.

Il est utilisé dans le *traitement d'appoint* de la *cataracte*.

INTERACTIONS MÉDICAMENTEUSES

Ce collyre peut interagir avec d'autres collyres : respectez un intervalle de 15 minutes entre deux instillations.

MODE D'EMPLOI ET POSOLOGIE

Tirer la paupière inférieure vers le bas tout en regardant vers le haut et déposer 2 gouttes de collyre entre la paupière et le globe oculaire (*cul-de-sac conjonctival*).

Posologie usuelle :

2 gouttes, 2 ou 3 fois par jour.

L'application correcte du produit peut nécessiter une aide, notamment chez une personne handicapée ou âgée.

Ne conservez pas ce collyre plus de 15 jours après une première utilisation.

CAVED-(S)

PRÉSENTATION

CAVED-(S) : comprimé à croquer (brun) ; boîte de 60 - Non remb.

Laboratoires Sarget

COMPOSITION

	p. comp.
Réglisse, suc déglycyrrhizinisé	380 mg
Aluminium hydroxyde colloïdal	200 mg
Magnésium carbonate	200 mg
Acore, rhizome	30 mg
Sodium	33 mg

INDICATIONS

Ce médicament est un *antiacide* d'action locale. Il agit en neutralisant les acides sécrétés par l'estomac et en relâchant les spasmes de l'estomac.

Il est utilisé comme *traitement symptomatique* des douleurs dues aux *ulcères* de l'estomac ou du *duodénum* en attendant l'effet cicatrisant du *traitement de fond*. Il est également utilisé pour traiter les douleurs de l'estomac avec ou sans hyperacidité.

CONTRE-INDICATIONS

Ce médicament ne doit pas être utilisé en cas d'*insuffisance rénale* grave.

ATTENTION

Des douleurs qui persistent peuvent être dues à une lésion du tube digestif : consultez votre médecin.

INTERACTIONS MÉDICAMENTEUSES

Ce médicament peut interagir avec de nombreux autres médicaments en diminuant leur absorption : il convient de séparer les prises d'au moins 2 heures.

GROSSESSE, ALLAITEMENT ET NOUVEAU-NÉ

Les substances contenues dans ce médicament sont peu absorbées ; l'automédication est possible en cure courte ou ponctuelle pendant la grossesse ou l'allaitement.

MODE D'EMPLOI ET POSOLOGIE

Prendre ce médicament après les repas. Avaler les comprimés avec un peu d'eau après les avoir croqués finement.

Posologie usuelle :

2 comprimés, 3 fois par jour.

Une alimentation équilibrée, une mastication lente, et l'élimination des aliments difficiles à digérer permettent souvent d'atténuer, voire de faire disparaître, les douleurs d'estomac qui ne sont pas liées à un *ulcère*.

Fumer, ou être exposé à la fumée des autres, nuit à l'efficacité du traitement.

CÉBÉDEX

dexaméthasone

PRÉSENTATION

CÉBÉDEX : collyre ; flacon 5 ml - Remb. 65 % - Liste I

Laboratoires Chauvin

COMPOSITION

	p. 100 ml
Dexaméthasone phosphate disodique	0,1 g
Sulfites	+

INDICATIONS

C'est un collyre *anti-inflammatoire* qui contient un dérivé de la *cortisone*.

Il est utilisé dans le traitement des *conjonctivites* allergiques et de certaines maladies inflammatoires de l'œil.

CONTRE-INDICATIONS

Ce médicament ne doit pas être utilisé dans les cas suivants :

- *kératite* infectieuse, kératite virale à son début ;
- *tuberculose* oculaire, infection bactérienne des paupières ou de l'œil ;
- *antécédent* personnel ou familial de *glaucome*.

ATTENTION

Certaines contre-indications ne peuvent être détectées que par un ophtalmologiste : ne réutilisez pas ce médicament sans avis médical.

En cas de traitement prolongé, une surveillance ophtalmologique régulière est nécessaire.

Pour éviter de contaminer le collyre, ne mettez pas en contact l'extrémité du flacon avec l'œil et ne conservez pas ce médicament plus de 15 jours après une première utilisation.

Le port de lentilles de contact est déconseillé en cas d'irritation oculaire. Les lentilles souples ne devront être réutilisées qu'après l'arrêt complet du traitement car elles peuvent s'imprégner des substances actives contenues dans le collyre.

INTERACTIONS MÉDICAMENTEUSES

Ce collyre peut interagir avec d'autres collyres. Respectez un intervalle de 15 minutes entre deux instillations.

GROSSESSE, ALLAITEMENT ET NOUVEAU-NÉ

L'effet de ce médicament pendant la grossesse ou l'allaitement est mal connu : seul votre médecin peut évaluer le risque éventuel de son utilisation dans votre cas.

MODE D'EMPLOI ET POSOLOGIE

Tirer la paupière inférieure vers le bas et déposer une goutte de collyre entre la paupière et le globe oculaire (*cul-de-sac conjonctival*).

Posologie usuelle :

1 goutte, 3 à 6 fois par jour pendant 7 jours.

Dans les affections aiguës, les instillations peuvent être plus fréquentes.

Une application correcte du produit peut nécessiter une aide, notamment chez l'enfant ou la personne handicapée ou âgée.

EFFETS INDÉSIRABLES POSSIBLES

Irritation ou réaction allergique locale.

En cas d'utilisation prolongée : *cataracte*, augmentation de la tension oculaire (*glaucome*), *inflammation* de la *cornée* (*kératite* superficielle).

CÉBÉDEXACOL

dexaméthasone, chloramphénicol

PRÉSENTATION

CÉBÉDEXACOL : collyre ; flacon de *lyophilisat* et ampoule de solvant 10 ml - Remb. 65 % - Liste I

Laboratoires Chauvin

COMPOSITION

	p. 100 ml
Dexaméthasone phosphate disodique	0,1 g
Chloramphénicol	0,4 g

INDICATIONS

Ce collyre contient un *corticoïde* et un *antibiotique* de la famille des phénicolés.

Il est utilisé dans le traitement des infections de l'œil et des paupières.

CONTRE-INDICATIONS

Ce médicament ne doit pas être utilisé dans les cas suivants :

- *antécédent* d'*insuffisance médullaire* ou d'*allergie* aux *antibiotiques* de la famille des phénicolés (chloramphénicol, thiophénicol) ;
- *kératite* virale à son début, *mycose* oculaire ;
- *tuberculose* oculaire ;
- *antécédent* personnel ou familial de *glaucome* ;
- *nouveau-né* ;
- **grossesse** ;
- **allaitement.**

ATTENTION

Certaines contre-indications ne peuvent être détectées que par un ophtalmologiste : ne réutilisez pas ce médicament sans avis médical.

En l'absence d'amélioration après quelques jours de traitement, n'hésitez pas à consulter votre médecin.

Du fait de la présence de chloramphénicol, ce médicament ne doit pas être employé de façon répétée ou prolongée : risque de toxicité pour la moelle osseuse.

INTERACTIONS MÉDICAMENTEUSES

Ce collyre peut interagir avec d'autres collyres : respectez un intervalle de 15 minutes entre deux instillations.

GROSSESSE, ALLAITEMENT ET NOUVEAU-NÉ

Ce médicament contient du chloramphénicol dont l'usage est contre-indiqué pendant la grossesse et l'allaitement.

MODE D'EMPLOI ET POSOLOGIE

Tirer la paupière inférieure vers le bas tout en regardant vers le haut et déposer une goutte de collyre entre la paupière et le globe oculaire (*cul-de-sac conjonctival*).

Posologie usuelle :

1 goutte, 3 à 10 fois par jour.

Le port de lentilles de contact doit être immédiatement interrompu en cas d'infection oculaire et les lentilles ne doivent pas être réutilisées avant guérison complète.

L'application correcte du produit peut nécessiter une aide, notamment chez une personne handicapée ou âgée.

Ne conservez pas ce collyre plus de 15 jours après une première utilisation.

EFFETS INDÉSIRABLES POSSIBLES

Anomalie de la *numération formule sanguine* par *insuffisance médullaire*.

CÉBÉMYXINE

néomycine, polymyxine B

PRÉSENTATION

CÉBÉMYXINE : collyre ; flacon de *lyophilisat* et flacon de solvant 10 ml - Remb. 65 %

CÉBÉMYXINE : pommade ophtalmique ; tube 5 g - Remb. 65 %

Laboratoires Chauvin

COMPOSITION

	p. 100 ml	p. 100 g
Néomycine sulfate	340 000 UI	340 000 UI
Polymyxine B sulfate	1 M UI	1 M UI

INDICATIONS

Ce médicament à usage local contient deux *antibiotiques* dont un de la famille des *aminosides*.

Il est utilisé sous forme de collyre ou de pommade pour traiter les infections de l'œil.

CONTRE-INDICATIONS

Ce médicament ne doit pas être utilisé en cas d'*allergie* aux *antibiotiques* de la famille des *aminosides* ou à la polymyxine.

ATTENTION

Une rougeur ou une douleur de l'œil ne correspondent pas toujours à une infection. Des soins urgents peuvent être nécessaires, notamment en cas de vision floue. N'utilisez pas ce médicament sans avis médical.

Le collyre ou la pommade peuvent être contaminés par l'œil infecté : évitez de mettre en contact l'extrémité du flacon ou du tube avec l'œil ; ne conservez pas ce médicament plus de 15 jours après une première utilisation.

INTERACTIONS MÉDICAMENTEUSES

Ce collyre peut interagir avec d'autres collyres. Respectez un intervalle minimal de 15 minutes entre deux instillations.

GROSSESSE, ALLAITEMENT ET NOUVEAU-NÉ

L'effet de ce médicament pendant la grossesse ou l'allaitement est mal connu : seul votre médecin peut évaluer le risque éventuel de son utilisation dans votre cas.

MODE D'EMPLOI ET POSOLOGIE

Tirer la paupière inférieure vers le bas tout en regardant vers le haut. Déposer les gouttes du collyre ou la pommade entre la paupière et le globe oculaire (*cul-de-sac conjonctival*).

Posologie usuelle :

Collyre : 1 ou 2 gouttes, 3 à 8 fois par jour.
Pommade : appliquer un ruban d'un demi-centimètre, 1 à 5 fois par jour. En complément du collyre, la pommade s'emploie le soir au coucher.

☛ La vision est troublée par l'application de la pommade. Ce trouble disparaît en quelques minutes.

Une application correcte du produit peut nécessiter une aide, notamment chez l'enfant ou la personne handicapée ou âgée.

Les lentilles de contact ne doivent pas être portées en cas d'infection oculaire ni réutilisées avant guérison complète.

EFFETS INDÉSIRABLES POSSIBLES

Irritation ou réaction allergique locale.

CÉBÉNICOL

chloramphénicol

PRÉSENTATION

CÉBÉNICOL : collyre ; flacon de *lyophilisat* et flacon de solvant 5 ml - Remb. 65 % - Liste I

Laboratoires Chauvin

COMPOSITION

	p. 100 ml
Chloramphénicol	0,40 g

INDICATIONS

Ce collyre contient un *antibiotique*, le chloramphénicol.

Il est utilisé pour traiter les infections de l'œil.

CONTRE-INDICATIONS

Ce médicament en doit pas être utilisé dans les cas suivants :
- *allergie* aux *antibiotiques* de la famille des phénicolés,
- *antécédent* d'*insuffisance médullaire*,
- enfant de moins de 6 mois,
- **grossesse,**
- **allaitement.**

ATTENTION

Une rougeur ou une douleur de l'œil ne correspondent pas toujours à une infection. Des soins urgents peuvent être nécessaires, notamment en cas de vision floue. N'utilisez pas ce médicament sans avis médical.

Le collyre peut être contaminé par l'œil infecté : évitez de mettre en contact l'extrémité du flacon avec l'œil ; ne conservez pas ce médicament plus de 15 jours après une première utilisation.

INTERACTIONS MÉDICAMENTEUSES

Ce collyre peut interagir avec d'autres collyres. Respectez un intervalle minimal de 15 minutes entre deux instillations.

GROSSESSE, ALLAITEMENT ET NOUVEAU-NÉ

Ce médicament peut exceptionnellement être toxique pour la moelle osseuse de l'enfant à naître ou du *nourrisson* : son usage est contre-indiqué pendant la grossesse ou l'allaitement.

MODE D'EMPLOI ET POSOLOGIE

Tirer la paupière inférieure vers le bas tout en regardant vers le haut. Déposer les gouttes de collyre entre la paupière et le globe oculaire (*cul-de-sac conjonctival*).

Posologie usuelle :

1 goutte, 3 à 8 fois par jour.

☛ Une application correcte du produit peut nécessiter une aide, notamment chez l'enfant ou la personne handicapée ou âgée.

Les lentilles de contact ne doivent pas être portées en cas d'infection oculaire ni réutilisées avant guérison complète.

EFFETS INDÉSIRABLES POSSIBLES

Réaction allergique locale.

Exceptionnellement : *insuffisance médullaire*.

CÉBÉRA

alibendol

PRÉSENTATION

CÉBÉRA : comprimé (rouge) ; boîte de 30 - Remb. 35 %

CÉBÉRA enfant : granulé arôme fraise ; boîte de 20 sachets 5 g - Remb. 35 %

Laboratoires Irex

COMPOSITION

	p. comp.	p. sachet
Alibendol	100 mg	50 mg
Saccharose		4,6 g

INDICATIONS

C'est un médicament qui appartient à la famille des *cholérétiques*. Il agit en augmentant la production de bile et lutte contre les spasmes des *voies biliaires*.

Il est principalement utilisé dans le *traitement symptomatique* des *troubles digestifs* en rapport avec une paresse biliaire.

ATTENTION

Si vous souffrez d'une maladie grave du foie ou d'une obstruction des *voies biliaires* notamment due à des calculs, n'utilisez pas ce médicament sans avis médical.

En cas de persistance des *symptômes*, des examens peuvent être nécessaires : consultez votre médecin.

Les sachets contiennent du *sucre* (saccharose) en quantité notable.

GROSSESSE, ALLAITEMENT ET NOUVEAU-NÉ

L'effet de ce médicament pendant la grossesse ou l'allaitement est mal connu. L'évaluation du risque éventuel lié à son utilisation est individuelle : demandez conseil à votre pharmacien ou à votre médecin.

MODE D'EMPLOI ET POSOLOGIE

Ce médicament doit être pris avant les repas.

Posologie usuelle :

- Adulte : 3 ou 4 comprimés par jour.
- Enfant de plus de 4 ans : 1 sachet de granulés, 2 fois par jour.
- Enfant de moins de 4 ans : 1/2 sachet de granulés, 2 ou 3 fois par jour.

CEBUTID

flurbiprofène

PRÉSENTATION

CEBUTID 50 mg : comprimé (blanc) ; boîte de 30 - Remb. 65 % - Liste II

CEBUTID 100 mg : comprimé (blanc) ; boîte de 15 - Remb. 65 % - Liste II

CEBUTID 100 mg : suppositoire ; boîte de 12 - Remb. 65 % - Liste II

CEBUTID L.P. 200 mg : gélule à *libération prolongée* (orange et jaune) ; boîte de 16 - Remb. 65 % - Liste II

Laboratoires Boots Pharma

COMPOSITION

	p. comp.	p. comp.
Flurbiprofène	50 mg	100 mg
	p. suppos.	**p. gél. L.P.**
Flurbiprofène	100 mg	200 mg

INDICATIONS

Ce médicament est un *anti-inflammatoire* non stéroïdien (*AINS*). Il lutte contre l'*inflammation* et la douleur, fait baisser la fièvre et fluidifie le sang.

Il est utilisé chez l'adulte dans le *traitement symptomatique* :
- des *rhumatismes inflammatoires* ;
- de certaines *arthroses* ;
- des *tendinites*, des *lombalgies*... ;
- des règles douloureuses.

Il est également utilisé dans le *traitement d'appoint* des affections inflammatoires de la bouche, du nez, de la gorge et des oreilles (comprimé et suppositoire à 100 mg).

CONTRE-INDICATIONS

Ce médicament ne doit pas être utilisé dans les cas suivants :
- *allergie* aux *AINS*, y compris l'aspirine ;
- *ulcère* de l'estomac ou du *duodénum* ;
- *insuffisance hépatique*, *insuffisance rénale* graves ;
- *inflammation* récente du rectum (suppositoire) ;
- enfant de moins de 15 ans ;
- **grossesse** (3 derniers mois) ;
- **allaitement.**

ATTENTION

Tout traitement prolongé ou surdosage d'*AINS* expose à des effets indésirables graves.

Tout *symptôme* pouvant faire craindre des complications (douleurs d'estomac, *allergie* cutanée) doit être signalé à votre médecin.

Des précautions sont nécessaires chez la personne souffrant d'*antécédents* d'*ulcère* de l'estomac ou du *duodénum*, ou présentant un risque hémorragique, chez la personne âgée et chez la femme qui porte un stérilet.

INTERACTIONS MÉDICAMENTEUSES

Ce médicament peut interagir avec d'autres médicaments, notamment :
- l'aspirine et les autres *anti-inflammatoires* non stéroïdiens : risque d'accroissement des effets indésirables ;
- les *anticoagulants* et les *antiagrégants plaquettaires* (TICLID...) : augmentation du risque hémorragique ;
- le *lithium* (TÉRALITHE, NEUROLITHIUM...) : augmentation du taux de lithium dans le sang.

Signalez tout autre traitement en cours à votre médecin ou à votre pharmacien.

GROSSESSE, ALLAITEMENT ET NOUVEAU-NÉ

Grossesse :

Des effets néfastes graves pour la mère et l'enfant à naître ont été mis en évidence lorsque ce médicament, comme tous les *AINS*, est utilisé au cours des 3 derniers mois de la grossesse : son usage est formellement contre-indiqué pendant cette période.

Pendant les 6 premiers mois, l'effet de ce médicament est mal connu : seul votre médecin peut évaluer le risque éventuel de son utilisation dans votre cas.

Allaitement :

Ce médicament passe dans le lait maternel : par mesure de prudence, il est contre-indiqué pendant l'allaitement.

MODE D'EMPLOI ET POSOLOGIE

Les comprimés et les gélules doivent être pris de préférence au milieu des repas afin de limiter les effets digestifs indésirables. Ils doivent être avalés avec un verre d'eau sans être croqués ni écrasés.

Posologie usuelle :
- Adulte :
  - *traitement d'attaque* : 300 mg par jour (soit 2 comprimés à 50 mg ou 1 comprimé à 100 mg, 3 fois par jour) ;
  - *traitement d'entretien* : 100 à 200 mg par jour (soit 1 ou 2 comprimés à 50 mg ou 1 comprimé à 100 mg, 2 fois par jour ou 1 gélule à 200 mg par jour).

Les suppositoires peuvent être utilisés en remplacement des comprimés à 100 mg, notamment le soir.

Ne dépassez pas la *posologie* ni la durée de traitement prescrites par votre médecin.

Ce médicament vous a été prescrit dans une situation précise : ne le conseillez pas à un proche, ne le réutilisez pas sans avis médical.

Les effets indésirables de ce médicament sur l'estomac peuvent survenir aussi bien avec les suppositoires qu'avec les comprimés ou les gélules.

EFFETS INDÉSIRABLES POSSIBLES

Troubles digestifs : *gastrite*, voire *ulcère* de l'estomac ou du *duodénum*, le plus souvent lors d'un traitement de longue durée ou à forte dose. Exceptionnellement : *hémorragie* du tube digestif (vomissements de sang, selles noires) ou plus souvent pertes de sang imperceptibles responsables de l'apparition progressive d'une *anémie*.

Allergie cutanée, *asthme*.

Exceptionnels maux de tête et *vertiges*.

CÉFACET

céfalexine

PRÉSENTATION

CÉFACET 250 mg : granulé ; boîte de 12 sachets - Remb. 65 % - Liste I

CÉFACET 500 mg : comprimé sécable (blanc) ; boîte de 6 - Remb. 65 % - Liste I

CÉFACET 1 g : comprimé (blanc) ; boîte de 6 - Remb. 65 % - Liste I

Laboratoires Norgine Pharma

COMPOSITION

	p. sachet	p. comp.	p. comp.
Céfalexine monohydrate	250 mg	500 mg	1 g
Saccharose	0,977 g		

INDICATIONS

Cet *antibiotique* appartient à la famille des *céphalosporines*, antibiotiques proches des *pénicillines*, qui sont actives sur un plus grand nombre de *germes* que la pénicilline simple.

Ce médicament est utilisé dans le traitement de diverses maladies infectieuses, notamment celles des poumons, des bronches, du nez, de la gorge ou des oreilles, de l'appareil urinaire.

CONTRE-INDICATIONS

Ce médicament ne doit pas être utilisé en cas d'*allergie* aux *céphalosporines*.

Dans tous les autres cas, le médecin est seul juge pour prescrire ce médicament, notamment en cas d'allergie aux *pénicillines*.

ATTENTION

Si vous souffrez d'*insuffisance rénale*, signalez-le à votre médecin afin qu'il puisse adapter la *posologie*.

Le médecin peut prescrire un prélèvement pour identifier le *germe* responsable de l'infection et tester sa sensibilité aux *antibiotiques*. Le résultat de cet examen peut être faussé en cas d'automédication préalable : ne prenez pas d'antibiotique sans avis médical.

Des *antécédents* d'*allergie* à une *céphalosporine* contre-indiquent l'usage de ce médicament. La survenue de toute manifestation allergique (boutons, *œdème*, malaise) impose l'arrêt immédiat du traitement : consultez votre médecin.

Une diminution de la fièvre ou une disparition des troubles ne sont pas synonymes de guérison : la durée du traitement doit absolument être respectée pour éviter les rechutes.

Les sachets contiennent du *sucre* (saccharose) en quantité notable.

INTERACTIONS MÉDICAMENTEUSES

Ce médicament peut interagir avec d'autres médicaments. Signalez tout autre traitement en cours à votre médecin ou à votre pharmacien.

GROSSESSE, ALLAITEMENT ET NOUVEAU-NÉ

Grossesse :

Les études scientifiques actuellement disponibles n'ont pas mis en évidence de problème particulier lors de l'utilisation ponctuelle chez la femme enceinte. Seul votre médecin peut apprécier la nécessité du traitement et son risque pendant la grossesse.

Allaitement :

Ce médicament passe dans le lait maternel : l'arrêt de l'allaitement devra être envisagé.

MODE D'EMPLOI ET POSOLOGIE

Les repas ne modifient pas l'absorption du médicament qui peut donc être pris à n'importe quel moment de la journée.

Le contenu des sachets doit être dissous dans un verre d'eau.

Posologie usuelle :
- Adulte : 2 g par jour, en 2 ou 3 prises.
- Enfant et nourrisson : 25 à 50 mg par kg et par jour, répartis en 2 ou 3 prises ; soit par exemple pour un enfant de 20 kg : 1 sachet dosé à 250 mg, matin midi et soir.

L'éventuelle impression de fatigue n'est pas due à l'*antibiotique*, mais à l'infection elle-même.

EFFETS INDÉSIRABLES POSSIBLES

Troubles digestifs : nausée, diarrhée ; *candidose* génitale.

Allergie cutanée.

Choc anaphylactique rare.

CÉFACIDAL

céfazoline

PRÉSENTATION

CÉFACIDAL I.M. 0,50 g : préparation injectable ; flacon de poudre, ampoule de solvant 5 ml et nécessaire pour injection - Remb. 65 % - Liste I

CÉFACIDAL I.M. 1 g : préparation injectable ; flacon de poudre, ampoule de solvant 5 ml et nécessaire pour injection - Remb. 65 % - Liste I

Laboratoires Bristol-Myers Squibb

COMPOSITION

	p. unité	p. unité
Céfazoline sodique	0,50 g	1 g
Sodium	24,15 mg	48,3 mg
Lidocaïne solution à 0,8 %	5 ml	5 ml

INDICATIONS

Cet *antibiotique* appartient à la famille des *céphalosporines*, antibiotiques proches des *pénicillines*, qui sont actives sur un plus grand nombre de *germes* que la pénicilline simple.

Ce médicament est utilisé dans le traitement de diverses maladies infectieuses, notamment celles des poumons, des bronches, du nez, de la gorge ou des oreilles, de l'appareil génital ou urinaire, du sang, des os, de la peau.

CONTRE-INDICATIONS

Ce médicament ne doit pas être utilisé dans les cas suivants :
- *allergie* aux *céphalosporines* ou à la lidocaïne,
- enfant de moins de 30 mois.

Dans tous les autres cas, le médecin est seul juge pour prescrire ce médicament, notamment en cas d'allergie aux *pénicillines*.

ATTENTION

Si vous souffrez d'*insuffisance rénale*, signalez-le à votre médecin afin qu'il puisse adapter la *posologie*.

Des *antécédents* d'*allergie* à une *céphalosporine* contre-indiquent l'usage de ce médicament. La survenue de toute manifestation allergique (boutons, *œdème*, malaise) impose l'arrêt immédiat du traitement : consultez votre médecin.

Une diminution de la fièvre ou une disparition des troubles ne sont pas synonymes de guérison : la durée du traitement doit absolument être respectée pour éviter les rechutes.

INTERACTIONS MÉDICAMENTEUSES

Ce médicament peut interagir avec d'autres médicaments. Signalez tout autre traitement en cours à votre médecin ou à votre pharmacien.

GROSSESSE, ALLAITEMENT ET NOUVEAU-NÉ

Grossesse :

Les études scientifiques actuellement disponibles n'ont pas mis en évidence de problème particulier lors de l'utilisation ponctuelle chez la femme enceinte. Seul votre médecin peut apprécier la nécessité du traitement et son risque pendant la grossesse.

Allaitement :

Ce médicament passe dans le lait maternel : l'arrêt de l'allaitement devra être envisagé.

MODE D'EMPLOI ET POSOLOGIE

La solution injectable est préparée en mélangeant la poudre et le solvant fourni. Elle est administrée par *voie* intramusculaire profonde.

Posologie usuelle :
- Adulte : 0,50 g à 1 g, toutes les 8 à 12 heures.
- Enfant de plus de 30 mois : 25 à 50 mg par kg et par jour.

L'éventuelle impression de fatigue n'est pas due à l'*antibiotique*, mais à l'infection elle-même.

La solution injectable reconstituée peut avoir une coloration jaune ; celle-ci est normale. Elle se conserve 24 heures à température ambiante.

EFFETS INDÉSIRABLES POSSIBLES

Douleur au point d'injection.

Troubles digestifs : nausée, diarrhée, *candidose* buccale.

Allergie cutanée.

Choc anaphylactique rare.

CÉFALINE HAUTH

paracétamol, caféine

PRÉSENTATION

CÉFALINE HAUTH : poudre orale ; boîte de 10 sachets - Non remb.

Laboratoires Homme de Fer

COMPOSITION

	p. sachet
Paracétamol	500 mg
Caféine	50 mg
Lactose	100 mg

INDICATIONS

Ce médicament, *antalgique* et *antipyrétique*, contient du paracétamol et de la caféine.

Il est utilisé dans le *traitement symptomatique* de la douleur ou de la fièvre.

CONTRE-INDICATIONS

Ce médicament ne doit pas être utilisé dans les cas suivants :
- maladies graves du foie,
- enfant de moins de 10 ans.

ATTENTION

De nombreux médicaments contiennent du paracétamol : en tenir compte en cas de prise conjointe, car le surdosage en paracétamol peut être toxique pour le foie.

GROSSESSE, ALLAITEMENT ET NOUVEAU-NÉ

En raison de la présence de caféine, ce médicament ne doit pas être utilisé de façon prolongée ou à forte dose pendant la grossesse ou l'allaitement, sans l'avis de votre pharmacien ou de votre médecin.

MODE D'EMPLOI ET POSOLOGIE

Le contenu des sachets doit être dissous dans un verre d'eau.

Respecter un intervalle minimal de 4 heures entre 2 prises.

Posologie usuelle :
- Adulte : 1 ou 2 sachets, 1 à 3 fois par jour. Ne pas dépasser 6 sachets par jour.
- Enfant de plus de 10 ans : 1 sachet par jour.

Il est préférable de ne pas prendre ce médicament en fin de journée, en raison de la présence de caféine.

EFFETS INDÉSIRABLES POSSIBLES

Liés à la caféine : insomnie.

Liés au paracétamol : très rare *allergie*.

CÉFALINE-PYRAZOLÉ

noramidopyrine, caféine

PRÉSENTATION

CÉFALINE-PYRAZOLÉ : poudre orale ; boîte de 10 sachets - Non remb. - Liste I

Laboratoires Homme de Fer

COMPOSITION

	p. sachet
Noramidopyrine méthane sulfonate sodique	500 mg
Caféine	25 mg
Lactose	150 mg

INDICATIONS

Ce médicament associe un *antalgique* puissant (la noramidopyrine) et de la caféine.

Il est utilisé dans le *traitement symptomatique* de la douleur qui résiste aux autres antalgiques.

CONTRE-INDICATIONS

Ce médicament ne doit pas être utilisé dans les cas suivants :
- *allergie* à la noramidopyrine, à l'amidopyrine ou à l'aspirine ;
- *antécédents* d'*agranulocytose* ;
- enfant de moins de 15 ans.

ATTENTION

La prise de ce médicament expose à un risque très rare mais grave, l'*agranulocytose* (disparition des *globules blancs* du sang). Elle peut se manifester par une fièvre élevée, une angine, des aphtes. L'une de ces manifestations impose l'arrêt immédiat du traitement et des analyses de sang : prévenez d'urgence votre médecin.

Ce médicament vous a été prescrit dans une situation précise : ne le conseillez pas à une autre personne. Ses effets indésirables sur le sang sont imprévisibles et peuvent survenir après une seule prise.

GROSSESSE, ALLAITEMENT ET NOUVEAU-NÉ

L'effet de ce médicament pendant la grossesse ou l'allaitement est mal connu : seul votre médecin peut évaluer le risque éventuel de son utilisation dans votre cas.

MODE D'EMPLOI ET POSOLOGIE

Le contenu des sachets doit être dissous dans un demi-verre d'eau.

Posologie usuelle :

- Adulte : 1 à 2 sachets, 1 à 3 fois par jour selon l'intensité de la douleur.

Une éventuelle coloration rouge des urines est normale et traduit l'élimination du médicament.

EFFETS INDÉSIRABLES POSSIBLES

Parfois : réactions allergiques.

Exceptionnellement : *agranulocytose*.

Excitation, insomnie, *palpitations*, dues à la présence de caféine.

CÉFALOJECT

céfapirine

PRÉSENTATION

CÉFALOJECT I.M. 0,50 g : préparation injectable ; flacon de poudre et ampoule de solvant - Remb. 65 % - Liste I

CÉFALOJECT I.M. 1 g : préparation injectable ; flacon de poudre et ampoule de solvant - Remb. 65 % - Liste I

Laboratoires Bristol-Myers Squibb

COMPOSITION

	p. unité	p. unité
Céfapirine sodique	0,50 g	1 g
Dont sodium	40,9 mg	66,7 mg
Lidocaïne solution à 0,8 %	5 ml	5 ml

INDICATIONS

Cet *antibiotique* appartient à la famille des *céphalosporines*, antibiotiques proches des *pénicillines*, qui sont actives sur un plus grand nombre de *germes* que la pénicilline simple.

Ce médicament est utilisé dans le traitement de diverses maladies infectieuses, notamment celles des poumons, des bronches, du nez, de la gorge ou des oreilles, de l'appareil génital ou urinaire, du sang, des os, de la peau.

CONTRE-INDICATIONS

Ce médicament ne doit pas être utilisé en cas d'*allergie* aux *céphalosporines* ou à la lidocaïne.

Dans tous les autres cas, le médecin est seul juge pour prescrire ce médicament, notamment en cas d'allergie aux *pénicillines*.

ATTENTION

Si vous souffrez d'*insuffisance rénale*, signalez-le à votre médecin afin qu'il puisse adapter la *posologie*.

Des *antécédents* d'*allergie* à une *céphalosporine* contre-indiquent l'usage de ce médicament. La survenue de toute manifestation allergique (boutons, *œdème*, malaise) impose l'arrêt immédiat du traitement : consultez votre médecin.

Une diminution de la fièvre ou une disparition des troubles ne sont pas synonymes de guérison : la durée du traitement doit absolument être respectée pour éviter les rechutes.

INTERACTIONS MÉDICAMENTEUSES

Ce médicament peut interagir avec d'autres médicaments. Signalez tout autre traitement en cours à votre médecin ou à votre pharmacien.

GROSSESSE, ALLAITEMENT ET NOUVEAU-NÉ

Grossesse :

Les études scientifiques actuellement disponibles n'ont pas mis en évidence de problème particulier lors de l'utilisation ponctuelle chez la femme enceinte. Seul votre médecin peut apprécier la nécessité du traitement et son risque pendant la grossesse.

Allaitement :

Ce médicament passe dans le lait maternel : l'arrêt de l'allaitement devra être envisagé.

MODE D'EMPLOI ET POSOLOGIE

La solution injectable est préparée en mélangeant la poudre et le solvant fourni.

Posologie usuelle :

- Adulte : 0,50 g à 1 g, toutes les 4 à 6 heures.
- Enfant et nourrisson : 50 mg par kg et par jour. La *voie* intramusculaire est contre-indiquée chez l'enfant de moins de 30 mois.

L'éventuelle impression de fatigue n'est pas due à l'*antibiotique*, mais à l'infection elle-même.

La solution injectable reconstituée peut avoir une coloration jaune ; celle-ci est normale. Elle se conserve 24 heures à température ambiante.

EFFETS INDÉSIRABLES POSSIBLES

Douleur au point d'injection.

Troubles digestifs : nausée, diarrhée, *candidose* buccale.

Allergie cutanée.

Choc anaphylactique rare.

CÉFAPEROS

céfatrizine

PRÉSENTATION

CÉFAPEROS 500 mg : gélule (vert et orange) ; boîte de 8 - Remb. 65 % - Liste I

CÉFAPEROS 125 mg : poudre pour sirop ; flacon (12 cuillères-mesure 5 ml) - Remb. 65 % - Liste I

CÉFAPEROS 250 mg : poudre pour sirop ; flacon (12 cuillères-mesure 5 ml) - Remb. 65 % - Liste I

Laboratoires Bristol-Myers Squibb

COMPOSITION

	p. gél.	p. c. mes.	p. c. mes.
Céfatrizine	500 mg	125 mg	250 mg
Saccharose		2,83 g	2,66 g

INDICATIONS

Cet *antibiotique* appartient à la famille des *céphalosporines*, antibiotiques proches des *pénicillines*, qui sont actives sur un plus grand nombre de *germes* que la pénicilline simple.

Ce médicament est utilisé dans le traitement de diverses maladies infectieuses, notamment celles des poumons, des bronches, du nez, de la gorge ou des oreilles, de l'appareil urinaire, de la peau.

CONTRE-INDICATIONS

Ce médicament ne doit pas être utilisé en cas d'*allergie* aux *céphalosporines*.

Dans tous les autres cas, le médecin est seul juge pour prescrire ce médicament, notamment en cas d'allergie aux *pénicillines*.

ATTENTION

Si vous souffrez d'*insuffisance rénale*, signalez-le à votre médecin afin qu'il puisse adapter la *posologie*.

Le médecin peut prescrire un prélèvement pour identifier le *germe* responsable de l'infection et tester sa sensibilité aux *antibiotiques*. Le résultat de cet examen peut être faussé en cas d'automédication préalable : ne prenez pas d'antibiotiques sans avis médical.

Des *antécédents* d'*allergie* à une *céphalosporine* contre-indiquent l'usage de ce médicament. La survenue de toute manifestation allergique (boutons, *œdème*, malaise) impose l'arrêt immédiat du traitement : consultez votre médecin.

Une diminution de la fièvre ou une disparition des troubles ne sont pas synonymes de guérison : la durée du traitement doit absolument être respectée pour éviter les rechutes.

Le sirop contient du *sucre* (saccharose) en quantité notable.

INTERACTIONS MÉDICAMENTEUSES

Ce médicament peut interagir avec d'autres médicaments. Signalez tout autre traitement en cours à votre médecin ou à votre pharmacien.

GROSSESSE, ALLAITEMENT ET NOUVEAU-NÉ

Grossesse :

Les études scientifiques actuellement disponibles n'ont pas mis en évidence de problème particulier lors de l'utilisation ponctuelle chez la femme enceinte. Seul votre médecin peut apprécier la nécessité du traitement et son risque pendant la grossesse.

Allaitement :

Ce médicament passe dans le lait maternel : l'arrêt de l'allaitement devra être envisagé.

MODE D'EMPLOI ET POSOLOGIE

Les sirops doivent être reconstitués avec de l'eau et bien agités avant l'emploi.

Posologie usuelle :

- Adulte : 1 gélule, 2 fois par jour.
- Enfant et nourrisson : 15 à 35 mg par kg et par jour ; soit par exemple pour un enfant de 20 kg : 1 cuillère-mesure de sirop dosé à 250 mg, 2 fois par jour.

L'éventuelle impression de fatigue n'est pas due à l'*antibiotique*, mais à l'infection elle-même.

Le sirop reconstitué se conserve 10 jours à température ambiante.

EFFETS INDÉSIRABLES POSSIBLES

Troubles digestifs : nausée, diarrhée.

Allergie cutanée.

Choc anaphylactique rare.

CEFODOX

cefpodoxime

PRÉSENTATION

CEFODOX 100 mg : comprimé (blanc) ; boîte de 10 - Remb. 65 % - Liste I

Laboratoires Roussel

COMPOSITION

	p. comp.
Cefpodoxime	100 mg

INDICATIONS

Cet *antibiotique* appartient à la famille des *céphalosporines*, antibiotiques proches des *pénicillines*, qui sont actives sur un plus grand nombre de *germes* que la pénicilline simple.

Ce médicament est utilisé dans le traitement de diverses maladies infectieuses, notamment celles des poumons, des bronches, de la gorge et des *sinus*.

CONTRE-INDICATIONS

Ce médicament ne doit pas être utilisé en cas d'*allergie* aux *céphalosporines*.

Dans tous les autres cas, le médecin est seul juge pour prescrire ce médicament, notamment en cas d'allergie aux *pénicillines*.

ATTENTION

Si vous souffrez d'*insuffisance rénale*, signalez-le à votre médecin afin qu'il puisse adapter la *posologie*.

Le médecin peut prescrire un prélèvement pour identifier le *germe* responsable de l'infection et tester sa sensibilité aux *antibiotiques*. Le résultat de cet examen peut être faussé en cas d'automédication préalable : ne prenez pas d'antibiotiques sans avis médical.

Des *antécédents* d'*allergie* à une *céphalosporine* contre-indiquent l'usage de ce médicament. La survenue de toute manifestation allergique (boutons, *œdème*, malaise) impose l'arrêt immédiat du traitement ; de même, la survenue d'une diarrhée importante doit vous conduire à alerter votre médecin.

Une diminution de la fièvre ou une disparition des troubles ne sont pas synonymes de guérison : la durée du traitement doit absolument être respectée pour éviter les rechutes.

INTERACTIONS MÉDICAMENTEUSES

Ce médicament peut interagir avec d'autres médicaments. Signalez tout autre traitement en cours à votre médecin ou à votre pharmacien.

GROSSESSE, ALLAITEMENT ET NOUVEAU-NÉ

L'effet de ce médicament pendant la grossesse ou l'allaitement est mal connu : seul votre médecin peut évaluer le risque éventuel de son utilisation dans votre cas.

MODE D'EMPLOI ET POSOLOGIE

Ce médicament doit être pris pendant les repas.

Posologie usuelle :

1 ou 2 comprimés, matin et soir.

L'éventuelle impression de fatigue n'est pas due à l'*antibiotique*, mais à l'infection elle-même.

EFFETS INDÉSIRABLES POSSIBLES

Troubles digestifs : nausée et diarrhée.

Allergie cutanée.

Choc anaphylactique rare.

CÉLECTOL

céliprolol

PRÉSENTATION

CÉLECTOL 200 mg : comprimé (blanc) ; boîte de 28 - Remb. 65 % - Liste I

Laboratoires Bellon

COMPOSITION

	p. comp.
Céliprolol chlorhydrate	200 mg

INDICATIONS

Ce médicament appartient à la famille des *bêtabloquants*. Il agit en bloquant l'action de l'*adrénaline* (et d'autres *hormones* apparentées) sur de nombreux organes et notamment le cœur et les vaisseaux.

Il est utilisé dans :

- le traitement de l'*hypertension artérielle*,
- la prévention des crises d'*angine de poitrine*.

CONTRE-INDICATIONS

Ce médicament ne doit pas être utilisé dans les cas suivants :

- *insuffisance cardiaque* grave non contrôlée par un traitement spécifique,
- *bloc auriculo-ventriculaire* grave,
- rythme cardiaque inférieur à 50 battements par minute,
- association avec les médicaments contenant de la floctafénine.

ATTENTION

N'interrompez jamais brutalement le traitement. Espacez progressivement les prises. Un avis médical est toujours préférable.

Diabétiques : les *bêtabloquants* peuvent masquer certains *symptômes* de l'*hypoglycémie*, essentiellement *palpitations* et accélération du cœur.

INTERACTIONS MÉDICAMENTEUSES

Ce médicament ne doit pas être associé à la floctafénine (IDARAC...) : risque d'augmentation de la gravité d'un éventuel *choc* allergique.

Il peut interagir avec d'autres médicaments, notamment ceux contenant de l'amiodarone. Signalez tout autre traitement en cours à votre médecin ou à votre pharmacien.

GROSSESSE, ALLAITEMENT ET NOUVEAU-NÉ

Grossesse et nouveau-né :

Les études scientifiques actuellement disponibles n'ont pas mis en évidence de problème particulier lors de l'utilisation chez la femme enceinte.

L'effet *bêtabloquant* persiste quelques jours chez le *nouveau-né* et justifie une surveillance médicale renforcée pendant les premiers jours de la vie.

Allaitement :

Ce médicament passe dans le lait maternel : l'allaitement est déconseillé.

MODE D'EMPLOI ET POSOLOGIE

Ce médicament peut être pris le matin, de préférence avant le petit déjeuner.

Posologie usuelle :

1 ou 2 comprimés par jour.

Veillez à toujours disposer d'une réserve de ce médicament : une plaquette dans la boîte à gants de la voiture et dans la trousse de toilette, par exemple.

Il est normal que le rythme cardiaque ralentisse sous l'effet du traitement ; néanmoins, en cas de fatigue anormale et de pouls inférieur à 50 battements par minute, consultez votre médecin.

EFFETS INDÉSIRABLES POSSIBLES

Bénins et peu fréquents : *troubles digestifs*, fatigue en début de traitement, troubles du sommeil, syndrome de *Raynaud* et fourmillement des extrémités ; parfois, réactions cutanées.

Potentiellement graves et rares : *bloc auriculo-ventriculaire*, ralentissement important du cœur, chute de tension, *insuffisance cardiaque*.

CÉLESTAMINE

bétaméthasone, dexchlorphéniramine

PRÉSENTATION

CÉLESTAMINE : comprimé sécable (rose) ; boîte de 30 - Remb. 65 % - Liste I

Laboratoires Schering-Plough

COMPOSITION

	p. comp.
Bétaméthasone	0,25 mg
Dexchlorphéniramine maléate	2 mg

INDICATIONS

Ce médicament contient un *anti-inflammatoire* stéroïdien de la famille des *corticoïdes* de synthèse (dérivés chimiques de la *cortisone* naturelle) et un *antihistaminique* antiallergique qui a des effets *sédatifs* et *atropiniques*.

Il est utilisé dans le *traitement symptomatique* des *allergies* rebelles (*rhinite*, *conjonctivite*, *urticaire*).

CONTRE-INDICATIONS

Ce médicament ne doit pas être utilisé dans les cas suivants :
- *zona* ou *herpès* oculaires ;
- *ulcère* de l'estomac ou du *duodénum* en évolution ;
- *tuberculose*, varicelle, poliomyélite ;
- *diabète* grave ;
- maladie cardiaque grave ;
- *psychoses*.

ATTENTION

Ce médicament ne doit jamais être employé ou réemployé en dehors d'une prescription médicale.

Des précautions sont nécessaires en cas de *glaucome* à angle fermé ou de risque de blocage des urines (*adénome de la prostate*).

L'arrêt du traitement doit être progressif. Un arrêt brutal expose à une rechute de la maladie traitée.

Évitez les boissons alcoolisées : augmentation du risque de somnolence.

Conducteur : ce médicament peut être responsable d'une somnolence ou d'une baisse de la vigilance.

INTERACTIONS MÉDICAMENTEUSES

Ce médicament peut interagir avec d'autres médicaments, notamment les *sédatifs*, les *atropiniques* et certains *vaccins*. Signalez tout autre traitement en cours à votre médecin ou à votre pharmacien.

GROSSESSE, ALLAITEMENT ET NOUVEAU-NÉ

L'effet de ce médicament pendant la grossesse ou l'allaitement est mal connu : seul votre médecin peut évaluer le risque éventuel de son utilisation dans votre cas.

MODE D'EMPLOI ET POSOLOGIE

Les comprimés doivent être avalés avec de l'eau.

Posologie usuelle :
- Adulte et enfant de plus de 30 mois : 1 comprimé, 1 à 4 fois par jour.

Ce médicament agit sur les manifestations de l'*allergie* mais n'en supprime pas la cause. Si les *symptômes* persistent ou s'aggravent, n'hésitez pas à consulter à nouveau votre médecin.

EFFETS INDÉSIRABLES POSSIBLES

Somnolence.
Effets *atropiniques*.
Lors de traitement prolongé par les *corticoïdes* et à forte dose :
- troubles cutanés, troubles psychiques, faiblesse musculaire, *ostéoporose* ;
- troubles hormonaux et métaboliques (*diabète* réversible, arrêt de la croissance chez l'enfant, troubles des règles) ;
- *troubles digestifs* (*gastrite*, *ulcère*).

CÉLESTÈNE oral

bétaméthasone

PRÉSENTATION

CÉLESTÈNE : comprimé sécable (bleu) ; boîte de 30 - Remb. 65 % - Liste I

CÉLESTÈNE : comprimé à *libération prolongée* (bleu) ; boîte de 20 - Remb. 65 % - Liste I

CÉLESTÈNE : solution buvable ; flacon 30 ml (1 ml = 40 gtes) - Remb. 65 % - Liste I

Laboratoires Schering-Plough

COMPOSITION

	p. comp.	p. comp. L.P.	p. ml
Bétaméthasone	0,5 mg	1 mg	0,5 mg

INDICATIONS

C'est un *anti-inflammatoire* stéroïdien qui appartient à la famille des *corticoïdes* de synthèse (dérivés chimiques de la cortisone naturelle). Les propriétés de la *cortisone* sont nombreuses, mais ce produit est surtout utilisé pour son effet anti-inflammatoire puissant. Il présente, à efficacité égale, moins d'effets indésirables que la cortisone naturelle. Ces propriétés sont utiles dans le traitement de nombreuses affections comportant une composante inflammatoire ou allergique, mais aussi de certains cancers où il permet de lutter contre la prolifération cellulaire. Il diminue les réactions immunitaires et est donc utilisé pour prévenir le rejet des greffes d'organes.

Ce médicament est utilisé dans le traitement de certaines maladies graves : cancer, *sclérose en plaques*, *rhumatisme articulaire aigu* par exemple, mais également de maladies plus bénignes : *allergie*, crise d'*asthme*, *sinusite* aiguë, *otite*. Dans ces derniers cas, le traitement est souvent court.

CONTRE-INDICATIONS

Ce médicament ne doit pas être utilisé dans les cas suivants :
- infection ou *mycose* non contrôlée par un traitement adapté,
- *herpès* ou *zona* oculaires,
- *goutte*,
- *cirrhose* alcoolique grave,
- *hépatite* virale aiguë,
- *psychose*,
- *ulcère* de l'estomac ou du *duodénum* en évolution.

ATTENTION

Ce médicament ne doit jamais être employé ou réemployé en dehors d'une prescription médicale.

Si vous avez un *diabète*, vous risquez de le déséquilibrer si vous modifiez la quantité ou le rythme de la prise de *cortisone* sans avis médical.

Les personnes ayant des *antécédents* de *tuberculose*, d'*ulcère*, les personnes souffrant d'*insuffisance rénale*, de *colite* ulcéreuse, d'*hypertension artérielle*, d'*ostéoporose*, de *myasthénie* grave et les personnes sous *anticoagulants*, doivent faire l'objet d'une prise en charge médicale particulière.

L'arrêt du traitement doit être progressif pour permettre aux glandes *surrénales* de reprendre la synthèse de cortisone naturelle. Un arrêt brutal expose par ailleurs à une rechute de la maladie traitée. Cette précaution n'est utile que lorsque la durée du traitement dépasse une semaine.

INTERACTIONS MÉDICAMENTEUSES

Ce médicament peut interagir avec d'autres médicaments et avec certains *vaccins*. Signalez tout autre traitement en cours à votre médecin ou à votre pharmacien.

GROSSESSE, ALLAITEMENT ET NOUVEAU-NÉ

Grossesse et nouveau-né :

Les études scientifiques actuellement disponibles n'ont pas mis en évidence de risque de malformation lors de l'utilisation de ce médicament pendant la grossesse. Seul votre médecin peut apprécier la nécessité du traitement et son risque pendant la grossesse.

Lorsqu'une maladie grave impose un traitement prolongé chez la mère, une surveillance médicale du *nouveau-né* est nécessaire.

Allaitement :

Ce médicament passe dans le lait maternel : l'allaitement est déconseillé.

MODE D'EMPLOI ET POSOLOGIE

Ce médicament doit être absorbé au cours d'un repas, de préférence en une fois, le matin.

Lors des traitements prolongés, et dès que le bon contrôle de la maladie le permet, une prise alternée un jour sur deux est préférable, notamment chez l'enfant.

Posologie usuelle :

Fréquemment, la *posologie* initiale est élevée (*traitement d'attaque*) ; elle est ensuite diminuée jusqu'à la posologie minimale efficace (*traitement d'entretien*).

Tout traitement prolongé à forte dose doit être arrêté progressivement : suivre les indications du médecin.

> Ce traitement nécessite :
> - la diminution de la consommation de *sel*,
> - la prise de *potassium* (prescrit par le médecin),
> - un régime riche en protéines et en calcium, pauvre en *glucides*.

EFFETS INDÉSIRABLES POSSIBLES

Ils sont à craindre surtout lors d'un traitement prolongé et à forte dose :
- rétention d'eau et de sel, *hypertension artérielle* ;
- baisse du taux de *potassium*, à prévenir par un apport systématique ;
- modifications physiques fréquentes : gonflement du visage et du buste, apparition de poils, taches cutanées violacées, *acné* ;
- surexcitation, euphorie, troubles du sommeil ou, au contraire, *état dépressif*, à l'arrêt du traitement ;
- faiblesse puis fonte musculaires, lentement réversibles ;
- *ostéoporose* (décalcification des os) parfois définitive ;
- troubles hormonaux et métaboliques : *diabète* (réversible), arrêt de la croissance chez l'enfant, troubles des règles chez la femme ;
- *troubles digestifs* : *gastrite*, *ulcère* ;
- troubles des yeux : certaines formes de *cataracte* et de *glaucome*.

CÉLESTÈNE injectable 4 mg/1 ml

bétaméthasone

PRÉSENTATION

CÉLESTÈNE 4 mg/1 ml : solution injectable ; boîte de 3 ampoules 1 ml - Remb. 65 % - Liste I

Laboratoires Schering-Plough

COMPOSITION

	p. amp. inj.
Bétaméthasone	4 mg
Sulfites	+

INDICATIONS

C'est un *anti-inflammatoire* stéroïdien qui appartient à la famille des *corticoïdes* de synthèse (dérivés chimiques de la *cortisone* naturelle).

Les propriétés de la cortisone sont nombreuses, mais ce médicament est surtout utilisé pour son effet anti-inflammatoire puissant et rapide. Il présente, à efficacité égale, moins d'effets indésirables que la cortisone naturelle.

Il est utilisé dans le traitement de nombreuses affections inflammatoires ou allergiques, lorsqu'un effet rapide est désiré ou lorsque l'état du malade ne permet pas l'absorption de comprimés, notamment :
- *choc* allergique, œdème de *Quincke* ;
- *connectivites* ;
- *œdème* du cerveau ;
- maladies inflammatoires des reins ou des yeux ;
- laryngite suffocante ;
- *asthme* grave.

Il est également utilisé en traitement local (*infiltration*) dans les cas suivants :
- *inflammation* des articulations, des tendons et des ligaments, poussées douloureuses d'*arthrose* ;
- maladie de *Dupuytren*, *syndrome du canal carpien* ;
- inflammation des nerfs (*sciatique*, *névralgie cervicobrachiale*...) ;
- cicatrice *chéloïde*.

CONTRE-INDICATIONS

Ce médicament ne doit pas être utilisé dans les cas suivants :
- maladies virales en évolution (*zona*, *herpès* oculaires),
- infection ou *mycose* non contrôlées par un traitement adapté,
- *goutte*,
- *cirrhose* alcoolique grave,
- *hépatite* virale aiguë,
- *psychose*,
- *ulcère* de l'estomac ou du *duodénum* en évolution.

> **ATTENTION**
>
> L'injection de ce médicament ne doit être pratiquée que sous contrôle médical.
>
> En cas de traitement prolongé, l'arrêt de celui-ci doit être progressif pour permettre aux glandes *surrénales* de reprendre la synthèse de *cortisone* naturelle. Un arrêt brutal expose par ailleurs à une rechute de la maladie traitée. Cette précaution n'est utile que lorsque la durée du traitement dépasse 7 jours.
>
> Ce médicament contient des *sulfites* qui peuvent aggraver les réactions allergiques chez les personnes prédisposées.

INTERACTIONS MÉDICAMENTEUSES

En cas d'injections répétées, ce médicament peut interagir avec d'autres médicaments et avec certains *vaccins*. Signalez tout autre traitement en cours à votre médecin ou à votre pharmacien.

GROSSESSE, ALLAITEMENT ET NOUVEAU-NÉ

Grossesse :

Les études scientifiques actuellement disponibles n'ont pas mis en évidence de problème particulier lors de l'utilisation ponctuelle chez la femme enceinte. Seul votre médecin peut évaluer le risque éventuel de son utilisation dans votre cas.

Allaitement :

Ce médicament passe dans le lait maternel : il est déconseillé pendant l'allaitement.

MODE D'EMPLOI ET POSOLOGIE

L'injection peut être réalisée par *voie* intramusculaire ou intraveineuse, cette dernière permettant l'action la plus rapide. Les *infiltrations* sont réalisées par le médecin, dans la zone lésée ou à proximité.

Posologie usuelle :

Elle dépend de la gravité de la maladie traitée. Des doses importantes (plusieurs ampoules) peuvent être nécessaires.

> Afin de compenser une baisse du taux de *potassium* dans le sang lors d'un traitement prolongé, le médecin peut être amené à prescrire du potassium.

EFFETS INDÉSIRABLES POSSIBLES

Liés à la *voie* d'administration : infection, *atrophie* cutanée.

En cas de traitement prolongé et à forte dose :
- rétention d'eau et de sel avec parfois *hypertension artérielle* ;
- baisse du taux de *potassium* dans le sang ;
- gonflement du visage et du buste, taches cutanées violacées, apparition de poils ;
- surexcitation avec euphorie et troubles du sommeil ;
- atrophie musculaire, *ostéoporose* ;
- *diabète* (réversible), arrêt de la croissance chez l'enfant, troubles des règles ;
- *gastrite*, *ulcère* ;
- certaines formes de *glaucome* ou de *cataracte*.

CÉLESTÈNE injectable 8 mg/2 ml

bétaméthasone

PRÉSENTATION

CÉLESTÈNE 8 mg/2 ml : solution injectable ; seringue préremplie 2 ml et aiguille - Remb. 65 % - Liste I

Laboratoires Schering-Plough

COMPOSITION

	p. seringue
Bétaméthasone	8 mg
Sulfites	+

INDICATIONS

C'est un *anti-inflammatoire* stéroïdien qui appartient à la famille des *corticoïdes* de synthèse (dérivés chimiques de la *cortisone* naturelle).

Les propriétés de la cortisone sont nombreuses, mais ce médicament est surtout utilisé pour son effet anti-inflammatoire puissant et rapide. Il présente, à efficacité égale, moins d'effets indésirables que la cortisone naturelle.

Il est utilisé dans le traitement d'urgence de certaines affections inflammatoires ou allergiques graves :
- *choc* allergique, œdème de *Quincke* ;
- laryngite suffocante ;
- *asthme* grave.

CONTRE-INDICATIONS

Ce médicament ne doit pas être utilisé dans les cas suivants :
- maladies virales en évolution (*zona*, *herpès* oculaires),
- infection ou *mycose* non contrôlées par un traitement adapté,
- *goutte*,
- *cirrhose* alcoolique grave,
- *hépatite* virale aiguë,
- *psychose*,

- *ulcère* de l'estomac ou du *duodénum* en évolution.

Néanmoins, devant la gravité de certaines affections (*choc* allergique notamment), le médecin peut décider de ne pas tenir compte de certaines contre-indications.

ATTENTION

L'injection de *corticoïdes* n'est pas suffisante, à elle seule, pour traiter efficacement un *choc* allergique ou une crise d'*asthme* grave ; dans tous les cas, prenez contact avec votre médecin ou un service d'aide médicale d'urgence.

Ce médicament contient des *sulfites* qui peuvent aggraver les réactions allergiques chez les personnes prédisposées.

INTERACTIONS MÉDICAMENTEUSES

En cas d'injections répétées, ce médicament peut interagir avec d'autres médicaments et avec certains *vaccins*. Signalez tout autre traitement en cours à votre médecin ou à votre pharmacien.

GROSSESSE, ALLAITEMENT ET NOUVEAU-NÉ

Grossesse :

Les études scientifiques actuellement disponibles n'ont pas mis en évidence de problème particulier lors de l'utilisation ponctuelle chez la femme enceinte. Seul votre médecin peut évaluer le risque éventuel de son utilisation dans votre cas.

Allaitement :

Ce médicament passe dans le lait maternel : il est déconseillé pendant l'allaitement.

MODE D'EMPLOI ET POSOLOGIE

L'injection peut être réalisée par *voie* intramusculaire ou intraveineuse, cette dernière permettant l'action la plus rapide.

Posologie usuelle :

Elle dépend de la gravité de la maladie traitée. Suivez les indications de votre médecin.

EFFETS INDÉSIRABLES POSSIBLES

Ce médicament étant destiné à un traitement urgent et ponctuel, les effets indésirables habituels de la *cortisone* ne sont pas à redouter.

CÉLESTÈNE chronodose

bétaméthasone

PRÉSENTATION

CÉLESTÈNE CHRONODOSE : suspension injectable ; boîte de 1 ampoule 1 ml et 1 seringue avec 2 aiguilles - Remb. 65 % - Liste I

Laboratoires Schering-Plough

COMPOSITION

	p. amp. inj.
Bétaméthasone acétate	2,7 mg
Bétaméthasone phosphate disodique	3 mg

INDICATIONS

C'est un *anti-inflammatoire* stéroïdien qui appartient à la famille des *corticoïdes* de synthèse (dérivés chimiques de la *cortisone* naturelle). Les propriétés de la cortisone sont nombreuses, mais ce produit est surtout utilisé pour son effet anti-inflammatoire puissant et rapide. Il présente, à efficacité égale, moins d'effets indésirables que la cortisone naturelle. Ce médicament a une action immédiate et un effet qui dure environ 7 jours.

Il est utilisé en *traitement d'entretien*, notamment dans de nombreuses affections chroniques inflammatoires ou allergiques :
- *allergie* chronique,
- *connectivites*,
- *asthme* grave.

Il est également utilisé en traitement local (*infiltrations*) dans les cas suivants :
- *inflammation* des articulations, des tendons et ligaments, poussées douloureuses d'*arthrose* ;
- maladie de *Dupuytren*, *syndrome du canal carpien* ;
- cicatrice *chéloïde*.

CONTRE-INDICATIONS

Ce médicament ne doit pas être utilisé dans les cas suivants :
- maladies virales en évolution (*zona*, *herpès* oculaires),
- infection ou *mycose* non contrôlée par un traitement adapté,
- *goutte*,
- *cirrhose* alcoolique grave,
- *hépatite* virale aiguë,
- *psychose*,
- *ulcère* de l'estomac ou du *duodénum* en évolution.

ATTENTION

Ce médicament n'est pas adapté à l'enfant.

L'injection de ce médicament ne doit être pratiquée que sous contrôle médical.

En cas de traitement prolongé, l'arrêt de celui-ci doit être progressif pour permettre aux glandes *surrénales* de reprendre la synthèse de *cortisone* naturelle. Un arrêt brutal expose par ailleurs à une rechute de la maladie traitée. Cette précaution n'est utile que lorsque la durée du traitement dépasse 7 jours.

INTERACTIONS MÉDICAMENTEUSES

En cas d'injections répétées, ce médicament peut interagir avec d'autres médicaments et avec certains *vaccins*. Signalez tout traitement en cours à votre médecin ou à votre pharmacien.

GROSSESSE, ALLAITEMENT ET NOUVEAU-NÉ

Grossesse :

Seul votre médecin peut évaluer le risque éventuel de l'utilisation de ce médicament dans votre cas pendant la grossesse et en particulier durant les derniers mois.

Allaitement :

Ce médicament passe dans le lait maternel : il est déconseillé pendant l'allaitement.

MODE D'EMPLOI ET POSOLOGIE

L'injection se fait par *voie* intramusculaire. Les *infiltrations* sont réalisées par le médecin à proximité ou dans la zone lésée.

Posologie usuelle :

Elle dépend de la gravité de la maladie traitée et de la voie d'injection (intramusculaire ou infiltration).

L'effet de ce médicament dure environ 7 jours.

Afin de compenser une baisse du taux de *potassium* dans le sang lors d'un traitement prolongé, le médecin peut être amené à prescrire du potassium.

EFFETS INDÉSIRABLES POSSIBLES

En cas de traitement prolongé et à forte dose :
- rétention d'eau et de sel avec parfois *hypertension artérielle* ;
- baisse du taux de *potassium* dans le sang ;
- gonflement du visage et du buste, taches cutanées violacées, apparition de poils ;
- surexcitation avec euphorie et troubles du sommeil ;
- *atrophie* musculaire, *ostéoporose* ;
- *diabète* (réversible), arrêt de la croissance chez l'enfant, troubles des règles ;
- *gastrite*, *ulcère* ;
- certaines formes de *glaucome* ou de *cataracte*.

CÉLESTODERM

bétaméthasone

PRÉSENTATION

CÉLESTODERM 0,1 p. cent : pommade ; tube 10 g - Remb. 65 % - Liste I

CÉLESTODERM 0,1 p. cent : crème ; tube 10 g - Remb. 65 % - Liste I

CÉLESTODERM RELAIS : crème ; tube 25 g - Remb. 65 % - Liste I

Laboratoires Schering-Plough

COMPOSITION

	forme à 0,1 p. cent p. 100 g	forme relais p. 100 g
Bétaméthasone (en valérate)	100 mg	50 mg

INDICATIONS

C'est un *dermocorticoïde* d'activité forte. Comme les autres dérivés de la *cortisone* à usage local, il freine le renouvellement et la multiplication des cellules de la peau et limite le suintement.

Il est utilisé pour traiter les *eczémas* de contact ou *atopiques*, les *lichénifications*, les *dermites séborrhéiques* sauf celles du visage, le *psoriasis*, le *prurigo*, la *dyshidrose*, et pour soulager les démangeaisons dues aux piqûres d'insectes ou à la présence de parasites sous la peau.

CONTRE-INDICATIONS

Ce médicament ne doit pas être utilisé dans les cas suivants :
- infection et parasitose non traitées de la peau (ce médicament n'a pas d'effet anti-infectieux),
- lésion ulcérée,
- *acné* et *rosacée*.

ATTENTION

Comme les autres *dermocorticoïdes*, ce médicament a souvent une action efficace et rapide sur les lésions de la peau ; il peut être tentant de le réutiliser, mais l'automédication expose à des risques importants : aggravation de certaines lésions, installation d'une *dépendance* (amélioration de moins en moins visible des lésions et recrudescence des *symptômes* à chaque arrêt de traitement) et altération durable de la peau.

Suivez attentivement la prescription de votre médecin et n'hésitez pas à lui demander des explications.

GROSSESSE, ALLAITEMENT ET NOUVEAU-NÉ

L'effet de ce médicament pendant la grossesse ou l'allaitement est mal connu : seul votre médecin peut évaluer le risque éventuel de son utilisation dans votre cas.

MODE D'EMPLOI ET POSOLOGIE

La crème est adaptée au traitement des lésions suintantes, la pommade à celui des lésions sèches.

Étaler le médicament sur les lésions et le faire pénétrer par un léger massage. Pour traiter de grandes surfaces : appliquer le produit en touches espacées, puis étaler avec un gant en plastique jusqu'à complète absorption.

Posologie usuelle :

1 ou 2 applications par jour.

Le médecin prescrit fréquemment un arrêt progressif du traitement : espacement des applications ou diminution de la quantité appliquée.

Ne conseillez pas, ne donnez pas ce médicament à un proche.

Pensez à vous laver les mains après l'application. En cas d'utilisation sur une grande surface, le port d'un gant est recommandé.

EFFETS INDÉSIRABLES POSSIBLES

Ils apparaissent surtout en cas d'usage prolongé :

- *atrophie* avec microhémorragie de la peau (*purpura*), dilatation des petits vaisseaux, vergetures, éruption de boutons ;
- développement anormal des poils, dessèchement, fragilisation et décoloration irrégulière de la peau ;
- rougeur autour de la bouche, apparition d'une *rosacée* ;
- retard de cicatrisation.

CELNIUM

sélénium

PRÉSENTATION

CELNIUM 50 µg : capsule (brun) ; boîte de 30 - Non remb.

Laboratoires Sanofi Winthrop

COMPOSITION

	p. caps.
Sélénium	50 µg

INDICATIONS

Ce médicament contient un élément minéral trace (oligo-élément), le sélénium.

Il est utilisé comme *modificateur de terrain*, en particulier dans les cas d'affections musculaires et cutanées.

GROSSESSE, ALLAITEMENT ET NOUVEAU-NÉ

Compte tenu de sa très faible concentration en minéraux, ce médicament peut être utilisé pendant la grossesse ou l'allaitement.

MODE D'EMPLOI ET POSOLOGIE

Les capsules doivent être avalées sans être croquées au cours des repas.

Posologie usuelle :

- Adulte : 1 capsule, 1 à 4 fois par jour.
- Enfant à partir de 12 ans : 1 capsule, 1 ou 2 fois par jour.

Conserver ce médicament à l'abri de la chaleur.

CÉMAFLAVONE

citroflavonoïdes, ascorbate de magnésium

PRÉSENTATION

CÉMAFLAVONE : solution buvable arôme curaçao ; boîte de 20 ampoules 10 ml - Remb. 35 %

Laboratoires Thérica

COMPOSITION

	p. amp.
Citroflavonoïdes	400 mg
Ascorbate de magnésium	384 mg
Soit acide ascorbique (vitamine C)	300 mg
Sulfites	+

INDICATIONS

C'est un protecteur *vasculaire* et *veinotonique*. Il stimule la circulation du sang dans les veines et lutte contre l'altération des *vaisseaux capillaires*.

Il est utilisé dans le *traitement symptomatique* :

- des jambes lourdes, *œdèmes*, crampes, *impatiences* et autres troubles pouvant être en rapport avec une mauvaise circulation veineuse ou *lymphatique* ;
- de l'insuffisance d'irrigation de la *rétine* ;
- des crises d'*hémorroïdes* ;
- des petites *hémorragies* sous-cutanées se traduisant par des taches rouges ou violacées.

ATTENTION

Ce médicament est insuffisant pour prévenir le risque de *phlébite* chez les malades alités ou plâtrés.

Ce médicament soulage, mais n'empêche pas l'aggravation de l'*insuffisance veineuse*, qui requiert des mesures spécifiques telles que la *contention élastique*.

GROSSESSE, ALLAITEMENT ET NOUVEAU-NÉ

L'effet de ce médicament pendant la grossesse ou l'allaitement est mal connu. L'évaluation du risque éventuel lié à son utilisation est individuelle : demandez conseil à votre pharmacien ou à votre médecin.

MODE D'EMPLOI ET POSOLOGIE

Les ampoules doivent être diluées dans un demi-verre d'eau.

Posologie usuelle :

2 à 4 ampoules par jour réparties en 2 ou 3 prises.

Une activité physique régulière et la surélévation du pied du lit permettent de faciliter la circulation veineuse et *lymphatique*.

EFFETS INDÉSIRABLES POSSIBLES

Asthmatique : risque d'*allergie* aux *sulfites*.

CENTRALGOL

proxibarbal

PRÉSENTATION

CENTRALGOL 300 : comprimé (bleu) ; boîte de 20 - Remb. 65 % - Liste I

Laboratoires Zyma

COMPOSITION

	p. comp.
Proxibarbal	300 mg

INDICATIONS

C'est un *sédatif* qui appartient à la famille des *barbituriques*.

Il est utilisé dans le traitement de l'anxiété légère et des troubles qui peuvent accompagner la *ménopause*, notamment les bouffées de chaleur.

CONTRE-INDICATIONS

Ce médicament ne doit pas être utilisé dans les cas suivants :

- *porphyries*,
- *allergie* aux *barbituriques*,
- enfant de moins de 15 ans.

ATTENTION

En cas d'éruption cutanée ou de saignements inhabituels, arrêtez le médicament et consultez votre médecin.

En cas de persistance des *symptômes* après 3 mois, un changement de traitement sera nécessaire.

Évitez les boissons alcoolisées : augmentation du risque de somnolence.

Conducteur : ce médicament peut être responsable d'une somnolence ou d'une baisse de la vigilance.

INTERACTIONS MÉDICAMENTEUSES

Ce médicament peut interagir avec de nombreux médicaments, notamment les *contraceptifs* oraux (pilule) : risque d'inefficacité de la contraception. Signalez tout autre traitement en cours à votre médecin ou à votre pharmacien.

GROSSESSE, ALLAITEMENT ET NOUVEAU-NÉ

L'effet de ce médicament pendant la grossesse ou l'allaitement est mal connu : seul votre médecin peut évaluer le risque éventuel de son utilisation dans votre cas.

MODE D'EMPLOI ET POSOLOGIE

Les comprimés doivent être avalés avec un peu d'eau.

Posologie usuelle :

1 à 2 comprimés par jour.

> Les médicaments ne sont pas la seule réponse au stress. Une meilleure hygiène de vie, une consommation modérée d'excitants (y compris les boissons alcoolisées) permettent aussi de lutter efficacement contre l'excès de nervosité.

EFFETS INDÉSIRABLES POSSIBLES

Somnolence, *allergie* cutanée.

Exceptionnellement, baisse des *plaquettes* sanguines : le traitement doit être arrêté.

CÉPAZINE

céfuroxime

PRÉSENTATION

CÉPAZINE 125 : granulé pour suspension buvable ; boîte de 8 sachets - Remb. 65 % - Liste I

CÉPAZINE 125 mg/5 ml : granulé pour suspension buvable ; flacon 40 ml (8 cuillères-mesure) - Remb. 65 % - Liste I

CÉPAZINE 125 mg/5 ml : granulé pour suspension buvable ; flacon 80 ml (16 cuillères-mesure) - Remb. 65 % - Liste I

CÉPAZINE 125 : comprimé (blanc) ; boîte de 8 - Remb. 65 % - Liste I

CÉPAZINE 250 : comprimé (blanc) ; boîte de 8 - Remb. 65 % - Liste I

Laboratoires Sanofi Winthrop

COMPOSITION

	p. sachet	p. c. mes.
Céfuroxime	125 mg	125 mg

	p. comp.	p. comp.
Céfuroxime	125 mg	250 mg

INDICATIONS

Cet *antibiotique* appartient à la famille des *céphalosporines*, antibiotiques proches des *pénicillines*, qui sont actives sur un plus grand nombre de *germes* que la pénicilline simple.

Ce médicament est utilisé dans le traitement de diverses maladies infectieuses, notamment celles des poumons, des bronches, du nez, des *sinus*, de la gorge ou des oreilles.

CONTRE-INDICATIONS

Ce médicament ne doit pas être utilisé en cas d'*allergie* aux *céphalosporines*.

Dans tous les autres cas, le médecin est seul juge pour prescrire ce médicament, notamment en cas d'allergie aux *pénicillines*.

> **ATTENTION**
>
> Si vous souffrez d'*insuffisance rénale*, signalez-le à votre médecin afin qu'il puisse adapter la *posologie*.
>
> Des *antécédents* d'*allergie* à une *céphalosporine* contre-indiquent l'usage de ce médicament. La survenue de toute manifestation allergique (boutons, *œdème*, malaise) impose l'arrêt immédiat du traitement ; de même, la survenue d'une diarrhée importante doit vous conduire à alerter votre médecin.
>
> Une diminution de la fièvre ou une disparition des troubles ne sont pas synonymes de guérison : la durée du traitement doit absolument être respectée pour éviter les rechutes.

INTERACTIONS MÉDICAMENTEUSES

Ce médicament peut interagir avec d'autres médicaments. Signalez tout autre traitement en cours à votre médecin ou à votre pharmacien.

GROSSESSE, ALLAITEMENT ET NOUVEAU-NÉ

Grossesse :

Les études scientifiques actuellement disponibles n'ont pas mis en évidence de problème particulier lors de l'utilisation ponctuelle chez la femme enceinte. Cependant, seul votre médecin peut apprécier la nécessité du traitement et son risque pendant la grossesse.

Allaitement :

Ce médicament passe dans le lait maternel : l'arrêt de l'allaitement devra être envisagé.

MODE D'EMPLOI ET POSOLOGIE

Le contenu des sachets doit être dilué dans un verre d'eau.

Flacon de granulés : ajouter de l'eau non gazeuse jusqu'au trait et agiter jusqu'à dissolution complète.

Ce médicament doit être pris de préférence dans la demi-heure qui suit le repas.

Les comprimés ne sont pas adaptés à l'enfant de moins de 5 ans.

Posologie usuelle :

- Adulte : 250 mg, matin et soir.
- Enfant de plus de 5 ans : 20 à 30 mg par kg et par jour, répartis en 2 prises, sans dépasser la dose Adulte ; soit par exemple pour un enfant de 20 kg : 2 sachets ou 2 cuillères-mesure ou 1 comprimé dosé à 250 mg, matin et soir.
- Nourrisson et enfant de moins de 5 ans : 20 à 30 mg par kg et par jour répartis en 2 prises ; soit par exemple pour un nourrisson de 10 kg : 1 sachet ou 1 cuillère-mesure matin et soir.

> Le médecin peut prescrire un prélèvement pour identifier le *germe* responsable de l'infection et tester sa sensibilité aux *antibiotiques*. Le résultat de cet examen peut être faussé en cas d'automédication préalable : ne prenez pas d'antibiotiques sans avis médical.
>
> L'éventuelle impression de fatigue n'est pas due à l'antibiotique, mais à l'infection elle-même.

EFFETS INDÉSIRABLES POSSIBLES

Troubles digestifs : nausée et diarrhée.

Allergie cutanée ; rares maux de tête.

Choc anaphylactique (exceptionnel).

Fièvre particulière due à l'*antibiotique* (très rare).

CÉPÉVIT K

PRÉSENTATION

CÉPÉVIT K : comprimé (jaune) ; boîte de 26 - Non remb.

Laboratoires Darcy

COMPOSITION

	p. comp.
Acide ascorbique (vitamine C)	100 mg
Hespéridine méthyl-chalcone	20 mg
Hespéridine	20 mg
Esculoside	2 mg
Ménadione bisulfite de sodium ou vitamine K3	5 mg

INDICATIONS

C'est un protecteur *vasculaire* et *veinotonique*. Il stimule la circulation du sang dans les veines et lutte contre l'altération des *vaisseaux capillaires*.

Il est utilisé dans le traitement :

- des petites *hémorragies* sous-cutanées se traduisant par des taches rouges ou violacées,
- des saignements des gencives et du nez.

CONTRE-INDICATIONS

Ce médicament ne doit pas être utilisé dans les cas suivants :

- traitement par un *anticoagulant*,
- grossesse.

GROSSESSE, ALLAITEMENT ET NOUVEAU-NÉ

Grossesse :

Ce médicament est contre-indiqué pendant la grossesse.

Allaitement :

Les données disponibles ne permettent pas de savoir si ce médicament passe dans le lait maternel. Son usage est déconseillé pendant l'allaitement.

MODE D'EMPLOI ET POSOLOGIE

- Adulte : 3 à 6 comprimés par jour, répartis en 2 ou 3 prises ; 10 comprimés par jour, au maximum.

CÉPHYL

PRÉSENTATION

CÉPHYL : comprimé sécable (blanc) ; boîte de 20 - Non remb.

CÉPHYL : comprimé sécable (blanc) ; boîte de 60 - Non remb.

Laboratoires Boiron

COMPOSITION

	p. comp.
Acide acétylsalicylique (aspirine)	100 mg
Éthenzamide	200 mg
Caféine	40 mg
Belladonna 4 CH	0,4 mg
Iris versicolor 4 CH	0,4 mg
Nux vomica 4 CH	0,4 mg
Spigelia 4 CH	0,4 mg
Gelsemium 4 CH	0,4 mg

INDICATIONS

Ce médicament contient de l'aspirine, *antalgique*, *antypyrétique* et *anti-inflammatoire* à dose élevée, de la caféine et des remèdes homéopathiques.

Il est utilisé dans le traitement de douleurs diverses (maux de tête, douleurs dentaires ou rhumatismales...).

CONTRE-INDICATIONS

Ce médicament ne doit pas être utilisé dans les cas suivants :
- *allergie* aux *salicylés* ou aux *AINS*,
- *ulcère* de l'estomac ou du *duodénum*,
- *hémorragie* et risque hémorragique,
- enfant de moins de 3 ans,
- **grossesse** : pendant les 3 derniers mois, ou en prise prolongée à toute période de la grossesse.

ATTENTION

Un avis médical est préférable en cas d'*antécédent* d'*ulcère* de l'estomac ou du *duodénum*, même ancien, d'*asthme*, d'*insuffisance rénale*.

Ce médicament est déconseillé chez les personnes atteintes de *goutte*.

Évitez de prendre ce médicament pendant la semaine qui précède une extraction dentaire, une opération, ou pendant des règles abondantes : augmentation du risque d'*hémorragie*.

INTERACTIONS MÉDICAMENTEUSES

Ce médicament contient de l'aspirine : les personnes traitées par des médicaments anticancéreux contenant du méthotrexate ne doivent pas l'utiliser.

Il peut interagir avec d'autres médicaments, notamment les *anticoagulants* et les *antiagrégants plaquettaires* (TICLID...) : augmentation du risque hémorragique. Signalez tout autre traitement en cours à votre médecin ou à votre pharmacien.

GROSSESSE, ALLAITEMENT ET NOUVEAU-NÉ

Grossesse :

Compte tenu de la présence d'aspirine, seule la prise ponctuelle de ce médicament est admise durant les 6 premiers mois de la grossesse ; au cours des 3 derniers mois, ce médicament est contre-indiqué.

Allaitement :

En l'absence de données disponibles, ce médicament est déconseillé pendant l'allaitement.

MODE D'EMPLOI ET POSOLOGIE

Les comprimés doivent être dissous dans un verre d'eau.

Respectez un intervalle d'au moins 4 heures entre 2 prises.

Posologie usuelle :
- Adulte : 1 ou 2 comprimés, 2 ou 3 fois par jour.
- Enfant de 8 à 15 ans : 1 comprimé, 2 ou 3 fois par jour.
- Enfant de 3 à 8 ans : 1/2 comprimé, 2 ou 3 fois par jour.

De nombreux médicaments contiennent de l'aspirine : le surdosage expose à une augmentation des effets indésirables.

Il est préférable de ne pas prendre ce médicament en fin de journée, en raison de la présence de caféine.

EFFETS INDÉSIRABLES POSSIBLES

Liés à l'aspirine :
- *gastrite*, douleurs abdominales, saignements du nez ou des gencives ;
- rares et parfois graves : *hémorragie* du tube digestif (vomissements sanglants, selles noires, ou plus souvent pertes de sang imperceptibles, responsables de l'apparition progressive d'une *anémie*) ; accidents allergiques (*urticaire*, *œdème*, *asthme*) ;
- signes devant faire penser à un surdosage : bourdonnements d'oreille, sensation de baisse de l'audition, maux de tête.

Liés à la caféine : insomnie, excitation, *palpitations*.

CÉPOREXINE

céfalexine

PRÉSENTATION

CÉPOREXINE 1000 : comprimé sécable oblong (blanc crème) ; boîte de 6 - Remb. 65 % - Liste I

CÉPOREXINE 500 : gélule (gris et orange clair) ; boîte de 12 - Remb. 65 % - Liste I

CÉPOREXINE 250 mg : granulé pour suspension buvable arôme orange pamplemousse ; flacon 60 ml (12 cuillères-mesure 5 ml) - Remb. 65 % - Liste I

CÉPOREXINE 250 mg : granulé arôme orange pamplemousse ; boîte de 12 sachets - Remb. 65 % - Liste I

CÉPOREXINE 125 mg : granulé arôme orange pamplemousse ; boîte de 12 sachets - Remb. 65 % - Liste I

Laboratoires Glaxo

COMPOSITION

	p. comp.	p. gél.	p. c. mes.
Céfalexine	1 000 mg	500 mg	250 mg

	p. sachet	p. sachet
Céfalexine	250 mg	125 mg

INDICATIONS

Cet *antibiotique* appartient à la famille des *céphalosporines*, antibiotiques proches des *pénicillines*, qui sont actives sur un plus grand nombre de *germes* que la pénicilline simple.

Ce médicament est utilisé dans le traitement de diverses maladies infectieuses, notamment celles des poumons, des bronches, du nez, de la gorge ou des oreilles, de l'appareil urinaire.

CONTRE-INDICATIONS

Ce médicament ne doit pas être utilisé en cas d'*allergie* aux *céphalosporines*.

Dans tous les autres cas, le médecin est seul juge pour prescrire ce médicament, notamment en cas d'allergie aux *pénicillines*.

ATTENTION

Si vous souffrez d'*insuffisance rénale*, signalez-le à votre médecin afin qu'il puisse adapter la *posologie*.

Le médecin peut prescrire un prélèvement pour identifier le *germe* responsable de l'infection et tester sa sensibilité aux *antibiotiques*. Le résultat de cet examen peut être faussé en cas d'automédication préalable : ne prenez pas d'antibiotique sans avis médical.

Des *antécédents* d'*allergie* à une *céphalosporine* contre-indiquent l'usage de ce médicament. La survenue de toute manifestation allergique (boutons, *œdème*, malaise) impose l'arrêt immédiat du traitement : consultez votre médecin.

Une diminution de la fièvre ou une disparition des troubles ne sont pas synonymes de guérison : la durée du traitement doit absolument être respectée pour éviter les rechutes.

INTERACTIONS MÉDICAMENTEUSES

Ce médicament peut interagir avec d'autres médicaments. Signalez tout autre traitement en cours à votre médecin ou à votre pharmacien.

GROSSESSE, ALLAITEMENT ET NOUVEAU-NÉ

Grossesse :

Les études scientifiques actuellement disponibles n'ont pas mis en évidence de problème particulier lors de l'utilisation ponctuelle chez la femme enceinte. Seul votre médecin peut apprécier la nécessité du traitement et son risque pendant la grossesse.

Allaitement :

Ce médicament passe dans le lait maternel : l'arrêt de l'allaitement devra être envisagé.

MODE D'EMPLOI ET POSOLOGIE

Les repas ne modifient pas l'absorption du médicament, qui peut donc être pris à n'importe quel moment de la journée.

Les sirops doivent être reconstitués avec de l'eau et bien agités avant l'emploi.

Posologie usuelle :
- Adulte : 2 g par jour, en 2 ou 3 prises.
- Enfant et nourrisson : 25 à 50 mg par kg et par jour, répartis en 2 ou 3 prises ; soit par exemple pour un enfant de 20 kg : 1 cuillère-mesure de sirop dosé à 250 mg, matin, midi et soir.

L'éventuelle impression de fatigue n'est pas due à l'*antibiotique*, mais à l'infection elle-même.

Le sirop reconstitué peut être conservé 7 jours à température ambiante.

EFFETS INDÉSIRABLES POSSIBLES

Troubles digestifs : nausée, diarrhée.

Démangeaisons anales ou génitales, avec ou sans *candidose*.

Allergie cutanée.

Choc anaphylactique rare.

CÉQUINYL

paracétamol, quinine, vitamine C

PRÉSENTATION

CÉQUINYL : comprimé (vert) ; boîte de 18 - Non remb.

Laboratoires Sterling Midy

COMPOSITION

	p. comp.
Paracétamol	250 mg
Quinine chlorhydrate anhydre	66 mg
Acide ascorbique (vitamine C)	100 mg

INDICATIONS

Ce médicament contient du paracétamol, qui lutte contre la douleur et la fièvre. Son effet *antipyrétique* est renforcé par la quinine ; il contient également de la *vitamine* C.

Il est utilisé dans le *traitement symptomatique* des affections douloureuses ou fébriles, notamment les états grippaux, les maux de tête, les courbatures.

CONTRE-INDICATIONS

Ce médicament ne doit pas être utilisé dans les cas suivants :
- maladie grave du foie,
- enfant de moins de 7 ans.

ATTENTION
De nombreux médicaments contiennent du paracétamol : en tenir compte en cas de prise conjointe car le surdosage en paracétamol peut être toxique pour le foie.

GROSSESSE, ALLAITEMENT ET NOUVEAU-NÉ

L'effet de ce médicament pendant la grossesse ou l'allaitement est mal connu. L'évaluation du risque éventuel lié à son utilisation est individuelle : demandez conseil à votre pharmacien ou à votre médecin.

MODE D'EMPLOI ET POSOLOGIE

Les comprimés doivent être avalés avec un peu d'eau. Respecter un intervalle minimal de 4 heures entre 2 prises.

Posologie usuelle :
- Adulte : dès les premiers *symptômes*, 1 ou 2 comprimés, 4 fois par jour ; à partir du 2e jour, 1 ou 2 comprimés, 1 à 3 fois par jour.
- Enfant de 12 à 15 ans : 1 ou 2 comprimés, 1 ou 2 fois par jour.
- Enfant de 7 à 12 ans : 1 comprimé, 1 ou 2 fois par jour.

EFFETS INDÉSIRABLES POSSIBLES

Rarement : *allergie* cutanée.

CÉRAT INALTÉRABLE

PRÉSENTATION

CÉRAT INALTÉRABLE : pommade ; tube 45 g - Non remb.

Laboratoires Roche-Posay

COMPOSITION

	p. 100 g
Dioxyde de titane	2 g
Silicate d'aluminium	2 g
Cire d'abeille blanche	23 g
Huile de paraffine	73 g

INDICATIONS

Ce médicament est une pommade grasse et hydratante.

Il est utilisé dans le *traitement d'appoint* de la sécheresse et des irritations de la peau.

ATTENTION
Cette pommade ne doit pas être appliquée sur des lésions suintantes.

GROSSESSE, ALLAITEMENT ET NOUVEAU-NÉ

Ce médicament ne contient que des substances présumées sans danger pendant la grossesse ou l'allaitement. Néanmoins, ne l'utilisez pas de façon prolongée sans l'avis de votre pharmacien ou de votre médecin.

MODE D'EMPLOI ET POSOLOGIE

Nettoyer la région à traiter avant l'application d'une couche mince de pommade.

Posologie usuelle :
Plusieurs applications par jour.

CÉRÉBROL

PRÉSENTATION

CÉRÉBROL : solution buvable 0,5 g/5 ml arôme orange ; boîte de 20 ampoules (5 ml) - Non remb.

Laboratoires Boehringer Ingelheim France

COMPOSITION

	p. amp.
Malate acide de diéthylaminoéthanol (déanol)	500 mg

INDICATIONS

C'est un *psychostimulant* qui contient du déanol.

Il est utilisé dans le traitement de certaines fatigues (*asthénies fonctionnelles*).

CONTRE-INDICATIONS

Ce médicament ne doit pas être utilisé dans les cas suivants :
- *épilepsie*,
- enfant de moins de 30 mois.

GROSSESSE, ALLAITEMENT ET NOUVEAU-NÉ

Grossesse :
L'effet de ce médicament sur l'enfant à naître est mal connu. Par mesure de prudence, son usage pendant la grossesse est déconseillé.

Allaitement :
Ce médicament passe dans le lait maternel : il est déconseillé pendant l'allaitement.

MODE D'EMPLOI ET POSOLOGIE

Les ampoules doivent être diluées dans un peu d'eau au moment des repas.

Posologie usuelle :
- Adulte : 1 ampoule, 3 fois par jour.
- Enfant de plus de 30 mois : 1 ampoule, 2 fois par jour.

Une fatigue persistante ne doit pas vous conduire à augmenter les prises de ce médicament : consultez votre médecin.

EFFETS INDÉSIRABLES POSSIBLES

Insomnie, maux de tête ; ces effets disparaissent au cours du traitement ou après diminution des doses.

CÉRULYSE

xylène

PRÉSENTATION

CÉRULYSE : solution auriculaire ; flacon 10 ml - Non remb.

Laboratoires Chauvin

COMPOSITION

	p. 100 g
Xylène	5 g
Huile d'amande douce	+

INDICATIONS

Ce médicament est une solution auriculaire huileuse utilisée pour dissoudre les bouchons de cérumen.

CONTRE-INDICATIONS

Ce médicament ne doit pas être utilisé en cas de perforation du tympan.

MODE D'EMPLOI ET POSOLOGIE

Posologie usuelle :
Selon la consistance du bouchon de cérumen : 1 bain d'oreille de 10 minutes par jour, pendant 1 à 4 jours, afin de faciliter l'évacuation du bouchon.

La solution est huileuse : elle peut tacher les vêtements.

EFFETS INDÉSIRABLES POSSIBLES

Irritation locale.

CERVILANE

dihydroergocristine, lomifylline

PRÉSENTATION

CERVILANE : comprimé (blanc) ; boîte de 40 - Remb. 35 % - Liste II

Laboratoires Cassenne

COMPOSITION

	p. comp.
Dihydroergocristine mésilate	0,80 mg
Lomifylline	80 mg

INDICATIONS

Ce médicament est un *vasodilatateur* qui appartient à la famille des dérivés de l'*ergot de seigle*. Il augmente le débit sanguin, notamment cérébral.

Il est utilisé dans le traitement :
- des troubles du comportement et de la mémoire liés au vieillissement,
- du *syndrome subjectif des traumatismes crâniens*,
- des troubles liés au vieillissement des organes de l'équilibre et de l'audition.

ATTENTION
Chez une personne âgée, des troubles attribués au vieillissement peuvent être dus à une *dépression* ; ils nécessitent alors un traitement spécifique.

GROSSESSE, ALLAITEMENT ET NOUVEAU-NÉ

L'effet de ce médicament pendant la grossesse ou l'allaitement est mal connu : seul votre médecin peut évaluer le risque éventuel de son utilisation dans votre cas.

MODE D'EMPLOI ET POSOLOGIE

Les comprimés doivent être pris de préférence au moment des repas.

Posologie usuelle :

2 ou 3 comprimés par jour.

Ne pas prendre ce médicament à jeun afin d'éviter d'éventuels *troubles digestifs* (nausées).

CERVOXAN
vinburnine

PRÉSENTATION

CERVOXAN 20 mg : gélule (bleu et jaune) ; boîte de 40 - Remb. 65 % - Liste II

CERVOXAN 60 mg : gélule (bleu et jaune) ; boîte de 15 - Remb. 65 % - Liste II

CERVOXAN : solution injectable *I.M.* ; boîte de 6 ampoules 1 ml - Remb. 65 % - Liste II

Laboratoires SmithKline Beecham

COMPOSITION

	p. gél.	p. gél.	p. amp. inj.
Vinburnine	20 mg	60 mg	15 mg

INDICATIONS

Ce médicament facilite l'utilisation du glucose par les cellules cérébrales, ainsi que leur oxygénation en cas d'apport sanguin insuffisant.

Il est utilisé dans le *traitement symptomatique* :
- des troubles du comportement et de la mémoire liés au vieillissement,
- des sensations d'étourdissement de la personne âgée,
- de certaines maladies de la *rétine*.

CONTRE-INDICATIONS

Ce médicament ne doit pas être utilisé en cas de :
- *tumeur* cérébrale avec *hypertension intracrânienne*,
- grossesse.

ATTENTION
Ne pas mélanger la solution injectable avec un autre médicament injectable.

GROSSESSE, ALLAITEMENT ET NOUVEAU-NÉ

Grossesse :

L'effet de ce médicament sur l'enfant à naître est mal connu : son usage pendant la grossesse est contre-indiqué.

Allaitement :

Les données actuellement disponibles ne permettent pas de savoir si ce médicament passe dans le lait maternel.

MODE D'EMPLOI ET POSOLOGIE

Les gélules doivent être avalées avec de l'eau ou un aliment semi-liquide en début de repas. La solution injectable doit être administrée par *voie* intramusculaire.

Posologie usuelle :
- *Voie* orale : 1 gélule à 60 mg ou 3 gélules à 20 mg (en 3 prises) par jour.
- Voie injectable : 2 ampoules, en 1 ou 2 injections intramusculaires.

EFFETS INDÉSIRABLES POSSIBLES

Rares diarrhées.

CETAVLON
cétrimide

PRÉSENTATION

CETAVLON ALCOOLIQUE : solution alcoolique (rouge) ; flacon 100 ml - Non remb.

CETAVLON ALCOOLIQUE : solution alcoolique (rouge) ; flacon 500 ml - Non remb.

CETAVLON CONCENTRÉ : solution à diluer (jaune orangé) ; flacon 120 ml - Non remb.

CETAVLON CONCENTRÉ : solution à diluer (jaune orangé) ; flacon 1 000 ml - Non remb.

Laboratoires Zeneca Pharma

COMPOSITION

	sol. alcoolique p. 100 ml	sol. à diluer p. 100 ml
Cétrimide	0,5 g	20 g
Degré alcoolique	60°	10°

INDICATIONS

Ce médicament est un *antiseptique* local de la famille des *ammoniums quaternaires*.

Il est utilisé pour désinfecter la peau et les plaies superficielles.

CONTRE-INDICATIONS

Ce médicament ne doit pas être utilisé :
- sur les *muqueuses* génitales,
- pour le nettoyage des yeux.

ATTENTION
L'application sur les *muqueuses* génitales peut provoquer des rougeurs, des *ulcérations* ou des nécroses locales.
N'utilisez pas ce médicament sur une large surface de peau sans avis médical : risque de passage du médicament dans le sang.
L'absorption accidentelle de ce produit expose à des complications graves : appelez le centre antipoison.

INTERACTIONS MÉDICAMENTEUSES

L'association à d'autres *antiseptiques* est déconseillée car leurs effets risquent de s'annuler.

GROSSESSE, ALLAITEMENT ET NOUVEAU-NÉ

Grossesse :

L'absence d'effets nocifs de ce médicament n'a pas été établie pendant la grossesse ou l'allaitement.

MODE D'EMPLOI ET POSOLOGIE

Solution alcoolique : badigeonnez les surfaces à traiter à l'aide d'une compresse de solution pure.

Solution concentrée : ne jamais l'utiliser pure ; elle doit être diluée au 1/20 pour les badigeonnages (2 cuillères à café dans un verre d'eau) ou au 1/200 pour les bains (1 cuillère à café dans un litre d'eau).

Le simple lavage à l'eau et au savon permet d'éliminer la majorité des *germes* ; il doit être suivi d'un rinçage soigneux car le savon peut inactiver certains *antiseptiques*.
Après dilution, la solution ne doit pas être conservée plus de 8 jours. Le contact avec du liège (bouchon) diminue l'activité antiseptique.
Tous les antiseptiques peuvent être contaminés par des germes : ne les conservez pas inutilement.

CETAVLON crème
cétrimide

PRÉSENTATION

CETAVLON : crème ; tube 80 g - Non remb.

Laboratoires Zeneca Pharma

COMPOSITION

	p. 100 g
Cétrimide	500 mg

INDICATIONS

Cette crème contient un *antiseptique* de la famille des *ammoniums quaternaires*.

Elle est utilisée pour désinfecter les plaies et dans le *traitement d'appoint* des lésions infectées de la peau.

CONTRE-INDICATIONS

Ce médicament ne doit pas être utilisé dans les cas suivants :
- *allergie* aux *antiseptiques* de la famille des *ammoniums quaternaires*,
- sur les *muqueuses* génitales.

ATTENTION
L'application sur les *muqueuses* génitales peut provoquer des rougeurs, des *ulcérations* ou des nécroses locales.

Cette crème n'est pas destinée à être utilisée sur les paupières ou les yeux.

Évitez d'utiliser ce médicament, notamment chez l'enfant, de manière prolongée et sur des surfaces étendues ou profondément lésées, sans l'avis de votre médecin. Il ne doit pas non plus être appliqué sur les lésions suintantes.

INTERACTIONS MÉDICAMENTEUSES

L'association à d'autres *antiseptiques* est déconseillée car leurs effets risquent de s'annuler.

GROSSESSE, ALLAITEMENT ET NOUVEAU-NÉ

L'effet de ce médicament pendant la grossesse ou l'allaitement est mal connu. L'évaluation du risque éventuel lié à son utilisation est individuelle : demandez conseil à votre pharmacien ou à votre médecin.

MODE D'EMPLOI ET POSOLOGIE

Étaler la crème en couche épaisse.

Posologie usuelle :

1 ou plusieurs applications par jour.

Le simple lavage à l'eau et au savon permet d'éliminer la majorité des *germes* ; il doit être suivi d'un rinçage soigneux car le savon peut inactiver certains *antiseptiques*.

Tous les antiseptiques peuvent être contaminés par des germes : ne les conservez pas inutilement.

EFFETS INDÉSIRABLES POSSIBLES

Eczéma de contact.

CÉTOGLUTARAN

di-alphacétoglutarate de calcium

PRÉSENTATION

CÉTOGLUTARAN : poudre orale effervescente arôme orange ; boîte de 20 sachets (2 compartiments) - Non remb.

Laboratoires Soekami Lefrancq

COMPOSITION

	p. sachet
Di-alphacétoglutarate de calcium	2 g
Sodium	225 mg
Saccharose	3,30 g

INDICATIONS

Ce médicament est un *psychostimulant*. Il contient un *acide aminé*.

Il est utilisé dans le traitement de certaines fatigues (*asthénies fonctionnelles*).

ATTENTION

Ce médicament contient du *sel* (sodium), et du *sucre* (saccharose) en quantité notable.

GROSSESSE, ALLAITEMENT ET NOUVEAU-NÉ

Grossesse :

L'effet de ce médicament sur l'enfant à naître est mal connu. Par mesure de prudence, son usage est contre-indiqué pendant la grossesse.

Allaitement :

En l'absence de données sur son passage dans le lait maternel, ce médicament est contre-indiqué pendant l'allaitement.

MODE D'EMPLOI ET POSOLOGIE

Le contenu des 2 compartiments du sachet doit être dilué dans un verre d'eau.

Posologie usuelle :

1 sachet, matin et midi au moment du repas.

CHARBON DE BELLOC

charbon activé

PRÉSENTATION

CHARBON DE BELLOC : pastille (noir) ; boîte de 34 - Non remb.

CHARBON DE BELLOC : poudre orale ; boîte de 210 g - Non remb.

Laboratoires Chefaro-Ardeval

COMPOSITION

	p. past.	p. 100 g
Charbon végétal activé	0,90 g	75 g
Saccharose	0,3 g	

INDICATIONS

C'est un médicament qui contient du charbon activé. Il facilite la digestion en fixant les toxines et les gaz présents dans le tube digestif.

Il est utilisé essentiellement dans le *traitement symptomatique* des maladies *fonctionnelles* du côlon avec diarrhées et ballonnements.

ATTENTION

Si les troubles persistent, consultez votre médecin.

INTERACTIONS MÉDICAMENTEUSES

Du fait des propriétés adsorbantes du charbon, ce médicament peut interagir avec d'autres en diminuant leur absorption : il convient de séparer les prises d'au moins 2 heures.

GROSSESSE, ALLAITEMENT ET NOUVEAU-NÉ

Grossesse :

Ce médicament peut être utilisé chez la femme enceinte.

MODE D'EMPLOI ET POSOLOGIE

La poudre doit être délayée dans un peu d'eau.

Posologie usuelle :

1 à 2 cuillères à soupe, 3 fois par jour ou 1 à 4 pastilles, 3 fois par jour.

EFFETS INDÉSIRABLES POSSIBLES

Selles de coloration noire.

CHARLIEU ANTI-POUX

perméthrine, butoxyde de pipéronyle

PRÉSENTATION

CHARLIEU ANTI-POUX : shampooing ; flacon 125 ml - Non remb.

CHARLIEU ANTI-POUX : shampooing ; flacon 150 ml - Non remb.

Laboratoires Mayoly-Spindler

COMPOSITION

	p. 100 ml
Perméthrine	192 mg
Butoxyde de pipéronyle	768 mg

INDICATIONS

Ce médicament contient des substances actives sur les poux.

Il est utilisé pour détruire les poux et leurs œufs (lentes).

ATTENTION

Évitez l'emploi de ce médicament chez l'enfant de moins de 30 mois.

Rincez abondamment en cas de contact accidentel avec les yeux ou les *muqueuses*.

GROSSESSE, ALLAITEMENT ET NOUVEAU-NÉ

L'effet de ce médicament pendant la grossesse ou l'allaitement est mal connu. L'évaluation du risque éventuel lié à son utilisation est individuelle : demandez conseil à votre pharmacien ou à votre médecin.

MODE D'EMPLOI ET POSOLOGIE

Frictionner les cheveux mouillés avec le shampooing pendant plusieurs minutes. Laisser agir pendant 5 minutes, rincer abondamment à l'eau tiède. Appliquer le shampooing une seconde fois, puis démêler les cheveux au peigne fin.

Posologie usuelle :

1 double lavage, à renouveler le lendemain.

Pour éviter les récidives, il est nécessaire que l'entourage suive le même traitement.

Les chapeaux, bonnets, écharpes doivent être désinfectés.

Les lentes fixées à plus de 2 cm du cuir chevelu sont généralement mortes, et leur présence ne signifie pas que le traitement a échoué. Leur élimination peut être facilitée en démêlant les cheveux avec un peigne trempé dans de l'eau vinaigrée.

EFFETS INDÉSIRABLES POSSIBLES

Irritation, rougeur en cas de contact avec les *muqueuses*.

Ne conseillez pas vos médicaments à une autre personne

CHÉNODEX

acide chénodésoxycholique

PRÉSENTATION

CHÉNODEX : comprimé sécable (blanc) ; boîte de 30 - Remb. 65 % - Liste I

Laboratoires Houdé

COMPOSITION

	p. comp.
Acide chénodésoxycholique	250 mg

INDICATIONS

C'est un médicament qui appartient à la famille des dissolvants des calculs de la vésicule biliaire. Il contient une substance qui se trouve normalement dans la bile.

Il est utilisé pour dissoudre les calculs biliaires formés de *cholestérol*.

CONTRE-INDICATIONS

Ce médicament ne doit pas être utilisé dans les cas suivants :
- maladies du foie,
- inflammation aiguë des *voies biliaires*,
- maladies du côlon,
- grossesse.

ATTENTION

L'action de ce médicament est lente. La taille du calcul peut être surveillée par *échographie*.

Ce médicament peut augmenter les *transaminases* en début de traitement.

INTERACTIONS MÉDICAMENTEUSES

Ce médicament peut interagir avec d'autres médicaments, notamment ceux contenant de la colestyramine (QUESTRAN) : signalez tout autre traitement en cours à votre médecin ou à votre pharmacien.

GROSSESSE, ALLAITEMENT ET NOUVEAU-NÉ

Ce médicament est contre-indiqué pendant toute la durée de la grossesse : une contraception est obligatoire pendant le traitement.

MODE D'EMPLOI ET POSOLOGIE

Ce médicament doit être pris pendant les repas.

Posologie usuelle :

1 comprimé, 3 fois par jour. La prise du soir peut être portée à 2 comprimés. Le traitement dure habituellement de 9 à 18 mois et peut être poursuivi plus longtemps si le calcul est très volumineux.

EFFETS INDÉSIRABLES POSSIBLES

Fréquemment : diarrhée, le plus souvent passagère, en début de traitement ; il est nécessaire de réduire la *posologie* si la diarrhée ne disparaît pas rapidement.

CHIBRO-BORALINE

synéphrine, acide borique, borax

PRÉSENTATION

CHIBRO-BORALINE : collyre ; flacon 10 ml - Remb. 65 %

Laboratoires M.S.D.-Chibret

COMPOSITION

	p. fl.
Synéphrine tartrate	50 mg
Acide borique	100 mg
Borax	25 mg

INDICATIONS

C'est un collyre décongestionnant qui contient un *vasoconstricteur* et un *antiseptique*.

Il est utilisé pour traiter les *conjonctivites* non infectieuses, notamment les irritations dues à des corps étrangers, à des gaz irritants, à des poussières ou à une lumière excessive.

CONTRE-INDICATIONS

Ce médicament ne doit pas être utilisé en cas de *glaucome* à angle fermé.

ATTENTION

Ne pas utiliser ce collyre sans avis médical chez l'enfant de moins de 3 ans.

Une rougeur ou une douleur de l'œil ne correspondent pas toujours à une *conjonctivite*. Des soins urgents peuvent être nécessaires, notamment en cas de vision floue.

Ce collyre peut provoquer un *glaucome* aigu par fermeture de l'angle chez les personnes prédisposées : œil rouge, dur, douloureux, et flou de la vision. Une consultation d'urgence dans un service spécialisé est alors nécessaire.

Du fait de la présence d'un *vasoconstricteur*, les instillations répétées doivent être évitées chez les personnes souffrant d'*angine de poitrine* ou d'*hypertension artérielle*.

Des instillations répétées peuvent provoquer une sensibilité anormale à la lumière, gênante en cas de conduite automobile.

INTERACTIONS MÉDICAMENTEUSES

Ce médicament peut interagir avec d'autres médicaments, notamment les *antidépresseurs* de la famille des *IMAO* non sélectifs (MARSILID, NIAMIDE...). Signalez tout autre traitement en cours à votre médecin ou à votre pharmacien.

GROSSESSE, ALLAITEMENT ET NOUVEAU-NÉ

L'effet de ce médicament pendant la grossesse ou l'allaitement est mal connu. L'évaluation du risque éventuel lié à son utilisation est individuelle : demandez conseil à votre pharmacien ou à votre médecin.

MODE D'EMPLOI ET POSOLOGIE

Tirer la paupière inférieure vers le bas tout en regardant vers le haut et déposer les gouttes de collyre entre la paupière et le globe oculaire (*cul-de-sac conjonctival*).

Posologie usuelle :

1 ou 2 gouttes, 2 à 6 fois par jour.

Les lentilles de contact ne doivent pas être portées en cas d'irritation oculaire ni réutilisées avant l'arrêt complet du traitement.

L'application correcte du produit peut nécessiter une aide, notamment chez l'enfant ou la personne handicapée ou âgée.

Ne conservez pas ce collyre plus de 15 jours après une première utilisation.

EFFETS INDÉSIRABLES POSSIBLES

Glaucome aigu par fermeture de l'angle (voir ATTENTION).

Sensibilité excessive à la lumière due à une dilatation de la pupille.

CHIBRO-CADRON collyre

dexaméthasone, néomycine

PRÉSENTATION

CHIBRO-CADRON : collyre ; flacon compte-gouttes 5 ml - Remb. 65 % - Liste I

Laboratoires M.S.D.-Chibret

COMPOSITION

	p. 100 ml
Dexaméthasone phosphate	100 mg
Néomycine	350 000 UI

INDICATIONS

Ce collyre contient un *corticoïde* et un *antibiotique* de la famille des *aminosides*.

Il est utilisé dans le traitement des *conjonctivites* allergiques et de certaines maladies inflammatoires de l'œil.

CONTRE-INDICATIONS

Ce médicament ne doit pas être utilisé dans les cas suivants :
- *allergie* aux *antibiotiques* de la famille des *aminosides* ;
- *kératite* virale à son début, *mycose* de l'œil ;
- *tuberculose* oculaire ;
- *antécédent* personnel ou familial de *glaucome*.

ATTENTION

Certaines contre-indications ne peuvent être détectées que par un ophtalmologiste : ne réutilisez pas ce médicament sans avis médical.

En l'absence d'amélioration après quelques jours de traitement, n'hésitez pas à consulter votre médecin.

Ce médicament ne doit pas être utilisé chez le *nourrisson*.

INTERACTIONS MÉDICAMENTEUSES

Ce collyre peut interagir avec d'autres collyres : respectez un intervalle de 15 minutes entre deux instillations.

GROSSESSE, ALLAITEMENT ET NOUVEAU-NÉ

L'effet de ce médicament pendant la grossesse ou l'allaitement est mal connu : seul votre médecin peut évaluer le risque éventuel de son utilisation dans votre cas.

MODE D'EMPLOI ET POSOLOGIE

Tirer la paupière inférieure vers le bas tout en regardant vers le haut et déposer une goutte de collyre entre la paupière et le globe oculaire (*cul-de-sac conjonctival*).

Posologie usuelle :

1 goutte, 3 à 6 fois par jour, pendant 7 jours.

Dans les cas d'affections aiguës, les instillations peuvent être plus fréquentes.

> Le port de lentilles de contact doit être immédiatement interrompu en cas d'infection oculaire et les lentilles ne doivent pas être réutilisées avant guérison complète.
> L'application correcte du produit peut nécessiter une aide, notamment chez une personne handicapée ou âgée.
> Ne conservez pas ce collyre plus de 15 jours après une première utilisation.

EFFETS INDÉSIRABLES POSSIBLES

Irritation ou réaction allergique locales.

En cas d'utilisation prolongée : *cataracte*, augmentation de la *tension intraoculaire* (*glaucome*), *kératite* superficielle.

CHIBRO-CADRON nasal

dexaméthasone, néomycine

PRÉSENTATION

CHIBRO-CADRON : solution nasale ; flacon pulvérisateur 5 ml et embout nasal - Remb. 35 % - Liste I

Laboratoires M.S.D.-Chibret

COMPOSITION

	p. 100 ml
Dexaméthasone phosphate sodique	100 mg
Néomycine sulfate	350 000 UI

INDICATIONS

Cette solution nasale contient un *anti-inflammatoire* de la famille des *corticoïdes* et un *antibiotique* de la famille des *aminosides*.

Elle est utilisée dans le *traitement d'appoint* des *rhinites* ou des *rhino-pharyngites*.

CONTRE-INDICATIONS

Ce médicament ne doit pas être utilisé dans les cas suivants :
- *allergie* aux *antibiotiques* de la famille des *aminosides*,
- certaines infections virales (*herpès*...),
- saignement de nez.

> **ATTENTION**
> Ce médicament vous a été prescrit personnellement dans une situation précise : ne le réutilisez pas sans avis médical.

GROSSESSE, ALLAITEMENT ET NOUVEAU-NÉ

L'effet de ce médicament pendant la grossesse ou l'allaitement est mal connu : seul votre médecin peut évaluer le risque éventuel de son utilisation dans votre cas.

MODE D'EMPLOI ET POSOLOGIE

Après un mouchage soigneux, ce médicament doit être pulvérisé au cours d'une brève inspiration, en tenant le flacon verticalement.

Posologie usuelle :

1 ou 2 pulvérisations dans chaque narine, 2 à 4 fois par jour.

La durée du traitement ne doit pas dépasser 10 jours.

> Ce médicament ne doit pas être conservé plus de 15 jours après ouverture du flacon.

EFFETS INDÉSIRABLES POSSIBLES

Irritation ou réaction allergique locale.

CHIBRO-PILOCARPINE

pilocarpine

PRÉSENTATION

CHIBRO-PILOCARPINE 1 % : collyre ; flacon de *lyophilisat* et flacon de solvant 10 ml - Remb. 65 %

CHIBRO-PILOCARPINE 2 % : collyre ; flacon de *lyophilisat* et flacon de solvant 10 ml - Remb. 65 %

Laboratoires M.S.D.-Chibret

COMPOSITION

	p. 100 ml	p. 100 ml
Pilocarpine nitrate	1 g	2 g
Benzalkonium chlorure	+	+

INDICATIONS

Ce collyre a la propriété de contracter la pupille et de diminuer la pression des liquides contenus dans l'œil (*tension intraoculaire*).

Il est utilisé dans le traitement du *glaucome* à angle ouvert (glaucome chronique) et dans les crises de glaucome par fermeture de l'angle.

CONTRE-INDICATIONS

Ce médicament ne doit pas être utilisé en cas d'iridocyclite (maladie inflammatoire de l'iris).

> **ATTENTION**
> Certaines contre-indications ne peuvent être détectées que par un ophtalmologiste : ne réutilisez pas ce médicament sans avis médical.
> Des précautions sont nécessaires en cas de myopie ou d'*allergie* aux *antiseptiques* de la famille des *ammoniums quaternaires* (présence de benzalkonium).
> Conducteur : l'instillation de ce collyre peut provoquer une gêne visuelle transitoire.

INTERACTIONS MÉDICAMENTEUSES

Ce collyre peut interagir avec d'autres collyres : respectez un intervalle de 15 minutes entre deux instillations, sauf indication contraire de votre ophtalmologiste.

GROSSESSE, ALLAITEMENT ET NOUVEAU-NÉ

L'effet de ce médicament pendant la grossesse ou l'allaitement est mal connu : seul votre médecin peut évaluer le risque éventuel de son utilisation dans votre cas.

MODE D'EMPLOI ET POSOLOGIE

Tirer la paupière inférieure vers le bas tout en regardant vers le haut et déposer une goutte de collyre entre la paupière et le globe oculaire (*cul-de-sac conjonctival*).

Posologie usuelle :

Elle est fixée par l'ophtalmologiste en fonction de la *tension intraoculaire*.

> L'application correcte du produit peut nécessiter une aide, notamment chez une personne handicapée ou âgée.
> Ne conservez pas ce collyre plus de 15 jours après une première utilisation.

EFFETS INDÉSIRABLES POSSIBLES

Rétrécissement de la pupille, troubles de la vision, larmoiement.

CHIBRO-PROSCAR

finastéride

PRÉSENTATION

CHIBRO-PROSCAR : comprimé (bleu) ; boîte de 28 - Remb. 35 % - Liste I

Laboratoires M.S.D.-Chibret

COMPOSITION

	p. comp.
Finastéride	5 mg

INDICATIONS

Ce médicament lutte contre la stimulation du développement de la prostate due à l'*hormone* mâle.

Il est utilisé dans le traitement des troubles urinaires liés à un *adénome de la prostate*.

> **ATTENTION**
> Ce médicament ne peut guérir un *adénome de la prostate* ; en cas de blocage progressif ou brutal des urines, consultez d'urgence votre médecin.

MODE D'EMPLOI ET POSOLOGIE

Ce médicament doit être pris avec de l'eau.

Posologie usuelle :

1 comprimé par jour.

> Conserver ce médicament à l'abri de la lumière.

EFFETS INDÉSIRABLES POSSIBLES

Troubles sexuels.

CHIBROXINE

norfloxacine

PRÉSENTATION

CHIBROXINE : collyre ; flacon 5 ml - Remb. 65 % - Liste I

Laboratoires M.S.D.-Chibret

COMPOSITION

	p. fl.
Norfloxacine	15 mg

INDICATIONS

Ce collyre contient un *antibiotique* de la famille des quinolones.

Il est utilisé pour traiter les infections de l'œil.

CONTRE-INDICATIONS

Ce médicament ne doit pas être utilisé en cas d'*allergie* aux *antibiotiques* de la famille des quinolones.

> **ATTENTION**
> Une rougeur ou une douleur de l'œil ne correspondent pas toujours à une infection. Des soins urgents peuvent être nécessaires, notamment en cas de vision floue. N'utilisez pas ce médicament sans avis médical.
> Le collyre peut être contaminé par l'œil infecté : évitez de mettre en contact l'extrémité du flacon avec l'œil ; ne conservez pas ce médicament plus de 15 jours après une première utilisation.

GROSSESSE, ALLAITEMENT ET NOUVEAU-NÉ

L'effet de ce médicament pendant la grossesse ou l'allaitement est mal connu : seul votre médecin peut évaluer le risque éventuel de son utilisation dans votre cas.

MODE D'EMPLOI ET POSOLOGIE

Tirer la paupière inférieure vers le bas tout en regardant vers le haut. Déposer les gouttes de collyre entre la paupière et le globe oculaire (*cul-de-sac conjonctival*).

Posologie usuelle :

1 ou 2 gouttes, 4 à 6 fois par jour.

> Une application correcte du produit peut nécessiter une aide, notamment chez l'enfant ou la personne handicapée ou âgée.
> Les lentilles de contact ne doivent pas être portées en cas d'infection oculaire ni réutilisées avant guérison complète.

EFFETS INDÉSIRABLES POSSIBLES

Irritation ou réaction allergique locale.

Plus rarement : sensibilité excessive à la lumière, goût amer dans la bouche.

CHLORAMMONIC

chlorure d'ammonium

PRÉSENTATION

CHLORAMMONIC : comprimé (marron) ; boîte de 50 - Remb. 35 %

Laboratoires Promedica

COMPOSITION

	p. comp.
Chlorure d'ammonium	500 mg
Gluten	+

INDICATIONS

Ce médicament est un acidifiant. Il possède également des propriétés diurétiques.

Il est utilisé lorsque l'on cherche à acidifier le sang ou les urines, notamment dans le traitement de certaines infections ou *lithiases* urinaires.

CONTRE-INDICATIONS

Ce médicament ne doit pas être utilisé dans les cas suivants :

- excès d'acidité dans le sang,
- *insuffisance hépatique* grave,
- *insuffisance rénale* grave,
- calculs d'*acide urique*.

> **ATTENTION**
> Ce médicament contient du *gluten*.

GROSSESSE, ALLAITEMENT ET NOUVEAU-NÉ

L'effet de ce médicament pendant la grossesse ou l'allaitement est mal connu. L'évaluation du risque éventuel lié à son utilisation est individuelle : demandez conseil à votre pharmacien ou à votre médecin.

MODE D'EMPLOI ET POSOLOGIE

Ce médicament doit être pris avec un peu d'eau au moment des repas.

Posologie usuelle :

- Adulte : 6 à 12 comprimés par jour.
- Enfant : 1 à 6 comprimés par jour.

CHLORIDIA

PRÉSENTATION

CHLORIDIA : solution buvable ; flacon 150 ml - Non remb.

Laboratoires Aérocid

COMPOSITION

	p. c. à c.
Acide chlorhydrique	75 mg
Pepsine	8 mg
Amyléine chlorhydrate	3 mg
Chloroforme anesthésique	35 mg

INDICATIONS

C'est un acidifiant de l'estomac. Il contient de l'acide chlorhydrique et une *enzyme* digestive. Il vise à compenser le manque d'acide chlorhydrique dans le suc gastrique.

CONTRE-INDICATIONS

Ce médicament ne doit pas être utilisé dans les *ulcères* de l'estomac ou du *duodénum*.

> **ATTENTION**
> Ce médicament contient une faible quantité de chloroforme, toxique pour le foie : il ne doit pas être utilisé de façon prolongée.

GROSSESSE, ALLAITEMENT ET NOUVEAU-NÉ

L'effet de ce médicament pendant la grossesse ou l'allaitement est mal connu. L'évaluation du risque éventuel lié à son utilisation est individuelle : demandez conseil à votre pharmacien ou à votre médecin.

MODE D'EMPLOI ET POSOLOGIE

Ce médicament peut être pris dans un peu d'eau sucrée ou un jus de fruit, au cours de chacun des trois repas.

Posologie usuelle :

- Adulte : 1 cuillère à café, 3 fois par jour.
- Enfant à partir de 7 ans : 1/2 cuillère à café, 3 fois par jour.

EFFETS INDÉSIRABLES POSSIBLES

Certains signes doivent faire penser à un surdosage : nausées, vomissements, hyperacidité, ralentissement de la respiration.

CHLORO-MAGNÉSION

magnésium, calcium

PRÉSENTATION

CHLORO-MAGNÉSION : solution buvable arôme citron ; flacon 50 ml (20 gouttes = 1 ml) - Non remb.

Laboratoires P.P.D.H.

COMPOSITION

	p. 20 gtes
Magnésium chlorure	336,6 mg
Soit magnésium	85,6 mg
Calcium chlorure	71 mg
Soit calcium	25,6 mg

INDICATIONS

Ce médicament contient du magnésium et du calcium, éléments minéraux indispensables au *métabolisme*.

Il est utilisé dans le traitement des *carences* en magnésium, notamment celles qui sont liées à la prise de *diurétiques*. Il peut être également utilisé dans le *traitement symptomatique* de la *spasmophilie*.

CONTRE-INDICATIONS

Ce médicament ne doit pas être utilisé en cas d'*insuffisance rénale* grave.

INTERACTIONS MÉDICAMENTEUSES

Ce médicament peut interagir avec d'autres médicaments en diminuant leur absorption digestive : signalez tout autre traitement en cours à votre médecin ou à votre pharmacien.

GROSSESSE, ALLAITEMENT ET NOUVEAU-NÉ

Ce médicament ne contient aucune substance connue pour être toxique chez la femme enceinte ou qui allaite.

MODE D'EMPLOI ET POSOLOGIE

Ce médicament doit être pris de préférence au moment des repas et en plusieurs prises réparties dans la journée.

Posologie usuelle :

- *carence* en magnésium :
  - Adulte : 30 gouttes de solution, 3 fois par jour.
  - Enfant : 2 à 6 gouttes de solution par kg et par jour.

- *spasmophilie* :
  - Adulte : 20 à 30 gouttes de solution, 3 fois par jour.

EFFETS INDÉSIRABLES POSSIBLES

Diarrhée, douleurs abdominales.

CHLOROPHYLLINE

PRÉSENTATION

CHLOROPHYLLINE : comprimé (vert) ; boîte de 60 - Non remb.

Laboratoires SmithKline Beecham

COMPOSITION

	p. comp.
Chlorophylline	15 mg
Menthe, essence	+

INDICATIONS

Ce médicament contient un dérivé de la chlorophylle.

Il est utilisé pour masquer la mauvaise haleine et l'odeur désagréable de la transpiration.

GROSSESSE, ALLAITEMENT ET NOUVEAU-NÉ

Ce médicament ne contient que des substances présumées sans danger pendant la grossesse ou l'allaitement. Néanmoins, ne l'utilisez pas de façon prolongée sans l'avis de votre pharmacien ou de votre médecin.

MODE D'EMPLOI ET POSOLOGIE

Les comprimés sont pris de préférence au cours des repas. Ils doivent être avalés sans être croqués ni sucés.

Posologie usuelle :

2 ou 3 comprimés, matin et soir.

> Une bonne hygiène bucco-dentaire et une alimentation équilibrée permettent souvent de remédier à la mauvaise haleine.

CHLORUMAGÈNE

hydroxyde de magnésium

PRÉSENTATION

CHLORUMAGÈNE : poudre orale ; boîte de 100 g - Non remb.

Laboratoires Thépénier

COMPOSITION

	p. boîte
Magnésium hydroxyde	100 g

INDICATIONS

C'est un *laxatif stimulant*. Il augmente les sécrétions et la motricité de l'intestin.

Ce médicament est utilisé comme *traitement symptomatique* de la constipation.

CONTRE-INDICATIONS

Ce médicament ne doit pas être utilisé dans les cas suivants :
- *insuffisance rénale* grave ;
- maladies inflammatoires du côlon ;
- constipation ou douleur abdominale due à une obstruction du tube digestif : rétrécissement intestinal, *fécalome* (bouchon de selles) ;
- enfant de moins de 12 ans, sauf prescription médicale.

> **ATTENTION**
>
> Ce médicament doit être utilisé de façon épisodique et en cure très brève : pas plus de 8 à 10 jours.
>
> Son usage régulier peut entraîner :
> - une *dépendance* ;
> - des troubles intestinaux graves ;
> - une perte de sels minéraux et notamment de *potassium*, pouvant entraîner des *troubles du rythme cardiaque* graves.
>
> Arrêter le traitement en cas de diarrhée ou de douleurs abdominales.

INTERACTIONS MÉDICAMENTEUSES

Ce médicament peut interagir avec d'autres médicaments, notamment certains *antiarythmiques* et ceux contenant de la *vincamine*. Signalez tout autre traitement en cours à votre médecin ou à votre pharmacien.

GROSSESSE, ALLAITEMENT ET NOUVEAU-NÉ

Ce médicament est déconseillé pendant la grossesse ou l'allaitement.

MODE D'EMPLOI ET POSOLOGIE

Ce médicament doit être dilué dans un verre d'eau.

L'effet ne peut être obtenu qu'après 6 à 8 heures.

Posologie usuelle :
- Adulte et enfant de plus de 12 ans : 1 cuillère à café le soir au coucher ou le matin à jeun.

> Des mesures simples d'hygiène alimentaire et des exercices physiques sont à envisager avant d'utiliser un laxatif : parlez-en à votre médecin ou à votre pharmacien.

EFFETS INDÉSIRABLES POSSIBLES

Diarrhée, douleurs abdominales.

CHLORURE DE BENZALKONIUM THÉRAMEX

chlorure de benzalkonium

PRÉSENTATION

CHLORURE DE BENZALKONIUM THÉRAMEX : ovule ; boîte de 20 - Non remb.

Laboratoires Théramex

COMPOSITION

	p. ovule
Benzalkonium chlorure	18,9 mg

INDICATIONS

Ce médicament contient un *antiseptique* de la famille des *ammoniums quaternaires*, qui a la propriété de détruire les spermatozoïdes.

Il est utilisé comme *contraceptif* local.

CONTRE-INDICATIONS

Ce médicament ne doit pas être utilisé en cas d'*allergie* aux *antiseptiques* de la famille des *ammoniums quaternaires*.

> **ATTENTION**
>
> L'efficacité de cette contraception n'étant pas absolue, il est d'autant plus important d'en respecter les règles d'utilisation.
>
> En cas de traitement vaginal par d'autres produits locaux, il est préférable d'attendre la fin du traitement avant d'utiliser cette contraception.
>
> Ces ovules contenant une substance pouvant être irritante, ils ne doivent pas être utilisés en cas de plaie ou d'*ulcération* génitale (*herpès*...).
>
> L'*antiseptique* contenu dans cet ovule est actif sur le *virus* du sida, mais ce mode de contraception ne constitue en aucun cas une protection suffisante contre cette maladie.

INTERACTIONS MÉDICAMENTEUSES

L'association à d'autres *antiseptiques* ou à des savons diminue l'efficacité de l'ovule : entre le moment de son introduction et les rapports sexuels, n'utilisez que de l'eau pure pour votre toilette intime.

GROSSESSE, ALLAITEMENT ET NOUVEAU-NÉ

Grossesse :

Lors de grossesses survenues malgré l'utilisation de ce spermicide, aucune anomalie de l'enfant à naître n'a été constatée.

Allaitement :

Ce médicament ne passe pas dans le lait maternel.

MODE D'EMPLOI ET POSOLOGIE

La dissolution complète de l'ovule est indispensable : placer l'ovule au fond du vagin au moins 5 minutes avant les rapports sexuels.

L'effet contraceptif dure 4 heures, mais par précaution il est nécessaire d'utiliser un nouvel ovule avant chaque rapport sexuel.

> Introduire l'ovule en position couchée afin de le placer correctement au fond du vagin. Après des rapports sexuels, une toilette externe est possible mais attendez au moins 2 heures avant une douche vaginale.

CHLORURE DE SODIUM 0,9 % FAURE

PRÉSENTATION

CHLORURE DE SODIUM 0,9 % FAURE : solution pour irrigation ; boîte de 24 flacons unidoses 10 ml - Non remb.

Laboratoires Faure

COMPOSITION

	p. 10 ml
Chlorure de sodium	90 mg

INDICATIONS

Cette solution est du *sérum physiologique* (eau salée à 9 g par litre), stérile non injectable.

Elle est utilisée pour le lavage du nez, des oreilles ou des yeux.

GROSSESSE, ALLAITEMENT ET NOUVEAU-NÉ

Ce médicament est couramment utilisé au cours de la grossesse ou chez la femme qui allaite.

MODE D'EMPLOI ET POSOLOGIE

Pour plus de confort, la solution peut être réchauffée dans la main avant utilisation.

Posologie usuelle :

Plusieurs lavages par jour.

Chez le *nourrisson*, n'exercez pas une pression trop forte sur le flacon : quelques gouttes suffisent pour réaliser une *irrigation nasale*.

> Chaque flacon entamé doit être jeté après utilisation.
>
> Pour lutter contre l'obstruction nasale chez le jeune enfant, veillez à assurer une bonne humidification de l'air ambiant.

CHOLÉODORON

chélidoine, curcuma

PRÉSENTATION

CHOLÉODORON : solution buvable ; flacon compte-gouttes 30 ml - Non remb.

Laboratoires Weleda

COMPOSITION

	p. 100 ml
Chélidoine	2,5 g
Curcuma	2,5 g
Alcool	+

INDICATIONS

Ce médicament est une association de plantes qui agit en augmentant la production de bile et en facilitant son passage vers le tube digestif.

Il est utilisé dans le *traitement symptomatique* des *troubles digestifs*.

> **ATTENTION**
>
> Des précautions sont nécessaires en cas de maladie grave du foie et d'obstruction des *voies biliaires*.

GROSSESSE, ALLAITEMENT ET NOUVEAU-NÉ

Ce médicament ne contient que des plantes présumées sans danger pendant la grossesse ou l'allaitement. Néanmoins, ne l'utilisez pas de façon prolongée sans l'avis de votre pharmacien ou de votre médecin.

MODE D'EMPLOI ET POSOLOGIE

Ce médicament doit être pris de préférence dans un liquide chaud après les repas.

Posologie usuelle :

5 à 15 gouttes, 2 à 4 fois par jour.

> Ce traitement ne dispense pas d'une alimentation appropriée : parlez-en à votre médecin ou à votre pharmacien.

CHONDROSULF

chondroïtine sulfate

PRÉSENTATION

CHONDROSULF 400 mg : granulé ; boîte de 84 sachets - Remb. 35 %

CHONDROSULF 400 mg : gélule ; boîte de 84 - Remb. 35 %

Laboratoires Génévrier

COMPOSITION

	p. sachet	p. gél.
Chondroïtine sulfate	400 mg	400 mg

INDICATIONS

Ce médicament contient une substance naturelle présente notamment dans le cartilage et l'os.

Il est utilisé dans le *traitement symptomatique* de l'*arthrose* du genou ou de la hanche.

CONTRE-INDICATIONS

Ce médicament ne doit pas être utilisé dans les cas suivants :

- **grossesse,**
- **allaitement.**

> **ATTENTION**
>
> L'effet *antalgique* de ce médicament est différé : il apparaît environ 2 mois plus tard.

GROSSESSE, ALLAITEMENT ET NOUVEAU-NÉ

Ce médicament est récent : par mesure de prudence, il est contre-indiqué pendant la grossesse et l'allaitement.

MODE D'EMPLOI ET POSOLOGIE

Ce médicament doit être pris au moment des repas.

Posologie usuelle :

1 sachet ou 1 gélule, 3 fois par jour.

EFFETS INDÉSIRABLES POSSIBLES

Allergie cutanée.

Rarement : nausées, vomissements.

CHOPHYTOL

Cynara scolymus

PRÉSENTATION

CHOPHYTOL : comprimé (marron) ; boîte de 60 - Remb. 35 %

CHOPHYTOL : comprimé (marron) ; boîte de 180 - Remb. 35 %

CHOPHYTOL : solution buvable ; boîte de 120 ml (1 ml = 25 gouttes) - Remb. 35 %

CHOPHYTOL : solution injectable ; boîte de 12 ampoules 5 ml - Remb. 35 %

Laboratoires Rosa-Phytopharma

COMPOSITION

	p. comp.	p. 25 gtes	p. amp. inj.
Cynara scolymus, extrait sec	200 mg	200 mg	100 mg

INDICATIONS

Ce médicament contient un extrait de plante qui agit en augmentant la production de bile.

Il est utilisé dans le *traitement symptomatique* des digestions difficiles.

> **ATTENTION**
>
> Si vous souffrez d'obstruction des *voies biliaires* et d'*insuffisance hépatique* grave, parlez-en à votre médecin ou à votre pharmacien.

GROSSESSE, ALLAITEMENT ET NOUVEAU-NÉ

Ce médicament ne contient aucune substance connue pour être toxique pendant la grossesse ou l'allaitement.

MODE D'EMPLOI ET POSOLOGIE

La solution buvable doit être diluée dans un peu de liquide.

Les formes orales sont prises avant les repas.

La solution injectable est administrée par *voie* intramusculaire.

Posologie usuelle :

- Adulte :
  - formes orales : 1/2 ou 1 cuillère à café de solution buvable, ou 2 ou 3 comprimés 3 fois par jour, 10 à 20 jours par mois.
  - solution injectable : 1 ou 2 ampoules par jour pendant 15 jours.
- Enfant : la posologie doit être adaptée.

CHROMARGON

oxyquinol, acriflavine, chlorure de magnésium

PRÉSENTATION

CHROMARGON : solution aqueuse pour application locale ; flacon 125 ml - Remb. 65 %

Laboratoires Richard

COMPOSITION

	p. 100 g
Oxyquinol	0,10 g
Acriflavine	0,15 g
Chlorure de magnésium	0,95 g

INDICATIONS

Ce médicament est un *antiseptique* local.

Il est utilisé pour désinfecter les plaies et les lésions de la peau et des *muqueuses* pouvant s'infecter.

INTERACTIONS MÉDICAMENTEUSES

L'association de ce médicament à d'autres *antiseptiques* est déconseillée car leurs effets risquent de s'annuler.

GROSSESSE, ALLAITEMENT ET NOUVEAU-NÉ

Ce médicament peut être utilisé pendant la grossesse ou l'allaitement.

MODE D'EMPLOI ET POSOLOGIE

La solution s'emploie pure ou diluée au 1/10 (soit 1 volume de solution pour 9 volumes d'eau). Elle s'applique à l'aide d'un morceau de coton ou d'une compresse.

> Les taches jaunes provoquées par ce produit coloré ne disparaissent au lavage qu'avec de l'eau de Javel : il est préférable de porter du coton blanc pendant le traitement.
>
> Tous les *antiseptiques* peuvent être contaminés par des *germes* : ne les conservez pas inutilement.

EFFETS INDÉSIRABLES POSSIBLES

Irritation locale, *allergie* cutanée.

CHRONADALATE

nifédipine

PRÉSENTATION

CHRONADALATE L.P. 30 mg : comprimé à *libération prolongée* ; boîte de 30 - Remb. 65 % - Liste I

Laboratoires Bayer Pharma

COMPOSITION

	p. comp. L.P.
Nifédipine	30 mg

INDICATIONS

Ce médicament est un *vasodilatateur* qui appartient à la famille des *inhibiteurs calciques*.

Il est utilisé dans le *traitement de fond* de l'*hypertension artérielle*.

CONTRE-INDICATIONS

Ce médicament ne doit pas être utilisé dans les cas suivants :
- obstruction du tube digestif (en raison de la taille des comprimés),
- **grossesse,**
- **allaitement.**

> **ATTENTION**
>
> Des précautions sont nécessaires en cas d'*insuffisance hépatique*.

INTERACTIONS MÉDICAMENTEUSES

Ce médicament peut interagir avec d'autres médicaments. Signalez tout autre traitement en cours à votre médecin ou à votre pharmacien.

GROSSESSE, ALLAITEMENT ET NOUVEAU-NÉ

Grossesse :

Ce médicament est contre-indiqué chez la femme enceinte ou susceptible de l'être : une contraception efficace est recommandée.

Allaitement :

Ce médicament passe dans le lait maternel : l'allaitement est contre-indiqué.

MODE D'EMPLOI ET POSOLOGIE

Les comprimés doivent être avalés avec un peu d'eau sans être croqués.

Posologie usuelle :
- Adulte : 1 comprimé le matin.

> Le traitement ne dispense pas des mesures simples pouvant faire baisser la tension artérielle : activité physique régulière, modération de la consommation de boissons alcoolisées, lutte contre le surpoids.
>
> Il est normal de retrouver le comprimé dans les selles : son contenu a été libéré dans l'intestin.
>
> Ce médicament doit être conservé à l'abri de la lumière et de l'humidité.

EFFETS INDÉSIRABLES POSSIBLES

Les plus fréquents sont la conséquence de la dilatation des vaisseaux sanguins : rougeur du visage, bouffées de chaleur, maux de tête, jambes lourdes et enflées.

Plus rarement : baisse excessive de la tension artérielle, étourdissements, fatigue, démangeaisons, gonflement des gencives.

CHRONEXAN

xipamide

PRÉSENTATION

CHRONEXAN : comprimé sécable (blanc) ; boîte de 30 - Remb. 65 % - Liste II

Laboratoires ASTA Medica

COMPOSITION

	p. comp.
Xipamide	20 mg

INDICATIONS

C'est un médicament qui appartient à la fois à la famille des *diurétiques* et à celle des *sulfamides*.

Il est utilisé dans le traitement :
- de l'*hypertension artérielle*,
- des *œdèmes* liés à une *insuffisance hépatique*, à une *insuffisance cardiaque* ou à un *syndrome néphrotique*.

CONTRE-INDICATIONS

Ce médicament ne doit pas être utilisé dans les cas suivants :
- *allergie* aux *sulfamides*,
- *insuffisance rénale* grave.

> **ATTENTION**
>
> Ce médicament peut être responsable d'une baisse de la *kaliémie* (taux de *potassium* dans le sang), qui peut être aggravée par l'usage prolongé de *laxatifs stimulants*. Un contrôle par des analyses de sang est souvent prescrit par le médecin.
>
> Chez les personnes souffrant d'une *insuffisance hépatique* grave, l'apparition de troubles de la conscience peut annoncer une complication grave : arrêtez le traitement et prenez un avis médical d'urgence.
>
> Les *diurétiques* peuvent augmenter le taux d'*acide urique* ou de *sucre* dans le sang.

INTERACTIONS MÉDICAMENTEUSES

Ce médicament peut interagir avec d'autres médicaments, notamment ceux contenant du *lithium* ou de la *vincamine*. Signalez tout autre traitement en cours à votre médecin ou à votre pharmacien.

GROSSESSE, ALLAITEMENT ET NOUVEAU-NÉ

Grossesse :

Les études scientifiques actuellement disponibles n'ont pas mis en évidence de problème particulier lors de l'utilisation de ce médicament chez la femme enceinte. Néanmoins, les *diurétiques* ne sont pas adaptés au traitement de l'*hypertension artérielle* et des *œdèmes* pendant la grossesse.

Allaitement :

En l'absence de données concernant le passage de ce médicament dans le lait maternel, l'allaitement est déconseillé.

MODE D'EMPLOI ET POSOLOGIE

Ce médicament doit être pris avec un verre d'eau.

Posologie usuelle :

Elle varie selon la nature de l'affection.

> Ce médicament augmente le volume des urines, surtout en début de traitement. Une prise le soir peut occasionner des gênes pendant la nuit.
>
> Les *diurétiques* exposent au risque de déshydratation : les personnes âgées devront boire abondamment, notamment pendant les fortes chaleurs.

EFFETS INDÉSIRABLES POSSIBLES

Baisse du taux de *potassium* dans le sang.
Allergie cutanée.

CHRONO-INDOCID

indométacine

PRÉSENTATION

CHRONO-INDOCID 75 : gélule (transparent et jaune) ; boîte de 20 - Remb. 65 % - Liste I

Laboratoires M.S.D.-Chibret

COMPOSITION

	p. gél.
Indométacine	75 mg

INDICATIONS

Ce médicament est un *anti-inflammatoire* non stéroïdien (*AINS*). Il lutte contre l'*inflammation* et la douleur, fait baisser la fièvre et fluidifie le sang.

Il est utilisé dans le *traitement symptomatique* :
- des *rhumatismes inflammatoires* ;
- des *tendinites*, des *arthroses*, des *lombalgies*.

Il est également utilisé dans le traitement de certaines fièvres et des suites de chirurgie orthopédique.

CONTRE-INDICATIONS

Ce médicament ne doit pas être utilisé dans les cas suivants :
- *allergie* aux *AINS*, y compris l'aspirine ;
- *ulcère* de l'estomac ou du *duodénum* ;
- *insuffisance hépatique*, *insuffisance rénale* graves ;
- **grossesse** (3 derniers mois) ;
- **allaitement**.

ATTENTION

Ce médicament n'est pas adapté à l'enfant de moins de 15 ans.

Tout traitement prolongé ou surdosage d'*AINS* expose à des effets indésirables graves.

Des précautions sont nécessaires en cas de troubles nerveux, d'*épilepsie*, de maladie de *Parkinson*, d'*antécédents* d'*ulcère* de l'estomac ou du *duodénum*, de risque hémorragique, chez la personne âgée et chez la femme qui porte un stérilet.

Conducteur : ce médicament peut provoquer parfois des étourdissements.

INTERACTIONS MÉDICAMENTEUSES

Ce médicament peut interagir avec d'autres médicaments, notamment :
- l'aspirine et les autres *anti-inflammatoires* non stéroïdiens : risque d'accroissement des effets indésirables ;
- les *anticoagulants* et les *antiagrégants plaquettaires* (TICLID...) : augmentation du risque hémorragique ;
- le *lithium* (TÉRALITHE, NEUROLITHIUM) : augmentation du taux de lithium dans le sang.

Signalez tout autre traitement en cours à votre médecin ou à votre pharmacien.

GROSSESSE, ALLAITEMENT ET NOUVEAU-NÉ

Grossesse :

Des effets néfastes graves pour la mère et l'enfant à naître ont été mis en évidence lorsque ce médicament, comme tous les *AINS*, est utilisé au cours des 3 derniers mois de la grossesse : son usage est formellement contre-indiqué pendant cette période.

Pendant les 6 premiers mois, l'effet de ce médicament est mal connu : seul votre médecin peut évaluer le risque éventuel de son utilisation dans votre cas.

Allaitement :

Ce médicament passe dans le lait maternel : par mesure de prudence, il est contre-indiqué pendant l'allaitement.

MODE D'EMPLOI ET POSOLOGIE

Les gélules doivent être avalées, sans être ouvertes, avec un verre d'eau, de préférence au cours des repas.

Posologie usuelle :

1 gélule, le soir de préférence.

Ne dépassez pas la *posologie* ni la durée de traitement prescrites par votre médecin afin d'éviter les effets indésirables.

Ce médicament vous a été prescrit dans une situation précise : ne le conseillez pas à un proche, ne le réutilisez pas sans avis médical.

EFFETS INDÉSIRABLES POSSIBLES

Troubles digestifs : *gastrite*, diarrhée, douleurs abdominales, *ulcérations* du tube digestif.

Maux de tête, *vertiges*, bourdonnement d'oreille, somnolence ou insomnie.

Jaunisse.

Réactions allergiques cutanées (*urticaire*, démangeaisons...), *asthme*.

Troubles visuels exceptionnels en cas de traitement prolongé.

CIBACALCINE

calcitonine de synthèse

PRÉSENTATION

CIBACALCINE 0,50 mg : préparation injectable ; boîte de 5 ampoules de *lyophilisat* et 5 ampoules de solvant 1 ml - Remb. 65 % - Liste II

CIBACALCINE 0,25 mg : préparation injectable ; boîte de 5 ampoules de *lyophilisat* et 5 ampoules de solvant 1 ml - Remb. 65 % - Liste II

Laboratoires Ciba-Geigy

COMPOSITION

	p. amp. inj.	p. amp. inj.
Calcitonine de synthèse	0,50 mg	0,25 mg
Mannitol	20 mg	10 mg
Acide acétique q.s.p. pH	2,7 à 4	2,7 à 4
Mannitol à 3 %	1 ml	
Mannitol à 4 %		1 ml

INDICATIONS

Ce médicament contient une calcitonine de synthèse, identique à la calcitonine humaine. Normalement sécrétée par les glandes *parathyroïdes*, cette *hormone* a plusieurs propriétés :
- elle freine l'activité des cellules qui détruisent l'os (*ostéoclastes*),
- elle facilite la fixation du calcium sur l'os et abaisse le taux de calcium dans le sang,
- elle a une action *antalgique*.

Ce médicament est utilisé dans le traitement de la maladie de *Paget*, de l'*algodystrophie*, de certaines anomalies du *métabolisme* osseux (associées ou non à un excès de calcium dans le sang) et de l'*ostéoporose* compliquée du tassement d'une ou plusieurs vertèbres.

GROSSESSE, ALLAITEMENT ET NOUVEAU-NÉ

L'effet de ce médicament pendant la grossesse ou l'allaitement est mal connu : seul votre médecin peut évaluer le risque éventuel de son utilisation dans votre cas.

MODE D'EMPLOI ET POSOLOGIE

Ce médicament est injecté par *voie* intraveineuse, intramusculaire ou sous-cutanée.

Posologie usuelle :

Elle est individuelle et adaptée par votre médecin en fonction de la maladie en cause et de l'évolution des signes.

Compte tenu des effets indésirables possibles après l'injection de ce médicament, il est préférable de prévoir une période de repos après son administration.

EFFETS INDÉSIRABLES POSSIBLES

Troubles digestifs, bouffées de chaleur, rougeur du visage, des mains et des pieds, surtout lors des premières injections.

Exceptionnellement : réaction allergique.

CIBACÈNE

bénazépril

PRÉSENTATION

CIBACÈNE 5 : comprimé sécable ovale (jaune pâle) ; boîte de 28 - Remb. 65 % - Liste I

CIBACÈNE 10 : comprimé rond (jaune) ; boîte de 28 - Remb. 65 % - Liste I

Laboratoires Ciba-Geigy

COMPOSITION

	p. comp.	p. comp.
Bénazépril	5 mg	10 mg

INDICATIONS

Ce médicament appartient à la famille des inhibiteurs de l'*enzyme* de conversion (IEC). L'enzyme de conversion est une substance naturellement présente dans l'organisme ; elle est responsable d'une contraction des artères qui augmente la tension artérielle et fatigue le cœur.

Il est utilisé dans le traitement de l'*hypertension artérielle*.

CONTRE-INDICATIONS

Ce médicament ne doit pas être utilisé en cas de **grossesse**.

ATTENTION

Si vous suivez un traitement par *diurétique* ou un régime sans *sel*, la baisse de la tension artérielle peut être importante lors des premières prises : un malaise ou des étourdissements peuvent survenir ; il est préférable de choisir une période de repos et de prendre garde au risque de chute.

Les *sels* de régime contiennent souvent du *potassium* ; ne les utilisez pas sans avis médical pendant le traitement.

Des précautions sont nécessaires chez la personne âgée et celle atteinte d'*insuffisance rénale*.

Conducteur : ce médicament peut être responsable d'une baisse de la vigilance, particulièrement en début de traitement.

INTERACTIONS MÉDICAMENTEUSES

Ce médicament peut interagir avec d'autres médicaments, notamment avec ceux contenant du *lithium*, certains *diurétiques* et les *sels* de régime. Signalez tout autre traitement en cours à votre médecin ou à votre pharmacien.

GROSSESSE, ALLAITEMENT ET NOUVEAU-NÉ

Grossesse :

L'effet de ce médicament sur l'enfant à naître est mal connu. Quelques cas de complications ont été rapportés et son usage pendant la grossesse est contre-indiqué.

Allaitement :

Les données actuellement disponibles ne permettent pas de savoir si ce médicament passe dans le lait maternel : l'allaitement est déconseillé.

MODE D'EMPLOI ET POSOLOGIE

Ce médicament peut être pris indifféremment au cours ou en dehors des repas.

Posologie usuelle :

- Adulte : 10 mg par jour en 1 prise.

En cas d'*insuffisance rénale*, de traitement par des *diurétiques* ou de régime sans *sel*, la *posologie* initiale est faible ; elle est augmentée progressivement par le médecin en fonction des effets du médicament.

> ☛ Le traitement médicamenteux ne dispense pas des mesures simples pouvant faire baisser la tension artérielle : activité physique régulière, modération de la consommation de boissons alcoolisées, lutte contre le surpoids.

EFFETS INDÉSIRABLES POSSIBLES

Toux sèche, *vertiges*, étourdissements, fatigue, maux de tête, nausées, *hypotension orthostatique*.

Rares réactions allergiques : œdème de *Quincke*, *allergie* cutanée.

CIBADREX

bénazépril, hydrochlorothiazide

PRÉSENTATION

CIBADREX : comprimé sécable oblong (rose pâle) ; boîte de 28 - Remb. 65 % - Liste I

Laboratoires Ciba-Geigy

COMPOSITION

	p. comp.
Bénazépril chlorhydrate	10 mg
Hydrochlorothiazide	12,5 mg

INDICATIONS

Cet *antihypertenseur* contient deux substances :

- le bénazépril, un inhibiteur de l'*enzyme* de conversion. Cette enzyme est une substance naturellement présente dans l'organisme, responsable d'une contraction des artères qui augmente la tension artérielle et fatigue le cœur ;
- l'hydrochlorothiazide, un *diurétique* dont la structure chimique est proche de celle des *sulfamides*. Son action renforce celle du bénazépril.

Ce médicament est utilisé dans le traitement de l'*hypertension artérielle*.

CONTRE-INDICATIONS

Ce médicament ne doit pas être utilisé dans les cas suivants :

- *allergie* connue à l'un des constituants ou à la famille des *sulfamides*,
- *insuffisance rénale* grave,
- **grossesse.**

> **ATTENTION**
>
> Si vous suiviez auparavant un traitement par *diurétique* ou un régime sans *sel*, la baisse de la tension artérielle peut être importante lors des premières prises : un malaise ou des étourdissements peuvent survenir ; il est préférable de choisir une période de repos et de prendre garde au risque de chute.
>
> Des précautions sont nécessaires chez la personne âgée et celle atteinte d'*insuffisance hépatique*.
>
> Ce médicament peut être responsable d'une baisse de la *kaliémie* qui peut être aggravée par l'usage immodéré de *laxatifs stimulants*. Des analyses de sang sont souvent prescrites par le médecin.
>
> Conducteur : ce médicament peut être responsable d'une baisse de la vigilance, particulièrement en début de traitement.

INTERACTIONS MÉDICAMENTEUSES

Ce médicament peut interagir avec d'autres médicaments, notamment ceux contenant du *lithium*, certains *diurétiques* et des *sels* de régime. Signalez tout autre traitement en cours à votre médecin ou à votre pharmacien.

GROSSESSE, ALLAITEMENT ET NOUVEAU-NÉ

Grossesse :

L'effet de ce médicament sur l'enfant à naître est mal connu. Quelques cas de complications ont été rapportés et son usage pendant la grossesse est contre-indiqué.

Allaitement :

Ce médicament passe dans le lait maternel : l'allaitement est déconseillé.

MODE D'EMPLOI ET POSOLOGIE

Ce médicament doit être pris avec un verre d'eau.

Posologie usuelle :

- Adulte : 1 comprimé par jour en 1 prise.

En cas d'*insuffisance rénale*, de traitement préalable par des *diurétiques* ou de régime sans *sel*, la *posologie* initiale est faible ; elle est augmentée progressivement par le médecin en fonction des effets du médicament.

> ☛ Le traitement médicamenteux ne dispense pas des mesures simples pouvant faire baisser la tension artérielle : activité physique régulière, modération de la consommation de boissons alcoolisées, lutte contre le surpoids.

EFFETS INDÉSIRABLES POSSIBLES

Toux sèche, *vertiges*, étourdissements, nausées, fatigue, *hypotension orthostatique*.

Élévation du taux de *sucre* ou d'*acide urique* dans le sang.

Baisse du taux de potassium dans le sang associée ou non à des crampes.

Rares réactions allergiques : œdème de *Quincke*, *allergie* cutanée.

CIBLOR

amoxicilline, acide clavulanique

PRÉSENTATION

CIBLOR NOURRISSON 100 mg/ml : poudre pour suspension buvable arôme framboise, orange ; flacon 30 ml (112 doses-kg) et pipette - Remb. 65 % - Liste I

CIBLOR 250 mg : poudre orale arôme citron, pêche et fraise ; boîte de 12 sachets - Remb. 65 % - Liste I

CIBLOR 250 mg/5 ml : poudre pour suspension buvable arôme framboise, orange ; flacon 60 ml (12 cuillères-mesure de 5 ml) - Remb. 65 % - Liste I

CIBLOR 500 mg : poudre orale arôme citron, pêche et fraise ; boîte de 12 sachets - Remb. 65 % - Liste I

CIBLOR 500 mg : comprimé (blanc) ; boîte de 12 - Remb. 65 % - Liste I

Laboratoires Inava

COMPOSITION

	p. ml	p. sachet	p. c. mes.
Amoxicilline	100 mg	250 mg	250 mg
Acide clavulanique	12,5 mg	62,5 mg	62,5 mg
Saccharose		3 g	

	p. sachet	p. comp.
Amoxicilline	500 mg	500 mg
Acide clavulanique	125 mg	125 mg
Saccharose	3 g	

INDICATIONS

C'est un *antibiotique* qui appartient à la famille des *pénicillines* à spectre élargi, c'est-à-dire actives sur un plus grand nombre de *germes* que la pénicilline simple. L'adjonction d'acide clavulanique permet d'empêcher la destruction de l'amoxicilline par certaines bactéries.

Ce médicament est utilisé dans le traitement de diverses maladies infectieuses, notamment celles des poumons, des bronches, du nez, de la gorge ou des oreilles, de l'appareil urinaire, des *voies* génitales, des gencives et des dents.

CONTRE-INDICATIONS

Ce médicament ne doit pas être utilisé dans les cas suivants :

- *allergie* aux *pénicillines*,
- *mononucléose infectieuse*.

Ce médicament ne peut être utilisé qu'après avis médical en cas d'allergie aux *céphalosporines*.

> **ATTENTION**
>
> Des précautions sont nécessaires en cas d'*insuffisance rénale*.
>
> Le médecin peut prescrire un prélèvement pour identifier le *germe* responsable de l'infection et tester sa sensibilité à l'*antibiotique*. Le résultat de cet examen peut être faussé en cas d'automé-

dication préalable : ne prenez pas d'antibiotique sans avis médical.

Des *antécédents* d'*allergie* à la *pénicilline* contre-indiquent l'usage de ce médicament. La survenue de toute manifestation allergique (boutons, *œdème*, malaise) impose l'arrêt immédiat du traitement : consultez votre médecin.

Une diminution de la fièvre ou une disparition des *symptômes* ne sont pas synonymes de guérison : la durée du traitement doit absolument être respectée pour éviter les rechutes.

La poudre orale contient du *sucre* (saccharose) en quantité notable.

INTERACTIONS MÉDICAMENTEUSES

Ce médicament peut interagir avec d'autres médicaments. Signalez tout autre traitement en cours à votre médecin ou à votre pharmacien.

GROSSESSE, ALLAITEMENT ET NOUVEAU-NÉ

Grossesse :

Les études scientifiques actuellement disponibles n'ont pas mis en évidence de problème particulier lors de l'utilisation chez la femme enceinte. Seul votre médecin peut apprécier la nécessité du traitement et son risque pendant la grossesse.

Allaitement :

Ce médicament passe dans le lait maternel.

MODE D'EMPLOI ET POSOLOGIE

Les comprimés doivent être avalés avec un peu d'eau.

Les sachets peuvent être dissous dans de l'eau, du lait, un jus de fruit ou un sirop.

Le sirop doit être préparé : dissoudre la poudre avec de l'eau minérale en quantité suffisante pour que la solution obtenue atteigne le trait gravé sur le flacon. Le sirop à 100 mg/ml permet un ajustement précis de la *posologie* grâce à sa pipette : la dose par prise est indiquée, en fonction du poids de l'enfant, sur le piston de la pipette graduée en kg. Par exemple, la graduation n° 10 correspond à la dose à administrer par prise pour un enfant de 10 kg.

Les prises doivent être au nombre de 3 par jour.

Les repas ne modifient pas l'absorption du médicament qui peut donc être pris à n'importe quel moment de la journée.

Posologie usuelle :

Elle varie en fonction des indications.

À titre indicatif et pour des infections courantes :

- Adulte : 500 mg, matin et soir.
- Enfant et nourrisson : 40 à 80 mg par kg et par jour, répartis en 3 ou 4 prises ; soit par exemple pour un enfant de 15 kg : une cuillère-mesure de sirop dosé à 250 mg, matin, midi et soir.

L'éventuelle impression de fatigue n'est pas due à l'*antibiotique*, mais à l'infection elle-même. L'odeur particulière des urines est normale et traduit l'élimination de l'antibiotique.

Les selles rendues liquides par cet *antibiotique* ne justifient généralement aucune mesure particulière, sauf chez les jeunes enfants portant des couches, qui risquent de présenter une irritation de la peau des fesses ; demandez conseil à votre médecin ou à votre pharmacien.

Le sirop reconstitué se conserve une semaine au réfrigérateur ; il est préférable de l'agiter avant chaque usage.

EFFETS INDÉSIRABLES POSSIBLES

Fréquents mais généralement bénins :
- *allergie* cutanée,
- *troubles digestifs* (nausée, diarrhée),
- *candidose*.

Rares mais parfois graves :
- œdème de *Quincke*,
- *choc* allergique (exceptionnel).

CICADERMA

PRÉSENTATION

CICADERMA : pommade ; tube 30 g - Non remb.

Laboratoires Boiron

COMPOSITION

	p. 100 g
Calendula officinalis, plante fraîche	20 g
Hypericum perforatum, plante fraîche	10 g
Achillea millefolium, plante fraîche	10 g
Ledum palustre TM	1,5 g
Anémone pulsatilla TM	1,5 g

INDICATIONS

Cette pommade contient des extraits de plantes aux propriétés *antalgiques* et cicatrisantes.

Elle est utilisée dans le traitement des brûlures, des coups de soleil, des gerçures, des crevasses, des piqûres d'insectes et des plaies superficielles peu étendues.

ATTENTION

Ce médicament expose à une *photosensibilisation* : une exposition aux rayons *ultraviolets* (soleil, lampe à bronzer) peut provoquer des réactions cutanées.

GROSSESSE, ALLAITEMENT ET NOUVEAU-NÉ

Ce médicament ne contient que des substances présumées sans danger pendant la grossesse ou l'allaitement. Néanmoins, ne l'utilisez pas de façon prolongée sans l'avis de votre pharmacien ou de votre médecin.

MODE D'EMPLOI ET POSOLOGIE

Nettoyer la région à traiter avant l'application.

Posologie usuelle :

1 ou 2 applications par jour.

EFFETS INDÉSIRABLES POSSIBLES

Photosensibilisation.

Pour en savoir plus, lisez : Généralités sur le médicament

CICATRYL

PRÉSENTATION

CICATRYL : pommade ; boîte de 14 sachets 2 g - Non remb.

Laboratoires Darcy

COMPOSITION

	p. 100 g
Allantoïne	1 g
Guaïazulène	0,007 g
Parachlorométacrésol	0,120 g
Alpha-tocophérol acétate (vitamine E)	0,010 g

INDICATIONS

Cette pommade est *anti-inflammatoire*, *antiseptique* et cicatrisante.

Elle est utilisée dans le traitement des brûlures et des plaies superficielles peu étendues.

GROSSESSE, ALLAITEMENT ET NOUVEAU-NÉ

Ce médicament ne contient que des substances présumées sans danger pendant la grossesse ou l'allaitement. Néanmoins, ne l'utilisez pas de façon prolongée sans l'avis de votre pharmacien ou de votre médecin.

MODE D'EMPLOI ET POSOLOGIE

Nettoyer la région à traiter avant l'application d'une couche mince. Masser légèrement pour faire pénétrer la pommade.

Posologie usuelle :

1 ou 2 applications par jour.

CIDERMEX pommade

triamcinolone, néomycine

PRÉSENTATION

CIDERMEX : pommade ; tube 10 g - Remb. 65 % - Liste I

Laboratoires Théraplix

COMPOSITION

	p. 100 g
Triamcinolone acétonide	0,10 g
Néomycine	0,35 g

INDICATIONS

Cette pommade contient un *dermocorticoïde* d'activité forte et un *antibiotique* de la famille des *aminosides*. Comme les autres médicaments contenant un dérivé de la *cortisone* à usage local, il freine le renouvellement et la multiplication des cellules de la peau.

Elle est utilisée dans le traitement initial de certaines lésions inflammatoires de la peau (*eczéma*, *dyshidrose*, *psoriasis*...) lorsqu'elles sont infectées.

CONTRE-INDICATIONS

Ce médicament ne doit pas être utilisé dans les cas suivants :
- *allergie* aux *antibiotiques* de la famille des *aminosides* ;

- infections de la peau dues à un champignon ou à un *virus* ;
- plaies chroniques, *ulcère* de la jambe, *escarre* ;
- *rosacée* ;
- sous pansement étanche (occlusif).

ATTENTION

Cette pommade n'est pas destinée à traiter les infections bactériennes de la peau mais à traiter l'infection qui vient compliquer une lésion préexistante.

Comme les autres *dermocorticoïdes*, ce médicament a souvent une action efficace et rapide sur les lésions de la peau ; il peut être tentant de le réutiliser, mais l'automédication expose à des risques importants : aggravation de certaines lésions, installation d'une *dépendance* (amélioration de moins en moins visible des lésions et recrudescence des *symptômes* à chaque arrêt de traitement) et altération durable de la peau.

Suivez attentivement la prescription de votre médecin et n'hésitez pas à lui demander des explications.

GROSSESSE, ALLAITEMENT ET NOUVEAU-NÉ

L'effet de ce médicament pendant la grossesse ou l'allaitement est mal connu : seul votre médecin peut évaluer le risque éventuel de son utilisation dans votre cas.

MODE D'EMPLOI ET POSOLOGIE

Étaler la pommade en couche mince sur les lésions et la faire pénétrer par un léger massage.

Posologie usuelle :

1 ou 2 applications par jour, pendant 8 jours au maximum.

Ne conseillez pas, ne donnez pas ce médicament à un proche.

Pensez à vous laver les mains après l'application.

EFFETS INDÉSIRABLES POSSIBLES

Compte tenu de la brièveté du traitement, ils sont peu fréquents :
- dilatation des petits vaisseaux, vergetures, éruption de boutons ;
- développement anormal des poils, dessèchement, fragilisation et décoloration irrégulière de la peau ;
- rougeur autour de la bouche, apparition d'une *rosacée* ;
- retard de la cicatrisation ;
- *allergie* cutanée (néomycine).

CIDERMEX pommade ophtalmique

triamcinolone, néomycine

PRÉSENTATION

CIDERMEX : pommade ophtalmique ; tube 3 g - Remb. 65 % - Liste I

Laboratoires Théraplix

COMPOSITION

	p. 100 g
Triamcinolone acétonide	0,10 g
Néomycine	0,35 g

INDICATIONS

Cette pommade ophtalmique contient un *corticoïde* et un *antibiotique* de la famille des *aminosides*.

Elle est utilisée dans le traitement des *conjonctivites* allergiques et de certaines maladies inflammatoires de l'œil.

CONTRE-INDICATIONS

Ce médicament ne doit pas être utilisé dans les cas suivants :
- *allergie* aux *antibiotiques* de la famille des *aminosides* ;
- *kératite* virale à son début, *mycose* oculaire ;
- *tuberculose* oculaire ;
- *antécédent* personnel ou familial de *glaucome*.

ATTENTION

Certaines contre-indications ne peuvent être détectées que par un ophtalmologiste : ne réutilisez pas ce médicament sans avis médical.

En l'absence d'amélioration après quelques jours de traitement, n'hésitez pas à consulter votre médecin.

Ce médicament ne doit pas être utilisé chez le *nourrisson*.

GROSSESSE, ALLAITEMENT ET NOUVEAU-NÉ

L'effet de ce médicament pendant la grossesse ou l'allaitement est mal connu : seul votre médecin peut évaluer le risque éventuel de son utilisation dans votre cas.

MODE D'EMPLOI ET POSOLOGIE

Tirer la paupière inférieure vers le bas tout en regardant vers le haut et déposer l'équivalent d'un grain de riz de pommade entre la paupière et le globe oculaire (*cul-de-sac conjonctival*), ou directement sur la paupière, en fonction des indications de votre médecin.

Posologie usuelle :

1 ou 2 applications par jour, pendant 7 jours.

Le port de lentilles de contact doit être immédiatement interrompu en cas d'infection oculaire et les lentilles ne doivent pas être réutilisées avant guérison complète.

L'application correcte du produit peut nécessiter une aide, notamment chez une personne handicapée ou âgée.

Ne conservez pas inutilement ce médicament après une première utilisation.

EFFETS INDÉSIRABLES POSSIBLES

Irritation ou réaction allergique locale.

En cas d'utilisation prolongée : *cataracte*, augmentation de la *tension intraoculaire* (*glaucome*), *kératite* superficielle.

CIELLA

chlorobutanol, sulfate de zinc, acide borique

PRÉSENTATION

CIELLA : solution ophtalmique ; flacon 200 ml avec œillère - Non remb.

Laboratoires C.P.F.

COMPOSITION

	p. 100 ml
Chlorobutanol	20 mg
Sulfate de zinc	150 mg
Acide borique	420 mg

INDICATIONS

Cette solution ophtalmique est une lotion oculaire décongestionnante, *antiseptique*, astringente et *antalgique*.

Elle est utilisée :
- dans le traitement local des irritations de l'œil et des paupières (*conjonctivites*, larmoiement, orgelets...) ;
- dans la prévention des *inflammations* et gênes oculaires dues au vent, au froid, au soleil, aux bains de mer ou en piscine, au travail sur écran informatique.

ATTENTION

Certaines infections nécessitent l'emploi d'un collyre *antibiotique* : en cas de doute, n'hésitez pas à consulter votre médecin. N'utilisez pas ce médicament de façon prolongée sans prendre un avis médical.

GROSSESSE, ALLAITEMENT ET NOUVEAU-NÉ

L'effet de ce médicament pendant la grossesse ou l'allaitement est mal connu. L'évaluation du risque éventuel lié à son utilisation est individuelle : demandez conseil à votre pharmacien ou à votre médecin.

MODE D'EMPLOI ET POSOLOGIE

Nettoyez préalablement les paupières et les cils avec un morceau de coton imbibé, puis remplissez une œillère de solution et appliquez-la sur l'œil bien ouvert pendant 30 secondes.

Posologie usuelle :

3 ou 4 bains oculaires par jour.

L'application correcte du produit peut nécessiter une aide, notamment chez une personne handicapée ou âgée.

CIFLOX

ciprofloxacine

PRÉSENTATION

CIFLOX 500 mg : comprimé sécable ; boîte de 12 - Remb. 65 % - Liste I

Laboratoires Bayer-Pharma

COMPOSITION

	p. comp.
Ciprofloxacine	500 mg

INDICATIONS

C'est un *antibiotique* qui appartient à la famille des quinolones.

Il est utilisé dans le traitement de diverses maladies infectieuses, notamment des infections génitales à *gonocoque* chez l'homme, des infections urinaires ou intestinales et de certaines infections *ORL*.

CONTRE-INDICATIONS

Ce médicament ne doit pas être utilisé dans les cas suivants :
- enfant de moins de 15 ans,
- déficit en *G6PD*,
- *antécédent* de *tendinite* lors de l'utilisation d'une quinolone,
- **grossesse**,
- **allaitement**.

ATTENTION

Si vous souffrez d'une *insuffisance rénale*, signalez-le à votre médecin.

Ce médicament est photosensibilisant : une exposition aux rayons *ultraviolets* (soleil, lampe à bronzer) peut provoquer des réactions cutanées. N'omettez pas de signaler à votre médecin vos projets de vacances au soleil pendant la durée du traitement.

Ce médicament peut provoquer des lésions des tendons : toute douleur évoquant une *tendinite* doit vous conduire à consulter votre médecin.

INTERACTIONS MÉDICAMENTEUSES

Ce médicament peut interagir avec d'autres médicaments, notamment ceux contenant de la théophylline : signalez tout autre traitement en cours à votre médecin ou à votre pharmacien.

GROSSESSE, ALLAITEMENT ET NOUVEAU-NÉ

Grossesse :

Quelques cas de malformations ont été constatés chez l'animal. En l'absence de données dans l'espèce humaine, ce médicament est contre-indiqué chez la femme enceinte ou susceptible de l'être.

Allaitement :

Ce médicament passe dans le lait maternel : l'allaitement est contre-indiqué.

MODE D'EMPLOI ET POSOLOGIE

Ce médicament doit être pris de préférence au cours des repas.

Posologie usuelle :

- Adulte : 1 comprimé matin et soir.

Le médecin peut prescrire un prélèvement pour identifier le *germe* responsable de l'infection et tester sa sensibilité aux *antibiotiques*. Le résultat de cet examen peut être faussé en cas d'automédication préalable : ne prenez pas d'antibiotique sans avis médical.

En cas d'infection génitale, votre partenaire peut être contaminé alors qu'il ne présente aucun *symptôme*. S'il n'est pas traité conjointement, une recontamination est possible.

EFFETS INDÉSIRABLES POSSIBLES

Photosensibilisation.

Réactions allergiques.

Douleurs musculaires ou articulaires, *tendinite*.

Maux de tête, étourdissements ; plus rarement : insomnie, troubles de la vision.

Troubles digestifs.

CILEST

éthinylestradiol, norgestimate

PRÉSENTATION

CILEST : comprimé (bleu) ; boîte de 1 plaquette de 21 - Non remb. - Liste I

CILEST : comprimé (bleu) ; boîte de 3 plaquettes de 21 - Non remb. - Liste I

Laboratoires Cilag

COMPOSITION

	p. comp.
Éthinylestradiol	0,035 mg
Norgestimate	0,250 mg

INDICATIONS

C'est un *contraceptif* oral (pilule) qui contient un *estrogène* et un *progestatif*. Il est minidosé (moins de 0,04 mg d'estrogène) et monophasique (tous les comprimés contiennent la même quantité d'hormones et sont donc de la même couleur).

CONTRE-INDICATIONS

Ce médicament ne doit pas être utilisé dans les cas suivants :
- certaines maladies cardiaques ou *vasculaires*, notamment *l'hypertension artérielle* et les *antécédents* de *phlébite* ;
- certaines causes de saignement entre les règles ;
- *diabète*, excès de *cholestérol* ou de *triglycérides* ;
- maladie du foie grave ou récente, jaunisse chronique ou survenue lors d'une grossesse ;
- cancer du sein ou de l'utérus ainsi que certains autres cancers ;
- *tumeur de l'hypophyse*, excès de *prolactine* ;
- certaines maladies rares (*connectivite*, *porphyrie*, *otosclérose*, *otospongiose*) ;
- *insuffisance rénale* ;
- **grossesse** ;
- **allaitement**.

Dans tous les autres cas, le médecin est seul juge pour prescrire ce médicament, notamment en cas d'obésité, de *tumeur* bénigne du sein ou de l'utérus, de calculs de la vésicule biliaire.

ATTENTION

Chez la femme de plus de 35 ans ou chez la femme qui fume, le risque de complications cardio-vasculaires liées aux *estrogènes* augmente nettement.

Tout *symptôme* pouvant faire craindre une complication impose l'arrêt du traitement : maux de tête importants et inhabituels, troubles de la vision, élévation franche de la tension artérielle.

La survenue d'un léger saignement entre les règles (spotting) est fréquente chez les femmes prenant la pilule. Vous devez néanmoins en informer votre médecin.

Une surveillance médicale et des analyses régulières sont nécessaires avant et pendant la contraception orale. Cette surveillance sera renforcée chez la femme souffrant d'*épilepsie*, de *migraine*, d'*asthme*, de *dépression*, ou ayant des *antécédents* familiaux de maladie *vasculaire*.

En cas d'opération ou d'immobilisation pour une période prolongée, un autre mode de contraception est préférable.

INTERACTIONS MÉDICAMENTEUSES

L'efficacité contraceptive de la pilule peut être diminuée par la prise de certains médicaments : les *barbituriques*, certains antiépileptiques (TÉGRÉTOL, DI-HYDAN...), les médicaments contenant de la rifampicine (RIMACTAN, RIFADINE...) ou de la griséofulvine (FULCINE, GRISÉFULINE...).

GROSSESSE, ALLAITEMENT ET NOUVEAU-NÉ

Ce médicament est contre-indiqué pendant la grossesse et l'allaitement.

MODE D'EMPLOI ET POSOLOGIE

Prendre régulièrement, et sans oubli, 1 comprimé par jour à la même heure pendant 21 jours consécutifs, avec un arrêt de 7 jours entre chaque plaquette de 21 comprimés.

En cas de première contraception orale ou de reprise d'une contraception interrompue temporairement, prendre le premier comprimé le premier jour des règles.

En cas de changement de *contraceptif*, prendre le premier comprimé :
- après un arrêt de 7 jours, si le précédent contraceptif comportait 21 comprimés par plaquette ;
- après un arrêt de 6 jours, si le précédent contraceptif comportait 22 comprimés par plaquette ;
- sans interruption, si le précédent contraceptif comportait 28 comprimés par plaquette.

En cas de suite d'accouchement ou d'interruption de grossesse : suivre les indications du médecin.

En cas d'oubli d'un comprimé :
- retard de moins de 12 heures : prendre le comprimé oublié et continuer à l'heure habituelle ;
- retard de plus de 12 heures : prendre le comprimé oublié et continuer à l'heure habituelle, mais la sécurité contraceptive n'est plus assurée et une autre méthode complémentaire doit être employée pour le cycle en cours (spermicide, préservatif, diaphragme).

En cas de vomissement ou de diarrhée survenant juste après la prise du comprimé (sans rapport avec la prise du *contraceptif*), prendre un autre comprimé. Si ces troubles durent plus de 12 heures, la sécurité contraceptive n'est plus assurée et une méthode complémentaire doit être employée pour le cycle en cours.

EFFETS INDÉSIRABLES POSSIBLES

Peu graves et n'empêchant pas la poursuite du traitement : nausées, maux de tête banals, prise de poids, tension modérée des seins, taches sombres sur le visage, jambes lourdes, irritation oculaire par les lentilles de contact, saignement entre les règles, diminution ou disparition des règles, *candidose* vaginale, irritabilité et tendance à la *dépression*.

Rares mais devant faire interrompre la prise de ce *contraceptif* : *hypertension artérielle*, accident cardiaque ou *vasculaire*, jaunisse, augmentation importante des lipides dans le sang, *diabète*, *nodule* ou douleur importante des seins, *migraine*, *vertiges*, troubles de la vision, aggravation d'une *épilepsie*, écoulement de lait.

Exceptionnellement, certaines pilules peuvent être responsables de calculs de la vésicule biliaire, de *tumeur* bénigne du foie ou de *mastopathie*.

CINOPAL
fenbufène

PRÉSENTATION

CINOPAL : gélule (bleu) ; boîte de 24 - Remb. 65 % - Liste I

Laboratoires Novalis

COMPOSITION

	p. gél.
Fenbufène	300 mg

INDICATIONS

Ce médicament est un *anti-inflammatoire* non stéroïdien (*AINS*). Il lutte contre l'*inflammation* et la douleur, fait baisser la fièvre et fluidifie le sang.

Il est utilisé chez l'adulte dans le *traitement symptomatique* :
- des *rhumatismes inflammatoires*,
- de certaines *arthroses*,
- des *tendinites*, *arthrites*...

Il est également utilisé dans le *traitement d'appoint* des manifestations inflammatoires des dents, du nez, de la gorge et des oreilles.

CONTRE-INDICATIONS

Ce médicament ne doit pas être utilisé dans les cas suivants :
- *allergie* aux *AINS*, y compris l'aspirine ;
- *ulcère* de l'estomac ou du *duodénum* ;
- *insuffisance hépatique*, *insuffisance rénale* graves ;
- grossesse (3 derniers mois) ;
- allaitement.

ATTENTION

Ce médicament n'est pas adapté aux enfants de moins de 15 ans.

Tout traitement prolongé ou surdosage d'*AINS* expose à des effets indésirables graves.

Tout *symptôme* pouvant faire craindre une complication impose l'arrêt du traitement : démangeaisons, éruption cutanée, aphtes, *conjonctivite*.

Des précautions sont nécessaires chez la personne souffrant d'*antécédents* d'*ulcère* d'estomac ou du *duodénum*, ou présentant un risque hémorragique, chez la personne âgée et chez la femme qui porte un stérilet.

INTERACTIONS MÉDICAMENTEUSES

Ce médicament peut interagir avec d'autres médicaments, notamment :
- l'aspirine et les autres *anti-inflammatoires* non stéroïdiens : risque d'accroissement des effets indésirables ;
- les *anticoagulants* et les *antiagrégants plaquettaires* (TICLID...) : augmentation du risque hémorragique ;
- le *lithium* (TÉRALITHE, NEUROLITHIUM) : augmentation du taux de lithium dans le sang.

Signalez tout autre traitement en cours à votre médecin ou à votre pharmacien.

GROSSESSE, ALLAITEMENT ET NOUVEAU-NÉ

Grossesse :

Des effets néfastes graves pour la mère et l'enfant à naître ont été mis en évidence lorsque ce médicament, comme tous les *AINS*, est utilisé au cours des 3 derniers mois de la grossesse : son usage est formellement contre-indiqué pendant cette période.

Pendant les 6 premiers mois, l'effet de ce médicament est mal connu : seul votre médecin peut évaluer le risque éventuel de son utilisation dans votre cas.

Allaitement :

Ce médicament passe dans le lait maternel : par mesure de prudence, il est contre-indiqué pendant l'allaitement.

MODE D'EMPLOI ET POSOLOGIE

Les gélules doivent être prises de préférence au milieu des repas afin de limiter les effets digestifs indésirables.

Posologie usuelle :
- Adulte :
  - *traitement d'attaque* : 3 gélules par jour réparties en 1 à 3 prises ;
  - *traitement d'entretien* : 2 à 3 gélules par jour réparties en 1 à 3 prises.

Ne dépassez pas la *posologie* ni la durée de traitement prescrites par votre médecin.

Ce médicament vous a été prescrit dans une situation précise : ne le conseillez pas à un proche, ne le réutilisez pas sans avis médical.

EFFETS INDÉSIRABLES POSSIBLES

Troubles digestifs : *gastrite* ; exceptionnel *ulcère* de l'estomac ou du *duodénum*, le plus souvent lors d'un traitement de longue durée ou à forte dose.

Allergie cutanée, *asthme*.

Rares maux de tête, *vertiges* et somnolence.

CIPRALAN
cibenzoline

PRÉSENTATION

CIPRALAN 130 mg : comprimé sécable (gris) ; boîte de 30 - Remb. 65 % - Liste I

CIPRALAN 130 mg : comprimé sécable (gris) ; boîte de 90 - Remb. 65 % - Liste I

Laboratoires UPSA

COMPOSITION

	p. comp.
Cibenzoline	130 mg

INDICATIONS

Ce médicament appartient à la classe I de la famille des *antiarythmiques*. Il modifie la vitesse de transmission de l'influx nerveux au sein du muscle cardiaque et lutte contre ses contractions anarchiques.

Il est utilisé dans le traitement de certains *troubles du rythme cardiaque*.

CONTRE-INDICATIONS

Ce médicament ne doit pas être utilisé dans les cas suivants :
- certaines formes de *bloc auriculo-ventriculaire*,
- *insuffisance cardiaque* grave.

ATTENTION

Si vous souffrez d'une maladie cardiaque, d'une *insuffisance hépatique* ou d'une *insuffisance rénale*, signalez-le à votre médecin. Des précautions sont nécessaires chez la personne âgée.

Ce médicament peut rendre faussement positive la recherche de protéines dans les urines.

INTERACTIONS MÉDICAMENTEUSES

Ce médicament ne doit pas être associé à certains autres *antiarythmiques* : risque de *troubles du rythme cardiaque*, parfois mortels. Signalez tout autre traitement en cours à votre médecin ou à votre pharmacien.

GROSSESSE, ALLAITEMENT ET NOUVEAU-NÉ

Grossesse :

En l'absence de données suffisantes, ce médicament est déconseillé pendant la grossesse.

Allaitement :

Les données disponibles ne permettent pas de savoir si ce médicament passe dans le lait maternel.

MODE D'EMPLOI ET POSOLOGIE

Les comprimés doivent être avalés avec un peu d'eau.

Posologie usuelle :

1 comprimé, 2 à 3 fois par jour.

EFFETS INDÉSIRABLES POSSIBLES

Vertiges, tremblements, fatigue, troubles de la vision.

Aggravation d'une *insuffisance cardiaque* préexistante, aggravation paradoxale de

l'*arythmie*, ou apparition de nouveaux *troubles du rythme cardiaque*.
Troubles digestifs.

CIRCULARINE

PRÉSENTATION

CIRCULARINE : comprimé (jaune) ; boîte de 40 - Remb. 35 %

Laboratoires Negma

COMPOSITION

	p. comp.
Tocophérol acétate (vitamine E)	100 mg
Citroflavonoïdes	100 mg
Rutoside	20 mg
Esculoside	20 mg

INDICATIONS

C'est un protecteur *vasculaire* et *veinotonique* qui associe plusieurs substances. Il stimule la circulation du sang dans les veines et lutte contre l'altération des *vaisseaux capillaires*.

Ce médicament est utilisé dans le *traitement symptomatique* des jambes lourdes, *œdèmes*, crampes, *impatiences* et autres troubles pouvant être en rapport avec une mauvaise circulation veineuse ou *lymphatique*.

ATTENTION

Ce médicament est insuffisant pour prévenir le risque de *phlébite* chez les malades alités ou plâtrés.

Ce médicament soulage, mais n'empêche pas l'aggravation de l'*insuffisance veineuse*, qui requiert des mesures spécifiques telles que la *contention élastique*.

GROSSESSE, ALLAITEMENT ET NOUVEAU-NÉ

L'effet de ce médicament pendant la grossesse ou l'allaitement est mal connu. L'évaluation du risque éventuel lié à son utilisation est individuelle : demandez conseil à votre pharmacien ou à votre médecin.

MODE D'EMPLOI ET POSOLOGIE

Ce médicament doit être pris avec un verre d'eau.

Posologie usuelle :

1 comprimé, le matin, à midi et le soir.

Une activité physique régulière et la surélévation du pied du lit permettent de faciliter la circulation veineuse et *lymphatique*.

CIRKAN

PRÉSENTATION

CIRKAN : comprimé à double noyau (mauve) ; boîte de 20 - Remb. 35 %

Laboratoires Sinbio

COMPOSITION

	p. comp. noyau interne	p. comp. noyau externe
Complexe enzymatique de pancréas		
Soit activité chymotrypsique	15 000 U	
Soit activité trypsique	10 500 U	
Ruscosides		20 mg
Acide ascorbique (vitamine C)		200 mg
Hespéridine méthyl-chalcone		100 mg
Méthyl 4 esculétol monoéthanoate de sodium		10 mg

INDICATIONS

C'est un protecteur *vasculaire* et *veinotonique* qui associe plusieurs substances. Il facilite la circulation du sang dans les veines et lutte contre l'altération des *vaisseaux capillaires*. Certains composants ont également une activité *anti-inflammatoire*.

Ce médicament est utilisé dans le *traitement symptomatique* :

- des jambes lourdes, *œdèmes*, crampes, *impatiences* et autres troubles pouvant être en rapport avec une mauvaise circulation veineuse ou *lymphatique* ;
- des crises d'*hémorroïdes* ;
- de l'insuffisance d'irrigation de la *rétine*.

ATTENTION

Ce médicament est insuffisant pour prévenir le risque de *phlébite* chez les malades alités ou plâtrés.

Il soulage, mais n'empêche pas l'aggravation de l'*insuffisance veineuse* qui requiert des mesures spécifiques telles que la *contention élastique*.

GROSSESSE, ALLAITEMENT ET NOUVEAU-NÉ

L'effet de ce médicament pendant la grossesse ou l'allaitement est mal connu. L'évaluation du risque éventuel lié à son utilisation est individuelle : demandez conseil à votre pharmacien ou à votre médecin.

MODE D'EMPLOI ET POSOLOGIE

Ce médicament doit être pris avec un verre d'eau au cours des repas.

Posologie usuelle :

2 comprimés, 2 fois par jour.

Une activité physique régulière et la surélévation du pied du lit permettent de faciliter la circulation veineuse et *lymphatique*.

La constipation, la consommation de mets épicés et de vins riches en tanins favorisent les *hémorroïdes*.

EFFETS INDÉSIRABLES POSSIBLES

Rares nausées, diarrhée et douleur d'estomac.

CIRKAN suppositoire

PRÉSENTATION

CIRKAN à la prednacinolone : suppositoire ; boîte de 12 - Remb. 35 % - Liste I

Laboratoires Sinbio

COMPOSITION

	p. suppos.
Désonide ou prednacinolone	0,5 mg
Lidocaïne chlorhydrate	10 mg
Rétinol (vitamine A)	5 000 UI
Ruscosides	20 mg
Acétate de tocophérol	3 mg
Héparine sel de sodium	500 UI

INDICATIONS

C'est un médicament qui associe un *corticoïde* anti-inflammatoire, un cicatrisant (*vitamine* A) et un *anesthésique* d'action locale.

Il est utilisé dans le *traitement symptomatique* des douleurs et des démangeaisons de l'anus, en particulier dues aux *hémorroïdes*.

CONTRE-INDICATIONS

Ce médicament ne doit pas être utilisé dans le cas d'*allergie* aux *anesthésiques* locaux.

ATTENTION

Le traitement doit être de courte durée : consultez votre médecin si les *symptômes* persistent. Si la lésion est infectée, un traitement anti-infectieux doit précéder ou être associé à l'usage de ce médicament.

GROSSESSE, ALLAITEMENT ET NOUVEAU-NÉ

L'effet de ce médicament pendant la grossesse ou l'allaitement est mal connu : seul votre médecin peut évaluer le risque éventuel de son utilisation dans votre cas.

MODE D'EMPLOI ET POSOLOGIE

1 suppositoire, matin et soir.

Des mesures simples d'hygiène alimentaire et des exercices physiques sont à envisager pour prévenir les *hémorroïdes* : parlez-en à votre médecin ou à votre pharmacien.

Les suppositoires doivent être conservés à l'abri de la chaleur.

CITRARGININE

arginine, bétaïne

PRÉSENTATION

CITRARGININE : solution buvable ; boîte de 20 ampoules 10 ml - Remb. 35 %

Laboratoires Laphal

COMPOSITION

	p. amp.
Arginine citrate neutre	1 g
Bétaïne base	0,5 g
Bétaïne chlorhydrate	0,5 g
Alcool à 95°	0,04 g
Saccharose	4,5 g

INDICATIONS

C'est une association de substances utilisée dans le *traitement symptomatique* des *troubles digestifs* en rapport avec une paresse du foie.

CONTRE-INDICATIONS

Ce médicament ne doit pas être utilisé en cas de cure de désintoxication alcoolique.

ATTENTION

Ce médicament contient de l'*alcool* et du *sucre* (saccharose) en quantité notable.

En cas de persistance des *symptômes*, des examens peuvent être nécessaires : consultez votre médecin.

GROSSESSE, ALLAITEMENT ET NOUVEAU-NÉ

L'effet de ce médicament pendant la grossesse ou l'allaitement est mal connu. L'évaluation du risque éventuel lié à son utilisation est individuelle : demandez conseil à votre pharmacien ou à votre médecin.

MODE D'EMPLOI ET POSOLOGIE

Ce médicament doit être pris une demi-heure avant les repas. Diluer le contenu de l'ampoule dans un demi-verre d'eau.

Posologie usuelle :

1 à 3 ampoules par jour.

Ce médicament doit être accompagné d'une alimentation appropriée : parlez-en à votre médecin ou à votre pharmacien.

CITRATE DE BÉTAÏNE BEAUFOUR

PRÉSENTATION

CITRATE DE BÉTAÏNE BEAUFOUR 10 % : granulé pour solution buvable arôme orange, citron ; boîte de 250 g - Remb. 35 %

CITRATE DE BÉTAÏNE BEAUFOUR 2 g/5 ml : solution buvable arôme orange, citron ; boîte de 30 ampoules 5 ml - Remb. 35 %

Laboratoires Beaufour

COMPOSITION

	p. c. à c.	p. amp.
Citrate de bétaïne monohydraté	0,330 g	2 g
Saccharose	2,75 g	
Lactose	1,38 g	

INDICATIONS

C'est un médicament utilisé dans le *traitement symptomatique* des digestions difficiles. Il est aussi utilisé pour lutter contre l'excès des *triglycérides* dans le sang, en complément d'un régime adapté.

ATTENTION

Les granulés contiennent du *sucre* (saccharose et lactose) en quantité notable.

En cas de persistance des *symptômes*, des examens peuvent être nécessaires : consultez votre médecin.

GROSSESSE, ALLAITEMENT ET NOUVEAU-NÉ

Ce médicament ne contient que des substances présumées sans danger pendant la grossesse ou l'allaitement. Néanmoins, ne l'utilisez pas de façon prolongée sans l'avis de votre pharmacien ou de votre médecin.

MODE D'EMPLOI ET POSOLOGIE

Ce médicament doit être pris dans la demi-heure qui précède le repas.

Dissoudre les granulés ou diluer le contenu de l'ampoule dans un demi-verre d'eau.

Posologie usuelle :

1 ou 2 cuillères à café de granulés ou 1 ampoule, 3 fois par jour.

Ce médicament peut être accompagné d'une alimentation appropriée : parlez-en à votre médecin ou à votre pharmacien.

CITRATE DE BÉTAÏNE EFFERVESCENT UPSA

citrate de bétaïne, bicarbonate de sodium, acide citrique

PRÉSENTATION

CITRATE DE BÉTAÏNE effervescent UPSA : comprimé effervescent (blanc) ; boîte de 30 - Remb. 35 %

Laboratoires UPSA

COMPOSITION

	p. comp.
Citrate de bétaïne	2 g
Bicarbonate de sodium	1,5 g
Acide citrique	0,200 g
Dont sodium	430 mg

INDICATIONS

C'est une association de substances actives utilisée dans le *traitement symptomatique* des digestions difficiles.

Elle est également utilisée dans le *traitement d'appoint* de l'excès de *triglycérides* dans le sang, en complément d'un régime adapté.

ATTENTION

Ce médicament contient du *sel* (sodium) en quantité notable.

En cas de persistance des *symptômes*, des examens peuvent être nécessaires : consultez votre médecin.

GROSSESSE, ALLAITEMENT ET NOUVEAU-NÉ

L'effet de ce médicament pendant la grossesse ou l'allaitement est mal connu. L'évaluation du risque éventuel lié à son utilisation est individuelle : demandez conseil à votre pharmacien ou à votre médecin.

MODE D'EMPLOI ET POSOLOGIE

Dissoudre le comprimé dans un verre d'eau.

Posologie usuelle :

1 à 3 comprimés par jour, avant ou après les repas.

Ce médicament doit être accompagné d'une alimentation appropriée : parlez-en à votre médecin ou à votre pharmacien.

CITRO-B6

vitamine B6, bétaïne, acide citrique

PRÉSENTATION

CITRO-B6 : solution buvable ; boîte de 20 ampoules 10 ml - Remb. 35 %

Laboratoires Dr Plantier

COMPOSITION

	p. amp.
Citrate de monopyridoxine (vitamine B6)	0,2 g
Bétaïne base anhydre	0,75 g
Acide citrique	1,23 g

INDICATIONS

C'est une association de substances utilisée dans le *traitement symptomatique* des *troubles digestifs* en rapport avec une paresse du foie.

CONTRE-INDICATIONS

Ce médicament ne doit pas être utilisé en association avec la lévodopa.

ATTENTION

En cas de persistance des *symptômes*, des examens peuvent être nécessaires : consultez votre médecin.

INTERACTIONS MÉDICAMENTEUSES

Ce médicament ne doit pas être associé à la lévodopa (antiparkinsonien) : risque de diminution de l'efficacité de la lévodopa. Signalez tout autre traitement en cours à votre médecin ou à votre pharmacien.

GROSSESSE, ALLAITEMENT ET NOUVEAU-NÉ

Grossesse :

Ce médicament ne contient que des substances présumées sans danger pendant la grossesse ou l'allaitement. Néanmoins, ne l'utilisez pas de façon prolongée sans l'avis de votre pharmacien ou de votre médecin.

MODE D'EMPLOI ET POSOLOGIE

Les ampoules doivent être prises avant les repas dans un peu d'eau.

Posologie usuelle :

3 ampoules par jour.

Ce médicament doit être accompagné d'une alimentation appropriée : parlez-en à votre médecin ou à votre pharmacien.

CITROCHOLINE

PRÉSENTATION

CITROCHOLINE : granulé effervescent ; boîte de 20 sachets (bipoches) 10 g - Non remb.

CITROCHOLINE VITAMINE C 250 : solution buvable ; boîte de 20 ampoules 10 ml - Remb. 35 %

Laboratoires Thérica

COMPOSITION

	p. sachet	p. amp.
Citrate trisodique	0,50 g	
Citrate monosodique		1 g
Citrate de magnésium	0,50 g	0,50 g
Citrate de choline	1 g	2 g
Acide ascorbique (vitamine C)		0,25 g
Saccharose	6 g	

INDICATIONS

C'est une association de substances actives utilisée dans le *traitement symptomatique* des digestions difficiles et de la constipation.

ATTENTION

Les granulés contiennent du *sucre* (saccharose) en quantité notable.

Les laxatifs ne doivent pas être utilisés de façon prolongée sans avis médical.

Si vous souffrez d'une obstruction des *voies biliaires*, parlez-en à votre médecin ou à votre pharmacien.

GROSSESSE, ALLAITEMENT ET NOUVEAU-NÉ

L'effet de ce médicament pendant la grossesse ou l'allaitement est mal connu. L'évaluation du risque éventuel lié à son utilisation est individuelle : demandez conseil à votre pharmacien ou à votre médecin.

MODE D'EMPLOI ET POSOLOGIE

Les sachets ou le contenu des ampoules doivent être dissous dans un verre d'eau.

Posologie usuelle :

- *troubles digestifs* : 1 sachet bipoche ou 1 ampoule, 1 à 3 fois par jour ;
- constipation : 2 sachets bipoches par jour.

☛ Ce médicament doit être accompagné d'une alimentation appropriée : parlez-en à votre médecin ou à votre pharmacien.

EFFETS INDÉSIRABLES POSSIBLES

Diarrhée.

CLAMOXYL oral

amoxicilline

PRÉSENTATION

CLAMOXYL 125 mg : poudre pour sirop arôme citron-pêche-fraise ; flacon 60 ml de sirop reconstitué - Remb. 65 % - Liste I

CLAMOXYL 125 mg : poudre orale arôme citron-pêche-fraise ; boîte de 12 sachets - Remb. 65 % - Liste I

CLAMOXYL 250 mg : poudre pour sirop arôme citron-pêche-fraise ; flacon 60 ml de sirop reconstitué - Remb. 65 % - Liste I

CLAMOXYL 250 mg : poudre orale arôme citron-pêche-fraise ; boîte de 12 sachets - Remb. 65 % - Liste I

CLAMOXYL 250 mg : gélule (jaune et rouge) ; boîte de 12 - Remb. 65 % - Liste I

CLAMOXYL 500 mg : poudre pour sirop arôme citron-pêche-fraise ; flacon 60 ml de sirop reconstitué - Remb. 65 % - Liste I

CLAMOXYL 500 mg : gélule (jaune et rouge) ; boîte de 12 - Remb. 65 % - Liste I

CLAMOXYL 1 g : poudre orale arôme mandarine ; boîte de 6 sachets - Remb. 65 % - Liste I

CLAMOXYL 1 g : comprimé sécable oblong (blanc crème) ; boîte de 3 - Remb. 65 % - Liste I

CLAMOXYL 1 g : comprimé sécable oblong (blanc crème) ; boîte de 6 - Remb. 65 % - Liste I

Laboratoires SmithKline Beecham

COMPOSITION

	p. c. mes.	p. sachet	p. c. mes.
Amoxicilline	125 mg	125 mg	250 mg
Saccharose	3 g	3 g	3 g
	p. sachet	**p. gél.**	**p. c. mes.**
Amoxicilline	250 mg	250 mg	500 mg
Saccharose	3 g		2,5 g
	p. gél.	**p. sachet**	**p. comp.**
Amoxicilline	500 mg	1 g	1 g

INDICATIONS

C'est un *antibiotique* qui appartient à la famille des *pénicillines* à spectre élargi, c'est-à-dire actives sur un plus grand nombre de *germes* que la pénicilline simple.

Ce médicament est utilisé dans le traitement de diverses maladies infectieuses, notamment celles des poumons, des bronches, du nez, de la gorge ou des oreilles, du sang, de l'appareil digestif ou urinaire, des *voies* génitales, des gencives et des dents, etc.

CONTRE-INDICATIONS

Ce médicament ne doit pas être utilisé dans les cas suivants :

- *allergie* aux *pénicillines*,
- *mononucléose infectieuse*.

Ce médicament ne peut être utilisé qu'après avis médical en cas d'allergie aux *céphalosporines*.

ATTENTION

Des précautions sont nécessaires en cas d'*insuffisance rénale*.

Le médecin peut prescrire un prélèvement pour identifier le *germe* responsable de l'infection et tester sa sensibilité à l'antibiotique. Le résultat de cet examen peut être faussé en cas d'automédication préalable : ne prenez pas d'antibiotique sans avis médical.

Des *antécédents* d'*allergie* à la *pénicilline* contre-indiquent l'usage de ce médicament. La survenue de toute manifestation allergique (boutons, *œdème*, malaise) impose l'arrêt immédiat du traitement : consultez votre médecin.

Une diminution de la fièvre ou une disparition des *symptômes* ne sont pas synonymes de guérison : la durée du traitement doit absolument être respectée pour éviter les rechutes.

Les sachets et le sirop contiennent du *sucre* (saccharose) en quantité notable.

INTERACTIONS MÉDICAMENTEUSES

Ce médicament peut interagir avec d'autres médicaments. Signalez tout autre médicament en cours à votre médecin ou à votre pharmacien.

GROSSESSE, ALLAITEMENT ET NOUVEAU-NÉ

Grossesse :

Les études scientifiques actuellement disponibles n'ont pas mis en évidence de problème particulier lors de l'utilisation chez la femme enceinte. Seul votre médecin peut apprécier la nécessité du traitement et son risque pendant la grossesse.

Allaitement :

Ce médicament passe dans le lait maternel.

MODE D'EMPLOI ET POSOLOGIE

Les gélules et les comprimés doivent être avalés avec de l'eau. Les sachets peuvent être dissous dans de l'eau, du lait, un jus de fruit ou un sirop. Le sirop doit être préparé : dissoudre la poudre avec de l'eau minérale en quantité suffisante pour que la solution obtenue atteigne le trait gravé sur le flacon.

Les repas ne modifient pas l'absorption du médicament, qui peut donc être pris à n'importe quel moment de la journée.

Posologie usuelle :

Elle varie en fonction des indications.

- Adulte : 500 mg, matin et soir.

Dans les infections sévères ou chroniques, cette posologie peut être doublée.

- Enfant et nourrisson : 25 à 50 mg par kg et par jour, répartis en 3 prises ; soit par exemple pour un enfant de 15 kg : une cuillère-mesure de sirop dosé à 250 mg, matin, midi et soir.

☛ L'éventuelle impression de fatigue n'est pas due à l'*antibiotique*, mais à l'infection elle-même. L'odeur particulière des urines est normale et traduit l'élimination de l'antibiotique.

Le sirop reconstitué se conserve une semaine à température ambiante ; il est préférable de l'agiter avant chaque usage.

EFFETS INDÉSIRABLES POSSIBLES

Fréquents mais généralement bénins :

- *allergie* cutanée,
- *troubles digestifs* (nausée, diarrhée),
- *candidose*.

Rares mais parfois graves :

- œdème de *Quincke*,
- *choc* allergique (exceptionnel).

CLAMOXYL injectable

amoxicilline

PRÉSENTATION

CLAMOXYL 500 mg : préparation injectable *I.M.* ; flacon de poudre et ampoule de solvant 5 ml - Remb. 65 % - Liste I

CLAMOXYL 1 g : préparation injectable *I.M.* ; flacon de poudre, ampoule de solvant 5 ml, 1 seringue et 2 aiguilles stériles - Remb. 65 % - Liste I

Laboratoires SmithKline Beecham

COMPOSITION

	p. fl.	p. fl.
Amoxicilline, sel sodique	500 mg	1 g
Alcool benzylique	150 mg	150 mg

INDICATIONS

C'est un *antibiotique* qui appartient à la famille des *pénicillines* à spectre élargi, c'est-à-dire actives sur un plus grand nombre de *germes* que la pénicilline simple.

Il est utilisé dans le traitement de diverses maladies infectieuses, notamment respiratoires, dentaires et *ORL*, rénales, urinaires, génitales et gynécologiques, digestives et biliaires.

CONTRE-INDICATIONS

Ce médicament ne doit pas être utilisé dans les cas suivants :
- *allergie* aux *pénicillines*,
- *mononucléose infectieuse*.

Ce médicament ne peut être utilisé qu'après avis médical en cas d'allergie aux *céphalosporines*.

ATTENTION

Des précautions sont nécessaires en cas d'*insuffisance rénale* et chez le *nourrisson* de moins de 3 mois, en raison de la nature du solvant (alcool benzylique).

Des *antécédents* d'*allergie* à la *pénicilline* contre-indiquent l'usage de ce médicament. La survenue de toute manifestation allergique (boutons, *œdème*, malaise) impose l'arrêt immédiat du traitement : consultez votre médecin.

Une diminution de la fièvre ou une disparition des *symptômes* ne sont pas synonymes de guérison : la durée du traitement doit absolument être respectée pour éviter les rechutes.

INTERACTIONS MÉDICAMENTEUSES

Ce médicament peut interagir avec d'autres médicaments. Signalez tout autre traitement en cours à votre médecin ou à votre pharmacien.

GROSSESSE, ALLAITEMENT ET NOUVEAU-NÉ

Grossesse :

Les études scientifiques actuellement disponibles n'ont pas mis en évidence de problème particulier lors de l'utilisation chez la femme enceinte. Seul votre médecin peut évaluer le risque éventuel de son utilisation dans votre cas.

Allaitement :

Ce médicament passe dans le lait maternel.

MODE D'EMPLOI ET POSOLOGIE

La solution injectable est obtenue en mélangeant la poudre avec l'ampoule de solvant fournie. Une légère coloration de la solution est normale.

La solution ainsi obtenue doit être injectée par *voie* intramusculaire, jamais par voie intraveineuse.

Aucun autre produit ne doit être mélangé au contenu du flacon.

Posologie usuelle :

Elle est variable en fonction des indications.

À titre indicatif et pour des infections courantes :
- Adulte et enfant de plus de 15 ans : 1 g, matin et soir.
- Enfant de moins de 15 ans et nourrisson : 50 mg par kg et par jour.

La solution doit être injectée dans l'heure qui suit sa préparation.

L'éventuelle impression de fatigue n'est pas due à l'*antibiotique*, mais à l'infection elle-même.

L'odeur particulière des urines est normale et traduit l'élimination de l'antibiotique.

EFFETS INDÉSIRABLES POSSIBLES

Fréquents mais généralement bénins :
- *allergie* cutanée,
- *troubles digestifs* : nausée, diarrhée,
- *candidose*.

Rares mais parfois graves :
- œdème de *Quincke*,
- *choc* allergique (exceptionnel).

CLARADOL

paracétamol

PRÉSENTATION

CLARADOL 120 : comprimé effervescent (blanc) arôme fraise ; boîte de 12 - Remb. 65 %

CLARADOL 500 : comprimé effervescent sécable (blanc) arôme citron ; boîte de 16 - Remb. 65 %

Laboratoires Nicholas

COMPOSITION

	p. comp. efferv.	p. comp. efferv.
Paracétamol	120 mg	500 mg
Sodium	+	210 mg

INDICATIONS

Ce médicament est un *antalgique* et un *antipyrétique* qui contient du paracétamol.

Il est utilisé :
- pour faire baisser la fièvre,
- dans le traitement des affections douloureuses.

CONTRE-INDICATIONS

Ce médicament ne doit pas être utilisé dans les cas suivants :
- maladie grave du foie,
- enfant de moins de 2 ans.

ATTENTION

De nombreux médicaments contiennent du paracétamol : en tenir compte en cas de prise conjointe car le surdosage en paracétamol peut être toxique pour le foie.

Ce médicament contient du *sel* (sodium) en quantité notable.

GROSSESSE, ALLAITEMENT ET NOUVEAU-NÉ

Grossesse :

Les études scientifiques actuellement disponibles n'ont pas mis en évidence de problème particulier lors de l'utilisation chez la femme enceinte.

Allaitement :

Aux doses usuelles, l'usage de ce médicament est possible pendant l'allaitement.

MODE D'EMPLOI ET POSOLOGIE

Ce médicament peut être pris indifféremment pendant ou entre les repas. Respecter un intervalle minimal de 4 heures entre 2 prises.

Les comprimés doivent être dissous dans un verre d'eau.

Posologie usuelle :
- Adulte : 1 ou 2 comprimés 1 à 500 mg, 1 à 3 fois par jour. Ne pas dépasser 3 g (6 comprimés) par jour.
- Enfant : 20 à 30 mg par kg et par jour ; soit en moyenne :
  - de 12 à 15 ans : 1 comprimé à 500 mg, 1 à 3 fois par jour.
  - de 9 à 12 ans : 1/2 comprimé à 500 mg ou 2 comprimés à 120 mg, 1 à 3 fois par jour.
  - de 4 à 9 ans : 1 à 2 comprimés à 120 mg, 2 à 3 fois par jour.
  - de 2 à 4 ans : 1 comprimé à 120 mg, 2 à 3 fois par jour.
- Insuffisant rénal : respecter un intervalle de 8 heures entre 2 prises.

Des sueurs abondantes accompagnent généralement la baisse de température lors du traitement des fièvres élevées. Ce phénomène est normal.

Les comprimés effervescents doivent être conservés à l'abri de l'humidité et de la chaleur.

EFFETS INDÉSIRABLES POSSIBLES

Ce médicament est très bien supporté. Les effets indésirables sont rares : *allergies* cutanées essentiellement.

CLARADOL CAFÉINE

paracétamol, caféine

PRÉSENTATION

CLARADOL CAFÉINE : comprimé quadrisécable (blanc) ; boîte de 16 - Remb. 65 %

Laboratoires Nicholas

COMPOSITION

	p. comp.
Paracétamol	500 mg
Caféine	50 mg

INDICATIONS

Ce médicament, *antalgique* et *antipyrétique*, contient du paracétamol et de la caféine.

Il est utilisé dans le *traitement symptomatique* de la douleur ou de la fièvre.

CONTRE-INDICATIONS

Ce médicament ne doit pas être utilisé en cas de maladies graves du foie.

ATTENTION

De nombreux médicaments contiennent du paracétamol : en tenir compte en cas de prise conjointe, car le surdosage en paracétamol peut être toxique pour le foie.

GROSSESSE, ALLAITEMENT ET NOUVEAU-NÉ

En raison de la présence de caféine, ce médicament ne doit pas être utilisé de façon prolongée ou à forte dose pendant la grossesse ou l'allaitement, sans l'avis de votre pharmacien ou de votre médecin.

MODE D'EMPLOI ET POSOLOGIE

Les comprimés doivent être avalés avec un verre d'eau.

Respecter un intervalle minimal de 4 heures entre 2 prises.

Posologie usuelle :

- Adulte : 1 ou 2 comprimés, 1 à 3 fois par jour. Ne pas dépasser 6 comprimés par jour.
- Enfant de 12 à 15 ans : 1 comprimé, 1 à 3 fois par jour.
- Enfant de 7 à 12 ans : 1/2 comprimé, 1 à 3 fois par jour.

Il est préférable de ne pas prendre ce médicament en fin de journée, en raison de la présence de caféine.

EFFETS INDÉSIRABLES POSSIBLES

Liés à la caféine : insomnie, excitation, *palpitations*.

Liés au paracétamol : très rare *allergie*.

CLARADOL CODÉINE

paracétamol, codéine

PRÉSENTATION

CLARADOL CODÉINE : comprimé sécable (blanc) ; boîte de 16 - Remb. 65 %

Laboratoires Nicholas

COMPOSITION

	p. comp.
Paracétamol	500 mg
Codéine phosphate	20 mg

INDICATIONS

Ce médicament contient deux *antalgiques* : le paracétamol, qui empêche la transmission de la douleur, et la codéine, qui agit directement sur le cerveau.

Il est utilisé dans le *traitement symptomatique* des douleurs.

CONTRE-INDICATIONS

Ce médicament ne doit pas être utilisé dans les cas suivants :

- maladie grave du foie,
- *insuffisance respiratoire*,
- enfant de moins de 10 ans.

ATTENTION

De nombreux médicaments contiennent du paracétamol : en tenir compte en cas de prise conjointe car le surdosage en paracétamol peut être toxique pour le foie.

Évitez les boissons alcoolisées : augmentation du risque de somnolence.

Conducteur : ce médicament peut être responsable d'une somnolence ou d'une baisse de la vigilance.

INTERACTIONS MÉDICAMENTEUSES

Ce médicament peut interagir avec d'autres médicaments. Signalez tout autre traitement en cours à votre médecin ou à votre pharmacien.

GROSSESSE, ALLAITEMENT ET NOUVEAU-NÉ

Grossesse :

Ce médicament contient de la codéine : il est déconseillé en automédication pendant la grossesse.

Allaitement :

Ce médicament passe dans le lait maternel : l'allaitement est déconseillé.

MODE D'EMPLOI ET POSOLOGIE

Ce médicament peut être pris indifféremment avant, pendant ou après les repas. Les comprimés doivent être avalés avec un verre d'eau, sans être croqués.

Respectez un intervalle minimal de 4 heures entre 2 prises.

Posologie usuelle :

- Adulte : 1 ou 2 comprimés, 1 à 3 fois par jour.
- Enfant de plus de 10 ans : 1/2 comprimé, 1 à 3 fois par jour selon l'âge.

EFFETS INDÉSIRABLES POSSIBLES

Liés au paracétamol : *allergie* exceptionnelle.

Liés à la codéine : constipation, somnolence, *troubles digestifs*, *bronchospasme*, *vertiges*.

CLARAGINE

aspirine

PRÉSENTATION

CLARAGINE 500 : comprimé effervescent sécable (blanc) arôme citron ; boîte de 20 - Remb. 65 %

CLARAGINE 500 : comprimé effervescent sécable (blanc) arôme citron ; boîte de 36 - Remb. 65 %

Laboratoires Nicholas

COMPOSITION

	p. comp.
Acide acétylsalicylique (aspirine)	500 mg
Sodium	250 mg

INDICATIONS

Ce médicament contient de l'aspirine, qui possède de nombreuses propriétés : *antalgique* et *antipyrétique*, mais aussi *anti-inflammatoire* à dose élevée, et fluidifiant du sang.

Il est principalement utilisé en cas de douleurs diverses (maux de tête, douleurs dentaires...), rhumatismes, courbatures, fièvre (mais n'agit pas sur sa cause), états grippaux.

CONTRE-INDICATIONS

Ce médicament ne doit pas être utilisé dans les cas suivants :

- *allergie* aux *salicylés* ou aux *AINS*,
- *ulcère* de l'estomac ou du *duodénum*,
- *hémorragie* et risque hémorragique,
- grossesse : pendant les 3 derniers mois, ou, en prise prolongée, à toute période de la grossesse.

ATTENTION

L'aspirine n'est pas un médicament anodin. Tout surdosage ou prise prolongée exposent à des complications sérieuses.

Un avis médical est préférable chez les personnes présentant des *antécédents* d'*ulcère* de l'estomac ou du *duodénum*, même ancien, d'*asthme*, d'*insuffisance rénale*, et chez les femmes qui portent un stérilet.

L'aspirine est déconseillée chez les personnes atteintes de *goutte* et chez les femmes lors de règles abondantes.

Évitez de prendre ce médicament pendant la semaine qui précède une extraction dentaire ou une opération (augmentation du risque d'*hémorragie*).

Évitez la prise de boissons alcoolisées avec l'aspirine.

Ce médicament contient du *sel* (sodium) en quantité notable.

INTERACTIONS MÉDICAMENTEUSES

Les personnes traitées par des médicaments anticancéreux contenant du méthotrexate ne doivent pas utiliser d'aspirine.

Ce médicament peut interagir avec d'autres médicaments, notamment les *anticoagulants* et les *antiagrégants plaquettaires* (TICLID...) : augmentation du risque hémorragique. Signalez tout autre traitement en cours à votre médecin ou à votre pharmacien.

GROSSESSE, ALLAITEMENT ET NOUVEAU-NÉ

Grossesse :

Des effets néfastes pour la mère et pour l'enfant à naître ont été mis en évidence lorsque l'aspirine est utilisée au cours des 3 derniers mois de la grossesse. En conséquence, seule la prise ponctuelle est admise durant les 6 premiers mois. Toute prise d'aspirine est contre-indiquée au cours des 3 derniers mois.

Allaitement :

Ce médicament passe dans le lait maternel : il est déconseillé pendant l'allaitement.

MODE D'EMPLOI ET POSOLOGIE

Les comprimés doivent être dissous dans un demi-verre d'eau.

L'effet sera plus rapide si le médicament est pris à jeun.

Les prises doivent être espacées d'au moins 4 heures.

Ce médicament est réservé à l'adulte et à l'enfant de plus de 30 mois.

Posologie usuelle :

- Adulte :
  - douleur isolée : 1 ou 2 comprimés en une prise ;
  - fièvre : 1 comprimé, 3 à 5 fois par jour, sans dépasser 3 g par jour ;
  - douleurs rebelles ou rhumatismales : 2 comprimés, 3 fois par jour. Cette *posologie* ne doit pas être prolongée sans l'avis de votre médecin ; dans certains cas, celui-ci pourra prescrire jusqu'à 6 g par jour.
- Enfant de plus de 30 mois : la *posologie* dépend du poids, elle peut varier entre 25 mg et 50 mg par kg et par jour, répartis en 2 à 4 prises ; par exemple, pour un enfant de 30 kg : 1/2 à 1 comprimé, 3 fois par jour.

EFFETS INDÉSIRABLES POSSIBLES

Gastrite, douleurs abdominales, saignements du nez ou des gencives.

Rares et parfois graves :

- *hémorragie* du tube digestif : vomissements sanglants, selles noires, ou plus souvent pertes de sang imperceptibles, responsables de l'apparition progressive d'une *anémie* ;
- accidents allergiques : *urticaire*, *œdème*, *asthme*.

Signes devant faire penser à un surdosage : bourdonnements d'oreille, sensation de baisse de l'audition, maux de tête.

CLARAMID

roxithromycine

PRÉSENTATION

CLARAMID 50 mg : poudre pour suspension buvable arôme orange ; boîte de 10 sachets - Remb. 65 % - Liste I

CLARAMID 50 mg : comprimé ; boîte de 10 - Remb. 65 % - Liste I

CLARAMID 100 mg : comprimé ; boîte de 10 - Remb. 65 % - Liste I

CLARAMID 150 mg : comprimé (blanc) ; boîte de 10 - Remb. 65 % - Liste I

Laboratoires Jouveinal

COMPOSITION

	p. sachet	p. comp.
Roxithromycine	50 mg	50 mg
Saccharose	2,7 mg	

	p. comp.	p. comp.
Roxithromycine	100 mg	150 mg

INDICATIONS

C'est un *antibiotique* qui appartient à la famille des *macrolides*.

Il est utilisé dans le traitement de diverses maladies infectieuses, notamment celles des poumons, des bronches, de la peau, du nez, de la bouche et des dents, de l'appareil génital...

CONTRE-INDICATIONS

Ce médicament ne doit pas être utilisé dans les cas suivants :

- *allergie* aux *macrolides*,
- association avec les médicaments contenant de l'ergotamine ou de la dihydroergotamine.

ATTENTION

Des précautions sont nécessaires en cas d'*insuffisance hépatique* grave.

Une diminution de la fièvre ou une disparition des troubles ne sont pas synonymes de guérison : la durée du traitement doit absolument être respectée pour éviter les rechutes.

INTERACTIONS MÉDICAMENTEUSES

Ce médicament ne doit pas être associé aux médicaments contenant de l'ergotamine ou de la dihydroergotamine : risque d'*ergotisme*.

Il peut interagir avec d'autres médicaments : signalez tout autre traitement en cours à votre médecin ou à votre pharmacien.

GROSSESSE, ALLAITEMENT ET NOUVEAU-NÉ

Grossesse :

L'effet de ce médicament pendant la grossesse est mal connu : seul votre médecin peut évaluer le risque éventuel de son utilisation dans votre cas.

Allaitement :

Ce médicament passe faiblement dans le lait maternel.

MODE D'EMPLOI ET POSOLOGIE

Ce médicament doit être pris de préférence juste avant les repas.

Posologie usuelle :

- Adulte : 150 mg matin et soir.
- Enfant : 5 à 8 mg par kg et par jour ; soit pour un enfant de 15 kg, 1 sachet de 50 mg ou 1 comprimé à 50 mg, matin et soir.

Le médecin peut prescrire un prélèvement pour identifier le *germe* responsable de l'infection et tester sa sensibilité aux *antibiotiques*. Le résultat de cet examen peut être faussé en cas d'automédication préalable : ne prenez pas d'antibiotique sans avis médical.

L'éventuelle impression de fatigue n'est pas due à l'antibiotique, mais à l'infection elle-même.

EFFETS INDÉSIRABLES POSSIBLES

Troubles digestifs.

Sensation vertigineuse.

Allergie cutanée.

CLARINASE REPETABS

pseudoéphédrine, loratadine

PRÉSENTATION

CLARINASE REPETABS : comprimé à *libération prolongée* (blanc) ; boîte de 14 - Non remb. - Liste II

Laboratoires Schering-Plough

COMPOSITION

	p. comp. L. P.
Pseudoéphérine sulfate	120 mg
Loratadine	5 mg
Saccharose	173,74 mg
Lactose	+

INDICATIONS

Ce médicament contient un *vasoconstricteur* décongestionnant et un *antihistaminique* non *sédatif*.

Il est utilisé dans le *traitement symptomatique* des *rhinites* allergiques et des rhumes.

CONTRE-INDICATIONS

Ce médicament ne doit pas être utilisé dans les cas suivants :

- enfant de moins de 12 ans,
- *glaucome* à angle fermé,
- risque de blocage des urines (*adénome de la prostate*...),
- *troubles du rythme cardiaque* et *hypertension artérielle* graves,
- *hyperthyroïdie*,
- en association avec un *antidépresseur* de type *IMAO* non sélectif.

ATTENTION

Des précautions particulières s'imposent en cas d'*angine de poitrine*, d'*ulcère* de l'estomac, de risque de blocage des urines ou de *diabète*. Demandez conseil à votre médecin.

INTERACTIONS MÉDICAMENTEUSES

Ce médicament ne doit pas être associé aux *antidépresseurs* de type *IMAO* non sélectifs (MARSILID, NIAMIDE...) : risque de crise hypertensive.

Il peut interagir avec de nombreux autres médicaments. Signalez tout autre traitement en cours à votre médecin ou à votre pharmacien.

GROSSESSE, ALLAITEMENT ET NOUVEAU-NÉ

L'absence d'effets nocifs de ce médicament n'a pas été établie pendant la grossesse ou l'allaitement. Par mesure de prudence, son usage est déconseillé.

MODE D'EMPLOI ET POSOLOGIE

Les comprimés doivent être avalés avec un verre d'eau, avant les repas.

Posologie usuelle :

- Adulte et enfant de plus de 12 ans : 1 comprimé, 2 fois par jour.

Ce médicament n'a pas d'effet anti-infectieux. En cas d'infection bactérienne, un traitement *antibiotique* peut être nécessaire.

EFFETS INDÉSIRABLES POSSIBLES

Insomnie, sécheresse de la bouche, nervosité, *vertiges*, augmentation de la tension artérielle, *palpitations*, rétention urinaire.

CLARISTOL

PRÉSENTATION

CLARISTOL : solution ophtalmique ; flacon 200 ml avec œillère - Non remb.

Laboratoires P.P.D.H.

COMPOSITION

	p. 100 ml
Acide salicylique	100 mg
Borate de sodium	250 mg
Acide borique	1 g
Chlorure de sodium	250 mg
Rose, eau distillée	10 ml

INDICATIONS

C'est une lotion oculaire décongestionnante, *antiseptique*, astringente et *antalgique*.

Elle est utilisée dans le traitement local des irritations de l'œil et des paupières : *conjonctivites*, larmoiement, orgelets...

CONTRE-INDICATIONS

Ce médicament ne doit pas être utilisé en cas d'*allergie* aux *salicylés*.

ATTENTION

Certaines infections nécessitent l'emploi d'un collyre *antibiotique* ; en cas de doute, n'hésitez pas à consulter votre médecin. N'utilisez pas ce médicament de façon prolongée sans prendre un avis médical.

GROSSESSE, ALLAITEMENT ET NOUVEAU-NÉ

L'effet de ce médicament pendant la grossesse ou l'allaitement est mal connu. L'évaluation du risque éventuel lié à son utilisation est individuelle : demandez conseil à votre pharmacien ou à votre médecin.

MODE D'EMPLOI ET POSOLOGIE

Nettoyer préalablement les paupières et les cils avec un morceau de coton imbibé de solution, puis remplir l'œillère et la mettre au contact de l'œil ouvert pendant 30 secondes.

Posologie usuelle :

1 ou 2 bains oculaires par jour.

☛ L'application correcte du produit peut nécessiter une aide, notamment chez une personne handicapée ou âgée.

Les boissons alcoolisées augmentent parfois les effets indésirables

CLARITYNE

loratadine

PRÉSENTATION

CLARITYNE : comprimé sécable (blanc) ; boîte de 15 - Remb. 65 % - Liste II

Laboratoires Schering-Plough

COMPOSITION

	p comp.
Loratadine	10 mg

INDICATIONS

Ce médicament est un *antihistaminique* antiallergique ; il n'a pas d'effets *sédatifs* ni *atropiniques*.

Il est utilisé dans le *traitement symptomatique* de l'*allergie* (*rhinite*, *urticaire*...).

CONTRE-INDICATIONS

Ce médicament ne doit pas être utilisé chez l'enfant de moins de 12 ans.

GROSSESSE, ALLAITEMENT ET NOUVEAU-NÉ

Ce médicament est déconseillé pendant la grossesse et l'allaitement.

MODE D'EMPLOI ET POSOLOGIE

Ce médicament doit être pris de préférence le matin, au petit déjeuner.

Posologie usuelle :

- Adulte et enfant de plus de 12 ans : 1 comprimé par jour.

☛ Ce médicament agit sur les manifestations de l'*allergie* mais n'en supprime pas la cause. Si les *symptômes* persistent ou s'aggravent, n'hésitez pas à consulter votre médecin.

EFFETS INDÉSIRABLES POSSIBLES

Exceptionnellement : bouche sèche, somnolence, maux de tête.

CLARIX comprimé

PRÉSENTATION

CLARIX : comprimé ; boîte de 60 - Non remb.

Laboratoires C.P.F.

COMPOSITION

	p. comp.
Codéine	2 mg
Aconit, extrait mou	1 mg
Tétracaïne chlorhydrate	0,1 mg
Menthol	1 mg
Borate de sodium	60 mg
Saccharose	770 mg

INDICATIONS

Ce médicament contient de la codéine et un *anesthésique* local (la tétracaïne), qui ont un effet *antalgique*.

Il est utilisé dans le *traitement symptomatique* des affections de la gorge, de l'enrouement et des extinctions de voix.

CONTRE-INDICATIONS

Ce médicament ne doit pas être utilisé dans les cas suivants :
- *allergie* aux *anesthésiques* locaux,
- *asthme*,
- *insuffisance respiratoire*,
- enfant de moins de 10 ans,
- allaitement.

ATTENTION

Ce médicament contient du *sucre* (saccharose) en quantité notable.

Évitez les boissons alcoolisées : augmentation du risque de somnolence.

Conducteur : ce médicament peut être responsable d'une somnolence ou d'une baisse de la vigilance.

INTERACTIONS MÉDICAMENTEUSES

Ce médicament peut interagir avec beaucoup d'autres médicaments notamment chez les personnes âgées ; signalez tout autre traitement en cours à votre médecin ou à votre pharmacien.

GROSSESSE, ALLAITEMENT ET NOUVEAU-NÉ

Grossesse :

Compte tenu de la présence de codéine, n'utilisez pas ce médicament pendant la grossesse sans prendre l'avis de votre pharmacien ou de votre médecin.

Allaitement :

Ce médicament passe dans le lait maternel : il est contre-indiqué pendant l'allaitement.

MODE D'EMPLOI ET POSOLOGIE

Les comprimés doivent être sucés régulièrement au cours de la journée.

Posologie usuelle :

- Adulte : 1 comprimé, 6 à 10 fois par jour.
- Enfant : 1 comprimé, 3 à 6 fois par jour.

☛ De nombreux médicaments contiennent de la codéine, notamment certains *antitussifs* et *antalgiques*. Le surdosage expose à une augmentation des effets indésirables, en cas de prise conjointe.

Fumer, ou être exposé à la fumée des autres, nuit à l'efficacité du traitement.

EFFETS INDÉSIRABLES POSSIBLES

Liés à la présence de codéine : constipation ; et plus rarement, somnolence, nausées, *vertiges*, *allergies* cutanées, ralentissement de la respiration.

CLARIX orosol

PRÉSENTATION

CLARIX OROSOL : *collutoire* ; flacon pressurisé 15 ml - Non remb.

Laboratoires C.P.F.

COMPOSITION

	p. 100 g
Bromure de diméthyllauryl(chloro-4-phénoxy)-1 éthyl-ammonium	250 mg
Amyléine chlorhydrate	100 mg

INDICATIONS

Ce *collutoire* contient un *antiseptique* et un *anesthésique* local.

Il est utilisé dans le *traitement d'appoint* des infections de la bouche et de la gorge.

CONTRE-INDICATIONS

Ce médicament ne doit pas être utilisé en cas d'*allergie* aux *anesthésiques* locaux.

ATTENTION

Les traitements locaux (*gargarisme, collutoire*, pastille) n'agissent que superficiellement ; dans le cas d'infections profondes de la gorge (angines...), un traitement *antibiotique* est nécessaire.

L'usage prolongé de ce médicament n'est pas souhaitable : il peut modifier l'équilibre microbien naturel de la gorge.

Une surconsommation pourrait provoquer des troubles nerveux et cardiaques : respectez la *posologie*.

En l'absence d'amélioration au bout de 5 jours, en cas d'apparition de fièvre, consultez votre médecin.

INTERACTIONS MÉDICAMENTEUSES

Il est généralement inutile d'associer des *antiseptiques* différents. Ceux-ci peuvent être contenus dans de nombreux produits disponibles en automédication : pastille, *collutoire* et solution nasale ; demandez conseil à votre pharmacien.

GROSSESSE, ALLAITEMENT ET NOUVEAU-NÉ

L'effet de ce médicament pendant la grossesse ou l'allaitement est mal connu. L'évaluation du risque éventuel lié à son utilisation est individuelle : demandez conseil à votre pharmacien ou à votre médecin.

MODE D'EMPLOI ET POSOLOGIE

Posologie usuelle :

- Adulte : 3 à 5 pulvérisations par jour.
- Enfant de plus de 6 ans : 2 ou 3 pulvérisations par jour.

Chez l'enfant et la personne âgée, évitez l'usage de ce médicament avant les repas : l'*anesthésique* local est susceptible de provoquer des troubles de la déglutition ; ceux-ci pourraient être à l'origine du passage d'aliments dans les *voies* respiratoires.

CLARIX sirop

PRÉSENTATION

CLARIX : sirop ; flacon 200 ml - Non remb.

Laboratoires C.P.F.

COMPOSITION

	p. c. à. c.	p. c. à. s.
Éphédrine chlorhydrate	3,1 mg	9,4 mg
Pholcodine	6,3 mg	18,9 mg
Racine d'aconit, teinture	31,5 mg	94,5 mg
Belladone, teinture	31,5 mg	94,5 mg
Camphosulfonate de sodium	26,4 mg	79,3 mg
Sulfogaïacol	126 mg	378,1 mg
Saccharose	3,5 g	10 g

INDICATIONS

Ce sirop *antitussif* contient de la pholcodine, un décongestionnant (éphédrine), un *sédatif* (aconit), un *antispasmodique* (*belladone*) et un *expectorant* (sulfogaïacol).

Il est utilisé dans le *traitement symptomatique* des toux sèches et des extinctions de voix, enrouements et congestions des cordes vocales.

CONTRE-INDICATIONS

Ce médicament ne doit pas être utilisé dans les cas suivants :

- *asthme*,
- *insuffisance respiratoire*,
- *glaucome* à angle fermé,
- risque de blocage des urines (*adénome de la prostate*...),
- traitement en cours par un *antidépresseur* de type *IMAO* non sélectif,
- enfant de moins de 8 ans.

ATTENTION

Ce médicament n'est pas adapté au traitement de la toux grasse, qui est un mécanisme de défense normal de l'organisme permettant l'évacuation des mucosités présentes dans les bronches.

La toux est un *symptôme* qui peut révéler de nombreuses maladies : consultez votre médecin si elle persiste plus de quelques jours.

Ce sirop contient du *sucre* en quantité notable.

Évitez les boissons alcoolisées : augmentation du risque de somnolence.

Conducteur : ce médicament peut être responsable d'une somnolence ou d'une baisse de la vigilance.

INTERACTIONS MÉDICAMENTEUSES

Ce médicament ne doit pas être associé aux *IMAO* non sélectifs (MARSILID, NIAMIDE...) : risque de crise hypertensive.

Il peut interagir avec d'autres médicaments. Signalez tout autre traitement en cours à votre médecin ou à votre pharmacien.

GROSSESSE, ALLAITEMENT ET NOUVEAU-NÉ

Grossesse :

Compte tenu de la présence d'éphédrine et de pholcodine, n'utilisez pas ce médicament pendant la grossesse sans prendre l'avis de votre pharmacien ou de votre médecin.

Allaitement :

Les données actuellement disponibles ne permettent pas de savoir si ce médicament passe dans le lait maternel : par mesure de prudence, il est déconseillé pendant l'allaitement.

MODE D'EMPLOI ET POSOLOGIE

Les prises de ce médicament doivent être réparties au cours de la journée.

Posologie usuelle :

- Adulte : 1 cuillère à soupe, 2 ou 3 fois par jour.
- Enfant de 8 à 15 ans : 1 cuillère à café, 3 ou 4 fois par jour.

Fumer, ou être exposé à la fumée des autres, nuit à l'efficacité du traitement.

Des mesures simples permettent de calmer les toux sèches : boissons chaudes et humidification de l'air ambiant.

EFFETS INDÉSIRABLES POSSIBLES

Nausées, vomissements.

Liés à l'éphédrine : maux de tête, sueurs, *palpitations*, insomnie, excitation.

Liés à la pholcodine : somnolence ; et plus rarement, sensation de vertige, difficultés respiratoires, réactions cutanées allergiques.

Liés à la présence de *belladone* : effets *atropiniques*, rares aux doses habituelles.

CLÉDIAL
médifoxamine

PRÉSENTATION

CLÉDIAL : comprimé (blanc) ; boîte de 30 - Remb. 65 % - Liste II

Laboratoires Anphar Rolland

COMPOSITION

	p. comp.
Médifoxamine	50 mg

INDICATIONS

C'est un *antidépresseur* qui appartient à la famille des antidépresseurs non *IMAO*, non imipraminiques.

Il est utilisé dans le traitement des *états dépressifs*.

CONTRE-INDICATIONS

Ce médicament ne doit pas être utilisé dans les cas suivants :

- *glaucome* à angle fermé,
- risque de blocage des urines (*adénome de la prostate*...).

ATTENTION

Si vous souffrez d'*épilepsie*, ou en cas d'*antécédents* cardiaques, prévenez votre médecin afin qu'il puisse adapter la *posologie*.

Évitez les boissons alcoolisées : augmentation du risque de somnolence.

Conducteur : ce médicament peut être responsable d'une baisse de la vigilance, particulièrement en début de traitement.

INTERACTIONS MÉDICAMENTEUSES

Ce médicament peut interagir avec d'autres, notamment les *atropiniques* et les *sédatifs*. Signalez tout autre traitement en cours à votre médecin ou à votre pharmacien.

GROSSESSE, ALLAITEMENT ET NOUVEAU-NÉ

L'effet de ce médicament pendant la grossesse ou l'allaitement est mal connu : seul votre médecin peut évaluer le risque éventuel de son utilisation dans votre cas.

MODE D'EMPLOI ET POSOLOGIE

Les comprimés doivent être avalés avec un peu d'eau, en dehors des repas.

Posologie usuelle :

1 comprimé, 3 fois par jour.

> L'efficacité de ce médicament peut ne pas être immédiate ; n'arrêtez pas le traitement prématurément.

EFFETS INDÉSIRABLES POSSIBLES

Maux de tête, somnolence, troubles visuels, baisse de la tension artérielle, douleur d'estomac, bouche sèche.

Exceptionnellement, une excitation anormale peut survenir. Arrêtez le traitement et prévenez d'urgence votre médecin.

CLÉRÉGIL

aceglumate de déanol

PRÉSENTATION

CLÉRÉGIL ADULTE : solution buvable 2 g/5 ml arôme orange ; boîte de 20 ampoules 5 ml - Non remb.

CLÉRÉGIL ENFANT : solution buvable 0,5 g/5 ml arôme orange ; boîte de 24 ampoules 5 ml - Non remb.

Laboratoires Merck-Clévenot

COMPOSITION

	p. amp.	p. amp.
Acéglumate de déanol	2 g	500 mg

INDICATIONS

C'est un *psychostimulant* qui contient du déanol.

Il est utilisé dans le traitement de certaines fatigues (*asthénies fonctionnelles*).

CONTRE-INDICATIONS

Ce médicament ne doit pas être utilisé dans les cas suivants :
- enfant de moins de 30 mois,
- **grossesse,**
- **allaitement.**

GROSSESSE, ALLAITEMENT ET NOUVEAU-NÉ

Grossesse :

L'effet de ce médicament sur l'enfant à naître est mal connu. Par mesure de prudence, son usage pendant la grossesse est contre-indiqué.

Allaitement :

Les données actuellement disponibles ne permettent pas de savoir si ce médicament passe dans le lait maternel : il est contre-indiqué pendant l'allaitement.

MODE D'EMPLOI ET POSOLOGIE

Les ampoules doivent être diluées dans un demi-verre d'eau et prises au début des repas.

Posologie usuelle :

- Adulte : 1 ampoule Adulte, 2 à 3 fois par jour.
- Enfant de 20 à 40 kg : 1 ampoule Enfant, 1 à 4 fois par jour.
- Enfant de 10 à 20 kg : 1 ampoule Enfant, 1 à 2 fois par jour.

> Une fatigue persistante ne doit pas vous conduire à augmenter les prises de ce médicament : consultez votre médecin.

EFFETS INDÉSIRABLES POSSIBLES

Insomnie, maux de tête, démangeaisons ; ces effets disparaissent au cours du traitement après diminution des doses.

CLÉRIDIUM

dipyridamole

PRÉSENTATION

CLÉRIDIUM 150 : comprimé quadrisécable (jaune) ; boîte de 60 - Remb. 65 % - Liste II

Laboratoires Marcofina

COMPOSITION

	p. comp.
Dipyridamole	150 mg

INDICATIONS

C'est un médicament qui dilate les *artères coronaires* et tend à fluidifier le sang.

Il est utilisé dans le *traitement d'appoint* de l'*angine de poitrine*.

GROSSESSE, ALLAITEMENT ET NOUVEAU-NÉ

L'effet de ce médicament pendant la grossesse ou l'allaitement est mal connu : seul votre médecin peut évaluer le risque éventuel de son utilisation dans votre cas.

MODE D'EMPLOI ET POSOLOGIE

La *posologie* usuelle est de 1 comprimé, matin et soir.

EFFETS INDÉSIRABLES POSSIBLES

Rares, apparaissant surtout à forte dose : maux de tête, bouffées de chaleur, baisse de la tension artérielle, éruptions cutanées, *troubles digestifs*.

CLIMAXOL

PRÉSENTATION

CLIMAXOL : solution buvable ; flacon 30 ml (gouttes) - Remb. 35 %

Laboratoires Lehning

COMPOSITION

	p. 25 gtes
Gentiane, teinture	0,015 ml
Noix vomique, teinture	0,015 ml
Hamamélis, teinture	0,09 ml
Viburnum, teinture	0,03 ml
Lobélie, teinture	0,04 ml
Arnica, teinture	0,07 ml
Séneçon, teinture	0,07 ml
Hydrastis, teinture	0,03 ml
Crataegus, teinture	0,03 ml
Marrons d'Inde, alcoolature	0,11 ml

INDICATIONS

C'est un protecteur *vasculaire* et *veinotonique* qui associe plusieurs extraits de plantes. Il stimule la circulation du sang dans les veines et lutte contre l'altération des *vaisseaux capillaires*.

Il est utilisé dans le *traitement symptomatique* :
- des jambes lourdes, *œdèmes*, crampes, *impatiences* et autres troubles pouvant être en rapport avec une mauvaise circulation veineuse ou *lymphatique* ;
- des petites *hémorragies* sous-cutanées se traduisant par des taches rouges ou violacées.

> **ATTENTION**
>
> Ce médicament est insuffisant pour prévenir le risque de *phlébite* chez les malades alités ou plâtrés.
>
> Ce médicament soulage, mais n'empêche pas l'aggravation de l'*insuffisance veineuse*, qui requiert des mesures spécifiques telles que la *contention élastique*.

GROSSESSE, ALLAITEMENT ET NOUVEAU-NÉ

L'effet de ce médicament pendant la grossesse ou l'allaitement est mal connu. L'évaluation du risque éventuel lié à son utilisation est individuelle : demandez conseil à votre pharmacien ou à votre médecin.

MODE D'EMPLOI ET POSOLOGIE

Ce médicament doit être pris avec un verre d'eau avant les repas.

Posologie usuelle :

40 à 50 gouttes par jour réparties en 2 ou 3 prises ; jusqu'à 100 gouttes par jour.

> Une activité physique régulière et la surélévation du pied du lit permettent de faciliter la circulation veineuse et *lymphatique*.

CLIMÈNE

estradiol, cyprotérone

PRÉSENTATION

CLIMÈNE : comprimé (blanc : 11 et rose : 10) ; boîte de 1 plaquette de 21 - Remb. 65 % - Liste I

Laboratoires Schering

COMPOSITION

	p. comp. blanc	p. comp. bleu
Estradiol valérate	2 mg	2 mg
Cyprotérone acétate		1 mg

INDICATIONS

Ce médicament contient de l'estradiol, destiné à corriger une carence en *estrogènes*, et de la cyprotérone, *progestatif* qui a un effet protecteur sur l'utérus et les glandes mammaires.

Il est utilisé pour traiter certains *symptômes* de la *ménopause* (bouffées de chaleur, sécheresse vaginale...) et pour prévenir l'*ostéoporose* et ses complications.

CONTRE-INDICATIONS

Ce médicament ne doit pas être utilisé dans les cas suivants :
- certaines maladies cardiaques ou *vasculaires*, notamment l'*hypertension artérielle* et les *antécédents* de *phlébite* ;
- maladie du foie grave ou récente ;
- cancers du sein ou de l'utérus ;
- *tumeur de l'hypophyse* ;
- certaines causes de saignement entre les règles ;
- certaines maladies rares (*connectivite*, *porphyrie*, *otospongiose*, *otosclérose*) ;
- *insuffisance rénale* ;
- écoulement de lait ;
- *diabète*.

Dans tous les autres cas, le médecin est seul juge pour prescrire ce médicament, notamment en cas d'excès de *cholestérol* ou de *triglycérides*, de tumeurs bénignes du sein et de l'utérus.

ATTENTION

Ce médicament n'est pas un *contraceptif*.

Tout *symptôme* pouvant faire craindre l'imminence d'une complication impose l'arrêt du traitement : maux de tête importants et inhabituels, troubles de la vision, élévation franche de la tension artérielle.

L'apparition d'un saignement génital ou d'un écoulement de lait impose une consultation médicale.

Des précautions sont nécessaires en cas d'*épilepsie*, de *migraine*, d'*asthme*, de *dépression*, d'*antécédents* familiaux d'*accident thrombo-embolique*.

INTERACTIONS MÉDICAMENTEUSES

L'efficacité de ce médicament peut être diminuée par la prise d'autres médicaments : les *barbituriques*, certains antiépileptiques (TÉGRÉTOL, DI-HYDAN...), les médicaments contenant de la rifampicine (RIMACTAN, RIFADINE...) ou de la griséofulvine (FULCINE, GRISÉFULINE...).

GROSSESSE, ALLAITEMENT ET NOUVEAU-NÉ

Compte tenu de ses indications, ce médicament n'est pas utilisé chez la femme enceinte ou qui allaite.

MODE D'EMPLOI ET POSOLOGIE

Prendre 1 comprimé blanc pendant 11 jours, puis 1 comprimé rose pendant 10 jours ; entre 2 plaquettes, interrompre le traitement pendant 7 jours.

Ce médicament peut faire réapparaître des saignements (règles).

EFFETS INDÉSIRABLES POSSIBLES

Peu graves et n'empêchant pas la poursuite du traitement : nausées, maux de tête banals, prise de poids, tension modérée des seins, jambes lourdes, irritation oculaire par les lentilles de contact.

Rares mais devant faire interrompre la prise de ce médicament : *hypertension artérielle*, accident cardiaque ou *vasculaire*, jaunisse, augmentation importante des lipides dans le sang, *diabète*, *nodule* ou douleur importante des seins, *migraine*, *vertiges*, troubles de la vision, aggravation d'une *épilepsie*, écoulement de lait, calculs de la vésicule biliaire.

CLOMID
clomifène

PRÉSENTATION

CLOMID : comprimé sécable (jaune) ; boîte de 5 - Remb. 65 % - Liste I

Laboratoires Marion Merrell Dow

COMPOSITION

	p. comp.
Clomifène citrate	50 mg

INDICATIONS

Ce médicament est un inducteur de l'ovulation : il provoque la formation de l'ovule par l'ovaire. Il agit sur l'*hypothalamus*, qui sécrète les *hormones* indispensables au déclenchement de l'ovulation.

Il est utilisé dans :
- le traitement des stérilités dues à un dérèglement hormonal ;
- le diagnostic et le traitement de certaines *aménorrhées*, notamment celles qui peuvent suivre l'arrêt d'une contraception orale (pilule).

CONTRE-INDICATIONS

Ce médicament ne doit pas être utilisé dans les cas suivants :
- maladie grave ou récente du foie,
- certaines causes de saignements entre les règles,
- cancer des organes génitaux,
- certains kystes de l'ovaire,
- troubles de la vue pendant le traitement ou lors de traitements précédents,
- **grossesse.**

ATTENTION

Ce médicament peut provoquer une stimulation excessive des ovaires : en cas de douleurs dans le bas-ventre, prévenez votre médecin.

GROSSESSE, ALLAITEMENT ET NOUVEAU-NÉ

Grossesse :

Ce médicament est contre-indiqué pendant la grossesse : le médecin s'assurera de l'absence de grossesse avant le début du traitement.

MODE D'EMPLOI ET POSOLOGIE

Posologie usuelle :

Stérilité : 1 comprimé pendant 5 jours. La date de début du traitement ainsi que la *posologie* lors des cycles ultérieurs sont fixées par votre médecin.

Aménorrhée : 2 comprimés par jour pendant 5 jours.

L'usage de ce médicament dans le traitement de la stérilité nécessite des examens fréquents (*échographie*...). N'hésitez pas à questionner votre médecin pour mieux comprendre le traitement et à vous faire préciser la période la plus favorable à la fécondation ainsi que la fréquence optimale des rapports sexuels.

Ce médicament doit être conservé à l'abri de la lumière.

EFFETS INDÉSIRABLES POSSIBLES

Troubles de la vision.

Bouffées de chaleur, maux de tête, étourdissement, *vertiges*.

Troubles digestifs.

Règles plus abondantes, saignement entre les règles.

Nervosité, insomnie, *état dépressif*.

Envie d'uriner fréquente.

Allergie cutanée.

Augmentation de la probabilité d'une grossesse multiple.

CLOPIXOL
zuclopenthixol

PRÉSENTATION

CLOPIXOL 10 mg : comprimé (rose clair) ; boîte de 30 - Remb. 65 % - Liste I

CLOPIXOL 10 mg : comprimé (rose clair) ; boîte de 100 - Non remb. - Liste I

CLOPIXOL 25 mg : comprimé (rose foncé) ; boîte de 30 - Remb. 65 % - Liste I

CLOPIXOL 25 mg : comprimé (rose foncé) ; boîte de 100 - Non remb. - Liste I

CLOPIXOL 2 % : solution buvable ; flacon compte-gouttes 20 ml (400 gouttes) - Remb. 65 % - Liste I

CLOPIXOL ACTION PROLONGÉE 200 mg/ml : solution injectable huileuse *I.M.* ; 1 ampoule 1 ml - Remb. 65 % - Liste I

CLOPIXOL ACTION PROLONGÉE 200 mg/ml : solution injectable huileuse *I.M.* ; boîte de 10 ampoules 1 ml - Non remb. - Liste I

Laboratoires Lundbeck

COMPOSITION

	p. comp.	p. comp.	p. gte
Zuclopenthixol dichlorhydrate	10 mg	25 mg	1 mg
Alcool			+

	p. amp. inj.
Zuclopenthixol décanoate	200 mg
Excipient huileux	+

INDICATIONS

Ce médicament appartient à la famille des *neuroleptiques*.

Il est utilisé dans le traitement de certains troubles nerveux accompagnés de troubles de l'*humeur*.

CONTRE-INDICATIONS

Ce médicament ne doit pas être utilisé dans les cas suivants :
- *glaucome* à angle fermé ;
- risque de rétention urinaire (*adénome de la prostate*...) ;
- *insuffisance hépatique*, *insuffisance rénale* graves ;
- en association avec les médicaments contenant de la lévodopa.

ATTENTION ⊛

La guérison peut nécessiter un traitement prolongé ; une amélioration survenant en début de traitement ne doit pas conduire à l'arrêter sans l'avis de votre médecin.

En cas de survenue d'une fièvre inexpliquée, suspendez la prise de ce médicament et alertez immédiatement votre médecin.

Des précautions sont nécessaires chez la personne âgée et en cas d'*épilepsie*, de maladie cardiaque ou de maladie de *Parkinson*.

Évitez les boissons alcoolisées : augmentation du risque de somnolence.

Conducteur : ce médicament peut être responsable d'une somnolence ou d'une baisse de la vigilance.

INTERACTIONS MÉDICAMENTEUSES

Ce médicament ne doit pas être associé avec les médicaments contenant de la lévodopa (LARODOPA, MODOPAR, SINEMET...) : risque d'annulation de leurs effets.

Il peut interagir avec d'autres médicaments, notamment les *antihypertenseurs*, les *atropiniques* et les *sédatifs*. Signalez tout autre traitement en cours à votre médecin ou à votre pharmacien.

GROSSESSE, ALLAITEMENT ET NOUVEAU-NÉ

Grossesse et nouveau-né :

Si une grossesse survient pendant le traitement, consultez votre médecin. Il appréciera le risque éventuel lié à l'utilisation de ce médicament dans votre cas. Si le traitement est poursuivi jusqu'à l'accouchement, une surveillance médicale du *nouveau-né* est nécessaire.

Allaitement :

Ce médicament passe dans le lait maternel : l'allaitement est déconseillé.

MODE D'EMPLOI ET POSOLOGIE

Les comprimés doivent être avalés avec de l'eau.

Les gouttes doivent être diluées dans un peu d'eau.

La solution injectable a une action prolongée. Elle doit être injectée par *voie* intramusculaire profonde, en utilisant une seringue en verre.

Posologie usuelle :

Elle est variable selon les cas.

EFFETS INDÉSIRABLES POSSIBLES

Somnolence.

Mouvements involontaires, tremblements, raideur anormale, grimaces involontaires.

Hypotension orthostatique.

Absence de règles, augmentation du volume des seins, écoulement de lait par le mamelon.

Prise de poids.

⚲ = risque de test antidopage positif

CLORANAUTINE
dimenhydrinate

PRÉSENTATION

CLORANAUTINE : comprimé sécable (bleu) ; boîte de 20 - Non remb.

Laboratoires Lederle

COMPOSITION

	p. comp.
Dimenhydrinate	50 mg

INDICATIONS

C'est un médicament qui appartient à la famille des *antihistaminiques* de type H1.

Il est principalement utilisé pour prévenir et traiter le mal des transports.

CONTRE-INDICATIONS

Ce médicament ne doit pas être utilisé dans les cas suivants :
- *glaucome* à angle fermé,
- troubles de la vessie et de la prostate pouvant conduire à une rétention des urines : *adénome de la prostate* essentiellement.

ATTENTION ⊛

Évitez les boissons alcoolisées : augmentation du risque de somnolence.

Conducteur : ce médicament peut être responsable d'une somnolence ou d'une baisse de la vigilance.

INTERACTIONS MÉDICAMENTEUSES

Ce médicament peut interagir avec d'autres médicaments : signalez tout autre traitement en cours à votre médecin ou à votre pharmacien.

GROSSESSE, ALLAITEMENT ET NOUVEAU-NÉ

Grossesse :

L'effet de ce médicament sur l'enfant à naître est mal connu : par mesure de prudence, il est déconseillé pendant la grossesse.

Allaitement :

Ce médicament passe dans le lait maternel : il est déconseillé pendant l'allaitement.

MODE D'EMPLOI ET POSOLOGIE

Ce médicament est à prendre une demi-heure avant le départ, avec un peu d'eau. La prise peut éventuellement être renouvelée au cours du voyage, sans dépasser 3 prises par jour.

Posologie usuelle :

- Adulte : 1 comprimé, à renouveler 4 heures après.
- Enfant de 7 à 15 ans : 1/2 comprimé, à renouveler 4 heures après.
- Enfant de 1 à 7 ans : 1/4 comprimé, à renouveler 4 heures après.

EFFETS INDÉSIRABLES POSSIBLES

Somnolence.

Sécheresse de la bouche, troubles visuels, dessèchement des sécrétions bronchiques.

Constipation, rétention d'urine.

Confusion des idées ou excitation chez la personne âgée.

COALGAN
alginate de calcium

PRÉSENTATION

COALGAN : ouate stérile ; boîte de 5 sachets 0,40 g - Remb. 65 %

Laboratoires Brothier

COMPOSITION

	p sachet
Alginate de calcium, ouate	0,4 g

INDICATIONS

C'est une ouate stérile imbibée d'une substance qui favorise la formation d'un caillot.

Elle est utilisée pour arrêter le saignement des petites plaies, notamment les saignements de nez.

ATTENTION

En cas de saignement important, comprimez la plaie pendant plusieurs minutes avec une compresse. Si l'*hémorragie* persiste, prévenez d'urgence votre médecin.

Évitez de laver ou de frotter une blessure qui vient de s'arrêter de saigner.

MODE D'EMPLOI ET POSOLOGIE

Nettoyer la plaie puis appliquer l'ouate, en pressant légèrement.

En cas de saignement de nez, introduire une mèche d'ouate dans la narine.

☛ Les particules d'ouate retenues par le caillot disparaîtront naturellement.

COALTAR SAPONINÉ LE BEUF
goudron de houille, teinture de quillaya

PRÉSENTATION

COALTAR SAPONINÉ LE BEUF : émulsion pour application locale ; flacon 150 ml - Non remb.

Laboratoires Gerda

COMPOSITION

Goudron de houille à 2 % émulsionné dans l'eau par la teinture de quillaya

INDICATIONS

C'est un médicament d'usage local doué de propriétés calmantes.

Il est utilisé pour traiter les démangeaisons cutanées et soulager les douleurs de la bouche et des gencives.

GROSSESSE, ALLAITEMENT ET NOUVEAU-NÉ

L'effet de ce médicament pendant la grossesse ou l'allaitement est mal connu.

L'évaluation du risque éventuel lié à son utilisation est individuelle : demandez conseil à votre pharmacien ou à votre médecin.

MODE D'EMPLOI ET POSOLOGIE

Ce médicament peut être utilisé en application locale, en *bain de bouche* ou en *gargarisme*.

Posologie usuelle :

En application locale (dermatologie) : diluer la solution avec 1 ou 2 volumes d'eau, appliquer et laisser sécher.

En bain de bouche ou en gargarisme : diluer la solution de moitié (1 volume d'eau pour 1 volume de solution).

La solution ne doit pas être avalée.

COBANZYME
cobamamide

PRÉSENTATION

COBANZYME : gélule (rouge) ; boîte de 14 - Non remb.

Laboratoires L'Arguenon-S.E.R.B.

COMPOSITION

	p. gél.
Cobamamide (dibencozide)	1 mg

INDICATIONS

Ce médicament contient une substance qui a les mêmes propriétés que la *vitamine* B12, indispensable au *métabolisme*.

Il est utilisé dans le traitement de certains retards de croissance, de la fatigue, et des suites d'infections répétées.

CONTRE-INDICATIONS

Ce médicament ne doit pas être utilisé en cas d'*allergie* à la *vitamine* B12 et aux substances apparentées.

ATTENTION

Des précautions sont nécessaires chez les personnes ayant des *antécédents* d'*asthme* ou d'*eczéma*.

GROSSESSE, ALLAITEMENT ET NOUVEAU-NÉ

L'absence d'effets nocifs de la *vitamine* B12 et des substances apparentées, à forte dose, n'a pas été établie pendant la grossesse ou l'allaitement.

MODE D'EMPLOI ET POSOLOGIE

Les gélules doivent être avalées avec un verre d'eau. Pour le *nourrisson*, elles peuvent être ouvertes et leur contenu peut être mélangé au biberon.

Posologie usuelle :

- Adulte : 1 à 4 gélules par jour.
- Enfant de plus de 30 mois : 1 à 3 gélules par jour.
- Nourrisson : 1 gélule par jour.

Sous traitement, la coloration rouge des urines est normale : elle est liée à l'élimination de la *vitamine* B12.

EFFETS INDÉSIRABLES POSSIBLES

Allergie cutanée (*urticaire*).

Choc anaphylactique.

COCCULINE
homéopathie

PRÉSENTATION

COCCULINE : comprimé (blanc) ; boîte de 30 - Non remb.

COCCULINE : dose de globules homéopathiques ; boîte de 3 - Non remb.

Laboratoires Boiron

COMPOSITION

	p. comp.	p. dose
Cocculus 4 CH	0,15 g	1 g
Tabacum 4 CH	0,15 g	1 g
Nux vomica 4 CH	0,15 g	1 g
Petroleum 4 CH	0,15 g	1 g

INDICATIONS

Ce médicament est un *complexe* (association) de remèdes homéopathiques.

Il est utilisé comme *traitement symptomatique* des nausées dues au mal des transports.

GROSSESSE, ALLAITEMENT ET NOUVEAU-NÉ

Aux *dilutions homéopathiques*, ce médicament ne contient aucune substance connue pour être toxique pendant la grossesse ou l'allaitement.

MODE D'EMPLOI ET POSOLOGIE

Les comprimés peuvent être absorbés avec un peu d'eau.

Les doses de globules doivent être placées sous la langue.

Posologie usuelle :

- *Traitement préventif* : 2 comprimés, 3 fois par jour ou 1 dose la veille et le jour du départ.
- *Traitement curatif* : 2 comprimés toutes les heures ou 1 dose en cas de mal des transports.

Abstenez-vous de manger dans le quart d'heure qui précède ou suit la prise.

CODATUX sirop

PRÉSENTATION

CODATUX SIROP ADULTES : sirop ; flacon 150 ml - Non remb.

Laboratoires Amido

COMPOSITION

	p. c. à s.
Sulfogaïacol	200 mg
Codéine	4 mg
Dionine	6 mg
Polygala, teinture	200 mg
Laurier-cerise, eau distillée	500 mg
Érysimum, sirop	4 g
Baume de Tolu, sirop	5,09 g
Sucre	10,51 g

INDICATIONS

Ce sirop *antitussif* contient de la codéine et un fluidifiant des bronches (le sulfogaïacol). La codéine a un effet *sédatif* sur le *système nerveux central* et notamment sur les centres de la toux.

Il est utilisé dans le *traitement symptomatique* des toux sèches, de l'enrouement et des extinctions de voix.

CONTRE-INDICATIONS

Ce médicament ne doit pas être utilisé dans les cas suivants :

- *asthme*,
- *insuffisance respiratoire*,
- enfant de moins de 15 ans.

ATTENTION

Ce médicament n'est pas adapté au traitement de la toux grasse, qui est un mécanisme de défense normal de l'organisme permettant l'évacuation des mucosités présentes dans les bronches.

La toux est un *symptôme* qui peut révéler de nombreuses maladies : consultez votre médecin si elle persiste plus de quelques jours.

Ce médicament contient du *sucre* en quantité notable.

Évitez les boissons alcoolisées : augmentation du risque de somnolence.

Conducteur : ce médicament peut être responsable d'une somnolence ou d'une baisse de la vigilance.

INTERACTIONS MÉDICAMENTEUSES

Ce médicament peut interagir avec beaucoup d'autres médicaments, notamment chez les personnes âgées ; signalez tout autre traitement en cours à votre médecin ou à votre pharmacien.

GROSSESSE, ALLAITEMENT ET NOUVEAU-NÉ

Grossesse :

Compte tenu de la présence de codéine, n'utilisez pas ce médicament pendant la grossesse sans prendre l'avis de votre pharmacien ou de votre médecin.

Allaitement :

Ce médicament passe dans le lait maternel : il est déconseillé pendant l'allaitement.

MODE D'EMPLOI ET POSOLOGIE

Les prises de ce médicament doivent être réparties au cours de la journée.

Posologie usuelle :

- Adulte : 3 ou 4 cuillères à soupe de sirop par jour.

De nombreux médicaments contiennent de la codéine, notamment certains *antitussifs* et *antalgiques*. Le surdosage expose à une augmentation des effets indésirables, en cas de prise conjointe.

Une toux nocturne aggravée par ce médicament peut être une toux allergique : demandez conseil à votre médecin.

La poursuite du tabagisme nuit à l'efficacité du traitement.

Des mesures simples permettent de calmer les toux sèches : boissons chaudes et humidification de l'air ambiant.

EFFETS INDÉSIRABLES POSSIBLES

Les effets indésirables sont liés à la présence de codéine : constipation ; et plus rarement, somnolence, nausées, vomissements, sensation de vertige, *allergies* cutanées, ralentissement de la respiration.

CODATUX suppositoire

PRÉSENTATION

CODATUX ADULTE : suppositoire ; boîte de 8 - Non remb.

CODATUX ENFANT : suppositoire ; boîte de 8 - Non remb.

Laboratoires Amido

COMPOSITION

	p. suppos. Ad.	p. suppos. Enf.
Codéine phosphate	20 mg	5 mg
Drosera, extrait mou	30 mg	15 mg
Coquelicot, extrait mou	100 mg	50 mg
Eucalyptol	100 mg	50 mg

INDICATIONS

Ce médicament *antitussif* contient de la codéine et un *antiseptique* des voies respiratoires (l'eucalyptol). La codéine a une action sédative sur le *système nerveux central* et notamment les centres de la toux.

Il est utilisé dans le *traitement symptomatique* des toux sèches.

CONTRE-INDICATIONS

Ce médicament ne doit pas être utilisé dans les cas suivants :
- *asthme*,
- *insuffisance respiratoire*,
- enfant de moins de 15 ans (suppositoire Adulte),
- enfant de moins de 3 ans (suppositoire Enfant).

ATTENTION

Ce médicament n'est pas adapté au traitement de la toux grasse, qui est un mécanisme de défense normal de l'organisme permettant l'évacuation des mucosités présentes dans les bronches.

La toux est un *symptôme* qui peut révéler de nombreuses maladies : consultez votre médecin si elle persiste plus de quelques jours.

Évitez les boissons alcoolisées : augmentation du risque de somnolence.

Conducteur : ce médicament peut être responsable d'une somnolence ou d'une baisse de la vigilance.

INTERACTIONS MÉDICAMENTEUSES

Ce médicament peut interagir avec beaucoup d'autres médicaments, notamment chez les personnes âgées ; signalez tout autre traitement en cours à votre médecin ou à votre pharmacien.

GROSSESSE, ALLAITEMENT ET NOUVEAU-NÉ

Grossesse :

Compte tenu de la présence de codéine, n'utilisez pas ce médicament pendant la grossesse sans prendre l'avis de votre pharmacien ou de votre médecin.

Allaitement :

Ce médicament passe dans le lait maternel : il est déconseillé pendant l'allaitement.

MODE D'EMPLOI ET POSOLOGIE

- Adulte : 1 à 3 suppositoires Adulte par jour.
- Enfant de 3 à 15 ans : 1 à 3 suppositoires Enfant par jour.

De nombreux médicaments contiennent de la codéine, notamment certains *antitussifs* et *antalgiques*. Le surdosage expose à une augmentation des effets indésirables, en cas de prise conjointe.

Une toux nocturne aggravée par ce médicament peut être une toux allergique : demandez conseil à votre médecin.

Fumer, ou être exposé à la fumée des autres, nuit à l'efficacité du traitement.

Des mesures simples permettent de calmer les toux sèches : boissons chaudes et humidification de l'air ambiant.

EFFETS INDÉSIRABLES POSSIBLES

Les effets indésirables sont liés à la présence de codéine : constipation ; et plus rarement, somnolence, nausées, vomissements, *bronchospasme*, sensation de vertige, *allergies* cutanées, ralentissement de la respiration.

CODATUX suppositoire Nourrisson

drosera, coquelicot, eucalyptol

PRÉSENTATION

CODATUX SUPPOSITOIRE NOURRISSON : suppositoire ; boîte de 8 - Non remb.

Laboratoires Amido

COMPOSITION

	p. suppos.
Drosera, extrait mou	7,5 mg
Coquelicot, extrait mou	25 mg
Eucalyptol	25 mg

INDICATIONS

Ce médicament contient des extraits de plantes et de l'eucalyptol, *antiseptique* des *voies* respiratoires.

Il est utilisé dans le *traitement symptomatique* des toux sèches et d'irritation.

ATTENTION

Ce médicament n'est pas adapté au traitement de la toux grasse, qui est un mécanisme de défense normal de l'organisme permettant l'évacuation des mucosités présentes dans les bronches.

La toux est un *symptôme* qui peut révéler de nombreuses maladies. Consultez votre médecin si elle persiste plus de quelques jours.

MODE D'EMPLOI ET POSOLOGIE

- Enfant de moins de 3 ans : 1 à 3 suppositoires par jour.

Des mesures simples permettent de calmer les toux sèches : boissons chaudes et humidification de l'air ambiant.

CODÉTHYLINE HOUDÉ

codéthyline

PRÉSENTATION

CODÉTHYLINE HOUDÉ : comprimé (rose) ; boîte de 60 - Remb. 35 %

Laboratoires Houdé

COMPOSITION

	p. comp.
Codéthyline chlorhydrate	5 mg

INDICATIONS

Ce médicament *antitussif* contient de la codéthyline, qui a une action sédative sur le *système nerveux central* et notamment les centres de la toux.

Il est utilisé dans le *traitement symptomatique* des toux sèches.

CONTRE-INDICATIONS

Ce médicament ne doit pas être utilisé dans les cas suivants :
- *asthme*,
- *insuffisance respiratoire*,
- enfant de moins de 8 ans.

ATTENTION

Ce médicament n'est pas adapté au traitement de la toux grasse, qui est un mécanisme de défense normal de l'organisme permettant l'évacuation des mucosités présentes dans les bronches.

La toux est un *symptôme* qui peut révéler de nombreuses maladies : consultez votre médecin si elle persiste plus de quelques jours.

Évitez les boissons alcoolisées : augmentation du risque de somnolence.

Conducteur : ce médicament peut être responsable d'une somnolence ou d'une baisse de la vigilance.

INTERACTIONS MÉDICAMENTEUSES

Ce médicament peut interagir avec d'autres médicaments, notamment chez les personnes âgées. Signalez tout autre traitement en cours à votre médecin ou à votre pharmacien.

GROSSESSE, ALLAITEMENT ET NOUVEAU-NÉ

Grossesse :

Compte tenu de la présence de codéthyline, n'utilisez pas ce médicament pendant la grossesse sans prendre l'avis de votre pharmacien ou de votre médecin.

Allaitement :

Ce médicament est déconseillé pendant l'allaitement.

MODE D'EMPLOI ET POSOLOGIE

Les prises de ce médicament doivent être réparties au cours de la journée.

Posologie usuelle :
- Adulte : 10 comprimés par jour. Chez la personne âgée, il convient de réduire la *posologie* de moitié.
- Enfant de plus de 8 ans : 3 à 6 comprimés par jour.

> De nombreux médicaments contiennent de la codéthyline ou une substance voisine, la codéine, notamment certains *antitussifs* et *antalgiques* : leur surdosage expose à une augmentation des effets indésirables.
>
> Une toux nocturne aggravée par ce médicament peut être une toux allergique : demandez conseil à votre médecin.
>
> La poursuite du tabagisme nuit à l'efficacité du traitement.
>
> Des mesures simples permettent de calmer les toux sèches : boissons chaudes et humidification de l'air ambiant.

EFFETS INDÉSIRABLES POSSIBLES

Constipation, et plus rarement : somnolence, nausées, vomissements, *bronchospasme*, sensation vertigineuse, *allergies* cutanées, ralentissement de la respiration.

CODÉTRICINE
tyrothricine

PRÉSENTATION

CODÉTRICINE : pâte à sucer ; boîte de 40 - Non remb.

Laboratoires Nicholas

COMPOSITION

	p. pâte
Tyrothricine	240 UI
Saccharose	1,35 g

INDICATIONS

Ce médicament d'usage local contient un *antibiotique*.

Il est utilisé comme *traitement d'appoint* en cas de mal de gorge sans fièvre ou d'affection de la bouche.

CONTRE-INDICATIONS

Ce médicament ne doit pas être utilisé chez l'enfant de moins de 6 ans.

> **ATTENTION**
>
> L'usage prolongé de ce médicament n'est pas souhaitable : il est susceptible de modifier l'équilibre microbien naturel de la gorge (apparition de *candidose*).
>
> En cas d'apparition de fièvre, d'aggravation ou d'absence d'amélioration au bout de 5 jours, consultez votre médecin.
>
> Ce médicament contient du *sucre* (saccharose) en quantité notable.

GROSSESSE, ALLAITEMENT ET NOUVEAU-NÉ

L'effet de ce médicament pendant la grossesse ou l'allaitement est mal connu. L'évaluation du risque éventuel lié à son utilisation est individuelle : demandez conseil à votre pharmacien ou à votre médecin.

MODE D'EMPLOI ET POSOLOGIE

Les pâtes doivent être sucées lentement sans être croquées.

Les prises doivent être espacées d'au moins 1 heure.

Posologie usuelle :
- Adulte : 6 à 8 pâtes à sucer par jour.
- Enfant de plus de 6 ans : 2 à 4 pâtes à sucer par jour, selon l'âge.

> Certaines infections de la gorge nécessitent un traitement spécifique pour éviter des complications ultérieures, cardiaques ou rénales : si les troubles persistent, consultez votre médecin.

EFFETS INDÉSIRABLES POSSIBLES

Rarement : réaction allergique.

CODOLIPRANE
paracétamol, codéine

PRÉSENTATION

CODOLIPRANE : comprimé sécable (blanc) ; boîte de 16 - Remb. 65 %

Laboratoires Théraplix

COMPOSITION

	p. comp.
Paracétamol	400 mg
Codéine phosphate	20 mg

INDICATIONS

Ce médicament contient deux *antalgiques* : le paracétamol, qui empêche la transmission de la douleur, et la codéine, qui agit directement sur le cerveau. Le paracétamol a également un effet *antipyrétique*.

Il est utilisé dans le *traitement symptomatique* des douleurs avec ou sans fièvre.

CONTRE-INDICATIONS

Ce médicament ne doit pas être utilisé dans les cas suivants :
- maladie grave du foie,
- *insuffisance respiratoire*,
- enfant de moins de 10 ans.

> **ATTENTION**
>
> De nombreux médicaments contiennent du paracétamol : en tenir compte en cas de prise conjointe car le surdosage en paracétamol peut être toxique pour le foie.
>
> Évitez les boissons alcoolisées : augmentation du risque de somnolence.
>
> Conducteur : ce médicament peut être responsable d'une somnolence ou d'une baisse de la vigilance.

INTERACTIONS MÉDICAMENTEUSES

Ce médicament peut interagir avec d'autres médicaments. Signalez tout autre traitement en cours à votre médecin ou à votre pharmacien.

GROSSESSE, ALLAITEMENT ET NOUVEAU-NÉ

Grossesse :

Ce médicament contient de la codéine : il est déconseillé en automédication pendant la grossesse.

Nouveau-né :

Ce médicament passe dans le lait maternel : l'allaitement est déconseillé.

MODE D'EMPLOI ET POSOLOGIE

Ce médicament peut être pris indifféremment avant, pendant ou après les repas. Les comprimés doivent être avalés avec un verre d'eau.

Respectez un intervalle minimal de 4 heures entre 2 prises.

Posologie usuelle :
- Adulte : 1 ou 2 comprimés, 1 à 3 fois par jour.
- Enfant de plus de 10 ans : 1/2 comprimé, 1 à 3 fois par jour selon l'âge.

EFFETS INDÉSIRABLES POSSIBLES

Liés au paracétamol : *allergie* exceptionnelle.

Liés à la codéine : constipation, somnolence, *troubles digestifs*, *bronchospasme*, *vertiges*.

CODOTUSSYL

PRÉSENTATION

CODOTUSSYL ADULTE : sirop ; flacon 150 ml - Non remb.

CODOTUSSYL : pâte à sucer ; boîte de 20 - Non remb.

CODOTUSSYL : pâte à sucer ; boîte de 30 - Non remb.

Laboratoires Lederle

COMPOSITION

	p. c. à s.	p. pâte
Pholcodine	19,9 mg	7 mg
Aconit, teinture	138 mg	25 mg
Belladone, teinture	69 mg	30 mg
Benzoate de sodium	150 mg	52 mg
Sulfogaïacol	121 mg	
Terpine		3,5 mg
Eau de laurier-cerise	765 mg	
Sirop de Tolu	300 mg	
Sirop de Desessartz	615 mg	
Saccharose	10,9 g	1,7 g

INDICATIONS

Ce médicament est une association de substances qui contient notamment un *antitussif* (pholcodine), des *expectorants* (benzoate de sodium, sulfogaïacol, terpine), et un *antispasmodique* (*belladone*).

Il est utilisé dans le *traitement symptomatique* des toux sèches.

CONTRE-INDICATIONS

Ce médicament ne doit pas être utilisé dans les cas suivants :
- *asthme*, *insuffisance respiratoire* (présence de pholcodine) ;

- *glaucome* à angle fermé, risque de rétention des urines : *adénome de la prostate*... (présence de *belladone*) ;
- enfant de moins de 3 ans (pâtes à sucer) ;
- enfant de moins de 15 ans (sirop).

ATTENTION

Ce médicament n'est pas adapté au traitement de la toux grasse, qui est un mécanisme de défense normal de l'organisme permettant l'évacuation des mucosités présentes dans les bronches.

La toux est un *symptôme* qui peut révéler de nombreuses maladies : consultez votre médecin si elle persiste plus de quelques jours.

Ce médicament contient du *sucre* (saccharose) en quantité notable.

Évitez les boissons alcoolisées : augmentation du risque de somnolence.

Conducteur : ce médicament peut être responsable d'une somnolence ou d'une baisse de la vigilance.

INTERACTIONS MÉDICAMENTEUSES

Ce médicament peut interagir avec d'autres médicaments. Signalez tout autre traitement en cours à votre médecin ou à votre pharmacien.

GROSSESSE, ALLAITEMENT ET NOUVEAU-NÉ

Grossesse :

Compte tenu de la présence de pholcodine, n'utilisez pas ce médicament pendant la grossesse sans prendre l'avis de votre pharmacien ou de votre médecin.

Allaitement :

Les données actuellement disponibles ne permettent pas de savoir si ce médicament passe dans le lait maternel : par mesure de prudence, il est déconseillé pendant l'allaitement.

MODE D'EMPLOI ET POSOLOGIE

Ce médicament doit être absorbé en plusieurs prises, au cours de la journée, en dehors des repas et au coucher.

Posologie usuelle :

- Adulte : 3 à 5 cuillères à soupe de sirop ou 2 à 8 pâtes par jour.
- Enfant de 8 à 15 ans : 2 à 6 pâtes par jour.
- Enfant de 3 à 8 ans : 1 ou 2 pâtes par jour.

Les pâtes à sucer ne sont pas des bonbons : les tenir hors de portée des enfants.

Fumer, ou être exposé à la fumée des autres, nuit à l'efficacité du traitement.

Des mesures simples permettent de calmer les toux sèches : boissons chaudes et humidification de l'air ambiant.

EFFETS INDÉSIRABLES POSSIBLES

Liés à la pholcodine : constipation ; et plus rarement, somnolence, sensation de vertige, nausées, vomissements, *bronchospasme*, *allergie* cutanée.

Liés à la *belladone* : effets *atropiniques*, rares aux doses usuelles.

COGITUM

acide acétylaminosuccinique

PRÉSENTATION

COGITUM : solution buvable arôme banane ; boîte de 30 ampoules 10 ml - Non remb.

Laboratoires SmithKline Beecham

COMPOSITION

	p. amp.
N-acétylaminosuccinate bipotassique	250 mg
Lévulose	1 g

INDICATIONS

Ce médicament est un *psychostimulant*. Il contient un *acide aminé* constituant du système nerveux.

Il est utilisé dans le traitement de certaines fatigues (*asthénies fonctionnelles*).

GROSSESSE, ALLAITEMENT ET NOUVEAU-NÉ

L'effet de ce médicament pendant la grossesse ou l'allaitement est mal connu. L'évaluation du risque éventuel lié à son utilisation est individuelle : demandez conseil à votre pharmacien ou à votre médecin.

MODE D'EMPLOI ET POSOLOGIE

Les ampoules peuvent être prises pures ou avec un peu d'eau.

Posologie usuelle :

1 ampoule, 2 ou 3 fois par jour.

COLCHICINE HOUDÉ

colchicine

PRÉSENTATION

COLCHICINE HOUDÉ : comprimé sécable (rose) ; boîte de 20 - Remb. 65 % - Liste I

Laboratoires Houdé

COMPOSITION

	p. comp.
Colchicine cristallisée	1 mg

INDICATIONS

Ce médicament aux propriétés multiples agit principalement sur l'*inflammation* due à la présence de cristaux microscopiques dans les articulations (*acide urique*, calcium...).

Il est utilisé dans le traitement de la *goutte*, de la *chondrocalcinose* et de certaines maladies rares.

CONTRE-INDICATIONS

Ce médicament ne doit pas être utilisé dans les cas suivants :
- *insuffisance hépatique* grave,
- *insuffisance rénale* grave,
- grossesse.

ATTENTION

L'apparition d'une diarrhée, fréquente avec ce médicament, n'impose pas l'arrêt du traitement mais peut justifier la prise d'un antidiarrhéique : demandez conseil à votre pharmacien ou à votre médecin.

En revanche, la survenue de vomissements traduit un surdosage : ne dépassez pas la *posologie* recommandée.

GROSSESSE, ALLAITEMENT ET NOUVEAU-NÉ

Grossesse :

Ce médicament est contre-indiqué pendant la grossesse.

Allaitement :

Les données actuellement disponibles ne permettent pas de savoir si ce médicament passe dans le lait maternel.

MODE D'EMPLOI ET POSOLOGIE

Les comprimés doivent être avalés au cours des repas afin de réduire l'*intolérance* digestive.

Posologie usuelle :

Traitement de la crise de *goutte* : 1 comprimé, 3 fois par jour le 1er jour, puis 1 comprimé matin et soir les 2 jours suivants, ensuite 1 comprimé le soir.

Traitement préventif de la crise de goutte et traitement des autres maladies : 1 comprimé par jour, le soir.

Une crise de *goutte* peut être provoquée par un excès alimentaire mais aussi par un jeûne prolongé, une fatigue excessive, un stress ou un traumatisme.

Ce médicament doit être conservé à l'abri de la lumière.

EFFETS INDÉSIRABLES POSSIBLES

Diarrhée dont l'intensité dépend de la *posologie*.

Éruption cutanée.

COLCHIMAX

colchicine, iodure de tiémonium, phénobarbital

PRÉSENTATION

COLCHIMAX : comprimé (bleu) ; boîte de 20 - Remb. 65 % - Liste I

Laboratoires Houdé

COMPOSITION

	p. comp.
Colchicine cristallisée	1 mg
Tiémonium iodure	50 mg
Phénobarbital	15 mg
Poudre d'opium	12,5 mg

INDICATIONS

Ce médicament contient une association de substances :
- la colchicine qui agit principalement sur l'*inflammation* due à la présence de cristaux microscopiques dans les articulations (*acide urique*, calcium...) ;
- un *antispasmodique* (tiémonium), un *barbiturique* (phénobarbital) et de la poudre d'opium destinés à lutter contre la diarrhée induite par la colchicine.

Il est utilisé dans le traitement de la *goutte*, de la *chondrocalcinose* et de certaines maladies rares.

CONTRE-INDICATIONS

Ce médicament ne doit pas être utilisé dans les cas suivants :
- *allergie* à l'iode,
- *glaucome* à angle fermé,
- risque de blocage des urines (*adénome de la prostate*...),
- *insuffisance hépatique* ou *insuffisance rénale* graves,
- grossesse.

ATTENTION

L'apparition d'une diarrhée n'impose pas l'arrêt du traitement mais peut justifier la prise d'un antidiarrhéique : demandez conseil à votre pharmacien ou à votre médecin.

En revanche, la survenue de vomissements traduit un surdosage : ne dépassez pas la *posologie* recommandée.

Évitez les boissons alcoolisées : augmentation du risque de somnolence.

Conducteur : ce médicament peut être responsable d'une somnolence ou d'une baisse de la vigilance.

INTERACTIONS MÉDICAMENTEUSES

Ce médicament peut interagir avec d'autres médicaments, notamment les *anticoagulants* oraux et les *contraceptifs* oraux (pilule) : risque de contraception inefficace. Signalez tout autre traitement en cours à votre médecin ou à votre pharmacien.

GROSSESSE, ALLAITEMENT ET NOUVEAU-NÉ

Grossesse :

Ce médicament est contre-indiqué pendant la grossesse.

Allaitement :

Les données actuellement disponibles ne permettent pas de savoir si ce médicament passe dans le lait maternel.

MODE D'EMPLOI ET POSOLOGIE

Les comprimés doivent être avalés au cours des repas afin de réduire l'*intolérance* digestive.

Posologie usuelle :

Traitement de la crise de *goutte* : 1 comprimé, 3 fois par jour le 1er jour, puis 1 comprimé matin et soir les 2 jours suivants, ensuite 1 comprimé le soir.

Traitement préventif de la crise de goutte et traitement des autres maladies : 1 comprimé par jour, le soir.

Une crise de *goutte* peut être provoquée par un excès alimentaire mais aussi par un jeûne prolongé, une fatigue excessive, un stress ou un traumatisme.

EFFETS INDÉSIRABLES POSSIBLES

Diarrhée dont l'intensité dépend de la *posologie*.

Éruption cutanée.

Liés au phénobarbital : somnolence, confusion des idées chez la personne âgée.

COLD CREAM NATUREL ROCHE-POSAY

PRÉSENTATION

COLD CREAM NATUREL : émulsion pour application locale ; tube 45 g - Non remb.

COLD CREAM NATUREL : émulsion pour application locale ; tube 90 g - Non remb.

Laboratoires Roche-Posay

COMPOSITION

	p. 100 g
Palmitate de cétyle	11,75 g
Cire d'abeille blanche	13,50 g
Huile de vaseline	63,25 g
Eau de La Roche-Posay	11,50 g

INDICATIONS

Cette pommade possède des propriétés hydratantes.

Elle est utilisée dans le *traitement d'appoint* de la sécheresse et des irritations de la peau.

ATTENTION

Cette pommade ne doit pas être appliquée sur des lésions suintantes.

GROSSESSE, ALLAITEMENT ET NOUVEAU-NÉ

Ce médicament ne contient que des substances présumées sans danger pendant la grossesse ou l'allaitement. Néanmoins, ne l'utilisez pas de façon prolongée sans l'avis de votre pharmacien ou de votre médecin.

MODE D'EMPLOI ET POSOLOGIE

Nettoyer la région à traiter avant l'application d'une couche mince de pommade sur la zone à traiter.

Posologie usuelle :

1 ou plusieurs applications par jour.

COLD CREAM SALICYLÉ ROCHE-POSAY

PRÉSENTATION

COLD CREAM SALICYLÉ : émulsion pour application locale ; tube 45 g - Non remb.

Laboratoires Roche-Posay

COMPOSITION

	p. 100 g
Acide salicylique	1 g
Silicate d'aluminium	2 g
Dioxyde de titane	2 g
Palmitate de cétyle	11 g
Cire d'abeille blanche	12 g
Huile de vaseline	61 g
Eau de la Roche-Posay	11 g

INDICATIONS

Ce médicament est une émulsion grasse et hydratante. Il contient une faible quantité d'acide salicylique, qui lutte contre l'épaississement de la peau.

Il est utilisé dans le *traitement d'appoint* des peaux sèches et squameuses.

CONTRE-INDICATIONS

Ce médicament ne doit pas être utilisé en cas d'allergie aux *salicylés*.

ATTENTION

Évitez d'utiliser cette émulsion, notamment chez l'enfant, de manière prolongée et sur des surfaces étendues ou profondément lésées sans l'avis de votre pharmacien ou de votre médecin.

Cette émulsion ne doit être appliquée ni sur des lésions suintantes ni dans les plis de la peau.

GROSSESSE, ALLAITEMENT ET NOUVEAU-NÉ

L'effet de ce médicament pendant la grossesse ou l'allaitement est mal connu. L'évaluation du risque éventuel lié à son utilisation est individuelle : demandez conseil à votre pharmacien ou à votre médecin.

MODE D'EMPLOI ET POSOLOGIE

Cette émulsion doit être appliquée en couche mince.

COLICORT

colistine, tétracycline, prednisolone

PRÉSENTATION

COLICORT : solution nasale et auriculaire ; 1 flacon en verre de *lyophilisat* et 1 flacon en matière plastique de solvant 5 ml - Remb. 35 % - Liste I

Laboratoires M.S.D.-Chibret

COMPOSITION

	p. 100 ml
Colistiméthate sodique	25 millions d'U
Tétracycline chlorhydrate	1 g
Prednisolone ester monophosphorique	0,10 g

INDICATIONS

Ce médicament d'usage local contient deux *antibiotiques* et un *anti-inflammatoire* de la famille des *corticoïdes*.

Il est utilisé dans le traitement des *otites* externes, des *rhinites*, des *rhino-pharyngites* et des *sinusites*.

CONTRE-INDICATIONS

Ce médicament ne doit pas être utilisé en cas de perforation du tympan.

ATTENTION

Ce médicament peut être dangereux en cas de tympan perforé : ne le réutilisez pas sans un contrôle médical de l'intégrité du tympan.

L'emploi de ce médicament doit être évité chez l'enfant de moins de 8 ans : risque de coloration des dents par la *tétracycline*.

GROSSESSE, ALLAITEMENT ET NOUVEAU-NÉ

L'effet de ce médicament pendant la grossesse ou l'allaitement est mal connu : seul votre médecin peut évaluer le risque éventuel de son utilisation dans votre cas.

MODE D'EMPLOI ET POSOLOGIE

La préparation est reconstituée en versant le solvant dans le flacon en verre contenant la poudre. Afin de limiter la sensation désagréable du liquide froid dans le nez ou l'oreille, il est conseillé de réchauffer le flacon dans la main avant l'instillation.

Les pulvérisations nasales doivent être faites au cours d'une brève inspiration. La solution peut également être instillée dans les narines, tête penchée en arrière.

Les instillations auriculaires sont faites la tête penchée sur le côté, en gardant le liquide dans l'oreille pendant quelques minutes (bain d'oreille).

Posologie usuelle :

Infection du nez : 2 à 4 instillations par jour, dans chaque narine.

Infection de l'oreille : 2 instillations ou pulvérisations, par jour, dans l'oreille à traiter.

> Si les troubles persistent malgré un traitement bien suivi, si une fièvre apparaît, consultez votre médecin.
>
> La solution reconstituée doit être conservée au réfrigérateur. Ne la conservez pas après la fin du traitement.

EFFETS INDÉSIRABLES POSSIBLES

Réactions allergiques.

COLIMYCINE oral

colistine

PRÉSENTATION

COLIMYCINE 1.500.000 UI : comprimé sécable (blanc) ; boîte de 10 - Remb. 35 % - Liste I

COLIMYCINE : poudre pour sirop arôme cerise ; flacon 35 g (16 cuillères-mesure) - Remb. 35 % - Liste I

Laboratoires Roger Bellon

COMPOSITION

	p. comp.	p. c. mes.
Colistine sulfate	1 500 000 UI	250 000 UI

INDICATIONS

C'est un *antibiotique* qui appartient à la famille des polymyxines.

Il est utilisé comme *antiseptique* intestinal pour traiter les diarrhées aiguës bénignes.

CONTRE-INDICATIONS

Ce médicament ne doit pas être utilisé dans les cas suivants :
- *antécédent* d'*allergie* aux polymyxines,
- prématuré et *nouveau-né*.

> **ATTENTION**
>
> Si la diarrhée persiste ou s'il apparaît une fièvre, des frissons, une grande fatigue, du sang ou des glaires dans les selles, ce traitement est insuffisant et des examens peuvent être nécessaires : consultez votre médecin.
>
> Des précautions sont nécessaires en cas d'*insuffisance rénale* grave.
>
> En cas d'opération, prévenez l'anesthésiste de la prise de ce médicament.

GROSSESSE, ALLAITEMENT ET NOUVEAU-NÉ

L'évaluation du risque éventuel lié à l'utilisation de ce médicament pendant la grossesse et l'allaitement est individuelle. Seul votre médecin peut l'apprécier dans votre cas.

MODE D'EMPLOI ET POSOLOGIE

Pour préparer le sirop, complétez le flacon de poudre avec de l'eau plate jusqu'au repère qui figure sur le flacon. Agitez doucement jusqu'à dissolution complète. Le sirop peut être administré à la cuillère, ou mélangé au biberon. Les comprimés peuvent être dissous dans une cuillère ou dans le biberon.

Le traitement ne doit pas dépasser 7 jours.

Posologie usuelle :

- Adulte : 1 comprimé par 10 kg et par jour, à répartir en 3 ou 4 prises.
- Nourrisson de plus de 30 jours et enfant : 1 mesure par kg et par jour, ou 1 comprimé par 5 kg et par jour à répartir en 3 ou 4 prises.

> Une diarrhée peut provoquer une déshydratation. Cette perte d'eau par l'organisme peut entraîner des troubles graves (malaise, confusion des idées...). Il est indispensable de prévenir cette déshydratation, en particulier chez les personnes âgées et les enfants, par des boissons sucrées abondantes et des bouillons salés. Pour les jeunes enfants, il existe des préparations destinées à cet effet.
>
> Le sirop reconstitué peut être conservé 8 jours à l'abri de la chaleur.

EFFETS INDÉSIRABLES POSSIBLES

Nausées, vomissements, diarrhée.

Rarement : *allergie* cutanée.

Ce médicament contient des substances susceptibles d'être toxiques pour l'oreille et pour le rein, particulièrement en cas de déshydratation, d'*insuffisance rénale* ou de lésion du tube digestif.

Néanmoins, aux doses et à la durée préconisées, ces risques sont peu probables.

COLIMYCINE injectable

colistine

PRÉSENTATION

COLIMYCINE 500 000 UI : préparation injectable ; flacon de poudre et ampoule de solvant 3 ml - Remb. 65 % - Liste I

COLIMYCINE 1 000 000 UI : préparation injectable ; flacon de poudre et ampoule de solvant 3 ml - Remb. 65 % - Liste I

Laboratoires Roger Bellon

COMPOSITION

	p. fl.	p. fl.
Colistine méthane sulfonate de sodium	500 000 UI	1 million UI
Soit en base	16,66 mg	33,33 mg

INDICATIONS

C'est un *antibiotique* qui appartient à la famille des polymyxines.

Il est utilisé par *voie* injectable dans le traitement de diverses maladies infectieuses, notamment des voies urinaires et de l'appareil génital. La préparation injectable peut aussi être utilisée localement dans certains cas d'*otite* ou d'infection de la peau.

CONTRE-INDICATIONS

Ce médicament ne doit pas être utilisé en cas de *myasthénie*.

> **ATTENTION**
>
> Ce médicament peut être toxique pour l'*oreille interne* : signalez à votre médecin tout trouble de l'équilibre ou de l'audition, ancien ou survenant sous traitement. Il peut également provoquer des lésions des reins, surtout en cas de surdosage ou d'*insuffisance rénale* préexistante.
>
> Ne prenez aucun *diurétique* sans avis médical pendant le traitement. En cas d'intervention chirurgicale, informez l'anesthésiste de la prise de ce médicament.

INTERACTIONS MÉDICAMENTEUSES

Ce médicament peut interagir avec d'autres médicaments, notamment les *aminosides* : signalez tout autre traitement en cours à votre médecin ou à votre pharmacien.

GROSSESSE, ALLAITEMENT ET NOUVEAU-NÉ

Grossesse :

Ce médicament peut être utilisé chez la femme enceinte.

Allaitement :

Ce médicament passe dans le lait maternel mais il est sans danger pour le *nourrisson*.

MODE D'EMPLOI ET POSOLOGIE

La poudre doit être dissoute à l'aide du solvant fourni. La solution injectable ne peut être conservée et doit être injectée rapidement par *voie* intramusculaire ou en *perfusion*.

Posologie usuelle :

50 000 *UI* par kg et par jour, soit 3 millions d'UI pour un adulte de 60 kg. Cette dose est habituellement répartie en 2 ou 3 injections.

EFFETS INDÉSIRABLES POSSIBLES

Douleur au point d'injection.

Insuffisance rénale rare dans les conditions normales d'utilisation.

Troubles nerveux : fourmillements autour de la bouche et au bout des doigts.

Réactions allergiques.

COLITIQUE

PRÉSENTATION

COLITIQUE Lysat vaccin : suspension buvable ; boîte de 10 ampoules 2 ml - Non remb.

Laboratoires Lactéol du Dr Boucard

COMPOSITION

	p. amp.
Filtrat bactériolytique anticolibacillaire	0,70 ml
Colibacilles nombre de germes	⩾ 400 millions

INDICATIONS

C'est un médicament utilisé comme *traitement d'appoint* des infections chroniques à *colibacilles*.

GROSSESSE, ALLAITEMENT ET NOUVEAU-NÉ

L'effet de ce médicament est mal connu pendant la grossesse et l'allaitement. L'évaluation du risque éventuel lié à son utilisation est individuelle : demandez conseil à votre pharmacien ou à votre médecin.

MODE D'EMPLOI ET POSOLOGIE

Les ampoules doivent être prises le matin à jeun dans un peu de liquide non sucré.

Posologie usuelle :

2 à 4 ampoules par jour.

> Une diarrhée peut provoquer une déshydratation. Cette perte d'eau par l'organisme peut entraîner des troubles graves (fatigue, malaise, confusion des idées...). Il est indispensable de prévenir cette déshydratation par des boissons sucrées abondantes et des bouillons salés, notamment chez les personnes âgées et les enfants.
>
> Si la diarrhée persiste plus de 2 jours, consultez votre médecin.

COLLAFILM

collagène

PRÉSENTATION

COLLAFILM : gel pour application locale ; tube 40 g - Non remb.

Laboratoires Interphar

COMPOSITION

	p. 100 g
Collagène	3 g
Mercurothiolate sodique	+

INDICATIONS

Ce gel contient du *collagène* nutritif et cicatrisant.

Il est utilisé dans le *traitement d'appoint* des plaies superficielles et des *ulcères* de la jambe.

CONTRE-INDICATIONS

Ce médicament ne doit pas être utilisé en cas d'*allergie* aux *antiseptiques* mercuriels (présence d'un conservateur).

GROSSESSE, ALLAITEMENT ET NOUVEAU-NÉ

Ce médicament ne contient que des substances présumées sans danger pendant la grossesse ou l'allaitement. Néanmoins, ne l'utilisez pas de façon prolongée sans l'avis de votre pharmacien ou de votre médecin.

MODE D'EMPLOI ET POSOLOGIE

Nettoyer la région à traiter avant l'application.

Ulcère : appliquer le gel en couche épaisse, puis le recouvrir d'une compresse stérile. Changer le pansement tous les 2 jours au début, puis tous les 2 à 4 jours jusqu'à cicatrisation.

Plaie superficielle : recouvrir la plaie avec le gel et laisser sécher à l'air libre.

EFFETS INDÉSIRABLES POSSIBLES

Allergie.

COLLU-BLACHE

chlorhexidine, oxybuprocaïne

PRÉSENTATION

COLLU-BLACHE : *collutoire* ; flacon pressurisé à l'azote 30 g - Non remb.

Laboratoires Chauvin

COMPOSITION

	p. 100 g
Chlorhexidine gluconate	50 mg
Oxybuprocaïne chlorhydrate	10 mg

INDICATIONS

Ce *collutoire* contient un *antiseptique* et un *anesthésique* local.

Il est utilisé dans le *traitement d'appoint* des infections de la bouche et de la gorge.

CONTRE-INDICATIONS

Ce médicament ne doit pas être utilisé dans les cas suivants :
- *allergie* aux *anesthésiques* locaux,
- enfant de moins de 30 mois.

> **ATTENTION**
>
> Les traitements locaux (*gargarisme*, *collutoire*, pastille) n'agissent que superficiellement ; dans le cas d'infections profondes de la gorge (angines...), un traitement *antibiotique* est nécessaire pour éviter des complications ultérieures, cardiaques ou rénales.
>
> L'usage prolongé de ce médicament n'est pas souhaitable : il peut modifier l'équilibre microbien naturel de la gorge et favoriser l'apparition de *candidose*.
>
> Une surconsommation pourrait provoquer des troubles nerveux et cardiaques : respectez la *posologie*.
>
> En l'absence d'amélioration au bout de 5 jours, en cas d'apparition de fièvre : consultez votre médecin.

INTERACTIONS MÉDICAMENTEUSES

Il est généralement inutile d'associer des *antiseptiques* différents. Ceux-ci peuvent être contenus dans de nombreux produits disponibles en automédication : pastille, *collutoire* et solution nasale ; demandez conseil à votre pharmacien.

GROSSESSE, ALLAITEMENT ET NOUVEAU-NÉ

L'effet de ce médicament pendant la grossesse ou l'allaitement est mal connu. L'évaluation du risque éventuel lié à son utilisation est individuelle : demandez conseil à votre pharmacien ou à votre médecin.

MODE D'EMPLOI ET POSOLOGIE

Posologie usuelle :
- Adulte et enfant de plus de 30 mois : 3 à 10 pulvérisations par jour.

> Chez le jeune enfant, la pulvérisation peut provoquer un spasme du larynx : n'introduisez pas trop profondément l'embout dans sa bouche.
>
> Chez l'enfant et la personne âgée, évitez l'usage de ce médicament avant les repas : l'*anesthésique* local est susceptible de provoquer des troubles de la déglutition ; ceux-ci pourraient être à l'origine du passage d'aliments dans les *voies* respiratoires.

EFFETS INDÉSIRABLES POSSIBLES

En cas de réaction allergique cutanée : arrêtez le traitement.

COLLUBLEU

bleu de méthylène, borate de sodium, menthol

PRÉSENTATION

COLLUBLEU : collutoire ; flacon 30 ml - Non remb.

Laboratoires C.P.F.

COMPOSITION

	p. 100 g
Bleu de méthylène	2 g
Borate de sodium	5 g
Menthol	50 mg

INDICATIONS

Ce *collutoire* contient des *antiseptiques*.

Il est utilisé dans le *traitement d'appoint* des infections de la bouche, des gencives et de la gorge.

CONTRE-INDICATIONS

Ce médicament ne doit pas être utilisé chez l'enfant de moins de 3 ans.

> **ATTENTION**
>
> N'utilisez pas ce médicament sans avis médical chez l'enfant de moins de 7 ans.
>
> Les traitements locaux (*gargarisme*, *collutoire*, pastille) n'agissent que superficiellement ; dans le cas d'infection profonde (angine, abcès...), un autre mode de traitement est nécessaire.

L'usage prolongé de ce médicament n'est pas souhaitable ; il peut modifier l'équilibre microbien naturel de la gorge.

En l'absence d'amélioration au bout de 5 jours, en cas d'apparition de fièvre, consultez votre médecin.

INTERACTIONS MÉDICAMENTEUSES

Il est généralement inutile d'associer des *antiseptiques* différents. Ceux-ci peuvent être contenus dans de nombreux produits disponibles en automédication : pastille, *collutoire* et solution nasale ; demandez conseil à votre pharmacien.

GROSSESSE, ALLAITEMENT ET NOUVEAU-NÉ

L'effet de ce médicament pendant la grossesse ou l'allaitement est mal connu. L'évaluation du risque éventuel lié à son utilisation est individuelle : demandez conseil à votre pharmacien ou à votre médecin.

MODE D'EMPLOI ET POSOLOGIE

Si possible, frotter légèrement la région à traiter avec un peu de coton hydrophile pour nettoyer, puis appliquer le produit.

Posologie usuelle :

- Adulte et enfant de plus de 3 ans : 5 à 6 applications par jour.

COLLUDOL

hexamidine, lidocaïne

PRÉSENTATION

COLLUDOL : *collutoire* ; flacon pressurisé à l'azote 30 ml - Non remb.

Laboratoires Lipha

COMPOSITION

	p. 100 ml
Hexamidine di-iséthionate	100 mg
Lidocaïne chlorhydrate	200 mg
Essence de menthe	+

INDICATIONS

Ce *collutoire* contient un *antiseptique* et un *anesthésique* local.

Il est utilisé dans le *traitement d'appoint* des infections de la gorge.

CONTRE-INDICATIONS

Ce médicament ne doit pas être utilisé dans les cas suivants :
- *allergie* aux *anesthésiques* locaux,
- enfant de moins de 6 ans.

ATTENTION

Les traitements locaux (*gargarisme*, *collutoire*, pastille) n'agissent que superficiellement ; dans le cas d'infections profondes de la gorge (angines...), un traitement *antibiotique* est nécessaire pour éviter des complications ultérieures, cardiaques ou rénales.

L'usage prolongé de ce médicament n'est pas souhaitable : il peut modifier l'équilibre microbien naturel de la gorge et favoriser l'apparition de *candidose*.

Une surconsommation pourrait provoquer des troubles nerveux et cardiaques : respectez la *posologie*.

En l'absence d'amélioration au bout de 5 jours, en cas d'apparition de fièvre : consultez votre médecin.

INTERACTIONS MÉDICAMENTEUSES

Il est généralement inutile d'associer des *antiseptiques* différents. Ceux-ci peuvent être contenus dans de nombreux produits disponibles en automédication : pastille, *collutoire* et solution nasale ; demandez conseil à votre pharmacien.

GROSSESSE, ALLAITEMENT ET NOUVEAU-NÉ

L'effet de ce médicament pendant la grossesse ou l'allaitement est mal connu. L'évaluation du risque éventuel lié à son utilisation est individuelle : demandez conseil à votre pharmacien ou à votre médecin.

MODE D'EMPLOI ET POSOLOGIE

Posologie usuelle :

- Adulte : 1 à 2 pulvérisations, 3 fois par jour.
- Enfant de 6 à 15 ans : 1 à 3 pulvérisations par jour.

Chez le jeune enfant, la pulvérisation peut provoquer un spasme du larynx : n'introduisez pas trop profondément l'embout dans sa bouche.

Chez l'enfant et la personne âgée, évitez l'usage de ce médicament avant les repas : l'*anesthésique* local est susceptible de provoquer des troubles de la déglutition ; ceux-ci pourraient être à l'origine du passage d'aliments dans les *voies* respiratoires.

EFFETS INDÉSIRABLES POSSIBLES

En cas de réaction allergique cutanée : arrêtez le traitement.

COLLU-HEXTRIL

hexétidine

PRÉSENTATION

COLLU-HEXTRIL : *collutoire* arôme menthe ; flacon pressurisé à l'azote 40 ml - Remb. 35 %

Laboratoires Warner Wellcome

COMPOSITION

	p. 100 ml
Hexétidine	200 mg
Essence de menthe	+
Alcool à 96°	+

INDICATIONS

Ce *collutoire* contient un *antiseptique*.

Il est utilisé dans le *traitement d'appoint* des infections de la bouche et de la gorge.

CONTRE-INDICATIONS

Ce médicament ne doit pas être utilisé chez l'enfant de moins de 30 mois.

ATTENTION

Les traitements locaux (*gargarisme*, *collutoire*, pastille) n'agissent que superficiellement ; dans le cas d'infection profonde (angines...), un autre mode de traitement est nécessaire pour éviter des complications ultérieures, cardiaques ou rénales.

L'usage prolongé de ce médicament n'est pas souhaitable ; il peut modifier l'équilibre microbien naturel de la gorge et favoriser l'apparition de *candidose*.

En l'absence d'amélioration au bout de 5 jours, en cas d'apparition de fièvre : consultez votre médecin.

INTERACTIONS MÉDICAMENTEUSES

Il est généralement inutile d'associer des *antiseptiques* différents. Ceux-ci peuvent être contenus dans de nombreux produits disponibles en automédication : pastille, *collutoire* et solution nasale ; demandez conseil à votre pharmacien.

GROSSESSE, ALLAITEMENT ET NOUVEAU-NÉ

L'effet de ce médicament pendant la grossesse ou l'allaitement est mal connu. L'évaluation du risque éventuel lié à son utilisation est individuelle : demandez conseil à votre pharmacien ou à votre médecin.

MODE D'EMPLOI ET POSOLOGIE

Posologie usuelle :

- Adulte et enfant de plus de 30 mois : 1 ou 2 pulvérisations, 3 fois par jour.

Chez le jeune enfant, la pulvérisation peut provoquer un spasme du larynx : n'introduisez pas trop profondément l'embout dans sa bouche.

COLLUNIUM

chlorure de benzalkonium, amyléine

PRÉSENTATION

COLLUNIUM : *collutoire* ; flacon pressurisé 30 ml - Non remb.

Laboratoires Amido

COMPOSITION

	p. 100 ml
Chlorure de benzalkonium	20 mg
Amyléine chlorhydrate	150 mg

INDICATIONS

Ce *collutoire* contient un *antiseptique* et un *anesthésique* local.

Il est utilisé dans le *traitement d'appoint* des infections de la bouche et de la gorge (aphte, maux de gorge).

CONTRE-INDICATIONS

Ce médicament ne doit pas être utilisé dans les cas suivants :
- *allergie* aux *anesthésiques* locaux ou aux *antiseptiques* de la famille des *ammoniums quaternaires*,
- enfant de moins de 3 ans.

ATTENTION

Les traitements locaux (*gargarisme*, *collutoire*, pastille) n'agissent que superficiellement ; dans le cas d'infections profondes de la gorge (angines...), un traitement *antibiotique* est nécessaire pour éviter des complications ultérieures, cardiaques ou rénales.

L'usage prolongé de ce médicament n'est pas souhaitable : il peut modifier l'équilibre microbien naturel de la gorge et favoriser l'apparition d'une *candidose*.

Une surconsommation pourrait provoquer des troubles nerveux et cardiaques : respectez la *posologie*.

En l'absence d'amélioration au bout de 5 jours, en cas d'apparition de fièvre, consultez votre médecin.

INTERACTIONS MÉDICAMENTEUSES

Il est généralement inutile d'associer des *antiseptiques* différents. Ceux-ci peuvent être contenus dans de nombreux produits disponibles en automédication : pastille, *collutoire* et solution nasale ; demandez conseil à votre pharmacien.

GROSSESSE, ALLAITEMENT ET NOUVEAU-NÉ

L'effet de ce médicament pendant la grossesse ou l'allaitement est mal connu. L'évaluation du risque éventuel lié à son utilisation est individuelle : demandez conseil à votre pharmacien ou à votre médecin.

MODE D'EMPLOI ET POSOLOGIE

Posologie usuelle :
- Adulte : 4 à 8 pulvérisations par jour.
- Enfant de 3 à 15 ans : 2 à 4 pulvérisations par jour.

Chez l'enfant et la personne âgée, évitez l'usage de ce médicament avant les repas : l'*anesthésique* local est susceptible de provoquer des troubles de la déglutition ; ceux-ci pourraient être à l'origine du passage d'aliments dans les *voies* respiratoires.

EFFETS INDÉSIRABLES POSSIBLES

Allergie.

COLLUNOSOL
trichlorophénol, tétracaïne

PRÉSENTATION

COLLUNOSOL : *collutoire* arôme framboise ; flacon pressurisé 30 ml - Non remb.

Laboratoires Lederle

COMPOSITION

	p. 100 ml
Trichlorophénol	100 mg
Tétracaïne chlorhydrate	10 mg

INDICATIONS

Ce *collutoire* contient un *antiseptique* et un *anesthésique* local.

Il est utilisé dans le *traitement d'appoint* des infections de la bouche et de la gorge (aphte, maux de gorge).

CONTRE-INDICATIONS

Ce médicament ne doit pas être utilisé dans les cas suivants :
- *allergie* aux *anesthésiques* locaux,
- enfant de moins de 15 ans.

ATTENTION

Les traitements locaux (*gargarisme*, *collutoire*, pastille) n'agissent que superficiellement ; dans le cas d'infections profondes de la gorge (angines...), un traitement *antibiotique* est nécessaire pour éviter des complications ultérieures, cardiaques ou rénales.

L'usage prolongé de ce médicament n'est pas souhaitable : il peut modifier l'équilibre microbien naturel de la gorge.

Une surconsommation pourrait provoquer des troubles nerveux et cardiaques : respectez la *posologie*.

En l'absence d'amélioration au bout de 5 jours, en cas d'apparition de fièvre, consultez votre médecin.

INTERACTIONS MÉDICAMENTEUSES

Il est généralement inutile d'associer des *antiseptiques* différents. Ceux-ci peuvent être contenus dans de nombreux produits disponibles en automédication : pastille, *collutoire* et solution nasale ; demandez conseil à votre pharmacien.

GROSSESSE, ALLAITEMENT ET NOUVEAU-NÉ

L'effet de ce médicament pendant la grossesse ou l'allaitement est mal connu. L'évaluation du risque éventuel lié à son utilisation est individuelle : demandez conseil à votre pharmacien ou à votre médecin.

MODE D'EMPLOI ET POSOLOGIE

Posologie usuelle :
- Adulte : 3 ou 4 pulvérisations par jour.

Chez les personnes âgées, évitez l'usage de ce médicament avant les repas : l'*anesthésique* local est susceptible de provoquer des troubles de la déglutition ; ceux-ci pourraient être à l'origine du passage d'aliments dans les *voies* respiratoires.

EFFETS INDÉSIRABLES POSSIBLES

Allergie.

COLLUNOVAR
chlorhexidine

PRÉSENTATION

COLLUNOVAR ATOMISEUR : *collutoire* arôme orange ; flacon pressurisé à l'azote 40 ml - Remb. 35 %

COLLUNOVAR : solution pour *collutoire*, *gargarisme*, *bain de bouche* arôme orange ; flacon 25 ml - Remb. 35 %

COLLUNOVAR : *bain de bouche* et *gargarisme* arôme menthe ; flacon 150 ml - Non remb.

Laboratoires Dexo

COMPOSITION

	p. 100 ml	p. 100 ml	p. 100 ml
Chlorhexidine gluconate	110 mg	110 mg	150 mg
Essence de menthe			+

INDICATIONS

Ce médicament contient un *antiseptique*.

Il est utilisé dans le *traitement d'appoint* des infections de la bouche et de la gorge.

CONTRE-INDICATIONS

Le *collutoire* en flacon pressurisé ne doit pas être utilisé chez l'enfant de moins de 30 mois.

ATTENTION

Les traitements locaux (*gargarisme*, *collutoire*, pastille) n'agissent que superficiellement ; dans le cas d'infection profonde (angines...), un autre mode de traitement est nécessaire pour éviter des complications ultérieures, cardiaques ou rénales.

L'usage prolongé de ce médicament n'est pas souhaitable ; il peut modifier l'équilibre microbien naturel de la gorge et favoriser l'apparition de *candidose*.

En l'absence d'amélioration au bout de 5 jours, en cas d'apparition de fièvre, consultez votre médecin.

La solution réservée aux *bains de bouche* et *gargarismes* ne doit pas être utilisée sans avis médical chez l'enfant de moins de 7 ans.

INTERACTIONS MÉDICAMENTEUSES

Il est généralement inutile d'associer des *antiseptiques* différents. Ceux-ci peuvent être contenus dans de nombreux produits disponibles en automédication : pastille, *collutoire* et solution nasale ; demandez conseil à votre pharmacien.

GROSSESSE, ALLAITEMENT ET NOUVEAU-NÉ

L'effet de ce médicament pendant la grossesse ou l'allaitement est mal connu. L'évaluation du risque éventuel lié à son utilisation est individuelle : demandez conseil à votre pharmacien ou à votre médecin.

MODE D'EMPLOI ET POSOLOGIE

La solution peut être utilisée pure en badigeonnage (*collutoire*) ou diluée en *gargarisme* ou en *bain de bouche* (une demi-cuillère à café par verre d'eau tiède).

La solution réservée aux bains de bouche et gargarismes peut être utilisée pure ou diluée de moitié.

Posologie usuelle :
- Adulte et enfant de plus de 30 mois :
  - collutoire en flacon pressurisé : 4 à 8 pulvérisations par jour dans la gorge ;
  - solution : 1 badigeonnage (collutoire) sur les amygdales ou les gencives ou 1 bain de bouche ou 1 gargarisme, à renouveler si nécessaire ;
  - solution réservée aux bains de bouche et gargarismes : 2 ou 3 bains de bouche ou gargarismes par jour.

Chez le jeune enfant, la pulvérisation peut provoquer un spasme du larynx : n'introduisez pas trop profondément l'embout dans sa bouche.

EFFETS INDÉSIRABLES POSSIBLES

En cas de réaction allergique cutanée : arrêtez le traitement.

Coloration brune de la langue et des dents disparaissant à l'arrêt du traitement.

COLLUNOVAR SEC

bacitracine, tyrothricine

PRÉSENTATION

COLLUNOVAR SEC : pastille (blanc) ; boîte de 24 - Non remb.

Laboratoires Dexo

COMPOSITION

	p. past.
Bacitracine zinc	200 UI
Tyrothricine	1 mg

INDICATIONS

Ce médicament contient deux *antibiotiques* d'usage local.

Il est utilisé dans le traitement des affections de la bouche et de la gorge, sans fièvre.

CONTRE-INDICATIONS

Ce médicament ne doit pas être utilisé chez l'enfant de moins de 6 ans.

ATTENTION

L'usage prolongé de ce médicament n'est pas souhaitable : il est susceptible de modifier l'équilibre microbien naturel de la gorge (apparition de *candidose*).

En cas d'apparition de fièvre, d'aggravation ou d'absence d'amélioration au bout de 5 jours, consultez votre médecin.

GROSSESSE, ALLAITEMENT ET NOUVEAU-NÉ

L'effet de ce médicament pendant la grossesse ou l'allaitement est mal connu. L'évaluation du risque éventuel lié à son utilisation est individuelle : demandez conseil à votre pharmacien ou à votre médecin.

MODE D'EMPLOI ET POSOLOGIE

Les pastilles doivent être sucées sans être croquées.

Posologie usuelle :

- Adulte : 6 à 8 pastilles par jour.
- Enfant de plus de 6 ans : 2 à 4 pastilles par jour selon l'âge.

Certaines infections de la gorge nécessitent un traitement spécifique pour éviter des complications ultérieures, cardiaques ou rénales : si les troubles persistent, consultez votre médecin.

EFFETS INDÉSIRABLES POSSIBLES

Rarement : réaction allergique.

COLLUPRESSINE

félypressine, chlorhexidine

PRÉSENTATION

COLLUPRESSINE : *collutoire* arôme orange ; flacon pressurisé à l'azote 20 ml - Non remb.

Laboratoires Goupil

COMPOSITION

	p. 100 ml
Félypressine	50 UI
Chlorhexidine gluconate	100 mg

INDICATIONS

Ce *collutoire* possède une action *anti-inflammatoire*, *antalgique* et *antiseptique*.

Il est utilisé dans le *traitement d'appoint* des infections de la bouche et de la gorge.

CONTRE-INDICATIONS

Ce médicament ne doit pas être utilisé chez l'enfant de moins de 30 mois.

ATTENTION

Les traitements locaux (*gargarisme*, *collutoire*, pastille) n'agissent que superficiellement ; dans le cas d'infection profonde (angines...), un autre mode de traitement est nécessaire pour éviter des complications ultérieures, cardiaques ou rénales.

L'usage prolongé de ce médicament n'est pas souhaitable ; il peut modifier l'équilibre microbien naturel de la gorge et favoriser l'apparition de *candidose*.

En l'absence d'amélioration au bout de 5 jours, en cas d'apparition de fièvre, consultez votre médecin.

INTERACTIONS MÉDICAMENTEUSES

Il est généralement inutile d'associer des *antiseptiques* différents. Ceux-ci peuvent être contenus dans de nombreux produits disponibles en automédication : pastille, *collutoire* et solution nasale ; demandez conseil à votre pharmacien.

GROSSESSE, ALLAITEMENT ET NOUVEAU-NÉ

L'effet de ce médicament pendant la grossesse ou l'allaitement est mal connu. L'évaluation du risque éventuel lié à son utilisation est individuelle : demandez conseil à votre pharmacien ou à votre médecin.

MODE D'EMPLOI ET POSOLOGIE

Posologie usuelle :

- Adulte et enfant de plus de 30 mois : 1 ou 2 pulvérisations, 3 fois par jour.

Chez le jeune enfant, la pulvérisation peut provoquer un spasme du larynx : n'introduisez pas trop profondément l'embout dans sa bouche.

Placez les médicaments hors de portée des enfants

COLLUSPIR

hexamidine, tétracaïne

PRÉSENTATION

COLLUSPIR : *collutoire* arôme menthe ; flacon pressurisé 30 ml - Non remb.

Laboratoires Soekami Lefrancq

COMPOSITION

	p. 100 ml
Hexamidine di-iséthionate	100 mg
Tétracaïne chlorhydrate	50 mg
Essence de menthe	+

INDICATIONS

Ce *collutoire* contient un *antiseptique* et un *anesthésique* local.

Il est utilisé dans le *traitement d'appoint* des infections de la bouche et de la gorge.

CONTRE-INDICATIONS

Ce médicament ne doit pas être utilisé dans les cas suivants :
- *allergie* aux *anesthésiques* locaux,
- enfant de moins de 6 ans.

ATTENTION

Les traitements locaux (*gargarisme*, *collutoire*, pastille) n'agissent que superficiellement ; dans le cas d'infections profondes de la gorge (angines...), un traitement *antibiotique* est nécessaire pour éviter des complications ultérieures, cardiaques ou rénales.

L'usage prolongé de ce médicament n'est pas souhaitable : il peut modifier l'équilibre microbien naturel de la gorge et favoriser l'apparition de *candidose*.

Une surconsommation pourrait provoquer des troubles nerveux et cardiaques : respectez la *posologie*.

En l'absence d'amélioration au bout de 5 jours, en cas d'apparition de fièvre : consultez votre médecin.

INTERACTIONS MÉDICAMENTEUSES

Il est généralement inutile d'associer des *antiseptiques* différents. Ceux-ci peuvent être contenus dans de nombreux produits disponibles en automédication : pastille, *collutoire* et solution nasale ; demandez conseil à votre pharmacien.

GROSSESSE, ALLAITEMENT ET NOUVEAU-NÉ

L'effet de ce médicament pendant la grossesse ou l'allaitement est mal connu. L'évaluation du risque éventuel lié à son utilisation est individuelle : demandez conseil à votre pharmacien ou à votre médecin.

MODE D'EMPLOI ET POSOLOGIE

Posologie usuelle :

- Adulte et enfant de plus de 12 ans : 6 pulvérisations par jour.
- Enfant de 6 à 12 ans : 3 pulvérisations par jour.

Chez le jeune enfant, la pulvérisation peut provoquer un spasme du larynx : n'introduisez pas trop profondément l'embout dans sa bouche.

Chez l'enfant et la personne âgée, évitez l'usage de ce médicament avant les repas : l'*anesthésique* local est susceptible de provoquer des troubles de la déglutition ; ceux-ci pourraient être à l'origine du passage d'aliments dans les *voies* respiratoires.

EFFETS INDÉSIRABLES POSSIBLES

En cas de réaction allergique cutanée : arrêtez le traitement.

Engourdissement passager de la langue.

COLLUSTAN

chlorhexidine, amyléine

PRÉSENTATION

COLLUSTAN : *collutoire* arôme menthe ; flacon pressurisé à l'azote 30 ml - Non remb.

Laboratoires Oberlin

COMPOSITION

	p. 100 ml
Chlorhexidine digluconate	100 mg
Amyléine chlorhydrate	100 mg
Menthol	50 mg

INDICATIONS

Ce *collutoire* contient un *antiseptique* et un *anesthésique* local.

Il est utilisé dans le *traitement d'appoint* des infections de la bouche et de la gorge.

CONTRE-INDICATIONS

Ce médicament ne doit pas être utilisé dans les cas suivants :
- *allergie* aux *anesthésiques* locaux,
- enfant de moins de 30 mois.

ATTENTION

Les traitements locaux (*gargarisme*, *collutoire*, pastille) n'agissent que superficiellement ; dans le cas d'infections profondes de la gorge (angines...), un traitement *antibiotique* est nécessaire pour éviter des complications ultérieures, cardiaques ou rénales.

L'usage prolongé de ce médicament n'est pas souhaitable : il peut modifier l'équilibre microbien naturel de la gorge et favoriser l'apparition de *candidose*.

Une surconsommation pourrait provoquer des troubles nerveux et cardiaques : respectez la *posologie*.

En l'absence d'amélioration au bout de 5 jours, en cas d'apparition de fièvre : consultez votre médecin.

INTERACTIONS MÉDICAMENTEUSES

Il est généralement inutile d'associer des *antiseptiques* différents.

Ceux-ci peuvent être contenus dans de nombreux produits disponibles en automédication : pastille, *collutoire* et solution nasale ; demandez conseil à votre pharmacien.

GROSSESSE, ALLAITEMENT ET NOUVEAU-NÉ

L'effet de ce médicament pendant la grossesse ou l'allaitement est mal connu. L'évaluation du risque éventuel lié à son utilisation est individuelle : demandez conseil à votre pharmacien ou à votre médecin.

MODE D'EMPLOI ET POSOLOGIE

Posologie usuelle :
- Adulte : 3 à 6 pulvérisations par jour.
- Enfant de 3 à 15 ans : 3 à 5 pulvérisations par jour.

Chez le jeune enfant, la pulvérisation peut provoquer un spasme du larynx : n'introduisez pas trop profondément l'embout dans sa bouche.

Chez l'enfant et la personne âgée, évitez l'usage de ce médicament avant les repas : l'*anesthésique* local est susceptible de provoquer des troubles de la déglutition ; ceux-ci pourraient être à l'origine du passage d'aliments dans les *voies* respiratoires.

COLLYRE BLEU LAITER

naphazoline, méthylthioninium

PRÉSENTATION

COLLYRE BLEU LAITER : collyre (bleu) ; flacon 10 ml - Remb. 65 % - Liste II

COLLYRE BLEU FORT LAITER : collyre ; flacon 10 ml - Remb. 65 % - Liste II

Laboratoires Opocalcium

COMPOSITION

	p. 100 ml	p. 100 ml
Naphazoline nitrate	50 mg	100 mg
Méthylthioninium (bleu de méthylène)	20 mg	40 mg

INDICATIONS

C'est un collyre décongestionnant qui contient un *vasoconstricteur* et un *antiseptique*.

Il est utilisé pour traiter les *conjonctivites* non infectieuses, et notamment les irritations dues à des corps étrangers, des gaz irritants, des poussières ou à une lumière excessive.

CONTRE-INDICATIONS

Ce médicament ne doit pas être utilisé dans les cas suivants :
- *glaucome* à angle fermé,
- enfant de moins de 7 ans.

ATTENTION

Une rougeur ou une douleur de l'œil ne correspondent pas toujours à une *conjonctivite*. Des soins urgents peuvent être nécessaires, notamment en cas de vision floue.

Ce collyre peut provoquer un *glaucome* aigu par fermeture de l'angle chez les personnes prédisposées : œil rouge, dur, douloureux, et flou de la vision. Une consultation d'urgence dans un service spécialisé est alors nécessaire.

Du fait de la présence d'un *vasoconstricteur*, les instillations répétées doivent être évitées chez les personnes souffrant d'*angine de poitrine* ou d'*hypertension artérielle*.

Des instillations répétées peuvent provoquer une sensibilité anormale à la lumière, gênante en cas de conduite automobile.

INTERACTIONS MÉDICAMENTEUSES

Ce médicament peut interagir avec d'autres médicaments, notamment les *antidépresseurs* de la famille des *IMAO* non sélectifs (MARSILID, NIAMIDE...). Signalez tout autre traitement en cours à votre médecin ou à votre pharmacien.

GROSSESSE, ALLAITEMENT ET NOUVEAU-NÉ

L'effet de ce médicament pendant la grossesse ou l'allaitement est mal connu : seul votre médecin peut évaluer le risque éventuel de son utilisation dans votre cas.

MODE D'EMPLOI ET POSOLOGIE

Tirer la paupière inférieure vers le bas tout en regardant vers le haut et déposer les gouttes de collyre entre la paupière et le globe oculaire (*cul-de-sac conjonctival*).

Posologie usuelle :
- Adulte et enfant de plus de 7 ans : 1 ou 2 gouttes, 2 à 6 fois par jour.

Les lentilles de contact ne doivent pas être portées en cas d'irritation oculaire ni réutilisées avant l'arrêt complet du traitement.

Ce collyre peut colorer de façon irréversible les lentilles souples.

L'application correcte du produit peut nécessiter une aide, notamment chez l'enfant ou la personne handicapée ou âgée.

Ne conservez pas ce collyre plus de 15 jours après une première utilisation.

EFFETS INDÉSIRABLES POSSIBLES

Glaucome aigu par fermeture de l'angle (voir ATTENTION).

Sensibilité excessive à la lumière due à une dilatation de la pupille.

COLLYREX

phényléphrine, pentosane, thiomersal

PRÉSENTATION

COLLYREX : collyre ; flacon 10 ml - Non remb.

COLLYREX : collyre ; boîte de 10 flacons unidoses - Non remb.

Laboratoires Sterling Midy

COMPOSITION

	p. 100 ml
Phényléphrine chlorhydrate	100 mg
Pentosane polyester sulfurique	100 mg
Thiomersal	10 mg

INDICATIONS

C'est un collyre décongestionnant qui contient un *vasoconstricteur*, un *anti-inflammatoire* et un *antiseptique*.

Il est utilisé pour traiter les infections de l'œil.

CONTRE-INDICATIONS

Ce médicament ne doit pas être utilisé dans les cas suivants :
- *glaucome* à angle fermé,
- enfant de moins de 30 mois.

ATTENTION

Une rougeur ou une douleur de l'œil ne correspondent pas toujours à une infection. Des soins urgents peuvent être nécessaires, notamment en cas de vision floue.

Le collyre peut être contaminé par l'œil infecté : évitez de mettre en contact l'extrémité du flacon avec l'œil ; ne le conservez pas plus de 1 mois après une première utilisation. Les flacons unidoses doivent être jetés après chaque utilisation.

Ce collyre peut provoquer un *glaucome* aigu par fermeture de l'angle chez les personnes prédisposées : œil rouge, dur, douloureux, et flou de la vision. Une consultation d'urgence dans un service spécialisé est alors nécessaire.

Du fait de la présence d'un *vasoconstricteur*, les instillations répétées doivent être évitées chez les personnes souffrant d'*angine de poitrine* ou d'*hypertension artérielle*.

Des instillations répétées peuvent provoquer une sensibilité anormale à la lumière, gênante en cas de conduite automobile.

INTERACTIONS MÉDICAMENTEUSES

Ce médicament peut interagir avec d'autres médicaments, notamment les *antidépresseurs* de la famille des *IMAO* non sélectifs (MARSILID, NIAMIDE...). Signalez tout autre traitement en cours à votre médecin ou à votre pharmacien.

GROSSESSE, ALLAITEMENT ET NOUVEAU-NÉ

L'effet de ce médicament pendant la grossesse ou l'allaitement est mal connu. L'évaluation du risque éventuel lié à son utilisation est individuelle : demandez conseil à votre pharmacien ou à votre médecin.

MODE D'EMPLOI ET POSOLOGIE

Tirer la paupière inférieure vers le bas tout en regardant vers le haut et déposer les gouttes de collyre entre la paupière et le globe oculaire (*cul-de-sac conjonctival*).

Posologie usuelle :
- Adulte et enfant de plus de 30 mois : 1 ou 2 gouttes, 2 à 3 fois par jour.

Les lentilles de contact ne doivent pas être portées en cas d'infection oculaire ni réutilisées avant l'arrêt complet du traitement.

L'application correcte du produit peut nécessiter une aide, notamment chez l'enfant ou la personne handicapée ou âgée.

Ce collyre doit être conservé au frais.

EFFETS INDÉSIRABLES POSSIBLES

Glaucome aigu par fermeture de l'angle (voir ATTENTION).

Sensibilité excessive à la lumière due à une dilatation de la pupille.

COLOFOAM

hydrocortisone

PRÉSENTATION

COLOFOAM : mousse rectale ; flacon pressurisé 20 g et applicateur doseur (14 doses) - Remb. 65 % - Liste I

Laboratoires Norgine Pharma

COMPOSITION

	p. dose
Hydrocortisone acétate	100 mg

INDICATIONS

Cette mousse rectale contient un dérivé naturel de la *cortisone*, qui a une action *anti-inflammatoire* sur la *muqueuse* du rectum et du côlon.

Elle est utilisée pour traiter la *rectocolite hémorragique*, la maladie de *Crohn*, les *inflammations* du rectum.

CONTRE-INDICATIONS

Ce médicament ne doit pas être utilisé dans les cas suivants :
- infection bactérienne ou parasitaire non traitée ;
- certaines maladies virales, en particulier *herpès* et *zona* de l'œil ;
- *ulcère* de l'estomac ou du *duodénum* en évolution ;
- fistules du rectum ou du côlon ;
- perforation ou obstruction du tube digestif.

ATTENTION

Des précautions sont nécessaires en cas de maladie grave du foie, de *goutte*, de *diabète*, et chez les personnes atteintes de *psychose*.

GROSSESSE, ALLAITEMENT ET NOUVEAU-NÉ

L'effet de ce médicament pendant la grossesse ou l'allaitement est mal connu : seul votre médecin peut évaluer le risque éventuel de son utilisation dans votre cas.

MODE D'EMPLOI ET POSOLOGIE

Utiliser la mousse rectale de préférence le soir au coucher afin de la garder le plus longtemps possible.

Lubrifier l'applicateur avec de la vaseline, puis, couché sur le côté, l'introduire dans le rectum.

Posologie usuelle :

1 application par jour pendant 2 à 3 semaines, puis 1 application tous les 2 ou 3 jours.

Conservez le flacon à température ambiante.

N'hésitez pas à demander des informations précises sur le mode d'emploi de ce médicament à votre pharmacien ou à votre médecin.

EFFETS INDÉSIRABLES POSSIBLES

Surtout en cas d'usage prolongé ou à forte dose : fatigue persistante, faiblesse musculaire, prise de poids, *hypertrichose*. Ces effets indésirables doivent vous amener à consulter votre médecin.

COLOMINTHE

PRÉSENTATION

COLOMINTHE : gélule (ivoire) ; boîte de 30 - Non remb.

Laboratoires Arkopharma

COMPOSITION

	p. gél.
Mentha piperita, poudre de feuille	190 mg
Fœniculum vulgare, poudre de fruit	95 mg
Melissa officinalis	95 mg

INDICATIONS

Ce médicament contient des extraits de plantes.

Il est utilisé dans le *traitement symptomatique* des digestions difficiles (ballonnements, flatulence...) et dans le *traitement d'appoint* des douleurs *fonctionnelles* du côlon.

GROSSESSE, ALLAITEMENT ET NOUVEAU-NÉ

Ce médicament ne contient que des plantes présumées sans danger pendant la grossesse ou l'allaitement. Néanmoins, ne l'utilisez pas de façon prolongée sans l'avis de votre pharmacien ou de votre médecin.

MODE D'EMPLOI ET POSOLOGIE

Les gélules doivent être avalées avec un grand verre d'eau, avant les repas.

Posologie usuelle :
- Adulte : 1 ou 2 gélules, 2 fois par jour. Si nécessaire, prendre 1 ou 2 gélules au moment des douleurs.
- Enfant de plus de 8 ans : 1 gélule, 2 fois par jour.

La prise de ce médicament ne dispense pas d'une alimentation appropriée : parlez-en à votre médecin ou à votre pharmacien.

Ce médicament doit être conservé à l'abri de la lumière, de l'humidité et de la chaleur.

COLOPRIV

mébévérine

PRÉSENTATION

COLOPRIV : capsule (blanc et marron) ; boîte de 30 - Remb. 35 % - Liste II

Laboratoires Biothérapie

COMPOSITION

	p. caps.
Mébévérine chlorhydrate	100 mg

INDICATIONS

C'est un médicament *antispasmodique*. Il relâche les muscles du tube digestif et des *voies biliaires*.

Il est utilisé comme traitement des spasmes du tube digestif et des voies biliaires.

GROSSESSE, ALLAITEMENT ET NOUVEAU-NÉ

L'effet de ce médicament pendant la grossesse et l'allaitement est mal connu : par mesure de prudence, son usage est déconseillé pendant les trois premiers mois de la grossesse.

MODE D'EMPLOI ET POSOLOGIE

Ce médicament doit être pris de préférence avant les repas. Les capsules doivent être avalées avec un verre d'eau.

Posologie usuelle :

- Adulte : 2 capsules, 2 ou 3 fois par jour.

> Une vie calme, des horaires de repas réguliers, une adaptation du régime alimentaire sont recommandés.

EFFETS INDÉSIRABLES POSSIBLES

Rarement : nausée, *vertiges*, maux de tête.

COLOPTEN
fractions antigéniques

PRÉSENTATION

COLOPTEN : solution buvable (jaune) ; boîte de 20 ampoules 5 ml - Remb. 35 %

COLOPTEN 3 : comprimé (bleu) ; boîte de 30 - Remb. 35 %

Laboratoires Debat

COMPOSITION

	p. amp.	p. comp.
Fractions antigéniques purifiées :		
Staphylococcus aureus	2 mg	3 mg
Escherichia coli	2 mg	3 mg
Klebsiella pneumoniae	2 mg	3 mg
Proteus vulgaris	2 mg	3 mg

INDICATIONS

C'est un médicament qui appartient à la famille des antidiarrhéiques d'origine microbienne. Il favorise la restauration de la flore intestinale.

Il est utilisé dans le *traitement symptomatique* des diarrhées.

GROSSESSE, ALLAITEMENT ET NOUVEAU-NÉ

Grossesse :

L'effet de ce médicament pendant la grossesse ou l'allaitement est mal connu. L'évaluation du risque éventuel lié à son utilisation est individuelle : demandez conseil à votre pharmacien ou à votre médecin.

MODE D'EMPLOI ET POSOLOGIE

Les ampoules sont mieux adaptées aux enfants.

Posologie usuelle :

- Adulte et enfant de plus de 3 ans : 1 ampoule, 3 fois par jour, diluée dans un peu d'eau, ou 1 comprimé, 3 fois par jour.

> Une diarrhée peut provoquer une déshydratation. Cette perte d'eau par l'organisme peut entraîner des troubles graves (fatigue, malaise, confusion des idées...). Il est indispensable de prévenir cette déshydratation par des boissons sucrées abondantes et des bouillons salés, notamment chez les personnes âgées et les enfants.
>
> Si la diarrhée persiste au-delà de quelques jours, consultez votre médecin.

COLPORMON
hydroxyestrone

PRÉSENTATION

COLPORMON : comprimé (bleu) ; boîte de 50 - Non remb.

Laboratoires Anphar-Rolland

COMPOSITION

	p. comp.
Diacétate de 16 alpha-hydroxyestrone	100 µg

INDICATIONS

Ce médicament contient une *hormone* de la famille des *estrogènes*.

Il est utilisé pour traiter les carences en estrogènes, notamment lors de la *ménopause* ou de certaines stérilités.

CONTRE-INDICATIONS

Ce médicament ne doit pas être utilisé dans les cas suivants :

- certaines maladies cardiaques ou vasculaires, notamment l'*hypertension artérielle* et les *antécédents de phlébite* ;
- maladie du foie grave ou récente ;
- certains cancers du sein ou de l'utérus ;
- *tumeur de l'hypophyse* ;
- *hémorragie* génitale de diagnostic non précisé ;
- certaines maladies rares (*connectivites*) ;
- *porphyrie* ;
- *otosclérose*.

Dans d'autres situations, votre médecin est seul juge pour prescrire ce médicament, notamment en cas de *diabète*, d'obésité, d'affections bénignes du sein et de l'utérus, d'excès de *cholestérol* ou de *triglycérides*, de jaunisse, avec ou sans démangeaisons, survenue lors d'une grossesse.

> **ATTENTION**
>
> Une surveillance médicale et des analyses régulières sont nécessaires avant et pendant la poursuite du traitement. Cette surveillance sera renforcée chez la femme souffrant d'*épilepsie*, de *migraine*, d'*asthme*, de *dépression* ou ayant des *antécédents* familiaux de cancer du sein.
>
> Des maux de tête importants ou inhabituels, des troubles de la vision, une élévation franche de la tension artérielle imposent l'arrêt du traitement et la consultation d'un médecin.

INTERACTIONS MÉDICAMENTEUSES

Ce médicament peut interagir avec d'autres médicaments. Signalez tout autre traitement en cours à votre médecin ou à votre pharmacien.

GROSSESSE, ALLAITEMENT ET NOUVEAU-NÉ

Compte tenu de ses indications, ce médicament n'est pas utilisé chez la femme enceinte ou qui allaite.

MODE D'EMPLOI ET POSOLOGIE

Les comprimés doivent être avalés avec un verre d'eau, de préférence avant les repas.

Posologie usuelle :

Elle est strictement individuelle : votre médecin l'adapte en fonction de l'efficacité du traitement.

> Chez la femme ménopausée, un *progestatif* est toujours associé aux *estrogènes* pour éviter une stimulation excessive de l'utérus ou des glandes mammaires. La réapparition de règles minimes est possible après chaque interruption de traitement ; vous devez néanmoins en informer votre médecin.
>
> Le tabac augmente le risque d'effets indésirables.

EFFETS INDÉSIRABLES POSSIBLES

Fréquents, mais peu graves : nausées, maux de tête, prise de poids, tension des seins, irritabilité, *dépression*, *candidose* vaginale, irritation oculaire par les lentilles de contact.

Rares, mais potentiellement graves et devant faire interrompre le traitement : *hypertension artérielle*, *accident thrombo-embolique*, jaunisse, augmentation des lipides dans le sang, *diabète*, *nodule* ou douleur importante des seins, *migraine*, troubles de la vue, aggravation d'une *épilepsie*.

Exceptionnellement : calculs de la vésicule biliaire.

COLPOSEPTINE
chlorquinaldol, promestriène

PRÉSENTATION

COLPOSEPTINE : comprimé gynécologique ; boîte de 18 - Remb. 65 % - Liste II

Laboratoires Théramex

COMPOSITION

	p. comp. gyn.
Chlorquinaldol	200 mg
Promestriène	10 mg

INDICATIONS

Ce médicament permet l'apport local d'une *hormone* de la famille des *estrogènes*. Il contient par ailleurs un *antiseptique* local.

Il est utilisé pour corriger les *symptômes* génitaux dus à une *carence* en estrogènes (*atrophie* ou sécheresse de la vulve ou du vagin) en cas d'infection locale.

CONTRE-INDICATIONS

Ce médicament ne doit pas être utilisé chez les personnes ayant des *antécédents* de certains cancers gynécologiques.

GROSSESSE, ALLAITEMENT ET NOUVEAU-NÉ

L'effet du traitement local par les *estrogènes* pendant la grossesse et l'allaitement est mal connu. Seul votre médecin peut apprécier le risque éventuel de son utilisation dans votre cas.

MODE D'EMPLOI ET POSOLOGIE

Les comprimés sont destinés à être introduits dans le vagin.

Posologie usuelle :

1 comprimé gynécologique par jour, de préférence le soir, 18 jours par mois.

Le traitement peut être poursuivi pendant les règles.

COLPOTROPHINE

promestriène

PRÉSENTATION

COLPOTROPHINE : capsule gynécologique ; boîte de 20 - Remb. 65 % - Liste II

COLPOTROPHINE : crème gynécologique ; tube 30 g - Remb. 65 % - Liste II

Laboratoires Théramex

COMPOSITION

	p. caps. gyn.	p. 100 g
Promestriène	10 mg	1 g

INDICATIONS

Ce médicament permet l'apport local d'une *hormone* de la famille des *estrogènes*.

Il est utilisé pour corriger les *symptômes* génitaux dus à une *carence* en estrogènes : *atrophie* ou sécheresse de la vulve ou du vagin. Les capsules sont également utilisées dans les retards de cicatrisation, dans les suites d'accouchement ou d'intervention chirurgicale.

CONTRE-INDICATIONS

Ce médicament ne doit pas être utilisé chez les personnes ayant des *antécédents* de certains cancers gynécologiques.

GROSSESSE, ALLAITEMENT ET NOUVEAU-NÉ

L'effet du traitement local par les *estrogènes* pendant la grossesse et l'allaitement est mal connu. Seul votre médecin peut évaluer le risque éventuel de son utilisation dans votre cas.

MODE D'EMPLOI ET POSOLOGIE

Les capsules sont destinées à être introduites dans le vagin.

La crème est destinée à traiter la vulve.

Posologie usuelle :

Capsule : 1 capsule par jour, de préférence le soir, 20 jours par mois.

Crème : 1 ou 2 applications externes par jour.

En fondant dans le vagin, la capsule peut être à l'origine d'un écoulement gênant : une protection peut se révéler nécessaire.

COLPRONE

médrogestone

PRÉSENTATION

COLPRONE 5 : comprimé (blanc) ; boîte de 20 - Remb. 65 % - Liste I

Laboratoires Wyeth France

COMPOSITION

	p. comp.
Médrogestone	5 mg

INDICATIONS

Ce médicament contient une *hormone* proche de la *progestérone*.

Il est utilisé pour compenser une insuffisance de progestérone dans le traitement :

- des troubles des règles, de la tension des seins ;
- de la *ménopause* (en complément des *estrogènes*) ;
- des saignements dus à un *fibrome* ;
- de l'*endométriose*.

CONTRE-INDICATIONS

Ce médicament ne doit pas être utilisé dans les cas suivants :

- *antécédent* d'*accident thrombo-embolique* (*phlébite*, *embolie* pulmonaire...) ;
- *insuffisance hépatique* grave ;
- grossesse (3 premiers mois).

ATTENTION

Des précautions sont nécessaires en cas d'*antécédent* d'*infarctus du myocarde*, de mauvaise circulation du sang, d'*hypertension artérielle* ou de *diabète*.

INTERACTIONS MÉDICAMENTEUSES

Ce médicament peut interagir avec d'autres médicaments. Signalez tout autre traitement en cours à votre médecin ou à votre pharmacien.

GROSSESSE, ALLAITEMENT ET NOUVEAU-NÉ

Grossesse :

Ce médicament est contre-indiqué pendant les 3 premiers mois de grossesse : risque de malformation des organes sexuels chez l'enfant à naître.

Allaitement :

Ce médicament passe dans le lait maternel : il est déconseillé pendant l'allaitement.

MODE D'EMPLOI ET POSOLOGIE

Ce médicament est pris indifféremment au cours ou en dehors des repas.

Posologie usuelle :

Elle est strictement individuelle et varie selon les cas.

EFFETS INDÉSIRABLES POSSIBLES

Arrêt des règles, saignement entre les règles.

Exceptionnellement : prise de poids, *séborrhée*, *troubles digestifs*, jaunisse, démangeaison.

COLTRAMYL

thiocolchicoside

PRÉSENTATION

COLTRAMYL : comprimé (jaune) ; boîte de 12 - Remb. 65 % - Liste I

COLTRAMYL : solution injectable (jaune) ; boîte de 6 ampoules 2 ml - Remb. 65 % - Liste I

Laboratoires Roussel

COMPOSITION

	p. comp.	p. amp. inj.
Thiocolchicoside	4 mg	4 mg

INDICATIONS

Ce médicament est un myorelaxant (relaxant musculaire) qui agit sur les muscles et l'utérus.

Il est utilisé dans le traitement des contractures musculaires douloureuses (torticolis, *lombalgies*, *dorsalgies*...) et des douleurs des règles.

ATTENTION

Traitement avec les comprimés : l'apparition possible d'une diarrhée n'impose pas l'arrêt du traitement mais justifie la prise d'un pansement gastrique ou une diminution de la *posologie*. Demandez l'avis de votre médecin.

GROSSESSE, ALLAITEMENT ET NOUVEAU-NÉ

Grossesse :

L'effet de ce médicament pendant la grossesse est mal connu : seul votre médecin peut évaluer le risque éventuel de son utilisation dans votre cas.

Allaitement :

Ce médicament passe dans le lait maternel : il est déconseillé pendant l'allaitement.

MODE D'EMPLOI ET POSOLOGIE

Les comprimés doivent être avalés avec un peu d'eau.

La solution injectable doit être administrée par *voie* intramusculaire.

Posologie usuelle :

- Adulte : 4 comprimés ou 2 ampoules injectables, par jour.

Quand ce médicament est utilisé lors de la préparation à une séance de kinésithérapie, il faut tenir compte du délai d'action : 1 à 2 heures pour les comprimés et 30 minutes pour la solution.

EFFETS INDÉSIRABLES POSSIBLES

Allergie cutanée.

Comprimé : rares *troubles digestifs* (douleurs d'estomac, diarrhée).

Solution injectable : rares baisses de la tension artérielle, agitation ou torpeur passagères.

COMBANTRIN
pyrantel

PRÉSENTATION

COMBANTRIN : comprimé sécable (jaune orangé) ; boîte de 6 - Remb. 65 %

COMBANTRIN : suspension buvable ; flacon 15 ml (6 cuillères-mesure 2,5 ml) - Remb. 65 %

Laboratoires Pfizer

COMPOSITION

	p. comp.	p. c. mes.
Pyrantel	125 mg	125 mg

INDICATIONS

Ce médicament est un vermifuge, actif sur certains vers parasites de l'intestin. Il paralyse les vers à l'intérieur du tube digestif, permettant ainsi leur élimination.

Il est utilisé pour éliminer les oxyures, les ascaris ou les ankylostomes.

ATTENTION
Des précautions sont nécessaires en cas d'*insuffisance hépatique*.

GROSSESSE, ALLAITEMENT ET NOUVEAU-NÉ

L'effet de ce médicament pendant la grossesse ou l'allaitement est mal connu. L'évaluation du risque éventuel lié à son utilisation est individuelle : demandez conseil à votre pharmacien ou à votre médecin.

MODE D'EMPLOI ET POSOLOGIE

Ce médicament peut être pris à n'importe quel moment de la journée.

La solution buvable est adaptée aux enfants de moins de 18 mois.

Posologie usuelle :

En cas d'oxyures ou d'ascaris : une seule prise à renouveler au bout de 15 à 20 jours pour éviter une réinfestation par les œufs qui ne sont pas détruits par le médicament.

- Adulte : 6 comprimés ou 6 cuillères-mesure de solution buvable en une seule prise.
- Enfant : 1 comprimé ou 1 cuillère-mesure de solution buvable par 10 kg. Soit, pour un enfant de 20 kg, 2 comprimés ou 2 cuillères-mesure en une seule prise.

Pour les autres parasites : la *posologie* varie en fonction de la gravité de l'infestation.

Les oxyures se transmettant par les mains, pour éviter la réinfestation, il est recommandé :
- de se laver les mains et de se brosser les ongles plusieurs fois dans la journée,
- de couper très court les ongles des enfants,
- de traiter tous les membres de la famille en même temps car il est fréquent que l'infestation ne donne aucun *symptôme*.

EFFETS INDÉSIRABLES POSSIBLES

Rarement : *troubles digestifs*, notamment douleurs abdominales, nausées ou diarrhée.

Très rarement : maux de tête, *vertiges*, somnolence ou insomnie.

COMBEYLAX
pentaérythritol

PRÉSENTATION

COMBEYLAX : poudre orale ; boîte de 20 sachets - Non remb.

Laboratoires Théra France

COMPOSITION

	p. sachet
Pentaérythritol	5 g

INDICATIONS

C'est un *laxatif osmotique*. Il permet une meilleure hydratation des selles.

Il est utilisé dans le *traitement symptomatique* de la constipation.

CONTRE-INDICATIONS

Ce médicament ne doit pas être utilisé dans les cas suivants :
- maladies inflammatoires du côlon,
- constipation ou douleur abdominale due à une obstruction du tube digestif : rétrécissement intestinal, *fécalome* (bouchon de selles).

ATTENTION
Il est nécessaire de boire beaucoup d'eau, particulièrement en cas de dilatation du côlon, d'alitement et chez la personne âgée.
Les laxatifs ne doivent pas être utilisés de façon prolongée sans avis médical.

GROSSESSE, ALLAITEMENT ET NOUVEAU-NÉ

Grossesse :
Ce médicament peut être utilisé chez la femme enceinte.

Allaitement :
Comme tous les laxatifs, ce médicament est susceptible de freiner les montées de lait.

MODE D'EMPLOI ET POSOLOGIE

Dissoudre la poudre dans un grand verre d'eau ou dans une boisson chaude.

Son action se manifeste, en général, une demi-heure après la prise.

Posologie usuelle :
- Adulte : 1 à 3 sachets par jour.
- Enfant : 1/2 à 2 sachets par jour.

Ce traitement doit être accompagné de mesures simples d'hygiène alimentaire (régime riche en fibres et boissons abondantes) et d'exercices physiques : consultez votre médecin ou votre pharmacien.

EFFETS INDÉSIRABLES POSSIBLES

Ballonnement abdominal et diarrhée en cas de surdosage.

COMPRALGYL
aspirine, codéine

PRÉSENTATION

COMPRALGYL : comprimé (blanc) ; boîte de 20 - Non remb.

Laboratoires Bayer Pharma

COMPOSITION

	p. comp.
Acide acétylsalicylique (aspirine)	500 mg
Codéine phosphate	10 mg

INDICATIONS

Ce médicament, *antalgique* et *antipyrétique*, associe de l'aspirine et de la codéine.

Il est utilisé dans le *traitement symptomatique* de la douleur ou de la fièvre.

CONTRE-INDICATIONS

Ce médicament ne doit pas être utilisé dans les cas suivants :
- enfant de moins de 15 ans,
- *allergie* aux *salicylés* ou aux *AINS*,
- *ulcère* de l'estomac ou du *duodénum*,
- *hémorragie* et risque hémorragique,
- *insuffisance respiratoire*,
- **grossesse** : pendant les 3 derniers mois.

ATTENTION
Un avis médical est préférable en cas d'*antécédent* d'*ulcère* de l'estomac ou du *duodénum*, même ancien, d'*asthme*, d'*insuffisance rénale*.
Ce médicament est déconseillé chez les personnes atteintes de *goutte*.
Évitez de prendre ce médicament pendant la semaine qui précède une extraction dentaire, une opération, ou pendant des règles abondantes : augmentation du risque d'*hémorragie*.
Évitez les boissons alcoolisées : augmentation du risque de somnolence.
Conducteur : ce médicament peut être responsable d'une somnolence ou d'une baisse de la vigilance.

INTERACTIONS MÉDICAMENTEUSES

Ce médicament contient de l'aspirine : les personnes traitées par des médicaments anticancéreux contenant du méthotrexate ne doivent pas l'utiliser.

Il peut interagir avec d'autres médicaments, notamment avec les *anticoagulants* et les *antiagrégants plaquettaires* (TICLID...) : augmentation du risque hémorragique. Signalez tout autre traitement en cours à votre médecin ou à votre pharmacien.

GROSSESSE, ALLAITEMENT ET NOUVEAU-NÉ

Grossesse :

L'usage de ce médicament est déconseillé au cours des 3 premiers mois de la grossesse (codéine) ; un usage ponctuel est possible pendant le 2e trimestre ; il est contre-indiqué au cours des 3 derniers mois (aspirine).

Allaitement :

Ce médicament passe dans le lait maternel : il est déconseillé pendant l'allaitement.

MODE D'EMPLOI ET POSOLOGIE

Les comprimés doivent être avalés avec un verre d'eau.

Respectez un intervalle d'au moins 4 heures entre 2 prises.

Posologie usuelle :

• Adulte : 1 comprimé, 1 à 4 fois par jour.

> De nombreux médicaments contiennent de l'aspirine de la codéine : en tenir compte en cas de prise conjointe (risque de surdosage).

EFFETS INDÉSIRABLES POSSIBLES

Liés à l'aspirine :
- *gastrite*, douleurs abdominales, saignements du nez ou des gencives ;
- rares et parfois graves : *hémorragie* du tube digestif (vomissements sanglants, selles noires, ou plus souvent pertes de sang imperceptibles, responsables de l'apparition progressive d'une *anémie*) ; accidents allergiques (*urticaire*, *œdème*, *asthme*) ;
- signes devant faire penser à un surdosage : bourdonnements d'oreille, sensation de baisse de l'audition, maux de tête.

Liés à la codéine et modérés aux doses usuelles : constipation, somnolence, *troubles digestifs*, *bronchospasme*, états vertigineux, *allergies* cutanées, ralentissement de la respiration.

CONDYLINE

podophyllotoxine

PRÉSENTATION

CONDYLINE : solution pour application locale ; flacon 3,5 ml et 30 applicateurs - Remb. 65 % - Liste I

Laboratoires Yamanouchi

COMPOSITION

	p. 100 ml
Podophyllotoxine	0,50 g
Acide lactique	4,29 ml
Lactate de sodium	0,48 ml
Alcool à 96°	+

INDICATIONS

Cette solution contient une substance d'origine végétale qui empêche les cellules de se diviser et les détruit.

Elle est utilisée dans le traitement de certains *condylomes*.

CONTRE-INDICATIONS

Ce médicament ne doit pas être utilisé dans les cas suivants :
- enfant de moins de 15 ans,
- **grossesse,**
- **allaitement.**

> **ATTENTION**
> Une contraception efficace est nécessaire avant et pendant le traitement.
> En cas de contact accidentel avec la peau, les *muqueuses* et surtout les yeux, rincer abondamment à l'eau.

GROSSESSE, ALLAITEMENT ET NOUVEAU-NÉ

Ce médicament est contre-indiqué pendant la grossesse et l'allaitement.

MODE D'EMPLOI ET POSOLOGIE

Appliquez la solution sur le *condylome* en prenant garde à ne pas déborder sur la peau ou les *muqueuses* avoisinantes, ce qui pourrait entraîner une irritation ou une *ulcération*. Laissez sécher soigneusement. Jetez l'applicateur usagé et lavez-vous les mains.

Changez d'applicateur à chaque utilisation.

Posologie usuelle :

2 applications par jour pendant 3 jours. Le traitement peut être répété chaque semaine, pendant 5 semaines au maximum.

> Pour éviter l'irritation de la peau ou des *muqueuses* saines bordant le *condylome*, protégez celles-ci avec une pommade : demandez conseil à votre médecin ou à votre pharmacien.
> Les condylomes sont transmissibles sexuellement : l'utilisation d'un préservatif est recommandée.

EFFETS INDÉSIRABLES POSSIBLES

Apparition fréquente, vers le 2e ou le 3e jour, de rougeurs et d'*ulcérations* sur la surface traitée : elles traduisent l'efficacité du traitement.

CONFLICTAN

oxaflozane

PRÉSENTATION

CONFLICTAN : solution buvable 2 % ; flacon 30 ml (1 200 gouttes) - Remb. 65 % - Liste I

Laboratoires LTM

COMPOSITION

	p. 10 gtes
Oxaflozane chlorhydrate	5 mg
Alcool	+

INDICATIONS

C'est un *antidépresseur* qui appartient à la famille des antidépresseurs non *IMAO*, non imipraminiques.

Il est utilisé dans le traitement des *états dépressifs*.

CONTRE-INDICATIONS

Ce médicament ne doit pas être utilisé dans les cas suivants :
- *insuffisance rénale*,
- association avec les *IMAO* non sélectifs.

> **ATTENTION**
> Évitez les boissons alcoolisées : augmentation du risque de somnolence.
> Conducteur : ce médicament peut être responsable d'une baisse de la vigilance, particulièrement en début de traitement.

INTERACTIONS MÉDICAMENTEUSES

Ce médicament ne doit pas être associé aux *IMAO* non sélectifs (MARSILID, NIAMIDE...) : risque de poussée d'*hypertension artérielle* ou de malaise grave.

Lorsque ce médicament vient en remplacement d'un IMAO non sélectif, il convient de respecter un délai d'au moins 15 jours.

Lorsqu'un IMAO vient en remplacement de ce médicament, un intervalle de 3 jours suffit.

Ce médicament peut interagir avec d'autres médicaments, notamment les *sédatifs*. Signalez tout autre traitement en cours à votre médecin ou à votre pharmacien.

GROSSESSE, ALLAITEMENT ET NOUVEAU-NÉ

L'effet de ce médicament pendant la grossesse ou l'allaitement est mal connu : seul votre médecin peut évaluer le risque éventuel de son utilisation dans votre cas.

MODE D'EMPLOI ET POSOLOGIE

La *posologie* est strictement individuelle.

> L'efficacité de ce médicament peut ne pas être immédiate ; n'arrêtez pas le traitement prématurément.

EFFETS INDÉSIRABLES POSSIBLES

En début de traitement : somnolence, fatigabilité des jambes. Ces effets disparaissent avec la poursuite du traitement.

Rarement : maux de tête, bouche sèche, *hypotension orthostatique*.

CONJONCTYL

PRÉSENTATION

CONJONCTYL : solution injectable *I.M.* ou *I.V.* ; boîte de 10 ampoules 10 ml - Remb. 35 % - Liste II

Laboratoires Sédifa

COMPOSITION

	p. amp. inj.
Monométhyltrisilanol orthohydroxybenzoate de sodium	50 mg

INDICATIONS

Ce médicament contient un protecteur tissulaire.

Il est utilisé dans le *traitement* d'*appoint* de l'*artérite* et de l'*ostéoporose*.

CONTRE-INDICATIONS

Ce médicament ne doit pas être utilisé en cas d'*allergie* aux *salicylés*.

GROSSESSE, ALLAITEMENT ET NOUVEAU-NÉ

L'effet de ce médicament pendant la grossesse ou l'allaitement est mal connu : seul votre médecin peut évaluer le risque éventuel de son utilisation dans votre cas.

MODE D'EMPLOI ET POSOLOGIE

La solution doit être injectée par *voie* intramusculaire ou intraveineuse.

Posologie usuelle :

2 injections par semaine.

Cesser de fumer et pratiquer régulièrement la marche peuvent retarder l'évolution de l'*artérite*.

CONSTRILIA

tétryzoline, thiomersal

PRÉSENTATION

CONSTRILIA : collyre ; flacon 10 ml - Remb. 65 % - Liste II

Laboratoires Alcon

COMPOSITION

	p. 100 ml
Tétryzoline chlorhydrate	0,05 g
Eau de rose	20 ml
Thiomersal sodique	0,01 g

INDICATIONS

C'est un collyre décongestionnant qui contient un *vasoconstricteur* et un *antiseptique*.

Il est utilisé pour traiter les *conjonctivites* non infectieuses, notamment les irritations dues à des corps étrangers, à des gaz irritants, à des poussières ou à une lumière excessive.

CONTRE-INDICATIONS

Ce médicament ne doit pas être utilisé en cas de *glaucome* à angle fermé.

ATTENTION

Ne pas utiliser ce collyre sans avis médical chez l'enfant de moins de 7 ans.

Une rougeur ou une douleur de l'œil ne correspondent pas toujours à une *conjonctivite*. Des soins urgents peuvent être nécessaires, notamment en cas de vision floue.

Ce collyre peut provoquer un *glaucome* aigu par fermeture de l'angle chez les personnes prédisposées : œil rouge, dur, douloureux, et flou de la vision. Une consultation d'urgence dans un service spécialisé est alors nécessaire.

Du fait de la présence d'un *vasoconstricteur*, les instillations répétées doivent être évitées chez les personnes souffrant d'*angine de poitrine* ou d'*hypertension artérielle*.

Des instillations répétées peuvent provoquer une sensibilité anormale à la lumière, gênante en cas de conduite automobile.

INTERACTIONS MÉDICAMENTEUSES

Ce médicament peut interagir avec d'autres médicaments, notamment les *antidépresseurs* de la famille des *IMAO* non sélectifs (MARSILID, NIAMIDE...). Signalez tout autre traitement en cours à votre médecin ou à votre pharmacien.

GROSSESSE, ALLAITEMENT ET NOUVEAU-NÉ

L'effet de ce médicament pendant la grossesse ou l'allaitement est mal connu : seul votre médecin peut évaluer le risque éventuel de son utilisation dans votre cas.

MODE D'EMPLOI ET POSOLOGIE

Tirer la paupière inférieure vers le bas tout en regardant vers le haut et déposer les gouttes de collyre entre la paupière et le globe oculaire (*cul-de-sac conjonctival*).

Posologie usuelle :

2 gouttes, 4 fois par jour.

Les lentilles de contact ne doivent pas être portées en cas d'irritation oculaire ni réutilisées avant l'arrêt complet du traitement.

L'application correcte du produit peut nécessiter une aide, notamment chez l'enfant ou la personne handicapée ou âgée.

Ne conservez pas ce collyre plus de 15 jours après une première utilisation.

EFFETS INDÉSIRABLES POSSIBLES

Glaucome aigu par fermeture de l'angle (voir ATTENTION).

Sensibilité excessive à la lumière due à une dilatation de la pupille.

CONTACTOL

hydroxypropylméthylcellulose

PRÉSENTATION

CONTACTOL : solution ophtalmique ; flacon 10 ml - Non remb.

Laboratoires M.S.D.-Chibret

COMPOSITION

	p. 100 ml
Hydroxypropylméthylcellulose	0,5 g
Benzalkonium chlorure	0,002 g

INDICATIONS

C'est une solution de suppléance lacrymale : elle compense une insuffisance de sécrétion naturelle de larmes.

Elle est utilisée pour limiter les irritations dues aux lentilles de contact ou aux prothèses oculaires et dans le traitement de la sécheresse oculaire due à une insuffisance lacrymale (œil sec).

CONTRE-INDICATIONS

Cette solution ophtalmique ne doit pas être utilisée en cas d'*allergie* aux *antiseptiques* de la famille des *ammoniums quaternaires* (présence de benzalkonium).

ATTENTION

Une irritation oculaire peut être due à une infection : en cas de doute, n'hésitez pas à consulter votre médecin.

N'utilisez pas cette solution ophtalmique de façon prolongée sans prendre un avis médical.

INTERACTIONS MÉDICAMENTEUSES

Cette solution ophtalmique peut interagir avec des collyres : respectez un intervalle de 15 minutes entre deux instillations.

GROSSESSE, ALLAITEMENT ET NOUVEAU-NÉ

Cette solution ophtalmique contient des conservateurs dont l'effet est mal connu pendant la grossesse ou l'allaitement. L'évaluation du risque éventuel lié à son utilisation est individuelle : demandez conseil à votre pharmacien ou à votre médecin.

MODE D'EMPLOI ET POSOLOGIE

Lentilles et prothèses oculaires : déposer quelques gouttes de solution dans le creux de la lentille ou de la prothèse avant de la mettre en place.

Sécheresse oculaire : tirer la paupière inférieure vers le bas tout en regardant vers le haut et déposer les gouttes entre la paupière et le globe oculaire (*cul-de-sac conjonctival*).

Posologie usuelle :

Sécheresse oculaire : 1 goutte chaque fois qu'une sécheresse de l'œil se fait sentir.

Une irritation due au port de lentilles souples ne doit pas être traitée avec cette solution : consultez votre ophtalmologiste.

L'application correcte du produit peut nécessiter une aide, notamment chez une personne handicapée ou âgée.

Ne conservez pas cette solution plus de 15 jours après une première utilisation.

CONTALAX

bisacodyl

PRÉSENTATION

CONTALAX : comprimé *gastrorésistant* (blanc) ; boîte de 30 - Non remb.

Laboratoires 3M Santé

COMPOSITION

	p. comp.
Bisacodyl	5 mg

INDICATIONS

C'est un *laxatif stimulant*. Il augmente les sécrétions et la motricité de l'intestin.

Il est utilisé comme *traitement symptomatique* de la constipation.

CONTRE-INDICATIONS

Ce médicament ne doit pas être utilisé dans les cas suivants :
- maladies inflammatoires du côlon,
- maladie comportant un risque d'obstruction du tube digestif.

Ce médicament ne peut être utilisé qu'après avis médical chez l'enfant de moins de 6 ans.

ATTENTION

Ce médicament doit être utilisé de façon épisodique et en cure très brève : pas plus de 8 à 10 jours.

Son usage régulier peut entraîner :
- une *dépendance* ;
- des troubles intestinaux graves ;
- une perte de sels minéraux, notamment de *potassium*, pouvant entraîner des *troubles du rythme cardiaque* graves.

Arrêter le traitement en cas de diarrhée ou de douleurs abdominales.

INTERACTIONS MÉDICAMENTEUSES

Ce médicament peut interagir avec d'autres médicaments, notamment ceux contenant de la *vincamine* et certains *antiarythmiques*.

GROSSESSE, ALLAITEMENT ET NOUVEAU-NÉ

Ce médicament est déconseillé pendant la grossesse ou l'allaitement.

MODE D'EMPLOI ET POSOLOGIE

Ce médicament sera pris de préférence le soir au coucher. Avaler les comprimés sans les croquer avec un grand verre d'eau.

L'effet ne peut être obtenu qu'après 8 à 10 heures.

Posologie usuelle :
- Adulte : 1 ou 2 comprimés par jour.
- Enfant de plus de 6 ans : ne jamais dépasser plus de 1 comprimé par jour.

☛ Évitez la prise simultanée de substance alcaline (eau de Vichy, par exemple).

Des mesures simples d'hygiène alimentaire et des exercices physiques sont à envisager avant d'utiliser un laxatif : parlez-en à votre médecin ou à votre pharmacien.

EFFETS INDÉSIRABLES POSSIBLES

Diarrhée, douleurs abdominales.

CONTRACIDE

hydroxyde d'aluminium, magnésium trisilicate, diméticone

PRÉSENTATION

CONTRACIDE : suspension buvable ; flacon 250 ml - Remb. 65 %

Laboratoires Norgan

COMPOSITION

	p. c. à s.
Aluminium hydroxyde	600 mg
Magnésium trisilicate	1,2 g
Diméticone	300 mg

INDICATIONS

C'est une association de substances contenant un *antiacide* d'action locale et un *pansement digestif* au silicone (le diméticone). Elle agit en neutralisant les acides sécrétés par l'estomac et en couvrant le tube digestif d'un film qui l'isole de son contenu.

Ce médicament est utilisé comme *traitement symptomatique* des douleurs, brûlures, aigreurs de l'estomac ou de l'œsophage et dans les ballonnements intestinaux.

CONTRE-INDICATIONS

Ce médicament ne doit pas être utilisé en cas d'*insuffisance rénale* grave.

ATTENTION

En cas de persistance des *symptômes*, des examens peuvent être nécessaires : consultez votre médecin.

INTERACTIONS MÉDICAMENTEUSES

Ce médicament peut interagir avec de nombreux autres médicaments en diminuant leur absorption : il convient de séparer les prises d'au moins 2 heures.

GROSSESSE, ALLAITEMENT ET NOUVEAU-NÉ

Les substances contenues dans ce médicament sont peu absorbées ; l'automédication est possible en cure courte et ponctuelle pendant la grossesse ou l'allaitement.

MODE D'EMPLOI ET POSOLOGIE

Ce médicament sera pris préférentiellement 90 minutes après les repas, et au moment des douleurs.

Posologie usuelle :

1 cuillère à soupe, 3 à 6 fois par jour.

☛ Une alimentation équilibrée, une mastication lente, et l'élimination des aliments mal digérés permettent souvent d'atténuer, voire de faire disparaître, les douleurs d'estomac qui ne sont pas liées à un *ulcère*.

Si vous êtes fumeur, la poursuite du tabagisme nuit à l'efficacité du traitement.

COQUELUSÉDAL Adulte

PRÉSENTATION

COQUELUSÉDAL ADULTE : suppositoire ; boîte de 12 - Remb. 35 %

Laboratoires Élerté

COMPOSITION

	p. suppos.
Camphre	60 mg
Phénobarbital	30 mg
Niaouli, essence	40 mg
Grindélia, extrait	40 mg
Gelsémium, extrait	20 mg

INDICATIONS

Ce médicament contient une association de substances *antiseptiques* et sédatives.

Il est utilisé dans le *traitement symptomatique* de la toux.

CONTRE-INDICATIONS

Ce médicament ne doit pas être utilisé dans les cas suivants :
- *porphyries*,
- *allergie* aux *barbituriques*.

ATTENTION ⊛

Ce médicament n'est pas adapté au traitement de la toux grasse, qui est un mécanisme de défense normal de l'organisme permettant l'évacuation des mucosités présentes dans les bronches.

La toux est un *symptôme* qui peut révéler de nombreuses maladies : consultez votre médecin si elle persiste plus de quelques jours.

Évitez les boissons alcoolisées : augmentation du risque de somnolence.

Conducteur : ce médicament peut être responsable d'une somnolence ou d'une baisse de la vigilance.

INTERACTIONS MÉDICAMENTEUSES

Ce médicament peut interagir avec d'autres médicaments, notamment avec les *contraceptifs* oraux (pilule) : risque de contraception inefficace. Signalez tout autre traitement en cours à votre pharmacien ou à votre médecin.

GROSSESSE, ALLAITEMENT ET NOUVEAU-NÉ

L'effet de ce médicament pendant la grossesse ou l'allaitement est mal connu. L'évaluation du risque éventuel lié à son utilisation est individuelle : demandez conseil à votre pharmacien ou à votre médecin.

MODE D'EMPLOI ET POSOLOGIE

Posologie usuelle :
- Adulte : 2 ou 3 suppositoires Adulte par jour.

☛ La poursuite du tabagisme nuit à l'efficacité du traitement.

Des mesures simples permettent de calmer les toux sèches : boissons chaudes et humidification de l'air ambiant.

EFFETS INDÉSIRABLES POSSIBLES

Dus au phénobarbital, à forte dose : somnolence, réaction cutanée, confusion des idées.

Ne négligez pas les rappels de vaccination

COQUELUSÉDAL Enfant Nourrisson

PRÉSENTATION

COQUELUSÉDAL ENFANT : suppositoire ; boîte de 12 - Remb. 35 % - Liste II

COQUELUSÉDAL NOURRISSON : suppositoire ; boîte de 12 - Remb. 35 % - Liste II

Laboratoires Élerté

COMPOSITION

	p. suppos. Enf.	p. suppos. Nour.
Phénobarbital	20 mg	10 mg
Niaouli, essence	20 mg	10 mg
Grindélia, extrait	20 mg	10 mg
Gelsémium, extrait	10 mg	5 mg

INDICATIONS

Ce médicament contient une association de substances *antiseptiques* et sédatives.

Il est utilisé dans le *traitement symptomatique* de la toux.

CONTRE-INDICATIONS

Ce médicament ne doit pas être utilisé dans les cas suivants :
- *porphyrie*,
- *allergie* aux *barbituriques*.

ATTENTION

Ce médicament n'est pas adapté au traitement de la toux grasse, qui est un mécanisme de défense normal de l'organisme permettant l'évacuation des mucosités présentes dans les bronches.

La toux est un *symptôme* qui peut révéler de nombreuses maladies : consultez votre médecin si elle persiste plus de quelques jours.

Évitez les boissons alcoolisées, en raison de la présence d'un *barbiturique* : augmentation du risque de somnolence.

MODE D'EMPLOI ET POSOLOGIE

Posologie usuelle :
- Enfant de plus de 30 mois : 2 ou 3 suppositoires Enfant par jour.
- Enfant de moins de 30 mois : 1 à 3 suppositoires Nourrisson par jour.

Des mesures simples permettent de calmer les toux sèches : boissons chaudes et humidification de l'air ambiant.

EFFETS INDÉSIRABLES POSSIBLES

Dus au phénobarbital, à forte dose : sédation, réaction cutanée, confusion des idées.

COQUELUSÉDAL PARACÉTAMOL

PRÉSENTATION

COQUELUSÉDAL ADULTES : suppositoire ; boîte de 12 - Remb. 35 %

COQUELUSÉDAL ENFANTS : suppositoire ; boîte de 12 - Remb. 35 %

COQUELUSÉDAL NOURRISSONS : suppositoire ; boîte de 12 - Remb. 35 %

Laboratoires Élerté

COMPOSITION

	p. suppos. Ad.	p. suppos. Enf.	p. suppos. Nour.
Paracétamol	500 mg	250 mg	100 mg
Niaouli, essence	40 mg	20 mg	10 mg
Grindelia, extrait	40 mg	20 mg	10 mg
Gelsemium, extrait	20 mg	10 mg	5 mg

INDICATIONS

Ce médicament contient du paracétamol, *antipyrétique* et *antalgique*, et des extraits de plantes, substances *antiseptiques* des *voies* respiratoires.

Il est utilisé dans le *traitement symptomatique* des affections respiratoires avec fièvre, toux et en cas de poussées dentaires douloureuses.

CONTRE-INDICATIONS

Ce médicament ne doit pas être utilisé en cas de maladie grave du foie.

ATTENTION

La toux est un *symptôme* qui peut révéler de nombreuses maladies : consultez votre médecin si elle persiste plus de quelques jours.

GROSSESSE, ALLAITEMENT ET NOUVEAU-NÉ

Ce médicament ne contient que des substances présumées sans danger pendant la grossesse ou l'allaitement. Néanmoins, ne l'utilisez pas de façon prolongée sans l'avis de votre pharmacien ou de votre médecin.

MODE D'EMPLOI ET POSOLOGIE

Respectez un intervalle minimal de 4 heures entre 2 prises.

Posologie usuelle :
- Adulte : 1 suppositoire Adulte, 1 à 3 fois par jour.
- Enfant de 6 à 15 ans : 1 suppositoire Enfant, 2 ou 3 fois par jour.
- Enfant de 30 mois à 6 ans : 1 suppositoire Enfant, 1 ou 2 fois par jour.
- Nourrisson de 12 à 30 mois : 1 suppositoire Nourrisson, 1 à 3 fois par jour.
- Nourrisson de 1 à 12 mois : 1 suppositoire Nourrisson, 1 ou 2 fois par jour.

De nombreux médicaments contiennent du paracétamol : en tenir compte en cas de prise conjointe car le surdosage en paracétamol peut être toxique pour le foie.

Fumer, ou être exposé à la fumée des autres, nuit à l'efficacité du traitement.

Des mesures simples permettent de calmer les toux sèches : boissons chaudes et humidification de l'air ambiant.

EFFETS INDÉSIRABLES POSSIBLES

Liés au paracétamol : réaction allergique rare.

CORAMINE GLUCOSE

nicéthamide, glucose

PRÉSENTATION

CORAMINE GLUCOSE : comprimé à sucer arôme citron-orange (blanc) ; boîte de 20 - Non remb.

Laboratoires Zyma

COMPOSITION

	p. comp.
Nicéthamide	0,125 g
Glucose	1,5 g
Saccharose	2,3 g

INDICATIONS

Ce médicament est un stimulant léger.

Il est utilisé dans le traitement des malaises et de la fatigue, notamment celle due aux séjours en altitude.

CONTRE-INDICATIONS

Ce médicament ne doit pas être utilisé dans les cas suivants :
- *épilepsie*,
- *hypertension artérielle*,
- enfant de moins de 15 ans.
- **grossesse.**

ATTENTION

Un malaise d'allure bénigne peut être révélateur d'une maladie sérieuse ; n'hésitez pas à consulter votre médecin.

Ce médicament contient du *sucre* (glucose et saccharose) en quantité notable.

GROSSESSE, ALLAITEMENT ET NOUVEAU-NÉ

Grossesse :

L'effet de ce médicament sur l'enfant à naître est mal connu : son usage pendant la grossesse est contre-indiqué.

Allaitement :

Les données actuellement disponibles ne permettent pas de savoir si ce médicament passe dans le lait maternel.

MODE D'EMPLOI ET POSOLOGIE

Les comprimés doivent être sucés.

Posologie usuelle :
- Adulte : 4 à 6 comprimés, répartis dans la journée.

EFFETS INDÉSIRABLES POSSIBLES

Ils ne sont observés qu'en cas de surdosage : sueurs, nausées, vomissements, rougeur de la peau, démangeaisons ; éternuement, respiration ample et rapide, accélération du cœur, *hypertension artérielle*, anxiété, agitation, raideur, spasmes musculaires.

CORBIONAX

amiodarone

PRÉSENTATION

CORBIONAX : comprimé sécable (blanc) ; boîte de 30 - Remb. 65 % - Liste II

Laboratoires Sanofi Winthrop

COMPOSITION

	p. comp.
Amiodarone chlorhydrate	200 mg

INDICATIONS

Ce médicament appartient à la classe III de la famille des *antiarythmiques*.

Il est utilisé dans le traitement des *troubles du rythme cardiaque*, notamment lorsque existe en même temps une *angine de poitrine*.

CONTRE-INDICATIONS

Ce médicament ne doit pas être utilisé dans les cas suivants :
- ralentissement anormal du cœur préexistant au traitement,
- maladies de la glande *thyroïde*,
- *allergie* à l'iode,
- association avec certains autres *antiarythmiques* ou avec la *vincamine*,
- grossesse,
- allaitement.

ATTENTION

Ce médicament est susceptible de provoquer une *photosensibilisation* : une exposition minime aux rayons *ultraviolets* peut provoquer des réactions cutanées. Évitez toute exposition au soleil. N'omettez pas de signaler à votre médecin vos projets de vacances pendant la durée du traitement.

Ce médicament peut provoquer des anomalies de la glande *thyroïde* : signalez à votre médecin la survenue de l'un des événements suivants : prise ou perte de poids, diarrhée ou constipation durables, fatigue ou grande sensibilité au froid.

INTERACTIONS MÉDICAMENTEUSES

Ce médicament ne doit pas être associé à certains autres *antiarythmiques* (quinidine, sotalol...) et aux médicaments contenant de la *vincamine* : risque de *troubles du rythme cardiaque*, parfois mortels.

Il peut interagir avec d'autres médicaments, notamment les *bêtabloquants*, certains *diurétiques* et les *laxatifs stimulants*. Signalez tout autre traitement en cours à votre médecin ou à votre pharmacien.

GROSSESSE, ALLAITEMENT ET NOUVEAU-NÉ

Grossesse :

Ce médicament est contre-indiqué pendant la grossesse : risque d'anomalie de la glande *thyroïde* chez le *nouveau-né*.

Allaitement :

Ce médicament passe dans le lait maternel : l'allaitement est contre-indiqué.

MODE D'EMPLOI ET POSOLOGIE

Ce médicament présente une caractéristique particulière : son effet est long à apparaître (une semaine) et à disparaître (plusieurs semaines après un traitement prolongé). Il est donc fréquent que le médecin prescrive au début des *posologies* élevées pour obtenir un effet plus rapide. De même, un traitement discontinu est possible : pas de prise le samedi ni le dimanche par exemple.

Posologie usuelle :

Traitement d'entretien : 1/2 à 2 comprimés par jour, en une seule prise.

EFFETS INDÉSIRABLES POSSIBLES

- L'accumulation d'amiodarone dans la *cornée* peut, rarement, provoquer un dépôt susceptible d'entraîner des troubles visuels : halo coloré en lumière vive, brouillard visuel. Tous ces troubles disparaissent progressivement et complètement à l'arrêt du traitement.
- Rougeurs par *photosensibilisation* (voir ATTENTION) ; plus rarement, coloration grisâtre réversible de la peau, *allergies* cutanées.
- Anomalies du fonctionnement de la glande *thyroïde* (voir ATTENTION).
- Ralentissement du cœur.
- *Troubles digestifs* bénins en début de traitement.

CORDARONE

amiodarone

PRÉSENTATION

CORDARONE : comprimé sécable (blanc) ; boîte de 30 - Remb. 65 % - Liste II

Laboratoires Labaz

COMPOSITION

	p. comp.
Amiodarone chlorhydrate	200 mg

INDICATIONS

Ce médicament appartient à la classe III de la famille des *antiarythmiques*.

Il est utilisé dans le traitement des *troubles du rythme cardiaque*, notamment lorsque existe en même temps une *angine de poitrine*.

CONTRE-INDICATIONS

Ce médicament ne doit pas être utilisé dans les cas suivants :
- ralentissement anormal du cœur préexistant au traitement,
- maladies de la glande *thyroïde*,
- *allergie* à l'iode,
- association avec certains autres *antiarythmiques* ou les médicaments contenant de la *vincamine*,
- grossesse,
- allaitement.

ATTENTION

Ce médicament est susceptible de provoquer une *photosensibilisation* : une exposition minime aux rayons *ultraviolets* peut provoquer des réactions cutanées. Évitez toute exposition au soleil. N'omettez pas de signaler à votre médecin vos projets de vacances pendant la durée du traitement.

Ce médicament peut provoquer des anomalies de la glande *thyroïde* : signalez à votre médecin la survenue de l'un des événements suivants : prise ou perte de poids, diarrhée ou constipation durables, fatigue ou grande sensibilité au froid.

INTERACTIONS MÉDICAMENTEUSES

Ce médicament ne doit pas être associé à certains autres *antiarythmiques* (quinidine, sotalol...) et aux médicaments contenant de la *vincamine* : risque de *troubles du rythme cardiaque*, parfois mortels.

Il peut interagir avec d'autres médicaments, notamment les *bêtabloquants*, certains *diurétiques* et les *laxatifs stimulants*. Signalez tout autre traitement en cours à votre médecin ou à votre pharmacien.

GROSSESSE, ALLAITEMENT ET NOUVEAU-NÉ

Grossesse :

Ce médicament est contre-indiqué pendant la grossesse : risque d'anomalie de la glande *thyroïde* chez le *nouveau-né*.

Allaitement :

Ce médicament passe dans le lait maternel : l'allaitement est contre-indiqué.

MODE D'EMPLOI ET POSOLOGIE

Ce médicament présente une caractéristique particulière : son effet est long à apparaître (une semaine) et à disparaître (plusieurs semaines après un traitement prolongé). Il est donc fréquent que le médecin prescrive au début des *posologies* élevées pour obtenir un effet plus rapide. De même, un traitement discontinu est possible : pas de prise le samedi ni le dimanche par exemple.

Posologie usuelle :

Traitement d'entretien : 1/2 à 2 comprimés par jour, en 1 seule prise.

EFFETS INDÉSIRABLES POSSIBLES

- L'accumulation d'amiodarone dans la *cornée* peut, rarement, provoquer un dépôt susceptible d'entraîner des troubles visuels : halo coloré en lumière vive, brouillard visuel. Tous ces troubles disparaissent progressivement et complètement à l'arrêt du traitement.
- Rougeurs par *photosensibilisation* (voir ATTENTION) ; plus rarement, coloration grisâtre réversible de la peau, *allergies* cutanées.
- Anomalies du fonctionnement de la glande *thyroïde* (voir ATTENTION).
- Ralentissement du cœur.
- *Troubles digestifs* bénins en début de traitement.

CORDIPATCH

trinitrine

PRÉSENTATION

CORDIPATCH 5 mg/24 h : *dispositif transdermique* 16 cm² (transparent) ; boîte de 30 - Remb. 65 % - Liste II

CORDIPATCH 10 mg/24 h : *dispositif transdermique* 32 cm² (transparent) ; boîte de 30 - Remb. 65 % - Liste II

Laboratoires Théraplix

COMPOSITION

	5 mg/24 h	10 mg/24 h
Trinitrine	16 mg	32 mg

INDICATIONS

Ce médicament *vasodilatateur* appartient à la famille des dérivés de la trinitrine. Il possède de nombreuses propriétés qui facilitent le travail du cœur : dilatation des veines, dilatation des artères à forte dose, prévention des spasmes des *artères coronaires*. Le *dispositif transdermique* (timbre) contient la substance active qui traverse la peau, gagne le sang, et peut agir sur le cœur et les vaisseaux.

Ce médicament est utilisé dans le *traitement préventif* des crises d'*angine de poitrine*.

CONTRE-INDICATIONS

Ce médicament ne doit pas être utilisé dans les cas suivants :
- *anémie* importante,
- *glaucome*,
- *hypertension intracrânienne*.

ATTENTION

Ce médicament n'est pas adapté au *traitement de la crise* aiguë d'*angine de poitrine* : son action est trop lente à apparaître. C'est un *traitement préventif* qui lutte contre l'apparition des crises.

En cas de malaise d'allure sérieuse, retirez le timbre.

Ne laissez pas le timbre neuf ou usagé à la portée des enfants.

Conducteur : en début de traitement, ce médicament peut être responsable de vertiges.

INTERACTIONS MÉDICAMENTEUSES

Ce médicament peut interagir avec d'autres médicaments. Signalez tout autre traitement en cours à votre médecin ou à votre pharmacien.

GROSSESSE, ALLAITEMENT ET NOUVEAU-NÉ

L'effet de ce médicament pendant la grossesse ou l'allaitement est mal connu : seul votre médecin peut évaluer le risque éventuel de son utilisation dans votre cas.

MODE D'EMPLOI ET POSOLOGIE

Il existe 2 dosages correspondant à 2 surfaces différentes : la quantité de trinitrine qui passe dans le sang est proportionnelle à la surface du *dispositif transdermique* (timbre). Choisissez une région sèche, pauvre en poils, et dépourvue de grains de beauté ou autres lésions cutanées. Libérez la surface adhésive et appliquez soigneusement le timbre en effectuant une pression sur toute sa surface. Changez d'emplacement tous les jours.

Posologie usuelle :
- Adulte : 1 *dispositif transdermique* (timbre) par jour, à garder pendant une période de 12 à 24 heures selon les indications du médecin.

Si le timbre se décolle accidentellement, remplacez-le par un timbre neuf placé à un autre endroit.

EFFETS INDÉSIRABLES POSSIBLES

Réactions locales : rougeur et démangeaison au point d'application.

Maux de tête, parfois violents, qui disparaissent habituellement après quelques jours de traitement.

Vertiges, *hypotension orthostatique*.

Rares nausées et vomissements.

CORDITRINE
trinitrine

PRÉSENTATION

CORDITRINE : gélule à *libération prolongée* (bleu foncé et incolore) ; boîte de 60 - Remb. 65 % - Liste II

Laboratoires Specia

COMPOSITION

	p. gél. L.P.
Trinitrine	6,5 mg

INDICATIONS

Ce médicament *vasodilatateur* appartient à la famille des dérivés de la trinitrine. Il possède de nombreuses propriétés qui facilitent le travail du cœur : dilatation des veines, dilatation des artères à forte dose, prévention des spasmes des *artères coronaires*.

Il est utilisé dans :
- le *traitement préventif* des crises d'*angine de poitrine*,
- le *traitement d'appoint* de l'*insuffisance cardiaque*.

ATTENTION

Ce médicament peut être responsable de maux de tête, parfois violents, surtout lors des premières prises.

Des baisses de la tension artérielle ont également été constatées. La mise en route progressive du traitement prescrit par le médecin doit être respectée, notamment pour les *posologies* élevées ; de même, le traitement ne doit pas être arrêté brutalement.

INTERACTIONS MÉDICAMENTEUSES

Ce médicament peut interagir avec d'autres médicaments. Signalez tout autre traitement en cours à votre médecin ou à votre pharmacien.

GROSSESSE, ALLAITEMENT ET NOUVEAU-NÉ

L'effet de ce médicament pendant la grossesse ou l'allaitement est mal connu : seul votre médecin peut évaluer le risque éventuel de son utilisation dans votre cas.

MODE D'EMPLOI ET POSOLOGIE

Les gélules doivent être avalées telles quelles, sans être ni sucées ni croquées.

Posologie usuelle :

Elle varie en fonction des indications et est adaptée par votre médecin en fonction de l'effet thérapeutique.

EFFETS INDÉSIRABLES POSSIBLES

Maux de tête, bouffées de chaleur.

Baisse de la tension artérielle pouvant se traduire par des malaises, surtout chez la personne âgée.

Troubles digestifs : maux d'estomac.

CORDIUM
bépridil

PRÉSENTATION

CORDIUM : comprimé *gastrorésistant* (blanc) ; boîte de 30 - Remb. 65 % - Liste I

CORDIUM : comprimé *gastrorésistant* (blanc) ; boîte de 90 - Remb. 65 % - Liste I

Laboratoires Riom-CERM

COMPOSITION

	p. comp.
Bépridil chlorhydrate	100 mg

INDICATIONS

Ce médicament est un *vasodilatateur* qui appartient à la famille des *inhibiteurs calciques*. Il possède également des propriétés *antiarythmiques*.

Il est utilisé dans le *traitement préventif* des crises d'*angine de poitrine*.

CONTRE-INDICATIONS

Ce médicament ne doit pas être utilisé dans les cas suivants :
- fréquence cardiaque inférieure à 50 battements par minute et certaines maladies de l'automatisme ou de la conduction cardiaques,
- *insuffisance cardiaque* grave,
- *hypokaliémie*,
- association avec d'autres médicaments favorisant les *torsades de pointes*.

ATTENTION

Des précautions sont nécessaires chez la personne âgée.

La surveillance régulière du taux de *potassium* dans le sang, de la fréquence cardiaque et de l'électrocardiogramme, est nécessaire avant et pendant le traitement.

N'utilisez aucun laxatif sans avis médical pendant toute la durée du traitement : risque de *trouble du rythme cardiaque*.

INTERACTIONS MÉDICAMENTEUSES

Ce médicament ne doit pas être associé aux médicaments favorisant un *trouble du rythme cardiaque* particulier et potentiellement grave : les *torsades de pointes*. Ces médicaments sont : certains *antiarythmiques*, la *vincamine*, le sultopride, le sotalol, l'amiodarone, l'érythromycine par *voie* intraveineuse, la terfénadine, l'astémizole...

Il peut interagir avec d'autres médicaments, notamment les *alphabloquants*, les *bêtabloquants*, la digoxine, les *laxatifs stimulants*, les *diurétiques* et tout autre médicament susceptible de provoquer une *hypokaliémie*.

GROSSESSE, ALLAITEMENT ET NOUVEAU-NÉ

L'effet de ce médicament pendant la grossesse ou l'allaitement est mal connu : seul votre médecin peut évaluer le risque éventuel de son utilisation dans votre cas.

MODE D'EMPLOI ET POSOLOGIE

Les comprimés doivent être avalés avec un peu d'eau au début des repas.

Posologie usuelle :

1 comprimé, 3 fois par jour.

Chez les personnes âgées (plus de 70 ans) et chez les personnes souffrant d'*insuffisance rénale*, d'*insuffisance hépatique* : la dose maximale est de 2 comprimés par jour.

> Les comprimés doivent être conservés à l'abri de la lumière.

EFFETS INDÉSIRABLES POSSIBLES

Troubles digestifs : diarrhée essentiellement.

Nervosité, somnolence.

Allergie cutanée.

Torsades de pointes.

CORÉÏNE
carraghénates

PRÉSENTATION

CORÉÏNE : granulé ; boîte de 115 g - Non remb.

Laboratoires Jean-Paul Martin

COMPOSITION

	p. c. à c.
Carraghénates	2,55 g
Lactose	0,45 g

INDICATIONS

C'est un *laxatif de lest*. Il s'imbibe d'eau et rend les selles plus volumineuses et moins fermes. Il contient une substance naturelle qui n'est ni digérée ni absorbée. L'augmentation du volume donne une sensation de satiété.

Il est utilisé comme *traitement symptomatique* de la constipation.

CONTRE-INDICATIONS

Ce médicament ne doit pas être utilisé dans les cas suivants :
- certaines maladies de l'intestin et du côlon (rectocolite...),
- constipation ou douleurs abdominales dues à une obstruction du tube digestif : rétrécissement intestinal, *fécalome* (bouchon de selles).

ATTENTION

Il est nécessaire de boire beaucoup d'eau, particulièrement en cas de dilatation du côlon.

Les laxatifs ne doivent pas être utilisés de façon prolongée sans avis médical. Leur usage doit rester exceptionnel chez l'enfant.

GROSSESSE, ALLAITEMENT ET NOUVEAU-NÉ

Grossesse :

Ce médicament peut être utilisé pour traiter la constipation de la femme enceinte.

MODE D'EMPLOI ET POSOLOGIE

Avaler les granulés sans les croquer avec un grand verre d'eau.

L'effet ne peut être obtenu qu'après 2 ou 3 jours.

Posologie usuelle :
- Adulte : 2 à 6 cuillères à café par jour.
- Enfant de plus de 6 ans : 1 à 4 cuillères à café par jour.

> Un échec du traitement peut être lié à la présence d'un *fécalome*, notamment chez la personne âgée.
> Des mesures simples d'hygiène alimentaire et des exercices physiques sont à envisager avant d'utiliser un laxatif : parlez-en à votre médecin ou à votre pharmacien.

EFFETS INDÉSIRABLES POSSIBLES

Sensation de ballonnement abdominal.

CO-RENITEC
énalapril, hydrochlorothiazide

PRÉSENTATION

CO-RENITEC : comprimé sécable (jaune) ; boîte de 28 - Remb. 65 % - Liste I

Laboratoires M.S.D.-Chibret

COMPOSITION

	p. comp.
Énalapril maléate	20 mg
Hydrochlorothiazide	12,5 mg

INDICATIONS

Cet *antihypertenseur* contient deux substances :
- l'énalapril, un inhibiteur de l'*enzyme* de conversion. Cette enzyme est une substance naturellement présente dans l'organisme, responsable d'une contraction des artères qui augmente la tension artérielle et fatigue le cœur ;
- l'hydrochlorothiazide, un *diurétique* dont la structure chimique est proche de celle des *sulfamides*. Son action renforce celle de l'énalapril.

Ce médicament est utilisé dans le traitement de l'*hypertension artérielle*.

CONTRE-INDICATIONS

Ce médicament ne doit pas être utilisé dans les cas suivants :
- *allergie* connue à l'un des constituants ou à la famille des *sulfamides*,
- *insuffisance rénale* grave,
- grossesse.

ATTENTION

Si vous suiviez auparavant un traitement par *diurétique* ou un régime sans *sel*, la baisse de la tension artérielle peut être importante lors des premières prises : un malaise ou des étourdissements peuvent survenir ; il est préférable de choisir une période de repos et de prendre garde au risque de chute.

Des précautions sont nécessaires en cas d'*insuffisance hépatique* et chez la personne âgée.

Ce médicament peut être responsable d'une baisse de la *kaliémie* qui peut être aggravée par l'usage immodéré de *laxatifs stimulants*. Des analyses de sang sont souvent prescrites par le médecin.

INTERACTIONS MÉDICAMENTEUSES

Ce médicament peut interagir avec d'autres médicaments, notamment ceux contenant du *lithium*, certains *diurétiques* et les *sels* de régime. Signalez tout autre traitement en cours à votre médecin ou à votre pharmacien.

GROSSESSE, ALLAITEMENT ET NOUVEAU-NÉ

Grossesse :

L'effet de ce médicament sur l'enfant à naître est mal connu. Quelques cas de complications ont été rapportés et son usage pendant la grossesse est contre-indiqué.

Allaitement :

Ce médicament passe dans le lait maternel : l'allaitement est déconseillé.

MODE D'EMPLOI ET POSOLOGIE

Posologie usuelle :
- Adulte : 1 comprimé par jour en 1 prise le matin.

En cas d'*insuffisance rénale*, de traitement préalable par des *diurétiques* ou de régime sans *sel*, la *posologie* initiale est faible ; elle est augmentée progressivement par le médecin en fonction des effets du médicament.

> Le traitement médicamenteux ne dispense pas de mesures simples pouvant faire baisser la tension artérielle : activité physique régulière, modération de la consommation de boissons alcoolisées, lutte contre le surpoids.

EFFETS INDÉSIRABLES POSSIBLES

Toux sèche, *vertiges*, étourdissements, fatigue, nausées, *hypotension orthostatique*.

Élévation du taux de *sucre* ou d'*acide urique* dans le sang.

Baisse du taux de potassium dans le sang associée ou non à des crampes.

Rares réactions allergiques : œdème de *Quincke*, *allergie* cutanée.

CORGARD
nadolol

PRÉSENTATION

CORGARD 80 mg : comprimé sécable (blanc) ; boîte de 30 - Remb. 65 % - Liste I

Laboratoires Sanofi Winthrop

COMPOSITION

	p. comp.
Nadolol	80 mg

INDICATIONS

Ce médicament appartient à la famille des *bêtabloquants*. Ceux-ci agissent en bloquant l'action de l'*adrénaline* (et d'autres *hormones* apparentées) sur de nombreux organes et notamment le cœur, les vaisseaux et les bronches.

Il est utilisé dans :
- le traitement de l'*hypertension artérielle*,
- la prévention des crises d'*angine de poitrine*,
- certains *troubles du rythme cardiaque*,
- les manifestations cardio-vasculaires des excès d'*hormones thyroïdiennes*,
- les *cardiomyopathies* obstructives.

CONTRE-INDICATIONS

Ce médicament ne doit pas être utilisé dans les cas suivants :
- *asthme*,
- *insuffisance cardiaque* grave non contrôlée par un traitement spécifique,
- *bloc auriculo-ventriculaire* grave,
- rythme cardiaque inférieur à 50 battements par minute,
- phénomène de *Raynaud*,
- association avec les médicaments contenant de la floctafénine.

ATTENTION

N'interrompez jamais brutalement le traitement. Espacez progressivement les prises. Un avis médical est toujours préférable.

Diabétiques : les *bêtabloquants* peuvent masquer certains *symptômes* de l'*hypoglycémie*, essentiellement *palpitations* et accélération du cœur.

INTERACTIONS MÉDICAMENTEUSES

Ce médicament ne doit pas être associé à la floctafénine (IDARAC...) : risque d'augmentation de la gravité d'un éventuel *choc* allergique.

Il peut interagir avec d'autres médicaments, notamment ceux contenant de l'amiodarone. Signalez tout autre traitement en cours à votre médecin ou à votre pharmacien.

GROSSESSE, ALLAITEMENT ET NOUVEAU-NÉ

Grossesse et nouveau-né :

Les études scientifiques actuellement disponibles n'ont pas mis en évidence de problème particulier lors de l'utilisation chez la femme enceinte.

L'effet *bêtabloquant* persiste quelques jours chez le *nouveau-né* et justifie une surveillance médicale renforcée pendant les premiers jours de la vie.

Allaitement :

Ce médicament passe dans le lait maternel : l'allaitement est déconseillé.

MODE D'EMPLOI ET POSOLOGIE

Ce médicament peut être pris indifféremment pendant ou en dehors des repas.

Posologie usuelle :

1 comprimé par jour.

Veillez à toujours disposer d'une réserve de ce médicament : une plaquette dans la boîte à gants de la voiture et dans la trousse de toilette, par exemple.

Il est normal que le rythme cardiaque ralentisse sous l'effet du traitement ; néanmoins, en cas de fatigue anormale et de pouls inférieur à 50 battements par minute, consultez votre médecin.

EFFETS INDÉSIRABLES POSSIBLES

Bénins et peu fréquents : *troubles digestifs*, fatigue en début de traitement, rares troubles du sommeil, syndrome de *Raynaud* et fourmillement des extrémités ; parfois, réactions cutanées.

Potentiellement graves et rares : *bloc auriculo-ventriculaire*, ralentissement important du cœur, chute de tension, *insuffisance cardiaque*, crise d'*asthme*.

CORICIDE RODELL
hydroxyde de sodium, triéthanolamine

PRÉSENTATION

CORICIDE RODELL : gel pour application locale ; tube 10 ml - Non remb.

Laboratoires Warner Wellcome

COMPOSITION

	p. 100 g
Hydroxyde de sodium	2 g
Triéthanolamine	10 g

INDICATIONS

Ce gel contient des substances caustiques destinées à dissoudre la kératine, qui forme la couche la plus externe de la peau (couche cornée).

Il est utilisé pour réduire les durillons et les cors au pied.

CONTRE-INDICATIONS

Ce médicament ne doit pas être utilisé en cas de cors infectés.

ATTENTION

La cicatrisation peut être très lente chez les diabétiques : consultez votre médecin.

GROSSESSE, ALLAITEMENT ET NOUVEAU-NÉ

L'effet de ce médicament pendant la grossesse ou l'allaitement est mal connu. L'évaluation du risque éventuel lié à son utilisation est individuelle : demandez conseil à votre pharmacien ou à votre médecin.

MODE D'EMPLOI ET POSOLOGIE

Prendre un bain de pied. Après avoir séché soigneusement le pied, appliquer le gel sur le cor. Laisser agir 5 à 10 minutes puis limer la surface du cor sans faire saigner.

Pour éviter toute irritation, ne pas mettre cette solution en contact avec la peau saine qui entoure le cor.

CORICIDES FEUILLE DE SAULE
acide salicylique

PRÉSENTATION

CORICIDES FEUILLE DE SAULE TOUT PRÊT COR : emplâtre ; étui de 9 - Non remb.

CORICIDES FEUILLE DE SAULE TOUT PRÊT DURILLON : emplâtre ; étui de 5 - Non remb.

Laboratoires Gilbert

COMPOSITION

	p. emplâtre cor	p. emplâtre durillon
Acide salicylique	36 mg	170 mg

INDICATIONS

Ces emplâtres contiennent de l'acide salicylique. Cette substance est destinée à dissoudre la kératine, qui forme la couche la plus externe de la peau (couche cornée).

Ils sont utilisés pour réduire les durillons et les cors.

CONTRE-INDICATIONS

Ce médicament ne doit pas être utilisé en cas d'*allergie* aux *salicylés*.

GROSSESSE, ALLAITEMENT ET NOUVEAU-NÉ

L'effet de l'acide salicylique sous forme d'emplâtre est mal connu pendant la grossesse et l'allaitement.

MODE D'EMPLOI ET POSOLOGIE

Renouveler l'emplâtre tous les soirs.

Posologie usuelle :

1 emplâtre par jour, pendant 3 à 5 jours.

CORONARINE
dipyridamole

PRÉSENTATION

CORONARINE : comprimé (rose) ; boîte de 120 - Remb. 65 % - Liste II

Laboratoires Negma

COMPOSITION

	p. comp.
Dipyridamole	75 mg

INDICATIONS

C'est un médicament qui dilate les *artères coronaires* et tend à fluidifier le sang.

Il est utilisé dans le *traitement préventif* des *accidents thrombo-emboliques* en association avec l'aspirine ou les *anticoagulants*.

GROSSESSE, ALLAITEMENT ET NOUVEAU-NÉ

L'effet de ce médicament pendant la grossesse ou l'allaitement est mal connu : seul votre médecin peut évaluer le risque éventuel de son utilisation dans votre cas.

MODE D'EMPLOI ET POSOLOGIE

3 à 5 comprimés par jour, en 3 prises.

EFFETS INDÉSIRABLES POSSIBLES

Rares, apparaissant surtout à forte dose : maux de tête, bouffées de chaleur, baisse de la tension artérielle, éruptions cutanées, *troubles digestifs*.

COROPHYLLINE
acéfylline heptaminol

PRÉSENTATION

COROPHYLLINE : solution buvable ; flacon 30 ml avec pipette doseuse - Remb. 65 % - Liste II

COROPHYLLINE : comprimé (blanc) ; boîte de 20 - Remb. 65 % - Liste II

Laboratoires Gerda

COMPOSITION

	p. 100 ml	p. comp.
Acéfylline heptaminol	40 g	500 mg

INDICATIONS

Ce médicament est un bronchodilatateur qui contient une substance proche de la théophylline. Il lutte contre la contraction anormale des muscles de la paroi des bronches et stimule la respiration.

Il est utilisé dans le traitement de certaines maladies respiratoires.

CONTRE-INDICATIONS

Ce médicament ne doit pas être utilisé dans les cas suivants :
- *hypertension artérielle* grave,
- *hyperthyroïdie*,
- enfant de moins de 15 ans,
- en association avec les médicaments contenant de l'énoxacine.

ATTENTION

Ce médicament contient une substance proche de la théophylline : ne l'utilisez pas sans l'avis de votre médecin.

Des précautions sont nécessaires en cas d'*insuffisance cardiaque*, d'*insuffisance hépatique*, d'*insuffisance coronarienne*, d'*hyperthyroïdie*, d'*antécédent* de *convulsions*, d'obésité, d'*ulcère* de l'estomac et du *duodénum*.

INTERACTIONS MÉDICAMENTEUSES

Ce médicament ne doit pas être associé aux médicaments contenant de l'énoxacine (ENOXOR...) : risque de surdosage en acéfylline.

Il peut interagir avec d'autres médicaments : signalez tout autre traitement en cours à votre médecin ou à votre pharmacien.

GROSSESSE, ALLAITEMENT ET NOUVEAU-NÉ

Grossesse et nouveau-né :

Lors de son utilisation en fin de grossesse, ce médicament peut provoquer une accélération du cœur et une agitation importante chez le *nouveau-né*.

Allaitement :

Les données actuellement disponibles ne permettent pas de savoir si ce médicament passe dans le lait maternel.

MODE D'EMPLOI ET POSOLOGIE

Les gouttes doivent être diluées dans un verre d'eau.

Posologie usuelle :
- Adulte : 25 à 50 gouttes, ou 1 ou 2 comprimés, 3 fois par jour.

Toute modification de la *posologie* expose à la survenue d'une crise d'*asthme* : veillez à ne jamais manquer de ce médicament.

Fumer, ou être exposé à la fumée des autres, nuit à l'efficacité du traitement.

Les excitants, tels que le thé ou le café, peuvent accroître certains effets indésirables de la théophylline et doivent être consommés avec modération.

EFFETS INDÉSIRABLES POSSIBLES

Les plus fréquents sont : nausées, maux d'estomac, accélération du cœur.

CORRECTOL
inosine monophosphate

PRÉSENTATION

CORRECTOL : collyre ; flacon compte-gouttes 10 ml - Remb. 65 %

Laboratoires Alcon

COMPOSITION

	p. 100 ml
Inosine monophosphate disodique	0,1 g
Chlorhexidine digluconate	+

INDICATIONS

Ce collyre contient une substance destinée à stimuler le fonctionnement des cellules.

Il est utilisé dans le traitement de la presbytie débutante, du *strabisme* et de certains autres troubles visuels.

INTERACTIONS MÉDICAMENTEUSES

Ce collyre peut interagir avec d'autres collyres : respectez un intervalle de 15 minutes entre deux instillations.

GROSSESSE, ALLAITEMENT ET NOUVEAU-NÉ

Ce collyre contient des conservateurs dont l'effet est mal connu pendant la grossesse ou l'allaitement. L'évaluation du risque éventuel lié à son utilisation est individuelle : demandez conseil à votre pharmacien ou à votre médecin.

MODE D'EMPLOI ET POSOLOGIE

Tirer la paupière inférieure vers le bas tout en regardant vers le haut et déposer les gouttes de collyre entre la paupière et le globe oculaire (*cul-de-sac conjonctival*).

Posologie usuelle :

1 goutte, 2 fois par jour pendant 15 jours, puis 1 jour sur 2.

L'application correcte du produit peut nécessiter une aide, notamment chez une personne handicapée ou âgée.

Ne conservez pas ce collyre plus de 15 jours après une première utilisation.

CORTANCYL
prednisone

PRÉSENTATION

CORTANCYL 1 mg : comprimé (blanc) ; boîte de 30 - Remb. 65 % - Liste I

CORTANCYL 5 mg : comprimé sécable (blanc) ; boîte de 30 - Remb. 65 % - Liste I

CORTANCYL 20 mg : comprimé sécable (blanc) ; boîte de 20 - Remb. 65 % - Liste I

Laboratoires Roussel

COMPOSITION

	p. comp.	p. comp.	p. comp.
Prednisone	1 mg	5 mg	20 mg

INDICATIONS

C'est un *anti-inflammatoire* stéroïdien qui appartient à la famille des *corticoïdes* de synthèse (dérivés chimiques de la cortisone naturelle). Les propriétés de la *cortisone* sont nombreuses, mais ce produit est surtout utilisé pour son effet anti-inflammatoire puissant. Il présente, à efficacité égale, moins d'effets indésirables que la cortisone naturelle. Ces propriétés sont utiles dans le traitement de nombreuses affections comportant une composante inflammatoire ou allergique, mais aussi de certains cancers où ce médicament permet de lutter contre la prolifération cellulaire. Il diminue les réactions immunitaires et est donc utilisé pour prévenir le rejet des greffes d'organes.

Ce médicament est utilisé dans le traitement de certaines maladies graves : cancer, *sclérose en plaques*, *rhumatisme articulaire aigu* par exemple, mais également de maladies plus bénignes : *allergie*, crise d'*asthme*, *sinusite* aiguë, *otite*. Dans ces derniers cas, le traitement est souvent court.

CONTRE-INDICATIONS

Ce médicament ne doit pas être utilisé dans les cas suivants :
- infection ou *mycose* non contrôlée par un traitement adapté,
- *herpès* ou *zona* oculaires,
- *goutte*,
- *cirrhose* alcoolique grave,
- *hépatite* virale aiguë,
- *psychose*,
- *ulcère* de l'estomac ou du *duodénum* en évolution.

ATTENTION

Ce médicament ne doit jamais être employé ou réemployé en dehors d'une prescription médicale.

Si vous avez un *diabète*, vous risquez de le déséquilibrer si vous modifiez la quantité ou le rythme de la prise de *cortisone* sans avis médical.

Les personnes ayant des *antécédents* de *tuberculose*, d'*ulcère*, les personnes souffrant d'*insuffisance rénale*, de *colite* ulcéreuse, d'*hypertension artérielle*, d'*ostéoporose*, de *myasthénie* grave et les personnes sous *anticoagulants*, doivent faire l'objet d'une prise en charge médicale particulière.

L'arrêt du traitement doit être progressif pour permettre aux glandes *surrénales* de reprendre la synthèse de cortisone naturelle. Un arrêt brutal expose par ailleurs à une rechute de la maladie traitée. Cette précaution n'est utile que lorsque la durée du traitement dépasse une semaine.

INTERACTIONS MÉDICAMENTEUSES

Ce médicament peut interagir avec d'autres médicaments et avec certains *vaccins*. Signalez tout autre traitement en cours à votre médecin ou à votre pharmacien.

GROSSESSE, ALLAITEMENT ET NOUVEAU-NÉ

Grossesse et nouveau-né :

Les études scientifiques actuellement disponibles n'ont pas mis en évidence de risque de malformation lors de l'utilisation de ce médicament pendant la grossesse. Seul votre médecin peut apprécier la nécessité du traitement et son risque pendant la grossesse.

Lorsqu'une maladie grave impose un traitement prolongé chez la mère, une surveillance médicale du *nouveau-né* est nécessaire.

Allaitement :

Ce médicament passe dans le lait maternel : l'allaitement est déconseillé.

MODE D'EMPLOI ET POSOLOGIE

Ce médicament doit être absorbé au cours d'un repas, de préférence en une fois, le matin.

Lors des traitements prolongés, et dès que le bon contrôle de la maladie le permet, une prise alternée un jour sur deux est préférable, notamment chez l'enfant.

Posologie usuelle :

Fréquemment, la *posologie* initiale est élevée (*traitement d'attaque*) ; elle est ensuite diminuée jusqu'à la posologie minimale efficace (*traitement d'entretien*).

Tout traitement prolongé à forte dose doit être arrêté progressivement : suivre les indications du médecin.

Ce traitement nécessite :
- la diminution de la consommation de *sel*,
- la prise de *potassium* (prescrite par le médecin),
- un régime riche en protéines et en calcium, pauvre en *glucides*.

EFFETS INDÉSIRABLES POSSIBLES

Ils sont à craindre surtout lors d'un traitement prolongé et à forte dose :
- rétention d'eau et de sel, *hypertension artérielle* ;
- baisse du taux de *potassium*, à prévenir par un apport systématique ;
- modifications physiques fréquentes : gonflement du visage et du buste, apparition de poils, taches cutanées violacées, *acné* ;
- surexcitation, euphorie, troubles du sommeil ou, au contraire, *état dépressif*, à l'arrêt du traitement ;
- faiblesse puis fonte musculaires, lentement réversibles ;
- *ostéoporose* (décalcification des os) parfois définitive ;
- troubles hormonaux et métaboliques : *diabète* (réversible), arrêt de la croissance chez l'enfant, troubles des règles chez la femme ;
- *troubles digestifs* : *gastrite*, *ulcère* ;
- troubles des yeux : certaines formes de *cataracte* et de *glaucome*.

CORTEXYL

di-alphacétoglutarate de calcium

PRÉSENTATION

CORTEXYL : poudre orale effervescente arôme orange ; boîte de 12 sachets (2 compartiments) - Non remb.

Laboratoires Soekami Lefrancq

COMPOSITION

	p. sachet
Di-alphacétoglutarate de calcium	2 g
Sodium	225 mg
Saccharose	3,30 g

INDICATIONS

Ce médicament est un *psychostimulant*. Il contient un *acide aminé*.

Il est utilisé dans le traitement de certaines fatigues (*asthénies fonctionnelles*).

CONTRE-INDICATIONS

Ce médicament ne doit pas être utilisé dans les cas suivants :
- **grossesse,**
- **allaitement.**

ATTENTION

Ce médicament contient du *sel* (sodium) et du *sucre* (saccharose) en quantité notable.

GROSSESSE, ALLAITEMENT ET NOUVEAU-NÉ

Grossesse :

L'effet de ce médicament sur l'enfant à naître est mal connu. Par mesure de prudence, son usage est contre-indiqué pendant la grossesse.

Allaitement :

En l'absence de données sur son passage dans le lait maternel, ce médicament est contre-indiqué pendant l'allaitement.

MODE D'EMPLOI ET POSOLOGIE

Le contenu du sachet doit être dilué dans un verre d'eau.

Posologie usuelle :

- Adulte : 1 sachet, matin et midi au moment du repas.

CORTICÉTINE

framycétine, dexaméthasone

PRÉSENTATION

CORTICÉTINE : solution auriculaire ; flacon de *lyophilisat* et ampoule de solvant 5 ml - Remb. 35 % - Liste I

Laboratoires Chauvin

COMPOSITION

	p. 100 ml
Framycétine sulfate	1 g
Dexaméthasone phosphate disodique	0,1 g

INDICATIONS

Ce médicament d'usage local contient un *antibiotique* de la famille des *aminosides* et un *anti-inflammatoire* de la famille des *corticoïdes*.

Il est utilisé dans le traitement des *otites*.

CONTRE-INDICATIONS

Ce médicament ne doit pas être utilisé dans les cas suivants :
- *allergie* aux *antibiotiques* de la famille des *aminosides*,
- perforation du tympan.

ATTENTION

Ce médicament peut être dangereux en cas de tympan perforé : ne le réutilisez pas sans un contrôle médical de l'intégrité du tympan.

GROSSESSE, ALLAITEMENT ET NOUVEAU-NÉ

L'effet de ce médicament pendant la grossesse ou l'allaitement est mal connu : seul votre médecin peut évaluer le risque éventuel de son utilisation dans votre cas.

MODE D'EMPLOI ET POSOLOGIE

Les instillations sont faites en gardant la tête penchée pendant quelques minutes (bain d'oreille).

Posologie usuelle :

2 instillations par jour, dans l'oreille à traiter.

La durée du traitement ne dépasse généralement pas 10 jours.

Si les troubles persistent malgré un traitement bien suivi, si une fièvre apparaît, consultez votre médecin.

Ne conservez pas ce médicament plus de 30 jours après une première utilisation.

EFFETS INDÉSIRABLES POSSIBLES

Réactions allergiques locales.

Troubles de l'audition ou de l'équilibre en cas de perforation du tympan (voir ATTENTION).

CORTICOTULLE LUMIÈRE

triamcinolone, néomycine, polymyxine B

PRÉSENTATION

CORTICOTULLE LUMIÈRE : compresse imprégnée stérile 10 cm x 10 cm ; boîte de 5 - Remb. 65 % - Liste I

CORTICOTULLE LUMIÈRE : compresse imprégnée stérile 20 cm x 20 cm ; boîte de 5 - Remb. 65 % - Liste I

CORTICOTULLE LUMIÈRE : bande imprégnée 60 cm x 20 cm ; boîte de 2 - Remb. 65 % - Liste I

Laboratoires LTM

COMPOSITION

	p. 100 g de mélange
Triamcinolone acétonide	37,5 mg
Néomycine sulfate	300 000 UI
Polymyxine B sulfate	300 000 UI

INDICATIONS

Ce tulle imprégné de vaseline contient un *dermocorticoïde* et deux *antibiotiques*, la néomycine, qui appartient à la famille des *aminosides*, et la polymyxine B. Comme les autres dérivés de la *cortisone* à usage local, le dermocorticoïde freine le renouvellement et la multiplication des cellules de la peau.

Ce médicament est utilisé dans le traitement des plaies et des brûlures infectées afin d'éviter le développement exagéré de la cicatrice.

CONTRE-INDICATIONS

Ce médicament ne doit pas être utilisé dans les cas suivants :

- *allergie* à la polymyxine B ou aux *antibiotiques* de la famille des *aminosides*,
- infections de la peau dues à un *virus* ou à un champignon,
- plaies chroniques, *escarre*.

> **ATTENTION**
> Ce médicament n'est pas destiné à traiter les infections bactériennes superficielles de la peau.
> Suivez attentivement la prescription de votre médecin et n'hésitez pas à lui demander des explications.

GROSSESSE, ALLAITEMENT ET NOUVEAU-NÉ

L'effet de ce médicament pendant la grossesse ou l'allaitement est mal connu : seul votre médecin peut évaluer le risque éventuel de son utilisation dans votre cas.

MODE D'EMPLOI ET POSOLOGIE

Ouvrir le sachet, sortir la compresse ou couper dans la bande la surface de tulle désirée. Ôter un des feuillets de cellophane puis appliquer le tulle sur la lésion. Retirer le second feuillet et recouvrir le tulle de compresses de gaze ou d'un morceau de coton. Maintenir l'ensemble à l'aide d'un pansement.

Posologie usuelle :

Changer le pansement 1 à 3 fois par semaine.

> Lavez-vous les mains après l'application.

EFFETS INDÉSIRABLES POSSIBLES

Dilatation des petits vaisseaux, vergetures, éruption de boutons.

Développement anormal des poils, dessèchement, fragilisation et décoloration irrégulière de la peau.

Rougeur autour de la bouche, apparition d'une *rosacée*.

Retard de cicatrisation.

Allergie cutanée.

Eczéma pouvant apparaître à distance du point d'application.

CORTIFRA

prednisolone, framycétine

PRÉSENTATION

CORTIFRA : solution nasale ; flacon pulvérisateur 15 ml - Remb. 35 % - Liste I

Laboratoires Bouchara

COMPOSITION

	p. 100 ml
Prednisolone métasulfobenzoate sodique	0,150 g
Framycétine sulfate	1,250 g
Soit framycétine	800 000 U

INDICATIONS

Cette solution nasale contient un *anti-inflammatoire* de la famille des *corticoïdes* et un *antibiotique* de la famille des *aminosides*.

Elle est utilisée dans le traitement des *rhino-pharyngites*, des *rhinites* et dans le *traitement d'appoint* des *sinusites*.

CONTRE-INDICATIONS

Ce médicament ne doit pas être utilisé dans les cas suivants :

- *allergie* aux *antibiotiques* de la famille des *aminosides*,
- certaines infections virales (*herpès*...).

GROSSESSE, ALLAITEMENT ET NOUVEAU-NÉ

L'effet de ce médicament pendant la grossesse ou l'allaitement est mal connu : seul votre médecin peut évaluer le risque éventuel de son utilisation dans votre cas.

MODE D'EMPLOI ET POSOLOGIE

Après un mouchage soigneux, ce médicament doit être pulvérisé au cours d'une brève inspiration, en tenant le flacon verticalement.

Posologie usuelle :

La durée du traitement est habituellement de 8 jours.

- Adulte : 1 pulvérisation dans chaque narine, 4 à 6 fois par jour.
- Enfant de plus de 30 mois : 1 pulvérisation dans chaque narine, 2 ou 3 fois par jour.

> Ce médicament vous a été prescrit personnellement dans une situation précise : ne le réutilisez pas sans avis médical.

EFFETS INDÉSIRABLES POSSIBLES

Allergie cutanée.

CORTINE NATURELLE

extrait corticosurrénal total

PRÉSENTATION

CORTINE NATURELLE : solution injectable et *sublinguale* ; boîte de 5 ampoules A 1 ml et 5 ampoules B solvant 1 ml - Non remb.

Laboratoires Syntex

COMPOSITION

	p. amp. A
Corticosurrénale de porc, extrait	
Soit hydrocortisone	0,100 mg
Alcool à 95°	0,475 ml

INDICATIONS

Ce médicament *antiasthénique* est un extrait de glande surrénale de porc, qui contient une très faible quantité de *cortisone*.

Il est utilisé dans le *traitement symptomatique* de la fatigue.

CONTRE-INDICATIONS

Ce médicament ne doit pas être utilisé dans les cas suivants :

- *allergie* aux extraits de cellules animales,
- enfant de moins de 15 ans (forme injectable),
- en association avec les médicaments contenant du disulfirame.

> **ATTENTION**
> Ce médicament contient de l'*alcool*.

INTERACTIONS MÉDICAMENTEUSES

Ce médicament ne doit pas être utilisé en association avec des médicaments contenant du disulfirame (ESPÉRAL) : *effet antabuse*.

GROSSESSE, ALLAITEMENT ET NOUVEAU-NÉ

En l'absence de données suffisantes, ce médicament est déconseillé pendant la grossesse ou l'allaitement.

MODE D'EMPLOI ET POSOLOGIE

En solution buvable : le contenu de l'ampoule A doit être gardé sous la langue 1 à 2 minutes avant d'être avalé (voie *sublinguale*), le matin à jeun ou 2 heures après un repas.

En solution injectable : ce médicament est administré par *voie* intramusculaire après mélange du contenu des ampoules A et B.

Posologie usuelle :

- Adulte et adolescent : 1 ampoule par voie sublinguale ou par voie intramusculaire par jour, pendant 5 à 10 jours.
- Enfant de plus de 5 ans : 1 ampoule par voie sublinguale par jour, pendant 5 à 10 jours.

> Une fatigue persistante ne doit pas vous conduire à augmenter les prises de ce médicament : demandez conseil à votre médecin ou à votre pharmacien.

EFFETS INDÉSIRABLES POSSIBLES

Réactions allergiques : *urticaire*, rougeur de la peau, *asthme* et notamment *choc anaphylactique*, avec la solution injectable.

CORTISAL

PRÉSENTATION

CORTISAL : crème ; tube 30 g - Remb. 35 % - Liste I

Laboratoires Monin

COMPOSITION

	p. 100 g
Prednisolone	0,50 g
Mono et disalicylate de propylèneglycol	10 g

INDICATIONS

Cette crème *anti-inflammatoire* contient un *corticoïde* et un *salicylé*.

Elle est utilisée dans le traitement local des entorses, des *tendinites*, des douleurs articulaires et des *phlébites* superficielles.

CONTRE-INDICATIONS

Ce médicament ne doit pas être utilisé dans les cas suivants :
- *allergie* aux *salicylés* ou aux *corticoïdes*,
- infection virale de la peau (*herpès*, varicelle, *zona*),
- en application sur un *eczéma*, des *muqueuses*, des plaies ou de la peau lésée.

ATTENTION
N'utilisez pas cette crème de façon prolongée sans avis médical.

GROSSESSE, ALLAITEMENT ET NOUVEAU-NÉ

L'effet de ce médicament pendant la grossesse ou l'allaitement est mal connu : seul votre médecin peut évaluer le risque éventuel de son utilisation dans votre cas.

MODE D'EMPLOI ET POSOLOGIE

La crème doit être appliquée en massage doux et prolongé.

Posologie usuelle :
2 ou 3 applications par jour.

Se laver les mains après application. En cas de contact accidentel avec les yeux, rincer abondamment.

EFFETS INDÉSIRABLES POSSIBLES

Imposant l'arrêt du traitement : *allergie* cutanée (*eczéma* de contact).

CORTISONE ROUSSEL
cortisone

PRÉSENTATION

CORTISONE ROUSSEL 5 mg : comprimé (blanc) ; boîte de 20 - Remb. 65 % - Liste I

Laboratoires Roussel

COMPOSITION

	p. comp.
Cortisone acétate	5 mg

INDICATIONS

Ce médicament contient une *hormone* identique à la *cortisone* naturelle.

Il est principalement utilisé comme *traitement substitutif* pour remplacer la *cortisone* naturelle lorsqu'elle n'est plus sécrétée suffisamment par les glandes *surrénales*.

Cette insuffisance de sécrétion peut être due :
- aux glandes surrénales elles-mêmes : maladie d'*Addison*, ablation des surrénales ;
- à l'insuffisance d'une autre glande qui commande la sécrétion surrénalienne : maladie ou ablation de l'*hypophyse*.

CONTRE-INDICATIONS

Ce médicament est utilisé pour combler l'absence d'une *hormone* vitale pour l'organisme ; il n'y a pas, pour cet usage, de contre-indications particulières.

ATTENTION
N'interrompez jamais votre traitement.

En cas d'infection, même banale, de maladie, de traumatisme, de stress, la dose du médicament doit être augmentée : conformez-vous aux indications de votre médecin et n'hésitez pas à le consulter si nécessaire.

Si vous devez subir une intervention chirurgicale, prévenez l'anesthésiste.

Si vous avez un *diabète* traité à l'*insuline* ou avec d'autres antidiabétiques, vous risquez de le déséquilibrer si vous modifiez la quantité ou le rythme de la prise de *cortisone* sans avis médical.

INTERACTIONS MÉDICAMENTEUSES

Ce médicament peut interagir avec d'autres médicaments et avec certains *vaccins*. Signalez tout autre traitement en cours à votre médecin ou à votre pharmacien.

GROSSESSE, ALLAITEMENT ET NOUVEAU-NÉ

Grossesse et nouveau-né :
La grossesse ne justifie pas un arrêt du traitement, mais nécessite un suivi régulier par votre médecin. Une surveillance particulière est portée à l'enfant à sa naissance pour parer à l'éventualité d'un *syndrome de sevrage*.

Allaitement :
Ce médicament passe dans le lait maternel : l'allaitement est déconseillé.

MODE D'EMPLOI ET POSOLOGIE

La *posologie* est strictement individuelle. La dose efficace la plus faible possible est toujours recherchée.

Il n'y a pas lieu de suivre un régime alimentaire spécial, notamment sans *sel*, en cas de *traitement substitutif*.

EFFETS INDÉSIRABLES POSSIBLES

Ils ne sont observés qu'en cas de surdosage :
- rétention d'eau et de sel, baisse du taux de potassium dans le sang, parfois *hypertension artérielle*, voire *insuffisance cardiaque* ;
- surexcitation, euphorie, troubles du sommeil ou au contraire *état dépressif* ;
- faiblesse puis fonte musculaires, lentement réversibles ;
- *ostéoporose* (décalcification des os), parfois définitive ;
- *gastrite*, *ulcère* du tube digestif (de l'estomac à l'intestin grêle) ;
- troubles hormonaux et métaboliques : *diabète* (réversible), arrêt de la croissance chez l'enfant, troubles des règles ;
- modifications physiques fréquentes : gonflement du visage et du buste ;
- troubles des yeux : certaines formes de *cataracte* et de *glaucome*.

CORTNÉO
hydrocortisone, néomycine

PRÉSENTATION

CORTNÉO : collyre ; flacon 5 ml - Remb. 65 % - Liste I

Laboratoires CIBA Vision Ophthalmics

COMPOSITION

	p. 100 ml
Hydrocortisone acétate	1 g
Néomycine sulfate	350 000 UI

INDICATIONS

C'est un collyre qui contient un *corticoïde* et un *antibiotique* de la famille des *aminosides*.

Il est utilisé dans le traitement des *conjonctivites* allergiques et de certaines maladies inflammatoires de l'œil.

CONTRE-INDICATIONS

Ce collyre ne doit pas être utilisé dans les cas suivants :
- *allergie* aux *antibiotiques* de la famille des *aminosides* ;
- *kératite* virale à son début, *mycose* oculaire ;
- *tuberculose* oculaire ;
- *antécédent* personnel ou familial de *glaucome*.

ATTENTION
Certaines contre-indications ne peuvent être détectées que par un ophtalmologiste : ne réutilisez pas ce médicament sans avis médical.

En l'absence d'amélioration après quelques jours de traitement, n'hésitez pas à consulter votre médecin.

Ce médicament ne doit pas être utilisé chez le *nourrisson*.

INTERACTIONS MÉDICAMENTEUSES

Ce collyre peut interagir avec d'autres collyres : respectez un intervalle de 15 minutes entre deux instillations.

GROSSESSE, ALLAITEMENT ET NOUVEAU-NÉ

L'effet de ce médicament pendant la grossesse ou l'allaitement est mal connu : seul votre médecin peut évaluer le risque éventuel de son utilisation dans votre cas.

MODE D'EMPLOI ET POSOLOGIE

Tirer la paupière inférieure vers le bas tout en regardant vers le haut et déposer une goutte de collyre entre la paupière et le globe oculaire (*cul-de-sac conjonctival*).

Posologie usuelle :
1 goutte, 3 à 6 fois par jour, pendant 7 jours.

Dans les affections aiguës, les instillations peuvent être plus fréquentes.

L'application correcte du produit peut nécessiter une aide, notamment chez une personne handicapée ou âgée.

Le port de lentilles de contact doit être immédiatement interrompu en cas d'infection oculaire et les lentilles ne doivent pas être réutilisées avant guérison complète.
Ne conservez pas ce collyre plus de 15 jours après une première utilisation.

EFFETS INDÉSIRABLES POSSIBLES

Irritation ou réaction allergique locale.

En cas d'utilisation prolongée : *cataracte*, augmentation de la *tension intraoculaire* (*glaucome*), *kératite* superficielle.

CORVASAL

molsidomine

PRÉSENTATION

CORVASAL 2 mg : comprimé sécable (saumon) ; boîte de 30 - Remb. 65 % - Liste I

CORVASAL 2 mg : comprimé sécable (saumon) ; boîte de 90 - Remb. 65 % - Liste I

CORVASAL 4 mg : comprimé sécable (blanc) ; boîte de 30 - Remb. 65 % - Liste I

Laboratoires Hoechst

COMPOSITION

	p. comp.	p. comp.
Molsidomine	2 mg	4 mg

INDICATIONS

Ce médicament aux propriétés multiples appartient à la famille des antiangineux.

Il est utilisé dans le *traitement préventif* des crises d'*angine de poitrine*.

ATTENTION
Des précautions sont nécessaires chez la personne âgée hypotendue.

GROSSESSE, ALLAITEMENT ET NOUVEAU-NÉ

L'effet de ce médicament pendant la grossesse ou l'allaitement est mal connu : seul votre médecin peut évaluer le risque éventuel de son utilisation dans votre cas.

MODE D'EMPLOI ET POSOLOGIE

Les comprimés doivent être pris avec un verre d'eau au moment des repas.

Posologie usuelle :

Elle varie selon la gravité de la maladie : de 1/2 comprimé à 2 mg, 3 fois par jour, jusqu'à 1 comprimé à 4 mg, 4 fois par jour.

☛ Chez la personne âgée, surtout en période de forte chaleur, il est utile de boire suffisamment pour éviter une baisse de la tension artérielle.

EFFETS INDÉSIRABLES POSSIBLES

Maux de tête, fréquents en début de traitement, limités par une augmentation progressive de la *posologie*.

Baisse de la tension artérielle, le plus souvent modérée.

Exceptionnellement : *troubles digestifs*, *vertiges*, démangeaisons.

CORYZALIA

homéopathie

PRÉSENTATION

CORYZALIA : comprimé (blanc) ; boîte de 40 - Non remb.

Laboratoires Boiron

COMPOSITION

Allium cepa 3 CH, Belladonna 3 CH, Sabadilla 3 CH, Kalium bichromicum 3 CH, Gelsemium 3 CH, Pulsatilla 3 CH, aa 0,333 mg p. comp.

INDICATIONS

Ce médicament est un *complexe* (association) de remèdes homéopathiques.

Il est utilisé dans le *traitement symptomatique* des *sinusites* et des *rhinites*.

GROSSESSE, ALLAITEMENT ET NOUVEAU-NÉ

Aux *dilutions homéopathiques*, les substances contenues dans ce médicament ne sont pas connues pour être toxiques pendant la grossesse ou l'allaitement.

MODE D'EMPLOI ET POSOLOGIE

Ce médicament doit être pris de préférence à distance des repas.

Les comprimés doivent être sucés lentement.

Posologie usuelle :

1 comprimé toutes les heures ; espacer les prises dès amélioration.

☛ Certains homéopathes recommandent de ne pas absorber de camphre pendant un traitement homéopathique.

COSADON

pentifylline, acide nicotinique

PRÉSENTATION

COSADON : comprimé (jaune) ; boîte de 30 - Non remb.

Laboratoires Hoechst

COMPOSITION

	p. comp.
Acide nicotinique	100 mg
Pentifylline	400 mg
Tartrazine	+

INDICATIONS

Ce médicament associe deux substances. Il augmente le débit sanguin cérébral et l'apport de glucose et d'oxygène au cerveau.

Il est utilisé dans les troubles du comportement et de la mémoire liés au vieillissement.

CONTRE-INDICATIONS

Ce médicament ne doit pas être utilisé en cas d'*allergie* à la tartrazine ou à l'aspirine.

MODE D'EMPLOI ET POSOLOGIE

Les comprimés doivent être pris avec un peu d'eau de préférence en fin de repas.

Posologie usuelle :

1 comprimé , 2 ou 3 fois par jour.

☛ Si vous êtes sujet à l'insomnie, il est préférable d'éviter de prendre ce médicament le soir.

EFFETS INDÉSIRABLES POSSIBLES

Rares : *troubles digestifs* ou sensation de chaleur du visage.

COTRIMAZOL FORT RATIOPHARM

sulfaméthoxazole, triméthoprime

PRÉSENTATION

COTRIMAZOL FORT RATIOPHARM : comprimé sécable (blanc) ; boîte de 10 - Remb. 65 % - Liste I

Laboratoires Lafon-Ratiopharm

COMPOSITION

	p. comp.
Sulfaméthoxazole	800 mg
Triméthoprime	160 mg

INDICATIONS

C'est une association de deux *antibiotiques* : le sulfaméthoxazole, qui appartient à la famille des *sulfamides*, et le triméthoprime, qui appartient à la famille des diaminopyrimidines.

Ce médicament est utilisé dans le traitement de diverses maladies infectieuses, notamment bronchiques, pulmonaires, urinaires et génitales...

CONTRE-INDICATIONS

Ce médicament ne doit pas être utilisé dans les cas suivants :
- *allergie* aux *antibiotiques* de la famille des *sulfamides*,
- déficit en *G6PD*,
- dernier mois de la **grossesse**,
- **allaitement**,
- *nouveau-né*,
- association avec les médicaments contenant du méthotrexate.

ATTENTION
Ce médicament ne convient pas à l'enfant de moins de 12 ans.
Des précautions sont nécessaires en cas d'*insuffisance rénale* et d'*insuffisance hépatique*.
En cas d'apparition de boutons, de cloques, arrêtez le traitement et prévenez votre médecin.

INTERACTIONS MÉDICAMENTEUSES

Ce médicament ne doit pas être associé aux médicaments contenant du méthotréxate, utilisés notamment dans certaines chimiothérapies antitumorales : risque d'*aplasie médullaire*.

Il peut interagir avec d'autres médicaments. Signalez tout autre traitement en cours à votre médecin ou à votre pharmacien.

GROSSESSE, ALLAITEMENT ET NOUVEAU-NÉ

Ce médicament est déconseillé pendant la grossesse.

L'organisme du *nouveau-né* étant incapable d'éliminer ce médicament, son usage est contre-indiqué en fin de grossesse, pendant l'allaitement et chez le *nourrisson* de moins de 6 semaines.

MODE D'EMPLOI ET POSOLOGIE

Ce médicament doit être pris de préférence au cours des repas.

Posologie usuelle :

- Adulte et enfant de plus de 12 ans : 1 comprimé, matin et soir.

Cette *posologie* peut être augmentée considérablement dans le traitement de certaines infections liées au sida.

> Le médecin peut prescrire un prélèvement pour identifier le *germe* responsable de l'infection et tester sa sensibilité aux *antibiotiques*. Le résultat de cet examen peut être faussé en cas d'automédication préalable : ne prenez pas d'antibiotiques sans avis médical.

EFFETS INDÉSIRABLES POSSIBLES

Troubles digestifs, nausées, vomissements, maux d'estomac.

Réactions cutanées allergiques, rare œdème de *Quincke*.

Anomalies de la *numération formule sanguine*.

COUMADINE
warfarine

PRÉSENTATION

COUMADINE : comprimé sécable 2 mg (rose) ; boîte de 20 - Remb. 65 % - Liste I

COUMADINE : comprimé sécable 10 mg (blanc) ; boîte de 25 - Remb. 65 % - Liste I

Laboratoires Marion Merrell Dow

COMPOSITION

	p. comp.	p. comp.
Warfarine sodique	2 mg	10 mg

INDICATIONS

Ce médicament est un *anticoagulant* oral qui appartient à la famille des *antivitamines K*. Il empêche la formation des caillots en se substituant à la *vitamine* K. Celle-ci est indispensable à la synthèse par le foie des facteurs de la coagulation.

Il est utilisé dans le *traitement préventif* et curatif des *accidents thrombo-emboliques*.

CONTRE-INDICATIONS

Ce médicament ne doit pas être utilisé dans les cas suivants :

- hémophilie et maladies apparentées,
- risque de saignement d'un organe (*ulcère* de l'estomac ou du *duodénum*...),
- *hypertension artérielle* grave,
- *insuffisance rénale* et *insuffisance hépatique* graves,
- association aux médicaments contenant de l'aspirine, de la phénylbutazone ou du miconazole (sauf formes à usage local).

> **ATTENTION**
>
> L'action de ce médicament est adaptée avec précision par votre médecin en fonction du résultat d'analyses de sang régulières : un *TP* trop élevé traduit une action insuffisante et un risque de caillot sanguin ; un TP trop bas traduit un surdosage et un risque d'*hémorragie*.
>
> Tout signe pouvant faire penser à une hémorragie (urines rouges, selles rouges ou noires, taches anormales de la peau ou bleus multiples, saignement du nez ou des gencives...) doit vous conduire à prévenir immédiatement votre médecin ou un service médical d'urgence.
>
> Pendant la durée du traitement, les injections intramusculaires sont interdites mais les injections par *voie* sous-cutanée ou intraveineuse sont possibles, de même que les prises de sang.
>
> De nombreux médicaments contenant de l'aspirine sont vendus sans ordonnance : compte tenu des risques d'hémorragie qu'ils entraînent, l'automédication est particulièrement dangereuse.
>
> En cas d'intervention chirurgicale ou d'extraction dentaire, signalez à l'anesthésiste ou à votre dentiste la prise de ce médicament : une modification de votre traitement pourra éventuellement être décidée.
>
> Les boissons alcoolisées, augmentant les effets de ce médicament, sont déconseillées pendant la durée du traitement : risque de saignement.

INTERACTIONS MÉDICAMENTEUSES

Ce médicament ne doit pas être associé aux médicaments contenant de la phénylbutazone, de l'aspirine ou du miconazole (l'utilisation de formes à usage local est possible) : risque d'*hémorragie*.

Il peut interagir avec d'autres médicaments. Signalez tout autre traitement en cours à votre médecin ou à votre pharmacien.

GROSSESSE, ALLAITEMENT ET NOUVEAU-NÉ

Grossesse :

Ce médicament ne doit pas être utilisé pendant la grossesse, sauf sur prescription médicale.

Allaitement :

Ce médicament passe dans le lait maternel : l'allaitement est déconseillé.

MODE D'EMPLOI ET POSOLOGIE

Les comprimés seront avalés avec un grand verre d'eau, mais jamais en position couchée. Pour un effet constant de ce médicament, la prise doit être régulière, toujours à la même heure, pendant ou en dehors des repas.

Posologie usuelle :

Elle est adaptée par le médecin en fonction des résultats des analyses de sang (*TP*, *INR*). Néanmoins, compte tenu de l'action retardée du produit, les variations du TP ou de l'INR n'apparaissent que plusieurs jours après les modifications de traitement.

Lorsque ce médicament remplace un *anticoagulant* injectable, les deux traitements peuvent se chevaucher pendant quelques jours.

> Veillez à ne pas manquer de ce médicament ; lors de vos déplacements, munissez-vous d'une réserve ou de votre ordonnance en cours de validité.
>
> Certaines activités ou sports violents pouvant entraîner des blessures ou des coupures (risque d'*hémorragie*), leur pratique est déconseillée pendant la durée du traitement.
>
> En cas de saignement, comprimez la plaie pendant plusieurs minutes.
>
> Un jeûne prolongé ou au contraire un apport alimentaire important en *vitamine* K (céréales, brocolis, choux, choucroute, carottes, abats) sont à éviter.

EFFETS INDÉSIRABLES POSSIBLES

Hémorragies de gravité variable.

Troubles digestifs, éruptions cutanées.

COVATINE
captodiame

PRÉSENTATION

COVATINE : comprimé (violet) ; boîte de 50 - Remb. 65 % - Liste II

Laboratoires Bailly-Speab

COMPOSITION

	p. comp.
Captodiame	50 mg

INDICATIONS

Ce médicament est un *tranquillisant*.

Il est utilisé dans le traitement de l'anxiété, lorsqu'elle s'accompagne de troubles gênants.

> **ATTENTION**
>
> Évitez les boissons alcoolisées : augmentation du risque de somnolence.
>
> Conducteur : ce médicament peut être responsable d'une somnolence ou d'une baisse de la vigilance.

INTERACTIONS MÉDICAMENTEUSES

Ce médicament peut interagir avec d'autres médicaments, notamment les *sédatifs*. Signalez tout autre traitement en cours à votre médecin ou à votre pharmacien.

GROSSESSE, ALLAITEMENT ET NOUVEAU-NÉ

En l'absence de données disponibles et par mesure de prudence, ce médicament est déconseillé pendant la grossesse et l'allaitement.

MODE D'EMPLOI ET POSOLOGIE

Les comprimés doivent être avalés avec un verre d'eau.

Posologie usuelle :

1 comprimé, 3 fois par jour. Respectez la *posologie* et la durée de traitement prescrites par votre médecin.

> Les *tranquillisants* ne sont pas la seule réponse aux troubles dus à une anxiété exagérée. Une meilleure hygiène de vie, une consommation modérée d'excitants (y compris les boissons alcoolisées) permettent aussi de lutter efficacement contre les excès de stress.

EFFETS INDÉSIRABLES POSSIBLES

Rarement : somnolence matinale ou au contraire difficulté à s'endormir, modification du goût.

COVERSYL

périndopril

PRÉSENTATION

COVERSYL 2 mg : comprimé sécable (blanc) ; boîte de 30 - Remb. 65 % - Liste I

COVERSYL 4 mg : comprimé sécable (blanc) ; boîte de 30 - Remb. 65 % - Liste I

Laboratoires Servier

COMPOSITION

	p. comp.	p. comp.
Périndopril tert-butylamine	2 mg	4 mg

INDICATIONS

Ce médicament appartient à la famille des inhibiteurs de l'*enzyme* de conversion (IEC). L'enzyme de conversion est une substance naturellement présente dans l'organisme ; elle est responsable d'une contraction des artères qui augmente la tension artérielle et fatigue le cœur.

Ce médicament est utilisé dans le traitement de l'*hypertension artérielle* et de l'*insuffisance cardiaque*.

CONTRE-INDICATIONS

Ce médicament ne doit pas être utilisé en cas de **grossesse** ou d'**allaitement**.

> **ATTENTION**
>
> Si vous suivez un traitement par *diurétique* ou un régime sans *sel*, la baisse de la tension artérielle peut être importante lors des premières prises : un malaise ou des étourdissements peuvent survenir ; il est préférable de choisir une période de repos et de prendre garde au risque de chute.
>
> Les *sels* de régime contiennent souvent du *potassium* ; ne les utilisez pas sans avis médical pendant le traitement.
>
> Des précautions sont nécessaires chez la personne âgée et celle atteinte d'*insuffisance rénale*.

INTERACTIONS MÉDICAMENTEUSES

Ce médicament peut interagir avec d'autres médicaments, notamment ceux contenant du *lithium*, certains *diurétiques* et les *sels* de régime. Signalez tout autre traitement en cours à votre médecin ou à votre pharmacien.

GROSSESSE, ALLAITEMENT ET NOUVEAU-NÉ

Grossesse :

L'effet de ce médicament sur l'enfant à naître est mal connu. Quelques accidents ayant été rapportés, son usage pendant la grossesse est contre-indiqué.

Allaitement :

Les données actuellement disponibles ne permettent pas de savoir si ce médicament passe dans le lait maternel : l'allaitement est contre-indiqué.

MODE D'EMPLOI ET POSOLOGIE

Ce médicament peut être pris indifféremment au cours ou en dehors des repas.

Posologie usuelle :

Elle est variable en fonction des cas :
- *hypertension artérielle* : 1 comprimé à 4 mg par jour ;
- *insuffisance cardiaque* : 2 à 4 mg par jour, atteints progressivement.

En cas d'*insuffisance rénale*, de traitement préalable par des *diurétiques* ou de régime sans *sel*, la *posologie* initiale est faible ; elle est augmentée progressivement par le médecin en fonction des effets du médicament.

> Le traitement médicamenteux ne dispense pas des mesures simples pouvant faire baisser la tension artérielle : activité physique régulière, modération de la consommation de boissons alcoolisées, lutte contre le surpoids.

EFFETS INDÉSIRABLES POSSIBLES

Toux sèche, *vertiges*, *troubles digestifs*, maux de tête, fatigue.

Rares réactions allergiques : éruptions cutanées.

CRATAEGUS GMET

aubépine

PRÉSENTATION

CRATAEGUS GMET : comprimé (blanc) ; boîte de 60 - Remb. 65 %

Laboratoires UPSA

COMPOSITION

	p. comp.
Aubépine, extrait sec	28 mg
Aubépine, poudre	28 mg

INDICATIONS

Ce médicament contient une plante sédative, utilisée dans le traitement des troubles légers du sommeil ou de la nervosité accompagnée de *palpitations*.

GROSSESSE, ALLAITEMENT ET NOUVEAU-NÉ

Ce médicament ne contient que des plantes présumées sans danger pendant la grossesse ou l'allaitement. Néanmoins, ne l'utilisez pas de façon prolongée sans l'avis de votre pharmacien ou de votre médecin.

MODE D'EMPLOI ET POSOLOGIE

Les comprimés doivent être avalés avec un peu d'eau.

Posologie usuelle :

3 comprimés, 2 fois par jour, jusqu'à 9 comprimés par jour si nécessaire.

CRÈME ANY

méquinol

PRÉSENTATION

CRÈME ANY : crème ; tube 25 g - Non remb.

CRÈME ANY FORTE : crème ; tube 25 g - Non remb.

Laboratoires Homme de Fer

COMPOSITION

	p. 100 g	p. 100 g
Méquinol	5 g	8 g
Lanoline	+	+

INDICATIONS

Cette crème contient une substance qui bloque la formation de *mélanine*.

Elle est utilisée pour traiter les colorations excessives de la peau : taches de rousseur, taches de vieillesse, taches brunes consécutives à une cicatrice ou à un traumatisme.

CONTRE-INDICATIONS

Ce médicament ne doit pas être utilisé chez l'enfant de moins de 12 ans.

> **ATTENTION**
>
> La dépigmentation peut ne pas être uniforme : évitez d'appliquer cette crème sur de grandes surfaces de peau.
>
> N'exposez pas les régions traitées au soleil.
>
> En cas de contact accidentel avec les *muqueuses* ou les yeux, rincez abondamment.

GROSSESSE, ALLAITEMENT ET NOUVEAU-NÉ

L'effet de ce médicament pendant la grossesse ou l'allaitement est mal connu. L'évaluation du risque éventuel lié à son utilisation est individuelle : demandez conseil à votre pharmacien ou à votre médecin.

MODE D'EMPLOI ET POSOLOGIE

Appliquer la crème en couche fine et uniforme sur les zones à traiter.

Posologie usuelle :

Au début, 2 applications par jour jusqu'à obtention du résultat souhaité.

Puis, 1 ou 2 applications par semaine, en *traitement d'entretien*.

EFFETS INDÉSIRABLES POSSIBLES

Irritation, décoloration non uniforme de la peau.

Extension de la décoloration au-delà de la zone traitée.

Ces effets indésirables nécessitent l'interruption du traitement.

CRÈME AU CALENDULA
calendula teinture mère

PRÉSENTATION

CRÈME AU CALENDULA : crème ; pot de 20 g - Non remb.

Laboratoires Boiron

COMPOSITION

	p. 100 g
Calendula, teinture mère	4,40 g

INDICATIONS

Cette crème non grasse, soluble dans l'eau, est cicatrisante.

Elle est utilisée dans le traitement des coups de soleil, des gerçures, des crevasses, de l'*acné*, des brûlures et des plaies superficielles peu étendues.

GROSSESSE, ALLAITEMENT ET NOUVEAU-NÉ

Ce médicament ne contient que des substances présumées sans danger pendant la grossesse ou l'allaitement. Néanmoins, ne l'utilisez pas de façon prolongée sans l'avis de votre pharmacien ou de votre médecin.

MODE D'EMPLOI ET POSOLOGIE

Nettoyer la région à traiter avant l'application. Masser pour faire pénétrer la crème.

Posologie usuelle :

2 applications par jour.

CRÈME BIOSTIM

PRÉSENTATION

CRÈME BIOSTIM : crème ; tube 15 g - Remb. 35 %

Laboratoires Cassenne

COMPOSITION

	p. 100 g
Glycoprotéine extraite de Klebsiella pneumoniae	10 mg

INDICATIONS

Cette crème contient un stimulant de l'immunité, qui renforce les défenses de l'organisme contre l'infection.

Elle est utilisée dans le traitement des brûlures et plaies superficielles et des *ulcères* de la jambe.

GROSSESSE, ALLAITEMENT ET NOUVEAU-NÉ

Ce médicament ne contient que des substances présumées sans danger pendant la grossesse ou l'allaitement. Néanmoins, ne l'utilisez pas de façon prolongée sans l'avis de votre pharmacien ou de votre médecin.

MODE D'EMPLOI ET POSOLOGIE

Nettoyer la plaie avec du *sérum physiologique* avant d'appliquer la crème, recouvrir d'une compresse stérile. Maintenir l'ensemble avec une bande.

Posologie usuelle :

Brûlure et plaie superficielle, *ulcère* de la jambe : 1 à 3 applications par semaine.

Brûlure profonde : 1 application, 1 à 3 fois par jour.

EFFETS INDÉSIRABLES POSSIBLES

Eczéma, suintement, douleur locale.

CRÈME DES 3 FLEURS D'ORIENT
méquinol

PRÉSENTATION

CRÈME DES 3 FLEURS D'ORIENT N° 1 : pommade ; tube 30 g - Non remb.

CRÈME DES 3 FLEURS D'ORIENT N° 2 : pommade ; tube 30 g - Non remb.

Laboratoires Crème d'Orient

COMPOSITION

	p. 100 g	p. 100 g
Méquinol	5 g	10 g

INDICATIONS

Cette pommade contient une substance qui bloque la formation de *mélanine*.

Elle est utilisée pour traiter les colorations excessives de la peau : taches de rousseur, taches de vieillesse, taches brunes consécutives à une cicatrice ou à un traumatisme.

CONTRE-INDICATIONS

Ce médicament ne doit pas être utilisé chez l'enfant de moins de 12 ans.

ATTENTION

La dépigmentation peut ne pas être uniforme : évitez d'appliquer cette crème sur de grandes surfaces de peau.

N'exposez pas les régions traitées au soleil.

En cas d'application accidentelle dans les yeux, rincez abondamment.

GROSSESSE, ALLAITEMENT ET NOUVEAU-NÉ

L'effet de ce médicament pendant la grossesse ou l'allaitement est mal connu. L'évaluation du risque éventuel lié à son utilisation est individuelle : demandez conseil à votre pharmacien ou à votre médecin.

MODE D'EMPLOI ET POSOLOGIE

Appliquer la pommade en couche fine et uniforme sur les zones à traiter.

Posologie usuelle :

Au début, 2 applications par jour jusqu'à obtention du résultat souhaité. Puis 1 ou 2 applications par semaine, en *traitement d'entretien*.

EFFETS INDÉSIRABLES POSSIBLES

Irritation, décoloration non uniforme de la peau.

Extension de la décoloration au-delà de la zone traitée.

Ces effets indésirables nécessitent l'interruption du traitement.

CRÈME À L'HYDROCORTISONE ASTIER
hydrocortisone

PRÉSENTATION

CRÈME À L'HYDROCORTISONE ASTIER 1 % : crème ; tube 15 g - Remb. 35 % - Liste I

Laboratoires Astier

COMPOSITION

	p. 100 g
Hydrocortisone	1 g

INDICATIONS

Cette crème *anti-inflammatoire* contient un dérivé naturel de la *cortisone*.

Elle est utilisée dans le traitement local des entorses, des *tendinites*, des douleurs articulaires, des *phlébites* superficielles et des maladies de peau nécessitant une *corticothérapie*.

CONTRE-INDICATIONS

Ce médicament ne doit pas être utilisé dans les cas suivants :
- infection virale de la peau (*herpès*, varicelle, *zona*),
- en application sur un *eczéma*, des *muqueuses*, des plaies ou de la peau lésée.

ATTENTION

N'utilisez pas cette crème de façon prolongée sans avis médical.

GROSSESSE, ALLAITEMENT ET NOUVEAU-NÉ

L'effet de ce médicament pendant la grossesse ou l'allaitement est mal connu : seul votre médecin peut évaluer le risque éventuel de son utilisation dans votre cas.

MODE D'EMPLOI ET POSOLOGIE

La crème doit être appliquée en massage doux et prolongé.

Posologie usuelle :

2 ou 3 applications par jour.

Se laver les mains après application. En cas de contact accidentel avec les yeux, rincer abondamment.

EFFETS INDÉSIRABLES POSSIBLES

Imposant l'arrêt du traitement : *allergie* cutanée (*eczéma* dû au médicament).

CRÈME RAP

PRÉSENTATION

CRÈME RÉSOLUTIVE RAP : crème ; tube 120 g - Remb. 35 %

Laboratoires Monal

COMPOSITION

	p. 100 g
Genêt, extrait fluide	2 g
Arnica, extrait fluide	0,80 g
Aconit (racine), extrait fluide	0,07 g
Marron d'Inde, extrait fluide	0,10 g
Ciguë, extrait fluide	0,21 g
Jusquiame, extrait fluide	0,07 g
Noix vomique, extrait sec	0,05 g

INDICATIONS

C'est une crème contenant des extraits de plantes, décongestionnante et apaisante.

Elle est utilisée dans le *traitement symptomatique* :
- des jambes lourdes, varices, *œdèmes*, crampes, engelures ;
- des contusions, traumatismes divers.

CONTRE-INDICATIONS

Ce médicament ne doit pas être utilisé sur les lésions infectées ou suintantes.

GROSSESSE, ALLAITEMENT ET NOUVEAU-NÉ

Ce médicament ne contient que des plantes présumées sans danger pendant la grossesse ou l'allaitement. Néanmoins, ne l'utilisez pas de façon prolongée sans l'avis de votre pharmacien ou de votre médecin.

MODE D'EMPLOI ET POSOLOGIE

Utiliser la crème en massage.

Posologie usuelle :

1 application matin et soir.

> Ce médicament soulage mais n'empêche pas l'aggravation de l'*insuffisance veineuse*, qui requiert des mesures spécifiques telles que la *contention élastique*.
>
> Une activité physique régulière et la surélévation du pied du lit permettent de faciliter la circulation veineuse et *lymphatique*.

CRÉON
poudre de pancréas

PRÉSENTATION

CRÉON : gélule à microgranules *gastrorésistants* (translucide marron et jaune) ; boîte de 60 - Remb. 65 %

CRÉON : gélule à microgranules *gastro-résistants* ; boîte de 120 - Remb. 65 %

Laboratoires LTM

COMPOSITION

	p. gél.
Pancréas de porc, poudre	300 mg
soit activité amylolytique totale	12 000 U
soit activité lipolytique totale	12 000 U
soit activité protéolytique totale	700 U

INDICATIONS

C'est un médicament qui contient des extraits de pancréas. Ceux-ci remplacent ou complètent une production insuffisante d'*enzymes pancréatiques*, nécessaires à la digestion.

Il est utilisé après une opération du pancréas ou de l'estomac et dans certaines maladies pancréatiques, notamment la *mucoviscidose*.

GROSSESSE, ALLAITEMENT ET NOUVEAU-NÉ

L'effet de ce médicament pendant la grossesse ou l'allaitement est mal connu. L'évaluation du risque éventuel lié à son utilisation est individuelle : demandez conseil à votre pharmacien ou à votre médecin.

MODE D'EMPLOI ET POSOLOGIE

Ce médicament doit être pris au début des repas, avec un verre d'eau.

Posologie usuelle :

Elle est strictement individuelle en fonction de l'âge et de l'importance des troubles.

> Les gélules peuvent être ouvertes, notamment pour le *nourrisson*, et leur contenu (granules) mélangé dans un aliment semi-liquide ou du lait. Les granules, *gastrorésistants*, ne doivent être ni croqués, ni mâchés.

CREVASSAN

PRÉSENTATION

CREVASSAN : onguent ; tube 40 g - Non remb.

Laboratoires C.P.F.

COMPOSITION

	p. 100 g
Sang-dragon	0,1 g
Myrrhe	0,3 g
Oliban	0,8 g
Benjoin officinal	0,8 g
Baume de Tolu	1,6 g
Poix de Bourgogne	4 g
Térébenthine	12 g

INDICATIONS

C'est un onguent cicatrisant.

Il est utilisé dans le traitement des crevasses.

GROSSESSE, ALLAITEMENT ET NOUVEAU-NÉ

Ce médicament ne contient que des substances présumées sans danger pendant la grossesse ou l'allaitement. Néanmoins, ne l'utilisez pas de façon prolongée sans l'avis de votre pharmacien ou de votre médecin.

Allaitement :

Pendant l'allaitement, n'appliquez pas ce médicament sur le mamelon sans prendre l'avis de votre médecin ou de votre pharmacien.

MODE D'EMPLOI ET POSOLOGIE

Posologie usuelle :

Crevasses légères : 1 application, matin et soir.

Crevasses profondes : remplir les crevasses avec l'onguent, 3 fois par jour.

EFFETS INDÉSIRABLES POSSIBLES

Eczéma dû au médicament.

CRINEX
extrait d'ovaire de truie

PRÉSENTATION

CRINEX DRAGÉES : comprimé (beige-marron) ; boîte de 80 - Remb. 35 %

CRINEX GOUTTES : solution buvable ; flacon 16 ml (bouchon-doseur) - Remb. 35 %

Laboratoires Crinex

COMPOSITION

	p. comp.	p. 30 gtes
Ovaire de truie, extraits	33 mg	200 mg

INDICATIONS

Ce médicament contient des extraits d'ovaire de truie.

Il est utilisé comme traitement de certains troubles des règles lorsque l'absence de grossesse est certaine. Il est également utilisé dans le traitement des troubles de la *ménopause*.

CONTRE-INDICATIONS

Ce médicament ne doit pas être utilisé en cas de grossesse.

> **ATTENTION**
>
> Un trouble des règles ou des saignements lors de la *ménopause* peuvent traduire une affection sérieuse : consultez votre médecin si les troubles durent plus de quelques jours.

GROSSESSE, ALLAITEMENT ET NOUVEAU-NÉ

Grossesse :

Ce médicament est contre-indiqué pendant la grossesse.

MODE D'EMPLOI ET POSOLOGIE

Ce médicament est pris de préférence une demi-heure avant ou 2 heures après le repas. Les comprimés doivent être croqués soigneusement. Les gouttes doivent être prises pures.

Posologie usuelle :
- Comprimés : 1 à 4 comprimés, 2 fois par jour, 20 jours par mois.
- Solution buvable : 30 gouttes, 2 fois par jour, 20 jours par mois. Dans certains cas, la *posologie* peut être portée à 90 gouttes par jour.

CRISTANYL
dihydroergocristine, raubasine

PRÉSENTATION

CRISTANYL : solution buvable ; flacon 30 ml (1 dose = 30 gouttes) - Remb. 35 % - Liste II

Laboratoires Biogalénique

COMPOSITION

	p. 30 gtes
Dihydroergocristine mésilate	0,6 mg
Raubasine	4,8 mg

INDICATIONS

Ce médicament est un *vasodilatateur* qui appartient à la famille des dérivés de l'*ergot de seigle*. Il augmente le débit sanguin, notamment cérébral.

Il est utilisé dans le traitement :
- des troubles du comportement et de la mémoire liés au vieillissement,
- du *syndrome subjectif des traumatismes crâniens*,
- des suites de certains *accidents vasculaires cérébraux*,
- des troubles liés au vieillissement des organes de l'équilibre et de l'audition.

CONTRE-INDICATIONS

Ce médicament ne doit pas être utilisé dans les cas suivants :
- état de *choc*,
- association aux médicaments de la famille des *IMAO*.

ATTENTION
Chez une personne âgée, des troubles attribués au vieillissement peuvent être dus à une *dépression* ; ils nécessitent alors un traitement spécifique.

INTERACTIONS MÉDICAMENTEUSES

Ce médicament ne doit pas être associé aux médicaments de la famille des *IMAO* : risque de crise convulsive et hypertensive.

GROSSESSE, ALLAITEMENT ET NOUVEAU-NÉ

L'effet de ce médicament pendant la grossesse ou l'allaitement est mal connu : seul votre médecin peut évaluer le risque éventuel de son utilisation dans votre cas.

MODE D'EMPLOI ET POSOLOGIE

Les gouttes doivent être prises dans un peu d'eau, de préférence au cours des repas.

Posologie usuelle :
30 à 40 gouttes, 3 fois par jour.

Ne pas prendre ce médicament à jeun afin d'éviter d'éventuels *troubles digestifs*.

EFFETS INDÉSIRABLES POSSIBLES

Nausées, en cas de prise à jeun.

CRISTOPAL
chlorure de calcium, iodure de sodium, glycine

PRÉSENTATION

CRISTOPAL : collyre ; flacon compte-gouttes 10 ml - Remb. 65 %

Laboratoires Alcon

COMPOSITION

	p. 100 ml
Chlorure de calcium	1 g
Iodure de sodium	1 g
Glycine	1 g

INDICATIONS

Ce collyre contient de l'iode, des sels minéraux et un *acide aminé*.

Il est utilisé dans le *traitement d'appoint* de la *cataracte*.

ATTENTION
Ce collyre peut être mal supporté en cas d'*intolérance* à l'iode.

INTERACTIONS MÉDICAMENTEUSES

Ce collyre ne doit pas être associé aux collyres ou aux pommades ophtalmiques contenant des *antiseptiques* mercuriels.

MODE D'EMPLOI ET POSOLOGIE

Tirer la paupière inférieure vers le bas tout en regardant vers le haut et déposer une goutte de collyre entre la paupière et le globe oculaire (*cul-de-sac conjonctival*).

Posologie usuelle :
1 ou 2 gouttes, 2 fois par jour.

L'application correcte du produit peut nécessiter une aide, notamment chez une personne handicapée ou âgée.

Ne conservez pas ce collyre plus de 15 jours après une première utilisation.

CROMOPTIC
cromoglycate de sodium

PRÉSENTATION

CROMOPTIC : collyre ; flacon 5 ml - Remb. 65 % - Liste II

Laboratoires Chauvin

COMPOSITION

	p. 100 ml
Cromoglycate de sodium	2 g

INDICATIONS

C'est un collyre antiallergique.

Il est utilisé dans le traitement des *allergies* oculaires.

INTERACTIONS MÉDICAMENTEUSES

Ce collyre peut interagir avec d'autres collyres : respectez un intervalle de 15 minutes entre deux instillations.

GROSSESSE, ALLAITEMENT ET NOUVEAU-NÉ

L'effet de ce médicament pendant la grossesse ou l'allaitement est mal connu : seul votre médecin peut évaluer le risque éventuel de son utilisation dans votre cas.

MODE D'EMPLOI ET POSOLOGIE

Tirer la paupière inférieure vers le bas tout en regardant vers le haut et déposer une goutte de collyre entre la paupière et le globe oculaire (*cul-de-sac conjonctival*).

Posologie usuelle :
1 goutte, 4 fois par jour.

Le port de lentilles de contact est déconseillé en cas d'irritation oculaire ; elles ne devront être réutilisées qu'après l'arrêt complet du traitement car elles peuvent s'imprégner des substances contenues dans ce collyre.

L'application correcte du produit peut nécessiter une aide, notamment chez une personne handicapée ou âgée.

Ne conservez pas ce collyre plus de 15 jours après une première utilisation.

Le flacon doit être gardé à l'abri de la lumière.

CRYOFLUORANE PROMEDICA
cryofluorane

PRÉSENTATION

CRYOFLUORANE : *gaz réfrigérant* ; flacon pressurisé 70 ml - Remb. 65 %

Laboratoires Promedica

COMPOSITION

Cryofluorane

INDICATIONS

Ce médicament contient un gaz sous pression qui se refroidit fortement lorsqu'il est pulvérisé. Le froid a un effet *anesthésique* et *antalgique*.

Il est utilisé en *anesthésie* dans les petites interventions et dans le traitement local des contractures douloureuses (*lombalgies*, torticolis, entorses...).

MODE D'EMPLOI ET POSOLOGIE

En cas de douleurs : tenir le flacon à 20 ou 30 cm de la région douloureuse et pulvériser pendant 20 à 30 secondes.

CURASTEN
lysine, glucoheptonate de calcium

PRÉSENTATION

CURASTEN : solution buvable ; boîte de 20 ampoules 5 ml - Non remb.

Laboratoires Thérabel Lucien

COMPOSITION

	p. amp.
Lysine monochlorhydrate	250 mg
Calcium glucoheptonate	550 mg
Sorbitol	500 mg
Saccharose	500 mg

INDICATIONS

Ce médicament est un *antiasthénique* qui contient un *acide aminé* et du calcium.

Il est utilisé dans le *traitement symptomatique* de la fatigue.

CONTRE-INDICATIONS

Ce médicament ne doit pas être utilisé en cas de calculs des *voies* urinaires.

INTERACTIONS MÉDICAMENTEUSES

Ce médicament peut interagir avec d'autres médicaments. Signalez tout autre traitement en cours à votre médecin ou à votre pharmacien.

GROSSESSE, ALLAITEMENT ET NOUVEAU-NÉ

Ce médicament ne contient que des substances présumées sans danger pendant la grossesse ou l'allaitement. Néanmoins, ne l'utilisez pas de façon prolongée sans l'avis de votre pharmacien ou de votre médecin.

MODE D'EMPLOI ET POSOLOGIE

Le contenu des ampoules peut être avalé pur ou dilué dans un peu d'eau, au moment des repas.

Posologie usuelle :

- Adulte : 1 ampoule, 2 fois par jour.
- Enfant : 1 ampoule par jour.

Une fatigue persistante ne doit pas vous conduire à augmenter les prises de ce médicament : consultez votre médecin.

CURIBRONCHES Adulte Enfant

PRÉSENTATION

CURIBRONCHES ADULTE : sirop ; flacon 180 ml - Remb. 35 %

CURIBRONCHES ENFANT : sirop ; flacon 125 ml - Remb. 35 %

Laboratoires Recherche Thérapeutique-Splénodex

COMPOSITION

	sirop Ad. p. c. à s.	sirop Enf. p. c. à c.
Codéine, sirop	4,75 g	0,65 g
Codéthyline chlorhydrate	9,5 mg	
Belladone, teinture	0,19 g	24 mg
Sulfogaïacol	0,95 g	65 mg
Solution de bromoforme	0,19 g	
Aconit, teinture	0,19 g	
Eau de laurier-cerise	0,95 g	
Tolu, sirop	4,93 g	2,075 g
Eucalyptus, sirop	5,70 g	1,30 g
Benzoate de sodium		78 mg
Bromure de sodium		97 mg
Desessartz, sirop		1,95 g

INDICATIONS

Ce sirop *antitussif* contient de la codéine associée à un *antispasmodique* (*belladone*) et à des fluidifiants bronchiques. La codéine a un effet *sédatif* sur le *système nerveux central* et notamment les centres de la toux.

Ce médicament est utilisé dans le *traitement symptomatique* des toux sèches.

CONTRE-INDICATIONS

Ce médicament ne doit pas être utilisé dans les cas suivants :
- *asthme*,
- *insuffisance respiratoire*,
- *glaucome* à angle fermé,
- risque de rétention des urines (*adénome de la prostate*...),
- enfant de moins de 15 ans (sirop Adulte).

ATTENTION

Ce médicament n'est pas adapté au traitement de la toux grasse, qui est un mécanisme de défense normal de l'organisme permettant l'évacuation des mucosités présentes dans les bronches.

La toux est un *symptôme* qui peut révéler de nombreuses maladies : consultez votre médecin si elle persiste plus de quelques jours.

Ce médicament contient du *sucre* (saccharose) en quantité notable.

Évitez les boissons alcoolisées en raison de la présence de codéine : augmentation du risque de somnolence.

Conducteur : ce médicament peut être responsable d'une somnolence ou d'une baisse de la vigilance.

INTERACTIONS MÉDICAMENTEUSES

Ce médicament peut interagir avec beaucoup d'autres médicaments, notamment chez la personne âgée ; signalez tout autre traitement en cours à votre médecin ou à votre pharmacien.

GROSSESSE, ALLAITEMENT ET NOUVEAU-NÉ

Grossesse :

Compte tenu de la présence de codéine, n'utilisez pas ce médicament pendant la grossesse sans prendre l'avis de votre pharmacien ou de votre médecin.

Allaitement :

Ce médicament passe dans le lait maternel : il est déconseillé pendant l'allaitement.

MODE D'EMPLOI ET POSOLOGIE

Les prises de ce médicament doivent être réparties au cours de la journée.

Posologie usuelle :

- Adulte : 3 cuillères à soupe de sirop Adulte par jour.
- Enfant : 3 cuillères à café de sirop Enfant par jour.

De nombreux médicaments contiennent de la codéine ou de la codéthyline, notamment certains *antitussifs* et *antalgiques*. Le surdosage expose à une augmentation des effets indésirables.

Une toux nocturne aggravée par ce médicament peut être une toux allergique : demandez conseil à votre médecin.

La poursuite du tabagisme nuit à l'efficacité du traitement.

Des mesures simples permettent de calmer les toux sèches : boissons chaudes et humidification de l'air ambiant.

EFFETS INDÉSIRABLES POSSIBLES

Liés à la codéine : constipation ; et plus rarement, somnolence, nausées, vomissements, *bronchospasme*, *allergie* cutanée, ralentissement de la respiration.

Liés à la présence de *belladone* : effets *atropiniques*, rares aux doses habituelles.

CURIBRONCHES Nourrisson

PRÉSENTATION

CURIBRONCHES NOURRISSON : sirop ; flacon 90 ml - Remb. 35 %

Laboratoires Recherche Thérapeutique-Splénodex

COMPOSITION

	p. c. à c.
Belladone, teinture	12 mg
Benzoate de sodium	65 mg
Sulfogaïacol	52 mg
Bromure de sodium	65 mg
Eucalyptus, sirop	975 mg
Tolu, sirop	5,065 g
Saccharose	4 g

INDICATIONS

Ce médicament contient des *expectorants* (benzoate de sodium, sulfogaïacol), un *sédatif* (bromure de sodium) et un *antispasmodique* (*belladone*).

Il est utilisé pour éviter l'assèchement des bronches et calmer les toux irritatives chez le *nourrisson*.

ATTENTION

Ce médicament contient du *sucre* (saccharose) en quantité notable.

INTERACTIONS MÉDICAMENTEUSES

Ce médicament peut interagir avec d'autres médicaments. Signalez tout autre traitement en cours à votre médecin ou à votre pharmacien.

MODE D'EMPLOI ET POSOLOGIE

Les prises de ce médicament doivent être réparties au cours de la journée.

Posologie usuelle :

1/2 cuillère à café, 4 fois par jour.

Des mesures simples permettent de calmer les toux sèches : boissons chaudes et humidification de l'air ambiant.

EFFETS INDÉSIRABLES POSSIBLES

Somnolence.

Les effets indésirables *atropiniques* liés à la présence de *belladone* sont très réduits.

CUROVEINYL

PRÉSENTATION

CUROVEINYL : solution buvable ; boîte de 32 ampoules 5 ml - Non remb.

Laboratoires Medgenix Pharma

COMPOSITION

	p. amp.
Marrons d'Inde, extrait fluide	500 mg
Soit esculoside (vitamine P)	2,5 mg
Hamamélis, extrait fluide	100 mg
Hydrastis canadensis, extrait fluide	5 mg
Cupressus sempervirens, extrait fluide	25 mg
Genêt, extrait fluide	10 mg
Noix vomique, teinture	10 mg
Alcool à 95°	0,65 g
Saccharose	2,5 g

INDICATIONS

C'est un protecteur *vasculaire* et *veinotonique* qui associe plusieurs extraits de plantes. Il stimule la circulation du sang dans les veines et lutte contre l'altération des *vaisseaux capillaires*.

Il est utilisé dans le *traitement symptomatique* :
- des jambes lourdes, *œdèmes*, crampes, *impatiences* et autres troubles pouvant être en rapport avec une mauvaise circulation veineuse ou *lymphatique* ;
- des petites *hémorragies* sous-cutanées se traduisant par des taches rouges ou violacées.

ATTENTION

Ce médicament est insuffisant pour prévenir le risque de *phlébite* chez les malades alités ou plâtrés.

Ce médicament soulage, mais n'empêche pas l'aggravation de l'*insuffisance veineuse*, qui requiert des mesures spécifiques telles que la *contention élastique*.

Ce médicament contient du *sucre* (saccharose) et de l'*alcool* en quantité notable.

GROSSESSE, ALLAITEMENT ET NOUVEAU-NÉ

L'effet de ce médicament pendant la grossesse ou l'allaitement est mal connu. L'évaluation du risque éventuel lié à son utilisation est individuelle : demandez conseil à votre pharmacien ou à votre médecin.

MODE D'EMPLOI ET POSOLOGIE

Ce médicament peut être pris pur ou dilué dans un peu d'eau avant les repas.

Posologie usuelle :

2 à 6 ampoules par jour.

Une activité physique régulière et la surélévation du pied du lit permettent de faciliter la circulation veineuse et *lymphatique*.

EFFETS INDÉSIRABLES POSSIBLES

En cas de prise à jeun : brûlures d'estomac.

CUTACNYL

peroxyde de benzoyle

PRÉSENTATION

CUTACNYL 5 : lotion pour application locale ; flacon 40 ml - Remb. 65 % - Liste II

CUTACNYL 10 : lotion pour application locale ; flacon 40 ml - Remb. 65 % - Liste II

CUTACNYL 2,5 : gel pour application locale ; tube 40 g - Remb. 65 % - Liste II

CUTACNYL 5 : gel pour application locale ; tube 40 g - Remb. 65 % - Liste II

CUTACNYL 10 : gel pour application locale ; tube 40 g - Remb. 65 % - Liste II

Laboratoires Galderma

COMPOSITION

		lotion p. 100 g	lotion p. 100 g
Peroxyde de benzoyle		5 g	10 g
	gel p. 100 g	gel p. 100 g	gel p. 100 g
Peroxyde de benzoyle	2,5 g	5 g	10 g

INDICATIONS

C'est un antiacnéique local qui contient du peroxyde de benzoyle. Il agit essentiellement en détruisant les *germes* responsables de l'*inflammation* du comédon et de la formation de pustules.

Ce médicament est utilisé dans le traitement de l'*acné*.

CONTRE-INDICATIONS

Ce médicament ne doit pas être utilisé par les personnes sensibles aux peroxydes (eau oxygénée).

ATTENTION

N'appliquez aucun autre produit ou cosmétique (eau de Cologne, lotion après-rasage, crème...) sans l'accord de votre médecin.

Ce médicament expose à une *photosensibilisation* : une exposition aux rayons *ultraviolets* (soleil, lampe à bronzer) peut provoquer des réactions cutanées. N'omettez pas de signaler à votre médecin vos projets de vacances au soleil pendant la durée du traitement.

GROSSESSE, ALLAITEMENT ET NOUVEAU-NÉ

L'effet de ce médicament pendant la grossesse ou l'allaitement est mal connu. Seul votre médecin peut apprécier la nécessité du traitement et son risque.

MODE D'EMPLOI ET POSOLOGIE

Le médecin choisit la forme du médicament adaptée à votre peau. En cas d'irritation, il peut prescrire une forme moins concentrée ou espacer les doses.

Faites pénétrer complètement le produit par de légers massages. Lavez-vous les mains après usage.

Posologie usuelle :

Au début du traitement : 1 application, 1 ou 2 fois par jour.

En cure d'entretien : 1 application tous les 2 ou 3 jours.

Une irritation est fréquente et normale en début de traitement : ne vous découragez pas, mais n'hésitez pas à prendre l'avis de votre médecin. Pour limiter les risques d'irritation, n'appliquez pas ce produit sur une peau déjà irritée ou lésée, utilisez des savons de toilette doux et n'appliquez pas de lotion ou parfum alcoolisés.

En cas d'application accidentelle sur les *muqueuses* (yeux, bouche, narines) ou sur les paupières, rincez soigneusement à l'eau.

Tenez compte du risque de décoloration de vos vêtements ou de votre literie par le produit.

EFFETS INDÉSIRABLES POSSIBLES

Photosensibilisation, irritation de la peau. Décoloration de certains textiles.

CUTERPÈS

ibacitabine

PRÉSENTATION

CUTERPÈS : gel pour application locale ; tube 5 g - Remb. 65 % - Liste I

Laboratoires Chauvin

COMPOSITION

	p. 100 g
Ibacitabine	1 g

INDICATIONS

Ce médicament contient un *antiviral* actif sur le *virus* de l'*herpès*.

Il est utilisé dans le traitement des poussées d'herpès des lèvres ou des organes génitaux.

CONTRE-INDICATIONS

Ce médicament ne doit pas être utilisé en cas d'*intolérance* ou d'*allergie* à l'iode.

ATTENTION

Ce médicament traite les poussées d'*herpès* mais n'élimine pas le *virus* de l'organisme. Il n'empêche donc pas la survenue d'autres crises.

GROSSESSE, ALLAITEMENT ET NOUVEAU-NÉ

L'effet de ce médicament pendant la grossesse ou l'allaitement est mal connu : seul votre médecin peut évaluer le risque éventuel de son utilisation dans votre cas.

MODE D'EMPLOI ET POSOLOGIE

3 applications par jour dès les premiers *symptômes*, jusqu'à la guérison.

En cas de lésion génitale, utilisez des préservatifs jusqu'à la guérison pour éviter de contaminer votre partenaire.

CUTIPHILE

PRÉSENTATION

CUTIPHILE : poudre pour application locale ; flacon poudreur 125 g - Non remb.

Laboratoires Braun Medical

COMPOSITION

	p. 100 g
Bismuth nitrate	1 g
Bismuth gallate	1 g
Oxyde de zinc	6 g
Talc parfumé	93 g

INDICATIONS

C'est une poudre d'usage local adoucissante et protectrice.

Elle est utilisée en cas d'irritation, de rougeur de la peau (rougeur des fesses du *nourrisson*...) ou de transpiration excessive.

ATTENTION
Évitez d'utiliser ce médicament, notamment chez l'enfant, de manière prolongée sur des surfaces étendues ou profondément lésées sans l'avis de votre pharmacien ou de votre médecin.

GROSSESSE, ALLAITEMENT ET NOUVEAU-NÉ

Ce médicament ne contient que des substances présumées sans danger pendant la grossesse ou l'allaitement. Néanmoins, ne l'utilisez pas de façon prolongée sans l'avis de votre pharmacien ou de votre médecin.

Allaitement :

Pendant l'allaitement, n'appliquez pas ce médicament sur le mamelon sans prendre l'avis de votre médecin ou de votre pharmacien.

MODE D'EMPLOI ET POSOLOGIE

Saupoudrer les lésions avec la poudre, après le bain et sur une peau sèche.

Posologie usuelle :

- Adulte : 1 application par jour.
- Nourrisson : 1 application après chaque soin.

La rougeur des fesses du *nourrisson* est souvent due à l'imprégnation de la peau par l'urine, sous la couche. Il est donc nécessaire de nettoyer et de rincer abondamment la peau avec de l'eau avant d'appliquer le médicament.

CUTISAN
triclocarban

PRÉSENTATION

CUTISAN : poudre pour application locale ; boîte poudreuse 80 g - Non remb.

CUTISAN : pommade ; tube 30 g - Non remb.

Laboratoires Boots Healthcare

COMPOSITION

	p. 100 g
Triclocarban	2 g

INDICATIONS

Ce médicament contient un *antiseptique*.

Il est utilisé pour désinfecter certaines lésions de la peau (*eczéma*, petite plaie...).

INTERACTIONS MÉDICAMENTEUSES

L'association à d'autres *antiseptiques* est déconseillée car leurs effets risquent de s'annuler.

GROSSESSE, ALLAITEMENT ET NOUVEAU-NÉ

L'absence d'effets nocifs de ce médicament n'a pas été établie pendant la grossesse ou l'allaitement.

Allaitement :

Ne pas appliquer sur les seins en cas d'allaitement.

MODE D'EMPLOI ET POSOLOGIE

Poudre : saupoudrer les lésions en évitant l'accumulation dans les plis.

Pommade : étaler en couche mince.

Posologie usuelle :

Poudre : 1 à 3 applications par jour.

Pommade : 1 à 3 applications par jour.

Le simple lavage à l'eau et au savon permet d'éliminer la majorité des *germes* ; il doit être suivi d'un rinçage soigneux car le savon peut inactiver certains *antiseptiques*.

Conservez ce médicament à l'abri de la chaleur.

Tous les antiseptiques peuvent être contaminés par des germes : ne les conservez pas inutilement une fois ouverts.

Rincez abondamment le linge imprégné de ce produit lorsqu'il est destiné à être lavé à plus de 50 °C : risque de formation de produits toxiques.

EFFETS INDÉSIRABLES POSSIBLES

Exceptionnellement : *allergie* cutanée, irritation de la peau après exposition au soleil.

CYCLADOL
piroxicam

PRÉSENTATION

CYCLADOL : comprimé sécable (jaune pâle) ; boîte de 14 - Remb. 65 % - Liste I

CYCLADOL : poudre pour suspension buvable arôme citron ; boîte de 14 sachets - Remb. 65 % - Liste I

Laboratoires Promedica

COMPOSITION

	p. comp.	p. sachet
Piroxicam	20 mg	20 mg
Aspartam		+

INDICATIONS

Ce médicament est un *anti-inflammatoire* non stéroïdien (*AINS*). Il lutte contre l'*inflammation* et la douleur, fait baisser la fièvre et fluidifie le sang.

Il est utilisé dans le *traitement symptomatique* :

- des *rhumatismes inflammatoires* ;
- des crises d'*arthrose* ;
- des *arthrites*, des *tendinites*, des *entorses*... ;
- des *sciatiques* et des *cruralgies*.

CONTRE-INDICATIONS

Ce médicament ne doit pas être utilisé dans les cas suivants :

- *allergie* aux *AINS*, y compris l'aspirine ;
- *ulcère* de l'estomac ou du *duodénum* ;
- *insuffisance hépatique*, *insuffisance rénale* graves ;
- enfant de moins de 15 ans ;
- **grossesse** (3 derniers mois) ;
- **allaitement.**

ATTENTION
Tout traitement prolongé ou surdosage d'*AINS* expose à des effets indésirables graves.

Tout *symptôme* pouvant faire craindre une complication impose l'arrêt du traitement : *allergie* cutanée (rougeur, démangeaisons, éruption...).

Des précautions sont nécessaires en cas d'*antécédent* d'*ulcère* de l'estomac ou du *duodénum*, ou de risque hémorragique, et chez la femme qui porte un stérilet.

Conducteur : ce médicament peut provoquer parfois des étourdissements.

INTERACTIONS MÉDICAMENTEUSES

Ce médicament peut interagir avec d'autres médicaments, notamment :

- l'aspirine et les autres *anti-inflammatoires* non stéroïdiens : risque d'accroissement des effets indésirables ;
- les *anticoagulants* et les *antiagrégants plaquettaires* (TICLID...) : augmentation du risque hémorragique ;
- le *lithium* (TÉRALITHE, NEUROLITHIUM) : augmentation du taux de lithium dans le sang.

Signalez tout autre traitement en cours à votre médecin ou à votre pharmacien.

GROSSESSE, ALLAITEMENT ET NOUVEAU-NÉ

Grossesse :

Des effets néfastes graves pour la mère et l'enfant ont été mis en évidence lorsque ce médicament, comme tous les *AINS*, est utilisé au cours des 3 derniers mois de la grossesse : son usage est formellement contre-indiqué pendant cette période.

Pendant les 6 premiers mois, l'effet de ce médicament est mal connu : seul votre médecin peut évaluer le risque éventuel de son utilisation dans votre cas.

Allaitement :

Ce médicament passe dans le lait maternel : par mesure de prudence, il est contre-indiqué pendant l'allaitement.

MODE D'EMPLOI ET POSOLOGIE

Les comprimés doivent être avalés avec un demi-verre d'eau, et le contenu des sachets doit être dissous dans un demi-verre d'eau. Ce médicament doit être pris au cours des repas.

Posologie usuelle :

- Adulte :
  - *traitement d'attaque* : 1 comprimé ou 1 sachet, 2 fois par jour, sans dépasser 40 mg par jour.
  - *traitement d'entretien* : 1 comprimé ou 1 sachet par jour.

> Ne dépassez pas la *posologie* et la durée de traitement prescrites par votre médecin afin d'éviter les effets indésirables.

EFFETS INDÉSIRABLES POSSIBLES

- Aphtes, *inflammation* de la bouche, ou des gencives.
- *Troubles digestifs*, *gastrite*, voire *ulcère* de l'estomac ou du *duodénum*, le plus souvent lors d'un traitement prolongé ou à des doses supérieures à 30 mg par jour.

Exceptionnellement : *hémorragie* du tube digestif (vomissements sanglants, selles noires, ou plus souvent pertes de sang imperceptibles, responsables de l'apparition progressive d'une *anémie*).

- Réactions allergiques cutanées, *asthme*.
- Étourdissement, maux de tête, bourdonnements d'oreille, somnolence.

CYCLÉANE

éthinylestradiol, désogestrel

PRÉSENTATION

CYCLÉANE 20 : comprimé (blanc) ; boîte de 1 plaquette de 21 - Non remb. - Liste I

CYCLÉANE 20 : comprimé (blanc) ; boîte de 3 plaquettes de 21 - Non remb. - Liste I

CYCLÉANE 30 : comprimé (blanc) ; boîte de 1 plaquette de 21 - Non remb. - Liste I

CYCLÉANE 30 : comprimé (blanc) ; boîte de 3 plaquettes de 21 - Non remb. - Liste I

Laboratoires Searle

COMPOSITION

	p. comp.	p. comp.
Éthinylestradiol	0,02 mg	0,03 mg
Désogestrel	0,15 mg	0,15 mg

INDICATIONS

C'est un *contraceptif* oral (pilule) qui contient un *estrogène* et un *progestatif*. Il est minidosé (moins de 0,04 mg d'estrogène) et monophasique (tous les comprimés contiennent la même quantité d'*hormones* et sont donc de la même couleur).

CONTRE-INDICATIONS

Ce médicament ne doit pas être utilisé dans les cas suivants :

- certaines maladies cardiaques ou *vasculaires*, notamment l'*hypertension artérielle* et les *antécédents* de *phlébite* ;
- certaines causes de saignement entre les règles ;
- *diabète*, excès de *cholestérol* ou de *triglycérides* ;
- maladie du foie grave ou récente, jaunisse chronique ou survenue lors d'une grossesse ;
- cancer du sein ou de l'utérus ainsi que certains autres cancers ;
- *tumeur de l'hypophyse*, excès de *prolactine* ;
- certaines maladies rares (*connectivite*, *porphyrie*, *otosclérose*, *otospongiose*) ;
- *insuffisance rénale* ;
- **grossesse ;**
- **allaitement.**

Dans tous les autres cas, le médecin est seul juge pour prescrire ce médicament, notamment en cas d'obésité, de tumeur bénigne du sein ou de l'utérus, de calculs de la vésicule biliaire.

> **ATTENTION**
>
> Chez la femme de plus de 35 ans ou chez la femme qui fume, le risque de complications cardio-vasculaires liées aux *estrogènes* augmente nettement.
>
> Tout *symptôme* pouvant faire craindre une complication impose l'arrêt du traitement : maux de tête importants et inhabituels, troubles de la vision, élévation franche de la tension artérielle.
>
> La survenue d'un léger saignement entre les règles (spotting) est fréquente chez les femmes prenant la pilule. Vous devez néanmoins en informer votre médecin.
>
> Une surveillance médicale et des analyses sont nécessaires avant et pendant la contraception orale. Cette surveillance sera renforcée chez la femme souffrant d'*épilepsie*, de *migraine*, d'*asthme*, de *dépression*, ou ayant des *antécédents* familiaux de maladie *vasculaire*.
>
> En cas d'opération ou d'immobilisation pour une période prolongée, un autre mode de contraception est préférable.

INTERACTIONS MÉDICAMENTEUSES

L'efficacité contraceptive de la pilule peut être diminuée par la prise de certains médicaments : les *barbituriques*, certains antiépileptiques (TÉGRÉTOL, DI-HYDAN...), les médicaments contenant de la rifampicine (RIMACTAN, RIFADINE...) ou de la griséofulvine (FULCINE, GRISÉFULINE...).

GROSSESSE, ALLAITEMENT ET NOUVEAU-NÉ

Ce médicament est contre-indiqué pendant la grossesse et l'allaitement.

MODE D'EMPLOI ET POSOLOGIE

Prendre régulièrement, et sans oubli, 1 comprimé par jour à la même heure pendant 21 jours consécutifs, avec un arrêt de 7 jours entre chaque plaquette de 21 comprimés.

En cas de première contraception orale ou de reprise d'une contraception interrompue temporairement, prendre le premier comprimé le premier jour des règles.

En cas de changement de *contraceptif*, prendre le premier comprimé :

- après un arrêt de 7 jours, si le précédent contraceptif comportait 21 comprimés par plaquette ;
- après un arrêt de 6 jours, si le précédent contraceptif comportait 22 comprimés par plaquette ;
- sans interruption, si le précédant contraceptif comportait 28 comprimés par plaquette.

En cas de suite d'accouchement ou d'interruption de grossesse : suivre les indications du médecin.

> En cas d'oubli d'un comprimé :
> - retard de moins de 12 heures : prendre le comprimé oublié et continuer à l'heure habituelle ;
> - retard de plus de 12 heures : prendre le comprimé oublié et continuer à l'heure habituelle, mais la sécurité contraceptive n'est plus assurée et une méthode complémentaire doit être employée pour le cycle en cours (spermicide, préservatif, diaphragme).
>
> En cas de vomissement ou de diarrhée survenant juste après la prise du comprimé (sans rapport avec la prise du *contraceptif*), prendre un autre comprimé. Si ces troubles durent plus de 12 heures, la sécurité contraceptive n'est plus assurée et une méthode complémentaire doit être employée pour le cycle en cours.

EFFETS INDÉSIRABLES POSSIBLES

Peu graves et n'empêchant pas la poursuite du traitement : nausées, maux de tête banals, prise de poids, tension modérée des seins, taches sombres sur le visage, jambes lourdes, irritation oculaire par les lentilles de contact, saignement entre les règles, diminution ou disparition des règles, *candidose* vaginale, irritabilité et tendance à la *dépression*.

Rares mais devant faire interrompre la prise de ce *contraceptif* : *hypertension artérielle*, accident cardiaque ou *vasculaire*, jaunisse, augmentation importante des lipides dans le sang, *diabète*, *nodule* ou douleur importante des seins, *migraine*, *vertiges*, troubles de la vision, aggravation d'une *épilepsie*, écoulement de lait.

Exceptionnellement, certaines pilules peuvent être responsables de calculs de la vésicule biliaire, de *tumeur* bénigne du foie ou de *mastopathie*.

CYCLERGINE

cyclandélate

PRÉSENTATION

CYCLERGINE : gélule (beige) ; boîte de 60 - Remb. 65 %

Laboratoires Byk France

COMPOSITION

	p. gél.
Cyclandélate	400 mg

INDICATIONS

C'est un médicament qui lutte contre contre les spasmes des artères.

Il est utilisé dans le traitement des *symptômes* de l'*artérite*.

GROSSESSE, ALLAITEMENT ET NOUVEAU-NÉ

L'effet de ce médicament pendant la grossesse ou l'allaitement est mal connu : seul votre médecin peut évaluer le risque éventuel de son utilisation dans votre cas.

MODE D'EMPLOI ET POSOLOGIE

Les gélules peuvent être prises au moment des repas.

Posologie usuelle :

2 gélules matin et soir.

Ce médicament n'est actif que sur les *symptômes* de l'*artérite*. Seule la pratique régulière de la marche peut retarder l'évolution de la maladie. Si vous êtes fumeur, la poursuite du tabagisme nuit à l'efficacité du traitement.

EFFETS INDÉSIRABLES POSSIBLES

Troubles digestifs mineurs.
Allergie cutanée.

CYCLO 3

Ruscus aculeatus, mélilot

PRÉSENTATION

CYCLO 3 : crème ; tube 40 g - Remb. 35 %

CYCLO 3 : crème ; tube 100 g - Remb. 35 %

Laboratoires Pierre Fabre

COMPOSITION

	p. 100 g
Hétérosides stéroliques de Ruscus aculeatus	0,480 g
Mélilot, extrait fluide	2 g

INDICATIONS

C'est une crème qui, appliquée localement, facilite la circulation sanguine superficielle.

Elle est utilisée dans le traitement des troubles dus à une *insuffisance veineuse* : jambes lourdes ou douloureuses, crampes ou *œdèmes*.

ATTENTION
L'emploi de cette crème sur une *dermatose* doit être évité.

GROSSESSE, ALLAITEMENT ET NOUVEAU-NÉ

Ce médicament ne contient que des plantes présumées sans danger pendant la grossesse ou l'allaitement. Néanmoins, ne l'utilisez pas de façon prolongée sans l'avis de votre pharmacien ou de votre médecin.

MODE D'EMPLOI ET POSOLOGIE

Faire pénétrer la crème par un léger massage de bas en haut.

Posologie usuelle :

2 applications par jour.

Ce médicament soulage mais n'empêche pas l'aggravation de l'*insuffisance veineuse*, qui requiert des mesures spécifiques telles que la *contention élastique*.

Une activité physique régulière et la surélévation du pied du lit permettent de faciliter la circulation veineuse et *lymphatique*.

EFFETS INDÉSIRABLES POSSIBLES

Éruption cutanée locale.

CYCLO 3 FORT

PRÉSENTATION

CYCLO 3 FORT : gélule (jaune et orange) ; boîte de 30 - Remb. 35 %

CYCLO 3 FORT : solution buvable ; boîte de 30 ampoules 5 ml - Remb. 35 %

Laboratoires Pierre Fabre

COMPOSITION

	p. gél.	p. amp.
Ruscus aculeatus, extrait sec titré à 22 % d'hétérosides stéroliques totaux	150 mg	
Ruscus aculeatus, extrait titré à 2 % d'hétérosides stéroliques		1,5 ml
Hespéridine méthylchalcone	150 mg	100 mg
Acide ascorbique (vitamine C)	100 mg	100 mg
Alcool à 95°		0,375 ml

INDICATIONS

C'est un protecteur *vasculaire* et *veinotonique* qui associe plusieurs substances. Il stimule la circulation du sang dans les veines et lutte contre l'altération des *vaisseaux capillaires*. Il a également une activité *anti-inflammatoire*.

Il est utilisé dans le *traitement symptomatique* :

- des jambes lourdes, douleurs, crampes, *impatiences* et autres troubles pouvant être en rapport avec une mauvaise circulation veineuse ou *lymphatique* ;
- des crises d'*hémorroïdes* ;
- des saignements entre les règles dus notamment au port d'un stérilet, uniquement après examen médical.

ATTENTION
Ce médicament est insuffisant pour prévenir le risque de *phlébite* chez les malades alités ou plâtrés.
L'*insuffisance veineuse* peut requérir des mesures spécifiques telles que la *contention élastique*.

GROSSESSE, ALLAITEMENT ET NOUVEAU-NÉ

L'effet de ce médicament pendant la grossesse ou l'allaitement est mal connu. L'évaluation du risque éventuel lié à son utilisation est individuelle : demandez conseil à votre pharmacien ou à votre médecin.

MODE D'EMPLOI ET POSOLOGIE

Les gélules doivent être avalées avec un peu d'eau.

Posologie usuelle :

2 à 3 ampoules buvables ou gélules par jour.

Dans le traitement des *hémorroïdes* : 4 ou 5 ampoules buvables ou gélules par jour.

Prendre ce médicament au début des repas afin d'éviter d'éventuels *troubles digestifs*.

Une activité physique régulière et la surélévation du pied du lit permettent de faciliter la circulation veineuse et *lymphatique*.

La constipation, la consommation de mets épicés et de vins riches en tanins favorisent les *hémorroïdes*.

EFFETS INDÉSIRABLES POSSIBLES

Rares nausées, diarrhée et maux d'estomac.

CYCLOSPASMOL

cyclandélate

PRÉSENTATION

CYCLOSPASMOL 400 mg : gélule (rose et blanc) ; boîte de 50 - Remb. 65 %

Laboratoires Brocades Pharma

COMPOSITION

	p. gél.
Cyclandélate	400 mg

INDICATIONS

C'est un médicament qui lutte contre les spasmes des artères.

Il est utilisé dans le traitement des *symptômes* de l'*artérite*.

GROSSESSE, ALLAITEMENT ET NOUVEAU-NÉ

L'effet de ce médicament pendant la grossesse ou l'allaitement est mal connu : seul votre médecin peut évaluer le risque éventuel de son utilisation dans votre cas.

MODE D'EMPLOI ET POSOLOGIE

Les gélules peuvent être prises au moment des repas avec un peu d'eau.

Posologie usuelle :

2 gélules, matin et soir.

Ce médicament n'est actif que sur les *symptômes* de l'*artérite*. Seule la pratique régulière de la marche peut retarder l'évolution de la maladie.
Si vous êtes fumeur, la poursuite du tabagisme nuit à l'efficacité du traitement.

EFFETS INDÉSIRABLES POSSIBLES

Troubles digestifs mineurs.
Allergie cutanée.

CYCLOTÉRIAM

cyclothiazide, triamtérène

PRÉSENTATION

CYCLOTÉRIAM : comprimé sécable (jaune) ; boîte de 30 - Remb. 65 % - Liste II

Laboratoires Roussel

COMPOSITION

	p. comp.
Cyclothiazide	3 mg
Triamtérène	150 mg

INDICATIONS

C'est une association de deux *diurétiques* : le cyclothiazide, dont la structure est proche des *sulfamides*, et le triamtérène, qui a pour caractéristique d'empêcher la perte du *potassium* dans les urines, habituelle avec le cyclothiazide.

Ce médicament est utilisé dans le traitement :

- de l'*hypertension artérielle*,
- des *œdèmes* liés à une *insuffisance cardiaque*.

CONTRE-INDICATIONS

Ce médicament ne doit pas être utilisé dans les cas suivants :

- *insuffisance rénale*,
- *hyperkaliémie* (excès de *potassium* dans le sang),
- *allergie* connue à la famille des *sulfamides*.

ATTENTION

Ce médicament peut être responsable d'une augmentation ou au contraire d'une baisse de la *kaliémie* (taux du *potassium* dans le sang), qui peut être aggravée par l'usage prolongé de *laxatifs stimulants*. Un contrôle par des analyses de sang est souvent prescrit par le médecin.

Chez les personnes souffrant d'une *insuffisance hépatique* grave, l'apparition de troubles de la conscience peut annoncer une complication grave. Arrêtez le traitement et prenez un avis médical d'urgence.

N'utilisez de *sel* de régime, souvent riche en potassium, qu'avec l'accord de votre médecin.

Les *diurétiques* peuvent augmenter les taux d'*acide urique* ou de *sucre* dans le sang.

INTERACTIONS MÉDICAMENTEUSES

Ce médicament peut interagir avec d'autres médicaments, notamment ceux contenant du *lithium*, et avec les *sels* de régime.

Signalez tout autre traitement en cours à votre médecin ou à votre pharmacien.

GROSSESSE, ALLAITEMENT ET NOUVEAU-NÉ

Grossesse :

Les études scientifiques actuellement disponibles n'ont pas mis en évidence de problème particulier lors de l'utilisation chez la femme enceinte. Néanmoins, les *diurétiques* ne sont pas adaptés au traitement de l'*hypertension artérielle* et des *œdèmes* pendant la grossesse. Seul votre médecin peut apprécier la nécessité du traitement et le risque éventuel de son utilisation dans votre cas.

Allaitement :

Ce médicament passe dans le lait maternel : l'allaitement est déconseillé.

MODE D'EMPLOI ET POSOLOGIE

Ce médicament doit être pris avec un peu d'eau.

Posologie usuelle :

La posologie varie de 1/2 à 2 comprimés par jour selon les cas.

Ce médicament augmente le volume des urines, surtout en début de traitement. Évitez une prise le soir, source de gêne nocturne.

Les *diurétiques* exposent au risque de désydratation : veillez à proposer des boissons abondantes aux personnes âgées, notamment pendant les fortes chaleurs.

EFFETS INDÉSIRABLES POSSIBLES

Déshydratation, *hypotension orthostatique*.

Troubles digestifs, éruption cutanée.

CYNOMEL

liothyronine

PRÉSENTATION

CYNOMEL 25 microgrammes : comprimé quadrisécable (blanc) ; boîte de 30 - Remb. 65 % - Liste II

Laboratoires Marion Merrell Dow

COMPOSITION

	p. comp.
Liothyronine sodique	25 µg

INDICATIONS

Ce médicament contient une *hormone* qui appartient à la famille des *hormones thyroïdiennes*.

Il est principalement utilisé comme *traitement substitutif* pour remplacer la thyroxine naturelle lorsque celle-ci n'est plus sécrétée en quantité suffisante par la *thyroïde*. Cette insuffisance de sécrétion ou *hypothyroïdie* peut être due à la thyroïde elle-même, ou à l'insuffisance d'une autre glande qui commande la sécrétion thyroïdienne (maladie ou ablation de l'*hypophyse*). Il est également utilisé lorsque l'on veut freiner l'action excitatrice de l'hypophyse sur la thyroïde, notamment dans certains *goitres*.

CONTRE-INDICATIONS

Ce médicament ne doit pas être utilisé dans les cas suivants :

- hyperfonctionnement de la *thyroïde*,
- maladie grave du cœur.

Dans tous les autres cas, le médecin est seul juge pour prescrire ce médicament, notamment lors d'*insuffisance coronarienne* ou de *troubles du rythme cardiaque*.

ATTENTION

L'utilisation de ce médicament dans le traitement de l'obésité sans *hypothyroïdie* est dangereuse, à plus forte raison en association avec des *anorexigènes* amphétaminiques.

Prévenez votre médecin si vous avez eu des troubles cardiaques, une *hypertension artérielle*, un *diabète* ou d'autres troubles hormonaux.

INTERACTIONS MÉDICAMENTEUSES

Ce médicament peut interagir avec d'autres médicaments, notamment les *anticoagulants* oraux, les *hypoglycémiants* et les *antidépresseurs*. Signalez tout autre traitement en cours à votre médecin ou à votre pharmacien.

GROSSESSE, ALLAITEMENT ET NOUVEAU-NÉ

La prise de ce médicament peut être poursuivie pendant la grossesse ou l'allaitement, sous contrôle médical.

MODE D'EMPLOI ET POSOLOGIE

La *posologie* dépend de l'intensité de l'*hypothyroïdie*, de l'âge et de la tolérance individuelle.

Des analyses de sang régulières permettent d'adapter la posologie : suivez-la strictement et ne l'augmentez pas de vous-même.

Le traitement est installé par paliers successifs.

Ce médicament est pris en 1 seule fois, le matin à jeun.

L'*hypothyroïdie* est une maladie qui nécessite un traitement à vie.

Les effets attendus du traitement ou les signes d'une éventuelle *intolérance* n'apparaissent pas avant un délai de 15 jours à 1 mois.

Conserver le médicament à l'abri de la lumière et de la chaleur.

EFFETS INDÉSIRABLES POSSIBLES

Rarement : *allergie* cutanée.

Troubles des règles.

Aggravation possible de troubles cardiaques.

Certains signes doivent faire penser à un surdosage : *tachycardie*, insomnie, excitabilité, fièvre, sueurs, amaigrissement rapide, diarrhée. Le traitement sera alors interrompu quelques jours et repris ensuite.

CYSTICHOL

cystine, choline

PRÉSENTATION

CYSTICHOL : gélule (blanc et rose) ; boîte de 20 - Non remb.

Laboratoires Bailleul

COMPOSITION

	p. gél.
Cystine	0,25 g
Choline bitartrate	0,25 g

INDICATIONS

C'est une association utilisée dans le *traitement symptomatique* des *troubles digestifs* en rapport avec une paresse du foie.

> **ATTENTION**
> En cas de persistance des *symptômes*, des examens peuvent être nécessaires : consultez votre médecin.

GROSSESSE, ALLAITEMENT ET NOUVEAU-NÉ

Ce médicament ne contient que des substances présumées sans danger pendant la grossesse ou l'allaitement. Néanmoins, ne l'utilisez pas de façon prolongée sans l'avis de votre pharmacien ou de votre médecin.

MODE D'EMPLOI ET POSOLOGIE

4 gélules par jour.

> Ce médicament doit être accompagné d'une alimentation appropriée : parlez-en à votre médecin ou à votre pharmacien.

CYSTINE B6 BAILLEUL
cystine, vitamine B6

PRÉSENTATION

CYSTINE B6 BAILLEUL : comprimé (jaune) ; boîte de 20 - Remb. 35 %

Laboratoires Bailleul

COMPOSITION

	p. comp.
Cystine	500 mg
Pyridoxine chlorhydrate (vitamine B6)	100 mg

INDICATIONS

Ce médicament contient un *acide aminé* soufré et de la *vitamine* B6.

Il est utilisé pour renforcer les cheveux, les ongles et aussi la *cornée*.

INTERACTIONS MÉDICAMENTEUSES

Ce médicament peut interagir avec d'autres médicaments, notamment ceux contenant de la lévodopa. Signalez tout autre traitement en cours à votre médecin ou à votre pharmacien.

GROSSESSE, ALLAITEMENT ET NOUVEAU-NÉ

Ce médicament ne contient que des substances présumées sans danger pendant la grossesse ou l'allaitement. Néanmoins, ne l'utilisez pas de façon prolongée sans l'avis de votre pharmacien ou de votre médecin.

MODE D'EMPLOI ET POSOLOGIE

Posologie usuelle :

Pour les cheveux et les ongles : 4 comprimés par jour. Ce traitement peut être pris en cure continue de 1 à 2 mois ou en cure discontinue de 15 jours par mois pendant quelques mois.

Pour la *cornée* :
- *traitement d'attaque* : 6 comprimés par jour, pendant 10 jours ;
- *traitement d'entretien* : 4 comprimés par jour, pendant plusieurs semaines.

CYTÉAL savon
hexamidine, chlorhexidine, chlorocrésol

PRÉSENTATION

CYTÉAL : savon ; pain 100 g - Non remb.

Laboratoires Sinbio

COMPOSITION

	p. 100 g
Hexamidine di-iséthionate	0,10 g
Chlorhexidine digluconate (solution à 20 %)	0,50 ml
Chlorocrésol	0,30 g

INDICATIONS

Ce savon contient une association d'*antiseptiques* locaux.

Il est utilisé dans le traitement externe des infections génitales chez la femme, ou pour la toilette intime quotidienne.

INTERACTIONS MÉDICAMENTEUSES

L'association à d'autres *antiseptiques* est déconseillée car leurs effets risquent de s'annuler.

GROSSESSE, ALLAITEMENT ET NOUVEAU-NÉ

L'effet de ce médicament pendant la grossesse ou l'allaitement est mal connu. L'évaluation du risque éventuel lié à son utilisation est individuelle : demandez conseil à votre pharmacien ou à votre médecin.

MODE D'EMPLOI ET POSOLOGIE

Dans tous les cas, et comme pour tous les savons, il est nécessaire de rincer abondamment après usage.

Posologie usuelle :

Pour la toilette intime quotidienne : 1 savonnage par jour.

En cas d'infection locale : 2 savonnages par jour pendant 2 semaines, puis reprendre 1 savonnage par jour.

> Le simple lavage à l'eau et au savon permet d'éliminer la majorité des *germes* : il est recommandé avant toute application d'*antiseptique*.

EFFETS INDÉSIRABLES POSSIBLES

Parfois : démangeaisons, picotements, sensation de brûlure, sécheresse de la peau, *allergie*.

CYTÉAL solution
hexamidine, chlorhexidine, chlorocrésol

PRÉSENTATION

CYTÉAL : solution moussante pour application locale ; flacon 250 ml - Remb. 65 %

CYTÉAL : solution moussante pour application locale ; flacon 500 ml - Remb. 65 %

Laboratoires Sinbio

COMPOSITION

	p. 100 ml
Hexamidine di-iséthionate	0,10 g
Chlorhexidine digluconate (solution à 20 %)	0,50 ml
Chlorocrésol	0,30 g

INDICATIONS

Ce médicament contient des *antiseptiques* locaux.

Il est utilisé pour désinfecter la peau (plaie, brûlure superficielle...) et les *muqueuses* (organes génitaux...). Il est en outre utilisé comme *traitement d'appoint* dans certaines affections de la peau (*eczéma*, *impétigo*...).

CONTRE-INDICATIONS

Cette solution ne doit pas être utilisée pour nettoyer les yeux ou le conduit auditif.

> **ATTENTION**
> N'utilisez pas ce médicament sur une large surface de peau sans avis médical : risque de passage du médicament dans le sang.

INTERACTIONS MÉDICAMENTEUSES

L'association à d'autres *antiseptiques* est déconseillée car leurs effets risquent de s'annuler.

GROSSESSE, ALLAITEMENT ET NOUVEAU-NÉ

L'absence d'effets nocifs de ce médicament n'a pas été établie pendant la grossesse ou l'allaitement.

MODE D'EMPLOI ET POSOLOGIE

Dans tous les cas, et particulièrement quand la solution est utilisée pure, le lavage doit être suivi d'un rinçage.

La solution peut être diluée en mélangeant 1 volume de solution avec 9 volumes d'eau (dilution au 1/10).

Posologie usuelle :

Affection de la peau : la solution peut s'employer pure en savonnage ou diluée.

Affection des organes génitaux : la solution peut s'employer pure ou diluée en *irrigation vaginale*.

> La solution diluée ne peut être conservée.

EFFETS INDÉSIRABLES POSSIBLES

Parfois : démangeaisons, picotements, sensation de brûlure, sécheresse de la peau, *allergie*.

> *Un médicament périmé peut être dangereux. Faites régulièrement le tri dans votre armoire à pharmacie.*

CYTOTEC

misoprostol

PRÉSENTATION

CYTOTEC 200 microgrammes : comprimé hexagonal (blanc) ; boîte de 60 - Remb. 65 % - Liste I

Laboratoires Searle

COMPOSITION

	p. comp.
Misoprostol	200 µg

INDICATIONS

C'est un antiulcéreux de la famille des *prostaglandines*, qui agit en diminuant la sécrétion acide de l'estomac et en protégeant son revêtement interne.

Il est utilisé pour le traitement des *ulcères* de l'estomac ou du *duodénum*, et pour prévenir ou traiter les lésions dues à certains traitements prolongés par les *anti-inflammatoires*.

CONTRE-INDICATIONS

Ce médicament ne doit pas être utilisé dans les cas suivants :

- *allergie* aux *prostaglandines*,
- grossesse.

GROSSESSE, ALLAITEMENT ET NOUVEAU-NÉ

Grossesse :

Ce médicament est contre-indiqué pendant la grossesse : contraception obligatoire pendant toute la durée du traitement.

Allaitement :

Les données actuellement disponibles ne permettent pas de savoir si ce médicament passe dans le lait maternel.

MODE D'EMPLOI ET POSOLOGIE

Les comprimés seront pris après chacun des trois repas et au coucher.

Posologie usuelle :

Elle varie selon les cas : 1/2 ou 1 comprimé à chaque prise.

La durée du traitement est le plus souvent de plusieurs semaines.

> Si vous êtes fumeur, la poursuite du tabagisme nuit à l'efficacité du traitement.
>
> Des mesures d'hygiène alimentaire sont à envisager : consultez votre médecin.

EFFETS INDÉSIRABLES POSSIBLES

Fréquemment : diarrhée.

Rarement : nausée, maux de tête, *vertiges*, gêne abdominale.

D

DACRINE

PRÉSENTATION

DACRINE : collyre ; flacon 10 ml - Remb. 65 %

Laboratoires M.S.D.-Chibret

COMPOSITION

	p. 100 ml
Synéphrine tartrate	500 mg
Hydrastinine chlorure	50 mg
Chlorhexidine gluconate	30 mg
Potassium gluconate	3 g

INDICATIONS

C'est un collyre décongestionnant qui contient des *vasoconstricteurs* et un *antiseptique*.

Il est utilisé pour traiter les *conjonctivites* non infectieuses, et notamment les *allergies* et les irritations dues à des corps étrangers, à des gaz irritants, à des poussières ou à une lumière excessive.

CONTRE-INDICATIONS

Ce médicament ne doit pas être utilisé en cas de *glaucome* à angle fermé.

ATTENTION

N'utilisez pas ce collyre sans avis médical chez l'enfant de moins de 3 ans.

Une rougeur ou une douleur de l'œil ne correspondent pas toujours à une *conjonctivite*. Des soins urgents peuvent être nécessaires, notamment en cas de vision floue.

Ce collyre peut provoquer un *glaucome* aigu par fermeture de l'angle chez les personnes prédisposées : œil rouge, dur, douloureux, et flou de la vision. Une consultation d'urgence dans un service spécialisé est alors nécessaire.

Du fait de la présence d'un *vasoconstricteur*, les instillations répétées doivent être évitées chez les personnes souffrant d'*angine de poitrine* ou d'*hypertension artérielle*.

Des instillations répétées peuvent provoquer une sensibilité anormale à la lumière, gênante en cas de conduite automobile.

INTERACTIONS MÉDICAMENTEUSES

Ce médicament peut interagir avec d'autres médicaments, notamment les *antidépresseurs* de la famille des *IMAO* non sélectifs (MARSILID, NIAMIDE...). Signalez tout autre traitement en cours à votre médecin ou à votre pharmacien.

GROSSESSE, ALLAITEMENT ET NOUVEAU-NÉ

L'effet de ce médicament pendant la grossesse ou l'allaitement est mal connu. L'évaluation du risque éventuel lié à son utilisation est individuelle : demandez conseil à votre pharmacien ou à votre médecin.

MODE D'EMPLOI ET POSOLOGIE

Tirer la paupière inférieure vers le bas tout en regardant vers le haut et déposer les gouttes de collyre entre la paupière et le globe oculaire (*cul-de-sac conjonctival*).

Posologie usuelle :

1 ou 2 gouttes, 2 à 6 fois par jour.

Les lentilles de contact ne doivent pas être portées en cas d'irritation oculaire ni réutilisées avant l'arrêt complet du traitement.

L'application correcte du produit peut nécessiter une aide, notamment chez l'enfant ou la personne handicapée ou âgée.

Ne conservez pas ce collyre plus de 15 jours après une première utilisation.

EFFETS INDÉSIRABLES POSSIBLES

Glaucome aigu par fermeture de l'angle (voir ATTENTION).

Sensibilité excessive à la lumière due à une dilatation de la pupille.

DACRYOSÉRUM

PRÉSENTATION

DACRYOSÉRUM : solution ophtalmique ; flacon 150 ml avec embout - Remb. 65 %

Laboratoires M.S.D.-Chibret

COMPOSITION

	p. 100 ml
Acide borique	1,80 g
Borate de sodium	1,20 g
Chlorure de sodium	0,30 g
Phénylmercure borate	0,002 g
Concentré pour eau de rose	0,0075 ml

INDICATIONS

Cette solution ophtalmique est une lotion oculaire décongestionnante et *antiseptique*.

Elle est utilisée pour l'hygiène oculaire et dans le traitement des irritations de l'œil et des paupières.

CONTRE-INDICATIONS

Ce médicament ne doit pas être utilisé en cas d'*allergie* aux *antiseptiques* mercuriels.

ATTENTION

Une irritation oculaire peut être due à une infection : en cas de doute, n'hésitez pas à consulter votre médecin. N'utilisez pas ce médicament de façon prolongée sans prendre un avis médical.

GROSSESSE, ALLAITEMENT ET NOUVEAU-NÉ

Cette solution ophtalmique contient des conservateurs dont l'effet est mal connu pendant la grossesse ou l'allaitement. L'évaluation du risque éventuel lié à son utilisation est individuelle : demandez conseil à votre pharmacien ou à votre médecin.

MODE D'EMPLOI ET POSOLOGIE

Hygiène oculaire : versez quelques gouttes dans l'œil, 1 à 3 fois par jour.

Lavages : la position allongée est préférable. Pressez légèrement le flacon et arrosez l'œil irrité. En cas de brûlure par des gaz lacrymogènes ou une autre substance chimique irritante, écartez les paupières pour bien nettoyer la totalité de l'œil et n'hésitez pas à utiliser une quantité importante de solution. Consultez ensuite votre ophtalmologiste.

L'application correcte du produit peut nécessiter une aide, notamment chez une personne handicapée ou âgée.

DAFALGAN Adulte

paracétamol

PRÉSENTATION

DAFALGAN 500 mg : gélule (rouge et blanc) ; boîte de 16 - Remb. 65 %

DAFALGAN ADULTE : suppositoire ; boîte de 10 - Remb. 65 %

Laboratoires UPSA

COMPOSITION

	p. gél.	p. suppos.
Paracétamol	500 mg	600 mg

INDICATIONS

Ce médicament est un *antalgique* et un *antipyrétique* dont le principe actif est le paracétamol.

Il est utilisé :
- pour faire baisser la fièvre,
- dans les affections douloureuses.

CONTRE-INDICATIONS

Ce médicament ne doit pas être utilisé dans les cas suivants :
- maladie grave du foie,
- enfant de moins de 15 ans.

ATTENTION

De nombreux médicaments contiennent du paracétamol : en tenir compte en cas de prise conjointe car le surdosage en paracétamol peut être toxique pour le foie.

GROSSESSE, ALLAITEMENT ET NOUVEAU-NÉ

Grossesse :

Les études scientifiques actuellement disponibles n'ont pas mis en évidence de problème particulier lors de l'utilisation chez la femme enceinte.

Allaitement :

Aux doses usuelles, l'usage de ce médicament est possible pendant l'allaitement.

MODE D'EMPLOI ET POSOLOGIE

Ce médicament peut être pris indifféremment pendant ou entre les repas. Les gélules doivent être avalées avec un verre d'eau.

Respecter un intervalle minimal de 4 heures entre 2 prises.

Posologie usuelle :

- Adulte : 1 ou 2 gélules, 1 à 3 fois par jour ou 1 suppositoire, 1 à 4 fois par jour. Ne pas dépasser 3 g de paracétamol (6 gélules ou 5 suppositoires) par jour.
- Insuffisant rénal : respecter un intervalle de 8 heures entre 2 prises.

Des sueurs abondantes accompagnent généralement la baisse de température lors du traitement des fièvres élevées. Ce phénomène est normal.

EFFETS INDÉSIRABLES POSSIBLES

Ce médicament est très bien supporté. Les effets indésirables sont rares : *allergies* cutanées essentiellement.

DAFALGAN Nourrisson Enfant

paracétamol

PRÉSENTATION

DAFALGAN NOURRISSON 80 mg : poudre orale ; boîte de 12 sachets - Remb. 65 %

DAFALGAN NOURRISSON 80 mg : suppositoire ; boîte de 10 - Remb. 65 %

DAFALGAN JEUNE ENFANT 150 mg : poudre orale ; boîte de 12 sachets - Remb. 65 %

DAFALGAN JEUNE ENFANT 150 mg : suppositoire ; boîte de 10 - Remb. 65 %

DAFALGAN GRAND ENFANT 300 mg : suppositoire ; boîte de 10 - Remb. 65 %

Laboratoires UPSA

COMPOSITION

	p. sachet Nour.	p. suppos. Nour.	p. sachet Jeune Enf.
Paracétamol	80 mg	80 mg	150 mg

	p. suppos. Jeune Enf.	p. suppos. Grand Enf.
Paracétamol	150 mg	300 mg

INDICATIONS

Ce médicament est un *antalgique* et un *antipyrétique* dont le principe actif est le paracétamol.

Il est utilisé :
- pour faire baisser la fièvre,
- dans le traitement des affections douloureuses.

CONTRE-INDICATIONS

Ce médicament ne doit pas être utilisé en cas de maladies graves du foie.

ATTENTION

De nombreux médicaments contiennent du paracétamol : en tenir compte en cas de prise conjointe car le surdosage en paracétamol peut être toxique pour le foie.

MODE D'EMPLOI ET POSOLOGIE

Ce médicament peut être pris indifféremment pendant ou entre les repas. Le contenu des sachets peut être dissous dans de l'eau, du lait ou un jus de fruits.

Respecter un intervalle minimal de 4 heures entre 2 prises.

Posologie usuelle :

20 à 30 mg par kg et par jour, soit :
- Nourrisson de 3 mois à 1 an : 1 sachet Nourrisson ou 1 suppositoire Nourrisson 2 ou 3 fois par jour.
- Nourrisson de 1 à 2 ans : 1 sachet Nourrisson ou 1 suppositoire Nourrisson, 3 ou 4 fois par jour.
- Enfant de 2 à 6 ans : 1 sachet Jeune Enfant ou 1 suppositoire Jeune Enfant, 2 à 4 fois par jour selon l'âge.
- Enfant de 6 à 15 ans : 2 sachets Jeune Enfant, 2 ou 3 fois par jour ou 1 suppositoire Grand Enfant, 2 à 4 fois par jour selon l'âge.
- Insuffisant rénal : respecter un intervalle de 8 heures entre 2 prises.

Des sueurs abondantes accompagnent généralement la baisse de température lors du traitement des fièvres élevées. Ce phénomène est normal.

EFFETS INDÉSIRABLES POSSIBLES

Ce médicament est très bien supporté. Les effets indésirables sont rares : *allergies* cutanées essentiellement.

DAFALGAN CODÉINE

paracétamol, codéine

PRÉSENTATION

DAFALGAN CODÉINE : comprimé (blanc) ; boîte de 16 - Remb. 65 % - Liste I

Laboratoires UPSA

COMPOSITION

	p. comp.
Paracétamol	500 mg
Codéine phosphate	30 mg

INDICATIONS

Ce médicament contient deux *antalgiques* : le paracétamol, qui empêche la transmission de la douleur, et la codéine, qui agit directement sur le cerveau.

Il est utilisé dans le *traitement symptomatique* des douleurs.

CONTRE-INDICATIONS

Ce médicament ne doit pas être utilisé dans les cas suivants :
- maladie grave du foie,
- *insuffisance respiratoire*,
- enfant de moins de 15 ans.

ATTENTION

Ce médicament contient de la codéine : à dose élevée, en usage prolongé, il expose à un risque de *dépendance*. Ne dépassez pas la *posologie* ni la durée du traitement prescrites par votre médecin.

De nombreux médicaments contiennent du paracétamol : en tenir compte en cas de prise conjointe car le surdosage en paracétamol peut être toxique pour le foie.

Évitez les boissons alcoolisées : augmentation du risque de somnolence.

Conducteur : ce médicament peut être responsable d'une somnolence ou d'une baisse de la vigilance.

INTERACTIONS MÉDICAMENTEUSES

Ce médicament peut interagir avec d'autres médicaments. Signalez tout autre traitement en cours à votre médecin ou à votre pharmacien.

GROSSESSE, ALLAITEMENT ET NOUVEAU-NÉ

Grossesse :

Ce médicament contient de la codéine, il est déconseillé pendant les 3 premiers mois de la grossesse.

Allaitement :

Ce médicament passe dans le lait maternel : l'allaitement est déconseillé.

MODE D'EMPLOI ET POSOLOGIE

Ce médicament peut être pris indifféremment avant, pendant ou après les repas. Les comprimés doivent être avalés avec un grand verre d'eau.

Respectez un intervalle minimal de 4 heures entre 2 prises.

Posologie usuelle :

- Adulte et enfant de plus de 15 ans : 1 ou 2 comprimés, 1 à 3 fois par jour.

EFFETS INDÉSIRABLES POSSIBLES

Liés au paracétamol : *allergie* exceptionnelle.

Liés à la codéine : constipation, somnolence, *troubles digestifs*, *bronchospasme*, *vertiges*.

DAFLON

PRÉSENTATION

DAFLON : comprimé (blanc) ; boîte de 30 - Remb. 35 %

DAFLON 500 mg : comprimé (saumon) ; boîte de 30 - Remb. 35 %

Laboratoires Servier

COMPOSITION

	p. comp.	p. comp.
Flavonoïdes, extraits de rutacées (aurantiées)	375 mg	500 mg
Soit diosmine	150 mg	450 mg
Soit hespéridine	150 mg	50 mg

INDICATIONS

C'est un *veinotonique* et un protecteur *vasculaire*. Il stimule la circulation du sang dans les veines et lutte contre l'altération des *vaisseaux capillaires*.

Il est utilisé dans le *traitement symptomatique* :

- des jambes lourdes, crampes nocturnes, *impatiences* et autres troubles pouvant être en rapport avec une mauvaise circulation veineuse ou *lymphatique* ;
- des crises d'*hémorroïdes*.

Les comprimés à 375 mg sont également utilisés dans le traitement :

- des saignements entre les règles dus notamment au port d'un stérilet, uniquement après examen médical,
- des petites *hémorragies* sous-cutanées se traduisant par des taches rouges ou violacées,
- de l'insuffisance d'irrigation de la *rétine*.

ATTENTION

Ce médicament est insuffisant pour prévenir le risque de *phlébite* chez les malades alités ou plâtrés.

L'*insuffisance veineuse* peut requérir des mesures spécifiques telles que la *contention élastique*.

GROSSESSE, ALLAITEMENT ET NOUVEAU-NÉ

L'effet de ce médicament pendant la grossesse ou l'allaitement est mal connu. L'évaluation du risque éventuel lié à son utilisation est individuelle : demandez conseil à votre pharmacien ou à votre médecin.

MODE D'EMPLOI ET POSOLOGIE

Ce médicament doit être pris avec un verre d'eau au cours des repas.

Posologie usuelle :

2 comprimés à 375 mg ou 1 comprimé à 500 mg, midi et soir.

Dans le traitement des *hémorroïdes*, la *posologie* est de 8 à 12 comprimés à 375 mg ou 4 à 6 comprimés à 500 mg par jour.

☛ Une activité physique régulière et la surélévation du pied du lit permettent de faciliter la circulation veineuse et *lymphatique*.

La constipation, la consommation de mets épicés et de vins riches en tanins favorisent les *hémorroïdes*.

EFFETS INDÉSIRABLES POSSIBLES

Rares *troubles digestifs*.

DAIVONEX

calcipotriol

PRÉSENTATION

DAIVONEX : pommade ; tube 30 g - Remb. 65 % - Liste II

DAIVONEX : pommade ; tube 100 g - Remb. 65 % - Liste II

Laboratoires Leo

COMPOSITION

	p. 100 g
Calcipotriol	5 mg

INDICATIONS

Cette pommade contient une substance proche de la *vitamine* D. Elle freine le renouvellement anormal de certaines cellules de la peau.

Elle est utilisée dans le traitement du *psoriasis*.

CONTRE-INDICATIONS

Cette pommade ne doit pas être utilisée en cas d'excès de calcium dans le sang.

ATTENTION

Ce médicament ne doit pas être appliqué sur le visage : risque de rougeur de la face.

GROSSESSE, ALLAITEMENT ET NOUVEAU-NÉ

En l'absence de données suffisantes, ce médicament est déconseillé pendant la grossesse ou l'allaitement.

MODE D'EMPLOI ET POSOLOGIE

Appliquer la pommade en massant légèrement pour la faire pénétrer.

Posologie usuelle :

1 application matin et soir. N'utilisez pas plus de 100 g de pommade par semaine.

☛ Lavez-vous les mains après l'application.

EFFETS INDÉSIRABLES POSSIBLES

Irritation locale.

Un médicament périmé peut être dangereux. Faites régulièrement le tri dans votre armoire à pharmacie.

DAKIN COOPER STABILISÉ

hypochlorite de sodium

PRÉSENTATION

DAKIN COOPER STABILISÉ : solution pour application locale ; flacon 250 ml - Remb. 65 %

DAKIN COOPER STABILISÉ : solution pour application locale ; flacon 500 ml - Remb. 65 %

Laboratoires C.P.F.

COMPOSITION

	p. 100 ml
Hypochlorite de sodium	
Soit chlore actif	500 mg

INDICATIONS

Ce médicament est un *antiseptique* local qui contient du chlore.

Il est utilisé pour désinfecter la peau, les *muqueuses* et les plaies superficielles.

INTERACTIONS MÉDICAMENTEUSES

L'association à d'autres *antiseptiques* est déconseillée car leurs effets risquent de s'annuler.

GROSSESSE, ALLAITEMENT ET NOUVEAU-NÉ

Cet *antiseptique* peut être utilisé chez la femme enceinte ou qui allaite (mais ne pas l'appliquer sur les mamelons).

MODE D'EMPLOI ET POSOLOGIE

Cette solution s'emploie pure. Elle peut être utilisée en lavage, bain local, compresse imbibée, pansement humide...

☛ Ce médicament contient du chlore et peut décolorer les vêtements.

Le simple lavage à l'eau et au savon permet d'éliminer la majorité des *germes* ; il doit être suivi d'un rinçage soigneux car le savon peut inactiver certains *antiseptiques*.

Tous les antiseptiques peuvent être contaminés par des germes : ne les conservez pas inutilement, après une première utilisation.

Ce produit doit être conservé à l'abri de la lumière et de la chaleur.

EFFETS INDÉSIRABLES POSSIBLES

Légère sensation de brûlure lorsque ce produit est appliqué sur une plaie.

DAKTACORT

miconazole, hydrocortisone

PRÉSENTATION

DAKTACORT : gel pour application locale ; tube 15 g - Remb. 65 % - Liste I

Laboratoires Janssen

COMPOSITION

	p. 100 g
Miconazole	2 g
Hydrocortisone	1 g

INDICATIONS

Ce gel contient un *antifongique* de la famille des *imidazolés* et un *dermocorticoïde*. Le dermocorticoïde, comme les autres dérivés de la *cortisone* à usage local, lutte contre l'*inflammation*.

Il est utilisé pendant les 8 premiers jours du traitement des maladies de la peau dues à certains champignons, lorsqu'il existe une inflammation locale.

CONTRE-INDICATIONS

Ce médicament ne doit pas être utilisé dans les cas suivants :
- *allergie* aux *antifongiques* de la famille des *imidazolés* ;
- infection virale ou bactérienne de la peau, notamment varicelle, *herpès*, *zona*, *impétigo*.

ATTENTION

Évitez d'utiliser ce médicament, notamment chez l'enfant, sur des surfaces étendues ou profondément lésées sans l'avis de votre médecin.

L'usage prolongé ou répété de ce médicament peut provoquer des lésions de la peau. Suivez attentivement la prescription de votre médecin et n'hésitez pas à lui demander des explications.

GROSSESSE, ALLAITEMENT ET NOUVEAU-NÉ

L'effet de ce médicament pendant la grossesse ou l'allaitement est mal connu : seul votre médecin peut évaluer le risque éventuel de son utilisation dans votre cas.

MODE D'EMPLOI ET POSOLOGIE

Étaler le gel sur les lésions et faire pénétrer par un léger massage.

Posologie usuelle :

1 application, matin et soir, pendant 8 jours au maximum.

En cas de *candidose*, évitez d'utiliser des savons acides : ils favorisent la multiplication des champignons.

Pensez à vous laver les mains après l'application.

Le port d'un gant est recommandé.

Ne conseillez pas, ne donnez pas ce médicament à un proche.

EFFETS INDÉSIRABLES POSSIBLES

Ils sont peu fréquents compte tenu de la brièveté du traitement préconisé : éruption de boutons, développement anormal des poils, dessèchement, fragilisation et décoloration irrégulière de la peau, rougeur autour de la bouche.

Calendrier de vaccination : voir Annexes

DAKTARIN comprimé
miconazole

PRÉSENTATION

DAKTARIN : comprimé (blanc) ; boîte de 30 - Remb. 65 % - Liste I

Laboratoires Janssen

COMPOSITION

	p. comp.
Miconazole	125 mg

INDICATIONS

C'est un *antifongique*. Il permet d'éliminer certains champignons présents dans le tube digestif : bouche et intestin. Ces champignons peuvent être à l'origine de la contamination d'autres organes : peau, vagin...

Il est utilisé dans :
- les *candidoses* de la bouche (muguet, *stomatite*) et du tube digestif,
- les candidoses de la peau ou du vagin, en complément d'un traitement local.

CONTRE-INDICATIONS

Ce médicament ne doit pas être utilisé en association avec les *anticoagulants* oraux et les *sulfamides hypoglycémiants*.

ATTENTION

L'action du médicament dans le tube digestif peut être diminuée par l'huile de paraffine, les *pansements digestifs* ou d'autres médicaments en faisant écran entre le médicament et la paroi interne du tube digestif : ne prendre aucun médicament de ce type sans demander conseil à votre médecin ou à votre pharmacien.

INTERACTIONS MÉDICAMENTEUSES

Ce médicament ne doit pas être associé :
- aux *anticoagulants* oraux : risque d'hémorragie grave,
- aux *sulfamides hypoglycémiants* : risque d'*hypoglycémie*.

Il peut interagir avec d'autres médicaments. Signalez tout autre traitement en cours à votre médecin ou à votre pharmacien.

GROSSESSE, ALLAITEMENT ET NOUVEAU-NÉ

En l'absence de données suffisantes, ce médicament est déconseillé pendant la grossesse ou l'allaitement.

MODE D'EMPLOI ET POSOLOGIE

Pour les *nourrissons*, les comprimés peuvent être écrasés et mélangés au contenu du biberon.

Posologie usuelle :
- Adulte : 2 comprimés, 3 ou 4 fois par jour.
- Enfant et nourrisson : 1/4 de comprimé par kg et par jour ; soit par exemple pour un enfant de 17 kg : 1 comprimé, 4 fois par jour.

La durée du traitement est habituellement de 10 jours, même si les *symptômes* ont disparu.

EFFETS INDÉSIRABLES POSSIBLES

Troubles digestifs : diarrhées avec nausées.

Rarement : éruption cutanée avec démangeaisons nécessitant l'arrêt du traitement.

DAKTARIN application locale
miconazole

PRÉSENTATION

DAKTARIN : poudre ; flacon 30 g - Remb. 65 %

DAKTARIN : gel pour application locale ; tube 30 g - Remb. 65 %

DAKTARIN : lotion ; flacon 30 g - Remb. 65 %

Laboratoires Janssen

COMPOSITION

	p. 100 g
Miconazole nitrate	2 g

INDICATIONS

Ce médicament d'action locale contient un *antifongique* de la famille des *imidazolés*.

Il est utilisé dans le traitement de certaines maladies de la peau et des *muqueuses*, dues à des champignons microscopiques : *candidose*, *pityriasis versicolor*, *dermatophyties*...

CONTRE-INDICATIONS

Ce médicament ne doit pas être utilisé en cas d'*allergie* aux *antifongiques* de la famille des *imidazolés*.

ATTENTION

Évitez d'utiliser ce médicament, notamment chez l'enfant, de manière prolongée et sur des surfaces étendues ou profondément lésées, sans l'avis de votre pharmacien ou de votre médecin.

GROSSESSE, ALLAITEMENT ET NOUVEAU-NÉ

L'effet de ce médicament pendant la grossesse ou l'allaitement est mal connu. L'évaluation du risque éventuel lié à son utilisation est individuelle : demandez conseil à votre pharmacien ou à votre médecin.

MODE D'EMPLOI ET POSOLOGIE

Les savons acides peuvent neutraliser le gel ou la lotion : éviter leur emploi juste avant l'application.

Posologie usuelle :

2 applications par jour.

La forme utilisée (gel, lotion, poudre) et la durée du traitement varient selon les cas.

En cas de *candidose*, évitez d'utiliser des savons acides : ils favorisent la multiplication des champignons.

EFFETS INDÉSIRABLES POSSIBLES

Irritation ou *allergie* cutanées.

DAKTARIN gel buccal
miconazole

PRÉSENTATION

DAKTARIN : gel buccal ; tube 40 g (soit 12 cuillères-mesure) - Remb. 65 % - Liste I

Laboratoires Janssen

COMPOSITION

	p. c. mes.
Miconazole	62,5 mg

INDICATIONS

Ce gel buccal contient un *antifongique* de la famille des *imidazolés*.

Il est utilisé dans le traitement des *candidoses* buccales.

CONTRE-INDICATIONS

Ce médicament ne doit pas être utilisé en association avec certains *anticoagulants* et les *sulfamides hypoglycémiants*.

INTERACTIONS MÉDICAMENTEUSES

Ce médicament ne doit pas être associé aux :

- *anticoagulants* oraux (COUMADINE...) : risque d'*hémorragie* grave ;
- *sulfamides hypoglycémiants* (DAONIL, GLUCIDORAL...) : risque d'*hypoglycémie*.

Il peut interagir avec d'autres médicaments. Signalez tout autre traitement en cours à votre médecin ou à votre pharmacien.

GROSSESSE, ALLAITEMENT ET NOUVEAU-NÉ

L'effet de ce médicament pendant la grossesse ou l'allaitement est mal connu : seul votre médecin peut évaluer le risque éventuel de son utilisation dans votre cas.

MODE D'EMPLOI ET POSOLOGIE

Ce médicament doit être pris à distance des repas et conservé dans la bouche 2 à 3 minutes avant d'être avalé.

Posologie usuelle :

- Adulte : 2 cuillères-mesure, 4 fois par jour.
- Enfant et nourrisson : 1 cuillère-mesure, 4 fois par jour.

La durée habituelle du traitement est de 7 à 15 jours.

EFFETS INDÉSIRABLES POSSIBLES

Nausées, diahrrée.

Rarement : éruption de boutons, démangeaisons.

DALACINE
clindamycine

PRÉSENTATION

DALACINE 75 mg : gélule ; boîte de 12 - Non remb. - Liste I

DALACINE 150 mg : gélule ; boîte de 12 - Remb. 65 % - Liste I

Laboratoires Upjohn

COMPOSITION

	p. gél. 75 mg	p. gél. 150 mg
Clindamycine	75 mg	150 mg

INDICATIONS

C'est un *antibiotique* qui appartient à la famille des lincosanides.

Il est utilisé dans le traitement de diverses maladies infectieuses, notamment celles des bronches, des oreilles, de la bouche et des dents, de la peau et des os.

CONTRE-INDICATIONS

Ce médicament ne doit pas être utilisé en cas d'*allergie* aux lincosanides (clindamycine, lincomycine).

ATTENTION

En cas de diarrhée importante, consultez votre médecin et ne poursuivez le traitement qu'avec son accord. Une diarrhée peut également survenir dans les semaines qui suivent le traitement : un avis médical urgent est là encore nécessaire. Évitez toute automédication par un antidiarrhéique, qui pourrait se révéler dangereuse.

Des précautions sont nécessaires en cas d'*asthme* ou d'autres *allergies*.

INTERACTIONS MÉDICAMENTEUSES

Ce médicament peut interagir avec d'autres médicaments. Signalez tout autre traitement en cours à votre médecin ou à votre pharmacien.

GROSSESSE, ALLAITEMENT ET NOUVEAU-NÉ

Grossesse :

L'effet de ce médicament pendant la grossesse est mal connu. Seul votre médecin peut évaluer le risque éventuel lié à son utilisation dans votre cas.

Allaitement :

Ce médicament passe dans le lait maternel.

MODE D'EMPLOI ET POSOLOGIE

Les gélules doivent être avalées avec un peu d'eau, indifféremment pendant ou en dehors des repas.

Posologie usuelle :

- Adulte : 1 ou 2 gélules à 150 mg, 3 ou 4 fois par jour.
- Enfant et nourrisson : 15 mg par kg et par jour, en 2 ou 3 prises ; soit par exemple pour un enfant de 15 kg : une gélule à 75 mg, matin, midi et soir.

☛ Une diminution de la fièvre ou une disparition des troubles ne sont pas synonymes de guérison : la durée du traitement doit absolument être respectée pour éviter les rechutes.

L'éventuelle impression de fatigue n'est pas due à l'*antibiotique*, mais à l'infection elle-même.

EFFETS INDÉSIRABLES POSSIBLES

Troubles digestifs : *œsophagite*, nausée et diarrhée (voir ATTENTION).

Allergie cutanée, œdème de *Quincke*.

Rares anomalies de la *numération formule sanguine*.

DALACINE T TOPIC
clindamycine

PRÉSENTATION

DALACINE T TOPIC : solution pour application locale ; flacon 30 ml et applicateur - Non remb. - Liste I

Laboratoires Upjohn

COMPOSITION

	p. ml
Clindamycine base (en phosphate)	10 mg
Alcool isopropylique	392,5 mg
Propylèneglycol	50 mg

INDICATIONS

Cette solution contient un *antibiotique* d'action locale qui appartient à la famille des lincosanides. Il agit en détruisant certains *germes* responsables de l'*inflammation* du comédon et de la formation de pustules.

Ce médicament est utilisé dans le traitement de l'*acné*.

CONTRE-INDICATIONS

Ce médicament ne doit pas être utilisé en cas d'*allergie* aux lincosanides.

ATTENTION

Des précautions sont nécessaires en cas d'*asthme* ou de douleurs périodiques du côlon.

En cas de diarrhée importante, suspendez le traitement et prévenez votre médecin. Évitez toute automédication par un antidiarrhéique ; elle pourrait se révéler dangereuse.

Évitez l'application de ce médicament (présence d'*alcool*) sur les *muqueuses*.

GROSSESSE, ALLAITEMENT ET NOUVEAU-NÉ

L'absence d'effets nocifs de ce médicament n'a pas été établie pendant la grossesse ou l'allaitement.

MODE D'EMPLOI ET POSOLOGIE

Retourner le flacon pour permettre à l'applicateur de s'imbiber de la solution.

Après la toilette, tamponner les surfaces à traiter à l'aide de l'applicateur.

Posologie usuelle :

2 applications par jour.

☛ Rincez abondamment en cas de contact accidentel de ce médicament avec les *muqueuses* et les zones de peau fragile (pourtour des yeux, cou).

Ce produit est inflammable : fermez bien le flacon et tenez-le à l'abri de la chaleur.

EFFETS INDÉSIRABLES POSSIBLES

Irritation ou *allergie* cutanée.

Exceptionnellement : *troubles digestifs*.

Prendre un médicament à heure fixe limite les risques d'oubli

DANATROL
danazol

PRÉSENTATION

DANATROL : gélule (blanc) ; boîte de 40 - Remb. 65 % - Liste I

DANATROL : gélule (blanc) ; boîte de 100 - Remb. 65 % - Liste I

Laboratoires Sterling Winthrop

COMPOSITION

	p. gél.
Danazol	200 mg

INDICATIONS

Ce médicament contient une substance qui bloque les organes de la reproduction chez la femme.

Il est principalement utilisé pour traiter l'*endométriose*.

CONTRE-INDICATIONS

Ce médicament ne doit pas être utilisé dans les cas suivants :
- *insuffisance hépatique*, *hépatite* chronique ou récente ;
- **grossesse** ;
- **allaitement.**

ATTENTION

Des précautions sont nécessaires en cas d'*insuffisance rénale*, d'*insuffisance cardiaque*, d'*épilepsie*, de *migraine* ou de *diabète*.

Une grossesse pouvant survenir sous traitement, un moyen *contraceptif* autre que la pilule est recommandé.

INTERACTIONS MÉDICAMENTEUSES

Ce médicament peut interagir avec d'autres médicaments, notamment les *anticoagulants* oraux. Signalez tout autre traitement en cours à votre médecin ou à votre pharmacien.

GROSSESSE, ALLAITEMENT ET NOUVEAU-NÉ

Grossesse :

Ce médicament est contre-indiqué pendant la grossesse.

Allaitement :

Les données actuellement disponibles ne permettent pas de savoir si ce médicament passe dans le lait maternel : il est contre-indiqué pendant l'allaitement.

MODE D'EMPLOI ET POSOLOGIE

Les gélules doivent être prises avec un peu d'eau.

Posologie usuelle :

Elle est adaptée en fonction de chaque cas par le médecin, qui recherche la dose efficace la plus faible possible.

L'arrêt des règles est une conséquence inévitable du traitement mais réversible à son arrêt.

EFFETS INDÉSIRABLES POSSIBLES

Saignement génital intermittent, *acné*, *séborrhée*, développement anormal des poils chez la femme, augmentation de la taille du clitoris, diminution du volume des seins, bouffée de chaleur, transpiration, chute des cheveux, prise de poids, nervosité, crampe.

DANTRIUM
dantrolène

PRÉSENTATION

DANTRIUM 25 mg : gélule (orange et beige) ; boîte de 50 - Remb. 65 % - Liste I

DANTRIUM 100 mg : gélule (orange) ; boîte de 30 - Remb. 65 % - Liste I

Laboratoires Oberval

COMPOSITION

	p. gél.	p. gél.
Dantrolène sodique	25 mg	100 mg

INDICATIONS

C'est un myorelaxant (relaxant musculaire) qui n'agit que sur les muscles rattachés au squelette.

Ce médicament est utilisé dans le traitement des contractures douloureuses qui accompagnent la *sclérose en plaques* et certaines paralysies.

CONTRE-INDICATIONS

Ce médicament ne doit pas être utilisé dans les cas suivants :
- *insuffisance hépatique* grave,
- *insuffisance respiratoire* grave,
- *insuffisance cardiaque* grave.

ATTENTION

Ce médicament peut être toxique pour le foie (notamment à forte dose) et certains signes imposent l'arrêt du traitement ainsi qu'un avis médical : perte d'appétit, fatigue anormale, démangeaisons diffuses.

En cas de traitement prolongé, votre médecin peut être amené à prescrire des analyses de sang régulières.

Conducteur : ce médicament peut être responsable d'une baisse de la vigilance, particulièrement en début de traitement.

GROSSESSE, ALLAITEMENT ET NOUVEAU-NÉ

L'effet de ce médicament pendant la grossesse ou l'allaitement est mal connu : seul votre médecin peut évaluer le risque éventuel de son utilisation dans votre cas.

MODE D'EMPLOI ET POSOLOGIE

Les gélules doivent être avalées avec un peu d'eau, au cours des repas.

Posologie usuelle :
- Adulte et enfant : la posologie est strictement individuelle et adaptée progressivement par votre médecin.

L'éventuelle coloration orangée des urines est normale.

EFFETS INDÉSIRABLES POSSIBLES

Somnolence, *vertiges*, fatigue, confusion des idées, incontinence par relâchement des sphincters, éruption cutanée.

Troubles digestifs.

DAONIL
glibenclamide

PRÉSENTATION

DAONIL FAIBLE 1,25 mg : comprimé (orange) ; boîte de 60 - Remb. 65 % - Liste I

DAONIL 5 mg : comprimé sécable oblong (blanc) ; boîte de 20 - Remb. 65 % - Liste I

DAONIL 5 mg : comprimé sécable oblong (blanc) ; boîte de 100 - Remb. 65 % - Liste I

Laboratoires Hoechst

COMPOSITION

	p. comp. Daonil faible	p. comp. Daonil
Glibenclamide	1,25 mg	5 mg

INDICATIONS

Cet *antidiabétique* oral appartient à la famille des *sulfamides hypoglycémiants*. Il permet de diminuer l'excès de *sucre* dans le sang en favorisant la sécrétion de l'*insuline*.

Il est utilisé dans le traitement du *diabète* non insulinodépendant lorsque le régime alimentaire seul a été insuffisant ou en cas d'échec des autres antidiabétiques oraux.

CONTRE-INDICATIONS

Ce médicament ne doit pas être utilisé dans les cas suivants :
- *insuffisance rénale*,
- *insuffisance hépatique* grave,
- *allergie* aux *sulfamides*,
- en association avec les médicaments contenant du miconazole,
- **grossesse**,
- **allaitement.**

ATTENTION

Ce médicament n'est pas adapté au traitement du *diabète* insulinodépendant : celui-ci requiert un traitement par injections d'*insuline*.

Un sentiment de malaise associé à des sueurs froides, une fringale, une accélération du cœur sont les signes habituels d'une *hypoglycémie* due à un effet excessif du médicament. Cette hypoglycémie peut également se traduire par des troubles du comportement, qui doivent alerter votre entourage, voire des *convulsions* ou un *coma*. En présence de ces signes ou en cas de simple doute, buvez une boisson sucrée ou mangez du *sucre*. Si le diabétique est inconscient, surtout ne lui donnez rien à boire, ne lui injectez aucun médicament et appelez votre médecin ou à défaut le 15 ou un service d'urgence.

Des analyses de sang régulières permettent à votre médecin d'adapter la *posologie*.

N'augmentez pas la posologie sans avis médical : consultez rapidement votre médecin en cas de malaises hypoglycémiques répétés.

Certaines situations peuvent contribuer à augmenter la *glycémie* : infections, prise de médicaments, stress. En cas de soif intense, de grande fatigue, de sensation de malaise général, consultez rapidement votre médecin.

L'absorption de boissons alcoolisées pendant le traitement expose à des effets indésirables gênants : *effet antabuse*.

Conducteur : une hypoglycémie peut entraîner un malaise pendant la conduite ou l'utilisation de machines.

INTERACTIONS MÉDICAMENTEUSES

Ce médicament ne doit pas être associé avec les médicaments oraux contenant du miconazole (DAKTARIN GEL BUCCAL, DAKTARIN COMPRIMÉ...) : risque d'*hypoglycémie*.

Ce médicament peut interagir avec d'autres médicaments. Signalez tout autre traitement en cours à votre médecin ou à votre pharmacien.

GROSSESSE, ALLAITEMENT ET NOUVEAU-NÉ

Grossesse :

Quelques cas de malformations chez l'animal ont été rapportés. En l'absence de données dans l'espèce humaine, ce médicament est contre-indiqué pendant la grossesse. Le *diabète* de la femme enceinte nécessite un traitement par *insuline*.

Allaitement :

Ce médicament passe dans le lait maternel : il est contre-indiqué pendant l'allaitement.

MODE D'EMPLOI ET POSOLOGIE

Les comprimés doivent être avalés avec un peu d'eau.

Posologie usuelle :

Suivez attentivement la prescription de votre médecin. Le régime alimentaire reste nécessaire pendant le traitement.

Le respect de certaines règles simples permet de diminuer le risque d'*hypoglycémie* :
- toute prise de ce médicament doit être suivie d'un repas (ne prenez pas de comprimé si vous devez sauter le repas suivant) ;
- si vous envisagez un effort physique intense et prolongé, il peut être nécessaire de diminuer la dose du médicament (demandez conseil à votre médecin) ;
- informez votre médecin si vous devez travailler la nuit ou si votre religion vous impose un jeûne prolongé ;
- évitez la prise de boissons alcoolisées à jeun ou à distance des repas.

Le *diabète* peut diminuer la sensibilité des pieds à la douleur et favoriser les infections. Des plaies profondes peuvent se développer : une hygiène rigoureuse et des chaussures confortables limitent ce risque.

Le régime du diabétique ne consiste pas en une simple interdiction des *glucides* (*sucres*, pain, pâtes...) : demandez conseil à votre médecin.

Pesez-vous régulièrement et signalez toute variation rapide de poids à votre médecin.

EFFETS INDÉSIRABLES POSSIBLES

Hypoglycémie (voir ATTENTION).

Troubles digestifs, démangeaisons, éruptions cutanées.

Exceptionnellement : jaunisse.

DAZEN
serrapeptase

PRÉSENTATION

DAZEN : comprimé *gastrorésistant* (jaune rosé) ; boîte de 40 - Remb. 35 %

Laboratoires Takeda

COMPOSITION

	p. comp.
Serrapeptase	10 000 U

INDICATIONS

Ce médicament contient une *enzyme* destinée à lutter contre l'*œdème* et l'*inflammation*.

Il est utilisé dans le traitement des œdèmes survenant après un traumatisme ou une opération, ou ceux pouvant être en rapport avec une mauvaise circulation veineuse. Il est également utilisé dans le *traitement d'appoint* des affections des *voies* respiratoires.

ATTENTION

La survenue d'une *allergie* cutanée impose l'arrêt du traitement.

GROSSESSE, ALLAITEMENT ET NOUVEAU-NÉ

L'effet de ce médicament pendant la grossesse ou l'allaitement est mal connu. L'évaluation du risque éventuel lié à son utilisation est individuelle : demandez conseil à votre pharmacien ou à votre médecin.

MODE D'EMPLOI ET POSOLOGIE

Les comprimés doivent être avalés avec un peu d'eau.

Posologie usuelle :

3 ou 4 comprimés par jour.

EFFETS INDÉSIRABLES POSSIBLES

Allergie cutanée (voir ATTENTION).

DÉBÉKACYL
dibékacine

PRÉSENTATION

DÉBÉKACYL 25 mg : solution injectable *I.M.* pour enfant ; boîte de 1 ampoule 1 ml - Remb. 65 % - Liste I

DÉBÉKACYL 75 mg : solution injectable *I.M.* pour adulte ; boîte de 1 ampoule 1,5 ml - Remb. 65 % - Liste I

Laboratoires Roger Bellon

COMPOSITION

	p. amp. inj.	p. amp. inj.
Dibékacine	25 mg	75 mg
Sulfites	+	+

INDICATIONS

C'est un *antibiotique* qui appartient à la famille des *aminosides*.

Il est utilisé dans le traitement de diverses maladies infectieuses, notamment de la peau et des *voies* urinaires.

CONTRE-INDICATIONS

Ce médicament ne doit pas être utilisé dans les cas suivants :
- *myasthénie*,
- *allergie* aux médicaments de la famille des *aminosides* ou au *sulfites*,
- en association avec un autre aminoside.

ATTENTION

Ce médicament peut être toxique pour l'*oreille interne* : signalez à votre médecin tout trouble de l'équilibre ou de l'audition, ancien ou survenant pendant le traitement. Il peut également provoquer des lésions des reins, en cas de surdosage ou d'*insuffisance rénale* préexistante.

Ne prenez aucun *diurétique* sans avis médical pendant le traitement. En cas d'intervention chirurgicale, informez l'anesthésiste de la prise de ce médicament.

INTERACTIONS MÉDICAMENTEUSES

Ce médicament ne doit pas être associé aux médicaments contenant un autre *aminoside* : augmentation du risque de toxicité pour le rein ou l'*oreille interne*.

Il peut interagir avec d'autres médicaments. Signalez tout autre traitement en cours à votre médecin ou à votre pharmacien.

GROSSESSE, ALLAITEMENT ET NOUVEAU-NÉ

Grossesse :

L'absence d'effet toxique de ce médicament pour l'enfant à naître n'a pas été établie pendant la grossesse. Seul votre médecin peut évaluer le risque éventuel de son utilisation dans votre cas.

Allaitement :

Ce médicament passe dans le lait maternel.

MODE D'EMPLOI ET POSOLOGIE

Les ampoules sont prêtes à l'emploi et peuvent être injectées par *voie* intramusculaire ou à défaut par voie sous-cutanée ; l'administration en *perfusion* est également possible.

Posologie usuelle :

3 mg par kg et par jour, soit 180 mg pour un adulte de 60 kg, ou 90 mg pour un enfant de 30 kg.

Le médecin répartit cette dose en 1, 2 ou même 3 injections chez l'insuffisant rénal.

L'éventuelle impression de fatigue n'est pas due à l'*antibiotique*, mais à l'infection elle-même.

EFFETS INDÉSIRABLES POSSIBLES

Douleur au point d'injection.

Rarement, dans les conditions normales d'utilisation : *insuffisance rénale*, troubles de l'audition.

Rares *allergies* cutanées.

DÉBRIDAT
trimébutine

PRÉSENTATION

DÉBRIDAT : poudre pour suspension buvable ; flacon 250 ml - Remb. 35 % - Liste II

DÉBRIDAT : comprimé ; boîte de 20 - Remb. 35 % - Liste II

DÉBRIDAT : suppositoire ; boîte de 10 - Remb. 35 % - Liste II

Laboratoires Jouveinal

COMPOSITION

	susp. buv. p. c. à s.	susp. buv. p. c. à c.
Trimébutine maléate	72 mg	24 mg

	p. comp.	p. suppos.
Trimébutine maléate	100 mg	100 mg

INDICATIONS

Ce médicament régularise la motricité de l'intestin.

Il est utilisé dans le *traitement symptomatique* des douleurs liées aux troubles du *transit intestinal* et de la vésicule biliaire.

GROSSESSE, ALLAITEMENT ET NOUVEAU-NÉ

Grossesse :

L'effet de ce médicament pendant la grossesse est mal connu : seul votre médecin peut évaluer le risque éventuel de son utilisation dans votre cas.

Allaitement :

En l'absence de données disponibles, ce médicament est déconseillé chez la femme qui allaite.

MODE D'EMPLOI ET POSOLOGIE

La forme suspension est la mieux adaptée à l'enfant. Elle doit être reconstituée avec de l'eau minérale non gazeuse.

Posologie usuelle :

- Adulte : 1 comprimé ou 1 cuillère à soupe de suspension buvable, 3 fois par jour, ou 1 suppositoire, 1 à 2 fois par jour.
- Enfant de plus de 5 ans : 2 cuillères à café de suspension buvable, 3 fois par jour.
- Enfant de 1 à 5 ans : 1 cuillère à café de suspension buvable, 3 fois par jour.
- Enfant de 6 mois à 1 an : 1 cuillère à café de suspension buvable, 2 fois par jour.
- Enfant de moins de 6 mois : 1/2 cuillère à café de suspension buvable, 2 ou 3 fois par jour.

La prise de ce médicament ne dispense pas d'une alimentation appropriée : parlez-en à votre médecin ou à votre pharmacien.

EFFETS INDÉSIRABLES POSSIBLES

Exceptionnellement : réactions cutanées.

DEBRISAN
dextranomère

PRÉSENTATION

DEBRISAN : pâte pour application locale ; boîte de 3 sachets 10 g et 3 spatules - Remb. 35 %

DEBRISAN : pâte pour application locale ; boîte de 10 sachets 10 g et 10 spatules - Remb. 35 %

DEBRISAN : poudre pour application locale ; boîte de 60 g - Remb. 35 %

DEBRISAN : poudre pour application locale ; boîte de 120 g - Remb. 35 %

Laboratoires Pharmacia

COMPOSITION

	p. sachet	p. boîte	p. boîte
Dextranomère	6,4 g	60 g	120 g

INDICATIONS

Ce médicament a la propriété d'absorber les sérosités (suintements) et les cellules mortes. Il protège la plaie et entretient un environnement humide, propice à la cicatrisation des plaies suintantes : *ulcère* de la jambe, *escarre*.

GROSSESSE, ALLAITEMENT ET NOUVEAU-NÉ

Ce médicament peut être utilisé chez la femme enceinte ou qui allaite.

MODE D'EMPLOI ET POSOLOGIE

Nettoyer la plaie avec de l'eau ou du *sérum physiologique*, sans la sécher. Appliquer la pâte ou la poudre en couche d'au moins 3 millimètres (la pâte peut également être déposée sur une compresse à appliquer sur la plaie). Recouvrir d'une compresse et fixer à l'aide d'une bande ou d'un adhésif. L'application d'*antiseptique*, de crème ou de pommade est déconseillée. Lors du renouvellement, rincer abondamment à l'eau ou au sérum physiologique pour éliminer les résidus de pâte.

Le rythme des applications varie de 2 par jour à 1 tous les 2 jours, en fonction de l'importance du suintement.

Tout sachet ouvert doit être utilisé immédiatement.

EFFETS INDÉSIRABLES POSSIBLES

Douleurs locales lors de l'application du pansement ou du nettoyage de la plaie.

DEBRISAN pansement médicamenteux
dextranomère

PRÉSENTATION

DEBRISAN : pansement médicamenteux 60 x 40 mm ; boîte de 7 sachets - Non remb.

DEBRISAN : pansement médicamenteux 60 x 80 mm ; boîte de 7 sachets - Non remb.

DEBRISAN : pansement médicamenteux 60 x 160 mm ; boîte de 7 sachets - Non remb.

Laboratoires Pharmacia

COMPOSITION

	p. 100 g
Dextranomère	90 g

INDICATIONS

Ce médicament a la propriété d'absorber les sérosités (suintements) et les cellules mortes. Il protège la plaie et entretient un environnement humide, propice à la cicatrisation des plaies suintantes : *ulcère* de la jambe, *escarre*.

GROSSESSE, ALLAITEMENT ET NOUVEAU-NÉ

Ce médicament peut être utilisé chez la femme enceinte ou qui allaite.

MODE D'EMPLOI ET POSOLOGIE

Nettoyer la plaie avec de l'eau ou du *sérum physiologique* sans la sécher. Appliquer le pansement. Recouvrir éventuellement d'une compresse et la fixer à l'aide d'une bande ou d'un adhésif. L'application d'*antiseptique*, de crème ou de pommade est déconseillée. Lors du renouvellement du pansement, rincer abondamment à l'eau ou au sérum physiologique pour éliminer les résidus de pâte.

Le rythme de renouvellement du pansement varie de 2 par jour à 1 tous les 2 jours, en fonction de l'importance du suintement.

EFFETS INDÉSIRABLES POSSIBLES

Douleurs locales lors de l'application du pansement ou du nettoyage de la plaie.

DÉBRUMYL
déanol, heptaminol

PRÉSENTATION

DÉBRUMYL : solution buvable ; boîte de 20 ampoules (5 ml) - Non remb.

Laboratoires Pierre Fabre

COMPOSITION

	p. amp.
Déanol pyrrolidone carboxylate	250 mg
Heptaminol chlorhydrate	180 mg
Alcool à 95°	1 ml
Saccharose	1,5 g
Sorbitol	1 g

INDICATIONS

C'est un *psychostimulant* qui contient une association de substances, le déanol et l'heptaminol.

Il est utilisé dans le traitement de certaines fatigues (*asthénies fonctionnelles*).

CONTRE-INDICATIONS

Ce médicament ne doit pas être utilisé dans les cas suivants :
- excès d'*hormones thyroïdiennes*,
- *hypertension artérielle* grave,
- *épilepsie*,
- association aux médicaments de la famille des *IMAO* non sélectifs.

ATTENTION

Ce médicament contient du *sucre* (saccharose) et de l'*alcool* en quantité notable.

Il ne doit pas être utilisé chez l'enfant ni en cas de désintoxication alcoolique.

Si vous souffrez d'une maladie des *voies biliaires* (présence de sorbitol), prévenez votre médecin.

INTERACTIONS MÉDICAMENTEUSES

Ce médicament ne doit pas être associé aux médicaments de la famille des *IMAO* non sélectifs : risque d'*hypertension artérielle* grave. Signalez tout autre traitement en cours à votre médecin ou à votre pharmacien.

GROSSESSE, ALLAITEMENT ET NOUVEAU-NÉ

L'effet de ce médicament pendant la grossesse ou l'allaitement est mal connu. L'évaluation du risque éventuel lié à son utilisation est individuelle : demandez conseil à votre pharmacien ou à votre médecin.

MODE D'EMPLOI ET POSOLOGIE

Les ampoules doivent être diluées avec un peu d'eau et prises au début des repas.

Posologie usuelle :

1 ampoule, 2 fois par jour.

Une fatigue persistante ne doit pas vous conduire à augmenter les prises de ce médicament : consultez votre médecin.

EFFETS INDÉSIRABLES POSSIBLES

Insomnie, maux de tête, démangeaisons ; ces effets disparaissent au cours du traitement ou après diminution des doses.

DÉCADRON

dexaméthasone

PRÉSENTATION

DÉCADRON : comprimé sécable (jaune clair) ; boîte de 40 - Remb. 65 % - Liste I

Laboratoires M.S.D.-Chibret

COMPOSITION

	p. comp.
Dexaméthasone	0,50 mg

INDICATIONS

C'est un *anti-inflammatoire* stéroïdien qui appartient à la famille des *corticoïdes* de synthèse (dérivés chimiques de la cortisone naturelle). Les propriétés de la *cortisone* sont nombreuses, mais ce produit est surtout utilisé pour son effet anti-inflammatoire puissant. Il présente, à efficacité égale, moins d'effets indésirables que la cortisone naturelle. Ces propriétés sont utiles dans le traitement de nombreuses affections comportant une composante inflammatoire ou allergique, mais aussi de certains cancers où ce médicament permet de lutter contre la prolifération cellulaire. Il diminue les réactions immunitaires et est donc utilisé pour prévenir le rejet des greffes d'organes.

Ce médicament est utilisé dans le traitement de certaines maladies graves : cancer, *sclérose en plaques*, *rhumatisme articulaire aigu* par exemple, mais également de maladies plus bénignes : *allergie*, crise d'*asthme*, *sinusite* aiguë, *otite*. Dans ces derniers cas, le traitement est souvent court.

CONTRE-INDICATIONS

Ce médicament ne doit pas être utilisé dans les cas suivants :
- infection ou *mycose* non contrôlée par un traitement adapté,
- *herpès* ou *zona* oculaires,
- *goutte*,
- *cirrhose* alcoolique grave,
- *hépatite* virale aiguë,
- *psychose*,
- *ulcère* de l'estomac ou du *duodénum* en évolution.

ATTENTION

Ce médicament ne doit jamais être employé ou réemployé en dehors d'une prescription médicale.

Si vous avez un *diabète*, vous risquez de le déséquilibrer si vous modifiez la quantité ou le rythme de la prise de *cortisone* sans avis médical.

Les personnes ayant des *antécédents* de *tuberculose*, d'*ulcère*, les personnes souffrant d'*insuffisance rénale*, de *colite* ulcéreuse, d'*hypertension artérielle*, d'*ostéoporose*, de *myasthénie* grave et les personnes sous *anticoagulants* doivent faire l'objet d'une prise en charge médicale particulière.

L'arrêt du traitement doit être progressif pour permettre aux glandes *surrénales* de reprendre la synthèse de cortisone naturelle. Un arrêt brutal expose par ailleurs à une rechute de la maladie traitée. Cette précaution n'est utile que lorsque la durée du traitement dépasse une semaine.

INTERACTIONS MÉDICAMENTEUSES

Ce médicament peut interagir avec d'autres médicaments et avec certains *vaccins*. Signalez tout autre traitement en cours à votre médecin ou à votre pharmacien.

GROSSESSE, ALLAITEMENT ET NOUVEAU-NÉ

Grossesse et nouveau-né :

Les études scientifiques actuellement disponibles n'ont pas mis en évidence de risque de malformation lors de l'utilisation de ce produit pendant la grossesse. Seul votre médecin peut apprécier la nécessité du traitement et son risque pendant la grossesse.

Lorsqu'une maladie grave impose un traitement prolongé chez la mère, une surveillance médicale du *nouveau-né* est nécessaire.

Allaitement :

Ce médicament passe dans le lait maternel : l'allaitement est déconseillé.

MODE D'EMPLOI ET POSOLOGIE

Ce médicament doit être absorbé au cours d'un repas, de préférence en une fois, le matin.

Posologie usuelle :

Fréquemment, la *posologie* initiale est élevée (*traitement d'attaque*) ; elle est ensuite diminuée jusqu'à la posologie minimale efficace (*traitement d'entretien*).

Tout traitement prolongé à forte dose doit être arrêté progressivement : suivre les indications du médecin.

Ce traitement nécessite :
- la diminution de la consommation de *sel*,
- la prise de *potassium* (prescrit par le médecin),
- un régime riche en protéines et en calcium, pauvre en *glucides*.

EFFETS INDÉSIRABLES POSSIBLES

Ils sont surtout à craindre lors d'un traitement prolongé et à forte dose :
- rétention d'eau et de sel, *hypertension artérielle* ;
- baisse du taux de *potassium*, à prévenir par un apport systématique ;
- modifications physiques fréquentes : gonflement du visage et du buste, apparition de poils, taches cutanées violacées, *acné* ;
- surexcitation, euphorie, troubles du sommeil ou, au contraire, *état dépressif* à l'arrêt du traitement ;
- faiblesse puis fonte musculaires, lentement réversibles ;
- *ostéoporose* (décalcification des os) parfois définitive ;
- troubles hormonaux et métaboliques : *diabète* (réversible), arrêt de la croissance chez l'enfant, troubles des règles chez la femme ;
- *troubles digestifs* : *gastrite*, *ulcère* ;
- troubles des yeux : certaines formes de *cataracte* et de *glaucome*.

DÉCA-DURABOLIN 50

nandrolone

PRÉSENTATION

DÉCA-DURABOLIN 50 : solution injectable huileuse *I.M.* ; boîte de 1 ampoule 1 ml - Non remb. - Liste II

Laboratoires Organon

COMPOSITION

	p. amp. inj.
Nandrolone décanoate	50 mg

INDICATIONS

Ce médicament contient un *anabolisant* qui appartient à la famille des *hormones androgènes*.

Il est utilisé dans le traitement de certains états de dénutrition de la personne âgée, dans les suites d'intervention chirurgicale majeure, de brûlures étendues ou d'*escarres* importantes.

CONTRE-INDICATIONS

Ce médicament ne doit pas être utilisé dans les cas suivants :
- femme en âge d'avoir des enfants ;
- période précédant la puberté ;
- *adénome de la prostate* ou cancer de la prostate, cancer du sein chez l'homme ;
- *insuffisance hépatique*, *hépatite* récente ;
- états agressifs ;
- **grossesse** ;
- **allaitement.**

ATTENTION
Ce médicament est dangereux en cure prolongée.

GROSSESSE, ALLAITEMENT ET NOUVEAU-NÉ

Grossesse :
Ce médicament est contre-indiqué pendant la grossesse : il existe des risques de *virilisation* chez la femme et chez l'enfant à naître.

Allaitement :
Ce médicament est contre-indiqué pendant l'allaitement.

MODE D'EMPLOI ET POSOLOGIE

La solution est injectée par *voie* intramusculaire profonde.

Le contenu de l'ampoule est huileux : il est préférable d'utiliser des seringues en verre.

EFFETS INDÉSIRABLES POSSIBLES

Acné, *séborrhée*.
Spécifiquement chez la femme :
- irrégularité des règles, trouble de l'ovulation, arrêt des règles ;
- *virilisation*, développement anormal des poils, modification de la voix, chute des cheveux : effets irréversibles à l'arrêt du traitement.

DÉCAPEPTYL

PRÉSENTATION

DÉCAPEPTYL 0,1 mg : préparation injectable *S.C.* ; boîte de 7 flacons de *lyophilisat* et 7 ampoules de solvant 1 ml - Remb. 100 % - Liste I

DÉCAPEPTYL 3,75 mg : préparation injectable *I.M.* à *libération prolongée* ; boîte de 1 flacon de microsphères et 1 ampoule de mise en suspension - Remb. 65 % - Liste I

Laboratoires IPSEN Biotech

COMPOSITION

	p. fl.	p. fl.
Triptoréline	0,1 mg	3,75 mg
Polymère dl-lactide coglycolide		170 mg
Mannitol	10 mg	85 mg
Carboxyméthylcellulose sodique		30 mg
Polysorbate 80		2 mg

INDICATIONS

Ce médicament contient une *hormone* qui agit sur les organes de la reproduction.

Il est utilisé pour empêcher le développement anormal de la prostate chez l'homme, dans le traitement des pubertés précoces, de l'*endométriose*, et dans le traitement des stérilités féminines.

CONTRE-INDICATIONS

Ce médicament est contre-indiqué en cas de **grossesse.**

ATTENTION
L'absence de grossesse doit être confirmée par un test avant de commencer le traitement.
La survenue de saignements vaginaux doit vous conduire à consulter rapidement votre médecin.
Lors des premiers jours du traitement, une aggravation des *symptômes* peut survenir, due à une période initiale de stimulation des organes de la reproduction.

INTERACTIONS MÉDICAMENTEUSES

Ce médicament peut interagir avec d'autres médicaments. Signalez tout autre traitement en cours à votre médecin ou à votre pharmacien.

GROSSESSE, ALLAITEMENT ET NOUVEAU-NÉ

Grossesse :
Compte tenu de son action sur les organes génitaux, ce médicament est contre-indiqué pendant la grossesse.

MODE D'EMPLOI ET POSOLOGIE

Ce médicament peut être injecté par *voie* sous-cutanée ou intramusculaire.

Posologie usuelle :
Elle est strictement individuelle.

L'arrêt des règles chez la femme et l'impuissance chez l'homme sont une conséquence inévitable du traitement, mais réversible à son arrêt.

EFFETS INDÉSIRABLES POSSIBLES

Douleur au point d'injection.

Bouffées de chaleur, maux de tête, sécheresse vaginale, instabilité émotionnelle, douleurs musculaires, diminution du volume des seins.

Risque de décalcification, notamment lors des traitements prolongés.

DÉCONTRACTYL baume
méphénésine, nicotinate de méthyle

PRÉSENTATION

DÉCONTRACTYL : baume ; tube 80 g - Non remb.

Laboratoires Goupil

COMPOSITION

	p. 100 g
Méphénésine	10 g
Nicotinate de méthyle	1 g

INDICATIONS

Ce baume contient un myorelaxant (relaxant musculaire) et un *révulsif*.

Il est utilisé en massage dans le traitement local des contractures musculaires douloureuses (torticolis, *lombalgies*, *dorsalgies*...).

ATTENTION
Ce médicament ne doit pas être appliqué sur des plaies infectées ni sur des *muqueuses*. Il ne doit pas être associé à d'autres médicaments *révulsifs*.

GROSSESSE, ALLAITEMENT ET NOUVEAU-NÉ

L'effet de ce médicament pendant la grossesse ou l'allaitement est mal connu. L'évaluation du risque éventuel lié à son utilisation est individuelle : demandez conseil à votre pharmacien ou à votre médecin.

MODE D'EMPLOI ET POSOLOGIE

Le baume est appliqué en frictions douces et massages. La zone traitée est ensuite enveloppée dans du coton.

Posologie usuelle :
Plusieurs applications par jour.

DÉCONTRACTYL comprimé
méphénésine

PRÉSENTATION

DÉCONTRACTYL : comprimé (rose) ; boîte de 50 - Non remb.

Laboratoires Goupil

COMPOSITION

	p. comp.
Méphénésine	250 mg

INDICATIONS

Ce médicament est un myorelaxant (relaxant musculaire). Il possède également un léger effet *sédatif*.

Il est utilisé dans le traitement des contractures musculaires douloureuses au cours des torticolis, des *lombalgies*, des *dorsalgies* et de certaines paralysies.

GROSSESSE, ALLAITEMENT ET NOUVEAU-NÉ

L'effet de ce médicament pendant la grossesse ou l'allaitement est mal connu. L'évaluation du risque éventuel lié à son utilisation est individuelle : demandez conseil à votre pharmacien ou à votre médecin.

MODE D'EMPLOI ET POSOLOGIE

Ce médicament est réservé à l'adulte.

Posologie usuelle :
- Adulte : 6 à 12 comprimés par jour, répartis régulièrement dans la journée.

EFFETS INDÉSIRABLES POSSIBLES

Réactions allergiques exceptionnelles, lassitude, faiblesse, troubles de la coordination de mouvements.

DECORPA
gomme de sterculia

PRÉSENTATION

DECORPA : granulé arôme chocolat ; boîte de 30 sachets - Non remb.

Laboratoires Norgine Pharma

COMPOSITION

	p. sachet
Gomme de sterculia	5,6 g
Aspartam	+

INDICATIONS

Ce médicament appartient à la famille des *mucilages*. Il contient une substance naturelle qui n'est ni digérée ni absorbée et qui n'apporte aucune calorie. Pris avec de l'eau, il gonfle et diminue ainsi la sensation de faim en remplissant l'estomac.

Il est utilisé en complément du régime alimentaire pour traiter un excès de poids.

CONTRE-INDICATIONS

Ce médicament ne doit pas être utilisé dans les cas suivants :
- maladie comportant un risque d'obstruction du tube digestif,
- *phénylcétonurie* (aspartam).

GROSSESSE, ALLAITEMENT ET NOUVEAU-NÉ

Ce médicament peut être pris en cas de régime pendant la grossesse, si votre médecin le juge nécessaire.

MODE D'EMPLOI ET POSOLOGIE

Les granulés doivent être mis secs dans la bouche et avalés, sans être mâchés, avec un verre d'eau.

Posologie usuelle :

1 sachet, une demi-heure avant les 3 repas et éventuellement en cas de sensation de faim.

> Ce médicament n'apporte aucun élément nutritif : une alimentation légère et équilibrée reste indispensable.
>
> Il est nécessaire de boire beaucoup en cas de dilatation du côlon, pour éviter tout risque d'obstruction de l'intestin.
>
> Une perte de poids trop rapide peut entraîner une fatigue importante, physique et psychique.

EFFETS INDÉSIRABLES POSSIBLES

Comme tous les *mucilages*, ce médicament peut entraîner une sensation de ballonnement.

DECTANCYL comprimé
dexaméthasone

PRÉSENTATION

DECTANCYL : comprimé (blanc) ; boîte de 30 - Remb. 65 % - Liste I

Laboratoires Roussel

COMPOSITION

	p. comp.
Dexaméthasone acétate	0,50 mg

INDICATIONS

C'est un *anti-inflammatoire* stéroïdien qui appartient à la famille des *corticoïdes* de synthèse (dérivés chimiques de la cortisone naturelle). Les propriétés de la *cortisone* sont nombreuses, mais ce produit est surtout utilisé pour son effet anti-inflammatoire puissant. Il présente, à efficacité égale, moins d'effets indésirables que la cortisone naturelle. Ces propriétés sont utiles dans le traitement de nombreuses affections comportant une composante inflammatoire ou allergique, mais aussi de certains cancers où ce médicament permet de lutter contre la prolifération cellulaire. Il diminue les réactions immunitaires et est donc utilisé pour prévenir le rejet des greffes d'organes.

Ce médicament est utilisé dans le traitement de certaines maladies graves : cancer, *sclérose en plaques*, *rhumatisme articulaire aigu* par exemple, mais également de maladies plus bénignes : *allergie*, crise d'*asthme*, *sinusite* aiguë, *otite*. Dans ces derniers cas, le traitement est souvent court.

CONTRE-INDICATIONS

Ce médicament ne doit pas être utilisé dans les cas suivants :
- infection ou *mycose* non contrôlée par un traitement adapté,
- *herpès* ou *zona* oculaires,
- *goutte*,
- *cirrhose* alcoolique grave,
- *hépatite* virale aiguë,
- *psychose*,
- *ulcère* de l'estomac ou du *duodénum* en évolution.

> **ATTENTION**
>
> Ce médicament ne doit jamais être employé ou réemployé en dehors d'une prescription médicale.
>
> Si vous avez un *diabète*, vous risquez de le déséquilibrer si vous modifiez la quantité ou le rythme de la prise de *cortisone* sans avis médical.
>
> Les personnes ayant des *antécédents* de *tuberculose*, d'*ulcère*, les personnes souffrant d'*insuffisance rénale*, de colite ulcéreuse, d'*hypertension artérielle*, d'*ostéoporose*, de *myasthénie* grave, les personnes sous *anticoagulants* doivent faire l'objet d'une prise en charge médicale particulière.
>
> L'arrêt du traitement doit être progressif pour permettre aux glandes *surrénales* de reprendre la synthèse de cortisone naturelle. Un arrêt brutal expose par ailleurs à une rechute de la maladie traitée. Cette précaution n'est utile que lorsque la durée du traitement dépasse une semaine.

INTERACTIONS MÉDICAMENTEUSES

Ce médicament peut interagir avec d'autres médicaments et avec certains *vaccins*. Signalez tout autre traitement en cours à votre médecin ou à votre pharmacien.

GROSSESSE, ALLAITEMENT ET NOUVEAU-NÉ

Grossesse et nouveau-né :

Les études scientifiques actuellement disponibles n'ont pas mis en évidence de risque de malformation lors de l'utilisation de ce médicament pendant la grossesse. Seul votre médecin peut apprécier la nécessité du traitement et son risque pendant la grossesse.

Lorsqu'une maladie grave impose un traitement prolongé chez la mère, une surveillance médicale du *nouveau-né* est nécessaire.

Allaitement :

Ce médicament passe dans le lait maternel : l'allaitement est déconseillé.

MODE D'EMPLOI ET POSOLOGIE

Ce médicament doit être absorbé au cours d'un repas, de préférence en une fois, le matin.

Lors des traitements prolongés, et dès que le bon contrôle de la maladie le permet, une prise alternée un jour sur deux est préférable, notamment chez l'enfant.

Posologie usuelle :

Fréquemment, la *posologie* initiale est élevée (*traitement d'attaque*) ; elle est ensuite diminuée jusqu'à la posologie minimale efficace (*traitement d'entretien*).

Tout traitement prolongé à forte dose doit être arrêté progressivement : suivre les indications du médecin.

> Ce traitement nécessite :
> - la diminution de la consommation de *sel*,
> - la prise de *potassium* (prescrit par le médecin),
> - un régime riche en protéines et en calcium, pauvre en *glucides*.

EFFETS INDÉSIRABLES POSSIBLES

Ils sont à craindre surtout lors d'un traitement prolongé et à forte dose :
- rétention d'eau et de sel, *hypertension artérielle* ;
- baisse du taux de *potassium*, à prévenir par un apport systématique ;
- modifications physiques fréquentes : gonflement du visage et du buste, apparition de poils, taches cutanées violacées, *acné* ;
- surexcitation, euphorie, troubles du sommeil ou au contraire *état dépressif* ;
- faiblesse puis fonte musculaires, lentement réversibles ;
- *ostéoporose* (décalcification des os) parfois définitive ;
- troubles hormonaux et métaboliques : *diabète* (réversible), arrêt de la croissance chez l'enfant, troubles des règles chez la femme ;
- *troubles digestifs* : *gastrite*, *ulcère* ;
- troubles des yeux : certaines formes de *cataracte* et de *glaucome*.

L'exposition au soleil peut être contre-indiquée pendant certains traitements

DECTANCYL injectable
dexaméthasone

PRÉSENTATION

DECTANCYL 5 mg : suspension injectable ; flacon 1 ml - Remb. 65 % - Liste I

DECTANCYL 15 mg : suspension injectable ; flacon multidose 3 ml - Remb. 65 % - Liste I

Laboratoires Roussel

COMPOSITION

	p. 1 ml	p. 3 ml
Dexaméthasone acétate	5 mg	15 mg

INDICATIONS

C'est un *anti-inflammatoire* stéroïdien qui appartient à la famille des *corticoïdes* de synthèse (dérivés chimiques de la *cortisone* naturelle). Les propriétés de la *cortisone* sont nombreuses, mais ce médicament est surtout utilisé pour son effet anti-inflammatoire puissant. Il présente, à efficacité égale, moins d'effets indésirables que la cortisone naturelle.

Il est utilisé dans le traitement local (*infiltration*) de nombreuses affections, notamment :
- *inflammation* des articulations, des tendons et des ligaments, poussées douloureuses d'*arthrose* ;
- maladie de *Dupuytren*, *syndrome du canal carpien* ;
- inflammation des nerfs (*sciatique*, *névralgie cervicobrachiale*...) ;
- certaines *sinusites* ;
- certaines inflammations des yeux ou des *sinus* ;
- cicatrice *chéloïde* ;
- *rectocolite hémorragique* (en lavement).

CONTRE-INDICATIONS

Ce médicament ne doit pas être utilisé dans les cas suivants :
- infection ou *mycose* non contrôlées par un traitement adapté,
- maladies virales en évolution (*zona*, *herpès* oculaires).

ATTENTION

L'injection de ce médicament ne doit être pratiquée que sous contrôle médical.

Des précautions sont nécessaires en cas d'*ulcère* de l'estomac ou du *duodénum*.

INTERACTIONS MÉDICAMENTEUSES

En cas d'injections répétées pendant plusieurs mois, ce médicament peut interagir avec d'autres médicaments et avec certains *vaccins*. Signalez tout autre traitement en cours à votre médecin ou à votre pharmacien.

GROSSESSE, ALLAITEMENT ET NOUVEAU-NÉ

Grossesse :

Les études scientifiques actuellement disponibles n'ont pas mis en évidence de problème particulier lors de l'utilisation ponctuelle chez la femme enceinte. Seul votre médecin peut évaluer le risque éventuel de son utilisation dans votre cas.

Allaitement :

Ce médicament passe dans le lait maternel : il est déconseillé pendant l'allaitement.

MODE D'EMPLOI ET POSOLOGIE

L'injection est faite dans ou à proximité de la zone à traiter.

Ce médicament peut également être utilisé par lavement pour traiter les affections du rectum.

Posologie usuelle :

Elle est strictement individuelle et peut être renouvelée au bout de quelques jours ou de quelques semaines, selon l'évolution.

Afin de compenser une baisse du taux de *potassium* dans le sang lors d'un traitement prolongé, le médecin peut être amené à prescrire du potassium.

EFFETS INDÉSIRABLES POSSIBLES

Liés à la *voie* d'administration : infection, *atrophie* cutanée.

En cas de traitement prolongé et à forte dose :
- rétention d'eau et de sel avec parfois *hypertension artérielle* ;
- baisse du taux de *potassium* dans le sang ;
- gonflement du visage et du buste, taches cutanées violacées, apparition de poils ;
- surexcitation avec euphorie et troubles du sommeil ;
- atrophie musculaire, *ostéoporose* ;
- *diabète* (réversible), arrêt de la croissance chez l'enfant, troubles des règles ;
- *gastrite*, *ulcère* ;
- certaines formes de *glaucome* ou de *cataracte*.

DÉDROGYL
vitamine D3

PRÉSENTATION

DÉDROGYL : solution buvable ; flacon compte-gouttes 10 ml (300 gouttes) - Remb. 35 % - Liste II

Laboratoires Roussel

COMPOSITION

	p. gte
Calcifédiol (vitamine D3 hydroxylée)	5 µg

INDICATIONS

Ce médicament contient un dérivé de la *vitamine* D. Il permet la fixation osseuse du calcium.

Il est utilisé dans le traitement :
- du *rachitisme* (chez l'enfant) et de l'*ostéomalacie* (chez l'adulte) résistant à la vitamine D naturelle,
- de l'*hypocalcémie* due aux *corticoïdes* ou aux *anticonvulsivants*,
- des anomalies osseuses rencontrées chez les insuffisants rénaux,
- des troubles de la calcification dus à un mauvais fonctionnement des glandes *parathyroïdes*.

CONTRE-INDICATIONS

Ce médicament ne doit pas être utilisé en cas d'**allaitement**.

ATTENTION

Des précautions sont nécessaires, en cas d'*antécédents* de calculs rénaux contenant du calcium et en cas d'immobilisation prolongée.

Un traitement prolongé peut nécessiter des analyses régulières de sang et d'urine.

Un surdosage en *vitamine* D expose à des effets indésirables graves. La vitamine D est présente dans de nombreux laits pour bébé et médicaments disponibles sans ordonnance : prenez l'avis de votre médecin ou de votre pharmacien pour éviter tout risque de surdosage.

GROSSESSE, ALLAITEMENT ET NOUVEAU-NÉ

Grossesse :

Ne prenez pas de *vitamine* D sans avis médical pendant la grossesse.

Allaitement :

Ce médicament passe dans le lait maternel : il est contre-indiqué pendant l'allaitement.

MODE D'EMPLOI ET POSOLOGIE

La solution peut être diluée dans de l'eau, du lait ou du jus de fruits.

Posologie usuelle :

Elle varie selon les cas.

EFFETS INDÉSIRABLES POSSIBLES

Aucun effet indésirable n'est généralement constaté aux doses usuelles. Certains signes doivent cependant faire penser à un surdosage : perte de l'appétit, soif intense, nausées, vomissements. Prévenez d'urgence votre médecin.

DÉFANYL
amoxapine

PRÉSENTATION

DÉFANYL 50 mg : comprimé sécable (orangé) ; boîte de 25 - Remb. 65 % - Liste I

DÉFANYL 100 mg : comprimé sécable (bleu) ; boîte de 20 - Remb. 65 % - Liste I

DÉFANYL 50 mg/ml : solution buvable ; flacon 20 ml et seringue doseuse - Remb. 65 % - Liste I

Laboratoires Novalis

COMPOSITION

	p. comp.	p. comp.	p. ml
Amoxapine	50 mg	100 mg	50 mg

INDICATIONS

Ce médicament appartient à la famille des *antidépresseurs* imipraminiques.

Il est utilisé dans le traitement des *états dépressifs* de toute nature.

CONTRE-INDICATIONS

Ce médicament ne doit pas être utilisé dans les cas suivants :
- *glaucome* à angle fermé,

- risque de blocage des urines (*adénome de la prostate*...) ;
- association aux *IMAO* non sélectifs ou BARNETIL.

ATTENTION

Si vous souffrez d'*épilepsie* ou en cas d'*antécédents* cardiaques, prévenez votre médecin.

Une fièvre, une angine ou une infection sous traitement doivent vous inciter à consulter votre médecin.

Avant une *anesthésie* locale, notamment chez le dentiste, signalez la prise de ce médicament.

Évitez les boissons alcoolisées : augmentation du risque de somnolence.

Conducteur : ce médicament peut être responsable d'une baisse de la vigilance, particulièrement en début de traitement.

INTERACTIONS MÉDICAMENTEUSES

Ce médicament ne doit pas être associé aux médicaments suivants :
- *IMAO* non sélectifs (MARSILID, NIAMIDE...) : risque de *collapsus cardiovasculaire*, ou d'*hypertension artérielle*, de fièvre et de *convulsions*. Respectez un délai de 15 jours après l'arrêt de l'IMAO.
- BARNETIL : risque de *troubles du rythme cardiaque* graves.

Ce médicament peut interagir avec d'autres médicaments, notamment les *anticonvulsivants*, les *antihypertenseurs* et les *atropiniques*, le PROZAC, l'*adrénaline* et la *noradrénaline*, et les médicaments *sédatifs*. Signalez tout autre traitement en cours, ou récemment arrêté, à votre médecin ou à votre pharmacien.

GROSSESSE, ALLAITEMENT ET NOUVEAU-NÉ

L'effet de ce médicament pendant la grossesse et l'allaitement est mal connu. Seul votre médecin peut apprécier la nécessité du traitement et son risque.

MODE D'EMPLOI ET POSOLOGIE

Les comprimés peuvent être avalés avec un peu d'eau.

La solution buvable doit être de préférence diluée dans un liquide sucré ou un jus de fruit.

Posologie usuelle :

Elle est strictement individuelle.

L'efficacité des *antidépresseurs* n'est généralement pas immédiate. Un délai pouvant atteindre plusieurs semaines est parfois nécessaire pour que les effets bénéfiques se fassent sentir.

Les effets indésirables apparaissant en début de traitement ne doivent pas vous conduire à l'arrêter prématurément.

EFFETS INDÉSIRABLES POSSIBLES

Rarement : tremblements, difficultés de la parole, insomnie, confusion des idées, troubles de l'*accommodation*.

Parfois : bouche sèche, accélération du cœur, sueurs, bouffées de chaleur, constipation, difficultés à uriner, *hypotension orthostatique*, *troubles digestifs*, excitation anormale.

Certains de ces effets indésirables peuvent être prévenus ou corrigés.

DÉFILTRAN

acétazolamide

PRÉSENTATION

DÉFILTRAN : crème ; tube 100 g - Non remb. - Liste II

Laboratoires Gallier

COMPOSITION

	p. 100 g
Acétazolamide	10 g

INDICATIONS

Cette crème contient un *diurétique*. Elle favorise l'élimination de l'eau des tissus où elle est appliquée.

Elle est utilisée pour traiter les *œdèmes* locaux (traumatisme) ou pour prévenir les vergetures.

ATTENTION

En cas de réactions cutanées, consultez votre médecin avant de poursuivre le traitement.

GROSSESSE, ALLAITEMENT ET NOUVEAU-NÉ

L'effet de ce médicament pendant la grossesse ou l'allaitement est mal connu : seul votre médecin peut évaluer le risque éventuel de son utilisation dans votre cas.

MODE D'EMPLOI ET POSOLOGIE

Faire pénétrer la crème complètement en massant la région à traiter.

Posologie usuelle :

2 ou 3 applications par jour.

EFFETS INDÉSIRABLES POSSIBLES

Rougeur, démangeaisons.

DÉFIPOUX

bioalléthrine, diméthylformamide, butoxyde de pipéronyle

PRÉSENTATION

DÉFIPOUX : solution pour application locale ; flacon pressurisé 137 g - Non remb.

Laboratoires C.P.F.

COMPOSITION

	p. fl.
Bioalléthrine	300 mg
Diméthylformamide	300 mg
Pipéronyle butoxyde	1,5 g

INDICATIONS

Ce médicament contient des substances actives sur les poux.

Il est utilisé pour détruire les poux et leurs œufs (lentes).

CONTRE-INDICATIONS

Ce médicament ne doit pas être utilisé chez l'enfant de moins de 30 mois.

ATTENTION

Rincez abondamment en cas de contact accidentel avec les yeux ou les *muqueuses*.

GROSSESSE, ALLAITEMENT ET NOUVEAU-NÉ

L'effet de ce médicament pendant la grossesse ou l'allaitement est mal connu. L'évaluation du risque éventuel lié à son utilisation est individuelle : demandez conseil à votre pharmacien ou à votre médecin.

MODE D'EMPLOI ET POSOLOGIE

Pulvériser la solution à la base des cheveux en pressions brèves et de façon à imprégner totalement la chevelure. Laisser agir pendant 30 minutes, sans couvrir la tête, puis démêler les cheveux au peigne fin.

Posologie usuelle :

- Adulte et enfant de plus de 30 mois : 1 application, à renouveler le lendemain.

En *traitement préventif*, pulvériser la solution à 20 cm de la chevelure pendant quelques secondes, tous les 2 jours.

Pour éviter les récidives, il est nécessaire que l'entourage suive le même traitement.

Les chapeaux, bonnets, écharpes doivent être désinfectés.

Les lentes fixées à plus de 2 cm du cuir chevelu sont généralement mortes, et leur présence ne signifie pas que le traitement a échoué. Leur élimination peut être facilitée en démêlant les cheveux avec un peigne trempé dans de l'eau vinaigrée.

EFFETS INDÉSIRABLES POSSIBLES

Irritation, rougeur en cas de contact avec les *muqueuses*.

DÉFLAMOL

dioxyde de titane, oxyde de zinc

PRÉSENTATION

DÉFLAMOL : pommade ; tube 30 g - Non remb.

Laboratoires Fumouze

COMPOSITION

	p. 100 g
Dioxyde de titane	4,5 g
Oxyde de zinc	3,5 g

INDICATIONS

C'est une pommade protectrice et calmante.

Elle est utilisée pour traiter les irritations de la peau, notamment la rougeur des fesses du *nourrisson*.

CONTRE-INDICATIONS

Ce médicament ne doit pas être utilisé en cas de lésion suintante.

GROSSESSE, ALLAITEMENT ET NOUVEAU-NÉ

Ce médicament ne contient que des substances présumées sans danger pendant la grossesse ou l'allaitement. Néanmoins, ne l'utilisez pas de façon prolongée sans l'avis de votre pharmacien ou de votre médecin.

MODE D'EMPLOI ET POSOLOGIE

Nettoyer la région à traiter avant l'application. Appliquer une couche mince et masser pour faire pénétrer la pommade.

Posologie usuelle :

1 application, plusieurs fois par jour.

> ☛ La rougeur des fesses du *nourrisson* est souvent due à l'imprégnation de la peau par l'urine, sous la couche. Il est donc nécessaire de nettoyer et de rincer abondamment la peau avec de l'eau avant d'appliquer le médicament.

DELABARRE

PRÉSENTATION

GELÉE DELABARRE : gel gingival ; tube 20 g - Non remb.

SIROP DELABARRE : solution gingivale ; flacon 15 ml - Non remb.

Laboratoires Fumouze

COMPOSITION

	gel p. 100 g	solution p. 100 g
Tamarin, pulpe purifiée	4 g	4 g
Safran, poudre de stigmates	1,08 g	0,27 g

INDICATIONS

Ce médicament à usage local contient des extraits de plantes ayant une action *antalgique*.

Il est utilisé sous forme de gel ou de solution gingivale pour soulager les douleurs des gencives chez l'enfant lors des premières poussées dentaires.

> **ATTENTION**
> Certains *symptômes* sont fréquemment attribués à une poussée dentaire : rougeurs des fesses ou des joues, selles molles, fièvre. Cependant, si la fièvre est élevée ou si la douleur est importante, une autre affection est possible, notamment une *otite* ou une angine : n'hésitez pas à consulter votre médecin.

MODE D'EMPLOI ET POSOLOGIE

Mettre un peu de gel sur un doigt et masser les gencives de l'enfant pendant 2 à 3 minutes. La solution gingivale doit être appliquée pure sur les gencives à l'aide d'un bâtonnet ouaté.

Les applications peuvent être répétées au cours de la journée selon l'intensité des douleurs.

> ☛ Les premières dents sortent habituellement aux environs du 6e mois ; cependant, les poussées peuvent être plus précoces ou retardées, entre le 3e et le 15e mois, sans que cela soit anormal.
> Lors des poussées dentaires, certains enfants peuvent refuser les aliments solides : ce phénomène est passager et ne doit pas vous inquiéter. D'autres enfants sont soulagés par le fait de mordre : une tétine ou un bâton de guimauve peuvent les apaiser.

DELBIASE
magnésium

PRÉSENTATION

DELBIASE : comprimé (blanc) ; boîte de 96 - Non remb.

Laboratoires Promedica

COMPOSITION

	p. comp.
Magnésium chlorure	379 mg
Magnésium bromure	12 mg
Soit magnésium	100 mg

INDICATIONS

Ce médicament contient du magnésium, élément minéral indispensable au *métabolisme*.

Il est utilisé dans le traitement des *carences* en magnésium, notamment celles qui sont liées à la prise de *diurétiques*. Il peut être également utilisé dans le *traitement symptomatique* de la *spasmophilie*.

CONTRE-INDICATIONS

Ce médicament ne doit pas être utilisé en cas d'*insuffisance rénale* grave.

INTERACTIONS MÉDICAMENTEUSES

Ce médicament peut interagir avec d'autres médicaments en diminuant leur absorption digestive : signalez tout autre traitement en cours à votre médecin ou à votre pharmacien.

GROSSESSE, ALLAITEMENT ET NOUVEAU-NÉ

Ce médicament ne contient aucune substance connue pour être toxique chez la femme enceinte ou qui allaite.

MODE D'EMPLOI ET POSOLOGIE

Ce médicament doit être pris de préférence au moment des repas. Les prises doivent être réparties au cours de la journée.

Posologie usuelle :

- Adulte :
  - *carence* en magnésium : 1 comprimé, 3 ou 4 fois par jour ;
  - *spasmophilie* : 1 comprimé, 2 ou 3 fois par jour.

EFFETS INDÉSIRABLES POSSIBLES

Diarrhée, douleurs abdominales.

Liste des centres antipoison : voir Annexes

DÉLIPODERM
promestriène

PRÉSENTATION

DÉLIPODERM : crème ; tube 30 g - Remb. 65 % - Liste II

DÉLIPODERM : solution pour application locale ; flacon 30 ml - Non remb. - Liste II

Laboratoires Théramex

COMPOSITION

	p. 100g	p. 100 ml
Promestriène	1g	1 g
Néo-purcellin		5 g
Alcool à 90°		q.s.p. 100 ml

INDICATIONS

Ce médicament d'action locale contient une *hormone* de la famille des *estrogènes*. Il agit en freinant la sécrétion excessive de sébum.

Il est utilisé pour traiter la *séborrhée*.

GROSSESSE, ALLAITEMENT ET NOUVEAU-NÉ

L'effet de ce médicament pendant la grossesse ou l'allaitement est mal connu : seul votre médecin peut évaluer le risque éventuel de son utilisation dans votre cas.

MODE D'EMPLOI ET POSOLOGIE

Avant l'application, laver soigneusement la peau avec un savon doux. Rincer abondamment.

Crème : elle est destinée aux régions glabres (sans poils) de la peau, et appliquée par léger massage.

Solution : elle est destinée au cuir chevelu, et appliquée raie par raie à l'aide de la pipette (de 0,5 à 1 ml). Le massage est inutile.

Posologie usuelle :

1 application de crème ou de solution, 2 fois par jour au début du traitement, puis 1 fois, le soir seulement.

DÉLIPROCT
prednisolone, cinchocaïne

PRÉSENTATION

DÉLIPROCT : suppositoire ; boîte de 6 - Non remb. - Liste I

DÉLIPROCT : pommade ; tube 10 g - Non remb. - Liste I

Laboratoires Schering

COMPOSITION

	p. tube	p. suppos.
Prednisolone caproate	19 mg	1,3 mg
Cinchocaïne	50 mg	1 mg

INDICATIONS

C'est un médicament qui associe un *corticoïde anti-inflammatoire* et un *anesthésique* d'action locale.

Il est utilisé dans le *traitement symptomatique* des douleurs et des démangeaisons de l'anus, en particulier dues aux *hémorroïdes*.

CONTRE-INDICATIONS

Ce médicament ne doit pas être utilisé dans le cas d'*allergie* aux *anesthésiques* locaux.

ATTENTION

Le traitement doit être de courte durée : consultez votre médecin si les *symptômes* persistent. Si la lésion est infectée, un traitement anti-infectieux doit précéder ou être associé à l'usage de ce médicament.

GROSSESSE, ALLAITEMENT ET NOUVEAU-NÉ

L'effet de ce médicament pendant la grossesse ou l'allaitement est mal connu : seul votre médecin peut évaluer le risque éventuel de son utilisation dans votre cas.

MODE D'EMPLOI ET POSOLOGIE

- *Traitement d'attaque* : en cas de crise aiguë, 2 ou 3 suppositoires ou 3 ou 4 applications de pommade, le premier jour.
- *Traitement d'entretien* : 1 suppositoire ou 1 application de pommade par jour pendant quelques jours.

Des mesures simples d'hygiène alimentaire et des exercices physiques sont à envisager pour prévenir les *hémorroïdes* : parlez-en à votre médecin ou à votre pharmacien.

Les suppositoires doivent être conservés à l'abri de la chaleur.

DELTAZEN

diltiazem

PRÉSENTATION

DELTAZEN L.P. 300 mg : gélule à *libération prolongée* (transparent) ; boîte de 28 - Remb. 65 % - Liste I

Laboratoires Upjohn

COMPOSITION

	p. gél. L.P.
Diltiazem chlorhydrate	300 mg

INDICATIONS

Ce médicament est un *vasodilatateur* qui appartient à la famille des *inhibiteurs calciques*.

Il est utilisé dans le *traitement de fond* de l'*hypertension artérielle*.

CONTRE-INDICATIONS

Ce médicament ne doit pas être utilisé dans les cas suivants :
- *insuffisance cardiaque* grave,
- certaines maladies de l'automatisme cardiaque,
- grossesse.

ATTENTION

Si vous souffrez de *troubles du rythme cardiaque*, signalez-le à votre médecin. Des précautions sont nécessaires en cas d'*insuffisance rénale* ou d'*insuffisance hépatique*.

Signalez la prise de ce médicament à l'anesthésiste en cas d'intervention chirurgicale.

INTERACTIONS MÉDICAMENTEUSES

Ce médicament peut interagir avec d'autres médicaments. Signalez tout autre traitement en cours à votre médecin ou à votre pharmacien.

GROSSESSE, ALLAITEMENT ET NOUVEAU-NÉ

Grossesse :

Ce médicament est contre-indiqué chez la femme enceinte ou susceptible de l'être. Une contraception efficace est recommandée.

Allaitement :

Ce médicament passe dans le lait maternel. L'allaitement est déconseillé pendant le traitement.

MODE D'EMPLOI ET POSOLOGIE

Les gélules doivent être avalées avec un verre d'eau. Ce médicament peut être pris au cours ou en dehors des repas.

Posologie usuelle :

1 gélule par jour.

Le traitement médicamenteux ne dispense pas des mesures simples pouvant faire baisser la tension artérielle : activité physique régulière, modération de la consommation de boissons alcoolisées, lutte contre le surpoids.

EFFETS INDÉSIRABLES POSSIBLES

Les plus fréquents sont la conséquence de la dilatation des vaisseaux sanguins :
- rougeur du visage, bouffées de chaleur, maux de tête,
- jambes lourdes ou enflées, *palpitations*, fatigue, *troubles digestifs*, éruptions cutanées.

Exceptionnellement : ralentissement important du cœur.

DELURSAN 250 mg

acide ursodésoxycholique

PRÉSENTATION

DELURSAN 250 mg : comprimé sécable (blanc) ; boîte de 20 - Remb. 65 % - Liste I

Laboratoires Houdé

COMPOSITION

	p. comp.
Acide ursodésoxycholique	250 mg

INDICATIONS

C'est un médicament qui appartient à la famille des dissolvants des calculs de la vésicule biliaire. Il contient une substance qui se trouve normalement en petite quantité dans la bile.

Il est utilisé pour dissoudre les calculs biliaires formés de *cholestérol*.

CONTRE-INDICATIONS

Ce médicament ne doit pas être utilisé dans les cas suivants :
- certaines maladies du foie, de l'estomac ou du tube digestif ;
- grossesse.

ATTENTION

L'action de ce médicament est lente ; la taille du calcul peut être surveillée par *échographie*.

INTERACTIONS MÉDICAMENTEUSES

Ce médicament peut interagir avec d'autres médicaments, notamment ceux contenant de la colestyramine (QUESTRAN...) : signalez tout autre traitement en cours à votre médecin ou à votre pharmacien.

GROSSESSE, ALLAITEMENT ET NOUVEAU-NÉ

Grossesse :

Ce médicament est contre-indiqué pendant la grossesse : une contraception est recommandée pendant toute la durée du traitement.

Allaitement :

Les données actuellement disponibles ne permettent pas de savoir si ce médicament passe dans le lait maternel.

MODE D'EMPLOI ET POSOLOGIE

Ce médicament doit être pris pendant les repas ou le soir au coucher de préférence avec un verre de lait.

Posologie usuelle :

1 comprimé matin et soir ou une prise unique de 2 comprimés le soir.

Ce traitement dure habituellement 6 mois et peut être poursuivi plus longtemps si le calcul est volumineux.

EFFETS INDÉSIRABLES POSSIBLES

Rarement : diarrhée.

DENORAL comprimé

noréphédrine, clocinizine, buzépide

PRÉSENTATION

DENORAL : comprimé (blanc) ; boîte de 20 - Remb. 35 %

Laboratoires Théraplix

COMPOSITION

	p. comp.
Noréphédrine	30 mg
Clocinizine dichlorhydrate	5 mg
Buzépide métiodure	1 mg

INDICATIONS

Ce médicament contient un décongestionnant, un *antihistaminique* antiallergique et un antisécrétoire.

Il est utilisé dans le *traitement symptomatique* des *rhino-pharyngites* et des rhumes.

CONTRE-INDICATIONS

Ce médicament ne doit pas être utilisé dans les cas suivants :
- enfant de moins de 12 ans,

- *glaucome* à angle fermé,
- risque de blocage des urines (*adénome de la prostate*...),
- en association avec un *antidépresseur* de type *IMAO* non sélectif.

ATTENTION

Des précautions sont nécessaires en cas d'*hypertension artérielle*, d'*insuffisance coronarienne*, d'*hyperthyroïdie*, de *diabète* ou de certains troubles nerveux. Demandez conseil à votre pharmacien ou à votre médecin.

INTERACTIONS MÉDICAMENTEUSES

Ce médicament ne doit pas être associé aux *antidépresseurs* de type *IMAO* non sélectifs (MARSILID, NIAMIDE...) : risque de crise hypertensive.

Il peut interagir avec d'autres médicaments. Signalez tout autre traitement en cours à votre médecin ou à votre pharmacien.

GROSSESSE, ALLAITEMENT ET NOUVEAU-NÉ

L'effet de ce médicament sur l'enfant à naître est mal connu. Par mesure de prudence, son usage est déconseillé en début et en fin de grossesse ainsi que pendant l'allaitement.

MODE D'EMPLOI ET POSOLOGIE

Les comprimés doivent être avalés avec un verre d'eau au début des repas.

Posologie usuelle :

- Adulte : 1 comprimé, 3 fois par jour.
- Enfant de plus de 12 ans : 1 comprimé, 2 ou 3 fois par jour.

Ce médicament n'a pas d'effet anti-infectieux. En cas d'infection bactérienne, un traitement *antibiotique* peut être nécessaire.

EFFETS INDÉSIRABLES POSSIBLES

Troubles digestifs.

Sécheresse de la bouche, maux de tête, insomnie, *palpitations*, diminution des sécrétions bronchiques, somnolence.

DENORAL sirop

phlocodine, buzépide, clocinizine

PRÉSENTATION

DENORAL ADULTE : sirop ; flacon 150 ml - Remb. 35 %

DENORAL ENFANT : sirop ; flacon 150 ml - Remb. 35 %

Laboratoires Théraplix

COMPOSITION

	sirop Ad. p. c. à s.	sirop Enf. p. c. à c.
Pholcodine	13,50 mg	2 mg
Buzépide métiodure	0,90 mg	0,20 mg
Clocinizine dichlorhydrate	3,375 mg	0,75 mg
Saccharose	10,26 g	4,15 g
Dont iode	0,24 mg	0,053 mg

INDICATIONS

Ce médicament est une association de substances antitussive (pholcodine), antiallergique (clocinizine), décongestionnante (burépide).

Il est utilisé dans le *traitement symptomatique* des toux sèches, allergiques ou d'irritation, associées ou non à un larmoiement ou à une obstruction nasale.

CONTRE-INDICATIONS

Ce médicament ne doit pas être utilisé dans les cas suivants :

- enfant de moins de 30 mois,
- *asthme*,
- *insuffisance respiratoire*,
- *glaucome* à angle fermé,
- risque de rétention des urines (*adénome de la prostate*...).

ATTENTION

Ce médicament n'est pas adapté au traitement de la toux grasse, qui est un mécanisme de défense normal de l'organisme permettant l'évacuation des mucosités présentes dans les bronches.

La toux est un *symptôme* qui peut révéler de nombreuses maladies : consultez votre médecin si elle persiste plus de quelques jours.

Ce médicament contient du *sucre* (saccharose) en quantité notable.

Évitez les boissons alcoolisées : augmentation du risque de somnolence.

Conducteur : ce médicament peut être responsable d'une somnolence ou d'une baisse de la vigilance.

INTERACTIONS MÉDICAMENTEUSES

Ce médicament peut interagir avec d'autres médicaments notamment chez les personnes âgées. Signalez tout autre traitement en cours à votre médecin ou à votre pharmacien.

GROSSESSE, ALLAITEMENT ET NOUVEAU-NÉ

Grossesse :

Compte tenu de la présence de pholcodine, n'utilisez pas ce médicament pendant la grossesse sans prendre l'avis de votre pharmacien ou de votre médecin.

Allaitement :

Les données actuellement disponibles ne permettent pas de savoir si ce médicament passe dans le lait maternel. Par mesure de prudence, il est déconseillé pendant l'allaitement.

MODE D'EMPLOI ET POSOLOGIE

Le sirop doit être pris de préférence avant les repas, en plusieurs prises dans la journée.

Posologie usuelle :

- Adulte : 1 cuillère à soupe de sirop Adulte, 2 ou 3 fois par jour.
- Enfant de 8 à 15 ans : 2 cuillères à café de sirop Enfant, 3 ou 4 fois par jour.
- Enfant de 4 à 8 ans : 2 cuillères à café de sirop Enfant, 2 ou 3 fois par jour.
- Enfant de 30 mois à 4 ans : 1 cuillère à café de sirop Enfant, 3 ou 4 fois par jour.

La poursuite du tabagisme nuit à l'efficacité du traitement.

Des mesures simples permettent de calmer les toux sèches : boissons chaudes et humidification de l'air ambiant.

EFFETS INDÉSIRABLES POSSIBLES

Constipation, et plus rarement somnolence, sensation de vertige, nausées, vomissements, *bronchospasme*, *allergie* cutanée.

Effets *atropiniques*, rares aux doses usuelles, agitation chez la personne âgée et chez l'enfant.

DENTINETTE

amyléine, chloroforme

PRÉSENTATION

DENTINETTE : solution pour application locale ; flacon 10 ml - Non remb.

Laboratoires C.P.F.

COMPOSITION

	p. 100 g
Amyléine chlorhydrate	1 g
Chloroforme	10 g
Alcool camphré	+

INDICATIONS

C'est une solution *anesthésique*.

Elle est utilisée dans le *traitement d'appoint* des douleurs dentaires.

CONTRE-INDICATIONS

Ce médicament ne doit pas être utilisé dans les cas suivants :

- *allergie* aux *anesthésiques* locaux,
- enfant de moins de 30 mois.

GROSSESSE, ALLAITEMENT ET NOUVEAU-NÉ

L'effet de ce médicament pendant la grossesse ou l'allaitement est mal connu. L'évaluation du risque éventuel lié à son utilisation est individuelle : demandez conseil à votre pharmacien ou à votre médecin.

MODE D'EMPLOI ET POSOLOGIE

Appliquer sur la région douloureuse un tampon de coton imprégné de solution.

Posologie usuelle :

Les applications peuvent être répétées au cours de la journée selon l'intensité des douleurs.

DÉPAKINE

valproate de sodium

PRÉSENTATION

DÉPAKINE : solution buvable ; flacon 40 ml (seringue doseuse en mg et ml) - Remb. 65 % - Liste II

DÉPAKINE : sirop ; flacon 150 ml (cuillère-mesure 100 mg-200 mg) - Remb. 65 % - Liste II

DÉPAKINE 200 mg : comprimé rond *gastro-résistant* (blanc) ; boîte de 40 - Remb. 65 % - Liste II

DÉPAKINE 500 mg : comprimé rond *gastro-résistant* (ivoire) ; boîte de 40 - Remb. 65 % - Liste II

DÉPAKINE CHRONO 500 mg : comprimé à *libération prolongée* oblong sécable (blanc) ; boîte de 30 - Remb. 65 % - Liste II

Laboratoires Labaz

COMPOSITION

	sol. buv p. ml	sirop p. c. mes.	p. comp.
Valproate de sodium	200 mg	200 mg	200 mg

	p. comp.	p. comp. L.P.
Valproate de sodium	500 mg	500 mg
dont acide valproïque		145 mg

INDICATIONS

C'est un antiépileptique qui appartient à la famille des *anticonvulsivants* non barbituriques.

Il est utilisé dans :

- le traitement des *épilepsies*,
- le *traitement préventif* des *convulsions* liées à la fièvre chez l'enfant,
- le traitement des tics rebelles de l'enfant.

CONTRE-INDICATIONS

Ce médicament ne doit pas être utilisé dans les cas suivants :

- *hépatite*,
- en association avec la méfloquine.

ATTENTION

Une *hépatite* peut exceptionnellement survenir pendant le traitement. Le *nourrisson* et les enfants de moins de 3 ans sont particulièrement exposés dans les 6 premiers jours de traitement.

Certains signes évocateurs doivent vous amener à consulter votre médecin : une perte de l'appétit, une fatigue anormale avec nausées et parfois vomissements et douleurs abdominales, voire la réapparition des crises d'*épilepsie*.

Des analyses de sang régulières sont pratiquées pour la surveillance du traitement.

Si vous souffrez d'*insuffisance rénale*, prévenez votre médecin afin qu'il puisse adapter la *posologie*.

Ne modifiez ni n'interrompez jamais votre traitement sans l'avis de votre médecin : risque de réapparition des *convulsions* même si aucune crise n'est survenue depuis une longue période.

Évitez les boissons alcoolisées : augmentation du risque de somnolence et de convulsions.

INTERACTIONS MÉDICAMENTEUSES

Ce médicament ne doit pas être utilisé en association avec la méfloquine (LARIAM) : risque de crise d'*épilepsie*.

Il peut interagir avec d'autres médicaments, notamment les *sédatifs* barbituriques, les *antidépresseurs* imipraminiques et certains autres antiépileptiques. Signalez tout autre traitement en cours à votre médecin ou à votre pharmacien.

GROSSESSE, ALLAITEMENT ET NOUVEAU-NÉ

Grossesse et nouveau-né :

Si une grossesse survient sous traitement, consultez votre médecin. L'arrêt brutal de ce médicament expose à la réapparition de crises préjudiciables à la mère et à l'enfant à naître. Le médecin appréciera le risque éventuel lié à l'utilisation de ce médicament dans votre cas. Des examens particuliers permettent de vérifier l'absence d'anomalie chez l'enfant à naître.

Si le traitement est poursuivi jusqu'à l'accouchement, une surveillance médicale du *nouveau-né* est nécessaire.

Allaitement :

Ce médicament passe faiblement dans le lait maternel.

MODE D'EMPLOI ET POSOLOGIE

Les différentes formes de ce médicament peuvent être avalées avec un peu d'eau au moment des repas. Les comprimés doivent être avalés sans être croqués, ni écrasés.

Le comprimé DÉPAKINE CHRONO 500 mg est réservé à l'adulte et à l'enfant de plus de 17 kg.

Posologie usuelle :

Strictement individuelle, elle est adaptée progressivement par le médecin en fonction de l'indication.

Afin d'éviter les oublis, il est recommandé de prendre ce médicament à heure fixe.

La prise de ce médicament au cours du repas peut limiter les *troubles digestifs*.

Veillez à ne pas manquer de ce médicament ; lors de vos déplacements, munissez-vous d'une réserve ou de votre ordonnance en cours de validité.

EFFETS INDÉSIRABLES POSSIBLES

Maux d'estomac et nausées en début de traitement, disparaissant au cours de celui-ci.

Prise de poids, absence de règles, règles irrégulières.

Tremblements, chute de cheveux souvent passagère et toujours réversible à l'arrêt du traitement.

Confusion des idées surtout en cas d'association à d'autres *anticonvulsivants*.

Hépatite, exceptionnellement (voir ATTENTION).

DÉPAMIDE

valpromide

PRÉSENTATION

DÉPAMIDE : comprimé *gastrorésistant* (jaune) ; boîte de 30 - Remb. 65 % - Liste II

Laboratoires Labaz

COMPOSITION

	p. comp.
Valpromide	300 mg

INDICATIONS

Ce médicament appartient à la famille des *anticonvulsivants* non barbituriques. Il possède également des propriétés sédatives et il lutte contre les *états dépressifs* ou anormalement euphoriques.

Il est utilisé en association dans les *épilepsies* et certains troubles nerveux.

ATTENTION

Une *hépatite* peut exceptionnellement survenir pendant le traitement. Certains signes évocateurs doivent vous amener à consulter votre médecin : une perte de l'appétit, une fatigue anormale avec nausées et parfois vomissements. Des analyses de sang sont pratiquées pour la surveillance du traitement.

Évitez les boissons alcoolisées : augmentation du risque de somnolence.

INTERACTIONS MÉDICAMENTEUSES

Ce médicament peut interagir avec d'autres médicaments, notamment ceux contenant de la carbamazépine (TÉGRÉTOL). Signalez tout autre traitement en cours à votre médecin ou à votre pharmacien.

GROSSESSE, ALLAITEMENT ET NOUVEAU-NÉ

Grossesse et nouveau-né :

Si une grossesse survient pendant le traitement, consultez votre médecin. L'arrêt brutal de ce médicament expose à la réapparition de crises préjudiciables à la mère et à l'enfant à naître. Votre médecin appréciera le risque éventuel lié à l'utilisation de ce médicament dans votre cas. Des examens particuliers permettent de vérifier l'absence d'anomalie chez l'enfant à naître.

Si le traitement est poursuivi jusqu'à l'accouchement, une surveillance médicale du *nouveau-né* est nécessaire.

MODE D'EMPLOI ET POSOLOGIE

Répartir les doses en 2 fois, matin et soir, de préférence au cours des repas.

Posologie usuelle :

- Adulte et adolescent : strictement individuelle, la *posologie* est adaptée progressivement par votre médecin en fonction de l'indication.

EFFETS INDÉSIRABLES POSSIBLES

Le plus souvent en association avec d'autres *sédatifs* : somnolence, confusion des idées.

Certains signes doivent faire penser à une *hépatite*, de survenue exceptionnelle : perte de l'appétit, fatigue anormale avec démangeaisons, nausées, selles décolorées, urines foncées, jaunisse ; consultez votre médecin.

DÉPO-MÉDROL

méthylprednisolone

PRÉSENTATION

DÉPO-MÉDROL 40 mg : suspension injectable ; boîte de 1 flacon 1 ml et 1 seringue avec 2 aiguilles - Remb. 65 % - Liste I

DÉPO-MÉDROL 80 mg : suspension injectable ; boîte de 1 seringue 2 ml prête à l'emploi avec aiguille - Remb. 65 % - Liste I

Laboratoires Upjohn

COMPOSITION

	p. 1 ml	p. 2 ml
Méthylprednisolone	40 mg	80 mg

INDICATIONS

C'est un *anti-inflammatoire* stéroïdien qui appartient à la famille des *corticoïdes* de synthèse (dérivés chimiques de la *cortisone* naturelle). Les propriétés de la cortisone sont nombreuses, mais ce produit est surtout utilisé pour son effet anti-inflammatoire puissant et rapide. Il présente, à efficacité égale, moins d'effets indésirables que la cortisone naturelle. L'effet de ce médicament dure 7 ou 18 jours, selon la *voie* d'injection.

Il est utilisé dans le traitement de nombreuses affections chroniques inflammatoires ou allergiques. Il est également utilisé en traitement local (*infiltrations*), notamment dans les cas suivants :
- *inflammation* des articulations, des tendons et ligaments, poussées douloureuses d'*arthrose* ;
- inflammation du rectum, des *sinus* ;
- cicatrice *chéloïde*.

CONTRE-INDICATIONS

Ce médicament ne doit pas être utilisé dans les cas suivants :
- maladies virales en évolution (*zona*, *herpès* oculaires),
- infection ou *mycose* non contrôlée par un traitement adapté,
- *goutte*,
- *cirrhose* alcoolique grave,
- *hépatite* virale aiguë,
- *psychose*,
- *ulcère* de l'estomac ou du *duodénum* en évolution.

ATTENTION

L'injection de ce médicament ne doit être pratiquée que sous contrôle médical.

En cas de traitement prolongé, l'arrêt de celui-ci doit être progressif pour permettre aux glandes *surrénales* de reprendre la synthèse de *cortisone* naturelle. Un arrêt brutal expose par ailleurs à une rechute de la maladie traitée. Cette précaution n'est utile que lorsque la durée du traitement dépasse 7 jours.

INTERACTIONS MÉDICAMENTEUSES

En cas d'injections répétées, ce médicament peut interagir avec d'autres médicaments et avec certains *vaccins*. Signalez tout traitement en cours à votre médecin ou à votre pharmacien.

GROSSESSE, ALLAITEMENT ET NOUVEAU-NÉ

Grossesse :

Seul votre médecin peut évaluer le risque éventuel de l'utilisation de ce médicament dans votre cas pendant la grossesse et en particulier durant les derniers mois.

Allaitement :

Ce médicament passe dans le lait maternel : il est déconseillé pendant l'allaitement.

MODE D'EMPLOI ET POSOLOGIE

L'injection se fait par *voie* intramusculaire profonde. Les *infiltrations* sont réalisées par le médecin à proximité ou dans la zone lésée.

Posologie usuelle :

Elle dépend de la gravité de la maladie traitée. Des doses importantes (plusieurs ampoules) peuvent être nécessaires.

L'effet de ce médicament dure environ 18 jours par voie intramusculaire et ne dépasse pas 7 jours en infiltration.

Afin de compenser une baisse du taux de *potassium* dans le sang lors d'un traitement prolongé, le médecin peut être amené à prescrire du potassium.

EFFETS INDÉSIRABLES POSSIBLES

En cas de traitement prolongé et à forte dose :
- rétention d'eau et de sel avec parfois *hypertension artérielle* ;
- baisse du taux de *potassium* dans le sang ;
- gonflement du visage et du buste, taches cutanées violacées, apparition de poils ;
- surexcitation avec euphorie et troubles du sommeil ;
- *atrophie* musculaire, *ostéoporose* ;
- *diabète* (réversible), arrêt de la croissance chez l'enfant, troubles des règles ;
- *gastrite*, *ulcère* ;
- certaines formes de *glaucome* ou de *cataracte*.

DÉPO-PRODASONE

médroxyprogestérone

PRÉSENTATION

DÉPO-PRODASONE 250 mg/5 ml : suspension injectable ; flacon 5 ml - Remb. 65 % - Liste I

Laboratoires Upjohn

COMPOSITION

	p. fl.
Médroxyprogestérone acétate	250 mg

INDICATIONS

Ce médicament contient une *hormone* proche de la *progestérone*.

Il est utilisé dans le traitement de l'*endométriose*.

CONTRE-INDICATIONS

Ce médicament ne doit pas être utilisé dans les cas suivants :
- *hypertension artérielle* grave ;
- *antécédent* d'*accident thrombo-embolique* (*phlébite*, *embolie* pulmonaire...) ;
- *insuffisance hépatique* grave ;
- **grossesse** (3 premiers mois).

ATTENTION

Des précautions sont nécessaires en cas d'*antécédent* d'*infarctus du myocarde*, de mauvaise circulation du sang, d'*hypertension artérielle* ou de *diabète*.

INTERACTIONS MÉDICAMENTEUSES

Ce médicament peut interagir avec d'autres médicaments. Signalez tout autre traitement en cours à votre médecin ou à votre pharmacien.

GROSSESSE, ALLAITEMENT ET NOUVEAU-NÉ

Grossesse :

Ce médicament est contre-indiqué pendant les 3 premiers mois de la grossesse : risque de malformation des organes sexuels chez l'enfant à naître.

Allaitement :

Ce médicament passe dans le lait maternel.

MODE D'EMPLOI ET POSOLOGIE

Ce médicament doit être injecté par *voie* intramusculaire profonde.

Posologie usuelle :

Elle est strictement individuelle et varie selon les cas.

EFFETS INDÉSIRABLES POSSIBLES

Modification ou arrêt des règles, saignement entre les règles.

Exceptionnellement : aggravation d'une *insuffisance veineuse*, prise de poids, *troubles digestifs*, jaunisse, démangeaison.

DÉPO-PROVERA

médroxyprogestérone

PRÉSENTATION

DÉPO-PROVERA : suspension injectable ; boîte de 1 flacon 3 ml - Remb. 65 % - Liste I

Laboratoires Upjohn

COMPOSITION

	p. fl.
Médroxyprogestérone acétate	150 mg

INDICATIONS

Ce médicament contient un *progestatif*.

Il est utilisé par *voie* injectable comme *contraceptif* de longue durée d'action, quand un autre mode de contraception n'est pas possible.

CONTRE-INDICATIONS

Ce médicament ne doit pas être utilisé en cas de :
- maladie du foie grave ou récente ;
- *insuffisance hépatique* ;
- certains cancers du sein ou de l'utérus ;
- certaines maladies cardiaques ou *vasculaires*, notamment l'*hypertension artérielle* et les *antécédents* de *phlébite* ;
- certaines causes de saignement entre les règles ;
- *diabète*, obésité, *fibrome* ;
- **grossesse** ;
- **allaitement.**

ATTENTION
Une surveillance médicale et des analyses sont nécessaires avant et pendant le traitement.

INTERACTIONS MÉDICAMENTEUSES

L'efficacité de ce *contraceptif* peut être diminuée par la prise de certains médicaments : les *barbituriques*, certains antiépileptiques (TÉGRÉTOL, DI-HYDAN...), les médicaments contenant de la rifampicine (RIMACTAN, RIFADINE...) ou de la griséofulvine (FULCINE, GRISÉFULINE...).

GROSSESSE, ALLAITEMENT ET NOUVEAU-NÉ

Grossesse :
Ce médicament est contre-indiqué pendant la grossesse.

Allaitement :
Ce médicament passe dans le lait maternel : l'allaitement est contre-indiqué.

MODE D'EMPLOI ET POSOLOGIE

La solution doit être injectée par *voie* intramusculaire profonde.

EFFETS INDÉSIRABLES POSSIBLES

Irrégularité des cycles en début de traitement.

Saignement entre les règles, *œdèmes* périodiques, douleur ou tension des seins.

En cas d'*antécédent* de jaunisse ou de démangeaisons au cours d'une grossesse : risque de récidive lors de la prise de ce *contraceptif*.

DÉPRÉNYL

sélégiline

PRÉSENTATION

DÉPRÉNYL : comprimé sécable (blanc) ; boîte de 30 - Remb. 65 % - Liste I

Laboratoires Schering-Plough

COMPOSITION

	p. comp.
Sélégiline chlorhydrate	5 mg

INDICATIONS

C'est un médicament qui appartient à la famille des *IMAO* sélectifs.

Il est utilisé dans le traitement de la maladie de *Parkinson* en association avec la lévodopa (LARODOPA, MODOPAR, SINEMET...), dont il renforce l'action.

CONTRE-INDICATIONS

Ce médicament ne doit pas être utilisé en association avec la fluoxétine ou la péthidine.

ATTENTION
Si vous souffrez d'une maladie cardiaque, de troubles psychiques ou en cas d'*antécédents* d'*ulcère* de l'estomac ou du *duodénum*, prévenez votre médecin.
Une surveillance médicale stricte est nécessaire en début de traitement.

INTERACTIONS MÉDICAMENTEUSES

Ce médicament ne doit pas être associé à :
- la péthidine (DOLOSAL...) : risque de fièvre, de raideur musculaire, de troubles psychiques ;
- la fluoxétine (PROZAC...) : risque d'élévation brutale de la tension artérielle, ou de troubles psychiques.

L'interaction peut persister plusieurs jours ou même plusieurs semaines après l'arrêt de l'un d'entre eux.

Signalez tout autre traitement en cours, ou récemment arrêté, à votre médecin ou à votre pharmacien.

GROSSESSE, ALLAITEMENT ET NOUVEAU-NÉ

Grossesse :
L'effet de ce médicament sur l'enfant à naître est mal connu. Seul votre médecin peut apprécier la nécessité du traitement et son risque pendant la grossesse.

MODE D'EMPLOI ET POSOLOGIE

Posologie usuelle :
1 à 2 comprimés par jour.

EFFETS INDÉSIRABLES POSSIBLES

Ce médicament renforce l'activité de la lévodopa ; il peut en augmenter les effets indésirables.

DÉPURATIF DES ALPES

PRÉSENTATION

DÉPURATIF DES ALPES : solution buvable (brun noir) ; flacon 125 ml - Non remb.

Laboratoires Sodia

COMPOSITION

	p. c. à c.
Séné, folioles	
Bourdaine, écorces	
Réglisse, racines	
Soit anthraquinones	8,4 mg
Chlorure de magnésium	157 mg
Alcool	0,74 ml

INDICATIONS

C'est un *laxatif stimulant*. Il augmente les sécrétions et la motricité de l'intestin.

Ce médicament est utilisé comme *traitement symptomatique* de la constipation.

CONTRE-INDICATIONS

Ce médicament ne doit pas être utilisé dans les cas suivants :
- *insuffisance rénale* grave ;
- maladies inflammatoires du côlon ;
- constipation ou douleur abdominale due à une obstruction du tube digestif : rétrécissement intestinal, *fécalome* (bouchon de selles) ;
- enfant de moins de 15 ans.

ATTENTION
Ce médicament doit être utilisé de façon épisodique et en cure très brève : pas plus de 8 à 10 jours.
Son usage régulier peut entraîner :
- une *dépendance*,
- des troubles intestinaux graves,
- une perte de sels minéraux et notamment de *potassium*, pouvant entraîner des *troubles du rythme cardiaque* graves.

Arrêter le traitement en cas de diarrhée ou de douleurs abdominales.

INTERACTIONS MÉDICAMENTEUSES

Ce médicament peut interagir avec d'autres médicaments, notamment ceux contenant de la *vincamine* et certains *antiarythmiques*. Signalez tout autre traitement en cours à votre médecin ou à votre pharmacien.

GROSSESSE, ALLAITEMENT ET NOUVEAU-NÉ

Ce médicament est déconseillé pendant la grossesse ou l'allaitement.

MODE D'EMPLOI ET POSOLOGIE

Ce médicament peut être pris en début de repas ou le soir au coucher. Agiter le flacon avant l'emploi.

L'effet ne peut être obtenu qu'après environ 6 heures.

Posologie usuelle :
- Adulte : 2 à 3 cuillères à café par jour.

Des mesures simples d'hygiène alimentaire et des exercices physiques sont à envisager avant d'utiliser un laxatif : parlez-en à votre médecin ou à votre pharmacien.

EFFETS INDÉSIRABLES POSSIBLES

Diarrhée, douleurs abdominales.

DÉPURATIF PARNEL

PRÉSENTATION

DÉPURATIF PARNEL : sirop ; flacon 150 ml - Non remb.

Laboratoires Médecine Végétale

COMPOSITION

	p. c. à c.
Bardane, extrait fluide	129,5 mg
Pensée sauvage, extrait fluide	129,5 mg
Saponaire, extrait fluide	129,5 mg
Fumeterre, extrait fluide	32,4 mg
Salsepareille, extrait fluide	32,4 mg
Séné, extrait fluide	32,4 mg
Parahydroxybenzoate de méthyle sodé	9,7 mg
Saccharose	3,6 g

INDICATIONS

Ce médicament est une association d'extraits de plantes, qui agit en augmentant la production de bile ; il a par ailleurs une action laxative.

Il est utilisé dans le *traitement symptomatique* des digestions difficiles et de la constipation.

CONTRE-INDICATIONS

Ce médicament ne doit pas être utilisé dans les cas suivants :
- maladies inflammatoires du côlon,
- douleurs abdominales de cause indéterminée.

ATTENTION

Ce médicament contient un extrait de plante, le séné, qui est un *laxatif stimulant*. Ne pas l'utiliser de façon prolongée.

Ce médicament contient une quantité notable de *sucre* (saccharose).

Arrêtez le traitement en cas de diarrhée ou de douleurs abdominales.

GROSSESSE, ALLAITEMENT ET NOUVEAU-NÉ

Grossesse :

Ce médicament est déconseillé pendant la grossesse.

Allaitement :

Ce médicament contient certaines substances qui passent dans le lait maternel : il est déconseillé pendant l'allaitement.

MODE D'EMPLOI ET POSOLOGIE

Ce médicament doit être pris avant les trois repas.

Posologie usuelle :

1 cuillère à café dans une infusion ou un demi-verre d'eau, 3 fois par jour.

Ce traitement doit être accompagné de mesures simples d'hygiène alimentaire (régime riche en fibres et boissons abondantes) et d'exercices physiques : consultez votre médecin ou votre pharmacien.

EFFETS INDÉSIRABLES POSSIBLES

Diarrhée.

DÉPURATIF RICHELET

PRÉSENTATION

DÉPURATIF RICHELET vitamine PP : solution buvable ; flacon 200 ml - Non remb.

DÉPURATIF RICHELET vitamine PP : solution buvable sans sucre ; flacon 200 ml - Non remb.

Laboratoires Richelet

COMPOSITION

	p. c. à s.
Feuilles de noyer, extrait fluide	0,27 g
Feuilles de cresson, extrait fluide	0,27 g
Racines de raifort, extrait fluide	0,27 g
Feuilles de cochléaria, extrait fluide	0,27 g
Feuilles de ményanthe, extrait fluide	0,01 g
Écorce de cannelle, extrait fluide	0,004 g
Bigaradier, extrait fluide	0,16 g
Teinture de gentiane	0,115 g
Tanin	0,024 g
Chlorure de magnésium	0,130 g
Bromure de magnésium	0,008 g
Vitamine PP	0,010 g

INDICATIONS

C'est un dépuratif non laxatif qui contient des extraits de plantes, du magnésium et de la *vitamine* PP.

Il est utilisé comme *draineur* dans le *traitement symptomatique* de la fatigue, de certains troubles de la circulation et de certains problèmes de peau.

CONTRE-INDICATIONS

Ce médicament ne doit pas être utilisé dans les cas suivants :
- *allergie* aux bromures ou aux *salicylés*,
- *insuffisance rénale* grave.

GROSSESSE, ALLAITEMENT ET NOUVEAU-NÉ

Ce médicament ne contient que des substances présumées sans danger pendant la grossesse ou l'allaitement. Néanmoins, ne l'utilisez pas de façon prolongée sans l'avis de votre pharmacien ou de votre médecin.

MODE D'EMPLOI ET POSOLOGIE

Ce médicament doit être pris de préférence avant les repas.

Posologie usuelle :

1 cuillère à soupe, 3 fois par jour.

Une fatigue persistante ne doit pas vous conduire à augmenter les prises de ce médicament : consultez votre médecin.

DEPURATUM

PRÉSENTATION

DEPURATUM : gélule (marron) ; boîte de 60 - Non remb.

Laboratoires Lehning

COMPOSITION

	p. gél.
Arrête-bœuf, racine	12,8 mg
Bouleau, feuille	25,5 mg
Acore odorant, rhizome	12,8 mg
Romarin, feuille	38,2 mg
Genévrier, fruit	102 mg
Rhapontic, racine	25,5 mg
Fumeterre, herbe	12,8 mg
Aloès, suc	25,5 mg
Séné, folioles	51 mg
Bourdaine, écorce	25,5 mg
Thym, herbe	12,7 mg

INDICATIONS

Ce médicament est une association de plantes qui contient des *laxatifs stimulants*. Il augmente les sécrétions et la motricité de l'intestin.

Il est utilisé comme *traitement symptomatique* de la constipation et des *troubles digestifs*.

CONTRE-INDICATIONS

Ce médicament ne doit pas être utilisé dans les cas suivants :
- maladies inflammatoires du côlon,
- constipation ou douleur abdominale due à une obstruction du tube digestif : rétrécissement intestinal, *fécalome* (bouchon de selles).

ATTENTION

Ce médicament doit être utilisé de façon épisodique et en cure très brève : pas plus de 8 à 10 jours.

Son usage régulier peut entraîner :
- une *dépendance*,
- des troubles intestinaux graves,
- une perte de sels minéraux et notamment de *potassium*, pouvant entraîner des *troubles du rythme cardiaque* graves.

Son usage doit rester exceptionnel chez l'enfant.

Arrêter le traitement en cas de diarrhée ou de douleurs abdominales.

INTERACTIONS MÉDICAMENTEUSES

Ce médicament peut interagir avec d'autres médicaments, notamment certains *antiarythmiques* et ceux contenant de la *vincamine*. Signalez tout autre traitement en cours à votre médecin ou à votre pharmacien.

GROSSESSE, ALLAITEMENT ET NOUVEAU-NÉ

Ce médicament est déconseillé pendant la grossesse ou l'allaitement.

MODE D'EMPLOI ET POSOLOGIE

Les gélules doivent être avalées avec un peu d'eau.

L'effet ne peut être obtenu qu'après environ 10 heures.

Posologie usuelle :

2 ou 3 gélules, matin et soir.

Des mesures simples d'hygiène alimentaire et des exercices physiques sont à envisager avant d'utiliser un laxatif : parlez-en à votre médecin ou à votre pharmacien.

EFFETS INDÉSIRABLES POSSIBLES

Diarrhée, douleurs abdominales.

DERGIFLUX

dihydroergotamine

PRÉSENTATION

DERGIFLUX : solution buvable ; flacon 50 ml (1 ml = 20 gouttes) - Remb. 65 % - Liste II

Laboratoires Gallier

COMPOSITION

	p. ml
Dihydroergotamine mésilate	2 mg
Alcool à 95°	+

INDICATIONS

C'est un *vasoconstricteur* qui appartient à la famille des dérivés de l'*ergot de seigle*.

Il est utilisé dans le *traitement de fond* de la *migraine* et de certains maux de tête d'origine *vasculaire*. Il vise à espacer les crises et à diminuer leur intensité. Il peut être également utilisé dans le traitement de l'*hypotension orthostatique* et des troubles provenant d'une mauvaise circulation veineuse ou *lymphatique*.

CONTRE-INDICATIONS

Ce médicament ne doit pas être utilisé en association avec les *antibiotiques* de la famille des *macrolides*.

ATTENTION

Des précautions sont nécessaires en cas d'*insuffisance hépatique* ou d'*insuffisance rénale* graves.

La dihydroergotamine peut diminuer l'effet de certains médicaments utilisés dans l'*angine de poitrine*.

INTERACTIONS MÉDICAMENTEUSES

Ce médicament ne doit pas être associé aux *antibiotiques* de la famille des *macrolides* (érythromycine, josamycine ou roxithromycine) : risque d'*ergotisme*.

Il peut interagir avec d'autres médicaments. Signalez tout autre traitement en cours à votre médecin ou à votre pharmacien.

GROSSESSE, ALLAITEMENT ET NOUVEAU-NÉ

Grossesse :

L'effet de ce médicament sur l'enfant à naître est mal connu. Par mesure de prudence, son usage pendant la grossesse est déconseillé.

Allaitement :

Les données actuellement disponibles ne permettent pas de savoir si ce médicament passe dans le lait maternel : par mesure de prudence, il est déconseillé pendant l'allaitement.

MODE D'EMPLOI ET POSOLOGIE

Ce médicament sera pris avec un peu d'eau, de préférence au cours des repas.

Posologie usuelle :

- Adulte : 30 gouttes, 3 fois par jour.

L'efficacité de ce *traitement de fond* dépend d'une prise régulière et prolongée du médicament.

La solution buvable doit être maintenue à l'abri de la lumière.

EFFETS INDÉSIRABLES POSSIBLES

Nausées, surtout en cas de prise à jeun.

DERGOTAMINE

dihydroergotamine

PRÉSENTATION

DERGOTAMINE : solution buvable ; flacon 100 ml (20 gouttes = 1 ml) - Remb. 65 % - Liste II

Laboratoires Abbott-France

COMPOSITION

	p. 30 gtes
Dihydroergotamine mésilate	3 mg
Alcool à 95°	+

INDICATIONS

Ce *vasoconstricteur* appartient à la famille des dérivés de l'*ergot de seigle*.

Ce médicament est utilisé dans le *traitement de fond* de la *migraine* et de certains maux de tête d'origine *vasculaire*. Il vise à espacer les crises et à diminuer leur intensité. Il peut être également utilisé dans le traitement de l'*hypotension orthostatique*.

CONTRE-INDICATIONS

Ce médicament ne doit pas être utilisé en association avec les *antibiotiques* de la famille des *macrolides*.

ATTENTION

Des précautions sont nécessaires en cas d'*insuffisance rénale* ou d'*insuffisance hépatique* graves.

La dihydroergotamine peut diminuer l'effet de certains médicaments utilisés dans le traitement de l'*angine de poitrine*.

INTERACTIONS MÉDICAMENTEUSES

Ce médicament ne doit pas être associé aux *antibiotiques* de la famille des *macrolides* (érythromycine, josamycine ou roxithromycine) : risque d'*ergotisme*.

Il peut interagir avec d'autres médicaments : signalez tout autre traitement en cours à votre médecin ou à votre pharmacien.

GROSSESSE, ALLAITEMENT ET NOUVEAU-NÉ

Grossesse :

L'effet de ce médicament sur l'enfant à naître est mal connu. Par mesure de prudence, son usage pendant la grossesse est déconseillé.

Allaitement :

Les données actuellement disponibles ne permettent pas de savoir si ce médicament passe dans le lait maternel : par mesure de prudence, il est déconseillé.

MODE D'EMPLOI ET POSOLOGIE

Les gouttes doivent être diluées dans un peu d'eau et prises au cours des repas.

Posologie usuelle :

- Adulte : 30 gouttes, 3 fois par jour.

L'efficacité de ce *traitement de fond* dépend d'une prise régulière et prolongée du médicament.

La solution buvable doit être maintenue à l'abri de la lumière.

EFFETS INDÉSIRABLES POSSIBLES

Nausées, surtout en cas de prise à jeun.

DÉRINOX

PRÉSENTATION

DÉRINOX : solution nasale ; ampoule 15 ml et flacon pulvérisateur - Remb. 35 % - Liste I

Laboratoires Thérabel Lucien

COMPOSITION

	p. 100 ml
Prednisolone	0,020 g
Phényléphrine chlorhydrate	0,25 g
Naphazoline nitrate	0,025 g
Cétrimide	0,020 g

INDICATIONS

Cette solution nasale contient un *anti-inflammatoire* de la famille des *corticoïdes*, des *vasoconstricteurs*, et un *antiseptique*.

Elle est utilisée dans le *traitement symptomatique* des affections congestives aiguës du nez : *rhinite*, *rhino-pharyngite*.

CONTRE-INDICATIONS

Ce médicament ne doit pas être utilisé dans les cas suivants :
- traitement en cours par un *antidépresseur* de type *IMAO* non sélectif,
- *glaucome* à angle fermé,
- enfant de moins de 7 ans,
- infection non contrôlée par un traitement adapté.

ATTENTION

Des précautions sont nécessaires en cas d'*hypertension artérielle*, d'*insuffisance coronarienne*, d'*hyperthyroïdie*.

L'utilisation prolongée ou répétée des *vasoconstricteurs* expose à un risque de *rhinite* grave, parfois irréversible. La brièveté de l'effet décongestionnant ne doit pas vous conduire à dépasser la *posologie* prescrite par votre médecin.

INTERACTIONS MÉDICAMENTEUSES

Ce médicament ne doit pas être associé aux *antidépresseurs* de type *IMAO* non sélectifs (MARSILID, NIAMIDE) : risque de crise hypertensive.

GROSSESSE, ALLAITEMENT ET NOUVEAU-NÉ

L'effet de ce médicament pendant la grossesse ou l'allaitement est mal connu : seul votre médecin peut évaluer le risque éventuel de son utilisation dans votre cas.

MODE D'EMPLOI ET POSOLOGIE

Ce médicament peut être pulvérisé au cours d'une brève inspiration. Il peut aussi être utilisé en aérosol, à l'aide d'un générateur électrique disponible en pharmacie. Dans ce cas, respectez le mode d'emploi de l'appareil.

Posologie usuelle :

1 pulvérisation dans chaque narine, 3 ou 6 fois par jour, ou en aérosol de 5 ml, 1 fois par jour.

Ce médicament peut provoquer des effets secondaires graves chez l'enfant : ne le laissez pas à sa portée.

EFFETS INDÉSIRABLES POSSIBLES

Sécheresse nasale.

Plus rarement, en cas de passage dans le sang : maux de tête, insomnie, accélération du cœur.

DERMACHROME

thiomersal, lidocaïne, phényléphrine

PRÉSENTATION

DERMACHROME : solution pour application locale (incolore) ; flacon compte-gouttes 30 ml - Non remb.

DERMACHROME : solution pour application locale (incolore) ; flacon pulvérisateur - Non remb.

Laboratoires Goupil

COMPOSITION

	p. 100 ml
Thiomersal	0,100 g
Lidocaïne chlorhydrate	1 g
Phényléphrine	0,250 g

INDICATIONS

C'est un *antiseptique* local appartenant à la famille des dérivés mercuriels, associé à un *anesthésique* local et à un *hémostatique*.

Il est utilisé pour désinfecter la peau et les plaies superficielles.

CONTRE-INDICATIONS

Ce médicament ne doit pas être utilisé dans les cas suivants :
- *allergie* aux dérivés mercuriels,
- enfant de moins de 30 mois.

ATTENTION

Cet *antiseptique* ne doit pas être utilisé sur les *muqueuses*.

N'utilisez pas ce médicament sur une large surface de peau sans avis médical : risque de passage du médicament dans le sang.

INTERACTIONS MÉDICAMENTEUSES

L'association de ce médicament à d'autres *antiseptiques* est déconseillée : risque d'annulation de leurs effets ou de formation de substances caustiques.

GROSSESSE, ALLAITEMENT ET NOUVEAU-NÉ

L'absence d'effets nocifs de ce médicament n'a pas été établie pendant la grossesse ou l'allaitement.

MODE D'EMPLOI ET POSOLOGIE

Badigeonnez, ou vaporisez sur les surfaces à traiter après les avoir nettoyées à l'eau.

Le simple lavage à l'eau et au savon permet d'éliminer la majorité des *germes* : il doit être suivi d'un rinçage soigneux car le savon peut inactiver certains *antiseptiques*.

Tous les antiseptiques peuvent être contaminés par des germes : ne les conservez pas inutilement.

EFFETS INDÉSIRABLES POSSIBLES

Allergie cutanée.

DERMACIDE

PRÉSENTATION

DERMACIDE : solution moussante pour application locale ; flacon 250 ml - Non remb.

DERMACIDE : solution moussante pour application locale ; flacon 500 ml - Non remb.

DERMACIDE : solution moussante pour application locale ; flacon 1 000 ml - Non remb.

DERMACIDE : pain ; boîte de 1 pain (90 g) - Non remb.

DERMACIDE : pain ; boîte de 2 pains (90 g) - Non remb.

Laboratoires CS

COMPOSITION

	p. 100 ml
Acide salicylique	0,2 g
Acide tartrique	0,7 g
Oxyquinol	0,1 g
Laurylsulfate de sodium	2 g
Propionate de sodium	0,1 g

INDICATIONS

C'est un *antiseptique* local qui a une action détergente.

Il est utilisé pour nettoyer et désinfecter la peau ou les *muqueuses*.

ATTENTION

Ne pas mettre en contact avec les yeux.

Éviter une utilisation répétée sur une peau desséchée ou un *eczéma* suintant.

INTERACTIONS MÉDICAMENTEUSES

L'association à d'autres *antiseptiques* est déconseillée car leurs effets risquent de s'annuler.

GROSSESSE, ALLAITEMENT ET NOUVEAU-NÉ

L'utilisation ponctuelle de ce médicament pendant la grossesse ou l'allaitement ne semble pas poser de problème particulier.

MODE D'EMPLOI ET POSOLOGIE

Le savon liquide est à utiliser dilué.

Posologie usuelle :

Pour la peau : mélanger 1 volume du produit avec 2 volumes d'eau.

En *irrigation vaginale* : 2 cuillères à soupe par litre d'eau.

La forme pain s'utilise comme un savon.

Dans tous les cas, il est nécessaire de rincer soigneusement.

La préparation diluée doit être employée immédiatement.

Tous les *antiseptiques* peuvent être contaminés par des *germes* : ne les conservez pas inutilement.

EFFETS INDÉSIRABLES POSSIBLES

Rare : irritation en cas d'utilisation prolongée ou répétée.

Comme tout produit acide, ce médicament peut favoriser une *mycose* (*candidose*...).

DERMICLONE

phénylbutazone, hydrocortisone, lidocaïne

PRÉSENTATION

DERMICLONE : pommade ; tube 35 g - Remb. 35 % - Liste I

Laboratoires Soekami Lefrancq

COMPOSITION

	p. 100 g
Phénylbutazone	3 g
Hydrocortisone acétate	1 g
Lidocaïne	3 g

INDICATIONS

Cette pommade *antalgique* contient un *anti-inflammatoire* non stéroïdien (*AINS*), un *corticoïde* et un *anesthésique* local.

Elle est utilisée dans le traitement local des entorses, des *tendinites*, des douleurs articulaires et des *phlébites* superficielles.

CONTRE-INDICATIONS

Ce médicament ne doit pas être utilisé dans les cas suivants :
- *allergie* aux *AINS* ou aux *anesthésiques* locaux,
- infection virale de la peau (*herpès*, varicelle, *zona*),
- en application sur un *eczéma*, des *muqueuses*, des plaies ou de la peau lésée.

ATTENTION

N'utilisez pas cette pommade de façon prolongée sans avis médical.

GROSSESSE, ALLAITEMENT ET NOUVEAU-NÉ

L'effet de ce médicament pendant la grossesse ou l'allaitement est mal connu : seul votre médecin peut évaluer le risque éventuel de son utilisation dans votre cas.

MODE D'EMPLOI ET POSOLOGIE

La pommade doit être appliquée en massage doux et prolongé.

Posologie usuelle :

2 ou 3 applications par jour.

Se laver les mains après application. En cas de contact accidentel avec les yeux, rincer abondamment.

EFFETS INDÉSIRABLES POSSIBLES

Imposant l'arrêt du traitement : *allergie* cutanée (*eczéma* de contact).

DERMO 6

vitamine B6

PRÉSENTATION

DERMO 6 : solution pour application locale ; flacon 200 ml - Remb. 65 %

Laboratoires Pharmadéveloppement

COMPOSITION

	p. 100 ml
Pyridoxine chlorhydrate (vitamine B6)	1,2 g
Alcool à 60°	+

INDICATIONS

Ce médicament d'action locale contient de la *vitamine* B6.

Il est utilisé pour traiter la *séborrhée* du visage ou du cuir chevelu.

GROSSESSE, ALLAITEMENT ET NOUVEAU-NÉ

L'utilisation ponctuelle de ce médicament pendant la grossesse ou l'allaitement ne semble pas poser de problème particulier.

MODE D'EMPLOI ET POSOLOGIE

Avant l'application, laver la zone à traiter et laisser sécher. La solution est appliquée à l'aide d'une compresse largement imprégnée.

Posologie usuelle :

Sur le cuir chevelu : 2 applications par jour.

Sur le visage : 2 applications par jour.

> Après le shampooing, bien laisser sécher le cuir chevelu : le contact de la solution avec des zones humides peut provoquer des picotements.

EFFETS INDÉSIRABLES POSSIBLES

Réaction allergique cutanée.

En cas d'usage prolongé :

- *atrophie* avec microhémorragie de la peau (*purpura*), dilatation des petits vaisseaux, vergetures, éruption de boutons ;
- développement anormal des poils, dessèchement, fragilisation et décoloration irrégulière de la peau ;
- rougeur autour de la bouche, apparition d'une *rosacée* ;
- retard de cicatrisation.

DERMOCALM

PRÉSENTATION

DERMOCALM : crème ; tube 30 g - Remb. 35 % - Liste I

Laboratoires Pharmadéveloppement

COMPOSITION

	p. 100 g
Hydrocortisone acétate	0,1 g
Rétinol (vitamine A)	200 000 UI
Lidocaïne	5 g
Framycétine sulfate	0,2 g

INDICATIONS

Cette crème contient un *dermocorticoïde*, de la *vitamine A*, un *anesthésique* et un *antibiotique* de la famille des *aminosides*.

Elle est utilisée pour traiter les brûlures superficielles de la peau.

CONTRE-INDICATIONS

Ce médicament ne doit pas être utilisé dans les cas suivants :

- infection et parasitose de la peau (ce médicament n'a pas d'effet anti-infectieux),
- lésion ulcérée ou suintante,
- *acné* et *rosacée*,
- *allergie* aux *anesthésiques* locaux ou aux *aminosides*,
- *nourrisson*.

> **ATTENTION**
> Suivez attentivement la prescription de votre médecin et n'utilisez pas cette crème de façon prolongée sans avis médical.

GROSSESSE, ALLAITEMENT ET NOUVEAU-NÉ

L'effet de ce médicament pendant la grossesse ou l'allaitement est mal connu : seul votre médecin peut évaluer le risque éventuel de son utilisation dans votre cas.

Nouveau-né :

Ce médicament est contre-indiqué chez le *nouveau-né*.

MODE D'EMPLOI ET POSOLOGIE

1 à 2 applications par jour, chez l'adulte comme chez l'enfant.

La lésion peut éventuellement être recouverte de gaze.

DERMOCUIVRE

sulfate de cuivre, oxyde de zinc

PRÉSENTATION

DERMOCUIVRE : pommade ; tube 25 g - Non remb.

Laboratoires Chauvin

COMPOSITION

	p. 100 g
Sulfate de cuivre	0,20 g
Oxyde de zinc	10 g
Lanoline	+

INDICATIONS

Cette pommade contient des *antiseptiques* locaux.

Elle est utilisée dans le traitement des maladies de la peau non suintantes : *eczéma*, coup de soleil, rougeur des fesses du *nourrisson* et gerçures.

> **ATTENTION**
> N'utilisez pas cette pommade sur des surfaces étendues ou pendant de longues périodes, sans avis médical.

INTERACTIONS MÉDICAMENTEUSES

L'association à d'autres *antiseptiques* est déconseillée car leurs effets risquent de s'annuler.

GROSSESSE, ALLAITEMENT ET NOUVEAU-NÉ

L'effet de ce médicament pendant la grossesse ou l'allaitement est mal connu. L'évaluation du risque éventuel lié à son utilisation est individuelle : demandez conseil à votre pharmacien ou à votre médecin.

MODE D'EMPLOI ET POSOLOGIE

Posologie usuelle :

2 ou 3 applications par jour.

> La rougeur des fesses du *nourrisson* est souvent due à l'imprégnation de la peau par l'urine, sous la couche. Il est donc nécessaire de nettoyer et de rincer abondamment la peau avec de l'eau avant d'appliquer la pâte.
> Tous les *antiseptiques* peuvent être contaminés par des germes : ne les conservez pas inutilement après une première utilisation.

DERMO-SULFURYL

soufre, cuivre, zinc

PRÉSENTATION

DERMO-SULFURYL : pommade ; tube 28 g - Remb. 65 %

Laboratoires Aérocid

COMPOSITION

	p. 100 g
Soufre précipité	2 g
Sulfate de cuivre	0,20 g
Sulfate de zinc	0,10 g
Vaseline	+

INDICATIONS

Ce médicament d'action locale contient des substances *antiseptiques*.

Il est utilisé pour traiter la *séborrhée*.

CONTRE-INDICATIONS

Ce médicament ne doit pas être utilisé en cas d'*allergie* au soufre.

> **ATTENTION**
> Évitez son utilisation sur des lésions suintantes.

GROSSESSE, ALLAITEMENT ET NOUVEAU-NÉ

L'utilisation ponctuelle de ce médicament pendant la grossesse ou l'allaitement ne semble pas poser de problème particulier.

MODE D'EMPLOI ET POSOLOGIE

Posologie usuelle :

1 application, matin et soir.

EFFETS INDÉSIRABLES POSSIBLES

Poussée de comédons.

DERMOVAL

clobétasol

PRÉSENTATION

DERMOVAL : crème ; tube 10 g - Remb. 65 % - Liste I

DERMOVAL : gel ; flacon 20 ml - Remb. 65 % - Liste I

Laboratoires Glaxo

COMPOSITION

	p. 100 g
Clobétasol propionate	50 mg

INDICATIONS

C'est un *dermocorticoïde* d'activité très forte. Comme les autres dérivés de la *cortisone* à usage local, il freine le renouvellement et la multiplication des cellules de la peau et limite le suintement.

Il est utilisé pour le traitement des plaques limitées et résistantes de *psoriasis*, de *lupus érythémateux* discoïde, de *lichénification*. Il est également utilisé dans le traitement d'autres affections cutanées ayant résisté au traitement habituel, essentiellement l'*eczéma* et la *dermatite atopique*.

CONTRE-INDICATIONS

Ce médicament ne doit pas être utilisé dans les cas suivants :
- lésion infectée de la peau, notamment varicelle, *herpès*, *zona*, *impétigo* ;
- plaie, *ulcère* de la jambe, *escarre* ;
- *acné* et *rosacée* ;
- *nourrisson* de moins de 1 an.

ATTENTION

Comme les autres *dermocorticoïdes*, ce médicament a souvent une action efficace et rapide sur les lésions de la peau ; il peut être tentant de le réutiliser, mais l'automédication expose à des risques importants : aggravation de certaines lésions, installation d'une *dépendance* (amélioration de moins en moins visible des lésions et recrudescence des *symptômes* à chaque arrêt de traitement) et altération durable de la peau.

Suivez attentivement la prescription de votre médecin et n'hésitez pas à lui demander des explications.

GROSSESSE, ALLAITEMENT ET NOUVEAU-NÉ

L'effet de ce médicament pendant la grossesse ou l'allaitement est mal connu : seul votre médecin peut évaluer le risque éventuel de son utilisation dans votre cas.

MODE D'EMPLOI ET POSOLOGIE

Étaler la crème sur les lésions et la faire pénétrer par un léger massage. Pour traiter de grandes surfaces : appliquer en touches espacées, puis étaler avec un gant en plastique jusqu'à complète absorption.

Le gel est destiné au traitement des lésions du cuir chevelu. Il est appliqué en petites quantités, raie par raie.

Posologie usuelle :
- Adulte et enfant de plus de 1 an : 1 ou 2 applications de crème ou de gel par jour.

Le médecin prescrit fréquemment un arrêt progressif du traitement : espacement des applications ou diminution de la quantité appliquée.

☛ Ne conseillez pas, ne donnez pas ce médicament à un proche.

Pensez à vous laver les mains après l'application. En cas d'utilisation sur une grande surface de peau, le port d'un gant est recommandé.

EFFETS INDÉSIRABLES POSSIBLES

Ils apparaissent surtout en cas d'usage prolongé :
- *atrophie* avec microhémorragie de la peau (*purpura*), dilatation des petits vaisseaux, vergetures, éruption de boutons ;
- développement anormal des poils, dessèchement, fragilisation et décoloration irrégulière de la peau ;
- rougeur autour de la bouche, apparition d'une *rosacée* ;
- retard de cicatrisation.

DÉSATURA

allopurinol, benzbromarone

PRÉSENTATION

DÉSATURA : comprimé (blanc) ; boîte de 30 - Remb. 65 % - Liste I

Laboratoires Sanofi Winthrop

COMPOSITION

	p. comp.
Allopurinol	100 mg
Benzbromarone micronisée	25 mg

INDICATIONS

Ce médicament est un hypo-uricémiant : il diminue la quantité d'*acide urique* contenue dans le sang, à la fois en diminuant sa production dans l'organisme et en favorisant son élimination dans les urines et dans les selles.

Il est utilisé dans le traitement de l'excès d'acide urique et notamment dans le traitement de la *goutte*.

CONTRE-INDICATIONS

Ce médicament ne doit pas être utilisé dans les cas suivants :
- *allergie* à l'allopurinol,
- *insuffisance rénale* grave,
- calculs rénaux d'*acide urique*,
- **grossesse,**
- **allaitement.**

ATTENTION

Ce médicament n'est pas utilisé dans le *traitement de la crise* de *goutte*. Paradoxalement, il peut provoquer des crises de goutte en début de traitement. Le médecin lui associe généralement de la colchicine pendant le premier mois de traitement.

Des analyses de sang et d'urine sont nécessaires pour juger de l'efficacité du traitement.

INTERACTIONS MÉDICAMENTEUSES

Ce médicament peut interagir avec d'autres médicaments, notamment certaines *pénicillines* à spectre élargi (ampicilline). Signalez tout autre traitement en cours à votre médecin ou à votre pharmacien.

GROSSESSE, ALLAITEMENT ET NOUVEAU-NÉ

Ce médicament est contre-indiqué pendant la grossesse et l'allaitement.

MODE D'EMPLOI ET POSOLOGIE

Les comprimés doivent être avalés avec un peu d'eau, et pris de préférence après le petit déjeuner ou le déjeuner.

Posologie usuelle :
- Adulte : 1 comprimé par jour.

La posologie est adaptée en fonction du taux d'*acide urique*.

EFFETS INDÉSIRABLES POSSIBLES

En début de traitement, crise de *goutte* prévenue généralement par l'association de colchicine (voir ATTENTION).

Troubles digestifs (nausées, diarrhée, brûlures d'estomac), *allergie* cutanée : prévenez immédiatement votre médecin.

DESBLY

PRÉSENTATION

DESBLY : sirop ; flacon 150 ml - Non remb.

Laboratoires C.P.F.

COMPOSITION

	p. c. à c.
Benzoate de sodium	131,5 mg
Drosera, teinture	13 mg
Grindelia, teinture	13 mg
Bromure de sodium	52,5 mg
Sulfate de magnésium	105 mg
Serpolet	16 mg
Fleurs de coquelicot	66 mg
Saccharose	4 g

INDICATIONS

Ce médicament contient un *expectorant* (benzoate de sodium) et un *sédatif* (bromure de sodium).

Il est utilisé pour éviter l'assèchement des bronches et calmer les toux irritatives chez l'enfant.

ATTENTION

La toux est un *symptôme* qui peut révéler de nombreuses maladies : consultez votre médecin si elle persiste plus de quelques jours.

Ce médicament contient du *sucre* (saccharose) en quantité notable.

MODE D'EMPLOI ET POSOLOGIE

Les prises de ce médicament doivent être réparties au cours de la journée.

Posologie usuelle :
- Enfant de 6 à 8 ans : 2 cuillères à café, 4 à 6 fois par jour.
- Enfant de 4 à 5 ans : 2 cuillères à café, 3 ou 4 fois par jour.
- Enfant de 2 à 3 ans : 1 cuillère à café, 4 à 6 fois par jour.
- Enfant de 6 mois à 2 ans : 1 cuillère à café, 2 à 4 fois par jour.
- Enfant de moins de 6 mois : 1 cuillère à café, 1 ou 2 fois par jour.

☛ Des mesures simples permettent de calmer les toux sèches : boissons chaudes et humidification de l'air ambiant.

EFFETS INDÉSIRABLES POSSIBLES

Somnolence.

DÉSERNIL

méthysergide

PRÉSENTATION

DÉSERNIL SANDOZ : comprimé sécable (beige) ; boîte de 20 - Remb. 65 % - Liste II

Laboratoires Sandoz

COMPOSITION

	p. comp.
Méthysergide maléate acide	2,2 mg

INDICATIONS

C'est un antimigraineux qui s'oppose à la sérotonine, substance intervenant dans l'apparition de la *migraine*.

Il est utilisé dans le *traitement de fond* de la migraine et de certains maux de tête d'origine *vasculaire*. Il vise à espacer les crises et à diminuer leur intensité. Il peut être également utilisé dans les rares maladies digestives liées aux effets de la sérotonine.

CONTRE-INDICATIONS

Ce médicament ne doit pas être utilisé dans les cas suivants :
- *insuffisance hépatique* ou *insuffisance rénale* graves ;
- *hypertension artérielle*, *insuffisance coronarienne*, certains troubles circulatoires ;
- grossesse ;
- allaitement.

ATTENTION

Des précautions sont nécessaires en cas d'*insuffisance hépatique* ou d'*insuffisance rénale*.

L'utilisation continue de ce médicament ne doit pas dépasser 6 mois ; entre deux cures, respectez un délai de 1 mois. Ne prolongez pas votre traitement sans avis médical et respectez les interruptions prescrites par votre médecin.

GROSSESSE, ALLAITEMENT ET NOUVEAU-NÉ

Grossesse :

Ce médicament est contre-indiqué pendant la grossesse : risque d'augmentation des contractions.

Allaitement :

Les données actuellement disponibles ne permettent pas de savoir si ce médicament passe dans le lait maternel. Par mesure de prudence, l'allaitement est contre-indiqué.

MODE D'EMPLOI ET POSOLOGIE

Les comprimés doivent être pris de préférence au moment des repas.

Posologie usuelle :

- Adulte : 1 comprimé, 2 ou 3 fois par jour. Cette posologie est atteinte progressivement, en commençant par un demi-comprimé au dîner pendant quelques jours. La dose la plus faible possible est toujours recherchée par une réduction progressive de la posologie après quelques semaines de traitement.

EFFETS INDÉSIRABLES POSSIBLES

En début de traitement : fatigue, étourdissements, *troubles digestifs*, troubles du sommeil. Ces effets disparaissent en réduisant la *posologie*.

Rarement : éruptions cutanées.

L'utilisation continue de ce médicament sur une longue durée a pu entraîner une obstruction des *voies* urinaires, qui régresse à l'arrêt du traitement. En cas de douleurs lombaires ou abdominales, ou de difficultés à uriner, prévenez votre médecin.

DÉSINTEX

soufre

PRÉSENTATION

DÉSINTEX dragées : comprimé (blanc) ; boîte de 60 - Remb. 35 %

DÉSINTEX : solution buvable ; boîte de 14 ampoules - Remb. 35 %

Laboratoires Richard

COMPOSITION

	p. comp.	p. amp.
Thiosulfate de sodium (soufre)	250 mg	350 mg
Thiosulfate de magnésium (soufre)	50 mg	150 mg
Cyclamate de sodium		20 mg
Gluten	+	

INDICATIONS

Ce médicament contient du soufre.

Il est utilisé dans le traitement des *intolérances* alimentaires ou médicamenteuses, des *allergies*, des *rhinites* et des *rhino-pharyngites*.

CONTRE-INDICATIONS

Ce médicament ne doit pas être utilisé en cas d'*intolérance* au soufre.

ATTENTION

Des précautions sont nécessaires en cas d'*intolérance* au gluten (comprimé).

GROSSESSE, ALLAITEMENT ET NOUVEAU-NÉ

Ce médicament ne contient aucune substance connue pour être toxique pendant la grossesse ou l'allaitement.

MODE D'EMPLOI ET POSOLOGIE

Le contenu de l'ampoule peut être dilué dans un verre d'eau et avalé avant les repas.

Posologie usuelle :

1 ampoule matin et soir ou 1 ou 2 comprimés à chaque repas.

DÉSINTEX INFANTILE

soufre, calcium

PRÉSENTATION

DÉSINTEX INFANTILE : granulé ; boîte de 125 g - Remb. 35 %

Laboratoires Richard

COMPOSITION

	p. 100 g
Thiosulfate de sodium (soufre)	3,75 g
Thiosulfate de magnésium (soufre)	1,25 g
Gluconate de calcium	5 g
Carbonate de calcium	1 g

INDICATIONS

Ce médicament contient du soufre et du calcium.

Il est utilisé dans le traitement des *troubles digestifs*, des *intolérances* alimentaires ou médicamenteuses, des *allergies*, des *rhinites* et des *rhino-pharyngites*.

CONTRE-INDICATIONS

Ce médicament ne doit pas être utilisé en cas d'*intolérance* au soufre.

MODE D'EMPLOI ET POSOLOGIE

Les granulés peuvent être croqués ou délayés dans un liquide.

Posologie usuelle :

- Enfant : 2 à 4 cuillères à café de granulés par jour.
- Nourrisson : 1/2 cuillère à café de granulés par jour.

DÉSINTEX-CHOLINE

PRÉSENTATION

DÉSINTEX-CHOLINE : solution buvable, arôme menthe et anis ; boîte de 10 ampoules (10 ml) - Remb. 35 %

Laboratoires Richard

COMPOSITION

	p. amp.
Thiosulfate de sodium	0,35 g
Thiosulfate de magnésium	0,15 g
Chlorhydrate de choline	2,00 g
Dont sodium	64,86 mg

INDICATIONS

C'est une association de substances utilisée dans le *traitement symptomatique* des digestions difficiles, et de la constipation.

CONTRE-INDICATIONS

Ce médicament ne doit pas être utilisé en cas d'*insuffisance rénale* grave.

ATTENTION

Si vous souffrez d'obstruction des *voies biliaires*, parlez-en à votre médecin ou à votre pharmacien.

Ce médicament contient une quantité notable de *sel* (sodium).

GROSSESSE, ALLAITEMENT ET NOUVEAU-NÉ

L'effet de ce médicament pendant la grossesse ou l'allaitement est mal connu. L'évaluation du risque éventuel lié à son utilisation est individuelle : demandez conseil à votre pharmacien ou à votre médecin.

MODE D'EMPLOI ET POSOLOGIE

Le contenu des ampoules doit être dilué dans un peu d'eau et pris avant les repas.

Posologie usuelle :

1 ampoule, 2 fois par jour.

Ce médicament doit être accompagné d'une alimentation appropriée : parlez-en à votre médecin ou à votre pharmacien.

EFFETS INDÉSIRABLES POSSIBLES

Diarrhée.

DÉSOCORT auriculaire

chlorhexidine, prednisolone

PRÉSENTATION

DÉSOCORT : solution auriculaire ; flacon 5 ml - Remb. 35 % - Liste I

Laboratoires Chauvin

COMPOSITION

	p. 100 g
Chlorhexidine gluconate	0,05 g
Prednisolone métasulfobenzoate sodique	1 g

INDICATIONS

Ce médicament d'usage local contient un *antiseptique* et un *anti-inflammatoire* de la famille des *corticoïdes*.

Il est utilisé dans le traitement des *otites*.

CONTRE-INDICATIONS

Ce médicament ne doit pas être utilisé dans les cas suivants :
- perforation du tympan,
- infection non traitée.

ATTENTION

Ce médicament peut être dangereux en cas de tympan perforé : ne le réutilisez pas sans un contrôle médical de l'intégrité du tympan.

GROSSESSE, ALLAITEMENT ET NOUVEAU-NÉ

L'effet de ce médicament pendant la grossesse ou l'allaitement est mal connu : seul votre médecin peut évaluer le risque éventuel de son utilisation dans votre cas.

MODE D'EMPLOI ET POSOLOGIE

Les instillations sont faites en gardant la tête penchée pendant quelques minutes (bain d'oreille).

Afin de limiter la sensation désagréable de liquide froid dans l'oreille, il est conseillé de réchauffer le flacon dans la main avant l'instillation.

Posologie usuelle :

1 instillation de 4 à 8 gouttes dans l'oreille à traiter, 3 fois par jour.

La durée du traitement ne dépasse généralement pas 10 jours.

Si les troubles persistent malgré un traitement bien suivi, si une fièvre apparaît, consultez votre médecin.

Ne conservez pas inutilement ce médicament après une première utilisation.

EFFETS INDÉSIRABLES POSSIBLES

Troubles de l'audition ou de l'équilibre en cas de perforation du tympan (voir ATTENTION).

DÉSOCORT collyre

prednisolone, chlorhexidine

PRÉSENTATION

DÉSOCORT : collyre ; flacon 3 ml - Remb. 65 % - Liste I

Laboratoires Chauvin

COMPOSITION

	p. 100 ml
Prednisolone métasulfobenzoate sodique	1 g
Chlorhexidine gluconate	0,05 g

INDICATIONS

Ce collyre contient un *corticoïde* et un *antiseptique*.

Il est utilisé dans le traitement des *conjonctivites* allergiques, de l'*eczéma* des paupières, des chalazions (petits kystes du bord de la paupière), des *kératites* dues à un traumatisme ou à une brûlure.

CONTRE-INDICATIONS

Ce collyre ne doit pas être utilisé dans les cas suivants :
- *kératite* virale ou *mycose* oculaire ;
- *tuberculose* oculaire ;
- *antécédent* personnel ou familial de *glaucome*.

ATTENTION

Certaines contre-indications ne peuvent être détectées que par un ophtalmologiste : ne réutilisez pas ce médicament sans avis médical.

En l'absence d'amélioration après quelques jours de traitement, n'hésitez pas à consulter votre médecin.

INTERACTIONS MÉDICAMENTEUSES

Ce collyre peut interagir avec d'autres collyres : respectez un intervalle de 15 minutes entre deux instillations.

GROSSESSE, ALLAITEMENT ET NOUVEAU-NÉ

L'effet de ce médicament pendant la grossesse ou l'allaitement est mal connu : seul votre médecin peut évaluer le risque éventuel de son utilisation dans votre cas.

MODE D'EMPLOI ET POSOLOGIE

Tirer la paupière inférieure vers le bas tout en regardant vers le haut et déposer une goutte de collyre entre la paupière et le globe oculaire (*cul-de-sac conjonctival*).

Posologie usuelle :

1 goutte, 3 fois par jour.

Dans les affections aiguës, les instillations peuvent être plus fréquentes.

Le port de lentilles de contact doit être immédiatement interrompu en cas d'infection oculaire et les lentilles ne doivent pas être réutilisées avant guérison complète.

L'application correcte du produit peut nécessiter une aide, notamment chez une personne handicapée ou âgée.

Ne conservez pas ce collyre plus de 15 jours après une première utilisation.

EFFETS INDÉSIRABLES POSSIBLES

Irritation ou réaction allergique locale.

En cas d'utilisation prolongée : *cataracte*, augmentation de la *tension intraoculaire* (*glaucome*), *kératite* superficielle.

DÉSOMÉDINE

hexamidine

PRÉSENTATION

DÉSOMÉDINE : collyre ; flacon 10 ml - Non remb.

DÉSOMÉDINE : collyre ; 10 flacons unidoses 0,4 ml - Non remb.

Laboratoires Chauvin

COMPOSITION

	p. 10 ml	p. unidose
Hexamidine di-iséthionate	10 mg	0,4 mg

INDICATIONS

Ce collyre contient un *antiseptique*.

Il est utilisé dans le traitement de certaines infections oculaires.

CONTRE-INDICATIONS

Ce médicament ne doit pas être utilisé en cas d'*allergie* à l'hexamidine.

ATTENTION

Une rougeur ou une douleur de l'œil ne correspondent pas toujours à une infection. Des soins urgents peuvent être nécessaires, notamment en cas de vision floue.

Ce traitement peut être insuffisant à lui seul pour guérir une infection de l'œil : ne l'utilisez pas plus de quelques jours sans avis médical.

Le collyre peut être contaminé par l'œil infecté : évitez de mettre en contact l'extrémité du flacon avec l'œil.

Ne conservez pas ce collyre plus de 30 jours après une première utilisation.

INTERACTIONS MÉDICAMENTEUSES

Ce collyre peut interagir avec d'autres collyres. Respectez un intervalle minimal de 15 minutes entre deux instillations.

GROSSESSE, ALLAITEMENT ET NOUVEAU-NÉ

L'effet de ce médicament pendant la grossesse ou l'allaitement est mal connu. L'évaluation du risque éventuel lié à son utilisation est individuelle : demandez conseil à votre pharmacien ou à votre médecin.

MODE D'EMPLOI ET POSOLOGIE

Tirer la paupière inférieure vers le bas tout en regardant vers le haut et déposer les gouttes de collyre entre la paupière et le globe oculaire (*cul-de-sac conjonctival*).

Posologie usuelle :

2 gouttes ou 1 flacon unidose, 4 à 6 fois par jour.

Les lentilles de contact ne doivent pas être portées en cas d'irritation oculaire ni réutilisées avant l'arrêt complet du traitement.

L'application correcte du produit peut nécessiter une aide, notamment chez l'enfant ou la personne handicapée ou âgée.

EFFETS INDÉSIRABLES POSSIBLES

Irritation ou réaction allergiques.

DESTOLIT
acide ursodésoxycholique

PRÉSENTATION

DESTOLIT 150 mg : comprimé sécable (blanc) ; boîte de 30 - Remb. 65 % - Liste I

Laboratoires Marion Merrell Dow

COMPOSITION

	p. comp.
Acide ursodésoxycholique	150 mg

INDICATIONS

C'est un médicament qui appartient à la famille des dissolvants des calculs de la vésicule biliaire. Il contient une substance qui se trouve normalement en petite quantité dans la bile.

Il est utilisé pour dissoudre les calculs biliaires formés de *cholestérol*.

CONTRE-INDICATIONS

Ce médicament ne doit pas être utilisé dans les cas suivants :
- certaines maladies du foie, de l'estomac ou du tube digestif ;
- grossesse.

ATTENTION

L'action de ce médicament est lente ; la taille du calcul peut être surveillée par *échographie*.

INTERACTIONS MÉDICAMENTEUSES

Ce médicament peut interagir avec d'autres médicaments, notamment ceux contenant de la colestyramine (QUESTRAN...) : signalez tout autre traitement en cours à votre médecin ou à votre pharmacien.

GROSSESSE, ALLAITEMENT ET NOUVEAU-NÉ

Grossesse :

Ce médicament est contre-indiqué pendant la grossesse : une contraception est recommandée pendant toute la durée du traitement.

Allaitement :

Les données actuelles ne permettent pas de savoir si ce médicament passe dans le lait maternel.

MODE D'EMPLOI ET POSOLOGIE

Ce médicament doit être pris pendant les repas ou le soir au coucher, de préférence avec un verre de lait.

Posologie usuelle :

3 ou 4 comprimés par jour, en 2 ou 3 prises ; la dose du soir est habituellement la plus forte.

Le traitement dure habituellement 6 mois et peut atteindre 1 an ou plus si le calcul est volumineux.

EFFETS INDÉSIRABLES POSSIBLES

Rarement : diarrhée.

DESURIC
benzbromarone

PRÉSENTATION

DESURIC : comprimé sécable (blanc) ; boîte de 60 - Remb. 65 % - Liste II

Laboratoires Sanofi Winthrop

COMPOSITION

	p. comp.
Benzbromarone	100 mg

INDICATIONS

Ce médicament est un hypo-uricémiant : il diminue la quantité d'*acide urique* contenue dans le sang en favorisant son élimination dans les urines et dans les selles.

Il est utilisé dans le traitement des excès d'acide urique et notamment dans le traitement de la *goutte*.

CONTRE-INDICATIONS

Ce médicament ne doit pas être utilisé dans les cas suivants :
- *insuffisance rénale* grave,
- calculs rénaux d'*acide urique*, et excès du taux d'acide urique dans les urines.

ATTENTION

Ce médicament n'est pas utilisé dans le *traitement de la crise* de *goutte*.

Paradoxalement, il peut provoquer des crises de goutte en début de traitement. Le médecin lui associe généralement de la colchicine pendant le premier mois de traitement.

Des analyses de sang et d'urine permettent de juger de l'efficacité du traitement.

GROSSESSE, ALLAITEMENT ET NOUVEAU-NÉ

L'effet de ce médicament pendant la grossesse ou l'allaitement est mal connu : seul votre médecin peut évaluer le risque éventuel de son utilisation dans votre cas.

MODE D'EMPLOI ET POSOLOGIE

Les comprimés doivent être avalés avec un peu d'eau.

Posologie usuelle :

1 comprimé par jour.

Une crise de *goutte* peut être provoquée par un excès alimentaire mais aussi par un jeûne prolongé, une fatigue excessive, un *stress* ou un traumatisme. Le traitement reste justifié même si le taux d'*acide urique* est normal pendant la crise de goutte.

EFFETS INDÉSIRABLES POSSIBLES

Diarrhée.

DETENSIEL
bisoprolol

PRÉSENTATION

DETENSIEL 10 mg : comprimé sécable (jaune) ; boîte de 28 - Remb. 65 % - Liste I

Laboratoires Merck-Clévenot

COMPOSITION

	p. comp.
Bisoprolol hémifumarate	10 mg

INDICATIONS

Ce médicament appartient à la famille des *bêtabloquants*. Ceux-ci agissent en bloquant l'action de l'*adrénaline* (et d'autres *hormones* apparentées) sur de nombreux organes et notamment sur le cœur, les vaisseaux et les bronches.

Il est utilisé dans :
- le traitement de l'*hypertension artérielle*,
- la prévention des crises d'*angine de poitrine*.

CONTRE-INDICATIONS

Ce médicament ne doit pas être utilisé dans les cas suivants :
- *insuffisance cardiaque* grave non contrôlée par un traitement spécifique,
- *bloc auriculo-ventriculaire* grave,
- rythme cardiaque inférieur à 50 battements par minute,
- association avec les médicaments contenant de la floctafénine.

Dans tous les autres cas, le médecin est seul juge, notamment en cas d'*asthme*.

ATTENTION

N'interrompez jamais brutalement le traitement. Espacez progressivement les prises. Un avis médical est toujours préférable.

Diabétiques : les *bêtabloquants* peuvent masquer certains *symptômes* de l'*hypoglycémie*, essentiellement *palpitations* et accélération du cœur.

INTERACTIONS MÉDICAMENTEUSES

Ce médicament ne doit pas être associé à la floctafénine (IDARAC...) : risque d'augmentation de la gravité d'un éventuel *choc* allergique.

Il peut interagir avec d'autres médicaments, notamment ceux contenant de l'amiodarone. Signalez tout autre traitement en cours à votre médecin ou à votre pharmacien.

GROSSESSE, ALLAITEMENT ET NOUVEAU-NÉ

Grossesse et nouveau-né :

L'effet de ce médicament sur l'enfant à naître est mal connu. Seul votre médecin peut apprécier la nécessité du traitement et son risque.

L'effet *bêtabloquant* persiste quelques jours chez le *nouveau-né* et justifie une surveillance médicale renforcée pendant les premiers jours de la vie.

Allaitement :

Ce médicament passe dans le lait maternel : l'allaitement est déconseillé.

MODE D'EMPLOI ET POSOLOGIE

Ce médicament peut être pris indifféremment pendant ou en dehors des repas.

Posologie usuelle :

1 comprimé par jour, de préférence le matin.

> ☛ Veillez à toujours disposer d'une réserve de ce médicament : une plaquette dans la boîte à gants de la voiture et dans la trousse de toilette, par exemple.
>
> Il est normal que le rythme cardiaque ralentisse sous l'effet du traitement ; néanmoins, en cas de fatigue anormale et de pouls inférieur à 50 battements par minute, consultez votre médecin.

EFFETS INDÉSIRABLES POSSIBLES

Bénins et peu fréquents : *troubles digestifs*, fatigue en début de traitement, troubles du sommeil, syndrome de *Raynaud* et fourmillement des extrémités ; parfois, réactions cutanées.

Potentiellement graves et rares : *bloc auriculo-ventriculaire*, ralentissement important du cœur, chute de tension, *insuffisance cardiaque*, crise d'*asthme*.

DÉTOXALGINE

aspirine, glucuronamide, vitamine C

PRÉSENTATION

DÉTOXALGINE : comprimé effervescent sécable (blanc) ; boîte de 20 - Non remb.

Laboratoires Lyocentre

COMPOSITION

	p. comp.
Acide acétylsalicylique (aspirine)	375 mg
Glucuronamide	200 mg
Acide ascorbique (vitamine C)	200 mg
Sodium	562 mg

INDICATIONS

Ce médicament associe de l'aspirine, qui lutte contre la douleur et la fièvre, et de la *vitamine* C. À forte dose, l'aspirine a également un effet *anti-inflammatoire*.

Il est utilisé dans le *traitement symptomatique* des affections douloureuses ou fébriles, notamment les états grippaux et les douleurs rhumatismales, en particulier les *arthroses*.

CONTRE-INDICATIONS

Ce médicament ne doit pas être utilisé dans les cas suivants :
- *allergie* aux *salicylés* ou aux *AINS*,
- *ulcère* de l'estomac ou du *duodénum*,
- *hémorragie* et risque hémorragique,
- **grossesse** : pendant les 3 derniers mois, ou en prise prolongée, à toute période de la grossesse.

> **ATTENTION**
>
> Ce médicament est réservé à l'adulte et à l'enfant de plus de 3 ans.
>
> Des précautions sont nécessaires en cas d'*asthme*, d'*insuffisance rénale*, d'antécédent d'*ulcère* de l'estomac ou du *duodénum* même ancien, d'antécédent de calculs des *voies* urinaires (pour des doses de *vitamine* C supérieures à 1 g par jour), et chez la femme qui porte un stérilet.
>
> Ce médicament est déconseillé chez les personnes atteintes de *goutte* et chez les femmes pendant des règles abondantes.
>
> Évitez de prendre ce médicament pendant la semaine qui précède une extraction dentaire ou une opération (augmentation du risque d'*hémorragie*).
>
> Ce médicament contient du *sel* (sodium) en quantité notable.

INTERACTIONS MÉDICAMENTEUSES

Les personnes traitées par des médicaments anticancéreux contenant du méthotrexate ne doivent pas utiliser d'aspirine.

Ce médicament peut interagir avec d'autres médicaments, notamment les *anticoagulants* et les *antiagrégants plaquettaires* (TICLID...) : augmentation du risque hémorragique. Signalez tout autre traitement en cours à votre médecin ou à votre pharmacien.

GROSSESSE, ALLAITEMENT ET NOUVEAU-NÉ

Grossesse :

Compte tenu de la présence d'aspirine, seule la prise ponctuelle de ce médicament est admise durant les 6 premiers mois de la grossesse ; au cours des 3 derniers mois, ce médicament est contre-indiqué.

Allaitement :

Ce médicament passe dans le lait maternel : il est déconseillé en prises répétées pendant l'allaitement.

MODE D'EMPLOI ET POSOLOGIE

Les comprimés doivent être dissous dans un verre d'eau.

Respecter un intervalle d'au moins 4 heures entre 2 prises.

Posologie usuelle :

- Adulte : 1 ou 2 comprimés, 3 fois par jour.
- Enfant de 13 à 15 ans : 1 comprimé, 2 ou 3 fois par jour.
- Enfant de 10 à 13 ans : 1/2 comprimé, 3 ou 4 fois par jour.
- Enfant de 6 à 10 ans : 1/2 comprimé, 2 ou 3 fois par jour.
- Enfant de 3 à 6 ans : 1/2 comprimé, 2 fois par jour.

> ☛ De nombreux médicaments contiennent de l'aspirine : un surdosage expose à une augmentation des effets indésirables.

EFFETS INDÉSIRABLES POSSIBLES

Liés à l'aspirine :
- *gastrite*, douleurs abdominales, saignements du nez ou des gencives ;
- rares et parfois graves : *hémorragie* du tube digestif (vomissements sanglants, selles noires, ou plus souvent pertes de sang imperceptibles, responsables de l'apparition progressive d'une *anémie*) ; accidents allergiques (*urticaire*, *œdème*, *asthme*) ;
- signes devant faire penser à un surdosage : bourdonnements d'oreille, sensation de baisse de l'audition, maux de tête.

Liés à la *vitamine* C : à forte dose (supérieure à 1 g par jour), calculs des *voies* urinaires chez les personnes prédisposées.

DÉTURGYLONE

prednazoline

PRÉSENTATION

DÉTURGYLONE : solution nasale ; flacon pulvérisateur 10 ml - Remb. 35 % - Liste I

Laboratoires Synthélabo France

COMPOSITION

	p. 100 ml
Prednazoline	250 mg

INDICATIONS

Cette solution nasale contient une substance *anti-inflammatoire* et décongestionnante.

Elle est utilisée dans le *traitement symptomatique* des affections aiguës inflammatoires et allergiques du nez : *rhinite*, *rhinopharyngite*, *sinusite*.

CONTRE-INDICATIONS

Ce médicament ne doit pas être utilisé dans les cas suivants :
- traitement en cours par un *antidépresseur* de type *IMAO* non sélectif,
- *glaucome* à angle fermé,
- enfant de moins de 7 ans,
- infection non contrôlée par un traitement adapté.

> **ATTENTION**
>
> Des précautions sont nécessaires en cas d'*hypertension artérielle*, d'affection cardiaque, d'*hyperthyroïdie*.
>
> L'utilisation prolongée ou répétée des *vasoconstricteurs* expose à un risque de *rhinite* grave, parfois irréversible. La brièveté de l'effet décongestionnant ne doit pas vous conduire à dépasser la *posologie* prescrite par votre médecin.

INTERACTIONS MÉDICAMENTEUSES

Ce médicament ne doit pas être associé aux *antidépresseurs* de type *IMAO* non sélectifs (MARSILID, NIAMIDE) : risque de crise hypertensive.

Il peut interagir avec d'autres médicaments. Signalez tout autre traitement en cours à votre médecin ou à votre pharmacien.

GROSSESSE, ALLAITEMENT ET NOUVEAU-NÉ

L'effet de ce médicament pendant la grossesse ou l'allaitement est mal connu : seul votre médecin peut évaluer le risque éventuel de son utilisation dans votre cas.

MODE D'EMPLOI ET POSOLOGIE

Le médicament doit être pulvérisé au cours d'une brève inspiration, en tenant le flacon verticalement.

Posologie usuelle :

- Adulte et enfant de plus de 7 ans : 1 pulvérisation dans chaque narine, 3 fois par jour.

> Ce médicament peut provoquer des effets secondaires graves chez l'enfant : ne le laissez pas à sa portée.

EFFETS INDÉSIRABLES POSSIBLES

Sécheresse nasale.

Plus rarement, en cas de passage dans le sang : maux de tête, insomnie, accélération du cœur.

DEXADERME KÉFRANE

dexaméthasone, sulfate de cuivre, sulfate de zinc

PRÉSENTATION

DEXADERME KÉFRANE : pommade ; tube 15 g - Non remb. - Liste I

Laboratoires RoC

COMPOSITION

	p. 100 g
Dexaméthasone phosphate disodique	50 mg
Cuivre, sulfate	100 mg
Zinc, sulfate	200 mg

INDICATIONS

Cette pommade contient un *dermocorticoïde* et des *antiseptiques*.

Elle est utilisée dans le traitement initial de certaines lésions inflammatoires de la peau (*eczéma*, *dyshidrose*, *psoriasis*...) lorsqu'elles sont infectées.

CONTRE-INDICATIONS

Ce médicament ne doit pas être utilisé dans les cas suivants :

- infection de la peau due à un champignon ou à un *virus*,
- lésion ulcérée ou suintante,
- *acné* et *rosacée*.

ATTENTION

Comme les autres *dermocorticoïdes*, ce médicament a souvent une action efficace et rapide sur les lésions de la peau ; il peut être tentant de le réutiliser, mais l'automédication expose à des risques importants : aggravation de certaines lésions, installation d'une *dépendance* (amélioration de moins en moins visible des lésions et recrudescence des *symptômes* à chaque arrêt de traitement) et altération durable de la peau.

Suivez attentivement la prescription de votre médecin et n'hésitez pas à lui demander des explications.

GROSSESSE, ALLAITEMENT ET NOUVEAU-NÉ

Grossesse :

L'effet de ce médicament pendant la grossesse ou l'allaitement est mal connu. L'évaluation du risque éventuel lié à son utilisation est individuelle : demandez conseil à votre pharmacien ou à votre médecin.

MODE D'EMPLOI ET POSOLOGIE

Étaler la crème sur les lésions et la faire pénétrer par un léger massage. Pour traiter de grandes surfaces : appliquer en touches espacées, puis étaler avec un gant en plastique jusqu'à complète absorption. Le traitement est limité à une semaine.

Posologie usuelle :

- Adulte et enfant : 1 ou 2 applications par jour.

Le médecin prescrit fréquemment un arrêt progressif du traitement : espacement des applications ou diminution de la quantité appliquée.

> Ne conseillez pas, ne donnez pas ce médicament à un proche.
>
> Pensez à vous laver les mains après l'application.

EFFETS INDÉSIRABLES POSSIBLES

En cas d'usage prolongé : éruption de boutons, développement anormal des poils, dessèchement, fragilisation et décoloration irrégulière de la peau.

DEXAMBUTOL

éthambutol

PRÉSENTATION

DEXAMBUTOL 250 mg : comprimé (blanc) ; boîte de 50 - Remb. 65 % - Liste I

DEXAMBUTOL 500 mg : comprimé (bleu) ; boîte de 50 - Remb. 65 % - Liste I

Laboratoires L'Arguenon-S.E.R.B.

COMPOSITION

	p. comp. 250 mg	p. comp. 500 mg
Éthambutol		

INDICATIONS

C'est un *antibiotique* qui appartient à la famille des antituberculeux.

Il est utilisé dans le traitement de la *tuberculose* et de certaines maladies rares apparentées.

CONTRE-INDICATIONS

Ce médicament ne doit pas être employé en cas de *névrite optique* ; un examen ophtalmologique est nécessaire avant de commencer le traitement.

ATTENTION

Des précautions d'emploi sont nécessaires en cas d'*insuffisance rénale*.

Des visites régulières chez l'ophtalmologiste peuvent être nécessaires pendant le traitement.

INTERACTIONS MÉDICAMENTEUSES

Ce médicament ne doit pas être pris en même temps que les *antiacides* contenant des sels d'aluminium (MAALOX, PHOSPHALUGEL...), qui pourraient diminuer son absorption.

GROSSESSE, ALLAITEMENT ET NOUVEAU-NÉ

Grossesse :

Ce médicament peut être utilisé chez la femme enceinte.

Allaitement :

Ce médicament ne passe pas dans le lait maternel.

MODE D'EMPLOI ET POSOLOGIE

Ce médicament doit être pris de préférence en 1 seule prise quotidienne, le matin à jeun avec un verre d'eau.

Posologie usuelle :

Elle est fixée par le médecin en fonction du poids du malade, de la gravité de la maladie, et de la présence éventuelle d'une *insuffisance rénale*.

> Le traitement antituberculeux, qui associe plusieurs médicaments, est habituellement très efficace. Cette efficacité nécessite néanmoins des prises régulières et un respect de la durée du traitement prescrit. Les rechutes dues à un traitement mal suivi sont beaucoup plus difficiles à soigner.

EFFETS INDÉSIRABLES POSSIBLES

Les médicaments antituberculeux peuvent être à l'origine de *troubles digestifs* et d'éruptions cutanées.

L'éthambutol peut provoquer des troubles de la vision : baisse de l'acuité visuelle, troubles de la vision des couleurs.

DEXAMBUTOL I-N-H

éthambutol, isoniazide

PRÉSENTATION

DEXAMBUTOL I-N-H : comprimé sécable (blanc) ; boîte de 50 - Remb. 65 % - Liste I

Laboratoires L'Arguenon-S.E.R.B.

COMPOSITION

	p. comp.
Éthambutol	400 mg
Isoniazide (INH)	150 mg

INDICATIONS

C'est une association d'*antibiotiques* actifs sur le bacille de Koch, responsable de la *tuberculose*.

Ce médicament est utilisé dans le traitement de la tuberculose et de certaines maladies rares apparentées.

CONTRE-INDICATIONS

Ce médicament ne doit pas être utilisé dans les cas suivants :

- *insuffisance hépatique* grave,
- *névrite optique* : un examen ophtalmologique est nécessaire avant de commencer le traitement.

ATTENTION

Des précautions d'emploi sont nécessaires en cas d'*insuffisance rénale*.

Ce médicament peut être toxique pour le foie, et certains signes évocateurs d'une *hépatite* imposent un avis médical et un éventuel arrêt du traitement : perte d'appétit, fatigue anormale, démangeaisons diffuses...

Des visites régulières chez l'ophtalmologiste peuvent être nécessaires pendant le traitement.

INTERACTIONS MÉDICAMENTEUSES

Ce médicament peut interagir avec d'autres médicaments, notamment, les *antiacides* contenant des sels d'aluminium (MAALOX, PHOSPHALUGEL...) qui pourraient diminuer son absorption. Signalez tout autre traitement en cours à votre médecin ou à votre pharmacien.

GROSSESSE, ALLAITEMENT ET NOUVEAU-NÉ

Grossesse :

Ce médicament peut être utilisé en cas de *tuberculose* évolutive chez la femme enceinte.

Allaitement :

Ce médicament passe dans le lait maternel.

MODE D'EMPLOI ET POSOLOGIE

Ce médicament doit être pris de préférence en une prise quotidienne, le matin à jeun avec un verre d'eau.

Posologie usuelle :

Elle est fixée par le médecin en fonction du poids du malade, de la gravité de la maladie, et de la présence éventuelle d'une *insuffisance rénale.*

Le traitement antituberculeux, qui associe plusieurs médicaments, est habituellement très efficace. Cette efficacité nécessite néanmoins des prises régulières et un respect de la durée du traitement prescrit. Les rechutes dues à un traitement mal suivi sont beaucoup plus difficiles à soigner.

EFFETS INDÉSIRABLES POSSIBLES

Les médicaments antituberculeux peuvent être à l'origine de *troubles digestifs*.

Plus rarement : baisse de l'acuité visuelle, troubles de la vision des couleurs, fièvre associée ou non à des douleurs des muscles ou des articulations, *hépatite*, troubles du comportement, fourmillements des extrémités, réactions allergiques cutanées.

DEXIR
dextrométhorphane

PRÉSENTATION

DEXIR ADULTE : sirop arôme caramel-vanille ; flacon 125 ml - Non remb.

DEXIR ENFANT : sirop arôme caramel-vanille ; flacon 125 ml - Non remb.

Laboratoires Oberlin

COMPOSITION

	sirop Ad. p. c. à c.	sirop Enf. p. c. à c.
Dextrométhorphane bromhydrate	15 mg	7,6 mg
Saccharose	3,5 g	3,5 g

INDICATIONS

Ce sirop *antitussif* contient du dextrométhorphane, qui agit sur les centres de la toux.

Il est utilisé dans le *traitement symptomatique* des toux sèches.

CONTRE-INDICATIONS

Ce médicament ne doit pas être utilisé dans les cas suivants :
- *insuffisance respiratoire* grave, *asthme* ;
- en association avec un *antidépresseur* de type *IMAO* non sélectif ;
- enfant de moins de 15 ans (sirop Adulte) ;
- enfant de moins de 30 mois (sirop Enfant).

ATTENTION

Ce médicament n'est pas adapté au traitement de la toux grasse, qui est un mécanisme de défense normal de l'organisme permettant l'évacuation des mucosités présentes dans les bronches.

La toux est un *symptôme* qui peut révéler de nombreuses maladies : consultez votre médecin si elle persiste plus de quelques jours.

Si vous souffrez d'une *insuffisance hépatique*, consultez votre médecin afin qu'il vous indique la *posologie* correcte.

Diabétique : ce médicament contient du *sucre* (saccharose) en quantité notable.

Évitez les boissons alcoolisées : augmentation du risque de somnolence.

Conducteur : ce médicament peut être responsable d'une somnolence ou d'une baisse de la vigilance.

INTERACTIONS MÉDICAMENTEUSES

Ce médicament ne doit pas être associé aux *antidépresseurs* de type *IMAO* (MARSILID, NIAMIDE...) : risque d'élévation de la température, d'agitation, de chute brutale de la tension artérielle.

GROSSESSE, ALLAITEMENT ET NOUVEAU-NÉ

Grossesse :

Compte tenu de la présence de dextrométhorphane, n'utilisez pas ce médicament pendant la grossesse sans prendre l'avis de votre pharmacien ou de votre médecin.

Allaitement :

Les données disponibles ne permettent pas de savoir si ce médicament passe dans le lait maternel : par mesure de prudence, il est déconseillé pendant l'allaitement.

MODE D'EMPLOI ET POSOLOGIE

Ce médicament peut être pris indifféremment au cours ou en dehors des repas. Les prises du sirop doivent être espacées d'au moins 4 heures.

Posologie usuelle :
- Adulte : 1 ou 2 cuillères à café de sirop Adulte, 3 ou 4 fois par jour. Chez la personne âgée, réduire la *posologie* adulte de moitié.
- Enfant de 12 à 15 ans : 4 à 6 cuillères à café de sirop Enfant par jour.
- Enfant de 7 à 12 ans : 3 ou 4 cuillères à café de sirop Enfant par jour.
- Enfant de 30 mois à 6 ans : 2 ou 3 cuillères à café de sirop Enfant par jour.

Ce médicament n'entraîne pas de *dépendance* ni de *dépression respiratoire*, aux doses usuelles.

Une toux nocturne aggravée par ce médicament peut être une toux allergique : demandez conseil à votre médecin.

La poursuite du tabagisme nuit à l'efficacité du traitement.

Des mesures simples permettent de calmer les toux sèches : boissons chaudes et humidification de l'air ambiant.

EFFETS INDÉSIRABLES POSSIBLES

Constipation, somnolence, nausées, vomissements, sensation de vertige, rare *allergie* cutanée, spasme des bronches.

DEXTOMA
hydroxydes et carbonates d'aluminium et de magnésium

PRÉSENTATION

DEXTOMA : comprimé à croquer (blanc) ; boîte de 24 - Non remb.

Laboratoires SmithKline Beecham

COMPOSITION

	p. comp.
Aluminium et magnésium, hydroxydes et carbonates	0,8 g

INDICATIONS

C'est un médicament qui appartient à la famille des *antiacides* d'action locale. Il agit en neutralisant les acides sécrétés par l'estomac.

Il est utilisé comme *traitement symptomatique* des douleurs, brûlures, aigreurs de l'estomac et de l'œsophage.

CONTRE-INDICATIONS

Ce médicament ne doit pas être utilisé en cas d'*insuffisance rénale* grave.

ATTENTION

Des douleurs qui persistent peuvent être dues à une lésion du tube digestif : consultez votre médecin.

INTERACTIONS MÉDICAMENTEUSES

Ce médicament peut interagir avec de nombreux autres médicaments en diminuant leur absorption : il convient de séparer les prises d'au moins 2 heures.

GROSSESSE, ALLAITEMENT ET NOUVEAU-NÉ

Les sels minéraux contenus dans ce médicament sont peu absorbés ; l'automédication est possible en cure courte ou ponctuelle pendant la grossesse ou l'allaitement.

MODE D'EMPLOI ET POSOLOGIE

2 comprimés à croquer ou à sucer après chaque repas ou au moment des douleurs.

La prise se fait habituellement au moment où l'estomac sécrète le plus d'acide, c'est-à-dire environ 1 heure et demie après le repas.

> Une alimentation équilibrée, une mastication lente et l'élimination des aliments difficiles à digérer permettent souvent d'atténuer, voire de faire disparaître, les douleurs d'estomac qui ne sont pas liées à un *ulcère*.
>
> Si vous êtes fumeur, la poursuite du tabagisme nuit à l'efficacité du traitement.

EFFETS INDÉSIRABLES POSSIBLES

Parfois : constipation.

DEXTRARINE PHÉNYLBUTAZONE

phénylbutazone, dextran

PRÉSENTATION

DEXTRARINE PHÉNYLBUTAZONE : pommade ; tube 60 g - Remb. 35 % - Liste II

Laboratoires Synthélabo France

COMPOSITION

	p. 100 g
Phénylbutazone	4 g
Dextran sulfate	2 g

INDICATIONS

Cette pommade contient un *anti-inflammatoire* non stéroïdien (*AINS*).

Elle est utilisée dans le traitement local des *tendinites*, des douleurs articulaires, des entorses, des contusions, des lumbagos et des courbatures. Elle est également utilisée en association avec une *contention élastique* dans le traitement des *phlébites* superficielles.

CONTRE-INDICATIONS

Ce médicament ne doit pas être utilisé dans les cas suivants :
- *allergie* à l'aspirine ou aux *AINS*,
- en application sur un *eczéma*, des *muqueuses*, des plaies ou de la peau lésée.

> **ATTENTION**
> N'utilisez pas cette pommade de façon prolongée sans avis médical.

GROSSESSE, ALLAITEMENT ET NOUVEAU-NÉ

L'effet de ce médicament pendant la grossesse ou l'allaitement est mal connu : seul votre médecin peut évaluer le risque éventuel de son utilisation dans votre cas.

MODE D'EMPLOI ET POSOLOGIE

La pommade doit être appliquée en massage doux et prolongé.

En cas de douleurs importantes, imprégner une compresse de pommade et la maintenir sur la région douloureuse.

Posologie usuelle :

2 ou 3 applications par jour.

> Se laver les mains après application. En cas de contact accidentel avec les yeux, rincer abondamment.

EFFETS INDÉSIRABLES POSSIBLES

Imposant l'arrêt du traitement : *allergie* cutanée (éruption de boutons, démangeaisons...).

DIABINÈSE

chlorpropamide

PRÉSENTATION

DIABINÈSE : comprimé sécable (blanc) ; boîte de 20 - Remb. 65 % - Liste I

DIABINÈSE : comprimé sécable (blanc) ; boîte de 100 - Remb. 65 % - Liste I

Laboratoires Pfizer

COMPOSITION

	p. comp.
Chlorpropamide	250 mg

INDICATIONS

Cet *antidiabétique* oral appartient à la famille des *sulfamides hypoglycémiants*. Il permet de diminuer l'excès de *sucre* dans le sang en favorisant la sécrétion de l'*insuline*.

Il est utilisé dans le traitement du *diabète* non insulinodépendant lorsque le régime alimentaire seul est insuffisant. Il est aussi utilisé dans le traitement de certaines formes de *diabète insipide*.

CONTRE-INDICATIONS

Ce médicament ne doit pas être utilisé dans les cas suivants :
- *insuffisance rénale*,
- *insuffisance hépatique* grave,
- insuffisance thyroïdienne,
- *allergie* aux *sulfamides*,
- en association avec les médicaments contenant du miconazole,
- grossesse,
- allaitement.

> **ATTENTION**
> Ce médicament n'est pas adapté au traitement du *diabète* insulinodépendant : celui-ci requiert un traitement par injections d'*insuline*.
>
> Un sentiment de malaise associé à des sueurs froides, une fringale, une accélération du cœur sont les signes habituels d'une *hypoglycémie* due à un effet excessif du médicament. Cette hypoglycémie peut également se traduire par des troubles du comportement qui doivent alerter votre entourage, voire des *convulsions* ou un *coma*. En présence de ces signes ou en cas de simple doute, buvez une boisson sucrée ou mangez du *sucre*.
>
> Si le diabétique est inconscient, surtout ne lui donnez rien à boire, ne lui injectez aucun médicament et appelez votre médecin ou à défaut le 15 ou un service d'urgence.
>
> Des analyses de sang régulières permettent à votre médecin d'adapter la *posologie*.
>
> N'augmentez pas la posologie sans avis médical : consultez rapidement votre médecin en cas de malaises hypoglycémiques répétés.
>
> Certaines situations peuvent contribuer à augmenter la *glycémie* : infections, prise de médicaments, stress. En cas de soif intense, de grande fatigue, de sensation de malaise général, consultez rapidement votre médecin.
>
> L'absorption de boissons alcoolisées pendant le traitement expose à des effets indésirables gênants : *effet antabuse*.
>
> Conducteur : une hypoglycémie peut entraîner un malaise pendant la conduite ou l'utilisation de machines.

INTERACTIONS MÉDICAMENTEUSES

Ce médicament ne doit pas être associé avec les médicaments oraux contenant du miconazole (DAKTARIN GEL BUCCAL, DAKTARIN COMPRIMÉ ...) : risque d'*hypoglycémie*.

Ce médicament peut interagir avec d'autres médicaments. Signalez tout autre traitement en cours à votre médecin ou à votre pharmacien.

GROSSESSE, ALLAITEMENT ET NOUVEAU-NÉ

Grossesse :

Quelques cas de malformations chez l'animal ont été rapportés. En l'absence de données dans l'espèce humaine, ce médicament est contre-indiqué pendant la grossesse. Le *diabète* de la femme enceinte nécessite un traitement par *insuline*.

Allaitement :

Les données actuellement disponibles ne permettent pas de savoir si ce médicament passe dans le lait maternel.

MODE D'EMPLOI ET POSOLOGIE

Les comprimés doivent être avalés avec un peu d'eau.

Posologie usuelle :

Suivez attentivement la prescription de votre médecin. Le régime alimentaire reste nécessaire pendant le traitement.

> Le respect de certaines règles simples permet de diminuer le risque d'*hypoglycémie* :
> - toute prise de ce médicament doit être suivie d'un repas (ne prenez pas de comprimé si vous devez sauter le repas suivant) ;
> - si vous envisagez un effort physique intense et prolongé, il peut être nécessaire de diminuer la dose du médicament (demandez conseil à votre médecin) ;
> - informez votre médecin si vous devez travailler la nuit ou si votre religion vous impose un jeûne prolongé ;

- évitez la prise de boissons alcoolisées à jeun ou à distance des repas.

Le *diabète* peut diminuer la sensibilité des pieds à la douleur et favoriser les infections. Des plaies profondes peuvent se développer : une hygiène rigoureuse et des chaussures confortables limitent ce risque.

Le régime du diabétique ne consiste pas en une simple interdiction des *glucides* (*sucres*, pain, pâtes...) : demandez conseil à votre médecin.

Pesez-vous régulièrement et signalez toute variation rapide de poids à votre médecin.

EFFETS INDÉSIRABLES POSSIBLES

Hypoglycémie (voir ATTENTION).

Troubles digestifs, démangeaisons, éruptions cutanées.

Exceptionnellement : jaunisse, *photosensibilisation*, *œdème*.

DIACOR
diltiazem

PRÉSENTATION

DIACOR 90 mg : gélule à *libération prolongée* (blanc et bleu) ; boîte de 28 - Remb. 65 % - Liste I

DIACOR 120 mg : gélule à *libération prolongée* (blanc et rouge) ; boîte de 28 - Remb. 65 % - Liste I

Laboratoires Houdé

COMPOSITION

	p. gél. L.P.	p. gél. L.P.
Diltiazem chlorhydrate	90 mg	120 mg

INDICATIONS

Ce médicament est un *vasodilatateur* qui appartient à la famille des *inhibiteurs calciques*. Il a un effet protecteur sur le cœur.

Cette forme est réservée au *traitement préventif* des crises d'*angine de poitrine*.

CONTRE-INDICATIONS

Ce médicament ne doit pas être utilisé dans les cas suivants :
- *insuffisance cardiaque* grave,
- certaines maladies de l'automatisme cardiaque,
- grossesse.

ATTENTION

Des précautions sont à prendre en cas de *troubles du rythme cardiaque*, d'*insuffisance rénale*, d'*insuffisance hépatique* et chez la personne âgée.

Signalez la prise de ce médicament à l'anesthésiste en cas d'intervention chirurgicale.

INTERACTIONS MÉDICAMENTEUSES

Ce médicament peut interagir avec d'autres médicaments, notamment certains *antiarythmiques*. Signalez tout autre traitement en cours à votre médecin ou à votre pharmacien.

GROSSESSE, ALLAITEMENT ET NOUVEAU-NÉ

Grossesse :

Ce médicament est contre-indiqué chez la femme enceinte ou susceptible de l'être. Une contraception efficace est recommandée.

Allaitement :

Ce médicament passe dans le lait maternel : l'allaitement est déconseillé.

MODE D'EMPLOI ET POSOLOGIE

Les gélules doivent être prises avec un peu d'eau sans être ouvertes.

Posologie usuelle :

1 gélule à 90 mg ou à 120 mg, matin et soir.

EFFETS INDÉSIRABLES POSSIBLES

Rarement :
- éruptions cutanées, bouffées de chaleur, maux de tête, jambes lourdes ou enflées, *palpitations* ;
- fatigue, *troubles digestifs*.

Exceptionnellement : ralentissement important du cœur.

DI-ACTANE
naftidrofuryl

PRÉSENTATION

DI-ACTANE 200 mg : gélule à libération progressive (rouge et incolore) ; boîte de 20 - Remb. 35 % - Liste II

Laboratoires Menarini France

COMPOSITION

	p. gél.
Naftidrofuryl oxalate	200 mg

INDICATIONS

C'est un médicament qui appartient à la famille des *vasodilatateurs*. Il augmente le débit du sang dans les artères et permet au cerveau de mieux résister à un défaut d'apport en oxygène.

Il est utilisé dans le *traitement symptomatique* :
- des troubles du comportement et de la mémoire liés au vieillissement,
- de l'*artérite*,
- de certains *accidents vasculaires cérébraux*,
- du phénomène de *Raynaud*.

GROSSESSE, ALLAITEMENT ET NOUVEAU-NÉ

L'effet de ce médicament pendant la grossesse ou l'allaitement est mal connu : seul votre médecin peut évaluer le risque éventuel de son utilisation dans votre cas.

MODE D'EMPLOI ET POSOLOGIE

Les gélules peuvent être prises avec un peu d'eau, au moment ou en dehors des repas.

Posologie usuelle :

Elle varie selon les cas : 1 gélule, 2 ou 3 fois par jour.

Ce médicament n'est actif que sur les *symptômes* de l'*artérite* ; seule la pratique régulière de la marche peut retarder l'évolution de la maladie. Si vous êtes fumeur, la poursuite du tabagisme nuit à l'efficacité du traitement.

Les gélules peuvent être ouvertes et les granules qu'elles contiennent mélangés à l'alimentation pour faciliter la prise du médicament chez la personne âgée. Les granules ne doivent pas être dissous dans un liquide.

DIAFUSOR
trinitrine

PRÉSENTATION

DIAFUSOR 5 mg/24 h : *dispositif transdermique* 10 cm² ; boîte de 30 - Remb. 65 % - Liste II

DIAFUSOR 10 mg/24 h : *dispositif transdermique* 20 cm² ; boîte de 30 - Remb. 65 % - Liste II

Laboratoires Pierre Fabre

COMPOSITION

	5 mg/24 h	10 mg/24 h
Trinitrine	40 mg	80 mg

INDICATIONS

Ce médicament *vasodilatateur* appartient à la famille des dérivés de la trinitrine. Il possède de nombreuses propriétés qui facilitent le travail du cœur : dilatation des veines, dilatation des artères à forte dose, prévention des spasmes des *artères coronaires*. Le *dispositif transdermique* (timbre) contient la substance active qui traverse la peau, gagne le sang, et peut agir sur le cœur et les vaisseaux.

Ce médicament est utilisé dans le *traitement préventif* des crises d'*angine de poitrine*.

CONTRE-INDICATIONS

Ce médicament ne doit pas être utilisé dans les cas suivants :
- *anémie* importante,
- *cardiomyopathie* obstructive,
- *glaucome*,
- *hypertension intracrânienne*.

ATTENTION

Ce médicament n'est pas adapté au *traitement de la crise* aiguë d'*angine de poitrine* : son action est trop lente à apparaître. C'est un *traitement préventif* qui lutte contre l'apparition des crises.

En cas de malaise d'allure sérieuse, retirez le timbre.

Ne laissez pas le timbre neuf ou usagé à la portée des enfants.

Conducteur : en début de traitement, ce médicament peut être responsable de vertiges.

INTERACTIONS MÉDICAMENTEUSES

Ce médicament peut interagir avec d'autres médicaments. Signalez tout autre traitement en cours à votre médecin ou à votre pharmacien.

GROSSESSE, ALLAITEMENT ET NOUVEAU-NÉ

L'effet de ce médicament pendant la grossesse ou l'allaitement est mal connu : seul

votre médecin peut évaluer le risque éventuel de son utilisation dans votre cas.

MODE D'EMPLOI ET POSOLOGIE

Il existe 2 dosages correspondant à 2 surfaces différentes : la quantité de trinitrine qui passe dans le sang est proportionnelle à la surface du *dispositif transdermique* (timbre). Utilisez exclusivement le modèle qui vous a été prescrit. Choisissez une région sèche, pauvre en poils, et dépourvue de grains de beauté ou autres lésions cutanées. Libérez la surface adhésive et appliquez soigneusement le timbre en effectuant une pression sur toute sa surface. Changez d'emplacement tous les jours.

Posologie usuelle :

- Adulte : 1 *dispositif transdermique* (timbre) par jour, à garder pendant une période de 12 à 24 heures selon les indications du médecin.

> Si le timbre se décolle accidentellement, remplacez-le par un timbre neuf placé à un autre endroit.

EFFETS INDÉSIRABLES POSSIBLES

Réactions locales : rougeurs et démangeaisons au point d'application.

Maux de tête parfois violents qui disparaissent habituellement après quelques jours de traitement.

Vertiges, *hypotension orthostatique*.

Rares nausées et vomissements.

DIALENS

dextran, chlorhexidine

PRÉSENTATION

DIALENS : collyre ; flacon 10 ml - Non remb.

Laboratoires Fisons

COMPOSITION

	p. 100 g
Dextran	5 g
Chlorhexidine gluconate	5 mg

INDICATIONS

C'est une solution de suppléance lacrymale : elle compense une insuffisance de sécrétion naturelle de larmes.

Elle est utilisée pour limiter les irritations dues aux lentilles de contact et dans le traitement de la sécheresse oculaire due à une insuffisance lacrymale (œil sec).

> **ATTENTION**
>
> Une irritation oculaire peut être due à une infection : en cas de doute, n'hésitez pas à consulter votre médecin.
>
> N'utilisez pas ce collyre de façon prolongée sans prendre un avis médical.

INTERACTIONS MÉDICAMENTEUSES

Ce collyre peut interagir avec d'autres collyres : respectez un intervalle de 15 minutes entre deux instillations.

GROSSESSE, ALLAITEMENT ET NOUVEAU-NÉ

L'effet de ce médicament pendant la grossesse ou l'allaitement est mal connu. L'évaluation du risque éventuel lié à son utilisation est individuelle : demandez conseil à votre pharmacien ou à votre médecin.

MODE D'EMPLOI ET POSOLOGIE

Lentilles : déposer quelques gouttes de solution dans le creux de la lentille avant de la mettre en place.

Sécheresse oculaire : tirer la paupière inférieure vers le bas tout en regardant vers le haut et déposer les gouttes entre la paupière et le globe oculaire (*cul-de-sac conjonctival*).

Posologie usuelle :

Sécheresse oculaire : 1 goutte chaque fois qu'une sécheresse de l'œil se fait sentir.

> Ce produit contient un *antiseptique* mais il ne convient pas pour la stérilisation des lentilles. Continuez à utiliser votre solution habituelle.
>
> L'application correcte du produit peut nécessiter une aide, notamment chez une personne handicapée ou âgée.
>
> Ne conservez pas ce collyre plus de 15 jours après une première utilisation.

DIAMICRON

gliclazide

PRÉSENTATION

DIAMICRON : comprimé quadrisécable (blanc) ; boîte de 20 - Remb. 65 % - Liste I

DIAMICRON : comprimé quadrisécable (blanc) ; boîte de 60 - Remb. 65 % - Liste I

Laboratoires Servier

COMPOSITION

	p. comp.
Gliclazide	80 mg

INDICATIONS

Cet *antidiabétique* oral appartient à la famille des *sulfamides hypoglycémiants*. Il permet de diminuer l'excès de *sucre* dans le sang en favorisant la sécrétion de l'*insuline*.

Il est utilisé dans le traitement du *diabète* non insulinodépendant lorsque le régime alimentaire seul a été insuffisant.

CONTRE-INDICATIONS

Ce médicament ne doit pas être utilisé dans les cas suivants :

- *insuffisance rénale*,
- *insuffisance hépatique* grave,
- *allergie* aux *sulfamides*,
- en association avec les médicaments contenant du miconazole,
- grossesse.

> **ATTENTION**
>
> Ce médicament n'est pas adapté au traitement du *diabète* insulinodépendant : celui-ci requiert un traitement par injections d'*insuline*.
>
> Un sentiment de malaise associé à des sueurs froides, une fringale, une accélération du cœur sont les signes habituels d'une *hypoglycémie* due à un effet excessif du médicament. Cette hypoglycémie peut également se traduire par des troubles du comportement qui doivent alerter votre entourage, voire des *convulsions* ou un *coma*. En présence de ces signes ou en cas de simple doute, buvez une boisson sucrée ou mangez du *sucre*. Si le diabétique est inconscient, surtout ne lui donnez rien à boire, ne lui injectez aucun médicament et appelez votre médecin ou à défaut le 15 ou un service d'urgence.
>
> Des analyses de sang régulières permettent à votre médecin d'adapter la *posologie*.
>
> N'augmentez pas la posologie sans avis médical : consultez rapidement votre médecin en cas de malaises hypoglycémiques répétés.
>
> Certaines situations peuvent contribuer à augmenter la *glycémie* : infections, prise de médicaments, stress. En cas de soif intense, de grande fatigue, de sensation de malaise général, consultez rapidement votre médecin.
>
> L'absorption de boissons alcoolisées pendant le traitement expose à des effets indésirables gênants : *effet antabuse*.
>
> Conducteur : une hypoglycémie peut entraîner un malaise pendant la conduite ou l'utilisation de machines.

INTERACTIONS MÉDICAMENTEUSES

Ce médicament ne doit pas être associé avec les médicaments oraux contenant du miconazole (DAKTARIN GEL BUCCAL, DAKTARIN COMPRIMÉ...) : risque d'*hypoglycémie*.

Ce médicament peut interagir avec d'autres médicaments. Signalez tout autre traitement en cours à votre médecin ou à votre pharmacien.

GROSSESSE, ALLAITEMENT ET NOUVEAU-NÉ

Grossesse :

Quelques cas de malformations chez l'animal ont été rapportés. En l'absence de données dans l'espèce humaine, ce médicament est contre-indiqué pendant la grossesse. Le *diabète* de la femme enceinte nécessite un traitement par *insuline*.

Allaitement :

Les données actuellement disponibles ne permettent pas de savoir si ce médicament passe dans le lait maternel.

MODE D'EMPLOI ET POSOLOGIE

Les comprimés doivent être avalés avec un peu d'eau.

Posologie usuelle :

Suivez attentivement la prescription de votre médecin. Le régime alimentaire reste nécessaire pendant le traitement.

> Le respect de certaines règles simples permet de diminuer le risque d'*hypoglycémie* :
>
> - toute prise de ce médicament doit être suivie d'un repas (ne prenez pas de comprimé si vous devez sauter le repas suivant) ;

- si vous envisagez un effort physique intense et prolongé, il peut être nécessaire de diminuer la dose du médicament (demandez conseil à votre médecin) ;
- informez votre médecin si vous devez travailler la nuit ou si votre religion vous impose un jeûne prolongé ;
- évitez la prise de boissons alcoolisées à jeun ou à distance des repas.

Le *diabète* peut diminuer la sensibilité des pieds à la douleur et favoriser les infections. Des plaies profondes peuvent se développer : une hygiène rigoureuse et des chaussures confortables limitent ce risque.

Le régime du diabétique ne consiste pas en une simple interdiction des *glucides* (*sucres*, pain, pâtes...) : demandez conseil à votre médecin.

Pesez-vous régulièrement et signalez toute variation rapide de poids à votre médecin. •

EFFETS INDÉSIRABLES POSSIBLES

Hypoglycémie (voir ATTENTION).

Troubles digestifs, démangeaisons, éruptions cutanées.

Exceptionnellement : jaunisse.

DIAMORIL
benzquercine

PRÉSENTATION

DIAMORIL 300 mg : gélule (rose) ; boîte de 50 - Remb. 35 %

Laboratoires Roques

COMPOSITION

	p. gél.
Benzquercine	300 mg

INDICATIONS

C'est un protecteur *vasculaire*. Il stimule la circulation du sang dans les veines et lutte contre l'altération des *vaisseaux capillaires*.

Il est utilisé dans le *traitement symptomatique* :
- des jambes lourdes, crampes, *impatiences* et autres troubles pouvant être en rapport avec une mauvaise circulation veineuse ou *lymphatique* ;
- des crises d'*hémorroïdes*.

ATTENTION

Ce médicament est insuffisant pour prévenir le risque de *phlébite* chez les malades alités ou plâtrés.

Ce médicament soulage, mais n'empêche pas l'aggravation de l'*insuffisance veineuse*, qui requiert des mesures spécifiques telles que la *contention élastique*.

GROSSESSE, ALLAITEMENT ET NOUVEAU-NÉ

L'effet de ce médicament pendant la grossesse ou l'allaitement est mal connu. L'évaluation du risque éventuel lié à son utilisation est individuelle : demandez conseil à votre pharmacien ou à votre médecin.

MODE D'EMPLOI ET POSOLOGIE

Les gélules doivent être avalées avec un peu d'eau.

Posologie usuelle :

4 à 6 gélules par jour.

Une activité physique régulière et la surélévation du pied du lit permettent de faciliter la circulation veineuse et *lymphatique*.

DIANE 35
cyprotérone, éthinylestradiol

PRÉSENTATION

DIANE 35 : comprimé (beige) ; boîte de 1 plaquette de 21 - Non remb. - Liste I

DIANE 35 : comprimé (beige) ; boîte de 3 plaquettes de 21 - Non remb. - Liste I

Laboratoires Schering

COMPOSITION

	p. comp.
Cyprotérone acétate	2 mg
Éthinylestradiol, poudre microfine	0,035 mg

INDICATIONS

C'est un traitement hormonal antiacnéique réservé aux femmes. Il contient un *estrogène* et un dérivé de la *progestérone*, qui s'oppose à l'action des *hormones androgènes* (hormones mâles). Il possède également des propriétés contraceptives.

CONTRE-INDICATIONS

Ce médicament ne doit pas être utilisé dans les cas suivants :
- certaines maladies cardiaques ou *vasculaires*, notamment *hypertension artérielle* et *antécédents de phlébite* ;
- maladies du foie graves ou récentes ;
- certains cancers du sein ou de l'utérus, *tumeur de l'hypophyse* ;
- certaines causes de saignement entre les règles ;
- certaines maladies rares (*connectivite*, *porphyrie*, *otosclérose*) ;
- jaunisse chronique ou survenue lors d'une grossesse ;
- **grossesse.**

Dans tous les autres cas, le médecin est seul juge pour prescrire ce médicament, notamment en cas d'**allaitement**, d'*insuffisance rénale*, de *diabète*, d'excès de *cholestérol* ou de *triglycérides*, d'excès de *prolactine*, d'obésité, de tumeurs bénignes du sein ou de l'utérus.

ATTENTION

Chez les femmes de plus de 35 ans, chez les femmes qui fument, le risque de complications cardio-vasculaires liées aux *estrogènes* augmente nettement.

Tout *symptôme* pouvant faire craindre une complication impose l'arrêt du traitement : maux de tête importants et inhabituels, troubles de la vision, élévation franche de la tension artérielle.

Une surveillance médicale et des analyses sont nécessaires avant et pendant le traitement. Cette surveillance sera renforcée chez les femmes souffrant d'*épilepsie*, de *migraine*, d'*asthme*, de *dépression*, ou ayant des *antécédents* familiaux de maladie vasculaire.

La survenue de vomissements peut compromettre transitoirement l'efficacité contraceptive du médicament.

En cas d'intervention chirurgicale, interrompre si possible le traitement un mois avant l'opération.

En cas d'immobilisation prolongée, interrompre le traitement.

INTERACTIONS MÉDICAMENTEUSES

L'efficacité contraceptive de ce traitement peut être diminuée par la prise de certains médicaments : les *barbituriques*, certains antiépileptiques (TÉGRÉTOL, DI-HYDAN...) et les médicaments contenant de la rifampicine (RIMACTAN, RIFADINE...) ou de la griséofulvine (FULCINE, GRISEFULVINE...).

GROSSESSE, ALLAITEMENT ET NOUVEAU-NÉ

Ce médicament est contre-indiqué pendant la grossesse et l'allaitement.

MODE D'EMPLOI ET POSOLOGIE

Prendre, sans oublier, 1 comprimé par jour à la même heure pendant 21 jours consécutifs, avec un arrêt de 7 jours entre chaque plaquette de 21 comprimés. L'efficacité du traitement sur l'*acné* n'apparaît qu'après plusieurs mois de traitement.

Commencer le traitement le premier jour des règles, que vous preniez ou non un *contraceptif* oral auparavant.

Lorsqu'un effet contraceptif est recherché, et en cas d'oubli d'un comprimé :
- retard de moins de 12 heures : prendre le comprimé oublié et continuer ensuite à l'heure habituelle ;
- retard de plus de 12 heures : prendre le comprimé oublié et continuer à l'heure habituelle, mais la sécurité contraceptive n'est plus assurée et une autre méthode contraceptive doit être employée pour le cycle en cours (spermicide, préservatif).

En cas de vomissement ou de diarrhée importante après la prise du comprimé (sans rapport avec la prise du médicament), prendre un comprimé supplémentaire. Si ces troubles durent plus de 12 heures, la sécurité contraceptive n'est plus assurée et une méthode complémentaire doit être employée pour le cycle en cours.

EFFETS INDÉSIRABLES POSSIBLES

Peu graves et n'empêchant pas la poursuite du traitement : nausées, maux de tête banals, prise de poids ; tension modérée des seins ; irritabilité, dépression ; taches sombres sur le visage ; jambes lourdes ; saignement entre les règles, diminution ou disparition des règles ; *candidose* vaginale ; irritation oculaire par les lentilles de contact.

Rares, mais devant faire interrompre le traitement : *hypertension artérielle*, accidents cardiaques ou vasculaires ; jaunisse ; augmentation importante des lipides dans le sang, *diabète* ; douleurs, *nodule* ou tension importante des seins ; *migraines* ; *vertiges* ; troubles de la vue ; aggravation d'une *épilepsie* ; *tumeur* bénigne du foie ; écoulement de lait ; *mastopathie*.

DI-ANTALVIC

dextropropoxyphène, paracétamol

PRÉSENTATION

DI-ANTALVIC : gélule Adulte (blanc et vert) ; boîte de 20 - Remb. 65 % - Liste I

DI-ANTALVIC : suppositoire Adulte ; boîte de 8 - Remb. 65 % - Liste I

Laboratoires Houdé

COMPOSITION

	p. gél.	p. suppos.
Dextropropoxyphène chlorhydrate	30 mg	60 mg
Paracétamol	400 mg	800 mg

INDICATIONS

Ce médicament contient deux *antalgiques* : le paracétamol, qui empêche la transmission de la douleur, et le dextropropoxyphène, qui agit directement sur le cerveau.

Il est utilisé dans le *traitement symptomatique* de la douleur qui résiste aux autres *antalgiques*.

CONTRE-INDICATIONS

Ce médicament ne doit pas être utilisé dans les cas suivants :
- *insuffisance rénale* et *insuffisance hépatique* graves,
- enfant de moins de 15 ans,
- allaitement.

ATTENTION

Le dextropropoxyphène est apparenté à la *morphine* : à dose élevée et en usage prolongé, ce médicament expose à un risque de *dépendance*. Ne dépassez pas la *posologie* et la durée de traitement prescrites par votre médecin.

De nombreux médicaments contiennent du paracétamol ; tenez-en compte en cas de prise conjointe car le surdosage en paracétamol peut être toxique pour le foie.

Évitez les boissons alcoolisées : augmentation du risque de somnolence.

Conducteur : ce médicament peut être responsable d'une somnolence ou d'une baisse de la vigilance.

INTERACTIONS MÉDICAMENTEUSES

Ce médicament peut interagir avec d'autres médicaments, notamment certains *sédatifs* et *anticonvulsivants* (carbamazépine). Signalez tout autre traitement en cours à votre médecin ou à votre pharmacien.

GROSSESSE, ALLAITEMENT ET NOUVEAU-NÉ

L'effet de ce médicament pendant la grossesse ou l'allaitement est mal connu : seul votre médecin peut évaluer le risque éventuel de son utilisation dans votre cas.

MODE D'EMPLOI ET POSOLOGIE

Les gélules doivent être avalées avec un verre d'eau, de préférence au cours des repas. Respectez un intervalle minimal de 4 heures entre 2 prises.

Posologie usuelle :
- Adulte : 1 ou 2 gélules, 2 ou 3 fois par jour ; sans dépasser 6 gélules par jour, ou 2 suppositoires par jour.

EFFETS INDÉSIRABLES POSSIBLES

Liés au paracétamol : *allergie* exceptionnelle.

Liés au dextropropoxyphène : nausées, vomissements. Plus rarement : constipation, maux de tête, éruption cutanée, *vertiges*, somnolence.

DIAPID

lypressine

PRÉSENTATION

DIAPID : solution nasale ; flacon pulvérisateur 12 ml (100 pulvérisations) - Remb. 65 % - Liste II

Laboratoires Sandoz

COMPOSITION

	p. ml
Lypressine	50 UI

INDICATIONS

Ce médicament contient une substance analogue à l'*hormone* antidiurétique qui intervient dans la régulation de l'eau du corps.

Elle est utilisée comme *traitement substitutif* dans le *diabète insipide*.

CONTRE-INDICATIONS

Ce médicament ne doit pas être utilisé dans les cas suivants :
- *insuffisance coronarienne*,
- association avec certains *anesthésiques*.

ATTENTION

Il s'agit d'un traitement à vie : ne l'interrompez jamais. En cas d'intervention chirurgicale, n'oubliez pas de prévenir l'anesthésiste que vous prenez ce traitement.

GROSSESSE, ALLAITEMENT ET NOUVEAU-NÉ

Grossesse :

L'effet de ce médicament pendant la grossesse est mal connu : seul votre médecin peut évaluer le risque éventuel de son utilisation dans votre cas.

Allaitement :

Les données actuellement disponibles ne permettent pas de savoir si ce médicament passe dans le lait maternel : l'allaitement est déconseillé.

MODE D'EMPLOI ET POSOLOGIE

Ce médicament doit être pulvérisé dans le nez au cours d'une forte inspiration. Il est alors absorbé par la *muqueuse* nasale et passe dans le sang.

Un intervalle de 4 heures au moins doit être respecté entre les prises.

Il est nécessaire de se moucher avant chaque pulvérisation.

Le flacon pulvérisateur doit être tenu en position verticale.

Posologie usuelle :

1 pulvérisation dans chaque narine, 3 à 6 fois par jour. La *posologie* est adaptée à chaque cas en fonction du volume des urines éliminées, de la soif et de l'âge.

Ce médicament doit être conservé à une température de 2 °C à 15 °C.

EFFETS INDÉSIRABLES POSSIBLES

Maux de tête, bouffées de chaleur, crampes, sécheresse et picotements du nez.

DIARLAC

Lactobacillus acidophilus

PRÉSENTATION

DIARLAC : gélule (blanc) ; boîte de 16 - Non remb.

Laboratoires Fournier

COMPOSITION

	p. gél.
Lactobacillus acidophilus (lyophilisat de culture) nombre de germes	5 milliards

INDICATIONS

C'est un médicament qui appartient à la famille des antidiarrhéiques d'origine microbienne. Il favorise la restauration de la flore intestinale.

Il est utilisé dans le *traitement symptomatique* des diarrhées.

GROSSESSE, ALLAITEMENT ET NOUVEAU-NÉ

Grossesse :

Ce médicament peut être utilisé chez la femme enceinte.

MODE D'EMPLOI ET POSOLOGIE

Les gélules peuvent être avalées avec un verre d'eau ou ouvertes ; leur contenu ne doit pas être mélangé à un liquide ou un aliment trop chaud (50 °C), glacé ou alcoolisé.

Posologie usuelle :
- Adulte, enfant, nourrisson : 1 gélule, 2 à 4 fois par jour.

En cas de diarrhée aiguë, 6 gélules, le premier jour.

Une diarrhée peut provoquer une déshydratation. Cette perte d'eau par l'organisme peut entraîner des troubles graves (fatigue, malaise, confusion des idées...). Il est indispensable de prévenir cette déshydratation par des boissons sucrées abondantes et des bouillons salés, notamment chez les personnes âgées et les enfants.

Si la diarrhée persiste au-delà de quelques jours, consultez votre médecin.

DIARSED

diphénoxylate, atropine

PRÉSENTATION

DIARSED : comprimé (rouge) ; boîte de 20 - Remb. 35 % - Liste I

Laboratoires Sanofi Winthrop

COMPOSITION

	p. comp.
Diphénoxylate	2,5 mg
Atropine	0,025 mg

INDICATIONS

C'est un médicament antidiarrhéique contenant un dérivé de la *morphine*, qui diminue les contractions du côlon, et une faible quantité d'atropine.

Il est utilisé dans le *traitement symptomatique* de la diarrhée.

CONTRE-INDICATIONS

Ce médicament ne doit pas être utilisé dans les cas suivants :
- crise aiguë de *rectocolite hémorragique*,
- *glaucome* à angle fermé,
- risque de blocage des urines lié à un *adénome de la prostate*,
- enfant de moins de 30 mois,
- **allaitement.**

ATTENTION

Évitez les boissons alcoolisées : augmentation du risque de somnolence.

Conducteur : ce médicament peut être responsable d'une somnolence ou d'une baisse de la vigilance.

INTERACTIONS MÉDICAMENTEUSES

Ce médicament peut interagir avec d'autres médicaments. Signalez tout autre traitement en cours à votre médecin ou à votre pharmacien.

GROSSESSE, ALLAITEMENT ET NOUVEAU-NÉ

L'effet de ce médicament pendant la grossesse ou l'allaitement est mal connu. L'évaluation du risque éventuel lié à son utilisation est individuelle : demandez conseil à votre pharmacien ou à votre médecin.

MODE D'EMPLOI ET POSOLOGIE

Les comprimés peuvent être avalés avec un peu d'eau.

Posologie usuelle :
- Adulte :
  - diarrhée aiguë : 2 comprimés, puis 1 comprimé après chaque selle non moulée. Ne pas dépasser 8 comprimés par jour ;
  - diarrhée chronique : 1 ou 2 comprimés par jour.
- Enfant de plus de 30 mois :
  - 1 comprimé par 5 kg et par jour. Soit 1 comprimé, 3 fois par jour, pour un enfant pesant 17 kg.

Une diarrhée peut provoquer une déshydratation. Cette perte d'eau par l'organisme peut entraîner des troubles graves (fatigue, malaise, confusion des idées...). Il est indispensable de prévenir cette déshydratation par des boissons sucrées abondantes et des bouillons salés, notamment chez les personnes âgées et les enfants.

EFFETS INDÉSIRABLES POSSIBLES

Somnolence.

À forte dose : constipation, nausées, vomissements, ballonnement abdominal, maux de tête, *allergie* cutanée, sécheresse de la bouche.

Certains signes doivent faire penser à un surdosage : agitation, confusion des idées, accélération du cœur, ralentissement de la respiration ; consultez immédiatement votre médecin, ou à défaut appelez le 15 ou un service médical d'urgence.

DIAZÉPAM-RATIOPHARM

diazépam

PRÉSENTATION

DIAZÉPAM-RATHIOPHARM 2 mg : comprimé sécable (blanc) ; boîte de 40 - Remb. 65 % - Liste I

DIAZÉPAM-RATIOPHARM 5 mg : comprimé sécable (blanc) ; boîte de 40 - Remb. 65 % - Liste I

DIAZÉPAM-RATIOPHARM 10 mg : comprimé quadrisécable (blanc) ; boîte de 30 - Remb. 65 % - Liste I

Laboratoires Lafon-Ratiopharm

COMPOSITION

	p. comp.	p. comp.	p. comp.
Diazépam	2 mg	5 mg	10 mg

INDICATIONS

C'est un *tranquillisant* de la famille des *benzodiazépines*.

Il est utilisé dans le traitement de l'anxiété lorsque celle-ci s'accompagne de troubles gênants.

CONTRE-INDICATIONS

Ce médicament ne doit pas être utilisé en cas d'*insuffisance respiratoire* grave.

ATTENTION

Des précautions sont nécessaires en cas de *myasthénie*, d'*insuffisance hépatique* ou d'*insuffisance respiratoire*.

Utilisé seul, ce médicament n'est pas adapté au traitement des *états dépressifs*.

Un prise prolongée ou des doses importantes de ce médicament, son association à des *sédatifs* ou à des boissons alcoolisées favorisent une *dépendance*. Respectez la *posologie* et la durée de traitement prescrites par votre médecin.

L'arrêt brutal de ce médicament expose à un *syndrome de sevrage* : réapparition de l'anxiété, agitation, irritabilité, insomnie, maux de tête, douleurs musculaires, tremblements, hallucinations. Il faut donc s'entourer de conseils médicaux : diminution progressive des doses et espacement des prises, sur une période d'autant plus longue que le traitement a été prolongé.

Évitez les boissons alcoolisées : augmentation du risque de somnolence et de dépendance.

Conducteur : ce médicament peut être responsable d'une somnolence ou d'une baisse de la vigilance.

INTERACTIONS MÉDICAMENTEUSES

Ce médicament peut interagir avec d'autres médicaments, notamment les *sédatifs*, la cimétidine (TAGAMET...) et la phénytoïne (DI-HYDAN...). Signalez tout autre traitement en cours à votre médecin ou à votre pharmacien.

GROSSESSE, ALLAITEMENT ET NOUVEAU-NÉ

Grossesse et nouveau-né :

Par mesure de prudence, ce médicament est habituellement déconseillé pendant les 3 premiers mois de la grossesse. Toutefois, une grossesse survenant sous traitement ne justifie pas d'inquiétude particulière. Seul votre médecin peut apprécier le risque éventuel lié à l'utilisation de ce médicament dans votre cas.

Si le traitement est poursuivi jusqu'à l'accouchement, une surveillance médicale du *nouveau-né* est nécessaire.

Allaitement :

Ce médicament passe dans le lait maternel : l'allaitement est déconseillé.

MODE D'EMPLOI ET POSOLOGIE

Les comprimés doivent être avalés avec un peu d'eau.

Posologie usuelle :

Elle est strictement individuelle.

Chez l'enfant, le traitement doit être de courte durée.

Ce médicament vous a été prescrit dans une situation précise : ne le conseillez pas à une autre personne.

L'effet de ce médicament peut persister plus de 24 heures après sa prise.

Les *tranquillisants* ne sont pas la seule réponse à l'anxiété : une meilleure hygiène de vie, une consommation modérée d'excitants (y compris les boissons alcoolisées) permettent aussi de lutter efficacement contre l'excès de stress.

EFFETS INDÉSIRABLES POSSIBLES

Trous de mémoire, sensation d'ivresse, somnolence en particulier chez la personne âgée, ralentissement des idées, ou, au contraire, excitation, irritabilité, idées confuses, hallucinations, fatigue, éruption cutanée.

DIBENCOZAN FORT
cobamamide

PRÉSENTATION

DIBENCOZAN FORT 20 000 µg : préparation injectable ; boîte de 3 flacons de *lyophilisat* et 3 ampoules de solvant 2 ml - Remb. 35 % - Liste II

Laboratoires Houdé

COMPOSITION

	p. fl. inj.
Cobamamide (dibencozide)	20 000 µg

INDICATIONS

Ce médicament contient une substance qui a les mêmes propriétés que la *vitamine* B12, indispensable au *métabolisme*.

Il est utilisé dans le traitement de certaines *névralgies*.

CONTRE-INDICATIONS

Ce médicament ne doit pas être utilisé en cas d'*allergie* à la *vitamine* B12 et aux substances apparentées.

ATTENTION

Un *choc anaphylactique* peut survenir lors de l'injection de ce médicament : des précautions sont nécessaires chez les personnes ayant des *antécédents* d'*asthme* ou d'*eczéma*.

GROSSESSE, ALLAITEMENT ET NOUVEAU-NÉ

L'absence d'effets nocifs de la *vitamine* B12 et des substances apparentées, à forte dose, n'a pas été établie pendant la grossesse ou l'allaitement.

MODE D'EMPLOI ET POSOLOGIE

La solution doit être administrée par *voie* intramusculaire.

Posologie usuelle :

1 injection par jour ou 1 jour sur 2.

Sous traitement, la coloration rouge des urines est normale : elle est liée à l'élimination de la *vitamine* B12.

L'effet de ce médicament n'est pas immédiat et peut n'apparaître qu'après 2 ou 3 injections.

EFFETS INDÉSIRABLES POSSIBLES

Douleur au point d'injection, *acné*, *allergie* cutanée (voir ATTENTION).

DICETEL
pinavérium

PRÉSENTATION

DICETEL : comprimé (orange), goût orange ; boîte de 20 - Remb. 35 % - Liste II

Laboratoires LTM

COMPOSITION

	p. comp.
Pinavérium bromure	50 mg

INDICATIONS

C'est un médicament *antispasmodique*. Il relâche les muscles du tube digestif et des *voies biliaires*.

Il est utilisé comme traitement des spasmes du tube digestif et des voies biliaires.

GROSSESSE, ALLAITEMENT ET NOUVEAU-NÉ

Les effets de ce médicament pendant la grossesse et l'allaitement sont mal connus : par mesure de prudence, son usage est déconseillé.

MODE D'EMPLOI ET POSOLOGIE

Ce médicament doit être pris de préférence au milieu des repas. Les comprimés doivent être avalés avec un peu d'eau sans être ni croqués ni sucés.

Posologie usuelle :

- Adulte : 1 comprimé, 3 à 4 fois par jour. Dans certains cas, la *posologie* peut être portée à 6 comprimés par jour.

Une vie calme, des horaires de repas réguliers, une adaptation du régime alimentaire sont recommandés.

EFFETS INDÉSIRABLES POSSIBLES

Rarement : *troubles digestifs*.

DICYNONE
étamsylate

PRÉSENTATION

DICYNONE 250 mg : comprimé (blanc) ; boîte de 20 - Remb. 65 %

DICYNONE 500 mg : comprimé (blanc) ; boîte de 20 - Remb. 35 %

DICYNONE : solution injectable ; boîte de 6 ampoules 2 ml - Remb. 65 %

Laboratoires Synthélabo France

COMPOSITION

	p. comp.	p. comp.	p. amp. inj.
Étamsylate	250 mg	500 mg	250 mg
Sulfites			+

INDICATIONS

C'est un protecteur *vasculaire* et *veinotonique*. Il stimule la circulation du sang dans les veines et lutte contre l'altération des *vaisseaux capillaires*.

Il est utilisé dans le *traitement symptomatique* :

- des jambes lourdes, *œdèmes*, crampes, *impatiences* et autres troubles pouvant être en rapport avec une mauvaise circulation veineuse ou *lymphatique* ;
- de l'insuffisance d'irrigation de la *rétine* ;
- des petites *hémorragies* sous-cutanées se traduisant par des taches rouges ou violacées ;
- des saignements entre les règles (uniquement après examen médical).

ATTENTION

Ce médicament est insuffisant pour prévenir le risque de *phlébite* chez les malades alités ou plâtrés.

Ce médicament soulage, mais n'empêche pas l'aggravation de l'*insuffisance veineuse*, qui requiert des mesures spécifiques telles que la *contention élastique*.

Un saignement génital persistant requiert un diagnostic médical.

GROSSESSE, ALLAITEMENT ET NOUVEAU-NÉ

L'effet de ce médicament pendant la grossesse ou l'allaitement est mal connu. L'évaluation du risque éventuel lié à son utilisation est individuelle : demandez conseil à votre pharmacien ou à votre médecin.

MODE D'EMPLOI ET POSOLOGIE

Les comprimés doivent être pris avec un verre d'eau. Les ampoules peuvent être injectées par *voie* intramusculaire ou intraveineuse.

Posologie usuelle :

- Adulte : 2 comprimés à 250 mg ou 1 comprimé à 500 mg, 3 fois par jour. La *posologie* de la solution injectable dépend des indications.
- Enfant : 1 comprimé à 250 mg, 3 fois par jour.

EFFETS INDÉSIRABLES POSSIBLES

Rares : nausées, maux de tête et *allergie* cutanée.

DIDRONEL 200 mg
acide étidronique sel disodique

PRÉSENTATION

DIDRONEL 200 mg : comprimé rectangulaire (blanc) ; boîte de 60 - Remb. 65 % - Liste II

Laboratoires Procter & Gamble

COMPOSITION

	p. comp.
Acide étidronique sel disodique	200 mg

INDICATIONS

Ce médicament appartient à la famille des diphosphonates. Il agit en bloquant les cellules qui détruisent l'os et en luttant contre la déminéralisation.

Dosé à 200 mg, il est utilisé dans le traitement de la maladie de *Paget*. Il est également utilisé dans le traitement de certaines *hypercalcémies*.

CONTRE-INDICATIONS

Ce médicament ne doit pas être utilisé en cas d'*insuffisance rénale* grave.

ATTENTION

Ce médicament doit être pris au moins 2 heures avant ou après un repas riche en calcium (lait, fromage, produits lactés...).

INTERACTIONS MÉDICAMENTEUSES

Ce médicament peut interagir avec d'autres médicaments, notamment les *antiacides* et les médicaments contenant du calcium : risque de diminution de son absorption intestinale. Signalez tout autre traitement en cours à votre médecin ou à votre pharmacien.

GROSSESSE, ALLAITEMENT ET NOUVEAU-NÉ

L'effet de ce médicament pendant la grossesse ou l'allaitement est mal connu : seul votre médecin peut évaluer le risque éventuel de son utilisation dans votre cas.

MODE D'EMPLOI ET POSOLOGIE

Les comprimés doivent être avalés en une seule prise, 2 heures au moins avant les repas, avec un verre d'eau ou de jus de fruit.

Posologie usuelle :

Elle est strictement individuelle.

EFFETS INDÉSIRABLES POSSIBLES

Nausées, diarrhées.

DIDRONEL 400 mg

acide étidronique sel disodique

PRÉSENTATION

DIDRONEL 400 mg : comprimé (blanc) ; boîte de 14 - Remb. 65 % - Liste II

Laboratoires Procter & Gamble

COMPOSITION

	p. comp.
Acide étidronique sel disodique	400 mg

INDICATIONS

Ce médicament appartient à la famille des diphosphonates. Il agit en bloquant les cellules qui détruisent l'os et en luttant contre la déminéralisation.

Dosé à 400 mg, il est utilisé dans le *traitement curatif* de l'*ostéoporose* post-ménopausique compliquée du tassement d'une ou plusieurs vertèbres.

CONTRE-INDICATIONS

Ce médicament ne doit pas être utilisé en cas d'*insuffisance rénale* grave.

ATTENTION

Le calcium prescrit en complément de ce traitement doit faire l'objet de cures alternées : risque d'interaction entre ces deux substances. En outre, ce médicament doit être pris au moins 2 heures avant ou après un repas riche en calcium (lait, fromage, produits lactés...).

INTERACTIONS MÉDICAMENTEUSES

Ce médicament peut interagir avec d'autres médicaments, notamment les *anti-acides* et les médicaments contenant du calcium : risque de diminution de son absorption intestinale. Signalez tout autre traitement en cours à votre médecin ou à votre pharmacien.

GROSSESSE, ALLAITEMENT ET NOUVEAU-NÉ

L'effet de ce médicament pendant la grossesse ou l'allaitement est mal connu : seul votre médecin peut évaluer le risque éventuel de son utilisation dans votre cas.

MODE D'EMPLOI ET POSOLOGIE

Les comprimés doivent être avalés en une seule prise, 2 heures au moins avant les repas, avec un verre d'eau ou de jus de fruit.

Posologie usuelle :

Elle est strictement individuelle.

Une alimentation riche en calcium et en *vitamine* D ainsi que des exercices physiques réguliers contribuent à limiter l'évolution de l'*ostéoporose*.

EFFETS INDÉSIRABLES POSSIBLES

Nausées, diarrhées.

DIÉNOL

fer, manganèse

PRÉSENTATION

DIÉNOL : suspension rectale ; boîte de 6 poires 35 ml - Non remb.

Laboratoires Doms-Adrian

COMPOSITION

	p. poire
Fer colloïdal	1,05 mg
Manganèse colloïdal	1,05 mg

INDICATIONS

Ce médicament est une association de fer et de manganèse en solution.

Il est utilisé en *traitement d'appoint*, par *voie* rectale, des états fébriles, en complément des *antipyrétiques* usuels.

CONTRE-INDICATIONS

Ce médicament ne doit pas être utilisé en cas de diarrhée, celle-ci empêcherait son action.

ATTENTION

Une légère remontée de la fièvre a parfois été observée immédiatement après l'administration de ce médicament. Prudence en cas de fièvre élevée chez l'enfant.

GROSSESSE, ALLAITEMENT ET NOUVEAU-NÉ

Ce médicament ne contient que des substances présumées sans danger pendant la grossesse ou l'allaitement. Néanmoins, ne l'utilisez pas de façon prolongée sans l'avis de votre pharmacien ou de votre médecin.

MODE D'EMPLOI ET POSOLOGIE

Après un passage aux toilettes pour éliminer des selles éventuelles, la solution doit être introduite dans le rectum, sans être rejetée.

Posologie usuelle :

- Adulte et enfant de plus de 5 ans : 1 poire, 3 fois par jour.
- Enfant de 1 à 5 ans : 1 poire, 2 fois par jour.
- Nourrisson jusqu'à 1 an : 1/2 poire, 2 fois par jour.

Indépendamment des médicaments, des moyens simples permettent de combattre la fièvre chez le *nourrisson* très fébrile : le découvrir, lui donner un bain à 38 °C.

DIERGO-SPRAY

dihydroergotamine

PRÉSENTATION

DIERGO-SPRAY : solution nasale pour pulvérisation ; boîte de 1 ampoule 1 ml et dispositif pulvérisateur (4 pulvérisations) - Remb. 65 % - Liste II

Laboratoires Sandoz

COMPOSITION

	p. amp.
Dihydroergotamine mésilate	4 mg

INDICATIONS

C'est un antimigraineux qui appartient à la famille des dérivés de l'*ergot de seigle*. Sous forme de pulvérisation nasale, il est rapidement absorbé.

Il est utilisé dans le *traitement de la crise* de *migraine*.

CONTRE-INDICATIONS

Ce médicament ne doit pas être utilisé dans les cas suivants :

- *hypertension artérielle*, *insuffisance coronarienne*, *artérite* ;
- infection grave ;
- en association avec les *antibiotiques* de la famille des *macrolides* ;
- grossesse.

ATTENTION

Ce médicament ne doit pas être associé à un autre dérivé de l'*ergot de seigle* dans la même journée.

Des précautions sont nécessaires en cas d'*insuffisance hépatique* ou d'*insuffisance rénale* graves.

Le contenu de l'ampoule est réservé à la *voie* nasale : il ne doit en aucun cas être injecté.

INTERACTIONS MÉDICAMENTEUSES

Ce médicament ne doit pas être associé aux *antibiotiques* de la famille des *macrolides* (érythromycine, josamycine ou roxithromycine) : risque d'*ergotisme*.

Il peut interagir avec d'autres médicaments, notamment les *bêtabloquants* : signalez tout autre traitement en cours à votre médecin ou à votre pharmacien.

GROSSESSE, ALLAITEMENT ET NOUVEAU-NÉ

Grossesse :

Par mesure de prudence, ce médicament est contre-indiqué pendant la grossesse.

Allaitement :

Ce médicament est déconseillé pendant l'allaitement.

MODE D'EMPLOI ET POSOLOGIE

Mettre en place l'ampoule dans le dispositif et amorcer celui-ci avant pulvérisation.

Posologie usuelle :

1 pulvérisation dans chaque narine, dès les premiers signes annonciateurs de la crise. Si la douleur persiste, vous pouvez pulvériser une nouvelle dose dans chaque narine, après un intervalle d'une demi-heure, sans jamais dépasser 4 pulvérisations par jour ou 6 ampoules par semaine.

> Si vos crises sont plus fréquentes, n'augmentez pas les doses et consultez votre médecin.
>
> Une ampoule ne doit pas être utilisée au-delà de 24 heures après son ouverture.

EFFETS INDÉSIRABLES POSSIBLES

Nausées, surtout en cas de prise à jeun.

Parfois : nez bouché ou écoulement nasal.

Rarement : fourmillement et engourdissement des extrémités.

DIFFU-K
potassium

PRÉSENTATION

DIFFU-K : gélule (jaune et blanc) ; boîte de 40 - Remb. 65 %

Laboratoires UCB

COMPOSITION

	p. gél.
Chlorure de potassium (micro-encapsulé)	600 mg
Soit potassium	312 mg

INDICATIONS

Ce médicament contient du *potassium*, élément minéral indispensable aux cellules de l'organisme.

Il est utilisé dans les déficits en potassium (*hypokaliémie*), liés principalement à la prise de certains médicaments (*diurétiques, corticoïdes*, et tous les *laxatifs stimulants*...).

CONTRE-INDICATIONS

Ce médicament ne doit pas être utilisé dans les cas suivants :
- risque d'excès de *potassium* dans le sang (*hyperkaliémie*),
- en association avec certains *diurétiques* et avec les autres sels de potassium.

> **ATTENTION**
>
> Pour éviter une surcharge en *potassium*, une surveillance médicale et des analyses de sang régulières sont nécessaires avant et pendant le traitement afin d'adapter la *posologie*, notamment chez la personne âgée.

INTERACTIONS MÉDICAMENTEUSES

Ce médicament ne doit pas être associé aux *diurétiques* qui augmentent le taux de *potassium* et aux autres sels de potassium : risque de *trouble du rythme cardiaque* grave.

Ce médicament peut interagir avec d'autres médicaments, notamment avec certains *antihypertenseurs*. Signalez tout autre traitement en cours à votre médecin ou à votre pharmacien.

GROSSESSE, ALLAITEMENT ET NOUVEAU-NÉ

Grossesse :

Ce médicament peut être utilisé en cas de déficit en *potassium* chez la femme enceinte, mais uniquement sur prescription médicale.

MODE D'EMPLOI ET POSOLOGIE

Les gélules doivent être avalées avec une grande quantité d'eau. Les prises seront réparties au cours de la journée.

Posologie usuelle :

Elle est adaptée par votre médecin en fonction des résultats de l'analyse de sang.

EFFETS INDÉSIRABLES POSSIBLES

À forte dose, *ulcération* du tube digestif.

DIFRAREL 100
Vaccinium myrtillus, bêta-carotène

PRÉSENTATION

DIFRAREL 100 : comprimé (bleu clair) ; boîte de 20 - Remb. 35 %

Laboratoires Leurquin Mediolanum

COMPOSITION

	p. comp.
Vaccinium myrtillus, anthocyanosides	100 mg
Bêta-carotène	5 mg

INDICATIONS

C'est un protecteur *vasculaire* et *veinotonique*. Il facilite la circulation du sang dans les veines et lutte contre l'altération des *vaisseaux capillaires*.

Il est utilisé dans le *traitement symptomatique* :
- des jambes lourdes, crampes, *impatiences* et autres troubles pouvant être en rapport avec une mauvaise circulation veineuse ou *lymphatique* ;
- des petites *hémorragies* sous-cutanées se traduisant par des taches rouges ou violacées ;
- de l'insuffisance d'irrigation de la *rétine* ;
- de la baisse d'acuité visuelle au crépuscule.

> **ATTENTION**
>
> Ce médicament est insuffisant pour prévenir le risque de *phlébite* chez les malades alités ou plâtrés.
>
> Ce médicament soulage, mais n'empêche pas l'aggravation de l'*insuffisance veineuse* qui requiert des mesures spécifiques telles que la *contention élastique*.

GROSSESSE, ALLAITEMENT ET NOUVEAU-NÉ

L'effet de ce médicament pendant la grossesse ou l'allaitement est mal connu. L'évaluation du risque éventuel lié à son utilisation est individuelle : demandez conseil à votre pharmacien ou à votre médecin.

MODE D'EMPLOI ET POSOLOGIE

Posologie usuelle :

3 à 6 comprimés par jour, 20 jours par mois.

> Une activité physique régulière et la surélévation du pied du lit permettent de faciliter la circulation veineuse et *lymphatique*.

EFFETS INDÉSIRABLES POSSIBLES

Rares *troubles digestifs*.

DIFRAREL E
Vaccinium myrtillus, vitamine E

PRÉSENTATION

DIFRAREL E : comprimé (blanc) ; boîte de 24 - Remb. 35 %

Laboratoires Leurquin Mediolanum

COMPOSITION

	p. comp.
Anthocyanosides extrait de Vaccinium myrtillus	50 mg
Vitamine E	50 mg

INDICATIONS

Ce médicament contient un protecteur *vasculaire* et de la *vitamine* E.

Il est utilisé dans le traitement de la myopie.

GROSSESSE, ALLAITEMENT ET NOUVEAU-NÉ

L'effet de ce médicament pendant la grossesse ou l'allaitement est mal connu. L'évaluation du risque éventuel lié à son utilisation est individuelle : demandez conseil à votre pharmacien ou à votre médecin.

MODE D'EMPLOI ET POSOLOGIE

Les comprimés doivent être pris dans de l'eau.

Posologie usuelle :

3 à 6 comprimés par jour, 15 à 20 jours par mois.

DIGAOL
timolol

PRÉSENTATION

DIGAOL 0,25 % : collyre ; flacon 3 ml - Remb. 65 % - Liste I

DIGAOL 0,50 % : collyre ; flacon 3 ml - Remb. 65 % - Liste I

Laboratoires Opocalcium

COMPOSITION

	p. 100 ml	p. 100 ml
Timolol	250 mg	500 mg
Benzalkonium chlorure	+	+

INDICATIONS

Ce collyre *bêtabloquant* a la propriété de diminuer la pression des liquides contenus dans l'œil (*tension intraoculaire*).

Il est utilisé dans le traitement des maladies dues à un excès de tension intraoculaire, et notamment du *glaucome* à angle ouvert.

CONTRE-INDICATIONS

Compte tenu du passage du *bêtabloquant* dans le sang, ce médicament ne doit pas être utilisé dans les cas suivants :
- *asthme*,
- *insuffisance cardiaque* grave non contrôlée par un traitement spécifique,
- *bloc auriculo-ventriculaire* grave,
- phénomène de *Raynaud*,
- rythme cardiaque inférieur à 50 battements par minute.

ATTENTION

Des précautions sont nécessaires en cas d'*insuffisance cardiaque* ou d'*allergie* aux *antiseptiques* de la famille des *ammoniums quaternaires* (présence de benzalkonium).

Diabétiques : les *bêtabloquants* peuvent masquer certains *symptômes* de l'*hypoglycémie*, essentiellement les *palpitations* et l'accélération du cœur.

INTERACTIONS MÉDICAMENTEUSES

Ce collyre peut interagir avec d'autres collyres : respectez un intervalle de 15 minutes entre deux instillations, sauf indication contraire de votre ophtalmologiste.

Il peut interagir avec certains médicaments utilisés par *voie* orale, notamment ceux contenant de l'amiodarone (CORDARONE...) et ceux qui ont pour but d'abaisser la pression artérielle. Signalez tout autre traitement en cours à votre médecin ou à votre pharmacien.

GROSSESSE, ALLAITEMENT ET NOUVEAU-NÉ

Grossesse :

L'effet de ce médicament pendant la grossesse est mal connu : seul votre médecin peut évaluer le risque éventuel de son utilisation dans votre cas.

Allaitement :

Ce médicament passe dans le lait maternel. L'allaitement est déconseillé pendant le traitement.

MODE D'EMPLOI ET POSOLOGIE

Tirer la paupière inférieure vers le bas tout en regardant vers le haut et déposer une goutte de collyre entre la paupière et le globe oculaire (*cul-de-sac conjonctival*).

Posologie usuelle :
- Adulte : 1 goutte, 2 fois par jour.

Habituellement, la *posologie* est fixée par l'ophtalmologiste en fonction de la *tension intraoculaire*.

Le port de lentilles de contact est déconseillé pendant le traitement car elles peuvent être mal tolérées (risque de sécheresse de l'œil) ou s'imprégner des substances contenues dans le collyre.

L'application correcte du produit peut nécessiter une aide, notamment chez une personne handicapée ou âgée.

Ne conservez pas ce collyre plus de 15 jours après une première utilisation.

EFFETS INDÉSIRABLES POSSIBLES

Irritation locale, troubles visuels.

Dus au passage du *bêtabloquant* dans le sang :
- généralement bénins : nausées, fatigue en début de traitement, maux de tête ;
- rares mais potentiellement graves : ralentissement important du cœur, chute de tension, *insuffisance cardiaque*, *bloc auriculo-ventriculaire*, crise d'*asthme*.

Ce médicament peut également provoquer des réactions allergiques cutanées.

DIGÉDRYL

PRÉSENTATION

DIGÉDRYL : comprimé effervescent (blanc) arôme anis ; boîte de 30 - Non remb.

Laboratoires Salver

COMPOSITION

	p. comp.
Boldine	0,0096 mg
Sulfate de sodium	54 mg
Phosphate monosodique	132 mg
Carbonate monosodique	666 mg
Dont sodium	440 mg

INDICATIONS

C'est une association de substances utilisée dans le *traitement symptomatique* des *troubles digestifs*.

CONTRE-INDICATIONS

Ce médicament ne doit pas être utilisé en cas d'obstruction des *voies biliaires* et d'*insuffisance hépatique*.

ATTENTION

Si vous souffrez d'*insuffisance rénale*, parlez-en à votre pharmacien ou à votre médecin.

Ce médicament contient du *sel* (sodium) en quantité notable.

GROSSESSE, ALLAITEMENT ET NOUVEAU-NÉ

L'effet de ce médicament pendant la grossesse ou l'allaitement est mal connu. L'évaluation du risque éventuel lié à son utilisation est individuelle : demandez conseil à votre pharmacien ou à votre médecin.

MODE D'EMPLOI ET POSOLOGIE

Les comprimés doivent être dissous dans un verre d'eau et pris avant les repas.

Posologie usuelle :
- Adulte : 1 comprimé, 3 fois par jour, et éventuellement 1 au moment des douleurs.
- Enfant : 1 comprimé, 1 à 2 fois par jour.

Ce médicament doit être accompagné d'une alimentation appropriée : parlez-en à votre médecin ou à votre pharmacien.

EFFETS INDÉSIRABLES POSSIBLES

Diarrhée.

DIGEFLASH

poudre de pancréas

PRÉSENTATION

DIGEFLASH : comprimé *gastrorésistant* (jaune clair) ; boîte de 24 - Non remb.

Laboratoires Boehringer Ingelheim France

COMPOSITION

	p. comp.
Pancréas, poudre soit activité lipasique	3 000 U
Sorbitol	+

INDICATIONS

C'est un médicament qui contient des extraits de pancréas. Ceux-ci remplacent ou complètent une production insuffisante d'*enzymes pancréatiques*, indispensables à la digestion.

Il est principalement utilisé dans le *traitement symptomatique* des digestions difficiles dues à une paresse du pancréas.

CONTRE-INDICATIONS

Ce médicament ne doit pas être utilisé chez l'enfant de moins de 30 mois.

GROSSESSE, ALLAITEMENT ET NOUVEAU-NÉ

L'effet de ce médicament pendant la grossesse ou l'allaitement est mal connu. L'évaluation du risque éventuel lié à son utilisation est individuelle : demandez conseil à votre pharmacien ou à votre médecin.

MODE D'EMPLOI ET POSOLOGIE

Ce médicament doit être pris au cours des repas, avec un verre d'eau.

Posologie usuelle :
- Adulte : 2 comprimés, 3 fois par jour.
- Enfant de plus de 30 mois : 1 comprimé, 3 fois par jour.

EFFETS INDÉSIRABLES POSSIBLES

Diarrhée, liée à la présence de sorbitol.

DIGESTIF MARGA

hydroxydes de magnésium et d'aluminium, carbonate de calcium

PRÉSENTATION

DIGESTIF MARGA : tablette ; boîte de 48 - Non remb.

Laboratoires C.P.F.

COMPOSITION

	p. tabl.
Magnésium hydroxyde	60 mg
Aluminium hydroxyde	100 mg
Calcium carbonate	50 mg
Saccharose	1,22 g

INDICATIONS

Ce médicament est un *antiacide* d'action locale. Il agit en neutralisant les acides sécrétés par l'estomac.

Il est utilisé comme *traitement symptomatique* des douleurs, brûlures, aigreurs de l'estomac ou de l'œsophage.

CONTRE-INDICATIONS

Ce médicament ne doit pas être utilisé en cas d'*insuffisance rénale* grave.

ATTENTION

En cas de persistance des *symptômes*, des examens peuvent êtres nécessaires : consultez votre médecin.

Ce médicament contient une quantité notable de *sucre* (saccharose).

INTERACTIONS MÉDICAMENTEUSES

Ce médicament peut interagir avec de nombreux autres médicaments en diminuant leur absorption : il convient de séparer les prises d'au moins 2 heures.

GROSSESSE, ALLAITEMENT ET NOUVEAU-NÉ

Les substances contenues dans ce médicament sont peu absorbées ; l'automédication est possible en cure courte ou ponctuelle pendant la grossesse ou l'allaitement.

MODE D'EMPLOI ET POSOLOGIE

Les tablettes peuvent être sucées ou croquées.

Posologie usuelle :

6 à 8 tablettes par jour, après chaque repas ou au moment des douleurs.

Une alimentation équilibrée, une mastication lente et l'élimination des aliments difficiles à digérer permettent souvent d'améliorer, voire de faire disparaître, les douleurs d'estomac qui ne sont pas liées à un *ulcère*.

Si vous êtes fumeur, la poursuite du tabagisme nuit à l'efficacité du traitement.

DIGESTOBOL

PRÉSENTATION

DIGESTOBOL : comprimé à croquer ; boîte de 30 - Non remb.

Laboratoires Lederle

COMPOSITION

	p. comp.
Carbonate de magnésium léger	100 mg
Peroxyde de magnésium	50 mg
Oxyde d'aluminium	25 mg
Kaolin lourd	10 mg
Saccharose	280 mg

INDICATIONS

Ce médicament appartient à la famille des *antiacides* d'action locale. Il agit en neutralisant les acides sécrétés par l'estomac.

Il est utilisé dans le *traitement symptomatique* des douleurs, des brûlures, des aigreurs de l'estomac et de l'œsophage.

CONTRE-INDICATIONS

Ce médicament ne doit pas être utilisé en cas d'*insuffisance rénale* grave.

ATTENTION

Des douleurs qui persistent peuvent être dues à une lésion du tube digestif : consultez votre médecin.

INTERACTIONS MÉDICAMENTEUSES

Ce médicament peut interagir avec de nombreux autres médicaments en diminuant leur absorption : il convient de séparer les prises d'au moins 2 heures.

GROSSESSE, ALLAITEMENT ET NOUVEAU-NÉ

Les sels minéraux contenus dans ce médicament sont peu absorbés ; l'automédication est possible, en cure courte ou ponctuelle, pendant la grossesse ou l'allaitement.

MODE D'EMPLOI ET POSOLOGIE

Les comprimés peuvent être croqués ou sucés.

Posologie usuelle :

1 ou 2 comprimés, environ 1 heure et demie après les repas ou au moment des douleurs.

Une alimentation équilibrée, une mastication lente et la suppression des aliments difficiles à digérer permettent souvent d'atténuer, voire de faire disparaître, les douleurs d'estomac qui ne sont pas liées à un *ulcère*.

Si vous êtes fumeur, la poursuite du tabagisme nuit à l'efficacité du traitement.

DIGESTODORON

PRÉSENTATION

DIGESTODORON : solution buvable ; flacon 30 ml (gouttes) - Non remb.

Laboratoires Weleda

COMPOSITION

	p. 100 g
Fougère mâle	4 g
Polypode	1 g
Fougère aigle	4 g
Scolopendre	1 g
Salix alba	2 g
Salix purpurea	2 g
Salix viminalis	4 g
Salix vitellina	2 g
Alcool	+

INDICATIONS

Ce médicament est une association d'extraits de plantes.

Il est utilisé dans le *traitement symptomatique* des brûlures de l'estomac, des ballonnements, des spasmes de l'intestin et de la constipation.

GROSSESSE, ALLAITEMENT ET NOUVEAU-NÉ

Ce médicament ne contient que des plantes présumées sans danger pendant la grossesse ou l'allaitement. Néanmoins, ne l'utilisez pas de façon prolongée sans l'avis de votre pharmacien ou de votre médecin.

MODE D'EMPLOI ET POSOLOGIE

Ce médicament doit être pris dans un peu d'eau, 15 minutes avant les repas.

Posologie usuelle :

10 à 20 gouttes, 3 fois par jour.

Si les symptômes persistent, n'hésitez pas à consulter votre médecin.

DIGITALINE NATIVELLE

digitoxine

PRÉSENTATION

DIGITALINE NATIVELLE : comprimé (rose) ; boîte de 40 - Remb. 65 % - Liste I

Laboratoires Procter & Gamble

COMPOSITION

	p. comp.
Digitoxine	0,1 mg

INDICATIONS

C'est un médicament aux propriétés multiples qui appartient à la famille des *digitaliques* : il agit sur le cœur en permettant essentiellement d'en renforcer les contractions et de ralentir son rythme lorsqu'il est excessif.

Il est utilisé dans le traitement de l'*insuffisance cardiaque* et de certaines *tachycardies*.

CONTRE-INDICATIONS

Ce médicament ne doit pas être utilisé dans les cas suivants :

- certaines anomalies du fonctionnement cardiaque,
- en association avec des injections intraveineuses de calcium.

ATTENTION

Ce produit est très toxique en cas de surdosage : tenez-le hors de portée des enfants.

En cas de *palpitations* récentes survenues sous traitement, prévenez votre médecin.

Des précautions sont nécessaires si vous souffrez d'une *insuffisance hépatique*, d'une *insuffisance rénale*, d'une *hypothyroïdie* ou chez la personne âgée.

Tout médicament susceptible de faire baisser la *kaliémie*, notamment les *diurétiques* ou laxatifs, devra être utilisé sous contrôle médical strict.

INTERACTIONS MÉDICAMENTEUSES

Ce médicament ne doit pas être associé au calcium injectable par *voie* intraveineuse (CALCIBRONAT notamment) : risque de *troubles du rythme cardiaque* graves.

Il peut interagir avec d'autres médicaments. Signalez tout autre traitement en cours à votre médecin ou à votre pharmacien.

GROSSESSE, ALLAITEMENT ET NOUVEAU-NÉ

Grossesse :
L'effet de ce médicament sur l'enfant à naître est mal connu. Par mesure de prudence, son usage est déconseillé pendant la grossesse.

Allaitement :
Les données disponibles ne permettent pas de savoir si ce médicament passe dans le lait maternel.

MODE D'EMPLOI ET POSOLOGIE

Posologie usuelle :
Traitement d'attaque : une forte dose est parfois prescrite par le médecin pendant quelques jours, sous surveillance médicale.

Traitement d'entretien : la *posologie* est adaptée par le médecin en fonction de l'effet recherché ; une analyse de sang permet de connaître la concentration du médicament dans le sang : en effet, le risque de surdosage est important.

En cas de mauvaise vue, l'utilisation de la pipette peut être délicate.

EFFETS INDÉSIRABLES POSSIBLES

Ils sont le plus souvent le signe d'un surdosage :
- *troubles digestifs* : nausées, vomissements, diarrhée, perte de l'appétit ;
- *vertiges*, maux de tête, coloration en jaune de la vision ;
- *troubles du rythme cardiaque* variés, *palpitations*.

DIGOXINE NATIVELLE
digoxine

PRÉSENTATION

DIGOXINE NATIVELLE 0,25 mg : comprimé sécable (blanc) ; boîte de 30 - Remb. 65 % - Liste I

DIGOXINE NATIVELLE 5 µg/0,1 ml : solution buvable pédiatrique (gouttes) ; flacon 60 ml (pipette dose graduée en vingtième de ml : 0,05 ml) - Remb. 65 % - Liste I

Laboratoires Procter & Gamble

COMPOSITION

	p. comp.	p. ml
Digoxine	0,25 mg	0,05 mg

INDICATIONS

C'est un médicament aux propriétés multiples qui appartient à la famille des *digitaliques* : il agit sur le cœur en permettant essentiellement d'en renforcer les contractions et de ralentir son rythme lorsqu'il est excessif.

Il est utilisé dans le traitement de l'*insuffisance cardiaque* et de certaines *tachycardies*.

CONTRE-INDICATIONS

Ce médicament ne doit pas être utilisé dans les cas suivants :
- certaines anomalies du fonctionnement cardiaque,
- en association avec des injections intraveineuses de calcium.

ATTENTION

Ce produit est très toxique en cas de surdosage : tenez-le hors de portée des enfants.

En cas de *palpitations* récentes survenues sous traitement, prévenez votre médecin.

Des précautions sont nécessaires en cas d'*insuffisance hépatique*, d'*insuffisance rénale* ou d'*hypothyroïdie* et chez la personne âgée.

Tout médicament susceptible de faire baisser la *kaliémie*, notamment les *diurétiques* ou les laxatifs, devra être utilisé sous contrôle médical strict.

INTERACTIONS MÉDICAMENTEUSES

Ce médicament ne doit pas être associé au calcium injectable par *voie* intraveineuse (CALCIBRONAT notamment) : risque de *troubles du rythme cardiaque* graves.

Il peut interagir avec d'autres médicaments. Signalez tout autre traitement en cours à votre médecin ou à votre pharmacien.

GROSSESSE, ALLAITEMENT ET NOUVEAU-NÉ

Grossesse :
Il n'a pas été mis en évidence de problème particulier lors de l'utilisation de ce médicament chez la femme enceinte. Toutefois, au cours des 3 derniers mois de la grossesse, il peut être nécessaire d'adapter la *posologie*.

Allaitement :
Ce médicament passe en très faible quantité dans le lait maternel. Demandez l'avis de votre médecin.

MODE D'EMPLOI ET POSOLOGIE

La solution buvable est fournie avec une petite pipette graduée en vingtième de ml, ce qui représente à peu près 1 goutte. 1 comprimé équivaut à 5 ml (100 gouttes) de solution buvable.

Posologie usuelle :
Traitement d'attaque : une forte dose est parfois prescrite par le médecin pendant quelques jours, sous surveillance médicale.

Traitement d'entretien : la *posologie* est adaptée par le médecin en fonction de l'effet recherché ; une analyse de sang permet de connaître la concentration du médicament dans le sang : en effet, le risque de surdosage est important.

En cas de mauvaise vue, l'utilisation de la pipette peut être délicate.

EFFETS INDÉSIRABLES POSSIBLES

Ils sont le plus souvent le signe d'un surdosage :
- *troubles digestifs* : nausées, vomissements, diarrhée, perte de l'appétit ;
- *vertiges*, maux de tête, coloration en jaune de la vision ;
- *troubles du rythme cardiaque* variés, *palpitations*.

DI-HYDAN
phénytoïne

PRÉSENTATION

DI-HYDAN 100 mg : comprimé sécable (blanc) ; boîte de 60 - Remb. 65 %

Laboratoires Delalande

COMPOSITION

	p. comp.
Phénytoïne	100 mg

INDICATIONS

C'est un antiépileptique qui appartient à la famille des *anticonvulsivants* non barbituriques.

Il est utilisé dans le traitement des *épilepsies*, à l'exception du petit mal, ainsi que dans le traitement de certaines *névralgies* rebelles de la face.

CONTRE-INDICATIONS

Ce médicament ne doit pas être utilisé en cas d'*allergie* aux dérivés de l'hydantoïne.

ATTENTION

Surveillez l'hygiène de votre bouche et l'état de vos gencives. En cas de nausées, *vertiges*, rougeur de la peau, prévenez votre médecin.

Des analyses de sang régulières sont pratiquées pour la surveillance du traitement.

Ne modifiez ni n'interrompez jamais votre traitement sans l'avis de votre médecin : risque de réapparition des *convulsions* même si aucune crise n'est survenue depuis une longue période.

Évitez les boissons alcoolisées : augmentation du risque de somnolence.

INTERACTIONS MÉDICAMENTEUSES

Ce médicament peut interagir avec d'autres médicaments, notamment les *contraceptifs* oraux (pilule) : risque d'inefficacité de la contraception. Signalez tout autre traitement en cours à votre médecin ou à votre pharmacien.

GROSSESSE, ALLAITEMENT ET NOUVEAU-NÉ

Grossesse et nouveau-né :
Si une grossesse survient sous traitement, consultez votre médecin. L'arrêt brutal de ce médicament expose à la réapparition de crises préjudiciables à la mère et à l'enfant à naître. Le médecin appréciera le risque éventuel lié à l'utilisation de ce médicament dans votre cas. Des examens particuliers permettent de vérifier l'absence d'anomalie chez l'enfant à naître.

Si le traitement est poursuivi jusqu'à l'accouchement, une surveillance médicale du *nouveau-né* est nécessaire.

Allaitement :
Ce médicament passe dans le lait maternel : l'allaitement est déconseillé.

MODE D'EMPLOI ET POSOLOGIE

Ce médicament peut être pris avec un peu d'eau.

Posologie usuelle :

- Adulte et enfant : strictement individuelle, la *posologie* est adaptée progressivement par votre médecin.

Afin d'éviter les oublis, il est recommandé de prendre ce médicament à heure fixe.
Veillez à ne pas manquer de ce médicament ; lors de vos déplacements, munissez-vous d'une réserve ou de votre ordonnance en cours de validité.

EFFETS INDÉSIRABLES POSSIBLES

Gonflement des gencives fréquent.

Troubles digestifs.

Allergie cutanée, développement anormal des poils chez la femme.

Anomalie de la *numération formule sanguine*, ou du *métabolisme* du calcium justifiant des analyses de sang régulières ; certains de ces troubles peuvent être prévenus par la prise de *vitamine* D ou d'acide folique.

Certains signes peuvent correspondre à un surdosage : troubles visuels, confusion des idées, *vertige*, mauvaise coordination des mouvements. Prenez contact avec votre médecin.

DIHYDROERGOTAMINE-SANDOZ

dihydroergotamine

PRÉSENTATION

DIHYDROERGOTAMINE-SANDOZ 3 mg : comprimé sécable (blanc) ; boîte de 60 - Remb. 65 % - Liste II

DIHYDROERGOTAMINE-SANDOZ 2 mg/ml : solution buvable ; flacon 50 ml avec mesurette graduée (30 gouttes = 1,5 ml) - Remb. 65 % - Liste II

Laboratoires Sandoz

COMPOSITION

	p. comp.	p. 30 gtes
Dihydroergotamine mésilate	3 mg	3 mg
Alcool à 95°		+

INDICATIONS

C'est un *vasoconstricteur* qui appartient à la famille des dérivés de l'*ergot de seigle*.

Ce médicament est utilisé dans le *traitement de fond* de la *migraine* et de certains maux de tête d'origine *vasculaire*. Il vise à espacer les crises et à diminuer leur intensité.

Il peut être également utilisé dans le traitement de l'*hypotension orthostatique*.

CONTRE-INDICATIONS

Ce médicament ne doit pas être utilisé en association avec les *antibiotiques* de la famille des *macrolides*.

ATTENTION

Des précautions sont nécessaires en cas d'*insuffisance rénale* ou d'*insuffisance hépatique* graves.

La dihydroergotamine peut diminuer l'effet de certains médicaments utilisés dans le traitement de l'*angine de poitrine*.

INTERACTIONS MÉDICAMENTEUSES

Ce médicament ne doit pas être associé aux *antibiotiques* de la famille des *macrolides* (érythromycine, josamycine ou roxithromycine) : risque d'*ergotisme*.

Il peut interagir avec d'autres médicaments : signalez tout autre traitement en cours à votre médecin ou à votre pharmacien.

GROSSESSE, ALLAITEMENT ET NOUVEAU-NÉ

Grossesse :

L'effet de ce médicament sur l'enfant à naître est mal connu. Par mesure de prudence, son usage pendant la grossesse est déconseillé.

Allaitement :

Les données actuellement disponibles ne permettent pas de savoir si ce médicament passe dans le lait maternel : par mesure de prudence, il est déconseillé.

MODE D'EMPLOI ET POSOLOGIE

Les comprimés ou la solution buvable seront pris de préférence juste avant les repas.

Posologie usuelle :

- Adulte : 1 comprimé ou 30 gouttes, 3 fois par jour.

L'efficacité de ce *traitement de fond* dépend d'une prise régulière et prolongée du médicament.
La solution buvable doit être maintenue à l'abri de la lumière.

EFFETS INDÉSIRABLES POSSIBLES

Nausées, surtout en cas de prise à jeun.

DIHYDROERGOTAMINE-SANDOZ injectable

dihydroergotamine

PRÉSENTATION

DIHYDROERGOTAMINE SANDOZ : solution injectable ; boîte de 6 ampoules 1 ml - Remb. 65 % - Liste II

Laboratoires Sandoz

COMPOSITION

	p. amp. inj.
Dihydroergotamine mésilate	1 mg

INDICATIONS

Cet antimigraineux appartient à la famille des dérivés de l'*ergot de seigle*.

Il est utilisé dans le *traitement de la crise* de la *migraine*.

CONTRE-INDICATIONS

Ce médicament ne doit pas être utilisé dans les cas suivants :

- *hypertension artérielle*, *insuffisance coronarienne*, *artérite* ;
- association avec les *antibiotiques* de la famille des *macrolides* ;
- grossesse.

ATTENTION

Des précautions sont nécessaires en cas d'*insuffisance rénale* ou d'*insuffisance hépatique* graves.

INTERACTIONS MÉDICAMENTEUSES

Ce médicament ne doit pas être associé aux *antibiotiques* de la famille des *macrolides* (érythromycine, josamycine ou roxithromycine) : risque d'*ergotisme*.

Il peut interagir avec d'autres médicaments : signalez tout autre traitement en cours à votre médecin ou à votre pharmacien.

GROSSESSE, ALLAITEMENT ET NOUVEAU-NÉ

Grossesse :

Ce médicament est contre-indiqué pendant la grossesse.

Allaitement :

Les données disponibles ne permettent pas de savoir si ce médicament passe dans le lait maternel. Par mesure de prudence, il est déconseillé.

MODE D'EMPLOI ET POSOLOGIE

La solution peut être injectée par *voie* intraveineuse, intramusculaire ou sous-cutanée.

Posologie usuelle :

1 ampoule, à renouveler éventuellement après 30 à 60 minutes si l'effet est insuffisant.

Ce médicament doit être conservé à l'abri de la lumière.

EFFETS INDÉSIRABLES POSSIBLES

Rarement : fourmillement, engourdissement des extrémités.

DILAR

paraméthasone

PRÉSENTATION

DILAR : suspension injectable ; boîte de 1 ampoule 2 ml - Remb. 65 % - Liste I

Laboratoires Cassenne

COMPOSITION

	p. amp. inj.
Paraméthasone acétate	40 mg

INDICATIONS

C'est un *anti-inflammatoire* stéroïdien qui appartient à la famille des *corticoïdes* de synthèse (dérivés chimiques de la *cortisone* naturelle). Les propriétés de la cortisone sont nombreuses, mais ce médicament est surtout utilisé pour son effet anti-inflammatoire puissant et rapide. Il présente, à efficacité égale, moins d'effets indésirables que la cortisone naturelle.

Il est utilisé dans le traitement de nombreuses affections inflammatoires ou aller-

giques, lorsqu'un effet rapide est désiré ou lorsque l'état du malade ne permet pas l'absorption de comprimés, notamment :
- *choc* allergique, œdème de *Quincke* ;
- *connectivites* ;
- *œdème* du cerveau ;
- maladies inflammatoires des reins ou des yeux ;
- laryngite suffocante ;
- *asthme* grave.

Il est également utilisé en traitement local (*infiltration*) dans de nombreuses affections :
- *inflammation* des articulations, des tendons et des ligaments, poussées douloureuses d'*arthrose* ;
- maladie de *Dupuytren*, *syndrome du canal carpien*...

CONTRE-INDICATIONS

Ce médicament ne doit pas être utilisé dans les cas suivants :
- maladies virales en évolution (*zona*, *herpès* oculaires),
- infection ou *mycose* non contrôlées par un traitement adapté,
- *goutte*,
- *cirrhose* alcoolique grave,
- *hépatite* virale aiguë,
- *psychose*,
- *ulcère* de l'estomac ou du *duodénum* en évolution,
- *purpura* (par *voie* intramusculaire).

> **ATTENTION**
> L'injection de ce médicament ne doit être pratiquée que sous contrôle médical.
> En cas de traitement prolongé, l'arrêt de celui-ci doit être progressif pour permettre aux glandes *surrénales* de reprendre la synthèse de *cortisone* naturelle. Un arrêt brutal expose par ailleurs à une rechute de la maladie traitée. Cette précaution n'est utile que lorsque la durée du traitement dépasse 7 jours.

INTERACTIONS MÉDICAMENTEUSES

En cas d'injections répétées, ce médicament peut interagir avec d'autres médicaments et avec certains *vaccins*. Signalez tout autre traitement en cours à votre médecin ou à votre pharmacien.

GROSSESSE, ALLAITEMENT ET NOUVEAU-NÉ

Grossesse :
Les études scientifiques actuellement disponibles n'ont pas mis en évidence de problème particulier lors de l'utilisation ponctuelle chez la femme enceinte. Seul votre médecin peut évaluer le risque éventuel de son utilisation dans votre cas.

Allaitement :
Ce médicament est déconseillé pendant l'allaitement.

MODE D'EMPLOI ET POSOLOGIE

L'injection peut être réalisée par *voie* intramusculaire ou intraveineuse, cette dernière permettant l'action la plus rapide. Les *infiltrations* sont réalisées par le médecin, dans la zone lésée ou à proximité.

Posologie usuelle :
Elle dépend de la gravité de la maladie traitée. Des doses importantes (plusieurs ampoules) peuvent être nécessaires.

> Afin de compenser une baisse du taux de *potassium* dans le sang lors d'un traitement prolongé, le médecin peut être amené à prescrire du potassium.

EFFETS INDÉSIRABLES POSSIBLES

Liés à la *voie* d'administration : infection, *atrophie* cutanée.

En cas de traitement prolongé et à forte dose :
- rétention d'eau et de sel avec parfois *hypertension artérielle* ;
- baisse du taux de *potassium* dans le sang ;
- gonflement du visage et du buste, taches cutanées violacées, apparition de poils ;
- surexcitation avec euphorie et troubles du sommeil ;
- atrophie musculaire, *ostéoporose* ;
- *diabète* (réversible), arrêt de la croissance chez l'enfant, troubles des règles ;
- *gastrite*, *ulcère* ;
- certaines formes de *glaucome* ou de *cataracte*.

DILATRANE

théophylline

PRÉSENTATION

DILATRANE ACTION PROLONGÉE 50 mg : gélule à *libération prolongée* (transparent et bleu) ; boîte de 30 - Remb. 65 %

DILATRANE ACTION PROLONGÉE 100 mg : gélule à *libération prolongée* (transparent et bleu) ; boîte de 30 - Remb. 65 %

DILATRANE ACTION PROLONGÉE 200 mg : gélule à *libération prolongée* (transparent et bleu) ; boîte de 30 - Remb. 65 %

DILATRANE ACTION PROLONGÉE 300 mg : gélule à *libération prolongée* (transparent et bleu) ; boîte de 30 - Remb. 65 %

DILATRANE : suppositoire ; boîte de 10 - Remb. 65 %

DILATRANE : sirop arôme vanille ; flacon 200 ml (40 cuillères-mesure 5 ml) - Remb. 65 %

Laboratoires Labomed

COMPOSITION

	p. gél. L.P.	p. gél. L.P.	p. gél. L.P.
Théophylline	50 mg	100 mg	200 mg

	p. gél. L.P.	p. suppos.	p. c. mes.
Théophylline	300 mg	350 mg	50 mg
Benzoate de sodium			13 mg
Saccharose			3,9 g

INDICATIONS

Ce médicament est un bronchodilatateur qui contient de la théophylline. Il lutte contre la contraction anormale des muscles de la paroi des bronches et stimule la respiration.

Il est utilisé dans le traitement de l'*asthme* et de certaines maladies respiratoires.

CONTRE-INDICATIONS

Ce médicament ne doit pas être utilisé dans les cas suivants :
- enfant de moins de 30 mois (sirop),
- enfant de moins de 3 ans (gélule),
- enfant de moins de 15 ans (suppositoire),
- en association avec les médicaments contenant de l'énoxacine.

> **ATTENTION**
> Ce médicament n'est pas adapté en cas de crise d'*asthme*.
> Ce médicament contient de la théophylline : ne l'utilisez pas sans l'avis de votre médecin.
> Des précautions sont nécessaires en cas d'*insuffisance cardiaque*, d'*insuffisance hépatique*, d'*insuffisance coronarienne*, d'*hyperthyroïdie*, d'*antécédent* de *convulsions*, d'obésité, d'*ulcère* de l'estomac et du *duodénum*.
> Le tabac interagit avec la théophylline dont il diminue fortement l'efficacité, mais son arrêt peut conduire à un surdosage. Votre médecin adaptera la *posologie* en conséquence.
> Le sirop contient du *sucre* (saccharose) en quantité notable.

INTERACTIONS MÉDICAMENTEUSES

Ce médicament ne doit pas être associé aux médicaments contenant de l'énoxacine (ENOXOR...) : risque de surdosage en théophylline.

Il peut interagir avec d'autres médicaments. Signalez tout autre traitement en cours à votre médecin ou à votre pharmacien.

GROSSESSE, ALLAITEMENT ET NOUVEAU-NÉ

Grossesse et nouveau-né :
Lors de son utilisation en fin de grossesse, ce médicament peut provoquer une accélération du cœur et une agitation importante chez le *nouveau-né*.

Allaitement :
Les données actuellement disponibles ne permettent pas de savoir si ce médicament passe dans le lait maternel.

MODE D'EMPLOI ET POSOLOGIE

Les gélules doivent être avalées avec un verre d'eau.

Posologie usuelle :
Elle est précise et strictement individuelle. Elle est adaptée progressivement par votre médecin en fonction des analyses de sang indiquant le taux de théophylline.

La *posologie* efficace la plus faible possible est toujours recherchée.

> Toute modification de la *posologie* expose à la survenue d'une crise d'*asthme* : veillez à ne jamais manquer de ce médicament.
> Fumer, ou être exposé à la fumée des autres, nuit à l'efficacité du traitement.
> Les excitants, tels que le thé ou le café, peuvent accroître certains effets indésirables de la théophylline et doivent être consommés avec modération.

EFFETS INDÉSIRABLES POSSIBLES

Les effets indésirables varient d'une personne à l'autre. Leur intensité peut traduire un surdosage et rendre nécessaire une adaptation de la *posologie* : consultez votre médecin.

Les plus fréquents sont : maux de tête, agitation, insomnie, accélération du cœur, *troubles digestifs*.

DILPAVAN

PRÉSENTATION

DILPAVAN : comprimé (orange) ; boîte de 30 - Remb. 35 % - Liste I

Laboratoires Biogalénique

COMPOSITION

	p. comp.
Hespéridine méthylchalcone	180 mg
Acide ascorbique (vitamine C)	50 mg
Pyridoxine chlorhydrate (vitamine B6)	100 mg
Papavérine chlorhydrate	70 mg

INDICATIONS

C'est un protecteur *vasculaire* qui associe plusieurs substances. Il favorise la circulation du sang dans les veines et lutte contre l'altération des *vaisseaux capillaires*.

Ce médicament est utilisé dans le *traitement symptomatique* :
- des petites *hémorragies* sous-cutanées se traduisant par des taches rouges ou violacées,
- de l'insuffisance d'irrigation de la *rétine*.

CONTRE-INDICATIONS

Ce médicament ne doit pas être utilisé dans les cas suivants :
- *hypertension intracrânienne*,
- certains troubles cardiaques,
- association aux *sulfamides*.

INTERACTIONS MÉDICAMENTEUSES

Ce médicament peut interagir avec d'autres médicaments. Signalez tout autre traitement en cours à votre médecin ou à votre pharmacien.

GROSSESSE, ALLAITEMENT ET NOUVEAU-NÉ

L'effet de ce médicament pendant la grossesse ou l'allaitement est mal connu : seul votre médecin peut évaluer le risque éventuel de son utilisation dans votre cas.

MODE D'EMPLOI ET POSOLOGIE

Les comprimés doivent être avalés avec un verre d'eau sans être croqués ni sucés. Ce médicament doit être pris de préférence au cours des repas.

Posologie usuelle :

1 comprimé, matin, midi et soir.

EFFETS INDÉSIRABLES POSSIBLES

Rares : somnolence, augmentation du rythme cardiaque, bouffées de chaleur, *troubles digestifs*, constipation.

DILRÈNE
diltiazem

PRÉSENTATION

DILRÈNE L.P. 300 mg : gélule à *libération prolongée* (orange et transparent) ; boîte de 28 - Remb. 65 % - Liste I

Laboratoires Sanofi Winthrop

COMPOSITION

	p. gél. L.P.
Diltiazem chlorhydrate	300 mg

INDICATIONS

Ce médicament est un *vasodilatateur* qui appartient à la famille des *inhibiteurs calciques*.

Il est utilisé dans le *traitement de fond* de l'*hypertension artérielle*.

CONTRE-INDICATIONS

Ce médicament ne doit pas être utilisé dans les cas suivants :
- *insuffisance cardiaque* grave,
- certaines maladies de l'automatisme cardiaque,
- grossesse.

ATTENTION

Si vous souffrez de *troubles du rythme cardiaque*, signalez-le à votre médecin. Des précautions sont nécessaires en cas d'*insuffisance rénale* ou d'*insuffisance hépatique*.

Signalez la prise de ce médicament à l'anesthésiste en cas d'intervention chirurgicale.

INTERACTIONS MÉDICAMENTEUSES

Ce médicament peut interagir avec d'autres médicaments. Signalez tout autre traitement en cours à votre médecin ou à votre pharmacien.

GROSSESSE, ALLAITEMENT ET NOUVEAU-NÉ

Grossesse :

Ce médicament est contre-indiqué chez la femme enceinte ou susceptible de l'être. Une contraception efficace est recommandée.

Allaitement :

Ce médicament passe dans le lait maternel. L'allaitement est déconseillé pendant le traitement.

MODE D'EMPLOI ET POSOLOGIE

Les gélules doivent être avalées avec un verre d'eau. Ce médicament peut être pris au cours ou en dehors des repas.

Posologie usuelle :

1 gélule par jour.

Le traitement médicamenteux ne dispense pas des mesures simples pouvant faire baisser la tension artérielle : activité physique régulière, modération de la consommation de boissons alcoolisées, lutte contre le surpoids.

EFFETS INDÉSIRABLES POSSIBLES

Les plus fréquents sont la conséquence de la dilatation des vaisseaux sanguins :
- rougeur du visage, bouffées de chaleur, maux de tête ;
- jambes lourdes ou enflées, *palpitations*, fatigue, *troubles digestifs*, éruptions cutanées.

Exceptionnellement : ralentissement important du cœur.

DIMALAN

PRÉSENTATION

DIMALAN : suspension buvable ; flacon 250 ml - Non remb.

Laboratoires Parke-Davis

COMPOSITION

	p. c. à s.
Aluminium hydroxyde	1,2 g
Magnésium hydroxyde	1,2 g
Diméticone (émulsion à 29 %)	0,3 g

INDICATIONS

C'est une association de substances qui contient des *antiacides* d'action locale et un *pansement digestif* au silicone (le diméticone). Les antiacides agissent en neutralisant les acides sécrétés par l'estomac, le pansement protège le tube digestif en le couvrant d'un film qui l'isole de son contenu.

Ce médicament est utilisé comme *traitement symptomatique* des douleurs, brûlures, aigreurs de l'estomac ou de l'œsophage, *ulcères* de l'estomac ou du *duodénum*, ainsi que des ballonnements intestinaux. Il est également utilisé pour traiter les douleurs de l'estomac avec ou sans hyperacidité, les douleurs dues à un *reflux gastro-œsophagien* ou à une *hernie hiatale*.

CONTRE-INDICATIONS

Ce médicament ne doit pas être utilisé en cas d'*insuffisance rénale* grave.

ATTENTION

En cas de persistance des *symptômes*, des examens peuvent être nécessaires : consultez votre médecin.

INTERACTIONS MÉDICAMENTEUSES

Ce médicament peut interagir avec de nombreux autres médicaments en diminuant leur absorption : il convient de séparer les prises d'au moins 2 heures.

GROSSESSE, ALLAITEMENT ET NOUVEAU-NÉ

Les substances contenues dans ce médicament sont peu absorbées. L'automédication est possible en cure courte ou ponctuelle pendant la grossesse ou l'allaitement.

MODE D'EMPLOI ET POSOLOGIE

Ce médicament doit être pris après les repas.

Posologie usuelle :

1 cuillère à soupe, 3 fois par jour.

Dans le traitement des *ulcères*, la prise se fait habituellement au moment où l'estomac sécrète le plus d'acide c'est-à-dire environ 90 minutes après le repas.

☛ Une alimentation équilibrée, une mastication lente et l'élimination des aliments difficiles à digérer permettent souvent d'améliorer, voire de faire disparaître, les douleurs d'estomac qui ne sont pas liées à un *ulcère*.

Si vous êtes fumeur, la poursuite du tabagisme nuit à l'efficacité du traitement.

EFFETS INDÉSIRABLES POSSIBLES

Certains signes doivent faire penser à un surdosage : constipation ou diarrhée.

DIMÉGAN oral

bromphéniramine

PRÉSENTATION

DIMÉGAN : comprimé sécable (blanc) ; boîte de 20 - Remb. 65 %

DIMÉGAN L.P. : gélule (bleu et blanc) ; boîte de 10 - Remb. 65 %

DIMÉGAN : sirop ; flacon 125 ml - Remb. 65 %

Laboratoires Dexo

COMPOSITION

	p. comp.	p. gél.	p. c. à c.
Bromphéniramine maléate	4 mg	12 mg	2 mg

INDICATIONS

Ce médicament est un *antihistaminique* antiallergique. Il a en outre des effets *sédatifs* et *atropiniques*.

Il est utilisé dans le traitement des *allergies* : rhume des foins, *urticaire*, *conjonctivite*, œdème de *Quincke*. Il est également utilisé dans le traitement des démangeaisons non allergiques.

CONTRE-INDICATIONS

Ce médicament ne doit pas être utilisé dans les cas suivants :
- *glaucome* à angle fermé,
- risque de blocage des urines (*adénome de la prostate*).

ATTENTION

Évitez les boissons alcoolisées : augmentation du risque de somnolence.

Ce médicament est responsable d'une baisse de la vigilance : la conduite, les activités professionnelles ou de loisirs exposant à un danger sont formellement déconseillées.

INTERACTIONS MÉDICAMENTEUSES

Ce médicament peut interagir avec d'autres médicaments, notamment les *sédatifs* et les *atropiniques*. Signalez tout autre traitement en cours à votre médecin ou à votre pharmacien.

GROSSESSE, ALLAITEMENT ET NOUVEAU-NÉ

L'effet de ce médicament pendant la grossesse ou l'allaitement est mal connu. L'évaluation du risque éventuel lié à son utilisation est individuelle : demandez conseil à votre pharmacien ou à votre médecin.

MODE D'EMPLOI ET POSOLOGIE

Les comprimés doivent être pris toutes les 4 heures.

Les gélules ont une durée d'action prolongée par rapport aux comprimés et doivent être prises de préférence le soir.

Posologie usuelle :
- Adulte : 1 ou 2 cuillères à dessert de sirop, 3 fois par jour, ou 2 à 6 comprimés par jour, ou 1 gélule matin et soir.
- Enfant de 30 mois à 15 ans : 1 ou 2 cuillères à café de sirop, 3 fois par jour, ou 1 à 3 comprimés par jour ; chez l'enfant de plus de 12 ans, il est également possible de donner 1 gélule matin et soir.
- Nourrisson : 1 cuillère à café de sirop, 1 à 3 fois par jour.

☛ Ce médicament agit sur les manifestations de l'*allergie* mais n'en supprime pas la cause. Si les *symptômes* persistent ou s'aggravent, n'hésitez pas à consulter votre médecin.

EFFETS INDÉSIRABLES POSSIBLES

Somnolence.

Effets *atropiniques*.

Dans de rares cas, ce médicament peut provoquer une agitation ou une excitation chez le *nourrisson* ou la personne âgée.

DIMÉGAN injectable

bromphéniramine

PRÉSENTATION

DIMÉGAN : solution injectable ; boîte de 5 ampoules 1 ml - Remb. 65 % - Liste II

DIMÉGAN : solution auto-injectable ; boîte de 1 ampoule-seringue 1 ml - Non remb. - Liste II

Laboratoires Dexo

COMPOSITION

	p. amp. inj.	p. seringue
Bromphéniramine maléate	10 mg	10 mg

INDICATIONS

Ce médicament est un *antihistaminique* antiallergique. Il a en outre des effets *sédatifs* et *atropiniques*.

Il est utilisé dans le traitement des *allergies* : rhume des foins, *urticaire*, *conjonctivite*, œdème de *Quincke*. Il est également utilisé dans le traitement des démangeaisons non allergiques.

CONTRE-INDICATIONS

Ce médicament ne doit pas être utilisé dans les cas suivants :
- *glaucome* à angle fermé,
- risque de blocage des urines (*adénome de la prostate*),
- enfant de moins de 3 ans.

ATTENTION

Évitez les boissons alcoolisées : augmentation du risque de somnolence.

Ce médicament est responsable d'une baisse de la vigilance : la conduite, les activités professionnelles ou de loisirs exposant à un danger sont formellement déconseillées.

INTERACTIONS MÉDICAMENTEUSES

Ce médicament peut interagir avec d'autres médicaments, notamment les *sédatifs* et les *atropiniques*. Signalez tout autre traitement en cours à votre médecin ou à votre pharmacien.

GROSSESSE, ALLAITEMENT ET NOUVEAU-NÉ

L'effet de ce médicament pendant la grossesse ou l'allaitement est mal connu : seul votre médecin peut évaluer le risque éventuel de son utilisation dans votre cas.

MODE D'EMPLOI ET POSOLOGIE

La solution injectable peut être administrée par *voie* intramusculaire ou sous-cutanée.

La solution auto-injectable doit être administrée par voie sous-cutanée.

Posologie usuelle :
- Adulte et enfant de plus de 3 ans : 1/3 à 3 ampoules par jour en fonction de l'intensité des *symptômes*.

☛ Ce médicament agit sur les manifestations de l'*allergie* mais n'en supprime pas la cause. Si les *symptômes* persistent ou s'aggravent, n'hésitez pas à consulter votre médecin.

EFFETS INDÉSIRABLES POSSIBLES

Somnolence.

Effets *atropiniques*.

Dans de rares cas, ce médicament peut provoquer une agitation ou une excitation chez la personne âgée.

DIMÉTANE

PRÉSENTATION

DIMÉTANE EXPECTORANT : sirop ; flacon 200 ml - Remb. 35 %

Laboratoires Wyeth France

COMPOSITION

	p. c. à c.
Pholcodine	5 mg
Benzoate de sodium	5 mg
Guaïfénésine	50 mg
Phényléphrine chlorhydrate	5 mg
Bromphéniramine maléate	2 mg
Saccharose	2,95 g

INDICATIONS

Ce sirop *antitussif* contient de la pholcodine, des fluidifiants bronchiques (benzoate de sodium et guaïfénésine), un décongestionnant (phényléphrine) et un *antihistaminique* antiallergique (bromphéniramine).

Il est utilisé dans le *traitement symptomatique* des toux sèches, notamment allergiques et irritatives.

CONTRE-INDICATIONS

Ce médicament ne doit pas être utilisé dans les cas suivants :
- *asthme*,
- *insuffisance respiratoire*,
- *glaucome* à angle fermé,
- risque de rétention des urines (*adénome de la prostate*...),
- enfant de moins de 5 ans.

ATTENTION

Ce médicament n'est pas adapté au traitement de la toux grasse, qui est un mécanisme de défense normal de l'organisme permettant l'évacuation des mucosités présentes dans les bronches.

La toux est un *symptôme* qui peut révéler de nombreuses maladies : consultez votre médecin si elle persiste plus de quelques jours.

Ce médicament contient du *sucre* (saccharose) en quantité notable.

Évitez les boissons alcoolisées : augmentation du risque de somnolence.

Conducteur : ce médicament peut être responsable d'une somnolence ou d'une baisse de la vigilance.

INTERACTIONS MÉDICAMENTEUSES

Ce médicament peut interagir avec d'autres médicaments, notamment chez les personnes âgées. Signalez tout autre traitement en cours à votre médecin ou à votre pharmacien.

GROSSESSE, ALLAITEMENT ET NOUVEAU-NÉ

Grossesse :

Compte tenu de la présence de pholcodine, n'utilisez pas ce médicament pendant la grossesse sans prendre l'avis de votre pharmacien ou de votre médecin.

Allaitement :

Les données actuellement disponibles ne permettent pas de savoir si ce médicament passe dans le lait maternel. Par mesure de prudence, il est déconseillé pendant l'allaitement.

MODE D'EMPLOI ET POSOLOGIE

Les prises de ce médicament doivent être réparties au cours de la journée.

Posologie usuelle :
- Adulte : 1 cuillère à soupe de sirop, 3 fois par jour.
- Enfant de 8 à 15 ans : 1 ou 2 cuillères à café, 3 fois par jour.
- Enfant de 5 à 8 ans : 1 ou 2 cuillères à café par jour.

La poursuite du tabagisme nuit à l'efficacité du traitement.

Des mesures simples permettent de calmer les toux sèches : boissons chaudes et humidification de l'air ambiant.

EFFETS INDÉSIRABLES POSSIBLES

Constipation, et plus rarement, nausées, états vertigineux, somnolence, *bronchospasme*, *allergie* cutanée.

Effets *atropiniques*, rares aux doses habituelles, agitation chez la personne âgée ou chez l'enfant.

DIMÉTANE enfant

bromphéniramine, benzoate de sodium, guaïfénésine

PRÉSENTATION

DIMÉTANE EXPECTORANT ENFANT : sirop arôme caramel ; flacon 125 ml - Remb. 35 %

Laboratoires Wyeth France

COMPOSITION

	p. c. à c.
Bromphéniramine maléate	1,5 mg
Sodium benzoate	50 mg
Guaïfénésine	25 mg
Sucre	2,89 g

INDICATIONS

Ce médicament est une association de substances qui contient un *antihistaminique* antiallergique (bromphéniramine) et des *expectorants*.

Il est utilisé dans le *traitement symptomatique* des affections respiratoires accompagnées de sécrétions.

ATTENTION

Ce sirop contient du *sucre* (saccharose) en quantité notable.

INTERACTIONS MÉDICAMENTEUSES

Ce médicament peut interagir avec d'autres médicaments, notamment les *sédatifs*. Signalez tout autre traitement en cours à votre médecin ou à votre pharmacien.

MODE D'EMPLOI ET POSOLOGIE

Les prises du médicament doivent être réparties au cours de la journée.

Posologie usuelle :
- Enfant de plus de 5 ans : 1 cuillère à café, 3 fois par jour.
- Enfant de moins de 5 ans : 1/2 cuillère à café, 3 fois par jour.

Pour fluidifier les sécrétions bronchiques, il est recommandé de donner à l'enfant des boissons abondantes et d'humidifier l'air ambiant.

EFFETS INDÉSIRABLES POSSIBLES

Somnolence.

DINACODE

PRÉSENTATION

DINACODE ADULTES ET ADOLESCENTS : sirop ; flacon 180 ml - Remb. 35 %

DINACODE ADULTES ET ADOLESCENTS : suppositoire ; boîte de 8 - Remb. 35 %

DINACODE ADULTES ET ADOLESCENTS : comprimé (rose) ; boîte de 30 - Remb. 35 %

DINACODE ENFANTS : sirop ; flacon 125 ml - Remb. 35 %

DINACODE ENFANTS : suppositoire ; boîte de 8 - Remb. 35 %

Laboratoires Picot

COMPOSITION

	Sirop Ad. p. c. à s.	Suppos. Ad. p. suppos.	p. comp.
Codéine	18,9 mg	20 mg	10 mg
Belladone, teinture	188,7 mg		
Belladone, extrait		5 mg	1 mg
Datura, teinture	377,4 mg		
Datura, extrait		5 mg	3 mg
Benzoate de sodium	75,5 mg	100 mg	50 mg
Alcool à 95°	+		
Saccharose	10,65 g		

	Sirop Enf. p. c. à c.	Suppos. Enf. p. suppos.
Codéine	3,8 mg	10 mg
Belladone, teinture	64 mg	
Belladone, extrait		2 mg
Datura, extrait		2 mg
Benzoate de sodium	128 mg	75 mg
Sulfogaïacol	96 mg	
Grindélia, teinture	64 mg	
Polygala, extrait pour sirop	250 mg	
Baume de tolu, extrait pour sirop	128 mg	
Alcool à 60°	+	
Saccharose	2,88 g	

INDICATIONS

Ce médicament *antitussif* contient de la codéine associée à des *antispasmodiques* (belladone et datura) et des fluidifiants bronchiques. La codéine a une action sédative sur le *système nerveux central* et notamment les centres de la toux.

Il est utilisé dans le *traitement symptomatique* des toux sèches.

CONTRE-INDICATIONS

Ce médicament ne doit pas être utilisé dans les cas suivants :
- *asthme*,
- *insuffisance respiratoire*,
- *glaucome* à angle fermé,
- risque de rétention des urines (*adénome de la prostate*...),
- enfant de moins de 5 ans (suppositoire Enfant),
- enfant de moins de 15 ans (comprimé, sirop et suppositoire Adulte et Adolescent).

ATTENTION

Ce médicament n'est pas adapté au traitement de la toux grasse, qui est un mécanisme de défense normal de l'organisme permettant l'évacuation des mucosités présentes dans les bronches.

La toux est un *symptôme* qui peut révéler de nombreuses maladies : consultez votre médecin si elle persiste plus de quelques jours.

Les sirops contiennent du *sucre* et de l'*alcool* en quantité notable.

Évitez les boissons alcoolisées en raison de la présence de codéine : augmentation du risque de somnolence.

Conducteur : ce médicament peut être responsable d'une somnolence ou d'une baisse de la vigilance.

INTERACTIONS MÉDICAMENTEUSES

Ce médicament peut interagir avec beaucoup d'autres médicaments, notamment chez la personne âgée : signalez tout autre

traitement en cours à votre médecin ou à votre pharmacien.

GROSSESSE, ALLAITEMENT ET NOUVEAU-NÉ

Grossesse :

Compte tenu de la présence de codéine, n'utilisez pas ce médicament pendant la grossesse sans prendre l'avis de votre pharmacien ou de votre médecin.

Allaitement :

Ce médicament passe dans le lait maternel : il est déconseillé pendant l'allaitement.

MODE D'EMPLOI ET POSOLOGIE

Les prises de ce médicament doivent être réparties au cours de la journée.

Posologie usuelle :

- Adulte : 4 cuillères à soupe de sirop Adulte et Adolescent, ou 3 suppositoires Adulte et Adolescent ou 6 comprimés, par jour.
- Personne âgée : réduire la *posologie* adulte de moitié.
- Adolescent de 15 à 18 ans : 6 à 9 cuillères à café de sirop Adulte et Adolescent, ou 1 ou 2 suppositoires Adulte ou Adolescent, ou 3 ou 4 comprimés, par jour.
- Enfant de 8 à 15 ans : 2 à 5 cuillères à soupe de sirop Enfant ou 2 à 4 suppositoires Enfant, par jour.
- Enfant de 5 à 8 ans : 2 ou 3 cuillères à café de sirop Enfant ou 1 à 2 suppositoires Enfant, par jour.
- Enfant de 30 mois à 5 ans : 2 cuillères à café de sirop Enfant, par jour.

De nombreux médicaments contiennent de la codéine, notamment certains *antitussifs* et *antalgiques*. Le surdosage expose à une augmentation des effets indésirables.

Une toux nocturne aggravée par ce médicament peut être une toux allergique : demandez conseil à votre médecin.

La poursuite du tabagisme nuit à l'efficacité du traitement.

Des mesures simples permettent de calmer les toux sèches : boissons chaudes et humidification de l'air ambiant.

EFFETS INDÉSIRABLES POSSIBLES

Les effets indésirables liés à la codéine sont la constipation et, plus rarement : somnolence, nausées, vomissements, *bronchospasme*, *allergie* cutanée, ralentissement de la respiration.

Les effets indésirables *atropiniques* liés à la présence de *belladone* et de datura sont très réduits.

DINACODE crème

PRÉSENTATION

DINACODE CRÈME : crème ; tube 35 g - Remb. 35 %

Laboratoires Picot

COMPOSITION

	p. 100 g
Essence de térébenthine	2 g
Essence de pin	2 g
Essence de romarin	1,5 g
Essence de serpolet	1,5 g
Essence blanche de thym	2 g
Essence de niaouli	2 g
Eucalyptol	1 g
Sulfate de quinine	0,5 g

INDICATIONS

Cette crème, qui contient des extraits de plantes, a un effet *révulsif*.

Elle est utilisée pour faciliter la respiration au cours des affections respiratoires, avec ou sans toux.

CONTRE-INDICATIONS

Ce médicament ne doit pas être utilisé dans les cas suivants :
- *eczéma*,
- *urticaire*.

ATTENTION

Ce médicament ne doit pas être appliqué sur les *muqueuses*, les brûlures et sur la peau lésée.

GROSSESSE, ALLAITEMENT ET NOUVEAU-NÉ

L'effet de ce médicament pendant la grossesse ou l'allaitement est mal connu. L'évaluation du risque éventuel lié à son utilisation est individuelle : demandez conseil à votre pharmacien ou à votre médecin.

MODE D'EMPLOI ET POSOLOGIE

La crème est appliquée sur la poitrine ou sur le dos en massage prolongé de 3 à 5 minutes, de préférence le soir au coucher.

Posologie usuelle :

- Adulte et enfant : 2 ou 3 applications par jour.

Ce médicament doit être conservé au frais.

DINACODE sirop Nourrisson

PRÉSENTATION

DINACODE NOURRISSON : sirop ; flacon 90 ml - Remb. 35 %

Laboratoires Picot

COMPOSITION

	p. c. à c.
Benzoate de sodium	65,6 mg
Bromure de sodium	65,6 mg
Grindélia, teinture	33 mg
Baume de Tolu, extrait pour sirop	228,8 mg
Polygala, extrait pour sirop	390 mg
Saccharose	3 g

INDICATIONS

Ce médicament contient un *expectorant* (benzoate de sodium), un *sédatif* (bromure de sodium) et des extraits végétaux aux propriétés antitussives.

Il est utilisé dans le *traitement symptomatique* des toux sèches du *nourrisson*.

CONTRE-INDICATIONS

Ce médicament ne doit pas être utilisé en cas d'*insuffisance respiratoire*.

ATTENTION

Ce médicament n'est pas adapté au traitement de la toux grasse, qui est un mécanisme de défense normal de l'organisme permettant l'évacuation des mucosités présentes dans les bronches.

La toux est un *symptôme* qui peut révéler de nombreuses maladies : consultez votre médecin si elle persiste plus de quelques jours.

Ce médicament contient du *sucre* (saccharose) en quantité notable.

MODE D'EMPLOI ET POSOLOGIE

Les prises de ce médicament doivent être réparties au cours de la journée.

Posologie usuelle :

- Nourrisson de 12 à 30 mois : 5 à 8 cuillères à café par jour.
- Nourrisson de moins de 12 mois : 3 à 5 cuillères à café par jour.

Des mesures simples permettent de calmer les toux sèches : boissons chaudes et humidification de l'air ambiant.

EFFETS INDÉSIRABLES POSSIBLES

Somnolence.

DINACODE suppositoire Nourrisson Enfant

PRÉSENTATION

DINACODE NOURRISSONS ET ENFANTS : suppositoire ; boîte de 8 - Remb. 35 %

Laboratoires Picot

COMPOSITION

	p. suppos.
Phénobarbital	10 mg
Benzoate de sodium	50 mg
Bromure de sodium	20 mg
Borotartrate de potassium	50 mg

INDICATIONS

Ce médicament contient un *expectorant* (benzoate de sodium), un *sédatif* (bromure de sodium) et un *sédatif barbiturique* (phénobarbital).

Il est utilisé dans le *traitement symptomatique* des toux sèches.

CONTRE-INDICATIONS

Ce médicament ne doit pas être utilisé dans les cas suivants :
- *porphyrie*,
- *allergie* aux *barbituriques*.

ATTENTION

Ce médicament n'est pas adapté au traitement de la toux grasse, qui est un mécanisme de défense normal de l'organisme permettant l'évacuation des mucosités présentes dans les bronches.

La toux est un *symptôme* qui peut révéler de nombreuses maladies : consultez votre médecin si elle persiste plus de quelques jours.

INTERACTIONS MÉDICAMENTEUSES

Ce médicament peut interagir avec d'autres médicaments. Signalez tout autre traitement en cours à votre médecin ou à votre pharmacien.

MODE D'EMPLOI ET POSOLOGIE

Les prises de ce médicament doivent être réparties au cours de la journée.

Posologie usuelle :

- Enfant de 30 mois à 5 ans : 2 à 4 suppositoires par jour, dont 1 au coucher.
- Enfant de moins de 30 mois : 1 ou 2 suppositoires par jour, dont 1 au coucher.

Des mesures simples permettent de calmer les toux sèches : boissons chaudes et humidification de l'air ambiant.
Les suppositoires doivent être conservés à l'abri de la chaleur.

EFFETS INDÉSIRABLES POSSIBLES

Somnolence.

DININTEL
clobenzorex

PRÉSENTATION

DININTEL : gélule (vert clair et vert foncé) ; boîte de 60 - Non remb. - Liste I

Laboratoires Diamant

COMPOSITION

	p. gél.
Clobenzorex chlorhydrate	30 mg

INDICATIONS

C'est un *anorexigène* (coupe-faim) qui appartient à la famille des *amphétamines*.

Il est utilisé en complément du régime alimentaire pour traiter un excès de poids.

CONTRE-INDICATIONS

Ce médicament ne doit pas être utilisé dans les cas suivants :
- maladie cardiaque grave, *hypertension artérielle* ;
- *hyperthyroïdie* ;
- risque de rétention des urines (*adénome de la prostate*...) ;
- *glaucome* à angle fermé ;
- association aux *antidépresseurs* de type *IMAO* non sélectifs ;
- *antécédents* de troubles nerveux : *dépression*, *anorexie* mentale ;
- grossesse.

ATTENTION

L'efficacité de ce médicament tend à diminuer au bout de quelques semaines de traitement. L'augmentation des doses expose à un risque de *dépendance* et de troubles psychiques graves. Ne dépassez pas la *posologie* prescrite par votre médecin.

Il est fréquent que la perte de poids obtenue à l'aide de ce médicament ne persiste pas après l'arrêt du traitement. Un régime reste nécessaire.

Ce médicament peut modifier le comportement : prudence lors de la conduite ou de l'utilisation de machines dangereuses.

INTERACTIONS MÉDICAMENTEUSES

Ce médicament ne doit pas être associé aux *antidépresseurs* de type *IMAO* non sélectifs (MARSILID, NIAMIDE) : risque de poussée d'*hypertension artérielle* ou de fièvre élevée. Cette contre-indication persiste pendant les 15 jours qui suivent l'arrêt d'un traitement par IMAO.

Ce médicament peut interagir avec d'autres médicaments. Signalez tout autre traitement en cours à votre médecin ou à votre pharmacien.

GROSSESSE, ALLAITEMENT ET NOUVEAU-NÉ

Grossesse :

En l'absence de données suffisantes, ce médicament est contre-indiqué pendant la grossesse.

Allaitement :

Les données actuellement disponibles ne permettent pas de savoir si ce médicament passe dans le lait maternel : par mesure de prudence, l'allaitement est déconseillé.

MODE D'EMPLOI ET POSOLOGIE

Les gélules doivent être avalées avec un peu d'eau.

Posologie usuelle :

- Adulte : 1 gélule le matin et 1 gélule 1 heure avant le repas de midi.

L'utilisation de ce médicament ne se conçoit que dans le cadre d'un régime hypocalorique adapté.
Ce médicament peut entraîner des difficultés d'endormissement : il est conseillé de ne pas le prendre au-delà du repas de midi.

EFFETS INDÉSIRABLES POSSIBLES

Insomnie, maux de tête, bouche sèche, constipation, accélération du cœur, nervosité, tendance dépressive.

Certains signes doivent faire penser à un surdosage : accélération de la respiration, élévation ou au contraire baisse de la tension artérielle, agitation, confusion des idées, hallucinations ; prévenez d'urgence votre médecin.

DIO
diosmine

PRÉSENTATION

DIO 300 mg : comprimé (beige) ; boîte de 30 - Remb. 35 %

Laboratoires Sciencex

COMPOSITION

	p. comp.
Diosmine	300 mg

INDICATIONS

C'est un *veinotonique* et un protecteur *vasculaire*. Il stimule la circulation du sang dans les veines et lutte contre l'altération des *vaisseaux capillaires*.

Il est utilisé dans le *traitement symptomatique* :
- des jambes lourdes, *œdèmes*, crampes, *impatiences* et autres troubles pouvant être en rapport avec une mauvaise circulation veineuse ou *lymphatique* ;
- des petites *hémorragies* sous-cutanées se traduisant par des taches rouges ou violacées ;
- des crises d'*hémorroïdes*.

ATTENTION

Ce médicament est insuffisant pour prévenir le risque de *phlébite* chez les malades alités ou plâtrés.

L'*insuffisance veineuse* peut requérir des mesures spécifiques telles que la *contention élastique*.

GROSSESSE, ALLAITEMENT ET NOUVEAU-NÉ

L'effet de ce médicament pendant la grossesse ou l'allaitement est mal connu. L'évaluation du risque éventuel lié à son utilisation est individuelle : demandez conseil à votre pharmacien ou à votre médecin.

MODE D'EMPLOI ET POSOLOGIE

Ce médicament doit être pris avec un peu d'eau au cours des repas.

Posologie usuelle :

1 comprimé, midi et soir.

Dans le traitement de la crise hémorroïdaire aiguë, la *posologie* peut être portée à 6 comprimés par jour.

Une pratique physique régulière et la surélévation du pied du lit permettent de faciliter la circulation veineuse et *lymphatique*.

EFFETS INDÉSIRABLES POSSIBLES

Rares *troubles digestifs*.

DIOPARINE comprimé
iodohéparinate de sodium

PRÉSENTATION

DIOPARINE : comprimé *sublingual* oblong (blanc) ; boîte de 20 - Remb. 65 % - Liste I

Laboratoires Knoll France

COMPOSITION

	p. comp.
Iodohéparinate de sodium	50 mg
soit en héparine	5 000 UI

INDICATIONS

C'est un médicament qui contient de l'héparine, *anticoagulant* habituellement utilisé par *voie* injectable. Cependant, avec cette forme *sublinguale*, la faible quantité qui passe dans le sang ne fait courir aucun risque hémorragique.

Il est utilisé pour prévenir l'*athérosclérose*.

GROSSESSE, ALLAITEMENT ET NOUVEAU-NÉ

L'effet de ce médicament pendant la grossesse ou l'allaitement est mal connu : seul votre médecin peut évaluer le risque éventuel de son utilisation dans votre cas.

MODE D'EMPLOI ET POSOLOGIE

Prendre les comprimés à distance des repas, en deux prises, et les laisser fondre sous la langue, ou entre la gencive et la joue.

Posologie usuelle :

4 comprimés par jour.

DIOPARINE collyre

iodohéparinate de sodium

PRÉSENTATION

DIOPARINE : collyre ; flacon 5 ml - Remb. 65 % - Liste I

Laboratoires Faure

COMPOSITION

	p. 100 g
Iodohéparinate de sodium	1,50 g
Soit en héparine	150 000 UI

INDICATIONS

C'est un collyre *anti-inflammatoire* et cicatrisant.

Il est utilisé dans le *traitement d'appoint* des *ulcères* et brûlures de la *cornée*.

MODE D'EMPLOI ET POSOLOGIE

Tirer la paupière inférieure vers le bas tout en regardant vers le haut, et déposer une goutte de collyre entre la paupière et le globe oculaire (*cul-de-sac conjonctival*).

Posologie usuelle :

1 goutte, 3 à 6 fois par jour.

L'application correcte du produit peut nécessiter une aide, notamment chez une personne handicapée ou âgée.

Ne conservez pas ce collyre plus de 15 jours après une première utilisation.

DIOSMIL

diosmine

PRÉSENTATION

DIOSMIL 150 mg : comprimé (jaune tilleul) ; boîte de 30 - Remb. 35 %

DIOSMIL 300 mg : comprimé (rose) ; boîte de 15 - Remb. 35 %

Laboratoires Théraplix

COMPOSITION

	p. comp. 150 mg	p. comp. 300 mg
Diosmine		

INDICATIONS

C'est un protecteur *vasculaire* et *veinotonique*. Il stimule la circulation du sang dans les veines et lutte contre l'altération des *vaisseaux capillaires*.

Il est utilisé dans le *traitement symptomatique* :
- des jambes lourdes, *œdèmes*, crampes, *impatiences* et autres troubles pouvant être en rapport avec une mauvaise circulation veineuse ou *lymphatique* ;
- des petites *hémorragies* sous-cutanées se traduisant par des taches rouges ou violacées ;
- des crises d'*hémorroïdes*.

ATTENTION

Ce médicament est insuffisant pour prévenir le risque de *phlébite* chez les malades alités ou plâtrés.

L'*insuffisance veineuse* peut requérir des mesures spécifiques telles que la *contention élastique*.

GROSSESSE, ALLAITEMENT ET NOUVEAU-NÉ

L'effet de ce médicament pendant la grossesse ou l'allaitement est mal connu. L'évaluation du risque éventuel lié à son utilisation est individuelle : demandez conseil à votre pharmacien ou à votre médecin.

MODE D'EMPLOI ET POSOLOGIE

Ce médicament doit être pris avec un verre d'eau au cours des repas.

Posologie usuelle :

2 comprimés à 150 mg ou 1 comprimé à 300 mg, midi et soir, soit 600 mg par jour.

Dans le *traitement de la crise* d'*hémorroïdes*, la *posologie* peut être augmentée jusqu'à 1 800 mg par jour.

Une activité physique régulière et la surélévation du pied du lit permettent de faciliter la circulation veineuse et *lymphatique*.

La constipation, la consommation de mets épicés et de vins riches en tanins favorisent les *hémorroïdes*.

EFFETS INDÉSIRABLES POSSIBLES

Rares *troubles digestifs*.

DIOVENOR

diosmine

PRÉSENTATION

DIOVENOR : comprimé (beige clair) ; boîte de 30 - Remb. 35 %

DIOVENOR 300 mg : comprimé (rose) ; boîte de 15 - Remb. 35 %

Laboratoires Innothéra

COMPOSITION

	p. comp. 150 mg	p. comp. 300 mg
Diosmine d'hémisynthèse		

INDICATIONS

C'est un *veinotonique* et un protecteur *vasculaire*. Il stimule la circulation du sang dans les veines et lutte contre l'altération des *vaisseaux capillaires*.

Il est utilisé dans le *traitement symptomatique* :
- des jambes lourdes, crampes, *impatiences* et autres troubles pouvant être en rapport avec une mauvaise circulation veineuse ou *lymphatique* ;
- des crises d'*hémorroïdes* ;
- des saignements entre les règles dus notamment au port d'un stérilet, après avis médical (comprimé à 150 mg) ;
- des petites *hémorragies* sous-cutanées se traduisant par des taches rouges ou violacées (comprimé à 300 mg).

ATTENTION

Ce médicament est insuffisant pour prévenir le risque de *phlébite* chez les malades alités ou plâtrés.

L'*insuffisance veineuse* peut requérir des mesures spécifiques telles que la *contention élastique*.

GROSSESSE, ALLAITEMENT ET NOUVEAU-NÉ

L'effet de ce médicament pendant la grossesse ou l'allaitement est mal connu. L'évaluation du risque éventuel lié à son utilisation est individuelle : demandez conseil à votre pharmacien ou à votre médecin.

MODE D'EMPLOI ET POSOLOGIE

Ce médicament doit être pris avec un verre d'eau.

Posologie usuelle :

2 comprimés à 150 mg ou 1 comprimé à 300 mg, midi et soir, soit 600 mg par jour.

Dans le *traitement de la crise* d'*hémorroïdes*, la *posologie* est de 1 800 mg par jour, soit 6 comprimés à 300 mg par jour.

Une activité physique régulière et la surélévation du pied du lit permettent de faciliter la circulation veineuse et *lymphatique*.

La constipation, la consommation de mets épicés et de vins riches en tanins favorisent les *hémorroïdes*.

EFFETS INDÉSIRABLES POSSIBLES

Rares *troubles digestifs*.

DIPENTUM

olsalazine

PRÉSENTATION

DIPENTUM : gélule (beige) ; boîte de 100 - Remb. 65 %

Laboratoires Roger Bellon

COMPOSITION

	p. gél.
Olsalazine sel de sodium	250 mg

INDICATIONS

Ce médicament, qui appartient à la famille des *salicylés*, a une action *anti-inflammatoire* sur la muqueuse intestinale.

Il est utilisé pour traiter la *rectocolite hémorragique*.

CONTRE-INDICATIONS

Ce médicament ne doit pas être utilisé en cas d'*allergie* aux *salicylés* (dérivés de l'aspirine).

GROSSESSE, ALLAITEMENT ET NOUVEAU-NÉ

Grossesse :

Ce médicament est récent : en l'absence de données suffisantes, il est déconseillé pendant la grossesse.

Allaitement :

Les données actuellement disponibles ne permettent pas de savoir si ce médicament passe dans le lait maternel. Par mesure de prudence, il est déconseillé pendant l'allaitement.

MODE D'EMPLOI ET POSOLOGIE

Ce médicament doit être pris de préférence après les repas. Les gélules doivent être avalées avec un verre d'eau sans être ouvertes.

Posologie usuelle :

- *Traitement d'attaque* :
  - Adulte : 6 à 8 gélules par jour en 3 à 4 prises, régulièrement espacées.
  - Enfant : 2 à 6 gélules par jour selon l'âge et le poids.
- *Traitement d'entretien* :
  - Adulte : 2 gélules, 2 fois par jour.
  - Enfant : 2 gélules, 2 fois par jour.

EFFETS INDÉSIRABLES POSSIBLES

Troubles digestifs : une diarrhée importante peut nécessiter une diminution des doses, voire un arrêt du traitement.

Maux de tête, *vertiges*, fatigue.

Douleurs articulaires.

Éruptions cutanées.

DIPIPÉRON

pipampérone

PRÉSENTATION

DIPIPÉRON : comprimé sécable (blanc) ; boîte de 20 - Remb. 65 % - Liste I

DIPIPÉRON 40 mg/ml : solution buvable ; flacon compte-gouttes 30 ml (1 ml = 20 gouttes) - Remb. 65 % - Liste I

Laboratoires Janssen

COMPOSITION

	p. comp.	p. 20 gtes
Pipampérone	40 mg	40 mg

INDICATIONS

C'est un *neuroleptique* qui appartient à la famille chimique des butyrophénones.

Il est utilisé pour traiter certains troubles nerveux accompagnés de troubles de l'*humeur*.

CONTRE-INDICATIONS

Ce médicament ne doit pas être utilisé en association avec la lévodopa.

ATTENTION

En cas de survenue d'une fièvre inexpliquée, suspendez la prise du médicament et alertez immédiatement votre médecin.

Des précautions sont nécessaires chez la personne âgée et en cas d'*épilepsie*, d'*insuffisance rénale*, d'*insuffisance hépatique*, ou d'*insuffisance cardiaque*.

Évitez les boissons alcoolisées : augmentation du risque de somnolence.

Conducteur : ce médicament peut être responsable d'une somnolence ou d'une baisse de la vigilance.

INTERACTIONS MÉDICAMENTEUSES

Ce médicament ne doit pas être associé à ceux contenant de la lévodopa (LARODOPA, MODOPAR, SINEMET...) : risque d'annulation de leurs effets.

Il peut interagir avec d'autres médicaments, notamment les *antihypertenseurs*, et les *sédatifs*. Signalez tout autre traitement en cours à votre médecin ou à votre pharmacien.

GROSSESSE, ALLAITEMENT ET NOUVEAU-NÉ

Grossesse et nouveau-né :

Si une grossesse survient pendant le traitement, consultez votre médecin. Il appréciera le risque éventuel lié à l'utilisation de ce médicament dans votre cas.

Si le traitement est poursuivi jusqu'à l'accouchement, une surveillance médicale du *nouveau-né* est nécessaire.

Allaitement :

Ce médicament passe faiblement dans le lait maternel : par mesure de prudence, l'allaitement est déconseillé.

MODE D'EMPLOI ET POSOLOGIE

Ce médicament doit être pris de préférence le soir.

Posologie usuelle :

Elle est strictement individuelle.

EFFETS INDÉSIRABLES POSSIBLES

Somnolence.

Tremblements, raideur anormale, grimaces involontaires.

Arrêt des règles, augmentation du volume des seins, écoulement de lait par le mamelon, prise de poids.

Baisse de la tension artérielle.

Certains signes doivent faire penser à un surdosage : état amorphe, hébété, rigidité musculaire extrême.

DIPROLÈNE

bétaméthasone

PRÉSENTATION

DIPROLÈNE 0,05 p. cent : pommade ; tube 15 g - Remb. 65 % - Liste I

Laboratoires Schering-Plough

COMPOSITION

	p. 100 g
Bétaméthasone (en dipropionate)	50 mg
Propylèneglycol	10 g

INDICATIONS

C'est un *dermocorticoïde* d'activité très forte. Comme les autres dérivés de la *cortisone* à usage local, il freine le renouvellement et la multiplication des cellules de la peau et limite le suintement.

Il est utilisé pour le traitement des plaques limitées et résistantes de *psoriasis*, de *lupus érythémateux* discoïde, de *lichénification*. Il est également utilisé dans le traitement d'autres affections cutanées ayant résisté au traitement habituel, essentiellement l'*eczéma* et la *dermatite atopique*.

CONTRE-INDICATIONS

Ce médicament ne doit pas être utilisé dans les cas suivants :

- infection et parasitose non traitées de la peau (ce médicament n'a pas d'effet anti-infectieux) ;
- lésion ulcérée ;
- *acné* et *rosacée* ;
- *nourrisson*.

ATTENTION

Comme les autres *dermocorticoïdes*, ce médicament a souvent une action efficace et rapide sur les lésions de la peau ; il peut être tentant de le réutiliser, mais l'automédication expose à des risques importants : aggravation de certaines lésions, installation d'une *dépendance* (amélioration de moins en moins visible des lésions et recrudescence des *symptômes* à chaque arrêt de traitement) et altération durable de la peau.

Suivez attentivement la prescription de votre médecin et n'hésitez pas à lui demander des explications.

GROSSESSE, ALLAITEMENT ET NOUVEAU-NÉ

Grossesse :

L'effet de ce médicament pendant la grossesse ou l'allaitement est mal connu : seul votre médecin peut évaluer le risque éventuel de son utilisation dans votre cas.

Allaitement :

Les données actuellement disponibles ne permettent pas de savoir si ce médicament passe dans le lait maternel.

Nouveau-né :

Ce médicament est contre-indiqué chez le *nouveau-né*.

MODE D'EMPLOI ET POSOLOGIE

Étaler le médicament sur les lésions et le faire pénétrer par un léger massage. Pour traiter les grandes surfaces : appliquer le produit en touches espacées, puis étaler avec un gant en plastique jusqu'à complète absorption.

Posologie usuelle :

- Adulte et enfant : 1 ou 2 applications par jour.

Le médecin prescrit fréquemment un arrêt progressif du traitement : espacement des applications ou diminution de la quantité appliquée.

> Ne conseillez pas, ne donnez pas ce médicament à un proche.
>
> Pensez à vous laver les mains après l'application. En cas d'utilisation sur une grande surface de peau, le port d'un gant est recommandé.

EFFETS INDÉSIRABLES POSSIBLES

Ils apparaissent surtout en cas d'usage prolongé :

- *atrophie* avec microhémorragie de la peau (*purpura*), dilatation des petits vaisseaux, vergetures, éruption de boutons ;
- développement anormal des poils, dessèchement, fragilisation et décoloration irrégulière de la peau ;
- rougeur autour de la bouche, apparition d'une *rosacée* ;
- retard de cicatrisation.

DIPROSALIC

bétaméthasone, acide salicylique

PRÉSENTATION

DIPROSALIC : pommade ; tube 15 g - Remb. 65 % - Liste I

DIPROSALIC : pommade ; tube 30 g - Remb. 65 % - Liste I

DIPROSALIC : lotion ; flacon 15 g - Remb. 65 % - Liste I

DIPROSALIC : lotion ; flacon 30 g - Remb. 65 % - Liste I

Laboratoires Schering-Plough

COMPOSITION

	pommade p. 100 g	lotion p. 100 g
Bétaméthasone	0,05 g	0,05 g
Acide salicylique	3 g	2 g

INDICATIONS

Ce médicament d'usage local contient deux substances :

- un *dermocorticoïde* d'activité forte. Il freine le renouvellement et la multiplication des cellules de la peau et limite le suintement ;
- l'acide salicylique, qui réduit l'épaisseur de la couche cornée superficielle de la peau. Il facilite ainsi l'activité du dermocorticoïde qui lui est associé.

Il est utilisé dans le traitement des *dermatoses* comportant un épaississement de la peau, notamment les *lichénifications*, les *dermites séborrhéiques* (sauf au visage), le *psoriasis*.

CONTRE-INDICATIONS

Ce médicament ne doit pas être utilisé dans les cas suivants :

- *allergie* aux *salicylés* ;
- infections et parasitoses non traitées de la peau (ce médicament n'a pas d'effet anti-infectieux) ;
- plaie, *ulcère* de jambe, *escarre* ;
- *acné* et *rosacée* ;
- *dermatose* suintante (pommade).

Le médecin est seul juge pour prescrire ce médicament chez le *nourrisson* et le jeune enfant.

> **ATTENTION**
>
> Comme les autres *dermocorticoïdes*, ce médicament a souvent une action efficace et rapide sur les lésions de la peau ; il peut être tentant de le réutiliser, mais l'automédication expose à des risques importants : aggravation de certaines lésions, installation d'une *dépendance* (amélioration de moins en moins visible des lésions et recrudescence des *symptômes* à chaque arrêt de traitement) et altération durable de la peau.
>
> Suivez attentivement la prescription de votre médecin et n'hésitez pas à lui demander des explications.

GROSSESSE, ALLAITEMENT ET NOUVEAU-NÉ

Grossesse :

L'effet de ce médicament sur l'enfant à naître est mal connu. Seul votre médecin peut apprécier la nécessité du traitement pendant la grossesse.

MODE D'EMPLOI ET POSOLOGIE

La pommade est adaptée au traitement des lésions sèches, la lotion à celui des lésions des régions pileuses et des plis de la peau.

Étaler la pommade sur les lésions et faire pénétrer par un léger massage. Dans les affections du cuir chevelu, la lotion sera appliquée raie par raie en dépassant largement la surface à traiter.

Posologie usuelle :

1 ou 2 applications par jour, chez l'adulte comme chez l'enfant.

Le médecin prescrit fréquemment un arrêt progressif du traitement : espacement des applications ou diminution de la quantité appliquée.

> Ne conseillez pas, ne donnez pas ce médicament à un proche. Pensez à vous laver les mains après l'application. En cas d'utilisation sur une grande surface de peau, le port d'un gant est recommandé.

EFFETS INDÉSIRABLES POSSIBLES

Sont à craindre en cas d'usage prolongé : *atrophie* cutanée, *télangiectasie* (dilatation des petits vaisseaux), vergeture, *purpura* (micro-hémorragies de la peau), fragilisation de la peau.

Sur le visage, ce médicament peut créer une *dermite* péri-orale (rougeur bordant la bouche), ou créer ou aggraver une *rosacée*.

Sont possibles également : retard de cicatrisation, *acné*, développement anormal des poils, décoloration localisée de la peau.

DIPROSEPT

bétaméthasone, clioquinol

PRÉSENTATION

DIPROSEPT : crème ; tube 15 g - Remb. 65 % - Liste I

DIPROSEPT : crème ; tube 30 g - Remb. 65 % - Liste I

Laboratoires Schering-Plough

COMPOSITION

	p. 100 g
Bétaméthasone	0,05 g
Clioquinol	3 g

INDICATIONS

Ce médicament contient un *dermocorticoïde* d'activité forte et un *antiseptique* local. Comme les autres médicaments contenant un dérivé de la *cortisone* à usage local, il freine le renouvellement et la multiplication des cellules de la peau et limite le suintement.

Cette crème est utilisée dans le traitement initial de certaines lésions inflammatoires de la peau (*eczéma*, *dyshidrose*, *psoriasis*...) lorsqu'elles sont infectées.

CONTRE-INDICATIONS

Ce médicament ne doit pas être utilisé dans les cas suivants :

- infections de la peau dues à un champignon ou à un *virus* ;
- plaies chroniques, *ulcère* de la jambe, *escarre* ;
- *rosacée* ;
- sous pansement étanche (occlusif).

> **ATTENTION**
>
> Cette crème n'est pas destinée à traiter les infections bactériennes de la peau mais à traiter l'infection qui vient compliquer une lésion préexistante. Elle n'est pas adaptée au traitement des lésions situées près des yeux.
>
> Comme les autres *dermocorticoïdes*, ce médicament a souvent une action efficace et rapide sur les lésions de la peau ; il peut être tentant de le réutiliser, mais l'automédication expose à des risques importants : aggravation de certaines lésions, installation d'une *dépendance* (amélioration de moins en moins visible des lésions et recrudescence des *symptômes* à chaque arrêt de traitement) et altération durable de la peau.
>
> Suivez attentivement la prescription de votre médecin et n'hésitez pas à lui demander des explications.

INTERACTIONS MÉDICAMENTEUSES

L'association à d'autres *antiseptiques* est déconseillée car leurs effets risquent de s'annuler.

GROSSESSE, ALLAITEMENT ET NOUVEAU-NÉ

L'effet de ce médicament pendant la grossesse ou l'allaitement est mal connu : seul

votre médecin peut évaluer le risque éventuel de son utilisation dans votre cas.

MODE D'EMPLOI ET POSOLOGIE

Étaler la crème en couche mince sur les lésions et la faire pénétrer par un léger massage.

Posologie usuelle :

2 applications par jour, pendant 8 jours au maximum.

Le médecin prescrit fréquemment un arrêt progressif du traitement : espacement des applications ou diminution de la quantité appliquée.

> Ne conseillez pas, ne donnez pas ce médicament à un proche.
>
> Pensez à vous laver les mains après l'application.

EFFETS INDÉSIRABLES POSSIBLES

Compte tenu de la brièveté du traitement, ils sont peu fréquents :
- dilatation des petits vaisseaux, vergetures, éruption de boutons ;
- développement anormal des poils, dessèchement, fragilisation et décoloration irrégulière de la peau ;
- rougeur autour de la bouche, apparition d'une *rosacée* ;
- retard de la cicatrisation ;
- *allergie* cutanée et coloration jaunâtre de la peau disparaissant rapidement (dues au clioquinol).

DIPROSONE

bétaméthasone

PRÉSENTATION

DIPROSONE 0,05 p. cent : crème ; tube 15 g - Remb. 65 % - Liste I

DIPROSONE 0,05 p. cent : crème ; tube 30 g - Remb. 65 % - Liste I

DIPROSONE 0,05 p. cent : pommade ; tube 15 g - Remb. 65 % - Liste I

DIPROSONE 0,05 p. cent : pommade ; tube 30 g - Remb. 65 % - Liste I

DIPROSONE 0,05 p. cent : lotion ; flacon 15 g - Remb. 65 % - Liste I

DIPROSONE 0,05 p. cent : lotion ; flacon 30 g - Remb. 65 % - Liste I

Laboratoires Schering-Plough

COMPOSITION

	p. 100 g
Bétaméthasone	50 mg

INDICATIONS

C'est un *dermocorticoïde* d'activité très forte. Comme les autres dérivés de la *cortisone* à usage local, il freine le renouvellement et la multiplication des cellules de la peau et limite le suintement.

Il est utilisé pour traiter les *eczémas* de contact ou *atopiques*, les *lichénifications*, les *dermites séborrhéiques* sauf celles du visage, le *psoriasis*, le *prurigo*, la *dyshidrose*, et pour soulager les démangeaisons dues aux piqûres d'insectes ou à la présence de parasites sous la peau. Il est également utilisé dans le traitement de certaines maladies rares : *granulome annulaire*, *lupus érythémateux* discoïde, *mycosis fongoïde*.

CONTRE-INDICATIONS

Ce médicament ne doit pas être utilisé dans les cas suivants :
- infection et parasitose non traitées de la peau (ce médicament n'a pas d'effet anti-infectieux),
- lésion ulcérée,
- *acné* et *rosacée*.

> **ATTENTION**
>
> Comme les autres *dermocorticoïdes*, ce médicament a souvent une action efficace et rapide sur les lésions de la peau ; il peut être tentant de le réutiliser, mais l'automédication expose à des risques importants : aggravation de certaines lésions, installation d'une *dépendance* (amélioration de moins en moins visible des lésions et recrudescence des *symptômes* à chaque arrêt de traitement) et altération durable de la peau.
>
> Suivez attentivement la prescription de votre médecin et n'hésitez pas à lui demander des explications.

GROSSESSE, ALLAITEMENT ET NOUVEAU-NÉ

L'effet de ce médicament pendant la grossesse ou l'allaitement est mal connu : seul votre médecin peut évaluer le risque éventuel de son utilisation dans votre cas.

MODE D'EMPLOI ET POSOLOGIE

La crème est adaptée au traitement des lésions suintantes, la pommade à celui des lésions sèches. La lotion est destinée au traitement des lésions des régions poilues et des plis de la peau.

Étaler le médicament sur les lésions et le faire pénétrer par un léger massage. Pour traiter de grandes surfaces : appliquer en touches espacées, puis étaler avec un gant en plastique jusqu'à complète absorption.

Dans les affections du cuir chevelu, la lotion sera appliquée raie par raie en dépassant largement la surface à traiter.

Posologie usuelle :

1 ou 2 applications par jour.

Le médecin prescrit fréquemment un arrêt progressif du traitement : espacement des applications ou diminution de la quantité appliquée.

> Ne conseillez pas, ne donnez pas ce médicament à un proche.
>
> Pensez à vous laver les mains après l'application. En cas d'utilisation sur une grande surface de peau, le port d'un gant est recommandé.

EFFETS INDÉSIRABLES POSSIBLES

Ils apparaissent surtout en cas d'usage prolongé :
- *atrophie* avec microhémorragie de la peau (*purpura*), dilatation des petits vaisseaux, vergetures, éruption de boutons ;
- développement anormal des poils, dessèchement, fragilisation et décoloration irrégulière de la peau ;
- rougeur autour de la bouche, apparition d'une *rosacée* ;
- retard de cicatrisation.

DIPROSONE NÉOMYCINE

bétaméthasone, néomycine

PRÉSENTATION

DIPROSONE NÉOMYCINE : pommade ; tube 15 g - Remb. 65 % - Liste I

DIPROSONE NÉOMYCINE : pommade ; tube 30 g - Remb. 65 % - Liste I

DIPROSONE NÉOMYCINE : crème ; tube 15 g - Remb. 65 % - Liste I

DIPROSONE NÉOMYCINE : crème ; tube 30 g - Remb. 65 % - Liste I

Laboratoires Schering-Plough

COMPOSITION

	p. 100 g
Bétaméthasone	0,05 g
Néomycine	0,35 g

INDICATIONS

Ce médicament contient un *dermocorticoïde* d'activité forte et un *antibiotique* de la famille des *aminosides*. Comme les autres médicaments contenant un dérivé de la *cortisone* à usage local, il freine le renouvellement et la multiplication des cellules de la peau et limite le suintement.

Il est utilisé dans le traitement initial de certaines lésions inflammatoires de la peau (*eczéma*, *dyshidrose*, *psoriasis*...) lorsqu'elles sont infectées.

CONTRE-INDICATIONS

Ce médicament ne doit pas être utilisé dans les cas suivants :
- *allergie* aux *antibiotiques* de la famille des *aminosides* ;
- infections de la peau dues à un champignon ou à un *virus* ;
- plaies chroniques, *ulcère* de la jambe, *escarre* ;
- *rosacée* ;
- sous pansement étanche (occlusif).

> **ATTENTION**
>
> Ce médicament n'est pas destiné à traiter les infections bactériennes de la peau mais à traiter l'infection qui vient compliquer une lésion préexistante.
>
> Comme les autres *dermocorticoïdes*, ce médicament a souvent une action efficace et rapide sur les lésions de la peau ; il peut être tentant de le réutiliser, mais l'automédication expose à des risques importants : aggravation de certaines lésions, installation d'une *dépendance* (amélioration de moins en moins visible des lésions et recrudescence des *symptômes* à chaque arrêt de traitement) et altération durable de la peau.
>
> Suivez attentivement la prescription de votre médecin et n'hésitez pas à lui demander des explications.

GROSSESSE, ALLAITEMENT ET NOUVEAU-NÉ

L'effet de ce médicament pendant la grossesse ou l'allaitement est mal connu : seul votre médecin peut évaluer le risque éventuel de son utilisation dans votre cas.

MODE D'EMPLOI ET POSOLOGIE

La crème est adaptée au traitement des lésions suintantes et des plis de la peau, la pommade à celui des lésions sèches.

Étaler la crème ou la pommade en couche mince sur les lésions et faire pénétrer par un léger massage.

Posologie usuelle :

2 applications par jour, pendant 8 jours au maximum.

> Ne conseillez pas, ne donnez pas ce médicament à un proche.
>
> Pensez à vous laver les mains après l'application.

EFFETS INDÉSIRABLES POSSIBLES

Compte tenu de la brièveté du traitement, ils sont peu fréquents :
- éruption de boutons ;
- développement anormal des poils, dessèchement, fragilisation et décoloration irrégulière de la peau ;
- rougeur autour de la bouche, apparition d'une *rosacée* ;
- *allergie* cutanée (néomycine).

DIPROSTÈNE
bétaméthasone

PRÉSENTATION

DIPROSTÈNE : suspension injectable ; boîte de 1 seringue préremplie avec 2 aiguilles - Remb. 65 % - Liste I

Laboratoires Schering-Plough

COMPOSITION

	p. seringue
Bétaméthasone dipropionate	5 mg
Bétaméthasone phosphate disodique	2 mg

INDICATIONS

C'est un *anti-inflammatoire* stéroïdien qui appartient à la famille des *corticoïdes* de synthèse (dérivés chimiques de la *cortisone* naturelle). Les propriétés de la cortisone sont nombreuses, mais ce produit est surtout utilisé pour son effet anti-inflammatoire puissant et rapide. Il présente, à efficacité égale, moins d'effets indésirables que la cortisone naturelle. Ce médicament a une action immédiate et un effet qui dure environ 3 semaines.

Il est utilisé en *traitement d'entretien* , notamment dans de nombreuses affections chroniques inflammatoires ou allergiques :
- *allergie* chronique,
- *connectivites*,
- *asthme* grave.

Il est également utilisé en traitement local (*infiltrations*) dans les cas suivants :
- *inflammation* des articulations, des tendons et ligaments, poussées douloureuses d'*arthrose* ;
- maladie de *Dupuytren*, *syndrome du canal carpien* ;
- cicatrice *chéloïde*.

CONTRE-INDICATIONS

Ce médicament ne doit pas être utilisé dans les cas suivants :
- maladies virales en évolution (*zona*, *herpès* oculaires),
- infection ou *mycose* non contrôlée par un traitement adapté,
- *goutte*,
- *cirrhose* alcoolique grave,
- *hépatite* virale aiguë,
- *psychose*,
- *ulcère* de l'estomac ou du *duodénum* en évolution.

> **ATTENTION**
>
> Ce médicament n'est pas adapté à l'enfant.
>
> L'injection de ce médicament ne doit être pratiquée que sous contrôle médical.
>
> En cas de traitement prolongé, l'arrêt de celui-ci doit être progressif pour permettre aux glandes *surrénales* de reprendre la synthèse de *cortisone* naturelle. Un arrêt brutal expose par ailleurs à une rechute de la maladie traitée. Cette précaution n'est utile que lorsque la durée du traitement dépasse 7 jours.

INTERACTIONS MÉDICAMENTEUSES

En cas d'injections répétées, ce médicament peut interagir avec d'autres médicaments et avec certains *vaccins*. Signalez tout traitement en cours à votre médecin ou à votre pharmacien.

GROSSESSE, ALLAITEMENT ET NOUVEAU-NÉ

Grossesse :

Seul votre médecin peut évaluer le risque éventuel de l'utilisation de ce médicament dans votre cas pendant la grossesse et en particulier durant les derniers mois.

Allaitement :

Ce médicament passe dans le lait maternel : il est déconseillé pendant l'allaitement.

MODE D'EMPLOI ET POSOLOGIE

L'injection est réalisée par *voie* intramusculaire. Les *infiltrations* sont réalisées par le médecin à proximité ou dans la zone lésée.

Posologie usuelle :

Elle dépend de la gravité de la maladie traitée et de la voie d'injection (intramusculaire ou infiltration).

L'effet de ce médicament dure environ 3 semaines.

> Afin de compenser une baisse du taux de *potassium* dans le sang lors d'un traitement prolongé, le médecin peut être amené à prescrire du potassium.

EFFETS INDÉSIRABLES POSSIBLES

En cas de traitement prolongé et à forte dose :
- rétention d'eau et de sel avec parfois *hypertension artérielle* ;
- baisse du taux de *potassium* dans le sang ;
- gonflement du visage et du buste, taches cutanées violacées, apparition de poils ;
- surexcitation avec euphorie et troubles du sommeil ;
- *atrophie* musculaire, *ostéoporose* ;
- *diabète* (réversible), arrêt de la croissance chez l'enfant, troubles des règles ;
- *gastrite*, *ulcère* ;
- certaines formes de *glaucome* ou de *cataracte*.

DISCOTRINE
trinitrine

PRÉSENTATION

DISCOTRINE 5 mg/24 h : *dispositif transdermique* 6,7 cm² ; boîte de 30 systèmes adhésifs - Remb. 65 % - Liste II

DISCOTRINE 10 mg/24 h : *dispositif transdermique* 13,3 cm² ; boîte de 30 systèmes adhésifs - Remb. 65 % - Liste II

Laboratoires 3M Santé

COMPOSITION

	5 mg/24 h	10 mg/24 h
Trinitrine	18 mg	36 mg

INDICATIONS

Ce médicament *vasodilatateur* appartient à la famille des dérivés de la trinitrine. Il possède de nombreuses propriétés qui facilitent le travail du cœur : dilatation des veines, dilatation des artères à forte dose, prévention des spasmes des *artères coronaires*. Le *dispositif transdermique* (timbre) contient la substance active qui traverse la peau, gagne le sang, et peut agir sur le cœur et les vaisseaux.

Ce médicament est utilisé dans le *traitement préventif* des crises d'*angine de poitrine*.

CONTRE-INDICATIONS

Ce médicament ne doit pas être utilisé dans les cas suivants :
- *anémie* importante,
- *glaucome*,
- *hypertension intracrânienne*.

> **ATTENTION**
>
> Ce médicament n'est pas adapté au *traitement de crise* aiguë d'*angine de poitrine* : son action est trop lente à apparaître. C'est un *traitement préventif* qui lutte contre l'apparition des crises.
>
> En cas de malaise d'allure sérieuse, retirez le timbre.
>
> Ne laissez pas le timbre neuf ou usagé à la portée des enfants.
>
> Conducteur : en début de traitement, ce médicament peut être responsable de vertiges.

INTERACTIONS MÉDICAMENTEUSES

Ce médicament peut interagir avec d'autres médicaments. Signalez tout autre traitement en cours à votre médecin ou à votre pharmacien.

GROSSESSE, ALLAITEMENT ET NOUVEAU-NÉ

L'effet de ce médicament pendant la grossesse ou l'allaitement est mal connu : seul votre médecin peut évaluer le risque éventuel de son utilisation dans votre cas.

MODE D'EMPLOI ET POSOLOGIE

Il existe 2 dosages correspondant à 2 surfaces différentes : la quantité de trinitrine qui passe dans le sang est proportionnelle à la surface du *dispositif transdermique* (timbre). Choisissez une région sèche, pauvre en poils, et dépourvue de grains de beauté ou autres lésions cutanées. Libérez la surface adhésive et appliquez soigneusement le timbre en effectuant une pression sur toute sa surface. Changez d'emplacement tous les jours.

Posologie usuelle :

- Adulte : 1 *dispositif transdermique* (timbre) par jour, à garder pendant une période de 12 à 24 heures selon les indications du médecin.

> Si le timbre se décolle accidentellement, remplacez-le par un timbre neuf placé à un autre endroit.

EFFETS INDÉSIRABLES POSSIBLES

Réactions locales : rougeur et démangeaison au point d'application.

Maux de tête, parfois violents, qui disparaissent habituellement après quelques jours de traitement.

Vertiges, baisse de la tension artérielle surtout chez la personne âgée.

Rares nausées et vomissements.

DISORLON
isosorbide dinitrate

PRÉSENTATION

DISORLON 20 mg : gélule à *libération prolongée* (bleu et bleu clair) ; boîte de 60 - Remb. 65 % - Liste II

DISORLON 40 mg : gélule à *libération prolongée* (bleu et incolore) ; boîte de 60 - Remb. 65 % - Liste II

Laboratoires Procter & Gamble

COMPOSITION

	p. gél. L.P.	p. gél. L.P.
Isosorbide dinitrate	20 mg	40 mg

INDICATIONS

Ce médicament *vasodilatateur* appartient à la famille des dérivés de la trinitrine. Il possède de nombreuses propriétés qui facilitent le travail du cœur : dilatation des veines, dilatation des artères à forte dose, prévention des spasmes des *artères coronaires*.

Il est utilisé dans :

- le *traitement préventif* des crises d'*angine de poitrine*,
- le *traitement d'appoint* de l'*insuffisance cardiaque*.

> **ATTENTION**
>
> Ce médicament peut être responsable de maux de tête, parfois violents, surtout lors des premières prises.
>
> Des baisses de tension artérielle ont également été constatées. La mise en route progressive du traitement prescrit par le médecin doit être respectée, notamment pour les *posologies* élevées ; de même, le traitement ne doit pas être arrêté brutalement.

INTERACTIONS MÉDICAMENTEUSES

Ce médicament peut interagir avec d'autres médicaments. Signalez tout autre traitement en cours à votre médecin ou à votre pharmacien.

GROSSESSE, ALLAITEMENT ET NOUVEAU-NÉ

L'effet de ce médicament pendant la grossesse ou l'allaitement est mal connu : seul votre médecin peut évaluer le risque éventuel de son utilisation dans votre cas.

MODE D'EMPLOI ET POSOLOGIE

Les gélules doivent être avalées avec un peu d'eau sans être ouvertes.

Posologie usuelle :

Elle est variable en fonction des indications, et adaptée par votre médecin en fonction de l'effet thérapeutique.

EFFETS INDÉSIRABLES POSSIBLES

Maux de tête, bouffées de chaleur fréquents en début de traitement.

Baisse de la tension artérielle pouvant se traduire par des malaises, surtout chez la personne âgée.

Rares nausées, vomissements et réactions cutanées.

DISSOLVUROL
silice colloïdale

PRÉSENTATION

DISSOLVUROL : solution buvable ; flacon compte-gouttes (1 ml = 20 gouttes) - Remb. 65 %

Laboratoires Dissolvurol

COMPOSITION

	p. 20 gtes
Silice colloïdale ionisée	2,5 mg

INDICATIONS

Ce médicament contient un sel minéral.

Il est utilisé comme *modificateur de terrain*, en particulier au cours des affections rhumatismales inflammatoires.

GROSSESSE, ALLAITEMENT ET NOUVEAU-NÉ

Ce médicament ne contient que des substances présumées sans danger pendant la grossesse ou l'allaitement. Néanmoins, ne l'utilisez pas de façon prolongée sans l'avis de votre pharmacien ou de votre médecin.

MODE D'EMPLOI ET POSOLOGIE

Ce médicament doit être pris avant le petit déjeuner et le dîner.

Posologie usuelle :

30 à 60 gouttes, 2 fois par jour.

DISULONE
dapsone, oxalate de fer

PRÉSENTATION

DISULONE 100 au protoxalate de fer : comprimé sécable (jaune) ; boîte de 100 - Remb. 65 % - Liste I

Laboratoires Specia

COMPOSITION

	p. comp.
Dapsone	100 mg
Oxalate de fer	200 mg

INDICATIONS

C'est un *antibiotique* actif sur le bacille de la lèpre. Il possède d'autres propriétés qui le font utiliser dans le traitement de la *dermatite herpétiforme* et de la *polychondrite atrophiante*. Ce médicament contient également du fer pour lutter contre le risque d'*anémie* lié à la présence de dapsone.

> **ATTENTION**
>
> Des précautions sont nécessaires en cas de déficit en *G6PD*, d'*insuffisance rénale* ou d'*insuffisance hépatique*.
>
> Ce médicament peut provoquer une *anémie* ou une diminution des globules ou des *plaquettes* dans le sang. Des analyses de sang régulières sont nécessaires.

GROSSESSE, ALLAITEMENT ET NOUVEAU-NÉ

Grossesse :

Ce médicament peut être utilisé chez la femme enceinte.

Allaitement :

Les données actuellement disponibles ne permettent pas de savoir si ce médicament passe dans le lait maternel.

MODE D'EMPLOI ET POSOLOGIE

Ce médicament peut être pris indifféremment au cours ou en dehors des repas.

Posologie usuelle :

Elle varie en fonction des indications.

EFFETS INDÉSIRABLES POSSIBLES

Anémie hémolytique, surtout chez les personnes présentant un déficit en *G6PD*. *Troubles digestifs*.

DITAVÈNE
héparine, digitoxine

PRÉSENTATION

DITAVÈNE : crème ; tube 20 g - Non remb. - Liste I

Laboratoires Pharmadéveloppement

COMPOSITION

	p. 100 g
Héparine sel sodique	50 000 UI
Digitoxine	0,030 g

INDICATIONS

Cette crème contient un *anticoagulant* et un stimulant veineux et cardiaque. L'association de ces deux substances est destinée à faciliter la circulation sanguine et à lutter contre l'*inflammation* des veines.

Ce médicament est utilisé pour traiter la couperose, la rougeur de la peau et la *rosacée*.

CONTRE-INDICATIONS

Ce médicament ne doit pas être utilisé dans les cas suivants :
- *eczéma*,
- association avec un traitement *anticoagulant*.

ATTENTION
Compte tenu de la présence de digitoxine, une utilisation prolongée nécessite une surveillance du pouls.

INTERACTIONS MÉDICAMENTEUSES

L'utilisation prolongée de ce médicament est contre-indiquée en cas de traitement par un *anticoagulant*.

GROSSESSE, ALLAITEMENT ET NOUVEAU-NÉ

L'effet de ce médicament pendant la grossesse ou l'allaitement est mal connu. L'évaluation du risque éventuel lié à son utilisation est individuelle : demandez conseil à votre pharmacien ou à votre médecin.

MODE D'EMPLOI ET POSOLOGIE

Appliquer la crème en massage léger sur les zones à traiter.

Posologie usuelle :

2 applications par jour. Le traitement dure de 2 à 6 semaines.

EFFETS INDÉSIRABLES POSSIBLES

Une irritation avec sensation de chaleur et une rougeur doivent faire interrompre le traitement.

Rarement : *allergie* cutanée.

DITROPAN
oxybutynine

PRÉSENTATION

DITROPAN : comprimé sécable (bleu) ; boîte de 60 - Remb. 35 % - Liste II

Laboratoires Synthélabo

COMPOSITION

	p. comp.
Oxybutynine chlorure	5 mg

INDICATIONS

C'est un *antispasmodique* qui lutte contre la contraction anormale de la vessie.

Il est utilisé dans le traitement des envies impérieuses d'uriner dues à une instabilité de la vessie : fuites d'urine et certaines *énurésies*.

CONTRE-INDICATIONS

Ce médicament ne doit pas être utilisé dans les cas suivants :
- *glaucome* à angle fermé,
- risque de blocage des urines (*adénome de la prostate*...),
- *myasthénie* grave,
- bronchite chronique,
- *atonie intestinale*.

ATTENTION
La survenue d'une douleur violente à l'œil, accompagnée d'une rougeur et surtout d'une baisse de l'acuité visuelle, doit conduire à consulter d'urgence un ophtalmologiste : il peut s'agir d'un *glaucome* aigu.

GROSSESSE, ALLAITEMENT ET NOUVEAU-NÉ

L'effet de ce médicament pendant la grossesse ou l'allaitement est mal connu : seul votre médecin peut évaluer le risque éventuel de son utilisation dans votre cas.

MODE D'EMPLOI ET POSOLOGIE

Ce médicament doit être pris avec un verre d'eau.

Posologie usuelle :
- Adulte : 1 comprimé, 3 fois par jour.
- Enfant de plus de 5 ans : 1/2 comprimé, 3 ou 4 fois par jour.

EFFETS INDÉSIRABLES POSSIBLES

Ce médicament peut être responsable d'effets *atropiniques* : sécheresse de la bouche, troubles de la vision, constipation...

DIVINA
estradiol, médroxyprogestérone

PRÉSENTATION

DIVINA : comprimé (blanc : 11 et bleu : 10) ; boîte de 21 - Remb. 65 % - Liste I

Laboratoires Innothéra

COMPOSITION

	p. comp. blanc	p. comp. bleu
Estradiol valérate	2 mg	2 mg
Médroxyprogestérone acétate		10 mg

INDICATIONS

Ce médicament contient de l'estradiol, destiné à corriger une carence en *estrogènes*, et de la médroxyprogestérone, *progestatif* qui a un effet protecteur sur l'utérus et les glandes mammaires.

Il est utilisé pour traiter certains *symptômes* de la *ménopause* (bouffées de chaleur, sécheresse vaginale...) et pour prévenir l'*ostéoporose* et ses complications.

CONTRE-INDICATIONS

Ce médicament ne doit pas être utilisé dans les cas suivants :
- certaines maladies cardiaques ou *vasculaires*, notamment l'*hypertension artérielle* et les *antécédents de phlébite* ;
- maladie du foie grave ou récente ;
- cancers du sein ou de l'utérus ;
- *tumeur de l'hypophyse* ;
- certaines causes de saignement entre les règles ;
- certaines maladies rares (*connectivite*, *porphyrie*, *otospongiose*, *otosclérose*).

Dans tous les autres cas, le médecin est seul juge pour prescrire ce médicament, notamment en cas de *diabète*, d'obésité, d'excès de *cholestérol* ou de *triglycérides*, de tumeurs bénignes du sein et de l'utérus, d'*hypertension artérielle*, d'*insuffisance rénale* ou d'écoulement de lait.

ATTENTION
Ce médicament n'est pas un *contraceptif*.

Tout *symptôme* pouvant faire craindre une complication impose l'arrêt du traitement : maux de tête importants et inhabituels, troubles de la vision, élévation franche de la tension artérielle.

L'apparition d'un saignement génital ou d'un écoulement de lait impose une consultation médicale.

Des précautions sont nécessaires en cas d'*épilepsie*, de migraine, d'*asthme*, de *dépression*, d'*antécédents* familiaux d'*accident thrombo-embolique*.

INTERACTIONS MÉDICAMENTEUSES

L'efficacité du traitement peut être diminuée par la prise d'autres médicaments : les *barbituriques*, certains antiépileptiques (TÉGRÉTOL, DI-HYDAN...), les médicaments contenant de la rifampicine (RIMACTAN, RIFADINE...) ou de la griséofulvine (FULCINE, GRISÉFULINE...).

GROSSESSE, ALLAITEMENT ET NOUVEAU-NÉ

Compte tenu des indications, ce médicament n'est pas utilisé chez la femme enceinte ou qui allaite.

MODE D'EMPLOI ET POSOLOGIE

Prendre 1 comprimé blanc pendant 11 jours, puis 1 comprimé bleu pendant 10 jours ; entre 2 plaquettes, interrompre le traitement pendant 7 jours.

Ce médicament peut faire réapparaître des saignements (règles).

EFFETS INDÉSIRABLES POSSIBLES

Peu graves et n'empêchant pas la poursuite du traitement : nausées, maux de tête banals, prise de poids, tension modérée des seins, taches sombres sur le visage, jambes lourdes, irritation oculaire par les lentilles de contact, *candidose* vaginale, irritabilité et tendance à la *dépression*.

Rares mais devant faire interrompre la prise de ce médicament : *hypertension artérielle*, accident cardiaque ou *vasculaire*, jaunisse, augmentation importante des lipides dans le sang, *diabète*, nodule ou douleur importante des seins, *migraine*, *vertiges*, troubles de la vision, aggravation d'une *épilepsie*, écoulement de lait.

Exceptionnellement : calculs de la vésicule biliaire, tumeur bénigne du foie, *mastopathie*.

DODÉCAVIT
hydroxocobalamine

PRÉSENTATION

DODÉCAVIT : solution injectable *I.M.* ; boîte de 6 ampoules 2 ml - Remb. 35 %

Laboratoires L'Arguenon-S.E.R.B.

COMPOSITION

	p. amp. inj.
Hydroxocobalamine acétate	10 000 µg

INDICATIONS

Ce médicament contient une substance apparentée à la *vitamine* B12, substance indispensable au *métabolisme*.

Il est utilisé par *voie* injectable dans le traitement de certaines *névralgies*.

CONTRE-INDICATIONS

Ce médicament ne doit pas être utilisé en cas d'*allergie* à la *vitamine* B12 et aux substances apparentées.

ATTENTION

Un *choc anaphylactique* peut survenir lors de l'administration par *voie* injectable de ce médicament : il est déconseillé chez les personnes ayant des *antécédents* d'*asthme* ou d'*eczéma*.

GROSSESSE, ALLAITEMENT ET NOUVEAU-NÉ

L'effet de ce médicament pendant la grossesse ou l'allaitement est mal connu : seul votre médecin peut évaluer le risque éventuel de son utilisation dans votre cas.

MODE D'EMPLOI ET POSOLOGIE

Ce médicament doit être injecté par *voie* intramusculaire.

Posologie usuelle :

1 ampoule par jour ou 1 ampoule, 1 jour sur 2.

Sous traitement, la coloration rouge des urines est normale : elle est liée à l'élimination de la *vitamine* B12.

EFFETS INDÉSIRABLES POSSIBLES

Douleur au point d'injection.

Acné, *allergie* (démangeaison, rougeur, *urticaire*).

Choc anaphylactique (voir ATTENTION).

DOGMATIL
sulpiride

PRÉSENTATION

DOGMATIL 50 mg : gélule (blanc) ; boîte de 30 - Remb. 65 % - Liste I

DOGMATIL : solution buvable ; flacon 200 ml (40 cuillères à café) - Remb. 65 % - Liste I

Laboratoires Delagrange

COMPOSITION

	p. gél.	p. c. à c.
Sulpiride	50 mg	25 mg

INDICATIONS

C'est un *neuroleptique* qui appartient à la famille chimique des benzamides. Aux faibles doses proposées, ce médicament lutte contre certains dérèglements nerveux.

Il est utilisé dans le traitement de la fatigue d'origine nerveuse et de certaines affections du tube digestif : *ulcère* de l'estomac ou du *duodénum*.

CONTRE-INDICATIONS

Ce médicament ne doit pas être utilisé dans les cas suivants :
- *phéochromocytome*,
- en association avec les médicaments contenant de la lévodopa.

ATTENTION

En cas de survenue d'une fièvre inexpliquée, suspendez la prise de ce médicament, et alertez immédiatement votre médecin.

La guérison peut nécessiter un traitement prolongé ; une amélioration survenant en début de traitement ne doit pas vous conduire à l'arrêter sans l'avis de votre médecin.

Des précautions sont nécessaires chez les personnes âgées et en cas d'*épilepsie*, d'*insuffisance rénale*, ou de maladie de *Parkinson*.

Évitez les boissons alcoolisées : augmentation du risque de somnolence.

Conducteur : ce médicament peut être responsable d'une somnolence ou d'une baisse de la vigilance.

INTERACTIONS MÉDICAMENTEUSES

Ce médicament ne doit pas être associé à ceux contenant de la lévodopa (LARODOPA, MODOPAR, SINEMET...) : risque d'annulation de leurs effets.

Ce médicament peut interagir avec d'autres médicaments, notamment les *antihypertenseurs* et les *sédatifs*. Signalez tout autre traitement en cours à votre médecin ou à votre pharmacien.

GROSSESSE, ALLAITEMENT ET NOUVEAU-NÉ

Grossesse et nouveau-né :

Si une grossesse survient pendant le traitement, consultez votre médecin : il appréciera le risque éventuel lié à l'utilisation de ce médicament dans votre cas.

Si le traitement est poursuivi jusqu'à l'accouchement, une surveillance médicale du *nouveau-né* est nécessaire.

Allaitement :

Ce médicament passe dans le lait maternel.

MODE D'EMPLOI ET POSOLOGIE

Les gélules sont réservées à l'adulte ; elles peuvent être avalées avec un verre d'eau.

Posologie usuelle :

Elle est strictement individuelle.

EFFETS INDÉSIRABLES POSSIBLES

Somnolence.

Mouvements involontaires, tremblements, raideur anormale, grimaces involontaires.

Hypotension orthostatique.

Absence de règles, augmentation du volume des seins, écoulement de lait par le mamelon.

Prise de poids.

DOGMATIL FORT
sulpiride

PRÉSENTATION

DOGMATIL 200 mg : comprimé sécable (blanc) ; boîte de 12 - Remb. 65 % - Liste I

DOGMATIL : solution injectable *I.M.* ; boîte de 6 ampoules 2 ml - Remb. 65 % - Liste I

Laboratoires Delagrange

COMPOSITION

	p. comp.	p. amp. inj.
Sulpiride	200 mg	100 mg

INDICATIONS

C'est un *neuroleptique* qui appartient à la famille chimique des benzamides.

Il est utilisé dans le traitement de certains troubles nerveux accompagnés de troubles de l'*humeur*.

CONTRE-INDICATIONS

Ce médicament ne doit pas être utilisé dans les cas suivants :
- *phéochromocytome*,
- en association avec les médicaments contenant de la lévodopa.

ATTENTION

La guérison peut nécessiter un traitement prolongé ; une amélioration survenant en début de traitement ne doit pas vous conduire à l'arrêter sans l'avis de votre médecin.

En cas de survenue d'une fièvre inexpliquée, suspendez la prise de ce médicament et alertez immédiatement votre médecin.

Des précautions sont nécessaires chez les personnes âgées et en cas d'*épilepsie*, d'*insuffisance rénale*, ou de maladie de *Parkinson*.

Évitez les boissons alcoolisées : augmentation du risque de somnolence.

Ce médicament est responsable d'une baisse de la vigilance : la conduite, les activités professionnelles ou de loisirs exposant à un danger sont formellement déconseillées.

INTERACTIONS MÉDICAMENTEUSES

Ce médicament ne doit pas être associé à ceux contenant de la lévodopa (LARODOPA, MODOPAR, SINEMET...) : risque d'annulation de leurs effets.

Ce médicament peut interagir avec d'autres médicaments, notamment les

antihypertenseurs et les *sédatifs*. Signalez tout autre traitement en cours à votre médecin ou à votre pharmacien.

GROSSESSE, ALLAITEMENT ET NOUVEAU-NÉ

Grossesse et nouveau-né :

Si une grossesse survient pendant le traitement, consultez votre médecin : il appréciera le risque éventuel lié à l'utilisation de ce médicament dans votre cas.

Si le traitement est poursuivi jusqu'à l'accouchement, une surveillance médicale du *nouveau-né* est nécessaire.

Allaitement :

Ce médicament passe dans le lait maternel.

MODE D'EMPLOI ET POSOLOGIE

Les comprimés peuvent être avalés avec un verre d'eau. La solution injectable doit être administrée exclusivement par *voie* intramusculaire sous surveillance médicale.

Posologie usuelle :

Elle est strictement individuelle.

EFFETS INDÉSIRABLES POSSIBLES

Somnolence.

Mouvements involontaires, tremblements, raideur anormale, grimaces involontaires.

Hypotension orthostatique.

Absence de règles, augmentation du volume des seins, écoulement de lait par le mamelon.

Prise de poids.

DOLAL
dérivés salicyliques

PRÉSENTATION

DOLAL : *liniment* ; flacon autoapplicateur 20 g - Remb. 35 %

DOLAL : *liniment* ; flacon autoapplicateur 50 g - Remb. 35 %

Laboratoires Biocodex

COMPOSITION

	p. 100 g
Salicylate de phényl-3 propyle	50 g
Méthoxy-5 salicylate d'éthyle	10 g

INDICATIONS

Ce médicament *antalgique* contient deux *salicylés*.

Il est utilisé dans le traitement des douleurs des muscles, des tendons et des ligaments.

CONTRE-INDICATIONS

Ce médicament ne doit pas être utilisé dans les cas suivants :
- *allergie* aux *salicylés*,
- en application sur les *muqueuses*, les plaies ou la peau lésée.

GROSSESSE, ALLAITEMENT ET NOUVEAU-NÉ

L'effet de ce médicament pendant la grossesse ou l'allaitement est mal connu. L'évaluation du risque éventuel lié à son utilisation est individuelle : demandez conseil à votre pharmacien ou à votre médecin.

MODE D'EMPLOI ET POSOLOGIE

Appliquer le produit à l'aide du tampon applicateur, puis masser doucement pour le faire pénétrer.

Posologie usuelle :

2 ou 3 applications par jour.

> Se laver les mains après application. En cas de contact accidentel avec les yeux, rincer abondamment.

EFFETS INDÉSIRABLES POSSIBLES

Réaction allergique locale imposant l'arrêt du traitement.

DOLGIT
ibuprofène

PRÉSENTATION

DOLGIT : crème ; tube 50 g - Remb. 35 % - Liste II

Laboratoires Merck-Clévenot

COMPOSITION

	p. 100 g
Ibuprofène	5 g

INDICATIONS

Cette crème contient un *anti-inflammatoire* non stéroïdien (*AINS*). Elle lutte localement contre l'*inflammation* et la douleur.

Elle est utilisée dans le traitement des *tendinites*, des douleurs articulaires, des entorses et des contusions.

CONTRE-INDICATIONS

Ce médicament ne doit pas être utilisé dans les cas suivants :
- *allergie* à l'aspirine ou aux *AINS*,
- en application sur un *eczéma*, des *muqueuses*, des plaies ou de la peau lésée.

GROSSESSE, ALLAITEMENT ET NOUVEAU-NÉ

L'effet de ce médicament pendant la grossesse ou l'allaitement est mal connu : seul votre médecin peut évaluer le risque éventuel de son utilisation dans votre cas.

MODE D'EMPLOI ET POSOLOGIE

La crème doit être appliquée en massage doux et prolongé.

Posologie usuelle :

3 applications par jour.

> Se laver les mains après application. En cas de contact accidentel avec les yeux, rincer abondamment.

EFFETS INDÉSIRABLES POSSIBLES

Imposant l'arrêt du traitement : *allergie* cutanée (éruption de boutons, démangeaisons...).

DOLIPOL
tolbutamide

PRÉSENTATION

DOLIPOL : comprimé sécable rond (blanc) ; boîte de 20 - Remb. 65 % - Liste I

DOLIPOL : comprimé sécable rond (blanc) ; boîte de 100 - Remb. 65 % - Liste I

Laboratoires Hoechst

COMPOSITION

	p. comp.
Tolbutamide	500 mg

INDICATIONS

Cet *antidiabétique* oral appartient à la famille des *sulfamides hypoglycémiants*. Il permet de diminuer l'excès de *sucre* dans le sang en favorisant la sécrétion de l'*insuline*.

Il est utilisé dans le traitement du *diabète* non insulinodépendant lorsque le régime alimentaire seul est insuffisant.

CONTRE-INDICATIONS

Ce médicament ne doit pas être utilisé dans les cas suivants :
- *insuffisance rénale*,
- *insuffisance hépatique* grave,
- *allergie* aux *sulfamides*,
- en association avec les médicaments contenant du miconazole,
- **grossesse.**

ATTENTION

Ce médicament n'est pas adapté au traitement du *diabète* insulinodépendant : celui-ci requiert un traitement par injections d'*insuline*.

Un sentiment de malaise associé à des sueurs froides, une fringale, une accélération du cœur sont les signes habituels d'une *hypoglycémie* due à un effet excessif du médicament. Cette hypoglycémie peut également se traduire par des troubles du comportement qui doivent alerter votre entourage, voire des *convulsions* ou un *coma*. En présence de ces signes ou en cas de simple doute, buvez une boisson sucrée ou mangez du *sucre*. Si le diabétique est inconscient, surtout ne lui donnez rien à boire, ne lui injectez aucun médicament et appelez votre médecin ou à défaut le 15 ou un service d'urgence.

Des analyses de sang régulières permettent à votre médecin d'adapter la *posologie*.

N'augmentez pas la posologie sans avis médical : consultez rapidement votre médecin en cas de malaises hypoglycémiques répétés.

Certaines situations peuvent contribuer à augmenter la *glycémie* : infections, prise de médicaments, stress. En cas de soif intense, de grande fatigue, de sensation de malaise général, consultez rapidement votre médecin.

L'absorption de boissons alcoolisées pendant le traitement expose à des effets indésirables gênants : *effet antabuse*.

Conducteur : une hypoglycémie peut entraîner un malaise pendant la conduite ou l'utilisation de machines.

INTERACTIONS MÉDICAMENTEUSES

Ce médicament ne doit pas être associé avec les médicaments oraux contenant du miconazole (DAKTARIN GEL BUCCAL, DAKTARIN COMPRIMÉ...) : risque d'*hypoglycémie*.

Ce médicament peut interagir avec d'autres médicaments. Signalez tout autre traitement en cours à votre médecin ou à votre pharmacien.

GROSSESSE, ALLAITEMENT ET NOUVEAU-NÉ

Grossesse :

Quelques cas de malformations chez l'animal ont été rapportés. En l'absence de données dans l'espèce humaine, ce médicament est contre-indiqué pendant la grossesse. Le *diabète* de la femme enceinte nécessite un traitement par *insuline*.

Allaitement :

Les données actuellement disponibles ne permettent pas de savoir si ce médicament passe dans le lait maternel.

MODE D'EMPLOI ET POSOLOGIE

Les comprimés doivent être avalés avec un peu d'eau au début des repas.

Posologie usuelle :

1 à 4 comprimés par jour.

Suivez attentivement la prescription de votre médecin. Le régime alimentaire reste nécessaire pendant le traitement.

Le respect de certaines règles simples permet de diminuer le risque d'*hypoglycémie* :
- toute prise de ce médicament doit être suivie d'un repas (ne prenez pas de comprimé si vous devez sauter le repas suivant) ;
- si vous envisagez un effort physique intense et prolongé, il peut être nécessaire de diminuer la dose du médicament (demandez conseil à votre médecin) ;
- informez votre médecin si vous devez travailler la nuit ou si votre religion vous impose un jeûne prolongé ;
- évitez la prise de boissons alcoolisées à jeun ou à distance des repas.

Le *diabète* peut diminuer la sensibilité des pieds à la douleur et favoriser les infections. Des plaies profondes peuvent se développer : une hygiène rigoureuse et des chaussures confortables limitent ce risque.

Le régime du diabétique ne consiste pas en une simple interdiction des *glucides* (*sucres*, pain, pâtes...) : demandez conseil à votre médecin.

Pesez-vous régulièrement et signalez toute variation rapide de poids à votre médecin.

EFFETS INDÉSIRABLES POSSIBLES

Hypoglycémie (voir ATTENTION).

Troubles digestifs, démangeaisons, éruptions cutanées.

Exceptionnellement : jaunisse.

DOLIPRANE Adulte

paracétamol

PRÉSENTATION

DOLIPRANE 500 mg : comprimé sécable (blanc) ; boîte de 16 - Remb. 65 %

DOLIPRANE 500 mg : poudre orale arôme orange ; boîte de 12 sachets - Remb. 65 %

DOLIPRANE 500 mg : comprimé effervescent (blanc) ; boîte de 16 - Remb. 65 %

DOLIPRANE 1 g : suppositoire ; boîte de 8 - Remb. 65 %

Laboratoires Théraplix

COMPOSITION

	p. comp.	p. sach.
Paracétamol	500 mg	500 mg
Saccharose		2 g
	p. comp. efferv.	**p. suppos.**
Paracétamol	500 mg	1 g
Sodium	408 mg	

INDICATIONS

Ce médicament est un *antalgique* et un *antipyrétique* qui contient du paracétamol.

Il est utilisé :
- pour faire baisser la fièvre,
- dans le traitement des affections douloureuses.

CONTRE-INDICATIONS

Ce médicament ne doit pas être utilisé dans les cas suivants :
- maladies graves du foie,
- enfant de moins de 15 ans (sauf prescription médicale).

ATTENTION

De nombreux médicaments contiennent du paracétamol : en tenir compte en cas de prise conjointe car le surdosage en paracétamol peut être toxique pour le foie.

La poudre en sachet contient du *sucre* (saccharose) en quantité notable.

Les comprimés effervescents contiennent du *sel* (sodium) en quantité notable.

GROSSESSE, ALLAITEMENT ET NOUVEAU-NÉ

Grossesse :

Les études scientifiques actuellement disponibles n'ont pas mis en évidence de problème particulier lors de l'utilisation chez la femme enceinte.

Allaitement :

Aux doses usuelles, l'usage de ce médicament est possible pendant l'allaitement.

MODE D'EMPLOI ET POSOLOGIE

Ce médicament peut être pris indifféremment pendant ou entre les repas.

Le contenu des sachets et les comprimés effervescents doivent être dilués dans de l'eau.

Posologie usuelle :

- Adulte : 1 à 2 comprimés (ou sachets) ou 1 suppositoire, 1 à 3 fois par jour. Ne pas dépasser 3 g de paracétamol (6 comprimés ou 6 sachets ou 3 suppositoires) par jour. Respecter un intervalle minimal de 4 heures entre 2 prises.
- Insuffisant rénal : respecter un intervalle de 8 heures entre 2 prises.

Des sueurs abondantes accompagnent généralement la baisse de température lors du traitement des fièvres élevées. Ce phénomène est normal.

Les comprimés effervescents doivent être conservés à l'abri de l'humidité et de la chaleur.

EFFETS INDÉSIRABLES POSSIBLES

Ce médicament est très bien supporté. Les effets indésirables sont rares : *allergies* cutanées essentiellement.

DOLIPRANE Nourrisson Enfant

paracétamol

PRÉSENTATION

DOLIPRANE Nourrisson 50 mg : poudre orale (blanc) arôme orange ; boîte de 12 sachets - Remb. 65 %

DOLIPRANE Nourrisson 80 mg : suppositoire ; boîte de 10 - Remb. 65 %

DOLIPRANE Jeune Enfant 125 mg : poudre orale (blanc) arôme orange ; boîte de 12 sachets - Remb. 65 %

DOLIPRANE Jeune Enfant 170 mg : suppositoire ; boîte de 10 - Remb. 65 %

DOLIPRANE Enfant 250 mg : poudre orale (blanc) arôme orange ; boîte de 12 sachets - Remb. 65 %

DOLIPRANE Enfant 350 mg : suppositoire ; boîte de 10 - Remb. 65 %

Laboratoires Théraplix

COMPOSITION

	p. sachet Nour.	p. suppos. Nour.	p. sachet Jeune Enf.
Paracétamol	50 mg	80 mg	125 mg
	p. suppos. Jeune Enf.	**p. sachet Enf.**	**p. suppos. Enf.**
Paracétamol	170 mg	250 mg	350 mg

INDICATIONS

Ce médicament est un *antalgique* et un *antipyrétique* qui contient du paracétamol.

Il est utilisé :
- pour faire baisser la fièvre,
- dans le traitement des affections douloureuses.

CONTRE-INDICATIONS

Ce médicament ne doit pas être utilisé en cas de maladies graves du foie.

ATTENTION

De nombreux médicaments contiennent du paracétamol : en tenir compte en cas de prise conjointe car le surdosage en paracétamol peut être toxique pour le foie.

MODE D'EMPLOI ET POSOLOGIE

Ce médicament peut être pris indifféremment pendant ou entre les repas.

Le contenu des sachets peut être dilué dans un peu d'eau, de lait, de jus de fruits.

Respecter un intervalle minimal de 4 heures entre 2 prises.

Posologie usuelle :

20 à 30 mg par kg et par jour, soit :

- Nourrisson de 3 mois à 1 an : 1 sachet Nourrisson 3 ou 4 fois par jour, ou 1 suppositoire Nourrisson, 2 à 3 fois par jour.
- Nourrisson de 1 à 2 ans : 2 sachets Nourrisson ou 1 suppositoire Nourrisson, 3 ou 4 fois par jour.
- Enfant de 2 à 8 ans : 1 ou 2 sachets Jeune Enfant, selon l'âge, 3 fois par jour ou 1 suppositoire Jeune Enfant, 3 à 4 fois par jour.
- Enfant de 8 à 15 ans : 1 ou 2 sachets Enfant, selon l'âge, 3 fois par jour ou 1 suppositoire Enfant, 3 à 4 fois par jour.

En cas d'*insuffisance rénale* grave, respecter un intervalle de 8 heures entre 2 prises.

Des sueurs abondantes accompagnent généralement la baisse de température lors du traitement des fièvres élevées. Ce phénomène est normal.

EFFETS INDÉSIRABLES POSSIBLES

Ce médicament est très bien supporté. Les effets indésirables sont rares : *allergies* cutanées essentiellement.

DOLKO
paracétamol

PRÉSENTATION

DOLKO : comprimé sécable (blanc) ; boîte de 16 - Remb. 65 %

DOLKO : poudre orale arôme orange ; boîte de 12 sachets - Remb. 65 %

DOLKO Enfant Nourrisson 60 mg : solution buvable ; flacon 90 ml (cuillère-mesure 2 ml) - Remb. 65 %

DOLKO Nourrisson 80 mg : suppositoire ; boîte de 10 - Remb. 65 %

DOLKO Enfant 170 mg : suppositoire ; boîte de 10 - Remb. 65 %

Laboratoires Thérabel Lucien

COMPOSITION

	p. comp.	p. sachet
Paracétamol	500 mg	500 mg

	p. c. mes. Enf. Nour.	p. suppos. Nour.	p. suppos. Enf.
Paracétamol	60 mg	80 mg	170 mg

INDICATIONS

Ce médicament est un *antalgique* et un *antipyrétique* qui contient du paracétamol.

Il est utilisé :

- pour faire baisser la fièvre,
- dans le traitement des affections douloureuses.

CONTRE-INDICATIONS

Ce médicament ne doit pas être utilisé dans les cas suivants :

- maladies graves du foie,
- enfant de moins de 15 ans (comprimé et sachet à 500 mg).

ATTENTION

De nombreux médicaments contiennent du paracétamol : en tenir compte en cas de prise conjointe car le surdosage en paracétamol peut être toxique pour le foie.

GROSSESSE, ALLAITEMENT ET NOUVEAU-NÉ

Grossesse :

Les études scientifiques actuellement disponibles n'ont pas mis en évidence de problème particulier lors de l'utilisation chez la femme enceinte.

Allaitement :

Aux doses usuelles, l'usage de ce médicament est possible pendant l'allaitement.

MODE D'EMPLOI ET POSOLOGIE

Ce médicament peut être pris indifféremment pendant ou entre les repas.

Le contenu du sachet doit être dilué dans un verre d'eau. La solution buvable peut être prise pure ou diluée dans un peu d'eau ou de lait.

Respecter un intervalle minimal de 4 heures entre 2 prises.

Posologie usuelle :

- Adulte : 1 à 2 comprimés (ou sachets) 1 à 3 fois par jour. Ne pas dépasser 3 g de paracétamol (6 comprimés ou sachets) par jour.
- Enfant : 20 à 30 mg par kg de poids par jour, soit :
  - de 3 mois à 1 an : 1 cuillère-mesure ou 1 suppositoire Nourrisson, 2 à 4 fois par jour, selon l'âge ;
  - de 1 à 2 ans : 2 cuillères-mesure ou 1 suppositoire Nourrisson, 3 ou 4 fois par jour ;
  - de 3 à 8 ans : 2 à 3 cuillères-mesure ou 1 suppositoire Enfant, 2 à 4 fois par jour, selon l'âge ;
  - de plus de 8 ans : 1/2 à 1 comprimé (ou sachet), 1 à 3 fois par jour.
- Insuffisant rénal : respecter un intervalle de 8 heures entre 2 prises.

Des sueurs abondantes accompagnent généralement la baisse de température lors du traitement des fièvres élevées. Ce phénomène est normal.

EFFETS INDÉSIRABLES POSSIBLES

Ce médicament est très bien supporté. Les effets indésirables sont rares : *allergies* cutanées essentiellement.

DOLOBIS
diflunisal

PRÉSENTATION

DOLOBIS : comprimé (rose) ; boîte de 30 - Non remb. - Liste II

Laboratoires M.S.D.-Chibret

COMPOSITION

	p. comp.
Diflunisal	250 mg

INDICATIONS

Ce médicament est un *antalgique* qui appartient à la famille des *salicylés*.

Il est utilisé en cas de douleurs diverses (douleurs dentaires ou rhumatismales, entorses, foulures...).

CONTRE-INDICATIONS

Ce médicament ne doit pas être utilisé dans les cas suivants :

- *allergie* aux *salicylés* ou aux *AINS*,
- *ulcère* de l'estomac ou du *duodénum*,
- *insuffisance rénale* grave,
- grossesse,
- allaitement.

ATTENTION

Ce médicament est réservé à l'adulte.

Tout *symptôme* pouvant faire craindre une complication (fièvre, frissons, *allergie* cutanée) doit être signalé à votre médecin.

Des précautions sont nécessaires en cas d'*antécédents* d'*ulcère* de l'estomac ou du *duodénum*, même ancien, d'*antécédents* de calcul rénal, d'*insuffisance rénale*.

INTERACTIONS MÉDICAMENTEUSES

Ce médicament peut interagir avec d'autres médicaments, notamment ceux contenant de l'indométacine, du méthotrexate et les *anticoagulants* oraux. Signalez tout autre traitement en cours à votre médecin ou à votre pharmacien.

GROSSESSE, ALLAITEMENT ET NOUVEAU-NÉ

Grossesse :

En l'absence de données suffisantes, ce médicament est contre-indiqué pendant la grossesse.

Allaitement :

Ce médicament passe dans le lait maternel : il est contre-indiqué pendant l'allaitement.

MODE D'EMPLOI ET POSOLOGIE

Les comprimés doivent être avalés avec un verre d'eau sans être croqués.

Posologie usuelle :

Traitement d'attaque : 2 comprimés dans la journée et 2 comprimés au coucher.

Traitement d'entretien : 1 ou 2 comprimés, 2 fois par jour, avec une prise au coucher.

Ne pas dépasser 6 comprimés par jour.

EFFETS INDÉSIRABLES POSSIBLES

Nausées, douleurs abdominales, *gastrite*, voire exceptionnellement *ulcère* de l'estomac et du *duodénum* ;

Maux de tête et plus rarement somnolence, insomnie, étourdissement ;

Éruptions cutanées et plus rarement : démangeaisons, *stomatite*, *photosensibilisation*, *œdème*.

Exceptionnels *vertiges* et troubles visuels.

DOLODENT
amyléine, chloral

PRÉSENTATION

DOLODENT : baume gingival ; flacon 33 g - Non remb.

Laboratoires Théranol Deglaude

COMPOSITION

	p. 100 g
Amyléine chlorhydrate	0,75 g
Hydrate de chloral	1,12 g
Menthe, essence	+

INDICATIONS

Ce baume gingival contient un *anesthésique* local et un *sédatif*.

Il est utilisé dans le *traitement symptomatique* des aphtes et des poussées dentaires chez le jeune enfant.

CONTRE-INDICATIONS

Ce médicament ne doit pas être utilisé en cas d'*allergie* aux *anesthésiques* locaux.

ATTENTION

Certains *symptômes* sont fréquemment attribués à une poussée dentaire : rougeurs des fesses ou des joues, selles molles, fièvre. Cependant, si la fièvre est élevée ou si la douleur est importante, une autre affection est possible, notamment une *otite* ou une angine : n'hésitez pas à consulter votre médecin.

MODE D'EMPLOI ET POSOLOGIE

Mettre un peu de gel sur un doigt et masser doucement les gencives ou l'aphte pendant 2 à 3 minutes.

Posologie usuelle :

3 à 4 applications par jour.

Les premières dents sortent habituellement aux environs du 6e mois ; cependant, les poussées peuvent être plus précoces ou retardées, entre le 3e et le 15e mois, sans que cela soit anormal.

Lors des poussées dentaires, certains enfants peuvent refuser les aliments solides : ce phénomène est passager et ne doit pas vous inquiéter. D'autres enfants sont soulagés par le fait de mordre : une tétine ou un bâton de guimauve peuvent les apaiser.

DOLODERM

diéthylsalicylate de méthyle

PRÉSENTATION

DOLODERM : pommade ; tube 80 g - Non remb.

Laboratoires RP Labo

COMPOSITION

	p. 100 g
Diéthyl-acétylsalicylate de méthyle	30 g

INDICATIONS

Cette pommade *antalgique* contient un *salicylé*.

Elle est utilisée dans le traitement local des douleurs des muscles, des tendons et des ligaments.

CONTRE-INDICATIONS

Ce médicament ne doit pas être appliqué sur des *muqueuses*, des plaies ou de la peau lésée.

ATTENTION

Des précautions sont nécessaires en cas d'*antécédent* d'*allergie* aux *salicylés*.

GROSSESSE, ALLAITEMENT ET NOUVEAU-NÉ

L'effet de ce médicament pendant la grossesse ou l'allaitement est mal connu. L'évaluation du risque éventuel lié à son utilisation est individuelle : demandez conseil à votre pharmacien ou à votre médecin.

MODE D'EMPLOI ET POSOLOGIE

La pommade doit être appliquée en massage doux. En cas de vives douleurs, la région traitée peut être recouverte d'une compresse.

Posologie usuelle :

Plusieurs applications par jour.

Se laver les mains après application. En cas de contact accidentel avec les yeux, rincer abondamment.

EFFETS INDÉSIRABLES POSSIBLES

Réaction allergique locale imposant l'arrêt du traitement.

DOLOSAL

péthidine

PRÉSENTATION

DOLOSAL : solution injectable *I.M.* et *I.V.* ; boîte de 5 ampoules 2 ml - Remb. 65 % - Stupéfiants

Laboratoires Specia

COMPOSITION

	p. amp. inj.
Péthidine chlorhydrate	100 mg

INDICATIONS

Ce médicament est un *antalgique* puissant. Son action est semblable à celle de la *morphine* : il combat la douleur en agissant directement sur le cerveau.

Il est utilisé dans le traitement des douleurs rebelles.

CONTRE-INDICATIONS

Ce médicament ne doit pas être utilisé dans les cas suivants :

- *insuffisance hépatique* grave ;
- *insuffisance respiratoire* grave ;
- traumatisme crânien, *convulsions* ;
- douleurs abdominables de cause non connue ;
- association avec les *IMAO* ;
- enfant de moins de 30 mois.

ATTENTION

Des précautions sont nécessaires en cas d'*insuffisance rénale*, d'*insuffisance surrénale*, d'*adénome de la prostate*, d'*hyperthyroïdie* ou d'*hypothyroïdie*, et chez la personne âgée.

La prise de boissons alcoolisées ou l'association aux *sédatifs* peut augmenter le risque de somnolence.

INTERACTIONS MÉDICAMENTEUSES

Ce médicament ne doit pas être associé aux *IMAO* sélectifs (MARSILID, NIAMIDE...) : risque de malaise avec *hypertension artérielle*, de fièvre élevée, pouvant aller jusqu'au *coma*.

Il peut interagir avec d'autres médicaments, notamment les *sédatifs*. Signalez tout autre traitement en cours à votre médecin ou à votre pharmacien.

GROSSESSE, ALLAITEMENT ET NOUVEAU-NÉ

L'effet de ce médicament pendant la grossesse ou l'allaitement est mal connu : seul votre médecin peut évaluer le risque éventuel de son utilisation dans votre cas.

Nouveau-né :

Si le traitement est poursuivi jusqu'à l'accouchement, une surveillance médicale du *nouveau-né* est nécessaire afin de parer à l'éventualité d'un *syndrome de sevrage*.

MODE D'EMPLOI ET POSOLOGIE

La solution doit être injectée par *voie* intramusculaire ou intraveineuse.

Posologie usuelle :

La *posologie*, strictement individuelle, est adaptée progressivement par votre médecin en fonction de l'intensité de la douleur, et des médicaments sont éventuellement associés.

La prescription de la *morphine* et des substances apparentées, ainsi que leur renouvellement, est réglementée. La durée de validité de l'ordonnance est limitée à 7 jours. Elle est rédigée sur un feuillet numéroté, extrait d'un carnet à souche ; elle est conservée par le pharmacien. Pour obtenir le remboursement par la Sécurité sociale, le médecin rédige une copie de la prescription sur une ordonnance habituelle.

Respectez la *posologie* et la durée de traitement prescrites par votre médecin. Mais si le traitement paraît insuffisant, n'hésitez pas à reprendre contact avec lui.

Ce médicament vous a été prescrit dans une situation précise : ne le conseillez pas à une autre personne.

EFFETS INDÉSIRABLES POSSIBLES

Fréquemment : nausées, vomissements, constipation, *vertiges*, *tachycardie*, *hypotension orthostatique*. Des médicaments peuvent être prescrits pour limiter ces effets indésirables.

Parfois : difficultés respiratoires, somnolence ou, au contraire, excitation (notamment chez la personne âgée), maux de tête, difficultés à uriner.

Ce médicament, apparenté à la *morphine*, expose à un risque de *dépendance*. Ce risque est minime dans les conditions d'utilisation médicale.

Les mots en italique sont expliqués dans le lexique

DOLPYC
capsaïcine, chloroforme

PRÉSENTATION

DOLPYC : baume ; tube 35 g - Non remb.

Laboratoires Warner Wellcome

COMPOSITION

	p. 100 g
Extrait de solanacées exprimé en capsaïcine	0,13 g
Chloroforme	2,50 g

INDICATIONS

Ce baume possède un effet *révulsif* et *antalgique*.

Il est utilisé dans le traitement local des douleurs et contusions musculaires et ligamentaires.

CONTRE-INDICATIONS

Ce médicament ne doit pas être mis au contact des *muqueuses*, des yeux, des organes génitaux ou des plaies.

GROSSESSE, ALLAITEMENT ET NOUVEAU-NÉ

L'effet de ce médicament pendant la grossesse ou l'allaitement est mal connu. L'évaluation du risque éventuel lié à son utilisation est individuelle : demandez conseil à votre pharmacien ou à votre médecin.

MODE D'EMPLOI ET POSOLOGIE

Appliquer par un massage doux et prolongé jusqu'à faire disparaître les traces de crème.

Posologie usuelle :

Plusieurs applications par jour.

> Recouvrez la crème d'une couche de coton ou d'une compresse humide chaude pour renforcer l'effet du médicament.
> Lavez-vous les mains après utilisation.

EFFETS INDÉSIRABLES POSSIBLES

Allergie cutanée (éruption de boutons, démangeaisons...) imposant l'arrêt du traitement ; à ne pas confondre avec une rougeur au point d'application due au médicament.

DONORMYL
doxylamine

PRÉSENTATION

DONORMYL : comprimé effervescent sécable (blanc) ; boîte de 20 - Non remb.

DONORMYL : comprimé sécable (blanc) ; boîte de 30 - Non remb.

Laboratoires Oberlin

COMPOSITION

	p. comp. efferv.	p. comp.
Doxylamine succinate	15 mg	15 mg
Sodium	484 mg	

INDICATIONS

C'est un somnifère de la famille des *antihistaminiques*.

Il est utilisé dans le traitement de l'insomnie.

CONTRE-INDICATIONS

Ce médicament ne doit pas être utilisé dans les cas suivants :
- *glaucome* à angle fermé,
- risque de rétention des urines (*adénome de la prostate*...),
- enfant de moins de 15 ans.

> **ATTENTION**
> Les comprimés effervescents contiennent du sel (sodium) en quantité notable.
> Ce médicament peut être responsable d'une somnolence persistant pendant la journée, éventuellement aggravée par la prise de boissons alcoolisées.
> Certaines insomnies peuvent traduire une *dépression* masquée et justifier un traitement spécifique.
> Toute douleur oculaire accompagnée d'un trouble de la vision peut révéler l'existence d'un *glaucome* : consultez d'urgence un ophtalmologiste.
> Conducteur : ce médicament peut être responsable d'une somnolence ou d'une baisse de la vigilance.

INTERACTIONS MÉDICAMENTEUSES

Ce médicament peut interagir avec d'autres médicaments, notamment avec les *atropiniques* et les *sédatifs*. Signalez tout autre traitement en cours à votre médecin ou à votre pharmacien.

GROSSESSE, ALLAITEMENT ET NOUVEAU-NÉ

Grossesse :

Les études scientifiques actuellement disponibles n'ont pas mis en évidence de problème particulier lors de l'utilisation chez la femme enceinte.

Allaitement :

Ce médicament passe faiblement dans le lait maternel : il est déconseillé pendant l'allaitement.

MODE D'EMPLOI ET POSOLOGIE

Les comprimés doivent être avalés avec un peu d'eau et les comprimés effervescents dissous dans un demi-verre d'eau. Ce médicament sera pris de préférence 15 à 30 minutes avant le coucher.

Posologie usuelle :
- Adulte : 1/2 à 2 comprimés selon la sensibilité individuelle. Dans tous les cas, le traitement doit être de courte durée.

> Les somnifères ne sont pas la seule réponse aux troubles du sommeil. Une meilleure hygiène de vie, une consommation modérée d'excitants (y compris les boissons alcoolisées) permettent aussi de lutter efficacement contre les insomnies.

EFFETS INDÉSIRABLES POSSIBLES

Somnolence pendant la journée.

Rarement, troubles de l'*accommodation* et bouche sèche.

DONTOPIVALONE
chlorhexidine, tixocortol

PRÉSENTATION

DONTOPIVALONE : poudre pour *bain de bouche* ; boîte de 18 sachets - Remb. 35 % - Liste II

Laboratoires Jouveinal

COMPOSITION

	p. sachet
Chlorhexidine diacétate	20 mg
Tixocortol pivalate	5,5 mg
Arôme naturel de menthe	+

INDICATIONS

Ce médicament pour *bain de bouche* contient un *antiseptique* et un *anti-inflammatoire* de la famille de la *cortisone*.

Il est utilisé dans le traitement des affections de la bouche, ou après une opération des dents ou des gencives.

CONTRE-INDICATIONS

Ce médicament ne doit pas être utilisé chez l'enfant de moins de 30 mois (présence de menthol).

> **ATTENTION**
> L'usage prolongé de ce médicament n'est pas souhaitable ; il peut modifier l'équilibre microbien naturel de la gorge.
> En l'absence d'amélioration au bout de 5 jours, consultez votre médecin.

GROSSESSE, ALLAITEMENT ET NOUVEAU-NÉ

L'effet de ce médicament pendant la grossesse ou l'allaitement est mal connu : seul votre médecin peut évaluer le risque éventuel de son utilisation dans votre cas.

MODE D'EMPLOI ET POSOLOGIE

Diluer 1 sachet dans un demi-verre d'eau tiède.

Posologie usuelle :
- Adulte et enfant de plus de 30 mois : 1 *bain de bouche*, 2 à 4 fois par jour.

Ce médicament ne doit en aucun cas être avalé.

> Il est généralement conseillé de ne pas s'alimenter ou de ne pas boire immédiatement après un *bain de bouche* afin de permettre aux substances actives d'agir.
> Certains dentistes et stomatologistes recommandent de ne pas pratiquer de bain de bouche dans les heures qui suivent une extraction dentaire afin d'éviter de faire saigner la plaie.

EFFETS INDÉSIRABLES POSSIBLES

Picotements.

Rares réactions allergiques locales.

DOPERGINE
lisuride

PRÉSENTATION

DOPERGINE 0,2 mg : comprimé sécable (blanc) ; boîte de 30 - Remb. 65 % - Liste I

DOPERGINE 0,5 mg : comprimé sécable (blanc) ; boîte de 30 - Remb. 65 % - Liste I

Laboratoires Schering

COMPOSITION

	p. comp.	p. comp.
Lisuride	0,20 mg	0,50 mg
Lactose	+	+

INDICATIONS

C'est un médicament qui appartient à la famille des dopaminergiques ; il possède plusieurs propriétés :
- il pallie le déficit en dopamine, substance normalement sécrétée par certaines cellules du système nerveux ;
- il freine la sécrétion de *prolactine*.

Il est utilisé dans le traitement :
- de la maladie de *Parkinson*, seul ou en association,
- des troubles provoqués par une production anormale de prolactine (comprimé à 0,2 mg).

CONTRE-INDICATIONS

Ce médicament ne doit pas être utilisé dans les cas suivants :
- *insuffisance coronarienne*, *artérite* ;
- troubles psychiques graves passés ou récents.

ATTENTION

Des précautions sont nécessaires en cas d'*insuffisance rénale* ou d'*insuffisance hépatique*. Un contrôle régulier de la tension artérielle est nécessaire en début de traitement.

Lorsque la restauration de la fécondité n'est pas le but du traitement, une contraception (autre que la pilule) est recommandée.

Un écoulement de lait anormal par le mamelon, chez l'homme ou chez la femme, doit toujours conduire à prendre un avis médical.

Évitez les boissons alcoolisées pour une meilleure tolérance du traitement.

Conducteur : ce médicament peut être responsable de vertiges.

INTERACTIONS MÉDICAMENTEUSES

Ce médicament peut interagir avec d'autres médicaments, notamment les *neuroleptiques*. Signalez tout autre traitement en cours à votre médecin ou à votre pharmacien.

GROSSESSE, ALLAITEMENT ET NOUVEAU-NÉ

Grossesse :

L'effet de ce médicament pendant la grossesse ou l'allaitement est mal connu : seul votre médecin peut évaluer le risque éventuel de son utilisation dans votre cas.

MODE D'EMPLOI ET POSOLOGIE

Ce médicament doit être pris au milieu des repas, afin d'améliorer la tolérance digestive.

Posologie usuelle :

Elle est strictement invididuelle. L'augmentation de la *posologie* est faite progressivement, pour limiter l'apparition des effets indésirables.

Conservez ce médicament à l'abri de la lumière et de l'humidité.

EFFETS INDÉSIRABLES POSSIBLES

Troubles digestifs, maux de tête, *hypotension orthostatique*, surtout en début de traitement.

Rarement : somnolence, ou au contraire insomnie, bouche sèche, constipation, *œdème* des jambes, éruptions cutanées.

DOPS

PRÉSENTATION

DOPS : tablette carrée (blanc) arôme menthe ; boîte de 30 - Non remb.

DOPS : poudre orale ; boîte de 115 g (40 cuillères à café) - Non remb.

Laboratoires Fuca

COMPOSITION

	p. tabl.	p. c. à c.
Bicarbonate de sodium	0,100 g	1,56 g
Carbonate de calcium	0,330 g	1,23 g
Phosphate neutre de calcium	0,010 g	0,06 g
Hydroxyde de magnésium	0,015 g	0,09 g
Dioxyde de titane	0,005 g	0,06 g
Carbonate de magnésium léger	0,330 g	
dont sodium	0,027 g	0,426 g
Saccharose	1,65 g	

INDICATIONS

C'est un médicament qui appartient à la famille des *antiacides* d'action locale. Il agit en neutralisant les acides sécrétés par l'estomac.

Il est utilisé comme *traitement symptomatique* des douleurs, brûlures, aigreurs de l'estomac ou de l'œsophage.

CONTRE-INDICATIONS

Ce médicament ne doit pas être utilisé :
- en cas d'*insuffisance rénale* grave,
- chez l'enfant de moins de 15 ans.

ATTENTION

Des douleurs qui persistent peuvent être dues à une lésion du tube digestif : consultez votre médecin.

La poudre orale contient du *sel* (sodium) en quantité notable.

Les tablettes contiennent du *sucre* (saccharose) en quantité notable.

INTERACTIONS MÉDICAMENTEUSES

Ce médicament peut interagir avec de nombreux autres médicaments en diminuant leur absorption : il convient de séparer les prises d'au moins 2 heures.

GROSSESSE, ALLAITEMENT ET NOUVEAU-NÉ

L'effet de ce médicament pendant la grossesse ou l'allaitement est mal connu. L'évaluation du risque éventuel lié à son utilisation est individuelle : demandez conseil à votre pharmacien ou à votre médecin.

MODE D'EMPLOI ET POSOLOGIE

La poudre doit être dissoute dans un verre d'eau et les tablettes doivent être croquées.

Posologie usuelle :
- Adulte : 1 à 2 cuillères à café de poudre ou 1 à 2 tablettes après les repas ou au moment des douleurs.

Une alimentation équilibrée, une mastication lente et l'élimination des aliments difficiles à digérer permettent souvent d'améliorer, voire de faire disparaître, les douleurs d'estomac qui ne sont pas liées à un *ulcère*.

Si vous êtes fumeur, la poursuite du tabagisme nuit à l'efficacité du traitement.

EFFETS INDÉSIRABLES POSSIBLES

Excès de calcium dans le sang, *insuffisance rénale*, en cas d'usage prolongé, à forte dose.

DOSSIFIL
vitamine D2, phosphore, calcium

PRÉSENTATION

DOSSIFIL : solution buvable ; boîte de 24 ampoules 5 ml - Remb. 65 %

Laboratoires Thérica

COMPOSITION

	p. amp.
Ergocalciférol (vitamine D2)	4 000 UI
Hypophosphite de calcium	150 mg
Pantothénate de calcium	5 mg
Soit phosphore	55 mg
Soit calcium	36 mg
Saccharose	0,67 g

INDICATIONS

Ce médicament associe du calcium, du phosphore et de la *vitamine* D dont la *carence* est responsable du *rachitisme*. La vitamine D permet la fixation osseuse du calcium.

Il est utilisé pour prévenir et traiter les carences en vitamine D. Chez l'adulte et la personne âgée, il est utilisé dans le traitement de l'*ostéomalacie*.

CONTRE-INDICATIONS

Ce médicament ne doit pas être utilisé dans les cas suivants :
- excès de calcium dans le sang et dans les urines,
- *antécédents* de calculs rénaux contenant du calcium,
- immobilisation prolongée.

ATTENTION

Un surdosage en *vitamine* D expose à des effets indésirables graves. La vitamine D est présente dans de nombreux laits pour bébé et médicaments disponibles sans ordonnance : prenez l'avis de votre médecin ou de votre pharmacien pour éviter tout risque de surdosage.

GROSSESSE, ALLAITEMENT ET NOUVEAU-NÉ

Grossesse :

Ne prenez pas de *vitamine* D sans avis médical pendant la grossesse.

Allaitement :

Ce médicament passe dans le lait maternel : il est, à forte dose, déconseillé pendant l'allaitement.

MODE D'EMPLOI ET POSOLOGIE

Agiter l'ampoule avant absorption.

Le contenu des ampoules peut être avalé pur ou dilué dans un peu d'eau.

Posologie usuelle :

Prévention du *rachitisme* :
- Nourrisson de moins de 18 mois : 1 ampoule, 2 fois par semaine durant toute l'année.
- Enfant de 18 mois à 5 ans révolus : même dose, durant les mois d'hiver seulement.

Dans les autres cas, notamment chez la personne âgée, la *posologie* est strictement individuelle.

Les *carences* en *vitamine* D sont particulièrement fréquentes chez les jeunes enfants à peau sombre ou peu exposée au soleil ; en effet, la vitamine D est fabriquée par la peau sous l'influence des rayons *ultraviolets*.

La prévention du *rachitisme* par la vitamine D est mise en œuvre de façon systématique chez le *nourrisson* et le jeune enfant.

EFFETS INDÉSIRABLES POSSIBLES

Aucun effet indésirable n'est généralement constaté aux doses usuelles ; certains signes doivent cependant faire penser à un surdosage : perte de l'appétit, soif intense, nausées, vomissements. Prévenez d'urgence votre médecin.

DOUCINE

acide salicylique, géranium, jasmin

PRÉSENTATION

DOUCINE : poudre pour application locale ; flacon poudreur 130 g - Non remb.

Laboratoires C.P.F.

COMPOSITION

	p. 100 g
Acide salicylique	600 mg
Géranium, essence	200 mg
Jasmin, essence	200 mg

INDICATIONS

C'est une poudre d'usage local adoucissante et protectrice.

Elle est utilisée en cas de démangeaisons, d'irritation, de rougeur de la peau.

CONTRE-INDICATIONS

Ce médicament ne doit pas être utilisé en cas d'*allergie* aux *salicylés*.

ATTENTION

Évitez d'utiliser ce médicament, notamment chez l'enfant, de manière prolongée sur des surfaces étendues ou profondément lésées, sans l'avis de votre pharmacien ou de votre médecin.

GROSSESSE, ALLAITEMENT ET NOUVEAU-NÉ

L'effet de ce médicament pendant la grossesse ou l'allaitement est mal connu. L'évaluation du risque éventuel lié à son utilisation est individuelle : demandez conseil à votre pharmacien ou à votre médecin.

MODE D'EMPLOI ET POSOLOGIE

Saupoudrer les lésions.

Posologie usuelle :

2 ou 3 applications par jour.

DOUDOL

PRÉSENTATION

DOUDOL ADULTES : sirop ; flacon 150 ml - Non remb.

DOUDOL ENFANTS : sirop ; flacon 125 ml - Non remb.

Laboratoires Monot

COMPOSITION

	sirop Ad. p. c. à s.	sirop Enf. p. c. à c.
Codéthyline chlorhydrate	19,2 mg	3,20 mg
Émétine chlorhydrate	0,77 mg	0,13 mg
Chlorure d'ammonium	150 mg	16 mg
Saccharose	12,5 g	4 g

INDICATIONS

Ce sirop *antitussif* contient de la codéthyline, qui a une action sédative sur le *système nerveux central* et notamment sur les centres de la toux. Les autres substances sont des *expectorants*.

Il est utilisé dans le traitement des toux grasses et des affections respiratoires accompagnées de sécrétions importantes.

CONTRE-INDICATIONS

Ce médicament ne doit pas être utilisé dans les cas suivants :
- *asthme*,
- *insuffisance respiratoire*,
- *insuffisance rénale* ou *insuffisance hépatique*,
- enfant de moins de 3 ans (sirop Enfant),
- enfant de moins de 15 ans (sirop Adulte).

ATTENTION

Si les sécrétions persistent au-delà de quelques jours, ou si vous avez de la fièvre, consultez votre médecin.

Ce médicament contient du *sucre* en quantité notable.

Évitez les boissons alcoolisées : augmentation du risque de somnolence.

Conducteur : ce médicament peut être responsable d'une somnolence ou d'une baisse de la vigilance.

INTERACTIONS MÉDICAMENTEUSES

Ce médicament peut interagir avec d'autres médicaments, notamment chez les personnes âgées. Signalez tout autre traitement en cours à votre médecin ou à votre pharmacien.

GROSSESSE, ALLAITEMENT ET NOUVEAU-NÉ

Grossesse :

Compte tenu de la présence de codéthyline, n'utilisez pas ce médicament pendant la grossesse sans prendre l'avis de votre pharmacien ou de votre médecin.

Allaitement :

Ce médicament est déconseillé pendant l'allaitement.

MODE D'EMPLOI ET POSOLOGIE

Les prises de ce médicament doivent être réparties au cours de la journée.

Posologie usuelle :
- Adulte : 2 ou 3 cuillères à soupe de sirop Adulte par jour. Chez la personne âgée, il convient de réduire la *posologie* de moitié.
- Enfant de 12 à 15 ans : 4 à 6 cuillères à café de sirop Enfant par jour.
- Enfant de 5 à 12 ans : 3 ou 4 cuillères à café de sirop Enfant par jour.
- Enfant de 3 à 5 ans : 2 cuillères à café de sirop Enfant par jour.

De nombreux médicaments contiennent de la codéthyline ou une substance voisine, la codéine, notamment certains *antitussifs* et *antalgiques* : leur surdosage expose à une augmentation des effets indésirables.

Fumer, ou être exposé à la fumée des autres, nuit à l'efficacité du traitement.

EFFETS INDÉSIRABLES POSSIBLES

Constipation, et plus rarement : somnolence, nausées, vomissements, *bronchospasme*, sensation vertigineuse, *allergies* cutanées, ralentissement de la respiration.

DOXIUM

calcium dobésilate

PRÉSENTATION

DOXIUM 250 mg : comprimé (blanc) ; boîte de 30 - Remb. 35 %

Laboratoires Synthélabo France

COMPOSITION

	p. comp.
Calcium dobésilate	250 mg

INDICATIONS

C'est un protecteur *vasculaire*. Il stimule la circulation du sang dans les veines et lutte contre l'altération des *vaisseaux capillaires*.

Il est utilisé dans le *traitement symptomatique* :
- des jambes lourdes, *œdèmes*, crampes, *impatiences* et autres troubles pouvant être en rapport avec une mauvaise circulation veineuse ou *lymphatique*,
- de l'insuffisance d'irrigation de la *rétine*,
- des saignements des gencives et du nez.

ATTENTION

Ce médicament est insuffisant pour prévenir le risque de *phlébite* chez les malades alités ou plâtrés.

Ce médicament soulage, mais n'empêche pas l'aggravation de l'*insuffisance veineuse* qui requiert des mesures spécifiques telles que la *contention élastique*.

GROSSESSE, ALLAITEMENT ET NOUVEAU-NÉ

L'effet de ce médicament pendant la grossesse ou l'allaitement est mal connu. L'évaluation du risque éventuel lié à son utilisation est individuelle : demandez conseil à votre pharmacien ou à votre médecin.

MODE D'EMPLOI ET POSOLOGIE

Ce médicament doit être pris au cours des repas.

Posologie usuelle :

3 comprimés par jour.

Une activité physique régulière et la surélévation du pied du lit permettent de faciliter la circulation veineuse et *lymphatique*.

EFFETS INDÉSIRABLES POSSIBLES

Rares nausées, maux d'estomac.

DOXY 100

doxycycline

PRÉSENTATION

DOXY 100 : gélule (blanc) ; boîte de 5 - Remb. 65 % - Liste I

Laboratoires Élerté

COMPOSITION

	p. gél.
Doxycycline	100 mg

INDICATIONS

C'est un *antibiotique* qui appartient à la famille des *tétracyclines*.

Il est utilisé dans le traitement de diverses maladies infectieuses, notamment respiratoires et génitales. Il est également utilisé dans le traitement de l'*acné*.

CONTRE-INDICATIONS

Ce médicament ne doit pas être utilisé dans les cas suivants :
- *allergie* aux *tétracyclines*,
- enfant de moins de 8 ans (risque de coloration définitive des dents),
- association avec les *rétinoïdes*,
- grossesse,
- allaitement.

ATTENTION

Ce médicament est photosensibilisant : une exposition aux rayons *ultraviolets* peut provoquer des réactions cutanées. Évitez toute exposition au soleil et n'omettez pas de signaler à votre médecin vos projets de vacances pendant la durée du traitement.

INTERACTIONS MÉDICAMENTEUSES

Ce médicament ne doit pas être associé à ceux contenant des *rétinoïdes* (ROACCUTANE, SORIATANE...) : risque d'*hypertension intracrânienne*.

Il peut interagir avec d'autres médicaments, notamment les *anticoagulants* oraux : signalez tout autre traitement en cours à votre médecin ou à votre pharmacien.

GROSSESSE, ALLAITEMENT ET NOUVEAU-NÉ

Ce médicament peut provoquer des anomalies dentaires chez l'enfant à naître ou le *nourrisson* : son usage est contre-indiqué pendant la grossesse et l'allaitement.

MODE D'EMPLOI ET POSOLOGIE

Pour éviter les *troubles digestifs*, ce médicament sera pris de préférence pendant les repas.

Les gélules doivent être avalées avec un grand verre d'eau. Il est préférable de ne pas les absorber en position allongée.

Posologie usuelle :

- Adulte :
  - pour un poids inférieur à 60 kg : 2 gélules en une prise le premier jour puis 1 gélule par jour ;
  - pour un poids supérieur à 60 kg : 2 gélules par jour, en une prise.

Dans le traitement prolongé de l'*acné* et de certaines infections génitales : *posologie* particulière précisée par le médecin.

- Enfant de plus de 8 ans : 4 mg par kg et par jour.

Le médecin peut prescrire un prélèvement pour identifier le *germe* responsable de l'infection et tester sa sensibilité aux *antibiotiques*. Le résultat de cet examen peut être faussé en cas d'automédication préalable : un avis médical est toujours préférable avant la prise d'antibiotiques.

Une diminution de la fièvre ou une disparition des troubles ne sont pas synonymes de guérison : la durée du traitement doit absolument être respectée pour éviter les rechutes.

EFFETS INDÉSIRABLES POSSIBLES

Troubles digestifs : nausée, diarrhée, *candidose* génitale.

Allergie cutanée, œdème de *Quincke*.

Rougeurs cutanées dues à une exposition aux rayons *ultraviolets*.

DOXYCLINE PLANTIER

doxycycline

PRÉSENTATION

DOXYCLINE PLANTIER 100 mg : gélule (blanc) ; boîte de 6 - Remb. 65 % - Liste I

Laboratoires ASTA Medica

COMPOSITION

	p. gél.
Doxycycline	100 mg

INDICATIONS

C'est un *antibiotique* qui appartient à la famille des *tétracyclines*.

Il est utilisé dans le traitement de diverses maladies infectieuses, notamment respiratoires et génitales. Il est également utilisé dans le traitement de l'*acné*.

CONTRE-INDICATIONS

Ce médicament ne doit pas être utilisé dans les cas suivants :
- *allergie* aux *tétracyclines*,
- enfant de moins de 8 ans (risque de coloration définitive des dents),
- association avec les *rétinoïdes*,
- grossesse,
- allaitement.

ATTENTION

Ce médicament est photosensibilisant : une exposition aux rayons *ultraviolets* peut provoquer des réactions cutanées. Évitez toute exposition au soleil et n'omettez pas de signaler à votre médecin vos projets de vacances pendant la durée du traitement.

INTERACTIONS MÉDICAMENTEUSES

Ce médicament ne doit pas être associé à ceux contenant des *rétinoïdes* (ROACCUTANE, SORIATANE...) : risque d'*hypertension intracrânienne*.

Il peut interagir avec d'autres médicaments, notamment les *anticoagulants* oraux : signalez tout autre traitement en cours à votre médecin ou à votre pharmacien.

GROSSESSE, ALLAITEMENT ET NOUVEAU-NÉ

Ce médicament peut provoquer des anomalies dentaires chez l'enfant à naître ou le *nourrisson* : son usage est contre-indiqué pendant la grossesse et l'allaitement.

MODE D'EMPLOI ET POSOLOGIE

Pour éviter les *troubles digestifs*, ce médicament sera pris de préférence pendant les repas.

Les gélules doivent être avalées avec un grand verre d'eau. Il est préférable de ne pas les absorber en position allongée.

Posologie usuelle :

- Adulte :
  - pour un poids inférieur à 60 kg : 2 gélules en une prise le premier jour puis 1 gélule par jour ;
  - pour un poids supérieur à 60 kg : 2 gélules par jour, en une prise.

Dans le traitement prolongé de l'*acné* et de certaines infections génitales : *posologie* particulière précisée par le médecin.
- Enfant de plus de 8 ans : 4 mg par kg et par jour.

Le médecin peut prescrire un prélèvement pour identifier le *germe* responsable de l'infection et tester sa sensibilité aux *antibiotiques*. Le résultat de cet examen peut être faussé en cas d'automédication préalable : un avis médical est toujours préférable avant la prise d'antibiotique.
Une diminution de la fièvre ou une disparition des troubles ne sont pas synonymes de guérison : la durée du traitement doit absolument être respectée pour éviter les rechutes.

EFFETS INDÉSIRABLES POSSIBLES

Troubles digestifs : nausée, diarrhée, *candidose* génitale.

Allergie cutanée, œdème de *Quincke*.

Rougeurs cutanées dues à une exposition aux rayons *ultraviolets*.

DOXYCYCLINE RATIOPHARM
doxycycline

PRÉSENTATION

DOXYCYCLINE RATIOPHARM 100 mg : capsule (vert foncé) ; boîte de 5 - Remb. 65 % - Liste I

Laboratoires Lafon-Ratiopharm

COMPOSITION

	p. caps.
Doxycycline	100 mg

INDICATIONS

C'est un *antibiotique* qui appartient à la famille des *tétracyclines*.

Il est utilisé dans le traitement de diverses maladies infectieuses, notamment respiratoires et génitales. Il est également utilisé dans le traitement de l'*acné*.

CONTRE-INDICATIONS

Ce médicament ne doit pas être utilisé dans les cas suivants :
- *allergie* aux *tétracyclines*,
- enfant de moins de 8 ans (risque de coloration définitive des dents),
- association avec les *rétinoïdes*,
- grossesse,
- allaitement.

ATTENTION
Ce médicament est photosensibilisant : une exposition aux rayons *ultraviolets* peut provoquer des réactions cutanées. Évitez toute exposition au soleil et n'omettez pas de signaler à votre médecin vos projets de vacances pendant la durée du traitement.

INTERACTIONS MÉDICAMENTEUSES

Ce médicament ne doit pas être associé à ceux contenant des *rétinoïdes* (ROACCUTANE, SORIATANE...) : risque d'*hypertension intracrânienne*.

Il peut interagir avec d'autres médicaments, notamment les *anticoagulants* oraux : signalez tout autre traitement en cours à votre médecin ou à votre pharmacien.

GROSSESSE, ALLAITEMENT ET NOUVEAU-NÉ

Ce médicament peut provoquer des anomalies dentaires chez l'enfant à naître ou le *nourrisson* : son usage est contre-indiqué pendant la grossesse et l'allaitement.

MODE D'EMPLOI ET POSOLOGIE

Pour éviter les *troubles digestifs*, ce médicament sera pris de préférence pendant les repas.

Les capsules doivent être avalées avec un grand verre d'eau. Il est préférable de ne pas les absorber en position allongée.

Posologie usuelle :
- Adulte :
  - pour un poids inférieur à 60 kg : 2 capsules en une prise le premier jour puis 1 capsule par jour ;
  - pour un poids supérieur à 60 kg : 2 capsules par jour, en une prise.

Dans le traitement prolongé de l'*acné* et de certaines infections génitales : *posologie* particulière, précisée par le médecin.
- Enfant de plus de 8 ans : 4 mg par kg et par jour.

Le médecin peut prescrire un prélèvement pour identifier le *germe* responsable de l'infection et tester sa sensibilité aux *antibiotiques*. Le résultat de cet examen peut être faussé en cas d'automédication préalable : un avis médical est toujours préférable avant la prise d'antibiotiques.
Une diminution de la fièvre ou une disparition des troubles ne sont pas synonymes de guérison : la durée du traitement doit absolument être respectée pour éviter les rechutes.

EFFETS INDÉSIRABLES POSSIBLES

Troubles digestifs : nausée, diarrhée, *candidose* génitale.

Allergie cutanée, œdème de *Quincke*.

Rougeurs cutanées dues à une exposition aux rayons *ultraviolets*.

DOXYGRAM
doxycycline

PRÉSENTATION

DOXYGRAM 100 : gélule (vert clair et blanc) ; boîte de 5 - Remb. 65 % - Liste I

Laboratoires Negma

COMPOSITION

	p. gél.
Doxycycline	100 mg

INDICATIONS

C'est un *antibiotique* qui appartient à la famille des *tétracyclines*.

Il est utilisé dans le traitement de diverses maladies infectieuses, notamment respiratoires et génitales. Il est également utilisé dans le traitement de l'*acné*.

CONTRE-INDICATIONS

Ce médicament ne doit pas être utilisé dans les cas suivants :
- *allergie* aux *tétracyclines*,
- enfant de moins de 8 ans (risque de coloration définitive des dents),
- association avec les *rétinoïdes*,
- grossesse,
- allaitement.

ATTENTION
Ce médicament est photosensibilisant : une exposition aux rayons *ultraviolets* peut provoquer des réactions cutanées. Évitez toute exposition au soleil et n'omettez pas de signaler à votre médecin vos projets de vacances pendant la durée du traitement.

INTERACTIONS MÉDICAMENTEUSES

Ce médicament ne doit pas être associé à ceux contenant des *rétinoïdes* (ROACCUTANE, SORIATANE...) : risque d'*hypertension intracrânienne*.

Il peut interagir avec d'autres médicaments, notamment les *anticoagulants* oraux : signalez tout autre traitement en cours à votre médecin ou à votre pharmacien.

GROSSESSE, ALLAITEMENT ET NOUVEAU-NÉ

Ce médicament peut provoquer des anomalies dentaires chez l'enfant à naître ou le *nourrisson* : son usage est contre-indiqué pendant la grossesse et l'allaitement.

MODE D'EMPLOI ET POSOLOGIE

Pour éviter les *troubles digestifs*, ce médicament sera pris de préférence pendant les repas.

Les gélules doivent être avalées avec un grand verre d'eau. Il est préférable de ne pas les absorber en position allongée.

Posologie usuelle :
- Adulte :
  - pour un poids inférieur à 60 kg : 2 gélules en une prise le premier jour puis 1 gélule par jour ;
  - pour un poids supérieur à 60 kg : 2 gélules par jour en une prise.

Dans le traitement prolongé de l'*acné* et de certaines infections génitales : *posologie* particulière précisée par le médecin.
- Enfant de plus de 8 ans : 4 mg par kg et par jour.

Le médecin peut prescrire un prélèvement pour identifier le *germe* responsable de l'infection et tester sa sensibilité aux *antibiotiques*. Le résultat de cet examen peut être faussé en cas d'automédication préalable : un avis médical est toujours préférable avant la prise d'antibiotiques.
Une diminution de la fièvre ou une disparition des troubles ne sont pas synonymes de guérison : la durée du traitement doit absolument être respectée pour éviter les rechutes.

EFFETS INDÉSIRABLES POSSIBLES

Troubles digestifs : nausée, diarrhée, *candidose* génitale.

Allergie cutanée, œdème de *Quincke*.

Rougeurs cutanées dues à une exposition aux rayons *ultraviolets*.

DOXYLETS

doxycycline

PRÉSENTATION

DOXYLETS 100 mg : gélule (blanc) ; boîte de 5 - Remb. 65 % - Liste I

Laboratoires C.C.D.

COMPOSITION

	p. gél.
Doxycycline	100 mg

INDICATIONS

C'est un *antibiotique* qui appartient à la famille des *tétracyclines*.

Il est utilisé dans le traitement de diverses maladies infectieuses, notamment respiratoires et génitales. Il est également utilisé dans le traitement de l'*acné*.

CONTRE-INDICATIONS

Ce médicament ne doit pas être utilisé dans les cas suivants :
- *allergie* aux *tétracyclines*,
- enfant de moins de 8 ans (risque de coloration définitive des dents),
- association avec les *rétinoïdes*,
- grossesse,
- allaitement.

ATTENTION

Ce médicament est photosensibilisant : une exposition aux rayons *ultraviolets* peut provoquer des réactions cutanées. Évitez toute exposition au soleil et n'omettez pas de signaler à votre médecin vos projets de vacances pendant la durée du traitement.

INTERACTIONS MÉDICAMENTEUSES

Ce médicament ne doit pas être associé à ceux contenant des *rétinoïdes* (ROACCUTANE, SORIATANE...) : risque d'*hypertension intracrânienne*.

Il peut interagir avec d'autres médicaments, notamment les *anticoagulants* oraux : signalez tout autre traitement en cours à votre médecin ou à votre pharmacien.

GROSSESSE, ALLAITEMENT ET NOUVEAU-NÉ

Ce médicament peut provoquer des anomalies dentaires chez l'enfant à naître ou le *nourrisson* : son usage est contre-indiqué pendant la grossesse et l'allaitement.

MODE D'EMPLOI ET POSOLOGIE

Pour éviter les *troubles digestifs*, ce médicament sera pris de préférence pendant les repas.

Les gélules doivent être avalées avec un grand verre d'eau. Il est préférable de ne pas les absorber en position allongée.

Posologie usuelle :
- Adulte :
  - pour un poids inférieur à 60 kg : 2 gélules en une prise le premier jour puis 1 gélule par jour ;
  - pour un poids supérieur à 60 kg : 2 gélules par jour, en une prise.

Dans le traitement prolongé de l'*acné* et de certaines infections génitales : *posologie* particulière précisée par le médecin.
- Enfant de plus de 8 ans : 4 mg par kg et par jour.

Le médecin peut prescrire un prélèvement pour identifier le *germe* responsable de l'infection et tester sa sensibilité aux *antibiotiques*. Le résultat de cet examen peut être faussé en cas d'automédication préalable : un avis médical est toujours préférable avant la prise d'antibiotiques.

Une diminution de la fièvre ou une disparition des troubles ne sont pas synonymes de guérison : la durée du traitement doit absolument être respectée pour éviter les rechutes.

EFFETS INDÉSIRABLES POSSIBLES

Troubles digestifs : nausée, diarrhée, *candidose* génitale.

Allergie cutanée, œdème de *Quincke*.

Rougeurs cutanées dues à une exposition aux rayons *ultraviolets*.

DRAGÉES FUCA

bourdaine, cascara, fucus

PRÉSENTATION

DRAGÉES FUCA : comprimé (marron) ; boîte de 60 - Non remb.

Laboratoires Fuca

COMPOSITION

	p. comp.
Bourdaine, poudre	0,10 g
Bourdaine, extrait sec	0,10 g
Cascara, extrait sec	0,10 g
Fucus, extrait sec	0,05 g

INDICATIONS

C'est un *laxatif stimulant*. Il augmente les sécrétions et la motricité de l'intestin.

Il est utilisé comme *traitement symptomatique* de la constipation.

CONTRE-INDICATIONS

Ce médicament ne doit pas être utilisé dans les cas suivants :
- maladies inflammatoires du côlon,
- constipation ou douleur abdominale due à une obstruction du tube digestif : rétrécissement intestinal, *fécalome* (bouchon de selles),
- enfant de moins de 12 ans, sauf sur prescription médicale.

ATTENTION

Ce médicament doit être utilisé de façon épisodique et en cure très brève : pas plus de 8 à 10 jours.

Son usage régulier peut entraîner :
- une *dépendance*,
- des troubles intestinaux graves,
- une perte de sels minéraux et notamment de *potassium*, pouvant entraîner des *troubles du rythme cardiaque* graves.

Arrêter le traitement en cas de diarrhée ou de douleurs abdominales.

INTERACTIONS MÉDICAMENTEUSES

Ce médicament peut interagir avec d'autres médicaments, notamment certains *antiarythmiques* et ceux contenant de la *vincamine*. Signalez tout autre traitement en cours à votre médecin ou à votre pharmacien.

GROSSESSE, ALLAITEMENT ET NOUVEAU-NÉ

Ce médicament est déconseillé pendant la grossesse ou l'allaitement.

MODE D'EMPLOI ET POSOLOGIE

Avaler les comprimés sans les croquer avec un grand verre d'eau.

Posologie usuelle :

1 à 4 comprimés au coucher.

Des mesures simples d'hygiène alimentaire et des exercices physiques sont à envisager avant d'utiliser un laxatif : parlez-en à votre médecin ou à votre pharmacien.

EFFETS INDÉSIRABLES POSSIBLES

Diarrhée et douleurs abdominales.

DRAGÉES VÉGÉTALES REX

bourdaine, cascara

PRÉSENTATION

DRAGÉES VÉGÉTALES REX : comprimé ; boîte de 40 - Remb. 35 %

Laboratoires Lehning

COMPOSITION

	p. comp.
Bourdaine, extrait sec	20 mg
Cascara, extrait sec	24 mg

INDICATIONS

C'est un *laxatif stimulant*. Il augmente les sécrétions et la motricité de l'intestin.

Ce médicament est utilisé comme *traitement symptomatique* de la constipation.

CONTRE-INDICATIONS

Ce médicament ne doit pas être utilisé dans les cas suivants :
- maladies inflammatoires du côlon,
- maladie comportant un risque d'obstruction du tube digestif,
- enfant de moins de 12 ans, sauf sur prescription médicale.

ATTENTION

Ce médicament doit être utilisé de façon épisodique et en cure très brève : pas plus de 8 à 10 jours.

Son usage régulier peut entraîner :
- une *dépendance*,
- des troubles intestinaux graves,
- une perte de sels minéraux et notamment de *potassium*, pouvant entraîner des *troubles du rythme cardiaque* graves.

Arrêter le traitement en cas de diarrhée ou de douleurs abdominales.

INTERACTIONS MÉDICAMENTEUSES

Ce médicament peut interagir avec d'autres médicaments, notamment certains *antiarythmiques* et ceux contenant de la *vincamine*. Signalez tout autre traitement en cours à votre médecin ou à votre pharmacien.

GROSSESSE, ALLAITEMENT ET NOUVEAU-NÉ

Ce médicament est déconseillé pendant la grossesse ou l'allaitement.

MODE D'EMPLOI ET POSOLOGIE

Ce médicament sera pris de préférence au cours du repas du soir.

L'effet ne peut se produire qu'après 8 à 12 heures.

Posologie usuelle :

1 ou 2 comprimés par soir, sans dépasser 3 comprimés par jour.

Des mesures simples d'hygiène alimentaire et des exercices physiques sont à envisager avant d'utiliser un laxatif : parlez-en à votre médecin ou à votre pharmacien.

EFFETS INDÉSIRABLES POSSIBLES

Diarrhées et douleurs abdominales.

DRAMAMINE

dimenhydrinate

PRÉSENTATION

DRAMAMINE : comprimé sécable (blanc) ; boîte de 20 - Non remb.

Laboratoires Searle

COMPOSITION

	p. comp.
Dimenhydrinate	50 mg

INDICATIONS

C'est un médicament qui appartient à la famille des *antihistaminiques* de type H1.

Il est principalement utilisé pour prévenir et traiter le mal des transports, mais aussi pour traiter les nausées et les vomissements.

CONTRE-INDICATIONS

Ce médicament ne doit pas être utilisé dans les cas suivants :
- *glaucome* à angle fermé,
- troubles de la vessie et de la prostate pouvant conduire à une rétention des urines : *adénome de la prostate* essentiellement.

ATTENTION

Évitez les boissons alcoolisées : augmentation du risque de somnolence.

Conducteur : ce médicament peut être responsable d'une somnolence ou d'une baisse de la vigilance.

INTERACTIONS MÉDICAMENTEUSES

Ce médicament peut interagir avec d'autres médicaments. Signalez tout autre traitement en cours à votre médecin ou à votre pharmacien.

GROSSESSE, ALLAITEMENT ET NOUVEAU-NÉ

Grossesse :

L'effet de ce médicament sur l'enfant à naître est mal connu : par mesure de prudence, il est déconseillé pendant la grossesse.

Allaitement :

Ce médicament passe dans le lait maternel : il est déconseillé pendant l'allaitement.

MODE D'EMPLOI ET POSOLOGIE

Ce médicament est à prendre une demi-heure avant le départ, avec un peu d'eau. Sa prise peut éventuellement être renouvelée au cours du voyage, sans dépasser 3 prises par jour.

Posologie usuelle :

- Adulte : 1 à 2 comprimés, renouvelable 4 heures après.
- Enfant de 8 à 12 ans : 1/2 ou 1 comprimé, renouvelable 4 heures après.
- Enfant de 2 à 8 ans : 1/4 à 1/2 comprimé, renouvelable 4 heures après.

EFFETS INDÉSIRABLES POSSIBLES

Somnolence.

Sécheresse de la bouche, troubles visuels, dessèchement des sécrétions bronchiques.

Constipation, rétention d'urine.

Confusion des idées ou excitation chez la personne âgée.

DRILL expectorant

carbocistéine

PRÉSENTATION

DRILL expectorant : comprimé à croquer ou à sucer arôme fraise-citron ; boîte de 20 - Non remb.

DRILL expectorant 5% : sirop ; flacon 150 ml - Non remb.

Laboratoires Pierre Fabre

COMPOSITION

	p. comp.	p. c. à s.
Carbocistéine	750 mg	750 mg
Saccharose		6 g
Aspartam		+

INDICATIONS

Ce médicament fluidifie les sécrétions bronchiques. Il facilite leur évacuation par la toux.

Il est utilisé dans les états d'encombrement des bronches, associés aux maladies bronchiques aiguës ou chroniques.

ATTENTION

Ce médicament ne convient pas à l'enfant.

Des précautions sont nécessaires en cas d'*ulcère* de l'estomac ou du *duodénum*.

N'utilisez pas d'*antitussif* en plus de ce médicament sans l'avis de votre médecin ou de votre pharmacien.

Si les sécrétions persistent au-delà de quelques jours, si elles se colorent ou si vous avez de la fièvre, consultez votre médecin.

Le sirop contient du *sucre* (saccharose) en quantité notable.

GROSSESSE, ALLAITEMENT ET NOUVEAU-NÉ

L'effet de ce médicament pendant la grossesse ou l'allaitement est mal connu. L'évaluation du risque éventuel lié à son utilisation est individuelle : demandez conseil à votre pharmacien ou à votre médecin.

MODE D'EMPLOI ET POSOLOGIE

Les comprimés doivent être croqués ou sucés.

Posologie usuelle :

- Adulte : 1 comprimé ou 1 cuillère à soupe de sirop, 3 fois par jour.

Fumer, ou être exposé à la fumée des autres, nuit à l'efficacité du traitement.

Il est important de lutter contre la sécheresse de l'air ambiant (humidificateur...) pour éviter le dessèchement des sécrétions. Il est également recommandé de boire beaucoup.

Des crachats fluides et abondants traduisent l'efficacité de ce médicament.

Chez la personne âgée, l'incapacité à évacuer les crachats peut justifier l'aide d'un kinésithérapeute, sur prescription médicale.

EFFETS INDÉSIRABLES POSSIBLES

Troubles digestifs : nausées, diarrhée.

DRILL maux de gorge

chlorhexidine, tétracaïne

PRÉSENTATION

DRILL MAUX DE GORGE : *collutoire* ; flacon pressurisé à l'azote 55 ml - Non remb.

Laboratoires Pierre Fabre

COMPOSITION

	p. 100 ml
Chlorhexidine chlorhydrate	50 mg
Tétracaïne chlorhydrate	15 mg

INDICATIONS

Ce *collutoire* contient un *antiseptique* et un *anesthésique* local.

Il est utilisé dans le *traitement d'appoint* des infections de la bouche et de la gorge.

CONTRE-INDICATIONS

Ce médicament ne doit pas être utilisé dans les cas suivants :
- *allergie* aux *anesthésiques* locaux,
- enfant de moins de 12 ans.

ATTENTION

Les traitements locaux (*gargarisme*, *collutoire*, pastille) n'agissent que superficiellement ; dans le cas d'infections profondes de la gorge (angines...), un traitement *antibiotique* est nécessaire.

L'usage prolongé de ce médicament n'est pas souhaitable : il peut modifier l'équilibre microbien naturel de la gorge.

Une surconsommation pourrait provoquer des troubles nerveux et cardiaques : respectez la *posologie*.

En l'absence d'amélioration au bout de 5 jours, en cas d'apparition de fièvre, consultez votre médecin.

INTERACTIONS MÉDICAMENTEUSES

Il est généralement inutile d'associer des *antiseptiques* différents. Ceux-ci peuvent être contenus dans de nombreux produits disponibles en automédication : pastille, *collutoire* et solution nasale ; demandez conseil à votre pharmacien.

GROSSESSE, ALLAITEMENT ET NOUVEAU-NÉ

L'effet de ce médicament pendant la grossesse ou l'allaitement est mal connu. L'évaluation du risque éventuel lié à son utilisation est individuelle : demandez conseil à votre pharmacien ou à votre médecin.

MODE D'EMPLOI ET POSOLOGIE

Posologie usuelle :
- Adulte : 1 à 6 pulvérisations par jour.
- Enfant de plus de 12 ans : 1 à 3 pulvérisations par jour.

Chez l'enfant et les personnes âgées, évitez l'usage de ce médicament avant les repas : l'*anesthésique* local est susceptible de provoquer des troubles de la déglutition ; ceux-ci pourraient être à l'origine du passage d'aliments dans les *voies* respiratoires.

EFFETS INDÉSIRABLES POSSIBLES

En cas de réaction allergique cutanée : arrêtez le traitement.

Engourdissement passager de la langue.

Coloration brune de la langue et des dents disparaissant à l'arrêt du traitement.

DRILL miel rosat
chlorhexidine, tétracaïne

PRÉSENTATION

DRILL MIEL ROSAT : pastille arôme naturel de rose ; boîte de 24 - Non remb.

Laboratoires Pierre Fabre

COMPOSITION

	p. past.
Chlorhexidine acétate	3 mg
Tétracaïne chlorhydrate	0,2 mg

INDICATIONS

Ce médicament d'usage local contient un *antiseptique* et un *anesthésique*.

Il est utilisé comme *traitement d'appoint* en cas de mal de gorge sans fièvre ou d'affection de la bouche.

CONTRE-INDICATIONS

Ce médicament ne doit pas être utilisé dans les cas suivants :
- *allergie* aux *anesthésiques* locaux,
- enfant de moins de 6 ans.

ATTENTION

L'usage prolongé de ce médicament n'est pas souhaitable : il est susceptible de modifier l'équilibre microbien naturel de la gorge (apparition d'une *candidose*).

Une surconsommation pourrait provoquer des troubles nerveux et cardiaques : respectez la *posologie*.

En cas d'apparition de fièvre, d'aggravation ou d'absence d'amélioration au bout de 5 jours, consultez votre médecin.

GROSSESSE, ALLAITEMENT ET NOUVEAU-NÉ

L'effet de ce médicament pendant la grossesse ou l'allaitement est mal connu. L'évaluation du risque éventuel lié à son utilisation est individuelle : demandez conseil à votre pharmacien ou à votre médecin.

MODE D'EMPLOI ET POSOLOGIE

Les pastilles doivent être sucées lentement sans être croquées.

Posologie usuelle :
- Adulte : 1 pastille, 4 fois par jour, les prises devant être espacées d'au moins 2 heures.
- Enfant de 6 à 15 ans : 1 pastille, 2 ou 3 fois par jour, les prises devant être espacées d'au moins 4 heures.

Chez l'enfant et les personnes âgées, évitez l'usage de ce médicament avant les repas : l'*anesthésique* local est susceptible de provoquer des troubles de la déglutition ; ceux-ci pourraient être à l'origine du passage d'aliments dans les *voies* respiratoires.

Certaines infections de la gorge nécessitent un traitement *antibiotique* pour éviter des complications ultérieures, cardiaques ou rénales : si les troubles persistent, consultez votre médecin.

EFFETS INDÉSIRABLES POSSIBLES

En cas de réaction allergique cutanée, arrêter le traitement.

Engourdissement passager de la langue.

Coloration brune de la langue et des dents disparaissant à l'arrêt du traitement.

DRILL pastilles

PRÉSENTATION

DRILL : pastille ; boîte de 24 - Non remb.

Laboratoires Pierre Fabre

COMPOSITION

	p. past.
Chlorhexidine digluconate	3 mg
Tétracaïne chlorhydrate	0,20 mg
Glycyrrhizinate d'ammonium	5 mg
Acide ascorbique (vitamine C)	52,5 mg
Sucre	2,5 g

INDICATIONS

Ce médicament d'usage local contient un *antiseptique*, un *anesthésique* et de la *vitamine* C.

Il est utilisé comme *traitement d'appoint* en cas de mal de gorge sans fièvre et d'affection de la bouche.

CONTRE-INDICATIONS

Ce médicament ne doit pas être utilisé dans les cas suivants :
- *allergie* aux *anesthésiques* locaux,
- enfant de moins de 6 ans.

ATTENTION

L'usage prolongé de ce médicament n'est pas souhaitable : il est susceptible de modifier l'équilibre microbien naturel de la gorge (apparition de *candidose*).

Une surconsommation pourrait provoquer des troubles nerveux et cardiaques : respectez la *posologie*.

En cas d'apparition de fièvre, d'aggravation ou d'absence d'amélioration au bout de 5 jours, consultez votre médecin.

Ce médicament contient du *sucre* en quantité notable.

GROSSESSE, ALLAITEMENT ET NOUVEAU-NÉ

L'effet de ce médicament pendant la grossesse ou l'allaitement est mal connu. L'évaluation du risque éventuel lié à son utilisation est individuelle : demandez conseil à votre pharmacien ou à votre médecin.

MODE D'EMPLOI ET POSOLOGIE

Les pastilles doivent être sucées lentement sans être croquées.

Posologie usuelle :
- Adulte et enfant de plus de 12 ans : 1 pastille, 4 fois par jour, les prises devant être espacées d'au moins 2 heures.
- Enfant de 6 à 12 ans : 1 pastille, 3 fois par jour, les prises devant être espacées d'au moins 4 heures.

Chez l'enfant et les personnes âgées, évitez l'usage de ce médicament avant les repas : l'*anesthésique* local est susceptible de provoquer des troubles de la déglutition ; ceux-ci pourraient être à l'origine du passage d'aliments dans les *voies* respiratoires.

Certaines infections de la gorge nécessitent un traitement *antibiotique* pour éviter des complications ultérieures, cardiaques ou rénales : si les troubles persistent, consultez votre médecin.

EFFETS INDÉSIRABLES POSSIBLES

En cas de réaction allergique cutanée, arrêtez le traitement.

Engourdissement passager de la langue.

Coloration brune de la langue et des dents disparaissant à l'arrêt du traitement.

DRILL rhinites

pseudoéphédrine

PRÉSENTATION

DRILL RHINITES : gélule à *libération prolongée* (bleu) ; boîte de 10 - Non remb.

Laboratoires Pierre Fabre

COMPOSITION

	p. gél.
Pseudoéphédrine chlorhydrate	120 mg

INDICATIONS

Ce médicament est un *vasoconstricteur*. Il lutte contre la congestion nasale, due à la dilatation des vaisseaux sanguins.

Il est utilisé dans le *traitement symptomatique* des rhumes avec congestion nasale aiguë.

CONTRE-INDICATIONS

Ce médicament ne doit pas être utilisé dans les cas suivants :
- enfant de moins de 12 ans,
- en association avec un *antidépresseur* de type *IMAO* non sélectif,
- grossesse,
- allaitement.

ATTENTION

Des précautions particulières s'imposent en cas d'*angine de poitrine*, d'*hypertension artérielle*, d'*hyperthyroïdie*, de *diabète*, de certains troubles nerveux ou de risque de blocage des urines (*adénome de la prostate*...). Demandez conseil à votre pharmacien ou à votre médecin.

INTERACTIONS MÉDICAMENTEUSES

Ce médicament ne doit pas être associé aux *antidépresseurs* de type *IMAO* non sélectifs (MARSILID, NIAMIDE...) : risque de crise hypertensive.

Il peut interagir avec d'autres médicaments. Signalez tout autre traitement en cours à votre médecin ou à votre pharmacien.

GROSSESSE, ALLAITEMENT ET NOUVEAU-NÉ

Ce médicament est contre-indiqué pendant la grossesse ou l'allaitement.

MODE D'EMPLOI ET POSOLOGIE

Les gélules doivent être avalées avec un verre d'eau.

Posologie usuelle :
- Adulte et enfant de plus de 12 ans : 1 gélule matin et soir.

Ce médicament n'a pas d'effet anti-infectieux. En cas d'infection bactérienne, un traitement *antibiotique* peut être nécessaire.

EFFETS INDÉSIRABLES POSSIBLES

Sécheresse de la bouche, insomnie, migraine, anxiété.

Palpitations, nausées, devant faire interrompre le traitement.

DRILL sans sucre

PRÉSENTATION

DRILL SANS SUCRE : pastille (rouge) ; boîte de 24 - Non remb.

Laboratoires Pierre Fabre

COMPOSITION

	p. past.
Chlorhexidine digluconate	3 mg
Tétracaïne chlorhydrate	0,2 mg
Acide ascorbique (vitamine C)	52,5 mg
Glycyrrhizinate d'ammonium	5 mg

INDICATIONS

Ce médicament d'usage local contient un *antiseptique* et un *anesthésique*.

Il est utilisé comme *traitement d'appoint* en cas de mal de gorge sans fièvre ou d'affection de la bouche.

CONTRE-INDICATIONS

Ce médicament ne doit pas être utilisé dans les cas suivants :
- *allergie* aux *anesthésiques* locaux,
- enfant de moins de 6 ans.

ATTENTION

L'usage prolongé de ce médicament n'est pas souhaitable : il est susceptible de modifier l'équilibre microbien naturel de la gorge (apparition de *candidose*).

Une surconsommation pourrait provoquer des troubles nerveux et cardiaques : respectez la *posologie*.

En cas d'apparition de fièvre, d'aggravation ou d'absence d'amélioration au bout de 5 jours, consultez votre médecin.

GROSSESSE, ALLAITEMENT ET NOUVEAU-NÉ

L'effet de ce médicament pendant la grossesse ou l'allaitement est mal connu. L'évaluation du risque éventuel lié à son utilisation est individuelle : demandez conseil à votre pharmacien ou à votre médecin.

MODE D'EMPLOI ET POSOLOGIE

Les pastilles doivent être sucées lentement sans être croquées.

Posologie usuelle :
- Adulte : 1 pastille à sucer, 4 fois par jour ; les prises doivent être espacées d'au moins 2 heures.
- Enfant de 6 à 15 ans : 1 pastille à sucer, 2 ou 3 fois par jour ; les prises doivent être espacées d'au moins 4 heures.

Chez l'enfant et les personnes âgées, évitez l'usage de ce médicament avant les repas : l'*anesthésique* local est susceptible de provoquer des troubles de la déglutition ; ceux-ci pourraient être à l'origine du passage d'aliments dans les *voies* respiratoires.

Certaines infections de la gorge nécessitent un traitement *antibiotique* pour éviter des complications ultérieures, cardiaques ou rénales : si les troubles persistent, consultez votre médecin.

EFFETS INDÉSIRABLES POSSIBLES

En cas de réaction allergique cutanée, arrêtez le traitement.

Engourdissement passager de la langue.

Coloration brune de la langue et des dents disparaissant à l'arrêt du traitement.

DRILL toux sèche

dextrométhorphane

PRÉSENTATION

DRILL TOUX SÈCHE ADULTE : sirop ; flacon 150 ml (cuillère-mesure 5 ml) - Non remb.

DRILL TOUX SÈCHE ENFANT : sirop ; flacon 150 ml - Non remb.

Laboratoires Pierre Fabre

COMPOSITION

	p. c. mes.	p. c. mes.
Dextrométhorphane bromhydrate	15 mg	5 mg

INDICATIONS

Le sirop *antitussif* contient du dextrométhorphane, qui agit sur les centres de la toux.

Il est utilisé dans le *traitement symptomatique* des toux sèches.

CONTRE-INDICATIONS

Ce médicament ne doit pas être utilisé dans les cas suivants :
- *insuffisance respiratoire*,
- *asthme*,
- en association avec un *antidépresseur* de type *IMAO* non sélectif,
- enfant de moins de 15 ans (sirop Adulte),
- enfant de moins de 6 ans (sirop Enfant).

ATTENTION

Ce médicament n'est pas adapté au traitement de la toux grasse, qui est un mécanisme de défense normal de l'organisme, permettant l'évacuation des mucosités présentes dans les bronches.

La toux est un *symptôme* qui peut révéler de nombreuses maladies ; consultez votre médecin si elle persiste plus de quelques jours.

Des précautions sont nécessaires en cas d'*insuffisance hépatique* et chez la personne âgée.

Évitez les boissons alcoolisées : augmentation du risque de somnolence.

Conducteur : ce médicament peut être responsable d'une somnolence ou d'une baisse de la vigilance.

INTERACTIONS MÉDICAMENTEUSES

Ce médicament ne doit pas être associé aux *antidépresseurs* de type *IMAO* non sélectifs (MARSILID, NIAMIDE...) : risque d'élévation de la température, d'agitation, de chute brutale de la tension artérielle.

GROSSESSE, ALLAITEMENT ET NOUVEAU-NÉ

Grossesse :

Compte tenu de la présence de dextrométhorphane, n'utilisez pas ce médicament pendant la grossesse sans prendre l'avis de votre pharmacien ou de votre médecin.

Allaitement :

Par mesure de prudence, ce médicament est déconseillé pendant l'allaitement.

MODE D'EMPLOI ET POSOLOGIE

Ce médicament peut être pris indifféremment au cours ou en dehors des repas. Les prises de sirop doivent être espacées d'au moins 4 heures (6 heures pour l'enfant).

Posologie usuelle :

- Adulte : 2 cuillères-mesure de sirop Adulte, 3 à 4 fois par jour.
- Personne âgée : réduire la *posologie* adulte de moitié.
- Enfant de plus de 6 ans : 1 mg par kg et par jour, réparti en 4 prises. Soit, pour un enfant de 20 kg : 1 cuillère-mesure de sirop Enfant, 4 fois par jour.

> Ce médicament n'entraîne pas de risque de *dépendance* ni de *dépression respiratoire*, aux doses usuelles.
>
> Fumer, ou être exposé à la fumée des autres, nuit à l'efficacité du traitement.
>
> Une toux nocturne aggravée par ce médicament peut être une toux allergique : demandez conseil à votre médecin.
>
> Des mesures simples permettent de calmer les toux sèches : boissons chaudes et humidification de l'air ambiant.

EFFETS INDÉSIRABLES POSSIBLES

Constipation, somnolence, sensation de vertige, nausées, vomissements, rare *allergie* cutanée, *bronchospasme*.

DRIPTANE
oxybutynine

PRÉSENTATION

DRIPTANE : comprimé sécable ; boîte de 60 - Remb. 35 % - Liste II

Laboratoires Debat

COMPOSITION

	p. comp.
Oxybutynine chlorhydrate	5 mg

INDICATIONS

C'est un *antispasmodique* qui lutte contre la contraction anormale de la vessie.

Il est utilisé dans le traitement des envies impérieuses d'uriner dues à une instabilité de la vessie : fuites d'urine et certaines *énurésies*.

CONTRE-INDICATIONS

Ce médicament ne doit pas être utilisé dans les cas suivants :

- *glaucome* à angle fermé,
- risque de blocage des urines (*adénome de la prostate*...),
- *myasthénie* grave,
- *bronchite chronique*,
- *atonie intestinale*.

> **ATTENTION**
>
> L'apparition d'une douleur violente de l'œil, accompagnée d'une rougeur et surtout d'une baisse de l'acuité visuelle, doit conduire à consulter d'urgence un ophtalmologiste : il peut s'agir d'un *glaucome* aigu.

GROSSESSE, ALLAITEMENT ET NOUVEAU-NÉ

L'effet de ce médicament pendant la grossesse ou l'allaitement est mal connu : seul votre médecin peut évaluer le risque éventuel de son utilisation dans votre cas.

MODE D'EMPLOI ET POSOLOGIE

Ce médicament doit être avalé avec un verre d'eau.

Posologie usuelle :

- Adulte : 1 comprimé, 3 fois par jour.
- Enfant de plus de 5 ans : 1 comprimé, 2 fois par jour.

EFFETS INDÉSIRABLES POSSIBLES

Ce médicament peut être responsable d'effets *atropiniques* : sécheresse de la bouche, troubles de la vision, constipation...

DROLEPTAN
dropéridol

PRÉSENTATION

DROLEPTAN : solution buvable 20 mg/ml ; flacon 30 ml (1 ml = 20 gouttes) - Remb. 65 % - Liste I

DROLEPTAN : solution injectable 5 mg/ml ; ampoule-bouteille 10 ml - Remb. 65 % - Liste I

Laboratoires Janssen

COMPOSITION

	p. ml	p. amp. inj.
Dropéridol	20 mg	50 mg

INDICATIONS

C'est un *neuroleptique* qui appartient à la famille chimique des butyrophénones.

Il est utilisé pour traiter certains troubles nerveux accompagnés de troubles de l'*humeur*.

CONTRE-INDICATIONS

Ce médicament ne doit pas être utilisé dans les cas suivants :

- *dépression* grave,
- maladie de *Parkinson*,
- en association avec la lévodopa.

> **ATTENTION**
>
> En cas de survenue d'une fièvre inexpliquée, suspendez la prise du médicament et alertez immédiatement votre médecin.
>
> Des précautions sont nécessaires chez la personne âgée et en cas d'*épilepsie*, d'*insuffisance rénale*, d'*insuffisance hépatique*, ou de *troubles du rythme cardiaque*.
>
> Évitez les boissons alcoolisées : augmentation du risque de somnolence.
>
> Ce médicament est responsable d'une baisse de la vigilance : la conduite, les activités professionnelles ou de loisirs exposant à un danger sont formellement déconseillées.

INTERACTIONS MÉDICAMENTEUSES

Ce médicament ne doit pas être associé à ceux contenant de la lévodopa (LARODOPA, MODOPAR, SINEMET...) : risque d'annulation de leurs effets.

Il peut interagir avec d'autres médicaments, notamment les *antihypertenseurs*, le *lithium*, et les *sédatifs*. Signalez tout autre traitement en cours à votre médecin ou à votre pharmacien.

GROSSESSE, ALLAITEMENT ET NOUVEAU-NÉ

Grossesse et nouveau-né :

Si une grossesse survient pendant le traitement, consultez votre médecin. Il appréciera le risque éventuel lié à l'utilisation de ce médicament dans votre cas.

Si le traitement est poursuivi jusqu'à l'accouchement, une surveillance médicale du *nouveau-né* est nécessaire.

Allaitement :

Ce médicament passe dans le lait maternel : l'allaitement est déconseillé.

MODE D'EMPLOI ET POSOLOGIE

La solution injectable doit être pratiquée par *voie* intramusculaire, à l'aide d'une seringue en verre.

Posologie usuelle :

Elle est strictement individuelle.

> La solution injectable doit être conservée à l'abri de la lumière.

EFFETS INDÉSIRABLES POSSIBLES

Somnolence.

Tremblements, raideur anormale, grimaces involontaires.

Arrêt des règles, augmentation du volume des seins, écoulement de lait par le mamelon, prise de poids. Baisse de la tension artérielle et accélération du cœur.

Certains signes doivent faire penser à un surdosage : état amorphe, hébété, rigidité musculaire extrême.

DROSETUX
homéopathie

PRÉSENTATION

DROSETUX : sirop ; flacon 150 ml - Non remb.

Laboratoires Dolisos

COMPOSITION

Drosera rotundifolia 3 CH, Arnica montana 3 CH, Belladonna 3 CH, Artemisia cina 3 CH, Coccus cacti 3 CH, Corallium rubrum 3 CH, Cuprum 3 CH, Ferrosi phosphas 3 CH, Uragoga ipecacuanha 3 CH, Solidago virga aurea 1 CH, aa

INDICATIONS

Ce médicament est un *complexe* (association) de remèdes homéopathiques.

Il est utilisé dans le traitement de la toux.

ATTENTION
La toux est un *symptôme* qui peut révéler de nombreuses maladies : consultez votre médecin si elle persiste au-delà de quelques jours.

GROSSESSE, ALLAITEMENT ET NOUVEAU-NÉ

Aux *dilutions homéopathiques*, les substances contenues dans ce médicament ne sont pas connues pour être toxiques pendant la grossesse ou l'allaitement.

MODE D'EMPLOI ET POSOLOGIE

Ce médicament doit être pris de préférence en dehors des repas.

Posologie usuelle :

- Adulte : 2 cuillères à café, 3 à 5 fois par jour.
- Enfant de plus de 5 ans : 1 cuillère à café, 3 à 5 fois par jour.
- Enfant de moins de 5 ans : 1/2 cuillère à café, 3 ou 4 fois par jour.

Certains homéopathes recommandent de ne pas absorber de camphre pendant un traitement homéopathique.

D.T. BIS
vaccins associés

PRÉSENTATION

D.T. BIS : solution injectable ; seringue préremplie 1 ml - Remb. 65 %

Laboratoires Mérieux-M.S.D.

COMPOSITION

	p. seringue
Anatoxine diphtérique purifiée	1 dose
Anatoxine tétanique purifiée	1 dose

INDICATIONS

C'est une association de *vaccins* composée de toxines inactivées, ou *anatoxines*, (diphtérie et tétanos). Ce vaccin ne contient aucun *germe* vivant.

Elle est utilisée uniquement pour les rappels vaccinaux, dans la prévention de la diphtérie et du tétanos.

Ce vaccin contient des doses réduites d'anatoxine ; il est exclusivement destiné aux rappels, notamment chez les personnes ayant présenté de fortes réactions lors des vaccinations initiales.

GROSSESSE, ALLAITEMENT ET NOUVEAU-NÉ

Cette vaccination peut être pratiquée pendant la grossesse ou l'allaitement.

MODE D'EMPLOI ET POSOLOGIE

Bien agiter la seringue avant l'emploi, la réchauffer à température ambiante si nécessaire. L'injection doit être réalisée par *voie* sous-cutanée ou intramusculaire.

Pour des raisons de confort, la vaccination doit être différée en cas de fièvre élevée.

Les réactions fébriles dues aux *vaccins* peuvent être combattues en prenant de l'aspirine ou du paracétamol.

Pour garder son efficacité, ce vaccin doit être conservé entre + 2 et + 8 °C (compartiment à beurre du réfrigérateur), mais quelques jours à une température ne dépassant pas 25 °C ne prêtent pas à conséquence. Il ne doit pas être congelé.

EFFETS INDÉSIRABLES POSSIBLES

Réactions douloureuses, *nodule* au point d'injection.

Fièvre modérée pendant 1 ou 2 jours.

D.T. COQ
vaccins associés

PRÉSENTATION

D.T. COQ : suspension injectable ; seringue préremplie 0,5 ml - Remb. 65 %

Laboratoires Mérieux-M.S.D.

COMPOSITION

	p. seringue
Anatoxine diphtérique purifiée	1 dose
Anatoxine tétanique purifiée	1 dose
Bordetella pertussis	> 4 UI

INDICATIONS

C'est une association de *vaccins* composée de toxines inactivées, ou *anatoxines*, (diphtérie et tétanos) et de *germes* tués (coqueluche). Elle ne contient aucun germe vivant.

Elle est utilisée dans la prévention de la diphtérie, du tétanos et de la coqueluche.

L'immunité apparaît dès la deuxième injection, est renforcée après la troisième injection et persiste au moins 5 ans après le premier rappel.

CONTRE-INDICATIONS

Ce médicament ne doit pas être utilisé dans les cas suivants :

- certaines maladies graves du cerveau,
- forte réaction lors de la première vaccination anticoquelucheuse : fièvre élevée, *convulsions*...

GROSSESSE, ALLAITEMENT ET NOUVEAU-NÉ

Ce *vaccin* est destiné au jeune enfant et n'est pas utilisé pendant la grossesse.

MODE D'EMPLOI ET POSOLOGIE

Bien agiter la seringue avant l'emploi, la réchauffer à température ambiante si nécessaire. L'injection doit être réalisée par *voie* sous-cutanée ou intramusculaire.

Posologie usuelle :

Les 3 premières injections sont réalisées à 1 mois d'intervalle dès l'âge de 2 mois. Le premier rappel a lieu 1 an après la troisième injection, puis éventuellement 5 ans après. Les rappels ultérieurs sont généralement pratiqués avec une association de *vaccins* ne comportant pas le vaccin anticoquelucheux.

Les réactions fébriles dues aux *vaccins* peuvent être combattues en prenant de l'aspirine ou du paracétamol.

Pour garder son efficacité, ce vaccin doit être conservé entre + 2 et + 8 °C (compartiment à beurre du réfrigérateur), mais quelques jours à une température ne dépassant pas 25 °C ne prêtent pas à conséquence. Il ne doit pas être congelé.

EFFETS INDÉSIRABLES POSSIBLES

Réactions douloureuses, *nodule* au point d'injection.

Réaction fébrile (38 à 39 °C) pendant 1 ou 2 jours.

Exceptionnellement : fièvre à 40 °C, *convulsions*, cris persistants. Ce *syndrome* très rare (1 pour 100 000 vaccinations) et réversible conduit à renoncer à la poursuite de la vaccination anticoquelucheuse chez l'enfant qui en a été la victime. Ce risque ne remet pas en cause l'intérêt de la vaccination contre la coqueluche, compte tenu de la gravité de cette maladie.

D.T. POLIO
vaccins associés

PRÉSENTATION

D.T. POLIO : suspension injectable ; seringue préremplie 0,5 ml - Remb. 65 %

Laboratoires Mérieux-M.S.D.

COMPOSITION

	p. seringue
Anatoxine diphtérique purifiée	1 dose
Anatoxine tétanique purifiée	1 dose
Vaccins poliomyélitiques inactivés de types 1, 2 et 3	1 dose

INDICATIONS

C'est une association de *vaccins* composée de toxines inactivées, ou *anatoxines*, (diphtérie et tétanos) et de *germes* tués (polio). Elle ne contient aucun germe vivant.

Elle est utilisée dans la prévention de la diphtérie, du tétanos et de la poliomyélite.

L'immunité apparaît dès la deuxième injection et persiste au moins 5 ans après le premier rappel.

GROSSESSE, ALLAITEMENT ET NOUVEAU-NÉ

Cette vaccination peut être pratiquée pendant la grossesse ou l'allaitement.

MODE D'EMPLOI ET POSOLOGIE

Bien agiter la seringue avant l'emploi, la réchauffer à température ambiante si nécessaire. L'injection doit être réalisée par *voie* sous-cutanée ou intramusculaire.

Posologie usuelle :

Les 3 premières injections sont réalisées à 1 mois d'intervalle dès l'âge de 2 mois. Le premier rappel a lieu 1 an après la troisième injection, puis tous les 5 à 10 ans.

Pour des raisons de confort, la vaccination doit être différée en cas de fièvre élevée.

Les réactions fébriles dues aux *vaccins* peuvent être combattues en prenant de l'aspirine ou du paracétamol.

Pour garder son efficacité, ce vaccin doit être conservé entre + 2 et + 8 °C (compartiment à beurre du réfrigérateur), mais quelques jours à une température ne dépassant pas 25 °C ne prêtent pas à conséquence. Il ne doit pas être congelé.

EFFETS INDÉSIRABLES POSSIBLES

Réactions douloureuses, *nodule* au point d'injection.

Fièvre (38 à 39 °C) pendant 1 ou 2 jours.

D.T. VAX
vaccins associés

PRÉSENTATION

D.T. VAX : suspension injectable ; seringue préremplie 0,5 ml - Remb. 65 %

Laboratoires Mérieux-M.S.D.

COMPOSITION

	p. seringue
Anatoxine diphtérique purifiée	1 dose
Anatoxine tétanique purifiée	1 dose

INDICATIONS

C'est une association de *vaccins* composée de toxines inactivées, ou *anatoxines*, (diphtérie et tétanos). Ce vaccin ne contient aucun *germe* vivant.

Elle est utilisée dans la prévention de la diphtérie et du tétanos.

L'immunité apparaît dès la deuxième injection et persiste au moins 5 ans après le premier rappel.

GROSSESSE, ALLAITEMENT ET NOUVEAU-NÉ

Cette vaccination peut être pratiquée pendant la grossesse ou l'allaitement.

MODE D'EMPLOI ET POSOLOGIE

Bien agiter la seringue avant l'emploi, la réchauffer à température ambiante si nécessaire. L'injection doit être réalisée par *voie* sous-cutanée ou intramusculaire.

Posologie usuelle :

Les 3 premières injections sont réalisées à 1 mois d'intervalle dès l'âge de 2 mois. Le premier rappel a lieu 1 an après la troisième injection puis tous les 5 à 10 ans.

Pour des raisons de confort, la vaccination doit être différée en cas de fièvre élevée.

Les réactions fébriles dues aux *vaccins* peuvent être combattues en prenant de l'aspirine ou du paracétamol.

Pour garder son efficacité, ce vaccin doit être conservé entre + 2 et + 8 °C (compartiment à beurre du réfrigérateur), mais quelques jours à une température ne dépassant pas 25 °C ne prêtent pas à conséquence. Il ne doit pas être congelé.

EFFETS INDÉSIRABLES POSSIBLES

Réactions douloureuses, *nodule* au point d'injection.

Fièvre (38 à 39 °C) pendant 1 ou 2 jours.

DUCASE PILULES

PRÉSENTATION

DUCASE PILULES : comprimé (rouge) ; boîte de 40 - Non remb.

Laboratoires Médecine Végétale

COMPOSITION

	p. comp.
Poudre de colombo	20 mg
Poudre de quassia	10 mg
Poudre de cascara	30 mg
Poudre de réglisse	30 mg
Extrait sec de gentiane	60 mg
Oxalate ferreux	50 mg
Fer ferreux	15 mg

INDICATIONS

C'est un médicament qui contient des extraits de plantes et du fer.

Il est utilisé dans le *traitement symptomatique* de certaines fatigues (*asthénie fonctionnelle*).

CONTRE-INDICATIONS

Ce médicament ne doit pas être utilisé dans les cas suivants :
- maladie inflammatoire du côlon,
- maladie comportant un risque d'obstruction du tube digestif,
- fatigue avec amaigrissement,
- **grossesse,**
- **allaitement.**

ATTENTION

Des précautions sont nécessaires en cas d'*hypertension artérielle*.

Ce médicament ne doit pas être utilisé de façon prolongée. Il contient un *laxatif stimulant* (cascara). Son usage régulier peut entraîner une *dépendance* ou des troubles intestinaux graves.

GROSSESSE, ALLAITEMENT ET NOUVEAU-NÉ

Ce médicament est contre-indiqué pendant la grossesse et l'allaitement.

MODE D'EMPLOI ET POSOLOGIE

Les comprimés doivent être pris après les repas.

Posologie usuelle :
- Adulte : 2 comprimés, 3 fois par jour.
- Enfant : 1 comprimé, 3 fois par jour.

Une fatigue persistante ne doit pas vous conduire à augmenter les prises de ce médicament : demandez conseil à votre médecin ou à votre pharmacien.

EFFETS INDÉSIRABLES POSSIBLES

Coloration noire des selles (présence de fer).

Diarrhée ou douleurs abdominales en cas d'utilisation prolongée.

DULCIBLEU
phényléphrine, méthylthioninium

PRÉSENTATION

DULCIBLEU : collyre (bleu) ; flacon 10 ml - Remb. 65 %

Laboratoires Allergan France

COMPOSITION

	p. 100 ml
Phényléphrine chlorhydrate	0,25 g
Méthylthioninium (bleu de méthylène)	0,02 g

INDICATIONS

C'est un collyre décongestionnant qui contient un *vasoconstricteur* et un *antiseptique*.

Il est utilisé pour traiter les *conjonctivites* non infectieuses, et notamment les irritations dues à des corps étrangers, à des gaz irritants, à des poussières ou à une lumière excessive.

CONTRE-INDICATIONS

Ce médicament ne doit pas être utilisé dans les cas suivants :
- *glaucome* à angle fermé,
- enfant de moins de 3 ans.

ATTENTION

Une rougeur ou une douleur de l'œil ne correspondent pas toujours à une *conjonctivite*. Des soins urgents peuvent être nécessaires, notamment en cas de vision floue.

Ce collyre peut provoquer un *glaucome* aigu par fermeture de l'angle chez les personnes prédisposées : œil rouge, dur, douloureux, et flou de la vision. Une consultation d'urgence dans un service spécialisé est alors nécessaire.

Du fait de la présence d'un *vasoconstricteur*, les instillations répétées doivent être évitées chez les personnes souffrant d'*angine de poitrine* ou d'*hypertension artérielle*.

Des instillations répétées peuvent provoquer une sensibilité anormale à la lumière, gênante en cas de conduite automobile.

INTERACTIONS MÉDICAMENTEUSES

Ce médicament peut interagir avec d'autres médicaments, notamment les *antidépresseurs* de la famille des *IMAO* non sélectifs (MARSILID, NIAMIDE...). Signalez tout autre traitement en cours à votre médecin ou à votre pharmacien.

GROSSESSE, ALLAITEMENT ET NOUVEAU-NÉ

L'effet de ce médicament pendant la grossesse ou l'allaitement est mal connu. L'évaluation du risque éventuel lié à son utilisation est individuelle : demandez conseil à votre pharmacien ou à votre médecin.

MODE D'EMPLOI ET POSOLOGIE

Tirer la paupière inférieure vers le bas tout en regardant vers le haut et déposer les gouttes de collyre entre la paupière et le globe oculaire (*cul-de-sac conjonctival*).

Posologie usuelle :
1 goutte, 2 à 4 fois par jour pendant 7 jours en moyenne.

> Les lentilles de contact ne doivent pas être portées en cas d'irritation oculaire ni réutilisées avant l'arrêt complet du traitement.
>
> Ce collyre peut colorer de façon irréversible les lentilles souples.
>
> L'application correcte du produit peut nécessiter une aide, notamment chez l'enfant ou la personne handicapée ou âgée.
>
> Ne conservez pas ce collyre plus de 15 jours après une première utilisation.

EFFETS INDÉSIRABLES POSSIBLES

Glaucome aigu par fermeture de l'angle (voir ATTENTION).

Accélération du cœur, *palpitations* du fait du passage possible du *vasoconstricteur* dans le sang.

Sensibilité excessive à la lumière due à une dilatation de la pupille.

DULCILARMES
polyvidone

PRÉSENTATION

DULCILARMES : collyre ; flacon 10 ml - Remb. 65 %

Laboratoires Allergan France

COMPOSITION

	p. fl.
Polyvidone	150 mg
Thiomersalate	+

INDICATIONS

C'est une solution de suppléance lacrymale : elle compense une insuffisance de sécrétion naturelle de larmes.

Elle est utilisée pour limiter les irritations dues aux lentilles de contact et dans le traitement de la sécheresse oculaire due à une insuffisance lacrymale (œil sec).

CONTRE-INDICATIONS

Ce collyre contient un conservateur et ne doit pas être utilisé avec les lentilles de contact souples.

> **ATTENTION**
>
> Une irritation oculaire peut être due à une infection : en cas de doute, n'hésitez pas à consulter votre médecin.
>
> N'utilisez pas ce collyre de façon prolongée sans prendre un avis médical.

INTERACTIONS MÉDICAMENTEUSES

Ce collyre peut interagir avec d'autres collyres : respectez un intervalle de 15 minutes entre deux instillations.

GROSSESSE, ALLAITEMENT ET NOUVEAU-NÉ

Ce collyre contient des conservateurs dont l'effet est mal connu pendant la grossesse ou l'allaitement. L'évaluation du risque éventuel lié à son utilisation est individuelle : demandez conseil à votre pharmacien ou à votre médecin.

MODE D'EMPLOI ET POSOLOGIE

Lentilles : déposer quelques gouttes de solution dans le creux de la lentille avant de la mettre en place.

Sécheresse oculaire : tirer la paupière inférieure vers le bas tout en regardant vers le haut et déposer les gouttes entre la paupière et le globe oculaire (*cul-de-sac conjonctival*).

Posologie usuelle :

Sécheresse oculaire : 2 gouttes chaque fois qu'une sécheresse de l'œil se fait sentir.

> L'application correcte du produit peut nécessiter une aide, notamment chez une personne handicapée ou âgée.
>
> Ne conservez pas ce collyre plus de 4 semaines après une première utilisation.

DULCION
dihydroergotoxine

PRÉSENTATION

DULCION : lyophilisat oral ; boîte de 30 - Remb. 35 % - Liste II

Laboratoires Allergan France

COMPOSITION

	p. lyoph.
Dihydroergotoxine mésilate	4,5 mg

INDICATIONS

Ce médicament est un *vasodilatateur* qui appartient à la famille des dérivés de l'*ergot de seigle*. Il augmente le débit sanguin, notamment cérébral.

Il est utilisé dans le traitement :
- des troubles du comportement et de la mémoire liés au vieillissement,
- du *syndrome subjectif des traumatismes crâniens*,
- des suites de certains *accidents vasculaires cérébraux*,
- des troubles liés au vieillissement de la *rétine* et des organes de l'équilibre et de l'audition,
- de certains troubles de la circulation.

> **ATTENTION**
>
> Chez une personne âgée, des troubles attribués au vieillissement peuvent être dus à une *dépression* ; ils nécessitent alors un traitement spécifique.

GROSSESSE, ALLAITEMENT ET NOUVEAU-NÉ

L'effet de ce médicament pendant la grossesse ou l'allaitement est mal connu : seul votre médecin peut évaluer le risque éventuel de son utilisation dans votre cas.

MODE D'EMPLOI ET POSOLOGIE

Le lyophilisat oral doit être dissous dans un verre d'eau, et absorbé au cours d'un repas.

Posologie usuelle :

1 lyophilisat oral par jour.

> Ne pas prendre ce médicament à jeun afin d'éviter d'éventuels *troubles digestifs*.

EFFETS INDÉSIRABLES POSSIBLES

- Nausées, en cas de prise à jeun.
- Rarement : congestion nasale.

DULCIPHAK
silicium organique

PRÉSENTATION

DULCIPHAK : collyre ; flacon 10 ml - Remb. 65 %

Laboratoires Allergan France

COMPOSITION

	p. 100 ml
Monométhyltrisilanol orthohydroxybenzoate de sodium, solution à 1 %	5 ml
Acide parahydroxycinnamique	0,05 g

INDICATIONS

Ce collyre contient un dérivé du silicium.

Il est utilisé dans le *traitement d'appoint* de la *cataracte*.

INTERACTIONS MÉDICAMENTEUSES

Ce collyre peut interagir avec d'autres collyres : respectez un intervalle de 15 minutes entre deux instillations.

MODE D'EMPLOI ET POSOLOGIE

Tirer la paupière inférieure vers le bas tout en regardant vers le haut et déposer une goutte de collyre entre la paupière et le globe oculaire (*cul-de-sac conjonctival*).

Posologie usuelle :

2 gouttes, 3 fois par jour.

> L'application correcte du produit peut nécessiter une aide, notamment chez une personne handicapée ou âgée.
>
> Ne conservez pas ce collyre plus de 4 semaines après une première utilisation.

DULCOLAX comprimé
bisacodyl

PRÉSENTATION

DULCOLAX : comprimé (jaune) ; boîte de 20 - Non remb.

Laboratoires Boehringer Ingelheim France

COMPOSITION

	p. comp.
Bisacodyl	5 mg

INDICATIONS

C'est un *laxatif stimulant*. Il augmente les sécrétions et la motricité de l'intestin.

Ce médicament est utilisé comme *traitement symptomatique* de la constipation.

CONTRE-INDICATIONS

Ce médicament ne doit pas être utilisé dans les cas suivants :
- maladies inflammatoires du côlon,
- maladie comportant un risque d'obstruction du tube digestif.

ATTENTION
Ce médicament doit être utilisé de façon épisodique et en cure très brève : pas plus de 8 à 10 jours.
Son usage régulier peut entraîner :
- une *dépendance*,
- des troubles intestinaux graves,
- une perte de sels minéraux et notamment de *potassium*, pouvant entraîner des *troubles du rythme cardiaque* graves.

Son usage doit rester exceptionnel chez l'enfant.
Arrêter le traitement en cas de diarrhée ou de douleurs abdominales.

INTERACTIONS MÉDICAMENTEUSES

Ce médicament peut interagir avec d'autres médicaments, notamment certains *antiarythmiques* et ceux contenant de la *vincamine*. Signalez tout autre traitement en cours à votre médecin ou à votre pharmacien.

GROSSESSE, ALLAITEMENT ET NOUVEAU-NÉ

Ce médicament est déconseillé pendant la grossesse ou l'allaitement.

MODE D'EMPLOI ET POSOLOGIE

Les comprimés doivent être avalés sans être croqués soit le matin à jeun (effet 5 heures après), soit le soir (effet 10 heures après).

Posologie usuelle :
- Adulte : 1 ou 2 comprimés par jour.
- Enfant de 3 à 15 ans : ne jamais dépasser plus de 1 comprimé par jour. Le traitement ne doit pas être poursuivi plus de quelques jours sans avis médical.

Évitez la prise simultanée de substances alcalines (eau de Vichy par exemple...).
Des mesures simples d'hygiène alimentaire et des exercices physiques sont à envisager avant d'utiliser un laxatif : parlez-en à votre médecin ou à votre pharmacien.

EFFETS INDÉSIRABLES POSSIBLES

Diarrhée, douleurs abdominales.

= risque de test antidopage positif

DULCOLAX suppositoire
bisacodyl

PRÉSENTATION

DULCOLAX : suppositoire Adulte 10 mg ; boîte de 6 - Non remb.

Laboratoires Boehringer Ingelheim France

COMPOSITION

	p. suppos.
Bisacodyl	10 mg

INDICATIONS

C'est un laxatif administré par *voie* rectale. Il délite les selles et provoque leur évacuation rapide.
Il est utilisé comme *traitement symptomatique* de la constipation.

ATTENTION
Comme tous les laxatifs, il ne doit pas être utilisé de façon prolongée sans avis médical. De plus, il doit être utilisé avec prudence chez la personne atteinte d'*hémorroïdes*, de *fissure anale* ou de *rectocolite hémorragique*.

GROSSESSE, ALLAITEMENT ET NOUVEAU-NÉ

Grossesse :
L'absence d'effets nocifs de ce médicament n'a pas été établie pendant la grossesse ou l'allaitement.

MODE D'EMPLOI ET POSOLOGIE

Ce médicament est réservé à l'adulte.
Son délai d'action peut être rapide.

Posologie usuelle :
- Adulte : 1 suppositoire par jour.

Des mesures simples d'hygiène alimentaire et des exercices physiques sont à envisager avant d'utiliser un laxatif : parlez-en à votre médecin ou à votre pharmacien.

EFFETS INDÉSIRABLES POSSIBLES

Un usage prolongé peut occasionner des sensations de brûlure anale et exceptionnellement des *inflammations* du rectum.

DUOFILM
acide salicylique, acide lactique

PRÉSENTATION

DUOFILM : solution pour application locale ; flacon 15 ml avec pinceau - Non remb.

Laboratoires Stiefel

COMPOSITION

	p. 100 g
Acide salicylique	16,7 g
Acide lactique	16,7 g

INDICATIONS

Ce médicament contient des substances caustiques.
Il est destiné au traitement local des verrues.

CONTRE-INDICATIONS

Ce médicament ne doit pas être utilisé en cas d'*allergie* aux *salicylés*.

ATTENTION
La cicatrisation peut être très lente chez les diabétiques : consultez votre médecin.

GROSSESSE, ALLAITEMENT ET NOUVEAU-NÉ

L'effet de ce médicament pendant la grossesse ou l'allaitement est mal connu. L'évaluation du risque éventuel lié à son utilisation est individuelle : demandez conseil à votre pharmacien ou à votre médecin.

MODE D'EMPLOI ET POSOLOGIE

Appliquez la solution avec le pinceau, sans déborder sur la peau saine.
En complément de cette application, tous les 2 ou 3 jours, frottez doucement la zone traitée avec une lime en carton ou une pierre ponce en évitant de faire saigner. Si vous saignez, arrêtez le traitement pendant 3 jours.

Posologie usuelle :
1 application quotidienne, de préférence le soir, pendant 6 à 12 semaines.

Pour éviter toute irritation, ne pas mettre cette solution en contact avec la peau saine qui entoure la verrue.
Conserver ce produit à l'abri de la chaleur.
Ce produit est inflammable.

EFFETS INDÉSIRABLES POSSIBLES

L'apparition de sensation de brûlure et de croûtes doit vous faire arrêter le traitement et consulter votre médecin.

DUPHALAC
lactulose

PRÉSENTATION

DUPHALAC : solution buvable ; flacon 200 ml - Remb. 35 %

DUPHALAC : solution buvable ; boîte de 20 sachets 15 ml - Remb. 35 %

Laboratoires Duphar et Cie

COMPOSITION

	p. c. à s.	p. sachet
Lactulose	10 g	10 g

INDICATIONS

C'est un *laxatif osmotique*. Il attire l'eau dans l'intestin et augmente le volume des selles.

Il est principalement utilisé comme *traitement symptomatique* de la constipation, mais également pour traiter certaines complications des *cirrhoses*.

CONTRE-INDICATIONS

Ce médicament ne doit pas être utilisé dans les cas suivants :
- constipation ou douleurs abdominales dues à une obstruction du tube digestif : rétrécissement intestinal, *fécalome* (bouchon de selles) ;
- maladies inflammatoires du côlon, maladie de *Crohn*, *rectocolite hémorragique* ;
- personne ne devant pas absorber de galactose.

ATTENTION
Les laxatifs ne doivent pas être utilisés de façon prolongée sans avis médical.

GROSSESSE, ALLAITEMENT ET NOUVEAU-NÉ

Grossesse :
Ce médicament peut être utilisé chez la femme enceinte.

Allaitement :
Comme tous les laxatifs, ce médicament est susceptible de freiner les montées de lait.

MODE D'EMPLOI ET POSOLOGIE

L'effet de ce médicament est augmenté si la prise a lieu le matin à jeun. Il peut être pris pur ou dilué dans une boisson.

Posologie usuelle :
En cas de constipation, elle sera adaptée selon les résultats obtenus. Si une diarrhée apparaît, il faut réduire la *posologie*.
- Adulte :
  - *traitement d'attaque* : 1 à 3 cuillères à soupe ou 1 à 3 sachets par jour ;
  - *traitement d'entretien* : 2 à 5 cuillères à café ou 2/3 de sachet à 1 sachet 2/3 par jour.
- Enfant de 7 à 14 ans :
  - *traitement d'attaque* : 1 cuillère à soupe ou 1 sachet par jour ;
  - *traitement d'entretien* : 2 cuillères à café ou 2/3 de sachet par jour.
- Enfant de 1 à 6 ans : 1 à 2 cuillères à café ou 1/3 à 2/3 de sachet par jour.
- Nourrisson : 1 cuillère à café ou 1/3 de sachet par jour.

☛ Des mesures simples d'hygiène alimentaire et des exercices physiques sont à envisager avant d'utiliser un laxatif : parlez-en à votre médecin ou à votre pharmacien.

EFFETS INDÉSIRABLES POSSIBLES

Sensation de ballonnement, diarrhée incitant à diminuer la *posologie*.

Rarement : démangeaisons, douleur anale, amaigrissement.

L'exposition au soleil peut être contre-indiquée pendant certains traitements

DUPHASTON
dydrogestérone

PRÉSENTATION

DUPHASTON 10 : comprimé sécable (blanc) ; boîte de 10 - Remb. 65 %

Laboratoires Duphar et Cie

COMPOSITION

	p. comp.
Dydrogestérone	10 mg

INDICATIONS

Ce médicament contient une *hormone* dont l'action est proche de celle de la *progestérone*.

Il est utilisé :
- pour corriger une insuffisance de sécrétion de progestérone dans le traitement de certains troubles des règles, de la tension des seins, de certaines stérilités et des menaces de fausses couches ;
- en complément des *estrogènes* dans le traitement de la *ménopause* ;
- pour traiter l'*endométriose*.

ATTENTION
N'utilisez en aucun cas ce médicament sans avis médical.
Prévenez votre médecin si vous souffrez d'une maladie grave du foie.

GROSSESSE, ALLAITEMENT ET NOUVEAU-NÉ

Grossesse :
Ce médicament peut être utilisé pendant la grossesse.

MODE D'EMPLOI ET POSOLOGIE

Les comprimés peuvent être pris en continu ou durant certaines périodes du cycle.

Posologie usuelle :
Elle varie de 1 à 3 comprimés par jour, selon les cas.

DURABOLIN
nandrolone

PRÉSENTATION

DURABOLIN : solution injectable huileuse *I.M.* ; boîte de 4 ampoules 1 ml - Non remb. - Liste II

Laboratoires Organon

COMPOSITION

	p. amp. inj.
Nandrolone phénylpropionate	25 mg

INDICATIONS

C'est un *anabolisant* qui appartient à la famille des *hormones androgènes*.

Il est utilisé dans le traitement de certains états de dénutrition de la personne âgée, dans les suites d'intervention chirurgicale majeure, de brûlures étendues ou d'*escarres* importantes.

CONTRE-INDICATIONS

Ce médicament ne doit pas être utilisé dans les cas suivants :
- femme en âge d'avoir des enfants ;
- période précédant la puberté ;
- *adénome de la prostate*, cancer de la prostate ou cancer du sein chez l'homme ;
- *insuffisance hépatique*, *hépatite* récente ;
- états agressifs ;
- grossesse ;
- allaitement.

ATTENTION
Ce médicament est dangereux en cure prolongée.

GROSSESSE, ALLAITEMENT ET NOUVEAU-NÉ

Grossesse :
Ce médicament est contre-indiqué pendant la grossesse : il existe des risques de *virilisation* chez la femme et chez l'enfant à naître.

Allaitement :
Ce médicament est contre-indiqué pendant l'allaitement.

MODE D'EMPLOI ET POSOLOGIE

La solution est injectée par *voie* intramusculaire profonde.

☛ Le contenu de l'ampoule est huileux : il est préférable d'utiliser des seringues en verre.

EFFETS INDÉSIRABLES POSSIBLES

Acné, *séborrhée*.

Spécifiquement chez la femme :
- irrégularité des règles, trouble de l'ovulation, arrêt des règles ;
- *virilisation*, développement anormal des poils, modification de la voix, chute des cheveux ; effets irréversibles à l'arrêt du traitement.

DUSPATALIN
mébévérine

PRÉSENTATION

DUSPATALIN : comprimé (blanc) 100 mg ; boîte de 30 - Remb. 35 % - Liste II

DUSPATALIN : gélule (blanc) 200 mg ; boîte de 30 - Remb. 35 % - Liste II

DUSPATALIN : suspension buvable 10 mg/ml ; flacon 200 ml (gobelet doseur) - Remb. 35 % - Liste II

Laboratoires Duphar et Cie

COMPOSITION

	p. comp.	p. gél.	p. ml
Mébévérine chlorhydrate	100 mg	200 mg	10 mg

INDICATIONS

C'est un médicament *antispasmodique*. Il relâche les muscles du tube digestif et des *voies biliaires*.

Il est utilisé comme traitement des spasmes du tube digestif et des voies biliaires.

CONTRE-INDICATIONS

Ce médicament ne doit pas être utilisé chez l'enfant de moins de 3 ans.

GROSSESSE, ALLAITEMENT ET NOUVEAU-NÉ

Les effets de ce médicament pendant la grossesse et l'allaitement sont mal connus : par mesure de prudence, son usage est déconseillé pendant les 3 premiers mois de la grossesse.

MODE D'EMPLOI ET POSOLOGIE

Ce médicament sera pris de préférence avant les repas. Les comprimés et les gélules doivent être avalés avec un peu d'eau, sans être croqués ni sucés. Agiter la suspension buvable avant utilisation.

Posologie usuelle :

- Adulte : 2 comprimés, ou 1 gélule matin et soir.
- Enfant de 10 à 15 ans : 1 cuillère à soupe de suspension buvable, 3 fois par jour.
- Enfant de 9 à 10 ans : 2 cuillères à café, 3 fois par jour.
- Enfant de 4 à 8 ans : 1 cuillère à café, 3 fois par jour.
- Enfant de 3 à 4 ans : 1/2 cuillère à café, 3 fois par jour.

Une vie calme, des horaires de repas réguliers, une adaptation du régime alimentaire sont recommandés.
Conserver ce médicament à l'abri de la lumière.

DUVADILAN
isoxsuprine

PRÉSENTATION

DUVADILAN : comprimé sécable (blanc) ; boîte de 50 - Remb. 35 %

Laboratoires Duphar

COMPOSITION

	p. comp.
Isoxsuprine	10 mg

INDICATIONS

Ce médicament est un *vasodilatateur*. Il a également une action relaxante sur la musculature de l'utérus.

Il est utilisé dans le *traitement symptomatique* :
- de l'*artérite*,
- de la maladie de *Raynaud*,
- des troubles du comportement et de la mémoire liés au vieillissement,
- de certaines maladies de la *rétine*.

Il est également utilisé chez la femme enceinte, en particulier lors de menace d'accouchement prématuré.

CONTRE-INDICATIONS

Ce médicament ne doit pas être utilisé en cas d'*hémorragie* abondante.

MODE D'EMPLOI ET POSOLOGIE

Les comprimés doivent être avalés avec un peu d'eau.

Posologie usuelle :

2 comprimés, 3 ou 4 fois par jour.

Dans les menaces d'accouchement prématuré, suivre les indications de votre médecin.

Ce médicament n'est actif que sur les *symptômes* de l'*artérite*. Seuls la pratique de la marche et l'arrêt éventuel du tabagisme peuvent retarder l'évolution de la maladie.
Si vous êtes fumeur, la poursuite du tabagisme nuit à l'efficacité du traitement.

EFFETS INDÉSIRABLES POSSIBLES

À forte dose : augmentation du rythme cardiaque ou baisse de la tension artérielle.

DUXIL
raubasine, almitrine

PRÉSENTATION

DUXIL : comprimé (rose) ; boîte de 30 - Remb. 65 % - Liste II

DUXIL : suspension buvable ; flacon 48 ml (1,6 ml = 40 gouttes) - Remb. 65 % - Liste II

Laboratoires Therval

COMPOSITION

	p. comp.	p. 40 gtes
Raubasine	10 mg	10 mg
Almitrine bismésilate	30 mg	30 mg
Saccharose		0,48 g

INDICATIONS

C'est un médicament qui associe deux substances. Il enrichit le sang en oxygène et permet de protéger certains organes contre les conséquences d'un apport sanguin insuffisant.

Il est utilisé dans le traitement :
- des troubles du comportement et de la mémoire liés au vieillissement,
- des suites immédiates et tardives de certains *accidents vasculaires cérébraux*,
- des troubles liés au vieillissement de la *rétine* ou des organes de l'équilibre et de l'audition.

CONTRE-INDICATIONS

Ce médicament ne doit pas être utilisé en association avec les médicaments de la famille des *IMAO*.

ATTENTION

Chez la personne âgée, des troubles attribués au vieillissement peuvent être dus à une *dépression* ; ils nécessitent alors un traitement spécifique.

Signalez à votre médecin la présence de picotements, de fourmillements, d'engourdissement des jambes, ainsi qu'une perte de poids supérieure à 5 kg. Ces *symptômes* peuvent traduire l'apparition d'une complication due au traitement.

INTERACTIONS MÉDICAMENTEUSES

Ce médicament ne doit pas être associé aux médicaments de la famille des *IMAO* (risque d'*hypertension artérielle*) ni avec des médicaments contenant de l'almitrine (risque de surdosage).

GROSSESSE, ALLAITEMENT ET NOUVEAU-NÉ

L'effet de ce médicament pendant la grossesse ou l'allaitement est mal connu : seul votre médecin peut évaluer le risque éventuel de son utilisation dans votre cas.

MODE D'EMPLOI ET POSOLOGIE

Les comprimés ou la suspension buvable doivent être pris avec un peu d'eau.

Posologie usuelle :

1 comprimé ou 40 gouttes, 1 ou 2 fois par jour. Elle ne doit être en aucun cas dépassée.

EFFETS INDÉSIRABLES POSSIBLES

Ils sont rares :
- amaigrissement, *neuropathie* apparaissant lors de traitements de longue durée en se traduisant par des fourmillements (voir ATTENTION) ;
- *troubles digestifs* ;
- insomnie, agitation, anxiété, *palpitations*, ou au contraire somnolence, sensations de *vertiges*.

DYNABOLON
nandrolone

PRÉSENTATION

DYNABOLON : solution injectable huileuse *I.M.* ; boîte de 1 ampoule 1 ml - Non remb. - Liste II

Laboratoires Théramex

COMPOSITION

	p. amp. inj.
Nandrolone undécanoate	50 mg

INDICATIONS

Ce médicament contient un *anabolisant* qui appartient à la famille des *hormones androgènes*.

Il est utilisé dans le traitement de certains états de dénutrition de la personne âgée, dans les suites d'intervention chirurgicale majeure, de brûlures étendues ou d'*escarres* importantes.

CONTRE-INDICATIONS

Ce médicament ne doit pas être utilisé dans les cas suivants :
- femme en âge d'avoir des enfants ;
- période précédant la puberté ;
- *adénome de la prostate*, cancer de la prostate ou cancer du sein chez l'homme ;
- *insuffisance hépatique*, *hépatite* récente ;
- états agressifs ;
- grossesse ;
- allaitement.

ATTENTION

Ce médicament est dangereux en cure prolongée.

GROSSESSE, ALLAITEMENT ET NOUVEAU-NÉ

Grossesse :

Ce médicament est contre-indiqué pendant la grossesse : il existe des risques de *virilisation* chez la femme et chez l'enfant à naître.

Allaitement :

Ce médicament est contre-indiqué pendant l'allaitement.

MODE D'EMPLOI ET POSOLOGIE

La solution est injectée par *voie* intramusculaire profonde.

> ☛ Le contenu de l'ampoule est huileux : il est préférable d'utiliser des seringues en verre.

EFFETS INDÉSIRABLES POSSIBLES

Acné, séborrhée.
Spécifiquement chez la femme :
- irrégularité des règles, trouble de l'ovulation, arrêt des règles ;
- *virilisation*, développement anormal des poils, modification de la voix, chute des cheveux ; effets irréversibles à l'arrêt du traitement.

DYNAMISAN
glutamate d'arginine

PRÉSENTATION

DYNAMISAN : solution buvable ; boîte de 10 ampoules 10 ml - Non remb.

DYNAMISAN : solution buvable ; boîte de 20 ampoules 10 ml - Non remb.

Laboratoires Sandoz

COMPOSITION

	p. amp.
Arginine glutamate	3 g

INDICATIONS

C'est un *antiasthénique* qui contient une association d'*acides aminés*.

Ce médicament est utilisé dans le *traitement symptomatique* de la fatigue.

GROSSESSE, ALLAITEMENT ET NOUVEAU-NÉ

Ce médicament ne contient que des substances présumées sans danger pendant la grossesse ou l'allaitement. Néanmoins, ne l'utilisez pas de façon prolongée sans l'avis de votre pharmacien ou de votre médecin.

MODE D'EMPLOI ET POSOLOGIE

Le contenu des ampoules doit être dilué dans un verre d'eau.

Posologie usuelle :
- Adulte et enfant de plus de 12 ans : 1 ampoule par jour, avant un repas.

> ☛ Une fatigue persistante ne doit pas vous conduire à augmenter les prises de ce médicament : consultez votre médecin.

DYNAVITAL COBALT
oligo-élément

PRÉSENTATION

DYNAVITAL COBALT : gélule (blanc) ; boîte de 40 - Non remb.

Laboratoires Monal

COMPOSITION

	p. gél.
Gluconate de cobalt soit cobalt	0,06 mg

INDICATIONS

C'est un médicament qui appartient à la famille des éléments minéraux traces (oligo-éléments). Il contient une faible quantité de cobalt.

Il est utilisé comme *modificateur de terrain* dans les états migraineux.

> **ATTENTION**
> Si les maux de tête persistent, des examens peuvent être nécessaires : consultez votre médecin.

GROSSESSE, ALLAITEMENT ET NOUVEAU-NÉ

Compte tenu de sa très faible teneur en minéraux, ce médicament peut être utilisé chez la femme enceinte, ou celle qui allaite.

MODE D'EMPLOI ET POSOLOGIE

Ce médicament est réservé à l'adulte.

Les gélules doivent être avalées avec un verre d'eau.

Posologie usuelle :
- Adulte : 1 gélule par jour.

La durée du traitement ne doit pas dépasser 1 mois sans l'avis de votre médecin.

DYNAVITAL CUIVRE
oligo-élément

PRÉSENTATION

DYNAVITAL CUIVRE : gélule (blanc) ; boîte de 40 - Non remb.

Laboratoires Monal

COMPOSITION

	p. gél.
Gluconate de cuivre soit en cuivre	0,2 mg

INDICATIONS

C'est un médicament qui appartient à la famille des éléments minéraux traces (oligo-éléments). Il contient une très faible quantité de cuivre.

Il est utilisé comme *modificateur de terrain*, en particulier dans les états grippaux et infectieux et au cours des manifestations rhumatismales inflammatoires.

> **ATTENTION**
> Les oligo-éléments aident l'organisme à combattre les maladies, mais leur action n'est généralement pas suffisante pour permettre la guérison d'affections graves ; un traitement spécifique est alors nécessaire.

GROSSESSE, ALLAITEMENT ET NOUVEAU-NÉ

L'utilisation ponctuelle de ce médicament pendant la grossesse ou l'allaitement ne semble pas poser de problème particulier.

MODE D'EMPLOI ET POSOLOGIE

Ce médicament est réservé à l'adulte.

Les gélules doivent être avalées avec un verre d'eau.

Posologie usuelle :
- Adulte : 1 ou 2 gélules par jour.

La durée du traitement ne doit pas dépasser 1 mois sans avis médical.

DYNAVITAL FLUOR
oligo-élément

PRÉSENTATION

DYNAVITAL FLUOR : gélule (blanc) ; boîte de 40 - Non remb.

Laboratoires Monal

COMPOSITION

	p. gél.
Fluorure de sodium, soit fluor	0,5 mg

INDICATIONS

Ce médicament appartient à la famille des éléments minéraux traces (oligo-éléments). Il contient une faible quantité de fluor.

Il est utilisé comme *modificateur de terrain* dans les atteintes mineures des ligaments.

GROSSESSE, ALLAITEMENT ET NOUVEAU-NÉ

Ce médicament peut être utilisé chez la femme enceinte ou qui allaite, mais sur avis médical.

MODE D'EMPLOI ET POSOLOGIE

Ce médicament est réservé à l'adulte.

Les gélules peuvent être avalées avec un verre d'eau.

Posologie usuelle :
- Adulte : 1 gélule, 1 ou 2 fois par jour.

La durée du traitement ne doit pas dépasser 1 mois sans avis médical.

DYNAVITAL MAGNÉSIUM
oligo-élément

PRÉSENTATION

DYNAVITAL MAGNÉSIUM : gélule (blanc opaque) ; boîte de 40 - Non remb.

Laboratoires Monal

COMPOSITION

	p. gél.
Oxyde de magnésium lourd soit en magnésium	33 mg

INDICATIONS

C'est un médicament qui appartient à la famille des éléments minéraux traces (oligo-éléments). Il contient une faible quantité de magnésium.

Il est utilisé comme *modificateur de terrain*, en particulier dans certains dérèglements du système *neurovégétatif* et les états de *spasmophilie*.

GROSSESSE, ALLAITEMENT ET NOUVEAU-NÉ

Compte tenu de sa très faible concentration en minéraux, ce médicament peut être utilisé pendant la grossesse ou l'allaitement.

MODE D'EMPLOI ET POSOLOGIE

Ce médicament est réservé à l'adulte.

Les gélules doivent être avalées avec un verre d'eau.

Posologie usuelle :

- Adulte : 1 gélule par jour.

La durée du traitement ne doit pas dépasser 1 mois sans l'avis de votre pharmacien ou de votre médecin.

DYNAVITAL MANGANÈSE
oligo-élément

PRÉSENTATION

DYNAVITAL MANGANÈSE : gélule (blanc) ; boîte de 40 - Non remb.

Laboratoires Monal

COMPOSITION

	p. gél.
Gluconate de manganèse soit en manganèse	0,2 mg

INDICATIONS

Ce médicament appartient à la famille des éléments minéraux traces (oligo-éléments). Il contient une faible quantité de manganèse.

Il est utilisé comme *modificateur de terrain*, en particulier dans les *allergies*.

GROSSESSE, ALLAITEMENT ET NOUVEAU-NÉ

Compte tenu de sa très faible concentration en minéraux, ce médicament peut être utilisé pendant la grossesse ou l'allaitement.

MODE D'EMPLOI ET POSOLOGIE

Ce médicament est réservé à l'adulte.

Les gélules doivent être avalées avec un verre d'eau.

Posologie usuelle :

- Adulte : 1 gélule par jour.

La durée du traitement ne doit pas dépasser 1 mois sans l'avis de votre pharmacien ou de votre médecin.

DYNAVITAL SOUFRE
oligo-élément

PRÉSENTATION

DYNAVITAL SOUFRE : gélule (blanc) ; boîte de 40 - Non remb.

Laboratoires Monal

COMPOSITION

	p. gél.
Soufre purifié lavé	20 mg

INDICATIONS

C'est un médicament qui appartient à la famille des éléments minéraux traces (oligo-éléments). Il contient une très faible quantité de soufre.

Il est utilisé comme *modificateur de terrain*, en particulier dans les cas d'affections récidivantes de la peau, des articulations, du nez, de la gorge et des oreilles.

GROSSESSE, ALLAITEMENT ET NOUVEAU-NÉ

Compte tenu de sa très faible concentration en minéraux, ce médicament peut être utilisé pendant la grossesse ou l'allaitement.

MODE D'EMPLOI ET POSOLOGIE

Ce médicament est réservé à l'adulte.

Les gélules doivent être avalées avec un verre d'eau.

Posologie usuelle :

- Adulte : 1 gélule par jour.

La durée du traitement ne doit pas dépasser 1 mois sans l'avis de votre pharmacien ou de votre médecin.

DYNAVITAL ZINC
oligo-élément

PRÉSENTATION

DYNAVITAL ZINC : gélule (blanc) ; boîte de 40 - Non remb.

Laboratoires Monal

COMPOSITION

	p. gél.
Zinc	0,2 mg

INDICATIONS

Ce médicament appartient à la famille des éléments minéraux traces (oligo-éléments). Il contient une très faible quantité de zinc.

Il est utilisé comme *modificateur de terrain*, en particulier dans les cas d'affections de la peau.

GROSSESSE, ALLAITEMENT ET NOUVEAU-NÉ

Compte tenu de sa très faible concentration en minéraux, ce médicament peut être utilisé pendant la grossesse ou l'allaitement.

MODE D'EMPLOI ET POSOLOGIE

Ce médicament est réservé à l'adulte.

Il est pris de préférence à distance des repas.

Posologie usuelle :

- Adulte : 1 gélule par jour.

La durée du traitement ne doit pas dépasser 1 mois sans avis médical.

DYSKINÉBYL
dihydroxydibutyléther

PRÉSENTATION

DYSKINÉBYL : capsule (jaune pâle translucide) ; boîte de 30 - Remb. 35 %

DYSKINÉBYL : solution buvable arôme orange ; flacon 90 ml - Remb. 35 %

Laboratoires Zyma

COMPOSITION

	p. caps.	p. 1/2 c. à c.
Dihydroxydibutyléther	0,50 g	0,875 g
Alcool		0,6 g

INDICATIONS

C'est un médicament qui appartient à la famille des *cholérétiques*. Il agit en augmentant la production de bile et lutte contre les spasmes des *voies biliaires*.

Il est principalement utilisé dans le *traitement symptomatique* des *troubles digestifs* en rapport avec une paresse biliaire.

ATTENTION

Si vous souffrez d'une maladie grave du foie ou d'une obstruction des *voies biliaires* notamment due à des calculs, n'utilisez pas ce médicament sans avis médical.

En cas de persistance des *symptômes*, des examens peuvent être nécessaires : consultez votre médecin.

La solution buvable contient de l'*alcool* en quantité notable : ne pas l'utiliser en cas de cure de désintoxication alcoolique.

GROSSESSE, ALLAITEMENT ET NOUVEAU-NÉ

L'effet de ce médicament pendant la grossesse ou l'allaitement est mal connu. L'évaluation du risque éventuel lié à son utilisation est individuelle : demandez conseil à votre pharmacien ou à votre médecin.

MODE D'EMPLOI ET POSOLOGIE

La solution buvable doit être diluée dans un demi-verre d'eau sucrée.

Les capsules doivent être avalées sans être croquées avec un verre d'eau.

Ce médicament sera pris avant les repas.

Posologie usuelle :

1/2 cuillère à café ou 1 ou 2 capsules, 3 fois par jour.

☛ Les capsules doivent être conservées à l'abri de la chaleur et de l'humidité.

DYSPNÉ-INHAL
épinéphrine

PRÉSENTATION

DYSPNÉ-INHAL : solution pour aérosol ; flacon 10 ml compte-gouttes avec pulvérisateur spécial - Non remb. - Liste I

Laboratoires Augot

COMPOSITION

	p. 100 ml
Épinéphrine (adrénaline)	4 g
Sulfites	+

INDICATIONS

Ce médicament est un bronchodilatateur. Il contient de l'*adrénaline*, qui lutte notamment contre la contraction anormale des muscles de la paroi des bronches.

Il est utilisé dans le *traitement de la crise d'asthme*.

CONTRE-INDICATIONS

Ce médicament ne doit pas être utilisé dans les cas suivants :
- *troubles du rythme cardiaque*,
- *insuffisance coronarienne*,
- *hypertension artérielle*,
- *hyperthyroïdie*,
- *glaucome* à angle fermé.

ATTENTION
Des précautions sont nécessaires en cas d'*insuffisance cardiaque*, de *diabète*, et chez la personne âgée.

INTERACTIONS MÉDICAMENTEUSES

Ce médicament peut interagir avec d'autres médicaments. Signalez tout autre traitement en cours à votre médecin ou à votre pharmacien.

GROSSESSE, ALLAITEMENT ET NOUVEAU-NÉ

L'effet de ce médicament pendant la grossesse ou l'allaitement est mal connu : seul votre médecin peut évaluer le risque éventuel de son utilisation dans votre cas.

MODE D'EMPLOI ET POSOLOGIE

Ne pas utiliser ce médicament en position couchée. Mettre 20 gouttes dans l'atomiseur, pour une utilisation d'environ une semaine.

Posologie usuelle :

Elle est fixée par le médecin. Ne pas dépasser 5 inhalations par jour.

L'absence d'efficacité des inhalations au cours de la crise d'*asthme* est un signe d'aggravation. Consultez immédiatement votre médecin.

EFFETS INDÉSIRABLES POSSIBLES

Les plus fréquents sont : accélération du cœur, maux de tête, nausées, tremblements, agitation, anxiété.

E

EAU OXYGÉNÉE GIFRER
peroxyde d'hydrogène

PRÉSENTATION

EAU OXYGÉNÉE GIFRER 10 volumes : solution pour application locale, *bain de bouche* et *gargarisme* ; flacon 125 ml - Non remb.

EAU OXYGÉNÉE GIFRER 10 volumes : solution pour application locale, *bain de bouche* et *gargarisme* ; flacon 250 ml - Non remb.

Laboratoires Gifrer Barbezat

COMPOSITION

	p. 100 ml
Peroxyde d'hydrogène	3 g

INDICATIONS

Ce médicament est un *antiseptique* local et un *hémostatique*.

Il est utilisé :
- en application locale pour désinfecter et arrêter le saignement des plaies superficielles de la peau et des muqueuses,
- en *bain de bouche* et en *gargarisme* pour les soins de la bouche et des dents et dans le *traitement d'appoint* des angines et des *pharyngites*.

ATTENTION

Les traitements locaux (*gargarisme, collutoire*, pastille) n'agissent que superficiellement ; dans le cas d'infections profondes (angine, abcès...), un autre mode de traitement est nécessaire.

Ne pas mettre en contact avec les yeux.

INTERACTIONS MÉDICAMENTEUSES

L'association à d'autres *antiseptiques* est déconseillée car leurs effets risquent de s'annuler.

GROSSESSE, ALLAITEMENT ET NOUVEAU-NÉ

Cet *antiseptique* peut être utilisé chez la femme enceinte ou qui allaite.

MODE D'EMPLOI ET POSOLOGIE

La solution s'emploie :
- pure en application locale ;
- diluée de moitié en bain local (1 volume de solution dans 1 volume d'eau) ;
- diluée en *bain de bouche* et en *gargarisme* (2 cuillères à café de solution dans un verre d'eau tiède), 2 ou 3 fois par jour.

Ce médicament ne doit en aucun cas être avalé.

Certains dentistes et stomatologistes recommandent de ne pas pratiquer de *bain de bouche* dans les heures qui suivent une extraction dentaire afin d'éviter de faire saigner la plaie.

Tous les *antiseptiques* peuvent être contaminés par des *germes* : ne les conservez pas inutilement.

Ce produit doit être maintenu à l'abri de la lumière et de la chaleur.

EFFETS INDÉSIRABLES POSSIBLES

Sensation de picotement sur les plaies.

EAU OXYGÉNÉE GILBERT
peroxyde d'hydrogène

PRÉSENTATION

EAU OXYGÉNÉE 10 volumes : solution pour application locale ; flacon pulvérisateur 120 ml - Non remb.

EAU OXYGÉNÉE 10 volumes : solution pour application locale ; flacon 120 ml - Non remb.

EAU OXYGÉNÉE 10 volumes : solution pour application locale ; flacon 250 ml - Non remb.

Laboratoires Gilbert

COMPOSITION

	p. 100 ml
Peroxyde d'hydrogène	3 g

INDICATIONS

Ce médicament est un *antiseptique* local.

Il est utilisé pour désinfecter et arrêter le saignement des plaies superficielles de la peau.

ATTENTION

Ne pas mettre en contact avec les yeux.

INTERACTIONS MÉDICAMENTEUSES

L'association à d'autres *antiseptiques* est déconseillée car leurs effets risquent de s'annuler.

GROSSESSE, ALLAITEMENT ET NOUVEAU-NÉ

Cet *antiseptique* peut être utilisé chez la femme enceinte ou qui allaite.

MODE D'EMPLOI ET POSOLOGIE

Appliquer la solution pure à l'aide d'une compresse ou d'un morceau de coton, ou bien sous forme de pulvérisation.

Le simple lavage à l'eau et au savon permet d'éliminer la majorité des *germes* ; il doit être suivi d'un rinçage soigneux car le savon peut inactiver certains *antiseptiques*.

Tous les antiseptiques peuvent être contaminés par des germes : ne les conservez pas inutilement après une première utilisation.

Ce produit doit être conservé à l'abri de la lumière et de la chaleur.

EFFETS INDÉSIRABLES POSSIBLES

Sensation de picotement sur les plaies.

EAU PRÉCIEUSE DÉPENSIER

PRÉSENTATION

EAU PRÉCIEUSE DÉPENSIER : solution pour application locale ; flacon (plastique) 375 ml - Non remb.

Laboratoires Phygiène

COMPOSITION

	p. 100 ml
Acide borique	0,8 g
Résorcinol	425 mg
Acide salicylique	250 mg
Tanin	25 mg
Lysol	5 mg
Phénol	2,5 mg
Menthol	0,5 mg

INDICATIONS

Cette lotion contient des substances qui luttent contre l'excès de sébum, les irritations et infections superficielles de la peau.

Elle est utilisée comme *traitement d'appoint* des points noirs et des boutons et pour apaiser les irritations de la peau dues aux piqûres d'insectes ou au rasage.

CONTRE-INDICATIONS

Ce médicament ne doit pas être utilisé dans les cas suivants :
- *allergie* aux *salicylés*,
- enfant de moins de 30 mois.

GROSSESSE, ALLAITEMENT ET NOUVEAU-NÉ

Cet *antiseptique* peut être utilisé par la femme enceinte ou qui allaite.

MODE D'EMPLOI ET POSOLOGIE

Cette solution s'applique à l'aide d'un coton imbibé ou en léger massage.

Pour éviter des taches indélébiles sur les vêtements ou l'émail (lavabo...), rincer immédiatement à l'eau claire.

La couleur de la solution peut se modifier (jaunissement) sous l'influence de la lumière, mais sa qualité reste intacte.

ECAZIDE

captopril, hydrochlorothiazide

PRÉSENTATION

ECAZIDE : comprimé sécable ovoïde (rose orangé) ; boîte de 28 - Remb. 65 % - Liste I

Laboratoires Squibb

COMPOSITION

	p. comp.
Captopril	50 mg
Hydrochlorothiazide	25 mg

INDICATIONS

Cet *antihypertenseur* contient deux substances :
- le captopril, un inhibiteur de l'*enzyme* de conversion. Cette enzyme est une substance naturellement présente dans l'organisme, responsable d'une contraction des artères qui augmente la tension artérielle et fatigue le cœur ;
- l'hydrochlorothiazide, un *diurétique* dont la structure chimique est proche de celle des *sulfamides*. Son action renforce celle du captopril.

Ce médicament est utilisé dans le traitement de l'*hypertension artérielle*.

CONTRE-INDICATIONS

Ce médicament ne doit pas être utilisé dans les cas suivants :
- *allergie* connue à l'un des constituants ou à la famille des *sulfamides*,
- *insuffisance rénale* grave,
- *insuffisance cardiaque* grave,
- grossesse.

ATTENTION

Si vous suiviez auparavant un traitement par *diurétique* ou un régime sans *sel*, la baisse de la tension artérielle peut être importante lors des premières prises : un malaise ou des étourdissements peuvent survenir ; il est préférable de choisir une période de repos et de prendre garde au risque de chute.

Des précautions sont nécessaires en cas d'*insuffisance hépatique* et chez la personne âgée.

Ce médicament peut être responsable d'une baisse de la *kaliémie* (taux de potassium dans le sang) qui peut être aggravée par l'usage immodéré de *laxatifs stimulants*. Des analyses de sang sont souvent prescrites par le médecin.

INTERACTIONS MÉDICAMENTEUSES

Ce médicament peut interagir avec d'autres médicaments, notamment ceux contenant du *lithium*, certains *diurétiques* et les *sels* de régime. Signalez tout autre traitement en cours à votre médecin ou à votre pharmacien.

GROSSESSE, ALLAITEMENT ET NOUVEAU-NÉ

Grossesse :

L'effet de ce médicament sur l'enfant à naître est mal connu. Quelques cas de complications ont été rapportés et son usage pendant la grossesse est contre-indiqué.

Allaitement :

Ce médicament passe dans le lait maternel : l'allaitement est déconseillé.

MODE D'EMPLOI ET POSOLOGIE

Ce médicament doit être pris avec le petit déjeuner.

Posologie usuelle :
- Adulte : 1/2 à 1 comprimé par jour en 1 prise le matin.

En cas d'*insuffisance rénale*, de traitement préalable par des *diurétiques* ou de régime sans *sel*, la *posologie* initiale est faible ; elle est augmentée progressivement par le médecin en fonction des effets du médicament.

Le traitement médicamenteux ne dispense pas de mesures simples pouvant faire baisser la tension artérielle : activité physique régulière, modération de la consommation de boissons alcoolisées, lutte contre le surpoids.

EFFETS INDÉSIRABLES POSSIBLES

Toux sèche, *troubles digestifs*, *hypotension orthostatique*.

Élévation du taux de *sucre* ou d'*acide urique* dans le sang.

Baisse du taux de potassium dans le sang associée ou non à des crampes.

Rares réactions allergiques : œdème de *Quincke*, *allergie* cutanée.

ECLARAN

peroxyde de benzoyle

PRÉSENTATION

ECLARAN 5 : gel pour application locale ; tube 45 g - Remb. 65 % - Liste II

ECLARAN 10 : gel pour application locale ; tube 45 g - Remb. 65 % - Liste II

Laboratoires Pierre Fabre

COMPOSITION

	à 5 % p. 100 g	à 10 % p. 100 g
Peroxyde de benzoyle	5 g	10 g

INDICATIONS

C'est un antiacnéique local qui contient du peroxyde de benzoyle. Il agit essentiellement en détruisant les *germes* responsables de l'*inflammation* du comédon et de la formation de pustules.

Ce médicament est utilisé dans le traitement de l'*acné*.

CONTRE-INDICATIONS

Ce médicament ne doit pas être utilisé par les personnes sensibles aux peroxydes (eau oxygénée).

ATTENTION

N'appliquez aucun autre produit ou cosmétique (eau de Cologne, lotion après-rasage, crème...) sans l'accord de votre médecin.

Ce médicament expose à une *photosensibilisation* : une exposition aux rayons *ultraviolets* (soleil, lampe à bronzer) peut provoquer des réactions cutanées. N'omettez pas de signaler à votre médecin vos projets de vacances au soleil pendant la durée du traitement.

GROSSESSE, ALLAITEMENT ET NOUVEAU-NÉ

L'effet de ce médicament pendant la grossesse ou l'allaitement est mal connu. Seul votre médecin peut apprécier la nécessité du traitement et son risque.

MODE D'EMPLOI ET POSOLOGIE

Le médecin choisit le dosage du médicament et l'espacement des applications adaptés à votre peau.

Faites pénétrer complètement le produit par de légers massages. Lavez-vous les mains après usage.

Posologie usuelle :

Au début du traitement : 1 application, 1 ou 2 fois par jour.

En traitement d'entretien : 1 application, 1 fois tous les 2 ou 3 jours.

Une irritation est fréquente en début de traitement : ne vous découragez pas, mais n'hésitez pas à prendre l'avis de votre médecin. Pour limiter les risques d'irritation, n'appliquez pas ce produit sur une peau déjà irritée ou lésée, utilisez des savons de toilette doux et n'appliquez pas de lotion ou parfum alcoolisés.

En cas d'application accidentelle sur les *muqueuses* (yeux, bouche, narines) ou sur les paupières, rincez soigneusement à l'eau.

Tenez compte du risque de décoloration de vos vêtements ou de votre literie par le produit.

EFFETS INDÉSIRABLES POSSIBLES

Photosensibilisation, irritation de la peau.

Décoloration de certains textiles.

ÉDUCTYL

tartrate de potassium, bicarbonate de sodium

PRÉSENTATION

ÉDUCTYL : suppositoire Adulte ; boîte de 12 - Remb. 35 %

ÉDUCTYL : suppositoire Enfant ; boîte de 12 - Remb. 35 %

Laboratoires Techni-Pharma

COMPOSITION

	p. suppos. Ad.	p. suppos. Enf.
Tartrate acide de potassium	1,15 g	575 mg
Bicarbonate de sodium	0,70 g	350 mg

INDICATIONS

C'est un laxatif administré par *voie* rectale. Il délite les selles et provoque leur évacuation rapide.

Il est utilisé comme *traitement symptomatique* de la constipation.

ATTENTION

Comme tous les laxatifs, il ne doit pas être utilisé de façon prolongée sans avis médical. De plus, il doit être utilisé avec prudence chez la personne atteinte d'*hémorroïdes*, de *fissure anale* ou de *rectocolite hémorragique*.

Chez le jeune enfant, l'usage des laxatifs administrés par *voie* rectale doit rester exceptionnel : il risque d'empêcher le réflexe d'expulsion des selles.

GROSSESSE, ALLAITEMENT ET NOUVEAU-NÉ

Grossesse :

Ce médicament peut être utilisé de façon ponctuelle pour traiter la constipation de la femme enceinte.

MODE D'EMPLOI ET POSOLOGIE

Le délai d'action de ce médicament peut être rapide.

Posologie usuelle :

- Adulte : 1 suppositoire Adulte par jour. Au début du traitement, un second suppositoire quelques minutes après le premier peut être nécessaire.
- Enfant : 1 suppositoire Enfant par jour.

Des mesures simples d'hygiène alimentaire et des exercices physiques sont à envisager avant d'utiliser un laxatif : parlez-en à votre médecin ou à votre pharmacien.

EFFETS INDÉSIRABLES POSSIBLES

Un usage prolongé peut occasionner des sensations de brûlure anale et exceptionnellement des *inflammations* du rectum.

ÉDULCOR pastilles sans sucre

PRÉSENTATION

ÉDULCOR : pastille acidulée arôme citron ; boîte de 90 g (environ 100 pastilles) - Non remb.

ÉDULCOR : pastille acidulée arôme mandarine ; boîte de 90 g (environ 100 pastilles) - Non remb.

ÉDULCOR : pastille arôme réglisse-anis ; boîte de 90 g (environ 100 pastilles) - Non remb.

ÉDULCOR : pastille arôme réglisse-violette ; boîte de 90 g (environ 100 pastilles) - Non remb.

Laboratoires Pierre Fabre

COMPOSITION

	p. past.	p. past. réglisse
Saccharinate de sodium	0,556 mg	0,556 mg
Gomme arabique	594 mg	569,25 mg
Glycérine	148,5 mg	148,5 mg
Réglisse, extrait		22,275 mg

INDICATIONS

Ces pastilles sont utilisées pour calmer l'irritation de la gorge, dans le cas de régime sans *sucre*.

ATTENTION

En cas de persistance des troubles ou d'apparition de fièvre, consultez votre médecin.

La consommation excessive de pastilles contenant de la réglisse peut entraîner une augmentation de la pression artérielle.

GROSSESSE, ALLAITEMENT ET NOUVEAU-NÉ

L'effet de ce médicament pendant la grossesse ou l'allaitement est mal connu. L'évaluation du risque éventuel lié à son utilisation est individuelle : demandez conseil à votre pharmacien ou à votre médecin.

MODE D'EMPLOI ET POSOLOGIE

La durée du traitement doit être courte.

Posologie usuelle :

10 à 12 pastilles par jour.

ÉDULCOR pâte avec codéine

PRÉSENTATION

ÉDULCOR PÂTES PECTORALES SANS SUCRE : pâte à sucer ; boîte de 100 - Non remb.

Laboratoires Pierre Fabre

COMPOSITION

	p. pâte
Codéine phosphate	0,255 mg
Baume de tolu, teinture	5,527 mg
Eau de laurier-cerise	5,527 mg
Saccharinate de sodium	0,556 mg

INDICATIONS

Ce médicament *antitussif* contient de la codéine, qui a un effet *sédatif* sur le *système nerveux central* et notamment les centres de la toux.

Il est utilisé dans le *traitement symptomatique* des toux sèches.

CONTRE-INDICATIONS

En raison de la présence de codéine, ce médicament ne doit pas être utilisé dans les cas suivants :

- *asthme*,
- *insuffisance respiratoire*,
- enfant de moins de 15 ans.

ATTENTION

Ce médicament n'est pas adapté au traitement de la toux grasse, qui est un mécanisme de défense normal de l'organisme permettant l'évacuation des mucosités présentes dans les bronches.

La toux est un *symptôme* qui peut révéler de nombreuses maladies : consultez votre médecin si elle persiste plus de quelques jours.

Évitez les boissons alcoolisées en raison de la présence de codéine : augmentation du risque de somnolence.

Conducteur : ce médicament peut être responsable d'une somnolence ou d'une baisse de la vigilance.

INTERACTIONS MÉDICAMENTEUSES

Ce médicament peut interagir avec beaucoup d'autres médicaments, notamment chez la personne âgée ; signalez tout autre traitement en cours à votre médecin ou à votre pharmacien.

GROSSESSE, ALLAITEMENT ET NOUVEAU-NÉ

Grossesse :

Compte tenu de la présence de codéine, n'utilisez pas ce médicament pendant la grossesse sans prendre l'avis de votre pharmacien ou de votre médecin.

Allaitement :

Ce médicament passe dans le lait maternel : il est déconseillé pendant l'allaitement.

MODE D'EMPLOI ET POSOLOGIE

Les prises de ce médicament doivent être réparties au cours de la journée.

Posologie usuelle :

10 à 12 pâtes à sucer par jour.

De nombreux médicaments contiennent de la codéine, notamment certains *antitussifs* et *antalgiques*. Le surdosage expose à une augmentation des effets indésirables.

Une toux nocturne aggravée par ce médicament peut être une toux allergique : demandez conseil à votre médecin.

La poursuite du tabagisme nuit à l'efficacité du traitement.

Des mesures simples permettent de calmer les toux sèches : boissons chaudes et humidification de l'air ambiant.

EFFETS INDÉSIRABLES POSSIBLES

Les effets indésirables liés à la codéine sont la constipation et, plus rarement : somnolence, nausées, vomissements, *bronchospasme*, sensations vertigineuses, *allergie* cutanée, ralentissement de la respiration.

ÉDULCOR pâtes eucalyptus

PRÉSENTATION

ÉDULCOR PÂTES EUCALYPTUS MENTHOL : pâte à sucer ; boîte de 100 - Non remb.

ÉDULCOR PÂTES EUCALYPTUS : pâte à sucer ; boîte de 100 - Non remb.

Laboratoires Pierre Fabre

COMPOSITION

	p. pâte	p. pâte
Eucalyptus, essence	0,742 mg	0,742 mg
Menthol	0,742 mg	
Saccharinate de sodium	0,556 mg	0,556 mg

INDICATIONS

Ce médicament contient une essence végétale qui facilite l'expectoration.

Il est utilisé pour calmer l'irritation de la gorge, dans le cas de régime sans *sucre*.

CONTRE-INDICATIONS

Les pâtes au menthol ne doivent pas être utilisées chez l'enfant de moins de 30 mois.

ATTENTION

En cas de persistance des troubles ou d'apparition de fièvre, consultez votre médecin.

Ce médicament n'est pas un bonbon : il doit être donné avec prudence chez l'enfant de moins de 7 ans.

GROSSESSE, ALLAITEMENT ET NOUVEAU-NÉ

L'effet de ce médicament pendant la grossesse ou l'allaitement est mal connu. L'évaluation du risque éventuel lié à son utilisation est individuelle : demandez conseil à votre pharmacien ou à votre médecin.

MODE D'EMPLOI ET POSOLOGIE

La durée du traitement doit être courte.

Posologie usuelle :

10 à 12 pâtes à sucer par jour.

EFFACNÉ
peroxyde de benzoyle

PRÉSENTATION

EFFACNÉ 5 : gel aqueux pour application locale ; tube 30 g - Remb. 65 % - Liste II

Laboratoires Roche-Posay

COMPOSITION

	p. 100 g
Peroxyde de benzoyle	5 g

INDICATIONS

C'est un antiacnéique local qui contient du peroxyde de benzoyle. Il agit essentiellement en détruisant certains *germes* responsables de l'*inflammation* du comédon et de la formation de pustules.

Ce médicament est utilisé dans le traitement de l'*acné*.

CONTRE-INDICATIONS

Ce médicament ne doit pas être utilisé par les personnes sensibles aux peroxydes (eau oxygénée).

ATTENTION

N'appliquez aucun autre produit ou cosmétique (eau de Cologne, lotion après-rasage, crème...) sans l'accord de votre médecin.

Ce médicament expose à une *photosensibilisation* : une exposition aux rayons *ultraviolets* (soleil, lampe à bronzer) peut provoquer des réactions cutanées. N'omettez pas de signaler à votre médecin vos projets de vacances au soleil pendant la durée du traitement.

GROSSESSE, ALLAITEMENT ET NOUVEAU-NÉ

L'effet de ce médicament pendant la grossesse ou l'allaitement est mal connu. Seul votre médecin peut apprécier la nécessité du traitement et son risque.

MODE D'EMPLOI ET POSOLOGIE

Le médecin adapte la fréquence des applications à votre peau.

Faites pénétrer complètement le produit par de légers massages. Lavez-vous les mains après usage.

Posologie usuelle :

Au début du traitement : 1 application, 1 ou 2 fois par jour.

En *traitement d'entretien* : 1 application, 1 fois tous les 2 ou 3 jours.

Une irritation est fréquente en début de traitement : ne vous découragez pas, mais n'hésitez pas à prendre l'avis de votre médecin. Pour limiter les risques d'irritation, n'appliquez pas ce produit sur une peau déjà irritée ou lésée, utilisez des savons de toilette doux et n'appliquez pas de lotion ou parfum alcoolisés.

En cas d'application accidentelle sur les *muqueuses* (yeux, bouche, narines) ou sur les paupières, rincez soigneusement à l'eau.

Tenez compte du risque de décoloration de vos vêtements ou de votre literie par le produit.

EFFETS INDÉSIRABLES POSSIBLES

Photosensibilisation, irritation de la peau. Décoloration de certains textiles.

EFFEDERM
trétinoïne

PRÉSENTATION

EFFEDERM : crème ; tube 30 g - Remb. 65 % - Liste I

EFFEDERM : lotion ; flacon doseur 50 ml (0,14 ml/dose) - Non remb. - Liste I

Laboratoires CS

COMPOSITION

	crème p. 100 g	lotion p. 100 ml
Trétinoïne	50 mg	50 mg

INDICATIONS

C'est un antiacnéique local qui appartient à la famille des dérivés de la *vitamine* A acide (*rétinoïdes*). Il facilite l'évacuation du sébum en éliminant les bouchons qui obstruent les pores de la peau.

Il est utilisé pour traiter certains types d'*acné*.

ATTENTION

Évitez d'utiliser tout autre médicament ou cosmétique (eau de Cologne, lotion après-rasage, crème...) sans l'accord de votre médecin.

Ce médicament expose à une *photosensibilisation* : une exposition aux rayons *ultraviolets* (soleil, lampe à bronzer) peut provoquer des réactions cutanées. N'omettez pas de signaler à votre médecin vos projets de vacances au soleil pendant la durée du traitement.

INTERACTIONS MÉDICAMENTEUSES

Ce médicament peut interagir avec d'autres médicaments. Signalez tout autre traitement en cours à votre médecin ou à votre pharmacien.

GROSSESSE, ALLAITEMENT ET NOUVEAU-NÉ

Grossesse :

Ce médicament est déconseillé par prudence pendant les 3 premiers mois de la grossesse. Toutefois, une grossesse survenant sous traitement ne justifie aucune inquiétude particulière, mais doit vous conduire à consulter votre médecin.

Allaitement :

Les données actuellement disponibles ne permettent pas de savoir si ce médicament passe dans le lait maternel.

MODE D'EMPLOI ET POSOLOGIE

Avant l'application, laver la peau avec un savon doux. Rincer et sécher soigneusement avant d'appliquer le produit.

En général, le traitement commence par 1 ou 2 applications par jour ; ensuite, la fréquence est adaptée à la réaction de la peau.

Le traitement doit être poursuivi au moins 3 mois ; un *traitement d'entretien* est souvent nécessaire pour éviter les rechutes.

Une irritation et une aggravation de l'*acné* sont fréquentes et normales en début de traitement ; ne vous découragez pas : les boutons qui apparaissent traduisent une élimination du sébum.

Le résultat est nettement visible à partir de la 6e semaine ; ensuite, les applications seront espacées dès que le résultat obtenu sera jugé satisfaisant.

Si vous vous exposez exceptionnellement au soleil, n'appliquez pas ce médicament la veille, le jour même ni le lendemain. En cas de coup de soleil, attendez un complet rétablissement avant la reprise du traitement.

Si vous mettez accidentellement cette substance en contact avec les yeux, les paupières, la bouche, les narines ou les *muqueuses*, rincez abondamment.

Ce produit doit être conservé à l'abri de la lumière.

EFFETS INDÉSIRABLES POSSIBLES

Rougeur sèche et parfois cuisante de la peau, surtout autour de la bouche et du cou. Ces réactions peuvent être prévenues ou atténuées par l'emploi de crèmes calmantes, ou par une modification de la *posologie*. Demandez conseil à votre médecin.

= présence d'un message d'attention pour les conducteurs

EFFERALGAN
paracétamol

PRÉSENTATION

EFFERALGAN 500 mg : comprimé effervescent sécable (blanc) ; boîte de 16 - Remb. 65 %

EFFERALGAN PÉDIATRIQUE : solution buvable ; flacon 90 ml (45 cuillères-mesure 2 ml) - Remb. 65 %

Laboratoires UPSA

COMPOSITION

	p. comp.	p. c. mes.
Paracétamol	500 mg	60 mg
Sodium	412,4 mg	

INDICATIONS

Ce médicament est un *antalgique* et un *antipyrétique* dont le principe actif est le paracétamol.

Il est utilisé :
- pour faire baisser la fièvre,
- dans le traitement des affections douloureuses.

CONTRE-INDICATIONS

Ce médicament ne doit pas être utilisé dans les cas suivants :
- maladies graves du foie,
- enfant de moins de 15 ans (comprimé effervescent).

ATTENTION

De nombreux médicaments contiennent du paracétamol : en tenir compte en cas de prise conjointe car le surdosage en paracétamol peut être toxique pour le foie.

Les comprimés effervescents contiennent du *sel* (sodium) en quantité notable.

GROSSESSE, ALLAITEMENT ET NOUVEAU-NÉ

Grossesse :

Les études scientifiques actuellement disponibles n'ont pas mis en évidence de problème particulier lors de l'utilisation chez la femme enceinte.

Allaitement :

Aux doses usuelles, l'usage de ce médicament est possible pendant l'allaitement.

MODE D'EMPLOI ET POSOLOGIE

Ce médicament peut être pris indifféremment pendant ou entre les repas. La solution buvable est adaptée aux enfants de moins de 7 ans. Elle peut être diluée dans un peu d'eau ou dans du lait.

Les comprimés doivent être dissous dans un verre d'eau.

Respecter un intervalle minimal de 4 heures entre 2 prises.

Posologie usuelle :
- Adulte et enfant de plus de 15 ans : 1 ou 2 comprimés, 1 à 3 fois par jour.
- Enfant :
  - de 13 à 15 ans : 1 comprimé, 1 à 3 fois par jour ;
  - de 7 à 13 ans : 1/2 comprimé, 1 à 3 fois par jour ;
  - de 3 à 7 ans : 3 cuillères-mesure de solution buvable, 3 à 4 fois par jour ;
  - de 1 à 3 ans : 2 cuillères-mesure de solution buvable, 3 à 4 fois par jour ;
  - de moins de 1 an : 1 cuillère-mesure de solution buvable, 3 à 4 fois par jour.

En cas d'*insuffisance rénale* grave, respecter un intervalle de 8 heures entre 2 prises.

Des sueurs abondantes accompagnent généralement la baisse de température lors du traitement des fièvres élevées. Ce phénomène est normal.

Les comprimés effervescents doivent être conservés à l'abri de l'humidité et de la chaleur.

EFFETS INDÉSIRABLES POSSIBLES

Ce médicament est très bien supporté. Les effets indésirables sont rares : *allergies* cutanées essentiellement.

EFFERALGAN CODÉINE
paracétamol, codéine

PRÉSENTATION

EFFERALGAN CODÉINE : comprimé effervescent (blanc) ; boîte de 16 - Remb. 65 % - Liste I

Laboratoires UPSA

COMPOSITION

	p. comp.
Paracétamol	500 mg
Codéine phosphate	30 mg
Sodium	380 mg
Aspartam	+

INDICATIONS

Ce médicament contient deux *antalgiques* : le paracétamol, qui empêche la transmission de la douleur, et la codéine, qui agit directement sur le cerveau.

Il est utilisé dans le *traitement symptomatique* des douleurs.

CONTRE-INDICATIONS

Ce médicament ne doit pas être utilisé dans les cas suivants :
- maladie grave du foie,
- *insuffisance respiratoire*,
- *phénylcétonurie* (présence d'aspartam),
- enfant de moins de 15 ans.

ATTENTION

Ce médicament contient de la codéine : à dose élevée, en usage prolongé, il expose à un risque de *dépendance*. Ne dépassez pas la *posologie* ni la durée du traitement prescrites par votre médecin.

De nombreux médicaments contiennent du paracétamol : en tenir compte en cas de prise conjointe car le surdosage en paracétamol peut être toxique pour le foie.

Ce médicament contient du *sel* (sodium) en quantité notable.

Évitez les boissons alcoolisées : augmentation du risque de somnolence.

Conducteur : ce médicament peut être responsable d'une somnolence ou d'une baisse de la vigilance.

INTERACTIONS MÉDICAMENTEUSES

Ce médicament peut interagir avec d'autres médicaments. Signalez tout autre traitement en cours à votre médecin ou à votre pharmacien.

GROSSESSE, ALLAITEMENT ET NOUVEAU-NÉ

Grossesse :

Ce médicament contient de la codéine : il est déconseillé pendant les 3 premiers mois de la grossesse.

Allaitement :

Ce médicament passe dans le lait maternel : l'allaitement est déconseillé.

MODE D'EMPLOI ET POSOLOGIE

Ce médicament peut être pris indifféremment avant, pendant ou après les repas. Les comprimés doivent être dissous dans un verre d'eau.

Respectez un intervalle minimum de 4 heures entre 2 prises.

Posologie usuelle :

Adulte et enfant de plus de 15 ans : 1 ou 2 comprimés, 1 à 3 fois par jour.

EFFETS INDÉSIRABLES POSSIBLES

Liés au paracétamol : *allergie* exceptionnelle.

Liés à la codéine : constipation, somnolence, *troubles digestifs*, *bronchospasme*, *vertiges*.

EFFERALGAN vitaminé C
paracétamol, vitamine C

PRÉSENTATION

EFFERALGAN VITAMINÉ C : comprimé effervescent sécable (blanc) ; boîte de 20 - Remb. 65 %

Laboratoires UPSA

COMPOSITION

	p. comp.
Paracétamol	330 mg
Acide ascorbique (vitamine C)	200 mg
Sodium	330 mg

INDICATIONS

Ce médicament associe du paracétamol, qui lutte contre la douleur et la fièvre, et de la *vitamine* C.

Il est utilisé dans le *traitement symptomatique* des affections douloureuses ou fébriles, notamment les états grippaux, les maux de tête, les courbatures.

CONTRE-INDICATIONS

Ce médicament ne doit pas être utilisé dans les cas suivants :
- maladie grave du foie,
- *antécédent* de calcul des *voies* urinaires (pour des doses de *vitamine* C supérieures à 1 g par jour).

ATTENTION

Ce médicament n'est pas adapté à l'enfant de moins de 6 ans.

De nombreux médicaments contiennent du paracétamol : en tenir compte en cas de prise conjointe car le surdosage en paracétamol peut être toxique pour le foie.

Ce médicament contient du *sel* (sodium) en quantité notable.

GROSSESSE, ALLAITEMENT ET NOUVEAU-NÉ

Grossesse :

Les études scientifiques actuellement disponibles n'ont pas mis en évidence de problème particulier lors de l'utilisation du paracétamol chez la femme enceinte.

Allaitement :

Aux doses usuelles, l'usage de ce médicament est possible pendant l'allaitement.

MODE D'EMPLOI ET POSOLOGIE

Les comprimés doivent être dissous dans un verre d'eau. Respecter un intervalle minimal de 4 heures entre 2 prises.

Posologie usuelle :

- Adulte : 1 ou 2 comprimés, 1 à 3 fois par jour. Ne pas dépasser 9 comprimés par jour.
- Enfant de 13 à 15 ans : 1 ou 1 et 1/2 comprimé, 1 à 3 fois par jour.
- Enfant de 7 à 13 ans : 1/2 ou 1 comprimé, 1 à 3 fois par jour.

EFFETS INDÉSIRABLES POSSIBLES

Liés au paracétamol : rarement, *allergie* cutanée.

Liés à la vitamine C : à forte dose (supérieure à 1 g par jour), calculs des *voies urinaires* chez les personnes prédisposées.

EFFICORT

acéponate d'hydrocortisone

PRÉSENTATION

EFFICORT : crème hydrophile ; tube 15 g - Remb. 65 % - Liste I

EFFICORT : crème hydrophile ; tube 30 g - Remb. 65 % - Liste I

EFFICORT : crème lipophile ; tube 30 g - Remb. 65 % - Liste I

Laboratoires Galderma

COMPOSITION

	p. 100 g
Hydrocortisone acéponate	127 mg

INDICATIONS

C'est un *dermocorticoïde* d'activité forte. Comme les autres dérivés de la *cortisone* à usage local, il freine le renouvellement et la multiplication des cellules de la peau et limite le suintement.

Il est utilisé pour traiter les *eczémas de contact* ou *atopiques*, les *lichénifications*, le *psoriasis*, le *prurigo*, la *dyshidrose*, et pour soulager les démangeaisons dues aux piqûres d'insectes ou à la présence de parasites sous la peau. Il est également utilisé dans le traitement de certaines maladies rares : *granulome annulaire*, *lupus érythémateux* discoïde, *mycosis fongoïde*.

CONTRE-INDICATIONS

Ce médicament ne doit pas être utilisé dans les cas suivants :
- infection et parasitose non traitées de la peau (ce médicament n'a pas d'effet anti-infectieux),
- lésion ulcérée,
- *acné* et *rosacée*.

ATTENTION

Comme les autres *dermocorticoïdes*, ce médicament a souvent une action efficace et rapide sur les lésions de la peau ; il peut être tentant de le réutiliser, mais l'automédication expose à des risques importants : aggravation de certaines lésions, installation d'une *dépendance* (amélioration de moins en moins visible des lésions et recrudescence des *symptômes* à chaque arrêt de traitement) et altération durable de la peau.

Suivez attentivement la prescription de votre médecin et n'hésitez pas à lui demander des explications.

GROSSESSE, ALLAITEMENT ET NOUVEAU-NÉ

L'effet de ce médicament pendant la grossesse ou l'allaitement est mal connu : seul votre médecin peut évaluer le risque éventuel de son utilisation dans votre cas.

MODE D'EMPLOI ET POSOLOGIE

La crème hydrophile est adaptée au traitement des lésions suintantes, la crème lipophile à celui des lésions sèches.

Étaler le médicament sur les lésions et le faire pénétrer par un léger massage. Pour traiter de grandes surfaces : appliquer en touches espacées, puis étaler avec un gant en plastique jusqu'à complète absorption.

Posologie usuelle :

1 ou 2 applications par jour.

Le médecin prescrit fréquemment un arrêt progressif du traitement : espacement des applications ou diminution de la quantité appliquée.

Ne conseillez pas, ne donnez pas ce médicament à un proche.

Pensez à vous laver les mains après l'application. En cas d'utilisation sur une grande surface de peau, le port d'un gant est recommandé.

EFFETS INDÉSIRABLES POSSIBLES

Ils apparaissent surtout en cas d'usage prolongé :
- *atrophie* avec microhémorragie de la peau (*purpura*), dilatation des petits vaisseaux, vergetures, éruption de boutons ;
- développement anormal des poils, dessèchement, fragilisation et décoloration irrégulière de la peau ;
- rougeur autour de la bouche, apparition d'une *rosacée* ;
- retard de cicatrisation.

EFFIDOSE ARTICHAUT

artichaut

PRÉSENTATION

EFFIDOSE ARTICHAUT : suspension buvable arôme orange citron ; boîte de 7 récipients unidoses 10 ml - Non remb.

Laboratoires Chefaro-Ardeval

COMPOSITION

	p. unidose
Artichaut (feuille)	3,7 g
Aspartam	+
Alcool à 95 %	3,8 ml

INDICATIONS

Ce médicament contient un extrait de plante qui a un effet *cholérétique* et qui stimule la fonction d'élimination des reins.

Il est utilisé dans le *traitement d'appoint* des digestions difficiles et pour faciliter les fonctions d'élimination rénale et digestive.

CONTRE-INDICATIONS

Ce médicament ne doit pas être utilisé dans les cas suivants :
- *phénylcétonurie* (présence d'aspartam),
- enfant de moins de 15 ans.

ATTENTION

Ce médicament contient de l'*alcool* en quantité notable.

INTERACTIONS MÉDICAMENTEUSES

Ce médicament peut interagir avec les médicaments contenant du disulfirame (ESPÉRAL) : risque d'*effet antabuse*.

GROSSESSE, ALLAITEMENT ET NOUVEAU-NÉ

Ce médicament contient une plante présumée sans danger pendant la grossesse ou l'allaitement. Néanmoins, ne l'utilisez pas sans l'avis de votre pharmacien ou de votre médecin.

MODE D'EMPLOI ET POSOLOGIE

Agiter et diluer le contenu d'un récipient unidose dans un demi-verre d'eau.

Posologie usuelle :

- Adulte : 1 récipient unidose par jour.

Ce médicament doit être conservé à l'abri de la lumière et de la chaleur.

EFFIDOSE BARDANE

bardane

PRÉSENTATION

EFFIDOSE BARDANE : suspension buvable ; boîte de 7 récipients unidoses 10 ml - Non remb.

Laboratoires Chefaro-Ardeval

COMPOSITION

	p. unidose
Bardane, racine	1,77 g
Alcool à 95°	3,8 ml

INDICATIONS

Ce médicament contient un extrait de plante.

Il est utilisé dans le *traitement d'appoint* de l'*acné*.

CONTRE-INDICATIONS

Ce médicament ne doit pas être utilisé chez l'enfant de moins de 15 ans.

ATTENTION

Ce médicament contient de l'*alcool* en quantité notable.

GROSSESSE, ALLAITEMENT ET NOUVEAU-NÉ

Ce médicament contient une plante présumée sans danger pendant la grossesse ou l'allaitement. Néanmoins, ne l'utilisez pas sans l'avis de votre pharmacien ou de votre médecin.

MODE D'EMPLOI ET POSOLOGIE

Agiter et diluer le contenu d'un récipient dans un demi-verre d'eau.

Posologie usuelle :

- Adulte : 1 récipient unidose par jour.

☛ Ce médicament doit être conservé à l'abri de la lumière et de la chaleur.

EFFIDOSE CASSIS

cassis

PRÉSENTATION

EFFIDOSE CASSIS : suspension buvable ; boîte de 7 récipients unidoses 10 ml - Non remb.

Laboratoires Chefaro-Ardeval

COMPOSITION

	p. unidose
Cassis, feuille	1,6 g
Alcool à 95 %	3,8 ml
Aspartam	+

INDICATIONS

Ce médicament contient un extrait de plante.

Il est utilisé pour faciliter les fonctions d'élimination rénale et digestive.

CONTRE-INDICATIONS

Ce médicament ne doit pas être utilisé dans les cas suivants :
- *phénylcétonurie* (présence d'aspartam),
- enfant de moins de 15 ans.

ATTENTION

Ce médicament contient de l'*alcool* en quantité notable.

INTERACTIONS MÉDICAMENTEUSES

Ce médicament peut interagir avec les médicaments contenant du disulfirame (ESPÉRAL) : risque d'*effet antabuse*.

GROSSESSE, ALLAITEMENT ET NOUVEAU-NÉ

Ce médicament contient une plante présumée sans danger pendant la grossesse ou l'allaitement. Néanmoins, ne l'utilisez pas sans l'avis de votre pharmacien ou de votre médecin.

Grossesse :

Ce médicament n'est pas adapté au traitement d'une éventuelle rétention d'eau survenant pendant la grossesse. L'apparition d'*œdèmes* impose une consultation médicale.

MODE D'EMPLOI ET POSOLOGIE

Agiter et diluer le contenu d'un récipient unidose dans un demi-verre d'eau.

Posologie usuelle :

- Adulte : 1 récipient unidose par jour.

☛ Ce médicament doit être conservé à l'abri de la lumière et de la chaleur.

EFFIDOSE FUCUS

Fucus vesiculosus

PRÉSENTATION

EFFIDOSE FUCUS : suspension buvable ; boîte de 7 récipients unidoses 10 ml - Non remb.

Laboratoires Ardeval

COMPOSITION

	p. récipient
Fucus vesiculosus, thalle, exprimé en iode	110 µg
Alcool à 95 %	+

INDICATIONS

Ce médicament contient un extrait d'algue, le fucus, riche en iode.

Il est utilisé comme *traitement d'appoint* au cours des régimes amaigrissants.

CONTRE-INDICATIONS

Ce médicament ne doit pas être utilisé dans les cas suivants :
- *intolérance* à l'iode,
- enfant de moins de 15 ans.

ATTENTION

Ce médicament contient de l'*alcool* en quantité notable.

INTERACTIONS MÉDICAMENTEUSES

Ce médicament peut interagir avec les médicaments contenant du disulfirame (ESPÉRAL) : risque d'*effet antabuse*.

GROSSESSE, ALLAITEMENT ET NOUVEAU-NÉ

Ce médicament est déconseillé en usage prolongé chez la femme enceinte ou qui allaite.

MODE D'EMPLOI ET POSOLOGIE

Ce médicament est réservé à l'adulte.

Agiter et diluer le contenu d'un récipient unidose dans un demi-verre d'eau.

Posologie usuelle :

1 dose par jour.

☛ La prise de ce médicament ne dispense pas d'une alimentation appropriée : parlez-en à votre médecin ou à votre pharmacien.

Ce médicament est à conserver à l'abri de la lumière et de la chaleur.

EFFIDOSE MARRON D'INDE

marron d'Inde

PRÉSENTATION

EFFIDOSE MARRON D'INDE : suspension buvable ; boîte de 7 récipients unidoses 10 ml - Non remb.

Laboratoires Chefaro-Ardeval

COMPOSITION

	p. unidose
Marron d'Inde, graine	880 mg
Alcool à 95°	3,8 ml
Aspartam	+

INDICATIONS

Ce médicament contient un extrait de plante.

Il est utilisé dans le *traitement d'appoint* des troubles pouvant être en rapport avec une mauvaise circulation veineuse : jambes lourdes, *hémorroïdes*.

CONTRE-INDICATIONS

Ce médicament ne doit pas être utilisé dans les cas suivants :
- *phénylcétonurie* (présence d'aspartam),
- enfant de moins de 15 ans.

ATTENTION

Ce médicament soulage, mais n'empêche pas l'aggravation de l'*insuffisance veineuse*, qui requiert des mesures spécifiques telles que la *contention élastique*.

Ce médicament contient de l'*alcool* en quantité notable.

GROSSESSE, ALLAITEMENT ET NOUVEAU-NÉ

Ce médicament contient une plante présumée sans danger pendant la grossesse ou l'allaitement. Néanmoins, ne l'utilisez pas sans l'avis de votre pharmacien ou de votre médecin.

MODE D'EMPLOI ET POSOLOGIE

Agiter et diluer le contenu d'un récipient unidose dans un demi-verre d'eau.

Posologie usuelle :

- Adulte : 1 récipient unidose par jour.

☛ Une activité sportive régulière et la surélévation des pieds du lit permettent de faciliter la circulation veineuse et *lymphatique*.

Ce médicament doit être conservé à l'abri de la lumière et de la chaleur.

EFFIDOSE MÉLILOT
mélilot

PRÉSENTATION

EFFIDOSE MÉLILOT : suspension buvable ; boîte de 7 récipients unidoses 10 ml - Non remb.

Laboratoires Chefaro-Ardeval

COMPOSITION

	p. unidose
Mélilot, sommité fleurie	1,614 g
Alcool à 95°	3,8 ml
Aspartam	+

INDICATIONS

Ce médicament contient un extrait de plante.

Il est utilisé dans le *traitement d'appoint* des troubles pouvant être en rapport avec une mauvaise circulation veineuse : jambes lourdes, *hémorroïdes*.

CONTRE-INDICATIONS

Ce médicament ne doit pas être utilisé dans les cas suivants :
- *phénylcétonurie* (présence d'aspartam),
- enfant de moins de 15 ans.

ATTENTION

Ce médicament soulage, mais n'empêche pas l'aggravation de l'*insuffisance veineuse*, qui requiert des mesures spécifiques telles que la *contention élastique*.

Ce médicament contient de l'*alcool* en quantité notable.

GROSSESSE, ALLAITEMENT ET NOUVEAU-NÉ

Ce médicament contient une plante présumée sans danger pendant la grossesse ou l'allaitement. Néanmoins, ne l'utilisez pas sans l'avis de votre pharmacien ou de votre médecin.

MODE D'EMPLOI ET POSOLOGIE

Agiter et diluer le contenu d'un récipient unidose dans un demi-verre d'eau.

Posologie usuelle :
- Adulte : 1 récipient unidose par jour.

Une activité sportive régulière et la surélévation des pieds du lit permettent de faciliter la circulation veineuse et *lymphatique*.

Ce médicament doit être conservé à l'abri de la lumière et de la chaleur.

EFFIDOSE MÉLISSE
mélisse

PRÉSENTATION

EFFIDOSE MÉLISSE : suspension buvable arôme orange citron ; boîte de 7 récipients unidoses 10 ml - Non remb.

Laboratoires Chefaro-Ardeval

COMPOSITION

	p. unidose
Mélisse, tige feuillée	2,5 g
Aspartam	+
Alcool à 95 %	3,8 ml

INDICATIONS

Ce médicament contient un extrait de plante.

Il est utilisé dans le *traitement symptomatique* des digestions difficiles et dans le *traitement d'appoint* des douleurs *fonctionnelles* du côlon.

CONTRE-INDICATIONS

Ce médicament ne doit pas être utilisé dans les cas suivants :
- *phénylcétonurie* (présence d'aspartam),
- enfant de moins de 15 ans.

ATTENTION

Ce médicament contient de l'*alcool* en quantité notable.

INTERACTIONS MÉDICAMENTEUSES

Ce médicament peut interagir avec les médicaments contenant du disulfirame (ESPÉRAL) : risque d'*effet antabuse*.

GROSSESSE, ALLAITEMENT ET NOUVEAU-NÉ

Ce médicament contient une plante présumée sans danger pendant la grossesse ou l'allaitement. Néanmoins, ne l'utilisez pas sans l'avis de votre pharmacien ou de votre médecin.

MODE D'EMPLOI ET POSOLOGIE

Agiter et diluer le contenu d'un récipient unidose dans un demi-verre d'eau.

Posologie usuelle :
- Adulte : 1 récipient unidose par jour.

La prise de ce médicament ne dispense pas d'une alimentation appropriée : parlez-en à votre médecin ou à votre pharmacien.

Ce médicament doit être conservé à l'abri de la lumière et de la chaleur.

EFFIDOSE ORTIE
ortie

PRÉSENTATION

EFFIDOSE ORTIE : suspension buvable ; boîte de 7 récipients unidoses 10 ml - Non remb.

Laboratoires Chefaro-Ardeval

COMPOSITION

	p. unidose
Ortie, extrait	2 g
Aspartam	+
Alcool à 95°	3,8 ml

INDICATIONS

Ce médicament contient un extrait de plante.

Il est utilisé dans le *traitement symptomatique* des douleurs articulaires.

CONTRE-INDICATIONS

Ce médicament ne doit pas être utilisé dans les cas suivants :
- *phénylcétonurie* (présence d'aspartam),
- enfant de moins de 15 ans.

ATTENTION

Ce médicament contient de l'*alcool* en quantité notable.

INTERACTIONS MÉDICAMENTEUSES

Ce médicament peut interagir avec les médicaments contenant du disulfirame (ESPÉRAL) : risque d'*effet antabuse*.

GROSSESSE, ALLAITEMENT ET NOUVEAU-NÉ

Ce médicament contient une plante présumée sans danger pendant la grossesse ou l'allaitement. Néanmoins, ne l'utilisez pas sans l'avis de votre pharmacien ou de votre médecin.

MODE D'EMPLOI ET POSOLOGIE

Agiter et diluer le contenu d'un récipient unidose dans un demi-verre d'eau.

Posologie usuelle :
- Adulte : 1 récipient unidose par jour.

Ce médicament doit être conservé à l'abri de la lumière et de la chaleur.

EFFIDOSE PASSIFLORE
passiflore

PRÉSENTATION

EFFIDOSE PASSIFLORE : suspension buvable ; boîte de 7 récipients unidoses 10 ml - Non remb.

Laboratoires Chefaro-Ardeval

COMPOSITION

	p. unidose
Passiflore, parties aériennes	2,4 g
Aspartam	+
Alcool à 95 %	3,8 ml

INDICATIONS

Ce médicament contient un extrait de plante.

Il est utilisé dans le *traitement d'appoint* des troubles légers du sommeil.

CONTRE-INDICATIONS

Ce médicament ne doit pas être utilisé dans les cas suivants :
- *phénylcétonurie* (présence d'aspartam),
- enfant de moins de 15 ans.

ATTENTION

Ce médicament contient de l'*alcool* en quantité notable.

INTERACTIONS MÉDICAMENTEUSES

Ce médicament peut interagir avec les médicaments contenant du disulfirame (ESPÉRAL) : risque d'*effet antabuse*.

GROSSESSE, ALLAITEMENT ET NOUVEAU-NÉ

Ce médicament contient une plante présumée sans danger pendant la grossesse ou l'allaitement. Néanmoins, ne l'utilisez pas sans l'avis de votre pharmacien ou de votre médecin.

MODE D'EMPLOI ET POSOLOGIE

Agiter et diluer le contenu d'un récipient unidose dans un demi-verre d'eau.

Posologie usuelle :

- Adulte : 1 récipient unidose par jour.

Ce médicament doit être conservé à l'abri de la lumière et de la chaleur.

EFFIDOSE PISSENLIT

pissenlit

PRÉSENTATION

EFFIDOSE PISSENLIT : suspension buvable ; boîte de 7 récipients unidoses 10 ml - Non remb.

EFFIDOSE PISSENLIT : suspension buvable ; boîte de 14 récipients unidoses 10 ml - Non remb.

Laboratoires Chefaro-Ardeval

COMPOSITION

	p. unidose
Pissenlit, racine	1,9 g
Alcool à 95 %	3,8 ml
Aspartam	+

INDICATIONS

Ce médicament contient un extrait de plante.

Il est utilisé pour favoriser l'élimination d'eau par le rein.

CONTRE-INDICATIONS

Ce médicament ne doit pas être utilisé dans les cas suivants :
- *phénylcétonurie* (présence d'aspartam),
- enfant de moins de 15 ans.

ATTENTION

Ce médicament contient de l'*alcool* en quantité notable.

INTERACTIONS MÉDICAMENTEUSES

Ce médicament peut interagir avec les médicaments contenant du disulfirame (ESPÉRAL) : risque d'*effet antabuse*.

GROSSESSE, ALLAITEMENT ET NOUVEAU-NÉ

Ce médicament contient une plante présumée sans danger pendant la grossesse ou l'allaitement. Néanmoins, ne l'utilisez pas sans l'avis de votre pharmacien ou de votre médecin.

Grossesse :

Ce médicament n'est pas adapté au traitement d'une éventuelle rétention d'eau survenant pendant la grossesse. L'apparition d'*œdèmes* impose une consultation médicale.

MODE D'EMPLOI ET POSOLOGIE

Agiter et diluer le contenu d'un récipient unidose dans un demi-verre d'eau.

Posologie usuelle :

- Adulte : 1 récipient unidose par jour.

Ce médicament doit être conservé à l'abri de la lumière et de la chaleur.

EFFIDOSE PRÊLE

prêle-des-champs

PRÉSENTATION

EFFIDOSE PRÊLE : suspension buvable ; boîte de 7 récipients unidoses 10 ml - Non remb.

EFFIDOSE PRÊLE : suspension buvable ; boîte de 14 récipients unidoses 10 ml - Non remb.

Laboratoires Chefaro-Ardeval

COMPOSITION

	p. unidose
Prêle-des-champs, parties aériennes	2,1 g
Alcool à 95 %	3,8 ml
Aspartam	+

INDICATIONS

Ce médicament contient un extrait de plante.

Il est utilisé pour faciliter les fonctions d'élimination rénale et digestive.

CONTRE-INDICATIONS

Ce médicament ne doit pas être utilisé dans les cas suivants :
- *phénylcétonurie* (présence d'aspartam),
- enfant de moins de 15 ans.

ATTENTION

Ce médicament contient de l'*alcool* en quantité notable.

INTERACTIONS MÉDICAMENTEUSES

Ce médicament peut interagir avec les médicaments contenant du disulfirame (ESPÉRAL) : risque d'*effet antabuse*.

GROSSESSE, ALLAITEMENT ET NOUVEAU-NÉ

Ce médicament contient une plante présumée sans danger pendant la grossesse ou l'allaitement. Néanmoins, ne l'utilisez pas sans l'avis de votre pharmacien ou de votre médecin.

Grossesse :

Ce médicament n'est pas adapté au traitement d'une éventuelle rétention d'eau survenant pendant la grossesse. L'apparition d'*œdèmes* impose une consultation médicale.

MODE D'EMPLOI ET POSOLOGIE

Agiter et diluer le contenu d'un récipient unidose dans un demi-verre d'eau.

Posologie usuelle :

- Adulte : 1 récipient unidose par jour.

Ce médicament doit être conservé à l'abri de la lumière et de la chaleur.

EFFIDOSE REINE-DES-PRÉS

reine-des-prés

PRÉSENTATION

EFFIDOSE REINE-DES-PRÉS : suspension buvable ; boîte de 7 récipients unidoses 10 ml - Non remb.

Laboratoires Chefaro-Ardeval

COMPOSITION

	p. unidose
Reine-des-prés, sommité fleurie	1,614 g
Alcool à 95 %	3,8 ml

INDICATIONS

Ce médicament contient un extrait de plante.

Il est utilisé comme *antalgique* dans le *traitement d'appoint* des douleurs, notamment les maux de tête et les douleurs dentaires.

CONTRE-INDICATIONS

Ce médicament ne doit pas être utilisé chez l'enfant de moins de 15 ans.

ATTENTION

Ce médicament contient de l'*alcool* en quantité notable.

INTERACTIONS MÉDICAMENTEUSES

Ce médicament peut interagir avec les médicaments contenant du disulfirame (ESPÉRAL) : risque d'*effet antabuse*.

GROSSESSE, ALLAITEMENT ET NOUVEAU-NÉ

Ce médicament contient une plante présumée sans danger pendant la grossesse ou l'allaitement. Néanmoins, ne l'utilisez pas sans l'avis de votre pharmacien ou de votre médecin.

MODE D'EMPLOI ET POSOLOGIE

Agiter et diluer le contenu d'un récipient unidose dans un demi-verre d'eau.

Posologie usuelle :

- Adulte : 1 récipient unidose par jour.

Ce médicament doit être conservé à l'abri de la lumière et de la chaleur.

EFFIDOSE VALÉRIANE

valériane

PRÉSENTATION

EFFIDOSE VALÉRIANE : suspension buvable ; boîte de 7 récipients unidoses 10 ml - Non remb.

Laboratoires Chefaro-Ardeval

COMPOSITION

	p. unidose
Valériane, racines	1,916 g
Aspartam	+
Alcool à 95 %	3,8 ml

INDICATIONS

Ce médicament contient un extrait de plante.

Il est utilisé dans le *traitement d'appoint* des troubles légers du sommeil.

CONTRE-INDICATIONS

Ce médicament ne doit pas être utilisé dans les cas suivants :
- *phénylcétonurie* (présence d'aspartam),
- enfant de moins de 15 ans.

ATTENTION

Ce médicament contient de l'*alcool* en quantité notable.

INTERACTIONS MÉDICAMENTEUSES

Ce médicament peut interagir avec les médicaments contenant du disulfirame (ESPÉRAL) : risque d'*effet antabuse*.

GROSSESSE, ALLAITEMENT ET NOUVEAU-NÉ

Ce médicament contient une plante présumée sans danger pendant la grossesse ou l'allaitement. Néanmoins, ne l'utilisez pas sans l'avis de votre pharmacien ou de votre médecin.

MODE D'EMPLOI ET POSOLOGIE

Agiter et diluer le contenu d'un récipient unidose dans un demi-verre d'eau.

Posologie usuelle :
- Adulte : 1 récipient unidose par jour.

Ce médicament doit être conservé à l'abri de la lumière et de la chaleur.

EFFORTIL
étiléfrine

PRÉSENTATION

EFFORTIL 5 mg : comprimé sécable (blanc) ; boîte de 30 - Remb. 65 %

EFFORTIL 7,5 mg/1 ml : solution buvable ; flacon 30 ml (10 gouttes = 5 mg) - Remb. 65 %

Laboratoires Boehringer Ingelheim France

COMPOSITION

	p. comp.	p. 10 gtes
Étiléfrine chlorhydrate	5 mg	5 mg

INDICATIONS

Ce médicament est un stimulant du système cardio-vasculaire apparenté à l'*adrénaline*. Il augmente le débit du cœur et lutte contre la dilatation des vaisseaux.

Il est utilisé dans le traitement de l'*hypotension orthostatique*.

CONTRE-INDICATIONS

Ce médicament ne doit pas être utilisé dans les cas suivants :
- *hypertension artérielle*,
- *angine de poitrine*,
- *troubles du rythme cardiaque*,
- *hyperthyroïdie*.

ATTENTION

Signalez la prise de ce médicament avant toute anesthésie générale. Les baisses de tension artérielle survenant lors des états de fatigue en sont souvent la conséquence mais non la cause. Consultez votre médecin.

INTERACTIONS MÉDICAMENTEUSES

Ce médicament peut interagir avec d'autres médicaments, notamment certains *antidépresseurs*. Signalez tout autre traitement en cours à votre médecin ou à votre pharmacien.

GROSSESSE, ALLAITEMENT ET NOUVEAU-NÉ

L'effet de ce médicament pendant la grossesse ou l'allaitement est mal connu : seul votre médecin peut évaluer le risque éventuel de son utilisation dans votre cas.

MODE D'EMPLOI ET POSOLOGIE

Les comprimés ou les gouttes doivent être pris avec un peu d'eau.

Posologie usuelle :

20 à 25 gouttes ou 2 comprimés, 3 fois par jour.

Les manifestations de l'*hypotension orthostatique* peuvent être réduites en évitant les changements brusques de position.

EFFETS INDÉSIRABLES POSSIBLES

Maux de tête, accélération du cœur, anxiété, bouffées de chaleur, *palpitations*.

EFICAL
calcium

PRÉSENTATION

EFICAL 500 mg : poudre orale ; boîte de 30 sachets - Remb. 65 %

EFICAL 1 000 mg : poudre orale ; boîte de 30 sachets - Remb. 65 %

Laboratoires Millot-Solac

COMPOSITION

	p. sachet	p. sachet
Pidolate de calcium	1 000 mg	2 000 mg
Carbonate de calcium	912,5 mg	1 825 mg
Soit calcium	500 mg	1 000 mg
Aspartam	15 mg	30 mg

INDICATIONS

Ce médicament contient une forte quantité de calcium, principal constituant de l'os.

Il est utilisé en cas de régime pauvre en calcium, de besoins accrus (période de croissance, grossesse, allaitement) ou de décalcification osseuse, notamment due à une immobilisation prolongée ou à un traitement à la *cortisone*. Il est également utilisé dans le *traitement d'appoint* de l'*ostéoporose*.

CONTRE-INDICATIONS

Ce médicament ne doit pas être utilisé dans les cas suivants :
- excès de calcium dans le sang ou dans les urines, avec ou sans *lithiase* ;
- immobilisation prolongée ;
- *phénylcétonurie* (présence d'aspartam) ;
- enfant de moins de 15 ans (EFICAL 1 000 mg).

ATTENTION

Des apports excessifs en calcium peuvent être dangereux. N'utilisez pas ce médicament sans avis médical.

Lorsque ce médicament est destiné à traiter une décalcification due à une immobilisation prolongée, il ne doit être pris que lors de la reprise de la marche.

Ce médicament est quelquefois associé à la *vitamine* D, qui favorise son absorption ; dans ce cas, des analyses de sang et d'urine sont parfois nécessaires.

INTERACTIONS MÉDICAMENTEUSES

Ce médicament peut interagir avec d'autres médicaments. Signalez tout autre traitement en cours à votre médecin ou à votre pharmacien.

GROSSESSE, ALLAITEMENT ET NOUVEAU-NÉ

Ce médicament peut être prescrit par votre médecin pendant la grossesse ou l'allaitement.

MODE D'EMPLOI ET POSOLOGIE

Le contenu des sachets doit être dissous dans un verre d'eau.

Posologie usuelle :
- Adulte : 1 sachet d'EFICAL 1 000 mg ou 2 sachets d'EFICAL 500 mg par jour.
- Enfant : 1 ou 2 sachets d'EFICAL 500 mg par jour, en fonction de l'âge.

La prise de ce médicament ne dispense pas de la consommation régulière de laitages, naturellement riches en calcium.

EFFETS INDÉSIRABLES POSSIBLES

Rarement : *troubles digestifs*.

EFIMAG
magnésium

PRÉSENTATION

EFIMAG : poudre orale arôme orange ; boîte de 30 sachets-dose 4 g - Remb. 35 %

Laboratoires Rosa-Phytopharma

COMPOSITION

	p. sachet
Magnésium pidolate	2,25 g
Soit magnésium	190,5 mg
Saccharose	1,3 g

INDICATIONS

Ce médicament contient du magnésium, élément minéral indispensable au *métabolisme*.

Il est utilisé dans le traitement des *carences* en magnésium, notamment celles qui sont liées à la prise de *diurétiques*.

CONTRE-INDICATIONS

Ce médicament ne doit pas être utilisé en cas d'*insuffisance rénale* grave.

ATTENTION
Ce médicament contient du *sucre* (saccharose) en quantité notable.

INTERACTIONS MÉDICAMENTEUSES

Ce médicament peut interagir avec d'autres médicaments en diminuant leur absorption digestive : signalez tout autre traitement en cours à votre médecin ou à votre pharmacien.

GROSSESSE, ALLAITEMENT ET NOUVEAU-NÉ

Ce médicament ne contient aucune substance connue pour être toxique chez la femme enceinte ou qui allaite.

MODE D'EMPLOI ET POSOLOGIE

Le contenu des sachets doit être dissous dans un verre d'eau. Ce médicament doit être pris avant ou pendant les repas.

Posologie usuelle :
- Adulte : 1 ou 2 sachets par jour.
- Enfant de 7 à 14 ans : 1 sachet, matin et soir.
- Enfant de 2 à 7 ans : 1 sachet le matin.

EFFETS INDÉSIRABLES POSSIBLES

Diarrhée, douleurs abdominales.

EFUDIX ROCHE
fluoro-uracil

PRÉSENTATION

EFUDIX ROCHE : crème ; tube 20 g - Remb. 65 % - Liste I

Laboratoires Roche

COMPOSITION

	p. 100 g
Fluoro-uracil	5 g

INDICATIONS

Cette crème contient une substance qui s'oppose à la multiplication des cellules.

Elle est utilisée pour traiter certains épaississements ou *tumeurs* bénignes de la peau.

CONTRE-INDICATIONS

Ce médicament ne doit pas être utilisé dans les cas suivants :
– grossesse,
– allaitement.

ATTENTION
Des analyses de sang peuvent être nécessaires avant et pendant le traitement.

Évitez d'exposer la peau traitée au soleil.

En cas de contact accidentel avec les yeux ou avec les *muqueuses*, rincez abondamment.

Des lésions étendues peuvent nécessiter un traitement fractionné pour éviter d'appliquer la solution sur une trop grande surface de peau : risque de passage important dans le sang et de baisse des globules et des *plaquettes*.

GROSSESSE, ALLAITEMENT ET NOUVEAU-NÉ

Grossesse :
Ce médicament est contre-indiqué chez la femme enceinte ou chez celle qui n'a pas de protection contraceptive efficace.

Allaitement :
Ce médicament est contre-indiqué pendant l'allaitement.

MODE D'EMPLOI ET POSOLOGIE

Posologie usuelle :
1 ou 2 applications par jour, en suivant la prescription de votre médecin.

Le traitement dure, en moyenne, 3 à 4 semaines.

L'évolution habituelle de la lésion avant la cicatrisation comporte plusieurs stades : rougeur, érosion, *ulcération* et enfin nécrose. Ces divers stades témoignent de l'efficacité du traitement.
Lavez-vous les mains après application de la crème.

EFFETS INDÉSIRABLES POSSIBLES

Rougeur de la peau saine entourant la zone traitée.

EKTOGAN
peroxyde de zinc et de magnésium

PRÉSENTATION

EKTOGAN : poudre pour application locale ; flacon poudreur 19 g - Non remb.

EKTOGAN : pommade ; tube 35 g - Non remb.

Laboratoires Hoechst

COMPOSITION

	poudre p. 100 g	pom. p. 100 g
Peroxyde de zinc à 40 %	52 g	5,2 g
Peroxyde de magnésium	5 g	0,5 g
Oxyde de zinc	41 g	4,1 g
Vaseline et huile de vaseline		90 g

INDICATIONS

Ce médicament contient des substances *antiseptiques* et cicatrisantes.

Il est utilisé dans le *traitement d'appoint* des irritations de la peau.

INTERACTIONS MÉDICAMENTEUSES

L'association à d'autres *antiseptiques* est déconseillée car leurs effets risquent de s'annuler.

GROSSESSE, ALLAITEMENT ET NOUVEAU-NÉ

Cet *antiseptique* peut être utilisé chez la femme enceinte ou qui allaite (mais ne pas l'appliquer sur les mamelons).

MODE D'EMPLOI ET POSOLOGIE

Poudre : saupoudrer légèrement les plaies ou les lésions à chaque pansement ou nettoyage.

Pommade : appliquer localement en débordant largement la lésion.

Le simple lavage à l'eau et au savon permet d'éliminer la majorité des *germes* ; il doit être suivi d'un rinçage soigneux car le savon peut inactiver certains *antiseptiques*.
Tous les antiseptiques peuvent être contaminés par des germes : ne les conservez pas inutilement après une première utilisation.

ÉLASE
fibrinolysine, désoxyribonucléase

PRÉSENTATION

ÉLASE : pommade ; tube 10 g - Remb. 35 %

ÉLASE : pommade ; tube 20 g - Remb. 35 %

Laboratoires Parke-Davis

COMPOSITION

	p. 100 g
Fibrinolysine en Unités Loomis	135
Désoxyribonucléase en Unités Christensen	120 000

INDICATIONS

Ce médicament d'usage local contient deux *enzymes*, la fibrinolysine et la désoxyribonucléase.

Il est utilisé dans le *traitement d'appoint* des plaies, des brûlures superficielles et de certains *ulcères* de la jambe.

GROSSESSE, ALLAITEMENT ET NOUVEAU-NÉ

L'effet de ce médicament pendant la grossesse ou l'allaitement est mal connu. L'évaluation du risque éventuel lié à son utilisation est individuelle : demandez conseil à votre pharmacien ou à votre médecin.

MODE D'EMPLOI ET POSOLOGIE

Nettoyer la lésion avant l'application de la pommade.

Posologie usuelle :
1 ou 2 applications par jour.

La durée du traitement est individuelle ; elle dépend de la rapidité et de la qualité de la cicatrisation.

L'application d'une quantité excessive de pommade n'accélère pas la cicatrisation.

EFFETS INDÉSIRABLES POSSIBLES

Douleur lors de l'application.

Irritation cutanée, *allergie* locale ou générale.

ÉLAVIL
amitriptyline

PRÉSENTATION

ÉLAVIL 10 : comprimé (bleu pâle) ; boîte de 60 - Remb. 65 % - Liste I

ÉLAVIL 25 : comprimé (jaune) ; boîte de 60 - Remb. 65 % - Liste I

Laboratoires M.S.D.-Chibret

COMPOSITION

	p. comp.	p. comp.
Amitriptyline chlorhydrate	10 mg	25 mg

INDICATIONS

Ce médicament appartient à la famille des *antidépresseurs* impraminiques.

Il est utilisé dans le traitement :
- des *états dépressifs* de toute nature,
- de l'*énurésie*.

CONTRE-INDICATIONS

Ce médicament ne doit pas être utilisé dans les cas suivants :
- *glaucome* à angle fermé,
- risque de blocage des urines (*adénome de la prostate*...),
- en association avec les *IMAO* non sélectifs ou avec le BARNETIL.

ATTENTION

Si vous souffrez d'*épilepsie*, d'*hyperthyroïdie*, de troubles hépatiques ou cardiaques, prévenez votre médecin.

Une fièvre, une angine ou une infection sous traitement doivent vous inciter à consulter votre médecin.

Avant une *anesthésie* locale, notamment chez le dentiste, signalez la prise de ce médicament.

Évitez les boissons alcoolisées : augmentation du risque de somnolence.

Conducteur : ce médicament peut être responsable d'une baisse de la vigilance, particulièrement en début de traitement.

INTERACTIONS MÉDICAMENTEUSES

Ce médicament ne doit pas être associé aux médicaments suivants :
- *IMAO* non sélectifs (MARSILID, NIAMIDE...) : risque de *collapsus cardio-vasculaire*, ou d'*hypertension artérielle* de fièvre et de *convulsions*. Respectez un délai de 15 jours après l'arrêt de l'IMAO.
- BARNETIL : risque de *troubles du rythme cardiaque* graves.

Ce médicament peut interagir avec d'autres médicaments, notamment les *anticonvulsivants*, les *antihypertenseurs* et les *atropiniques*, le PROZAC, l'*adrénaline* et la *noradrénaline*, et les médicaments *sédatifs*. Signalez tout autre traitement en cours, ou récemment arrêté, à votre médecin ou à votre pharmacien.

GROSSESSE, ALLAITEMENT ET NOUVEAU-NÉ

Grossesse et nouveau-né :

Si une grossesse survient pendant le traitement, consultez votre médecin. Il appréciera le risque éventuel lié à l'utilisation de ce médicament dans votre cas.

Si le traitement est poursuivi jusqu'à l'accouchement, une surveillance médicale du *nouveau-né* est nécessaire.

Allaitement :

Ce médicament passe dans le lait maternel : l'allaitement est déconseillé.

MODE D'EMPLOI ET POSOLOGIE

Les comprimés doivent être avalés avec un peu d'eau.

Posologie usuelle :
- Adulte et enfant de plus de 12 ans : la posologie est strictement individuelle et variable selon les indications.

L'efficacité des *antidépresseurs* n'est généralement pas immédiate. Un délai pouvant atteindre plusieurs semaines est parfois nécessaire pour que les effets bénéfiques se fassent sentir.

Les effets indésirables éventuels apparaissant en début de traitement ne doivent pas vous conduire à l'arrêter prématurément.

EFFETS INDÉSIRABLES POSSIBLES

Rarement : tremblements, difficultés de la parole, insomnie, confusion des idées, somnolence, troubles de l'*accommodation*.

Parfois : bouche sèche, accélération du cœur, sueurs, constipation, difficultés à uriner, *hypotension orthostatique*, prise de poids, *allergie*, excitation anormale.

ÉLÉNOL
lindane, amyléine

PRÉSENTATION

ÉLÉNOL : crème ; tube 90 g - Non remb.

Laboratoires Gerda

COMPOSITION

	p. 100 g
Lindane	1 g
Amyléine chlorhydrate	0,6 g

INDICATIONS

Cette crème contient une substance active sur certains parasites de la peau.

Elle est principalement utilisée contre les parasites de la gale (sarcoptes), les aoûtats et les tiques.

ATTENTION

Évitez d'utiliser cette crème sur une peau lésée, notamment chez l'enfant.

Rincez abondamment en cas de contact accidentel avec les yeux ou les *muqueuses*.

Il est recommandé de mettre des gants aux jeunes enfants pour éviter une ingestion éventuelle du médicament.

GROSSESSE, ALLAITEMENT ET NOUVEAU-NÉ

L'effet de ce médicament pendant la grossesse ou l'allaitement est mal connu. L'évaluation du risque éventuel lié à son utilisation est individuelle : demandez conseil à votre pharmacien ou à votre médecin.

MODE D'EMPLOI ET POSOLOGIE

Traitement de la gale : avant le traitement, prenez un bain et séchez-vous soigneusement. À l'aide d'un pinceau, appliquez la crème sur tout le corps, sauf sur le visage et le cuir chevelu, en insistant sur les mains et dans les plis de la peau. Laissez agir le traitement pendant 24 heures (12 heures seulement pour l'enfant de moins de 2 ans), puis lavez-vous pour éliminer le produit. Les draps doivent être changés deux fois : juste avant l'application du produit et lors de la première nuit, après le rinçage. Les démangeaisons peuvent persister 10 à 15 jours : elles ne doivent pas conduire au renouvellement du traitement.

Traitement des aoûtats et des tiques : appliquez la crème sur les endroits infestés et laissez agir pendant 12 heures.

Si la gale est infectée, consultez votre médecin avant tout traitement.

Une irritation persistante ou un *eczéma* peuvent apparaître après le traitement et justifier des soins spécifiques. Cela ne signifie pas que le traitement a échoué.

Pour éviter une réinfestation, il est nécessaire que l'entourage (famille, partenaire sexuel) suive le même traitement.

Les vêtements récemment portés, les chaussons et les chapeaux doivent être désinfectés. Le linge de corps et les draps doivent être lavés à 60 °C. La literie (couverture, couette, oreillers) doit aussi être désinfectée.

Il existe également un moyen simple de se débarrasser du parasite : laissez les vêtements contaminés dans un endroit frais pendant une quinzaine de jours.

EFFETS INDÉSIRABLES POSSIBLES

Irritation locale fréquente, *eczéma*.

En cas d'ingestion accidentelle : risque de *convulsions*. Appelez le centre antipoison.

ÉLENTOL
lindane

PRÉSENTATION

ÉLENTOL : poudre pour application locale ; flacon poudreur 100 g - Non remb.

Laboratoires Gerda

COMPOSITION

	p. 100 g
Lindane	0,8 g

INDICATIONS

Ce médicament contient une substance active sur les poux.

Il est utilisé pour détruire les poux de la tête ou du pubis, et leurs œufs (lentes). Il peut également être utilisé pour la désinfection des vêtements et de la literie en cas de gale.

ATTENTION

Évitez d'appliquer cette poudre sur une peau lésée, notamment chez l'enfant.

Rincez abondamment en cas de contact accidentel avec les yeux ou les *muqueuses*.

GROSSESSE, ALLAITEMENT ET NOUVEAU-NÉ

L'effet de ce médicament pendant la grossesse ou l'allaitement est mal connu. L'évaluation du risque éventuel lié à son

utilisation est individuelle : demandez conseil à votre pharmacien ou à votre médecin.

MODE D'EMPLOI ET POSOLOGIE

Pour les poux de la tête : appliquer la poudre sur le cuir chevelu sec et laisser agir pendant la nuit (7 heures au moins) sous une serviette ou un bonnet. Laver puis démêler les cheveux au peigne fin et rincer abondamment à l'eau tiède.

Pour les poux du pubis : appliquer la poudre le soir et porter un slip pendant la nuit.

Pour la désinfection des vêtements et de la literie : saupoudrer largement et laisser agir pendant 12 heures.

Posologie usuelle :

- Adulte et enfant de plus de 2 ans : 1 application, à renouveler le lendemain, et 8 jours après s'il persiste des lentes.
- Enfant de moins de 2 ans : l'effet d'une application ne dépassant pas 12 heures, à renouveler 8 jours après s'il persiste des lentes.

> Pour éviter les réinfestations, il est nécessaire que l'entourage suive le même traitement.
>
> Les chapeaux, bonnets, écharpes doivent être désinfectés.
>
> Les lentes fixées à plus de 2 cm du cuir chevelu sont généralement mortes, et leur présence ne signifie pas que le traitement a échoué. Leur élimination peut être facilitée en démêlant les cheveux avec un peigne trempé dans de l'eau vinaigrée.

EFFETS INDÉSIRABLES POSSIBLES

En cas d'ingestion accidentelle : risque de *convulsions*. Appelez le centre anti-poison.

ELISOR

pravastatine

PRÉSENTATION

ELISOR : comprimé sécable (blanc) ; boîte de 28 - Remb. 65 % - Liste I

Laboratoires Bristol-Myers Squibb

COMPOSITION

	p. comp.
Pravastatine sodique	20 mg

INDICATIONS

C'est un médicament qui appartient à la famille des *hypocholestérolémiants*. Il permet d'abaisser fortement le taux de *cholestérol* circulant dans le sang.

Il est utilisé dans le traitement des excès de *cholestérol* persistant malgré un régime adapté et assidu.

CONTRE-INDICATIONS

Ce médicament ne doit pas être utilisé dans les cas suivants :

- *insuffisance hépatique* grave,
- *insuffisance rénale* grave,
- grossesse,
- allaitement.

> **ATTENTION**
>
> Ce médicament peut être toxique pour le foie ou les muscles. Signalez à votre médecin toute fatigue anormale, perte d'appétit, douleur ou faiblesse musculaire. Des analyses de sang régulières permettent de vérifier que le médicament est bien supporté.

INTERACTIONS MÉDICAMENTEUSES

Ce médicament peut interagir avec d'autres médicaments, notamment les *anticoagulants*. Signalez tout autre traitement en cours à votre médecin ou à votre pharmacien.

GROSSESSE, ALLAITEMENT ET NOUVEAU-NÉ

Grossesse :

Les propriétés de ce médicament font envisager la possibilité d'un effet toxique pour l'enfant à naître. Par prudence, son usage est contre-indiqué pendant la grossesse. Une contraception efficace est recommandée pendant le traitement.

Allaitement :

Bien que ce médicament ne passe qu'en petite quantité dans le lait maternel, l'allaitement est contre-indiqué pendant le traitement.

MODE D'EMPLOI ET POSOLOGIE

Les comprimés doivent être pris avec un repas.

Posologie usuelle :

- Adulte : 1/2 à 2 comprimés par jour en une prise unique le soir.

Le régime reste indispensable pendant toute la durée du traitement.

> Un régime pauvre en *cholestérol* et en graisses animales n'est pas simple à suivre : les erreurs sont fréquentes. Demandez conseil à votre médecin, à votre pharmacien, ou à un professionnel de la nutrition.

EFFETS INDÉSIRABLES POSSIBLES

Allergie cutanée.

Douleurs musculaires.

ÉLIXIR BONJEAN

PRÉSENTATION

ÉLIXIR BONJEAN : solution buvable ; flacon 250 ml - Non remb.

Laboratoires Thépénier

COMPOSITION

	p. 100 ml
Anis vert, fruit	4 g
Cumin, fruit	4 g
Mélisse, feuilles	4 g
Orange amère, écorce	4 g
Cachou	4 g
Menthe, huile essentielle	0,02 g
Alcool absolu	10,7 g
Saccharose	19 g

INDICATIONS

Ce médicament contient des extraits de plantes.

Il est utilisé dans le *traitement d'appoint* des digestions difficiles.

CONTRE-INDICATIONS

Ce médicament ne doit pas être utilisé chez l'enfant de moins de 15 ans.

> **ATTENTION**
>
> Ce médicament contient de l'*alcool* et du *sucre* (saccharose) en quantité notable.

GROSSESSE, ALLAITEMENT ET NOUVEAU-NÉ

Ce médicament ne contient que des plantes présumées sans danger pendant la grossesse ou l'allaitement. Néanmoins, ne l'utilisez pas de façon prolongée sans l'avis de votre pharmacien ou de votre médecin.

MODE D'EMPLOI ET POSOLOGIE

Ce médicament est pris de préférence après le repas.

Posologie usuelle :

1 cuillère à soupe, 1 à 3 fois par jour.

> La prise de ce médicament ne dispense pas d'une alimentation appropriée.

ÉLIXIR CONTRE LA TOUX WELEDA

PRÉSENTATION

ÉLIXIR CONTRE LA TOUX WELEDA : sirop ; flacon 200 ml - Non remb.

Laboratoires Weleda

COMPOSITION

	p. 100 g
Anis vert	0,50 g
Douce-amère	0,15 g
Drosera D2	0,10 g
Guimauve	0,60 g
Ipéca	0,01 g
Malt	5 g
Marrube blanc	0,35 g
Pulsatilla D3	0,01 g
Thym	3,25 g

INDICATIONS

Ce médicament contient des extraits de plantes et des remèdes homéopathiques.

Il est utilisé dans le *traitement symptomatique* des toux grasses au cours des affections respiratoires.

> **ATTENTION**
>
> La toux est un *symptôme* qui peut révéler de nombreuses maladies : consultez votre médecin si elle persiste plus de quelques jours.

GROSSESSE, ALLAITEMENT ET NOUVEAU-NÉ

Ce médicament ne contient que des plantes présumées sans danger pendant la grossesse ou l'allaitement. Néanmoins, ne l'utilisez pas de façon prolongée sans l'avis de votre pharmacien ou de votre médecin.

MODE D'EMPLOI ET POSOLOGIE

1 cuillère à café toutes les 3 heures.

ÉLIXIR DE BOULEAU WELEDA
bouleau

PRÉSENTATION

ÉLIXIR DE BOULEAU WELEDA : sirop arôme citron ; flacon 200 ml - Non remb.

ÉLIXIR DE BOULEAU WELEDA : sirop ; flacon 500 ml - Non remb.

Laboratoires Weleda

COMPOSITION

	p. c. à s.
Bouleau, extrait de feuilles	6,6 g
Saccharose	9 g

INDICATIONS

Ce médicament contient un extrait de plante.

Il est utilisé pour faciliter les fonctions d'élimination rénale et digestive.

GROSSESSE, ALLAITEMENT ET NOUVEAU-NÉ

Ce médicament contient une plante présumée sans danger pendant la grossesse ou l'allaitement. Néanmoins, ne l'utilisez pas sans l'avis de votre pharmacien ou de votre médecin.

Grossesse :
Ce médicament n'est pas adapté au traitement d'une éventuelle rétention d'eau survenant pendant la grossesse. L'apparition d'*œdèmes* impose une consultation médicale.

MODE D'EMPLOI ET POSOLOGIE

Le sirop peut être mélangé avec de l'eau chaude ou froide.

Posologie usuelle :
2 ou 3 cuillères à soupe par jour.

ÉLIXIR GREZ

PRÉSENTATION

ÉLIXIR GREZ chlorhydropepsique : vin médicinal ; flacon 250 ml - Remb. 35 %

Laboratoires Monin

COMPOSITION

	p. verre à liqueur
Pepsine	15 mg
Acide chlorhydrique	300 mg
Noix vomique, teinture	11,10 mg
Gentiane, teinture	450 mg
Orange amère écorce, teinture	450 mg
Alcool	+

INDICATIONS

C'est un acidifiant de l'estomac. Il contient de l'acide chlorhydrique et une *enzyme* digestive.

Il vise à compenser le manque d'acide chlorhydrique dans le suc gastrique.

CONTRE-INDICATIONS

Ce médicament ne doit pas être utilisé dans les *ulcères* de l'estomac ou du *duodénum*.

ATTENTION
Ce médicament contient une quantité notable d'*alcool*.

GROSSESSE, ALLAITEMENT ET NOUVEAU-NÉ

L'effet de ce médicament pendant la grossesse ou l'allaitement est mal connu. L'évaluation du risque éventuel lié à son utilisation est individuelle : demandez conseil à votre pharmacien ou à votre médecin.

MODE D'EMPLOI ET POSOLOGIE

Ce médicament peut être pris pur ou dilué dans un peu d'eau après le repas.

Posologie usuelle :
- Adulte : 1 verre à liqueur, 3 fois par jour.

ÉLIXIR PARÉGORIQUE À 50 % LIPHA
teinture d'opium benzoïque

PRÉSENTATION

ÉLIXIR PARÉGORIQUE À 50 % LIPHA : solution buvable ; flacon 45 ml - Non remb. - Liste I

Laboratoires Lipha

COMPOSITION

	p. c. à c.
Opium benzoïque, teinture	2,62 g
Saccharose	1,6 g
Alcool à 95°	+

INDICATIONS

C'est un antidiarrhéique qui contient une faible quantité d'opium. Il diminue les contractions du côlon.

Il est utilisé dans le *traitement symptomatique* des diarrhées.

CONTRE-INDICATIONS

Ce médicament ne doit pas être utilisé dans les cas suivants :
- enfant de moins de 30 mois,
- crise aiguë de *rectocolite hémorragique*.

ATTENTION
Malgré sa faible teneur en opium, ce médicament peut entraîner une *dépendance*.
Ce médicament contient du *sucre* (saccharose) et de l'*alcool* en quantité notable.
Conducteur : ce médicament peut être responsable d'une somnolence ou d'une baisse de la vigilance.

INTERACTIONS MÉDICAMENTEUSES

Ce médicament peut interagir avec d'autres médicaments. Signalez tout autre traitement en cours à votre médecin ou à votre pharmacien.

GROSSESSE, ALLAITEMENT ET NOUVEAU-NÉ

L'effet de ce médicament pendant la grossesse ou l'allaitement est mal connu. L'évaluation du risque éventuel lié à son utilisation est individuelle : demandez conseil à votre pharmacien ou à votre médecin.

MODE D'EMPLOI ET POSOLOGIE

Posologie usuelle :
- Adulte : 2 cuillères à café à 2 cuillères à soupe par jour.
- Enfant de 8 à 15 ans : 2 à 4 cuillères à café par jour.
- Enfant de 4 à 8 ans : 1 à 2 cuillères à café par jour.
- Enfant de 30 mois à 4 ans : 1/2 à 1 cuillère à café par jour.

Une diarrhée peut provoquer une déshydratation. Cette perte d'eau par l'organisme peut entraîner des troubles graves (fatigue, malaise, confusion des idées...). Il est indispensable de prévenir cette déshydratation par des boissons sucrées abondantes et des bouillons salés, notamment chez la personne âgée et l'enfant.

EFFETS INDÉSIRABLES POSSIBLES

À forte dose : constipation.

Certains signes doivent faire penser à un surdosage : torpeur, ralentissement de la respiration, *convulsions*. Contactez immédiatement votre médecin, ou à défaut appelez le 15 ou un service médical d'urgence.

ÉLIXIR SPARK

PRÉSENTATION

ÉLIXIR SPARK : solution buvable ; flacon 150 ml - Non remb.

Laboratoires Médecine Végétale

COMPOSITION

	p. c. à c.
Cascara, extrait fluide	400 mg
Séné, extrait fluide	300 mg
Boldo, extrait fluide	30 mg
Artichaut, extrait fluide	15 mg
Houblon, extrait fluide	30 mg
Orange amère, extrait fluide	15 mg
Gentiane, extrait fluide	60 mg
Sauge, extrait fluide	15 mg
Camomille, extrait fluide	30 mg
Absinthe, extrait fluide	20 mg
Quassia, extrait fluide	15 mg
Chicorée, extrait fluide	15 mg
Colombo, extrait fluide	15 mg
Centaurée, extrait fluide	15 mg
Huiles essentielles de mélisse, de menthe, d'anis	+

INDICATIONS

Ce médicament est une association d'extraits de plantes, qui agit en augmentant la production de bile et en facilitant son passage vers le tube digestif ; il a par ailleurs une action laxative.

Il est utilisé dans le *traitement symptomatique* des digestions difficiles et de la constipation.

CONTRE-INDICATIONS

Ce médicament ne doit pas être utilisé dans les cas suivants :
- maladies inflammatoires du côlon,
- douleurs abdominales de cause indéterminée,
- obstruction des *voies biliaires*,
- *insuffisance hépatique* grave,
- grossesse.

ATTENTION

Ce médicament contient des extraits de plantes (cascara, séné) qui sont des *laxatifs stimulants*. Ne pas l'utiliser de façon prolongée.

Arrêtez le traitement en cas de diarrhée et de douleurs abdominales.

GROSSESSE, ALLAITEMENT ET NOUVEAU-NÉ

Grossesse :

Ce médicament est contre-indiqué pendant la grossesse.

Allaitement :

Ce médicament contient certaines substances qui passent dans le lait maternel : il est déconseillé pendant l'allaitement.

MODE D'EMPLOI ET POSOLOGIE

Ce médicament doit être pris le matin à jeun et au coucher.

Posologie usuelle :

1 cuillère à café dans une infusion ou un demi-verre d'eau, 2 fois par jour.

☛ Ce traitement doit être accompagné de mesures simples d'hygiène alimentaire (régime riche en fibres et boissons abondantes) et d'exercices physiques : consultez votre médecin ou votre pharmacien.

ELUDRIL collutoire

chlorhexidine, tétracaïne

PRÉSENTATION

ÉLUDRIL : *collutoire* arôme menthe ; flacon pressurisé à l'azote 55 ml - Remb. 35 %

Laboratoires Inava

COMPOSITION

	p. 100 mg
Chlorhexidine digluconate	50 mg
Tétracaïne chlorhydrate	15 mg

INDICATIONS

Ce collutoire contient un *antiseptique* et un *anesthésique* local.

Il est utilisé dans le *traitement d'appoint* des infections de la bouche et de la gorge.

CONTRE-INDICATIONS

Ce médicament ne doit pas être utilisé dans les cas suivants :
- *allergie* aux *anesthésiques* locaux,
- enfant de moins de 6 ans.

ATTENTION

Les traitements locaux (*gargarisme*, *collutoire*, pastille) n'agissent que superficiellement ; dans le cas d'infections profondes de la gorge (angines...), un traitement *antibiotique* est nécessaire pour éviter des complications ultérieures, cardiaques ou rénales.

L'usage prolongé de ce médicament n'est pas souhaitable : il peut modifier l'équilibre microbien naturel de la gorge et favoriser l'apparition de *candidose*.

Une surconsommation pourrait provoquer des troubles nerveux et cardiaques : respectez la *posologie*.

En cas d'aggravation ou d'absence d'amélioration au bout de 5 jours, d'apparition de fièvre : consultez votre médecin.

INTERACTIONS MÉDICAMENTEUSES

Il est généralement inutile d'associer des *antiseptiques* différents. Ceux-ci peuvent être contenus dans de nombreux produits disponibles en automédication : pastille, *collutoire* et solution nasale ; demandez conseil à votre pharmacien.

GROSSESSE, ALLAITEMENT ET NOUVEAU-NÉ

L'effet de ce médicament pendant la grossesse ou l'allaitement est mal connu. L'évaluation du risque éventuel lié à son utilisation est individuelle : demandez conseil à votre pharmacien ou à votre médecin.

MODE D'EMPLOI ET POSOLOGIE

Posologie usuelle :
- Adulte et enfant de plus de 12 ans : 3 à 5 pulvérisations par jour.
- Enfant de 6 à 12 ans : 2 ou 3 pulvérisations par jour.

☛ Chez l'enfant, la pulvérisation peut provoquer un spasme du larynx : n'introduisez pas trop profondément l'embout dans sa bouche.

Chez l'enfant et la personne âgée, évitez l'usage de ce médicament avant les repas : l'*anesthésique* local est susceptible de provoquer des troubles de la déglutition ; ceux-ci pourraient être à l'origine du passage d'aliments dans les *voies* respiratoires.

EFFETS INDÉSIRABLES POSSIBLES

En cas de réaction allergique cutanée, arrêtez le traitement.

Engourdissement passager de la langue.

Coloration brune de la langue et des dents disparaissant à l'arrêt du traitement.

ELUDRIL solution

PRÉSENTATION

ELUDRIL SOLUTION : solution pour *bain de bouche* et *gargarisme* arôme menthe ; flacon 90 ml avec gobelet doseur - Remb. 35 %

Laboratoires Inava

COMPOSITION

	p. 100 ml
Chlorhexidine digluconate	100 mg
Chlorobutanol	100 mg
Docusate sodique	100 mg
Chloroforme	0,50 ml
Menthol	+
Alcool à 95°	+

INDICATIONS

Cette solution pour *bain de bouche* et *gargarisme* contient des *antiseptiques* et des *antalgiques*.

Elle est utilisée dans le traitement des infections de la gorge et de la bouche ou après une opération des dents ou des gencives, et pour la désinfection des prothèses et des appareils dentaires amovibles (dentier).

CONTRE-INDICATIONS

Ce médicament ne doit pas être utilisé chez l'enfant de moins de 30 mois.

ATTENTION

L'usage prolongé de ce médicament n'est pas souhaitable ; il peut modifier l'équilibre microbien naturel de la gorge.

Les traitements locaux (*gargarisme*, *collutoire*, pastille) n'agissent que superficiellement ; dans le cas d'infections profondes (angine, abcès...), un autre mode de traitement est nécessaire.

En l'absence d'amélioration au bout de 5 jours, en cas d'apparition de fièvre, consultez votre médecin.

GROSSESSE, ALLAITEMENT ET NOUVEAU-NÉ

L'effet de ce médicament pendant la grossesse ou l'allaitement est mal connu. L'évaluation du risque éventuel lié à son utilisation est individuelle : demandez conseil à votre pharmacien ou à votre médecin.

MODE D'EMPLOI ET POSOLOGIE

Verser 2 à 4 cuillères à café dans le gobelet doseur et compléter avec de l'eau tiède (préalablement bouillie, de préférence) jusqu'au trait supérieur. Utiliser en *gargarisme* ou en *bain de bouche* la totalité du contenu du gobelet doseur. Conserver la solution en bouche 30 secondes avant de la recracher.

Posologie usuelle :
- Adulte et enfant de plus de 30 mois : 1 bain de bouche ou 1 gargarisme, 2 ou 3 fois par jour.

La solution ne doit en aucun cas être avalée.

La durée du traitement ne dépasse habituellement pas 10 jours.

☛ Il est généralement conseillé de ne pas s'alimenter ou de ne pas boire immédiatement après un *bain de bouche* ou un *gargarisme* afin de permettre aux substances actives d'agir.

Certains dentistes et stomatologistes recommandent de ne pas pratiquer de bain de bouche dans les heures qui suivent une extraction dentaire afin d'éviter de faire saigner la plaie.

ELUDRIL tablettes

chlorhexidine, tétracaïne, vitamine C

PRÉSENTATION

ÉLUDRIL : tablette à sucer arôme orange et menthe poivrée ; boîte de 36 - Non remb.

Laboratoires Inava

COMPOSITION

	p. tablette
Chlorhexidine digluconate	3 mg
Tétracaïne chlorhydrate	0,2 mg
Acide ascorbique (vitamine C)	52,5 mg
Saccharose	1 g
Menthe poivrée	+

INDICATIONS

Ce médicament d'usage local contient un *antiseptique*, un *anesthésique* et de la *vitamine* C.

Il est utilisé comme *traitement d'appoint* en cas de mal de gorge sans fièvre ou d'affection de la bouche.

CONTRE-INDICATIONS

Ce médicament ne doit pas être utilisé dans les cas suivants :

- *allergie* aux *anesthésiques* locaux,
- enfant de moins de 30 mois.

ATTENTION

Les médicaments contenant un *anesthésique* local ne doivent pas être utilisés sans avis médical chez l'enfant de moins de 6 ans.

L'usage prolongé de ce médicament n'est pas souhaitable : il est susceptible de modifier l'équilibre microbien naturel de la gorge (apparition de *candidose*).

Une surconsommation pourrait provoquer des troubles nerveux et cardiaques : respectez la *posologie*.

En cas d'apparition de fièvre, d'aggravation ou d'absence d'amélioration au bout de 5 jours, consultez votre médecin.

GROSSESSE, ALLAITEMENT ET NOUVEAU-NÉ

L'effet de ce médicament pendant la grossesse ou l'allaitement est mal connu. L'évaluation du risque éventuel lié à son utilisation est individuelle : demandez conseil à votre pharmacien ou à votre médecin.

MODE D'EMPLOI ET POSOLOGIE

Les tablettes doivent être sucées lentement sans être croquées, à distance des repas.

Posologie usuelle :

- Adulte : 4 tablettes par jour.
- Enfant de plus de 30 mois : 2 à 4 tablettes par jour, selon l'âge.

Chez l'enfant et les personnes âgées, évitez l'usage de ce médicament avant les repas : l'*anesthésique* local est susceptible de provoquer des troubles de la déglutition ; ceux-ci pourraient être à l'origine du passage d'aliments dans les *voies* respiratoires.

Certaines infections de la gorge nécessitent un traitement *antibiotique* pour éviter des complications ultérieures, cardiaques ou rénales : si les troubles persistent, consultez votre médecin.

EFFETS INDÉSIRABLES POSSIBLES

En cas de réaction allergique cutanée, arrêtez le traitement.

Engourdissement passager de la langue.

Coloration brune de la langue et des dents disparaissant à l'arrêt du traitement.

EMBROCATION SIAMOISE

PRÉSENTATION

EMBROCATION SIAMOISE : solution pour application locale ; flacon 200 ml - Non remb.

Laboratoires C.P.F.

COMPOSITION

	p. 100 g
Piment, essence	400 mg
Thym, essence	200 mg
Camphre	1,25 g
Acide acétique	1,25 g
Chloroforme	5 g
Térébenthine, essence	15 g

INDICATIONS

Ce médicament d'usage local contient une association de substances ayant un effet *révulsif* et relaxant pour les muscles.

Il est utilisé en massage dans le traitement des douleurs rhumatismales et musculaires (torticolis, crampes, *dorsalgies*, *lombalgies*...).

CONTRE-INDICATIONS

Ce médicament ne doit pas être utilisé dans les cas suivants :

- sur les *muqueuses*, la peau irritée et les plaies cutanées ;
- enfant de moins de 30 mois.

ATTENTION

N'utilisez pas ce médicament chez l'enfant de moins de 7 ans sans avis médical.

GROSSESSE, ALLAITEMENT ET NOUVEAU-NÉ

L'effet de ce médicament pendant la grossesse ou l'allaitement est mal connu. L'évaluation du risque éventuel lié à son utilisation est individuelle : demandez conseil à votre pharmacien ou à votre médecin.

MODE D'EMPLOI ET POSOLOGIE

Agiter le flacon puis appliquer la solution en massant ou en frictionnant doucement.

Posologie usuelle :

1 application plusieurs fois par jour.

Lavez-vous les mains après l'application.

ENANTONE

leuproréline

PRÉSENTATION

ENANTONE L.P. 3,75 mg : préparation injectable ; boîte de 1 flacon de poudre (microcapsules à *libération prolongée*) et 1 ampoule de solvant 2 ml - Remb. 65 % - Liste I

Laboratoires Takeda

COMPOSITION

	p. unité
Leuproréline	3,75 mg

INDICATIONS

Ce médicament contient une *hormone* de synthèse qui bloque les organes de la reproduction chez l'homme ; il empêche le développement de la prostate. Chez la femme, il est utilisé pour traiter l'*endométriose*.

CONTRE-INDICATIONS

Ce médicament est contre-indiqué dans les cas suivants :

- saignements vaginaux de cause non déterminée,
- grossesse,
- allaitement.

ATTENTION

L'absence de grossesse doit être confirmée par un test avant de commencer le traitement.

La survenue de saignements vaginaux doit vous conduire à consulter rapidement votre médecin.

Lors des premiers jours du traitement, une aggravation des *symptômes* peut survenir, due à une période initiale de stimulation des organes de la reproduction.

GROSSESSE, ALLAITEMENT ET NOUVEAU-NÉ

Ce médicament est contre-indiqué pendant la grossesse ou l'allaitement.

MODE D'EMPLOI ET POSOLOGIE

Ce médicament peut être injecté par *voie* sous-cutanée ou intramusculaire.

Posologie usuelle :

Habituellement, 1 injection toutes les 4 semaines, suivant des modalités précisées par le médecin.

L'arrêt des règles chez la femme et l'impuissance chez l'homme sont une conséquence inévitable du traitement, mais réversible à son arrêt.

EFFETS INDÉSIRABLES POSSIBLES

Bouffée de chaleur, maux de tête, sécheresse vaginale, instabilité émotionnelle, douleurs musculaires, diminution du volume des seins.

Risque de décalcification, notamment lors des traitements prolongés.

ENCÉPHABOL
pyritinol

PRÉSENTATION
ENCÉPHABOL : comprimé (jaune clair) ; boîte de 40 - Remb. 35 % - Liste I

Laboratoires Merck-Clévenot

COMPOSITION
	p. comp.
Pyritinol chlorhydrate	100 mg

INDICATIONS
Ce médicament est un antirhumatismal d'action lente.

Il est utilisé dans le *traitement de fond* de la *polyarthrite rhumatoïde*.

CONTRE-INDICATIONS
Ce médicament ne doit pas être utilisé dans les cas suivants :
- certaines maladies du rein,
- *insuffisance rénale*,
- certaines maladies du sang,
- *insuffisance hépatique*,
- *lupus érythémateux* disséminé,
- *myasthénie*,
- certaines maladies de peau graves,
- *antécédent* d'accidents graves avec la tiopronine (ACADIONE...) ou la D-pénicillamine (TROLOVOL...).
- **grossesse,**
- **allaitement.**

ATTENTION
En cas d'*intolérance* aux sels d'or, prévenez votre médecin.

Au cours du traitement, une surveillance médicale et des analyses de sang régulières sont nécessaires.

L'effet de ce médicament est lent à apparaître : un délai d'action de 2 à 3 mois est nécessaire avant de pouvoir juger de l'efficacité du traitement. Dans l'intervalle, l'usage des traitements *antalgiques* habituels reste possible.

Ce médicament est destiné au traitement d'un *rhumatisme inflammatoire* : il ne convient pas en cas d'*arthrose* ou de rhumatisme banal.

INTERACTIONS MÉDICAMENTEUSES
Ce médicament peut interagir avec d'autres médicaments, notamment ceux contenant de la phénylbutazone : augmentation des effets indésirables.

Si vous prenez des *pansements digestifs*, respectez un intervalle de 2 heures entre les prises de médicaments.

GROSSESSE, ALLAITEMENT ET NOUVEAU-NÉ
Grossesse :

Ce médicament est contre-indiqué chez la femme enceinte ou susceptible de l'être. Une contraception efficace est recommandée.

Allaitement :

Les données actuellement disponibles ne permettent pas de savoir si ce médicament passe dans le lait maternel : l'allaitement est contre-indiqué.

MODE D'EMPLOI ET POSOLOGIE
Les comprimés doivent être pris avec un verre d'eau.

Posologie usuelle :
- Adulte : la *posologie* est strictement individuelle et adaptée progressivement par le médecin, qui recherche la posologie efficace la plus faible.

EFFETS INDÉSIRABLES POSSIBLES
Perte du goût, *troubles digestifs* (nausées, vomissements, diarrhée) : ces anomalies peuvent survenir même lorsque l'effet du traitement est favorable.

Si surviennent des démangeaisons, des éruptions, des *aphtes* ou de la fièvre, prévenez immédiatement votre médecin.

ENDIUM
diosmine

PRÉSENTATION
ENDIUM 300 mg : comprimé (beige) ; boîte de 30 - Remb. 35 %

Laboratoires Europhta

COMPOSITION
	p. comp.
Diosmine	300 mg

INDICATIONS
C'est un *veinotonique* et un protecteur *vasculaire*. Il stimule la circulation du sang dans les veines et lutte contre l'altération des *vaisseaux capillaires*.

Il est utilisé dans le *traitement symptomatique* :
- des jambes lourdes, *œdèmes*, crampes, *impatiences* et autres troubles pouvant être en rapport avec une mauvaise circulation veineuse ou *lymphatique*,
- des petites *hémorragies* sous-cutanées se traduisant par des taches rouges ou violacées,
- des crises d'*hémorroïdes*.

ATTENTION
Ce médicament est insuffisant pour prévenir le risque de *phlébite* chez les malades alités ou plâtrés.

L'*insuffisance veineuse* peut requérir des mesures spécifiques telles que la *contention élastique*.

GROSSESSE, ALLAITEMENT ET NOUVEAU-NÉ
L'effet de ce médicament pendant la grossesse ou l'allaitement est mal connu. L'évaluation du risque éventuel lié à son utilisation est individuelle : demandez conseil à votre pharmacien ou à votre médecin.

MODE D'EMPLOI ET POSOLOGIE
Ce médicament doit être pris avec un verre d'eau, au cours des repas.

Posologie usuelle :

1 comprimé, matin et soir.

Dans les crises d'*hémorroïdes*, la *posologie* est de 4 à 6 comprimés par jour.

Une activité physique régulière et la surélévation du pied du lit permettent de faciliter la circulation veineuse et *lymphatique*.

La constipation, la consommation de mets épicés et de vins riches en tanins favorisent les *hémorroïdes*.

EFFETS INDÉSIRABLES POSSIBLES
Rares *troubles digestifs*.

ENDOPANCRINE 10
insuline

PRÉSENTATION
ENDOPANCRINE 10 HAUTEMENT PURIFIÉE : solution injectable d'insuline d'action rapide et brève ; boîte de 12 ampoules 1 ml (10 unités internationales) - Remb. 65 %

Laboratoires Organon

COMPOSITION
	p. ml
Insuline d'origine porcine	10 UI

INDICATIONS
C'est une *insuline* de porc. Son action est rapide et brève : son effet apparaît vers la 20e minute qui suit l'injection et s'estompe vers la 8e heure.

Elle est utilisée exclusivement en injection dans le traitement du *diabète*.

ATTENTION
La mise en route du traitement suppose un apprentissage correct pour injecter l'*insuline*, contrôler la *glycémie* au doigt, rechercher le *sucre* et l'acétone dans les urines et tenir un carnet de surveillance.

L'*hypoglycémie* est la principale complication des traitements par l'insuline. Il s'agit le plus souvent de malaises hypoglycémiques sans gravité dont les principaux signes sont : sueurs, tremblements, troubles visuels, vision double, fatigue soudaine, fringale, *vertiges*, difficulté de concentration. En ce cas, le diabétique doit aussitôt absorber 3 à 6 morceaux de sucre ou un sirop sucré.

Beaucoup plus rarement, l'hypoglycémie peut être grave et peut entraîner des troubles du comportement (comparables notamment à l'ébriété), des *convulsions*, voire une perte de connaissance : 1 ampoule de GLUCAGON doit être injectée immédiatement par *voie* sous-cutanée ou intramusculaire, même à travers les vêtements en cas d'agitation. Si le diabétique ne reprend pas conscience dans les minutes qui suivent, prévenez un service d'urgence. Dans le doute, il n'y a pas de danger à injecter du GLUCAGON à un diabétique traité par l'insuline. Dans tous les cas, la prise d'une collation ou d'un repas reste nécessaire.

L'autre complication possible chez le diabétique est la survenue d'une *acidocétose* due à un manque important d'insuline. Elle peut être déclenchée par une infection (qui augmente les besoins en insuline) : grippe, rhume, *cystite*, abcès, etc. Elle se manifeste par une grande fatigue, une soif intense et des *troubles digestifs*. Il faut alors rechercher la présence de sucre et d'acétone dans les urines : la présence des deux en quantité importante confirme le diagnostic. Le traitement par l'insuline ne doit pas être arrêté ; le diabétique doit suivre les consignes de son médecin et, si besoin, le joindre d'urgence.

Évitez la prise de boissons alcoolisées à jeun ou à distance des repas : augmentation du risque d'hypoglycémie.

La concentration de cette solution n'est pas adaptée aux stylos injecteurs ni aux pompes à *perfusion*.

Conducteur : une hypoglycémie peut entraîner un malaise pendant la conduite ou l'utilisation de machines.

INTERACTIONS MÉDICAMENTEUSES

Certains médicaments peuvent déséquilibrer la *glycémie* : signalez votre traitement par l'*insuline* à tout médecin consulté ou à votre pharmacien.

GROSSESSE, ALLAITEMENT ET NOUVEAU-NÉ

Grossesse :

L'*insuline* est adaptée au *diabète* de la femme enceinte ou aux troubles passagers de la *glycémie* pendant la durée de la grossesse.

Allaitement :

Le traitement par l'*insuline* n'est pas une contre-indication à l'allaitement.

MODE D'EMPLOI ET POSOLOGIE

Cette *insuline* est habituellement injectée par *voie* sous-cutanée. Elle ne doit être injectée par voie intramusculaire ou par voie intraveineuse qu'en milieu hospitalier ou sous surveillance médicale.

Les seringues utilisées doivent avoir une graduation en unité d'insuline.

Respectez les horaires et les zones d'injection recommandés par votre médecin.

Posologie usuelle :

Elle est adaptée en fonction des résultats des analyses réalisées par le diabétique ou par son entourage (carnet de surveillance) et des conseils de son médecin.

En cas d'activité sportive, il est préférable d'injecter l'*insuline* à distance des muscles qui travaillent pour éviter une absorption trop rapide. De plus, il est habituellement nécessaire d'adapter les doses d'insuline selon les recommandations du médecin.

Prenez contact avec les associations pour diabétiques : elles diffusent une information utile sur le traitement et la surveillance du *diabète*.

Votre entourage doit savoir reconnaître les signes d'une *hypoglycémie* et pouvoir vous administrer, en cas de perte de connaissance, une ampoule de GLUCAGON. Celle-ci peut être conservée au domicile ou sur le lieu de travail à température ambiante (inférieure à 25 °C) pendant 2 ans. Après reconstitution, la solution ne doit pas être conservée plus d'une semaine au réfrigérateur ni être congelée.

Veillez à ne pas manquer d'insuline ou de seringues, notamment pendant les week-ends et les jours fériés ; lors de vos déplacements, munissez-vous d'une réserve ou de votre ordonnance en cours de validité. Un certificat de traitement par l'insuline peut être nécessaire pour franchir certaines frontières.

Avant une première utilisation, il est préférable de conserver l'insuline dans le bas du réfrigérateur (entre + 2 °C et + 8 °C). Si le flacon a été soumis à des températures comprises entre 22 °C et 35 °C pendant moins de 72 heures, il peut être utilisé mais doit ensuite être conservé au frais.

Pour un meilleur confort, l'insuline doit être sortie du réfrigérateur une heure avant l'injection ou réchauffée dans les mains pendant quelques minutes, puis injectée à température ambiante.

Après une première utilisation, les flacons entamés peuvent être conservés 3 semaines à température ambiante (inférieure à 25 °C) dans un endroit propre et sec et à l'abri de la lumière.

EFFETS INDÉSIRABLES POSSIBLES

Nodules graisseux sous-cutanés.

Rares *allergies*, essentiellement cutanées.

ENDOPANCRINE 40

insuline

PRÉSENTATION

ENDOPANCRINE 40 HAUTEMENT PURIFIÉE : solution injectable d'insuline d'action rapide et brève ; flacon multidose 10 ml (400 unités internationales) - Remb. 65 %

ENDOPANCRINE 40 HAUTEMENT PURIFIÉE : solution injectable d'insuline d'action rapide et brève ; boîte de 5 flacons multidoses 10 ml (400 unités internationales) - Remb. 65 %

Laboratoires Organon

COMPOSITION

	p. ml
Insuline d'origine porcine	40 UI

INDICATIONS

C'est une *insuline* de porc. Son action est rapide et brève : son effet apparaît vers la 20e minute qui suit l'injection et s'estompe vers la 8e heure.

Elle est utilisée exclusivement en injection dans le traitement du *diabète*.

ATTENTION

La mise en route du traitement suppose un apprentissage correct pour injecter l'*insuline*, contrôler la *glycémie* au doigt, rechercher le *sucre* et l'acétone dans les urines et tenir un carnet de surveillance.

L'*hypoglycémie* est la principale complication des traitements par l'insuline. Il s'agit le plus souvent de malaises hypoglycémiques sans gravité dont les principaux signes sont : sueurs, tremblements, troubles visuels, vision double, fatigue soudaine, fringale, *vertiges*, difficulté de concentration. En ce cas, le diabétique doit aussitôt absorber 3 à 6 morceaux de sucre ou un sirop sucré.

Beaucoup plus rarement, l'hypoglycémie peut être grave et peut entraîner des troubles du comportement (comparables notamment à l'ébriété), des *convulsions*, voire une perte de connaissance : 1 ampoule de GLUCAGON doit être injectée immédiatement par *voie* sous-cutanée ou intramusculaire, même à travers les vêtements en cas d'agitation. Si le diabétique ne reprend pas conscience dans les minutes qui suivent, prévenez un service d'urgence. Dans le doute, il n'y a pas de danger à injecter du GLUCAGON à un diabétique traité par l'insuline. Dans tous les cas, la prise d'une collation ou d'un repas reste nécessaire.

L'autre complication possible chez le diabétique est la survenue d'une *acidocétose* due à un manque important d'insuline. Elle peut être déclenchée par une infection (qui augmente les besoins en insuline) : grippe, rhume, *cystite*, abcès, etc. Elle se manifeste par une grande fatigue, une soif intense et des *troubles digestifs*. Il faut alors rechercher la présence de sucre et d'acétone dans les urines : la présence des deux en quantité importante confirme le diagnostic. Le traitement par l'insuline ne doit pas être arrêté ; le diabétique doit suivre les consignes de son médecin et, si besoin, le joindre d'urgence.

Évitez la prise de boissons alcoolisées à jeun ou à distance des repas : augmentation du risque d'hypoglycémie.

La concentration de cette solution n'est pas adaptée aux stylos injecteurs ni aux pompes à perfusion.

Conducteur : une hypoglycémie peut entraîner un malaise pendant la conduite ou l'utilisation de machines.

INTERACTIONS MÉDICAMENTEUSES

Certains médicaments peuvent déséquilibrer la *glycémie* : signalez votre traitement par l'*insuline* à tout médecin consulté ou à votre pharmacien.

GROSSESSE, ALLAITEMENT ET NOUVEAU-NÉ

Grossesse :

L'*insuline* est adaptée au *diabète* de la femme enceinte ou aux troubles passagers de la *glycémie* pendant la durée de la grossesse.

Allaitement :

Le traitement par l'*insuline* n'est pas une contre-indication à l'allaitement.

MODE D'EMPLOI ET POSOLOGIE

Cette *insuline* est habituellement injectée par *voie* sous-cutanée. Elle ne doit être injectée par voie intramusculaire ou par voie intraveineuse qu'en milieu hospitalier ou sous surveillance médicale.

Les seringues utilisées doivent avoir une graduation en unité d'insuline.

Respectez les horaires et les zones d'injection recommandés par votre médecin.

Posologie usuelle :

Elle est adaptée en fonction des résultats des analyses réalisées par le diabétique ou par son entourage (carnet de surveillance) et des conseils de son médecin.

☛ En cas d'activité sportive, il est préférable d'injecter l'*insuline* à distance des muscles qui travaillent pour éviter une absorption trop rapide. De plus, il est habituellement nécessaire d'adapter les doses d'insuline selon les recommandations du médecin.

Prenez contact avec les associations pour diabétiques : elles diffusent une information utile sur le traitement et la surveillance du *diabète*.

Votre entourage doit savoir reconnaître les signes d'une *hypoglycémie* et pouvoir vous administrer, en cas de perte de connaissance, une ampoule de GLUCAGON. Celle-ci peut être conservée au domicile ou sur le lieu de travail à température ambiante (inférieure à 25 °C) pendant 2 ans. Après reconstitution, la solution ne doit pas être conservée plus d'une semaine au réfrigérateur ni être congelée.

Veillez à ne pas manquer d'insuline ou de seringues, notamment pendant les week-ends et les jours fériés ; lors de vos déplacements, munissez-vous d'une réserve ou de votre ordonnance en cours de validité. Un certificat de traitement par l'insuline peut être nécessaire pour franchir certaines frontières.

Avant une première utilisation, il est préférable de conserver l'insuline dans le bas du réfrigérateur (entre + 2 °C et + 8 °C). Si le flacon a été soumis à des températures comprises entre 22 °C et 35 °C pendant moins de 72 heures, il peut être utilisé mais doit ensuite être conservé au frais.

Pour un meilleur confort, l'insuline doit être sortie du réfrigérateur une heure avant l'injection ou réchauffée dans les mains pendant quelques minutes, puis injectée à température ambiante.

Après une première utilisation, les flacons entamés peuvent être conservés 3 semaines à température ambiante (inférieure à 25 °C) dans un endroit propre et sec et à l'abri de la lumière.

EFFETS INDÉSIRABLES POSSIBLES

Nodules graisseux sous-cutanés.

Rares *allergies*, essentiellement cutanées.

ENDOPANCRINE ZINC PROTAMINE

insuline

PRÉSENTATION

ENDOPANCRINE ZINC PROTAMINE HAUTEMENT PURIFIÉE : suspension injectable d'insuline d'action prolongée ; flacon multidose 10 ml (400 unités internationales) - Remb. 65 %

ENDOPANCRINE ZINC PROTAMINE HAUTEMENT PURIFIÉE : suspension injectable d'insuline d'action prolongée ; boîte de 5 flacons multidoses 10 ml (400 unités internationales) - Remb. 65 %

Laboratoires Organon

COMPOSITION

	p. ml
Insuline d'origine porcine combinée à la protamine en présence de zinc	40 UI

INDICATIONS

C'est une *insuline* de porc. Son action est de durée prolongée : son effet apparaît vers la 1re heure qui suit l'injection et s'estompe au bout de 26 heures.

Elle est utilisée exclusivement en injection dans le traitement du *diabète*.

ATTENTION

La mise en route du traitement suppose un apprentissage correct pour injecter l'*insuline*, contrôler la *glycémie* au doigt, rechercher le *sucre* et l'acétone dans les urines et tenir un carnet de surveillance.

L'*hypoglycémie* est la principale complication des traitements par l'insuline, et avec cette insuline le risque d'hypoglycémie persiste au moins 24 heures. Il s'agit le plus souvent de malaises hypoglycémiques sans gravité dont les principaux signes sont : sueurs, tremblements, troubles visuels, vision double, fatigue soudaine, fringale, *vertiges*, difficulté de concentration. En ce cas, le diabétique doit aussitôt absorber 3 à 6 morceaux de sucre ou un sirop sucré.

Beaucoup plus rarement, l'hypoglycémie peut être grave et peut entraîner des troubles du comportement (comparables notamment à l'ébriété), des *convulsions*, voire une perte de connaissance : 1 ampoule de GLUCAGON doit être injectée immédiatement par *voie* sous-cutanée ou intramusculaire, même à travers les vêtements en cas d'agitation. Si le diabétique ne reprend pas conscience dans les minutes qui suivent, prévenez un service d'urgence. Dans le doute, il n'y a pas de danger à injecter du GLUCAGON à un diabétique traité par l'insuline. Dans tous les cas, la prise d'une collation ou d'un repas reste nécessaire.

L'autre complication possible chez le diabétique est la survenue d'une *acidocétose* due à un manque important d'insuline. Elle peut être déclenchée par une infection (qui augmente les besoins en insuline) : grippe, rhume, *cystite*, abcès, etc. Elle se manifeste par une grande fatigue, une soif intense et des *troubles digestifs*. Il faut alors rechercher la présence de sucre et d'acétone dans les urines : la présence des deux en quantité importante confirme le diagnostic. Le traitement par l'insuline ne doit pas être arrêté ; le diabétique doit suivre les consignes de son médecin et, si besoin, le joindre d'urgence.

Évitez la prise de boissons alcoolisées à jeun ou à distance des repas : augmentation du risque d'hypoglycémie.

La concentration de cette solution n'est pas adaptée aux stylos injecteurs ni aux pompes à perfusion.

Conducteur : une hypoglycémie peut entraîner un malaise pendant la conduite ou l'utilisation de machines.

INTERACTIONS MÉDICAMENTEUSES

Certains médicaments peuvent déséquilibrer la *glycémie* : signalez votre traitement par l'*insuline* à tout médecin consulté ou à votre pharmacien.

GROSSESSE, ALLAITEMENT ET NOUVEAU-NÉ

Grossesse :

L'*insuline* est adaptée au *diabète* de la femme enceinte ou aux troubles passagers de la *glycémie* pendant la durée de la grossesse.

Allaitement :

Le traitement par l'*insuline* n'est pas une contre-indication à l'allaitement.

MODE D'EMPLOI ET POSOLOGIE

Cette *insuline* doit être injectée par *voie* sous-cutanée.

Agitez la suspension avant l'injection afin de l'homogénéiser.

Les seringues utilisées doivent avoir une graduation en unité d'insuline.

Cette insuline ne doit pas être injectée plus d'une fois par jour.

Respectez les horaires et les zones d'injection recommandés par votre médecin

Posologie usuelle :

Elle est adaptée en fonction des résultats des analyses réalisées par le diabétique ou par son entourage (carnet de surveillance) et des conseils de son médecin.

☛ En cas d'activité sportive, il est préférable d'injecter l'*insuline* à distance des muscles qui travaillent pour éviter une absorption trop rapide. De plus, il est habituellement nécessaire d'adapter les doses d'insuline selon les recommandations du médecin.

Prenez contact avec les associations pour diabétiques : elles diffusent une information utile sur le traitement et la surveillance du *diabète*.

Votre entourage doit savoir reconnaître les signes d'une *hypoglycémie* et pouvoir vous administrer, en cas de perte de connaissance, une ampoule de GLUCAGON. Celle-ci peut être conservée au domicile ou sur le lieu de travail à température ambiante (inférieure à 25 °C) pendant 2 ans. Après reconstitution, la solution ne doit pas être conservée plus d'une semaine au réfrigérateur ni être congelée.

Veillez à ne pas manquer d'insuline ou de seringues, notamment pendant les week-ends et les jours fériés ; lors de vos déplacements, munissez-vous d'une réserve ou de votre ordonnance en cours de validité. Un certificat de traitement par l'insuline peut être nécessaire pour franchir certaines frontières.

Avant une première utilisation, il est préférable de conserver l'insuline dans le bas du réfrigérateur (entre + 2 °C et + 8 °C). Si le flacon a été soumis à des températures comprises entre 22 °C et 35 °C pendant moins de 72 heures, il peut être utilisé mais doit ensuite être conservé au frais.

Cette insuline ne doit pas être congelée.

Pour un meilleur confort, l'insuline doit être sortie du réfrigérateur une heure avant l'injection ou réchauffée dans les mains pendant quelques minutes, puis injectée à température ambiante.

Après une première utilisation, les flacons entamés peuvent être conservés 3 semaines à température ambiante (inférieure à 25 °C) dans un endroit propre et sec et à l'abri de la lumière.

EFFETS INDÉSIRABLES POSSIBLES

Nodules graisseux sous-cutanés.

Rares *allergies*, essentiellement cutanées.

ENDOTÉLON
oligomères procyanidoliques

PRÉSENTATION

ENDOTÉLON 50 mg : comprimé *gastrorésistant* (jaune) ; boîte de 20 - Remb. 35 %

ENDOTÉLON 150 mg : comprimé *gastrorésistant* (jaune) ; boîte de 20 - Remb. 35 %

Laboratoires Labaz

COMPOSITION

	p. comp.	p. comp.
Pépins de raisin, extrait purifié standardisé en oligomères procyanidoliques	50 mg	150 mg

INDICATIONS

C'est un protecteur *vasculaire* et *veinotonique*. Il stimule la circulation du sang dans les veines et lutte contre l'altération des *vaisseaux capillaires*.

Il est utilisé dans le *traitement symptomatique* :
- des jambes lourdes, douleurs, *impatiences* et autres troubles pouvant être en rapport avec une mauvaise circulation veineuse ou *lymphatique* ;
- de l'insuffisance d'irrigation de la *rétine* (comprimé à 50 mg).

ATTENTION

Ce médicament est insuffisant pour prévenir le risque de *phlébite* chez les malades alités ou plâtrés.

Ce médicament soulage, mais n'empêche pas l'aggravation de l'*insuffisance veineuse* qui requiert des mesures spécifiques telles que la *contention élastique*.

GROSSESSE, ALLAITEMENT ET NOUVEAU-NÉ

L'effet de ce médicament pendant la grossesse ou l'allaitement est mal connu. L'évaluation du risque éventuel lié à son utilisation est individuelle : demandez conseil à votre pharmacien ou à votre médecin.

MODE D'EMPLOI ET POSOLOGIE

Ce médicament doit être pris avec un verre d'eau en dehors des repas.

Posologie usuelle :

150 mg, midi et soir ; soit 300 mg par jour.

En ophtalmologie, la *posologie* peut être de 2 ou 3 comprimés à 50 mg par jour.

☛ Une activité physique régulière et la surélévation du pied du lit permettent de faciliter la circulation veineuse et *lymphatique*.

EFFETS INDÉSIRABLES POSSIBLES

Allergie cutanée, maux de tête, nausées, maux d'estomac.

ENERGITUM
glutamate d'arginine

PRÉSENTATION

ENERGITUM : solution buvable arôme framboise ; boîte de 12 ampoules 10 ml - Non remb.

Laboratoires SmithKline Beecham

COMPOSITION

	p. amp.
L-Arginine L-glutamate	2,50 g
Sorbitol	4 g

INDICATIONS

C'est un *antiasthénique* qui contient une association d'*acides aminés*.

Ce médicament est utilisé dans le *traitement symptomatique* de la fatigue.

CONTRE-INDICATIONS

Ce médicament ne doit pas être utilisé en cas d'obstruction des *voies biliaires*.

GROSSESSE, ALLAITEMENT ET NOUVEAU-NÉ

Ce médicament ne contient que des substances présumées sans danger pendant la grossesse ou l'allaitement. Néanmoins, ne l'utilisez pas de façon prolongée sans l'avis de votre pharmacien ou de votre médecin.

MODE D'EMPLOI ET POSOLOGIE

Le contenu des ampoules doit être dilué dans un verre d'eau.

Posologie usuelle :
- Adulte : 2 ampoules par jour, au moment des repas.

☛ Une fatigue persistante ne doit pas vous conduire à augmenter les prises de ce médicament : consultez votre médecin. Afin d'éviter d'éventuels *troubles digestifs*, ne prenez pas ce médicament à jeun.

EFFETS INDÉSIRABLES POSSIBLES

Diarrhée, douleurs abdominales.

ENGERIX B
vaccin contre l'hépatite B

PRÉSENTATION

ENGERIX B : suspension injectable *I.M.* ; seringue préremplie 1 ml - Remb. 65 %

Laboratoires SmithKline Beecham

COMPOSITION

	p. seringue
Antigène protéique HBs	20 µg

INDICATIONS

C'est un *vaccin* synthétique (obtenu par *biotechnologie*). Il ne contient aucun *germe* vivant.

Il est utilisé dans la prévention de l'*hépatite* B. L'immunité est obtenue à partir de la 3e injection et peut persister 5 ans.

CONTRE-INDICATIONS

Ce *vaccin* ne doit pas être utilisé dans les cas suivants :
- infection avec fièvre grave,
- *allergie* à l'alumine.

ATTENTION

Compte tenu du délai recommandé de 30 jours entre 2 injections, l'immunité ne peut être obtenue que 2 mois après le début de la vaccination.

GROSSESSE, ALLAITEMENT ET NOUVEAU-NÉ

Ce *vaccin* peut être pratiqué pendant la grossesse ou l'allaitement.

MODE D'EMPLOI ET POSOLOGIE

Bien agiter la seringue avant l'emploi, la réchauffer à température ambiante si nécessaire. L'injection doit être réalisée par *voie* intramusculaire (dans le muscle deltoïde chez l'adulte). Ne jamais injecter par voie intraveineuse.

Posologie usuelle :

Les 3 premières injections sont réalisées à 1 mois d'intervalle. Le premier rappel a lieu 1 an après la troisième injection, puis tous les 5 ans.

☛ Pour des raisons de confort, la vaccination doit être différée en cas de fièvre élevée.

Les réactions fébriles dues aux *vaccins* peuvent être combattues en prenant de l'aspirine ou du paracétamol.

Pour garder son efficacité, ce vaccin doit être conservé entre + 2 et + 8 °C (compartiment à beurre du réfrigérateur), mais quelques jours à une température ne dépassant pas + 25 °C ne prêtent pas à conséquence. Il ne doit pas être congelé.

EFFETS INDÉSIRABLES POSSIBLES

Réactions douloureuses, *nodule* au point d'injection.

Fièvre modérée pendant 1 ou 2 jours, maux de tête, nausées, *vertiges*.

ENO

PRÉSENTATION

ENO sel de fruit : poudre orale effervescente ; flacon 228 g - Non remb.

ENO sel de fruit : poudre orale effervescente ; boîte de 24 sachets (5 g) - Non remb.

Laboratoires SmithKline Beecham

COMPOSITION

	p. c. à c. ou p. sachet
Carbonate monosodique	2,427 g
Acide tartrique	2,323 g
Carbonate disodique	0,250 g
dont Sodium	772 mg

INDICATIONS

C'est une association de substances utilisée dans le *traitement symptomatique* des digestions difficiles.

ATTENTION

L'abus de ce médicament expose à une aggravation des *symptômes* après son arrêt.

Des troubles qui persistent peuvent être dus à une lésion du tube digestif : consultez votre médecin.

Ce médicament contient du *sel* (sodium) en quantité notable.

INTERACTIONS MÉDICAMENTEUSES

Ce médicament peut interagir avec de nombreux autres médicaments en diminuant leur absorption : il convient de séparer les prises d'au moins 2 heures.

GROSSESSE, ALLAITEMENT ET NOUVEAU-NÉ

L'effet de ce médicament pendant la grossesse ou l'allaitement est mal connu. L'évaluation du risque éventuel lié à son utilisation est individuelle : demandez conseil à votre pharmacien ou à votre médecin.

MODE D'EMPLOI ET POSOLOGIE

La poudre doit être dissoute dans un verre d'eau.

Posologie usuelle :

- Adulte : 1 cuillère à café ou 1 sachet au moment des troubles.

Une alimentation équilibrée, une mastication lente et l'élimination des aliments difficiles à digérer permettent souvent d'améliorer, voire de faire disparaître, les douleurs d'estomac qui ne sont pas liées à un *ulcère*.

Si vous êtes fumeur, la poursuite du tabagisme nuit à l'efficacité du traitement.

EFFETS INDÉSIRABLES POSSIBLES

Diarrhée dont l'apparition doit faire arrêter la prise du médicament.

ENOXOR

énoxacine

PRÉSENTATION

ENOXOR 200 mg : comprimé (blanc) ; boîte de 10 - Remb. 65 % - Liste I

Laboratoires Sinbio

COMPOSITION

	p. comp.
Énoxacine	200 mg

INDICATIONS

C'est un *antibiotique* qui appartient à la famille des quinolones.

Il est utilisé dans le traitement des infections urinaires, des infections génitales à *gonocoque* et des *prostatites*.

CONTRE-INDICATIONS

Ce médicament ne doit pas être utilisé dans les cas suivants :

- enfant de moins de 15 ans,
- déficit en *G6PD*,
- *épilepsie*,
- *antécédent* de *tendinite* lors de l'utilisation d'une quinolone,
- association avec les médicaments contenant de la théophylline,
- grossesse,
- allaitement.

ATTENTION

Ce médicament est photosensibilisant : une exposition aux rayons *ultraviolets* (soleil, lampe à bronzer) peut provoquer des réactions cutanées. N'omettez pas de signaler à votre médecin vos projets de vacances au soleil pendant la durée du traitement.

Ce médicament peut provoquer des lésions des tendons : toute douleur faisant penser à une *tendinite* doit vous conduire à consulter votre médecin.

INTERACTIONS MÉDICAMENTEUSES

Ce médicament ne doit pas être associé avec les médicaments contenant de la théophylline : risque de surdosage en théophylline.

Il peut interagir avec d'autres médicaments. Signalez tout autre traitement en cours à votre médecin ou à votre pharmacien.

GROSSESSE, ALLAITEMENT ET NOUVEAU-NÉ

Grossesse :

En l'absence de données suffisantes, ce médicament est contre-indiqué pendant la grossesse.

Allaitement :

Ce médicament passe dans le lait maternel : l'allaitement est contre-indiqué.

MODE D'EMPLOI ET POSOLOGIE

Ce médicament doit être pris de préférence au cours des repas.

Posologie usuelle :

- Adulte : 1 comprimé, matin et soir.

Le médecin peut prescrire une analyse pour identifier le *germe* responsable de l'infection et tester sa sensibilité aux *antibiotiques*. Le résultat de cet examen peut être faussé en cas d'automédication préalable : ne prenez pas d'antibiotique sans avis médical.

En cas d'infection génitale, votre partenaire peut être contaminé alors qu'il ne présente aucun *symptôme*. S'il n'est pas traité conjointement, une recontamination est possible.

EFFETS INDÉSIRABLES POSSIBLES

Troubles digestifs : nausées, vomissements.

Photosensibilisation (voir ATTENTION), réactions allergiques cutanées.

Douleurs musculaires ou articulaires, *tendinite* (voir ATTENTION).

Maux de tête, *convulsions*, troubles de la vigilance.

ENTECET

association polyenzymatique

PRÉSENTATION

ENTECET : comprimé *gastrorésistant* (blanc) ; boîte de 60 - Remb. 35 %

Laboratoires Gallier

COMPOSITION

	p. comp.
Orge germée, extrait	150 mg
Amylase fongique (aspergillus)	50 mg
Protéase fongique (aspergillus)	50 mg
Complexe enzymatique fongique (aspergillus)	70 mg
Lipase fongique (rhizopus)	50 mg
Saccharose	238 mg

INDICATIONS

Ce médicament contient des extraits végétaux, doués de propriétés enzymatiques.

Il est utilisé dans le *traitement symptomatique* des digestions difficiles.

GROSSESSE, ALLAITEMENT ET NOUVEAU-NÉ

Aucun problème particulier n'a été mis en évidence lors de l'utilisation courante chez la femme enceinte.

MODE D'EMPLOI ET POSOLOGIE

Les comprimés doivent être pris au cours des repas.

Ils doivent être avalés sans être croqués.

Posologie usuelle :

1 comprimé, 3 fois par jour.

Calendrier de vaccination : voir Annexes

ENTERCINE

PRÉSENTATION

ENTERCINE : gélule (gris et blanc) ; boîte de 30 - Remb. 35 % - Liste I

Laboratoires Biogalénique

COMPOSITION

	p. gél.
Dihydrostreptomycine sulfate	100 000 UI
Sulfaguanidine	250 mg
Broxyquinoline	75 mg
Homatropine méthylbromure	0,1 mg

INDICATIONS

Ce médicament associe deux *antibiotiques*, un *antiseptique* et un *antispasmodique* dérivé de l'atropine.

Il est utilisé pour traiter les diarrhées aiguës bénignes.

CONTRE-INDICATIONS

Ce médicament ne doit pas être utilisé dans les cas suivants :
- *antécédent* d'*allergie* à un *antibiotique* de la famille des *sulfamides*, des *aminosides* ou des quinoléines ;
- déficit en *G6PD* ;
- *glaucome* à angle fermé ;
- risque de blocage des urines (*adénome de la prostate*...) ;
- **grossesse** ;
- **allaitement** ;
- *nourrisson*.

ATTENTION

Si la diarrhée persiste ou s'il apparaît une fièvre, des frissons, une grande fatigue, du sang ou des glaires dans les selles, ce traitement est insuffisant et des examens peuvent être nécessaires : consultez votre médecin.

Des précautions sont nécessaires en cas d'*insuffisance rénale* ou d'*insuffisance hépatique*.

INTERACTIONS MÉDICAMENTEUSES

Ce médicament peut interagir avec d'autres médicaments. Signalez tout autre traitement en cours à votre médecin ou à votre pharmacien.

GROSSESSE, ALLAITEMENT ET NOUVEAU-NÉ

Ce médicament est contre-indiqué chez la femme enceinte ou susceptible de l'être, chez la femme qui allaite et chez le *nourrisson*.

MODE D'EMPLOI ET POSOLOGIE

Les gélules peuvent être avalées avec un peu d'eau.

La durée du traitement ne doit pas dépasser 4 jours.

Posologie usuelle :
- Adulte : 2 ou 3 gélules, 3 fois par jour.
- Enfant : 1 gélule par 5 kg et par jour, à répartir en 3 ou 4 prises ; soit par exemple, pour un enfant de 17 kg : 1 gélule, 3 fois par jour.

Une diarrhée peut provoquer une déshydratation. Cette perte d'eau par l'organisme peut entraîner des troubles graves (fatigue, malaise, confusion des idées...). Il est indispensable de prévenir cette déshydratation, en particulier chez les personnes âgées et les enfants, par des boissons sucrées abondantes et des bouillons salés. Il existe des préparations à cet effet destinées aux jeunes enfants.

EFFETS INDÉSIRABLES POSSIBLES

Nausées, douleurs d'estomac, aggravation paradoxale de la diarrhée par déséquilibre de la flore intestinale.

Allergie cutanée.

Sécheresse de la bouche, troubles visuels.

Ce médicament contient des substances susceptibles d'être toxiques pour l'oreille et pour le rein. Néanmoins, aux doses et à la durée préconisées, ces risques sont peu probables.

ENTÉROMUCILAGE
gomme de sterculia

PRÉSENTATION

ENTÉROMUCILAGE : granulé (marron) ; boîte de 250 g - Non remb.

Laboratoires Bayer-Pharma

COMPOSITION

	p. c. à c.
Sterculia, gomme	3,65 g
Saccharose	+
Menthol	+

INDICATIONS

C'est un *laxatif de lest* qui contient un régulateur de transit (gomme de sterculia). Il s'imbibe d'eau et rend les selles plus volumineuses et moins fermes.

Il est utilisé comme *traitement symptomatique* de la constipation.

CONTRE-INDICATIONS

Ce médicament ne doit pas être utilisé en cas de maladie comportant un risque d'obstruction du tube digestif.

ATTENTION

Il est nécessaire de boire beaucoup d'eau, particulièrement en cas de dilatation du côlon, d'alitement et chez la personne âgée.

Les laxatifs ne doivent pas être utilisés de façon prolongée sans avis médical.

GROSSESSE, ALLAITEMENT ET NOUVEAU-NÉ

Grossesse :

Ce médicament peut être utilisé pour traiter la constipation de la femme enceinte.

MODE D'EMPLOI ET POSOLOGIE

Avaler les granulés sans les croquer avec un grand verre d'eau.

L'effet ne peut être obtenu qu'après 2 ou 3 jours.

Posologie usuelle :

1 à 3 cuillères à café aux repas.

Un échec de traitement peut être lié à la présence d'un *fécalome*, notamment chez la personne âgée.

Des mesures simples d'hygiène alimentaire et des exercices physiques sont à envisager avant d'utiliser un laxatif : parlez-en à votre médecin ou à votre pharmacien.

EFFETS INDÉSIRABLES POSSIBLES

Sensation de ballonnement.

ÉOLÈNE
salbutamol

PRÉSENTATION

ÉOLÈNE : aérosol ; flacon pressurisé avec valve doseuse (200 bouffées) - Remb. 65 % - Liste I

Laboratoires Fisons

COMPOSITION

	p. bouffée
Salbutamol	100 µg

INDICATIONS

Ce médicament est un bronchodilatateur qui lutte contre la contraction anormale des muscles de la paroi des bronches. Il est apparenté à une substance naturelle, l'*adrénaline* ; mais contrairement à cette substance, il a peu d'effet sur le cœur.

Son action est rapide et se prolonge pendant 3 à 5 heures.

Il est utilisé dans :
- le *traitement de la crise* d'*asthme*,
- le *traitement de fond* de l'asthme,
- certaines maladies respiratoires.

ATTENTION

Ce médicament n'est pas adapté à l'enfant de moins de 5 ans.

Si une crise d'*asthme* ne cède pas malgré des inhalations répétées, ne vous obstinez pas et consultez immédiatement votre médecin ou à défaut appelez le 15 ou un service médical d'urgence.

GROSSESSE, ALLAITEMENT ET NOUVEAU-NÉ

Ce médicament peut être utilisé pendant la grossesse ou l'allaitement.

MODE D'EMPLOI ET POSOLOGIE

L'inhalation du médicament doit se faire au cours d'une inspiration profonde, précédée si possible d'une expiration forcée. Il est ensuite nécessaire de retenir sa respiration pendant quelques instants.

Agiter vigoureusement l'appareil. Introduire l'embout dans la bouche, le fond de la cartouche dirigé vers le haut. Expirer à fond, puis inspirer rapidement et profondément tout en appuyant sur le fond de la cartouche. Chaque pression délivre une dose unique.

Posologie usuelle :

- *Traitement de la crise* : 1 à 2 bouffées, que l'on peut renouveler après 1 minute si l'effet est insuffisant.
- *Traitement de fond* :
  - Adulte : 4 à 12 bouffées par jour, régulièrement réparties dans la journée.
    Ne pas dépasser, en tout, 15 bouffées par jour.
  - Enfant : 3 à 6 bouffées par jour, régulièrement réparties dans la journée.
    Ne pas dépasser, en tout, 10 bouffées par jour.

> Lisez attentivement la notice du médicament avant son emploi.
>
> N'hésitez pas à demander une démonstration du maniement de cet appareil à votre médecin ou à votre pharmacien.
>
> L'utilisation de l'aérosol doseur chez les personnes maîtrisant mal la technique d'inhalation peut être facilitée par l'emploi d'un réservoir en matière plastique qui s'interpose entre l'aérosol doseur et la bouche. Demandez conseil à votre pharmacien.
>
> Nettoyez l'embout buccal à l'eau, avant et après utilisation.
>
> Le flacon est sous pression : conservez-le à l'abri de la chaleur.

EFFETS INDÉSIRABLES POSSIBLES

Les effets indésirables sont rares et bénins avec les formes inhalées. Leur survenue est favorisée par une augmentation de la *posologie*.

Tremblements des extrémités, accélération du cœur peuvent être observés à forte dose.

ÉOSINE ALCOOLIQUE GIFRER

éosine, alcool

PRÉSENTATION

ÉOSINE ALCOOLIQUE GIFRER : solution alcoolique colorée pour application locale ; flacon 100 ml - Non remb.

Laboratoires Gifrer Barbezat

COMPOSITION

	p. 100 g
Éosine disodique	2 g
Alcool	10 ml

INDICATIONS

Cette solution alcoolique contient un *antiseptique* local.

Elle est utilisée pour assécher les affections de la peau ou des *muqueuses*.

INTERACTIONS MÉDICAMENTEUSES

L'association de ce médicament à d'autres *antiseptiques* est déconseillée car leurs effets risquent de s'annuler.

GROSSESSE, ALLAITEMENT ET NOUVEAU-NÉ

Ce médicament peut être utilisé pendant la grossesse ou l'allaitement.

MODE D'EMPLOI ET POSOLOGIE

La solution s'emploie pure. Elle s'applique à l'aide d'un morceau de coton ou d'une compresse sur l'endroit à traiter.

Posologie usuelle :

2 ou 3 applications par jour.

> Le simple lavage à l'eau et au savon permet d'éliminer la majorité des *germes* ; il doit être suivi d'un rinçage soigneux car le savon peut inactiver certains *antiseptiques*.
>
> Tous les antiseptiques peuvent être contaminés par des germes : ne les conservez pas inutilement.
>
> Les taches provoquées par ce produit coloré disparaissent après plusieurs lavages.

EFFETS INDÉSIRABLES POSSIBLES

Photosensibilisation.

ÉOSINE AQUEUSE DEMEL

éosine

PRÉSENTATION

ÉOSINE AQUEUSE DEMEL : solution pour application locale ; flacon compte-gouttes 45 ml - Non remb.

ÉOSINE AQUEUSE DEMEL : solution pour application locale (rouge) ; flacon 100 ml - Non remb.

Laboratoires C.P.F.

COMPOSITION

	p. 100 ml
Éosine disodique	2 g

INDICATIONS

Ce médicament est un *antiseptique* local.

Il est utilisé pour désinfecter et assécher les affections de la peau ou des *muqueuses*.

INTERACTIONS MÉDICAMENTEUSES

L'association de ce médicament à d'autres *antiseptiques* est déconseillée car leurs effets risquent de s'annuler.

GROSSESSE, ALLAITEMENT ET NOUVEAU-NÉ

Ce médicament peut être utilisé pendant la grossesse ou l'allaitement.

MODE D'EMPLOI ET POSOLOGIE

La solution s'emploie pure.

Posologie usuelle :

2 ou 3 applications par jour.

> Le simple lavage à l'eau et au savon permet d'éliminer la majorité des *germes* ; il doit être suivi d'un rinçage soigneux car le savon peut inactiver certains *antiseptiques*.
>
> Tous les antiseptiques peuvent être contaminés par des germes : ne les conservez pas inutilement.
>
> Les taches provoquées par ce produit coloré disparaissent après plusieurs lavages.

EFFETS INDÉSIRABLES POSSIBLES

Photosensibilisation.

ÉOSINE AQUEUSE GIFRER

éosine

PRÉSENTATION

ÉOSINE AQUEUSE GIFRER : solution pour application locale (rouge) ; flacon 45 ml - Non remb.

ÉOSINE AQUEUSE GIFRER : solution pour application locale (rouge) ; flacon 100 ml - Non remb.

ÉOSINE AQUEUSE GIFRER : solution pour application locale (rouge) ; flacon 150 ml - Non remb.

ÉOSINE AQUEUSE GIFRER : solution pour application locale (rouge) ; boîte de 10 flacons unidoses 2 ml - Non remb.

ÉOSINE AQUEUSE GIFRER : solution pour application locale (rouge) ; boîte de 16 flacons unidoses 5 ml - Non remb.

Laboratoires Gifrer Barbezat

COMPOSITION

	p. 100 g
Éosine disodique	2 g

INDICATIONS

Ce médicament est un *antiseptique* local.

Il est utilisé pour désinfecter et assécher les affections de la peau ou des *muqueuses*.

INTERACTIONS MÉDICAMENTEUSES

L'association de ce médicament à d'autres *antiseptiques* est déconseillée car leurs effets risquent de s'annuler.

GROSSESSE, ALLAITEMENT ET NOUVEAU-NÉ

Ce médicament peut être utilisé pendant la grossesse ou l'allaitement.

MODE D'EMPLOI ET POSOLOGIE

La solution s'emploie pure. Elle s'applique à l'aide d'un morceau de coton ou d'une compresse sur l'endroit à traiter.

Posologie usuelle :

2 ou 3 applications par jour.

> Le simple lavage à l'eau et au savon permet d'éliminer la majorité des *germes* ; il doit être suivi d'un rinçage soigneux car le savon peut inactiver certains *antiseptiques*.
>
> Les taches provoquées par ce produit coloré disparaissent après plusieurs lavages.

Tous les antiseptiques peuvent être contaminés par des germes : ne les conservez pas inutilement.

EFFETS INDÉSIRABLES POSSIBLES

Photosensibilisation.

ÉOSINE AQUEUSE GILBERT

éosine

PRÉSENTATION

ÉOSINE AQUEUSE GILBERT : solution pour application locale stérile (rouge) ; boîte de 10 flacons unidoses 5 ml - Non remb.

Laboratoires Gilbert

COMPOSITION

	p. 100 ml
Éosine disodique	2 g

INDICATIONS

Cette solution contient un *antiseptique* local.

Elle est utilisée pour assécher les affections de la peau ou des *muqueuses* (rougeur des fesses du *nourrisson*, lésions suintantes).

INTERACTIONS MÉDICAMENTEUSES

L'association de ce médicament à d'autres *antiseptiques* est déconseillée car leurs effets risquent de s'annuler.

GROSSESSE, ALLAITEMENT ET NOUVEAU-NÉ

Ce médicament peut être utilisé pendant la grossesse ou l'allaitement.

MODE D'EMPLOI ET POSOLOGIE

La solution s'emploie pure. Elle s'applique à l'aide d'un morceau de coton ou d'une compresse sur l'endroit à traiter.

Posologie usuelle :

1 ou 2 applications par jour.

Le simple lavage à l'eau et au savon permet d'éliminer la majorité des *germes* ; il doit être suivi d'un rinçage soigneux car le savon peut inactiver certains *antiseptiques*.

Les taches provoquées par ce produit coloré disparaissent après plusieurs lavages.

Tous les antiseptiques peuvent être contaminés par des germes : ne les conservez pas inutilement.

EFFETS INDÉSIRABLES POSSIBLES

Photosensibilisation, éruption cutanée.

ÉPHYDION

PRÉSENTATION

ÉPHYDION : comprimé (vert) ; boîte de 30 - Remb. 35 %

ÉPHYDION : sirop ; flacon 200 ml - Remb. 35 %

Laboratoires Marcofina

COMPOSITION

	p. comp.	p. c. à c.	p. c. à s.
Codéthyline	8 mg	4,6 mg	13,8 mg
Benzoate de sodium	80 mg		
Grindélia, extrait	12,5 mg		
Grindélia, teinture		9,9 mg	29,7 mg
Sulfogaïacol		165 mg	495 mg
Saccharose		4,12 g	12,36 g

INDICATIONS

C'est un *antitussif* qui contient de la codéthyline et des *expectorants* (benzoate de sodium ou sulfogaïacol). La codéthyline a une action sédative sur le *système nerveux central* et notamment sur les centres de la toux.

Ce médicament est utilisé dans le *traitement symptomatique* des toux sèches.

CONTRE-INDICATIONS

Ce médicament ne doit pas être utilisé dans les cas suivants :
- *asthme*,
- *insuffisance respiratoire*,
- enfant de moins de 8 ans.

ATTENTION

Ce médicament n'est pas adapté au traitement de la toux grasse, qui est un mécanisme de défense normal de l'organisme permettant l'évacuation des mucosités présentes dans les bronches.

La toux est un *symptôme* qui peut révéler de nombreuses maladies : consultez votre médecin si elle persiste plus de quelques jours.

Le sirop contient du *sucre* (saccharose) en quantité notable.

Évitez les boissons alcoolisées : augmentation du risque de somnolence.

Conducteur : ce médicament peut être responsable d'une somnolence ou d'une baisse de la vigilance.

INTERACTIONS MÉDICAMENTEUSES

Ce médicament peut interagir avec d'autres médicaments, notamment chez les personnes âgées. Signalez tout autre traitement en cours à votre médecin ou à votre pharmacien.

GROSSESSE, ALLAITEMENT ET NOUVEAU-NÉ

Grossesse :

Compte tenu de la présence de codéthyline, n'utilisez pas ce médicament pendant la grossesse sans prendre l'avis de votre pharmacien ou de votre médecin.

Allaitement :

Ce médicament est déconseillé pendant l'allaitement.

MODE D'EMPLOI ET POSOLOGIE

Les prises de ce médicament doivent être réparties au cours de la journée.

Posologie usuelle :

- Adulte : 2 comprimés 3 fois par jour, ou 1 cuillère à soupe de sirop 3 ou 4 fois par jour.
- Enfant de 8 à 15 ans : 1 comprimé, 1 à 4 fois par jour, ou 1 ou 2 cuillères à café de sirop 3 fois par jour, selon l'âge.

De nombreux médicaments, notamment certains *antitussifs* ou *antalgiques*, contiennent de la codéthyline ou une substance voisine, la codéine : un surdosage expose à une augmentation des effets indésirables.

Une toux nocturne aggravée par ce médicament peut être une toux allergique : demandez conseil à votre médecin.

Fumer, ou être exposé à la fumée des autres, nuit à l'efficacité du traitement.

Des mesures simples permettent de calmer les toux sèches : boissons chaudes et humidification de l'air ambiant.

EFFETS INDÉSIRABLES POSSIBLES

Liés à la présence de codéthyline : constipation, et plus rarement somnolence, nausées, vomissements, *bronchospasme*, sensation vertigineuse, *allergies* cutanées, ralentissement anormal de la respiration.

ÉPHYDION gouttes

codéthyline, benzoate de sodium, grindélia

PRÉSENTATION

EPHYDION : solution buvable ; flacon compte-gouttes 30 ml (1 000 gouttes) - Remb. 35 % - Liste I

Laboratoires Marcofina

COMPOSITION

	p. 100 ml
Codéthyline chlorhydrate	800 mg
Sodium, benzoate	200 mg
Grindélia, extrait fluide	400 mg
Alcool	+

INDICATIONS

Ce médicament *antitussif* contient de la codéthyline et un *expectorant* (benzoate de sodium). La codéthyline a une action sédative sur le *système nerveux central* et notamment sur les centres de la toux.

Ce médicament est utilisé dans le *traitement symptomatique* des toux sèches.

CONTRE-INDICATIONS

Ce médicament ne doit pas être utilisé dans les cas suivants :
- enfant de moins de 30 mois,
- *asthme*,
- *insuffisance respiratoire*.

ATTENTION

Ce médicament n'est pas adapté au traitement de la toux grasse, qui est un mécanisme de défense normal de l'organisme permettant l'évacuation des mucosités présentes dans les bronches.

La toux est un *symptôme* qui peut révéler de nombreuses maladies : consultez votre médecin si elle persiste plus de quelques jours.

Évitez les boissons alcoolisées : augmentation du risque de somnolence.

Conducteur : ce médicament peut être responsable d'une somnolence ou d'une baisse de la vigilance.

INTERACTIONS MÉDICAMENTEUSES

Ce médicament peut interagir avec d'autres médicaments, notamment chez la personne âgée. Signalez tout autre traitement en cours à votre médecin ou à votre pharmacien.

GROSSESSE, ALLAITEMENT ET NOUVEAU-NÉ

Grossesse :

Compte tenu de la présence de codéthyline, n'utilisez pas ce médicament pendant la grossesse sans prendre l'avis de votre médecin.

Allaitement :

Ce médicament est déconseillé pendant l'allaitement.

MODE D'EMPLOI ET POSOLOGIE

Les prises de ce médicament doivent être réparties au cours de la journée.

Posologie usuelle :

- Adulte : 50 gouttes de solution buvable, 4 fois par jour.
- Enfant de 8 à 15 ans : 15 à 30 gouttes de solution buvable, 4 fois par jour.
- Enfant de 30 mois à 8 ans : 4 à 8 gouttes de solution buvable, 4 fois par jour.

De nombreux médicaments, notamment certains *antitussifs* ou *antalgiques*, contiennent de la codéthyline ou une substance voisine, la codéine : un surdosage expose à une augmentation des effets indésirables.

Une toux nocturne aggravée par ce médicament peut être une toux allergique : demandez conseil à votre médecin.

La poursuite du tabagisme nuit à l'efficacité du traitement.

Des mesures simples permettent de calmer les toux sèches : boissons chaudes et humidification de l'air ambiant.

EFFETS INDÉSIRABLES POSSIBLES

Liés à la présence de codéthyline : constipation ; et plus rarement, somnolence, nausées, vomissements, *bronchospasme*, sensation vertigineuse, *allergie* cutanée, ralentissement anormal de la respiration.

ÉPHYDROL

PRÉSENTATION

ÉPHYDROL : crème ; tube 60 g - Non remb.

ÉPHYDROL : solution pour application locale ; flacon pulvérisateur 60 ml - Non remb.

ÉPHYDROL : solution pour application locale ; flacon 60 ml et pinceau - Non remb.

ÉPHYDROL : solution pour application locale ; flacon pressurisé 120 ml - Non remb.

Laboratoires Saunier-Daguin

COMPOSITION

	p. 100 g	p. 100 ml
Sanicle, teinture		20 ml
Fioraventi, extrait	0,25 g	
Fioraventi, alcoolat		20 ml
Lavande, essence	0,30 g	0,60 g
Bergamote, essence	0,20 g	0,40 g
Citron, essence	0,20 g	0,40 g
Camphre	2 g	2 g
Menthol	0,50 g	0,50 g
Saligénine	0,50 g	0,50 g
Formaldéhyde solution officinale	2 g	5 g
Alcool à 90°		+

INDICATIONS

Ce médicament contient du formol et des essences de plantes. Il limite la transpiration.

Il est utilisé dans le traitement des troubles en rapport avec une transpiration excessive des pieds : moiteur, pieds sensibles et mauvaises odeurs.

ATTENTION

Ce médicament contient du camphre et du menthol ; il est préférable de ne pas l'utiliser chez l'enfant de moins de 7 ans.

GROSSESSE, ALLAITEMENT ET NOUVEAU-NÉ

L'effet de ce médicament pendant la grossesse ou l'allaitement est mal connu. L'évaluation du risque éventuel lié à son utilisation est individuelle : demandez conseil à votre pharmacien ou à votre médecin.

MODE D'EMPLOI ET POSOLOGIE

Solution : vaporiser ou badigeonner les pieds après les avoir lavés. Laisser sécher pour permettre une meilleure pénétration.

Crème : masser légèrement en insistant sur les points sensibles jusqu'à pénétration totale.

Posologie usuelle :

1 application par jour.

La lutte contre la transpiration excessive des pieds comprend des mesures d'hygiène simples : utilisez des chaussettes en fibre naturelle (coton, laine), ne portez jamais 2 jours de suite la même paire de chaussures, et préférez les semelles en cuir.

ÉPHYNAL

vitamine E

PRÉSENTATION

ÉPHYNAL : comprimé (ivoire) ; boîte de 20 - Remb. 35 %

ÉPHYNAL : comprimé (ivoire) ; boîte de 100 - Remb. 35 %

Laboratoires Roche

COMPOSITION

	p. comp.
Alpha-tocophérol acétate (vitamine E)	100 mg

INDICATIONS

Ce médicament contient de la *vitamine* E, substance protectrice de la membrane des cellules.

Il est utilisé dans le traitement et la prévention des *carences* en vitamine E.

GROSSESSE, ALLAITEMENT ET NOUVEAU-NÉ

Ce médicament ne contient aucune substance connue pour être toxique pendant la grossesse ou l'allaitement.

MODE D'EMPLOI ET POSOLOGIE

Les comprimés doivent, de préférence, être croqués ou sucés.

Posologie usuelle :

1 comprimé, 1 à 3 fois par jour.

Une alimentation équilibrée et diversifiée apporte habituellement des quantités suffisantes de *vitamine* E, présente essentiellement dans les corps gras.

ÉPIPHANE

gélatine

PRÉSENTATION

ÉPIPHANE : poudre orale ; boîte de 10 sachets - Non remb.

Laboratoires Biorga

COMPOSITION

	p. sachet
Gélatine	7 g

INDICATIONS

Ce médicament contient de la gélatine.

Il est utilisé pour renforcer les cheveux et les ongles.

CONTRE-INDICATIONS

Ce médicament ne doit pas être utilisé en cas d'*allergie* aux protéines bovines.

GROSSESSE, ALLAITEMENT ET NOUVEAU-NÉ

L'utilisation ponctuelle de ce médicament pendant la grossesse ou l'allaitement ne semble pas poser de problème particulier.

MODE D'EMPLOI ET POSOLOGIE

Verser le contenu d'un sachet dans un grand verre d'eau et bien mélanger avant d'avaler.

Posologie usuelle :

1 sachet par jour.

EPITOPIC

difluprednate

PRÉSENTATION

EPITOPIC : crème ; tube 15 g - Remb. 65 % - Liste I

EPITOPIC 0,02 : crème ; tube 40 g - Remb. 65 % - Liste I

EPITOPIC : gel dermatologique ; tube 15 g - Remb. 65 % - Liste I

Laboratoires Gerda

COMPOSITION

	crème p. 100 g	crème 0,02 p. 100 g	gel p. 100 g
Difluprednate	50 mg	20 mg	50 mg

INDICATIONS

C'est un *dermocorticoïde* d'activité forte. Comme les autres dérivés de la *cortisone* à usage local, il freine le renouvellement et la multiplication des cellules de la peau et limite le suintement.

Il est utilisé pour traiter les *eczémas* de contact ou *atopiques*, les *lichénifications*, les *dermites séborrhéiques* sauf celles du visage, le *psoriasis*, le *prurigo*, la *dyshidrose*, et pour soulager les démangeaisons dues aux piqûres d'insectes ou à la présence de parasites sous la peau. Il est également utilisé dans le traitement de certaines maladies rares : *granulome annulaire*, *lupus érythémateux* discoïde, *mycosis fongoïde*.

CONTRE-INDICATIONS

Ce médicament ne doit pas être utilisé dans les cas suivants :
- infection et parasitose non traitées de la peau (ce médicament n'a pas d'effet anti-infectieux),
- lésion ulcérée,
- *acné* et *rosacée*.

ATTENTION

Comme les autres *dermocorticoïdes*, ce médicament a souvent une action efficace et rapide sur les lésions de la peau ; il peut être tentant de le réutiliser, mais l'automédication expose à des risques importants : aggravation de certaines lésions, installation d'une *dépendance* (amélioration de moins en moins visible des lésions et recrudescence des *symptômes* à chaque arrêt de traitement) et altération durable de la peau.

Suivez attentivement la prescription de votre médecin et n'hésitez pas à lui demander des explications.

GROSSESSE, ALLAITEMENT ET NOUVEAU-NÉ

L'effet de ce médicament pendant la grossesse ou l'allaitement est mal connu : seul votre médecin peut évaluer le risque éventuel de son utilisation dans votre cas.

MODE D'EMPLOI ET POSOLOGIE

Étaler la crème sur les lésions et la faire pénétrer par un léger massage. Pour traiter de grandes surfaces : appliquer en touches espacées, puis étaler avec un gant en plastique jusqu'à complète absorption.

Le gel est adapté au traitement des lésions du cuir chevelu. Il est appliqué en petites quantités, raie par raie.

Posologie usuelle :
- 1 ou 2 applications par jour.

Le médecin prescrit fréquemment un arrêt progressif du traitement : espacement des applications ou diminution de la quantité appliquée.

Ne conseillez pas, ne donnez pas ce médicament à un proche.

Pensez à vous laver les mains après l'application. En cas d'utilisation sur une grande surface de peau, le port d'un gant est recommandé.

EFFETS INDÉSIRABLES POSSIBLES

Ils apparaissent surtout en cas d'usage prolongé :
- *atrophie* avec microhémorragie de la peau (*purpura*), dilatation des petits vaisseaux, vergetures, éruption de boutons ;
- développement anormal des poils, dessèchement, fragilisation et décoloration irrégulière de la peau ;
- rougeur autour de la bouche, apparition d'une *rosacée* ;
- retard de cicatrisation.

EPPY
épinéphrine

PRÉSENTATION

EPPY 1 % : collyre ; flacon 7,5 ml - Remb. 65 % - Liste I

Laboratoires Allergan France

COMPOSITION

	p. 100 ml
Épinéphrine (adrénaline)	1 g
Benzalkonium chlorure	+

INDICATIONS

Ce collyre a la propriété de diminuer la pression des liquides contenus dans l'œil (*tension intraoculaire*).

Il est utilisé dans le traitement des *glaucomes*, à l'exception du glaucome par fermeture de l'angle.

CONTRE-INDICATIONS

Ce médicament ne doit pas être utilisé en cas de *glaucome* par fermeture de l'angle ou de prédisposition à ce type de glaucome.

ATTENTION

Certaines contre-indications ne peuvent être détectées que par un ophtalmologiste : ne réutilisez pas ce médicament sans avis médical.

Des précautions sont nécessaires chez les personnes souffrant de maladie cardiaque, d'*hypertension artérielle* ou d'*allergie* aux *antiseptiques* de la famille des *ammoniums quaternaires* (présence de benzalkonium).

Conducteur : l'instillation de ce collyre peut provoquer une gêne visuelle transitoire.

INTERACTIONS MÉDICAMENTEUSES

Ce collyre peut interagir avec d'autres médicaments, notamment ceux contenant de la guanéthidine et les *IMAO*. Signalez tout autre traitement en cours à votre pharmacien ou à votre médecin.

GROSSESSE, ALLAITEMENT ET NOUVEAU-NÉ

Grossesse :
L'usage de ce collyre est déconseillé pendant la grossesse.

Allaitement :
Les données actuellement disponibles ne permettent pas de savoir si ce médicament passe dans le lait maternel.

MODE D'EMPLOI ET POSOLOGIE

Tirer la paupière inférieure vers le bas tout en regardant vers le haut et déposer une goutte de collyre entre la paupière et le globe oculaire (*cul-de-sac conjonctival*).

Posologie usuelle :
Elle est fixée par l'ophtalmologiste en fonction de la *tension intraoculaire*. Au maximum, 2 gouttes par jour.

L'épinéphrine peut se fixer sur les lentilles de contact : elles ne doivent pas être portées pendant le traitement.

L'application correcte du produit peut nécessiter une aide, notamment chez une personne handicapée ou âgée.

Ne conservez pas ce collyre plus de 15 jours après une première utilisation.

EFFETS INDÉSIRABLES POSSIBLES

Sensibilité anormale à la lumière par dilatation de la pupille, irritation locale, sécheresse oculaire, coloration de la face interne des paupières.

ÉPURAM
citrulline, arginine, ornithine

PRÉSENTATION

ÉPURAM : comprimé (blanc) ; boîte de 40 - Remb. 35 %

Laboratoires Pharmafarm

COMPOSITION

	p. comp.
Citrulline	75 mg
Arginine chlorhydrate	250 mg
Ornithine chlorhydrate	25 mg

INDICATIONS

C'est une association de substances utilisée dans le *traitement symptomatique* des *troubles digestifs* en rapport avec une paresse du foie.

CONTRE-INDICATIONS

Ce médicament ne doit pas être utilisé en cas d'*insuffisance rénale* grave.

ATTENTION

En cas de persistance des *symptômes*, des examens peuvent être nécessaires : consultez votre médecin.

GROSSESSE, ALLAITEMENT ET NOUVEAU-NÉ

Ce médicament ne contient que des substances présumées sans danger pendant la grossesse ou l'allaitement. Néanmoins, ne l'utilisez pas de façon prolongée sans l'avis de votre pharmacien ou de votre médecin.

MODE D'EMPLOI ET POSOLOGIE

- Adulte : 6 à 9 comprimés par jour.
- Enfant de plus de 6 ans : 3 ou 4 comprimés par jour.

Ce médicament peut être accompagné d'une alimentation appropriée : parlez-en à votre médecin ou à votre pharmacien.

ÉQUANIL

méprobamate

PRÉSENTATION

ÉQUANIL 250 mg : comprimé (blanc) ; boîte de 100 - Remb. 65 % - Liste I

ÉQUANIL 400 mg : comprimé sécable (bleu) ; boîte de 50 - Remb. 65 % - Liste I

ÉQUANIL : solution injectable huileuse ; boîte de 10 ampoules 5 ml - Remb. 65 % - Liste I

Laboratoires Sanofi Winthrop

COMPOSITION

	p. comp.	p. comp.	p. amp. inj.
Méprobamate	250 mg	400 mg	400 mg

INDICATIONS

Ce médicament est un *tranquillisant*. Il possède également des propriétés myorelaxantes (relâchement musculaire).

Il est utilisé dans le traitement de l'anxiété lorsque celle-ci s'accompagne de troubles gênants, et pour traiter les contractures musculaires.

La solution injectable est employée essentiellement à l'hôpital pour traiter l'agitation.

CONTRE-INDICATIONS

Ce médicament ne doit pas être utilisé en cas d'*insuffisance respiratoire*.

ATTENTION

Des précautions sont à prendre en cas de *myasthénie*, de *porphyrie*, ainsi que chez la personne âgée.

Une prise prolongée ou des doses importantes de ce médicament favorisent une *dépendance*. Respectez la *posologie* et la durée de traitement prescrites par votre médecin.

Utilisé seul, ce médicament n'est pas adapté au traitement des *états dépressifs*.

L'arrêt brutal de ce médicament expose à un *syndrome de sevrage* : réapparition de l'anxiété, agitation, irritabilité, insomnie, maux de tête, douleurs musculaires, tremblements, hallucinations. Il faut donc s'entourer de conseils médicaux avant d'envisager une diminution progressive des doses et un espacement des prises, sur une période d'autant plus longue que le traitement a été prolongé.

Évitez les boissons alcoolisées : augmentation du risque de somnolence.

Conducteur : ce médicament peut être responsable d'une somnolence ou d'une baisse de la vigilance.

INTERACTIONS MÉDICAMENTEUSES

Ce médicament peut interagir avec d'autres médicaments, notamment les *sédatifs*. Signalez tout autre traitement en cours à votre médecin ou à votre pharmacien.

GROSSESSE, ALLAITEMENT ET NOUVEAU-NÉ

Grossesse et nouveau-né :

Par mesure de prudence, ce médicament est habituellement déconseillé pendant les 3 premiers mois de la grossesse. Toutefois, une grossesse survenant sous traitement ne justifie pas d'inquiétude particulière. Seul votre médecin peut apprécier le risque éventuel lié à l'utilisation de ce médicament dans votre cas.

Si le traitement est poursuivi jusqu'à l'accouchement, une surveillance médicale du *nouveau-né* est nécessaire.

Allaitement :

Ce médicament passe dans le lait maternel : l'allaitement est déconseillé.

MODE D'EMPLOI ET POSOLOGIE

Les comprimés doivent être avalés avec un verre d'eau. La solution injectable est huileuse : une seringue en verre doit être utilisée. Les injections sont administrées par *voie* intramusculaire.

Posologie usuelle :

Elle est strictement individuelle. Chez l'enfant, le traitement doit être de courte durée. Le comprimé dosé à 400 mg n'est pas adapté à l'enfant.

Ce médicament vous a été prescrit dans une situation précise : ne le conseillez pas à une autre personne.

Les *tranquillisants* ne sont pas la seule réponse aux troubles dus à l'anxiété : une meilleure hygiène de vie, une consommation modérée d'excitants (y compris les boissons alcoolisées) permettent aussi de lutter efficacement contre le stress.

Les comprimés dosés à 250 mg sont plus faciles à avaler que ceux dosés à 400 mg. En cas de difficulté à absorber ces derniers, la substitution pourra être envisagée avec l'accord de votre médecin.

EFFETS INDÉSIRABLES POSSIBLES

Somnolence en particulier chez la personne âgée, *troubles digestifs*, mauvaise coordination des mouvements, *vertiges*, maux de tête, troubles de l'*accommodation*, éruptions cutanées, *allergie*, spasmes des bronches.

En solution injectable : douleur au point d'injection.

= risque de test antidopage positif

ÉQUIBAR

méthyldopa

PRÉSENTATION

ÉQUIBAR 250 : comprimé (blanc) ; boîte de 30 - Remb. 65 % - Liste I

ÉQUIBAR 250 : comprimé (blanc) ; boîte de 100 - Remb. 65 % - Liste I

ÉQUIBAR 500 : comprimé (blanc) ; boîte de 30 - Remb. 65 % - Liste I

Laboratoires Biogalénique

COMPOSITION

	p. comp.	p. comp.
Méthyldopa	250 mg	500 mg

INDICATIONS

Ce médicament est un *antihypertenseur* d'action centrale. Il agit directement sur les centres nerveux qui interviennent dans la régulation de la tension artérielle.

Il est utilisé dans le traitement de l'*hypertension artérielle*.

CONTRE-INDICATIONS

Ce médicament ne doit pas être utilisé dans les cas suivants :
- *état dépressif* grave,
- maladie grave du foie,
- *anémie hémolytique*.
- *porphyries*.

ATTENTION

Si vous avez déjà souffert d'une *hépatite* due à des médicaments, signalez-le à votre médecin. Des troubles tels qu'une fatigue anormale, une coloration jaune de la peau ou une fièvre inexpliquée doivent vous conduire à consulter votre médecin. Des analyses de sang sont souvent prescrites en début de traitement pour vérifier l'absence d'anomalies de la formule sanguine.

Si vous souffrez d'*insuffisance rénale* : prévenez votre médecin.

Conducteur : ce médicament peut être responsable d'une somnolence ou d'une baisse de la vigilance.

INTERACTIONS MÉDICAMENTEUSES

Ce médicament peut interagir avec d'autres médicaments, notamment ceux contenant de la lévodopa. Signalez tout autre traitement en cours à votre médecin ou à votre pharmacien.

GROSSESSE, ALLAITEMENT ET NOUVEAU-NÉ

Grossesse :

Les études scientifiques actuellement disponibles n'ont pas mis en évidence de problème particulier lors de l'utilisation chez la femme enceinte. Seul votre médecin peut apprécier la nécessité du traitement et son risque pendant la grossesse.

Allaitement :

Ce médicament passe dans le lait maternel : l'allaitement est déconseillé.

MODE D'EMPLOI ET POSOLOGIE

Ce médicament sera pris de préférence à distance des repas : 15 minutes avant ou au moins 2 heures après.

Posologie usuelle :

- Adulte : la *posologie* initiale est habituellement de 1 comprimé à 250 mg, 2 ou 3 fois par jour. Elle peut être augmentée par paliers.

> Dans la mesure du possible, il est conseillé de prendre la dose la plus forte le soir, pour limiter la gêne due à l'effet *sédatif* de ce médicament.
>
> Ce médicament peut provoquer une *hypotension orthostatique* : il est préférable d'éviter de se lever brutalement, surtout en début de traitement.
>
> Le traitement médicamenteux ne dispense pas des mesures simples pouvant faire baisser la tension artérielle : activité physique régulière, modération de la consommation de boissons alcoolisées, lutte contre le surpoids.

EFFETS INDÉSIRABLES POSSIBLES

Liés à l'action du médicament sur le système nerveux : fatigue, maux de tête, *syndrome parkinsonien*, fourmillements, mouvements anormaux, étourdissements, sensation de tête vide, *dépression*, cauchemars.

Sont également parfois observés : *troubles digestifs*, *hypotension orthostatique*, *œdèmes* des membres inférieurs, *hépatite*, *eczéma*, sensation de nez bouché, augmentation du volume des seins, arrêt des règles, douleurs articulaires, modifications du résultat de certaines analyses de sang.

> **ATTENTION**
>
> La guérison peut nécessiter un traitement prolongé. Une amélioration survenant en début de traitement ne doit pas vous conduire à l'arrêter sans l'avis de votre médecin.
>
> En cas de survenue d'une fièvre inexpliquée, suspendez la prise de ce médicament et alertez immédiatement votre médecin.
>
> Des précautions sont nécessaires chez les personnes âgées et en cas d'*épilepsie*, d'*insuffisance rénale*, d'une maladie cardiaque grave ou de maladie de *Parkinson*.
>
> Évitez les boissons alcoolisées : augmentation du risque de somnolence.
>
> Conducteur : ce médicament peut être responsable d'une somnolence ou d'une baisse de la vigilance.

INTERACTIONS MÉDICAMENTEUSES

Ce médicament ne doit pas être associé à ceux contenant de la lévodopa (LARODOPA, MODOPAR, SINEMET...) : risque d'annulation de leurs effets.

Ce médicament peut interagir avec d'autres médicaments, notamment les *antihypertenseurs* et les *sédatifs*. Signalez tout autre traitement en cours à votre médecin ou à votre pharmacien.

GROSSESSE, ALLAITEMENT ET NOUVEAU-NÉ

Grossesse et nouveau-né :

Si une grossesse survient pendant le traitement, consultez votre médecin. Il appréciera le risque éventuel lié à l'utilisation de ce médicament dans votre cas.

Si le traitement est poursuivi jusqu'à l'accouchement, une surveillance médicale du *nouveau-né* est nécessaire.

Allaitement :

Les données actuellement disponibles ne permettent pas de savoir si ce médicament passe dans le lait maternel. Par mesure de prudence, l'allaitement est déconseillé.

EQUILIUM

tiapride

PRÉSENTATION

EQUILIUM : comprimé sécable (blanc) ; boîte de 20 - Remb. 65 % - Liste I

EQUILIUM : solution injectable ; boîte de 12 ampoules (2 ml) - Remb. 65 % - Liste I

Laboratoires Fumouze

COMPOSITION

	p. comp.	p. amp. inj.
Tiapride	100 mg	100 mg

INDICATIONS

C'est un *neuroleptique* qui appartient à la famille des benzamides.

Il est utilisé dans le traitement des troubles nerveux accompagnés de troubles de l'*humeur*, des douleurs rebelles et de certains mouvements anormaux (comprimé seulement).

CONTRE-INDICATIONS

Ce médicament ne doit pas être utilisé dans les cas suivants :
- *phéochromocytome*,
- en association avec les médicaments contenant de la lévodopa.

MODE D'EMPLOI ET POSOLOGIE

Les comprimés peuvent être avalés avec un peu d'eau. La solution injectable peut être administrée par *voie* intramusculaire ou intraveineuse.

Posologie usuelle :

Elle est strictement individuelle.

EFFETS INDÉSIRABLES POSSIBLES

Somnolence.

Mouvements involontaires, tremblements, raideur anormale, grimaces involontaires.

Hypotension orthostatique.

Absence de règles, augmentation du volume des seins, écoulement de lait par le mamelon.

Prise de poids.

> *Un médicament n'est pas un produit comme les autres*

ERACINE

rosoxacine

PRÉSENTATION

ERACINE 150 mg : gélule (jaune et rouge) ; boîte de 2 - Remb. 65 % - Liste I

Laboratoires Sterling Winthrop

COMPOSITION

	p. gél.
Rosoxacine	150 mg

INDICATIONS

C'est un *antibiotique* qui appartient à la famille des quinolones.

Il est utilisé dans le traitement de certaines infections intestinales et des infections génitales à *gonocoque*.

CONTRE-INDICATIONS

Ce médicament ne doit pas être utilisé dans les cas suivants :
- enfant de moins de 15 ans,
- déficit en *G6PD*,
- **grossesse**,
- **allaitement.**

> **ATTENTION**
>
> Conducteur : ce médicament peut être responsable de vertiges ou d'une baisse de la vigilance.

INTERACTIONS MÉDICAMENTEUSES

Ce médicament peut interagir avec d'autres médicaments. Signalez tout autre traitement en cours à votre médecin ou à votre pharmacien.

GROSSESSE, ALLAITEMENT ET NOUVEAU-NÉ

Grossesse :

Ce médicament est récent : en l'absence de données dans l'espèce humaine, il est contre-indiqué pendant la grossesse.

Allaitement :

Les données disponibles ne permettent pas de savoir si ce médicament passe dans le lait maternel : l'allaitement est contre-indiqué.

MODE D'EMPLOI ET POSOLOGIE

Posologie usuelle :
- Infections à gonocoque : 2 gélules en une prise, au coucher : il s'agit d'un *traitement minute*.
- Infections intestinales : 1 gélule matin et soir, de préférence avant les repas, pendant 5 jours.

> Le médecin prescrit parfois un prélèvement au laboratoire pour identifier le *germe* responsable de l'infection et tester sa sensibilité aux *antibiotiques*. Le résultat de cet examen peut être faussé en cas d'automédication préalable : ne prenez pas d'antibiotiques sans avis médical.
>
> En cas d'infection génitale, votre partenaire peut être contaminé alors qu'il ne présente aucun *symptôme*. S'il n'est pas traité conjointement, une recontamination est possible.

EFFETS INDÉSIRABLES POSSIBLES

Maux de tête, somnolence, *vertiges*, sensation d'ébriété disparaissant 1 à 3 heures après la prise du médicament.

Troubles digestifs.

ERCÉFURYL

nifuroxazide

PRÉSENTATION

ERCÉFURYL 100 mg : gélule (jaune) ; boîte de 30 - Remb. 35 % - Liste II

ERCÉFURYL 200 mg : gélule (jaune) ; boîte de 28 - Remb. 35 % - Liste II

ERCÉFURYL : suspension buvable arôme banane ; flacon 90 ml (cuillère-mesure = 5 ml) - Remb. 35 % - Liste II

Laboratoires Synthélabo France

COMPOSITION

	p. gél.	p. gél.	p. c. mes.
Nifuroxazide	100 mg	200 mg	220 mg
Saccharose	36 mg	72 mg	1 g

INDICATIONS

C'est un *antiseptique* intestinal qui appartient à la famille chimique des nitrofuranes.

Il est utilisé pour traiter les diarrhées aiguës bénignes.

CONTRE-INDICATIONS

Ce médicament ne doit pas être utilisé dans les cas suivants :

- *antécédent* d'*allergie* à un nitrofurane,
- prématuré et *nouveau-né*.

ATTENTION

Si la diarrhée persiste ou s'il apparaît une fièvre, des frissons, une grande fatigue, du sang ou des glaires dans les selles, ce traitement est insuffisant et des examens peuvent être nécessaires : consultez votre médecin.

GROSSESSE, ALLAITEMENT ET NOUVEAU-NÉ

L'effet de ce médicament pendant la grossesse ou l'allaitement est mal connu : seul votre médecin peut évaluer le risque éventuel de son utilisation dans votre cas.

MODE D'EMPLOI ET POSOLOGIE

Le traitement ne doit pas dépasser 7 jours.

Posologie usuelle :

- Adulte : 1 gélule à 200 mg ou 2 gélules à 100 mg, 4 fois par jour.
- Enfant de plus de 6 ans : 1 ou 2 gélules à 100 mg, 2 à 4 fois par jour ou 1 cuillère-mesure, 3 fois par jour.
- Enfant de moins de 6 ans : 1 cuillère-mesure, 3 fois par jour.
- Nourrisson de 1 à 30 mois : 1 cuillère-mesure, 1 à 3 fois par jour selon l'âge.

La suspension buvable est adaptée pour les jeunes enfants.

Une diarrhée peut provoquer une déshydratation. Cette perte d'eau par l'organisme peut entraîner des troubles graves (fatigue, malaises, confusion des idées...). Il est indispensable de prévenir cette déshydratation, en particulier chez les personnes âgées et les enfants, par des boissons sucrées abondantes et des bouillons salés. Pour les jeunes enfants, il existe des préparations destinées à cet effet.

EFFETS INDÉSIRABLES POSSIBLES

Allergie.

ERCÉVIT

rutoside

PRÉSENTATION

ERCÉVIT 250 mg : comprimé (rose) ; boîte de 30 - Remb. 35 %

Laboratoires Synthélabo France

COMPOSITION

	p. comp.
Complexe de rutoside et rutoside propylsulfonate de sodium	250 mg

INDICATIONS

C'est un protecteur *vasculaire* et *veinotonique*. Il stimule la circulation du sang dans les veines et lutte contre l'altération des *vaisseaux capillaires*.

Il est utilisé dans le *traitement symptomatique* :

- des jambes lourdes, *œdèmes*, crampes, *impatiences* et autres troubles pouvant être en rapport avec une mauvaise circulation veineuse ;
- des petites *hémorragies* sous-cutanées se traduisant par des taches rouges ou violacées ;
- des crises d'*hémorroïdes*.

ATTENTION

Ce médicament est insuffisant pour prévenir le risque de *phlébite* chez les malades alités ou plâtrés.

Ce médicament soulage, mais n'empêche pas l'aggravation de l'*insuffisance veineuse* qui requiert des mesures spécifiques telles que la *contention élastique*.

GROSSESSE, ALLAITEMENT ET NOUVEAU-NÉ

L'effet de ce médicament pendant la grossesse ou l'allaitement est mal connu. L'évaluation du risque éventuel lié à son utilisation est individuelle : demandez conseil à votre pharmacien ou à votre médecin.

MODE D'EMPLOI ET POSOLOGIE

Posologie usuelle :

1 comprimé, 3 fois par jour au cours des repas.

Une activité physique régulière et la surélévation du pied du lit permettent de faciliter la circulation veineuse et *lymphatique*.

EFFETS INDÉSIRABLES POSSIBLES

Rares nausées.

ERGADYL

PRÉSENTATION

ERGADYL : comprimé (marron rouge) ; boîte de 30 - Non remb.

Laboratoires RP Labo

COMPOSITION

	p. comp.
Phosphocréatinine disodique	90 mg
Fumarate de potassium	250 mg
Succinate de N-méthylcolamine	14 mg

INDICATIONS

Ce médicament est un *antiasthénique*.

Il est utilisé dans le *traitement symptomatique* de la fatigue.

GROSSESSE, ALLAITEMENT ET NOUVEAU-NÉ

Ce médicament ne contient que des substances présumées sans danger pendant la grossesse ou l'allaitement. Néanmoins, ne l'utilisez pas de façon prolongée sans l'avis de votre pharmacien ou de votre médecin.

MODE D'EMPLOI ET POSOLOGIE

Les comprimés doivent être avalés avec un peu d'eau, au moment des repas. Ils peuvent être administrés à l'enfant si celui-ci est capable de les avaler.

Posologie usuelle :

- Adulte : 2 comprimés, 1 à 3 fois par jour.
- Enfant : 1 comprimé, 1 ou 2 fois par jour.

Une fatigue persistante ne doit pas vous conduire à augmenter les prises de ce médicament : consultez votre médecin.

ERGIX

ibuprofène

PRÉSENTATION

ERGIX : comprimé ; boîte de 20 - Non remb.

Laboratoires Monot

COMPOSITION

	p. comp.
Ibuprofène	200 mg

INDICATIONS

Ce médicament est un *anti-inflammatoire* non stéroïdien (*AINS*). Il possède à faible dose des propriétés *antalgiques* et *antipyrétiques* proches de celles de l'aspirine.

Il est utilisé dans le *traitement symptomatique* de la fièvre, des maux de tête, des douleurs dentaires, des douleurs des muscles et des articulations...

CONTRE-INDICATIONS

Ce médicament ne doit pas être utilisé dans les cas suivants :

- *allergie* aux *AINS*, y compris l'aspirine ;
- *ulcère* de l'estomac ou du *duodénum* ;

- *insuffisance hépatique*, *insuffisance rénale* graves ;
- *lupus érythémateux* disséminé ;
- enfant de moins de 15 ans ;
- **grossesse** (3 derniers mois) ;
- **allaitement.**

ATTENTION

Tout traitement prolongé ou surdosage d'*AINS* expose à des effets indésirables graves.

Des précautions sont nécessaires en cas d'*antécédent* d'*ulcère* de l'estomac ou du *duodénum*, de risque hémorragique, de troubles de la vue et en cas de contraception par un stérilet.

Conducteur : ce médicament peut provoquer parfois des étourdissements.

INTERACTIONS MÉDICAMENTEUSES

Ce médicament peut interagir avec d'autres médicaments, notamment :
- l'aspirine et les autres *anti-inflammatoires* non stéroïdiens : risque d'accroissement des effets indésirables ;
- les *anticoagulants* et les *antiagrégants plaquettaires* (TICLID...) : augmentation du risque hémorragique ;
- le *lithium* (TÉRALITHE, NEUROLITHIUM) : augmentation du taux de lithium dans le sang.

Signalez tout autre traitement en cours à votre médecin ou à votre pharmacien.

GROSSESSE, ALLAITEMENT ET NOUVEAU-NÉ

Grossesse :

Des effets néfastes graves pour la mère et l'enfant ont été mis en évidence lorsque ce médicament, comme tous les *AINS*, est utilisé au cours des 3 derniers mois de la grossesse : son usage est formellement contre-indiqué pendant cette période.

Pendant les 6 premiers mois, l'effet de ce médicament est mal connu. L'évaluation du risque éventuel lié à son utilisation est individuelle : demandez conseil à votre pharmacien ou à votre médecin.

Allaitement :

Ce médicament passe dans le lait maternel : par mesure de prudence, il est contre-indiqué pendant l'allaitement.

MODE D'EMPLOI ET POSOLOGIE

Afin de limiter l'apparition de *troubles digestifs*, les comprimés peuvent être pris au cours des repas, accompagnés d'un grand verre d'eau. Toutefois, dans les douleurs aiguës, la prise à jeun assure un effet plus rapide.

Posologie usuelle :
- Adulte : 1 à 6 comprimés par jour, répartis en prises espacées de 6 heures. Ne pas dépasser 6 comprimés par jour.

Respectez rigoureusement la *posologie* recommandée par votre pharmacien. Si les *symptômes* persistent malgré un traitement bien suivi, ne prolongez pas inutilement la prise de ce médicament et consultez votre médecin.

EFFETS INDÉSIRABLES POSSIBLES

Gastrite, douleurs abdominales.

Exceptionnels : *vertiges*, maux de tête.

Allergies cutanées : éruptions, démangeaisons, *œdème*.

Asthme.

Rares mais parfois graves : *hémorragie* du tube digestif (vomissements sanglants, selles noires, ou plus souvent pertes de sang imperceptibles responsables de l'apparition progressive d'une *anémie*).

ERGODOSE

dihydroergotoxine

PRÉSENTATION

ERGODOSE 4,5 mg : capsule (brun-rouge) ; boîte de 30 - Remb. 35 % - Liste II

Laboratoires Murat

COMPOSITION

	p. caps.
Dihydroergotoxine mésilate	4,5 mg

INDICATIONS

Ce médicament est un *vasodilatateur* qui appartient à la famille des dérivés de l'*ergot de seigle*. Il augmente le débit sanguin cérébral.

Il est utilisé dans le traitement des troubles du comportement et de la mémoire liés au vieillissement.

ATTENTION

Chez une personne âgée, des troubles attribués au vieillissement peuvent être dus à une *dépression* ; ils nécessitent alors un traitement spécifique.

MODE D'EMPLOI ET POSOLOGIE

La *posologie* usuelle est de 1 capsule juste avant le repas de midi.

Ne pas prendre ce médicament à jeun afin d'éviter d'éventuels *troubles digestifs*.

EFFETS INDÉSIRABLES POSSIBLES

- Nausées, en cas de prise à jeun.
- Rarement : congestion nasale.

ERGOKOD

dihydroergotoxine

PRÉSENTATION

ERGOKOD : solution buvable ; flacon 50 ml (1,5 ml = 30 gouttes) et tube doseur - Remb. 35 % - Liste II

Laboratoires Biogalénique

COMPOSITION

	p. 30 gtes
Dihydroergotoxine mésilate	1,5 mg

INDICATIONS

Ce médicament est un *vasodilatateur* qui appartient à la famille des dérivés de l'*ergot de seigle*. Il augmente le débit sanguin, notamment cérébral.

Il est utilisé dans le traitement :
- des troubles du comportement et de la mémoire liés au vieillissement,
- du *syndrome subjectif des traumatismes crâniens*,
- des suites de certains *accidents vasculaires cérébraux*,
- des troubles liés au vieillissement de la *rétine* et des organes de l'équilibre et de l'audition,
- de certains troubles de la circulation.

ATTENTION

Chez une personne âgée, des troubles attribués au vieillissement peuvent être dus à une *dépression* ; ils nécessitent alors un traitement spécifique.

GROSSESSE, ALLAITEMENT ET NOUVEAU-NÉ

L'effet de ce médicament pendant la grossesse ou l'allaitement est mal connu : seul votre médecin peut évaluer le risque éventuel de son utilisation dans votre cas.

MODE D'EMPLOI ET POSOLOGIE

Ce médicament doit être pris juste avant les repas.

Posologie usuelle :

30 gouttes, 3 fois par jour.

Ne pas prendre ce médicament à jeun afin d'éviter d'éventuels *troubles digestifs*.

EFFETS INDÉSIRABLES POSSIBLES

- Nausées, en cas de prise à jeun.
- Rarement : congestion nasale.

ERIDAN

PRÉSENTATION

ERIDAN : comprimé ; boîte de 24 - Non remb.

Laboratoires Amido

COMPOSITION

	p. comp.
Belladone, teinture	22 mg
Jusquiame, teinture	22 mg
Hexamine	30 mg
Charbon animal	150 mg
Charbon végétal	250 mg

INDICATIONS

C'est une association de substances qui contient du charbon et des *antispasmodiques* (*belladone*, jusquiame). Le charbon facilite la digestion en fixant les toxines et les gaz présents dans le tube digestif ; les antispasmodiques calment les douleurs et les spasmes de l'intestin.

Ce médicament est utilisé dans le *traitement symptomatique* des diarrhées, ballonnements, intoxications alimentaires.

CONTRE-INDICATIONS

Ce médicament ne doit pas être utilisé dans les cas suivants :
- *glaucome* à angle fermé,

– risque de rétention urinaire lié à un *adénome de la prostate.*

ATTENTION

Si les troubles persistent, consultez votre médecin.

Une diarrhée expose à un risque de déshydratation qui peut être grave.

INTERACTIONS MÉDICAMENTEUSES

Ce médicament peut interagir avec de nombreux autres médicaments en diminuant leur absorption : il convient de séparer les prises d'au moins 2 heures.

GROSSESSE, ALLAITEMENT ET NOUVEAU-NÉ

L'effet de ce médicament pendant la grossesse ou l'allaitement est mal connu. L'évaluation du risque éventuel lié à son utilisation est individuelle : demandez conseil à votre pharmacien ou à votre médecin.

MODE D'EMPLOI ET POSOLOGIE

Les comprimés doivent être avalés avec un verre d'eau, avant les repas.

Posologie usuelle :

- Adulte : 1 comprimé, 3 à 5 fois par jour.
- Enfant de plus de 5 ans : 1 comprimé, 1 ou 2 fois par jour.

EFFETS INDÉSIRABLES POSSIBLES

Effets *atropiniques.*

ÉRY

érythromycine

PRÉSENTATION

ÉRY 500 : comprimé sécable (blanc) ; boîte de 20 - Remb. 65 % - Liste I

ÉRY ENFANTS 250 : granulé ; boîte de 24 sachets - Remb. 65 % - Liste I

ÉRY NOURRISSONS 125 : granulé ; boîte de 24 sachets - Remb. 65 % - Liste I

Laboratoires Bouchara

COMPOSITION

	p. comp.	p. sachet Enf.	p. sachet Nour.
Érythromycine	500 mg	250 mg	125 mg

INDICATIONS

C'est un *antibiotique* qui appartient à la famille des *macrolides.*

Il est utilisé dans le traitement de diverses maladies infectieuses, notamment celles des poumons, des bronches, de la peau, du nez, de la bouche et des dents, de l'appareil génital...

CONTRE-INDICATIONS

Ce médicament ne doit pas être utilisé dans les cas suivants :

- *allergie* aux *macrolides,*
- association avec les médicaments contenant de la terfénadine, de l'astémizole, de l'ergotamine ou de la dihydroergotamine.

ATTENTION

Des précautions sont nécessaires en cas d'*insuffisance hépatique* grave.

Une diminution de la fièvre ou une disparition des troubles ne sont pas synonymes de guérison : la durée du traitement doit absolument être respectée pour éviter les rechutes.

INTERACTIONS MÉDICAMENTEUSES

Ce médicament ne doit pas être associé aux médicaments contenant de :

- l'ergotamine ou de la dihydroergotamine : risque d'*ergotisme,*
- la terfénadine (TELDANE...) ou de l'astémizole (HISMANAL...) : risque de *torsades de pointes.*

Il peut interagir avec d'autres médicaments notamment ceux contenant de la théophylline. Signalez tout autre traitement en cours à votre médecin ou à votre pharmacien.

GROSSESSE, ALLAITEMENT ET NOUVEAU-NÉ

Grossesse :

Ce médicament peut être utilisé chez la femme enceinte.

Allaitement :

Ce médicament passe faiblement dans le lait maternel.

MODE D'EMPLOI ET POSOLOGIE

Les comprimés doivent être avalés avec un verre d'eau de préférence une demi-heure à une heure avant les repas.

Les sachets peuvent être dissous dans de l'eau, dans le biberon ou mélangés à des aliments semi-liquides (potage, purée...).

Posologie usuelle :

- Adulte : 1 comprimé à 500 mg, 2 ou 3 fois par jour.
- Enfant de 12 à 15 ans : 1 comprimé à 500 mg, 2 fois par jour.
- Enfant de moins de 12 ans : 30 à 50 mg par kg et par jour ; soit pour un enfant de 20 kg : 1 sachet à 250 mg, 3 fois par jour.

Le médecin peut prescrire un prélèvement pour identifier le *germe* responsable de l'infection et tester sa sensibilité aux *antibiotiques.* Le résultat de cet examen peut être faussé en cas d'automédication préalable : ne prenez pas et ne donnez pas d'antibiotique sans avis médical.

L'éventuelle impression de fatigue n'est pas due à l'antibiotique, mais à l'infection elle-même.

EFFETS INDÉSIRABLES POSSIBLES

Troubles digestifs.

Allergie cutanée.

ERYCOCCI

érythromycine

PRÉSENTATION

ERYCOCCI 250 mg : granulé pour suspension buvable ; boîte de 12 sachets - Remb. 65 % - Liste I

ERYCOCCI 500 mg : granulé pour suspension buvable ; boîte de 12 sachets - Remb. 65 % - Liste I

ERYCOCCI 1 000 mg : granulé pour suspension buvable ; boîte de 8 sachets - Remb. 65 % - Liste I

Laboratoires Pharmafarm

COMPOSITION

	p. sachet	p. sachet	p. sachet
Érythromycine	250 mg	500 mg	1 000 mg
Saccharose	1,47 g	2,95 g	5,89 g

INDICATIONS

C'est un *antibiotique* qui appartient à la famille des *macrolides.*

Il est utilisé dans le traitement de diverses maladies infectieuses, notamment celles des poumons, des bronches, de la peau, du nez, de la bouche et des dents, de l'appareil génital...

CONTRE-INDICATIONS

Ce médicament ne doit pas être utilisé dans les cas suivants :

- *allergie* aux *macrolides,*
- association avec les médicaments contenant de la terfénadine, de l'astémizole, de l'ergotamine ou de la dihydroergotamine.

ATTENTION

Des précautions sont nécessaires en cas d'*insuffisance hépatique* grave.

Une diminution de la fièvre ou une disparition des troubles ne sont pas synonymes de guérison : la durée du traitement doit absolument être respectée pour éviter les rechutes.

Ce médicament contient du *sucre* (saccharose) en quantité notable.

INTERACTIONS MÉDICAMENTEUSES

Ce médicament ne doit pas être associé aux médicaments contenant de :

- l'ergotamine ou de la dihydroergotamine : risque d'*ergotisme,*
- la terfénadine (TELDANE...) ou de l'astémizole (HISMANAL...) : risque de *torsades de pointes.*

Il peut interagir avec d'autres médicaments notamment ceux contenant de la théophylline. Signalez tout autre traitement en cours à votre médecin ou à votre pharmacien.

GROSSESSE, ALLAITEMENT ET NOUVEAU-NÉ

Grossesse :

Ce médicament peut être utilisé chez la femme enceinte.

Allaitement :

Ce médicament passe faiblement dans le lait maternel.

MODE D'EMPLOI ET POSOLOGIE

Les sachets doivent être dissous dans un verre d'eau.

Ce médicament doit être pris de préférence juste avant les repas.

Posologie usuelle :

- Adulte : 1 sachet à 1 000 mg, 2 à 3 fois par jour.

- Enfant et nourrisson : 30 à 50 mg par kg et par jour ; soit pour un enfant de 15 kg : 1 sachet à 250 mg, 2 fois par jour.

Le médecin peut prescrire un prélèvement pour identifier le *germe* responsable de l'infection et tester sa sensibilité aux *antibiotiques*. Le résultat de cet examen peut être faussé en cas d'automédication préalable : ne prenez pas et ne donnez pas d'antibiotique sans avis médical.

L'éventuelle impression de fatigue n'est pas due à l'antibiotique, mais à l'infection elle-même.

EFFETS INDÉSIRABLES POSSIBLES

Troubles digestifs.

Allergie cutanée.

ERYFLUID

érythromycine

PRÉSENTATION

ERYFLUID : solution pour application locale ; flacon 30 ml - Remb. 65 % - Liste I

ERYFLUID : solution pour application locale ; flacon 100 ml - Remb. 65 % - Liste I

Laboratoires Pierre Fabre

COMPOSITION

	p. 100 ml
Érythromycine base	4 g
Alcool à 95°	66 ml

INDICATIONS

Cette solution contient un *antibiotique* d'action locale qui appartient à la famille des *macrolides*. Il agit en détruisant certains *germes* responsables de l'*inflammation* du comédon et de la formation de pustules.

Ce médicament est utilisé dans le traitement de l'*acné*.

CONTRE-INDICATIONS

Ce médicament ne doit pas être utilisé en cas d'*allergie* aux *antibiotiques* de la famille des *macrolides*.

ATTENTION

En raison de la présence d'*alcool*, évitez le contact de ce médicament avec les *muqueuses* et les zones de peau fragile (pourtour des yeux, cou).

GROSSESSE, ALLAITEMENT ET NOUVEAU-NÉ

Grossesse :

Les études actuellement disponibles n'ont pas mis en évidence de problèmes particuliers lors de l'utilisation de l'érythromycine chez la femme enceinte.

Allaitement :

Les données actuellement disponibles ne permettent pas de savoir si ce médicament passe dans le lait maternel.

MODE D'EMPLOI ET POSOLOGIE

Ce produit est généralement appliqué après la toilette sur la peau bien sèche.

Posologie usuelle :

1 application, 1 ou 2 fois par jour. Le traitement dure généralement de 1 à 3 mois.

Ce produit doit être conservé à l'abri de la lumière.

Bien refermer le flacon après usage.

EFFETS INDÉSIRABLES POSSIBLES

Irritation, démangeaisons, rougeur.

Sécheresse de la peau en début de traitement.

ÉRYTÉAL

PRÉSENTATION

ÉRYTÉAL : pommade ; tube 82,5 g - Non remb.

Laboratoires Pierre Fabre

COMPOSITION

	p. 100 g
Huile de foie de morue	10 g
Huile de foie de flétan	3 g
Soit vitamine A	156 000 UI
Oxyde de zinc	20 g
Bromure de cétrimonium	0,50 g

INDICATIONS

Cette pommade contient de l'huile de foie de morue, riche en *vitamine* A, et des *antiseptiques*. Elle est protectrice et cicatrisante.

Elle est utilisée dans le traitement des rougeurs des fesses du *nourrisson* et des brûlures superficielles.

CONTRE-INDICATIONS

Ce médicament ne doit pas être utilisé en cas d'*allergie* aux *antiseptiques* de la famille des *ammoniums quaternaires*.

ATTENTION

L'application sur les *muqueuses* génitales peut provoquer des rougeurs, des *ulcérations* ou des nécroses locales.

Évitez d'utiliser cette pommade, notamment chez l'enfant, de manière prolongée sur des surfaces étendues ou profondément lésées, sans l'avis de votre pharmacien ou de votre médecin.

GROSSESSE, ALLAITEMENT ET NOUVEAU-NÉ

L'effet de ce médicament pendant la grossesse ou l'allaitement est mal connu. L'évaluation du risque éventuel lié à son utilisation est individuelle : demandez conseil à votre pharmacien ou à votre médecin.

MODE D'EMPLOI ET POSOLOGIE

Posologie usuelle :

Rougeur des fesses du *nourrisson* : 4 à 8 applications par jour.

Brûlure : 2 applications par jour.

La rougeur des fesses du *nourrisson* est souvent due à l'imprégnation de la peau par l'urine, sous la couche. Il est donc nécessaire de nettoyer et de rincer abondamment la peau avec de l'eau avant d'appliquer le médicament.

ÉRYTHROCINE

érythromycine

PRÉSENTATION

ÉRYTHROCINE 250 mg/5 ml : granulé pour sirop ; flacon 60 ml (12 cuillères-dose 5 ml) arôme banane - Remb. 65 % - Liste I

ÉRYTHROCINE 250 : granulé arôme banane ; boîte de 12 sachets - Remb. 65 % - Liste I

ÉRYTHROCINE 500 mg/5 ml : granulé pour sirop ; flacon 60 ml (12 cuillères-dose 5 ml) arôme banane - Remb. 65 % - Liste I

ÉRYTHROCINE 500 : granulé arôme banane ; boîte de 12 sachets - Remb. 65 % - Liste I

ÉRYTHROCINE 500 : comprimé (blanc) ; boîte de 20 - Remb. 65 % - Liste I

ÉRYTHROCINE 1 000 : granulé arôme banane ; boîte de 10 sachets - Remb. 65 % - Liste I

Laboratoires Abbott-France

COMPOSITION

	p. c. dose	p. sachet	p. c. dose
Érythromycine	250 mg	250 mg	500 mg
Saccharose	1,8 g	4,1 g	2,1 g

	p. sachet	p. comp.	p. sachet
Érythromycine	500 mg	500 mg	1 000 mg
Saccharose	3,5 g		7,1 g

INDICATIONS

C'est un *antibiotique* qui appartient à la famille des *macrolides*.

Il est utilisé dans le traitement de diverses maladies infectieuses, notamment celles des poumons, des bronches, de la peau, de la bouche et des dents, de l'appareil génital...

CONTRE-INDICATIONS

Ce médicament ne doit pas être utilisé dans les cas suivants :

- *allergie* aux *macrolides*,
- association avec des médicaments contenant de la terfénadine, de l'astémizole, de l'ergotamine ou de la dihydroergotamine.

ATTENTION

Des précautions sont nécessaires en cas d'*insuffisance hépatique* grave.

Une diminution de la fièvre ou une disparition des troubles ne sont pas synonymes de guérison : la durée du traitement doit absolument être respectée pour éviter les rechutes.

Ce médicament contient du *sucre* (saccharose) en quantité notable.

INTERACTIONS MÉDICAMENTEUSES

Ce médicament ne doit pas être associé aux médicaments contenant :

- de l'ergotamine ou de la dihydroergotamine : risque d'*ergotisme*,

- de la terfénadine (TELDANE...) ou de l'astémizole (HISMANAL...) : risque de *torsades de pointes*.

Il peut interagir avec d'autres médicaments, notamment ceux contenant de la théophylline. Signalez tout autre traitement en cours à votre médecin ou à votre pharmacien.

GROSSESSE, ALLAITEMENT ET NOUVEAU-NÉ

Grossesse :

Ce médicament peut être utilisé chez la femme enceinte.

Allaitement :

Ce médicament passe faiblement dans le lait maternel.

MODE D'EMPLOI ET POSOLOGIE

Ce médicament doit être pris de préférence juste avant les repas.

Le sirop est reconstitué par addition d'eau jusqu'au trait.

Posologie usuelle :

- Adulte : 1 g à 1,5 g matin et soir.
- Enfant, nourrisson et nouveau-né : 30 à 50 mg par kg et par jour ; soit pour un enfant de 10 kg : 1 sachet à 250 mg, ou 1 cuillère-mesure à 250 mg matin et soir.

Le médecin peut prescrire un prélèvement pour identifier le *germe* responsable de l'infection et tester sa sensibilité aux *antibiotiques*. Le résultat de cet examen peut être faussé en cas d'automédication préalable : ne prenez pas et ne donnez pas d'antibiotique sans avis médical.

L'éventuelle impression de fatigue n'est pas due à l'antibiotique, mais à l'infection elle-même.

EFFETS INDÉSIRABLES POSSIBLES

Troubles digestifs.

Allergie cutanée.

ERYTHROGEL

érythromycine

PRÉSENTATION

ERYTHROGEL : gel liquide pour application locale ; tube 30 g - Remb. 65 % - Liste I

Laboratoires Biorga

COMPOSITION

	p. 100 g
Érythromycine base (1 000 UI/mg)	4 g
Alcool à 95°	+

INDICATIONS

Ce gel contient un *antibiotique* d'action locale qui appartient à la famille des *macrolides*. Il agit en détruisant certains *germes* responsables de l'*inflammation* du comédon et de la formation de pustules.

Ce médicament est utilisé dans le traitement de l'*acné*.

CONTRE-INDICATIONS

Ce médicament ne doit pas être utilisé en cas d'*allergie* aux *antibiotiques* de la famille des *macrolides*.

ATTENTION

Évitez l'application de ce médicament sur les *muqueuses*.

GROSSESSE, ALLAITEMENT ET NOUVEAU-NÉ

Grossesse :

Les études actuellement disponibles n'ont pas mis en évidence de problèmes particuliers lors de l'utilisation de l'érythromycine chez la femme enceinte.

Allaitement :

Les données actuellement disponibles ne permettent pas de savoir si ce médicament passe dans le lait maternel.

MODE D'EMPLOI ET POSOLOGIE

Le produit est généralement appliqué sur la peau bien sèche, après la toilette avec un savon doux suivie d'un rinçage soigneux.

Posologie usuelle :

1 application, 1 ou 2 fois par jour. Le traitement dure généralement de 1 à 3 mois.

Ce produit doit être conservé à l'abri de la lumière et de la chaleur.

EFFETS INDÉSIRABLES POSSIBLES

Irritation, démangeaison, rougeur.

Sécheresse de la peau en début de traitement.

ERYTHROGRAM

érythromycine

PRÉSENTATION

ERYTHROGRAM 500 : poudre pour solution buvable ; boîte de 12 sachets - Remb. 65 % - Liste I

ERYTHROGRAM 1 000 : poudre pour solution buvable ; boîte de 8 sachets - Remb. 65 % - Liste I

Laboratoires Negma

COMPOSITION

	p. sachet 500 mg	p. sachet 1 000 mg
Érythromycine	500 mg	1 000 mg
Saccharose	3,9 g	7,8 g

INDICATIONS

C'est un *antibiotique* qui appartient à la famille des *macrolides*.

Il est utilisé dans le traitement de diverses maladies infectieuses, notamment celles des poumons, des bronches, de la peau, du nez, de la bouche et des dents, de l'appareil génital...

CONTRE-INDICATIONS

Ce médicament ne doit pas être utilisé dans les cas suivants :

- *allergie* aux *macrolides*,
- association avec les médicaments contenant de la terfénadine, de l'astémizole, de l'ergotamine ou de la dihydroergotamine.

ATTENTION

Des précautions sont nécessaires en cas d'*insuffisance hépatique* grave.

Une diminution de la fièvre ou une disparition des troubles ne sont pas synonymes de guérison : la durée du traitement doit absolument être respectée pour éviter les rechutes.

Ce médicament contient du *sucre* (saccharose) en quantité notable.

INTERACTIONS MÉDICAMENTEUSES

Ce médicament ne doit pas être associé aux médicaments contenant de :

- l'ergotamine ou de la dihydroergotamine : risque d'*ergotisme*,
- la terfénadine (TELDANE...) ou de l'astémizole (HISMANAL...) : risque de *torsades de pointes*.

Il peut interagir avec d'autres médicaments notamment ceux contenant de la théophylline. Signalez tout autre traitement en cours à votre médecin ou à votre pharmacien.

GROSSESSE, ALLAITEMENT ET NOUVEAU-NÉ

Grossesse :

Ce médicament peut être utilisé chez la femme enceinte.

Allaitement :

Ce médicament passe faiblement dans le lait maternel.

MODE D'EMPLOI ET POSOLOGIE

Les sachets doivent être dissous dans un verre d'eau.

Ce médicament doit être pris de préférence juste avant les repas.

Posologie usuelle :

- Adulte : 1 sachet à 1 000 mg, 2 à 3 fois par jour.
- Enfant : 30 à 50 mg par kg et par jour ; soit pour un enfant de 20 kg : 1 sachet à 500 mg, 2 fois par jour.

Le médecin peut prescrire un prélèvement pour identifier le *germe* responsable de l'infection et tester sa sensibilité aux *antibiotiques*. Le résultat de cet examen peut être faussé en cas d'automédication préalable : ne prenez pas et ne donnez pas d'antibiotique sans avis médical.

L'éventuelle impression de fatigue n'est pas due à l'antibiotique, mais à l'infection elle-même.

EFFETS INDÉSIRABLES POSSIBLES

Troubles digestifs.

Allergie cutanée.

Ne conseillez pas vos médicaments à une autre personne

ÉRYTHROMYCINE BAILLEUL

érythromycine

PRÉSENTATION

ÉRYTHROMYCINE BAILLEUL : solution pour application locale ; flacon 100 ml - Remb. 65 % - Liste I

Laboratoires Bailleul

COMPOSITION

	p. fl.
Érythromycine	3 800 000 UI
Alcool à 95°	23 ml

INDICATIONS

Cette solution contient un *antibiotique* d'action locale qui appartient à la famille des *macrolides*. Elle agit en détruisant les *germes* responsables de l'*inflammation* du comédon et de la formation de pustules.

Ce médicament est utilisé dans le traitement de l'*acné*.

CONTRE-INDICATIONS

Ce médicament ne doit pas être utilisé en cas d'*allergie* aux *antibiotiques* de la famille des *macrolides*.

ATTENTION

Évitez l'application de ce médicament sur les *muqueuses*.

GROSSESSE, ALLAITEMENT ET NOUVEAU-NÉ

Grossesse :

Les études actuellement disponibles n'ont pas mis en évidence de problèmes particuliers lors de l'utilisation de l'érythromycine chez la femme enceinte.

Allaitement :

Les données disponibles ne permettent pas de savoir si ce médicament passe dans le lait maternel.

MODE D'EMPLOI ET POSOLOGIE

Le produit est généralement appliqué sur la peau bien sèche, après la toilette avec un savon doux suivie d'un rinçage soigneux.

Posologie usuelle :

1 application, 1 ou 2 fois par jour. Le traitement dure généralement de 1 à 3 mois.

Ce produit doit être conservé à l'abri de la lumière et de la chaleur.

EFFETS INDÉSIRABLES POSSIBLES

Irritation, démangeaison, rougeur.

Sécheresse de la peau en début de traitement.

ESBERIVEN

mélilot, rutoside

PRÉSENTATION

ESBERIVEN FORT : solution buvable ; boîte de 20 ampoules 4 ml - Remb. 35 %

ESBERIVEN : solution injectable ; boîte de 5 ampoules 2 ml - Remb. 35 %

Laboratoires Boots-Pharma

COMPOSITION

	p. amp. buv.	p. amp. inj.
Mélilot, extrait spécial	1 g	200 mg
Soit dérivés coumariniques	5 mg	1 mg
Rutoside	250 mg	50 mg
Alcool	1,04 ml	

INDICATIONS

C'est un protecteur *vasculaire* et *veinotonique* qui associe plusieurs substances. Il stimule la circulation du sang dans les veines et lutte contre l'altération des *vaisseaux capillaires*.

Il est utilisé dans le *traitement symptomatique* :

- des jambes lourdes, *œdèmes*, crampes, *impatiences* et autres troubles pouvant être en rapport avec une mauvaise circulation veineuse ou *lymphatique*,
- des crises d'*hémorroïdes*,
- de l'insuffisance d'irrigation de la *rétine*.

ATTENTION

Ce médicament est insuffisant pour prévenir le risque de *phlébite* chez les malades alités ou plâtrés.

L'*insuffisance veineuse* peut requérir des mesures spécifiques telles que la *contention élastique*.

La solution buvable contient de l'*alcool* en quantité notable.

GROSSESSE, ALLAITEMENT ET NOUVEAU-NÉ

L'effet de ce médicament pendant la grossesse ou l'allaitement est mal connu. L'évaluation du risque éventuel lié à son utilisation est individuelle : demandez conseil à votre pharmacien ou à votre médecin.

MODE D'EMPLOI ET POSOLOGIE

La solution injectable est administrée par *voie* intramusculaire ou intraveineuse.

Posologie usuelle :

1 ampoule buvable, 2 fois par jour. Les ampoules injectables sont réservées aux crises aiguës.

Une activité physique régulière et la surélévation du pied du lit permettent de faciliter la circulation veineuse et *lymphatique*.

La constipation, la consommation de mets épicés et de vins riches en tanins favorisent les *hémorroïdes*.

EFFETS INDÉSIRABLES POSSIBLES

Rares : nausées, vomissements, *allergie* cutanée, malaise, maux de tête, légère augmentation des règles.

ESBERIVEN crème

coumarine, héparine

PRÉSENTATION

ESBERIVEN : crème ; tube 30 g - Remb. 35 %

Laboratoires Boots Pharma

COMPOSITION

	p. 100 g
Mélilot, extrait	
Soit coumarine	100 mg
Héparine sodique	5 000 UI

INDICATIONS

C'est une crème apaisante qui stimule la circulation sanguine et lutte contre les *œdèmes*.

Elle est utilisée dans le traitement des troubles dus à une *insuffisance veineuse* :

- jambes lourdes et *œdèmes*,
- *inflammations* localisées : *phlébites* superficielles, suites de sclérose de varices.

INTERACTIONS MÉDICAMENTEUSES

Malgré la présence d'un *anticoagulant* (héparine) dans sa composition, ce médicament n'influe pas sur la durée ou l'abondance des saignements et ne donne lieu à aucune interaction médicamenteuse.

GROSSESSE, ALLAITEMENT ET NOUVEAU-NÉ

L'effet de ce médicament pendant la grossesse ou l'allaitement est mal connu. L'évaluation du risque éventuel lié à son utilisation est individuelle : demandez conseil à votre pharmacien ou à votre médecin.

MODE D'EMPLOI ET POSOLOGIE

Faire pénétrer la crème par un léger massage.

Posologie usuelle :

2 à 4 applications par jour.

Ce médicament soulage mais n'empêche pas l'aggravation de l'*insuffisance veineuse*, qui requiert des mesures spécifiques telles que la *contention élastique*.

Une activité physique régulière et la surélévation du pied du lit permettent de faciliter la circulation veineuse et *lymphatique*.

ESCINOGEL

baméthan, escine

PRÉSENTATION

ESCINOGEL : gel dermatologique ; tube 100 g - Remb. 35 %

Laboratoires Doms-Adrian

COMPOSITION

	p. 100 g
Baméthan sulfate	1,50 g
Escine	1 g
Alcool	+

INDICATIONS

C'est un gel qui, appliqué localement, facilite la circulation sanguine superficielle.

Il est utilisé dans le traitement des troubles dus à l'*insuffisance veineuse* : jambes lourdes ou douloureuses, crampes ou *œdèmes*.

ATTENTION

Ce gel contient de l'*alcool* : évitez l'exposition au soleil après l'application.

GROSSESSE, ALLAITEMENT ET NOUVEAU-NÉ

L'effet de ce médicament pendant la grossesse ou l'allaitement est mal connu. L'évaluation du risque éventuel lié à son utilisation est individuelle : demandez conseil à votre pharmacien ou à votre médecin.

MODE D'EMPLOI ET POSOLOGIE

Faire pénétrer le gel par un léger massage de bas en haut.

Posologie usuelle :

2 ou 3 applications par jour.

Ce médicament soulage mais n'empêche pas l'aggravation de l'*insuffisance veineuse*, qui requiert des mesures spécifiques telles que la *contention élastique*.

Une activité physique régulière et la surélévation du pied du lit permettent de faciliter la circulation veineuse et *lymphatique*.

ESIDREX

hydrochlorothiazide

PRÉSENTATION

ESIDREX : comprimé (blanc) ; boîte de 20 - Remb. 65 % - Liste II

Laboratoires Ciba-Geigy

COMPOSITION

	p. comp.
Hydrochlorothiazide	25 mg

INDICATIONS

C'est un médicament qui appartient à la fois à la famille des *diurétiques* et celle des *sulfamides*.

Il est utilisé dans le traitement :
- de l'*hypertension artérielle*,
- des *œdèmes* liés à une *insuffisance hépatique*, à une *insuffisance cardiaque* ou à un *syndrome néphrotique*.

CONTRE-INDICATIONS

Ce médicament ne doit pas être utilisé dans les cas suivants :
- *insuffisance rénale* grave,
- *allergie* aux *sulfamides*.

ATTENTION

Ce médicament peut être responsable d'une baisse de la *kaliémie* (taux du *potassium* dans le sang), qui peut être aggravée par l'usage prolongé de *laxatifs stimulants*. Un contrôle par des analyses de sang est souvent prescrit par le médecin.

Chez les personnes souffrant d'une *insuffisance hépatique* grave, l'apparition de troubles de la conscience peut annoncer une complication grave. Arrêtez le traitement et prenez un avis médical d'urgence.

Les diurétiques peuvent augmenter le taux d'*acide urique* ou de *sucre* dans le sang.

INTERACTIONS MÉDICAMENTEUSES

Ce médicament peut interagir avec d'autres médicaments, notamment ceux contenant du *lithium* ou de la *vincamine*. Signalez tout autre traitement en cours à votre médecin ou à votre pharmacien.

GROSSESSE, ALLAITEMENT ET NOUVEAU-NÉ

Grossesse :

Les études scientifiques actuellement disponibles n'ont pas mis en évidence de problème particulier lors de l'utilisation courante chez la femme enceinte. Néanmoins, les *diurétiques* ne sont pas adaptés au traitement de l'*hypertension artérielle* et des *œdèmes* pendant la grossesse.

Allaitement :

Ce médicament passe dans le lait maternel : l'allaitement est déconseillé.

MODE D'EMPLOI ET POSOLOGIE

Ce médicament doit être pris avec un verre d'eau.

Posologie usuelle :

La *posologie* varie selon la nature de l'affection.

Ce médicament augmente le volume des urines, surtout en début de traitement. Une prise le soir peut occasionner des gênes pendant la nuit.

Les *diurétiques* exposent au risque de déshydratation : les personnes âgées devront boire abondamment, notamment pendant les fortes chaleurs.

EFFETS INDÉSIRABLES POSSIBLES

Baisse du taux du *potassium* dans le sang.

Troubles digestifs, éruption cutanée.

ESIMIL

guanéthidine, hydrochlorothiazide

PRÉSENTATION

ESIMIL : comprimé sécable (blanc) ; boîte de 20 - Remb. 65 % - Liste I

Laboratoires Ciba-Geigy

COMPOSITION

	p. comp.
Guanéthidine sulfate	10 mg
Hydrochlorothiazide	25 mg

INDICATIONS

Ce médicament est un *antihypertenseur* qui contient un *diurétique*, l'hydrochlorothiazide, et de la guanéthidine.

Il est utilisé dans le traitement de l'*hypertension artérielle*.

CONTRE-INDICATIONS

Ce médicament ne doit pas être utilisé dans les cas suivants :
- *allergie* connue à l'un des constituants ou à la famille des *sulfamides*,
- *insuffisance rénale* grave,
- *phéochromocytome*,
- *insuffisance cardiaque* grave,
- *accident vasculaire cérébral* ou infarctus récents.

ATTENTION

Ce médicament peut être responsable d'une baisse de la *kaliémie* qui peut être aggravée par l'usage immodéré de *laxatifs stimulants*. Des analyses de sang de contrôle sont souvent prescrites par le médecin.

Il peut exceptionnellement provoquer des crises de *goutte* chez les personnes prédisposées ou aggraver un *diabète*.

Si vous souffrez d'*ulcère* de l'estomac ou du *duodénum*, d'*asthme*, ou d'*insuffisance hépatique*, prévenez votre médecin.

Évitez les boissons alcoolisées : augmentation du risque de somnolence.

INTERACTIONS MÉDICAMENTEUSES

Ce médicament peut interagir avec d'autres médicaments, notamment ceux contenant du *lithium*, certains *antidépresseurs* et certains *diurétiques*. Signalez tout autre traitement en cours à votre médecin ou à votre pharmacien.

GROSSESSE, ALLAITEMENT ET NOUVEAU-NÉ

Grossesse :

L'effet de ce médicament sur l'enfant à naître est mal connu. Quelques cas de complications ont été rapportés et son usage pendant la grossesse est déconseillé.

Allaitement :

Ce médicament passe dans le lait maternel : l'allaitement est déconseillé.

MODE D'EMPLOI ET POSOLOGIE

Ce médicament doit être pris avec le petit déjeuner.

Posologie usuelle :

1 comprimé par jour en 1 prise le matin.

EFFETS INDÉSIRABLES POSSIBLES

Diarrhée, fatigue, troubles de l'*accommodation*, ralentissement du rythme cardiaque, *hypotension orthostatique*, maux de tête.

Élévation du taux de *sucre* ou d'*acide urique* dans le sang.

Baisse du taux de potassium dans le sang associée ou non à des crampes.

Rares réactions allergiques : essentiellement cutanées.

ESPÉRAL

disulfirame

PRÉSENTATION

ESPÉRAL : comprimé quadrisécable (blanc) ; boîte de 20 - Remb. 65 % - Liste I

Laboratoires Sanofi Winthrop

COMPOSITION

	p. comp.
Disulfirame	500 mg

INDICATIONS

C'est un médicament qui diminue la *dépendance* à l'alcool. Il provoque des troubles pénibles lors de la prise d'*alcool* (bouffées de chaleur, nausées, vomissements, accélération du rythme cardiaque, sensation de malaise).

Il est utilisé dans l'aide à la désintoxication alcoolique : l'association *alcool*-troubles pénibles entraîne un dégoût de l'*alcool* chez le grand buveur, qui est ainsi amené à modifier son comportement.

CONTRE-INDICATIONS

Ce médicament ne doit pas être utilisé dans les cas suivants :
- *insuffisance hépatique* ;
- *diabète* ;
- *épilepsie*, troubles nerveux ;
- *insuffisance coronarienne* ;
- **grossesse** ;
- prise de boissons alcoolisées depuis moins de 24 heures.

ATTENTION
Tout produit contenant de l'*alcool* (médicament, aliment ou parfum) doit être évité pendant le traitement : risque de déclenchement intempestif de troubles pénibles.

INTERACTIONS MÉDICAMENTEUSES

Ce médicament peut interagir avec d'autres médicaments, notamment :
- l'isoniazide (RIMIFON, DEXAMBUTOL-INH...) : risque de troubles du comportement et de la coordination ;
- la phénytoïne (DIHYDAN...) : risque d'intoxication ;
- les *imidazolés* (FLAGYL, RODOGYL...) : risque de confusion des idées ;
- les *anticoagulants* oraux : risque d'*hémorragie*.

Signalez tout autre traitement en cours à votre médecin ou à votre pharmacien.

GROSSESSE, ALLAITEMENT ET NOUVEAU-NÉ

Grossesse :
Ce médicament est contre-indiqué chez la femme enceinte ou susceptible de l'être.

MODE D'EMPLOI ET POSOLOGIE

Les comprimés doivent être avalés avec un peu d'eau.

Posologie usuelle :
Le matin au petit déjeuner, en début de traitement : 1 comprimé, ensuite 1/2 comprimé puis 1/4 de comprimé par jour.

☛ Ce médicament n'est qu'un élément de l'aide que peut recevoir le grand buveur : le rôle du médecin ou des associations d'anciens buveurs est capital.

EFFETS INDÉSIRABLES POSSIBLES

Goût métallique de la bouche.

Rarement : *polynévrite* des membres inférieurs, atteinte de la vision, troubles du comportement et de la mémoire, maux de tête, *allergie* cutanée.

En cas d'association à l'alcool : *collapsus cardio-vasculaire, troubles du rythme cardiaque, angine de poitrine, infarctus du myocarde*.

ESSENCE ALGÉRIENNE
eucalyptol, menthol, gaïacol

PRÉSENTATION

ESSENCE ALGÉRIENNE : solution pour inhalation ; flacon 20 ml - Non remb.

Laboratoires Toulade

COMPOSITION

	p. fl.
Eucalyptol	18 g
Menthol	0,220 g
Gaïacol	0,180 g

INDICATIONS

Cette solution pour inhalation contient une association d'essences végétales qui possède une action locale décongestionnante et *antiseptique* sur les *muqueuses* des *voies* respiratoires.

Elle est utilisée dans le *traitement d'appoint* des affections des voies respiratoires.

CONTRE-INDICATIONS

Ce médicament ne doit pas être utilisé chez l'enfant de moins de 30 mois.

ATTENTION
N'utilisez pas ce médicament chez le jeune enfant sans prendre l'avis de votre médecin.

GROSSESSE, ALLAITEMENT ET NOUVEAU-NÉ

Ce médicament ne contient que des plantes présumées sans danger pendant la grossesse ou l'allaitement. Néanmoins, ne l'utilisez pas de façon prolongée sans l'avis de votre pharmacien ou de votre médecin.

MODE D'EMPLOI ET POSOLOGIE

Les inhalations peuvent être répétées au cours de la journée.

☛ Il est important de lutter contre la sécheresse de l'air ambiant (humidificateur...) pour éviter le dessèchement des sécrétions nasales et bronchiques.

ESTRADERM TTS
estradiol

PRÉSENTATION

ESTRADERM TTS 25 : système transdermique adhésif à libération continue ; boîte de 8 - Remb. 65 % - Liste II

ESTRADERM TTS 50 : système transdermique adhésif à libération continue ; boîte de 8 - Remb. 65 % - Liste II

ESTRADERM TTS 100 : système transdermique adhésif à libération continue ; boîte de 8 - Remb. 65 % - Liste II

Laboratoires Ciba-Geigy

COMPOSITION

	p. système	p. système	p. système
Estradiol	2 mg	4 mg	8 mg
Éthanol à 95%	106,6 mg	213,2 mg	426,4 mg

INDICATIONS

Ce dispositif contient une *hormone* de la famille des *estrogènes*, qui traverse la peau et passe progressivement dans le sang.

Il est utilisé chez la femme dans les carences en estrogènes, notamment lors de la *ménopause*.

CONTRE-INDICATIONS

Ce médicament ne doit pas être utilisé dans les cas suivants :
- certains cancers du sein ou de l'utérus,
- *tumeur de l'hypophyse*,
- *hémorragie* génitale de diagnostic non précisé,
- certaines maladies rares (*connectivites*),
- *porphyries*,
- *otospongiose*,
- maladie grave du foie,
- **grossesse**.

Dans d'autres situations, votre médecin est seul juge pour prescrire ce médicament, notamment en cas d'*antécédent* d'*accident thrombo-embolique*, d'affections bénignes du sein ou de l'utérus, d'ictère (jaunisse) chronique ou survenu lors d'une grossesse, d'excès de *prolactine*, d'*insuffisance rénale*...

ATTENTION
Une surveillance médicale est nécessaire avant et pendant le traitement. Cette surveillance sera renforcée chez la femme souffrant d'*épilepsie*, d'*asthme* ou ayant des *antécédents* familiaux de cancer du sein.
L'apparition d'un saignement entre les règles ou d'un écoulement de lait impose la consultation de votre médecin.

INTERACTIONS MÉDICAMENTEUSES

Ce médicament peut interagir avec d'autres médicaments. Signalez tout autre traitement en cours à votre médecin ou à votre pharmacien.

Compte tenu de ses indications, ce médicament n'est pas utilisé chez la femme enceinte ou qui allaite.

MODE D'EMPLOI ET POSOLOGIE

Appliquer le dispositif sur une peau sèche et non lésée. Choisir un emplacement où les mouvements ne déterminent pas de plis (par exemple : abdomen, fesse, région lombaire).

Il ne doit pas être appliqué sur les seins, ni deux fois de suite au même endroit, ni exposé au soleil.

Posologie usuelle :
Elle est strictement individuelle ; votre médecin l'adapte en fonction de l'efficacité du traitement.

Chez la femme ménopausée, un *progestatif* est toujours associé aux *estrogènes* pour éviter une stimulation excessive de l'utérus ou des glandes mammaires. La réapparition de règles minimes est possible après chaque interruption de traitement.

Évitez le contact de la zone imprégnée avec la peau de votre partenaire.

Le tabac augmente le risque d'effets indésirables.

EFFETS INDÉSIRABLES POSSIBLES

Irritation locale.

Traduisant un surdosage : nausées, tension des seins, irritabilité, jambes lourdes.

Devant faire interrompre le traitement : jaunisse, apparition d'un *fibrome*, *phlébite* ou autre *accident thrombo-embolique*.

ESTROFEM
estradiol

PRÉSENTATION

ESTROFEM : comprimé (bleu) ; boîte de 28 - Non remb. - Liste II

Laboratoires Novo Nordisk

COMPOSITION

	p. comp.
Estradiol	2 mg

INDICATIONS

Ce médicament contient une *hormone* de la famille des *estrogènes*.

Il est utilisé pour traiter les carences en estrogènes, notamment lors de la *ménopause*.

CONTRE-INDICATIONS

Ce médicament ne doit pas être utilisé dans les cas suivants :
- certaines maladies cardiaques, rénales ou vasculaires, notamment l'*hypertension artérielle* et les *antécédents* de *phlébite* ;
- maladie du foie grave ou récente ;
- certains cancers du sein ou de l'utérus ;
- *tumeur de l'hypophyse* ;
- *hémorragie* génitale de diagnostic non précisé ;
- certaines maladies rares (*connectivites*) ;
- *porphyries* ;
- *otosclérose* ;
- grossesse.

Dans d'autres situations, votre médecin est seul juge pour prescrire ce médicament, notamment en cas, d'affections bénignes du sein et de l'utérus, de *diabète*, d'obésité, d'excès de *cholestérol* ou de *triglycérides*.

ATTENTION

Une surveillance médicale et des analyses régulières sont nécessaires avant et pendant la poursuite du traitement. Cette surveillance sera renforcée chez la femme souffrant d'*épilepsie*, de *migraine*, d'*asthme*, de *dépression* ou ayant des *antécédents* familiaux de cancer du sein.

Des maux de tête importants et inhabituels, des troubles de la vision, une élévation franche de la tension artérielle imposent l'arrêt du traitement et la consultation d'un médecin.

INTERACTIONS MÉDICAMENTEUSES

Ce médicament peut interagir avec d'autres médicaments. Signalez tout autre traitement en cours à votre médecin ou à votre pharmacien.

GROSSESSE, ALLAITEMENT ET NOUVEAU-NÉ

Compte tenu de ses indications ce médicament n'est pas utilisé chez la femme enceinte ou qui allaite.

MODE D'EMPLOI ET POSOLOGIE

Les comprimés doivent être avalés avec un verre d'eau.

Posologie usuelle :

Elle est strictement individuelle : votre médecin l'adapte en fonction de l'efficacité du traitement.

Chez la femme ménopausée, un *progestatif* est toujours associé aux *estrogènes* pour éviter une stimulation excessive de l'utérus ou des glandes mammaires. La réapparition de règles minimes est possible après chaque interruption de traitement ; vous devez néanmoins en informer votre médecin.

Le tabac augmente le risque d'effets indésirables.

EFFETS INDÉSIRABLES POSSIBLES

Fréquents, mais peu graves : bouffées de chaleur persistantes, insomnie, tension des seins, saignements entre les règles.

Rares, mais potentiellement graves et devant faire interrompre le traitement : *hypertension artérielle*, *accident thrombo-embolique*, jaunisse, maux de tête, augmentation des lipides dans le sang, *diabète*, *nodule* ou douleur importante des seins, *migraine*, troubles de la vue, *vertiges*, aggravation d'une *épilepsie*.

Exceptionnellement : calculs de la vésicule biliaire.

ESTULIC
guanfacine

PRÉSENTATION

ESTULIC : comprimé sécable (blanc) ; boîte de 30 - Remb. 65 % - Liste II

Laboratoires Sandoz

COMPOSITION

	p. comp.
Guanfacine	2 mg

INDICATIONS

Ce médicament est un *antihypertenseur* d'action centrale. Il agit directement sur les centres nerveux qui interviennent dans la régulation de la tension artérielle.

Il est utilisé dans le traitement de l'*hypertension artérielle*.

CONTRE-INDICATIONS

Ce médicament ne doit pas être utilisé en cas de *bloc auriculo-ventriculaire*.

ATTENTION

N'interrompez jamais brutalement le traitement. Diminuez progressivement les doses : un demi-comprimé pendant quelques jours, puis tous les deux jours pendant une semaine par exemple. Un avis médical est toujours préférable.

Des précautions sont nécessaires chez la personne âgée et celle atteinte d'un syndrome de *Raynaud* ou d'*insuffisance rénale*.

Évitez les boissons alcoolisées : augmentation du risque de somnolence.

Conducteur : ce médicament peut être responsable d'une somnolence ou d'une baisse de la vigilance.

INTERACTIONS MÉDICAMENTEUSES

Ce médicament peut interagir avec d'autres médicaments. Signalez tout autre traitement en cours à votre médecin ou à votre pharmacien.

GROSSESSE, ALLAITEMENT ET NOUVEAU-NÉ

L'effet de ce médicament pendant la grossesse ou l'allaitement est mal connu : seul votre médecin peut évaluer le risque éventuel de son utilisation dans votre cas.

MODE D'EMPLOI ET POSOLOGIE

La *posologie* initiale est de 1/2 comprimé le soir. Elle est augmentée par paliers, jusqu'à 1 comprimé par jour

Le traitement médicamenteux ne dispense pas des mesures simples pouvant faire baisser la tension artérielle : activité physique régulière, modération de la consommation de boissons alcoolisées, lutte contre le surpoids.

EFFETS INDÉSIRABLES POSSIBLES

Fréquents : sécheresse de la bouche, somnolence.

Rares : fatigue, constipation, sensation de *vertige*, nausées, insomnie, maux de tête, fourmillements, *hypotension orthostatique*.

ÉTHINYL-ŒSTRADIOL ROUSSEL
éthinylestradiol

PRÉSENTATION

ÉTHINYL-ŒSTRADIOL ROUSSEL 50 µg : comprimé sécable (blanc) ; boîte de 15 - Remb. 65 % - Liste II

Laboratoires Roussel

COMPOSITION

	p. comp.
Ethinylestradiol	0,05 mg

INDICATIONS

Ce médicament contient une *hormone* de la famille des *estrogènes*.

Il est utilisé pour traiter les carences en estrogènes, notamment lors de la *ménopause* ou de certaines stérilités.

CONTRE-INDICATIONS

Ce médicament ne doit pas être utilisé dans les cas suivants :
- certaines maladies cardiaques ou vasculaires, notamment l'*hypertension artérielle* et les *antécédents* de *phlébite* ;
- maladie du foie grave ou récente ;
- certains cancers du sein ou de l'utérus ;
- *tumeur de l'hypophyse* ;
- *hémorragie* génitale de diagnostic non précisé ;
- certaines maladies rares (*connectivites*) ;
- *porphyries* ;
- *otosclérose* ;

Dans d'autres situations, votre médecin est seul juge pour prescrire ce médicament, notamment en cas de *diabète*, d'obésité, d'affections bénignes du sein et de l'utérus, d'excès de *cholestérol* ou de *triglycérides*, de jaunisse avec ou sans démangeaisons survenue lors d'une grossesse.

ATTENTION

Une surveillance médicale et des analyses régulières sont nécessaires avant et pendant la poursuite du traitement. Cette surveillance sera renforcée chez la femme souffrant d'*épilepsie*, de *migraine*, d'*asthme*, de *dépression* ou ayant des *antécédents* familiaux de cancer du sein.

Des maux de tête importants et inhabituels, des troubles de la vision, une élévation franche de la tension artérielle imposent l'arrêt du traitement et la consultation d'un médecin.

INTERACTIONS MÉDICAMENTEUSES

Ce médicament peut interagir avec d'autres médicaments. Signalez tout autre traitement en cours à votre médecin ou à votre pharmacien.

GROSSESSE, ALLAITEMENT ET NOUVEAU-NÉ

Compte tenu de ses indications, ce médicament n'est pas utilisé chez la femme enceinte ou qui allaite.

MODE D'EMPLOI ET POSOLOGIE

Les comprimés doivent être avalés avec un verre d'eau.

Posologie usuelle :

Elle est strictement individuelle : votre médecin l'adapte en fonction de l'efficacité du traitement.

Chez la femme ménopausée, un *progestatif* est toujours associé aux *estrogènes* pour éviter une stimulation excessive de l'utérus ou des glandes mammaires. La réapparition de règles minimes est possible après chaque interruption de traitement ; vous devez néanmoins en informer votre médecin.

Le tabac augmente le risque d'effets indésirables.

EFFETS INDÉSIRABLES POSSIBLES

Fréquents, mais peu graves : nausées, maux de tête, prise de poids, tension des seins, irritabilité, *dépression*, *candidose* vaginale, irritation oculaire par les lentilles de contact.

Rares, mais potentiellement graves et devant faire interrompre le traitement : *hypertension artérielle*, *accident thrombo-embolique*, jaunisse, augmentation des lipides dans le sang, *diabète*, *nodule* ou douleur importante des seins, *migraine*, troubles de la vue, aggravation d'une *épilepsie*.

Exceptionnellement : calculs de la vésicule biliaire.

ETIOVEN

naftazone

PRÉSENTATION

ETIOVEN : comprimé (orangé) ; boîte de 90 - Remb. 35 % - Liste II

Laboratoires Cassenne

COMPOSITION

	p. comp.
Naftazone	10 mg

INDICATIONS

C'est un *veinotonique* et un protecteur *vasculaire*. Il stimule la circulation du sang dans les veines et lutte contre l'altération des *vaisseaux capillaires*.

Il est utilisé dans le *traitement symptomatique* des jambes lourdes, *œdèmes*, crampes, *impatiences* et autres troubles pouvant être en rapport avec une mauvaise circulation veineuse ou *lymphatique*.

CONTRE-INDICATIONS

Ce médicament ne doit pas être utilisé pendant l'**allaitement**.

ATTENTION

Ce médicament est insuffisant pour prévenir le risque de *phlébite* chez les malades alités ou plâtrés.

L'*insuffisance veineuse* peut requérir des mesures spécifiques telles que la *contention élastique*.

GROSSESSE, ALLAITEMENT ET NOUVEAU-NÉ

Grossesse :

L'effet de ce médicament sur l'enfant à naître est mal connu. Seul votre médecin peut apprécier la nécessité du traitement et son risque pendant la grossesse.

Allaitement :

Les données disponibles ne permettent pas de savoir si ce médicament passe dans le lait maternel. Son usage est contre-indiqué pendant l'allaitement.

MODE D'EMPLOI ET POSOLOGIE

Posologie usuelle :

3 comprimés par jour, répartis en 3 prises.

Une activité physique régulière et la surélévation du pied du lit permettent de faciliter la circulation veineuse et *lymphatique*.

EFFETS INDÉSIRABLES POSSIBLES

Rares *troubles digestifs*.

EUBISPASME CODÉTHYLINE

poudre d'opium, codéthyline, anisohydrocinnamol

PRÉSENTATION

EUBISPASME CODÉTHYLINE : comprimé (noir) ; boîte de 24 - Non remb. - Liste II

EUBISPASME CODÉTHYLINE : suppositoire ; boîte de 5 - Non remb. - Liste I

Laboratoires Promedica

COMPOSITION

	p. comp.	p. suppos.
Opium, poudre	10 mg	
Opium, extrait		25 mg
Codéthyline	12,5 mg	30 mg
Acide camphorique	8 mg	
Anisohydrocinnamol chrorhydrate	20 mg	
Anisohydrocinnamol oléate		80 mg

INDICATIONS

Ce médicament contient des substances ayant des propriétés *antalgiques* et *antitussives*. La codéthyline a une action sédative sur le *système nerveux central* et notamment sur les centres de la toux.

Les comprimés sont utilisés dans le *traitement symptomatique* des toux sèches. Les suppositoires sont utilisés pour lutter contre les douleurs avec spasmes.

CONTRE-INDICATIONS

Ce médicament ne doit pas être utilisé dans les cas suivants :
- *asthme*,
- *insuffisance respiratoire*,
- enfant de moins de 15 ans.

ATTENTION

Ce médicament n'est pas adapté au traitement de la toux grasse, qui est un mécanisme de défense normal de l'organisme permettant l'évacuation des mucosités présentes dans les bronches.

La toux est un *symptôme* qui peut révéler de nombreuses maladies : consultez votre médecin si elle persiste plus de quelques jours.

Évitez les boissons alcoolisées : augmentation du risque de somnolence.

Conducteur : ce médicament peut être responsable d'une somnolence ou d'une baisse de la vigilance.

INTERACTIONS MÉDICAMENTEUSES

Ce médicament peut interagir avec d'autres médicaments, notamment chez les personnes âgées. Signalez tout autre traitement en cours à votre médecin ou à votre pharmacien.

GROSSESSE, ALLAITEMENT ET NOUVEAU-NÉ

Grossesse :

Compte tenu de la présence de codéthyline, n'utilisez pas ce médicament pendant la grossesse sans prendre l'avis de votre pharmacien ou de votre médecin.

Allaitement :

Par mesure de prudence, ce médicament est déconseillé pendant l'allaitement.

MODE D'EMPLOI ET POSOLOGIE

Les prises de ce médicament doivent être réparties au cours de la journée. Les comprimés doivent être pris à distance des repas.

Posologie usuelle :

- Adulte et enfant de plus de 15 ans : 1 suppositoire, 1 à 3 fois par jour ou 1 comprimé, 3 ou 4 fois par jour.

> ☛ De nombreux médicaments, notamment certains *antitussifs* ou *antalgiques*, contiennent de la codéthyline ou une substance voisine, la codéine : un surdosage expose à une augmentation des effets indésirables.
>
> Une toux nocturne aggravée par ce médicament peut être une toux allergique : demandez conseil à votre médecin.
>
> Fumer, ou être exposé à la fumée des autres, nuit à l'efficacité du traitement.
>
> Des mesures simples permettent de calmer les toux sèches : boissons chaudes et humidification de l'air ambiant.

EFFETS INDÉSIRABLES POSSIBLES

Constipation et plus rarement : somnolence, nausées, vomissements, *bronchospasme*, états vertigineux, *allergie* cutanée, ralentissement de la respiration.

EUCALYPTINE LE BRUN capsules

PRÉSENTATION

EUCALYPTINE LE BRUN : capsule (vert) ; boîte de 42 - Non remb.

Laboratoires Janssen

COMPOSITION

	p. caps.
Codéine	5 mg
Eucalyptol	100 mg
Gaïacol	25 mg
Phénol	5 mg
Camphre	12 mg
Bromoforme	5 mg

INDICATIONS

Ce médicament *antitussif* contient de la codéine associée notamment à un fluidifiant bronchique (gaïacol). La codéine a une action sédative sur le *système nerveux central* et notamment les centres de la toux.

Il est utilisé dans le *traitement symptomatique* des toux sèches.

CONTRE-INDICATIONS

En raison de la présence de codéine, ce médicament ne doit pas être utilisé dans les cas suivants :
- *asthme*,
- *insuffisance respiratoire*,
- enfant de moins de 15 ans.

> **ATTENTION**
>
> Ce médicament n'est pas adapté au traitement de la toux grasse, qui est un mécanisme de défense normal de l'organisme permettant l'évacuation des mucosités présentes dans les bronches.
>
> La toux est un *symptôme* qui peut révéler de nombreuses maladies : consultez votre médecin si elle persiste plus de quelques jours.
>
> Évitez les boissons alcoolisées en raison de la présence de codéine : augmentation du risque de somnolence.
>
> Conducteur : ce médicament peut être responsable d'une somnolence ou d'une baisse de la vigilance.

INTERACTIONS MÉDICAMENTEUSES

Ce médicament peut interagir avec beaucoup d'autres médicaments notamment chez les personnes âgées : signalez tout autre traitement en cours à votre médecin ou à votre pharmacien.

GROSSESSE, ALLAITEMENT ET NOUVEAU-NÉ

Grossesse :

Compte tenu de la présence de codéine, n'utilisez pas ce médicament pendant la grossesse sans prendre l'avis de votre pharmacien ou de votre médecin.

Allaitement :

Ce médicament passe dans le lait maternel : il est déconseillé pendant l'allaitement.

MODE D'EMPLOI ET POSOLOGIE

Les prises de ce médicament doivent être réparties au cours de la journée, de préférence avant ou pendant les repas.

Posologie usuelle :

- Adulte et enfant de plus de 15 ans : 3 capsules, 2 ou 3 fois par jour.

> ☛ De nombreux médicaments contiennent de la codéine, notamment certains *antitussifs* et *antalgiques*. Le surdosage expose à une augmentation des effets indésirables.
>
> Une toux nocturne aggravée par ce médicament peut être une toux allergique : demandez conseil à votre médecin.
>
> La poursuite du tabagisme nuit à l'efficacité du traitement.
>
> Des mesures simples permettent de calmer les toux sèches : boissons chaudes et humidification de l'air ambiant.

EFFETS INDÉSIRABLES POSSIBLES

Les effets indésirables sont liés à la présence de codéine : constipation, et plus rarement somnolence, nausées, vomissements, *bronchospasme*, sensations de vertige, *allergies* cutanées, ralentissement anormal de la respiration.

EUCALYPTINE LE BRUN sirop

PRÉSENTATION

EUCALYPTINE LE BRUN : sirop ; flacon 200 ml (40 cuillères-mesure 5 ml) - Non remb.

Laboratoires Janssen

COMPOSITION

	p. c. mes.
Cinéol	1,07 mg
Codéine	6,10 mg
Saccharose	3,05 g
Alcool	53,45 mg

INDICATIONS

Ce sirop *antitussif* contient de la codéine qui a une action sédative sur le *système nerveux central* et notamment les centres de la toux.

Il est utilisé dans le *traitement symptomatique* des toux sèches et des toux d'irritation.

CONTRE-INDICATIONS

Ce médicament ne doit pas être utilisé dans les cas suivants :
- *asthme*,
- *insuffisance respiratoire*,
- enfant de moins de 30 mois.

> **ATTENTION**
>
> Ce médicament n'est pas adapté au traitement de la toux grasse, qui est un mécanisme de défense normal de l'organisme permettant l'évacuation des mucosités présentes dans les bronches.
>
> La toux est un *symptôme* qui peut révéler de nombreuses maladies : consultez votre médecin si elle persiste plus de quelques jours.
>
> Ce médicament contient du *sucre* (saccharose) en quantité notable.
>
> Évitez les boissons alcoolisées : augmentation du risque de somnolence.
>
> Conducteur : ce médicament peut être responsable d'une somnolence ou d'une baisse de la vigilance.

INTERACTIONS MÉDICAMENTEUSES

Ce médicament peut interagir avec d'autres médicaments, notamment chez les personnes âgées. Signalez tout autre traitement en cours à votre médecin ou à votre pharmacien.

GROSSESSE, ALLAITEMENT ET NOUVEAU-NÉ

Grossesse :

Compte tenu de la présence de codéine, n'utilisez pas ce médicament pendant la grossesse sans prendre l'avis de votre pharmacien ou de votre médecin.

Allaitement :

Ce médicament passe dans le lait maternel. Par mesure de prudence, il est déconseillé pendant l'allaitement.

MODE D'EMPLOI ET POSOLOGIE

Les prises de ce médicament doivent être réparties au cours de la journée espacées d'au moins 4 heures.

Posologie usuelle :

- Adulte : 6 cuillères à soupe de sirop par jour.
- Enfant de 6 à 15 ans : 1 cuillère-mesure par 6 kg et par jour ; soit pour un enfant de 20 kg : 3 cuillères-mesure par jour.
- Enfant de 30 mois à 6 ans : 1/2 cuillère-mesure par 6 kg et par jour ; soit, pour un enfant de 12 kg : 1 cuillère-mesure par jour.

> De nombreux médicaments contiennent de la codéine, notamment certains *antitussifs* et *antalgiques*. Le surdosage expose à une augmentation des effets indésirables.
>
> Une toux nocturne aggravée par ce médicament peut être une toux allergique : demandez conseil à votre médecin.
>
> La poursuite du tabagisme nuit à l'efficacité du traitement.
>
> Des mesures simples permettent de calmer les toux sèches : boissons chaudes et humidification de l'air ambiant.

EFFETS INDÉSIRABLES POSSIBLES

Liés à la codéine : constipation, et plus rarement somnolence, nausées, vomissements, *bronchospasme*, sensation de vertige, *allergies* cutanées, ralentissement anormal de la respiration.

EUCALYPTINE LE BRUN suppositoire Nourrisson

eucalyptol, sulfogaïacol, camphosulfonate de sodium

PRÉSENTATION

EUCALYPTINE LE BRUN NOURRISSON : suppositoire ; boîte de 10 - Non remb.

Laboratoires Janssen

COMPOSITION

	p. suppos.
Eucalyptol	50 mg
Sulfogaïacol	50 mg
Camphosulfonate de sodium	20 mg

INDICATIONS

Ce médicament contient des *expectorants*.

Il est utilisé dans le *traitement symptomatique* des maladies des *voies* respiratoires.

MODE D'EMPLOI ET POSOLOGIE

Posologie usuelle :

1 suppositoire, 2 à 4 fois par jour.

> Pour une meilleure conservation, garder les suppositoires au frais.

EUCALYPTINE LE BRUN suppositoire

PRÉSENTATION

EUCALYPTINE LE BRUN ADULTE : suppositoire ; boîte de 10 - Non remb.

EUCALYPTINE LE BRUN ENFANT : suppositoire ; boîte de 10 - Non remb.

Laboratoires Janssen

COMPOSITION

	p. suppos. Ad.	p. suppos. Enf.
Codéine, phosphate	20 mg	5 mg
Codéine base	15,62 mg	3,9 mg
Eucalyptol	120 mg	80 mg
Gaïacol	50 mg	30 mg
Phénol	10 mg	6 mg
Camphre	156 mg	100 mg

INDICATIONS

Ce médicament *antitussif* contient de la codéine associée notamment à un fluidifiant bronchique (gaïacol). La codéine a une action sédative sur le *système nerveux central* et notamment les centres de la toux.

Il est utilisé dans le *traitement symptomatique* des toux sèches.

CONTRE-INDICATIONS

En raison de la présence de codéine, ce médicament ne doit pas être utilisé dans les cas suivants :

- *asthme*,
- *insuffisance respiratoire*,
- enfants de moins de 15 ans (suppositoire Adulte),
- enfants de moins de 30 mois (suppositoire Enfant).

> **ATTENTION**
>
> Ce médicament n'est pas adapté au traitement de la toux grasse, qui est un mécanisme de défense normal de l'organisme permettant l'évacuation des mucosités présentes dans les bronches.
>
> La toux est un *symptôme* qui peut révéler de nombreuses maladies : consultez votre médecin si elle persiste plus de quelques jours.
>
> Évitez les boissons alcoolisées en raison de la présence de codéine : augmentation du risque de somnolence.
>
> Conducteur : ce médicament peut être responsable d'une somnolence ou d'une baisse de la vigilance.

INTERACTIONS MÉDICAMENTEUSES

Ce médicament peut interagir avec beaucoup d'autres médicaments notamment chez les personnes âgées. Signalez à votre médecin ou à votre pharmacien tout autre traitement en cours.

GROSSESSE, ALLAITEMENT ET NOUVEAU-NÉ

Grossesse :

Compte tenu de la présence de codéine, n'utilisez pas ce médicament pendant la grossesse sans prendre l'avis de votre pharmacien ou de votre médecin.

Allaitement :

Ce médicament passe dans le lait maternel : il est déconseillé pendant l'allaitement.

MODE D'EMPLOI ET POSOLOGIE

Posologie usuelle :

- Adulte : 4 suppositoires Adulte par jour. Chez la personne âgée, il convient de réduire la *posologie* de moitié.
- Enfant de 10 à 15 ans : 3 à 5 suppositoires Enfant par jour, selon l'âge.
- Enfant de 5 à 10 ans : 2 ou 3 suppositoires Enfant par jour, selon l'âge.
- Enfant de 30 mois à 5 ans : 1 ou 2 suppositoires Enfant par jour, selon l'âge.

> De nombreux médicaments contiennent de la codéine, notamment certains *antitussifs* et *antalgiques*. Le surdosage expose à une augmentation des effets indésirables.
>
> Une toux nocturne aggravée par ce médicament peut être une toux allergique : demandez conseil à votre médecin.
>
> La poursuite du tabagisme nuit à l'efficacité du traitement.
>
> Des mesures simples permettent de calmer les toux sèches : boissons chaudes et humidification de l'air ambiant.

EFFETS INDÉSIRABLES POSSIBLES

Les effets indésirables sont liés à la présence de codéine : constipation, et plus rarement somnolence, nausées, vomissements, *bronchospasme*, sensations de vertige, *allergies* cutanées, ralentissement anormal de la respiration.

EUCALYPTINE PHOLCODINE

PRÉSENTATION

EUCALYPTINE PHOLCODINE ADULTE : suppositoire ; boîte de 10 - Non remb.

EUCALYPTINE PHOLCODINE ENFANT : suppositoire ; boîte de 10 - Non remb.

Laboratoires Janssen

COMPOSITION

	p. suppos. Ad.	p. suppos. Enf.
Pholcodine	20 mg	5 mg
Eucalyptol	120 mg	80 mg
Gaïacol	50 mg	30 mg
Phénol	10 mg	6 mg
Camphre	156 mg	100 mg

INDICATIONS

Ce médicament est une association de substances qui contient notamment un *antitussif*, la pholcodine, et des *antiseptiques*.

Il est utilisé dans le *traitement symptomatique* des toux sèches.

CONTRE-INDICATIONS

Ce médicament ne doit pas être utilisé dans les cas suivants :

- *insuffisance respiratoire*,

- *asthme*,
- enfant de moins de 30 mois.

ATTENTION

Ce médicament n'est pas adapté au traitement de la toux grasse, qui est un mécanisme de défense normal de l'organisme permettant l'évacuation des mucosités présentes dans les bronches.

La toux est un *symptôme* qui peut révéler de nombreuses maladies : consultez votre médecin si elle persiste plus de quelques jours.

Évitez les boissons alcoolisées : augmentation du risque de somnolence.

Conducteur : ce médicament peut être responsable d'une somnolence ou d'une baisse de la vigilance.

INTERACTIONS MÉDICAMENTEUSES

Ce médicament peut interagir avec d'autres médicaments. Signalez tout autre traitement en cours à votre médecin ou à votre pharmacien.

GROSSESSE, ALLAITEMENT ET NOUVEAU-NÉ

Grossesse :

Compte tenu de la présence de pholcodine, n'utilisez pas ce médicament pendant la grossesse sans prendre l'avis de votre pharmacien ou de votre médecin.

Allaitement :

Les données actuellement disponibles ne permettent pas de savoir si ce médicament passe dans le lait maternel. Par mesure de prudence, il est déconseillé pendant l'allaitement.

MODE D'EMPLOI ET POSOLOGIE

Les prises de ce médicament doivent être réparties au cours de la journée.

Posologie usuelle :

- Adulte : 3 suppositoires Adulte par jour.
- Enfant de 8 à 15 ans : 4 suppositoires Enfant par jour.
- Enfant de 30 mois à 8 ans : 1 ou 2 suppositoires Enfant par jour selon l'âge.

La poursuite du tabagisme nuit à l'efficacité du traitement.

Des mesures simples permettent de calmer les toux sèches : boissons chaudes et humidification de l'air ambiant.

EFFETS INDÉSIRABLES POSSIBLES

Ils sont liés à la présence de pholcodine : constipation, et plus rarement somnolence, sensation vertigineuse, nausées, vomissements, *bronchospasme*, *allergie* cutanée.

EUCOL

oxoglurate d'arginine

PRÉSENTATION

EUCOL : comprimé effervescent sécable (jaune) arôme ananas ; boîte de 20 - Non remb.

Laboratoires Soekami Lefrancq

COMPOSITION

	p. comp.
Arginine oxoglurate	1,50 g
Sodium	200 mg

INDICATIONS

C'est un *antiasthénique* qui contient un *acide aminé*, l'arginine.

Ce médicament est utilisé dans le *traitement symptomatique* de la fatigue et des *troubles digestifs* d'origine hépatique.

ATTENTION

Ce médicament contient du *sel* (sodium) en quantité notable.

GROSSESSE, ALLAITEMENT ET NOUVEAU-NÉ

Ce médicament ne contient que des substances présumées sans danger pendant la grossesse ou l'allaitement. Néanmoins, ne l'utilisez pas de façon prolongée sans l'avis de votre pharmacien ou de votre médecin.

MODE D'EMPLOI ET POSOLOGIE

Les comprimés effervescents doivent être dissous dans un verre d'eau et pris au moment des repas.

Posologie usuelle :

2 à 4 comprimés par jour.

Une fatigue persistante ne doit pas vous conduire à augmenter les prises de ce médicament : consultez votre médecin.

EUCTAN

tolonidine

PRÉSENTATION

EUCTAN 0,5 mg/ml : solution buvable ; flacon 30 ml (1 ml = 20 gouttes) - Remb. 65 % - Liste II

EUCTAN 0,5 mg/ml : solution buvable ; flacon 100 ml (1 ml = 20 gouttes) - Remb. 65 % - Liste II

Laboratoires Synthélabo France

COMPOSITION

	p. 20 gtes
Tolonidine nitrate	500 µg

INDICATIONS

Ce médicament est un *antihypertenseur* d'action centrale. Il agit directement sur les centres nerveux qui interviennent dans la régulation de la tension artérielle.

Il est utilisé dans le traitement de l'*hypertension artérielle*.

CONTRE-INDICATIONS

Ce médicament ne doit pas être utilisé dans les *états dépressifs* graves.

ATTENTION

N'interrompez jamais brutalement le traitement. Diminuez progressivement les doses : un demi-comprimé pendant quelques jours, puis tous les deux jours pendant une semaine par exemple. Un avis médical est toujours préférable.

Des précautions sont nécessaires chez la personne âgée et celle atteinte d'un syndrome de *Raynaud* ou d'*insuffisance rénale*.

Évitez les boissons alcoolisées : augmentation du risque de somnolence.

Conducteur : ce médicament peut être responsable d'une somnolence ou d'une baisse de la vigilance.

INTERACTIONS MÉDICAMENTEUSES

Ce médicament peut interagir avec d'autres médicaments. Signalez tout autre traitement en cours à votre médecin ou à votre pharmacien.

GROSSESSE, ALLAITEMENT ET NOUVEAU-NÉ

Grossesse :

L'effet de ce médicament sur l'enfant à naître est mal connu. Par mesure de prudence, son usage est déconseillé pendant la grossesse.

Allaitement :

Les données actuellement disponibles ne permettent pas de savoir si ce médicament passe dans le lait maternel. Par mesure de prudence, l'allaitement est déconseillé.

MODE D'EMPLOI ET POSOLOGIE

Diluer les gouttes dans un peu d'eau.

Posologie usuelle :

20 gouttes par jour, en augmentant progressivement jusqu'à 40 gouttes.

Le traitement médicamenteux ne dispense pas des mesures simples pouvant faire baisser la tension artérielle : activité physique régulière, modération de la consommation de boissons alcoolisées, lutte contre le surpoids.

EFFETS INDÉSIRABLES POSSIBLES

Fréquents : sécheresse de la bouche, somnolence, ralentissement du rythme cardiaque.

Rares : *allergies* cutanées, constipation, *hypotension orthostatique*, *états dépressifs*.

EUGLUCAN

glibenclamide

PRÉSENTATION

EUGLUCAN 5 : comprimé sécable oblong (blanc) ; boîte de 20 - Remb. 65 % - Liste I

EUGLUCAN 5 : comprimé sécable oblong (blanc) ; boîte de 100 - Remb. 65 % - Liste I

Laboratoires Boehringer Mannheim France

COMPOSITION

	p. comp.
Glibenclamide	5 mg

INDICATIONS

Cet *antidiabétique* oral appartient à la famille des *sulfamides hypoglycémiants*. Il permet de diminuer l'excès de *sucre* dans le sang en favorisant la sécrétion de l'*insuline*.

Il est utilisé dans le traitement du *diabète* non insulinodépendant lorsque le régime alimentaire seul est insuffisant.

CONTRE-INDICATIONS

Ce médicament ne doit pas être utilisé dans les cas suivants :
- *insuffisance rénale*,
- *insuffisance hépatique* grave,
- *allergie* aux *sulfamides*,
- en association avec les médicaments contenant du miconazole,
- **grossesse.**

ATTENTION

Ce médicament n'est pas adapté au traitement du *diabète* insulinodépendant : celui-ci requiert un traitement par injections d'*insuline*.

Un sentiment de malaise associé à des sueurs froides, une fringale, une accélération du cœur sont les signes habituels d'une *hypoglycémie* due à un effet excessif du médicament. Cette hypoglycémie peut également se traduire par des troubles du comportement qui doivent alerter votre entourage, voire des *convulsions* ou un *coma*. En présence de ces signes ou en cas de simple doute, buvez une boisson sucrée ou mangez du *sucre*. Si le diabétique est inconscient, surtout ne lui donnez rien à boire, ne lui injectez aucun médicament et appelez votre médecin ou à défaut le 15 ou un service d'urgence.

Des analyses de sang régulières permettent à votre médecin d'adapter la *posologie*.

N'augmentez pas la posologie sans avis médical : consultez rapidement votre médecin en cas de malaises hypoglycémiques répétés.

Certaines situations peuvent contribuer à augmenter la *glycémie* : infections, prise de médicaments, stress. En cas de soif intense, de grande fatigue, de sensation de malaise général, consultez rapidement votre médecin.

L'absorption de boissons alcoolisées pendant le traitement expose à des effets indésirables gênants : *effet antabuse*.

Conducteur : une hypoglycémie peut entraîner un malaise pendant la conduite ou l'utilisation de machines.

INTERACTIONS MÉDICAMENTEUSES

Ce médicament ne doit pas être associé avec les médicaments oraux contenant du miconazole (DAKTARIN GEL BUCCAL, DAKTARIN COMPRIMÉ...) : risque d'*hypoglycémie*.

Ce médicament peut interagir avec d'autres médicaments. Signalez tout autre traitement en cours à votre médecin ou à votre pharmacien.

GROSSESSE, ALLAITEMENT ET NOUVEAU-NÉ

Grossesse :

Quelques cas de malformations chez l'animal ont été rapportés. En l'absence de données dans l'espèce humaine, ce médicament est contre-indiqué pendant la grossesse. Le *diabète* de la femme enceinte nécessite un traitement par *insuline*.

Allaitement :

Les données actuellement disponibles ne permettent pas de savoir si ce médicament passe dans le lait maternel.

MODE D'EMPLOI ET POSOLOGIE

Les comprimés doivent être avalés avec un peu d'eau au début des repas.

Posologie usuelle :

Suivez attentivement la prescription de votre médecin. Le régime alimentaire reste nécessaire pendant le traitement.

Le respect de certaines règles simples permet de diminuer le risque d'*hypoglycémie* :
- toute prise de ce médicament doit être suivie d'un repas (ne prenez pas de comprimé si vous devez sauter le repas suivant) ;
- si vous envisagez un effort physique intense et prolongé, il peut être nécessaire de diminuer la dose du médicament (demandez conseil à votre médecin) ;
- informez votre médecin si vous devez travailler la nuit ou si votre religion vous impose un jeûne prolongé ;
- évitez la prise de boissons alcoolisées à jeun ou à distance des repas.

Le *diabète* peut diminuer la sensibilité des pieds à la douleur et favoriser les infections. Des plaies profondes peuvent se développer : une hygiène rigoureuse et des chaussures confortables limitent ce risque.

Le régime du diabétique ne consiste pas en une simple interdiction des *glucides* (*sucres*, pain, pâtes...) : demandez conseil à votre médecin.

Pesez-vous régulièrement et signalez toute variation rapide de poids à votre médecin.

EFFETS INDÉSIRABLES POSSIBLES

Hypoglycémie (voir ATTENTION).

Troubles digestifs, démangeaisons, éruptions cutanées.

Exceptionnellement : jaunisse.

EUPEPTIQUE TISY

extraits de pancréas, orge germée

PRÉSENTATION

EUPEPTIQUE TISY : solution buvable ; flacon 200 ml - Non remb.

Laboratoires Laphal

COMPOSITION

	p. c. à s.
Pancréas et muqueuses gastroduodénales de porc, extrait	0,15 g
Orge germée, extrait	0,136 g
Orange, extrait	0,15 g
Saccharose	1,209 g
Glucose	1,209 g
Caramel de glucose	0,048 g
Alcool absolu	2,47 g

INDICATIONS

C'est une association d'extrait pancréatique d'origine animale et d'extrait d'orge germée.

Elle est utilisée dans le traitement des digestions difficiles en rapport ou non avec une insuffisance du pancréas.

CONTRE-INDICATIONS

Ce médicament est contre-indiqué chez l'enfant de moins de 15 ans.

ATTENTION

Ce médicament contient une quantité notable de *sucre* et d'*alcool*.

GROSSESSE, ALLAITEMENT ET NOUVEAU-NÉ

L'effet de ce médicament pendant la grossesse ou l'allaitement est mal connu. L'évaluation du risque éventuel lié à son utilisation est individuelle : demandez conseil à votre pharmacien ou à votre médecin.

MODE D'EMPLOI ET POSOLOGIE

Ce médicament est pris de préférence aux repas de midi et du soir.

Posologie usuelle :

- Adulte : 1 cuillère à soupe, 1 ou 2 fois par jour.

Une alimentation équilibrée, une mastication lente et l'élimination des aliments difficiles à digérer permettent souvent d'améliorer, voire de faire disparaître, les *troubles digestifs* qui ne sont pas liés à un *ulcère*.

EUPHON

PRÉSENTATION

EUPHON SIROP ADULTE : sirop ; flacon 200 ml - Remb. 35 %

EUPHON : solution buvable arôme framboise ; flacon 25 ml (gouttes) - Remb. 35 %

EUPHON : pastille avec sucre (orange) ; boîte de 70 - Non remb.

EUPHON : pastille sans sucre (marron) ; boîte de 70 - Non remb.

Laboratoires Mayoly-Spindler

COMPOSITION

	sirop Ad. p. c. à s.	Sol. buv. p. gte
Codéine	15 mg	0,033 mg
Aconit, teinture		1,43 mg
Érysimum, extrait sec	45 mg	3,47 mg
Formiate de sodium		14,2 mg
Saccharose	10,28 g	
Alcool	+	

	p. pastille avec sucre	p. pastille sans sucre
Codéine	0,2 mg	0,2 mg
Aconit, extrait mou	0,1 mg	0,1 mg
Érysimum composé, atomisat	8 mg	8 mg
Formiate de sodium	33 mg	32,7 mg
Saccharose	486 mg	

INDICATIONS

Ce médicament *antitussif* contient de la codéine, qui a une action sédative sur le *système nerveux central* et notamment les centres de la toux.

Il est utilisé dans le *traitement symptomatique* des toux sèches, de l'enrouement et des extinctions de voix.

CONTRE-INDICATIONS

En raison de la présence de codéine, ce médicament ne doit pas être utilisé dans les cas suivants :
- *asthme*,
- *insuffisance respiratoire*,
- enfant de moins de 15 ans (sirop),
- enfant de moins de 30 mois (solution buvable).

ATTENTION

Ce médicament n'est pas adapté au traitement de la toux grasse, qui est un mécanisme de défense normal de l'organisme permettant l'évacuation des mucosités présentes dans les bronches.

La toux est un *symptôme* qui peut révéler de nombreuses maladies : consultez votre médecin si elle persiste plus de quelques jours.

Évitez les boissons alcoolisées en raison de la présence de codéine : augmentation du risque de somnolence.

Conducteur : ce médicament peut être responsable d'une somnolence ou d'une baisse de la vigilance.

INTERACTIONS MÉDICAMENTEUSES

Ce médicament peut interagir avec beaucoup d'autres médicaments, notamment chez les personnes âgées : signalez à votre médecin ou à votre pharmacien tout autre traitement en cours.

GROSSESSE, ALLAITEMENT ET NOUVEAU-NÉ

Grossesse :

Compte tenu de la présence de codéine, n'utilisez pas ce médicament pendant la grossesse sans prendre l'avis de votre pharmacien ou de votre médecin.

Allaitement :

Ce médicament passe dans le lait maternel : il est déconseillé pendant l'allaitement.

MODE D'EMPLOI ET POSOLOGIE

Les prises de ce médicament doivent être réparties au cours de la journée.

Laisser fondre les pastilles dans la bouche.

Posologie usuelle :

- Adulte : 8 cuillères à soupe de sirop par jour ou 45 gouttes de solution buvable, 3 fois par jour, ou 10 à 12 pastilles par jour.
- Enfant : 10 à 20 gouttes de solution buvable, 3 fois par jour, ou 5 ou 6 pastilles par jour.

De nombreux médicaments contiennent de la codéine, notamment certains *antitussifs* et *antalgiques*. Le surdosage expose à une augmentation des effets indésirables.

Une toux nocturne aggravée par ce médicament peut être une toux allergique : demandez conseil à votre médecin.

La poursuite du tabagisme nuit à l'efficacité du traitement.

Des mesures simples permettent de calmer les toux sèches : boissons chaudes et humidification de l'air ambiant.

EFFETS INDÉSIRABLES POSSIBLES

Les effets indésirables liés à la codéine sont la constipation et, plus rarement : la somnolence, les nausées et vomissements, le *bronchospasme*, l'*allergie* cutanée, le ralentissement de la respiration.

EUPHYLLINE

théophylline

PRÉSENTATION

EUPHYLLINE L.A. 50 mg : gélule à *libération prolongée* (blanc) ; boîte de 30 - Remb. 65 %

EUPHYLLINE L.A. 100 mg : gélule à *libération prolongée* (bleu et blanc) ; boîte de 30 - Remb. 65 %

EUPHYLLINE L.A. 200 mg : gélule à *libération prolongée* (transparent et blanc) ; boîte de 30 - Remb. 65 %

EUPHYLLINE L.A. 300 mg : gélule à *libération prolongée* (vert et blanc) ; boîte de 30 - Remb. 65 %

EUPHYLLINE L.A. 400 mg : gélule à *libération prolongée* (vert) ; boîte de 30 - Remb. 65 %

Laboratoires Byk France

COMPOSITION

	p. gél. L.P. 50 mg	p. gél. L.P. 100 mg	p. gél. L.P. 200 mg
Théophylline			

	p. gél. L.P. 300 mg	p. gél. L.P. 400 mg
Théophylline		

INDICATIONS

Ce médicament est un bronchodilatateur qui contient de la théophylline. Il lutte contre la contraction anormale des muscles de la paroi des bronches et stimule la respiration.

Il est utilisé dans le traitement de l'*asthme* et de certaines maladies respiratoires.

CONTRE-INDICATIONS

Ce médicament ne doit pas être utilisé dans les cas suivants :
- enfant de moins de 30 mois,
- en association avec les médicaments contenant de l'énoxacine.

ATTENTION

Ce médicament n'est pas adapté en cas de crise d'*asthme*.

Ce médicament contient de la théophylline : ne l'utilisez pas sans l'avis de votre médecin.

Des précautions sont nécessaires en cas d'*insuffisance cardiaque*, d'*insuffisance hépatique*, d'*insuffisance coronarienne*, d'*hyperthyroïdie*, d'*antécédent* de *convulsions*, d'obésité, d'*ulcère* de l'estomac et du *duodénum*.

Le tabac interagit avec la théophylline, dont il diminue fortement l'efficacité, mais son arrêt peut conduire à un surdosage. Votre médecin adaptera la *posologie* en conséquence.

INTERACTIONS MÉDICAMENTEUSES

Ce médicament ne doit pas être associé aux médicaments contenant de l'énoxacine (ENOXOR...) : risque de surdosage en théophylline.

Il peut interagir avec d'autres médicaments. Signalez tout autre traitement en cours à votre médecin ou à votre pharmacien.

GROSSESSE, ALLAITEMENT ET NOUVEAU-NÉ

Grossesse et nouveau-né :

Lors de son utilisation en fin de grossesse, ce médicament peut provoquer une accélération du cœur et une agitation importante chez le *nouveau-né*.

Allaitement :

Les données actuellement disponibles ne permettent pas de savoir si ce médicament passe dans le lait maternel.

MODE D'EMPLOI ET POSOLOGIE

Les gélules doivent être avalées avec un verre d'eau.

Posologie usuelle :

Elle est précise et strictement individuelle. Elle est adaptée progressivement par votre médecin en fonction des analyses de sang indiquant le taux de théophylline.

La *posologie* efficace la plus faible possible est toujours recherchée.

Toute modification de la *posologie* expose à la survenue d'une crise d'*asthme* : veillez à ne jamais manquer de ce médicament.

Fumer, ou être exposé à la fumée des autres, nuit à l'efficacité du traitement.

Les excitants, tels que le thé ou le café, peuvent accroître certains effets indésirables de la théophylline et doivent être consommés avec modération.

EFFETS INDÉSIRABLES POSSIBLES

Les effets indésirables varient d'une personne à l'autre. Leur intensité peut traduire un surdosage et rendre nécessaire une adaptation de la *posologie* : consultez votre médecin.

Les plus fréquents sont : maux de tête, agitation, insomnie, accélération du cœur, *troubles digestifs*.

EUPHYTOSE

PRÉSENTATION

EUPHYTOSE : comprimé (brun) ; boîte de 40 - Remb. 65 %

EUPHYTOSE : comprimé (brun) ; boîte de 120 - Remb. 65 %

EUPHYTOSE : solution buvable ; flacon de 82 ml - Remb. 65 %

Laboratoires Soekami Lefrancq

COMPOSITION

	p. comp.	p. c. à c.
Aubépine, extrait sec	10 mg	
Passiflore, extrait sec	40 mg	
Paullinia, poudre	15 mg	
Kola, poudre	60 mg	
Valériane, extrait sec	50 mg	
Ballote, extrait sec	10 mg	
Alcoolature de ballote		870 mg
Aubépine, teinture		280 mg
Passiflore, extrait fluide		450 mg
Paullinia, extrait fluide		30 mg
Kola, extrait fluide		110 mg
Valériane, extrait mou		110 mg
Alcool		0,85 ml

INDICATIONS

Ce médicament contient une association de plantes sédatives et *antispasmodiques*, utilisées dans le traitement des dérèglements du *système neurovégétatif*, des troubles légers du sommeil, de l'anxiété ou de la nervosité accompagnée de *palpitations*.

CONTRE-INDICATIONS

Ce médicament ne doit pas être utilisé chez l'enfant de moins de 30 mois en raison de la présence d'*alcool*.

> **ATTENTION**
> La solution buvable contient de l'*alcool* en quantité notable.

GROSSESSE, ALLAITEMENT ET NOUVEAU-NÉ

Ce médicament ne contient que des plantes présumées sans danger pendant la grossesse ou l'allaitement. Néanmoins, ne l'utilisez pas de façon prolongée sans l'avis de votre pharmacien ou de votre médecin.

MODE D'EMPLOI ET POSOLOGIE

Les comprimés doivent être avalés sans être croqués avec un peu d'eau, et la solution buvable mélangée dans de l'eau sucrée ou une infusion chaude.

Posologie usuelle :

2 à 6 comprimés ou 1 à 3 cuillères à café de solution buvable, par jour.

> Les médicaments ne sont pas la seule réponse au stress. Une meilleure hygiène de vie, une consommation modérée d'excitants (y compris les boissons alcoolisées) permettent aussi de lutter efficacement contre l'excès de nervosité.

EUPNÉRON
éprozinol

PRÉSENTATION

EUPNÉRON : comprimé sécable (blanc) ; boîte de 30 - Remb. 65 % - Liste II

EUPNÉRON : sirop ; flacon 250 ml - Remb. 65 % - Liste II

Laboratoires Lyocentre

COMPOSITION

	p. comp.	p. c. à c.
Éprozinol dichlorhydrate	50 mg	15 mg
Sodium		4,45 mg

INDICATIONS

Ce médicament limite les spasmes des bronches.

Il est utilisé dans le traitement de l'*asthme* et de la constriction des bronches associée à certaines maladies bronchiques.

> **ATTENTION**
> Évitez les boissons alcoolisées pendant le traitement.
> Conducteur : ce médicament peut être responsable d'une somnolence ou d'une baisse de la vigilance.

GROSSESSE, ALLAITEMENT ET NOUVEAU-NÉ

L'effet de ce médicament pendant la grossesse ou l'allaitement est mal connu : seul votre médecin peut évaluer le risque éventuel de son utilisation dans votre cas.

MODE D'EMPLOI ET POSOLOGIE

Posologie usuelle :

- Adulte : 1 comprimé, 3 fois par jour ou 3 ou 4 cuillères à soupe de sirop par jour.
- Enfant : 1 cuillère à café par 5 kg et par jour ; soit pour un enfant de 15 kg : 1 cuillère à café, 3 fois par jour.

EFFETS INDÉSIRABLES POSSIBLES

Somnolence, *vertiges*, *troubles digestifs* rares.

EUPRESSYL
urapidil

PRÉSENTATION

EUPRESSYL 30 mg : gélule (jaune et blanc) ; boîte de 30 - Remb. 65 % - Liste I

EUPRESSYL 60 mg : gélule (bleu clair et blanc) ; boîte de 30 - Remb. 65 % - Liste I

Laboratoires Byk France

COMPOSITION

	p. gél. 30 mg	p. gél. 60 mg
Urapidil		

INDICATIONS

Ce médicament est un *antihypertenseur* qui appartient à la famille des *vasodilatateurs alphabloquants*.

Il est utilisé dans le traitement de l'*hypertension artérielle*.

> **ATTENTION**
> Ce médicament peut être responsable de troubles de l'équilibre et parfois de malaises avec chutes. Faites contrôler votre tension artérielle si vous êtes sujet à des étourdissements en vous levant brusquement.
> Des précautions sont nécessaires chez la personne âgée.

INTERACTIONS MÉDICAMENTEUSES

Ce médicament peut interagir avec d'autres médicaments, notamment certains *antihypertenseurs* (*inhibiteurs calciques*) : signalez tout autre traitement en cours à votre médecin ou à votre pharmacien.

GROSSESSE, ALLAITEMENT ET NOUVEAU-NÉ

L'effet de ce médicament pendant la grossesse ou l'allaitement est mal connu : seul votre médecin peut évaluer le risque éventuel de son utilisation dans votre cas.

MODE D'EMPLOI ET POSOLOGIE

Ce médicament peut être pris indifféremment au cours ou en dehors des repas.

Posologie usuelle :

60 à 120 mg par jour, répartis en 2 prises.

> Le traitement médicamenteux ne dispense pas des mesures simples pouvant faire baisser la tension artérielle : activité physique régulière, modération de la consommation de boissons alcoolisées, lutte contre le surpoids.

EFFETS INDÉSIRABLES POSSIBLES

Vertiges, nausées, maux de tête, fatigue.

Exceptionnellement : *hypotension orthostatique*, *allergie* cutanée.

EURAX
crotamiton

PRÉSENTATION

EURAX : crème ; tube 40 g - Non remb.

Laboratoires Zyma

COMPOSITION

	p. 100 g
Crotamiton	10 g

INDICATIONS

C'est une crème calmante.

Elle est utilisée pour apaiser les démangeaisons, notamment celles dues aux piqûres d'insectes.

CONTRE-INDICATIONS

Ce médicament ne doit pas être utilisé pour traiter les lésions suintantes.

> **ATTENTION**
> Ne traitez pas de grandes surfaces de peau chez le jeune enfant sans avis médical.
> N'appliquez pas cette crème au voisinage des yeux.

GROSSESSE, ALLAITEMENT ET NOUVEAU-NÉ

L'effet de ce médicament pendant la grossesse ou l'allaitement est mal connu : demandez conseil à votre pharmacien ou à votre médecin.

MODE D'EMPLOI ET POSOLOGIE

Appliquez la crème en massant légèrement.

Posologie usuelle :

1 application, 2 ou 3 fois par jour.

EURELIX
pirétanide

PRÉSENTATION

EURELIX : gélule à *libération prolongée* (blanc et vert) ; boîte de 30 - Remb. 65 % - Liste II

Laboratoires Hoechst

COMPOSITION

	p. gél. L.P.
Pirétanide	6 mg
Saccharose	96,6 mg

INDICATIONS

C'est un *diurétique* qui appartient à la famille des *diurétiques de l'anse*, dont l'action est puissante et rapide. Il appartient par ailleurs à la famille des *sulfamides*.

Il est utilisé dans le traitement de l'*hypertension artérielle*.

CONTRE-INDICATIONS

Ce médicament ne doit pas être utilisé dans les cas suivants :
- *allergie* aux *sulfamides*,
- rétention d'urine par obstruction importante des *voies* urinaires,
- déshydratation (surtout chez la personne âgée),
- *insuffisance rénale* grave,
- enfant de moins de 15 ans,
- **grossesse**,
- **allaitement**.

ATTENTION

Ce médicament peut être responsable d'une baisse de la *kaliémie* (taux de *potassium* dans le sang) qui peut être aggravée par l'usage prolongé de *laxatifs stimulants*. Un contrôle par des analyses de sang est souvent prescrit par le médecin.

L'effet diurétique est parfois brutal, notamment lors des premiers jours de traitement. Prévoir une étape aux toilettes dans l'heure qui suit la prise.

Les *diurétiques* peuvent augmenter le taux d'*acide urique* ou de *sucre* dans le sang.

INTERACTIONS MÉDICAMENTEUSES

Ce médicament peut interagir avec d'autres médicaments, notamment ceux contenant du *lithium* ou de la *vincamine*. Signalez tout autre traitement en cours à votre médecin ou à votre pharmacien.

GROSSESSE, ALLAITEMENT ET NOUVEAU-NÉ

En l'absence de données suffisantes, ce médicament est contre-indiqué pendant la grossesse et l'allaitement.

MODE D'EMPLOI ET POSOLOGIE

Les gélules doivent être avalées avec un verre d'eau.

Posologie usuelle :

1 gélule par jour.

Ce médicament augmente le volume des urines, surtout en début de traitement. Une prise le soir peut occasionner des gênes pendant la nuit.

Les *diurétiques* exposent au risque de déshydratation : veillez à proposer des boissons abondantes aux personnes âgées, notamment pendant les fortes chaleurs.

EFFETS INDÉSIRABLES POSSIBLES

Troubles digestifs, fatigue, maux de tête, *vertiges*, baisse de la tension artérielle.

Rares réactions cutanées : boutons, cloques, démangeaisons.

À forte dose : baisse du taux de *potassium* dans le sang.

EUROBIOL
pancréas total lyophilisé

PRÉSENTATION

EUROBIOL : poudre orale ; boîte de 2 flacons (5 g) avec cuillère-mesure 0,50 g - Remb. 65 %

EUROBIOL : poudre orale ; boîte de 10 flacons (5 g) avec cuillère-mesure 0,50 g - Remb. 65 %

EUROBIOL : comprimé (orange) ; boîte de 40 - Remb. 35 %

Laboratoires Eurorga

COMPOSITION

	p. fl.	p. comp.
Pancréas total lyophilisé de porc	4,5 g	0,25 g

INDICATIONS

C'est un médicament qui contient des extraits de pancréas. Ceux-ci remplacent ou complètent une production insuffisante d'*enzymes pancréatiques*, indispensables à la digestion.

Il est principalement utilisé après une opération du pancréas ou de l'estomac et dans certaines maladies pancréatiques, comme la *mucoviscidose*, mais aussi dans le *traitement symptomatique* des digestions difficiles dues à une paresse du pancréas.

GROSSESSE, ALLAITEMENT ET NOUVEAU-NÉ

L'effet de ce médicament pendant la grossesse ou l'allaitement est mal connu. L'évaluation du risque éventuel lié à son utilisation est individuelle : demandez conseil à votre pharmacien ou à votre médecin.

MODE D'EMPLOI ET POSOLOGIE

Ce médicament doit être pris au début de chaque repas, après les premières bouchées. La poudre peut être délayée dans un peu d'eau ou mélangée dans un aliment tiède ou froid.

Posologie usuelle :

Elle est strictement individuelle, en fonction de l'âge et de l'importance des troubles.

Digestions difficiles : 2 ou 3 comprimés, 3 fois par jour.

Un flacon équivaut à 10 cuillères-mesure ou 40 comprimés.

Un flacon ouvert ne doit pas être conservé plus de 6 jours.

EUROBIOL 25 000 U
poudre de pancréas

PRÉSENTATION

EUROBIOL 25 000 U : gélule à microgranules *gastrorésistants* (marron translucide et incolore) ; boîte de 40 - Remb. 65 %

EUROBIOL 25 000 U : gélule à microgranules *gastrorésistants* (marron translucide et incolore) ; boîte de 80 - Remb. 65 %

Laboratoires Eurorga

COMPOSITION

	p. gél.
Pancréas de porc, poudre	237 à 307 mg
soit Activité amylolytique	22 500 U
soit Activité lipolytique	25 000 U
soit Activité protéolytique	1 250 U

INDICATIONS

C'est un médicament qui contient des extraits de pancréas. Ceux-ci remplacent ou complètent une production insuffisante d'*enzymes pancréatiques*, nécessaires à la digestion.

Il est utilisé après une opération du pancréas ou de l'estomac et dans certaines maladies pancréatiques, notamment la *mucoviscidose*.

GROSSESSE, ALLAITEMENT ET NOUVEAU-NÉ

L'effet de ce médicament pendant la grossesse ou l'allaitement est mal connu. L'évaluation du risque éventuel lié à son utilisation est individuelle : demandez conseil à votre pharmacien ou à votre médecin.

MODE D'EMPLOI ET POSOLOGIE

Ce médicament doit être pris au milieu des repas, avec un verre d'eau.

Posologie usuelle :

Elle est strictement individuelle en fonction de l'âge et de l'importance des troubles.

Les gélules peuvent être ouvertes, notamment pour le nourrisson, et leur contenu (granules) mélangé dans un aliment semi-liquide ou du lait. Les granules, *gastrorésistants*, ne doivent être ni croqués, ni mâchés.

EURONAC
acétylcystéine

PRÉSENTATION

EURONAC : collyre ; flacon 5 ml - Remb. 65 %

Laboratoires Europhta

COMPOSITION

	p. 100 ml
Acétylcystéine	1 g
Chlorure de benzalkonium	+

INDICATIONS

C'est un collyre cicatrisant.

Il est utilisé dans le traitement des plaies, brûlures et *ulcères* de la *cornée*.

ATTENTION

En cas d'infection, un traitement *antibiotique* peut être nécessaire.

Ce collyre ne doit pas être utilisé en cas d'*allergie* aux *ammoniums quaternaires* (présence de benzalkonium).

GROSSESSE, ALLAITEMENT ET NOUVEAU-NÉ

L'effet de ce médicament pendant la grossesse ou l'allaitement est mal connu. L'évaluation du risque éventuel lié à son utilisation est individuelle : demandez conseil à votre pharmacien ou à votre médecin.

MODE D'EMPLOI ET POSOLOGIE

Tirer la paupière inférieure vers le bas tout en regardant vers le haut et déposer les gouttes de collyre entre la paupière et le globe oculaire (*cul-de-sac conjonctival*).

Posologie usuelle :

1 goutte, 4 ou 5 fois par jour, pendant 8 jours au maximum.

Le port de lentilles de contact est déconseillé en cas d'irritation oculaire. Les lentilles souples ne devront être réutilisées qu'après arrêt complet du traitement car elle peuvent s'imprégner des substances contenues dans le collyre.

L'application correcte du produit peut nécessiter une aide, notamment chez une personne handicapée ou âgée.

Ne conservez pas ce collyre plus de 15 jours après une première utilisation.

EUSAPRIM

sulfaméthoxazole, triméthoprime

PRÉSENTATION

EUSAPRIM : comprimé sécable (blanc) ; boîte de 20 - Remb. 65 % - Liste I

EUSAPRIM FORT : comprimé sécable (blanc) ; boîte de 10 - Remb. 65 % - Liste I

Laboratoires Wellcome

COMPOSITION

	p. comp.	p. comp. Fort
Sulfaméthoxazole	400 mg	800 mg
Triméthoprime	80 mg	160 mg

INDICATIONS

C'est une association de deux *antibiotiques* : le sulfaméthoxazole, de la famille des *sulfamides*, et le triméthoprime, de la famille des diaminopyrimidines.

Ce médicament est utilisé dans le traitement de diverses maladies infectieuses, notamment bronchiques, pulmonaires, urinaires et génitales....

CONTRE-INDICATIONS

Ce médicament ne doit pas être utilisé dans les cas suivants :

- *allergie* aux *antibiotiques* de la famille des *sulfamides*,
- déficit en *G6PD*,
- dernier mois de la **grossesse**,
- **allaitement**,
- *nouveau-né*,
- association au méthotrexate.

ATTENTION

En cas d'apparition de boutons, de cloques, arrêtez votre traitement et prévenez votre médecin.

Des précautions sont nécessaires en cas d'*insuffisance rénale* ou d'*insuffisance hépatique*.

INTERACTIONS MÉDICAMENTEUSES

Ce médicament ne doit pas être associé au méthotrexate, utilisé notamment dans certaines chimiothérapies antitumorales : risque d'*aplasie médullaire*.

Ce médicament peut interagir avec d'autres médicaments : signalez tout autre traitement en cours à votre médecin ou à votre pharmacien.

GROSSESSE, ALLAITEMENT ET NOUVEAU-NÉ

Ce médicament est déconseillé pendant la grossesse.

L'organisme du *nouveau-né* étant incapable d'éliminer ce médicament, son usage est contre-indiqué en fin de grossesse, pendant l'allaitement et chez le *nourrisson* de moins de 6 semaines.

MODE D'EMPLOI ET POSOLOGIE

Ce médicament doit être pris de préférence au cours des repas.

EUSAPRIM FORT n'est pas adapté à l'enfant de moins de 12 ans.

Posologie usuelle :

2 comprimés ou 1 comprimé Fort, matin et soir.

Ces *posologies* peuvent être augmentées considérablement dans le traitement de certaines infections liées au sida.

Le médecin peut prescrire un prélèvement pour identifier le *germe* responsable de l'infection et tester sa sensibilité aux *antibiotiques*. Le résultat de cet examen peut être faussé en cas d'automédication préalable : ne prenez pas d'antibiotique sans avis médical.

EFFETS INDÉSIRABLES POSSIBLES

Troubles digestifs : nausées, vomissements.

Réactions cutanées allergiques.

Rarement : œdème de *Quincke*, anomalies de la *numération formule sanguine*.

EUTHYRAL

liothyronine, lévothyroxine

PRÉSENTATION

EUTHYRAL : comprimé quadrisécable (blanc) ; boîte de 50 - Remb. 65 % - Liste II

Laboratoires Merck-Clévenot

COMPOSITION

	p. comp.
Liothyronine sodique (L-T3)	20 µg
Lévothyroxine sodique (L-T4)	100 µg

INDICATIONS

Ce médicament contient une *hormone* qui appartient à la famille des *hormones thyroïdiennes*.

Il est principalement utilisé comme *traitement substitutif* pour remplacer la thyroxine naturelle lorsque celle-ci n'est plus sécrétée en quantité suffisante par la *thyroïde*. Cette insuffisance de sécrétion (ou *hypothyroïdie*) peut être due à la thyroïde elle-même, ou à l'insuffisance d'une autre glande qui commande la sécrétion thyroïdienne : maladie ou ablation de l'*hypophyse*. Il est également utilisé lorsque l'on veut freiner l'action excitatrice de l'hypophyse sur la thyroïde, notamment dans certains goitres.

CONTRE-INDICATIONS

Ce médicament ne doit pas être utilisé dans les cas suivants :

- hyperfonctionnement de la *thyroïde*,
- maladie grave du cœur.

Dans d'autres situations, le médecin est seul juge pour prescrire ce médicament, notamment en cas d'*insuffisance coronarienne* ou de *troubles du rythme cardiaque*.

ATTENTION

L'utilisation de ce médicament en cas d'obésité sans *hypothyroïdie* est dangereuse, à plus forte raison en association avec des *anorexigènes* amphétaminiques.

Prévenez votre médecin si vous avez eu des troubles cardiaques, une *hypertension artérielle*, un *diabète* ou d'autres troubles hormonaux.

INTERACTIONS MÉDICAMENTEUSES

Ce médicament peut interagir avec d'autres médicaments, notamment les *anticoagulants* oraux, les *hypoglycémiants* et les *antidépresseurs*. Signalez tout autre traitement en cours à votre médecin ou à votre pharmacien.

GROSSESSE, ALLAITEMENT ET NOUVEAU-NÉ

La prise de ce médicament peut être poursuivie pendant la grossesse ou l'allaitement, sous contrôle médical.

MODE D'EMPLOI ET POSOLOGIE

La *posologie* dépend de l'intensité de l'*hypothyroïdie*, de l'âge et de la tolérance individuelle.

Des analyses de sang régulières permettent d'adapter la posologie : suivez-la strictement et ne l'augmentez pas de vous-même.

Le traitement est installé par paliers successifs.

Ce médicament est pris en 1 seule fois, le matin à jeun.

L'*hypothyroïdie* est une maladie qui nécessite un traitement à vie.

Les effets attendus du traitement ou les signes d'une éventuelle *intolérance* n'apparaissent pas avant un délai de 15 jours à 1 mois.

Conserver le médicament à l'abri de la lumière et de la chaleur.

EFFETS INDÉSIRABLES POSSIBLES

Aggravation possible de troubles cardiaques.

Certains signes doivent faire penser à un surdosage : *tachycardie*, insomnie, excitabilité, fièvre, sueurs, amaigrissement rapide, diarrhée. Le traitement sera alors interrompu quelques jours et repris ensuite.

EUVANOL

PRÉSENTATION

EUVANOL : solution nasale ; flacon pressurisé 15 ml - Non remb.

Laboratoires Monot

COMPOSITION

	p. 100 ml
Géranium, essence déterpénée	300 mg
Niaouli, essence purifiée	300 mg
Camphre synthétique	500 mg
Benzalkonium bromure	250 mg

INDICATIONS

Cette solution nasale contient une association de substances *antiseptiques*.

Elle est utilisée comme *traitement d'appoint* des *rhinites*, des *rhino-pharyngites* et des *sinusites*.

CONTRE-INDICATIONS

Ce médicament ne doit pas être utilisé chez l'enfant de moins de 30 mois.

ATTENTION

N'utilisez pas ce médicament sans avis médical chez l'enfant de moins de 7 ans.

En l'absence d'amélioration ou en cas de fièvre, consultez votre médecin.

GROSSESSE, ALLAITEMENT ET NOUVEAU-NÉ

L'effet de ce médicament pendant la grossesse ou l'allaitement est mal connu. L'évaluation du risque éventuel lié à son utilisation est individuelle : demandez conseil à votre pharmacien ou à votre médecin.

MODE D'EMPLOI ET POSOLOGIE

Les pulvérisations doivent être faites au cours d'une brève inspiration, en tenant l'embout verticalement. Respectez un intervalle de 2 à 3 heures entre 2 prises.

Posologie usuelle :

1 pulvérisation dans chaque narine, 4 à 6 fois par jour.

☛ Si les troubles persistent ou si une fièvre apparaît malgré un traitement bien suivi : consultez votre médecin.

Ce médicament doit être conservé à l'abri de la chaleur et de la lumière.

EXACOR

cibenzoline

PRÉSENTATION

EXACOR : comprimé sécable (jaune) ; boîte de 30 - Remb. 65 % - Liste I

Laboratoires Searle

COMPOSITION

	p. comp.
Cibenzoline	130 mg

INDICATIONS

Ce médicament appartient à la classe I de la famille des *antiarythmiques*. Il modifie la vitesse de transmission de l'influx nerveux au sein du muscle cardiaque et lutte contre ses contractions anarchiques.

Il est utilisé dans le traitement de certains *troubles du rythme cardiaque*.

CONTRE-INDICATIONS

Ce médicament ne doit pas être utilisé dans les cas suivants :
- certaines formes de *bloc auriculo-ventriculaire*,
- *insuffisance cardiaque* grave.

ATTENTION

Des précautions sont nécessaires en cas de maladie cardiaque, d'*insuffisance hépatique*, d'*insuffisance rénale* et chez la personne âgée.

Ce médicament peut rendre faussement positive la recherche de protéines dans les urines.

INTERACTIONS MÉDICAMENTEUSES

Ce médicament ne doit pas être associé à certaines autres *antiarythmiques* : risque de *troubles du rythme cardiaque*, parfois mortels. Signalez tout autre traitement en cours à votre médecin ou à votre pharmacien.

GROSSESSE, ALLAITEMENT ET NOUVEAU-NÉ

Grossesse :

En l'absence de données suffisantes, ce médicament est déconseillé pendant la grossesse.

Allaitement :

Les données disponibles ne permettent pas de savoir si ce médicament passe dans le lait maternel.

MODE D'EMPLOI ET POSOLOGIE

Les comprimés doivent être avalés avec un peu d'eau.

Posologie usuelle :

1 comprimé, 2 ou 3 fois par jour.

EFFETS INDÉSIRABLES POSSIBLES

Vertiges, tremblements, fatigue, troubles visuels.

Troubles digestifs.

Aggravation d'une *insuffisance cardiaque* préexistante, aggravation paradoxale de l'*arythmie*, apparition de nouveaux *troubles du rythme cardiaque*.

EXACYL

acide tranexamique

PRÉSENTATION

EXACYL 250 mg : comprimé (blanc) ; boîte de 20 - Remb. 65 % - Liste I

EXACYL 500 mg : comprimé (blanc) ; boîte de 20 - Remb. 65 % - Liste I

EXACYL : solution buvable ; boîte de 5 ampoules 10 ml - Remb. 65 % - Liste I

EXACYL : solution injectable *I.V.* ; boîte de 5 ampoules 5 ml - Remb. 65 % - Liste I

Laboratoires Sanofi Winthrop

COMPOSITION

	p. comp.	p. comp.
Acide tranexamique	250 mg	500 mg
	p. amp.	**p. amp. inj.**
Acide tranexamique	1 g	500 mg

INDICATIONS

Ce médicament empêche la destruction des caillots qui se forment naturellement lors d'une *hémorragie*.

Il est utilisé dans le traitement de certaines hémorragies.

CONTRE-INDICATIONS

Ce médicament ne doit pas être utilisé dans les cas suivants :
- *accident thrombo-embolique*,
- *insuffisance rénale* grave,
- *coagulation intravasculaire disséminée*.

INTERACTIONS MÉDICAMENTEUSES

Ce médicament peut interagir avec d'autres médicaments. Signalez tout autre traitement en cours à votre médecin ou à votre pharmacien.

GROSSESSE, ALLAITEMENT ET NOUVEAU-NÉ

Grossesse :

L'effet de ce médicament pendant la grossesse est mal connu : seul votre médecin peut évaluer le risque éventuel de son utilisation dans votre cas.

Allaitement :

Ce médicament passe dans le lait maternel : l'allaitement est déconseillé.

MODE D'EMPLOI ET POSOLOGIE

Les comprimés doivent être avalés avec un peu d'eau.

La solution injectable doit être administrée exclusivement par *voie* intraveineuse lente.

Posologie usuelle :

Elle varie selon les cas.

EFFETS INDÉSIRABLES POSSIBLES

Exceptionnellement : *vertiges*, nausées, vomissements, baisse de la tension artérielle (notamment en cas d'injection intraveineuse trop rapide), *allergie* cutanée.

Un médicament périmé peut être dangereux. Faites régulièrement le tri dans votre armoire à pharmacie.

EX'AIL VITAMINE P

ail, rutine, chlorophylle

PRÉSENTATION

EX'AIL VITAMINE P : comprimé (blanc) ; boîte de 60 - Non remb.

Laboratoires Phygiène

COMPOSITION

	p. comp.
Poudre d'ail	80 mg
Rutine	2 mg
Chlorophylle oléosoluble cuprique	0,2 mg

INDICATIONS

Ce médicament est un protecteur *vasculaire*. Il lutte contre l'altération des *vaisseaux capillaires*.

Il est utilisé dans le *traitement symptomatique* des jambes lourdes, des crises d'*hémorroïdes*, et des petites *hémorragies* sous-cutanées se traduisant par des taches rouges ou violacées.

CONTRE-INDICATIONS

Ce médicament ne doit pas être utilisé dans les cas suivants :
- **grossesse,**
- **allaitement.**

ATTENTION

Ce médicament est insuffisant pour prévenir le risque de *phlébite* chez les malades alités ou plâtrés.

Ce médicament soulage, mais n'empêche pas l'aggravation de l'*insuffisance veineuse*, qui requiert des mesures spécifiques telles que la *contention élastique*.

GROSSESSE, ALLAITEMENT ET NOUVEAU-NÉ

Ce médicament est contre-indiqué pendant la grossesse et l'allaitement.

MODE D'EMPLOI ET POSOLOGIE

Les comprimés doivent être avalés avec un verre d'eau, au début des repas.

Posologie usuelle :
- Adulte : 1 ou 2 comprimés, 3 fois par jour.

Une activité physique régulière et la surélévation du pied du lit permettent de faciliter la circulation veineuse et *lymphatique*.

Des mesures simples d'hygiène alimentaire et des exercices physiques sont à envisager pour prévenir les *hémorroïdes* : parlez-en à votre médecin ou à votre pharmacien.

EXLUTON

lynestrénol

PRÉSENTATION

EXLUTON : comprimé (blanc) ; boîte de 1 plaquette de 28 - Non remb. - Liste I

Laboratoires Organon

COMPOSITION

	p. comp.
Lynestrénol	0,5 mg

INDICATIONS

C'est un *contraceptif* oral. Il contient un *progestatif* seul (sans *estrogène* associé). Tous les comprimés ont une composition identique. Ce contraceptif est dit microdosé car il contient une très faible dose d'*hormone*.

CONTRE-INDICATIONS

Ce médicament ne doit pas être utilisé dans les cas suivants :
- maladie du foie grave ou récente,
- *insuffisance hépatique*,
- certains cancers du sein ou de l'utérus,
- en association avec les médicaments de la famille des *rétinoïdes*,
- **grossesse.**

ATTENTION

Une surveillance médicale et des analyses sont nécessaires avant et pendant la contraception orale. Cette surveillance sera renforcée en cas de jaunisse chronique ou survenue lors d'une grossesse.

L'efficacité contraceptive des *progestatifs* microdosés n'est pas absolue. Il est d'autant plus important de veiller à la régularité de la prise.

En cas d'arrêt des règles pendant plus de deux cycles consécutifs, l'absence de grossesse doit être vérifiée avant de poursuivre la contraception.

En cas d'opération ou d'immobilisation pour une période prolongée, un autre mode de contraception est préférable.

INTERACTIONS MÉDICAMENTEUSES

Ce médicament ne doit pas être associé aux médicaments de la famille des *rétinoïdes* (ROACCUTANE, SORIATANE...) : risque de diminution de l'efficacité de la contraception.

L'efficacité de la pilule peut être diminuée par la prise de certains médicaments : les *barbituriques*, certains antiépileptiques (TÉGRÉTOL, DI-HYDAN...), les médicaments contenant de la rifampicine (RIMACTAN, RIFADINE...) ou de la griséofulvine (FULCINE, GRISÉFULINE...).

GROSSESSE, ALLAITEMENT ET NOUVEAU-NÉ

Grossesse :

Ce médicament est contre-indiqué pendant la grossesse.

Allaitement :

Les données actuellement disponibles ne permettent pas de savoir si ce médicament passe dans le lait maternel.

MODE D'EMPLOI ET POSOLOGIE

Prendre régulièrement, et sans oubli, 1 comprimé par jour pendant 28 jours consécutifs, sans interruption entre 2 plaquettes. Cette pilule doit être impérativement prise chaque jour à la même heure. La contraception n'est pas assurée pendant la durée de la première plaquette : une contraception complémentaire est nécessaire (préservatif, diaphragme, spermicide...).

En cas de première contraception orale ou de reprise d'une contraception interrompue temporairement, prendre le premier comprimé le premier jour des règles.

En cas de changement de *contraceptif*, prendre le premier comprimé :
- après un arrêt de 7 jours, si le précédent contraceptif comportait 21 comprimés par plaquette ;
- après un arrêt de 6 jours, si le précédent contraceptif comportait 22 comprimés par plaquette ;
- sans interruption, si le précédent contraceptif comportait 28 comprimés par plaquette.

En cas de suite d'accouchement ou d'interruption de grossesse : suivre les indications du médecin.

En cas d'oubli d'un comprimé :
- retard de moins de 4 heures : prendre le comprimé oublié et continuer à l'heure habituelle ;
- retard de plus de 4 heures : prendre le comprimé oublié et continuer à l'heure habituelle, mais la sécurité contraceptive n'est plus assurée et une méthode complémentaire doit être employée pour le cycle en cours (spermicide, préservatif, diaphragme...).

En cas de vomissements ou de diarrhée survenant juste après la prise du comprimé (sans rapport avec la prise du *contraceptif*), prendre un autre comprimé. Si ces troubles durent plus de 4 heures, la sécurité contraceptive n'est plus assurée et une méthode complémentaire doit être employée pour le cycle en cours.

EFFETS INDÉSIRABLES POSSIBLES

Irrégularité des cycles en début de traitement.

Saignement entre les règles, *œdèmes* périodiques, douleur ou tension des seins.

En cas d'*antécédent* de jaunisse ou de démangeaisons au cours d'une grossesse : risque de récidive lors de la prise de ce *contraceptif*.

EXOCINE

ofloxacine

PRÉSENTATION

EXOCINE 0,3 % : collyre ; flacon 5 ml - Remb. 65 % - Liste I

Laboratoires Allergan France

COMPOSITION

	p. 100 ml
Ofloxacine	300 mg

INDICATIONS

Ce collyre contient un *antibiotique* de la famille des quinolones.

Il est utilisé pour traiter les infections de l'œil.

CONTRE-INDICATIONS

Ce médicament ne doit pas être utilisé en cas d'*allergie* aux *antibiotiques* de la famille des quinolones.

ATTENTION
Une rougeur ou une douleur de l'œil ne correspondent pas toujours à une infection. Des soins urgents peuvent être nécessaires, notamment en cas de vision floue. N'utilisez pas ce médicament sans avis médical.
Le collyre peut être contaminé par l'œil infecté : évitez de mettre en contact l'extrémité du flacon avec l'œil ; ne conservez pas ce médicament plus de 15 jours après une première utilisation.

GROSSESSE, ALLAITEMENT ET NOUVEAU-NÉ

L'effet de ce médicament pendant la grossesse ou l'allaitement est mal connu : seul votre médecin peut évaluer le risque éventuel de son utilisation dans votre cas.

MODE D'EMPLOI ET POSOLOGIE

Tirer la paupière inférieure vers le bas tout en regardant vers le haut. Déposer les gouttes de collyre entre la paupière et le globe oculaire (*cul-de-sac conjonctival*).

Posologie usuelle :

2 gouttes, 4 fois par jour.

Une application correcte du produit peut nécessiter une aide, notamment chez l'enfant ou la personne handicapée ou âgée.
Les lentilles de contact ne doivent pas être portées en cas d'infection oculaire ni réutilisées avant guérison complète.

EFFETS INDÉSIRABLES POSSIBLES

Irritation locale.

EXOMUC
acétylcystéine

PRÉSENTATION

EXOMUC : granulé sans *sucre* ; boîte de 30 sachets - Remb. 35 %

Laboratoires Bouchara

COMPOSITION

	p. sachet
Acétylcystéine	200 mg
Aspartam	+

INDICATIONS

Ce médicament fluidifie les sécrétions bronchiques. Il facilite leur évacuation par la toux.

Il est utilisé dans les états d'encombrement des bronches, associés aux maladies bronchiques aiguës ou chroniques.

CONTRE-INDICATIONS

Ce médicament ne doit pas être utilisé en cas de *phénylcétonurie* (présence d'aspartam).

ATTENTION
Des précautions sont nécessaires en cas d'*ulcère* de l'estomac ou du *duodénum*.
N'utilisez pas d'*antitussif* en plus de ce médicament sans l'avis de votre médecin ou de votre pharmacien.
Si les sécrétions persistent au-delà de quelques jours, si elles se colorent ou si vous avez de la fièvre, consultez votre médecin.

GROSSESSE, ALLAITEMENT ET NOUVEAU-NÉ

L'effet de ce médicament pendant la grossesse ou l'allaitement est mal connu. L'évaluation du risque éventuel lié à son utilisation est individuelle : demandez conseil à votre pharmacien ou à votre médecin.

MODE D'EMPLOI ET POSOLOGIE

Le contenu du sachet doit être dissous dans un demi-verre d'eau.

Posologie usuelle :

- Adulte et enfant de plus de 7 ans : 1 sachet, 3 fois par jour.
- Enfant de 2 à 7 ans : 1 sachet, 2 fois par jour.

La poursuite du tabagisme est un frein important à l'évacuation des mucosités.
Il est nécessaire de lutter contre la sécheresse de l'air ambiant (humidificateur...) pour éviter le dessèchement des sécrétions. Il est également recommandé de boire beaucoup.
Des crachats fluides et abondants traduisent l'efficacité de ce médicament.
Chez la personne âgée ou le très jeune enfant, l'incapacité à évacuer les crachats peut justifier l'aide d'un kinésithérapeute, sur prescription médicale.

EFFETS INDÉSIRABLES POSSIBLES

Troubles digestifs : nausées, diarrhée.

EXOSEPTOPLIX
sulfanilamide

PRÉSENTATION

EXOSEPTOPLIX : poudre pour application locale ; flacon poudreur 10 g - Non remb.

Laboratoires Doms-Adrian

COMPOSITION

	p. fl.
Sulfanilamide	10 g

INDICATIONS

Cette poudre d'usage local contient un *antibiotique* de la famille des *sulfamides*.

Elle est utilisée dans le *traitement d'appoint* des infections de la peau et des *muqueuses*.

CONTRE-INDICATIONS

Ce médicament ne doit pas être utilisé dans les cas suivants :
- *allergie* aux *antibiotiques* de la famille des *sulfamides* ;
- allergie cutanée, *eczéma*, lésions de la peau s'accompagnant de démangeaisons ;
- **grossesse** ;
- **allaitement** ;
- *nouveau-né*.

ATTENTION
Si l'infection ne disparaît pas après quelques jours, consultez votre médecin.
Évitez d'utiliser cette poudre, notamment chez l'enfant, de manière prolongée et sur des surfaces étendues ou profondément lésées sans l'avis de votre médecin.

INTERACTIONS MÉDICAMENTEUSES

L'association à d'autres *antiseptiques* est déconseillée car leurs effets risquent de s'annuler.

GROSSESSE, ALLAITEMENT ET NOUVEAU-NÉ

Ce médicament est contre-indiqué pendant la grossesse et l'allaitement.

MODE D'EMPLOI ET POSOLOGIE

Posologie usuelle :

1 ou 2 applications par jour.

Ce médicament est photosensibilisant : une exposition aux rayons *ultraviolets* (soleil, lampe à bronzer) peut provoquer des réactions cutanées. N'omettez pas de signaler à votre médecin vos projets de vacances au soleil pendant la durée du traitement.
Lavez-vous les mains après l'application.

EFFETS INDÉSIRABLES POSSIBLES

Eczéma de contact, *photosensibilisation*.

EXTENCILLINE
benzathine benzylpénicilline

PRÉSENTATION

EXTENCILLINE 600 000 U : préparation injectable *I.M.* ; flacon de poudre et ampoule de solvant 2 ml - Remb. 65 % - Liste I

EXTENCILLINE 1,2 MU : préparation injectable *I.M.* ; flacon de poudre et ampoule de solvant 4 ml - Remb. 65 % - Liste I

Laboratoires Specia

COMPOSITION

	p. unité	p. unité
Benzathine benzylpénicilline	600 000 U	1,2 MU

INDICATIONS

C'est un *antibiotique* qui appartient à la famille des *pénicillines*.

Il est utilisé dans le traitement de diverses maladies infectieuses, notamment la syphilis.

CONTRE-INDICATIONS

Ce médicament ne doit pas être utilisé en cas d'*allergie* aux *pénicillines*.

Dans tous les autres cas, le médecin est seul juge pour prescrire ce médicament, notamment en cas d'allergie aux *céphalosporines*.

ATTENTION
Des *antécédents* d'*allergie* à la *pénicilline* contre-indiquent l'usage de ce mé-

dicament. La survenue de toute manifestation allergique (boutons, *œdème*, malaise) impose l'arrêt immédiat du traitement : consultez votre médecin.

Une diminution de la fièvre ou une disparition des *symptômes* ne sont pas synonymes de guérison : la durée du traitement doit absolument être respectée pour éviter les rechutes.

Ce médicament est destiné à être injecté par *voie* intramusculaire exclusivement.

GROSSESSE, ALLAITEMENT ET NOUVEAU-NÉ

Grossesse :

Les études actuellement disponibles n'ont pas mis en évidence de problème particulier lors de l'utilisation chez la femme enceinte. Seul votre médecin peut apprécier la nécessité du traitement et son risque pendant la grossesse.

Allaitement :

Ce médicament passe dans le lait maternel : l'arrêt de l'allaitement devra être envisagé.

MODE D'EMPLOI ET POSOLOGIE

La poudre doit être préalablement dissoute avec l'ampoule de solvant fournie. La solution obtenue est injectée par *voie* intramusculaire profonde. L'injection est éventuellement répétée tous les 8 ou 15 jours. La solution est libérée progressivement dans le sang et une injection unique est active pendant au moins une semaine.

Posologie usuelle :

Elle est déterminée par le médecin en fonction de l'indication et du poids du malade, aussi bien chez l'adulte que chez l'enfant.

☛ L'éventuelle impression de fatigue n'est pas due à l'*antibiotique*, mais à l'infection elle-même.

L'odeur particulière des urines est normale et traduit l'élimination de l'antibiotique.

EFFETS INDÉSIRABLES POSSIBLES

Douleur au point d'injection.

Allergie cutanée, œdème de *Quincke*, exceptionnel *choc* allergique.

EXTOVYL

bétahistine

PRÉSENTATION

EXTOVYL : gélule à *libération prolongée* (bleu et blanc) ; boîte de 60 - Remb. 65 % - Liste I

Laboratoires Marion Merrell Dow

COMPOSITION

	p. gél.
Bétahistine mésilate	12 mg

INDICATIONS

C'est un antivertigineux chimiquement proche de l'*histamine*.

Il est utilisé dans le *traitement symptomatique* des *vertiges*.

CONTRE-INDICATIONS

Ce médicament ne doit pas être utilisé dans les cas suivants :
- *ulcère* de l'estomac et du *duodénum*,
- *phéochromocytome*.

ATTENTION

Des précautions sont nécessaires en cas d'*asthme*.

INTERACTIONS MÉDICAMENTEUSES

Ce médicament peut interagir avec d'autres médicaments, notamment les *antihistaminiques*. Signalez tout autre traitement en cours à votre médecin ou à votre pharmacien.

GROSSESSE, ALLAITEMENT ET NOUVEAU-NÉ

Grossesse :

L'effet de ce médicament sur l'enfant à naître est mal connu. Par mesure de prudence, son usage pendant la grossesse est déconseillé.

Allaitement :

Les données actuellement disponibles ne permettent pas de savoir si ce médicament passe dans le lait maternel.

MODE D'EMPLOI ET POSOLOGIE

Les gélules doivent être avalées avec un peu d'eau au moment des repas.

Posologie usuelle :

- Adulte : 1 gélule, 2 à 3 fois par jour.

EFFETS INDÉSIRABLES POSSIBLES

Rarement : douleur d'estomac.

EXTRANASE

broméláïnes

PRÉSENTATION

EXTRANASE : comprimé *gastrorésistant* (jaune-beige) ; boîte de 40 - Remb. 35 %

EXTRANASE : comprimé *gastrorésistant* (jaune-beige) ; boîte de 80 - Remb. 35 %

Laboratoires Rottapharm

COMPOSITION

	p. comp.
Bromélaïnes	900 nkat

INDICATIONS

Ce médicament contient une association d'*enzymes* extraites de l'ananas, destinées à lutter contre l'*œdème* et l'*inflammation*.

Il est utilisé dans le traitement des œdèmes survenant après un traumatisme ou une opération.

ATTENTION

L'apparition d'une *allergie* cutanée impose l'arrêt du traitement.

GROSSESSE, ALLAITEMENT ET NOUVEAU-NÉ

L'effet de ce médicament pendant la grossesse ou l'allaitement est mal connu. L'évaluation du risque éventuel lié à son utilisation est individuelle : demandez conseil à votre pharmacien ou à votre médecin.

MODE D'EMPLOI ET POSOLOGIE

Les comprimés doivent être avalés avec un peu d'eau.

Posologie usuelle :

- Adulte : 3 comprimés, 3 fois par jour.
- Enfant de 30 mois à 15 ans : 2 comprimés, 2 fois par jour.

EFFETS INDÉSIRABLES POSSIBLES

Allergie cutanée.

F

FACILAX

dioctylsulfosuccinate de sodium, dantrone

PRÉSENTATION

FACILAX : comprimé (rouge orangé) ; boîte de 48 - Non remb.

Laboratoires Lederle

COMPOSITION

	p. comp.
Dioctylsulfosuccinate de sodium	50 mg
Dantrone	15 mg

INDICATIONS

C'est un *laxatif stimulant*. Il augmente les sécrétions et la motricité de l'intestin.

Il est utilisé comme *traitement symptomatique* de la constipation.

CONTRE-INDICATIONS

Ce médicament ne doit pas être utilisé dans les cas suivants :
- maladies inflammatoires du côlon ;
- constipation ou douleur abdominale due à une obstruction du tube digestif : rétrécissement intestinal, *fécalome* (bouchon de selles) ;
- enfant de moins de 15 ans,
- grossesse,
- allaitement.

ATTENTION

Ce médicament doit être utilisé de façon épisodique et en cure très brève : pas plus de 8 à 10 jours.

Son usage régulier peut entraîner :
- une *dépendance* ;
- des troubles intestinaux graves ;
- une perte de sels minéraux et notamment de *potassium*, pouvant entraîner des troubles cardiaques graves.

Arrêter le traitement en cas de diarrhées ou de douleurs abdominales.

INTERACTIONS MÉDICAMENTEUSES

Ce médicament peut interagir avec d'autres médicaments, notamment ceux contenant de la *vincamine* et certains *antiarythmiques*. Signalez tout autre traitement en cours à votre médecin ou à votre pharmacien.

GROSSESSE, ALLAITEMENT ET NOUVEAU-NÉ

Ce médicament est contre-indiqué pendant la grossesse ou l'allaitement.

MODE D'EMPLOI ET POSOLOGIE

Les comprimés doivent être avalés avec un verre d'eau.

Posologie usuelle :
1 comprimé, 1 à 4 fois par jour.

Des mesures simples d'hygiène alimentaire et des exercices physiques sont à envisager avant d'utiliser un laxatif : parlez-en à votre médecin ou à votre pharmacien.

EFFETS INDÉSIRABLES POSSIBLES

Diarrhée, douleurs abdominales.
Coloration rose des urines.

FANSIDAR

sulfadoxine, pyriméthamine

PRÉSENTATION

FANSIDAR : comprimé quadrisécable (blanc) ; boîte de 3 - Non remb. - Liste I

FANSIDAR : solution injectable ; boîte de 2 ampoules 2 ml - Non remb. - Liste I

Laboratoires Roche

COMPOSITION

	p. comp.	p. amp. inj.
Sulfadoxine	500 mg	400 mg
Pyriméthamine	25 mg	20 mg

INDICATIONS

C'est un médicament qui contient deux antiparasitaires. Il est destiné à lutter contre le *paludisme*, maladie parasitaire transmise par les moustiques.

Il est réservé au *traitement curatif* des crises de paludisme résistant aux autres antipaludéens.

CONTRE-INDICATIONS

Ce médicament ne doit pas être utilisé dans les cas suivants :
- *allergie* ou *intolérance* aux *sulfamides*,
- atteinte *grave* du foie.
- *insuffisance rénale* grave,

ATTENTION

Ne pas utiliser ce médicament dans le *traitement préventif* du *paludisme*.

La solution ne doit pas être injectée par *voie* intraveineuse.

INTERACTIONS MÉDICAMENTEUSES

Ce médicament peut interagir avec d'autres médicaments. Signalez tout autre traitement en cours à votre médecin ou à votre pharmacien.

GROSSESSE, ALLAITEMENT ET NOUVEAU-NÉ

Grossesse :
L'effet de ce médicament sur l'enfant à naître est mal connu : seul votre médecin peut apprécier la nécessité du traitement et son risque pendant la grossesse.

Grossesse et nouveau-né :
L'usage de ce médicament en fin de grossesse impose une surveillance médicale en raison du risque de jaunisse chez le *nouveau-né*.

Allaitement :
Ce médicament passe dans le lait maternel : son usage est déconseillé pendant l'allaitement.

MODE D'EMPLOI ET POSOLOGIE

Les comprimés doivent être avalés avec un verre d'eau.

La solution doit être injectée par *voie* intramusculaire.

La prise, ou l'injection, est unique.

Posologie usuelle :
- Adulte : 2 à 3 comprimés ou 2 ampoules, en une seule fois.
- Enfant : en moyenne 1/2 comprimé ou 1/2 ampoule pour 10 kg ; soit, pour un enfant de 22 kg, 1 comprimé ou 1 ampoule, en une seule fois.

EFFETS INDÉSIRABLES POSSIBLES

Troubles digestifs, *allergies* cutanées.

FASIGYNE

tinidazole

PRÉSENTATION

FASIGYNE 500 mg : comprimé (blanc) ; boîte de 4 - Remb. 65 % - Liste I

Laboratoires Pfizer

COMPOSITION

	p. comp.
Tinidazole	500 mg

INDICATIONS

C'est un *antibiotique* et un antiparasitaire qui appartient à la famille des *imidazolés*.

Il est utilisé dans le traitement de certaines maladies infectieuses ou parasitaires de l'intestin ou de l'appareil génital.

CONTRE-INDICATIONS

Ce médicament ne doit pas être utilisé dans les cas suivants :
- *allergie* aux *imidazolés*,
- grossesse,
- allaitement.

ATTENTION

Évitez l'absorption de boissons alcoolisées pendant le traitement, ainsi que pendant les jours qui suivent : risque d'*effet antabuse*.

En cas d'*urticaire* ou de troubles nerveux, prévenir votre médecin avant de poursuivre le traitement.

INTERACTIONS MÉDICAMENTEUSES

Ce médicament peut interagir avec d'autres médicaments, en particulier le disulfirame (ESPÉRAL) et les *anticoagulants* oraux. Signalez tout autre traitement en cours à votre médecin ou à votre pharmacien.

GROSSESSE, ALLAITEMENT ET NOUVEAU-NÉ

Ce médicament est contre-indiqué pendant les 3 premiers mois de la grossesse et pendant l'allaitement.

MODE D'EMPLOI ET POSOLOGIE

Ce médicament peut être pris indifféremment au cours ou en dehors des repas.

Posologie usuelle :

Elle est très variable, en fonction de la maladie, mais un *traitement minute* est souvent possible en une seule prise.

Le médecin peut prescrire un prélèvement pour identifier le *germe* ou le parasite responsable de l'infection et tester sa sensibilité aux *antibiotiques*. Le résultat de cet examen peut être faussé en cas d'automédication préalable : ne prenez pas d'antibiotique sans avis médical.

En cas d'infection génitale, votre partenaire peut être contaminé alors qu'il ne présente aucun *symptôme*. S'il n'est pas traité conjointement, une recontamination est possible.

EFFETS INDÉSIRABLES POSSIBLES

Troubles digestifs : nausées, vomissements, diarrhée, goût métallique dans la bouche.

Réactions allergiques, *urticaire*.

Maux de tête, *vertiges*.

FAZOL
isoconazole

PRÉSENTATION

FAZOL : crème ; tube 30 g - Remb. 65 %

FAZOL : poudre pour application locale ; flacon 30 g - Remb. 65 %

FAZOL : émulsion fluide pour application locale ; flacon 30 g - Remb. 65 %

Laboratoires Schering-Plough

COMPOSITION

	p. 100 g
Isoconazole nitrate	2 g

INDICATIONS

Ce médicament d'action locale contient un *antifongique* de la famille des *imidazolés*.

Il est utilisé dans le traitement de certaines maladies de la peau et des *muqueuses*, dues à des champignons microscopiques : *candidose*, *pityriasis versicolor*, *dermatophyties*...

CONTRE-INDICATIONS

Ce médicament ne doit pas être utilisé en cas d'*allergie* aux *antifongiques* de la famille des *imidazolés*.

ATTENTION

Évitez d'utiliser ce médicament, notamment chez l'enfant, de manière prolongée et sur des surfaces étendues ou profondément lésées, sans l'avis de votre pharmacien ou de votre médecin.

Rincez abondamment en cas de contact accidentel avec les yeux.

GROSSESSE, ALLAITEMENT ET NOUVEAU-NÉ

L'effet de ce médicament pendant la grossesse ou l'allaitement est mal connu. L'évaluation du risque éventuel lié à son utilisation est individuelle : demandez conseil à votre pharmacien ou à votre médecin.

MODE D'EMPLOI ET POSOLOGIE

Dans tous les cas, le médicament doit être appliqué après lavage et séchage soigneux de la zone à traiter.

Crème ou émulsion fluide : appliquer directement sur les lésions à traiter et masser pour faire pénétrer. Dans les plis de la peau, la crème doit être appliquée en petite quantité pour limiter le risque de macération.

Poudre : saupoudrer les « régions lésées » en répartissant la poudre de façon homogène.

Posologie usuelle :

2 applications par jour.

La forme utilisée (crème, poudre, émulsion) et la durée du traitement varient selon les cas.

En cas de *candidose*, évitez d'utiliser des savons acides : ils favorisent la multiplication des champignons.

En cas de lésion importante des ongles des orteils, un meulage préalable par un pédicure facilite l'action du médicament.

Les lésions dues à des champignons sont facilitées par une transpiration excessive. Le port de chaussettes en fibre naturelle (coton, laine) est recommandé. La même paire de chaussures ne doit pas être portée deux jours de suite.

EFFETS INDÉSIRABLES POSSIBLES

Irritation cutanée.

FAZOL G
isoconazole

PRÉSENTATION

FAZOL G : ovule ; boîte de 3 - Remb. 65 %

Laboratoires Schering-Plough

COMPOSITION

	p. ovule
Isoconazole nitrate micronisé	300 mg

INDICATIONS

Cet ovule gynécologique contient un *antifongique* de la famille des *imidazolés*.

Il est utilisé dans le traitement des *mycoses* du vagin et de la vulve, notamment des *candidoses*.

CONTRE-INDICATIONS

Ce médicament ne doit pas être utilisé en cas d'*allergie* aux *imidazolés*.

ATTENTION

Si l'infection ne disparaît pas après quelques jours, consultez votre médecin.

GROSSESSE, ALLAITEMENT ET NOUVEAU-NÉ

L'effet de ce médicament pendant la grossesse ou l'allaitement est mal connu : seul votre médecin peut évaluer le risque éventuel de son utilisation dans votre cas.

MODE D'EMPLOI ET POSOLOGIE

L'ovule doit être introduit profondément dans le vagin, de préférence le soir au coucher.

Posologie usuelle :

1 ovule par jour pendant 3 jours.

Introduisez l'ovule en position couchée, puis restez allongée pendant 5 à 10 minutes. En fondant dans le vagin, l'ovule peut être à l'origine d'un écoulement gênant : il est conseillé de porter une protection.

Pendant les règles, n'interrompez pas le traitement et évitez de porter des tampons.

Évitez d'utiliser des savons acides : ils favorisent la multiplication des champignons.

Votre partenaire peut être contaminé alors qu'il ne présente aucun *symptôme*. S'il n'est pas traité conjointement, une recontamination est possible.

EFFETS INDÉSIRABLES POSSIBLES

Sensation de brûlure, démangeaisons : elles témoignent de l'efficacité du traitement et ne doivent pas le faire arrêter.

FÉBRECTOL comprimé
paracétamol, alpha-amylase

PRÉSENTATION

FÉBRECTOL : comprimé (blanc) ; boîte de 20 - Remb. 65 %

Laboratoires Sanofi Winthrop

COMPOSITION

	p. comp.
Paracétamol	400 mg
Alpha-amylase	1 000 U

INDICATIONS

Ce médicament associe du paracétamol, qui lutte contre la douleur et la fièvre, et une enzyme, qui lutte contre l'*œdème*.

Il est utilisé dans le *traitement symptomatique* des affections douloureuses ou fébriles, notamment les affections des *voies respiratoires* et les états grippaux.

CONTRE-INDICATIONS

Ce médicament ne doit pas être utilisé en cas de maladie grave du foie.

ATTENTION
De nombreux médicaments contiennent du paracétamol : en tenir compte en cas de prise conjointe car le surdosage en paracétamol peut être toxique pour le foie.

GROSSESSE, ALLAITEMENT ET NOUVEAU-NÉ

Grossesse :
Les études scientifiques actuellement disponibles n'ont pas mis en évidence de problème particulier lors de l'utilisation du paracétamol chez la femme enceinte.

Allaitement :
Aux doses usuelles, l'usage de ce médicament est possible pendant l'allaitement.

MODE D'EMPLOI ET POSOLOGIE

Respecter un intervalle minimal de 4 heures entre 2 prises.

Posologie usuelle :
- Adulte : 1 ou 2 comprimés, 1 à 3 fois par jour. Ne pas dépasser 3 g par jour.
- Enfant de plus de 30 mois : 1 comprimé, 1 à 3 fois par jour selon l'âge.

EFFETS INDÉSIRABLES POSSIBLES

Rarement : *allergie* cutanée.

FÉBRECTOL suppositoire Adulte
paracétamol, pin

PRÉSENTATION

FÉBRECTOL ADULTE : suppositoire ; boîte de 6 - Remb. 35 %

Laboratoires Sanofi Winthrop

COMPOSITION

	p. suppos.
Paracétamol	600 mg
Aiguilles de pin, essence	40 mg

INDICATIONS

Ce médicament associe du paracétamol, qui lutte contre la douleur et la fièvre, et une essence végétale.

Il est utilisé dans le *traitement symptomatique* des affections douloureuses ou fébriles, notamment les états grippaux.

CONTRE-INDICATIONS

Ce médicament ne doit pas être utilisé en cas de maladie grave du foie.

ATTENTION
De nombreux médicaments contiennent du paracétamol : en tenir compte en cas de prise conjointe car le surdosage en paracétamol peut être toxique pour le foie.

GROSSESSE, ALLAITEMENT ET NOUVEAU-NÉ

Grossesse :
Les études scientifiques actuellement disponibles n'ont pas mis en évidence de problème particulier lors de l'utilisation du paracétamol chez la femme enceinte.

Allaitement :
Aux doses usuelles, l'usage de ce médicament est possible pendant l'allaitement.

MODE D'EMPLOI ET POSOLOGIE

Respecter un intervalle minimal de 4 heures entre 2 prises.

Posologie usuelle :
- Adulte : 1 suppositoire, matin et soir.

EFFETS INDÉSIRABLES POSSIBLES

Rarement : *allergie* cutanée.

FÉBRECTOL suppositoire Enfant Nourrisson
paracétamol, phénobarbital, pin

PRÉSENTATION

FÉBRECTOL ENFANT : suppositoire ; boîte de 6 - Remb. 35 % - Liste II

FÉBRECTOL NOURRISSON : suppositoire ; boîte de 6 - Remb. 35 % - Liste II

Laboratoires Sanofi Winthrop

COMPOSITION

	p. suppos. Enf.	p. suppos. Nour.
Paracétamol	300 mg	150 mg
Phénobarbital	20 mg	10 mg
Aiguilles de pin, essence	30 mg	20 mg

INDICATIONS

Ce médicament associe du paracétamol, qui lutte contre la douleur et la fièvre, et un *sédatif* de la famille des *barbituriques*.

Il est utilisé dans le *traitement symptomatique* des affections douloureuses ou fébriles, notamment les états grippaux.

CONTRE-INDICATIONS

Ce médicament ne doit pas être utilisé dans les cas suivants :
- *allergie* aux *barbituriques*,
- *insuffisance respiratoire* grave,
- maladie grave du foie.

ATTENTION
De nombreux médicaments contiennent du paracétamol : en tenir compte en cas de prise conjointe car le surdosage en paracétamol peut être toxique pour le foie.

INTERACTIONS MÉDICAMENTEUSES

Ce médicament peut interagir avec d'autres médicaments. Signalez tout autre traitement en cours à votre médecin ou à votre pharmacien.

MODE D'EMPLOI ET POSOLOGIE

Respecter un intervalle minimal de 4 heures entre 2 prises.

Posologie usuelle :
- Enfant : 1 suppositoire Enfant, matin et soir.
- Nourrisson : 1 suppositoire Nourrisson, matin et soir.

EFFETS INDÉSIRABLES POSSIBLES

Somnolence.

Rarement : *allergie* cutanée.

FÉBRISPIR
phéniramine, paracétamol, vitamine C

PRÉSENTATION

FÉBRISPIR : poudre orale ; boîte de 8 sachets - Non remb.

Laboratoires Soekami Lefrancq

COMPOSITION

	p. sachet
Phéniramine maléate	25 mg
Paracétamol	500 mg
Acide ascorbique (vitamine C)	200 mg

INDICATIONS

Ce médicament contient un *antihistaminique*, un *antipyrétique* et *antalgique* (paracétamol) et de la *vitamine* C.

Il est utilisé dans le *traitement symptomatique* des rhumes, *rhino-pharyngites* et états grippaux.

CONTRE-INDICATIONS

Ce médicament ne doit pas être utilisé dans les cas suivants :
- *asthme*,
- *insuffisance hépatique* grave,
- *glaucome* à angle fermé,
- risque de blocage des urines (*adénome de la prostate*...),
- enfant de moins de 15 ans.

ATTENTION
De nombreux médicaments contiennent du paracétamol : en tenir compte en cas de prise conjointe car le surdosage en paracétamol peut être toxique pour le foie.

Évitez les boissons alcoolisées : augmentation du risque de somnolence.

Conducteur : ce médicament peut être responsable d'une somnolence ou d'une baisse de la vigilance.

INTERACTIONS MÉDICAMENTEUSES

Ce médicament peut interagir avec d'autres médicaments, notamment les *sédatifs* et les *atropiniques*. Signalez tout autre traitement en cours à votre médecin ou à votre pharmacien.

GROSSESSE, ALLAITEMENT ET NOUVEAU-NÉ

L'effet de ce médicament pendant la grossesse ou l'allaitement est mal connu : par mesure de prudence, son usage est déconseillé.

MODE D'EMPLOI ET POSOLOGIE

Le contenu des sachets doit être dissous dans un verre d'eau chaude ou froide. Respecter un intervalle de 4 heures entre les prises.

Posologie usuelle :

- Adulte et enfant de plus de 15 ans : 1 sachet, 2 ou 3 fois par jour.

En cas d'*insuffisance rénale*, respecter un intervalle de 8 heures entre chaque prise.

> Si les troubles persistent plus de quelques jours, consultez votre médecin : un traitement *antibiotique* peut être nécessaire.

EFFETS INDÉSIRABLES POSSIBLES

Effets *atropiniques* : sécheresse de la bouche, troubles visuels, rétention urinaire, confusion des idées ou agitation chez la personne âgée.

Rarement : *allergie* cutanée.

FELDÈNE

piroxicam

PRÉSENTATION

FELDÈNE 10 mg : gélule (blanc) ; boîte de 30 - Remb. 65 % - Liste I

FELDÈNE 20 mg : gélule (blanc et bleu) ; boîte de 15 - Remb. 65 % - Liste I

FELDÈNE DISPERSIBLE 20 mg : comprimé sécable (blanc) ; boîte de 15 - Remb. 65 % - Liste I

FELDÈNE 20 mg : suppositoire ; boîte de 15 - Remb. 65 % - Liste I

Laboratoires Pfizer

COMPOSITION

	p. gél. 10 mg	p. gél. 20 mg
Piroxicam		

	p. comp. 20 mg	p. suppos. 20 mg
Piroxicam		

INDICATIONS

Ce médicament est un *anti-inflammatoire* non stéroïdien (*AINS*). Il lutte contre l'*inflammation* et la douleur, fait baisser la fièvre et fluidifie le sang.

Il est utilisé dans le *traitement symptomatique* :
- des *rhumatismes inflammatoires* ;
- des crises d'*arthrose* ;
- des *arthrites*, des *tendinites*, des entorses... ;
- des *sciatiques* et des *cruralgies*.

CONTRE-INDICATIONS

Ce médicament ne doit pas être utilisé dans les cas suivants :
- *allergie* aux *AINS*, y compris l'aspirine ;
- *ulcère* de l'estomac ou du *duodénum* ;
- *insuffisance hépatique, insuffisance rénale* graves ;
- *inflammation* récente du rectum (suppositoire) ;
- enfant de moins de 15 ans ;
- **grossesse** (3 derniers mois) ;
- **allaitement.**

> **ATTENTION**
>
> Tout traitement prolongé ou surdosage d'*AINS* expose à des effets indésirables graves.
>
> Tout *symptôme* pouvant faire craindre une complication impose l'arrêt du traitement : *allergie* cutanée (rougeur, démangeaison, éruption...).
>
> Des précautions sont nécessaires en cas d'*antécédents* d'*ulcère* de l'estomac ou du *duodénum*, ou de risque hémorragique, et chez la femme qui porte un stérilet.
>
> Conducteur : ce médicament peut provoquer parfois des étourdissements.

INTERACTIONS MÉDICAMENTEUSES

Ce médicament peut interagir avec d'autres médicaments, notamment :
- l'aspirine et les autres *anti-inflammatoires* non stéroïdiens : risque d'accroissement des effets indésirables ;
- les *anticoagulants* et les *antiagrégants plaquettaires* (TICLID...) : augmentation du risque hémorragique ;
- le *lithium* (TÉRALITHE, NEUROLITHIUM...) : augmentation du taux de lithium dans le sang.

Signalez tout autre traitement en cours à votre médecin ou à votre pharmacien.

GROSSESSE, ALLAITEMENT ET NOUVEAU-NÉ

Grossesse :

Des effets néfastes graves pour la mère et l'enfant ont été mis en évidence lorsque ce médicament, comme tous les *AINS*, est utilisé au cours des 3 derniers mois de la grossesse : son usage est formellement contre-indiqué pendant cette période.

Pendant les 6 premiers mois, l'effet de ce médicament est mal connu : seul votre médecin peut évaluer le risque éventuel de son utilisation dans votre cas.

Allaitement :

Ce médicament passe dans le lait maternel : par mesure de prudence, il est contre-indiqué pendant l'allaitement.

MODE D'EMPLOI ET POSOLOGIE

Les gélules doivent être avalées sans être ouvertes, avec un verre d'eau, au cours des repas.

Les comprimés peuvent être avalés avec un verre d'eau ou préalablement dissous.

Les suppositoires doivent être utilisés de préférence le soir au coucher.

Posologie usuelle :

- Adulte :
  - *traitement d'attaque* : 1 comprimé ou 1 gélule à 20 mg ou 1 suppositoire, 2 fois par jour ;
  - *traitement d'entretien* : 1 gélule à 10 mg, 2 fois par jour, ou 1 comprimé ou 1 gélule à 20 mg ou 1 suppositoire, 1 fois par jour.

> Ne dépassez pas la *posologie* et la durée de traitement prescrites par votre médecin.
>
> Ce médicament vous a été prescrit dans une situation précise : ne le conseillez pas à un proche, ne le réutilisez pas sans avis médical.
>
> Les effets indésirables de ce médicament sur l'estomac peuvent survenir aussi bien avec les suppositoires qu'avec les comprimés ou les gélules.

EFFETS INDÉSIRABLES POSSIBLES

- Aphtes, *inflammation* de la bouche ou des gencives.
- *Troubles digestifs*, *gastrite*, voire *ulcère* de l'estomac ou du *duodénum*, le plus souvent lors d'un traitement prolongé ou à des doses supérieures à 30 mg par jour.
- Exceptionnellement : *hémorragie* du tube digestif (vomissements sanglants, selles noires, ou plus souvent pertes de sang imperceptibles, responsables de l'apparition progressive d'une *anémie*).
- Réactions allergiques cutanées, *asthme*.
- Étourdissement, maux de tête, bourdonnements d'oreille, somnolence.
- Irritation du rectum (suppositoire).

FELDÈNE injectable

piroxicam

PRÉSENTATION

FELDÈNE : solution injectable *I.M.* ; boîte de 1 ampoule 1 ml - Remb. 65 % - Liste I

FELDÈNE : solution injectable *I.M.* ; boîte de 2 ampoules 1 ml - Remb. 65 % - Liste I

Laboratoires Pfizer

COMPOSITION

	p. amp. inj.
Piroxicam	20 mg
Alcool benzylique	20 mg
Alcool éthylique	100 mg

INDICATIONS

Ce médicament est un *anti-inflammatoire* non stéroïdien (*AINS*). Il lutte contre l'*inflammation* et la douleur, fait baisser la fièvre et fluidifie le sang.

Il est utilisé dans le *traitement d'attaque* :
- des *rhumatismes inflammatoires* ;
- des *arthrites*, des *tendinites*, des entorses... ;
- des *sciatiques* et des *cruralgies*.

CONTRE-INDICATIONS

Ce médicament ne doit pas être utilisé dans les cas suivants :
- *allergie* aux *AINS*, y compris l'aspirine ;
- *ulcère* de l'estomac ou du *duodénum* ;
- *insuffisance hépatique, insuffisance rénale* graves ;
- traitement *anticoagulant* en cours : risque d'hématome au point d'injection ;
- enfant de moins de 15 ans ;
- **grossesse** (3 derniers mois) ;
- **allaitement.**

> **ATTENTION**
>
> Tout *symptôme* pouvant faire craindre une complication impose l'arrêt du traitement : *allergie* cutanée (rougeur, démangeaison, éruption...).

Des précautions sont nécessaires en cas de *gastrite*, d'*antécédent* d'*ulcère* de l'estomac ou du *duodénum*, ou de risque hémorragique, et chez la femme qui porte un stérilet.

Conducteur : ce médicament peut provoquer parfois des étourdissements.

INTERACTIONS MÉDICAMENTEUSES

Ce médicament peut interagir avec d'autres médicaments, notamment :

- l'aspirine et les autres *anti-inflammatoires* non stéroïdiens : risque d'accroissement des effets indésirables ;
- les *anticoagulants* et les *antiagrégants plaquettaires* (TICLID...) : augmentation du risque hémorragique ;
- le *lithium* (TÉRALITHE, NEUROLITHIUM...) : augmentation du taux de lithium dans le sang.

Signalez tout autre traitement en cours à votre médecin ou à votre pharmacien.

GROSSESSE, ALLAITEMENT ET NOUVEAU-NÉ

Grossesse :

Des effets néfastes graves pour la mère et l'enfant ont été mis en évidence lorsque ce médicament, comme tous les *AINS*, est utilisé au cours des 3 derniers mois de la grossesse : son usage est formellement contre-indiqué pendant cette période.

Pendant les 6 premiers mois, l'effet de ce médicament est mal connu : seul votre médecin peut évaluer le risque éventuel de son utilisation dans votre cas.

Allaitement :

Ce médicament passe dans le lait maternel : par mesure de prudence, il est contre-indiqué pendant l'allaitement.

MODE D'EMPLOI ET POSOLOGIE

Les injections doivent être faites exclusivement par la *voie* intramusculaire et, en cas de prothèse de hanche, du côté opposé à celle-ci.

Posologie usuelle :

- Adulte : 1 ou 2 ampoules *I.M.* par jour, pendant quelques jours.

Au-delà, le traitement peut se poursuivre avec les comprimés ou les suppositoires.

Les effets indésirables de ce médicament sur l'estomac peuvent survenir aussi bien avec la solution injectable qu'avec les comprimés ou les gélules.

Ce médicament doit être conservé à l'abri de la lumière.

EFFETS INDÉSIRABLES POSSIBLES

- Aphtes, *inflammation* de la bouche ou des gencives.
- *Troubles digestifs*, *gastrite*, voire *ulcère* de l'estomac ou du *duodénum*, le plus souvent lors d'un traitement prolongé ou à des doses supérieures à 30 mg par jour.
- Réactions allergiques cutanées, *asthme*.
- Étourdissement, maux de tête, bourdonnements d'oreille, somnolence.
- Exceptionnellement : *hémorragie* du tube digestif (vomissements sanglants, selles noires, ou plus souvent pertes de sang imperceptibles, responsables de l'apparition progressive d'une *anémie*).

FÉLISÉDINE

phénobarbital, valériane, aubépine

PRÉSENTATION

FÉLISÉDINE : comprimé (blanc) ; boîte de 30 - Remb. 65 %

FÉLISÉDINE : comprimé (blanc) ; boîte de 100 - Remb. 65 %

Laboratoires Monal

COMPOSITION

	p. comp.
Phénobarbital	10 mg
Cratægus, extrait sec (aubépine)	37,8 mg
Valériane, extrait sec	34,6 mg

INDICATIONS

Ce médicament est une association de plantes et de phénobarbital de la famille des *barbituriques*.

Il est utilisé comme *sédatif* dans les formes légères d'anxiété ou d'insomnie.

CONTRE-INDICATIONS

Ce médicament ne doit pas être utilisé dans les cas suivants :

- *porphyries*,
- *insuffisance respiratoire* grave,
- *allergie* aux *barbituriques*.

ATTENTION

Évitez les boissons alcoolisées : augmentation du risque de somnolence.

Conducteur : ce médicament peut être responsable d'une somnolence ou d'une baisse de la vigilance.

INTERACTIONS MÉDICAMENTEUSES

Ce médicament peut interagir avec de nombreux médicaments, notamment les *contraceptifs* oraux (pilule) : risque de contraception inefficace. Signalez tout autre traitement en cours à votre médecin ou à votre pharmacien.

GROSSESSE, ALLAITEMENT ET NOUVEAU-NÉ

Grossesse et nouveau-né :

Si une grossesse survient pendant le traitement, consultez votre médecin. Il appréciera le risque éventuel lié à l'utilisation de ce médicament dans votre cas.

Si le traitement est poursuivi jusqu'à l'accouchement, une surveillance médicale du *nouveau-né* est nécessaire.

Allaitement :

Ce médicament passe dans le lait maternel : il est déconseillé pendant l'allaitement.

MODE D'EMPLOI ET POSOLOGIE

Les comprimés doivent être avalés avec un peu d'eau.

Posologie usuelle :

- Adulte : 2 à 6 comprimés par jour.

EFFETS INDÉSIRABLES POSSIBLES

Dus au phénobarbital : somnolence, réaction cutanée, excitation, confusion des idées en particulier chez la personne âgée.

FENPROPOREX DEGLAUDE

PRÉSENTATION

FENPROPOREX DEGLAUDE ACTION PROLONGÉE 20 mg : comprimé sécable (blanc) ; boîte de 20 - Non remb. - Liste I

Laboratoires Deglaude

COMPOSITION

	p. comp.
Fenproporex	20 mg

INDICATIONS

C'est un *anorexigène* (coupe-faim) qui appartient à la famille des *amphétamines*.

Il est utilisé en complément du régime hypocalorique pour traiter un excès de poids.

CONTRE-INDICATIONS

Ce médicament ne doit pas être utilisé dans les cas suivants :

- maladie cardiaque grave, *hypertension artérielle* ;
- *hyperthyroïdie* ;
- *glaucome* à angle fermé ;
- *antécédents* de troubles nerveux : *dépression*, *anorexie* mentale ;
- association aux *antidépresseurs IMAO* non sélectifs ;
- grossesse.

ATTENTION

L'efficacité de ce médicament tend à diminuer au bout de quelques semaines de traitement. L'augmentation des doses expose à un risque de *dépendance* et de troubles psychiques graves : ne dépassez pas la *posologie* prescrite par votre médecin.

Il est fréquent que la perte de poids obtenue à l'aide de ce médicament ne persiste pas après l'arrêt du traitement. Un régime reste nécessaire.

Ce médicament peut modifier le comportement : prudence lors de la conduite ou de l'utilisation de machines dangereuses.

INTERACTIONS MÉDICAMENTEUSES

Ce médicament ne doit pas être associé aux *antidépresseurs IMAO* non sélectifs (MARSILID, NIAMIDE...) : risque de poussée d'*hypertension artérielle* ou de fièvre élevée. Cette contre-indication persiste pendant les 15 jours qui suivent l'arrêt d'un traitement par IMAO.

Ce médicament peut interagir avec d'autres médicaments. Signalez tout autre traitement en cours à votre médecin ou à votre pharmacien.

GROSSESSE, ALLAITEMENT ET NOUVEAU-NÉ

Grossesse :

En l'absence de données suffisantes, ce médicament est contre-indiqué pendant la grossesse.

Allaitement :

Les données actuellement disponibles ne permettent pas de savoir si ce médicament

passe dans le lait maternel : par mesure de prudence, l'allaitement est déconseillé.

MODE D'EMPLOI ET POSOLOGIE

Les comprimés doivent être avalés avec un verre d'eau.

Posologie usuelle :

- Adulte : 1 comprimé par jour, une demi-heure avant le repas.

> L'utilisation de ce médicament ne se conçoit que dans le cadre d'un régime hypocalorique adapté.
> Ce médicament peut entraîner des difficultés d'endormissement : il est conseillé de ne pas le prendre au-delà du repas de midi.

EFFETS INDÉSIRABLES POSSIBLES

Nervosité, bouche sèche, nausée.

Exceptionnellement : *vertiges*, *palpitations*, maux de tête.

Agitation en cas de surdosage.

FÉNUGRÈNE

fénugrec

PRÉSENTATION

FÉNUGRÈNE : comprimé (blanc) ; boîte de 50 - Remb. 35 %

FÉNUGRÈNE : solution buvable ; flacon 200 ml - Remb. 35 %

Laboratoires Aérocid

COMPOSITION

	p. comp.	p. c. à s.
Fénugrec, extrait sec	0,147 g	
Fénugrec, extrait mou		0,517 g
Titre alcoolique		11°

INDICATIONS

Ce médicament contient un extrait de plante destiné à stimuler l'appétit.

Il est utilisé en complément du régime alimentaire lorsqu'une prise de poids est souhaitée.

CONTRE-INDICATIONS

Ce médicament ne doit pas être utilisé chez l'enfant de moins de 5 ans.

> **ATTENTION**
> Une perte de l'appétit ou une perte de poids involontaire et durable, rapide ou progressive, ne doivent pas vous conduire à augmenter les doses ni à prolonger le traitement mais à consulter votre médecin afin d'en rechercher la cause.

GROSSESSE, ALLAITEMENT ET NOUVEAU-NÉ

Grossesse :

Avant d'utiliser ce médicament pendant la grossesse, demandez conseil à votre médecin.

MODE D'EMPLOI ET POSOLOGIE

Les comprimés doivent être avalés avec un verre d'eau.

Posologie usuelle :

- Adulte : 4 comprimés ou 2 cuillères à soupe de solution buvable, par jour.
- Enfant de plus de 5 ans : 2 ou 3 cuillères à café par jour.

FER LUCIEN

hydroxyde ferrique

PRÉSENTATION

FER LUCIEN : solution injectable *I.M.* ; boîte de 5 ampoules 2 ml - Remb. 65 %

Laboratoires Thérabel Lucien

COMPOSITION

	p. amp.
Hydroxyde ferrique polymaltose, soit fer	100 mg

INDICATIONS

Ce médicament contient du fer, élément minéral essentiel au fonctionnement de l'organisme. Le fer est nécessaire à la formation de l'*hémoglobine*, contenue dans les *globules rouges* et qui assure le transport de l'oxygène dans le sang.

Il est utilisé dans le traitement des *carences* en fer responsables de certaines formes d'*anémies*, lorsque la *voie* orale n'est pas possible.

CONTRE-INDICATIONS

Ce médicament ne doit pas être utilisé en cas d'excès de fer dans l'organisme.

> **ATTENTION**
> Un apport en fer sous forme de médicament ne peut être décidé que par votre médecin. La quantité de fer contenue dans une alimentation diversifiée est généralement suffisante.

GROSSESSE, ALLAITEMENT ET NOUVEAU-NÉ

Ce médicament peut être utilisé pendant la grossesse ou l'allaitement uniquement s'il vous a été prescrit par votre médecin.

MODE D'EMPLOI ET POSOLOGIE

La solution doit être injectée uniquement par *voie* intramusculaire.

L'aiguille utilisée pour l'injection ne doit pas être celle qui a servi pour aspirer le produit dans l'ampoule, afin d'éviter le risque de tatouage au point d'injection.

Posologie usuelle :

La posologie est fonction de l'importance de la *carence* : elle est adaptée par le médecin.

> Sous traitement, une coloration plus foncée des urines est normale.

EFFETS INDÉSIRABLES POSSIBLES

Coloration transitoire de la peau au point d'injection, *allergie*.

Pour en savoir plus, lisez : Généralités sur le médicament

FERO-GRAD

sulfate ferreux, vitamine C

PRÉSENTATION

FERO-GRAD L.P. VITAMINÉ C 500 : comprimé à *libération prolongée* ; boîte de 30 - Remb. 65 %

Laboratoires Abbott-France

COMPOSITION

	p. comp.
Sulfate ferreux exprimé en fer	105 mg
Acide ascorbique (vitamine C)	500 mg

INDICATIONS

Ce médicament contient du fer et de la *vitamine* C. Le fer est nécessaire à la formation de l'*hémoglobine*, contenue dans les *globules rouges* et qui assure le transport de l'oxygène dans le sang.

Il est utilisé dans le traitement des *carences* en fer responsables de certaines formes d'*anémies*. Il est également utilisé pour prévenir cette carence chez la femme enceinte lorsque les apports alimentaires sont insuffisants.

CONTRE-INDICATIONS

Ce médicament ne doit pas être utilisé en cas d'excès de fer dans l'organisme.

> **ATTENTION**
> Un apport en fer sous forme de médicament ne peut être décidé que par votre médecin. La quantité de fer contenue dans une alimentation diversifiée est généralement suffisante.

INTERACTIONS MÉDICAMENTEUSES

Ce médicament peut interagir avec les *antibiotiques* de la famille des *cyclines*. Respectez un intervalle de 2 heures entre les prises des deux médicaments. Signalez tout autre traitement en cours à votre médecin ou à votre pharmacien.

GROSSESSE, ALLAITEMENT ET NOUVEAU-NÉ

Ce médicament peut être utilisé pendant la grossesse ou l'allaitement uniquement s'il vous a été prescrit par votre médecin.

MODE D'EMPLOI ET POSOLOGIE

Ce médicament est mieux absorbé s'il est pris avec un verre d'eau avant les repas. En cas d'*intolérance*, vous pouvez le prendre en plusieurs fois au cours des repas.

Posologie usuelle :

- Adulte : 1 ou 2 comprimés le matin à jeun.
- Femme enceinte : 1 comprimé par jour pendant les 3 derniers mois de la grossesse (sur prescription médicale).

> La coloration des selles en noir est habituelle et ne doit pas vous conduire à interrompre le traitement.
> Il est normal de retrouver le comprimé dans les selles : son contenu a été libéré dans l'intestin.
> Si vous ne supportez pas ce médicament (*troubles digestifs*), prévenez votre médecin : il pourra vous proposer un autre traitement.

La reconstitution du stock en fer de l'organisme nécessite un traitement de longue durée (plusieurs mois) ; respectez la durée prescrite par votre médecin.

Les aliments les plus riches en fer sont d'origine animale : viande, poisson, volaille, abats.

EFFETS INDÉSIRABLES POSSIBLES

Nausées, constipation, diarrhée.

FERROSTRANE

feredétate de sodium

PRÉSENTATION

FERROSTRANE : sirop arôme cerise ; flacon 125 ml - Remb. 65 % - Liste II

Laboratoires Parke-Davis

COMPOSITION

	p. c. à c.
Ferédétate de sodium	237 mg
Soit fer	34 mg

INDICATIONS

Ce médicament contient du fer, élément minéral essentiel au fonctionnement de l'organisme. Le fer est nécessaire à la formation de l'*hémoglobine*, contenue dans les *globules rouges* et qui assure le transport de l'oxygène dans le sang.

Il est utilisé dans le traitement des *carences* en fer responsables de certaines formes d'*anémies*. Il est également utilisé pour prévenir cette carence chez la femme enceinte, le *nouveau-né* ou le *nourrisson*, lorsque les apports alimentaires sont insuffisants.

CONTRE-INDICATIONS

Ce médicament ne doit pas être utilisé en cas d'excès de fer dans l'organisme.

ATTENTION

Un apport en fer sous forme de médicament ne peut être décidé que par votre médecin. La quantité de fer contenue dans une alimentation diversifiée est généralement suffisante.

INTERACTIONS MÉDICAMENTEUSES

Ce médicament peut interagir avec les *antibiotiques* de la famille des *cyclines*. Respectez un intervalle de 2 heures entre les prises des deux médicaments. Signalez tout autre traitement en cours à votre médecin ou à votre pharmacien.

GROSSESSE, ALLAITEMENT ET NOUVEAU-NÉ

Ce médicament peut être utilisé pendant la grossesse ou l'allaitement uniquement s'il vous a été prescrit par votre médecin.

MODE D'EMPLOI ET POSOLOGIE

Ce médicament est mieux absorbé s'il est pris avec un verre d'eau avant les repas. En cas d'*intolérance*, vous pouvez le prendre en plusieurs fois au cours des repas.

Posologie usuelle :

- Adulte : 3 à 6 cuillères à café de sirop par jour.
- Femme enceinte : 1 ou 2 cuillères à café de sirop par jour pendant les 3 derniers mois de la grossesse (sur prescription médicale).
- Nourrisson et enfant : 1/2 à 6 cuillères à café de sirop par jour.

La coloration des selles en noir est habituelle et ne doit pas vous conduire à interrompre le traitement.

Si vous ne supportez pas ce médicament (*troubles digestifs*), prévenez votre médecin : il pourra vous proposer un autre traitement.

La reconstitution du stock en fer de l'organisme nécessite un traitement de longue durée (plusieurs mois) ; respectez la durée prescrite par votre médecin.

Les aliments les plus riches en fer sont d'origine animale : viande, poisson, volaille, abats.

EFFETS INDÉSIRABLES POSSIBLES

Nausées, constipation, diarrhée.

FERTILINE

hormone folliculo-stimulante

PRÉSENTATION

FERTILINE FSH purifiée : préparation injectable ; boîte de 1 flacon de *lyophilisat* et 1 ampoule de solvant 2 ml - Remb. 100 % - Liste I

FERTILINE FSH purifiée : préparation injectable ; boîte de 5 flacons de *lyophilisat* et 5 ampoules de solvant 2 ml - Remb. 100 % - Liste I

Laboratoires Pharmagyne

COMPOSITION

	p. fl.
FSH (hormone folliculo-stimulante) urinaire purifiée	75 UI

INDICATIONS

Ce médicament contient une *hormone* qui stimule les organes de la reproduction. Il facilite le passage des spermatozoïdes à travers la *glaire cervicale*.

Il est utilisé dans certaines formes de stérilité, notamment lorsqu'une stimulation de l'ovulation est nécessaire.

CONTRE-INDICATIONS

Ce médicament ne doit pas être utilisé dans les cas suivants :

- *tumeur* de l'*hypothalamus* ou de l'*hypophyse*,
- anomalie de fonctionnement des glandes *thyroïde* ou *surrénales*,
- *accident thrombo-embolique*,
- grossesse.

ATTENTION

Ce médicament doit être employé sous contrôle médical et biologique strict (dosages hormonaux, *échographie*...).

GROSSESSE, ALLAITEMENT ET NOUVEAU-NÉ

Grossesse :

Ce médicament est contre-indiqué pendant la grossesse.

MODE D'EMPLOI ET POSOLOGIE

Ce médicament doit être injecté exclusivement par *voie* intramusculaire.

Posologie usuelle :

Elle est adaptée à chaque cas en fonction de l'effet éventuel sur le volume des ovaires (*échographie*) et du taux de certaines *hormones*. La dose efficace la plus faible possible est toujours recherchée.

Tenir au réfrigérateur (+ 2 °C à + 8 °C).

EFFETS INDÉSIRABLES POSSIBLES

Grossesses multiples (fécondation de plusieurs ovules pendant la même grossesse). *Choc* allergique.

FER UCB

chlorure ferreux, vitamine C

PRÉSENTATION

FER UCB : solution buvable ; boîte de 12 ampoules 5 ml - Non remb.

Laboratoires UCB Pharma

COMPOSITION

	p. amp.
Chlorure ferreux	177 mg
Soit fer	50 mg
Acide ascorbique (vitamine C)	100 mg

INDICATIONS

Ce médicament contient du fer et de la *vitamine* C. Le fer est nécessaire à la formation de l'*hémoglobine*, contenue dans les *globules rouges* et qui assure le transport de l'oxygène dans le sang.

Il est utilisé dans le traitement des *carences* en fer responsables de certaines formes d'*anémies*. Il est également utilisé pour prévenir cette carence chez la femme enceinte, le *nouveau-né* ou le *nourrisson*, lorsque les apports alimentaires sont insuffisants.

CONTRE-INDICATIONS

Ce médicament ne doit pas être utilisé en cas d'excès de fer dans l'organisme.

ATTENTION

Un apport en fer sous forme de médicament ne peut être décidé que par votre médecin. La quantité de fer contenue dans une alimentation diversifiée est généralement suffisante.

INTERACTIONS MÉDICAMENTEUSES

Ce médicament peut interagir avec les *antibiotiques* de la famille des *cyclines*. Respectez un intervalle de 2 heures entre les prises des deux médicaments. Signalez tout autre traitement en cours à votre médecin ou à votre pharmacien.

GROSSESSE, ALLAITEMENT ET NOUVEAU-NÉ

Ce médicament peut être utilisé pendant la grossesse ou l'allaitement uniquement s'il vous a été prescrit par votre médecin.

MODE D'EMPLOI ET POSOLOGIE

Ce médicament est mieux absorbé s'il est pris avant les repas. En cas d'*intolérance*, vous pouvez le prendre en plusieurs fois au cours des repas.

Le contenu des ampoules doit être dilué dans un peu d'eau.

Posologie usuelle :

- Adulte : 2 à 4 ampoules par jour.
- Enfant : 1 ou 2 ampoules par jour.
- Nourrisson : 1/2 ou 1 ampoule par jour.

> La coloration des selles en noir est habituelle et ne doit pas vous conduire à interrompre le traitement.
>
> Si vous ne supportez pas ce médicament (*troubles digestifs*), prévenez votre médecin : il pourra vous proposer un autre traitement.
>
> La reconstitution du stock en fer de l'organisme nécessite un traitement de longue durée (plusieurs mois) ; respectez la durée prescrite par votre médecin.
>
> Les aliments les plus riches en fer sont d'origine animale : viande, poisson, volaille, abats.
>
> Une consommation importante de thé peut diminuer l'absorption du fer par l'organisme.

EFFETS INDÉSIRABLES POSSIBLES

Nausées, constipation, diarrhée.

FERVEX

phéniramine, paracétamol, vitamine C

PRÉSENTATION

FERVEX : granulé avec sucre ; boîte de 8 sachets - Non remb.

FERVEX : granulé sans sucre ; boîte de 8 sachets - Non remb.

FERVEX ENFANT : granulé avec sucre ; boîte de 8 sachets - Non remb.

Laboratoires Oberlin

COMPOSITION

	p. sachet avec sucre	p. sachet sans sucre	p. sachet Enfant
Phéniramine maléate .	25 mg	25 mg	10 mg
Paracétamol	500 mg	500 mg	280 mg
Acide ascorbique (vitamine C)	200 mg	200 mg	100 mg
Saccharose	11,5 g		2,4 g

INDICATIONS

Ce médicament contient un *antihistaminique*, un *antipyrétique* et *antalgique* et de la *vitamine* C.

Il est utilisé dans le *traitement symptomatique* des rhumes, *rhino-pharyngites*, *rhinites* allergiques et états grippaux.

CONTRE-INDICATIONS

Ce médicament ne doit pas être utilisé dans les cas suivants :

- *insuffisance hépatique* grave,
- *glaucome* à angle fermé,
- risque de blocage des urines (*adénome de la prostate*...),
- enfant de moins de 15 ans (sachet Adulte),
- enfant de moins de 6 ans (sachet Enfant).

> **ATTENTION**
>
> De nombreux médicaments contiennent du paracétamol : en tenir compte en cas de prise conjointe car le surdosage en paracétamol peut être toxique pour le foie.
>
> Évitez les boissons alcoolisées : augmentation du risque de somnolence.
>
> Conducteur : ce médicament peut être responsable d'une somnolence ou d'une baisse de la vigilance.

INTERACTIONS MÉDICAMENTEUSES

Ce médicament peut interagir avec d'autres médicaments, notamment les *sédatifs* et les *atropiniques*. Signalez tout autre traitement en cours à votre médecin ou à votre pharmacien.

GROSSESSE, ALLAITEMENT ET NOUVEAU-NÉ

L'effet de ce médicament pendant la grossesse ou l'allaitement est mal connu : par mesure de prudence, son usage est déconseillé.

MODE D'EMPLOI ET POSOLOGIE

Les granulés doivent être avalés après dissolution dans un demi-verre d'eau chaude ou froide. Respecter un intervalle de 4 heures entre les prises.

Posologie usuelle :

- Adulte et enfant de plus de 15 ans : 1 sachet Adulte, 2 ou 3 fois par jour.
- Enfant de 12 à 15 ans : 1 sachet Enfant, 4 fois par jour.
- Enfant de 10 à 12 ans : 1 sachet Enfant, 3 fois par jour.
- Enfant de 6 à 10 ans : 1 sachet Enfant, 2 fois par jour.

En cas d'*insuffisance rénale*, respecter un intervalle de 8 heures entre chaque prise.

> Si les troubles persistent plus de quelques jours, consultez votre médecin : un traitement *antibiotique* peut être nécessaire.

EFFETS INDÉSIRABLES POSSIBLES

Effets *atropiniques* : sécheresse de la bouche, troubles visuels, rétention urinaire, confusion des idées ou agitation chez la personne âgée.

Rarement : *allergie* cutanée.

FESTALE

enzymes pancréatiques, bile, hémicellulase

PRÉSENTATION

FESTALE : comprimé (blanc) ; boîte de 60 - Non remb.

Laboratoires Hoechst

COMPOSITION

	p. comp.
Ferments pancréatiques (amylase, lipase, trypsine) ..	0,192 g
Soit enzymes pancréatiques (porc)	18 500 UI
Bile de bœuf desséchée et purifiée	0,025 g
Hémicellulase	0,050 g
Chlorure de sodium	0,100 g

INDICATIONS

C'est une association d'extrait pancréatique d'origine animale et d'une cellulase. L'extrait pancréatique apporte des *enzymes* indispensables à la digestion ; la cellulase dégrade en partie les fibres alimentaires (cellulose) contenues dans les féculents.

Ce médicament est utilisé dans le traitement des digestions difficiles en rapport ou non avec une insuffisance du pancréas.

GROSSESSE, ALLAITEMENT ET NOUVEAU-NÉ

L'effet de ce médicament pendant la grossesse ou l'allaitement est mal connu. L'évaluation du risque éventuel lié à son utilisation est individuelle : demandez conseil à votre pharmacien ou à votre médecin.

MODE D'EMPLOI ET POSOLOGIE

Les comprimés doivent être avalés avant ou pendant les repas.

Posologie usuelle :

1 ou 2 comprimés, 2 ou 3 fois par jour.

> Ce médicament ne doit être ni sucé, ni croqué : il a mauvais goût et la présence de ferment risque d'irriter la bouche.
>
> Une alimentation équilibrée, une mastication lente et l'élimination des aliments difficiles à digérer permettent souvent d'atténuer, voire de faire disparaître, les *troubles digestifs* qui ne sont pas liés à un *ulcère*.

FIBORAN

aprindine

PRÉSENTATION

FIBORAN 50 mg : gélule (bleu et blanc) ; boîte de 40 - Remb. 65 % - Liste I

Laboratoires Bellon

COMPOSITION

	p. gél.
Aprindine chlorhydrate	50 mg

INDICATIONS

Ce médicament appartient à la classe I de la famille des *antiarythmiques*. Il modifie la vitesse de transmission de l'influx nerveux au sein du muscle cardiaque et lutte contre ses contractions anarchiques.

Il est utilisé dans le traitement de certains *troubles du rythme cardiaque*.

CONTRE-INDICATIONS

Ce médicament ne doit pas être utilisé dans les cas suivants :

- maladie de *Parkinson*,

- *épilepsie*,
- *bloc auriculo-ventriculaire* complet,
- *insuffisance cardiaque* grave,
- alcoolisme,
- grossesse.

ATTENTION

Si vous souffrez d'une maladie cardiaque, d'une *insuffisance hépatique* ou d'une *insuffisance rénale*, signalez-le à votre médecin.

Ce médicament peut être responsable d'une baisse du nombre de *globules blancs* dans le sang. Des analyses sanguines de contrôle peuvent être nécessaires, surtout en cas de fièvre d'allure anormale.

Conducteur : ce médicament peut être responsable d'une somnolence ou d'une baisse de la vigilance.

INTERACTIONS MÉDICAMENTEUSES

Ce médicament peut interagir avec d'autres médicaments, notamment les autres *antiarythmiques*. Signalez tout autre traitement en cours à votre médecin ou à votre pharmacien.

GROSSESSE, ALLAITEMENT ET NOUVEAU-NÉ

Grossesse :
Les études chez l'animal ont montré un effet malformatif ; en l'absence de données dans l'espèce humaine, ce médicament est contre-indiqué pendant la grossesse.

Allaitement :
Les données disponibles ne permettent pas de savoir si ce médicament passe dans le lait maternel.

MODE D'EMPLOI ET POSOLOGIE

Les gélules doivent être avalées avec un peu d'eau.

Posologie usuelle :
1 gélule par jour. Compte tenu de la longue durée d'action de ce médicament, il est possible d'adapter la *posologie* en variant la dose quotidienne sur deux jours : prendre, par exemple, 1 gélule les jours impairs et 2 gélules les jours pairs pour obtenir l'équivalent de 1 et 1/2 gélule par jour.

EFFETS INDÉSIRABLES POSSIBLES

Syndrome parkinsonien en particulier chez la personne âgée, *vertiges*, tremblements, difficulté à coordonner les mouvements et à parler, faiblesse musculaire, somnolence ou au contraire insomnie, cauchemars, troubles visuels, crises d'*épilepsie*, sueurs abondantes.

Beaucoup plus rarement :

Troubles digestifs, baisse du nombre de *globules blancs* dans le sang, *hépatite*.

FINIDOL

aspirine, caféine, hydroxyde d'aluminium

PRÉSENTATION

FINIDOL : comprimé (blanc) ; boîte de 30 - Non remb.

Laboratoires Sandoz

COMPOSITION

	p. comp.
Acide acétylsalicylique (aspirine)	350 mg
Caféine	25 mg
Hydroxyde aluminium	100 mg

INDICATIONS

Ce médicament contient de l'aspirine, *antalgique* et *antipyrétique*, de la caféine et un protecteur de la *muqueuse* de l'estomac.

Il est utilisé dans le *traitement symptomatique* de la douleur ou de la fièvre.

CONTRE-INDICATIONS

Ce médicament ne doit pas être utilisé dans les cas suivants :
- enfant de moins de 3 ans,
- *allergie* aux *salicylés* ou aux *AINS*,
- *ulcère* de l'estomac ou du *duodénum*,
- *hémorragie* et risque hémorragique,
- **grossesse** : pendant les 3 derniers mois, ou en prise prolongée à toute période de la grossesse.

ATTENTION

Un avis médical est préférable en cas d'*antécédent* d'*ulcère* de l'estomac ou du *duodénum*, même ancien, d'*asthme*, d'*insuffisance rénale*.

Ce médicament est déconseillé chez les personnes atteintes de *goutte*.

Évitez de prendre ce médicament pendant la semaine qui précède une extraction dentaire, une opération, ou pendant des règles abondantes : augmentation du risque d'*hémorragie*.

INTERACTIONS MÉDICAMENTEUSES

Ce médicament contient de l'aspirine : les personnes traitées par des médicaments anticancéreux contenant du méthotrexate ne doivent pas l'utiliser.

Il peut interagir avec d'autres médicaments, en particulier les *anticoagulants* et les *antiagrégants plaquettaires* (TICLID...) : augmentation du risque hémorragique. Signalez tout autre traitement en cours à votre pharmacien ou à votre médecin.

GROSSESSE, ALLAITEMENT ET NOUVEAU-NÉ

Grossesse :
Compte tenu de la présence d'aspirine, seule la prise ponctuelle de ce médicament est admise durant les 6 premiers mois de la grossesse ; au cours des 3 derniers mois, ce médicament est contre-indiqué.

Allaitement :
Ce médicament passe dans le lait maternel : il est déconseillé pendant l'allaitement.

MODE D'EMPLOI ET POSOLOGIE

Les comprimés doivent être avalés avec un verre d'eau.

Respectez un intervalle d'au moins 4 heures entre 2 prises.

Posologie usuelle :
- Adulte : 1 ou 2 comprimés, 2 ou 3 fois par jour.
- Enfant de 10 à 15 ans : 1 comprimé, 2 ou 3 fois par jour.
- Enfant de 3 à 10 ans : 1/2 comprimé, 1 à 3 fois par jour selon l'âge.

De nombreux médicaments contiennent de l'aspirine : en tenir compte en cas de prise conjointe.

EFFETS INDÉSIRABLES POSSIBLES

Liés à l'aspirine :
- *gastrite*, douleurs abdominales, saignements du nez ou des gencives ;
- rares et parfois graves : *hémorragie* du tube digestif (vomissements sanglants, selles noires, ou plus souvent pertes de sang imperceptibles, responsables de l'apparition progressive d'une *anémie*) ; accidents allergiques (*urticaire*, *œdème*, *asthme*) ;
- signes devant faire penser à un surdosage : bourdonnements d'oreille, sensation de baisse de l'audition, maux de tête.

Liés à la caféine : insomnie, excitation, *palpitations*.

FITACNOL

grande bardane, pensée sauvage, ortie dioïque

PRÉSENTATION

FITACNOL : gélule (transparent) ; boîte de 50 - Non remb.

Laboratoires Arkopharma

COMPOSITION

	p. gél.
Grande bardane, poudre de racine	80 mg
Pensée sauvage, poudre de partie aérienne	80 mg
Ortie dioïque, poudre de partie aérienne	80 mg

INDICATIONS

Ce médicament contient des extraits de plantes.

Il est utilisé dans le traitement de l'*acné*.

CONTRE-INDICATIONS

Ce médicament ne doit pas être utilisé chez l'enfant de moins de 15 ans.

GROSSESSE, ALLAITEMENT ET NOUVEAU-NÉ

Ce médicament ne contient aucune substance connue pour être toxique chez la femme enceinte ou qui allaite.

MODE D'EMPLOI ET POSOLOGIE

Les gélules doivent être prises pendant les repas, avec un grand verre d'eau.

Posologie usuelle :
1 ou 2 gélules, matin et soir, pendant 4 semaines.

Ce médicament doit être conservé à l'abri de la lumière, de la chaleur et de l'humidité.

FITAXAL

lactulose

PRÉSENTATION

FITAXAL : gelée ; boîte de 10 doses unitaires - Non remb.

Laboratoires Phygiène

COMPOSITION

	p. dose
Lactulose (galactose et fructose)	9,92 g

INDICATIONS

C'est un *laxatif osmotique*. Il permet une meilleure hydratation des selles.

Il est utilisé dans le *traitement symptomatique* de la constipation.

CONTRE-INDICATIONS

Ce médicament ne doit pas être utilisé dans les cas suivants :

- *intolérance* au galactose,
- maladies inflammatoires du côlon,
- constipation ou douleur abdominale due à une obstruction du tube digestif : rétrécissement intestinal, *fécalome* (bouchon de selles).

ATTENTION

Il est nécessaire de boire beaucoup d'eau, particulièrement en cas de dilatation du côlon, d'alitement et chez la personne âgée.

Les laxatifs ne doivent pas être utilisés de façon prolongée sans avis médical.

GROSSESSE, ALLAITEMENT ET NOUVEAU-NÉ

Grossesse :

Ce médicament peut être utilisé chez la femme enceinte.

Allaitement :

Comme tous les laxatifs, ce médicament est susceptible de freiner les montées de lait.

MODE D'EMPLOI ET POSOLOGIE

- Adulte : 1 à 4 doses par jour.
- Enfant : 1/2 ou 1 dose par jour.

Ce traitement doit être accompagné de mesures simples d'hygiène alimentaire (régime riche en fibres et boissons abondantes) et d'exercices physiques : consultez votre médecin ou votre pharmacien.

EFFETS INDÉSIRABLES POSSIBLES

Ballonnement abdominal et diarrhée en cas de surdosage.

Rarement : démangeaisons, douleurs anales.

FLAGYL oral

métronidazole

PRÉSENTATION

FLAGYL 250 mg : comprimé (blanc) ; boîte de 20 - Remb. 65 % - Liste I

FLAGYL 500 mg : comprimé (blanc) ; boîte de 4 - Remb. 65 % - Liste I

FLAGYL 500 mg : comprimé (blanc) ; boîte de 14 - Remb. 65 % - Liste I

FLAGYL : suspension buvable à 4 % arôme orange-citron ; flacon 120 ml - Remb. 65 % - Liste I

Laboratoires Specia

COMPOSITION

	p. comp.	p. comp.	p. c. mes.
Métronidazole	250 mg	500 mg	
Métronidazole benzoate			125 mg
Saccharose			3 g

INDICATIONS

C'est un *antibiotique* et un antiparasitaire qui appartient à la famille des *imidazolés*.

Il est utilisé dans le traitement de certaines maladies infectieuses ou parasitaires de l'intestin ou de l'appareil génital.

CONTRE-INDICATIONS

Ce médicament ne doit pas être utilisé en cas d'*allergie* aux *imidazolés*.

ATTENTION

Évitez l'absorption de boissons alcoolisées pendant le traitement : risque d'*effet antabuse*.

En cas d'*urticaire* ou de troubles nerveux, prévenir votre médecin avant de poursuivre le traitement.

INTERACTIONS MÉDICAMENTEUSES

Ce médicament peut interagir avec d'autres médicaments, en particulier les *anticoagulants* oraux et le disulfirame (ESPÉRAL). Signalez tout autre traitement en cours à votre médecin ou à votre pharmacien.

GROSSESSE, ALLAITEMENT ET NOUVEAU-NÉ

Par mesure de prudence, ce médicament est déconseillé pendant les 3 premiers mois de la grossesse et pendant l'allaitement.

MODE D'EMPLOI ET POSOLOGIE

Ce médicament peut être pris au cours ou en dehors des repas.

Posologie usuelle :

Elle est très variable selon la maladie.

Le médecin peut prescrire un prélèvement pour identifier le *germe* ou le parasite responsable de l'infection et tester sa sensibilité aux *antibiotiques*. Le résultat de cet examen peut être faussé en cas d'automédication préalable : ne prenez pas d'antibiotiques sans avis médical.

En cas d'infection génitale, votre partenaire peut être contaminé alors qu'il ne présente aucun *symptôme*. S'il n'est pas traité conjointement, une recontamination est possible.

La coloration brun-rouge des urines est normale.

EFFETS INDÉSIRABLES POSSIBLES

Troubles digestifs : nausées, vomissements, diarrhée. Goût métallique dans la bouche.

Réactions allergiques, *urticaire*.

Maux de tête, *vertiges*.

FLAGYL ovule

métronidazole

PRÉSENTATION

FLAGYL : ovule ; boîte de 10 - Remb. 65 % - Liste I

Laboratoires Specia

COMPOSITION

	p. ovule
Métronidazole	500 mg

INDICATIONS

Cet ovule gynécologique contient une substance *antibiotique* et antiparasitaire de la famille des *imidazolés*.

Il est utilisé dans le traitement des infections génitales, notamment les infections à *trichomonas*.

CONTRE-INDICATIONS

Ce médicament ne doit pas être utilisé en cas d'*allergie* aux *imidazolés*.

ATTENTION

Le médecin prescrit parfois un prélèvement pour identifier le *germe* responsable de l'infection et tester sa sensibilité aux *antibiotiques*. Le résultat de cet examen peut être faussé en cas d'automédication : prévenez votre médecin si vous avez pris ce médicament.

Évitez l'absorption de boissons alcoolisées pendant le traitement : risque d'*effet antabuse*.

INTERACTIONS MÉDICAMENTEUSES

Ce médicament peut interagir avec d'autres médicaments. Signalez tout autre traitement en cours à votre médecin ou à votre pharmacien.

GROSSESSE, ALLAITEMENT ET NOUVEAU-NÉ

Par mesure de prudence, ce médicament est déconseillé pendant les 3 premiers mois de la grossesse et pendant l'allaitement.

MODE D'EMPLOI ET POSOLOGIE

L'ovule doit être mis en place au fond du vagin, de préférence le soir au coucher.

Posologie usuelle :

1 ovule par jour, généralement en complément d'un traitement par *voie* orale.

Introduisez l'ovule en position couchée, puis restez allongée pendant 5 à 10 minutes. En fondant dans le vagin, l'ovule peut être à l'origine d'un écoulement gênant : il est conseillé de mettre une protection.

Pendant les règles, n'interrompez pas le traitement et évitez de porter des tampons.

Votre partenaire peut être contaminé alors qu'il ne présente aucun *symptôme*. S'il n'est pas traité conjointement, une recontamination est possible.

La coloration brun-rouge des urines est normale sous traitement.

EFFETS INDÉSIRABLES POSSIBLES

Troubles digestifs.

Réaction allergique, *urticaire.*

Maux de tête, *vertiges.*

FLAMMAZINE

sulfadiazine argentique

PRÉSENTATION

FLAMMAZINE : crème ; tube 50 g - Remb. 35 %

Laboratoires Duphar et Cie

COMPOSITION

	p. 100 g
Sulfadiazine argentique	1 g

INDICATIONS

Cette crème contient un *antibiotique* de la famille des *sulfamides*, associé à un sel d'argent *antiseptique.*

Elle est utilisée comme *traitement d'appoint* des lésions infectées de la peau.

CONTRE-INDICATIONS

Ce médicament ne doit pas être utilisé dans les cas suivants :
- *allergie* aux *antibiotiques* de la famille des *sulfamides*,
- grossesse,
- allaitement,
- *nouveau-né.*

ATTENTION

Évitez d'utiliser cette crème, notamment chez l'enfant, de manière prolongée et sur des surfaces étendues ou profondément lésées sans l'avis de votre médecin.

INTERACTIONS MÉDICAMENTEUSES

L'association à d'autres *antiseptiques* est déconseillée car leurs effets risquent de s'annuler.

GROSSESSE, ALLAITEMENT ET NOUVEAU-NÉ

Ce médicament est contre-indiqué pendant la grossesse et l'allaitement.

MODE D'EMPLOI ET POSOLOGIE

Avant chaque application, nettoyer à l'eau ou au *sérum physiologique* la lésion à traiter.

Étaler la crème en couche de 2 à 3 mm d'épaisseur soit directement sur la zone à traiter, soit préalablement sur une compresse stérile.

Posologie usuelle :

1 application par jour.

Lavez-vous les mains après l'application.

Ce médicament est photosensibilisant : une exposition aux rayons *ultraviolets* (soleil, lampe à bronzer) peut provoquer des réactions cutanées. N'omettez pas de signaler à votre médecin vos projets de vacances au soleil pendant la durée du traitement.

Les taches occasionnées par l'emploi de cette crème sur le linge ou la literie disparaissent au lavage.

EFFETS INDÉSIRABLES POSSIBLES

Eczéma de contact, *photosensibilisation.*

FLAVOQUINE

amodiaquine

PRÉSENTATION

FLAVOQUINE : comprimé sécable (jaune clair) ; boîte de 16 - Non remb. - Liste II

Laboratoires Roussel

COMPOSITION

	p. comp.
Amodiaquine chlorhydrate	200 mg

INDICATIONS

C'est un antipaludéen de synthèse.

Il est uniquement utilisé dans le *traitement de la crise* de *paludisme.*

CONTRE-INDICATIONS

Ce médicament ne doit pas être utilisé dans les cas suivants :
- *antécédent* d'*intolérance* à ce médicament,
- maladie de la *rétine* en cas de traitements répétés.

ATTENTION

Ce médicament peut être responsable de complications graves, notamment *hépatite* et *agranulocytose*, qui limitent son emploi aux crises de paludisme. Il n'est plus utilisé en *traitement préventif.*

INTERACTIONS MÉDICAMENTEUSES

Ce médicament peut interagir avec d'autres médicaments. Signalez tout autre traitement en cours à votre médecin ou à votre pharmacien.

GROSSESSE, ALLAITEMENT ET NOUVEAU-NÉ

Grossesse :

Les études scientifiques actuellement disponibles n'ont pas mis en évidence de problème particulier lors de l'utilisation chez la femme enceinte.

Allaitement :

Les données disponibles ne permettent pas de savoir si ce médicament passe dans le lait maternel.

MODE D'EMPLOI ET POSOLOGIE

Les comprimés doivent être pris avec un verre d'eau, après les repas.

Posologie usuelle :

Le traitement dure 3 jours, et la *posologie* varie en fonction du poids :
- 1er jour : 15 mg par kg et par jour, répartis en 2 prises ;
- les 2 jours suivants : 10 mg par kg et par jour, répartis en 2 prises.

EFFETS INDÉSIRABLES POSSIBLES

Exceptionnellement : *hépatite* ou atteinte grave du sang.

Rarement : démangeaisons, éruption cutanée, coloration ardoisée, en particulier des ongles et des *muqueuses.*

FLÉBOSMIL

diosmine

PRÉSENTATION

FLÉBOSMIL : comprimé (beige clair) ; boîte de 30 - Remb. 35 %

FLÉBOSMIL : poudre pour suspension buvable arôme orange ; boîte de 30 sachets - Remb. 35 %

Laboratoires Bouchara

COMPOSITION

	p. comp.	p. sachet
Diosmine	300 mg	300 mg
Aspartam		+

INDICATIONS

C'est un protecteur *vasculaire* et *veinotonique*. Il stimule la circulation du sang dans les veines et lutte contre l'altération des *vaisseaux capillaires.*

Il est utilisé dans le *traitement symptomatique* :
- des jambes lourdes, *œdèmes*, crampes, *impatiences* et autres troubles pouvant être en rapport avec une mauvaise circulation veineuse ou *lymphatique*,
- des troubles liés à la fragilité des petits vaisseaux,
- des crises d'*hémorroïdes.*

CONTRE-INDICATIONS

Ce médicament ne doit pas être utilisé en cas de *phénylcétonurie* (présence d'aspartam).

ATTENTION

Ce médicament est insuffisant pour prévenir le risque de *phlébite* chez les malades alités ou plâtrés.

L'*insuffisance veineuse* peut requérir des mesures spécifiques telles que la *contention élastique.*

GROSSESSE, ALLAITEMENT ET NOUVEAU-NÉ

L'effet de ce médicament pendant la grossesse ou l'allaitement est mal connu. L'évaluation du risque éventuel lié à son utilisation est individuelle : demandez conseil à votre pharmacien ou à votre médecin.

MODE D'EMPLOI ET POSOLOGIE

Ce médicament doit être pris avec un verre d'eau au cours des repas.

Posologie usuelle :

1 comprimé ou 1 sachet midi et soir au moment du repas.

Dans le traitement de la crise aiguë d'*hémorroïdes*, la *posologie* est de 4 à 6 comprimés ou de 4 à 6 sachets par jour.

Une activité physique régulière et la surélévation du pied du lit permettent

de faciliter la circulation veineuse et *lymphatique*.
La constipation, la consommation de mets épicés et de vins riches en tanins favorisent les *hémorroïdes*.

EFFETS INDÉSIRABLES POSSIBLES

Rares *troubles digestifs*.

FLÉCAÏNE
flécaïnide

PRÉSENTATION

FLÉCAÏNE : comprimé sécable (blanc) ; boîte de 30 - Remb. 65 % - Liste I

Laboratoires 3M Santé

COMPOSITION

	p. comp.
Flécaïnide acétate	100 mg

INDICATIONS

Ce médicament appartient à la classe I de la famille des *antiarythmiques*. Il modifie la vitesse de transmission de l'influx nerveux au sein du muscle cardiaque et lutte contre ses contractions anarchiques.

Il est utilisé dans le traitement de certains *troubles du rythme cardiaque*.

CONTRE-INDICATIONS

Ce médicament ne doit pas être utilisé dans les cas suivants :
- certains *blocs auriculo-ventriculaires*,
- *insuffisance cardiaque*,
- *infarctus du myocarde* récent ou ancien.

ATTENTION
Si vous souffrez ou avez déjà souffert d'*insuffisance cardiaque*, signalez-le à votre médecin.

INTERACTIONS MÉDICAMENTEUSES

Ce médicament peut interagir avec d'autres médicaments, notamment les autres *antiarythmiques*. Signalez tout autre traitement en cours à votre médecin ou à votre pharmacien.

GROSSESSE, ALLAITEMENT ET NOUVEAU-NÉ

L'effet de ce médicament pendant la grossesse ou l'allaitement est mal connu : seul votre médecin peut évaluer le risque éventuel de son utilisation dans votre cas.

MODE D'EMPLOI ET POSOLOGIE

Les comprimés doivent être avalés avec un peu d'eau.

Posologie usuelle :
1 comprimé, 2 fois par jour.

EFFETS INDÉSIRABLES POSSIBLES

Fréquemment : *vertiges*, tremblements, troubles de la vision.
Peuvent également survenir :
- fatigue, maux de tête ;
- *troubles digestifs* ;
- aggravation d'une *insuffisance cardiaque* préexistante ;
- aggravation paradoxale de l'*arythmie*, ou apparition de nouveaux *troubles du rythme cardiaque*.

FLECTOR
diclofénac

PRÉSENTATION

FLECTOR : gel pour application locale ; tube 60 g - Remb. 35 % - Liste II

Laboratoires Génévrier

COMPOSITION

	p. 100 g
Diclofénac épolamine	1,292 g

INDICATIONS

Ce gel contient un *anti-inflammatoire* non stéroïdien (*AINS*). Il lutte localement contre l'*inflammation* et la douleur.

Il est utilisé dans le traitement des *tendinites* et des entorses.

CONTRE-INDICATIONS

Ce médicament ne doit pas être utilisé dans les cas suivants :
- *allergie* à l'aspirine ou aux *AINS*,
- en application sur un *eczéma*, des *muqueuses*, des plaies ou de la peau lésée.

GROSSESSE, ALLAITEMENT ET NOUVEAU-NÉ

L'effet de ce médicament pendant la grossesse ou l'allaitement est mal connu : seul votre médecin peut évaluer le risque éventuel de son utilisation dans votre cas.

MODE D'EMPLOI ET POSOLOGIE

Le gel doit être appliqué en massage doux et prolongé.

Posologie usuelle :
2 à 4 applications par jour.

Se laver les mains après application. En cas de contact accidentel avec les yeux, rincer abondamment.

EFFETS INDÉSIRABLES POSSIBLES

Imposant l'arrêt du traitement : *allergie* cutanée (éruption de boutons, démangeaisons...).

FLÉMOXINE
amoxicilline

PRÉSENTATION

FLÉMOXINE 125 : comprimé sécable (blanc) ; boîte de 12 - Remb. 65 % - Liste I

FLÉMOXINE 250 : comprimé sécable (blanc) ; boîte de 12 - Remb. 65 % - Liste I

FLÉMOXINE 500 : comprimé sécable (blanc) ; boîte de 12 - Remb. 65 % - Liste I

Laboratoires Yamanouchi

COMPOSITION

	p. comp.	p. comp.	p. comp.
Amoxicilline	125 mg	250 mg	500 mg

INDICATIONS

C'est un *antibiotique* qui appartient à la famille des *pénicillines* à spectre élargi, c'est-à-dire actives sur un plus grand nombre de *germes* que la pénicilline simple.

Ce médicament est utilisé dans le traitement de diverses maladies infectieuses, notamment celles des poumons, des bronches, du nez, de la gorge ou des oreilles, de l'appareil digestif ou urinaire, des *voies génitales*, des gencives et des dents.

CONTRE-INDICATIONS

Ce médicament ne doit pas être utilisé dans les cas suivants :
- *allergie* aux *pénicillines*,
- *mononucléose infectieuse*.

Ce médicament ne peut être utilisé qu'après avis médical en cas d'allergie aux *céphalosporines*.

ATTENTION
Des précautions sont nécessaires en cas d'*insuffisance rénale*.
Le médecin peut prescrire un prélèvement pour identifier le *germe* responsable de l'infection et tester sa sensibilité à l'*antibiotique*. Le résultat de cet examen peut être faussé en cas d'automédication préalable : ne prenez pas d'antibiotique sans avis médical.
Des *antécédents* d'*allergie* à la *pénicilline* contre-indiquent l'usage de ce médicament. La survenue de toute manifestation allergique (boutons, *œdème*, malaise) impose l'arrêt immédiat du traitement : consultez votre médecin.
Une diminution de la fièvre ou une disparition des *symptômes* ne sont pas synonymes de guérison : la durée du traitement doit absolument être respectée pour éviter les rechutes.

INTERACTIONS MÉDICAMENTEUSES

Ce médicament peut interagir avec d'autres médicaments. Signalez tout autre traitement en cours à votre médecin ou à votre pharmacien.

GROSSESSE, ALLAITEMENT ET NOUVEAU-NÉ

Grossesse :
Les études scientifiques actuellement disponibles n'ont pas mis en évidence de problème particulier lors de l'utilisation chez la femme enceinte. Seul votre médecin peut apprécier la nécessité du traitement et son risque pendant la grossesse.

Allaitement :
Ce médicament passe dans le lait maternel.

MODE D'EMPLOI ET POSOLOGIE

Les comprimés peuvent être avalés tels quels avec un peu d'eau, ou être préalablement dissous dans un demi-verre d'eau.

Les repas ne modifient pas l'absorption du médicament, qui peut donc être pris à n'importe quel moment de la journée.

Posologie usuelle :

Elle varie en fonction des indications.

À titre indicatif et pour des infections courantes :

- Adulte : 500 mg, matin et soir.
- Enfant de plus de 30 mois : 25 à 35 mg par kg et par jour, en 2 prises.

> L'éventuelle impression de fatigue n'est pas due à l'*antibiotique*, mais à l'infection elle-même.
> L'odeur particulière des urines est normale et traduit l'élimination de l'antibiotique.

EFFETS INDÉSIRABLES POSSIBLES

Fréquents mais généralement bénins :
- *allergie* cutanée,
- *troubles digestifs* (nausée, diarrhée),
- *candidose*.

Rares mais parfois graves :
- œdème de *Quincke*,
- *choc* allergique (exceptionnel).

FLÉTAGEX

huile de foie de morue, vitamine A

PRÉSENTATION

FLÉTAGEX : pommade ; tube 30 g - Non remb.

Laboratoires Sterling Midy

COMPOSITION

	p. 100 g
Huile de foie de morue enrichie en rétinol (vitamine A)	40 000 UI
Lanoline	+

INDICATIONS

Cette pommade contient de l'huile de foie de morue enrichie en *vitamine* A. Elle est protectrice et cicatrisante.

Elle est utilisée dans le traitement de certaines maladies de la peau : rougeur des fesses du *nourrisson*, crevasse, gerçure, engelure.

CONTRE-INDICATIONS

Ce médicament ne doit pas être utilisé en cas de lésion suintante.

> **ATTENTION**
> Évitez d'utiliser cette pommade, notamment chez l'enfant, de manière prolongée sur des surfaces étendues ou profondément lésées, sans l'avis de votre pharmacien ou de votre médecin.

INTERACTIONS MÉDICAMENTEUSES

Évitez d'associer cette pommade à un *antiseptique* : risque d'annulation de son effet.

GROSSESSE, ALLAITEMENT ET NOUVEAU-NÉ

Ce médicament ne contient que des substances présumées sans danger pendant la grossesse ou l'allaitement. Néanmoins, ne l'utilisez pas de façon prolongée sans l'avis de votre pharmacien ou de votre médecin.

MODE D'EMPLOI ET POSOLOGIE

Masser légèrement pour faire pénétrer la pommade.

Posologie usuelle :

1 ou plusieurs applications par jour.

> La rougeur des fesses du *nourrisson* est souvent due à l'imprégnation de la peau par l'urine, sous la couche. Il est donc nécessaire de nettoyer et de rincer abondamment la peau avec de l'eau avant d'appliquer le médicament.

EFFETS INDÉSIRABLES POSSIBLES

Eczéma dû au médicament (présence de lanoline).

FLODIL

félodipine

PRÉSENTATION

FLODIL L.P. 5 mg : comprimé à *libération prolongée* (rose) ; boîte de 28 - Remb. 65 % - Liste I

Laboratoires Astra France

COMPOSITION

	p. comp. L.P.
Félodipine	5 mg

INDICATIONS

Ce médicament est un *vasodilatateur* qui appartient à la famille des *inhibiteurs calciques*.

Il est utilisé dans le *traitement de fond* de l'*hypertension artérielle*.

CONTRE-INDICATIONS

Ce médicament ne doit pas être utilisé en cas de grossesse.

INTERACTIONS MÉDICAMENTEUSES

Ce médicament peut interagir avec d'autres médicaments. Signalez tout autre traitement en cours à votre médecin ou à votre pharmacien.

GROSSESSE, ALLAITEMENT ET NOUVEAU-NÉ

Grossesse :

Ce médicament est contre-indiqué chez la femme enceinte ou susceptible de l'être : une contraception efficace est recommandée.

Allaitement :

Les données disponibles ne permettent pas de savoir si ce médicament passe dans le lait maternel. L'allaitement est déconseillé pendant le traitement.

MODE D'EMPLOI ET POSOLOGIE

Les comprimés doivent être avalés tels quels avec un verre d'eau sans être croqués. Ce médicament peut être pris au cours ou en dehors des repas.

Posologie usuelle :

- Adulte : 1 ou 2 comprimés en 1 prise le matin.

> Le traitement médicamenteux ne dispense pas des mesures simples pouvant faire baisser la tension artérielle : activité physique régulière, modération de la consommation de boissons alcoolisées, lutte contre le surpoids.

EFFETS INDÉSIRABLES POSSIBLES

Les plus fréquents sont la conséquence de la dilatation des vaisseaux sanguins :
- rougeur du visage, bouffées de chaleur, maux de tête,
- jambes lourdes ou enflées.

Plus rarement : nausées, étourdissements, fatigue, *palpitations*, éruptions cutanées, démangeaisons, gonflement des gencives.

FLOGENCYL

bêta-escine

PRÉSENTATION

FLOGENCYL : gel gingival ; tube 20 g - Remb. 35 %

Laboratoires Parke-Davis

COMPOSITION

	p. 100 g
Bêta-escine pure anhydre	1,5 g

INDICATIONS

Ce gel gingival possède une action *antalgique* et *anti-œdémateuse* locale.

Il est utilisé dans le *traitement symptomatique* des ulcérations de la bouche et des aphtes.

CONTRE-INDICATIONS

Ce médicament ne doit pas être utilisé chez l'enfant de moins de 30 mois (présence de menthol).

GROSSESSE, ALLAITEMENT ET NOUVEAU-NÉ

L'effet de ce médicament pendant la grossesse ou l'allaitement est mal connu. L'évaluation du risque éventuel lié à son utilisation est individuelle : demandez conseil à votre pharmacien ou à votre médecin.

MODE D'EMPLOI ET POSOLOGIE

Appliquer un peu de gel directement avec l'embout du tube sur la partie douloureuse et masser légèrement la gencive.

Posologie usuelle :

5 applications par jour.

> L'emploi de ce médicament ne doit pas remplacer le brossage soigneux et régulier des dents après chaque repas ou après consommation de sucreries.
> En cas d'irritation des gencives par une prothèse (dentier), n'hésitez pas à consulter votre dentiste.

FLOROCYCLINE

tétracycline, levures

PRÉSENTATION

FLOROCYCLINE 250 mg : gélule (jaune et noir) ; boîte de 16 - Remb. 35 % - Liste I

Laboratoires SmithKline Beecham

COMPOSITION

	p. gél.
Tétracycline chlorhydrate	250 mg
Levures sèches vivantes (saccharomyces cerevisae)	100 mg

INDICATIONS

Ce médicament contient un *antibiotique* de la famille des *tétracyclines*, associé à des levures, destinées à pallier un éventuel déséquilibre de la flore intestinale.

Il est utilisé dans le traitement de diverses maladies infectieuses, notamment respiratoires et génitales. Il est également utilisé dans le traitement de l'*acné*.

CONTRE-INDICATIONS

Ce médicament ne doit pas être utilisé dans les cas suivants :
- *allergie* aux *tétracyclines*,
- enfant de moins de 8 ans (risque de coloration définitive des dents),
- association avec les *rétinoïdes*,
- grossesse,
- allaitement.

ATTENTION

Des précautions sont nécessaires en cas d'*insuffisance rénale* ou d'*insuffisance hépatique*.

Ce médicament est photosensibilisant : une exposition aux rayons *ultraviolets* peut provoquer des réactions cutanées. Évitez toute exposition au soleil et n'omettez pas de signaler à votre médecin vos projets de vacances pendant la durée du traitement.

L'emploi de *tétracyclines* périmées peut provoquer des lésions rénales.

Ce médicament peut perturber certaines analyses d'urine, notamment la recherche du glucose.

INTERACTIONS MÉDICAMENTEUSES

Ce médicament ne doit pas être associé à ceux contenant des *rétinoïdes* (ROACCUTANE oral, SORIATANE...) : risque d'*hypertension intracrânienne*.

Il peut interagir avec d'autres médicaments, notamment les *anticoagulants* oraux : signalez tout autre traitement en cours à votre médecin ou à votre pharmacien.

GROSSESSE, ALLAITEMENT ET NOUVEAU-NÉ

Ce médicament peut provoquer des anomalies dentaires chez l'enfant à naître ou le *nourrisson* : son usage est contre-indiqué pendant la grossesse et l'allaitement.

MODE D'EMPLOI ET POSOLOGIE

Ce médicament doit être pris en dehors des repas.

Posologie usuelle :
- Adulte : 6 à 8 gélules par jour, en 2 ou 3 prises. Dans le traitement prolongé de l'*acné*, la *posologie* est très variable et fixée par le médecin.
- Enfant de plus de 8 ans : 2 gélules par 10 kg et par jour, en 2 prises.

L'éventuelle impression de fatigue n'est pas due à l'*antibiotique*, mais à l'infection elle-même.

Le médecin peut prescrire un prélèvement pour identifier le *germe* responsable de l'infection et tester sa sensibilité aux antibiotiques. Le résultat de cet examen peut être faussé en cas d'automédication préalable : un avis médical est toujours préférable avant la prise d'antibiotiques.

Une diminution de la fièvre ou une disparition des troubles ne sont pas synonymes de guérison : la durée du traitement doit absolument être respectée pour éviter les rechutes.

EFFETS INDÉSIRABLES POSSIBLES

Troubles digestifs : nausée, diarrhée.

Allergie cutanée.

Réactions de *photosensibilisation* : rougeurs cutanées dues à une exposition aux rayons *ultraviolets*.

FLOXYFRAL
fluvoxamine

PRÉSENTATION

FLOXYFRAL 50 mg : comprimé (jaune) ; boîte de 30 - Remb. 65 % - Liste I

FLOXYFRAL 100 mg : comprimé (jaune) ; boîte de 15 - Remb. 65 % - Liste I

Laboratoires Duphar & Cie

COMPOSITION

	p. comp.	p. comp.
Fluvoxamine maléate	50 mg	100 mg

INDICATIONS

C'est un *antidépresseur* qui appartient à la famille des antidépresseurs non *IMAO*, non imipraminiques.

Il est utilisé dans le traitement des *états dépressifs*.

CONTRE-INDICATIONS

Ce médicament ne doit pas être utilisé en association aux *IMAO*.

ATTENTION

Si vous souffrez d'*épilepsie* ou d'*insuffisance hépatique*, prévenez votre médecin afin qu'il puisse adapter la *posologie*.

En cas d'*hépatite*, le traitement doit être arrêté : consultez votre médecin.

Évitez les boissons alcoolisées : augmentation du risque de somnolence.

Conducteur : ce médicament peut être responsable d'une baisse de la vigilance, particulièrement en début de traitement.

INTERACTIONS MÉDICAMENTEUSES

Ce médicament ne doit pas être associé aux *IMAO* non sélectifs (MARSILID, NIAMIDE...) : risque de poussée d'*hypertension artérielle* ou de malaise grave.

Lorsque ce médicament vient en remplacement d'un IMAO non sélectif, il convient de respecter un délai d'au moins 15 jours.

Lorsqu'un IMAO vient en remplacement de ce médicament, un intervalle de 3 jours suffit.

Ce médicament peut interagir avec d'autres médicaments, notamment certains *bêtabloquants*, les *anticoagulants* oraux ou le *lithium*. Signalez tout autre traitement en cours à votre médecin ou à votre pharmacien.

GROSSESSE, ALLAITEMENT ET NOUVEAU-NÉ

L'effet de ce médicament pendant la grossesse ou l'allaitement est mal connu : seul votre médecin peut évaluer le risque éventuel de son utilisation dans votre cas.

MODE D'EMPLOI ET POSOLOGIE

Les comprimés doivent être avalés avec un peu d'eau, au moment des repas, indifféremment en 1 ou 2 prises par jour.

Posologie usuelle :

Elle est strictement individuelle.

L'efficacité de ce médicament peut ne pas être immédiate ; n'arrêtez pas le traitement prématurément.

EFFETS INDÉSIRABLES POSSIBLES

Nausées, somnolence, tremblements.

Ces effets disparaissent le plus souvent avec la poursuite du traitement.

En cas d'excitation anormale, prévenez votre médecin.

FLUANXOL
flupentixol

PRÉSENTATION

FLUANXOL 4 POUR CENT : solution buvable (jaunâtre) ; flacon 10 ml (gouttes) - Remb. 65 % - Liste I

FLUANXOL L.P. 20 mg/ml : solution injectable huileuse *I.M.* ; boîte de 4 ampoules 1 ml - Remb. 65 % - Liste I

FLUANXOL L.P. 100 mg/ml : solution injectable huileuse *I.M.* ; 1 ampoule 1 ml - Remb. 65 % - Liste I

Laboratoires Lundbeck

COMPOSITION

	p. gte	p. ml	p. ml
Flupentixol dichlorhydrate	1 mg		
Flupentixol décanoate		20 mg	100 mg

INDICATIONS

Ce médicament appartient à la famille des *neuroleptiques*.

Il est utilisé dans le traitement de certains troubles nerveux accompagnés de troubles de l'*humeur*.

CONTRE-INDICATIONS

Ce médicament ne doit pas être utilisé dans les cas suivants :
- *glaucome* à angle fermé ;
- risque de rétention urinaire (*adénome de la prostate*...) ;
- en association avec les médicaments contenant de la lévodopa.

ATTENTION

La guérison peut nécessiter un traitement prolongé ; une amélioration survenant en début de traitement ne doit pas conduire à l'arrêter sans l'avis de votre médecin.

En cas de survenue d'une fièvre inexpliquée, suspendez la prise de ce médicament et alertez immédiatement votre médecin.

Des précautions sont nécessaires chez la personne âgée et en cas d'*épilepsie*, d'*insuffisance rénale*, d'*insuffisance hépatique*, de maladie cardiaque ou de maladie de *Parkinson*.

Évitez les boissons alcoolisées : augmentation du risque de somnolence.

Conducteur : ce médicament peut être responsable d'une somnolence ou d'une baisse de la vigilance.

INTERACTIONS MÉDICAMENTEUSES

Ce médicament ne doit pas être associé avec les médicaments contenant de la lévodopa (LARODOPA, MODOPAR, SINEMET...) : risque d'annulation de leurs effets.

Il peut interagir avec d'autres médicaments, notamment les *antihypertenseurs* et les *sédatifs*. Signalez tout autre traitement en cours à votre médecin ou à votre pharmacien.

GROSSESSE, ALLAITEMENT ET NOUVEAU-NÉ

Grossesse et nouveau-né :

Si une grossesse survient pendant le traitement, consultez votre médecin. Il appréciera le risque éventuel lié à l'utilisation de ce médicament dans votre cas. Si le traitement est poursuivi jusqu'à l'accouchement, une surveillance médicale du *nouveau-né* est nécessaire.

Allaitement :

En l'absence de données sur le passage de ce médicament dans le lait maternel, l'allaitement est déconseillé.

MODE D'EMPLOI ET POSOLOGIE

La solution injectable a une action prolongée. Elle doit être injectée par *voie* intramusculaire profonde, en utilisant une seringue en verre.

Posologie usuelle :

Elle varie selon les cas.

La solution injectable est utilisée en relais de la solution buvable.

EFFETS INDÉSIRABLES POSSIBLES

Somnolence.

Mouvements involontaires, tremblements, raideur anormale, grimaces involontaires.

Hypotension orthostatique.

Effets *atropiniques*.

Absence de règles, augmentation du volume des seins, écoulement de lait par le mamelon.

Prise de poids.

L'exposition au soleil peut être contre-indiquée pendant certains traitements

FLUBILAR

PRÉSENTATION

FLUBILAR 200 mg : solution buvable (rouge), arôme de griotte ; boîte de 20 ampoules 5 ml - Remb. 35 %

FLUBILAR 100 mg Enfants : solution buvable (rouge), arôme de griotte ; boîte de 20 ampoules 5 ml - Remb. 35 %

Laboratoires Byk France

COMPOSITION

	p. amp.	p. amp. Enf.
Cis-camphorate de méthyle sodé	200 mg	100 mg
Benzoate de sodium	7,5 mg	7,5 mg

INDICATIONS

C'est un médicament qui appartient à la famille des *cholérétiques*. Il agit en augmentant la production de bile et lutte contre les spasmes des *voies biliaires*.

Il est principalement utilisé dans le *traitement symptomatique* des *troubles digestifs* en rapport avec une paresse biliaire et dans le *traitement d'appoint* de la constipation.

CONTRE-INDICATIONS

Ce médicament ne doit pas être utilisé chez l'enfant de moins de 30 mois.

ATTENTION

Si vous souffrez d'une maladie grave du foie ou d'une obstruction des *voies biliaires* notamment due à des calculs, n'utilisez pas ce médicament sans avis médical.

En cas de persistance des *symptômes*, des examens peuvent être nécessaires : consultez votre médecin.

En cas d'apparition de diarrhées, arrêtez le traitement.

GROSSESSE, ALLAITEMENT ET NOUVEAU-NÉ

L'effet de ce médicament pendant la grossesse ou l'allaitement est mal connu. L'évaluation du risque éventuel lié à son utilisation est individuelle : demandez conseil à votre pharmacien ou à votre médecin.

MODE D'EMPLOI ET POSOLOGIE

Ce médicament doit être dilué dans un demi-verre d'eau et pris avant les repas.

Posologie usuelle :

- Adulte : 2 ampoules à 200 mg par jour. Dans la constipation, 3 ampoules le matin à jeun.
- Enfant de plus de 30 mois : 1 à 3 ampoules Enfant par jour.

FLUCON

fluorométholone

PRÉSENTATION

FLUCON : collyre ; flacon compte-gouttes 3 ml - Remb. 65 % - Liste I

Laboratoires Alcon

COMPOSITION

	p. 100 ml
Fluorométholone	0,10 g

INDICATIONS

C'est un collyre *anti-inflammatoire* qui contient un dérivé de la *cortisone*.

Il est utilisé dans le traitement des *conjonctivites* allergiques et de certaines maladies inflammatoires de l'œil.

CONTRE-INDICATIONS

Ce médicament ne doit pas être utilisé dans les cas suivants :

- *kératite* infectieuse, kératite virale à son début ;
- *tuberculose* oculaire, infection bactérienne des paupières ou de l'œil.

ATTENTION

Certaines contre-indications ne peuvent être détectées que par un ophtalmologiste : ne réutilisez pas ce médicament sans avis médical.

En cas de traitement prolongé, une surveillance ophtalmologique régulière est nécessaire.

Pour éviter de contaminer le collyre, ne mettez pas en contact l'extrémité du flacon avec l'œil et ne conservez pas ce médicament plus de 15 jours après une première utilisation.

Le port de lentilles de contact est déconseillé en cas d'irritation oculaire. Les lentilles souples ne devront être réutilisées qu'après l'arrêt complet du traitement car elles peuvent s'imprégner des substances actives contenues dans le collyre.

INTERACTIONS MÉDICAMENTEUSES

Ce collyre peut interagir avec d'autres collyres. Respectez un intervalle de 15 minutes entre deux instillations.

GROSSESSE, ALLAITEMENT ET NOUVEAU-NÉ

L'effet de ce médicament pendant la grossesse ou l'allaitement est mal connu : seul votre médecin peut évaluer le risque éventuel de son utilisation dans votre cas.

MODE D'EMPLOI ET POSOLOGIE

Tirer la paupière inférieure vers le bas et déposer une goutte de collyre entre la paupière et le globe oculaire (*cul-de-sac conjonctival*).

Posologie usuelle :

1 goutte, 3 fois par jour.

Une application correcte du produit peut nécessiter une aide, notamment chez l'enfant ou la personne handicapée ou âgée.

FLUDEX

indapamide

PRÉSENTATION

FLUDEX : comprimé ; boîte de 30 - Remb. 65 % - Liste II

Laboratoires Biopharma

COMPOSITION

	p. comp.
Indapamide hémihydrate	2,5 mg

INDICATIONS

C'est un *antihypertenseur* qui appartient à la famille des *diurétiques*. Il agit directement sur les vaisseaux sanguins et n'augmente quasiment pas le volume des urines.

Il est utilisé exclusivement dans le traitement de l'*hypertension artérielle*.

CONTRE-INDICATIONS

Ce médicament ne doit pas être utilisé dans les cas suivants :
- *accident vasculaire cérébral* récent,
- *insuffisance hépatique* grave.

ATTENTION

Ce médicament peut être responsable d'une baisse de la *kaliémie* (taux de *potassium* dans le sang) susceptible d'être aggravée par l'usage prolongé de *laxatifs stimulants*. Un contrôle par des analyses de sang est souvent prescrit par le médecin.

Ce médicament peut également augmenter le taux d'*acide urique* dans le sang et favoriser les crises de *goutte*.

Si vous êtes allergique aux *sulfamides*, signalez-le à votre médecin avant de prendre ce médicament.

INTERACTIONS MÉDICAMENTEUSES

Ce médicament peut interagir avec d'autres médicaments, notamment ceux contenant de la *vincamine* ou du *lithium*. Signalez tout autre traitement en cours à votre médecin ou à votre pharmacien.

GROSSESSE, ALLAITEMENT ET NOUVEAU-NÉ

Grossesse :

Les *diurétiques* ne sont pas indiqués dans l'*hypertension artérielle* de la femme enceinte. Un autre médicament sera choisi par le médecin si une grossesse survient pendant le traitement.

Allaitement :

Les données actuellement disponibles ne permettent pas de savoir si ce médicament passe dans le lait maternel. L'allaitement est déconseillé pendant la durée du traitement.

MODE D'EMPLOI ET POSOLOGIE

Ce médicament doit être pris avec un verre d'eau, indifféremment au cours ou en dehors des repas.

Posologie usuelle :

1 comprimé par jour.

EFFETS INDÉSIRABLES POSSIBLES

Baisse du taux de *potassium* dans le sang, fatigue, *hypotension orthostatique*.

Pour vous soigner, préférez les conseils de votre médecin ou de votre pharmacien

FLUIMUCIL

acétylcystéine

PRÉSENTATION

FLUIMUCIL : granulé pour solution buvable arôme orange ; boîte de 30 sachets - Remb. 35 %

Laboratoires Zambon France

COMPOSITION

	p. sachet
N-acétylcystéine	200 mg
Aspartam	+

INDICATIONS

Ce médicament fluidifie les sécrétions bronchiques et nasales. Il facilite leur évacuation par la toux et le mouchage.

Il est utilisé dans le *traitement symptomatique* des affections respiratoires ou *ORL* accompagnées de sécrétions importantes.

ATTENTION

Des précautions sont nécessaires en cas d'*ulcère* de l'estomac et du *duodénum*.

N'utilisez pas d'*antitussif* en plus de ce médicament sans l'avis de votre médecin ou de votre pharmacien.

Si les sécrétions persistent au-delà de quelques jours, si elles se colorent ou si vous avez de la fièvre, consultez votre médecin.

GROSSESSE, ALLAITEMENT ET NOUVEAU-NÉ

L'effet de ce médicament pendant la grossesse ou l'allaitement est mal connu. L'évaluation du risque éventuel lié à son utilisation est individuelle : demandez conseil à votre pharmacien ou à votre médecin.

MODE D'EMPLOI ET POSOLOGIE

Le contenu du sachet doit être dissous dans un demi-verre d'eau.

Posologie usuelle :

- Adulte et enfant de plus de 7 ans : 1 sachet, 3 fois par jour.
- Enfant de 2 à 7 ans : 1 sachet, 2 fois par jour.

La poursuite du tabagisme est un frein important à l'évacuation des mucosités.

Il est nécessaire de lutter contre la sécheresse de l'air ambiant (humidificateur...) pour éviter le dessèchement des sécrétions. Il est également recommandé de boire beaucoup.

Des crachats fluides et abondants traduisent l'efficacité de ce médicament.

Chez la personne âgée ou le très jeune enfant, l'incapacité à évacuer les crachats peut justifier l'aide d'un kinésithérapeute, sur prescription médicale.

EFFETS INDÉSIRABLES POSSIBLES

Troubles digestifs : nausées, diarrhée.

FLUIMUCIL ANTIBIOTIC 750

thiamphénicol, acétylcystéine

PRÉSENTATION

FLUIMUCIL ANTIBIOTIC 750 : préparation injectable ; flacon de lyophilisat et ampoule de solvant 4 ml - Remb. 35 % - Liste I

Laboratoires Zambon France

COMPOSITION

	p. fl.
Thiamphénicol acétylcystéinate	1,215 g
Soit thiamphénicol	750 mg
Soit acétylcystéine	345 mg

INDICATIONS

C'est une association de substances : le thiamphénicol, un *antibiotique* qui appartient à la famille des phénicolés, et l'acétylcystéine, un fluidifiant des sécrétions bronchiques.

Ce médicament est utilisé dans le traitement de certaines maladies infectieuses des *voies* respiratoires.

CONTRE-INDICATIONS

Ce médicament ne doit pas être utilisé dans les cas suivants :
- *antécédent* d'*insuffisance médullaire*,
- *insuffisance rénale* grave,
- *nouveau-né* et *nourrisson* de moins de 6 mois.

ATTENTION

Ce médicament peut être responsable d'une baisse réversible des *globules rouges*, des *globules blancs* ou des *plaquettes* dans le sang. Ces accidents justifient la prescription d'analyses de sang régulières par votre médecin.

GROSSESSE, ALLAITEMENT ET NOUVEAU-NÉ

Grossesse :

L'effet de ce médicament pendant la grossesse est mal connu : seul votre médecin peut évaluer le risque éventuel de son utilisation dans votre cas.

Allaitement :

Ce médicament passe dans le lait maternel.

MODE D'EMPLOI ET POSOLOGIE

La solution injectable doit être reconstituée avant l'emploi et être injectée par *voie* intramusculaire.

Posologie usuelle :

- Adulte : 1 injection, matin et soir.
- Enfant : la *posologie* est fixée par le médecin en fonction du poids et de la gravité de l'infection.

Une diminution de la fièvre ou une disparition des troubles ne sont pas synonymes de guérison : la durée du traitement doit absolument être respectée pour éviter les rechutes.

EFFETS INDÉSIRABLES POSSIBLES

Insuffisance médullaire réversible (voir ATTENTION).

Troubles digestifs mineurs.

Exagération de l'encombrement bronchique chez les malades incapables d'expectorer.

FLUISÉDAL

prométhazine, benzoate de méglumine, tween 20

PRÉSENTATION

FLUISÉDAL : sirop ; flacon 125 ml - Remb. 35 %

FLUISÉDAL : sirop ; flacon 250 ml - Remb. 35 %

Laboratoires Élerté

COMPOSITION

	p. c. à c.
Prométhazine chlorhydrate	2,5 mg
Benzoate de méglumine	130 mg
Tween 20	15 mg
Saccharose	3,6 g

INDICATIONS

Ce médicament est une association de substances qui contient notamment un *antihistaminique* antiallergique (prométhazine) et un *expectorant*.

Il est utilisé dans le *traitement symptomatique* des affections respiratoires accompagnées de sécrétions importantes.

CONTRE-INDICATIONS

Ce médicament ne doit pas être utilisé dans les cas suivants :

- *glaucome* à angle fermé,
- risque de blocage des urines (*adénome de la prostate*...).

ATTENTION

N'utilisez pas d'*antitussif* en plus de ce médicament sans l'avis de votre médecin ou de votre pharmacien.

Si les sécrétions persistent au-delà de quelques jours, si elles se colorent ou si vous avez de la fièvre, consultez votre médecin.

Ce sirop contient du *sucre* (saccharose) en quantité notable.

Évitez les boissons alcoolisées : augmentation du risque de somnolence.

Conducteur : ce médicament peut être responsable d'une somnolence ou d'une baisse de la vigilance.

INTERACTIONS MÉDICAMENTEUSES

Ce médicament peut interagir avec d'autres médicaments, notamment les *sédatifs* : risque d'augmentation de la somnolence. Signalez tout autre traitement en cours à votre médecin ou à votre pharmacien.

GROSSESSE, ALLAITEMENT ET NOUVEAU-NÉ

L'effet de ce médicament pendant la grossesse ou l'allaitement est mal connu. L'évaluation du risque éventuel lié à son utilisation est individuelle : demandez conseil à votre pharmacien ou à votre médecin.

MODE D'EMPLOI ET POSOLOGIE

Les prises du médicament doivent être réparties au cours de la journée. Elles seront plus importantes le soir au coucher.

Posologie usuelle :

- Adulte et enfant de plus de 12 ans : 3 ou 4 cuillères à soupe par jour.
- Personne âgée : diminuer de moitié la *posologie* réservée aux adultes.
- Enfant de 30 mois à 12 ans : 4 à 6 cuillères à café par jour, selon l'âge.
- Nourrisson de 12 à 30 mois : 3 ou 4 cuillères à café par jour.
- Nourrisson de 3 à 12 mois : 1 ou 2 cuillères à café par jour.

Pour fluidifier les sécrétions bronchiques il est recommandé de boire beaucoup et d'humidifier l'air ambiant.

EFFETS INDÉSIRABLES POSSIBLES

Somnolence. Effets *atropiniques* peu fréquents.

FLUISÉDAL SANS PROMÉTHAZINE

benzoate de méglumine, polysorbate 20

PRÉSENTATION

FLUISÉDAL SANS PROMÉTHAZINE : sirop arôme caramel ; flacon 125 ml - Remb. 35 %

FLUISÉDAL SANS PROMÉTHAZINE : sirop arôme caramel ; flacon 250 ml - Remb. 35 %

Laboratoires Élerté

COMPOSITION

	p. c. à c.	p. c. à s.
Benzoate de méglumine	130 mg	390 mg
Polysorbate 20	15 mg	45 mg
Saccharose	3,6 g	10,8 g

INDICATIONS

Ce médicament fluidifie les sécrétions bronchiques. Il facilite leur évacuation par la toux.

Il est utilisé dans les états d'encombrement des bronches, associés aux maladies bronchiques aiguës ou chroniques.

ATTENTION

N'utilisez pas d'*antitussif* en plus de ce médicament sans l'avis de votre médecin ou de votre pharmacien.

Si les sécrétions persistent au-delà de quelques jours, si elles se colorent ou si vous avez de la fièvre, consultez votre médecin.

Ce médicament contient du *sucre* (saccharose) en quantité notable.

GROSSESSE, ALLAITEMENT ET NOUVEAU-NÉ

L'effet de ce médicament pendant la grossesse ou l'allaitement est mal connu. L'évaluation du risque éventuel lié à son utilisation est individuelle : demandez conseil à votre pharmacien ou à votre médecin.

MODE D'EMPLOI ET POSOLOGIE

Posologie usuelle :

- Adulte et enfant de plus de 12 ans : 2 à 4 cuillères à soupe par jour.
- Enfant jusqu'à 12 ans : 4 à 8 cuillères à café par jour.
- Nourrisson jusqu'à 30 mois : 2 à 4 cuillères à café par jour.

La poursuite du tabagisme est un frein important à l'évacuation des mucosités.

Il est nécessaire de lutter contre la sécheresse de l'air ambiant (humidificateur...) pour éviter le dessèchement des sécrétions. Il est également recommandé de boire beaucoup.

Des crachats fluides et abondants traduisent l'efficacité de ce médicament.

Chez la personne âgée ou le très jeune enfant, l'incapacité à évacuer les crachats peut justifier l'aide d'un kinésithérapeute, sur prescription médicale.

FLUNIR

acide niflumique

PRÉSENTATION

FLUNIR : pommade ; tube 60 g - Non remb.

Laboratoires Oberlin

COMPOSITION

	p. 100 g
Acide niflumique	3 g

INDICATIONS

Cette pommade *antalgique* contient un *anti-inflammatoire* non stéroïdien (*AINS*).

Elle est utilisée dans le traitement local des *tendinites*, des douleurs articulaires, des entorses, des contusions, des lumbagos et des courbatures. Elle est également utilisée en association avec une *contention élastique* dans le traitement des *phlébites* superficielles.

CONTRE-INDICATIONS

Ce médicament ne doit pas être utilisé dans les cas suivants :

- *allergie* à l'aspirine ou aux *AINS*,
- en application sur un *eczéma*, des *muqueuses*, des plaies ou de la peau lésée.

GROSSESSE, ALLAITEMENT ET NOUVEAU-NÉ

L'effet de ce médicament pendant la grossesse ou l'allaitement est mal connu. L'évaluation du risque éventuel lié à son utilisation est individuelle : demandez conseil à votre pharmacien ou à votre médecin.

MODE D'EMPLOI ET POSOLOGIE

La pommade doit être appliquée en massage doux et prolongé.

Posologie usuelle :

3 applications par jour.

☛ Se laver les mains après application. En cas de contact accidentel avec les yeux, rincer abondamment.

EFFETS INDÉSIRABLES POSSIBLES

Imposant l'arrêt du traitement : *allergie* cutanée (éruption de boutons, démangeaisons...).

FLUOCALCIC

fluor, calcium

PRÉSENTATION

FLUOCALCIC : comprimé effervescent (orangé) ; boîte de 60 - Remb. 65 %

Laboratoires Brocades Pharma

COMPOSITION

	p. comp.
Monofluorophosphate disodique	100 mg
Soit fluor	13,2 mg
Calcium carbonate	1,25 g
Soit calcium	500,5 mg

INDICATIONS

Ce médicament contient du fluor, qui s'incorpore à l'os et le rend plus dense, et du calcium, principal constituant de l'os.

Il est utilisé chez l'adulte dans le *traitement curatif* de l'*ostéoporose* compliquée du tassement d'une ou plusieurs vertèbres.

CONTRE-INDICATIONS

Ce médicament ne doit pas être utilisé dans les cas suivants :
- *insuffisance rénale*,
- *ostéomalacie*,
- *antécédent* de fracture du col du fémur traduisant une fragilité de cet os,
- période de croissance osseuse,
- **grossesse**,
- **allaitement**.

ATTENTION

Ce médicament, fortement dosé en fluor, est réservé à l'adulte. Il ne convient pas à la prévention de la carie dentaire chez l'enfant.

Bien que ce médicament puisse être obtenu sans ordonnance, ne l'utilisez pas sans l'avis de votre médecin.

INTERACTIONS MÉDICAMENTEUSES

Ce médicament peut interagir avec d'autres médicaments, notamment les *pansements digestifs* (sels d'aluminium et de magnésium) : risque de diminution de l'absorption intestinale du fluor. Signalez tout autre traitement en cours à votre médecin ou à votre pharmacien.

GROSSESSE, ALLAITEMENT ET NOUVEAU-NÉ

Grossesse :

L'effet de ce médicament sur l'enfant à naître est mal connu. Par mesure de prudence, il est contre-indiqué chez la femme enceinte ou susceptible de l'être.

Allaitement :

Compte tenu de sa teneur en fluor, ce médicament est contre-indiqué pendant l'allaitement.

MODE D'EMPLOI ET POSOLOGIE

Les comprimés doivent être dissous dans un verre d'eau, et pris au moment des repas.

Posologie usuelle :
- Adulte : 1 comprimé, 2 fois par jour.

Le traitement de l'*ostéoporose* est généralement de longue durée.

☛ Ce fluor, sous forme de monofluorophosphate, ne donne lieu à aucune interaction avec le calcium, contrairement au fluorure de sodium contenu dans d'autres médicaments.

Une alimentation riche en calcium et en *vitamine* D ainsi que des exercices physiques réguliers contribuent à limiter l'évolution de l'*ostéoporose*.

Ce médicament effervescent doit être conservé à l'abri de l'humidité.

EFFETS INDÉSIRABLES POSSIBLES

Troubles digestifs.

En cas de douleurs osseuses au voisinage des articulations, consultez votre médecin car elles peuvent traduire une complication qui nécessite l'arrêt du traitement.

FLUON

PRÉSENTATION

FLUON : comprimé (blanc) ; boîte de 48 - Non remb.

FLUON : solution buvable ; flacon 75 ml (1 ml = 15 gouttes) - Non remb.

Laboratoires Rabi & Solabo

COMPOSITION

	p. comp.	p. 100 ml
Perméthol (vitamine P)	5 mg	0,40 g
Hamamélis, extrait sec	30 mg	
Hamamélis, extrait fluide		15 g
Marron d'Inde, intrait	24 mg	2 g
Séneçon, extrait sec	50 mg	
Séneçon, extrait fluide		25 g
Valériane stabilisée, nébulisat	24 mg	
Valériane stabilisée, intrait		2 g
Viburnum, extrait sec	10 mg	
Viburnum, extrait fluide		5 g

INDICATIONS

Ce médicament associe plusieurs extraits de plantes protectrices pour les vaisseaux sanguins.

Il est utilisé dans le *traitement symptomatique* :
- des jambes lourdes, *œdèmes*, crampes, *impatiences* et autres troubles pouvant être en rapport avec une mauvaise circulation veineuse ou *lymphatique*,
- des crises d'*hémorroïdes*.

ATTENTION

Ce médicament est insuffisant pour prévenir le risque de *phlébite* chez les malades alités ou plâtrés.

Ce médicament soulage, mais n'empêche pas l'aggravation de l'*insuffisance veineuse* qui requiert des mesures spécifiques telles que la *contention élastique*.

GROSSESSE, ALLAITEMENT ET NOUVEAU-NÉ

Ce médicament ne contient que des plantes présumées sans danger pendant la grossesse ou l'allaitement. Néanmoins, ne l'utilisez pas de façon prolongée sans l'avis de votre pharmacien ou de votre médecin.

MODE D'EMPLOI ET POSOLOGIE

Posologie usuelle :

2 ou 3 comprimés ou 40 à 60 gouttes par jour.

☛ Une activité physique régulière et la surélévation du pied du lit permettent de faciliter la circulation veineuse et *lymphatique*.

FLUOREX

fluorure de sodium

PRÉSENTATION

FLUOREX : solution buvable ; flacon 30 ml et seringue doseuse - Non remb.

Laboratoires Crinex

COMPOSITION

	p. 100 ml
Fluorure de sodium	220 mg
Soit en fluor élément	99,52 mg

INDICATIONS

Ce médicament contient du fluor, qui s'incorpore à l'émail des dents et augmente leur résistance aux caries.

Il est utilisé à titre systématique en *traitement préventif* de la carie dentaire, essentiellement chez l'enfant.

ATTENTION

L'apport total en fluor ne doit pas dépasser 2 mg par jour : risque de coloration de l'émail dentaire. Certaines eaux ou certains sels de table sont riches en fluor : prenez l'avis de votre médecin sur l'utilité de ce médicament dans votre cas.

Les laitages diminuent l'absorption de fluor : évitez de prendre ce médicament avec une boisson ou un aliment lactés.

Les dosages de ce médicament sont adaptés au *traitement préventif* de la carie dentaire ; ne le confondez pas avec d'autres médicaments plus fortement dosés en fluor (25 à 100 fois plus), destinés à traiter l'*ostéoporose*.

INTERACTIONS MÉDICAMENTEUSES

Ce médicament peut interagir avec d'autres médicaments ou aliments et boissons contenant du calcium ou du magnésium, notamment les *antiacides*. Signalez tout autre traitement en cours à votre médecin ou à votre pharmacien.

GROSSESSE, ALLAITEMENT ET NOUVEAU-NÉ

Ce médicament est parfois prescrit dès le 5e mois de la grossesse pour permettre son incorporation dans la dentition future de l'enfant à naître.

Bien que passant dans le lait maternel, le fluor doit être donné directement au *nouveau-né*.

MODE D'EMPLOI ET POSOLOGIE

La solution peut être diluée dans un peu d'eau ou de jus de fruit.

En cas d'ingestion d'une boisson ou d'un aliment lactés, prendre ce médicament soit une demi-heure avant, soit deux heures après.

Posologie usuelle :

- Femme enceinte à partir du 5e mois de grossesse : 1 ml (dose n° 4) par jour.
- Nourrisson de moins de 2 ans : 1/4 ml (dose n° 1) par jour.
- Enfant de 2 à 3 ans : 1/2 ml (dose n° 2) par jour.
- Enfant de 3 à 4 ans : 3/4 ml (dose n° 3) par jour.
- Enfant de plus de 4 ans : 1 ml (dose n° 4) par jour.

La formation de l'émail dentaire débute 4 mois avant la naissance et se poursuit jusqu'à l'adolescence. Le fluor peut être pris pendant toute cette période. Il ne dispense pas du brossage soigneux et régulier des dents après chaque repas ou après consommation de sucreries.

FLUOR-IN

fluor

PRÉSENTATION

FLUOR-IN : comprimé sécable (blanc) ; boîte de 120 - Non remb.

Laboratoires Goupil

COMPOSITION

	p. comp.
Fluorure de sodium	1,50 mg
Soit fluor élément	0,68 mg

INDICATIONS

Ce médicament contient du fluor, qui s'incorpore à l'émail des dents et augmente leur résistance aux caries.

Il est utilisé à titre systématique en *traitement préventif* de la carie dentaire, essentiellement chez l'enfant.

ATTENTION

L'apport total en fluor ne doit pas dépasser 2 mg par jour : risque de coloration de l'émail dentaire. Certaines eaux ou certains sels de table sont riches en fluor : prenez l'avis de votre médecin sur l'utilité de ce médicament dans votre cas.

Les laitages diminuent l'absorption de fluor : évitez de prendre ce médicament avec une boisson ou un aliment lactés.

Les dosages de ce médicament sont adaptés au *traitement préventif* de la carie dentaire ; ne le confondez pas avec d'autres médicaments plus fortement dosés en fluor (25 à 100 fois plus), destinés à traiter l'*ostéoporose*.

INTERACTIONS MÉDICAMENTEUSES

Ce médicament peut interagir avec d'autres médicaments ou aliments et boissons contenant du calcium ou du magnésium, notamment les *antiacides*. Signalez tout autre traitement en cours à votre médecin ou à votre pharmacien.

GROSSESSE, ALLAITEMENT ET NOUVEAU-NÉ

Ce médicament est parfois prescrit dès le 5e mois de la grossesse pour permettre son incorporation dans la dentition future de l'enfant à naître.

Bien que passant dans le lait maternel, le fluor doit être donné directement au *nouveau-né*.

MODE D'EMPLOI ET POSOLOGIE

Laisser fondre les comprimés lentement au contact des dents.

En cas d'ingestion d'une boisson ou d'un aliment lactés, prendre ce médicament soit une demi-heure avant soit deux heures après.

Posologie usuelle :

- Femme enceinte à partir du 5e mois de grossesse : 1 et 1/2 comprimé par jour.
- Enfant de 1 à 3 ans : 1/2 comprimé par jour.
- Enfant de 3 à 6 ans : 1 comprimé par jour.
- Enfant de plus de 6 ans : 1 et 1/2 comprimé par jour.

La formation de l'émail dentaire débute 4 mois avant la naissance et se poursuit jusqu'à l'adolescence. Le fluor peut être pris pendant toute cette période. Il ne dispense pas du brossage soigneux et régulier des dents après chaque repas ou après consommation de sucreries.

FLUOROCALCIFORTE

fluor, calcium, levure

PRÉSENTATION

FLUOROCALCIFORTE : poudre pour solution buvable ; boîte de 60 sachets - Remb. 65 %

Laboratoires Serozym

COMPOSITION

	p. sachet
Monofluorophosphate disodique	100 mg
Soit fluor	13,2 mg
Calcium chlorure dihydraté	433 mg
Calcium gluconate monohydraté	100 mg
Calcium glucoheptonate	516 mg
Calcium lactate	950 mg
Calcium carbonate	500 mg
Soit calcium	500 mg
Levure saccharomyces cerevisiae	30 mg

INDICATIONS

Ce médicament contient du fluor, qui s'incorpore à l'os et le rend plus dense, et du calcium, principal constituant de l'os.

Il est utilisé chez l'adulte dans le *traitement curatif* de l'*ostéoporose* compliquée du tassement d'une ou plusieurs vertèbres.

CONTRE-INDICATIONS

Ce médicament ne doit pas être utilisé dans les cas suivants :

- *insuffisance rénale* ;
- *ostéomalacie* ;
- *antécédent* de fracture du col du fémur traduisant une fragilité de cet os ;
- période de croissance osseuse ;
- excès de calcium dans le sang ou dans les urines, avec ou sans *lithiase* ;
- immobilisation prolongée ;
- grossesse ;
- allaitement.

ATTENTION

Ce médicament, fortement dosé en fluor, est réservé à l'adulte. Il ne convient pas à la prévention de la carie dentaire chez l'enfant.

Bien que ce médicament puisse être obtenu sans ordonnance, ne l'utilisez pas sans l'avis de votre médecin.

INTERACTIONS MÉDICAMENTEUSES

Ce médicament peut interagir avec d'autres médicaments, notamment les *pansements digestifs* (sels d'aluminium et de magnésium) : risque de diminution de l'absorption intestinale du fluor. Signalez tout autre traitement en cours à votre médecin ou à votre pharmacien.

GROSSESSE, ALLAITEMENT ET NOUVEAU-NÉ

Grossesse :

L'effet de ce médicament sur l'enfant à naître est mal connu. Par mesure de prudence, il est contre-indiqué chez la femme enceinte ou susceptible de l'être.

Allaitement :

Compte tenu de sa teneur en fluor, ce médicament est contre-indiqué pendant l'allaitement.

MODE D'EMPLOI ET POSOLOGIE

Le contenu des sachets doit être dissous dans un verre d'eau, et pris au moment des repas.

Posologie usuelle :

- Adulte : 1 sachet, 2 fois par jour.

Le traitement de l'*ostéoporose* est généralement de longue durée.

Ce fluor, sous forme de monofluorophosphate, ne donne lieu à aucune interaction avec le calcium, contrairement au fluorure de sodium contenu dans d'autres médicaments.

Une alimentation riche en calcium et en *vitamine* D ainsi que des exercices physiques réguliers contribuent à limiter l'évolution de l'*ostéoporose*.

EFFETS INDÉSIRABLES POSSIBLES

Troubles digestifs.

En cas de douleurs osseuses au voisinage des articulations, consultez votre médecin car elles peuvent traduire une complication qui nécessite l'arrêt du traitement.

FLUORURE DE CALCIUM CRINEX
fluor

PRÉSENTATION

FLUORURE DE CALCIUM CRINEX : comprimé (blanc) ; boîte de 200 - Remb. 65 %

Laboratoires Crinex

COMPOSITION

	p. comp.
Fluorure de calcium	0,513 mg
Soit fluor élément	0,25 mg

INDICATIONS

Ce médicament contient du fluor, qui s'incorpore à l'émail des dents et augmente leur résistance aux caries.

Il est utilisé à titre systématique en *traitement préventif* de la carie dentaire, essentiellement chez l'enfant.

ATTENTION

L'apport total en fluor ne doit pas dépasser 2 mg par jour : risque de coloration de l'émail dentaire. Certaines eaux ou certains sels de table sont riches en fluor : prenez l'avis de votre médecin sur l'utilité de ce médicament dans votre cas.

Les laitages diminuent l'absorption de fluor : évitez de prendre ce médicament avec une boisson ou un aliment lactés.

Les dosages de ce médicament sont adaptés au *traitement préventif* de la carie dentaire ; ne le confondez pas avec d'autres médicaments plus fortement dosés en fluor (25 à 100 fois plus), destinés à traiter l'*ostéoporose*.

INTERACTIONS MÉDICAMENTEUSES

Ce médicament peut interagir avec d'autres médicaments ou aliments et boissons contenant du calcium ou du magnésium, notamment les *antiacides*. Signalez tout autre traitement en cours à votre médecin ou à votre pharmacien.

GROSSESSE, ALLAITEMENT ET NOUVEAU-NÉ

Ce médicament est parfois prescrit dès le 5e mois de la grossesse pour permettre son incorporation dans la dentition future de l'enfant à naître.

Bien que passant dans le lait maternel, le fluor doit être donné directement au *nouveau-né*.

MODE D'EMPLOI ET POSOLOGIE

Laisser fondre les comprimés dans la bouche après le brossage des dents. Les comprimés peuvent également être avalés, croqués ou dissous dans un verre d'eau ou de jus de fruit.

En cas d'ingestion d'une boisson ou d'un aliment lactés, prendre ce médicament soit une demi-heure avant, soit deux heures après.

Posologie usuelle :

- Femme enceinte à partir du 5e mois de grossesse : 2 à 4 comprimés par jour.
- Nourrisson et enfant jusqu'à 4 ans : 1 comprimé par année d'âge, par jour.
- Enfant de plus de 4 ans : 4 comprimés par jour.

La formation de l'émail dentaire débute 4 mois avant la naissance et se poursuit jusqu'à l'adolescence. Le fluor peut être pris pendant toute cette période. Il ne dispense pas du brossage soigneux et régulier des dents après chaque repas ou après consommation de sucreries.

FLUVERMAL
flubendazole

PRÉSENTATION

FLUVERMAL : comprimé (blanc) ; boîte de 6 - Remb. 65 %

FLUVERMAL : suspension buvable arôme banane ; flacon 30 ml - Remb. 65 %

Laboratoires Janssen

COMPOSITION

	p. comp.	p. c. à c.
Flubendazole	100 mg	100 mg
Saccharose		1,4 g

INDICATIONS

Ce médicament est un vermifuge, actif sur un grand nombre de vers parasites de l'intestin.

Il est utilisé pour éliminer les oxyures, les ascaris, les trichocéphales ou les ankylostomes.

CONTRE-INDICATIONS

Ce médicament ne doit pas être utilisé en cas de **grossesse**.

GROSSESSE, ALLAITEMENT ET NOUVEAU-NÉ

Grossesse :

Du fait de malformations observées lors de l'utilisation dans une espèce animale, ce médicament est contre-indiqué pendant la grossesse.

Allaitement :

Les données actuellement disponibles ne permettent pas de savoir si ce médicament passe dans le lait maternel.

MODE D'EMPLOI ET POSOLOGIE

Les comprimés peuvent être pris avec un peu d'eau, ou croqués pendant les repas.

Posologie usuelle :

- Adulte et enfant :
  - en cas d'oxyures : 1 comprimé ou 1 cuillère à café, en 1 seule prise, à renouveler 15 jours après pour éviter une réinfestation par les œufs qui ne sont pas détruits par le médicament ;
  - pour les autres parasites : 1 comprimé ou 1 cuillère à café, matin et soir pendant 3 jours.

Les oxyures se transmettent par les mains, pour éviter la réinfestation, il est recommandé :
- de se laver les mains et de se brosser les ongles plusieurs fois dans la journée,
- de couper très court les ongles des enfants,
- de traiter tous les membres de la famille en même temps car il est fréquent que l'infestation ne donne aucun *symptôme*.

EFFETS INDÉSIRABLES POSSIBLES

Rares *troubles digestifs*, notamment douleurs abdominales, nausées ou diarrhées.

FLUVIC
carbocistéine

PRÉSENTATION

FLUVIC : sirop arôme caramel ; flacon 125 ml - Non remb.

Laboratoires Pierre Fabre

COMPOSITION

	p. c. à c.
Carbocistéine	100 mg
Saccharose	3,5 g

INDICATIONS

Ce médicament fluidifie les sécrétions bronchiques. Il facilite leur évacuation par la toux.

Il est utilisé dans les états d'encombrement des bronches, associés aux maladies bronchiques aiguës ou chroniques.

ATTENTION

Des précautions sont nécessaires en cas d'*ulcère* de l'estomac ou du *duodénum*.

N'utilisez pas d'*antitussif* en plus de ce médicament sans l'avis de votre médecin ou de votre pharmacien.

Si les sécrétions persistent au-delà de quelques jours, si elles se colorent ou si vous avez de la fièvre, consultez votre médecin.

Ce médicament contient du *sucre* (saccharose) en quantité notable.

MODE D'EMPLOI ET POSOLOGIE

Posologie usuelle :

- Enfant de plus de 5 ans : 1 cuillère à café de sirop, 3 fois par jour.
- Nourrisson et enfant de moins de 5 ans : 1 cuillère à café de sirop, 2 fois par jour.

Le tabagisme de l'entourage nuit à l'efficacité du traitement.

Il est important de lutter contre la sécheresse de l'air ambiant (humidificateur...) pour éviter le dessèchement des sécrétions. Il est également recommandé de boire beaucoup.

Des crachats fluides et abondants traduisent l'efficacité de ce médicament.

Chez le *nourrisson*, l'incapacité à évacuer les crachats peut justifier l'aide d'un kinésithérapeute, sur prescription médicale.

EFFETS INDÉSIRABLES POSSIBLES

Troubles digestifs : nausées, diarrhée.

FLUVIRINE

vaccin antigrippal

PRÉSENTATION

FLUVIRINE : suspension injectable ; seringue préremplie 0,5 ml - Non remb.

Laboratoires Evans Medical

COMPOSITION

	p. seringue
Virus grippaux inactivés	1 dose

INDICATIONS

C'est un *vaccin* composé de *virus* grippaux tués. Il ne contient aucun *germe* vivant.

Ce médicament est utilisé dans la prévention de la grippe. L'immunité apparaît 15 jours après l'injection et dure environ 1 an.

CONTRE-INDICATIONS

Ce médicament ne doit pas être utilisé en cas d'*allergie* aux protéines de l'œuf.

ATTENTION

Le *vaccin* antigrippal ne protège que contre la vraie grippe, maladie grave, potentiellement mortelle chez les personnes fragiles. Il est incapable de prévenir les bronchites banales et autres affections virales saisonnières.

GROSSESSE, ALLAITEMENT ET NOUVEAU-NÉ

Grossesse :

L'effet de ce *vaccin* pendant la grossesse est mal connu : seul votre médecin peut évaluer le risque éventuel de son utilisation dans votre cas.

Allaitement :

Cette vaccination peut être pratiquée pendant l'allaitement.

MODE D'EMPLOI ET POSOLOGIE

Bien agiter la seringue avant l'emploi, la réchauffer à température ambiante si nécessaire. L'injection doit être réalisée par *voie* sous-cutanée ou intramusculaire.

Posologie usuelle :

- Adulte et enfant de plus de 10 ans : 1 injection de 0,5 ml.
- Enfant de moins de 10 ans : 2 injections de 0,25 ml (demi-dose) à 1 mois d'intervalle.

La prévention de la grippe repose sur une injection annuelle : le *vaccin* est différent tous les ans car il est adapté aux caractéristiques du *virus* attendu.

☛ Pour des raisons de confort, la vaccination doit être différée en cas de fièvre élevée.

Les réactions fébriles dues aux *vaccins* peuvent être combattues en prenant de l'aspirine ou du paracétamol.

Pour garder son efficacité, ce vaccin doit être conservé entre + 2 et + 8 °C (compartiment à beurre du réfrigérateur), mais quelques jours à une température ne dépassant pas 25 °C ne prêtent pas à conséquence. Il ne doit pas être congelé.

EFFETS INDÉSIRABLES POSSIBLES

Réactions douloureuses, *nodule* au point d'injection.

Fièvre modérée pendant 1 ou 2 jours.

FLUXIVAL

marron d'Inde, mélilot

PRÉSENTATION

FLUXIVAL : suspension buvable arôme abricot ; boîte de 7 flacons unidoses 10 ml - Non remb.

FLUXIVAL : suspension buvable arôme abricot ; boîte de 14 flacons unidoses 10 ml - Non remb.

Laboratoires Chefaro-Ardeval

COMPOSITION

	p. unidose
Marron d'Inde, graines	0,88 g
Mélilot, sommités fleuries	1,61 g
Alcool	+
Aspartam	+

INDICATIONS

Ce médicament contient des extraits de plantes (marron d'Inde, mélilot) qui ont la propriété de lutter contre l'altération des *vaisseaux capillaires*.

Il est utilisé dans le *traitement symptomatique* des jambes lourdes et des crises d'*hémorroïdes*.

CONTRE-INDICATIONS

Ce médicament ne doit pas être utilisé dans les cas suivants :

- *phénylcétonurie* (présence d'aspartam),
- enfant de moins de 15 ans.

ATTENTION

Ce médicament soulage, mais n'empêche pas l'aggravation de l'*insuffisance veineuse*, qui requiert des mesures spécifiques telles que la *contention élastique*.

GROSSESSE, ALLAITEMENT ET NOUVEAU-NÉ

Ce médicament ne contient que des plantes présumées sans danger pendant la grossesse ou l'allaitement. Néanmoins, ne l'utilisez pas de façon prolongée sans l'avis de votre pharmacien ou de votre médecin.

MODE D'EMPLOI ET POSOLOGIE

Le contenu du flacon doit être dilué dans un demi-verre d'eau.

Posologie usuelle :

- Adulte : 1 unidose par jour.

☛ Des mesures simples d'hygiène alimentaire et des exercices physiques sont à envisager pour prévenir les *hémorroïdes* : parlez-en à votre médecin ou à votre pharmacien.

Ce médicament doit être conservé à l'abri de la lumière et de la chaleur.

FONCITRIL

PRÉSENTATION

FONCITRIL 4000 : granulé arôme orange-vanille ; boîte de 30 sachets - Non remb.

Laboratoires Lafon

COMPOSITION

	p. sachet
Triméthylphloroglucinol	100 mg
Acide citrique monohydraté	1,3 g
Citrate monopotassique dihydraté	2 g
Citrate monosodique monohydraté	2 g
Soit sodium	200,28 mg

INDICATIONS

Ce médicament est alcalinisant : il diminue l'acidité des urines et empêche la formation de cristaux d'*acide urique* ou de *cystine*. Dans certains cas, il peut faciliter la dissolution de calculs déjà formés.

Il est utilisé dans le *traitement d'appoint* et dans le *traitement préventif* des *lithiases*, calculs d'acide urique ou de cystine.

ATTENTION

Des précautions sont nécessaires chez les personnes souffrant d'*insuffisance cardiaque* ou d'*insuffisance rénale* graves.

En cas de traitement prolongé, des analyses de sang peuvent être prescrites par votre médecin.

Ce médicament contient du *sel* (sodium) en quantité notable.

GROSSESSE, ALLAITEMENT ET NOUVEAU-NÉ

L'effet de ce médicament pendant la grossesse ou l'allaitement est mal connu : seul votre médecin peut évaluer le risque éventuel de son utilisation dans votre cas.

MODE D'EMPLOI ET POSOLOGIE

Ce médicament doit être dissous dans un grand verre d'eau et pris après les repas.

Posologie usuelle :

1 à 4 sachets par jour.

La *posologie* varie en fonction du *pH* urinaire mesuré à l'aide d'un papier réactif :

- en cas de pH inférieur à 6,5 : les urines sont trop acides, la posologie doit être augmentée ;
- en cas de pH supérieur à 7,4 : les urines sont trop alcalines, la posologie doit être diminuée.

☛ Certaines eaux minérales sont riches en substances alcalines (bicarbonate) : tenez-en compte lors de la prise de ce médicament.

FONGAMIL
omoconazole

PRÉSENTATION

FONGAMIL 1 p. 100 : solution pour application locale ; flacon pressurisé 30 g - Remb. 65 % - Liste I

FONGAMIL 1 p. 100 : poudre pour application locale ; flacon pressurisé 20 g - Remb. 65 % - Liste I

FONGAMIL 1 p. 100 : crème ; tube 15 g - Remb. 65 % - Liste I

Laboratoires Biorga

COMPOSITION

	p. 100 g
Omoconazole nitrate	1 g

INDICATIONS

Ce médicament d'action locale contient un *antifongique* de la famille des *imidazolés*.

Il est utilisé dans le traitement de certaines maladies de la peau et des *muqueuses*, dues à des champignons microscopiques : *candidose, pityriasis versicolor, dermatophyties*...

CONTRE-INDICATIONS

Ce médicament ne doit pas être utilisé en cas d'*allergie* aux *antifongiques* de la famille des *imidazolés*.

ATTENTION

Évitez d'utiliser ce médicament, notamment chez l'enfant, de manière prolongée et sur des surfaces étendues ou profondément lésées, sans l'avis de votre pharmacien ou de votre médecin.

Rincez abondamment en cas de contact accidentel avec les yeux.

GROSSESSE, ALLAITEMENT ET NOUVEAU-NÉ

L'effet de ce médicament pendant la grossesse ou l'allaitement est mal connu : seul votre médecin peut évaluer le risque éventuel de son utilisation dans votre cas.

MODE D'EMPLOI ET POSOLOGIE

Dans tous les cas, le médicament doit être appliqué après lavage et séchage soigneux de la zone à traiter.

Crème : appliquer directement sur les lésions et masser pour faire pénétrer. Dans les plis de la peau, la crème doit être appliquée en petite quantité pour limiter le risque de macération.

Poudre : après agitation du flacon, pulvériser les lésions en respectant une distance d'au moins 10 cm.

Solution : après agitation du flacon, pulvériser sur les lésions en respectant une distance d'au moins 10 cm, puis masser pour faire pénétrer.

Posologie usuelle :

1 application par jour (crème) ou 2 applications par jour (poudre, solution).

La forme utilisée (crème, poudre, solution) et la durée du traitement varient selon les cas.

En cas de *candidose*, évitez d'utiliser des savons acides : ils favorisent la multiplication des champignons.

EFFETS INDÉSIRABLES POSSIBLES

Irritation cutanée.

FONGÉRYL

PRÉSENTATION

FONGÉRYL : crème ; tube 30 g - Non remb.

FONGÉRYL : solution pour application locale ; flacon pulvérisateur 60 ml - Non remb.

Laboratoires L'Arguenon-S.E.R.B.

COMPOSITION

	crème p. 100 g	solution p. 100 ml
(Ethoxycarbonyl-méthyl)-diméthyl-dodécyl-ammonium, bromure	2 g	1,50 g
(Hydroxy-15 tétraoxa-3, 6, 9, 12 tétradécyloxy)-5 dichloro-2,4 toluène	5 g	3 g

INDICATIONS

Ce médicament contient des *antiseptiques* locaux, dont un appartient à la famille des *ammoniums quaternaires*. Il a également des propriétés *antifongiques*.

Il est utilisé dans le traitement de certaines maladies de la peau et des *muqueuses*, dues à des champignons microscopiques appelés *dermatophytes*.

CONTRE-INDICATIONS

Ce médicament ne doit pas être utilisé en cas d'*allergie* aux *antiseptiques* de la famille des *ammoniums quaternaires*.

ATTENTION

Évitez d'utiliser ce médicament, notamment chez l'enfant, de manière prolongée et sur des surfaces étendues ou profondément lésées, sans l'avis de votre pharmacien ou de votre médecin.

INTERACTIONS MÉDICAMENTEUSES

L'association de ce médicament à d'autres *antiseptiques* ou aux savons est déconseillée car leurs effets risquent de s'annuler.

GROSSESSE, ALLAITEMENT ET NOUVEAU-NÉ

L'effet de ce médicament pendant la grossesse ou l'allaitement est mal connu. L'évaluation du risque éventuel lié à son utilisation est individuelle : demandez conseil à votre pharmacien ou à votre médecin.

MODE D'EMPLOI ET POSOLOGIE

Crème : appliquer en massant légèrement.

Solution : pulvériser sur les lésions à environ 15 cm de distance en tenant verticalement le flacon ou badigeonner à l'aide d'une compresse imbibée. Pour la peau, la solution peut être utilisée pure ou diluée ; pour les *muqueuses*, elle doit être obligatoirement diluée (1 volume de solution pour 10 volumes d'eau).

Posologie usuelle :

1 ou 2 applications par jour.

Tous les *antiseptiques* peuvent être contaminés par des *germes* : ne les conservez pas inutilement après une première utilisation.

EFFETS INDÉSIRABLES POSSIBLES

Irritation ou *allergie* locales.

FONLIPOL
tiadénol

PRÉSENTATION

FONLIPOL : comprimé (blanc) ; boîte de 50 - Remb. 65 % - Liste II

Laboratoires Lafon

COMPOSITION

	p. comp.
Tiadénol	400 mg

INDICATIONS

C'est un médicament qui appartient à la famille des *hypolipidémiants*. Il permet d'abaisser le taux de *cholestérol* circulant dans le sang.

Il est utilisé dans le traitement de l'excès de *cholestérol* persistant malgré un régime adapté et assidu.

ATTENTION

Si vous souffrez d'*insuffisance hépatique* ou d'*insuffisance rénale*, signalez-le à votre médecin.

GROSSESSE, ALLAITEMENT ET NOUVEAU-NÉ

L'effet de ce médicament pendant la grossesse ou l'allaitement est mal connu : seul votre médecin peut évaluer le risque éventuel de son utilisation dans votre cas.

MODE D'EMPLOI ET POSOLOGIE

Ce médicament doit être pris avec un verre d'eau.

Posologie usuelle :

2 à 3 comprimés, 2 fois par jour.

Le régime reste indispensable pendant toute la durée du traitement.

Un régime pauvre en *cholestérol* et en graisses animales n'est pas simple à suivre : les erreurs sont fréquentes. Demandez conseil à votre médecin ou à un professionnel de la nutrition.

EFFETS INDÉSIRABLES POSSIBLES

Les effets indésirables sur l'organisme lors de traitements prolongés ne sont pas connus.

FONX
oxyconazole

PRÉSENTATION

FONX : poudre pour application locale ; flacon 15 g - Remb. 65 % - Liste I

FONX : crème ; tube 15 g - Remb. 65 % - Liste I

FONX : solution pour application locale ; flacon pulvérisateur 15 ml - Remb. 65 % - Liste I

Laboratoires Yamanouchi

COMPOSITION

	p. 100 g	p. 100 g	p. 100 g
Oxyconazole nitrate	1 g	1 g	1 g
Alcool			+

INDICATIONS

Ce médicament d'action locale contient un *antifongique* de la famille des *imidazolés*.

Il est utilisé dans le traitement de certaines maladies de la peau et des *muqueuses* dues à des champignons microscopiques : *candidose*, *pityriasis versicolor*, *dermatophyties*...

CONTRE-INDICATIONS

Ce médicament ne doit pas être utilisé en cas d'*allergie* aux *antifongiques* de la famille des *imidazolés*.

ATTENTION

La solution contient de l'*alcool* : elle ne doit pas être utilisée chez le *nourrisson*, ni appliquée sur des *muqueuses*.

Évitez d'utiliser ce médicament, notamment chez l'enfant, de manière prolongée et sur des surfaces étendues ou profondément lésées sans l'avis de votre pharmacien ou de votre médecin.

GROSSESSE, ALLAITEMENT ET NOUVEAU-NÉ

L'effet de ce médicament pendant la grossesse ou l'allaitement est mal connu : seul votre médecin peut évaluer le risque éventuel de son utilisation dans votre cas.

MODE D'EMPLOI ET POSOLOGIE

Les savons acides peuvent neutraliser ce médicament : éviter leur emploi juste avant l'application.

Posologie usuelle :

1 application, par jour après la toilette.

La forme utilisée (crème, solution, poudre) et la durée du traitement varient selon les cas.

☛ En cas de *candidose*, évitez d'utiliser des savons acides : ils favorisent la multiplication des champignons.

EFFETS INDÉSIRABLES POSSIBLES

Irritation ou *allergie* cutanée.

FONZYLANE oral

buflomédil

PRÉSENTATION

FONZYLANE 150 mg : comprimé (blanc) ; boîte de 30 - Remb. 65 % - Liste II

FONZYLANE 300 mg : comprimé (blanc) ; boîte de 20 - Remb. 65 % - Liste II

Laboratoires Lafon

COMPOSITION

	p. comp. 150 mg	p. comp. 300 mg
Buflomédil chlorhydrate		

INDICATIONS

Ce médicament est un *vasodilatateur*, il lutte contre les spasmes des petits vaisseaux.

Il est utilisé dans le *traitement symptomatique* de l'*artérite* et du phénomène de *Raynaud*.

ATTENTION

Si vous souffrez d'*insuffisance rénale*, prévenez votre médecin.

GROSSESSE, ALLAITEMENT ET NOUVEAU-NÉ

L'effet de ce médicament pendant la grossesse ou l'allaitement est mal connu : seul votre médecin peut évaluer le risque éventuel de son utilisation dans votre cas.

MODE D'EMPLOI ET POSOLOGIE

Les comprimés doivent être avalés avec un peu d'eau.

Posologie usuelle :

150 mg ou 300 mg, 2 fois par jour. En cas d'*insuffisance rénale* ne pas dépasser 2 comprimés à 150 mg par jour.

☛ Ce médicament n'est actif que sur les *symptômes* de l'*artérite* ; seule la pratique régulière de la marche peut retarder l'évolution de la maladie. Si vous êtes fumeur, la poursuite du tabagisme nuit à l'efficacité du traitement.

EFFETS INDÉSIRABLES POSSIBLES

Ils sont rares : maux de tête, *vertiges*, *troubles digestifs*, picotements des doigts et des orteils avec sensation de chaleur cutanée.

FONZYLANE injectable

buflomédil

PRÉSENTATION

FONZYLANE : solution injectable ; boîte de 10 ampoules 5 ml - Remb. 65 % - Liste II

Laboratoires Lafon

COMPOSITION

	p. amp. inj.
Buflomédil chlorhydrate	50 mg

INDICATIONS

Ce médicament est un *vasodilatateur*, il lutte contre les spasmes des petits vaisseaux.

Il est utilisé dans le traitement des manifestations douloureuses de l'*artérite* lors des poussées ou dans l'attente d'une intervention chirurgicale.

ATTENTION

Des précautions sont nécessaires en cas d'*insuffisance rénale*.

GROSSESSE, ALLAITEMENT ET NOUVEAU-NÉ

L'effet de ce médicament pendant la grossesse ou l'allaitement est mal connu : seul votre médecin peut évaluer le risque éventuel de son utilisation dans votre cas.

MODE D'EMPLOI ET POSOLOGIE

La solution peut être injectée par *voie* intramusculaire ou intraveineuse lente.

Posologie usuelle :

1 ampoule, matin et soir. En cas d'*insuffisance rénale* : 1/2 ampoule, matin et soir.

☛ Ce médicament n'est actif que sur les *symptômes* de l'*artérite* ; seule la pratique régulière de la marche peut retarder l'évolution de la maladie. Si vous êtes fumeur, la poursuite du tabagisme nuit à l'efficacité du traitement.

EFFETS INDÉSIRABLES POSSIBLES

Ils sont rares : maux de tête, *vertiges*, *troubles digestifs*, picotements des doigts et des orteils avec sensation de chaleur cutanée.

FORMOCARBINE

charbon activé

PRÉSENTATION

FORMOCARBINE : gélule (noir et vert) ; boîte de 32 - Non remb.

FORMOCARBINE : granulé (noir) ; boîte de 100 g (20 cuillères à café) - Non remb.

Laboratoires SmithKline Beecham

COMPOSITION

	p. gél.	p. c. à c.
Charbon activé	300 mg	750 mg
Saccharose		4,24 g

INDICATIONS

C'est un médicament qui contient du charbon activé. Il facilite la digestion en fixant les toxines et les gaz présents dans le tube digestif.

Il est utilisé essentiellement dans le *traitement symptomatique* des maladies *fonctionnelles* du côlon avec diarrhées et ballonnements.

ATTENTION

Si les troubles persistent, consultez votre médecin.

Les granulés contiennent du *sucre* (saccharose) en quantité notable.

INTERACTIONS MÉDICAMENTEUSES

Du fait des propriétés adsorbantes du charbon, ce médicament peut interagir avec d'autres en diminuant leur absorption : il convient de séparer les prises d'au moins 2 heures.

GROSSESSE, ALLAITEMENT ET NOUVEAU-NÉ

Grossesse :

Ce médicament peut être utilisé chez la femme enceinte.

MODE D'EMPLOI ET POSOLOGIE

Ce médicament est réservé à l'adulte.

Les gélules doivent être avalées avec un grand verre d'eau. Ce médicament peut être pris après les repas ou au moment des crises.

Posologie usuelle :

- Adulte : 1 à 3 cuillères à café par jour ou 2 gélules, 2 à 4 fois par jour.

EFFETS INDÉSIRABLES POSSIBLES

Selles de coloration noire.

FORTAL
pentazocine

PRÉSENTATION

FORTAL 30 mg/1 ml : solution injectable ; boîte de 2 ampoules 1 ml - Remb. 65 % - Stupéfiants

FORTAL 30 mg/1 ml : solution injectable ; boîte de 10 ampoules 1 ml - Remb. 65 % - Stupéfiants

Laboratoires Sanofi Winthrop

COMPOSITION

	p. amp. inj.
Pentazocine base	30 mg

INDICATIONS

Ce médicament est un *antalgique* puissant. Son action est semblable à celle de la *morphine* : il combat la douleur en agissant directement sur le cerveau.

Il est utilisé dans le traitement des douleurs rebelles.

CONTRE-INDICATIONS

Ce médicament ne doit pas être utilisé dans les cas suivants :
- *insuffisance hépatique* grave ;
- *insuffisance respiratoire* ;
- traumatisme crânien, *convulsions* ;
- douleurs abdominales de cause non connue ;
- association avec les *IMAO* ;
- enfant de moins de 15 ans.

ATTENTION

Des précautions sont nécessaires en cas d'*insuffisance rénale* et chez la personne âgée.

La prise de boissons alcoolisées ou l'association aux *sédatifs* peuvent augmenter le risque de somnolence.

INTERACTIONS MÉDICAMENTEUSES

Par mesure de prudence, ce médicament ne doit pas être associé aux *IMAO*.

Il peut interagir avec d'autres médicaments, notamment les *sédatifs*. Signalez tout autre traitement en cours à votre médecin ou à votre pharmacien.

GROSSESSE, ALLAITEMENT ET NOUVEAU-NÉ

L'effet de ce médicament pendant la grossesse ou l'allaitement est mal connu : seul votre médecin peut évaluer le risque éventuel de son utilisation dans votre cas.

Nouveau-né :

Si le traitement est poursuivi jusqu'à l'accouchement, une surveillance médicale du *nouveau-né* est nécessaire afin de parer à l'éventualité d'un *syndrome de sevrage*.

MODE D'EMPLOI ET POSOLOGIE

La solution doit être injectée par *voie* intramusculaire.

Posologie usuelle :

La *posologie*, strictement individuelle, est adaptée progressivement par votre médecin en fonction de l'intensité de la douleur, et des médicaments éventuellement associés.

Restez allongé dans la demi-heure qui suit l'injection.

La prescription de la *morphine* et des substances apparentées, ainsi que leur renouvellement, est réglementée. La durée de validité de l'ordonnance est limitée à 7 jours. Elle est rédigée sur un feuillet numéroté, extrait d'un carnet à souche ; elle est conservée par le pharmacien. Pour obtenir le remboursement par la Sécurité sociale, le médecin rédige une copie de la prescription sur une ordonnance habituelle.

Respectez la *posologie* et la durée de traitement prescrites par votre médecin. Mais si le traitement paraît insuffisant, n'hésitez pas à reprendre contact avec lui.

Ce médicament vous a été prescrit dans une situation précise : ne le conseillez pas à une autre personne.

EFFETS INDÉSIRABLES POSSIBLES

Fréquemment : somnolence, *vertiges*, nausées, vomissements, bouche sèche, malaise, difficultés respiratoires.

Parfois : hallucinations, troubles visuels, constipation, difficultés à uriner, *tachycardie*, réactions allergiques.

Ce médicament, apparenté à la *morphine*, expose à un risque de *dépendance*. Ce risque est minime dans les conditions d'utilisation médicale.

FORVITAL

PRÉSENTATION

FORVITAL : comprimé (rouge) ; boîte de 15 - Non remb.

FORVITAL : comprimé (rouge) ; boîte de 30 - Non remb.

Laboratoires Lederle

COMPOSITION

	p. comp.
Acétate d'alpha-tocophérol (vitamine E)	30 UI
Acide ascorbique (vitamine C)	600 mg
Thiamine (vitamine B1)	15 mg
Riboflavine (vitamine B2)	15 mg
Pyridoxine (vitamine B6)	25 mg
Cyanocobalamine (vitamine B 12)	12 µg
Acide folique (vitamine B9)	0,4 mg
Nicotinamide (vitamine PP)	100 mg
Acide pantothénique sel de calcium (vitamine B5)	20 mg
Fer (en fumarate ferreux)	27 mg

INDICATIONS

Ce médicament contient des *vitamines* et du fer.

Il est utilisé dans la prévention ou la correction des troubles en rapport avec une alimentation carencée ou déséquilibrée.

CONTRE-INDICATIONS

Ce médicament ne doit pas être utilisé en cas de surcharge en fer.

ATTENTION

Dans l'organisme, la *vitamine* C est dégradée en acide oxalique, pouvant favoriser la formation de calculs dans les *voies* urinaires. Ne prenez pas de dose importante et prolongée de vitamine C sans avis médical.

INTERACTIONS MÉDICAMENTEUSES

Ce médicament ne doit pas être associé aux médicaments contenant de la lévodopa seule (LARODOPA...) : risque d'annulation des effets de la lévodopa par la *vitamine* B6.

En raison de la présence de fer, ce médicament peut interagir avec d'autres, notamment avec les *antibiotiques* de la famille des *cyclines* : respectez un intervalle de 2 heures entre les prises de chacun de ces médicaments. Signalez tout autre traitement en cours à votre médecin ou à votre pharmacien.

GROSSESSE, ALLAITEMENT ET NOUVEAU-NÉ

Ce médicament ne contient que des substances présumées sans danger pendant la grossesse ou l'allaitement. Néanmoins, ne l'utilisez pas de façon prolongée sans l'avis de votre pharmacien ou de votre médecin.

MODE D'EMPLOI ET POSOLOGIE

Les comprimés doivent être avalés avec un verre d'eau, de préférence le matin.

Posologie usuelle :

1 comprimé par jour.

Une alimentation équilibrée et diversifiée apporte habituellement des quantités suffisantes de *vitamines*. Cependant, certaines circonstances peuvent justifier un apport supplémentaire : demandez conseil à votre médecin ou à votre pharmacien.

La coloration des selles en noir est normale sous traitement : elle est liée à la présence de fer.

EFFETS INDÉSIRABLES POSSIBLES

Troubles digestifs.

Chez les personnes prédisposées : calculs des *voies* urinaires.

FRAGIPREL

PRÉSENTATION

FRAGIPREL : comprimé (rose) ; boîte de 50 - Remb. 35 %

Laboratoires Biogalénique

COMPOSITION

	p. comp.
Hespéridine méthylchalcone	50 mg
Troxérutine	20 mg
Ruscus, extrait sec	100 mg
Acide ascorbique (vitamine C)	100 mg

INDICATIONS

C'est un protecteur *vasculaire* qui associe plusieurs substances. Il stimule la circulation du sang dans les veines et lutte contre l'altération des *vaisseaux capillaires*.

Il est utilisé dans le *traitement symptomatique* des petites *hémorragies* sous-cutanées se traduisant par des taches rouges ou violacées.

GROSSESSE, ALLAITEMENT ET NOUVEAU-NÉ

L'effet de ce médicament pendant la grossesse ou l'allaitement est mal connu. L'évaluation du risque éventuel lié à son utilisation est individuelle : demandez conseil à votre pharmacien ou à votre médecin.

MODE D'EMPLOI ET POSOLOGIE

Ce médicament doit être pris avec un verre d'eau au début ou au cours des repas.

Posologie usuelle :

2 comprimés, 3 fois par jour.

FRAGMINE

dalteparine

PRÉSENTATION

FRAGMINE 2 500 UI anti-XA/0,2 ml : solution injectable *S.C.* ; boîte de 2 seringues préremplies - Remb. 65 % - Liste I

FRAGMINE 5 000 UI anti-Xa/0,2 ml : solution injectable *S.C.* ; boîte de 2 seringues préremplies - Remb. 65 % - Liste I

FRAGMINE 10 000 UI anti-Xa/1 ml : solution injectable *S.C.* et *I.V.* ; boîte de 2 ampoules 1 ml - Remb. 65 % - Liste I

Laboratoires Kabi Pharmacia

COMPOSITION

	p. seringue	p. seringue	p. amp. inj.
Daltéparine sodique en UI anti-Xa	2 500	5 000	10 000

INDICATIONS

Ce médicament est un *anticoagulant* de la famille des héparines de bas poids moléculaire. Il empêche la formation des caillots dans les vaisseaux sanguins. Son action est rapide et se prolonge au moins 24 heures.

Il est utilisé :

- à faible dose, dans le *traitement préventif* des *accidents thrombo-emboliques* chez les opérés récents ou les malades alités ou immobilisés ;
- à forte dose, dans le traitement des *thromboses* veineuses (*phlébite*...).

CONTRE-INDICATIONS

Ce médicament ne doit pas être utilisé dans les cas suivants :

- hémophilie et maladies apparentées,
- risque de saignement d'un organe (*ulcère* de l'estomac ou du *duodénum*),
- *accident vasculaire cérébral*,
- *allergie* ou baisse des *plaquettes* sanguines lors d'une précédente utilisation de ce médicament.

ATTENTION

Des analyses de sang sont nécessaires en début et en cours de traitement, pour contrôler notamment le taux de *plaquettes* dans le sang.

Des précautions sont nécessaires en cas d'*insuffisance hépatique*, d'*insuffisance rénale*, ou d'*ulcère* de l'estomac ou du *duodénum* même ancien.

L'aspirine augmente le risque hémorragique lié à l'usage de ce médicament. De nombreux produits qui en contiennent sont vendus sans ordonnance. Ne prenez aucun médicament sans l'avis de votre médecin ou de votre pharmacien. Prévenez votre dentiste de la prise de ce médicament. Ce médicament expose au risque d'*hémorragies* internes.

Les sports violents ou activités dangereuses sont déconseillés au cours du traitement.

INTERACTIONS MÉDICAMENTEUSES

Ce médicament peut interagir avec de nombreux médicaments, notamment ceux contenant de l'aspirine, des *anti-inflammatoires* non stéroïdiens et de la ticlopidine : augmentation du risque d'*hémorragie*. Signalez tout autre traitement en cours à votre médecin ou à votre pharmacien.

GROSSESSE, ALLAITEMENT ET NOUVEAU-NÉ

Grossesse :

L'effet de ce médicament sur l'enfant à naître et la femme enceinte est mal connu : votre médecin est seul juge pour apprécier la nécessité de ce traitement et son risque pendant la grossesse.

Allaitement :

Les données actuelles ne permettent pas de savoir si ce médicament passe dans le lait maternel. Par mesure de prudence, l'allaitement est déconseillé.

MODE D'EMPLOI ET POSOLOGIE

La solution injectable est administrée par *voie* sous-cutanée dans un pli de la peau pincé entre deux doigts. L'injection se fait habituellement dans la paroi abdominale.

Posologie usuelle :

Elle est strictement individuelle. Elle varie selon la maladie à traiter et le poids de la personne. En cas d'immobilisation, le traitement durera au moins jusqu'à la reprise normale de la marche.

☛ Lorsque ce médicament est remplacé par les *anticoagulants* oraux, ces deux traitements peuvent être pris simultanément pendant quelques jours.

Il est normal de voir apparaître des hématomes (bleus) au point d'injection. Ils disparaîtront spontanément.

EFFETS INDÉSIRABLES POSSIBLES

Hémorragies de gravité variable.

Baisse des *plaquettes* sanguines, justifiant des analyses de sang avant et pendant le traitement.

Rarement : *allergie*, douleur durable au point d'injection pouvant traduire une lésion de la peau ; consultez votre médecin.

FRAGONAL

fragon, esculoside

PRÉSENTATION

FRAGONAL 300 mg : comprimé (vert) ; boîte de 30 - Non remb.

Laboratoires Phygiène

COMPOSITION

	p. comp.
Fragon, extrait sec	300 mg
Esculoside	30 mg

INDICATIONS

C'est un protecteur *vasculaire* et *veinotonique*. Il stimule la circulation du sang dans les veines et lutte contre l'altération des *vaisseaux capillaires*.

Il est utilisé dans le *traitement symptomatique* :

- des jambes lourdes et autres troubles pouvant être en rapport avec une mauvaise circulation veineuse,
- des crises d'*hémorroïdes*.

ATTENTION

Ce médicament est insuffisant pour prévenir le risque de *phlébite* chez les malades alités ou plâtrés.

Ce médicament soulage, mais n'empêche pas l'aggravation de l'*insuffisance veineuse* qui requiert des mesures spécifiques telles que la *contention élastique*.

GROSSESSE, ALLAITEMENT ET NOUVEAU-NÉ

L'effet de ce médicament pendant la grossesse ou l'allaitement est mal connu. L'évaluation du risque éventuel lié à son utilisation est individuelle : demandez conseil à votre pharmacien ou à votre médecin.

MODE D'EMPLOI ET POSOLOGIE

Ce médicament doit être pris de préférence au cours des repas.

Posologie usuelle :

2 à 4 comprimés par jour.

Dans le *traitement de la crise* d'*hémorroïdes*, 4 comprimés par jour.

☛ Une activité physique régulière et la surélévation du pied du lit permettent de faciliter la circulation veineuse et *lymphatique*.

La constipation, la consommation de mets épicés et de vins riches en tanins favorisent les *hémorroïdes*.

EFFETS INDÉSIRABLES POSSIBLES

Rares *troubles digestifs* en cas de prise en dehors des repas.

FRAKIDEX

dexaméthasone, framycétine

PRÉSENTATION

FRAKIDEX : collyre ; flacon de *lyophilisat* et flacon de solvant 5 ml - Remb. 65 % - Liste I

FRAKIDEX : pommade ophtalmique ; tube 5 g - Remb. 65 % - Liste I

Laboratoires Chauvin

COMPOSITION

	p. 100 ml	p. 100 g
Dexaméthasone phosphate disodique	100 mg	100 mg
Framycétine sulfate	630 000 UI	315 000 UI
Sulfites	+	

INDICATIONS

Ce médicament d'usage local contient un *corticoïde* et un *antibiotique* de la famille des *aminosides*.

Il est utilisé dans le traitement des *conjonctivites* allergiques et de certaines maladies inflammatoires de l'œil.

CONTRE-INDICATIONS

Ce médicament ne doit pas être utilisé dans les cas suivants :
- *allergie* aux *antibiotiques* de la famille des *aminosides* ;
- *kératite* virale à son début, *mycose* oculaire ;
- *tuberculose* oculaire ;
- *antécédent* personnel ou familial de *glaucome*.

ATTENTION

Certaines contre-indications ne peuvent être détectées que par un ophtalmologiste : ne réutilisez pas ce médicament sans avis médical.

En l'absence d'amélioration après quelques jours de traitement, n'hésitez pas à consulter votre médecin.

INTERACTIONS MÉDICAMENTEUSES

Ce médicament peut interagir avec d'autre collyres : respectez un intervalle de 15 minutes entre deux instillations.

GROSSESSE, ALLAITEMENT ET NOUVEAU-NÉ

L'effet de ce médicament pendant la grossesse ou l'allaitement est mal connu : seul votre médecin peut évaluer le risque éventuel de son utilisation dans votre cas.

MODE D'EMPLOI ET POSOLOGIE

Tirer la paupière inférieure vers le bas tout en regardant vers le haut et déposer les gouttes de collyre ou la pommade entre la paupière et le globe oculaire (*cul-de-sac conjonctival*).

Posologie usuelle :

Collyre : 1 goutte, 4 à 6 fois par jour.

Pommade ophtalmique : appliquer l'équivalent d'un grain de riz le soir au coucher (la pommade s'emploie généralement en complément du collyre pour assurer une efficacité prolongée la nuit).

Le port de lentilles de contact doit être immédiatement interrompu en cas d'infection oculaire et les lentilles ne doivent pas être réutilisées avant guérison complète.

La vision est troublée par l'application de la pommade. Ce trouble disparaît en quelques minutes.

L'application correcte du produit peut nécessiter une aide, notamment chez une personne handicapée ou âgée.

Ne conservez pas ce collyre plus de 15 jours après une première utilisation.

EFFETS INDÉSIRABLES POSSIBLES

Irritation ou réaction allergique locale.

En cas d'utilisation prolongée : *cataracte*, augmentation de la *tension intraoculaire* (*glaucome*), *kératite* superficielle.

FRAMITULLE

framycétine

PRÉSENTATION

FRAMITULLE : compresse imprégnée (10 cm x 10 cm) ; boîte de 10 sachets - Non remb.

Laboratoires Cassenne

COMPOSITION

	p. compresse
Framycétine sulfate	10 960 UI
Lanoline	160 mg

INDICATIONS

Cette compresse stérile, imprégnée de vaseline, contient un *antibiotique* de la famille des *aminosides*.

Elle est utilisée dans le *traitement préventif* et le *traitement curatif* de l'infection des plaies, des brûlures et des *ulcères*.

CONTRE-INDICATIONS

Ce médicament ne doit pas être utilisé en cas d'*allergie* aux *antibiotiques* de la famille des *aminosides* ou à la lanoline.

ATTENTION

Si l'infection ne disparaît pas après quelques jours, consultez votre médecin.

Évitez d'utiliser cette compresse, notamment chez l'enfant, de manière prolongée et sur des surfaces étendues ou profondément lésées sans l'avis de votre médecin.

GROSSESSE, ALLAITEMENT ET NOUVEAU-NÉ

L'effet de ce médicament pendant la grossesse ou l'allaitement est mal connu : seul votre médecin peut évaluer le risque éventuel de son utilisation dans votre cas.

MODE D'EMPLOI ET POSOLOGIE

Ouvrir le sachet, sortir la compresse en totalité ou couper la surface de tulle désirée. Ôter un des feuillets protecteurs puis appliquer le tulle sur la lésion. Retirer le second feuillet et recouvrir le tulle de compresses ou d'un morceau de coton. Maintenir l'ensemble à l'aide d'un bandage.

Posologie usuelle :

La fréquence des changements de pansement est individuelle : elle dépend de la lésion, de la rapidité de la cicatrisation et de sa qualité.

Lavez-vous les mains après utilisation.

FRAMYBIOTAL

framycétine

PRÉSENTATION

FRAMYBIOTAL : solution nasale ; flacon pulvérisateur 30 ml - Non remb.

Laboratoires Jean-Paul Martin

COMPOSITION

	p. fl.
Framycétine sulfate	375 mg

INDICATIONS

Cette solution nasale contient un *antibiotique* de la famille des *aminosides*.

Elle est utilisée dans le *traitement d'appoint* des *rhinites* et des *rhino-pharyngites*.

CONTRE-INDICATIONS

Ce médicament ne doit pas être utilisé en cas d'*allergie* aux *aminosides*.

ATTENTION

Si votre état ne s'améliore pas après quelques jours de traitement, consultez votre médecin.

L'usage prolongé de ce médicament n'est pas souhaitable : il peut modifier l'équilibre microbien du nez ou de la gorge.

GROSSESSE, ALLAITEMENT ET NOUVEAU-NÉ

L'effet de ce médicament pendant la grossesse ou l'allaitement est mal connu. L'évaluation du risque éventuel lié à son utilisation est individuelle : demandez conseil à votre pharmacien ou à votre médecin.

MODE D'EMPLOI ET POSOLOGIE

La durée du traitement ne doit pas dépasser 10 jours.

Les pulvérisations sont faites au cours d'une brève inspiration après un mouchage soigneux.

Posologie usuelle :
- Adulte : 3 à 6 pulvérisations (de 2 pressions sur l'embout doseur) par jour, dans chaque narine.
- Enfant de 7 à 15 ans : 2 à 4 pulvérisations (de 2 pressions sur l'embout doseur) par jour, dans chaque narine.
- Enfant de 30 mois à 7 ans : 2 à 4 pulvérisations (de 1 pression sur l'embout doseur) par jour, dans chaque narine.

EFFETS INDÉSIRABLES POSSIBLES

Allergie cutanée.

FRAXIPARINE

nadroparine calcique

PRÉSENTATION

FRAXIPARINE 0,3 ml : solution injectable *S.C.* ; boîte de 2 seringues préremplies unidoses - Remb. 65 % - Liste I

FRAXIPARINE 0,3 ml : solution injectable *S.C.* ; boîte de 6 seringues préremplies unidoses - Remb. 65 % - Liste I

FRAXIPARINE 0,6 ml : solution injectable *S.C.* ; boîte de 2 seringues préremplies graduées - Remb. 65 % - Liste I

FRAXIPARINE 0,6 ml : solution injectable *S.C.* ; boîte de 6 seringues préremplies unidoses - Remb. 65 % - Liste I

FRAXIPARINE 0,8 ml : solution injectable *S.C.* ; boîte de 2 seringues préremplies graduées - Remb. 65 % - Liste I

FRAXIPARINE 0,8 ml : solution injectable *S.C.* ; boîte de 10 seringues préremplies unidoses - Remb. 65 % - Liste I

Laboratoires Sanofi Winthrop

COMPOSITION

	p. ml
Nadroparine	25 000 U.I.

INDICATIONS

Ce médicament est un *anticoagulant* de la famille des héparines de bas poids moléculaire. Il empêche la formation des caillots dans les vaisseaux sanguins. Son action est immédiate et se prolonge au moins 18 heures.

Il est utilisé :

- à faible dose, dans le *traitement préventif* des *accidents thrombo-emboliques* chez les opérés récents ou les malades alités ou immobilisés ;
- à forte dose, dans le traitement des *thromboses* veineuses (*phlébite*...).

CONTRE-INDICATIONS

Ce médicament ne doit pas être utilisé dans les cas suivants :

- hémophilie et maladies apparentées,
- risque de saignement d'un organe (*ulcère* de l'estomac ou du *duodénum*),
- *accident vasculaire cérébral*,
- *allergie* ou baisse des *plaquettes* sanguines lors d'une précédente utilisation de ce médicament.

ATTENTION

Des analyses de sang sont nécessaires en début et en cours de traitement, pour contrôler notamment le taux de *plaquettes* dans le sang.

Des précautions sont nécessaires en cas d'*insuffisance hépatique*, d'*insuffisance rénale*, ou d'*ulcère* de l'estomac ou du *duodénum* même ancien.

L'aspirine augmente le risque hémorragique lié à l'usage de ce médicament. De nombreux produits qui en contiennent sont vendus sans ordonnance. Ne prenez aucun médicament sans l'avis de votre médecin ou de votre pharmacien. Prévenez votre dentiste de la prise de ce médicament. Ce médicament expose au risque d'*hémorragies* internes.

Les sports violents ou activités dangereuses sont déconseillés au cours du traitement.

INTERACTIONS MÉDICAMENTEUSES

Ce médicament peut interagir avec de nombreux médicaments, notamment ceux contenant de l'aspirine, des *anti-inflammatoires* non stéroïdiens et de la ticlopidine : augmentation du risque d'*hémorragie*. Signalez tout autre traitement en cours à votre médecin ou à votre pharmacien.

GROSSESSE, ALLAITEMENT ET NOUVEAU-NÉ

Grossesse :

L'effet de ce médicament sur l'enfant à naître et la femme enceinte est mal connu : votre médecin est seul juge pour apprécier la nécessité de ce traitement et son risque pendant la grossesse.

Allaitement :

Les données actuelles ne permettent pas de savoir si ce médicament passe dans le lait maternel. Par mesure de prudence, l'allaitement est déconseillé.

MODE D'EMPLOI ET POSOLOGIE

La solution injectable est exclusivement administrée par *voie* sous-cutanée dans un pli de la peau pincé entre deux doigts. L'injection se fait habituellement dans la paroi abdominale.

Posologie usuelle :

Elle est strictement individuelle. Elle varie selon la maladie à traiter et le poids de la personne. En cas d'immobilisation, le traitement durera au moins jusqu'à la reprise normale de la marche.

- *Traitement préventif* : 1 injection par jour.
- *Traitement curatif* : 2 injections par jour.

☛ Lorsque ce médicament est remplacé par les *anticoagulants* oraux, ces deux traitements peuvent être pris simultanément pendant quelques jours.

Il est normal de voir apparaître des hématomes (bleus) au point d'injection. Ils disparaîtront spontanément.

EFFETS INDÉSIRABLES POSSIBLES

Hémorragies de gravité variable.

Baisse des *plaquettes* sanguines justifiant des analyses de sang avant et pendant le traitement.

Rarement : *allergie*, douleur durable au point d'injection pouvant traduire une lésion de la peau ; consultez votre médecin.

FRAZOLINE

naphazoline, framycétine, amyléine

PRÉSENTATION

FRAZOLINE : solution nasale ; flacon pulvérisateur 15 ml - Remb. 35 % - Liste II

Laboratoires Bouchara

COMPOSITION

	p. 100 ml
Naphazoline nitrate	0,050 g
Framycétine	800 000 U
Amyléine chlorhydrate	0,100 g

INDICATIONS

Cette solution nasale contient un *vasoconstricteur*, un *antibiotique* et un *anesthésique*.

Elle est utilisée dans le *traitement symptomatique* des affections congestives aiguës du nez : *rhinite*, *rhino-pharyngite*.

CONTRE-INDICATIONS

Ce médicament ne doit pas être utilisé dans les cas suivants :

- *allergie* aux *antibiotiques* de la famille des *aminosides* ou aux *anesthésiques*,
- traitement en cours par un *antidépresseur* de type *IMAO* non sélectif,
- *glaucome* à angle fermé,
- enfant de moins de 15 ans.

ATTENTION

Des précautions sont nécessaires en cas d'*hypertension artérielle*, d'*insuffisance coronarienne*, d'*hyperthyroïdie*.

L'utilisation prolongée ou répétée des *vasoconstricteurs* expose à un risque de *rhinite* grave, parfois irréversible. La brièveté de l'effet décongestionnant ne doit pas vous conduire à dépasser la *posologie* prescrite par votre médecin.

INTERACTIONS MÉDICAMENTEUSES

Ce médicament ne doit pas être associé aux *antidépresseurs* de type *IMAO* non sélectifs (MARSILID, NIAMIDE) : risque de crise hypertensive.

GROSSESSE, ALLAITEMENT ET NOUVEAU-NÉ

L'effet de ce médicament pendant la grossesse ou l'allaitement est mal connu : seul votre médecin peut évaluer le risque éventuel de son utilisation dans votre cas.

MODE D'EMPLOI ET POSOLOGIE

Ce médicament doit être pulvérisé dans le nez au cours d'une brève inspiration, en tenant le flacon verticalement.

Posologie usuelle :

- Adulte : 1 ou 2 pulvérisations dans chaque narine, 3 à 6 fois par jour.

La durée du traitement ne doit pas dépasser 7 jours.

☛ Ce médicament peut provoquer des effets secondaires graves chez l'enfant : ne le laissez pas à sa portée.

EFFETS INDÉSIRABLES POSSIBLES

Allergie cutanée.

Sécheresse nasale.

Plus rarement, en cas de passage dans le sang : maux de tête, insomnie, accélération du cœur.

Les boissons alcoolisées augmentent parfois les effets indésirables

FRUBIOSE CALCIQUE FAIBLE

vitamine D2, calcium

PRÉSENTATION

FRUBIOSE CALCIQUE FAIBLE : solution buvable ; boîte de 20 ampoules 5 ml - Non remb.

Laboratoires Boehringer Ingelheim France

COMPOSITION

	p. amp.
Ergocalciférol (vitamine D2)	1 500 UI
Gluconate de calcium	129 mg
Lactate de calcium pentahydraté	36,8 mg
Soit calcium	16,3 mg

INDICATIONS

Ce médicament contient du calcium, principal constituant de l'os, et de la *vitamine* D, qui permet sa fixation osseuse et dont la *carence* est responsable du *rachitisme*.

Il est utilisé dans le *traitement préventif* du rachitisme et dans les troubles de la fixation du calcium chez l'adulte et la personne âgée.

CONTRE-INDICATIONS

Ce médicament ne doit pas être utilisé en cas d'excès de calcium dans le sang ou dans les urines, avec ou sans calculs.

ATTENTION

Lorsque ce médicament est destiné à traiter la décalcification due à une immobilisation prolongée, il ne doit être pris que lors de la reprise de la marche.

Un surdosage en *vitamine* D ou une prise prolongée exposent à des effets indésirables graves. La vitamine D est présente dans de nombreux médicaments dont certains sont disponibles sans ordonnance. Elle est également présente dans de nombreux laits pour bébé : prenez l'avis de votre médecin ou de votre pharmacien pour éviter tout risque de surdosage.

GROSSESSE, ALLAITEMENT ET NOUVEAU-NÉ

Grossesse :

Ne prenez pas de *vitamine* D sans l'avis de votre médecin pendant la grossesse.

Allaitement :

Ce médicament passe dans le lait maternel : à forte dose, il est déconseillé pendant l'allaitement.

MODE D'EMPLOI ET POSOLOGIE

Agiter l'ampoule avant absorption. Son contenu peut être dilué dans de l'eau ou du jus de fruit et pris de préférence le matin ou à midi.

Posologie usuelle :

La posologie varie selon les cas, notamment chez la femme enceinte et la personne âgée.

À titre indicatif, dans la prévention du *rachitisme* :

- Nourrisson de moins de 18 mois : 1 ampoule par jour sans interruption.
- Enfant de 18 mois à 6 ans : 1 ampoule par jour, 3 à 6 mois par an au début de l'hiver.

Les *carences* en *vitamine* D sont particulièrement fréquentes chez les enfants à peau sombre ou peu exposée au soleil ; en effet, la vitamine D est fabriquée par la peau sous l'influence des rayons *ultraviolets*.

La prise de ce médicament ne dispense pas de la consommation régulière de laitages, naturellement riches en calcium.

EFFETS INDÉSIRABLES POSSIBLES

Aucun effet indésirable n'est généralement constaté aux doses usuelles.

FRUBIOSE CALCIQUE FORTE

calcium, vitamine D2

PRÉSENTATION

FRUBIOSE CALCIQUE FORTE : solution buvable ; boîte de 20 ampoules 5 ml - Non remb.

Laboratoires Boehringer Ingelheim France

COMPOSITION

	p. amp.
Ergocalciférol (vitamine D2)	5 000 UI
Gluconate de calcium	500 mg
Lactate de calcium pentahydraté	350 mg
Soit calcium	90 mg
Alcool à 95°	+

INDICATIONS

Ce médicament contient une forte quantité de calcium, principal constituant de l'os, et de la *vitamine* D, qui participe à la croissance du squelette.

Il est utilisé dans le traitement du *rachitisme* chez l'adulte et la personne âgée, dans le traitement de l'*ostéomalacie*, de la *tétanie* et de la *spasmophilie* dues à un manque de calcium dans le sang.

CONTRE-INDICATIONS

Ce médicament ne doit pas être utilisé dans les cas suivants :

- excès de calcium dans le sang ou dans les urines, avec ou sans calculs ;
- immobilisation prolongée, responsable d'une décalcification osseuse (l'apport de calcium ne devant débuter que lors de la reprise de la marche).

ATTENTION

Un surdosage en *vitamine* D ou une prise prolongée exposent à des effets indésirables graves. La vitamine D est présente dans de nombreux médicaments disponibles sans ordonnance : prenez l'avis de votre médecin ou de votre pharmacien pour éviter tout risque de surdosage.

INTERACTIONS MÉDICAMENTEUSES

Ce médicament peut interagir avec d'autres médicaments. Signalez tout autre traitement en cours à votre médecin ou à votre pharmacien.

GROSSESSE, ALLAITEMENT ET NOUVEAU-NÉ

Grossesse :

Pendant la grossesse, ne prenez pas de *vitamine* D sans l'avis de votre médecin.

Allaitement :

Ce médicament passe dans le lait maternel : à forte dose, il est déconseillé pendant l'allaitement.

MODE D'EMPLOI ET POSOLOGIE

Agiter l'ampoule avant absorption. Son contenu peut être dilué dans de l'eau ou un jus de fruit et pris de préférence le matin ou à midi.

Posologie usuelle :

Elle varie selon les cas.

À titre indicatif :

- dans le traitement de l'*ostéomalacie* : 1 ou 2 ampoules par jour ;
- dans le traitement de la *spasmophilie* : 1 ou 2 ampoules par jour.

La prise de ce médicament ne dispense pas de la consommation régulière de laitages, naturellement riches en calcium.

EFFETS INDÉSIRABLES POSSIBLES

Aucun effet indésirable n'est généralement constaté aux doses usuelles ; certains signes doivent cependant faire penser à un surdosage : perte de l'appétit, soif intense, nausées, vomissements. Prévenez d'urgence votre médecin.

FRUCTINES au picosulfate de sodium

picosulfate de sodium

PRÉSENTATION

FRUCTINES AU PICOSULFATE DE SODIUM : comprimé à sucer ; boîte de 30 - Non remb.

Laboratoires DB Pharma

COMPOSITION

	p. comp.
Picosulfate de sodium	5 mg

INDICATIONS

C'est un *laxatif stimulant*. Il augmente les sécrétions et la motricité de l'intestin.

Ce médicament est utilisé comme *traitement symptomatique* de la constipation.

CONTRE-INDICATIONS

Ce médicament ne doit pas être utilisé dans les cas suivants :
- maladies inflammatoires du côlon ;
- constipation ou douleur abdominale due à une obstruction du tube digestif : rétrécissement intestinal, *fécalome* (bouchon de selles) ;
- enfant de moins de 12 ans, sauf sur prescription médicale.

ATTENTION

Ce médicament doit être utilisé de façon épisodique et en cure très brève : pas plus de 8 à 10 jours.

Son usage régulier peut entraîner :
- une *dépendance* ;
- des troubles intestinaux graves ;
- une perte de sels minéraux et notamment de *potassium*, pouvant entraîner des *troubles du rythme cardiaque* graves.

Arrêter le traitement en cas de diarrhée ou de douleurs abdominales.

INTERACTIONS MÉDICAMENTEUSES

Ce médicament peut interagir avec d'autres médicaments, notamment ceux contenant de la *vincamine* et certains *antiarythmiques*. Signalez tout autre traitement en cours à votre médecin ou à votre pharmacien.

GROSSESSE, ALLAITEMENT ET NOUVEAU-NÉ

Ce médicament est déconseillé pendant la grossesse ou l'allaitement.

MODE D'EMPLOI ET POSOLOGIE

Les comprimés peuvent être croqués ou sucés.

Posologie usuelle :
- Adulte : 1 comprimé, le soir au coucher ou le matin.
- Enfant de plus de 12 ans : 1/4 à 1 comprimé par jour.

Des mesures simples d'hygiène alimentaire et des exercices physiques sont à envisager avant d'utiliser un laxatif : parlez-en à votre médecin ou à votre pharmacien.

EFFETS INDÉSIRABLES POSSIBLES

Diarrhée, douleurs abdominales.

FUCIDINE oral

acide fusidique

PRÉSENTATION

FUCIDINE 250 mg : comprimé (blanc) ; boîte de 10 - Remb. 65 % - Liste I

FUCIDINE NOURRISSON 100 mg/2 ml : suspension buvable arôme banane ; flacon 50 ml (25 cuillères-mesure 2 ml) - Remb. 65 % - Liste I

FUCIDINE ENFANT 250 mg/5 ml : suspension buvable arôme banane ; flacon 90 ml (18 cuillères-mesure 5 ml) - Remb. 65 % - Liste I

Laboratoires Leo

COMPOSITION

	p. comp.	p. c. mes. Nour.	p. c. mes. Enf.
Acide fusidique, sel de sodium	250 mg		
Acide fusidique ...		100 mg	250 mg

INDICATIONS

Ce médicament est un *antibiotique* particulièrement actif sur les *staphylocoques*. Il est essentiellement utilisé dans les infections dues à ces bactéries.

CONTRE-INDICATIONS

Ce médicament ne doit pas être utilisé en cas d'*insuffisance hépatique* chez le *nourrisson*.

ATTENTION

Des précautions sont nécessaires en cas d'*insuffisance hépatique* chez l'enfant comme chez l'adulte.

GROSSESSE, ALLAITEMENT ET NOUVEAU-NÉ

Grossesse :

L'effet de ce médicament sur l'enfant à naître est mal connu : seul votre médecin peut apprécier la nécessité du traitement et son risque pendant la grossesse.

Allaitement :

Ce médicament passe faiblement dans le lait maternel.

MODE D'EMPLOI ET POSOLOGIE

Ce médicament peut être pris indifféremment au cours ou en dehors des repas.

Posologie usuelle :
- Adulte : 2 comprimés, 2 à 3 fois par jour.
- Enfant et nourrisson : 30 à 50 mg par kg et par jour, sachant que 1 cuillère-mesure de suspension buvable Nourrisson contient 100 mg et que 1 cuillère-mesure de suspension buvable Enfant contient 250 mg. Soit, pour un enfant de 10 kg : 250 mg matin et soir.

Le médecin peut prescrire un prélèvement pour identifier le *germe* responsable de l'infection et tester sa sensibilité aux *antibiotiques*. Le résultat de cet examen peut être faussé en cas d'automédication préalable : ne prenez pas d'antibiotiques sans avis médical.

Une diminution de la fièvre ou une disparition des troubles ne sont pas synonymes de guérison : la durée du traitement doit absolument être respectée pour éviter les rechutes.

EFFETS INDÉSIRABLES POSSIBLES

Troubles digestifs.

Rarement : jaunisse, lors d'un traitement de longue durée, à forte dose.

Exceptionnellement : réactions allergiques cutanées.

FUCIDINE pommade et crème

acide fusidique

PRÉSENTATION

FUCIDINE : pommade ; tube 15 g - Remb. 65 % - Liste I

FUCIDINE : crème ; tube 15 g - Remb. 65 % - Liste I

Laboratoires Leo

COMPOSITION

	pommade p. 100 g	crème p. 100 g
Acide fusidique sel de sodium	2 g	
Acide fusidique anhydre		2 g

INDICATIONS

Ce médicament contient un *antibiotique* de la famille des fusidanines, particulièrement actif sur les *staphylocoques*.

Il est essentiellement utilisé pour traiter les infections de la peau dues à ce *germe*.

CONTRE-INDICATIONS

Ce médicament ne doit pas être utilisé en cas d'infection du mamelon au cours de l'allaitement.

ATTENTION

Si l'infection ne régresse pas après quelques jours, consultez votre médecin.

Évitez d'utiliser ce médicament, notamment chez l'enfant, de manière prolongée et sur des surfaces étendues ou profondément lésées sans l'avis de votre médecin. Il ne doit pas non plus être appliqué sur les lésions suintantes.

GROSSESSE, ALLAITEMENT ET NOUVEAU-NÉ

L'effet de ce médicament pendant la grossesse ou l'allaitement est mal connu : seul votre médecin peut évaluer le risque éventuel de son utilisation dans votre cas.

Allaitement :

En raison du risque d'ingestion par le *nouveau-né*, la pommade ne doit pas être appliquée sur le mamelon de la femme qui allaite.

MODE D'EMPLOI ET POSOLOGIE

Nettoyer la lésion à traiter avant l'application.

Le traitement ne doit pas dépasser 8 jours.

Posologie usuelle :

1 ou 2 applications par jour.

EFFETS INDÉSIRABLES POSSIBLES

Irritation locale ou réaction allergique (*eczéma*) au point d'application du médicament ou à distance de celui-ci.

FUCITHALMIC

acide fusidique

PRÉSENTATION

FUCITHALMIC 1 p. 100 % : gel ophtalmique ; tube 3 g - Remb. 65 % - Liste I

Laboratoires Leo

COMPOSITION

	p. 100 g
Acide fusidique	1 g

INDICATIONS

Ce gel ophtalmique contient un *antibiotique*, l'acide fusidique.

Il est utilisé pour traiter les infections de l'œil.

ATTENTION

Une rougeur ou une douleur de l'œil ne correspondent pas toujours à une infection. Des soins urgents peuvent être nécessaires, particulièrement en cas de vision floue. N'utilisez pas ce médicament sans avis médical.

Le gel peut être contaminé par l'œil infecté : évitez de mettre en contact l'extrémité du tube avec l'œil ; ne conservez pas ce médicament plus de 15 jours après une première utilisation.

GROSSESSE, ALLAITEMENT ET NOUVEAU-NÉ

L'effet de ce médicament pendant la grossesse ou l'allaitement est mal connu : seul votre médecin peut évaluer le risque éventuel de son utilisation dans votre cas.

MODE D'EMPLOI ET POSOLOGIE

Tirer la paupière inférieure vers le bas tout en regardant vers le haut. Déposer les gouttes de gel entre la paupière et le globe oculaire (*cul-de-sac conjonctival*).

Posologie usuelle :

1 goutte, 2 fois par jour.

La vision est légèrement troublée par l'application du gel. Ce trouble disparaît en quelques secondes.

Une application correcte du produit peut nécessiter une aide, notamment chez l'enfant ou la personne handicapée ou âgée.

Les lentilles de contact ne doivent pas être portées en cas d'infection oculaire ni réutilisées avant guérison complète.

FULCINE

griséofulvine

PRÉSENTATION

FULCINE FORTE : comprimé sécable (blanc) ; boîte de 10 - Remb. 65 % - Liste I

Laboratoires Zeneca Pharma

COMPOSITION

	p. comp.
Griséofulvine	500 mg

INDICATIONS

C'est un *antifongique* dont l'action est limitée à une famille de champignons microscopiques appelés *dermatophytes*. Il fait partie des antifongiques qui sont absorbés par l'intestin.

Ce médicament est utilisé sous strict contrôle médical, pour traiter certaines *mycoses* de la peau, du cuir chevelu et des ongles.

CONTRE-INDICATIONS

Ce médicament ne doit pas être utilisé dans les cas suivants :

- *porphyries*,
- *lupus érythémateux*,
- allaitement,
- grossesse.

ATTENTION

Des précautions sont nécessaires en cas d'*insuffisance hépatique*.

Ce médicament est photosensibilisant : une exposition aux rayons *ultraviolets* (soleil, lampe à bronzer) peut provoquer des réactions cutanées. N'omettez pas de signaler à votre médecin vos projets de vacances au soleil pendant la durée du traitement.

Évitez les boissons alcoolisées pendant le traitement : risque d'*effet antabuse*.

Conducteur : ce médicament peut être responsable d'une baisse de la vigilance, particulièrement en début de traitement.

INTERACTIONS MÉDICAMENTEUSES

Ce médicament peut annuler l'effet des *contraceptifs* oraux (pilule). Un autre mode de contraception doit être envisagé pendant la durée du traitement.

Il peut interagir avec d'autres médicaments, notamment les *anticoagulants* oraux : signalez tout autre traitement en cours à votre médecin ou à votre pharmacien.

GROSSESSE, ALLAITEMENT ET NOUVEAU-NÉ

Grossesse :

L'effet de ce médicament sur l'enfant à naître est mal connu. Son usage est contre-indiqué pendant la grossesse. Une contraception efficace est nécessaire.

Allaitement :

Les données actuellement disponibles ne permettent pas de savoir si ce médicament passe dans le lait maternel : par mesure de prudence, il est contre-indiqué pendant l'allaitement.

MODE D'EMPLOI ET POSOLOGIE

Ce médicament est mieux absorbé par l'organisme lorsqu'il est pris au cours d'un repas.

Posologie usuelle :

- Adulte et enfant : la *posologie* est adaptée par le médecin en fonction de l'indication, du poids et de l'âge du malade.

Le respect de la durée du traitement est un élément capital de son efficacité.

EFFETS INDÉSIRABLES POSSIBLES

Maux de tête, *vertiges*, somnolence, insomnies (ces troubles sont potentialisés par l'alcool).

Troubles digestifs : nausées, diarrhée, perturbation du goût, soif anormale.

Réactions allergiques ou de *photosensibilisation*.

Exceptionnellement : *hépatite* ou baisse des globules du sang.

FUMAFER

fumarate ferreux

PRÉSENTATION

FUMAFER : comprimé (brun) ; boîte de 100 - Remb. 65 %

FUMAFER : poudre orale chocolatée ; boîte de 50 g (1 cuillère-dose = 1 g) - Non remb.

Laboratoires Sanofi Winthrop

COMPOSITION

	p. comp.	p. c. dose
Fumarate ferreux	200 mg	100 mg
Soit fer	66 mg	33 mg
Saccharose		0,79 g
Poudre de cacao		+

INDICATIONS

Ce médicament contient du fer, élément minéral essentiel au fonctionnement de l'organisme. Le fer est nécessaire à la formation de l'*hémoglobine*, contenue dans les *globules rouges* et qui assure le transport de l'oxygène dans le sang.

Il est utilisé dans le traitement des *carences* en fer responsables de certaines formes d'*anémies*. Il est également utilisé pour prévenir cette carence chez la femme enceinte, le *nouveau-né* ou le *nourrisson*, lorsque les apports alimentaires sont insuffisants.

CONTRE-INDICATIONS

Ce médicament ne doit pas être utilisé en cas d'excès de fer dans l'organisme.

ATTENTION

Un apport en fer sous forme de médicament ne peut être décidé que par votre médecin. La quantité de fer contenue dans une alimentation diversifiée est généralement suffisante.

La poudre chocolatée, attrayante pour les enfants, doit être maintenue hors de leur portée.

INTERACTIONS MÉDICAMENTEUSES

Ce médicament peut interagir avec les *antibiotiques* de la famille des *cyclines*. Respectez un intervalle de 2 heures entre les prises des deux médicaments. Signalez tout autre traitement en cours à votre médecin ou à votre pharmacien.

GROSSESSE, ALLAITEMENT ET NOUVEAU-NÉ

Ce médicament peut être utilisé pendant la grossesse ou l'allaitement uniquement s'il vous a été prescrit par votre médecin.

MODE D'EMPLOI ET POSOLOGIE

Ce médicament est mieux absorbé s'il est pris avec un verre d'eau avant les repas. En cas d'*intolérance*, vous pouvez le prendre en plusieurs fois.

La poudre chocolatée peut être diluée dans un peu d'eau ou de lait et prise en dehors des repas.

Posologie usuelle :

- Adulte : 2 ou 3 comprimés par jour.
- Femme enceinte : 1 comprimé par jour pendant les 3 derniers mois de la grossesse (sur prescription médicale).

- Enfant : 1 à 3 comprimés par jour.
- Nourrisson : 1 à 4 cuillères-dose de poudre chocolatée par jour.

La coloration des selles en noir est habituelle et ne doit pas vous conduire à interrompre le traitement.

Si vous ne supportez pas ce médicament (*troubles digestifs*), prévenez votre médecin : il pourra vous proposer un autre traitement.

La reconstitution du stock en fer de l'organisme nécessite un traitement de longue durée (plusieurs mois) ; respectez la durée prescrite par votre médecin.

Les aliments les plus riches en fer sont d'origine animale : viande, poisson, volaille, abats.

EFFETS INDÉSIRABLES POSSIBLES

Nausées, constipation, diarrhée.

FUNGIZONE lotion

amphotéricine B

PRÉSENTATION

FUNGIZONE : lotion ; tube à canule 30 ml - Remb. 65 % - Liste I

Laboratoires Bristol-Myers Squibb

COMPOSITION

	p. 100 ml
Amphotéricine B	3 g

INDICATIONS

C'est un *antifongique* d'action locale qui contient de l'amphotéricine B.

Il est utilisé dans le traitement des *candidoses* de la peau ou des *muqueuses*.

ATTENTION

Évitez d'utiliser ce médicament, notamment chez l'enfant, de manière prolongée et sur des surfaces étendues ou profondément lésées, sans l'avis de votre médecin.

Cette lotion n'est pas destinée à traiter les lésions de la bouche.

GROSSESSE, ALLAITEMENT ET NOUVEAU-NÉ

L'effet de ce médicament pendant la grossesse ou l'allaitement est mal connu : seul votre médecin peut évaluer le risque éventuel de son utilisation dans votre cas.

MODE D'EMPLOI ET POSOLOGIE

Posologie usuelle :

2 à 4 applications par jour.

La durée du traitement dépend des cas.

En cas de *candidose*, évitez d'utiliser des savons acides : ils favorisent la multiplication des champignons.

EFFETS INDÉSIRABLES POSSIBLES

Irritation ou *allergie* cutanée.

FUNGIZONE oral

amphotéricine B

PRÉSENTATION

FUNGIZONE : gélule (vert et bleu) ; boîte de 40 - Remb. 65 % - Liste I

FUNGIZONE : suspension buvable (orangé) ; boîte de 40 ml - Remb. 65 % - Liste I

Laboratoires Bristol-Myers Squibb

COMPOSITION

	p. gél.	p. c. à c.
Amphotéricine B	250 mg	500 mg

INDICATIONS

C'est un *antifongique*. Il permet d'éliminer certains champignons présents dans le tube digestif (bouche et intestin). Ces champignons peuvent être à l'origine de la contamination d'autres organes : peau, vagin...

Il est utilisé dans :

- les *candidoses* de la bouche (muguet, *stomatite*) et du tube digestif ;
- les candidoses de la peau ou du vagin, en complément d'un traitement local ;
- la prévention des candidoses chez les personnes à haut risque d'infection.

ATTENTION

L'action du médicament dans le tube digestif peut être diminuée par l'huile de paraffine, les *pansements digestifs* ou d'autres médicaments en faisant écran entre le médicament et la paroi interne du tube digestif : ne prendre aucun médicament de ce type sans demander conseil à votre médecin ou à votre pharmacien.

GROSSESSE, ALLAITEMENT ET NOUVEAU-NÉ

Grossesse :

L'effet de ce médicament pendant la grossesse est mal connu. Seul votre médecin peut évaluer le risque éventuel lié à son utilisation dans votre cas.

Allaitement :

La substance contenue dans ce médicament est très peu absorbée : l'allaitement est possible.

MODE D'EMPLOI ET POSOLOGIE

Ce médicament doit être pris de préférence en dehors des repas.

Posologie usuelle :

- Adulte : 6 à 8 gélules par jour, en 2 ou 3 prises ou 1 cuillère à café, 3 ou 4 fois par jour.
- Enfant et nourrisson : 1 cuillère à café par 10 kg à répartir en 3 ou 4 prises par jour ; soit par exemple pour un enfant de 17 kg : 1/2 cuillère à café, 3 fois par jour.

Dans les *candidoses* de la bouche, utilisez la suspension buvable comme *collutoire*, 3 ou 4 fois par jour. Il est également possible de verser le contenu d'une gélule sur la langue, 3 fois par jour.

La durée du traitement est habituellement de 2 à 3 semaines, même si les *symptômes* ont disparu.

EFFETS INDÉSIRABLES POSSIBLES

Allergie cutanée, nécessitant l'arrêt du traitement.

FURADANTINE

nitrofurantoïne

PRÉSENTATION

FURADANTINE : gélule (jaune-ocre) ; boîte de 21 - Remb. 65 % - Liste I

Laboratoires Oberval

COMPOSITION

	p. gél.
Nitrofurantoïne	50 mg

INDICATIONS

C'est un *antibiotique* qui appartient à la famille des nitrofuranes.

Il est utilisé dans le *traitement préventif* ou le *traitement curatif* des infections des *voies* urinaires.

CONTRE-INDICATIONS

Ce médicament ne doit pas être utilisé dans les cas suivants :

- *insuffisance rénale* grave,
- déficit en *G6PD*,
- *nouveau-né*,
- fin de la *grossesse*.

ATTENTION

En cas d'infection urinaire avec fièvre et en l'absence d'amélioration rapide, n'hésitez pas à consulter votre médecin.

GROSSESSE, ALLAITEMENT ET NOUVEAU-NÉ

Grossesse et nouveau-né :

Ce médicament ne doit pas être utilisé pendant les deux dernières semaines de la grossesse : risque accru de jaunisse chez le *nouveau-né*.

Allaitement :

Ce médicament passe en petite quantité dans le lait maternel : son usage est déconseillé pendant l'allaitement.

Nouveau-né :

Ce médicament est contre-indiqué chez le *nouveau-né*.

MODE D'EMPLOI ET POSOLOGIE

Ce médicament doit être pris de préférence à la fin des repas.

Posologie usuelle :

- Adulte : 1 gélule, 3 fois par jour.
- Enfant : la *posologie* est adaptée en fonction de l'âge.

Le médecin prescrit parfois une analyse d'urine pour identifier le *germe* responsable de l'infection et tester sa sensibilité aux *antibiotiques*. Le résultat de cet examen peut être faussé en cas d'automédication préalable : ne prenez pas d'antibiotiques sans avis médical.

Une coloration brunâtre des urines est normale pendant le traitement.

EFFETS INDÉSIRABLES POSSIBLES

Troubles digestifs.

Réaction allergique rare.

FUROSÉMIDE-RATIOPHARM
furosémide

PRÉSENTATION

FUROSÉMIDE-RATIOPHARM : comprimé sécable (blanc) ; boîte de 20 - Remb. 65 % - Liste II

Laboratoires Lafon-Ratiopharm

COMPOSITION

	p. comp.
Furosémide	40 mg

INDICATIONS

C'est un *diurétique* qui appartient à la famille des *diurétiques de l'anse*, dont l'action est puissante et rapide. Il appartient par ailleurs à la famille des *sulfamides*.

Il est utilisé dans le traitement :
- de l'*hypertension artérielle*,
- de certains *œdèmes*,
- de l'*insuffisance cardiaque*.

CONTRE-INDICATIONS

Ce médicament ne doit pas être utilisé dans les cas suivants :
- *allergie* aux *sulfamides*,
- rétention d'urine par obstruction importante des *voies* urinaires,
- déshydratation (surtout chez la personne âgée).

ATTENTION

Ce médicament peut être responsable d'une baisse de la *kaliémie* (taux de *potassium* dans le sang) qui peut être aggravée par l'usage prolongé de *laxatifs stimulants*. Un contrôle par des analyses de sang est souvent prescrit par le médecin.

L'effet diurétique est parfois brutal, notamment lors des premiers jours de traitement. Prévoir une étape aux toilettes dans l'heure qui suit la prise.

Les *diurétiques* peuvent augmenter le taux d'*acide urique* ou de *sucre* dans le sang.

INTERACTIONS MÉDICAMENTEUSES

Ce médicament peut interagir avec d'autres médicaments, notamment ceux contenant du *lithium*. Signalez tout autre traitement en cours à votre médecin ou à votre pharmacien.

GROSSESSE, ALLAITEMENT ET NOUVEAU-NÉ

Grossesse :

Les études scientifiques actuellement disponibles n'ont pas mis en évidence de problème particulier lors de l'utilisation chez la femme enceinte. Néanmoins, les *diurétiques* ne sont pas indiqués dans les cas de rétention d'eau ou d'*hypertension artérielle* liés à la grossesse.

Seul votre médecin peut apprécier la nécessité du traitement et son risque, notamment pendant la grossesse.

Allaitement :

Ce médicament passe dans le lait maternel : l'allaitement est déconseillé.

MODE D'EMPLOI ET POSOLOGIE

La *posologie* varie selon la nature et la gravité de l'affection.

Ce médicament augmente le volume des urines, surtout en début de traitement. Une prise le soir peut occasionner des gênes pendant la nuit.

Les *diurétiques* exposent au risque de déshydratation : veillez à proposer des boissons abondantes aux personnes âgées, notamment pendant les fortes chaleurs.

EFFETS INDÉSIRABLES POSSIBLES

Rares réactions cutanées : boutons, cloques.

À forte dose : baisse du taux de *potassium* dans le sang.

Hypotension orthostatique.

FUROSÉMIX
furosémide

PRÉSENTATION

FUROSÉMIX FAIBLE : comprimé sécable (blanc) ; boîte de 30 - Remb. 65 % - Liste II

FUROSÉMIX : comprimé sécable (blanc) ; boîte de 20 - Remb. 65 % - Liste II

FUROSÉMIX : comprimé sécable (blanc) ; boîte de 30 - Remb. 65 % - Liste II

Laboratoires Biogalénique

COMPOSITION

	p. comp.	p. comp.
Furosémide	20 mg	40 mg

INDICATIONS

C'est un *diurétique* qui appartient à la famille des *diurétiques de l'anse*, dont l'action est puissante et rapide. Il appartient par ailleurs à la famille des *sulfamides*.

Il est utilisé dans le traitement :
- de l'*hypertension artérielle*,
- de certains *œdèmes*,
- de l'*insuffisance cardiaque*.

CONTRE-INDICATIONS

Ce médicament ne doit pas être utilisé dans les cas suivants :
- *allergie* aux *sulfamides*,
- rétention d'urine par obstruction importante des *voies* urinaires,
- déshydratation (surtout chez la personne âgée).

ATTENTION

Ce médicament peut être responsable d'une baisse de la *kaliémie* (taux de *potassium* dans le sang) qui peut être aggravée par l'usage prolongé de *laxatifs stimulants*. Un contrôle par des analyses de sang est souvent prescrit par le médecin.

L'effet diurétique est parfois brutal, notamment lors des premiers jours de traitement. Prévoir une étape aux toilettes dans l'heure qui suit la prise.

Les *diurétiques* peuvent augmenter le taux d'*acide urique* ou de *sucre* dans le sang.

INTERACTIONS MÉDICAMENTEUSES

Ce médicament peut interagir avec d'autres médicaments, notamment ceux contenant du *lithium*. Signalez tout autre traitement en cours à votre médecin ou à votre pharmacien.

GROSSESSE, ALLAITEMENT ET NOUVEAU-NÉ

Grossesse :

Les études scientifiques actuellement disponibles n'ont pas mis en évidence de problème particulier lors de l'utilisation chez la femme enceinte. Néanmoins, les *diurétiques* ne sont pas indiqués dans les cas de rétention d'eau ou d'*hypertension artérielle* liés à la grossesse. Seul votre médecin peut apprécier la nécessité du traitement et son risque, notamment pendant la grossesse.

Allaitement :

Ce médicament passe dans le lait maternel : l'allaitement est déconseillé.

MODE D'EMPLOI ET POSOLOGIE

La *posologie* varie selon la nature et la gravité de l'affection.

Ce médicament augmente le volume des urines, surtout en début de traitement. Une prise le soir peut occasionner des gênes pendant la nuit.

Les *diurétiques* exposent au risque de déshydratation : veillez à proposer des boissons abondantes aux personnes âgées, notamment pendant les fortes chaleurs.

EFFETS INDÉSIRABLES POSSIBLES

Rares réactions cutanées : boutons, cloques.

À forte dose : baisse du taux de *potassium* dans le sang.

Hypotension orthostatique.

G

GABACET
piracétam

PRÉSENTATION

GABACET 400 mg : gélule (blanc) ; boîte de 60 - Remb. 65 % - Liste II

GABACET 1,25 g/10 ml : solution buvable ; boîte de 20 ampoules 10 ml - Remb. 65 % - Liste II

Laboratoires Synthélabo France

COMPOSITION

	p. gél.	p. amp.
Piracétam	400 mg	1,25 g

INDICATIONS

Ce médicament aux nombreuses propriétés est destiné à améliorer le fonctionnement du cerveau.

Il est utilisé dans le *traitement symptomatique* :
- de certains troubles de l'équilibre (*vertiges*),
- des troubles du comportement et de la mémoire liés au vieillissement,
- des *accidents vasculaires cérébraux*,
- de la *dyslexie* de l'enfant.

CONTRE-INDICATIONS

Ce médicament ne doit pas être utilisé chez les personnes atteintes d'*insuffisance rénale* grave.

ATTENTION

Si vous souffrez d'*insuffisance rénale*, signalez-le à votre médecin.

GROSSESSE, ALLAITEMENT ET NOUVEAU-NÉ

L'effet de ce médicament pendant la grossesse ou l'allaitement est mal connu : seul votre médecin peut évaluer le risque éventuel de son utilisation dans votre cas.

MODE D'EMPLOI ET POSOLOGIE

La solution buvable peut être diluée dans un peu d'eau.

Posologie usuelle :
- Adulte : 2 gélules par jour avant chacun des 3 repas ou 2 ampoules buvables par jour avant les 2 repas principaux.
- Enfant : 1 ampoule buvable par 25 kg de poids et par jour ; soit par exemple, 1 ampoule par jour pour un enfant de 20 kg.

EFFETS INDÉSIRABLES POSSIBLES

Troubles digestifs, nervosité, insomnies essentiellement à forte dose.

GABRÈNE
progabide

PRÉSENTATION

GABRÈNE 150 mg : poudre orale arôme orange ; boîte de 40 sachets - Remb. 65 % - Liste I

GABRÈNE 300 mg : comprimé sécable (jaune) ; boîte de 40 - Remb. 65 % - Liste I

GABRÈNE 600 mg : comprimé sécable (jaune) ; boîte de 40 - Remb. 65 % - Liste I

Laboratoires Synthélabo France

COMPOSITION

	p. comp.	p. comp.	p. sachet
Progabide	600 mg	300 mg	150 mg
Saccharose			875 mg

INDICATIONS

C'est un antiépileptique qui appartient à la famille des *anticonvulsivants* non barbituriques.

Il est utilisé dans les *épilepsies* résistant aux traitements habituels.

CONTRE-INDICATIONS

Ce médicament ne doit pas être utilisé en cas d'*hépatite*.

ATTENTION

Une perte de l'appétit, une fatigue anormale avec démangeaisons, nausées, selles décolorées, urines foncées, jaunisse et fièvre doivent faire penser à une *hépatite* : consultez immédiatement votre médecin.

Des analyses de sang régulières sont pratiquées pour la surveillance du traitement.

Si vous souffrez d'une *insuffisance rénale*, prévenez votre médecin afin qu'il puisse adapter la *posologie*.

Ne modifiez ni n'interrompez jamais votre traitement sans l'avis de votre médecin : risque de réapparition des *convulsions* même si aucune crise n'est survenue depuis une longue période.

Évitez les boissons alcoolisées : augmentation du risque de somnolence.

INTERACTIONS MÉDICAMENTEUSES

Ce médicament peut interagir avec d'autres médicaments. Signalez tout autre traitement en cours à votre médecin ou à votre pharmacien.

GROSSESSE, ALLAITEMENT ET NOUVEAU-NÉ

Grossesse et nouveau-né :

Si une grossesse intervient pendant le traitement, consultez votre médecin. L'arrêt brutal de ce médicament expose à la réapparition de crises préjudiciables à la mère et à l'enfant à naître. Le médecin appréciera le risque éventuel lié à l'utilisation de ce médicament dans votre cas. Des examens particuliers permettent de vérifier l'absence d'anomalie chez l'enfant à naître.

Si le traitement est poursuivi jusqu'à l'accouchement, une surveillance médicale du *nouveau-né* est nécessaire.

Allaitement :

Ce médicament passe dans le lait maternel.

MODE D'EMPLOI ET POSOLOGIE

- Adulte et enfant : la *posologie*, strictement individuelle, est adaptée progressivement par votre médecin.

☛ Afin d'éviter les oublis, il est recommandé de prendre ce médicament à heure fixe.

Veillez à ne pas manquer de ce médicament ; lors de vos déplacements, munissez-vous d'une réserve ou de votre ordonnance en cours de validité.

EFFETS INDÉSIRABLES POSSIBLES

Troubles digestifs, *vertiges*, somnolence peuvent survenir en début de traitement.

Irritabilité et excitation à dose élevée.

Hépatite (voir ATTENTION).

GADUASE

PRÉSENTATION

GADUASE : solution buvable arôme framboise ; flacon 200 ml - Non remb.

Laboratoires C.P.F.

COMPOSITION

	p. c. à c.
Nicotinamide (vitamine PP)	10 mg
Thiamine chlorhydrate (vitamine B1)	500 mg
Foie de gadidé, extrait	100 mg
Calcium hypophosphite	62,5 mg
Calcium phosphate monocalcique	20 mg
Acide phosphorique officinal	12,5 mg
Acide iodhydrique	5 mg
Saccharose	3,75 g

INDICATIONS

Ce médicament est un *antiasthénique* qui contient notamment des *vitamines* et des sels minéraux (calcium, phosphore).

Il est utilisé dans le *traitement symptomatique* de la fatigue et des pertes d'appétit.

ATTENTION

Ce médicament contient du *sucre* en quantité notable.

GROSSESSE, ALLAITEMENT ET NOUVEAU-NÉ

L'effet de ce médicament pendant la grossesse ou l'allaitement est mal connu. L'évaluation du risque éventuel lié à son utilisation est individuelle : demandez conseil à votre pharmacien ou à votre médecin.

MODE D'EMPLOI ET POSOLOGIE

La solution peut être avalée pure, mais il est préférable de la diluer dans un peu d'eau et de la prendre au moment des repas.

Posologie usuelle :

- Adulte et enfant de plus de 12 ans : 3 cuillères à café, 2 ou 3 fois par jour.
- Enfant de 6 à 12 ans : 1 ou 2 cuillères à café, 2 fois par jour.
- Enfant de 2 à 6 ans : 1/2 ou 1 cuillère à café, 2 fois par jour.

Une fatigue persistante ne doit pas vous conduire à augmenter les prises de ce médicament : consultez votre médecin.

GAÏARSOL

PRÉSENTATION

GAÏARSOL : sirop arôme orange ; flacon 200 ml - Remb. 35 %

Laboratoires Monin

COMPOSITION

	p. c. à c.	p. c. à s.
Codéine	2,55 mg	7,65 mg
Gaïacol	7,05 mg	21,15 mg
Racine d'aconit, teinture	19,95 mg	59,55 mg
Acide méthylarsinique	3,85 mg	11,55 mg
Baume de Tolu, sirop	960 mg	2,88 g
Saccharose	3 g	10 g

INDICATIONS

Ce sirop *antitussif* contient de la codéine associée à un fluidifiant bronchique (gaïacol). La codéine a une action sédative sur le *système nerveux central* et notamment les centres de la toux.

Ce médicament est utilisé dans le *traitement symptomatique* des toux sèches.

CONTRE-INDICATIONS

En raison de la présence de codéine, ce médicament ne doit pas être utilisé dans les cas suivants :

- *asthme*,
- *insuffisance respiratoire*,
- enfant de moins de 30 mois.

ATTENTION

Ce médicament n'est pas adapté au traitement de la toux grasse, qui est un mécanisme de défense normal de l'organisme permettant l'évacuation des mucosités présentes dans les bronches.

La toux est un *symptôme* qui peut révéler de nombreuses maladies : consultez votre médecin si elle persiste plus de quelques jours.

Ce médicament contient du *sucre* (saccharose) en quantité notable.

Évitez les boissons alcoolisées en raison de la présence de codéine : augmentation du risque de somnolence.

Conducteur : ce médicament peut être responsable d'une somnolence ou d'une baisse de la vigilance.

INTERACTIONS MÉDICAMENTEUSES

Ce médicament peut interagir avec beaucoup d'autres médicaments, notamment chez les personnes âgées : signalez à votre médecin ou à votre pharmacien tout autre traitement en cours.

GROSSESSE, ALLAITEMENT ET NOUVEAU-NÉ

Grossesse :

Compte tenu de la présence de codéine, n'utilisez pas ce médicament pendant la grossesse sans prendre l'avis de votre pharmacien ou de votre médecin.

Allaitement :

Ce médicament passe dans le lait maternel : il est déconseillé pendant l'allaitement.

MODE D'EMPLOI ET POSOLOGIE

Les prises de ce médicament doivent être réparties au cours de la journée.

Posologie usuelle :

- Adulte : 2 ou 3 cuillères à soupe de sirop par jour.
- Enfant de 30 mois à 12 ans : 1/2 à 2 cuillères à café de sirop par jour.

De nombreux médicaments contiennent de la codéine, notamment certains *antitussifs* et *antalgiques*. Le surdosage expose à une augmentation des effets indésirables.

Une toux nocturne aggravée par ce médicament peut être une toux allergique : demandez conseil à votre médecin.

La poursuite du tabagisme nuit à l'efficacité du traitement.

Des mesures simples permettent de calmer les toux sèches : boissons chaudes et humidification de l'air ambiant.

EFFETS INDÉSIRABLES POSSIBLES

Les effets indésirables liés à la codéine sont la constipation et, plus rarement : somnolence, nausées, vomissements, *bronchospasme*, *allergie* cutanée, ralentissement de la respiration.

GALACTOGIL

galéga, malt, phosphate tricalcique

PRÉSENTATION

GALACTOGIL : granulé ; boîte de 210 g (10 g = 1 cuillère à soupe) - Non remb.

Laboratoires Nutripharm Elgi

COMPOSITION

	p. c. à s.
Galéga, extrait sec	38,3 mg
Malt, extrait sirupeux	480 mg
Phosphate tricalcique	481 mg
Saccharose	9 g

INDICATIONS

Ce médicament contient deux substances qui stimulent la sécrétion du lait. Il apporte également du calcium et du phosphore.

Il est utilisé chez la femme qui allaite, en cas d'insuffisance de sécrétion du lait.

ATTENTION

Ce médicament contient du *sucre* (saccharose) en quantité notable.

MODE D'EMPLOI ET POSOLOGIE

Les granulés doivent être pris avant les repas, secs ou délayés dans un verre d'eau, de lait ou de tisane.

Posologie usuelle :

1 ou 2 cuillères à soupe, 3 fois par jour.

Il est nécessaire de boire abondamment pendant l'allaitement.

Ce médicament doit être conservé à l'abri de l'humidité après ouverture.

GALIRÈNE

bromure et lactate de calcium

PRÉSENTATION

GALIRÈNE : solution buvable arôme cacao-noisette ; boîte de 20 ampoules (10 ml) - Remb. 65 %

Laboratoires Merck-Clévenot

COMPOSITION

	p. amp.
Bromure de calcium	150 mg
Lactate de calcium pentahydraté	400 mg
Calcium	79,5 mg
Brome	101,5 mg

INDICATIONS

Ce médicament est une association de substances sédatives : le calcium et le brome.

Il est utilisé dans le traitement des troubles légers du sommeil, de l'irritabilité et de la nervosité.

CONTRE-INDICATIONS

Ce médicament ne doit pas être utilisé dans les cas suivants :

- maladies rénales en rapport avec un excès de calcium dans le sang et les urines,

- *insuffisance rénale* grave,
- personne âgée *dénutrie* ou déshydratée,
- allaitement.

ATTENTION

En cas de traitement prolongé, le brome peut provoquer l'apparition de boutons particuliers appelés bromides. Consultez votre médecin.

Un surdosage peut provoquer des troubles du comportement, particulièrement chez la personne âgée. Arrêtez immédiatement le traitement et prévenez votre médecin.

Évitez les boissons alcoolisées : augmentation du risque de somnolence.

Conducteur : ce médicament peut être responsable d'une somnolence ou d'une baisse de la vigilance.

INTERACTIONS MÉDICAMENTEUSES

Ce médicament peut interagir avec d'autres médicaments. Signalez tout traitement en cours à votre médecin ou à votre pharmacien.

GROSSESSE, ALLAITEMENT ET NOUVEAU-NÉ

Grossesse et nouveau-né :

L'usage de ce médicament a été à l'origine de complications chez le *nouveau-né*. Il est déconseillé pendant la grossesse.

Allaitement :

Ce médicament passe dans le lait maternel : il est contre-indiqué pendant l'allaitement.

MODE D'EMPLOI ET POSOLOGIE

Ne prolongez pas le traitement ou n'augmentez pas les doses sans l'avis de votre médecin ou de votre pharmacien.

Posologie usuelle :

- Adulte : 2 ou 3 ampoules par jour.
- Enfant de plus de 10 kg : 1 ampoule par jour.

EFFETS INDÉSIRABLES POSSIBLES

Perte de l'appétit, constipation.

Rarement : éruptions cutanées surtout en cas de traitement prolongé, troubles psychiques surtout en cas de surdosage. (Voir ATTENTION).

GAOPTOL

timolol

PRÉSENTATION

GAOPTOL 0,25 % : collyre ; flacon 3 ml - Remb. 65 % - Liste I

GAOPTOL 0,50 % : collyre ; flacon 3 ml - Remb. 65 % - Liste I

Laboratoires Europhta

COMPOSITION

	p. 100 ml	p. 100 ml
Timolol	250 mg	500 mg
Benzalkonium chlorure	+	+

INDICATIONS

Ce collyre *bêtabloquant* a la propriété de diminuer la pression des liquides contenus dans l'œil (*tension intraoculaire*).

Il est utilisé dans le traitement des maladies dues à un excès de tension intraoculaire, et notamment du *glaucome* à angle ouvert.

CONTRE-INDICATIONS

Compte tenu du passage du *bêtabloquant* dans le sang, ce médicament ne doit pas être utilisé dans les cas suivants :
- *asthme*,
- *insuffisance cardiaque* grave non contrôlée par un traitement spécifique,
- *bloc auriculo-ventriculaire* grave,
- phénomène de *Raynaud*,
- rythme cardiaque inférieur à 50 battements par minute.

ATTENTION

Des précautions sont nécessaires en cas d'*insuffisance cardiaque* et d'*allergie* aux *antiseptiques* de la famille des *ammoniums quaternaires* (présence de benzalkonium).

Diabétiques : les *bêtabloquants* peuvent masquer certains *symptômes* de l'*hypoglycémie*, essentiellement les *palpitations* et l'accélération du cœur.

INTERACTIONS MÉDICAMENTEUSES

Ce collyre peut interagir avec d'autres collyres : respectez un intervalle de 15 minutes entre deux instillations, sauf indication contraire de votre ophtalmologiste.

Il peut interagir avec certains médicaments utilisés par *voie* orale, notamment ceux contenant de l'amiodarone (CORDARONE...) et ceux qui ont pour but d'abaisser la pression artérielle. Signalez tout autre traitement en cours à votre médecin ou à votre pharmacien.

GROSSESSE, ALLAITEMENT ET NOUVEAU-NÉ

Grossesse :

L'effet de ce médicament pendant la grossesse est mal connu : seul votre médecin peut évaluer le risque éventuel de son utilisation dans votre cas.

Allaitement :

Ce médicament passe dans le lait maternel. L'allaitement est déconseillé pendant le traitement.

MODE D'EMPLOI ET POSOLOGIE

Tirer la paupière inférieure vers le bas tout en regardant vers le haut et déposer une goutte de collyre entre la paupière et le globe oculaire (*cul-de-sac conjonctival*).

Posologie usuelle :

- Adulte : 1 goutte, 2 fois par jour.

Habituellement, la *posologie* est fixée par l'ophtalmologiste en fonction de la *tension intraoculaire*.

Le port de lentilles de contact souples est déconseillé pendant le traitement car elles peuvent s'imprégner des substances contenues dans le collyre ; en revanche, le port de lentilles rigides est possible mais sous surveillance en raison du risque de sécheresse de l'œil.

L'application correcte du produit peut nécessiter une aide, notamment chez une personne handicapée ou âgée.

Ne conservez pas ce collyre plus de 15 jours après une première utilisation.

EFFETS INDÉSIRABLES POSSIBLES

Irritation locale, troubles visuels.

Dus au passage du *bêtabloquant* dans le sang :
- généralement bénins : nausées, fatigue en début de traitement, maux de tête ;
- rares mais potentiellement graves : ralentissement important du cœur, chute de tension, *insuffisance cardiaque*, *bloc auriculo-ventriculaire*, crise d'*asthme*.

Ce médicament peut également provoquer des réactions allergiques cutanées.

GARDÉNAL

phénobarbital

PRÉSENTATION

GARDÉNAL 10 mg : comprimé (blanc) ; boîte de 80 - Remb. 65 % - Liste II

GARDÉNAL 50 mg : comprimé (blanc) ; boîte de 30 - Remb. 65 % - Liste II

GARDÉNAL 100 mg : comprimé (blanc) ; boîte de 20 - Remb. 65 % - Liste II

GARDÉNAL : préparation injectable 40 mg ; boîte de 1 flacon de poudre et 1 ampoule de solvant - Remb. 65 % - Liste II

Laboratoires Specia

COMPOSITION

	p. comp.	p. comp.	p. comp.
Phénobarbital	10 mg	50 mg	100 mg

	p. fl.
Phénobarbital	40 mg

INDICATIONS

C'est un *anticonvulsivant* qui appartient à la famille des *barbituriques*.

Il est utilisé dans le traitement des *épilepsies* et des *convulsions* liées à la fièvre chez les *nourrissons* et les jeunes enfants. Il est utilisé aussi, chez l'adulte, dans le traitement de certains tremblements en cas d'échec des autres traitements.

CONTRE-INDICATIONS

Ce médicament ne doit pas être utilisé dans les cas suivants :
- *porphyries*,
- *insuffisance respiratoire* grave,
- *allergie* aux *barbituriques*.

ATTENTION

N'interrompez jamais votre traitement sans l'avis de votre médecin : risque de réapparition des *convulsions*, même si aucune crise n'est survenue depuis une longue période.

Si vous souffrez d'une *insuffisance hépatique* ou d'une *insuffisance rénale*, prévenez votre médecin afin qu'il puisse adapter la *posologie*.

Un traitement prolongé chez l'enfant peut nécessiter la prise conjointe de *vitamine* D.

Évitez les boissons alcoolisées : augmentation du risque de somnolence.

Conducteur : ce médicament peut être responsable d'une somnolence ou d'une baisse de la vigilance.

INTERACTIONS MÉDICAMENTEUSES

Ce médicament peut interagir avec d'autres médicaments, notamment les *contraceptifs* oraux (pilule) : risque de contraception inefficace. Signalez tout autre traitement en cours à votre médecin ou à votre pharmacien.

GROSSESSE, ALLAITEMENT ET NOUVEAU-NÉ

Grossesse et nouveau-né :

Si une grossesse survient sous traitement, consultez votre médecin. L'arrêt du traitement expose à la réapparition de crises préjudiciables à la mère et à l'enfant à naître. Le médecin appréciera le risque éventuel lié à l'utilisation de ce médicament dans votre cas. Des examens particuliers permettent de vérifier l'absence d'anomalie chez l'enfant à naître.

Si le traitement est poursuivi jusqu'à l'accouchement, une surveillance médicale du *nouveau-né* est nécessaire.

Allaitement :

Ce médicament passe dans le lait maternel : l'allaitement est déconseillé.

MODE D'EMPLOI ET POSOLOGIE

Une seule prise par jour, au coucher.

La solution injectable est administrée par *voie* sous-cutanée ou intramusculaire.

Posologie usuelle :

- Adulte et enfant : la posologie est strictement individuelle.

Veillez à ne jamais manquer de comprimés ; lors de vos déplacements, munissez-vous d'une réserve ou de votre ordonnance en cours de validité.

EFFETS INDÉSIRABLES POSSIBLES

En début de traitement : somnolence, *vertiges*, éruptions cutanées, troubles de l'*humeur*. Ces effets disparaissent avec la poursuite du traitement ou à la diminution de la *posologie*.

Douleur articulaire, notamment de l'épaule.

GARGYL

PRÉSENTATION

GARGYL : solution pour *collutoire* ou *gargarisme* arôme mandarine ; flacon 45 ml - Non remb.

Laboratoires Chemineau

COMPOSITION

	p. 100 g
Salicylate de sodium	8 g
Résorcine	200 mg
Phénol	25 mg
Mauve, feuille, décoction	12 g
Guimauve, feuille, décoction	12 g

INDICATIONS

Ce médicament d'usage local a un effet *antalgique* et *antiseptique*.

Il est utilisé dans le *traitement d'appoint* des infections de la bouche et de la gorge.

CONTRE-INDICATIONS

Ce médicament ne doit pas être utilisé dans les cas suivants :
- *allergie* aux *salicylés*,
- enfant de moins de 30 mois.

ATTENTION

Les traitements locaux (*gargarisme*, *collutoire*, pastille) n'agissent que superficiellement ; dans le cas d'infection profonde (angine, abcès...), un autre mode de traitement est nécessaire.

L'usage prolongé de ce médicament n'est pas souhaitable : il peut modifier l'équilibre microbien naturel de la gorge.

En l'absence d'amélioration au bout de 5 jours, en cas d'apparition de fièvre, consultez votre médecin.

INTERACTIONS MÉDICAMENTEUSES

Il est généralement inutile d'associer des *antiseptiques* différents. Ceux-ci peuvent être contenus dans de nombreux produits disponibles en automédication : pastille, *collutoire* et solution nasale ; demandez conseil à votre pharmacien.

GROSSESSE, ALLAITEMENT ET NOUVEAU-NÉ

L'effet de ce médicament pendant la grossesse ou l'allaitement est mal connu. L'évaluation du risque éventuel lié à son utilisation est individuelle : demandez conseil à votre pharmacien ou à votre médecin.

MODE D'EMPLOI ET POSOLOGIE

La solution peut être utilisée pure en badigeonnage ou en pulvérisation (*collutoire*) ou diluée en *gargarisme* (1 cuillère à café par verre d'eau bouillie tiède).

Posologie usuelle :

- Adulte et enfant de plus de 30 mois : 4 ou 5 pulvérisations par jour dans la gorge, ou 1 badigeonnage ou 1 gargarisme toutes les 3 heures.

EFFETS INDÉSIRABLES POSSIBLES

En cas de réaction allergique cutanée : arrêtez le traitement.

GASTRALSAN

artichaut, boldo, fumeterre

PRÉSENTATION

GASTRALSAN : comprimé ; boîte de 36 - Non remb.

Laboratoires Dolisos

COMPOSITION

	p. comp.
Artichaut, extrait sec	150 mg
Boldo, extrait sec	75 mg
Fumeterre, extrait sec	75 mg
Aspartam	8 mg

INDICATIONS

Ce médicament contient des extraits de plantes qui agissent en augmentant la production de bile.

Il est utilisé dans le *traitement symptomatique* des digestions difficiles.

CONTRE-INDICATIONS

Ce médicament ne doit pas être utilisé en cas de *phénylcétonurie* (présence d'aspartam).

ATTENTION

Un avis médical est nécessaire en cas d'obstruction des *voies biliaires*.

GROSSESSE, ALLAITEMENT ET NOUVEAU-NÉ

Ce médicament ne contient que des plantes présumées sans danger pendant la grossesse ou l'allaitement. Néanmoins, ne l'utilisez pas de façon prolongée sans l'avis de votre pharmacien ou de votre médecin.

MODE D'EMPLOI ET POSOLOGIE

Les comprimés peuvent être sucés ou dissous dans de l'eau chaude (porter à ébullition un volume d'eau correspondant à 1 verre environ, le verser sur le comprimé et attendre 5 minutes pour une complète solubilisation).

Posologie usuelle :

1 ou 2 comprimés, 1 ou 2 fois par jour.

La prise de ce médicament ne dispense pas d'une alimentation appropriée : parlez-en à votre médecin ou à votre pharmacien.

Conservez les comprimés à l'abri de la chaleur et de l'humidité.

GASTRALUGEL

PRÉSENTATION

GASTRALUGEL : comprimé à croquer (beige) ; boîte de 60 - Remb. 65 %

Laboratoires Biogalénique

COMPOSITION

	p. comp.
Silice hydratée, amorphe	0,225 g
Aluminium hydroxyde colloïdal	0,560 g
Saccharose	1,77 g

INDICATIONS

C'est un médicament qui contient un *antiacide* d'action locale et de la silice. Il agit en neutralisant les acides sécrétés par l'estomac.

Il est utilisé comme *traitement symptomatique* des douleurs, brûlures, aigreurs de l'estomac ou de l'œsophage.

ATTENTION

En cas de persistance des *symptômes*, des examens peuvent être nécessaires : consultez votre médecin.

Ce médicament contient une quantité notable de *sucre* (saccharose).

INTERACTIONS MÉDICAMENTEUSES

Ce médicament peut interagir avec de nombreux autres médicaments en diminuant leur absorption : il convient de séparer les prises d'au moins 2 heures.

GROSSESSE, ALLAITEMENT ET NOUVEAU-NÉ

Les substances contenues dans ce médicament sont peu absorbées. L'automédication est possible en cure courte ou ponctuelle pendant la grossesse ou l'allaitement.

MODE D'EMPLOI ET POSOLOGIE

Les comprimés peuvent être croqués.

Posologie usuelle :

1 ou 2 comprimés après chaque repas ou au moment des douleurs.

> Une alimentation équilibrée, une mastication lente et l'élimination des aliments difficiles à digérer permettent souvent d'améliorer, voire de faire disparaître, les douleurs d'estomac qui ne sont pas liées à un *ulcère*.
>
> Si vous êtes fumeur, la poursuite du tabagisme nuit à l'efficacité du traitement.

EFFETS INDÉSIRABLES POSSIBLES

Parfois : constipation.

GASTROPAX

PRÉSENTATION

GASTROPAX : poudre orale ; boîte de 100 g - Remb. 65 %

Laboratoires Lehning

COMPOSITION

	p. mes. 4 g
Belladone, teinture	0,04 ml
Badiane, teinture	0,04 ml
Silicate d'aluminium	0,26 g
Carbonate de calcium	0,64 g
Trisilicate de magnésium	0,64 g
Carbonate de magnésium	0,48 g
Charbon végétal	0,12 g
Thym pulvérisé	0,12 g
Phosphate tricalcique	0,06 g
Réglisse pulvérisée	0,12 g
Bicarbonate de sodium	1 g
Sulfate de sodium	0,24 g
Hydroxyde de magnésium	0,24 g
dont sodium	308 mg

INDICATIONS

C'est une association de substances, contenant notamment du bicarbonate de sodium qui neutralise les acides sécrétés par l'estomac.
Ce médicament est utilisé comme traitement des douleurs liées à l'acidité de l'estomac et dans les spasmes associés à la constipation.

CONTRE-INDICATIONS

Ce médicament ne doit pas être utilisé dans les cas suivants :
- *glaucome* à angle fermé,
- risque de blocage des urines *(adénome de la prostate...)*.

> **ATTENTION**
> Des douleurs qui persistent peuvent être dues à une lésion du tube digestif : consultez votre médecin.
>
> Les laxatifs ne doivent pas être utilisés de façon prolongée sans avis médical.
> Ce médicament contient du *sel* (sodium) en quantité notable.

INTERACTIONS MÉDICAMENTEUSES

Ce médicament peut interagir avec de nombreux autres médicaments en diminuant leur absorption : il convient de séparer les prises d'au moins 2 heures.

MODE D'EMPLOI ET POSOLOGIE

Ce médicament doit être pris dans un peu d'eau, avant le repas.

Posologie usuelle :

1 cuillère à café de poudre, 3 fois par jour.

> Une alimentation équilibrée, une mastication lente et l'élimination des aliments difficiles à digérer permettent souvent d'améliorer, voire de faire disparaître, les douleurs d'estomac qui ne sont pas liées à un *ulcère*.

EFFETS INDÉSIRABLES POSSIBLES

Diarrhée et douleurs abdominales.
En cas d'utilisation prolongée : irritation du côlon.
Exceptionnellement : rétention d'eau et de sel, sécheresse de la bouche, troubles visuels.

GASTROPULGITE

PRÉSENTATION

GASTROPULGITE : poudre orale ; boîte de 30 sachets - Remb. 65 %

GASTROPULGITE : poudre orale ; boîte de 60 sachets - Remb. 65 %

Laboratoires Beaufour

COMPOSITION

	p. sach.
Attapulgite de Mormoiron activée	2,50 g
Aluminium hydroxyde et magnésium carbonaté, gel	0,50 g

INDICATIONS

C'est une association de substances qui contient un *antiacide* d'action locale et de l'argile. L'antiacide agit en neutralisant les acides sécrétés par l'estomac ; l'argile protège le tube digestif en le couvrant d'un film qui l'isole de son contenu.

Ce médicament est utilisé comme *traitement symptomatique* des *ulcères* de l'estomac ou du *duodénum*, des douleurs, brûlures, aigreurs de l'estomac ou de l'œsophage, des ballonnements intestinaux ainsi que des irritations gastriques dues à certains médicaments.

> **ATTENTION**
> En cas de persistance des *symptômes*, des examens peuvent être nécessaires : consultez votre médecin.

INTERACTIONS MÉDICAMENTEUSES

Ce médicament peut interagir avec de nombreux autres médicaments en diminuant leur absorption : il convient de séparer les prises d'au moins 2 heures.

GROSSESSE, ALLAITEMENT ET NOUVEAU-NÉ

Les substances contenues dans ce médicament sont peu absorbées. L'automédication est possible en cure courte ou ponctuelle pendant la grossesse ou l'allaitement.

MODE D'EMPLOI ET POSOLOGIE

Ce médicament peut être pris avant ou après le repas ou au moment des douleurs.

Posologie usuelle :
- Adulte : 2 à 4 sachets par jour.
- Enfant : 1 à 3 sachets par jour, selon l'âge.

> Une alimentation équilibrée, une mastication lente et l'élimination des aliments difficiles à digérer permettent souvent d'améliorer, voire de faire disparaître, les douleurs d'estomac qui ne sont pas liées à un *ulcère*.
>
> Si vous êtes fumeur, la poursuite du tabagisme nuit à l'efficacité du traitement.

GAVISCON

alginate de sodium, bicarbonate de sodium

PRÉSENTATION

GAVISCON : comprimé à mâcher (blanc crème) ; tube de 20 - Remb. 65 %

GAVISCON : suspension buvable (crème) arôme menthe ; boîte de 24 sachets 10 ml - Remb. 65 %

GAVISCON : suspension buvable (rose) arôme fenouil ; flacon en verre 250 ml - Remb. 65 %

Laboratoires SmithKline Beecham

COMPOSITION

	p. comp.
Acide alginique	260 mg
Alginate de sodium	260 mg
Hydroxyde d'aluminium colloïdal séché	104 mg
Bicarbonate de sodium	88,5 mg
Dont sodium	62 mg
Saccharose	712 mg

	p. sachet	p. c. à c.
Alginate de sodium	500 mg	250 mg
Bicarbonate de sodium	267 mg	133,5 mg
Sodium	145 mg	72,5 mg
Carbonate de calcium	160 mg	80 mg

INDICATIONS

C'est un médicament qui appartient à la famille des *antiacides* d'action locale. Il forme un gel visqueux qui surnage dans l'estomac et protège l'œsophage en cas de reflux du contenu de l'estomac.

Il est utilisé dans le traitement du *reflux gastro-œsophagien*.

CONTRE-INDICATIONS

Ce médicament ne doit pas être utilisé chez l'enfant au régime sans *sel* strict.

> **ATTENTION**
> Ce médicament contient du *sel* (sodium) en quantité notable.

INTERACTIONS MÉDICAMENTEUSES

Ce médicament peut interagir avec de nombreux autres médicaments en diminuant leur absorption : il convient de séparer les prises d'au moins 2 heures.

GROSSESSE, ALLAITEMENT ET NOUVEAU-NÉ

L'effet de ce médicament pendant la grossesse ou l'allaitement est mal connu. L'évaluation du risque éventuel lié à son utilisation est individuelle : demandez conseil à votre pharmacien ou à votre médecin.

MODE D'EMPLOI ET POSOLOGIE

Prendre ce médicament dans tous les cas après les repas et éventuellement au coucher.

Les comprimés doivent être très soigneusement mâchés.

Le sachet doit être malaxé avant son ouverture, et le flacon agité vigoureusement avant chaque emploi.

Posologie usuelle :

- Adulte : 1 ou 2 comprimés, 1 sachet ou 2 cuillères à café de suspension buvable, 3 ou 4 fois par jour.
- Enfant : la dose quotidienne totale est de 1 à 2 ml par kg et par jour ; soit par exemple pour un enfant de 5 kg : 1 ml après chaque biberon ou repas.
- Enfant de plus de 18 mois : 1 cuillère à café après chacun des 4 repas.
- Nourrisson de 3 à 18 mois : 1/2 cuillère à café après chacun des 4 repas.

> Si vous prenez d'autres médicaments, il est préférable de prendre ce médicament en dernier.

EFFETS INDÉSIRABLES POSSIBLES

Parfois : constipation.

Excès de calcium dans le sang, *insuffisance rénale*, en cas d'usage prolongé, à forte dose.

GEL D'ALUMINE

méthylcitrine, acétotatrate d'alumine

PRÉSENTATION

GEL D'ALUMINE : gel pour application locale ; tube 36 g - Non remb.

Laboratoires Goupil

COMPOSITION

	p. 100 g
Méthylcitrine	1,5 g
Acétotartrate d'alumine	5 g
Sulfites	+

INDICATIONS

Ce gel d'usage local possède des propriétés *antalgiques*.

Il est utilisé dans le traitement des douleurs des muscles, des tendons et des ligaments. Il peut également être utilisé dans le traitement des troubles dus à une *insuffisance veineuse*.

CONTRE-INDICATIONS

Ce médicament ne doit pas être appliqué sur les *muqueuses*, les plaies ou la peau lésée.

GROSSESSE, ALLAITEMENT ET NOUVEAU-NÉ

L'effet de ce médicament pendant la grossesse ou l'allaitement est mal connu. L'évaluation du risque éventuel lié à son utilisation est individuelle : demandez conseil à votre pharmacien ou à votre médecin.

MODE D'EMPLOI ET POSOLOGIE

Appliquer un peu de gel sur la zone à traiter, puis éventuellement recouvrir d'une compresse.

Posologie usuelle :

2 ou 3 applications par jour.

EFFETS INDÉSIRABLES POSSIBLES

Réaction allergique locale imposant l'arrêt du traitement.

GELDÈNE

piroxicam

PRÉSENTATION

GELDÈNE 0,5 % : gel pour application locale ; tube 50 g - Remb. 35 % - Liste I

Laboratoires Pfizer

COMPOSITION

	p. 100 g
Piroxicam	0,5 g
Alcool à 95°	+

INDICATIONS

Ce gel contient un *anti-inflammatoire* non stéroïdien (*AINS*). Il lutte localement contre l'*inflammation* et la douleur.

Il est utilisé dans le traitement des *tendinites* et des entorses.

CONTRE-INDICATIONS

Ce médicament ne doit pas être utilisé dans les cas suivants :

- *allergie* à l'aspirine ou aux *AINS* ;
- en application sur un *eczéma*, des *muqueuses*, des plaies ou de la peau lésée ;
- enfant de moins de 15 ans.

GROSSESSE, ALLAITEMENT ET NOUVEAU-NÉ

En l'absence de données suffisantes, ce médicament est déconseillé pendant la grossesse ou l'allaitement.

MODE D'EMPLOI ET POSOLOGIE

Le gel doit être appliqué en massage doux et prolongé.

Ne pas utiliser de pansement étanche (occlusif).

Posologie usuelle :

2 à 4 applications par jour.

> Se laver les mains après application. En cas de contact accidentel avec les yeux, rincer abondamment.

EFFETS INDÉSIRABLES POSSIBLES

Brûlures d'estomac.

Imposant l'arrêt du traitement : *allergie* cutanée (éruption de boutons, démangeaisons...).

GEL DE POLYSILANE UPSA

diméticone

PRÉSENTATION

GEL DE POLYSILANE UPSA : gelée orale ; boîte de 30 sachets 15 g - Remb. 65 %

GEL DE POLYSILANE UPSA : gelée orale ; tube 170 g (11 cuillères à soupe) - Remb. 65 %

Laboratoires UPSA

COMPOSITION

	p. sachet	p. c. à s.
Diméticone	2,25 g	2,25 g
Sodium	0,8 mg	0,8 mg
Saccharose	3,5 g	3,5 g

INDICATIONS

C'est un médicament qui appartient à la famille des *pansements digestifs* au silicone. Il protège le tube digestif en le couvrant d'un film l'isolant de son contenu.

Il est utilisé pour traiter les *troubles digestifs fonctionnels*, notamment les douleurs et aigreurs de l'estomac ainsi que les ballonnements intestinaux.

> **ATTENTION**
>
> Ce médicament contient du *sucre* (saccharose) en quantité notable.
>
> Si les troubles persistent au-delà de quelques jours, consultez votre médecin.

GROSSESSE, ALLAITEMENT ET NOUVEAU-NÉ

Les substances contenues dans ce médicament sont peu absorbées ; l'automédication est possible en cure courte ou ponctuelle pendant la grossesse ou l'allaitement.

MODE D'EMPLOI ET POSOLOGIE

1 sachet ou 1 cuillère à soupe avant chacun des 3 repas et, si besoin est, au moment des douleurs.

> Une alimentation équilibrée, une mastication lente et l'élimination des aliments difficiles à digérer permettent souvent d'améliorer, voire de faire disparaître, les douleurs d'estomac qui ne sont pas liées à un *ulcère*.
>
> Si vous êtes fumeur, la poursuite du tabagisme nuit à l'efficacité du traitement.

GEL FLUIDE DE CALAMINE

calamine, oxyde de zinc

PRÉSENTATION

GEL FLUIDE DE CALAMINE : gel pour application locale (rose) ; flacon 125 ml - Non remb.

Laboratoires Thérica

COMPOSITION

	p. 100 ml
Calamine	8 g
Oxyde de zinc	8 g

INDICATIONS

Ce médicament est un gel calmant et légèrement *anti-inflammatoire*.

Il est utilisé dans le traitement des démangeaisons, des coups de soleil, des brûlures superficielles peu étendues, et des rougeurs des fesses du *nourrisson*.

GROSSESSE, ALLAITEMENT ET NOUVEAU-NÉ

Ce médicament ne contient que des substances présumées sans danger pendant la grossesse ou l'allaitement. Néanmoins, ne l'utilisez pas de façon prolongée sans l'avis de votre pharmacien ou de votre médecin.

MODE D'EMPLOI ET POSOLOGIE

Agiter le flacon. Étendre le gel en couche mince sur la lésion. Laisser sécher.

Posologie usuelle :

2 ou 3 applications par jour.

La rougeur des fesses du *nourrisson* est souvent due à l'imprégnation de la peau par l'urine, sous la couche. Il est donc nécessaire de nettoyer et de rincer abondamment la peau avec de l'eau avant d'appliquer le médicament.

Ce médicament ne graisse pas et ne tache pas.

GEL-LARMES

carbomère

PRÉSENTATION

GEL-LARMES : gel ophtalmique ; tube 5 g - Remb. 65 %

GEL-LARMES : gel ophtalmique ; tube 10 g - Remb. 65 %

Laboratoires Théa

COMPOSITION

	p. 5 g
Carbomère 934 P	15 mg
Mercurothiolate sodique	0,2 mg

INDICATIONS

C'est un gel de suppléance lacrymale : il compense une insuffisance de sécrétion naturelle de larmes.

Il est utilisé dans le traitement de la sécheresse oculaire due à une insuffisance lacrymale (œil sec).

CONTRE-INDICATIONS

Ce gel ne doit pas être utilisé dans les cas suivants :

- *allergie* au mercurothiolate sodique (conservateur),
- port de lentilles de contact.

ATTENTION

Une irritation oculaire peut être due à une infection : en cas de doute, n'hésitez pas à consulter votre médecin.

N'utilisez pas ce gel ophtalmique de façon prolongée sans prendre un avis médical.

INTERACTIONS MÉDICAMENTEUSES

Ce gel ophtalmique peut interagir avec des collyres : respectez un intervalle de 15 minutes entre deux applications.

GROSSESSE, ALLAITEMENT ET NOUVEAU-NÉ

Ce gel ophtalmique contient des conservateurs dont l'effet est mal connu pendant la grossesse ou l'allaitement. L'évaluation du risque éventuel lié à son utilisation est individuelle : demandez conseil à votre pharmacien ou à votre médecin.

MODE D'EMPLOI ET POSOLOGIE

Tirer la paupière inférieure vers le bas tout en regardant vers le haut et déposer une goutte de gel entre la paupière et le globe oculaire (*cul-de-sac conjonctival*).

Posologie usuelle :

1 goutte chaque fois que la sécheresse de l'œil se fait sentir.

L'application correcte du produit peut nécessiter une aide, notamment chez une personne handicapée ou âgée.

Ne conservez pas ce gel plus de 4 semaines après une première utilisation.

EFFETS INDÉSIRABLES POSSIBLES

Un trouble visuel bref peut survenir après instillation du produit jusqu'à ce que le gel se répartisse uniformément à la surface de l'œil.

GÉLOPECTOSE

PRÉSENTATION

GÉLOPECTOSE : poudre orale arôme citron ; boîte de 120 g - Non remb.

Laboratoires Nutripharm Elgi

COMPOSITION

	p. c. à c.	p. c. à s.
Pectine	240 mg	840 mg
Cellulose microcristalline	180 mg	630 mg
Silice colloïdale hydratée	110 mg	385 mg

INDICATIONS

C'est un médicament qui épaissit le contenu de l'estomac et des selles.

Il est utilisé dans le traitement des régurgitations et des diarrhées du *nourrisson*.

CONTRE-INDICATIONS

Ce médicament ne doit pas être utilisé dans les cas suivants :

- constipation des prématurés ;
- certaines maladies rares du tube digestif, notamment la *mucoviscidose*.

ATTENTION

Une diarrhée peut provoquer une déshydratation. Cette perte d'eau par l'organisme peut entraîner des troubles graves. Il est indispensable de prévenir cette déshydratation par des boissons sucrées abondantes et des bouillons salés, notamment chez les enfants.

INTERACTIONS MÉDICAMENTEUSES

Ce médicament ne doit pas être associé à d'autres ralentisseurs du *transit intestinal* : risque de constipation.

MODE D'EMPLOI ET POSOLOGIE

Verser la poudre dans un biberon d'eau conseillée pour la préparation des biberons, ou de lait reconstitué très chaud (50 à 60 °C). Agiter vigoureusement, environ 30 secondes, puis laisser reposer jusqu'à obtention d'un gel et de la température souhaitée. Surtout ne pas agiter à nouveau le biberon après l'obtention du gel.

Posologie usuelle :

- Régurgitation du *nourrisson* : la préparation doit être faite avec 2 cuillères à café rases pour 100 g de liquide.
- Diarrhées du *nourrisson* : 1 cuillère à soupe rase pour 100 g de liquide jusqu'à obtention de selles normales.

Si vous souhaitez conserver le reste de la préparation au réfrigérateur (4 °C) pendant 24 heures maximum ; pour sa réutilisation, réchauffez-la au bain-marie sans l'agiter.

Après ouverture de la boîte, la conserver dans un endroit sec et l'utiliser dans les 15 jours.

GELOX

PRÉSENTATION

GELOX : suspension buvable ; boîte de 30 sachets - Remb. 65 %

Laboratoires Beaufour

COMPOSITION

	p. sachet
Montmorillonite beidellitique	2,5 g
Aluminium hydroxyde	425 mg
Magnésium hydroxyde	450 mg
Saccharose	2,5 g
Sorbitol	0,5 g
Alcool à 95°	0,13 g

INDICATIONS

C'est une association de substances qui contient un *antiacide* d'action locale et de l'argile. L'antiacide agit en neutralisant les acides sécrétés par l'estomac ; l'argile protège le tube digestif en le couvrant d'un film qui l'isole de son contenu.

Ce médicament est utilisé dans le *traitement symptomatique* des *ulcères* de l'estomac ou du *duodénum*, des douleurs, brûlures, aigreurs de l'estomac ou de l'œsophage, et des digestions difficiles.

ATTENTION

En cas de persistance des *symptômes*, des examens peuvent être nécessaires : consultez votre médecin.

Ce médicament contient du *sucre* (saccharose) en quantité notable.

INTERACTIONS MÉDICAMENTEUSES

Ce médicament peut interagir avec de nombreux autres médicaments en diminuant leur absorption : il convient de séparer les prises d'au moins 2 heures.

GROSSESSE, ALLAITEMENT ET NOUVEAU-NÉ

Les substances contenues dans ce médicament sont peu absorbées. L'automédication est possible en cure courte ou ponctuelle pendant la grossesse ou l'allaitement.

MODE D'EMPLOI ET POSOLOGIE

Ce médicament sera pris de préférence 1 à 2 heures après les repas ou au moment des douleurs. Le contenu du sachet peut être délayé dans un demi-verre d'eau ou absorbé pur.

Posologie usuelle :

1 sachet, 1 à 4 fois par jour.

> Une alimentation équilibrée, une mastication lente et l'élimination des aliments difficiles à digérer permettent souvent d'améliorer, voire de faire disparaître, les douleurs d'estomac qui ne sont pas liées à un *ulcère*.
>
> Si vous êtes fumeur, la poursuite du tabagisme nuit à l'efficacité du traitement.

GEL-PHAN
gélatine

PRÉSENTATION

GEL-PHAN : gélule ; boîte de 90 - Non remb.

Laboratoires Pierre Fabre

COMPOSITION

	p. gél.
Gélatine	775 mg

INDICATIONS

Ce médicament contient de la gélatine.

Il est utilisé pour renforcer les cheveux et les ongles.

GROSSESSE, ALLAITEMENT ET NOUVEAU-NÉ

L'utilisation ponctuelle de ce médicament pendant la grossesse ou l'allaitement ne semble pas poser de problème particulier.

MODE D'EMPLOI ET POSOLOGIE

Les gélules sont prises de préférence au cours des repas.

Elles doivent être avalées avec un peu d'eau.

Posologie usuelle :

3 gélules, 3 fois par jour.

GEL RECTOPANBILINE
extrait de bile, gélatine, glycérol

PRÉSENTATION

GEL RECTOPANBILINE : gel rectal ; boîte de 6 récipients unidoses - Non remb.

Laboratoires Sarget

COMPOSITION

	p. unité
Bile de bœuf, extrait titré à 9 % en acide cholique	97,5 mg
Gélatine	81,2 mg
Glycérol	5 g

INDICATIONS

C'est un laxatif administré par *voie* rectale. Il délite les selles et provoque leur évacuation rapide.

Il est utilisé dans le *traitement symptomatique* de la constipation.

CONTRE-INDICATIONS

Ce médicament ne doit pas être utilisé chez l'enfant de moins de 12 ans, sauf avis médical.

> **ATTENTION**
>
> Comme tous les laxatifs, il ne doit pas être utilisé de façon prolongée sans avis médical. De plus, il doit être utilisé avec prudence chez la personne atteinte d'*hémorroïdes*, de *fissure anale* ou de *rectocolite hémorragique*.

GROSSESSE, ALLAITEMENT ET NOUVEAU-NÉ

Grossesse :

Ce médicament peut être utilisé de façon ponctuelle pour traiter la constipation de la femme enceinte.

MODE D'EMPLOI ET POSOLOGIE

Le délai d'action de ce médicament peut être rapide.

Posologie usuelle :

1 ou 2 doses par jour.

> Des mesures simples d'hygiène alimentaire et des exercices physiques sont à envisager avant d'utiliser un laxatif : parlez-en à votre médecin ou à votre pharmacien.

EFFETS INDÉSIRABLES POSSIBLES

Un usage prolongé peut occasionner des sensations de brûlure anale et exceptionnellement des *inflammations* du rectum.

GÉLUCYSTINE
cystine

PRÉSENTATION

GÉLUCYSTINE : gélule (blanc) ; boîte de 20 - Remb. 35 %

Laboratoires Parke-Davis

COMPOSITION

	p. gél.
Cystine	0,50 g
Sulfites	+

INDICATIONS

Ce médicament contient un *acide aminé* soufré.

Il est utilisé pour renforcer les cheveux et les ongles.

GROSSESSE, ALLAITEMENT ET NOUVEAU-NÉ

Ce médicament ne contient que des substances présumées sans danger pendant la grossesse ou l'allaitement. Néanmoins, ne l'utilisez pas de façon prolongée sans l'avis de votre pharmacien ou de votre médecin.

MODE D'EMPLOI ET POSOLOGIE

Les gélules seront prises de préférence avec un verre d'eau.

Posologie usuelle :

2 à 4 gélules par jour.

Ce traitement peut être pris en cure de 2 à 3 mois ou en cure discontinue de 10 à 20 jours par mois pendant quelques mois.

GELUFÈNE
ibuprofène

PRÉSENTATION

GELUFÈNE 200 mg : gélule (brique et jaune) ; boîte de 20 - Non remb.

Laboratoires C.P.F.

COMPOSITION

	p. gél.
Ibuprofène	200 mg

INDICATIONS

C'est un *anti-inflammatoire* non stéroïdien (*AINS*). Il possède à faible dose des propriétés *antalgiques* et *antipyrétiques* proches de celles de l'aspirine.

Ce médicament est utilisé dans le *traitement symptomatique* de la fièvre, des maux de tête, des douleurs dentaires, des douleurs diverses (en particulier musculaires, articulaires...) et des règles douloureuses.

CONTRE-INDICATIONS

Ce médicament ne doit pas être utilisé dans les cas suivants :
- *antécédent* d'*allergie* à l'aspirine ou aux *anti-inflammatoires* non stéroïdiens (*AINS*),
- *ulcère* de l'estomac ou du *duodénum*,
- *insuffisance rénale* grave,
- *insuffisance hépatique* grave,
- 3 derniers mois de la **grossesse**,
- enfant de moins de 15 ans.

> **ATTENTION**
>
> Tout traitement prolongé ou surdosage d'*AINS* expose à des effets indésirables graves.
>
> Des précautions sont nécessaires en cas d'*antécédents* d'*ulcère* de l'estomac ou du *duodénum*, de risque hémorragique, de troubles de la vue, de *lupus érythémateux* disséminé, et chez la femme qui porte un stérilet.
>
> Conducteur : ce médicament peut provoquer parfois des étourdissements.

INTERACTIONS MÉDICAMENTEUSES

Ce médicament peut interagir avec d'autres médicaments, notamment :
- l'aspirine et les autres *anti-inflammatoires* non stéroïdiens, les *anticoagulants* et les *antiagrégants plaquettaires* (TICLID...) : augmentation du risque hémorragique ;
- le *lithium* (TÉRALITHE, NEUROLITHIUM...) : augmentation du taux de lithium dans le sang.

Signalez tout autre traitement en cours à votre médecin ou à votre pharmacien.

GROSSESSE, ALLAITEMENT ET NOUVEAU-NÉ

Grossesse :

Des effets néfastes graves pour la mère et l'enfant ont été mis en évidence lorsque ce médicament, comme tous les *AINS*, est utilisé au cours des 3 derniers mois de la grossesse : son usage est formellement contre-indiqué pendant cette période.

Pendant les 6 premiers mois, l'effet de ce médicament est mal connu. L'évaluation du risque éventuel lié à son utilisation est individuelle : demandez conseil à votre pharmacien ou à votre médecin.

Allaitement :

Ce médicament passe dans le lait maternel : par mesure de prudence, il est déconseillé pendant l'allaitement.

MODE D'EMPLOI ET POSOLOGIE

Afin de limiter la survenue de *troubles digestifs*, les gélules peuvent être prises au cours des repas, accompagnées d'un grand verre d'eau. Toutefois, dans les douleurs aiguës, la prise à jeun assure un effet plus rapide.

Posologie usuelle :

- Adulte : 1 à 6 gélules par jour, réparties en plusieurs prises, espacées de 4 à 6 heures. Ne pas dépasser 6 gélules par jour.

> Respectez rigoureusement la *posologie* recommandée par votre pharmacien. Si les *symptômes* persistent malgré un traitement bien suivi, ne prolongez pas inutilement la prise du médicament et consultez votre médecin.

EFFETS INDÉSIRABLES POSSIBLES

Gastrite, douleurs abdominales.

Exceptionnels : *vertiges*, maux de tête, *allergie* cutanée (éruptions, démangeaisons, *œdème*), *asthme*.

Rares et parfois graves ; *hémorragie* du tube digestif (vomissements sanglants, selles noires, ou plus souvent pertes de sang imperceptibles responsables de l'apparition progressive d'une *anémie*).

GÉLUMALINE

PRÉSENTATION

GÉLUMALINE : gélule (bleu et vert) ; boîte de 16 - Non remb.

Laboratoires LTM

COMPOSITION

	p. gél.
Paracétamol	300 mg
Codéine	10 mg
Caféine	30 mg
Belladone, poudre	10 mg

INDICATIONS

Ce médicament est un *antalgique* qui associe du paracétamol, de la codéine, de la caféine, et de la *belladone* (*antispasmodique*). Le paracétamol agit également contre la fièvre.

Il est utilisé dans le traitement de la fièvre, des douleurs : rhumatisme, douleur dentaire, *migraine*, règles douloureuses.

CONTRE-INDICATIONS

Ce médicament ne doit pas être utilisé dans les cas suivants :
- maladies graves du foie,
- *insuffisance respiratoire*,
- *glaucome* à angle fermé,
- risque de blocage des urines lié à un *adénome de la prostate*,
- enfant de moins de 15 ans.

> **ATTENTION**
>
> La prise de boissons alcoolisées liée à la codéine peut augmenter le risque de somnolence.
>
> Conducteur : ce médicament peut être responsable d'une somnolence ou d'une baisse de la vigilance.

INTERACTIONS MÉDICAMENTEUSES

Ce médicament peut interagir avec d'autres médicaments, notamment chez la personne âgée. Signalez tout autre traitement en cours à votre médecin ou à votre pharmacien.

GROSSESSE, ALLAITEMENT ET NOUVEAU-NÉ

L'effet de ce médicament pendant la grossesse ou l'allaitement est mal connu. L'évaluation du risque éventuel lié à son utilisation est individuelle : demandez conseil à votre pharmacien ou à votre médecin.

MODE D'EMPLOI ET POSOLOGIE

Ce médicament peut être pris indifféremment avant, pendant ou après les repas. Les gélules doivent être avalées avec un verre d'eau.

Respectez un intervalle minimal de 4 heures entre 2 prises.

Posologie usuelle :

- Adulte : 1 ou 2 gélules, 1 à 3 fois par jour ; ne pas dépasser 6 gélules par jour.

> De nombreux médicaments contiennent du paracétamol et de la codéine : en tenir compte en cas de prise conjointe (risque de surdosage).
>
> Il est préférable de ne pas prendre ce médicament en fin de journée, en raison de la présence de caféine.

EFFETS INDÉSIRABLES POSSIBLES

Constipation fréquente.

Plus rarement : somnolence, *troubles digestifs*, *bronchospasme*, états vertigineux, *allergie* cutanée, ralentissement anormal de la respiration.

À forte dose, effets *atropiniques* liés à la *belladone*, et insomnie liée à la caféine.

GELUSIL

trisilicate de magnésium, alumine hydratée

PRÉSENTATION

GELUSIL : comprimé à croquer (blanc) ; boîte de 50 - Non remb.

GELUSIL : comprimé à croquer (blanc) ; boîte de 100 - Non remb.

Laboratoires Parke-Davis

COMPOSITION

	p. comp.
Trisilicate de magnésium	430 mg
Alumine hydrate, gel desséché	260 mg
Sucres	620 mg

INDICATIONS

C'est un médicament qui appartient à la famille des *antiacides* d'action locale. Il agit en neutralisant les acides sécrétés par l'estomac.

Il est utilisé dans le *traitement symptomatique* des douleurs, brûlures, aigreurs de l'estomac ou de l'œsophage.

CONTRE-INDICATIONS

Ce médicament ne doit pas être utilisé en cas d'*insuffisance rénale* grave.

> **ATTENTION**
>
> Des douleurs qui persistent peuvent être dues à une lésion du tube digestif : consultez votre médecin.
>
> Ce médicament contient du *sucre* en quantité notable.

INTERACTIONS MÉDICAMENTEUSES

Ce médicament peut interagir avec de nombreux autres médicaments en diminuant leur absorption : il convient de séparer les prises d'au moins 2 heures.

GROSSESSE, ALLAITEMENT ET NOUVEAU-NÉ

L'automédication est possible en cure courte ou ponctuelle pendant la grossesse ou l'allaitement.

MODE D'EMPLOI ET POSOLOGIE

2 comprimés à croquer 3 à 5 fois par jour, après chaque repas ou au moment des douleurs.

La prise se fait habituellement au moment où l'estomac sécrète le plus d'acide c'est-à-dire environ 1 heure et demie après le repas.

> Une alimentation équilibrée, une mastication lente et l'élimination des aliments difficiles à digérer permettent souvent d'atténuer, voire de faire disparaître, les douleurs d'estomac qui ne sont pas liées à un *ulcère*.

Si vous êtes fumeur, la poursuite du tabagisme nuit à l'efficacité du traitement.

GÉNATROPINE

atropine oxyde

PRÉSENTATION

GÉNATROPINE : granule ; boîte de 60 - Remb. 35 %

GÉNATROPINE : solution buvable ; flacon 20 ml (gouttes) - Remb. 35 % - Liste I

GÉNATROPINE : solution injectable ; boîte de 10 ampoules 1 ml - Remb. 35 % - Liste I

Laboratoires Amido

COMPOSITION

	p. granule	p. 10 gtes	p. amp.
Atropine base	0,45 mg	0,45 mg	1,8 mg

INDICATIONS

Ce médicament est un *antispasmodique* de la famille des *atropiniques*. Il lutte contre les contractions anormales de l'intestin, des *voies biliaires*, et des *voies* urinaires.

Il est utilisé dans le traitement des spasmes douloureux d'origine digestive, biliaire et urologique (*coliques néphrétiques*...), et dans le *traitement d'appoint* des *ulcères* de l'estomac ou du *duodénum*.

CONTRE-INDICATIONS

Ce médicament ne doit pas être utilisé dans les cas suivants :

- risque de blocage des urines (*adénome de la prostate*...),
- *glaucome* à angle fermé.

ATTENTION

Des précautions sont nécessaires en cas d'*insuffisance hépatique*, d'*insuffisance rénale*, d'*insuffisance coronarienne*, de *trouble du rythme cardiaque*, d'*hyperthyroïdie*, de *bronchite chronique*, de constipation.

La survenue d'une douleur violente de l'œil, accompagnée d'une rougeur et surtout d'une baisse de l'acuité visuelle, doit conduire à consulter un ophtalmologiste : il peut s'agir d'un *glaucome* aigu.

INTERACTIONS MÉDICAMENTEUSES

Ce médicament peut interagir avec d'autres médicaments. Signalez tout autre traitement en cours à votre médecin ou à votre pharmacien.

GROSSESSE, ALLAITEMENT ET NOUVEAU-NÉ

Grossesse et nouveau-né :

Ce médicament est déconseillé en fin de grossesse : risque de constipation grave chez le *nouveau-né*. Demandez conseil à votre médecin.

Allaitement :

Ce médicament passe dans le lait maternel : il est déconseillé pendant l'allaitement.

MODE D'EMPLOI ET POSOLOGIE

En cas de crise aiguë, la solution injectable agit plus rapidement que les granules ou les gouttes. Chez l'adulte, elle peut être injectée par *voie* intraveineuse ou intramusculaire.

Posologie usuelle :

- Adulte : 1 ou 2 granules ou 10 à 20 gouttes, 2 ou 3 fois par jour, ou 1 ou 2 ampoules injectables par jour.
- Enfant de plus de 2 ans : 3 ou 4 gouttes par année d'âge et par jour. Soit, pour un enfant de 10 ans, 30 à 40 gouttes par jour.

En cas de *coliques néphrétiques*, lors des périodes douloureuses, ne buvez pas afin de ne pas accroître la douleur.

EFFETS INDÉSIRABLES POSSIBLES

Effets *atropiniques* : sécheresse de la bouche, troubles visuels, augmentation du rythme cardiaque, constipation, rétention d'urine.

Irritabilité, confusion des idées, chez la personne âgée.

GENCIFRICE

protéines de lactosérum

PRÉSENTATION

GENCIFRICE BAUME PREMIÈRES DENTS : gel gingival ; tube 25 ml - Non remb.

Laboratoires Goupil

COMPOSITION

	p. 100 ml
Concentré de protéines de lactosérum à 70 % de matière azotée	3,2 g
Menthe, essence	+

INDICATIONS

Ce baume gingival contient des protéines du lait.

Il est utilisé dans le *traitement symptomatique* des douleurs des gencives chez l'enfant lors des premières poussées dentaires.

ATTENTION

Certains *symptômes* sont fréquemment attribués à une poussée dentaire : rougeurs des fesses ou des joues, selles molles, fièvre. Cependant, si la fièvre est élevée ou si la douleur est importante, une autre affection est possible, notamment une *otite* ou une angine : n'hésitez pas à consulter votre médecin.

MODE D'EMPLOI ET POSOLOGIE

Mettre un peu de gel sur un doigt et masser doucement les gencives de l'enfant pendant 2 à 3 minutes, après les repas et au moment du coucher.

Posologie usuelle :

4 à 6 applications par jour.

Les premières dents sortent habituellement aux environs du 6e mois ; cependant, les poussées peuvent être plus précoces ou retardées, entre le 3e et le 15e mois, sans que cela soit anormal.

Lors des poussées dentaires, certains enfants peuvent refuser les aliments solides : ce phénomène est passager et ne doit pas vous inquiéter. D'autres enfants sont soulagés par le fait de mordre : une tétine ou un bâton de guimauve peuvent les apaiser.

GENCIVOL

PRÉSENTATION

GENCIVOL : solution pour application locale ; flacon 15 ml - Non remb.

Laboratoires C.P.F.

COMPOSITION

	p. 100 ml
Procaïne chlorhydrate	170 mg
Potassium bromure	1,50 g
Safran, teinture	1,50 g
Chloral hydrate	1,50 g

INDICATIONS

C'est une solution *anesthésique*.

Elle est utilisée pour soulager les douleurs des gencives chez l'enfant, lors des premières poussées dentaires.

CONTRE-INDICATIONS

Ce médicament ne doit pas être utilisé en cas d'*allergie* aux *anesthésiques* locaux.

ATTENTION

Certains *symptômes* sont fréquemment attribués à une poussée dentaire : rougeurs des fesses ou des joues, selles molles, fièvre. Cependant, si la fièvre est élevée ou si la douleur est importante, une autre affection est possible, notamment une *otite* ou une angine : n'hésitez pas à consulter votre médecin.

MODE D'EMPLOI ET POSOLOGIE

Appliquer la solution gingivale avec le doigt en frictionnant légèrement les gencives de l'enfant.

Posologie usuelle :

Les applications peuvent être répétées au cours de la journée selon l'intensité des douleurs.

Les premières dents sortent habituellement aux environs du 6e mois ; cependant, les poussées peuvent être plus précoces ou retardées, entre le 3e et le 15e mois, sans que cela soit anormal.

Lors des poussées dentaires, certains enfants peuvent refuser les aliments solides : ce phénomène est passager et ne doit pas vous inquiéter. D'autres enfants sont soulagés par le fait de mordre : une tétine ou un bâton de guimauve peuvent les apaiser.

GÉNÉSÉRINE 3

ésérine

PRÉSENTATION

GÉNÉSÉRINE : solution buvable ; flacon 30 ml (30 gouttes = 1 ml) - Remb. 65 % - Liste I

GÉNÉSÉRINE : granule ; boîte de 60 - Remb. 65 % - Liste I

Laboratoires Amido

COMPOSITION

	p. 1 ml	p. granule
Ésérine	2 mg	1,02 mg

INDICATIONS

Ce médicament stimule le fonctionnement du tube digestif.

Il est utilisé dans le *traitement symptomatique* des digestions difficiles.

GROSSESSE, ALLAITEMENT ET NOUVEAU-NÉ

L'effet de ce médicament pendant la grossesse ou l'allaitement est mal connu : seul votre médecin peut évaluer le risque éventuel de son utilisation dans votre cas.

MODE D'EMPLOI ET POSOLOGIE

Ce médicament est pris de préférence une demi-heure avant les repas.

Les granules sont réservés à l'adulte.

Posologie usuelle :

- Adulte : 2 ou 3 granules, 3 fois par jour, ou 30 à 45 gouttes de solution buvable, 3 fois par jour.
- Enfant de 30 mois à 15 ans : 50 à 90 gouttes de solution buvable selon l'âge, par jour, à répartir en plusieurs fois.
- Nourrisson de 1 an à 30 mois : 30 gouttes de solution buvable par jour, à répartir en plusieurs fois.
- Nourrisson de 1 mois à 1 an : 10 à 20 gouttes de solution buvable par jour, à répartir en plusieurs fois.
- Nouveau-né : 5 gouttes de solution buvable par jour, à répartir en plusieurs fois.

EFFETS INDÉSIRABLES POSSIBLES

À forte dose : nausées, vomissements, ralentissement du rythme cardiaque.

GENHEVAC B PASTEUR

vaccin contre l'hépatite B

PRÉSENTATION

GenHevac B PASTEUR : suspension injectable *I.M.* ; seringue préremplie 0,5 ml - Remb. 65 %

Laboratoires Pasteur Vaccins

COMPOSITION

	p. seringue
Suspension d'antigènes de surface purifiés et inactivés du virus de l'hépatite B	1 dose

INDICATIONS

C'est un *vaccin* composé de fragments de virus inactivé de l'*hépatite* B. Il ne contient aucun *germe* vivant.

Il est utilisé dans la prévention de l'hépatite B. L'immunité est obtenue un mois après la 3e injection.

ATTENTION

Compte tenu du délai recommandé de 30 jours entre 2 injections, l'immunité ne peut être obtenue que 2 mois après le début de la vaccination.

GROSSESSE, ALLAITEMENT ET NOUVEAU-NÉ

Cette vaccination peut être pratiquée pendant la grossesse ou l'allaitement.

MODE D'EMPLOI ET POSOLOGIE

Bien agiter la seringue avant l'emploi, la réchauffer à température ambiante si nécessaire. L'injection doit être réalisée par *voie* intramusculaire.

Posologie usuelle :

Les 3 premières injections sont réalisées à 1 mois d'intervalle. Le premier rappel a lieu 1 an après la troisième injection, puis tous les 5 ans.

Pour des raisons de confort, la vaccination doit être différée en cas de fièvre élevée.

Les réactions fébriles dues aux *vaccins* peuvent être combattues en prenant de l'aspirine ou du paracétamol.

Pour garder son efficacité, ce vaccin doit être conservé entre + 2 et + 8 °C (compartiment à beurre du réfrigérateur), mais quelques jours à une température ne dépassant pas 25 °C ne prêtent pas à conséquence. Il ne doit pas être congelé.

EFFETS INDÉSIRABLES POSSIBLES

Réactions douloureuses, *nodule* au point d'injection.

Fièvre modérée pendant 1 ou 2 jours.

GÉNOLA

PRÉSENTATION

GÉNOLA : gel vaginal ; tube 70 g avec applicateur - Non remb.

GÉNOLA : gel vaginal ; tube 70 g sans applicateur - Non remb.

Laboratoires C.C.D.

COMPOSITION

	p. 100 g
Hexyl résorcinol	400 mg
Benzododécinium bromure	100 mg
Allantoïne	500 mg
Acide borique	900 mg

INDICATIONS

Ce gel contient un *antiseptique* de la famille des *ammoniums quaternaires*, qui a la propriété de détruire les spermatozoïdes.

Il est utilisé comme *contraceptif* local.

ATTENTION

L'efficacité de cette contraception n'étant pas absolue, il est d'autant plus important d'en respecter les règles d'utilisation.

En cas de traitement vaginal par d'autres produits locaux, il est préférable d'attendre la fin du traitement avant d'utiliser cette contraception.

Ce gel contenant une substance pouvant être irritante, il ne doit pas être utilisé en cas de plaie ou d'*ulcération* génitale (*herpès*...).

INTERACTIONS MÉDICAMENTEUSES

L'association à d'autres *antiseptiques* ou à des savons diminue l'efficacité du gel : entre le moment de son application et les rapports sexuels, n'utilisez que de l'eau pure pour votre toilette intime.

GROSSESSE, ALLAITEMENT ET NOUVEAU-NÉ

Grossesse :

Lors de grossesses survenues malgré l'utilisation de ce spermicide, aucune anomalie de l'enfant à naître n'a été constatée.

Allaitement :

Ce médicament passe dans le lait maternel. Il est déconseillé chez la femme qui allaite.

MODE D'EMPLOI ET POSOLOGIE

Introduire une dose de gel dans le vagin à l'aide de l'applicateur avant chaque rapport sexuel.

Après les rapports sexuels, une toilette externe est possible mais attendez au moins 8 heures avant une douche vaginale.

GÉNOSCOPOLAMINE

scopolamine oxyde

PRÉSENTATION

GÉNOSCOPOLAMINE gouttes : solution buvable ; flacon 20 ml (30 gouttes = 1 ml) - Remb. 65 % - Liste I

Laboratoires Amido

COMPOSITION

	p. 10 gtes
Scopolamine oxyde	0,5 mg

INDICATIONS

C'est un antiparkinsonien qui appartient à la famille des anticholinergiques (*atropiniques*).

Il est utilisé principalement dans la maladie de *Parkinson* et les autres *syndromes* parkinsoniens.

CONTRE-INDICATIONS

Ce médicament ne doit pas être utilisé dans les cas suivants :

- *glaucome* à angle fermé,
- risque de blocage des urines (*adénome de la prostate*).

ATTENTION

Des précautions sont nécessaires en cas de maladies obstructives de l'intestin et d'*insuffisance cardiaque*.

Vous ne devez pas interrompre brutalement votre traitement.

Conducteur : ce médicament peut être responsable de troubles visuels et d'une sensibilité anormale à la lumière.

INTERACTIONS MÉDICAMENTEUSES

Ce médicament peut interagir avec d'autres médicaments. Signalez tout autre traitement en cours à votre médecin ou à votre pharmacien.

GROSSESSE, ALLAITEMENT ET NOUVEAU-NÉ

L'effet de ce médicament pendant la grossesse ou l'allaitement est mal connu : seul votre médecin peut évaluer le risque éventuel de son utilisation dans votre cas.

MODE D'EMPLOI ET POSOLOGIE

La posologie est strictement individuelle.

EFFETS INDÉSIRABLES POSSIBLES

Effets *atropiniques* : troubles de l'*accommodation*, bouche sèche, constipation, difficultés à uriner, accélération du cœur.

En cas de surdosage, ces signes sont accentués et une confusion des idées peut apparaître, en particulier chez la personne âgée.

GENTALLINE crème

gentamicine

PRÉSENTATION

GENTALLINE : crème ; tube 20 g - Non remb. - Liste I

Laboratoires Schering-Plough

COMPOSITION

	p. 100 g
Gentamicine	100 mg

INDICATIONS

Cette crème contient un *antibiotique* de la famille des *aminosides*.

Elle est utilisée dans le traitement des infections de la peau.

CONTRE-INDICATIONS

Ce médicament ne doit pas être utilisé dans les cas suivants :

- *allergie* aux *antibiotiques* de la famille des *aminosides*,
- enfant de moins de 30 mois,
- infection du mamelon au cours de l'allaitement.

ATTENTION

Cette crème n'est pas destinée à être utilisée sur les paupières ou les yeux : il existe une pommade ophtalmique destinée à cet usage.

Si l'infection ne disparaît pas après quelques jours, consultez votre médecin.

Évitez d'utiliser cette crème, notamment chez l'enfant, de manière prolongée et sur des surfaces étendues ou profondément lésées sans l'avis de votre médecin. Elle ne doit pas non plus être appliquée sur les lésions suintantes.

GROSSESSE, ALLAITEMENT ET NOUVEAU-NÉ

L'effet de ce médicament pendant la grossesse ou l'allaitement est mal connu : seul votre médecin peut évaluer le risque éventuel de son utilisation dans votre cas.

Allaitement :

En raison du risque d'ingestion par le *nouveau-né*, la crème ne doit pas être appliquée sur le mamelon de la femme qui allaite.

MODE D'EMPLOI ET POSOLOGIE

Avant l'application, nettoyer la lésion à traiter.

Étaler la crème en massant doucement pour la faire pénétrer.

La zone traitée peut être recouverte d'une compresse.

Posologie usuelle :

2 ou 3 applications en couche mince par jour, pendant 7 jours.

EFFETS INDÉSIRABLES POSSIBLES

Irritation locale ou réaction allergique (*eczéma*) au point d'application de la crème ou à distance de celui-ci.

GENTALLINE injectable

gentamicine

PRÉSENTATION

GENTALLINE I.M. 10 mg/1 ml : solution injectable ; boîte de 1 ampoule - Remb. 65 % - Liste I

GENTALLINE I.M. 40 mg/2 ml : solution injectable ; boîte de 1 ampoule - Remb. 65 % - Liste I

GENTALLINE I.M. 80 mg/2 ml : solution injectable ; boîte de 1 ampoule - Remb. 65 % - Liste I

GENTALLINE I.M. 160 mg/2 ml : solution injectable ; boîte de 1 ampoule - Remb. 65 % - Liste I

Laboratoires Schering-Plough

COMPOSITION

	p. amp. inj. 1 ml	p. amp. inj. 2 ml
Gentamicine	10 mg	40 mg
Sulfites	+	+
	p. amp. inj. 2 ml	**p. amp. inj. 2 ml**
Gentamicine	80 mg	160 mg
Sulfites	+	+

INDICATIONS

C'est un *antibiotique* qui appartient à la famille des *aminosides*.

Il est utilisé dans le traitement de diverses maladies infectieuses, notamment de la peau et des *voies* urinaires.

CONTRE-INDICATIONS

Ce médicament ne doit pas être utilisé dans les cas suivants :

- *insuffisance rénale* grave (forme à 160 mg),
- trouble de l'audition préexistant (forme à 160 mg),
- *myasthénie*,
- *allergie* aux médicaments de la famille des *aminosides* ou aux *sulfites*,
- en association avec un autre aminoside.

ATTENTION

Ce médicament peut être toxique pour l'*oreille interne* : signalez à votre médecin tout trouble de l'équilibre ou de l'audition, ancien ou survenant pendant le traitement. Il peut également provoquer des lésions des reins, en cas de surdosage ou d'*insuffisance rénale* préexistante.

Ne prenez aucun *diurétique* sans avis médical pendant le traitement.

En cas d'intervention chirurgicale, informez l'anesthésiste de la prise de ce médicament.

INTERACTIONS MÉDICAMENTEUSES

Ce médicament ne doit pas être associé aux médicaments contenant un autre *aminoside* : augmentation du risque de toxicité pour le rein ou l'*oreille interne*.

Il peut interagir avec d'autres médicaments. Signalez tout autre traitement en cours à votre médecin ou à votre pharmacien.

GROSSESSE, ALLAITEMENT ET NOUVEAU-NÉ

Grossesse :

L'absence d'effet toxique de ce médicament pour l'enfant à naître n'a pas été établie. Seul votre médecin peut évaluer le risque éventuel de son utilisation dans votre cas.

Allaitement :

Ce médicament ne passe que très faiblement dans le lait maternel.

MODE D'EMPLOI ET POSOLOGIE

Les ampoules sont prêtes à l'emploi et doivent être injectées exclusivement par *voie* intramusculaire ou en *perfusion*.

Posologie usuelle :

3 mg par kg et par jour, soit 180 mg pour un adulte de 60 kg, ou 90 mg pour un enfant de 30 kg.

Le médecin répartit cette dose en 1 ou 2 injections, et même 3 chez l'insuffisant rénal.

L'éventuelle impression de fatigue n'est pas due à l'*antibiotique*, mais à l'infection elle-même.

EFFETS INDÉSIRABLES POSSIBLES

Douleur au point d'injection.

Rarement, dans les conditions normales d'utilisation : *insuffisance rénale* et troubles de l'audition.

Rares *allergies* cutanées.

GENTALLINE ophtalmique

gentamicine

PRÉSENTATION

GENTALLINE : collyre ; flacon 5 ml - Remb. 65 % - Liste I

GENTALLINE : pommade ophtalmique ; tube 5 g - Remb. 65 % - Liste I

Laboratoires Schering-Plough

COMPOSITION

	p. 100 ml	p. 100 g
Gentamicine	300 mg	300 mg

INDICATIONS

Ce médicament à usage local contient un *antibiotique* de la famille des *aminosides*.

Il est utilisé sous forme de collyre ou de pommade pour traiter les infections de l'œil.

CONTRE-INDICATIONS

Ce médicament ne doit pas être utilisé en cas d'*allergie* aux *antibiotiques* de la famille des *aminosides* (néomycine notamment).

ATTENTION

Une rougeur ou une douleur de l'œil ne correspondent pas toujours à une infection. Des soins urgents peuvent être nécessaires, particulièrement en cas de vision floue. N'utilisez pas ce médicament sans avis médical.

Le collyre ou la pommade peuvent être contaminés par l'œil infecté : évitez de mettre en contact l'extrémité du flacon ou du tube avec l'œil ; ne les conservez pas plus de 15 jours après leur première utilisation.

GROSSESSE, ALLAITEMENT ET NOUVEAU-NÉ

L'effet de ce médicament pendant la grossesse ou l'allaitement est mal connu : seul votre médecin peut évaluer le risque éventuel de son utilisation dans votre cas.

MODE D'EMPLOI ET POSOLOGIE

Tirer la paupière inférieure vers le bas tout en regardant vers le haut. Déposer les gouttes de collyre ou la pommade entre la paupière et le globe oculaire (*cul-de-sac conjonctival*).

Posologie usuelle :

Collyre : 1 ou 2 gouttes, 3 à 8 fois par jour.

Pommade : appliquer l'équivalent d'un grain de riz le soir au coucher (la pommade s'emploie généralement en complément du collyre pour assurer une efficacité prolongée la nuit). Dans le traitement des infections des paupières, déposer la pommade sur le bord de la paupière, au contact des cils.

La vision est troublée par l'application de la pommade. Ce trouble disparaît en quelques minutes.

Une application correcte du produit peut nécessiter une aide, notamment chez l'enfant ou la personne handicapée ou âgée.

Les lentilles de contact ne doivent pas être portées en cas d'infection oculaire ni réutilisées avant guérison complète.

EFFETS INDÉSIRABLES POSSIBLES

Irritation ou réaction allergique locale.

GENTASONE

gentamicine, bétaméthasone

PRÉSENTATION

GENTASONE : collyre ; flacon 5 ml - Remb. 65 % - Liste I

GENTASONE : pommade ophtalmique ; tube 5 g - Remb. 65 % - Liste I

Laboratoires Schering-Plough

COMPOSITION

	p. 100 ml	p. 100 g
Gentamicine	0,3 g	0,3 g
Bétaméthasone	0,1 g	0,1 g
Sulfites	+	

INDICATIONS

Ce médicament d'usage local contient un *antibiotique* de la famille des *aminosides* et un *corticoïde*.

Il est utilisé sous forme de collyre ou de pommade pour traiter les infections graves de l'œil ou des paupières, associées à une *inflammation*.

CONTRE-INDICATIONS

Ce médicament ne doit pas être utilisé dans les cas suivants :

- *allergie* aux *antibiotiques* de la famille des *aminosides* ;
- *kératite* virale à son début, *mycose* oculaire ;
- *tuberculose* oculaire ;
- *antécédent* personnel ou familial de *glaucome*.

ATTENTION

Une rougeur ou une douleur à l'œil ne correspondent pas toujours à une infection. Des soins urgents peuvent être nécessaires, particulièrement en cas de vision floue. Ne réutilisez pas ce médicament sans avis médical.

En l'absence d'amélioration après quelques jours de traitement, n'hésitez pas à consulter votre médecin.

Le collyre ou la pommade peuvent être contaminés par l'œil infecté : évitez de mettre en contact l'extrémité du flacon ou du tube avec l'œil ; ne les conservez pas plus de 15 jours après une première utilisation.

Ce médicament ne doit pas être utilisé chez le *nourrisson*.

INTERACTIONS MÉDICAMENTEUSES

Ce médicament peut interagir avec d'autres collyres : respectez un intervalle de 15 minutes entre deux instillations.

GROSSESSE, ALLAITEMENT ET NOUVEAU-NÉ

L'effet de ce médicament pendant la grossesse ou l'allaitement est mal connu : seul votre médecin peut évaluer le risque éventuel de son utilisation dans votre cas.

MODE D'EMPLOI ET POSOLOGIE

Tirer la paupière inférieure vers le bas tout en regardant vers le haut et déposer les gouttes de collyre ou la pommade entre la paupière et le globe oculaire (*cul-de-sac conjonctival*).

Posologie usuelle :

Collyre : 1 ou 2 gouttes, 3 à 8 fois par jour, pendant 5 à 12 jours.

Pommade ophtalmique : appliquer l'équivalent d'un grain de riz le soir au coucher (la pommade s'emploie généralement en complément du collyre pour assurer une efficacité prolongée la nuit). Dans le traitement des infections des paupières : déposer la pommade sur le bord de la paupière, au contact des cils.

La vision est troublée par l'application de la pommade. Ce trouble disparaît en quelques minutes.

L'application correcte du produit peut nécessiter une aide, notamment chez une personne handicapée ou âgée.

Le port de lentilles de contact doit être immédiatement interrompu en cas d'infection oculaire et les lentilles ne doivent pas être réutilisées avant guérison complète.

EFFETS INDÉSIRABLES POSSIBLES

Irritation ou réaction allergique locale.

En cas d'utilisation prolongée : *cataracte*, augmentation de la *tension intraoculaire* (*glaucome*), *kératite* superficielle.

GERAM

piracétam

PRÉSENTATION

GERAM : solution buvable ; flacon 125 ml - Remb. 35 % - Liste II

Laboratoires Vedim

COMPOSITION

	p. c. à c.
Piracétam	1 g

INDICATIONS

Ce médicament aux nombreuses propriétés est destiné à améliorer le fonctionnement du cerveau.

Il est utilisé dans le *traitement symptomatique* :

- de certains troubles de l'équilibre (*vertiges*),
- des troubles du comportement et de la mémoire liés au vieillissement,
- des *accidents vasculaires cérébraux*.

CONTRE-INDICATIONS

Ce médicament ne doit pas être utilisé chez les personnes atteintes d'*insuffisance rénale* grave.

ATTENTION

Si vous souffrez d'*insuffisance rénale*, signalez-le à votre médecin.

GROSSESSE, ALLAITEMENT ET NOUVEAU-NÉ

L'effet de ce médicament pendant la grossesse ou l'allaitement est mal connu : seul votre médecin peut évaluer le risque éventuel de son utilisation dans votre cas.

MODE D'EMPLOI ET POSOLOGIE

La solution peut être absorbée pure ou préalablement diluée dans un peu d'eau.

Posologie usuelle :

- Adulte : 2 à 3 cuillères à café par jour.

EFFETS INDÉSIRABLES POSSIBLES

Troubles digestifs, nervosité, insomnies, essentiellement à forte dose.

GERMOSE

PRÉSENTATION

GERMOSE : solution buvable ; flacon 30 ml (1 ml = 40 gouttes) - Non remb.

Laboratoires Besins-Iscovesco

COMPOSITION

	p. ml
Benzoate de sodium	50 mg
Sulfogaïacol	25 mg
Grindélia	67 mg
Aubépine	67 mg
Menthe poivrée, extrait	200 mg
Thym, extrait	50 mg
Alcool	206 mg

INDICATIONS

Ce médicament contient des *expectorants* (benzoate de sodium, sulfogaïacol) et des extraits végétaux.

Il est utilisé pour éviter l'assèchement des bronches.

CONTRE-INDICATIONS

Ce médicament ne doit pas être utilisé chez l'enfant de moins de 6 ans (présence d'*alcool*).

ATTENTION

La toux est un *symptôme* qui peut révéler de nombreuses maladies : consultez votre médecin si elle persiste plus de quelques jours.

Ce médicament contient de l'*alcool* en quantité notable.

INTERACTIONS MÉDICAMENTEUSES

Ce médicament peut interagir avec d'autres médicaments, en particulier ceux contenant du disulfirame (ESPERAL...). Signalez tout autre traitement en cours à votre médecin ou à votre pharmacien.

GROSSESSE, ALLAITEMENT ET NOUVEAU-NÉ

L'effet de ce médicament pendant la grossesse ou l'allaitement est mal connu. L'évaluation du risque éventuel lié à son utilisation est individuelle : demandez conseil à votre pharmacien ou à votre médecin.

MODE D'EMPLOI ET POSOLOGIE

Les gouttes doivent être diluées dans un peu d'eau ou de liquide sucrés.

Posologie usuelle :

- Adulte : 40 gouttes de solution buvable, 6 fois par jour.
- Enfant de 6 à 15 ans : 30 gouttes de solution buvable, 6 fois par jour.

Des mesures simples permettent de calmer les toux sèches : boissons chaudes et humidification de l'air ambiant.

GÉRO

procaïne

PRÉSENTATION

GÉRO : solution injectable *I.M.* ; boîte de 12 ampoules 5 ml - Non remb. - Liste II

Laboratoires URPAC

COMPOSITION

	p. amp.
Procaïne chlorhydrate	100 mg
Sulfites	+

INDICATIONS

Ce médicament contient de la procaïne. Cette substance est destinée à lutter contre certains *symptômes* du vieillissement.

CONTRE-INDICATIONS

Ce médicament ne doit pas être utilisé dans les cas suivants :

- *allergie* à la procaïne ;
- en association avec les *sulfamides*, les *IMAO* et les médicaments contenant de la prostigmine ou de l'ésérine.

ATTENTION

Ce médicament contient des *sulfites*.

INTERACTIONS MÉDICAMENTEUSES

Ce médicament ne doit pas être associé aux *sulfamides*, aux *IMAO* ou aux médicaments contenant de la prostigmine ou de l'ésérine : signalez tout autre traitement en cours à votre médecin ou à votre pharmacien.

MODE D'EMPLOI ET POSOLOGIE

La solution doit être injectée par *voie* intramusculaire lente. Un test de tolérance sera pratiqué par le médecin s'il le juge nécessaire.

Posologie usuelle :

1 ampoule injectable par jour.

EFFETS INDÉSIRABLES POSSIBLES

Allergie.

GÉVATRAN

naftidrofuryl

PRÉSENTATION

GÉVATRAN 200 : gélule à *libération prolongée* (blanc et rose) ; boîte de 20 - Remb. 35 % - Liste II

Laboratoires Anphar-Rolland

COMPOSITION

	p. gél.
Naftidrofuryl	200 mg

INDICATIONS

C'est un médicament qui appartient à la famille des *vasodilatateurs*. Il augmente le débit du sang dans les artères et permet au cerveau de mieux résister à un défaut d'apport en oxygène.

Il est utilisé dans le *traitement symptomatique* :

- des troubles du comportement et de la mémoire liés au vieillissement,
- de l'*artérite*,
- de certains *accidents vasculaires cérébraux*,
- du phénomène de *Raynaud*.

GROSSESSE, ALLAITEMENT ET NOUVEAU-NÉ

L'effet de ce médicament pendant la grossesse ou l'allaitement est mal connu : seul votre médecin peut évaluer le risque éventuel de son utilisation dans votre cas.

MODE D'EMPLOI ET POSOLOGIE

Les gélules doivent être prises avec un peu d'eau, au moment des repas.

Posologie usuelle :

Elle est variable en fonction des indications : 1 gélule, 2 ou 3 fois par jour.

Ce médicament n'est actif que sur les *symptômes* de l'*artérite* ; seule la pratique régulière de la marche peut retarder l'évolution de la maladie. Si vous êtes fumeur, la poursuite du tabagisme nuit à l'efficacité du traitement.

Les gélules peuvent être ouvertes et les granules qu'elles contiennent mélangés à l'alimentation pour faciliter la prise du médicament chez la personne âgée. Les granules ne doivent pas être dissous dans un liquide.

EFFETS INDÉSIRABLES POSSIBLES

Troubles digestifs mineurs.

Allergie cutanée.

GINGIBAUME

tétracaïne, safran

PRÉSENTATION

GINGIBAUME : baume gingival ; flacon 15 ml - Non remb.

Laboratoires C.P.F.

COMPOSITION

	p. 100 g
Tétracaïne chlorhydrate	20 mg
Safran, teinture	1,95 g

INDICATIONS

C'est un baume gingival *anesthésique*.

Il est utilisé pour soulager les douleurs des gencives chez l'enfant lors des premières poussées dentaires.

CONTRE-INDICATIONS

Ce médicament ne doit pas être utilisé en cas d'*allergie* aux *anesthésiques* locaux.

ATTENTION

Certains *symptômes* sont fréquemment attribués à une poussée dentaire : rougeurs des fesses ou des joues, selles molles, fièvre.

Cependant, si la fièvre est élevée ou si la douleur est importante, une autre affection est possible, notamment une *otite* ou une angine : n'hésitez pas à consulter votre médecin.

MODE D'EMPLOI ET POSOLOGIE

Mettre un peu de gel sur un doigt et masser doucement les gencives de l'enfant pendant 2 à 3 minutes.

Posologie usuelle :

Les applications peuvent être répétées au cours de la journée selon l'intensité des douleurs.

Les premières dents sortent habituellement aux environs du 6e mois ; cependant, les poussées peuvent être plus précoces ou retardées, entre le 3e et le 15e mois, sans que cela soit anormal.

Lors des poussées dentaires, certains enfants peuvent refuser les aliments solides : ce phénomène est passager et ne doit pas vous inquiéter. D'autres enfants sont soulagés par le fait de mordre : une tétine ou un bâton de guimauve peuvent les apaiser.

GINKOGINK

ginkgo biloba

PRÉSENTATION

GINKOGINK : solution buvable ; flacon 30 ml (30 doses) - Remb. 35 %

GINKOGINK 40 mg/1 ml : solution buvable ; flacon pressurisé 90 ml (90 doses) - Remb. 35 %

Laboratoires Biogalénique

COMPOSITION

	p. dose
Ginkgo biloba, extrait	40 mg

INDICATIONS

C'est un médicament qui facilite la circulation sanguine.

Il est utilisé dans le *traitement symptomatique* :
- des troubles du comportement et de la mémoire liés au vieillissement,
- de l'*artérite*,
- du phénomène de *Raynaud*,
- des *vertiges*, bourdonnements d'oreille, baisse de l'audition.

GROSSESSE, ALLAITEMENT ET NOUVEAU-NÉ

L'effet de ce médicament pendant la grossesse ou l'allaitement est mal connu : seul votre médecin peut évaluer le risque éventuel de son utilisation dans votre cas.

MODE D'EMPLOI ET POSOLOGIE

Ce médicament doit être dilué dans un demi-verre d'eau et pris pendant les repas.

Posologie usuelle :

1 dose de 1 ml, 3 fois par jour.

Ce médicament n'est actif que sur les *symptômes* de l'*artérite*. Seule la pratique régulière de la marche peut retarder l'évolution de la maladie. Si vous êtes fumeur, la poursuite du tabagisme nuit à l'efficacité du traitement.

EFFETS INDÉSIRABLES POSSIBLES

Ils sont rares : *troubles digestifs*, maux de tête, éruption cutanée.

GINKOR

ginkgo biloba, heptaminol, troxérutine

PRÉSENTATION

GINKOR : gélule (vert et blanc) ; boîte de 20 - Remb. 35 %

GINKOR : solution buvable ; boîte de 20 ampoules 5 ml - Remb. 35 %

GINKOR FORT : gélule (jaune et vert) ; boîte de 30 - Remb. 35 %

GINKOR FORT : solution buvable ; boîte de 30 ampoules 5 ml - Remb. 35 %

Laboratoires Beaufour

COMPOSITION

	p. gél.	p. amp.
Ginkgo biloba, extrait	7 mg	7 mg
Heptaminol chlorhydrate	200 mg	200 mg
Troxérutine	150 mg	150 mg
	p. gél.	p. amp.
Ginkgo biloba, extrait	14 mg	14 mg
Heptaminol chlorhydrate	300 mg	300 mg
Troxérutine	300 mg	300 mg

INDICATIONS

C'est un protecteur *vasculaire* et un *veinotonique* qui associe plusieurs substances. Il stimule la circulation du sang dans les veines et lutte contre l'altération des *vaisseaux capillaires*. Il a également un effet *antalgique*.

Il est utilisé dans le *traitement symptomatique* :
- des jambes lourdes, douleurs, *impatiences* et autres troubles pouvant être en rapport avec une mauvaise circulation veineuse ou *lymphatique* ;
- des crises d'*hémorroïdes*.

CONTRE-INDICATIONS

Ce médicament ne doit pas être utilisé dans les cas suivants :
- excès d'*hormones thyroïdiennes*,
- *hypertension artérielle* grave,
- association aux médicaments de la famille des *IMAO* non sélectifs.

ATTENTION

Si vous souffrez d'*angine de poitrine* ou si vous présentez des *antécédents* de *trouble du rythme cardiaque*, signalez-le à votre médecin.

La solution buvable contient une quantité notable d'*alcool* éthylique.

Ce médicament peut provoquer une augmentation de la tension artérielle : faites-la surveiller.

INTERACTIONS MÉDICAMENTEUSES

Ce médicament ne doit pas être associé aux médicaments de la famille des *IMAO* non sélectifs : risque d'*hypertension artérielle* grave. Signalez tout autre traitement en cours à votre médecin ou à votre pharmacien.

GROSSESSE, ALLAITEMENT ET NOUVEAU-NÉ

L'effet de ce médicament pendant la grossesse ou l'allaitement est mal connu. L'évaluation du risque éventuel lié à son utilisation est individuelle : demandez conseil à votre pharmacien ou à votre médecin.

MODE D'EMPLOI ET POSOLOGIE

Ce médicament doit être pris de préférence pendant les repas.

Posologie usuelle :

GINKOR : 1 ou 2 gélules ou 1 ou 2 ampoules buvables, 2 à 3 fois par jour.

GINKOR FORT : 1 gélule ou 1 ampoule buvable, matin et soir.

Une activité physique régulière et la surélévation du pied du lit permettent de faciliter la circulation veineuse et *lymphatique*.

La constipation, la consommation de mets épicés riches en tanins, favorisent les *hémorroïdes*.

EFFETS INDÉSIRABLES POSSIBLES

Maux de tête, bouffées de chaleur, crise de *tachycardie* et *palpitations*, *troubles digestifs*.

GINKOR gel

ginkgo biloba, troxérutine

PRÉSENTATION

GINKOR : gel pour application locale ; tube 40 g - Non remb.

Laboratoires Beaufour

COMPOSITION

	p. 100 g
Ginkgo biloba, extrait	0,140 g
Troxérutine	3 g
Alcool	+

INDICATIONS

C'est un gel apaisant qui, appliqué localement, stimule la circulation sanguine superficielle.

Il est utilisé dans le traitement des troubles dus à l'*insuffisance veineuse* :
- jambes lourdes et *œdèmes*,
- *inflammations* localisées : *phlébites* superficielles, suites de sclérose de varices.

ATTENTION

Ce médicament ne doit pas être appliqué sur des *muqueuses*, un *eczéma* ou une plaie.

Ce gel contient de l'*alcool* : évitez l'exposition au soleil après l'application.

GROSSESSE, ALLAITEMENT ET NOUVEAU-NÉ

L'effet de ce médicament pendant la grossesse ou l'allaitement est mal connu. L'évaluation du risque éventuel lié à son utilisation est individuelle : demandez conseil à votre pharmacien ou à votre médecin.

MODE D'EMPLOI ET POSOLOGIE

Faire pénétrer le gel par un léger massage.

Posologie usuelle :
2 à 4 applications par jour.

Ce médicament soulage mais n'empêche pas l'aggravation de l'*insuffisance veineuse*, qui requiert des mesures spécifiques telles que la *contention élastique*.
Une activité physique régulière et la surélévation du pied du lit permettent de faciliter la circulation veineuse et *lymphatique*.

GINKOR PROCTO oral
ginkgo biloba, heptaminol, troxérutine

PRÉSENTATION

GINKOR PROCTO : comprimé (jaune) ; boîte de 28 - Remb. 35 %

GINKOR PROCTO : solution buvable ; boîte de 28 ampoules 5 ml - Remb. 35 %

Laboratoires Beaufour

COMPOSITION

	p. comp.	p. amp.
Ginkgo biloba, extrait	14mg	14 mg
Heptaminol chlorhydrate	300 mg	300 mg
Troxérutine	300 mg	300 mg
Alcool à 95°		+

INDICATIONS

C'est un protecteur *vasculaire* et un *veinotonique* qui associe plusieurs substances. Il stimule la circulation du sang dans les veines et lutte contre l'altération des *vaisseaux capillaires*. Il a également un effet *antalgique*.
Il est utilisé dans le *traitement symptomatique* des crises d'*hémorroïdes*.

CONTRE-INDICATIONS

Ce médicament ne doit pas être utilisé dans les cas suivants :
- excès d'*hormones thyroïdiennes*,
- *hypertension artérielle* grave,
- association aux *antidépresseurs* de la famille des *IMAO* non sélectifs.

ATTENTION
Si vous souffrez d'*angine de poitrine* ou si vous présentez des *antécédents* de *trouble du rythme cardiaque*, signalez-le à votre médecin.
La solution buvable contient une quantité notable d'*alcool* (éthanol).

INTERACTIONS MÉDICAMENTEUSES

Ce médicament ne doit pas être associé aux *antidépresseurs* de la famille des *IMAO* non sélectifs : risque d'*hypertension artérielle* grave. Signalez tout autre traitement en cours à votre médecin ou à votre pharmacien.

GROSSESSE, ALLAITEMENT ET NOUVEAU-NÉ

L'effet de ce médicament pendant la grossesse ou l'allaitement est mal connu. L'évaluation du risque éventuel lié à son utilisation est individuelle : demandez conseil à votre pharmacien ou à votre médecin.

MODE D'EMPLOI ET POSOLOGIE

Ce médicament doit être pris de préférence pendant les repas.

Posologie usuelle :
1 comprimé ou 1 ampoule buvable, 3 ou 4 fois par jour.

La constipation, la consommation de mets épicés et de vins riches en tanins favorisent les *hémorroïdes*.

EFFETS INDÉSIRABLES POSSIBLES

Maux de tête, bouffées de chaleur, crise de *tachycardie* et *palpitations*, *troubles digestifs*.

GINKOR PROCTO suppositoire
ginkgo biloba, butoforme

PRÉSENTATION

GINKOR PROCTO : suppositoire ; boîte de 10 - Non remb.

Laboratoires Beaufour

COMPOSITION

	p. suppos.
Extrait de ginkgo biloba	20 mg
Butoforme	40 mg

INDICATIONS

C'est un médicament à usage local qui contient un décongestionnant veineux et un *anesthésique*.
Il est utilisé dans le *traitement symptomatique* des douleurs et des démangeaisons de l'anus, en particulier dues aux *hémorroïdes*.

CONTRE-INDICATIONS

Ce médicament ne doit pas être utilisé dans le cas d'*allergie* aux *anesthésiques* locaux.

ATTENTION
Le traitement doit être de courte durée : consultez votre médecin si les *symptômes* persistent.

GROSSESSE, ALLAITEMENT ET NOUVEAU-NÉ

L'effet de ce médicament pendant la grossesse ou l'allaitement est mal connu. L'évaluation du risque éventuel lié à son utilisation est individuelle : demandez conseil à votre pharmacien ou à votre médecin.

MODE D'EMPLOI ET POSOLOGIE

Posologie usuelle :
1 ou 2 suppositoires par jour.

Pour prévenir les *hémorroïdes*, des mesures simples d'hygiène alimentaire et des exercices physiques sont à envisager. Parlez-en à votre médecin ou à votre pharmacien.
Les suppositoires doivent être conservés à l'abri de la chaleur.

GINSATONIC
ginseng

PRÉSENTATION

GINSATONIC : gélule (transparent) ; boîte de 50 - Non remb.

Laboratoires Arkopharma

COMPOSITION

	p. gél.
Ginseng, poudre de racine	300 mg

INDICATIONS

C'est un médicament d'origine végétale, qui contient de la poudre de racine de ginseng.
Il est utilisé dans le *traitement symptomatique* de certaines fatigues (*asthénie fonctionnelle*).

GROSSESSE, ALLAITEMENT ET NOUVEAU-NÉ

Ce médicament contient une plante présumée sans danger pendant la grossesse ou l'allaitement. Néanmoins, ne l'utilisez pas de façon prolongée sans l'avis de votre pharmacien ou de votre médecin.

MODE D'EMPLOI ET POSOLOGIE

Les gélules doivent être prises avec un verre d'eau avant les repas. Elles peuvent être ouvertes ou diluées dans un liquide.

Posologie usuelle :
1 gélule, 3 ou 4 fois par jour. Ne pas dépasser 6 gélules par jour.
La cure ne doit pas dépasser 3 mois.

Une fatigue persistante ne doit pas vous conduire à augmenter les prises de ce médicament : demandez conseil à votre médecin ou à votre pharmacien.
Ce médicament doit être conservé à l'abri de la lumière, de la chaleur et de l'humidité.

GINSENG ALPHA
ginseng

PRÉSENTATION

GINSENG ALPHA 500 : gélule (transparent) ; boîte de 32 - Non remb.

GINSENG ALPHA 500 : gélule (transparent) ; boîte de 64 - Non remb.

Laboratoires Théranol Deglaude

COMPOSITION

	p. gél.
Ginseng, poudre de racine	500 mg

INDICATIONS

C'est un médicament d'origine végétale, qui contient de la poudre de racine de ginseng.

Il est utilisé dans le *traitement symptomatique* de certaines fatigues (*asthénie fonctionnelle*).

GROSSESSE, ALLAITEMENT ET NOUVEAU-NÉ

Ce médicament contient une plante présumée sans danger pendant la grossesse ou l'allaitement. Néanmoins, ne l'utilisez pas de façon prolongée sans l'avis de votre pharmacien ou de votre médecin.

MODE D'EMPLOI ET POSOLOGIE

Les gélules doivent être prises avec un verre d'eau au moment des repas. Elles peuvent être ouvertes ou diluées dans un liquide.

Posologie usuelle :

2 gélules, 2 ou 3 fois par jour. Ne pas dépasser 6 gélules par jour.

> Une fatigue persistante ne doit pas vous conduire à augmenter les prises de ce médicament : demandez conseil à votre médecin ou à votre pharmacien.

GIVALEX

hexétidine, choline salicylate, chlorobutanol

PRÉSENTATION

GIVALEX : solution pour *bain de bouche* et *gargarisme* arôme citron-menthe-anis ; flacon 125 ml - Remb. 35 %

Laboratoires Norgan

COMPOSITION

	p. 100 ml
Hexétidine	100 mg
Choline salicylate	500 mg
Chlorobutanol	250 mg
Menthol	+

INDICATIONS

Cette solution pour *bain de bouche* et *gargarisme* contient un *antiseptique*, un *anti-inflammatoire* et un *antalgique*.

Elle est utilisée dans le *traitement d'appoint* des infections de la gorge et de la bouche ou après une opération des dents ou des gencives.

CONTRE-INDICATIONS

Ce médicament ne doit pas être utilisé dans les cas suivants :

- *allergie* aux *salicylés*,
- enfant de moins de 30 mois.

> **ATTENTION**
>
> Ce médicament ne doit pas être utilisé sans avis médical chez l'enfant de moins de 7 ans.
>
> L'usage prolongé de ce médicament n'est pas souhaitable ; il peut modifier l'équilibre microbien naturel de la gorge.
>
> Les traitements locaux (*gargarisme*, *collutoire*, pastille) n'agissent que superficiellement ; dans le cas d'infections profondes (angine, abcès...), un autre mode de traitement est nécessaire.
>
> En l'absence d'amélioration au bout de 5 jours, en cas d'apparition de fièvre, consultez votre médecin.

GROSSESSE, ALLAITEMENT ET NOUVEAU-NÉ

L'effet de ce médicament pendant la grossesse ou l'allaitement est mal connu. L'évaluation du risque éventuel lié à son utilisation est individuelle : demandez conseil à votre pharmacien ou à votre médecin.

MODE D'EMPLOI ET POSOLOGIE

Diluer 2 cuillères à café dans un demi-verre d'eau tiède.

La solution peut être utilisée en *bain de bouche* ou en *gargarisme*.

Posologie usuelle :

- Adulte et enfant de plus de 30 mois : 1 bain de bouche ou 1 gargarisme, 2 à 4 fois par jour.

La solution ne doit en aucun cas être avalée.

La durée du traitement ne dépasse habituellement pas 10 jours.

> Il est généralement conseillé de ne pas s'alimenter ou de ne pas boire immédiatement après un *bain de bouche* ou un *gargarisme* afin de permettre aux substances actives d'agir.
>
> Certains dentistes et stomatologistes recommandent de ne pas pratiquer de bain de bouche dans les heures qui suivent une extraction dentaire afin d'éviter de faire saigner la plaie.

GLAUCADRINE

acéclidine, épinéphrine

PRÉSENTATION

GLAUCADRINE : collyre ; flacon de *lyophilisat* et ampoule de solvant 10 ml - Remb. 65 % - Liste I

Laboratoires M.S.D.-Chibret

COMPOSITION

	p. 100 ml
Acéclidine chlorhydrate	2 g
Épinéphrine (adrénaline)	1 g
Sulfites	+

INDICATIONS

Ce collyre a la propriété de diminuer la pression des liquides contenus dans l'œil (*tension intraoculaire*).

Il est utilisé dans le traitement des *glaucomes*, à l'exception du glaucome par fermeture de l'angle.

CONTRE-INDICATIONS

Ce collyre ne doit pas être utilisé dans les cas suivants :

- *glaucome* par fermeture de l'angle ou prédisposition à ce type de glaucome,
- iridocyclite (maladie inflammatoire de l'iris).

> **ATTENTION**
>
> Certaines contre-indications ne peuvent être détectées que par un ophtalmologiste : ne réutilisez pas ce médicament sans avis médical.
>
> Des précautions sont nécessaires en cas de myopie importante ou chez la personne souffrant de maladie cardiaque, d'*hypertension artérielle*, de *diabète* ou d'*hyperthyroïdie*.
>
> Conducteur : l'instillation de ce collyre peut provoquer une gêne visuelle transitoire.

INTERACTIONS MÉDICAMENTEUSES

Ce collyre peut interagir avec d'autres collyres : respectez un intervalle de 15 minutes entre deux instillations, sauf indication contraire de votre ophtalmologiste.

Il peut interagir avec d'autres médicaments, notamment ceux contenant de la guanéthidine et les *IMAO*. Signalez tout autre traitement en cours à votre pharmacien ou à votre médecin.

GROSSESSE, ALLAITEMENT ET NOUVEAU-NÉ

Grossesse :

L'usage de ce collyre est déconseillé pendant la grossesse.

Allaitement :

Les données actuellement disponibles ne permettent pas de savoir si ce médicament passe dans le lait maternel.

MODE D'EMPLOI ET POSOLOGIE

Tirer la paupière inférieure vers le bas tout en regardant vers le haut et déposer une goutte de collyre entre la paupière et le globe oculaire (*cul-de-sac conjonctival*).

Posologie usuelle :

1 goutte, 2 fois par jour.

Habituellement, la posologie est fixée par l'ophtalmologiste en fonction de la *tension intraoculaire*.

> L'épinéphrine peut se fixer sur les lentilles de contact : elles ne doivent pas être portées pendant le traitement.
>
> L'application correcte du produit peut nécessiter une aide, notamment chez une personne handicapée ou âgée.
>
> Ne conservez pas ce collyre plus de 15 jours après une première utilisation.

EFFETS INDÉSIRABLES POSSIBLES

Troubles de la vision, sensation de brûlure, rétrécissement de la pupille, larmoiement, salivation excessive, sécheresse oculaire, coloration de la face interne des paupières et de la *cornée*.

GLAUCOSTAT
acéclidine

PRÉSENTATION

GLAUCOSTAT : collyre ; flacon de *lyophilisat* et flacon de solvant 10 ml - Remb. 65 % - Liste I

Laboratoires M.S.D.-Chibret

COMPOSITION

	p. 100 ml
Acéclidine chlorhydrate	2 g

INDICATIONS

Ce collyre a la propriété de contracter la pupille et de diminuer la pression des liquides contenus dans l'œil (*tension intraoculaire*).

Il est utilisé dans le traitement du *glaucome* à angle ouvert (glaucome chronique) et dans les crises de glaucome par fermeture de l'angle.

CONTRE-INDICATIONS

Ce médicament ne doit pas être utilisé en cas d'iridocyclite (maladie inflammatoire de l'iris).

ATTENTION

Des précautions sont nécessaires en cas de myopie importante.

Certaines contre-indications ne peuvent être détectées que par un ophtalmologiste : ne réutilisez pas ce médicament sans avis médical.

Conducteur : l'instillation de ce collyre peut provoquer une gêne visuelle transitoire.

INTERACTIONS MÉDICAMENTEUSES

Ce collyre peut interagir avec d'autres collyres : respectez un intervalle de 15 minutes entre deux instillations, sauf indication contraire de votre ophtalmologiste.

GROSSESSE, ALLAITEMENT ET NOUVEAU-NÉ

L'effet de ce médicament pendant la grossesse ou l'allaitement est mal connu : seul votre médecin peut évaluer le risque éventuel de son utilisation dans votre cas.

MODE D'EMPLOI ET POSOLOGIE

Tirer la paupière inférieure vers le bas tout en regardant vers le haut et déposer une goutte de collyre entre la paupière et le globe oculaire (*cul-de-sac conjonctival*).

Posologie usuelle :

1 goutte, 3 fois par jour.

Habituellement, la *posologie* est fixée par l'ophtalmologiste en fonction de la *tension intraoculaire*.

L'application correcte du produit peut nécessiter une aide, notamment chez une personne handicapée ou âgée.

Ne conservez pas ce collyre plus de 15 jours après une première utilisation.

EFFETS INDÉSIRABLES POSSIBLES

Larmoiement, troubles de la vision et clignement des paupières.

GLIBÉNÈSE
glipizide

PRÉSENTATION

GLIBÉNÈSE 5 mg : comprimé sécable (blanc) ; boîte de 20 - Remb. 65 % - Liste I

GLIBÉNÈSE 5 mg : comprimé sécable (blanc) ; boîte de 100 - Remb. 65 % - Liste I

Laboratoires Pfizer

COMPOSITION

	p. comp.
Glipizide	5 mg

INDICATIONS

Cet *antidiabétique* oral appartient à la famille des *sulfamides hypoglycémiants*. Il permet de diminuer l'excès de *sucre* dans le sang en favorisant la sécrétion de l'*insuline*.

Il est utilisé dans le traitement du *diabète* non insulinodépendant lorsque le régime alimentaire seul est insuffisant.

CONTRE-INDICATIONS

Ce médicament ne doit pas être utilisé dans les cas suivants :
- *insuffisance rénale*,
- *insuffisance hépatique* grave,
- *allergie* aux *sulfamides*,
- en association avec les médicaments contenant du miconazole,
- **grossesse,**
- **allaitement.**

ATTENTION

Ce médicament n'est pas adapté au traitement du *diabète* insulinodépendant : celui-ci requiert un traitement par injections d'*insuline*.

Un sentiment de malaise associé à des sueurs froides, une fringale, une accélération du cœur sont les signes habituels d'une *hypoglycémie* due à un effet excessif du médicament. Cette hypoglycémie peut également se traduire par des troubles du comportement qui doivent alerter votre entourage, voire des *convulsions* ou un *coma*. En présence de ces signes ou en cas de simple doute, buvez une boisson sucrée ou mangez du *sucre*. Si le diabétique est inconscient, surtout ne lui donnez rien à boire, ne lui injectez aucun médicament et appelez votre médecin, ou à défaut le 15 ou un service d'urgence.

Des analyses de sang régulières permettent à votre médecin d'adapter la *posologie*.

N'augmentez pas la posologie sans avis médical : consultez rapidement votre médecin en cas de malaises hypoglycémiques répétés.

Certaines situations peuvent contribuer à augmenter la *glycémie* : infections, prise de médicaments, stress. En cas de soif intense, de grande fatigue, de sensation de malaise général, consultez rapidement votre médecin.

L'absorption de boissons alcoolisées pendant le traitement expose à des effets indésirables gênants : *effet antabuse*.

Conducteur : une hypoglycémie peut entraîner un malaise pendant la conduite ou l'utilisation de machines.

INTERACTIONS MÉDICAMENTEUSES

Ce médicament ne doit pas être associé avec les médicaments oraux contenant du miconazole (DAKTARIN GEL BUCCAL, DAKTARIN COMPRIMÉ...) : risque d'*hypoglycémie*.

Ce médicament peut interagir avec d'autres médicaments. Signalez tout autre traitement en cours à votre médecin ou à votre pharmacien.

GROSSESSE, ALLAITEMENT ET NOUVEAU-NÉ

Grossesse :

Quelques cas de malformations chez l'animal ont été rapportés. En l'absence de données dans l'espèce humaine, ce médicament est contre-indiqué pendant la grossesse. Le *diabète* de la femme enceinte nécessite un traitement par *insuline*.

Allaitement :

Les données actuellement disponibles ne permettent pas de savoir si ce médicament passe dans le lait maternel.

MODE D'EMPLOI ET POSOLOGIE

Les comprimés doivent être avalés avec un peu d'eau au début des repas.

Posologie usuelle :

1/2 à 4 comprimés par jour.

Suivez attentivement la prescription de votre médecin. Le régime alimentaire reste nécessaire pendant le traitement.

Le respect de certaines règles simples permet de diminuer le risque d'*hypoglycémie* :
- toute prise de ce médicament doit être suivie d'un repas (ne prenez pas de comprimé si vous devez sauter le repas suivant) ;
- si vous envisagez un effort physique intense et prolongé, il peut être nécessaire de diminuer la dose du médicament (demandez conseil à votre médecin) ;
- informez votre médecin si vous devez travailler la nuit ou si votre religion vous impose un jeûne prolongé ;
- évitez la prise de boissons alcoolisées à jeun ou à distance des repas.

Le *diabète* peut diminuer la sensibilité des pieds à la douleur et favoriser les infections. Des plaies profondes peuvent se développer : une hygiène rigoureuse et des chaussures confortables limitent ce risque.

Le régime du diabétique ne consiste pas en une simple interdiction des *glucides* (*sucres*, pain, pâtes...) : demandez conseil à votre médecin.

Pesez-vous régulièrement et signalez toute variation rapide de poids à votre médecin.

EFFETS INDÉSIRABLES POSSIBLES

Hypoglycémie (voir ATTENTION).

Troubles digestifs, démangeaisons, éruptions cutanées.

Exceptionnellement : jaunisse.

GLOSSITHIASE

acide ténoïque sel d'éthanolamine, lysozyme

PRÉSENTATION

GLOSSITHIASE : comprimé *sublingual* (jaune) ; boîte de 30 - Remb. 35 %

Laboratoires Jolly-Jatel

COMPOSITION

	p. comp.
Acide ténoïque, sel d'éthanolamine	36 mg
Lysozyme chlorhydrate	4 mg

INDICATIONS

Ce médicament d'usage local contient du soufre et une *enzyme* (lysozyme) qui possède une action *antiseptique*.

Il est utilisé dans le traitement des affections de la bouche (*stomatite*, suites d'extraction dentaire) et de la gorge, sans fièvre.

ATTENTION

L'usage prolongé de ce médicament n'est pas souhaitable : il est susceptible de modifier l'équilibre microbien naturel de la gorge (apparition de *candidose*).

En cas d'apparition de fièvre, d'aggravation ou d'absence d'amélioration au bout de 5 jours, consultez votre médecin.

GROSSESSE, ALLAITEMENT ET NOUVEAU-NÉ

L'effet de ce médicament pendant la grossesse ou l'allaitement est mal connu. L'évaluation du risque éventuel lié à son utilisation est individuelle : demandez conseil à votre pharmacien ou à votre médecin.

MODE D'EMPLOI ET POSOLOGIE

Laisser fondre les comprimés sous la langue ou les sucer lentement.

Posologie usuelle :

- Adulte et enfant : 6 à 10 comprimés, répartis dans la journée.

Certaines infections de la gorge nécessitent un traitement *antibiotique* pour éviter des complications ultérieures, cardiaques ou rénales : si les troubles persistent, consultez votre médecin.

GLOTTYL

PRÉSENTATION

GLOTTYL : solution buvable ; flacon 30 ml (1 ml = 25 gouttes) - Non remb.

Laboratoires Marion Merrell Dow

COMPOSITION

	p. ml
Belladone, teinture	85 mg
Aconit, teinture	56,6 mg
Euphorbia pilulifera, teinture	169 mg
Érysimum, extrait fluide	95,6 mg
Amyléine chlorhydrate	0,22 mg
Essence de menthe	+

INDICATIONS

Ce médicament est une association de substances végétales *antispasmodiques* (*belladone*), décongestionnantes et d'un *anesthésique* local (amyléine).

Il est utilisé dans le *traitement d'appoint* des laryngites, trachéites, bronchites et toux spasmodiques.

CONTRE-INDICATIONS

Ce médicament ne doit pas être utilisé en cas d'*allergie* à certains anesthésiques locaux.

ATTENTION

Des précautions sont nécessaires en cas de *glaucome* à angle fermé, d'*adénome de la prostate* ou de maladie de cœur grave.

GROSSESSE, ALLAITEMENT ET NOUVEAU-NÉ

L'effet de ce médicament pendant la grossesse ou l'allaitement est mal connu. L'évaluation du risque éventuel lié à son utilisation est individuelle : demandez conseil à votre pharmacien ou à votre médecin.

MODE D'EMPLOI ET POSOLOGIE

Les gouttes doivent être diluées dans un peu de liquide.

Posologie usuelle :

- Adulte : 40 à 50 gouttes, 4 à 6 fois par jour.
- Enfant de plus de 3 ans : 10 à 20 gouttes, 4 fois par jour.
- Enfant de 30 mois à 3 ans : 10 gouttes par année d'âge et par jour.

EFFETS INDÉSIRABLES POSSIBLES

Effets *atropiniques* très réduits, en raison de la faible dose de teinture de *belladone*.

GLUCAGON NOVO

glucagon

PRÉSENTATION

GLUCAGON NOVO : préparation injectable ; flacon de lyophilisat et ampoule de solvant 2,5 ml - Remb. 65 %

Laboratoires Novo Nordisk

COMPOSITION

	p. fl.
Glucagon	1 mg
Lactose	106,7 mg

INDICATIONS

C'est une *hormone* d'action brève qui permet d'augmenter rapidement la *glycémie*, corrigeant ainsi les effets d'un excès d'*insuline*.

Ce médicament est utilisé dans le traitement d'urgence des malaises hypoglycémiques chez les diabétiques traités par l'insuline. Chez les personnes non diabétiques, il peut être également utilisé lors de la préparation à certains examens du tube digestif (radiographie...).

CONTRE-INDICATIONS

Ce médicament ne doit pas être utilisé dans les cas suivants :

- sécrétion anormale d'*insuline* ou de glucagon par le pancréas,
- *hypoglycémie* liée à la prise de *sulfamides hypoglycémiants* ou de boissons alcoolisées,
- *phéochromocytome*,
- certains examens du tube digestif, chez le diabétique (radiographie...).

ATTENTION

Une *hypoglycémie* doit être suspectée chez un diabétique traité par l'*insuline*, devant les signes suivants : sueurs, tremblements, troubles de la vue, fatigue soudaine, fringale, *vertiges*, difficulté de concentration, troubles du comportement (comparables notamment à l'ébriété), pâleur, *convulsions*, perte de connaissance.

Si le diabétique est conscient, lui faire absorber 3 à 6 morceaux de sucre ou une boisson sucrée.

Si le diabétique est inconscient, injecter un flacon de glucagon par *voie* sous-cutanée ou par voie intramusculaire, même à travers les vêtements en cas d'agitation.

Dès que le diabétique a repris conscience, il doit prendre un repas. Prévenez un service d'urgence car l'action du glucagon s'estompe après 20 minutes.

GROSSESSE, ALLAITEMENT ET NOUVEAU-NÉ

Ce médicament peut être utilisé pendant la grossesse et l'allaitement.

MODE D'EMPLOI ET POSOLOGIE

Ce médicament peut être injecté par *voie* sous-cutanée ou par voie intramusculaire.

Le lyophilisat contenu dans le flacon doit être dilué par le solvant contenu dans l'ampoule autocassable ; pour cela, aspirer le solvant à l'aide de la seringue, piquer l'aiguille adaptée à celle-ci dans le bouchon du flacon de lyophilisat et y injecter le solvant ; agiter le flacon, puis aspirer la solution à l'aide de la seringue.

Après désinfection, pincer la peau et enfoncer l'aiguille perpendiculairement dans l'épaisseur de ce pli.

Si l'effet obtenu est insuffisant, une seconde injection peut être pratiquée 20 minutes plus tard.

Posologie usuelle :
- Adulte : 1 flacon.
- Jeune enfant : 1/2 flacon.

> Votre entourage doit savoir reconnaître les signes d'une *hypoglycémie* et pouvoir vous injecter une ampoule de glucagon en cas de perte de connaissance. Dans le doute, il n'y a pas de danger à injecter du glucagon.
>
> Le flacon et l'ampoule peuvent être conservés à température ambiante (inférieure à 25 °C) pendant 2 ans. Après reconstitution, la solution ne doit pas être conservée plus de 1 semaine (au réfrigérateur), ni être congelée.

EFFETS INDÉSIRABLES POSSIBLES

Aux doses recommandées, ce médicament n'entraîne aucun effet indésirable et son injection n'entraîne aucun risque.

GLUCIDORAL
carbutamide

PRÉSENTATION

GLUCIDORAL : comprimé sécable (blanc) ; boîte de 30 - Remb. 65 % - Liste I

GLUCIDORAL : comprimé sécable (blanc) ; boîte de 100 - Remb. 65 % - Liste I

Laboratoires Servier

COMPOSITION

	p. comp.
Carbutamide	500 mg

INDICATIONS

Cet *antidiabétique* oral appartient à la famille des *sulfamides hypoglycémiants*. Il permet de diminuer l'excès de *sucre* dans le sang en favorisant la sécrétion de l'*insuline*.

Il est utilisé dans le traitement du *diabète* non insulinodépendant lorsque le régime alimentaire seul est insuffisant.

CONTRE-INDICATIONS

Ce médicament ne doit pas être utilisé dans les cas suivants :
- *insuffisance rénale*,
- *insuffisance hépatique* grave,
- *allergie* aux *sulfamides*,
- en association avec les médicaments contenant du miconazole,
- grossesse.

ATTENTION

Ce médicament n'est pas adapté au traitement du *diabète* insulinodépendant : celui-ci requiert un traitement par injections d'*insuline*.

Un sentiment de malaise associé à des sueurs froides, une fringale, une accélération du cœur sont les signes habituels d'une *hypoglycémie* due à un effet excessif du médicament. Cette hypoglycémie peut également se traduire par des troubles du comportement qui doivent alerter votre entourage, voire des *convulsions* ou un *coma*. En présence de ces signes ou en cas de simple doute, buvez une boisson sucrée ou mangez du *sucre*.

Si le diabétique est inconscient, surtout ne lui donnez rien à boire, ne lui injectez aucun médicament et appelez votre médecin, ou à défaut le 15 ou un service d'urgence.

Des analyses de sang régulières permettent à votre médecin d'adapter la *posologie*.

N'augmentez pas la posologie sans avis médical : consultez rapidement votre médecin en cas de malaises hypoglycémiques répétés.

Certaines situations peuvent contribuer à augmenter la *glycémie* : infections, prise de médicaments, stress. En cas de soif intense, de grande fatigue, de sensation de malaise général, consultez rapidement votre médecin.

L'absorption de boissons alcoolisées pendant le traitement expose à des effets indésirables gênants : *effet antabuse*.

Conducteur : une hypoglycémie peut entraîner un malaise pendant la conduite ou l'utilisation de machines.

INTERACTIONS MÉDICAMENTEUSES

Ce médicament ne doit pas être associé avec les médicaments oraux contenant du miconazole (DAKTARIN GEL BUCCAL, DAKTARIN COMPRIMÉ...) : risque d'*hypoglycémie*.

Ce médicament peut interagir avec d'autres médicaments. Signalez tout autre traitement en cours à votre médecin ou à votre pharmacien.

GROSSESSE, ALLAITEMENT ET NOUVEAU-NÉ

Grossesse :

Quelques cas de malformations chez l'animal ont été rapportés. En l'absence de données dans l'espèce humaine, ce médicament est contre-indiqué pendant la grossesse. Le *diabète* de la femme enceinte nécessite un traitement par *insuline*.

Allaitement :

Les données actuellement disponibles ne permettent pas de savoir si ce médicament passe dans le lait maternel.

MODE D'EMPLOI ET POSOLOGIE

Les comprimés doivent être avalés avec un peu d'eau.

Posologie usuelle :

Suivez attentivement la prescription de votre médecin. Le régime alimentaire reste nécessaire pendant le traitement.

> Le respect de certaines règles simples permet de diminuer le risque d'*hypoglycémie* :
> - toute prise de ce médicament doit être suivie d'un repas (ne prenez pas de comprimé si vous devez sauter le repas suivant) ;
> - si vous envisagez un effort physique intense et prolongé, il peut être nécessaire de diminuer la dose du médicament (demandez conseil à votre médecin) ;
> - informez votre médecin si vous devez travailler la nuit ou si votre religion vous impose un jeûne prolongé ;
> - évitez la prise de boissons alcoolisées à jeûn ou à distance des repas.
>
> Le *diabète* peut diminuer la sensibilité des pieds à la douleur et favoriser les infections. Des plaies profondes peuvent se développer : une hygiène rigoureuse et des chaussures confortables limitent ce risque.
>
> Le régime du diabétique ne consiste pas en une simple interdiction des *glucides* (*sucres*, pain, pâtes...) : demandez conseil à votre médecin.
>
> Pesez-vous régulièrement et signalez toute variation rapide de poids à votre médecin.

EFFETS INDÉSIRABLES POSSIBLES

Hypoglycémie (voir ATTENTION).

Troubles digestifs, démangeaisons, éruptions cutanées.

Exceptionnellement : jaunisse.

GLUCINAN
metformine

PRÉSENTATION

GLUCINAN : comprimé sécable (blanc) ; boîte de 30 - Remb. 65 % - Liste I

Laboratoires Anphar-Rolland

COMPOSITION

	p. comp.
Metformine chlorophénoxyacétate	500 mg
Soit metformine base	205 mg

INDICATIONS

Cet *antidiabétique* oral appartient à la famille des biguanides. Il permet de diminuer l'excès de *sucre* dans le sang sans pour autant favoriser la sécrétion de l'*insuline*, contrairement aux *sulfamides hypoglycémiants*.

Il est utilisé dans le traitement du *diabète* non insulinodépendant lorsque le régime alimentaire seul est insuffisant.

CONTRE-INDICATIONS

Ce médicament ne doit pas être utilisé dans les cas suivants :
- *insuffisance rénale*, maladie aiguë pouvant provoquer une insuffisance rénale (voir ATTENTION) ;
- *insuffisance hépatique* grave, état d'ivresse ;
- *insuffisance cardiaque* ;
- grossesse.

En cas d'*infarctus du myocarde*, votre médecin appréciera la nécessité du traitement.

ATTENTION

Ce médicament n'est pas adapté au traitement du *diabète* insulinodépendant : celui-ci requiert un traitement par injections d'*insuline*.

Ce médicament expose à un risque de complication exceptionnelle et grave : l'*acidose lactique*. Celle-ci est favorisée par la présence d'une *insuffisance rénale*, même modérée, ou d'une *insuffisance hépatique* grave. Toute insuffisance rénale préexistante ou apparaissant sous traitement (notamment chez la personne âgée qui se déshydrate) contre-indique l'utilisation ou la poursuite de la prise de ce médicament.

Certaines situations peuvent contribuer à augmenter la *glycémie* : infections, prise de médicaments, stress. En cas d'apparition d'une soif intense, d'une grande fatigue, d'une sensation de malaise général, consultez rapidement votre médecin.

En cas d'examen radiologique nécessitant l'administration de produits de contraste par *voie* intraveineuse, la prise de ce médicament devra être interrompue 48 heures avant et être reprise 48 heures après.

INTERACTIONS MÉDICAMENTEUSES

Ce médicament peut interagir avec d'autres médicaments, notamment les *diurétiques* et les produits de contraste injectables utilisés en radiologie. Signalez tout autre traitement en cours à votre médecin ou à votre pharmacien.

GROSSESSE, ALLAITEMENT ET NOUVEAU-NÉ

Grossesse :

Ce médicament n'est pas adapté au *diabète* de la femme enceinte, qui nécessite un traitement par *insuline*.

Allaitement :

Les données actuellement disponibles ne permettent pas de savoir si ce médicament passe dans le lait maternel.

MODE D'EMPLOI ET POSOLOGIE

Les prises seront réparties dans la journée, au cours ou à la fin des trois repas.

Posologie usuelle :

Elle est adaptée par votre médecin en fonction des résultats des analyses de sang.

Ce médicament n'expose pas au risque d'*hypoglycémie*.

Le *diabète* peut diminuer la sensibilité des pieds à la douleur et favoriser les infections. Des plaies profondes peuvent se développer : une hygiène rigoureuse et des chaussures confortables limitent ce risque.

Le régime du diabétique ne consiste pas en une simple interdiction des *glucides* (*sucres*, pain, pâtes...) : demandez conseil à votre médecin.

Pesez-vous régulièrement et signalez toute variation rapide de poids à votre médecin.

EFFETS INDÉSIRABLES POSSIBLES

Troubles digestifs.

GLUCONATE CALCIUM LAVOISIER

calcium

PRÉSENTATION

GLUCONATE CALCIUM : solution buvable ; boîte de 20 ampoules 10 ml - Non remb.

Laboratoires Chaix et Du Marais

COMPOSITION

	p. amp.
Gluconate de calcium	1 g
Soit calcium	89,4 mg

INDICATIONS

Ce médicament contient du calcium, principal constituant de l'os.

Il est utilisé en cas de régime pauvre en calcium, de besoins accrus (période de croissance, grossesse, allaitement) ou de décalcification osseuse, notamment due à une immobilisation prolongée ou à un traitement à la *cortisone*. Il est également utilisé dans le *traitement d'appoint* de la *spasmophilie*.

CONTRE-INDICATIONS

Ce médicament ne doit pas être utilisé dans les cas suivants :

- excès de calcium dans le sang ou dans les urines, avec ou sans *lithiase* ;
- immobilisation prolongée.

ATTENTION

Des apports excessifs en calcium peuvent être dangereux. N'utilisez pas ce médicament sans avis médical.

Lorsque ce médicament est destiné à traiter une décalcification due à une immobilisation prolongée, il ne doit être pris qu'à la reprise de la marche.

Ce médicament est quelquefois associé à la *vitamine* D, qui favorise son absorption ; dans ce cas, des analyses de sang et d'urine sont parfois nécessaires.

INTERACTIONS MÉDICAMENTEUSES

Ce médicament peut interagir avec d'autres médicaments. Signalez tout autre traitement en cours à votre médecin ou à votre pharmacien.

GROSSESSE, ALLAITEMENT ET NOUVEAU-NÉ

Ce médicament peut être prescrit par votre médecin pendant la grossesse ou l'allaitement.

MODE D'EMPLOI ET POSOLOGIE

Les ampoules doivent être prises au moment des repas.

Posologie usuelle :

- Adulte : 6 à 10 ampoules par jour.

La prise de ce médicament ne dispense pas de la consommation régulière de laitages, naturellement riches en calcium.

EFFETS INDÉSIRABLES POSSIBLES

Rarement : *troubles digestifs.*

GLUCONATE DE CHLORHEXIDINE GIFRER

chlorhexidine

PRÉSENTATION

GLUCONATE DE CHLORHEXIDINE GIFRER : solution pour application locale ; boîte de 8 flacons unidoses 5 ml - Non remb.

GLUCONATE DE CHLORHEXIDINE GIFRER : solution pour application locale ; boîte de 16 flacons unidoses 15 ml - Non remb.

GLUCONATE DE CHLORHEXIDINE GIFRER : solution pour application locale ; flacon 50 ml - Non remb.

Laboratoires Gifrer Barbezat

COMPOSITION

	p. fl.	p. fl.	p. fl.
Chlorhexidine gluconate	2,5 mg	7,5 mg	25 mg

INDICATIONS

Ce médicament est un *antiseptique* local.

Il est utilisé pour nettoyer et désinfecter la peau (plaie, brûlure superficielle).

CONTRE-INDICATIONS

Ce médicament ne doit pas être appliqué dans les yeux, les oreilles ni sur les *muqueuses*.

ATTENTION

N'utilisez pas ce médicament sur une large surface de peau sans avis médical : risque de passage du médicament dans le sang.

INTERACTIONS MÉDICAMENTEUSES

L'association à d'autres *antiseptiques* est déconseillée car leurs effets risquent de s'annuler.

GROSSESSE, ALLAITEMENT ET NOUVEAU-NÉ

L'utilisation ponctuelle de ce médicament pendant la grossesse ou l'allaitement ne semble pas poser de problème particulier.

Allaitement :

Ne pas appliquer sur les seins en cas d'allaitement.

MODE D'EMPLOI ET POSOLOGIE

Cette solution est prête à l'emploi.

Posologie usuelle :

2 applications par jour.

Le simple lavage à l'eau et au savon permet d'éliminer la majorité des *germes* ; il doit être suivi d'un rinçage soigneux car les savons peuvent inactiver certains *antiseptiques*.

EFFETS INDÉSIRABLES POSSIBLES

Allergie cutanée.

Calendrier de vaccination : voir Annexes

GLUCONATE DE POTASSIUM ÉGIC

potassium

PRÉSENTATION

GLUCONATE DE POTASSIUM ÉGIC : sirop ; flacon 250 ml - Remb. 65 %

Laboratoires Synthélabo France

COMPOSITION

	p. c. à s.
Gluconate de potassium	2,25 g
Soit potassium	390 mg
Saccharose	9,24 g

INDICATIONS

Ce médicament contient du *potassium*, élément minéral indispensable aux cellules de l'organisme.

Il est utilisé dans les déficits en potassium (*hypokaliémie*), liés principalement à la prise de certains médicaments (*diurétiques*, *corticoïdes*, et tous les *laxatifs stimulants*...).

CONTRE-INDICATIONS

Ce médicament ne doit pas être utilisé dans les cas suivants :

- risque d'excès de *potassium* dans le sang (*hyperkaliémie*),
- association avec certains *diurétiques* et les autres sels de potassium.

ATTENTION

Pour éviter une surcharge en *potassium*, une surveillance médicale et des analyses de sang régulières sont nécessaires avant et pendant le traitement afin d'adapter la *posologie*, notamment chez la personne âgée.

Ce médicament contient du *sucre* (saccharose) en quantité notable.

INTERACTIONS MÉDICAMENTEUSES

Ce médicament ne doit pas être associé aux *diurétiques* qui augmentent le taux de *potassium* et aux autres sels de potassium : risque de *trouble du rythme cardiaque* grave. Ce médicament peut interagir avec d'autres médicaments, notamment avec certains *antihypertenseurs*. Signalez tout autre traitement en cours à votre médecin ou à votre pharmacien.

GROSSESSE, ALLAITEMENT ET NOUVEAU-NÉ

Grossesse :

Ce médicament peut être utilisé en cas de déficit en *potassium* chez la femme enceinte, mais uniquement sur prescription médicale.

MODE D'EMPLOI ET POSOLOGIE

Le sirop sera pris pur ou dilué dans de l'eau, de préférence à la fin du repas.

Posologie usuelle :

Elle est adaptée par votre médecin en fonction des résultats de l'analyse de sang.

EFFETS INDÉSIRABLES POSSIBLES

Irritation du tube digestif.

GLUCOPHAGE

metformine

PRÉSENTATION

GLUCOPHAGE 500 mg : comprimé sécable (blanc) ; boîte de 50 - Remb. 65 % - Liste I

GLUCOPHAGE 850 mg : comprimé à *libération prolongée* (blanc) ; boîte de 30 - Remb. 65 % - Liste I

Laboratoires Aron-Médicia

COMPOSITION

	p. comp.	p. comp. L.P.
Metformine chlorhydrate	500 mg	850 mg
Soit metformine base	390 mg	663 mg

INDICATIONS

Cet *antidiabétique* oral appartient à la famille des biguanides. Il permet de diminuer l'excès de *sucre* dans le sang sans pour autant favoriser la sécrétion de l'*insuline*, contrairement aux *sulfamides hypoglycémiants*.

Il est utilisé dans le traitement du *diabète* non insulinodépendant lorsque le régime alimentaire seul est insuffisant.

CONTRE-INDICATIONS

Ce médicament ne doit pas être utilisé dans les cas suivants :

- *insuffisance rénale* grave, maladie aiguë pouvant provoquer une insuffisance rénale (voir ATTENTION) ;
- *insuffisance hépatique* grave, état d'ivresse ;
- *insuffisance cardiaque* ;
- **grossesse.**

En cas d'*infarctus du myocarde*, votre médecin appréciera la nécessité du traitement.

ATTENTION

Ce médicament n'est pas adapté au traitement du *diabète* insulinodépendant : celui-ci requiert un traitement par injections d'*insuline*.

Ce médicament expose à un risque de complication exceptionnelle et grave : l'*acidose lactique*. Celle-ci est favorisée par la présence d'une *insuffisance rénale*, même modérée, ou d'une *insuffisance hépatique* grave. Toute insuffisance rénale préexistante ou apparaissant sous traitement (notamment chez la personne âgée qui se déshydrate) contre-indique l'utilisation ou la poursuite de la prise de ce médicament.

Certaines situations peuvent contribuer à augmenter la *glycémie* : infections, prise de médicaments, stress. En cas d'apparition d'une sensation de malaise général, consultez rapidement votre médecin.

En cas d'examen radiologique nécessitant l'administration de produits de contraste par *voie* intraveineuse, la prise de ce médicament devra être interrompue 48 heures avant et être reprise 48 heures après.

INTERACTIONS MÉDICAMENTEUSES

Ce médicament peut interagir avec d'autres médicaments, notamment les *diurétiques* et les produits de contraste injectables utilisés en radiologie. Signalez tout autre traitement en cours à votre médecin ou à votre pharmacien.

GROSSESSE, ALLAITEMENT ET NOUVEAU-NÉ

Grossesse :

Ce médicament n'est pas adapté au *diabète* de la femme enceinte, qui nécessite un traitement par *insuline*.

Allaitement :

Les données actuellement disponibles ne permettent pas de savoir si ce médicament passe dans le lait maternel.

MODE D'EMPLOI ET POSOLOGIE

Les comprimés doivent être avalés avec un peu d'eau. Les comprimés de GLUCOPHAGE 850 mg ne doivent être ni croqués, ni divisés.

Posologie usuelle :

Elle est adaptée par votre médecin en fonction des résultats des analyses de sang. Les prises seront réparties dans la journée au cours ou à la fin des trois repas.

Ce médicament n'expose pas au risque d'*hypoglycémie*.

Le *diabète* peut diminuer la sensibilité des pieds à la douleur et favoriser les infections. Des plaies profondes peuvent se développer : une hygiène rigoureuse et des chaussures confortables limitent ce risque.

Le régime du diabétique ne consiste pas en une simple interdiction des *glucides* (*sucres*, pain, pâtes...) : demandez conseil à votre médecin.

Pesez-vous régulièrement et signalez toute variation rapide de poids à votre médecin.

EFFETS INDÉSIRABLES POSSIBLES

Troubles digestifs.

GLUTAMAG

PRÉSENTATION

GLUTAMAG TRIVITAMINE : solution buvable ; boîte de 30 ampoules 5 ml - Non remb.

Laboratoires Aérocid

COMPOSITION

	p. amp.
Acide glutamique (en glutamate de magnésium)	1 g
Thiamine (vitamine B1)	5 mg
Riboflavine (vitamine B2)	2,7 mg
Nicotinamide (vitamine PP)	25 mg
Saccharose	1 g

INDICATIONS

Ce médicament contient un *acide aminé*, du magnésium et des *vitamines* indispensables au *métabolisme*.

Il est utilisé dans le *traitement symptomatique* de certaines fatigues (*asthénies fonctionnelles*).

ATTENTION

Ce médicament contient du *sucre* (saccharose) en quantité notable.

GROSSESSE, ALLAITEMENT ET NOUVEAU-NÉ

Ce médicament ne contient que des substances présumées sans danger pendant la grossesse ou l'allaitement. Néanmoins, ne l'utilisez pas de façon prolongée sans l'avis de votre pharmacien ou de votre médecin.

MODE D'EMPLOI ET POSOLOGIE

Le contenu de l'ampoule doit être dilué dans un peu d'eau sucrée et pris au cours des repas.

Posologie usuelle :

- Adulte : 1 ampoule, 2 à 4 fois par jour.
- Enfant de plus de 10 ans : 1 ampoule, 1 ou 2 fois par jour.

Une fatigue persistante ne doit pas vous conduire à augmenter les prises de ce médicament.

Une alimentation équilibrée et diversifiée apporte habituellement des quantités suffisantes de *vitamine* B. Cependant, certaines circonstances peuvent justifier un apport supplémentaire : demandez conseil à votre médecin ou à votre pharmacien.

GLUTAMINOL

acide glutamique, vitamine B6

PRÉSENTATION

GLUTAMINOL : comprimé (blanc) ; boîte de 100 - Non remb.

Laboratoires Syntex

COMPOSITION

	p. comp.
Acide glutamique	400 mg
Pyridoxine chlorhydrate (vitamine B6)	2 mg
Gluten	+

INDICATIONS

Ce médicament contient un *acide aminé* et de la *vitamine* B6.

Il est utilisé dans le *traitement symptomatique* de certaines fatigues (*asthénies fonctionnelles*).

ATTENTION

Des précautions sont nécessaires en cas d'*intolérance* au *gluten*.

INTERACTIONS MÉDICAMENTEUSES

Ce médicament ne doit pas être associé aux médicaments contenant de la lévodopa seule (LARODOPA...) : risque d'annulation des effets de la lévodopa par la *vitamine* B6.

GROSSESSE, ALLAITEMENT ET NOUVEAU-NÉ

Ce médicament ne contient que des substances présumées sans danger pendant la grossesse ou l'allaitement. Néanmoins, ne l'utilisez pas de façon prolongée sans l'avis de votre pharmacien ou de votre médecin.

MODE D'EMPLOI ET POSOLOGIE

Les comprimés doivent être avalés avec un verre d'eau.

Posologie usuelle :

3 à 6 comprimés par jour.

Une fatigue persistante ne doit pas vous conduire à augmenter les prises de ce médicament : consultez votre médecin.

GLUTRIL

glibornuride

PRÉSENTATION

GLUTRIL : comprimé sécable (blanc) ; boîte de 20 - Remb. 65 % - Liste I

Laboratoires Roche

COMPOSITION

	p. comp.
Glibornuride	25 mg

INDICATIONS

Cet *antidiabétique* oral appartient à la famille des *sulfamides hypoglycémiants*. Il permet de diminuer l'excès de *sucre* dans le sang en favorisant la sécrétion de l'*insuline*.

Il est utilisé dans le traitement du *diabète* non insulinodépendant lorsque le régime alimentaire seul est insuffisant.

CONTRE-INDICATIONS

Ce médicament ne doit pas être utilisé dans les cas suivants :

- *insuffisance rénale*,
- *insuffisance hépatique* grave,
- *allergie* aux *sulfamides*,
- en association avec les médicaments contenant du miconazole,
- grossesse.

ATTENTION

Ce médicament n'est pas adapté au traitement du *diabète* insulinodépendant : celui-ci requiert un traitement par injections d'*insuline*.

Un sentiment de malaise associé à des sueurs froides, une fringale, une accélération du cœur sont les signes habituels d'une *hypoglycémie* due à un effet excessif du médicament. Cette hypoglycémie peut également se traduire par des troubles du comportement qui doivent alerter votre entourage, voire des *convulsions* ou un *coma*. En présence de ces signes ou en cas de simple doute, buvez une boisson sucrée ou mangez du *sucre*. Si le diabétique est inconscient, surtout ne lui donnez rien à boire, ne lui injectez aucun médicament et appelez votre médecin, ou à défaut le 15 ou un service d'urgence.

Des analyses de sang régulières permettent à votre médecin d'adapter la *posologie*.

N'augmentez pas la posologie sans avis médical : consultez rapidement votre médecin en cas de malaises hypoglycémiques répétés.

Certaines situations peuvent contribuer à augmenter la *glycémie* : infections, prise de médicaments, stress. En cas de soif intense, de grande fatigue, de sensation de malaise général, consultez rapidement votre médecin.

Conducteur : une hypoglycémie peut entraîner un malaise pendant la conduite ou l'utilisation de machines.

INTERACTIONS MÉDICAMENTEUSES

Ce médicament ne doit pas être associé avec les médicaments oraux contenant du miconazole (DAKTARIN GEL BUCCAL, DAKTARIN COMPRIMÉ...) : risque d'*hypoglycémie*.

Ce médicament peut interagir avec d'autres médicaments. Signalez tout autre traitement en cours à votre médecin ou à votre pharmacien.

GROSSESSE, ALLAITEMENT ET NOUVEAU-NÉ

Grossesse :

Quelques cas de malformations chez l'animal ont été rapportés. En l'absence de données dans l'espèce humaine, ce médicament est contre-indiqué pendant la grossesse. Le *diabète* de la femme enceinte nécessite un traitement par *insuline*.

Allaitement :

Les données actuellement disponibles ne permettent pas de savoir si ce médicament passe dans le lait maternel.

MODE D'EMPLOI ET POSOLOGIE

Les comprimés doivent être avalés avec un peu d'eau au début du repas.

Posologie usuelle :

Suivez attentivement la prescription de votre médecin. Le régime alimentaire reste nécessaire pendant le traitement.

Le respect de certaines règles simples permet de diminuer le risque d'*hypoglycémie* :

- toute prise de ce médicament doit être suivie d'un repas (ne prenez pas de comprimé si vous devez sauter le repas suivant) ;
- si vous envisagez un effort physique intense et prolongé, il peut être nécessaire de diminuer la dose du médicament (demandez conseil à votre médecin) ;
- informez votre médecin si vous devez travailler la nuit ou si votre religion vous impose un jeûne prolongé ;
- évitez la prise de boissons alcoolisées à jeun ou à distance des repas.

Le *diabète* peut diminuer la sensibilité des pieds à la douleur et favoriser les infections. Des plaies profondes peuvent se développer : une hygiène rigoureuse et des chaussures confortables limitent ce risque.

Le régime du diabétique ne consiste pas en une simple interdiction des *glucides* (*sucres*, pain, pâtes...) : demandez conseil à votre médecin.

Pesez-vous régulièrement et signalez toute variation rapide de poids à votre médecin.

EFFETS INDÉSIRABLES POSSIBLES

Hypoglycémie (voir ATTENTION).

Troubles digestifs, démangeaisons, éruptions cutanées.

Exceptionnellement : jaunisse.

GLYCOBYL

PRÉSENTATION

GLYCOBYL : comprimé ; boîte de 24 - Non remb.

Laboratoires Amido

COMPOSITION

	p. comp.
Extrait biliaire d'origine bovine	80 mg
Extrait de muqueuse intestinale d'origine porcine	18 mg
Hexaméthylène tétramine	40 mg
Évonymine brune	2 mg
Artichaut, extrait	40 mg
Charbon végétal activé	80 mg

INDICATIONS

Ce médicament, *cholagogue* et *cholérétique*, contient notamment des substances d'origine animale et végétale ainsi que du charbon.

Il est utilisé dans le *traitement symptomatique* des troubles de la digestion et de la constipation.

CONTRE-INDICATIONS

Ce médicament ne doit pas être utilisé en cas d'obstruction des *voies biliaires*.

INTERACTIONS MÉDICAMENTEUSES

Ce médicament peut interagir avec d'autres médicaments, notamment les *sulfamides*. Signalez tout autre traitement en cours à votre pharmacien ou à votre médecin.

GROSSESSE, ALLAITEMENT ET NOUVEAU-NÉ

L'effet de ce médicament pendant la grossesse ou l'allaitement est mal connu. L'évaluation du risque éventuel lié à son utilisation est individuelle : demandez conseil à votre pharmacien ou à votre médecin.

MODE D'EMPLOI ET POSOLOGIE

Les comprimés doivent être avalés avec un peu d'eau, avant ou après les repas.

Posologie usuelle :

1 ou 2 comprimés, 2 ou 3 fois par jour.

> ☛ Une alimentation équilibrée, une mastication lente et la suppression des aliments difficiles à digérer permettent souvent d'atténuer, voire de faire disparaître, les *troubles digestifs* qui ne sont pas liés à un *ulcère*.

GLYVÉNOL crème

tribénoside

PRÉSENTATION

GLYVÉNOL : crème ; tube 60 g - Remb. 35 %

Laboratoires Ciba-Geigy

COMPOSITION

	p. 100 g
Tribénoside	5 g

INDICATIONS

C'est un décongestionnant à usage local.

Il est utilisé dans le traitement des douleurs et de l'*inflammation* des veines superficielles, et dans le *traitement symptomatique* des douleurs et des démangeaisons de l'anus, en particulier dues aux *hémorroïdes*.

CONTRE-INDICATIONS

Ce médicament ne doit pas être utilisé en cas d'*eczéma* localisé ou de *phlébites* profondes.

> **ATTENTION**
> Le traitement doit être de courte durée : si les *symptômes* persistent, consultez votre médecin.

GROSSESSE, ALLAITEMENT ET NOUVEAU-NÉ

L'effet de ce médicament pendant la grossesse ou l'allaitement est mal connu. L'évaluation du risque éventuel lié à son utilisation est individuelle : demandez conseil à votre pharmacien ou à votre médecin.

MODE D'EMPLOI ET POSOLOGIE

1 application de crème, matin et soir.

> ☛ Pour prévenir les *hémorroïdes*, des mesures simples d'hygiène alimentaire et des exercices physiques sont à envisager : parlez-en à votre médecin ou à votre pharmacien.

EFFETS INDÉSIRABLES POSSIBLES

Réactions cutanées.

GLYVÉNOL suppositoire

tribénoside, lidocaïne

PRÉSENTATION

GLYVÉNOL : suppositoire ; boîte de 10 - Remb. 35 % - Liste II

Laboratoires Ciba-Geigy

COMPOSITION

	p. suppos.
Tribénoside	400 mg
Lidocaïne	40 mg

INDICATIONS

C'est un médicament à usage local qui contient un décongestionnant et un *anesthésique*.

Il est utilisé dans le *traitement symptomatique* des douleurs et des démangeaisons de l'anus, en particulier dues aux *hémorroïdes*.

CONTRE-INDICATIONS

Ce médicament ne doit pas être utilisé dans les cas suivants :

- *allergie* aux *anesthésiques* locaux,
- personne souffrant d'*eczéma*.

> **ATTENTION**
> Le traitement doit être de courte durée : consultez votre médecin si les *symptômes* persistent.

GROSSESSE, ALLAITEMENT ET NOUVEAU-NÉ

L'effet de ce médicament pendant la grossesse ou l'allaitement est mal connu. L'évaluation du risque éventuel lié à son utilisation est individuelle : demandez conseil à votre pharmacien ou à votre médecin.

MODE D'EMPLOI ET POSOLOGIE

1 suppositoire, matin et soir.

> ☛ Pour prévenir les *hémorroïdes*, des mesures simples d'hygiène alimentaire et des exercices physiques sont à envisager. Parlez-en à votre médecin ou à votre pharmacien.
> Les suppositoires doivent être conservés à l'abri de la chaleur.

EFFETS INDÉSIRABLES POSSIBLES

Réactions cutanées rares, *troubles digestifs*.

GOMENOL

PRÉSENTATION

GOMENOL-RECTAL ADULTES : suppositoire ; boîte de 6 - Remb. 35 %

GOMENOL-RECTAL ENFANTS : suppositoire ; boîte de 6 - Remb. 35 %

GOMENOL : sirop ; flacon 200 ml - Remb. 35 %

GOMENOL : huile essentielle pour inhalation (jaune pâle) ; tube 50 ml (compte-gouttes) - Remb. 35 %

GOMENOL SOLUBLE : solution pour aérosol ; boîte de 5 ampoules 5 ml - Remb. 35 %

Laboratoires Gomenol

COMPOSITION

	p. suppos. Ad.	p. suppos. Enf.
Gomenol	600 mg	75 mg

	sirop p. c. à s.	sirop p. c. à c.	p. 100 ml
Gomenol	7,5 mg	2,5 mg	50 mg
Saccharose	12 g	4 g	

	p. 100 ml
Hydrosol de gomenol	1,65 g

INDICATIONS

C'est un médicament qui contient une essence végétale douée de propriétés *antiseptiques*, notamment sur les *voies respiratoires*.

Il est utilisé dans le *traitement d'appoint* des affections bronchiques aiguës bénignes.

> **ATTENTION**
> Le GOMENOL SOLUBLE pour aérosol doit être dilué dans de l'eau distillée ou du

sérum physiologique lorsqu'il est utilisé par des personnes souffrant d'*asthme* ou de *rhinite* allergique.
Les ampoules ne sont pas injectables.

GROSSESSE, ALLAITEMENT ET NOUVEAU-NÉ

L'utilisation ponctuelle de ce médicament pendant la grossesse ou l'allaitement ne semble pas poser de problème particulier.

MODE D'EMPLOI ET POSOLOGIE

Le sirop doit être avalé de préférence avant les repas.

Posologie usuelle :
- Suppositoire Adulte et suppositoire Enfant : 1 suppositoire, 2 fois par jour.
- Sirop :
  - Adulte : 2 cuillères à soupe, 2 ou 3 fois par jour.
  - Enfant de plus de 30 mois : 2 ou 3 cuillères à café, 3 ou 4 fois par jour.
  - Nourrisson : 1 ou 2 cuillères à café, 3 ou 4 fois par jour.
- Huile essentielle : 1 inhalation de quelques gouttes dans un bol d'eau chaude.
- Solution pour aérosol : 1 séance de 15 à 20 minutes par jour pendant 5 à 10 jours.

Les suppositoires doivent être conservés dans un endroit frais.

EFFETS INDÉSIRABLES POSSIBLES

Risque d'*allergie* en cas d'usage prolongé.

GOMENOL-SYNER-PÉNICILLINE

pénicilline, gomenol

PRÉSENTATION

GOMENOL-SYNER-PÉNICILLINE 200 000 UI : suppositoire ; boîte de 6 - Remb. 35 % - Liste I

GOMENOL-SYNER-PÉNICILLINE 500 000 UI : suppositoire ; boîte de 6 - Remb. 35 % - Liste I

Laboratoires Gomenol

COMPOSITION

	p. suppos.	p. suppos.
Pénicilline G	200 000 UI	500 000 UI
Gomenol	75 mg	300 mg

INDICATIONS

Ce médicament est une association de *pénicilline* et d'huile essentielle végétale, qui possède des propriétés *antiseptiques*.

Il est utilisé par *voie* rectale pour traiter les infections des voies respiratoires.

CONTRE-INDICATIONS

Ce médicament ne doit pas être utilisé en cas d'*allergie* aux *pénicillines* ou aux *céphalosporines*.

ATTENTION

Ce médicament contient un *antibiotique*. Son usage peut masquer les *symptômes* d'une maladie grave : ne le réutilisez pas sans avis médical.

GROSSESSE, ALLAITEMENT ET NOUVEAU-NÉ

Grossesse :

L'utilisation ponctuelle de ce médicament pendant la grossesse ou l'allaitement ne semble pas poser de problème particulier.

Allaitement :

Ce médicament passe dans le lait maternel.

MODE D'EMPLOI ET POSOLOGIE

- Adulte et enfant : la *posologie* varie en fonction du diagnostic.

Conservez les suppositoires au frais.

EFFETS INDÉSIRABLES POSSIBLES

Troubles digestifs mineurs, *allergie* cutanée.

GOMENOLÉO

PRÉSENTATION

GOMENOLÉO : solution huileuse injectable *I.M.* 2 % ; boîte de 10 ampoules 5 ml - Remb. 65 %

GOMENOLÉO : solution huileuse injectable *I.M.* 5 % ; boîte de 10 ampoules 5 ml - Remb. 65 %

GOMENOLÉO : solution huileuse injectable *I.M.* 10 % ; boîte de 10 ampoules 5 ml - Remb. 65 %

GOMENOLÉO : solution huileuse injectable *I.M.* 20 % ; boîte de 10 ampoules 5 ml - Remb. 65 %

GOMENOLÉO : solution huileuse pour usage local 5 % ; flacon 50 ml - Remb. 65 %

GOMENOLÉO : solution huileuse pour usage local 5 % ; flacon 250 ml - Remb. 65 %

GOMENOLÉO : solution huileuse pour usage local 20 % ; flacon 50 ml - Remb. 65 %

GOMENOLÉO : solution huileuse pour usage local 20 % ; flacon 250 ml - Remb. 65 %

Laboratoires Gomenol

COMPOSITION

	sol. inj. p. 100 g	sol. inj. p. 100 g	sol. inj. p. 100 g
Gomenol	2 g	5 g	10 g
	sol. inj. p. 100 g	**sol. locale p. 100 g**	**sol. locale p. 100 g**
Gomenol	20 g	5 g	20 g

INDICATIONS

Ce médicament contient une essence végétale douée de propriétés *antiseptiques* et cicatrisantes.

Il est utilisé dans le *traitement d'appoint* des maladies dermatologiques, gynécologiques et celles des *voies* respiratoires et des voies urinaires.

GROSSESSE, ALLAITEMENT ET NOUVEAU-NÉ

L'utilisation ponctuelle de ce médicament pendant la grossesse ou l'allaitement ne semble pas poser de problème particulier.

MODE D'EMPLOI ET POSOLOGIE

Les différents modes d'administration impliquent généralement le recours à une infirmière.

Posologie usuelle :

Elle varie selon les cas.

GONADOTROPHINE CHORIONIQUE

PRÉSENTATION

GONADOTROPHINE CHORIONIQUE « ENDO » : préparation injectable 500 *UI* ; boîte de 6 ampoules de poudre et 6 flacons de solvant 1 ml - Remb. 65 %

GONADOTROPHINE CHORIONIQUE « ENDO » : préparation injectable 1 500 *UI* ; boîte de 6 ampoules de poudre et 6 flacons de solvant 1 ml - Remb. 65 %

GONADOTROPHINE CHORIONIQUE « ENDO » : préparation injectable 5 000 *UI* ; boîte de 1 ampoule de poudre et 1 flacon de solvant 1 ml - Remb. 65 %

Laboratoires Organon

COMPOSITION

	p. amp.	p. amp.	p. amp.
Hormone gonadotrope d'origine placentaire, extraite de l'urine de femme enceinte	500 UI	1 500 UI	5 000 UI

INDICATIONS

Ce médicament contient une *hormone* qui stimule les organes de la reproduction. Chez la femme, il favorise le développement des ovules, et chez l'homme, la formation des spermatozoïdes.

Il est utilisé dans certains cas de stérilité féminine ou masculine.

CONTRE-INDICATIONS

Ce médicament ne doit pas être utilisé dans les cas suivants :
- *tumeur de l'hypophyse* ou certaines maladies des ovaires,
- jeune fille avant 18 ans.

ATTENTION

Ce médicament est destiné à rétablir la fertilité : prévenez votre médecin si vous ne souhaitez pas être enceinte.

Ce médicament doit être employé sous contrôle médical et biologique strict.

MODE D'EMPLOI ET POSOLOGIE

Ce médicament doit être injecté exclusivement par *voie* intramusculaire.

Posologie usuelle :

Chez la femme : la *posologie* est adaptée à chaque cas en fonction de l'effet éventuel sur le volume des ovaires (*échographie*) et du taux de certaines *hormones*. La dose efficace la plus faible possible est toujours recherchée.

Chez l'homme : la posologie est fonction des indications.

EFFETS INDÉSIRABLES POSSIBLES

Rétention d'eau et de *sel*.

GOPTEN
trandolapril

PRÉSENTATION
GOPTEN 0,5 mg : gélule (rouge et jaune) ; boîte de 28 - Remb. 65 % - Liste I

GOPTEN 2 mg : gélule (rouge) ; boîte de 28 - Remb. 65 % - Liste I

Laboratoires Knoll France

COMPOSITION

	p. gél.	p. gél.
Trandolapril	0,5 mg	2 mg

INDICATIONS
Ce médicament appartient à la famille des inhibiteurs de l'*enzyme* de conversion (IEC). L'enzyme de conversion est une substance naturellement présente dans l'organisme ; elle est responsable d'une contraction des artères qui augmente la tension artérielle et fatigue le cœur.

Il est utilisé dans le traitement de l'*hypertension artérielle*.

CONTRE-INDICATIONS
Ce médicament ne doit pas être utilisé en cas de **grossesse** ou d'**allaitement**.

ATTENTION

Si vous suivez un traitement par *diurétique* ou un régime sans *sel*, la baisse de la tension artérielle peut être importante lors des premières prises : un malaise ou des étourdissements peuvent survenir ; il est préférable de choisir une période de repos et de prendre garde au risque de chute.

Les *sels* de régime contiennent souvent du *potassium* ; ne les utilisez pas sans avis médical pendant le traitement.

Des précautions sont nécessaires chez la personne âgée et celle atteinte d'*insuffisance rénale*.

INTERACTIONS MÉDICAMENTEUSES
Ce médicament peut interagir avec d'autres médicaments, notamment ceux contenant du *lithium*, certains *diurétiques* et les *sels* de régime. Signalez tout autre traitement en cours à votre médecin ou à votre pharmacien.

GROSSESSE, ALLAITEMENT ET NOUVEAU-NÉ
Grossesse :

L'effet de ce médicament sur l'enfant à naître est mal connu. Quelques accidents ayant été rapportés, son usage pendant la grossesse est contre-indiqué.

Allaitement :

Les données actuellement disponibles ne permettent pas de savoir si ce médicament passe dans le lait maternel : l'allaitement est contre-indiqué.

MODE D'EMPLOI ET POSOLOGIE
Ce médicament peut être pris indifféremment au cours ou en dehors des repas.

Posologie usuelle :
- Adulte : 2 mg par jour, en 1 seule prise.

En cas d'*insuffisance rénale*, de traitement par des *diurétiques* ou de régime sans *sel*, la *posologie* initiale est faible ; elle est augmentée progressivement par le médecin en fonction des effets du médicament.

Le traitement médicamenteux ne dispense pas des mesures simples pouvant faire baisser la tension artérielle : activité physique régulière, modération de la consommation de boissons alcoolisées, lutte contre le surpoids.

EFFETS INDÉSIRABLES POSSIBLES
Toux sèche, *vertiges*, étourdissements, maux de tête, nausées, fatigue, hypotension.

Rares réactions allergiques : œdème de *Quincke*, *allergie* cutanée.

GOUTTES AUX ESSENCES
association d'essences végétales

PRÉSENTATION
GOUTTES AUX ESSENCES : solution buvable ; flacon avec compte-gouttes 45 ml - Non remb.

GOUTTES AUX ESSENCES : solution buvable ; flacon avec compte-gouttes 90 ml - Non remb.

Laboratoires Plantes et Médecines

COMPOSITION

	p. 100 ml
Essence de menthe	1,31 g
Essence de girofle	0,43 g
Essence de thym	0,43 g
Essence de cannelle	0,43 g
Essence de lavande	0,43 g
Alcool à 93°	+

INDICATIONS
Ce médicament est une association d'essences végétales qui possède une action locale *antiseptique* sur les *muqueuses* des *voies* respiratoires.

Il est utilisé dans le *traitement d'appoint* des infections des voies respiratoires.

CONTRE-INDICATIONS
Ce médicament ne doit pas être utilisé chez l'enfant de moins de 30 mois.

ATTENTION

La solution pure est très alcoolisée. Ne jamais l'absorber sans dilution préalable.

GROSSESSE, ALLAITEMENT ET NOUVEAU-NÉ
Ce médicament ne contient que des plantes présumées sans danger pendant la grossesse ou l'allaitement. Néanmoins, ne l'utilisez pas de façon prolongée sans l'avis de votre pharmacien ou de votre médecin.

MODE D'EMPLOI ET POSOLOGIE
Les gouttes doivent être versées dans un verre de boisson chaude ; il est possible d'ajouter du sucre, du jus de citron ou du jus de fruits.

Posologie usuelle :
- Adulte : 25 gouttes, 3 ou 4 fois par jour.
- Enfant de plus de 30 mois : 10 gouttes, 3 ou 4 fois par jour.

Conservez ce médicament à l'abri de la lumière ; elle pourrait en dégrader les principes actifs.

GRAINS DE VALS

PRÉSENTATION
GRAINS DE VALS : pilule (blanc) ; boîte de 30 - Non remb.

GRAINS DE VALS : pilule (blanc) ; boîte de 60 - Non remb.

Laboratoires Noguès

COMPOSITION

	p. pil.
Aloès	90 mg
Bile de bœuf, extrait	10 mg
Bourdaine, extrait sec	60 mg
Cascara, extrait	10 mg
Belladone, extrait	4 mg

INDICATIONS
Ce médicament contient des *laxatifs stimulants* et un *atropinique* (belladone). Les laxatifs stimulants augmentent les sécrétions et la motricité de l'intestin. La *belladone* réduit les douleurs abdominales.

Il est utilisé comme *traitement symptomatique* de la constipation.

CONTRE-INDICATIONS
Ce médicament ne doit pas être utilisé dans les cas suivants :
- maladies inflammatoires du côlon,
- maladie comportant un risque d'obstruction du tube digestif,
- *glaucome* à angle fermé,
- risque de rétention urinaire lié à un *adénome de la prostate*.

ATTENTION

Ce médicament doit être utilisé de façon épisodique et en cure très brève : pas plus de 8 à 10 jours.

Son usage régulier peut entraîner :
- une *dépendance*,
- des troubles intestinaux graves,
- une perte de sels minéraux et notamment de *potassium*, pouvant entraîner des *troubles du rythme cardiaque* graves.

Son usage doit rester exceptionnel chez l'enfant.

Arrêter le traitement en cas de diarrhée ou de douleurs abdominales.

INTERACTIONS MÉDICAMENTEUSES
Ce médicament peut interagir avec d'autres médicaments, notamment certains *antiarythmiques* et ceux contenant de la *vincamine*. Signalez tout autre traitement en cours à votre médecin ou à votre pharmacien.

GROSSESSE, ALLAITEMENT ET NOUVEAU-NÉ
Ce médicament est déconseillé pendant la grossesse ou l'allaitement.

MODE D'EMPLOI ET POSOLOGIE

1 ou 2 pilules au début ou au milieu du repas du soir.

> Des mesures simples d'hygiène alimentaire et des exercices physiques sont à envisager avant d'utiliser un laxatif : parlez-en à votre médecin ou à votre pharmacien.

EFFETS INDÉSIRABLES POSSIBLES

Diarrhée, douleurs abdominales.

A forte dose : effets *atropiniques*.

GRAMIDIL

amoxicilline

PRÉSENTATION

GRAMIDIL 125 mg : poudre pour suspension buvable arôme cerise ; flacon 60 ml (12 cuillères-mesure de 5 ml) - Remb. 65 % - Liste I

GRAMIDIL 250 mg : poudre pour suspension buvable arôme cerise ; flacon 60 ml (12 cuillères-mesure de 5 ml) - Remb. 65 % - Liste I

GRAMIDIL 500 mg : poudre pour suspension buvable (blanc) arôme cerise ; flacon 60 ml (12 cuillères-mesure de 5 ml) - Remb. 65 % - Liste I

GRAMIDIL 500 mg : gélule (vert foncé et vert clair) ; boîte de 12 - Remb. 65 % - Liste I

Laboratoires Leurquin

COMPOSITION

	p. c. mes.	p. c. mes.
Amoxicilline	125 mg	250 mg
Saccharose	2,4 g	2,2 g

	p. c. mes.	p. gél.
Amoxicilline	500 mg	500 mg
Saccharose	1,92 g	

INDICATIONS

C'est un *antibiotique* qui appartient à la famille des *pénicillines* à spectre élargi, c'est-à-dire actives sur un plus grand nombre de *germes* que la pénicilline simple.

Ce médicament est utilisé dans le traitement de diverses maladies infectieuses, notamment celles des poumons, des bronches, du nez, de la gorge ou des oreilles, de l'appareil digestif ou urinaire, des *voies* génitales, des gencives et des dents.

CONTRE-INDICATIONS

Ce médicament ne doit pas être utilisé dans les cas suivants :
- *allergie* aux *pénicillines*,
- *mononucléose infectieuse*.

Ce médicament ne peut être utilisé qu'après avis médical en cas d'allergie aux *céphalosporines*.

> **ATTENTION**
> Des précautions sont nécessaires en cas d'*insuffisance rénale*.

> Le médecin peut prescrire un prélèvement pour identifier le *germe* responsable de l'infection et tester sa sensibilité à l'*antibiotique*. Le résultat de cet examen peut être faussé en cas d'automédication préalable : ne prenez pas d'antibiotique sans avis médical.
>
> Des *antécédents* d'*allergie* à la *pénicilline* contre-indiquent l'usage de ce médicament. La survenue de toute manifestation allergique (boutons, *œdème*, malaise) impose l'arrêt immédiat du traitement : consultez votre médecin.
>
> Une diminution de la fièvre ou une disparition des *symptômes* ne sont pas synonymes de guérison : la durée du traitement doit absolument être respectée pour éviter les rechutes.
>
> La suspension buvable reconstituée contient du *sucre* (saccharose) en quantité notable.

INTERACTIONS MÉDICAMENTEUSES

Ce médicament peut interagir avec d'autres médicaments. Signalez tout autre traitement en cours à votre médecin ou à votre pharmacien.

GROSSESSE, ALLAITEMENT ET NOUVEAU-NÉ

Grossesse :

Les études scientifiques actuellement disponibles n'ont pas mis en évidence de problème particulier lors de l'utilisation chez la femme enceinte. Seul votre médecin peut apprécier la nécessité du traitement et son risque pendant la grossesse.

Allaitement :

Ce médicament passe dans le lait maternel.

MODE D'EMPLOI ET POSOLOGIE

Les gélules doivent être avalées avec un peu d'eau.

La suspension buvable doit être préparée : dissoudre la poudre avec de l'eau en quantité suffisante pour que la solution obtenue atteigne le trait gravé sur le flacon.

Les repas ne modifient pas l'absorption du médicament, qui peut donc être pris à n'importe quel moment de la journée.

Posologie usuelle :

Elle varie en fonction des indications.

À titre indicatif et pour des infections courantes :
- Adulte : 500 mg, matin et soir.
- Enfant et nourrisson : 25 à 50 mg par kg et par jour, répartis en 3 prises ; soit par exemple pour un enfant de 15 kg : une cuillère-mesure de sirop reconstitué à 250 mg, matin, midi et soir.

> L'éventuelle impression de fatigue n'est pas due à l'*antibiotique*, mais à l'infection elle-même.
>
> L'odeur particulière des urines est normale et traduit l'élimination de l'antibiotique.
>
> Le sirop reconstitué se conserve une semaine à température ambiante ; il est préférable de l'agiter avant chaque usage.

EFFETS INDÉSIRABLES POSSIBLES

Fréquents mais généralement bénins :
- *allergie* cutanée,
- *troubles digestifs* (nausée, diarrhée),
- *candidose*.

Rares mais parfois graves :
- œdème de *Quincke*,
- *choc* allergique (exceptionnel).

GRANIONS D'ARGENT

oligo-élément

PRÉSENTATION

GRANIONS D'ARGENT : solution buvable ; boîte de 10 ampoules 2 ml - Remb. 35 %

Laboratoires Granions

COMPOSITION

	p. amp.
Argent	0,64 mg

INDICATIONS

C'est un médicament qui appartient à la famille des éléments minéraux traces (oligo-éléments). Il contient une très faible quantité d'argent.

Il est utilisé comme *modificateur de terrain*, en particulier dans les infections virales de la gorge, du nez et des oreilles, les états grippaux et les aphtes.

> **ATTENTION**
> Les oligo-éléments aident l'organisme à combattre les maladies, mais leur action n'est généralement pas suffisante pour permettre la guérison d'affections graves ; un traitement spécifique est alors nécessaire.

GROSSESSE, ALLAITEMENT ET NOUVEAU-NÉ

Compte tenu de sa très faible concentration en minéraux, ce médicament peut être utilisé pendant la grossesse ou l'allaitement.

MODE D'EMPLOI ET POSOLOGIE

Le contenu de l'ampoule doit être dilué dans un demi-verre d'eau et avalé le matin à jeun ou à distance des repas.

Posologie usuelle :

1 ampoule, 2 ou 3 fois par jour. La durée du traitement ne doit pas dépasser 1 mois sans avis médical.

GRANIONS D'ARSENIC

oligo-élément

PRÉSENTATION

GRANIONS D'ARSENIC : solution buvable ; boîte de 10 ampoules 2 ml - Remb. 35 % - Liste I

Laboratoires Granions

COMPOSITION

	p. amp.
Arsenic	0,4 mg

INDICATIONS

Ce médicament appartient à la famille des éléments minéraux traces (oligo-éléments). Il contient une très faible quantité d'arsenic.

Il est utilisé comme *modificateur de terrain* dans les états de fatigue de toute nature.

ATTENTION

Les oligo-éléments aident l'organisme à combattre les maladies, mais leur action n'est généralement pas suffisante pour permettre la guérison d'affections graves ; un traitement spécifique est alors nécessaire.

Une fatigue persistante ne doit pas vous conduire à augmenter les prises de ce médicament ; consultez votre médecin.

GROSSESSE, ALLAITEMENT ET NOUVEAU-NÉ

Par prudence, ce médicament ne doit pas être utilisé pendant la grossesse ou l'allaitement.

MODE D'EMPLOI ET POSOLOGIE

Le contenu de l'ampoule doit être dilué dans un demi-verre d'eau et avalé le matin à jeun ou à distance des repas.

Posologie usuelle :

1 ampoule par jour, pendant 20 jours.

GRANIONS DE BISMUTH

oligo-élément

PRÉSENTATION

GRANIONS DE BISMUTH : solution buvable ; boîte de 10 ampoules 2 ml - Remb. 35 % - Liste I

Laboratoires Granions

COMPOSITION

	p. amp.
Bismuth	2 mg

INDICATIONS

C'est un médicament qui appartient à la famille des éléments minéraux traces (oligo-éléments). Il contient une très faible quantité de bismuth.

Il est utilisé comme *modificateur de terrain*, en particulier au cours des états grippaux ou des infections du nez, de la gorge et des oreilles.

ATTENTION

Les oligo-éléments aident l'organisme à combattre les maladies, mais leur action n'est généralement pas suffisante pour permettre la guérison d'affections graves ; un traitement spécifique est alors nécessaire.

GROSSESSE, ALLAITEMENT ET NOUVEAU-NÉ

L'effet de ce médicament pendant la grossesse ou l'allaitement est mal connu : seul votre médecin peut évaluer le risque éventuel de son utilisation dans votre cas.

MODE D'EMPLOI ET POSOLOGIE

Le contenu de l'ampoule doit être dilué dans un demi-verre d'eau et avalé le matin à jeun ou à distance des repas.

Posologie usuelle :

1 ampoule, 1 ou 2 fois par jour.

En phase aiguë : la posologie peut être augmentée pendant 3 jours.

GRANIONS DE CUIVRE

oligo-élément

PRÉSENTATION

GRANIONS DE CUIVRE : solution buvable ; boîte de 10 ampoules 2 ml - Remb. 35 %

Laboratoires Granions

COMPOSITION

	p. amp.
Cuivre	0,3 mg

INDICATIONS

C'est un médicament qui appartient à la famille des éléments minéraux traces (oligo-éléments). Il contient une très faible quantité de cuivre.

Il est utilisé comme *modificateur de terrain*, en particulier dans les états grippaux, les infections virales et dans les manifestations rhumatismales inflammatoires.

ATTENTION

Les oligo-éléments aident l'organisme à combattre les maladies, mais leur action n'est généralement pas suffisante pour permettre la guérison d'affections graves ; un traitement spécifique est alors nécessaire.

GROSSESSE, ALLAITEMENT ET NOUVEAU-NÉ

Compte tenu de sa très faible concentration en minéraux, ce médicament peut être utilisé pendant la grossesse ou l'allaitement.

MODE D'EMPLOI ET POSOLOGIE

Le contenu de l'ampoule doit être dilué dans un demi-verre d'eau et avalé le matin à jeun ou à distance des repas.

Posologie usuelle :

Manifestations rhumatismales inflammatoires : 2 ampoules par jour. La durée du traitement ne doit pas dépasser 1 mois sans avis médical.

États grippaux : 1 ampoule toutes les 3 heures pendant 48 heures. Ne pas dépasser 6 ampoules par jour.

Les médicaments sont prescrits dans une situation précise : ne les réutilisez pas sans avis médical.

GRANIONS D'HYDRARGYRE

oligo-élément

PRÉSENTATION

GRANIONS D'HYDRARGYRE : solution buvable ; boîte de 10 ampoules 2 ml - Remb. 35 %

Laboratoires Granions

COMPOSITION

	p. amp.
Mercure (hydrargyre)	0,8 mg

INDICATIONS

C'est un médicament qui appartient à la famille des éléments minéraux traces (oligo-éléments). Il contient une très faible quantité de mercure.

Il est utilisé comme *modificateur de terrain*, en particulier au cours des infections des *voies* urinaires ou génitales.

ATTENTION

Les oligo-éléments aident l'organisme à combattre les maladies, mais leur action n'est généralement pas suffisante pour permettre la guérison d'affections graves ; un traitement spécifique est alors nécessaire.

GROSSESSE, ALLAITEMENT ET NOUVEAU-NÉ

Compte tenu de sa très faible concentration en minéraux, ce médicament peut être utilisé pendant la grossesse ou l'allaitement.

MODE D'EMPLOI ET POSOLOGIE

Le contenu de l'ampoule doit être dilué dans un demi-verre d'eau et avalé le matin à jeun ou à distance des repas.

Posologie usuelle :

1 ampoule par jour, pendant 7 jours.

Le traitement peut être prolongé 1 mois après avis médical.

GRANIONS D'IODE

oligo-élément

PRÉSENTATION

GRANIONS D'IODE : solution buvable ; boîte de 10 ampoules 2 ml - Remb. 35 %

Laboratoires Granions

COMPOSITION

	p. amp.
Iode	4 mg

INDICATIONS

Ce médicament contient de l'iode, indispensable au fonctionnement de la glande *thyroïde*.

Il est utilisé dans le traitement de l'*hyperthyroïdie*, en attente d'une opération de la glande thyroïde.

CONTRE-INDICATIONS

Ce médicament ne doit pas être utilisé dans les cas suivants :

- *intolérance* ou *allergie* à l'iode ;

- certains *goitres* ;
- *troubles du rythme cardiaque*, *insuffisance coronarienne*, maladie cardiaque ;
- grossesse.

ATTENTION

Ce médicament ne peut être utilisé qu'après avis médical.

Des précautions sont nécessaires en cas d'*hypertension artérielle*, d'*insuffisance surrénale*, d'*anorexie*, de *tuberculose* ou de *diabète*.

GROSSESSE, ALLAITEMENT ET NOUVEAU-NÉ

Grossesse :

Ce médicament est contre-indiqué pendant la grossesse.

Allaitement :

Les données actuellement disponibles ne permettent pas de savoir si ce médicament passe dans le lait maternel.

MODE D'EMPLOI ET POSOLOGIE

Le contenu de l'ampoule doit être dilué dans un demi-verre d'eau et avalé le matin à jeun ou à distance des repas.

Posologie usuelle :

- Adulte : 1 ou 2 ampoules par jour.
- Enfant : 1/4 à 1 ampoule par jour.

EFFETS INDÉSIRABLES POSSIBLES

Insomnie, excitabilité, augmentation du rythme cardiaque, maux de tête, sueurs, élévation de la température, diarrhées.

GRANIONS DE LITHIUM

oligo-élément

PRÉSENTATION

GRANIONS DE LITHIUM : solution buvable ; boîte de 10 ampoules 2 ml - Non remb.

Laboratoires Granions

COMPOSITION

	p. amp.
Lithium	1 mg

INDICATIONS

C'est un médicament qui appartient à la famille des éléments minéraux traces (oligo-éléments). Il contient une très faible quantité de *lithium*.

Il est utilisé comme *modificateur de terrain*, en particulier en cas d'irritabilité ou de troubles légers du sommeil, chez l'adulte comme chez l'enfant.

GROSSESSE, ALLAITEMENT ET NOUVEAU-NÉ

Compte tenu de sa très faible concentration en minéraux, ce médicament peut être utilisé ponctuellement chez la femme enceinte ou chez celle qui allaite.

MODE D'EMPLOI ET POSOLOGIE

Le contenu de l'ampoule doit être dilué dans un demi-verre d'eau et avalé le matin à jeun ou à distance des repas.

Posologie usuelle :

- Adulte et enfant : 1 à 2 ampoules par jour, pendant 30 jours.

GRANIONS DE MAGNÉSIUM

oligo-élément

PRÉSENTATION

GRANIONS DE MAGNÉSIUM : solution buvable ; boîte de 10 ampoules 2 ml - Remb. 35 %

Laboratoires Granions

COMPOSITION

	p. amp.
Magnésium	3,8 mg

INDICATIONS

C'est un médicament qui appartient à la famille des éléments minéraux traces (oligo-éléments). Il contient une très faible quantité de magnésium.

Il est utilisé comme *modificateur de terrain*, en particulier dans certains dérèglements du système *neurovégétatif* et dans les troubles regroupés sous le terme de *spasmophilie*.

GROSSESSE, ALLAITEMENT ET NOUVEAU-NÉ

Compte tenu de sa très faible concentration en minéraux, ce médicament peut être utilisé ponctuellement chez la femme enceinte ou chez celle qui allaite.

MODE D'EMPLOI ET POSOLOGIE

Le contenu de l'ampoule doit être dilué dans un demi-verre d'eau et avalé le matin à jeun ou à distance des repas.

Posologie usuelle :

3 ampoules par jour. La durée du traitement ne doit pas dépasser 1 mois sans l'avis de votre médecin ou de votre pharmacien.

GRANIONS D'OR

oligo-élément

PRÉSENTATION

GRANIONS D'OR : solution buvable ; boîte de 10 ampoules 2 ml - Remb. 35 %

Laboratoires Granions

COMPOSITION

	p. amp.
Or	0,2 mg

INDICATIONS

Ce médicament appartient à la famille des éléments minéraux traces (oligo-éléments). Il contient une très faible quantité d'or.

Il est utilisé comme *modificateur de terrain*, en particulier dans les manifestations rhumatismales inflammatoires.

ATTENTION

Les oligo-éléments aident l'organisme à combattre les maladies, mais leur action n'est généralement pas suffisante pour permettre la guérison d'affections graves ; un traitement spécifique est alors nécessaire.

GROSSESSE, ALLAITEMENT ET NOUVEAU-NÉ

Compte tenu de sa faible concentration en minéraux, ce médicament peut être utilisé ponctuellement chez la femme enceinte ou chez celle qui allaite.

MODE D'EMPLOI ET POSOLOGIE

Le contenu de l'ampoule doit être dilué dans un demi-verre d'eau et avalé à distance des repas.

Posologie usuelle :

1 ampoule, matin et soir. Ne pas poursuivre le traitement plus d'un mois sans avis médical.

GRANIONS DE SÉLÉNIUM

oligo-élément

PRÉSENTATION

GRANIONS DE SÉLÉNIUM : solution buvable ; boîte de 10 ampoules 2 ml - Remb. 35 %

Laboratoires Granions

COMPOSITION

	p. amp.
Sélénium	0,96 mg

INDICATIONS

Ce médicament appartient à la famille des éléments minéraux traces (oligo-éléments). Il contient du sélénium.

Il est utilisé comme *modificateur de terrain*, en particulier dans les cas de *mycoses* et d'*acné*.

GROSSESSE, ALLAITEMENT ET NOUVEAU-NÉ

L'effet de ce médicament pendant la grossesse ou l'allaitement est mal connu. L'évaluation du risque éventuel lié à son utilisation est individuelle : demandez conseil à votre pharmacien ou à votre médecin.

MODE D'EMPLOI ET POSOLOGIE

Le contenu de l'ampoule doit être dilué dans un demi-verre d'eau et avalé le matin à jeun ou à distance des repas.

Posologie usuelle :

1 ampoule par jour. Ne pas dépasser 30 jours de traitement sans avis médical.

GRANIONS DE SOUFRE

oligo-élément

PRÉSENTATION

GRANIONS DE SOUFRE : solution buvable ; boîte de 10 ampoules 2 ml - Remb. 35 %

Laboratoires Granions

COMPOSITION

	p. amp.
Soufre	19,5 mg

INDICATIONS

C'est un médicament qui appartient à la famille des éléments minéraux traces (oligo-éléments). Il contient une très faible quantité de soufre.

Il est utilisé comme *modificateur de terrain*, en particulier dans les cas d'affections récidivantes de la peau, des articulations, du nez, de la gorge et des oreilles.

ATTENTION
Les oligo-éléments aident l'organisme à combattre les maladies, mais leur action n'est généralement pas suffisante pour permettre la guérison d'affections graves ; un traitement spécifique est alors nécessaire.

GROSSESSE, ALLAITEMENT ET NOUVEAU-NÉ

Compte tenu de sa très faible concentration en minéraux, ce médicament peut être utilisé pendant la grossesse ou l'allaitement.

MODE D'EMPLOI ET POSOLOGIE

Le contenu de l'ampoule doit être dilué dans un demi-verre d'eau et avalé le matin à jeun ou à distance des repas.

Posologie usuelle :

1 ampoule, 1 ou 2 fois par jour. La durée du traitement ne doit pas dépasser 1 mois sans avis médical.

GRANIONS D'URANIUM

oligo-élément

PRÉSENTATION

GRANIONS D'URANIUM : solution buvable ; boîte de 10 ampoules 2 ml - Remb. 35 %

Laboratoires Granions

COMPOSITION

	p. amp.
Uranium	1,2 mg

INDICATIONS

Ce médicament appartient à la famille des éléments minéraux traces (oligo-éléments). Il contient de l'uranium.

Il est utilisé comme *modificateur de terrain*, en particulier au cours des digestions difficiles.

ATTENTION
Si les *symptômes* persistent, consultez votre médecin.

GROSSESSE, ALLAITEMENT ET NOUVEAU-NÉ

L'effet de ce médicament pendant la grossesse ou l'allaitement est mal connu. L'évaluation du risque éventuel lié à son utilisation est individuelle : demandez conseil à votre pharmacien ou à votre médecin.

MODE D'EMPLOI ET POSOLOGIE

Le contenu de l'ampoule doit être dilué dans un demi-verre d'eau et avalé le matin à jeun ou à distance des repas.

Posologie usuelle :

1 ampoule par jour.

Ne poursuivez pas le traitement au-delà de 30 jours sans avis médical.

GRANIONS DE ZINC

oligo-élément

PRÉSENTATION

GRANIONS DE ZINC : solution buvable ; boîte de 30 ampoules 2 ml - Remb. 65 %

Laboratoires Granions

COMPOSITION

	p. amp.
Zinc	15 mg

INDICATIONS

Ce médicament contient du zinc, actif sur l'*inflammation* des lésions de l'*acné*.

Il est utilisé dans le traitement de l'acné.

INTERACTIONS MÉDICAMENTEUSES

Ce médicament gêne l'absorption des *antibiotiques* de la famille des *tétracyclines* : ils ne doivent pas lui être associés.

La prise de médicaments contenant du calcium ou du fer, ainsi que les *pansements digestifs*, diminue l'absorption de ce produit.

GROSSESSE, ALLAITEMENT ET NOUVEAU-NÉ

L'effet de ce médicament pendant la grossesse ou l'allaitement est mal connu. L'évaluation du risque éventuel lié à son utilisation est individuelle : demandez conseil à votre pharmacien ou à votre médecin.

MODE D'EMPLOI ET POSOLOGIE

Le contenu des ampoules doit être dilué dans un demi-verre d'eau et avalé le matin à jeun.

Posologie usuelle :

2 ampoules, 1 fois par jour, pendant 3 mois ; puis 1 ampoule par jour selon la prescription du médecin.

Le repas qui suit immédiatement la prise de ce médicament ne doit pas comporter certains aliments tels que le pain complet, les germes de soja ou le maïs : ceux-ci peuvent gêner son absorption.

EFFETS INDÉSIRABLES POSSIBLES

Troubles digestifs.

GRANUDOXY

doxycycline

PRÉSENTATION

GRANUDOXY : gélule (rouge et jaune) ; boîte de 5 - Remb. 65 % - Liste I

Laboratoires Pierre Fabre

COMPOSITION

	p. gél.
Doxycycline	100 mg

INDICATIONS

C'est un *antibiotique* qui appartient à la famille des *tétracyclines*.

Il est utilisé dans le traitement de diverses maladies infectieuses, notamment respiratoires et génitales. Il est également utilisé dans le traitement de l'*acné*.

CONTRE-INDICATIONS

Ce médicament ne doit pas être utilisé dans les cas suivants :

- *allergie* aux *tétracyclines*,
- enfant de moins de 8 ans (risque de coloration définitive des dents),
- association avec les *rétinoïdes*,
- **grossesse**,
- **allaitement**.

ATTENTION
Ce médicament est photosensibilisant : une exposition aux rayons *ultraviolets* peut provoquer des réactions cutanées. Évitez toute exposition au soleil et n'omettez pas de signaler à votre médecin vos projets de vacances pendant la durée du traitement.

INTERACTIONS MÉDICAMENTEUSES

Ce médicament ne doit pas être associé à ceux contenant des *rétinoïdes* (ROACCUTANE, SORIATANE...) : risque d'*hypertension intracrânienne*.

Il peut interagir avec d'autres médicaments, notamment les *anticoagulants* oraux : signalez tout autre traitement en cours à votre médecin ou à votre pharmacien.

GROSSESSE, ALLAITEMENT ET NOUVEAU-NÉ

Ce médicament peut provoquer des anomalies dentaires chez l'enfant à naître ou le *nourrisson* : son usage est contre-indiqué pendant la grossesse et l'allaitement.

MODE D'EMPLOI ET POSOLOGIE

Pour éviter les *troubles digestifs*, ce médicament sera pris de préférence pendant les repas.

Les gélules doivent être avalées avec un grand verre d'eau. Il est préférable de les absorber en position allongée.

Posologie usuelle :

- Adulte :
  - pour un poids inférieur à 60 kg : 2 gélules le 1er jour, puis 1 gélule par jour ;
  - pour un poids supérieur à 60 kg : 2 gélules par jour, en une prise.

Dans le traitement prolongé de l'*acné* et de certaines infections génitales : *posologie* particulière précisée par le médecin.

- Enfant de plus de 8 ans : 4 mg par kg et par jour.

Le médecin peut prescrire un prélèvement pour identifier le *germe* responsable de l'infection et tester sa sensibilité aux *antibiotiques*. Le résultat de cet examen peut être faussé en cas d'automédication préalable : un avis médical est toujours préférable avant la prise d'antibiotiques.

Une diminution de la fièvre ou une disparition des troubles ne sont pas synonymes de guérison : la durée du traitement doit absolument être respectée pour éviter les rechutes.

EFFETS INDÉSIRABLES POSSIBLES

Troubles digestifs : nausée, diarrhée, *candidose* génitale.

Allergie cutanée, œdème de *Quincke*.

Rougeurs cutanées dues à une exposition aux rayons *ultraviolets*.

GRISÉFULINE comprimé

griséofulvine

PRÉSENTATION

GRISÉFULINE 250 mg : comprimé sécable (blanc) ; boîte de 30 - Remb. 65 % - Liste I

GRISÉFULINE 500 mg : comprimé sécable (blanc) ; boîte de 20 - Remb. 65 % - Liste I

Laboratoires Clin Midy

COMPOSITION

	p. comp. 250 mg	p. comp. 500 mg
Griséofulvine micronisée		

INDICATIONS

C'est un *antifongique* dont l'action est limitée à une famille de champignons microscopiques appelés *dermatophytes*. Il fait partie des antifongiques qui sont absorbés par l'intestin.

Ce médicament est utilisé sous strict contrôle médical pour traiter certaines *mycoses* de la peau, du cuir chevelu et des ongles. À forte dose, il possède d'autres propriétés, notamment *anti-inflammatoires*, qui le rendent utile dans le traitement des maladies telles que le syndrome de *Raynaud* ou les *algodystrophies*.

CONTRE-INDICATIONS

Ce médicament ne doit pas être utilisé dans les cas suivants :
- *porphyries*,
- association avec des *contraceptifs* oraux,
- grossesse.

ATTENTION

Des précautions sont nécessaires en cas d'*insuffisance hépatique*.

Ce médicament est *photosensibilisant* : une exposition aux rayons *ultraviolets* (soleil, lampe à bronzer) peut provoquer des réactions cutanées. N'omettez pas de signaler à votre médecin vos projets de vacances au soleil pendant la durée du traitement.

Évitez les boissons alcoolisées pendant le traitement : risque d'*effet antabuse*.

Conducteur : ce médicament peut être responsable d'une baisse de la vigilance, particulièrement en début de traitement.

INTERACTIONS MÉDICAMENTEUSES

Ce médicament peut annuler l'effet des *contraceptifs* oraux (pilule). Un autre mode de contraception doit être envisagé pendant la durée du traitement.

Il peut interagir avec d'autres médicaments, notamment les *anticoagulants* oraux : signalez tout autre traitement en cours à votre médecin ou à votre pharmacien.

GROSSESSE, ALLAITEMENT ET NOUVEAU-NÉ

L'effet de ce médicament sur l'enfant à naître est mal connu. Son usage est contre-indiqué pendant la grossesse.

Allaitement :

Ce médicament passe faiblement dans le lait maternel.

MODE D'EMPLOI ET POSOLOGIE

Ce médicament est mieux absorbé par l'organisme lorsqu'il est pris au cours d'un repas.

Posologie usuelle :
- Adulte et enfant : elle est adaptée par le médecin en fonction de l'indication, du poids et de l'âge du malade.

Le respect de la durée du traitement est un élément capital de son efficacité.

EFFETS INDÉSIRABLES POSSIBLES

Maux de tête, *vertiges*, somnolence, insomnies (ces troubles sont augmentés par l'alcool).

Troubles digestifs (nausées, diarrhée), perturbation du goût, soif anormale.

Réactions allergiques ou de *photosensibilisation*.

Exceptionnellement : *hépatites* ou baisse des globules.

GUÉTHURAL

guéthol, carbamide

PRÉSENTATION

GUÉTHURAL : comprimé à sucer (blanc) ; boîte de 48 - Remb. 35 %

GUÉTHURAL : granulé ; boîte de 100 g (1 c. à c. = 5 g) - Remb. 35 %

Laboratoires Élerté

COMPOSITION

	p. comp.	p. c.à c.
Guéthol, carbonate	27 mg	170 mg
Carbamide	11 mg	67,5 mg
Saccharose	0,96 g	5 g

INDICATIONS

Ce médicament fluidifie les sécrétions bronchiques.

Il est utilisé dans les états d'encombrement des bronches, associés aux maladies bronchiques aiguës ou chroniques.

ATTENTION

N'utilisez pas d'*antitussif* en plus de ce médicament sans l'avis de votre médecin ou de votre pharmacien.

Si les sécrétions persistent au-delà de quelques jours, si elles se colorent ou si vous avez de la fièvre, consultez votre médecin.

Ce médicament contient du *sucre* (saccharose) en quantité notable.

GROSSESSE, ALLAITEMENT ET NOUVEAU-NÉ

L'effet de ce médicament pendant la grossesse ou l'allaitement est mal connu. L'évaluation du risque éventuel lié à son utilisation est individuelle : demandez conseil à votre pharmacien ou à votre médecin.

MODE D'EMPLOI ET POSOLOGIE

Ce médicament doit être pris entre les repas.

Les comprimés doivent être sucés lentement et les granulés peuvent être croqués ou dilués dans un peu d'eau.

Posologie usuelle :
- Adulte : 10 à 12 comprimés par jour ou 1 cuillère à café de granulés, 4 à 6 fois par jour.
- Enfant : 5 à 6 comprimés par jour ou 1 cuillère à café de granulés, 2 à 3 fois par jour.

La poursuite du tabagisme est un frein important à l'évacuation des mucosités.

Il est nécessaire de lutter contre la sécheresse de l'air ambiant (humidificateur...) pour éviter le dessèchement des sécrétions. Il est également recommandé de boire beaucoup.

Des crachats fluides et abondants traduisent l'efficacité de ce médicament.

Chez la personne âgée ou le très jeune enfant, l'incapacité à évacuer les crachats peut justifier l'aide d'un kinésithérapeute, sur prescription médicale.

GUÉTHURAL 300

glycérylguéthol

PRÉSENTATION

GUÉTHURAL 300 : comprimé (blanc) ; boîte de 40 - Remb. 35 %

Laboratoires Élerté

COMPOSITION

	p. comp.
Glycérylguéthol	300 mg

INDICATIONS

Ce médicament fluidifie les sécrétions bronchiques.

Il est utilisé en cas d'encombrement des bronches, associé aux maladies bronchiques aiguës ou chroniques.

CONTRE-INDICATIONS

Ce médicament ne doit pas être utilisé chez l'enfant.

ATTENTION

N'utilisez pas d'*antitussif* en plus de ce médicament sans l'avis de votre médecin ou de votre pharmacien.

Si les sécrétions persistent au-delà de quelques jours, si elles se colorent ou si vous avez de la fièvre, consultez votre médecin.

GROSSESSE, ALLAITEMENT ET NOUVEAU-NÉ

L'effet de ce médicament pendant la grossesse ou l'allaitement est mal connu. L'évaluation du risque éventuel lié à son utilisation est individuelle : demandez conseil à votre pharmacien ou à votre médecin.

MODE D'EMPLOI ET POSOLOGIE

Les comprimés doivent être avalés avant les repas, avec un peu d'eau, sans être croqués.

Posologie usuelle :
1 ou 2 comprimés, 2 ou 3 fois par jour.

La poursuite du tabagisme est un frein important à l'évacuation des mucosités.

Il est nécessaire de lutter contre la sécheresse de l'air ambiant (humidificateur...) pour éviter le dessèchement des sécrétions. Il est également recommandé de boire beaucoup.

Des crachats fluides et abondants traduisent l'efficacité de ce médicament.

Chez la personne âgée, l'incapacité à évacuer les crachats peut justifier l'aide d'un kinésithérapeute, sur prescription du médecin.

GURONSAN

PRÉSENTATION

GURONSAN : comprimé effervescent (blanc) ; boîte de 30 - Non remb.

Laboratoires Lyocentre

COMPOSITION

	p. comp. efferv.
Glucuronamide	400 mg
Acide ascorbique (vitamine C)	500 mg
Caféine	50 mg
Sodium	620 mg
Saccharose	158 mg

INDICATIONS

Ce médicament est un *antiasthénique*. Il contient notamment de la *vitamine* C et de la caféine.

Il est utilisé dans le *traitement symptomatique* de la fatigue.

ATTENTION

Ce médicament contient du *sel* (sodium) en quantité notable.

GROSSESSE, ALLAITEMENT ET NOUVEAU-NÉ

Ce médicament ne contient que des substances présumées sans danger pendant la grossesse ou l'allaitement. Néanmoins, ne l'utilisez pas de façon prolongée sans l'avis de votre pharmacien ou de votre médecin.

MODE D'EMPLOI ET POSOLOGIE

Les comprimés effervescents doivent être dissous dans un verre d'eau.

Posologie usuelle :
1 comprimé, le matin et à midi.

La prise de ce médicament après 17 heures peut favoriser une insomnie.

Une fatigue persistante ne doit pas vous conduire à augmenter les prises de ce médicament : consultez votre médecin.

Les comprimés effervescents doivent être conservés à l'abri de l'humidité et de la chaleur.

EFFETS INDÉSIRABLES POSSIBLES

La caféine, à forte dose, peut provoquer des *palpitations* ou une irritabilité anormale.

GYNERGÈNE CAFÉINÉ

ergotamine, caféine

PRÉSENTATION

GYNERGÈNE CAFÉINÉ : comprimé (jaune clair) ; boîte de 20 - Remb. 65 % - Liste I

GYNERGÈNE CAFÉINÉ : suppositoire (blanc) ; boîte de 6 - Remb. 65 % - Liste I

Laboratoires Sandoz

COMPOSITION

	p. comp.	p. suppos.
Ergotamine tartrate	1 mg	2 mg
Caféine	100 mg	100 mg

INDICATIONS

C'est un antimigraineux qui appartient à la famille des dérivés de l'*ergot de seigle* ; la présence de caféine est destinée à accélérer l'absorption du médicament.

Il est utilisé dans le *traitement de la crise* de *migraine*.

CONTRE-INDICATIONS

Ce médicament ne doit pas être utilisé dans les cas suivants :
- *hypertension artérielle*, *insuffisance coronarienne*, *artérite* ;
- *insuffisance hépatique*, *insuffisance rénale* graves ;
- infection grave ;
- en association avec les *antibiotiques* de la famille des *macrolides* ;
- grossesse.

ATTENTION

En cas de fourmillements, de douleurs inhabituelles et persistantes ou de pâleur des extrémités des membres, prévenez d'urgence votre médecin.

INTERACTIONS MÉDICAMENTEUSES

Ce médicament ne doit pas être associé aux *antibiotiques* de la famille des *macrolides* (érythromycine, josamycine ou roxithromycine) : risque d'*ergotisme*.

Il peut interagir avec d'autres médicaments, notamment les *bêtabloquants* : signalez tout autre traitement en cours à votre médecin ou à votre pharmacien.

GROSSESSE, ALLAITEMENT ET NOUVEAU-NÉ

Grossesse :
Par mesure de prudence, ce médicament est contre-indiqué pendant la grossesse.

Allaitement :
Ce médicament passe dans le lait maternel : l'allaitement est déconseillé.

MODE D'EMPLOI ET POSOLOGIE

Les comprimés doivent être avalés avec un peu d'eau.

Posologie usuelle :
- Adulte : 2 comprimés ou 1 suppositoire dès les premiers signes de crise. Si la douleur persiste, vous pouvez reprendre 1 comprimé ou 1 suppositoire après un intervalle d'une demi-heure, sans jamais dépasser 6 comprimés ou 3 suppositoires par jour.
- Enfant de plus de 10 ans : la posologie usuelle est la moitié de celle de l'adulte.

Ne pas dépasser 10 comprimés ou 5 suppositoires par semaine. Si les crises se répètent, n'augmentez pas les doses et consultez votre médecin.

Lorsque la *migraine* est accompagnée de nausées ou de vomissements, il est préférable d'utiliser les suppositoires.

EFFETS INDÉSIRABLES POSSIBLES

Nausées, vomissements.

Fourmillement, engourdissement des extrémités.

GYNESCAL

PRÉSENTATION

GYNESCAL : poudre pour solution locale ; boîte de 20 sachets bipoches (3,7 g) - Non remb.

Laboratoires C.C.D.

COMPOSITION

	p. sachet
Trioxyméthylène	1 mg
Acide salicylique	20 mg
Acide benzoïque	10 mg
Borate de sodium	200 mg
Carbonate monosodique	500 mg

INDICATIONS

Ce médicament à usage gynécologique contient notamment un *antiseptique* et un *salicylé*.

Il est destiné à la toilette intime.

CONTRE-INDICATIONS

Ce médicament ne doit pas être utilisé en cas d'*allergie* aux *salicylés*.

ATTENTION

Évitez d'utiliser ce médicament de façon prolongée ou répétée sans l'avis de votre médecin.

INTERACTIONS MÉDICAMENTEUSES

L'association à d'autres *antiseptiques* est déconseillée car leurs effets risquent de s'annuler.

GROSSESSE, ALLAITEMENT ET NOUVEAU-NÉ

L'effet de ce médicament pendant la grossesse ou l'allaitement est mal connu. L'évaluation du risque éventuel lié à son utilisation est individuelle : demandez conseil à votre pharmacien ou à votre médecin.

MODE D'EMPLOI ET POSOLOGIE

Ce médicament est destiné au lavage externe.

Dissoudre le contenu des 2 poches dans le bidet rempli d'eau tiède ou chaude. Se rincer abondamment après le lavage.

Posologie usuelle :

1 lavage matin et soir.

La durée du traitement est individuelle.

EFFETS INDÉSIRABLES POSSIBLES

Irritation : elle nécessite l'arrêt du traitement.

GYN-HYDRALIN

glycocolle

PRÉSENTATION

GYN-HYDRALIN : solution pour application locale ; flacon 200 ml - Non remb.

GYN-HYDRALIN : solution pour application locale ; flacon 400 ml - Non remb.

Laboratoires Soekami Lefrancq

COMPOSITION

	p. 100 ml
Glycocolle	1,44 g

INDICATIONS

C'est une solution alcaline et calmante.

Elle est utilisée dans le traitement des démangeaisons génitales externes, dans l'attente d'un traitement spécifique.

> **ATTENTION**
> Le médecin prescrit parfois un prélèvement pour identifier le *germe* responsable de l'infection. Le résultat de cet examen peut être faussé si vous utilisez cette solution avant le prélèvement.

INTERACTIONS MÉDICAMENTEUSES

L'usage conjoint d'*antiseptiques* ou de savons est déconseillé car leurs effets risquent de s'annuler.

GROSSESSE, ALLAITEMENT ET NOUVEAU-NÉ

L'utilisation ponctuelle de ce médicament pendant la grossesse ou l'allaitement ne semble pas poser de problème particulier.

MODE D'EMPLOI ET POSOLOGIE

Cette solution, destinée au lavage externe, s'utilise pure, comme un savon. Rincer abondamment après chaque lavage.

Posologie usuelle :

1 lavage matin et soir, pendant 10 à 14 jours.

EFFETS INDÉSIRABLES POSSIBLES

Irritation, réaction allergique.

GYNO-DAKTARIN

miconazole

PRÉSENTATION

GYNO-DAKTARIN 100 mg : ovule ; boîte de 14 - Remb. 65 %

GYNO-DAKTARIN : gel gynécologique ; tube 70 g et applicateur gradué à 5 g - Remb. 65 %

Laboratoires Janssen

COMPOSITION

	p. ovule	gel p. 5 g
Miconazole	100 mg	100 mg

INDICATIONS

Ce médicament d'usage local contient un *antifongique* de la famille des *imidazolés*.

Il est utilisé dans le traitement des *mycoses* du vagin et de la vulve, notamment des *candidoses*.

CONTRE-INDICATIONS

Ce médicament ne doit pas être utilisé en cas d'*allergie* aux *imidazolés*.

> **ATTENTION**
> Si l'infection ne disparaît pas après quelques jours, consultez votre médecin.

INTERACTIONS MÉDICAMENTEUSES

Ce médicament peut interagir avec d'autres médicaments, notamment certains *antidiabétiques* et *anticoagulants*. Signalez tout autre traitement en cours à votre médecin ou à votre pharmacien.

GROSSESSE, ALLAITEMENT ET NOUVEAU-NÉ

L'effet de ce médicament pendant la grossesse ou l'allaitement est mal connu : seul votre médecin peut évaluer le risque éventuel de son utilisation dans votre cas.

MODE D'EMPLOI ET POSOLOGIE

Ovule : l'introduire profondément dans le vagin.

Gel gynécologique : à l'aide de l'applicateur gradué, l'appliquer sur la vulve ou dans le vagin.

Posologie usuelle :

Ovule : 1 ovule, matin et soir pendant 7 jours, ou 1 ovule chaque soir, pendant 14 jours.

Gel gynécologique : 1 application chaque soir, pendant 14 jours.

> Introduisez l'ovule en position couchée, puis restez allongée pendant 5 à 10 minutes. En fondant dans le vagin, l'ovule peut être à l'origine d'un écoulement gênant : il est conseillé de porter une protection.
>
> Pendant les règles, n'interrompez pas le traitement et évitez de porter des tampons.
>
> Évitez d'utiliser des savons acides : ils favorisent la multiplication des champignons.
>
> Votre partenaire peut être contaminé alors qu'il ne présente aucun *symptôme*. S'il n'est pas traité conjointement, une recontamination est possible.

EFFETS INDÉSIRABLES POSSIBLES

Sensation de brûlure ne devant pas faire arrêter le traitement.

GYNO-DAKTARIN 400 mg

miconazole

PRÉSENTATION

GYNO-DAKTARIN 400 mg : ovule ; boîte de 3 - Remb. 65 % - Liste I

Laboratoires Janssen

COMPOSITION

	p. ovule
Miconazole	400 mg

INDICATIONS

Cet ovule gynécologique contient un *antifongique* de la famille des *imidazolés*.

Il est utilisé dans le traitement des *mycoses* du vagin et de la vulve, notamment des *candidoses*.

CONTRE-INDICATIONS

Ce médicament ne doit pas être utilisé en cas d'*allergie* aux *imidazolés*.

> **ATTENTION**
> Si l'infection ne disparaît pas après quelques jours, consultez votre médecin.

INTERACTIONS MÉDICAMENTEUSES

Ce médicament peut interagir avec d'autres médicaments, notamment certains *antidiabétiques* et *anticoagulants*. Signalez tout autre traitement en cours à votre médecin ou à votre pharmacien.

GROSSESSE, ALLAITEMENT ET NOUVEAU-NÉ

L'effet de ce médicament pendant la grossesse ou l'allaitement est mal connu : seul votre médecin peut évaluer le risque éventuel de son utilisation dans votre cas.

MODE D'EMPLOI ET POSOLOGIE

L'ovule doit être introduit au fond du vagin.

Posologie usuelle :

1 ovule le soir, pendant 3 jours consécutifs. Ce traitement peut être prolongé pendant 3 autres jours.

> Introduisez l'ovule en position couchée, puis restez allongée pendant 5 à 10 minutes. En fondant dans le vagin, l'ovule peut être à l'origine d'un écoulement gênant : il est conseillé de porter une protection.
>
> Pendant les règles, n'interrompez pas le traitement et évitez de porter des tampons.
>
> Évitez d'utiliser des savons acides : ils favorisent la multiplication des champignons.
>
> Votre partenaire peut être contaminé alors qu'il ne présente aucun *symptôme*.

S'il n'est pas traité conjointement, une recontamination est possible.

EFFETS INDÉSIRABLES POSSIBLES

Sensation de brûlure ne devant pas faire arrêter le traitement.

GYNOMYK
butoconazole

PRÉSENTATION

GYNOMYK : ovule ; boîte de 3 - Remb. 65 % - Liste I

Laboratoires Cassenne

COMPOSITION

	p. ovule
Butoconazole nitrate	100 mg

INDICATIONS

Cet ovule gynécologique contient un *antifongique* de la famille des *imidazolés*.

Il est utilisé dans le traitement des *mycoses* du vagin et de la vulve, notamment des *candidoses*.

CONTRE-INDICATIONS

Ce médicament ne doit pas être utilisé en cas d'*allergie* aux *imidazolés*.

ATTENTION
Si l'infection ne disparaît pas après quelques jours, consultez votre médecin.

GROSSESSE, ALLAITEMENT ET NOUVEAU-NÉ

L'effet de ce médicament pendant la grossesse ou l'allaitement est mal connu : seul votre médecin peut évaluer le risque éventuel de son utilisation dans votre cas.

MODE D'EMPLOI ET POSOLOGIE

L'ovule doit être introduit profondément dans le vagin, de préférence le soir au coucher.

Posologie usuelle :

1 ovule par jour, pendant 3 jours.

Ce traitement peut être prolongé pendant 3 autres jours ou être renouvelé 10 jours après.

Introduisez l'ovule en position couchée, puis restez allongée pendant 5 à 10 minutes. En fondant dans le vagin, l'ovule peut être à l'origine d'un écoulement gênant : il est conseillé de porter une protection.

Pendant les règles, n'interrompez pas le traitement et évitez de porter des tampons.

Évitez d'utiliser des savons acides : ils favorisent la multiplication des champignons.

Votre partenaire peut être contaminé alors qu'il ne présente aucun *symptôme*. S'il n'est pas traité conjointement, une recontamination est possible.

EFFETS INDÉSIRABLES POSSIBLES

Sensation de brûlure ou démangeaisons ne devant pas faire arrêter le traitement.

GYNO-PEVARYL
éconazole

PRÉSENTATION

GYNO-PEVARYL 150 : ovule ; boîte de 3 - Remb. 65 %

GYNO-PEVARYL L.P. 150 mg : ovule à *libération prolongée* ; boîte de 1 - Remb. 65 %

Laboratoires Cilag

COMPOSITION

	p. ovule	p. ovule L.P.
Éconazole nitrate	150 mg	
Éconazole micronisé nitrate		150 mg

INDICATIONS

Cet ovule gynécologique contient un *antifongique* de la famille des *imidazolés*.

Il est utilisé dans le traitement des *mycoses* du vagin et de la vulve, notamment des *candidoses*.

CONTRE-INDICATIONS

Ce médicament ne doit pas être utilisé en cas d'*allergie* aux *imidazolés*.

ATTENTION
Si l'infection ne disparaît pas après quelques jours, consultez votre médecin.

GROSSESSE, ALLAITEMENT ET NOUVEAU-NÉ

L'effet de ce médicament pendant la grossesse ou l'allaitement est mal connu : seul votre médecin peut évaluer le risque éventuel de son utilisation dans votre cas.

MODE D'EMPLOI ET POSOLOGIE

L'ovule doit être introduit profondément dans le vagin, de préférence le soir au coucher.

Posologie usuelle :

GYNO-PEVARYL 150 : 1 ovule par jour, pendant 3 jours.

Ce traitement peut être prolongé pendant 3 autres jours ou être renouvelé 10 jours après.

GYNO-PEVARYL L.P. 150 mg : prise unique de 1 ovule ; dans certains cas, ce traitement peut être renouvelé le lendemain matin.

Introduisez l'ovule en position couchée puis restez allongée pendant 5 à 10 minutes. En fondant dans le vagin, l'ovule peut être à l'origine d'un écoulement gênant : il est conseillé de porter une protection.

Pendant les règles, n'interrompez pas le traitement et évitez de porter des tampons.

Évitez d'utiliser des savons acides : ils favorisent la multiplication des champignons.

Votre partenaire peut être contaminé alors qu'il ne présente aucun *symptôme*. S'il n'est pas traité conjointement, une recontamination est possible.

EFFETS INDÉSIRABLES POSSIBLES

Sensation de brûlure, démangeaisons ne devant pas faire arrêter le traitement.

GYNOPHASE
éthinylestradiol, noréthistérone

PRÉSENTATION

GYNOPHASE : comprimé (ocre : 11 et marron : 10) ; boîte de 1 plaquette de 21 - Remb. 65 % - Liste I

GYNOPHASE : comprimé (ocre : 11 et marron : 10) ; boîte de 3 plaquettes de 21 - Remb. 65 % - Liste I

Laboratoires Schering

COMPOSITION

	p. comp. ocre	p. comp. marron
Éthinylestradiol microfin	0,05 mg	0,05 mg
Noréthistérone acétate microfin	1 mg	2 mg

INDICATIONS

C'est un *contraceptif* oral (pilule) qui contient un *estrogène* et un *progestatif*. Il est normodosé (0,05 mg d'estrogène) et biphasique (tous les comprimés ne contiennent pas la même quantité d'*hormones* et sont de deux couleurs différentes). Ce médicament est également prescrit pour traiter les douleurs des règles.

CONTRE-INDICATIONS

Ce médicament ne doit pas être utilisé dans les cas suivants :
- certaines maladies cardiaques ou *vasculaires*, notamment l'*hypertension artérielle* et les *antécédents* de *phlébite* ;
- certaines causes de saignement entre les règles ;
- *diabète*, excès de *cholestérol* ou de *triglycérides* ;
- maladie du foie grave ou récente, jaunisse chronique ou survenue lors d'une grossesse ;
- cancer du sein ou de l'utérus ainsi que certains autres cancers ;
- *tumeur de l'hypophyse*, excès de *prolactine* ;
- certaines maladies rares (*connectivite*, *porphyrie*, *otosclérose*, *otospongiose*) ;
- *insuffisance rénale* ;
- **grossesse ;**
- **allaitement.**

Dans tous les autres cas, le médecin est seul juge pour prescrire ce médicament, notamment en cas d'obésité, de *tumeur* bénigne du sein ou de l'utérus, de calculs de la vésicule biliaire.

ATTENTION
Chez la femme de plus de 35 ans ou chez la femme qui fume, le risque de complications cardio-vasculaires liées aux *estrogènes* augmente nettement.

Tout *symptôme* pouvant faire craindre une complication impose l'arrêt du traitement : maux de tête importants et inhabituels, troubles de la vision, élévation franche de la tension artérielle.

La survenue d'un léger saignement entre les règles (spotting) est fréquente chez les femmes prenant la pilule. Vous devez néanmoins en informer votre médecin.

Une surveillance médicale et des analyses sont nécessaires avant et pendant la contraception orale. Cette surveillance sera renforcée chez la femme souffrant d'*épilepsie*, de *migraine*, d'*asthme*, de *dépression*, ou ayant des *antécédents* familiaux de maladie *vasculaire*.

En cas d'opération ou d'immobilisation pour une période prolongée, un autre mode de contraception est préférable.

INTERACTIONS MÉDICAMENTEUSES

L'efficacité contraceptive de la pilule peut être diminuée par la prise de certains médicaments : les *barbituriques*, certains antiépileptiques (TÉGRÉTOL, DI-HYDAN...), les médicaments contenant de la rifampicine (RIMACTAN, RIFADINE...) ou de la griséofulvine (FULCINE, GRISÉFULINE...).

GROSSESSE, ALLAITEMENT ET NOUVEAU-NÉ

Ce médicament est contre-indiqué pendant la grossesse et l'allaitement.

MODE D'EMPLOI ET POSOLOGIE

Prendre régulièrement, et sans oubli, 1 comprimé par jour à la même heure pendant 21 jours consécutifs, avec un arrêt de 7 jours entre chaque plaquette de 21 comprimés.

En cas de première contraception orale ou de reprise d'une contraception interrompue temporairement, prendre le premier comprimé le premier jour des règles.

En cas de changement de *contraceptif*, prendre le premier comprimé :

- après un arrêt de 7 jours, si le précédent contraceptif comportait 21 comprimés par plaquette ;
- après un arrêt de 6 jours, si le précédent contraceptif comportait 22 comprimés par plaquette ;
- sans interruption, si le précédent contraceptif comportait 28 comprimés par plaquette.

En cas de suite d'accouchement ou d'interruption de grossesse : suivre les indications du médecin.

> ☛ En cas d'oubli d'un comprimé :
> - retard de moins de 12 heures : prendre le comprimé oublié et continuer à l'heure habituelle ;
> - retard de plus de 12 heures : prendre le comprimé oublié et continuer à l'heure habituelle, mais la sécurité contraceptive n'est plus assurée et une méthode complémentaire doit être employée pour le cycle en cours (spermicide, préservatif, diaphragme).
>
> En cas de vomissement ou de diarrhée survenant juste après la prise du comprimé (sans rapport avec la prise du *contraceptif*), prendre un comprimé identique sur une autre plaquette. Si ces troubles durent plus de 12 heures, la sécurité contraceptive n'est plus assurée et une méthode complémentaire doit être employée pour le cycle en cours.

EFFETS INDÉSIRABLES POSSIBLES

Peu graves et n'empêchant pas la poursuite du traitement : nausées, maux de tête banals, prise de poids, tension modérée des seins, taches sombres sur le visage, jambes lourdes, irritation oculaire par les lentilles de contact, saignement entre les règles, diminution ou disparition des règles, *candidose* vaginale, irritabilité et tendance à la *dépression*.

Rares mais devant faire interrompre la prise de ce *contraceptif* : *hypertension artérielle*, accident cardiaque ou *vasculaire*, jaunisse, augmentation importante des lipides dans le sang, *diabète*, *nodule* ou douleur importante des seins, *migraine*, *vertiges*, troubles de la vision, aggravation d'une *épilepsie*, écoulement de lait.

Exceptionnellement, certaines pilules peuvent être responsables de calculs de la vésicule biliaire, de *tumeur* bénigne du foie ou de *mastopathie*.

GYNOSPASMINE

paracétamol

PRÉSENTATION

GYNOSPASMINE : comprimé (blanc) ; boîte de 8 - Non remb.

Laboratoires Goupil

COMPOSITION

	p. comp.
Paracétamol	300 mg

INDICATIONS

Ce médicament est un *antalgique* et un *antipyrétique* qui contient du paracétamol.

Il est utilisé :

- pour faire baisser la fièvre,
- dans le traitement des affections douloureuses.

CONTRE-INDICATIONS

Ce médicament ne doit pas être utilisé dans les cas suivants :

- maladies graves du foie,
- enfant de moins de 15 ans (sauf prescription médicale).

> **ATTENTION**
>
> De nombreux médicaments contiennent du paracétamol : en tenir compte en cas de prise conjointe car le surdosage en paracétamol peut être toxique pour le foie.

GROSSESSE, ALLAITEMENT ET NOUVEAU-NÉ

Grossesse :

Les études scientifiques actuellement disponibles n'ont pas mis en évidence de problème particulier lors de l'utilisation chez la femme enceinte.

Allaitement :

Aux doses usuelles, l'usage de ce médicament est possible pendant l'allaitement.

MODE D'EMPLOI ET POSOLOGIE

Ce médicament peut être pris indifféremment pendant ou entre les repas.

Posologie usuelle :

- Adulte : 2 ou 3 comprimés, 1 à 3 fois par jour. Ne pas dépasser 3 g (10 comprimés) par jour. Respecter un intervalle minimal de 4 heures entre 2 prises.
- Insuffisant rénal : respecter un intervalle de 8 heures entre 2 prises.

> ☛ Des sueurs abondantes accompagnent généralement la baisse de température lors du traitement des fièvres élevées. Ce phénomène est normal.

EFFETS INDÉSIRABLES POSSIBLES

Ce médicament est très bien supporté. Les effets indésirables sont rares : *allergies* cutanées essentiellement.

GYNO-TROSYD ⚕

tioconazole

PRÉSENTATION

GYNO-TROSYD : ovule ; boîte de 1 - Remb. 65 % - Liste I

Laboratoires Pfizer

COMPOSITION

	p. ovule
Tioconazole	300 mg

INDICATIONS

Cet ovule gynécologique contient un *antifongique* de la famille des *imidazolés*.

Il est utilisé dans le traitement des *mycoses* vaginales, notamment des *candidoses*.

CONTRE-INDICATIONS

Ce médicament ne doit pas être utilisé en cas d'*allergie* aux *imidazolés*.

> **ATTENTION**
>
> Si l'infection ne disparaît pas après quelques jours, consultez votre médecin.

GROSSESSE, ALLAITEMENT ET NOUVEAU-NÉ

L'effet de ce médicament pendant la grossesse ou l'allaitement est mal connu : seul votre médecin peut évaluer le risque éventuel de son utilisation dans votre cas.

MODE D'EMPLOI ET POSOLOGIE

L'ovule doit être introduit profondément dans le vagin.

Posologie usuelle :

1 ovule, le soir au coucher.

> ☛ Introduisez l'ovule en position couchée, puis restez allongée pendant 5 à 10 minutes. En fondant dans le vagin, l'ovule peut être à l'origine d'un écoulement gênant : il est conseillé de porter une protection.
>
> Évitez d'utiliser des savons acides : ils favorisent la multiplication des champignons.
>
> Votre partenaire peut être contaminé alors qu'il ne présente aucun *symptôme*. S'il n'est pas traité conjointement, une recontamination est possible.

EFFETS INDÉSIRABLES POSSIBLES

Sensation de brûlure, démangeaisons ne devant pas faire arrêter le traitement.

> *Les boissons alcoolisées augmentent parfois les effets indésirables*

GYNOVLANE

éthinylestradiol, noréthistérone

PRÉSENTATION

GYNOVLANE : comprimé (marron) ; boîte de 1 plaquette de 21 - Remb. 65 % - Liste I

GYNOVLANE : comprimé (marron) ; boîte de 3 plaquettes de 21 - Remb. 65 % - Liste I

Laboratoires Schering

COMPOSITION

	p. comp.
Éthinylestradiol microfin	0,05 mg
Noréthistérone acétate microfin	2 mg

INDICATIONS

C'est un *contraceptif* oral (pilule) qui contient un *estrogène* et un *progestatif*. Il est normodosé (0,05 mg d'estrogène) et monophasique (tous les comprimés contiennent la même quantité d'*hormones* et sont donc de la même couleur). Ce médicament est également prescrit pour traiter les douleurs des règles.

CONTRE-INDICATIONS

Ce médicament ne doit pas être utilisé dans les cas suivants :
- certaines maladies cardiaques ou *vasculaires*, notamment l'*hypertension artérielle* et les *antécédents* de *phlébite* ;
- certaines causes de saignement entre les règles ;
- *diabète*, excès de *cholestérol* ou de *triglycérides* ;
- maladie du foie grave ou récente, jaunisse chronique ou survenue lors d'une grossesse ;
- cancer du sein ou de l'utérus ainsi que certains autres cancers ;
- *tumeur de l'hypophyse*, excès de *prolactine* ;
- certaines maladies rares (*connectivite*, *porphyrie*, *otosclérose*, *otospongiose*) ;
- *insuffisance rénale* ;
- **grossesse ;**
- **allaitement.**

Dans tous les autres cas, le médecin est seul juge pour prescrire ce médicament, notamment en cas d'obésité, de *tumeur* bénigne du sein ou de l'utérus, de calculs de la vésicule biliaire.

ATTENTION

Chez la femme de plus de 35 ans ou chez la femme qui fume, le risque de complications cardio-vasculaires liées aux *estrogènes* augmente nettement.

Tout *symptôme* pouvant faire craindre une complication impose l'arrêt du traitement : maux de tête importants et inhabituels, troubles de la vision, élévation franche de la tension artérielle.

La survenue d'un léger saignement entre les règles (spotting) est fréquente chez les femmes prenant la pilule. Vous devez néanmoins en informer votre médecin.

Une surveillance médicale et des analyses sont nécessaires avant et pendant la contraception orale. Cette surveillance sera renforcée chez la femme souffrant d'*épilepsie*, de *migraine*, d'*asthme*, de *dépression*, ou ayant des *antécédents* familiaux de maladie *vasculaire*.

En cas d'opération ou d'immobilisation pour une période prolongée, un autre mode de contraception est préférable.

INTERACTIONS MÉDICAMENTEUSES

L'efficacité contraceptive de la pilule peut être diminuée par la prise de certains médicaments : les *barbituriques*, certains antiépileptiques (TÉGRÉTOL, DI-HYDAN...), les médicaments contenant de la rifampicine (RIMACTAN, RIFADINE...) ou de la griséofulvine (FULCINE, GRISÉFULINE...).

GROSSESSE, ALLAITEMENT ET NOUVEAU-NÉ

Ce médicament est contre-indiqué pendant la grossesse et l'allaitement.

MODE D'EMPLOI ET POSOLOGIE

Prendre régulièrement, et sans oubli, 1 comprimé par jour à la même heure pendant 21 jours consécutifs, avec un arrêt de 7 jours entre chaque plaquette de 21 comprimés.

En cas de première contraception orale ou de reprise d'une contraception interrompue temporairement, prendre le premier comprimé le premier jour des règles.

En cas de changement de *contraceptif*, prendre le premier comprimé :
- après un arrêt de 7 jours, si le précédent contraceptif comportait 21 comprimés par plaquette ;
- après un arrêt de 6 jours, si le précédent contraceptif comportait 22 comprimés par plaquette ;
- sans interruption, si le précédent contraceptif comportait 28 comprimés par plaquette.

En cas de suite d'accouchement ou d'interruption de grossesse : suivre les indications du médecin.

En cas d'oubli d'un comprimé :
- retard de moins de 12 heures : prendre le comprimé oublié et continuer à l'heure habituelle ;
- retard de plus de 12 heures : prendre le comprimé oublié et continuer à l'heure habituelle, mais la sécurité contraceptive n'est plus assurée et une méthode complémentaire doit être employée pour le cycle en cours (spermicide, préservatif, diaphragme).

En cas de vomissement ou de diarrhée survenant juste après la prise du comprimé (sans rapport avec la prise du *contraceptif*), prendre un autre comprimé. Si ces troubles durent plus de 12 heures, la sécurité contraceptive n'est plus assurée et une méthode complémentaire doit être employée pour le cycle en cours.

EFFETS INDÉSIRABLES POSSIBLES

Peu graves et n'empêchant pas la poursuite du traitement : nausées, maux de tête banals, prise de poids, tension modérée des seins, taches sombres sur le visage, jambes lourdes, irritation oculaire par les lentilles de contact, saignement entre les règles, diminution ou disparition des règles, *candidose* vaginale, irritabilité et tendance à la *dépression*.

Rares mais devant faire interrompre la prise de ce *contraceptif* : *hypertension artérielle*, accident cardiaque ou *vasculaire*, jaunisse, augmentation importante des lipides dans le sang, *diabète*, *nodule* ou douleur importante des seins, *migraine*, *vertiges*, troubles de la vision, aggravation d'une *épilepsie*, écoulement de lait.

Exceptionnellement, certaines pilules peuvent être responsables de calculs de la vésicule biliaire, de *tumeur* bénigne du foie ou de *mastopathie*.

H

HALCION
triazolam

PRÉSENTATION

HALCION : comprimé (lilas) ; boîte de 7 - Remb. 65 % - Liste I

Laboratoires Upjohn

COMPOSITION

	p. comp.
Triazolam	0,125 mg

INDICATIONS

C'est un somnifère qui appartient à la famille des *benzodiazépines*.

Il est utilisé dans le traitement de l'insomnie.

CONTRE-INDICATIONS

Ce médicament ne doit pas être utilisé dans les cas suivants :
- *insuffisance respiratoire* grave,
- *myasthénie*.

ATTENTION

Des précautions sont nécessaires en cas d'*insuffisance rénale*, d'*insuffisance hépatique* ou d'*insuffisance respiratoire*.

Une prise prolongée ou des doses importantes de ce médicament, son association à des *sédatifs* ou à des boissons alcoolisées favorisent une *dépendance*. Respectez la *posologie* et la durée de traitement prescrites par votre médecin.

L'arrêt brutal du traitement expose à un *syndrome de sevrage* : réapparition de l'insomnie, anxiété, agitation, irritabilité, maux de tête, douleurs musculaires, tremblements, hallucinations. Il faut donc s'entourer de conseils médicaux pour diminuer progressivement les doses et espacer les prises, sur une période d'autant plus longue que le traitement a été prolongé.

Certaines insomnies peuvent traduire une *dépression* masquée et justifier un traitement spécifique.

Ce médicament expose à un risque de chute chez la personne âgée ayant l'habitude de se lever la nuit.

Un réveil nocturne après la mise du médicament peut entraîner des troubles de la mémoire parfois angoissants.

Évitez les boissons alcoolisées : augmentation du risque de somnolence et de dépendance.

Conducteur : ce médicament peut être responsable d'une somnolence ou d'une baisse de la vigilance.

INTERACTIONS MÉDICAMENTEUSES

Ce médicament peut interagir avec d'autres médicaments, notamment avec les *sédatifs* et certains *antibiotiques* de la famille des *macrolides*. Signalez tout autre traitement en cours à votre médecin ou votre pharmacien.

GROSSESSE, ALLAITEMENT ET NOUVEAU-NÉ

Grossesse et nouveau-né :

Par mesure de prudence, ce médicament est habituellement déconseillé pendant les 3 premiers mois de la grossesse. Toutefois, une grossesse survenant sous traitement ne justifie pas d'inquiétude particulière. Seul votre médecin peut apprécier le risque éventuel lié à l'utilisation de ce médicament dans votre cas.

Si le traitement est poursuivi jusqu'à l'accouchement, une surveillance médicale du *nouveau-né* est nécessaire.

Allaitement :

Ce médicament passe dans le lait maternel : l'allaitement est déconseillé.

MODE D'EMPLOI ET POSOLOGIE

Les comprimés doivent être avalés avec un peu d'eau.

Posologie usuelle :

- Adulte : 1 comprimé le soir au coucher.

La durée du traitement ne doit pas dépasser 2 semaines ; l'arrêt devra être progressif.

Ce médicament vous a été prescrit dans une situation précise. Ne le conseillez pas à une autre personne. Les somnifères ne sont pas la seule réponse aux troubles du sommeil. Une meilleure hygiène de vie, une consommation modérée d'excitants (y compris les boissons alcoolisées) permettent aussi de lutter efficacement contre les insomnies.

EFFETS INDÉSIRABLES POSSIBLES

Pertes de mémoire, somnolence pendant la journée, en particulier chez la personne âgée, ralentissement des idées ou, au contraire, excitabilité, irritabilité, confusion des idées, hallucinations.

Fatigue musculaire, éruption cutanée.

Placez les médicaments hors de portée des enfants

HALDOL oral
halopéridol

PRÉSENTATION

HALDOL : comprimé sécable (blanc) 1 mg ; boîte de 40 - Remb. 65 % - Liste I

HALDOL : comprimé sécable (rose) 5 mg ; boîte de 30 - Remb. 65 % - Liste I

HALDOL FAIBLE : solution buvable 0,5 mg/ml ; flacon 30 ml (1 ml = 20 gouttes) - Remb. 65 % - Liste I

HALDOL : solution buvable 2 mg/ml ; flacon 15 ml (1 ml = 20 gouttes) - Remb. 65 % - Liste I

Laboratoires Janssen

COMPOSITION

	p. comp.	p. comp.
Halopéridol	1 mg	5 mg
	p. 20 gtes	p. 20 gtes
Halopéridol	0,5 mg	2 mg

INDICATIONS

C'est un *neuroleptique* qui appartient à la famille chimique des butyrophénones.

Il est utilisé dans le traitement des troubles nerveux accompagnés de troubles de l'*humeur*, et certaines manifestations d'anxiété (à faible *posologie*). Il est aussi utilisé pour traiter les vomissements causés par certains médicaments.

CONTRE-INDICATIONS

Ce médicament ne doit pas être utilisé en association avec la lévodopa.

ATTENTION

La guérison peut nécessiter un traitement prolongé ; une amélioration survenant en début de traitement ne doit pas vous conduire à l'arrêter sans l'avis de votre médecin.

En cas de survenue d'une fièvre inexpliquée, suspendez la prise du médicament et alertez immédiatement votre médecin.

Des précautions sont nécessaires chez l'enfant, la personne âgée et en cas d'*épilepsie*, d'*insuffisance rénale*, d'*insuffisance hépatique*, ou de maladies cardiaques graves.

Évitez les boissons alcoolisées : augmentation du risque de somnolence.

Conducteur : ce médicament peut être responsable d'une somnolence ou d'une baisse de la vigilance.

INTERACTIONS MÉDICAMENTEUSES

Ce médicament ne doit pas être associé à ceux contenant de la lévodopa (LARODOPA, MODOPAR, SINEMET...) : risque d'annulation de leurs effets.

Il peut interagir avec d'autres médicaments, notamment les *antihypertenseurs*, le *lithium*, et les *sédatifs*. Signalez tout autre traitement en cours à votre médecin ou à votre pharmacien.

GROSSESSE, ALLAITEMENT ET NOUVEAU-NÉ

Grossesse et nouveau-né :

Si une grossesse survient pendant le traitement, consultez votre médecin. Il appréciera le risque éventuel lié à l'utilisation de ce médicament dans votre cas.

Si le traitement est poursuivi jusqu'à l'accouchement, une surveillance médicale du *nouveau-né* est nécessaire.

Allaitement :

Ce médicament passe dans le lait maternel : l'allaitement est déconseillé.

MODE D'EMPLOI ET POSOLOGIE

La *posologie* minimale efficace est atteinte progressivement, surtout chez l'enfant ; elle est strictement individuelle.

EFFETS INDÉSIRABLES POSSIBLES

Somnolence.

Tremblements, raideur anormale, grimaces involontaires.

Arrêt des règles, augmentation du volume des seins, écoulement de lait par le mamelon, prise de poids.

Certains signes doivent faire penser à un surdosage : état amorphe, hébété, rigidité musculaire extrême.

HALDOL DECANOAS
halopéridol

PRÉSENTATION

HALDOL DECANOAS : solution injectable huileuse ; boîte de 1 ampoule 1 ml - Remb. 65 % - Liste I

HALDOL DECANOAS : solution injectable huileuse ; boîte de 5 ampoules 1 ml - Remb. 65 % - Liste I

Laboratoires Janssen

COMPOSITION

	p. amp.
Halopéridol	50 mg

INDICATIONS

C'est un *neuroleptique* à action prolongée, qui appartient à la famille chimique des butyrophénones.

Il est utilisé en *traitement d'entretien* dans certains troubles nerveux accompagnés de troubles de l'*humeur*.

CONTRE-INDICATIONS

Ce médicament ne doit pas être utilisé dans les cas suivants :

- maladie grave du foie ou du cœur,
- en association avec la lévodopa,
- grossesse.

ATTENTION

En cas de survenue d'une fièvre inexpliquée, alertez immédiatement votre médecin.

Des précautions sont nécessaires chez la personne âgée et en cas d'*épilepsie*, d'*insuffisance rénale* ou d'*insuffisance hépatique*.

Évitez les boissons alcoolisées : augmentation du risque de somnolence.

Ce médicament est responsable d'une baisse de la vigilance : la conduite, les activités professionnelles ou de loisirs exposant à un danger sont formellement déconseillées.

INTERACTIONS MÉDICAMENTEUSES

Ce médicament ne doit pas être associé aux médicaments contenant de la lévodopa (LARODOPA, MODOPAR, SINEMET...) : risque d'annulation de leurs effets.

Ce médicament peut interagir avec d'autres médicaments, notamment les *antihypertenseurs*, les *sédatifs*, et ceux contenant du *lithium*. Signalez tout autre traitement en cours à votre médecin ou à votre pharmacien.

GROSSESSE, ALLAITEMENT ET NOUVEAU-NÉ

Grossesse :

Ce médicament est contre-indiqué pendant la grossesse.

Allaitement :

Ce médicament passe dans le lait maternel : l'allaitement est déconseillé.

MODE D'EMPLOI ET POSOLOGIE

Ce médicament doit être injecté exclusivement par *voie* intramusculaire profonde, à l'aide d'une seringue de verre.

Posologie usuelle :

Elle est strictement individuelle. L'intervalle entre deux injections est de 4 semaines environ.

EFFETS INDÉSIRABLES POSSIBLES

Somnolence.

Tremblements, raideur anormale, grimaces involontaires.

Arrêt des règles, augmentation du volume des seins, écoulement de lait par le mamelon.

Prise de poids, fatigue.

Certains signes doivent faire penser à un surdosage : état amorphe, hébété, rigidité musculaire extrême.

HALDOL injectable
halopéridol

PRÉSENTATION

HALDOL : solution injectable 5 mg/ml ; boîte de 5 ampoules (1 ml) - Remb. 65 % - Liste I

Laboratoires Janssen

COMPOSITION

	p. amp. inj.
Halopéridol	5 mg

INDICATIONS

C'est un *neuroleptique* qui appartient à la famille chimique des butyrophénones.

Il est utilisé pour traiter certains troubles nerveux accompagnés de troubles de l'*humeur* ou les vomissements provoqués par certains traitements.

CONTRE-INDICATIONS

Ce médicament ne doit pas être utilisé en association avec la lévodopa.

ATTENTION

En cas de survenue d'une fièvre inexpliquée, suspendez la prise du médicament et alertez immédiatement votre médecin.

Des précautions sont nécessaires chez la personne âgée et en cas d'*épilepsie*, d'*insuffisance rénale*, d'*insuffisance hépatique*, ou de maladies cardiaques graves.

Évitez les boissons alcoolisées : augmentation du risque de somnolence.

Ce médicament est responsable d'une baisse de la vigilance : la conduite, les activités professionnelles ou de loisirs exposant à un danger sont formellement déconseillées.

INTERACTIONS MÉDICAMENTEUSES

Ce médicament ne doit pas être associé à ceux contenant de la lévodopa (LARODOPA, MODOPAR, SINEMET...) : risque d'annulation de leurs effets.

Il peut interagir avec d'autres médicaments, notamment les *antihypertenseurs*, le *lithium*, et les *sédatifs*. Signalez tout autre traitement en cours à votre médecin ou à votre pharmacien.

GROSSESSE, ALLAITEMENT ET NOUVEAU-NÉ

Grossesse et nouveau-né :

Si une grossesse survient pendant le traitement, consultez votre médecin.

Il appréciera le risque éventuel lié à l'utilisation de ce médicament dans votre cas.

Si le traitement est poursuivi jusqu'à l'accouchement, une surveillance médicale du *nouveau-né* est nécessaire.

Allaitement :

Ce médicament passe dans le lait maternel : l'allaitement est déconseillé.

MODE D'EMPLOI ET POSOLOGIE

A domicile, ce médicament doit être injecté par *voie* intramusculaire.

Posologie usuelle :

Elle est strictement individuelle.

La solution injectable doit être conservée à l'abri de la lumière.

EFFETS INDÉSIRABLES POSSIBLES

Somnolence.

Tremblements, raideur anormale, grimaces involontaires.

Arrêt des règles, augmentation du volume des seins, écoulement de lait par le mamelon, prise de poids.

Certains signes doivent faire penser à un surdosage : état amorphe, hébété, rigidité musculaire extrême.

HALFAN
halofantrine

PRÉSENTATION

HALFAN : comprimé sécable (blanc) ; boîte de 6 - Non remb. - Liste I

HALFAN : comprimé sécable (blanc) ; boîte de 120 - Non remb. - Liste I

HALFAN : suspension buvable ; flacon 45 ml et cuillère-mesure 5 ml - Non remb. - Liste I

Laboratoires SmithKline Beecham

COMPOSITION

	p. comp.	p. c. mes.
Halofantrine chlorhydrate	250 mg	100 mg

INDICATIONS

Ce médicament est un antipaludéen de synthèse.

Il est réservé au *traitement curatif* des crises de *paludisme* résistant à la chloroquine.

CONTRE-INDICATIONS

Ce médicament ne doit pas être utilisé chez les personnes souffrant de certains *troubles du rythme cardiaque*.

ATTENTION

Ne pas utiliser ce médicament dans le *traitement préventif* du *paludisme*.

INTERACTIONS MÉDICAMENTEUSES

Ce médicament peut interagir avec d'autres médicaments. Signalez tout autre traitement en cours à votre médecin ou à votre pharmacien.

GROSSESSE, ALLAITEMENT ET NOUVEAU-NÉ

Grossesse :

En l'absence de données suffisantes, ce médicament est déconseillé pendant la grossesse.

Allaitement :

Ce médicament passe dans le lait maternel : son usage est déconseillé pendant l'allaitement.

MODE D'EMPLOI ET POSOLOGIE

Ce médicament doit être pris de préférence en dehors des repas. La dose totale est répartie en 3 prises espacées de 6 heures. La suspension buvable est adaptée aux enfants de moins de 6 ans.

Posologie usuelle :

- Adulte et enfant de plus de 40 kg : 6 comprimés, soit 3 fois 2 comprimés à 6 heures d'intervalle.
- Enfant de moins de 40 kg : 24 mg par kg en 3 prises espacées de 6 heures.

Par exemple pour un enfant :
- de 32 à 40 kg : 3 fois 1 et 1/2 comprimé.
- de 26 à 31 kg : 3 fois 1 comprimé.
- de 19 à 25 kg : 3 fois 2 cuillères-mesure.
- de 13 à 18 kg : 3 fois 1 et 1/2 cuillère-mesure.
- de 10 à 12 kg : 3 fois 1 cuillère-mesure.

EFFETS INDÉSIRABLES POSSIBLES

Troubles digestifs, éruption cutanée.
Troubles du rythme cardiaque.

HALIVITE
oxyde de zinc, huile de foie de morue, vitamine A

PRÉSENTATION

HALIVITE : crème ; tube 100 g - Non remb.

Laboratoires Whitehall

COMPOSITION

	p. 100 g
Oxyde de zinc	5 g
Huile de foie de morue	23 g
Rétinol (vitamine A)	50 000 UI

INDICATIONS

Cette crème contient de l'oxyde de zinc, de l'huile de foie de morue et de la *vitamine* A. Elle est protectrice et cicatrisante.

Elle est utilisée dans le traitement de certaines affections de la peau (rougeur des fesses du *nourrisson*, crevasse, gerçure, engelure), et des brûlures et plaies superficielles.

ATTENTION

Évitez d'utiliser cette crème, notamment chez l'enfant, de manière prolongée et sur des surfaces étendues ou profondément lésées, sans l'avis de votre pharmacien ou de votre médecin.

INTERACTIONS MÉDICAMENTEUSES

Ne pas associer cette crème à un *antiseptique* : risque d'annulation de son effet.

GROSSESSE, ALLAITEMENT ET NOUVEAU-NÉ

Ce médicament ne contient que des substances présumées sans danger pendant la grossesse ou l'allaitement. Néanmoins, ne l'utilisez pas de façon prolongée sans l'avis de votre pharmacien ou de votre médecin.

MODE D'EMPLOI ET POSOLOGIE

Si la peau n'est pas lésée : masser pour faire pénétrer la crème.

En cas de plaie ou de brûlure : étaler une couche épaisse sur une compresse stérile et l'appliquer sur la zone à traiter.

Posologie usuelle :

En cas de rougeur des fesses du *nourrisson* : 1 application après chaque toilette.

En cas de brûlure ou de plaie : 1 application, à renouveler si nécessaire.

La rougeur des fesses du *nourrisson* est souvent due à l'imprégnation de la peau par l'urine, sous la couche. Il est donc nécessaire de nettoyer et de rincer abondamment la peau avec de l'eau avant d'appliquer le médicament.

HALOG
halcinonide

PRÉSENTATION

HALOG : crème ; tube 30 g - Remb. 65 % - Liste I

Laboratoires Bristol-Myers Squibb

COMPOSITION

	p. 100 g
Halcinonide	100 mg

INDICATIONS

C'est un *dermocorticoïde* d'activité forte. Comme les autres dérivés de la *cortisone* à usage local, il freine le renouvellement et la multiplication des cellules de la peau et limite le suintement.

Il est utilisé pour traiter les *eczémas* de contact ou *atopiques*, les *lichénifications*, les *dermites séborrhéiques* sauf celles du visage, le *psoriasis*, le *prurigo*, la *dyshidrose* et pour soulager les démangeaisons dues aux piqûres d'insectes ou à la présence de parasites sous la peau. Il est également utilisé dans le traitement de certaines maladies rares : *granulome annulaire*, *lupus érythémateux* discoïde, *mycosis fongoïde*.

CONTRE-INDICATIONS

Ce médicament ne doit pas être utilisé dans les cas suivants :
- infection et parasitose non traitées de la peau (ce médicament n'a pas d'effet anti-infectieux),
- lésion ulcérée,
- *acné* et *rosacée*.

ATTENTION

Comme les autres *dermocorticoïdes*, ce médicament a souvent une action efficace et rapide sur les lésions de la peau ; il peut être tentant de le réutiliser, mais l'automédication expose à des risques importants : aggravation de certaines lésions, installation d'une *dépendance* (amélioration de moins en moins visible des lésions et recrudescence des *symptômes* à chaque arrêt de traitement) et altération durable de la peau.

Suivez attentivement la prescription de votre médecin et n'hésitez pas à lui demander des explications.

GROSSESSE, ALLAITEMENT ET NOUVEAU-NÉ

L'effet de ce médicament pendant la grossesse ou l'allaitement est mal connu : seul votre médecin peut évaluer le risque éventuel de son utilisation dans votre cas.

MODE D'EMPLOI ET POSOLOGIE

Étaler la crème sur les lésions et la faire pénétrer par un léger massage. Pour traiter de grandes surfaces : appliquer le produit en touches espacées, puis étaler avec un gant en plastique jusqu'à complète absorption.

Posologie usuelle :

1 ou 2 applications par jour.

Le médecin prescrit fréquemment un arrêt progressif du traitement : espacement des applications ou diminution de la quantité appliquée.

> Ne conseillez pas, ne donnez pas ce médicament à un proche.
>
> Pensez à vous laver les mains après l'application. En cas d'utilisation sur une grande surface de peau, le port d'un gant est recommandé.

EFFETS INDÉSIRABLES POSSIBLES

Ils apparaissent surtout en cas d'usage prolongé :

- *atrophie* avec microhémorragie de la peau (*purpura*), dilatation des petits vaisseaux, vergetures, éruption de boutons ;
- développement anormal des poils, dessèchement, fragilisation et décoloration irrégulière de la peau ;
- rougeur autour de la bouche, apparition d'une *rosacée* ;
- retard de cicatrisation.

HALOG-NÉOMYCINE crème

halcinonide, néomycine

PRÉSENTATION

HALOG-NÉOMYCINE : crème ; tube 30 g - Remb. 65 % - Liste I

Laboratoires Bristol-Myers Squibb

COMPOSITION

	p. 100 g
Halcinonide	100 mg
Néomycine sulfate	250 mg

INDICATIONS

Ce médicament contient un *dermocorticoïde* d'activité forte et un *antibiotique* de la famille des *aminosides*. Comme les autres dérivés de la *cortisone* à usage local, il freine le renouvellement et la multiplication des cellules de la peau et limite le suintement.

Cette crème est utilisée dans le traitement initial de certaines lésions inflammatoires de la peau (*eczéma, dyshidrose, psoriasis*...) lorsqu'elles sont infectées.

CONTRE-INDICATIONS

Ce médicament ne doit pas être utilisé dans les cas suivants :

- *allergie* aux *antibiotiques* de la famille des *aminosides* ;
- infections de la peau dues à un champignon ou à un *virus* ;
- plaies chroniques, *ulcère* de la jambe, *escarre* ;
- *rosacée* ;
- sous pansement étanche (occlusif).

> **ATTENTION**
>
> Cette crème n'est pas destinée à traiter les infections bactériennes de la peau mais à traiter l'infection qui vient compliquer une lésion préexistante.
>
> Comme les autres *dermocorticoïdes*, ce médicament a souvent une action efficace et rapide sur les lésions de la peau ; il peut être tentant de le réutiliser, mais l'automédication expose à des risques importants : aggravation de certaines lésions, installation d'une *dépendance* (amélioration de moins en moins visible des lésions et recrudescence des *symptômes* à chaque arrêt de traitement) et altération durable de la peau.
>
> Suivez attentivement la prescription de votre médecin et n'hésitez pas à lui demander des explications.

GROSSESSE, ALLAITEMENT ET NOUVEAU-NÉ

L'effet de ce médicament pendant la grossesse ou l'allaitement est mal connu : seul votre médecin peut évaluer le risque éventuel de son utilisation dans votre cas.

MODE D'EMPLOI ET POSOLOGIE

Étaler la crème en couche mince sur les lésions et la faire pénétrer par un léger massage.

Posologie usuelle :

1 application par jour, pendant 7 jours au maximum.

> Ne conseillez pas, ne donnez pas ce médicament à un proche.
>
> Pensez à vous laver les mains après l'application.

EFFETS INDÉSIRABLES POSSIBLES

Compte tenu de la brièveté du traitement, ils sont peu fréquents :

- dilatation des petits vaisseaux, vergetures, éruption de boutons ;
- développement anormal des poils, dessèchement, fragilisation et décoloration irrégulière de la peau ;
- rougeur autour de la bouche, apparition d'une *rosacée* ;
- retard de la cicatrisation ;
- *allergie* cutanée (néomycine).

HALOTESTIN

fluoxymestérone

PRÉSENTATION

HALOTESTIN : comprimé sécable (rose) ; boîte de 10 - Non remb. - Liste II

Laboratoires Upjohn

COMPOSITION

	p. comp.
Fluoxymestérone	5 mg

INDICATIONS

Ce médicament contient une *hormone* mâle (*hormone androgène).*

Il est utilisé comme *traitement substitutif* pour remplacer la testostérone naturelle lorsque celle-ci n'est plus sécrétée en quantité suffisante par les testicules. Cette insuffisance de sécrétion peut être due aux testicules eux-mêmes ou à l'insuffisance d'une autre glande qui commande la sécrétion testiculaire (maladie ou ablation de l'*hypophyse*).

Il est également utilisé en cas de dénutrition grave de la personne âgée.

CONTRE-INDICATIONS

Ce médicament ne doit pas être utilisé dans les cas suivants :

- femme en âge d'avoir des enfants ;
- période précédant la puberté ;
- *adénome de la prostate*, cancer de la prostate ou cancer du sein chez l'homme ;
- *insuffisance hépatique*, *hépatite* récente ;
- états agressifs ;
- **grossesse** ;
- **allaitement.**

> **ATTENTION**
>
> Ce médicament ne doit jamais être employé ou réemployé en dehors d'une prescription médicale.
>
> Chez la femme il ne peut être utilisé que sous strict contrôle médical : risque de *virilisation*.

MODE D'EMPLOI ET POSOLOGIE

Les comprimés doivent être avalés avec un peu d'eau.

Posologie usuelle :

Elle est individuelle, et variable selon les indications.

EFFETS INDÉSIRABLES POSSIBLES

Acné, augmentation du volume des seins, *œdèmes*, *virilisation* chez la femme, excès de calcium dans le sang.

Jaunisse, atteinte du foie.

HAMAMÉLIDE P

leucocianidol, hamamélis

PRÉSENTATION

HAMAMÉLIDE P : solution buvable arôme orange ; flacon 90 ml (1 ml = 44 gouttes) - Remb. 35 %

Laboratoires UPSA

COMPOSITION

	p. ml
Leucocianidol	3,9 mg
Hamamélis, extrait fluide	378 mg
Alcool	0,26 g

INDICATIONS

C'est un protecteur *vasculaire* et *veinotonique*. Il stimule la circulation du sang dans les veines et lutte contre l'altération des *vaisseaux capillaires*.

Il est utilisé dans le *traitement symptomatique* :
- des jambes lourdes, *œdèmes*, crampes, *impatiences* et autres troubles pouvant être en rapport avec une mauvaise circulation veineuse ou *lymphatique* ;
- des crises d'*hémorroïdes*.

ATTENTION

Ce médicament est insuffisant pour prévenir le risque de *phlébite* chez les malades alités ou plâtrés.

Ce médicament soulage, mais n'empêche pas l'aggravation de l'*insuffisance veineuse*, qui requiert des mesures spécifiques telles que la *contention élastique*.

GROSSESSE, ALLAITEMENT ET NOUVEAU-NÉ

L'effet de ce médicament pendant la grossesse ou l'allaitement est mal connu. L'évaluation du risque éventuel lié à son utilisation est individuelle : demandez conseil à votre pharmacien ou à votre médecin.

MODE D'EMPLOI ET POSOLOGIE

Ce médicament doit être pris dans un verre d'eau avant les repas.

Posologie usuelle :
- Adulte : 25 à 40 gouttes, 2 fois par jour.

Dans le traitement de la crise hémorroïdaire aiguë, la *posologie* peut être augmentée jusqu'à atteindre 100 à 300 gouttes par jour.

☛ Une activité physique régulière et la surélévation du pied du lit permettent de faciliter la circulation veineuse et *lymphatique*.
La constipation, la consommation de mets épicés et de vins riches en tanins favorisent les *hémorroïdes*.

HAMON N° 3 antirhumatismale

PRÉSENTATION

HAMON N° 3 ANTIRHUMATISMALE : tisane ; boîte de 70 à 150 g - Non remb.
Laboratoires Aérocid

COMPOSITION

	p. 100 g
Bourdaine	20 g
Pensée	6 g
Muguet	6 g
Prêle	18 g
Frêne	12 g
Reine-des-prés	18 g
Maïs	12 g
Bleuet	2 g
Noisetier	6 g

INDICATIONS

Cette tisane contient différentes plantes. Elle est utilisée dans le *traitement d'appoint* des douleurs rhumatismales, de la *goutte* et des *sciatiques*.

ATTENTION

Cette tisane contient un *laxatif stimulant* : son usage régulier peut entraîner une *dépendance* et des troubles intestinaux.

GROSSESSE, ALLAITEMENT ET NOUVEAU-NÉ

L'effet de ce médicament pendant la grossesse ou l'allaitement est mal connu. L'évaluation du risque éventuel lié à son utilisation est individuelle : demandez conseil à votre pharmacien ou à votre médecin.

MODE D'EMPLOI ET POSOLOGIE

Cette tisane sera prise de préférence avant le repas.

En *infusion* : 1 cuillère à café dans une tasse d'eau bouillante. Laisser infuser 5 minutes.

Posologie usuelle :
1 tasse, 3 fois par jour.

HAMON N° 6 nervosité

PRÉSENTATION

HAMON n° 6 NERVOSITÉ : tisane ; boîte de 70 à 150 g - Non remb.
Laboratoires Aérocid

COMPOSITION

	p. 100 g
Aspérule	20 g
Oranger	13 g
Passiflore	15 g
Nénuphar	4 g
Sauge	20 g
Souci	1 g
Gui	7 g
Tilleul	5 g
Lyciet	15 g

INDICATIONS

Cette tisane est une association de plantes sédatives.

Elle est utilisée dans le traitement des troubles légers du sommeil, ou de la nervosité.

GROSSESSE, ALLAITEMENT ET NOUVEAU-NÉ

Ce médicament ne contient que des plantes présumées sans danger pendant la grossesse ou l'allaitement. Néanmoins, ne l'utilisez pas de façon prolongée sans l'avis de votre pharmacien ou de votre médecin.

MODE D'EMPLOI ET POSOLOGIE

Posologie usuelle :
1 cuillère à café en *infusion* dans une tasse après chaque repas.

HAMON N° 11 amaigrissante

PRÉSENTATION

HAMON N° 11 AMAIGRISSANTE : tisane ; boîte de 70 à 150 g - Non remb.
Laboratoires Aérocid

COMPOSITION

	p. 100 g
Fucus	64 g
Rumex crispus	12 g
Chiendent	8 g
Réglisse	8 g
Noisetier	8 g

INDICATIONS

C'est une tisane qui contient un mélange de plantes.

Elle est utilisée comme *traitement d'appoint* des régimes amaigrissants.

GROSSESSE, ALLAITEMENT ET NOUVEAU-NÉ

Ce médicament ne contient que des plantes présumées sans danger pendant la grossesse ou l'allaitement. Néanmoins, ne l'utilisez pas de façon prolongée sans l'avis de votre pharmacien ou de votre médecin.

MODE D'EMPLOI ET POSOLOGIE

Cette tisane est préparée en *infusion*.

Posologie usuelle :
3 cuillères à café dans 1 demi-litre d'eau, à boire dans la journée.

☛ La prise de ce médicament ne dispense pas d'une alimentation appropriée : parlez-en à votre médecin ou à votre pharmacien.

HAMON N° 14 circulation

PRÉSENTATION

HAMON N° 14 CIRCULATION : tisane ; boîte de 70 à 150 g - Non remb.
Laboratoires Aérocid

COMPOSITION

	p. 100 g
Séneçon	6 g
Mille-feuille	10 g
Viburnum	6 g
Bourse-à-pasteur	11,50 g
Chêne	6 g
Cyprès	6 g
Verveine	6 g
Aspérule	6 g
Réglisse	20 g
Noisetier	6 g
Souci	5 g
Bleuet	2 g
Bistorte	9,50 g

INDICATIONS

Cette tisane associe plusieurs plantes protectrices pour les vaisseaux sanguins.

Elle est utilisée dans le *traitement symptomatique* :
- des troubles pouvant être en rapport avec une mauvaise circulation,
- des crises d'*hémorroïdes*.

ATTENTION
Ce médicament est insuffisant pour prévenir le risque de *phlébite* chez les malades alités ou plâtrés.
Ce médicament soulage, mais n'empêche pas l'aggravation de l'*insuffisance veineuse*, qui requiert des mesures spécifiques telles que la *contention élastique*.

GROSSESSE, ALLAITEMENT ET NOUVEAU-NÉ

Ce médicament ne contient que des plantes présumées sans danger pendant la grossesse ou l'allaitement. Néanmoins, ne l'utilisez pas de façon prolongée sans l'avis de votre pharmacien ou de votre médecin.

MODE D'EMPLOI ET POSOLOGIE

1 cuillère à café en *infusion* dans une tasse avant les repas.

Posologie usuelle :
3 tasses par jour.

Une activité physique régulière et la surélévation du pied du lit permettent de faciliter la circulation veineuse et *lymphatique*.
Pour prévenir les crises d'*hémorroïdes*, des mesures simples d'hygiène alimentaire sont à envisager. Parlez-en à votre médecin ou à votre pharmacien.

HAMON N° 15 état grippal

PRÉSENTATION

HAMON N° 15 ÉTAT GRIPPAL : tisane ; boîte de 70 à 150 g - Non remb.
Laboratoires Aérocid

COMPOSITION

	p. 100 g
Aunée	18,75 g
Consoude	18,75 g
Erysimum	6,25 g
Marrube	6,25 g
Bourrache	6,25 g
Buglosse	6,25 g
Eucalyptus	18,75 g
Noisetier	6,25 g
Sticta pulmonaria	12,50 g

INDICATIONS

Cette tisane est un mélange de plantes utilisé dans le *traitement d'appoint* des états grippaux, des bronchites, de l'*asthme* et d'autres maladies respiratoires.

ATTENTION
La toux est un *symptôme* qui peut révéler de nombreuses maladies : consultez votre médecin si elle persiste plus de quelques jours.

GROSSESSE, ALLAITEMENT ET NOUVEAU-NÉ

Ce médicament ne contient que des plantes présumées sans danger pendant la grossesse ou l'allaitement. Néanmoins, ne l'utilisez pas de façon prolongée sans l'avis de votre pharmacien ou de votre médecin.

MODE D'EMPLOI ET POSOLOGIE

En *infusion* : 1 cuillère à café dans une tasse d'eau chaude.

Posologie usuelle :
1 tasse le matin, à midi et au coucher.

HAMON N° 16 hépatique

PRÉSENTATION

HAMON N° 16 HÉPATIQUE : tisane ; boîte de 70 à 150 g - Non remb.
Laboratoires Aérocid

COMPOSITION

	p. 100 g
Bardane	20,85 g
Carotte	8,35 g
Centaurée	12,50 g
Chardon-Rolland	12,50 g
Genêt	6,30 g
Gratiole	6,35 g
Muguet	20,85 g
Noisetier	3,95 g
Réglisse	8,35 g

INDICATIONS

Cette tisane est un mélange de plantes médicinales.
Elle est utilisée dans le *traitement symptomatique* des *troubles digestifs*.

GROSSESSE, ALLAITEMENT ET NOUVEAU-NÉ

Ce médicament ne contient que des plantes présumées sans danger pendant la grossesse ou l'allaitement. Néanmoins, ne l'utilisez pas de façon prolongée sans l'avis de votre pharmacien ou de votre médecin.

MODE D'EMPLOI ET POSOLOGIE

Pour préparer l'*infusion* : porter l'eau à ébullition et la verser sur la plante. Laisser infuser quelques minutes et filtrer.

Posologie usuelle :
1 cuillère à café par tasse d'infusion avant chaque repas.

HAMON N° 17 laxative

PRÉSENTATION

HAMON N° 17 LAXATIVE : tisane ; boîte de 70 à 150 g - Non remb.
Laboratoires Aérocid

COMPOSITION

	p. 100 g
Globulaire	6,70 g
Bourdaine	66,50 g
Menthe	6,70 g
Mercuriale	6,70 g
Noisetier	6,70 g
Rhapontic	6,70 g

INDICATIONS

Cette tisane contient un mélange de plantes et notamment un *laxatif stimulant*, la bourdaine. Elle augmente les sécrétions et la motricité de l'intestin.
Elle est utilisée comme *traitement symptomatique* de la constipation.

CONTRE-INDICATIONS

Ce médicament ne doit pas être utilisé dans les cas suivants :
- maladies inflammatoires du côlon ;
- constipation ou douleur abdominale due à une obstruction du tube digestif : rétrécissement intestinal, *fécalome* (bouchon de selles).

ATTENTION
Ce médicament doit être utilisé de façon épisodique et en cure très brève : pas plus de 8 à 10 jours.
Son usage régulier peut entraîner :
- une *dépendance*,
- des troubles intestinaux graves,
- une perte de sels minéraux et notamment de *potassium*, pouvant entraîner des *troubles du rythme cardiaque* graves.

Son usage doit rester exceptionnel chez l'enfant, sauf prescription médicale.
Arrêter le traitement en cas de diarrhée ou de douleurs abdominales.

INTERACTIONS MÉDICAMENTEUSES

Ce médicament peut interagir avec d'autres médicaments, notamment ceux contenant de la *vincamine* et certains *antiarythmiques*. Signalez tout autre traitement en cours à votre médecin ou à votre pharmacien.

GROSSESSE, ALLAITEMENT ET NOUVEAU-NÉ

Ce médicament est déconseillé pendant la grossesse ou l'allaitement.

MODE D'EMPLOI ET POSOLOGIE

Cette tisane peut être utilisée en *infusion*.

Posologie usuelle :
1 cuillère à soupe par demi-litre, à boire le soir, pour un effet laxatif.
2 à 4 cuillères à soupe par demi-litre, pour un effet purgatif.

Des mesures simples d'hygiène alimentaire et des exercices physiques sont à envisager avant d'utiliser un laxatif : parlez-en à votre médecin ou à votre pharmacien.

EFFETS INDÉSIRABLES POSSIBLES

Diarrhée, douleurs abdominales.

HAMON N° 18 pour l'estomac

PRÉSENTATION

HAMON N° 18 POUR L'ESTOMAC : tisane ; boîte de 70 à 150 g - Non remb.

Laboratoires Aérocid

COMPOSITION

	p. 100 g
Aunée	31,25 g
Airelle	6,25 g
Géranium-Robert	12,5 g
Menthe	6,25 g
Noisetier	6,25 g
Violette	37,5 g

INDICATIONS

C'est une tisane qui contient différentes plantes.

Elle est utilisée dans le *traitement d'appoint* de l'acidité ou des brûlures d'estomac.

GROSSESSE, ALLAITEMENT ET NOUVEAU-NÉ

Ce médicament ne contient que des plantes présumées sans danger pendant la grossesse ou l'allaitement. Néanmoins, ne l'utilisez pas de façon prolongée sans l'avis de votre pharmacien ou de votre médecin.

MODE D'EMPLOI ET POSOLOGIE

Prendre la tisane de préférence après les repas.

Posologie usuelle :

1 cuillère à café par tasse, en *infusion*, 3 fois par jour.

Une alimentation équilibrée, une mastication lente et la suppression des aliments difficiles à digérer permettent souvent de diminuer, voire de faire disparaître, les *troubles digestifs* qui ne sont pas liés à un *ulcère*.

HARPADOL

harpagophytum

PRÉSENTATION

HARPADOL : gélule (transparent) ; boîte de 50 - Non remb.

Laboratoires Arkopharma

COMPOSITION

	p. gél.
Poudre de racine d'harpagophytum procumbens	335 mg

INDICATIONS

Ce médicament contient un extrait de plante.

Il est utilisé dans le *traitement symptomatique* des douleurs articulaires.

GROSSESSE, ALLAITEMENT ET NOUVEAU-NÉ

Ce médicament contient une plante présumée sans danger pendant la grossesse ou l'allaitement. Néanmoins, ne l'utilisez pas de façon prolongée sans l'avis de votre pharmacien ou de votre médecin.

MODE D'EMPLOI ET POSOLOGIE

Ce médicament doit être pris de préférence à la fin du repas, avec un grand verre d'eau.

Posologie usuelle :

1 gélule, 3 ou 4 fois par jour.

Les gélules doivent être conservées à l'abri de la lumière, de la chaleur et de l'humidité.

EFFETS INDÉSIRABLES POSSIBLES

À dose élevée : rares nausées et douleur d'estomac.

HAVLANE

loprazolam

PRÉSENTATION

HAVLANE : comprimé sécable (jaune clair) ; boîte de 20 - Remb. 65 % - Liste I

Laboratoires Diamant

COMPOSITION

	p. comp.
Loprazolam méthanesulfonate	1 mg

INDICATIONS

C'est un somnifère qui appartient à la famille des *benzodiazépines*.

Il est utilisé dans le traitement de l'insomnie.

CONTRE-INDICATIONS

Ce médicament ne doit pas être utilisé dans les cas suivants :
- *insuffisance respiratoire* grave,
- enfant.

ATTENTION

Des précautions sont à prendre en cas de *myasthénie*, d'*insuffisance rénale*, d'*insuffisance hépatique* ou d'*insuffisance respiratoire*.

Une prise prolongée ou des doses importantes de ce médicament, son association à des *sédatifs* ou à des boissons alcoolisées favorisent une *dépendance*. Respectez la *posologie* et la durée de traitement prescrites par votre médecin.

L'arrêt brutal de ce médicament expose à un *syndrome de sevrage* : réapparition de l'insomnie, anxiété, agitation, irritabilité, maux de tête, douleurs musculaires, tremblements, hallucinations. Il faut donc s'entourer de conseils médicaux : diminution progressive des doses, espacement des prises sur une période d'autant plus longue que le traitement a été prolongé.

Certaines insomnies peuvent traduire une *dépression* masquée et justifier un traitement spécifique.

Ce médicament expose à un risque de chute nocturne chez la personne âgée ayant l'habitude de se lever la nuit.

Un réveil nocturne après la prise du médicament peut entraîner des troubles de la mémoire parfois angoissants.

Évitez les boissons alcoolisées : augmentation du risque de somnolence et de dépendance.

Conducteur : ce médicament peut être responsable d'une somnolence ou d'une baisse de la vigilance.

INTERACTIONS MÉDICAMENTEUSES

Ce médicament peut interagir avec d'autres médicaments, notamment les *sédatifs*. Signalez tout autre traitement en cours à votre médecin ou à votre pharmacien.

GROSSESSE, ALLAITEMENT ET NOUVEAU-NÉ

Grossesse et nouveau-né :

Par mesure de prudence, ce médicament est habituellement déconseillé pendant les 3 premiers mois de la grossesse. Toutefois, une grossesse survenant sous traitement ne justifie pas d'inquiétude particulière. Seul votre médecin peut apprécier le risque éventuel lié à l'utilisation de ce médicament dans votre cas.

Si le traitement est poursuivi jusqu'à l'accouchement, une surveillance médicale du *nouveau-né* est nécessaire.

Allaitement :

Ce médicament passe dans le lait maternel : l'allaitement est déconseillé.

MODE D'EMPLOI ET POSOLOGIE

Les comprimés doivent être avalés avec un peu d'eau.

Posologie usuelle :

- Adulte : la posologie est habituellement de 1 comprimé le soir au coucher.

Lorsque le traitement a été prolongé plusieurs semaines, l'arrêt devra être progressif.

Ce médicament vous a été prescrit dans une situation précise. Ne le conseillez pas à une autre personne.

Les somnifères ne sont pas la seule réponse aux troubles du sommeil. Une meilleure hygiène de vie, une consommation modérée d'excitants (y compris les boissons alcoolisées) permettent aussi de lutter efficacement contre les insomnies.

EFFETS INDÉSIRABLES POSSIBLES

Pertes de mémoire , somnolence pendant la journée particulièrement chez la personne âgée, ralentissement des idées ou, au contraire, excitabilité, irritabilité, confusion des idées, hallucinations.

Fatigue musculaire, éruption cutanée.

HAVRIX

vaccin contre l'hépatite A

PRÉSENTATION

HAVRIX ENFANT ET NOURRISSON : suspension injectable *I.M.* ; seringue préremplie 0,5 ml - Non remb.

HAVRIX ADULTE : suspension injectable *I.M.* ; seringue préremplie 1 ml - Non remb.

Laboratoires SmithKline Beecham

COMPOSITION

	p. seringue	p. seringue
Antigène de l'hépatite A ..	360 unités ELISA	720 unités ELISA

INDICATIONS

C'est un *vaccin* composé de fragments de virus inactivé de l'*hépatite* A. Il ne contient aucun *germe* vivant.

Ce médicament est utilisé dans la prévention de l'hépatite A.

L'immunité est obtenue après la deuxième injection et persiste au moins 1 an.

CONTRE-INDICATIONS

Ce médicament ne doit pas être utilisé dans les cas suivants :
- infection avec fièvre grave,
- *allergie* à l'alumine.

GROSSESSE, ALLAITEMENT ET NOUVEAU-NÉ

L'effet de ce médicament pendant la grossesse ou l'allaitement est mal connu : seul votre médecin peut évaluer le risque éventuel de son utilisation dans votre cas.

MODE D'EMPLOI ET POSOLOGIE

Bien agiter la seringue avant l'emploi, la réchauffer à température ambiante si nécessaire. L'injection doit être réalisée par *voie* intramusculaire dans le muscle deltoïde. Ne pas injecter par voie intraveineuse.

Posologie usuelle :
- Adulte : 1 injection du vaccin Adulte, suivie d'une autre 15 jours après. Un rappel est recommandé 6 mois à 1 an après la première injection.
- Enfant de plus de 1 an : 1 injection du vaccin Enfants et Nourrissons, suivie d'une autre 1 mois après. Un rappel est recommandé 6 mois à 1 an après la première injection, puis tous les 10 ans.

> Les réactions fébriles dues aux *vaccins* peuvent être combattues en prenant de l'aspirine ou du paracétamol.
> Pour garder son efficacité, ce vaccin doit être conservé entre + 2 et + 8 °C (compartiment à beurre du réfrigérateur), mais quelques jours à une température ne dépassant pas 25 °C ne prêtent pas à conséquence. Il ne doit pas être congelé.

EFFETS INDÉSIRABLES POSSIBLES

Réactions douloureuses, *nodule* au point d'injection.

Fièvre modérée pendant 1 ou 2 jours, maux de tête, nausées, *vertiges*.

HÉBUCOL
cyclobutyrol

PRÉSENTATION

HÉBUCOL : comprimé sécable (blanc) ; boîte de 20 - Remb. 35 %

Laboratoires Logeais

COMPOSITION

	p. comp.
Cyclobutyrol sodique	250 mg

INDICATIONS

C'est un médicament qui appartient à la famille des *cholérétiques*. Il agit en augmentant la production de bile et lutte contre les spasmes des *voies biliaires*. Il est principalement utilisé dans le *traitement symptomatique* des *troubles digestifs* en rapport avec une paresse biliaire.

> **ATTENTION**
> Si vous souffrez d'une maladie grave du foie ou d'une obstruction des *voies biliaires* notamment due à des calculs, n'utilisez pas ce médicament sans avis médical.
> En cas de persistance des *symptômes*, des examens peuvent être nécessaires : consultez votre médecin.
> Si une diarrhée survient au cours du traitement, diminuez les doses.

GROSSESSE, ALLAITEMENT ET NOUVEAU-NÉ

L'effet de ce médicament pendant la grossesse ou l'allaitement est mal connu. L'évaluation du risque éventuel lié à son utilisation est individuelle : demandez conseil à votre pharmacien ou à votre médecin.

MODE D'EMPLOI ET POSOLOGIE

Ce médicament doit être pris avant les repas.

Posologie usuelle :

2 à 4 comprimés par jour.

H.E.C.
tanin, hamamélis, phénazone

PRÉSENTATION

H.E.C. : pommade dermique et nasale ; tube 25 g - Non remb.

Laboratoires Chauvin

COMPOSITION

	p. 100 g
Tanin officinal	12,50 g
Hamamélis, extrait fluide	0,75 g
Phénazone	0,75 g
Lanoline	+
Baume du Pérou	+

INDICATIONS

C'est une pommade aux multiples propriétés : elle est *hémostatique*, protectrice et calmante.

Elle est utilisée dans le *traitement d'appoint* :
- des douleurs et des démangeaisons de l'anus, en particulier lors d'une crise d'*hémorroïdes* ;
- des saignements de nez et des ulcérations de la *muqueuse* du nez ;
- des plaies superficielles.

CONTRE-INDICATIONS

Ce médicament ne doit pas être utilisé en cas d'*allergie* aux pyrazolés, au baume du Pérou ou à la lanoline.

> **ATTENTION**
> Bien nettoyer la peau ou la *muqueuse* avant l'application.

MODE D'EMPLOI ET POSOLOGIE

La pommade peut être appliquée soit directement sur les surfaces à traiter, soit à l'aide d'une mèche de gaze pour traiter l'intérieur du nez.

> Pour prévenir les *hémorroïdes*, des mesures simples d'hygiène alimentaire sont à envisager. Parlez-en à votre médecin ou à votre pharmacien.

EFFETS INDÉSIRABLES POSSIBLES

Eczéma de contact (lanoline, baume du Pérou).

HÉLICIDINE

PRÉSENTATION

HÉLICIDINE : sirop arôme framboise ; flacon 125 ml - Remb. 35 %

Laboratoires Thérabel Lucien

COMPOSITION

	p. 100 ml
Solution titrée d'hélicidine	10 ml

INDICATIONS

Ce médicament est un *sédatif*.

Il est utilisé dans le *traitement symptomatique* de la toux.

> **ATTENTION**
> La toux est un *symptôme* qui peut révéler de nombreuses maladies : consultez votre médecin si elle persiste plus de quelques jours.

GROSSESSE, ALLAITEMENT ET NOUVEAU-NÉ

L'effet de ce médicament pendant la grossesse ou l'allaitement est mal connu : demandez conseil à votre pharmacien ou à votre médecin.

MODE D'EMPLOI ET POSOLOGIE

Les prises de ce médicament doivent être réparties au cours de la journée, de préférence loin des repas.

Posologie usuelle :
- Adulte et enfant de plus de 10 ans : 4 à 6 cuillères à soupe par jour.
- Enfant de moins de 10 ans : 2 à 4 cuillères à soupe par jour.
- Nourrisson : 2 à 6 cuillères à café par jour.

> Des mesures simples permettent de calmer les toux sèches : boissons chaudes et humidification de l'air ambiant.

HÉMAGÈNE

PRÉSENTATION

HÉMAGÈNE TAILLEUR : comprimé (blanc) ; boîte de 24 - Non remb.

Laboratoires Élerté

COMPOSITION

	p. comp.
Acide acétylsalicylique (aspirine)	80 mg
Phénacétine	70 mg
Menthol	6 mg
Méthylnonylcétone	7 mg

INDICATIONS

Ce médicament contient deux *antalgiques*, l'aspirine et la phénacétine, et un emménagogue (régulateur des règles).

Il est utilisé dans le *traitement symptomatique* des douleurs liées aux règles ou consécutives à l'accouchement.

CONTRE-INDICATIONS

Ce médicament ne doit pas être utilisé dans les cas suivants :
- *allergie* aux *salicylés* ou aux *AINS*,
- *ulcère* de l'estomac ou du *duodénum*,
- *hémorragie* et risque hémorragique,
- grossesse : pendant les 3 derniers mois, ou en prise prolongée à toute période de la grossesse.

ATTENTION

Ce médicament contient de la phénacétine, pouvant exposer à une *insuffisance rénale* grave lors d'une utilisation prolongée : ne prenez pas ce médicament de façon prolongée sans avis médical.

INTERACTIONS MÉDICAMENTEUSES

Ce médicament contient de l'aspirine : les personnes traitées par des médicaments anticancéreux contenant du méthotrexate ne doivent pas l'utiliser.

Il peut interagir avec d'autres médicaments, notamment avec les *anticoagulants* et les *antiagrégants plaquettaires* (TICLID...) : augmentation du risque hémorragique. Signalez tout autre traitement en cours à votre médecin ou à votre pharmacien.

GROSSESSE, ALLAITEMENT ET NOUVEAU-NÉ

Grossesse :

Compte tenu de la présence d'aspirine, seule la prise ponctuelle de ce médicament est admise durant les 6 premiers mois de la grossesse ; au cours des 3 derniers mois, ce médicament est contre-indiqué.

Allaitement :

En l'absence de données disponibles, ce médicament est déconseillé pendant l'allaitement.

MODE D'EMPLOI ET POSOLOGIE

Les comprimés doivent être avalés avec un verre d'eau.

Respectez un intervalle d'au moins 4 heures entre 2 prises.

Posologie usuelle :

2 comprimés, 2 à 4 fois par jour.

De nombreux médicaments contiennent de l'aspirine : en tenir compte en cas de prise conjointe (risque de surdosage).

EFFETS INDÉSIRABLES POSSIBLES

Liés à l'aspirine :
- *gastrite*, douleurs abdominales, saignements du nez ou des gencives ;
- accidents allergiques.

Liés à la phénacétine : *insuffisance rénale* (voir ATTENTION).

HÉMÉDONINE

hématoporphyrine

PRÉSENTATION

HÉMÉDONINE : solution injectable intramusculaire ; boîte de 10 ampoules 2 ml - Non remb.

HÉMÉDONINE : solution buvable ; flacon 20 ml (1 ml = 20 gouttes) - Non remb.

Laboratoires Crème d'Orient

COMPOSITION

	p. amp. inj.	p. ml
Hématoporphyrine	4 mg	5 mg

INDICATIONS

Ce médicament est un *antiasthénique*.

Il est utilisé dans le *traitement symptomatique* de la fatigue.

CONTRE-INDICATIONS

Ce médicament ne doit pas être utilisé en cas de *porphyrie*.

ATTENTION

Des précautions sont nécessaires si vous souffrez d'une *insuffisance hépatique*.

Ce médicament est photosensibilisant : une exposition aux rayons *ultraviolets* (soleil, lampe à bronzer) peut provoquer des réactions cutanées. N'omettez pas de signaler à votre médecin vos projets de vacances au soleil pendant la durée du traitement.

GROSSESSE, ALLAITEMENT ET NOUVEAU-NÉ

L'effet de ce médicament pendant la grossesse ou l'allaitement est mal connu. L'évaluation du risque éventuel lié à son utilisation est individuelle : demandez conseil à votre pharmacien ou à votre médecin.

MODE D'EMPLOI ET POSOLOGIE

La solution buvable doit être diluée dans un verre d'eau.

La solution injectable doit être injectée exclusivement par *voie* intramusculaire profonde. Le mélange à un autre produit dans la même seringue est formellement déconseillé.

Posologie usuelle :

- Adulte et adolescent : 1 ampoule de solution injectable par jour pendant 10 à 20 jours, ou 20 à 40 gouttes de solution buvable, le matin et à midi.
- Enfant de 5 à 15 ans : 5 à 10 gouttes de solution buvable, le matin et à midi, selon l'âge.

L'administration de ce médicament après 17 heures peut favoriser une insomnie.

Une fatigue persistante ne doit pas vous conduire à augmenter les prises de ce médicament : consultez votre médecin.

Conservez ce médicament au frais, à l'abri de la lumière.

EFFETS INDÉSIRABLES POSSIBLES

Photosensibilisation, et éruption cutanée notamment au point d'injection.

HÉMI-DAONIL

glibenclamide

PRÉSENTATION

HÉMI-DAONIL 2,5 mg : comprimé sécable (blanc) ; boîte de 60 - Remb. 65 % - Liste I

Laboratoires Hoechst

COMPOSITION

	p. comp.
Glibenclamide	2,5 mg

INDICATIONS

Cet *antidiabétique* oral appartient à la famille des *sulfamides hypoglycémiants*. Il permet de diminuer l'excès de *sucre* dans le sang en favorisant la sécrétion de l'*insuline*.

Il est utilisé dans le traitement du *diabète* non insulinodépendant lorsque le régime alimentaire seul est insuffisant ou en cas d'échec des autres antidiabétiques oraux.

CONTRE-INDICATIONS

Ce médicament ne doit pas être utilisé dans les cas suivants :
- *insuffisance rénale*,
- *insuffisance hépatique* grave,
- *allergie* aux *sulfamides*,
- en association avec les médicaments contenant du miconazole,
- grossesse,
- allaitement.

ATTENTION

Ce médicament n'est pas adapté au traitement du *diabète* insulinodépendant : celui-ci requiert un traitement par injections d'*insuline*.

Un sentiment de malaise associé à des sueurs froides, une fringale, une accélération du cœur sont les signes habituels d'une *hypoglycémie* due à un effet excessif du médicament. Cette hypoglycémie peut également se traduire par des troubles du comportement qui doivent alerter votre entourage, voire des *convulsions* ou un *coma*. En présence de ces signes ou en cas de simple doute, buvez une boisson sucrée ou mangez du *sucre*. Si le diabétique est inconscient, surtout ne lui donnez rien à boire, ne lui injectez aucun médicament et appelez votre médecin, ou à défaut le 15 ou un service d'urgence.

Des analyses de sang régulières permettent à votre médecin d'adapter la *posologie*.

N'augmentez pas la posologie sans avis médical : consultez rapidement votre médecin en cas de malaises hypoglycémiques répétés.

Certaines situations peuvent contribuer à augmenter la *glycémie* : infections, prise de médicaments, stress. En cas de soif intense, de grande fatigue, de sensation de malaise général, consultez rapidement votre médecin.

L'absorption de boissons alcoolisées pendant le traitement expose à des effets indésirables gênants : *effet antabuse*.

Conducteur : une hypoglycémie peut entraîner un malaise pendant la conduite ou l'utilisation de machines.

INTERACTIONS MÉDICAMENTEUSES

Ce médicament ne doit pas être associé avec les médicaments oraux contenant du miconazole (DAKTARIN GEL BUCCAL, DAKTARIN COMPRIMÉ...) : risque d'*hypoglycémie*.

Ce médicament peut interagir avec d'autres médicaments. Signalez tout autre traitement en cours à votre médecin ou à votre pharmacien.

GROSSESSE, ALLAITEMENT ET NOUVEAU-NÉ

Grossesse :

Quelques cas de malformations chez l'animal ont été rapportés. En l'absence de données dans l'espèce humaine, ce médicament est contre-indiqué pendant la grossesse. Le *diabète* de la femme enceinte nécessite un traitement par *insuline*.

Allaitement :

Ce médicament passe dans le lait maternel : il est contre-indiqué pendant l'allaitement.

MODE D'EMPLOI ET POSOLOGIE

Les comprimés doivent être avalés avec un peu d'eau.

Posologie usuelle :

Suivez attentivement la prescription de votre médecin. Le régime alimentaire reste nécessaire pendant le traitement.

☛ Le respect de certaines règles simples permet de diminuer le risque d'*hypoglycémie* :

- toute prise de ce médicament doit être suivie d'un repas (ne prenez pas de comprimé si vous devez sauter le repas suivant) ;
- si vous envisagez un effort physique et prolongé, il peut être nécessaire de diminuer la dose du médicament (demandez conseil à votre médecin) ;
- informez votre médecin si vous devez travailler la nuit ou si votre religion vous impose un jeûne prolongé ;
- évitez la prise de boissons alcoolisées à jeun ou à distance des repas.

Le *diabète* peut diminuer la sensibilité des pieds à la douleur et favoriser les infections. Des plaies profondes peuvent se développer : une hygiène rigoureuse et des chaussures confortables limitent ce risque.

Le régime du diabétique ne consiste pas en une simple interdiction des *glucides* (*sucres*, pain, pâtes...) : demandez conseil à votre médecin.

Pesez-vous régulièrement et signalez toute variation rapide de poids à votre médecin.

EFFETS INDÉSIRABLES POSSIBLES

Hypoglycémie (voir ATTENTION).

Troubles digestifs, démangeaisons, éruptions cutanées.

Exceptionnellement : jaunisse.

HÉMIPRALON LP
propranolol

PRÉSENTATION

HÉMIPRALON LP : gélule à *libération prolongée* (transparent) ; boîte de 28 - Remb. 65 % - Liste I

Laboratoires Urpac

COMPOSITION

	p. gél. L.P.
Propranolol chlorhydrate	80 mg

INDICATIONS

Ce médicament appartient à la famille des *bêtabloquants*. Ceux-ci agissent en bloquant l'action de l'*adrénaline* (et d'autres *hormones* apparentées) sur de nombreux organes et notamment le cœur, les vaisseaux et les bronches.

Il est utilisé dans :

- l'*hypertension artérielle*,
- la prévention des crises d'*angine de poitrine* et les suites d'*infarctus du myocarde*,
- certains *troubles du rythme cardiaque*,
- les manifestations cardio-vasculaires des excès d'*hormones thyroïdiennes*,
- les *cardiomyopathies* obstructives,
- le *traitement de fond* des *migraines* et des *algies vasculaires de la face*.

CONTRE-INDICATIONS

Ce médicament ne doit pas être utilisé dans les cas suivants :

- *asthme*,
- *insuffisance cardiaque* grave non contrôlée par un traitement spécifique,
- *bloc auriculo-ventriculaire* grave,
- rythme cardiaque inférieur à 50 battements par minute,
- association avec les médicaments contenant de la floctafénine.

Dans tous les autres cas, le médecin est seul juge, notamment en cas de syndrome de *Raynaud*.

ATTENTION

N'interrompez jamais brutalement le traitement. Espacez progressivement les prises. Un avis médical est toujours préférable.

Diabétiques : les *bêtabloquants* peuvent masquer certains *symptômes* de l'*hypoglycémie*, essentiellement *palpitations* et accélération du cœur.

INTERACTIONS MÉDICAMENTEUSES

Ce médicament ne doit pas être associé à la floctafénine (IDARAC...) : risque d'augmentation de la gravité d'un éventuel *choc* allergique.

Il peut interagir avec d'autres médicaments, notamment ceux contenant de l'amiodarone. Signalez tout autre traitement en cours à votre médecin ou à votre pharmacien.

GROSSESSE, ALLAITEMENT ET NOUVEAU-NÉ

Grossesse et nouveau-né :

Les études scientifiques actuellement disponibles n'ont pas mis en évidence de problème particulier lors de l'utilisation chez la femme enceinte.

L'effet *bêtabloquant* persiste quelques jours chez le *nouveau-né* et justifie une surveillance médicale renforcée pendant les premiers jours de la vie.

Allaitement :

Ce médicament passe dans le lait maternel : l'allaitement est déconseillé.

MODE D'EMPLOI ET POSOLOGIE

Ce médicament peut être pris indifféremment pendant ou en dehors des repas.

Posologie usuelle :

Elle dépend des indications : habituellement, 1 gélule le matin.

☛ Veillez à toujours disposer d'une réserve de ce médicament : une plaquette dans la boîte à gants de la voiture et dans la trousse de toilette, par exemple.

Il est normal que le rythme cardiaque ralentisse sous l'effet du traitement ; néanmoins, en cas de fatigue anormale et de pouls inférieur à 50 battements par minute, consultez votre médecin.

EFFETS INDÉSIRABLES POSSIBLES

Bénins et peu fréquents : *troubles digestifs*, fatigue en début de traitement, troubles du sommeil, syndrome de *Raynaud* et fourmillement des extrémités ; parfois, réactions cutanées.

Potentiellement graves et rares : *bloc auriculo-ventriculaire*, ralentissement important du cœur, chute de tension, *insuffisance cardiaque*, crise d'*asthme*.

HÉMOCLAR pommade
pentosane polysulfate

PRÉSENTATION

HÉMOCLAR : pommade ; tube 30 g - Non remb.

Laboratoires Sanofi Winthrop

COMPOSITION

	p. 100 g
Polyester sulfurique de pentosane	0,5 g

INDICATIONS

Cette pommade est destinée à lutter contre l'*inflammation* et la *thrombose* des vaisseaux superficiels.

Elle est utilisée dans le traitement local des troubles circulatoires superficiels (varices douloureuses, suites de sclérose de varices, *ulcères* variqueux). Elle est également utilisée dans le traitement local des contusions, des hématomes et des entorses.

MODE D'EMPLOI ET POSOLOGIE

La pommade est appliquée en massage doux et prolongé afin de faciliter la pénétration. Il n'y a pas d'intérêt à poursuivre le traitement au-delà de 4 à 6 jours.

Posologie usuelle :

1 à 4 applications par jour.

HÉMOLUOL

PRÉSENTATION

HÉMOLUOL : solution buvable arôme caramel ; flacon 300 ml (20 cuillères à soupe) - Non remb.

Laboratoires Parke-Davis

COMPOSITION

	p. fl.
Anémone pulsatille, alcoolature	9 g
Achillée, teinture	1,5 g
Marron d'Inde, extrait mou titrant 20 mg/g de vitamine P	0,9 g
Bourse-à-pasteur, extrait fluide	6 g
Cyprès, extrait fluide	9 g
Osier rouge, extrait fluide	6 g
Séneçon, extrait fluide	3 g
Noisetier, extrait fluide	12 g
Alcool à 96°	

INDICATIONS

Ce médicament associe plusieurs plantes protectrices pour les vaisseaux sanguins.

Il est utilisé dans le *traitement symptomatique* :
- des jambes lourdes, *œdèmes*, crampes, *impatiences* et autres troubles pouvant être en rapport avec une mauvaise circulation veineuse ou *lymphatique* ;
- des crises d'*hémorroïdes*.

ATTENTION

Ce médicament est insuffisant pour prévenir le risque de *phlébite* chez les malades alités ou plâtrés.

Il soulage, mais n'empêche pas l'aggravation de l'*insuffisance veineuse* qui requiert des mesures spécifiques telles que la *contention élastique*.

GROSSESSE, ALLAITEMENT ET NOUVEAU-NÉ

Ce médicament ne contient que des plantes présumées sans danger pendant la grossesse ou l'allaitement. Néanmoins, ne l'utilisez pas de façon prolongée sans l'avis de votre pharmacien ou de votre médecin.

MODE D'EMPLOI ET POSOLOGIE

Ce médicament peut être pris pur ou dans un verre d'eau avant les repas.

Posologie usuelle :

1 ou 2 cuillères à café, 3 fois par jour.

Dans le traitement des *hémorroïdes*, la *posologie* est portée à 1 cuillère à soupe, 3 fois par jour.

Une activité physique régulière et la surélévation du pied du lit permettent de faciliter la circulation veineuse et *lymphatique*.

Pour prévenir les crises d'*hémorroïdes*, des mesures simples d'hygiène alimentaire sont à envisager. Parlez-en à votre médecin ou à votre pharmacien.

HÉMORROGEL

ficaire, marronnier d'Inde, souci

PRÉSENTATION

HÉMORROGEL : gel rectal ; boîte de 4 tubes canules 5 ml - Non remb.

Laboratoires Arkopharma

COMPOSITION

	p. tube canule
Ficaire, racine tubérisée	375 mg
Marronnier d'Inde, écorce de la tige	375 mg
Souci des jardins, capitule	185 mg

INDICATIONS

Ce médicament associe plusieurs plantes protectrices des vaisseaux sanguins.

Il est utilisé dans le *traitement symptomatique* des *hémorroïdes*.

ATTENTION

Le traitement doit être de courte durée : si les *symptômes* persistent, consultez votre médecin.

GROSSESSE, ALLAITEMENT ET NOUVEAU-NÉ

Ce médicament ne contient que des plantes présumées sans danger pendant la grossesse ou l'allaitement. Néanmoins, ne l'utilisez pas de façon prolongée sans l'avis de votre pharmacien ou de votre médecin.

MODE D'EMPLOI ET POSOLOGIE

Introduire la canule dans le rectum et presser le tube. Retirer la canule sans lâcher la pression.

Posologie usuelle :

- Adulte : 1 tube par jour, soit avant la selle de façon à la faciliter, soit après pour en limiter les effets douloureux.

La constipation, la consommation de mets épicés et de vins riches en tanins favorisent les *hémorroïdes*.

Ce médicament doit être conservé à l'abri de la lumière et de la chaleur.

HÉPACHOLINE SORBITOL

citrate de choline, sorbitol

PRÉSENTATION

HÉPACHOLINE SORBITOL : solution buvable ; boîte de 14 ampoules (10 ml) - Remb. 35 %

Laboratoires Synthélabo France

COMPOSITION

	p. amp.
Citrate de choline	0,567 g
Sorbitol	5,00 g

INDICATIONS

C'est une association de deux substances actives : le citrate de choline agit en facilitant le passage de la bile vers le tube digestif, le sorbitol hydrate le contenu du tube digestif.

Ce médicament est utilisé dans le *traitement symptomatique* des digestions difficiles et de la constipation.

CONTRE-INDICATIONS

Ce médicament ne doit pas être utilisé dans les cas suivants :
- maladies inflammatoires du côlon,
- occlusion intestinale ou risque d'occlusion,
- douleurs abdominales.

ATTENTION

En cas de douleurs abdominales répétitives ou prolongées, ce médicament ne doit pas être pris sans avis médical.

GROSSESSE, ALLAITEMENT ET NOUVEAU-NÉ

Grossesse :

L'effet de ce médicament pendant la grossesse ou l'allaitement est mal connu. L'évaluation du risque éventuel lié à son utilisation est individuelle : demandez conseil à votre pharmacien ou à votre médecin.

Allaitement :

Comme tous les laxatifs, ce médicament est susceptible de freiner les montées de lait.

MODE D'EMPLOI ET POSOLOGIE

A prendre dans un verre d'eau.

Posologie usuelle :
- digestions difficiles : 1 ampoule (10 ml) avant chacun des 3 repas ;
- constipation : 2 ampoules le matin à jeun.

Ce traitement doit être accompagné de mesures simples d'hygiène alimentaire (régime riche en fibres et boissons abondantes) et d'exercices physiques : consultez votre médecin ou votre pharmacien.

EFFETS INDÉSIRABLES POSSIBLES

Diarrhée, douleurs abdominales, ballonnements.

HÉPACLEM

PRÉSENTATION

HÉPACLEM : comprimé (brun) ; boîte de 30 - Non remb.

Laboratoires Clément

COMPOSITION

	p. comp.
Artichaut, extrait sec aqueux	60 mg
Boldo, extrait sec hydroalcoolique	60 mg
Curcuma xanthorriza, extrait sec hydroalcoolique	40 mg
Combretum, extrait sec hydroalcoolique	40 mg

INDICATIONS

Ce médicament associe plusieurs extraits de plantes.

Il est utilisé pour favoriser les fonctions d'élimination digestive et rénale.

GROSSESSE, ALLAITEMENT ET NOUVEAU-NÉ

Ce médicament ne contient que des plantes présumées sans danger pendant la grossesse ou l'allaitement. Néanmoins, ne l'utilisez pas de façon prolongée sans l'avis de votre pharmacien ou de votre médecin.

MODE D'EMPLOI ET POSOLOGIE

Les comprimés seront pris de préférence avant les repas.

Posologie usuelle :

- Adulte et enfant à partir de 7 ans : 1 ou 2 comprimés, 3 fois par jour.

L'usage de ce médicament doit être accompagné d'une alimentation appropriée ; parlez-en à votre pharmacien ou à votre médecin.

HÉPADIAL
acide dimécrotique

PRÉSENTATION

HÉPADIAL : comprimé (blanc) ; boîte de 40 - Remb. 35 %

Laboratoires Biocodex

COMPOSITION

	p. comp.
Acide dimécrotique sel de magnésium	0,05 g

INDICATIONS

C'est un médicament qui appartient à la famille des *cholérétiques*. Il agit en augmentant la production de bile et lutte contre les spasmes des *voies biliaires*.

Il est principalement utilisé dans le *traitement symptomatique* des *troubles digestifs* en rapport avec une paresse biliaire.

ATTENTION

Si vous souffrez d'une maladie grave du foie ou d'une obstruction des *voies biliaires* notamment due à des calculs, n'utilisez pas ce médicament sans avis médical.

En cas de persistance des *symptômes*, des examens peuvent être nécessaires : consultez votre médecin.

GROSSESSE, ALLAITEMENT ET NOUVEAU-NÉ

L'effet de ce médicament pendant la grossesse ou l'allaitement est mal connu. L'évaluation du risque éventuel lié à son utilisation est individuelle : demandez conseil à votre pharmacien ou à votre médecin.

MODE D'EMPLOI ET POSOLOGIE

Les comprimés doivent être pris au moment des repas avec un peu d'eau.

Posologie usuelle :

3 ou 4 comprimés par jour.

HÉPAGRUME

PRÉSENTATION

HÉPAGRUME : solution buvable arôme mandarine-citron ; boîte de 18 ampoules (10 ml) - Remb. 35 %

Laboratoires Synthélabo France

COMPOSITION

	p. amp.
Arginine	100 mg
Bétaïne	350 mg
Choline citrate diacide	600 mg
Inositol	250 mg
Sorbitol	3 g
Saccharose	1,2 g
Alcool	0,01 ml

INDICATIONS

C'est une association de substances : le citrate de choline et la bétaïne agissent en facilitant le passage de la bile vers le tube digestif ; le sorbitol hydrate le contenu du tube digestif.

Ce médicament est utilisé dans le *traitement symptomatique* des digestions difficiles et de la constipation.

CONTRE-INDICATIONS

Ce médicament ne doit pas être utilisé dans les cas suivants :

- maladies inflammatoires du côlon,
- occlusion intestinale ou risque d'occlusion,
- douleurs abdominales.

ATTENTION

En cas de douleurs abdominales répétitives ou prolongées, ce médicament ne doit pas être pris sans l'avis de votre médecin.

Des précautions sont nécessaires en cas d'obstruction des *voies biliaires*.

Ce médicament contient du *sucre* (saccharose) en quantité notable.

GROSSESSE, ALLAITEMENT ET NOUVEAU-NÉ

L'effet de ce médicament pendant la grossesse ou l'allaitement est mal connu. L'évaluation du risque éventuel lié à son utilisation est individuelle : demandez conseil à votre pharmacien ou à votre médecin.

Allaitement :

Comme tous les laxatifs, ce médicament est susceptible de freiner les montées de lait.

MODE D'EMPLOI ET POSOLOGIE

Diluer le contenu de l'ampoule dans un verre d'eau.

Posologie usuelle :

- digestions difficiles : 1 ampoule au début des repas, 2 à 3 fois par jour ;
- constipation : 2 ampoules le matin à jeun.

Si vous souffrez de douleurs abdominales *fonctionnelles*, il est préférable de prendre ce médicament au milieu du repas.

Ce traitement doit être accompagné de mesures simples d'hygiène alimentaire (régime riche en fibres et boissons abondantes) et d'exercices physiques : consultez votre médecin ou votre pharmacien.

EFFETS INDÉSIRABLES POSSIBLES

Diarrhée, douleurs abdominales, ballonnements.

HÉPANÉPHROL

PRÉSENTATION

HÉPANÉPHROL : solution buvable arôme orange amère ; boîte de 20 ampoules 10 ml - Remb. 35 %

Laboratoires Rosa-Phytopharma

COMPOSITION

	p. amp.
Cynara scolymus, extrait	2 g
Citrus, complexe flavonique	200 mg
Saccharose	5 g

INDICATIONS

Ce médicament est une association de plantes, qui agit en augmentant la production de bile.

Il est utilisé dans le *traitement symptomatique* des digestions difficiles en rapport avec une paresse biliaire et pour favoriser le fonctionnement des reins.

ATTENTION

Ce médicament contient une quantité notable de *sucre* (saccharose).

Si vous souffrez d'obstruction des *voies biliaires* et d'*insuffisance hépatique* grave : parlez-en à votre médecin ou à votre pharmacien.

GROSSESSE, ALLAITEMENT ET NOUVEAU-NÉ

Ce médicament ne contient que des plantes présumées sans danger pendant la grossesse ou l'allaitement. Néanmoins, ne l'utilisez pas de façon prolongée sans l'avis de votre pharmacien ou de votre médecin.

MODE D'EMPLOI ET POSOLOGIE

Ce médicament doit être pris avant les repas, dans un verre d'eau.

Posologie usuelle :
1 ampoule, 3 fois par jour.

> Ce médicament doit être accompagné d'une alimentation appropriée : parlez-en à votre médecin ou à votre pharmacien.

HÉPAREXINE
phosphorylcholine, magnésium

PRÉSENTATION
HÉPAREXINE : granulé arôme framboise ; boîte de 30 sachets - Non remb.
Laboratoires Murat

COMPOSITION

	p. sachet
Phosphorylcholine sel de magnésium	0,75 g
Saccharose	4 g

INDICATIONS
Ce médicament est utilisé dans le *traitement symptomatique* des *troubles digestifs* et de la constipation.

CONTRE-INDICATIONS
Ce médicament ne doit pas être utilisé en cas d'*insuffisance rénale* grave.

> **ATTENTION**
> Si vous souffrez d'obstruction des *voies biliaires* : parlez-en à votre pharmacien ou à votre médecin.
> Ce médicament contient du *sucre* (saccharose) en quantité notable.

GROSSESSE, ALLAITEMENT ET NOUVEAU-NÉ
L'effet de ce médicament pendant la grossesse ou l'allaitement est mal connu. L'évaluation du risque éventuel lié à son utilisation est individuelle : demandez conseil à votre pharmacien ou à votre médecin.

MODE D'EMPLOI ET POSOLOGIE
Les granulés peuvent être croqués ou dissous dans un peu d'eau, et pris avant les repas.

Posologie usuelle :
2 à 6 sachets par jour.

> Ce médicament doit être accompagné d'une alimentation appropriée : parlez-en à votre médecin ou à votre pharmacien.

HÉPARGITOL
sorbitol, arginine

PRÉSENTATION
HÉPARGITOL : poudre orale ; boîte de 20 sachets (bipoches) - Remb. 35 %
Laboratoires Élerté

COMPOSITION

	p. poche A	p. poche B
Sorbitol	1,845 g	1,570 g
Acide citrique	0,878 g	
Arginine chlorhydrate		0,500 g
Sulfate de sodium anhydre		0,066 g
Hydrogénophosphate de sodium		0,119 g
Sodium		0,277 g
Saccharose 0,5 g	+	+

INDICATIONS
Ce médicament est une association de plusieurs substances actives : certaines agissent en facilitant le passage de la bile vers le tube digestif, et le sorbitol hydrate le contenu du tube digestif.

Ce médicament est utilisé dans le *traitement symptomatique* des digestions difficiles et de la constipation.

CONTRE-INDICATIONS
Ce médicament ne doit pas être utilisé dans les cas suivants :
- maladies inflammatoires du côlon,
- occlusion intestinale ou risque d'occlusion,
- douleurs abdominales,
- *intolérance* au fructose.

> **ATTENTION**
> En cas de douleurs abdominales répétitives ou prolongées, ce médicament ne doit pas être pris sans l'avis de votre médecin.
> Des précautions sont nécessaires en cas d'obstruction des *voies biliaires*.
> Ce médicament contient une quantité notable de *sucre* (saccharose).

GROSSESSE, ALLAITEMENT ET NOUVEAU-NÉ
Grossesse :
L'effet de ce médicament pendant la grossesse est mal connu. L'évaluation du risque éventuel lié à son utilisation est individuelle : demandez conseil à votre médecin ou à votre pharmacien.

Allaitement :
Comme tous les laxatifs, ce médicament est susceptible de freiner les montées de lait.

MODE D'EMPLOI ET POSOLOGIE
Vider simultanément le contenu des deux poches du sachet dans un demi-verre d'eau. Agiter jusqu'à dissolution complète.

Posologie usuelle :
En cas de digestions difficiles, prendre ce médicament avant les repas ou au moment des troubles :
- Adulte : 1 sachet bipoche, 2 à 4 fois par jour.
- Enfant au-dessus de 5 ans : 1 ou 2 sachets bipoches par jour.
- Enfant de 2 à 5 ans : 1 sachet bipoche, 1 fois par jour ou 1 fois tous les 2 jours.

En cas de constipation :
- Adulte : 2 sachets bipoches le matin à jeun.

> Si vous souffrez de douleurs abdominales *fonctionnelles*, il est préférable de prendre ce médicament au milieu du repas.

> Ce traitement doit être accompagné de mesures simples d'hygiène alimentaire (régime riche en fibres et boissons abondantes) et d'exercices physiques : consultez votre médecin ou votre pharmacien.

EFFETS INDÉSIRABLES POSSIBLES
Diarrhée, douleurs abdominales, ballonnements.

HÉPARINE CHOAY
héparine sodique

PRÉSENTATION
HÉPARINE CHOAY : solution injectable *I.V.* ; flacon 5 ml (25 000 *UI*) - Remb. 65 % - Liste I
Laboratoires Sanofi Winthrop

COMPOSITION

	p. fl.
Héparine sodique	25 000 UI
Alcool benzylique	+

INDICATIONS
Ce médicament est un *anticoagulant* de la famille de l'héparine. Il empêche la formation des caillots dans les vaisseaux sanguins. Son action est immédiate.

Il est utilisé :
- à faible dose, dans le *traitement préventif* des *accidents thrombo-emboliques* chez les opérés récents ou les malades alités ou immobilisés ;
- à forte dose, dans le traitement des *thromboses* veineuses ou artérielles.

CONTRE-INDICATIONS
Ce médicament ne doit pas être utilisé dans les cas suivants :
- hémophilie et maladies apparentées,
- risque de saignement d'un organe (*ulcère* de l'estomac ou du *duodénum*),
- *accident vasculaire cérébral*,
- *allergie* ou baisse des *plaquettes* sanguines lors d'une précédente utilisation de ce médicament.

> **ATTENTION**
> Des analyses de sang sont nécessaires en début et en cours de traitement, pour contrôler l'efficacité du traitement et le taux de *plaquettes* dans le sang.
> Des précautions sont nécessaires en cas d'*insuffisance hépatique*, d'*insuffisance rénale*, ou d'*ulcère* de l'estomac ou du *duodénum* même ancien.
> L'aspirine augmente le risque hémorragique lié à l'usage de ce médicament. De nombreux produits qui en contiennent sont vendus sans ordonnance. Ne prenez aucun médicament sans l'avis de votre médecin ou de votre pharmacien.
> Prévenez votre dentiste de la prise de ce médicament.
> Ce médicament expose au risque d'*hémorragie* interne : les sports violents ou les activités dangereuses sont déconseillés au cours du traitement.

INTERACTIONS MÉDICAMENTEUSES

Ce médicament peut interagir avec de nombreux médicaments, notamment ceux contenant de l'aspirine, des *anti-inflammatoires* non stéroïdiens et de la ticlopidine : augmentation du risque d'*hémorragie*. Signalez tout autre traitement en cours à votre médecin ou à votre pharmacien.

GROSSESSE, ALLAITEMENT ET NOUVEAU-NÉ

Grossesse :

Votre médecin est seul juge pour apprécier la nécessité de ce traitement et son risque pendant la grossesse.

Allaitement :

Ce médicament ne passe pas dans le lait maternel : l'allaitement est possible.

MODE D'EMPLOI ET POSOLOGIE

La solution injectable doit être administrée par *voie* intraveineuse stricte.

Posologie usuelle :

Elle est strictement individuelle. Elle varie selon la maladie à traiter et le poids de la personne.

Lorsque ce médicament est remplacé par les *anticoagulants* oraux, ces deux traitements peuvent être pris simultanément pendant quelques jours.

Il est normal de voir apparaître des hématomes (bleus) au point d'injection. Ils disparaîtront spontanément.

EFFETS INDÉSIRABLES POSSIBLES

Hémorragies de gravité variable.

Baisse des *plaquettes* sanguines justifiant des analyses de sang avant et pendant le traitement.

Rarement : *allergie*.

HÉPARINE LEO intraveineuse

héparine sodique

PRÉSENTATION

HÉPARINE LEO : solution injectable *I.V.* ; flacon 5 ml (25 000 *UI*) - Remb. 65 % - Liste I

Laboratoires Leo

COMPOSITION

	p. ml
Héparine sodique	5 000 UI

INDICATIONS

Ce médicament est un *anticoagulant* de la famille de l'héparine. Il empêche la formation des caillots dans les vaisseaux sanguins. Son action est immédiate.

Il est utilisé :

- à faible dose, dans le *traitement préventif* des *accidents thrombo-emboliques* chez les opérés récents ou les malades alités ou immobilisés ;
- à forte dose, dans le traitement des *thromboses* veineuses ou artérielles.

CONTRE-INDICATIONS

Ce médicament ne doit pas être utilisé dans les cas suivants :

- hémophilie et maladies apparentées,
- risque de saignement d'un organe (*ulcère* de l'estomac ou du *duodénum*),
- *accident vasculaire cérébral*,
- *allergie* ou baisse des plaquettes sanguines lors d'une précédente utilisation de ce médicament.

ATTENTION

Des analyses de sang sont nécessaires en début et en cours de traitement, pour contrôler l'efficacité du traitement et le taux de *plaquettes* dans le sang.

Des précautions sont nécessaires en cas d'*insuffisance hépatique*, d'*insuffisance rénale*, ou d'*ulcère* de l'estomac ou du *duodénum* même ancien.

L'aspirine augmente le risque hémorragique lié à l'usage de ce médicament. De nombreux produits qui en contiennent sont vendus sans ordonnance. Ne prenez aucun médicament sans l'avis de votre médecin ou de votre pharmacien.

Prévenez votre dentiste de la prise de ce médicament.

Ce médicament expose au risque d'*hémorragie* interne : les sports violents ou les activités dangereuses sont déconseillés au cours du traitement.

INTERACTIONS MÉDICAMENTEUSES

Ce médicament peut interagir avec de nombreux médicaments, notamment ceux contenant de l'aspirine, des *anti-inflammatoires* non stéroïdiens et de la ticlopidine : augmentation du risque d'*hémorragie*. Signalez tout autre traitement en cours à votre médecin ou à votre pharmacien.

GROSSESSE, ALLAITEMENT ET NOUVEAU-NÉ

Grossesse :

Votre médecin est seul juge pour apprécier la nécessité de ce traitement et son risque pendant la grossesse.

Allaitement :

Ce médicament ne passe pas dans le lait maternel : l'allaitement est possible.

MODE D'EMPLOI ET POSOLOGIE

La solution injectable doit être administrée par *voie* intraveineuse stricte.

Posologie usuelle :

Elle est strictement individuelle. Elle varie selon la maladie à traiter et le poids de la personne.

Lorsque ce médicament est remplacé par les *anticoagulants* oraux, ces deux traitements peuvent être pris simultanément pendant quelques jours.

Il est normal de voir apparaître des hématomes (bleus) au point d'injection. Ils disparaîtront spontanément.

EFFETS INDÉSIRABLES POSSIBLES

Hémorragies de gravité variable.

Baisse des *plaquettes* sanguines justifiant des analyses de sang avant et pendant le traitement.

Rarement : *allergie*.

HÉPARINE LEO sous-cutanée

héparine calcique

PRÉSENTATION

HÉPARINE LEO : solution injectable *S.C.* ; boîte de 2 seringues auto-injectables 0,2 ml - Remb. 65 % - Liste I

HÉPARINE LEO : solution injectable *S.C.* ; boîte de 2 seringues auto-injectables 0,3 ml - Remb. 65 % - Liste I

Laboratoires Leo

COMPOSITION

	p. seringue	p. seringue
Héparine calcique	5 000 UI	7 500 UI

INDICATIONS

Ce médicament est un *anticoagulant* de la famille de l'héparine. Il empêche la formation des caillots dans les vaisseaux sanguins. Son action est immédiate.

Il est utilisé :

- à faible dose, dans le *traitement préventif* des *accidents thrombo-emboliques* chez les opérés récents ou les malades alités ou immobilisés ;
- à forte dose, dans le traitement des *thromboses* veineuses ou artérielles.

CONTRE-INDICATIONS

Ce médicament ne doit pas être utilisé dans les cas suivants :

- hémophilie et maladies apparentées,
- risque de saignement d'un organe (*ulcère* de l'estomac ou du *duodénum*),
- *accident vasculaire cérébral*,
- *allergie* ou baisse des *plaquettes* sanguines lors d'une précédente utilisation de ce médicament.

ATTENTION

Des analyses de sang sont nécessaires en début et en cours de traitement, pour contrôler l'efficacité du traitement et le taux de *plaquettes* dans le sang.

Des précautions sont nécessaires en cas d'*insuffisance hépatique*, d'*insuffisance rénale*, ou d'*ulcère* de l'estomac ou du *duodénum* même ancien.

L'aspirine augmente le risque hémorragique lié à l'usage de ce médicament. De nombreux produits qui en contiennent sont vendus sans ordonnance. Ne prenez aucun médicament sans l'avis de votre médecin ou de votre pharmacien.

Prévenez votre dentiste de la prise de ce médicament.

Ce médicament expose au risque d'*hémorragie* interne : les sports violents ou les activités dangereuses sont déconseillés au cours du traitement.

INTERACTIONS MÉDICAMENTEUSES

Ce médicament peut interagir avec de nombreux médicaments, notamment ceux contenant de l'aspirine, des *anti-inflammatoires* non stéroïdiens et de la ticlopidine : augmentation du risque d'*hémorragie*. Signalez tout autre traitement en cours à votre médecin ou à votre pharmacien.

GROSSESSE, ALLAITEMENT ET NOUVEAU-NÉ

Grossesse :

Votre médecin est seul juge pour apprécier la nécessité de ce traitement et son risque pendant la grossesse.

Allaitement :

Ce médicament ne passe pas dans le lait maternel : l'allaitement est possible.

MODE D'EMPLOI ET POSOLOGIE

La solution injectable est exclusivement administrée par *voie* sous-cutanée dans un pli de la peau pincé entre deux doigts. L'injection se fait habituellement dans la paroi abdominale.

Posologie usuelle :

Elle est strictement individuelle. Elle varie selon la maladie à traiter et le poids de la personne. En cas d'immobilisation, le traitement durera au moins jusqu'à la reprise normale de la marche.

Le nombre d'injections est de 2 ou 3 par jour, régulièrement espacées.

> Lorsque ce médicament est remplacé par les *anticoagulants* oraux, ces deux traitements peuvent être pris simultanément pendant quelques jours.
>
> Il est normal de voir apparaître des hématomes (bleus) au point d'injection. Ils disparaîtront spontanément.

EFFETS INDÉSIRABLES POSSIBLES

Hémorragies de gravité variable.

Baisse des *plaquettes* sanguines justifiant des analyses de sang avant et pendant le traitement.

Rarement, douleur durable au point d'injection pouvant traduire une lésion de la peau : consultez votre médecin.

HÉPATOREX

PRÉSENTATION

HÉPATOREX : solution buvable arôme menthe ; flacon 250 ml - Non remb.

Laboratoires C.P.F.

COMPOSITION

	p. c. à s.
Pneumus boldus, extrait fluide	45,75 mg
Cynara scolymus, extrait fluide	45,75 mg
Combretum, extrait fluide	45,75 mg
Sulfate de sodium	76,2 mg
Citrate de sodium	137,2 mg
Dont sodium	60 mg
Alcool	+
Menthol	+

INDICATIONS

C'est une association de substances actives utilisée dans le *traitement symptomatique* des *troubles digestifs*.

CONTRE-INDICATIONS

Ce médicament ne doit pas être utilisé en cas d'obstruction des *voies biliaires* et d'*insuffisance hépatique* grave.

> **ATTENTION**
>
> Ce médicament contient du *sel* (sodium) en quantité notable.

GROSSESSE, ALLAITEMENT ET NOUVEAU-NÉ

L'effet de ce médicament pendant la grossesse ou l'allaitement est mal connu. L'évaluation du risque éventuel lié à son utilisation est individuelle : demandez conseil à votre pharmacien ou à votre médecin.

MODE D'EMPLOI ET POSOLOGIE

- Adulte : 2 cuillères à soupe dans un demi-verre d'eau avant les repas.
- Enfant : 1 cuillère à soupe dans un demi-verre d'eau avant les repas.

> Ce médicament doit être accompagné d'une alimentation appropriée : parlez-en à votre pharmacien ou à votre médecin.

HEPATOUM

PRÉSENTATION

HEPATOUM : solution buvable ; flacon 550 ml - Non remb.

Laboratoires Hepatoum

COMPOSITION

	p. 100 ml
Anémone et curcuma, macéré hydroalcoolique	150 mg
Chloroforme anesthésique	125 mg
Acétate d'amyle	16,5 mg
Menthe, huile essentielle	10,9 mg
Tartrazine	+
Alcool	640 mg

INDICATIONS

C'est un médicament qui appartient à la famille des *cholérétiques*. Il agit en augmentant la production de bile et lutte contre les spasmes des *voies biliaires*.

Il est principalement utilisé dans le *traitement symptomatique* des digestions difficiles en rapport avec une paresse biliaire.

> **ATTENTION**
>
> Si vous souffrez d'une maladie grave du foie ou d'une obstruction des *voies biliaires* notamment due à des calculs, n'utilisez pas ce médicament sans avis médical.
>
> En cas de persistance des *symptômes*, des examens peuvent être nécessaires : consultez votre médecin.

GROSSESSE, ALLAITEMENT ET NOUVEAU-NÉ

L'effet de ce médicament pendant la grossesse ou l'allaitement est mal connu. L'évaluation du risque éventuel lié à son utilisation est individuelle : demandez conseil à votre pharmacien ou à votre médecin.

MODE D'EMPLOI ET POSOLOGIE

- Adulte : 2 à 3 cuillères à soupe, 6 à 8 fois par jour.
- Enfant de plus de 12 ans : 1 à 2 cuillères à soupe, 6 à 8 fois par jour.

Ne pas utiliser de façon prolongée.

> La solution entamée doit être conservée au frais, bien bouchée.

HEPATOUM comprimé

pepsine, pancréatine, diastase

PRÉSENTATION

HEPATOUM : comprimé (orange) ; boîte de 40 - Non remb.

Laboratoires Hepatoum

COMPOSITION

	p. comp.
Pepsine (porc)	0,055 g
Pancréatine (porc)	0,055 g
Diastase (orge)	0,055 g
Gluten	0,050 g

INDICATIONS

C'est une association d'extrait pancréatique d'origine animale et d'une cellulase. L'extrait pancréatique apporte des *enzymes* indispensables à la digestion ; la cellulase dégrade en partie les fibres alimentaires (cellulose) contenues dans les féculents.

Ce médicament est utilisé dans le traitement des digestions difficiles en rapport ou non avec une insuffisance du pancréas.

CONTRE-INDICATIONS

Ce médicament ne doit pas être utilisé en cas d'*intolérance* au *gluten*.

GROSSESSE, ALLAITEMENT ET NOUVEAU-NÉ

L'effet de ce médicament pendant la grossesse ou l'allaitement est mal connu. L'évaluation du risque éventuel lié à son utilisation est individuelle : demandez conseil à votre pharmacien ou à votre médecin.

MODE D'EMPLOI ET POSOLOGIE

Les comprimés doivent être pris juste avant ou pendant les repas ; ils peuvent être croqués ou sucés.

Posologie usuelle :

1 ou 2 comprimés, 2 ou 3 fois par jour.

> Une alimentation équilibrée, une mastication lente et l'élimination des aliments difficiles à digérer permettent souvent d'atténuer, voire de faire disparaître, les *troubles digestifs* qui ne sont pas liés à un *ulcère*.

HÉPATOXANE
tocamphyl

PRÉSENTATION

HÉPATOXANE : comprimé (blanc) ; boîte de 84 - Remb. 35 %

Laboratoires Pharmaceutiques de l'Esplanade

COMPOSITION

	p. comp.
Tocamphyl	100 mg
Saccharose	+

INDICATIONS

Ce médicament agit en augmentant la production de bile. Il est utilisé dans le *traitement symptomatique* des digestions difficiles.

CONTRE-INDICATIONS

Ce médicament ne doit pas être utilisé chez l'enfant de moins de 30 mois.

ATTENTION

Si vous souffrez d'obstruction des *voies biliaires* et d'*insuffisance hépatique* grave : parlez-en à votre médecin ou à votre pharmacien.

GROSSESSE, ALLAITEMENT ET NOUVEAU-NÉ

L'effet de ce médicament pendant la grossesse ou l'allaitement est mal connu. L'évaluation du risque éventuel lié à son utilisation est individuelle : demandez conseil à votre pharmacien ou à votre médecin.

MODE D'EMPLOI ET POSOLOGIE

Les comprimés doivent être avalés avec un peu d'eau.

Posologie usuelle :

2 comprimés, 3 fois par jour, au moment des repas.

Ce médicament doit être accompagné d'une alimentation appropriée : parlez-en à votre médecin ou à votre pharmacien.

HÉPAX

PRÉSENTATION

HÉPAX : solution buvable ; flacon 100 ml - Remb. 35 %

Laboratoires UPSA

COMPOSITION

	p. c. à c.
Artichaut, extrait fluide	330 mg
Kinkeliba, extrait mou	180 mg
Boldo, extrait mou	100 mg
Boldo-romarin, teinture	3,23 g
Alcool	650 mg

INDICATIONS

Ce médicament est une association d'extraits de plantes, qui agit en augmentant la production de bile.

Il est utilisé dans le *traitement symptomatique* des *troubles digestifs*.

CONTRE-INDICATIONS

Ce médicament ne doit pas être utilisé chez l'enfant de moins de 15 ans.

ATTENTION

Ce médicament contient une quantité notable d'*alcool*.

Si vous souffrez d'obstruction des *voies biliaires* et d'*insuffisance hépatique* grave : parlez-en à votre médecin ou à votre pharmacien.

GROSSESSE, ALLAITEMENT ET NOUVEAU-NÉ

L'effet de ce médicament pendant la grossesse ou l'allaitement est mal connu. L'évaluation du risque éventuel lié à son utilisation est individuelle : demandez conseil à votre pharmacien ou à votre médecin.

MODE D'EMPLOI ET POSOLOGIE

Ce médicament doit être pris dans un verre d'eau à jeun ou avant les principaux repas.

Posologie usuelle :

1 à 3 cuillères à café par jour.

Ce médicament doit être accompagné d'une alimentation appropriée : parlez-en à votre médecin ou à votre pharmacien.

HEPT-A-MYL
heptaminol

PRÉSENTATION

HEPT-A-MYL : comprimé (blanc) ; boîte de 20 - Remb. 65 %

HEPT-A-MYL : solution buvable ; flacon 20 ml (1 ml = 24 gouttes) - Remb. 65 %

Laboratoires Synthélabo

COMPOSITION

	p. comp.	p. 20 gtes
Heptaminol chlorhydrate	187,8 mg	254 mg

INDICATIONS

Ce médicament est un stimulant du système cardio-vasculaire.

Il est utilisé dans le traitement de l'*hypotension orthostatique*.

CONTRE-INDICATIONS

Ce médicament ne doit pas être utilisé dans les cas suivants :

- *hypertension artérielle* grave,
- *hyperthyroïdie*,
- association aux médicaments de la famille des *IMAO* non sélectifs.

ATTENTION

Les baisses de tension artérielle survenant lors des états de fatigue en sont souvent la conséquence mais non la cause. Consultez votre médecin.

INTERACTIONS MÉDICAMENTEUSES

Ce médicament ne doit pas être associé aux médicaments de la famille des *IMAO* non sélectifs (MARSILID, NIAMIDE...) : risque d'*hypertension artérielle* grave.

GROSSESSE, ALLAITEMENT ET NOUVEAU-NÉ

L'effet de ce médicament pendant la grossesse ou l'allaitement est mal connu : seul votre médecin peut évaluer le risque éventuel de son utilisation dans votre cas.

MODE D'EMPLOI ET POSOLOGIE

Les comprimés ou les gouttes doivent être pris avec un peu d'eau.

Posologie usuelle :

- Adulte : 30 à 50 gouttes ou 1 ou 2 comprimés, 3 fois par jour.
- Enfant : 20 à 40 gouttes par jour selon l'âge.

Les manifestations de l'*hypotension orthostatique* peuvent être réduites en évitant les changements brusques de position.

HEPTYL BOURDOU

PRÉSENTATION

HEPTYL BOURDOU : vin médicinal ; flacon 500 ml - Non remb.

Laboratoires C.P.F.

COMPOSITION

	p. fl.
Fluorure de sodium	50 mg
Acide phosphorique	2 g
Phosphate disodique	1 g
Manganèse chlorure	300 mg
Magnésium chlorure	300 mg
Lithium carbonate	25 mg
Alcool	+

INDICATIONS

Ce médicament est un *antiasthénique* qui contient des sels minéraux (fluor, phosphore, manganèse, magnésium).

Il est utilisé dans le traitement de la fatigue (*asthénie fonctionnelle*) et en cas de convalescence.

ATTENTION

Ce médicament contient de l'*alcool* en quantité notable.

GROSSESSE, ALLAITEMENT ET NOUVEAU-NÉ

Avant d'utiliser ce médicament pendant la grossesse ou l'allaitement, demandez conseil à votre médecin ou à votre pharmacien.

MODE D'EMPLOI ET POSOLOGIE

Ce médicament doit être pris avant les repas.

Posologie usuelle :

- Adulte : 1 verre à liqueur, 3 fois par jour.

> Une fatigue persistante ne doit pas vous conduire à augmenter les prises de ce médicament : demandez conseil à votre pharmacien ou à votre médecin.

HERBESAN

PRÉSENTATION

HERBESAN : tisane ; boîte de 20 sachets-dose - Non remb.

HERBESAN : tisane ; boîte de 40 sachets-dose - Non remb.

HERBESAN : tisane ; boîte de 100 g - Non remb.

HERBESAN INSTANTANÉ : poudre pour tisane ; flacon (verre) 56 g - Non remb.

Laboratoires Phygiène

COMPOSITION

	p. sach-dose	p. 100 g
Séné, folioles	800 mg	40 g
Anis, fruit	100 mg	5 g
Menthe poivrée, feuilles	330 mg	16,5 g
Chiendent, rhizomes	770 mg	38,5 g

	p. 100 g
Séné, folioles	46,94 g
Bourdaine, écorce	3,54 g
Chiendent, rhizomes	49,52 g
Soit en principe actif (sennosides B)	0,857 g

INDICATIONS

Cette tisane contient un mélange de plantes, notamment un *laxatif stimulant* : le séné. Elle augmente les sécrétions et la motricité de l'intestin.

Elle est utilisée comme *traitement symptomatique* de la constipation.

CONTRE-INDICATIONS

Ce médicament ne doit pas être utilisé dans les cas suivants :

- maladies inflammatoires du côlon,
- constipation ou douleur abdominale due à une obstruction du tube digestif : rétrécissement intestinal, *fécalome* (bouchon de selles),
- enfant de moins de 12 ans, sauf sur prescription médicale.

> **ATTENTION**
>
> Ce médicament doit être utilisé de façon épisodique et en cure très brève : pas plus de 8 à 10 jours.
>
> Son usage régulier peut entraîner :
>
> - une *dépendance*,
> - des troubles intestinaux graves,
> - une perte de sels minéraux et notamment de *potassium*, pouvant entraîner des *troubles du rythme cardiaque* graves.
>
> Arrêter le traitement en cas de diarrhée ou de douleurs abdominales.

INTERACTIONS MÉDICAMENTEUSES

Ce médicament peut interagir avec d'autres médicaments, notamment certains *antiarythmiques* et ceux contenant de la *vincamine*. Signalez tout autre traitement en cours à votre médecin ou à votre pharmacien.

GROSSESSE, ALLAITEMENT ET NOUVEAU-NÉ

Ce médicament est déconseillé pendant la grossesse ou l'allaitement.

MODE D'EMPLOI ET POSOLOGIE

La tisane peut être utilisée en *infusion* : 1 cuillère à café de tisane ou 1 sachet par tasse.

Pour HERBESAN INSTANTANÉ, dissoudre 1 cuillère à café de poudre dans un verre d'eau froide ou chaude.

L'effet ne peut être obtenu qu'après 8 à 12 heures.

Posologie usuelle :

1 tasse, 1 à 2 fois par jour, le matin à jeun et le soir au coucher.

> Des mesures simples d'hygiène alimentaire et des exercices physiques sont à envisager avant d'utiliser un laxatif : parlez-en à votre médecin ou à votre pharmacien.

EFFETS INDÉSIRABLES POSSIBLES

Diarrhée, douleurs abdominales.

HEXACYCLINE

tétracycline

PRÉSENTATION

HEXACYCLINE : gélule (rose) ; boîte de 16 - Remb. 65 % - Liste I

Laboratoires Diamant

COMPOSITION

	p. gél.
Tétracycline chlorhydrate	250 mg
Sodium	47,5 mg

INDICATIONS

C'est un *antibiotique* qui appartient à la famille des *tétracyclines*.

Il est utilisé dans le traitement de diverses maladies infectieuses, notamment respiratoires et génitales. Il est également utilisé dans le traitement de l'*acné*.

CONTRE-INDICATIONS

Ce médicament ne doit pas être utilisé dans les cas suivants :

- *allergie* aux *tétracyclines*,
- enfant de moins de 8 ans (risque de coloration définitive des dents),
- association avec les *rétinoïdes*,
- **grossesse,**
- **allaitement.**

> **ATTENTION**
>
> Des précautions sont nécessaires en cas d'*insuffisance rénale* ou d'*insuffisance hépatique*.
>
> Ce médicament est photosensibilisant : une exposition aux rayons *ultraviolets* peut provoquer des réactions cutanées. Évitez toute exposition au soleil et n'omettez pas de signaler à votre médecin vos projets de vacances pendant la durée du traitement.
>
> L'emploi de *tétracyclines* périmées peut provoquer des lésions rénales.
>
> Ce médicament peut perturber certaines analyses d'urine, notamment la recherche de glucose.
>
> Ce médicament contient du sodium en quantité notable : en tenir compte dans les cas de régime sans *sel*.

INTERACTIONS MÉDICAMENTEUSES

Ce médicament ne doit pas être associé à ceux contenant des *rétinoïdes* (ROACCUTANE, SORIATANE...) : risque d'*hypertension intracrânienne*.

Il peut interagir avec d'autres médicaments, notamment les *anticoagulants* oraux : signalez tout autre traitement en cours à votre médecin ou à votre pharmacien.

GROSSESSE, ALLAITEMENT ET NOUVEAU-NÉ

Ce médicament peut provoquer des anomalies dentaires chez l'enfant à naître ou le *nourrisson* : son usage est contre-indiqué pendant la grossesse et l'allaitement.

MODE D'EMPLOI ET POSOLOGIE

Ce médicament sera pris avec un grand verre d'eau, de préférence une demi-heure avant ou deux heures après un repas. Il est préférable de ne pas l'absorber en position allongée.

Posologie usuelle :

- Adulte : 6 à 8 gélules par jour en 2 à 4 prises. Dans le traitement prolongé de l'*acné*, la *posologie* est très variable et fixée par le médecin.
- Enfant de plus de 8 ans : 50 mg par kg et par jour (par exemple, pour un enfant de 30 kg : 1,5 g soit 2 gélules, 3 fois par jour).

> Le médecin peut prescrire un prélèvement pour identifier le *germe* responsable de l'infection et tester sa sensibilité aux *antibiotiques*. Le résultat de cet examen peut être faussé en cas d'automédication préalable : un avis médical est toujours préférable avant la prise d'antibiotique.
>
> Une diminution de la fièvre ou une disparition des troubles ne sont pas synonymes de guérison : la durée du traitement doit absolument être respectée pour éviter les rechutes.

EFFETS INDÉSIRABLES POSSIBLES

Troubles digestifs : diarrhée, nausée.

Allergie cutanée.

Rougeurs cutanées dues à une exposition aux rayons *ultraviolets*.

HEXAGRIP

PRÉSENTATION

HEXAGRIP À LA VITAMINE C : gélule (blanc et jaune : 12, blanc et orange : 12) ; boîte de 24 - Non remb.

Laboratoires Lederle

COMPOSITION

	p. gél. blanc et jaune	p. gél. blanc et orange
Acide acétylsalicylique (aspirine)	450 mg	
Acide ascorbique (vitamine C)		100 mg
Caféine		50 mg
Sulfate de quinine		50 mg
Poudre de quinquina		70 mg
Poudre de Dover		100 mg

INDICATIONS

Ce médicament associe de l'aspirine, qui lutte contre la douleur et la fièvre, de la *vitamine* C, de la caféine et de la quinine.

Il est utilisé dans le *traitement symptomatique* des affections douloureuses ou fébriles, notamment les états grippaux, les maux de tête, les douleurs dentaires et les douleurs rhumatismales.

CONTRE-INDICATIONS

Ce médicament ne doit pas être utilisé dans les cas suivants :
- *allergie* aux *salicylés* ou aux *AINS*,
- *ulcère* de l'estomac ou du *duodénum*,
- *hémorragie* et risque hémorragique,
- enfant de moins de 15 ans,
- **grossesse** : pendant les 3 derniers mois, ou en prise prolongée à toute période de la grossesse.

ATTENTION

Un avis médical est préférable en cas d'*antécédent* d'*ulcère* de l'estomac ou du *duodénum* même ancien, d'*asthme*, d'*insuffisance rénale*, et chez les femmes qui portent un stérilet.

Ce médicament est déconseillé chez les personnes atteintes de *goutte* et chez les femmes ayant des règles abondantes.

Évitez de prendre ce médicament pendant la semaine qui précède une extraction dentaire ou une opération (augmentation du risque d'*hémorragie*).

Évitez la consommation importante de boissons alcoolisées avec la prise d'aspirine.

INTERACTIONS MÉDICAMENTEUSES

Les personnes traitées par des médicaments anticancéreux contenant du méthotrexate ne doivent pas utiliser d'aspirine.

Ce médicament peut interagir avec d'autres médicaments, notamment avec les *anticoagulants* et les *antiagrégants plaquettaires* (TICLID...) : augmentation du risque hémorragique.

Signalez tout autre traitement en cours à votre médecin ou à votre pharmacien.

GROSSESSE, ALLAITEMENT ET NOUVEAU-NÉ

Grossesse :

Compte tenu de la présence d'aspirine, seule la prise ponctuelle de ce médicament est admise durant les 6 premiers mois de la grossesse ; au cours des 3 derniers mois, ce médicament est contre-indiqué.

Allaitement :

Ce médicament passe dans le lait maternel : il est déconseillé pendant l'allaitement.

MODE D'EMPLOI ET POSOLOGIE

Les gélules doivent être avalées avec un verre d'eau.

Respecter un intervalle d'au moins 4 heures entre 2 prises.

Posologie usuelle :
- Adulte : 1 gélule blanche et jaune et 1 gélule blanche et orange à prendre simultanément, 1 à 3 fois par jour selon l'intensité de la douleur ou de la fièvre. Ne pas dépasser 3 doses par jour.

De nombreux médicaments contiennent de l'aspirine : un surdosage expose à une augmentation des effets indésirables.

EFFETS INDÉSIRABLES POSSIBLES

Liés à l'aspirine :
- *gastrite*, douleurs abdominales, saignements du nez ou des gencives ;
- accidents allergiques (*urticaire*, *œdème*) ;
- rares et parfois graves : *hémorragie* du tube digestif (vomissements sanglants, selles noires, ou plus souvent pertes de sang imperceptibles, responsables de l'apparition progressive d'une *anémie*) ;
- signes devant faire penser à un surdosage : bourdonnements d'oreille, sensation de baisse de l'audition, maux de tête.

HEXALENSE

acide aminocaproïque

PRÉSENTATION

HEXALENSE : collyre ; boîte de 2 flacons compte-gouttes 5 ml - Non remb. - Liste I

Laboratoires Opocalcium

COMPOSITION

	p. 100 ml
Acide aminocaproïque	3,57 g
Benzalkonium chlorure	10 mg

INDICATIONS

C'est un collyre *anti-inflammatoire*.

Il est utilisé dans les *inflammations* de la *conjonctive* et de la *cornée* dues notamment aux lentilles de contact souples ou semi-rigides perméables.

ATTENTION

Ne dépassez pas la durée du traitement prescrite par votre ophtalmologiste. Un usage trop prolongé ou inadapté peut provoquer des lésions graves de la *cornée*.

Des précautions sont nécessaires en cas d'*allergie* à un *antiseptique* de la famille des *ammoniums quaternaires* (présence de benzalkonium).

INTERACTIONS MÉDICAMENTEUSES

Ce collyre peut interagir avec d'autres collyres : respectez un intervalle de 15 minutes entre deux instillations.

GROSSESSE, ALLAITEMENT ET NOUVEAU-NÉ

L'effet de ce médicament pendant la grossesse ou l'allaitement est mal connu : seul votre médecin peut évaluer le risque éventuel de son utilisation dans votre cas.

MODE D'EMPLOI ET POSOLOGIE

- *Inflammation* de la *conjonctive* ou de la *cornée* : tirer la paupière inférieure vers le bas tout en regardant vers le haut et déposer une goutte de collyre entre la paupière et le globe oculaire (*cul-de-sac conjonctival*).
- *Intolérance* aux lentilles de contact : laisser baigner toute la nuit chaque lentille dans une cupule avec quelques gouttes de collyre. Le matin, déposer une goutte de collyre dans le creux de la lentille juste avant de la mettre en place.

Posologie usuelle :

Inflammation de la *conjonctive* ou de la *cornée* : 1 goutte, 4 à 6 fois par jour.

L'application correcte du produit peut nécessiter une aide, notamment chez une personne handicapée ou âgée.

Ne conservez pas ce collyre plus de 15 jours après une première utilisation.

HEXALYSE

PRÉSENTATION

HEXALYSE DOMS : comprimé à sucer ; boîte de 30 - Remb. 35 %

Laboratoires Doms-Adrian

COMPOSITION

	p. comp.
Biclotymol	5 mg
Déqualinium chlorure	0,25 mg
Lysozyme	5 mg
Papaïne	20 mg
Acide bêta-glycyrrhétinique	5 mg
Saccharose	650,50 mg

INDICATIONS

Ce médicament d'usage local contient des *antiseptiques* et des *enzymes* destinées à lutter contre l'*inflammation*.

Il est utilisé dans le *traitement d'appoint* des affections de la bouche et de la gorge, sans fièvre.

ATTENTION

L'usage prolongé de ce médicament n'est pas souhaitable : il est susceptible de modifier l'équilibre microbien naturel de la gorge (apparition de *candidose*).

En cas d'apparition de fièvre, d'aggravation ou d'absence d'amélioration au bout de 10 jours, consultez votre médecin.

Ce médicament contient du *sucre* (saccharose) en quantité notable.

GROSSESSE, ALLAITEMENT ET NOUVEAU-NÉ

Aucun problème particulier n'a été mis en évidence aux doses usuelles lors d'une utilisation de courte durée pendant la grossesse ou l'allaitement.

MODE D'EMPLOI ET POSOLOGIE

Les comprimés doivent être sucés lentement sans être croqués.

Posologie usuelle :

6 à 8 comprimés à sucer, répartis dans la journée.

Certaines infections de la gorge nécessitent un traitement *antibiotique* pour éviter des complications ultérieures, cardiaques ou rénales : si les troubles persistent, consultez votre médecin.

HEXAPNEUMINE comprimé

phényléphrine, chlorphénamine, biclotymol

PRÉSENTATION

HEXAPNEUMINE : comprimé (blanc) ; boîte de 20 - Remb. 35 %

Laboratoires Doms-Adrian

COMPOSITION

	p. comp.
Phényléphrine	10 mg
Chlorphénamine maléate	2 mg
Biclotymol	30 mg

INDICATIONS

Ce médicament est une association de substances qui contient un décongestionnant (phényléphrine), un *antihistaminique* antiallergique (chlorphénamine) et un *antiseptique*.

Il est utilisé dans le *traitement symptomatique* des affections du nez et de la gorge en cas de nez bouché, d'écoulement nasal clair, et de larmoiement.

CONTRE-INDICATIONS

Ce médicament ne doit pas être utilisé dans les cas suivants :

- *glaucome* à angle fermé,
- risque de blocage des urines (*adénome de la prostate*...),
- enfant de moins de 15 ans.

ATTENTION

Des précautions sont nécessaires en cas d'*hypertension artérielle*, d'*angine de poitrine*, d'*hyperthyroïdie*.

Si les sécrétions nasales épaississent, se colorent ou si vous avez de la fièvre, consultez votre médecin.

Évitez les boissons alcoolisées : augmentation du risque de somnolence.

Conducteur : ce médicament peut être responsable d'une somnolence ou d'une baisse de la vigilance.

INTERACTIONS MÉDICAMENTEUSES

Ce médicament peut interagir avec d'autres médicaments. Signalez tout autre traitement en cours à votre médecin ou à votre pharmacien.

GROSSESSE, ALLAITEMENT ET NOUVEAU-NÉ

L'effet de ce médicament pendant la grossesse et l'allaitement est mal connu : par mesure de prudence, il est déconseillé pendant les 3 premiers mois de la grossesse ou chez la femme qui allaite.

MODE D'EMPLOI ET POSOLOGIE

Les prises du médicament doivent être réparties au cours de la journée.

Posologie usuelle :

- Adulte : 3 à 6 comprimés par jour.
- Adolescent de plus de 15 ans : 2 comprimés par jour.

Pour éviter la somnolence pendant la journée, la dose la plus forte doit être prise le soir.

EFFETS INDÉSIRABLES POSSIBLES

Fréquemment : somnolence.

Épaississement des sécrétions bronchiques, sécheresse de la bouche, troubles visuels, constipation, rétention d'urine, agitation chez la personne âgée.

HEXAPNEUMINE sirop

pholcodine, chlorphénamine, biclotymol

PRÉSENTATION

HEXAPNEUMINE ADULTE : sirop (orange) ; flacon 200 ml - Remb. 35 %

HEXAPNEUMINE ENFANT : sirop (orange) ; flacon 200 ml - Remb. 35 %

Laboratoires Doms-Adrian

COMPOSITION

	sirop Ad. p. c. à s.	sirop Enf. p. c. à c.
Pholcodine	20 mg	5 mg
Chlorphénamine maléate	2 mg	0,5 mg
Biclotymol	29,7 mg	7,5 mg
Guaïfénésine	30 mg	10 mg
Saccharose	12 g	4 g

INDICATIONS

Ce médicament est une association de substances qui contient un *antitussif* (pholcodine), un *antihistaminique* antiallergique (chlorphénamine), un *antiseptique* (biclotymol) et un *expectorant* (guaïfénésine).

Il est utilisé dans le *traitement symptomatique* des toux sèches, notamment allergiques et irritatives.

CONTRE-INDICATIONS

Ce médicament ne doit pas être utilisé dans les cas suivants :

- *asthme*,
- *insuffisance respiratoire*,
- *glaucome* à angle fermé,
- risque de rétention des urines (*adénome de la prostate*...),
- enfant de moins de 30 mois.

ATTENTION

Ce médicament n'est pas adapté au traitement de la toux grasse, qui est un mécanisme de défense normal de l'organisme permettant l'évacuation des mucosités présentes dans les bronches.

La toux est un *symptôme* qui peut révéler de nombreuses maladies. Consultez votre médecin si elle persiste plus de quelques jours. Ce médicament contient du *sucre* (saccharose) en quantité notable.

Évitez les boissons alcoolisées : augmentation du risque de somnolence.

Conducteur : ce médicament peut être responsable d'une somnolence ou d'une baisse de la vigilance.

INTERACTIONS MÉDICAMENTEUSES

Ce médicament peut interagir avec d'autres médicaments. Signalez tout autre traitement en cours à votre médecin ou à votre pharmacien.

GROSSESSE, ALLAITEMENT ET NOUVEAU-NÉ

Grossesse :

Compte tenu de la présence de pholcodine, n'utilisez pas ce médicament pendant la grossesse sans prendre l'avis de votre pharmacien ou de votre médecin.

Allaitement :

Les données actuellement disponibles ne permettent pas de savoir si ce médicament passe dans le lait maternel. Par mesure de prudence, il est déconseillé pendant l'allaitement.

MODE D'EMPLOI ET POSOLOGIE

Ce médicament peut être pris indifféremment au cours ou en dehors des repas, en plusieurs prises par jour.

Posologie usuelle :

- Adulte : 1 cuillère à soupe de sirop Adulte, 3 à 6 fois par jour.
- Enfant de 11 à 15 ans : 1 cuillère à soupe de sirop Enfant, 2 ou 3 fois par jour.
- Enfant de 8 à 10 ans : 2 ou 3 cuillères à café de sirop Enfant, 2 fois par jour.
- Enfant de 30 mois à 8 ans : 1 cuillère à café de sirop Enfant, 1 ou 2 fois par jour.

La poursuite du tabagisme nuit à l'efficacité du traitement.

Des mesures simples permettent de calmer les toux sèches : boissons chaudes et humidification de l'air ambiant.

EFFETS INDÉSIRABLES POSSIBLES

Constipation, et plus rarement : somnolence, nausées, sensation de vertige, *bronchospasme*, *allergie* cutanée.

Agitation chez la personne âgée et chez l'enfant, effets *atropiniques*, rares aux doses habituelles.

HEXAPNEUMINE sirop Nourrisson

PRÉSENTATION

HEXAPNEUMINE NOURRISSON : sirop (orange) ; flacon 100 ml - Remb. 35 %

Laboratoires Doms-Adrian

COMPOSITION

	p. c. à c.
Chlorphénamine maléate	0,25 mg
Biclotymol	5 mg
Guaïfénésine	10 mg
Paracétamol	25 mg
Tolu, extrait pour sirop	500 mg
Saccharose	3,75 g

INDICATIONS

Ce sirop contient notamment un *antihistaminique* antiallergique (chlorphénamine), un *expectorant (guaïfénésine)* et un antipyrétique (paracétamol).

Il est utilisé dans le *traitement symptomatique* des toux sèches avec fièvre.

ATTENTION

Ce médicament n'est pas adapté au traitement de la toux grasse, qui est un mécanisme de défense normal de l'organisme permettant l'évacuation des mucosités présentes dans les bronches.

La toux est un *symptôme* qui peut révéler de nombreuses maladies : consultez votre médecin si elle persiste plus de quelques jours.

Ce sirop contient 25 mg de paracétamol par cuillère à café : en tenir compte en cas de prise conjointe avec d'autres médicaments contenant du paracétamol pour éviter un surdosage.

Ce sirop contient du *sucre* (saccharose) en quantité notable.

INTERACTIONS MÉDICAMENTEUSES

Ce médicament peut interagir avec d'autres médicaments, notamment les *sédatifs*. Signalez tout autre traitement en cours à votre médecin ou à votre pharmacien.

MODE D'EMPLOI ET POSOLOGIE

Le traitement doit être de courte durée.

Les prises du médicament doivent être réparties au cours de la journée.

Posologie usuelle :

1 à 3 cuillères à café par jour.

Des mesures simples permettent de calmer les toux sèches : boissons chaudes et humidification de l'air ambiant.

EFFETS INDÉSIRABLES POSSIBLES

Fréquemment : somnolence, intolérance digestive, épaississement des sécrétions bronchiques, sécheresse de la bouche, constipation, rétention d'urine.

Rarement : agitation.

HEXAPNEUMINE suppositoire

pholcodine, paracétamol, biclotymol

PRÉSENTATION

HEXAPNEUMINE ADULTE : suppositoire ; boîte de 6 - Remb. 35 %

HEXAPNEUMINE ENFANT : suppositoire ; boîte de 6 - Remb. 35 %

Laboratoires Doms-Adrian

COMPOSITION

	p. suppos. Ad.	p. suppos. Enf.
Pholcodine	15 mg	5 mg
Biclotymol	160 mg	80 mg
Eucalyptol	140 mg	70 mg
Paracétamol	400 mg	200 mg

INDICATIONS

Ce médicament est une association de substances, qui contient un *antitussif* (pholcodine), un *antipyrétique* (paracétamol), et des *antiseptiques*.

Il est utilisé dans le *traitement symptomatique* des toux sèches accompagnées de fièvre.

CONTRE-INDICATIONS

Ce médicament ne doit pas être utilisé dans les cas suivants :
- *asthme*,
- *insuffisance respiratoire*,
- maladies graves du foie (présence de paracétamol),
- enfant de moins de 30 mois.

ATTENTION

Ce médicament n'est pas adapté au traitement de la toux grasse, qui est un mécanisme de défense normal de l'organisme permettant l'évacuation des mucosités présentes dans les bronches.

La toux est un *symptôme* qui peut révéler de nombreuses maladies. Consultez votre médecin si elle persiste plus de quelques jours.

Ce médicament contient du paracétamol : tenez-en compte lors de la prise conjointe avec d'autres médicaments contenant cette substance.

Évitez les boissons alcoolisées : augmentation du risque de somnolence.

Conducteur : ce médicament peut être responsable d'une somnolence ou d'une baisse de la vigilance.

INTERACTIONS MÉDICAMENTEUSES

Ce médicament peut interagir avec d'autres médicaments. Signalez tout autre traitement en cours à votre médecin ou à votre pharmacien.

GROSSESSE, ALLAITEMENT ET NOUVEAU-NÉ

Grossesse :

Compte tenu de la présence de pholcodine, n'utilisez pas ce médicament pendant la grossesse sans prendre l'avis de votre pharmacien ou de votre médecin.

Allaitement :

Les données actuellement disponibles ne permettent pas de savoir si ce médicament passe dans le lait maternel. Par mesure de prudence, il est déconseillé pendant l'allaitement.

MODE D'EMPLOI ET POSOLOGIE

Les prises de ce médicament doivent être réparties au cours de la journée.

Posologie usuelle :
- Adulte : 1 suppositoire Adulte, 3 fois par jour.
- Enfant de plus de 5 ans : 1 suppositoire Enfant, 2 ou 3 fois par jour.
- Enfant de 30 mois à 5 ans : 1 suppositoire Enfant, matin et soir.

La poursuite du tabagisme nuit à l'efficacité du traitement.

Des mesures simples permettent de calmer les toux sèches : boissons chaudes et humidification de l'air ambiant.

EFFETS INDÉSIRABLES POSSIBLES

Constipation, et plus rarement somnolence, nausées, vomissements, sensation de vertige, *bronchospasme*, *allergie* cutanée.

HEXAPNEUMINE suppositoire Nourrisson

biclotymol, eucalyptol, paracétamol

PRÉSENTATION

HEXAPNEUMINE NOURRISSON : suppositoire ; boîte de 6 - Remb. 35 %

Laboratoires Doms-Adrian

COMPOSITION

	p. suppos.
Biclotymol	40 mg
Eucalyptol	35 mg
Paracétamol	100 mg

INDICATIONS

Ce médicament contient une association de substances *antiseptiques* et un *antipyrétique* (paracétamol).

Il est utilisé dans le *traitement symptomatique* de la toux sèche au cours des affections respiratoires accompagnées de fièvre.

CONTRE-INDICATIONS

Ce médicament ne doit pas être utilisé en cas de maladie grave du foie.

ATTENTION

Si la fièvre persiste plus de quelques jours, consultez votre médecin.

MODE D'EMPLOI ET POSOLOGIE

Le traitement doit être court.

Posologie usuelle :

1 suppositoire matin et soir.

De nombreux médicaments contiennent du paracétamol : en tenir compte en cas de prise conjointe avec ce médicament.

HEXAQUINE

quinine, vitamine B1, gomenol

PRÉSENTATION

HEXAQUINE : suppositoire ; boîte de 6 - Remb. 65 %

HEXAQUINE : comprimé (orange foncé) ; boîte de 18 - Remb. 65 %

Laboratoires Gomenol

COMPOSITION

	p. suppos.	p. comp.
Benzoate de quinine	300 mg	120 mg
Thiamine chlorhydrate (vitamine B1)	90 mg	32 mg
Gomenol	300 mg	10 mg

INDICATIONS

Ce médicament contient de la quinine, qui a la propriété de détendre les muscles et de réduire leur aptitude à se contracter.

Il est utilisé dans le traitement des crampes musculaires.

CONTRE-INDICATIONS

Ce médicament ne doit pas être utilisé dans les cas suivants :
- *myasthénie*,
- certains *troubles du rythme cardiaque*,
- en association avec les médicaments contenant de la quinidine ou de la chloroquine.

ATTENTION

Les crampes survenant après un effort physique sont banales. En revanche, celles qui surviennent au repos ou pendant la nuit peuvent traduire un déséquilibre du *métabolisme* : consultez votre médecin si les crampes durent plus de quelques jours.

INTERACTIONS MÉDICAMENTEUSES

Ce médicament ne doit pas être associé aux médicaments contenant de la quinidine ou de la chloroquine. Signalez tout autre traitement à votre pharmacien ou à votre médecin.

GROSSESSE, ALLAITEMENT ET NOUVEAU-NÉ

L'évaluation du risque éventuel lié à l'utilisation de ce médicament pendant la grossesse ou l'allaitement est individuelle : demandez conseil à votre pharmacien ou à votre médecin.

MODE D'EMPLOI ET POSOLOGIE

- Adulte :
  - *Traitement d'attaque* : 2 suppositoires par jour, pendant 3 à 6 jours, ou 3 comprimés et 1 suppositoire, ou 6 comprimés par jour.
  - *Traitement d'entretien* : 1 suppositoire ou 3 comprimés par jour.

Les suppositoires doivent être conservés à l'abri de la chaleur.

EFFETS INDÉSIRABLES POSSIBLES

Allergie cutanée et bourdonnements d'oreille, à des doses fortes.

HEXASPRAY

biclotymol

PRÉSENTATION

HEXASPRAY : *collutoire* arôme anis ; flacon pressurisé 30 g - Remb. 35 %

Laboratoires Doms-Adrian

COMPOSITION

	p. 100 g
Biclotymol	2,5 g
Alcool à 95°	+

INDICATIONS

Ce *collutoire* a une action *antiseptique*, *antalgique* et légèrement *anti-inflammatoire*.

Il est utilisé dans le *traitement d'appoint* des infections de la bouche et de la gorge.

CONTRE-INDICATIONS

Ce médicament ne doit pas être utilisé chez l'enfant de moins de 30 mois.

ATTENTION

Les traitements locaux (*gargarisme*, *collutoire*, pastille) n'agissent que superficiellement ; dans le cas d'infection profonde (angines...), un autre mode de traitement est nécessaire pour éviter des complications ultérieures, cardiaques ou rénales.

L'usage prolongé de ce médicament n'est pas souhaitable ; il peut modifier l'équilibre microbien naturel de la gorge et favoriser l'apparition de *candidose*.

En l'absence d'amélioration au bout de 5 jours, en cas d'apparition de fièvre : consultez votre médecin.

INTERACTIONS MÉDICAMENTEUSES

Il est généralement inutile d'associer des *antiseptiques* différents. Ceux-ci peuvent être contenus dans de nombreux médicaments disponibles en automédication : pastille, *collutoire* et solution nasale ; demandez conseil à votre pharmacien.

GROSSESSE, ALLAITEMENT ET NOUVEAU-NÉ

L'effet de ce médicament pendant la grossesse ou l'allaitement est mal connu. L'évaluation du risque éventuel lié à son utilisation est individuelle : demandez conseil à votre pharmacien ou à votre médecin.

MODE D'EMPLOI ET POSOLOGIE

Posologie usuelle :
- Adulte et enfant de plus de 30 mois : 2 pulvérisations, 3 fois par jour.

Chez le jeune enfant, la pulvérisation peut provoquer un spasme du larynx : n'introduisez pas trop profondément l'embout dans sa bouche.

Ce médicament doit être conservé à l'abri de la chaleur.

HEXATRIONE

triamcinolone

PRÉSENTATION

HEXATRIONE LONGUE DURÉE : suspension injectable ; boîte de 1 ampoule 2 ml et 1 seringue avec 2 aiguilles - Remb. 65 % - Liste I

Laboratoires Lederle

COMPOSITION

	p. amp.
Triamcinolone hexacétonide	40 mg

INDICATIONS

C'est un *anti-inflammatoire* stéroïdien qui appartient à la famille des *corticoïdes* de synthèse (dérivés chimiques de la *cortisone* naturelle). Les propriétés de la cortisone sont nombreuses, mais ce produit est surtout utilisé pour son effet anti-inflammatoire puissant et rapide. Il présente, à efficacité égale, moins d'effets indésirables que la cortisone naturelle. L'effet de ce médicament dure environ 65 jours.

Il est utilisé en traitement local (*infiltrations*) des *rhumatismes inflammatoires* et des poussées douloureuses d'*arthrose*.

CONTRE-INDICATIONS

Ce médicament ne doit pas être utilisé dans les cas suivants :
- infection ou *mycose* non contrôlée par un traitement adapté,
- maladies virales en évolution (*zona*, *herpès* oculaires),
- *arthrose* de la hanche,
- enfant de moins de 6 ans.

ATTENTION

L'injection de ce médicament ne doit être pratiquée que sous contrôle médical.

Des précautions sont nécessaires en cas d'*antécédent* d'*ulcère* de l'estomac ou du *duodénum*.

INTERACTIONS MÉDICAMENTEUSES

En cas d'injections répétées, ce médicament peut interagir avec d'autres médicaments et avec certains *vaccins*. Signalez tout traitement en cours à votre médecin ou à votre pharmacien.

GROSSESSE, ALLAITEMENT ET NOUVEAU-NÉ

Grossesse :

Seul votre médecin peut évaluer le risque éventuel de l'utilisation de ce médicament dans votre cas pendant la grossesse et en particulier durant les derniers mois.

Allaitement :

Ce médicament passe dans le lait maternel : il est déconseillé pendant l'allaitement.

MODE D'EMPLOI ET POSOLOGIE

L'injection (*infiltration*) est faite dans ou à proximité de la zone à traiter.

Posologie usuelle :

Elle est strictement personnelle. 1 injection suffit généralement.

L'effet de ce médicament dure environ 65 jours.

EFFETS INDÉSIRABLES POSSIBLES

Liés à la *voie* d'administration : infection, *atrophie* cutanée.

En cas de traitement prolongé et à forte dose :

- rétention d'eau et de sel avec parfois *hypertension artérielle* ;
- baisse du taux de *potassium* dans le sang ;
- gonflement du visage et du buste, taches cutanées violacées, apparition de poils ;
- surexcitation avec euphorie et troubles du sommeil ;
- atrophie musculaire, *ostéoporose* ;
- *diabète* (réversible), arrêt de la croissance chez l'enfant, troubles des règles ;
- *gastrite*, *ulcère* ;
- certaines formes de *glaucome* ou de *cataracte*.

HEXIGEL

hexétidine

PRÉSENTATION

HEXIGEL 0,5 % : gel gingival ; tube 20 g - Non remb.

Laboratoires Warner Wellcome

COMPOSITION

	p. 100 g
Hexétidine	0,5 g
Menthe, essence	+

INDICATIONS

Ce gel à usage local contient un *antiseptique*.

Il est utilisé pour les soins des gencives et des lésions peu étendues de la bouche.

ATTENTION

N'utilisez pas ce médicament sans avis médical chez l'enfant de moins de 30 mois (présence de menthol).

L'usage prolongé de ce médicament n'est pas souhaitable : il peut modifier l'équilibre microbien naturel de la gorge et favoriser l'apparition de *candidose*.

En l'absence d'amélioration au bout de 5 jours, consultez votre médecin.

GROSSESSE, ALLAITEMENT ET NOUVEAU-NÉ

L'effet de ce médicament pendant la grossesse ou l'allaitement est mal connu. Seul votre médecin peut apprécier la nécessité du traitement et son risque.

MODE D'EMPLOI ET POSOLOGIE

Appliquer le gel en massant les gencives avec le doigt ou un morceau de coton.

Posologie usuelle :

3 ou 4 applications par jour, pendant 5 jours.

HEXO-IMOTRYL

hexamidine, benzydamine

PRÉSENTATION

HEXO-IMOTRYL : *collutoire* arôme menthe ; flacon pressurisé à l'azote 30 ml - Remb. 35 % - Liste II

Laboratoires Cassenne

COMPOSITION

	p. 100 ml
Hexamidine di-iséthionate	100 mg
Benzydamine chlorhydrate	150 mg
Essence de menthe	+

INDICATIONS

Ce *collutoire* contient un *antiseptique* et un *antalgique*.

Il est utilisé dans le *traitement d'appoint* des infections de la bouche et de la gorge.

CONTRE-INDICATIONS

Ce médicament ne doit pas être utilisé chez l'enfant de moins de 30 mois.

ATTENTION

Les traitements locaux (*gargarisme*, *collutoire*, pastille) n'agissent que superficiellement ; dans le cas d'infection profonde (angines...), un autre mode de traitement est nécessaire pour éviter des complications ultérieures, cardiaques ou rénales.

L'usage prolongé de ce médicament n'est pas souhaitable ; il peut modifier l'équilibre microbien naturel de la gorge et favoriser l'apparition de *candidose*.

En l'absence d'amélioration au bout de 5 jours, en cas d'apparition de fièvre, consultez votre médecin.

INTERACTIONS MÉDICAMENTEUSES

Il est généralement inutile d'associer des *antiseptiques* différents. Ceux-ci peuvent être contenus dans de nombreux produits disponibles en automédication : pastille, *collutoire* et solution nasale ; demandez conseil à votre pharmacien.

GROSSESSE, ALLAITEMENT ET NOUVEAU-NÉ

L'effet de ce médicament pendant la grossesse ou l'allaitement est mal connu. L'évaluation du risque éventuel lié à son utilisation est individuelle : demandez conseil à votre pharmacien ou à votre médecin.

MODE D'EMPLOI ET POSOLOGIE

Posologie usuelle :

- Adulte et enfant de plus de 30 mois : 1 ou 2 pulvérisations, 3 fois par jour.

☛ Chez le jeune enfant, la pulvérisation peut provoquer un spasme du larynx : n'introduisez pas trop profondément l'embout dans sa bouche.

EFFETS INDÉSIRABLES POSSIBLES

En cas de réaction allergique cutanée, arrêtez le traitement.

HEXOMÉDINE

hexamidine

PRÉSENTATION

HEXOMÉDINE : solution hydroalcoolique 1 pour mille ; flacon 45 ml - Remb. 65 %

HEXOMÉDINE : solution hydroalcoolique 1 pour mille ; flacon 250 ml - Remb. 65 %

HEXOMÉDINE : solution hydroalcoolique 1 pour mille ; flacon pulvérisateur 60 ml - Remb. 65 %

HEXOMÉDINE : poudre pour solution aqueuse ; boîte de 6 sachets - Remb. 65 %

HEXOMÉDINE : gel pour application locale 1 pour mille ; tube 30 g - Remb. 65 %

Laboratoires Théraplix

COMPOSITION

	solution p. 100 ml	poudre p. sachet	gel p. 100 g
Hexamidine di-isétionate	0,1 g	0,2 g	0,1 g

INDICATIONS

Ce médicament est un *antiseptique* local.

Il est utilisé pour désinfecter la peau (plaie, brûlure superficielle) et les *muqueuses* (organes génitaux, bouche). Il est en outre utilisé comme *traitement d'appoint* dans certaines infections de la peau (*eczéma*, *impétigo*...).

ATTENTION

N'utilisez pas ce médicament sur une large surface de peau sans avis médical : risque de passage du médicament dans le sang.

INTERACTIONS MÉDICAMENTEUSES

L'association à d'autres *antiseptiques* est déconseillée car leurs effets risquent de s'annuler.

GROSSESSE, ALLAITEMENT ET NOUVEAU-NÉ

L'utilisation ponctuelle de ce médicament pendant la grossesse ou l'allaitement ne semble pas poser de problème particulier.

MODE D'EMPLOI ET POSOLOGIE

La solution et le gel sont prêts à l'emploi. Les sachets de poudre doivent être dilués dans un grand verre d'eau bouillie puis tiédie ; la solution ainsi obtenue peut être conservée 48 heures.

Posologie usuelle :

Affection de la peau : les formes solution, poudre en solution, gel peuvent être utilisées ; 1 application, 2 à 3 fois par jour.

Affection des organes génitaux : 1 *irrigation vaginale*, 2 ou 3 fois par jour.

Affection de la bouche : 1 *gargarisme* ou 1 *bain de bouche*, 2 ou 3 fois par jour.

> L'effet *antiseptique* de l'hexamidine n'est pas immédiat, il demande un contact prolongé avec la surface à traiter.
> Le simple lavage à l'eau et au savon permet d'éliminer la majorité des *germes* : il est recommandé avant toute application d'antiseptique sur la peau.
> Après l'application du médicament, aucun rinçage n'est nécessaire.

EFFETS INDÉSIRABLES POSSIBLES

Parfois : démangeaison, picotement, sensation de brûlure, sécheresse de la peau, *allergie*.

HEXOMÉDINE collutoire

hexamidine, tétracaïne

PRÉSENTATION

HEXOMÉDINE : *collutoire* arôme menthe ; flacon pressurisé à l'azote 30 g - Remb. 35 %

Laboratoires Théraplix

COMPOSITION

	p. 100 g
Hexamidine di-iséthionate	100 mg
Tétracaïne chlorhydrate	50 mg
Essence de menthe	+
Alcool 95°	+

INDICATIONS

Ce *collutoire* contient un *antiseptique* et un *anesthésique* local.

Il est utilisé dans le *traitement d'appoint* des infections de la bouche et de la gorge.

CONTRE-INDICATIONS

Ce médicament ne doit pas être utilisé dans les cas suivants :
- *allergie* aux *anesthésiques* locaux,
- enfant de moins de 30 mois.

> **ATTENTION**
> Les traitements locaux (*gargarisme*, *collutoire*, pastille) n'agissent que superficiellement ; dans le cas d'infections profondes de la gorge (angines...), un traitement antibiotique est nécessaire pour éviter des complications ultérieures, cardiaques ou rénales.
> L'usage prolongé de ce médicament n'est pas souhaitable : il peut modifier l'équilibre microbien naturel de la gorge et favoriser l'apparition de *candidose*.
> Une surconsommation pourrait provoquer des troubles nerveux et cardiaques : respectez la *posologie*.
> En l'absence d'amélioration au bout de 5 jours, en cas d'apparition de fièvre : consultez votre médecin.

INTERACTIONS MÉDICAMENTEUSES

Il est généralement inutile d'associer des *antiseptiques* différents. Ceux-ci peuvent être contenus dans de nombreux médicaments disponibles en automédication : pastille, *collutoire* et solution nasale ; demandez conseil à votre pharmacien.

GROSSESSE, ALLAITEMENT ET NOUVEAU-NÉ

L'effet de ce médicament pendant la grossesse ou l'allaitement est mal connu. L'évaluation du risque éventuel lié à son utilisation est individuelle : demandez conseil à votre pharmacien ou à votre médecin.

MODE D'EMPLOI ET POSOLOGIE

Posologie usuelle :
- Adulte et enfant de plus de 30 mois : 3 pulvérisations, 5 fois par jour.

> Chez le jeune enfant, la pulvérisation peut provoquer un spasme du larynx : n'introduisez pas trop profondément l'embout dans sa bouche.
> Chez l'enfant et la personne âgée, évitez l'usage de ce médicament avant les repas : l'*anesthésique* local est susceptible de provoquer des troubles de la déglutition ; ceux-ci pourraient être à l'origine du passage d'aliments dans les *voies* respiratoires.

EFFETS INDÉSIRABLES POSSIBLES

En cas de réaction allergique cutanée : arrêtez le traitement.

HEXOMÉDINE transcutanée

hexamidine

PRÉSENTATION

HEXOMÉDINE TRANSCUTANÉE : solution pour application locale ; flacon 45 ml - Remb. 65 %

Laboratoires Théraplix

COMPOSITION

	p. 100 ml
Hexamidine di-isétionate	0,15 g
Alcool	42,75 ml

INDICATIONS

Ce médicament est un *antiseptique* local.

Il est utilisé dans le traitement des infections de la peau, des doigts, ou du pourtour des ongles.

> **ATTENTION**
> N'utilisez pas ce médicament sur une large surface de peau sans avis médical : risque de passage du médicament dans le sang.
> Cet *antiseptique* n'est pas destiné à désinfecter les plaies.

INTERACTIONS MÉDICAMENTEUSES

L'association à d'autres *antiseptiques* est déconseillée car leurs effets risquent de s'annuler.

GROSSESSE, ALLAITEMENT ET NOUVEAU-NÉ

L'utilisation ponctuelle de ce médicament pendant la grossesse ou l'allaitement ne semble pas poser de problème particulier.

MODE D'EMPLOI ET POSOLOGIE

Cette solution doit être utilisée pure. Elle est très volatile : refermer soigneusement le flacon après usage.

Posologie usuelle :

Dans les infections de l'ongle : pansements humides de courte durée (30 à 45 minutes) ou bien tremper le doigt dans le flacon pendant 1 à 3 minutes. Au-delà de ces durées : risque de décollement local de la peau.

Dans les infections de la peau : 1 application, 2 fois par jour.

> Le flacon entamé peut se conserver 15 jours, ou seulement 5 jours en cas de bain de doigt.
> L'effet *antiseptique* de l'hexamidine n'est pas immédiat, il demande un contact prolongé avec la surface à traiter.
> Le simple lavage à l'eau et au savon permet d'éliminer la majorité des *germes* : il est recommandé avant toute application d'antiseptique sur la peau.

EFFETS INDÉSIRABLES POSSIBLES

Démangeaison, picotement, sensation de brûlure, sécheresse de la peau, *allergie* cutanée.

HEXTRIL

hexétidine

PRÉSENTATION

HEXTRIL 0,1 % : solution pour *bain de bouche* ; flacon 200 ml - Remb. 35 %

Laboratoires Parke-Davis

COMPOSITION

	p. 100 ml
Hexétidine	100 mg
Alcool à 96°	6,25 ml
Menthol, essence de menthe	+

INDICATIONS

Cette solution pour *bain de bouche* contient un *antiseptique*.

Elle est utilisée dans le traitement des infections de la bouche ou des suites d'opération des gencives ou des dents.

CONTRE-INDICATIONS

Ce médicament ne doit pas être utilisé chez l'enfant de moins de 6 ans (présence de menthol).

> **ATTENTION**
> Les traitements locaux (*gargarisme*, *collutoire*, pastille) n'agissent que superficiellement ; dans le cas d'infections profondes (angine, abcès...), un autre mode de traitement est nécessaire.

L'usage prolongé de ce médicament n'est pas souhaitable : il peut modifier l'équilibre microbien naturel de la gorge et favoriser l'apparition d'une *candidose*.

En l'absence d'amélioration au bout de 5 jours, consultez votre médecin.

INTERACTIONS MÉDICAMENTEUSES

Il est généralement inutile d'associer des *antiseptiques* différents. Ils peuvent être contenus dans de nombreux produits disponibles en automédication (pastille, *collutoire*, solution nasale) ; demandez conseil à votre pharmacien.

GROSSESSE, ALLAITEMENT ET NOUVEAU-NÉ

L'effet de ce médicament pendant la grossesse ou l'allaitement est mal connu. L'évaluation du risque éventuel lié à son utilisation est individuelle : demandez conseil à votre pharmacien ou à votre médecin.

MODE D'EMPLOI ET POSOLOGIE

La solution peut être utilisée pure ou diluée s'il apparaît une sensation douloureuse. Évitez de manger ou de boire dans l'heure qui suit le *bain de bouche*. Ce médicament ne doit en aucun cas être avalé.

Posologie usuelle :

1 cuillère à soupe de solution, pure ou diluée dans un verre avec 1 cuillère à soupe d'eau, en *bain de bouche* 2 ou 3 fois par jour.

La durée de traitement ne doit pas dépasser 10 jours.

Certains dentistes et stomatologistes recommandent de ne pas pratiquer de *bain de bouche* dans les heures qui suivent une extraction dentaire afin d'éviter de faire saigner la plaie.

HIBEST
vaccin antihaemophilus type b

PRÉSENTATION

HIBest : préparation injectable ; flacon de *lyophilisat* et seringue de solvant 0,5 ml - Remb. 65 %

Laboratoires Pasteur Vaccins

COMPOSITION

	p. seringue
Polyoside Haemophilus influenzae type b conjugué à la protéine tétanique	10 µg

INDICATIONS

C'est un *vaccin* composé de fragments de *germes* d'Haemophilus influenzae type b. Il ne contient aucun germe vivant.

Il est utilisé dans la prévention des infections graves dues aux Haemophilus influenzae type b, *méningites* et *épiglottites* notamment.

GROSSESSE, ALLAITEMENT ET NOUVEAU-NÉ

Ce *vaccin* est destiné au jeune enfant et n'est pas utilisé pendant la grossesse.

MODE D'EMPLOI ET POSOLOGIE

Bien agiter la seringue avant l'emploi, la réchauffer à température ambiante si nécessaire. L'injection doit être réalisée par *voie* sous-cutanée ou intramusculaire.

Posologie usuelle :

- Enfant de 1 à 5 ans : 1 seule injection.
- Nourrisson de 6 à 12 mois : 2 premières injections réalisées à 1 mois d'intervalle. Rappel à 18 mois.
- Nourrisson de moins de 6 mois : 3 premières injections réalisées à 1 mois d'intervalle, couplées ou non avec les autres vaccinations infantiles. Rappel à 18 mois.

La présence d'une protéine tétanique dans la composition du *vaccin* n'entraîne pas de protection contre le tétanos ; elle est destinée à favoriser l'action du vaccin antihaemophilus.

Pour des raisons de confort, la vaccination doit être différée en cas de fièvre élevée.

Les réactions fébriles dues aux vaccins peuvent être combattues en prenant de l'aspirine ou du paracétamol.

Pour garder son efficacité, ce vaccin doit être conservé entre + 2 et + 8 °C (compartiment à beurre du réfrigérateur), mais quelques jours à une température ne dépassant pas 25 °C ne prêtent pas à conséquence. Il ne doit pas être congelé.

EFFETS INDÉSIRABLES POSSIBLES

Réactions au point d'injection.

Fièvre modérée pendant 1 ou 2 jours, surtout en cas de vaccination simultanée avec un autre *vaccin*.

HIBIDENT
chlorhexidine

PRÉSENTATION

HIBIDENT : solution pour *bain de bouche* ; flacon 300 ml (doseur = 10 ml) - Non remb.

Laboratoires SmithKline Beecham

COMPOSITION

	p. 100 ml
Chlorhexidine digluconate	200 mg
Alcool	+
Arôme menthe	+

INDICATIONS

Cette solution pour *bain de bouche* contient un *antiseptique*.

Elle est utilisée dans le traitement des infections de la bouche ou des suites d'opération des gencives ou des dents.

ATTENTION

Évitez d'utiliser ce médicament chez l'enfant de moins de 30 mois (présence de menthol).

Les traitements locaux (*gargarisme*, *collutoire*, pastille) n'agissent que superficiellement ; dans le cas d'infections profondes (angine, abcès...), un autre mode de traitement est nécessaire.

L'usage prolongé de ce médicament n'est pas souhaitable : il peut modifier l'équilibre microbien de la gorge et favoriser l'apparition d'une *candidose*.

En l'absence d'amélioration au bout de 5 jours, consultez votre médecin.

INTERACTIONS MÉDICAMENTEUSES

Il est généralement inutile d'associer des *antiseptiques* différents. Ils peuvent être contenus dans de nombreux produits disponibles en automédication (pastille, *collutoire*, solution nasale) ; demandez conseil à votre pharmacien.

GROSSESSE, ALLAITEMENT ET NOUVEAU-NÉ

L'effet de ce médicament pendant la grossesse ou l'allaitement est mal connu. Seul votre médecin peut apprécier la nécessité du traitement et son risque.

MODE D'EMPLOI ET POSOLOGIE

La solution doit être utilisée pure, après le brossage des dents, et gardée dans la bouche 15 à 30 secondes. Évitez de manger ou de boire dans l'heure qui suit le *bain de bouche*. Ce médicament ne doit en aucun cas être avalé.

Posologie usuelle :

1 bain de bouche (1 bouchon doseur), 2 ou 3 fois par jour.

Certains dentistes et stomatologistes recommandent de ne pas pratiquer de *bain de bouche* dans les heures qui suivent une extraction dentaire afin d'éviter de faire saigner la plaie.

EFFETS INDÉSIRABLES POSSIBLES

En traitement prolongé : coloration brune de la langue et des dents disparaissant à l'arrêt du traitement.

Modification du goût.

Réaction allergique locale.

HIBIDIL
chlorhexidine, agent moussant

PRÉSENTATION

HIBIDIL : solution stérile pour application locale ; sachet unidose 25 ml - Non remb.

HIBIDIL : solution stérile pour application locale ; sachet unidose 100 ml - Non remb.

Laboratoires Zeneca Pharma

COMPOSITION

	p. 100 ml
Chlorhexidine digluconate	50 mg

INDICATIONS

Ce médicament est un *antiseptique* local associé à un agent moussant.

Il est utilisé pour nettoyer et désinfecter les plaies et les brûlures superficielles.

CONTRE-INDICATIONS

Ce médicament ne doit pas être utilisé dans l'œil ou dans l'oreille (risque de toxicité en cas de perforation du tympan).

INTERACTIONS MÉDICAMENTEUSES

L'association à d'autres *antiseptiques* est déconseillée car leurs effets risquent de s'annuler.

GROSSESSE, ALLAITEMENT ET NOUVEAU-NÉ

L'utilisation ponctuelle de ce médicament pendant la grossesse ou l'allaitement ne semble pas poser de problème particulier.

Allaitement :

Ne pas appliquer sur les seins en cas d'allaitement.

MODE D'EMPLOI ET POSOLOGIE

Cette solution est prête à l'emploi : elle peut être appliquée directement sur les plaies à traiter.

> Le contenu du sachet entamé ne doit pas être conservé.

EFFETS INDÉSIRABLES POSSIBLES

Allergie cutanée.

HIBISCRUB

chlorhexidine, agent moussant

PRÉSENTATION

HIBISCRUB : solution moussante pour application locale ; flacon 125 ml - Non remb.

HIBISCRUB : solution moussante pour application locale ; flacon 500 ml - Non remb.

Laboratoires Zeneca Pharma

COMPOSITION

	p. 100 ml
Chlorhexidine digluconate	4 g
Agent moussant	+

INDICATIONS

Ce médicament est un *antiseptique* local associé à un agent moussant.

Il est utilisé pour nettoyer et désinfecter la peau.

CONTRE-INDICATIONS

Ce médicament ne doit pas être utilisé dans l'œil ni dans l'oreille (risque de toxicité en cas de perforation du tympan).

INTERACTIONS MÉDICAMENTEUSES

L'association à d'autres *antiseptiques* ou aux savons est déconseillée car leurs effets risquent de s'annuler.

GROSSESSE, ALLAITEMENT ET NOUVEAU-NÉ

L'utilisation ponctuelle de ce médicament pendant la grossesse ou l'allaitement ne semble pas poser de problème particulier.

Allaitement :

Ne pas appliquer sur les seins en cas d'allaitement.

MODE D'EMPLOI ET POSOLOGIE

Cette solution s'utilise pure comme un savon liquide.

Rincez soigneusement à l'eau.

> Tous les *antiseptiques* peuvent être contaminés par des *germes* : ne les conservez pas inutilement après une première utilisation.

EFFETS INDÉSIRABLES POSSIBLES

Allergie cutanée.

HIBITANE 5 %

chlorhexidine, agent moussant

PRÉSENTATION

HIBITANE 5 % : solution pour application locale ; flacon 125 ml - Non remb.

HIBITANE 5 % : solution pour application locale ; flacon 1 000 ml - Non remb.

Laboratoires Zeneca Pharma

COMPOSITION

	p. 100 ml
Chlorhexidine digluconate	5 g
Agent moussant	+

INDICATIONS

Ce médicament contient un *antiseptique* local et un agent moussant.

Il est utilisé pour nettoyer et désinfecter les plaies et les brûlures.

CONTRE-INDICATIONS

Ce médicament ne doit pas être utilisé dans l'œil ni dans l'oreille (risque de toxicité en cas de perforation du tympan).

> **ATTENTION**
>
> N'utilisez pas ce médicament sur une large surface de peau sans avis médical : risque de passage du médicament dans le sang.

INTERACTIONS MÉDICAMENTEUSES

L'association à d'autres *antiseptiques* ou aux savons est déconseillée car leurs effets risquent de s'annuler.

GROSSESSE, ALLAITEMENT ET NOUVEAU-NÉ

L'utilisation ponctuelle de ce médicament pendant la grossesse ou l'allaitement ne semble pas poser de problème particulier.

Allaitement :

Ne pas appliquer sur les seins en cas d'allaitement.

MODE D'EMPLOI ET POSOLOGIE

Ce produit s'utilise uniquement dilué. Dans le traitement des plaies superficielles et peu étendues, diluer 10 ml de solution dans un litre d'eau bouillie ou stérile (disponible en pharmacie).

Après dilution, la solution doit être utilisée immédiatement ; la quantité non utilisée doit être jetée.

> Tous les *antiseptiques* peuvent être contaminés par des *germes* : une fois ouverts, ne les conservez pas inutilement.

EFFETS INDÉSIRABLES POSSIBLES

Allergie cutanée.

HICONCIL

amoxicilline

PRÉSENTATION

HICONCIL 125 mg : poudre pour sirop arôme abricot-orange ; flacon 60 ml (12 cuillères-mesure de 5 ml) - Remb. 65 % - Liste I

HICONCIL 250 mg : poudre pour sirop arôme framboise-fraise ; flacon 60 ml (12 cuillères-mesure de 5 ml) - Remb. 65 % - Liste I

HICONCIL 500 mg : poudre pour sirop arôme banane-caramel ; flacon 60 ml (12 cuillères-mesure de 5 ml) - Remb. 65 % - Liste I

HICONCIL 500 mg : gélule (orange et blanc) ; boîte de 12 - Remb. 65 % - Liste I

Laboratoires Bristol-Myers Squibb

COMPOSITION

	p. c. mes.	p. c. mes.
Amoxicilline	125 mg	250 mg
Saccharose	2,20 g	2,15 g

	p. c. mes.	p. gél.
Amoxicilline	500 mg	500 mg
Saccharose	1,90 g	

INDICATIONS

C'est un *antibiotique* qui appartient à la famille des *pénicillines* à spectre élargi, c'est-à-dire actives sur un plus grand nombre de *germes* que la pénicilline simple.

Ce médicament est utilisé dans le traitement de diverses maladies infectieuses, notamment celles des poumons, des bronches, du nez, de la gorge ou des oreilles, de l'appareil digestif ou urinaire, des *voies génitales*, des gencives et des dents.

CONTRE-INDICATIONS

Ce médicament ne doit pas être utilisé dans les cas suivants :
- *allergie* aux *pénicillines*,
- *mononucléose infectieuse*.

Ce médicament ne peut être utilisé qu'après avis médical en cas d'allergie aux *céphalosporines*.

> **ATTENTION**
>
> Des précautions sont nécessaires en cas d'*insuffisance rénale*.
>
> Le médecin peut prescrire un prélèvement pour identifier le *germe* responsable de l'infection et tester sa sensibilité à l'*antibiotique*. Le résultat de cet examen peut être faussé en cas d'automédication préalable : ne prenez pas d'antibiotique sans avis médical.

Des *antécédents* d'*allergie* à la *pénicilline* contre-indiquent l'usage de ce médicament. La survenue de toute manifestation allergique (boutons, *œdème*, malaise) impose l'arrêt immédiat du traitement : consultez votre médecin.

Une diminution de la fièvre ou une disparition des *symptômes* ne sont pas synonymes de guérison : la durée du traitement doit absolument être respectée pour éviter les rechutes.

Le sirop reconstitué contient du *sucre* (saccharose) en quantité notable.

INTERACTIONS MÉDICAMENTEUSES

Ce médicament peut interagir avec d'autres médicaments. Signalez tout autre traitement en cours à votre médecin ou à votre pharmacien.

GROSSESSE, ALLAITEMENT ET NOUVEAU-NÉ

Grossesse :

Les études scientifiques actuellement disponibles n'ont pas mis en évidence de problème particulier lors de l'utilisation chez la femme enceinte. Seul votre médecin peut apprécier la nécessité du traitement et son risque pendant la grossesse.

Allaitement :

Ce médicament passe dans le lait maternel.

MODE D'EMPLOI ET POSOLOGIE

Les gélules doivent être avalées avec un peu d'eau.

Le sirop doit être préparé : dissoudre la poudre avec de l'eau en quantité suffisante pour que la solution obtenue atteigne le trait gravé sur le flacon.

Les repas ne modifient pas l'absorption du médicament, qui peut donc être pris à n'importe quel moment de la journée.

Posologie usuelle :

Elle varie en fonction des indications.

À titre indicatif et pour des infections courantes :

- Adulte : 500 mg matin et soir.
- Enfant et nourrisson : 25 à 50 mg par kg et par jour, répartis en 3 prises ; soit par exemple pour un enfant de 15 kg : une cuillère-mesure de sirop à 250 mg, matin midi et soir.

L'éventuelle impression de fatigue n'est pas due à l'*antibiotique*, mais à l'infection elle-même.

L'odeur particulière des urines est normale et traduit l'élimination de l'antibiotique.

Le sirop reconstitué se conserve une semaine à température ambiante ; il est préférable de l'agiter avant chaque usage.

EFFETS INDÉSIRABLES POSSIBLES

Fréquents mais généralement bénins :
- *allergie* cutanée,
- *troubles digestifs* (nausée, diarrhée),
- *candidose*.

Rares mais parfois graves :
- œdème de *Quincke*,
- *choc* allergique (exceptionnel).

HIPPOPHAN
baie d'argousier

PRÉSENTATION

HIPPOPHAN : sirop ; flacon 200 ml - Non remb.

HIPPOPHAN : sirop ; flacon 500 ml - Non remb.

Laboratoires Weleda

COMPOSITION

	p. c. à s.
Argousier, jus de baies	10,8 g
Acide ascorbique (vitamine C)	22,5 mg
Saccharose	+

INDICATIONS

Ce sirop contient du jus de baie d'argousier.

Il est utilisé dans le *traitement symptomatique* de certaines fatigues (*asthénie fonctionnelle*).

GROSSESSE, ALLAITEMENT ET NOUVEAU-NÉ

Ce médicament contient une plante présumée sans danger pendant la grossesse ou l'allaitement. Néanmoins, ne l'utilisez pas de façon prolongée sans l'avis de votre pharmacien ou de votre médecin.

MODE D'EMPLOI ET POSOLOGIE

Ce sirop peut être pris pur ou dilué dans un verre d'eau.

Posologie usuelle :

1 cuillère à soupe, 1 à 3 fois par jour.

Une fatigue persistante ne doit pas vous conduire à augmenter les prises de ce médicament : demandez conseil à votre médecin ou à votre pharmacien.

HIRUCRÈME
extrait de sangsue

PRÉSENTATION

HIRUCRÈME : crème ; tube 30 g - Remb. 35 %

HIRUCRÈME : crème ; tube 100 g - Remb. 35 %

Laboratoires Nicholas

COMPOSITION

	p. 100 g
Hirudo medicinalis (sangsue), extrait	10 ml

INDICATIONS

C'est un décongestionnant à usage local.

Il est utilisé dans le traitement des jambes lourdes, des *œdèmes* et de l'*inflammation* des veines superficielles ainsi que dans le *traitement symptomatique* des douleurs et des démangeaisons de l'anus, en particulier dues aux *hémorroïdes*.

ATTENTION

Ne pas appliquer directement sur une plaie ulcérée.

Le traitement doit être de courte durée : si les *symptômes* persistent, consultez votre médecin.

GROSSESSE, ALLAITEMENT ET NOUVEAU-NÉ

Aucun problème particulier n'a été mis en évidence lors de l'utilisation courante chez la femme enceinte.

MODE D'EMPLOI ET POSOLOGIE

Étaler doucement la crème sur les régions à traiter et faire pénétrer par un léger massage.

Posologie usuelle :

2 ou 3 applications par jour.

Traitement des *hémorroïdes* : 1 application de crème matin et soir.

Pour prévenir les *hémorroïdes*, des mesures simples d'hygiène alimentaire et des exercices physiques sont à envisager : parlez-en à votre médecin ou à votre pharmacien.

HISMANAL
astémizole

PRÉSENTATION

HISMANAL : comprimé (blanc) ; boîte de 10 - Remb. 65 % - Liste II

HISMANAL : suspension buvable ; flacon 30 ml (mesure graduée) - Remb. 65 % - Liste II

Laboratoires Janssen

COMPOSITION

	p. comp.	p. ml
Astémizole	10 mg	2 mg

INDICATIONS

Ce médicament est un *antihistaminique* antiallergique ; il n'a pas d'effets *sédatifs* ni *atropiniques*.

Il est utilisé dans le *traitement symptomatique* de l'*allergie* (*rhinite*, *conjonctivite*, *urticaire*...).

CONTRE-INDICATIONS

Ce médicament ne doit pas être utilisé en association avec les médicaments contenant du kétoconazole, de l'itraconazole ou de l'érythromycine.

ATTENTION

Des précautions sont nécessaires en cas d'*insuffisance hépatique*, de *troubles du rythme cardiaque* ou d'*hypokaliémie*.

INTERACTIONS MÉDICAMENTEUSES

Ce médicament ne doit pas être associé à ceux contenant du kétoconazole, de l'itraconazole ou de l'érythromycine : risque de *troubles du rythme cardiaque* graves.

Ce médicament peut interagir avec la josamycine (JOSACINE). Signalez tout autre traitement en cours à votre médecin ou à votre pharmacien.

GROSSESSE, ALLAITEMENT ET NOUVEAU-NÉ

Grossesse :

En l'absence de données suffisantes, ce médicament est déconseillé pendant les 3 premiers mois de la grossesse.

Allaitement :

Les données actuellement disponibles ne permettent pas de savoir si ce médicament passe dans le lait maternel : par mesure de prudence, il est déconseillé pendant l'allaitement.

MODE D'EMPLOI ET POSOLOGIE

Ce médicament peut être pris indifféremment pendant ou en dehors des repas, mais toujours en une seule prise.

L'unité de mesure de la pipette jointe à la suspension buvable est exprimée en kilo.

Posologie usuelle :

Quelle que soit la forme utilisée, la *posologie* ne doit pas dépasser 10 mg par jour.

- Adulte et enfant de plus de 40 kg : 1 comprimé par jour ou 5 pipettes remplies jusqu'à la graduation 10 kg.
- Enfant de plus de 18 mois et de moins de 40 kg : le contenu de la pipette remplie jusqu'à la graduation correspondant au poids de l'enfant, 1 fois par jour. Soit pour un enfant de 15 kg, 1 pipette remplie jusqu'à la graduation de 10 kg, puis 1 pipette remplie jusqu'à la graduation de 5 kg.

> Ce médicament agit sur les manifestations de l'*allergie* mais n'en supprime pas la cause. Si les *symptômes* persistent ou s'aggravent, n'hésitez pas à consulter votre médecin.

EFFETS INDÉSIRABLES POSSIBLES

Rarement : choc allergique dû au médicament, *photosensibilisation*, démangeaisons, éruption cutanée.

En cas de traitement prolongé : prise de poids.

HISTO-FLUINE P

PRÉSENTATION

HISTO-FLUINE P : solution buvable ; flacon 50 ml (1 ml = 30 gouttes) - Remb. 35 %

Laboratoires Richard

COMPOSITION

	p. 30 gtes
Marron d'Inde, extrait fluide hydroalcoolique	62,5 mg
Hamamélis, extrait fluide hydroalcoolique	62,5 mg
Bourse-à-pasteur, extrait fluide hydroalcoolique	25 mg
Anémone pulsatille, extrait fluide hydroalcoolique	25 mg
Esculoside (vitamine P)	1,25 mg

INDICATIONS

C'est un protecteur *vasculaire* et un *veinotonique* qui associe plusieurs plantes. Il stimule la circulation du sang dans les veines et lutte contre l'altération des *vaisseaux capillaires*.

Il est utilisé dans le *traitement symptomatique* :

- des jambes lourdes, *œdèmes*, crampes, *impatiences* et autres troubles pouvant être en rapport avec une mauvaise circulation veineuse ;
- des petites *hémorragies* sous-cutanées se traduisant par des taches rouges ou violacées ;
- des crises d'*hémorroïdes*.

> **ATTENTION**
> Ce médicament est insuffisant pour prévenir le risque de *phlébite* chez les malades alités ou plâtrés.
> Ce médicament soulage, mais n'empêche pas l'aggravation de l'*insuffisance veineuse*, qui requiert des mesures spécifiques telles que la *contention élastique*.

GROSSESSE, ALLAITEMENT ET NOUVEAU-NÉ

Ce médicament ne contient que des plantes présumées sans danger pendant la grossesse ou l'allaitement. Néanmoins, ne l'utilisez pas de façon prolongée sans l'avis de votre pharmacien ou de votre médecin.

MODE D'EMPLOI ET POSOLOGIE

Ce médicament doit être pris dans un verre d'eau avant les repas.

Posologie usuelle :

30 à 60 gouttes, 2 ou 3 fois par jour.

> Une activité physique régulière et la surélévation du pied du lit permettent de faciliter la circulation veineuse et *lymphatique*.

HOMÉODOSE 3
homéopathie

PRÉSENTATION

HOMÉODOSE 3 : solution *sublinguale* ; flacon 30 ml - Non remb.

Laboratoires Dolisos

COMPOSITION

Centaurea benedicta 3 DH, Cinchona 3 DH, Ipecacuanha 3 DH, Aconitum napellus 3 DH, Mercurius solubilis 5 CH, aa

INDICATIONS

Ce médicament est un *complexe* (association) de remèdes homéopathiques.

Il est utilisé dans le *traitement symptomatique* des états grippaux et fébriles.

GROSSESSE, ALLAITEMENT ET NOUVEAU-NÉ

Aux *dilutions homéopathiques*, les substances contenues dans ce médicament ne sont pas connues pour être toxiques pendant la grossesse ou l'allaitement.

MODE D'EMPLOI ET POSOLOGIE

Les gouttes doivent être diluées dans un peu d'eau, puis gardées quelques secondes sous la langue.

Posologie usuelle :

20 gouttes, 2 ou 3 fois par jour.

> Certains homéopathes recommandent de ne pas absorber de camphre pendant un traitement homéopathique.

HOMÉODOSE 4
homéopathie

PRÉSENTATION

HOMÉODOSE 4 : solution *sublinguale* ; flacon 30 ml - Non remb.

Laboratoires Dolisos

COMPOSITION

Globularia alypum 3 DH, Kalmia latifolia 3 DH, Colchicum autumnale 3 DH, Iodum 5 CH, Sulfur 5 CH, aa

INDICATIONS

Ce médicament est un *complexe* (association) de remèdes homéopathiques.

Il est utilisé dans le *traitement symptomatique* des rhumatismes.

GROSSESSE, ALLAITEMENT ET NOUVEAU-NÉ

Aux *dilutions homéopathiques*, les substances contenues dans ce médicament ne sont pas connues pour être toxiques pendant la grossesse ou l'allaitement.

MODE D'EMPLOI ET POSOLOGIE

Les gouttes doivent être diluées dans un peu d'eau, puis gardées quelques secondes sous la langue.

Posologie usuelle :

20 gouttes, 2 ou 3 fois par jour.

> Certains homéopathes recommandent de ne pas absorber de camphre pendant un traitement homéopathique.

HOMÉODOSE 8
homéopathie

PRÉSENTATION

HOMÉODOSE 8 : solution *sublinguale* ; flacon 30 ml (gouttes) - Non remb.

Laboratoires Dolisos

COMPOSITION

Kreosotum 4 DH, Asa foetida 3 DH, Sticta pulmonaria 3 DH, Aurum muriaticum 5 CH, Kalii dichromas 5 CH, aa

INDICATIONS

Ce médicament est un *complexe* (association) de remèdes homéopathiques.

Il est utilisé dans le *traitement symptomatique* des rhumes.

GROSSESSE, ALLAITEMENT ET NOUVEAU-NÉ

Aux *dilutions homéopathiques*, les substances contenues dans ce médicament ne sont pas connues pour être toxiques pendant la grossesse ou l'allaitement.

MODE D'EMPLOI ET POSOLOGIE

Les gouttes doivent être diluées dans un peu d'eau, puis gardées quelques secondes sous la langue.

Posologie usuelle :

20 gouttes, 2 ou 3 fois par jour.

Certains homéopathes recommandent de ne pas absorber de camphre pendant un traitement homéopathique.

HOMÉODOSE 18
homéopathie

PRÉSENTATION

HOMÉODOSE 18 : solution *sublinguale* ; flacon 30 ml (gouttes) - Non remb.

Laboratoires Dolisos

COMPOSITION

Carduus marianus 3 DH, Leptandra virginica 3 DH, China 3 DH, Mercurius dulcis 5 CH, Vipera torva 5 CH, aa

INDICATIONS

Ce médicament est un *complexe* (association) de remèdes homéopathiques.

Il est utilisé dans le *traitement symptomatique* des digestions difficiles liées à une paresse du foie.

GROSSESSE, ALLAITEMENT ET NOUVEAU-NÉ

Aux *dilutions homéopathiques*, les substances contenues dans ce médicament ne sont pas connues pour être toxiques pendant la grossesse ou l'allaitement.

MODE D'EMPLOI ET POSOLOGIE

Les gouttes doivent être diluées dans un peu d'eau, puis gardées quelques secondes sous la langue avant d'être avalées.

Posologie usuelle :

20 gouttes, 2 ou 3 fois par jour.

Certains homéopathes recommandent de ne pas absorber de camphre pendant un traitement homéopathique.

HOMÉODOSE 20
homéopathie

PRÉSENTATION

HOMÉODOSE 20 : solution *sublinguale* ; flacon 30 ml - Non remb.

Laboratoires Dolisos

COMPOSITION

Hamamelis virginiana 3 DH, Pulsatilla 3 DH, Aesculus hippocastanum 3 DH, Carduus marianus 3 DH, Calcarea fluorica 5 CH, aa

INDICATIONS

Ce médicament est un *complexe* (association) de remèdes homéopathiques.

Il est utilisé dans le traitement des troubles de la circulation veineuse et des jambes lourdes.

ATTENTION

Certains troubles de la circulation veineuse peuvent avoir des conséquences graves, notamment la *phlébite*. Dans ce cas, un traitement par les *anticoagulants* est nécessaire.

GROSSESSE, ALLAITEMENT ET NOUVEAU-NÉ

Aux *dilutions homéopathiques*, les substances contenues dans ce médicament ne sont pas connues pour être toxiques pendant la grossesse ou l'allaitement.

MODE D'EMPLOI ET POSOLOGIE

Les gouttes doivent être diluées dans un peu d'eau, puis gardées quelques secondes sous la langue.

Posologie usuelle :

20 gouttes, 2 ou 3 fois par jour.

Certains homéopathes recommandent de ne pas absorber de camphre pendant un traitement homéopathique.

HOMÉODOSE 24
homéopathie

PRÉSENTATION

HOMÉODOSE 24 : solution *sublinguale* ; flacon 30 ml - Non remb.

Laboratoires Dolisos

COMPOSITION

Ulmus campestris 3 DH, Arctium lappa 3 DH, Viola tricolor 3 DH, Mercurius solubilis 5 CH, Lycopodium 5 CH, aa

INDICATIONS

Ce médicament est un *complexe* (association) de remèdes homéopathiques.

Il est utilisé dans le *traitement symptomatique* de l'*acné* et des éruptions cutanées.

GROSSESSE, ALLAITEMENT ET NOUVEAU-NÉ

Aux *dilutions homéopathiques*, les substances contenues dans ce médicament ne sont pas connues pour être toxiques pendant la grossesse ou l'allaitement.

MODE D'EMPLOI ET POSOLOGIE

Les gouttes doivent être diluées dans un peu d'eau, puis gardées quelques secondes sous la langue.

Posologie usuelle :

20 gouttes, 2 ou 3 fois par jour.

Certains homéopathes recommandent de ne pas absorber de camphre pendant un traitement homéopathique.

HOMÉODOSE 28
homéopathie

PRÉSENTATION

HOMÉODOSE 28 : solution *sublinguale* ; flacon 30 ml - Non remb.

Laboratoires Dolisos

COMPOSITION

Staphysagria 3 DH, Thuya occidentalis 3 DH, Dulcamara 3 DH, Nitricum acidum 5 CH, Silicea 5 CH, aa

INDICATIONS

Ce médicament est un *complexe* (association) de remèdes homéopathiques.

Il est utilisé dans le traitement des verrues.

GROSSESSE, ALLAITEMENT ET NOUVEAU-NÉ

Aux *dilutions homéopathiques*, les substances contenues dans ce médicament ne sont pas connues pour être toxiques pendant la grossesse ou l'allaitement.

MODE D'EMPLOI ET POSOLOGIE

Les gouttes doivent être diluées dans un peu d'eau, puis gardées quelques secondes sous la langue.

Posologie usuelle :

20 gouttes, 2 ou 3 fois par jour.

Certains homéopathes recommandent de ne pas absorber de camphre pendant un traitement homéopathique.

HOMÉODOSE 30
homéopathie

PRÉSENTATION

HOMÉDOSE 30 : solution *sublingale* ; flacon 30 ml (gouttes) - Non remb.

Laboratoires Dolisos

COMPOSITION

Viscum album 3 DH, Gnaphalium dioicum 3 DH, Asarum europaeum 3 DH, Colocynthis 5 DH, Chininum arsenicicum 5 CH, aa

INDICATIONS

Ce médicament est un *complexe* (association) de remèdes homéopathiques.

Il est utilisé dans le *traitement symptomatique* des maux de tête et des *névralgies*.

ATTENTION

Si les maux de tête persistent, des examens peuvent être nécessaires : consultez votre médecin.

GROSSESSE, ALLAITEMENT ET NOUVEAU-NÉ

Aux *dilutions homéopathiques*, les substances contenues dans ce médicament ne sont pas connues pour être toxiques pendant la grossesse ou l'allaitement.

MODE D'EMPLOI ET POSOLOGIE

Les gouttes doivent être diluées dans un peu d'eau, puis gardées quelques secondes sous la langue.

Posologie usuelle :

20 gouttes, 2 ou 3 fois par jour.

Certains homéopathes recommandent de ne pas absorber de camphre pendant un traitement homéopathique.

HOMÉODOSE pommade

PRÉSENTATION

HOMÉODOSE : pommade ; tube 30 g - Non remb.

Laboratoires Dolisos

COMPOSITION

	p. 100 g
Hamamelis, eau distillée	1,66 g
Arnica, teinture	400 mg
Calendula, teinture	2 g
Echinacea, teinture	400 mg
Hypericum, teinture	800 mg
Ledum palustre, teinture	400 mg
Lilium candidum, teinture	800 mg
Millefolium, teinture	800 mg
Paeonia, teinture	800 mg
Hépar sulfur 3 CH	830 mg
Butoforme	3,33 g
Vaseline	+
Lanoline	+

INDICATIONS

Cette pommade cicatrisante contient des extraits de plantes et un *anesthésique* local.

Elle est utilisée dans le traitement des brûlures, des plaies superficielles, des gerçures et des irritations de la *muqueuse* du nez.

GROSSESSE, ALLAITEMENT ET NOUVEAU-NÉ

L'effet de ce médicament pendant la grossesse ou l'allaitement est mal connu. L'évaluation du risque éventuel lié à son utilisation est individuelle : demandez conseil à votre pharmacien ou à votre médecin.

MODE D'EMPLOI ET POSOLOGIE

Appliquer en couche mince sur la peau préalablement nettoyée.

Posologie usuelle :

2 ou 3 applications par jour.

HOMÉOGÈNE 9

homéopathie

PRÉSENTATION

HOMÉOGÈNE 9 : comprimé (blanc) ; boîte de 60 - Non remb.

Laboratoires Boiron

COMPOSITION

Mercurius solubilis 3 CH, Anemone pulsatilla 3 CH, Spongia tosta 3 CH, Bryonia 3 CH, Bromum 3 CH, Belladonna 3 CH, Phytolacca 3 CH, Arum triphyllum 3 CH, Arnica 3 CH, aa 0,667 mg p. comp.

INDICATIONS

Ce médicament est un *complexe* (association) de remèdes homéopathiques.

Il est utilisé dans le *traitement symptomatique* des maux de gorge, des enrouements et des laryngites.

ATTENTION

En l'absence d'amélioration ou en cas d'apparition de fièvre, consultez votre médecin.

GROSSESSE, ALLAITEMENT ET NOUVEAU-NÉ

Aux *dilutions homéopathiques*, les substances contenues dans ce médicament ne sont pas connues pour être toxiques pendant la grossesse ou l'allaitement.

MODE D'EMPLOI ET POSOLOGIE

Les comprimés doivent être sucés lentement et de préférence à distance des repas.

Posologie usuelle :

1 comprimé toutes les heures ; espacer les prises dès amélioration.

Certains homéopathes recommandent de ne pas absorber de camphre pendant un traitement homéopathique.

HOMÉOGÈNE 46

homéopathie

PRÉSENTATION

HOMÉOGÈNE 46 : comprimé (blanc) ; boîte de 60 - Non remb.

Laboratoires Boiron

COMPOSITION

Stramonium 3 DH, Hyoscyamus 3 DH, Passiflora 3 DH, Ballota 3 DH, Nux moschata 4 CH, aa 1,2 mg

INDICATIONS

Ce médicament est un *complexe* (association) de remèdes homéopathiques.

Il est utilisé dans le *traitement symptomatique* des troubles légers liés à l'anxiété et à l'hyperexcitabilité (troubles du sommeil, irritabilité, nervosité...).

GROSSESSE, ALLAITEMENT ET NOUVEAU-NÉ

Aux *dilutions homéopathiques*, les substances contenues dans ce médicament ne sont pas connues pour être toxiques pendant la grossesse ou l'allaitement.

MODE D'EMPLOI ET POSOLOGIE

Les comprimés doivent être sucés lentement, et pris à distance des repas.

Posologie usuelle :

2 comprimés, 3 fois par jour.

Certains homéopathes recommandent de ne pas absorber de camphre pendant un traitement homéopathique.

HOMÉOPLASMINE

PRÉSENTATION

HOMÉOPLASMINE : pommade ; tube 18 g avec canule - Non remb.

HOMÉOPLASMINE : pommade ; tube 40 g - Non remb.

Laboratoires Boiron

COMPOSITION

	p. 100 g
Calendula officinalis TM	0,10 g
Phytolacca decandra TM	0,30 g
Bryonia dioica TM	0,10 g
Benzoe TM	0,10 g
Acide borique	4 g
Vaseline	+

INDICATIONS

Cette pommade contient des extraits de plantes et un *antiseptique*.

Elle est utilisée pour apaiser les irritations de la peau et des *muqueuses* (gerçure, brûlure de faible étendue, irritation du nez au cours des *rhinites*).

CONTRE-INDICATIONS

Ce médicament ne doit pas être utilisé :
- sur des lésions infectées ou suintantes,
- chez l'enfant de moins de 30 mois.

ATTENTION

Évitez d'utiliser cette pommade, notamment chez l'enfant, de manière prolongée et sur des surfaces étendues ou profondément lésées sans l'avis de votre pharmacien ou de votre médecin.

GROSSESSE, ALLAITEMENT ET NOUVEAU-NÉ

Ce médicament ne contient que des substances présumées sans danger pendant la grossesse ou l'allaitement. Néanmoins, ne l'utilisez pas de façon prolongée sans l'avis de votre pharmacien ou de votre médecin.

MODE D'EMPLOI ET POSOLOGIE

1 ou 2 applications par jour.

HORDÉNOL

hordénine, caféine

PRÉSENTATION

HORDÉNOL : solution buvable ; boîte de 6 ampoules (2 ml) - Remb. 35 %

Laboratoires Monal

COMPOSITION

	p. amp.
Hordénine sulfate	125 mg
Caféine	2 mg

INDICATIONS

C'est un médicament qui appartient à la famille des antidiarrhéiques.

Il est utilisé dans le *traitement symptomatique* des diarrhées aiguës.

CONTRE-INDICATIONS

Ce médicament ne doit pas être utilisé chez le *nourrisson*.

ATTENTION
Si vous souffrez d'*hypertension artérielle* ou d'*insuffisance coronarienne*, prévenez votre médecin ou votre pharmacien.

INTERACTIONS MÉDICAMENTEUSES

Ce médicament peut interagir avec d'autres médicaments, notamment les *IMAO* : signalez tout autre traitement en cours à votre médecin ou à votre pharmacien.

GROSSESSE, ALLAITEMENT ET NOUVEAU-NÉ

Grossesse :
L'effet de ce médicament pendant la grossesse ou l'allaitement est mal connu. L'évaluation du risque éventuel lié à son utilisation est individuelle : demandez conseil à votre pharmacien ou à votre médecin.

Allaitement :
Les données actuellement disponibles ne permettent pas de savoir si ce médicament passe dans le lait maternel.

MODE D'EMPLOI ET POSOLOGIE

Mélanger le contenu de l'ampoule avec un peu d'eau sucrée.

Posologie usuelle :
- Adulte : 1 ampoule, 1 à 3 fois par jour. Réduire à 1 ampoule par jour dès l'apparition d'une selle moulée.
- Enfant de plus de 10 ans : 1 ampoule par jour.
- Enfant de plus de 3 ans : ne pas dépasser 3/4 ml par jour, soit moins de la moitié d'une ampoule.

Une diarrhée peut provoquer une déshydratation. Cette perte d'eau par l'organisme peut entraîner des troubles graves (fatigue, malaise, confusion des idées...). Il est indispensable de prévenir cette déshydratation par des boissons sucrées abondantes et des bouillons salés, notamment chez les personnes âgées et les enfants. Il existe des préparations à cet effet destinées aux jeunes enfants.
Si la diarrhée persiste au-delà de 2 jours, consultez votre médecin.

HUILE DE FOIE DE MORUE SALVER

PRÉSENTATION

HUILE DE FOIE DE MORUE SALVER : huile buvable ; flacon 150 ml - Non remb.
Laboratoires Salver

COMPOSITION

	p. fl.
Huile de foie de morue	150 ml

INDICATIONS

Ce médicament contient de l'huile de foie de morue, riche en *vitamines* A et D, indispensables au *métabolisme*.
Il est utilisé dans la prévention ou la correction des troubles en rapport avec une alimentation carencée en vitamines A et D.

CONTRE-INDICATIONS

Ce médicament ne doit pas être utilisé dans les cas suivants :
- enfant de moins de 3 ans,
- **grossesse,**
- **allaitement.**

ATTENTION
Ce médicament contient des *vitamines* A et D : leur surdosage expose à des effets indésirables graves. Ces vitamines sont présentes dans de nombreux médicaments dont certains sont disponibles en automédication : évitez de les associer.

GROSSESSE, ALLAITEMENT ET NOUVEAU-NÉ

Ce médicament est contre-indiqué pendant la grossesse ou l'allaitement.

MODE D'EMPLOI ET POSOLOGIE

Posologie usuelle :
- Adulte : 1 cuillère à café par jour.
- Enfant de plus de 3 ans : 1/2 cuillère à café par jour.

La *vitamine* A est apportée par les corps gras : l'huile de foie de poissons, le jaune d'œuf, le beurre et les laitages, surtout. Elle est également fabriquée par le foie à partir de certains aliments : légumes, fruits. Une alimentation équilibrée et diversifiée apporte habituellement des quantités suffisantes de vitamine A.

HUILE DE HAARLEM VÉRITABLE

PRÉSENTATION

HUILE DE HAARLEM VÉRITABLE : solution buvable ; flacon compte-gouttes 10 ml - Non remb.
HUILE DE HAARLEM VÉRITABLE : capsule ; boîte de 36 - Non remb.
HUILE DE HAARLEM VÉRITABLE : capsule ; boîte de 108 - Non remb.
Laboratoires Lefèvre-Albrenor

COMPOSITION

	p. 10 gtes	p. caps.
Combinaison de soufre	32 mg	32 mg
Huile de lin	8 mg	8 mg
Térébenthine, essence	160 mg	160 mg

INDICATIONS

Ce médicament contient une association de substances *antiseptiques* et fluidifiantes des sécrétions bronchiques.
Il est utilisé dans le *traitement symptomatique* des affections bronchiques et pulmonaires, et aussi de l'*arthrose*.

ATTENTION
Ce médicament doit être utilisé avec précaution chez le jeune enfant.

GROSSESSE, ALLAITEMENT ET NOUVEAU-NÉ

L'effet de ce médicament pendant la grossesse ou l'allaitement est mal connu. L'évaluation du risque éventuel lié à son utilisation est individuelle : demandez conseil à votre pharmacien ou à votre médecin.

MODE D'EMPLOI ET POSOLOGIE

Ce médicament doit être pris une demi-heure avant les repas.

Posologie usuelle :
10 gouttes ou 1 capsule, 2 à 3 fois par jour, pendant 10 à 12 jours.

EFFETS INDÉSIRABLES POSSIBLES

Troubles digestifs : ballonnements, diarrhées.

HUILE DE PARAFFINE GILBERT

PRÉSENTATION

HUILE DE PARAFFINE GILBERT : huile buvable ; flacon 250 ml - Non remb.
HUILE DE PARAFFINE GILBERT : huile buvable ; flacon 500 ml - Non remb.
Laboratoires Gilbert

COMPOSITION

	p. 100 ml
Paraffine liquide	100 ml

INDICATIONS

C'est un *laxatif lubrifiant*. Il agit en ramollissant les selles et en facilitant leur progression dans l'intestin.
Ce médicament est utilisé comme *traitement symptomatique* de la constipation.

ATTENTION
Ce médicament peut réduire l'absorption de certaines *vitamines* (A, D, E, K) en cas d'utilisation prolongée.
Les laxatifs ne doivent pas être utilisés de façon prolongée sans avis médical. Leur usage doit rester exceptionnel chez l'enfant.

GROSSESSE, ALLAITEMENT ET NOUVEAU-NÉ

Grossesse :
Ce médicament ne contient aucune substance connue pour être toxique pendant

la grossesse ; néanmoins, il peut réduire l'absorption de certaines *vitamines* : son usage doit être ponctuel.

MODE D'EMPLOI ET POSOLOGIE

La prise peut avoir lieu soit le matin à jeun, soit à distance des repas. En cas de prise le soir, tenir compte du délai d'action (de 6 à 8 heures), en particulier pour les enfants.

Posologie usuelle :
- Adulte : 1 à 3 cuillères à soupe par jour.
- Enfant de plus de 6 ans : 1 à 3 cuillères à café par jour.

> Des mesures simples d'hygiène alimentaire et des exercices physiques sont à envisager avant d'utiliser un laxatif : parlez-en à votre médecin ou à votre pharmacien.

EFFETS INDÉSIRABLES POSSIBLES

Suintement anal.

HUILE DE RICIN CRISTAL

PRÉSENTATION

HUILE DE RICIN CRISTAL : huile buvable ; flacon 30 ml - Non remb.

Laboratoires C.P.F.

COMPOSITION

	p. fl.
Huile de ricin	30 ml

INDICATIONS

Ce médicament augmente les sécrétions et la motricité de l'intestin.

Il est utilisé occasionnellement pour déclencher une purge du tube digestif.

CONTRE-INDICATIONS

Ce médicament ne doit pas être utilisé dans les cas suivants :
- enfant de moins de 12 ans ;
- maladies inflammatoires du côlon ;
- constipation ou douleur abdominale due à une obstruction du tube digestif : rétrécissement intestinal, *fécalome* (bouchon de selles) ;
- grossesse ;
- allaitement.

> **ATTENTION**
> Ce médicament doit être utilisé de façon épisodique. Son usage régulier peut entraîner :
> - une *dépendance* ;
> - des troubles intestinaux graves ;
> - une perte de sels minéraux et notamment de *potassium*, pouvant être à l'origine de troubles cardiaques graves ;
> - une réduction de l'absorption de certaines *vitamines* (A, D, E, K).

INTERACTIONS MÉDICAMENTEUSES

Ce médicament peut interagir avec d'autres médicaments, notamment certains *antiarythmiques*, certains *diurétiques* et tout autre médicament susceptible de provoquer une *hypokaliémie*. Signalez tout autre traitement en cours à votre médecin ou à votre pharmacien.

GROSSESSE, ALLAITEMENT ET NOUVEAU-NÉ

Par prudence, ce médicament est contre-indiqué pendant la grossesse et l'allaitement.

MODE D'EMPLOI ET POSOLOGIE

Ce médicament peut être avalé pur ou mélangé avec du lait, un yaourt ou un jus de fruits, et pris le matin à jeun.

Posologie usuelle :

Adulte et enfant de plus de 12 ans : 1 flacon en 1 prise.

> Ce traitement doit être accompagné de mesures simples d'hygiène alimentaire (régime riche en fibres et boissons abondantes) et d'exercices physiques : consultez votre médecin ou votre pharmacien.

EFFETS INDÉSIRABLES POSSIBLES

Diarrhée, douleurs abdominales.
Hypokaliémie.

HUILE GOMENOLÉE

PRÉSENTATION

HUILE GOMENOLÉE 2% : solution nasale huileuse ; flacon 22 ml avec pipette nasale - Remb. 35 %

HUILE GOMENOLÉE 5% : solution nasale huileuse ; flacon 22 ml avec pipette nasale - Remb. 35 %

Laboratoires Gomenol

COMPOSITION

	p. 100 g	p. 100 g
Gomenol (essence végétale naturelle)	2 g	5 g
Huile hydrophile	10 g	10 g

INDICATIONS

Cette solution nasale possède une action *antiseptique*.

Elle est utilisée comme *traitement d'appoint* des *rhinites*, des *rhino-pharyngites* et des *sinusites*.

> **ATTENTION**
> En l'absence d'amélioration ou en cas d'apparition de fièvre, consultez votre médecin.

GROSSESSE, ALLAITEMENT ET NOUVEAU-NÉ

Ce médicament ne contient aucune substance connue pour être toxique pendant la grossesse ou l'allaitement.

MODE D'EMPLOI ET POSOLOGIE

Les gouttes sont instillées la tête penchée en arrière.

Le traitement ne doit pas dépasser 10 jours.

Posologie usuelle :

1 ou 2 gouttes dans chaque narine, plusieurs fois par jour.

EFFETS INDÉSIRABLES POSSIBLES

Réaction allergique locale.

HUMAGEL
paromomycine

PRÉSENTATION

HUMAGEL ENFANT : granulé pour suspension buvable (ivoire et rose) ; boîte de 12 sachets-dose - Remb. 35 % - Liste I

HUMAGEL NOURRISSON : granulé pour suspension buvable (ivoire et orangé) ; flacon 90 ml - Remb. 35 % - Liste I

Laboratoires Parke-Davis

COMPOSITION

	p. sachet	p. c. à c.
Paromomycine	250 mg	50 mg

INDICATIONS

C'est un *antibiotique* qui appartient à la famille des *aminosides*.

Il est utilisé comme *antiseptique* intestinal en complément d'une réhydratation pour traiter les diarrhées aiguës bénignes.

CONTRE-INDICATIONS

Ce médicament ne doit pas être utilisé dans les cas suivants :
- *antécédent* d'*allergie* aux *aminosides*,
- prématuré ou *nouveau-né*.

> **ATTENTION**
> Si les *symptômes* persistent ou s'il apparaît une fièvre, des frissons, une grande fatigue, du sang ou des glaires dans les selles, ce traitement est insuffisant et des examens peuvent être nécessaires : consultez votre médecin.
> Des précautions sont nécessaires en cas d'*insuffisance rénale* grave.

MODE D'EMPLOI ET POSOLOGIE

Les sachets doivent être dilués dans de l'eau ou un aliment liquide ou semi-liquide froid ou tiède.

Le sirop (suspension buvable) est reconstitué en ajoutant de l'eau jusqu'à la base du goulot du flacon.

La durée du traitement ne doit pas dépasser 4 jours.

Posologie usuelle :
- Enfant : 1 sachet par 5 kg de poids et par jour ; par exemple pour un enfant de 17 kg : 1 sachet, 3 fois par jour.
- Nourrisson : 1 cuillère à café de sirop par kg et par jour, à répartir en 3 ou 4 prises ; par exemple, pour un nourrisson de 7 kg : 2 cuillères à café de sirop, 3 fois par jour.

> Une diarrhée peut provoquer une déshydratation. Cette perte d'eau par l'organisme peut entraîner des troubles graves (fatigue, malaise, confusion des

idées...). Il est indispensable de prévenir cette déshydratation par des boissons sucrées abondantes et des bouillons salés. Il existe des préparations destinées aux très jeunes enfants : adressez-vous à votre pharmacien.

Le sirop reconstitué peut être conservé à l'abri de la chaleur.

EFFETS INDÉSIRABLES POSSIBLES

Nausées, vomissements, diarrhée.

Ce médicament contient des substances susceptibles d'être toxiques pour l'oreille et pour le rein. Néanmoins, aux doses et à la durée préconisées, ces risques sont peu probables.

HUMÉGON
ménotropine

PRÉSENTATION

HUMÉGON : préparation injectable ; boîte de 1 ampoule de *lyophilisat* et 1 flacon de solvant 1 ml - Remb. 100 % - Liste I

HUMÉGON : préparation injectable ; boîte de 5 ampoules de *lyophilisat* et 5 flacons de solvant 1 ml - Remb. 100 % - Liste I

Laboratoires Organon

COMPOSITION

	p. amp.
Ménotropine	75 UI

INDICATIONS

Ce médicament contient une *hormone* qui stimule les organes de la reproduction. Chez la femme, il favorise le développement des ovules, et, chez l'homme, la formation des spermatozoïdes.

Il est utilisé dans :
- certains cas de stérilité féminine ou masculine.

CONTRE-INDICATIONS

Ce médicament ne doit pas être utilisé dans les cas suivants :
- *tumeur de l'hypophyse* ou certaines maladies des ovaires,
- grossesse.

ATTENTION

Ce médicament est destiné à rétablir la fertilité : prévenez votre médecin si vous ne souhaitez pas être enceinte.

Ce médicament doit être employé sous contrôle médical et biologique strict (dosages hormonaux, *échographie*...).

GROSSESSE, ALLAITEMENT ET NOUVEAU-NÉ

Grossesse :

Ce médicament est contre-indiqué pendant la grossesse.

MODE D'EMPLOI ET POSOLOGIE

Ce médicament doit être injecté exclusivement par *voie* intramusculaire.

Posologie usuelle :

Stérilité féminine : la *posologie* est adaptée à chaque cas en fonction de l'effet éventuel sur le volume des ovaires (*échographie*) et du taux de certaines *hormones*. La dose efficace la plus faible possible est toujours recherchée.

Stérilité masculine : la posologie habituelle est de 1 ou 2 ampoules 2 fois par semaine, en association avec 1 injection de GONADOTROPHINES CHORIONIQUES 2 fois par semaine.

EFFETS INDÉSIRABLES POSSIBLES

Grossesses multiples (fécondation de plusieurs ovules pendant la même grossesse).

Choc allergique.

HUMEX FOURNIER comprimé à sucer
déqualinium, vitamine C

PRÉSENTATION

HUMEX FOURNIER : comprimé à sucer (blanc) arôme agrume ; boîte de 25 - Non remb.

Laboratoires Fournier

COMPOSITION

	p. comp.
Déqualinium chlorure	0,25 mg
Acide ascorbique (vitamine C)	30 mg

INDICATIONS

Ce médicament d'usage local contient un *antiseptique* et de la *vitamine* C.

Il est utilisé dans le *traitement d'appoint* des affections de la bouche (aphtes, petites plaies) et de la gorge, sans fièvre.

CONTRE-INDICATIONS

Ce médicament ne doit pas être utilisé en cas d'*allergie* à certains *antiseptiques* (*ammoniums quaternaires*).

ATTENTION

L'usage prolongé de ce médicament n'est pas souhaitable : il est susceptible de modifier l'équilibre microbien naturel de la gorge (apparition de *candidose*).

En cas d'apparition de fièvre, d'aggravation ou d'absence d'amélioration au bout de 5 jours, consultez votre médecin.

GROSSESSE, ALLAITEMENT ET NOUVEAU-NÉ

L'effet de ce médicament pendant la grossesse ou l'allaitement est mal connu. L'évaluation du risque éventuel lié à son utilisation est individuelle : demandez conseil à votre pharmacien ou à votre médecin.

MODE D'EMPLOI ET POSOLOGIE

Les comprimés doivent être sucés sans être croqués.

Posologie usuelle :
- Adulte : 1 comprimé, 8 fois par jour.
- Enfant : 1 comprimé, 4 à 8 fois par jour.

Certaines infections de la gorge nécessitent un traitement *antibiotique* pour éviter des complications ultérieures, cardiaques ou rénales : si les troubles persistent, consultez votre médecin.

Ces comprimés à sucer peuvent être utilisés dans les régimes pauvres en *sucre*.

HUMEX FOURNIER collutoire
benzalkonium, lidocaïne

PRÉSENTATION

HUMEX FOURNIER : *collutoire* arôme citron ; flacon pressurisé 35 ml avec valve doseuse - Non remb.

Laboratoires Fournier

COMPOSITION

	p. 100 g
Benzalkonium chlorure	30 mg
Lidocaïne chlorhydrate	300 mg

INDICATIONS

Ce *collutoire* contient un *antiseptique* et un *anesthésique* local.

Il est utilisé dans le *traitement d'appoint* des infections de la bouche et de la gorge.

CONTRE-INDICATIONS

Ce médicament ne doit pas être utilisé dans les cas suivants :
- *allergie* aux *anesthésiques* locaux ou aux *ammoniums quaternaires*,
- enfant de moins de 4 ans (risque de spasme du larynx).

ATTENTION

Les traitements locaux (*gargarisme*, *collutoire*, pastille) n'agissent que superficiellement ; dans le cas d'infections profondes de la gorge (angines...), un traitement *antibiotique* est nécessaire pour éviter des complications ultérieures, cardiaques ou rénales.

L'usage prolongé de ce médicament n'est pas souhaitable : il est susceptible de modifier l'équilibre microbien naturel de la gorge et de favoriser l'apparition de *candidose*.

Une surconsommation pourrait provoquer des troubles nerveux et cardiaques : respectez la *posologie*.

En cas d'aggravation ou d'absence d'amélioration au bout de 5 jours, d'apparition de fièvre : consultez votre médecin.

INTERACTIONS MÉDICAMENTEUSES

Il est généralement inutile d'associer des *antiseptiques* différents. Ceux-ci peuvent être contenus dans de nombreux produits disponibles en automédication (pastille, *collutoire*, solution nasale) ; demandez conseil à votre pharmacien.

GROSSESSE, ALLAITEMENT ET NOUVEAU-NÉ

L'effet de ce médicament pendant la grossesse ou l'allaitement est mal connu. L'évaluation du risque éventuel lié à son utilisation est individuelle : demandez conseil à votre pharmacien ou à votre médecin.

MODE D'EMPLOI ET POSOLOGIE

Placer l'embout du flacon devant la bouche et presser sur la valve à 2 ou 3 reprises en dirigeant le jet sur l'arrière-gorge.

Posologie usuelle :

- Adulte : 4 à 6 pulvérisations par jour.
- Enfant de plus de 4 ans : 2 ou 3 pulvérisations par jour.

Chez le jeune enfant, la pulvérisation peut provoquer un spasme du larynx : n'introduisez pas trop profondément l'embout dans sa bouche.

Chez l'enfant et la personne âgée, évitez l'usage de ce médicament avant les repas : l'*anesthésique* local est susceptible de provoquer des troubles de la déglutition ; ceux-ci pourraient être à l'origine du passage d'aliments dans les *voies* respiratoires.

EFFETS INDÉSIRABLES POSSIBLES

Irritation locale.

HUMEX FOURNIER solution nasale

benzododécinium, essence de bergamote

PRÉSENTATION

HUMEX FOURNIER : solution nasale ; flacon pulvérisateur 15 ml - Non remb.

Laboratoires Fournier

COMPOSITION

	p. 100 g
Benzododécinium bromure	0,05 g
Essence de bergamote	0,1 g

INDICATIONS

Cette solution nasale contient deux substances *antiseptiques*.

Elle est utilisée comme *traitement d'appoint* des *rhinites*, des *rhino-pharyngites* et des *sinusites*.

ATTENTION

L'usage prolongé de ce médicament n'est pas souhaitable : il peut modifier l'équilibre microbien du nez et de la gorge.

En l'absence d'amélioration ou en cas d'apparition de fièvre, consultez votre médecin.

GROSSESSE, ALLAITEMENT ET NOUVEAU-NÉ

L'effet de ce médicament pendant la grossesse ou l'allaitement est mal connu. L'évaluation du risque éventuel lié à son utilisation est individuelle : demandez conseil à votre pharmacien ou à votre médecin.

MODE D'EMPLOI ET POSOLOGIE

Les pulvérisations sont faites au cours d'une brève inspiration.

Le traitement ne doit pas dépasser 10 jours.

Posologie usuelle :

- Adulte : 1 pulvérisation dans chaque narine, 3 à 5 fois par jour.
- Enfant : 1 pulvérisation dans chaque narine, 2 ou 3 fois par jour.

HUMEX FOURNIER pâte et sirop Adulte

PRÉSENTATION

HUMEX FOURNIER : pâte à mâcher ; boîte de 36 - Non remb.

HUMEX FOURNIER : sirop ; flacon 250 ml - Non remb.

Laboratoires Fournier

COMPOSITION

	p. pâte	p. c. à s.
Codéthyline chlorhydrate	3 mg	8,7 mg
Belladone, teinture	30 mg	87 mg
Ipecacuanha, teinture	15 mg	43,5 mg
Scille, teinture		130,5 mg
Saccharose	1 g	6,5 g

INDICATIONS

Ce médicament *antitussif* contient de la codéthyline associée à un *antispasmodique* (*belladone*). La codéthyline a une action sédative sur le *système nerveux central* et notamment les centres de la toux.

Il est utilisé dans le *traitement symptomatique* des toux sèches.

CONTRE-INDICATIONS

Ce médicament ne doit pas être utilisé dans les cas suivants :
- *asthme*,
- *insuffisance respiratoire*,
- *glaucome* à angle fermé,
- risque de rétention des urines (*adénome de la prostate*...),
- enfant de moins de 15 ans (sirop),
- enfant de moins de 8 ans (pâtes).

ATTENTION

Ce médicament n'est pas adapté au traitement de la toux grasse, qui est un mécanisme de défense normal de l'organisme permettant l'évacuation des mucosités présentes dans les bronches.

La toux est un *symptôme* qui peut révéler de nombreuses maladies : consultez votre médecin si elle persiste plus de quelques jours.

Évitez les boissons alcoolisées : augmentation du risque de somnolence.

Conducteur : ce médicament peut être responsable d'une somnolence ou d'une baisse de la vigilance.

INTERACTIONS MÉDICAMENTEUSES

Ce médicament peut interagir avec d'autres médicaments, notamment chez les personnes âgées. Signalez tout autre traitement en cours à votre médecin ou à votre pharmacien.

GROSSESSE, ALLAITEMENT ET NOUVEAU-NÉ

Grossesse :

Compte tenu de la présence de codéthyline, n'utilisez pas ce médicament pendant la grossesse sans prendre l'avis de votre pharmacien ou de votre médecin.

Allaitement :

Par mesure de prudence, ce médicament est déconseillé pendant l'allaitement.

MODE D'EMPLOI ET POSOLOGIE

Les prises de ce médicament doivent être réparties au cours de la journée.

Posologie usuelle :

- Adulte : 5 à 10 pâtes ou 5 ou 6 cuillères à soupe de sirop par jour.
- Enfant de 8 à 15 ans : 3 ou 4 pâtes par jour.

De nombreux médicaments, notamment certains *antitussifs* ou *antalgiques*, contiennent de la codéthyline ou une substance voisine, la codéine : un surdosage expose à une augmentation des effets indésirables.

Une toux nocturne aggravée par ce médicament peut être une toux allergique : demandez conseil à votre médecin.

La poursuite du tabagisme nuit à l'efficacité du traitement.

Des mesures simples permettent de calmer les toux sèches : boissons chaudes et humidification de l'air ambiant.

EFFETS INDÉSIRABLES POSSIBLES

Liés à la codéthyline : constipation ; et plus rarement, somnolence, nausées, vomissements, *bronchospasme*, sensation vertigineuse, *allergies* cutanées, ralentissement de la respiration.

Liés à la *belladone* : effets *atropiniques*, rares aux doses habituelles.

HUMEX FOURNIER sirop Enfant

PRÉSENTATION

HUMEX FOURNIER : sirop ; flacon 125 ml - Non remb.

Laboratoires Fournier

COMPOSITION

	p. c. à c.
Pholcodine	6,25 mg
Benzoate de sodium	93 mg
Drosera, teinture	31 mg
Belladone, teinture	25 mg
Sirop de baume de Tolu	3,125 g
Sirop de coquelicot	0,75 g
Saccharose	3 g

INDICATIONS

Ce sirop *antitussif* contient de la pholcodine, associée à un *expectorant* (benzoate de sodium) et à un *antispasmodique* (*belladone*). La pholcodine a une action sédative sur le *système nerveux central* et notamment sur les centres de la toux.

Ce médicament est utilisé dans le *traitement symptomatique* des toux sèches.

CONTRE-INDICATIONS

Ce médicament ne doit pas être utilisé dans les cas suivants :
- *asthme*,
- *insuffisance respiratoire*,
- *glaucome* à angle fermé,
- risque de rétention des urines (*adénome de la prostate*...),
- enfant de moins de 30 mois.

ATTENTION

Ce médicament n'est pas adapté au traitement de la toux grasse, qui est un mécanisme de défense normal de l'organisme permettant l'évacuation des mucosités présentes dans les bronches.

La toux est un *symptôme* qui peut révéler de nombreuses maladies. Consultez votre médecin si elle persiste plus de quelques jours.

Ce médicament contient du *sucre* (saccharose) en quantité notable.

INTERACTIONS MÉDICAMENTEUSES

Ce médicament peut interagir avec d'autres médicaments. Signalez tout autre traitement en cours à votre médecin ou à votre pharmacien.

MODE D'EMPLOI ET POSOLOGIE

Les prises de ce médicament doivent être réparties au cours de la journée.

Posologie usuelle :
- Enfant de 8 à 15 ans : 2 cuillères à café, 2 à 6 fois par jour selon l'âge.
- Enfant de 30 mois à 8 ans : 1 cuillère à café, 1 ou 2 fois par jour.

Une toux nocturne aggravée par ce médicament peut être une toux allergique : demandez conseil à votre médecin.

Le tabagisme de l'entourage nuit à l'efficacité du traitement.

Des mesures simples permettent de calmer les toux sèches : boissons chaudes et humidification de l'air ambiant.

EFFETS INDÉSIRABLES POSSIBLES

Constipation, et plus rarement : somnolence, nausées, vomissements, *bronchospasme*, états vertigineux, *allergie* cutanée.

Effets *atropiniques*, liés à la présence de *belladone*, rares aux doses habituelles.

Ne négligez pas les rappels de vaccination

HUMEX FOURNIER gélule

carbinoxamine, phénylpropanolamine, paracétamol

PRÉSENTATION

HUMEX FOURNIER GÉLULE : gélule (orange et transparent) ; boîte de 12 - Non remb.

Laboratoires Fournier

COMPOSITION

	p. gél.
Carbinoxamine maléate	5 mg
Phénylpropanolamine chlorhydrate	75 mg
Paracétamol	50 mg

INDICATIONS

Ce médicament contient un *antihistaminique*, un décongestionnant et du paracétamol, *antipyrétique* et *antalgique*.

Il est utilisé dans le *traitement symptomatique* des rhumes, *rhino-pharyngites*, *rhinites* allergiques.

CONTRE-INDICATIONS

Ce médicament ne doit pas être utilisé dans les cas suivants :
- enfant de moins de 15 ans,
- certaines maladies graves du foie,
- *glaucome* à angle fermé,
- risque de blocage des urines (*adénome de la prostate*...),
- en association avec un *antidépresseur* de type *IMAO* non sélectif.

ATTENTION

Des précautions sont nécessaires en cas d'*hypertension artérielle*, d'*angine de poitrine*, de *diabète*, d'*hyperthyroïdie*, de troubles psychologiques graves.

Ce médicament n'a pas d'effet anti-infectieux. En cas d'infection bactérienne, un traitement *antibiotique* peut être nécessaire.

La consommation de boissons alcoolisées est déconseillée pendant toute la durée du traitement (accentuation de l'effet sédatif).

Une gélule contient 50 mg de paracétamol : en tenir compte lors de la prise conjointe avec d'autres médicaments contenant cette substance.

Conducteur : ce médicament peut être responsable d'une somnolence ou d'une baisse de la vigilance.

INTERACTIONS MÉDICAMENTEUSES

Ce médicament ne doit pas être associé aux produits appartenant à la classe des *IMAO* non sélectifs (MARSILID, NIAMIDE...) : risque d'élévation brutale de la tension artérielle.

Ce médicament peut interagir avec d'autres médicaments. Signalez tout autre traitement en cours à votre médecin ou à votre pharmacien.

GROSSESSE, ALLAITEMENT ET NOUVEAU-NÉ

L'absence d'effets nocifs de ce médicament pendant la grossesse ou l'allaitement n'a pas été établie. Par mesure de prudence, son usage est déconseillé.

MODE D'EMPLOI ET POSOLOGIE

Ce médicament est réservé à l'adulte.

Posologie usuelle :

1 gélule, 1 à 2 fois par jour, en commençant le soir pour éviter les inconvénients d'une possible somnolence.

EFFETS INDÉSIRABLES POSSIBLES

Somnolence, troubles visuels, sécheresse de la bouche.

Rarement : confusion des idées ou excitation chez la personne âgée, blocage des voies urinaires.

HUMORYL

toloxatone

PRÉSENTATION

HUMORYL : gélule (rose et blanc) ; boîte de 30 - Remb. 65 % - Liste I

Laboratoires Synthélabo France

COMPOSITION

	p. gél.
Toloxatone	200 mg

INDICATIONS

C'est un *antidépresseur* qui appartient à la famille des *IMAO* sélectifs de type A.

Il est utilisé dans le traitement des *états dépressifs*.

CONTRE-INDICATIONS

Ce médicament ne doit pas être utilisé dans les cas suivants :
- en association avec les *IMAO* non sélectifs,
- états d'excitation anormale et de délire.

ATTENTION

Si votre tension artérielle est élevée, faites-la contrôler régulièrement. En cas de jaunisse, interrompez le traitement.

Évitez les boissons alcoolisées : augmentation du risque de somnolence.

INTERACTIONS MÉDICAMENTEUSES

Ce médicament ne doit pas être associé aux *IMAO* non sélectifs (MARSILID, NIAMIDE...) : risque de poussée d'*hypertension artérielle*. Lorsque ce médicament vient en remplacement d'un IMAO non sélectif, il convient de respecter un délai d'au moins 15 jours.

GROSSESSE, ALLAITEMENT ET NOUVEAU-NÉ

L'effet de ce médicament pendant la grossesse ou l'allaitement est mal connu : seul votre médecin peut évaluer le risque éventuel de son utilisation dans votre cas.

MODE D'EMPLOI ET POSOLOGIE

La *posologie* usuelle est de 1 gélule, 3 fois par jour, au moment des repas.

EFFETS INDÉSIRABLES POSSIBLES

Rarement : *troubles digestifs*, essentiellement nausées et constipation, étourdissements, maux de tête, excitation anormale. Exceptionnellement : *hépatite*.

HYDERGINE oral

dihydroergotoxine

PRÉSENTATION

HYDERGINE 1,5 mg : comprimé (blanc) ; boîte de 30 - Remb. 35 % - Liste II

HYDERGINE 1 mg/ml : solution buvable ; flacon 50 ml (1 ml = 20 gouttes) - Remb. 35 % - Liste II

HYDERGINE 4,5 mg : comprimé sécable (blanc) ; boîte de 30 - Remb. 35 % - Liste II

Laboratoires Sandoz

COMPOSITION

	p. comp.	p. 20 gtes	p. comp.
Dihydroergotoxine mésilate	1,5 mg	1 mg	4,5 mg

INDICATIONS

Ce médicament est un *vasodilatateur* qui appartient à la famille des dérivés de l'*ergot de seigle*. Il augmente le débit sanguin cérébral.

Toutes les formes sont utilisées dans le traitement :

- des troubles du comportement et de la mémoire liés au vieillissement,
- des suites de certains *accidents vasculaires cérébraux*.

Les comprimés à 1,5 mg et la solution buvable sont aussi utilisés dans le traitement :

- des sensations d'étourdissement chez la personne âgée,
- des maladies des yeux dues à un défaut de vascularisation.

ATTENTION

Chez une personne âgée, des troubles attribués au vieillissement peuvent être dus à une *dépression* ; ils nécessitent alors un traitement spécifique.

GROSSESSE, ALLAITEMENT ET NOUVEAU-NÉ

L'effet de ce médicament pendant la grossesse ou l'allaitement est mal connu : seul votre médecin peut évaluer le risque éventuel de son utilisation dans votre cas.

MODE D'EMPLOI ET POSOLOGIE

Ce médicament doit être pris juste avant les repas.

Posologie usuelle :

1 comprimé à 1,5 mg ou 30 gouttes de solution buvable, 3 fois par jour, ou 1 comprimé à 4,5 mg avant le repas principal.

☛ Ne pas prendre ce médicament à jeun afin d'éviter d'éventuels *troubles digestifs*.

EFFETS INDÉSIRABLES POSSIBLES

- Nausées en cas de prise à jeun.
- Rarement : congestion nasale.

HYDERGINE injectable

dihydroergotoxine

PRÉSENTATION

HYDERGINE : solution injectable ; boîte de 6 ampoules 1 ml - Remb. 35 % - Liste II

Laboratoires Sandoz

COMPOSITION

	p. amp. inj.
Dihydroergotoxine mésilate	0,3 mg

INDICATIONS

Ce médicament est un *vasodilatateur* qui appartient à la famille des dérivés de l'*ergot de seigle*. Il augmente le débit sanguin, notamment cérébral.

Il est utilisé dans le traitement :

- des manifestations douloureuses de l'*artérite* lors des poussées ou dans l'attente d'une intervention chirurgicale,
- de certains *accidents vasculaires cérébraux*.

CONTRE-INDICATIONS

Ce médicament ne doit pas être utilisé en cas de ralentissement du cœur ou de baisse de la tension artérielle graves.

GROSSESSE, ALLAITEMENT ET NOUVEAU-NÉ

L'effet de ce médicament pendant la grossesse ou l'allaitement est mal connu : seul votre médecin peut évaluer le risque éventuel de son utilisation dans votre cas.

MODE D'EMPLOI ET POSOLOGIE

La solution injectable est administrée par *voie* intramusculaire, sous-cutanée ou en *perfusion*.

Posologie usuelle :

Elle varie en fonction des indications.

☛ Ce médicament n'est actif que sur les *symptômes* de l'*artérite*. Seuls la pratique régulière de la marche et l'arrêt éventuel du tabagisme peuvent retarder l'évolution de la maladie.

HYDRACORT

hydrocortisone

PRÉSENTATION

HYDRACORT : crème dermique 0,5% ; tube 30 g - Remb. 65 % - Liste I

Laboratoires Galderma

COMPOSITION

	p. 100 g
Hydrocortisone	500 mg

INDICATIONS

C'est un *dermocorticoïde* d'activité modérée. Comme les autres dérivés de la *cortisone* à usage local, il freine le renouvellement et la multiplication des cellules de la peau et limite le suintement.

Il est utilisé pour traiter les *eczémas*, les *dermites séborrhéiques* ou pour permettre l'arrêt progressif d'un dermocorticoïde plus puissant.

CONTRE-INDICATIONS

Ce médicament ne doit pas être utilisé dans les cas suivants :

- infection et parasitose non traitées de la peau (ce médicament n'a pas d'effet anti-infectieux),
- lésion ulcérée,
- *acné* et *rosacée*.

ATTENTION

Comme les autres *dermocorticoïdes*, ce médicament a souvent une action efficace et rapide sur les lésions de la peau ; il peut être tentant de le réutiliser, mais l'automédication expose à des risques importants : aggravation de certaines lésions, installation d'une *dépendance* (amélioration de moins en moins visible des lésions et recrudescence des *symptômes* à chaque arrêt de traitement) et altération durable de la peau.

Suivez attentivement la prescription de votre médecin et n'hésitez pas à lui demander des explications.

GROSSESSE, ALLAITEMENT ET NOUVEAU-NÉ

L'effet de ce médicament pendant la grossesse ou l'allaitement est mal connu : seul votre médecin peut évaluer le risque éventuel de son utilisation dans votre cas.

MODE D'EMPLOI ET POSOLOGIE

Étaler la crème sur les lésions et la faire pénétrer par un léger massage. Pour traiter de grandes surfaces : appliquer en touches espacées, puis étaler avec un gant en plastique jusqu'à complète absorption.

Posologie usuelle :

1 ou 2 applications par jour.

Le médecin prescrit fréquemment un arrêt progressif du traitement : espacement des applications ou diminution de la quantité appliquée.

☛ Ne conseillez pas, ne donnez pas ce médicament à un proche.

Pensez à vous laver les mains après l'application. En cas d'utilisation sur une grande surface de peau, le port d'un gant est recommandé.

EFFETS INDÉSIRABLES POSSIBLES

Ils apparaissent surtout en cas d'usage prolongé :

- développement anormal des poils, dessèchement, fragilisation et décoloration irrégulière de la peau ;
- rougeur autour de la bouche, apparition d'une *rosacée* ;
- retard de cicatrisation ;

- très rarement, *atrophie* avec microhémorragie de la peau (*purpura*), dilatation des petits vaisseaux, vergetures, éruption de boutons.

HYDRALARM
chlorure de sodium

PRÉSENTATION

HYDRALARM : collyre ; boîte de 10 flacons unidoses 0,65 ml - Non remb.

Laboratoires Chauvin

COMPOSITION

	p. 100 ml
Chlorure de sodium	0,9 g

INDICATIONS

C'est une solution de suppléance lacrymale : elle compense une insuffisance de sécrétion naturelle de larmes.

Elle est utilisée dans le traitement de la sécheresse oculaire due à une insuffisance lacrymale (œil sec).

ATTENTION

Une irritation oculaire peut être due à une infection : en cas de doute, n'hésitez pas à consulter votre médecin.

N'utilisez pas ce collyre de façon prolongée sans prendre un avis médical.

GROSSESSE, ALLAITEMENT ET NOUVEAU-NÉ

Ce collyre peut être utilisé pendant la grossesse ou l'allaitement.

MODE D'EMPLOI ET POSOLOGIE

Tirer la paupière inférieure vers le bas tout en regardant vers le haut et déposer les gouttes de collyre entre la paupière et le globe oculaire (*cul-de-sac conjonctival*).

Posologie usuelle :

1 ou 2 gouttes, 4 à 8 fois par jour.

L'application correcte du produit peut nécessiter une aide, notamment chez une personne handicapée ou âgée.

Ce médicament ne contient aucun conservateur et chaque flacon unidose ne peut être conservé que 6 heures après ouverture.

HYDRALIN

PRÉSENTATION

HYDRALIN : poudre pour solution locale ; boîte de 30 sachets - Non remb.

HYDRALIN : savon ; boîte de 90 g - Non remb.

HYDRALIN : savon ; boîte de 150 g - Non remb.

Laboratoires Soekami Lefrancq

COMPOSITION

	p. sachet	p. 90 g	p. 150 g
Perborate de sodium	0,432 g		
Borate de sodium	0,882 g	0,45 g	1,75 g
Carbonate monosodique	7,56 g		
Carbonate disodique anhydre	0,126 g		
Lanoline		+	+

INDICATIONS

Ce médicament *antiseptique* contient des substances alcalines.

Il est utilisé pour la toilette intime.

CONTRE-INDICATIONS

Le savon ne doit pas être utilisé en cas d'*allergie* à la lanoline.

INTERACTIONS MÉDICAMENTEUSES

L'association à d'autres *antiseptiques* est déconseillée car leurs effets risquent de s'annuler.

GROSSESSE, ALLAITEMENT ET NOUVEAU-NÉ

Grossesse :

Cet *antiseptique* peut être utilisé par la femme enceinte.

MODE D'EMPLOI ET POSOLOGIE

Ce médicament s'emploie en lavage externe.

Utiliser la poudre dissoute dans de l'eau (1 à 2 sachets pour 2 litres d'eau chaude ou tiède), ou le savon. Rincer abondamment.

HYDROCLONAZONE
tosylchloramide sodique

PRÉSENTATION

HYDROCLONAZONE : comprimé (blanc) ; boîte de 180 - Non remb.

HYDROCLONAZONE : comprimé (blanc) ; boîte de 1 000 - Non remb.

Laboratoires Promedica

COMPOSITION

	p. comp.
Tosylchloramide sodique	12,2 g

INDICATIONS

Ce médicament est un *antiseptique* utilisé pour purifier l'eau de boisson.

ATTENTION

La purification de l'eau limite les risques mais ne garantit pas contre une contamination par des *germes*.

GROSSESSE, ALLAITEMENT ET NOUVEAU-NÉ

L'effet de ce médicament pendant la grossesse ou l'allaitement est mal connu. L'évaluation du risque éventuel lié à son utilisation est individuelle : demandez conseil à votre pharmacien ou à votre médecin.

MODE D'EMPLOI ET POSOLOGIE

Mettre le comprimé dans l'eau, agiter, puis laisser reposer 1 heure avant de la boire.

Posologie usuelle :

1 comprimé pour 1 litre d'eau.

HYDROCORTANCYL comprimé
prednisolone

PRÉSENTATION

HYDROCORTANCYL 5 mg : comprimé sécable (blanc) ; boîte de 30 - Remb. 65 % - Liste I

Laboratoires Roussel

COMPOSITION

	p. comp.
Prednisolone	5 mg

INDICATIONS

C'est un *anti-inflammatoire* stéroïdien qui appartient à la famille des *corticoïdes* de synthèse (dérivés chimiques de la cortisone naturelle). Les propriétés de la *cortisone* sont nombreuses, mais ce produit est surtout utilisé pour son effet anti-inflammatoire puissant. Il présente, à efficacité égale, moins d'effets indésirables que la cortisone naturelle. Ces propriétés sont utiles dans le traitement de nombreuses affections comportant une composante inflammatoire ou allergique, mais aussi de certains cancers où ce médicament permet de lutter contre la prolifération cellulaire. Il diminue les réactions immunitaires et est donc utilisé pour prévenir le rejet des greffes d'organes.

Ce médicament est utilisé dans le traitement de certaines maladies graves : cancer, *sclérose en plaques*, *rhumatisme articulaire aigu* par exemple, mais également des maladies plus bénignes : *allergie*, crise d'*asthme*, *sinusite* aiguë, *otite*. Dans ces derniers cas, le traitement est souvent court.

CONTRE-INDICATIONS

Ce médicament ne doit pas être utilisé dans les cas suivants :
- infection ou *mycose* non contrôlée par un traitement adapté,
- *herpès* ou *zona* oculaires,
- *goutte*,
- *cirrhose* alcoolique grave,
- *hépatite* virale aiguë,
- *psychose*,
- *ulcère* de l'estomac ou du *duodénum* en évolution.

ATTENTION

Ce médicament ne doit jamais être employé ou réemployé en dehors d'une prescription médicale.

Si vous avez un *diabète*, vous risquez de le déséquilibrer si vous modifiez la quantité ou le rythme de la prise de *cortisone* sans avis médical.

Les personnes ayant des *antécédents* de *tuberculose*, d'*ulcère*, les personnes souffrant d'*insuffisance rénale*, de *colite* ulcéreuse, d'*hypertension artérielle*, d'*ostéoporose*, de *myasthénie* grave et les personnes sous *anticoagulants* doivent faire l'objet d'une prise en charge médicale particulière.

L'arrêt du traitement doit être progressif pour permettre aux glandes *surrénales* de reprendre la synthèse de cortisone naturelle. Un arrêt brutal expose par ailleurs à une rechute de la maladie traitée. Cette précaution n'est utile que lorsque la durée du traitement dépasse une semaine.

INTERACTIONS MÉDICAMENTEUSES

Ce médicament peut interagir avec d'autres médicaments et avec certains *vaccins*. Signalez tout autre traitement en cours à votre médecin ou à votre pharmacien.

GROSSESSE, ALLAITEMENT ET NOUVEAU-NÉ

Grossesse et nouveau-né :

Les études scientifiques actuellement disponibles n'ont pas mis en évidence de risque de malformation lors de l'utilisation de ce médicament pendant la grossesse. Seul votre médecin peut apprécier la nécessité du traitement et son risque pendant la grossesse.

Lorsqu'une maladie grave impose un traitement prolongé chez la mère, une surveillance médicale du *nouveau-né* est nécessaire.

Allaitement :

Ce médicament passe dans le lait maternel : l'allaitement est déconseillé.

MODE D'EMPLOI ET POSOLOGIE

Ce médicament doit être absorbé au cours d'un repas, de préférence en une fois, le matin.

Lors des traitements prolongés, et dès que le bon contrôle de la maladie le permet, une prise alternée un jour sur deux est préférable, notamment chez l'enfant.

Posologie usuelle :

Fréquemment, la *posologie* initiale est élevée (*traitement d'attaque*) ; elle est ensuite diminuée jusqu'à la posologie minimale efficace (*traitement d'entretien*).

Tout traitement prolongé à forte dose doit être arrêté progressivement : suivre les indications du médecin.

> ☛ Ce traitement nécessite :
> - la diminution de la consommation de *sel*,
> - la prise de *potassium* (prescrit par le médecin),
> - un régime riche en protéines et en calcium, pauvre en *glucides*.

EFFETS INDÉSIRABLES POSSIBLES

Ils sont à craindre surtout lors d'un traitement prolongé et à forte dose :
- rétention d'eau et de sel, *hypertension artérielle* ;
- baisse du taux de *potassium*, à prévenir par un apport systématique ;
- modifications physiques fréquentes : gonflement du visage et du buste, apparition de poils, taches cutanées violacées, *acné* ;
- surexcitation, euphorie, troubles du sommeil ou, au contraire, *état dépressif* à l'arrêt du traitement ;
- faiblesse puis fonte musculaires, lentement réversibles ;
- *ostéoporose* (décalcification des os) parfois définitive ;
- troubles hormonaux et métaboliques : *diabète* (réversible), arrêt de la croissance chez l'enfant, troubles des règles chez la femme ;
- *troubles digestifs* : *gastrite*, *ulcère* ;
- troubles des yeux : certaines formes de *cataracte* et de *glaucome*.

HYDROCORTANCYL injectable

prednisolone

PRÉSENTATION

HYDROCORTANCYL 25 mg : suspension injectable ; flacon 1 ml - Remb. 65 % - Liste I

HYDROCORTANCYL 125 mg : suspension injectable ; flacon multidose 5 ml - Remb. 65 % - Liste I

Laboratoires Roussel

COMPOSITION

	p. 1 ml	p. 5 ml
Prednisolone acétate	25 mg	125 mg

INDICATIONS

C'est un *anti-inflammatoire* stéroïdien qui appartient à la famille des *corticoïdes* de synthèse (dérivés chimiques de la *cortisone* naturelle). Les propriétés de la cortisone sont nombreuses, mais ce médicament est surtout utilisé pour son effet anti-inflammatoire puissant. Il présente, à efficacité égale, moins d'effets indésirables que la cortisone naturelle.

Il est utilisé dans le traitement local (*infiltration*) de nombreuses affections inflammatoires ou allergiques, notamment :
- *inflammation* des articulations, des tendons et des ligaments, poussées douloureuses d'*arthrose* ;
- maladie de *Dupuytren*, *syndrome du canal carpien* ;
- inflammation des nerfs (*sciatique*, *névralgie cervicobrachiale...*) ;
- certaines *sinusites* ;
- certaines inflammations des yeux ;
- cicatrice *chéloïde* ;
- *rectocolite hémorragique* (en lavement).

CONTRE-INDICATIONS

Ce médicament ne doit pas être utilisé dans les cas suivants :
- infection ou *mycose* non contrôlée par un traitement adapté,
- maladies virales en évolution (*zona*, *herpès* oculaires).

> **ATTENTION**
>
> L'injection de ce médicament ne doit être pratiquée que sous contrôle médical.
>
> Des précautions sont nécessaires en cas d'*ulcère* de l'estomac ou du *duodénum*.

INTERACTIONS MÉDICAMENTEUSES

En cas d'injections répétées pendant plusieurs mois, ce médicament peut interagir avec d'autres médicaments et avec certains *vaccins*. Signalez tout autre traitement en cours à votre médecin ou à votre pharmacien.

GROSSESSE, ALLAITEMENT ET NOUVEAU-NÉ

Grossesse :

Les études scientifiques actuellement disponibles n'ont pas mis en évidence de problème particulier lors de l'utilisation ponctuelle chez la femme enceinte. Seul votre médecin peut évaluer le risque éventuel de son utilisation dans votre cas.

Allaitement :

Ce médicament passe dans le lait maternel : il est déconseillé pendant l'allaitement.

MODE D'EMPLOI ET POSOLOGIE

L'injection est faite dans ou à proximité de la zone à traiter.

Ce médicament peut également être utilisé en lavement pour traiter les affections du rectum.

Posologie usuelle :

Elle est strictement personnelle et peut être renouvelée au bout de quelques jours ou de quelques semaines selon l'évolution.

> ☛ Afin de compenser une baisse du taux de *potassium* dans le sang lors d'un traitement prolongé, le médecin peut être amené à prescrire du potassium.

EFFETS INDÉSIRABLES POSSIBLES

Liés à la *voie* d'administration : infection, *atrophie* cutanée.

En cas de traitement prolongé et à forte dose :
- rétention d'eau et de sel avec parfois *hypertension artérielle* ;
- baisse du taux de *potassium* dans le sang ;
- gonflement du visage et du buste, taches cutanées violacées, apparition de poils ;
- surexcitation avec euphorie et troubles du sommeil ;
- atrophie musculaire, *ostéoporose* ;
- *diabète* (réversible), arrêt de la croissance chez l'enfant, troubles des règles ;
- *gastrite*, *ulcère* ;
- certaines formes de *glaucome* ou de *cataracte*.

HYDROCORTISONE ROUSSEL oral

hydrocortisone

PRÉSENTATION

HYDROCORTISONE ROUSSEL : comprimé sécable (blanc) ; boîte de 25 - Remb. 65 % - Liste I

Laboratoires Roussel

COMPOSITION

	p. comp.
Hydrocortisone	10 mg

INDICATIONS

Ce médicament contient une *hormone* proche de la *cortisone* naturelle.

Il est principalement utilisé comme *traitement substitutif* pour remplacer la cortisone naturelle lorsqu'elle n'est plus sécrétée suffisamment par les glandes *surrénales*.

Cette insuffisance de sécrétion peut être due :
- aux glandes surrénales elles-mêmes : maladie d'*Addison*, ablation des surrénales ;
- à l'insuffisance d'une autre glande qui commande la sécrétion surrénalienne : maladie ou ablation de l'*hypophyse*.

CONTRE-INDICATIONS

Ce médicament est utilisé pour combler l'absence d'une *hormone* vitale pour l'organisme ; il n'y a pas pour cette utilisation de contre-indications particulières.

ATTENTION

N'interrompez jamais votre traitement.

En cas d'infection même banale, de maladie, de traumatisme, de stress, la dose du médicament doit être augmentée : conformez-vous aux indications de votre médecin et n'hésitez pas à le consulter si besoin.

Si vous devez subir une intervention chirurgicale, prévenez l'anesthésiste.

Si vous avez un *diabète* traité à l'*insuline* ou avec d'autres antidiabétiques, vous risquez de le déséquilibrer si vous modifiez la quantité ou le rythme de la prise d'hydrocortisone sans avis médical.

INTERACTIONS MÉDICAMENTEUSES

Ce médicament peut interagir avec d'autres médicaments et avec certains *vaccins*. Signalez tout autre traitement en cours à votre médecin ou à votre pharmacien.

GROSSESSE, ALLAITEMENT ET NOUVEAU-NÉ

Grossesse et nouveau-né :

La grossesse ne justifie pas un arrêt du traitement, mais nécessite un suivi régulier par votre médecin. Une surveillance particulière est portée à l'enfant à sa naissance pour parer à l'éventualité d'un *syndrome de sevrage*.

Allaitement :

Ce médicament passe dans le lait maternel : l'allaitement est déconseillé.

MODE D'EMPLOI ET POSOLOGIE

La *posologie* est strictement individuelle. La dose efficace la plus faible possible est toujours recherchée.

Il n'y a pas lieu de suivre un régime alimentaire spécial, notamment sans *sel*, en cas de *traitement substitutif*.

EFFETS INDÉSIRABLES POSSIBLES

Ils ne sont observés qu'en cas de surdosage :
- rétention d'eau et de sel, baisse du taux de potassium dans le sang, parfois *hypertension artérielle*, voire *insuffisance cardiaque* ;
- surexcitation, euphorie, troubles du sommeil ou au contraire *état dépressif* ;
- faiblesse puis fonte musculaire lentement réversibles ;
- *ostéoporose* (décalcification des os), parfois définitive ;
- *gastrite*, *ulcère* du tube digestif (de l'estomac à l'intestin grêle) ;
- troubles hormonaux et métaboliques : *diabète* (réversible), arrêt de la croissance chez l'enfant, troubles des règles ;
- modifications physiques fréquentes : gonflement du visage et du buste ;
- troubles des yeux : certaines formes de *cataracte* et de *glaucome*.

HYDROCORTISONE ROUSSEL injectable

hydrocortisone hémisuccinate

PRÉSENTATION

HYDROCORTISONE ROUSSEL 100 mg : préparation injectable ; boîte de 1 flacon de *lyophilisat* et 1 ampoule de solvant 2 ml - Remb. 65 % - Liste I

Laboratoires Roussel

COMPOSITION

	p. fl.
Hydrocortisone hémisuccinate	100 mg

INDICATIONS

Ce médicament contient une *hormone* proche de la *cortisone* naturelle.

Il est principalement utilisé dans le *traitement substitutif* de l'*insuffisance surrénale* aiguë. À forte dose, il est utilisé dans le traitement de l'état de *choc*.

CONTRE-INDICATIONS

Compte tenu du contexte d'urgence dans lequel est utilisé ce médicament, il n'y a pas pour cet usage de contre-indications particulières.

ATTENTION

L'injection de ce médicament ne doit être pratiquée que par un médecin.

Un *antécédent* d'*ulcère* de l'estomac et du *duodénum* doit être signalé à votre médecin.

INTERACTIONS MÉDICAMENTEUSES

Lors d'injections répétées, ce médicament peut interagir avec d'autres médicaments et avec certains *vaccins*. Signalez tout autre traitement en cours à votre médecin ou à votre pharmacien.

GROSSESSE, ALLAITEMENT ET NOUVEAU-NÉ

Grossesse :

En cas de nécessité, ce médicament peut être employé chez la femme enceinte.

MODE D'EMPLOI ET POSOLOGIE

L'injection est faite dans ou à proximité de la zone à traiter.

La *posologie* est variable en fonction des indications. Le médecin peut la renouveler au bout de quelques jours ou quelques semaines, selon l'évolution.

EFFETS INDÉSIRABLES POSSIBLES

Ils sont surtout à craindre lors d'un traitement répété et à forte dose :
- rétention d'eau et de sel, *hypertension artérielle* ;
- baisse du taux de potassium dans le sang, à prévenir par un apport systématique ;
- modifications physiques fréquentes : gonflement du visage et du buste, apparition de poils, taches cutanées violacées, *acné* ;
- surexcitation, euphorie, troubles du sommeil ou au contraire *état dépressif* ;
- faiblesse puis fonte musculaire, lentement réversibles ;
- *ostéoporose* (décalcification des os), parfois définitive ;
- troubles hormonaux et métaboliques : *diabète* (réversible), arrêt de la croissance chez l'enfant, troubles des règles chez la femme ;
- *troubles digestifs* : gastrite, ulcère.

HYDROCORTISONE ROUSSEL suspension injectable

hydrocortisone acétate

PRÉSENTATION

HYDROCORTISONE ROUSSEL 25 mg : suspension injectable ; flacon 1 ml - Remb. 65 % - Liste I

HYDROCORTISONE ROUSSEL 125 mg : suspension injectable ; flacon multidose 5 ml - Remb. 65 % - Liste I

Laboratoires Roussel

COMPOSITION

	p. 1 ml	p. 5 ml
Hydrocortisone acétate	25 mg	125 mg

INDICATIONS

C'est un *anti-inflammatoire* stéroïdien qui appartient à la famille des *corticoïdes* naturels. Les propriétés de la *cortisone* sont nombreuses, mais ce médicament est surtout utilisé pour son effet anti-inflammatoire puissant.

Il est utilisé dans le traitement local (*infiltration*) de nombreuses affections inflammatoires ou allergiques, notamment :
- *inflammation* des articulations, des tendons et des ligaments, poussées douloureuses d'*arthrose* ;
- maladie de *Dupuytren*, *syndrome du canal carpien* ;
- inflammation des nerfs (*sciatique*, *névralgie cervicobrachiale*...) ;
- certaines *sinusites* ;
- certaines inflammations des yeux ;
- cicatrice *chéloïde* ;
- *rectocolite hémorragique* (en lavement).

CONTRE-INDICATIONS

Ce médicament ne doit pas être utilisé dans les cas suivants :
- infection ou *mycose* non contrôlée par un traitement adapté,
- maladies virales en évolution (*zona*, *herpès* oculaires).

ATTENTION
L'injection de ce médicament ne doit être pratiquée que sous contrôle médical.
Des précautions sont nécessaires en cas d'*ulcère* de l'estomac ou du *duodénum*.

INTERACTIONS MÉDICAMENTEUSES

En cas d'injections répétées pendant plusieurs mois, ce médicament peut interagir avec d'autres médicaments et avec certains *vaccins*. Signalez tout autre traitement en cours à votre médecin ou à votre pharmacien.

GROSSESSE, ALLAITEMENT ET NOUVEAU-NÉ

Grossesse :
Les études scientifiques actuellement disponibles n'ont pas mis en évidence de problème particulier lors de l'utilisation ponctuelle chez la femme enceinte. Seul votre médecin peut évaluer le risque éventuel de son utilisation dans votre cas.

Allaitement :
Ce médicament passe dans le lait maternel : il est déconseillé pendant l'allaitement.

MODE D'EMPLOI ET POSOLOGIE

L'injection est faite dans ou à proximité de la zone à traiter.

Ce médicament peut également être utilisé en lavement pour traiter les affections du rectum.

Posologie usuelle :
Elle est strictement personnelle et peut être renouvelée au bout de quelques jours ou de quelques semaines, selon l'évolution.

Afin de compenser une baisse du taux de potassium dans le sang lors d'un traitement prolongé, le médecin peut être amené à prescrire du *potassium*.

EFFETS INDÉSIRABLES POSSIBLES

Effets liés à la *voie* d'administration : infection, *atrophie* cutanée.

En cas de traitement prolongé et à forte dose :
- rétention d'eau et de sel avec parfois *hypertension artérielle* ;
- baisse du taux de potassium dans le sang ;
- gonflement du visage et du buste, taches cutanées violacées, apparition de poils ;
- surexcitation avec euphorie et troubles du sommeil ;
- atrophie musculaire, *ostéoporose* ;
- *diabète* (réversible), arrêt de la croissance chez l'enfant, troubles des règles ;
- *gastrite*, *ulcère* ;
- certaines formes de *glaucome* ou de *cataracte*.

HYDROSOL POLYVITAMINÉ B.O.N.

PRÉSENTATION

HYDROSOL B.O.N. POLYVITAMINÉ : sirop ; flacon 85 ml - Non remb.

HYDROSOL B.O.N. POLYVITAMINÉ : solution buvable ; flacon compte-gouttes 20 ml - Non remb.

HYDROSOL B.O.N. POLYVITAMINÉ : capsule (rouge) ; boîte de 30 - Non remb.

Laboratoires Doms-Adrian

COMPOSITION

	sirop p. c. à c.	sol. buv. p. 2 ml	p. caps.
Rétinol (vitamine A)	5 000 UI	5 000 UI	5 000 UI
Ergocalciférol (vitamine D2)			1 000 UI
Colécalciférol (vitamine D3)	1 000 UI	1 000 UI	
Alpha-tocophérol (vitamine E)	2 mg	2 mg	2 mg
Thiamine chlorhydrate (vitamine B1)	2 mg	2 mg	2 mg
Riboflavine (vitamine B2)	1,5 mg	1,5 mg	1,5 mg
Nicotinamide (vitamine PP)	10 mg	10 mg	10 mg
Dexpanthénol		4 mg	
Pantothénate de sodium	4 mg		4 mg
Pyridoxine chlorhydrate (vitamine B6)	2 mg	2 mg	2 mg
Acide ascorbique (vitamine C)	50 mg	50 mg	50 mg

INDICATIONS

Ce médicament contient une association de *vitamines* indispensables au *métabolisme*.

Il est utilisé dans la prévention ou la correction des troubles en rapport avec une alimentation carencée ou déséquilibrée.

ATTENTION
Ce médicament contient des *vitamines* A et D dont le surdosage expose à des effets indésirables graves. Ces vitamines sont présentes dans de nombreux médicaments, dont certains sont disponibles en automédication : évitez de les associer.

INTERACTIONS MÉDICAMENTEUSES

Ce médicament ne doit pas être associé aux médicaments contenant de la lévodopa seule (LARODOPA...) : risque d'annulation des effets de la lévodopa par la *vitamine* B6.

GROSSESSE, ALLAITEMENT ET NOUVEAU-NÉ

Grossesse :
Chez la femme enceinte ou qui allaite, les apports quotidiens en *vitamine* A ne doivent pas dépasser 6 000 *UI* par jour, alimentation comprise.

Allaitement :
Aux doses usuelles, ce médicament peut être pris pendant l'allaitement.

MODE D'EMPLOI ET POSOLOGIE

Le sirop est adapté à l'enfant.

La solution buvable doit être diluée dans une boisson sucrée (lait, jus de fruit).

Les capsules doivent être avalées avec de l'eau.

Posologie usuelle :
- Adulte : 1 capsule par jour.
- Enfant de plus de 2 ans : 1 cuillère à café de sirop ou 50 gouttes de solution buvable (en 1 ou 2 fois) par jour.
- Enfant de moins de 2 ans : 1/2 cuillère à café de sirop ou 25 gouttes de solution buvable (en 2 ou 3 fois) par jour.

1 capsule contient 5 000 *UI* de *vitamine* A et 1 000 UI de vitamine D.
Une alimentation équilibrée et diversifiée apporte habituellement des quantités suffisantes de vitamines. Cependant, certaines circonstances peuvent justifier un apport supplémentaire : prenez l'avis de votre médecin ou de votre pharmacien.

EFFETS INDÉSIRABLES POSSIBLES

Ce médicament est habituellement bien supporté : une soif intense, des nausées, des vomissements, des maux de tête et des douleurs osseuses doivent faire penser à un surdosage en *vitamine* D ou A ; prévenez d'urgence votre médecin.

HYDROSOL POLYVITAMINÉ ROCHE

PRÉSENTATION

HYDROSOL POLYVITAMINÉ ROCHE : solution buvable ; flacon compte-gouttes 20 ml (2 ml = 50 gouttes) - Non remb.

Laboratoires Roche

COMPOSITION

	p. 50 gtes
Rétinol (vitamine A)	5 000 UI
Thiamine (vitamine B1)	2 mg
Riboflavine (vitamine B2)	1,5 mg
Dexpanthénol	4 mg
Pyridoxine (vitamine B6)	2 mg
Nicotinamide (vitamine PP)	10 mg
Acide ascorbique (vitamine C)	50 mg
Ergocalciférol (vitamine D2)	1 000 UI
Alpha-tocophérol (vitamine E)	2 mg

INDICATIONS

Ce médicament contient une association de *vitamines* indispensables au *métabolisme*.

Il est utilisé dans la prévention ou la correction des troubles en rapport avec une alimentation carencée ou déséquilibrée.

ATTENTION
Ce médicament contient des *vitamines* A et D dont le surdosage expose à des effets indésirables graves. Ces vitamines sont présentes dans de nombreux médicaments, dont certains sont disponibles en automédication : évitez de les associer.

INTERACTIONS MÉDICAMENTEUSES

Ce médicament ne doit pas être associé aux médicaments contenant de la lévodopa seule (LARODOPA...) : risque d'annulation des effets de la lévodopa par la *vitamine* B6.

GROSSESSE, ALLAITEMENT ET NOUVEAU-NÉ

Grossesse :
Chez la femme enceinte ou qui allaite, les apports quotidiens en *vitamine* A ne doivent pas dépasser 6 000 *UI* par jour, alimentation comprise.

Allaitement :
Aux doses usuelles, ce médicament peut être pris pendant l'allaitement.

MODE D'EMPLOI ET POSOLOGIE

La solution buvable peut être mélangée dans le biberon ou diluée dans une boisson sucrée.

Posologie usuelle :
- Adulte et enfant de plus de 2 ans : 50 gouttes par jour, en 1 ou 2 fois.
- Enfant de moins de 2 ans : 25 gouttes par jour, réparties à chaque repas.

> Une alimentation équilibrée et diversifiée apporte habituellement des quantités suffisantes de *vitamines*. Cependant, certaines circonstances peuvent justifier un apport supplémentaire : prenez l'avis de votre médecin ou de votre pharmacien.
> Ce médicament doit être conservé au frais (8 °C à 15 °C).

EFFETS INDÉSIRABLES POSSIBLES

Ce médicament est habituellement bien supporté : une soif intense, des nausées, des vomissements, des diarrhées, des maux de tête et des douleurs osseuses doivent faire penser à un surdosage en *vitamine* D ou A ; prévenez d'urgence votre médecin.

HYDROXO 5 000
hydroxocobalamine

PRÉSENTATION

HYDROXO 5 000 : solution injectable *I.M.* ; boîte de 4 ampoules 2 ml - Non remb.

Laboratoires Anphar-Rolland

COMPOSITION

	p. amp. inj.
Hydroxocobalamine base cristallisée	5 000 µg

INDICATIONS

Ce médicament contient une substance apparentée à la *vitamine* B12, substance indispensable au *métabolisme*.

Il est utilisé par *voie* injectable dans le traitement de certaines *névralgies*.

CONTRE-INDICATIONS

Ce médicament ne doit pas être utilisé en cas d'*allergie* à la *vitamine* B12 et aux substances apparentées.

> **ATTENTION**
> Un *choc anaphylactique* peut survenir lors de l'injection de ce médicament : des précautions sont nécessaires chez les personnes ayant des *antécédents* d'*asthme* ou d'*eczéma*.

GROSSESSE, ALLAITEMENT ET NOUVEAU-NÉ

L'effet de ce médicament pendant la grossesse ou l'allaitement est mal connu : seul votre médecin peut évaluer le risque éventuel de son utilisation dans votre cas.

MODE D'EMPLOI ET POSOLOGIE

Ce médicament peut être injecté par *voie* intramusculaire ou intraveineuse.

Posologie usuelle :
1 ampoule par jour ou 1 ampoule, 1 jour sur 2.

> Sous traitement, la coloration rouge des urines est normale : elle est liée à l'élimination de la *vitamine* B12.

EFFETS INDÉSIRABLES POSSIBLES

Douleur au point d'injection (par *voie* intramusculaire), *acné*, *allergie* (démangeaison, rougeur, *urticaire*).

Choc anaphylactique (voir ATTENTION).

HYGROTON
chlortalidone

PRÉSENTATION

HYGROTON 25 : comprimé sécable (saumon) ; boîte de 30 - Remb. 65 % - Liste II

Laboratoires Ciba-Geigy

COMPOSITION

	p. comp.
Chlortalidone	25 mg

INDICATIONS

C'est un médicament qui appartient à la fois à la famille des *diurétiques* et à celle des *sulfamides*.

Il est utilisé dans le traitement :
- de l'*hypertension artérielle*,
- des *œdèmes* liés à une *insuffisance hépatique*, à une *insuffisance cardiaque* ou à un *syndrome néphrotique*.

CONTRE-INDICATIONS

Ce médicament ne doit pas être utilisé dans les cas suivants :
- *allergie* aux *sulfamides*,
- *insuffisance rénale* grave.

> **ATTENTION**
> Ce médicament peut être responsable d'une baisse de la *kaliémie* (taux de *potassium* dans le sang), qui peut être aggravée par l'usage prolongé de *laxatifs stimulants*. Un contrôle par des analyses de sang est souvent prescrit par le médecin.
> Chez les personnes souffrant d'une *insuffisance hépatique* grave, l'apparition de troubles de la conscience peut annoncer une complication grave : arrêtez le traitement et prenez un avis médical d'urgence.
> Les *diurétiques* peuvent augmenter le taux d'*acide urique* ou de *sucre* dans le sang.

INTERACTIONS MÉDICAMENTEUSES

Ce médicament peut interagir avec d'autres médicaments, notamment ceux contenant du *lithium* ou de la *vincamine*. Signalez tout autre traitement en cours à votre médecin ou à votre pharmacien.

GROSSESSE, ALLAITEMENT ET NOUVEAU-NÉ

Grossesse :
Les études scientifiques actuellement disponibles n'ont pas mis en évidence de problème particulier lors de l'utilisation chez la femme enceinte. Néanmoins, les *diurétiques* ne sont pas adaptés au traitement de l'*hypertension artérielle* et des *œdèmes* pendant la grossesse.

Allaitement :
Ce médicament passe dans le lait maternel : l'allaitement est déconseillé.

MODE D'EMPLOI ET POSOLOGIE

Ce médicament doit être pris avec un verre d'eau, de préférence le matin.

Posologie usuelle :
Elle varie selon la nature de l'affection.

> Ce médicament augmente le volume des urines, surtout en début de traitement. Une prise le soir peut occasionner des gênes pendant la nuit.
> Les *diurétiques* exposent au risque de déshydratation : les personnes âgées devront boire abondamment, notamment pendant les fortes chaleurs.

EFFETS INDÉSIRABLES POSSIBLES

Baisse du taux de *potassium* dans le sang.
Allergie cutanée.

HYPERIUM
rilmenidine

PRÉSENTATION

HYPERIUM 1 mg : comprimé (blanc) ; boîte de 30 - Remb. 65 % - Liste I

Laboratoires Biopharma

COMPOSITION

	p. comp.
Rilmenidine	1 mg

INDICATIONS

Ce médicament est un *antihypertenseur*. Il agit sur les centres nerveux qui interviennent dans la régulation de la tension artérielle.

Il est utilisé dans le traitement de l'*hypertension artérielle*.

CONTRE-INDICATIONS

Ce médicament ne doit pas être utilisé dans les cas suivants :
- *état dépressif* grave,
- *insuffisance rénale* grave.

> **ATTENTION**
> Si vous souffrez d'*insuffisance rénale* : prévenez votre médecin.

N'interrompez jamais brutalement le traitement. Diminuez progressivement les doses : un demi-comprimé pendant quelques jours, puis tous les deux jours pendant une semaine par exemple. Un avis médical est toujours préférable.

Évitez les boissons alcoolisées : augmentation du risque de somnolence.

Conducteur : à forte dose, ce médicament peut être responsable d'une somnolence ou d'une baisse de la vigilance.

INTERACTIONS MÉDICAMENTEUSES

Ce médicament peut interagir avec d'autres médicaments. Signalez tout autre traitement en cours à votre médecin ou à votre pharmacien.

GROSSESSE, ALLAITEMENT ET NOUVEAU-NÉ

Grossesse :

L'effet de ce médicament sur l'enfant à naître est mal connu. Par mesure de prudence, son usage est déconseillé pendant la grossesse.

Allaitement :

Ce médicament passe dans le lait maternel : il est déconseillé pendant l'allaitement.

MODE D'EMPLOI ET POSOLOGIE

- Adulte : la *posologie* usuelle est de 1 comprimé le matin.

Le traitement médicamenteux ne dispense pas des mesures simples pouvant faire baisser la tension artérielle : activité physique régulière, modération de la consommation de boissons alcoolisées, lutte contre le surpoids.

EFFETS INDÉSIRABLES POSSIBLES

Rarement : fatigue, *palpitations*, insomnie ou somnolence, douleurs d'estomac, diarrhée, sécheresse de la bouche, éruption cutanée.

Exceptionnellement : *hypotension orthostatique*, *œdèmes*, crampes, nausées, constipation, bouffées de chaleur.

HYPNASMINE

PRÉSENTATION

HYPNASMINE ADULTES : suppositoire ; boîte de 12 - Remb. 65 % - Liste I

Laboratoires Élerté

COMPOSITION

	p. suppos.
Théophylline	150 mg
Caféine	130 mg
Butobarbital	130 mg

INDICATIONS

Ce médicament contient un bronchodilatateur, la théophylline, associé à de la caféine et à un *sédatif* de la famille des *barbituriques*, le butobarbital. Il lutte contre la contraction anormale des muscles de la paroi des bronches et stimule la respiration.

Il est utilisé dans le traitement des crises nocturnes d'*asthme*.

CONTRE-INDICATIONS

Ce médicament ne doit pas être utilisé dans les cas suivants :
- enfant de moins de 15 ans,
- *porphyries*,
- *insuffisance respiratoire* grave,
- *allergie* aux *barbituriques*,
- en association avec les médicaments contenant de l'énoxacine.

ATTENTION

Des précautions sont nécessaires en cas d'*insuffisance cardiaque*, d'*insuffisance hépatique*, d'*insuffisance coronarienne*, d'*hyperthyroïdie*, d'*antécédent* de *convulsions*, d'obésité, d'*ulcère* de l'estomac et du *duodénum*.

Le tabac interagit avec la théophylline dont il diminue fortement l'efficacité, mais son arrêt peut conduire à un surdosage. Votre médecin adaptera la *posologie* en conséquence.

Évitez les boissons alcoolisées : augmentation du risque de somnolence et de dépendance.

INTERACTIONS MÉDICAMENTEUSES

Ce médicament ne doit pas être associé aux médicaments contenant de l'énoxacine (ENOXOR...) : risque de surdosage en théophylline.

Il peut interagir avec d'autres médicaments, notamment les *contraceptifs* oraux (pilule). Signalez tout autre traitement en cours à votre médecin ou à votre pharmacien.

GROSSESSE, ALLAITEMENT ET NOUVEAU-NÉ

Grossesse et nouveau-né :

Lors de son utilisation en fin de grossesse, ce médicament peut provoquer une accélération du cœur et une agitation importante chez le *nouveau-né*.

Allaitement :

Les données actuellement disponibles ne permettent pas de savoir si ce médicament passe dans le lait maternel.

MODE D'EMPLOI ET POSOLOGIE

Posologie usuelle :

Elle est précise et individuelle. Suivre strictement la prescription de votre médecin.

Toute modification de la *posologie* expose à la survenue d'une crise d'*asthme* : veillez à ne jamais manquer de ce médicament.

Fumer, ou être exposé à la fumée des autres, nuit à l'efficacité du traitement.

Les excitants, tels que le thé ou le café, peuvent accroître certains effets indésirables de la théophylline et doivent être consommés avec modération.

EFFETS INDÉSIRABLES POSSIBLES

Les effets indésirables de la théophylline varient d'une personne à l'autre. Leur intensité peut traduire un surdosage et rendre nécessaire une adaptation de la *posologie* : consultez votre médecin. Les plus fréquents sont : maux de tête, agitation, insomnie, accélération du cœur, *troubles digestifs*.

Effets indésirables liés à la présence d'un *barbiturique* : éruption cutanée, irritabilité, excitation chez l'enfant ou confusion des idées chez la personne âgée.

HYPOSTAMINE

tritoqualine

PRÉSENTATION

HYPOSTAMINE : comprimé (blanc) ; boîte de 20 - Remb. 65 %

Laboratoires Promedica

COMPOSITION

	p. comp.
Tritoqualine	100 mg

INDICATIONS

Ce médicament antiallergique freine la formation d'*histamine* dans l'organisme ; il n'a pas d'effets *sédatifs* ni *atropiniques*.

Il est utilisé dans le *traitement symptomatique* de l'*allergie* (*rhinite*, *conjonctivite*, *urticaire*, œdème de *Quincke*). Il est également utilisé dans le *traitement d'appoint* des démangeaisons non allergiques et dans la prévention des *intolérances* médicamenteuses.

GROSSESSE, ALLAITEMENT ET NOUVEAU-NÉ

L'effet de ce médicament pendant la grossesse ou l'allaitement est mal connu. L'évaluation du risque éventuel lié à son utilisation est individuelle : demandez conseil à votre pharmacien ou à votre médecin.

MODE D'EMPLOI ET POSOLOGIE

Les comprimés doivent être avalés avec un verre d'eau.

Posologie usuelle :
- Adulte : 2 à 10 comprimés par jour.
- Enfant : 1 à 4 comprimés par jour.

Ce médicament agit sur les manifestations de l'*allergie* mais n'en supprime pas la cause. Si les *symptômes* persistent ou s'aggravent, n'hésitez pas à consulter votre médecin.

I

IBUPROFÈNE BOEHRINGER INGELHEIM
ibuprofène

PRÉSENTATION

IBUPROFÈNE BOEHRINGER INGELHEIM : comprimé (rouge) ; boîte de 20 - Non remb.

Laboratoires Boehringer Ingelheim France

COMPOSITION

	p. comp.
Ibuprofène	200 mg

INDICATIONS

Ce médicament est un *anti-inflammatoire* non stéroïdien (*AINS*). Il possède à faible dose des propriétés *antalgiques* et *antipyrétiques* proches de celles de l'aspirine.

Il est utilisé dans le *traitement symptomatique* de la fièvre, des maux de tête, des douleurs dentaires, des douleurs des muscles et des articulations...

CONTRE-INDICATIONS

Ce médicament ne doit pas être utilisé dans les cas suivants :
- *allergie* aux *AINS*, y compris l'aspirine ;
- *ulcère* de l'estomac ou du *duodénum* ;
- *insuffisance hépatique*, *insuffisance rénale* graves ;
- *lupus érythémateux* disséminé ;
- enfant de moins de 15 ans ;
- **grossesse** (3 derniers mois) ;
- **allaitement.**

ATTENTION

Tout traitement prolongé ou surdosage d'*AINS* expose à des effets indésirables graves.

Des précautions sont nécessaires en cas d'*antécédent* d'*ulcère* de l'estomac ou du *duodénum*, de risque hémorragique, de troubles de la vue et en cas de contraception par un stérilet.

INTERACTIONS MÉDICAMENTEUSES

Ce médicament peut interagir avec d'autres médicaments, notamment :
- l'aspirine et les autres *anti-inflammatoires* non stéroïdiens : risque d'accroissement des effets indésirables ;
- les *anticoagulants* et les *antiagrégants plaquettaires* (TICLID...) : augmentation du risque hémorragique ;
- le *lithium* (TÉRALITHE, NEUROLITHIUM) : augmentation du taux de lithium dans le sang.

Signalez tout autre traitement en cours à votre médecin ou à votre pharmacien.

GROSSESSE, ALLAITEMENT ET NOUVEAU-NÉ

Grossesse :

Des effets néfastes graves pour la mère et l'enfant ont été mis en évidence lorsque ce médicament, comme tous les *AINS*, est utilisé au cours des 3 derniers mois de la grossesse : son usage est formellement contre-indiqué pendant cette période.

Pendant les 6 premiers mois, l'effet de ce médicament est mal connu. L'évaluation du risque éventuel lié à son utilisation est individuelle : demandez conseil à votre pharmacien ou à votre médecin.

Allaitement :

Ce médicament passe dans le lait maternel : par mesure de prudence, il est contre-indiqué pendant l'allaitement.

MODE D'EMPLOI ET POSOLOGIE

Afin de limiter l'apparition de *troubles digestifs*, les comprimés peuvent être pris au cours des repas, accompagnés d'un grand verre d'eau. Toutefois, dans les douleurs aiguës, la prise à jeun assure un effet plus rapide.

Posologie usuelle :
- Adulte : 1 à 6 comprimés par jour, répartis en prises espacées de 6 heures. Ne pas dépasser 6 comprimés par jour.

Respectez rigoureusement la *posologie* recommandée par votre pharmacien. Si les *symptômes* persistent malgré un traitement bien suivi, ne prolongez pas inutilement la prise de ce médicament et consultez votre médecin.

EFFETS INDÉSIRABLES POSSIBLES

Gastrite, douleurs abdominales.

Exceptionnels : *vertiges*, maux de tête.

Allergie cutanée : éruptions, démangeaisons, *œdème*.

Asthme.

Rares mais parfois graves : *hémorragie* du tube digestif (vomissements sanglants, selles noires, ou plus souvent pertes de sang imperceptibles responsables de l'apparition progressive d'une *anémie*).

Un médicament périmé peut être dangereux. Faites régulièrement le tri dans votre armoire à pharmacie.

ICAZ
isradipine

PRÉSENTATION

ICAZ L.P. 2,5 mg : gélule à *libération prolongée* (vert et jaune) ; boîte de 30 - Remb. 65 % - Liste I

ICAZ L.P. 5 mg : gélule à *libération prolongée* (vert et jaune) ; boîte de 30 - Remb. 65 % - Liste I

Laboratoires Sandoz

COMPOSITION

	p. gél. L.P.	p. gél. L.P.
Isradipine	2,5 mg	5 mg

INDICATIONS

Ce médicament est un *vasodilatateur* qui appartient à la famille des *inhibiteurs calciques*.

Il est utilisé dans le *traitement de fond* de l'*hypertension artérielle*.

ATTENTION

Des précautions sont nécessaires en cas d'*insuffisance rénale*, d'*insuffisance hépatique* et chez la personne âgée.

INTERACTIONS MÉDICAMENTEUSES

Ce médicament peut interagir avec d'autres médicaments. Signalez tout autre traitement en cours à votre médecin ou à votre pharmacien.

GROSSESSE, ALLAITEMENT ET NOUVEAU-NÉ

L'effet de ce médicament pendant la grossesse ou l'allaitement est mal connu : seul votre médecin peut évaluer le risque éventuel de son utilisation dans votre cas.

MODE D'EMPLOI ET POSOLOGIE

Ce médicament est réservé à l'adulte.

Les gélules doivent être avalées avec un verre d'eau.

Posologie usuelle :

5 mg en 1 prise le matin.

Le traitement médicamenteux ne dispense pas des mesures simples pouvant faire baisser la tension artérielle : activité physique régulière, modération de la consommation de boissons alcoolisées, lutte contre le surpoids.

EFFETS INDÉSIRABLES POSSIBLES

Les plus fréquents sont la conséquence de la dilatation des vaisseaux sanguins :
- rougeur du visage, bouffées de chaleur, maux de tête,

- jambes lourdes ou enflées, *palpitations*, accélération du cœur.

Plus rarement : *troubles digestifs*.

IDARAC
floctafénine

PRÉSENTATION

IDARAC : comprimé sécable (blanc) ; boîte de 20 - Remb. 65 % - Liste II

Laboratoires Diamant

COMPOSITION

	p. comp.
Floctafénine	200 mg

INDICATIONS

C'est un *antalgique* qui agit en empêchant la transmission de la douleur au cerveau.

Il est utilisé dans le *traitement symptomatique* de la douleur.

CONTRE-INDICATIONS

Ce médicament ne doit pas être utilisé dans les cas suivants :
- *angine de poitrine*, *insuffisance cardiaque* grave,
- association avec les *bêtabloquants*.

ATTENTION

Des précautions sont nécessaires en cas d'*insuffisance rénale*.

Certains signes peuvent évoquer une *allergie* : fourmillements de la paume des mains ou de la plante des pieds, éruptions cutanées, picotements de la gorge, malaise. Arrêtez le traitement et prévenez d'urgence votre médecin : une allergie peut survenir même chez une personne habituée à prendre ce médicament.

Conducteur : ce médicament peut être responsable d'une somnolence ou d'une baisse de la vigilance.

INTERACTIONS MÉDICAMENTEUSES

Ce médicament ne doit pas être associé aux *bêtabloquants*, qui risquent d'empêcher l'organisme de réagir en cas de *choc anaphylactique*. Signalez tout autre traitement en cours à votre médecin ou à votre pharmacien.

GROSSESSE, ALLAITEMENT ET NOUVEAU-NÉ

Grossesse :

Ce médicament n'a pas été, à ce jour, responsable de malformation chez l'enfant à naître. Cependant le risque de *choc* allergique doit être pris en compte.

Allaitement :

Ce médicament passe dans le lait maternel : il est déconseillé pendant l'allaitement.

MODE D'EMPLOI ET POSOLOGIE

Les comprimés peuvent être avalés avec un peu d'eau ou délayés dans une boisson.

Posologie usuelle :

1 à 4 comprimés par jour, en plusieurs prises.

Ce médicament peut retarder un diagnostic en masquant la douleur : ne le prenez pas sans l'avis de votre médecin ; ne le conseillez pas à un proche.

EFFETS INDÉSIRABLES POSSIBLES

Allergie (*urticaire*, œdème de *Quincke*), pouvant aller jusqu'au *choc anaphylactique*. Difficultés respiratoires. Somnolence, chez certaines personnes.

IDÉOLAXYL

PRÉSENTATION

IDÉOLAXYL : comprimé ; boîte de 40 - Non remb.

Laboratoires Sterling Midy

COMPOSITION

	p. comp.
Aloès, poudre	60 mg
Bourdaine, extrait	20 mg
Jusquiame, extrait	5 mg
Séné, extrait	7,5 mg

INDICATIONS

Ce médicament contient des *laxatifs stimulants* et un *atropinique* (jusquiame). Les laxatifs stimulants augmentent les sécrétions et la motricité de l'intestin, la jusquiame réduit les douleurs abdominales.

Il est utilisé comme *traitement symptomatique* de la constipation.

CONTRE-INDICATIONS

Ce médicament ne doit pas être utilisé dans les cas suivants :
- maladies inflammatoires du côlon ;
- constipation ou douleur abdominale due à une obstruction du tube digestif : rétrécissement intestinal, *fécalome* (bouchon de selles) ;
- *glaucome* à angle fermé ;
- risque de rétention urinaire lié à un *adénome de la prostate* ;
- enfant de moins de 12 ans, sauf sur prescription médicale.

ATTENTION

Ce médicament doit être utilisé de façon épisodique et en cure très brève : pas plus de 8 à 10 jours.

Son usage régulier peut entraîner :
- une *dépendance* ;
- des troubles intestinaux graves ;
- une perte de sels minéraux et notamment de *potassium*, pouvant entraîner des *troubles du rythme cardiaque* graves.

Arrêter le traitement en cas de diarrhée ou de douleurs abdominales.

INTERACTIONS MÉDICAMENTEUSES

Ce médicament peut interagir avec d'autres médicaments, notamment ceux contenant de la *vincamine* et certains *antiarythmiques*. Signalez tout autre traitement en cours à votre médecin ou à votre pharmacien.

GROSSESSE, ALLAITEMENT ET NOUVEAU-NÉ

Ce médicament est déconseillé pendant la grossesse ou l'allaitement.

MODE D'EMPLOI ET POSOLOGIE

- Adulte et enfant de plus de 12 ans : 1 à 3 comprimés par jour au repas du soir.

Des mesures simples d'hygiène alimentaire et des exercices physiques sont à envisager avant d'utiliser un laxatif : parlez-en à votre médecin ou à votre pharmacien.

EFFETS INDÉSIRABLES POSSIBLES

Diarrhée, douleurs abdominales.

IDROCOL
poloxamère 188

PRÉSENTATION

IDROCOL : solution buvable ; boîte de 20 ampoules 10 ml - Non remb.

Laboratoires Lafon

COMPOSITION

	p. amp.
Poloxamère 188	3 g

INDICATIONS

C'est un *laxatif osmotique*. Il permet une meilleure hydratation des selles. Il n'est pas absorbé.

Il est utilisé dans le *traitement symptomatique* de la constipation.

CONTRE-INDICATIONS

Ce médicament ne doit pas être utilisé chez l'enfant de moins de 5 ans.

ATTENTION

Il est nécessaire de boire beaucoup d'eau, particulièrement en cas de dilatation du côlon, d'alitement et chez la personne âgée.

Les laxatifs ne doivent pas être utilisés de façon prolongée sans avis médical.

GROSSESSE, ALLAITEMENT ET NOUVEAU-NÉ

Grossesse :

Ce médicament peut être utilisé chez la femme enceinte.

MODE D'EMPLOI ET POSOLOGIE

Les ampoules doivent être diluées dans un verre d'eau.

L'effet de ce médicament ne peut être obtenu qu'après 2 à 3 jours et continue après l'arrêt du traitement.

Posologie usuelle :
- Adulte : 1 ou 2 ampoules le matin à jeun.
- Enfant de plus de 5 ans : 1/2 à 1 ampoule le matin à jeun.

Ce traitement doit être accompagné de mesures simples d'hygiène alimentaire (régime riche en fibres et boissons abondantes) et d'exercices physiques : consultez votre médecin ou votre pharmacien.

EFFETS INDÉSIRABLES POSSIBLES

Diarrhée exceptionnelle.

IDUVIRAN

idoxuridine

PRÉSENTATION

IDUVIRAN : collyre ; flacon 10 ml - Remb. 65 % - Liste I

Laboratoires Chauvin

COMPOSITION

	p. 100 ml
Idoxuridine	0,12 g

INDICATIONS

Ce collyre contient une substance antivirale.

Il est utilisé dans le traitement des infections virales superficielles de l'œil.

CONTRE-INDICATIONS

Ce médicament ne doit pas être utilisé en cas d'*ulcère* de la *cornée*.

ATTENTION

Certaines contre-indications ne peuvent être détectées que par un ophtalmologiste : ne réutilisez pas ce médicament sans avis médical.

Le collyre peut être contaminé par l'œil infecté : évitez de mettre en contact l'extrémité du flacon avec l'œil ; ne conservez pas ce médicament plus de 15 jours après une première utilisation.

INTERACTIONS MÉDICAMENTEUSES

Ce collyre peut interagir avec d'autres collyres : respectez un intervalle de 15 minutes entre deux instillations.

GROSSESSE, ALLAITEMENT ET NOUVEAU-NÉ

L'effet de ce médicament pendant la grossesse ou l'allaitement est mal connu : seul votre médecin peut évaluer le risque éventuel de son utilisation dans votre cas.

MODE D'EMPLOI ET POSOLOGIE

Tirer la paupière inférieure vers le bas tout en regardant vers le haut et déposer une goutte de collyre entre la paupière et le globe oculaire (*cul-de-sac conjonctival*).

Posologie usuelle :

1 goutte toutes les heures en *traitement d'attaque*, puis toutes les 2 heures.

Une visite chez l'ophtalmologiste est généralement nécessaire pour vérifier la guérison.

Le port de lentilles de contact doit être immédiatement interrompu en cas d'infection oculaire et les lentilles ne doivent pas être réutilisées avant guérison complète.

L'application correcte du produit peut nécessiter une aide, notamment chez une personne handicapée ou âgée.

EFFETS INDÉSIRABLES POSSIBLES

Irritation ou réaction allergique locale, sensibilité anormale à la lumière.

IKARAN

dihydroergotamine

PRÉSENTATION

IKARAN 5 mg : gélule (incolore) ; boîte de 30 - Remb. 65 % - Liste II

IKARAN : solution buvable ; flacon de 50 ml (30 gouttes = 1,5 ml) - Remb. 65 % - Liste II

Laboratoires Pierre Fabre

COMPOSITION

	p. gél.	p. 30 gtes
Dihydroergotamine mésilate	5 mg	3 mg
Alcool à 95°		+

INDICATIONS

C'est un *vasoconstricteur* qui appartient à la famille des dérivés de l'*ergot de seigle*.

Il est utilisé dans le *traitement de fond* de la *migraine* et de certains maux de tête d'origine *vasculaire*. Il vise à espacer les crises et à diminuer leur intensité. Il peut être également utilisé dans le traitement de l'*hypotension orthostatique* et des troubles provenant d'une mauvaise circulation veineuse ou *lymphatique*.

CONTRE-INDICATIONS

Ce médicament ne doit pas être utilisé en association avec les *antibiotiques* de la famille des *macrolides*.

ATTENTION

Des précautions sont nécessaires en cas d'*insuffisance rénale* ou d'*insuffisance hépatique* graves.

La dihydroergotamine peut diminuer l'effet de certains médicaments utilisés dans le traitement de l'*angine de poitrine*.

INTERACTIONS MÉDICAMENTEUSES

Ce médicament ne doit pas être associé aux *antibiotiques* de la famille des *macrolides* (érythromycine, josamycine ou roxithromycine) : risque d'*ergotisme*.

Il peut interagir avec d'autres médicaments : signalez tout autre traitement en cours à votre médecin ou à votre pharmacien.

GROSSESSE, ALLAITEMENT ET NOUVEAU-NÉ

Grossesse :

L'effet de ce médicament sur l'enfant à naître est mal connu. Par mesure de prudence, son usage pendant la grossesse est déconseillé.

Allaitement :

Les données actuellement disponibles ne permettent pas de savoir si ce médicament passe dans le lait maternel : par mesure de prudence, l'allaitement est déconseillé.

MODE D'EMPLOI ET POSOLOGIE

Les gélules doivent être avalées avec un peu d'eau au début du repas. Les gouttes doivent être diluées dans de l'eau et prises au cours des repas.

Posologie usuelle :

- Adulte : 1 gélule, 2 fois par jour ou 30 gouttes de solution buvable, 3 fois par jour.

L'efficacité de ce *traitement de fond* dépend d'une prise régulière et prolongée du médicament.

La solution buvable doit être maintenue à l'abri de la lumière.

EFFETS INDÉSIRABLES POSSIBLES

Nausées, surtout en cas de prise à jeun.

IKOREL

nicorandil

PRÉSENTATION

IKOREL 10 mg : comprimé (blanc cassé) ; boîte de 30 - Remb. 65 % - Liste I

IKOREL 20 mg : comprimé (blanc cassé) ; boîte de 30 - Remb. 65 % - Liste I

Laboratoires Bellon

COMPOSITION

	p. comp. 10 mg	p. comp. 20 mg
Nicorandil	10 mg	20 mg

INDICATIONS

Ce médicament est un *vasodilatateur*. Il dilate les artères, améliore l'oxygénation du cœur et lutte contre les spasmes des *artères coronaires*.

Il est utilisé dans le *traitement préventif* des crises d'*angine de poitrine*.

CONTRE-INDICATIONS

Ce médicament ne doit pas être utilisé dans les cas suivants :

- *choc* cardio-vasculaire,
- baisse de la tension artérielle,
- certains cas d'*insuffisance cardiaque*.

GROSSESSE, ALLAITEMENT ET NOUVEAU-NÉ

L'effet de ce médicament pendant la grossesse ou l'allaitement est mal connu : seul votre médecin peut évaluer le risque éventuel de son utilisation dans votre cas.

MODE D'EMPLOI ET POSOLOGIE

Les comprimés doivent être avalés avec un verre d'eau.

Posologie usuelle :

- Adulte : 1 comprimé à 10 mg ou, si nécessaire, 1 comprimé à 20 mg, 2 fois par jour.

Chez la personne âgée, surtout en période de forte chaleur, il est utile de boire suffisamment pour éviter une baisse de la tension artérielle.

EFFETS INDÉSIRABLES POSSIBLES

Maux de tête, fréquents en début de traitement, limités par une augmentation progressive de la *posologie*.

Baisse de la tension artérielle ou augmentation du rythme cardiaque, à forte dose.

Exceptionnellement : nausées, vomissements, *vertiges*, rougeur cutanée.

ILIADINE
oxymétazoline

PRÉSENTATION

ILIADINE 25 : solution nasale ; ampoule 10 ml et flacon pulvérisateur - Remb. 35 % - Liste II

ILIADINE 50 : solution nasale ; ampoule 10 ml et flacon pulvérisateur - Remb. 35 % - Liste II

Laboratoires Merck-Clévenot

COMPOSITION

	p. 100 ml	p. 100 ml
Oxymétazoline chlorhydrate	25 mg	50 mg

INDICATIONS

Cette solution nasale contient un *vasoconstricteur* qui lutte contre la congestion nasale due à la dilatation des vaisseaux sanguins.

Elle est utilisée dans le *traitement symptomatique* des congestions nasales aiguës.

CONTRE-INDICATIONS

Ce médicament ne doit pas être utilisé dans les cas suivants :
- enfant de moins de 7 ans (ILIADINE 25),
- enfant de moins de 15 ans (ILIADINE 50),
- *glaucome* à angle fermé,
- en association avec les *antidépresseurs* de type *IMAO* non sélectifs.

ATTENTION

Des précautions particulières sont nécessaires dans le cas d'*hypertension artérielle*, de troubles cardiaques, d'*hyperthyroïdie*.

L'utilisation répétée ou prolongée des *vasoconstricteurs* expose à un risque de *rhinite* grave, parfois irréversible. La brièveté de l'effet décongestionnant ne doit pas vous conduire à dépasser la *posologie* prescrite par votre médecin.

INTERACTIONS MÉDICAMENTEUSES

Ce médicament ne doit pas être associé aux *antidépresseurs* de type *IMAO* non sélectifs (MARSILID, NIAMIDE...) : risque de crise hypertensive.

GROSSESSE, ALLAITEMENT ET NOUVEAU-NÉ

L'effet de ce médicament pendant la grossesse ou l'allaitement est mal connu : seul votre médecin peut évaluer le risque éventuel de son utilisation dans votre cas.

MODE D'EMPLOI ET POSOLOGIE

La solution peut être pulvérisée ou instillée.

Les pulvérisations doivent être faites au cours d'une brève inspiration, en tenant le flacon verticalement. Les instillations sont faites la tête penchée en arrière.

ILIADINE 50 est réservé à l'adulte. ILIADINE 25 est adapté à l'enfant de plus de 7 ans.

Posologie usuelle :

1 pulvérisation dans chaque narine, 1 à 3 fois par jour, ou une instillation de 2 ou 3 gouttes dans chaque narine, 2 ou 3 fois par jour.

La durée du traitement ne doit pas dépasser 7 jours.

Ce médicament contient une substance active puissante : ne le laissez pas à la portée des enfants.

EFFETS INDÉSIRABLES POSSIBLES

Sécheresse nasale.

Plus rarement, en cas de passage dans le sang : maux de tête, insomnie, accélération du cœur.

IMEGUL
cascara, ispaghul

PRÉSENTATION

IMEGUL : gélule ; boîte de 30 - Non remb.

Laboratoires Arkopharma

COMPOSITION

	p. gél.
Cascara, poudre d'écorce	150 mg
Ispaghul, poudre de tégument	100 mg

INDICATIONS

Ce médicament contient un *laxatif stimulant* (cascara) et un *laxatif de lest* (ispaghul). Le laxatif stimulant augmente les sécrétions et la motricité de l'intestin. Le laxatif de lest rend les selles plus volumineuses et moins fermes.

Il est utilisé comme *traitement symptomatique* de la constipation.

CONTRE-INDICATIONS

Ce médicament ne doit pas être utilisé dans les cas suivants :
- maladies inflammatoires du côlon ;
- constipation ou douleur abdominale due à une obstruction du tube digestif : rétrécissement intestinal, *fécalome* (bouchon de selles) ;
- enfant de moins de 12 ans, sauf sur prescription médicale.

ATTENTION

Ce médicament doit être utilisé de façon épisodique et en cure très brève : pas plus de 8 à 10 jours.

Son usage régulier peut entraîner :
- une *dépendance*,
- des troubles intestinaux graves,
- une perte de sels minéraux et notamment de *potassium*, pouvant être à l'origine de *troubles cardiaques* graves.

Arrêter le traitement en cas de diarrhées ou de douleurs abdominales.

INTERACTIONS MÉDICAMENTEUSES

Ce médicament peut interagir avec d'autres médicaments, notamment ceux contenant de la *vincamine* et certains *antiarythmiques*. Signalez tout autre traitement en cours à votre médecin ou à votre pharmacien.

GROSSESSE, ALLAITEMENT ET NOUVEAU-NÉ

Ce médicament est déconseillé pendant la grossesse ou l'allaitement.

MODE D'EMPLOI ET POSOLOGIE

Les gélules doivent être avalées avec un grand verre d'eau.

Posologie usuelle :
- Adulte et enfant de plus de 12 ans : 1 ou 2 gélules le soir au coucher.

Des mesures simples d'hygiène alimentaire et des exercices physiques sont à envisager avant d'utiliser un laxatif : parlez-en à votre médecin ou à votre pharmacien.

Ce médicament doit être conservé à l'abri de la lumière, de la chaleur et de l'humidité.

EFFETS INDÉSIRABLES POSSIBLES

Diarrhée, douleurs abdominales.

IMIGRANE
sumatriptan

PRÉSENTATION

IMIGRANE : solution injectable *S.C.* ; boîte de 1 seringue préremplie 0,5 ml - Non remb. - Liste I

IMIGRANE : solution injectable *S.C.* ; boîte de 2 seringues préremplies 0,5 ml - Non remb. - Liste I

IMIGRANE : solution injectable *S.C.* ; boîte de 1 seringue préremplie 0,5 ml avec auto-injecteur - Non remb. - Liste I

IMIGRANE : solution injectable *S.C.* ; boîte de 2 seringues préremplies 0,5 ml avec auto-injecteur - Non remb. - Liste I

Laboratoires Glaxo

COMPOSITION

	p. seringue
Sumatriptan	6 mg

INDICATIONS

Ce médicament est un *vasoconstricteur* puissant qui agit essentiellement sur les vaisseaux crâniens. Cette action se manifeste 10 à 15 minutes après l'injection.

Il est utilisé dans le *traitement de la crise* de *migraine* et de l'*algie vasculaire de la face*.

CONTRE-INDICATIONS

Ce médicament ne doit pas être utilisé dans les cas suivants :
- en association avec un autre *vasoconstricteur*,
- *antécédent* d'*infarctus du myocarde* ou d'*accident vasculaire cérébral*,
- *angine de poitrine*,
- maladie de *Raynaud*,
- *hypertension artérielle* grave,
- enfant de moins de 15 ans,
- adulte de plus de 65 ans.

ATTENTION

Dans de très rares cas, une douleur dans la poitrine peut suivre l'injection du médicament. Elle peut être intense et ressembler à une crise d'*angine de poitrine*. Si elle dure plus de quelques minutes, prévenez votre médecin et ne pratiquez pas de nouvelles injections sans son avis.

Ne dépassez en aucun cas 2 injections par jour et respectez un intervalle de 1 heure entre ces 2 injections.

Des précautions sont nécessaires en cas d'*insuffisance hépatique*.

Conducteur : ce médicament peut être responsable d'une somnolence ou d'une baisse de la vigilance.

INTERACTIONS MÉDICAMENTEUSES

Ce médicament ne doit pas être associé aux dérivés de l'*ergot de seigle*, aux *IMAO* non sélectifs et à certains *antidépresseurs* : risque accru d'effets indésirables.

Il peut interagir avec d'autres médicaments. Signalez tout autre traitement en cours à votre médecin ou à votre pharmacien.

En cas de traitement par un dérivé de l'ergot de seigle, attendre 24 heures avant de pratiquer l'injection de ce médicament. Après l'injection, respecter un intervalle de 6 heures avant de prendre des dérivés de l'ergot de seigle.

GROSSESSE, ALLAITEMENT ET NOUVEAU-NÉ

En l'absence de données suffisantes, ce médicament est déconseillé pendant la grossesse et l'allaitement.

MODE D'EMPLOI ET POSOLOGIE

La solution est injectée exclusivement par *voie* sous-cutanée.

Posologie usuelle :

- Adulte de moins de 65 ans : 1 injection, renouvelable si nécessaire après un délai minimal de 1 heure.

Ce médicament est exclusivement destiné à traiter les crises de migraine rebelles aux traitements usuels.

EFFETS INDÉSIRABLES POSSIBLES

Douleur au point d'injection.

Fourmillement, douleur dans la poitrine.

Bouffées de chaleur, *vertiges*, lassitude, somnolence.

Rarement : spasmes des artères, *troubles du rythme cardiaque*.

IMMUGRIP
vaccin antigrippal

PRÉSENTATION

IMMUGRIP : suspension injectable ; seringue préremplie 0,5 ml - Non remb.

Laboratoires Inava

COMPOSITION

	p. seringue
Virus grippaux inactivés	1 dose

INDICATIONS

C'est un *vaccin* composé de *virus* grippaux tués. Il ne contient aucun *germe* vivant.

Ce médicament est utilisé dans la prévention de la grippe. L'immunité apparaît 15 jours après l'injection et dure environ 1 an.

CONTRE-INDICATIONS

Ce médicament ne doit pas être utilisé en cas d'*allergie* aux protéines de l'œuf.

ATTENTION

Le *vaccin* antigrippal ne protège que contre la vraie grippe, maladie grave, potentiellement mortelle chez les personnes fragiles. Il est incapable de prévenir les bronchites banales et autres affections virales saisonnières.

GROSSESSE, ALLAITEMENT ET NOUVEAU-NÉ

Grossesse :

L'effet de ce *vaccin* pendant la grossesse est mal connu : seul votre médecin peut évaluer le risque éventuel de son utilisation dans votre cas.

Allaitement :

Cette vaccination peut être pratiquée pendant l'allaitement.

MODE D'EMPLOI ET POSOLOGIE

Bien agiter la seringue avant l'emploi, la réchauffer à température ambiante si nécessaire. L'injection doit être réalisée par *voie* sous-cutanée ou intramusculaire.

Posologie usuelle :

- Adulte et enfant de plus de 10 ans : 1 injection de 0,5 ml.
- Enfant de moins de 10 ans : 2 injections de 0,25 ml (demi-dose) à 1 mois d'intervalle.

La prévention de la grippe repose sur une injection annuelle : le *vaccin* est différent tous les ans car il est adapté aux caractéristiques du *virus* attendu.

Pour des raisons de confort, la vaccination doit être différée en cas de fièvre élevée.

Les réactions fébriles dues aux *vaccins* peuvent être combattues en prenant de l'aspirine ou du paracétamol.

Pour garder son efficacité, ce vaccin doit être conservé entre + 2 et + 8 °C (compartiment à beurre du réfrigérateur), mais quelques jours à une température ne dépassant pas 25 °C ne prêtent pas à conséquence. Il ne doit pas être congelé.

EFFETS INDÉSIRABLES POSSIBLES

Réactions douloureuses, *nodule* au point d'injection.

Fièvre modérée pendant 1 ou 2 jours.

IMOCUR
fractions d'origine bactérienne

PRÉSENTATION

IMOCUR ENFANT : gélule (blanc et bleu) ; boîte de 10 - Remb. 35 %

Laboratoires Fournier

COMPOSITION

	p.gél.
Fractions d'origine bactérienne, constituées à parties égales d'Haemophilus influenzae, Diplococcus pneumoniae, Klebsiella ozaenae et pneumoniae, Staphylococcus aureus, Streptococcus viridans et pyogenes, Moraxella catarrhalis	3,5 mg

INDICATIONS

Ce médicament est destiné à stimuler l'immunité et à renforcer les défenses de l'organisme contre l'infection.

Il est utilisé dans le *traitement préventif* des infections récidivantes des *voies* respiratoires.

CONTRE-INDICATIONS

Ce médicament ne doit pas être utilisé dans les cas suivants :
- certaines maladies du système immunitaire,
- enfant de moins de 1 an.

MODE D'EMPLOI ET POSOLOGIE

La gélule peut être ouverte et son contenu dilué dans une boisson ou un aliment.

Posologie usuelle :

- Enfant de plus de 1 an : 1 gélule par jour, 10 jours par mois, pendant 3 mois consécutifs.

EFFETS INDÉSIRABLES POSSIBLES

Troubles digestifs rares.

IMODIUM
lopéramide

PRÉSENTATION

IMODIUM : gélule (vert foncé et vert clair) ; boîte de 20 - Remb. 35 % - Liste II

IMODIUM : solution buvable ; flacon 90 ml (1 ml = 27 gouttes) - Remb. 35 % - Liste II

Laboratoires Janssen

COMPOSITION

	p. gél.	p. ml
Lopéramide chlorhydrate	2 mg	0,215 mg

INDICATIONS

C'est un antidiarrhéique qui agit en ralentissant le *transit intestinal* et en réduisant les sécrétions intestinales.

Il est utilisé dans le *traitement symptomatique* des diarrhées.

CONTRE-INDICATIONS

Ce médicament ne doit pas être utilisé dans les cas suivants :
- crise aiguë de *rectocolite hémorragique*,
- *nourrisson* de moins de 2 ans.

ATTENTION

Ce médicament n'est pas adapté au traitement des diarrhées dues à certains *antibiotiques*.

Une diarrhée qui s'accompagne de torpeur, de soif, de fièvre ou de sang dans les selles nécessite un avis médical rapide.

L'apparition d'une constipation ou d'un ballonnement abdominal impose l'arrêt du traitement.

Si vous êtes *insuffisant hépatique*, prévenez votre médecin afin qu'il puisse adapter la *posologie*.

GROSSESSE, ALLAITEMENT ET NOUVEAU-NÉ

Grossesse :

Les études actuellement disponibles n'ont pas mis en évidence de problème particulier lors de l'utilisation ponctuelle chez la femme enceinte. Cependant pendant les 3 premiers mois de la grossesse, évitez de prendre ce médicament sans prescription médicale.

Allaitement :

Ce médicament passe faiblement dans le lait maternel : il peut être utilisé pendant l'allaitement.

MODE D'EMPLOI ET POSOLOGIE

Les gélules sont réservées à l'adulte et à l'enfant de plus de 8 ans ; elles doivent être avalées avec un verre d'eau.

La suspension buvable est destinée à l'enfant, elle peut être donnée soit dans le biberon, soit à la cuillère.

Posologie usuelle :

- Adulte :
  - diarrhée aiguë : commencer par 2 gélules, puis 1 gélule supplémentaire après chaque selle liquide, sans dépasser 8 gélules par jour ;
  - diarrhée chronique : la *posologie* initiale est de 2 gélules par jour, puis elle est adaptée en fonction des résultats obtenus.
- Enfant de plus de 8 ans :
  - diarrhée aiguë : commencer par 1 gélule, puis 1 gélule supplémentaire après chaque selle liquide, sans dépasser 6 gélules par jour ;
  - diarrhée chronique : la posologie initiale est de 1 gélule par jour, puis elle est adaptée en fonction des résultats obtenus.
- Enfant de 2 à 8 ans : suspension buvable seulement.
  - diarrhée aiguë : la posologie est calculée en fonction du poids : 4 gouttes par kg et par prise. Cette dose peut être répétée après chaque selle molle, sans dépasser 5 prises par jour ;
  - diarrhée chronique : la dose initiale est de 10 gouttes par kg et par jour, puis elle est adaptée en fonction des résultats obtenus.

Une diarrhée peut provoquer une déshydratation. Cette perte d'eau par l'organisme peut entraîner des troubles graves (fatigue, malaise, confusion des idées...). Il est indispensable de prévenir cette déshydratation par des boissons sucrées abondantes et des bouillons salés, notamment chez la personne âgée et l'enfant.

EFFETS INDÉSIRABLES POSSIBLES

Constipation : elle nécessite le plus souvent l'arrêt du traitement, parfois une simple diminution de la *posologie*.

Allergie cutanée.

Douleurs abdominales, nausée, vomissements, fatigue, somnolence, *vertiges*, sécheresse de la bouche : mais ces *symptômes* peuvent être dus à la diarrhée elle-même.

Certains signes doivent faire penser à un surdosage : arrêt du transit intestinal, torpeur, somnolence, *myosis*, augmentation du tonus musculaire, ralentissement de la respiration, mauvaise coordination des mouvements : contactez immédiatement votre médecin, ou à défaut appelez le 15 ou un service médical d'urgence.

IMOSSEL
lopéramide

PRÉSENTATION

IMOSSEL : gélule (vert foncé et gris) ; boîte de 6 - Non remb.

Laboratoires Janssen-Solucal

COMPOSITION

	p. gél.
Lopéramide chlorhydrate	2 mg

INDICATIONS

C'est un antidiarrhéique qui agit en ralentissant le *transit intestinal* et en réduisant les sécrétions intestinales.

Il est utilisé dans le *traitement symptomatique* des diarrhées aiguës de l'adulte.

CONTRE-INDICATIONS

Ce médicament ne doit pas être utilisé dans les cas suivants :

- crise aiguë de *rectocolite hémorragique*,
- enfant de moins de 15 ans.

ATTENTION

Ce médicament n'est pas adapté au traitement des diarrhées dues à certains *antibiotiques*.

Une diarrhée qui s'accompagne de torpeur, de soif, de fièvre ou de sang dans les selles nécessite un avis médical rapide.

L'apparition d'une constipation ou d'un ballonnement abdominal impose l'arrêt du traitement.

Des précautions sont à prendre en cas d'*insuffisance hépatique* : consultez votre médecin.

GROSSESSE, ALLAITEMENT ET NOUVEAU-NÉ

Grossesse :

Les études actuellement disponibles n'ont pas mis en évidence de problème particulier lors de l'utilisation ponctuelle chez la femme enceinte. Cependant pendant les 3 premiers mois de la grossesse, évitez de prendre ce médicament sans l'avis de votre médecin.

Allaitement :

Ce médicament passe faiblement dans le lait maternel : il peut être utilisé pendant l'allaitement.

MODE D'EMPLOI ET POSOLOGIE

Les gélules doivent être avalées avec un verre d'eau.

Posologie usuelle :

- Adulte : commencer par 2 gélules, puis 1 gélule supplémentaire après chaque selle liquide, sans dépasser 6 gélules par jour et 2 jours de traitement ; au-delà, si les troubles persistent, consultez votre médecin.

Une diarrhée peut provoquer une déshydratation. Cette perte d'eau par l'organisme peut entraîner des troubles graves (fatigue, malaise, confusion des idées...). Il est indispensable de prévenir cette déshydratation par des boissons sucrées abondantes et des bouillons salés, notamment chez la personne âgée.

Respecter rigoureusement la *posologie* recommandée par votre pharmacien.

EFFETS INDÉSIRABLES POSSIBLES

Constipation : elle nécessite le plus souvent l'arrêt du traitement, parfois une simple diminution de la *posologie*.

Allergie cutanée.

Douleurs abdominales, ballonnements, nausée, vomissements, fatigue, somnolence, *vertiges*, sécheresse de la bouche : mais ces *symptômes* peuvent être dus à la diarrhée elle-même.

Certains signes doivent faire penser à un surdosage : arrêt du transit intestinal, torpeur, somnolence, *myosis*, augmentation du tonus musculaire, ralentissement de la respiration, mauvaise coordination des mouvements : contactez immédiatement votre médecin, ou à défaut appelez le 15 ou un service médical d'urgence.

IMOVANE
zopiclone

PRÉSENTATION

IMOVANE 7,5 mg : comprimé sécable (blanc) ; boîte de 5 - Remb. 65 % - Liste I

IMOVANE 7,5 mg : comprimé sécable (blanc) ; boîte de 20 - Remb. 65 % - Liste I

Laboratoires Théraplix

COMPOSITION

	p. comp.
Zopiclone	7,5 mg

INDICATIONS

C'est un somnifère proche de la famille des *benzodiazépines*.

Il est utilisé dans le traitement de l'insomnie.

CONTRE-INDICATIONS

Ce médicament ne doit pas être utilisé dans les cas suivants :

- *insuffisance respiratoire* grave,
- *myasthénie*,
- enfant de moins de 15 ans.

ATTENTION

Des précautions sont nécessaires si vous souffrez d'*insuffisance hépatique* ou d'*insuffisance respiratoire* et chez la personne âgée.

Une prise prolongée ou des doses importantes de ce médicament, son association à des *sédatifs* ou à des boissons alcoolisées pourraient favoriser une *dépendance*. Respectez la *posologie* et la durée de traitement prescrites par votre médecin.

Certaines insomnies peuvent traduire une *dépression* masquée et justifier un traitement spécifique.

Un trouble du sommeil persistant ne doit pas vous conduire à augmenter les doses, mais à consulter votre médecin.

Ce médicament expose à un risque de chute nocturne chez la personne âgée ayant l'habitude de se lever la nuit.

Un réveil nocturne après la prise du médicament entraîne des troubles de la mémoire parfois angoissants.

L'arrêt brutal de ce médicament expose à un *syndrome de sevrage* : réapparition de l'insomnie, anxiété, maux de tête, douleurs musculaires. Il faut donc s'entourer de conseils médicaux : diminution progressive des doses, espacement des prises sur une période d'autant plus longue que le traitement a été prolongé.

Évitez les boissons alcoolisées : augmentation du risque de somnolence et de dépendance.

Conducteur : ce médicament peut être responsable d'une somnolence ou d'une baisse de la vigilance.

INTERACTIONS MÉDICAMENTEUSES

Ce médicament peut interagir avec d'autres médicaments, notamment avec les *sédatifs*. Signalez tout autre traitement en cours à votre médecin ou à votre pharmacien.

GROSSESSE, ALLAITEMENT ET NOUVEAU-NÉ

Grossesse :
En l'absence de données suffisantes, ce médicament est déconseillé pendant la grossesse.

Allaitement :
Ce médicament passe dans le lait maternel : il est déconseillé pendant l'allaitement.

MODE D'EMPLOI ET POSOLOGIE

Les comprimés doivent être avalés avec un peu d'eau.

Posologie usuelle :
- Adultes : 1/2 ou 1 comprimé au coucher.

Lorsque le traitement a été prolongé plusieurs semaines, l'arrêt devra être progressif.

☛ Ce médicament vous a été prescrit dans une situation précise. Ne le conseillez pas à une autre personne.

Les somnifères ne sont pas la seule réponse aux troubles du sommeil. Une meilleure hygiène de vie, une consommation modérée d'excitants (y compris les boissons alcoolisées) permettent aussi de lutter efficacement contre les insomnies.

EFFETS INDÉSIRABLES POSSIBLES

Sécheresse ou amertume dans la bouche, trous de mémoire, somnolence pendant la journée, cauchemars, fatigue, maux de tête, *troubles digestifs*.

Exceptionnellement : excitabilité, irritabilité, confusion des idées, hallucinations, *allergie* cutanée.

IMOVAX OREILLONS
vaccin contre les oreillons

PRÉSENTATION

IMOVAX OREILLONS : préparation injectable ; flacon-dose de lyophilisat et seringue de solvant 0,5 ml - Non remb.

Laboratoires Mérieux-M.S.D.

COMPOSITION

Virus vivant atténué des oreillons, souche Urabe AM-9

INDICATIONS

C'est un *vaccin* composé de *virus* atténués : vivants, mais affaiblis, ils ne peuvent pas provoquer la maladie.

Il est utilisé dans la prévention des oreillons. L'immunité apparaît 15 jours après la première injection et dure au moins 10 ans.

CONTRE-INDICATIONS

Ce *vaccin* ne doit pas être utilisé dans les cas suivants :
- *déficit immunitaire*,
- *allergie* aux protéines de l'œuf ou à la néomycine,
- injection récente d'*immunoglobulines*,
- grossesse.

INTERACTIONS MÉDICAMENTEUSES

L'injection d'*immunoglobulines* peut inactiver les *virus* contenus dans le *vaccin*.

Les tests à la tuberculine (timbre NÉOTEST, MONOTEST...) peuvent être rendus transitoirement négatifs dans les suites de cette vaccination.

GROSSESSE, ALLAITEMENT ET NOUVEAU-NÉ

Grossesse :
Par mesure de prudence ce vaccin est contre-indiqué pendant la grossesse. Seul votre médecin peut évaluer le risque éventuel de cette vaccination dans votre cas.

MODE D'EMPLOI ET POSOLOGIE

L'injection est réalisée par *voie* sous-cutanée ou intramusculaire.

Une seule injection vers l'âge de 1 an est nécessaire. Une seconde injection peut toutefois être pratiquée chez les enfants vaccinés avant cet âge. Chez l'adulte, une seule injection est nécessaire.

☛ Pour des raisons de confort, la vaccination doit être différée en cas de fièvre élevée.

Les réactions fébriles dues aux *vaccins* peuvent être combattues en prenant de l'aspirine ou du paracétamol.

Pour garder son efficacité, ce vaccin doit être conservé entre + 2 et + 8 °C (compartiment à beurre du réfrigérateur) mais quelques jours à une température ne dépassant pas + 25 °C ne prêtent pas à conséquence. Il ne doit pas être congelé.

EFFETS INDÉSIRABLES POSSIBLES

Ils surviennent généralement à partir du 5ᵉ jour suivant la vaccination : fièvre associée ou non à une *rhino-pharyngite* ou à une bronchite modérée et transitoire.

Dans de très rares cas peuvent apparaître des complications plus sérieuses : *convulsions*, surdité d'une oreille, *méningite* (habituellement sans séquelles). Ces complications surviennent dans des proportions très inférieures à celles observées lors de l'infection naturelle par le virus des oreillons.

IMPORTAL
lactitol

PRÉSENTATION

IMPORTAL : poudre orale ; boîte de 20 sachets - Remb. 35 %

Laboratoires Zyma

COMPOSITION

	p. sachet
Lactitol	10 g

INDICATIONS

C'est un *laxatif osmotique*. Il permet une meilleure hydratation des selles.

Il est utilisé dans le *traitement symptomatique* de la constipation.

CONTRE-INDICATIONS

Ce médicament ne doit pas être utilisé dans les cas suivants :
- maladies inflammatoires du côlon,
- constipation ou douleur abdominale due à une obstruction du tube digestif : rétrécissement intestinal, *fécalome* (bouchon de selles).

ATTENTION

Il est nécessaire de boire beaucoup d'eau, particulièrement en cas de dilatation du côlon, d'alitement et chez la personne âgée.

Les laxatifs ne doivent pas être utilisés de façon prolongée sans avis médical.

GROSSESSE, ALLAITEMENT ET NOUVEAU-NÉ

Grossesse :
Ce médicament peut être utilisé chez la femme enceinte.

Allaitement :
Comme tous les laxatifs, ce médicament est susceptible de freiner les montées de lait.

MODE D'EMPLOI ET POSOLOGIE

Dissoudre la poudre dans un grand verre d'eau ou la mélanger à l'alimentation (yaourt).

Posologie usuelle :
- Adulte : 2 sachets par jour en 1 prise. Ne pas dépasser 3 sachets par jour.
- Enfant de 12 à 16 ans : 1 à 2 sachets par jour en 1 prise.

- Enfant de 6 à 12 ans : 1/2 à 1 sachet par jour.
- Enfant de 1 à 6 ans : 1/4 à 1/2 sachet par jour.

> Ce traitement doit être accompagné de mesures simples d'hygiène alimentaire (régime riche en fibres et boissons abondantes) et d'exercices physiques : consultez votre médecin ou votre pharmacien.

EFFETS INDÉSIRABLES POSSIBLES

Ballonnement abdominal et diarrhée, surtout en cas de surdosage.

IMUDON

antigènes bactériens

PRÉSENTATION

IMUDON : comprimé à sucer (blanc) ; boîte de 40 - Remb. 35 %

Laboratoires LTM

COMPOSITION

	p. comp.
Mélange de lysats (produit sec) : Lactobacillus acidophilus, Lactobacillus fermentatum, Lactobacillus helveticus, Lactobacillus lactis, Streptococcus pyogenes (2 variétés), Streptococcus faecium, Streptococcus faecalis, Streptococcus sanguinis, Staphylococcus aureus, Klebsiella pneumoniae, Corynebacterium pseudodiphteriticum, Fusiformis fusiformis, Candida albicans	50 mg

INDICATIONS

Ce médicament est destiné à stimuler les défenses immunitaires locales.

Il est utilisé dans le traitement des *inflammations* et des infections de la bouche et des gencives (aphtes, irritations dues aux appareils dentaires).

> **ATTENTION**
> Si les troubles persistent sous traitement, ou en cas d'apparition de fièvre, consultez votre médecin.

GROSSESSE, ALLAITEMENT ET NOUVEAU-NÉ

L'effet de ce médicament pendant la grossesse ou l'allaitement est mal connu. L'évaluation du risque éventuel lié à son utilisation est individuelle : demandez conseil à votre pharmacien ou à votre médecin.

MODE D'EMPLOI ET POSOLOGIE

Laisser fondre les comprimés dans la bouche.

Posologie usuelle :

6 à 8 comprimés par jour.

> Ne pratiquez d'éventuels *bains de bouche* qu'à distance de la prise de ce médicament car ils pourraient en altérer les propriétés.

Prendre un médicament à heure fixe limite les risques d'oubli

IMUREL

azathioprine

PRÉSENTATION

IMUREL : comprimé sécable (jaune) ; boîte de 100 - Remb. 100 % - Liste I

Laboratoires Wellcome

COMPOSITION

	p. comp.
Azathioprine	50 mg

INDICATIONS

C'est un médicament qui appartient à la famille des immunodépresseurs : il diminue les réactions de défense et de rejet de l'organisme vis-à-vis des corps étrangers.

Il est utilisé :

- dans la prévention du rejet de la greffe chez les personnes ayant bénéficié d'une transplantation d'organe,
- dans le traitement des maladies dues à une anomalie du fonctionnement du système immunitaire (maladies auto-immunes).

> **ATTENTION**
> Ce médicament doit être manipulé avec précaution ; évitez autant que possible de mettre les comprimés en contact avec les mains.
> Des précautions sont nécessaires chez les personnes souffrant d'*insuffisance rénale* ou d'*insuffisance hépatique*.
> En début de traitement, des analyses de sang fréquentes sont indispensables pour dépister d'éventuelles anomalies de la *numération formule sanguine* ; suivez scrupuleusement les prescriptions de votre médecin.

INTERACTIONS MÉDICAMENTEUSES

Ce médicament peut interagir avec d'autres médicaments. Signalez tout autre traitement en cours à votre médecin ou à votre pharmacien.

GROSSESSE, ALLAITEMENT ET NOUVEAU-NÉ

Grossesse :

Les études disponibles n'ont pas mis en évidence de malformation chez les enfants nés de femme enceinte sous traitement. Néanmoins, il est déconseillé de commencer un traitement chez la femme enceinte. Si une grossesse survient sous traitement, votre médecin appréciera le bien-fondé d'un arrêt ou d'une poursuite de celui-ci dans votre cas. Ce médicament n'influe pas sur la fertilité, aussi bien chez la femme que chez l'homme.

Allaitement :

Ce médicament ne passe pas dans le lait maternel.

MODE D'EMPLOI ET POSOLOGIE

Ce médicament doit être pris de préférence au cours d'un repas, en essayant d'éviter de manipuler les comprimés avec les mains.

La *posologie* est strictement individuelle.

EFFETS INDÉSIRABLES POSSIBLES

Anomalies réversibles de la *numération formule sanguine* : baisse du taux des globules ou des *plaquettes* dans le sang.

Troubles digestifs.

Réactions dues à une sensibilité excessive au médicament : fièvre associée à un ou plusieurs symptômes (*vertiges*, douleurs articulaires, vomissements, frissons, douleurs musculaires, éruption de boutons, *pancréatite* ou *hépatite*, *trouble du rythme cardiaque*, baisse de la tension artérielle, troubles respiratoires).

Chute de cheveux, réversible dans la majorité des cas.

Diminution de la résistance aux infections, surtout chez les patients traités conjointement par de la *cortisone*.

INADROX

vitamines B1, B12

PRÉSENTATION

INADROX : préparation injectable ; boîte de 3 flacons de poudre et 3 ampoules de solvant 5 ml - Non remb.

Laboratoires Logeais

COMPOSITION

	p. fl.
Thiamine chlorhydrate (vitamine B1)	100 mg
Hydroxocobalamine (vitamine B12)	5 000 µg
Iodure de sodium	100 mg

INDICATIONS

Ce médicament contient une association de *vitamines* B1 et B12, substances indispensables au *métabolisme*.

Il est utilisé dans le traitement de certaines douleurs d'origine nerveuse (*polynévrites*, *névralgies*...).

CONTRE-INDICATIONS

Ce médicament ne doit pas être utilisé dans les cas suivants :

- *allergie* à la *vitamine* B12 et aux substances apparentées,
- *intolérance* à l'iode ou à la vitamine B1,
- grossesse (présence d'iode).

> **ATTENTION**
> Un *choc anaphylactique* peut survenir lors de l'injection de ce médicament : des précautions sont nécessaires chez les personnes ayant des *antécédents* d'*asthme* ou d'*eczéma*.

GROSSESSE, ALLAITEMENT ET NOUVEAU-NÉ

Grossesse :

Ce médicament est contre-indiqué pendant la grossesse.

Allaitement :

Les données actuellement disponibles ne permettent pas de savoir si ce médicament passe dans le lait maternel.

MODE D'EMPLOI ET POSOLOGIE

La solution doit être exclusivement injectée par *voie* intramusculaire, en position allongée.

Posologie usuelle :

1 ampoule par jour ou 1 jour sur 2.

> Sous traitement, la coloration rouge des urines est normale : elle est liée à l'élimination de la *vitamine* B12.
> L'effet de ce médicament n'est pas immédiat et peut n'apparaître qu'après 2 ou 3 injections.

EFFETS INDÉSIRABLES POSSIBLES

Douleur au point d'injection.

Larmoiement, écoulement nasal.

Acné, *allergie* cutanée.

Choc anaphylactique (voir ATTENTION).

INCITAL

méfénorex

PRÉSENTATION

INCITAL : comprimé (blanc) ; boîte de 21 - Non remb. - Liste I

Laboratoires Pierre Fabre

COMPOSITION

	p. comp.
Méfénorex	40 mg

INDICATIONS

C'est un *anorexigène* (coupe-faim) qui appartient à la famille des *amphétamines*.

Il est utilisé en complément du régime hypocalorique pour traiter un excès de poids.

CONTRE-INDICATIONS

Ce médicament ne doit pas être utilisé dans les cas suivants :
- maladie cardiaque grave, *hypertension artérielle* ;
- *hyperthyroïdie* ;
- risque de rétention des urines (*adénome de la prostate*...) ;
- *glaucome* à angle fermé ;
- *antécédents* de troubles nerveux : *dépression*, *anorexie* mentale ;
- association aux *antidépresseurs IMAO* non sélectifs ;
- enfant de moins de 12 ans ;
- **grossesse.**

> **ATTENTION**
> L'efficacité de ce médicament tend à diminuer au bout de quelques semaines de traitement. L'augmentation des doses expose à un risque de *dépendance* et de troubles psychiques graves. Ne dépassez pas la *posologie* prescrite par votre médecin.
> Il est fréquent que la perte de poids obtenue à l'aide de ce médicament ne persiste pas après l'arrêt du traitement. Un régime reste nécessaire.
> Ce médicament peut modifier le comportement : prudence lors de la conduite ou de l'utilisation de machines dangereuses.

INTERACTIONS MÉDICAMENTEUSES

Ce médicament ne doit pas être associé aux *antidépresseurs IMAO* non sélectifs (MARSILID, NIAMIDE) : risque de poussée d'*hypertension artérielle* ou de fièvre élevée. Cette contre-indication persiste pendant les 15 jours qui suivent l'arrêt d'un traitement par IMAO.

Ce médicament peut interagir avec d'autres médicaments. Signalez tout autre traitement en cours à votre médecin ou à votre pharmacien.

GROSSESSE, ALLAITEMENT ET NOUVEAU-NÉ

Grossesse :

En l'absence de données suffisantes, ce médicament est contre-indiqué pendant la grossesse.

Allaitement :

Les données actuellement disponibles ne permettent pas de savoir si ce médicament passe dans le lait maternel : par mesure de prudence, l'allaitement est déconseillé.

MODE D'EMPLOI ET POSOLOGIE

Les comprimés doivent être avalés avec un verre d'eau.

Posologie usuelle :
- Adulte et enfant de plus de 12 ans : 1 comprimé le matin.

> L'utilisation de ce médicament ne se conçoit que dans le cadre d'un régime hypocalorique adapté.
> Ce médicament peut entraîner des difficultés d'endormissement : il est conseillé de ne pas le prendre au-delà du repas de midi.

EFFETS INDÉSIRABLES POSSIBLES

Insomnie, nervosité, bouche sèche, nausée, constipation, accélération du cœur.

Certains signes doivent faire penser à un surdosage : accélération de la respiration, accélération du cœur, agitation, confusion des idées, hallucinations ; prévenez d'urgence votre médecin.

INDOCID

indométacine

PRÉSENTATION

INDOCID 25 : gélule (ivoire) ; boîte de 30 - Remb. 65 % - Liste I

INDOCID 50 : suppositoire ; boîte de 10 - Remb. 65 % - Liste I

INDOCID 100 : suppositoire ; boîte de 10 - Remb. 65 % - Liste I

Laboratoires M.S.D.-Chibret

COMPOSITION

	p. gél.	p. suppos.	p. suppos.
Indométacine	25 mg	50 mg	100 mg

INDICATIONS

Ce médicament est un *anti-inflammatoire* non stéroïdien (*AINS*). Il lutte contre l'*inflammation* et la douleur, fait baisser la fièvre et fluidifie le sang.

Il est utilisé dans le *traitement symptomatique* :
- des *rhumatismes inflammatoires* ;
- des *tendinites*, des *arthrites*, des *arthroses*, des *lombalgies*.

Il est également utilisé dans le traitement de certaines fièvres et des suites de chirurgie orthopédique.

CONTRE-INDICATIONS

Ce médicament ne doit pas être utilisé dans les cas suivants :
- *allergie* aux *AINS*, y compris l'aspirine ;
- *ulcère* de l'estomac ou du *duodénum* ;
- *insuffisance hépatique*, *insuffisance rénale* graves ;
- *inflammation* récente du rectum (suppositoire) ;
- **grossesse** (3 derniers mois) ;
- **allaitement.**

> **ATTENTION**
> Ce médicament n'est pas adapté à l'enfant de moins de 15 ans.
> Tout traitement prolongé ou surdosage d'*AINS* expose à des effets indésirables graves.
> Des précautions sont nécessaires en cas de troubles nerveux, d'*épilepsie*, de maladie de *Parkinson*, d'*antécédents* d'*ulcère* de l'estomac ou du *duodénum*, ou de risque hémorragique et chez la personne âgée, ou chez la femme qui porte un stérilet.
> Conducteur : ce médicament peut provoquer parfois des étourdissements.

INTERACTIONS MÉDICAMENTEUSES

Ce médicament peut interagir avec d'autres médicaments, notamment :
- l'aspirine et les autres *anti-inflammatoires* non stéroïdiens : risque d'accroissement des effets indésirables ;
- les *anticoagulants* et les *antiagrégants plaquettaires* (TICLID...) : augmentation du risque hémorragique ;
- le *lithium* (TÉRALITHE, NEUROLITHIUM) : augmentation du taux de lithium dans le sang.

Signalez tout autre traitement en cours à votre médecin ou à votre pharmacien.

GROSSESSE, ALLAITEMENT ET NOUVEAU-NÉ

Grossesse :

Des effets néfastes graves pour la mère et l'enfant à naître ont été mis en évidence lorsque ce médicament, comme tous les *AINS*, est utilisé au cours des 3 derniers mois de la grossesse : son usage est formellement contre-indiqué pendant cette période.

Pendant les 6 premiers mois, l'effet de ce médicament est mal connu : seul votre médecin peut évaluer le risque éventuel de son utilisation dans votre cas.

Allaitement :

Ce médicament passe dans le lait maternel : par mesure de prudence, il est contre-indiqué pendant l'allaitement.

MODE D'EMPLOI ET POSOLOGIE

Les gélules doivent être avalées, sans être ouvertes, avec un verre d'eau, de préférence au cours des repas.

Les suppositoires doivent être pris de préférence le soir au coucher.

Posologie usuelle :

50 à 150 mg par jour, répartis en plusieurs prises.

Ne dépassez pas la *posologie* ni la durée de traitement prescrites par votre médecin afin d'éviter les effets indésirables.

Ce médicament vous a été prescrit dans une situation précise : ne le conseillez pas à un proche, ne le réutilisez pas sans avis médical.

Les effets indésirables de ce médicament sur l'estomac peuvent survenir aussi bien avec les suppositoires qu'avec les gélules.

EFFETS INDÉSIRABLES POSSIBLES

Troubles digestifs : *gastrite*, diarrhée, douleurs abdominales, *ulcérations* du tube digestif.

Maux de tête, *vertiges*, bourdonnement d'oreille, somnolence ou insomnie.

Jaunisse.

Réactions allergiques cutanées (*urticaire*, démangeaisons...), *asthme*.

Troubles visuels exceptionnels en cas de traitement prolongé.

INDOCID collyre

indométacine

PRÉSENTATION

INDOCID : collyre ; flacon 3 ml - Remb. 65 % - Liste I

Laboratoires M.S.D.-Chibret

COMPOSITION

	p. 100 ml
Indométacine	1 g
Sulfites	+

INDICATIONS

Ce collyre contient un *anti-inflammatoire* non stéroïdien (*AINS*). Il lutte contre l'*œdème* qui peut suivre une opération de la *cataracte*.

Il est exclusivement utilisé dans la prévention et le traitement des complications d'opérations de la cataracte.

CONTRE-INDICATIONS

Ce médicament ne doit pas être utilisé dans les cas suivants :

- *allergie* à l'aspirine ou aux *anti-inflammatoires* non stéroïdiens (*AINS*),
- **grossesse** (3 derniers mois),
- **allaitement.**

ATTENTION

Une irritation oculaire peut être due à une infection : en cas de doute, n'hésitez pas à consulter votre médecin. N'utilisez pas ce collyre de façon prolongée sans prendre un avis médical.

Des précautions sont nécessaires chez les personnes souffrant d'un *ulcère* de l'estomac ou du *duodénum*.

GROSSESSE, ALLAITEMENT ET NOUVEAU-NÉ

Grossesse :

Des effets néfastes graves pour la mère et l'enfant à naître ont été mis en évidence lorsque les *AINS* sont utilisés au cours des 3 derniers mois de la grossesse : l'usage de ce collyre est formellement contre-indiqué pendant cette période.

Pendant les 6 premiers mois de la grossesse, l'effet de ce médicament est mal connu : seul votre médecin peut évaluer le risque éventuel de son utilisation dans votre cas.

Allaitement :

Ce médicament passe dans le lait maternel : par mesure de prudence, il est contre-indiqué pendant l'allaitement.

MODE D'EMPLOI ET POSOLOGIE

Agiter le flacon avant usage. Tirer la paupière inférieure vers le bas tout en regardant vers le haut et déposer une goutte de collyre entre la paupière et le globe oculaire (*cul-de-sac conjonctival*).

Posologie usuelle :

1 goutte, 4 fois par jour en commençant le traitement 24 heures avant l'intervention chirurgicale.

L'application correcte du produit peut nécessiter une aide, notamment chez une personne handicapée ou âgée.

Le port de lentilles de contact est déconseillé pendant toute la durée du traitement.

EFFETS INDÉSIRABLES POSSIBLES

Irritation locale, démangeaisons, *œdème* de la paupière, *kératite*.

INDOCOLLYRE

indométacine

PRÉSENTATION

INDOCOLLYRE : collyre ; flacon de *lyophilisat* et ampoule de solvant 5 ml - Remb. 65 % - Liste I

Laboratoires Chauvin

COMPOSITION

	p. 100 ml
Indométacine	0,1 g

INDICATIONS

Ce collyre contient un *anti-inflammatoire* non stéroïdien (*AINS*). Il lutte contre l'*œdème* qui peut suivre une opération de la *cataracte*.

Il est exclusivement utilisé dans la prévention et le traitement des complications d'opérations de la cataracte.

CONTRE-INDICATIONS

Ce médicament ne doit pas être utilisé dans les cas suivants :

- *allergie* à l'aspirine ou aux *anti-inflammatoires* non stéroïdiens (*AINS*),
- **grossesse** (3 derniers mois),
- **allaitement.**

ATTENTION

Une irritation oculaire peut être due à une infection : en cas de doute, n'hésitez pas à consulter votre médecin. N'utilisez pas ce collyre de façon prolongée sans prendre un avis médical.

Des précautions sont nécessaires en cas d'*allergie* à l'aspirine, ou chez les personnes souffrant d'un *ulcère* de l'estomac ou du *duodénum*.

GROSSESSE, ALLAITEMENT ET NOUVEAU-NÉ

Grossesse :

Des effets néfastes graves pour la mère et l'enfant à naître ont été mis en évidence lorsque les *AINS* sont utilisés au cours des 3 derniers mois de la grossesse : l'usage de ce collyre est formellement contre-indiqué pendant cette période.

Pendant les 6 premiers mois de la grossesse, l'effet de ce médicament est mal connu : seul votre médecin peut évaluer le risque éventuel de son utilisation dans votre cas.

Allaitement :

Ce médicament passe dans le lait maternel : par mesure de prudence, il est contre-indiqué pendant l'allaitement.

MODE D'EMPLOI ET POSOLOGIE

Tirer la paupière inférieure vers le bas tout en regardant vers le haut et déposer une goutte de collyre entre la paupière et le globe oculaire (*cul-de-sac conjonctival*).

Posologie usuelle :

1 goutte, 4 à 6 fois par jour, en commençant le traitement 24 heures avant l'intervention chirurgicale.

Le port de lentilles de contact est déconseillé pendant toute la durée du traitement.

L'application correcte du produit peut nécessiter une aide, notamment chez une personne handicapée ou âgée.

Ne conservez pas ce collyre plus de 15 jours après une première utilisation.

EFFETS INDÉSIRABLES POSSIBLES

Irritation locale.

INDUCTOR

gonadotrophine ménopausique humaine

PRÉSENTATION

INDUCTOR : préparation injectable ; boîte de 1 ampoule de *lyophilisat* et 1 ampoule de solvant 2 ml - Remb. 100 % - Liste I

INDUCTOR : préparation injectable ; boîte de 5 ampoules de *lyophilisat* et 5 ampoules de solvant 2 ml - Remb. 100 % - Liste I

Laboratoires Pharmagyne

COMPOSITION

	p. amp.
Gonadotrophine ménopausique humaine	
Soit FSH (hormone folliculo-stimulante)	75 UI
Soit LH (hormone lutéinisante)	75 UI

INDICATIONS

Ce médicament contient une *hormone* qui stimule les organes de la reproduction. Chez la femme, il favorise le développement des ovules et chez l'homme, la formation des spermatozoïdes.

Il est utilisé dans :
- certains cas de stérilité féminine ou masculine,
- certains tests du diagnostic des dérèglements hormonaux.

CONTRE-INDICATIONS

Ce médicament ne doit pas être utilisé dans les cas suivants :
- *tumeur de l'hypophyse* ou certaines maladies des ovaires,
- *antécédent* d'*accident thrombo-embolique*,
- grossesse.

ATTENTION

Ce médicament est destiné à rétablir la fertilité : prévenez votre médecin si vous ne souhaitez pas être enceinte.

Ce médicament doit être employé sous contrôle médical et biologique strict (dosages hormonaux, *échographie*...).

GROSSESSE, ALLAITEMENT ET NOUVEAU-NÉ

Grossesse :

Ce médicament est contre-indiqué pendant la grossesse.

MODE D'EMPLOI ET POSOLOGIE

Ce médicament doit être injecté exclusivement par *voie* intramusculaire.

Posologie usuelle :

Stérilité féminine : la *posologie* est adaptée à chaque cas en fonction de l'effet éventuel sur le volume des ovaires (*échographie*) et du taux de certaines *hormones*. La dose efficace la plus faible possible est toujours recherchée.

Stérilité masculine : la posologie habituelle est de 1 ampoule tous les 2 jours pendant 3 mois, mais certains cas peuvent nécessiter des doses et des durées plus importantes.

Il est préférable de conserver ce médicament au réfrigérateur (+ 4 °C).

EFFETS INDÉSIRABLES POSSIBLES

Grossesses multiples (fécondation de plusieurs ovules pendant la même grossesse).

Choc allergique.

INDUSIL T

Cobamamide

PRÉSENTATION

INDUSIL T 3 mg : gélule (ivoire et orangé) ; boîte de 14 - Remb. 35 % - Liste II

INDUSIL T : poudre orale aromatisée fraise ; flacon 20 cuillères-mesure - Remb. 35 % - Liste II

INDUSIL T 10 mg : préparation injectable ; boîte de 4 flacons de poudre et 4 ampoules de solvant 2 ml - Remb. 35 % - Liste II

Laboratoires Diamant

COMPOSITION

	p. gél.	p. c. mes.	p. fl. inj.
Cobamamide (dibencozide) ...	3 mg	2 mg	10 mg

INDICATIONS

Ce médicament contient une substance qui a les mêmes propriétés que la *vitamine* B12, indispensable au *métabolisme*.

Il est utilisé dans le traitement de certains retards de croissance, des suites d'infections répétées, et en cas de dénutrition.

CONTRE-INDICATIONS

Ce médicament ne doit pas être utilisé en cas d'*allergie* à la *vitamine* B12 et aux substances apparentées.

ATTENTION

Un *choc anaphylactique* peut survenir lors de l'administration de ce médicament en injection : des précautions sont nécessaires chez les personnes ayant des *antécédents* d'*asthme* ou d'*eczéma*.

GROSSESSE, ALLAITEMENT ET NOUVEAU-NÉ

L'absence d'effets nocifs de la *vitamine* B12 et des substances apparentées, à forte dose, n'a pas été établie pendant la grossesse ou l'allaitement.

MODE D'EMPLOI ET POSOLOGIE

Les gélules doivent être avalées avec un verre d'eau.

La poudre orale peut être mélangée à un liquide ou à un aliment.

La solution injectable peut être administrée par *voie* intramusculaire ou intraveineuse.

Posologie usuelle :
- Adulte : 3 gélules ou 1 injection par jour.
- Enfant : 3 cuillères-mesure de poudre ou 2 gélules par jour.
- Nourrisson : 2 cuillères-mesure de poudre par jour.

Sous traitement, la coloration rouge des urines est normale : elle est liée à l'élimination de la *vitamine* B12.

EFFETS INDÉSIRABLES POSSIBLES

Allergie cutanée, *choc anaphylactique* (voir ATTENTION).

INERPAN

PRÉSENTATION

INERPAN : film médicamenteux 10 cm x 10 cm ; boîte de 1 - Non remb.

INERPAN : film médicamenteux 10 cm x 10 cm ; boîte de 10 - Non remb.

INERPAN : film médicamenteux 15 cm x 20 cm ; boîte de 1 - Non remb.

INERPAN : film médicamenteux 15 cm x 20 cm ; boîte de 10 - Non remb.

INERPAN : film médicamenteux 20 cm x 30 cm ; boîte de 10 - Non remb.

Laboratoires Synthélabo France

COMPOSITION

	p. 1 500 cm²
Copolymère de leucine et glutamate de méthyle	2,5 g

INDICATIONS

Ce médicament est un pansement cicatrisant.

Il est utilisé dans le traitement des brûlures du second degré (brûlures avec formation de bulles).

ATTENTION

L'application de ce médicament ne dispense en aucun cas du nettoyage ni de la désinfection de la plaie.

INTERACTIONS MÉDICAMENTEUSES

Ce médicament peut interagir avec les médicaments contenant du permanganate de potassium.

GROSSESSE, ALLAITEMENT ET NOUVEAU-NÉ

Aux doses préconisées, ce médicament ne contient aucune substance connue pour être toxique pendant la grossesse ou l'allaitement.

MODE D'EMPLOI ET POSOLOGIE

Appliquer le film sans l'étirer. Le laisser dépasser sur la peau saine.

Après 24 à 48 heures, si le film adhère à la plaie, le laisser en place jusqu'à la cicatrisation. Si le film n'adhère pas suffisamment, l'enlever, nettoyer la plaie et renouveler l'application.

Au cours de la cicatrisation, le pansement prend l'aspect d'une croûte jaune ou brune et se détache seul par morceaux.

Le film est perméable à la vapeur d'eau et aux *antiseptiques* : il est possible de désinfecter la plaie sans l'enlever.

INFIBRAN

son de blé

PRÉSENTATION

INFIBRAN : granulé ; boîte de 370 g - Non remb.

INFIBRAN : comprimé à croquer (beige marron) ; boîte de 60 - Non remb.

Laboratoires Phygiène

COMPOSITION

	p. 100 g	p. comp.
Son de blé	50 g	1,25 g
Soit glucides assimilables	50 %	52 %
Soit apport calorique	290 kcal	5 kcal
Saccharose	+	+

INDICATIONS

C'est un *laxatif de lest* qui contient des fibres de blé. Elles s'imprègnent d'eau et rendent les selles plus volumineuses.

Ce médicament est utilisé dans le *traitement symptomatique* de la constipation et des dérèglements chroniques de l'intestin.

CONTRE-INDICATIONS

Ce médicament ne doit pas être utilisé en cas de maladies comportant un risque d'obstruction du tube digestif.

ATTENTION

Il est nécessaire de boire beaucoup d'eau, particulièrement en cas de dilatation du côlon, d'alitement et chez la personne âgée.

Les laxatifs ne doivent pas être utilisés de façon prolongée sans avis médical.

GROSSESSE, ALLAITEMENT ET NOUVEAU-NÉ

Grossesse :

Ce médicament peut être utilisé pour traiter la constipation de la femme enceinte.

MODE D'EMPLOI ET POSOLOGIE

Avaler les granulés sans les croquer avec un grand verre d'eau.

L'effet ne peut être obtenu qu'après 2 ou 3 jours.

Posologie usuelle :

Elle est augmentée progressivement :
- 4 cuillères à café ou 4 comprimés les 3 premiers jours,
- 8 cuillères à café ou 8 comprimés les 3 jours suivants,
- 4 cuillères à soupe ou 12 comprimés les jours suivants.

Un échec du traitement peut être lié à la présence d'un *fécalome*, notamment chez la personne âgée.

Des mesures simples d'hygiène alimentaire et des exercices physiques sont à envisager avant d'utiliser un laxatif : parlez-en à votre médecin ou à votre pharmacien.

EFFETS INDÉSIRABLES POSSIBLES

Sensation de ballonnement en début de traitement.

INFLUDO
homéopathie

PRÉSENTATION

INFLUDO : solution buvable ; flacon compte-gouttes 30 ml - Non remb.

Laboratoires Weleda

COMPOSITION

	p. 100 g
Aconit D3	30 g
Bryonia D2	6 g
Eucalyptus globulus D2	5 g
Eupatorium perfoliatum D2	4 g
Ferrum phosphoricum D6	10 g
Sabadilla D3	10 g
Alcool	+

INDICATIONS

Ce médicament est un *complexe* (association) de remèdes homéopathiques.

Il est utilisé dans la prévention et le *traitement symptomatique* des états grippaux.

GROSSESSE, ALLAITEMENT ET NOUVEAU-NÉ

Aux *dilutions homéopathiques*, les substances contenues dans ce médicament ne sont pas connues pour être toxiques pendant la grossesse ou l'allaitement.

MODE D'EMPLOI ET POSOLOGIE

Les gouttes sont diluées dans un peu d'eau tiède.

Posologie usuelle :
- Adulte : 5 à 8 gouttes toutes les 1 à 2 heures.
- Enfant de 3 à 15 ans : 3 à 5 gouttes toutes les 1 à 2 heures.
- Enfant de moins de 3 ans : 1 ou 2 gouttes toutes les 1 à 2 heures.

Dès l'amélioration, espacez les prises et diminuez le nombre de gouttes.

Certains homéopathes recommandent de ne pas absorber de camphre pendant un traitement homéopathique.

INHAZYL

PRÉSENTATION

INHAZYL : solution pour inhalation ; flacon 90 ml - Non remb.

Laboratoires Bouchara

COMPOSITION

	p. 100 g
Salol	2 g
Menthol	1 g
Menthe poivrée, essence	1 g
Gaïacol	0,3 g
Baume du Pérou	1 g
Eucalyptus, teinture	50 g
Alcool	+

INDICATIONS

Cette solution pour inhalation contient une association de substances qui possède une action locale décongestionnante et *antiseptique* sur les *muqueuses* des *voies* respiratoires.

Elle est utilisée dans le *traitement d'appoint* des affections des voies respiratoires.

CONTRE-INDICATIONS

Ce médicament ne doit pas être utilisé chez l'enfant de moins de 30 mois.

ATTENTION

N'utilisez pas ce médicament chez le jeune enfant sans prendre l'avis de votre médecin.

GROSSESSE, ALLAITEMENT ET NOUVEAU-NÉ

L'effet de ce médicament pendant la grossesse ou l'allaitement est mal connu. L'évaluation du risque éventuel lié à son utilisation est individuelle : demandez conseil à votre pharmacien ou à votre médecin.

MODE D'EMPLOI ET POSOLOGIE

Posologie usuelle :
- Adulte et enfant de plus de 7 ans : 1 ou 2 cuillères à café dans un bol d'eau très chaude. Les inhalations peuvent être répétées 3 ou 4 fois par jour.

Avant l'inhalation, il est indispensable d'attendre quelques secondes l'évaporation de l'*alcool* après dilution dans l'eau chaude.

EFFETS INDÉSIRABLES POSSIBLES

Réactions allergiques, notamment au baume du Pérou.

INIPROL
aprotinine

PRÉSENTATION

INIPROL : solution injectable *I.V.* ; boîte de 1 flacon 5 ml - Remb. 100 %

Laboratoires Sanofi Winthrop

COMPOSITION

	p. fl.
Aprotinine	62,5 U ph. eur.

INDICATIONS

Ce médicament empêche la destruction des caillots qui se forment naturellement lors d'une *hémorragie*.

Il est utilisé dans le traitement de certaines hémorragies.

CONTRE-INDICATIONS

Ce médicament ne doit pas être utilisé dans les cas suivants :
- *coagulation intravasculaire disséminée*,
- grossesse (3 premiers mois).

INTERACTIONS MÉDICAMENTEUSES

Ce médicament peut interagir avec d'autres médicaments. Signalez tout autre traitement en cours à votre médecin ou à votre pharmacien.

GROSSESSE, ALLAITEMENT ET NOUVEAU-NÉ

Grossesse :

Ce médicament est contre-indiqué pendant les 3 premiers mois de la grossesse.

Allaitement :

Les données actuellement disponibles ne permettent pas de savoir si ce médicament passe dans le lait maternel.

MODE D'EMPLOI ET POSOLOGIE

La solution doit être injectée par *voie* intraveineuse lente.

Les doses importantes doivent être administrées par *perfusion* (goutte-à-goutte).

Posologie usuelle :

Elle varie selon les cas.

EFFETS INDÉSIRABLES POSSIBLES

Nausées, vomissements, baisse de la tension artérielle (en cas d'injection intraveineuse trop rapide).

Allergie cutanée.

INNOLYRE
oxytétracycline

PRÉSENTATION

INNOLYRE : collyre ; flacon 5 ml - Remb. 65 %

Laboratoires Innotech International

COMPOSITION

	p. 100 ml
Oxytétracycline	1 g
Sulfites	+

INDICATIONS

Ce collyre contient un *antibiotique* de la famille des *tétracyclines*.

Il est utilisé pour traiter les infections de l'œil et le *trachome*.

ATTENTION

Une rougeur ou une douleur de l'œil ne correspondent pas toujours à une infection. Des soins urgents peuvent être nécessaires, particulièrement en cas de vision floue. N'utilisez pas ce médicament sans avis médical.

Le collyre peut être contaminé par l'œil infecté : évitez de mettre en contact l'extrémité du flacon avec l'œil ; ne le conservez pas inutilement après une première utilisation.

INTERACTIONS MÉDICAMENTEUSES

Ce collyre peut interagir avec d'autres collyres. Respectez un intervalle minimal de 15 minutes entre deux instillations.

GROSSESSE, ALLAITEMENT ET NOUVEAU-NÉ

L'effet de ce médicament pendant la grossesse ou l'allaitement est mal connu : seul votre médecin peut évaluer le risque éventuel de son utilisation dans votre cas.

MODE D'EMPLOI ET POSOLOGIE

Tirer la paupière inférieure vers le bas tout en regardant vers le haut. Déposer les gouttes de collyre entre la paupière et le globe oculaire (*cul-de-sac conjonctival*).

Posologie usuelle :

Infections de l'œil : 1 goutte, 3 à 8 fois par jour.

Trachome : 1 goutte, 4 fois par jour pendant 2 mois.

Une application correcte du produit peut nécessiter une aide, notamment chez l'enfant ou la personne handicapée ou âgée.

Les lentilles de contact ne doivent pas être portées en cas d'infection oculaire ni réutilisées avant guérison complète.

EFFETS INDÉSIRABLES POSSIBLES

Irritation ou réaction allergique locale (*eczéma*).

INOFER
succinate ferreux

PRÉSENTATION

INOFER : comprimé sécable (blanc) ; boîte de 100 - Remb. 65 %

Laboratoires AJC Pharma

COMPOSITION

	p. comp.
Succinate ferreux anhydre	100 mg
Soit fer	33 mg
Acide succinique	100 mg

INDICATIONS

Ce médicament contient du fer, élément minéral essentiel au fonctionnement de l'organisme. Le fer est nécessaire à la formation de l'*hémoglobine*, contenue dans les *globules rouges* et qui assure le transport de l'oxygène dans le sang.

Il est utilisé dans le traitement des *carences* en fer responsables de certaines formes d'*anémies*. Il est également utilisé pour prévenir cette carence chez la femme enceinte, le *nouveau-né* ou le *nourrisson*, lorsque les apports alimentaires sont insuffisants.

CONTRE-INDICATIONS

Ce médicament ne doit pas être utilisé en cas d'excès de fer dans l'organisme.

ATTENTION

Un apport en fer sous forme de médicament ne peut être décidé que par votre médecin. La quantité de fer contenue dans une alimentation diversifiée est généralement suffisante.

INTERACTIONS MÉDICAMENTEUSES

Ce médicament peut interagir avec les *antibiotiques* de la famille des *cyclines*. Respectez un intervalle de 2 heures entre les prises des deux médicaments. Signalez tout autre traitement en cours à votre médecin ou à votre pharmacien.

GROSSESSE, ALLAITEMENT ET NOUVEAU-NÉ

Ce médicament peut être utilisé pendant la grossesse ou l'allaitement uniquement s'il vous a été prescrit par votre médecin.

MODE D'EMPLOI ET POSOLOGIE

Ce médicament est mieux absorbé s'il est pris avec un verre d'eau avant les repas. En cas d'*intolérance*, vous pouvez le prendre en plusieurs fois au cours des repas.

Posologie usuelle :

- Adulte et enfant de plus de 10 ans : 1 comprimé, 3 fois par jour.
- Femme enceinte : 1 à 2 comprimés par jour pendant les 3 derniers mois de la grossesse (sur prescription médicale).
- Enfant de 1 à 10 ans : 1 comprimé, 2 fois par jour.
- Nourrisson de moins de 1 an : 1/2 comprimé, 2 fois par jour.

La coloration des selles en noir est habituelle et ne doit pas vous conduire à interrompre le traitement.

Si vous ne supportez pas ce médicament (*troubles digestifs*), prévenez votre médecin : il pourra vous proposer un autre traitement.

La reconstitution du stock en fer de l'organisme nécessite un traitement de longue durée (plusieurs mois) ; respectez la durée prescrite par votre médecin.

Les aliments les plus riches en fer sont d'origine animale : viande, poisson, volaille, abats.

EFFETS INDÉSIRABLES POSSIBLES

Nausées, constipation, diarrhée.

INOLAXINE
gomme de sterculia

PRÉSENTATION

INOLAXINE : granulé (beige) arôme pruneau ; boîte 400 g - Non remb.

Laboratoires Debat

COMPOSITION

	p. c. à c.
Sterculia, gomme	5 g

INDICATIONS

C'est un *laxatif de lest*. Il contient une substance naturelle qui n'est ni digérée ni absorbée. Elle s'imbibe d'eau et rend les selles plus volumineuses et moins fermes.

Il est utilisé comme *traitement symptomatique* de la constipation.

CONTRE-INDICATIONS

Ce médicament ne doit pas être utilisé en cas de maladies comportant un risque d'obstruction du tube digestif.

ATTENTION

Il est nécessaire de boire beaucoup d'eau, particulièrement en cas de dilatation du côlon, d'alitement et chez la personne âgée.

Les laxatifs ne doivent pas être utilisés de façon prolongée sans avis médical.

GROSSESSE, ALLAITEMENT ET NOUVEAU-NÉ

Grossesse :

Ce médicament peut être utilisé pour traiter la constipation de la femme enceinte.

MODE D'EMPLOI ET POSOLOGIE

Avaler les granulés sans les croquer avec un grand verre d'eau.

L'effet ne peut être obtenu qu'après 2 ou 3 jours.

Posologie usuelle :

1 à 2 cuillères à café à la fin des 2 principaux repas.

Un échec du traitement peut être lié à la présence d'un *fécalome*, notamment chez la personne âgée.

Des mesures simples d'hygiène alimentaire et des exercices physiques sont à envisager avant d'utiliser un laxatif : parlez-en à votre médecin ou à votre pharmacien.

EFFETS INDÉSIRABLES POSSIBLES

Sensation de ballonnement.

INONGAN

PRÉSENTATION

INONGAN : pommade ; tube 55 g - Remb. 35 %

Laboratoires Fumouze

COMPOSITION

	p. 100 g
Acide salicylique	0,10 g
Menthol	0,75 g
Salicylate de méthyle	12,50 g
Camphre	1 g
Acétate d'isobornyle	0,50 g
Essence d'eucalyptus	0,50 g

INDICATIONS

Cette pommade *antalgique* contient des *salicylés* et des substances qui ont un effet *révulsif*.

Elle est utilisée en massage dans le traitement local des *tendinites* et des douleurs musculaires et ligamentaires.

CONTRE-INDICATIONS

Ce médicament ne doit pas être utilisé dans les cas suivants :

- *allergie* aux *salicylés* ;
- sur les *muqueuses*, la peau irritée et les plaies cutanées ;
- enfant de moins de 30 mois.

ATTENTION

Des précautions sont nécessaires chez l'enfant de moins de 7 ans (présence de camphre).

GROSSESSE, ALLAITEMENT ET NOUVEAU-NÉ

L'effet de ce médicament pendant la grossesse ou l'allaitement est mal connu. L'évaluation du risque éventuel lié à son utilisation est individuelle : demandez conseil à votre pharmacien ou à votre médecin.

MODE D'EMPLOI ET POSOLOGIE

Appliquer par un massage doux et prolongé.

Posologie usuelle :

Plusieurs applications par jour.

☛ Lavez-vous soigneusement les mains après utilisation.

EFFETS INDÉSIRABLES POSSIBLES

Allergie cutanée (éruption de boutons, démangeaisons...) imposant l'arrêt du traitement ; à ne pas confondre avec une rougeur au point d'application due au médicament.

INOTYOL

PRÉSENTATION

INOTYOL : poudre pour application locale ; flacon poudreur 180 g - Non remb.

INOTYOL : pommade ; tube 50 g - Non remb.

Laboratoires Debat

COMPOSITION

	poudre p. 100 g	pommade p. 100 g
Ichthyolammonium	0,104 g	1,474 g
Extrait d'hamamélis		0,984 g
Oxyde de zinc	1,044 g	14,763 g
Oxyde de titane		5,905 g
Benjoin officinal		0,100 g

INDICATIONS

Ce médicament d'usage local est nutritif et adoucissant.

Il est utilisé dans le traitement des brûlures superficielles, crevasses, gerçures, engelures et de la rougeur des fesses du *nourrisson*.

CONTRE-INDICATIONS

Ce médicament ne doit pas être utilisé en cas de lésion suintante ou infectée.

ATTENTION

Évitez d'utiliser ce médicament, notamment chez l'enfant, de manière prolongée sur des surfaces étendues ou profondément lésées, sans l'avis de votre pharmacien ou de votre médecin.

GROSSESSE, ALLAITEMENT ET NOUVEAU-NÉ

Ce médicament ne contient que des substances présumées sans danger pendant la grossesse ou l'allaitement. Néanmoins, ne l'utilisez pas de façon prolongée sans l'avis de votre pharmacien ou de votre médecin.

MODE D'EMPLOI ET POSOLOGIE

Pommade : appliquer une couche épaisse, débordant largement la zone à traiter.

Poudre : saupoudrer les lésions.

Posologie usuelle :

2 ou 3 applications par jour.

☛ La rougeur des fesses du *nourrisson* est souvent due à l'imprégnation de la peau par l'urine, sous la couche. Il est donc nécessaire de nettoyer et de rincer abondamment la peau avec de l'eau avant d'appliquer le médicament.

EFFETS INDÉSIRABLES POSSIBLES

Eczéma dû au médicament (présence de benjoin).

L'exposition au soleil peut être contre-indiquée pendant certains traitements

INSADOL

insaponifiable de Zea mays L.

PRÉSENTATION

INSADOL : solution buvable ; flacon 30 ml - Remb. 35 %

INSADOL : comprimé (orangé) ; boîte de 40 - Remb. 35 %

Laboratoires Syntex

COMPOSITION

	p. c. à c.	p. comp.
Extrait de la fraction insaponifiable de Zea mays L.	125 mg	35 mg
Badiane, essence	0,051 ml	
Alcool à 95°	5 ml	

INDICATIONS

Ce médicament est un extrait végétal décongestionnant.

Il est utilisé pour traiter les parodontopathies (*inflammation* des gencives avec déchaussement des dents).

ATTENTION

La solution buvable contient de l'*alcool* en quantité notable : évitez de l'utiliser chez l'enfant de moins de 15 ans.

GROSSESSE, ALLAITEMENT ET NOUVEAU-NÉ

Ce médicament ne contient aucune substance connue pour être toxique pendant la grossesse ou l'allaitement.

MODE D'EMPLOI ET POSOLOGIE

La solution buvable doit être diluée dans un peu d'eau sucrée.

Les comprimés doivent être avalés avec un verre d'eau, en début de repas.

Posologie usuelle :

1/2 ou 1 cuillère à café de solution buvable par jour, ou 1 ou 2 comprimés, 3 fois par jour.

☛ Une hygiène soigneuse de la bouche reste nécessaire pendant le traitement.

INSIDON

opipramol

PRÉSENTATION

INSIDON : comprimé (rose) ; boîte de 50 - Remb. 65 % - Liste II

Laboratoires Ciba-Geigy

COMPOSITION

	p. comp.
Opipramol dichlorhydrate	50 mg

INDICATIONS

Ce médicament appartient à la famille des *antidépresseurs* impraminiques.

Il est utilisé dans le traitement des *états dépressifs* accompagnés d'anxiété.

CONTRE-INDICATIONS

Ce médicament ne doit pas être utilisé dans les cas suivants :

- *glaucome* à angle fermé,

- risque de blocage des urines (*adénome de la prostate*...),
- en association avec les *IMAO* non sélectifs ou avec le BARNETIL.

ATTENTION

Si vous souffrez d'*épilepsie*, prévenez votre médecin afin qu'il puisse adapter la *posologie*.

Une fièvre, une angine ou une infection sous traitement doivent vous inciter à consulter votre médecin.

Avant une *anesthésie* locale, notamment chez le dentiste, signalez la prise de ce médicament.

Évitez les boissons alcoolisées : augmentation du risque de somnolence.

Conducteur : ce médicament peut être responsable d'une baisse de la vigilance, particulièrement en début de traitement.

INTERACTIONS MÉDICAMENTEUSES

Ce médicament ne doit pas être associé aux médicaments suivants :
- *IMAO* non sélectifs (MARSILID, NIAMIDE...) : risque de *collapsus cardio-vasculaire*, ou d'*hypertension artérielle*, de fièvre et de *convulsions*. Respectez un délai de 15 jours après l'arrêt de l'IMAO ;
- BARNETIL : risque de *troubles du rythme cardiaque* graves.

Ce médicament peut interagir avec d'autres médicaments, notamment les *anticonvulsivants*, les *antihypertenseurs* et les *atropiniques*, le PROZAC, l'*adrénaline* et la *noradrénaline*, et les médicaments *sédatifs*. Signalez tout autre traitement en cours, ou récemment arrêté, à votre médecin ou à votre pharmacien.

GROSSESSE, ALLAITEMENT ET NOUVEAU-NÉ

Grossesse et nouveau-né :

Si une grossesse survient pendant le traitement, consultez votre médecin. Il appréciera le risque éventuel lié à l'utilisation de ce médicament dans votre cas.

Si le traitement est poursuivi jusqu'à l'accouchement, une surveillance médicale du *nouveau-né* est nécessaire.

Allaitement :

Ce médicament passe très faiblement dans le lait maternel.

MODE D'EMPLOI ET POSOLOGIE

Les comprimés doivent être avalés avec un peu d'eau.

Posologie usuelle :

Elle est strictement individuelle.

L'efficacité des *antidépresseurs* n'est généralement pas immédiate. Un délai pouvant atteindre plusieurs semaines est parfois nécessaire pour que les effets bénéfiques se fassent sentir.

Les effets indésirables éventuels apparaissant en début de traitement ne doivent pas vous conduire à l'arrêter prématurément.

EFFETS INDÉSIRABLES POSSIBLES

Rarement : tremblements, difficultés de la parole, insomnie, confusion des idées, troubles de l'*accommodation*.

Parfois : bouche sèche, accélération du cœur, sueurs, constipation, difficultés à uriner, *vertiges*, *hypotension orthostatique*, *allergie*, excitation anormale.

Certains de ces effets peuvent être prévenus ou corrigés.

INSOMNYL

prométhazine, aubépine

PRÉSENTATION

INSOMNYL ADULTES : gélule (bleu) ; boîte de 20 - Non remb.

Laboratoires Bouchara Santé Active

COMPOSITION

	p. comp.
Prométhazine chlorhydrate	15 mg
Aubépine, extrait sec	50 mg

INDICATIONS

Ce somnifère associe un *antihistaminique*, la prométhazine, et un extrait d'aubépine pour leurs propriétés sédatives.

Il est utilisé dans le traitement de l'insomnie.

CONTRE-INDICATIONS

Ce médicament ne doit pas être utilisé dans les cas suivants :
- *insuffisance respiratoire* grave
- *glaucome* à angle fermé,
- risque de rétention des urines (*adénome de la prostate*...).

ATTENTION

Toute douleur oculaire accompagnée d'un trouble de la vision peut révéler l'existence d'un *glaucome* : consultez d'urgence un ophtalmologiste.

Des précautions sont à prendre chez la personne âgée.

Certaines insomnies peuvent traduire une *dépression* masquée et justifier un traitement spécifique.

Évitez les boissons alcoolisées : augmentation du risque de somnolence.

Conducteur : ce médicament peut être responsable d'une somnolence ou d'une baisse de la vigilance.

INTERACTIONS MÉDICAMENTEUSES

Ce médicament peut interagir avec d'autres médicaments, notamment les *atropiniques* et les *sédatifs*. Signalez tout autre traitement en cours à votre médecin ou à votre pharmacien.

GROSSESSE, ALLAITEMENT ET NOUVEAU-NÉ

Grossesse et nouveau-né :

Si une grossesse survient pendant le traitement, consultez votre médecin. Il appréciera le risque éventuel lié à l'utilisation de ce médicament dans votre cas.

Si le traitement est poursuivi jusqu'à l'accouchement, une surveillance médicale du *nouveau-né* est nécessaire.

Allaitement :

En l'absence de données disponibles, ce médicament est déconseillé pendant l'allaitement.

MODE D'EMPLOI ET POSOLOGIE

Les gélules doivent être avalées avec un verre d'eau, de préférence 15 à 30 minutes avant le coucher.

Posologie usuelle :

- Adulte : 1 ou 2 gélules par jour.

Dans tous les cas, le traitement doit être de courte durée.

Les somnifères ne sont pas la seule réponse aux troubles du sommeil. Une meilleure hygiène de vie, une consommation modérée d'excitants (y compris les boissons alcoolisées) permettent aussi de lutter efficacement contre les insomnies.

EFFETS INDÉSIRABLES POSSIBLES

Somnolence pendant la journée, troubles de l'*accommodation*, *anurie*, confusion des idées, ou excitation chez la personne âgée, mouvements anormaux, absence de règles, galactorrhée, baisse de la tension artérielle, bouche sèche et constipation.

INSULATARD HM ge 40 UI/ml

insuline

PRÉSENTATION

INSULATARD HM ge 40 UI/ml : suspension injectable d'insuline d'action intermédiaire ; flacon 10 ml (400 unités internationales) - Remb. 65 %

Laboratoires Novo Nordisk

COMPOSITION

	p. ml
Insuline humaine biogénétique combinée à la protamine en présence de zinc	40 UI

INDICATIONS

C'est une *insuline* identique à l'insuline humaine, obtenue par *biotechnologie*. Son action est de durée intermédiaire : son effet apparaît vers la 90e minute qui suit l'injection et s'estompe au bout de 24 heures.

Elle est utilisée exclusivement en injection dans le traitement du *diabète*.

ATTENTION

La mise en route du traitement suppose un apprentissage correct pour injecter l'*insuline*, contrôler la *glycémie* au doigt, rechercher le *sucre* et l'acétone dans les urines et tenir un carnet de surveillance.

L'*hypoglycémie* est la principale complication des traitements par l'insuline. Il s'agit le plus souvent de malaises hypoglycémiques sans gravité dont les principaux signes sont : sueurs, tremblements, troubles visuels, vision double, fatigue soudaine, fringale, *vertiges*, difficulté de concentration. En ce cas, le diabétique doit aussitôt absorber 3 à 6 morceaux de sucre ou un sirop sucré.

Beaucoup plus rarement, l'hypoglycémie peut être grave et peut entraîner des troubles du comportement (comparables notamment à l'ébriété), des *convulsions*, voire une perte de connaissance : 1 ampoule de GLUCAGON doit être injectée immédiatement par *voie* sous-cutanée ou intramusculaire, même à travers les vêtements en cas d'agitation. Si le diabétique ne reprend pas conscience dans les minutes qui suivent, prévenez un service d'urgence. Dans le doute, il n'y a pas de danger à injecter du GLUCAGON à un diabétique traité par l'insuline. Dans tous les cas, la prise d'une collation ou d'un repas reste nécessaire.

L'autre complication possible chez le diabétique est la survenue d'une *acidocétose* due à un manque important d'insuline. Elle peut être déclenchée par une infection (qui augmente les besoins en insuline) : grippe, rhume, *cystite*, abcès, etc. Elle se manifeste par une grande fatigue, une soif intense et des *troubles digestifs*. Il faut alors rechercher la présence de sucre et d'acétone dans les urines : la présence des deux en quantité importante confirme le diagnostic. Le traitement par l'insuline ne doit pas être arrêté ; le diabétique doit suivre les consignes de son médecin et, si besoin, le joindre d'urgence.

Évitez la prise de boissons alcoolisées à jeun ou à distance des repas : augmentation du risque d'hypoglycémie.

La concentration de cette solution n'est pas adaptée aux stylos injecteurs ni aux pompes à *perfusion*.

Conducteur : une hypoglycémie peut entraîner un malaise pendant la conduite ou l'utilisation de machines.

INTERACTIONS MÉDICAMENTEUSES

Certains médicaments peuvent déséquilibrer la *glycémie* : signalez votre traitement par l'*insuline* à tout médecin consulté ou à votre pharmacien.

GROSSESSE, ALLAITEMENT ET NOUVEAU-NÉ

Grossesse :

L'*insuline* est adaptée au *diabète* de la femme enceinte ou aux troubles passagers de la *glycémie* pendant la durée de la grossesse.

Allaitement :

Le traitement par l'*insuline* n'est pas une contre-indication à l'allaitement.

MODE D'EMPLOI ET POSOLOGIE

Cette *insuline* doit être injectée par *voie* sous-cutanée.

Agitez la suspension avant l'injection afin de l'homogénéiser.

Les seringues utilisées doivent avoir une graduation en unité d'insuline.

Respectez les horaires et les zones d'injection recommandés par votre médecin.

Posologie usuelle :

Elle est adaptée en fonction des résultats des analyses réalisées par le diabétique ou par son entourage (carnet de surveillance) et des conseils de son médecin.

En cas d'activité sportive, il est préférable d'injecter l'*insuline* à distance des muscles qui travaillent pour éviter une absorption trop rapide. De plus, il est habituellement nécessaire d'adapter les doses d'insuline selon les recommandations du médecin.

Prenez contact avec les associations pour diabétiques : elles diffusent une information utile sur le traitement et la surveillance du *diabète*.

Votre entourage doit savoir reconnaître les signes d'une *hypoglycémie* et pouvoir vous administrer, en cas de perte de connaissance, une ampoule de GLUCAGON. Celle-ci peut être conservée au domicile ou sur le lieu de travail à température ambiante (inférieure à 25 °C) pendant 2 ans. Après reconstitution, la solution ne doit pas être conservée plus d'une semaine au réfrigérateur ni être congelée.

Veillez à ne pas manquer d'insuline ou de seringues, notamment pendant les week-ends et les jours fériés ; lors de vos déplacements, munissez-vous d'une réserve ou de votre ordonnance en cours de validité. Un certificat de traitement par l'insuline peut être nécessaire pour franchir certaines frontières.

Avant une première utilisation, il est préférable de conserver l'insuline dans le bas du réfrigérateur (entre + 2 °C et + 8 °C). Si le flacon a été soumis à des températures comprises entre 22 °C et 35 °C pendant moins de 72 heures, il peut être utilisé mais doit ensuite être conservé au frais.

Cette insuline ne doit pas être congelée.

Pour un meilleur confort, l'insuline doit être sortie du réfrigérateur une heure avant l'injection ou réchauffée dans les mains pendant quelques minutes, puis injectée à température ambiante.

Après une première utilisation, les flacons entamés peuvent être conservés 3 semaines à température ambiante (inférieure à 25 °C) dans un endroit propre et sec et à l'abri de la lumière.

EFFETS INDÉSIRABLES POSSIBLES

Nodules graisseux sous-cutanés.

Rares *allergies*, essentiellement cutanées.

INSULATARD HM ge Penfill 100 UI/ml

insuline

PRÉSENTATION

INSULATARD HM ge PENFILL 100 UI/ml : suspension injectable d'*insuline* d'action intermédiaire ; boîte de 5 cartouches de 1,5 ml (150 unités internationales) - Remb. 65 %

Laboratoires Novo Nordisk

COMPOSITION

	p. cartouche
Insuline humaine biogénétique sous forme d'un complexe insuline-protamine ...	150 UI

INDICATIONS

C'est une *insuline* identique à l'insuline humaine, obtenue par *biotechnologie*. Son action est de durée intermédiaire : son effet débute vers la 90e minute qui suit l'injection et s'estompe au bout de 24 heures.

Elle est utilisée exclusivement en injection dans le traitement du *diabète*, et conditionnée en cartouche adaptée uniquement aux stylos injecteurs.

ATTENTION

La concentration de cette suspension n'est pas adaptée aux seringues et aux pompes à *perfusion* : risque majeur d'*hypoglycémie* grave par surdosage.

La mise en route du traitement suppose un apprentissage correct pour injecter l'*insuline*, contrôler la *glycémie* au doigt, rechercher le *sucre* et l'acétone dans les urines et tenir un carnet de surveillance.

L'hypoglycémie est la principale complication des traitements par l'insuline. Il s'agit le plus souvent de malaises hypoglycémiques sans gravité dont les principaux signes sont : sueurs, tremblements, troubles visuels, vision double, fatigue soudaine, fringale, *vertiges*, difficulté de concentration. En ce cas, le diabétique doit aussitôt absorber 3 à 6 morceaux de sucre ou un sirop sucré.

Beaucoup plus rarement, l'hypoglycémie peut être grave et entraîner des troubles du comportement (comparables notamment à l'ébriété), des *convulsions*, voire une perte de connaissance : 1 ampoule de GLUCAGON doit être injectée immédiatement par *voie* sous-cutanée ou intramusculaire, même à travers les vêtements en cas d'agitation. Si le diabétique ne reprend pas conscience dans les minutes qui suivent, prévenez un service d'urgence. Dans le doute, il n'y a pas de danger à injecter du GLUCAGON à un diabétique traité par l'insuline. Dans tous les cas, la prise d'une collation ou d'un repas reste nécessaire.

L'autre complication possible chez le diabétique est la survenue d'une *acidocétose* due à un manque important d'insuline. Elle peut être déclenchée par une infection (qui augmente les besoins en insuline) : grippe, rhume, *cystite*, abcès, etc. Elle se manifeste par une grande fatigue, une soif intense et des *troubles digestifs*. Il faut alors rechercher la présence de sucre et d'acétone dans les urines : la présence des deux en quantité importante confirme le diagnostic. Le traitement par l'insuline ne doit pas être arrêté ; le diabétique doit suivre les consignes de son médecin et, si besoin, le joindre d'urgence.

Évitez la prise de boissons alcoolisées à jeun ou à distance des repas : augmentation du risque d'hypoglycémie.

Conducteur : une hypoglycémie peut entraîner un malaise pendant la conduite ou l'utilisation de machines.

INTERACTIONS MÉDICAMENTEUSES

Certains médicaments peuvent déséquilibrer la *glycémie* : signalez votre traitement par l'*insuline* à tout médecin consulté ou à votre pharmacien.

GROSSESSE, ALLAITEMENT ET NOUVEAU-NÉ

Grossesse :

L'*insuline* est adaptée au *diabète* de la femme enceinte ou aux troubles passagers de la *glycémie* pendant la durée de la grossesse.

Allaitement :

Le traitement par l'*insuline* n'est pas une contre-indication à l'allaitement.

MODE D'EMPLOI ET POSOLOGIE

Cette *insuline* doit être injectée uniquement par *voie* sous-cutanée ; son conditionnement en cartouche est exclusivement réservé aux stylos injecteurs prescrits par votre médecin.

Agitez le stylo avant l'injection afin d'homogénéiser la suspension ; purgez ensuite l'air éventuellement contenu dans la cartouche.

L'aiguille doit être changée après chaque injection.

Respectez les horaires et les zones d'injection recommandés.

Posologie usuelle :

Elle est adaptée en fonction des résultats des analyses réalisées par le diabétique ou son entourage (carnet de surveillance) et des conseils de son médecin.

Il est prudent de disposer d'une *insuline* équivalente pour seringue afin de faire face à une perte ou à un défaut de fonctionnement du stylo.

Si vous utilisez deux stylos destinés à injecter deux insulines, veillez à pouvoir les distinguer facilement.

Pour le maniement précis du stylo, conformez-vous à la notice fournie par le fabricant et veillez à ne pas l'égarer.

En cas d'activité sportive, il est préférable d'injecter l'insuline à distance des muscles qui travaillent pour éviter une absorption trop rapide de l'insuline. De plus, une adaptation des doses d'insuline est habituellement nécessaire selon les conseils du médecin.

Prenez contact avec les associations pour diabétiques : elles diffusent une information utile sur le traitement et la surveillance du *diabète*.

Votre entourage doit savoir reconnaître les signes d'une *hypoglycémie* et pouvoir vous administrer, en cas de perte de connaissance, une ampoule de GLUCAGON. Celle-ci peut être conservée au domicile ou sur le lieu de travail à température ambiante (inférieure à 25 °C) pendant 2 ans. Après reconstitution, la solution ne doit pas être conservée plus d'une semaine au réfrigérateur ni être congelée.

Veillez à ne pas manquer d'insuline ou de seringues, notamment lors des week-ends et jours fériés ; lors de vos déplacements, munissez-vous d'une réserve ou de votre ordonnance en cours de validité. Un certificat de traitement par l'insuline peut être nécessaire pour franchir certaines frontières.

Avant une première utilisation, il est préférable de conserver vos réserves d'insuline dans le bas du réfrigérateur (entre + 2 °C et + 8 °C). Si les cartouches ont été soumises à des températures comprises entre 22 °C et 35 °C pendant moins de 72 heures, elles peuvent être utilisées mais doivent ensuite être conservées au frais.

Après une première utilisation, la cartouche peut être conservée dans le stylo 3 semaines à température ambiante (inférieure à 25 °C), dans un endroit propre et sec, à l'abri de la lumière.

Ne jamais congeler cette insuline.

EFFETS INDÉSIRABLES POSSIBLES

Nodules graisseux sous-cutanés.

Rares *allergies*, essentiellement cutanées.

INSULINE NPH

insuline

PRÉSENTATION

INSULINE NPH HAUTEMENT PURIFIÉE : suspension injectable d'insuline d'action intermédiaire ; boîte de 1 flacon multidose 10 ml (400 unités internationales) - Remb. 65 %

INSULINE NPH HAUTEMENT PURIFIÉE : suspension injectable d'insuline d'action intermédiaire ; boîte de 5 flacons multidoses 10 ml (400 unités internationales) - Remb. 65 %

Laboratoires Organon

COMPOSITION

	p. ml
Insuline d'origine porcine combinée à la protamine en présence de zinc	40 UI

INDICATIONS

C'est une *insuline* extraite du porc. Son action est de durée intermédiaire : son effet apparaît vers la 45e minute qui suit l'injection et s'estompe au bout de 14 à 18 heures.

Elle est utilisée exclusivement en injection dans le traitement du *diabète*.

ATTENTION

La mise en route du traitement suppose un apprentissage correct pour injecter l'*insuline*, contrôler la *glycémie* au doigt, rechercher le *sucre* et l'acétone dans les urines et tenir un carnet de surveillance.

L'*hypoglycémie* est la principale complication des traitements par l'insuline. Il s'agit le plus souvent de malaises hypoglycémiques sans gravité dont les principaux signes sont : sueurs, tremblements, troubles visuels, vision double, fatigue soudaine, fringale, *vertiges*, difficulté de concentration. En ce cas, le diabétique doit aussitôt absorber 3 à 6 morceaux de sucre ou un sirop sucré.

Beaucoup plus rarement, l'hypoglycémie peut être grave et peut entraîner des troubles du comportement (comparables notamment à l'ébriété), des *convulsions*, voire une perte de connaissance : 1 ampoule de GLUCAGON doit être injectée immédiatement par *voie* sous-cutanée ou intramusculaire, même à travers les vêtements en cas d'agitation. Si le diabétique ne reprend pas conscience dans les minutes qui suivent, prévenez un service d'urgence. Dans le doute, il n'y a pas de danger à injecter du GLUCAGON à un diabétique traité par l'insuline. Dans tous les cas, la prise d'une collation ou d'un repas reste nécessaire.

L'autre complication possible chez le diabétique est la survenue d'une *acidocétose* due à un manque important d'insuline. Elle peut être déclenchée par une infection (qui augmente les besoins en insuline) : grippe, rhume, *cystite*, abcès, etc. Elle se manifeste par une grande fatigue, une soif intense et des *troubles digestifs*. Il faut alors rechercher la présence de sucre et d'acétone dans les urines : la présence des deux en quantité importante confirme le diagnostic. Le traitement par l'insuline ne doit pas être arrêté ; le diabétique doit suivre les consignes de son médecin et, si besoin, le joindre d'urgence.

Évitez la prise de boissons alcoolisées à jeun ou à distance des repas : augmentation du risque d'hypoglycémie.

La concentration de cette solution n'est pas adaptée aux stylos injecteurs ni aux pompes à *perfusion*.

Conducteur : une hypoglycémie peut entraîner un malaise pendant la conduite ou l'utilisation de machines.

INTERACTIONS MÉDICAMENTEUSES

Certains médicaments peuvent déséquilibrer la *glycémie* : signalez votre traitement par l'*insuline* à tout médecin consulté ou à votre pharmacien.

GROSSESSE, ALLAITEMENT ET NOUVEAU-NÉ

Grossesse :

L'*insuline* est adaptée au *diabète* de la femme enceinte ou aux troubles passagers de la *glycémie* pendant la durée de la grossesse.

Allaitement :

Le traitement par l'*insuline* n'est pas une contre-indication à l'allaitement.

MODE D'EMPLOI ET POSOLOGIE

Cette *insuline* doit être injectée par *voie* sous-cutanée.

Agitez la suspension avant l'injection afin de l'homogénéiser.

Les seringues utilisées doivent avoir une graduation en unité d'insuline.

Respectez les horaires et les zones d'injection recommandés par votre médecin.

Posologie usuelle :

Elle est adaptée en fonction des résultats des analyses réalisées par le diabétique ou par son entourage (carnet de surveillance) et des conseils de son médecin.

En cas d'activité sportive, il est préférable d'injecter l'*insuline* à distance des muscles qui travaillent pour éviter une absorption trop rapide. De plus, il est habituellement nécessaire d'adapter les doses d'insuline selon les recommandations du médecin.

Prenez contact avec les associations pour diabétiques : elles diffusent une information utile sur le traitement et la surveillance du *diabète*.

Votre entourage doit savoir reconnaître les signes d'une *hypoglycémie* et pouvoir vous administrer, en cas de perte de connaissance, une ampoule de GLUCAGON. Celle-ci peut être conservée au domicile ou sur le lieu de travail à température ambiante (inférieure à 25 °C) pendant 2 ans. Après reconstitution, la solution ne doit pas être conservée plus d'une semaine au réfrigérateur ni être congelée.

Veillez à ne pas manquer d'insuline ou de seringues, notamment pendant les week-ends et les jours fériés ; lors de vos déplacements, munissez-vous d'une réserve ou de votre ordonnance en cours de validité. Un certificat de traitement par l'insuline peut être nécessaire pour franchir certaines frontières.

Avant une première utilisation, il est préférable de conserver l'insuline dans le bas du réfrigérateur (entre + 2 °C et + 8 °C). Si le flacon a été soumis à des températures comprises entre 22 °C et 35 °C pendant moins de 72 heures, il peut être utilisé mais doit ensuite être conservé au frais.

Cette insuline ne doit pas être congelée.

Pour un meilleur confort, l'insuline doit être sortie du réfrigérateur une heure avant l'injection ou réchauffée dans les mains pendant quelques minutes, puis injectée à température ambiante.

Après une première utilisation, les flacons entamés peuvent être conservés 3 semaines à température ambiante (inférieure à 25 °C) dans un endroit propre et sec à l'abri de la lumière.

EFFETS INDÉSIRABLES POSSIBLES

Nodules graisseux sous-cutanés.

Rares *allergies*, essentiellement cutanées.

INSUMAN 40 UI/ml 100 % NPH

insuline

PRÉSENTATION

INSUMAN 40 UI/ml 100 % NPH : suspension injectable d'insuline d'action intermédiaire ; flacon 10 ml (400 unités internationales) - Remb. 65 %

Laboratoires Hoechst

COMPOSITION

	p. ml
Insuline humaine hémisynthétique (origine porcine)	40 UI
Sulfate de protamine	0,127 mg
Chlorure de zinc anhydre	0,019 mg

INDICATIONS

C'est une *insuline* identique à l'insuline humaine, obtenue par modification de l'insuline de porc. Son action est de durée intermédiaire : son effet apparaît vers la 60e minute qui suit l'injection et s'estompe au bout de 11 à 20 heures.

Elle est utilisée exclusivement en injection dans le traitement du *diabète*.

ATTENTION

La mise en route du traitement suppose un apprentissage correct pour injecter l'*insuline*, contrôler la *glycémie* au doigt, rechercher le *sucre* et l'acétone dans les urines et tenir un carnet de surveillance.

L'*hypoglycémie* est la principale complication des traitements par l'insuline. Il s'agit le plus souvent de malaises hypoglycémiques sans gravité dont les principaux signes sont : sueurs, tremblements, troubles visuels, vision double, fatigue soudaine, fringale, *vertiges*, difficulté de concentration. En ce cas, le diabétique doit aussitôt absorber 3 à 6 morceaux de sucre ou un sirop sucré.

Beaucoup plus rarement, l'hypoglycémie peut être grave et peut entraîner des troubles du comportement (comparables notamment à l'ébriété), des *convulsions*, voire une perte de connaissance : 1 ampoule de GLUCAGON doit être injectée immédiatement par *voie* sous-cutanée ou intramusculaire, même à travers les vêtements en cas d'agitation. Si le diabétique ne reprend pas conscience dans les minutes qui suivent, prévenez un service d'urgence. Dans le doute, il n'y a pas de danger à injecter du GLUCAGON à un diabétique traité par l'insuline. Dans tous les cas, la prise d'une collation ou d'un repas reste nécessaire.

L'autre complication possible chez le diabétique est la survenue d'une *acidocétose* due à un manque important d'insuline. Elle peut être déclenchée par une infection (qui augmente les besoins en insuline) : grippe, rhume, *cystite*, abcès, etc. Elle se manifeste par une grande fatigue, une soif intense et des *troubles digestifs*. Il faut alors rechercher la présence de sucre et d'acétone dans les urines : la présence des deux en quantité importante confirme le diagnostic. Le traitement par l'insuline ne doit pas être arrêté ; le diabétique doit suivre les consignes de son médecin et, si besoin, le joindre d'urgence.

Évitez la prise de boissons alcoolisées à jeun ou à distance des repas : augmentation du risque d'hypoglycémie.

La concentration de cette solution n'est pas adaptée aux stylos injecteurs ni aux pompes à *perfusion*.

Conducteur : une hypoglycémie peut entraîner un malaise pendant la conduite ou l'utilisation de machines.

INTERACTIONS MÉDICAMENTEUSES

Certains médicaments peuvent déséquilibrer la *glycémie* : signalez votre traitement par l'*insuline* à tout médecin consulté ou à votre pharmacien.

GROSSESSE, ALLAITEMENT ET NOUVEAU-NÉ

Grossesse :

L'*insuline* est adaptée au *diabète* de la femme enceinte ou aux troubles passagers de la *glycémie* pendant la durée de la grossesse.

Allaitement :

Le traitement par l'*insuline* n'est pas une contre-indication à l'allaitement.

MODE D'EMPLOI ET POSOLOGIE

Cette *insuline* doit être injectée par *voie* sous-cutanée.

Agitez la suspension avant l'injection afin de l'homogénéiser.

Les seringues utilisées doivent avoir une graduation en unité d'insuline.

Respectez les horaires et les zones d'injection recommandés par votre médecin.

Posologie usuelle :

Elle est adaptée en fonction des résultats des analyses réalisées par le diabétique ou par son entourage (carnet de surveillance) et des conseils de son médecin.

En cas d'activité sportive, il est préférable d'injecter l'*insuline* à distance des muscles qui travaillent pour éviter une absorption trop rapide. De plus, il est habituellement nécessaire d'adapter les doses d'insuline selon les recommandations du médecin.

Prenez contact avec les associations pour diabétiques : elles diffusent une information utile sur le traitement et la surveillance du *diabète*.

Votre entourage doit savoir reconnaître les signes d'une *hypoglycémie* et pouvoir vous administrer, en cas de perte de connaissance, une ampoule de GLUCAGON. Celle-ci peut être conservée au domicile ou sur le lieu de travail à température ambiante (inférieure à 25 °C) pendant 2 ans. Après reconstitution, la solution ne doit pas être conservée plus d'une semaine au réfrigérateur ni être congelée.

Veillez à ne pas manquer d'insuline ou de seringues, notamment pendant les week-ends et les jours fériés ; lors de vos déplacements, munissez-vous d'une réserve ou de votre ordonnance en cours de validité. Un certificat de traitement par insuline peut être nécessaire pour franchir certaines frontières.

Avant une première utilisation, il est préférable de conserver l'insuline dans le bas du réfrigérateur (entre + 2 °C et + 8 °C). Si le flacon a été soumis à des températures comprises entre 22 °C et 35 °C pendant moins de 72 heures, il peut être utilisé mais doit ensuite être conservé au frais.

Cette insuline ne doit pas être congelée.

Pour un meilleur confort, l'insuline doit être sortie du réfrigérateur une heure avant l'injection ou réchauffée dans les mains pendant quelques minutes, puis injectée à température ambiante.

Après une première utilisation, les flacons entamés peuvent être conservés 3 semaines à température ambiante (inférieure à 25 °C) dans un endroit propre et sec et à l'abri de la lumière.

EFFETS INDÉSIRABLES POSSIBLES

Nodules graisseux sous-cutanés.

Rares *allergies*, essentiellement cutanées.

INSUMAN 100 UI/ml intermédiaire 100 % NPH

insuline

PRÉSENTATION

INSUMAN 100 UI/ml INTERMÉDIAIRE 100 % NPH : suspension injectable d'insuline d'action intermédiaire ; boîte de 5 cartouches de 3 ml (300 unités internationales) - Remb. 65 %

Laboratoires Hoechst

COMPOSITION

	p. cartouche
Insuline humaine hémisynthétique d'origine porcine	300 UI
Sulfate de protamine	0,954 mg
Chlorure de zinc anhydre	0,141 mg

INDICATIONS

C'est une *insuline* identique à l'insuline humaine, obtenue par modification de l'insuline de porc. Son action est de durée intermédiaire : son effet apparaît vers la 60ᵉ minute qui suit l'injection et s'estompe au bout de 11 à 20 heures.

Elle est utilisée exclusivement en injection dans le traitement du *diabète*, et conditionnée en cartouche adaptée uniquement au stylo injecteur OptiPen.

ATTENTION

La concentration de cette suspension n'est pas adaptée aux seringues ni aux pompes à *perfusion* : risque majeur d'*hypoglycémie* grave par surdosage.

La mise en route du traitement suppose un apprentissage correct pour injecter l'*insuline*, contrôler la *glycémie* au doigt, rechercher le *sucre* et l'acétone dans les urines et tenir un carnet de surveillance.

L'hypoglycémie est la principale complication des traitements par l'insuline. Il s'agit le plus souvent de malaises hypoglycémiques sans gravité dont les principaux signes sont : sueurs, tremblements, troubles visuels, vision double, fatigue soudaine, fringale, *vertiges*, difficulté de concentration. En ce cas, le diabétique doit aussitôt absorber 3 à 6 morceaux de sucre ou un sirop sucré.

Beaucoup plus rarement, l'hypoglycémie peut être grave et entraîner des troubles du comportement (comparables notamment à l'ébriété), des *convulsions*, voire une perte de connaissance : 1 ampoule de GLUCAGON doit être injectée immédiatement par *voie* sous-cutanée ou intramusculaire, même à travers les vêtements en cas d'agitation. Si le diabétique ne reprend pas conscience dans les minutes qui suivent, prévenez un service d'urgence. Dans le doute, il n'y a pas de danger à injecter du GLUCAGON à un diabétique traité par l'insuline. Dans tous les cas, la prise d'une collation ou d'un repas reste nécessaire.

L'autre complication possible chez le diabétique est la survenue d'une *acidocétose* due à un manque important d'insuline. Elle peut être déclenchée par une infection (qui augmente les besoins en insuline) : grippe, rhume, *cystite*, abcès, etc. Elle se manifeste par une grande fatigue, une soif intense et des *troubles digestifs*. Il faut alors rechercher la présence de sucre et d'acétone dans les urines : la présence des deux en quantité importante confirme le diagnostic. Le traitement par l'insuline ne doit pas être arrêté ; le diabétique doit suivre les consignes de son médecin et, si besoin, le joindre d'urgence.

Évitez la prise de boissons alcoolisées à jeun ou à distance des repas : augmentation du risque d'hypoglycémie.

Conducteur : une hypoglycémie peut entraîner un malaise pendant la conduite ou l'utilisation de machines.

INTERACTIONS MÉDICAMENTEUSES

Certains médicaments peuvent déséquilibrer la *glycémie* : signalez votre traitement par l'*insuline* à tout médecin consulté ou à votre pharmacien.

GROSSESSE, ALLAITEMENT ET NOUVEAU-NÉ

Grossesse :

L'*insuline* est adaptée au *diabète* de la femme enceinte ou aux troubles passagers de la *glycémie* pendant la durée de la grossesse.

Allaitement :

Le traitement par l'*insuline* n'est pas une contre-indication à l'allaitement.

MODE D'EMPLOI ET POSOLOGIE

Cette *insuline* doit être injectée uniquement par *voie* sous-cutanée ; son conditionnement en cartouche est exclusivement réservé au stylo injecteur OptiPen.

Agitez le stylo avant l'injection afin d'homogénéiser la suspension ; purgez ensuite l'air éventuellement contenu dans la cartouche.

L'aiguille doit être changée après chaque injection.

Respectez les horaires et les zones d'injection recommandés par votre médecin.

Posologie usuelle :

Elle est adaptée en fonction des résultats des analyses réalisées par le diabétique ou son entourage (carnet de surveillance) et des conseils de son médecin

Il est prudent de disposer d'une *insuline* équivalente pour seringue afin de faire face à une perte ou à un défaut de fonctionnement du stylo.

Si vous utilisez deux stylos destinés à injecter deux insulines, veillez à pouvoir les distinguer facilement.

Pour le maniement précis du stylo, conformez-vous à la notice fournie par le fabricant et veiller à ne pas l'égarer.

En cas d'activité sportive, il est préférable d'injecter l'insuline à distance des muscles qui travaillent pour éviter une absorption trop rapide de l'insuline. De plus, une adaptation des doses d'insuline est habituellement nécessaire selon les conseils du médecin.

Prenez contact avec les associations pour diabétiques : elles diffusent une information utile sur le traitement et la surveillance du *diabète*.

Votre entourage doit savoir reconnaître les signes d'une *hypoglycémie* et pouvoir vous administrer, en cas de perte de connaissance, une ampoule de GLUCAGON. Celle-ci peut être conservée au domicile ou sur le lieu de travail à température ambiante (inférieure à 25 °C) pendant 2 ans. Après reconstitution, la solution ne doit pas être conservée plus d'une semaine au réfrigérateur ni être congelée.

Veillez à ne pas manquer d'insuline ou de seringues, notamment lors des week-ends et jours fériés ; lors de vos déplacements, munissez-vous d'une réserve ou de votre ordonnance en cours de validité. Un certificat de traitement par l'insuline peut être nécessaire pour franchir certaines frontières.

Avant une première utilisation, il est préférable de conserver vos réserves d'insuline dans le bas du réfrigérateur (entre + 2 °C et + 8 °C). Si les cartouches ont été soumises à des températures comprises entre 22 °C et 35 °C pendant moins de 72 heures, elles peuvent être utilisées mais doivent ensuite être conservées au frais.

Après une première utilisation, la cartouche peut être conservée dans le stylo 3 semaines à température ambiante (inférieure à 25 °C), dans un endroit propre et sec, à l'abri de la lumière.

Ne jamais congeler cette insuline.

EFFETS INDÉSIRABLES POSSIBLES

Nodules graisseux sous-cutanés.

Rares *allergies*, essentiellement cutanées.

INSUMAN 40 UI/ml 25/75

insuline

PRÉSENTATION

INSUMAN 40 UI/ml 25/75 : suspension injectable d'insuline d'action intermédiaire ; flacon 10 ml (400 unités internationales) - Remb. 65 %

Laboratoires Hoechst

COMPOSITION

	p. ml
Insuline humaine hémisynthétique (origine porcine)	40 UI
Sulfate de protamine	0,095 mg
Chlorure de zinc anhydre	0,017 mg

INDICATIONS

C'est une *insuline* identique à l'insuline humaine, obtenue par modification de l'insuline de porc. Elle comprend 25 % d'insuline d'action rapide et 75 % d'insuline d'action intermédiaire : son effet apparaît vers la 30e minute qui suit l'injection et s'estompe au bout de 12 à 18 heures.

Elle est utilisée exclusivement en injection dans le traitement du *diabète*.

ATTENTION

La mise en route du traitement suppose un apprentissage correct pour injecter l'*insuline*, contrôler la *glycémie* au doigt, rechercher le *sucre* et l'acétone dans les urines et tenir un carnet de surveillance.

L'*hypoglycémie* est la principale complication des traitements par l'insuline. Il s'agit le plus souvent de malaises hypoglycémiques sans gravité dont les principaux signes sont : sueurs, tremblements, troubles visuels, vision double, fatigue soudaine, fringale, *vertiges*, difficulté de concentration. En ce cas, le diabétique doit aussitôt absorber 3 à 6 morceaux de sucre ou un sirop sucré.

Beaucoup plus rarement, l'hypoglycémie peut être grave et peut entraîner des troubles du comportement (comparables notamment à l'ébriété), des *convulsions*, voire une perte de connaissance : 1 ampoule de GLUCAGON doit être injectée immédiatement par *voie* sous-cutanée ou intramusculaire, même à travers les vêtements en cas d'agitation. Si le diabétique ne reprend pas conscience dans les minutes qui suivent, prévenez un service d'urgence. Dans le doute, il n'y a pas de danger à injecter du GLUCAGON à un diabétique traité par l'insuline. Dans tous les cas, la prise d'une collation ou d'un repas reste nécessaire.

L'autre complication possible chez le diabétique est la survenue d'une *acidocétose* due à un manque important d'insuline. Elle peut être déclenchée par une infection (qui augmente les besoins en insuline) : grippe, rhume, *cystite*, abcès, etc. Elle se manifeste par une grande fatigue, une soif intense et des *troubles digestifs*. Il faut alors rechercher la présence de sucre et d'acétone dans les urines : la présence des deux en quantité importante confirme le diagnostic. Le traitement par l'insuline ne doit pas être arrêté ; le diabétique doit suivre les consignes de son médecin et, si besoin, le joindre d'urgence.

Évitez la prise de boissons alcoolisées à jeun ou à distance des repas : augmentation du risque d'hypoglycémie.

La concentration de cette solution n'est pas adaptée aux stylos injecteurs ni aux pompes à *perfusion*.

Conducteur : une hypoglycémie peut entraîner un malaise pendant la conduite ou l'utilisation de machines.

INTERACTIONS MÉDICAMENTEUSES

Certains médicaments peuvent déséquilibrer la *glycémie* : signalez votre traitement par l'*insuline* à tout médecin consulté ou à votre pharmacien.

GROSSESSE, ALLAITEMENT ET NOUVEAU-NÉ

Grossesse :

L'*insuline* est adaptée au *diabète* de la femme enceinte ou aux troubles passagers de la *glycémie* pendant la durée de la grossesse.

Allaitement :

Le traitement par l'*insuline* n'est pas une contre-indication à l'allaitement.

MODE D'EMPLOI ET POSOLOGIE

Cette *insuline* doit être injectée par *voie* sous-cutanée.

Agitez la suspension avant l'injection afin de l'homogénéiser.

Les seringues utilisées doivent avoir une graduation en unité d'insuline.

Respectez les horaires et les zones d'injection recommandés par votre médecin.

Posologie usuelle :

Elle est adaptée en fonction des résultats des analyses réalisées par le diabétique ou par son entourage (carnet de surveillance) et des conseils de son médecin.

En cas d'activité sportive, il est préférable d'injecter l'*insuline* à distance des muscles qui travaillent pour éviter une absorption trop rapide. De plus, il est habituellement nécessaire d'adapter les doses d'insuline selon les recommandations du médecin.

Prenez contact avec les associations pour diabétiques : elles diffusent une information utile sur le traitement et la surveillance du *diabète*.

Votre entourage doit savoir reconnaître les signes d'une *hypoglycémie* et pouvoir vous administrer, en cas de perte de connaissance, une ampoule de GLUCAGON. Celle-ci peut être conservée au domicile ou sur le lieu de travail à température ambiante (inférieure à 25 °C) pendant 2 ans. Après reconstitution, la solution ne doit pas être conservée plus d'une semaine au réfrigérateur ni être congelée.

Veillez à ne pas manquer d'insuline ou de seringues, notamment pendant les week-ends et les jours fériés ; lors de vos déplacements, munissez-vous d'une réserve ou de votre ordonnance en cours de validité. Un certificat de traitement par l'insuline peut être nécessaire pour franchir certaines frontières.

Avant une première utilisation, il est préférable de conserver l'insuline dans le bas du réfrigérateur (entre + 2 °C et + 8 °C). Si le flacon a été soumis à des températures comprises entre 22 °C et 35 °C pendant moins de 72 heures, il peut être utilisé mais doit ensuite être conservé au frais.

Cette insuline ne doit pas être congelée.

Pour un meilleur confort, l'insuline doit être sortie du réfrigérateur une heure avant l'injection ou réchauffée dans les mains pendant quelques minutes, puis injectée à température ambiante.

Après une première utilisation, les flacons entamés peuvent être conservés 3 semaines à température ambiante (inférieure à 25 °C) dans un endroit propre et sec et à l'abri de la lumière.

EFFETS INDÉSIRABLES POSSIBLES

Nodules graisseux sous-cutanés.

Rares *allergies*, essentiellement cutanées.

INSUMAN 100 UI/ml intermédiaire 25/75

insuline

PRÉSENTATION

INSUMAN 100 UI/ml INTERMÉDIAIRE 25/75 : suspension injectable d'*insuline* d'action intermédiaire à début rapide ; boîte de 5 cartouches de 3 ml (300 unités internationales) - Remb. 65 %

Laboratoires Hoechst

COMPOSITION

	p. cartouche
Insuline humaine hémisynthétique d'origine porcine	300 UI
Sulfate de protamine	0,714 mg
Chlorure de zinc anhydre	0,126 mg

INDICATIONS

C'est une *insuline* identique à l'insuline humaine, obtenue par modification de l'insuline de porc. Elle comprend 25 % d'insuline d'action rapide et 75 % d'insuline d'action intermédiaire : son effet apparaît vers la 30e minute qui suit l'injection et s'estompe au bout de 12 à 18 heures.

Elle est utilisée exclusivement en injection dans le traitement du *diabète*, et conditionnée en cartouche adaptée uniquement au stylo injecteur OptiPen.

ATTENTION

La concentration de cette suspension n'est pas adaptée aux seringues ni aux pompes à *perfusion* : risque majeur d'*hypoglycémie* grave par surdosage.

La mise en route du traitement suppose un apprentissage correct pour injecter l'*insuline*, contrôler la *glycémie* au doigt, rechercher le *sucre* et l'acétone dans les urines et tenir un carnet de surveillance.

L'hypoglycémie est la principale complication des traitements par l'insuline. Il s'agit le plus souvent de malaises hypoglycémiques sans gravité dont les principaux signes sont : sueurs, tremblements, troubles visuels, vision double, fatigue soudaine, fringale, *vertiges*, difficulté de concentration. En ce cas, le diabétique doit aussitôt absorber 3 à 6 morceaux de sucre ou un sirop sucré.

Beaucoup plus rarement, l'hypoglycémie peut être grave et entraîner des troubles du comportement (comparables notamment à l'ébriété), des *convulsions*, voire une perte de connaissance : 1 ampoule de GLUCAGON doit être injectée immédiatement par *voie* sous-cutanée ou intramusculaire, même à travers les vêtements en cas d'agitation. Si le diabétique ne reprend pas conscience dans les minutes qui suivent, prévenez un service d'urgence. Dans le doute, il n'y a pas de danger à injecter du GLUCAGON à un diabétique traité par l'insuline. Dans tous les cas, la prise d'une collation ou d'un repas reste nécessaire.

L'autre complication possible chez le diabétique est la survenue d'une *acidocétose* due à un manque important d'insuline. Elle peut être déclenchée par une infection (qui augmente les besoins en insuline) : grippe, rhume, *cystite*, abcès, etc. Elle se manifeste par une grande fatigue, une soif intense et des *troubles digestifs*. Il faut alors rechercher la présence de sucre et d'acétone dans les urines : la présence des deux en quantité importante confirme le diagnostic. Le traitement par l'insuline ne doit pas être arrêté ; le diabétique doit suivre les consignes de son médecin et, si besoin, le joindre d'urgence.

Évitez la prise de boissons alcoolisées à jeun ou à distance des repas : augmentation du risque d'hypoglycémie.

Conducteur : une hypoglycémie peut entraîner un malaise pendant la conduite ou l'utilisation de machines.

INTERACTIONS MÉDICAMENTEUSES

Certains médicaments peuvent déséquilibrer la *glycémie* : signalez votre traitement par l'*insuline* à tout médecin consulté ou à votre pharmacien.

GROSSESSE, ALLAITEMENT ET NOUVEAU-NÉ

Grossesse :

L'*insuline* est adaptée au *diabète* de la femme enceinte ou aux troubles passagers de la *glycémie* pendant la durée de la grossesse.

Allaitement :

Le traitement par l'*insuline* n'est pas une contre-indication à l'allaitement.

MODE D'EMPLOI ET POSOLOGIE

Cette *insuline* doit être injectée uniquement par *voie* sous-cutanée ; son conditionnement en cartouche est exclusivement réservé au stylo injecteur OptiPen.

Agitez le stylo avant l'injection afin d'homogénéiser la suspension ; purgez ensuite l'air éventuellement contenu dans la cartouche.

L'aiguille doit être changée après chaque injection.

Respectez les horaires et les zones d'injection recommandés par votre médecin.

Posologie usuelle :

Elle est adaptée en fonction des résultats des analyses réalisées par le diabétique ou son entourage (carnet de surveillance) et des conseils de son médecin.

Il est prudent de disposer d'une *insuline* équivalente pour seringue afin de faire face à une perte ou à un défaut de fonctionnement du stylo.

Si vous utilisez deux stylos destinés à injecter deux insulines, veillez à pouvoir les distinguer facilement.

Pour le maniement précis du stylo, conformez-vous à la notice fournie par le fabricant et veillez à ne pas l'égarer.

En cas d'activité sportive, il est préférable d'injecter l'insuline à distance des muscles qui travaillent pour éviter une absorption trop rapide de l'insuline. De plus, une adaptation des doses d'insuline est habituellement nécessaire selon les conseils du médecin.

Prenez contact avec les associations pour diabétiques : elles diffusent une information utile sur le traitement et la surveillance du *diabète*.

Votre entourage doit savoir reconnaître les signes d'une *hypoglycémie* et pouvoir vous administrer, en cas de perte de connaissance, une ampoule de GLUCAGON. Celle-ci peut être conservée au domicile ou sur le lieu de travail à température ambiante (inférieure à 25 °C) pendant 2 ans. Après reconstitution, la solution ne doit pas être conservée plus d'une semaine au réfrigérateur ni être congelée.

Veillez à ne pas manquer d'insuline ou de seringues, notamment lors des week-ends et jours fériés ; lors de vos déplacements, munissez-vous d'une réserve ou de votre ordonnance en cours de validité. Un certificat de traitement par l'insuline peut être nécessaire pour franchir certaines frontières.

Avant une première utilisation, il est préférable de conserver vos réserves d'insuline dans le bas du réfrigérateur (entre + 2 °C et + 8 °C). Si les cartouches ont été soumises à des températures comprises entre 22 °C et 35 °C pendant moins de 72 heures, elles peuvent être utilisées mais doivent ensuite être conservées au frais.

Après une première utilisation, la cartouche peut être conservée dans le stylo 3 semaines à température ambiante (inférieure à 25 °C), dans un endroit propre et sec, à l'abri de la lumière.

Ne jamais congeler cette insuline.

EFFETS INDÉSIRABLES POSSIBLES

Nodules graisseux sous-cutanés.

Rares *allergies*, essentiellement cutanées.

INSUMAN 40 UI/ml rapide

insuline

PRÉSENTATION

INSUMAN 40 UI/ml RAPIDE : solution injectable d'insuline d'action rapide et brève ; flacon 10 ml (400 unités internationales) - Remb. 65 %

Laboratoires Hoechst

COMPOSITION

	p. ml
Insuline humaine hémisynthétique d'origine porcine	40 UI

INDICATIONS

C'est une *insuline* identique à l'insuline humaine, obtenue par modification de l'insuline de porc. Son action est rapide et brève : son effet apparaît vers la 30e minute qui suit l'injection et s'estompe vers la 8e heure.

Elle est utilisée exclusivement en injection dans le traitement du *diabète*.

ATTENTION

La mise en route du traitement suppose un apprentissage correct pour injecter l'*insuline*, contrôler la *glycémie* au doigt, rechercher le *sucre* et l'acétone dans les urines et tenir un carnet de surveillance.

L'*hypoglycémie* est la principale complication des traitements par l'insuline. Il s'agit le plus souvent de malaises hypoglycémiques sans gravité dont les principaux signes sont : sueurs, tremblements, troubles visuels, vision double, fatigue soudaine, fringale, *vertiges*, difficulté de concentration. En ce cas, le diabétique doit aussitôt absorber 3 à 6 morceaux de sucre ou un sirop sucré.

Beaucoup plus rarement, l'hypoglycémie peut être grave et peut entraîner des troubles du comportement (comparables notamment à l'ébriété), des *convulsions*, voire une perte de connaissance : 1 ampoule de GLUCAGON doit être injectée immédiatement par *voie* sous-cutanée ou intramusculaire, même à travers les vêtements en cas d'agitation. Si le diabétique ne reprend pas conscience dans les minutes qui suivent, prévenez un service d'urgence. Dans le doute, il n'y a pas de danger à injecter du GLUCAGON à un diabétique traité par l'insuline. Dans tous les cas, la prise d'une collation ou d'un repas reste nécessaire.

L'autre complication possible chez le diabétique est la survenue d'une *acidocétose* due à un manque important d'insuline. Elle peut être déclenchée par une infection (qui augmente les besoins en insuline) : grippe, rhume, *cystite*, abcès, etc. Elle se manifeste par une grande fatigue, une soif intense et des *troubles digestifs*. Il faut alors rechercher la présence de sucre et d'acétone dans les urines : la présence des deux en quantité importante confirme le diagnostic. Le traitement par l'insuline ne doit pas être arrêté ; le diabétique doit suivre les consignes de son médecin et, si besoin, le joindre d'urgence.

Évitez la prise de boissons alcoolisées à jeun ou à distance des repas : augmentation du risque d'hypoglycémie.

La concentration de cette solution n'est pas adaptée aux stylos injecteurs ni aux pompes à *perfusion*.

Conducteur : une hypoglycémie peut entraîner un malaise pendant la conduite ou l'utilisation de machines.

INTERACTIONS MÉDICAMENTEUSES

Certains médicaments peuvent déséquilibrer la *glycémie* : signalez votre traitement par l'*insuline* à tout médecin consulté ou à votre pharmacien.

GROSSESSE, ALLAITEMENT ET NOUVEAU-NÉ

Grossesse :

L'*insuline* est adaptée au *diabète* de la femme enceinte ou aux troubles passagers de la *glycémie* pendant la durée de la grossesse.

Allaitement :

Le traitement par l'*insuline* n'est pas une contre-indication à l'allaitement.

MODE D'EMPLOI ET POSOLOGIE

Cette *insuline* est habituellement injectée par *voie* sous-cutanée. Elle ne doit être injectée par voie intramusculaire ou par voie intraveineuse qu'en milieu hospitalier ou sous surveillance médicale.

Les seringues utilisées doivent avoir une graduation en unité d'insuline.

Respectez les horaires et les zones d'injection recommandés par votre médecin.

Posologie usuelle :

Elle est adaptée en fonction des résultats des analyses réalisées par le diabétique ou par son entourage (carnet de surveillance) et des conseils de son médecin.

En cas d'activité sportive, il est préférable d'injecter l'*insuline* à distance des muscles qui travaillent pour éviter une absorption trop rapide. De plus, il est habituellement nécessaire d'adapter les doses d'insuline selon les recommandations du médecin.

Prenez contact avec les associations pour diabétiques : elles diffusent une information utile sur le traitement et la surveillance du *diabète*.

Votre entourage doit savoir reconnaître les signes d'une *hypoglycémie* et pouvoir vous administrer, en cas de perte de connaissance, une ampoule de GLUCAGON. Celle-ci peut être conservée au domicile ou sur le lieu de travail à température ambiante (inférieure à 25 °C) pendant 2 ans. Après reconstitution, la solution ne doit pas être conservée plus d'une semaine au réfrigérateur ni être congelée.

Veillez à ne pas manquer d'insuline ou de seringues, notamment pendant les week-ends et les jours fériés ; lors de vos déplacements, munissez-vous d'une réserve ou de votre ordonnance en cours de validité. Un certificat de traitement par l'insuline peut être nécessaire pour franchir certaines frontières.

Avant une première utilisation, il est préférable de conserver l'insuline dans le bas du réfrigérateur (entre + 2 °C et + 8 °C). Si le flacon a été soumis à des températures comprises entre 22 °C et 35 °C pendant moins de 72 heures, il peut être utilisé mais doit ensuite être conservé au frais.

Pour un meilleur confort, l'insuline doit être sortie du réfrigérateur une heure avant l'injection ou réchauffée dans les mains pendant quelques minutes, puis injectée à température ambiante.

Après une première utilisation, les flacons entamés peuvent être conservés 3 semaines à température ambiante (inférieure à 25 °C) dans un endroit propre et sec et à l'abri de la lumière.

EFFETS INDÉSIRABLES POSSIBLES

Nodules graisseux sous-cutanés.

Rares *allergies*, essentiellement cutanées.

INSUMAN 100 UI/ml rapide

insuline

PRÉSENTATION

INSUMAN 100 UI/ml RAPIDE : solution injectable d'*insuline* d'action rapide et brève ; boîte de 5 cartouches de 3 ml (300 unités internationales) - Remb. 65 %

Laboratoires Hoechst

COMPOSITION

	p. cartouche
Insuline humaine hémisynthétique d'origine porcine	300 UI

INDICATIONS

C'est une *insuline* identique à l'insuline humaine, obtenue par modification de l'insuline de porc. Son action est rapide et brève : son effet apparaît vers la 30e minute qui suit l'injection et s'estompe entre la 5e et la 8e heure.

Elle est utilisée exclusivement en injection dans le traitement du *diabète*, et conditionnée en cartouche uniquement adaptée au stylo injecteur OptiPen.

ATTENTION

La concentration de cette suspension n'est pas adaptée aux seringues ni aux pompes à *perfusion* : risque majeur d'*hypoglycémie* grave par surdosage.

La mise en route du traitement suppose un apprentissage correct pour injecter l'*insuline*, contrôler la *glycémie* au doigt, rechercher le *sucre* et l'acétone dans les urines et tenir un carnet de surveillance.

L'hypoglycémie est la principale complication des traitements par l'insuline. Il s'agit le plus souvent de malaises hypoglycémiques sans gravité dont les principaux signes sont : sueurs, tremblements, troubles visuels, vision double, fatigue soudaine, fringale, *vertiges*, difficulté de concentration. En ce cas, le diabétique doit aussitôt absorber 3 à 6 morceaux de sucre ou un sirop sucré.

Beaucoup plus rarement, l'hypoglycémie peut être grave et entraîner des troubles du comportement (comparables notamment à l'ébriété), des *convulsions*, voire une perte de connaissance : 1 ampoule de GLUCAGON doit être injectée immédiatement par *voie* sous-cutanée ou intramusculaire, même à travers les vêtements en cas d'agitation. Si le diabétique ne reprend pas conscience dans les minutes qui suivent, prévenez un service d'urgence. Dans le doute, il n'y a pas de danger à injecter du GLUCAGON à un diabétique traité par l'insuline. Dans tous les cas, la prise d'une collation ou d'un repas reste nécessaire.

L'autre complication possible chez le diabétique est la survenue d'une *acidocétose* due à un manque important d'insuline. Elle peut être déclenchée par une infection (qui augmente les besoins en insuline) : grippe, rhume, *cystite*, abcès, etc. Elle se manifeste par une grande fatigue, une soif intense et des *troubles digestifs*. Il faut alors rechercher la présence de sucre et d'acétone dans les urines : la présence des deux en quantité importante confirme le diagnostic. Le traitement par l'insuline ne doit pas être arrêté ; le diabétique doit suivre les consignes de son médecin et, si besoin, le joindre d'urgence.

Évitez la prise de boissons alcoolisées à jeun ou à distance des repas : augmentation du risque d'hypoglycémie.

Conducteur : une hypoglycémie peut entraîner un malaise pendant la conduite ou l'utilisation de machines.

INTERACTIONS MÉDICAMENTEUSES

Certains médicaments peuvent déséquilibrer la *glycémie* : signalez votre traitement par l'*insuline* à tout médecin consulté ou à votre pharmacien.

GROSSESSE, ALLAITEMENT ET NOUVEAU-NÉ

Grossesse :

L'*insuline* est adaptée au *diabète* de la femme enceinte ou aux troubles passagers de la *glycémie* pendant la durée de la grossesse.

Allaitement :

Le traitement par l'*insuline* n'est pas une contre-indication à l'allaitement.

MODE D'EMPLOI ET POSOLOGIE

Cette *insuline* doit être injectée uniquement par *voie* sous-cutanée ; son conditionnement en cartouche est exclusivement réservé au stylo injecteur OptiPen.

Avant l'injection, purgez l'air éventuellement contenu dans la cartouche.

L'aiguille doit être changée après chaque injection.

Respectez les horaires et les zones d'injection recommandés par votre médecin.

Posologie usuelle :

Elle est adaptée en fonction des résultats des analyses réalisées par le diabétique ou son entourage (carnet de surveillance) et des conseils de son médecin.

Il est prudent de disposer d'une *insuline* équivalente pour seringue afin de faire face à une perte ou à un défaut de fonctionnement du stylo.

Si vous utilisez deux stylos destinés à injecter deux insulines, veillez à pouvoir les distinguer facilement.

Pour le maniement précis du stylo, conformez-vous à la notice fournie par le fabricant et veillez à ne pas l'égarer.

En cas d'activité sportive, il est préférable d'injecter l'insuline à distance des muscles qui travaillent pour éviter une absorption trop rapide de l'insuline. De plus, une adaptation des doses d'insuline est habituellement nécessaire selon les conseils du médecin.

Prenez contact avec les associations pour diabétiques : elles diffusent une information utile sur le traitement et la surveillance du *diabète*.

Votre entourage doit savoir reconnaître les signes d'une *hypoglycémie* et pouvoir vous administrer, en cas de perte de connaissance, une ampoule de GLUCAGON. Celle-ci peut être conservée au domicile ou sur le lieu de travail à température ambiante (inférieure à 25 °C) pendant 2 ans. Après reconstitution, la solution ne doit pas être conservée plus d'une semaine au réfrigérateur ni être congelée.

Veillez à ne pas manquer d'insuline ou de seringues, notamment lors des week-ends et jours fériés ; lors de vos déplacements, munissez-vous d'une réserve ou de votre ordonnance en cours de validité. Un certificat de traitement par l'insuline peut être nécessaire pour franchir certaines frontières.

Avant une première utilisation, il est préférable de conserver vos réserves d'insuline dans le bas du réfrigérateur (entre + 2 °C et + 8 °C). Si les cartouches ont été soumises à des températures comprises entre 22 °C et 35 °C pendant moins de 72 heures, elles peuvent être utilisées mais doivent ensuite être conservées au frais.

Après une première utilisation, la cartouche peut être conservée dans le stylo 3 semaines à température ambiante (inférieure à 25 °C), dans un endroit propre et sec, à l'abri de la lumière.

EFFETS INDÉSIRABLES POSSIBLES

Nodules graisseux sous-cutanés.

Rares *allergies*, essentiellement cutanées.

INTERCYTON

acide flavodique

PRÉSENTATION

INTERCYTON : gélule (blanc) ; boîte de 30 - Remb. 35 %

Laboratoires Evans Medical

COMPOSITION

	p. gél.
Acide flavodique sel disodique	200 mg

INDICATIONS

C'est un protecteur *vasculaire* et un *veinotonique*. Il stimule la circulation du sang dans les veines et lutte contre l'altération des *vaisseaux capillaires*.

Il est utilisé dans le *traitement symptomatique* :
- des jambes lourdes, *œdèmes*, crampes, *impatiences* et autres troubles pouvant être en rapport avec une mauvaise circulation veineuse ou *lymphatique* ;
- des crises d'*hémorroïdes* ;
- des saignements utérins liés au port du stérilet (après avis médical) ;
- de l'insuffisance d'irrigation de la *rétine*.

ATTENTION

Ce médicament est insuffisant pour prévenir le risque de *phlébite* chez les malades alités ou plâtrés.

Il soulage, mais n'empêche pas l'aggravation de l'*insuffisance veineuse*, qui requiert des mesures spécifiques telles que la *contention élastique*.

GROSSESSE, ALLAITEMENT ET NOUVEAU-NÉ

L'effet de ce médicament pendant la grossesse ou l'allaitement est mal connu. L'évaluation du risque éventuel lié à son utilisation est individuelle : demandez conseil à votre pharmacien ou à votre médecin.

MODE D'EMPLOI ET POSOLOGIE

Ce médicament doit être pris avec un verre d'eau.

Posologie usuelle :

1 à 3 gélules par jour.

Dans le traitement des *hémorroïdes*, la *posologie* est portée à 4 ou 5 gélules par jour.

Une activité physique régulière et la surélévation du pied du lit permettent de faciliter la circulation veineuse et *lymphatique*.

La constipation, la consommation de mets épicés et de vins riches en tanins favorisent les *hémorroïdes*.

EFFETS INDÉSIRABLES POSSIBLES

Rares douleurs d'estomac et éruptions cutanées.

INTESTICARBINE

PRÉSENTATION

INTESTICARBINE : granulé ; boîte de 110 g - Non remb.

Laboratoires Goupil

COMPOSITION

	p. 110 g
Belladone, poudre de feuilles	0,11 g
Oxyde de magnésium	2,2 g
Charbon activé	8,8 g
Méthénamine	2,2 g
Bêta-naphtol	0,0825 g
Mandélate de calcium	0,55 g
Hyposulfite de sodium	1,1 g

Saccharose : 13 g/c. à s.

INDICATIONS

C'est une association de substances qui contient du charbon activé, des *antiseptiques* et de la *belladone*. Le charbon activé facilite la digestion en fixant les toxines et les gaz présents dans le tube digestif ; la belladone calme les douleurs et les spasmes de l'intestin.

Ce médicament est utilisé dans le *traitement symptomatique* des maladies *fonctionnelles* du côlon, et des diarrhées et ballonnements dus à une intoxication alimentaire.

CONTRE-INDICATIONS

Ce médicament ne doit pas être utilisé dans les cas suivants :
- enfant de moins de 30 mois,
- *glaucome* à angle fermé,
- risque de rétention urinaire lié à un *adénome de la prostate*.

ATTENTION

Si les troubles persistent, consultez votre médecin. Une diarrhée expose à un risque de déshydratation qui peut être grave.

Ce médicament contient du *sucre* (saccharose) en quantité notable.

INTERACTIONS MÉDICAMENTEUSES

Ce médicament peut interagir avec de nombreux autres médicaments en diminuant leur absorption : il convient de séparer les prises d'au moins 2 heures.

GROSSESSE, ALLAITEMENT ET NOUVEAU-NÉ

L'effet de ce médicament pendant la grossesse ou l'allaitement est mal connu. L'évaluation du risque éventuel lié à son utilisation est individuelle : demandez conseil à votre pharmacien ou à votre médecin.

MODE D'EMPLOI ET POSOLOGIE

Ce médicament est pris de préférence après chaque repas. Il peut être pris pur ou dilué dans un peu d'eau.

Posologie usuelle :
- Adulte : 1 ou 2 cuillères à soupe par prise selon l'intensité des *symptômes*.
- Enfant de plus de 30 mois : 1 cuillère à café par prise.

Une diarrhée peut provoquer une déshydratation. Cette perte d'eau par l'organisme peut entraîner des troubles graves (malaise, fatigue, confusion des idées...). Il est indispensable de prévenir cette déshydratation par des boissons sucrées abondantes et des bouillons salés, notamment chez la personne âgée et l'enfant. Pour les jeunes enfants, il existe des préparations destinées à cet effet.

EFFETS INDÉSIRABLES POSSIBLES

Parfois : sécheresse de la bouche, troubles visuels.

Liste des centres antipoison : voir Annexes

INTÉTRIX

tiliquinol, tilbroquinol

PRÉSENTATION

INTÉTRIX : gélule (rouge et blanc) ; boîte de 20 - Remb. 35 % - Liste I

INTÉTRIX : gélule (rouge et blanc) ; boîte de 40 - Remb. 35 % - Liste I

Laboratoires Beaufour

COMPOSITION

	p. gél.
Tiliquinol	50 mg
Tiliquinol-N-dodécyl-sulfate	50 mg
Tilbroquinol	200 mg
Lactose	+

INDICATIONS

C'est un *antiseptique* intestinal qui appartient à la famille des quinoléines.

Il est utilisé pour traiter les diarrhées aiguës, bénignes, et certaines formes d'infection dues aux *amibes*.

ATTENTION

Si la diarrhée persiste ou s'il apparaît une fièvre, des frissons, une grande fatigue, du sang ou des glaires dans les selles, ce traitement est insuffisant et des examens peuvent être nécessaires : consultez votre médecin.

Ne prolongez pas le traitement au-delà de 4 semaines sans avis médical.

GROSSESSE, ALLAITEMENT ET NOUVEAU-NÉ

L'effet de ce médicament pendant la grossesse ou l'allaitement est mal connu : seul votre médecin peut évaluer le risque éventuel de son utilisation dans votre cas.

MODE D'EMPLOI ET POSOLOGIE

Infection intestinale aiguë : 2 gélules, 2 ou 3 fois par jour.

Amibiase chronique : 4 gélules par jour, par cure de 10 jours. Un nouvel examen médical est nécessaire après 1 mois de traitement.

Une diarrhée peut provoquer une déshydratation. Cette perte d'eau par l'organisme peut entraîner des troubles graves (fatigue, malaises, confusion des idées...). Il est indispensable de prévenir cette déshydratation, en particulier chez les personnes âgées et les enfants, par des boissons sucrées abondantes et des bouillons salés.

INTÉTRIX P

tilbroquinol

PRÉSENTATION

INTÉTRIX P : granulé arôme framboise ; boîte de 125 g (50 cuillères-mesure) - Remb. 35 % - Liste I

Laboratoires Beaufour

COMPOSITION

	p. c. mes.
Tilbroquinol	82 mg

INDICATIONS

C'est un *antiseptique* intestinal qui appartient à la famille des quinoléines.

Il est utilisé pour traiter les diarrhées aiguës bénignes de l'enfant.

ATTENTION

Si la diarrhée persiste ou s'il apparaît une fièvre, des frissons, une grande fatigue, du sang ou des glaires dans les selles, ce traitement est insuffisant et des examens peuvent être nécessaires : consultez votre médecin.

Ne prolongez pas le traitement au-delà de 4 semaines sans un avis médical.

MODE D'EMPLOI ET POSOLOGIE

Les granulés peuvent être mélangés avec un peu d'eau ou incorporés à l'alimentation.

Posologie usuelle :

2 ou 3 cuillères-mesure par 5 kg et par jour, à répartir en 3 ou 4 prises ; par exemple, pour un enfant de 17 kg : 2 cuillères-mesure, 4 fois par jour.

Une diarrhée peut provoquer une déshydratation. Cette perte d'eau par l'organisme peut entraîner des troubles graves (fatigue, malaises, confusion des idées...). Il est indispensable de prévenir cette déshydratation par des boissons sucrées abondantes et des bouillons salés. Il existe pour les jeunes enfants des préparations destinées à cet effet.

INTRAIT DE MARRON D'INDE

PRÉSENTATION

INTRAIT DE MARRON D'INDE P : solution buvable ; flacon 60 ml (2 500 gouttes) - Remb. 35 %

Laboratoires Synthélabo France

COMPOSITION

	p. 50 gtes
Intrait de marron d'Inde titré à 2 % en aesculoside	67,8 mg
Méthesculétol sodique	13,56 mg
Saccharose	+
Alcool 95°	+

INDICATIONS

C'est un protecteur *vasculaire* et un *veinotonique* qui associe plusieurs substances. Il stimule la circulation du sang dans les veines et lutte contre l'altération des *vaisseaux capillaires*.

Il est utilisé dans le *traitement symptomatique* des crises d'*hémorroïdes*.

GROSSESSE, ALLAITEMENT ET NOUVEAU-NÉ

L'effet de ce médicament pendant la grossesse ou l'allaitement est mal connu. L'évaluation du risque éventuel lié à son utilisation est individuelle : demandez conseil à votre pharmacien ou à votre médecin.

MODE D'EMPLOI ET POSOLOGIE

Ce médicament doit être dilué dans un peu d'eau, et pris au cours des repas.

Posologie usuelle :

De 50 à 500 gouttes par jour, en 3 à 6 prises, suivant l'intensité des troubles.

La constipation, la consommation de mets épicés et de vins riches en tanins favorisent les *hémorroïdes*.

INTRASITE

crilanomère

PRÉSENTATION

INTRASITE : gel pour application locale ; boîte de 10 sachets - Remb. 35 %

Laboratoires Smith Nephew

COMPOSITION

	p. sachet
Crilanomère	500 mg

INDICATIONS

Ce gel a la propriété d'absorber les sérosités (suintement) et les cellules mortes ; il protège la plaie et entretient un environnement humide, propice à sa cicatrisation.

Il est utilisé dans le traitement des *ulcères* de la jambe.

CONTRE-INDICATIONS

Ce médicament ne doit pas être utilisé en cas d'*insuffisance rénale*.

MODE D'EMPLOI ET POSOLOGIE

Nettoyer la plaie avec du *sérum physiologique*. Appliquer une couche de gel d'au moins 5 millimètres sur la lésion. Jeter le reste de gel non utilisé. Recouvrir d'une compresse stérile et la fixer à l'aide d'une bande ou d'un adhésif.

Posologie usuelle :

Renouveler le pansement lorsque le gel est saturé ou complètement sec ; l'enlever délicatement à l'aide de *sérum physiologique* ou d'une compresse stérile humide.

Le rythme de renouvellement du pansement varie selon l'importance du suintement (en général, tous les 2 jours).

EFFETS INDÉSIRABLES POSSIBLES

Irritation ou *allergie* locale.

IODO-GLUTHIONAL

iodo-gluthional, vitamine B1

PRÉSENTATION

IODO-GLUTHIONAL VITAMINÉ B1 2 p. cent : solution injectable ; boîte de 5 ampoules 2 ml - Non remb.

Laboratoires Gerda

COMPOSITION

	p. amp. inj.
Iodo-gluthional	40 mg
Thiamine chlorhydrate (vitamine B1)	40 mg

INDICATIONS

Ce médicament contient une substance qui apporte dans l'organisme de l'iode et du soufre. Il contient également de la *vitamine* B1.

Il est utilisé dans le *traitement d'appoint* de l'*arthrose*.

CONTRE-INDICATIONS

Ce médicament ne doit pas être utilisé dans les cas suivants :
- *intolérance* à l'iode ou à la *vitamine* B1,
- grossesse.

> **ATTENTION**
> Ce médicament contient de l'iode : des précautions sont nécessaires en cas d'anomalie de la glande *thyroïde*.

GROSSESSE, ALLAITEMENT ET NOUVEAU-NÉ

Grossesse :

Ce médicament est contre-indiqué pendant la grossesse.

Allaitement :

Les données actuellement disponibles ne permettent pas de savoir si ce médicament passe dans le lait maternel.

MODE D'EMPLOI ET POSOLOGIE

Ce médicament doit être administré par *voie* intramusculaire.

Posologie usuelle :

1 injection par jour.

EFFETS INDÉSIRABLES POSSIBLES

Baisse de la tension artérielle, *choc anaphylactique* (exceptionnel).

Troubles du fonctionnement de la glande *thyroïde* dus à l'iode, notamment chez la personne âgée.

IONARTHROL

PRÉSENTATION

IONARTHROL : poudre orale ; boîte de 45 sachets - Remb. 35 %

Laboratoires Picot

COMPOSITION

	p. sachet
Sulfate de manganèse	$0{,}48 \times 10^{-8}$ g
Sulfate de magnésium	$0{,}48 \times 10^{-5}$ g
Chlorure de calcium	$0{,}48 \times 10^{-6}$ g
Chlorure de nickel	$0{,}48 \times 10^{-10}$ g
Sulfate ferrique	$0{,}48 \times 10^{-6}$ g
Sulfate de sodium	0,466 g
Lactose	0,013 g

INDICATIONS

Ce médicament contient du soufre et de très faibles quantités de manganèse, de magnésium, de calcium, de nickel et de fer.

Il est utilisé dans le *traitement d'appoint* de l'*arthrose*.

CONTRE-INDICATIONS

Ce médicament ne doit pas être utilisé en cas d'*intolérance* au soufre.

GROSSESSE, ALLAITEMENT ET NOUVEAU-NÉ

Ce médicament ne contient que des substances présumées sans danger pendant la grossesse ou l'allaitement. Néanmoins, ne l'utilisez pas de façon prolongée sans l'avis de votre pharmacien ou de votre médecin.

MODE D'EMPLOI ET POSOLOGIE

Le contenu des sachets doit être dilué dans 2 cuillères à soupe d'eau tiède. Garder la solution sous la langue 1 ou 2 minutes avant de l'avaler.

Posologie usuelle :

1 sachet, 3 fois par jour.

EFFETS INDÉSIRABLES POSSIBLES

Douleur d'estomac.

IONIMAG
magnésium

PRÉSENTATION

IONIMAG : comprimé effervescent ; boîte de 30 - Remb. 35 %

Laboratoires Byk France

COMPOSITION

	p. comp.
Magnésium lactate	1 g
Soit magnésium	100 mg
Sodium	332 mg

INDICATIONS

Ce médicament contient du magnésium, élément minéral indispensable au *métabolisme*.

Il est utilisé dans le traitement des *carences* en magnésium, notamment celles qui sont liées à la prise de *diurétiques*.

CONTRE-INDICATIONS

Ce médicament ne doit pas être utilisé en cas d'*insuffisance rénale* grave.

> **ATTENTION**
> Ce médicament contient du *sel* (sodium) en quantité notable.

INTERACTIONS MÉDICAMENTEUSES

Ce médicament peut interagir avec d'autres médicaments en diminuant leur absorption digestive : signalez tout autre traitement en cours à votre médecin ou à votre pharmacien.

GROSSESSE, ALLAITEMENT ET NOUVEAU-NÉ

Ce médicament ne contient aucune substance connue pour être toxique chez la femme enceinte ou qui allaite.

MODE D'EMPLOI ET POSOLOGIE

Les comprimés doivent être dissous dans un demi-verre d'eau. Les prises de ce médicament doivent être réparties au cours de la journée.

Posologie usuelle :
- Adulte : 3 ou 4 comprimés par jour.
- Enfant : la dose est fixée par le médecin en fonction du poids.

> ☛ Les comprimés effervescents doivent être conservés à l'abri de l'humidité.

EFFETS INDÉSIRABLES POSSIBLES

Diarrhée, douleurs abdominales.

IONYL

PRÉSENTATION

IONYL : solution buvable ; flacon compte-gouttes 30 ml - Non remb.

Laboratoires Pharmadéveloppement

COMPOSITION

	p. ml (20 gtes)
Acide phosphorique à 75 %	303,5 mg
Glycérophosphate de sodium	206,5 mg
Glycérophosphate de magnésium	30,4 mg
Glycérophosphate de manganèse	36,5 mg
Soit phosphore	78,49 mg
Soit sodium	40,47 mg
Soit magnésium	3,80 mg
Soit manganèse	8,91 mg
Eau de mer	+

INDICATIONS

Ce médicament *antiasthénique* contient une association de substances, notamment du phosphore, du magnésium et du manganèse.

Il est utilisé dans le *traitement symptomatique* de la fatigue.

CONTRE-INDICATIONS

Ce médicament ne doit pas être utilisé dans les cas suivants :
- *antécédents* de calculs des *voies* urinaires,
- *ulcère* de l'estomac et du *duodénum*.

> **ATTENTION**
> Des précautions sont nécessaires en cas d'*insuffisance rénale* grave.

GROSSESSE, ALLAITEMENT ET NOUVEAU-NÉ

Avant d'utiliser ce médicament pendant la grossesse ou l'allaitement, demandez conseil à votre médecin ou à votre pharmacien.

MODE D'EMPLOI ET POSOLOGIE

Les gouttes doivent être diluées dans un verre d'eau, et prises au cours des repas.

Posologie usuelle :
- Adulte et adolescent : 20 gouttes (1 ml), 2 fois par jour.

> ☛ Une fatigue persistante ne doit pas vous conduire à augmenter les prises de ce médicament : demandez conseil à votre médecin ou à votre pharmacien.

IPSER EUROPE PASTEUR

sérum antivenimeux d'origine chevaline

PRÉSENTATION

IPSER EUROPE PASTEUR : solution injectable ; seringue prête à l'emploi 5 ml - Non remb.

Laboratoires Pasteur Vaccins

COMPOSITION

Sérum de chevaux hyperimmunisés contre les venins de vipères :	p. seringue
Aspis	⩾ 100 doses létales 50/ml
Berus	⩾ 50 doses létales 50/ml
Ammodytes	⩾ 100 doses létales 50/ml

INDICATIONS

C'est un sérum extrait du sang de chevaux spécialement immunisés contre le venin des vipères de France et d'Europe. Ce médicament n'est pas un *vaccin* ; il apporte une protection qui dure quelques semaines, puis disparaît ensuite totalement.

Ce sérum est utilisé en cas de morsure de vipère.

CONTRE-INDICATIONS

Ce médicament ne doit pas être utilisé en cas d'*allergie* au sérum de cheval.

ATTENTION

Ce sérum ne doit en aucun cas être injecté par *voie* intraveineuse.

L'injection de sérum d'origine chevaline peut être responsable d'un *choc* allergique. Ce médicament est réservé aux cas de morsures de vipère, lorsque l'éloignement ne permet pas de consulter un médecin.

GROSSESSE, ALLAITEMENT ET NOUVEAU-NÉ

Grossesse :

En cas d'absolue nécessité, l'emploi de ce médicament est possible chez la femme enceinte.

MODE D'EMPLOI ET POSOLOGIE

Le contenu de l'ampoule est prêt à l'emploi et doit être injecté pour moitié par *voie* intramusculaire à la racine du membre mordu (fesse ou épaule), l'autre moitié étant injectée sous la peau, tout autour de la plaie.

Pour limiter la gravité d'une éventuelle réaction allergique, le contenu de l'ampoule doit être injecté lentement par petites quantités successives, espacées de quelques minutes (méthode de Besredka).

Posologie usuelle :

1 flacon au minimum, chez l'adulte comme chez l'enfant.

Ce médicament doit être conservé dans le compartiment à beurre du réfrigérateur (+ 2 à + 8 °C).

Un séjour de 2 mois à une température ambiante (inférieure à + 25 °C) n'altère que très légèrement son efficacité. En revanche, une exposition durable à une température supérieure doit conduire à ne pas l'utiliser.

EFFETS INDÉSIRABLES POSSIBLES

L'injection est parfois douloureuse.

Choc anaphylactique : dans ce cas, allonger la personne sur le dos, les jambes surélevées, en attendant les secours.

IRICLAIR

PRÉSENTATION

IRICLAIR : collyre ; boîte de 10 flacons unidoses 0,4 ml - Non remb.

Laboratoires Lederle

COMPOSITION

	p. fl.
Phényléphrine chlorhydrate	0,2 mg
Acide borique	5,6 mg
Borax	0,2 mg
Édétate de sodium	0,04 mg

INDICATIONS

C'est un collyre décongestionnant qui contient notamment un *vasoconstricteur* et un *antiseptique*.

Il est utilisé pour traiter les *conjonctivites* non infectieuses, notamment les irritations dues à des corps étrangers, à des gaz irritants, à des poussières ou à une lumière excessive.

CONTRE-INDICATIONS

Ce médicament ne doit pas être utilisé dans les cas suivants :
- *glaucome* à angle fermé,
- *nouveau-né*.

ATTENTION

Une rougeur ou une douleur de l'œil ne correspondent pas toujours à une *conjonctivite*. Des soins urgents peuvent être nécessaires, notamment en cas de vision floue.

Ce collyre peut provoquer un *glaucome* aigu par fermeture de l'angle chez les personnes prédisposées : œil rouge, dur, douloureux, et flou de la vision. Une consultation d'urgence dans un service spécialisé est alors nécessaire.

Du fait de la présence d'un *vasoconstricteur*, les instillations répétées doivent être évitées chez les personnes souffrant d'*angine de poitrine* ou d'*hypertension artérielle*.

Des instillations répétées peuvent provoquer une sensibilité anormale à la lumière, gênante en cas de conduite automobile.

INTERACTIONS MÉDICAMENTEUSES

Ce médicament peut interagir avec d'autres médicaments, notamment les *antidépresseurs* de la famille des *IMAO* non sélectifs (MARSILID, NIAMIDE...). Signalez tout autre traitement en cours à votre médecin ou à votre pharmacien.

GROSSESSE, ALLAITEMENT ET NOUVEAU-NÉ

L'effet de ce médicament pendant la grossesse ou l'allaitement est mal connu. L'évaluation du risque éventuel lié à son utilisation est individuelle : demandez conseil à votre pharmacien ou à votre médecin.

MODE D'EMPLOI ET POSOLOGIE

Utiliser un nouveau flacon unidose lors de chaque application.

Tirer la paupière inférieure vers le bas tout en regardant vers le haut et déposer les gouttes de collyre entre la paupière et le globe oculaire (*cul-de-sac conjonctival*).

Posologie usuelle :

- Adulte et enfant de plus de 1 mois : 2 gouttes, 3 ou 4 fois par jour.

Les lentilles de contact ne doivent pas être portées en cas d'irritation oculaire ni réutilisées avant l'arrêt complet du traitement.

L'application correcte du produit peut nécessiter une aide, notamment chez une personne handicapée ou âgée.

EFFETS INDÉSIRABLES POSSIBLES

Glaucome aigu par fermeture de l'angle (voir ATTENTION).

Accélération du cœur, *palpitations* du fait du passage possible du *vasoconstricteur* dans le sang.

IRS 19

antigènes bactériens

PRÉSENTATION

IRS 19 : suspension nasale ; aéronébuliseur 20 ml - Remb. 35 %

Laboratoires LTM

COMPOSITION

	p. 100 ml
Lysat de Diplococcus pneumoniae	6,66 ml
Lysat de streptococcus	6,66 ml
Lysat de Micrococcus pyogenes (staphylocoques)	6,66 ml
Lysat de Gafkya tetragena	3,33 ml
Lysat de neisseria	6,66 ml
Lysat de Klebsiella pneumoniae	6,66 ml
Lysat de moraxella	3,33 ml
Lysat d'Haemophilus influenzae	3,33 ml

INDICATIONS

Ce médicament est destiné à stimuler l'immunité et à renforcer les défenses de l'organisme contre l'infection.

Il est utilisé dans le traitement des infections des *voies* respiratoires, du nez, de la gorge et des oreilles.

GROSSESSE, ALLAITEMENT ET NOUVEAU-NÉ

L'effet de ce médicament pendant la grossesse ou l'allaitement est mal connu.

L'évaluation du risque éventuel lié à son utilisation est individuelle : demandez conseil à votre pharmacien ou à votre médecin.

MODE D'EMPLOI ET POSOLOGIE

Pulvériser la solution dans chaque narine au cours d'une brève inspiration, en tenant le flacon verticalement.

Posologie usuelle :

- *Traitement préventif* : 1 pulvérisation, 2 fois par jour pendant 15 jours.
- *Traitement curatif* : 1 pulvérisation, 2 à 5 fois par jour pendant quelques jours.

> Évitez de prendre ce médicament en même temps qu'un *vasoconstricteur* nasal qui pourrait gêner son action.

EFFETS INDÉSIRABLES POSSIBLES

Éternuements, écoulement nasal en début de traitement.

ISKÉDYL oral
dihydroergocristine, raubasine

PRÉSENTATION

ISKÉDYL : solution buvable ; flacon 30 ml (1 500 gouttes) et doseur - Remb. 65 % - Liste II

ISKÉDYL : comprimé (rose) ; boîte de 100 - Remb. 65 % - Liste II

ISKÉDYL FORT : comprimé (rose) ; boîte de 56 - Remb. 35 % - Liste II

ISKÉDYL FORT : comprimé (rose) ; boîte de 112 - Remb. 35 % - Liste II

Laboratoires Pierre Fabre

COMPOSITION

	p. 30 gtes	p. comp.	p. comp. fort
Dihydroergocristine mésilate	0,6 mg	0,6 mg	1,20 mg
Raubasine	4,8 mg	4,8 mg	9,60 mg

INDICATIONS

Ce médicament est un *vasodilatateur* qui appartient à la famille des dérivés de l'*ergot de seigle*. Il augmente le débit sanguin cérébral.

Il est utilisé dans le traitement :

- des troubles du comportement et de la mémoire liés au vieillissement,
- des suites de certains *accidents vasculaires cérébraux*,
- des sensations d'étourdissement de la personne âgée,
- des troubles liés au vieillissement de la *rétine*.

> **ATTENTION**
> Chez une personne âgée, des troubles attribués au vieillissement peuvent être dus à une *dépression* ; ils nécessitent alors un traitement spécifique.

GROSSESSE, ALLAITEMENT ET NOUVEAU-NÉ

L'effet de ce médicament pendant la grossesse ou l'allaitement est mal connu : seul votre médecin peut évaluer le risque éventuel de son utilisation dans votre cas.

MODE D'EMPLOI ET POSOLOGIE

Les comprimés doivent être avalés avec un peu d'eau, sans être croqués. Les gouttes doivent être diluées dans un verre d'eau.

Posologie usuelle :

- solution buvable : 30 à 40 gouttes, 3 fois par jour ;
- comprimé : 1 comprimé 3 fois par jour, ou 2 comprimés 2 fois par jour ;
- comprimé fort : 2 comprimés, 2 fois par jour.

> Ne pas prendre ce médicament à jeun afin d'éviter d'éventuels *troubles digestifs*.

EFFETS INDÉSIRABLES POSSIBLES

Nausées, en cas de prise à jeun.

ISKÉDYL injectable
dihydroergocristine, raubasine

PRÉSENTATION

ISKÉDYL : solution injectable ; boîte de 6 ampoules 2,5 ml - Remb. 65 % - Liste II

Laboratoires Pierre Fabre

COMPOSITION

	p. amp. inj.
Dihydroergocristine mésilate	0,3125 mg
Raubasine	6,25 mg

INDICATIONS

Ce médicament est un *vasodilatateur* de la famille des dérivés de l'*ergot de seigle*. Il augmente le débit sanguin cérébral.

Il est utilisé dans le traitement :

- des suites de certains *accidents vasculaires cérébraux*,
- des troubles liés au vieillissement de la *rétine*.

CONTRE-INDICATIONS

Ce médicament ne doit pas être utilisé en association avec les *antidépresseurs* de la famille des *IMAO*.

INTERACTIONS MÉDICAMENTEUSES

Ce médicament ne doit pas être associé aux *antidépresseurs* de la famille des *IMAO* : risque de crise convulsive et hypertensive.

GROSSESSE, ALLAITEMENT ET NOUVEAU-NÉ

L'effet de ce médicament pendant la grossesse ou l'allaitement est mal connu : seul votre médecin peut évaluer le risque éventuel de son utilisation dans votre cas.

MODE D'EMPLOI ET POSOLOGIE

La solution doit être injectée par *voie* intramusculaire ou intraveineuse lente.

Posologie usuelle :

3 à 6 ampoules par jour.

ISMÉLINE
guanéthidine

PRÉSENTATION

ISMÉLINE 5 % : collyre ; flacon compte-gouttes 10 ml - Remb. 65 % - Liste I

Laboratoires CIBA Vision Ophthalmics

COMPOSITION

	p. 100 ml
Guanéthidine sulfate	5 g

INDICATIONS

Ce collyre a la propriété de diminuer la pression des liquides contenus dans l'œil (*tension intraoculaire*).

Il est utilisé dans le traitement des *glaucomes* à l'exception du glaucome par fermeture de l'angle. Il est également utilisé dans le traitement des rétractions des paupières, observées dans certaines *hyperthyroïdies*.

CONTRE-INDICATIONS

Ce médicament ne doit pas être utilisé en cas de *glaucome* par fermeture de l'angle ou de prédisposition à ce type de glaucome.

> **ATTENTION**
> Certaines contre-indications ne peuvent être détectées que par un ophtalmologiste : ne réutilisez pas ce médicament sans avis médical.

GROSSESSE, ALLAITEMENT ET NOUVEAU-NÉ

L'effet de ce médicament pendant la grossesse ou l'allaitement est mal connu : seul votre médecin peut évaluer le risque éventuel de son utilisation dans votre cas.

MODE D'EMPLOI ET POSOLOGIE

Tirer la paupière inférieure vers le bas tout en regardant vers le haut et déposer une goutte de collyre entre la paupière et le globe oculaire (*cul-de-sac conjonctival*).

Posologie usuelle :

1 à 2 gouttes par jour.

Habituellement, la *posologie* est fixée par l'ophtalmologiste en fonction de la *tension intraoculaire*.

Dans le traitement des rétractions des paupières : 1 goutte, 3 ou 4 fois par jour.

> L'application correcte du produit peut nécessiter une aide, notamment chez une personne handicapée ou âgée.
> Ne conservez pas ce collyre plus de 15 jours après une première utilisation.
> Ce médicament doit être gardé à l'abri de la lumière et de la chaleur.

EFFETS INDÉSIRABLES POSSIBLES

Irritation locale, souvent passagère.

Ne jetez pas les médicaments périmés, rapportez-les chez votre pharmacien

ISOBAR

méthyclothiazide, triamtérène

PRÉSENTATION

ISOBAR : comprimé sécable ; boîte de 30 - Remb. 65 % - Liste II

Laboratoires Logeais

COMPOSITION

	p. comp.
Méthyclothiazide	5 mg
Triamtérène	150 mg

INDICATIONS

Ce médicament est une association de deux *diurétiques* : le méthyclothiazide, dont la structure est proche de celle des *sulfamides*, et le triamtérène, qui a pour caractéristique d'empêcher la perte du *potassium* dans les urines, habituelle avec le méthyclothiazide.

Il est utilisé dans le traitement de l'*hypertension artérielle*.

CONTRE-INDICATIONS

Ce médicament ne doit pas être utilisé dans les cas suivants :
- *allergie* aux *sulfamides*,
- *insuffisance rénale*,
- *hyperkaliémie* (excès de *potassium* dans le sang).

ATTENTION

Ce médicament peut être responsable d'une augmentation ou au contraire d'une baisse de la *kaliémie* (taux de *potassium* dans le sang), qui peut être aggravée par l'usage prolongé de *laxatifs stimulants*. Un contrôle par des analyses de sang est souvent prescrit par le médecin.

Chez les personnes souffrant d'une *insuffisance hépatique* grave, l'apparition de troubles de la conscience peut annoncer une complication grave. Arrêtez le traitement et prenez un avis médical d'urgence.

N'utilisez de *sel* de régime, souvent riche en potassium, qu'avec l'accord de votre médecin.

Les *diurétiques* peuvent augmenter le taux d'*acide urique* ou de *sucre* dans le sang.

INTERACTIONS MÉDICAMENTEUSES

Ce médicament peut interagir avec d'autres médicaments, notamment ceux contenant du *lithium*, et les *sels* de régime. Signalez tout autre traitement en cours à votre médecin ou à votre pharmacien.

GROSSESSE, ALLAITEMENT ET NOUVEAU-NÉ

Grossesse :

Les études scientifiques actuellement disponibles n'ont pas mis en évidence de problème particulier lors de l'utilisation chez la femme enceinte. Néanmoins, les *diurétiques* ne sont pas adaptés au traitement de l'*hypertension artérielle* et des *œdèmes* pendant la grossesse. Seul votre médecin peut apprécier la nécessité du traitement et le risque éventuel de son utilisation dans votre cas.

Allaitement :

Ce médicament passe dans le lait maternel : l'allaitement est déconseillé.

MODE D'EMPLOI ET POSOLOGIE

Ce médicament doit être pris avec un verre d'eau.

Posologie usuelle :

1 comprimé par jour.

Ce médicament augmente le volume des urines, surtout en début de traitement. Évitez une prise le soir, source de gêne nocturne.

Les *diurétiques* exposent au risque de déshydratation : veillez à proposer des boissons abondantes aux personnes âgées, notamment pendant les fortes chaleurs.

Une éventuelle coloration bleuâtre des urines est normale.

EFFETS INDÉSIRABLES POSSIBLES

Déshydratation.

Hypotension orthostatique.

Troubles digestifs, fatigue, *allergie* cutanée.

ISOCARD

isosorbide dinitrate

PRÉSENTATION

ISOCARD : solution *sublinguale* ; flacon pressurisé (20 ml = 150 pulvérisations) - Remb. 65 % - Liste II

Laboratoires Schwarz Pharma

COMPOSITION

	p. pulv.
Isosorbide dinitrate	1,25 mg

INDICATIONS

Ce médicament *vasodilatateur* appartient à la famille des dérivés de la trinitrine. Il possède de nombreuses propriétés qui facilitent le travail du cœur : dilatation des veines, dilatation des artères à forte dose, prévention des spasmes des *artères coronaires*.

Il est utilisé dans le *traitement préventif* et le *traitement curatif* des crises d'*angine de poitrine*.

ATTENTION

Une crise d'*angine de poitrine* qui dure plus d'un quart d'heure malgré la prise de trinitrine peut être un *infarctus du myocarde* débutant qui requiert un traitement urgent. Consultez un service médical d'urgence ou appelez le 15.

INTERACTIONS MÉDICAMENTEUSES

Ce médicament peut interagir avec d'autres médicaments. Signalez tout autre traitement en cours à votre médecin ou à votre pharmacien.

GROSSESSE, ALLAITEMENT ET NOUVEAU-NÉ

L'effet de ce médicament pendant la grossesse ou l'allaitement est mal connu : seul votre médecin peut évaluer le risque éventuel de son utilisation dans votre cas.

MODE D'EMPLOI ET POSOLOGIE

Avant la 1re utilisation, actionner plusieurs fois le spray jusqu'à obtention d'un jet régulier. Ouvrir la bouche et pulvériser une bouffée, de préférence sous la langue. Il est préférable de ne pas respirer pendant la pulvérisation et de fermer la bouche immédiatement après. Le flacon doit être tenu verticalement, le plus près possible de la bouche.

Posologie usuelle :

1 pulvérisation, éventuellement renouvelée une fois, en cas de crise d'*angine de poitrine* ou de circonstances susceptibles de déclencher une crise.

N'abusez pas de ce médicament qui peut provoquer des maux de tête importants.

EFFETS INDÉSIRABLES POSSIBLES

Maux de tête surtout en début de traitement, bouffées de chaleur.

Baisse de la tension artérielle pouvant se traduire par des malaises, surtout chez la personne âgée.

Troubles digestifs.

Réactions cutanées.

ISOFRA

framycétine

PRÉSENTATION

ISOFRA : solution nasale ; flacon pulvérisateur 15 ml - Remb. 35 %

Laboratoires Bouchara

COMPOSITION

	p. flacon
Framycétine sulfate	120 000 U

INDICATIONS

Cette solution nasale contient un *antibiotique* de la famille des *aminosides*.

Elle est utilisée dans le *traitement d'appoint* des *rhinites* et des *rhino-pharyngites*.

CONTRE-INDICATIONS

Ce médicament ne doit pas être utilisé en cas d'*allergie* aux *aminosides*.

ATTENTION

Si votre état ne s'améliore pas après quelques jours de traitement, consultez votre médecin.

L'usage prolongé de ce médicament n'est pas souhaitable : il peut modifier l'équilibre microbien du nez ou de la gorge.

GROSSESSE, ALLAITEMENT ET NOUVEAU-NÉ

L'effet de ce médicament pendant la grossesse ou l'allaitement est mal connu.

L'évaluation du risque éventuel lié à son utilisation est individuelle : demandez conseil à votre pharmacien ou à votre médecin.

MODE D'EMPLOI ET POSOLOGIE

La durée du traitement ne doit pas dépasser 10 jours.

Les pulvérisations sont faites au cours d'une brève inspiration après un mouchage soigneux.

Posologie usuelle :

- Adulte : 4 à 6 pulvérisations par jour, dans chaque narine.
- Enfant : 3 pulvérisations par jour, dans chaque narine.

EFFETS INDÉSIRABLES POSSIBLES

Allergie cutanée.

ISOMÉRIDE

dexfenfluramine

PRÉSENTATION

ISOMÉRIDE : gélules (blanc) ; boîte de 60 - Non remb. - Liste I

Laboratoires Ardix

COMPOSITION

	p. gél.
Dexfenfluramine chlorhydrate	15 mg

INDICATIONS

C'est un modificateur du comportement alimentaire qui diminue l'attirance vers les aliments riches en *glucides*.

Il est utilisé après échec d'un régime hypocalorique pour traiter l'obésité.

CONTRE-INDICATIONS

Ce médicament ne doit pas être utilisé dans les cas suivants :

- *antécédents* de troubles nerveux : *dépression*, *anorexie* mentale... ;
- *glaucome* à angle fermé ;
- association aux *antidépresseurs IMAO* non sélectifs ;
- enfant de moins de 15 ans ;
- **grossesse.**

ATTENTION

Des précautions sont nécessaires en cas d'*insuffisance hépatique*, d'*insuffisance rénale*, ou de *troubles du rythme cardiaque*. Prévenez votre médecin afin qu'il puisse adapter la *posologie*.

En cas d'apparition ou d'augmentation d'un essoufflement pendant l'effort, arrêtez le traitement et consultez votre médecin.

INTERACTIONS MÉDICAMENTEUSES

Ce médicament ne doit pas être associé aux *antidépresseurs IMAO* non sélectifs (MARSILID, NIAMIDE...) : risque de poussée d'*hypertension artérielle* ou de fièvre élevée. Cette contre-indication persiste pendant les 15 jours qui suivent l'arrêt d'un traitement par IMAO.

Ce médicament peut interagir avec d'autres médicaments. Signalez tout autre traitement en cours à votre médecin.

GROSSESSE, ALLAITEMENT ET NOUVEAU-NÉ

Grossesse :

L'effet de ce médicament sur l'enfant à naître est mal connu. Par mesure de prudence, son utilisation est contre-indiquée chez la femme enceinte.

Allaitement :

Les données actuellement disponibles ne permettent pas de savoir si ce médicament passe dans le lait maternel : l'allaitement est déconseillé pendant la durée du traitement.

MODE D'EMPLOI ET POSOLOGIE

Les gélules doivent être avalées avec un verre d'eau.

Posologie usuelle :

- Adulte : 1 gélule matin et soir, au cours des repas.

La durée du traitement ne doit pas dépasser 3 mois. Respectez la *posologie* et la durée du traitement fixées par votre médecin.

L'utilisation de ce médicament ne se conçoit que dans le cadre d'un régime hypocalorique adapté.

EFFETS INDÉSIRABLES POSSIBLES

Bouche sèche, nausées, constipation, ou au contraire diarrhée. Plus rarement, maux de tête, insomnie ou somnolence, fatigue, étourdissements, nervosité, *dépression*, envie d'uriner fréquente. *Allergie* cutanée.

ISOMYRTINE

pholcodine, isomyrtol

PRÉSENTATION

ISOMYRTINE : capsule (vert) ; boîte de 20 - Remb. 35 %

Laboratoires Laphal

COMPOSITION

	p. caps.
Pholcodine	18 mg
Isomyrtol	20 mg

INDICATIONS

Ce médicament *antitussif* contient de la pholcodine qui a une action sédative sur le *système nerveux central* et notamment sur les centres de la toux.

Il est utilisé dans le *traitement symptomatique* des toux sèches.

CONTRE-INDICATIONS

Ce médicament ne doit pas être utilisé dans les cas suivants :

- *asthme*,
- *insuffisance respiratoire*,
- enfant de moins de 15 ans.

ATTENTION

Ce médicament n'est pas adapté au traitement de la toux grasse, qui est un mécanisme de défense normal de l'organisme permettant l'évacuation des mucosités présentes dans les bronches.

La toux est un *symptôme* qui peut révéler de nombreuses maladies. Consultez votre médecin si elle persiste plus de quelques jours.

Évitez les boissons alcoolisées : augmentation du risque de somnolence.

Conducteur : ce médicament peut être responsable d'une somnolence ou d'une baisse de la vigilance.

INTERACTIONS MÉDICAMENTEUSES

Ce médicament peut interagir avec d'autres médicaments. Signalez tout autre traitement en cours à votre médecin ou à votre pharmacien.

GROSSESSE, ALLAITEMENT ET NOUVEAU-NÉ

Grossesse :

Compte tenu de la présence de pholcodine, n'utilisez pas ce médicament pendant la grossesse sans prendre l'avis de votre pharmacien ou de votre médecin.

Allaitement :

Les données actuellement disponibles ne permettent pas de savoir si ce médicament passe dans le lait maternel. Par mesure de prudence, il est déconseillé pendant l'allaitement.

MODE D'EMPLOI ET POSOLOGIE

Ce médicament peut être pris indifféremment pendant ou en dehors des repas. Les prises doivent être espacées d'au moins 4 heures.

Posologie usuelle :

- Adulte : 1 capsule, 3 ou 4 fois par jour.

La poursuite du tabagisme nuit à l'efficacité du traitement.

Des mesures simples permettent de calmer les toux sèches : boissons chaudes et humidification de l'air ambiant.

EFFETS INDÉSIRABLES POSSIBLES

Constipation, et plus rarement : somnolence, nausées, vomissements, sensation de *vertige*, *bronchospasme*, *allergie* cutanée.

ISOPRINOSINE

inosine acédobène dimépranol

PRÉSENTATION

ISOPRINOSINE : comprimé sécable (blanc) ; boîte de 16 - Remb. 65 %

ISOPRINOSINE : comprimé sécable (blanc) ; boîte de 40 - Remb. 65 %

Laboratoires Synthélabo France

COMPOSITION

	p. comp.
Inosine acédobène diméprano l	500 mg

INDICATIONS

C'est un stimulant de l'immunité qui possède des propriétés *antivirales*.

Il est utilisé dans le traitement des leuco-encéphalites sclérosantes (maladie du cerveau) et des rougeoles graves.

> **ATTENTION**
> Des précautions sont nécessaires en cas d'*antécédents* de calculs d'*acide urique*.

GROSSESSE, ALLAITEMENT ET NOUVEAU-NÉ

L'effet de ce médicament pendant la grossesse ou l'allaitement est mal connu. L'évaluation du risque éventuel lié à son utilisation est individuelle : demandez conseil à votre pharmacien ou à votre médecin.

MODE D'EMPLOI ET POSOLOGIE

Ce médicament doit être pris avec un verre d'eau.

Posologie usuelle :

50 mg par kg et par jour, en 3 prises ; le traitement dure habituellement 5 jours.

ISOPTINE
vérapamil

PRÉSENTATION

ISOPTINE 40 mg : comprimé (jaune) ; boîte de 75 - Remb. 65 % - Liste I

ISOPTINE 120 mg : gélule (jaune) ; boîte de 40 - Remb. 65 % - Liste I

Laboratoires Knoll France

COMPOSITION

	p. comp.	p. gél.
Vérapamil chlorhydrate	40 mg	120 mg

INDICATIONS

Ce médicament appartient à la famille des *inhibiteurs calciques*. C'est un *vasodilatateur* qui lutte contre la contraction des artères, et un *antiarythmique* qui modifie la vitesse de transmission de l'influx nerveux au sein du muscle cardiaque, inhibant ainsi les contractions anarchiques.

Il est utilisé dans :
- le *traitement préventif* et le *traitement curatif* de certains *troubles du rythme cardiaque*,
- le traitement de l'*angine de poitrine*,
- le traitement de l'*hypertension artérielle* (pour ISOPTINE 120 mg).

CONTRE-INDICATIONS

Ce médicament ne doit pas être utilisé dans les cas suivants :
- *bloc auriculo-ventriculaire* grave et certaines maladies de l'automatisme cardiaque,
- *insuffisance cardiaque*,
- enfant de moins de 15 ans, pour ISOPTINE 120 mg.

> **ATTENTION**
> Si vous souffrez d'une *insuffisance cardiaque* ou d'une *insuffisance hépatique*, signalez-le à votre médecin. Des précautions sont nécessaires chez la personne âgée.

INTERACTIONS MÉDICAMENTEUSES

Ce médicament peut interagir avec d'autres médicaments, notamment les autres *antiarythmiques*.

Signalez tout autre traitement en cours à votre médecin ou à votre pharmacien.

GROSSESSE, ALLAITEMENT ET NOUVEAU-NÉ

L'effet de ce médicament pendant la grossesse ou l'allaitement est mal connu : seul votre médecin peut évaluer le risque éventuel de son utilisation dans votre cas.

MODE D'EMPLOI ET POSOLOGIE

Les comprimés ou gélules doivent être pris de préférence au cours des repas.

Posologie usuelle :

Elle dépend des indications ; elle est habituellement répartie en 3 prises par jour.

EFFETS INDÉSIRABLES POSSIBLES

Troubles digestifs : constipation essentiellement.

Troubles cardio-vasculaires : baisse de la tension artérielle, *insuffisance cardiaque*, *œdèmes*, *bloc auriculo-ventriculaire*, ralentissement important du cœur.

ISOPTINE L.P.
vérapamil

PRÉSENTATION

ISOPTINE L.P. 240 mg : comprimé sécable à *libération prolongée* (vert pâle) ; boîte de 30 - Remb. 65 % - Liste I

Laboratoires Knoll France

COMPOSITION

	p. comp. L.P.
Vérapamil chlorhydrate	240 mg

INDICATIONS

Ce médicament est un *vasodilatateur* qui appartient à la famille des *inhibiteurs calciques*.

Il possède d'autres propriétés, mais, sous cette forme, il est spécialement utilisé dans le *traitement de fond* de l'*hypertension artérielle*.

CONTRE-INDICATIONS

Ce médicament ne doit pas être utilisé dans les cas suivants :
- *bloc auriculo-ventriculaire* grave et certaines maladies de l'automatisme cardiaque,
- *insuffisance cardiaque* mal équilibrée malgré un traitement spécifique.

> **ATTENTION**
> Si vous souffrez d'*insuffisance cardiaque* ou d'*insuffisance hépatique*, signalez-le à votre médecin. Des précautions sont nécessaires chez la personne âgée.

INTERACTIONS MÉDICAMENTEUSES

Ce médicament peut interagir avec d'autres médicaments, notamment les *antiarythmiques*. Signalez tout autre traitement en cours à votre médecin ou à votre pharmacien.

GROSSESSE, ALLAITEMENT ET NOUVEAU-NÉ

Grossesse :

Les études scientifiques disponibles n'ont pas mis en évidence de problème particulier lors de l'utilisation chez la femme enceinte.

Allaitement :

Les données actuellement disponibles ne permettent pas de savoir si ce médicament passe dans le lait maternel. L'allaitement est déconseillé pendant le traitement.

MODE D'EMPLOI ET POSOLOGIE

Les comprimés doivent être avalés avec un verre d'eau.

Posologie usuelle :

1 comprimé en 1 prise le matin.

> ☛ Le traitement médicamenteux ne dispense pas des mesures simples pouvant faire baisser la tension artérielle : activité physique régulière, modération de la consommation de boissons alcoolisées, lutte contre le surpoids.

EFFETS INDÉSIRABLES POSSIBLES

Troubles digestifs : constipation essentiellement.

Baisse de la tension artérielle, ralentissement important du cœur, *bloc auriculo-ventriculaire*, *insuffisance cardiaque*.

ISOPTO-PILOCARPINE
pilocarpine

PRÉSENTATION

ISOPTO-PILOCARPINE 0,5 % : collyre ; flacon compte-gouttes 10 ml - Remb. 65 %

ISOPTO-PILOCARPINE 1 % : collyre ; flacon compte-gouttes 10 ml - Remb. 65 %

ISOPTO-PILOCARPINE 2 % : collyre ; flacon compte-gouttes 10 ml - Remb. 65 %

Laboratoires Alcon

COMPOSITION

	p. 100 ml	p. 100 ml	p. 100 ml
Pilocarpine chlorhydrate	0,5 g	1 g	2 g

INDICATIONS

Ce collyre a la propriété de contracter la pupille et de diminuer la pression des liquides contenus dans l'œil (*tension intra-oculaire*).

Il est utilisé dans le traitement du *glaucome* à angle ouvert (glaucome chronique) et des crises de glaucome par fermeture de l'angle.

CONTRE-INDICATIONS

Ce médicament ne doit pas être utilisé en cas d'iridocyclite (maladie inflammatoire de l'iris).

ATTENTION

Certaines contre-indications ne peuvent être détectées que par un ophtalmologiste : n'utilisez pas ce médicament sans avis médical.

Des précautions sont nécessaires en cas de myopie.

Conducteur : l'instillation de ce collyre peut provoquer une gêne visuelle transitoire.

INTERACTIONS MÉDICAMENTEUSES

Ce collyre peut interagir avec d'autres collyres : respectez un intervalle de 15 minutes entre deux instillations, sauf indication contraire de votre ophtalmologiste.

GROSSESSE, ALLAITEMENT ET NOUVEAU-NÉ

L'effet de ce médicament pendant la grossesse ou l'allaitement est mal connu : seul votre médecin peut évaluer le risque éventuel de son utilisation dans votre cas.

MODE D'EMPLOI ET POSOLOGIE

Tirer la paupière inférieure vers le bas tout en regardant vers le haut et déposer une goutte de collyre entre la paupière et le globe oculaire (*cul-de-sac conjonctival*).

Posologie usuelle :

Elle est fixée par l'ophtalmologiste en fonction de la *tension intraoculaire*.

L'application correcte du produit peut nécessiter une aide, notamment chez une personne handicapée ou âgée.

Ne conservez pas ce collyre plus de 15 jours après une première utilisation.

EFFETS INDÉSIRABLES POSSIBLES

Rétrécissement de la pupille, troubles de la vision, larmoiement.

ISOPTO-PILOCARPINE 3 % et 4 %

pilocarpine

PRÉSENTATION

ISOPTO-PILOCARPINE 3 % : collyre ; flacon compte-gouttes 10 ml - Remb. 65 % - Liste I

ISOPTO-PILOCARPINE 4 % : collyre ; flacon compte-gouttes 10 ml - Remb. 65 % - Liste I

Laboratoires Alcon

COMPOSITION

	p. 100 ml	p. 100 ml
Pilocarpine chlorhydrate	3 g	4 g

INDICATIONS

Ce collyre a la propriété de contracter la pupille et de diminuer la pression des liquides contenus dans l'œil (*tension intraoculaire*).

Il est utilisé dans le traitement du *glaucome* à angle ouvert (glaucome chronique) et dans les crises de glaucome par fermeture de l'angle.

CONTRE-INDICATIONS

Ce médicament ne doit pas être utilisé en cas d'iridocyclite (maladie inflammatoire de l'iris).

ATTENTION

Certaines contre-indications ne peuvent être détectées que par un ophtalmologiste : ne réutilisez pas ce médicament sans avis médical.

Des précautions sont nécessaires en cas de myopie.

Conducteur : l'instillation de ce collyre peut provoquer une gêne visuelle transitoire.

INTERACTIONS MÉDICAMENTEUSES

Ce collyre peut interagir avec d'autres collyres : respectez un intervalle de 15 minutes entre deux instillations, sauf indication contraire de votre ophtalmologiste.

GROSSESSE, ALLAITEMENT ET NOUVEAU-NÉ

L'effet de ce médicament pendant la grossesse ou l'allaitement est mal connu : seul votre médecin peut évaluer le risque éventuel de son utilisation dans votre cas.

MODE D'EMPLOI ET POSOLOGIE

Tirer la paupière inférieure vers le bas tout en regardant vers le haut et déposer une goutte de collyre entre la paupière et le globe oculaire (*cul-de-sac conjonctival*).

Posologie usuelle :

Elle est fixée par l'ophtalmologiste en fonction de la *tension intraoculaire*.

L'application correcte du produit peut nécessiter une aide, notamment chez une personne handicapée ou âgée.

Ne conservez pas ce collyre plus de 15 jours après une première utilisation.

EFFETS INDÉSIRABLES POSSIBLES

Rétrécissement de la pupille, troubles de la vision, larmoiement.

ISORYTHM

disopyramide

PRÉSENTATION

ISORYTHM 100 mg : gélule (blanc crème) ; boîte de 40 - Remb. 65 % - Liste I

ISORYTHM L.P. 125 mg : gélule à *libération prolongée* (translucide) ; boîte de 20 - Remb. 65 % - Liste I

ISORYTHM L.P. 250 mg : gélule à *libération prolongée* (translucide) ; boîte de 20 - Remb. 65 % - Liste I

Laboratoires Merck-Clévenot

COMPOSITION

	p. gél. 100 mg	p. gél. L.P. 125 mg	p. gél. L.P. 250 mg
Disopyramide			

INDICATIONS

Ce médicament appartient à la classe I de la famille des *antiarythmiques*. Il modifie la vitesse de transmission de l'influx nerveux au sein du muscle cardiaque et lutte contre ses contractions anarchiques.

Il est utilisé dans le traitement de certains *troubles du rythme cardiaque*.

CONTRE-INDICATIONS

Ce médicament ne doit pas être utilisé dans les cas suivants :

- certaines formes de *bloc auriculo-ventriculaire*,
- *insuffisance cardiaque* grave,
- association avec certains médicaments (voir INTERACTIONS MÉDICAMENTEUSES).

Dans tous les autres cas, le médecin est seul juge pour prescrire ce médicament, notamment en cas d'utilisation régulière de *laxatifs stimulants*.

ATTENTION

Si vous souffrez d'une maladie cardiaque, d'une *insuffisance rénale*, d'un *glaucome* à angle fermé ou d'un *adénome de la prostate*, signalez-le à votre médecin.

INTERACTIONS MÉDICAMENTEUSES

Ce médicament ne doit pas être associé aux médicaments favorisant un *trouble du rythme cardiaque* particulier et potentiellement grave : les *torsades de pointes*. Ces médicaments sont : certains autres *antiarythmiques* et les médicaments contenant de la *vincamine*, du sultopride, du sotalol, de l'amiodarone...

Il peut interagir avec d'autres médicaments, notamment les *laxatifs stimulants*, les *diurétiques* et tout autre médicament susceptible de provoquer une *hypokaliémie*.

GROSSESSE, ALLAITEMENT ET NOUVEAU-NÉ

Grossesse :

Les résultats expérimentaux ne laissent pas préjuger d'un effet malformatif dans l'espèce humaine. Seul votre médecin peut apprécier la nécessité du traitement et son risque.

Allaitement :

Ce médicament passe dans le lait maternel : l'allaitement est déconseillé pendant le traitement.

MODE D'EMPLOI ET POSOLOGIE

Les gélules doivent être avalées avec un peu d'eau.

Posologie usuelle :

Elle est strictement individuelle et habituellement répartie en 2 ou 3 prises quotidiennes.

> Ce médicament peut provoquer une constipation alors que son association avec les *laxatifs stimulants* est déconseillée. Ceux-ci peuvent être contenus dans des tisanes d'apparence anodine. Demandez conseil à votre pharmacien ou à votre médecin, qui vous proposeront un régime ou des médicaments efficaces et sans danger.

EFFETS INDÉSIRABLES POSSIBLES

Bouche sèche, troubles visuels, *troubles digestifs*, constipation notamment, blocage des urines, en particulier en cas d'*adénome de la prostate*.

Aggravation d'une *insuffisance cardiaque* préexistante.

ISOTREX

isotrétinoïne

PRÉSENTATION

ISOTREX : gel pour application locale ; tube 30 g - Non remb. - Liste I

Laboratoires Stiefel

COMPOSITION

	p. 100 g
Isotrétinoïne	50 mg

INDICATIONS

C'est un antiacnéique local qui appartient à la famille des dérivés de la *vitamine* A acide (*rétinoïdes*). Il facilite l'évacuation du sébum en éliminant les bouchons qui obstruent les pores de la peau.

Il est utilisé pour traiter certains types d'*acné*.

> **ATTENTION**
>
> Évitez d'utiliser tout autre médicament ou cosmétique (eau de Cologne, lotion après-rasage, crème...) sans l'accord de votre médecin.
>
> Ce médicament expose à une *photosensibilisation* : une exposition aux rayons *ultraviolets* (soleil, lampe à bronzer) peut provoquer des réactions cutanées. N'omettez pas de signaler à votre médecin vos projets de vacances au soleil pendant la durée du traitement.

INTERACTIONS MÉDICAMENTEUSES

Ce médicament peut interagir avec d'autres médicaments. Signalez tout autre traitement en cours à votre médecin ou à votre pharmacien.

GROSSESSE, ALLAITEMENT ET NOUVEAU-NÉ

Compte tenu des études actuellement disponibles qui ont montré l'absence de passage de ce médicament dans le sang, aucune précaution particulière ne semble nécessaire pendant la grossesse ou l'allaitement.

MODE D'EMPLOI ET POSOLOGIE

Avant l'application, laver la peau avec un savon doux. Rincer et sécher soigneusement avant d'appliquer le produit.

En général, le traitement commence par 1 ou 2 applications par jour, ensuite la fréquence est adaptée à la réaction de la peau.

Le traitement doit être poursuivi au moins 3 mois ; un *traitement d'entretien* est souvent nécessaire pour éviter les rechutes.

> Une irritation et une aggravation de l'*acné* sont fréquentes et normales en début de traitement ; ne vous découragez pas : les boutons qui apparaissent traduisent une élimination du sébum.
>
> Le résultat est nettement visible à partir de la 6e semaine ; ensuite, les applications seront espacées dès que le résultat obtenu sera jugé satisfaisant.
>
> Si vous vous exposez exceptionnellement au soleil, n'appliquez pas ce médicament la veille, le jour même ni le lendemain. En cas de coup de soleil, attendez un complet rétablissement avant la reprise du traitement.
>
> Si vous mettez accidentellement cette substance en contact avec les yeux, les paupières, la bouche, les narines ou les *muqueuses*, rincez abondamment.

EFFETS INDÉSIRABLES POSSIBLES

Rougeur sèche et parfois cuisante de la peau, surtout autour de la bouche et du cou. Ces réactions peuvent être prévenues ou atténuées par l'emploi de crèmes calmantes ou par une modification de la *posologie*. Demandez conseil à votre médecin.

ISPAGHUL TROUETTE-PERRET

Plantago ovata

PRÉSENTATION

ISPAGHUL TROUETTE-PERRET : graine desséchée ; boîte de 250 g - Non remb.

Laboratoires Amido

COMPOSITION

	p. 100 g
Plantago ovata, graine desséchée	100 g
Paraffine liquide	0,9 g

INDICATIONS

C'est un *laxatif de lest*. Il contient une substance naturelle qui n'est ni digérée ni absorbée. Elle s'imbibe d'eau et rend les selles plus volumineuses et moins fermes.

Il est utilisé comme *traitement symptomatique* de la constipation.

CONTRE-INDICATIONS

Ce médicament ne doit pas être utilisé en cas de maladies comportant un risque d'obstruction du tube digestif et de douleurs abdominales.

> **ATTENTION**
>
> Il est nécessaire de boire beaucoup d'eau, particulièrement en cas de dilatation du côlon, d'alitement et chez la personne âgée.
>
> Les laxatifs ne doivent pas être utilisés de façon prolongée sans avis médical.

GROSSESSE, ALLAITEMENT ET NOUVEAU-NÉ

Grossesse :

Ce médicament peut être utilisé pour traiter la constipation de la femme enceinte.

MODE D'EMPLOI ET POSOLOGIE

Avaler les graines telles quelles, sans mastiquer, ou bien les mélanger à un aliment semi-liquide (yaourt, compote). Boire ensuite un verre d'eau.

Posologie usuelle :

- Adulte : 1 cuillère à soupe, avant les 2 principaux repas.
- Enfant de 7 à 15 ans : 2 cuillères à café, avant les 2 principaux repas.
- Enfant de 2 à 7 ans : 1 cuillère à café, avant les 2 principaux repas.

> Un échec du traitement peut être lié à la présence d'un *fécalome*, notamment chez la personne âgée.
>
> Des mesures simples d'hygiène alimentaire et des exercices physiques sont à envisager avant d'utiliser un laxatif : parlez-en à votre médecin ou à votre pharmacien.

EFFETS INDÉSIRABLES POSSIBLES

Ballonnement.

ISTAMYL comprimé

isothipendyl

PRÉSENTATION

ISTAMYL : comprimé enrobé (orange) ; boîte de 20 - Non remb.

Laboratoires Monot

COMPOSITION

	p. comp.
Isothipendyl chlorhydrate	12 mg
Lactose	+

INDICATIONS

Ce médicament est un *antihistaminique* antiallergique. Il a en outre des effets *sédatifs* et *atropiniques*.

Il est utilisé dans le traitement des *allergies* : rhume des foins, *urticaire*, *conjonctivite*. Il est également utilisé dans le traitement des démangeaisons non allergiques.

CONTRE-INDICATIONS

Ce médicament ne doit pas être utilisé dans les cas suivants :
- *glaucome* à angle fermé,
- risque de blocage des urines (*adénome de la prostate*),
- enfant de moins de 3 ans.

ATTENTION
Évitez les boissons alcoolisées : augmentation du risque de somnolence.
Ce médicament est responsable d'une baisse de la vigilance : la conduite, les activités professionnelles ou de loisirs exposant à un danger sont formellement déconseillées.

INTERACTIONS MÉDICAMENTEUSES

Ce médicament peut interagir avec d'autres médicaments, notamment les *sédatifs* et les *atropiniques*. Signalez tout autre traitement en cours à votre médecin ou à votre pharmacien.

GROSSESSE, ALLAITEMENT ET NOUVEAU-NÉ

Grossesse :
L'usage de ce médicament est déconseillé pendant les 3 premiers mois de la grossesse. Son usage pendant les 6 derniers mois doit être soumis à l'appréciation de votre médecin.

Grossesse et nouveau-né :
En cas de traitement prolongé au cours des derniers mois de la grossesse, une surveillance du *nouveau-né* est nécessaire.

Allaitement :
Les données actuellement disponibles ne permettent pas de savoir si ce médicament passe dans le lait maternel : par mesure de prudence, il est déconseillé pendant l'allaitement.

MODE D'EMPLOI ET POSOLOGIE

Les comprimés doivent être avalés avec un verre d'eau.

Posologie usuelle :
- Adulte : 1 comprimé, 2 à 4 fois par jour.
- Enfant de 6 à 15 ans : 1 comprimé, 1 ou 2 fois par jour.
- Enfant de 3 à 6 ans : 1 comprimé par jour, de préférence le soir au coucher.

Ce médicament agit sur les manifestations de l'*allergie* mais n'en supprime pas la cause. Si les *symptômes* persistent ou s'aggravent, n'hésitez pas à consulter votre médecin.

EFFETS INDÉSIRABLES POSSIBLES

Somnolence.
Effets *atropiniques*.

ISTAMYL gel
isothipendyl

PRÉSENTATION

ISTAMYL : gel pour application locale ; tube 20 g - Non remb.

Laboratoires Monot

COMPOSITION

	p. 100 g
Isothipendyl chlorhydrate	750 mg

INDICATIONS

Ce gel contient un *antihistaminique* H1.
Il est utilisé pour calmer les démangeaisons de la peau, notamment celles dues aux piqûres d'insectes, aux coups de soleil et à l'*urticaire*.

CONTRE-INDICATIONS

Ce médicament ne doit pas être utilisé en cas :
- d'infection ou de parasitose non traitée de la peau (ce médicament n'a pas d'effet anti-infectieux),
- de lésion suintante de la peau.

GROSSESSE, ALLAITEMENT ET NOUVEAU-NÉ

L'effet de ce médicament pendant la grossesse ou l'allaitement est mal connu : demandez conseil à votre pharmacien ou à votre médecin.

MODE D'EMPLOI ET POSOLOGIE

Le gel doit être appliqué en couche mince, en massant légèrement.

Posologie usuelle :
2 à 4 applications par jour.

EFFETS INDÉSIRABLES POSSIBLES

Exceptionnellement : persistance ou aggravation de la démangeaison, *allergie* cutanée, *photosensibilisation*.

ITAX

PRÉSENTATION

ITAX : solution pour application locale ; flacon pressurisé 117,6 g - Non remb.
ITAX : shampooing ; flacon 150 ml - Non remb.

Laboratoires Pierre Fabre

COMPOSITION

	p. 100 g	p. 100 ml
Phénothrine	0,483 g	0,3 g
Tétraméthrine ou néopynamine	0,965 g	
Butoxyde de pipéronyle	1,930 g	

INDICATIONS

Ce médicament contient des substances actives sur les poux.
Il est utilisé pour détruire les poux et leurs œufs (lentes).

ATTENTION
Évitez l'emploi de ce médicament chez l'enfant de moins de 30 mois.
Rincez abondamment en cas de contact accidentel avec les yeux ou les *muqueuses*.

GROSSESSE, ALLAITEMENT ET NOUVEAU-NÉ

L'effet de ce médicament pendant la grossesse ou l'allaitement est mal connu. L'évaluation du risque éventuel lié à son utilisation est individuelle : demandez conseil à votre pharmacien ou à votre médecin.

MODE D'EMPLOI ET POSOLOGIE

- Solution : pulvériser la solution à la base des cheveux par des pressions brèves, de façon à imprégner totalement la chevelure. Laisser agir pendant 30 à 45 minutes. Laver les cheveux avec le shampooing habituel, puis démêler les cheveux au peigne fin.
- Shampooing : frictionner les cheveux mouillés pendant plusieurs minutes. Laisser agir pendant 5 minutes, rincer abondamment à l'eau tiède. Appliquer le shampooing une seconde fois, puis démêler les cheveux au peigne fin.

Posologie usuelle :
- Solution : 1 application, à renouveler le lendemain. Recommencer le traitement 1 semaine plus tard s'il y a encore des lentes.
- Shampooing : 1 double lavage, à renouveler le lendemain.

Pour éviter une réinfestation, il est nécessaire que l'entourage suive le même traitement.
Les chapeaux, bonnets, écharpes doivent être désinfectés.
Les lentes fixées à plus de 2 cm du cuir chevelu sont généralement mortes, et leur présence ne signifie pas que le traitement a échoué. Leur élimination peut être facilitée en démêlant les cheveux avec un peigne trempé dans de l'eau vinaigrée.

EFFETS INDÉSIRABLES POSSIBLES

Irritation, rougeur en cas de contact avec les *muqueuses*.

ITEM ANTIPOUX
phénothrine

PRÉSENTATION

ITEM ANTIPOUX : lotion pour application locale ; flacon 150 ml avec pompe - Non remb.
ITEM ANTIPOUX : shampooing ; flacon 150 ml - Non remb.

Laboratoires Gandhour

COMPOSITION

	p. 100 ml
Phénothrine	300 mg

INDICATIONS

Ce médicament contient une substance active sur les poux.
Il est utilisé pour détruire les poux et leurs œufs (lentes).

ATTENTION
Évitez l'emploi de ce médicament chez l'enfant de moins de 30 mois.
Rincez abondamment en cas de contact accidentel avec les yeux ou les *muqueuses*.

GROSSESSE, ALLAITEMENT ET NOUVEAU-NÉ

L'effet de ce médicament pendant la grossesse ou l'allaitement est mal connu. L'évaluation du risque éventuel lié à son utilisation est individuelle : demandez conseil à votre pharmacien ou à votre médecin.

MODE D'EMPLOI ET POSOLOGIE

- Lotion : appliquer à la base des cheveux de façon à imprégner totalement la chevelure. Laisser agir pendant 10 minutes. Laver les cheveux avec le shampooing habituel, puis démêler les cheveux au peigne fin.
- Shampooing : frictionner les cheveux mouillés pendant plusieurs minutes. Laisser agir pendant 5 à 10 minutes, rincer abondamment à l'eau tiède. Appliquer le shampooing une seconde fois, puis démêler les cheveux au peigne fin.

Posologie usuelle :
- Lotion : 1 application, à renouveler le lendemain. Recommencer le traitement 1 semaine plus tard s'il y a encore des lentes.
- Shampooing : 1 double lavage, à renouveler le lendemain.

Pour éviter une réinfestation, il est nécessaire que l'entourage suive le même traitement.

Les chapeaux, bonnets, écharpes doivent être désinfectés.

Les lentes fixées à plus de 2 cm du cuir chevelu sont généralement mortes, et leur présence ne signifie pas que le traitement a échoué. Leur élimination peut être facilitée en démêlant les cheveux avec un peigne trempé dans de l'eau vinaigrée.

EFFETS INDÉSIRABLES POSSIBLES

Irritation, rougeur en cas de contact avec les *muqueuses*.

IVADAL

zolpidem

PRÉSENTATION

IVADAL 10 mg : comprimé sécable (blanc) ; boîte de 20 - Remb. 65 % - Liste I

Laboratoires Marion Merrell Dow

COMPOSITION

	p. comp.
Zolpidem hémitartrate	10 mg

INDICATIONS

C'est un somnifère proche de la famille des *benzodiazépines*.

Il est utilisé dans le traitement de l'insomnie.

CONTRE-INDICATIONS

Ce médicament ne doit pas être utilisé dans les cas suivants :
- enfant de moins de 15 ans,
- **grossesse,**
- **allaitement.**

ATTENTION

Des précautions sont nécessaires en cas de *myasthénie*, d'*insuffisance hépatique* ou d'*insuffisance respiratoire* grave et chez la personne âgée.

Une prise prolongée ou des doses importantes de ce médicament, son association à des *sédatifs* ou à des boissons alcoolisées pourraient favoriser une *dépendance*. Respectez la *posologie* et la durée de traitement prescrites par votre médecin.

Un trouble du sommeil persistant ne doit pas vous conduire à augmenter les doses, mais à consulter votre médecin.

Certaines insomnies peuvent traduire une *dépression* masquée et justifier un traitement spécifique.

Ce médicament expose à un risque de chute nocturne chez la personne âgée ayant l'habitude de se lever la nuit.

Un réveil nocturne après la prise du médicament peut entraîner des troubles de la mémoire parfois angoissants.

L'arrêt brutal de ce médicament expose à *un syndrome de sevrage*. Il faut y penser devant les signes suivants : réapparition de l'insomnie, anxiété, agitation, maux de tête, douleurs musculaires, tremblements, hallucinations. Il faut donc s'entourer de conseils médicaux : diminution progressive des doses, espacement des prises sur une période d'autant plus longue que le traitement a été prolongé.

Évitez les boissons alcoolisées : augmentation du risque de somnolence et de dépendance.

Conducteur : ce médicament peut être responsable d'une somnolence ou d'une baisse de la vigilance.

INTERACTIONS MÉDICAMENTEUSES

Ce médicament peut interagir avec d'autres médicaments, notamment les *sédatifs*. Signalez tout autre traitement en cours à votre médecin ou à votre pharmacien.

GROSSESSE, ALLAITEMENT ET NOUVEAU-NÉ

Grossesse :

Ce médicament est récent : en l'absence de données suffisantes, il est contre-indiqué pendant la grossesse.

Allaitement :

Ce médicament passe dans le lait maternel : il est contre-indiqué pendant l'allaitement.

MODE D'EMPLOI ET POSOLOGIE

Les comprimés doivent être avalés avec un peu d'eau.

Posologie usuelle :
- Adulte : 1 comprimé au coucher. Lorsque le traitement a été prolongé plusieurs semaines, l'arrêt devra être progressif.

Ce médicament vous a été prescrit dans une situation précise : ne le conseillez pas à une autre personne.

Les somnifères ne sont pas la seule réponse aux troubles du sommeil. Une meilleure hygiène de vie, une consommation modérée d'excitants (y compris les boissons alcoolisées) permettent aussi de lutter efficacement contre les insomnies.

EFFETS INDÉSIRABLES POSSIBLES

Confusion des idées, trous de mémoire, hallucinations.

Somnolence pendant la journée, sensation de *vertiges*, maux de tête, excitabilité.

Plus rarement : *troubles digestifs*, éruptions cutanées, malaises.

J

JAMYLÈNE
docusate de sodium

PRÉSENTATION

JAMYLÈNE : comprimé (orangé) à 50 mg ; boîte de 40 - Non remb.

Laboratoires Bellon

COMPOSITION

	p. comp.
Docusate de sodium	50 mg

INDICATIONS

Ce médicament est apparenté aux *laxatifs stimulants*. Il augmente les sécrétions de l'intestin et le volume des selles.

Il est utilisé comme *traitement symptomatique* de la constipation.

CONTRE-INDICATIONS

Ce médicament ne doit pas être utilisé dans les cas suivants :
- maladies inflammatoires du côlon ;
- constipation ou douleur abdominale due à une obstruction du tube digestif : rétrécissement intestinal, *fécalome* (bouchon de selles) ;
- enfant de moins de 6 ans.

ATTENTION

Ce médicament doit être utilisé de façon épisodique et en cure très brève : pas plus de 8 à 10 jours.

Son usage régulier peut entraîner :
- une *dépendance* ;
- des troubles intestinaux graves ;
- une perte de sels minéraux et notamment de *potassium*, pouvant entraîner des *troubles du rythme cardiaque* graves.

Arrêter le traitement en cas de diarrhée ou de douleurs abdominales.

Son usage doit rester exceptionnel chez l'enfant.

INTERACTIONS MÉDICAMENTEUSES

Ce médicament peut interagir avec d'autres médicaments, notamment l'huile de paraffine, certains *antiarythmiques* et les médicaments contenant de la *vincamine*. Signalez tout autre traitement en cours à votre médecin ou à votre pharmacien.

GROSSESSE, ALLAITEMENT ET NOUVEAU-NÉ

Ce médicament est déconseillé pendant les 3 premiers mois de la grossesse et pendant l'allaitement.

MODE D'EMPLOI ET POSOLOGIE

Les comprimés doivent être avalés avec un verre d'eau.

Posologie usuelle :
- Adulte : 1 à 3 comprimés, 1 ou 2 fois par jour.
- Enfant de plus de 6 ans : 1 à 3 comprimés par jour.

L'effet n'est pas immédiat et apparaît dans les 24 heures.

Des mesures simples d'hygiène alimentaire et des exercices physiques sont à envisager avant d'utiliser un laxatif : parlez-en à votre médecin ou à votre pharmacien.

EFFETS INDÉSIRABLES POSSIBLES

Diarrhée, douleurs abdominales.

JÉCOBIASE

PRÉSENTATION

JÉCOBIASE Adulte : solution buvable ; boîte de 10 ampoules 10 ml - Non remb.

Laboratoires Pionneau

COMPOSITION

	p. amp.
Sulfate de sodium	1 g
Citrate de sodium	0,25 g
Bicarbonate de sodium	0,05 g
Chlorure de magnésium	0,50 g
Dont sodium	215 mg

INDICATIONS

C'est une association de substances actives utilisée dans le *traitement symptomatique* des digestions difficiles, de la constipation et des brûlures de l'œsophage et de l'estomac.

CONTRE-INDICATIONS

Ce médicament ne doit pas être utilisé en cas d'*insuffisance rénale* grave.

ATTENTION

Des douleurs qui persistent peuvent être dues à une lésion du tube digestif ; consultez votre médecin.

Ce médicament contient du *sel* (sodium) en quantité notable.

GROSSESSE, ALLAITEMENT ET NOUVEAU-NÉ

L'effet de ce médicament pendant la grossesse ou l'allaitement est mal connu. L'évaluation du risque éventuel lié à son utilisation est individuelle : demandez conseil à votre pharmacien ou à votre médecin.

MODE D'EMPLOI ET POSOLOGIE

La solution doit être diluée dans un peu d'eau.

Posologie usuelle :

1 ampoule le matin à jeun.

Une alimentation équilibrée, une mastication lente et la suppression des aliments difficiles à digérer permettent souvent d'améliorer, voire de faire disparaître, les douleurs d'estomac qui ne sont pas liées à un *ulcère*.

Si vous êtes fumeur, la poursuite du tabagisme nuit à l'efficacité du traitement.

EFFETS INDÉSIRABLES POSSIBLES

Diarrhées.

JÉCOPEPTOL

PRÉSENTATION

JÉCOPEPTOL : poudre pour suspension buvable arôme anis ; boîte de 200 g - Remb. 35 %

Laboratoires SmithKline Beecham

COMPOSITION

	p. c. à s.
Hydroxyde d'aluminium	582 mg
Carbonate de calcium	582 mg
Hydroxyde de magnésium	814 mg
Bicarbonate de sodium	640 mg
Boldo, extrait sec aqueux	14 mg
Kinkéliba, extrait sec hydroalcoolique	25,5 mg
Fusain noir pourpre, extrait sec hydroalcoolique	5,7 mg
Soit sodium	175 mg
Saccharose	5,9 g

INDICATIONS

C'est un médicament qui appartient à la famille des *cholérétiques*. Il agit en augmentant la production de bile et lutte contre les spasmes des *voies biliaires*.

Il est utilisé dans le *traitement symptomatique* des digestions difficiles en rapport avec une paresse biliaire.

CONTRE-INDICATIONS

Ce médicament ne doit pas être utilisé en cas :
- d'*insuffisance rénale* grave,

- d'obstruction des *voies biliaires* et d'*insuffisance hépatique* grave.

ATTENTION

En cas de persistance des *symptômes*, des examens peuvent être nécessaires : consultez votre médecin.

Ce médicament contient du *sucre* (saccharose) et du *sel* (sodium) en quantité notable.

INTERACTIONS MÉDICAMENTEUSES

Ce médicament peut interagir avec d'autres. Respecter un intervalle de 2 heures avec la prise d'un autre médicament.

GROSSESSE, ALLAITEMENT ET NOUVEAU-NÉ

L'effet de ce médicament pendant la grossesse ou l'allaitement est mal connu. L'évaluation du risque éventuel lié à son utilisation est individuelle : demandez conseil à votre pharmacien ou à votre médecin.

MODE D'EMPLOI ET POSOLOGIE

La poudre doit être diluée dans un verre d'eau.

Posologie usuelle :

1 cuillère à soupe 2 ou 3 fois par jour, après les repas ou le matin à jeun.

EFFETS INDÉSIRABLES POSSIBLES

Constipation.

Excès de calcium dans le sang, *insuffisance rénale*, en cas d'usage prolongé, à forte dose.

JONCTUM crème
oxacéprol

PRÉSENTATION

JONCTUM : crème stérile ; tube 30 g - Remb. 35 %

Laboratoires Marion Merrell Dow

COMPOSITION

	p. 100 g
Oxacéprol	10 g
Triéthanolamine	+

INDICATIONS

C'est une crème cicatrisante.

Elle est utilisée dans le *traitement d'appoint* des brûlures et des plaies superficielles peu étendues, des vergetures et de la sécheresse excessive de la peau des jambes.

ATTENTION

Rincez abondamment en cas de contact accidentel avec les yeux.

L'application de ce produit ne dispense en aucun cas du nettoyage et de la désinfection de la peau.

GROSSESSE, ALLAITEMENT ET NOUVEAU-NÉ

L'effet de ce médicament pendant la grossesse ou l'allaitement est mal connu. L'évaluation du risque éventuel lié à son utilisation est individuelle : demandez conseil à votre pharmacien ou à votre médecin.

MODE D'EMPLOI ET POSOLOGIE

Nettoyer la région à traiter avant l'application.

Posologie usuelle :

2 ou 3 applications par jour.

EFFETS INDÉSIRABLES POSSIBLES

Eczéma dû au médicament.

JONCTUM oral
oxacéprol

PRÉSENTATION

JONCTUM : gélule (blanc et jaune) ; boîte de 36 - Remb. 35 %

Laboratoires Marion Merrell Dow

COMPOSITION

	p. gél.
Oxacéprol	100 mg

INDICATIONS

Ce médicament contient un dérivé d'une substance contenue dans le *collagène*.

Il est utilisé dans le *traitement d'appoint* de l'*arthrose* et comme cicatrisant en dermatologie.

GROSSESSE, ALLAITEMENT ET NOUVEAU-NÉ

L'effet de ce médicament pendant la grossesse ou l'allaitement est mal connu. L'évaluation du risque éventuel lié à son utilisation est individuelle : demandez conseil à votre pharmacien ou à votre médecin.

MODE D'EMPLOI ET POSOLOGIE

Les gélules doivent être avalées de préférence au début des repas avec un peu d'eau.

Posologie usuelle :

2 gélules, 3 fois par jour.

JOSACINE
josamycine

PRÉSENTATION

JOSACINE 125 mg : granulé pour suspension buvable arôme fraise ; flacon 60 ml (12 cuillères-mesure) - Remb. 65 % - Liste I

JOSACINE 250 mg : granulé pour suspension buvable arôme fraise ; flacon 60 ml (12 cuillères-mesure) - Remb. 65 % - Liste I

JOSACINE 250 : poudre orale arôme fraise ; boîte de 12 sachets - Remb. 65 % - Liste I

JOSACINE 500 mg : granulé pour suspension buvable arôme fraise ; flacon 60 ml (12 cuillères-mesure) - Remb. 65 % - Liste I

JOSACINE 500 : poudre orale arôme fraise ; boîte de 12 sachets - Remb. 65 % - Liste I

JOSACINE 500 : comprimé (blanc) ; boîte de 20 - Remb. 65 % - Liste I

JOSACINE 1 000 : poudre orale arôme fraise ; boîte de 10 sachets - Remb. 65 % - Liste I

Laboratoires Bellon

COMPOSITION

Josamycine	p. c. mes. 125 mg	p. c. mes. 250 mg	p. sachet 250 mg
Josamycine		p. c. mes. 500 mg	p. sachet 500 mg
Josamycine		p. comp. 500 mg	p. sachet 1 g

INDICATIONS

C'est un *antibiotique* qui appartient à la famille des *macrolides*.

Il est utilisé dans le traitement de diverses maladies infectieuses, notamment celles des poumons et des bronches, de la peau, de la bouche et des dents, de l'appareil génital...

CONTRE-INDICATIONS

Ce médicament ne doit pas être utilisé dans les cas suivants :
- *allergie* aux *macrolides*,
- association avec des médicaments contenant de l'ergotamine ou de la dihydroergotamine.

ATTENTION

Si vous souffrez d'une *insuffisance hépatique* grave, prévenez votre médecin afin qu'il puisse adapter la *posologie*.

Une diminution de la fièvre ou une disparition des troubles ne sont pas synonymes de guérison : la durée du traitement doit absolument être respectée pour éviter les rechutes.

INTERACTIONS MÉDICAMENTEUSES

Ce médicament ne doit pas être associé aux médicaments contenant de l'ergotamine ou de la dihydroergotamine : risque d'*ergotisme*.

Il peut interagir avec d'autres médicaments, notamment ceux contenant de l'astémizole (HISMANAL...) ou de la terfénadine (TELDANE...). Signalez tout autre traitement en cours à votre médecin ou à votre pharmacien.

GROSSESSE, ALLAITEMENT ET NOUVEAU-NÉ

Grossesse :

Ce médicament est couramment utilisé chez la femme enceinte.

Allaitement :

Ce médicament passe faiblement dans le lait maternel.

MODE D'EMPLOI ET POSOLOGIE

Ce médicament doit être pris de préférence une demi-heure avant les repas.

Posologie usuelle :
- Adulte : 500 mg à 1 g, matin et soir.
- Enfant : 30 à 50 mg par kg et par jour ; soit pour un enfant de 10 kg : 1 sachet à 250 mg, ou 1 cuillère-mesure à 250 mg, matin et soir.

Le médecin peut prescrire un prélèvement pour identifier le *germe* responsable de l'infection et tester sa sensibilité aux *antibiotiques*. Le résultat de cet examen peut être faussé en cas d'automédication préalable : ne prenez pas d'antibiotique sans avis médical.

L'éventuelle impression de fatigue n'est pas due à l'antibiotique, mais à l'infection elle-même.

EFFETS INDÉSIRABLES POSSIBLES

Troubles digestifs.

Allergie cutanée.

JOUVENCE DE L'ABBÉ SOURY

PRÉSENTATION

JOUVENCE DE L'ABBÉ SOURY : comprimé (marron) ; boîte de 42 - Non remb.

JOUVENCE DE L'ABBÉ SOURY : solution buvable ; flacon 210 ml - Non remb.

JOUVENCE DE L'ABBÉ SOURY : solution buvable ; boîte de 14 unidoses - Non remb.

Laboratoires Chefaro-Ardeval

COMPOSITION

	p. comp.	p. flacon	p. unidose
Hamamélis, poudre	64 mg		
Hamamélis, extrait fluide hydroalcoolique		7,21 g	382 mg
Viburnum, poudre	14 mg		
Viburnum, extrait fluide		1,79 g	84 mg
Calamus, poudre	7 mg		
Calamus, extrait fluide		0,89 g	42 mg
Piscidia, poudre	4,5 mg		
Piscidia, extrait fluide		0,57 g	27 mg

INDICATIONS

Ce médicament associe plusieurs plantes protectrices des vaisseaux sanguins.

Il est utilisé dans le *traitement symptomatique* des jambes lourdes, *œdèmes*, crampes, *impatiences* et autres troubles pouvant être en rapport avec une mauvaise circulation veineuse.

ATTENTION

Ce médicament est insuffisant pour prévenir le risque de *phlébite* chez les malades alités ou plâtrés.

Ce médicament soulage, mais n'empêche pas l'aggravation de l'*insuffisance veineuse*, qui requiert des mesures spécifiques telles que la *contention élastique*.

GROSSESSE, ALLAITEMENT ET NOUVEAU-NÉ

Ce médicament ne contient que des plantes présumées sans danger pendant la grossesse ou l'allaitement. Néanmoins, ne l'utilisez pas de façon prolongée sans l'avis de votre pharmacien ou de votre médecin.

MODE D'EMPLOI ET POSOLOGIE

Ce médicament doit être pris avec un verre d'eau au cours des repas.

Posologie usuelle :

1 ou 2 cuillères à café de solution buvable, 2 fois par jour, ou 1 unidose par jour, ou 2 comprimés, 3 fois par jour.

Une activité physique régulière et la surélévation du pied du lit permettent de faciliter la circulation veineuse et *lymphatique*.

JUSTOR

cilazapril

PRÉSENTATION

JUSTOR : comprimé sécable (rose saumon) ; boîte de 28 - Remb. 65 % - Liste I

Laboratoires Lederle

COMPOSITION

	p. comp.
Cilazapril	2,5 mg

INDICATIONS

Ce médicament appartient à la famille des inhibiteurs de l'*enzyme* de conversion (IEC). L'enzyme de conversion est une substance naturellement présente dans l'organisme ; elle est responsable d'une contraction des artères qui augmente la tension artérielle et fatigue le cœur.

Il est utilisé dans le traitement de l'*hypertension artérielle*.

CONTRE-INDICATIONS

Ce médicament ne doit pas être utilisé en cas de **grossesse** et d'**allaitement**.

ATTENTION

Si vous suivez un traitement par *diurétique* ou un régime sans *sel*, la baisse de la tension artérielle peut être importante lors des premières prises : un malaise ou des étourdissements peuvent survenir ; il est préférable de choisir une période de repos et de prendre garde au risque de chute.

Les *sels* de régime contiennent souvent du *potassium* ; ne les utilisez pas sans avis médical pendant le traitement.

Des précautions sont nécessaires chez la personne âgée et celle atteinte d'*insuffisance rénale* ou d'*insuffisance hépatique*.

INTERACTIONS MÉDICAMENTEUSES

Ce médicament peut interagir avec d'autres médicaments, notamment avec ceux contenant du *lithium*, certains *diurétiques* et les *sels* de régime. Signalez tout autre traitement en cours à votre médecin ou à votre pharmacien.

GROSSESSE, ALLAITEMENT ET NOUVEAU-NÉ

Grossesse :

L'effet de ce médicament sur l'enfant à naître est mal connu : son usage pendant la grossesse est contre-indiqué.

Allaitement :

Les données actuellement disponibles ne permettent pas de savoir si ce médicament passe dans le lait maternel : l'allaitement est contre-indiqué.

MODE D'EMPLOI ET POSOLOGIE

Ce médicament peut être pris indifféremment au cours ou en dehors des repas.

Posologie usuelle :

- Adulte : 1 comprimé par jour en 1 prise.

En cas d'*insuffisance rénale*, de traitement par des *diurétiques* ou de régime sans *sel*, la posologie initiale est faible ; elle est augmentée progressivement par le médecin en fonction des effets du médicament.

Le traitement médicamenteux ne dispense pas des mesures simples pouvant faire baisser la tension artérielle : activité physique régulière, modération de la consommation de boissons alcoolisées, lutte contre le surpoids.

EFFETS INDÉSIRABLES POSSIBLES

Toux sèche, *vertiges*, maux de tête, nausées, fatigue, *hypotension orthostatique*.

Rares réactions allergiques : œdème de *Quincke*, *allergie* cutanée.

JUVÉPIRINE

aspirine, glycine

PRÉSENTATION

JUVÉPIRINE ENFANTS : comprimé à sucer ou à croquer (rose) ; boîte de 20 - Remb. 65 %

Laboratoires ASTA Medica

COMPOSITION

	p. comp.
Acide acétylsalicylique (aspirine)	100 mg
Glycine	50 mg

INDICATIONS

Ce médicament contient de l'aspirine, qui possède de nombreuses propriétés : *antalgique* et *antipyrétique*, mais aussi *anti-inflammatoire* à dose élevée, et fluidifiant du sang.

Il est principalement utilisé en cas de fièvre (mais n'agit pas sur sa cause), états grippaux, courbatures, douleurs diverses (dentaires, maux de tête) et rhumatismes chez l'enfant.

CONTRE-INDICATIONS

Ce médicament ne doit pas être utilisé dans les cas suivants :

- *allergie* aux *salicylés* et aux autres *AINS*,
- *ulcère* de l'estomac ou du *duodénum*,
- *hémorragie* et risque hémorragique.

ATTENTION

L'aspirine n'est pas un médicament anodin. Tout surdosage ou prise prolongée exposent à des complications sérieuses.

Ne laissez pas ce médicament à la portée des enfants. En cas d'intoxication accidentelle, appelez un service d'urgence ou un centre antipoison. (Voir Annexes).

Un avis médical est préférable chez les personnes présentant des *antécédents* d'*ulcère* de l'estomac ou du *duodénum*, d'*asthme*, d'*insuffisance rénale*, et chez les enfants de moins de un an.

Évitez de donner ou de prendre ce médicament pendant la semaine qui précède une extraction dentaire ou une opération (augmentation du risque d'*hémorragie*).

INTERACTIONS MÉDICAMENTEUSES

Les personnes traitées par des médicaments anticancéreux contenant du méthotrexate ne doivent pas utiliser d'aspirine.

Ce médicament peut interagir avec d'autres médicaments, notamment les *anticoagulants* et les *antiagrégants plaquettaires* (TICLID...) : augmentation du risque hémorragique. Signalez tout autre traitement en cours à votre médecin ou à votre pharmacien.

MODE D'EMPLOI ET POSOLOGIE

Les comprimés peuvent être sucés ou croqués mais doivent nécessairement être pris avec de l'eau.

L'effet sera plus rapide si le médicament est pris à jeun.

Les prises doivent être espacées d'au moins 4 heures.

Posologie usuelle :

La *posologie* dépend du poids, elle peut varier entre 25 et 50 mg par kg et par jour, répartis en 2 à 4 prises.

- Enfant :
  - de 9 à 12 ans : 1 à 6 comprimés par jour,
  - de 6 à 9 ans : 1 à 5 comprimés par jour,
  - de 3 à 6 ans : 1 à 4 comprimés par jour,
  - de 1 à 3 ans : 1 à 3 comprimés par jour.

EFFETS INDÉSIRABLES POSSIBLES

Gastrite, douleurs abdominales, saignements du nez ou des gencives.

Rares et parfois graves :
- *hémorragie* du tube digestif : vomissements sanglants, selles noires, ou plus souvent pertes de sang imperceptibles, responsables de l'apparition progressive d'une *anémie* ;
- accidents allergiques : *urticaire*, *œdème*, *asthme*.

Signes devant faire penser à un surdosage : bourdonnements d'oreille, sensation de baisse de l'audition, maux de tête.

K

KALEORID
potassium

PRÉSENTATION

KALEORID LEO LP 600 mg : comprimé à *libération prolongée* (blanc) ; boîte de 30 - Remb. 65 %

KALEORID LEO LP 1 000 mg : comprimé à *libération prolongée* (blanc) ; boîte de 30 - Remb. 65 %

Laboratoires Leo

COMPOSITION

	p. comp. L.P.	p. comp. L.P.
Chlorure de potassium	600 mg	1 000 mg
Soit en potassium	312 mg	520 mg

INDICATIONS

Ce médicament contient du *potassium*, élément minéral indispensable aux cellules de l'organisme.

Il est utilisé dans les déficits en potassium (*hypokaliémie*), liés principalement à la prise de certains médicaments (*diurétiques*, *corticoïdes*, et tous les *laxatifs stimulants*...).

CONTRE-INDICATIONS

Ce médicament ne doit pas être utilisé dans les cas suivants :
- risque d'excès de *potassium* dans le sang (*hyperkaliémie*),
- en association avec certains *diurétiques* et avec les autres sels de potassium.

ATTENTION

Pour éviter une surcharge en *potassium*, une surveillance médicale et des analyses de sang régulières sont nécessaires avant et pendant le traitement afin d'adapter la *posologie*, notamment chez la personne âgée.

INTERACTIONS MÉDICAMENTEUSES

Ce médicament ne doit pas être associé aux *diurétiques* qui augmentent le taux de *potassium* et aux autres sels de potassium : risque de *trouble du rythme cardiaque* grave.

Ce médicament peut interagir avec d'autres médicaments, notamment avec certains *antihypertenseurs*. Signalez tout autre traitement en cours à votre médecin ou à votre pharmacien.

GROSSESSE, ALLAITEMENT ET NOUVEAU-NÉ

Grossesse :

Ce médicament peut être utilisé en cas de déficit en *potassium* chez la femme enceinte, mais uniquement sur prescription médicale.

MODE D'EMPLOI ET POSOLOGIE

Les comprimés doivent être avalés avec de l'eau, de préférence à la fin des repas. Les prises seront réparties au cours de la journée.

Posologie usuelle :

Elle est adaptée par votre médecin en fonction des résultats de l'analyse de sang.

EFFETS INDÉSIRABLES POSSIBLES

À forte dose, *ulcération* du tube digestif.

KALICITRINE

PRÉSENTATION

KALICITRINE : solution buvable arôme citron ; boîte de 20 ampoules (10 ml) - Remb. 35 %

Laboratoires Promedica

COMPOSITION

	p. amp.
Citrate de choline	0,75 g
Citrate de magnésium	0,30 g
Essence de citron	0,008 g
Dont potassium	105 mg
Saccharose	3,5 g

INDICATIONS

C'est une association de substances actives utilisée dans le *traitement symptomatique* des *troubles digestifs*.

CONTRE-INDICATIONS

Ce médicament ne doit pas être utilisé en cas d'*hyperkaliémie*, d'*insuffisance rénale* ou de *diabète*.

ATTENTION

Si vous souffrez d'obstruction des *voies biliaires* : parlez-en à votre pharmacien ou à votre médecin.

Ce médicament contient du *sucre* (saccharose) et du *potassium* en quantité notable.

INTERACTIONS MÉDICAMENTEUSES

Ce médicament ne doit pas être associé aux *diurétiques* hyperkaliémiants. Signalez tout autre traitement en cours à votre médecin ou à votre pharmacien.

GROSSESSE, ALLAITEMENT ET NOUVEAU-NÉ

L'effet de ce médicament pendant la grossesse ou l'allaitement est mal connu. L'évaluation du risque éventuel lié à son utilisation est individuelle : demandez conseil à votre pharmacien ou à votre médecin.

MODE D'EMPLOI ET POSOLOGIE

Ce médicament doit être pris avant les repas.

Posologie usuelle :
- Adulte : 2 à 4 ampoules par jour.

Ce médicament doit être accompagné d'une alimentation appropriée : parlez-en à votre médecin ou à votre pharmacien.

EFFETS INDÉSIRABLES POSSIBLES

Éruptions cutanées.

KAMOL baume

PRÉSENTATION

KAMOL : baume ; tube 100 g - Non remb.

Laboratoires Whitehall

COMPOSITION

	p. 100 g
Capsicine	0,125 g
Menthol	1,2 g
Essence d'eucalyptus	1,2 g
Camphre	3 g
Chloroforme	3 g
Salicylate de méthyle	3 g

INDICATIONS

Ce baume *antalgique* contient des *salicylés* et des substances qui ont un effet *révulsif*.

Il est utilisé dans le traitement local des douleurs et contusions musculaires et ligamentaires.

CONTRE-INDICATIONS

Ce médicament ne doit pas être utilisé dans les cas suivants :
- *allergie* aux *salicylés* ;
- sur les *muqueuses*, la peau irritée et les plaies cutanées ;
- enfant de moins de 30 mois.

ATTENTION

Des précautions sont nécessaires chez l'enfant de moins de 7 ans (présence de camphre).

GROSSESSE, ALLAITEMENT ET NOUVEAU-NÉ

L'effet de ce médicament pendant la grossesse ou l'allaitement est mal connu.

L'évaluation du risque éventuel lié à son utilisation est individuelle : demandez conseil à votre pharmacien ou à votre médecin.

MODE D'EMPLOI ET POSOLOGIE

Appliquer par un massage doux et prolongé.

Posologie usuelle :

Plusieurs applications par jour.

> Lavez-vous soigneusement les mains après utilisation.

EFFETS INDÉSIRABLES POSSIBLES

Allergie cutanée (éruption de boutons, démangeaisons...) imposant l'arrêt du traitement ; à ne pas confondre avec une rougeur au point d'application due au médicament.

KANA
olivier

PRÉSENTATION

KANA : gélule (transparent) ; boîte de 50 - Non remb.

Laboratoires Arkopharma

COMPOSITION

	p. gél.
Olivier, poudre de feuilles	210 mg

INDICATIONS

Ce médicament contient une plante, l'olivier, utilisée pour faciliter l'élimination d'eau et dans le *traitement d'appoint* de l'*hypertension artérielle*.

> **ATTENTION**
>
> L'*hypertension artérielle* peut être à l'origine de graves maladies cardio-vasculaires. Ce médicament ne saurait remplacer à lui seul le traitement de l'*hypertension artérielle* qui vous a été prescrit.

GROSSESSE, ALLAITEMENT ET NOUVEAU-NÉ

Ce médicament contient une plante, présumée sans danger pendant la grossesse ou l'allaitement. Néanmoins, ne l'utilisez pas de façon prolongée sans l'avis de votre pharmacien ou de votre médecin.

MODE D'EMPLOI ET POSOLOGIE

Les gélules doivent être avalées avec un grand verre d'eau au moment du repas.

Posologie usuelle :

1 ou 2 gélules par jour (6 au maximum).

> Votre tension artérielle doit être l'objet de contrôles réguliers par votre médecin. Les appareils d'automesure de la tension artérielle, disponibles dans le commerce, ne sont pas tous homologués : demandez conseil à votre pharmacien.

KANEURON
phénobarbital, caféine

PRÉSENTATION

KANEURON : solution buvable ; flacon 30 ml (1 ml = 54 gouttes) - Remb. 65 % - Liste II

Laboratoires L'Arguenon-S.E.R.B.

COMPOSITION

	p. 100 g
Phénobarbital	5,40 g
Caféine	500 mg
Aubépine, extrait mou	1 g
Passiflore, extrait mou	300 mg

INDICATIONS

C'est un *anticonvulsivant* qui appartient à la famille des *barbituriques*.

Il est utilisé dans le *traitement* des *épilepsies*, et plus rarement comme *sédatif* dans l'anxiété ou l'insomnie.

CONTRE-INDICATIONS

Ce médicament ne doit pas être utilisé dans les cas suivants :
- *porphyrie*,
- *insuffisance respiratoire* grave,
- *allergie* aux *barbituriques*.

> **ATTENTION**
>
> Dans le traitement de l'*épilepsie*, n'interrompez jamais la prise de ce médicament sans l'avis de votre médecin : risque de réapparition des *convulsions*, même si aucune crise n'est survenue depuis une longue période.
>
> Si vous souffrez d'une *insuffisance hépatique* ou d'une *insuffisance rénale*, prévenez votre médecin afin qu'il puisse adapter la *posologie*.
>
> Un traitement prolongé peut nécessiter des analyses de sang régulières et, chez l'enfant, la prise de *vitamine* D.
>
> Évitez les boissons alcoolisées : augmentation du risque de somnolence.
>
> Conducteur : ce médicament peut être responsable d'une somnolence ou d'une baisse de la vigilance.

INTERACTIONS MÉDICAMENTEUSES

Ce médicament peut interagir avec de nombreux médicaments, notamment les *contraceptifs* oraux (pilule) : risque d'inefficacité de la contraception. Signalez tout autre traitement en cours à votre médecin ou à votre pharmacien.

GROSSESSE, ALLAITEMENT ET NOUVEAU-NÉ

Grossesse et nouveau-né :

Si une grossesse survient sous traitement, consultez votre médecin. En cas d'*épilepsie*, l'arrêt brutal de ce médicament expose à la réapparition de crises préjudiciables à la mère et à l'enfant à naître.

Seul votre médecin peut apprécier le risque éventuel lié à l'utilisation de ce médicament dans votre cas. Des examens particuliers permettent de vérifier l'absence d'anomalie chez l'enfant à naître.

Si le traitement est poursuivi jusqu'à l'accouchement, une surveillance médicale du *nouveau-né* est nécessaire.

Allaitement :

Ce médicament passe dans le lait maternel : l'allaitement est déconseillé.

MODE D'EMPLOI ET POSOLOGIE

1 goutte = 1 mg de phénobarbital

Épilepsie : la *posologie* est strictement individuelle.

Anxiété :
- Adulte : 100 à 300 gouttes réparties dans la journée.

> Dans le traitement de l'*épilepsie*, veillez à ne pas manquer de ce médicament : lors de vos déplacements, munissez-vous d'une réserve ou de votre ordonnance en cours de validité.

EFFETS INDÉSIRABLES POSSIBLES

Somnolence, étourdissements, *allergie* cutanée, douleur articulaire au niveau du bras, excitation chez l'enfant, confusion chez la personne âgée.

KAOBROL

PRÉSENTATION

KAOBROL : comprimé à croquer ou sucer (blanc) ; boîte de 24 - Non remb.

Laboratoires Sterling Midy

COMPOSITION

	p. comp.
Magnésium hydroxyde	210 mg
Calcium carbonate	140 mg
Kaolin lourd	210 mg
Saccharose	1,06 g

INDICATIONS

C'est une association de substances qui contient un *antiacide* d'action locale et du kaolin. L'antiacide agit en neutralisant les acides sécrétés par l'estomac ; le kaolin protège le tube digestif en le couvrant d'un film l'isolant de son contenu et en absorbant les gaz.

Ce médicament est utilisé comme *traitement symptomatique* des douleurs, brûlures, aigreurs de l'estomac ou de l'œsophage. Il est également utilisé pour traiter les ballonnements intestinaux.

CONTRE-INDICATIONS

Ce médicament ne doit pas être utilisé en cas d'*insuffisance rénale* grave.

> **ATTENTION**
>
> En cas de persistance des *symptômes*, des examens peuvent être nécessaires : consultez votre médecin.
>
> Ce médicament contient une quantité notable de *sucre* (saccharose).

INTERACTIONS MÉDICAMENTEUSES

Ce médicament peut interagir avec de nombreux autres médicaments en diminuant leur absorption : il convient de séparer les prises d'au moins 2 heures.

GROSSESSE, ALLAITEMENT ET NOUVEAU-NÉ

Les substances contenues dans ce médicament sont peu absorbées. L'automédication est possible en cure courte ou ponctuelle pendant la grossesse ou l'allaitement.

MODE D'EMPLOI ET POSOLOGIE

Ce médicament sera pris de préférence 1 à 3 heures après les repas, le soir au coucher ou au moment des douleurs.

Posologie usuelle :

- Adulte : 1 ou 2 comprimés par prise.

Une alimentation équilibrée, une mastication lente et l'élimination des aliments difficiles à digérer permettent souvent d'améliorer, voire de faire disparaître, les douleurs d'estomac qui ne sont pas liées à un *ulcère*.

Si vous êtes fumeur, la poursuite du tabagisme nuit à l'efficacité du traitement.

EFFETS INDÉSIRABLES POSSIBLES

Excès de calcium dans le sang, *insuffisance rénale*, en cas d'usage prolongé à forte dose.

KAOLOGEAIS

PRÉSENTATION

KAOLOGEAIS : granulé (jaune) ; boîte de 250 g (cuillère-mesure = 10 g) - Remb. 65 % - Liste I

Laboratoires Logeais

COMPOSITION

	p. c. mes.
Magnésium, oxyde	0,10 g
Magnésium, sulfate	0,50 g
Soit magnésium	109 mg
Méprobamate	0,20 g
Kaolin	2 g
Sterculia, gomme	6 g
Saccharose	0,5 g

INDICATIONS

Ce médicament contient un régulateur du transit (gomme de sterculia), un adsorbant des gaz (kaolin), un *tranquillisant* (méprobamate) et un *antiacide* (oxyde de magnésium).

Il est utilisé comme *traitement symptomatique* des dérèglements chroniques de l'intestin.

CONTRE-INDICATIONS

Ce médicament ne doit pas être utilisé en cas de :
- maladies comportant un risque d'obstruction du tube digestif,
- *insuffisance respiratoire*.

ATTENTION

Des douleurs qui persistent peuvent être dues à une lésion du tube digestif : consultez votre médecin.

Ce médicament contient du *sucre* (saccharose) en qualité notable.

Évitez les boissons alcoolisées : augmentation du risque de somnolence.

Conducteur : ce médicament peut être responsable d'une somnolence ou d'une baisse de la vigilance.

INTERACTIONS MÉDICAMENTEUSES

Ce médicament peut interagir avec de nombreux autres médicaments en diminuant leur absorption : il convient de séparer les prises d'au moins 2 heures.

GROSSESSE, ALLAITEMENT ET NOUVEAU-NÉ

Grossesse :

En l'absence de données dans l'espèce humaine, ce médicament est déconseillé pendant les 3 premiers mois de la grossesse.

Allaitement :

Ce médicament passe dans le lait maternel : il est déconseillé pendant l'allaitement.

MODE D'EMPLOI ET POSOLOGIE

Ce médicament sera pris de préférence avant les repas.

Avaler les granulés sans les croquer avec un grand verre d'eau.

Posologie usuelle :

1 cuillère-mesure, 3 fois par jour.

EFFETS INDÉSIRABLES POSSIBLES

Sensation de ballonnement.

KAOMUTH

PRÉSENTATION

KAOMUTH : poudre orale (blanc) ; boîte de 90 g (32 c. à c.) - Remb. 65 %

Laboratoires Bailly-Speab

COMPOSITION

	p. c. à c.
Kaolin	1,967 g
Magnésie hydratée	281 mg
Saccharose	560 mg

INDICATIONS

C'est une association de substances qui contient un *antiacide* d'action locale et du kaolin. L'antiacide agit en neutralisant les acides sécrétés par l'estomac ; le kaolin protège le tube digestif en le couvrant d'un film qui l'isole de son contenu, et en absorbant les gaz.

Ce médicament est utilisé comme *traitement symptomatique* des douleurs, brûlures, aigreurs de l'estomac ou de l'œsophage.

CONTRE-INDICATIONS

Ce médicament ne doit pas être utilisé en cas d'*insuffisance rénale* grave.

ATTENTION

En cas de persistance des *symptômes*, des examens peuvent être nécessaires : consultez votre médecin.

Ce médicament contient une quantité notable de *sucre* (saccharose).

INTERACTIONS MÉDICAMENTEUSES

Ce médicament peut interagir avec de nombreux autres médicaments en diminuant leur absorption : il convient de séparer les prises d'au moins 2 heures.

GROSSESSE, ALLAITEMENT ET NOUVEAU-NÉ

Les substances contenues dans ce médicament sont peu absorbées. L'automédication est possible en cure courte ou ponctuelle pendant la grossesse ou l'allaitement.

MODE D'EMPLOI ET POSOLOGIE

Ce médicament sera pris de préférence 1 heure après les repas, le soir au coucher ou au moment des douleurs. Il peut être dilué dans un verre d'eau.

Posologie usuelle :

2 ou 3 cuillères à café par prise.

Une alimentation équilibrée, une mastication lente et l'élimination des aliments difficiles à digérer permettent souvent d'améliorer, voire de faire disparaître, les douleurs d'estomac qui ne sont pas liées à un *ulcère*.

Si vous êtes fumeur, la poursuite du tabagisme nuit à l'efficacité du traitement.

EFFETS INDÉSIRABLES POSSIBLES

Parfois : constipation.

KARAYAL

PRÉSENTATION

KARAYAL : granulé (vert) ; boîte de 500 g (50 cuillères-mesure de 10 g) - Remb. 65 %

KARAYAL : granulé (vert) ; boîte de 1 kg (100 cuillères-mesure de 10 g) - Remb. 65 %

Laboratoires Roques

COMPOSITION

	p. c. mes.
Oxyde de magnésium	0,10 g
Sulfate de magnésium	0,50 g
Soit magnésium	109 mg
Kaolin	2 g
Sterculia, gomme	6 g
Saccharose	+

INDICATIONS

Ce médicament contient un régulateur de transit (gomme de sterculia), un adsorbant des gaz (kaolin), et un *antiacide* (oxyde de magnésium).

Il est utilisé comme *traitement symptomatique* des dérèglements chroniques de l'intestin.

CONTRE-INDICATIONS

Ce médicament ne doit pas être utilisé dans les cas suivants :
- maladies comportant un risque d'obstruction du tube digestif,
- *insuffisance rénale* grave.

ATTENTION

Il est nécessaire de boire beaucoup d'eau, particulièrement en cas de dilatation du côlon, d'alitement et chez la personne âgée.

Des douleurs qui persistent peuvent être dues à une lésion du tube digestif : consultez votre médecin.

INTERACTIONS MÉDICAMENTEUSES

Ce médicament peut interagir avec de nombreux autres médicaments en diminuant leur absorption : il convient de séparer les prises d'au moins 2 heures.

GROSSESSE, ALLAITEMENT ET NOUVEAU-NÉ

Les substances contenues dans ce médicament sont peu absorbées ; l'automédication est possible en cure courte et ponctuelle pendant la grossesse ou l'allaitement.

MODE D'EMPLOI ET POSOLOGIE

Ce médicament sera pris de préférence avant les repas.

Avaler les granulés sans les croquer avec un grand verre d'eau.

Posologie usuelle :

3 à 5 cuillères-mesure par jour.

EFFETS INDÉSIRABLES POSSIBLES

Sensation de ballonnement.

KARÉLYNE

PRÉSENTATION

KARÉLYNE : gel pour application locale ; tube 20 g - Non remb.

Laboratoires Urgo

COMPOSITION

	p. 100 g
Huile d'amande douce peroxydée	93,765 g

INDICATIONS

C'est un médicament à usage local.

Il est utilisé dans le *traitement symptomatique* des douleurs et des démangeaisons de l'anus, en particulier dues aux *hémorroïdes*.

ATTENTION

Le traitement doit être de courte durée : si les *symptômes* persistent, consultez votre médecin.

GROSSESSE, ALLAITEMENT ET NOUVEAU-NÉ

Ce médicament ne contient aucune substance connue pour être toxique pendant la grossesse ou l'allaitement.

MODE D'EMPLOI ET POSOLOGIE

2 applications par jour, en massant légèrement.

Pour prévenir les *hémorroïdes*, des mesures simples d'hygiène alimentaire et des exercices physiques sont à envisager : parlez-en à votre médecin ou à votre pharmacien.

EFFETS INDÉSIRABLES POSSIBLES

Rarement : brûlures et démangeaisons faibles et passagères.

KAYEXALATE

polystyrène sulfonate de sodium

PRÉSENTATION

KAYEXALATE : poudre pour suspension orale et rectale ; boîte de 454 g (30 mesurettes) - Remb. 100 % - Liste II

Laboratoires Sanofi Winthrop

COMPOSITION

	p. mesurette
Polystyrène sulfonate de sodium	15 g

INDICATIONS

Ce médicament contient des microbilles de polystyrène (résine échangeuse d'ions), qui ont la propriété, à leur passage dans l'intestin, de libérer du sodium et d'absorber à sa place du *potassium*, qui s'évacue dans les selles.

Il est utilisé pour traiter les *hyperkaliémies* (excès de potassium dans le sang).

CONTRE-INDICATIONS

Ce médicament ne doit pas être utilisé lorsque le taux de *potassium* sanguin est inférieur ou égal à 5 *mEq* par litre.

ATTENTION

Un contrôle du taux sanguin de *potassium* est nécessaire en cas de traitement prolongé à forte dose.

Ce médicament libère une quantité notable de *sel* (sodium) qui peut être absorbé par l'intestin.

GROSSESSE, ALLAITEMENT ET NOUVEAU-NÉ

L'effet de ce médicament pendant la grossesse ou l'allaitement est mal connu : seul votre médecin peut évaluer le risque éventuel de son utilisation dans votre cas.

MODE D'EMPLOI ET POSOLOGIE

Ce médicament peut être avalé (mélangé avec de l'eau ou du sirop) ou être administré en lavement (mélangé avec une solution prescrite par le médecin).

Posologie usuelle :

La *posologie* est adaptée par le médecin en fonction de la quantité de *potassium* à éliminer et de l'âge du malade.

Ce médicament doit être conservé à l'abri de l'humidité.

EFFETS INDÉSIRABLES POSSIBLES

Constipation, qui peut être combattue par la prise conjointe de sorbitol.

Troubles digestifs mineurs, en cas de prise orale.

KÉAL

sucralfate

PRÉSENTATION

KÉAL 1 g : comprimé sécable (blanc) ; boîte de 30 - Remb. 65 %

KÉAL 1 g : poudre pour suspension buvable (blanc) ; boîte de 30 sachets - Remb. 65 %

KÉAL 2 g : suspension buvable ; boîte de 15 sachets - Remb. 65 %

Laboratoires Biogalénique

COMPOSITION

	p. comp.	p. sachet	p. sachet
Sucralfate	1 g	1 g	2 g

INDICATIONS

C'est un médicament qui appartient à la famille des antiulcéreux. Il agit en se fixant sur l'*ulcère* et le protège en le couvrant d'un film l'isolant de l'acidité de l'estomac. Il stimule la sécrétion de substances qui tendent à lutter contre l'acidité de l'estomac.

Il est principalement utilisé pour le traitement des ulcères de l'estomac et du *duodénum*, et pour prévenir les rechutes de l'ulcère du duodénum.

ATTENTION

La disparition des douleurs ne signifie pas que l'*ulcère* est cicatrisé : la durée du traitement doit être respectée.

Si vous souffrez d'*insuffisance rénale*, prévenez votre médecin afin qu'il puisse adapter la *posologie*.

INTERACTIONS MÉDICAMENTEUSES

Ce médicament peut interagir avec d'autres médicaments notamment les *anticoagulants*, certains *anticonvulsivants* (phénytoïne) et la digoxine : signalez tout autre traitement en cours à votre médecin ou à votre pharmacien.

Il est toujours souhaitable de respecter un délai de 2 heures entre la prise de sucralfate et la prise d'un autre médicament.

GROSSESSE, ALLAITEMENT ET NOUVEAU-NÉ

Grossesse :

L'effet de ce médicament sur l'enfant à naître est mal connu. Seul votre médecin peut apprécier la nécessité du traitement et son risque pendant la grossesse.

Allaitement :

Les données actuellement disponibles ne permettent pas de savoir si ce médicament passe dans le lait maternel.

MODE D'EMPLOI ET POSOLOGIE

Ce médicament sera pris de préférence une demi-heure à une heure avant les repas ou deux heures après le repas du soir.

Les comprimés doivent être avalés avec un peu d'eau. La poudre doit être diluée dans un verre d'eau.

La suspension buvable est prête à l'emploi.

Posologie usuelle :

Elle varie en fonction des indications : 1 à 4 g par jour, habituellement en 1 à 4 prises.

Le traitement des *ulcères* dure 4 à 6 semaines au moins, même si les *symptômes* s'améliorent ou disparaissent avant ce délai.

> Si vous êtes fumeur, la poursuite du tabagisme nuit à l'efficacité du traitement.
>
> Des mesures d'hygiène alimentaire sont à envisager : consultez votre médecin.
>
> L'aspirine, les *anti-inflammatoires* et les *corticoïdes* peuvent être agressifs pour l'estomac : n'en prenez pas sans l'avis de votre médecin.

EFFETS INDÉSIRABLES POSSIBLES

Parfois : constipation.

Rarement : sécheresse de la bouche, nausée, vomissement, *vertiges*, *allergie* cutanée.

KEFORAL

céfalexine

PRÉSENTATION

KEFORAL 1 g : comprimé sécable (jaune orangé) ; boîte de 6 - Remb. 65 % - Liste I

KEFORAL 500 mg : comprimé sécable (jaune orangé) ; boîte de 10 - Remb. 65 % - Liste I

KEFORAL 500 mg : poudre pour suspension buvable ; flacon 60 ml (12 cuillères-mesure 5 ml) - Remb. 65 % - Liste I

KEFORAL 250 mg : poudre pour suspension buvable ; flacon 60 ml (12 cuillères-mesure 5 ml) - Remb. 65 % - Liste I

KEFORAL 250 mg : poudre pour suspension buvable ; boîte de 12 sachets - Remb. 65 % - Liste I

KEFORAL ENFANT 125 mg : poudre pour suspension buvable ; flacon 60 ml (12 cuillères-mesure 5 ml) - Remb. 65 % - Liste I

Laboratoires Lilly France

COMPOSITION

	p. comp.	p. comp.	p. c. mes.
Céfalexine	1 g	500 mg	500 mg
Saccharose			3,075 g

	p. c. mes.	p. sachet	p. c. mes.
Céfalexine	250 mg	250 mg	125 mg
Saccharose	3,075 g	3,075 g	3,034 g

INDICATIONS

Cet *antibiotique* appartient à la famille des *céphalosporines*, antibiotiques proches des *pénicillines*, qui sont actives sur un plus grand nombre de *germes* que la pénicilline simple.

Ce médicament est utilisé dans le traitement de diverses maladies infectieuses, notamment celles des poumons, des bronches, du nez, de la gorge ou des oreilles, de l'appareil génital ou urinaire.

CONTRE-INDICATIONS

Ce médicament ne doit pas être utilisé en cas d'*allergie* aux *céphalosporines*.

Dans tous les autres cas, le médecin est seul juge pour prescrire ce médicament, notamment en cas d'allergie aux *pénicillines*.

> **ATTENTION**
>
> Si vous souffrez d'*insuffisance rénale*, signalez-le à votre médecin afin qu'il puisse adapter la *posologie*.
>
> Le médecin peut prescrire un prélèvement pour identifier le *germe* responsable de l'infection et tester sa sensibilité aux *antibiotiques*. Le résultat de cet examen peut être faussé en cas d'automédication préalable : ne prenez pas d'antibiotique sans avis médical.
>
> Des *antécédents* d'*allergie* à une *céphalosporine* contre-indiquent l'usage de ce médicament. La survenue de toute manifestation allergique (boutons, *œdème*, malaise) impose l'arrêt immédiat du traitement : consultez votre médecin.
>
> Une diminution de la fièvre ou une disparition des troubles ne sont pas synonymes de guérison : la durée du traitement doit absolument être respectée pour éviter les rechutes.
>
> Les sachets et le sirop reconstitué contiennent du *sucre* (saccharose) en quantité notable.

INTERACTIONS MÉDICAMENTEUSES

Ce médicament peut interagir avec d'autres médicaments. Signalez tout autre traitement en cours à votre médecin ou à votre pharmacien.

GROSSESSE, ALLAITEMENT ET NOUVEAU-NÉ

Grossesse :

Les études scientifiques actuellement disponibles n'ont pas mis en évidence de problème particulier lors de l'utilisation ponctuelle chez la femme enceinte. Seul votre médecin peut apprécier la nécessité du traitement et son risque pendant la grossesse.

Allaitement :

Ce médicament passe dans le lait maternel : l'arrêt de l'allaitement pourra être envisagé.

MODE D'EMPLOI ET POSOLOGIE

Les sirops doivent être reconstitués avec de l'eau et bien agités avant l'emploi. Le contenu des sachets doit être dissous dans un verre d'eau.

Posologie usuelle :

- Adulte : 2 g par jour en 2 ou 3 prises.
- Enfant et nourrisson : 25 à 50 mg par kg et par jour, répartis en 2 ou 3 prises ; soit par exemple pour un enfant de 20 kg : 1 cuillère-mesure de sirop dosé à 250 mg, matin, midi et soir.

> L'éventuelle impression de fatigue n'est pas due à l'*antibiotique*, mais à l'infection elle-même.
>
> Le sirop reconstitué doit être conservé au frais (+ 4 °C) 14 jours au maximum.

EFFETS INDÉSIRABLES POSSIBLES

Troubles digestifs : nausée, diarrhée, *candidose* génitale.

Allergie cutanée.

Choc anaphylactique rare.

KEFZOL

céfazoline

PRÉSENTATION

KEFZOL 1 g I.M. : préparation injectable ; flacon de poudre et ampoule de solvant 3 ml - Remb. 65 % - Liste I

Laboratoires Lilly France

COMPOSITION

	p. unité
Céfazoline sel de sodium	1 g
Dont sodium	49,3 mg
Lidocaïne solution à 0,5 %	3 ml

INDICATIONS

Cet *antibiotique* appartient à la famille des *céphalosporines*, antibiotiques proches des *pénicillines*, qui sont actives sur un plus grand nombre de *germes* que la pénicilline simple.

Ce médicament est utilisé dans le traitement de diverses maladies infectieuses, notamment celles des poumons, des bronches, du nez, de la gorge ou des oreilles, de l'appareil génital ou urinaire, du sang, des os, de la peau.

CONTRE-INDICATIONS

Ce médicament ne doit pas être utilisé dans les cas suivants :

- *allergie* aux *céphalosporines* ou à la lidocaïne,
- enfant de moins de 30 mois.

Dans tous les autres cas, le médecin est seul juge pour prescrire ce médicament, notamment en cas d'allergie aux *pénicillines*.

> **ATTENTION**
>
> Si vous souffrez d'*insuffisance rénale*, signalez-le à votre médecin afin qu'il puisse adapter la *posologie*.
>
> Des *antécédents* d'*allergie* à une *céphalosporine* contre-indiquent l'usage de ce médicament. La survenue de toute manifestation allergique (boutons, *œdème*, malaise) impose l'arrêt immédiat du traitement : consultez votre médecin.
>
> Une diminution de la fièvre ou une disparition des troubles ne sont pas synonymes de guérison : la durée du traitement doit absolument être respectée pour éviter les rechutes.

INTERACTIONS MÉDICAMENTEUSES

Ce médicament peut interagir avec d'autres médicaments. Signalez tout autre

traitement en cours à votre médecin ou à votre pharmacien.

GROSSESSE, ALLAITEMENT ET NOUVEAU-NÉ

Grossesse :

Les études scientifiques actuellement disponibles n'ont pas mis en évidence de problème particulier lors de l'utilisation ponctuelle chez la femme enceinte. Seul votre médecin peut apprécier la nécessité du traitement et son risque pendant la grossesse.

Allaitement :

Ce médicament passe dans le lait maternel : l'arrêt de l'allaitement pourra être envisagé.

MODE D'EMPLOI ET POSOLOGIE

La solution injectable est préparée en mélangeant la poudre et le solvant fourni ou un autre solvant pour préparation injectable. Elle est administrée par *voie* intramusculaire profonde.

Posologie usuelle :

- Adulte : 0,50 g à 1 g, toutes les 8 heures.
- Enfant et nourrisson de plus de 1 mois : 25 à 50 mg par kg et par jour.

> L'éventuelle impression de fatigue n'est pas due à l'*antibiotique*, mais à l'infection elle-même.
>
> La solution injectable reconstituée se conserve 24 heures à température ambiante et 4 jours à 4 °C.

EFFETS INDÉSIRABLES POSSIBLES

Douleur au point d'injection.

Troubles digestifs : nausée, diarrhée, *candidose* buccale.

Allergie cutanée.

Choc anaphylactique rare.

KELSEF
céfradine

PRÉSENTATION

KELSEF 500 mg : gélule (bleu) ; boîte de 12 - Remb. 65 % - Liste I

KELSEF 250 mg : poudre orale ; boîte de 12 sachets - Remb. 65 % - Liste I

Laboratoires Gallier

COMPOSITION

	p. gél.	p. sachet
Céfradine	500 mg	250 mg
Saccharose		3 g

INDICATIONS

Cet *antibiotique* appartient à la famille des *céphalosporines*, antibiotiques proches des *pénicillines*, qui sont actives sur un plus grand nombre de *germes* que la pénicilline simple.

Ce médicament est utilisé dans le traitement de diverses maladies infectieuses, notamment celles des poumons, des bronches, du nez, de la gorge ou des oreilles, de l'appareil urinaire.

CONTRE-INDICATIONS

Ce médicament ne doit pas être utilisé en cas d'*allergie* aux *céphalosporines*.

Dans tous les autres cas, le médecin est seul juge pour prescrire ce médicament, notamment en cas d'allergie aux *pénicillines*.

> **ATTENTION**
>
> Si vous souffrez d'*insuffisance rénale*, signalez-le à votre médecin afin qu'il puisse adapter la *posologie*.
>
> Le médecin peut prescrire un prélèvement pour identifier le *germe* responsable de l'infection et tester sa sensibilité aux *antibiotiques*. Le résultat de cet examen peut être faussé en cas d'automédication préalable : ne prenez pas d'antibiotique sans avis médical.
>
> Des *antécédents* d'*allergie* à une *céphalosporine* contre-indiquent l'usage de ce médicament. La survenue de toute manifestation allergique (boutons, *œdème*, malaise) impose l'arrêt immédiat du traitement : consultez votre médecin.
>
> Une diminution de la fièvre ou une disparition des troubles ne sont pas synonymes de guérison : la durée du traitement doit absolument être respectée pour éviter les rechutes.
>
> Les sachets contiennent du *sucre* (saccharose) en quantité notable.

INTERACTIONS MÉDICAMENTEUSES

Ce médicament peut interagir avec d'autres médicaments. Signalez tout autre traitement en cours à votre médecin ou à votre pharmacien.

GROSSESSE, ALLAITEMENT ET NOUVEAU-NÉ

Grossesse :

Les études scientifiques actuellement disponibles n'ont pas mis en évidence de problème particulier lors de l'utilisation ponctuelle chez la femme enceinte. Seul votre médecin peut apprécier la nécessité du traitement et son risque pendant la grossesse.

Allaitement :

Ce médicament passe dans le lait maternel : l'arrêt de l'allaitement pourra être envisagé.

MODE D'EMPLOI ET POSOLOGIE

Le contenu des sachets doit être dissous dans un verre d'eau.

Posologie usuelle :

- Adulte : 2 g par jour en 2 ou 3 prises.
- Enfant et nourrisson : 50 à 100 mg par kg et par jour, répartis en 2 ou 3 prises ; soit par exemple pour un enfant de 20 kg : 2 sachets, matin et soir.

> L'éventuelle impression de fatigue n'est pas due à l'*antibiotique*, mais à l'infection elle-même.

EFFETS INDÉSIRABLES POSSIBLES

Troubles digestifs : nausée et diarrhée.

Allergie cutanée.

Choc anaphylactique rare.

KENACORT RETARD
triamcinolone

PRÉSENTATION

KENACORT RETARD 40 : suspension injectable ; boîte de 1 ampoule 1 ml et 1 seringue avec 2 aiguilles - Remb. 65 % - Liste I

KENACORT RETARD 80 : suspension injectable ; boîte de 1 ampoule 2 ml et 1 seringue avec 2 aiguilles - Remb. 65 % - Liste I

Laboratoires Bristol-Myers Squibb

COMPOSITION

	p. amp. inj.	p. amp. inj.
Triamcinolone acétonide	40 mg	80 mg

INDICATIONS

C'est un *anti-inflammatoire* stéroïdien qui appartient à la famille des *corticoïdes* de synthèse (dérivés chimiques de la *cortisone* naturelle). Les propriétés de la cortisone sont nombreuses, mais ce produit est surtout utilisé pour son effet anti-inflammatoire puissant et rapide. Il présente, à efficacité égale, moins d'effets indésirables que la cortisone naturelle. L'effet de ce médicament dure de 3 à 6 semaines.

Il est utilisé en *traitement d'entretien*, notamment dans de nombreuses affections chroniques inflammatoires ou allergiques :

- *allergie* chronique,
- *rhumatismes inflammatoires*,
- *asthme* grave,
- en relais d'un traitement oral par corticoïdes.

Il est également utilisé en traitement local (*infiltrations*) dans les cas suivants :

- *inflammation* des articulations, des tendons et ligaments, poussées douloureuses d'*arthrose* ;
- cicatrice *chéloïde*.

CONTRE-INDICATIONS

Ce médicament ne doit pas être utilisé dans les cas suivants :

- infection ou *mycose* non contrôlée par un traitement adapté,
- maladies virales en évolution (*zona*, *herpès* oculaires),
- *goutte*,
- *diabète*,
- *hépatite* virale aiguë,
- *psychose*,
- *ulcère* de l'estomac ou du *duodénum* en évolution,
- *arthrose* de la hanche,
- enfant de moins de 6 ans.

ATTENTION

L'injection de ce médicament ne doit être pratiquée que sous contrôle médical.

Des précautions sont nécessaires en cas d'*antécédent* d'*ulcère* de l'estomac ou du *duodénum*.

INTERACTIONS MÉDICAMENTEUSES

En cas d'injections répétées, ce médicament peut interagir avec d'autres médicaments et avec certains *vaccins*. Signalez tout traitement en cours à votre médecin ou à votre pharmacien.

GROSSESSE, ALLAITEMENT ET NOUVEAU-NÉ

Grossesse :

Seul votre médecin peut évaluer le risque éventuel de l'utilisation de ce médicament dans votre cas pendant la grossesse et en particulier durant les derniers mois.

Allaitement :

Ce médicament passe dans le lait maternel : il est déconseillé pendant l'allaitement.

MODE D'EMPLOI ET POSOLOGIE

L'injection est réalisée par *voie* intramusculaire profonde. Les *infiltrations* sont réalisées par le médecin dans ou à proximité de la zone à traiter.

Posologie usuelle :

Elle est strictement personnelle et dépend de la maladie à traiter.

L'effet de ce médicament dure de 3 à 6 semaines.

Afin de compenser une baisse du taux de *potassium* dans le sang lors d'un traitement prolongé, le médecin peut être amené à prescrire du potassium.

EFFETS INDÉSIRABLES POSSIBLES

Liés à la *voie* d'administration : infection, *atrophie* cutanée.

En cas de traitement prolongé et à forte dose :

- rétention d'eau et de sel avec parfois *hypertension artérielle* ;
- baisse du taux de *potassium* dans le sang ;
- gonflement du visage et du buste, taches cutanées violacées, apparition de poils ;
- surexcitation avec euphorie et troubles du sommeil ;
- atrophie musculaire, *ostéoporose* ;
- *diabète* (réversible), arrêt de la croissance chez l'enfant, troubles des règles ;
- *gastrite*, *ulcère* ;
- certaines formes de *glaucome* ou de *cataracte*.

Les médicaments sont prescrits dans une situation précise : ne les réutilisez pas sans avis médical.

KENALCOL

triamcinolone, acide salicylique, chlorure de benzalkonium

PRÉSENTATION

KENALCOL : solution alcoolique pour application locale ; flacon 25 ml (vaporisateur microdoseur) - Remb. 65 % - Liste I

Laboratoires Bristol-Myers Squibb

COMPOSITION

	p. fl.
Triamcinolone acétonide	44 mg
Acide salicylique	445 mg
Benzalkonium chlorure	22 mg
Alcool à 70°	+

INDICATIONS

Cette solution contient trois substances :

- un *dermocorticoïde* d'activité assez forte qui freine le renouvellement et la multiplication des cellules de la peau et limite le suintement ;
- l'acide salicylique qui réduit l'épaisseur de la couche cornée superficielle de la peau et facilite ainsi l'activité du dermocorticoïde qui lui est associé ;
- le chlorure de benzalkonium qui est un *antiseptique* de la famille des *ammoniums quaternaires*.

Elle est utilisée dans le traitement des *dermatoses* comportant un épaississement de la peau, notamment les *lichénifications*, les *dermites séborrhéiques* (sauf au visage), le *psoriasis*.

CONTRE-INDICATIONS

Ce médicament ne doit pas être utilisé dans les cas suivants :

- infections dues à un *virus* ou à un champignon ;
- *allergie* aux *salicylés*.

ATTENTION

Comme les autres *dermocorticoïdes*, ce médicament a souvent une action efficace et rapide sur les lésions de la peau ; il peut être tentant de le réutiliser, mais l'automédication expose à des risques importants : aggravation de certaines lésions, installation d'une *dépendance* (amélioration de moins en moins visible des lésions et recrudescence des *symptômes* à chaque arrêt de traitement) et altération durable de la peau.

Suivez attentivement la prescription de votre médecin et n'hésitez pas à lui demander des explications.

GROSSESSE, ALLAITEMENT ET NOUVEAU-NÉ

Grossesse :

L'effet de ce médicament sur l'enfant à naître est mal connu. Seul votre médecin peut apprécier la nécessité du traitement pendant la grossesse.

MODE D'EMPLOI ET POSOLOGIE

Vaporiser la solution à 5 cm environ des zones à traiter.

Une application correspond à 2 ou 3 vaporisations espacées d'une minute.

Posologie usuelle :

2 ou 3 applications par jour.

Le médecin prescrit fréquemment un arrêt progressif du traitement : espacement des applications ou diminution de la quantité appliquée.

Ne conseillez pas, ne donnez pas ce médicament à un proche.

Ce produit s'évapore facilement : refermez bien le flacon.

EFFETS INDÉSIRABLES POSSIBLES

Sensation de brûlure ou de picotement, peau sèche.

KÉRAFILM

PRÉSENTATION

KÉRAFILM : solution pour application locale (caramel) ; flacon 10 ml et rondelles - Non remb.

Laboratoires Pierre Fabre

COMPOSITION

	p. 100 g
Acide salicylique	10 g
Acide lactique	6,5 g
Éther éthylique	15 g
Iode, teinture	2 g
Butoforme	0,3 g

INDICATIONS

Ce médicament contient des substances caustiques *antiseptiques* et *anesthésiques*.

Il est utilisé dans le traitement local des verrues, des cors, des durillons et des œils-de-perdrix.

CONTRE-INDICATIONS

Ce médicament ne doit pas être utilisé en cas d'*allergie* aux *salicylés*.

ATTENTION

La cicatrisation peut être très lente chez les diabétiques : consultez votre médecin.

GROSSESSE, ALLAITEMENT ET NOUVEAU-NÉ

L'effet de ce médicament pendant la grossesse ou l'allaitement est mal connu. L'évaluation du risque éventuel lié à son utilisation est individuelle : demandez conseil à votre pharmacien ou à votre médecin.

MODE D'EMPLOI ET POSOLOGIE

Coller une rondelle protectrice sur la zone à traiter, puis appliquer la solution avec la spatule.

Posologie usuelle :

1 application matin et soir, pendant 3 à 5 jours.

Pour éviter toute irritation, ne pas mettre cette solution en contact avec la peau saine qui entoure la verrue.

KÉRATOSANE
urée, pentosane polysulfate

PRÉSENTATION

KÉRATOSANE : gel pour application locale ; tube 40 g - Non remb.

Laboratoires Biorga

COMPOSITION

	p. 100 g
Urée	30 g
Pentosane polysulfate	0,4 g

INDICATIONS

Ce gel contient de l'urée, qui a des propriétés hydratantes et lutte contre l'épaississement anormal de l'*épiderme*.

Il est utilisé pour traiter les *dermatoses* avec *hyperkératinisation* et notamment le *psoriasis*.

CONTRE-INDICATIONS

Ce médicament ne doit pas être utilisé dans les cas suivants :
- affection cutanée suintante, infectieuse ou *inflammatoire* ;
- peau crevassée.

GROSSESSE, ALLAITEMENT ET NOUVEAU-NÉ

Grossesse :

Ce médicament peut être utilisé pendant la grossesse.

MODE D'EMPLOI ET POSOLOGIE

Masser légèrement pour faire pénétrer le gel. Se laver les mains après usage.

Posologie usuelle :

1 ou 2 applications par jour.

KÉRATYL
nandrolone

PRÉSENTATION

KÉRATYL : collyre ; flacon 5 ml - Remb. 65 % - Liste II

Laboratoires Chauvin

COMPOSITION

	p. 100 ml
Nandrolone sulfate monosodique	1 g

INDICATIONS

C'est un collyre cicatrisant.

Il est utilisé dans le traitement des plaies, brûlures et *ulcères* de la *cornée*.

ATTENTION

En cas d'infection, un traitement *antibiotique* peut être nécessaire.

GROSSESSE, ALLAITEMENT ET NOUVEAU-NÉ

L'effet de ce médicament pendant la grossesse ou l'allaitement est mal connu : seul votre médecin peut évaluer le risque éventuel de son utilisation dans votre cas.

MODE D'EMPLOI ET POSOLOGIE

Tirer la paupière inférieure vers le bas tout en regardant vers le haut et déposer les gouttes de collyre entre la paupière et le globe oculaire (*cul-de-sac conjonctival*).

Posologie usuelle :

2 gouttes, 4 ou 5 fois par jour.

L'application correcte du produit peut nécessiter une aide, notamment chez une personne handicapée ou âgée.

Ne conservez pas ce collyre plus de 15 jours après une première utilisation.

KERLONE
bêtaxolol

PRÉSENTATION

KERLONE 20 mg : comprimé sécable (blanc) ; boîte de 28 - Remb. 65 % - Liste I

Laboratoires Schwarz Pharma

COMPOSITION

	p. comp.
Bêtaxolol chlorhydrate	20 mg

INDICATIONS

Ce médicament appartient à la famille des *bêtabloquants*. Ceux-ci agissent en bloquant l'action de l'*adrénaline* (et d'autres *hormones* apparentées) sur de nombreux organes et notamment le cœur, les vaisseaux et les bronches.

Il est utilisé dans le traitement de l'*hypertension artérielle*.

CONTRE-INDICATIONS

Ce médicament ne doit pas être utilisé dans les cas suivants :
- *insuffisance cardiaque* grave non contrôlée par un traitement spécifique,
- *bloc auriculo-ventriculaire* grave,
- rythme cardiaque inférieur à 50 battements par minute,
- association avec les médicaments contenant de la floctafénine.

Dans tous les autres cas, le médecin est seul juge, notamment en cas d'*asthme*.

ATTENTION

N'interrompez jamais brutalement le traitement. Espacez progressivement les prises. Un avis médical est toujours préférable.

Diabétiques : les *bêtabloquants* peuvent masquer certains *symptômes* de l'*hypoglycémie*, essentiellement *palpitations* et accélération du cœur.

INTERACTIONS MÉDICAMENTEUSES

Ce médicament ne doit pas être associé à la floctafénine (IDARAC...) : risque d'augmentation de la gravité d'un éventuel *choc* allergique.

Il peut interagir avec d'autres médicaments, notamment ceux contenant de l'amiodarone. Signalez tout autre traitement en cours à votre médecin ou à votre pharmacien.

GROSSESSE, ALLAITEMENT ET NOUVEAU-NÉ

Grossesse et nouveau-né :

Les études scientifiques actuellement disponibles n'ont pas mis en évidence de problème particulier lors de l'utilisation chez la femme enceinte.

L'effet *bêtabloquant* persiste quelques jours chez le *nouveau-né* et justifie une surveillance médicale renforcée pendant les premiers jours de la vie.

Allaitement :

Ce médicament passe dans le lait maternel : l'allaitement est déconseillé.

MODE D'EMPLOI ET POSOLOGIE

Ce médicament peut être pris indifféremment pendant ou en dehors des repas.

Posologie usuelle :

1 comprimé par jour.

Veillez à toujours disposer d'une réserve de ce médicament : une plaquette dans la boîte à gants de la voiture et dans la trousse de toilette, par exemple.

Il est normal que le rythme cardiaque ralentisse sous l'effet du traitement ; néanmoins, en cas de fatigue anormale et de pouls inférieur à 50 battements par minute, consultez votre médecin.

EFFETS INDÉSIRABLES POSSIBLES

Bénins et peu fréquents : fatigue en début de traitement, syndrome de *Raynaud* et fourmillement des extrémités ; parfois, réactions cutanées.

Potentiellement graves et rares : *bloc auriculo-ventriculaire*, ralentissement important du cœur, chute de tension, *insuffisance cardiaque*, crise d'*asthme*.

KÉTODERM
kétoconazole

PRÉSENTATION

KÉTODERM : gel moussant pour application locale ; tube monodose 20 g - Remb. 65 % - Liste I

KÉTODERM : gel moussant pour application locale ; boîte de 8 sachets - Remb. 65 % - Liste I

KÉTODERM : crème ; tube 15 g - Remb. 65 % - Liste I

Laboratoires Janssen

COMPOSITION

	p. tube monodose	p. sachet	crème p. 100 g
Kétoconazole	400 mg	120 mg	2 g
Sulfites			+

INDICATIONS

Ce médicament d'action locale contient un *antifongique* de la famille des *imidazolés*.

Il est utilisé dans le traitement de certaines maladies de la peau et des *muqueuses*, dues à des champignons microscopiques : *candidose*, *pityriasis versicolor*, *dermatophyties*, certaines *dermites séborrhéiques*.

CONTRE-INDICATIONS

Ce médicament ne doit pas être utilisé en cas d'*allergie* aux *antifongiques* de la famille des *imidazolés*.

ATTENTION

Évitez d'utiliser ce médicament, notamment chez l'enfant, de manière prolongée et sur des surfaces étendues ou profondément lésées, sans l'avis de votre pharmacien ou de votre médecin.

Rincez abondamment en cas de contact accidentel avec les yeux.

GROSSESSE, ALLAITEMENT ET NOUVEAU-NÉ

L'effet de ce médicament pendant la grossesse ou l'allaitement est mal connu : seul votre médecin peut évaluer le risque éventuel de son utilisation dans votre cas.

MODE D'EMPLOI ET POSOLOGIE

Crème : après lavage et séchage de la zone à traiter, appliquer directement sur les lésions et masser pour faire pénétrer. Dans les plis de la peau, la crème doit être appliquée en petite quantité pour limiter le risque de *macération*.

Gel : appliquer sur les lésions préalablement mouillées. Masser pour faire mousser, laisser en place 5 minutes et rincer abondamment. Le contenu d'un tube monodose de gel doit être appliqué sur la totalité du corps, y compris le cuir chevelu.

Posologie usuelle :

1 ou 2 applications par jour.

La forme utilisée (crème, gel moussant) et la durée du traitement varient selon les cas.

En cas de *candidose*, évitez d'utiliser des savons acides : ils favorisent la multiplication des champignons.

EFFETS INDÉSIRABLES POSSIBLES

Irritation cutanée.

KÉTUM

kétoprofène

PRÉSENTATION

KÉTUM : gel pour application locale ; tube 60 g - Remb. 35 % - Liste II

Laboratoires Menarini France

COMPOSITION

	p. 100 g
Kétoprofène	2,5 g

INDICATIONS

Ce gel contient un *anti-inflammatoire* non stéroïdien (*AINS*). Il lutte localement contre l'*inflammation* et la douleur.

Il est utilisé dans le traitement des *tendinites*, des douleurs des articulations et des entorses.

CONTRE-INDICATIONS

Ce médicament ne doit pas être utilisé dans les cas suivants :
- *allergie* à l'aspirine ou aux *AINS*,
- en application sur un *eczéma*, des *muqueuses*, des plaies ou de la peau lésée.

ATTENTION

N'exposez pas au soleil les régions traitées : risque de *photosensibilisation*.

GROSSESSE, ALLAITEMENT ET NOUVEAU-NÉ

L'effet de ce médicament pendant la grossesse ou l'allaitement est mal connu : seul votre médecin peut évaluer le risque éventuel de son utilisation dans votre cas.

MODE D'EMPLOI ET POSOLOGIE

Appliquer un ruban de gel de 5 à 10 cm, et masser doucement.

Ce gel peut être appliqué sous pansement étanche (occlusif).

Posologie usuelle :

2 ou 3 applications par jour.

Se laver les mains après application. En cas de contact accidentel avec les yeux, rincer abondamment.

EFFETS INDÉSIRABLES POSSIBLES

Imposant l'arrêt du traitement : *allergie* cutanée (éruption de boutons, démangeaisons...).

KINOCYSTOL

PRÉSENTATION

KINOCYSTOL : solution buvable arôme citron ; flacon 120 ml - Remb. 35 %

Laboratoires Pierre Fabre

COMPOSITION

	p. c. à c.
Triglycérides oléiques interestérifiés	2,371 g

INDICATIONS

C'est un médicament qui lutte contre les spasmes des *voies biliaires*.

Il est principalement utilisé dans le *traitement symptomatique* des *troubles digestifs* en rapport avec une paresse biliaire.

ATTENTION

Des précautions sont nécessaires en cas d'obstruction des *voies biliaires*.

En cas de persistance des *symptômes*, des examens peuvent être nécessaires : consultez votre médecin.

GROSSESSE, ALLAITEMENT ET NOUVEAU-NÉ

L'effet de ce médicament pendant la grossesse ou l'allaitement est mal connu. L'évaluation du risque éventuel lié à son utilisation est individuelle : demandez conseil à votre pharmacien ou à votre médecin.

MODE D'EMPLOI ET POSOLOGIE

La solution doit être diluée dans un demi-verre d'eau et prise un quart d'heure avant le repas.

Posologie usuelle :

1 cuillère à café, 2 ou 3 fois par jour.

KINUPRIL

quinupramine

PRÉSENTATION

KINUPRIL 2,5 mg : comprimé sécable (blanc) ; boîte de 30 - Remb. 65 % - Liste I

KINUPRIL 2,5 mg : comprimé sécable (blanc) ; boîte de 50 - Remb. 65 % - Liste I

KINUPRIL 7,5 mg : comprimé (blanc) ; boîte de 20 - Remb. 65 % - Liste I

Laboratoires Bellon

COMPOSITION

	p. comp.	p. comp.
Quinupramine	2,5 mg	7,5 mg

INDICATIONS

Ce médicament appartient à la famille des *antidépresseurs* imipraminiques.

Il est utilisé dans le traitement des *états dépressifs* de toute nature.

CONTRE-INDICATIONS

Ce médicament ne doit pas être utilisé dans les cas suivants :
- *glaucome* à angle fermé,
- risque de blocage des urines (*adénome de la prostate*...),
- en association avec les *IMAO* non sélectifs ou avec le BARNETIL.

ATTENTION

Si vous souffrez d'*épilepsie*, d'*hyperthyroïdie* ou de maladie cardiaque, prévenez votre médecin afin qu'il puisse adapter la *posologie*.

Une fièvre ou une infection d'allure anormale sous traitement doivent vous inciter à consulter votre médecin.

Avant une *anesthésie* de la peau ou des gencives, signalez la prise de ce médicament.

Évitez les boissons alcoolisées : augmentation du risque de somnolence.

Conducteur : ce médicament peut être responsable d'une somnolence ou d'une baisse de la vigilance.

INTERACTIONS MÉDICAMENTEUSES

Ce médicament ne doit pas être associé aux médicaments suivants :
- *IMAO* non sélectifs (MARSILID, NIAMIDE...) : risque de *collapsus cardio-vasculaire*, ou d'*hypertension artérielle*, de fièvre et de *convulsions*. Respectez un délai de 15 jours après l'arrêt de l'*IMAO*.
- BARNETIL : risque de *troubles du rythme cardiaque* graves.

Ce médicament peut interagir avec d'autres médicaments, notamment les *anticonvulsivants*, les *antihypertenseurs* et les *atropiniques*, le PROZAC, l'*adrénaline* et la *noradrénaline*, et les médicaments *sédatifs*. Signalez tout autre traitement en cours, ou récemment arrêté, à votre médecin ou à votre pharmacien.

GROSSESSE, ALLAITEMENT ET NOUVEAU-NÉ

L'effet de ce médicament pendant la grossesse ou l'allaitement est mal connu. Seul votre médecin peut apprécier le risque éventuel lié à l'utilisation de ce médicament dans votre cas.

MODE D'EMPLOI ET POSOLOGIE

Les comprimés doivent être avalés avec un peu d'eau.

Posologie usuelle :

Elle est strictement individuelle.

> L'efficacité des *antidépresseurs* n'est généralement pas immédiate. Un délai pouvant atteindre plusieurs semaines est parfois nécessaire pour que les effets bénéfiques se fassent sentir.
> Les effets indésirables éventuels apparaissant en début de traitement ne doivent pas vous conduire à l'arrêter prématurément.

EFFETS INDÉSIRABLES POSSIBLES

Rarement : tremblements, somnolence diurne, confusion des idées, bouche sèche, constipation, troubles de l'*accommodation*, *hypotension orthostatique*, difficultés à uriner, *vertiges*, excitation anormale.

Exceptionnellement : *troubles digestifs*.

KLIOGEST

estradiol, noréthistérone

PRÉSENTATION

KLIOGEST : comprimé (blanc) ; boîte de 28 - Non remb. - Liste I

Laboratoires Novo Nordisk

COMPOSITION

	p. comp.
Estradiol 17 bêta	2 mg
Noréthistérone acétate	1 mg

INDICATIONS

Ce médicament contient de l'estradiol, destiné à corriger une carence en *estrogènes*, et de la noréthistérone, *progestatif* qui a un effet protecteur sur l'utérus et les glandes mammaires.

Il est utilisé pour traiter certains *symptômes* de la *ménopause* (bouffées de chaleur, sécheresse vaginale...).

CONTRE-INDICATIONS

Ce médicament ne doit pas être utilisé dans les cas suivants :

- certaines maladies cardiaques ou *vasculaires*, notamment l'*hypertension artérielle* et les *antécédents* de *phlébite* ;
- maladie du foie grave ou récente ;
- cancers du sein ou de l'utérus ;
- *tumeur de l'hypophyse* ;
- certaines causes de saignement entre les règles ;
- certaines maladies rares (*connectivite*, *porphyrie*, *otospongiose*).

Dans tous les autres cas, le médecin est seul juge pour prescrire ce médicament, notamment en cas de *diabète*, d'obésité, d'excès de *cholestérol* ou de *triglycérides*, de tumeurs bénignes du sein et de l'utérus, d'*hypertension artérielle*, d'*insuffisance rénale* ou d'écoulement de lait.

> **ATTENTION**
> Ce médicament n'est pas un *contraceptif*.
> Tout *symptôme* pouvant faire craindre une complication impose l'arrêt du traitement : maux de tête importants et inhabituels, troubles de la vision, élévation franche de la tension artérielle.
> L'apparition d'un saignement génital ou d'un écoulement de lait impose une consultation médicale.
> Des précautions sont nécessaires en cas d'*épilepsie*, de *migraine*, d'*asthme*, de *dépression*, d'*antécédents* familiaux d'*accident thrombo-embolique*.

INTERACTIONS MÉDICAMENTEUSES

L'efficacité du traitement peut être diminuée par la prise de certains médicaments : les *barbituriques*, certains antiépileptiques (TÉGRÉTOL, DI-HYDAN...), les médicaments contenant de la rifampicine (RIMACTAN, RIFADINE...) ou de la griséofulvine (FULCINE, GRISÉFULINE...).

GROSSESSE, ALLAITEMENT ET NOUVEAU-NÉ

Compte tenu de ses indications, ce médicament n'est pas utilisé chez la femme enceinte ou qui allaite.

MODE D'EMPLOI ET POSOLOGIE

Prendre 1 comprimé par jour, sans interruption entre 2 plaquettes.

> Ce médicament peut faire réapparaître des saignements (règles).

EFFETS INDÉSIRABLES POSSIBLES

Peu graves et n'empêchant pas la poursuite du traitement : nausées, maux de tête banals, prise de poids, tension modérée des seins, taches sombres sur le visage, jambes lourdes, irritation oculaire par les lentilles de contact, saignement entre les règles, *candidose* vaginale, irritabilité et tendance à la *dépression*.

Rares mais devant faire interrompre la prise de ce médicament : *hypertension artérielle*, accident cardiaque ou *vasculaire*, jaunisse, augmentation importante des lipides dans le sang, *diabète*, *nodule* ou douleur importante des seins, *migraine*, *vertiges*, troubles de la vision, aggravation d'une *épilepsie*, écoulement de lait.

Exceptionnellement : calculs de la vésicule biliaire, tumeur bénigne du foie, *mastopathie*.

KLIPAL

paracétamol, codéine

PRÉSENTATION

KLIPAL : comprimé (orangé) ; boîte de 12 - Remb. 65 % - Liste I

Laboratoires Pierre Fabre

COMPOSITION

	p. comp.
Paracétamol	600 mg
Codéine phosphate	50 mg

INDICATIONS

Ce médicament contient deux *antalgiques* : le paracétamol, qui empêche la transmission de la douleur, et la codéine, qui agit directement sur le cerveau.

Il est utilisé dans le *traitement symptomatique* des douleurs.

CONTRE-INDICATIONS

Ce médicament ne doit pas être utilisé dans les cas suivants :

- maladie grave du foie,
- *insuffisance respiratoire*,
- enfant de moins de 15 ans.

> **ATTENTION**
> Ce médicament contient de la codéine : à dose élevée, en usage prolongé, il expose à un risque de *dépendance*. Ne dépassez pas la *posologie* ni la durée du traitement prescrites par votre médecin.
> De nombreux médicaments contiennent du paracétamol : en tenir compte en cas de prise conjointe car le surdosage en paracétamol peut être toxique pour le foie.
> Évitez les boissons alcoolisées : augmentation du risque de somnolence.
> Conducteur : ce médicament peut être responsable d'une somnolence ou d'une baisse de la vigilance.

INTERACTIONS MÉDICAMENTEUSES

Ce médicament peut interagir avec d'autres médicaments. Signalez tout autre traitement en cours à votre médecin ou à votre pharmacien.

GROSSESSE, ALLAITEMENT ET NOUVEAU-NÉ

Grossesse :

Ce médicament contient de la codéine : il est déconseillé pendant les 3 premiers mois de la grossesse.

Allaitement :

Ce médicament passe dans le lait maternel : l'allaitement est déconseillé.

MODE D'EMPLOI ET POSOLOGIE

Ce médicament peut être pris indifféremment avant, pendant ou après les repas. Les comprimés doivent être avalés avec un verre d'eau.

Respectez un intervalle minimal de 6 heures entre 2 prises.

Posologie usuelle :

- Adulte et enfant de plus de 15 ans : 1 comprimé, 1 à 3 fois par jour.

EFFETS INDÉSIRABLES POSSIBLES

Liés au paracétamol : *allergie* exceptionnelle.

Liés à la codéine : constipation, somnolence, *troubles digestifs*, *bronchospasme*, *vertiges*.

KOLA ASTIER
kola, caféine

PRÉSENTATION

KOLA ASTIER : comprimé marron ; boîte de 50 - Non remb.

Laboratoires Astier

COMPOSITION

	p. comp.
Kola, extrait sec	100 mg
Soit caféine	18 mg
Saccharose	664 mg

INDICATIONS

C'est un *psychostimulant*. Il contient une association de substances, notamment du kola.

Il est utilisé dans le traitement de certaines fatigues *(asthénies fonctionnelles)*.

ATTENTION
Ce médicament contient du *sucre* (saccharose), en quantité notable, et de la caféine, à faible dose.

GROSSESSE, ALLAITEMENT ET NOUVEAU-NÉ

L'effet de ce médicament pendant la grossesse ou l'allaitement est mal connu. L'évaluation du risque éventuel lié à son utilisation est individuelle : demandez conseil à votre pharmacien ou à votre médecin.

MODE D'EMPLOI ET POSOLOGIE

Les comprimés doivent être avalés avec un peu d'eau.

Posologie usuelle :

2 comprimés, 3 fois par jour.

Une fatigue persistante ne doit pas vous conduire à augmenter les prises de ce médicament : consultez votre médecin.

KOREC
quinapril

PRÉSENTATION

KOREC 5 mg : comprimé (jaune) ; boîte de 28 - Remb. 65 % - Liste I

KOREC 20 mg : comprimé sécable (jaune) ; boîte de 28 - Remb. 65 % - Liste I

Laboratoires Sanofi Winthrop

COMPOSITION

	p. comp.	p. comp.
Quinapril chlorhydrate	5 mg	20 mg

INDICATIONS

Ce médicament appartient à la famille des inhibiteurs de l'*enzyme* de conversion (IEC). L'enzyme de conversion est une substance naturellement présente dans l'organisme ; elle est responsable d'une contraction des artères qui augmente la tension artérielle et fatigue le cœur.

Ce médicament est utilisé dans le traitement de l'*hypertension artérielle* et de l'*insuffisance cardiaque*.

CONTRE-INDICATIONS

Ce médicament ne doit pas être utilisé en cas de **grossesse** ou d'**allaitement**.

ATTENTION
Si vous suivez un traitement par *diurétique* ou un régime sans *sel*, la baisse de la tension artérielle peut être importante lors des premières prises : un malaise ou des étourdissements peuvent survenir ; il est préférable de choisir une période de repos et de prendre garde au risque de chute.

Les *sels* de régime contiennent souvent du *potassium* ; ne les utilisez pas sans avis médical pendant le traitement.

Des précautions sont nécessaires chez la personne âgée et celle atteinte d'*insuffisance rénale*.

INTERACTIONS MÉDICAMENTEUSES

Ce médicament peut interagir avec d'autres médicaments, notamment ceux contenant du *lithium*, certains *diurétiques* et les *sels* de régime. Signalez tout autre traitement en cours à votre médecin ou à votre pharmacien.

GROSSESSE, ALLAITEMENT ET NOUVEAU-NÉ

Grossesse :

L'effet de ce médicament sur l'enfant à naître est mal connu. Quelques accidents ayant été rapportés, son usage pendant la grossesse est contre-indiqué.

Allaitement :

Les données disponibles ne permettent pas de savoir si ce médicament passe dans le lait maternel : l'allaitement est contre-indiqué.

MODE D'EMPLOI ET POSOLOGIE

Ce médicament peut être pris indifféremment au cours ou en dehors des repas.

Posologie usuelle :

- Adulte : elle est variable en fonction des indications :
  - 20 mg par jour, en 1 prise, dans le traitement de l'*hypertension artérielle* ;
  - 5 à 20 mg par jour répartis en 2 prises dans le traitement de l'*insuffisance cardiaque*.

En cas d'*insuffisance rénale*, de traitement préalable par des *diurétiques* ou de régime sans *sel*, la *posologie* initiale est faible ; elle est augmentée progressivement par le médecin en fonction des effets du médicament.

Le traitement médicamenteux ne dispense pas des mesures simples pouvant faire baisser la tension artérielle : activité physique régulière, modération de la consommation de boissons alcoolisées, lutte contre le surpoids.

EFFETS INDÉSIRABLES POSSIBLES

Toux sèche, étourdissements, maux de tête, nausées, fatigue.

Rares réactions allergiques : œdème de *Quincke*, *allergie* cutanée.

KORETIC
quinapril, hydrochlorothiazide

PRÉSENTATION

KORETIC : comprimé sécable (rose) ; boîte de 28 - Remb. 65 % - Liste I

Laboratoires Sanofi

COMPOSITION

	p comp.
Quinapril chlorhydrate	20 mg
Hydrochlorothiazide	12,5 mg

INDICATIONS

Cet *antihypertenseur* contient deux substances :
- le quinapril, un inhibiteur de l'*enzyme* de conversion. Cette enzyme est une substance naturellement présente dans l'organisme, responsable d'une contraction des artères qui augmente la tension artérielle et fatigue le cœur ;
- l'hydrochlorothiazide, un *diurétique* dont la structure chimique est proche de celle des *sulfamides*. Son action renforce celle du quinapril.

Ce médicament est utilisé dans le traitement de l'*hypertension artérielle*.

CONTRE-INDICATIONS

Ce médicament ne doit pas être utilisé dans les cas suivants :
- *allergie* connue à l'un des constituants ou à la famille des *sulfamides*,
- *insuffisance rénale* grave,
- *insuffisance hépatique* grave,
- **grossesse**,
- **allaitement**.

ATTENTION
Si vous suiviez auparavant un traitement par *diurétique* ou un régime sans *sel*, la baisse de la tension artérielle peut être importante lors des premières prises : un malaise ou des étourdissements peuvent survenir ; il est préférable de choisir une période de repos et de prendre garde au risque de chute.

Des précautions sont nécessaires chez la personne âgée.

Ce médicament peut être responsable d'une baisse de la *kaliémie* (taux de potassium dans le sang), qui peut être aggravée par l'usage immodéré de *laxatifs stimulants*. Des analyses de sang sont souvent prescrites par le médecin.

INTERACTIONS MÉDICAMENTEUSES

Ce médicament peut interagir avec d'autres médicaments, notamment avec ceux contenant du *lithium*, certains *diuré-*

tiques et les *sels* de régime. Signalez tout autre traitement en cours à votre médecin ou à votre pharmacien.

GROSSESSE, ALLAITEMENT ET NOUVEAU-NÉ

Grossesse :

L'effet de ce médicament sur l'enfant à naître est mal connu. Quelques cas de complications ont été rapportés et son usage pendant la grossesse est contre-indiqué.

Allaitement :

Ce médicament passe dans le lait maternel : l'allaitement est contre-indiqué.

MODE D'EMPLOI ET POSOLOGIE

Ce médicament doit être pris avec un verre d'eau.

Posologie usuelle :

- Adulte : 1 comprimé par jour.

En cas de traitement préalable par des *diurétiques* ou de régime sans *sel*, la *posologie* initiale est faible ; elle est augmentée progressivement par le médecin en fonction des effets du médicament.

☛ Le traitement médicamenteux ne dispense pas de mesures simples pouvant faire baisser la tension artérielle : activité physique régulière, modération de la consommation de boissons alcoolisées, lutte contre le surpoids.

EFFETS INDÉSIRABLES POSSIBLES

Toux sèche, *vertiges*, étourdissements, maux de tête, fatigue, nausées, diarrhée.

Élévation du taux de *sucre* ou d'*acide urique* dans le sang.

Baisse du taux de *potassium* dans le sang, associée ou non à des crampes.

Rares réactions allergiques : œdème de *Quincke*, *allergie* cutanée.

L

L 25
homéopathie

PRÉSENTATION
L 25 : solution buvable ; flacon compte-gouttes 30 ml (1 ml = 40 gouttes) - Non remb.

Laboratoires Lehning

COMPOSITION
Viscum album TM, Hydrastis D4, Gossypium D3, Secale cornutum D4, Magnesii chloridum D3, Adrenalinum D6, Calcii hypophosphis D3, Senecio D1, Aloe D3, Chamomilla D2, China D5, Cupri sulfas D5, Cimicifuga D3, aa p. 30 ml

INDICATIONS
Ce médicament est un *complexe* (association) de remèdes homéopathiques.

Il est utilisé dans le *traitement d'appoint* des troubles des règles et de la *ménopause*.

MODE D'EMPLOI ET POSOLOGIE
Les gouttes doivent être diluées dans un peu d'eau.

Posologie usuelle :

15 à 25 gouttes, matin et soir.

> ☛ Certains homéopathes recommandent de ne pas absorber de camphre pendant un traitement homéopathique.

L 28
homéopathie

PRÉSENTATION
L 28 : solution buvable ; flacon 30 ml (1 ml = 40 gouttes) - Non remb.

Laboratoires Lehning

COMPOSITION
Hamamelis TM, China D4, Adrenalinum D6, Secale cornutum D4, Vinca D3, Calcii chloridum D3, Clematis D4, Hydrastis D4, Carduus marianus TM, Trilium pendulum D3, aa

INDICATIONS
Ce médicament est un *complexe* (association) de remèdes homéopathiques.

Il est utilisé dans le traitement des troubles de la circulation veineuse (varices, *ulcères* variqueux...), et dans leur prévention au cours de la grossesse et après l'accouchement.

GROSSESSE, ALLAITEMENT ET NOUVEAU-NÉ
Aux *dilutions homéopathiques*, les substances contenues dans ce médicament ne sont pas connues pour être toxiques pendant la grossesse ou l'allaitement.

MODE D'EMPLOI ET POSOLOGIE
Les gouttes doivent être diluées dans un peu d'eau ou prises sur un sucre.

Posologie usuelle :

20 gouttes, 3 ou 4 fois par jour.

> ☛ Certains homéopathes recommandent de ne pas absorber de camphre pendant un traitement homéopathique.

L 52
homéopathie

PRÉSENTATION
L 52 : solution buvable ; flacon 30 ml (1 ml = 40 gouttes) - Non remb.

Laboratoires Lehning

COMPOSITION
Eupatorium D3, Aconitum D4, Bryonia D3, Arnica D4, Gelsemium D6, China D4, Belladonna D4, Drosera D3, Polygala D3, aa p. 80 % ; Eucalyptus D1 20 %

INDICATIONS
Ce médicament est un *complexe* (association) de remèdes homéopathiques.

Il est utilisé dans le *traitement symptomatique* des états grippaux, des refroidissements, des affections respiratoires, des rhumes à leur début.

GROSSESSE, ALLAITEMENT ET NOUVEAU-NÉ
Aux *dilutions homéopathiques*, les substances contenues dans ce médicament ne sont pas connues pour être toxiques pendant la grossesse ou l'allaitement.

MODE D'EMPLOI ET POSOLOGIE
Les gouttes doivent être diluées dans un peu d'eau et gardées quelques secondes sous la langue.

Posologie usuelle :

La dose est plus élevée le premier jour et doit être diminuée progressivement.

- Adulte : 40 gouttes, 4 ou 5 fois le premier jour, puis 15 à 25 gouttes, 5 à 8 fois par jour.
- Enfant de 12 à 15 ans : 20 gouttes, 4 fois par jour.
- Enfant de 5 à 12 ans : 10 gouttes, 3 fois par jour.
- Enfant de 2 à 5 ans : 3 à 10 gouttes, 3 fois par jour.

> ☛ Certains homéopathes recommandent de ne pas absorber de camphre pendant un traitement homéopathique.

L 72
homéopathie

PRÉSENTATION
L 72 : solution buvable ; flacon compte-gouttes 30 ml (1 ml = 40 gouttes) - Non remb.

Laboratoires Lehning

COMPOSITION
Sumbulus D3, Oleum gaultheriae D4, Cicuta virosa D4, Asa foetida D3, Corydalis formosa D3, Ignatia D4, Valeriana D4, Staphysagria D4, Avena sativa TM, Hyoscyamus D2, aa

INDICATIONS
Ce médicament est un *complexe* (association) de remèdes homéopathiques.

Il est utilisé dans le *traitement symptomatique* des troubles légers liés à l'anxiété et à l'hyperexcitabilité (émotivité, nervosité, troubles du sommeil, *palpitations*, hoquet, spasme de l'œsophage, maux de tête...).

GROSSESSE, ALLAITEMENT ET NOUVEAU-NÉ
Aux *dilutions homéopathiques*, les substances contenues dans ce médicament ne sont pas connues pour être toxiques pendant la grossesse ou l'allaitement.

MODE D'EMPLOI ET POSOLOGIE
Les gouttes doivent être diluées dans un peu d'eau et gardées quelques secondes sous la langue.

Posologie usuelle :

20 gouttes, 4 fois par jour.

Troubles du sommeil : 20 à 30 gouttes, 1 heure avant le coucher.

> ☛ Certains homéopathes recommandent de ne pas absorber de camphre pendant un traitement homéopathique.

L 114
homéopathie

PRÉSENTATION

L 114 : solution buvable ; flacon 30 ml (compte-gouttes) - Non remb.

Laboratoires Lehning

COMPOSITION

Dolichos D3, Nux vomica D3, Lycopodium D3, Amylenum hydricum D4, Leptandra D3, Podophyllum D4, Carduus marianus D3, Chelidonium TM, Boldo TM, aa p. 30 ml

INDICATIONS

Ce médicament est un *complexe* (association) de remèdes homéopathiques.

Il est utilisé dans le *traitement symptomatique* des digestions difficiles liées à une paresse biliaire.

GROSSESSE, ALLAITEMENT ET NOUVEAU-NÉ

Aux *dilutions homéopathiques*, les substances contenues dans ce médicament ne sont pas connues pour être toxiques pendant la grossesse ou l'allaitement.

MODE D'EMPLOI ET POSOLOGIE

Ce médicament doit être pris de préférence une demi-heure avant le repas ou après celui-ci.

Les gouttes doivent être diluées dans un peu d'eau et gardées quelques secondes sous la langue.

Posologie usuelle :

20 à 30 gouttes, à chaque repas et le soir au coucher.

Certains homéopathes recommandent de ne pas absorber de camphre pendant un traitement homéopathique.

LACRIGEL
carbopol 940 carbomer

PRÉSENTATION

LACRIGEL : gel ophtalmique ; tube 5 g - Remb. 65 %

Laboratoires Europhta

COMPOSITION

	p. 5 g
Carbopol 940 carbomer	10 mg
Cétrimide	0,5 mg

INDICATIONS

C'est un gel de suppléance lacrymale : il compense une insuffisance de sécrétion naturelle de larmes.

Il est utilisé dans le traitement de la sécheresse oculaire due à une insuffisance lacrymale (œil sec).

ATTENTION

Une irritation oculaire peut être due à une infection : en cas de doute, n'hésitez pas à consulter votre médecin.

N'utilisez pas ce gel ophtalmique de façon prolongée sans prendre un avis médical.

Si vous portez des lentilles de contact, n'utilisez pas ce produit sans prendre l'avis de votre ophtalmologiste.

INTERACTIONS MÉDICAMENTEUSES

Ce gel ophtalmique peut interagir avec des collyres : respectez un intervalle de 15 minutes entre deux applications.

GROSSESSE, ALLAITEMENT ET NOUVEAU-NÉ

Ce gel ophtalmique contient des conservateurs dont l'effet est mal connu pendant la grossesse ou l'allaitement. L'évaluation du risque éventuel lié à son utilisation est individuelle : demandez conseil à votre pharmacien ou à votre médecin.

MODE D'EMPLOI ET POSOLOGIE

Tirer la paupière inférieure vers le bas tout en regardant vers le haut et déposer une goutte de gel entre la paupière et le globe oculaire (*cul-de-sac conjonctival*).

Posologie usuelle :

1 goutte, 3 ou 4 fois par jour.

L'application correcte du produit peut nécessiter une aide, notamment chez une personne handicapée ou âgée.

Ne conservez pas ce gel plus de 1 mois après une première utilisation.

EFFETS INDÉSIRABLES POSSIBLES

Un trouble visuel bref peut survenir après instillation du produit jusqu'à ce que le gel se répartisse uniformément à la surface de l'œil.

LACRYPOS
chondroïtine

PRÉSENTATION

LACRYPOS : collyre ; flacon 10 ml - Remb. 65 %

Laboratoires Alcon

COMPOSITION

	p. 100 ml
Chondroïtine sulfate (sel sodique)	3 g
Borate phénylmercurique	+

INDICATIONS

C'est une solution de suppléance lacrymale qui contient un constituant de la *cornée* ; elle compense une insuffisance de sécrétion naturelle de larmes.

Elle est utilisée dans le traitement de la sécheresse oculaire due à une insuffisance lacrymale (œil sec).

ATTENTION

Une irritation oculaire peut être due à une infection : en cas de doute, n'hésitez pas à consulter votre médecin.

N'utilisez pas ce collyre de façon prolongée sans prendre un avis médical.

Si vous portez des lentilles de contact, n'utilisez pas ce produit sans prendre l'avis de votre ophtalmologiste.

INTERACTIONS MÉDICAMENTEUSES

Ce collyre peut interagir avec d'autres collyres : respectez un intervalle de 15 minutes entre deux instillations.

GROSSESSE, ALLAITEMENT ET NOUVEAU-NÉ

Ce collyre contient des conservateurs dont l'effet est mal connu pendant la grossesse ou l'allaitement. L'évaluation du risque éventuel lié à son utilisation est individuelle : demandez conseil à votre pharmacien ou à votre médecin.

MODE D'EMPLOI ET POSOLOGIE

Tirer la paupière inférieure vers le bas tout en regardant vers le haut et déposer les gouttes de collyre entre la paupière et le globe oculaire (*cul-de-sac conjonctival*).

Posologie usuelle :

1 ou 2 gouttes, 4 ou 5 fois par jour.

Une application correcte du produit peut nécessiter une aide, notamment chez un enfant ou une personne handicapée ou âgée.

Ne conservez pas ce collyre plus de 15 jours après une première utilisation.

EFFETS INDÉSIRABLES POSSIBLES

Irritation locale.

LACTÉOL du Dr BOUCARD
culture de Lactobacillus acidophilus

PRÉSENTATION

LACTÉOL du Dr BOUCARD : comprimé (blanc) ; boîte de 45 - Non remb.

LACTÉOL du Dr BOUCARD : comprimé (blanc) ; boîte de 90 - Non remb.

LACTÉOL du Dr BOUCARD : comprimé (blanc) ; boîte de 180 - Non remb.

LACTÉOL du Dr BOUCARD : suspension buvable ; boîte de 14 ampoules 7 ml - Non remb.

LACTÉOL du Dr BOUCARD : suspension buvable ; boîte de 28 ampoules 7 ml - Non remb.

Laboratoires Lactéol du Dr Boucard

COMPOSITION

	p. comp.	p. amp.
Lactobacillus acidophilus, nombre de germes	450 M	350 M
Lactose	+	

INDICATIONS

C'est un médicament qui appartient à la famille des antidiarrhéiques d'origine microbienne. Il favorise la restauration de la flore intestinale.

Il est utilisé dans le *traitement symptomatique* des diarrhées.

CONTRE-INDICATIONS

Ce médicament ne doit pas être utilisé en cas d'*intolérance* au lactose.

GROSSESSE, ALLAITEMENT ET NOUVEAU-NÉ

Grossesse :

Ce médicament peut être utilisé chez la femme enceinte.

MODE D'EMPLOI ET POSOLOGIE

Les comprimés peuvent être dissous dans un peu d'eau ou croqués.

Les ampoules peuvent être mélangées à un peu d'eau, sucrée ou non.

Posologie usuelle :

- Adulte : 5 comprimés, 3 à 5 fois par jour, ou 2 ampoules, 2 ou 3 fois par jour.
- Enfant de plus de 3 ans : 3 comprimés, 3 ou 4 fois par jour, ou 1 ampoule, 2 à 4 fois par jour.

> Les comprimés doivent être conservés à l'abri de l'humidité.
>
> Une diarrhée peut provoquer une déshydratation. Cette perte d'eau par l'organisme peut entraîner des troubles graves (fatigue, malaise, confusion des idées...). Il est indispensable de prévenir cette déshydratation par des boissons sucrées abondantes et des bouillons salés, notamment chez les personnes âgées et les enfants.
>
> Si la diarrhée persiste au-delà de quelques jours, consultez votre médecin.

LACTÉOL FORT

culture de Lactobacillus acidophilus

PRÉSENTATION

LACTÉOL FORT : gélule (blanc) ; boîte de 20 - Remb. 35 %

LACTÉOL FORT : poudre orale (beige) ; boîte de 10 sachets - Remb. 35 %

Laboratoires Lactéol du Dr Boucard

COMPOSITION

	p. gél.	p. sachet
Lactobacillus acidophilus, nombre de germes	5 milliards	10 milliards
Lactose	+	+

INDICATIONS

C'est un médicament qui appartient à la famille des antidiarrhéiques d'origine microbienne. Il favorise la restauration de la flore intestinale.

Il est utilisé dans le *traitement symptomatique* des diarrhées.

CONTRE-INDICATIONS

Ce médicament ne doit pas être utilisé en cas d'*intolérance* au lactose.

GROSSESSE, ALLAITEMENT ET NOUVEAU-NÉ

Grossesse :

Ce médicament peut être utilisé chez la femme enceinte.

MODE D'EMPLOI ET POSOLOGIE

Les gélules seront avalées de préférence avec un peu d'eau.

Le contenu des gélules et des sachets peut être dissous dans un peu d'eau (biberon).

Posologie usuelle :

- Adulte, enfant, nourrisson : 1 gélule, 2 ou 6 fois par jour ; 1 sachet, 1 à 3 fois par jour.

En cas de diarrhée aiguë : 2 gélules ou 1 sachet, 3 fois par jour le premier jour, puis 2 gélules ou 1 sachet, 2 fois par jour.

> Une diarrhée peut provoquer une déshydratation. Cette perte d'eau par l'organisme peut entraîner des troubles graves (fatigue, malaise, confusion des idées...). Il est indispensable de prévenir cette déshydratation par des boissons sucrées abondantes et des bouillons salés, notamment chez les personnes âgées et les enfants.
>
> Si la diarrhée persiste au-delà de quelques jours, consultez votre médecin.

LACTULOSE BIPHAR

lactulose

PRÉSENTATION

LACTULOSE BIPHAR : solution buvable à 50 % ; boîte de 20 sachets 15 ml - Remb. 35 %

Laboratoires Procter & Gamble

COMPOSITION

	p. sachet
Lactulose	10 g

INDICATIONS

C'est un *laxatif osmotique*. Il attire l'eau dans l'intestin et augmente le volume des selles.

Il est principalement utilisé dans le *traitement symptomatique* de la constipation, mais également pour traiter certaines complications des *cirrhoses*.

CONTRE-INDICATIONS

Ce médicament ne doit pas être utilisé dans les cas suivants :

- constipation ou douleurs abdominales dues à une obstruction du tube digestif : rétrécissement intestinal, *fécalome* (bouchon de selles) ;
- maladies inflammatoires du côlon, maladie de *Crohn*, *rectocolite hémorragique* ;
- personne ne devant pas absorber de galactose.

> **ATTENTION**
>
> Les laxatifs ne doivent pas être utilisés de façon prolongée sans avis médical.

GROSSESSE, ALLAITEMENT ET NOUVEAU-NÉ

Grossesse :

Ce médicament peut être utilisé chez la femme enceinte.

Allaitement :

Comme tous les laxatifs, ce médicament est susceptible de freiner les montées de lait.

MODE D'EMPLOI ET POSOLOGIE

L'effet est augmenté si la prise a lieu le matin à jeun. Ce médicament doit être dilué dans une boisson. Il est pris de préférence avant le repas.

Posologie usuelle :

En cas de constipation, elle sera adaptée selon les résultats obtenus. Si une diarrhée apparaît, il faut réduire la *posologie*.

- Adulte : 1 sachet, 1 ou 2 fois par jour.
- Enfant : la posologie est strictement individuelle.

> Des mesures simples d'hygiène alimentaire et des exercices physiques sont à envisager avant d'utiliser un laxatif : parlez-en à votre médecin ou à votre pharmacien.

EFFETS INDÉSIRABLES POSSIBLES

Sensation de ballonnement, diarrhée devant inciter à diminuer la *posologie*.

Rarement : démangeaisons, douleur anale, amaigrissement.

LAMALINE

PRÉSENTATION

LAMALINE : gélule (vert et blanc) ; boîte de 16 - Remb. 65 % - Liste II

LAMALINE : suppositoire ; boîte de 10 - Remb. 65 % - Liste II

Laboratoires LTM

COMPOSITION

	p. gél.	p. suppos.
Paracétamol	300 mg	500 mg
Belladone, poudre	10 mg	30 mg
Opium, poudre	10 mg	
Opium, extrait		15 mg
Caféine	30 mg	50 mg

INDICATIONS

Ce médicament est un *antalgique* qui associe du paracétamol, de la poudre d'opium, de la caféine, et de la *belladone* (*antispasmodique*).

Il est utilisé dans le *traitement symptomatique* des douleurs : rhumatisme, douleur dentaire, *migraine*, règles douloureuses... Le paracétamol agit également contre la fièvre.

CONTRE-INDICATIONS

Ce médicament ne doit pas être utilisé dans les cas suivants :

- maladies graves du foie,
- *glaucome* à angle fermé,
- risque de blocage des urines (*adénome de la prostate*),
- enfant de moins de 15 ans.

> **ATTENTION**
>
> Des précautions sont nécessaires en cas d'*insuffisance respiratoire* et chez la personne âgée.

Évitez les boissons alcoolisées : augmentation du risque de somnolence.

INTERACTIONS MÉDICAMENTEUSES

Ce médicament peut interagir avec d'autres médicaments, notamment chez la personne âgée. Signalez tout autre traitement en cours à votre médecin ou à votre pharmacien.

GROSSESSE, ALLAITEMENT ET NOUVEAU-NÉ

Grossesse :

Ce médicament contient de l'opium et de la *belladone* : il est déconseillé en automédication pendant la grossesse.

Allaitement :

Ce médicament passe dans le lait maternel : il est déconseillé pendant l'allaitement.

MODE D'EMPLOI ET POSOLOGIE

Ce médicament peut être pris indifféremment au cours ou en dehors des repas. Les gélules doivent être avalées avec un verre d'eau.

Respectez un intervalle minimal de 4 heures entre 2 prises.

Posologie usuelle :

- Adulte : 1 ou 2 gélules ou 1 suppositoire, 2 ou 3 fois par jour ; ne pas dépasser 10 gélules ou 6 suppositoires par jour.

De nombreux médicaments contiennent du paracétamol et des dérivés de l'opium : en tenir compte en cas de prise conjointe (risque de surdosage).

Il est préférable de ne pas prendre ce médicament en fin de journée, en raison de la présence de caféine.

EFFETS INDÉSIRABLES POSSIBLES

Liés à l'opium : constipation.

À forte dose : effets *atropiniques* liés à la *belladone*, et insomnie liée à la caféine.

LAMISIL

terbinafine

PRÉSENTATION

LAMISIL : comprimé (blanc) ; boîte de 14 - Remb. 65 % - Liste II

LAMISIL : comprimé (blanc) ; boîte de 28 - Remb. 65 % - Liste II

Laboratoires Sandoz

COMPOSITION

	p. comp.
Terbinafine	250 mg

INDICATIONS

Ce médicament contient un *antifongique* actif sur les champignons microscopiques appelés *dermatophytes* et sur les *levures*. Il fait partie des antifongiques qui sont absorbés par l'intestin et qui agissent donc dans tout l'organisme.

Il est utilisé pour traiter certaines *mycoses* de la peau et des ongles.

CONTRE-INDICATIONS

Ce médicament ne doit pas être utilisé dans les cas suivants :

- *insuffisance hépatique* grave,
- *insuffisance rénale* grave.

INTERACTIONS MÉDICAMENTEUSES

Ce médicament peut interagir avec d'autres médicaments. Signalez tout autre traitement en cours à votre médecin ou à votre pharmacien.

GROSSESSE, ALLAITEMENT ET NOUVEAU-NÉ

Grossesse :

L'effet de ce médicament pendant la grossesse est mal connu : seul votre médecin peut évaluer le risque éventuel de son utilisation dans votre cas.

Allaitement :

Ce médicament passe dans le lait maternel : il est déconseillé pendant l'allaitement.

MODE D'EMPLOI ET POSOLOGIE

Les comprimés doivent être pris avant ou à distance des repas.

Posologie usuelle :

- Adulte : 1 comprimé par jour. La durée du traitement varie en fonction du type d'infection.

Le respect de la durée du traitement est un élément capital de son efficacité.

Ce médicament doit être conservé à l'abri de la lumière.

EFFETS INDÉSIRABLES POSSIBLES

Rarement : *troubles digestifs*, réactions cutanées.

LANGORAN

isosorbide dinitrate

PRÉSENTATION

LANGORAN L.P. 20 mg : gélule à *libération prolongée* (rose et blanc) ; boîte de 60 - Remb. 65 % - Liste II

LANGORAN L.P. 40 mg : gélule à *libération prolongée* (rouge et blanc) ; boîte de 60 - Remb. 65 % - Liste II

LANGORAN L.P. 80 mg : gélule à *libération prolongée* (blanc) ; boîte de 30 - Remb. 65 % - Liste II

Laboratoires Marion Merrell Dow

COMPOSITION

	p. gél. L.P.	p. gél. L.P.	p. gél. L.P.
Isosorbide dinitrate	20 mg	40 mg	80 mg

INDICATIONS

Ce médicament *vasodilatateur* appartient à la famille des dérivés de la trinitrine. Il possède de nombreuses propriétés qui facilitent le travail du cœur : dilatation des veines, dilatation des artères à forte dose, prévention des spasmes des *artères coronaires*.

Il est utilisé dans :

- le *traitement préventif* des crises d'*angine de poitrine*,
- le *traitement d'appoint* de l'*insuffisance cardiaque*.

ATTENTION

Ce médicament peut être responsable de maux de tête, parfois violents, surtout lors des premières prises.

Des baisses de la tension artérielle ont également été constatées. La mise en route progressive du traitement prescrit par le médecin doit être respectée, notamment pour les *posologies* élevées ; de même, le traitement ne doit pas être arrêté brutalement.

INTERACTIONS MÉDICAMENTEUSES

Ce médicament peut interagir avec d'autres médicaments. Signalez tout autre traitement en cours à votre médecin ou à votre pharmacien.

GROSSESSE, ALLAITEMENT ET NOUVEAU-NÉ

L'effet de ce médicament pendant la grossesse ou l'allaitement est mal connu : seul votre médecin peut évaluer le risque éventuel de son utilisation dans votre cas.

MODE D'EMPLOI ET POSOLOGIE

Les gélules doivent être avalées avec un peu d'eau sans être ouvertes.

Posologie usuelle :

Elle est variable en fonction des indications, et adaptée par votre médecin en fonction de l'effet thérapeutique.

EFFETS INDÉSIRABLES POSSIBLES

Maux de tête, bouffées de chaleur fréquents en début de traitement.

Baisse de la tension artérielle pouvant se traduire par des malaises, surtout chez la personne âgée.

Rares nausées et vomissements.

LANOFÈNE

PRÉSENTATION

LANOFÈNE : pommade ; tube 35 g - Non remb.

Laboratoires Augot

COMPOSITION

	p. 100 g
Sous-nitrate de bismuth	2,5 g
Oxyde de zinc	5 g
Talc	2,5 g
Essence de géranium	0,3 g
Lanoline	+

INDICATIONS

Cette pommade est protectrice et cicatrisante.

Elle est utilisée dans le traitement des brûlures superficielles, des crevasses, des gerçures, des engelures et de la rougeur des fesses du *nourrisson*.

CONTRE-INDICATIONS

Cette pommade ne doit pas être utilisée en cas de lésion suintante ou infectée.

ATTENTION

Évitez d'utiliser cette pommade, notamment chez l'enfant, de manière prolongée sur des surfaces étendues ou profondément lésées, sans l'avis de votre pharmacien ou de votre médecin.

GROSSESSE, ALLAITEMENT ET NOUVEAU-NÉ

Ce médicament ne contient que des substances présumées sans danger pendant la grossesse ou l'allaitement. Néanmoins, ne l'utilisez pas de façon prolongée sans l'avis de votre pharmacien ou de votre médecin.

MODE D'EMPLOI ET POSOLOGIE

Appliquer une couche épaisse, débordant largement la zone à traiter. Recouvrir éventuellement d'une compresse.

Posologie usuelle :

3 ou 4 applications par jour.

La rougeur des fesses du *nourrisson* est souvent due à l'imprégnation de la peau par l'urine, sous la couche. Il est donc nécessaire de nettoyer et de rincer abondamment la peau avec de l'eau avant d'appliquer le médicament.

EFFETS INDÉSIRABLES POSSIBLES

Eczéma dû au médicament (présence de lanoline).

LANSOŸL

paraffine liquide

PRÉSENTATION

LANSOŸL : gelée orale ; pot de 225 g - Non remb.

LANSOŸL : gelée orale ; pot de 600 g - Non remb.

LANSOŸL : gelée orale ; boîte de 10 doses unitaires 15 g - Non remb.

Laboratoires Jouveinal

COMPOSITION

	p. 100 g
Paraffine, liquide	78,23 g
Saccharose (2,12 g/c. à s.)	

INDICATIONS

C'est un *laxatif lubrifiant*. Il agit en ramollissant les selles et en facilitant leur progression dans l'intestin.

Ce médicament est utilisé dans le *traitement symptomatique* de la constipation.

ATTENTION

Ce médicament peut réduire l'absorption de certaines *vitamines* (A, D, E, K) en cas d'utilisation prolongée.

Les laxatifs ne doivent pas être utilisés de façon prolongée sans avis médical. Leur usage doit rester exceptionnel chez l'enfant.

Ce médicament contient du *sucre* (saccharose) en quantité notable.

GROSSESSE, ALLAITEMENT ET NOUVEAU-NÉ

Grossesse :

Ce médicament ne contient aucune substance connue pour être toxique pendant la grossesse ; néanmoins, il peut réduire l'absorption de certaines *vitamines* : son usage doit être ponctuel.

MODE D'EMPLOI ET POSOLOGIE

La prise peut avoir lieu soit le matin à jeun, soit à distance des repas. En cas de prise le soir, tenir compte du délai d'action (de 6 à 8 heures), en particulier pour les enfants.

Posologie usuelle :

- Adulte : 1 à 3 cuillères à soupe ou 1 à 3 doses unitaires par jour.
- Enfant de 2 à 15 ans : 1 à 3 cuillères à café par jour.
- Nourrisson : 1/2 cuillère à café, 1 ou 2 fois par jour.

Des mesures simples d'hygiène alimentaire et des exercices physiques sont à envisager avant d'utiliser un laxatif : parlez-en à votre médecin ou à votre pharmacien.

EFFETS INDÉSIRABLES POSSIBLES

Suintement anal.

LANSOŸL SANS SUCRE

paraffine liquide

PRÉSENTATION

LANSOŸL SANS SUCRE : gelée orale (rouge) arôme framboise ; pot de 215 g - Non remb.

Laboratoires Jouveinal

COMPOSITION

	p. 100 g
Paraffine liquide	78,23 g

INDICATIONS

C'est un *laxatif lubrifiant*. Il agit en ramollissant les selles et en facilitant leur progression dans l'intestin.

Il est utilisé dans le *traitement symptomatique* de la constipation.

ATTENTION

Ce médicament peut réduire l'absorption de certaines *vitamines* (A, D, E, K) en cas d'utilisation prolongée.

Les laxatifs ne doivent pas être utilisés de façon prolongée sans avis médical. Leur usage doit rester exceptionnel chez l'enfant.

GROSSESSE, ALLAITEMENT ET NOUVEAU-NÉ

Grossesse :

Ce médicament ne contient aucune substance connue pour être toxique pendant la grossesse ; néanmoins, il peut réduire l'absorption de certaines *vitamines* : son usage doit être ponctuel.

MODE D'EMPLOI ET POSOLOGIE

La prise peut avoir lieu soit le matin à jeun, soit à distance des repas.

En cas de prise le soir, tenir compte du délai d'action (de 6 à 8 heures), en particulier pour les enfants.

Posologie usuelle :

- Adulte : 1 à 3 cuillères à soupe par jour.
- Enfant de 2 à 15 ans : 1 à 3 cuillères à café par jour.
- Nourrisson : 1/2 cuillère à café, 1 ou 2 fois par jour.

Des mesures simples d'hygiène alimentaire et des exercices physiques sont à envisager avant d'utiliser un laxatif : parlez-en à votre médecin ou à votre pharmacien.

Ce médicament doit être conservé à l'abri de la chaleur.

EFFETS INDÉSIRABLES POSSIBLES

Suintement anal.

LANTIGEN B

antigènes bactériens

PRÉSENTATION

LANTIGEN B : solution *sublinguale* ; flacon 18 ml (360 gouttes) et compte-gouttes - Remb. 35 %

Laboratoires Cassenne

COMPOSITION

	p. 100 ml
Antigènes de pneumocoques lysés	100 000 M
Antigènes de streptocoques lysés	100 000 M
Antigènes de Neisseria catarrhalis lysés	100 000 M
Antigènes de staphylocoques lysés	50 000 M
Antigènes de Klebsiella pneumoniae lysés	50 000 M
Antigènes de Haemophilus influenzae lysés	50 000 M

INDICATIONS

Ce médicament est destiné à stimuler l'immunité et à renforcer les défenses de l'organisme contre l'infection.

Il est utilisé dans le *traitement préventif* des infections des *voies* respiratoires et des maladies chroniques des bronches.

GROSSESSE, ALLAITEMENT ET NOUVEAU-NÉ

L'effet de ce médicament pendant la grossesse ou l'allaitement est mal connu. L'évaluation du risque éventuel lié à son utilisation est individuelle : demandez conseil à votre pharmacien ou à votre médecin.

MODE D'EMPLOI ET POSOLOGIE

Les gouttes doivent être gardées 3 minutes dans la bouche avant d'être avalées.

Elles peuvent être également déposées sur un morceau de sucre à sucer.

Posologie usuelle :

- Adulte : 30 gouttes par jour pendant 1 mois.
- Enfant de 5 à 15 ans : 2 gouttes par année d'âge et par jour, pendant 1 mois ; soit, pour 1 enfant de 10 ans, 20 gouttes par jour pendant 1 mois.
- Nourrisson et enfant de moins de 5 ans : 10 gouttes par jour, pendant 1 mois.

EFFETS INDÉSIRABLES POSSIBLES

Augmentation passagère des sécrétions nasales ou *œdème* de la bouche, notamment en début de traitement.

LANZOR

lansoprazole

PRÉSENTATION

LANZOR 30 mg : gélule *gastrorésistante* (blanc et orange) ; flacon de 15 - Remb. 65 % - Liste II

Laboratoires Houdé

COMPOSITION

	p. gél.
Lansoprazole	30 mg

INDICATIONS

C'est un antiulcéreux qui agit en diminuant la sécrétion acide de l'estomac indépendamment de la cause qui peut provoquer cette sécrétion.

Il est principalement utilisé pour le traitement des *ulcères* de l'estomac et du *duodénum*, les *inflammations* de l'œsophage dues au reflux des acides de l'estomac vers l'œsophage.

CONTRE-INDICATIONS

Ce médicament ne doit pas être utilisé pendant l'allaitement.

ATTENTION

La disparition des douleurs ne signifie pas que l'*ulcère* est cicatrisé : la durée du traitement doit être respectée.

Si vous souffrez d'*insuffisance hépatique*, prévenez votre médecin afin qu'il puisse adapter la *posologie*.

INTERACTIONS MÉDICAMENTEUSES

Ce médicament peut interagir avec d'autres médicaments, notamment certains *anticoagulants*, certains *anticonvulsivants* (phénytoïne), les *benzodiazépines* et les *contraceptifs* oraux. Signalez tout traitement en cours à votre médecin ou à votre pharmacien.

Si vous prenez des *pansements digestifs*, respectez un intervalle d'au moins 2 heures avec la prise de ce médicament.

GROSSESSE, ALLAITEMENT ET NOUVEAU-NÉ

Grossesse :

Ce médicament est récent : en l'absence de données suffisantes, il est déconseillé de l'utiliser pendant la grossesse et particulièrement pendant le premier trimestre.

Allaitement :

Ce médicament est récent : en l'absence de données, il est contre-indiqué chez la femme qui allaite.

MODE D'EMPLOI ET POSOLOGIE

Ce médicament doit être pris en dehors des repas, de préférence avec un grand verre d'eau.

Posologie usuelle :

- Adulte : 1 gélule par jour.

La durée du traitement est habituellement de plusieurs semaines.

Ce médicament peut être pris à n'importe quel moment dans la journée.

Des mesures d'hygiène alimentaire sont à envisager : consultez votre médecin.

Si vous êtes fumeur, la poursuite du tabagisme nuit à l'efficacité du traitement.

L'aspirine, les *anti-inflammatoires* et les *corticoïdes* peuvent être agressifs pour l'estomac : n'en prenez pas sans l'avis de votre médecin.

EFFETS INDÉSIRABLES POSSIBLES

Parfois : diarrhée ou constipation, nausées, maux de tête.

Rarement : éruption cutanée.

LAO-DAL

PRÉSENTATION

LAO-DAL ÉMULSION : *liniment* ; flacon 200 ml - Non remb.

LAO-DAL : pommade ; tube 35 g - Non remb.

LAO-DAL : pommade ; tube 100 g - Non remb.

Laboratoires Goupil

COMPOSITION

	liniment p. 100 g	pommade p. 100 g
Camphre	2,40 g	2,40 g
Menthol	0,24 g	0,24 g
Lidocaïne	0,24 g	0,24 g
Chloroforme	7,20 g	7,20 g
Salicylate de méthyle	10,80 g	
Salicylate de glycol		10,80 g
Térébenthine, essence	7,43 g	7,43 g

INDICATIONS

Ce médicament, *antalgique*, d'usage local, contient des *salicylés*, des substances qui ont un effet *révulsif*, et un *anesthésique*.

Il est utilisé dans le traitement local des douleurs et des contusions musculaires et ligamentaires.

CONTRE-INDICATIONS

Ce médicament ne doit pas être utilisé dans les cas suivants :

- *allergie* aux *anesthésiques* locaux ;
- en application sur les *muqueuses*, la peau irritée et les plaies cutanées ;
- enfant de moins de 30 mois.

ATTENTION

Des précautions sont nécessaires chez l'enfant de moins de 7 ans (présence de camphre).

GROSSESSE, ALLAITEMENT ET NOUVEAU-NÉ

L'effet de ce médicament pendant la grossesse ou l'allaitement est mal connu. L'évaluation du risque éventuel lié à son utilisation est individuelle : demandez conseil à votre pharmacien ou à votre médecin.

MODE D'EMPLOI ET POSOLOGIE

La pommade et le *liniment* doivent être appliqués en massage doux et prolongé.

Posologie usuelle :

2 à 4 applications par jour.

Ce médicament doit être conservé à l'abri de la chaleur.

EFFETS INDÉSIRABLES POSSIBLES

Allergie cutanée (éruption de boutons, démangeaisons...). À ne pas confondre avec une rougeur normale au point d'application, due au médicament.

LARGACTIL

chlorpromazine

PRÉSENTATION

LARGACTIL 25 mg : comprimé sécable (orange) ; boîte de 50 - Remb. 65 % - Liste I

LARGACTIL 100 mg : comprimé sécable (orange) ; boîte de 30 - Remb. 65 % - Liste I

LARGACTIL : solution buvable 4 % ; flacon 30 ml (1 200 gouttes) - Remb. 65 % - Liste I

LARGACTIL : solution injectable 125 mg/5 ml ; boîte de 5 ampoules (5 ml) - Remb. 65 % - Liste I

Laboratoires Specia

COMPOSITION

	p. comp.	p. comp.
Chlorpromazine	25 mg	100 mg
	p. gte	**p. amp. inj.**
Chlorpromazine	1 mg	25 mg

INDICATIONS

C'est un *neuroleptique* qui appartient à la famille chimique des phénothiazines.

Il est utilisé dans le traitement des troubles nerveux accompagnés de troubles de l'*humeur*. Il est aussi utilisé pour traiter les vomissements causés par certains médicaments.

CONTRE-INDICATIONS

Ce médicament ne doit pas être utilisé dans les cas suivants :

- *allergie* aux phénothiazines,
- *glaucome* à angle fermé,

- risque de blocage des urines (*adénome de la prostate*),
- association à la lévodopa,
- *allergie* aux *sulfites* (forme injectable).

ATTENTION

La guérison peut nécessiter un traitement prolongé ; une amélioration survenant en début de traitement ne doit pas vous conduire à l'arrêter sans l'avis de votre médecin.

En cas de survenue d'une fièvre inexpliquée, suspendez la prise du médicament et alertez immédiatement votre médecin.

Des précautions sont nécessaires chez les personnes âgées et en cas de maladies cardiaques graves, d'*épilepsie*, de *diabète*, d'*insuffisance rénale* ou d'*insuffisance hépatique* ; prévenez votre médecin afin qu'il puisse adapter la *posologie*.

Un examen des yeux et des analyses de sang régulières sont nécessaires en cas de traitement prolongé.

Évitez les boissons alcoolisées : augmentation du risque de somnolence.

Conducteur : ce médicament peut être responsable d'une somnolence ou d'une baisse de la vigilance.

INTERACTIONS MÉDICAMENTEUSES

Ce médicament ne doit pas être associé à ceux contenant de la lévodopa (LARODOPA, MODOPAR, SINEMET...) : risque d'annulation de leurs effets.

Il peut interagir avec d'autres médicaments, notamment les *antihypertenseurs*, *le lithium*, l'atropine et ses dérivés, les *sédatifs* et certains pansements gastriques. Signalez tout autre traitement en cours à votre médecin ou à votre pharmacien.

GROSSESSE, ALLAITEMENT ET NOUVEAU-NÉ

Grossesse et nouveau-né :

Si une grossesse survient pendant le traitement, consultez votre médecin. Il appréciera le risque éventuel lié à l'utilisation de ce médicament dans votre cas.

Si le traitement est poursuivi jusqu'à l'accouchement, une surveillance médicale du *nouveau-né* est nécessaire.

Allaitement :

Ce médicament passe dans le lait maternel : l'allaitement est déconseillé.

MODE D'EMPLOI ET POSOLOGIE

La *posologie* est strictement individuelle ; elle est atteinte progressivement.

EFFETS INDÉSIRABLES POSSIBLES

Somnolence.

Baisse de la tension artérielle, bouche sèche, trouble de l'*accommodation*, rétention d'urine, constipation.

Tremblements, raideur anormale, grimaces involontaires.

Arrêt des règles, augmentation du volume des seins, écoulement de lait.

Prise de poids.

Photosensibilisation, éruption cutanée.

Certains signes doivent faire penser à un surdosage : état amorphe, hébété, rigidité musculaire extrême.

LARIAM
méfloquine

PRÉSENTATION

LARIAM : comprimé sécable (blanc) 50 mg ; boîte de 6 - Non remb. - Liste I

LARIAM : comprimé sécable (blanc) 250 mg ; boîte de 6 - Non remb. - Liste I

Laboratoires Roche

COMPOSITION

	p. comp.	p. comp.
Méfloquine chlorhydrate	50 mg	250 mg

INDICATIONS

C'est un médicament destiné à lutter contre le *paludisme*, maladie parasitaire transmise par les moustiques.

Il est réservé au *traitement curatif* et au *traitement préventif* du paludisme résistant aux autres antipaludéens.

CONTRE-INDICATIONS

Ce médicament ne doit pas être utilisé dans les cas suivants :
- *insuffisance hépatique*,
- *insuffisance rénale*,
- *antécédents* de *convulsions* ou de *dépression*,
- en association avec les médicaments contenant du valproate de sodium,
- enfant de moins de 15 kg,
- grossesse.

ATTENTION

L'usage de ce médicament dans la prévention du *paludisme* est réservé à certaines régions du monde. La liste de ces pays est revue chaque année par l'O.M.S. (Organisation mondiale de la Santé). Même si vous avez déjà pris ce médicament pour un précédent voyage dans la même région ou dans une autre partie du monde, il est nécessaire de consulter votre médecin pour connaître la prévention la mieux adaptée à votre voyage.

Une contraception efficace est obligatoire pendant la durée du traitement et doit être poursuivie pendant 3 mois après la dernière prise de ce médicament.

Conducteur : ce médicament peut être responsable de vertiges.

INTERACTIONS MÉDICAMENTEUSES

Ce médicament ne doit pas être associé au valproate de sodium (DEPAKINE, VALPROATE DE SODIUM ROLAND-MARIE...) : risque de crise d'*épilepsie*.

Ce médicament peut interagir avec d'autres médicaments, notamment avec la quinine (par *voie* intraveineuse). Signalez tout autre traitement en cours à votre médecin ou à votre pharmacien.

GROSSESSE, ALLAITEMENT ET NOUVEAU-NÉ

Grossesse :

Quelques cas de malformations chez l'animal ont été rapportés. En l'absence de données dans l'espèce humaine :
- en *traitement préventif*, ce médicament est contre-indiqué pendant la grossesse et son usage impose une contraception efficace pendant le traitement et 3 mois après ;
- dans les autres cas, seul votre médecin peut apprécier la nécessité du traitement et son risque.

Allaitement :

Ce médicament passe dans le lait maternel : l'allaitement est déconseillé.

MODE D'EMPLOI ET POSOLOGIE

Les comprimés doivent être pris avec un grand verre d'eau, et de préférence au cours d'un repas.

Posologie usuelle :

Traitement préventif : ce médicament doit être pris 1 fois par semaine à jour fixe. La première prise a lieu 1 semaine avant le départ ; la dernière prise aura lieu 4 semaines après le retour.
- Adulte et enfant de plus de 45 kg : 1 comprimé à 250 mg par prise hebdomadaire.
- Enfant de 31 à 45 kg : 4 comprimés à 50 mg (200 mg) par prise hebdomadaire.
- Enfant de 20 à 30 kg : 2 comprimés à 50 mg (100 mg) par prise hebdomadaire.
- Enfant de 15 à 19 kg : 1 comprimé à 50 mg par prise hebdomadaire.

Ce traitement ne doit pas être suivi pendant plus de 3 mois.

Traitement présomptif : pour des séjours de plus de 3 mois, ou lorsque le risque de *paludisme* est faible, on peut remplacer le *traitement préventif* par un traitement présomptif ; les modalités de ce traitement défini par votre médecin devront être suivies avec soin.

Traitement curatif : pour un adulte de plus de 60 kg, 3 comprimés à 250 mg, puis 2 comprimés 8 à 12 heures plus tard, puis 1 comprimé 8 à 12 heures plus tard.

Chaque fois que possible, une analyse de sang destinée à mettre en évidence le parasite doit être réalisée.

☛ La prise de ce médicament ne dispense pas des mesures visant à lutter contre les piqûres de moustiques : utilisation de vêtements longs après le coucher du soleil, insecticides, moustiquaire...

Le risque maximal de crise de *paludisme* se situe dans les 4 semaines qui suivent le retour d'un pays tropical : toute fièvre, même banale, pendant cette période, doit vous amener à consulter un médecin.

Une rechute peut toujours survenir même après un traitement bien suivi.

EFFETS INDÉSIRABLES POSSIBLES

Lors d'un *traitement préventif* : troubles de l'*humeur* et du comportement (anxiété, agitation, confusion), qui doivent faire arrêter le traitement.

Lors d'un *traitement curatif*, les effets indésirables sont plus fréquents compte tenu des doses employées :

- *vertiges* ;
- *troubles digestifs*, selles molles ou diarrhées, douleurs abdominales, perte d'appétit ;
- maux de tête, éruption cutanée ;
- *palpitations*, troubles de l'humeur et du comportement, *convulsions*.

LARMES ARTIFICIELLES

chlorure de sodium

PRÉSENTATION

LARMES ARTIFICIELLES : collyre ; flacon 15 ml - Remb. 65 %

Laboratoires CIBA Vision Ophthalmics

COMPOSITION

	p. 100 ml
Chlorure de sodium	1,4 g
Borate de phénylmercure	1 mg

INDICATIONS

C'est une solution de suppléance lacrymale : elle compense une insuffisance de sécrétion naturelle de larmes.

Elle est utilisée dans le traitement de la sécheresse oculaire due à une insuffisance lacrymale (œil sec) et pour les lavages oculaires.

ATTENTION

Une irritation oculaire peut être due à une infection : en cas de doute, n'hésitez pas à consulter votre médecin.

N'utilisez pas ce collyre de façon prolongée sans prendre un avis médical.

INTERACTIONS MÉDICAMENTEUSES

Ce collyre peut interagir avec d'autres collyres : respectez un intervalle de 15 minutes entre deux instillations.

GROSSESSE, ALLAITEMENT ET NOUVEAU-NÉ

Ce collyre contient des conservateurs dont l'effet est mal connu pendant la grossesse ou l'allaitement. L'évaluation du risque éventuel lié à son utilisation est individuelle : demandez conseil à votre pharmacien ou à votre médecin.

MODE D'EMPLOI ET POSOLOGIE

Tirer la paupière inférieure vers le bas tout en regardant vers le haut et déposer les gouttes de collyre entre la paupière et le globe oculaire (*cul-de-sac conjonctival*).

Posologie usuelle :

Sécheresse oculaire : 1 ou 2 gouttes, 3 ou 4 fois par jour.

L'application correcte du produit peut nécessiter une aide, notamment chez une personne handicapée ou âgée.

LAROSCORBINE

vitamine C

PRÉSENTATION

LAROSCORBINE ENFANTS VITAMINE C 250 mg : comprimé à croquer (blanc) arôme citron-orange ; boîte de 40 - Non remb.

LAROSCORBINE VITAMINE C 500 mg : comprimé à croquer (blanc) arôme citron-orange ; boîte de 20 - Non remb.

LAROSCORBINE VITAMINE C 500 mg : comprimé à croquer (blanc) arôme citron-orange ; boîte de 40 - Non remb.

LAROSCORBINE VITAMINE C 500 mg : solution injectable ; boîte de 6 ampoules 5 ml - Non remb.

LAROSCORBINE VITAMINE C 1 g : comprimé effervescent (jaune orangé) arôme orange-mandarine ; boîte de 10 - Non remb.

LAROSCORBINE VITAMINE C 1 g : comprimé effervescent (jaune orangé) arôme orange-mandarine ; boîte de 20 - Non remb.

LAROSCORBINE VITAMINE C 1 g : poudre orale (orangé) arôme mandarine ; boîte de 10 sachets - Non remb.

LAROSCORBINE VITAMINE C 1 g : poudre orale (orangé) arôme mandarine ; boîte de 20 sachets - Non remb.

LAROSCORBINE VITAMINE C 1 g : solution injectable ; boîte de 3 ampoules 5 ml - Non remb.

Laboratoires Roche

COMPOSITION

	p. comp.	p. comp.	p. amp. inj.
Acide ascorbique (vitamine C)	250 mg	500 mg	500 mg
Saccharose	+	+	

	p. comp. efferv.	p. sachet	p. amp. inj.
Acide ascorbique (vitamine C)	1 g	1 g	1 g
Sodium	210 mg		
Saccharose	+	+	

INDICATIONS

Ce médicament contient de l'acide ascorbique (*vitamine* C), indispensable au *métabolisme*. Sa *carence* était autrefois responsable du scorbut chez les navigateurs.

Il est utilisé :

- à faible dose, dans le *traitement préventif* des carences en vitamine C et le traitement du scorbut confirmé (exceptionnels en France) ;
- à forte dose, dans le traitement de la fatigue au cours des états grippaux et des suites de maladie.

CONTRE-INDICATIONS

Ce médicament ne doit pas être utilisé à une dose supérieure à 1 g par jour, en cas d'*antécédents* de calculs des *voies* urinaires.

ATTENTION

La *vitamine* C est dégradée dans l'organisme en acide oxalique pouvant favoriser la formation de calculs dans les *voies* urinaires. Ne prenez pas de dose importante de vitamine C pendant une longue durée sans avis médical.

Des précautions sont nécessaires en cas de déficit en *G6PD*.

GROSSESSE, ALLAITEMENT ET NOUVEAU-NÉ

La *vitamine* C, à faible dose, n'est pas toxique chez la femme enceinte ou qui allaite.

MODE D'EMPLOI ET POSOLOGIE

Les comprimés effervescents et les sachets de poudre doivent être dissous dans un verre d'eau.

Les ampoules de solution injectable dosées à 500 mg peuvent être injectées indifféremment par *voie* intramusculaire ou intraveineuse ; les ampoules dosées à 1 g doivent être injectées exclusivement par voie intraveineuse.

Posologie usuelle :

- Prévention des *carences* : 10 à 50 mg par jour aussi bien chez l'adulte que chez l'enfant de plus de 6 ans.
- Traitement de la fatigue : 500 mg à 1 g par jour (demi-dose chez l'enfant de plus de 6 ans).

Ce médicament n'est pas destiné à l'enfant de moins de 6 ans.

Il est préférable de ne pas prendre ce médicament en fin de journée à cause de son effet légèrement stimulant.

Une prise quotidienne (supérieure à 2 g) de *vitamine* C peut modifier certaines analyses de sang.

La vitamine C est présente dans les légumes, y compris la pomme de terre, et les fruits ; elle est dégradée en partie par la chaleur et la lumière. Elle est largement utilisée comme conservateur dans les produits alimentaires.

Une alimentation équilibrée et diversifiée apporte habituellement des quantités suffisantes de vitamine C. Il est inutile d'augmenter les doses ou la durée du traitement conseillées par votre médecin ou votre pharmacien : un excès d'apport est éliminé par les urines.

Les comprimés effervescents doivent être conservés à l'abri de l'humidité.

EFFETS INDÉSIRABLES POSSIBLES

À forte dose (supérieure à 1 g) : brûlures d'estomac, diarrhée.

Chez les personnes prédisposées : calculs des *voies* urinaires.

Pour la solution injectable : douleur au point d'injection.

LAROSCORBINE sans sucre

vitamine C

PRÉSENTATION

LAROSCORBINE SANS SUCRE VITAMINE C 500 mg : comprimé à croquer (blanc) ; boîte de 40 - Non remb.

LAROSCORBINE SANS SUCRE VITAMINE C 1 g : comprimé effervescent (jaune orangé) ; boîte de 20 - Non remb.

LAROSCORBINE SANS SUCRE VITAMINE C 1 000 mg : poudre orale (jaune orangé) ; boîte de 20 sachets - Non remb.

Laboratoires Roche

COMPOSITION

	p. comp.	p. comp. efferv.	p. sachet
Acide ascorbique (vitamine C)	500 mg	1 g	1 g

INDICATIONS

Ce médicament contient de l'acide ascorbique (*vitamine* C), indispensable au *métabolisme*. Sa *carence* était autrefois responsable du scorbut chez les navigateurs.

Il est utilisé :
- à faible dose, dans le *traitement préventif* des carences en vitamine C et le traitement du scorbut confirmé (exceptionnels en France) ;
- à forte dose, dans le traitement de la fatigue au cours des états grippaux et des suites de maladie.

CONTRE-INDICATIONS

Ce médicament ne doit pas être utilisé à une dose supérieure à 1 g par jour en cas d'*antécédents* de calculs des *voies* urinaires.

ATTENTION

La *vitamine* C est dégradée dans l'organisme en acide oxalique pouvant favoriser la formation de calculs dans les *voies* urinaires. Ne prenez pas de dose importante de vitamine C pendant une longue durée sans avis médical.

Des précautions sont nécessaires en cas de déficit en *G6PD*.

GROSSESSE, ALLAITEMENT ET NOUVEAU-NÉ

La *vitamine* C, à faible dose, n'est pas toxique chez la femme enceinte ou qui allaite.

MODE D'EMPLOI ET POSOLOGIE

Les comprimés effervescents et les sachets de poudre doivent être dissous dans un verre d'eau.

Posologie usuelle :
- Prévention des *carences* : 10 à 50 mg par jour aussi bien chez l'adulte que chez l'enfant de plus de 6 ans.
- Traitement de la fatigue : 500 mg à 1 g par jour (demi-dose chez l'enfant de plus de 6 ans).

Ce médicament n'est pas destiné à l'enfant de moins de 6 ans.

Il est préférable de ne pas prendre ce médicament en fin de journée à cause de son effet légèrement stimulant.

Une prise quotidienne (supérieure à 2 g) de *vitamine* C peut modifier certaines analyses de sang.

La vitamine C est présente dans les légumes, y compris la pomme de terre, et les fruits ; elle est dégradée en partie par la chaleur et la lumière. Elle est largement utilisée comme conservateur dans les produits alimentaires.

Une alimentation équilibrée et diversifiée apporte habituellement des quantités suffisantes de vitamine C. Il est inutile d'augmenter les doses ou la durée du traitement conseillées par votre médecin ou votre pharmacien : un excès d'apport est éliminé par les urines.

Les comprimés effervescents doivent être conservés à l'abri de l'humidité.

EFFETS INDÉSIRABLES POSSIBLES

À forte dose (supérieure à 1 g) : brûlures d'estomac, diarrhée.

Chez les personnes prédisposées : calculs des *voies* urinaires.

LAROXYL
amitriptyline

PRÉSENTATION

LAROXYL 25 mg : comprimé (ocre) ; boîte de 60 - Remb. 65 % - Liste I

LAROXYL 40 mg/ml : solution buvable ; flacon 20 ml (800 gouttes) - Remb. 65 % - Liste I

LAROXYL 50 mg : comprimé (ocre) ; boîte de 20 - Remb. 65 % - Liste I

LAROXYL 50 mg : solution injectable *I.M.* ou *I.V.* ; boîte de 12 ampoules 2 ml - Remb. 65 % - Liste I

Laboratoires Roche

COMPOSITION

	p. comp.	p. comp.
Amitriptyline	25 mg	50 mg
	p. gte	**p. amp. inj.**
Amitriptyline	1 mg	50 mg

INDICATIONS

Ce médicament appartient à la famille des *antidépresseurs* imipraminiques.

Il est utilisé dans le traitement :
- des *états dépressifs* de toute nature,
- des douleurs rebelles,
- de l'*énurésie* chez l'enfant (comprimé à 25 mg et solution buvable).

CONTRE-INDICATIONS

Ce médicament ne doit pas être utilisé dans les cas suivants :
- *glaucome* à angle fermé,
- risque de blocage des urines (*adénome de la prostate...*),
- en association avec les *IMAO* non sélectifs ou avec le BARNETIL.

ATTENTION

Si vous souffrez d'*épilepsie*, ou de maladie cardiaque, prévenez votre médecin.

Une fièvre, une angine ou une infection sous traitement doivent vous inciter à consulter votre médecin.

Avant une *anesthésie* locale, notamment chez le dentiste, signalez la prise de ce médicament.

Évitez les boissons alcoolisées : augmentation du risque de somnolence.

Conducteur : ce médicament peut être responsable d'une baisse de la vigilance, particulièrement en début de traitement.

INTERACTIONS MÉDICAMENTEUSES

Ce médicament ne doit pas être associé aux médicaments suivants :
- *IMAO* non sélectifs (MARSILID, NIAMIDE...) : risque de *collapsus cardio-vasculaire*, ou d'*hypertension artérielle*, de fièvre et de *convulsions*. Respectez un délai de 15 jours après l'arrêt de l'IMAO.
- BARNETIL : risque de *troubles du rythme cardiaque* graves.

Ce médicament peut interagir avec d'autres médicaments, notamment les *anticonvulsivants*, les *antihypertenseurs* et les *atropiniques*, le PROZAC, l'*adrénaline* et la *noradrénaline*, et les médicaments *sédatifs*. Signalez tout autre traitement en cours, ou récemment arrêté, à votre médecin ou à votre pharmacien.

GROSSESSE, ALLAITEMENT ET NOUVEAU-NÉ

Grossesse et nouveau-né :

Si une grossesse survient pendant le traitement, consultez votre médecin. Il appréciera le risque éventuel lié à l'utilisation de ce médicament dans votre cas.

Si le traitement est poursuivi jusqu'à l'accouchement, une surveillance médicale du *nouveau-né* est nécessaire.

Allaitement :

Ce médicament passe dans le lait maternel : l'allaitement est déconseillé.

MODE D'EMPLOI ET POSOLOGIE

Les comprimés et la solution buvable doivent être pris avec un peu d'eau.

Posologie usuelle :

Elle est strictement individuelle et variable selon les indications.

L'efficacité des *antidépresseurs* n'est généralement pas immédiate. Un délai pouvant atteindre plusieurs semaines est parfois nécessaire pour que les effets bénéfiques se fassent sentir.

Les effets indésirables éventuels apparaissant en début de traitement ne doivent pas vous conduire à l'arrêter prématurément.

EFFETS INDÉSIRABLES POSSIBLES

Rarement : tremblements, difficultés de la parole, insomnie, confusion des idées, somnolence, troubles de l'*accommodation*.

Parfois : bouche sèche, accélération du cœur, sueurs, constipation, difficultés à uriner, *hypotension orthostatique*, prise de poids, *allergie*, excitation anormale.

LASILIX
furosémide

PRÉSENTATION

LASILIX FAIBLE : comprimé (blanc) ; boîte de 30 - Remb. 65 % - Liste II

LASILIX : comprimé (blanc) ; boîte de 20 - Remb. 65 % - Liste II

LASILIX RETARD : gélule à *libération prolongée* (jaune et vert) ; boîte de 30 - Remb. 65 % - Liste II

Laboratoires Hoechst

COMPOSITION

	p. comp. 20 mg	p. comp. 40 mg	p. gél. L.P. 60 mg
Furosémide			

INDICATIONS

C'est un *diurétique* qui appartient à la famille des *diurétiques de l'anse*, dont l'action est puissante et rapide. Il appartient par ailleurs à la famille des *sulfamides*.

Il est utilisé dans le traitement de l'*hypertension artérielle*, de certains *œdèmes* et de l'*insuffisance cardiaque*.

CONTRE-INDICATIONS

Ce médicament ne doit pas être utilisé dans les cas suivants :
- *allergie* aux *sulfamides*,
- rétention d'urine par obstruction importante des *voies* urinaires,
- déshydratation (surtout chez la personne âgée).

ATTENTION

Ce médicament peut être responsable d'une baisse de la *kaliémie* (taux de *potassium* dans le sang), qui peut être aggravée par l'usage prolongé de *laxatifs stimulants*. Un contrôle par des analyses de sang est souvent prescrit par le médecin.

L'effet diurétique est parfois brutal, notamment lors des premiers jours de traitement. Prévoir une étape aux toilettes dans l'heure qui suit la prise.

Les *diurétiques* peuvent augmenter le taux d'*acide urique* ou de *sucre* dans le sang.

INTERACTIONS MÉDICAMENTEUSES

Ce médicament peut interagir avec d'autres médicaments, notamment ceux contenant du *lithium*. Signalez tout autre traitement en cours à votre médecin ou à votre pharmacien.

GROSSESSE, ALLAITEMENT ET NOUVEAU-NÉ

Grossesse :

Les études scientifiques actuellement disponibles n'ont pas mis en évidence de problème particulier lors de l'utilisation chez la femme enceinte. Néanmoins, les *diurétiques* ne sont pas indiqués dans les cas de rétention d'eau ou d'*hypertension artérielle* liés à la grossesse. Seul votre médecin peut apprécier la nécessité du traitement et son risque, notamment pendant la grossesse.

Allaitement :

Ce médicament passe dans le lait maternel : l'allaitement est déconseillé.

MODE D'EMPLOI ET POSOLOGIE

La *posologie* varie selon la nature et la gravité de l'affection.

Ce médicament augmente le volume des urines, surtout en début de traitement. Une prise le soir peut occasionner des gênes pendant la nuit.

Les *diurétiques* exposent au risque de déshydratation : veillez à proposer des boissons abondantes aux personnes âgées, notamment pendant les fortes chaleurs.

EFFETS INDÉSIRABLES POSSIBLES

Rares réactions cutanées : boutons, cloques.

À forte dose : baisse du taux de *potassium* dans le sang.

Hypotension orthostatique.

LASONIL

héparinoïde, hyaluronidase

PRÉSENTATION

LASONIL : pommade ; tube 20 g - Remb. 35 %

Laboratoires Bayer Pharma

COMPOSITION

	p. 100 g
Héparinoïde Bayer	
Soit en héparine	10 000 UI
Hyaluronidase	15 000 UI
Lanoline	+

INDICATIONS

Cette pommade est destinée à lutter contre les *œdèmes* et l'*inflammation*.

Elle est utilisée dans le *traitement d'appoint* des inflammations veineuses localisées (*phlébites* superficielles, suites de sclérose de varices).

CONTRE-INDICATIONS

Ce médicament ne doit pas être utilisé en cas d'*allergie* à la lanoline.

ATTENTION

Cette pommade ne doit pas être appliquée au voisinage immédiat des yeux, des *muqueuses* sensibles, sur des plaies ou de la peau lésée.

INTERACTIONS MÉDICAMENTEUSES

Malgré la présence d'un *anticoagulant* (héparine) dans sa composition, ce médicament n'influe pas sur la durée ou l'abondance des saignements et ne donne lieu à aucune interaction médicamenteuse.

GROSSESSE, ALLAITEMENT ET NOUVEAU-NÉ

L'effet de ce médicament pendant la grossesse ou l'allaitement est mal connu. L'évaluation du risque éventuel lié à son utilisation est individuelle : demandez conseil à votre pharmacien ou à votre médecin.

MODE D'EMPLOI ET POSOLOGIE

Faire pénétrer la pommade par un léger massage.

Dans les cas de *phlébite*, appliquer une compresse enduite de pommade.

Posologie usuelle :

2 ou 3 applications par jour.

EFFETS INDÉSIRABLES POSSIBLES

Rares réactions allergiques cutanées, devant faire arrêter le traitement.

LAUVIR

chlorhexidine

PRÉSENTATION

LAUVIR : solution pour application locale ; flacon pressurisé 60 ml - Non remb.

Laboratoires Pierre Fabre

COMPOSITION

	p. 100 ml
Chlorhexidine gluconate	500 mg

INDICATIONS

Ce médicament est un *antiseptique* local.

Il est utilisé pour désinfecter la peau (plaie, brûlure superficielle).

CONTRE-INDICATIONS

Ce médicament ne doit pas être pulvérisé dans les yeux, les oreilles ni sur les *muqueuses*.

ATTENTION

N'utilisez pas ce médicament sur une large surface de peau sans avis médical : risque de passage du médicament dans le sang.

INTERACTIONS MÉDICAMENTEUSES

L'association à d'autres *antiseptiques* ou aux savons est déconseillée car leurs effets risquent de s'annuler.

GROSSESSE, ALLAITEMENT ET NOUVEAU-NÉ

L'utilisation ponctuelle de ce médicament pendant la grossesse ou l'allaitement ne semble pas poser de problème particulier.

Allaitement :

Ne pas appliquer sur les seins en cas d'allaitement.

MODE D'EMPLOI ET POSOLOGIE

Cette solution est prête à l'emploi : elle est pulvérisée pure, sans rinçage.

Posologie usuelle :

2 applications par jour.

Le simple lavage à l'eau et au savon permet d'éliminer la majorité des *germes* ; il doit être suivi d'un rinçage soigneux car le savon peut inactiver certains *antiseptiques*.

EFFETS INDÉSIRABLES POSSIBLES

Allergie cutanée.

LAXAMALT

paraffine liquide, malt

PRÉSENTATION

LAXAMALT : poudre orale ; boîte de 300 g - Remb. 35 %

Laboratoires Licardy

COMPOSITION

	p. 100 g
Paraffine liquide	50 g
Malt, extrait	50 g

INDICATIONS

C'est un *laxatif lubrifiant*. Il agit en ramollissant les selles et en facilitant leur progression dans l'intestin.

Ce médicament est utilisé dans le *traitement symptomatique* de la constipation.

ATTENTION

Ce médicament peut réduire l'absorption de certaines *vitamines* (A, D, E, K) en cas d'utilisation prolongée.

Les laxatifs ne doivent pas être utilisés de façon prolongée sans avis médical. Leur usage doit rester exceptionnel chez l'enfant.

Ce médicament contient une quantité notable de *glucides* (malt) assimilables. Il convient d'en tenir compte chez le diabétique.

GROSSESSE, ALLAITEMENT ET NOUVEAU-NÉ

Ce médicament ne contient aucune substance connue pour être toxique pendant la grossesse ; néanmoins, il peut réduire l'absorption de certaines *vitamines* : son usage doit être ponctuel.

MODE D'EMPLOI ET POSOLOGIE

La prise peut avoir lieu soit le matin à jeun, soit à distance des repas. En cas de prise le soir, tenir compte du délai d'action (de 6 à 8 heures), en particulier pour les enfants.

Posologie usuelle :

- Adulte : 3 ou 4 cuillères à soupe par jour.
- Enfant de plus de 6 ans : 1 ou 2 cuillères à soupe par jour.
- Nourrisson : 1 cuillère à dessert dans le biberon ou dans un peu d'eau bouillie.

Des mesures simples d'hygiène alimentaire et des exercices physiques sont à envisager avant d'utiliser un laxatif : parlez-en à votre médecin ou à votre pharmacien.

EFFETS INDÉSIRABLES POSSIBLES

Suintement anal.

LAXASAN
séné, tamarin

PRÉSENTATION

LAXASAN : comprimé ; boîte de 36 - Non remb.

Laboratoires Dolisos

COMPOSITION

	p. comp.
Séné, feuille, extrait sec	100 mg
Tamarin, pulpe de fruit, extrait sec	200 mg
Aspartam	3 mg

INDICATIONS

Ce médicament contient des extraits de plantes, en particulier un *laxatif stimulant*, le séné.

Il est utilisé dans le *traitement symptomatique* de la constipation.

CONTRE-INDICATIONS

Ce médicament ne doit pas être utilisé dans les cas suivants :

- maladies inflammatoires du côlon ;
- constipation ou douleurs abdominales dues à une obstruction du tube digestif : rétrécissement intestinal, *fécalome* (bouchon de selles) ;
- enfant de moins de 12 ans, sauf après avis médical ;
- *phénylcétonurie* (présence d'aspartam).

ATTENTION

Ce médicament contient un *laxatif stimulant* (séné). Il doit être utilisé en cure brève. Son usage régulier peut entraîner :

- une *dépendance* ;
- des troubles intestinaux graves ;
- une perte de sels minéraux et notamment de *potassium*, pouvant être à l'origine de *troubles cardiaques* graves.

Arrêter le traitement en cas de diarrhées ou de douleurs abdominales.

INTERACTIONS MÉDICAMENTEUSES

Ce médicament peut interagir avec d'autres médicaments, notamment ceux contenant de la *vincamine* et certains *antiarythmiques*. Signalez tout autre traitement en cours à votre médecin ou à votre pharmacien.

GROSSESSE, ALLAITEMENT ET NOUVEAU-NÉ

L'effet de ce médicament pendant la grossesse ou l'allaitement est mal connu. L'évaluation du risque éventuel lié à son utilisation est individuelle : demandez conseil à votre pharmacien ou à votre médecin.

MODE D'EMPLOI ET POSOLOGIE

Ce médicament est pris de préférence après le repas.

Les comprimés peuvent être croqués ou dissous dans un demi-verre d'eau chaude.

Posologie usuelle :

- Adulte : 1 comprimé, 1 à 3 fois par jour.
- Enfant de 6 à 12 ans : 1/2 comprimé, 1 à 3 fois par jour.
- Enfant de 2 à 6 ans : 1/2 comprimé, 1 seule fois par jour.

Le traitement ne doit pas dépasser 10 jours.

Des mesures simples d'hygiène alimentaire et des exercices physiques sont à envisager avant d'utiliser un laxatif : parlez-en à votre médecin ou à votre pharmacien.

Conservez les comprimés à l'abri de la chaleur et de l'humidité.

EFFETS INDÉSIRABLES POSSIBLES

Diarrhée, douleurs abdominales.

LAXILO

PRÉSENTATION

LAXILO : comprimé ; boîte de 24 - Non remb.

LAXILO : comprimé ; boîte de 48 - Non remb.

Laboratoires Amido

COMPOSITION

	p. comp.
Gomme de sterculia	100 mg
Jusquiame, extrait	6 mg
Belladone, extrait	6 mg
Gomme gutte	20 mg
Aloès	80 mg
Bile, extrait	10 mg

INDICATIONS

Ce médicament contient deux laxatifs dont un *laxatif de lest* (gomme de sterculia) et des *antispasmodiques* (*belladone*, jusquiame). Le laxatif s'imbibe d'eau et rend les selles plus volumineuses et moins fermes ; cette substance naturelle n'est ni digérée, ni absorbée. Les antispasmodiques relâchent les muscles qui stimulent le tube digestif.

Il est utilisé comme *traitement symptomatique* de la constipation.

CONTRE-INDICATIONS

Ce médicament ne doit pas être utilisé dans les cas suivants :

- maladies comportant un risque d'obstruction du tube digestif,
- maladies inflammatoires du côlon,
- *glaucome* à angle fermé,
- risque de blocage des urines (*adénome de la prostate*...),
- enfant de moins de 15 ans.

ATTENTION

Il est nécessaire de boire beaucoup d'eau, particulièrement en cas de dilatation du côlon, d'alitement et chez la personne âgée.

Les laxatifs ne doivent pas être utilisés de façon prolongée sans avis médical.

GROSSESSE, ALLAITEMENT ET NOUVEAU-NÉ

Grossesse :

L'effet de ce médicament pendant la grossesse est mal connu. L'évaluation du risque éventuel lié à son utilisation est individuelle : demandez conseil à votre pharmacien ou à votre médecin.

Allaitement :

Ce médicament est déconseillé pendant l'allaitement.

MODE D'EMPLOI ET POSOLOGIE

Les comprimés doivent être avalés avec un verre d'eau.

Posologie usuelle :

- Adulte : 1 comprimé après chaque repas, ou 1 ou 2 comprimés le soir au coucher.

Un échec du traitement peut être lié à la présence d'un *fécalome*, notamment chez la personne âgée.

Des mesures simples d'hygiène alimentaire et des exercices physiques sont à envisager avant d'utiliser un laxatif : parlez-en à votre médecin ou à votre pharmacien.

EFFETS INDÉSIRABLES POSSIBLES

Diarrhées, douleurs abdominales.

LELONG CONTUSIONS

arnica, Tamus communis

PRÉSENTATION

LELONG CONTUSIONS : pommade ; tube 30 g - Non remb.

Laboratoires Sterling Midy

COMPOSITION

	p. 100 g
Arnica, extrait fluide	10 g
Tamus communis, extrait	2,5 g
Lanoline	+

INDICATIONS

Ce médicament d'usage local contient un extrait d'arnica, destiné à lutter contre les *œdèmes* et l'*inflammation*.

Il est utilisé pour limiter les œdèmes survenant après un choc (bleu, bosse) ou pour soulager les entorses et les foulures.

CONTRE-INDICATIONS

Ce médicament ne doit pas être utilisé dans les cas suivants :
- *allergie* à la lanoline,
- sur des plaies.

GROSSESSE, ALLAITEMENT ET NOUVEAU-NÉ

Ce médicament peut être utilisé ponctuellement pendant la grossesse ou l'allaitement.

MODE D'EMPLOI ET POSOLOGIE

La pommade est appliquée par un massage doux jusqu'à pénétration complète.

Posologie usuelle :

Plusieurs applications par jour.

LELONG CONTUSIONS mousse

pentosane polysulfate de sodium

PRÉSENTATION

LELONG CONTUSIONS MOUSSE : mousse pour application locale ; flacon pressurisé 20 g - Non remb.

Laboratoires Sterling Midy

COMPOSITION

	p. 100 g
Pentosane polysulfate de sodium	500 mg

INDICATIONS

Ce médicament à usage local a un effet *anti-inflammatoire*.

Il est utilisé dans le traitement local des jambes lourdes et des contusions.

ATTENTION

L'emploi de cette mousse sur des *muqueuses*, une plaie ou une *dermatose* doit être évité.

GROSSESSE, ALLAITEMENT ET NOUVEAU-NÉ

L'effet de ce médicament pendant la grossesse ou l'allaitement est mal connu. L'évaluation du risque éventuel lié à son utilisation est individuelle : demandez conseil à votre pharmacien ou à votre médecin.

MODE D'EMPLOI ET POSOLOGIE

Faire pénétrer la mousse par un léger massage.

Posologie usuelle :

2 à 4 applications par jour, sans dépasser 4 à 6 jours de traitement.

☛ Ce médicament soulage mais n'empêche pas l'aggravation de l'*insuffisance veineuse*, qui requiert des mesures spécifiques telles que la *contention élastique*.

Une activité physique régulière et la surélévation du pied du lit permettent de faciliter la circulation veineuse et *lymphatique*.

EFFETS INDÉSIRABLES POSSIBLES

Allergie cutanée locale.

LELONG IRRITATIONS

énoxolone, propanocaïne

PRÉSENTATION

LELONG IRRITATIONS : pommade ; tube 30 g - Non remb.

Laboratoires Sterling Midy

COMPOSITION

	p. 100 g
Énoxolone	1,5 g
Propanocaïne	1,5 g

INDICATIONS

Cette pommade contient un *anti-inflammatoire* non stéroïdien et un *anesthésique* local.

Elle est utilisée pour calmer les démangeaisons de la peau.

CONTRE-INDICATIONS

Ce médicament ne doit pas être utilisé dans les cas suivants :
- *allergie* aux *anesthésiques* locaux,
- en application sur des plaies ou des lésions suintantes.

ATTENTION

Évitez d'appliquer cette pommade sur des surfaces de peau étendues ou lésées : risque de passage du médicament dans le sang.

GROSSESSE, ALLAITEMENT ET NOUVEAU-NÉ

L'effet de ce médicament pendant la grossesse ou l'allaitement est mal connu. L'évaluation du risque éventuel lié à son utilisation est individuelle : demandez conseil à votre pharmacien ou à votre médecin.

MODE D'EMPLOI ET POSOLOGIE

La pommade doit être appliquée en couche mince, en massant légèrement.

Posologie usuelle :

3 applications par jour.

EFFETS INDÉSIRABLES POSSIBLES

Eczéma dû au médicament.

LENICALM

aspérule, aubépine, tilleul

PRÉSENTATION

LENICALM : comprimé (blanc) ; boîte de 40 - Non remb.

Laboratoires Dolisos

COMPOSITION

	p. comp.
Aspérule, extrait sec aqueux	75 mg
Aubépine, extrait sec hydroalcoolique	50 mg
Tilleul, extrait sec aqueux	50 mg

INDICATIONS

Ce médicament contient une association de plantes sédatives.

Il est utilisé dans le traitement des troubles légers du sommeil, et de la nervosité, chez l'adulte et l'enfant.

GROSSESSE, ALLAITEMENT ET NOUVEAU-NÉ

Ce médicament ne contient que des plantes présumées sans danger pendant la grossesse ou l'allaitement. Néanmoins, ne l'utilisez pas de façon prolongée sans l'avis de votre pharmacien ou de votre médecin.

MODE D'EMPLOI ET POSOLOGIE

Les comprimés doivent être avalés avec un peu d'eau.

Posologie usuelle :

- Adulte : 1 à 3 comprimés, 1 à 3 fois par jour. En cas de troubles du sommeil, prendre 2 ou 3 comprimés, au repas du soir, et au coucher si nécessaire.
- Enfant : 1 ou 2 comprimés par jour.

LÉNITRAL

trinitrine

PRÉSENTATION

LÉNITRAL 2,5 mg : gélule à *libération prolongée* (rouge et transparent) ; boîte de 60 - Remb. 65 % - Liste II

LÉNITRAL 7,5 mg : gélule à *libération prolongée* (vert et transparent) ; boîte de 60 - Remb. 65 % - Liste II

Laboratoires Besins-Iscovesco

COMPOSITION

	p. gél. L.P.	p. gél. L.P.
Trinitrine	2,5 mg	7,5 mg

INDICATIONS

Ce médicament *vasodilatateur* appartient à la famille des dérivés de la trinitrine. Il possède de nombreuses propriétés qui facilitent le travail du cœur : dilatation des veines, dilatation des artères à forte dose, prévention des spasmes des *artères coronaires*.

Il est utilisé dans :
- le *traitement préventif* des crises d'*angine de poitrine*,
- le *traitement d'appoint* de l'*insuffisance cardiaque*.

ATTENTION

Ce médicament peut être responsable de maux de tête, parfois violents, surtout lors des premières prises.

Des baisses de la tension artérielle ont également été constatées. La mise en route progressive du traitement prescrit par le médecin doit être respectée, notamment pour les *posologies* élevées ; de même le traitement ne doit pas être arrêté brutalement.

INTERACTIONS MÉDICAMENTEUSES

Ce médicament peut interagir avec d'autres médicaments. Signalez tout autre traitement en cours à votre médecin ou à votre pharmacien.

GROSSESSE, ALLAITEMENT ET NOUVEAU-NÉ

L'effet de ce médicament pendant la grossesse ou l'allaitement est mal connu : seul votre médecin peut évaluer le risque éventuel de son utilisation dans votre cas.

MODE D'EMPLOI ET POSOLOGIE

Les gélules doivent être avalées avec un peu d'eau.

Posologie usuelle :

Elle est fixée par votre médecin et répartie en 2 ou 3 prises quotidiennes.

EFFETS INDÉSIRABLES POSSIBLES

Maux de tête, bouffées de chaleur fréquents en début de traitement.

Baisse de la tension artérielle pouvant se traduire par des malaises, surtout chez la personne âgée.

Nausées.

LÉNITRAL PERCUTANÉ

trinitrine

PRÉSENTATION

LÉNITRAL PERCUTANÉ : pommade 2 % ; tube 80 g et 106 tampons-dose - Remb. 65 % - Liste II

Laboratoires Besins-Iscovesco

COMPOSITION

	p. dose
Trinitrine	15 mg

INDICATIONS

Ce médicament *vasodilatateur* appartient à la famille des dérivés de la trinitrine. Il possède de nombreuses propriétés qui facilitent le travail du cœur : dilatation des veines, dilatation des artères à forte dose, prévention des spasmes des *artères coronaires*. La pommade contient une substance active qui traverse la peau, gagne le sang, et peut agir sur le cœur et les vaisseaux.

Ce médicament est utilisé dans :
- le *traitement préventif* des crises d'*angine de poitrine*,
- le *traitement d'appoint* de l'*insuffisance cardiaque*.

ATTENTION

Ce médicament n'est pas adapté au *traitement de la crise* aiguë d'*angine de poitrine* : son action est trop lente à apparaître. C'est un *traitement préventif* qui lutte contre l'apparition des crises.

Ne laissez pas la pommade à la portée des enfants.

Évitez le contact de la pommade avec la peau d'une autre personne, notamment au moment de l'application (port d'un gant) : risque d'apparition des effets gênants de la trinitrine.

INTERACTIONS MÉDICAMENTEUSES

Ce médicament peut interagir avec d'autres médicaments. Signalez tout autre traitement en cours à votre médecin ou à votre pharmacien.

GROSSESSE, ALLAITEMENT ET NOUVEAU-NÉ

L'effet de ce médicament pendant la grossesse ou l'allaitement est mal connu : seul votre médecin peut évaluer le risque éventuel de son utilisation dans votre cas.

MODE D'EMPLOI ET POSOLOGIE

Choisir une région sèche et dépourvue de grains de beauté ou d'autres lésions cutanées. Utiliser un des tampons fournis et presser le tube pour déposer, sur la face non imprimée du tampon, une quantité de pommade correspondant à la dose (longueur) prescrite. Étaler uniformément la pommade sur la peau à l'aide du tampon. Changer de préférence d'emplacement tous les jours.

Posologie usuelle :

1 dose correspond à 15 mg de trinitrine. La *posologie* moyenne est comprise entre 1 et 4 doses par jour.

EFFETS INDÉSIRABLES POSSIBLES

Maux de tête passagers, bouffées de chaleur.

Baisse de la tension artérielle, pouvant se traduire par des malaises, surtout chez la personne âgée.

Nausées.

LÉNITRAL SPRAY

trinitrine

PRÉSENTATION

LÉNITRAL SPRAY : solution *sublinguale* pour pulvérisation buccale ; flacon pressurisé (10 ml = 200 pulvérisations) - Remb. 65 % - Liste II

Laboratoires Besins-Iscovesco

COMPOSITION

	p. pulv.
Trinitrine	0,4 mg

INDICATIONS

Ce médicament *vasodilatateur* appartient à la famille des dérivés de la trinitrine. Il possède de nombreuses propriétés qui facilitent le travail du cœur : dilatation des veines, dilatation des artères à forte dose, prévention des spasmes des *artères coronaires*.

Il est utilisé dans :
- le *traitement préventif* ou le *traitement curatif* des crises d'*angine de poitrine*,
- le *traitement d'appoint* de l'*insuffisance cardiaque aiguë*.

ATTENTION

Une crise d'*angine de poitrine* qui dure plus d'un quart d'heure malgré la prise de trinitrine peut être un *infarctus du myocarde* débutant qui requiert un traitement urgent. Consultez un service médical d'urgence ou appelez le 15.

INTERACTIONS MÉDICAMENTEUSES

Ce médicament peut interagir avec d'autres médicaments. Signalez tout autre traitement en cours à votre médecin ou à votre pharmacien.

GROSSESSE, ALLAITEMENT ET NOUVEAU-NÉ

L'effet de ce médicament pendant la grossesse ou l'allaitement est mal connu : seul votre médecin peut évaluer le risque éventuel de son utilisation dans votre cas.

MODE D'EMPLOI ET POSOLOGIE

Ouvrir la bouche et pulvériser une bouffée, de préférence sous la langue. Il est préférable de ne pas respirer pendant la pulvérisation et de fermer la bouche immédiatement après. Le flacon doit être tenu verticalement, le plus près possible de la bouche.

Posologie usuelle :
- 1 pulvérisation, éventuellement renouvelée une fois, en cas de crise d'*angine de poitrine* ou de circonstances susceptibles de déclencher une crise.
- 2 pulvérisations en attendant le médecin en cas d'*insuffisance cardiaque* aiguë.

N'abusez pas de ce médicament qui peut provoquer des maux de tête importants.

EFFETS INDÉSIRABLES POSSIBLES

Maux de tête, bouffées de chaleur surtout en début de traitement.

Baisse de la tension artérielle pouvant se traduire par des malaises, surtout chez la personne âgée.

Troubles digestifs : nausées.

Réactions cutanées.

LENTE MC
insuline

PRÉSENTATION

LENTE MC : suspension injectable d'insuline d'action prolongée ; flacon 10 ml (400 unités internationales) - Remb. 65 %

Laboratoires Novo Nordisk

COMPOSITION

	p. ml
Insuline amorphe de porc 30 % et insuline de bœuf 70 % cristallisée en présence de zinc	40 UI

INDICATIONS

C'est une *insuline* qui comprend 30 % d'insuline de porc et 70 % d'insuline de bœuf. Son action est de durée prolongée : son effet apparaît 2 h 30 environ après l'injection et s'estompe au bout de 24 heures.

Elle est utilisée exclusivement en injection dans le traitement du *diabète*.

ATTENTION

La mise en route du traitement suppose un apprentissage correct pour injecter l'*insuline*, contrôler la *glycémie* au doigt, rechercher le *sucre* et l'acétone dans les urines et tenir un carnet de surveillance.

L'*hypoglycémie* est la principale complication des traitements par l'insuline, et avec cette insuline le risque d'hypoglycémie persiste au moins 24 heures. Il s'agit le plus souvent de malaises hypoglycémiques sans gravité dont les principaux signes sont : sueurs, tremblements, troubles visuels, vision double, fatigue soudaine, fringale, *vertiges*, difficulté de concentration. En ce cas, le diabétique doit aussitôt absorber 3 à 6 morceaux de sucre ou un sirop sucré.

Beaucoup plus rarement, l'hypoglycémie peut être grave et peut entraîner des troubles du comportement (comparables notamment à l'ébriété), des *convulsions*, voire une perte de connaissance : 1 ampoule de GLUCAGON doit être injectée immédiatement par *voie* sous-cutanée ou intramusculaire, même à travers les vêtements en cas d'agitation. Si le diabétique ne reprend pas conscience dans les minutes qui suivent, prévenez un service d'urgence. Dans le doute, il n'y a pas de danger à injecter du GLUCAGON à un diabétique traité par l'insuline. Dans tous les cas, la prise d'une collation ou d'un repas reste nécessaire.

L'autre complication possible chez le diabétique est la survenue d'une *acidocétose* due à un manque important d'insuline. Elle peut être déclenchée par une infection (qui augmente les besoins en insuline) : grippe, rhume, *cystite*, abcès, etc. Elle se manifeste par une grande fatigue, une soif intense et des *troubles digestifs*. Il faut alors rechercher la présence de sucre et d'acétone dans les urines : la présence des deux en quantité importante confirme le diagnostic. Le traitement par l'insuline ne doit pas être arrêté ; le diabétique doit suivre les consignes de son médecin et, si besoin, le joindre d'urgence.

Évitez la prise de boissons alcoolisées à jeun ou à distance des repas : augmentation du risque d'hypoglycémie.

La concentration de cette solution n'est pas adaptée aux stylos injecteurs ni aux pompes à *perfusion*.

Conducteur : une hypoglycémie peut entraîner un malaise pendant la conduite ou l'utilisation de machines.

INTERACTIONS MÉDICAMENTEUSES

Certains médicaments peuvent déséquilibrer la *glycémie* : signalez votre traitement par l'*insuline* à tout médecin consulté ou à votre pharmacien.

GROSSESSE, ALLAITEMENT ET NOUVEAU-NÉ

Grossesse :

L'*insuline* est adaptée au *diabète* de la femme enceinte ou aux troubles passagers de la *glycémie* pendant la durée de la grossesse.

Allaitement :

Le traitement par l'*insuline* n'est pas une contre-indication à l'allaitement.

MODE D'EMPLOI ET POSOLOGIE

Cette *insuline* doit être injectée par *voie* sous-cutanée.

Agitez la suspension avant l'injection afin de l'homogénéiser.

Les seringues utilisées doivent avoir une graduation en unité d'insuline.

Cette insuline ne doit pas être injectée plus d'une fois par jour.

Respectez les horaires et les zones d'injection recommandés par votre médecin.

Posologie usuelle :

Elle est adaptée en fonction des résultats des analyses réalisées par le diabétique ou par son entourage (carnet de surveillance) et des conseils de son médecin.

En cas d'activité sportive, il est préférable d'injecter l'*insuline* à distance des muscles qui travaillent pour éviter une absorption trop rapide. De plus, il est habituellement nécessaire d'adapter les doses d'insuline selon les recommandations du médecin.

Prenez contact avec les associations pour diabétiques : elles diffusent une information utile sur le traitement et la surveillance du *diabète*.

Votre entourage doit savoir reconnaître les signes d'une *hypoglycémie* et pouvoir vous administrer, en cas de perte de connaissance, une ampoule de GLUCAGON. Celle-ci peut être conservée au domicile ou sur le lieu de travail à température ambiante (inférieure à 25 °C) pendant 2 ans. Après reconstitution, la solution ne doit pas être conservée plus d'une semaine au réfrigérateur ni être congelée.

Veillez à ne pas manquer d'insuline ou de seringues, notamment pendant les week-ends et les jours fériés ; lors de vos déplacements, munissez-vous d'une réserve ou de votre ordonnance en cours de validité. Un certificat de traitement par l'insuline peut être nécessaire pour franchir certaines frontières.

Avant une première utilisation, il est préférable de conserver l'insuline dans le bas du réfrigérateur (entre + 2 °C et + 8 °C). Si le flacon a été soumis à des températures comprises entre 22 °C et 35 °C pendant moins de 72 heures, il peut être utilisé mais doit ensuite être conservé au frais.

Cette insuline ne doit pas être congelée.

Pour un meilleur confort, l'insuline doit être sortie du réfrigérateur une heure avant l'injection ou réchauffée dans les mains pendant quelques minutes, puis injectée à température ambiante.

Après une première utilisation, les flacons entamés peuvent être conservés 3 semaines à température ambiante (inférieure à 25 °C) dans un endroit propre et sec à l'abri de la lumière.

EFFETS INDÉSIRABLES POSSIBLES

Nodules graisseux sous-cutanés.

Rares *allergies*, essentiellement cutanées.

LENTINOL

PRÉSENTATION

LENTINOL : lotion ; flacon 200 ml - Non remb.

Laboratoires C.P.F.

COMPOSITION

	p. 100 g
Clofénotane (D.D.T.)	2 g
Acide acétique	2,5 g
Formaldéhyde	0,35 g
Aspic, essence	0,15 g

INDICATIONS

Ce médicament contient des substances actives contre les poux de la tête et du corps.

Il est destiné à détruire les poux et leurs œufs (lentes).

CONTRE-INDICATIONS

Ce médicament ne doit pas être utilisé chez l'enfant de moins de 30 mois.

ATTENTION

Rincez abondamment en cas de contact accidentel avec les yeux ou les *muqueuses*.

GROSSESSE, ALLAITEMENT ET NOUVEAU-NÉ

L'effet de ce médicament pendant la grossesse ou l'allaitement est mal connu. L'évaluation du risque éventuel lié à son

utilisation est individuelle : demandez conseil à votre pharmacien ou à votre médecin.

MODE D'EMPLOI ET POSOLOGIE

Agiter le flacon, puis frictionner les régions traitées avec la lotion pendant plusieurs minutes. Laisser en contact 1 à 2 heures, sans couvrir la tête, puis rincer abondamment à l'eau tiède.

Posologie usuelle :

- Adulte et enfant de plus de 30 mois : 1 application par jour, à renouveler plusieurs fois si nécessaire.

Pour éviter les récidives, il est nécessaire que l'entourage suive le même traitement.

Les chapeaux, bonnets, écharpes doivent être désinfectés.

Les lentes fixées à plus de 2 cm du cuir chevelu sont généralement mortes, et leur présence ne signifie pas que le traitement a échoué. Leur élimination peut être facilitée en démêlant les cheveux avec un peigne trempé dans de l'eau vinaigrée.

EFFETS INDÉSIRABLES POSSIBLES

Irritation en cas de contact avec les *muqueuses*.

LEPTICUR

tropatépine

PRÉSENTATION

LEPTICUR PARK 5 mg : comprimé sécable (blanc) ; boîte de 30 - Remb. 65 % - Liste I

LEPTICUR 10 mg : comprimé sécable (blanc) ; boîte de 30 - Remb. 65 % - Liste I

Laboratoires Diamant

COMPOSITION

	p. comp.	p. comp.
Tropatépine chlorhydrate	5 mg	10 mg

INDICATIONS

C'est un antiparkinsonien qui appartient à la famille des anticholinergiques (*atropiniques*).

Il est utilisé principalement dans la maladie de *Parkinson* et les autres *syndromes* parkinsoniens.

CONTRE-INDICATIONS

Ce médicament ne doit pas être utilisé dans les cas suivants :

- *glaucome* à angle fermé,
- risque de blocage des urines (*adénome de la prostate*),
- maladies cardiaques graves.

ATTENTION

Vous ne devez pas interrompre brutalement votre traitement.

Des précautions sont nécessaires chez les personnes souffrant d'*antécédents* de constipation grave ou de rétention urinaire.

Conducteur : ce médicament peut être responsable de troubles visuels et d'une sensibilité anormale à la lumière.

INTERACTIONS MÉDICAMENTEUSES

Ce médicament peut interagir avec d'autres médicaments. Signalez tout autre traitement en cours à votre médecin ou à votre pharmacien.

GROSSESSE, ALLAITEMENT ET NOUVEAU-NÉ

Grossesse :

L'effet de ce médicament sur l'enfant à naître est mal connu. Par mesure de prudence, son usage pendant la grossesse est déconseillé.

Allaitement :

L'allaitement est déconseillé pendant le traitement.

MODE D'EMPLOI ET POSOLOGIE

Les comprimés doivent être pris avec un peu d'eau.

Posologie usuelle :

Elle est strictement individuelle et varie en fonction des indications.

EFFETS INDÉSIRABLES POSSIBLES

Effets *atropiniques* : troubles de l'*accommodation*, bouche sèche, constipation, difficultés à uriner, *glaucome* à angle fermé, étourdissements.

En cas de surdosage, ces signes sont accentués et une confusion des idées peut apparaître, en particulier chez la personne âgée.

LESPÉNÉPHRYL

Lespedeza capitata, anis

PRÉSENTATION

LESPÉNÉPHRYL : solution buvable ; flacon 120 ml - Non remb.

Laboratoires Darcy

COMPOSITION

	p. 100 ml
Lespedeza capitata, alcoolature	15 ml
Anis, essence	0,25 ml
Alcool à 70°	q.s.

INDICATIONS

Ce médicament contient des extraits de plantes.

Il est utilisé pour favoriser l'élimination d'eau par le rein.

ATTENTION

Ce médicament contient de l'*alcool* en quantité notable.

INTERACTIONS MÉDICAMENTEUSES

Ce médicament peut interagir avec les médicaments contenant du disulfirame (ESPÉRAL) : risque d'*effet antabuse*.

GROSSESSE, ALLAITEMENT ET NOUVEAU-NÉ

Ce médicament ne contient que des plantes présumées sans danger pendant la grossesse ou l'allaitement. Néanmoins, ne l'utilisez pas de façon prolongée sans l'avis de votre pharmacien ou de votre médecin.

Grossesse :

Ce médicament n'est pas adapté au traitement d'une éventuelle rétention d'eau survenant pendant la grossesse. L'apparition d'*œdèmes* impose une consultation médicale.

MODE D'EMPLOI ET POSOLOGIE

La solution doit être diluée dans un peu d'eau et prise avant les repas.

Posologie usuelle :

1 à 4 cuillères à café de solution buvable par jour.

LEUCODININE B

méquinol

PRÉSENTATION

LEUCODININE B : pommade ; tube 30 g - Remb. 65 %

Laboratoires Promedica

COMPOSITION

	p. 100 g
Méquinol	10 g

INDICATIONS

Cette pommade contient une substance qui bloque la formation de *mélanine*.

Elle est utilisée pour traiter les colorations excessives de la peau : taches de rousseur, taches de vieillesse, taches brunes consécutives à une cicatrice ou à un traumatisme.

ATTENTION

Des précautions sont nécessaires chez l'enfant de moins de 12 ans.

La dépigmentation peut ne pas être uniforme : évitez d'appliquer cette crème sur de grandes surfaces de peau.

N'exposez pas les régions traitées au soleil.

GROSSESSE, ALLAITEMENT ET NOUVEAU-NÉ

L'effet de ce médicament pendant la grossesse ou l'allaitement est mal connu. L'évaluation du risque éventuel lié à son utilisation est individuelle : demandez conseil à votre pharmacien ou à votre médecin.

MODE D'EMPLOI ET POSOLOGIE

Appliquer la pommade en couche fine et uniforme sur les zones à traiter.

Posologie usuelle :

Au début, 2 applications par jour jusqu'à obtention du résultat souhaité. Puis 1 ou 2 applications par semaine, en *traitement d'entretien*.

EFFETS INDÉSIRABLES POSSIBLES

Irritation, décoloration non uniforme de la peau.

Extension de la décoloration au-delà de la zone traitée.

Ces effets indésirables nécessitent l'interruption du traitement.

LÉVOPHTA

lévocabastine

PRÉSENTATION

LÉVOPHTA : collyre ; flacon 3 ml - Non remb. - Liste II

Laboratoires Chauvin

COMPOSITION

	p. 100 ml
Lévocabastine	50 mg
Chlorure de benzalkonium	+

INDICATIONS

Ce collyre contient un *antihistaminique* antiallergique.

Il est utilisé pour traiter les *conjonctivites* allergiques.

CONTRE-INDICATIONS

Ce collyre ne doit pas être utilisé en cas d'*allergie* aux *ammoniums quaternaires* (présence de benzalkonium).

INTERACTIONS MÉDICAMENTEUSES

Ce collyre peut interagir avec d'autres collyres : respectez un intervalle de 15 minutes entre deux instillations.

GROSSESSE, ALLAITEMENT ET NOUVEAU-NÉ

Grossesse :

En l'absence de données suffisantes, ce médicament est déconseillé pendant la grossesse.

Allaitement :

Les données actuellement disponibles ne permettent pas de savoir si ce médicament passe dans le lait maternel.

MODE D'EMPLOI ET POSOLOGIE

Le flacon doit être agité avant l'emploi.

Tirez la paupière inférieure vers le bas tout en regardant vers le haut. Déposez les gouttes de collyre entre la paupière et le globe oculaire (*cul-de-sac conjonctival*).

Posologie usuelle :

1 goutte, 2 à 4 fois par jour.

> Le port de lentilles de contact est déconseillé en cas d'*allergie* oculaire. Les lentilles souples ne devront être réutilisées qu'après arrêt complet du traitement car elles peuvent s'imprégner des substances contenues dans le collyre.
>
> L'application correcte du produit peut nécessiter une aide, notamment chez une personne handicapée ou âgée.
>
> Ne conservez pas ce collyre plus de 15 jours après une première utilisation.

EFFETS INDÉSIRABLES POSSIBLES

Irritation oculaire transitoire.

LÉVOTHYROX

lévothyroxine sodique

PRÉSENTATION

LÉVOTHYROX 25 µg : comprimé sécable (blanc) ; boîte de 30 - Remb. 65 % - Liste II

LÉVOTHYROX 50 µg : comprimé sécable (orangé clair) ; boîte de 50 - Remb. 65 % - Liste II

LÉVOTHYROX 75 µg : comprimé sécable (mauve) ; boîte de 30 - Remb. 65 % - Liste II

LÉVOTHYROX 100 µg : comprimé sécable (rose) ; boîte de 50 - Remb. 65 % - Liste II

LÉVOTHYROX 150 µg : comprimé sécable (bleu) ; boîte de 30 - Remb. 65 % - Liste II

Laboratoires Merck-Clévenot

COMPOSITION

	p. comp.	p. comp.	p. comp.
Lévothyroxine sodique	25 µg	50 µg	75 µg

	p. comp.	p. comp.
Lévothyroxine sodique	100 µg	150 µg

INDICATIONS

Ce médicament contient une *hormone* qui appartient à la famille des *hormones thyroïdiennes*.

Il est principalement utilisé comme *traitement substitutif* pour remplacer la thyroxine naturelle lorsque celle-ci n'est plus secrétée en quantité suffisante par la *thyroïde*. Cette insuffisance de sécrétion ou *hypothyroïdie* peut être due à la thyroïde elle-même, ou à l'insuffisance d'une autre glande qui commande la sécrétion thyroïdienne : maladie ou ablation de l'*hypophyse*. Il est également utilisé lorsque l'on veut freiner l'action excitatrice de l'hypophyse sur la thyroïde, notamment dans certains *goitres*.

CONTRE-INDICATIONS

Ce médicament ne doit pas être utilisé en cas d'hyperfonctionnement de la *thyroïde* en l'absence de traitement par *antithyroïdien*.

Dans tous les autres cas, le médecin est seul juge pour prescrire ce médicament, notamment en cas d'*insuffisance coronarienne* ou de *troubles du rythme cardiaque*.

> **ATTENTION**
>
> L'utilisation de ce médicament dans le traitement de l'obésité sans *hypothyroïdie* est dangereuse, à plus forte raison en association avec des *anorexigènes* amphétaminiques.
>
> Prévenez votre médecin si vous avez eu des troubles cardiaques, une *hypertension artérielle*, un *diabète* ou d'autres troubles hormonaux.

INTERACTIONS MÉDICAMENTEUSES

Ce médicament peut interagir avec d'autres médicaments, notamment les *anticoagulants* oraux, les *hypoglycémiants* et les *antidépresseurs*. Signalez tout autre traitement en cours à votre médecin ou à votre pharmacien.

GROSSESSE, ALLAITEMENT ET NOUVEAU-NÉ

La prise de ce médicament peut être poursuivie pendant la grossesse et l'allaitement, sous contrôle médical.

MODE D'EMPLOI ET POSOLOGIE

La *posologie* dépend de l'intensité de l'*hypothyroïdie*, de l'âge et de la tolérance individuelle.

Des analyses de sang régulières permettent d'adapter la posologie : suivez-la strictement et ne l'augmentez pas de vous-même.

Le traitement est installé par paliers successifs.

Ce médicament est pris en 1 seule fois, le matin à jeun.

Posologie usuelle :

- Adulte : les comprimés conviennent mieux au traitement de l'adulte. La solution buvable est utile pendant la période d'ajustement, en début de traitement.
- Personne âgée ou fragilisée : le traitement est installé en paliers plus espacés.
- Nourrisson et enfant : la solution buvable leur convient mieux.

> L'*hypothyroïdie* est une maladie qui nécessite un traitement à vie.
>
> Les effets attendus du traitement ou les signes d'une éventuelle *intolérance* n'apparaissent pas avant un délai de 15 jours à 1 mois.
>
> Conserver le médicament à l'abri de la lumière et de la chaleur.

EFFETS INDÉSIRABLES POSSIBLES

Aggravation possible de troubles cardiaques.

Certains signes doivent faire penser à un surdosage : *tachycardie*, insomnie, excitabilité, fièvre, sueurs, amaigrissement rapide, diarrhée. Le traitement sera alors interrompu quelques jours et repris ensuite.

LEXOMIL ROCHE

bromazépam

PRÉSENTATION

LEXOMIL ROCHE : comprimé-baguette quadrisécable (blanc) ; boîte de 30 - Remb. 65 % - Liste I

Laboratoires Roche

COMPOSITION

	p. comp.
Bromazépam	6 mg

INDICATIONS

C'est un *tranquillisant* de la famille des *benzodiazépines*.

Il est utilisé dans le traitement de l'anxiété lorsque celle-ci s'accompagne de troubles gênants.

CONTRE-INDICATIONS

Ce médicament ne doit pas être utilisé en cas d'*insuffisance respiratoire* grave.

ATTENTION

Des précautions sont nécessaires en cas de *myasthénie*, d'*insuffisance hépatique* ou d'*insuffisance respiratoire*.

Utlisé seul, ce médicament n'est pas adapté au traitement des *états dépressifs*.

Une prise prolongée ou des doses importantes de ce médicament, son association à des *sédatifs* ou à des boissons alcoolisées favorisent une *dépendance*. Respectez la *posologie* et la durée de traitement prescrites par votre médecin.

L'arrêt brutal de ce médicament expose à un *syndrome de sevrage* : réapparition de l'anxiété, agitation, irritabilité, insomnie, maux de tête, douleurs musculaires, tremblements, hallucinations. Il faut donc s'entourer de conseils médicaux pour diminuer progressivement les doses et espacer les prises, sur une période d'autant plus longue que le traitement a été prolongé.

Évitez les boissons alcoolisées : augmentation du risque de somnolence et de dépendance.

Conducteur : ce médicament peut être responsable d'une somnolence ou d'une baisse de la vigilance.

INTERACTIONS MÉDICAMENTEUSES

Ce médicament peut interagir avec d'autres médicaments, notamment les *sédatifs*. Signalez tout autre traitement en cours à votre médecin ou à votre pharmacien.

GROSSESSE, ALLAITEMENT ET NOUVEAU-NÉ

Grossesse et nouveau-né :

Par mesure de prudence, ce médicament est habituellement déconseillé pendant les 3 premiers mois de la grossesse. Toutefois, une grossesse survenant sous traitement ne justifie pas d'inquiétude particulière. Seul votre médecin peut apprécier le risque éventuel lié à l'utilisation de ce médicament dans votre cas.

Si le traitement est poursuivi jusqu'à l'accouchement, une surveillance médicale du *nouveau-né* est nécessaire.

Allaitement :

Ce médicament passe dans le lait maternel : l'allaitement est déconseillé.

MODE D'EMPLOI ET POSOLOGIE

Les comprimés doivent être avalés avec un peu d'eau.

Ce comprimé est divisible en 4. Les fractions restantes non utilisées peuvent être conservées dans le couvercle de la boîte.

Posologie usuelle :

Elle est strictement individuelle. Chez l'enfant, le traitement doit être de courte durée.

Ce médicament vous a été prescrit dans une situation précise : ne le conseillez pas à une autre personne.

L'effet de ce médicament peut persister plus de 24 heures après sa prise.

Les *tranquillisants* ne sont pas la seule réponse à l'anxiété : une meilleure hygiène de vie, une consommation modérée d'excitants (y compris les boissons alcoolisées) permettent aussi de lutter efficacement contre l'excès de stress.

EFFETS INDÉSIRABLES POSSIBLES

Trous de mémoire, sensation d'ivresse, somnolence particulièrement chez la personne âgée, ralentissement des idées, ou, au contraire, excitation, irritabilité, confusion des idées, hallucinations, fatigue, éruption cutanée.

LIBRAX

clidinium bromure, chlordiazépoxide

PRÉSENTATION

LIBRAX : comprimé (vert) ; boîte de 30 - Remb. 35 % - Liste I

Laboratoires Roche

COMPOSITION

	p. comp.
Clidinium bromure	2,5 mg
Chlordiazépoxide	5 mg

INDICATIONS

Ce médicament contient un *antispasmodique* de la famille des *atropiniques* et un *tranquillisant* de la famille des *benzodiazépines*.

Il est utilisé dans le *traitement symptomatique* des spasmes du tube digestif, des *voies biliaires* et du côlon, particulièrement chez la personne anxieuse.

CONTRE-INDICATIONS

Ce médicament ne doit pas être utilisé dans les cas suivants :

- *insuffisance respiratoire* grave,
- *glaucome* à angle fermé,
- risque de blocage des urines (*adénome de la prostate*...).

ATTENTION

Des précautions sont nécessaires en cas d'*insuffisance hépatique*, d'*insuffisance rénale*, de *myasthénie*, et chez la personne âgée.

Une prise prolongée ou des doses importantes de ce médicament, son association à des *sédatifs* ou à des boissons alcoolisées favorisent une *dépendance*. Respectez la *posologie* et la durée de traitement prescrites par votre médecin.

L'arrêt brutal de ce médicament expose à un *syndrome de sevrage* : réapparition de l'anxiété, agitation, irritabilité, insomnie, maux de tête, douleurs musculaires, tremblements, hallucinations. Il faut donc s'entourer de conseils médicaux pour diminuer progressivement les doses et espacer les prises, sur une période d'autant plus longue que le traitement a été prolongé.

Évitez les boissons alcoolisées : augmentation du risque de somnolence et de dépendance.

Conducteur : ce médicament peut être responsable d'une somnolence ou d'une baisse de la vigilance.

INTERACTIONS MÉDICAMENTEUSES

Ce médicament peut interagir avec d'autres médicaments, notamment avec ceux contenant de la cimétidine (TAGAMET...), les *atropiniques* et les *sédatifs*. Signalez tout autre traitement en cours à votre médecin ou à votre pharmacien.

GROSSESSE, ALLAITEMENT ET NOUVEAU-NÉ

Grossesse et nouveau-né :

Par mesure de prudence, ce médicament est habituellement déconseillé pendant les 3 premiers mois de la grossesse. Toutefois, une grossesse survenant sous traitement ne justifie pas d'inquiétude particulière. Seul votre médecin peut apprécier le risque éventuel lié à l'utilisation de ce médicament dans votre cas.

Si le traitement est poursuivi jusqu'à l'accouchement, une surveillance médicale du *nouveau-né* est nécessaire.

Allaitement :

Ce médicament passe dans le lait maternel : l'allaitement est déconseillé.

MODE D'EMPLOI ET POSOLOGIE

Les comprimés doivent être avalés avec un peu d'eau. Ils peuvent être pris au moment des repas, au coucher ou au moment des crises douloureuses.

Posologie usuelle :

Elle est strictement individuelle. Respectez la durée de traitement et les doses prescrites par votre médecin.

Ce médicament vous a été prescrit dans une situation précise : ne le conseillez pas à une autre personne.

L'effet de ce médicament peut persister plus de 24 heures après sa prise.

EFFETS INDÉSIRABLES POSSIBLES

Trous de mémoire, sensation d'ivresse, somnolence, ralentissement des idées en particulier chez la personne âgée ou, au contraire, excitation, irritabilité, idées confuses, hallucinations, fatigue.

Effets *atropiniques* : sécheresse de la bouche, troubles de l'*accommodation*.

Éruption cutanée due à la présence de bromure.

LIMONETTE PURGATIVE

tartrate de sodium

PRÉSENTATION

LIMONETTE PURGATIVE : solution buvable ; flacon 200 ml - Non remb.

Laboratoires C.P.F.

COMPOSITION

	p. 100 ml
Tartrate de sodium	15 g
Soit sodium	1,5 g
Saccharose	8 g

INDICATIONS

Ce médicament permet une hydratation importante des selles.

Il est utilisé occasionnellement pour déclencher une purge du tube digestif.

CONTRE-INDICATIONS

Ce médicament ne doit pas être utilisé dans les cas suivants :
- enfant de moins de 12 ans ;
- maladies inflammatoires du côlon ;
- constipation ou douleur abdominale due à une obstruction du tube digestif : rétrécissement intestinal, *fécalome* (bouchon de selles) ;
- *insuffisance rénale, insuffisance cardiaque* graves.

ATTENTION

Des précautions sont nécessaires en cas d'*hypertension artérielle*.

Ce médicament doit être utilisé de façon épisodique.

Son usage répété peut entraîner :
- une *dépendance*,
- des troubles intestinaux graves,
- une perte de sels minéraux et notamment de *potassium*, pouvant être responsable des troubles cardiaques graves.

Ce médicament contient du *sel* (sodium) et du *sucre* (saccharose) en quantité notable.

INTERACTIONS MÉDICAMENTEUSES

Ce médicament peut interagir avec d'autres médicaments, notamment certains *antiarythmiques*, certains *diurétiques* et tout autre médicament susceptible de provoquer une *hypokaliémie*. Signalez tout autre traitement en cours à votre médecin ou à votre pharmacien.

GROSSESSE, ALLAITEMENT ET NOUVEAU-NÉ

L'effet de ce médicament pendant la grossesse ou l'allaitement est mal connu. L'évaluation du risque éventuel lié à son utilisation est individuelle : demandez conseil à votre pharmacien ou à votre médecin.

MODE D'EMPLOI ET POSOLOGIE

Le délai d'action de ce médicament est de 30 minutes.

Posologie usuelle :
- Adulte : 1 flacon en 1 prise.
- Enfant de plus de 12 ans : 1/2 flacon en 1 prise.

Ce traitement doit être accompagné de mesures simples d'hygiène alimentaire (régime riche en fibres et boissons abondantes) et d'exercices physiques : consultez votre médecin ou votre pharmacien.

EFFETS INDÉSIRABLES POSSIBLES

Diarrhée, douleurs abdominales.

Hypokaliémie.

LINCOCINE

lincomycine

PRÉSENTATION

LINCOCINE : gélule ; boîte de 12 - Remb. 65 % - Liste I

LINCOCINE : solution injectable ; boîte de 1 ampoule 2 ml - Remb. 65 % - Liste I

Laboratoires Upjohn

COMPOSITION

	p. gél.	p. amp. inj.
Lincomycine base	500 mg	600 mg

INDICATIONS

C'est un *antibiotique* qui appartient à la famille des lincosanides.

Il est utilisé dans le traitement de diverses maladies infectieuses, notamment celles des bronches, des oreilles, de la peau, de la bouche, des dents et des os.

CONTRE-INDICATIONS

Ce médicament ne doit pas être utilisé en cas d'*allergie* aux lincosanides (clindamycine, lincomycine).

ATTENTION

En cas de diarrhée importante : consultez votre médecin et ne poursuivez le traitement qu'avec son accord. Une diarrhée peut également survenir dans les semaines qui suivent le traitement ; un avis médical urgent est là encore nécessaire. Évitez toute automédication par un antidiarrhéique : elle pourrait se révéler dangereuse.

Des précautions sont nécessaires en cas d'*asthme* ou d'autres *allergies*.

INTERACTIONS MÉDICAMENTEUSES

Ce médicament peut interagir avec d'autres médicaments. Signalez tout autre traitement en cours à votre médecin ou à votre pharmacien.

GROSSESSE, ALLAITEMENT ET NOUVEAU-NÉ

Grossesse :

L'effet de ce médicament pendant la grossesse est mal connu. Seul votre médecin peut évaluer le risque éventuel lié à son utilisation dans votre cas.

Allaitement :

Ce médicament passe dans le lait maternel.

MODE D'EMPLOI ET POSOLOGIE

Les gélules doivent être avalées avec un verre d'eau, une heure ou deux, avant ou après les repas.

La solution doit être injectée par *voie intramusculaire* ou en *perfusion* mais jamais par voie intraveineuse directe.

Posologie usuelle :
- Adulte : 1 gélule, 3 à 4 fois par jour, ou 1 à 3 ampoules injectables par jour.
- Enfant : la *posologie* est fixée par le médecin en fonction du poids de l'enfant.

Une diminution de la fièvre ou une disparition des troubles ne sont pas synonymes de guérison : la durée du traitement doit absolument être respectée pour éviter les rechutes.

L'éventuelle impression de fatigue n'est pas due à l'*antibiotique*, mais à l'infection elle-même.

EFFETS INDÉSIRABLES POSSIBLES

Douleur ou induration au point d'injection.

Troubles digestifs : *œsophagite*, nausée et diarrhée (voir ATTENTION).

Allergie cutanée, œdème de *Quincke*.

Rares anomalies de la *numération formule sanguine*.

LINDILANE

paracétamol, codéine

PRÉSENTATION

LINDILANE : comprimé (blanc) ; boîte de 16 - Remb. 65 % - Liste I

Laboratoires Cassenne

COMPOSITION

	p. comp.
Paracétamol	400 mg
Codéine phosphate	25 mg

INDICATIONS

Ce médicament contient deux *antalgiques* : le paracétamol, qui empêche la transmission de la douleur, et la codéine, qui agit directement sur le cerveau.

Il est utilisé dans le *traitement symptomatique* des douleurs.

CONTRE-INDICATIONS

Ce médicament ne doit pas être utilisé dans les cas suivants :
- maladie grave du foie,
- *insuffisance respiratoire*,
- enfant de moins de 15 ans.

ATTENTION

Ce médicament contient de la codéine : à dose élevée, en usage prolongé, il expose à un risque de *dépendance*. Ne dépassez pas la *posologie* ni la durée du traitement prescrites par votre médecin.

De nombreux médicaments contiennent du paracétamol : en tenir compte en cas de prise conjointe car le surdosage en paracétamol peut être toxique pour le foie.

Évitez les boissons alcoolisées : augmentation du risque de somnolence.

Conducteur : ce médicament peut être responsable d'une somnolence ou d'une baisse de la vigilance.

INTERACTIONS MÉDICAMENTEUSES

Ce médicament peut interagir avec d'autres médicaments. Signalez tout autre traitement en cours à votre médecin ou à votre pharmacien.

GROSSESSE, ALLAITEMENT ET NOUVEAU-NÉ

Grossesse :

Ce médicament contient de la codéine : il est déconseillé pendant les 3 premiers mois de la grossesse.

Allaitement :

Ce médicament passe dans le lait maternel : l'allaitement est déconseillé.

MODE D'EMPLOI ET POSOLOGIE

Ce médicament peut être pris indifféremment avant, pendant ou après les repas. Les comprimés doivent être avalés avec un verre d'eau.

Respectez un intervalle minimal de 4 heures entre 2 prises.

Posologie usuelle :

- Adulte : 1 ou 2 comprimés, 1 à 3 fois par jour.

EFFETS INDÉSIRABLES POSSIBLES

Liés au paracétamol : *allergie* exceptionnelle.

Liés à la codéine : constipation, somnolence, *troubles digestifs*, *bronchospasme*, *vertiges*.

LINI-BOMBE THÉPÉNIER

PRÉSENTATION

LINI-BOMBE THÉPÉNIER : solution pour application locale ; flacon pressurisé à l'azote 100 ml - Non remb.

Laboratoires Thépénier

COMPOSITION

	p. fl.
Vératrol	0,255 g
Menthol	0,305 g
Chloral	0,305 g
Phénazone	2,05 g
Alcoolat de Fioraventi	30,5 ml

INDICATIONS

Cette solution d'usage local possède des propriétés *antalgiques*.

Elle est utilisée dans le traitement des douleurs et des contusions musculaires.

CONTRE-INDICATIONS

Ce médicament ne doit pas être utilisé dans les cas suivants :
- sur les yeux, les *muqueuses* ou les plaies ;
- enfant de moins de 30 mois (présence de menthol).

GROSSESSE, ALLAITEMENT ET NOUVEAU-NÉ

L'effet de ce médicament pendant la grossesse ou l'allaitement est mal connu. L'évaluation du risque éventuel lié à son utilisation est individuelle : demandez conseil à votre pharmacien ou à votre médecin.

MODE D'EMPLOI ET POSOLOGIE

La solution peut être pulvérisée directement sur le point douloureux, ou bien sur une compresse que l'on applique ensuite sur la peau.

L'application peut être suivie d'un massage ou d'une friction.

EFFETS INDÉSIRABLES POSSIBLES

Réaction allergique locale imposant l'arrêt du traitement.

LIORÉSAL
baclofène

PRÉSENTATION

LIORÉSAL : comprimé sécable (blanc) ; boîte de 50 - Remb. 65 % - Liste I

Laboratoires Ciba-Geigy

COMPOSITION

	p. comp.
Baclofène	10 mg

INDICATIONS

Ce médicament est un myorelaxant (relaxant musculaire) qui agit sur les muscles rattachés au squelette.

Il est utilisé dans le traitement des contractures douloureuses qui accompagnent la *sclérose en plaques* et certaines paralysies.

ATTENTION

Des précautions sont nécessaires en cas d'*insuffisance rénale*, d'*insuffisance hépatique*, d'*insuffisance respiratoire*, d'*antécédent* d'*ulcère* de l'estomac ou du *duodénum*, d'*épilepsie* ou de troubles nerveux.

Conducteur : ce médicament peut être responsable d'une baisse de la vigilance, particulièrement en début de traitement.

INTERACTIONS MÉDICAMENTEUSES

Ce médicament peut interagir avec d'autres médicaments. Signalez tout autre traitement en cours à votre médecin ou à votre pharmacien.

GROSSESSE, ALLAITEMENT ET NOUVEAU-NÉ

L'effet de ce médicament pendant la grossesse ou l'allaitement est mal connu : seul votre médecin peut évaluer le risque éventuel de son utilisation dans votre cas.

MODE D'EMPLOI ET POSOLOGIE

Les comprimés doivent être avalés avec un peu d'eau.

Posologie usuelle :

Elle est strictement individuelle et adaptée progressivement par votre médecin.

EFFETS INDÉSIRABLES POSSIBLES

Fréquemment, surtout en début de traitement : somnolence, nausées.

Parfois : bouche sèche, fatigue, confusion des idées, *vertiges*, maux de tête, *troubles digestifs*, baisse de la tension artérielle, ralentissement du rythme cardiaque, troubles urinaires.

LIPANOR
ciprofibrate

PRÉSENTATION

LIPANOR : gélule (beige et marron) ; boîte de 30 - Remb. 65 % - Liste II

Laboratoires Sterling Winthrop

COMPOSITION

	p. gél.
Ciprofibrate	100 mg

INDICATIONS

C'est un *hypolipidémiant* qui appartient à la famille des fibrates. Il permet d'abaisser le taux des graisses circulant dans le sang : *cholestérol* et *triglycérides*, essentiellement.

Il est utilisé dans le traitement des excès de cholestérol ou de triglycérides, lorsqu'un régime adapté et assidu n'est pas suffisant.

CONTRE-INDICATIONS

Ce médicament ne doit pas être utilisé dans les cas suivants :
- *insuffisance hépatique*,
- *insuffisance rénale*,
- grossesse,
- allaitement.

ATTENTION

Des anomalies de certaines constantes sanguines, telles que les *transaminases*, peuvent apparaître en cours de traitement. Elles justifient la prescription d'une prise de sang tous les trois mois la première année de traitement.

INTERACTIONS MÉDICAMENTEUSES

Ce médicament peut interagir avec d'autres médicaments, notamment les *anticoagulants* oraux. Signalez tout autre traitement en cours à votre médecin ou à votre pharmacien.

GROSSESSE, ALLAITEMENT ET NOUVEAU-NÉ

Grossesse :

L'effet de ce médicament sur l'enfant à naître est mal connu. Par mesure de prudence, son usage pendant la grossesse est contre-indiqué.

Allaitement :

En l'absence de données, l'allaitement est contre-indiqué.

MODE D'EMPLOI ET POSOLOGIE

Ce médicament sera pris de préférence au cours d'un repas.

Posologie usuelle :

- Adulte : la *posologie* est adaptée par le médecin en fonction des résultats de la prise de sang. Elle est habituellement de 1 ou 2 gélules par jour, en une seule prise.

Le régime reste indispensable pendant toute la durée du traitement.

> Un régime pauvre en *cholestérol* et en graisses animales n'est pas simple à suivre : les erreurs sont fréquentes. Demandez conseil à votre médecin, à votre pharmacien, ou à un professionnel de la nutrition.

EFFETS INDÉSIRABLES POSSIBLES

Maux de tête, nausées et éruptions cutanées.

LIPANTHYL

fénofibrate

PRÉSENTATION

LIPANTHYL 67 MICRONISÉ : gélule (blanc ivoire) ; boîte de 60 - Remb. 65 % - Liste II

LIPANTHYL 200 MICRONISÉ : gélule (orange) ; boîte de 30 - Remb. 65 % - Liste II

Laboratoires Fournier

COMPOSITION

	p. gél.	p. gél.
Fénofibrate	67 mg	200 mg

INDICATIONS

C'est un *hypolipidémiant* qui appartient à la famille des fibrates. Il permet d'abaisser le taux des graisses circulant dans le sang : *cholestérol* et *triglycérides*, essentiellement.

Il est utilisé dans le traitement des excès de cholestérol ou de triglycérides, lorsqu'un régime adapté et assidu n'est pas suffisant.

CONTRE-INDICATIONS

Ce médicament ne doit pas être utilisé dans les cas suivants :

- *insuffisance hépatique* grave,
- *insuffisance rénale* grave,
- enfant de moins de 15 ans (pour les gélules à 200 mg).

> **ATTENTION**
> Des anomalies de certaines constantes sanguines, telles que les *transaminases*, peuvent apparaître en cours de traitement. Elles justifient la prescription d'une prise de sang tous les trois mois la première année de traitement.

INTERACTIONS MÉDICAMENTEUSES

Ce médicament peut interagir avec d'autres médicaments, notamment les *anticoagulants* oraux. Signalez tout autre traitement en cours à votre médecin ou à votre pharmacien.

GROSSESSE, ALLAITEMENT ET NOUVEAU-NÉ

Grossesse :

L'effet de ce médicament sur l'enfant à naître est mal connu : seul votre médecin peut évaluer le risque éventuel de son utilisation dans votre cas.

Allaitement :

En l'absence de données, l'allaitement est déconseillé.

MODE D'EMPLOI ET POSOLOGIE

Ce médicament sera pris de préférence au cours d'un repas.

Posologie usuelle :

- Adulte : la posologie est adaptée par le médecin en fonction des résultats de la prise de sang. Elle est habituellement de 1 gélule à 67 mg, 1 à 3 fois par jour ou 1 gélule à 200 mg par jour.

Le régime reste indispensable pendant toute la durée du traitement.

> Un régime pauvre en *cholestérol* et en graisses animales n'est pas simple à suivre : les erreurs sont fréquentes. Demandez conseil à votre médecin, à votre pharmacien ou à un professionnel de la nutrition.

EFFETS INDÉSIRABLES POSSIBLES

Troubles digestifs : digestions difficiles.

Allergie cutanée rare et douleurs musculaires.

LIPAVLON

clofibrate

PRÉSENTATION

LIPAVLON 500 : capsule (bicolore) ; boîte de 50 - Remb. 65 % - Liste II

Laboratoires Zeneca Pharma

COMPOSITION

	p. caps.
Clofibrate	500 mg

INDICATIONS

C'est un *hypolipidémiant* qui appartient à la famille des fibrates. Il permet d'abaisser le taux des graisses circulant dans le sang : *cholestérol* et *triglycérides*, essentiellement.

Il est utilisé dans le traitement des excès de cholestérol ou de triglycérides, lorsqu'un régime adapté et assidu n'est pas suffisant.

CONTRE-INDICATIONS

Ce médicament ne doit pas être utilisé dans les cas suivants :

- *insuffisance hépatique* grave,
- *insuffisance rénale* grave.

> **ATTENTION**
> Des anomalies de certaines constantes sanguines, telles que les *transaminases*, peuvent apparaître en cours de traitement. Elles justifient la prescription d'une prise de sang tous les trois mois la première année de traitement.

INTERACTIONS MÉDICAMENTEUSES

Ce médicament peut interagir avec d'autres médicaments, notamment les *anticoagulants* oraux. Signalez tout autre traitement en cours à votre médecin ou à votre pharmacien.

GROSSESSE, ALLAITEMENT ET NOUVEAU-NÉ

Grossesse :

L'effet de ce médicament sur l'enfant à naître est mal connu : seul votre médecin peut évaluer le risque éventuel de son utilisation dans votre cas.

Allaitement :

En l'absence de données, l'allaitement est déconseillé.

MODE D'EMPLOI ET POSOLOGIE

Ce médicament sera pris de préférence au cours ou à la fin d'un repas.

Posologie usuelle :

- Adulte : la *posologie* est adaptée par le médecin en fonction des résultats de la prise de sang. Elle est habituellement de 3 ou 4 capsules à 500 mg par jour, en 2 prises.

Le régime reste indispensable pendant toute la durée du traitement.

> Un régime pauvre en *cholestérol* et en graisses animales n'est pas simple à suivre : les erreurs sont fréquentes. Demandez conseil à votre médecin, à votre pharmacien ou à un professionnel de la nutrition.

EFFETS INDÉSIRABLES POSSIBLES

Troubles digestifs : digestions difficiles, nausées, vomissements.

Plus rarement : maux de tête, fatigue, crampes, prise de poids et *allergie* cutanée.

LIPUR

gemfibrozil

PRÉSENTATION

LIPUR : comprimé (mauve) ; boîte de 60 - Remb. 65 % - Liste II

Laboratoires Parke-Davis

COMPOSITION

	p. comp.
Gemfibrozil	450 mg

INDICATIONS

C'est un *hypolipidémiant* qui appartient à la famille des fibrates. Il permet d'abaisser le taux des graisses circulant dans le sang : *cholestérol* et *triglycérides*, essentiellement.

Il est utilisé dans le traitement des excès de cholestérol ou de triglycérides, lorsqu'un régime adapté et assidu n'est pas suffisant.

CONTRE-INDICATIONS

Ce médicament ne doit pas être utilisé dans les cas suivants :
- *insuffisance hépatique* grave,
- *insuffisance rénale* grave.

ATTENTION

Des anomalies de certaines constantes sanguines, telles que les *transaminases*, peuvent apparaître en cours de traitement. Elles justifient la prescription d'une prise de sang tous les trois mois la première année de traitement.

INTERACTIONS MÉDICAMENTEUSES

Ce médicament peut interagir avec d'autres médicaments, notamment les *anticoagulants* oraux. Signalez tout autre traitement en cours à votre médecin ou à votre pharmacien.

GROSSESSE, ALLAITEMENT ET NOUVEAU-NÉ

Grossesse :
L'effet de ce médicament sur l'enfant à naître est mal connu : seul votre médecin peut évaluer le risque éventuel de son utilisation dans votre cas.

Allaitement :
En l'absence de données, l'allaitement est déconseillé.

MODE D'EMPLOI ET POSOLOGIE

Ce médicament sera pris de préférence une demi-heure avant le repas.

Posologie usuelle :
- Adulte : la *posologie* est adaptée par le médecin en fonction des résultats de la prise de sang. Elle est habituellement de 2 comprimés par jour, le soir, en 1 seule prise.

Le régime reste indispensable pendant le traitement.

Un régime pauvre en *cholestérol* et en graisses animales n'est pas simple à suivre : les erreurs sont fréquentes. Demandez conseil à votre médecin, à votre pharmacien ou à un professionnel de la nutrition.

EFFETS INDÉSIRABLES POSSIBLES

Troubles digestifs, maux de tête, douleurs musculaires.
Rarement : *allergie* cutanée.

LIQUIFILM
alcool polyvinylique, chlorobutanol, chlorure de sodium

PRÉSENTATION

LIQUIFILM LARMES ARTIFICIELLES : collyre ; flacon 10 ml - Non remb.
Laboratoires Allergan France

COMPOSITION

	p. 100 ml
Alcool polyvinylique	1,40 g
Chlorobutanol anhydre	0,50 g
Chlorure de sodium	0,78 g

INDICATIONS

C'est une solution de suppléance lacrymale : elle compense une insuffisance de sécrétion naturelle de larmes.

Elle est utilisée pour limiter les irritations dues aux lentilles de contact rigides et dans le traitement de la sécheresse oculaire due à une insuffisance lacrymale (œil sec).

CONTRE-INDICATIONS

Ce médicament ne doit pas être utilisé en cas d'utilisation de lentilles de contact souples.

ATTENTION

Une irritation oculaire peut être due à une infection : en cas de doute, n'hésitez pas à consulter votre médecin.

N'utilisez pas ce collyre de façon prolongée sans prendre un avis médical.

Si vous portez des lentilles de contact, n'utilisez pas ce produit sans prendre l'avis de votre ophtalmologiste.

INTERACTIONS MÉDICAMENTEUSES

Ce collyre peut interagir avec d'autres collyres : respectez un intervalle de 15 minutes entre deux instillations.

GROSSESSE, ALLAITEMENT ET NOUVEAU-NÉ

L'effet de ce médicament pendant la grossesse ou l'allaitement est mal connu. L'évaluation du risque éventuel lié à son utilisation est individuelle : demandez conseil à votre pharmacien ou à votre médecin.

MODE D'EMPLOI ET POSOLOGIE

Tirer la paupière inférieure vers le bas tout en regardant vers le haut et déposer les gouttes de collyre entre la paupière et le globe oculaire (*cul-de-sac conjonctival*).

Posologie usuelle :
1 goutte chaque fois que la sécheresse oculaire se fait sentir.

L'application correcte du produit peut nécessiter une aide, notamment chez une personne handicapée ou âgée.

Ne conservez pas ce collyre plus de 15 jours après une première utilisation. Le flacon doit être gardé à l'abri de la chaleur et de la lumière.

LITHIABYL

PRÉSENTATION

LITHIABYL : solution buvable ; flacon 90 ml (gouttes) - Non remb.
Laboratoires Plantes et Médecines

COMPOSITION

	p. 1 ml
Berberis, extrait fluide	100 mg
Méthénamine	50 mg
Benzoate de sodium	5 mg
Urtica et taraxacum, extraits fluides	+

INDICATIONS

Ce médicament est une association d'extraits de plantes et d'autres substances actives. Il agit en augmentant la production de bile et en facilitant son passage vers le tube digestif.

Il est utilisé dans le *traitement symptomatique* des digestions difficiles.

ATTENTION

Si vous souffrez d'obstruction des *voies biliaires* et d'*insuffisance hépatique* grave : parlez-en à votre médecin ou à votre pharmacien.

INTERACTIONS MÉDICAMENTEUSES

Ce médicament peut interagir avec d'autres médicaments, notamment les *sulfamides*. Signalez tout autre traitement en cours à votre médecin ou à votre pharmacien.

GROSSESSE, ALLAITEMENT ET NOUVEAU-NÉ

L'effet de ce médicament pendant la grossesse ou l'allaitement est mal connu. L'évaluation du risque éventuel lié à son utilisation est individuelle : demandez conseil à votre pharmacien ou à votre médecin.

MODE D'EMPLOI ET POSOLOGIE

Ce médicament doit être pris avant les trois repas.

Posologie usuelle :
25 gouttes dans un demi-verre d'eau chaude 3 fois par jour.

Ce médicament peut être accompagné d'une alimentation appropriée : parlez-en à votre médecin ou à votre pharmacien.

LITHIAGEL
alumine

PRÉSENTATION

LITHIAGEL : suspension buvable ; flacon 480 ml - Remb. 65 %
Laboratoires Marx

COMPOSITION

	p. c. à s.
Alumine à l'état d'hydrocarbonate	920 mg
Carraghénate	80 mg
Soit aluminium	460 mg
Soit phosphore	550 mg

INDICATIONS

Ce médicament est un *chélateur* du phosphore : il bloque son absorption par l'intestin.

Il est utilisé pour lutter contre l'excès de phosphore dans le sang, observé chez les personnes souffrant d'*insuffisance rénale*.

ATTENTION
Ce médicament contient de l'aluminium (alumine) qui peut s'accumuler dans le sang, notamment chez les personnes en *dialyse*. Une mesure régulière du taux d'aluminium dans le sang peut être nécessaire lors d'un traitement prolongé ; il en est de même pour le phosphore.

INTERACTIONS MÉDICAMENTEUSES

Ce médicament peut retarder ou diminuer l'absorption intestinale d'autres médicaments. Il devra donc être avalé à distance des autres médicaments.

En cas de constipation, évitez les laxatifs contenant du magnésium.

GROSSESSE, ALLAITEMENT ET NOUVEAU-NÉ

L'effet de ce médicament pendant la grossesse ou l'allaitement est mal connu : seul votre médecin peut évaluer le risque éventuel de son utilisation dans votre cas.

MODE D'EMPLOI ET POSOLOGIE

Ce médicament doit être pris de préférence à la fin des repas dans un demi-verre d'eau. Il peut également être mélangé aux aliments.

Posologie usuelle :
- Adulte : 1 à 4 cuillères à soupe, 2 fois par jour.
- Enfant : 1 cuillère à café à 1 cuillère à soupe, 2 fois par jour.

EFFETS INDÉSIRABLES POSSIBLES

Troubles digestifs.

LITOSMIL 300
diosmine

PRÉSENTATION

LITOSMIL 300 : poudre orale ; boîte de 20 sachets - Non remb.

Laboratoires Evans Medical

COMPOSITION

	p. sachet
Diosmine	300 mg

INDICATIONS

C'est un protecteur *vasculaire* et un *veinotonique*. Il stimule la circulation du sang dans les veines et lutte contre l'altération des *vaisseaux capillaires*.

Il est utilisé dans le *traitement symptomatique* :
- des jambes lourdes, *œdèmes*, crampes, *impatiences* et autres troubles pouvant être en rapport avec une mauvaise circulation veineuse ou *lymphatique* ;
- des troubles de la fragilité des *vaisseaux capillaires* ;
- des crises d'*hémorroïdes*.

ATTENTION
Ce médicament est insuffisant pour prévenir le risque de *phlébite* chez les malades alités ou plâtrés.
L'*insuffisance veineuse* peut requérir des mesures spécifiques telles que la *contention élastique*.

GROSSESSE, ALLAITEMENT ET NOUVEAU-NÉ

L'effet de ce médicament pendant la grossesse ou l'allaitement est mal connu. L'évaluation du risque éventuel lié à son utilisation est individuelle : demandez conseil à votre pharmacien ou à votre médecin.

MODE D'EMPLOI ET POSOLOGIE

Ce médicament doit être dilué dans un verre d'eau au moment des repas.

Posologie usuelle :
1 sachet midi et soir.

Dans le *traitement de la crise* hémorroïdaire aiguë : 4 à 6 sachets par jour.

Une activité physique régulière et la surélévation du pied du lit permettent de faciliter la circulation veineuse et *lymphatique*.
La constipation, la consommation de mets épicés et de vins riches en tanins favorisent les *hémorroïdes*.

EFFETS INDÉSIRABLES POSSIBLES

Rares *troubles digestifs*.

LITOXOL
sulfaguanidine, salicylate d'aluminium

PRÉSENTATION

LITOXOL : comprimé (blanc) ; boîte de 20 - Non remb.

Laboratoires Sterling Midy

COMPOSITION

	p. comp.
Sulfaguanidine	450 mg
Aluminium salicylate	180 mg

INDICATIONS

C'est un *antiseptique* intestinal qui appartient à la famille des *sulfamides*.

Il est utilisé pour traiter les diarrhées aiguës bénignes et certaines diarrhées chroniques.

CONTRE-INDICATIONS

Ce médicament ne doit pas être utilisé dans les cas suivants :
- *allergie* aux *sulfamides* ou à l'aspirine (*salicylé*),
- présence d'albumine dans les urines.

ATTENTION
Si la diarrhée persiste ou s'il apparaît une fièvre, des frissons, une grande fatigue, du sang ou des glaires dans les selles, ce traitement est insuffisant et des examens peuvent être nécessaires : consultez votre médecin.

INTERACTIONS MÉDICAMENTEUSES

Ce médicament peut interagir avec d'autres médicaments. Signalez tout autre traitement en cours à votre médecin ou à votre pharmacien.

GROSSESSE, ALLAITEMENT ET NOUVEAU-NÉ

L'effet de ce médicament pendant la grossesse ou l'allaitement est mal connu : seul votre médecin peut évaluer le risque éventuel de son utilisation dans votre cas.

MODE D'EMPLOI ET POSOLOGIE

Les comprimés peuvent être avalés avec un peu d'eau.

La durée du traitement ne doit pas dépasser 10 jours. Au-delà, consultez votre médecin.

Posologie usuelle :
- Adulte et enfant de plus de 15 ans : 3 ou 4 comprimés, 2 ou 3 fois par jour.
- Enfant de plus de 30 mois : 1 comprimé par 5 kg et par jour à répartir en 2 ou 3 prises.

Une diarrhée peut provoquer une déshydratation. Cette perte d'eau par l'organisme peut entraîner des troubles graves (fatigue, malaises, confusion des idées...). Il est indispensable de prévenir cette déshydratation par des boissons sucrées abondantes et des bouillons salés. Il existe des préparations à cet effet destinées aux jeunes enfants.

EFFETS INDÉSIRABLES POSSIBLES

Allergie cutanée.
Constipation.

LOBAMINE-CYSTÉINE
méthionine, cystéine

PRÉSENTATION

LOBAMINE-CYSTÉINE : gélule ; boîte de 20 - Remb. 35 %

LOBAMINE-CYSTÉINE : gélule ; boîte de 60 - Remb. 35 %

Laboratoires Pierre Fabre

COMPOSITION

	p. gél.
Méthionine	0,35 g
Cystéine chlorhydrate	0,15 g

INDICATIONS

Ce médicament contient des substances soufrées.

Il est utilisé dans le *traitement d'appoint* de certaines maladies du cuir chevelu et des chutes de cheveux.

GROSSESSE, ALLAITEMENT ET NOUVEAU-NÉ

Ce médicament ne contient que des substances présumées sans danger pendant la grossesse ou l'allaitement. Néanmoins, ne l'utilisez pas de façon prolongée sans l'avis de votre pharmacien ou de votre médecin.

MODE D'EMPLOI ET POSOLOGIE

Les gélules sont prises de préférence au cours des repas.

Posologie usuelle :

2 gélules, 2 ou 3 fois par jour.

LOCABIOTAL

fusafungine

PRÉSENTATION

LOCABIOTAL PRESSURISÉ : aérosol ; flacon pressurisé 20 ml (400 doses) et embouts nasal et buccal - Remb. 35 %

Laboratoires Therval

COMPOSITION

	p. 100 g
Fusafungine	1,18 g

INDICATIONS

Ce médicament contient un *antibiotique* d'usage local. Il possède également des propriétés anti-inflammatoires.

Il est utilisé dans le *traitement d'appoint* des infections du nez, de la gorge et des bronches.

CONTRE-INDICATIONS

Ce médicament ne doit pas être utilisé chez l'enfant de moins de 30 mois.

ATTENTION

Si votre état ne s'améliore pas après quelques jours de traitement, consultez votre médecin.

L'usage prolongé de ce médicament n'est pas souhaitable : il peut modifier l'équilibre microbien du nez où de la gorge.

GROSSESSE, ALLAITEMENT ET NOUVEAU-NÉ

L'effet de ce médicament pendant la grossesse ou l'allaitement est mal connu. L'évaluation du risque éventuel lié à son utilisation est individuelle : demandez conseil à votre pharmacien ou à votre médecin.

MODE D'EMPLOI ET POSOLOGIE

La solution doit être pulvérisée au cours d'une inspiration profonde.

La durée du traitement ne doit pas dépasser 10 jours.

Posologie usuelle :

4 à 6 inhalations buccales ou nasales par jour.

EFFETS INDÉSIRABLES POSSIBLES

Irritation locale, crise d'éternuement.

Les mots en italique sont expliqués dans le lexique

LOCACID

trétinoïne

PRÉSENTATION

LOCACID : crème ; tube 30 g - Non remb. - Liste I

LOCACID : solution pour application locale ; flacon 15 ml - Non remb. - Liste I

Laboratoires Pierre Fabre

COMPOSITION

	crème p. 100 g	solution p. 100 ml
Trétinoïne	0,05 g	0,10 g
Alcool à 95°	+	54 ml

INDICATIONS

C'est un antiacnéique local qui appartient à la famille des dérivés de la *vitamine* A acide (*rétinoïdes*). Il facilite l'évacuation du sébum en éliminant les bouchons qui obstruent les pores de la peau.

Il est utilisé pour traiter certains types d'*acné*.

ATTENTION

Évitez d'utiliser tout autre médicament ou cosmétique (eau de Cologne, lotion après-rasage, crème...) sans l'accord de votre médecin.

Ce médicament expose à une *photosensibilisation* : une exposition aux rayons *ultraviolets* (soleil, lampe à bronzer) peut provoquer des réactions cutanées. N'omettez pas de signaler à votre médecin vos projets de vacances au soleil pendant la durée du traitement.

INTERACTIONS MÉDICAMENTEUSES

Ce médicament peut interagir avec d'autres médicaments. Signalez tout autre traitement en cours à votre médecin ou à votre pharmacien.

GROSSESSE, ALLAITEMENT ET NOUVEAU-NÉ

Grossesse :

Ce médicament est déconseillé par prudence pendant les 3 premiers mois de la grossesse. Toutefois, une grossesse survenant sous traitement ne justifie aucune inquiétude particulière, mais doit vous conduire à consulter votre médecin.

Allaitement :

Les données actuellement disponibles ne permettent pas de savoir si ce médicament passe dans le lait maternel.

MODE D'EMPLOI ET POSOLOGIE

Avant l'application, laver la peau avec un savon doux. Rincer et sécher soigneusement avant d'appliquer le produit.

En général, le traitement commence par 1 ou 2 applications par jour, ensuite la fréquence est adaptée à la réaction de la peau.

Le traitement doit être poursuivi au moins 3 mois ; un *traitement d'entretien* est souvent nécessaire pour éviter les rechutes.

Une irritation et une aggravation de l'*acné* sont fréquentes et normales en début de traitement ; ne vous découragez pas : les boutons qui apparaissent traduisent une élimination du sébum.

Le résultat est nettement visible à partir de la 6e semaine ; ensuite les applications seront espacées dès que le résultat obtenu sera jugé satisfaisant.

Si vous vous exposez exceptionnellement au soleil, n'appliquez pas ce médicament la veille, le jour même ni le lendemain. En cas de coup de soleil, attendez un complet rétablissement avant la reprise du traitement.

Si vous mettez accidentellement cette substance en contact avec les yeux, les paupières, la bouche, les narines ou les *muqueuses*, rincez abondamment.

EFFETS INDÉSIRABLES POSSIBLES

Rougeur sèche et parfois cuisante de la peau, surtout autour de la bouche et du cou. Ces réactions peuvent être prévenues ou atténuées par l'emploi de crèmes calmantes, ou par une modification de la *posologie*. Demandez conseil à votre médecin.

LOCACORTÈNE

flumétasone, néomycine

PRÉSENTATION

LOCACORTÈNE : crème ; tube 15 g - Remb. 65 % - Liste I

Laboratoires Ciba-Geigy

COMPOSITION

	p. 100 g
Flumétasone pivalate micronisé	0,02 g
Néomycine sulfate	0,50 g

INDICATIONS

Ce médicament contient un *dermocorticoïde* d'activité assez forte et un *antibiotique* de la famille des *aminosides*. Comme les autres médicaments contenant un dérivé de la *cortisone* à usage local, il freine le renouvellement et la multiplication des cellules de la peau et limite le suintement.

Cette crème est utilisée dans le traitement initial de certaines lésions inflammatoires de la peau (*eczéma*, *dyshidrose*, *psoriasis*...) lorsqu'elles sont infectées.

CONTRE-INDICATIONS

Ce médicament ne doit pas être utilisé dans les cas suivants :

- *allergie* aux *antibiotiques* de la famille des *aminosides* ;
- infections de la peau dues à un champignon ou à un *virus* ;
- plaies chroniques, *ulcère* de la jambe, *escarre* ;
- *rosacée* ;
- sous pansement étanche (occlusif).

ATTENTION

Cette crème n'est pas destinée à traiter les infections bactériennes de la peau mais à traiter l'infection qui vient compliquer une lésion préexistante.

Comme les autres *dermocorticoïdes*, ce médicament a souvent une action efficace et rapide sur les lésions de la peau ; il peut être tentant de le réutiliser, mais l'automédication expose à des risques importants : aggravation de certaines lésions, installation d'une *dépendance* (amélioration de moins en moins visible des lésions et recrudescence des *symptômes* à chaque arrêt de traitement) et altération durable de la peau.

Suivez attentivement la prescription de votre médecin et n'hésitez pas à lui demander des explications.

GROSSESSE, ALLAITEMENT ET NOUVEAU-NÉ

L'effet de ce médicament pendant la grossesse ou l'allaitement est mal connu : seul votre médecin peut évaluer le risque éventuel de son utilisation dans votre cas.

MODE D'EMPLOI ET POSOLOGIE

Étaler la crème en couche mince sur les lésions et la faire pénétrer par un léger massage.

Posologie usuelle :

1 ou 2 applications par jour, pendant 8 jours au maximum.

Ne conseillez pas, ne donnez pas ce médicament à un proche.

Pensez à vous laver les mains après l'application.

EFFETS INDÉSIRABLES POSSIBLES

Compte tenu de la brièveté du traitement, ils sont peu fréquents :
- éruption de boutons ;
- développement anormal des poils, dessèchement, fragilisation et décoloration irrégulière de la peau ;
- rougeur autour de la bouche, apparition d'une *rosacée* ;
- *allergie* cutanée (néomycine).

LOCACORTÈNE-VIOFORME

flumétasone, clioquinol

PRÉSENTATION

LOCACORTÈNE-VIOFORME : crème ; tube 15 g - Remb. 65 % - Liste I

Laboratoires Ciba-Geigy

COMPOSITION

	p. 100 g
Flumétasone pivalate micronisé	0,02 g
Clioquinol	3 g

INDICATIONS

Ce médicament contient un *dermocorticoïde* d'activité assez forte et un *antiseptique* local. Comme les autres médicaments contenant un dérivé de la *cortisone* à usage local, il freine le renouvellement et la multiplication des cellules de la peau et limite le suintement.

Cette crème est utilisée dans le traitement initial de certaines lésions inflammatoires de la peau (*eczéma*, *dyshidrose*, *psoriasis*...) lorsqu'elles sont infectées.

CONTRE-INDICATIONS

Ce médicament ne doit pas être utilisé dans les cas suivants :
- infections de la peau dues à un champignon ou à un *virus* ;
- plaies chroniques, *ulcère* de la jambe, *escarre* ;
- *rosacée* ;
- sous pansement étanche (occlusif).

ATTENTION

Cette crème n'est pas destinée à traiter les infections bactériennes de la peau mais à traiter l'infection qui vient compliquer une lésion préexistante. Elle n'est pas adaptée au traitement des lésions situées près des yeux.

Comme les autres *dermocorticoïdes*, ce médicament a souvent une action efficace et rapide sur les lésions de la peau ; il peut être tentant de le réutiliser, mais l'automédication expose à des risques importants : aggravation de certaines lésions, installation d'une *dépendance* (amélioration de moins en moins visible des lésions et recrudescence des *symptômes* à chaque arrêt de traitement) et altération durable de la peau.

Suivez attentivement la prescription de votre médecin et n'hésitez pas à lui demander des explications.

INTERACTIONS MÉDICAMENTEUSES

L'association à d'autres *antiseptiques* est déconseillée car leurs effets risquent de s'annuler.

GROSSESSE, ALLAITEMENT ET NOUVEAU-NÉ

L'effet de ce médicament pendant la grossesse ou l'allaitement est mal connu : seul votre médecin peut évaluer le risque éventuel de son utilisation dans votre cas.

MODE D'EMPLOI ET POSOLOGIE

Étaler la crème en couche mince sur les lésions et la faire pénétrer par un léger massage.

Posologie usuelle :

2 ou 3 applications par jour, pendant 8 jours au maximum.

Ne conseillez pas, ne donnez pas ce médicament à un proche.

Pensez à vous laver les mains après l'application.

EFFETS INDÉSIRABLES POSSIBLES

Compte tenu de la brièveté du traitement, ils sont peu fréquents :
- éruption de boutons ;
- développement anormal des poils, dessèchement, fragilisation et décoloration irrégulière de la peau ;
- rougeur autour de la bouche, apparition d'une *rosacée* ;
- *allergie* cutanée et coloration jaunâtre de la peau disparaissant rapidement (dues au clioquinol).

LOCALONE

triamcinolone, acide salicylique

PRÉSENTATION

LOCALONE : lotion ; flacon 122 ml - Non remb. - Liste I

Laboratoires Pierre Fabre

COMPOSITION

	p. 100 ml
Triamcinolone acétonide	20 mg
Acide salicylique	100 mg
Alcool	+

INDICATIONS

Cette lotion contient deux substances :
- un *dermocorticoïde* d'activité modérée. Il freine le renouvellement et la multiplication des cellules de la peau et limite le suintement ;
- l'acide salicylique, qui réduit l'épaisseur de la couche cornée superficielle de la peau. Il facilite ainsi l'activité du dermocorticoïde qui lui est associé.

Elle est utilisée dans le traitement des *dermatoses* comportant un épaississement de la peau, notamment les *lichénifications*, les *dermites séborrhéiques* (sauf au visage), le *psoriasis*.

CONTRE-INDICATIONS

Ce médicament ne doit pas être utilisé dans les cas suivants :
- *allergie* aux *salicylés* ;
- infections et parasitoses non traitées de la peau (ce médicament n'a pas d'effet anti-infectieux) ;
- plaie, *ulcère* de jambe, *escarre* ;
- *acné* et *rosacée*.

Le médecin est seul juge pour prescrire ce médicament chez le *nourrisson* et le jeune enfant.

ATTENTION

Comme les autres *dermocorticoïdes*, ce médicament a souvent une action efficace et rapide sur les lésions de la peau ; il peut être tentant de le réutiliser, mais l'automédication expose à des risques importants : aggravation de certaines lésions, installation d'une *dépendance* (amélioration de moins en moins visible des lésions et recrudescence des *symptômes* à chaque arrêt de traitement) et altération durable de la peau.

Suivez attentivement la prescription de votre médecin et n'hésitez pas à lui demander des explications.

GROSSESSE, ALLAITEMENT ET NOUVEAU-NÉ

Grossesse :

L'effet de ce médicament sur l'enfant à naître est mal connu. Seul votre médecin peut apprécier la nécessité du traitement pendant la grossesse.

MODE D'EMPLOI ET POSOLOGIE

Étaler la lotion sur les lésions et faire pénétrer par un léger massage.

Posologie usuelle :

1 ou 2 applications par jour.

Le médecin prescrit fréquemment un arrêt progressif du traitement : espacement des applications ou diminution de la quantité appliquée.

> Ne conseillez pas, ne donnez pas ce médicament à un proche.
>
> Pensez à vous laver les mains après l'application. En cas d'utilisation sur une grande surface de peau, le port d'un gant est recommandé.

EFFETS INDÉSIRABLES POSSIBLES

Sont à craindre en cas d'usage prolongé : *atrophie* cutanée, *télangiectasie* (dilatation des petits vaisseaux), vergetures, *purpura* (micro-hémorragies de la peau), fragilisation de la peau.

Sur le visage, ce médicament peut créer une *dermite* péri-orale (rougeur bordant la bouche), ou créer ou aggraver une *rosacée*.

Sont possibles également : retard de cicatrisation, *acné*, développement anormal des poils, décoloration localisée de la peau.

LOCAPRED
désonide

PRÉSENTATION

LOCAPRED : crème ; tube 15 g - Remb. 65 % - Liste I

Laboratoires Pierre Fabre

COMPOSITION

	p. 100 g
Désonide	100 mg

INDICATIONS

C'est un *dermocorticoïde* d'activité assez forte. Comme les autres dérivés de la *cortisone* à usage local, il freine le renouvellement et la multiplication des cellules de la peau et limite le suintement.

Il est utilisé pour traiter les *eczémas* de contact ou *atopiques*, les *lichénifications*, le *psoriasis*, le *prurigo*, la *dyshidrose*, et pour soulager les démangeaisons dues aux piqûres d'insectes ou à la présence de parasites sous la peau. Il est également utilisé dans le traitement de certaines maladies rares : *granulome annulaire*, *lupus érythémateux* discoïde, *mycosis fongoïde*.

CONTRE-INDICATIONS

Ce médicament ne doit pas être utilisé dans les cas suivants :
- infection et parasitose non traitées de la peau (ce médicament n'a pas d'effet anti-infectieux),
- lésion ulcérée,
- *acné* et *rosacée*.

> **ATTENTION**
>
> Comme les autres *dermocorticoïdes*, ce médicament a souvent une action efficace et rapide sur les lésions de la peau ; il peut être tentant de le réutiliser, mais l'automédication expose à des risques importants : aggravation de certaines lésions, installation d'une *dépendance* (amélioration de moins en moins visible des lésions et recrudescence des *symptômes* à chaque arrêt de traitement) et altération durable de la peau.
>
> Suivez attentivement la prescription de votre médecin et n'hésitez pas à lui demander des explications.

GROSSESSE, ALLAITEMENT ET NOUVEAU-NÉ

L'effet de ce médicament pendant la grossesse ou l'allaitement est mal connu : seul votre médecin peut évaluer le risque éventuel de son utilisation dans votre cas.

MODE D'EMPLOI ET POSOLOGIE

Étaler la crème sur les lésions et la faire pénétrer par un léger massage. Pour traiter de grandes surfaces : appliquer en touches espacées, puis étaler avec un gant en plastique jusqu'à complète absorption.

Posologie usuelle :

1 ou 2 applications par jour.

Le médecin prescrit fréquemment un arrêt progressif du traitement : espacement des applications ou diminution de la quantité appliquée.

> Ne conseillez pas, ne donnez pas ce médicament à un proche.
>
> Pensez à vous laver les mains après l'application. En cas d'utilisation sur une grande surface de peau, le port d'un gant est recommandé.

EFFETS INDÉSIRABLES POSSIBLES

Ils apparaissent surtout en cas d'usage prolongé :
- *atrophie* avec microhémorragie de la peau (*purpura)*, dilatation des petits vaisseaux, vergetures, éruptions de boutons ;
- développement anormal des poils, dessèchement, fragilisation et décoloration irrégulière de la peau ;
- rougeur autour de la bouche, apparition d'une *rosacée* ;
- retard de cicatrisation.

LOCASALÈNE
flumétasone, acide salicylique

PRÉSENTATION

LOCASALÈNE : pommade ; tube 15 g - Remb. 65 % - Liste I

Laboratoires Ciba-Geigy

COMPOSITION

	p. 100 g
Flumétasone pivalate micronisé	0,02 g
Acide salicylique	3 g

INDICATIONS

Cette pommade contient deux substances :
- un *dermocorticoïde* d'activité assez forte. Il freine le renouvellement et la multiplication des cellules de la peau et limite le suintement ;
- l'acide salicylique, qui réduit l'épaisseur de la couche cornée superficielle de la peau. Il facilite ainsi l'activité du dermocorticoïde qui lui est associé.

Elle est utilisée dans le traitement des *dermatoses* comportant un épaississement de la peau, notamment les *lichénifications*, les *dermites séborrhéiques* (sauf au visage), le *psoriasis*.

CONTRE-INDICATIONS

Ce médicament ne doit pas être utilisé dans les cas suivants :
- *allergie* aux *salicylés* ;
- infections et parasitoses non traitées de la peau (ce médicament n'a pas d'effet anti-infectieux) ;
- plaie, *ulcère* de jambe, *escarre* ;
- *acné* et *rosacée* ;
- *dermatose* suintante.

Le médecin est seul juge pour prescrire ce médicament chez le *nourrisson* et le jeune enfant.

> **ATTENTION**
>
> Comme les autres *dermocorticoïdes*, ce médicament a souvent une action efficace et rapide sur les lésions de la peau ; il peut être tentant de le réutiliser, mais l'automédication expose à des risques importants : aggravation de certaines lésions, installation d'une *dépendance* (amélioration de moins en moins visible des lésions et recrudescence des *symptômes* à chaque arrêt de traitement) et altération durable de la peau.
>
> Suivez attentivement la prescription de votre médecin et n'hésitez pas à lui demander des explications.

GROSSESSE, ALLAITEMENT ET NOUVEAU-NÉ

Grossesse :

L'effet de ce médicament sur l'enfant à naître est mal connu. Seul votre médecin peut apprécier la nécessité du traitement pendant la grossesse.

MODE D'EMPLOI ET POSOLOGIE

Étaler doucement la pommade sur les lésions et faire pénétrer par un léger massage.

Posologie usuelle :

2 applications par jour.

Le médecin prescrit fréquemment un arrêt progressif du traitement : espacement des applications ou diminution de la quantité appliquée.

> Ne conseillez pas, ne donnez pas ce médicament à un proche.
>
> Pensez à vous laver les mains après l'application. En cas d'utilisation sur une grande surface de peau, le port d'un gant est recommandé.

EFFETS INDÉSIRABLES POSSIBLES

Sont à craindre en cas d'usage prolongé : *atrophie* cutanée, *télangiectasie* (dilatation des petits vaisseaux), vergetures, *purpura* (micro-hémorragies de la peau), fragilisation de la peau.

Sur le visage, ce médicament peut créer une *dermite* péri-orale (rougeur bordant la bouche), ou créer ou aggraver une *rosacée*.

Sont possibles également : retard de cicatrisation, *acné*, développement anormal des poils, décoloration localisée de la peau.

LOCÉRYL
amorolfine

PRÉSENTATION

LOCÉRYL : solution filmogène pour application locale 5 % ; flacon 2,5 ml - Remb. 65 % - Liste I

Laboratoires Roche

COMPOSITION

	p. 100 ml
Amorolfine	5 g

INDICATIONS

C'est un *antifongique* d'action locale, actif sur les *dermatophytes*.

Il est utilisé dans le traitement des infections des ongles dues à des champignons microscopiques.

ATTENTION

Ce médicament est déconseillé chez l'enfant.

Rincez abondamment en cas de contact accidentel avec les yeux.

GROSSESSE, ALLAITEMENT ET NOUVEAU-NÉ

L'effet de ce médicament pendant la grossesse ou l'allaitement est mal connu. Il est déconseillé chez la femme enceinte ou chez celle qui allaite.

MODE D'EMPLOI ET POSOLOGIE

Appliquer la solution après avoir lavé puis dégraissé, à l'aide d'un dissolvant, la zone à traiter. Nettoyer la spatule, à l'aide du dissolvant, après chaque ongle traité.

Posologie usuelle :

1 ou 2 applications par semaine.

La durée du traitement dépend des cas : 6 mois en moyenne pour les ongles des mains, 9 mois pour les ongles des pieds. Le traitement peut être arrêté lorsque l'ongle infecté a été totalement éliminé par la repousse de l'ongle sain.

En cas de lésion importante des ongles des orteils, un meulage préalable par un pédicure facilite l'action du médicament.

Les lésions dues à des champignons sont facilitées par une transpiration excessive. Le port de chaussettes en fibre naturelle (coton, laine) est recommandé. La même paire de chaussures ne doit pas être portée deux jours de suite.

EFFETS INDÉSIRABLES POSSIBLES

Irritation ou *allergie* cutanées.

LOCOÏD
hydrocortisone-17-butyrate

PRÉSENTATION

LOCOÏD : pommade ; tube 30 g - Remb. 65 % - Liste I

LOCOÏD : crème épaisse ; tube 30 g - Remb. 65 % - Liste I

LOCOÏD : crème ; tube 30 g - Remb. 65 % - Liste I

LOCOÏD : lotion ; flacon 30 ml - Remb. 65 % - Liste I

Laboratoires Yamanouchi

COMPOSITION

	p. 100 g
Hydrocortisone-17-butyrate	100 mg

INDICATIONS

C'est un *dermocorticoïde* d'activité forte. Comme les autres dérivés de la *cortisone* à usage local, il freine le renouvellement et la multiplication des cellules de la peau et limite le suintement.

Il est utilisé pour traiter les *eczémas* de contact ou *atopiques*, les *lichénifications*, le *psoriasis*, le *prurigo*, la *dyshidrose*, et pour soulager les démangeaisons dues aux piqûres d'insectes ou à la présence de parasites sous la peau. Il est également utilisé dans le traitement de certaines maladies rares : *gralunome annulaire*, *lupus érythémateux* discoïde, *mycosis fongoïde*.

CONTRE-INDICATIONS

Ce médicament ne doit pas être utilisé dans les cas suivants :

- infection et parasitose non traitées de la peau (ce médicament n'a pas d'effet anti-infectieux),
- lésion ulcérée,
- *acné* et *rosacée*.

ATTENTION

Comme les autres *dermocorticoïdes*, ce médicament a souvent une action efficace et rapide sur les lésions de la peau ; il peut être tentant de le réutiliser, mais l'automédication expose à des risques importants : aggravation de certaines lésions, installation d'une *dépendance* (amélioration de moins en moins visible des lésions et recrudescence des *symptômes* à chaque arrêt de traitement) et altération durable de la peau.

Suivez attentivement la prescription de votre médecin et n'hésitez pas à lui demander des explications.

GROSSESSE, ALLAITEMENT ET NOUVEAU-NÉ

L'effet de ce médicament pendant la grossesse ou l'allaitement est mal connu : seul votre médecin peut évaluer le risque éventuel de son utilisation dans votre cas.

MODE D'EMPLOI ET POSOLOGIE

Le médecin choisit la forme la plus adaptée à la lésion à traiter (pommade, crème, lotion).

Étaler le produit sur les lésions et le faire pénétrer par un léger massage. Pour traiter de grandes surfaces : appliquer en touches espacées, puis étaler avec un gant en plastique jusqu'à complète absorption.

Posologie usuelle :

1 ou 2 applications par jour.

Le médecin prescrit fréquemment un arrêt progressif du traitement : espacement des applications ou diminution de la quantité appliquée.

Ne conseillez pas, ne donnez pas ce médicament à un proche.

Pensez à vous laver les mains après l'application. En cas d'utilisation sur une grande surface de peau, le port d'un gant est recommandé.

EFFETS INDÉSIRABLES POSSIBLES

Ils apparaissent surtout en cas d'usage prolongé :

- *atrophie* avec microhémorragie de la peau (*purpura*), dilatation des petits vaisseaux, vergetures, éruption de boutons ;
- développement anormal des poils, dessèchement, fragilisation et décoloration irrégulière de la peau ;
- rougeur autour de la bouche, apparition d'une *rosacée* ;
- retard de cicatrisation.

LODALÈS
simvastatine

PRÉSENTATION

LODALÈS 5 mg : comprimé (chamois) ; boîte de 28 - Non remb. - Liste I

LODALÈS 20 mg : comprimé sécable (beige) ; boîte de 28 - Remb. 65 % - Liste I

Laboratoires Clin Midy

COMPOSITION

	p. comp.	p. comp.
Simvastatine	5 mg	20 mg

INDICATIONS

C'est un médicament qui appartient à la famille des *hypocholestérolémiants*. Il permet d'abaisser fortement le taux de *cholestérol* circulant dans le sang.

Il est utilisé dans le traitement des excès de *cholestérol* persistant malgré un régime adapté et assidu.

CONTRE-INDICATIONS

Ce médicament ne doit pas être utilisé dans les cas suivants :

- maladie du foie,
- **grossesse,**
- **allaitement.**

ATTENTION

Ce médicament peut être toxique pour le foie ou les muscles. Signalez à votre médecin toute fatigue anormale, perte d'appétit, douleur ou faiblesse musculaire. Des analyses de sang régulières permettent de vérifier que le médicament est bien supporté.

INTERACTIONS MÉDICAMENTEUSES

Ce médicament peut interagir avec d'autres médicaments, notamment les *anticoagulants*. Signalez tout autre traitement en cours à votre médecin ou à votre pharmacien.

GROSSESSE, ALLAITEMENT ET NOUVEAU-NÉ

Grossesse :

Les propriétés de ce médicament font envisager la possibilité d'un effet toxique pour l'enfant à naître. Par prudence, son usage est contre-indiqué pendant la grossesse. Une contraception efficace est recommandée pendant le traitement.

Allaitement :

Les données disponibles ne permettent pas de savoir si ce médicament passe dans le lait maternel. L'allaitement est contre-indiqué pendant le traitement.

MODE D'EMPLOI ET POSOLOGIE

Les comprimés doivent être avalés avec un peu d'eau, dans le quart d'heure précédant le repas.

Posologie usuelle :

- Adulte : 5 à 10 mg par jour en une prise unique le soir. La dose maximale est de 40 mg par jour.

Le régime reste indispensable pendant toute la durée du traitement.

> Un régime pauvre en *cholestérol* et en graisses animales n'est pas simple à suivre : les erreurs sont fréquentes. Demandez conseil à votre médecin ou à un professionnel de la nutrition.

EFFETS INDÉSIRABLES POSSIBLES

Troubles digestifs : constipation, diarrhée, digestions difficiles.

Fatigue, maux de tête, réactions cutanées.

Rarement : douleurs musculaires.

LODINE
étodolac

PRÉSENTATION

LODINE 100 mg : comprimé (rose orangé) ; boîte de 30 - Remb. 65 % - Liste I

LODINE 200 mg : comprimé (rouge brique) ; boîte de 30 - Remb. 65 % - Liste I

LODINE 300 mg : comprimé (saumon) ; boîte de 20 - Remb. 65 % - Liste I

LODINE L.P. 400 mg : comprimé à *libération prolongée* (gris) ; boîte de 14 - Remb. 65 % - Liste I

Laboratoires Wyeth France

COMPOSITION

	p. comp.	p. comp.
Étodolac	100 mg	200 mg
	p. comp.	p. comp. L.P.
Étodolac	300 mg	400 mg

INDICATIONS

Ce médicament est un *anti-inflammatoire* non stéroïdien (*AINS*). Il lutte contre l'*inflammation* et la douleur, fait baisser la fièvre et fluidifie le sang.

Il est utilisé chez l'adulte dans le *traitement symptomatique* :
- des *rhumatismes inflammatoires*,
- de certaines *arthroses*,
- des *tendinites* et des *lombalgies*...

CONTRE-INDICATIONS

Ce médicament ne doit pas être utilisé dans les cas suivants :
- *allergie* aux *AINS*, y compris l'aspirine ;
- *ulcère* de l'estomac ou du *duodénum* ;
- *insuffisance hépatique*, *insuffisance rénale* graves ;
- enfant de moins de 15 ans ;
- **grossesse** (3 derniers mois) ;
- **allaitement.**

> **ATTENTION**
>
> Tout traitement prolongé ou surdosage d'*AINS* expose à des effets indésirables graves.
>
> Tout *symptôme* faisant craindre des complications (douleurs d'estomac, *allergie* cutanée) doit être signalé à votre médecin.
>
> Des précautions sont nécessaires chez la personne souffrant d'*antécédents* d'*ulcère* de l'estomac ou du *duodénum*, ou présentant un risque hémorragique, chez la personne âgée et chez la femme qui porte un stérilet.

INTERACTIONS MÉDICAMENTEUSES

Ce médicament peut interagir avec d'autres médicaments, notamment :
- l'aspirine et les autres *anti-inflammatoires* non stéroïdiens : risque d'accroissement des effets indésirables ;
- les *anticoagulants* et les *antiagrégants plaquettaires* (TICLID...) : augmentation du risque hémorragique ;
- le *lithium* (TÉRALITHE, NEUROLITHIUM) : augmentation du taux de lithium dans le sang.

Signalez tout autre traitement en cours à votre médecin ou à votre pharmacien.

GROSSESSE, ALLAITEMENT ET NOUVEAU-NÉ

Grossesse :

Des effets néfastes graves pour la mère et l'enfant à naître ont été mis en évidence lorsque ce médicament, comme tous les *AINS*, est utilisé au cours des 3 derniers mois de la grossesse : son usage est formellement contre-indiqué pendant cette période.

Pendant les 6 premiers mois, l'effet de ce médicament est mal connu : seul votre médecin peut évaluer le risque éventuel de son utilisation dans votre cas.

Allaitement :

En l'absence de données suffisantes, ce médicament est contre-indiqué pendant l'allaitement.

MODE D'EMPLOI ET POSOLOGIE

Les comprimés doivent être pris de préférence au milieu des repas afin de limiter les effets digestifs indésirables. Ils doivent être avalés avec un verre d'eau sans être croqués ni écrasés.

Posologie usuelle :

- Adulte :
  - *traitement d'attaque* : 600 mg par jour (soit 2 comprimés à 100 mg ou 1 comprimé à 200 mg, 3 fois par jour ou 1 comprimé à 300 mg, 2 fois par jour ;
  - *traitement d'entretien* : 400 mg par jour (soit 1 comprimé à 200 mg, 2 fois par jour ou 1 comprimé *L.P.* à 400 mg par jour).

> Ne dépassez pas la *posologie* ni la durée de traitement prescrites par votre médecin.
>
> Ce médicament vous a été prescrit dans une situation précise : ne le conseillez pas à un proche, ne le réutilisez pas sans avis médical.

EFFETS INDÉSIRABLES POSSIBLES

Troubles digestifs. Exceptionnellement : *hémorragie* du tube digestif.

Allergie cutanée, *asthme*.

Maux de tête, *vertiges*.

LOFTYL oral
buflomédil

PRÉSENTATION

LOFTYL 150 mg : comprimé (blanc) ; boîte de 30 - Remb. 65 % - Liste II

Laboratoires Abbott-France

COMPOSITION

	p. comp.
Buflomédil chlorhydrate	150 mg

INDICATIONS

Ce médicament est un *vasodilatateur*, il lutte contre les spasmes des petits vaisseaux.

Il est utilisé dans le *traitement symptomatique* de l'*artérite* et du phénomène de *Raynaud*.

> **ATTENTION**
>
> Si vous souffrez d'*insuffisance rénale*, prévenez votre médecin.

GROSSESSE, ALLAITEMENT ET NOUVEAU-NÉ

L'effet de ce médicament pendant la grossesse ou l'allaitement est mal connu : seul votre médecin peut évaluer le risque éventuel de son utilisation dans votre cas.

MODE D'EMPLOI ET POSOLOGIE

Les comprimés doivent être avalés avec un peu d'eau.

Posologie usuelle :

2 à 4 comprimés par jour.

En cas d'*insuffisance rénale*, la posologie est réduite de moitié.

> Ce médicament n'est actif que sur les *symptômes* de l'*artérite* ; seule la pratique régulière de la marche peut retarder l'évolution de la maladie. Si vous êtes fumeur, la poursuite du tabagisme nuit à l'efficacité du traitement.

EFFETS INDÉSIRABLES POSSIBLES

Ils sont rares : maux de tête, *vertiges*, *troubles digestifs*, picotements des doigts et des orteils avec sensation de chaleur cutanée.

LOFTYL injectable
buflomédil

PRÉSENTATION

LOFTYL : solution injectable ; boîte de 10 ampoules 5 ml - Remb. 65 % - Liste II

Laboratoires Abbott-France

COMPOSITION

	p. amp. inj.
Buflomédil chlorhydrate	50 mg

INDICATIONS

Ce médicament est un *vasodilatateur*, il lutte contre les spasmes des petits vaisseaux.

Il est utilisé dans le traitement des manifestations douloureuses de l'*artérite* lors des poussées ou dans l'attente d'une intervention chirurgicale.

ATTENTION
Si vous souffrez d'*insuffisance rénale*, prévenez votre médecin.

GROSSESSE, ALLAITEMENT ET NOUVEAU-NÉ

L'effet de ce médicament pendant la grossesse ou l'allaitement est mal connu : seul votre médecin peut évaluer le risque éventuel de son utilisation dans votre cas.

MODE D'EMPLOI ET POSOLOGIE

La solution peut être injectée par *voie* intramusculaire ou intraveineuse lente.

Posologie usuelle :

1 ampoule, matin et soir.

En cas d'*insuffisance rénale*, la *posologie* est réduite de moitié.

☛ Ce médicament n'est actif que sur les *symptômes* de l'*artérite*. Seule la pratique régulière de la marche peut retarder l'évolution de la maladie. Si vous êtes fumeur, la poursuite du tabagisme nuit à l'efficacité du traitement.

EFFETS INDÉSIRABLES POSSIBLES

Ils sont rares : maux de tête, *vertiges*, *troubles digestifs*, picotements des doigts et des orteils avec sensation de chaleur cutanée.

LOGÉCINE
érythromycine

PRÉSENTATION

LOGÉCINE : gélule ; boîte de 20 - Remb. 65 % - Liste I

LOGÉCINE : gélule ; boîte de 40 - Remb. 65 % - Liste I

Laboratoires Logeais

COMPOSITION

	p. gél.
Érythromycine	250 mg

INDICATIONS

Cet *antibiotique* appartient à la famille des *macrolides*.

Il est utilisé dans le traitement de diverses maladies infectieuses, notamment celles des poumons, des bronches, de la peau, du nez, de la bouche et des dents, de l'appareil génital...

CONTRE-INDICATIONS

Ce médicament ne doit pas être utilisé dans les cas suivants :
- *allergie* aux *macrolides*,
- association avec les médicaments contenant de la terfénadine, de l'astémizole, de l'ergotamine ou de la dihydroergotamine.

ATTENTION
Des précautions sont nécessaires en cas d'*insuffisance hépatique* grave.
Une diminution de la fièvre ou une disparition des troubles ne sont pas synonymes de guérison : la durée du traitement doit absolument être respectée pour éviter les rechutes.

INTERACTIONS MÉDICAMENTEUSES

Ce médicament ne doit pas être associé aux médicaments contenant de :
- l'ergotamine ou de la dihydroergotamine : risque d'*ergotisme*,
- la terfénadine (TELDANE...) ou de l'astémizole (HISMANAL...) : risque de *torsades de pointes*.

Il peut interagir avec d'autres médicaments, notamment ceux contenant de la théophylline : signalez tout autre traitement en cours à votre médecin ou à votre pharmacien.

GROSSESSE, ALLAITEMENT ET NOUVEAU-NÉ

Grossesse :

Ce médicament est couramment utilisé chez la femme enceinte.

Allaitement :

Ce médicament passe faiblement dans le lait maternel.

MODE D'EMPLOI ET POSOLOGIE

Les gélules doivent être avalées avec un verre d'eau, de préférence immédiatement avant les repas.

Posologie usuelle :

- Adulte : 2 gélules, matin et soir.
- Enfant de plus de 5 ans : 30 à 50 mg par kg et par jour ; soit, pour un enfant de 20 kg, 1 gélule, 3 fois par jour.

☛ Le médecin peut prescrire un prélèvement pour identifier le *germe* responsable de l'infection et tester sa sensibilité aux *antibiotiques*. Le résultat de cet examen peut être faussé en cas d'automédication préalable : ne prenez pas et ne donnez pas d'antibiotique sans avis médical.
L'éventuelle impression de fatigue n'est pas due à l'antibiotique, mais à l'infection elle-même.

EFFETS INDÉSIRABLES POSSIBLES

Troubles digestifs.
Allergie cutanée.

LOGIFLOX
loméfloxacine

PRÉSENTATION

LOGIFLOX : comprimé sécable ; boîte de 3 - Remb. 65 % - Liste I

Laboratoires Searle

COMPOSITION

	p. comp.
Loméfloxacine	400 mg

INDICATIONS

Ce médicament est un *antibiotique* qui appartient à la famille des quinolones.

Il est utilisé dans le traitement des *cystites* de la femme.

CONTRE-INDICATIONS

Ce médicament ne doit pas être utilisé dans les cas suivants :
- *allergie* aux *antibiotiques* de la famille des quinolones,
- enfant jusqu'à la fin de la croissance,
- **grossesse**,
- **allaitement**.

ATTENTION
Des précautions sont nécessaires chez les personnes ayant des *antécédents* de *convulsions*.
Ce médicament est photosensibilisant : une exposition aux rayons *ultraviolets* (soleil, lampe à bronzer) peut provoquer des réactions cutanées. N'omettez pas de signaler à votre médecin vos projets de vacances au soleil pendant la durée du traitement.
Ce médicament peut provoquer des lésions des tendons : toute douleur faisant penser à une *tendinite* doit vous conduire à consulter un médecin.
Conducteur : ce médicament peut être responsable de vertiges.

INTERACTIONS MÉDICAMENTEUSES

Ce médicament peut interagir avec d'autres médicaments, notamment les *anticoagulants* oraux, certains *pansements digestifs* (contenant des sels d'aluminium, de magnésium et de calcium), et les médicaments contenant du sucralfate. Signalez tout autre traitement en cours à votre médecin ou à votre pharmacien.

GROSSESSE, ALLAITEMENT ET NOUVEAU-NÉ

L'effet de ce médicament pendant la grossesse ou l'allaitement est mal connu. Par mesure de prudence, son usage est contre-indiqué.

MODE D'EMPLOI ET POSOLOGIE

Ce médicament peut être pris indifférement au cours ou en dehors d'un repas.

Posologie usuelle :

- Adulte : 1 comprimé par jour pendant 3 jours.

Le médecin prescrit parfois une analyse d'urine pour identifier le *germe* responsable de l'infection et tester sa sensibilité aux *antibiotiques*. Le résultat de cet examen peut être faussé en cas d'automédication préalable : ne prenez pas d'antibiotiques sans avis médical.

EFFETS INDÉSIRABLES POSSIBLES

Photosensibilisation.
Réactions allergiques.
Troubles digestifs.
Tendinite.
Maux de tête, *vertiges*.

LOGIRÈNE

furosémide, amiloride

PRÉSENTATION

LOGIRÈNE : comprimé sécable ; boîte de 30 - Remb. 65 % - Liste I

Laboratoires Upjohn

COMPOSITION

	p. comp.
Furosémide	40 mg
Amiloride chlorhydrate	5 mg

INDICATIONS

Ce médicament est une association de deux *diurétiques* : le furosémide, dont la structure est proche de celle des *sulfamides*, et l'amiloride, qui a pour caractéristique d'empêcher la perte du *potassium* dans les urines, habituelle avec le furosémide.

Il est utilisé dans le traitement des *œdèmes* liés à une *insuffisance cardiaque*.

CONTRE-INDICATIONS

Ce médicament ne doit pas être utilisé dans les cas suivants :
- *allergie* aux *sulfamides*,
- *insuffisance rénale*,
- *hyperkaliémie* (excès de *potassium* dans le sang).

ATTENTION

Ce médicament peut être responsable d'une augmentation ou au contraire d'une baisse de la *kaliémie* (taux de *potassium* dans le sang), qui peut être aggravée par l'usage prolongé de *laxatifs stimulants*. Un contrôle par des analyses de sang est souvent prescrit par le médecin.

Chez les personnes souffrant d'une *insuffisance hépatique* grave, l'apparition de troubles de la conscience peut annoncer une complication grave. Arrêtez le traitement et prenez un avis médical d'urgence.

N'utilisez de *sel* de régime, souvent riche en potassium, qu'avec l'accord de votre médecin.

Les *diurétiques* peuvent augmenter le taux d'*acide urique* ou de *sucre* dans le sang.

INTERACTIONS MÉDICAMENTEUSES

Ce médicament peut interagir avec d'autres médicaments, notamment ceux contenant du *lithium*, et les *sels* de régime. Signalez tout autre traitement en cours à votre médecin ou à votre pharmacien.

GROSSESSE, ALLAITEMENT ET NOUVEAU-NÉ

Grossesse :

Les études scientifiques actuellement disponibles n'ont pas mis en évidence de problème particulier lors de l'utilisation chez la femme enceinte. Néanmoins, les *diurétiques* ne sont pas adaptés au traitement des *œdèmes* pendant la grossesse. Seul votre médecin peut apprécier la nécessité du traitement et le risque éventuel de son utilisation dans votre cas.

Allaitement :

Ce médicament passe dans le lait maternel : l'allaitement est déconseillé.

MODE D'EMPLOI ET POSOLOGIE

Ce médicament doit être pris avec un verre d'eau.

Posologie usuelle :

1 comprimé le matin.

Ce médicament augmente le volume des urines, surtout en début de traitement. Évitez une prise le soir, source de gêne nocturne.

Les *diurétiques* exposent au risque de déshydratation : veillez à proposer des boissons abondantes aux personnes âgées, notamment pendant les fortes chaleurs.

EFFETS INDÉSIRABLES POSSIBLES

Déshydratation.
Troubles digestifs, *allergie* cutanée.
Hypotension orthostatique.
Crampes.

LOGROTON

métoprolol, chlortalidone

PRÉSENTATION

LOGROTON : comprimé sécable à *libération prolongée* (rose) ; boîte de 30 - Remb. 65 % - Liste I

Laboratoires Ciba-Geigy

COMPOSITION

	p. comp. L.P.
Métoprolol tartrate	200 mg
Chlortalidone	25 mg

INDICATIONS

C'est un *antihypertenseur* qui contient deux substances :
- le métoprolol, un *bêtabloquant* qui bloque l'action de l'*adrénaline* (et d'autres *hormones* apparentées) sur de nombreux organes et notamment sur le cœur, les vaisseaux et plus faiblement sur les bronches ;
- le chlortalidone, un *diurétique* dont la structure chimique est proche de celle des *sulfamides*. Son action renforce celle du métoprolol.

Ce médicament est utilisé dans le traitement de l'*hypertension artérielle*.

CONTRE-INDICATIONS

Ce médicament ne doit pas être utilisé dans les cas suivants :
- *insuffisance cardiaque* grave non contrôlée par un traitement spécifique,
- *insuffisance rénale* grave,
- *bloc auriculo-ventriculaire* grave,
- rythme cardiaque inférieur à 50 battements par minute,
- *allergie* connue à l'un des constituants ou à la famille des *sulfamides*,
- association avec les médicaments contenant de la floctafénine.

Ce médicament ne peut être utilisé qu'après avis médical en cas d'*asthme*.

ATTENTION

N'interrompez jamais brutalement le traitement. Espacez progressivement les prises. Un avis médical est toujours préférable.

Diabétiques : les *bêtabloquants* peuvent masquer certains *symptômes* de l'*hypoglycémie* (*palpitations* et accélération du cœur, essentiellement).

Des précautions sont nécessaires en cas d'*insuffisance hépatique*.

Ce médicament peut être responsable d'une baisse de la *kaliémie* qui peut être aggravée par l'usage prolongé de *laxatifs stimulants*. Un contrôle par des analyses de sang est souvent prescrit par le médecin.

INTERACTIONS MÉDICAMENTEUSES

Ce médicament ne doit pas être associé à la floctafénine (IDARAC...) : risque d'augmentation de la gravité d'un éventuel *choc* allergique.

Il peut interagir avec d'autres médicaments, notamment ceux contenant du *lithium* ou de l'amiodarone, certains *diurétiques* et les *sels* de régime. Signalez tout autre traitement en cours à votre médecin ou à votre pharmacien.

GROSSESSE, ALLAITEMENT ET NOUVEAU-NÉ

Grossesse :

Les études scientifiques actuellement disponibles n'ont pas mis en évidence de problème particulier lors de l'utilisation chez la femme enceinte. Néanmoins, ce médicament contient un *diurétique* et n'est pas adapté au traitement de l'*hypertension artérielle* pendant la grossesse.

Allaitement :

Ce médicament passe dans le lait maternel : l'allaitement est déconseillé.

MODE D'EMPLOI ET POSOLOGIE

Ce médicament peut être pris avec un verre d'eau, au petit déjeuner. Il ne doit être ni écrasé ni croqué.

Posologie usuelle :

1 comprimé par jour en 1 prise le matin.

> Veillez à toujours disposer d'une réserve de ce médicament : une plaquette dans la boîte à gants de la voiture et dans la trousse de toilette, par exemple.
>
> Il est normal que le rythme cardiaque ralentisse sous l'effet du traitement ; néanmoins, en cas de fatigue anormale et de pouls inférieur à 50 battements par minute, consultez votre médecin.
>
> Le traitement médicamenteux ne dispense pas de mesures simples pouvant faire baisser la tension artérielle : activité physique régulière, modération de la consommation de boissons alcoolisées, lutte contre le surpoids.

EFFETS INDÉSIRABLES POSSIBLES

Rares : *troubles digestifs*, fatigue en début de traitement, troubles du sommeil, fourmillement des extrémités.

Hypotension orthostatique.

Crise d'*asthme*.

Bloc auriculo-ventriculaire, ralentissement important du cœur, chute de tension, *insuffisance cardiaque*.

Élévation du taux de *sucre* ou d'*acide urique* dans le sang, baisse du taux de potassium dans le sang, associée ou non à des crampes.

LOGRYX

minocycline

PRÉSENTATION

LOGRYX 100 mg : comprimé sécable (ocre) ; boîte de 6 - Remb. 65 % - Liste I

Laboratoires S.C.A.T.

COMPOSITION

	p. comp.
Minocycline	100 mg

INDICATIONS

C'est un *antibiotique* qui appartient à la famille des *tétracyclines*.

Il est utilisé dans le traitement de diverses maladies infectieuses, notamment respiratoires et génitales. Il est également utilisé dans le traitement de l'*acné*.

CONTRE-INDICATIONS

Ce médicament ne doit pas être utilisé dans les cas suivants :

- *allergie* aux *tétracyclines*,
- enfant de moins de 8 ans (risque de coloration définitive des dents),
- association avec les *rétinoïdes*,
- grossesse,
- allaitement.

> **ATTENTION**
>
> Des précautions sont nécessaires en cas d'*insuffisance hépatique*.
>
> Conducteur : ce médicament peut être responsable de vertiges.

INTERACTIONS MÉDICAMENTEUSES

Ce médicament ne doit pas être associé à ceux contenant des *rétinoïdes* (ROACCUTANE, SORIATANE...) : risque d'*hypertension intracrânienne*.

Il peut interagir avec d'autres médicaments, notamment les *anticoagulants* oraux : signalez tout autre traitement en cours à votre médecin ou à votre pharmacien.

GROSSESSE, ALLAITEMENT ET NOUVEAU-NÉ

Ce médicament peut provoquer des anomalies dentaires chez l'enfant à naître ou le *nourrisson* : son usage est contre-indiqué pendant la grossesse et l'allaitement.

MODE D'EMPLOI ET POSOLOGIE

Ce médicament doit être pris au milieu des repas, avec un verre d'eau. Il est préférable de ne pas l'absorber en position allongée.

Posologie usuelle :

- Adulte : 1 comprimé matin et soir. Dans le traitement prolongé de l'*acné* : 1 comprimé tous les jours ou tous les 2 jours.
- Enfant de plus de 8 ans : 4 mg par kg et par jour, en 2 prises, matin et soir.

> Le médecin peut prescrire un prélèvement pour identifier le *germe* responsable de l'infection et tester sa sensibilité aux *antibiotiques*. Le résultat de cet examen peut être faussé en cas d'automédication préalable : un avis médical est toujours préférable avant la prise d'antibiotiques.
>
> Une diminution de la fièvre ou une disparition des troubles ne sont pas synonymes de guérison : la durée du traitement doit absolument être respectée pour éviter les rechutes.

EFFETS INDÉSIRABLES POSSIBLES

Troubles digestifs : nausée, vomissements, diarrhée.

Allergie cutanée.

Vertiges avec ralentissement des idées.

LOMUDAL

acide cromoglicique

PRÉSENTATION

LOMUDAL : capsule pour inhalation (jaune et blanc) ; boîte de 30 (avec turbo-inhalateur) - Remb. 65 % - Liste II

LOMUDAL : capsule pour inhalation (jaune et blanc) ; boîte de 30 (sans turbo-inhalateur) - Remb. 65 % - Liste II

LOMUDAL 5 mg : poudre pour aérosol ; flacon pressurisé 17 ml (112 bouffées) - Remb. 65 % - Liste II

LOMUDAL : solution pour aérosol ; boîte de 48 ampoules 2 ml - Remb. 65 % - Liste II

Laboratoires Fisons

COMPOSITION

	p. caps.	p. bouffée	p. amp.
Acide cromoglicique sel de sodium	22,2 mg	5 mg	20 mg

INDICATIONS

Ce médicament est un antiallergique d'action locale. Sous forme inhalée, il agit sur les bronches.

Il est utilisé dans le *traitement préventif* de la crise d'*asthme* d'origine allergique, de la crise d'asthme pendant l'effort et dans certaines bronchites.

> **ATTENTION**
>
> Ce médicament n'est pas destiné à traiter une crise d'*asthme* déclarée.
>
> L'efficacité de ce médicament est diminuée en cas d'infection bronchique. Signalez à votre médecin l'apparition de signes nouveaux (toux grasse, crachats colorés, fièvre...).
>
> Les capsules de poudre et les ampoules de solution ne doivent en aucun cas être avalées : elles sont destinées aux générateurs d'aérosol.

GROSSESSE, ALLAITEMENT ET NOUVEAU-NÉ

Grossesse :

L'effet de ce médicament sur l'enfant à naître est mal connu ; en l'absence de données suffisantes, il est déconseillé pendant les 3 premiers mois de la grossesse.

Allaitement :

Ce médicament ne passe pas dans le lait maternel.

MODE D'EMPLOI ET POSOLOGIE

Quel que soit le système utilisé, l'inhalation du médicament doit se faire au cours d'une inspiration profonde, précédée si possible d'une expiration forcée. Il est ensuite nécessaire de retenir sa respiration pendant quelques instants.

La *posologie* est la même pour l'adulte et pour l'enfant.

Turbo-inhalateur Spinhaler (capsules) :

- *traitement préventif* : 4 capsules par jour, dont une au coucher ;
- prévention de la crise pendant l'effort : 1 ou 2 capsules, un quart d'heure avant l'exercice.

Poudre pour aérosol (flacon pressurisé) :

- *traitement préventif* : 2 bouffées 4 fois par jour, dont 1 fois au coucher ;
- prévention de la crise pendant l'effort : 2 bouffées, un quart d'heure avant l'exercice.

Solution pour aérosol (au moyen du générateur d'aérosol électrique prescrit) : pulvérisation de 8 à 10 minutes

- *traitement préventif* : 4 ampoules par jour dont 1 au coucher ;

- prévention de la crise pendant l'effort : 1 à 2 ampoules, un quart d'heure avant l'exercice.

Lire attentivement la notice du médicament avant l'emploi.

N'hésitez pas à demander une démonstration du maniement des appareils à votre pharmacien.

Toute interruption du traitement expose à une recrudescence de l'*asthme*.

Dans le cas de traitement conjoint avec un bronchodilatateur inhalé, celui-ci doit être utilisé avant LOMUDAL.

En cas d'irritation de la gorge due à la poudre, buvez un verre d'eau ou faites un *gargarisme* à l'eau, juste après l'inhalation.

Le flacon sous pression doit être conservé à l'abri de la chaleur.

Les ampoules de solution pour aérosol doivent être conservées à l'abri de la lumière.

EFFETS INDÉSIRABLES POSSIBLES

Fréquents avec la poudre : gêne respiratoire et irritation passagère de la gorge, cédant lors de la prise d'un verre d'eau.

LOMUSOL
cromoglycate de sodium

PRÉSENTATION

LOMUSOL : solution nasale ; flacon pulvérisateur 13 ml avec valve doseuse (100 pulvérisations) - Remb. 35 % - Liste II

Laboratoires Fisons

COMPOSITION

	p. 100 ml
Cromoglycate de sodium	2 g

INDICATIONS

Cette solution nasale contient un antiallergique d'action locale.

Elle est utilisée dans le traitement des *rhinites* allergiques.

GROSSESSE, ALLAITEMENT ET NOUVEAU-NÉ

Grossesse :

L'effet de ce médicament sur l'enfant à naître est mal connu : par mesure de prudence, il est déconseillé pendant le premier trimestre de la grossesse.

Allaitement :

Ce médicament ne passe pas dans le lait maternel.

MODE D'EMPLOI ET POSOLOGIE

Ce médicament doit être utilisé après un mouchage soigneux.

Posologie usuelle :

- Adulte et enfant : 1 pulvérisation dans chaque narine, 5 ou 6 fois par jour.

EFFETS INDÉSIRABLES POSSIBLES

Irritation nasale passagère.

LONGACOR
quinidine

PRÉSENTATION

LONGACOR : gélule (bleu et jaune) ; boîte de 30 - Remb. 65 % - Liste I

Laboratoires Procter & Gamble

COMPOSITION

	p. gél.
Quinidine	165 mg

INDICATIONS

Ce médicament appartient à la classe I de la famille des *antiarythmiques*. Il modifie la vitesse de transmission de l'influx nerveux au sein du muscle cardiaque et lutte contre ses contractions anarchiques.

Il est utilisé dans le traitement de certains *troubles du rythme cardiaque*.

CONTRE-INDICATIONS

Ce médicament ne doit pas être utilisé dans les cas suivants :
- *allergie* à la quinine,
- *bloc auriculo-ventriculaire* grave,
- *maladie de l'oreillette*,
- association avec certains médicaments (voir INTERACTIONS MÉDICAMENTEUSES).

Dans tous les autres cas, le médecin est seul juge pour prescrire ce médicament, notamment en cas de *bloc auriculo-ventriculaire* incomplet, *insuffisance cardiaque*, *myasthénie*, utilisation régulière de *laxatifs stimulants*.

ATTENTION

Si vous souffrez d'une *insuffisance rénale*, signalez-le à votre médecin.

INTERACTIONS MÉDICAMENTEUSES

Ce médicament ne doit pas être associé aux médicaments favorisant un *trouble du rythme cardiaque* particulier et potentiellement grave : les *torsades de pointes*. Ces médicaments sont : certains *antiarythmiques* et les médicaments contenant de la *vincamine*, du sultopride, du sotalol, de l'amiodarone.

Il peut interagir avec d'autres médicaments, notamment les *laxatifs stimulants*, les *diurétiques* et tout autre médicament susceptible de provoquer une *hypokaliémie*. Signalez tout autre traitement en cours à votre médecin ou à votre pharmacien.

GROSSESSE, ALLAITEMENT ET NOUVEAU-NÉ

L'effet de ce médicament pendant la grossesse ou l'allaitement est mal connu : seul votre médecin peut évaluer le risque éventuel de son utilisation dans votre cas.

MODE D'EMPLOI ET POSOLOGIE

Les gélules doivent être avalées avec un peu d'eau.

Posologie usuelle :

2 gélules, matin et soir.

EFFETS INDÉSIRABLES POSSIBLES

Troubles digestifs.

Malaise, *vertiges*.

Troubles de la vision : vision double ou incapacité à supporter la lumière.

Bourdonnements d'oreille, baisse de l'audition.

Troubles *hématologiques* : baisse des *globules rouges* ou des *plaquettes* sanguines.

Aggravation paradoxale de l'*arythmie*, ou apparition de nouveaux *troubles du rythme cardiaque*.

Allergie cutanée.

LOPRESSOR
métoprolol

PRÉSENTATION

LOPRESSOR 100 : comprimé sécable (blanc) ; boîte de 30 - Remb. 65 % - Liste I

LOPRESSOR 200 : comprimé sécable à *libération prolongée* (blanc) ; boîte de 30 - Remb. 65 % - Liste I

Laboratoires Ciba-Geigy

COMPOSITION

	p. comp.	p. comp. L.P.
Métoprolol tartrate	100 mg	200 mg

INDICATIONS

Ce médicament appartient à la famille des *bêtabloquants*. Ceux-ci agissent en bloquant l'action de l'*adrénaline* (et d'autres *hormones* apparentées) sur de nombreux organes et notamment le cœur, les vaisseaux et les bronches.

Il est utilisé dans :
- le traitement de l'*hypertension artérielle*,
- la prévention des crises d'*angine de poitrine* et les suites d'*infarctus du myocarde*,
- certains *troubles du rythme cardiaque*,
- les manifestations cardiaques : *palpitations*.

La forme à 200 mg est également utilisée dans le *traitement de fond* de la *migraine*.

CONTRE-INDICATIONS

Ce médicament ne doit pas être utilisé dans les cas suivants :
- *insuffisance cardiaque* grave non contrôlée par un traitement spécifique,
- *bloc auriculo-ventriculaire* grave,
- rythme cardiaque inférieur à 50 battements par minute,
- association avec les médicaments contenant de la floctafénine.

Dans tous les autres cas, le médecin est seul juge, notamment en cas d'*asthme*.

ATTENTION

N'interrompez jamais brutalement le traitement. Espacez progressivement les prises. Un avis médical est toujours préférable.

Diabétiques : les *bêtabloquants* peuvent masquer certains *symptômes* de l'*hypo-*

glycémie, essentiellement *palpitations* et accélération du cœur.

INTERACTIONS MÉDICAMENTEUSES

Ce médicament ne doit pas être associé à la floctafénine (IDARAC...) : risque d'augmentation de la gravité d'un éventuel *choc* allergique.

Il peut interagir avec d'autres médicaments, notamment ceux contenant de l'amiodarone. Signalez tout autre traitement en cours à votre médecin ou à votre pharmacien.

GROSSESSE, ALLAITEMENT ET NOUVEAU-NÉ

Grossesse et nouveau-né :

Les études scientifiques actuellement disponibles n'ont pas mis en évidence de problème particulier lors de l'utilisation chez la femme enceinte.

L'effet *bêtabloquant* persiste quelques jours chez le *nouveau-né* et justifie une surveillance médicale renforcée pendant les premiers jours de la vie.

Allaitement :

Ce médicament passe dans le lait maternel : l'allaitement est déconseillé.

MODE D'EMPLOI ET POSOLOGIE

Ce médicament peut être pris indifféremment pendant ou en dehors des repas. Avaler les comprimés sans les croquer avec un verre d'eau.

Posologie usuelle :

100 ou 200 mg par jour.

Veillez à toujours disposer d'une réserve de ce médicament : une plaquette dans la boîte à gants de la voiture et dans la trousse de toilette, par exemple.

Il est normal que le rythme cardiaque ralentisse sous l'effet du traitement ; néanmoins, en cas de fatigue anormale et de pouls inférieur à 50 battements par minute, consultez votre médecin.

EFFETS INDÉSIRABLES POSSIBLES

Bénins et peu fréquents : *troubles digestifs*, fatigue en début de traitement, troubles du sommeil, syndrome de *Raynaud* et fourmillement des extrémités ; parfois, réactions cutanées.

Potentiellement graves et rares : *bloc auriculo-ventriculaire*, ralentissement important du cœur, chute de tension, *insuffisance cardiaque*, crise d'*asthme*.

LOPRIL

captopril

PRÉSENTATION

LOPRIL 25 mg : comprimé sécable (blanc) ; boîte de 30 - Remb. 65 % - Liste I

LOPRIL 50 mg : comprimé sécable (blanc) ; boîte de 30 - Remb. 65 % - Liste I

Laboratoires Bristol-Myers Squibb

COMPOSITION

	p. comp.	p. comp.
Captopril	25 mg	50 mg

INDICATIONS

Ce médicament appartient à la famille des inhibiteurs de l'*enzyme* de conversion (IEC). L'enzyme de conversion est une substance naturellement présente dans l'organisme ; elle est responsable d'une contraction des artères qui augmente la tension artérielle et fatigue le cœur.

Ce médicament est utilisé dans le traitement de l'*hypertension artérielle* et de l'*insuffisance cardiaque*.

CONTRE-INDICATIONS

Ce médicament ne doit pas être utilisé en cas de **grossesse**.

ATTENTION

Si vous suivez un traitement par *diurétique* ou un régime sans *sel*, la baisse de la tension artérielle peut être importante lors des premières prises : un malaise ou des étourdissements peuvent survenir ; il est préférable de choisir une période de repos et de prendre garde au risque de chute.

Les *sels* de régime contiennent souvent du *potassium* ; ne les utilisez pas sans avis médical pendant le traitement.

Des précautions sont nécessaires chez la personne âgée et celle atteinte d'*insuffisance rénale*.

INTERACTIONS MÉDICAMENTEUSES

Ce médicament peut interagir avec d'autres médicaments, notamment ceux contenant du *lithium*, certains *diurétiques* et les *sels* de régime. Signalez tout autre traitement en cours à votre médecin ou à votre pharmacien.

GROSSESSE, ALLAITEMENT ET NOUVEAU-NÉ

Grossesse :

L'effet de ce médicament sur l'enfant à naître est mal connu. Quelques accidents ayant été rapportés, son usage pendant la grossesse est contre-indiqué.

Allaitement :

Les données disponibles ne permettent pas de savoir si ce médicament passe dans le lait maternel : l'allaitement est déconseillé.

MODE D'EMPLOI ET POSOLOGIE

Ce médicament peut être pris indifféremment au cours ou en dehors des repas.

Posologie usuelle :

Elle est variable en fonction des cas :

- 1 comprimé à 50 mg, de préférence au lever, ou 1/2 comprimé à 50 mg, matin et soir, dans le traitement de l'*hypertension artérielle* ;
- 50 à 100 mg par jour, atteints progressivement et répartis en 2 ou 3 prises, dans le traitement de l'*insuffisance cardiaque*.

En cas d'*insuffisance rénale*, de traitement préalable par des *diurétiques* ou de régime sans *sel*, la *posologie* initiale est faible ; elle est augmentée progressivement par le médecin en fonction des effets du médicament.

Le traitement médicamenteux ne dispense pas des mesures simples pouvant faire baisser la tension artérielle : activité physique régulière, modération de la consommation de boissons alcoolisées, lutte contre le surpoids.

EFFETS INDÉSIRABLES POSSIBLES

Toux sèche, rares *troubles digestifs*, hypotension.

Rares réactions allergiques : œdème de *Quincke*, *allergie* cutanée.

LOVENOX

énoxaparine

PRÉSENTATION

LOVENOX 20 mg/0,2 ml : solution injectable ; boîte de 2 seringues préremplies - Remb. 65 % - Liste I

LOVENOX 40 mg/0,4 ml : solution injectable ; boîte de 2 seringues préremplies - Remb. 65 % - Liste I

LOVENOX 60 mg : solution injectable ; boîte de 2 ampoules 0,6 ml - Non remb. - Liste I

LOVENOX 80 mg : solution injectable ; boîte de 2 ampoules 0,8 ml - Remb. 65 % - Liste I

LOVENOX 100 mg : solution injectable ; boîte de 2 ampoules 1 ml - Remb. 65 % - Liste I

Laboratoires Bellon

COMPOSITION

	p. seringue	p. seringue
Énoxaparine sodique	20 mg	40 mg

	p. amp. inj.	p. amp. inj.	p. amp. inj.
Énoxaparine sodique	60 mg	80 mg	100 mg

INDICATIONS

Ce médicament est un *anticoagulant* de la famille des héparines de bas poids moléculaire. Il empêche la formation des caillots dans les vaisseaux sanguins. Son action est rapide et se prolonge au moins 24 heures.

Il est utilisé :

- à faible dose, dans le *traitement préventif* des *accidents thrombo-emboliques* chez les opérés récents ou les malades alités ou immobilisés ;
- à forte dose, dans le traitement des *thromboses* veineuses (*phlébite*...).

CONTRE-INDICATIONS

Ce médicament ne doit pas être utilisé dans les cas suivants :

- hémophilie et maladies apparentées,
- risque de saignement d'un organe (*ulcère* de l'estomac ou du *duodénum*),
- *accident vasculaire cérébral*,
- *allergie* ou baisse des *plaquettes* sanguines lors d'une précédente utilisation de ce médicament.

ATTENTION

Des analyses de sang sont nécessaires en début et en cours de traitement, pour contrôler notamment le taux de *plaquettes* dans le sang.

Des précautions sont nécessaires en cas d'*insuffisance hépatique*, d'*insuffisance rénale*, ou d'*ulcère* de l'estomac ou du *duodénum* même ancien.

L'aspirine augmente le risque hémorragique lié à l'usage de ce médicament. De nombreux produits qui en contiennent sont vendus sans ordonnance. Ne prenez aucun médicament sans l'avis de votre médecin ou de votre pharmacien. Prévenez votre dentiste de la prise de ce médicament. Ce médicament expose au risque d'*hémorragies* internes.

Les sports violents ou activités dangereuses sont déconseillés au cours du traitement.

INTERACTIONS MÉDICAMENTEUSES

Ce médicament peut interagir avec de nombreux médicaments, notamment ceux contenant de l'aspirine, des *anti-inflammatoires* non stéroïdiens et de la ticlopidine : augmentation du risque d'*hémorragie*. Signalez tout autre traitement en cours à votre médecin ou à votre pharmacien.

GROSSESSE, ALLAITEMENT ET NOUVEAU-NÉ

Grossesse :

L'effet de ce médicament sur l'enfant à naître et la femme enceinte est mal connu : votre médecin est seul juge pour apprécier la nécessité de ce traitement et son risque pendant la grossesse.

Allaitement :

Les données actuelles ne permettent pas de savoir si ce médicament passe dans le lait maternel. Par mesure de prudence, l'allaitement est déconseillé.

MODE D'EMPLOI ET POSOLOGIE

La solution injectable est administrée par *voie* sous-cutanée dans un pli de la peau pincé entre deux doigts. L'injection se fait habituellement dans la paroi abdominale.

Posologie usuelle :

Elle est strictement individuelle. Elle varie selon la maladie à traiter et le poids de la personne. En cas d'immobilisation, le traitement durera au moins jusqu'à la reprise normale de la marche.

- *Traitement préventif* : 1 injection par jour.
- *Traitement curatif* : 2 injections par jour.

☛ Lorsque ce médicament est remplacé par les *anticoagulants* oraux, ces deux traitements peuvent être pris simultanément pendant quelques jours.

Il est normal de voir apparaître des hématomes (bleus) au point d'injection. Ils disparaîtront spontanément.

EFFETS INDÉSIRABLES POSSIBLES

Hémorragies de gravité variable.

Baisse des *plaquettes* sanguines justifiant des analyses de sang avant et pendant le traitement.

Rarement : *allergie*, douleur durable au point d'injection pouvant traduire une lésion de la peau ; consultez votre médecin.

LOXAPAC
loxapine

PRÉSENTATION

LOXAPAC 25 : comprimé (blanc) ; boîte de 30 - Remb. 65 % - Liste I

LOXAPAC 50 : comprimé (bleu) ; boîte de 12 - Remb. 65 % - Liste I

LOXAPAC : solution buvable ; flacon 30 ml - Remb. 65 % - Liste I

Laboratoires Lederle

COMPOSITION

	p. comp. 25 mg	p. comp. 50 mg	p. ml 25 mg
Loxapine			

INDICATIONS

Ce médicament appartient à la famille des *neuroleptiques*.

Il est utilisé dans le traitement de certains troubles nerveux accompagnés de troubles de l'*humeur*.

CONTRE-INDICATIONS

Ce médicament ne doit pas être utilisé en association avec les médicaments contenant de la lévodopa.

ATTENTION

La guérison peut nécessiter un traitement prolongé ; une amélioration survenant en début de traitement ne doit pas vous conduire à l'arrêter sans l'avis de votre médecin.

En cas de survenue d'une fièvre inexpliquée, suspendez la prise de ce médicament et alertez immédiatement votre médecin.

Des précautions sont nécessaires chez la personne âgée et en cas d'*épilepsie*, d'*insuffisance rénale*, de maladie cardiaque, de *glaucome* à angle fermé ou de risque de rétention urinaire (*adénome de la prostate*...).

Un examen ophtalmologique peut être nécessaire en cas de traitement prolongé.

Évitez les boissons alcoolisées : augmentation du risque de somnolence.

Conducteur : ce médicament peut être responsable d'une somnolence ou d'une baisse de la vigilance.

INTERACTIONS MÉDICAMENTEUSES

Ce médicament ne doit pas être associé avec les médicaments contenant de la lévodopa (LARODOPA, MODOPAR, SINEMET...) : risque d'annulation de leurs effets.

Il peut interagir avec d'autres médicaments, notamment les *antihypertenseurs* et les *sédatifs*. Signalez tout autre traitement en cours à votre médecin ou à votre pharmacien.

GROSSESSE, ALLAITEMENT ET NOUVEAU-NÉ

Grossesse :

Par mesure de prudence, ce médicament est déconseillé pendant la grossesse.

Allaitement :

Les données disponibles ne permettent pas de savoir si ce médicament passe dans le lait maternel.

MODE D'EMPLOI ET POSOLOGIE

Ce médicament est réservé à l'adulte.

Les gouttes doivent être diluées dans un liquide sucré ou un jus de fruit.

Posologie usuelle :

Elle est variable selon les cas.

EFFETS INDÉSIRABLES POSSIBLES

Somnolence.

Mouvements involontaires, tremblements, raideur anormale, grimaces involontaires.

Hypotension orthostatique.

Absence de règles, augmentation du volume des seins, écoulement de lait par le mamelon.

Prise de poids, réaction cutanée.

Effets *atropiniques*.

LOXEN
nicardipine

PRÉSENTATION

LOXEN 20 mg : comprimé sécable (jaune) ; boîte de 30 - Remb. 65 % - Liste I

LOXEN L.P. 50 mg : gélule à *libération prolongée* (rose et vert) ; boîte de 60 - Remb. 65 % - Liste I

Laboratoires Sandoz

COMPOSITION

	p. comp. 20 mg	p. gél. L.P. 50 mg
Nicardipine chlorhydrate		

INDICATIONS

Ce médicament est un *vasodilatateur* qui appartient à la famille des *inhibiteurs calciques*.

Il est utilisé dans le *traitement de fond* de l'*hypertension artérielle*.

INTERACTIONS MÉDICAMENTEUSES

Ce médicament peut interagir avec d'autres médicaments. Signalez tout autre traitement en cours à votre médecin ou à votre pharmacien.

GROSSESSE, ALLAITEMENT ET NOUVEAU-NÉ

L'effet de ce médicament pendant la grossesse ou l'allaitement est mal connu : seul votre médecin peut évaluer le risque éventuel de son utilisation dans votre cas.

MODE D'EMPLOI ET POSOLOGIE

Les comprimés et gélules doivent être avalés avec un verre d'eau avant les repas.

Posologie usuelle :

1 comprimé, 3 fois par jour ou 1 gélule L.P., 2 fois par jour.

☛ Les comprimés et les gélules doivent être conservés à l'abri de la lumière.

Le traitement médicamenteux ne dispense pas des mesures simples pouvant faire baisser la tension artérielle : activité physique régulière, modération de la consommation de boissons alcoolisées, lutte contre le surpoids.

EFFETS INDÉSIRABLES POSSIBLES

Ils sont la conséquence de la dilatation des vaisseaux sanguins :
- rougeur du visage, bouffées de chaleur, maux de tête ;
- jambes lourdes ou enflées, *palpitations*.

L-THYROXINE
lévothyroxine sodique

PRÉSENTATION

L-THYROXINE ROCHE : comprimé sécable (blanc) ; boîte de 30 - Remb. 65 % - Liste II

L-THYROXINE ROCHE : solution buvable ; flacon compte-gouttes15 ml (450 gouttes) - Remb. 65 % - Liste II

Laboratoires Roche

COMPOSITION

	p. comp.	p. gte
Lévothyroxine sodique	100 µg	5 µg

INDICATIONS

Ce médicament contient une *hormone* qui appartient à la famille des *hormones thyroïdiennes*.

Il est principalement utilisé comme *traitement substitutif* pour remplacer la thyroxine naturelle lorsque celle-ci n'est plus sécrétée en quantité suffisante par la *thyroïde*. Cette insuffisance de sécrétion (ou *hypothyroïdie*) peut être due à la thyroïde elle-même, ou à l'insuffisance d'une autre glande qui commande la sécrétion thyroïdienne : maladie ou ablation de l'*hypophyse*. Il est également utilisé lorsque l'on veut freiner l'action excitatrice de l'hypophyse sur la thyroïde, notamment dans certains *goitres*.

CONTRE-INDICATIONS

Ce médicament ne doit pas être utilisé dans les cas suivants :
- hyperfonctionnement de la *thyroïde*,
- maladie grave du cœur.

Dans tous les autres cas, le médecin est seul juge pour prescrire ce médicament, notamment lors d'*insuffisance coronarienne* ou de *troubles du rythme cardiaque*.

ATTENTION

L'utilisation de ce médicament dans le traitement de l'obésité sans *hypothyroïdie* est dangereuse, à plus forte raison en association avec des *anorexigènes* amphétaminiques.

Prévenez votre médecin si vous avez eu des troubles cardiaques, une *hypertension artérielle*, un *diabète* ou d'autres troubles hormonaux.

INTERACTIONS MÉDICAMENTEUSES

Ce médicament peut interagir avec d'autres médicaments, notamment les *anticoagulants* oraux, les *hypoglycémiants* et les *antidépresseurs*. Signalez tout autre traitement en cours à votre médecin ou à votre pharmacien.

GROSSESSE, ALLAITEMENT ET NOUVEAU-NÉ

La prise de ce médicament peut être poursuivie pendant la grossesse et l'allaitement, sous contrôle médical.

MODE D'EMPLOI ET POSOLOGIE

La *posologie* dépend de l'intensité de l'*hypothyroïdie*, de l'âge et de la tolérance individuelle.

Des analyses de sang régulières permettent d'adapter la posologie : suivez-la strictement et ne l'augmentez pas de vous-même.

Le traitement est installé par paliers successifs.

Ce médicament est pris en 1 seule fois, le matin à jeun.

Posologie usuelle :
- Adulte : les comprimés conviennent mieux au traitement de l'adulte. La solution buvable est utile pendant la période d'ajustement, en début de traitement.
- Personne âgée ou fragilisée : le traitement est installé en paliers plus espacés.
- Nourrisson et enfant : la solution buvable leur convient mieux.

L'*hypothyroïdie* est une maladie qui nécessite un traitement à vie.

Les effets attendus du traitement ou les signes d'une éventuelle *intolérance* n'apparaissent pas avant un délai de 15 jours à 1 mois.

Conserver le médicament à l'abri de la lumière et de la chaleur ; la suspension buvable doit être conservée à 4 C°.

EFFETS INDÉSIRABLES POSSIBLES

Aggravation possible de troubles cardiaques.

Certains signes doivent faire penser à un surdosage : *tachycardie*, insomnie, excitabilité, fièvre, sueurs, amaigrissement rapide, diarrhée. Le traitement sera alors interrompu quelques jours et repris ensuite.

LUBENTYL
paraffine

PRÉSENTATION

LUBENTYL : gelée orale ; pot de 250 g - Remb. 35 %

Laboratoires Synthélabo France

COMPOSITION

	p. 100 g
Paraffine liquide	57,85 g
Paraffine solide	7,31 g
Cire paraffinique microcristalline	1,33 g
Saccharose (1,5 g/p. c . à c.)	

INDICATIONS

C'est un *laxatif lubrifiant*. Il agit en ramollissant les selles et en facilitant leur progression dans l'intestin.

Ce médicament est utilisé comme *traitement symptomatique* de la constipation.

ATTENTION

Ce médicament peut réduire l'absorption de certaines *vitamines* (A, D, E, K) en cas d'utilisation prolongée.

Les laxatifs ne doivent pas être utilisés de façon prolongée sans avis médical. Leur usage doit rester exceptionnel chez l'enfant.

Ce médicament contient du *sucre* (saccharose) en quantité notable.

GROSSESSE, ALLAITEMENT ET NOUVEAU-NÉ

Grossesse :

Ce médicament ne contient aucune substance connue pour être toxique pendant la grossesse ; néanmoins, il peut réduire l'absorption de certaines *vitamines* : son usage doit être ponctuel.

MODE D'EMPLOI ET POSOLOGIE

La prise peut avoir lieu soit le matin à jeun, soit à distance des repas. En cas de prise le soir, tenir compte du délai d'action (de 6 à 8 heures), en particulier pour les enfants.

Posologie usuelle :
- Adulte : 2 cuillères à café par jour.
- Enfant : 1/2 cuillère à café par jour.

Des mesures simples d'hygiène alimentaire et des exercices physiques sont à envisager avant d'utiliser un laxatif : parlez-en à votre médecin ou à votre pharmacien.

EFFETS INDÉSIRABLES POSSIBLES

Suintement anal.

LUBENTYL à la magnésie
paraffine, hydroxyde de magnésium

PRÉSENTATION

LUBENTYL À LA MAGNÉSIE : gelée orale ; pot de 260 g - Remb. 35 %

Laboratoires Synthélabo France

COMPOSITION

	p. 100 g
Paraffine liquide	48,72 g
Paraffine solide	6,16 g
Cire paraffinique	1,12 g
Magnésium hydroxyde	15 g
Saccharose : 1,2 g/c. à c.	

INDICATIONS

Ce médicament contient de la paraffine, qui est un *laxatif lubrifiant*, et de l'hydroxyde de magnésium. La paraffine agit en ramollissant les selles et en facilitant leur progression dans l'intestin.

Il est utilisé comme *traitement symptomatique* de la constipation.

CONTRE-INDICATIONS

Ce médicament ne doit pas être utilisé dans les cas suivants :
- *insuffisance rénale* grave,
- maladie de *Crohn*,
- maladies exposant au risque d'occlusion intestinale.

ATTENTION

Il peut réduire l'absorption de certaines *vitamines* (A, D, E, K) en cas d'utilisation prolongée.

Les laxatifs ne doivent pas être utilisés de façon prolongée sans avis médical.

En cas de survenue de diarrhée ou de douleurs abdominales, arrêter le traitement.

Ce médicament contient du *sucre* (saccharose) en quantité notable.

GROSSESSE, ALLAITEMENT ET NOUVEAU-NÉ

Ce médicament est déconseillé pendant la grossesse ou l'allaitement.

MODE D'EMPLOI ET POSOLOGIE

La prise peut avoir lieu soit le matin à jeun, soit à distance des repas. En cas de prise le soir, tenir compte du délai d'action (de 6 à 8 heures).

Posologie usuelle :
- Adulte : 2 cuillères à café par jour.

Des mesures simples d'hygiène alimentaire et des exercices physiques sont à envisager avant d'utiliser un laxatif : parlez-en à votre médecin ou à votre pharmacien.

EFFETS INDÉSIRABLES POSSIBLES

Suintement anal, diarrhée, douleurs abdominales.

LUCIDRIL
méclofénoxate

PRÉSENTATION

LUCIDRIL 250 : comprimé (blanc) ; boîte de 60 - Remb. 35 %

LUCIDRIL 250 INJECTABLE : préparation injectable ; flacon de poudre - Remb. 35 %

Laboratoires Anphar-Rolland

COMPOSITION

	p. comp.	p. fl.
Méclofénoxate chlorhydrate	250 mg	250 mg

INDICATIONS

Ce médicament facilite l'utilisation du glucose par les cellules du cerveau, ainsi que leur oxygénation en cas d'apport sanguin insuffisant.

Il est utilisé dans le *traitement symptomatique* :
- des troubles du comportement et de la mémoire liés au vieillissement,
- du *syndrome subjectif des traumatisés crâniens*,
- des suites d'*accident vasculaire cérébral*.

GROSSESSE, ALLAITEMENT ET NOUVEAU-NÉ

L'effet de ce médicament pendant la grossesse ou l'allaitement est mal connu : seul votre médecin peut évaluer le risque éventuel de son utilisation dans votre cas.

MODE D'EMPLOI ET POSOLOGIE

Les comprimés doivent être pris avec un peu d'eau. Les injections peuvent être réalisées par *voie* intraveineuse ou intramusculaire. La poudre doit être dissoute dans 5 ou 10 ml d'eau pour préparation injectable.

Posologie usuelle :

2 comprimés le matin et 2 à midi.

La solution injectable est utilisée essentiellement en *traitement d'attaque* : la *posologie* est alors déterminée par le médecin.

LUCIDRIL MILLE
méclofénoxate

PRÉSENTATION

LUCIDRIL MILLE : préparation injectable ; flacon de poudre et 1 ampoule de solvant 10 ml - Remb. 35 %

Laboratoires Anphar-Rolland

COMPOSITION

	p. fl.
Méclofénoxate chlorhydrate	1 g

INDICATIONS

Ce médicament facilite l'utilisation du glucose par les cellules du cerveau, ainsi que leur oxygénation en cas d'apport sanguin insuffisant.

Il est utilisé dans le *traitement symptomatique* :
- du *syndrome subjectif des traumatisés crâniens*,
- des manifestations liées au réveil après une anesthésie.

GROSSESSE, ALLAITEMENT ET NOUVEAU-NÉ

L'effet de ce médicament pendant la grossesse ou l'allaitement est mal connu : seul votre médecin peut évaluer le risque éventuel de son utilisation dans votre cas.

MODE D'EMPLOI ET POSOLOGIE

La solution injectable peut être administrée par *voie* intraveineuse ou intramusculaire.

Posologie usuelle :

1 à 3 flacons par jour.

LUDIOMIL
maprotiline

PRÉSENTATION

LUDIOMIL 25 : comprimé sécable (beige rosé) ; boîte de 50 - Remb. 65 % - Liste I

LUDIOMIL 75 : comprimé sécable (ocre) ; boîte de 28 - Remb. 65 % - Liste I

LUDIOMIL 25 mg/5 ml : solution injectable *I.V.* ; boîte de 5 ampoules 5 ml - Remb. 65 % - Liste I

Laboratoires Ciba-Geigy

COMPOSITION

	p. comp.	p. comp.	p. amp. inj.
Maprotiline chlorhydrate	25 mg	75 mg	25 mg

INDICATIONS

Ce médicament appartient à la famille des *antidépresseurs* imipraminiques.

Il est utilisé dans le traitement des *états dépressifs* de toute nature, et chez l'enfant dans certains troubles de l'*humeur* et du comportement (comprimé à 25 mg).

CONTRE-INDICATIONS

Ce médicament ne doit pas être utilisé dans les cas suivants :
- *glaucome* à angle fermé,
- risque de blocage des urines (*adénome de la prostate*...),
- en association avec les *IMAO* non sélectifs et avec le BARNETIL.

ATTENTION

Si vous souffrez d'*épilepsie*, de maladie cardiaque, d'une *insuffisance hépatique* ou d'une *insuffisance rénale*, prévenez votre médecin afin qu'il puisse adapter la *posologie*.

Une fièvre, une angine ou une infection sous traitement doivent vous inciter à consulter votre médecin.

Avant une *anesthésie* locale, notamment chez le dentiste, signalez la prise de ce médicament.

Évitez les boissons alcoolisées : augmentation du risque de somnolence.

Conducteur : ce médicament peut être responsable d'une baisse de la vigilance, particulièrement en début de traitement.

INTERACTIONS MÉDICAMENTEUSES

Ce médicament ne doit pas être associé aux médicaments suivants :
- *IMAO* non sélectifs (MARSILID, NIAMIDE...) : risque de *collapsus cardio-vasculaire*, ou d'*hypertension artérielle*, de fièvre et de *convulsions*. Respectez un délai de 15 jours après l'arrêt de l'IMAO.
- BARNETIL : risque de *troubles du rythme cardiaque* graves.

Ce médicament peut interagir avec d'autres médicaments, notamment les *anticonvulsivants*, les *antihypertenseurs* et les *atropiniques*, la fluoxétine, l'*adrénaline* et la *noradrénaline*, et les médicaments *sédatifs*. Signalez tout autre traitement en cours, ou récemment arrêté, à votre médecin ou à votre pharmacien.

GROSSESSE, ALLAITEMENT ET NOUVEAU-NÉ

Grossesse et nouveau-né :

Si une grossesse survient pendant le traitement, consultez votre médecin. Il appréciera le risque éventuel lié à l'utilisation de ce médicament dans votre cas.

Si le traitement est poursuivi jusqu'à l'accouchement, une surveillance médicale du *nouveau-né* est nécessaire.

Allaitement :

Les données actuellement disponibles ne permettent pas de savoir si ce médicament passe dans le lait maternel.

MODE D'EMPLOI ET POSOLOGIE

Les comprimés doivent être pris avec un peu d'eau.

Posologie usuelle :

Elle est strictement individuelle et variable selon les indications.

> L'efficacité des *antidépresseurs* n'est généralement pas immédiate. Un délai pouvant atteindre plusieurs semaines est parfois nécessaire pour que les effets bénéfiques se fassent sentir.
> Les effets indésirables éventuels apparaissant en début de traitement ne doivent pas vous conduire à l'arrêter prématurément.

EFFETS INDÉSIRABLES POSSIBLES

Rarement : *vertiges*, *convulsions*, troubles de l'*accommodation*.

Parfois : bouche sèche, accélération du cœur, constipation, difficultés à uriner, baisse de la tension artérielle, prise de poids, *allergie*, excitation anormale.

Certains de ces effets peuvent être prévenus ou corrigés.

LUMBALGINE

PRÉSENTATION

LUMBALGINE : pommade ; tube 50 g - Non remb.

LUMBALGINE : pommade ; tube 90 g - Non remb.

Laboratoires C.P.F.

COMPOSITION

	p. 100 g
Salicylate de glycol	10 g
Menthol	1 g
Camphre	3,5 g
Térébenthine, essence	3 g
Nicotinate de benzyle	1 g

INDICATIONS

Cette pommade *antalgique* contient un *salicylé* et des substances qui ont un effet *révulsif* et relaxant.

Elle est utilisée en massage dans le traitement local des courbatures et des douleurs musculaires (crampes, contractures, élongation...).

CONTRE-INDICATIONS

Ce médicament ne doit pas être utilisé dans les cas suivants :
- *allergie* aux *salicylés* ;
- en application sur les *muqueuses*, les plaies ou la peau lésée ;
- enfant de moins de 3 ans.

> **ATTENTION**
> Des précautions sont nécessaires chez l'enfant de moins de 7 ans (présence de camphre).

GROSSESSE, ALLAITEMENT ET NOUVEAU-NÉ

L'effet de ce médicament pendant la grossesse ou l'allaitement est mal connu. L'évaluation du risque éventuel lié à son utilisation est individuelle : demandez conseil à votre pharmacien ou à votre médecin.

MODE D'EMPLOI ET POSOLOGIE

Appliquer par un massage doux et prolongé jusqu'à faire disparaître les traces de pommade.

Posologie usuelle :
- Adulte et enfant de plus de 7 ans : 1 application plusieurs fois par jour.

> Se laver les mains après application. En cas de contact accidentel avec les yeux, rincer abondamment.

EFFETS INDÉSIRABLES POSSIBLES

Allergie cutanée (éruption de boutons, démangeaisons...) imposant l'arrêt du traitement ; à ne pas confondre avec une rougeur normale au point d'application, due au médicament.

LUMIFUREX

nifuroxazide

PRÉSENTATION

LUMIFUREX 200 : gélule (jaune) ; boîte de 28 - Remb. 35 % - Liste II

Laboratoires Gallier

COMPOSITION

	p. gél.
Nifuroxazide	200 mg
Lactose	+

INDICATIONS

C'est un *antiseptique* intestinal qui appartient à la famille des nitrofuranes.

Il est utilisé pour traiter les diarrhées aiguës bénignes.

CONTRE-INDICATIONS

Ce médicament ne doit pas être utilisé dans les cas suivants :
- *antécédent* d'*allergie* à un nitrofurane,
- prématuré et *nouveau-né*.

> **ATTENTION**
> Si la diarrhée persiste ou s'il apparaît une fièvre, des frissons, une grande fatigue, du sang ou des glaires dans les selles, ce traitement est insuffisant et des examens peuvent être nécessaires : consultez votre médecin.

GROSSESSE, ALLAITEMENT ET NOUVEAU-NÉ

L'effet de ce médicament pendant la grossesse ou l'allaitement est mal connu : seul votre médecin peut évaluer le risque éventuel de son utilisation dans votre cas.

MODE D'EMPLOI ET POSOLOGIE

Les gélules doivent être avalées avec un peu d'eau.

Le traitement ne doit pas dépasser 7 jours.

Posologie usuelle :
- Adulte : 1 gélule, 4 fois par jour.

> Une diarrhée peut provoquer une déshydratation. Cette perte d'eau par l'organisme peut entraîner des troubles graves (fatigue, malaises, confusion des idées...). Il est indispensable de prévenir cette déshydratation par des boissons sucrées abondantes et des bouillons salés.

EFFETS INDÉSIRABLES POSSIBLES

Allergie.

LUMIRELAX baume

méthocarbamol, nicotinate de méthyle

PRÉSENTATION

LUMIRELAX BAUME : baume ; tube 80 g - Non remb.

Laboratoires Gallier

COMPOSITION

	p. 100 g
Méthocarbamol	10 g
Nicotinate de méthyle	0,5 g

INDICATIONS

Ce baume *antalgique* contient un *révulsif* et un myorelaxant (relaxant musculaire).

Il est utilisé en massage dans le traitement local des *tendinites* et des contractures musculaires douloureuses.

CONTRE-INDICATIONS

Ce baume ne doit pas être utilisé dans les cas suivants :
- enfant de moins de 5 ans,
- sur les *muqueuses*, les plaies ou la peau lésée.

GROSSESSE, ALLAITEMENT ET NOUVEAU-NÉ

L'effet de ce médicament pendant la grossesse ou l'allaitement est mal connu. L'évaluation du risque éventuel lié à son utilisation est individuelle : demandez conseil à votre pharmacien ou à votre médecin.

MODE D'EMPLOI ET POSOLOGIE

Appliquer par un massage doux et prolongé.

Posologie usuelle :
- Adulte et enfant de plus de 5 ans : 2 à 5 applications par jour.

> Se laver les mains après utilisation.

EFFETS INDÉSIRABLES POSSIBLES

Allergie cutanée (éruption de boutons, démangeaisons...) imposant l'arrêt du traitement ; à ne pas confondre avec une rougeur au point d'application due au médicament.

LUMIRELAX
comprimé
méthocarbamol

PRÉSENTATION

LUMIRELAX : comprimé sécable (blanc) ; boîte de 20 - Remb. 65 % - Liste II

Laboratoires Gallier

COMPOSITION

	p. comp.
Méthocarbamol	500 mg

INDICATIONS

Ce médicament est un myorelaxant (relaxant musculaire). Il possède également un effet *antalgique* et *sédatif*.

Il est utilisé dans le traitement des contractures musculaires douloureuses (torticolis, *lombalgies*, *dorsalgies*) et de certaines paralysies.

CONTRE-INDICATIONS

Ce médicament ne doit pas être utilisé chez l'enfant de moins de 5 ans.

ATTENTION

Conducteur : ce médicament peut être responsable d'une somnolence ou d'une baisse de la vigilance.

GROSSESSE, ALLAITEMENT ET NOUVEAU-NÉ

L'effet de ce médicament pendant la grossesse ou l'allaitement est mal connu : seul votre médecin peut évaluer le risque éventuel de son utilisation dans votre cas.

MODE D'EMPLOI ET POSOLOGIE

Les comprimés doivent être pris de préférence au début des repas.

Posologie usuelle :

- Adulte : 2 comprimés, 2 à 5 fois par jour.
- Enfant de 9 à 15 ans : jusqu'à 6 comprimés par jour.
- Enfant de 5 à 9 ans : 1/2 à 4 comprimés par jour, selon l'âge.

EFFETS INDÉSIRABLES POSSIBLES

Somnolence, à forte dose.

LUMITENS
xipamide

PRÉSENTATION

LUMITENS : comprimé sécable (blanc) ; boîte de 30 - Remb. 65 % - Liste II

Laboratoires LTM

COMPOSITION

	p. comp.
Xipamide	20 mg

INDICATIONS

C'est un médicament qui appartient à la fois à la famille des *diurétiques* et à celle des *sulfamides*.

Il est utilisé dans le traitement :
- de l'*hypertension artérielle*,
- des *œdèmes* liés à une *insuffisance hépatique*, à une *insuffisance cardiaque* ou à un *syndrome néphrotique*.

CONTRE-INDICATIONS

Ce médicament ne doit pas être utilisé dans les cas suivants :
- *allergie* aux *sulfamides*,
- *insuffisance rénale* grave.

ATTENTION

Ce médicament peut être responsable d'une baisse de la *kaliémie* (taux de *potassium* dans le sang), qui peut être aggravée par l'usage prolongé de *laxatifs stimulants*. Un contrôle par des analyses de sang est souvent prescrit par le médecin.

Chez les personnes souffrant d'une *insuffisance hépatique* grave, l'apparition de troubles de la conscience peut annoncer une complication grave. Arrêtez le traitement et prenez un avis médical d'urgence.

Les *diurétiques* peuvent exceptionnellement provoquer des crises de *goutte* chez certaines personnes prédisposées, ou aggraver un *diabète*.

INTERACTIONS MÉDICAMENTEUSES

Ce médicament peut interagir avec d'autres médicaments, notamment ceux contenant du *lithium* ou de la *vincamine*. Signalez tout autre traitement en cours à votre médecin ou à votre pharmacien.

GROSSESSE, ALLAITEMENT ET NOUVEAU-NÉ

Grossesse :

Les études scientifiques actuellement disponibles n'ont pas mis en évidence de problème particulier lors de l'utilisation chez la femme enceinte. Néanmoins, les *diurétiques* ne sont pas adaptés au traitement de l'*hypertension artérielle* et des *œdèmes* pendant la grossesse.

Allaitement :

En l'absence de données concernant le passage de ce médicament dans le lait maternel, l'allaitement est déconseillé.

MODE D'EMPLOI ET POSOLOGIE

Ce médicament doit être pris avec un verre d'eau.

Posologie usuelle :

Elle varie en fonction des indications.

Ce médicament augmente le volume des urines, surtout en début de traitement. Une prise le soir peut occasionner des gênes pendant la nuit.

Les *diurétiques* exposent au risque de déshydratation : les personnes âgées devront boire abondamment, notamment pendant les fortes chaleurs.

EFFETS INDÉSIRABLES POSSIBLES

Baisse du taux de *potassium* dans le sang.
Allergie cutanée.

LUOSTYL
difémérine

PRÉSENTATION

LUOSTYL : gélule (blanc et bleu) ; boîte de 30 - Remb. 35 % - Liste II

LUOSTYL : solution injectable ; boîte de 6 ampoules 1 ml - Remb. 35 % - Liste II

Laboratoires UPSA

COMPOSITION

	p. gél.	p. amp. inj.
Difémérine chlorhydrate	2,5 mg	1 mg

INDICATIONS

Ce médicament contient un *antispasmodique* de la famille des *atropiniques*. Il lutte contre les contractions anormales de l'intestin, des *voies biliaires*, des *voies* urinaires et de l'utérus.

Il est utilisé dans le traitement des spasmes douloureux d'origine digestive, biliaire, urologique (*coliques néphrétiques*...) et gynécologique.

CONTRE-INDICATIONS

Ce médicament ne doit pas être utilisé dans les cas suivants :
- risque de blocage des urines (*adénome de la prostate*...),
- *glaucome* à angle fermé.

ATTENTION

Des précautions sont nécessaires en cas d'*insuffisance coronarienne* ou de constipation.

La survenue d'une douleur violente de l'œil, accompagnée d'une rougeur et surtout d'une baisse de l'acuité visuelle, doit conduire à consulter d'urgence un ophtalmologiste : il peut s'agir d'un *glaucome* aigu.

INTERACTIONS MÉDICAMENTEUSES

Ce médicament peut interagir avec d'autres médicaments. Signalez tout autre traitement en cours à votre médecin ou à votre pharmacien.

GROSSESSE, ALLAITEMENT ET NOUVEAU-NÉ

Grossesse :

L'effet de ce médicament pendant la grossesse est mal connu. Seul votre médecin peut apprécier la nécessité du traitement et son risque.

Allaitement :

En raison de ses effets *atropiniques*, ce médicament est déconseillé pendant l'allaitement.

MODE D'EMPLOI ET POSOLOGIE

En cas de crise aiguë chez l'adulte, il est préférable d'utiliser la solution injectable par *voie* intramusculaire ou intraveineuse lente.

Posologie usuelle :

3 ou 4 gélules, ou 1 à 3 ampoules de solution injectable par voie *I.M.*, ou 1/2 à 2 ampoules de solution injectable par voie *I.V.*, par jour.

> En cas de *coliques néphrétiques*, lors des périodes douloureuses, ne buvez pas afin de ne pas accroître la douleur.

EFFETS INDÉSIRABLES POSSIBLES

Troubles de la vue, sécheresse de la bouche ; autres effets *atropiniques* en cas de surdosage.

LURSELLE

probucol

PRÉSENTATION

LURSELLE 250 mg : comprimé sécable (blanc) ; boîte de 40 - Remb. 65 % - Liste II

Laboratoires Marion Merrell Dow

COMPOSITION

	p. comp.
Probucol	250 mg

INDICATIONS

C'est un médicament qui appartient à la famille des *hypocholestérolémiants*. Il diminue le taux de *cholestérol* dans le sang.

Il est utilisé dans le traitement des excès de *cholestérol* persistant malgré un régime adapté et assidu.

CONTRE-INDICATIONS

Ce médicament ne doit pas être utilisé dans les cas suivants :

- grossesse,
- allaitement.

GROSSESSE, ALLAITEMENT ET NOUVEAU-NÉ

Grossesse :

L'effet de ce médicament sur l'enfant à naître est mal connu. Par prudence, son usage est contre-indiqué pendant la grossesse et pendant les 6 mois qui précèdent un désir de conception (compte tenu de la longue durée d'action du produit).

Allaitement :

Ce médicament passe dans le lait maternel : il est contre-indiqué pendant l'allaitement.

MODE D'EMPLOI ET POSOLOGIE

Ce médicament sera pris de préférence avec les repas.

Posologie usuelle :

- Adulte : 2 comprimés, matin et soir.

Le régime reste indispensable pendant toute la durée du traitement.

> Un régime pauvre en *cholestérol* et en graisses animales n'est pas simple à suivre : les erreurs sont fréquentes. Demandez conseil à votre médecin ou à un professionnel de la nutrition.

EFFETS INDÉSIRABLES POSSIBLES

Troubles digestifs (nausées, diarrhées).

Allergie cutanée.

Rarement : œdème de *Quincke*.

LUTÉNYL

nomégestrol

PRÉSENTATION

LUTÉNYL : comprimé sécable (blanc) ; boîte de 10 - Remb. 65 % - Liste I

Laboratoires Théramex

COMPOSITION

	p. comp.
Nomégestrol acétate	5 mg

INDICATIONS

Ce médicament contient une *hormone* proche de la *progestérone*.

Il est utilisé pour compenser une insuffisance de progestérone dans le traitement :

- des troubles des règles, de la tension des seins ;
- de la *ménopause* (en complément des *estrogènes*).

CONTRE-INDICATIONS

Ce médicament ne doit pas être utilisé dans les cas suivants :

- *antécédent* d'*accident thrombo-embolique* (*phlébite*, *embolie* pulmonaire...) ;
- *insuffisance hépatique* grave ;
- grossesse (3 premiers mois).

> **ATTENTION**
> Des précautions sont nécessaires en cas d'*antécédent* d'*infarctus du myocarde*, de mauvaise circulation du sang, d'*hypertension artérielle* ou de *diabète*.

INTERACTIONS MÉDICAMENTEUSES

Ce médicament peut interagir avec d'autres médicaments. Signalez tout autre traitement en cours à votre médecin ou à votre pharmacien.

GROSSESSE, ALLAITEMENT ET NOUVEAU-NÉ

Grossesse :

Ce médicament est contre-indiqué pendant les 3 premiers mois de la grossesse : risque de malformation des organes sexuels chez l'enfant à naître.

Allaitement :

Ce médicament passe dans le lait maternel : il est déconseillé pendant l'allaitement.

MODE D'EMPLOI ET POSOLOGIE

Ce médicament est pris indifféremment au cours ou en dehors des repas.

Posologie usuelle :

Elle est strictement individuelle et varie selon les cas.

EFFETS INDÉSIRABLES POSSIBLES

Arrêt des règles, saignement entre les règles.

Exceptionnellement : prise de poids, insomnie, augmentation de la pilosité, *troubles digestifs*.

LUTÉRAN

chlormadinone

PRÉSENTATION

LUTÉRAN 2 : comprimé (blanc) ; boîte de 10 - Remb. 65 % - Liste I

LUTÉRAN 5 : comprimé (rose) ; boîte de 10 - Remb. 65 % - Liste I

Laboratoires Solymès

COMPOSITION

	p. comp.	p. comp.
Chlormadinone acétate	2 mg	5 mg

INDICATIONS

Ce médicament contient une *hormone* proche de la *progestérone*.

Il est utilisé pour compenser une insuffisance de progestérone dans le traitement :

- des troubles des règles, de la tension des seins ;
- des saignements dus à un *fibrome* ;
- de l'*endométriose*.

CONTRE-INDICATIONS

Ce médicament ne doit pas être utilisé dans les cas suivants :

- *antécédent* d'*accident thrombo-embolique* (*phlébite*, *embolie* pulmonaire...) ;
- *insuffisance hépatique* grave ;
- grossesse (3 premiers mois).

> **ATTENTION**
> Des précautions sont nécessaires en cas d'*antécédent* d'*infarctus du myocarde*, de mauvaise circulation du sang, d'*hypertension artérielle* ou de *diabète*.

INTERACTIONS MÉDICAMENTEUSES

Ce médicament peut interagir avec d'autres médicaments. Signalez tout autre traitement en cours à votre médecin ou à votre pharmacien.

GROSSESSE, ALLAITEMENT ET NOUVEAU-NÉ

Grossesse :

Ce médicament est contre-indiqué pendant les 3 premiers mois de la grossesse : risque de malformation des organes sexuels chez l'enfant à naître.

Allaitement :

Ce médicament passe dans le lait maternel : il est déconseillé pendant l'allaitement.

MODE D'EMPLOI ET POSOLOGIE

Ce médicament est pris indifféremment au cours ou en dehors des repas.

Posologie usuelle :

Elle est strictement individuelle et varie selon les cas.

EFFETS INDÉSIRABLES POSSIBLES

Arrêt des règles, saignement entre les règles.

Exceptionnellement : *séborrhée*, *troubles digestifs*, aggravation d'une *insuffisance veineuse*, jaunisse, démangeaison.

LUTESTRAL

chlormadinone, éthinylestradiol

PRÉSENTATION

LUTESTRAL : comprimé (jaune) ; boîte de 10 - Non remb. - Liste I

Laboratoires Cassenne

COMPOSITION

	p. comp.
Chlormadinone acétate	2 mg
Éthinylestradiol	0,05 mg

INDICATIONS

Ce médicament contient de l'éthinylestradiol, destiné à corriger une carence en *estrogènes*, et de la chlormadinone, *progestatif* qui a un effet protecteur sur l'utérus et les glandes mammaires.

Il est utilisé pour traiter certains dérèglements hormonaux (douleurs, troubles des règles).

CONTRE-INDICATIONS

Ce médicament ne doit pas être utilisé dans les cas suivants :

- certaines maladies cardiaques ou *vasculaires*, notamment l'*hypertension artérielle* et les *antécédents* de *phlébite* ;
- maladie du foie grave ou récente ;
- cancers du sein ou de l'utérus ;
- *tumeur de l'hypophyse* ;
- certaines causes de saignement entre les règles ;
- certaines maladies rares (*connectivite*, *porphyrie*, *otospongiose*, *otosclérose*) ;
- **grossesse.**

Dans tous les autres cas, le médecin est seul juge pour prescrire ce médicament, notamment en cas de *diabète*, d'obésité, d'excès de *cholestérol* ou de *triglycérides*, de *tumeurs* bénignes du sein et de l'utérus, d'*hypertension artérielle*, d'*insuffisance rénale*, d'écoulement de lait ou d'**allaitement.**

ATTENTION

Ce médicament n'est pas un *contraceptif*.

Tout *symptôme* pouvant faire craindre une complication impose l'arrêt du traitement : maux de tête importants et inhabituels, troubles de la vision, élévation franche de la tension artérielle.

L'apparition d'un saignement génital ou d'un écoulement de lait impose une consultation médicale.

Des précautions sont nécessaires en cas d'*épilepsie*, de *migraine*, d'*asthme*, de *dépression*, d'*antécédents* familiaux d'*accident thrombo-embolique*.

INTERACTIONS MÉDICAMENTEUSES

L'efficacité du traitement peut être diminuée par la prise de certains médicaments : les *barbituriques*, certains antiépileptiques (TÉGRÉTOL, DI-HYDAN...), les médicaments contenant de la rifampicine (RIMACTAN, RIFADINE...) ou de la griséofulvine (FULCINE, GRISÉFULINE...).

GROSSESSE, ALLAITEMENT ET NOUVEAU-NÉ

Grossesse :

Ce médicament est contre-indiqué pendant la grossesse.

Allaitement :

En l'absence de données suffisantes, ce médicament est déconseillé pendant l'allaitement.

MODE D'EMPLOI ET POSOLOGIE

Généralement, une prise d'*estrogènes*, du 5e au 15e jour du cycle, précède la prise de ce médicament.

Posologie usuelle :

1 comprimé par jour pendant 10 jours, du 16e au 25e jour du cycle inclus.

EFFETS INDÉSIRABLES POSSIBLES

Peu graves et n'empêchant pas la poursuite du traitement : nausées, maux de tête banals, prise de poids, tension modérée des seins, taches sombres sur le visage, jambes lourdes, irritation oculaire par les lentilles de contact, saignement entre les règles, *candidose* vaginale, irritabilité et tendance à la *dépression*.

Rares mais devant faire interrompre la prise de ce médicament : *hypertension artérielle*, accident cardiaque ou *vasculaire*, jaunisse, augmentation importante des lipides dans le sang, *diabète*, *nodule* ou douleur importante des seins, *migraine*, *vertiges*, troubles de la vision, aggravation d'une *épilepsie*, écoulement de lait.

Exceptionnellement : calculs de la vésicule biliaire, *tumeur* bénigne du foie, *mastopathie*.

LUTIONEX

démégestone

PRÉSENTATION

LUTIONEX : comprimé (blanc) ; boîte de 30 - Remb. 65 % - Liste I

Laboratoires Roussel

COMPOSITION

	p. comp.
Démégestone	0,5 mg

INDICATIONS

Ce médicament contient une *hormone* proche de la *progestérone*.

Il est utilisé pour compenser une insuffisance de progestérone dans le traitement :

- des troubles des règles, de la tension des seins ;
- de l'*endométriose* ;
- de la *ménopause* (en complément des *estrogènes*) ;
- des saignements dus à un *fibrome*.

CONTRE-INDICATIONS

Ce médicament ne doit pas être utilisé dans les cas suivants :

- *antécédent* d'*accident thrombo-embolique* (*phlébite*, *embolie* pulmonaire...) ;
- *insuffisance hépatique* grave ;
- **grossesse** (3 premiers mois).

ATTENTION

Des précautions sont nécessaires en cas d'*antécédent* d'*infarctus du myocarde*, de mauvaise circulation du sang, d'*hypertension artérielle* ou de *diabète*.

INTERACTIONS MÉDICAMENTEUSES

Ce médicament peut interagir avec d'autres médicaments. Signalez tout autre traitement en cours à votre médecin ou à votre pharmacien.

GROSSESSE, ALLAITEMENT ET NOUVEAU-NÉ

Grossesse :

Ce médicament est contre-indiqué pendant les 3 premiers mois de la grossesse : risque de malformation des organes sexuels chez l'enfant à naître.

Allaitement :

Ce médicament passe dans le lait maternel : il est déconseillé pendant l'allaitement.

MODE D'EMPLOI ET POSOLOGIE

Ce médicament est pris indifféremment au cours ou en dehors des repas.

Posologie usuelle :

Elle est strictement individuelle et varie selon les cas.

EFFETS INDÉSIRABLES POSSIBLES

Arrêt des règles, saignement entre les règles.

Exceptionnellement : prise de poids, *séborrhée*, *troubles digestifs*, aggravation d'une *insuffisance veineuse*, jaunisse, démangeaison.

Un médicament périmé peut être dangereux. Faites régulièrement le tri dans votre armoire à pharmacie.

LUTOMÉTRODIOL

éthynodiol

PRÉSENTATION

LUTOMÉTRODIOL : comprimé sécable (blanc) ; boîte de 20 - Remb. 65 % - Liste I

Laboratoires Searle

COMPOSITION

	p. comp.
Éthynodiol diacétate	2 mg

INDICATIONS

Ce médicament contient une *hormone* dont l'effet est proche de celui de la *progestérone*. Son action s'oppose à celle des *estrogènes*.

Il est utilisé dans le traitement :
- de certains *symptômes* (troubles des règles, tension des seins...), notamment lors de la *préménopause* ;
- des saignements dus à un *fibrome* ;
- de la *mastopathie* bénigne ;
- de l'*endométriose*.

Il peut également être utilisé comme *contraceptif*.

CONTRE-INDICATIONS

Ce médicament ne doit pas être utilisé dans les cas suivants :
- *antécédent* d'*accident thrombo-embolique* (*phlébite*, *embolie* pulmonaire...) ;
- maladie grave du foie ;
- grossesse ;
- allaitement.

ATTENTION

Des précautions sont nécessaires en cas de mauvaise circulation du sang, d'*hypertension artérielle*, de *diabète* ou d'*antécédent* d'*infarctus du myocarde*.

Tout *symptôme* pouvant faire craindre une complication impose l'arrêt du traitement : maux de tête importants et inhabituels, trouble de la vision, élévation franche de la tension artérielle.

GROSSESSE, ALLAITEMENT ET NOUVEAU-NÉ

Grossesse :

Ce médicament est contre-indiqué pendant la grossesse : risque de malformation des organes sexuels chez l'enfant à naître.

Allaitement :

Ce médicament passe dans le lait maternel : son usage est contre-indiqué pendant l'allaitement.

MODE D'EMPLOI ET POSOLOGIE

Ce médicament peut être pris pendant ou entre les repas.

Posologie usuelle :

Elle est strictement individuelle et varie selon les cas.

EFFETS INDÉSIRABLES POSSIBLES

Modification des règles, arrêt des règles, saignement entre les règles, modification du volume des seins.

Prise de poids.

Jambes lourdes.

Troubles digestifs.

Jaunisse associée à des démangeaisons.

Aggravation d'un *état dépressif*.

Plus rarement : *acné*, *séborrhée*, augmentation de la pilosité.

LYO-BIFIDUS

Bacillus bifidus

PRÉSENTATION

LYO-BIFIDUS : poudre orale ; boîte de 6 sachets - Remb. 35 %

Laboratoires Gallier

COMPOSITION

	p. sachet
Bifidobacterium bifidum, nombre de germes vivants	1 million
Lactose	+

INDICATIONS

C'est un médicament qui appartient à la famille des antidiarrhéiques d'origine microbienne. Il favorise la restauration de la flore intestinale.

Il est utilisé dans le *traitement symptomatique* des diarrhées.

GROSSESSE, ALLAITEMENT ET NOUVEAU-NÉ

Grossesse :

Ce médicament peut être utilisé chez la femme enceinte.

MODE D'EMPLOI ET POSOLOGIE

Ce médicament doit être pris à la fin des repas. Le contenu du sachet doit être dilué dans un peu d'eau.

Posologie usuelle :

- Adulte et enfant de plus de 3 ans : 1 sachet, 2 fois par jour en fin de repas.

Une diarrhée peut provoquer une déshydratation. Cette perte d'eau par l'organisme peut entraîner des troubles graves (fatigue, malaise, confusion des idées...). Il est indispensable de prévenir cette déshydratation par des boissons sucrées abondantes et des bouillons salés, notamment chez les personnes âgées et les enfants.

Si la diarrhée persiste au-delà de quelques jours, consultez votre médecin.

LYOGINSENG

ginseng

PRÉSENTATION

LYOGINSENG : *lyophilisat* oral ; boîte de 16 - Non remb.

Laboratoires Chefaro-Ardeval

COMPOSITION

	p. lyoph.
Ginseng racine, extrait sec hydroalcoolique	100 mg
Aspartam	+

INDICATIONS

Ce médicament d'origine végétale contient un extrait de racine de ginseng.

Il est utilisé dans le *traitement symptomatique* de certaines fatigues (*asthénie fonctionnelle*).

CONTRE-INDICATIONS

Ce médicament ne doit pas être utilisé en cas de *phénylcétonurie* (présence d'aspartam).

ATTENTION

Une fatigue persistante ne doit pas vous conduire à augmenter les prises de ce médicament : consultez votre médecin.

GROSSESSE, ALLAITEMENT ET NOUVEAU-NÉ

Ce médicament ne contient que des substances présumées sans danger pendant la grossesse ou l'allaitement. Néanmoins, ne l'utilisez pas de façon prolongée sans l'avis de votre pharmacien ou de votre médecin.

MODE D'EMPLOI ET POSOLOGIE

Ce médicament est réservé à l'adulte.

Laisser fondre le *lyophilisat* sous la langue, sans le croquer, de préférence avant les repas.

Posologie usuelle :

- Adulte : 1 lyophilisat, 1 ou 2 fois par jour.

Ce médicament doit être conservé à l'abri de la lumière, de la chaleur et de l'humidité.

LYOMINCIL

fucus

PRÉSENTATION

LYOMINCIL : *lyophilisat* oral ; boîte de 16 - Non remb.

Laboratoires Chefaro-Ardeval

COMPOSITION

	p. lyoph. oral
Fucus, thalles frais, exprimé en iode	125 µg
Aspartam	+

INDICATIONS

Ce médicament contient un extrait d'algue, le fucus, riche en iode.

Il est utilisé dans le *traitement d'appoint* des régimes amaigrissants.

CONTRE-INDICATIONS

Ce médicament ne doit pas être utilisé dans les cas suivants :
- *intolérance* ou *allergie* à l'iode,
- *phénylcétonurie* (présence d'aspartam),
- enfant de moins de 15 ans.

GROSSESSE, ALLAITEMENT ET NOUVEAU-NÉ

En raison de la présence d'iode, ce médicament est déconseillé pendant la grossesse et l'allaitement.

MODE D'EMPLOI ET POSOLOGIE

Ce médicament est pris de préférence avant le repas.

Laisser fondre le *lyophilisat* dans la bouche, sans le croquer. Si nécessaire, boire un verre d'eau quelques minutes après.

Posologie usuelle :

- Adulte : 1 lyophilisat, 1 ou 2 fois par jour.

> La prise de ce médicament ne dispense pas d'un régime approprié.
> À conserver à l'abri de la lumière, de l'humidité et de la chaleur.

LYOPHYTUM
harpagophytum

PRÉSENTATION

LYOPHYTUM : *lyophilisat* oral ; boîte de 16 - Non remb.

Laboratoires Chefaro-Ardeval

COMPOSITION

	p. lyoph.
Harpagophytum, racine	69 mg
Aspartam	+

INDICATIONS

Ce médicament contient un extrait de plante.

Il est utilisé dans le *traitement symptomatique* des douleurs articulaires, des *tendinites* et des foulures.

CONTRE-INDICATIONS

Ce médicament ne doit pas être utilisé en cas de *phénylcétonurie* (présence d'aspartam).

GROSSESSE, ALLAITEMENT ET NOUVEAU-NÉ

Ce médicament contient une plante présumée sans danger pendant la grossesse ou l'allaitement. Néanmoins, ne l'utilisez pas sans l'avis de votre pharmacien ou de votre médecin.

MODE D'EMPLOI ET POSOLOGIE

Ce médicament est réservé à l'adulte.

Laisser fondre le *lyophilisat* dans la bouche sans le croquer, de préférence avant les repas. Boire éventuellement un verre d'eau après.

Posologie usuelle :

- Adulte : 1 lyophilisat, 1 ou 2 fois par jour.

> Ce médicament doit être conservé à l'abri de l'humidité et de la chaleur.

LYOSALIX
saule

PRÉSENTATION

LYOSALIX : *lyophilisat* oral ; boîte de 16 - Non remb.

Laboratoires Chefaro-Ardeval

COMPOSITION

	p. lyoph. oral
Saule, écorce fraîche	1 g
Aspartam	+

INDICATIONS

Ce médicament contient un extrait de plante riche en dérivés *salicylés*.

Il est utilisé dans le *traitement d'appoint* des états fébriles et grippaux et des douleurs (dentaires, maux de tête).

CONTRE-INDICATIONS

Ce médicament ne doit pas être utilisé en cas de *phénylcétonurie* (présence d'aspartam).

GROSSESSE, ALLAITEMENT ET NOUVEAU-NÉ

Ce médicament contient une plante présumée sans danger pendant la grossesse ou l'allaitement. Néanmoins, ne l'utilisez pas sans l'avis de votre pharmacien ou de votre médecin.

MODE D'EMPLOI ET POSOLOGIE

Ce médicament est pris de préférence avant le repas.

Laisser fondre le *lyophilisat* dans la bouche, sans le croquer. Si nécessaire, boire un verre d'eau quelques minutes après.

Posologie usuelle :

- Adulte : 1 lyophilisat, 1 ou 2 fois par jour.

> À conserver à l'abri de la lumière, de l'humidité et de la chaleur.

LYPTOCODINE

PRÉSENTATION

LYPTOCODINE ADULTE : sirop ; flacon 180 ml - Non remb.

LYPTOCODINE ENFANT : sirop ; flacon 150 ml - Non remb.

Laboratoires Monot

COMPOSITION

	Sirop Ad. p. c. à s.	Sirop Enf. p. c. à c.
Codéine camsilate	13,8 mg	3,6 mg
Pholcodine	4,65 mg	1,2 mg
Sulfogaïacol	185 mg	48,4 mg
Eucalyptol	18,5 mg	4,85 mg
Sulfate de magnésium	148 mg	42,3 mg
Saccharose	7,35 g	2,45 g

INDICATIONS

Ce sirop *antitussif* contient de la codéine associée notamment à un fluidifiant bronchique (sulfogaïacol). La codéine a une action sédative sur le *système nerveux central* et notamment les centres de la toux.

Ce médicament est utilisé dans le *traitement symptomatique* des toux sèches.

CONTRE-INDICATIONS

Ce médicament ne doit pas être utilisé dans les cas suivants :

- maladies inflammatoires du côlon,
- *insuffisance rénale* grave,
- *asthme*,
- *insuffisance respiratoire*,
- enfant de moins de 15 ans (sirop Adulte),
- enfant de moins de 30 mois (sirop Enfant).

> **ATTENTION**
> Ce médicament n'est pas adapté au traitement de la toux grasse, qui est un mécanisme de défense normal de l'organisme permettant l'évacuation des mucosités présentes dans les bronches.
> La toux est un *symptôme* qui peut révéler de nombreuses maladies : consultez votre médecin si elle persiste plus de quelques jours.
> Ce médicament contient du *sucre* (saccharose) en quantité notable.
> Évitez les boissons alcoolisées en raison de la présence de codéine : augmentation du risque de somnolence.
> Conducteur : ce médicament peut être responsable d'une somnolence ou d'une baisse de la vigilance.

INTERACTIONS MÉDICAMENTEUSES

Ce médicament peut interagir avec beaucoup d'autres médicaments notamment chez les personnes âgées : signalez tout autre traitement en cours à votre médecin ou à votre pharmacien.

GROSSESSE, ALLAITEMENT ET NOUVEAU-NÉ

Grossesse :

Compte tenu de la présence de codéine, n'utilisez pas ce médicament pendant la grossesse sans prendre l'avis de votre pharmacien ou de votre médecin.

Allaitement :

Ce médicament passe dans le lait maternel : il est déconseillé pendant l'allaitement.

MODE D'EMPLOI ET POSOLOGIE

Les prises de ce médicament doivent être réparties au cours de la journée.

Posologie usuelle :

- Adulte : 2 à 4 cuillères à soupe de sirop Adulte par jour.
- Enfant de 10 à 15 ans : 3 à 5 cuillères à soupe de sirop Enfant par jour.
- Enfant de 8 à 10 ans : 3 cuillères à dessert de sirop Enfant par jour.
- Enfant de 5 à 8 ans : 3 cuillères à café de sirop Enfant par jour.
- Enfant de 30 mois à 5 ans : 1 à 2 cuillères à café de sirop Enfant par jour.

> De nombreux médicaments contiennent de la codéine, notamment certains *antitussifs* et *antalgiques*. Le surdosage expose à une augmentation des effets indésirables.
> Une toux nocturne aggravée par ce médicament peut être une toux allergique : demandez conseil à votre médecin.
> La poursuite du tabagisme nuit à l'efficacité du traitement.
> Des mesures simples permettent de calmer les toux sèches : boissons chaudes et humidification de l'air ambiant.

EFFETS INDÉSIRABLES POSSIBLES

Liés à la présence de codéine : constipation et plus rarement, somnolence, nausées, vomissements, *bronchospasme*, *allergies* cutanées, ralentissement de la respiration.

Liés à la présence de magnésium : diarrhée.

LYSANXIA
prazépam

PRÉSENTATION

LYSANXIA 10 mg : comprimé sécable (bleu) ; boîte de 40 - Remb. 65 % - Liste I

LYSANXIA 40 mg : comprimé sécable (rose) ; boîte de 20 - Remb. 65 % - Liste I

LYSANXIA : solution buvable ; flacon 20 ml (600 gouttes) - Remb. 65 % - Liste I

Laboratoires Parke-Davis

COMPOSITION

	p. comp.	p. comp.	p. 30 gtes
Prazépam	10 mg	40 mg	15 mg

INDICATIONS

C'est un *tranquillisant* de la famille des *benzodiazépines*.

Il est utilisé dans le traitement de l'anxiété lorsque celle-ci s'accompagne de troubles gênants.

CONTRE-INDICATIONS

Ce médicament ne doit pas être utilisé en cas d'*insuffisance respiratoire* grave.

ATTENTION

Des précautions sont nécessaires en cas de *myasthénie*, d'*insuffisance hépatique* ou d'*insuffisance respiratoire*.

Utilisé seul, ce médicament n'est pas adapté au traitement des *états dépressifs*.

Une prise prolongée ou des doses importantes de ce médicament, son association à des *sédatifs* ou à des boissons alcoolisées favorisent une *dépendance*. Respectez la *posologie* et la durée de traitement prescrites par votre médecin.

L'arrêt brutal de ce médicament expose à un *syndrome de sevrage* : réapparition de l'anxiété, agitation, irritabilité, insomnie, maux de tête, douleurs musculaires, tremblements, hallucinations. Il faut donc s'entourer de conseils médicaux pour diminuer progressivement les doses et espacer les prises, sur une période d'autant plus longue que le traitement a été prolongé.

Évitez les boissons alcoolisées : augmentation du risque de somnolence et de dépendance.

Conducteur : ce médicament peut être responsable d'une somnolence ou d'une baisse de la vigilance.

INTERACTIONS MÉDICAMENTEUSES

Ce médicament peut interagir avec d'autres, notamment les *sédatifs*. Signalez tout autre traitement en cours à votre médecin ou à votre pharmacien.

GROSSESSE, ALLAITEMENT ET NOUVEAU-NÉ

Grossesse et nouveau-né :

Par mesure de prudence, ce médicament est habituellement déconseillé pendant les 3 premiers mois de la grossesse. Toutefois, une grossesse survenant sous traitement ne justifie pas d'inquiétude particulière. Seul votre médecin peut apprécier le risque éventuel lié à l'utilisation de ce médicament dans votre cas.

Si le traitement est poursuivi jusqu'à l'accouchement, une surveillance médicale du *nouveau-né* est nécessaire.

Allaitement :

Ce médicament passe dans le lait maternel : l'allaitement est déconseillé.

MODE D'EMPLOI ET POSOLOGIE

Les comprimés doivent être avalés avec un peu d'eau.

Les comprimés à 40 mg sont réservés à l'adulte.

Posologie usuelle :

Elle est strictement individuelle. Chez l'enfant, le traitement sera de courte durée.

Ce médicament vous a été personnellement prescrit dans une situation précise : ne le conseillez pas à une autre personne.

L'effet de ce médicament peut persister plus de 48 heures après sa prise.

Les *tranquillisants* ne sont pas la seule réponse à l'anxiété : une meilleure hygiène de vie, une consommation modérée d'excitants (y compris les boissons alcoolisées) permettent aussi de lutter efficacement contre l'excès de stress.

EFFETS INDÉSIRABLES POSSIBLES

Trous de mémoire, sensation d'ivresse, somnolence en particulier chez la personne âgée, ralentissement des idées, ou, au contraire, excitation, irritabilité, idées confuses, hallucinations, fatigue, éruption cutanée.

LYSEDEM
coumarine

PRÉSENTATION

LYSEDEM 15 mg : comprimé (blanc) ; boîte de 60 - Remb. 65 %

Laboratoires Boots Pharma

COMPOSITION

	p. comp.
Coumarine	15 mg

INDICATIONS

Cet *anti-œdémateux* favorise la circulation de la *lymphe*.

Il est utilisé dans le traitement de certains *œdèmes* graves, en complément de la *contention élastique*.

GROSSESSE, ALLAITEMENT ET NOUVEAU-NÉ

Grossesse :

L'effet de ce médicament pendant la grossesse est mal connu. L'évaluation du risque éventuel lié à son utilisation est individuelle : demandez conseil à votre pharmacien ou à votre médecin.

Allaitement :

Par mesure de prudence, son usage est déconseillé pendant l'allaitement.

MODE D'EMPLOI ET POSOLOGIE

Ce médicament doit être pris avec un verre d'eau.

Posologie usuelle :

6 à 9 comprimés par jour.

La surélévation du membre atteint facilite la lutte contre l'*œdème*.

EFFETS INDÉSIRABLES POSSIBLES

Douleurs d'estomac.

Exceptionnellement : *vertiges*, nausées, démangeaisons, troubles des règles.

LYSINE VITAMINE B12 ÉGIC

PRÉSENTATION

LYSINE VITAMINE B12 ÉGIC : sirop ; flacon 90 ml - Non remb.

Laboratoires Synthélabo France

COMPOSITION

	p. c. à c.
Cyanocobalamine (vitamine B12)	15 µg
Monochlorhydrate de lysine	308,5 mg
Soit en lysine	300 mg
Sorbitol	1 g
Inositol	50 mg
Saccharose	2,4 g

INDICATIONS

Ce médicament contient un *acide aminé*, de la *vitamine* B12, indispensable au *métabolisme*, et du sorbitol.

Il est utilisé dans le *traitement symptomatique* de certaines fatigues (*asthénies fonctionnelles*).

ATTENTION

Ce médicament contient du *sucre* (saccharose) en quantité notable.

GROSSESSE, ALLAITEMENT ET NOUVEAU-NÉ

Ce médicament ne contient que des substances présumées sans danger pendant la grossesse ou l'allaitement. Néanmoins, ne l'utilisez pas de façon prolongée sans l'avis de votre pharmacien ou de votre médecin.

MODE D'EMPLOI ET POSOLOGIE

Posologie usuelle :

- Adulte : 2 cuillères à café, 2 à 4 fois par jour.

- Enfant : 1 cuillère à café, 2 à 4 fois par jour.
- Nourrisson : 1/2 cuillère à café, 2 à 4 fois par jour.

La quantité de *vitamine* B12 contenue dans ce médicament est insuffisante pour traiter une *carence* vraie mais peut en masquer les signes.

Afin d'éviter d'éventuels *troubles digestifs*, ne prenez pas ce médicament à jeun.

Une fatigue persistante ne doit pas vous conduire à augmenter les prises de ce médicament : consultez votre médecin.

Ce médicament doit être conservé à l'abri de la lumière.

EFFETS INDÉSIRABLES POSSIBLES

Diarrhée, douleur abdominale.

LYSIVIT

PRÉSENTATION

LYSIVIT B12 à l'inositol : solution buvable ; boîte de 20 ampoules 5 ml - Non remb.

LYSIVIT B12 à l'inositol : solution buvable ; boîte de 20 ampoules 10 ml - Non remb.

Laboratoires Sarget Pharma

COMPOSITION

	p. amp. 5 ml	p. amp. 10 ml
Lysine monochlorhydrate	200 mg	400 mg
Cyanocobalamine (vitamine B12)	15 µg	30 µg
Méso-inositol	300 mg	600 mg
Saccharose	0,8 g	1,6 g

INDICATIONS

Ce médicament contient des *acides aminés* et de la *vitamine* B12, indispensables au *métabolisme*.

Il est utilisé dans le *traitement symptomatique* de certaines fatigues (*asthénies fonctionnelles*).

ATTENTION

Les ampoules de 10 ml contiennent du *sucre* (saccharose) en quantité notable.

GROSSESSE, ALLAITEMENT ET NOUVEAU-NÉ

Ce médicament ne contient que des substances présumées sans danger pendant la grossesse ou l'allaitement. Néanmoins, ne l'utilisez pas de façon prolongée sans l'avis de votre pharmacien ou de votre médecin.

MODE D'EMPLOI ET POSOLOGIE

Le contenu des ampoules doit être dilué dans un peu d'eau et pris au début des repas.

Posologie usuelle :

- Adulte : 1 ampoule de 10 ml, 1 à 4 fois par jour.
- Enfant : 1 ampoule de 5 ml, 1 à 3 fois par jour.

La quantité de *vitamine* B12 contenue dans ce médicament est insuffisante pour traiter une *carence* vraie mais peut en masquer les signes.

Une fatigue persistante ne doit pas vous conduire à augmenter les prises de ce médicament : consultez votre médecin.

LYSO-6

lysozyme, vitamine B6

PRÉSENTATION

LYSO-6 : comprimé *sublingual* (blanc) ; boîte de 30 - Non remb.

Laboratoires Darcy

COMPOSITION

	p. comp.
Chlorhydrate de lysozyme	20 mg
Pyridoxine chlorhydrate (vitamine B6)	10 mg

INDICATIONS

Ce médicament d'usage local contient une *enzyme* et de la *vitamine* B6.

Il est utilisé dans le traitement des affections de la bouche (aphtes, *stomatite*, suites d'extraction dentaire) et de la gorge, sans fièvre.

ATTENTION

En cas d'apparition de fièvre, d'aggravation ou d'absence d'amélioration au bout de 5 jours, consultez votre médecin.

GROSSESSE, ALLAITEMENT ET NOUVEAU-NÉ

Ce médicament ne contient que des substances présumées sans danger pendant la grossesse ou l'allaitement. Néanmoins, ne l'utilisez pas de façon prolongée sans l'avis de votre pharmacien ou de votre médecin.

MODE D'EMPLOI ET POSOLOGIE

Laisser fondre les comprimés sous la langue.

Posologie usuelle :

6 à 8 comprimés, répartis dans la journée.

Certaines infections de la gorge nécessitent un traitement *antibiotique* pour éviter des complications ultérieures, cardiaques ou rénales : si les troubles persistent, consultez votre médecin.

EFFETS INDÉSIRABLES POSSIBLES

Rarement : réaction allergique.

LYSOCLINE

métacycline, lysozyme

PRÉSENTATION

LYSOCLINE : gélule (bleu et blanc) ; boîte de 12 - Remb. 65 % - Liste I

Laboratoires Parke-Davis

COMPOSITION

	p. gél.
Métacycline chlorhydrate	300 mg
Lysozyme chlorhydrate	50 mg

INDICATIONS

Ce médicament associe un *antibiotique* de la famille des *tétracyclines* et du lysozyme. Le lysozyme est un agent anti-infectieux qui facilite l'absorption de l'antibiotique.

Il est utilisé dans le traitement de diverses maladies infectieuses, notamment respiratoires et génitales.

CONTRE-INDICATIONS

Ce médicament ne doit pas être utilisé dans les cas suivants :

- *allergie* aux *tétracyclines*,
- enfant de moins de 8 ans (risque de coloration définitive des dents),
- association avec les *rétinoïdes*,
- grossesse,
- allaitement.

ATTENTION

Des précautions sont nécessaires en cas d'*insuffisance rénale* ou d'*insuffisance hépatique*.

Ce médicament est photosensibilisant : une exposition aux rayons *ultraviolets* peut provoquer des réactions cutanées. Évitez toute exposition au soleil et n'omettez pas de signaler à votre médecin vos projets de vacances pendant la durée du traitement.

L'emploi de *tétracyclines* périmées peut provoquer des lésions rénales.

INTERACTIONS MÉDICAMENTEUSES

Ce médicament ne doit pas être associé à ceux contenant des *rétinoïdes* (ROACCUTANE oral, SORIATANE...) : risque d'*hypertension intracrânienne*.

Il peut interagir avec d'autres médicaments, notamment les *anticoagulants* oraux : signalez tout autre traitement en cours à votre médecin ou à votre pharmacien.

GROSSESSE, ALLAITEMENT ET NOUVEAU-NÉ

Ce médicament peut provoquer des anomalies dentaires chez l'enfant à naître ou le *nourrisson* : son usage est contre-indiqué pendant la grossesse et l'allaitement.

MODE D'EMPLOI ET POSOLOGIE

Ce médicament doit être pris de préférence au moins une demi-heure avant ou deux heures après les repas.

Posologie usuelle :

- Adulte : 1 gélule, matin et soir.
- Enfant de plus de 8 ans : 75 à 150 mg par 10 kg et par jour, en 2 prises.

L'éventuelle impression de fatigue n'est pas due à l'*antibiotique*, mais à l'infection elle-même.

Le médecin peut prescrire un prélèvement pour identifier le *germe* responsable de l'infection et tester sa sensibilité aux antibiotiques. Le résultat de cet examen peut être faussé en cas d'automédication préalable : un avis médical est toujours préférable avant la prise d'antibiotiques.

Une diminution de la fièvre ou une disparition des troubles ne sont pas synonymes de guérison : la durée du traitement doit absolument être respectée pour éviter les rechutes.

EFFETS INDÉSIRABLES POSSIBLES

Troubles digestifs : nausée, diarrhée.

Allergie cutanée.

Réaction de *photosensibilisation* : rougeurs cutanées dues à une exposition aux rayons *ultraviolets*.

LYSOFON collutoire

aurine tricarboxylate d'ammonium

PRÉSENTATION

LYSOFON : *collutoire* arôme menthe ; flacon pressurisé à l'azote 30 ml - Remb. 35 %

Laboratoires Lafon

COMPOSITION

	p. 100 ml
Aurine tricarboxylate d'ammonium	100 mg
Menthol	+
Alcool à 95°	+

INDICATIONS

Ce *collutoire* possède une action *antalgique*.

Il est utilisé dans le *traitement d'appoint* des infections de la bouche et de la gorge.

CONTRE-INDICATIONS

Ce médicament ne doit pas être utilisé chez l'enfant de moins de 30 mois.

ATTENTION

Les traitements locaux (*gargarisme*, *collutoire*, pastille) n'agissent que superficiellement ; dans le cas d'infection profonde (angines...), un autre mode de traitement est nécessaire pour éviter des complications ultérieures, cardiaques ou rénales.

L'usage prolongé de ce médicament n'est pas souhaitable ; il peut modifier l'équilibre microbien naturel de la gorge et favoriser l'apparition de *candidose*.

En l'absence d'amélioration au bout de 5 jours, en cas d'apparition de fièvre : consultez votre médecin.

GROSSESSE, ALLAITEMENT ET NOUVEAU-NÉ

L'effet de ce médicament pendant la grossesse ou l'allaitement est mal connu. L'évaluation du risque éventuel lié à son utilisation est individuelle : demandez conseil à votre pharmacien ou à votre médecin.

MODE D'EMPLOI ET POSOLOGIE

Posologie usuelle :

- Adulte et enfant de plus de 30 mois : 3 à 6 pulvérisations par jour.

Chez le jeune enfant, la pulvérisation peut provoquer un spasme du larynx : n'introduisez pas trop profondément l'embout dans sa bouche.

LYSOFON comprimé

aurine tricarboxylate d'ammonium, tétracaïne

PRÉSENTATION

LYSOFON : comprimé à sucer (rose) ; boîte de 30 - Remb. 35 %

Laboratoires Lafon

COMPOSITION

	p. comp.
Aurine tricarboxylate d'ammonium	1 mg
Tétracaïne chlorhydrate	0,1 mg

INDICATIONS

Ce médicament d'usage local possède des propriétés *anesthésiques*.

Il est utilisé dans le *traitement d'appoint* du mal de gorge sans fièvre et des affections douloureuses de la bouche.

CONTRE-INDICATIONS

Ce médicament ne doit pas être utilisé dans les cas suivants :

- *allergie* aux *anesthésiques* locaux,
- enfant de moins de 5 ans.

ATTENTION

L'usage prolongé de ce médicament n'est pas souhaitable : il est susceptible de modifier l'équilibre microbien naturel de la gorge (apparition de *candidose*).

Une surconsommation pourrait provoquer des troubles nerveux et cardiaques : respectez la *posologie*.

En cas d'apparition de fièvre, d'aggravation ou d'absence d'amélioration au bout de 5 jours, consultez votre médecin.

GROSSESSE, ALLAITEMENT ET NOUVEAU-NÉ

L'effet de ce médicament pendant la grossesse ou l'allaitement est mal connu. L'évaluation du risque éventuel lié à son utilisation est individuelle : demandez conseil à votre pharmacien ou à votre médecin.

MODE D'EMPLOI ET POSOLOGIE

Les comprimés doivent être sucés lentement sans être croqués.

Posologie usuelle :

- Adulte et enfant de plus de 5 ans : 5 à 7 comprimés par jour.

Chez l'enfant et les personnes âgées, évitez l'usage de ce médicament avant les repas : l'*anesthésique* local est susceptible de provoquer des troubles de la déglutition ; ceux-ci pourraient être à l'origine du passage d'aliments dans les *voies* respiratoires.

Certaines infections de la gorge nécessitent un traitement *antibiotique* pour éviter des complications ultérieures, cardiaques ou rénales : si les troubles persistent, consultez votre médecin.

LYSOPAÏNE ORL

bacitracine, suc de papayer, lysozyme

PRÉSENTATION

LYSOPAÏNE ORL SANS SUCRE : comprimé à sucer (blanc) ; boîte de 24 - Remb. 35 %

Laboratoires Boehringer Ingelheim France

COMPOSITION

	p. comp.
Bacitracine	200 UI
Suc de papayer	2 mg
Lysozyme chlorhydrate	5 mg
Essence de menthe poivrée	+

INDICATIONS

Ce médicament d'usage local contient un *antibiotique* et des *enzymes*.

Il est utilisé dans le traitement des affections de la bouche (aphtes, *stomatite*, suites d'extraction dentaire) et de la gorge, sans fièvre.

CONTRE-INDICATIONS

Ce médicament ne doit pas être utilisé chez l'enfant de moins de 30 mois.

ATTENTION

L'usage prolongé de ce médicament n'est pas souhaitable : il est susceptible de modifier l'équilibre microbien naturel de la gorge (apparition de *candidose*).

En cas d'apparition de fièvre, d'aggravation ou d'absence d'amélioration au bout de 10 jours, consultez votre médecin.

GROSSESSE, ALLAITEMENT ET NOUVEAU-NÉ

Ce médicament ne contient que des substances présumées sans danger pendant la grossesse ou l'allaitement. Néanmoins, ne l'utilisez pas de façon prolongée sans l'avis de votre pharmacien ou de votre médecin.

MODE D'EMPLOI ET POSOLOGIE

Laisser fondre lentement les comprimés sous la langue.

Posologie usuelle :

- Adulte et enfant de plus de 30 mois : 6 comprimés à sucer, répartis dans la journée.

Certaines infections de la gorge nécessitent un traitement spécifique pour éviter des complications ultérieures, cardiaques ou rénales : si les troubles persistent, consultez votre médecin.

EFFETS INDÉSIRABLES POSSIBLES

Rarement : réaction allergique.

M

MAALOX
hydroxydes d'aluminium
et de magnésium

PRÉSENTATION

MAALOX : comprimé (blanc) ; boîte de 40 - Remb. 65 %

MAALOX : suspension buvable (gel) arôme menthe ; boîte de 30 sachets (15 ml) - Remb. 65 %

MAALOX : suspension buvable (gel) arôme menthe ; flacon de 250 ml - Remb. 65 %

Laboratoires Bellon

COMPOSITION

	p. comp.	p. sachet	p. c. à s.
Aluminium hydroxyde	400 mg	523,5 mg	523,5 mg
Magnésium hydroxyde	400 mg	598,5 mg	598,5 mg

INDICATIONS

C'est un médicament qui appartient à la famille des *antiacides* d'action locale. Il agit en neutralisant les acides sécrétés par l'estomac.

Il est utilisé comme *traitement symptomatique* des douleurs dues aux brûlures, aigreurs de l'estomac ou de l'œsophage.

CONTRE-INDICATIONS

Ce médicament ne doit pas être utilisé en cas d'*insuffisance rénale* grave.

ATTENTION

Si les *symptômes* persistent malgré le traitement, consultez votre médecin.

INTERACTIONS MÉDICAMENTEUSES

Ce médicament peut interagir avec de nombreux autres médicaments en diminuant leur absorption : il convient de séparer les prises d'au moins 2 heures.

GROSSESSE, ALLAITEMENT ET NOUVEAU-NÉ

Les sels minéraux contenus dans ce médicament sont peu absorbés ; l'automédication est possible en cure courte ou ponctuelle pendant la grossesse ou l'allaitement.

MODE D'EMPLOI ET POSOLOGIE

Ce médicament sera pris de préférence après les repas ou au moment des douleurs.

La prise se fait habituellement au moment où l'estomac sécrète le plus d'acide, c'est-à-dire environ 1 heure et demie après le repas.

Posologie usuelle :

- 1 à 2 comprimés à croquer ou à sucer, 3 fois par jour ;
- 1 cuillère à soupe ou 1 sachet de suspension buvable, jusqu'à 6 fois par jour.

Agiter vigoureusement le flacon de suspension buvable avant l'emploi.

Une alimentation équilibrée, une mastication lente et l'élimination des aliments difficiles à digérer permettent souvent d'atténuer, voire de faire disparaître, les douleurs d'estomac qui ne sont pas liées à un *ulcère*.

Si vous êtes fumeur, la poursuite du tabagisme nuit à l'efficacité du traitement.

MAB PASTILLES

PRÉSENTATION

MAB PASTILLES : pastille (blanc) ; boîte de 80 - Non remb.

MAB PASTILLES : pastille (blanc) ; boîte de 120 - Non remb.

Laboratoires Whitehall

COMPOSITION

	p. past.
Magnésium carbonate	136,4 mg
Calcium carbonate	460 mg
Sodium bicarbonate	64 mg
Saccharose	557 mg

INDICATIONS

C'est un médicament qui appartient à la famille des *antiacides* d'action locale. Il agit en neutralisant les acides sécrétés par l'estomac.

Il est utilisé comme *traitement symptomatique* des douleurs, brûlures, aigreurs de l'estomac ou de l'œsophage.

CONTRE-INDICATIONS

Ce médicament ne doit pas être utilisé en cas d'*insuffisance rénale* grave.

ATTENTION

Des douleurs qui persistent peuvent être dues à une lésion du tube digestif : consultez votre médecin.

Ce médicament contient une quantité notable de *sucre* (saccharose).

GROSSESSE, ALLAITEMENT ET NOUVEAU-NÉ

L'automédication est possible en cure courte ou ponctuelle pendant la grossesse ou l'allaitement.

MODE D'EMPLOI ET POSOLOGIE

1 à 2 pastilles après chaque repas ou au moment des douleurs.

La prise se fait habituellement au moment où l'estomac sécrète le plus d'acide c'est-à-dire environ 90 minutes après le repas.

Une alimentation équilibrée, une mastication lente et l'élimination des aliments difficiles à digérer permettent souvent d'atténuer, voire de faire disparaître, les douleurs d'estomac qui ne sont pas liées à un *ulcère*.

Si vous êtes fumeur, la poursuite du tabagisme nuit à l'efficacité du traitement.

EFFETS INDÉSIRABLES POSSIBLES

Excès de calcium dans le sang, *insuffisance rénale*, en cas d'usage prolongé, à forte dose.

MADÉCASSOL comprimé
Centella asiatica

PRÉSENTATION

MADÉCASSOL 10 mg : comprimé sécable (blanc) ; boîte de 25 - Remb. 35 %

Laboratoires Syntex

COMPOSITION

	p. comp.
Centella asiatica, extrait	10 mg

INDICATIONS

Ce protecteur *vasculaire* stimule la formation du *collagène* dans la paroi des vaisseaux sanguins et dans la peau.

Il est utilisé dans le *traitement symptomatique* :

- des jambes lourdes, *œdèmes*, crampes, *impatiences* et autres troubles pouvant être en rapport avec une mauvaise circulation veineuse ou *lymphatique* ;
- des troubles de la cicatrisation.

ATTENTION

Ce médicament soulage, mais n'empêche pas l'aggravation de l'*insuffisance veineuse*, qui requiert des mesures spécifiques telles que la *contention élastique*.

GROSSESSE, ALLAITEMENT ET NOUVEAU-NÉ

L'effet de ce médicament pendant la grossesse ou l'allaitement est mal connu. L'évaluation du risque éventuel lié à son utilisation est individuelle : demandez conseil à votre pharmacien ou à votre médecin.

MODE D'EMPLOI ET POSOLOGIE

Ce médicament doit être pris avec un verre d'eau au cours des repas.

Posologie usuelle :
- Adulte : 1 ou 2 comprimés, 3 fois par jour.
- Enfant : 1 à 3 comprimés par jour.

> Une activité physique régulière et la surélévation du pied du lit permettent de faciliter la circulation veineuse et *lymphatique*.

EFFETS INDÉSIRABLES POSSIBLES

Rarement : nausées, réactions allergiques, douleurs d'estomac.

MADÉCASSOL poudre et onguent
Centella asiatica

PRÉSENTATION

MADÉCASSOL : poudre pour application locale ; flacon 2 g - Remb. 35 %

MADÉCASSOL : poudre pour application locale ; flacon 10 g - Non remb.

MADÉCASSOL : onguent ; tube 10 g - Remb. 35 %

MADÉCASSOL : onguent ; tube 25 g - Non remb.

Laboratoires Syntex

COMPOSITION

	poudre p. 100 g	onguent p. 100 g
Extrait titré de Centella asiatica	2 g	1 g
Talc	+	

INDICATIONS

Ce médicament d'usage local favorise la cicatrisation.

Il est utilisé dans le *traitement d'appoint* des brûlures et des plaies superficielles peu étendues, des *ulcères* de la jambe en cours de cicatrisation, et pour améliorer l'aspect de certaines cicatrices.

> **ATTENTION**
> Rincez abondamment en cas de contact accidentel avec les yeux.
> La poudre est bien adaptée au traitement des lésions suintantes mais elle ne doit pas être utilisée sur les lésions profondes.
> L'application de ce produit ne dispense en aucun cas du nettoyage et de la désinfection de la plaie.

GROSSESSE, ALLAITEMENT ET NOUVEAU-NÉ

Ce médicament ne contient que des substances présumées sans danger pendant la grossesse ou l'allaitement. Néanmoins, ne l'utilisez pas de façon prolongée sans l'avis de votre pharmacien ou de votre médecin.

MODE D'EMPLOI ET POSOLOGIE

Nettoyer et désinfecter la région à traiter avant l'application.

Onguent : étaler et masser pour le faire pénétrer.

Poudre : elle est plus adaptée aux lésions suintantes.

Posologie usuelle :

1 ou 2 applications par jour.

EFFETS INDÉSIRABLES POSSIBLES

Démangeaison, sensation de brûlure, *eczéma* de contact (présence de talc).

MADÉCASSOL TULGRAS
Centella asiatica

PRÉSENTATION

MADÉCASSOL TULGRAS : compresse de gaze stérile (10 cm x 10 cm) ; boîte de 5 - Remb. 65 %

Laboratoires Syntex

COMPOSITION

Compresse imprégnée (2 g/dm2) d'extrait titré de Centella asiatica à 1 % dans un excipient gras contenant de la lanoline.

INDICATIONS

Ce médicament est un pansement gras cicatrisant.

Il est utilisé dans le *traitement d'appoint* des brûlures et des plaies superficielles peu étendues, et des *ulcères* de la jambe en cours de cicatrisation.

> **ATTENTION**
> L'application de ce produit ne dispense en aucun cas du nettoyage et de la désinfection de la plaie.

GROSSESSE, ALLAITEMENT ET NOUVEAU-NÉ

Ce médicament ne contient que des substances présumées sans danger pendant la grossesse ou l'allaitement. Néanmoins, ne l'utilisez pas de façon prolongée sans l'avis de votre pharmacien ou de votre médecin.

MODE D'EMPLOI ET POSOLOGIE

Nettoyer et désinfecter la plaie avant d'appliquer les compresses imprégnées ; les recouvrir de gaze ou de coton cardé. Maintenir l'ensemble avec une bande.

Posologie usuelle :

Renouveler le pansement tous les jours.

EFFETS INDÉSIRABLES POSSIBLES

Démangeaison, sensation de brûlure, *eczéma* de contact (présence de lanoline).

MADÉCASSOL NÉOMYCINE HYDROCORTISONE
hydrocortisone, néomycine, Centella asiatica

PRÉSENTATION

MADÉCASSOL NÉOMYCINE HYDROCORTISONE : pommade ; tube 10 g - Remb. 35 % - Liste I

Laboratoires Syntex

COMPOSITION

	p. 100 g
Hydrocortisone acétate	1 g
Néomycine	0,35 g
Extrait titré de Centella asiatica	1 g

INDICATIONS

Ce médicament contient un *dermocorticoïde* d'activité modérée et un *antibiotique* de la famille des *aminosides*. Comme les autres médicaments contenant un dérivé de la *cortisone* à usage local, il freine le renouvellement et la multiplication des cellules de la peau et limite le suintement.

Cette pommade est utilisée pendant les 8 premiers jours du traitement des lésions inflammatoires de la peau ou de certaines plaies qui se sont infectées, afin d'éviter le développement exagéré de la cicatrice.

CONTRE-INDICATIONS

Ce médicament ne doit pas être utilisé dans les cas suivants :
- *allergie* aux *antibiotiques* de la famille des *aminosides* ;
- infections de la peau dues à un champignon ou à un *virus* ;
- plaies chroniques, *ulcère* de la jambe, *escarre* ;
- *rosacée* ;
- sous pansement étanche (occlusif).

> **ATTENTION**
> Cette pommade n'est pas destinée à traiter les infections bactériennes de la peau mais à traiter l'infection qui vient compliquer une lésion préexistante. Elle n'est pas adaptée au traitement des lésions situées près des yeux.
> Comme les autres *dermocorticoïdes*, ce médicament a souvent une action efficace et rapide sur les lésions de la peau ; il peut être tentant de le réutiliser, mais l'automédication expose à des risques importants : aggravation de certaines lésions, installation d'une *dépendance* (amélioration de moins en moins visible des lésions et recrudescence des *symptômes* à chaque arrêt de traitement) et altération durable de la peau.
> Suivez attentivement la prescription de votre médecin et n'hésitez pas à lui demander des explications.

GROSSESSE, ALLAITEMENT ET NOUVEAU-NÉ

L'effet de ce médicament pendant la grossesse ou l'allaitement est mal connu : seul votre médecin peut évaluer le risque éventuel de son utilisation dans votre cas.

MODE D'EMPLOI ET POSOLOGIE

Étaler la pommade en couche mince sur les lésions.

Posologie usuelle :

1 ou 2 applications par jour, pendant 8 jours au maximum.

> Ne conseillez pas, ne donnez pas ce médicament à un proche.
> Pensez à vous laver les mains après l'application.

EFFETS INDÉSIRABLES POSSIBLES

Compte tenu de la brièveté du traitement, ils sont peu fréquents :
- éruption de boutons ;
- développement anormal des poils, dessèchement, fragilisation et décoloration irrégulière de la peau ;
- *allergie* cutanée (néomycine).

MAG 2
magnésium

PRÉSENTATION

MAG 2 : solution buvable ; boîte de 30 ampoules 10 ml - Remb. 35 %

MAG 2 : poudre pour solution buvable ; boîte de 30 sachets - Remb. 35 %

Laboratoires Meram

COMPOSITION

	p. amp.	p. sach.
Magnésium pidolate	1,5 g	2,25 g
Soit magnésium	122 mg	184 mg

INDICATIONS

Ce médicament contient du magnésium, élément minéral indispensable au *métabolisme*.

Il est utilisé dans le traitement des *carences* en magnésium, notamment celles qui sont liées à la prise de *diurétiques*. Il peut être également utilisé dans le *traitement symptomatique* de la *spasmophilie*.

CONTRE-INDICATIONS

Ce médicament ne doit pas être utilisé en cas d'*insuffisance rénale* grave.

INTERACTIONS MÉDICAMENTEUSES

Ce médicament peut interagir avec d'autres médicaments en diminuant leur absorption digestive : signalez tout autre traitement en cours à votre médecin ou à votre pharmacien.

GROSSESSE, ALLAITEMENT ET NOUVEAU-NÉ

Ce médicament ne contient aucune substance connue pour être toxique chez la femme enceinte ou qui allaite.

MODE D'EMPLOI ET POSOLOGIE

Ce médicament doit être pris de préférence au moment des repas en 2 prises par jour.

Posologie usuelle :
- *carence* en magnésium :
  - Adulte : 1 ampoule buvable, 3 fois par jour, ou 1 sachet, 2 fois par jour.
  - Enfant : 1 ampoule buvable, 2 ou 3 fois par jour, ou 1 sachet, 1 ou 2 fois par jour.
- *spasmophilie* :
  - Adulte : 1 ampoule buvable, 3 fois par jour.

EFFETS INDÉSIRABLES POSSIBLES

Diarrhée, douleurs abdominales.

MAGNÉ-B6
magnésium, vitamine B6

PRÉSENTATION

MAGNÉ-B6 : comprimé (blanc) ; boîte de 50 - Remb. 35 %

MAGNÉ-B6 : solution buvable ; boîte de 10 ampoules 10 ml - Remb. 35 %

Laboratoires Millot-Solac

COMPOSITION

	p. comp.	p. amp.
Lactate de magnésium	470 mg	186 mg
Pidolate de magnésium		936 mg
Pyridoxine chlorhydrate (vitamine B6)	5 mg	10 mg
Soit magnésium	48 mg	100 mg
Sulfites		15 mg

INDICATIONS

Ce médicament est une association de magnésium et de *vitamine* B6, substances indispensables au *métabolisme*.

Il est utilisé dans le traitement des *carences* en magnésium, notamment celles qui sont liées à la prise de *diurétiques*. Il peut être également utilisé dans le *traitement symptomatique* de la *spasmophilie*.

CONTRE-INDICATIONS

Ce médicament ne doit pas être utilisé dans les cas suivants :
- *insuffisance rénale*,
- en association avec les médicaments contenant de la lévodopa.

ATTENTION

La solution buvable contient des *sulfites* en quantité notable.

INTERACTIONS MÉDICAMENTEUSES

Ce médicament ne doit pas être associé avec les médicaments contenant de la lévodopa seule (LARODOPA...) : risque d'annulation de leurs effets.

Il peut interagir avec d'autres médicaments en diminuant leur absorption digestive. Signalez tout autre traitement en cours à votre médecin ou à votre pharmacien.

GROSSESSE, ALLAITEMENT ET NOUVEAU-NÉ

Ce médicament ne contient aucune substance connue pour être toxique chez la femme enceinte ou qui allaite.

MODE D'EMPLOI ET POSOLOGIE

Les comprimés doivent être avalés avec un grand verre d'eau, de préférence au moment des repas.

Posologie usuelle :
- *carence* en magnésium :
  - Adulte : 6 comprimés ou 3 ampoules buvables par jour.
  - Enfant : 1 à 3 ampoules par jour selon l'âge.
- *spasmophilie* :
  - Adulte : 4 comprimés ou 2 ampoules buvables par jour.

EFFETS INDÉSIRABLES POSSIBLES

Diarrhée, douleurs abdominales.

MAGNÉSIUM GLYCOCOLLE LAFARGE

PRÉSENTATION

MAGNÉSIUM GLYCOCOLLE LAFARGE : comprimé (blanc) ; boîte de 60 - Non remb.

MAGNÉSIUM GLYCOCOLLE LAFARGE : comprimé (blanc) ; boîte de 120 - Non remb.

Laboratoires Labomed

COMPOSITION

	p. comp.
Magnésium chlorure	121 mg
Acide aminoacétique (glycocolle)	190 mg
Soit magnésium	31 mg

INDICATIONS

Ce médicament contient du magnésium, élément minéral indispensable au *métabolisme*.

Il est utilisé dans le traitement des *carences* en magnésium, notamment celles qui sont liées à la prise des *diurétiques*. Il peut être également utilisé dans le *traitement symptomatique* de la *spasmophilie*.

CONTRE-INDICATIONS

Ce médicament ne doit pas être utilisé en cas d'*insuffisance rénale* grave.

INTERACTIONS MÉDICAMENTEUSES

Ce médicament peut interagir avec d'autres médicaments en diminuant leur absorption digestive : signalez tout autre traitement en cours à votre médecin ou à votre pharmacien.

GROSSESSE, ALLAITEMENT ET NOUVEAU-NÉ

Ce médicament ne contient aucune substance connue pour être toxique chez la femme enceinte ou qui allaite.

MODE D'EMPLOI ET POSOLOGIE

Ce médicament doit être pris de préférence au moment des repas.

Posologie usuelle :
- *carence* en magnésium : 10 à 14 comprimés par jour, répartis en 4 à 6 prises,
- *spasmophilie* : 8 à 12 comprimés par jour, répartis en 3 prises.

EFFETS INDÉSIRABLES POSSIBLES

Diarrhée, douleurs abdominales.

MAGNÉSPASMYL
magnésium

PRÉSENTATION

MAGNÉSPASMYL 50 : comprimé (blanc) ; boîte de 50 - Non remb.

MAGNÉSPASMYL : granulé arôme framboise ; boîte de 100 g (40 cuillères-dose 5 ml) - Non remb.

Laboratoires Gerbiol

COMPOSITION

	p. comp.	p. c. dose
Lactate de magnésium	500 mg	500 mg
Soit magnésium	48 mg	48 mg
Saccharose		+

INDICATIONS

Ce médicament contient du magnésium, élément minéral indispensable au *métabolisme*.

Il est utilisé dans le traitement des *carences* en magnésium, notamment celles qui sont liées à la prise de *diurétiques*. Il peut être également utilisé dans le *traitement symptomatique* de la *spasmophilie*.

CONTRE-INDICATIONS

Ce médicament ne doit pas être utilisé en cas d'*insuffisance rénale* grave.

INTERACTIONS MÉDICAMENTEUSES

Ce médicament peut interagir avec d'autres médicaments en diminuant leur absorption digestive : signalez tout autre traitement en cours à votre médecin ou à votre pharmacien.

GROSSESSE, ALLAITEMENT ET NOUVEAU-NÉ

Ce médicament ne contient aucune substance connue pour être toxique chez la femme enceinte ou qui allaite.

MODE D'EMPLOI ET POSOLOGIE

Ce médicament doit être avalé avec un grand verre d'eau, en 2 ou 3 prises par jour.

Les granulés sont adaptés aux enfants et aux personnes âgées.

Posologie usuelle :

- *carence* en magnésium :
  - Adulte : 2 comprimés ou 2 cuillères-dose de granulés, 3 fois par jour.
  - Enfant : 1 cuillère-dose de granulés, 3 fois par jour.
- *spasmophilie* :
  - Adulte : 2 comprimés ou 2 cuillères-dose de granulés, 2 fois par jour.
  - Enfant : 1 cuillère-dose de granulés, 2 fois par jour.

EFFETS INDÉSIRABLES POSSIBLES

Diarrhée, douleurs abdominales.

MAGNOGÈNE
magnésium

PRÉSENTATION

MAGNOGÈNE : comprimé (blanc) ; boîte de 60 - Remb. 35 %

MAGNOGÈNE : solution buvable arôme café ; flacon 125 ml - Remb. 35 %

Laboratoires Monal

COMPOSITION

	p. comp.	p. c. à c.
Chlorure de magnésium	200 mg	625 mg
Soit magnésium	28 mg	75 mg
Saccharose		2,25 g
Alcool à 90°		0,80 g

INDICATIONS

Ce médicament contient du magnésium, élément minéral indispensable au *métabolisme*.

Il est utilisé dans le traitement des *carences* en magnésium, notamment celles qui sont liées à la prise de *diurétiques*. Il peut être également utilisé dans le *traitement symptomatique* de la *spasmophilie*.

CONTRE-INDICATIONS

Ce médicament ne doit pas être utilisé en cas d'*insuffisance rénale* grave.

ATTENTION

La solution buvable contient du *sucre* (saccharose) en quantité notable.

INTERACTIONS MÉDICAMENTEUSES

Ce médicament peut interagir avec d'autres médicaments en diminuant leur absorption digestive : signalez tout autre traitement en cours à votre médecin ou à votre pharmacien.

GROSSESSE, ALLAITEMENT ET NOUVEAU-NÉ

Ce médicament ne contient aucune substance connue pour être toxique chez la femme enceinte ou qui allaite.

MODE D'EMPLOI ET POSOLOGIE

La solution buvable doit être diluée dans un peu d'eau.

Posologie usuelle :

- Adulte : 2 comprimés ou 1 cuillère à café de solution buvable, 2 ou 3 fois par jour.
- Enfant : 1 ou 2 cuillères à café de solution buvable par jour.

EFFETS INDÉSIRABLES POSSIBLES

Diarrhée, douleurs abdominales.

MAGNOSCORBOL
magnésium, vitamine C

PRÉSENTATION

MAGNOSCORBOL : comprimé (blanc) ; boîte de 50 - Non remb.

MAGNOSCORBOL : comprimé (blanc) ; boîte de 100 - Non remb.

Laboratoires Soekami Lefrancq

COMPOSITION

	p. comp.
Magnésium chlorure	300 mg
Soit magnésium	36 mg
Acide ascorbique (vitamine C)	50 mg

INDICATIONS

Ce médicament contient du magnésium et de la *vitamine* C, indispensables au *métabolisme*.

Il est utilisé dans le traitement des *carences* en magnésium, notamment celles qui sont liées à la prise de *diurétiques*. Il peut être également utilisé dans le *traitement symptomatique* de la *spasmophilie*.

CONTRE-INDICATIONS

Ce médicament ne doit pas être utilisé en cas d'*insuffisance rénale* grave.

INTERACTIONS MÉDICAMENTEUSES

Ce médicament peut interagir avec d'autres médicaments en diminuant leur absorption digestive : signalez tout autre traitement en cours à votre médecin ou à votre pharmacien.

GROSSESSE, ALLAITEMENT ET NOUVEAU-NÉ

Ce médicament ne contient aucune substance connue pour être toxique chez la femme enceinte ou qui allaite.

MODE D'EMPLOI ET POSOLOGIE

Ce médicament doit être pris de préférence au moment des repas.

Posologie usuelle :

- Adulte :
  - *carence* en magnésium : 8 à 11 comprimés par jour, à répartir en 4 à 6 prises ;
  - *spasmophilie* : 7 à 10 comprimés par jour, à répartir en 3 prises.

EFFETS INDÉSIRABLES POSSIBLES

Diarrhée, douleurs abdominales.

MAJEPTIL
thiopropérazine

PRÉSENTATION

MAJEPTIL 10 mg : comprimé sécable (jaune) ; boîte de 20 - Remb. 65 % - Liste I

MAJEPTIL : solution buvable 4 % ; flacon 10 ml (400 gouttes) - Remb. 65 % - Liste I

Laboratoires Specia

COMPOSITION

	p. comp.	p. gte
Thiopropérazine	10 mg	1 mg

INDICATIONS

C'est un *neuroleptique* qui appartient à la famille chimique des phénothiazines.

Il est utilisé dans le traitement des troubles nerveux accompagnés de troubles de l'*humeur*.

CONTRE-INDICATIONS

Ce médicament ne doit pas être utilisé dans les cas suivants :

- *allergie* aux phénothiazines,
- *glaucome* à angle fermé,
- risque de blocage des urines (*adénome de la prostate*),
- maladie de *Parkinson*,
- association à la lévodopa.

ATTENTION

La guérison peut nécessiter un traitement prolongé ; une amélioration survenant en début de traitement ne doit pas conduire à l'arrêter sans l'avis de votre médecin.

En cas de survenue d'une fièvre inexpliquée, suspendez la prise du médicament et alertez immédiatement votre médecin.

Des précautions sont nécessaires chez les personnes âgées et en cas d'*épilepsie*, de maladies cardiaques graves, d'*insuffisance rénale* ou d'*insuffisance hépatique*.

Évitez les boissons alcoolisées : augmentation du risque de somnolence.

Conducteur : ce médicament peut être responsable d'une somnolence ou d'une baisse de la vigilance.

INTERACTIONS MÉDICAMENTEUSES

Ce médicament ne doit pas être associé à ceux contenant de la lévodopa (LARODOPA, MODOPAR, SINEMET...) : risque d'annulation de leurs effets.

Il peut interagir avec d'autres médicaments, notamment les *antihypertenseurs*, l'atropine et ses dérivés, les *sédatifs* et certains pansements gastriques. Signalez tout autre traitement en cours à votre médecin ou à votre pharmacien.

GROSSESSE, ALLAITEMENT ET NOUVEAU-NÉ

Grossesse et nouveau-né :

Si une grossesse survient pendant le traitement, consultez votre médecin. Il appréciera le risque éventuel lié à l'utilisation de ce médicament dans votre cas.

Si le traitement est poursuivi jusqu'à l'accouchement, une surveillance médicale du *nouveau-né* est nécessaire.

Allaitement :

Les données actuellement disponibles ne permettent pas de savoir si ce médicament passe dans le lait maternel : l'allaitement est déconseillé.

MODE D'EMPLOI ET POSOLOGIE

La *posologie* est strictement individuelle ; elle est atteinte progressivement.

EFFETS INDÉSIRABLES POSSIBLES

Somnolence, nausées, vomissements, diarrhée.

Vertiges, baisse de la tension artérielle, bouche sèche, trouble de l'*accommodation*, rétention d'urine.

Constipation.

Tremblements, raideur anormale, grimaces involontaires.

Arrêt des règles, augmentation du volume des seins, écoulement de lait, prise de poids.

Certains signes doivent faire penser à un surdosage : état amorphe, rigidité musculaire extrême.

MALGIS

paracétamol

PRÉSENTATION

MALGIS 500 mg : comprimé sécable (blanc) ; boîte de 16 - Non remb.

MALGIS 500 mg : gélule (jaune et bleu foncé) ; boîte de 16 - Non remb.

Laboratoires SmithKline Beecham

COMPOSITION

	p. comp.	p. gél.
Paracétamol	500 mg	500 mg

INDICATIONS

Ce médicament est un *antalgique* et un *antipyrétique* qui contient du paracétamol.

Il est utilisé :
- pour faire baisser la fièvre,
- dans le traitement des affections douloureuses.

CONTRE-INDICATIONS

Ce médicament ne doit pas être utilisé dans les cas suivants :
- maladies graves du foie,
- enfant de moins de 6 ans (sauf prescription médicale).

ATTENTION

De nombreux médicaments contiennent du paracétamol : en tenir compte en cas de prise conjointe car le surdosage en paracétamol peut être toxique pour le foie.

GROSSESSE, ALLAITEMENT ET NOUVEAU-NÉ

Grossesse :

Les études scientifiques actuellement disponibles n'ont pas mis en évidence de problème particulier lors de l'utilisation chez la femme enceinte.

Allaitement :

Aux doses usuelles, l'usage de ce médicament est possible pendant l'allaitement.

MODE D'EMPLOI ET POSOLOGIE

Ce médicament peut être pris indifféremment pendant ou entre les repas.

Les comprimés peuvent être avalés avec un peu d'eau ou écrasés dans un peu d'eau sucrée.

Respecter un intervalle minimal de 4 heures entre 2 prises.

Posologie usuelle :
- Adulte : 1 ou 2 comprimés (ou gélules) 1 à 3 fois par jour. Ne pas dépasser 3 g (6 comprimés ou gélules) par jour.
- Enfant de 13 à 15 ans : 1 comprimé, 1 à 3 fois par jour.
- Enfant de 6 à 13 ans : 1/2 comprimé, 1 à 3 fois par jour.
- Insuffisant rénal : respecter un intervalle de 8 heures entre 2 prises.

Des sueurs abondantes accompagnent généralement la baisse de température lors du traitement des fièvres élevées. Ce phénomène est normal.

EFFETS INDÉSIRABLES POSSIBLES

Ce médicament est très bien supporté. Les effets indésirables sont rares : *allergies* cutanées essentiellement.

MANDOCARBINE

charbon, magnésie, mandélate de calcium

PRÉSENTATION

MANDOCARBINE : granulé ; boîte de 130 g - Remb. 35 %

Laboratoires Monal

COMPOSITION

	p. 100 g
Charbon végétal	15 g
Magnésie hydratée	3 g
Mandélate de calcium	5 g
Saccharose : 5,6 g/c. à s.	

INDICATIONS

C'est une association de substances qui contient du charbon activé et un *antiseptique*. Le charbon activé facilite la digestion en fixant les toxines et les gaz présents dans le tube digestif.

Ce médicament est essentiellement utilisé dans le *traitement symptomatique* des maladies *fonctionnelles* du côlon, notamment avec ballonnements, et dans le *traitement d'appoint* de certaines infections urinaires.

ATTENTION

Si les troubles persistent, consultez votre médecin.

Ce médicament contient du *sucre* (saccharose) en quantité notable.

INTERACTIONS MÉDICAMENTEUSES

Ce médicament peut interagir avec d'autres médicaments en diminuant leur absorption : il convient de séparer les prises d'au moins 2 heures.

GROSSESSE, ALLAITEMENT ET NOUVEAU-NÉ

L'effet de ce médicament pendant la grossesse ou l'allaitement est mal connu. L'évaluation du risque éventuel lié à son utilisation est individuelle : demandez conseil à votre pharmacien ou à votre médecin.

MODE D'EMPLOI ET POSOLOGIE

Posologie usuelle :

Ces granulés ne sont pas adaptés à l'enfant de moins de 3 ans.
- Adulte : 1 à 2 cuillères à soupe après les repas et au moment des malaises.
- Enfant de plus de 12 ans : 1 à 2 cuillères à café, 2 fois par jour.
- Enfant de 3 à 12 ans : 1/2 cuillère à café, 2 fois par jour.

EFFETS INDÉSIRABLES POSSIBLES

Selles de coloration noire.

MANICOL

mannitol

PRÉSENTATION

MANICOL : poudre orale ; boîte de 20 sachets (5 g) - Remb. 35 %

Laboratoires Jean-Paul Martin

COMPOSITION

	p. sachet
Mannitol	5 g

INDICATIONS

Ce médicament facilite le passage de la bile vers le tube digestif et permet une meilleure hydratation des selles.

Il est utilisé dans le *traitement symptomatique* de la constipation et des digestions difficiles.

CONTRE-INDICATIONS

Ce médicament ne doit pas être utilisé dans les cas suivants :
- obstruction des *voies biliaires*,
- rétrécissement du tube digestif.

GROSSESSE, ALLAITEMENT ET NOUVEAU-NÉ

Grossesse :

Ce médicament peut être utilisé chez la femme enceinte.

Allaitement :

Comme tous les laxatifs, ce médicament est susceptible de freiner la montée de lait.

MODE D'EMPLOI ET POSOLOGIE

Dissoudre la poudre dans un demi-verre d'eau froide.

Posologie usuelle :
- Adulte :
  - constipation : 2 sachets le matin à jeun et 2 sachets le soir au coucher ; le traitement peut être poursuivi à raison de 2 sachets le matin seulement ;
  - digestions difficiles : 1 à 3 sachets par jour, avant les repas.
- Enfant :
  - Enfant de 10 à 16 ans : 1 ou 2 sachets par jour ;
  - Enfant de 3 à 10 ans : 1 sachet par jour ;
  - Enfant de 6 mois à 3 ans : 1/2 sachet par jour.

Cure de 4 à 5 jours par semaine.

> Pour les jeunes enfants, la poudre peut être dissoute dans le biberon ou mélangée à un yaourt ou une compote...
>
> Ce traitement doit être accompagné de mesures simples d'hygiène alimentaire (régime riche en fibres et boissons abondantes) et d'exercices physiques : consultez votre médecin ou votre pharmacien.

EFFETS INDÉSIRABLES POSSIBLES

Diarrhée, douleurs abdominales.

MANIR
oxyphencyclimine

PRÉSENTATION

MANIR : comprimé sécable (blanc) ; boîte de 30 - Remb. 35 % - Liste II

Laboratoires Byk France

COMPOSITION

	p. comp.
Oxyphencyclimine chlorhydrate	10 mg

INDICATIONS

Ce médicament *antispasmodique* appartient à la famille des *atropiniques*. Il relâche les muscles du tube digestif et des *voies biliaires*.

Il est utilisé dans le *traitement symptomatique* des spasmes du tube digestif, des voies biliaires ou du côlon et en *traitement d'appoint* de l'*ulcère* de l'estomac ou du *duodénum*.

CONTRE-INDICATIONS

Ce médicament ne doit pas être utilisé dans les cas suivants :
- *glaucome* à angle fermé,
- risque de blocage des urines (*adénome de la prostate*...).

> **ATTENTION**
>
> La survenue d'une douleur violente à l'œil, accompagnée d'une rougeur et surtout d'une baisse de l'acuité visuelle, doit conduire à consulter d'urgence un ophtalmologiste : il peut s'agir d'un *glaucome* aigu.
>
> Des précautions sont nécessaires en cas d'*insuffisance hépatique*, d'*insuffisance rénale*, d'*insuffisance coronarienne*, de *troubles du rythme cardiaque*, d'*hyperthyroïdie*, de *bronchite chronique* grave ou d'*atonie intestinale*, notamment chez la personne âgée.
>
> Conducteur : ce médicament peut être responsable de troubles visuels.

INTERACTIONS MÉDICAMENTEUSES

Ce médicament peut interagir avec d'autres médicaments, notamment les *atropiniques*. Signalez tout autre traitement en cours à votre médecin ou à votre pharmacien.

GROSSESSE, ALLAITEMENT ET NOUVEAU-NÉ

L'effet de ce médicament pendant la grossesse ou l'allaitement est mal connu : seul votre médecin peut évaluer le risque éventuel de son utilisation dans votre cas.

MODE D'EMPLOI ET POSOLOGIE

Les comprimés doivent être avalés avec de l'eau.

Posologie usuelle :

Traitement de la crise douloureuse : 1 comprimé, puis 1 autre 12 heures après.

Traitement d'entretien : 1/2 comprimé, 1 ou 2 fois par jour.

EFFETS INDÉSIRABLES POSSIBLES

Effets *atropiniques* : sécheresse de la bouche, épaississement des sécrétions bronchiques, troubles visuels, accélération du cœur, constipation.

MANTADIX
amantadine

PRÉSENTATION

MANTADIX 100 mg : gélule (rouge clair) ; boîte de 50 - Remb. 65 % - Liste I

Laboratoires Dupont Pharma

COMPOSITION

	p. gél.
Amantadine chlorhydrate	100 mg

INDICATIONS

C'est un antiparkinsonien qui appartient à la famille des dopaminergiques.

Il est utilisé principalement dans la maladie de *Parkinson* et les autres *syndromes* parkinsoniens. Il est également utilisé comme *traitement préventif* de certaines formes de grippe à *virus* A.

CONTRE-INDICATIONS

Ce médicament ne doit pas être utilisé dans les cas suivants :
- *allergie* survenue lors d'une précédente utilisation,
- grossesse.

> **ATTENTION**
>
> Dans la maladie de *Parkinson*, vous ne devez pas interrompre le traitement brutalement.
>
> Des précautions sont nécessaires en cas d'*insuffisance cardiaque* ou d'*insuffisance rénale*, d'*œdème* des jambes, d'*antécédent* d'*épilepsie* ou chez la personne présentant des troubles psychiques graves.
>
> Conducteur : ce médicament peut être responsable de vertiges ou d'une baisse de la vigilance.

INTERACTIONS MÉDICAMENTEUSES

Ce médicament peut interagir avec d'autres médicaments. Signalez tout autre traitement en cours à votre médecin ou à votre pharmacien.

GROSSESSE, ALLAITEMENT ET NOUVEAU-NÉ

Grossesse :

L'effet de ce médicament sur l'enfant à naître est mal connu. Par mesure de prudence, son usage est contre-indiqué chez la femme enceinte ou susceptible de l'être.

Allaitement :

Ce médicament passe dans le lait maternel : l'allaitement est déconseillé.

MODE D'EMPLOI ET POSOLOGIE

Les comprimés doivent être avalés avec un peu d'eau.

Posologie usuelle :

Maladie de *Parkinson* : la *posologie* est strictement individuelle.

Grippe : ce médicament est réservé à l'adulte, et à l'enfant seulement à partir de 1 an ; conformez-vous strictement aux indications de votre médecin.

> Lors d'un traitement prolongé, la surélévation des jambes pendant la nuit permet de lutter contre l'*œdème* des jambes ; une *contention élastique* (bande ou bas à varices) mise en place avant le lever est recommandée pendant la journée.

EFFETS INDÉSIRABLES POSSIBLES

Fréquemment : *vertiges*, insomnie, nervosité.

Rarement : *dépression*, confusion des idées, anxiété, perte de l'appétit, nausées, bouche sèche, constipation, *hypotension orthostatique*, *œdème* des jambes lors d'un traitement prolongé.

MARIE ROSE

PRÉSENTATION

MARIE ROSE AÉROSOL : lotion ; flacon pressurisé - Non remb.

MARIE ROSE LOTION : solution pour application locale ; flacon 125 ml - Non remb.

MARIE ROSE : shampooing ; flacon 125 ml - Non remb.

Laboratoires Sterling Midy

COMPOSITION

	lotion p. 100 g	solution p. 100 ml	shamp. p. 100 g
Pyrèthres, extrait à 25 %			1,2 g
Pyréthrines naturelles	1,875 g	0,3 g	
Butoxyde de piperonyle	6,25 g		1 g
Acide acétique		4 g	

INDICATIONS

Ce médicament contient des substances actives sur les poux.

Il est utilisé pour détruire les poux et leurs œufs (lentes). De plus, la lotion contient de l'acide acétique (vinaigre), qui permet de détacher les lentes.

ATTENTION

Évitez l'emploi de ce médicament chez l'enfant de moins de 30 mois.

Rincez abondamment en cas de contact accidentel avec les yeux ou les *muqueuses*.

GROSSESSE, ALLAITEMENT ET NOUVEAU-NÉ

L'effet de ce médicament pendant la grossesse ou l'allaitement est mal connu. L'évaluation du risque éventuel lié à son utilisation est individuelle : demandez conseil à votre pharmacien ou à votre médecin.

MODE D'EMPLOI ET POSOLOGIE

- MARIE ROSE AÉROSOL : pulvériser la lotion à la base des cheveux par des pressions brèves, de façon à imprégner totalement la chevelure. Laisser agir pendant 10 minutes. Laver les cheveux avec le shampooing habituel, puis démêler les cheveux au peigne fin.
- MARIE ROSE LOTION : frictionner les cheveux pendant plusieurs minutes, puis les envelopper dans une serviette pendant 2 à 3 heures ou toute une nuit si l'infestation est importante. Démêler les cheveux au peigne fin, puis rincer abondamment à l'eau tiède.
- Shampooing : faire mousser les cheveux préalablement mouillés. Laisser agir 5 à 10 minutes puis rincer et peigner les cheveux avec un peigne fin.

Posologie usuelle :

- Aérosol : 1 application, à renouveler le lendemain.
- Lotion : 1 application par jour pendant quelques jours ; renouveler le traitement 1 semaine plus tard s'il y a encore des lentes.
- Shampooing : 1 application, à renouveler le lendemain.

Pour éviter une réinfestation, il est nécessaire que l'entourage suive le même traitement.

Les chapeaux, bonnets, écharpes doivent être désinfectés.

Les lentes fixées à plus de 2 cm du cuir chevelu sont généralement mortes, et leur présence ne signifie pas que le traitement a échoué. Leur élimination peut être facilitée en démêlant les cheveux avec un peigne trempé dans de l'eau vinaigrée.

EFFETS INDÉSIRABLES POSSIBLES

Irritation, rougeur en cas de contact avec les *muqueuses*.

MARINOL

PRÉSENTATION

MARINOL : sirop arôme pêche ; flacon 200 ml - Non remb.

Laboratoires Pharmadéveloppement

COMPOSITION

	p. c. à d.
Iode	7,7 mg
Algues marines	17,4 mg
Phosphate monocalcique	29,2 mg
Tanin	10,8 mg
Acide phosphorique à 75 %	48,3 mg
Soit calcium	4,64 mg
Soit phosphore	14,10 mg
Saccharose	4,10 g
Eau de mer	+

INDICATIONS

Ce médicament est un *antiasthénique* qui contient de l'iode et des sels minéraux (calcium, phosphore).

Il est utilisé dans le *traitement symptomatique* de la fatigue.

CONTRE-INDICATIONS

Ce médicament ne doit pas être utilisé en cas de **grossesse** (présence d'iode).

ATTENTION

Ce médicament contient du *sucre* (saccharose) en quantité notable.

INTERACTIONS MÉDICAMENTEUSES

Ce médicament peut interagir avec d'autres médicaments. Signalez tout autre traitement en cours à votre pharmacien ou à votre médecin.

GROSSESSE, ALLAITEMENT ET NOUVEAU-NÉ

Grossesse :

En raison de la présence d'iode, ce médicament est contre-indiqué pendant la grossesse.

Allaitement :

Les données actuellement disponibles ne permettent pas de savoir si ce médicament passe dans le lait maternel.

MODE D'EMPLOI ET POSOLOGIE

Le sirop peut être avalé pur ou dilué dans un peu d'eau, avant ou après les repas.

Posologie usuelle :

- Adulte : 2 ou 3 cuillères à soupe par jour.
- Enfant : 1 à 3 cuillères à dessert par jour.

Une fatigue persistante ne doit pas conduire à augmenter les prises de ce médicament : consultez votre médecin.

EFFETS INDÉSIRABLES POSSIBLES

En cas de prise prolongée : *hyperthyroïdie* ou *hypothyroïdie*, dues à la présence d'iode.

MARRUBÈNE

PRÉSENTATION

MARRUBÈNE À LA CODÉTHYLINE : sirop ; flacon 200 ml - Remb. 35 %

Laboratoires Lemoine

COMPOSITION

	p. c. à c.	p. c. à s.
Codéthyline chlorhydrate	2,5 mg	7,5 mg
Aunée, extrait	50 mg	150 mg
Marrube, extrait	50 mg	150 mg
Terpine	15 mg	45 mg
Benzoate de sodium	37,5 mg	112,5 mg
Titre alcoolique	12°	12°

INDICATIONS

Ce sirop *antitussif* contient de la codéthyline, associée notamment à des fluidifiants bronchiques (benzoate de sodium et terpine). La codéthyline a une action sédative sur le *système nerveux central* et notamment sur les centres de la toux.

Ce médicament est utilisé dans le *traitement symptomatique* de la toux et des affections bronchiques.

CONTRE-INDICATIONS

Ce médicament ne doit pas être utilisé dans les cas suivants :

- *asthme*,
- *insuffisance respiratoire*,
- enfant de moins de 5 ans.

ATTENTION

La toux est un *symptôme* qui peut révéler de nombreuses maladies : consultez votre médecin si elle persiste plus de quelques jours.

Ce médicament contient de l'*alcool* en quantité notable.

Évitez les boissons alcoolisées : augmentation du risque de somnolence.

Conducteur : ce médicament peut être responsable d'une somnolence ou d'une baisse de la vigilance.

INTERACTIONS MÉDICAMENTEUSES

Ce médicament peut interagir avec d'autres médicaments, notamment chez les personnes âgées. Signalez tout autre traitement en cours à votre médecin ou à votre pharmacien.

GROSSESSE, ALLAITEMENT ET NOUVEAU-NÉ

Grossesse :

Compte tenu de la présence de codéthyline, n'utilisez pas ce médicament pendant la grossesse sans prendre l'avis de votre pharmacien ou de votre médecin.

Allaitement :

Ce médicament est déconseillé pendant l'allaitement.

MODE D'EMPLOI ET POSOLOGIE

Les prises de ce médicament doivent être réparties au cours de la journée, à distance des repas.

Posologie usuelle :

- Adulte : 1 cuillère à soupe, 2 fois par jour.
- Enfant de 5 à 15 ans : 1 ou 2 cuillères à café, 2 fois par jour.

De nombreux médicaments, notamment certains *antitussifs* ou *antalgiques*, contiennent de la codéthyline ou une substance voisine, la codéine : un surdosage expose à une augmentation des effets indésirables.

Une toux nocturne aggravée par ce médicament peut être une toux allergique : demandez conseil à votre médecin.

Fumer, ou être exposé à la fumée des autres, nuit à l'efficacité du traitement.

Des mesures simples permettent de calmer les toux sèches : boissons chaudes et humidification de l'air ambiant.

EFFETS INDÉSIRABLES POSSIBLES

Constipation et plus rarement : somnolence, nausées, vomissements, sensation de vertige, *allergies* cutanées, ralentissement de la respiration.

MARSILID

iproniazide

PRÉSENTATION

MARSILID : comprimé quadrisécable (jaune) ; boîte de 30 - Remb. 65 % - Liste I

Laboratoires Roche

COMPOSITION

	p. comp.
Iproniazide phosphate	50 mg

INDICATIONS

C'est un *antidépresseur* qui appartient à la famille des *IMAO* non sélectifs.

Il est utilisé dans le traitement des *états dépressifs* de toute nature.

CONTRE-INDICATIONS

Ce médicament ne doit pas être utilisé dans les cas suivants :
- *insuffisance hépatique*,
- *phéochromocytome*,
- en association avec de nombreux médicaments ou certains aliments.

ATTENTION

Si vous souffrez d'une *insuffisance hépatique* ou d'une *insuffisance rénale*, prévenez votre médecin afin qu'il puisse adapter la *posologie*.

Ce médicament ne doit pas être associé à certains aliments (fromages fermentés, foies de volaille, extraits de levure, viandes faisandées...) ou boissons riches en caféine : risque d'élévation brutale de la tension artérielle.

Des maux de tête violents ou fréquents doivent conduire à faire un contrôle régulier de la tension artérielle.

Toute automédication est formellement déconseillée compte tenu des interactions médicamenteuses. Tout surdosage expose à de graves complications.

Le traitement sera interrompu 15 jours avant une opération.

Évitez les boissons alcoolisées : augmentation du risque de somnolence.

Conducteur : ce médicament peut être responsable d'une somnolence ou d'une baisse de la vigilance.

INTERACTIONS MÉDICAMENTEUSES

Ce médicament peut interagir avec de nombreux autres médicaments, notamment :
- ceux contenant du dextrométhorphane (*antitussifs*) : risque de très forte fièvre, de malaise cardiaque grave ou d'hyperexcitabilité ;
- les *amphétamines*, les *antidépresseurs* imipraminiques, le PROZAC, les dérivés de la réserpine, les médicaments contenant de l'heptaminol ou de la lévodopa (LARODOPA, MODOPAR, SINEMET), le DOLOSAL : risque d'élévation brutale de la tension artérielle.

En cas de remplacement de ce médicament par un autre antidépresseur ou un autre *IMAO*, il convient de respecter un intervalle d'au moins 15 jours. Signalez tout autre traitement en cours à votre médecin ou à votre pharmacien.

GROSSESSE, ALLAITEMENT ET NOUVEAU-NÉ

Compte tenu des nombreuses interactions médicamenteuses, l'usage de ce médicament est déconseillé pendant la grossesse et l'allaitement.

MODE D'EMPLOI ET POSOLOGIE

La *posologie* minimale efficace est atteinte progressivement ; une à trois semaines d'observation sont nécessaires avant de modifier la prescription.

La posologie est strictement individuelle.

L'efficacité des *antidépresseurs* n'est généralement pas immédiate. Un délai pouvant atteindre plusieurs semaines est parfois nécessaire pour que les effets bénéfiques se fassent sentir.

Les effets indésirables éventuels apparaissant en début de traitement ne doivent pas vous conduire à l'arrêter prématurément.

EFFETS INDÉSIRABLES POSSIBLES

Hypotension orthostatique, *vertiges*, maux de tête, constipation, difficultés à uriner, bouche sèche, sueurs.

Insomnie, ou excitation.

Polynévrite, *convulsions*, troubles du comportement.

Exceptionnellement : *hépatite*.

MARTIGÈNE

bromphéniramine, phényléphrine

PRÉSENTATION

MARTIGÈNE : collyre ; flacon 15 ml - Remb. 65 % - Liste II

Laboratoires CIBA Vision Ophthalmics

COMPOSITION

	p. 100 ml
Bromphéniramine maléate	0,1 g
Phényléphrine chlorhydrate	0,1 g

INDICATIONS

Ce collyre contient un *antihistaminique* antiallergique et un *vasoconstricteur* décongestionnant.

Il est utilisé pour traiter certaines *conjonctivites*, notamment allergiques.

CONTRE-INDICATIONS

Ce médicament ne doit pas être utilisé en cas de *glaucome* à angle fermé.

ATTENTION

Ce collyre peut provoquer un *glaucome* aigu par fermeture de l'angle chez les personnes prédisposées : œil rouge, dur, douloureux, et flou de la vision. Une consultation d'urgence dans un service spécialisé est alors nécessaire.

Du fait de la présence d'un *vasoconstricteur*, les instillations répétées doivent être évitées chez les personnes souffrant d'*angine de poitrine* ou d'*hypertension artérielle*.

Des instillations répétées peuvent provoquer une sensibilité anormale à la lumière, gênante en cas de conduite automobile.

INTERACTIONS MÉDICAMENTEUSES

Ce médicament peut interagir avec d'autres médicaments, notamment les antidépresseurs de la famille des *IMAO* non sélectifs (MARSILID, NIAMIDE...). Signalez tout autre traitement en cours à votre médecin ou à votre pharmacien.

GROSSESSE, ALLAITEMENT ET NOUVEAU-NÉ

L'effet de ce médicament pendant la grossesse ou l'allaitement est mal connu : seul votre médecin peut évaluer le risque éventuel de son utilisation dans votre cas.

MODE D'EMPLOI ET POSOLOGIE

Tirer la paupière inférieure vers le bas tout en regardant vers le haut. Déposer les gouttes de collyre entre la paupière et le globe oculaire (*cul-de-sac conjonctival*).

Posologie usuelle :

1 ou 2 gouttes, 3 fois par jour pendant 15 jours en moyenne.

Les lentilles de contact ne doivent pas être portées en cas d'irritation oculaire ; elles ne doivent pas être réutilisées avant l'arrêt complet du traitement.

L'application correcte du produit peut nécessiter une aide, notamment chez une personne handicapée ou âgée.

Ne conservez pas ce collyre plus de 15 jours après une première utilisation.

EFFETS INDÉSIRABLES POSSIBLES

Glaucome aigu par fermeture de l'angle chez les personnes prédisposées (voir ATTENTION).

Accélération du cœur, *palpitations* du fait du passage possible du *vasoconstricteur* dans le sang.

Sensibilité excessive à la lumière due à une dilatation de la pupille.

MATIGA

PRÉSENTATION

MATIGA : huile pour application locale ; flacon 30 ml - Non remb.

Laboratoires Pierre Fabre

COMPOSITION

	p. 100 g
Huile d'arachide hyperoxygénée	93 g
Parfum romarin-oranger	7 g

INDICATIONS

C'est une huile parfumée destinée à calmer les douleurs.

Elle est utilisée dans le traitement local des *tendinites* et des douleurs des muscles, des ligaments, ou des contusions.

ATTENTION

Évitez d'appliquer ce médicament sur les *muqueuses*, les plaies ou la peau lésée.

GROSSESSE, ALLAITEMENT ET NOUVEAU-NÉ

Ce médicament peut être utilisé pendant la grossesse ou l'allaitement.

MODE D'EMPLOI ET POSOLOGIE

Appliquer l'huile par un léger massage, ou imbiber une compresse d'huile et la maintenir sur la zone à traiter.

Posologie usuelle :

2 massages ou 1 application en compresse par jour.

EFFETS INDÉSIRABLES POSSIBLES

Réaction allergique locale imposant l'arrêt du traitement.

MAXAIR

pirbutérol

PRÉSENTATION

MAXAIR AUTOHALER : aérosol ; flacon pressurisé avec système d'inhalation (200 inhalations) - Remb. 65 % - Liste I

Laboratoires 3M Santé

COMPOSITION

	p. inhal.
Pirbutérol	200 µg

INDICATIONS

Ce médicament est un bronchodilatateur qui lutte contre la contraction anormale des muscles de la paroi des bronches. Il est apparenté à une substance naturelle, l'*adrénaline* ; mais contrairement à cette substance, il a peu d'effet sur le cœur.

Son action est rapide (quelques minutes) et se prolonge en moyenne pendant 5 heures.

Il est utilisé dans :
- le *traitement de la crise* d'*asthme*,
- le *traitement de fond* de l'asthme,
- certaines maladies respiratoires.

ATTENTION

Ce médicament ne convient pas aux enfants.

Si une crise d'*asthme* ne cède pas malgré des inhalations répétées, ne vous obstinez pas et consultez immédiatement votre médecin, ou à défaut appelez le 15 ou un service médical d'urgence.

GROSSESSE, ALLAITEMENT ET NOUVEAU-NÉ

L'effet de ce médicament pendant la grossesse ou l'allaitement est mal connu : seul votre médecin peut évaluer le risque éventuel de son utilisation dans votre cas.

MODE D'EMPLOI ET POSOLOGIE

L'inhalation du médicament doit se faire au cours d'une inspiration profonde, précédée si possible d'une expiration forcée. Il est ensuite nécessaire de retenir sa respiration pendant quelques instants.

Autohaler : agiter l'appareil avant usage. Mettre le levier en position « relevée » avant chaque inhalation et en position « fermée » après chaque inhalation.

Il ne faut jamais souffler dans l'appareil.

Posologie usuelle :

- Adulte :
  - *Traitement de la crise* : 1 ou 2 inhalations, que l'on peut renouveler après 1 minute si l'effet est insuffisant.
  - *Traitement de fond* : 2 inhalations, 3 ou 4 fois par jour, régulièrement réparties dans la journée.

Ne pas dépasser 12 inhalations par jour.

Lisez attentivement la notice du médicament avant son emploi.

N'hésitez pas à demander une démonstration du maniement de cet appareil à votre médecin ou à votre pharmacien.

Nettoyez l'embout buccal à l'eau, avant et après utilisation.

Le flacon est sous pression : conservez-le à l'abri de la chaleur et de la lumière.

EFFETS INDÉSIRABLES POSSIBLES

Les effets indésirables sont rares et bénins avec les formes inhalées. Leur survenue est favorisée par une augmentation de la *posologie*.

Tremblements des extrémités, accélération du cœur peuvent être observés à forte dose.

MAXEPA

huile de chair de poisson

PRÉSENTATION

MAXEPA : capsule transparente (jaune) ; boîte de 60 - Remb. 65 %

Laboratoires Pierre Fabre

COMPOSITION

	p. caps.
Huile naturelle de chair de poisson	1 000 mg
Acétate d'alpha-tocophérol	1,75 mg

INDICATIONS

Ce médicament contient des huiles de chair de poisson, réputées protectrices contre l'*athérosclérose* (par analogie notamment avec le faible taux d'infarctus chez les Esquimaux ou les Japonais).

Il est utilisé dans le traitement des excès de *triglycérides* persistant malgré un régime adapté et assidu.

INTERACTIONS MÉDICAMENTEUSES

Ce médicament peut interagir avec d'autres médicaments, notamment les *anticoagulants*. Signalez tout autre traitement en cours à votre médecin ou à votre pharmacien.

MODE D'EMPLOI ET POSOLOGIE

Les capsules peuvent être avalées avant, pendant, après ou en dehors des repas.

Posologie usuelle :

2 capsules, 3 fois par jour.

Le régime reste indispensable pendant toute la durée du traitement.

Un régime pauvre en graisses animales n'est pas simple à suivre : les erreurs sont fréquentes. Demandez conseil à votre médecin ou à un professionnel de la nutrition.

EFFETS INDÉSIRABLES POSSIBLES

Rares : nausées, renvois.

MAXICAÏNE

paréthoxycaïne

PRÉSENTATION

MAXICAÏNE : pastille ; boîte de 40 - Non remb.

Laboratoires Goupil

COMPOSITION

	p. past.
Paréthoxycaïne chlorhydrate	0,75 mg
Saccharose	185 mg
Essence de menthe	+

INDICATIONS

Ce médicament d'usage local contient un *anesthésique*.

Il est utilisé comme *traitement d'appoint* en cas de mal de gorge sans fièvre, d'aphtes et de petites plaies de la bouche.

CONTRE-INDICATIONS

Ce médicament ne doit pas être utilisé dans les cas suivants :
- *allergie* aux *anesthésiques* locaux,
- enfant de moins de 30 mois.

ATTENTION

Les médicaments contenant un *anesthésique* local ne doivent pas être utilisés sans avis médical chez l'enfant de moins de 6 ans.

Une surconsommation pourrait provoquer des troubles nerveux et cardiaques : respectez la *posologie*.

En cas d'apparition de fièvre, d'aggravation ou d'absence d'amélioration au bout de 10 jours, consultez votre médecin.

GROSSESSE, ALLAITEMENT ET NOUVEAU-NÉ

L'effet de ce médicament pendant la grossesse ou l'allaitement est mal connu. L'évaluation du risque éventuel lié à son utilisation est individuelle : demandez conseil à votre pharmacien ou à votre médecin.

MODE D'EMPLOI ET POSOLOGIE

Les pastilles doivent être sucées lentement sans être croquées.

Posologie usuelle :

- Adulte et enfant de plus de 30 mois : 6 à 12 pastilles par jour.

Chez l'enfant et les personnes âgées, évitez l'usage de ce médicament avant les repas : l'*anesthésique* local est susceptible de provoquer des troubles de la déglutition ; ceux-ci pourraient être à l'origine du passage d'aliments dans les *voies* respiratoires.

Certaines infections de la gorge nécessitent un traitement *antibiotique* pour éviter des complications ultérieures, cardiaques ou rénales : si les troubles persistent, consultez votre médecin.

EFFETS INDÉSIRABLES POSSIBLES

En cas de réaction allergique cutanée, arrêtez le traitement.

MAXIDEX

dexaméthasone

PRÉSENTATION

MAXIDEX : collyre ; flacon compte-gouttes 3 ml - Remb. 65 % - Liste I

Laboratoires Alcon

COMPOSITION

	p. 100 ml
Dexaméthasone	100 mg

INDICATIONS

C'est un collyre *anti-inflammatoire* qui contient un dérivé de la *cortisone*.

Il est utilisé dans le traitement des *conjonctivites* allergiques et de certaines maladies inflammatoires de l'œil.

CONTRE-INDICATIONS

Ce médicament ne doit pas être utilisé dans les cas suivants :
- *kératite* infectieuse, kératite virale à son début ;
- *tuberculose* oculaire, infection bactérienne des paupières ou de l'œil ;
- *antécédent* personnel ou familial de *glaucome*.

ATTENTION

Certaines contre-indications ne peuvent être détectées que par un ophtalmologiste : ne réutilisez pas ce médicament sans avis médical.

En cas de traitement prolongé, une surveillance ophtalmologique régulière est nécessaire.

Pour éviter de contaminer le collyre, ne mettez pas en contact l'extrémité du flacon avec l'œil et ne conservez pas ce médicament plus de 15 jours après une première utilisation.

Le port de lentilles de contact est déconseillé en cas d'irritation oculaire. Les lentilles souples ne devront être réutilisées qu'après l'arrêt complet du traitement car elles peuvent s'imprégner des substances actives contenues dans le collyre.

INTERACTIONS MÉDICAMENTEUSES

Ce collyre peut interagir avec d'autres collyres. Respectez un intervalle de 15 minutes entre deux instillations.

GROSSESSE, ALLAITEMENT ET NOUVEAU-NÉ

L'effet de ce médicament pendant la grossesse ou l'allaitement est mal connu : seul votre médecin peut évaluer le risque éventuel de son utilisation dans votre cas.

MODE D'EMPLOI ET POSOLOGIE

Tirer la paupière inférieure vers le bas et déposer une goutte de collyre entre la paupière et le globe oculaire (*cul-de-sac conjonctival*).

Posologie usuelle :

1 goutte, 3 à 6 fois par jour pendant 7 jours.

Dans les affections aiguës, les instillations peuvent être plus fréquentes. Une durée de traitement supérieure à 7 jours nécessite un contrôle oculaire par votre ophtalmologiste.

Une application correcte du produit peut nécessiter une aide, notamment chez l'enfant ou la personne handicapée ou âgée.

EFFETS INDÉSIRABLES POSSIBLES

Irritation ou réaction allergique locale.

En cas d'utilisation prolongée : *cataracte*, augmentation de la tension oculaire (*glaucome*), *inflammation* de la *cornée* (*kératite* superficielle).

MAXIDROL

dexaméthasone, néomycine, polymyxine B

PRÉSENTATION

MAXIDROL : collyre ; flacon compte-gouttes 3 ml - Remb. 65 % - Liste I

MAXIDROL : pommade ophtalmique ; tube 3,5 g - Remb. 65 % - Liste I

Laboratoires Alcon

COMPOSITION

	p. 100 ml	p. 100 g
Dexaméthasone	0,10 g	0,10 g
Néomycine	350 000 UI	350 000 UI
Polymyxine B sulfate	600 000 UI	600 000 UI

INDICATIONS

Ce médicament d'usage local contient un *corticoïde* et des *antibiotiques* dont un de la famille des *aminosides*.

Il est utilisé dans le traitement des infections de l'œil ou des paupières et de certaines maladies inflammatoires de l'œil.

CONTRE-INDICATIONS

Ce médicament ne doit pas être utilisé dans les cas suivants :
- *allergie* aux *antibiotiques* de la famille des *aminosides* ou à la polymyxine B ;
- *kératite* virale, *mycose* oculaire ;
- *tuberculose* oculaire ;
- *antécédent* personnel ou familial de *glaucome*.

ATTENTION

Certaines contre-indications ne peuvent être détectées que par un ophtalmologiste : ne réutilisez pas ce médicament sans avis médical.

En l'absence d'amélioration après quelques jours de traitement, n'hésitez pas à consulter votre médecin.

INTERACTIONS MÉDICAMENTEUSES

Ce médicament peut interagir avec d'autres collyres : respectez un intervalle de 15 minutes entre deux instillations.

GROSSESSE, ALLAITEMENT ET NOUVEAU-NÉ

L'effet de ce médicament pendant la grossesse ou l'allaitement est mal connu : seul votre médecin peut évaluer le risque éventuel de son utilisation dans votre cas.

MODE D'EMPLOI ET POSOLOGIE

Tirer la paupière inférieure vers le bas tout en regardant vers le haut et déposer les gouttes de collyre ou la pommade entre la paupière et le globe oculaire (*cul-de-sac conjonctival*).

Posologie usuelle :

Collyre : 1 goutte, 4 à 6 fois par jour, pendant 7 jours.

Pommade ophtalmique : appliquer l'équivalent d'un grain de riz, 1 ou 2 fois par jour.

Le port de lentilles de contact doit être immédiatement interrompu en cas d'infection oculaire et les lentilles ne doivent pas être réutilisées avant guérison complète.

La vision est troublée par l'application de la pommade. Ce trouble disparaît en quelques minutes.

L'application correcte du produit peut nécessiter une aide, notamment chez une personne handicapée ou âgée.

Ne conservez pas le collyre plus de 15 jours après une première utilisation.

EFFETS INDÉSIRABLES POSSIBLES

Irritation ou réaction allergique locale.

En cas d'utilisation prolongée : *cataracte*, augmentation de la *tension intraoculaire* (*glaucome*), *kératite* superficielle.

MAXILASE

alpha-amylase

PRÉSENTATION

MAXILASE 3 000 : comprimé (orange pâle) ; boîte de 24 - Remb. 35 %

MAXILASE : sirop arôme mandarine ; flacon 125 ml - Remb. 35 %

Laboratoires Millot-Solac

COMPOSITION

	p. comp.	p. 100 ml
Alpha-amylase (en unités de la pharmacopée européenne)	2 142,9	14 286
Saccharose		+

INDICATIONS

Ce médicament est destiné à lutter contre l'*œdème* et l'*inflammation*.

Il est utilisé dans le *traitement symptomatique* de l'inflammation aiguë de la gorge.

CONTRE-INDICATIONS

Ce médicament ne doit pas être utilisé en cas d'*allergie* à l'alpha-amylase.

ATTENTION

Le sirop contient du *sucre* (saccharose) en quantité notable : 3,2 g par cuillère à café et 9,6 g par cuillère à soupe.

GROSSESSE, ALLAITEMENT ET NOUVEAU-NÉ

Grossesse :

L'effet de ce médicament pendant la grossesse ou l'allaitement est mal connu. L'évaluation du risque éventuel lié à son utilisation est individuelle : demandez conseil à votre pharmacien ou à votre médecin.

MODE D'EMPLOI ET POSOLOGIE

Les comprimés doivent être pris au moment des repas.

Posologie usuelle :

- Adulte : 1 cuillère à soupe de sirop ou 1 comprimé, 3 fois par jour.
- Enfant de plus de 3 ans : 1 cuillère à dessert de sirop, 3 fois par jour.
- Enfant de moins de 3 ans : 1 cuillère à café, 3 fois par jour.

EFFETS INDÉSIRABLES POSSIBLES

Rares éruptions cutanées.

MAXILASE BACITRACINE

bacitracine, alpha-amylase

PRÉSENTATION

MAXILASE BACITRACINE : comprimé à sucer (blanc) ; boîte de 30 - Remb. 35 %

Laboratoires Millot-Solac

COMPOSITION

	p. comp.
Bacitracine	200 UI
Alpha-amylase	400 U ph. eur.

INDICATIONS

Ce médicament d'usage local contient un *antibiotique* et une *enzyme* destinée à lutter contre l'*œdème*.

Il est utilisé dans le traitement des affections de la bouche (aphtes, *stomatite*, suites d'extraction dentaire) et de la gorge, sans fièvre.

ATTENTION

L'usage prolongé de ce médicament n'est pas souhaitable : il est susceptible de modifier l'équilibre microbien naturel de la gorge (apparition de *candidose*).

En cas d'apparition de fièvre, d'aggravation ou d'absence d'amélioration au bout de 10 jours, consultez votre médecin.

GROSSESSE, ALLAITEMENT ET NOUVEAU-NÉ

L'effet de ce médicament pendant la grossesse ou l'allaitement est mal connu. L'évaluation du risque éventuel lié à son utilisation est individuelle : demandez conseil à votre pharmacien ou à votre médecin.

MODE D'EMPLOI ET POSOLOGIE

Les comprimés doivent être sucés sans être croqués.

Posologie usuelle :

6 comprimés à sucer, répartis dans la journée.

Certaines infections de la gorge nécessitent un traitement spécifique pour éviter des complications ultérieures, cardiaques ou rénales : si les troubles persistent, consultez votre médecin.

EFFETS INDÉSIRABLES POSSIBLES

Rarement : inflammation de la langue.

MAXI-TYRO

tyrothricine, paréthoxycaïne

PRÉSENTATION

MAXI-TYRO : pastille ; boîte de 40 - Non remb.

Laboratoires Goupil

COMPOSITION

	p. past.
Tyrothricine	1,00 mg
Paréthoxycaïne chlorhydrate	0,75 mg
Saccharose	183 mg
Essence de menthe	+

INDICATIONS

Ce médicament d'usage local contient un *antibiotique* et un *anesthésique*.

Il est utilisé comme *traitement d'appoint* en cas de mal de gorge sans fièvre, d'aphtes et de petites plaies de la bouche.

CONTRE-INDICATIONS

Ce médicament ne doit pas être utilisé dans les cas suivants :

- *allergie* aux *anesthésiques* locaux,
- enfant de moins de 30 mois.

ATTENTION

Les médicaments contenant un *anesthésique* local ne doivent pas être utilisés sans avis médical chez l'enfant de moins de 6 ans.

L'usage prolongé de ce médicament n'est pas souhaitable : il est susceptible de modifier l'équilibre microbien naturel de la gorge (apparition de *candidose*).

Une surconsommation pourrait provoquer des troubles nerveux et cardiaques : respectez la *posologie*.

En cas d'apparition de fièvre, d'aggravation ou d'absence d'amélioration au bout de 10 jours, consultez votre médecin.

GROSSESSE, ALLAITEMENT ET NOUVEAU-NÉ

L'effet de ce médicament pendant la grossesse ou l'allaitement est mal connu. L'évaluation du risque éventuel lié à son utilisation est individuelle : demandez conseil à votre pharmacien ou à votre médecin.

MODE D'EMPLOI ET POSOLOGIE

Les pastilles doivent être sucées lentement sans être croquées.

Posologie usuelle :

- Adulte et enfant de plus de 30 mois : 6 à 12 pastilles par jour.

Chez l'enfant et les personnes âgées, évitez l'usage de ce médicament avant les repas : l'*anesthésique* local est susceptible de provoquer des troubles de la déglutition ; ceux-ci pourraient être à l'origine du passage d'aliments dans les *voies* respiratoires.

Certaines infections de la gorge nécessitent un traitement spécifique pour éviter des complications ultérieures, cardiaques ou rénales : si les troubles persistent, consultez votre médecin.

EFFETS INDÉSIRABLES POSSIBLES

En cas de réaction allergique cutanée, arrêtez le traitement.

℞ = *médicament délivré uniquement sur ordonnance*

MÉDIATENSYL

urapidil

PRÉSENTATION

MÉDIATENSYL 30 mg : gélule (blanc et jaune) ; boîte de 30 - Remb. 65 % - Liste I

MÉDIATENSYL 60 mg : gélule (blanc et bleu clair) ; boîte de 30 - Remb. 65 % - Liste I

Laboratoires Inergie

COMPOSITION

	p. gél. 30 mg	p. gél. 60 mg
Urapidil	30 mg	60 mg

INDICATIONS

Ce médicament est un *antihypertenseur* qui appartient à la famille des *vasodilatateurs alphabloquants*.

Il est utilisé dans le traitement de l'*hypertension artérielle*.

ATTENTION

Ce médicament peut être responsable de troubles de l'équilibre et parfois de malaises avec chutes. Faites contrôler votre tension artérielle si vous êtes sujet à des étourdissements en vous levant brusquement.

Des précautions sont nécessaires chez la personne âgée.

INTERACTIONS MÉDICAMENTEUSES

Ce médicament peut interagir avec d'autres médicaments, notamment certains *antihypertenseurs* (*inhibiteurs calciques* : signalez tout autre traitement en cours à votre médecin ou à votre pharmacien.

GROSSESSE, ALLAITEMENT ET NOUVEAU-NÉ

L'effet de ce médicament pendant la grossesse ou l'allaitement est mal connu : seul votre médecin peut évaluer le risque éventuel de son utilisation dans votre cas.

MODE D'EMPLOI ET POSOLOGIE

Ce médicament peut être pris indifféremment au cours ou en dehors des repas.

Posologie usuelle :

60 à 120 mg par jour, répartis en 2 prises.

Le traitement médicamenteux ne dispense pas des mesures simples pouvant faire baisser la tension artérielle : activité physique régulière, modération de la consommation de boissons alcoolisées, lutte contre le surpoids.

EFFETS INDÉSIRABLES POSSIBLES

Vertiges, nausées, maux de tête, fatigue.

Exceptionnellement : *hypotension orthostatique*, *allergie* cutanée.

MEDIATOR

benfluorex

PRÉSENTATION

MEDIATOR : comprimé (blanc) ; boîte de 30 - Remb. 65 % - Liste I

Laboratoires Servier

COMPOSITION

	p. comp.
Benfluorex chlorhydrate	150 mg

INDICATIONS

C'est un *hypolipidémiant* qui abaisse le taux de *triglycérides* dans le sang. Il lutte également contre les *glycémies* excessives chez les diabétiques.

Il est utilisé en complément du régime dans les excès de *triglycérides* et dans le *diabète* modéré avec surpoids.

CONTRE-INDICATIONS

Ce médicament ne doit pas être utilisé en cas de *pancréatite* chronique.

ATTENTION

Conducteur : ce médicament peut être responsable d'une somnolence ou d'une baisse de la vigilance.

GROSSESSE, ALLAITEMENT ET NOUVEAU-NÉ

L'effet de ce médicament pendant la grossesse ou l'allaitement est mal connu : seul votre médecin peut évaluer le risque éventuel de son utilisation dans votre cas.

MODE D'EMPLOI ET POSOLOGIE

Ce médicament peut être pris indifféremment avant, pendant, ou en dehors des repas.

Posologie usuelle :

- Adulte : 3 comprimés par jour.

L'excès de *triglycérides* dans le sang provient généralement d'une prédisposition génétique, ou plus rarement d'un abus de *sucre* ou d'*alcool*.

EFFETS INDÉSIRABLES POSSIBLES

Troubles digestifs.

Fatigue, somnolence, *vertiges*.

MÉDIBRONC

carbocistéine

PRÉSENTATION

MÉDIBRONC Enfant : sirop arôme banane ; flacon 150 ml - Non remb.

MÉDIBRONC Adulte : solution buvable arôme caramel ; flacon 150 ml - Non remb.

Laboratoires Monot

COMPOSITION

	p. c. à s.	p. c. à c.
Carbocistéine	750 mg	100 mg
Saccharose	5,25 g	3,5 g

INDICATIONS

Ce médicament fluidifie les sécrétions bronchiques. Il facilite leur évacuation par la toux.

Il est utilisé dans les états d'encombrement des bronches, associés aux maladies bronchiques aiguës ou chroniques.

ATTENTION

Des précautions sont nécessaires en cas d'*ulcère* de l'estomac ou du *duodénum*.

N'utilisez pas d'*antitussif* en plus de ce médicament sans l'avis de votre médecin ou de votre pharmacien.

Si les sécrétions persistent au-delà de quelques jours, si elles se colorent ou si vous avez de la fièvre, consultez votre médecin.

Ce médicament contient du *sucre* (saccharose) en quantité notable.

GROSSESSE, ALLAITEMENT ET NOUVEAU-NÉ

L'effet de ce médicament pendant la grossesse ou l'allaitement est mal connu. L'évaluation du risque éventuel lié à son utilisation est individuelle : demandez conseil à votre pharmacien ou à votre médecin.

MODE D'EMPLOI ET POSOLOGIE

Posologie usuelle :

- Adulte : 1 cuillère à soupe de solution buvable, 3 fois par jour.
- Enfant de plus de 5 ans : 1 cuillère à café de sirop, 3 fois par jour.
- Enfant de moins de 5 ans : 1 cuillère à café de sirop, 2 fois par jour.

Fumer, ou être exposé à la fumée des autres, nuit à l'efficacité du traitement.

Il est important de lutter contre la sécheresse de l'air ambiant (humidificateur...) pour éviter le dessèchement des sécrétions. Il est également recommandé de boire beaucoup.

Des crachats fluides et abondants traduisent l'efficacité de ce médicament.

Chez l'enfant et la personne âgée, l'incapacité à évacuer les crachats peut justifier l'aide d'un kinésithérapeute, sur prescription médicale.

EFFETS INDÉSIRABLES POSSIBLES

Troubles digestifs : nausées, diarrhée.

MÉDIFLOR tisane antirhumatismale n° 2

PRÉSENTATION

MÉDIFLOR TISANE ANTIRHUMATISMALE N° 2 : tisane ; boîte de 125 g - Non remb.

MÉDIFLOR TISANE ANTIRHUMATISMALE N° 2 : tisane ; boîte de 24 sachets-dose - Non remb.

Laboratoires Monot

COMPOSITION

	p. 100 g
Bouleau	10 g
Frêne	10 g
Reine-des-prés	15 g
Fraisier	5 g
Pariétaire	10 g
Chiendent	10 g
Asperge	5 g
Genièvre	5 g
Uva ursi	5 g
Cassis	5 g
Tilleul aubier	10 g
Bourdaine	10 g

INDICATIONS

Cette tisane est un mélange de plantes.

Elle est utilisée dans le *traitement d'appoint* des douleurs rhumatismales et des douleurs musculaires.

ATTENTION

Cette tisane contient un *laxatif stimulant* (la bourdaine) ; son usage régulier peut entraîner une *dépendance* et des troubles intestinaux.

Ne prenez pas ce médicament en usage prolongé sans l'avis de votre médecin.

GROSSESSE, ALLAITEMENT ET NOUVEAU-NÉ

L'effet de ce médicament pendant la grossesse ou l'allaitement est mal connu. L'évaluation du risque éventuel lié à son utilisation est individuelle : demandez conseil à votre pharmacien ou à votre médecin.

MODE D'EMPLOI ET POSOLOGIE

Cette tisane doit être prise de préférence en dehors des repas.

1 ou 2 cuillères à café ou 1 sachet-dose en *infusion* dans une tasse d'eau bouillante. Laisser infuser 5 minutes.

Posologie usuelle :

1 tasse, 4 ou 5 fois par jour.

MÉDIFLOR tisane calmante, somnifère

PRÉSENTATION

MÉDIFLOR TISANE CALMANTE SOMNIFÈRE : tisane ; boîte de 100 g - Non remb.

MÉDIFLOR TISANE CALMANTE SOMNIFÈRE : tisane ; boîte de 24 sachets-dose - Non remb.

Laboratoires Monot

COMPOSITION

	p. 100 g
Laitue	5 g
Passiflore	10 g
Oranger	25 g
Aubépine	10 g
Mélisse	10 g
Millefeuille	10 g
Tilleul	10 g
Valériane	20 g

INDICATIONS

Cette tisane est une association de plantes sédatives.

Elle est utilisée dans le traitement des troubles légers du sommeil ou de la nervosité.

GROSSESSE, ALLAITEMENT ET NOUVEAU-NÉ

Ce médicament ne contient que des plantes présumées sans danger pendant la grossesse ou l'allaitement. Néanmoins, ne l'utilisez pas de façon prolongée sans l'avis de votre pharmacien ou de votre médecin.

MODE D'EMPLOI ET POSOLOGIE

1 cuillère à café ou 1 sachet-dose en *infusion* dans une tasse au moment des repas.

Posologie usuelle :

En cas de nervosité, de troubles légers du sommeil : 3 à 5 infusions par jour.

Dans les troubles du sommeil : 1 infusion à la fin du repas du soir et 1 infusion au coucher.

MÉDIFLOR tisane circulation du sang

PRÉSENTATION

MÉDIFLOR TISANE CIRCULATION DU SANG : tisane ; boîte de 125 g - Non remb.

MÉDIFLOR TISANE CIRCULATION DU SANG : tisane ; boîte de 24 sachets-dose - Non remb.

Laboratoires Monot

COMPOSITION

	p. 100 g
Marron d'Inde	10 g
Vigne rouge	10 g
Hysope	10 g
Valériane	5 g
Hamamélis	10 g
Cyprès, noix	10 g
Gui	5 g
Saule, feuilles	5 g
Mélisse	5 g
Aubépine	10 g
Bourdaine	20 g

INDICATIONS

Cette tisane associe plusieurs plantes protectrices pour les vaisseaux sanguins.

Elle est utilisée dans le *traitement symptomatique* des troubles pouvant être en rapport avec une mauvaise circulation veineuse : varices, engelures, *hémorroïdes*, *ménopause*...

ATTENTION

Ce médicament ne doit pas être utilisé sans avis médical dans les cas de maladies inflammatoires du côlon, et de constipation ou douleur abdominale due à une obstruction du tube digestif (présence de bourdaine).

Il soulage, mais n'empêche pas l'aggravation de l'*insuffisance veineuse*, qui requiert des mesures spécifiques telles que la *contention élastique*.

Il doit être utilisé de façon épisodique et en cure très brève : pas plus de 8 à 10 jours. Son usage régulier peut entraîner une *dépendance*, des troubles intestinaux graves, une perte de sels minéraux et notamment de *potassium*, pouvant être responsable de *troubles cardiaques* graves.

Arrêter le traitement en cas de diarrhée ou de douleurs abdominales et consultez votre médecin.

INTERACTIONS MÉDICAMENTEUSES

Ce médicament peut interagir avec d'autres médicaments, notamment ceux contenant de la *vincamine* et certains *antiarythmiques*. Signalez tout autre traitement en cours à votre médecin ou à votre pharmacien.

GROSSESSE, ALLAITEMENT ET NOUVEAU-NÉ

Ce médicament est déconseillé pendant la grossesse ou l'allaitement.

MODE D'EMPLOI ET POSOLOGIE

1 cuillère à café ou 1 sachet-dose en *infusion*, dans une tasse d'eau bouillante, avant ou entre les repas.

Posologie usuelle :

4 ou 5 tasses par jour.

Une activité physique régulière et la surélévation du pied du lit permettent de faciliter la circulation veineuse et *lymphatique*.

La constipation, la consommation de mets épicés et de vins riches en tanins favorisent les *hémorroïdes*.

EFFETS INDÉSIRABLES POSSIBLES

Diarrhée, douleurs abdominales dues à la présence de bourdaine.

MÉDIFLOR tisane diététique n° 1

PRÉSENTATION

MÉDIFLOR TISANE DIÉTÉTIQUE N° 1 : tisane ; boîte de 125 g - Non remb.

MÉDIFLOR TISANE DIÉTÉTIQUE N° 1 : tisane ; boîte de 24 sachets-dose - Non remb.

Laboratoires Monot

COMPOSITION

	p. 100 g
Fucus vesiculosus	20 g
Séné	20 g
Bourdaine	10 g
Romarin	10 g
Frêne	20 g
Hysope	10 g
Vigne rouge	10 g

INDICATIONS

Cette tisane contient un mélange de plantes dont certaines ont un effet laxatif et d'autres un effet *draineur*.

Elle est utilisée dans le *traitement d'appoint* des régimes amaigrissants.

CONTRE-INDICATIONS

Cette tisane ne doit pas être utilisée dans les cas suivants :
- enfant de moins de 15 ans,
- **allaitement.**

ATTENTION

Cette tisane contient des *laxatifs stimulants*, le séné et la bourdaine. Elle doit être utilisée de façon épisodique et en cure brève. Son usage régulier peut entraîner :
- une *dépendance*,
- des troubles intestinaux graves,
- une perte de sels minéraux et notamment de *potassium*, pouvant être à l'origine de troubles cardiaques.

Arrêter le traitement en cas de diarrhées ou de douleurs abdominales.

GROSSESSE, ALLAITEMENT ET NOUVEAU-NÉ

Grossesse :

Ce médicament est déconseillé pendant la grossesse.

Allaitement :

Ce médicament est contre-indiqué chez la femme qui allaite.

MODE D'EMPLOI ET POSOLOGIE

Cette tisane doit être prise de préférence le matin à jeun, dans l'après-midi et le soir au coucher.

Posologie usuelle :

- Adulte : 1 ou 2 cuillères à café ou 1 sachet-dose en *infusion* dans une tasse, 3 fois par jour.

La prise de ce médicament ne dispense pas d'une alimentation appropriée : parlez-en à votre médecin ou à votre pharmacien.

MÉDIFLOR tisane digestive n° 3

PRÉSENTATION

MÉDIFLOR TISANE DIGESTIVE N° 3 : tisane ; boîte de 125 g - Non remb.

MÉDIFLOR TISANE DIGESTIVE N° 3 : tisane ; boîte de 24 sachets-dose - Non remb.

Laboratoires Monot

COMPOSITION

	p. 100 g
Angélique	5 g
Anis vert	5 g
Aunée	10 g
Coriandre	10 g
Fenouil	10 g
Hysope	20 g
Lavande	5 g
Menthe	10 g
Oranger	15 g
Romarin	10 g

INDICATIONS

Cette tisane contient un mélange de plantes.

Elle est utilisée dans le *traitement d'appoint* des digestions difficiles.

GROSSESSE, ALLAITEMENT ET NOUVEAU-NÉ

Ce médicament ne contient que des plantes présumées sans danger pendant la grossesse ou l'allaitement. Néanmoins, ne l'utilisez pas de façon prolongée sans l'avis de votre pharmacien ou de votre médecin.

MODE D'EMPLOI ET POSOLOGIE

Cette tisane doit être prise de préférence à la fin des repas de midi et du soir.

Posologie usuelle :

- Adulte : 1 cuillère à café ou 1 sachet-dose en *infusion* dans une tasse, 2 fois par jour.

La prise de ce médicament ne dispense pas d'une alimentation appropriée : parlez-en à votre médecin ou à votre pharmacien.

MÉDIFLOR tisane diurétique n° 4

PRÉSENTATION

MÉDIFLOR TISANE DIURÉTIQUE N° 4 : tisane ; boîte de 150 g - Non remb.

MÉDIFLOR TISANE DIURÉTIQUE N° 4 : tisane ; boîte de 24 sachets-dose - Non remb.

Laboratoires Monot

COMPOSITION

	p. 100 g
Asperge	12 g
Fenouil	10 g
Chiendent	22 g
Uva ursi	8 g
Frêne	10 g
Reine-des-prés	4 g
Fraisier, racine	4 g
Guimauve, feuilles	8 g
Réglisse	22 g

INDICATIONS

Cette tisane est un mélange de plantes facilitant l'élimination urinaire.

Elle est notamment utilisée dans le *traitement d'appoint* des calculs des *voies* urinaires.

ATTENTION

En cas de persistance des *symptômes*, un changement de traitement peut se révéler nécessaire : consultez votre médecin.

GROSSESSE, ALLAITEMENT ET NOUVEAU-NÉ

Ce médicament ne contient que des plantes présumées sans danger pendant la grossesse ou l'allaitement. Néanmoins, ne l'utilisez pas de façon prolongée sans l'avis de votre pharmacien ou de votre médecin.

MODE D'EMPLOI ET POSOLOGIE

Cette tisane doit être prise de préférence le matin à jeun et à la fin des repas de midi et du soir.

1 à 2 cuillères à café ou 1 sachet-dose en *infusion* dans une tasse.

Posologie usuelle :

1 tasse, 3 fois par jour.

MÉDIFLOR tisane hépatique n° 5

PRÉSENTATION

MÉDIFLOR TISANE HÉPATIQUE N° 5 : tisane ; boîte de 125 g - Non remb.

MÉDIFLOR TISANE HÉPATIQUE N° 5 : tisane ; boîte de 24 sachets-dose - Non remb.

Laboratoires Monot

COMPOSITION

	p. 100 g
Boldo	20 g
Combretum	10 g
Aunée, racines	5 g
Romarin	10 g
Réglisse	15 g
Berberis	5 g
Mercurial	10 g
Mauve, feuilles	10 g
Séné folioles	15 g

INDICATIONS

Cette tisane est un mélange de plantes luttant contre la paresse du foie.

Elle est utilisée pour favoriser la digestion et lutter contre les fermentations du tube digestif.

CONTRE-INDICATIONS

Cette tisane contient du séné (*laxatif stimulant*), elle ne doit pas être utilisée dans les cas suivants :

- maladie inflammatoire du côlon ;
- constipation ou douleur abdominale due à une obstruction du tube digestif : rétrécissement intestinal, *fécalome* (bouchon de selles) ; enfant de moins de 15 ans ;
- allaitement.

ATTENTION

Cette tisane doit être utilisée de façon épisodique et en cure très brève : pas plus de 8 à 10 jours.

Son usage régulier peut entraîner :
- une *dépendance*,
- des troubles intestinaux graves,
- une perte de sels minéraux, et notamment de potassium, pouvant entraîner des troubles cardiaques graves.

Arrêter le traitement en cas de diarrhées ou de douleurs abdominales.

En cas de persistance des *symptômes*, un changement de traitement peut s'avérer nécessaire : consultez votre médecin.

INTERACTIONS MÉDICAMENTEUSES

Ce médicament peut interagir avec d'autres médicaments : signalez tout autre traitement en cours à votre médecin ou à votre pharmacien.

GROSSESSE, ALLAITEMENT ET NOUVEAU-NÉ

Grossesse :

Ce médicament est déconseillé pendant la grossesse.

Allaitement :

Ce médicament est contre-indiqué chez la femme qui allaite.

MODE D'EMPLOI ET POSOLOGIE

Cette tisane doit être prise de préférence le matin à jeun et à la fin des repas du midi et du soir.

1 cuillère à café ou 1 sachet-dose en infusion dans une tasse.

Posologie usuelle :

1 tasse, 3 fois par jour.

Chaque cure ne doit pas dépasser 10 jours.

MÉDIFLOR tisane hypotensive n° 6

PRÉSENTATION

MÉDIFLOR TISANE HYPOTENSIVE N° 6 : tisane ; boîte de 125 g - Non remb.

MÉDIFLOR TISANE HYPOTENSIVE N° 6 : tisane ; boîte de 24 sachets-dose - Non remb.

Laboratoires Monot

COMPOSITION

	p. 100 g
Olivier	30 g
Gui	10 g
Aubépine	10 g
Vigne rouge	5 g
Hamamélis	5 g
Marrube blanc	5 g
Oranger	10 g
Fumeterre	5 g
Frêne	10 g
Séné	10 g

INDICATIONS

Cette tisane contient un mélange de plantes.

Elle est utilisée dans le *traitement d'appoint* de l'*hypertension artérielle*.

CONTRE-INDICATIONS

Ce médicament ne doit pas être utilisé :
- chez l'enfant,
- pendant l'**allaitement**.

ATTENTION

L'*hypertension artérielle* peut être à l'origine de graves maladies cardio-vasculaires. Ce médicament ne saurait remplacer à lui seul le traitement de l'*hypertension artérielle* qui vous a été prescrit.

GROSSESSE, ALLAITEMENT ET NOUVEAU-NÉ

Ce médicament contient un *laxatif stimulant* (le séné) : il est déconseillé pendant la grossesse et l'allaitement.

MODE D'EMPLOI ET POSOLOGIE

Pour préparer l'*infusion*, ajouter 1 cuillère à café ou 1 sachet-dose par tasse d'eau bouillante et laisser infuser 10 minutes.

Posologie usuelle :

3 tasses par jour, 1 le matin à jeun et 1 avant les 2 repas.

Votre tension artérielle doit être l'objet de contrôles réguliers par votre médecin. Les appareils d'automesure de la tension artérielle, disponibles dans le commerce, ne sont pas tous homologués : demandez conseil à votre pharmacien.

Pour vous soigner,
préférez les conseils de votre médecin ou de votre pharmacien

MÉDIFLOR tisane laxative n° 7

PRÉSENTATION

MÉDIFLOR TISANE LAXATIVE N° 7 : tisane ; 24 sachets-dose - Non remb.

MÉDIFLOR TISANE LAXATIVE N° 7 : tisane ; boîte de 100 g - Non remb.

Laboratoires Monot

COMPOSITION

	p. 100 g
Séné	40 g
Frêne	20 g
Fenouil doux	10 g
Réglisse	10 g
Romarin	20 g

INDICATIONS

Cette tisane contient un mélange de plantes, notamment un *laxatif stimulant* : le séné. Elle augmente les sécrétions et la motricité de l'intestin.

Elle est utilisée comme *traitement symptomatique* de la constipation.

CONTRE-INDICATIONS

Ce médicament ne doit pas être utilisé dans les cas suivants :
- maladies inflammatoires du côlon ;
- constipation ou douleur abdominale due à une obstruction du tube digestif : rétrécissement intestinal, *fécalome* (bouchon de selles) ;
- enfant de moins de 12 ans, sauf sur prescription médicale.

ATTENTION

Ce médicament doit être utilisé de façon épisodique et en cure très brève : pas plus de 8 à 10 jours.

Son usage régulier peut entraîner :
- une *dépendance* ;
- des troubles intestinaux graves ;
- une perte de sels minéraux et notamment de *potassium*, pouvant entraîner des *troubles du rythme cardiaque* graves.

Arrêter le traitement en cas de diarrhée ou de douleurs abdominales.

INTERACTIONS MÉDICAMENTEUSES

Ce médicament peut interagir avec d'autres médicaments, notamment certains *antiarythmiques* et ceux contenant de la *vincamine*. Signalez tout autre traitement en cours à votre médecin ou à votre pharmacien.

GROSSESSE, ALLAITEMENT ET NOUVEAU-NÉ

Ce médicament est déconseillé pendant la grossesse ou l'allaitement.

MODE D'EMPLOI ET POSOLOGIE

Cette tisane peut être utilisée en *infusion*.

L'effet ne peut être obtenu qu'après 8 à 12 heures.

Posologie usuelle :

1 cuillère à café ou 1 sachet-dose par tasse.

Des mesures simples d'hygiène alimentaire et des exercices physiques sont à envisager avant d'utiliser un laxatif : parlez-en à votre médecin ou à votre pharmacien.

EFFETS INDÉSIRABLES POSSIBLES

Diarrhée, douleurs abdominales.

MÉDIFLOR tisane pectorale d'Alsace n° 8

PRÉSENTATION

MÉDIFLOR TISANE PECTORALE D'ALSACE N° 8 : tisane ; boîte de 100 g - Non remb.

MÉDIFLOR TISANE PECTORALE D'ALSACE N° 8 : tisane ; boîte de 24 sachets-dose - Non remb.

Laboratoires Monot

COMPOSITION

	p. 100 g
Mauve	3 g
Guimauve, fleurs	6 g
Coquelicot	3 g
Tussilage, fleurs	3 g
Bouillon-blanc	2 g
Pied-de-chat	4 g
Guimauve, plante	9 g
Tussilage, feuilles	5 g
Guimauve, racines	4 g
Souci	5 g
Serpolet	8 g
Lierre terrestre	4 g
Réglisse	23 g
Mélisse	3 g
Reine-des-prés	14 g
Chiendent	4 g

INDICATIONS

Cette tisane est un mélange de plantes, utilisé dans le *traitement d'appoint* de la toux, des affections respiratoires et des états grippaux.

ATTENTION

La toux est un *symptôme* qui peut révéler de nombreuses maladies : consultez votre médecin si elle persiste plus de quelques jours.

GROSSESSE, ALLAITEMENT ET NOUVEAU-NÉ

Ce médicament ne contient que des plantes présumées sans danger pendant la grossesse ou l'allaitement. Néanmoins, ne l'utilisez pas de façon prolongée sans l'avis de votre pharmacien ou de votre médecin.

MODE D'EMPLOI ET POSOLOGIE

En *infusion* : 1 ou 2 cuillères à café ou 1 sachet-dose dans une tasse d'eau chaude.

Posologie usuelle :

1 tasse le matin, à midi et au coucher.

MÉDROL
méthylprednisolone

PRÉSENTATION

MÉDROL 4 mg : comprimé sécable (blanc) ; boîte de 30 - Remb. 65 % - Liste I

MÉDROL 16 mg : comprimé sécable ; boîte de 20 - Remb. 65 % - Liste I

Laboratoires Upjohn

COMPOSITION

	p. comp.	p. comp.
Méthylprednisolone	4 mg	16 mg

INDICATIONS

C'est un *anti-inflammatoire* stéroïdien qui appartient à la famille des *corticoïdes* de synthèse (dérivés chimiques de la cortisone naturelle). Les propriétés de la *cortisone* sont nombreuses, mais ce produit est surtout utilisé pour son effet anti-inflammatoire puissant. Il présente, à efficacité égale, moins d'effets indésirables que la cortisone naturelle. Ces propriétés sont utiles dans le traitement de nombreuses affections comportant une composante inflammatoire ou allergique, mais aussi de certains cancers où ce médicament permet de lutter contre la prolifération cellulaire. Il diminue les réactions immunitaires et est donc utilisé pour prévenir le rejet des greffes d'organes.

Ce médicament est utilisé dans le traitement de certaines maladies graves : cancer, *sclérose en plaques*, *rhumatisme articulaire aigu* par exemple, mais également de maladies plus bénignes : *allergie*, crise d'*asthme*, *sinusite* aiguë, *otite*. Dans ces derniers cas, le traitement est souvent court.

CONTRE-INDICATIONS

Ce médicament ne doit pas être utilisé dans les cas suivants :
- infection ou *mycose* non contrôlée par un traitement adapté,
- *herpès* ou *zona* oculaires,
- *goutte*,
- *cirrhose* alcoolique grave,
- *hépatite* virale aiguë,
- *psychose*,
- *ulcère* de l'estomac ou du *duodénum* en évolution.

ATTENTION

Ce médicament ne doit jamais être employé ou réemployé en dehors d'une prescription médicale.

Si vous avez un *diabète*, vous risquez de le déséquilibrer si vous modifiez la quantité ou le rythme de la prise de *cortisone* sans avis médical.

Les personnes ayant des *antécédents* de *tuberculose*, d'*ulcère*, les personnes souffrant d'*insuffisance rénale*, de *colite* ulcéreuse, d'*hypertension artérielle*, d'*ostéoporose*, de *myasthénie* grave et les personnes sous *anticoagulants* doivent faire l'objet d'une prise en charge médicale particulière.

L'arrêt du traitement doit être progressif pour permettre aux glandes *surrénales* de reprendre la synthèse de cortisone naturelle. Un arrêt brutal expose par ailleurs à une rechute de la maladie traitée. Cette précaution n'est utile que lorsque la durée du traitement dépasse une semaine.

INTERACTIONS MÉDICAMENTEUSES

Ce médicament peut interagir avec d'autres médicaments et avec certains vaccins. Signalez tout autre traitement en cours à votre médecin ou à votre pharmacien.

GROSSESSE, ALLAITEMENT ET NOUVEAU-NÉ

Grossesse et nouveau-né :

Les études scientifiques actuellement disponibles n'ont pas mis en évidence de risque de malformation lors de l'utilisation de ce produit pendant la grossesse. Seul votre médecin peut apprécier la nécessité du traitement et son risque pendant la grossesse.

Lorsqu'une maladie grave impose un traitement prolongé chez la mère, une surveillance médicale du *nouveau-né* est nécessaire.

Allaitement :

Ce médicament passe dans le lait maternel : l'allaitement est déconseillé.

MODE D'EMPLOI ET POSOLOGIE

Ce médicament doit être absorbé au cours d'un repas, de préférence en une fois, le matin.

Lors des traitements prolongés, et dès que le bon contrôle de la maladie le permet, une prise alternée un jour sur deux est préférable, notamment chez l'enfant.

Posologie usuelle :

Fréquemment, la *posologie* initiale est élevée (*traitement d'attaque*) ; elle est ensuite diminuée jusqu'à la posologie minimale efficace (*traitement d'entretien*).

Tout traitement prolongé à forte dose doit être arrêté progressivement : suivre les indications du médecin.

Ce traitement nécessite :
- la diminution de la consommation de *sel*,
- la prise de *potassium* (prescrit par le médecin),
- un régime riche en protéines et en calcium, pauvre en *glucides*.

EFFETS INDÉSIRABLES POSSIBLES

Ils sont à craindre surtout lors d'un traitement prolongé et à forte dose :
- rétention d'eau et de sel, *hypertension artérielle* ;
- baisse du taux de *potassium*, à prévenir par un apport systématique ;
- modifications physiques fréquentes : gonflement du visage et du buste, apparition de poils, taches cutanées violacées, *acné* ;
- surexcitation, euphorie, troubles du sommeil ou, au contraire, *état dépressif* à l'arrêt du traitement ;
- faiblesse puis fonte musculaires, lentement réversibles ;
- *ostéoporose* (décalcification des os) parfois définitive ;
- troubles hormonaux et métaboliques : *diabète* (réversible), arrêt de la croissance chez l'enfant, troubles des règles chez la femme ;
- *troubles digestifs* : *gastrite*, *ulcère* ;
- troubles des yeux : certaines formes de *cataracte* et de *glaucome*.

MÉDRYSONE FAURE

médrysone

PRÉSENTATION

MÉDRYSONE FAURE : collyre ; flacon 5 ml - Remb. 65 % - Liste I

Laboratoires Faure

COMPOSITION

	p. 100 ml
Médrysone	1,05 g

INDICATIONS

C'est un collyre *anti-inflammatoire* qui contient un dérivé de la *cortisone*.

Il est utilisé dans le traitement des *conjonctivites* allergiques et de certaines maladies inflammatoires de l'œil.

CONTRE-INDICATIONS

Ce médicament ne doit pas être utilisé dans les cas suivants :
- *kératite* infectieuse, kératite virale à son début ;
- *tuberculose* oculaire, infection bactérienne des paupières ou de l'œil ;
- *antécédent* personnel ou familial de *glaucome*.

ATTENTION

Certaines contre-indications ne peuvent être détectées que par un ophtalmologiste : ne réutilisez pas ce médicament sans avis médical.

En cas de traitement prolongé, une surveillance ophtalmologique régulière est nécessaire.

Pour éviter de contaminer le collyre, ne mettez pas en contact l'extrémité du flacon avec l'œil et ne conservez pas ce médicament plus de 15 jours après une première utilisation.

Le port de lentilles de contact est déconseillé en cas d'irritation oculaire. Les lentilles souples ne devront être réutilisées qu'après l'arrêt complet du traitement car elles peuvent s'imprégner des substances actives contenues dans le collyre.

INTERACTIONS MÉDICAMENTEUSES

Ce collyre peut interagir avec d'autres collyres. Respectez un intervalle de 15 minutes entre deux instillations.

GROSSESSE, ALLAITEMENT ET NOUVEAU-NÉ

L'effet de ce médicament pendant la grossesse ou l'allaitement est mal connu : seul votre médecin peut évaluer le risque éventuel de son utilisation dans votre cas.

MODE D'EMPLOI ET POSOLOGIE

Tirer la paupière inférieure vers le bas et déposer une goutte de collyre entre la paupière et le globe oculaire (*cul-de-sac conjonctival*).

Posologie usuelle :

1 goutte, 3 à 6 fois par jour pendant 7 jours.

Dans les affections aiguës, les instillations peuvent être plus fréquentes. Une durée de traitement supérieure à 7 jours nécessite un contrôle oculaire par votre ophtalmologiste.

Une application correcte du produit peut nécessiter une aide, notamment chez l'enfant ou la personne handicapée ou âgée.

EFFETS INDÉSIRABLES POSSIBLES

Irritation ou réaction allergique locale.

En cas d'utilisation prolongée : *cataracte*, augmentation de la tension oculaire (*glaucome*), *inflammation* de la *cornée* (*kératite* superficielle).

MÉGABYL

diisopromine, sorbitol

PRÉSENTATION

MÉGABYL : granulé effervescent arôme citron ; boîte de 15 sachets - Non remb.

Laboratoires Janssen

COMPOSITION

	p. sachet
Diisopromine chlorhydrate	0,003 g
Sorbitol	5 g
Soit sodium	246 mg

INDICATIONS

Ce médicament est une association de deux substances actives : un *antispasmodique* qui agit en facilitant le passage de la bile vers le tube digestif et le sorbitol qui hydrate le contenu du tube digestif.

Ce médicament est utilisé dans le *traitement symptomatique* des digestions difficiles et de la constipation.

ATTENTION

Ce médicament contient du *sel* (sodium) en quantité notable.

En cas de douleurs abdominales répétitives ou prolongées, ce médicament ne doit pas être pris sans l'avis de votre médecin.

Des précautions sont nécessaires en cas d'obstruction des *voies biliaires*.

GROSSESSE, ALLAITEMENT ET NOUVEAU-NÉ

Grossesse :

L'effet de ce médicament pendant la grossesse est mal connu. L'évaluation du risque éventuel lié à son utilisation est individuelle : demandez conseil à votre pharmacien ou à votre médecin.

Allaitement :

Comme tous les laxatifs, ce médicament est susceptible de freiner les montées de lait.

MODE D'EMPLOI ET POSOLOGIE

Les sachets doivent être dilués dans un peu d'eau.

Posologie usuelle :

- Adulte :
  - digestions difficiles : 1 sachet avant les 3 repas ou au moment des troubles,
  - constipation : 1 sachet le soir au coucher et éventuellement le matin à jeun.
- Enfant :
  - digestions difficiles : 1/2 sachet avant les 3 repas ou au moment des troubles,
  - constipation : 1/2 sachet le soir au coucher et éventuellement le matin à jeun.

Ce traitement doit être accompagné de mesures simples d'hygiène alimentaire (régime riche en fibres et boissons abondantes) et d'exercices physiques : consultez votre médecin ou votre pharmacien.

EFFETS INDÉSIRABLES POSSIBLES

Diarrhée, douleurs abdominales.

MÉGAMAG

magnésium, vitamine C

PRÉSENTATION

MÉGAMAG : gélule (bleu et blanc) ; boîte de 40 - Remb. 35 %

Laboratoires Mayoly-Spindler

COMPOSITION

	p. gél.
Magnésium ascorbo-aspartate	375 mg
Stéarate de magnésium	7,5 mg
Soit magnésium	28 mg
Soit acide ascorbique (vitamine C)	175 mg

INDICATIONS

Ce médicament contient du magnésium et de la *vitamine* C, substances indispensables au *métabolisme*.

Il est utilisé dans le traitement des *carences* en magnésium, notamment celles qui sont liées à la prise de *diurétiques*.

CONTRE-INDICATIONS

Ce médicament ne doit pas être utilisé en cas d'*insuffisance rénale* grave.

INTERACTIONS MÉDICAMENTEUSES

Ce médicament peut interagir avec d'autres médicaments en diminuant leur absorption digestive : signalez tout autre traitement en cours à votre médecin ou à votre pharmacien.

GROSSESSE, ALLAITEMENT ET NOUVEAU-NÉ

Ce médicament ne contient aucune substance connue pour être toxique chez la femme enceinte ou qui allaite.

MODE D'EMPLOI ET POSOLOGIE

Les gélules doivent être avalées avec un verre d'eau, en plusieurs prises réparties au cours de la journée.

Posologie usuelle :

- Adulte et enfant de plus de 10 ans : 4 à 6 gélules par jour.
- Enfant de moins de 10 ans : 2 ou 3 gélules par jour.

EFFETS INDÉSIRABLES POSSIBLES

Diarrhée, douleurs abdominales.

MÉGASTHÉNYL

acide ribonucléique, manganèse

PRÉSENTATION

MÉGASTHÉNYL : solution buvable arôme cassis ; boîte de 20 ampoules 5 ml - Non remb.

Laboratoires Byk France

COMPOSITION

	p. amp.
Acide ribonucléique	438 mg
Manganèse gluconate	258,34 mg

INDICATIONS

Ce médicament est un *antiasthénique*.

Il est utilisé dans le *traitement symptomatique* de la fatigue.

GROSSESSE, ALLAITEMENT ET NOUVEAU-NÉ

Ce médicament ne contient que des substances présumées sans danger pendant la grossesse ou l'allaitement. Néanmoins, ne l'utilisez pas de façon prolongée sans l'avis de votre pharmacien ou de votre médecin.

MODE D'EMPLOI ET POSOLOGIE

Le contenu des ampoules doit être dilué dans un peu d'eau, et pris avant les repas.

Posologie usuelle :

- Adulte : 1 ou 2 ampoules par jour.

Une fatigue persistante ne doit pas vous conduire à augmenter les prises de ce médicament : consultez votre médecin.

MÉLADININE

méthoxalène

PRÉSENTATION

MÉLADININE : comprimé (blanc) ; boîte de 30 - Remb. 65 % - Liste I

MÉLADININE : solution faible pour application locale ; flacon 24 ml - Remb. 65 % - Liste I

MÉLADININE : solution forte pour application locale ; flacon 24 ml - Remb. 65 % - Liste I

Laboratoires Promedica

COMPOSITION

	p. comp.	sol. faible p. 100 ml	sol. forte p. 100 ml
Méthoxalène (ammoidine)	10 mg	100 mg	750 mg

INDICATIONS

Ce médicament appartient à la famille des psoralènes : ceux-ci augmentent fortement la sensibilité de la peau aux *ultraviolets* (soleil, lampe à bronzer).

Il est utilisé pour traiter le *vitiligo* et, dans le cadre de la *puvathérapie*, le *psoriasis*.

CONTRE-INDICATIONS

Ce médicament ne doit pas être utilisé dans les cas suivants :
- affection de la peau susceptible d'être aggravée par le soleil,
- *hypertension artérielle*,
- *insuffisance cardiaque*,
- *insuffisance hépatique*,
- *insuffisance rénale*,
- grossesse.

ATTENTION

Pour éviter les brûlures graves, il est nécessaire de respecter les durées prescrites d'exposition aux *ultraviolets*. Seul l'emploi d'un matériel médical permet de doser le rayonnement.

L'utilisation conjointe de substances photosensibilisantes est déconseillée : elles peuvent être contenues dans certains produits cosmétiques (parfum, lotion après-rasage) ou certains médicaments (quinolones, *sulfamides*, *tétracyclines*...). Signalez tout autre traitement en cours à votre pharmacien ou à votre médecin.

GROSSESSE, ALLAITEMENT ET NOUVEAU-NÉ

Grossesse :

Ce médicament est contre-indiqué chez la femme enceinte ou susceptible de l'être : son usage impose une contraception efficace pendant la durée du traitement.

Allaitement :

Les données actuellement disponibles ne permettent pas de savoir si ce médicament passe dans le lait maternel.

MODE D'EMPLOI ET POSOLOGIE

Dans tous les cas, ce médicament nécessite une surveillance médicale afin de mesurer le rayonnement délivré et d'évaluer la tolérance individuelle.

Vitiligo :
- les comprimés doivent être pris en 1 seule prise, 2 heures avant l'exposition au soleil ou aux *ultraviolets*. La durée d'exposition est habituellement croissante et dépend de la tolérance individuelle ;
- la solution est utilisée pour traiter les plaques lorsqu'elles sont peu nombreuses et faciles à protéger des ultraviolets, en dehors des durées d'exposition prévues. Le traitement commence par la solution faible et peut être suivi éventuellement par l'utilisation de la solution forte.

Psoriasis : les modalités du traitement sont strictement individuelles et une surveillance par un médecin spécialiste est nécessaire.

À chaque séance d'*ultraviolets*, couvrez les parties génitales, en particulier chez l'homme.

Dès que vous avez pris les comprimés (2 heures avant la séance) et pendant les 12 heures qui suivent :
- portez des lunettes noires filtrantes efficaces,
- ne vous exposez pas au soleil et appliquez une crème de protection solaire écran total sur les parties découvertes du corps.

EFFETS INDÉSIRABLES POSSIBLES

Rarement : nausées, douleur d'estomac, nervosité, démangeaisons.

MELLERIL

thioridazine

PRÉSENTATION

MELLERIL 10 mg : comprimé (bleu clair) ; boîte de 25 - Remb. 65 % - Liste I

MELLERIL 50 mg : comprimé (bleu clair) ; boîte de 25 - Remb. 65 % - Liste I

MELLERIL 100 mg : comprimé (vert clair) ; boîte de 25 - Remb. 65 % - Liste I

MELLERIL 2 mg/ml : suspension buvable arôme abricot ; flacon 200 ml - Remb. 65 % - Liste I

MELLERIL 40 mg/ml : solution buvable arôme orange ; flacon 30 ml (gouttes) - Remb. 65 % - Liste I

Laboratoires Sandoz

COMPOSITION

	p. comp.	p. comp.	p. comp.
Thioridazine chlorhydrate	10 mg	50 mg	100 mg

	p. c. à c.	p. ml (30 gouttes)
Thioridazine	10 mg	40 mg
Saccharose	1,5 g	

INDICATIONS

C'est un *neuroleptique* qui appartient à la famille chimique des phénothiazines.

Il est utilisé dans le traitement des troubles nerveux accompagnés de troubles de l'*humeur*, dans l'anxiété et certains troubles du sommeil.

CONTRE-INDICATIONS

Ce médicament ne doit pas être utilisé dans les cas suivants :
- *allergie* aux phénothiazines,
- *glaucome* à angle fermé,
- risque de blocage des urines (*adénome de la prostate*),
- association à la lévodopa.

ATTENTION

La guérison peut nécessiter un traitement prolongé ; une amélioration survenant en début de traitement ne doit pas vous conduire à l'arrêter sans avis médical.

En cas de survenue d'une fièvre inexpliquée, suspendez la prise du médicament et alertez immédiatement votre médecin.

Des précautions sont nécessaires chez les personnes âgées et en cas d'*épilepsie*, de maladies cardiaques graves, d'*insuffisance rénale* ou d'*insuffisance hépatique*.

Évitez les boissons alcoolisées : augmentation du risque de somnolence.

Conducteur : ce médicament peut être responsable d'une somnolence ou d'une baisse de la vigilance.

INTERACTIONS MÉDICAMENTEUSES

Ce médicament ne doit pas être associé à ceux contenant de la lévodopa (LARODOPA, MODOPAR, SINEMET...) : risque d'annulation de leurs effets.

Il peut interagir avec d'autres médicaments, notamment les *antihypertenseurs*, l'atropine et ses dérivés, les *sédatifs* et certains pansements gastriques. Signalez tout autre traitement en cours à votre médecin ou à votre pharmacien.

GROSSESSE, ALLAITEMENT ET NOUVEAU-NÉ

Grossesse et nouveau-né :

Si une grossesse survient pendant le traitement, consultez votre médecin. Il appréciera le risque éventuel lié à l'utilisation de ce médicament dans votre cas.

Si le traitement est poursuivi jusqu'à l'accouchement, une surveillance médicale du *nouveau-né* est nécessaire.

Allaitement :

Les données actuellement disponibles ne permettent pas de savoir si ce médicament passe dans le lait maternel : l'allaitement est déconseillé.

MODE D'EMPLOI ET POSOLOGIE

Les comprimés à 10 mg et la suspension buvable à 2 mg/ml conviennent mieux à l'enfant.

Posologie usuelle :

La *posologie* est strictement individuelle.

EFFETS INDÉSIRABLES POSSIBLES

Somnolence.

Tremblements, raideur anormale, grimaces involontaires.

Baisse de la tension artérielle, bouche sèche, troubles de l'*accommodation*, rétention d'urine.

Arrêt des règles, augmentation du volume des seins, écoulement de lait, prise de poids.

Photosensibilisation, éruption cutanée.

Certains signes doivent faire penser à un surdosage : état amorphe, hébété, rigidité musculaire extrême.

MENSUOSEDYL

paracétamol, anémone, aubépine

PRÉSENTATION

MENSUOSEDYL : comprimé (blanc) ; boîte de 12 - Non remb.

Laboratoires Plantes et Médecines

COMPOSITION

	p. comp.
Paracétamol	300 mg
Anémone, extrait sec	12 mg
Aubépine, extrait sec	16 mg

INDICATIONS

C'est un *antalgique* qui associe du paracétamol à des extraits de plantes.

Il est utilisé dans le *traitement symptomatique* des douleurs et des maux de tête liés aux règles.

CONTRE-INDICATIONS

Ce médicament ne doit pas être utilisé en cas de maladies graves du foie.

GROSSESSE, ALLAITEMENT ET NOUVEAU-NÉ

Ce médicament ne contient aucune substance connue pour être toxique chez la femme enceinte ou qui allaite.

MODE D'EMPLOI ET POSOLOGIE

Ce médicament peut être pris indifféremment au cours ou en dehors des repas. Les comprimés doivent être avalés avec un verre d'eau.

Respectez un intervalle minimal de 4 heures entre 2 prises.

Posologie usuelle :

- Adulte : 1 comprimé, 1 à 4 fois par jour ; ne pas dépasser 13 comprimés par jour.
- Adolescente : ne pas dépasser 5 comprimés par jour.

> De nombreux médicaments contiennent du paracétamol : en tenir compte en cas de prise conjointe, car le surdosage en paracétamol peut être toxique pour le foie.

EFFETS INDÉSIRABLES POSSIBLES

Les effets indésirables sont rarissimes : *allergies* essentiellement.

MÉPROBAMATE RICHARD

PRÉSENTATION

MÉPROBAMATE 200 mg : comprimé sécable (blanc) ; boîte de 50 - Remb. 65 % - Liste I

Laboratoires Richard

COMPOSITION

	p. comp.
Méprobamate	200 mg

INDICATIONS

Ce médicament est un *tranquillisant*.

Il est utilisé dans le traitement de l'anxiété lorsque celle-ci s'accompagne de troubles gênants.

CONTRE-INDICATIONS

Ce médicament ne doit pas être utilisé en cas d'*insuffisance respiratoire* grave.

ATTENTION

Des précautions sont à prendre en cas de *myasthénie* ou de *porphyrie*, ainsi que chez la personne âgée.

Une prise prolongée ou des doses importantes de ce médicament favorisent une *dépendance*. Respectez la *posologie* et la durée de traitement prescrites par votre médecin.

Utilisé seul, ce médicament n'est pas adapté au traitement des *états dépressifs*.

L'arrêt brutal de ce médicament expose à un *syndrome de sevrage* : réapparition de l'anxiété, agitation, irritabilité, insomnie, maux de tête, douleurs musculaires, tremblements, hallucinations. Il faut donc s'entourer de conseils médicaux pour diminuer progressivement les doses et espacer les prises, sur une période d'autant plus longue que le traitement a été prolongé.

Évitez les boissons alcoolisées : augmentation du risque de somnolence.

Conducteur : ce médicament peut être responsable d'une somnolence ou d'une baisse de la vigilance.

INTERACTIONS MÉDICAMENTEUSES

Ce médicament peut interagir avec d'autres, notamment les *sédatifs*. Signalez tout autre traitement en cours à votre médecin ou à votre pharmacien.

GROSSESSE, ALLAITEMENT ET NOUVEAU-NÉ

Grossesse et nouveau-né :

Par mesure de prudence, ce médicament est habituellement déconseillé pendant les 3 premiers mois de la grossesse. Toutefois, une grossesse survenant sous traitement ne justifie pas d'inquiétude particulière. Seul votre médecin peut apprécier le risque éventuel lié à l'utilisation de ce médicament dans votre cas.

Si le traitement est poursuivi jusqu'à l'accouchement, une surveillance médicale du *nouveau-né* est nécessaire.

Allaitement :

Ce médicament passe dans le lait maternel : l'allaitement est déconseillé.

MODE D'EMPLOI ET POSOLOGIE

Les comprimés doivent être avalés avec un verre d'eau.

Posologie usuelle :

Elle est strictement individuelle. Chez l'enfant, le traitement doit être de courte durée.

> Ce médicament vous a été prescrit dans une situation précise : ne le conseillez pas à une autre personne.
>
> Les *tranquillisants* ne sont pas la seule réponse aux troubles dus à l'anxiété : une meilleure hygiène de vie, une consommation modérée d'excitants (y compris les boissons alcoolisées) permettent aussi de lutter efficacement contre le stress.

EFFETS INDÉSIRABLES POSSIBLES

Somnolence en particulier chez la personne âgée, maux de tête, éruptions cutanées, *allergies*, *vertiges*, baisse de la tension artérielle.

MÉPRONIZINE

méprobamate, acéprométazine

PRÉSENTATION

MÉPRONIZINE : comprimé sécable (jaune) ; boîte de 30 - Remb. 65 % - Liste I

Laboratoires Sanofi Winthrop

COMPOSITION

	p. comp.
Méprobamate	400 mg
Acéprométazine	10 mg

INDICATIONS

C'est un somnifère qui associe un *tranquillisant* et un *antihistaminique* pour leurs propriétés sédatives.

Il est utilisé dans le traitement de l'insomnie.

CONTRE-INDICATIONS

Ce médicament ne doit pas être utilisé dans les cas suivants :

- *insuffisance respiratoire* grave,
- *glaucome* à angle fermé,
- risque de rétention des urines (*adénome de la prostate*...),
- enfant de moins de 15 ans.

ATTENTION

En cas d'apparition d'une fièvre inexpliquée, suspendez la prise de ce médicament, et alertez immédiatement votre médecin.

Toute douleur oculaire accompagnée d'un trouble de la vision peut révéler l'existence d'un *glaucome* : consulter d'urgence un ophtalmologiste.

Des précautions sont nécessaires en cas de *myasthénie*, de *porphyrie*, d'*insuffisance hépatique*, d'*insuffisance cardiaque*, de maladie de *Parkinson* d'*épilepsie* et chez les personnes âgées.

Une prise prolongée ou des doses importantes de ce médicament favorisent une *dépendance*. Son arrêt brutal expose à un *syndrome de sevrage*. Il faut y penser devant les signes suivants : réapparition de l'anxiété, agitation, irritabilité, insomnie, maux de tête, douleurs musculaires, tremblements, hallucinations. Il faut donc s'entourer de conseils médicaux pour diminuer progressivement les doses et espacer les prises, sur une période d'autant plus longue que le traitement a été prolongé.

Certaines insomnies peuvent traduire une *dépression* masquée et justifier un traitement spécifique.

Ce médicament peut être responsable d'une somnolence persistant pendant la journée, éventuellement aggravée par la prise de boissons alcoolisées.

Conducteur : ce médicament peut être responsable d'une somnolence ou d'une baisse de la vigilance.

INTERACTIONS MÉDICAMENTEUSES

Ce médicament peut interagir avec d'autres médicaments, notamment les *atropiniques* et les *sédatifs*. Signalez tout autre traitement en cours à votre médecin ou à votre pharmacien.

GROSSESSE, ALLAITEMENT ET NOUVEAU-NÉ

Grossesse et nouveau-né :

Par mesure de prudence, ce médicament est habituellement déconseillé pendant les 3 premiers mois de la grossesse. Seul votre médecin peut apprécier le risque éventuel lié à l'utilisation de ce médicament dans votre cas.

Si le traitement est poursuivi jusqu'à l'accouchement, une surveillance médicale du *nouveau-né* est nécessaire.

Allaitement :

Ce médicament passe dans le lait maternel : il est déconseillé pendant l'allaitement.

MODE D'EMPLOI ET POSOLOGIE

Les comprimés doivent être avalés avec un peu d'eau, de préférence 15 à 30 minutes avant le coucher.

Posologie usuelle :

- Adulte : 1 comprimé.

Dans tous les cas, le traitement doit être de courte durée.

> Les somnifères ne sont pas la seule réponse aux troubles du sommeil. Une meilleure hygiène de vie, une consommation modérée d'excitants (y compris les boissons alcoolisées) permettent aussi de lutter efficacement contre les insomnies.
>
> Respectez la durée du traitement et les doses prescrites par votre médecin.

EFFETS INDÉSIRABLES POSSIBLES

Somnolence pendant la journée.

Troubles digestifs, *vertiges*, maux de tête, troubles de l'*accommodation*, éruptions cutanées, *allergie*, *photosensibilisation*, spasme des bronches, *anurie*.

Mouvements anormaux, absence de règles, écoulement de lait par le mamelon, baisse de la tension artérielle, bouche sèche et constipation.

MÉRALOPS

cyaninosides

PRÉSENTATION

MÉRALOPS : comprimé (blanc) ; boîte de 20 - Non remb.

Laboratoires Théa

COMPOSITION

	p. comp.
Cyaninosides chlorure	200 mg

INDICATIONS

Ce médicament est destiné à améliorer la vision lorsque la luminosité est faible.

Il est utilisé dans le traitement des troubles de la vision nocturne, notamment chez les myopes.

GROSSESSE, ALLAITEMENT ET NOUVEAU-NÉ

L'effet de ce médicament pendant la grossesse ou l'allaitement est mal connu. L'évaluation du risque éventuel lié à son utilisation est individuelle : demandez conseil à votre pharmacien ou à votre médecin.

MODE D'EMPLOI ET POSOLOGIE

Les comprimés doivent être pris avec de l'eau, au moment des repas.

Posologie usuelle :

1 comprimé, 3 fois par jour.

MERCALM

dimenhydrinate, caféine

PRÉSENTATION

MERCALM : comprimé sécable (blanc) ; boîte de 20 - Non remb.

Laboratoires Phygiène

COMPOSITION

	p. comp.
Dimenhydrinate	50 mg
Caféine	10 mg

INDICATIONS

C'est un médicament qui appartient à la famille des *antihistaminiques* de type H1. La caféine compense l'effet *sédatif* de la substance active.

Il est principalement utilisé pour prévenir et traiter le mal des transports, mais aussi pour traiter les nausées et les vomissements.

CONTRE-INDICATIONS

Ce médicament ne doit pas être utilisé dans les cas suivants :

- *glaucome* à angle fermé,
- troubles de la vessie et de la prostate pouvant conduire à une rétention des urines : *adénome de la prostate* essentiellement.

> **ATTENTION**
>
> Évitez les boissons alcoolisées : augmentation du risque de somnolence.
>
> Conducteur : ce médicament peut être responsable d'une somnolence ou d'une baisse de la vigilance.

INTERACTIONS MÉDICAMENTEUSES

Ce médicament peut interagir avec d'autres médicaments. Signalez tout autre traitement en cours à votre médecin ou à votre pharmacien.

GROSSESSE, ALLAITEMENT ET NOUVEAU-NÉ

Grossesse :

L'effet de ce médicament sur l'enfant à naître est mal connu : par mesure de prudence, il est déconseillé pendant la grossesse.

Allaitement :

Ce médicament passe dans le lait maternel : il est déconseillé pendant l'allaitement.

MODE D'EMPLOI ET POSOLOGIE

Ce médicament est à prendre une demi-heure avant le départ avec un peu d'eau. Sa prise peut éventuellement être renouvelée au cours du voyage.

Posologie usuelle :

- Adulte : 1 à 2 comprimés sans dépasser 3 comprimés par 24 heures.
- Enfant de 5 à 15 ans : 1/2 à 1 comprimé par 24 heures.
- Enfant de 30 mois à 5 ans : 1/2 comprimé par 24 heures.

EFFETS INDÉSIRABLES POSSIBLES

Somnolence.

Sécheresse de la bouche, troubles visuels, dessèchement des sécrétions bronchiques.

Constipation, rétention d'urine.

Confusion des idées ou excitation chez la personne âgée.

MERCILON

éthinylestradiol, désogestrel

PRÉSENTATION

MERCILON : comprimé (blanc) ; boîte de 1 plaquette de 21 - Non remb. - Liste I

MERCILON : comprimé (blanc) ; boîte de 3 plaquettes de 21 - Non remb. - Liste I

Laboratoires Organon

COMPOSITION

	p. comp.
Éthinylestradiol	0,02 mg
Désogestrel	0,15 mg

INDICATIONS

C'est un *contraceptif* oral (pilule) qui contient un *estrogène* et un *progestatif*. Il est minidosé (moins de 0,04 mg d'estrogène) et monophasique (tous les comprimés contiennent la même quantité d'*hormones* et sont donc de la même couleur).

CONTRE-INDICATIONS

Ce médicament ne doit pas être utilisé dans les cas suivants :

- certaines maladies cardiaques ou *vasculaires*, notamment l'*hypertension artérielle* et les *antécédents* de *phlébite* ;
- certaines causes de saignement entre les règles ;
- *diabète*, excès de *cholestérol* ou de *triglycérides* ;
- maladie du foie grave ou récente, jaunisse chronique ou survenue lors d'une grossesse ;
- cancer du sein ou de l'utérus ainsi que certains autres cancers ;
- *tumeur de l'hypophyse*, excès de *prolactine* ;
- certaines maladies rares (*connectivite*, *porphyrie*, *otosclérose*, *otospongiose*) ;
- *insuffisance rénale* ;
- **grossesse ;**
- **allaitement.**

Dans tous les autres cas, le médecin est seul juge pour prescrire ce médicament, notamment en cas d'obésité, de *tumeur* bénigne du sein ou de l'utérus, de calculs de la vésicule biliaire.

> **ATTENTION**
>
> Chez la femme de plus de 35 ans ou chez la femme qui fume, le risque de complications cardio-vasculaires liées aux *estrogènes* augmente nettement.
>
> Tout *symptôme* pouvant faire craindre une complication impose l'arrêt du traitement : maux de tête importants et inhabituels, troubles de la vision, élévation franche de la tension artérielle.
>
> La survenue d'un léger saignement entre les règles (spotting) est fréquente chez les femmes prenant la pilule. Vous devez néanmoins en informer votre médecin.

Une surveillance médicale et des analyses sont nécessaires avant et pendant la contraception orale. Cette surveillance sera renforcée chez la femme souffrant d'*épilepsie*, de *migraine*, d'*asthme*, de *dépression*, ou ayant des *antécédents* familiaux de maladie *vasculaire*.

En cas d'opération ou d'immobilisation pour une période prolongée, un autre mode de contraception est préférable.

INTERACTIONS MÉDICAMENTEUSES

L'efficacité contraceptive de la pilule peut être diminuée par la prise de certains médicaments : les *barbituriques*, certains antiépileptiques (TÉGRÉTOL, DI-HYDAN...), les médicaments contenant de la rifampicine (RIMACTAN, RIFADINE...) ou de la griséofulvine (FULCINE, GRISÉFULINE...).

GROSSESSE, ALLAITEMENT ET NOUVEAU-NÉ

Ce médicament est contre-indiqué pendant la grossesse et l'allaitement.

MODE D'EMPLOI ET POSOLOGIE

Prendre régulièrement, et sans oubli, 1 comprimé par jour à la même heure pendant 21 jours consécutifs, avec un arrêt de 7 jours entre chaque plaquette de 21 comprimés.

En cas de première contraception orale ou de reprise d'une contraception interrompue temporairement, prendre le premier comprimé le premier jour des règles.

En cas de changement de *contraceptif*, prendre le premier comprimé :
- après un arrêt de 7 jours, si le précédent contraceptif comportait 21 comprimés par plaquette ;
- après un arrêt de 6 jours, si le précédent contraceptif comportait 22 comprimés par plaquette ;
- sans interruption, si le précédent contraceptif comportait 28 comprimés par plaquette.

En cas de suite d'accouchement ou d'interruption de grossesse : suivre les indications du médecin.

En cas d'oubli d'un comprimé :
- retard de moins de 12 heures : prendre le comprimé oublié et continuer à l'heure habituelle ;
- retard de plus de 12 heures : prendre le comprimé oublié et continuer à l'heure habituelle, mais la sécurité contraceptive n'est plus assurée et une méthode complémentaire doit être employée pour le cycle en cours (spermicide, préservatif, diaphragme).

En cas de vomissement ou de diarrhée survenant juste après la prise du comprimé (sans rapport avec la prise du *contraceptif*), prendre un autre comprimé. Si ces troubles durent plus de 12 heures, la sécurité contraceptive n'est plus assurée et une méthode complémentaire doit être employée pour le cycle en cours.

EFFETS INDÉSIRABLES POSSIBLES

Peu graves et n'empêchant pas la poursuite du traitement : nausées, maux de tête banals, prise de poids, tension modérée des seins, taches sombres sur le visage, jambes lourdes, irritation oculaire par les lentilles de contact, saignement entre les règles, diminution ou disparition des règles, *candidose* vaginale, irritabilité et tendance à la *dépression*.

Rares mais devant faire interrompre la prise de ce *contraceptif* : *hypertension artérielle*, accident cardiaque ou *vasculaire*, jaunisse, augmentation importante des lipides dans le sang, *diabète*, *nodule* ou douleur importante des seins, *migraine*, *vertiges*, troubles de la vision, aggravation d'une *épilepsie*, écoulement de lait.

Exceptionnellement, certaines pilules peuvent être responsables de calculs de la vésicule biliaire, de *tumeur* bénigne du foie ou de *mastopathie*.

MERCRYL LAURYLÉ

mercurobutol, sulfate de lauryle et de sodium

PRÉSENTATION

MERCRYL LAURYLÉ : solution moussante pour application locale (incolore ou légèrement jaune) ; flacon 300 ml - Remb. 65 %

MERCRYL LAURYLÉ : solution moussante pour application locale (incolore ou légèrement jaune) ; flacon 1 litre - Remb. 65 %

Laboratoires Menarini France

COMPOSITION

	p. 100 ml
Mercurobutol	0,01 g
Sulfate de lauryle et de sodium	4,08 g

INDICATIONS

C'est un *antiseptique* local appartenant à la famille des mercuriels.

Il est utilisé pour désinfecter la peau (notamment les plaies superficielles) et les *muqueuses* (organes génitaux...).

CONTRE-INDICATIONS

Ce médicament ne doit pas être utilisé en cas d'*allergie* aux dérivés mercuriels.

ATTENTION

N'utilisez pas ce médicament sur une large surface de peau sans avis médical : risque de passage du médicament dans le sang.

INTERACTIONS MÉDICAMENTEUSES

L'association de ce médicament à d'autres *antiseptiques* est déconseillée : risque d'annulation de leurs effets ou de formation de produits caustiques.

GROSSESSE, ALLAITEMENT ET NOUVEAU-NÉ

L'effet de ce médicament pendant la grossesse ou l'allaitement est mal connu. L'évaluation du risque éventuel lié à son utilisation est individuelle : demandez conseil à votre pharmacien ou à votre médecin.

MODE D'EMPLOI ET POSOLOGIE

La solution s'emploie pure ou diluée au 1/10 (par exemple, 1 bouchon de solution pour 200 ml d'eau). Elle s'applique à l'aide d'un morceau de coton propre ou d'une compresse, ou peut être versée directement sur l'endroit à traiter. En cas d'emploi de la solution pure, un rinçage à l'eau est nécessaire.

La solution diluée ne doit pas être conservée.

Tous les *antiseptiques* peuvent être contaminés par des *germes* : ne les conservez pas inutilement.

EFFETS INDÉSIRABLES POSSIBLES

Allergie cutanée.

MÉRÉPRINE

doxylamine

PRÉSENTATION

MÉRÉPRINE : sirop arôme cerise ; flacon 120 ml - Non remb.

Laboratoires Marion Merrell Dow

COMPOSITION

	p. c. à c.
Doxylamine succinate	6,25 mg
Saccharose	3,5 g

INDICATIONS

C'est un médicament qui appartient à la famille des *antihistaminiques*. Il possède des propriétés antiallergiques, sédatives et stimulantes de l'appétit.

Il est utilisé dans :
- le *traitement symptomatique* de certaines formes d'*allergie* (*rhinite*, *conjonctivite*...),
- le *traitement symptomatique* des démangeaisons,
- le manque d'appétit chez l'enfant,
- les troubles du sommeil chez l'adulte.

CONTRE-INDICATIONS

Ce médicament ne doit pas être utilisé dans les cas suivants :
- enfant de moins de 1 an,
- *glaucome* à angle fermé,
- risque de blocage des urines (*adénome de la prostate*...).

ATTENTION

Une perte de l'appétit ou une perte de poids ne doivent pas vous conduire à augmenter les doses ni à prolonger le traitement mais à consulter votre médecin afin d'en rechercher la cause.

Toute douleur oculaire accompagnée d'un trouble de la vision peut révéler l'existence d'un *glaucome* et nécessite d'urgence une consultation chez un ophtalmologiste.

Évitez les boissons alcoolisées : augmentation du risque de somnolence.

Ce médicament contient du *sucre* (saccharose) en quantité notable.

Conducteur : ce médicament peut être responsable d'une somnolence ou d'une baisse de la vigilance.

INTERACTIONS MÉDICAMENTEUSES

Ce médicament peut interagir avec d'autres médicaments, notamment les *sédatifs* et les *atropiniques*. Signalez tout autre traitement en cours à votre médecin ou à votre pharmacien.

GROSSESSE, ALLAITEMENT ET NOUVEAU-NÉ

L'effet de ce médicament pendant la grossesse ou l'allaitement est mal connu. L'évaluation du risque éventuel lié à son utilisation est individuelle : demandez conseil à votre pharmacien ou à votre médecin.

MODE D'EMPLOI ET POSOLOGIE

Les prises de ce médicament seront réparties en 3 ou 4 fois dans la journée.

Posologie usuelle :

- Adulte et enfant de plus de 12 ans : 2 à 8 cuillères à café par jour. Ces doses seront réduites chez la personne âgée.
- Enfant de 3 à 12 ans : 2 à 6 cuillères à café par jour.
- Enfant de 1 à 3 ans : 1 à 2 cuillères à café par jour.

EFFETS INDÉSIRABLES POSSIBLES

Somnolence fréquente ou au contraire excitation chez l'enfant, *troubles digestifs*, rare *allergie* cutanée.

Effets *atropiniques*.

Certains signes peuvent faire penser à un surdosage, notamment chez l'enfant : pupilles dilatées, peau rouge et chaude, fièvre, accélération de la respiration, baisse, ou au contraire, élévation de la tension artérielle, agitation, hallucinations, mauvaise coordination des mouvements. Prévenez d'urgence votre médecin ou à défaut appelez le 15 ou un service médical d'urgence.

MERFÈNE
chlorhexidine

PRÉSENTATION

MERFÈNE 0,05 % : solution pour application locale ; boîte de 10 récipients unidoses - Non remb.

Laboratoires Zyma

COMPOSITION

	p. 100 ml
Chlorhexidine gluconate	50 mg

INDICATIONS

Ce médicament est un *antiseptique* local.

Il est utilisé pour désinfecter les plaies superficielles.

CONTRE-INDICATIONS

Ce médicament ne doit être appliqué ni dans les yeux, ni dans les oreilles ou sur les *muqueuses*.

ATTENTION

N'utilisez pas ce médicament sur une large surface de peau sans avis médical : risque de passage du médicament dans le sang.

INTERACTIONS MÉDICAMENTEUSES

L'association de ce médicament à d'autres *antiseptiques* ou aux savons est déconseillée car leurs effets risquent de s'annuler.

GROSSESSE, ALLAITEMENT ET NOUVEAU-NÉ

L'utilisation ponctuelle de ce médicament pendant la grossesse ou l'allaitement ne semble pas poser de problème particulier.

Allaitement :

Ne pas appliquer sur les seins en cas d'allaitement.

MODE D'EMPLOI ET POSOLOGIE

Cette solution est prête à l'emploi : elle peut être appliquée directement sur les plaies à traiter.

Posologie usuelle :

2 applications par jour.

Le simple lavage à l'eau et au savon permet d'éliminer la majorité des *germes* ; il doit être suivi d'un rinçage soigneux car le savon peut inactiver certains *antiseptiques*.

Tous les antiseptiques peuvent être contaminés par des germes : utilisez un nouveau flacon pour chaque application.

EFFETS INDÉSIRABLES POSSIBLES

Allergie cutanée.

MÉROL

PRÉSENTATION

MÉROL : sirop ; flacon 150 ml - Non remb.

Laboratoires Médecine Végétale

COMPOSITION

	p. c. à c.	p. c. à s.
Codéine	1,95 mg	5,8 mg
Sulfogaïacol	130 mg	390 mg
Eucalyptus, extrait concentré pour sirop au 1/10	292 mg	877 mg
Orange amère, extrait concentré pour sirop au 1/10	234 mg	702 mg
Saccharose	3,6 g	10,9 g

INDICATIONS

Ce sirop *antitussif* contient de la codéine associée à un fluidifiant bronchique (sulfogaïacol). La codéine a une action sédative sur le *système nerveux central* et notamment les centres de la toux.

Ce médicament est utilisé dans le *traitement symptomatique* des toux sèches.

CONTRE-INDICATIONS

En raison de la présence de codéine, ce médicament ne doit pas être utilisé dans les cas suivants :

- *asthme*,
- *insuffisance respiratoire*,
- enfant de moins de 30 mois.

ATTENTION

Ce médicament n'est pas adapté au traitement de la toux grasse, qui est un mécanisme de défense normal de l'organisme permettant l'évacuation des mucosités présentes dans les bronches.

La toux est un *symptôme* qui peut révéler de nombreuses maladies : consultez votre médecin si elle persiste plus de quelques jours.

Ce médicament contient du *sucre* (saccharose) en quantité notable.

Évitez les boissons alcoolisées, en raison de la présence de codéine : augmentation du risque de somnolence.

Conducteur : ce médicament peut être responsable d'une somnolence ou d'une baisse de la vigilance.

INTERACTIONS MÉDICAMENTEUSES

Ce médicament peut interagir avec beaucoup d'autres médicaments, notamment chez les personnes âgées : signalez tout autre traitement en cours à votre médecin ou à votre pharmacien.

GROSSESSE, ALLAITEMENT ET NOUVEAU-NÉ

Grossesse :

Compte tenu de la présence de codéine, n'utilisez pas ce médicament pendant la grossesse sans prendre l'avis de votre pharmacien ou de votre médecin.

Allaitement :

Ce médicament passe dans le lait maternel : il est déconseillé pendant l'allaitement.

MODE D'EMPLOI ET POSOLOGIE

Les prises de ce médicament doivent être réparties au cours de la journée.

Posologie usuelle :

- Adulte : 3 ou 6 cuillères à soupe de sirop par jour.
- Enfant de 30 mois à 15 ans : 3 à 6 cuillères à café de sirop par jour.

De nombreux médicaments contiennent de la codéine, notamment certains *antitussifs* et *antalgiques*. Le surdosage expose à une augmentation des effets indésirables.

Une toux nocturne aggravée par ce médicament peut être une toux allergique : demandez conseil à votre médecin.

La poursuite du tabagisme nuit à l'efficacité du traitement.

Des mesures simples permettent de calmer les toux sèches : boissons chaudes et humidification de l'air ambiant.

EFFETS INDÉSIRABLES POSSIBLES

Les effets indésirables liés à la codéine sont la constipation et, plus rarement : la somnolence, les nausées et vomissements, le *bronchospasme*, l'*allergie* cutanée, le ralentissement de la respiration.

MESTACINE
minocycline

PRÉSENTATION

MESTACINE 100 mg : comprimé sécable (orange) ; boîte de 6 - Remb. 65 % - Liste I

Laboratoires Novalis

COMPOSITION

	p. comp.
Minocycline	100 mg

INDICATIONS

C'est un *antibiotique* qui appartient à la famille des *tétracyclines*.

Il est utilisé dans le traitement de diverses maladies infectieuses, notamment respiratoires et génitales. Il est également utilisé dans le traitement de l'*acné*.

CONTRE-INDICATIONS

Ce médicament ne doit pas être utilisé dans les cas suivants :
- *allergie* aux *tétracyclines*,
- enfant de moins de 8 ans (risque de coloration définitive des dents),
- association avec les *rétinoïdes*,
- **grossesse,**
- **allaitement.**

ATTENTION

Des précautions sont nécessaires en cas d'*insuffisance hépatique*.

Conducteur : ce médicament peut être responsable de vertiges.

INTERACTIONS MÉDICAMENTEUSES

Ce médicament ne doit pas être associé à ceux contenant des *rétinoïdes* (ROACCUTANE, SORIATANE...) : risque d'*hypertension intracrânienne*.

Il peut interagir avec d'autres médicaments, notamment les *anticoagulants* oraux : signalez tout autre traitement en cours à votre médecin ou à votre pharmacien.

GROSSESSE, ALLAITEMENT ET NOUVEAU-NÉ

Ce médicament peut provoquer des anomalies dentaires chez l'enfant à naître ou le *nourrisson* : son usage est contre-indiqué pendant la grossesse et l'allaitement.

MODE D'EMPLOI ET POSOLOGIE

Ce médicament doit être pris au milieu des repas, avec un grand verre d'eau. Il est préférable de ne pas l'absorber en position allongée.

Posologie usuelle :
- Adulte : 1 comprimé matin et soir. Dans le traitement prolongé de l'*acné* : 1 comprimé tous les jours ou tous les 2 jours.
- Enfant de plus de 8 ans : 4 mg par kg et par jour, en 2 prises, matin et soir.

Le médecin peut prescrire un prélèvement pour identifier le *germe* responsable de l'infection et tester sa sensibilité aux *antibiotiques*. Le résultat de cet examen peut être faussé en cas d'automédication préalable : un avis médical est toujours préférable avant la prise d'antibiotiques.

Une diminution de la fièvre ou une disparition des troubles ne sont pas synonymes de guérison : la durée du traitement doit absolument être respectée pour éviter les rechutes.

EFFETS INDÉSIRABLES POSSIBLES

Troubles digestifs : nausée, vomissements, diarrhée.

Allergie cutanée.

Vertiges avec ralentissement des idées.

MESTINON
pyridostigmine bromure

PRÉSENTATION

MESTINON : comprimé (rose saumon clair) ; boîte de 20 - Remb. 65 %

Laboratoires Roche

COMPOSITION

	p. comp.
Pyridostigmine bromure	60 mg

INDICATIONS

C'est un médicament qui favorise la transmission de l'influx nerveux aux muscles et en renforce les contractions.

Il est utilisé dans le traitement de la *myasthénie* et de l'*atonie intestinale*.

CONTRE-INDICATIONS

Ce médicament ne doit pas être utilisé dans les cas suivants :
- *asthme*,
- maladies exposant au risque d'occlusion de l'intestin ou de rétention urinaire,
- maladie de *Parkinson*.

ATTENTION

Des précautions sont nécessaires en cas de bronchite asthmatiforme, d'*insuffisance cardiaque* ou d'*insuffisance rénale* sévère : prévenez votre médecin.

INTERACTIONS MÉDICAMENTEUSES

Ce médicament peut interagir avec d'autres médicaments. Signalez tout autre traitement en cours à votre médecin ou à votre pharmacien.

GROSSESSE, ALLAITEMENT ET NOUVEAU-NÉ

Grossesse :

Les études scientifiques actuellement disponibles n'ont pas mis en évidence de problème particulier lors de l'utilisation chez la femme enceinte.

Allaitement :

Les données actuellement disponibles ne permettent pas de savoir si ce médicament passe dans le lait maternel.

MODE D'EMPLOI ET POSOLOGIE

Les comprimés doivent être avalés avec un peu d'eau.

Posologie usuelle :

Elle est strictement individuelle et varie selon les indications :
- *myasthénie* : la posologie moyenne est de 4 à 8 comprimés répartis en 3 ou 4 prises ;
- *atonie intestinale* : 1 comprimé, matin et soir.

EFFETS INDÉSIRABLES POSSIBLES

Troubles digestifs, salivation excessive, crachats abondants, larmoiement, *myosis*, crampes et soubresauts musculaires.

MÉTACUPROL

PRÉSENTATION

MÉTACUPROL : comprimé effervescent pour solution locale ; boîte de 18 - Non remb.

MÉTACUPROL : comprimé effervescent pour solution locale ; boîte de 54 - Non remb.

Laboratoires Lemoine

COMPOSITION

	p. comp.
Sulfate de cuivre	0,49 g
Acide citrique	0,19 g
Carbonate monosodique	0,22 g
Acide borique	0,10 g

INDICATIONS

Ce médicament contient un *antiseptique* local (sulfate de cuivre).

Il est utilisé pour nettoyer la peau ou les *muqueuses* des organes génitaux et désinfecter certaines lésions de la peau (*eczéma*, petite plaie...).

CONTRE-INDICATIONS

Ce médicament ne doit pas être utilisé chez l'enfant de moins de 30 mois.

ATTENTION

Évitez d'utiliser ce médicament, notamment chez l'enfant, de manière prolongée et sur des surfaces étendues ou profondément lésées sans l'avis de votre médecin.

INTERACTIONS MÉDICAMENTEUSES

L'association à d'autres *antiseptiques* est déconseillée car leurs effets risquent de s'annuler.

GROSSESSE, ALLAITEMENT ET NOUVEAU-NÉ

L'effet de ce médicament pendant la grossesse ou l'allaitement est mal connu. L'évaluation du risque éventuel lié à son utilisation est individuelle : demandez conseil à votre pharmacien ou à votre médecin.

MODE D'EMPLOI ET POSOLOGIE

Dermatologie : dissoudre 1 comprimé effervescent dans 1 litre d'eau froide ou tiède. La solution obtenue peut être utilisée en lotion, en bain local, ou pour imbiber des pansements.

Gynécologie : dissoudre 1 ou 2 comprimés effervescents dans 2 litres d'eau tiède. La solution obtenue peut être utilisée en lotion ou en *irrigation vaginale*.

Cette solution doit être utilisée immédiatement et ne peut être conservée.

> Ce produit n'est pas destiné à la toilette intime quotidienne.

MÉTASPIRINE

aspirine, caféine

PRÉSENTATION

MÉTASPIRINE : comprimé (blanc) ; boîte de 30 - Non remb.

Laboratoires Sterling Midy

COMPOSITION

	p. comp.
Acide acétylsalicylique (aspirine)	475 mg
Caféine	25 mg

INDICATIONS

Ce médicament, *antalgique* et *antipyrétique*, contient de l'aspirine et de la caféine.

Il est utilisé dans le *traitement symptomatique* de la douleur ou de la fièvre.

CONTRE-INDICATIONS

Ce médicament ne doit pas être utilisé dans les cas suivants :
- *allergie* aux *salicylés* ou aux *AINS*,
- *ulcère* de l'estomac ou du *duodénum*,
- *hémorragie* et risque hémorragique,
- **grossesse** : pendant les 3 derniers mois, ou en prise prolongée à toute période de la grossesse.

> **ATTENTION**
>
> Un avis médical est préférable en cas d'*antécédent* d'*ulcère* de l'estomac ou du *duodénum*, même ancien, d'*asthme*, d'*insuffisance rénale*.
>
> Ce médicament est déconseillé chez les personnes atteintes de *goutte*.
>
> Évitez de prendre ce médicament pendant la semaine qui précède une extraction dentaire, une opération, ou pendant des règles abondantes : augmentation du risque d'*hémorragie*.

INTERACTIONS MÉDICAMENTEUSES

Ce médicament contient de l'aspirine : les personnes traitées par des médicaments anticancéreux contenant du méthotrexate ne doivent pas l'utiliser.

Il peut interagir avec d'autres médicaments, notamment avec les *anticoagulants* et les *antiagrégants plaquettaires* (TICLID...) : augmentation du risque hémorragique. Signalez tout autre traitement en cours à votre médecin ou à votre pharmacien.

GROSSESSE, ALLAITEMENT ET NOUVEAU-NÉ

Grossesse :

Compte tenu de la présence d'aspirine, seule la prise ponctuelle de ce médicament est admise durant les 6 premiers mois de la grossesse ; au cours des 3 derniers mois, ce médicament est contre-indiqué.

Allaitement :

En l'absence de données disponibles, ce médicament est déconseillé pendant l'allaitement.

MODE D'EMPLOI ET POSOLOGIE

Les comprimés doivent être avalés avec un grand verre d'eau.

Posologie usuelle :
- Adulte : 1 ou 2 comprimés, 2 à 3 fois par jour.

> De nombreux médicaments contiennent de l'aspirine : en tenir compte en cas de prise conjointe.
>
> Il est préférable d'éviter de prendre ce médicament en fin de journée, en raison de la présence de caféine.

EFFETS INDÉSIRABLES POSSIBLES

Liés à l'aspirine :
- *gastrite*, douleurs abdominales, saignements du nez ou des gencives ;
- rares et parfois graves : *hémorragie* du tube digestif (vomissements sanglants, selles noires, ou plus souvent pertes de sang imperceptibles, responsables de l'apparition progressive d'une *anémie*) ; accidents allergiques (*urticaire*, *œdème*, *asthme*) ;
- signes devant faire penser à un surdosage : bourdonnements d'oreille, sensation de baisse de l'audition, maux de tête.

Liés à la caféine : insomnie, excitation, *palpitations*.

MÉTÉOSPASMYL

alvérine, siméthicone

PRÉSENTATION

MÉTÉOSPASMYL : capsule (blanc et vert) ; boîte de 20 - Remb. 35 %

Laboratoires Mayoly-Spindler

COMPOSITION

	p. caps.
Alvérine citrate	60 mg
Siméthicone	300 mg

INDICATIONS

Ce médicament contient un *antispasmodique* et un pansement au silicone. L'*antispasmodique* relâche les muscles du tube digestif et des *voies biliaires* ; le pansement au silicone protège le tube digestif en le couvrant d'un film qui l'isole de son contenu.

Il est utilisé pour traiter les dérèglements chroniques de l'intestin avec ballonnement abdominal.

GROSSESSE, ALLAITEMENT ET NOUVEAU-NÉ

Les effets de ce médicament pendant la grossesse ou l'allaitement sont mal connus : par mesure de prudence, son usage est déconseillé.

MODE D'EMPLOI ET POSOLOGIE

1 capsule, 2 ou 3 fois par jour au début des repas.

> Une vie calme, des horaires de repas réguliers, une adaptation du régime alimentaire sont recommandés.

MÉTÉOXANE

PRÉSENTATION

MÉTÉOXANE : gélule (blanc) ; boîte de 60 - Remb. 65 % - Liste I

Laboratoires LTM

COMPOSITION

	p. gél.
Atropine	0,01 mg
Hyoscyamine	0,04 mg
Amobarbital	15 mg
Diméticone	125 mg

INDICATIONS

Ce médicament est une association de substances qui contient un pansement au silicone (le diméticone), de l'atropine et un *barbiturique* (l'amobarbital). Le pansement protège le tube digestif en le couvrant d'un film qui l'isole de son contenu ; l'atropine relâche les spasmes de l'intestin et l'amobarbital à un effet *sédatif*.

Il est utilisé dans le *traitement symptomatique* des ballonnements et des *troubles fonctionnels* du tube digestif.

CONTRE-INDICATIONS

Ce médicament ne doit pas être utilisé dans les cas suivants :
- *glaucome* à angle fermé,
- risque de rétention urinaire lié à un *adénome de la prostate*,
- *allergie* aux *barbituriques*,
- enfant de moins de 10 ans.

> **ATTENTION**
>
> En cas de persistance des *symptômes*, des examens peuvent être nécessaires : consultez votre médecin.
>
> La survenue d'une douleur violente accompagnée d'une rougeur de l'œil, et surtout d'une baisse de l'acuité visuelle, doit conduire à consulter d'urgence un ophtalmologiste : il peut s'agir d'un *glaucome* aigu.
>
> Évitez les boissons alcoolisées : augmentation du risque de somnolence.
>
> Conducteur : ce médicament peut être responsable d'une somnolence ou d'une baisse de la vigilance.

INTERACTIONS MÉDICAMENTEUSES

Ce médicament peut interagir avec de nombreux autres médicaments en diminuant leur absorption : il convient de séparer les prises d'au moins 2 heures.

Par ailleurs, il peut interagir avec un *contraceptif* oral (pilule) : signalez tout traitement en cours à votre médecin ou à votre pharmacien.

GROSSESSE, ALLAITEMENT ET NOUVEAU-NÉ

Grossesse :

Du fait de la présence d'un *barbiturique*, ce médicament est déconseillé pendant les 3 premiers mois de la grossesse.

Grossesse et nouveau-né :
Du fait de la présence de l'atropine, la prise de ce médicament au cours des 3 derniers mois de la grossesse expose à un risque d'arrêt du *transit intestinal* chez le *nouveau-né*.

Allaitement :
Ce médicament passe dans le lait maternel : son usage est déconseillé pendant l'allaitement.

MODE D'EMPLOI ET POSOLOGIE

Ce médicament doit être pris de préférence avant les repas.

Posologie usuelle :

- Adulte et enfant de plus de 10 ans : 1 ou 2 gélules, 2 ou 3 fois par jour.

EFFETS INDÉSIRABLES POSSIBLES

A forte dose : effets *atropiniques*.

MÉTHYLCELLULOSE M.S.D.-CHIBRET

méthylcellulose

PRÉSENTATION

MÉTHYLCELLULOSE M.S.D.-CHIBRET : collyre ; flacon 10 ml - Non remb.

Laboratoires M.S.D.-Chibret

COMPOSITION

	p. 100 ml
Méthylcellulose	1 g
Mercurothiolate sodique	+

INDICATIONS

C'est une solution de suppléance lacrymale : elle compense une insuffisance de sécrétion naturelle de larmes.

Elle est utilisée dans le traitement de la sécheresse oculaire due à une insuffisance lacrymale (œil sec).

CONTRE-INDICATIONS

Ce médicament ne doit pas être utilisé en cas d'*allergie* aux *antiseptiques* de la famille des mercuriels (présence de mercurothiolate).

ATTENTION
Une irritation oculaire peut être due à une infection : en cas de doute, n'hésitez pas à consulter votre médecin.
N'utilisez pas ce collyre de façon prolongée sans prendre un avis médical.
Si vous portez des lentilles de contact, n'utilisez pas ce produit sans prendre l'avis de votre ophtalmologiste.

INTERACTIONS MÉDICAMENTEUSES

Ce collyre peut interagir avec d'autres collyres : respectez un intervalle de 15 minutes entre deux instillations.

GROSSESSE, ALLAITEMENT ET NOUVEAU-NÉ

Ce collyre contient des conservateurs dont l'effet est mal connu pendant la grossesse ou l'allaitement. L'évaluation du risque éventuel lié à son utilisation est individuelle : demandez conseil à votre pharmacien ou à votre médecin.

MODE D'EMPLOI ET POSOLOGIE

Tirer la paupière inférieure vers le bas tout en regardant vers le haut et déposer les gouttes de collyre entre la paupière et le globe oculaire (*cul-de-sac conjonctival*).

Posologie usuelle :
Une goutte chaque fois que la sécheresse oculaire se fait sentir, jusqu'à 7 fois par jour.

L'application correcte du produit peut nécessiter une aide, notamment chez une personne handicapée ou âgée.
Ne conservez pas ce collyre plus de 15 jours après une première utilisation.

EFFETS INDÉSIRABLES POSSIBLES

Allergie locale.

Léger trouble de la vision immédiatement après l'instillation.

METLAN

PRÉSENTATION

METLAN : baume ; tube 40 g - Non remb.

Laboratoires C.P.F.

COMPOSITION

	p. 100 g
Salicylate de phénazone	3 g
Menthol	6 g
Camphre	3,5 g
Chloroforme	2 g
Genièvre, huile essentielle	1,7 g

INDICATIONS

Cette pommade *antalgique* contient un *salicylé* et des substances qui ont un effet *révulsif* et relaxant pour les muscles.

Elle est utilisée en massage dans le traitement des douleurs articulaires et des entorses.

CONTRE-INDICATIONS

Ce médicament ne doit pas être utilisé dans les cas suivants :

- *allergie* aux *salicylés* ;
- en application sur les *muqueuses*, les plaies ou la peau lésée ;
- enfant de moins de 15 ans.

ATTENTION
Des précautions sont nécessaires chez l'enfant de moins de 7 ans (présence de camphre).

GROSSESSE, ALLAITEMENT ET NOUVEAU-NÉ

L'effet de ce médicament pendant la grossesse ou l'allaitement est mal connu. L'évaluation du risque éventuel lié à son utilisation est individuelle : demandez conseil à votre pharmacien ou à votre médecin.

MODE D'EMPLOI ET POSOLOGIE

Appliquer en massage doux et prolongé jusqu'à faire disparaître les traces de pommade.

Posologie usuelle :

- Adulte : 1 application, plusieurs fois par jour.

Se laver les mains après l'application. En cas de contact accidentel avec les yeux, rincer abondamment.

EFFETS INDÉSIRABLES POSSIBLES

Allergie cutanée (éruption de boutons, démangeaisons...) imposant l'arrêt du traitement ; à ne pas confondre avec une rougeur normale au point d'application due au médicament.

MÉTRODINE 75 UI

hormone folliculo-stimulante

PRÉSENTATION

MÉTRODINE 75 UI : préparation injectable ; boîte de 1 ampoule de *lyophilisat* et 1 ampoule de solvant 1 ml - Remb. 100 % - Liste I

MÉTRODINE 75 UI : préparation injectable ; boîte de 5 ampoules de *lyophilisat* et 5 ampoules de solvant 1 ml - Remb. 100 % - Liste I

Laboratoires Serono

COMPOSITION

	p. amp.
FSH (hormone folliculo-stimulante) urinaire purifiée	75 UI

INDICATIONS

Ce médicament contient une *hormone* qui stimule les organes de la reproduction. Il facilite le passage des spermatozoïdes à travers la *glaire cervicale*.

Il est utilisé dans certaines formes de stérilité, notamment lorsqu'une stimulation de l'ovulation est nécessaire.

CONTRE-INDICATIONS

Ce médicament ne doit pas être utilisé dans les cas suivants :

- *tumeur* de l'*hypothalamus* ou de l'*hypophyse*,
- anomalie de fonctionnement des glandes *thyroïde* ou *surrénales*,
- *accident thrombo-embolique*,
- grossesse.

ATTENTION
Ce médicament doit être employé sous contrôle médical et biologique strict (dosages hormonaux, *échographie*...).

GROSSESSE, ALLAITEMENT ET NOUVEAU-NÉ

Grossesse :
Ce médicament est contre-indiqué pendant la grossesse.

MODE D'EMPLOI ET POSOLOGIE

Ce médicament doit être injecté exclusivement par *voie* intramusculaire.

Posologie usuelle :
Elle est adaptée à chaque cas en fonction de l'effet éventuel sur le volume des ovaires (*échographie*) et du taux de cer-

taines *hormones*. La dose efficace la plus faible possible est toujours recherchée.

EFFETS INDÉSIRABLES POSSIBLES

Réaction inflammatoire au point d'injection.

Rarement : nausées, vomissements, douleurs abdominales.

Grossesses multiples (fécondation de plusieurs ovules pendant la même grossesse).

MEXITIL
méxilétine

PRÉSENTATION

MEXITIL 200 mg : gélule rouge ; boîte de 30 - Remb. 65 % - Liste I

Laboratoires Boehringer Ingelheim France

COMPOSITION

	p. gél.
Méxilétine chlorhydrate	200 mg

INDICATIONS

Ce médicament appartient à la classe I de la famille des *antiarythmiques*. Il modifie la vitesse de transmission de l'influx nerveux au sein du muscle cardiaque et lutte contre ses contractions anarchiques.

Il est utilisé dans le traitement de certains *troubles du rythme cardiaque*.

CONTRE-INDICATIONS

Ce médicament ne doit pas être utilisé dans les cas suivants :
- rythme cardiaque inférieur à 50 battements par minute,
- *bloc auriculo-ventriculaire* complet,
- *insuffisance cardiaque* grave,
- *insuffisance hépatique* ou *insuffisance rénale* grave.

ATTENTION

Si vous souffrez d'une maladie cardiaque, d'une *insuffisance hépatique* ou d'une *insuffisance rénale*, signalez-le à votre médecin.

INTERACTIONS MÉDICAMENTEUSES

Ce médicament peut interagir avec d'autres médicaments, notamment les autres *antiarythmiques* et la théophylline. Signalez tout autre traitement en cours à votre médecin ou à votre pharmacien.

GROSSESSE, ALLAITEMENT ET NOUVEAU-NÉ

Grossesse :

L'effet de ce médicament pendant la grossesse est mal connu : seul votre médecin peut évaluer le risque éventuel de son utilisation dans votre cas.

Allaitement :

Ce médicament passe dans le lait maternel.

MODE D'EMPLOI ET POSOLOGIE

Les gélules doivent être avalées avec un peu d'eau.

Posologie usuelle :

1 gélule, 3 ou 4 fois par jour, en prises régulièrement espacées.

EFFETS INDÉSIRABLES POSSIBLES

Fréquemment :
- *troubles digestifs* ;
- malaise, *vertiges*, baisse de la tension artérielle ;
- somnolence ou au contraire occasionnellement insomnie ;
- tremblements ;
- *troubles visuels*.

Rarement :
- sueurs abondantes ;
- difficulté à coordonner les mouvements ;
- confusion des idées ;
- aggravation paradoxale de l'*arythmie*, ou apparition de nouveaux *troubles du rythme cardiaque*.

Exceptionnellement :
- *allergie* cutanée.

Tous ces *symptômes* régressent après interruption du traitement ou réduction de la *posologie*.

MIACALCIC
calcitonine de synthèse

PRÉSENTATION

MIACALCIC : solution injectable ; boîte de 5 ampoules 1 ml - Remb. 65 % - Liste II

MIACALCIC : solution injectable ; boîte de 6 ampoules 0,8 ml - Remb. 65 % - Liste II

Laboratoires Sandoz

COMPOSITION

	p. amp. inj.	p. amp. inj.
Calcitonine de synthèse	50 UI	80 UI

INDICATIONS

Ce médicament contient une calcitonine de synthèse. Normalement sécrétée par les glandes *parathyroïdes*, cette *hormone* a plusieurs propriétés :
- elle freine l'activité des cellules qui détruisent l'os (*ostéoclastes*),
- elle facilite la fixation du calcium sur l'os et abaisse le taux de calcium dans le sang,
- elle a une action *antalgique*.

Ce médicament est utilisé dans le traitement de la maladie de *Paget*, de l'*algodystrophie*, de certaines anomalies du *métabolisme* osseux (associées ou non à un excès de calcium dans le sang) et de l'*ostéoporose* compliquée du tassement d'une ou plusieurs vertèbres.

CONTRE-INDICATIONS

Ce médicament ne doit pas être utilisé en cas d'*allergie* à la calcitonine de saumon, celle-ci ayant servi de modèle à cette calcitonine de synthèse.

GROSSESSE, ALLAITEMENT ET NOUVEAU-NÉ

L'effet de ce médicament pendant la grossesse ou l'allaitement est mal connu : seul votre médecin peut évaluer le risque éventuel de son utilisation dans votre cas.

MODE D'EMPLOI ET POSOLOGIE

Ce médicament est injecté par *voie* intramusculaire, sous-cutanée ou intraveineuse.

Posologie usuelle :

Elle est individuelle et adaptée par votre médecin en fonction de la maladie en cause et de l'évolution des signes.

Compte tenu des effets indésirables possibles après l'injection de ce médicament, il est préférable de prévoir une période de repos après son administration.

Ce médicament doit être conservé de préférence dans le bas du réfrigérateur (+ 5 °C).

EFFETS INDÉSIRABLES POSSIBLES

Troubles digestifs, bouffées de chaleur, rougeur du visage, des mains et des pieds, surtout lors des premières injections.

Rare réaction allergique.

MICRODOÏNE
nitrofurantoïne

PRÉSENTATION

MICRODOÏNE : gélule (pêche) ; boîte de 21 - Remb. 65 % - Liste I

Laboratoires Gomenol

COMPOSITION

	p. gél.
Nitrofurantoïne microencapsulée	50 mg

INDICATIONS

C'est un *antibiotique* qui appartient à la famille des nitrofuranes.

Il est utilisé dans le traitement des infections des *voies* urinaires.

CONTRE-INDICATIONS

Ce médicament ne doit pas être utilisé dans les cas suivants :
- *insuffisance rénale* grave,
- déficit en *G6PD*,
- *nouveau-né*,
- fin de la grossesse.

ATTENTION

En cas d'infection urinaire avec fièvre et en l'absence d'amélioration rapide, n'hésitez pas à consulter votre médecin.

GROSSESSE, ALLAITEMENT ET NOUVEAU-NÉ

Grossesse et nouveau-né :

Ce médicament ne doit pas être utilisé pendant les deux dernières semaines de la grossesse : risque accru de jaunisse chez le *nouveau-né*.

Allaitement :

Ce médicament passe en petite quantité dans le lait maternel : son usage est déconseillé pendant l'allaitement.

Nouveau-né :

Ce médicament est contre-indiqué chez le *nouveau-né*.

MODE D'EMPLOI ET POSOLOGIE

Ce médicament doit être pris de préférence à la fin des repas. Il est réservé à l'adulte.

Posologie usuelle :

- Adulte : 1 gélule, 3 fois par jour.

Le médecin prescrit parfois une analyse d'urine pour identifier le *germe* responsable de l'infection et tester sa sensibilité aux *antibiotiques*. Le résultat de cet examen peut être faussé en cas d'automédication préalable : ne prenez pas d'antibiotiques sans avis médical.

Une coloration brunâtre des urines est normale pendant le traitement.

EFFETS INDÉSIRABLES POSSIBLES

Troubles digestifs.

Réaction allergique rare.

MICROLAX

PRÉSENTATION

MICROLAX : gel rectal ; boîte de 6 tubes-canules - Non remb.

MICROLAX BÉBÉ : gel rectal ; boîte de 6 tubes-canules - Non remb.

Laboratoires Labaz

COMPOSITION

	p. tube	p. tube Bébé
Laurylsulfoacétate de sodium	45 mg	27 mg
Acide sorbique	5 mg	3 mg
Polyoxyéthylèneglycol 400	0,625 g	375 mg
Citrate trisodique hydraté	450 mg	270 mg
Sorbitol (solution à 70 %)	4,465 g	2,679 g

INDICATIONS

C'est un laxatif administré par *voie* rectale. Il délite les selles et provoque leur évacuation rapide.

Il est utilisé comme *traitement symptomatique* de la constipation.

ATTENTION

Comme tous les laxatifs, il ne doit pas être utilisé de façon prolongée sans avis médical. De plus, il doit être utilisé avec prudence chez la personne atteinte d'*hémorroïdes*, de *fissure anale* ou de *rectocolite hémorragique*.

Chez le *nourrisson* son usage doit rester exceptionnel : il risque d'empêcher le réflexe d'expulsion des selles.

GROSSESSE, ALLAITEMENT ET NOUVEAU-NÉ

Grossesse :

Ce médicament peut être utilisé de façon ponctuelle pour traiter la constipation de la femme enceinte.

MODE D'EMPLOI ET POSOLOGIE

Le délai d'action de ce médicament peut être rapide.

Enlever le capuchon, introduire la canule dans le rectum et vider le contenu du tube par pression.

Posologie usuelle :

1 tube-canule par jour.

Des mesures simples d'hygiène alimentaire et des exercices physiques sont à envisager avant d'utiliser un laxatif : parlez-en à votre médecin ou à votre pharmacien.

Pour le *nourrisson*, l'équilibre alimentaire doit être particulièrement respecté.

EFFETS INDÉSIRABLES POSSIBLES

Un usage prolongé peut occasionner des sensations de brûlure anale et exceptionnellement des *inflammations* du rectum.

MICROPHTA

micronomicine

PRÉSENTATION

MICROPHTA : collyre ; flacon 5 ml - Remb. 65 % - Liste I

MICROPHTA : pommade ophtalmique ; tube 5 g - Remb. 65 % - Liste I

Laboratoires Europhta

COMPOSITION

	p. 100 ml	p. 100 g
Micronomicine	300 mg	300 mg

INDICATIONS

Ce médicament contient un *antibiotique* de la famille des *aminosides*.

Il est utilisé sous forme de collyre ou de pommade pour traiter les infections de l'œil.

CONTRE-INDICATIONS

Ce médicament ne doit pas être utilisé en cas d'*allergie* aux *antibiotiques* de la famille des *aminosides* (néomycine notamment).

ATTENTION

Une rougeur ou une douleur de l'œil ne correspondent pas toujours à une infection. Des soins urgents peuvent être nécessaires, particulièrement en cas de vision floue. N'utilisez pas ce médicament sans avis médical.

Le collyre ou la pommade peuvent être contaminés par l'œil infecté : évitez de mettre en contact l'extrémité du flacon ou du tube avec l'œil ; ne les conservez pas plus de 15 jours après leur première utilisation.

GROSSESSE, ALLAITEMENT ET NOUVEAU-NÉ

L'effet de ce médicament pendant la grossesse ou l'allaitement est mal connu : seul votre médecin peut évaluer le risque éventuel de son utilisation dans votre cas.

MODE D'EMPLOI ET POSOLOGIE

Tirer la paupière inférieure vers le bas tout en regardant vers le haut. Déposer les gouttes de collyre ou la pommade entre la paupière et le globe oculaire (*cul-de-sac conjonctival*).

Posologie usuelle :

Collyre : 1 ou 2 gouttes, 3 à 8 fois par jour.

Pommade : appliquer l'équivalent d'un grain de riz le soir au coucher (la pommade s'emploie généralement en complément du collyre pour assurer une efficacité prolongée la nuit). Dans le traitement des infections des paupières, déposer la pommade sur le bord de la paupière, au contact des cils.

La vision est troublée par l'application de la pommade. Ce trouble disparaît en quelques minutes.

Une application correcte du produit peut nécessiter une aide, notamment chez l'enfant ou la personne handicapée ou âgée.

Les lentilles de contact ne doivent pas être portées en cas d'infection oculaire ni réutilisées avant guérison complète.

EFFETS INDÉSIRABLES POSSIBLES

Irritation ou réaction allergique locale.

MICROSOL CUIVRE

oligo-élément

PRÉSENTATION

MICROSOL CUIVRE : solution buvable ; boîte de 30 flacons unidoses 1 ml - Non remb.

Laboratoires Herbaxt

COMPOSITION

	p. unidose
Cuivre	0,4 mg

INDICATIONS

Ce médicament appartient à la famille des éléments minéraux traces (oligo-éléments). Il contient une très faible quantité de cuivre.

Il est utilisé comme *modificateur de terrain*, en particulier dans les états grippaux et infectieux, et dans les manifestations rhumatismales inflammatoires.

ATTENTION

Les oligo-éléments aident l'organisme à combattre les maladies, mais leur action n'est généralement pas suffisante pour permettre la guérison d'affections graves ; un traitement spécifique est alors nécessaire.

GROSSESSE, ALLAITEMENT ET NOUVEAU-NÉ

L'utilisation ponctuelle de ce médicament pendant la grossesse ou l'allaitement ne semble pas poser de problème particulier.

MODE D'EMPLOI ET POSOLOGIE

Prendre le médicament de préférence le matin à jeun ou à distance des repas.

Posologie usuelle :

1 à 3 unidoses par jour.

La durée du traitement ne doit pas dépasser 1 mois sans avis médical.

MICROSOL FLUOR
oligo-élément

PRÉSENTATION

MICROSOL FLUOR : solution buvable ; boîte de 30 flacons unidoses 1 ml - Non remb.

Laboratoires Herbaxt

COMPOSITION

	p. unidose
Fluor	0,4 mg

INDICATIONS

Ce médicament appartient à la famille des éléments minéraux traces (oligo-éléments). Il contient une très faible quantité de fluor.

Il est utilisé comme *modificateur de terrain*, en particulier dans les affections des ligaments.

GROSSESSE, ALLAITEMENT ET NOUVEAU-NÉ

Ce médicament peut être utilisé ponctuellement chez la femme enceinte ou chez celle qui allaite, mais sur avis médical.

MODE D'EMPLOI ET POSOLOGIE

Prendre le médicament de préférence le matin à jeun ou à distance des repas.

Posologie usuelle :

1 ou 2 unidoses par jour.

La durée du traitement ne doit pas dépasser 1 mois sans l'avis de votre pharmacien ou de votre médecin.

MICROSOL LITHIUM
oligo-élément

PRÉSENTATION

MICROSOL LITHIUM : solution buvable ; boîte de 30 flacons unidoses 1 ml - Non remb.

Laboratoires Herbaxt

COMPOSITION

	p. unidose
Lithium	0,04 mg

INDICATIONS

Ce médicament appartient à la famille des éléments minéraux traces (oligo-éléments). Il contient une très faible quantité de *lithium*.

Il est utilisé comme *modificateur de terrain*, en particulier en cas d'irritabilité ou de troubles légers du sommeil, chez l'adulte comme chez l'enfant.

GROSSESSE, ALLAITEMENT ET NOUVEAU-NÉ

Compte tenu de sa très faible concentration en minéraux, ce médicament peut être utilisé ponctuellement chez la femme enceinte ou chez celle qui allaite.

MODE D'EMPLOI ET POSOLOGIE

Prendre le médicament de préférence le matin à jeun ou à distance des repas.

Posologie usuelle :

- Adulte et enfant : 1 à 3 unidoses par jour.

La durée du traitement ne doit pas dépasser 1 mois sans l'avis de votre pharmacien ou de votre médecin.

MICROSOL MAGNÉSIUM
oligo-élément

PRÉSENTATION

MICROSOL MAGNÉSIUM : solution buvable ; boîte de 30 flacons unidoses 1 ml - Non remb.

Laboratoires Herbaxt

COMPOSITION

	p. unidose
Magnésium	1 mg

INDICATIONS

Ce médicament appartient à la famille des éléments minéraux traces (oligo-éléments). Il contient une très faible quantité de magnésium.

Il est utilisé comme *modificateur de terrain*, en particulier dans certains dérèglements du système *neurovégétatif* et dans les troubles regroupés sous le terme de *spasmophilie*.

GROSSESSE, ALLAITEMENT ET NOUVEAU-NÉ

Compte tenu de sa très faible concentration en minéraux, ce médicament peut être utilisé ponctuellement chez la femme enceinte ou chez celle qui allaite.

MODE D'EMPLOI ET POSOLOGIE

Prendre le médicament de préférence le matin à jeun ou à distance des repas.

Posologie usuelle :

1 à 3 unidoses par jour.

La durée du traitement ne doit pas dépasser 1 mois sans l'avis de votre pharmacien ou de votre médecin.

MICROSOL MANGANÈSE-COBALT
oligo-élément

PRÉSENTATION

MICROSOL MANGANÈSE-COBALT : solution buvable ; boîte de 30 flacons unidoses 1 ml - Non remb.

Laboratoires Herbaxt

COMPOSITION

	p. unidose
Manganèse	0, 06 mg
Cobalt	0, 03 mg

INDICATIONS

Ce médicament appartient à la famille des éléments minéraux traces (oligo-éléments). Il contient de très faibles quantités de manganèse et de cobalt.

Il est utilisé comme *modificateur de terrain*, en particulier dans certains dérèglements du système *neurovégétatif*.

GROSSESSE, ALLAITEMENT ET NOUVEAU-NÉ

Compte tenu de sa très faible concentration en minéraux, ce médicament peut être utilisé ponctuellement chez la femme enceinte ou chez celle qui allaite.

MODE D'EMPLOI ET POSOLOGIE

Prendre le médicament de préférence le matin à jeun ou à distance des repas.

Posologie usuelle :

1 à 3 unidoses par jour.

La durée du traitement ne doit pas dépasser 1 mois sans l'avis de votre pharmacien ou de votre médecin.

MICROSOL MANGANÈSE-CUIVRE
oligo-élément

PRÉSENTATION

MICROSOL MANGANÈSE-CUIVRE : solution buvable ; boîte de 30 flacons unidoses 1 ml - Non remb.

Laboratoires Herbaxt

COMPOSITION

	p. unidose
Manganèse	0,060 mg
Cuivre	0,030 mg

INDICATIONS

Ce médicament appartient à la famille des éléments minéraux traces (oligo-éléments). Il contient de très faibles quantités de manganèse et de cuivre.

Il est utilisé comme *modificateur de terrain*, en particulier dans les cas d'infection ou d'*allergie* touchant le nez, la gorge ou les oreilles.

ATTENTION

Les oligo-éléments aident l'organisme à combattre les maladies, mais leur action n'est généralement pas suffisante pour permettre la guérison d'affections graves ; un traitement spécifique est alors nécessaire.

GROSSESSE, ALLAITEMENT ET NOUVEAU-NÉ

Compte tenu de sa très faible concentration en minéraux, ce médicament peut être utilisé pendant la grossesse ou l'allaitement.

MODE D'EMPLOI ET POSOLOGIE

Prendre le médicament de préférence le matin à jeun ou à distance des repas.

Posologie usuelle :

1 à 3 unidoses par jour.

La durée du traitement ne doit pas dépasser 1 mois sans l'avis de votre pharmacien ou de votre médecin.

MICROSOL SÉLÉNIUM
oligo-élément

PRÉSENTATION
MICROSOL SÉLÉNIUM : solution buvable ; boîte de 30 flacons unidoses 1 ml - Non remb.

Laboratoires Herbaxt

COMPOSITION

	p. unidose
Sélénium	0,04 mg

INDICATIONS
Ce médicament appartient à la famille des éléments minéraux traces (oligo-éléments). Il contient une très faible quantité de sélénium.

Il est utilisé comme *modificateur de terrain*, en particulier dans les cas d'affections des muscles et de la peau.

GROSSESSE, ALLAITEMENT ET NOUVEAU-NÉ
Compte tenu de sa très faible concentration en minéraux, ce médicament peut être utilisé pendant la grossesse ou l'allaitement.

MODE D'EMPLOI ET POSOLOGIE
Prendre le médicament de préférence le matin à jeun ou à distance des repas.

Posologie usuelle :

1 à 3 unidoses par jour.

Le traitement ne doit pas dépasser 1 mois sans l'avis de votre pharmacien ou de votre médecin.

MICROSOL SOUFRE
oligo-élément

PRÉSENTATION
MICROSOL SOUFRE : solution buvable ; boîte de 30 flacons unidoses 1 ml - Non remb.

Laboratoires Herbaxt

COMPOSITION

	p. unidose
Soufre	1 mg

INDICATIONS
Ce médicament appartient à la famille des éléments minéraux traces (oligo-éléments). Il contient une très faible quantité de soufre.

Il est utilisé comme *modificateur de terrain*, en particulier dans les cas d'affections récidivantes de la peau, des articulations, du nez, de la gorge et des oreilles.

ATTENTION

Les oligo-éléments aident l'organisme à combattre les maladies, mais leur action n'est généralement pas suffisante pour permettre la guérison d'affections graves ; un traitement spécifique est alors nécessaire.

GROSSESSE, ALLAITEMENT ET NOUVEAU-NÉ
Compte tenu de sa très faible concentration en minéraux, ce médicament peut être utilisé pendant la grossesse ou l'allaitement.

MODE D'EMPLOI ET POSOLOGIE
Prendre le médicament de préférence le matin à jeun ou à distance des repas.

Posologie usuelle :

1 à 3 unidoses par jour.

Le traitement ne doit pas dépasser 1 mois sans avis médical.

MICROSOL ZINC-NICKEL-COBALT
oligo-élément

PRÉSENTATION
MICROSOL ZINC-NICKEL-COBALT : solution buvable ; boîte de 30 flacons unidoses 1 ml - Non remb.

Laboratoires Herbaxt

COMPOSITION

	p. unidose
Zinc	0,03 mg
Nickel	0,03 mg
Cobalt	0,03 mg

INDICATIONS
Ce médicament appartient à la famille des éléments minéraux traces (oligo-éléments). Il contient de très faibles quantités de zinc, de nickel et de cobalt.

Il est utilisé comme *modificateur de terrain*, en particulier au cours des régimes amaigrissants.

GROSSESSE, ALLAITEMENT ET NOUVEAU-NÉ
Compte tenu de sa très faible concentration en minéraux, ce médicament peut être utilisé pendant la grossesse ou l'allaitement.

MODE D'EMPLOI ET POSOLOGIE
Prendre le médicament de préférence le matin à jeun ou à distance des repas.

Posologie usuelle :

1 à 3 unidoses par jour.

La durée du traitement ne doit pas dépasser 1 mois sans l'avis de votre pharmacien ou de votre médecin.

La prise de ce médicament ne dispense pas d'une alimentation appropriée : parlez-en à votre médecin ou à votre pharmacien.

MICROVAL
lévonorgestrel

PRÉSENTATION
MICROVAL : comprimé (blanc) ; boîte de 1 plaquette de 28 - Remb. 65 % - Liste I

MICROVAL : comprimé (blanc) ; boîte de 3 plaquettes de 28 - Remb. 65 % - Liste I

Laboratoires Wyeth France

COMPOSITION

	p. comp.
Lévonorgestrel	0,03 mg

INDICATIONS
C'est un *contraceptif* oral. Il contient un *progestatif* seul (sans *estrogène* associé). Tous les comprimés ont une composition identique. Ce contraceptif est dit microdosé car il contient une très faible dose d'*hormone*.

CONTRE-INDICATIONS
Ce médicament ne doit pas être utilisé dans les cas suivants :
- maladie du foie grave ou récente, *insuffisance hépatique*,
- certains cancers du sein ou de l'utérus,
- en association avec les médicaments de la famille des *rétinoïdes*,
- grossesse.

ATTENTION

L'efficacité contraceptive des *progestatifs* microdosés n'est pas absolue. Il est d'autant plus important de veiller à la régularité de la prise.

En cas d'arrêt des règles pendant plus de deux cycles consécutifs, l'absence de grossesse doit être vérifiée avant de poursuivre la contraception.

En cas d'opération ou d'immobilisation pour une période prolongée, un autre mode de contraception est préférable.

Des précautions sont nécessaires en cas d'*antécédent* de jaunisse ou de démangeaisons survenues lors d'une grossesse.

INTERACTIONS MÉDICAMENTEUSES
Ce médicament ne doit pas être associé aux médicaments de la famille des *rétinoïdes* (ROACCUTANE ORAL, SORIATANE...) : risque de diminution de l'efficacité de la contraception.

L'efficacité de la pilule peut être diminuée par la prise de certains médicaments : les *barbituriques*, certains antiépileptiques (TÉGRÉTOL, DI-HYDAN...) et les médicaments contenant de la rifampicine (RIMACTAN, RIFADINE...) ou de la griséofulvine (FULCINE, GRISÉFULINE...).

GROSSESSE, ALLAITEMENT ET NOUVEAU-NÉ
Grossesse :

Ce médicament est contre-indiqué pendant la grossesse.

Allaitement :

Ce médicament passe dans le lait maternel : il est déconseillé pendant l'allaitement.

MODE D'EMPLOI ET POSOLOGIE
Prendre régulièrement, et sans oubli, 1 comprimé par jour à la même heure pendant 28 jours consécutifs, sans interruption entre 2 plaquettes. Cette pilule doit

être impérativement prise chaque jour à la même heure. La contraception n'est pas assurée pendant la durée de la première plaquette : une contraception complémentaire est nécessaire (préservatif, diaphragme, spermicide...).

En cas de première contraception orale ou de reprise d'une contraception interrompue temporairement, prendre le premier comprimé le premier jour des règles.

En cas de changement de *contraceptif*, prendre le premier comprimé :
- après un arrêt de 7 jours, si le précédent contraceptif comportait 21 comprimés par plaquette ;
- après un arrêt de 6 jours, si le précédent contraceptif comportait 22 comprimés par plaquette ;
- sans interruption, si le précédent contraceptif comportait 28 comprimés par plaquette.

En cas de suite d'accouchement ou d'interruption de grossesse : suivre les indications du médecin.

> En cas d'oubli d'un comprimé :
> - retard de moins de 4 heures : prendre le comprimé oublié et continuer à l'heure habituelle.
> - retard de plus de 4 heures : prendre le comprimé oublié et continuer à l'heure habituelle, mais la sécurité contraceptive n'est plus assurée et une méthode complémentaire doit être employée pour le cycle en cours (spermicide, préservatif, diaphragme...).
>
> En cas de vomissements ou de diarrhée survenant juste après la prise du comprimé (sans rapport avec la prise du *contraceptif*), prendre un autre comprimé. Si ces troubles durent plus de 4 heures, la sécurité contraceptive n'est plus assurée et une méthode complémentaire doit être employée pour le cycle en cours.

EFFETS INDÉSIRABLES POSSIBLES

Irrégularité des cycles en début de traitement.

Saignement entre les règles, *œdèmes* périodiques, douleur ou tension des seins.

En cas d'*antécédent* de jaunisse ou de démangeaisons au cours d'une grossesse : risque de récidive lors de la prise de ce *contraceptif*.

MICTASOL

malva, camphre, méthénamine

PRÉSENTATION

MICTASOL : comprimé (rouge) ; boîte de 50 - Non remb.

Laboratoires Janssen

COMPOSITION

	p. comp.
Malva purpurea	250 mg
Camphre monobromé	20 mg
Méthénamine	50 mg

INDICATIONS

C'est un *antiseptique* urinaire et un décongestionnant de la vessie.

Il est utilisé dans le traitement des *cystites* récidivantes, lorsque celles-ci ne justifient pas un traitement par *antibiotique*.

CONTRE-INDICATIONS

Ce médicament ne doit pas être utilisé dans les cas suivants :
- *insuffisance rénale*,
- *goutte*,
- enfant de moins de 15 ans.

> **ATTENTION**
>
> En cas d'apparition de fièvre ou d'absence d'amélioration rapide, consultez votre médecin.
>
> Ne buvez pas d'eau riche en bicarbonates pendant le traitement (Vichy...) : risque de diminution de l'efficacité du médicament.

INTERACTIONS MÉDICAMENTEUSES

Ce médicament ne doit pas être associé à certains *antibiotiques* de la famille des *sulfamides* (RUFOL...) : risque de formation de cristaux dans les *voies* urinaires.

GROSSESSE, ALLAITEMENT ET NOUVEAU-NÉ

L'effet de ce médicament pendant la grossesse ou l'allaitement est mal connu : seul votre médecin peut évaluer le risque éventuel de son utilisation dans votre cas.

MODE D'EMPLOI ET POSOLOGIE

Ce médicament doit être pris de préférence au moment des repas, avec un verre d'eau.

Posologie usuelle :
- Adulte : 2 ou 3 comprimés, 3 fois par jour.

> Le médecin prescrit parfois une analyse d'urine pour identifier le *germe* responsable de l'infection et tester sa sensibilité aux *antibiotiques*. Le résultat de cet examen peut être faussé en cas d'automédication : prévenez votre médecin si vous avez pris ce médicament.

EFFETS INDÉSIRABLES POSSIBLES

Troubles digestifs.

Sang dans les urines en cas d'utilisation prolongée ou à forte dose.

MICTASOL BLEU

malva, camphre, bleu de méthylène

PRÉSENTATION

MICTASOL BLEU : comprimé (bleu) ; boîte de 50 - Non remb.

Laboratoires Janssen

COMPOSITION

	p. comp.
Malva purpurea	250 mg
Camphre monobromé	20 mg
Méthylthioninium (bleu de méthylène)	20 mg

INDICATIONS

C'est un décongestionnant des *voies* urinaires.

Il est utilisé en *traitement d'appoint* des infections de la vessie et de la prostate.

CONTRE-INDICATIONS

Ce médicament ne doit pas être utilisé dans les cas suivants :
- *insuffisance rénale*,
- enfant de moins de 15 ans.

> **ATTENTION**
>
> En cas d'apparition de fièvre ou d'absence d'amélioration rapide, consultez votre médecin.

GROSSESSE, ALLAITEMENT ET NOUVEAU-NÉ

L'effet de ce médicament pendant la grossesse ou l'allaitement est mal connu : seul votre médecin peut évaluer le risque éventuel de son utilisation dans votre cas.

MODE D'EMPLOI ET POSOLOGIE

Ce médicament doit être pris de préférence au moment des repas, avec un verre d'eau.

Posologie usuelle :
- Adulte : 2 ou 3 comprimés, 3 fois par jour.

> La coloration des urines en bleu-vert est normale sous traitement.

EFFETS INDÉSIRABLES POSSIBLES

Troubles digestifs.

Difficulté à uriner.

MIDY VITAMINE C

PRÉSENTATION

MIDY VITAMINE C 250 mg : comprimé à croquer (orangé) ; boîte de 30 - Non remb.

MIDY VITAMINE C 500 mg : comprimé à croquer (orangé) ; boîte de 20 - Non remb.

MIDY VITAMINE C 1 000 : poudre orale arôme orange ; boîte de 10 sachets - Non remb.

MIDY VITAMINE C 1 000 EFFERVESCENTE SANS SUCRE : poudre orale effervescente ; boîte de 10 sachets - Non remb.

Laboratoires Sterling Midy

COMPOSITION

	p. comp.	p. comp.
Acide ascorbique (vitamine C)	250 mg	500 mg
Saccharose	+	+

	p. sachet	p. sachet sans sucre
Acide ascorbique (vitamine C)	1 g	1 g
Saccharose	+	

INDICATIONS

Ce médicament contient de l'acide ascorbique (*vitamine* C), indispensable au *mé-*

tabolisme. Sa *carence* était autrefois responsable du scorbut chez les navigateurs.

Il est utilisé :

- à faible dose, dans le *traitement préventif* des carences en vitamine C et le traitement du scorbut confirmé (exceptionnels en France) ;
- à forte dose, dans le traitement de la fatigue au cours des états grippaux et des suites de maladie.

CONTRE-INDICATIONS

Ce médicament ne doit pas être utilisé à une dose supérieure à 1 g par jour, en cas d'*antécédents* de calcul des *voies* urinaires.

ATTENTION

La *vitamine* C est dégradée dans l'organisme en acide oxalique pouvant favoriser la formation de calculs dans les *voies* urinaires. Ne prenez pas de dose importante de vitamine C pendant une longue durée sans avis médical.

Des précautions sont nécessaires en cas de déficit en *G6PD*.

GROSSESSE, ALLAITEMENT ET NOUVEAU-NÉ

La *vitamine* C, à faible dose, n'est pas toxique chez la femme enceinte ou qui allaite.

MODE D'EMPLOI ET POSOLOGIE

Les sachets de poudre doivent être dissous dans un verre d'eau.

Posologie usuelle :

- Prévention des *carences* : 10 à 50 mg par jour.
- Traitement de la fatigue : 500 mg à 1 g par jour (demi-dose chez l'enfant de plus de 6 ans).

Ce médicament n'est pas destiné à l'enfant de moins de 6 ans.

Il est préférable de ne pas prendre ce médicament en fin de journée à cause de son effet légèrement stimulant.

Une prise quotidienne (supérieure à 2 g) de *vitamine* C peut modifier certaines analyses de sang.

La vitamine C est présente dans les légumes, y compris la pomme de terre, et les fruits ; elle est dégradée en partie par la chaleur et la lumière. Elle est largement utilisée comme conservateur dans les produits alimentaires.

Une alimentation équilibrée et diversifiée apporte habituellement des quantités suffisantes de vitamine C. Il est inutile d'augmenter les doses ou la durée du traitement conseillées par votre médecin ou votre pharmacien : un excès d'apport est éliminé par les urines.

La poudre effervescente doit être conservée à l'abri de l'humidité.

EFFETS INDÉSIRABLES POSSIBLES

À forte dose (supérieure à 1 g) : brûlures d'estomac, diarrhée.

Chez les personnes prédisposées : calculs des *voies* urinaires.

MIGLUCAN

glibenclamide

PRÉSENTATION

MIGLUCAN : comprimé sécable (blanc) ; boîte de 60 - Remb. 65 % - Liste I

Laboratoires Boehringer Mannheim France

COMPOSITION

	p. comp.
Glibenclamide	2,5 mg

INDICATIONS

Cet *antidiabétique* oral appartient à la famille des *sulfamides hypoglycémiants*. Il permet de diminuer l'excès de *sucre* dans le sang en favorisant la sécrétion de l'*insuline*.

Il est utilisé dans le traitement du *diabète* non insulinodépendant lorsque le régime alimentaire seul est insuffisant.

CONTRE-INDICATIONS

Ce médicament ne doit pas être utilisé dans les cas suivants :

- *insuffisance rénale*,
- *insuffisance hépatique* grave,
- *allergie* aux *sulfamides*,
- en association avec les médicaments contenant du miconazole,
- grossesse.

ATTENTION

Ce médicament n'est pas adapté au traitement du *diabète* insulinodépendant : celui-ci requiert un traitement par injections d'*insuline*.

Un sentiment de malaise associé à des sueurs froides, une fringale, une accélération du cœur sont les signes habituels d'une *hypoglycémie* due à un effet excessif du médicament. Cette hypoglycémie peut également se traduire par des troubles du comportement qui doivent alerter votre entourage, voire des *convulsions* ou un *coma*. En présence de ces signes ou en cas de simple doute, buvez une boisson sucrée ou mangez du *sucre*. Si le diabétique est inconscient, surtout ne lui donnez rien à boire, ne lui injectez aucun médicament et appelez votre médecin ou à défaut le 15 ou un service d'urgence.

Des analyses de sang régulières permettent à votre médecin d'adapter la *posologie*.

N'augmentez pas la posologie sans avis médical : consultez rapidement votre médecin en cas de malaises hypoglycémiques répétés.

Certaines situations peuvent contribuer à augmenter la *glycémie* : infections, prise de médicaments, stress. En cas de soif intense, de grande fatigue, de sensation de malaise général, consultez rapidement votre médecin.

L'absorption de boissons alcoolisées pendant le traitement expose à des effets indésirables gênants : *effet antabuse*.

Conducteur : une hypoglycémie peut entraîner un malaise pendant la conduite ou l'utilisation de machines.

INTERACTIONS MÉDICAMENTEUSES

Ce médicament ne doit pas être associé avec les médicaments oraux contenant du miconazole (DAKTARIN GEL BUCCAL, DAKTARIN COMPRIMÉ...) : risque d'*hypoglycémie*.

Ce médicament peut interagir avec d'autres médicaments. Signalez tout autre traitement en cours à votre médecin ou à votre pharmacien.

GROSSESSE, ALLAITEMENT ET NOUVEAU-NÉ

Grossesse :

Quelques cas de malformations chez l'animal ont été rapportés. En l'absence de données dans l'espèce humaine, ce médicament est contre-indiqué pendant la grossesse. Le *diabète* de la femme enceinte nécessite un traitement par *insuline*.

Allaitement :

Les données actuellement disponibles ne permettent pas de savoir si ce médicament passe dans le lait maternel.

MODE D'EMPLOI ET POSOLOGIE

Les comprimés doivent être avalés avec un peu d'eau au début du repas.

Posologie usuelle :

Suivez attentivement la prescription de votre médecin. Le régime alimentaire reste nécessaire pendant le traitement.

Le respect de certaines règles simples permet de diminuer le risque d'*hypoglycémie* :

- toute prise de ce médicament doit être suivie d'un repas (ne prenez pas de comprimé si vous devez sauter le repas suivant) ;
- si vous envisagez un effort physique intense et prolongé, il peut être nécessaire de diminuer la dose du médicament (demandez conseil à votre médecin) ;
- informez votre médecin si vous devez travailler la nuit ou si votre religion vous impose un jeûne prolongé ;
- évitez la prise de boissons alcoolisées à jeun ou à distance des repas.

Le *diabète* peut diminuer la sensibilité des pieds à la douleur et favoriser les infections. Des plaies profondes peuvent se développer : une hygiène rigoureuse et des chaussures confortables limitent ce risque.

Le régime du diabétique ne consiste pas en une simple interdiction des *glucides* (*sucres*, pain, pâtes...) : demandez conseil à votre médecin.

Pesez-vous régulièrement et signalez toute variation rapide de poids à votre médecin.

EFFETS INDÉSIRABLES POSSIBLES

Hypoglycémie (voir ATTENTION).

Troubles digestifs, démangeaisons, éruptions cutanées.

Exceptionnellement : jaunisse.

MIGPRIV

acétylsalicylate de lysine, métoclopramide

PRÉSENTATION

MIGPRIV : poudre orale arôme citron ; boîte de 6 sachets - Remb. 65 % - Liste II

Laboratoires Synthélabo

COMPOSITION

	p. sachet
Acétylsalicylate de lysine	1,62 g
Soit acide acétylsalicylique (aspirine)	900 mg
Métoclopramide	10 mg
Aspartam	+

INDICATIONS

Cet antimigraineux associe un dérivé de l'aspirine, pour son action *antalgique*, à un modificateur de la motricité digestive qui régularise les contractions de l'estomac et de l'intestin.

Il est utilisé dans le *traitement de la crise* de *migraine*, notamment lorsque celle-ci s'accompagne de nausées et de vomissements.

CONTRE-INDICATIONS

Ce médicament ne doit pas être utilisé dans les cas suivants :
- *allergie* à l'aspirine et aux *anti-inflammatoires* non stéroïdiens (*AINS*) ;
- *ulcère* de l'estomac ou du *duodénum* ;
- risque d'obstruction du tube digestif ;
- hémorragie et risque hémorragique ;
- mouvements involontaires liés à la prise de *neuroleptiques* ;
- *phéochromocytome* ;
- association aux médicaments contenant de la lévodopa ;
- grossesse : pendant les 3 derniers mois ou en prise prolongée, à toute période de la grossesse.

ATTENTION

Tout surdosage ou prise prolongée expose à des complications sérieuses liées à la présence d'un dérivé de l'aspirine. Ne laissez pas ce médicament à la portée des enfants. En cas d'intoxication accidentelle, appelez un service d'urgence ou un centre anti-poison. Un avis médical est nécessaire en cas d'*antécédent* d'*ulcère* de l'estomac ou du *duodénum* même ancien, d'*épilepsie*, d'*asthme*, d'*insuffisance rénale* et chez les femmes porteuses de stérilet.

De même, l'aspirine est déconseillée chez les personnes souffrant de *goutte*, et chez les femmes pendant les règles.

Évitez de prendre ce médicament pendant la semaine qui précède une extraction dentaire ou une opération : augmentation du risque d'*hémorragie*.

Évitez les boissons alcoolisées : augmentation du risque de somnolence.

Conducteur : ce médicament peut être responsable d'une somnolence ou d'une baisse de la vigilance.

INTERACTIONS MÉDICAMENTEUSES

Ce médicament ne doit pas être associé avec les médicaments contenant de la lévodopa (LARODOPA, MODOPAR, SINEMET...) : risque d'annulation de leurs effets.

Il peut interagir avec de nombreux médicaments, notamment les *anticoagulants*. Signalez tout autre traitement en cours à votre médecin ou à votre pharmacien.

GROSSESSE, ALLAITEMENT ET NOUVEAU-NÉ

Grossesse :

Compte tenu de la présence d'aspirine, seule la prise ponctuelle de ce médicament est admise durant les 6 premiers mois de la grossesse ; au cours des 3 derniers mois, ce médicament est contre-indiqué.

Allaitement :

Ce médicament passe dans le lait maternel : il est déconseillé pendant l'allaitement.

MODE D'EMPLOI ET POSOLOGIE

Les sachets doivent être dissous dans un grand verre d'eau.

Posologie usuelle :
- Adulte : 1 sachet dès les premiers signes de la crise. Renouveler 1 fois si nécessaire dans les heures qui suivent.

Attention, de nombreux médicaments contiennent de l'aspirine. Le surdosage expose à une augmentation des effets indésirables.

EFFETS INDÉSIRABLES POSSIBLES

Liés à l'aspirine :
- *gastrite*, douleurs abdominales, saignements du nez ou des gencives ;
- rares et parfois graves : *hémorragie* du tube digestif, vomissements sanglants, selles noires ou plus souvent pertes de sang imperceptibles responsables de l'apparition progressive d'une *anémie*, accidents allergiques (*urticaire*, œdème de *Quincke*, *asthme*, *chocs*) ;
- en cas de surdosage : bourdonnements d'oreille, baisse de l'audition, maux de tête.

Liés au métoclopramide :
- somnolence, fatigue, vertige ;
- exceptionnels : insomnie, maux de tête, diarrhée, spasmes de la face, mouvements inadaptés, arrêt des règles, augmentation du volume des seins.

MIGRALGINE

PRÉSENTATION

MIGRALGINE : gélule (vert et blanc) ; boîte de 20 - Non remb.

MIGRALGINE : gélule (vert et blanc) ; boîte de 40 - Non remb.

MIGRALGINE : solution buvable ; flacon 125 ml - Non remb.

Laboratoires Jean-Paul Martin

COMPOSITION

	p. gél.	p. c. à c.
Phénazone salicylate	225 mg	225 mg
Amyléine chlorhydrate	2 mg	2 mg
Codéine	1,5 mg	1,5 mg
Caféine	62,5 mg	62,5 mg

INDICATIONS

Ce médicament, *antalgique* et *antipyrétique*, associe un *salicylé* (phénazone), un *anesthésique* (amyléine), de la codéine et de la caféine.

Il est utilisé dans le *traitement symptomatique* de douleurs diverses : maux de tête, *migraine*, douleurs dentaires, douleurs des règles, douleurs rhumatismales...

CONTRE-INDICATIONS

Ce médicament ne doit pas être utilisé dans les cas suivants :
- enfant de moins de 15 ans (solution buvable),
- enfant de moins de 10 ans (gélule),
- *allergie* aux *salicylés* ou aux *AINS*,
- *ulcère* de l'estomac ou du *duodénum*.

ATTENTION

Des précautions sont nécessaires en cas d'*insuffisance respiratoire*.

Évitez les boissons alcoolisées : augmentation du risque de somnolence.

Conducteur : ce médicament peut être responsable d'une somnolence ou d'une baisse de la vigilance.

INTERACTIONS MÉDICAMENTEUSES

Ce médicament peut interagir avec d'autres médicaments, notamment avec les *anticoagulants*. Signalez tout autre traitement en cours à votre médecin ou à votre pharmacien.

GROSSESSE, ALLAITEMENT ET NOUVEAU-NÉ

L'effet de ce médicament pendant la grossesse ou l'allaitement est mal connu. L'évaluation du risque éventuel lié à son utilisation est individuelle : demandez conseil à votre pharmacien ou à votre médecin.

MODE D'EMPLOI ET POSOLOGIE

Les gélules doivent être avalées avec un verre d'eau.

Posologie usuelle :
- Adulte : 2 gélules, 2 ou 3 fois par jour ou 2 cuillères à café de solution buvable, 1 à 3 fois par jour. Ne pas dépasser 8 gélules ou cuillères à café par jour.
- Enfant de 10 à 15 ans : 1 gélule, 3 ou 4 fois par jour.

De nombreux médicaments contiennent de la codéine : en tenir compte en cas de prise conjointe (risque de surdosage).

Il est préférable d'éviter de prendre ce médicament en fin de journée, en raison de la présence de caféine.

MIGWELL

ergotamine, caféine, cyclizine

PRÉSENTATION

MIGWELL : comprimé sécable (blanc) ; boîte de 10 - Remb. 65 % - Liste I

Laboratoires Wellcome

COMPOSITION

	p. comp.
Ergotamine tartrate	2 mg
Caféine	91,5 mg
Cyclizine chlorhydrate	50 mg

INDICATIONS

Ce médicament contient de l'ergotamine, antimigraineux de la famille des dérivés de l'*ergot de seigle*, de la caféine, qui accélère l'absorption du médicament, et un *antihistaminique*, la cyclizine.

Il est utilisé dans le *traitement de la crise* de *migraine*.

CONTRE-INDICATIONS

Ce médicament ne doit pas être utilisé dans les cas suivants :
- *hypertension artérielle*, *insuffisance coronarienne*, *artérite* ;
- *insuffisance hépatique* grave ;
- *insuffisance rénale* grave ;
- infection grave ;
- en association avec les *antibiotiques* de la famille des *macrolides* ;
- *glaucome* à angle fermé ;
- risque de rétention des urines (*adénome de la prostate*) ;
- enfant de moins de 10 ans,
- **grossesse,**
- **allaitement.**

ATTENTION

En cas de fourmillements, de douleurs inhabituelles et persistantes ou de pâleur des extrémités des membres, prévenez d'urgence votre médecin.

Conducteur : ce médicament peut être responsable d'une somnolence ou d'une baisse de la vigilance.

INTERACTIONS MÉDICAMENTEUSES

Ce médicament ne doit pas être associé aux *antibiotiques* de la famille des *macrolides* (érythromycine, josamycine ou roxithromycine) : risque d'*ergotisme*.

Il peut interagir avec d'autres médicaments, notamment les *bêtabloquants* : signalez tout autre traitement en cours à votre médecin ou à votre pharmacien.

GROSSESSE, ALLAITEMENT ET NOUVEAU-NÉ

Ce médicament est contre-indiqué pendant la grossesse et l'allaitement.

MODE D'EMPLOI ET POSOLOGIE

Les comprimés doivent être avalés avec un peu d'eau, sans être croqués ni sucés.

Posologie usuelle :
- Adulte : 1 comprimé dès les premiers signes de crise. Si la douleur persiste, vous pouvez reprendre un comprimé après un intervalle d'une demi-heure, sans jamais dépasser 3 comprimés par jour, ni 5 comprimés par semaine.
- Enfant de plus de 10 ans : 1/4 ou 1/2 comprimé dès les premiers signes de crise. Ne jamais dépasser 1 comprimé par jour, ni 3 comprimés par semaine.

Si les crises se répètent, n'augmentez pas les doses et consultez votre médecin.

EFFETS INDÉSIRABLES POSSIBLES

Fourmillement, engourdissement des extrémités des membres.

Somnolence, maux de tête.

Sécheresse de la bouche, constipation.

MIKELAN

carteolol

PRÉSENTATION

MIKELAN : comprimé sécable (blanc) ; boîte de 30 - Remb. 65 % - Liste I

Laboratoires Oberval

COMPOSITION

	p. comp.
Cartéolol chlorhydrate	20 mg

INDICATIONS

Ce médicament appartient à la famille des *bêtabloquants*. Ceux-ci agissent en bloquant l'action de *l'adrénaline* (et d'autres *hormones* apparentées) sur de nombreux organes et notamment le cœur, les vaisseaux et les bronches.

Il est utilisé dans le traitement de l'*hypertension artérielle*.

CONTRE-INDICATIONS

Ce médicament ne doit pas être utilisé dans les cas suivants :
- *asthme*,
- *insuffisance cardiaque* grave non contrôlée par un traitement spécifique,
- *insuffisance rénale* grave,
- *bloc auriculo-ventriculaire* grave,
- rythme cardiaque inférieur à 50 battements par minute,
- phénomène de *Raynaud*,
- association avec les médicaments contenant de la floctafénine.

ATTENTION

N'interrompez jamais brutalement le traitement. Espacez progressivement les prises. Un avis médical est toujours préférable.

Si vous souffrez d'*insuffisance rénale*, signalez-le à votre médecin afin qu'il adapte la *posologie*.

Diabétiques : les *bêtabloquants* peuvent masquer certains *symptômes* de l'*hypoglycémie*, essentiellement *palpitations* et accélération du cœur.

INTERACTIONS MÉDICAMENTEUSES

Ce médicament ne doit pas être associé à la floctafénine (IDARAC...) : risque d'augmentation de la gravité d'un éventuel *choc* allergique.

Il peut interagir avec d'autres médicaments, notamment ceux contenant de l'amiodarone. Signalez tout autre traitement en cours à votre médecin ou à votre pharmacien.

GROSSESSE, ALLAITEMENT ET NOUVEAU-NÉ

Grossesse et nouveau-né :

L'effet de ce médicament sur l'enfant à naître est mal connu. Seul votre médecin peut apprécier la nécessité du traitement et son risque.

L'effet *bêtabloquant* persiste quelques jours chez le *nouveau-né* et justifie une surveillance médicale renforcée pendant les premiers jours de la vie.

Allaitement :

Ce médicament passe dans le lait maternel : l'allaitement est déconseillé.

MODE D'EMPLOI ET POSOLOGIE

Ce médicament peut être pris indifféremment pendant ou en dehors des repas.

Posologie usuelle :

1 comprimé par jour.

En cas d'*insuffisance rénale* : 1/2 ou 1 comprimé par jour.

Veillez à toujours disposer d'une réserve de ce médicament : une plaquette dans la boîte à gants de la voiture et dans la trousse de toilette, par exemple.

Il est normal que le rythme cardiaque ralentisse sous l'effet du traitement ; néanmoins, en cas de fatigue anormale et de pouls inférieur à 50 battements par minute, consultez votre médecin.

EFFETS INDÉSIRABLES POSSIBLES

Bénins et peu fréquents : *troubles digestifs*, fatigue en début de traitement, troubles du sommeil, syndrome de *Raynaud* et fourmillement des extrémités ; parfois, réactions cutanées.

Potentiellement graves et rares : *bloc auriculo-ventriculaire*, ralentissement important du cœur, chute de tension, *insuffisance cardiaque*, crise d'*asthme*.

MILLI ANOVLAR

éthinylestradiol, noréthistérone

PRÉSENTATION

MILLI ANOVLAR : comprimé (ocre) ; boîte de 1 plaquette de 21 - Remb. 65 % - Liste I

MILLI ANOVLAR : comprimé (ocre) ; boîte de 3 plaquettes de 21 - Remb. 65 % - Liste I

Laboratoires Schering

COMPOSITION

	p. comp.
Éthinylestradiol microfin	0,05 mg
Noréthistérone acétate microfin	1 mg

INDICATIONS

C'est un *contraceptif* oral (pilule) qui contient un *estrogène* et un *progestatif*. Il est normodosé (0,05 mg d'estrogène) et monophasique (tous les comprimés contiennent la même quantité d'*hormones* et sont donc de la même couleur). Ce médicament est également prescrit pour traiter les douleurs des règles.

CONTRE-INDICATIONS

Ce médicament ne doit pas être utilisé dans les cas suivants :

- certaines maladies cardiaques ou *vasculaires*, notamment l'*hypertension artérielle* et les *antécédents* de *phlébite* ;
- certaines causes de saignement entre les règles ;
- *diabète*, excès de *cholestérol* ou de *triglycérides* ;
- maladie du foie grave ou récente, jaunisse chronique ou survenue lors d'une grossesse ;
- cancer du sein ou de l'utérus ainsi que certains autres cancers ;
- *tumeur de l'hypophyse*, excès de *prolactine* ;
- certaines maladies rares (*connectivite*, *porphyrie*, *otosclérose*, *otospongiose*) ;
- *insuffisance rénale* ;
- **grossesse ;**
- **allaitement.**

Dans tous les autres cas, le médecin est seul juge pour prescrire ce médicament, notamment en cas d'obésité, de *tumeur* bénigne du sein ou de l'utérus, de calculs de la vésicule biliaire.

ATTENTION

Chez la femme de plus de 35 ans ou chez la femme qui fume, le risque de complications cardio-vasculaires liées aux *estrogènes* augmente nettement.

Tout *symptôme* pouvant faire craindre une complication impose l'arrêt du traitement : maux de tête importants et inhabituels, troubles de la vision, élévation franche de la tension artérielle.

La survenue d'un léger saignement entre les règles (spotting) est fréquente chez les femmes prenant la pilule. Vous devez néanmoins en informer votre médecin.

Une surveillance médicale et des analyses sont nécessaires avant et pendant la contraception orale. Cette surveillance sera renforcée chez la femme souffrant d'*épilepsie*, de *migraine*, d'*asthme*, de *dépression*, ou ayant des *antécédents* familiaux de maladie *vasculaire*.

En cas d'opération ou d'immobilisation pour une période prolongée, un autre mode de contraception est préférable.

INTERACTIONS MÉDICAMENTEUSES

L'efficacité contraceptive de la pilule peut être diminuée par la prise de certains médicaments : les *barbituriques*, certains antiépileptiques (TÉGRÉTOL, DI-HYDAN...), les médicaments contenant de la rifampicine (RIMACTAN, RIFADINE...) ou de la griséofulvine (FULCINE, GRISÉFULINE...).

GROSSESSE, ALLAITEMENT ET NOUVEAU-NÉ

Ce médicament est contre-indiqué pendant la grossesse et l'allaitement.

MODE D'EMPLOI ET POSOLOGIE

Prendre régulièrement, et sans oubli, 1 comprimé par jour à la même heure pendant 21 jours consécutifs, avec un arrêt de 7 jours entre chaque plaquette de 21 comprimés.

En cas de première contraception orale ou de reprise d'une contraception interrompue temporairement, prendre le premier comprimé le premier jour des règles.

En cas de changement de *contraceptif*, prendre le premier comprimé :

- après un arrêt de 7 jours, si le précédent contraceptif comportait 21 comprimés par plaquette ;
- après un arrêt de 6 jours, si le précédent contraceptif comportait 22 comprimés par plaquette ;
- sans interruption, si le précédent contraceptif comportait 28 comprimés par plaquette.

En cas de suite d'accouchement ou d'interruption de grossesse : suivre les indications du médecin.

En cas d'oubli d'un comprimé :

- retard de moins de 12 heures : prendre le comprimé oublié et continuer à l'heure habituelle ;
- retard de plus de 12 heures : prendre le comprimé oublié et continuer à l'heure habituelle, mais la sécurité contraceptive n'est plus assurée et une méthode complémentaire doit être employée pour le cycle en cours (spermicide, préservatif, diaphragme).

En cas de vomissement ou de diarrhée survenant juste après la prise du comprimé (sans rapport avec la prise du *contraceptif*), prendre un autre comprimé. Si ces troubles durent plus de 12 heures, la sécurité contraceptive n'est plus assurée et une méthode complémentaire doit être employée pour le cycle en cours.

EFFETS INDÉSIRABLES POSSIBLES

Peu graves et n'empêchant pas la poursuite du traitement : nausées, maux de tête banals, prise de poids, tension modérée des seins, taches sombres sur le visage, jambes lourdes, irritation oculaire par les lentilles de contact, saignement entre les règles, diminution ou disparition des règles, *candidose* vaginale, irritabilité et tendance à la *dépression*.

Rares mais devant faire interrompre la prise de ce *contraceptif* : *hypertension artérielle*, accident cardiaque ou *vasculaire*, jaunisse, augmentation importante des lipides dans le sang, *diabète*, *nodule* ou douleur importante des seins, *migraine*, *vertiges*, troubles de la vision, aggravation d'une *épilepsie*, écoulement de lait.

Exceptionnellement, certaines pilules peuvent être responsables de calculs de la vésicule biliaire, de *tumeur* bénigne du foie ou de *mastopathie*.

MILLIGYNON

noréthistérone

PRÉSENTATION

MILLIGYNON : comprimé (blanc) ; boîte de 1 plaquette de 28 - Non remb. - Liste I

MILLIGYNON : comprimé (blanc) ; boîte de 3 plaquettes de 28 - Non remb. - Liste I

Laboratoires Schering

COMPOSITION

	p. comp.
Noréthistérone acétate microfin	0,6 mg

INDICATIONS

C'est un *contraceptif* oral. Il contient un *progestatif* seul (sans *estrogène* associé). Tous les comprimés ont une composition identique. Ce contraceptif est dit microdosé car il contient une très faible dose d'*hormone*.

CONTRE-INDICATIONS

Ce médicament ne doit pas être utilisé en cas de :

- maladie du foie grave ou récente,
- *insuffisance hépatique*,
- certains cancers du sein ou de l'utérus,
- en association avec les médicaments de la famille des *rétinoïdes*,
- **grossesse.**

ATTENTION

L'efficacité contraceptive des *progestatifs* microdosés n'est pas absolue. Il est d'autant plus important de veiller à la régularité de la prise.

En cas d'arrêt des règles pendant plus de deux cycles consécutifs, l'absence de grossesse doit être vérifiée avant de poursuivre la contraception.

En cas d'opération ou d'immobilisation pour une période prolongée, un autre mode de contraception est préférable.

Des précautions sont nécessaires en cas d'*antécédent* de jaunisse ou de démangeaisons survenues lors d'une grossesse.

INTERACTIONS MÉDICAMENTEUSES

Ce médicament ne doit pas être associé aux médicaments de la famille des *rétinoïdes* (ROACCUTANE ORAL, SORIATANE...) : risque de diminution de l'efficacité de la contraception.

L'efficacité de la pilule peut être diminuée par la prise de certains médicaments : les *barbituriques*, certains antiépileptiques (TÉGRÉTOL, DI-HYDAN...), les médicaments contenant de la rifampicine (RIMACTAN, RIFADINE...) ou de la griséofulvine (FULCINE, GRISÉFULINE...).

GROSSESSE, ALLAITEMENT ET NOUVEAU-NÉ

Grossesse :

Ce médicament est contre-indiqué pendant la grossesse.

Allaitement :

Ce médicament passe dans le lait maternel : il est déconseillé pendant l'allaitement.

MODE D'EMPLOI ET POSOLOGIE

Prendre régulièrement, et sans oubli, 1 comprimé par jour pendant 28 jours consécutifs, sans interruption entre 2 plaquettes. Cette pilule doit être impérativement prise chaque jour à la même heure. La contraception n'est pas assurée pendant la durée de la première plaquette : une contraception complémentaire est nécessaire (préservatif, diaphragme, spermicide...).

En cas de première contraception orale ou de reprise d'une contraception interrompue temporairement, prendre le premier comprimé le premier jour des règles.

En cas de changement de *contraceptif*, prendre le premier comprimé :
- après un arrêt de 7 jours, si le précédent contraceptif comportait 21 comprimés par plaquette ;
- après un arrêt de 6 jours, si le précédent contraceptif comportait 22 comprimés par plaquette ;
- sans interruption, si le précédent contraceptif comportait 28 comprimés par plaquette.

En cas de suite d'accouchement ou d'interruption de grossesse : suivre les indications du médecin.

> En cas d'oubli d'un comprimé :
> - retard de moins de 4 heures : prendre le comprimé oublié et continuer à l'heure habituelle.
> - retard de plus de 4 heures : prendre le comprimé oublié et continuer à l'heure habituelle, mais la sécurité contraceptive n'est plus assurée et une méthode complémentaire doit être employée pour le cycle en cours (spermicide, préservatif, diaphragme).
>
> En cas de vomissements ou de diarrhée survenant juste après la prise du comprimé (sans rapport avec la prise du *contraceptif*), prendre un autre comprimé. Si ces troubles durent plus de 4 heures, la sécurité contraceptive n'est plus assurée et une méthode complémentaire doit être employée pour le cycle en cours.

EFFETS INDÉSIRABLES POSSIBLES

Irrégularité des cycles en début de traitement.

Saignement entre les règles, *œdèmes* périodiques, douleur ou tension des seins.

En cas d'*antécédent* de jaunisse ou de démangeaisons au cours d'une grossesse : risque de récidive lors de la prise de ce *contraceptif*.

MINALFÈNE

alminoprofène

PRÉSENTATION

MINALFÈNE 300 mg : comprimé (jaune) ; boîte de 15 - Remb. 65 % - Liste II

Laboratoires Bouchara

COMPOSITION

	p. comp.
Alminoprofène	300 mg

INDICATIONS

Ce médicament est un *anti-inflammatoire* non stéroïdien (*AINS*). Il lutte contre l'*inflammation* et la douleur, fait baisser la fièvre et fluidifie le sang.

Il est utilisé dans le *traitement symptomatique* :
- des *tendinites*, de certaines *arthroses*, des *lombalgies*, *sciatiques*, *cruralgies*... ;
- des fractures et des entorses ;
- des douleurs utérines, des suites d'accouchement.

Il est également utilisé dans le *traitement d'appoint* des états inflammatoires lors d'affections des oreilles.

CONTRE-INDICATIONS

Ce médicament ne doit pas être utilisé dans les cas suivants :
- *allergie* aux *AINS*, y compris l'aspirine ;
- *ulcère* de l'estomac ou du *duodénum* ;
- *insuffisance hépatique*, *insuffisance rénale* graves ;
- enfant de moins de 15 ans ;
- **grossesse** (3 derniers mois) ;
- **allaitement.**

> **ATTENTION**
>
> Tout traitement prolongé ou surdosage d'*AINS* expose à des effets indésirables graves.
>
> Tout *symptôme* faisant craindre des complications (douleurs d'estomac, *allergie* cutanée) doit être signalé à votre médecin.
>
> Des précautions sont nécessaires chez la personne souffrant d'*antécédents* d'*ulcère* de l'estomac ou du *duodénum*, ou présentant un risque hémorragique, chez la personne âgée et chez la femme qui porte un stérilet.
>
> Conducteur : ce médicament peut provoquer parfois des étourdissements.

INTERACTIONS MÉDICAMENTEUSES

Ce médicament peut interagir avec d'autres médicaments, notamment :
- l'aspirine et les autres *anti-inflammatoires* non stéroïdiens : risque d'accroissement des effets indésirables ;
- les *anticoagulants* et les *antiagrégants plaquettaires* (TICLID...) : augmentation du risque hémorragique ;
- le *lithium* (TÉRALITHE, NEUROLITHIUM...) : augmentation du taux de lithium dans le sang.

Signalez tout autre traitement en cours à votre médecin ou à votre pharmacien.

GROSSESSE, ALLAITEMENT ET NOUVEAU-NÉ

Grossesse :

Des effets néfastes graves pour la mère et l'enfant à naître ont été mis en évidence lorsque ce médicament, comme tous les *AINS*, est utilisé au cours des 3 derniers mois de la grossesse : son usage est formellement contre-indiqué pendant cette période.

Pendant les 6 premiers mois, l'effet de ce médicament est mal connu : seul votre médecin peut évaluer le risque éventuel de son utilisation dans votre cas.

Allaitement :

En l'absence de données suffisantes, ce médicament est contre-indiqué pendant l'allaitement.

MODE D'EMPLOI ET POSOLOGIE

Les comprimés doivent être avalés de préférence au milieu des repas afin de limiter les effets digestifs indésirables.

Posologie usuelle :
- Adulte : 1 comprimé, 1 à 3 fois par jour.

> Ne dépassez pas la *posologie* ni la durée de traitement prescrites par votre médecin.
>
> Ce médicament vous a été prescrit dans une situation précise : ne le conseillez pas à un proche, ne le réutilisez pas sans avis médical.

EFFETS INDÉSIRABLES POSSIBLES

Troubles digestifs : *gastrite*, voire *ulcère* de l'estomac ou du *duodénum*, le plus souvent lors d'un traitement de longue durée ou à forte dose. Exceptionnellement : *hémorragie* digestive (vomissements de sang ou selles noires).

Réactions allergiques, *asthme*.

Vertiges, maux de tête, somnolence.

MINIDIAB

glipizide

PRÉSENTATION

MINIDIAB : comprimé sécable (blanc) ; boîte de 20 - Remb. 65 % - Liste I

MINIDIAB : comprimé sécable (blanc) ; boîte de 100 - Remb. 65 % - Liste I

Laboratoires Pharmacia

COMPOSITION

	p. comp.
Glipizide	5 mg

INDICATIONS

Cet *antidiabétique* oral appartient à la famille des *sulfamides hypoglycémiants*. Il permet de diminuer l'excès de *sucre* dans le sang en favorisant la sécrétion de l'*insuline*.

Il est utilisé dans le traitement du *diabète* non insulinodépendant lorsque le régime alimentaire seul est insuffisant.

CONTRE-INDICATIONS

Ce médicament ne doit pas être utilisé dans les cas suivants :
- *insuffisance rénale*,
- *insuffisance hépatique* grave,
- *allergie* aux *sulfamides*,
- en association avec les médicaments contenant du miconazole,
- **grossesse.**

> **ATTENTION**
>
> Ce médicament n'est pas adapté au traitement du *diabète* insulinodépendant : celui-ci requiert un traitement par injections d'*insuline*.
>
> Un sentiment de malaise associé à des sueurs froides, une fringale, une accélération du cœur sont les signes habituels d'une *hypoglycémie* due à un effet excessif du médicament. Cette hypoglycémie peut également se traduire par des troubles du comportement qui doivent alerter votre entourage, voire des *convulsions* ou un *coma*. En présence de ces signes ou en cas de simple doute, buvez une boisson sucrée ou mangez du *sucre*. Si le diabétique est inconscient, surtout ne lui donnez rien à boire, ne lui

injectez aucun médicament et appelez votre médecin ou à défaut le 15 ou un service d'urgence.

Des analyses de sang régulières permettent à votre médecin d'adapter la *posologie*.

N'augmentez pas la posologie sans avis médical : consultez rapidement votre médecin en cas de malaises hypoglycémiques répétés.

Certaines situations peuvent contribuer à augmenter la *glycémie* : infections, prise de médicaments, stress. En cas de soif intense, de grande fatigue, de sensation de malaise général, consultez rapidement votre médecin.

Conducteur : une hypoglycémie peut entraîner un malaise pendant la conduite ou l'utilisation de machines.

INTERACTIONS MÉDICAMENTEUSES

Ce médicament ne doit pas être associé avec les médicaments oraux contenant du miconazole (DAKTARIN GEL BUCCAL, DAKTARIN COMPRIMÉ...) : risque d'*hypoglycémie*.

Ce médicament peut interagir avec d'autres médicaments. Signalez tout autre traitement en cours à votre médecin ou à votre pharmacien.

GROSSESSE, ALLAITEMENT ET NOUVEAU-NÉ

Grossesse :

Quelques cas de malformations chez l'animal ont été rapportés. En l'absence de données dans l'espèce humaine, ce médicament est contre-indiqué pendant la grossesse. Le *diabète* de la femme enceinte nécessite un traitement par *insuline*.

Allaitement :

Les données actuellement disponibles ne permettent pas de savoir si ce médicament passe dans le lait maternel.

MODE D'EMPLOI ET POSOLOGIE

Les comprimés doivent être avalés avec un peu d'eau au début des repas.

Posologie usuelle :

Suivez attentivement la prescription de votre médecin. Le régime alimentaire reste nécessaire pendant le traitement.

☛ Le respect de certaines règles simples permet de diminuer le risque d'*hypoglycémie* :
- toute prise de ce médicament doit être suivie d'un repas (ne prenez pas de comprimé si vous devez sauter le repas suivant) ;
- si vous envisagez un effort physique intense et prolongé, il peut être nécessaire de diminuer la dose du médicament (demandez conseil à votre médecin) ;
- informez votre médecin si vous devez travailler la nuit ou si votre religion vous impose un jeûne prolongé ;
- évitez la prise de boissons alcoolisées à jeun ou à distance des repas.

Le *diabète* peut diminuer la sensibilité des pieds à la douleur et favoriser les infections. Des plaies profondes peuvent se développer : une hygiène rigoureuse et des chaussures confortables limitent ce risque.

Le régime du diabétique ne consiste pas en une simple interdiction des *glucides* (*sucres*, pain, pâtes...) : demandez conseil à votre médecin.

Pesez-vous régulièrement et signalez toute variation rapide de poids à votre médecin.

EFFETS INDÉSIRABLES POSSIBLES

Hypoglycémie (voir ATTENTION).

Troubles digestifs, démangeaisons, éruptions cutanées.

Exceptionnellement : jaunisse.

MINIDRIL

éthinylestradiol, lévonorgestrel

PRÉSENTATION

MINIDRIL : comprimé (blanc) ; boîte de 1 plaquette de 21 - Remb. 65 % - Liste I

MINIDRIL : comprimé (blanc) ; boîte de 3 plaquettes de 21 - Remb. 65 % - Liste I

Laboratoires Wyeth France

COMPOSITION

	p. comp.
Éthinylestradiol	0,03 mg
Lévonorgestrel	0,15 mg

INDICATIONS

C'est un *contraceptif* oral (pilule) qui contient un *estrogène* et un *progestatif*. Il est minidosé (moins de 0,04 mg d'estrogène) et monophasique (tous les comprimés contiennent la même quantité d'*hormones* et sont donc de la même couleur). Ce médicament est également prescrit pour traiter les douleurs des règles.

CONTRE-INDICATIONS

Ce médicament ne doit pas être utilisé dans les cas suivants :
- certaines maladies cardiaques ou *vasculaires*, notamment l'*hypertension artérielle* et les *antécédents* de *phlébite* ;
- certaines causes de saignement entre les règles ;
- *diabète*, excès de *cholestérol* ou de *triglycérides* ;
- maladie du foie grave ou récente, jaunisse chronique ou survenue lors d'une grossesse ;
- cancer du sein ou de l'utérus ainsi que certains autres cancers ;
- *tumeur de l'hypophyse*, excès de *prolactine* ;
- certaines maladies rares (*connectivite*, *porphyrie*, *otosclérose*, *otospongiose*) ;
- *insuffisance rénale* ;
- **grossesse ;**
- **allaitement.**

Dans tous les autres cas, le médecin est seul juge pour prescrire ce médicament, notamment en cas d'obésité, de *tumeur* bénigne du sein ou de l'utérus, de calculs de la vésicule biliaire.

ATTENTION

Chez la femme de plus de 35 ans ou chez la femme qui fume, le risque de complications cardio-vasculaires liées aux *estrogènes* augmente nettement.

Tout *symptôme* pouvant faire craindre une complication impose l'arrêt du traitement : maux de tête importants et inhabituels, troubles de la vision, élévation franche de la tension artérielle.

La survenue d'un léger saignement entre les règles (spotting) est fréquente chez les femmes prenant la pilule. Vous devez néanmoins en informer votre médecin.

Une surveillance médicale et des analyses sont nécessaires avant et pendant la contraception orale. Cette surveillance sera renforcée chez la femme souffrant d'*épilepsie*, de *migraine*, d'*asthme*, de *dépression*, ou ayant des *antécédents* familiaux de maladie *vasculaire*.

En cas d'opération ou d'immobilisation pour une période prolongée, un autre mode de contraception est préférable.

INTERACTIONS MÉDICAMENTEUSES

L'efficacité contraceptive de la pilule peut être diminuée par la prise de certains médicaments : les *barbituriques*, certains antiépileptiques (TÉGRÉTOL, DI-HYDAN...), les médicaments contenant de la rifampicine (RIMACTAN, RIFADINE...) ou de la griséofulvine (FULCINE, GRISÉFULINE...).

GROSSESSE, ALLAITEMENT ET NOUVEAU-NÉ

Ce médicament est contre-indiqué pendant la grossesse et l'allaitement.

MODE D'EMPLOI ET POSOLOGIE

Prendre régulièrement, et sans oubli, 1 comprimé par jour à la même heure pendant 21 jours consécutifs, avec un arrêt de 7 jours entre chaque plaquette de 21 comprimés.

En cas de première contraception orale ou de reprise d'une contraception interrompue temporairement, prendre le premier comprimé le premier jour des règles.

En cas de changement de *contraceptif*, prendre le premier comprimé :
- après un arrêt de 7 jours, si le précédent contraceptif comportait 21 comprimés par plaquette ;
- après un arrêt de 6 jours, si le précédent contraceptif comportait 22 comprimés par plaquette ;
- sans interruption, si le précédent contraceptif comportait 28 comprimés par plaquette.

En cas de suite d'accouchement ou d'interruption de grossesse : suivre les indications du médecin.

☛ En cas d'oubli d'un comprimé :
- retard de moins de 12 heures : prendre le comprimé oublié et continuer à l'heure habituelle ;
- retard de plus de 12 heures : prendre le comprimé oublié et continuer à l'heure habituelle, mais la sécurité contraceptive n'est plus assurée et une méthode complémentaire doit être employée pour le cycle en cours (spermicide, préservatif, diaphragme).

En cas de vomissement ou de diarrhée survenant juste après la prise du comprimé (sans rapport avec la prise du *contraceptif*), prendre un autre comprimé. Si ces troubles durent plus de 12 heures, la sécurité contraceptive n'est plus assurée et une méthode complémentaire doit être employée pour le cycle en cours.

EFFETS INDÉSIRABLES POSSIBLES

Peu graves et n'empêchant pas la poursuite du traitement : nausées, maux de tête banals, prise de poids, tension modérée des seins, taches sombres sur le visage, jambes lourdes, irritation oculaire par les lentilles de contact, saignement entre les règles, diminution ou disparition des règles, *candidose* vaginale, irritabilité et tendance à la *dépression*.

Rares mais devant faire interrompre la prise de ce *contraceptif* : *hypertension artérielle*, accident cardiaque ou *vasculaire*, jaunisse, augmentation importante des lipides dans le sang, *diabète*, *nodule* ou douleur importante des seins, *migraine*, *vertiges*, troubles de la vision, aggravation d'une *épilepsie*, écoulement de lait.

Exceptionnellement, certaines pilules peuvent être responsables de calculs de la vésicule biliaire, de *tumeur* bénigne du foie ou de *mastopathie*.

MINIPHASE

éthinylestradiol, noréthistérone

PRÉSENTATION

MINIPHASE : comprimé (blanc : 11 et vert : 10) ; boîte de 1 plaquette de 21 - Remb. 65 % - Liste I

MINIPHASE : comprimé (blanc : 11 et vert : 10) ; boîte de 3 plaquettes de 21 - Remb. 65 % - Liste I

Laboratoires Schering

COMPOSITION

	p. comp. blanc	p. comp. vert
Éthinylestradiol microfin	0,03 mg	0,04 mg
Noréthistérone acétate microfin	1 mg	2 mg

INDICATIONS

C'est un *contraceptif* oral (pilule) qui contient un *estrogène* et un *progestatif*. Il est minidosé (moins de 0,04 mg d'estrogène) et biphasique (tous les comprimés ne contiennent pas la même quantité d'*hormones* et sont de deux couleurs différentes). Ce médicament est également prescrit pour traiter les douleurs des règles.

CONTRE-INDICATIONS

Ce médicament ne doit pas être utilisé dans les cas suivants :
- certaines maladies cardiaques ou *vasculaires*, notamment l'*hypertension artérielle* et les *antécédents* de *phlébite* ;
- certaines causes de saignement entre les règles ;
- *diabète*, excès de *cholestérol* ou de *triglycérides* ;
- maladie du foie grave ou récente, jaunisse chronique ou survenue lors d'une grossesse ;
- cancer du sein ou de l'utérus ainsi que certains autres cancers ;
- *tumeur de l'hypophyse*, excès de *prolactine* ;
- certaines maladies rares (*connectivite*, *porphyrie*, *otosclérose*, *otospongiose*) ;
- *insuffisance rénale* ;
- **grossesse** ;
- **allaitement.**

Dans tous les autres cas, le médecin est seul juge pour prescrire ce médicament, notamment en cas d'obésité, de *tumeur* bénigne du sein ou de l'utérus, de calculs de la vésicule biliaire.

ATTENTION

Chez la femme de plus de 35 ans ou chez la femme qui fume, le risque de complications cardio-vasculaires liées aux *estrogènes* augmente nettement.

Tout *symptôme* pouvant faire craindre une complication impose l'arrêt du traitement : maux de tête importants et inhabituels, troubles de la vision, élévation franche de la tension artérielle.

La survenue d'un léger saignement entre les règles (spotting) est fréquente chez les femmes prenant la pilule. Vous devez néanmoins en informer votre médecin.

Une surveillance médicale et des analyses sont nécessaires avant et pendant la contraception orale. Cette surveillance sera renforcée chez la femme souffrant d'*épilepsie*, de *migraine*, d'*asthme*, de *dépression*, ou ayant des *antécédents* familiaux de maladie *vasculaire*.

En cas d'opération ou d'immobilisation pour une période prolongée, un autre mode de contraception est préférable.

INTERACTIONS MÉDICAMENTEUSES

L'efficacité contraceptive de la pilule peut être diminuée par la prise de certains médicaments : les *barbituriques*, certains antiépileptiques (TÉGRÉTOL, DI-HYDAN...), les médicaments contenant de la rifampicine (RIMACTAN, RIFADINE...) ou de la griséofulvine (FULCINE, GRISÉFULINE...).

GROSSESSE, ALLAITEMENT ET NOUVEAU-NÉ

Ce médicament est contre-indiqué pendant la grossesse et l'allaitement.

MODE D'EMPLOI ET POSOLOGIE

Prendre régulièrement, et sans oubli, 1 comprimé par jour à la même heure pendant 21 jours consécutifs, avec un arrêt de 7 jours entre chaque plaquette de 21 comprimés.

En cas de première contraception orale ou de reprise d'une contraception interrompue temporairement, prendre le premier comprimé le premier jour des règles.

En cas de changement de *contraceptif*, prendre le premier comprimé :
- après un arrêt de 7 jours, si le précédent contraceptif comportait 21 comprimés par plaquette ;
- après un arrêt de 6 jours, si le précédent contraceptif comportait 22 comprimés par plaquette ;
- sans interruption, si le précédent contraceptif comportait 28 comprimés par plaquette.

En cas de suite d'accouchement ou d'interruption de grossesse : suivre les indications du médecin.

En cas d'oubli d'un comprimé :
- retard de moins de 12 heures : prendre le comprimé oublié et continuer à l'heure habituelle ;
- retard de plus de 12 heures : prendre le comprimé oublié et continuer à l'heure habituelle, mais la sécurité contraceptive n'est plus assurée et une méthode complémentaire doit être employée pour le cycle en cours (spermicide, préservatif, diaphragme).

En cas de vomissement ou de diarrhée survenant juste après la prise du comprimé (sans rapport avec la prise du *contraceptif*), prendre un comprimé identique sur une autre plaquette. Si ces troubles durent plus de 12 heures, la sécurité contraceptive n'est plus assurée et une méthode complémentaire doit être employée pour le cycle en cours.

EFFETS INDÉSIRABLES POSSIBLES

Peu graves et n'empêchant pas la poursuite du traitement : nausées, maux de tête banals, prise de poids, tension modérée des seins, taches sombres sur le visage, jambes lourdes, irritation oculaire par les lentilles de contact, saignement entre les règles, diminution ou disparition des règles, *candidose* vaginale, irritabilité et tendance à la *dépression*.

Rares mais devant faire interrompre la prise de ce *contraceptif* : *hypertension artérielle*, accident cardiaque ou *vasculaire*, jaunisse, augmentation importante des lipides dans le sang, *diabète*, *nodule* ou douleur importante des seins, *migraine*, *vertiges*, troubles de la vision, aggravation d'une *épilepsie*, écoulement de lait.

Exceptionnellement, certaines pilules peuvent être responsables de calculs de la vésicule biliaire, de *tumeur* bénigne du foie ou de *mastopathie*.

MINIPRESS

prazosine

PRÉSENTATION

MINIPRESS 1 mg : comprimé sécable (blanc) ; boîte de 30 - Remb. 65 % - Liste I

MINIPRESS 5 mg : comprimé sécable (blanc) ; boîte de 30 - Remb. 65 % - Liste I

Laboratoires Pfizer

COMPOSITION

	p. comp.	p. comp.
Prazosine	1 mg	5 mg

INDICATIONS

Ce médicament est un *antihypertenseur* qui appartient à la famille des *vasodilatateurs alphabloquants*.

Il est utilisé dans le traitement :
- de l'*hypertension artérielle*,
- de certaines formes d'*insuffisance cardiaque*,
- des phénomènes de *Raynaud*.

CONTRE-INDICATIONS

Ce médicament ne doit pas être utilisé chez l'enfant de moins de 12 ans.

ATTENTION

Ce médicament peut être responsable de troubles de l'équilibre et parfois de malaises avec chutes. Faites contrôler votre tension artérielle si vous êtes sujet à des étourdissements en vous levant brusquement.

Des précautions sont nécessaires chez la personne âgée.

Conducteur : ce médicament peut être responsable d'une baisse de la vigilance, particulièrement en début de traitement.

INTERACTIONS MÉDICAMENTEUSES

Ce médicament peut interagir avec d'autres médicaments, notamment certains *antihypertenseurs* (*inhibiteurs calciques*) : signalez tout autre traitement en cours à votre médecin ou à votre pharmacien.

GROSSESSE, ALLAITEMENT ET NOUVEAU-NÉ

L'effet de ce médicament pendant la grossesse ou l'allaitement est mal connu : seul votre médecin peut évaluer le risque éventuel de son utilisation dans votre cas.

MODE D'EMPLOI ET POSOLOGIE

Posologie usuelle :

Elle est strictement individuelle et varie en fonction des cas.

Généralement, le médecin augmente la *posologie* progressivement.

EFFETS INDÉSIRABLES POSSIBLES

Les plus fréquents sont la conséquence d'une *hypotension orthostatique* : *vertiges*, faiblesses, étourdissements, chutes, exceptionnelles pertes de connaissance.

Peuvent survenir également :
- *œdème* des jambes,
- *troubles digestifs*,
- incontinence urinaire, envie d'uriner fréquente,
- somnolence, troubles de la vision,
- accélération du cœur,
- démangeaisons, *allergie* cutanée,
- mal de tête, congestion du nez et des yeux, saignement de nez, douleurs articulaires, sueurs.

MINIRIN
desmopressine

PRÉSENTATION

MINIRIN : solution endonasale ; flacon 2,5 ml et *cathéter* gradué - Remb. 65 % - Liste II

MINIRIN SPRAY : solution endonasale ; flacon pulvérisateur 2,5 ml (25 pulvérisations) et embout nasal - Remb. 65 % - Liste II

Laboratoires Ferring

COMPOSITION

	p. ml	p. pulv.
Desmopressine acétate trihydraté	100 µg	10 µg

INDICATIONS

Ce médicament contient une substance analogue à l'*hormone* antidiurétique qui intervient dans la régulation de l'eau du corps.

Ce médicament est utilisé dans :
- le *traitement substitutif* du *diabète insipide*,
- le *traitement symptomatique* de certaines *énurésies* chez l'enfant de plus de 5 ans (forme endonasale seulement).

CONTRE-INDICATIONS

Ce médicament ne doit pas être utilisé dans certaines formes de la maladie de *Willebrand*.

ATTENTION

En cas de *diabète insipide*, il s'agit d'un traitement à vie : ne l'interrompez jamais.

En cas d'*énurésie* nocturne de l'enfant, veillez à ne pas le faire boire après la prise du soir au coucher.

INTERACTIONS MÉDICAMENTEUSES

Ce médicament peut interagir avec d'autres médicaments. Signalez tout autre traitement en cours à votre médecin ou à votre pharmacien.

GROSSESSE, ALLAITEMENT ET NOUVEAU-NÉ

L'effet de ce médicament pendant la grossesse ou l'allaitement est mal connu : seul votre médecin peut évaluer le risque éventuel de son utilisation dans votre cas.

MODE D'EMPLOI ET POSOLOGIE

La solution endonasale en flacon pulvérisateur est plus commode ; elle est particulièrement adaptée à l'enfant.

Il est nécessaire de se moucher avant d'utiliser la solution endonasale, pour faciliter l'absorption du médicament par la *muqueuse* nasale.

Lorsque plusieurs pulvérisations ou instillations sont prescrites, introduisez successivement la solution dans une narine puis dans l'autre. Attendre 5 minutes sans se moucher entre 2 applications successives dans la même narine.

Posologie usuelle :
- *Diabète insipide* : la *posologie* est strictement individuelle.
- *Énurésie* nocturne de l'enfant de plus de 5 ans : 1 à 4 pulvérisations ou instillations (à l'aide du *cathéter*) le soir au coucher. La durée du traitement est habituellement limitée à 3 mois.

L'utilisation de ce médicament dans les cas d'*énurésie* ne se conçoit que dans le cadre d'un traitement plus global.

EFFETS INDÉSIRABLES POSSIBLES

Maux de tête, bouffées de chaleur, crampes.

Un médicament n'est pas un produit comme les autres

MINISINTROM
acénocoumarol

PRÉSENTATION

MINISINTROM : comprimé ; boîte de 20 - Remb. 65 % - Liste I

Laboratoires Ciba-Geigy

COMPOSITION

	p. comp.
Acénocoumarol	1 mg

INDICATIONS

Ce médicament est un *anticoagulant* oral qui appartient à la famille des *antivitamines K*. Il empêche la formation des caillots en se substituant à la *vitamine* K. Celle-ci est indispensable à la synthèse par le foie des facteurs de la coagulation.

Il est utilisé dans le *traitement préventif* et curatif des *accidents thrombo-emboliques*.

CONTRE-INDICATIONS

Ce médicament ne doit pas être utilisé dans les cas suivants :
- hémophilie et maladies apparentées,
- risque de saignement d'un organe (*ulcère* de l'estomac ou du *duodénum*...),
- *hypertension artérielle* grave,
- *insuffisance rénale* et *insuffisance hépatique* graves,
- en association aux médicaments contenant de l'aspirine, de la phénylbutazone ou du miconazole (l'utilisation de formes à usage local est possible).

ATTENTION

L'action de ce médicament est adaptée avec précision par votre médecin en fonction du résultat d'analyses de sang régulières : un *TP* trop élevé traduit une action insuffisante et un risque de caillot sanguin, un TP trop bas traduit un surdosage et un risque d'*hémorragie*.

Tout signe pouvant faire penser à une hémorragie (urines rouges, selles rouges ou noires, taches anormales de la peau ou bleus multiples, saignement du nez ou des gencives...) doit vous conduire à prévenir immédiatement votre médecin ou un service médical d'urgence.

Pendant la durée du traitement, les injections intramusculaires sont interdites mais les injections par *voie* sous-cutanée ou intraveineuse sont possibles, de même que les prises de sang.

De nombreux médicaments contenant de l'aspirine sont vendus sans ordonnance : compte tenu des risques d'hémorragie qu'ils entraînent, l'automédication est particulièrement dangereuse.

En cas d'intervention chirurgicale ou d'extraction dentaire, signalez à l'anesthésiste ou à votre dentiste la prise de ce médicament : une modification de votre traitement pourra éventuellement être décidée.

Les boissons alcoolisées, augmentant les effets de ce médicament, sont déconseillées pendant la durée du traitement : risque de saignement.

INTERACTIONS MÉDICAMENTEUSES

Ce médicament ne doit pas être associé aux médicaments contenant de la phénylbutazone, de l'aspirine, du miconazole (l'utilisation de formes à usage local est possible) : risque d'*hémorragie*. Il peut interagir avec d'autres médicaments. Signalez tout autre traitement en cours à votre médecin ou à votre pharmacien.

GROSSESSE, ALLAITEMENT ET NOUVEAU-NÉ

Grossesse :

Ce médicament ne doit pas être utilisé pendant la grossesse, sauf sur prescription médicale.

Allaitement :

Ce médicament passe dans le lait maternel : l'allaitement est déconseillé.

MODE D'EMPLOI ET POSOLOGIE

Les comprimés seront avalés avec un grand verre d'eau, mais jamais en position couchée, en 2 prises. Pour un effet constant de ce médicament, la prise doit être régulière, toujours à la même heure, au cours ou en dehors des repas.

Posologie usuelle :

Elle est adaptée par le médecin en fonction des résultats des analyses de sang (*TP*, *INR*). Néanmoins, compte tenu de l'action retardée du produit, les variations du TP ou de l'INR n'apparaissent que plusieurs jours après les modifications de traitement.

Lorsque ce médicament remplace un *anticoagulant* injectable, les deux traitements peuvent se chevaucher pendant quelques jours.

Veillez à ne pas manquer de ce médicament ; lors de vos déplacements, munissez-vous d'une réserve ou de votre ordonnance en cours de validité.

Certaines activités ou sports violents pouvant entraîner des blessures ou des coupures (risque d'*hémorragie*), leur pratique est déconseillée pendant la durée du traitement.

En cas de saignement, comprimez la plaie plusieurs minutes.

Un jeûne prolongé ou au contraire un apport alimentaire important en *vitamine* K (céréales, brocolis, choux, choucroute, carottes, abats) sont à éviter.

EFFETS INDÉSIRABLES POSSIBLES

Hémorragies de gravité variable.
Éruptions cutanées.
Troubles digestifs.

MINOXIDIL GERBIOL

minoxidil

PRÉSENTATION

MINOXIDIL GERBIOL : solution pour application locale ; boîte de 1 flacon pulvérisateur 60 ml - Non remb. - Liste II

MINOXIDIL GERBIOL : solution pour application locale ; boîte de 3 flacons pulvérisateurs 60 ml - Non remb. - Liste II

MINOXIDIL GERBIOL : solution pour application locale ; boîte de 30 ampoules 1 ml - Non remb. - Liste II

Laboratoires Fisons

COMPOSITION

	p. 100 ml
Minoxidil	2 g
Alcool à 95°	+

INDICATIONS

Ce médicament contient une substance qui stimule la pousse des cheveux.

Il est utilisé dans le traitement des chutes de cheveux d'origine hormonale.

ATTENTION

En cas d'application accidentelle sur les yeux, les *muqueuses* ou la peau abîmée, rincer abondamment.

INTERACTIONS MÉDICAMENTEUSES

Ce médicament peut interagir avec d'autres médicaments. Signalez tout autre traitement en cours à votre médecin ou à votre pharmacien.

GROSSESSE, ALLAITEMENT ET NOUVEAU-NÉ

La sécurité d'emploi de ce médicament n'a pas été établie pendant la grossesse ou l'allaitement. Par mesure de prudence, son usage est déconseillé.

MODE D'EMPLOI ET POSOLOGIE

Sur des cheveux parfaitement secs, appliquer la solution du centre vers la périphérie de la région à traiter. Se laver soigneusement les mains après usage.

Laisser sécher les cheveux naturellement : en accélérant l'évaporation du produit, l'utilisation d'un sèche-cheveux nuirait à l'efficacité du traitement.

Habituellement, le traitement n'est opérant qu'au bout de 4 mois ou plus : pour en garder le bénéfice, il ne devrait jamais être interrompu.

Posologie usuelle :

1 application de 1 ml (quelle que soit la surface à traiter) : soit 1 ampoule ou 7 pulvérisations, 2 fois par jour.

Une augmentation de la dose n'augmente pas l'efficacité du traitement.

Conservez ce produit à l'abri de la chaleur.

EFFETS INDÉSIRABLES POSSIBLES

Réaction mineure et peu grave : irritation, sécheresse de la peau, pousse excessive des poils en dehors de la région traitée.

Rarement : *allergie*, *vertiges*, maux de tête, irritation des yeux, altération du goût, troubles visuels, *otite* externe, fatigue, *œdème*, *névrite*.

Exceptionnellement : perte des cheveux (effet paradoxal), douleur thoracique, *hépatite*, calcul rénal.

MINULET

éthinylestradiol, gestodène

PRÉSENTATION

MINULET : comprimé (blanc) ; boîte de 1 plaquette de 21 - Non remb. - Liste I

MINULET : comprimé (blanc) ; boîte de 3 plaquettes de 21 - Non remb. - Liste I

Laboratoires Wyeth France

COMPOSITION

	p. comp.
Éthinylestradiol	0,03 mg
Gestodène	0,075 mg

INDICATIONS

C'est un *contraceptif* oral (pilule) qui contient un *estrogène* et un *progestatif*. Il est minidosé (moins de 0,04 mg d'estrogène) et monophasique (tous les comprimés contiennent la même quantité d'*hormones* et sont donc de la même couleur).

CONTRE-INDICATIONS

Ce médicament ne doit pas être utilisé dans les cas suivants :

- certaines maladies cardiaques ou *vasculaires*, notamment l'*hypertension artérielle* et les *antécédents* de *phlébite* ;
- certaines causes de saignement entre les règles ;
- *diabète*, excès de *cholestérol* ou de *triglycérides* ;
- maladie du foie grave ou récente, jaunisse chronique ou survenue lors d'une grossesse ;
- cancer du sein ou de l'utérus ainsi que certains autres cancers ;
- *tumeur de l'hypophyse*, excès de *prolactine* ;
- certaines maladies rares (*connectivite*, *porphyrie*, *otosclérose*, *otospongiose*) ;
- *insuffisance rénale* ;
- **grossesse ;**
- **allaitement.**

Dans tous les autres cas, le médecin est seul juge pour prescrire ce médicament, notamment en cas d'obésité, de *tumeur* bénigne du sein ou de l'utérus, de calculs de la vésicule biliaire.

ATTENTION

Chez la femme de plus de 35 ans ou chez la femme qui fume, le risque de complications cardio-vasculaires liées aux *estrogènes* augmente nettement.

Tout *symptôme* pouvant faire craindre une complication impose l'arrêt du traitement : maux de tête importants et inhabituels, troubles de la vision, élévation franche de la tension artérielle.

La survenue d'un léger saignement entre les règles (spotting) est fréquente chez les femmes prenant la pilule. Vous devez néanmoins en informer votre médecin.

Une surveillance médicale et des analyses sont nécessaires avant et pendant la contraception orale. Cette surveillance sera renforcée chez la femme souffrant d'*épilepsie*, de *migraine*, d'*asthme*, de *dépression*, ou ayant des *antécédents* familiaux de maladie *vasculaire*.

En cas d'opération ou d'immobilisation pour une période prolongée, un autre mode de contraception est préférable.

INTERACTIONS MÉDICAMENTEUSES

L'efficacité contraceptive de la pilule peut être diminuée par la prise de certains médicaments : les *barbituriques*, certains antiépileptiques (TÉGRÉTOL, DI-HYDAN...), les médicaments contenant de la rifampicine (RIMACTAN, RIFADINE...) ou de la griséofulvine (FULCINE, GRISÉFULINE...).

GROSSESSE, ALLAITEMENT ET NOUVEAU-NÉ

Ce médicament est contre-indiqué pendant la grossesse et l'allaitement.

MODE D'EMPLOI ET POSOLOGIE

Prendre régulièrement, et sans oubli, 1 comprimé par jour à la même heure pendant 21 jours consécutifs, avec un arrêt de 7 jours entre chaque plaquette de 21 comprimés.

En cas de première contraception orale ou de reprise d'une contraception interrompue temporairement, prendre le premier comprimé le premier jour des règles.

En cas de changement de *contraceptif*, prendre le premier comprimé :

- après un arrêt de 7 jours, si le précédent contraceptif comportait 21 comprimés par plaquette ;
- après un arrêt de 6 jours, si le précédent contraceptif comportait 22 comprimés par plaquette ;
- sans interruption, si le précédent contraceptif comportait 28 comprimés par plaquette.

En cas de suite d'accouchement ou d'interruption de grossesse : suivre les indications du médecin.

> En cas d'oubli d'un comprimé :
> - retard de moins de 12 heures : prendre le comprimé oublié et continuer à l'heure habituelle ;
> - retard de plus de 12 heures : prendre le comprimé oublié et continuer à l'heure habituelle, mais la sécurité contraceptive n'est plus assurée et une méthode complémentaire doit être employée pour le cycle en cours (spermicide, préservatif, diaphragme).
>
> En cas de vomissement ou de diarrhée survenant juste après la prise du comprimé (sans rapport avec la prise du *contraceptif*), prendre un autre comprimé. Si ces troubles durent plus de 12 heures, la sécurité contraceptive n'est plus assurée et une méthode complémentaire doit être employée pour le cycle en cours.

EFFETS INDÉSIRABLES POSSIBLES

Peu graves et n'empêchant pas la poursuite du traitement : nausées, maux de tête banals, prise de poids, tension modérée des seins, taches sombres sur le visage, jambes lourdes, irritation oculaire par les lentilles de contact, saignement entre les règles, diminution ou disparition des règles, *candidose* vaginale, irritabilité et tendance à la *dépression*.

Rares mais devant faire interrompre la prise de ce *contraceptif* : *hypertension artérielle*, accident cardiaque ou *vasculaire*, jaunisse, augmentation importante des lipides dans le sang, *diabète*, *nodule* ou douleur importante des seins, *migraine*, *vertiges*, troubles de la vision, aggravation d'une *épilepsie*, écoulement de lait.

Exceptionnellement, certaines pilules peuvent être responsables de calculs de la vésicule biliaire, de *tumeur* bénigne du foie, ou de *mastopathie*.

MIOREL

thiocolchicoside

PRÉSENTATION

MIOREL 4 mg : gélule (transparent) ; boîte de 12 - Remb. 65 % - Liste I

MIOREL : solution injectable ; boîte de 6 ampoules 2 ml - Remb. 65 % - Liste I

Laboratoires Lederle

COMPOSITION

	p. gél.	p. amp. inj.
Thiocolchicoside	4 mg	4 mg

INDICATIONS

Ce médicament est un myorelaxant (relaxant musculaire) qui agit sur les muscles et sur l'utérus.

Il est utilisé dans le traitement des contractures musculaires douloureuses.

> **ATTENTION**
>
> Traitement avec les gélules : l'apparition possible d'une diahrrée n'impose pas l'arrêt du traitement mais justifie la prise d'un pansement gastrique ou une diminution de la *posologie*. Demandez l'avis de votre médecin.

GROSSESSE, ALLAITEMENT ET NOUVEAU-NÉ

Grossesse :

L'effet de ce médicament pendant la grossesse est mal connu : seul votre médecin peut évaluer le risque éventuel de son utilisation dans votre cas.

Allaitement :

Ce médicament passe dans le lait maternel : il est déconseillé pendant l'allaitement.

MODE D'EMPLOI ET POSOLOGIE

Les gélules doivent être avalées avec un peu d'eau.

La solution injectable doit être administrée par *voie* intramusculaire.

Posologie usuelle :

4 gélules ou 2 ampoules injectables par jour.

Quand ce médicament est utilisé lors de la préparation à une séance de kinésithérapie, il faut tenir compte du délai d'action : 1 à 2 heures pour les gélules et 30 minutes pour la solution injectable.

EFFETS INDÉSIRABLES POSSIBLES

Allergie cutanée.

Gélule : rares *troubles digestifs* (douleurs d'estomac, diarrhées).

Solution injectable : rare baisse de la tension artérielle, agitation ou torpeur passagère.

MITOSYL

oxyde de zinc, huile de foie de poisson

PRÉSENTATION

MITOSYL : pommade ; tube 65 g - Non remb.

MITOSYL : pommade ; tube 150 g - Non remb.

Laboratoires Goupil

COMPOSITION

	p. 100 g
Oxyde de zinc	27 g
Huile de foie de poisson (contenant Vitamine A : 600 UI/g, Vitamine D : 85 UI/g)	20 g
Lanoline	+

INDICATIONS

Cette pommade contient de l'oxyde de zinc et de l'huile de foie de poisson riche en *vitamines* A et D. Elle est protectrice et cicatrisante.

Elle est utilisée dans le traitement des irritations de la peau, notamment des rougeurs des fesses du *nourrisson*.

> **ATTENTION**
>
> Évitez d'utiliser cette pommade, notamment chez l'enfant, de manière prolongée, sur des surfaces étendues ou profondément lésées, sans l'avis de votre pharmacien ou de votre médecin.
>
> Cette pommade n'est pas adaptée au traitement des lésions suintantes.

GROSSESSE, ALLAITEMENT ET NOUVEAU-NÉ

Ce médicament ne contient que des substances présumées sans danger pendant la grossesse ou l'allaitement. Néanmoins, ne l'utilisez pas de façon prolongée sans l'avis de votre pharmacien ou de votre médecin.

MODE D'EMPLOI ET POSOLOGIE

Nettoyer la région à traiter avant l'application en couche épaisse.

> La rougeur des fesses du *nourrisson* est souvent due à l'imprégnation de la peau par l'urine, sous la couche. Il est donc nécessaire de nettoyer et de rincer abondamment la peau avec de l'eau avant d'appliquer le médicament.

EFFETS INDÉSIRABLES POSSIBLES

Eczéma de contact (présence de lanoline).

MIXTARD 30 HM ge 40 UI/ml
insuline

PRÉSENTATION

MIXTARD 30 HM ge 40 UI/ml : suspension injectable d'insuline d'action intermédiaire à début rapide ; flacon 10 ml (400 unités internationales) - Remb. 65 %

Laboratoires Novo Nordisk

COMPOSITION

	p. ml
Insuline humaine biogénétique avec protamine en présence de zinc	40 UI

INDICATIONS

C'est une *insuline* identique à l'insuline humaine, obtenue par *biotechnologie*. Elle comprend 30 % d'insuline d'action rapide et 70 % d'insuline d'action intermédiaire : son effet apparaît vers la 30ᵉ minute qui suit l'injection et s'estompe au bout de 24 heures.

Elle est utilisée exclusivement en injection dans le traitement du *diabète*.

ATTENTION

La mise en route du traitement suppose un apprentissage correct pour injecter l'*insuline*, contrôler la *glycémie* au doigt, rechercher le *sucre* et l'acétone dans les urines et tenir un carnet de surveillance.

L'*hypoglycémie* est la principale complication des traitements par l'insuline. Il s'agit le plus souvent de malaises hypoglycémiques sans gravité dont les principaux signes sont : sueurs, tremblements, troubles visuels, vision double, fatigue soudaine, fringale, *vertiges*, difficulté de concentration. En ce cas, le diabétique doit aussitôt absorber 3 à 6 morceaux de sucre ou un sirop sucré. Beaucoup plus rarement, l'hypoglycémie peut être grave et peut entraîner des troubles du comportement (comparables notamment à l'ébriété), des *convulsions*, voire une perte de connaissance : 1 ampoule de GLUCAGON doit être injectée immédiatement par *voie* sous-cutanée ou intramusculaire, même à travers les vêtements en cas d'agitation. Si le diabétique ne reprend pas conscience dans les minutes qui suivent, prévenez un service d'urgence. Dans le doute, il n'y a pas de danger à injecter du GLUCAGON à un diabétique traité par l'insuline. Dans tous les cas, la prise d'une collation ou d'un repas reste nécessaire.

L'autre complication possible chez le diabétique est la survenue d'une *acidocétose* due à un manque important d'insuline. Elle peut être déclenchée par une infection (qui augmente les besoins en insuline) : grippe, rhume, *cystite*, abcès, etc. Elle se manifeste par une grande fatigue, une soif intense et des *troubles digestifs*. Il faut alors rechercher la présence de sucre et d'acétone dans les urines : la présence des deux en quantité importante confirme le diagnostic. Le traitement par l'insuline ne doit pas être arrêté ; le diabétique doit suivre les consignes de son médecin et, si besoin, le joindre d'urgence.

Évitez la prise de boissons alcoolisées à jeun ou à distance des repas : augmentation du risque d'hypoglycémie.

La concentration de cette solution n'est pas adaptée aux stylos injecteurs ni aux pompes à *perfusion*.

Conducteur : une hypoglycémie peut entraîner un malaise pendant la conduite ou l'utilisation de machines.

INTERACTIONS MÉDICAMENTEUSES

Certains médicaments peuvent déséquilibrer la *glycémie* : signalez votre traitement par l'*insuline* à tout médecin consulté ou à votre pharmacien.

GROSSESSE, ALLAITEMENT ET NOUVEAU-NÉ

Grossesse :

L'*insuline* est adaptée au *diabète* de la femme enceinte ou aux troubles passagers de la *glycémie* pendant la durée de la grossesse.

Allaitement :

Le traitement par l'*insuline* n'est pas une contre-indication à l'allaitement.

MODE D'EMPLOI ET POSOLOGIE

Cette *insuline* doit être injectée par *voie* sous-cutanée.

Agitez la suspension avant l'injection afin de l'homogénéiser.

Les seringues utilisées doivent avoir une graduation en unité d'insuline.

Respectez les horaires et les zones d'injection recommandés par votre médecin.

Posologie usuelle :

Elle est adaptée en fonction des résultats des analyses réalisées par le diabétique ou par son entourage (carnet de surveillance) et des conseils de son médecin.

En cas d'activité sportive, il est préférable d'injecter l'*insuline* à distance des muscles qui travaillent pour éviter une absorption trop rapide. De plus, il est habituellement nécessaire d'adapter les doses d'insuline selon les recommandations du médecin.

Prenez contact avec les associations pour diabétiques : elles diffusent une information utile sur le traitement et la surveillance du *diabète*.

Votre entourage doit savoir reconnaître les signes d'une *hypoglycémie* et pouvoir vous administrer, en cas de perte de connaissance, une ampoule de GLUCAGON. Celle-ci peut être conservée au domicile ou sur le lieu de travail à température ambiante (inférieure à 25 °C) pendant 2 ans. Après reconstitution, la solution ne doit pas être conservée plus d'une semaine au réfrigérateur ni être congelée.

Veillez à ne pas manquer d'insuline ou de seringues, notamment pendant les week-ends et les jours fériés ; lors de vos déplacements, munissez-vous d'une réserve ou de votre ordonnance en cours de validité. Un certificat de traitement par l'insuline peut être nécessaire pour franchir certaines frontières.

Avant une première utilisation, il est préférable de conserver l'insuline dans le bas du réfrigérateur (entre + 2 °C et + 8 °C). Si le flacon a été soumis à des températures comprises entre 22 °C et 35 °C pendant moins de 72 heures, il peut être utilisé mais doit ensuite être conservé au frais.

Cette insuline ne doit pas être congelée.

Pour un meilleur confort, l'insuline doit être sortie du réfrigérateur une heure avant l'injection ou réchauffée dans les mains pendant quelques minutes, puis injectée à température ambiante.

Après une première utilisation, les flacons entamés peuvent être conservés 3 semaines à température ambiante (inférieure à 25 °C) dans un endroit propre et sec et à l'abri de la lumière.

EFFETS INDÉSIRABLES POSSIBLES

Nodules graisseux sous-cutanés.

Rares *allergies*, essentiellement cutanées.

MIXTARD 10 HM ge Penfill 100 UI/ml
insuline

PRÉSENTATION

MIXTARD 10 HM ge PENFILL 100 UI/ml : suspension injectable d'*insuline* d'action intermédiaire à début rapide ; boîte de 5 cartouches de 1,5 ml (150 unités internationales) - Remb. 65 %

Laboratoires Novo Nordisk

COMPOSITION

	p. cartouche
Insuline humaine biogénétique	150 UI
Soit insuline en solution	15 UI
Soit insuline combinée à la protamine	135 UI

INDICATIONS

C'est une *insuline* identique à l'insuline humaine, obtenue par *biotechnologie*. Elle comprend 10 % d'insuline d'action rapide et 90 % d'insuline d'action intermédiaire : son effet apparaît vers la 30ᵉ minute qui suit l'injection et s'estompe au bout de 24 heures.

Elle est utilisée exclusivement en injection dans le traitement du *diabète* et conditionnée en cartouche adaptée uniquement aux stylos injecteurs.

ATTENTION

La concentration de cette suspension n'est pas adaptée aux seringues ni aux pompes à *perfusion* : risque majeur d'*hypoglycémie* grave par surdosage.

La mise en route du traitement suppose un apprentissage correct pour injecter l'*insuline*, contrôler la *glycémie* au doigt, rechercher le *sucre* et l'acétone dans les urines et tenir un carnet de surveillance.

L'hypoglycémie est la principale complication des traitements par l'insuline. Il s'agit le plus souvent de malaises hypoglycémiques sans gravité dont les principaux signes sont : sueurs, tremblements, troubles visuels, vision double, fatigue soudaine, fringale, *vertiges*, difficulté de concentration. En ce cas, le diabétique doit aussitôt absorber 3 à 6 morceaux de sucre ou un sirop sucré.

Beaucoup plus rarement, l'hypoglycémie peut être grave et entraîner des troubles du comportement (comparables notamment à l'ébriété), des *convulsions*, voire une perte de connaissance : 1 ampoule de GLUCAGON doit être injectée immédiatement par *voie* sous-cutanée ou intramusculaire, même à travers les vêtements en cas d'agitation. Si le diabétique ne reprend pas conscience dans les minutes qui suivent, prévenez un service d'urgence.

Dans le doute, il n'y a pas de danger à injecter du GLUCAGON à un diabétique traité par l'insuline. Dans tous les cas, la prise d'une collation ou d'un repas reste nécessaire.

L'autre complication possible chez le diabétique est la survenue d'une *acidocétose* due à un manque important d'insuline. Elle peut être déclenchée par une infection (qui augmente les besoins en insuline) : grippe, rhume, *cystite*, abcès, etc. Elle se manifeste par une grande fatigue, une soif intense et des *troubles digestifs*. Il faut alors rechercher la présence de sucre et d'acétone dans les urines : la présence des deux en quantité importante confirme le diagnostic. Le traitement par l'insuline ne doit pas être arrêté ; le diabétique doit suivre les consignes de son médecin et, si besoin, le joindre d'urgence.

Évitez la prise de boissons alcoolisées à jeun ou à distance des repas : augmentation du risque d'hypoglycémie.

Conducteur : une hypoglycémie peut entraîner un malaise pendant la conduite ou l'utilisation de machines.

INTERACTIONS MÉDICAMENTEUSES

Certains médicaments peuvent déséquilibrer la *glycémie* : signalez votre traitement par l'*insuline* à tout médecin consulté ou à votre pharmacien.

GROSSESSE, ALLAITEMENT ET NOUVEAU-NÉ

Grossesse :

L'*insuline* est adaptée au *diabète* de la femme enceinte ou aux troubles passagers de la *glycémie* pendant la durée de la grossesse.

Allaitement :

Le traitement par l'*insuline* n'est pas une contre-indication à l'allaitement.

MODE D'EMPLOI ET POSOLOGIE

Cette *insuline* doit être injectée uniquement par *voie* sous-cutanée ; son conditionnement en cartouche est exclusivement réservé au stylo injecteur prescrit par votre médecin.

Agitez le stylo avant l'injection afin d'homogénéiser la suspension ; purgez ensuite l'air éventuellement contenu dans la cartouche.

L'aiguille doit être changée après chaque injection.

Respectez les horaires et les zones d'injection recommandés.

Posologie usuelle :

Elle est adaptée en fonction des résultats des analyses réalisées par le diabétique ou son entourage (carnet de surveillance) et des conseils de son médecin.

Il est prudent de disposer d'une *insuline* équivalente pour seringue afin de faire face à une perte ou à un défaut de fonctionnement du stylo.

Si vous utilisez deux stylos destinés à injecter deux insulines, veillez à pouvoir les distinguer facilement.

Pour le maniement précis du stylo, conformez-vous à la notice fournie par le fabricant et veillez à ne pas l'égarer.

En cas d'activité sportive, il est préférable d'injecter l'insuline à distance des muscles qui travaillent pour éviter une absorption trop rapide de l'insuline. De plus, une adaptation des doses d'insuline est habituellement nécessaire selon les conseils du médecin.

Prenez contact avec les associations pour diabétiques : elles diffusent une information utile sur le traitement et la surveillance du *diabète*.

Votre entourage doit savoir reconnaître les signes d'une *hypoglycémie* et pouvoir vous administrer, en cas de perte de connaissance, une ampoule de GLUCAGON. Celle-ci peut être conservée au domicile ou sur le lieu de travail à température ambiante (inférieure à 25 °C) pendant 2 ans. Après reconstitution, la solution ne doit pas être conservée plus d'une semaine au réfrigérateur ni être congelée.

Veillez à ne pas manquer d'insuline ou de seringues, notamment lors des week-ends et jours fériés ; lors de vos déplacements, munissez-vous d'une réserve ou de votre ordonnance en cours de validité. Un certificat de traitement par l'insuline peut être nécessaire pour franchir certaines frontières.

Avant une première utilisation, il est préférable de conserver vos réserves d'insuline dans le bas du réfrigérateur (entre + 2 °C et + 8 °C). Si les cartouches ont été soumises à des températures comprises entre 22 °C et 35 °C pendant moins de 72 heures, elles peuvent être utilisées mais doivent ensuite être conservées au frais.

Après une première utilisation, la cartouche peut être conservée dans le stylo 3 semaines à température ambiante (inférieure à 25 °C), dans un endroit propre et sec, à l'abri de la lumière.

Ne jamais congeler cette insuline.

EFFETS INDÉSIRABLES POSSIBLES

Nodules graisseux sous-cutanés.

Rares *allergies*, essentiellement cutanées.

MIXTARD 20 HM ge Penfill 100 UI/ml

insuline

PRÉSENTATION

MIXTARD 20 HM ge PENFILL 100 UI/ml : suspension injectable d'*insuline* d'action intermédiaire à début rapide ; boîte de 5 cartouches de 1,5 ml (150 unités internationales) - Remb. 65 %

Laboratoires Novo Nordisk

COMPOSITION

	p. cartouche
Insuline humaine biogénétique	150 UI
Soit insuline en solution	30 UI
Soit insuline combinée à la protamine	120 UI

INDICATIONS

C'est une *insuline* identique à l'insuline humaine, obtenue par *biotechnologie*. Elle comprend 20 % d'insuline d'action rapide et 80 % d'insuline d'action intermédiaire : son effet apparaît vers la 30e minute qui suit l'injection et s'estompe au bout de 24 heures.

Elle est utilisée exclusivement en injection dans le traitement du *diabète*, et conditionnée en cartouche adaptée uniquement aux stylos injecteurs.

ATTENTION

La concentration de cette suspension n'est pas adaptée aux seringues ni aux pompes à *perfusion* : risque majeur d'*hypoglycémie* grave par surdosage.

La mise en route du traitement suppose un apprentissage correct pour injecter l'*insuline*, contrôler la *glycémie* au doigt, rechercher le *sucre* et l'acétone dans les urines et tenir un carnet de surveillance.

L'hypoglycémie est la principale complication des traitements par l'insuline. Il s'agit le plus souvent de malaises hypoglycémiques sans gravité dont les principaux signes sont : sueurs, tremblements, troubles visuels, vision double, fatigue soudaine, fringale, *vertiges*, difficulté de concentration. En ce cas, le diabétique doit aussitôt absorber 3 à 6 morceaux de sucre ou un sirop sucré.

Beaucoup plus rarement, l'hypoglycémie peut être grave et entraîner des troubles du comportement (comparables notamment à l'ébriété), des *convulsions*, voire une perte de connaissance : 1 ampoule de GLUCAGON doit être injectée immédiatement par *voie* sous-cutanée ou intramusculaire, même à travers les vêtements en cas d'agitation. Si le diabétique ne reprend pas conscience dans les minutes qui suivent, prévenez un service d'urgence. Dans le doute, il n'y a pas de danger à injecter du GLUCAGON à un diabétique traité par l'insuline. Dans tous les cas, la prise d'une collation ou d'un repas reste nécessaire.

L'autre complication possible chez le diabétique est la survenue d'une *acidocétose* due à un manque important d'insuline. Elle peut être déclenchée par une infection (qui augmente les besoins en insuline) : grippe, rhume, *cystite*, abcès, etc. Elle se manifeste par une grande fatigue, une soif intense et des *troubles digestifs*. Il faut alors rechercher la présence de sucre et d'acétone dans les urines : la présence des deux en quantité importante confirme le diagnostic. Le traitement par l'insuline ne doit pas être arrêté ; le diabétique doit suivre les consignes de son médecin et, si besoin, le joindre d'urgence.

Évitez la prise de boissons alcoolisées à jeun ou à distance des repas : augmentation du risque d'hypoglycémie.

Conducteur : une hypoglycémie peut entraîner un malaise pendant la conduite ou l'utilisation de machines.

INTERACTIONS MÉDICAMENTEUSES

Certains médicaments peuvent déséquilibrer la *glycémie* : signalez votre traitement par l'*insuline* à tout médecin consulté ou à votre pharmacien.

GROSSESSE, ALLAITEMENT ET NOUVEAU-NÉ

Grossesse :

L'*insuline* est adaptée au *diabète* de la femme enceinte ou aux troubles passagers de la *glycémie* pendant la durée de la grossesse.

Allaitement :

Le traitement par l'*insuline* n'est pas une contre-indication à l'allaitement.

MODE D'EMPLOI ET POSOLOGIE

Cette *insuline* doit être injectée uniquement par *voie* sous-cutanée ; son conditionnement en cartouche est exclusivement réservé au stylo injecteur prescrit par votre médecin.

Agitez le stylo avant l'injection afin d'homogénéiser la suspension ; purgez ensuite l'air éventuellement contenu dans la cartouche.

L'aiguille doit être changée après chaque injection.

Respectez les horaires et les zones d'injection recommandés.

Posologie usuelle :

Elle est adaptée en fonction des résultats des analyses réalisées par le diabétique ou son entourage (carnet de surveillance) et des conseils de son médecin.

Il est prudent de disposer d'une *insuline* équivalente pour seringue afin de faire face à une perte ou à un défaut de fonctionnement du stylo.

Si vous utilisez deux stylos destinés à injecter deux insulines, veillez à pouvoir les distinguer facilement.

Pour le maniement précis du stylo, conformez-vous à la notice fournie par le fabricant et veillez à ne pas l'égarer.

En cas d'activité sportive, il est préférable d'injecter l'insuline à distance des muscles qui travaillent pour éviter une absorption trop rapide de l'insuline. De plus, une adaptation des doses d'insuline est habituellement nécessaire selon les conseils du médecin.

Prenez contact avec les associations pour diabétiques : elles diffusent une information utile sur le traitement et la surveillance du *diabète*.

Votre entourage doit savoir reconnaître les signes d'une *hypoglycémie* et pouvoir vous administrer, en cas de perte de connaissance, une ampoule de GLUCAGON. Celle-ci peut être conservée au domicile ou sur le lieu de travail à température ambiante (inférieure à 25 °C) pendant 2 ans. Après reconstitution, la solution ne doit pas être conservée plus d'une semaine au réfrigérateur ni être congelée.

Veillez à ne pas manquer d'insuline ou de seringues, notamment lors des week-ends et jours fériés ; lors de vos déplacements, munissez-vous d'une réserve ou de votre ordonnance en cours de validité. Un certificat de traitement par l'insuline peut être nécessaire pour franchir certaines frontières.

Avant une première utilisation, il est préférable de conserver vos réserves d'insuline dans le bas du réfrigérateur (entre + 2 °C et + 8 °C). Si les cartouches ont été soumises à des températures comprises entre 22 °C et 35 °C pendant moins de 72 heures, elles peuvent être utilisées mais doivent ensuite être conservées au frais.

Après une première utilisation, la cartouche peut être conservée dans le stylo 3 semaines à température ambiante (inférieure à 25 °C), dans un endroit propre et sec, à l'abri de la lumière.

Ne jamais congeler cette insuline.

EFFETS INDÉSIRABLES POSSIBLES

Nodules graisseux sous-cutanés.

Rares *allergies*, essentiellement cutanées.

MIXTARD 30 HM ge Penfill 100 UI/ml

insuline

PRÉSENTATION

MIXTARD 30 HM ge PENFILL 100 UI/ml : suspension injectable d'*insuline* d'action intermédiaire à début rapide ; boîte de 5 cartouches de 1,5 ml (150 unités internationales) - Remb. 65 %

Laboratoires Novo Nordisk

COMPOSITION

	p. cartouche
Insuline humaine biogénétique	150 UI
Soit insuline en solution	45 UI
Soit insuline combinée à la protamine	105 UI

INDICATIONS

C'est une *insuline* identique à l'insuline humaine, obtenue par *biotechnologie*. Elle comprend 30 % d'insuline d'action rapide et 70 % d'insuline d'action intermédiaire : son effet apparaît vers la 30e minute qui suit l'injection et s'estompe au bout de 24 heures.

Elle est utilisée exclusivement en injection dans le traitement du *diabète* et conditionnée en cartouche adaptée uniquement aux stylos injecteurs.

ATTENTION

La concentration de cette suspension n'est pas adaptée aux seringues ni aux pompes à *perfusion* : risque majeur d'*hypoglycémie* grave par surdosage.

La mise en route du traitement suppose un apprentissage correct pour injecter l'*insuline*, contrôler la *glycémie* au doigt, rechercher le *sucre* et l'acétone dans les urines et tenir un carnet de surveillance.

L'hypoglycémie est la principale complication des traitements par l'insuline. Il s'agit le plus souvent de malaises hypoglycémiques sans gravité dont les principaux signes sont : sueurs, tremblements, troubles visuels, vision double, fatigue soudaine, fringale, *vertiges*, difficulté de concentration. En ce cas, le diabétique doit aussitôt absorber 3 à 6 morceaux de sucre ou un sirop sucré.

Beaucoup plus rarement, l'hypoglycémie peut être grave et entraîner des troubles du comportement (comparables notamment à l'ébriété), des *convulsions*, voire une perte de connaissance : 1 ampoule de GLUCAGON doit être injectée immédiatement par *voie* sous-cutanée ou intramusculaire, même à travers les vêtements en cas d'agitation. Si le diabétique ne reprend pas conscience dans les minutes qui suivent, prévenez un service d'urgence. Dans le doute, il n'y a pas de danger à injecter du GLUCAGON à un diabétique traité par l'insuline. Dans tous les cas, la prise d'une collation ou d'un repas reste nécessaire.

L'autre complication possible chez le diabétique est la survenue d'une *acidocétose* due à un manque important d'insuline. Elle peut être déclenchée par une infection (qui augmente les besoins en insuline) : grippe, rhume, *cystite*, abcès, etc. Elle se manifeste par une grande fatigue, une soif intense et des *troubles digestifs*. Il faut alors rechercher la présence de sucre et d'acétone dans les urines : la présence des deux en quantité importante confirme le diagnostic. Le traitement par l'insuline ne doit pas être arrêté ; le diabétique doit suivre les consignes de son médecin et, si besoin, le joindre d'urgence.

Évitez la prise de boissons alcoolisées à jeun ou à distance des repas : augmentation du risque d'hypoglycémie.

Conducteur : une hypoglycémie peut entraîner un malaise pendant la conduite ou l'utilisation de machines.

INTERACTIONS MÉDICAMENTEUSES

Certains médicaments peuvent déséquilibrer la *glycémie* : signalez votre traitement par l'*insuline* à tout médecin consulté ou à votre pharmacien.

GROSSESSE, ALLAITEMENT ET NOUVEAU-NÉ

Grossesse :

L'*insuline* est adaptée au *diabète* de la femme enceinte ou aux troubles passagers de la *glycémie* pendant la durée de la grossesse.

Allaitement :

Le traitement par l'*insuline* n'est pas une contre-indication à l'allaitement.

MODE D'EMPLOI ET POSOLOGIE

Cette *insuline* doit être injectée uniquement par *voie* sous-cutanée ; son conditionnement en cartouche est exclusivement réservé au stylo injecteur prescrit par votre médecin.

Agitez le stylo avant l'injection afin d'homogénéiser la suspension ; purgez ensuite l'air éventuellement contenu dans la cartouche.

L'aiguille doit être changée après chaque injection.

Respectez les horaires et les zones d'injection recommandés.

Posologie usuelle :

Elle est adaptée en fonction des résultats des analyses réalisées par le diabétique ou son entourage (carnet de surveillance) et des conseils de son médecin.

Il est prudent de disposer d'une *insuline* équivalente pour seringue afin de faire face à une perte ou à un défaut de fonctionnement du stylo.

Si vous utilisez deux stylos destinés à injecter deux insulines, veillez à pouvoir les distinguer facilement.

Pour le maniement précis du stylo, conformez-vous à la notice fournie par le fabricant et veillez à ne pas l'égarer.

En cas d'activité sportive, il est préférable d'injecter l'insuline à distance des muscles qui travaillent pour éviter une absorption trop rapide de l'insuline. De plus, une adaptation des doses d'insuline est habituellement nécessaire selon les conseils du médecin.

Prenez contact avec les associations pour diabétiques : elles diffusent une information utile sur le traitement et la surveillance du *diabète*.

Votre entourage doit savoir reconnaître les signes d'une *hypoglycémie* et pouvoir vous administrer, en cas de perte de connaissance, une ampoule de GLUCAGON. Celle-ci peut être conservée au domicile ou sur le lieu de travail à température ambiante (inférieure à 25 °C) pendant 2 ans. Après reconstitution, la solution ne doit pas être conservée plus d'une semaine au réfrigérateur ni être congelée.

Veillez à ne pas manquer d'insuline ou de seringues, notamment lors des week-ends et jours fériés ; lors de vos déplacements, munissez-vous d'une réserve ou de votre ordonnance en cours de validité. Un certificat de traitement par l'insuline peut être nécessaire pour franchir certaines frontières.

Avant une première utilisation, il est préférable de conserver vos réserves d'insuline dans le bas du réfrigérateur (entre + 2 °C et + 8 °C). Si les cartouches ont été soumises à des températures comprises entre 22 °C et 35 °C pendant moins de 72 heures, elles peuvent être utilisées mais doivent ensuite être conservées au frais.

Après une première utilisation, la cartouche peut être conservée dans le stylo 3 semaines à température ambiante (inférieure à 25 °C), dans un endroit propre et sec, à l'abri de la lumière.

Ne jamais congeler cette insuline.

EFFETS INDÉSIRABLES POSSIBLES

Nodules graisseux sous-cutanés.

Rares *allergies*, essentiellement cutanées.

MIXTARD 40 HM ge Penfill 100 UI/ml

insuline

PRÉSENTATION

MIXTARD 40 HM ge PENFILL 100 UI/ml : suspension injectable d'*insuline* d'action intermédiaire à début rapide ; boîte de 5 cartouches de 1,5 ml (150 unités internationales) - Remb. 65 %

Laboratoires Novo Nordisk

COMPOSITION

	p. cartouche
Insuline humaine biogénétique	150 UI
Soit insuline en solution	60 UI
Soit insuline combinée à la protamine	90 UI

INDICATIONS

C'est une *insuline* identique à l'insuline humaine, obtenue par *biotechnologie*. Elle comprend 40 % d'insuline d'action rapide et 60 % d'insuline d'action intermédiaire : son effet apparaît vers la 30e minute qui suit l'injection et s'estompe au bout de 24 heures.

Elle est utilisée exclusivement en injection dans le traitement du *diabète*, et conditionnée en cartouche adaptée uniquement aux stylos injecteurs.

ATTENTION

La concentration de cette suspension n'est pas adaptée aux seringues ni aux pompes à *perfusion* : risque majeur d'*hypoglycémie* grave par surdosage.

La mise en route du traitement suppose un apprentissage correct pour injecter l'*insuline*, contrôler la *glycémie* au doigt, rechercher le *sucre* et l'acétone dans les urines et tenir un carnet de surveillance.

L'hypoglycémie est la principale complication des traitements par l'insuline. Il s'agit le plus souvent de malaises hypoglycémiques sans gravité dont les principaux signes sont : sueurs, tremblements, troubles visuels, vision double, fatigue soudaine, fringale, *vertiges*, difficulté de concentration. En ce cas, le diabétique doit aussitôt absorber 3 à 6 morceaux de sucre ou un sirop sucré.

Beaucoup plus rarement, l'hypoglycémie peut être grave et entraîner des troubles du comportement (comparables notamment à l'ébriété), des *convulsions*, voire une perte de connaissance : 1 ampoule de GLUCAGON doit être injectée immédiatement par *voie* sous-cutanée ou intramusculaire, même à travers les vêtements en cas d'agitation. Si le diabétique ne reprend pas conscience dans les minutes qui suivent, prévenez un service d'urgence. Dans le doute, il n'y a pas de danger à injecter du GLUCAGON à un diabétique traité par l'insuline. Dans tous les cas, la prise d'une collation ou d'un repas reste nécessaire.

L'autre complication possible chez le diabétique est la survenue d'une *acidocétose* due à un manque important d'insuline. Elle peut être déclenchée par une infection (qui augmente les besoins en insuline) : grippe, rhume, *cystite*, abcès, etc. Elle se manifeste par une grande fatigue, une soif intense et des *troubles digestifs*. Il faut alors rechercher la présence de sucre et d'acétone dans les urines : la présence des deux en quantité importante confirme le diagnostic. Le traitement par l'insuline ne doit pas être arrêté ; le diabétique doit suivre les consignes de son médecin et, si besoin, le joindre d'urgence.

Évitez la prise de boissons alcoolisées à jeun ou à distance des repas : augmentation du risque d'hypoglycémie.

Conducteur : une hypoglycémie peut entraîner un malaise pendant la conduite ou l'utilisation de machines.

INTERACTIONS MÉDICAMENTEUSES

Certains médicaments peuvent déséquilibrer la *glycémie* : signalez votre traitement par l'*insuline* à tout médecin consulté ou à votre pharmacien.

GROSSESSE, ALLAITEMENT ET NOUVEAU-NÉ

Grossesse :

L'*insuline* est adaptée au *diabète* de la femme enceinte ou aux troubles passagers de la *glycémie* pendant la durée de la grossesse.

Allaitement :

Le traitement par l'*insuline* n'est pas une contre-indication à l'allaitement.

MODE D'EMPLOI ET POSOLOGIE

Cette *insuline* doit être injectée uniquement par *voie* sous-cutanée ; son conditionnement en cartouche est exclusivement réservé au stylo injecteur prescrit par votre médecin.

Agitez le stylo avant l'injection afin d'homogénéiser la solution ; purgez ensuite l'air éventuellement contenu dans la cartouche.

L'aiguille doit être changée après chaque injection.

Respectez les horaires et les zones d'injection recommandés.

Posologie usuelle :

Elle est adaptée en fonction des résultats des analyses réalisées par le diabétique ou son entourage (carnet de surveillance) et des conseils de son médecin.

Il est prudent de disposer d'une *insuline* équivalente pour seringue afin de faire face à une perte ou à un défaut de fonctionnement du stylo.

Si vous utilisez deux stylos destinés à injecter deux insulines, veillez à pouvoir les distinguer facilement.

Pour le maniement précis du stylo, conformez-vous à la notice fournie par le fabricant et veillez à ne pas l'égarer.

En cas d'activité sportive, il est préférable d'injecter l'insuline à distance des muscles qui travaillent pour éviter une absorption trop rapide de l'insuline. De plus, une adaptation des doses d'insuline est habituellement nécessaire selon les conseils du médecin.

Prenez contact avec les associations pour diabétiques : elles diffusent une information utile sur le traitement et la surveillance du *diabète*.

Votre entourage doit savoir reconnaître les signes d'une *hypoglycémie* et pouvoir vous administrer, en cas de perte de connaissance, une ampoule de GLUCAGON. Celle-ci peut être conservée au domicile ou sur le lieu de travail à température ambiante (inférieure à 25 °C) pendant 2 ans. Après reconstitution, la solution ne doit pas être conservée plus d'une semaine au réfrigérateur ni être congelée.

Veillez à ne pas manquer d'insuline ou de seringues, notamment lors des week-ends et jours fériés ; lors de vos déplacements, munissez-vous d'une réserve ou de votre ordonnance en cours de validité. Un certificat de traitement par l'insuline peut être nécessaire pour franchir certaines frontières.

Avant une première utilisation, il est préférable de conserver vos réserves d'insuline dans le bas du réfrigérateur (entre + 2 °C et + 8 °C). Si les cartouches ont été soumises à des températures comprises entre 22 °C et 35 °C pendant moins de 72 heures, elles peuvent être utilisées mais doivent ensuite être conservées au frais.

Après une première utilisation, la cartouche peut être conservée dans le stylo 3 semaines à température ambiante (inférieure à 25 °C), dans un endroit propre et sec, à l'abri de la lumière.

Ne jamais congeler cette insuline.

EFFETS INDÉSIRABLES POSSIBLES

Nodules graisseux sous-cutanés.

Rares *allergies*, essentiellement cutanées.

MIXTARD 50 HM ge Penfill 100 UI/ml

insuline

PRÉSENTATION

MIXTARD 50 HM ge PENFILL 100 UI/ml : suspension injectable d'*insuline* d'action intermédiaire à début rapide ; boîte de 5 cartouches 1,5 ml (150 unités internationales) - Remb. 65 %

Laboratoires Novo Nordisk

COMPOSITION

	p. cartouche
Insuline humaine biogénétique	150 UI
Soit insuline en solution	75 UI
Soit insuline combinée à la protamine	75 UI

INDICATIONS

C'est une *insuline* identique à l'insuline humaine, obtenue par *biotechnologie*. Elle comprend 50 % d'insuline d'action rapide et 50 % d'insuline d'action intermédiaire : son effet apparaît vers la 30e minute qui suit l'injection et s'estompe au bout de 24 heures.

Elle est utilisée exclusivement en injection dans le traitement du *diabète*, et conditionnée en cartouche adaptée uniquement aux stylos injecteurs.

ATTENTION

La concentration de cette suspension n'est pas adaptée aux seringues ni aux pompes à *perfusion* : risque majeur d'*hypoglycémie* grave par surdosage.

La mise en route du traitement suppose un apprentissage correct pour injecter l'*insuline*, contrôler la *glycémie* au doigt, rechercher le *sucre* et l'acétone dans les urines et tenir un carnet de surveillance.

L'hypoglycémie est la principale complication des traitements par l'insuline. Il s'agit le plus souvent de malaises hypoglycémiques sans gravité dont les principaux signes sont : sueurs, tremblements, troubles visuels, vision double, fatigue soudaine, fringale, *vertiges*, difficulté de concentration. En ce cas, le diabétique doit aussitôt absorber 3 à 6 morceaux de sucre ou un sirop sucré.

Beaucoup plus rarement, l'hypoglycémie peut être grave et entraîner des troubles du comportement (comparables notamment à l'ébriété), des *convulsions*, voire une perte de connaissance : 1 ampoule de GLUCAGON doit être injectée immédiatement par *voie* sous-cutanée ou intramusculaire, même à travers les vêtements en cas d'agitation. Si le diabétique ne reprend pas conscience dans les minutes qui suivent, prévenez un service d'urgence. Dans le doute, il n'y a pas de danger à injecter du GLUCAGON à un diabétique traité par l'insuline. Dans tous les cas, la prise d'une collation ou d'un repas reste nécessaire.

L'autre complication possible chez le diabétique est la survenue d'une *acidocétose* due à un manque important d'insuline. Elle peut être déclenchée par une infection (qui augmente les besoins en insuline) : grippe, rhume, *cystite*, abcès, etc. Elle se manifeste par une grande fatigue, une soif intense et des *troubles digestifs*. Il faut alors rechercher la présence de sucre et d'acétone dans les urines : la présence des deux en quantité importante confirme le diagnostic. Le traitement par l'insuline ne doit pas être arrêté ; le diabétique doit suivre les consignes de son médecin et, si besoin, le joindre d'urgence.

Évitez la prise de boissons alcoolisées à jeun ou à distance des repas : augmentation du risque d'hypoglycémie.

Conducteur : une hypoglycémie peut entraîner un malaise pendant la conduite ou l'utilisation de machines.

INTERACTIONS MÉDICAMENTEUSES

Certains médicaments peuvent déséquilibrer la *glycémie* : signalez votre traitement par l'*insuline* à tout médecin consulté ou à votre pharmacien.

GROSSESSE, ALLAITEMENT ET NOUVEAU-NÉ

Grossesse :

L'*insuline* est adaptée au *diabète* de la femme enceinte ou aux troubles passagers de la *glycémie* pendant la durée de la grossesse.

Allaitement :

Le traitement par l'*insuline* n'est pas une contre-indication à l'allaitement.

MODE D'EMPLOI ET POSOLOGIE

Cette *insuline* doit être injectée uniquement par *voie* sous-cutanée ; son conditionnement en cartouche est exclusivement réservé au stylo injecteur prescrit par votre médecin.

Agitez le stylo avant l'injection afin d'homogénéiser la suspension ; purgez ensuite l'air éventuellement contenu dans la cartouche.

L'aiguille doit être changée après chaque injection.

Respectez les horaires et les zones d'injection recommandés.

Posologie usuelle :

Elle est adaptée en fonction des résultats des analyses réalisées par le diabétique ou par son entourage (carnet de surveillance) et des conseils de son médecin.

Il est prudent de disposer d'une *insuline* équivalente pour seringue afin de faire face à une perte ou à un défaut de fonctionnement du stylo.

Si vous utilisez deux stylos destinés à injecter deux insulines, veillez à pouvoir les distinguer facilement.

Pour le maniement précis du stylo, conformez-vous à la notice fournie par le fabricant et veillez à ne pas l'égarer.

En cas d'activité sportive, il est préférable d'injecter l'insuline à distance des muscles qui travaillent pour éviter une absorption trop rapide de l'insuline. De plus, une adaptation des doses d'insuline est habituellement nécessaire selon les conseils du médecin.

Prenez contact avec les associations pour diabétiques : elles diffusent une information utile sur le traitement et la surveillance du *diabète*.

Votre entourage doit savoir reconnaître les signes d'une *hypoglycémie* et pouvoir vous administrer, en cas de perte de connaissance, une ampoule de GLUCAGON. Celle-ci peut être conservée au domicile ou sur le lieu de travail à température ambiante (inférieure à 25 °C) pendant 2 ans. Après reconstitution, la solution ne doit pas être conservée plus d'une semaine au réfrigérateur ni être congelée.

Veillez à ne pas manquer d'insuline ou de seringues, notamment lors des week-ends et jours fériés ; lors de vos déplacements, munissez-vous d'une réserve ou de votre ordonnance en cours de validité. Un certificat de traitement par l'insuline peut être nécessaire pour franchir certaines frontières.

Avant une première utilisation, il est préférable de conserver vos réserves d'insuline dans le bas du réfrigérateur (entre + 2 °C et + 8 °C). Si les cartouches ont été soumises à des températures comprises entre 22 °C et 35 °C pendant moins de 72 heures, elles peuvent être utilisées mais doivent ensuite être conservées au frais.

Après une première utilisation, la cartouche peut être conservée dans le stylo 3 semaines à température ambiante (inférieure à 25 °C), dans un endroit propre et sec, à l'abri de la lumière.

Ne jamais congeler cette insuline.

EFFETS INDÉSIRABLES POSSIBLES

Nodules graisseux sous-cutanés.

Rares *allergies*, essentiellement cutanées.

MOCLAMINE

moclobémide

PRÉSENTATION

MOCLAMINE : comprimé sécable (jaune pâle) ; boîte de 30 - Remb. 65 % - Liste I

MOCLAMINE : comprimé sécable (jaune pâle) ; boîte de 100 - Non remb. - Liste I

Laboratoires Roche

COMPOSITION

	p. comp.
Moclobémide	150 mg

INDICATIONS

C'est un *antidépresseur* de la famille des *IMAO* sélectifs.

Il est utilisé dans le traitement des *états dépressifs* de toute nature.

CONTRE-INDICATIONS

Ce médicament ne doit pas être utilisé dans les cas suivants :
- enfant de moins de 15 ans,
- **grossesse**,
- **allaitement**.

ATTENTION

Lorsque ce médicament vient en remplacement d'un *IMAO* non sélectif, il convient de respecter un délai d'au moins 15 jours.

Si votre tension artérielle est élevée, faites-la contrôler régulièrement.

En l'absence d'information concernant les effets sur la vigilance, la prudence est recommandée auprès des conducteurs.

Évitez les boissons alcoolisées : augmentation du risque de somnolence.

INTERACTIONS MÉDICAMENTEUSES

Ce médicament ne doit pas être associé avec ceux contenant du dextrométhorphane ou de la péthidine : risque d'augmentation des effets indésirables.

Ce médicament peut interagir avec d'autres médicaments. Signalez tout autre traitement en cours à votre médecin ou à votre pharmacien.

GROSSESSE, ALLAITEMENT ET NOUVEAU-NÉ

Grossesse :

L'effet de ce médicament pendant la grossesse est mal connu. Par mesure de prudence, son usage est contre-indiqué.

Allaitement :

Ce médicament passe dans le lait maternel : l'allaitement est contre-indiqué.

MODE D'EMPLOI ET POSOLOGIE

Les comprimés doivent être pris à la fin des repas.

Posologie usuelle :

Elle est strictement individuelle et adaptée progressivement.

L'efficacité de ce traitement peut ne pas être immédiate. N'arrêtez pas le traitement prématurément.

EFFETS INDÉSIRABLES POSSIBLES

Troubles du sommeil, *vertiges*, nausées, maux de tête.

Rarement : confusion des idées.

En cas d'association à des *neuroleptiques* : baisse de la tension artérielle, accélération du cœur.

MODAMIDE

amiloride

PRÉSENTATION

MODAMIDE : comprimé (jaune pâle) ; boîte de 30 - Remb. 65 % - Liste I

Laboratoires M.S.D.-Chibret

COMPOSITION

	p. comp.
Amiloride chlorhydrate	5 mg

INDICATIONS

C'est un *diurétique* qui a pour caractéristique d'empêcher la perte du *potassium* dans les urines, habituelle avec la majorité des autres diurétiques.

Il est utilisé dans le traitement :
- de l'*hypertension artérielle*,
- de l'*ascite* et des *œdèmes* liés à une *insuffisance hépatique*, ou à une *insuffisance cardiaque*.

Ce médicament est en fait essentiellement destiné à corriger la perte de potassium induite par des diurétiques plus puissants auxquels il est généralement associé.

CONTRE-INDICATIONS

Ce médicament ne doit pas être utilisé dans les cas suivants :
- *insuffisance rénale*,
- *hyperkaliémie* (excès de *potassium* dans le sang).

ATTENTION

Ce médicament peut être responsable d'une augmentation de la *kaliémie* (taux du *potassium* dans le sang). Un contrôle par des analyses de sang est souvent prescrit par le médecin.

N'utilisez de *sel* de régime, souvent riche en potassium, qu'avec l'accord de votre médecin.

Chez les personnes souffrant d'une *insuffisance hépatique* grave, l'apparition de confusion des idées peut annoncer une complication grave. Arrêtez le médicament et prenez un avis médical d'urgence.

Les *diurétiques* peuvent augmenter le taux d'*acide urique* ou de *sucre* dans le sang.

INTERACTIONS MÉDICAMENTEUSES

Ce médicament ne doit pas être associé aux *diurétiques* élevant le taux de *potassium* dans le sang.

Il peut interagir avec d'autres médicaments, notamment ceux contenant du *lithium*, et les *sels* de régime. Signalez tout autre traitement en cours à votre médecin ou à votre pharmacien.

GROSSESSE, ALLAITEMENT ET NOUVEAU-NÉ

Grossesse :

L'effet de ce médicament sur l'enfant à naître est mal connu.

En outre, les *diurétiques* ne sont pas adaptés au traitement de l'*hypertension artérielle* et des *œdèmes* pendant la grossesse.

Seul votre médecin peut apprécier la nécessité du traitement et le risque éventuel de son utilisation dans votre cas.

Allaitement :

Les données actuellement disponibles ne permettent pas de savoir si ce médicament passe dans le lait maternel : l'allaitement est déconseillé.

MODE D'EMPLOI ET POSOLOGIE

Ce médicament doit être pris avec un peu d'eau.

Posologie usuelle :

La posologie varie en fonction de la nature et de la gravité de la maladie.

Ce médicament augmente le volume des urines, surtout en début de traitement. Évitez une prise le soir, source de gêne nocturne.

Les *diurétiques* exposent au risque de déshydratation : veillez à proposer des boissons abondantes aux personnes âgées, notamment pendant les fortes chaleurs.

EFFETS INDÉSIRABLES POSSIBLES

Troubles digestifs. Sécheresse de la bouche et sensation de soif, étourdissements, fatigue, crampes.

Éruption cutanée.

Excès de *potassium* dans le sang.

MODANE

dantrone, pantothénate de calcium

PRÉSENTATION

MODANE : comprimé (rose) ; boîte de 20 - Remb. 35 %

Laboratoires Meram

COMPOSITION

	p. comp.
Dantrone	37,5 mg
Pantothénate de calcium	12,5 mg

INDICATIONS

C'est un *laxatif stimulant*. Il augmente les sécrétions et la motricité de l'intestin.

Il est utilisé comme *traitement symptomatique* de la constipation.

CONTRE-INDICATIONS

Ce médicament ne doit pas être utilisé dans les cas suivants :
- maladies inflammatoires du côlon ;
- constipation ou douleur abdominale due à une obstruction du tube digestif : rétrécissement intestinal, *fécalome* (bouchon de selles) ;
- enfant de moins de 15 ans.

ATTENTION

Ce médicament doit être utilisé de façon épisodique et en cure très brève : pas plus de 8 à 10 jours.

Son usage régulier peut entraîner :
- une *dépendance*,
- des troubles intestinaux graves,
- une perte de sels minéraux et notamment de *potassium*, pouvant entraîner des *troubles du rythme cardiaque* graves.

Arrêter le traitement en cas de diarrhée ou de douleurs abdominales.

INTERACTIONS MÉDICAMENTEUSES

Ce médicament peut interagir avec d'autres médicaments, notamment ceux contenant de la *vincamine* et certains *antiarythmiques*. Signalez tout autre traitement en cours à votre médecin ou à votre pharmacien.

GROSSESSE, ALLAITEMENT ET NOUVEAU-NÉ

Ce médicament est déconseillé pendant la grossesse ou l'allaitement.

MODE D'EMPLOI ET POSOLOGIE

L'effet de ce médicament ne peut être obtenu qu'après 12 à 48 heures.

- Adulte : 1 comprimé, 1 ou 2 fois par jour.

Des mesures simples d'hygiène alimentaire et des exercices physiques sont à envisager avant d'utiliser un laxatif : parlez-en à votre médecin ou à votre pharmacien.

EFFETS INDÉSIRABLES POSSIBLES

Diarrhée, douleurs abdominales.

Coloration rose des urines.

MODÉCATE
fluphénazine

PRÉSENTATION

MODÉCATE : solution injectable huileuse 25 mg/ml ; boîte de 3 ampoules (1 ml) - Remb. 65 % - Liste I

MODÉCATE : solution injectable huileuse 25 mg/ml ; flacon multidose (5 ml) - Remb. 65 % - Liste I

Laboratoires Sanofi Winthrop

COMPOSITION

	p. amp.	p. fl.
Fluphénazine décanoate	25 mg	125 mg

INDICATIONS

C'est un *neuroleptique* qui appartient à la famille chimique des phénothiazines.

Il est utilisé dans le traitement des troubles nerveux accompagnés de troubles de l'*humeur*.

CONTRE-INDICATIONS

Ce médicament ne doit pas être utilisé dans les cas suivants :
- *allergie* aux phénothiazines,
- *glaucome* à angle fermé,
- risque de blocage des urines *(adénome de la prostate)*,
- *antécédents* d'*agranulocytose* et d'*hépatite*,
- *dépression* nerveuse grave,
- association à la lévodopa.

ATTENTION

La guérison peut nécessiter un traitement prolongé ; une amélioration survenant en début de traitement ne doit pas vous conduire à l'arrêter sans l'avis de votre médecin.

En cas de survenue d'une fièvre inexpliquée, suspendez la prise du médicament et alertez immédiatement votre médecin.

Des précautions sont nécessaires chez les personnes âgées et en cas d'*épilepsie*, de maladies cardiaques graves, d'*insuffisance rénale* ou d'*insuffisance hépatique*.

Évitez les boissons alcoolisées : augmentation du risque de somnolence.

Conducteur : ce médicament peut être responsable d'une somnolence ou d'une baisse de la vigilance.

INTERACTIONS MÉDICAMENTEUSES

Ce médicament ne doit pas être associé à ceux contenant de la lévodopa (LARODOPA, MODOPAR, SINEMET...) : risque d'annulation de leurs effets.

Il peut interagir avec d'autres médicaments, notamment les *antihypertenseurs*, le *lithium*, l'atropine et ses dérivés, les *sédatifs* et certains pansements gastriques. Signalez tout autre traitement en cours à votre médecin ou à votre pharmacien.

GROSSESSE, ALLAITEMENT ET NOUVEAU-NÉ

Grossesse et nouveau-né :

Si une grossesse survient pendant le traitement, consultez votre médecin. Il appréciera le risque éventuel lié à l'utilisation de ce médicament dans votre cas.

Si le traitement est poursuivi jusqu'à l'accouchement, une surveillance médicale du *nouveau-né* est nécessaire.

Allaitement :

Les données actuellement disponibles ne permettent pas de savoir si ce médicament passe dans le lait maternel : l'allaitement est déconseillé.

MODE D'EMPLOI ET POSOLOGIE

L'injection intramusculaire se fait dans la fesse.

La *posologie* est strictement individuelle.

EFFETS INDÉSIRABLES POSSIBLES

Somnolence.

Tremblements, raideur anormale, grimaces involontaires.

Baisse de la tension artérielle, bouche sèche, troubles de l'*accommodation*, rétention d'urine, constipation.

Arrêt des règles, augmentation du volume des seins, écoulement de lait, prise de poids.

Photosensibilisation, éruption cutanée.

Certains signes doivent faire penser à un surdosage : état amorphe, hébété, rigidité musculaire extrême.

MODÉRATAN
amfépramone

PRÉSENTATION

MODÉRATAN DIFFUCAP : gélule (transparent) ; boîte de 20 - Non remb. - Liste I

Laboratoires Théranol Deglaude

COMPOSITION

	p. gél.
Amfépramone chlorhydrate	75 mg

INDICATIONS

C'est un *anorexigène* (coupe-faim) qui appartient à la famille des *amphétamines*.

Il est utilisé en complément du régime hypocalorique pour traiter un excès de poids.

CONTRE-INDICATIONS

Ce médicament ne doit pas être utilisé dans les cas suivants :
- maladie cardiaque grave, *hypertension artérielle* ;
- *hyperthyroïdie* ;
- risque de rétention des urines (*adénome de la prostate*...) ;
- *glaucome* à angle fermé ;
- *antécédents* de troubles nerveux : *dépression*, *anorexie* mentale ;
- association aux *antidépresseurs IMAO* non sélectifs ;
- **grossesse.**

ATTENTION

L'efficacité de ce médicament tend à diminuer au bout de quelques semaines de traitement. L'augmentation des doses expose à un risque de *dépendance* et de troubles psychiques graves. Ne dépassez pas la *posologie* prescrite par votre médecin.

Il est fréquent que la perte de poids obtenue à l'aide de ce médicament ne persiste pas après l'arrêt du traitement. Un régime reste nécessaire.

Ce médicament peut modifier le comportement : prudence lors de la conduite ou de l'utilisation de machines dangereuses.

INTERACTIONS MÉDICAMENTEUSES

Ce médicament ne doit pas être associé aux *IMAO* non sélectifs (MARSILID, NIAMIDE...) : risque de poussée d'*hypertension artérielle* ou de fièvre élevée. Cette contre-indication persiste pendant les 15 jours qui suivent l'arrêt d'un traitement par IMAO.

Ce médicament peut interagir avec d'autres médicaments. Signalez tout autre traitement en cours à votre médecin ou à votre pharmacien.

GROSSESSE, ALLAITEMENT ET NOUVEAU-NÉ

Grossesse :

En l'absence de données suffisantes, ce médicament est contre-indiqué pendant la grossesse.

Allaitement :

Les données actuellement disponibles ne permettent pas de savoir si ce médicament passe dans le lait maternel : par mesure de prudence, l'allaitement est déconseillé.

MODE D'EMPLOI ET POSOLOGIE

Les gélules doivent être avalées avec un peu d'eau.

Posologie usuelle :

- Adulte et enfant de plus de 15 ans : 1 gélule, 2 heures avant le repas de midi.

L'utilisation de ce médicament ne se conçoit que dans le cadre d'un régime hypocalorique adapté.

Ce médicament peut entraîner des difficultés d'endormissement : il est conseillé de ne pas le prendre au-delà du repas de midi.

EFFETS INDÉSIRABLES POSSIBLES

Insomnie, nervosité, maux de tête, bouche sèche, nausée, accélération du cœur, tendance dépressive et *allergie* cutanée rare.

Certains signes doivent faire penser à un surdosage : accélération de la respiration, élévation ou au contraire baisse de la tension artérielle, agitation, confusion des idées, hallucinations ; prévenez d'urgence votre médecin.

MODITEN

fluphénazine

PRÉSENTATION

MODITEN 25 : comprimé (jaune orangé) ; boîte de 30 - Remb. 65 % - Liste I

MODITEN 100 : comprimé sécable (blanc) ; boîte de 15 - Remb. 65 % - Liste I

MODITEN FORT : solution buvable 4 % ; flacon compte-gouttes 20 ml - Remb. 65 % - Liste I

MODITEN RETARD : solution injectable huileuse 25 mg/ml ; boîte de 3 ampoules (1 ml) - Remb. 65 % - Liste I

MODITEN RETARD 4 ml : solution injectable huileuse 25 mg/ml ; boîte de 1 ampoule (4 ml) - Remb. 65 % - Liste I

Laboratoires Sanofi Winthrop

COMPOSITION

	p. comp.	p. comp.	p. gte
Fluphénazine dichlorhydrate	25 mg	100 mg	1 mg
		p. amp. inj.	p. amp. inj.
Fluphénazine œnanthate		25 mg	100 mg

INDICATIONS

C'est un *neuroleptique* qui appartient à la famille chimique des phénothiazines.

Il est utilisé dans le traitement des troubles nerveux accompagnés de troubles de l'*humeur*.

CONTRE-INDICATIONS

Ce médicament ne doit pas être utilisé dans les cas suivants :

- *allergie* aux phénothiazines,
- *glaucome* à angle fermé,
- risque de blocage des urines (*adénome de la prostate*),
- *antécédents* d'*agranulocytose* ou d'*hépatite*,
- *dépression* nerveuse grave,
- association à la lévodopa.

ATTENTION

La guérison peut nécessiter un traitement prolongé ; une amélioration survenant en début de traitement ne doit pas vous conduire à l'arrêter sans avis médical.

En cas de survenue d'une fièvre inexpliquée, suspendez la prise du médicament et alertez immédiatement votre médecin.

Des précautions sont nécessaires chez les personnes âgées et en cas d'*épilepsie*, de maladies cardiaques graves, d'*insuffisance rénale* ou d'*insuffisance hépatique*.

Évitez les boissons alcoolisées : augmentation du risque de somnolence.

Conducteur : ce médicament peut être responsable d'une somnolence ou d'une baisse de la vigilance.

INTERACTIONS MÉDICAMENTEUSES

Ce médicament ne doit pas être associé à ceux contenant de la lévodopa (LARODOPA, MODOPAR, SINEMET...) : risque d'annulation de leurs effets.

Il peut interagir avec d'autres médicaments, notamment les *antihypertenseurs*, le *lithium*, l'atropine et ses dérivés, les *sédatifs* et certains pansements gastriques. Signalez tout autre traitement en cours à votre médecin ou à votre pharmacien.

GROSSESSE, ALLAITEMENT ET NOUVEAU-NÉ

Grossesse et nouveau-né :

Si une grossesse survient pendant le traitement, consultez votre médecin. Il appréciera le risque éventuel lié à l'utilisation de ce médicament dans votre cas.

Si le traitement est poursuivi jusqu'à l'accouchement, une surveillance médicale du *nouveau-né* est nécessaire.

Allaitement :

Les données actuellement disponibles ne permettent pas de savoir si ce médicament passe dans le lait maternel : l'allaitement est déconseillé.

MODE D'EMPLOI ET POSOLOGIE

L'injection intramusculaire se fait dans la fesse.

La *posologie* est strictement individuelle.

EFFETS INDÉSIRABLES POSSIBLES

Somnolence.

Tremblements, raideur anormale, grimaces involontaires.

Baisse de la tension artérielle, bouche sèche, troubles de l'*accommodation*, rétention d'urine, constipation.

Arrêt des règles, augmentation du volume des seins, écoulement de lait, prise de poids.

Photosensibilisation, éruption cutanée.

Certains signes doivent faire penser à un surdosage : état amorphe, hébété, rigidité musculaire extrême.

MODOPAR

lévodopa, bensérazide

PRÉSENTATION

MODOPAR 62,5 : gélule (bleu et gris clair) ; boîte de 60 - Remb. 65 % - Liste I

MODOPAR 125 : gélule (bleu et rose) ; boîte de 60 - Remb. 65 % - Liste I

MODOPAR LP 125 : gélule à *libération prolongée* (bleu et vert) ; boîte de 60 - Remb. 65 % - Liste I

MODOPAR 125 DISPERSIBLE : comprimé sécable pour suspension buvable ; boîte de 60 - Remb. 65 % - Liste I

MODOPAR 250 : gélule (bleu et caramel) ; boîte de 60 - Remb. 65 % - Liste I

Laboratoires Roche

COMPOSITION

	p. gél. 62,5	p. gél. 125	p. gél. L.P.
Lévodopa	50 mg	100 mg	100 mg
Bensérazide	12,5 mg	25 mg	25 mg

	p. comp. p. susp. buv.	p. gél. 250
Lévodopa	100 mg	200 mg
Bensérazide	25 mg	50 mg

INDICATIONS

C'est un antiparkinsonien qui appartient à la famille des dopaminergiques. Il vise à combler le déficit en dopamine, substance normalement sécrétée par certaines cellules du système nerveux.

Il est utilisé dans le traitement de la maladie de *Parkinson*, où il agit principalement sur la rigidité musculaire et la réduction des mouvements propres à cette affection.

CONTRE-INDICATIONS

Ce médicament ne doit pas être utilisé dans les cas suivants :

- troubles psychiques graves ;

- *infarctus du myocarde* ;
- en association avec les *IMAO* non sélectifs, les *neuroleptiques* ou les dérivés de la réserpine.

ATTENTION

L'utilisation de ce médicament chez les personnes présentant des troubles psychiques, une affection cardiaque, un *glaucome* à angle fermé, ou un *ulcère* de l'estomac ou du *duodénum* nécessite des précautions particulières, surtout en début de traitement. Prévenez votre médecin.

Si vous avez un grain de beauté qui se modifie, parlez-en à votre pharmacien ou à votre médecin.

INTERACTIONS MÉDICAMENTEUSES

Ce médicament ne doit pas être associé :
- aux *IMAO* non sélectifs (MARSILID, NIAMIDE...) : risque d'hypertension brutale ;
- aux *neuroleptiques* : risque d'opposition des effets ;
- à la réserpine et à ses dérivés : risque d'annulation des effets.

Il peut aussi interagir avec d'autres médicaments. Signalez tout autre traitement en cours à votre médecin ou à votre pharmacien.

GROSSESSE, ALLAITEMENT ET NOUVEAU-NÉ

Grossesse :

L'effet de ce médicament sur l'enfant à naître est mal connu. Par mesure de prudence, son usage est déconseillé pendant la grossesse.

Allaitement :

L'allaitement est déconseillé pendant la durée du traitement.

MODE D'EMPLOI ET POSOLOGIE

Ce médicament sera pris de préférence en fin de repas ou avec un peu de nourriture.

Les comprimés de MODOPAR 125 DISPERSIBLE doivent être dissous dans un demi-verre d'eau. Il est possible d'y ajouter du sucre ou un jus de fruit. Le dépôt blanchâtre qui reste sur la paroi du verre, une fois les comprimés avalés, ne doit pas inquiéter.

Posologie usuelle :

Elle est strictement individuelle.

Le passage des gélules de MODOPAR 125 aux comprimés de MODOPAR 125 DISPERSIBLE se fait sans modification de la *posologie*. Le passage au MODOPAR LP 125 (gélule à *libération prolongée*) nécessite l'avis de votre médecin. La posologie minimale efficace est atteinte progressivement, par paliers. Cette progression permet de limiter l'apparition des effets indésirables. Lorsque cette dose est trop rapidement dépassée, des mouvements anormaux peuvent survenir.

La forme MODOPAR 125 DISPERSIBLE est plus spécialement réservée aux malades qui avalent difficilement gélules ou comprimés.

EFFETS INDÉSIRABLES POSSIBLES

En début de traitement : nausées, vomissements, *troubles du rythme cardiaque*, baisse de la tension artérielle, troubles psychiques ; une adaptation de la *posologie* peut limiter ces effets.

Après un traitement prolongé : alternance de mouvements involontaires et de raideur invalidante.

MODUCREN

timolol, hydrochlorothiazide, amiloride

PRÉSENTATION

MODUCREN : comprimé sécable quadrangulaire (bleu pâle) ; boîte de 30 - Remb. 65 % - Liste I

Laboratoires M.S.D.-Chibret

COMPOSITION

	p. comp.
Timolol maléate	10 mg
Hydrochlorothiazide	25 mg
Amiloride chlorhydrate	2,5 mg

INDICATIONS

Cet *antihypertenseur* contient trois substances :
- le timolol, un *bêtabloquant* qui bloque l'action de l'*adrénaline* (et d'autres *hormones* apparentées) sur de nombreux organes et notamment sur le cœur, les vaisseaux et les bronches ;
- l'hydrochlorothiazide, un *diurétique* dont la structure chimique est proche de celle des *sulfamides* ;
- l'amiloride, un *diurétique* qui a pour caractéristique d'empêcher la perte de *potassium* dans les urines, et combat l'*hypokaliémie* provoquée par l'hydrochlorothiazide. L'action des *diurétiques* renforce celle du timolol.

Ce médicament est utilisé dans le traitement de l'*hypertension artérielle*.

CONTRE-INDICATIONS

Ce médicament ne doit pas être utilisé dans les cas suivants :
- *asthme*,
- *insuffisance cardiaque* grave non contrôlée par un traitement spécifique,
- *insuffisance rénale* grave,
- *bloc auriculo-ventriculaire* grave,
- rythme cardiaque inférieur à 50 battements par minute,
- *allergie* connue à l'un des constituants ou à la famille des *sulfamides*,
- phénomène de *Raynaud*,
- *hyperkaliémie*,
- association avec les médicaments contenant de la floctafénine.

ATTENTION

N'interrompez jamais brutalement le traitement. Espacez progressivement les prises. Un avis médical est toujours préférable.

Diabétiques : les *bêtabloquants* peuvent masquer certains symptômes de l'*hypoglycémie* (*palpitations* et accélération du cœur, essentiellement).

Ce médicament peut être responsable d'une augmentation ou au contraire d'une baisse du taux de potassium dans le sang, qui peut être aggravée par l'usage prolongé de *laxatifs stimulants*. Un contrôle par des analyses de sang est souvent prescrit par le médecin.

Chez les personnes souffrant d'une *insuffisance hépatique* grave, l'apparition de troubles de la conscience peut annoncer une complication grave. Interrompez la prise du médicament et prenez un avis médical d'urgence.

Des précautions sont nécessaires chez la personne âgée.

N'utilisez de *sel* de régime, souvent riche en *potassium*, qu'avec l'accord de votre médecin.

INTERACTIONS MÉDICAMENTEUSES

Ce médicament ne doit pas être associé à la floctafénine (IDARAC...) : risque d'augmentation de la gravité d'un éventuel *choc* allergique.

Il peut interagir avec d'autres médicaments, notamment ceux contenant du *lithium* ou de l'amiodarone, certains diurétiques et les *sels* de régime. Signalez tout autre traitement en cours à votre médecin ou à votre pharmacien.

GROSSESSE, ALLAITEMENT ET NOUVEAU-NÉ

Grossesse :

Les études scientifiques actuellement disponibles n'ont pas mis en évidence de problème particulier lors de l'utilisation chez la femme enceinte. Néanmoins, ce médicament contient des *diurétiques* et n'est pas adapté au traitement de l'*hypertension artérielle* pendant la grossesse.

Allaitement :

Ce médicament passe dans le lait maternel : l'allaitement est déconseillé.

MODE D'EMPLOI ET POSOLOGIE

- Adulte : 1 à 2 comprimés par jour en 1 prise.

Veillez à toujours disposer d'une réserve de ce médicament : une plaquette dans la boîte à gants de la voiture et dans la trousse de toilette, par exemple.

Il est normal que le rythme cardiaque se ralentisse sous l'effet du traitement ; néanmoins, en cas de fatigue anormale et de pouls inférieur à 50 battements par minute, consultez votre médecin.

Les *diurétiques* exposent au risque de déshydratation : veillez à proposer des boissons en quantité suffisante aux personnes âgées, notamment pendant les fortes chaleurs.

Le traitement médicamenteux ne dispense pas de mesures simples pouvant faire baisser la tension artérielle : activité physique régulière, modération de la consommation de boissons alcoolisées, lutte contre le surpoids.

EFFETS INDÉSIRABLES POSSIBLES

Troubles digestifs, fatigue en début de traitement, maux de tête, fourmillement des extrémités, *vertiges*.

Crise d'*asthme*.

Insomnie, ou au contraire somnolence, troubles du sommeil, nervosité.

Bloc auriculo-ventriculaire, ralentissement important du cœur, chute de tension, *insuffisance cardiaque*.

Élévation du taux de *sucre* ou d'*acide urique* dans le sang, crampes.

MODULITE
trimébutine, sorbitol

PRÉSENTATION

MODULITE : granulé pour suspension buvable ; boîte de 10 sachets - Remb. 35 % - Liste II

Laboratoires Eurorga

COMPOSITION

	p. sachet
Trimébutine	0,150 g
Sorbitol	5 g

INDICATIONS

Ce médicament contient une substance qui régularise la motricité de l'intestin, la trimébutine, et un *laxatif osmotique*, le sorbitol.

Il est utilisé dans le *traitement symptomatique* des troubles *fonctionnels* du côlon s'accompagnant de constipation.

CONTRE-INDICATIONS

Ce médicament ne doit pas être utilisé en cas de diarrhée aiguë.

ATTENTION

En raison de la présence de sorbitol, des précautions sont nécessaires en cas d'obstruction des *voies biliaires*. Ce médicament ne doit pas être utilisé de façon prolongée.

GROSSESSE, ALLAITEMENT ET NOUVEAU-NÉ

L'effet de ce médicament pendant la grossesse ou l'allaitement est mal connu : seul votre médecin peut évaluer le risque éventuel de son utilisation dans votre cas.

MODE D'EMPLOI ET POSOLOGIE

Ce médicament est pris de préférence avant les repas.

Les granulés doivent être dissous dans un demi-verre d'eau.

Posologie usuelle :

1 sachet, 1 à 3 fois par jour.

Des mesures d'hygiène alimentaire et des exercices physiques sont à envisager avant d'utiliser un laxatif : parlez-en à votre médecin ou à votre pharmacien.

EFFETS INDÉSIRABLES POSSIBLES

Diarrhée, douleurs abdominales.

Exceptionnellement : réactions cutanées.

Ne conseillez pas vos médicaments à une autre personne

MODURÉTIC
hydrochlorothiazide, amiloride

PRÉSENTATION

MODURÉTIC : comprimé sécable (pêche) ; boîte de 30 - Remb. 65 % - Liste I

Laboratoires Dupont Pharma

COMPOSITION

	p. comp.
Hydrochlorothiazide	50 mg
Amiloride chlorhydrate	5 mg

INDICATIONS

Ce médicament est une association de deux *diurétiques* : l'hydrochlorothiazide, dont la structure est proche de celle des *sulfamides*, et l'amiloride, qui a pour caractéristique d'empêcher la perte du *potassium* dans les urines, habituelle avec l'hydrochlorothiazide.

Il est utilisé dans le traitement :
- de l'*hypertension artérielle*,
- de l'*ascite* ou des *œdèmes* liés à une *insuffisance hépatique* ou à une *insuffisance cardiaque*.

CONTRE-INDICATIONS

Ce médicament ne doit pas être utilisé dans les cas suivants :
- *insuffisance rénale*,
- *hyperkaliémie* (excès de *potassium* dans le sang),
- *allergie* aux médicaments de la famille des *sulfamides*.

ATTENTION

Ce médicament peut être responsable d'une augmentation ou au contraire d'une baisse de la *kaliémie* (taux de *potassium* dans le sang), qui peut être aggravée par l'usage prolongé de *laxatifs stimulants*. Un contrôle par des analyses de sang est souvent prescrit par le médecin.

Chez les personnes souffrant d'une *insuffisance hépatique* grave, l'apparition de troubles de la conscience peut annoncer une complication grave. Arrêtez le traitement et prenez un avis médical d'urgence.

N'utilisez de *sel* de régime, souvent riche en potassium, qu'avec l'accord de votre médecin.

Les *diurétiques* peuvent augmenter le taux d'*acide urique* ou de *sucre* dans le sang.

INTERACTIONS MÉDICAMENTEUSES

Ce médicament peut interagir avec d'autres médicaments, notamment ceux contenant du *lithium*, et les *sels* de régime. Signalez tout autre traitement en cours à votre médecin ou à votre pharmacien.

GROSSESSE, ALLAITEMENT ET NOUVEAU-NÉ

Grossesse :

Les études scientifiques actuellement disponibles n'ont pas mis en évidence de problème particulier lors de l'utilisation chez la femme enceinte. Néanmoins, les *diurétiques* ne sont pas adaptés au traitement de l'*hypertension artérielle* et des *œdèmes* pendant la grossesse. Seul votre médecin peut apprécier la nécessité du traitement et le risque éventuel de son utilisation dans votre cas.

Allaitement :

Ce médicament passe dans le lait maternel : l'allaitement est déconseillé.

MODE D'EMPLOI ET POSOLOGIE

Ce médicament doit être pris avec un verre d'eau.

Posologie usuelle :

Elle varie en fonction de la nature et de la gravité de la maladie.

Ce médicament augmente le volume des urines, surtout en début de traitement. Évitez une prise le soir, source de gêne nocturne.

Les *diurétiques* exposent au risque de déshydratation : veillez à proposer des boissons abondantes aux personnes âgées, notamment pendant les fortes chaleurs.

EFFETS INDÉSIRABLES POSSIBLES

Déshydratation.

Troubles digestifs, *allergie* cutanée.

Fatigue, maux de tête, *vertiges*.

Hypotension orthostatique.

Insomnie, ou au contraire somnolence, nervosité, confusion des idées.

Crampes.

MOGADON
nitrazépam

PRÉSENTATION

MOGADON 5 mg : comprimé sécable (blanc) ; boîte de 20 - Remb. 65 % - Liste I

Laboratoires Roche

COMPOSITION

	p. comp.
Nitrazépam	5 mg

INDICATIONS

C'est un somnifère qui appartient à la famille des *benzodiazépines*.

Il est utilisé dans le traitement de l'insomnie.

CONTRE-INDICATIONS

Ce médicament ne doit pas être utilisé en cas d'*insuffisance respiratoire* grave.

ATTENTION

Des précautions sont à prendre en cas de *myasthénie*, d'*insuffisance rénale*, d'*insuffisance hépatique* ou d'*insuffisance respiratoire*.

Une prise prolongée ou des doses importantes de ce médicament, son association à des *sédatifs* ou à des boissons alcoolisées favorisent une *dépendance*. Respectez la *posologie* et la durée de traitement prescrites par votre médecin.

L'arrêt brutal de ce médicament expose à un *syndrome de sevrage* : réapparition de l'insomnie, anxiété, agitation, irritabilité, maux de tête, douleurs musculaires, tremblements, hallucinations. Il faut donc s'entourer de conseils médicaux pour diminuer progressivement les doses et espacer les prises, sur une période d'autant plus longue que le traitement a été prolongé.

Certaines insomnies peuvent traduire une *dépression* masquée et justifier un traitement spécifique.

Ce médicament expose à un risque de chute nocturne chez la personne âgée ayant l'habitude de se lever la nuit.

Un réveil nocturne après la prise du médicament peut entraîner des troubles de la mémoire parfois angoissants.

Évitez les boissons alcoolisées : augmentation du risque de somnolence et de dépendance.

Conducteur : ce médicament peut être responsable d'une somnolence ou d'une baisse de la vigilance.

INTERACTIONS MÉDICAMENTEUSES

Ce médicament peut interagir avec d'autres, notamment les *sédatifs*. Signalez tout autre traitement en cours à votre médecin ou à votre pharmacien.

GROSSESSE, ALLAITEMENT ET NOUVEAU-NÉ

Grossesse et nouveau-né :

Par mesure de prudence, ce médicament est habituellement déconseillé pendant les 3 premiers mois de la grossesse. Toutefois, une grossesse survenant sous traitement ne justifie pas d'inquiétude particulière. Seul votre médecin peut apprécier le risque éventuel lié à l'utilisation de ce médicament dans votre cas.

Si le traitement est poursuivi jusqu'à l'accouchement, une surveillance médicale du *nouveau-né* est nécessaire.

Allaitement :

Ce médicament passe dans le lait maternel : l'allaitement est déconseillé.

MODE D'EMPLOI ET POSOLOGIE

Les comprimés doivent être avalés avec un peu d'eau.

Posologie usuelle :

- Adulte : 1 à 2 comprimés le soir au coucher.

Lorsque le traitement a été prolongé plusieurs semaines, l'arrêt devra être progressif.

- Enfant : la posologie est individuelle et le traitement sera de courte durée.

Ce médicament vous a été prescrit dans une situation précise. Ne le conseillez pas à une autre personne.

Les somnifères ne sont pas la seule réponse aux troubles du sommeil. Une meilleure hygiène de vie, une consommation modérée d'excitants (y compris les boissons alcoolisées) permettent aussi de lutter efficacement contre les insomnies.

EFFETS INDÉSIRABLES POSSIBLES

Pertes de mémoire, somnolence pendant la journée, ralentissement des idées ou, au contraire, excitabilité, irritabilité, confusion des idées, hallucinations.

Fatigue musculaire, éruption cutanée.

MONEVA

éthinylestradiol, gestodène

PRÉSENTATION

MONEVA : comprimé (blanc) ; boîte de 1 plaquette de 21 - Non remb. - Liste I

MONEVA : comprimé (blanc) ; boîte de 3 plaquettes de 21 - Non remb. - Liste I

Laboratoires Schering

COMPOSITION

	p. comp.
Éthinylestradiol	0,03 mg
Gestodène	0,075 mg

INDICATIONS

C'est un *contraceptif* oral (pilule) qui contient un *estrogène* et un *progestatif*. Il est minidosé (moins de 0,04 mg d'estrogène) et monophasique (tous les comprimés contiennent la même quantité d'*hormones* et sont donc tous de la même couleur).

CONTRE-INDICATIONS

Ce médicament ne doit pas être utilisé dans les cas suivants :

- certaines maladies cardiaques ou *vasculaires*, notamment l'*hypertension artérielle* et les *antécédents* de *phlébite* ;
- certaines causes de saignement entre les règles ;
- *diabète*, excès de *cholestérol* ou de *triglycérides* ;
- maladie du foie grave ou récente, jaunisse chronique ou survenue lors d'une grossesse ;
- cancer du sein ou de l'utérus ainsi que certains autres cancers ;
- *tumeur de l'hypophyse*, excès de *prolactine* ;
- certaines maladies rares (*connectivite*, *porphyrie*, *otosclérose*, *otospongiose*) ;
- *insuffisance rénale* ;
- **grossesse** ;
- **allaitement.**

Dans tous les autres cas, le médecin est seul juge pour prescrire ce médicament, notamment en cas d'obésité, de *tumeur* bénigne du sein ou de l'utérus, de calculs de la vésicule biliaire.

ATTENTION

Chez la femme de plus de 35 ans ou chez la femme qui fume, le risque de complications cardio-vasculaires liées aux *estrogènes* augmente nettement.

Tout *symptôme* pouvant faire craindre une complication impose l'arrêt du traitement : maux de tête importants et inhabituels, troubles de la vision, élévation franche de la tension artérielle.

La survenue d'un léger saignement entre les règles (spotting) est fréquente chez les femmes prenant la pilule. Vous devez néanmoins en informer votre médecin.

Une surveillance médicale et des analyses sont nécessaires avant et pendant la contraception orale. Cette surveillance sera renforcée chez la femme souffrant d'*épilepsie*, de *migraine*, d'*asthme*, de *dépression*, ou ayant des *antécédents* familiaux de maladie *vasculaire*.

En cas d'opération ou d'immobilisation pour une période prolongée, un autre mode de contraception est préférable.

INTERACTIONS MÉDICAMENTEUSES

L'efficacité contraceptive de la pilule peut être diminuée par la prise de certains médicaments : les *barbituriques*, certains antiépileptiques (TÉGRÉTOL, DI-HYDAN...), les médicaments contenant de la rifampicine (RIMACTAN, RIFADINE...) ou de la griséofulvine (FULCINE, GRISÉFULINE...).

GROSSESSE, ALLAITEMENT ET NOUVEAU-NÉ

Ce médicament est contre-indiqué pendant la grossesse et l'allaitement.

MODE D'EMPLOI ET POSOLOGIE

Prendre régulièrement, et sans oubli, 1 comprimé par jour à la même heure pendant 21 jours consécutifs, avec un arrêt de 7 jours entre chaque plaquette de 21 comprimés.

En cas de première contraception orale ou de reprise d'une contraception interrompue temporairement, prendre le premier comprimé le premier jour des règles.

En cas de changement de *contraceptif*, prendre le premier comprimé :

- après un arrêt de 7 jours, si le précédent contraceptif comportait 21 comprimés par plaquette ;
- après un arrêt de 6 jours, si le précédent contraceptif comportait 22 comprimés par plaquette ;
- sans interruption, si le précédent contraceptif comportait 28 comprimés par plaquette.

En cas de suite d'accouchement ou d'interruption de grossesse : suivre les indications du médecin.

En cas d'oubli d'un comprimé :

- retard de moins de 12 heures : prendre le comprimé oublié et continuer à l'heure habituelle ;
- retard de plus de 12 heures : prendre le comprimé oublié et continuer à l'heure habituelle, mais la sécurité contraceptive n'est plus assurée et une méthode complémentaire doit être employée pour le cycle en cours (spermicide, préservatif, diaphragme).

En cas de vomissement ou de diarrhée survenant juste après la prise du comprimé (sans rapport avec la prise du *contraceptif*), prendre un autre comprimé. Si ces troubles durent plus de 12 heures, la sécurité contraceptive n'est plus assurée et une méthode complémentaire doit être employée pour le cycle en cours.

EFFETS INDÉSIRABLES POSSIBLES

Peu graves et n'empêchant pas la poursuite du traitement : nausées, maux de tête banals, prise de poids, tension modérée des seins, taches sombres sur le visage, jambes lourdes, irritation oculaire par les lentilles de contact, saignement entre les règles, diminution ou disparition des règles, *candidose* vaginale, irritabilité et tendance à la *dépression*.

Rares mais devant faire interrompre la prise de ce *contraceptif* : *hypertension artérielle*, accident cardiaque ou *vasculaire*, jaunisse, augmentation importante des lipides dans le sang, *diabète*, *nodule* ou douleur importante des seins, *migraine*, *vertiges*, troubles de la vision, aggravation d'une *épilepsie*, écoulement de lait.

Exceptionnellement, certaines pilules peuvent être responsables de calculs de la vésicule biliaire, de *tumeur* bénigne du foie ou de *mastopathie*.

MONICOR

isosorbide 5-mononitrate

PRÉSENTATION

MONICOR L.P. 20 mg : gélule à *libération prolongée* (bleu et incolore) ; boîte de 30 - Remb. 65 % - Liste II

MONICOR L.P. 20 mg : gélule à *libération prolongée* (bleu et incolore) ; boîte de 60 - Remb. 65 % - Liste II

MONICOR L.P. 40 mg : gélule à *libération prolongée* (vert et incolore) ; boîte de 30 - Remb. 65 % - Liste II

MONICOR L.P. 60 mg : gélule à *libération prolongée* (rouge et incolore) ; boîte de 30 - Remb. 65 % - Liste II

Laboratoires Pierre Fabre

COMPOSITION

	p. gél. L.P. 20 mg	p. gél. L.P. 40 mg	p. gél. L.P. 60 mg
Isosorbide 5-mononitrate			

INDICATIONS

Ce médicament *vasodilatateur* appartient à la famille des dérivés de la trinitrine. Il possède de nombreuses propriétés qui facilitent le travail du cœur : dilatation des veines, dilatation des artères à forte dose, prévention des spasmes des *artères coronaires*.

Il est utilisé dans :
- le *traitement préventif* des crises d'*angine de poitrine*,
- le *traitement d'appoint* de l'*insuffisance cardiaque*.

ATTENTION

Ce médicament peut être responsable de maux de tête, parfois violents, surtout lors des premières prises.

Des baisses de la tension artérielle ont également été constatées. La mise en route progressive du traitement prescrit par le médecin doit être respectée, notamment pour les *posologies* élevées ; de même le traitement ne doit pas être arrêté brutalement.

INTERACTIONS MÉDICAMENTEUSES

Ce médicament peut interagir avec d'autres médicaments. Signalez tout autre traitement en cours à votre médecin ou à votre pharmacien.

GROSSESSE, ALLAITEMENT ET NOUVEAU-NÉ

L'effet de ce médicament pendant la grossesse ou l'allaitement est mal connu : seul votre médecin peut évaluer le risque éventuel de son utilisation dans votre cas.

MODE D'EMPLOI ET POSOLOGIE

Les gélules doivent être avalées avec un peu d'eau sans être ouvertes.

Posologie usuelle :

Elle est variable en fonction des indications, et adaptée par votre médecin en fonction de l'effet thérapeutique.

EFFETS INDÉSIRABLES POSSIBLES

Maux de tête, bouffées de chaleur fréquents en début de traitement.

Hypotension orthostatique, surtout chez la personne âgée.

Rares nausées, vomissements et réactions cutanées.

MONOCLINE

doxycycline

PRÉSENTATION

MONOCLINE 100 mg : comprimé (jaune) ; boîte de 5 - Remb. 65 % - Liste I

Laboratoires Doms-Adrian

COMPOSITION

	p. comp.
Doxycycline	100 mg

INDICATIONS

C'est un *antibiotique* qui appartient à la famille des *tétracyclines*.

Il est utilisé dans le traitement de diverses maladies infectieuses, notamment respiratoires et génitales. Il est également utilisé dans le traitement de l'*acné*.

CONTRE-INDICATIONS

Ce médicament ne doit pas être utilisé dans les cas suivants :
- *allergie* aux *tétracyclines*,
- enfant de moins de 8 ans (risque de coloration définitive des dents),
- association avec les *rétinoïdes*,
- **grossesse,**
- **allaitement.**

ATTENTION

Ce médicament est photosensibilisant : une exposition aux rayons *ultraviolets* peut provoquer des réactions cutanées. Évitez toute exposition au soleil et n'omettez pas de signaler à votre médecin vos projets de vacances au soleil pendant la durée du traitement.

INTERACTIONS MÉDICAMENTEUSES

Ce médicament ne doit pas être associé à ceux contenant des *rétinoïdes* (ROACCUTANE ORAL, SORIATANE...) : risque d'*hypertension intracrânienne*.

Il peut interagir avec d'autres médicaments, notamment les *anticoagulants oraux* : signalez tout autre traitement en cours à votre médecin ou à votre pharmacien.

GROSSESSE, ALLAITEMENT ET NOUVEAU-NÉ

Ce médicament peut provoquer des anomalies dentaires chez l'enfant à naître ou le *nourrisson* : son usage est contre-indiqué pendant la grossesse et l'allaitement.

MODE D'EMPLOI ET POSOLOGIE

Pour éviter les *troubles digestifs*, ce médicament sera pris de préférence pendant les repas.

Les gélules doivent être avalées avec un grand verre d'eau. Il est préférable de ne pas les absorber en position allongée.

Posologie usuelle :
- Adulte :
  - pour un poids inférieur à 60 kg : 2 gélules le 1er jour, puis 1 comprimé par jour ;
  - pour un poids supérieur à 60 kg : 2 comprimés par jour, en une prise.

Dans le traitement prolongé de l'*acné* et de certaines infections génitales : *posologie* particulière précisée par le médecin.
- Enfant de plus de 8 ans : 4 mg par kg et par jour.

Le médecin peut prescrire un prélèvement pour identifier le *germe* responsable de l'infection et tester sa sensibilité aux *antibiotiques*. Le résultat de cet examen peut être faussé en cas d'automédication préalable : un avis médical est toujours préférable avant la prise d'antibiotiques.

Une diminution de la fièvre ou une disparition des troubles ne sont pas synonymes de guérison : la durée du traitement doit absolument être respectée pour éviter les rechutes.

EFFETS INDÉSIRABLES POSSIBLES

Troubles digestifs : nausée, diarrhée, *candidose* anale et génitale.

Allergie cutanée, œdème de *Quincke*.

Rougeurs cutanées dues à une exposition aux rayons *ultraviolets*.

MONOTARD HM ge 40 UI/ml

insuline

PRÉSENTATION

MONOTARD HM ge 40 UI/ml : suspension injectable d'insuline d'action intermédiaire ; flacon 10 ml (400 unités internationales) - Remb. 65 %

Laboratoires Novo Nordisk

COMPOSITION

	p. ml
Insuline humaine biogénétique, présence de zinc	40 UI

INDICATIONS

C'est une *insuline* identique à l'insuline humaine, obtenue par *biotechnologie*. Son action est de durée intermédiaire : son effet apparaît 2 h 30 environ après l'injection et s'estompe au bout de 24 heures.

Elle est utilisée exclusivement en injection dans le traitement du *diabète*.

ATTENTION

La mise en route du traitement suppose un apprentissage correct pour injecter l'*insuline*, contrôler la *glycémie* au doigt, rechercher le *sucre* et l'acétone dans les urines et tenir un carnet de surveillance.

L'*hypoglycémie* est la principale complication des traitements par l'insuline. Il s'agit le plus souvent de malaises hypoglycémiques sans gravité dont les principaux signes sont : sueurs, tremblements, troubles visuels, vision double, fatigue soudaine, fringale, *vertiges*, difficulté de concentration. En ce cas, le diabétique doit aussitôt absorber 3 à 6 morceaux de sucre ou un sirop sucré.

Beaucoup plus rarement, l'hypoglycémie peut être grave et peut entraîner des troubles du comportement (comparables notamment à l'ébriété), des *convulsions*, voire une perte de connaissance : 1 ampoule de GLUCAGON doit être injectée immédiatement par *voie* sous-cutanée ou intramusculaire, même à travers les vêtements en cas d'agitation. Si le diabétique ne reprend pas conscience dans les minutes qui suivent, prévenez un service d'urgence. Dans le doute, il n'y a pas de danger à injecter du GLUCAGON à un diabétique traité par l'insuline. Dans tous les cas, la prise d'une collation ou d'un repas reste nécessaire.

L'autre complication possible chez le diabétique est la survenue d'une *acidocétose* due à un manque important d'insuline. Elle peut être déclenchée par une infection (qui augmente les besoins en insuline) : grippe, rhume, *cystite*, abcès, etc. Elle se manifeste par une grande fatigue, une soif intense et des *troubles digestifs*. Il faut alors rechercher la présence de sucre et d'acétone dans les urines : la présence des deux en quantité importante confirme le diagnostic. Le traitement par l'insuline ne doit pas être arrêté ; le diabétique doit suivre les consignes de son médecin et, si besoin, le joindre d'urgence.

Évitez la prise de boissons alcoolisées à jeun ou à distance des repas : augmentation du risque d'hypoglycémie.

La concentration de cette solution n'est pas adaptée aux stylos injecteurs ni aux pompes à *perfusion*.

Conducteur : une hypoglycémie peut entraîner un malaise pendant la conduite ou l'utilisation de machines.

INTERACTIONS MÉDICAMENTEUSES

Certains médicaments peuvent déséquilibrer la *glycémie* : signalez votre traitement par l'*insuline* à tout médecin consulté ou à votre pharmacien.

GROSSESSE, ALLAITEMENT ET NOUVEAU-NÉ

Grossesse :

L'*insuline* est adaptée au *diabète* de la femme enceinte ou aux troubles passagers de la *glycémie* pendant la durée de la grossesse.

Allaitement :

Le traitement par l'*insuline* n'est pas une contre-indication à l'allaitement.

MODE D'EMPLOI ET POSOLOGIE

Cette *insuline* doit être injectée par *voie* sous-cutanée.

Agitez la suspension avant l'injection afin de l'homogénéiser.

Les seringues utilisées doivent avoir une graduation en unité d'insuline.

Respectez les horaires et les zones d'injection recommandés par votre médecin.

Posologie usuelle :

Elle est adaptée en fonction des résultats des analyses réalisées par le diabétique ou par son entourage (carnet de surveillance) et des conseils de son médecin.

En cas d'activité sportive, il est préférable d'injecter l'*insuline* à distance des muscles qui travaillent pour éviter une absorption trop rapide. De plus, il est habituellement nécessaire d'adapter les doses d'insuline selon les recommandations du médecin.

Prenez contact avec les associations pour diabétiques : elles diffusent une information utile sur le traitement et la surveillance du *diabète*.

Votre entourage doit savoir reconnaître les signes d'une *hypoglycémie* et pouvoir vous administrer, en cas de perte de connaissance, une ampoule de GLUCAGON. Celle-ci peut être conservée au domicile ou sur le lieu de travail à température ambiante (inférieure à 25 °C) pendant 2 ans. Après reconstitution, la solution ne doit pas être conservée plus d'une semaine au réfrigérateur ni être congelée.

Veillez à ne pas manquer d'insuline ou de seringues, notamment pendant les week-ends et les jours fériés ; lors de vos déplacements, munissez-vous d'une réserve ou de votre ordonnance en cours de validité. Un certificat de traitement par l'insuline peut être nécessaire pour franchir certaines frontières.

Avant une première utilisation, il est préférable de conserver l'insuline dans le bas du réfrigérateur (entre + 2 °C et + 8 °C). Si le flacon a été soumis à des températures comprises entre 22 °C et 35 °C pendant moins de 72 heures, il peut être utilisé mais doit ensuite être conservé au frais.

Cette insuline ne doit pas être congelée.

Pour un meilleur confort, l'insuline doit être sortie du réfrigérateur une heure avant l'injection ou réchauffée dans les mains pendant quelques minutes, puis injectée à température ambiante.

Après une première utilisation, les flacons entamés peuvent être conservés 3 semaines à température ambiante (inférieure à 25 °C) dans un endroit propre et sec et à l'abri de la lumière.

EFFETS INDÉSIRABLES POSSIBLES

Nodules graisseux sous-cutanés.

Rares *allergies*, essentiellement cutanées.

MONO-TILDIEM

diltiazem

PRÉSENTATION

MONO-TILDIEM L.P. 200 mg : gélule à *libération prolongée* (rose et gris) ; boîte de 28 - Remb. 65 % - Liste I

MONO-TILDIEM L.P. 300 mg : gélule à *libération prolongée* (rose et blanc) ; boîte de 28 - Remb. 65 % - Liste I

Laboratoires Synthélabo France

COMPOSITION

	p. gél. L.P.	p. gél. L.P.
Diltiazem chlorhydrate	200 mg	300 mg

INDICATIONS

C'est un *vasodilatateur* qui appartient à la famille des *inhibiteurs calciques*.

Il est utilisé dans le *traitement préventif* des crises d'*angine de poitrine* et dans le *traitement de fond* de l'*hypertension artérielle*.

CONTRE-INDICATIONS

Ce médicament ne doit pas être utilisé dans les cas suivants :
- *insuffisance cardiaque* grave,
- rythme cardiaque inférieur à 40 battements par minute,
- certaines maladies de l'automatisme cardiaque,
- grossesse.

ATTENTION

Si vous souffrez de *troubles du rythme cardiaque*, signalez-le à votre médecin.

Des précautions sont nécessaires en cas d'*insuffisance rénale* ou d'*insuffisance hépatique*.

Signalez la prise de ce médicament à l'anesthésiste en cas d'intervention chirurgicale.

INTERACTIONS MÉDICAMENTEUSES

Ce médicament peut interagir avec d'autres médicaments. Signalez tout autre traitement en cours à votre médecin ou à votre pharmacien.

GROSSESSE, ALLAITEMENT ET NOUVEAU-NÉ

Grossesse :

Ce médicament est contre-indiqué chez la femme enceinte ou susceptible de l'être. Une contraception efficace est recommandée.

Allaitement :

Ce médicament passe dans le lait maternel. L'allaitement est déconseillé pendant le traitement.

MODE D'EMPLOI ET POSOLOGIE

Les gélules doivent être avalées avec un verre d'eau. Ce médicament peut être pris au cours ou en dehors des repas.

Posologie usuelle :

1 gélule en 1 prise le matin.

> Le traitement médicamenteux ne dispense pas des mesures simples pouvant faire baisser la tension artérielle : activité physique régulière, modération de la consommation de boissons alcoolisées, lutte contre le surpoids.

EFFETS INDÉSIRABLES POSSIBLES

Les plus fréquents sont la conséquence de la dilatation des vaisseaux sanguins :
- rougeur du visage, bouffées de chaleur, maux de tête ;
- jambes lourdes ou enflées, *palpitations*, ralentissement important du cœur ;
- fatigue, *troubles digestifs*, éruptions cutanées.

MONOVAX
vaccin contre la tuberculose (BCG)

PRÉSENTATION

MONOVAX : suspension injectable *I.D.* ; boîte de 1 applicateur à usage unique - Remb. 65 %

Laboratoires Mérieux-M.S.D

COMPOSITION

	p. dose
Germes tuberculeux (bacilles vivants atténués)	50 à 250 millions

INDICATIONS

C'est un *vaccin* composé de bacilles tuberculeux atténués : vivants, mais affaiblis, ils sont incapables de provoquer la maladie.

Il est utilisé dans la prévention de la *tuberculose* et notamment des *méningites* liées à cette maladie. L'immunité apparaît 2 mois après la première injection et dure tant que les tests à la tuberculine (NÉOTEST, MONOTEST...) sont positifs.

CONTRE-INDICATIONS

Ce *vaccin* ne doit pas être utilisé en cas de *déficit immunitaire*.

> **ATTENTION**
> Ne confondez pas le *vaccin* MONOVAX avec le test MONOTEST. Ce test, qui correspond à l'ancienne cuti-réaction, permet de vérifier que le vaccin a pris.
> Évitez tout contact direct entre une personne souffrant d'un *déficit immunitaire* et le bouton résultant de la vaccination.

GROSSESSE, ALLAITEMENT ET NOUVEAU-NÉ

Grossesse :

Comme pour tous les *vaccins* vivants, ce vaccin n'est pas recommandé pendant la grossesse. Seul votre médecin peut évaluer le risque éventuel de son utilisation dans votre cas.

MODE D'EMPLOI ET POSOLOGIE

Ce *vaccin* se présente sous la forme d'un applicateur comportant 9 petites pointes en nylon imprégnées de solution vaccinante. L'applicateur permet d'effectuer de 2 à 7 impacts, suivant l'âge de la personne à vacciner. Il doit être détruit après usage.

L'évolution normale consiste en l'apparition, vers le 30e jour, d'une lésion rouge violacé pour chaque impact, qui disparaît en quelques mois. Une petite plaie peut également apparaître, bénigne mais longue à se refermer.

La vaccination obligatoire doit être pratiquée avant l'âge de 6 ans ; elle est possible chez le *nouveau-né*. Un contrôle par un test à la tuberculine (NÉOTEST, MONOTEST...), pratiqué au minimum 3 mois après l'injection et répété tous les ans, permet de vérifier la présence de l'immunité.

> Pour des raisons de confort, la vaccination doit être différée en cas de fièvre élevée.
> Pour garder son efficacité, ce *vaccin* doit être conservé entre + 2 et + 8 °C (compartiment à beurre du réfrigérateur) mais quelques jours à une température ne dépassant pas + 25 °C ne prêtent pas à conséquence. Il ne doit pas être congelé.

EFFETS INDÉSIRABLES POSSIBLES

Fréquemment : plaie au point d'injection, longue à se refermer, nécessitant un simple pansement sec.

Très rarement : abcès local, ganglion sous le bras.

MONTAVON
pilocarpine, potassium antimoniotartrate

PRÉSENTATION

MONTAVON : poudre orale ; boîte de 20 sachets. - Non remb.

Laboratoires Aérocid

COMPOSITION

	p. sachet
Pilocarpine nitrate	0,1 mg
Potassium antimoniotartrate	25 mg

INDICATIONS

C'est un médicament destiné à diminuer la *dépendance* à l'alcool. Il provoque des troubles pénibles lors de la prise d'alcool (nausées).

Il est utilisé dans l'aide à la désintoxication alcoolique : l'association alcool-troubles pénibles entraîne un dégoût de l'alcool chez le grand buveur, qui est ainsi amené à modifier son comportement.

GROSSESSE, ALLAITEMENT ET NOUVEAU-NÉ

Grossesse :

L'effet de ce médicament pendant la grossesse ou l'allaitement est mal connu. L'évaluation du risque éventuel lié à son utilisation est individuelle : demandez conseil à votre pharmacien ou à votre médecin.

MODE D'EMPLOI ET POSOLOGIE

Verser le contenu de 1 sachet dans le verre de boisson alcoolisée.

Posologie usuelle :

1 sachet, 1 à 3 fois par jour.

> Ce médicament n'est qu'un élément de l'aide que peut recevoir le grand buveur : le rôle du médecin ou des associations d'anciens buveurs est capital.

MONURIL
fosfomycine

PRÉSENTATION

MONURIL : granulé pour solution buvable arôme orange-citron ; boîte de 1 sachet - Remb. 65 % - Liste I

Laboratoires Zambon France

COMPOSITION

	p. sachet
Fosfomycine	3 g

INDICATIONS

C'est un *antibiotique* qui se concentre dans les urines.

Il est utilisé dans le *traitement minute* des *cystites* de la femme jeune, dans certaines conditions.

CONTRE-INDICATIONS

Ce médicament ne doit pas être utilisé en cas d'*insuffisance rénale* grave.

> **ATTENTION**
> Ce médicament n'est efficace que dans certains cas de *cystites*. Ne le prenez jamais sans avis médical.

GROSSESSE, ALLAITEMENT ET NOUVEAU-NÉ

Grossesse :

Ce médicament n'est pas destiné au traitement des infections urinaires de la femme enceinte.

Allaitement :

Ce médicament passe faiblement dans le lait maternel : par mesure de prudence, son usage est déconseillé pendant l'allaitement.

MODE D'EMPLOI ET POSOLOGIE

Dissoudre le contenu du sachet dans un demi-verre d'eau. Prendre ce médicament le matin à jeun, ou 2 heures avant un repas, ou le soir au coucher, après être allée aux toilettes.

Posologie usuelle :

1 sachet en une dose unique.

> Certaines mesures d'hygiène permettent de prévenir les récidives de *cystites* : demander conseil à votre médecin.

EFFETS INDÉSIRABLES POSSIBLES

Troubles digestifs, éruption de boutons.

MOPRAL
omeprazole

PRÉSENTATION

MOPRAL 20 mg : gélule *gastrorésistante* (rose et brun rougeâtre) ; boîte de 15 - Remb. 65 % - Liste II

Laboratoires Astra France

COMPOSITION

	p. gél.
Oméprazole	20 mg

INDICATIONS

C'est un antiulcéreux qui agit en diminuant la sécrétion acide de l'estomac indépendamment de la cause qui peut provoquer cette sécrétion.

Il est principalement utilisé pour le traitement des *ulcères* de l'estomac ou du *duodénum*, les *inflammations* de l'œsophage dues au reflux des acides de l'estomac vers l'œsophage et pour prévenir les rechutes de l'ulcère du duodénum. Mais il est aussi utilisé pour traiter certaines maladies rares.

CONTRE-INDICATIONS

Ce médicament ne doit pas être utilisé en cas d'**allaitement**.

ATTENTION

La disparition des douleurs ne signifie pas que l'*ulcère* est cicatrisé : la durée du traitement doit être respectée.

INTERACTIONS MÉDICAMENTEUSES

Ce médicament peut interagir avec d'autres médicaments, notamment certains *anticoagulants*, certains *anticonvulsivants* (phénytoïne), et les *benzodiazépines*. Signalez tout traitement en cours à votre médecin ou à votre pharmacien.

Si vous prenez des pansements gastriques, respectez un intervalle d'au moins 2 heures avec la prise de ce médicament.

GROSSESSE, ALLAITEMENT ET NOUVEAU-NÉ

Grossesse :

Ce médicament est récent : en l'absence de données suffisantes, il est déconseillé de l'utiliser pendant la grossesse et particulièrement pendant le premier trimestre.

Allaitement :

Ce médicament est récent : en l'absence de données, il est contre-indiqué chez la femme qui allaite.

MODE D'EMPLOI ET POSOLOGIE

Ce médicament peut être pris indifféremment pendant ou en dehors des repas.

Posologie usuelle :

- Adulte : 1 gélule par jour.

La durée du traitement est habituellement de plusieurs semaines.

Ce médicament peut être pris à n'importe quel moment dans la journée.

Des mesures d'hygiène alimentaire sont à envisager : consultez votre médecin.

Si vous êtes fumeur, la poursuite du tabagisme nuit à l'efficacité du traitement.

L'aspirine, les *anti-inflammatoires* et les *corticoïdes* peuvent être agressifs pour l'estomac : n'en prenez pas sans l'avis de votre médecin.

EFFETS INDÉSIRABLES POSSIBLES

Parfois : diarrhée ou constipation, douleurs abdominales, maux de tête, *vertiges*, éruption cutanée.

Rarement : confusion des idées notamment chez la personne âgée ou chez l'insuffisant hépatique.

MOSCONTIN
sulfate de morphine

PRÉSENTATION

MOSCONTIN 10 mg : comprimé à *libération prolongée* (brun) ; boîte de 14 - Remb. 65 % - Stupéfiants

MOSCONTIN 30 mg : comprimé à *libération prolongée* (violet) ; boîte de 14 - Remb. 65 % - Stupéfiants

MOSCONTIN 60 mg : comprimé à *libération prolongée* (orange) ; boîte de 14 - Remb. 65 % - Stupéfiants

MOSCONTIN 100 mg : comprimé à *libération prolongée* (gris) ; boîte de 14 - Remb. 65 % - Stupéfiants

Laboratoires ASTA Medica

COMPOSITION

	p. comp.	p. comp.
Morphine sulfate	10 mg	30 mg
	p. comp.	p. comp.
Morphine sulfate	60 mg	100 mg

INDICATIONS

C'est un *antalgique* puissant qui contient de la *morphine*. Il combat la douleur en agissant directement sur le cerveau.

Il est utilisé dans le traitement des douleurs rebelles.

CONTRE-INDICATIONS

Ce médicament ne doit pas être utilisé dans les cas suivants :

- *insuffisance hépatique* grave ;
- *insuffisance respiratoire* grave ;
- traumatisme crânien, *convulsions* ;
- douleurs abdominales de cause non connue ;
- association avec les *IMAO* ;
- enfant de moins de 30 mois.

ATTENTION

Des précautions sont nécessaires en cas d'*insuffisance hépatique*, d'*insuffisance rénale*, d'*insuffisance surrénale*, d'*adénome de la prostate*, ou d'*hypothyroïdie*, et chez les personnes âgées.

La prise de boissons alcoolisées ou l'association aux *sédatifs* peuvent augmenter le risque de somnolence.

Ce médicament est responsable d'une baisse de la vigilance : la conduite, les activités professionnelles ou de loisirs exposant à un danger sont formellement déconseillées.

INTERACTIONS MÉDICAMENTEUSES

Ce médicament ne doit pas être associé aux *IMAO* sélectifs (MARSILID, NIAMIDE...) : risque de malaise avec *hypertension artérielle*, de fièvre élevée, pouvant aller jusqu'au *coma*.

Ce médicament peut interagir avec d'autres médicaments, notamment avec les *sédatifs*. Signalez tout autre traitement en cours à votre médecin ou à votre pharmacien.

GROSSESSE, ALLAITEMENT ET NOUVEAU-NÉ

Grossesse :

L'absence d'effets nocifs de ce médicament n'a pas été établie ; seul votre médecin peut apprécier la nécessité du traitement et son risque pendant la grossesse.

Allaitement :

Les données actuellement disponibles ne permettent pas de savoir si ce médicament passe dans le lait maternel : par mesure de prudence, il est déconseillé pendant l'allaitement.

Nouveau-né :

Une surveillance particulière est nécessaire pour l'enfant né d'une mère sous traitement afin de parer à l'éventualité d'un *syndrome de sevrage*.

MODE D'EMPLOI ET POSOLOGIE

Les comprimés à *libération prolongée* ne doivent pas être croqués mais avalés avec un peu d'eau.

Posologie usuelle :

La *posologie*, strictement individuelle, est adaptée progressivement par votre médecin en fonction de l'intensité de la douleur, et des médicaments éventuellement associés.

La prescription de la *morphine* et des substances apparentées ainsi que leur renouvellement sont réglementés. La durée de validité de l'ordonnance est limitée à 14 jours. Cette ordonnance est rédigée sur un feuillet numéroté, extrait d'un carnet à souche ; elle est conservée par le pharmacien. Pour obtenir le remboursement par la Sécurité sociale, le médecin rédige une copie de la prescription sur une ordonnance habituelle.

Respectez la *posologie* et la durée de traitement prescrites par votre médecin. Mais si le traitement paraît insuffisant, n'hésitez pas à reprendre contact avec lui.

Ce médicament vous a été prescrit dans une situation précise : ne le conseillez pas à une autre personne.

EFFETS INDÉSIRABLES POSSIBLES

Fréquemment : confusion des idées, nausée, vomissement, constipation. Des médicaments peuvent être prescrits pour limiter ces effets indésirables.

Parfois : difficultés respiratoires, somnolence ou, au contraire, excitation (notamment chez la personne âgée), maux de tête, difficultés à uriner.

Ce médicament contient de la *morphine*, et expose à un risque de *dépendance*. Ce risque est très faible par *voie* orale, dans les conditions d'utilisation médicale.

MOTILIUM

dompéridone

PRÉSENTATION

MOTILIUM : comprimé (blanc) ; boîte de 40 - Remb. 35 % - Liste II

MOTILIUM 1 mg par ml : suspension buvable ; flacon 200 ml (80 cuillères-mesure 2,5 ml) - Remb. 35 % - Liste II

MOTILIUM : granulé effervescent ; boîte de 30 sachets - Remb. 35 % - Liste II

Laboratoires Janssen

COMPOSITION

	p. comp.	p. ml	p. sachet
Dompéridone	10 mg	1 mg	10 mg
Saccharose		0,52 g	+
Lactose	+		

INDICATIONS

Ce médicament est un *antiémétique* et un régulateur de la motricité du tube digestif. Il agit sur la contraction des muscles de l'œsophage, de l'estomac et du *duodénum*.

Il est utilisé dans le traitement des nausées et des vomissements ainsi que dans certains troubles de la digestion : en particulier, chez le *nourrisson*, les régurgitations après le biberon.

CONTRE-INDICATIONS

Ce médicament ne doit pas être utilisé dans les cas suivants :
- *hémorragie* ou obstruction du tube digestif,
- *antécédents* de *dyskinésie* (mouvements involontaires ou inadaptés) due aux *neuroleptiques*.

ATTENTION

Des précautions sont nécessaires en cas d'*insuffisance rénale*.

La solution buvable contient du *sucre* (saccharose) en quantité notable.

INTERACTIONS MÉDICAMENTEUSES

Ce médicament peut interagir avec d'autres médicaments. Signalez tout autre traitement en cours à votre médecin ou à votre pharmacien.

GROSSESSE, ALLAITEMENT ET NOUVEAU-NÉ

Grossesse :

Les études scientifiques actuellement disponibles n'ont pas mis en évidence de problème particulier lors de l'utilisation chez la femme enceinte.

Allaitement :

Ce médicament passe faiblement dans le lait maternel.

MODE D'EMPLOI ET POSOLOGIE

Ce médicament doit être pris un quart d'heure avant les repas.

Posologie usuelle :
- Adulte :
  - 1 ou 2 comprimés, 3 fois par jour ;
  - 2 à 4 cuillères à café de solution buvable, 3 fois par jour ;
  - 1 sachet de granulés, 3 fois par jour.
- Enfant : 1 cuillère-mesure de solution buvable par 10 kg, 3 fois par jour.
- Nourrisson : 1/2 cuillère-mesure de solution buvable par 5 kg, 3 fois par jour.

Lors de vomissements répétés, les pertes en eau et sels minéraux sont importantes. Elles doivent être compensées par des aliments liquides (bouillons salés, sodas...) pris en petites quantités et régulièrement.

Les nausées de la femme enceinte peuvent être combattues par la prise du petit déjeuner au lit.

EFFETS INDÉSIRABLES POSSIBLES

- Exceptionnellement : troubles du système nerveux (tremblements, raideurs...).
- Exceptionnellement, à forte dose et lors de traitement prolongé : arrêt des règles, augmentation du volume des seins (chez l'homme comme chez la femme).

MOTIVAL

fluphénazine, nortriptyline

PRÉSENTATION

MOTIVAL : comprimé triangulaire (rouge) ; boîte de 45 - Remb. 65 % - Liste I

Laboratoires Sanofi Winthrop

COMPOSITION

	p. comp.
Fluphénazine chlorhydrate	0,5 mg
Nortriptyline	10 mg

INDICATIONS

Ce médicament associe un *antidépresseur* et un *neuroleptique*.

Il est utilisé dans le traitement des *états dépressifs* accompagnés d'anxiété.

CONTRE-INDICATIONS

Ce médicament ne doit pas être utilisé dans les cas suivants :
- *glaucome* à angle fermé,
- risque de blocage des urines (*adénome de la prostate*...),
- maladie de *Parkinson*,
- en association avec les *IMAO* non sélectifs ou avec le BARNETIL et la lévodopa.

ATTENTION

Si vous souffrez d'*épilepsie*, d'*insuffisance hépatique*, d'*insuffisance rénale* ou d'*antécédents* cardiaques, prévenez votre médecin afin qu'il puisse adapter la *posologie*.

Des précautions sont également nécessaires chez la personne âgée.

Évitez les boissons alcoolisées : augmentation du risque de somnolence.

Conducteur : ce médicament peut être responsable d'une baisse de la vigilance, particulièrement en début de traitement.

INTERACTIONS MÉDICAMENTEUSES

Ce médicament ne doit pas être associé :
- aux *IMAO* non sélectifs (MARSILID, NIAMIDE...) : risque de poussée d'*hypertension artérielle* ou de malaise grave,
- au BARNETIL : risque de *troubles du rythme cardiaque* graves,
- aux médicaments contenant de la lévodopa (LARODOPA, MODOPAR, SINEMET...) : risque d'annulation de leurs effets.

Lorsque ce médicament vient en remplacement d'un IMAO non sélectif, il convient de respecter un délai d'au moins 15 jours.

Lorsqu'un IMAO vient en remplacement de ce médicament, un intervalle de 3 jours suffit.

Ce médicament peut interagir avec d'autres médicaments. Signalez tout autre traitement en cours à votre médecin ou à votre pharmacien.

GROSSESSE, ALLAITEMENT ET NOUVEAU-NÉ

En l'absence de données suffisantes, et par mesure de prudence, ce médicament est déconseillé pendant la grossesse et l'allaitement.

MODE D'EMPLOI ET POSOLOGIE

Les comprimés doivent être avalés avec un peu d'eau au moment des repas.

Posologie usuelle :

Elle est strictement individuelle.

L'efficacité des *antidépresseurs* n'est généralement pas immédiate. Un délai pouvant atteindre plusieurs semaines est parfois nécessaire pour que les effets bénéfiques se fassent sentir.

Les effets indésirables éventuels apparaissant en début de traitement ne doivent pas vous conduire à l'arrêter prématurément.

EFFETS INDÉSIRABLES POSSIBLES

Liés à l'*antidépresseur* : bouche sèche, somnolence ou au contraire insomnie, sensation de *vertige*, troubles modérés de l'*accommodation*, constipation ou au contraire diarrhée, *palpitations*, accélération du cœur, *hypotension orthostatique*.

Effets liés au *neuroleptique* : baisse de la tension artérielle, mouvements involontaires, tremblements, raideur anormale, grimaces involontaires, bouffées de chaleur, constipation, troubles de l'accommodation, difficultés à uriner, absence de règles, augmentation du volume des seins, *galactorrhée*, légère prise de poids, *photosensibilisation*.

MOUSTICRÈME

paréthoxycaïne, phtalate de méthyle

PRÉSENTATION

MOUSTICRÈME : crème ; tube 50 g - Non remb.

Laboratoires Sterling Midy

COMPOSITION

	p. 100 g
Paréthoxycaïne chlorhydrate	1 g
Phtalate de méthyle	25 g

INDICATIONS

Cette crème contient un *anesthésique* local et un répulsif pour les moustiques.

Elle éloigne les moustiques et calme les douleurs dues à leurs piqûres.

CONTRE-INDICATIONS

Ce médicament ne doit pas être utilisé en cas d'*allergie* aux *anesthésiques* locaux.

ATTENTION

Chez les jeunes enfants, ne pas appliquer sur une grande surface de peau, ni sur des lésions (plaies, *eczéma*...).

GROSSESSE, ALLAITEMENT ET NOUVEAU-NÉ

L'effet de ce médicament pendant la grossesse ou l'allaitement est mal connu : demandez conseil à votre pharmacien ou à votre médecin.

MODE D'EMPLOI ET POSOLOGIE

Étendre la crème sur la zone à traiter, puis masser légèrement pour assurer la pénétration.

Posologie usuelle :

1 à 3 applications par jour.

EFFETS INDÉSIRABLES POSSIBLES

Eczéma dû au médicament.

MOXYDAR

PRÉSENTATION

MOXYDAR : comprimé pour suspension buvable ; boîte de 30 - Remb. 65 %

Laboratoires Serozym

COMPOSITION

	p. comp.
Aluminium hydroxyde	500 mg
Magnésium hydroxyde	500 mg
Alumine phosphate	300 mg
Gomme guar	200 mg

INDICATIONS

C'est un médicament qui appartient à la famille des *antiacides* d'action locale. Il agit en neutralisant les acides sécrétés par l'estomac.

Il est utilisé comme *traitement symptomatique* des douleurs, brûlures, aigreurs de l'estomac ou de l'œsophage. Il est également utilisé pour traiter les douleurs du *duodénum*.

CONTRE-INDICATIONS

Ce médicament ne doit pas être utilisé en cas d'*insuffisance rénale* grave.

ATTENTION

Des douleurs qui persistent peuvent être dues à une lésion du tube digestif : consultez votre médecin.

INTERACTIONS MÉDICAMENTEUSES

Ce médicament peut interagir avec de nombreux autres médicaments en diminuant leur absorption : il convient de séparer les prises d'au moins 2 heures.

GROSSESSE, ALLAITEMENT ET NOUVEAU-NÉ

Les sels minéraux contenus dans ce médicament sont peu absorbés ; l'automédication est possible en cure courte ou ponctuelle pendant la grossesse ou l'allaitement.

MODE D'EMPLOI ET POSOLOGIE

Les comprimés doivent être dissous dans un demi-verre d'eau.

La prise se fait habituellement au moment où l'estomac sécrète le plus d'acide, c'est-à-dire environ 90 minutes après le repas.

Posologie usuelle :

1 comprimé après chaque repas ou au moment des douleurs.

Une alimentation équilibrée, une mastication lente et l'élimination des aliments difficiles à digérer permettent souvent d'atténuer, voire de faire disparaître, les douleurs d'estomac qui ne sont pas liées à un *ulcère*.

Si vous êtes fumeur, la poursuite du tabagisme nuit à l'efficacité du traitement.

EFFETS INDÉSIRABLES POSSIBLES

À dose élevée : diarrhée.

MUCAL

PRÉSENTATION

MUCAL : poudre orale ; boîte de 30 sachets - Remb. 65 %

MUCAL : poudre orale ; boîte de 60 sachets - Remb. 65 %

Laboratoires Irex

COMPOSITION

	p. sachet
Aluminosilicate de magnésium, sodium et calcium à 30 % d'humidité	3 g

INDICATIONS

C'est un médicament qui appartient à la famille des *antiacides* d'action locale. Il agit en neutralisant les acides sécrétés par l'estomac.

Il est utilisé comme *traitement symptomatique* des douleurs, brûlures, aigreurs de l'estomac ou de l'œsophage. Il est également utilisé pour traiter les douleurs du *duodénum*.

CONTRE-INDICATIONS

Ce médicament ne doit pas être utilisé en cas d'*insuffisance rénale* grave.

ATTENTION

Des douleurs qui persistent peuvent être dues à une lésion du tube digestif : consultez votre médecin.

INTERACTIONS MÉDICAMENTEUSES

Ce médicament peut interagir avec de nombreux autres médicaments en diminuant leur absorption : il convient de séparer les prises d'au moins 2 heures.

GROSSESSE, ALLAITEMENT ET NOUVEAU-NÉ

Les sels minéraux contenus dans ce médicament sont peu absorbés ; l'automédication est possible en cure courte ou ponctuelle pendant la grossesse ou l'allaitement.

MODE D'EMPLOI ET POSOLOGIE

Les sachets doivent être dissous dans un verre d'eau ou dans le biberon pour le jeune enfant.

Ce médicament doit être pris après chaque repas ou au moment des douleurs.

La prise se fait habituellement au moment où l'estomac sécrète le plus d'acide, c'est-à-dire environ 90 minutes après le repas.

Posologie usuelle :

- Adulte : 1 sachet, 3 fois par jour.
- Enfant : 2 sachets par jour en plusieurs prises.
- Nourrisson : 1 sachet par jour en plusieurs prises.

Une alimentation équilibrée, une mastication lente et l'élimination des aliments difficiles à digérer permettent souvent d'atténuer, voire de faire disparaître, les douleurs d'estomac qui ne sont pas liées à un *ulcère*.

EFFETS INDÉSIRABLES POSSIBLES

Constipation surtout chez les personnes âgées.

MUCICLAR

carbocistéine

PRÉSENTATION

MUCICLAR : gélule (ivoire) ; boîte de 30 - Remb. 35 %

MUCICLAR : granulé arôme fruits exotiques (jaune) ; boîte de 30 sachets - Remb. 35 %

MUCICLAR ADULTE : sirop ; flacon 125 ml - Remb. 35 %

MUCICLAR ADULTE : sirop ; flacon 300 ml - Remb. 35 %

MUCICLAR ENFANT NOURRISSON : sirop arôme banane ; flacon 125 ml - Remb. 35 %

Laboratoires Parke-Davis

COMPOSITION

	p. gél.	p. sachet
Carbocistéine	375 mg	750 mg
	sirop Ad. p. c. à s.	sirop Enf. Nour. p. c. à c.
Carbocistéine	750 mg	100 mg
Saccharose	+	+

INDICATIONS

Ce médicament fluidifie les sécrétions bronchiques. Il facilite leur évacuation par la toux.

Il est utilisé dans les états d'encombrement des bronches, associés aux maladies bronchiques aiguës ou chroniques.

ATTENTION

Des précautions sont nécessaires en cas d'*ulcère* de l'estomac ou du *duodénum*.

N'utilisez pas d'*antitussif* en plus de ce médicament sans l'avis de votre médecin ou de votre pharmacien.

Si les sécrétions persistent au-delà de quelques jours, si elles se colorent ou si vous avez de la fièvre, consultez votre médecin.

Les sirops et les granulés contiennent du *sucre* (saccharose) en quantité notable.

GROSSESSE, ALLAITEMENT ET NOUVEAU-NÉ

L'effet de ce médicament pendant la grossesse ou l'allaitement est mal connu. L'évaluation du risque éventuel lié à son utilisation est individuelle : demandez conseil à votre pharmacien ou à votre médecin.

MODE D'EMPLOI ET POSOLOGIE

Les gélules sont réservées à l'adulte.

Posologie usuelle :

- Adulte :
  - soit 2 gélules, matin, midi et soir ;
  - soit 1 sachet, matin, midi et soir à diluer dans un demi-verre d'eau ;
  - soit 1 cuillère à soupe de sirop Adulte, 3 fois par jour.
- Enfant de plus de 5 ans : 1 cuillère à café de sirop Enfant Nourrisson, 3 fois par jour.
- Enfant de 30 mois à 5 ans : 1 cuillère à café de sirop Enfant Nourrisson, 2 fois par jour.
- Nourrisson de 0 à 30 mois : 1/2 cuillère à café de sirop Enfant Nourrisson, 2 fois par jour.

La poursuite du tabagisme est un frein important à l'évacuation des mucosités.

Il est nécessaire de lutter contre la sécheresse de l'air ambiant (humidificateur...) pour éviter le dessèchement des sécrétions. Il est également recommandé de boire beaucoup.

Des crachats fluides et abondants traduisent l'efficacité de ce médicament.

Chez la personne âgée ou le très jeune enfant, l'incapacité à évacuer les crachats peut justifier l'aide d'un kinésithérapeute, sur prescription du médecin.

EFFETS INDÉSIRABLES POSSIBLES

Troubles digestifs : nausées, diarrhée.

MUCINUM

PRÉSENTATION

MUCINUM : comprimé (noir) ; boîte de 30 - Non remb. - Liste II

Laboratoires Innothéra

COMPOSITION

	p. comp.
Bile totale, poudre	10 mg
Belladone, poudre de feuilles	15 mg
Séné, poudre de feuilles	40 mg
Phénolphtaléine	75 mg
Bourdaine, poudre d'écorce	30 mg
Boldo, poudre de feuilles	50 mg
Scammonée, résine	4 mg
Anis vert, poudre	30 mg

INDICATIONS

Ce médicament contient des *laxatifs stimulants* et un *atropinique* (belladone). Les laxatifs stimulants augmentent les sécrétions et la motricité de l'intestin. La *belladone* a une action *antispasmodique*.

Il est utilisé comme *traitement symptomatique* de la constipation.

CONTRE-INDICATIONS

Ce médicament ne doit pas être utilisé dans les cas suivants :
- maladies inflammatoires du côlon,
- maladie comportant un risque d'obstruction du tube digestif,
- *glaucome* à angle fermé,
- risque de blocage urinaire lié à un *adénome de la prostate*,
- enfant de moins de 15 ans.

ATTENTION

Ce médicament doit être utilisé de façon épisodique et en cure très brève : pas plus de 8 à 10 jours.

Son usage régulier peut entraîner :
- une *dépendance*,
- des troubles intestinaux graves,
- une perte de sels minéraux et notamment de *potassium*, pouvant entraîner des *troubles du rythme cardiaque* graves.

Arrêter le traitement en cas de diarrhée ou de douleurs abdominales.

INTERACTIONS MÉDICAMENTEUSES

Ce médicament peut interagir avec d'autres médicaments, notamment ceux contenant de la *vincamine* et certains *antiarythmiques*. Signalez tout autre traitement en cours à votre médecin ou à votre pharmacien.

GROSSESSE, ALLAITEMENT ET NOUVEAU-NÉ

Ce médicament est déconseillé pendant la grossesse ou l'allaitement.

MODE D'EMPLOI ET POSOLOGIE

Ce médicament doit être pris de préférence le soir au coucher.

Posologie usuelle :

- Adulte : 1 à 2 comprimés par jour.

Des mesures simples d'hygiène alimentaire et des exercices physiques sont à envisager avant d'utiliser un laxatif : parlez-en à votre médecin ou à votre pharmacien.

EFFETS INDÉSIRABLES POSSIBLES

Diarrhée, douleurs abdominales.

À forte dose, effets *atropiniques*.

MUCINUM cascara

PRÉSENTATION

MUCINUM CASCARA : comprimé (noir) ; boîte de 30 - Non remb.

Laboratoires Innothéra

COMPOSITION

	p. comp.
Cascara sagrada, extrait titré	40 mg
Bourdaine, poudre d'écorce	30 mg
Séné, poudre de feuilles	40 mg
Scammonée, résine	4 mg
Bile totale, poudre	10 mg
Boldo, poudre de feuilles	50 mg
Anis vert, poudre	30 mg
Belladone, poudre de feuilles	15 mg

INDICATIONS

Ce médicament contient des *laxatifs stimulants* et un *atropinique* (belladone). Les laxatifs stimulants augmentent les sécrétions et la motricité de l'intestin. La *belladone* réduit les douleurs abdominales.

Il est utilisé comme *traitement symptomatique* de la constipation.

CONTRE-INDICATIONS

Ce médicament ne doit pas être utilisé dans les cas suivants :
- maladies inflammatoires du côlon,
- maladie comportant un risque d'obstruction du tube digestif,
- *glaucome* à angle fermé,
- risque de rétention urinaire lié à un *adénome de la prostate*,
- *insuffisance rénale* grave.

ATTENTION

Ce médicament doit être utilisé de façon épisodique et en cure très brève : pas plus de 8 à 10 jours.

Son usage régulier peut entraîner :
- une *dépendance*,
- des troubles intestinaux graves,
- une perte de sels minéraux et notamment de *potassium*, pouvant entraîner des *troubles du rythme cardiaque* graves.

Son usage doit rester exceptionnel chez l'enfant, sauf prescription médicale.

Arrêter le traitement en cas de diarrhée ou de douleurs abdominales.

INTERACTIONS MÉDICAMENTEUSES

Ce médicament peut interagir avec d'autres médicaments, notamment certains *antiarythmiques* et ceux contenant de la *vincamine*. Signalez tout autre traitement en cours à votre médecin ou à votre pharmacien.

GROSSESSE, ALLAITEMENT ET NOUVEAU-NÉ

Ce médicament est déconseillé pendant la grossesse ou l'allaitement.

MODE D'EMPLOI ET POSOLOGIE

- Adulte : 1 à 2 comprimés le soir au coucher, avec un verre d'eau.

Des mesures simples d'hygiène alimentaire et des exercices physiques sont à envisager avant d'utiliser un laxatif : parlez-en à votre médecin ou à votre pharmacien.

EFFETS INDÉSIRABLES POSSIBLES

Diarrhée, douleurs abdominales.
À forte dose : effets *atropiniques*.

MUCIPULGITE
attapulgite de Mormoiron, gomme guar

PRÉSENTATION

MUCIPULGITE : granulé arôme vanille ; boîte de 300 g (24 cuillères à soupe) - Remb. 65 %

MUCIPULGITE : granulé arôme vanille ; boîte de 600 g (48 cuillères à soupe) - Remb. 65 %

Laboratoires Beaufour

COMPOSITION

	p. c. à s.
Attapulgite de Mormoiron activée	3,13 g
Gomme guar	0,75 g
Glucose	3,2 g

INDICATIONS

Ce médicament est un *pansement digestif*. Il contient de l'argile qui protège le tube digestif en le couvrant d'un film qui l'isole de son contenu, et un *mucilage* régulateur du *transit intestinal*, la gomme guar.

Il est utilisé pour traiter les troubles *fonctionnels* du côlon, en particulier en cas de constipation.

CONTRE-INDICATIONS

Ce médicament ne doit pas être utilisé en cas de maladie comportant un risque d'obstruction du tube digestif.

ATTENTION
Ce médicament contient du *sucre* (glucose) en quantité notable.
En cas de *mégacôlon* ou de *diabète*, prévenez votre médecin.

INTERACTIONS MÉDICAMENTEUSES

Ce médicament peut interagir avec de nombreux autres médicaments en diminuant leur absorption : il convient de séparer les prises d'au moins 2 heures.

GROSSESSE, ALLAITEMENT ET NOUVEAU-NÉ

Les substances contenues dans ce médicament sont peu absorbées ; l'automédication est possible en cure courte ou ponctuelle pendant la grossesse ou l'allaitement.

MODE D'EMPLOI ET POSOLOGIE

Ce médicament doit être avalé avec un peu d'eau, de préférence avant les repas.

Posologie usuelle :

1 cuillère à café, à dessert ou à soupe, 2 ou 3 fois par jour.

Au début, et en cas de constipation importante, le traitement peut être complété par un lubrifiant, type huile de paraffine.

EFFETS INDÉSIRABLES POSSIBLES

Sensation de ballonnement.

MUCITUX
éprazinone

PRÉSENTATION

MUCITUX : comprimé (rose) ; boîte de 32 - Non remb.

Laboratoires Riom Laboratoires-CERM

COMPOSITION

	p. comp.
Éprazinone dichlorhydrate	50 mg

INDICATIONS

Ce médicament est un *antitussif*. Il agit en luttant contre la contraction anormale des bronches. Par ailleurs, il fluidifie les sécrétions bronchiques.

Il est utilisé dans le *traitement symptomatique* des affections respiratoires, et notamment en cas de toux.

ATTENTION
La toux est un *symptôme* qui peut révéler de nombreuses maladies : consultez votre médecin si elle persiste plus de quelques jours.

GROSSESSE, ALLAITEMENT ET NOUVEAU-NÉ

L'effet de ce médicament pendant la grossesse ou l'allaitement est mal connu. L'évaluation du risque éventuel lié à son utilisation est individuelle : demandez conseil à votre pharmacien ou à votre médecin.

MODE D'EMPLOI ET POSOLOGIE

Les prises doivent être régulièrement réparties au cours de la journée.

Posologie usuelle :

- Adulte et enfant de plus de 15 ans : 1 ou 2 comprimés, 3 fois par jour.

Aux doses usuelles, ce médicament n'entraîne pas de risque de *dépression respiratoire*.
Fumer, ou être exposé à la fumée des autres, nuit à l'efficacité du traitement.
Des mesures simples permettent de calmer les toux sèches : boissons chaudes et humidification de l'air ambiant.

EFFETS INDÉSIRABLES POSSIBLES

Troubles digestifs ; exceptionnellement maux de tête, *vertige*, somnolence ; rare *allergie* cutanée.

MUCIVITAL
ispaghul

PRÉSENTATION

MUCIVITAL ARKOGÉLULES : gélule (transparente) ; boîte de 50 - Non remb.

MUCIVITAL sachets : poudre orale non aromatisée ; boîte de 20 - Non remb.

MUCIVITAL sachets : poudre orale arôme pamplemousse ; boîte de 20 - Non remb.

Laboratoires Arkopharma

COMPOSITION

	p. gél.	p. sach.
Ispaghul, poudre de téguments	350 mg	5 g

INDICATIONS

C'est un *laxatif de lest*. Il contient une substance naturelle qui n'est ni digérée ni absorbée. Elle s'imbibe d'eau et rend les selles plus volumineuses et moins fermes.

Il est utilisé comme *traitement symptomatique* de la constipation.

CONTRE-INDICATIONS

Ce médicament ne doit pas être utilisé en cas de maladies comportant un risque d'obstruction du tube digestif.

ATTENTION
Il est nécessaire de boire beaucoup d'eau, particulièrement en cas de dilatation du côlon, d'alitement et chez la personne âgée.
Les laxatifs ne doivent pas être utilisés de façon prolongée sans avis médical.

GROSSESSE, ALLAITEMENT ET NOUVEAU-NÉ

Grossesse :

Ce médicament peut être utilisé pour traiter la constipation de la femme enceinte.

MODE D'EMPLOI ET POSOLOGIE

Les gélules doivent être avalées avec un grand verre d'eau. Éviter l'absorption en position allongée.

Les sachets peuvent être mélangés à des laitages ou à de l'eau.

Posologie usuelle :

2 ou 3 gélules, 2 ou 3 fois par jour, avant les repas ou 1 ou 2 sachets au repas du soir.

Un échec du traitement peut être lié à la présence d'un *fécalome*, notamment chez la personne âgée.
Des mesures simples d'hygiène alimentaire et des exercices physiques sont à envisager avant d'utiliser un laxatif : parlez-en à votre médecin ou à votre pharmacien.

EFFETS INDÉSIRABLES POSSIBLES

Sensation de ballonnement.

MUCOLATOR
acétylcystéine

PRÉSENTATION

MUCOLATOR 200 mg : granulé pour solution buvable arôme mandarine ; boîte de 30 sachets-dose - Remb. 35 %

Laboratoires Abbott-France

COMPOSITION

	p. sachet
Acétylcystéine	200 mg
Saccharose	2,74 g

INDICATIONS

Ce médicament fluidifie les sécrétions bronchiques. Il facilite leur évacuation par la toux.

Il est utilisé dans les états d'encombrement des bronches, associés aux maladies bronchiques aiguës ou chroniques.

ATTENTION

Des précautions sont nécessaires en cas d'*ulcère* de l'estomac ou du *duodénum*.

N'utilisez pas d'*antitussif* en plus de ce médicament sans l'avis de votre médecin ou de votre pharmacien.

Si les sécrétions persistent au-delà de quelques jours, si elles se colorent ou si vous avez de la fièvre, consultez votre médecin.

Ce médicament contient du *sucre* (saccharose) en quantité notable.

GROSSESSE, ALLAITEMENT ET NOUVEAU-NÉ

L'effet de ce médicament pendant la grossesse ou l'allaitement est mal connu. L'évaluation du risque éventuel lié à son utilisation est individuelle : demandez conseil à votre pharmacien ou à votre médecin.

MODE D'EMPLOI ET POSOLOGIE

Le contenu du sachet doit être dissous dans un demi-verre d'eau.

Posologie usuelle :

- Adulte et enfant de plus de 7 ans : 1 sachet, 3 fois par jour.
- Enfant de 2 à 7 ans : 1 sachet, 2 fois par jour.
- Nourrisson de moins de 2 ans : 1/2 sachet, 2 fois par jour.

La poursuite du tabagisme est un frein important à l'évacuation des mucosités.

Il est nécessaire de lutter contre la sécheresse de l'air ambiant (humidificateur...) pour éviter le dessèchement des sécrétions. Il est également recommandé de boire beaucoup.

Des crachats fluides et abondants traduisent l'efficacité de ce médicament.

Chez la personne âgée ou le très jeune enfant, l'incapacité à évacuer les crachats peut justifier l'aide d'un kinésithérapeute, sur prescription du médecin.

EFFETS INDÉSIRABLES POSSIBLES

Troubles digestifs : nausées, diarrhée.

MUCOMYST

acétylcystéine

PRÉSENTATION

MUCOMYST 200 mg : poudre orale arôme orange ; boîte de 30 sachets - Remb. 35 %

MUCOMYST 200 mg : poudre pour suspension buvable arôme orange ; flacon 120 ml (24 cuillères-mesure 5 ml) - Remb. 35 %

MUCOMYST NOURRISSON 100 mg : poudre pour suspension buvable arôme orange ; flacon 120 ml (24 cuillères-mesure 5 ml) - Remb. 35 %

Laboratoires Bristol-Myers Squibb

COMPOSITION

	p. sachet	p. c. mes.	p. c. mes. Nour.
N-acétylcystéine	200 mg	200 mg	100 mg
Saccharose	1,28 g	1,76 g	0,88 g
Sodium	55 mg	56,6 mg	28,3 mg

INDICATIONS

Ce médicament fluidifie les sécrétions bronchiques. Il facilite leur évacuation par la toux.

Il est utilisé dans les états d'encombrement des bronches, associés aux maladies bronchiques aiguës ou chroniques.

ATTENTION

Des précautions sont nécessaires en cas d'*ulcère* de l'estomac ou du *duodénum*.

N'utilisez pas d'*antitussif* en plus de ce médicament sans l'avis de votre médecin ou de votre pharmacien.

Si les sécrétions persistent au-delà de quelques jours, si elles se colorent ou si vous avez de la fièvre, consultez votre médecin.

Ce médicament contient du *sucre* (saccharose) en quantité notable.

GROSSESSE, ALLAITEMENT ET NOUVEAU-NÉ

L'effet de ce médicament pendant la grossesse ou l'allaitement est mal connu. L'évaluation du risque éventuel lié à son utilisation est individuelle : demandez conseil à votre pharmacien ou à votre médecin.

MODE D'EMPLOI ET POSOLOGIE

Le contenu du sachet doit être dissous dans un demi-verre d'eau. La suspension buvable est reconstituée en ajoutant de l'eau jusqu'au trait de jauge.

Posologie usuelle :

- Adulte et enfant de plus de 7 ans : 1 sachet ou 1 cuillère-mesure de suspension à 200 mg, 3 fois par jour.
- Enfant de 2 à 7 ans : 1 sachet ou 1 cuillère-mesure de suspension à 200 mg, 2 fois par jour.
- Nourrisson de moins de 2 ans : 1 cuillère-mesure de suspension à 100 mg, 2 fois par jour.

La poursuite du tabagisme est un frein important à l'évacuation des mucosités.

Il est nécessaire de lutter contre la sécheresse de l'air ambiant (humidificateur...) pour éviter le dessèchement des sécrétions. Il est également recommandé de boire beaucoup.

Des crachats fluides et abondants traduisent l'efficacité de ce médicament.

Chez la personne âgée ou le très jeune enfant, l'incapacité à évacuer les crachats peut justifier l'aide d'un kinésithérapeute, sur prescription du médecin.

La suspension reconstituée peut être conservée 12 jours.

EFFETS INDÉSIRABLES POSSIBLES

Troubles digestifs.

MUCOMYST aérosol

acétylcystéine

PRÉSENTATION

MUCOMYST : solution pour aérosol et instillation locale ; boîte de 6 ampoules 5 ml - Remb. 65 % - Liste II

Laboratoires Bristol-Myers Squibb

COMPOSITION

	p. amp.
Acétylcystéine	1 g

INDICATIONS

Ce médicament fluidifie les sécrétions bronchiques. Il facilite leur évacuation par la toux.

Il est utilisé dans le traitement des états d'encombrement des bronches associés aux maladies bronchiques, notamment la *mucoviscidose*.

CONTRE-INDICATIONS

Ce médicament ne doit pas être utilisé en cas de crise d'*asthme*.

ATTENTION

Des précautions sont nécessaires en cas d'*antécédents* d'*asthme*.

N'utilisez pas d'*antitussif* en plus de ce médicament sans l'avis de votre médecin ou de votre pharmacien.

GROSSESSE, ALLAITEMENT ET NOUVEAU-NÉ

L'effet de ce médicament pendant la grossesse ou l'allaitement est mal connu : seul votre médecin peut évaluer le risque éventuel de son utilisation dans votre cas.

MODE D'EMPLOI ET POSOLOGIE

L'*aérosol* est obtenu à l'aide d'un générateur d'aérosol ; suivez les indications de votre médecin ou de votre pharmacien.

Posologie usuelle :

Elle est strictement individuelle.

La poursuite du tabagisme est un frein important à l'évacuation des mucosités.

Il est important de lutter contre la sécheresse de l'air ambiant (humidificateur...) pour éviter le dessèchement des sécrétions. Il est également recommandé de boire beaucoup.

Des crachats fluides et abondants traduisent l'efficacité de ce médicament.

Chez la personne âgée, l'incapacité à évacuer les crachats peut justifier l'aide d'un kinésithérapeute, sur prescription de votre médecin.

MUCOPLEXIL
carbocistéine

PRÉSENTATION

MUCOPLEXIL : sirop arôme caramel ; flacon 150 ml - Non remb.

Laboratoires RP Labo

COMPOSITION

	p. c. à s.
Carbocistéine	750 mg

INDICATIONS

Ce médicament fluidifie les sécrétions bronchiques et nasales. Il facilite leur évacuation par la toux et le mouchage.

Il est utilisé dans les états d'encombrement des bronches, associés aux affections respiratoires ou *ORL*.

ATTENTION

Des précautions sont nécessaires en cas d'*ulcère* de l'estomac ou du *duodénum*.

Ce médicament n'est pas adapté à l'enfant.

N'utilisez pas d'*antitussif* en plus de ce médicament sans l'avis de votre médecin ou de votre pharmacien.

Si les sécrétions persistent au-delà de quelques jours, si elles se colorent ou si vous avez de la fièvre, consultez votre médecin.

GROSSESSE, ALLAITEMENT ET NOUVEAU-NÉ

L'effet de ce médicament pendant la grossesse ou l'allaitement est mal connu. L'évaluation du risque éventuel lié à son utilisation est individuelle : demandez conseil à votre pharmacien ou à votre médecin.

MODE D'EMPLOI ET POSOLOGIE

Posologie usuelle :
- Adulte : 1 cuillère à soupe de sirop, 3 fois par jour.

La poursuite du tabagisme est un frein important à l'évacuation des mucosités.

Il est nécessaire de lutter contre la sécheresse de l'air ambiant (humidificateur...) pour éviter le dessèchement des sécrétions. Il est également recommandé de boire beaucoup.

Des crachats fluides et abondants traduisent l'efficacité de ce médicament.

Chez la personne âgée, l'incapacité à évacuer les crachats peut justifier l'aide d'un kinésithérapeute, sur prescription du médecin.

EFFETS INDÉSIRABLES POSSIBLES

Troubles digestifs : nausées.

L'exposition au soleil peut être contre-indiquée pendant certains traitements

MUCOSODINE

PRÉSENTATION

MUCOSODINE : poudre pour *bain de bouche* et *gargarisme* ; boîte de 20 sachets - Non remb.

Laboratoires Soekami Lefrancq

COMPOSITION

	p. sachet
Perborate de soude	0,366 g
Bicarbonate de soude	4,591 g
Chlorure de sodium	0,908 g
Borate de sodium	1,118 g

INDICATIONS

Ce médicament pour *bain de bouche* et *gargarisme* possède des propriétés *antiseptiques*.

Il est utilisé dans le *traitement d'appoint* des infections de la bouche.

ATTENTION

L'usage prolongé de ce médicament n'est pas souhaitable ; il peut modifier l'équilibre microbien naturel de la gorge.

Les traitements locaux (*gargarisme*, *collutoire*, pastille) n'agissent que superficiellement ; dans le cas d'infections profondes (angine, abcès...), un autre mode de traitement est nécessaire.

En l'absence d'amélioration au bout de 5 jours, consultez votre médecin.

GROSSESSE, ALLAITEMENT ET NOUVEAU-NÉ

L'utilisation ponctuelle de ce médicament pendant la grossesse ou l'allaitement ne semble pas poser de problème particulier.

MODE D'EMPLOI ET POSOLOGIE

Diluer 1 sachet dans un verre d'eau tiède.

Posologie usuelle :

1 *bain de bouche* ou *gargarisme*, 2 ou 3 fois par jour.

Il est généralement conseillé de ne pas s'alimenter ou de ne pas boire immédiatement après un *bain de bouche* ou un *gargarisme* afin de permettre aux substances actives d'agir.

Certains dentistes et stomatologistes recommandent de ne pas pratiquer de bain de bouche dans les heures qui suivent une extraction dentaire afin d'éviter de faire saigner la plaie.

MUCOTHIOL
diacétylcystéine

PRÉSENTATION

MUCOTHIOL : comprimé (blanc) ; boîte de 60 - Remb. 35 %

MUCOTHIOL : poudre orale arôme fraise ; boîte de 20 sachets - Remb. 35 %

Laboratoires S.C.A.T.

COMPOSITION

	p. comp.	p. sachet
Diacétylcystéinate de méthyle	100 mg	150 mg

INDICATIONS

Ce médicament fluidifie les sécrétions bronchiques. Il facilite leur évacuation par la toux.

Il est utilisé dans le *traitement symptomatique* des affections respiratoires accompagnées de sécrétions importantes.

ATTENTION

Des précautions sont nécessaires en cas d'*ulcère* de l'estomac ou du *duodénum*.

N'utilisez pas d'*antitussif* en plus de ce médicament sans l'avis de votre médecin ou de votre pharmacien.

Si les sécrétions persistent au-delà de quelques jours, si elles se colorent ou si vous avez de la fièvre, consultez votre médecin.

GROSSESSE, ALLAITEMENT ET NOUVEAU-NÉ

L'effet de ce médicament pendant la grossesse ou l'allaitement est mal connu. L'évaluation du risque éventuel lié à son utilisation est individuelle : demandez conseil à votre pharmacien ou à votre médecin.

MODE D'EMPLOI ET POSOLOGIE

Le contenu du sachet peut être dissous dans un verre d'eau ou incorporé à un yaourt ou à une compote.

Posologie usuelle :
- Adulte : 2 comprimés, 2 ou 3 fois par jour.
- Enfant et nourrisson : 1/2 à 1 sachet, 2 fois par jour, selon l'âge.

La poursuite du tabagisme est un frein important à l'évacuation des mucosités.

Il est nécessaire de lutter contre la sécheresse de l'air ambiant (humidificateur...) pour éviter le dessèchement des sécrétions. Il est également recommandé de boire beaucoup.

Des crachats fluides et abondants traduisent l'efficacité de ce médicament.

Chez la personne âgée ou le très jeune enfant, l'incapacité à évacuer les crachats peut justifier l'aide d'un kinésithérapeute, sur prescription du médecin.

EFFETS INDÉSIRABLES POSSIBLES

Troubles digestifs : nausées.

MULKINE
montmorillonite beidellitique, gomme guar

PRÉSENTATION

MULKINE : granulé ; boîte de 300 g - Remb. 65 %

MULKINE : granulé ; boîte de 600 g - Remb. 65 %

Laboratoires Beaufour

COMPOSITION

	p. c. à s.
Montmorillonite beidellitique	3,75 g
Gomme guar	0,90 g
Glucose	3,2 g

INDICATIONS

Ce médicament est un *pansement digestif*. Il contient de l'argile, qui protège le tube digestif en le couvrant d'un film qui l'isole de son contenu, et un *mucilage* régulateur de *transit intestinal*, la gomme guar.

Il est utilisé pour traiter les troubles *fonctionnels* du côlon, particulièrement en cas de constipation.

CONTRE-INDICATIONS

Ce médicament ne doit pas être utilisé en cas de maladie comportant un risque d'obstruction du tube digestif.

ATTENTION

Ce médicament contient du *sucre* (glucose) en quantité notable.

En cas de *mégacôlon* ou de *diabète*, prévenez votre médecin.

INTERACTIONS MÉDICAMENTEUSES

Ce médicament peut interagir avec de nombreux autres médicaments en diminuant leur absorption : il convient de séparer les prises d'au moins 2 heures.

GROSSESSE, ALLAITEMENT ET NOUVEAU-NÉ

Les substances contenues dans ce médicament sont peu absorbées : l'automédication est possible en cure courte ou ponctuelle pendant la grossesse ou l'allaitement.

MODE D'EMPLOI ET POSOLOGIE

Ce médicament doit être avalé avec un peu d'eau, de préférence avant les repas.

Posologie usuelle :

- Adulte : 1 cuillère à soupe, 2 ou 3 fois par jour.
- Enfant : 1 cuillère à café, 2 ou 3 fois par jour.

☛ Au début, et en cas de constipation importante, ce traitement peut être complété par un lubrifiant du type de l'huile de paraffine.

EFFETS INDÉSIRABLES POSSIBLES

Sensation de ballonnement abdominal.

MUTAGRIP PASTEUR

vaccin antigrippal

PRÉSENTATION

MUTAGRIP PASTEUR : suspension injectable ; seringue unidose 0,5 ml - Non remb.

Laboratoires Pasteur Vaccins

COMPOSITION

	p. seringue
Virus grippaux inactivés	1 dose

INDICATIONS

C'est un *vaccin* composé de *virus* grippaux tués. Il ne contient aucun *germe* vivant.

Ce médicament est utilisé dans la prévention de la grippe. L'immunité apparaît 15 jours après l'injection et dure environ 1 an.

CONTRE-INDICATIONS

Ce médicament ne doit pas être utilisé en cas d'*allergie* aux protéines de l'œuf.

ATTENTION

Le *vaccin* antigrippal ne protège que contre la vraie grippe, maladie grave, potentiellement mortelle chez les personnes fragiles. Il est incapable de prévenir les bronchites banales et autres affections virales saisonnières.

GROSSESSE, ALLAITEMENT ET NOUVEAU-NÉ

Grossesse :

L'effet de ce *vaccin* pendant la grossesse est mal connu : seul votre médecin peut évaluer le risque éventuel de son utilisation dans votre cas.

Allaitement :

Cette vaccination peut être pratiquée pendant l'allaitement.

MODE D'EMPLOI ET POSOLOGIE

Bien agiter la seringue avant l'emploi, la réchauffer à température ambiante si nécessaire. L'injection doit être réalisée par *voie* sous-cutanée ou intramusculaire.

Posologie usuelle :

- Adulte et enfant de plus de 10 ans : 1 injection de 0,5 ml.
- Enfant de moins de 10 ans : 2 injections de 0,25 ml (demi-dose) à 1 mois d'intervalle.

La prévention de la grippe repose sur une injection annuelle : le *vaccin* est différent tous les ans car il est adapté aux caractéristiques du *virus* attendu.

☛ Pour des raisons de confort, la vaccination doit être différée en cas de fièvre élevée.

Les réactions fébriles dues aux *vaccins* peuvent être combattues en prenant de l'aspirine ou du paracétamol.

Pour garder son efficacité, ce vaccin doit être conservé entre + 2 et + 8 °C (compartiment à beurre du réfrigérateur), mais quelques jours à une température ne dépassant pas 25 °C ne prêtent pas à conséquence. Il ne doit pas être congelé.

EFFETS INDÉSIRABLES POSSIBLES

Réactions douloureuses, *nodule*, au point d'injection.

Fièvre modérée pendant 1 ou 2 jours.

MUXOL

ambroxol

PRÉSENTATION

MUXOL : comprimé (blanc) ; boîte de 30 - Remb. 35 % - Liste II

MUXOL : solution buvable arôme banane ; flacon 180 ml - Remb. 35 % - Liste II

Laboratoires Leurquin Mediolanum

COMPOSITION

	p. comp.	p. c. à s.
Ambroxol chlorhydrate	30 mg	45 mg

INDICATIONS

Ce médicament fluidifie les sécrétions bronchiques. Il facilite leur évacuation par la toux.

Il est utilisé dans les états d'encombrement des bronches, associés aux maladies bronchiques aiguës ou chroniques.

ATTENTION

Ce médicament n'est pas adapté à l'enfant.

N'utilisez pas d'*antitussif* en plus de ce médicament sans l'avis de votre médecin ou de votre pharmacien.

Si les sécrétions persistent au-delà de quelques jours, si elles se colorent ou si vous avez de la fièvre, consultez votre médecin.

GROSSESSE, ALLAITEMENT ET NOUVEAU-NÉ

L'effet de ce médicament pendant la grossesse ou l'allaitement est mal connu : seul votre médecin peut évaluer le risque éventuel de son utilisation dans votre cas.

MODE D'EMPLOI ET POSOLOGIE

Posologie usuelle :

- Adulte : 1 cuillère à soupe de solution buvable ou 1 ou 2 comprimés, 2 fois par jour.

☛ La poursuite du tabagisme est un frein important à l'évacuation des mucosités.

Il est nécessaire de lutter contre la sécheresse de l'air ambiant (humidificateur...) pour éviter le dessèchement des sécrétions. Il est également recommandé de boire beaucoup.

Des crachats fluides et abondants traduisent l'efficacité de ce médicament.

Chez la personne âgée, l'incapacité à évacuer les crachats peut justifier l'aide d'un kinésithérapeute, sur prescription du médecin.

EFFETS INDÉSIRABLES POSSIBLES

Troubles digestifs : nausées, vomissements.

MYAMBUTOL

éthambutol

PRÉSENTATION

MYAMBUTOL 0,400 g : comprimé sécable (blanc) ; boîte de 50 - Remb. 65 % - Liste I

Laboratoires Lederle

COMPOSITION

	p. comp.
Éthambutol	400 mg

INDICATIONS

C'est un *antibiotique* qui appartient à la famille des antituberculeux.

Il est utilisé dans le traitement de la *tuberculose* et de certaines maladies rares apparentées.

CONTRE-INDICATIONS

Ce médicament ne doit pas être employé en cas de *névrite* optique ; un examen ophtalmologique est nécessaire avant de commencer le traitement.

ATTENTION

Des précautions d'emploi sont nécessaires en cas d'*insuffisance rénale*.

Des visites régulières chez l'ophtalmologiste peuvent être nécessaires pendant le traitement.

INTERACTIONS MÉDICAMENTEUSES

Ce médicament ne doit pas être pris en même temps que les *antiacides* contenant des sels d'aluminium (MAALOX, PHOSPHALUGEL...), qui pourraient diminuer son absorption.

GROSSESSE, ALLAITEMENT ET NOUVEAU-NÉ

Grossesse :

Ce médicament peut être utilisé chez la femme enceinte.

Allaitement :

Ce médicament ne passe pas dans le lait maternel.

MODE D'EMPLOI ET POSOLOGIE

Ce médicament doit être pris de préférence en 1 seule prise quotidienne, le matin à jeun, avec un verre d'eau.

Posologie usuelle :

Elle est fixée par le médecin en fonction du poids du malade, de la gravité de la maladie, et de la présence éventuelle d'une *insuffisance rénale*.

☛ Le traitement antituberculeux, qui associe plusieurs médicaments, est habituellement très efficace. Cette efficacité nécessite néanmoins des prises régulières et un respect de la durée du traitement prescrit. Les rechutes dues à un traitement mal suivi sont beaucoup plus difficiles à soigner.

EFFETS INDÉSIRABLES POSSIBLES

Les médicaments antituberculeux peuvent être à l'origine de *troubles digestifs* et d'éruptions cutanées.

L'éthambutol peut provoquer des troubles de la vision : baisse de l'acuité visuelle, troubles de la vision des couleurs.

MYCODÉCYL

acide undécylénique

PRÉSENTATION

MYCODÉCYL : pommade ; tube 30 g - Remb. 65 %

MYCODÉCYL : poudre pour application locale ; flacon 50 g - Remb. 65 %

MYCODÉCYL : solution pour application locale ; flacon 45 ml - Remb. 65 %

Laboratoires Doms-Adrian

COMPOSITION

	pommade p. 100 g	poudre p. 100 g	solution p. 100 ml
Acide undécylénique	10 g	2 g	10 g
Undécylénate de zinc	10 g	10 g	
Undécylénate de calcium		10 g	

INDICATIONS

Ce médicament d'action locale contient un *antifongique*.

Il est utilisé dans le traitement de certaines maladies de la peau (*dermatophyties*) dues à des champignons microscopiques.

ATTENTION

Évitez d'utiliser ce médicament, notamment chez l'enfant, de manière prolongée et sur des surfaces étendues ou profondément lésées, sans l'avis de votre pharmacien ou de votre médecin.

Rincez abondamment en cas de contact accidentel avec les yeux ou les *muqueuses*.

GROSSESSE, ALLAITEMENT ET NOUVEAU-NÉ

L'effet de ce médicament pendant la grossesse ou l'allaitement est mal connu. L'évaluation du risque éventuel lié à son utilisation est individuelle : demandez conseil à votre pharmacien ou à votre médecin.

MODE D'EMPLOI ET POSOLOGIE

Dans tous les cas, le médicament doit être appliqué après lavage et séchage soigneux de la zone à traiter.

Posologie usuelle :

2 applications par jour.

La forme utilisée (pommade, poudre, solution) et la durée du traitement varient selon les cas : pommade pour les lésions sèches, poudre ou solution pour les lésions suintantes. La poudre peut être utilisée pour traiter les chaussures, source fréquente de recontamination.

EFFETS INDÉSIRABLES POSSIBLES

Irritation ou *allergie* cutanées.

MYCOLOG

nystatine, néomycine, triamcinolone

PRÉSENTATION

MYCOLOG : pommade ; tube 10 g - Remb. 65 % - Liste I

Laboratoires Bristol-Myers Squibb

COMPOSITION

	p. 100 g
Nystatine	10 millions U
Néomycine	0,25 g
Triamcinolone acétonide	0,1 g

INDICATIONS

Ce médicament contient un *antifongique* de la famille des *imidazolés*, un *antibiotique* de la famille des *aminosides* et un *dermocorticoïde*. Le dermocorticoïde, comme les autres dérivés de la *cortisone* à usage local, lutte contre l'*inflammation*.

Cette pommade est utilisée dans les 8 premiers jours du traitement des maladies de la peau dues à certains champignons lorsqu'il existe une inflammation locale.

CONTRE-INDICATIONS

Ce médicament ne doit pas être utilisé dans les cas suivants :

- *allergie* aux *antifongiques* de la famille des *imidazolés* ;
- infection virale ou bactérienne de la peau, notamment varicelle, *herpès*, *zona*, *impétigo* ;
- plaies chroniques, *ulcère* de la jambe, *escarre* ;
- *rosacée*.

ATTENTION

Évitez d'utiliser ce médicament, notamment chez l'enfant, de manière prolongée et sur des surfaces étendues ou profondément lésées, sans l'avis de votre médecin.

L'usage prolongé ou répété de ce médicament peut provoquer des lésions de la peau. Suivez attentivement la prescription de votre médecin et n'hésitez pas à demander des explications.

GROSSESSE, ALLAITEMENT ET NOUVEAU-NÉ

L'effet de ce médicament pendant la grossesse ou l'allaitement est mal connu : seul votre médecin peut évaluer le risque éventuel de son utilisation dans votre cas.

MODE D'EMPLOI ET POSOLOGIE

Étaler la pommade sur les lésions et la faire pénétrer par un léger massage.

Posologie usuelle :

1 ou 2 applications par jour, pendant 8 jours au maximum.

☛ En cas de *candidose*, évitez d'utiliser les savons acides : ils favorisent la multiplication des champignons.

Pensez à vous laver les mains après l'application.

Le port d'un gant est recommandé.

Ne conseillez pas, ne donnez pas ce médicament à un proche.

EFFETS INDÉSIRABLES POSSIBLES

Compte tenu de la brièveté du traitement, ils sont peu fréquents :

- dilatation des petits vaisseaux, vergetures, éruptions de boutons ;
- développement anormal des poils, dessèchement, fragilisation et décoloration irrégulière de la peau ;
- rougeur autour de la bouche, apparition d'une *rosacée* ;
- retard de cicatrisation ;
- *allergie* cutanée (néomycine).

MYCOMNES

nifuratel, nystatine

PRÉSENTATION

MYCOMNES : capsule vaginale (jaune) ; boîte de 10 - Remb. 65 % - Liste I

MYCOMNES : pommade ; tube 30 g avec applicateur - Non remb. - Liste I
Laboratoires Fumouze

COMPOSITION

	p. caps.	p. 100 g
Nifuratel	0,250 g	10 g
Nystatine	100 000 U	4 M U

INDICATIONS

Ce médicament contient un *antibiotique* antiparasitaire et un *antifongique*.

Il est utilisé dans le *traitement d'appoint* des infections vaginales, notamment celles à *trichomonas* et les *candidoses*.

> **ATTENTION**
> Le médecin prescrit parfois un prélèvement pour identifier le *germe* responsable de l'infection et tester sa sensibilité aux *antibiotiques*. Le résultat de cet examen peut être faussé en cas d'automédication préalable : ne prenez pas d'antibiotique sans avis médical.

GROSSESSE, ALLAITEMENT ET NOUVEAU-NÉ

L'effet de ce médicament pendant la grossesse ou l'allaitement est mal connu : seul votre médecin peut évaluer le risque éventuel de son utilisation dans votre cas.

MODE D'EMPLOI ET POSOLOGIE

La capsule vaginale doit être mise en place au fond du vagin, de préférence le soir au coucher.

Posologie usuelle :

1 capsule vaginale par jour, pendant 10 à 20 jours, ou 1 ou 2 applications de pommade par jour.

> Introduire la capsule en position couchée, puis rester allongée pendant 5 à 10 minutes. En fondant dans le vagin, la capsule peut être à l'origine d'un écoulement gênant : il est conseillé de porter une protection.
>
> Pendant les règles, ne pas interrompre le traitement et éviter de porter des tampons.
>
> En cas de *mycose*, éviter d'utiliser des savons acides : ils favorisent la multiplication des champignons.
>
> Votre partenaire peut être contaminé alors qu'il ne présente aucun *symptôme*. S'il n'est pas traité conjointement, une recontamination est possible.

EFFETS INDÉSIRABLES POSSIBLES

Irritation locale.

MYCOSTATINE

nystatine

PRÉSENTATION

MYCOSTATINE : comprimé (marron) ; boîte de 16 - Remb. 65 % - Liste I

MYCOSTATINE : suspension buvable (jaune) ; boîte de 1 flacon 24 doses (1 ml) - Remb. 65 % - Liste I

MYCOSTATINE : comprimé gynécologique ; boîte de 12 - Remb. 65 % - Liste I
Laboratoires Bristol-Myers Squibb

COMPOSITION

	p. comp.	p. dose	p. comp. gyn.
Nystatine	500 000 UI	100 000 UI	100 000 UI

INDICATIONS

C'est un *antifongique*. Il permet d'éliminer certains champignons présents dans le tube digestif (bouche et intestin). Ces champignons peuvent être à l'origine de la contamination d'autres organes : peau, vagin...

Il est utilisé dans :
- les *candidoses* de la bouche (muguet, *stomatite*) et du tube digestif ;
- les candidoses de la peau ou du vagin, en complément d'un traitement local.

> **ATTENTION**
> L'action du médicament dans le tube digestif peut être diminuée par l'huile de paraffine, les *pansements digestifs* ou d'autres médicaments en faisant écran entre le médicament et la paroi interne du tube digestif : ne prenez aucun médicament de ce type sans demander conseil à votre médecin ou à votre pharmacien.

GROSSESSE, ALLAITEMENT ET NOUVEAU-NÉ

Grossesse :

L'effet de ce médicament pendant la grossesse est mal connu. Seul votre médecin peut évaluer le risque éventuel de son utilisation dans votre cas.

Allaitement :

La substance contenue dans ce médicament est très peu absorbée : l'allaitement est possible.

MODE D'EMPLOI ET POSOLOGIE

Ce médicament doit être pris en dehors des repas.

Pour traiter une infection de la bouche ou du *pharynx*, il faut utiliser les comprimés gynécologiques, qui doivent être sucés.

Posologie usuelle :

- Infection de la bouche ou du tube digestif (durée du traitement habituellement de 3 semaines) :
  - Adulte : 2 ou 3 comprimés, 4 fois par jour ou 4 à 5 comprimés gynécologiques par jour, à sucer lentement.
  - Enfant : 1 ou 2 comprimés, 2 à 4 fois par jour ou 10 doses de suspension buvable, 1 à 4 fois par jour.
  - Nourrisson : 5 doses de suspension buvable, 1 à 6 fois par jour.
- Infection du vagin : 1 ou 2 comprimés gynécologiques par jour, à introduire profondément en les ayant préalablement trempés dans l'eau. Le traitement dure habituellement 20 jours.

> En cas d'infection vaginale, il est préférable d'utiliser un savon surgras et alcalin pour la toilette intime.
>
> Pendant les règles : ne pas arrêter le traitement et utiliser des serviettes de protection de préférence au tampon interne.
>
> Utiliser des sous-vêtements en coton : ceux-ci devront être lavés à 60 °C minimum ou désinfectés au préalable.
>
> Utiliser des protège-slips pendant la durée du traitement.
>
> Agiter vigoureusement la solution buvable avant de la donner aux enfants.

EFFETS INDÉSIRABLES POSSIBLES

Lors de la mise en place du premier comprimé gynécologique dans le vagin, une sensation de brûlure peut apparaître : elle traduit la destruction massive d'un grand nombre de champignons.

Réactions allergiques, nécessitant l'arrêt du traitement.

Rares *troubles digestifs* : diarrhées, nausées.

MYCOSTER

ciclopiroxolamine

PRÉSENTATION

MYCOSTER : crème ; tube 30 g - Remb. 65 %

MYCOSTER : solution pour application locale ; flacon 30 ml - Remb. 65 %
Laboratoires Sinbio

COMPOSITION

	p. 100 g	p. 100 ml
Ciclopiroxolamine	1 g	1 g

INDICATIONS

Ce médicament d'usage local contient un *antifongique*.

Il est utilisé dans le traitement des maladies de la peau et des *muqueuses*, dues à certains champignons microscopiques : *candidose*, *pityriasis versicolor*, *dermatophyties* (excepté la teigne).

> **ATTENTION**
> N'appliquez pas ce médicament près des yeux.
>
> Évitez d'utiliser ce médicament, notamment chez l'enfant, de manière prolongée et sur des surfaces étendues ou profondément lésées, sans l'avis de votre pharmacien ou de votre médecin.

GROSSESSE, ALLAITEMENT ET NOUVEAU-NÉ

En l'absence de données suffisantes, ce médicament est déconseillé pendant la grossesse ou l'allaitement.

MODE D'EMPLOI ET POSOLOGIE

Posologie usuelle :

2 applications par jour.

La forme utilisée et la durée du traitement dépendent des cas : 3 semaines pour les lésions de la peau, plusieurs mois pour les lésions des ongles.

> En cas de *candidose*, évitez d'utiliser des savons acides : ils favorisent la multiplication des champignons.

EFFETS INDÉSIRABLES POSSIBLES

Une irritation locale peut survenir en début de traitement. En revanche, une *allergie* cutanée (apparition de petites bulles) doit faire interrompre le traitement : demandez conseil à votre pharmacien ou à votre médecin.

MYCOSTER 8 %

ciclopirox

PRÉSENTATION

MYCOSTER 8 % : solution filmogène pour application locale ; flacon 3 ml (avec pinceau) - Remb. 65 %

Laboratoires Sinbio

COMPOSITION

	p. 100 g
Ciclopirox	8 g

INDICATIONS

C'est un *antifongique* d'action locale, actif sur les *dermatophytes*.

Il est utilisé dans le traitement de certaines infections des ongles dues à des champignons microscopiques.

ATTENTION

Rincez abondamment en cas de contact accidentel avec les yeux.

GROSSESSE, ALLAITEMENT ET NOUVEAU-NÉ

L'effet de ce médicament pendant la grossesse ou l'allaitement est mal connu.

Il est déconseillé chez la femme enceinte ou chez celle qui allaite.

MODE D'EMPLOI ET POSOLOGIE

Appliquer la solution après avoir lavé puis séché soigneusement la zone à traiter.

Posologie usuelle :

1 application le soir.

La durée du traitement dépend des cas, plusieurs mois en général. Le traitement peut être arrêté lorsque l'ongle infecté a été totalement éliminé par la repousse de l'ongle sain.

En cas de lésion importante des ongles des orteils, un meulage préalable par un pédicure facilite l'action du médicament.

Les lésions dues à des champignons sont facilitées par une transpiration excessive. Le port de chaussettes en fibre naturelle (coton, laine) est recommandé. La même paire de chaussures ne doit pas être portée deux jours de suite.

EFFETS INDÉSIRABLES POSSIBLES

Allergie cutanée.

MYCO-ULTRALAN

fluocortolone, nystatine, néomycine

PRÉSENTATION

MYCO-ULTRALAN : pommade ; tube 30 g - Remb. 65 % - Liste I

Laboratoires Schering

COMPOSITION

	p. 100 g
Fluocortolone microfine	0,25 g
Fluocortolone caproate microfin	0,25 g
Nystatine microfine	10 millions UI
Néomycine	0,33 g

INDICATIONS

Cette pommade contient un *dermocorticoïde*, un *antifongique* actif sur les *candidoses* et un *antibiotique* de la famille des *aminosides*. Le dermocorticoïde, comme les autres dérivés de la *cortisone* à usage local, lutte contre l'*inflammation*.

Elle est utilisée dans le traitement initial de certaines lésions inflammatoires de la peau (*eczéma*, *dyshidrose*, *psoriasis*...) lorsqu'elles sont infectées.

CONTRE-INDICATIONS

Ce médicament ne doit pas être utilisé dans les cas suivants :

- *allergie* aux *antibiotiques* de la famille des *aminosides* ;
- infection virale ou bactérienne de la peau, notamment varicelle, *herpès*, *zona*, *impétigo* ;
- plaies chroniques, *ulcère* de la jambe, *escarre* ;
- *rosacée* ;
- sous un pansement étanche (occlusif).

ATTENTION

Cette pommade n'est pas destinée à traiter les infections bactériennes ou dues à des champignons microscopiques mais à traiter l'infection qui vient compliquer une lésion préexistante.

Comme les autres *dermocorticoïdes*, ce médicament a souvent une action efficace et rapide sur les lésions de la peau ; il peut être tentant de le réutiliser, mais l'automédication expose à des risques importants : aggravation de certaines lésions, installation d'une *dépendance* (amélioration de moins en moins visible des lésions et recrudescence des *symptômes* à chaque arrêt de traitement) et altération durable de la peau.

Suivez attentivement la prescription de votre médecin et n'hésitez pas à lui demander des explications.

GROSSESSE, ALLAITEMENT ET NOUVEAU-NÉ

L'effet de ce médicament pendant la grossesse ou l'allaitement est mal connu : seul votre médecin peut évaluer le risque éventuel de son utilisation dans votre cas.

MODE D'EMPLOI ET POSOLOGIE

Étaler la pommade sur les lésions et faire pénétrer par un léger massage.

Posologie usuelle :

1 application, matin et soir, pendant 8 jours au maximum.

En cas de *candidose*, évitez d'utiliser des savons acides : ils favorisent la multiplication des champignons.

Pensez à vous laver les mains après l'application.

Le port d'un gant est recommandé.

Ne conseillez pas, ne donnez pas ce médicament à un proche.

EFFETS INDÉSIRABLES POSSIBLES

Compte tenu de la brièveté du traitement, ils sont peu fréquents :

- éruption de boutons ;
- développement anormal des poils, dessèchement, fragilisation et décoloration irrégulière de la peau ;
- rougeur autour de la bouche, apparition d'une *rosacée* ;
- *allergie* cutanée (néomycine).

MYK 1 %

sulconazole

PRÉSENTATION

MYK 1 % : crème ; tube 15 g - Remb. 65 % - Liste I

MYK 1 % : solution pour application locale ; flacon pulvérisateur 15 ml - Remb. 65 % - Liste I

MYK 1 % : poudre pour application locale ; flacon 15 g - Remb. 65 % - Liste I

Laboratoires Cassenne

COMPOSITION

	p. 100 g
Sulconazole nitrate	1 g

INDICATIONS

Ce médicament d'action locale contient un *antifongique* de la famille des *imidazolés*.

Il est utilisé dans le traitement de certaines maladies de la peau dues à des champignons microscopiques : *candidose*, *pityriasis versicolor*, *dermatophyties*...

CONTRE-INDICATIONS

Ce médicament ne doit pas être utilisé en cas d'*allergie* aux *antifongiques* de la famille des *imidazolés*.

ATTENTION

Évitez d'utiliser ce médicament, notamment chez l'enfant, de manière prolongée et sur des surfaces étendues ou profondément lésées, sans l'avis de votre pharmacien ou de votre médecin.

Rincez abondamment en cas de contact accidentel avec les yeux.

GROSSESSE, ALLAITEMENT ET NOUVEAU-NÉ

L'effet de ce médicament pendant la grossesse ou l'allaitement est mal connu. Il est déconseillé chez la femme enceinte ou chez celle qui allaite.

MODE D'EMPLOI ET POSOLOGIE

Dans tous les cas, le médicament doit être appliqué après lavage et séchage soigneux de la zone à traiter.

Crème : appliquer directement sur les lésions et masser pour faire pénétrer. Dans les plis de la peau, la crème doit être appliquée en petite quantité pour limiter le risque de macération.

La solution est plus adaptée aux lésions sur de grandes surfaces.

Posologie usuelle :

1 ou 2 applications par jour.

La forme utilisée (crème, solution, poudre) et la durée du traitement varient selon les cas.

En cas de *candidose*, évitez d'utiliser des savons acides : ils favorisent la multiplication des champignons.

EFFETS INDÉSIRABLES POSSIBLES

Irritation cutanée.

MYNOCINE

minocycline

PRÉSENTATION

MYNOCINE : gélule (rose) ; boîte de 6 - Remb. 65 % - Liste I

Laboratoires Lederle

COMPOSITION

	p. gél.
Minocycline	100 mg

INDICATIONS

C'est un *antibiotique* qui appartient à la famille des *tétracyclines*.

Il est utilisé dans le traitement de diverses maladies infectieuses, notamment respiratoires et génitales. Il est également utilisé dans le traitement de l'*acné*.

CONTRE-INDICATIONS

Ce médicament ne doit pas être utilisé dans les cas suivants :
- *allergie* aux *tétracyclines*,
- enfant de moins de 8 ans (risque de coloration définitive des dents),
- association avec les *rétinoïdes*,
- **grossesse**,
- **allaitement**.

ATTENTION

Si vous souffrez d'*insuffisance hépatique*, prévenez votre médecin.

Conducteur : ce médicament peut être responsable de vertiges.

INTERACTIONS MÉDICAMENTEUSES

Ce médicament ne doit pas être associé à ceux contenant des *rétinoïdes* (ROACCUTANE ORAL, SORIATANE...) : risque d'*hypertension intracrânienne*.

Il peut interagir avec d'autres médicaments, notamment les *anticoagulants* oraux : signalez tout autre traitement en cours à votre médecin ou à votre pharmacien.

GROSSESSE, ALLAITEMENT ET NOUVEAU-NÉ

Ce médicament peut provoquer des anomalies dentaires chez l'enfant à naître ou le *nourrisson* : son usage est contre-indiqué pendant la grossesse et l'allaitement.

MODE D'EMPLOI ET POSOLOGIE

Ce médicament doit être pris au milieu des repas, avec un grand verre d'eau. Il est préférable de ne pas l'absorber en position allongée.

Posologie usuelle :
- Adulte : 1 gélule, matin et soir. Dans le traitement prolongé de l'*acné* : 1 gélule tous les jours ou tous les 2 jours.
- Enfant de plus de 8 ans : 4 mg par kg et par jour.

Le médecin peut prescrire un prélèvement pour identifier le *germe* responsable de l'infection et tester sa sensibilité aux *antibiotiques*. Le résultat de cet examen peut être faussé en cas d'automédication préalable : un avis médical est toujours préférable avant la prise d'antibiotiques.

Une diminution de la fièvre ou une disparition des troubles ne sont pas synonymes de guérison : la durée du traitement doit absolument être respectée pour éviter les rechutes.

EFFETS INDÉSIRABLES POSSIBLES

Troubles digestifs : nausée, vomissements, diarrhée.

Allergie cutanée.

Vertiges avec ralentissement des idées.

MYOLASTAN

tétrazépam

PRÉSENTATION

MYOLASTAN : comprimé sécable (blanc) ; boîte de 20 - Remb. 65 % - Liste I

Laboratoires Clin Midy

COMPOSITION

	p. comp.
Tétrazépam	50 mg

INDICATIONS

Ce médicament est un myorelaxant (relaxant musculaire) qui appartient à la famille des *benzodiazépines*. Il a également un effet *sédatif*.

Il est utilisé dans le traitement des contractures musculaires douloureuses.

CONTRE-INDICATIONS

Ce médicament ne doit pas être utilisé en cas d'*insuffisance respiratoire* grave.

ATTENTION

Des précautions sont nécessaires dans les cas suivants : *myasthénie*, *insuffisance hépatique*, *insuffisance rénale*, et chez la personne âgée.

Une prise pendant une longue durée ou des doses importantes de ce médicament, son association à des *sédatifs* ou à des boissons alcoolisées favorisent une *dépendance*. Respectez la *posologie* et la durée de traitement prescrites par votre médecin.

Après un traitement prolongé, l'arrêt brutal de la prise de ce médicament expose à un *syndrome de sevrage* : anxiété, agitation, irritabilité, insomnie, maux de tête, douleurs musculaires, tremblements. Il faut donc s'entourer de conseils médicaux pour diminuer progressivement les doses et espacer les prises.

Évitez les boissons alcoolisées : augmentation du risque de somnolence et de dépendance.

Conducteur : ce médicament peut être responsable d'une somnolence ou d'une baisse de la vigilance.

INTERACTIONS MÉDICAMENTEUSES

Ce médicament peut interagir avec d'autres médicaments, notamment les *sédatifs*. Signalez tout autre traitement en cours à votre médecin ou à votre pharmacien.

GROSSESSE, ALLAITEMENT ET NOUVEAU-NÉ

Grossesse et nouveau-né :

Par mesure de prudence, ce médicament est habituellement déconseillé pendant les 3 premiers mois de la grossesse. Toutefois, une grossesse survenant sous traitement ne justifie pas d'inquiétude particulière. Seul votre médecin peut apprécier le risque éventuel lié à l'utilisation de ce médicament dans votre cas.

Si le traitement est poursuivi jusqu'à l'accouchement, une surveillance médicale du *nouveau-né* est nécessaire.

Allaitement :

Ce médicament est déconseillé pendant l'allaitement.

MODE D'EMPLOI ET POSOLOGIE

Les comprimés peuvent être pris au cours de la journée, avec une prise plus importante le soir au coucher.

Posologie usuelle :
- Adulte : 1 à 3 comprimés par jour.

L'effet de ce médicament peut persister plusieurs heures après la prise.

EFFETS INDÉSIRABLES POSSIBLES

Trous de mémoire, sensation d'ivresse, somnolence, en particulier chez la personne âgée, ralentissement des idées, ou, au contraire, excitation, irritabilité, idées confuses, fatigue, éruption cutanée.

MYOVITON

triphosadénine, vitamine B6

PRÉSENTATION

MYOVITON : comprimé (vert) ; boîte de 24 - Non remb.

Laboratoires Thérabel Lucien

COMPOSITION

	p. comp.
Triphosadénine sel disodique	25 mg
Pyridoxine chlorhydrate (vitamine B6)	250 mg
Lactose	16 mg

INDICATIONS

Ce médicament est un *psychostimulant* qui contient de la *vitamine* B6.

Il est utilisé dans le *traitement symptomatique* de certaines fatigues (*asthénies fonctionnelles*).

ATTENTION

Une prise de *vitamine* B6 supérieure à 2 g par jour peut entraîner des effets indésirables : n'associez pas les médicaments ou les produits diététiques contenant des vitamines sans l'avis de votre médecin ou de votre pharmacien.

INTERACTIONS MÉDICAMENTEUSES

Ce médicament ne doit pas être associé aux médicaments contenant de la lévodopa seule (LARODOPA...) : risque d'annulation des effets de la lévodopa par la *vitamine* B6.

GROSSESSE, ALLAITEMENT ET NOUVEAU-NÉ

Ce médicament ne contient que des substances présumées sans danger pendant la grossesse ou l'allaitement. Néanmoins, ne l'utilisez pas de façon prolongée sans l'avis de votre pharmacien ou de votre médecin.

MODE D'EMPLOI ET POSOLOGIE

Les comprimés doivent être avalés avec un verre d'eau, de préférence au cours des repas.

Posologie usuelle :

1 comprimé, le matin et à midi.

Une fatigue persistante ne doit pas vous conduire à augmenter les prises de ce médicament mais à consulter votre médecin.

EFFETS INDÉSIRABLES POSSIBLES

Fourmillements lors d'une prise prolongée de *vitamine* B6 supérieure à 2 g par jour.

MYSCA

PRÉSENTATION

MYSCA : pommade ; tube 75 g - Non remb.

Laboratoires Jean-Paul Martin

COMPOSITION

	p. 100 g
Huile de Juniperus oxycedrus (oléocade)	6 g
Oxyde de zinc	10 g
Résorcine	2 g
Camphre	5 g
Menthol	1 g
Essence de thym	1 g
Lanoline	1 g

INDICATIONS

C'est une pommade calmante et *antiseptique*.

Elle est utilisée pour traiter les engelures, les gerçures, les coups de soleil et les brûlures superficielles.

CONTRE-INDICATIONS

Ce médicament ne doit pas être utilisé dans les cas suivants :
- *allergie* à la lanoline,
- en application sur les *muqueuses*,
- lésion infectée de la peau,
- *nourrisson* de moins de 30 mois.

ATTENTION

N'utilisez pas ce médicament chez le jeune enfant sans prendre l'avis de votre médecin.

Évitez d'utiliser cette pommade de manière prolongée et sur des surfaces étendues ou profondément lésées, sans l'avis de votre pharmacien ou de votre médecin.

GROSSESSE, ALLAITEMENT ET NOUVEAU-NÉ

Ce médicament ne contient que des substances présumées sans danger pendant la grossesse ou l'allaitement. Néanmoins, ne l'utilisez pas de façon prolongée sans l'avis de votre pharmacien ou de votre médecin.

MODE D'EMPLOI ET POSOLOGIE

Nettoyer la zone à traiter avant d'appliquer la pommade.

Posologie usuelle :

- Adulte et enfant de plus de 30 mois : 1 ou 2 applications par jour.

EFFETS INDÉSIRABLES POSSIBLES

Irritation locale, *allergie* cutanée.

MYSOLINE
primidone

PRÉSENTATION

MYSOLINE 250 mg : comprimé sécable (blanc) ; boîte de 50 - Remb. 65 % - Liste II

Laboratoires Zeneca Pharma

COMPOSITION

	p. comp.
Primidone	250 mg

INDICATIONS

C'est un *anticonvulsivant* qui appartient à la famille des *barbituriques*.

Il est utilisé dans le traitement des *épilepsies*.

CONTRE-INDICATIONS

Ce médicament ne doit pas être utilisé dans les cas suivants :
- *porphyries*,
- *insuffisance respiratoire* grave.

ATTENTION

N'interrompez jamais votre traitement sans l'avis de votre médecin : risque de réapparition des *convulsions*, même si aucune crise n'est survenue depuis une longue période.

Un traitement prolongé peut nécessiter la prise conjointe de *vitamine* D.

Évitez les boissons alcoolisées : augmentation du risque de somnolence.

Conducteur : ce médicament peut être responsable d'une somnolence ou d'une baisse de la vigilance.

INTERACTIONS MÉDICAMENTEUSES

Ce médicament peut interagir avec d'autres médicaments, notamment les *contraceptifs* oraux (pilule) : risque d'inefficacité de la contraception. Signalez tout autre traitement en cours à votre médecin ou à votre pharmacien.

GROSSESSE, ALLAITEMENT ET NOUVEAU-NÉ

Grossesse et nouveau-né :

Si une grossesse survient sous traitement, consultez votre médecin. L'arrêt brutal de ce médicament pendant la grossesse expose à la réapparition de crises préjudiciables à la mère et à l'enfant à naître. Le médecin appréciera le risque éventuel lié à l'utilisation de ce médicament dans votre cas. Des examens particuliers permettent de vérifier l'absence d'anomalie chez l'enfant à naître.

Si le traitement est poursuivi jusqu'à l'accouchement, une surveillance médicale du *nouveau-né* est nécessaire.

Allaitement :

Ce médicament passe dans le lait maternel : l'allaitement est déconseillé.

MODE D'EMPLOI ET POSOLOGIE

Les comprimés doivent être avalés avec un verre d'eau.

Posologie usuelle :

Elle est strictement individuelle.

Veillez à ne pas manquer de ce médicament ; lors de vos déplacements, munissez-vous d'une réserve ou de votre ordonnance en cours de validité.

Les comprimés seront conservés à l'abri de la lumière et de l'humidité, à température ambiante.

EFFETS INDÉSIRABLES POSSIBLES

Surtout en début de traitement : somnolence, *vertiges*, éruptions cutanées, troubles de l'*humeur*. Ces effets disparaissent avec la poursuite du traitement ou à la diminution de la *posologie*.

Occasionnellement : *troubles digestifs*, fatigue, irritabilité. Un surdosage augmente ces effets.

MYTELASE
ambénonium chlorure

PRÉSENTATION

MYTELASE : comprimé sécable (blanc) ; boîte de 50 - Remb. 65 % - Liste I

Laboratoires Sanofi Winthrop

COMPOSITION

	p. comp.
Ambénonium chlorure	10 mg

INDICATIONS

C'est un médicament qui favorise la transmission de l'influx nerveux aux muscles et en renforce les contractions.

Il est utilisé dans le traitement de la *myasthénie*.

> **ATTENTION**
> Des précautions sont nécessaires en cas d'*asthme*, de risque d'occlusion de l'intestin ou de rétention urinaire.

INTERACTIONS MÉDICAMENTEUSES

Ce médicament peut interagir avec d'autres médicaments. Signalez tout autre traitement en cours à votre médecin ou à votre pharmacien.

GROSSESSE, ALLAITEMENT ET NOUVEAU-NÉ

L'effet de ce médicament pendant la grossesse ou l'allaitement est mal connu : seul votre médecin peut évaluer le risque éventuel de son utilisation dans votre cas.

MODE D'EMPLOI ET POSOLOGIE

Les comprimés doivent être avalés avec un peu d'eau pendant ou à la fin des repas.

Posologie usuelle :

La *posologie* est individuelle et variable selon les cas.

Elle est répartie en 3 ou 4 prises par jour.

EFFETS INDÉSIRABLES POSSIBLES

Exceptionnellement : malaise, angoisse, spasmes digestifs, diarrhées, sueurs, crampes musculaires.

N

NAAXIA
acide N-acétyl-aspartyl-glutamique

PRÉSENTATION

NAAXIA : collyre ; flacon 5 ml - Remb. 65 %

NAAXIA : collyre ; boîte de 5 flacons unidoses 0,4 ml - Non remb.

NAAXIA : collyre ; boîte de 20 flacons unidoses 0,4 ml - Non remb.

Laboratoires Théa

COMPOSITION

	p. 100 ml
Acide N-acétyl-aspartyl-glutamique	4,9 g

INDICATIONS

Ce médicament est un collyre antiallergique.

Il est utilisé dans le traitement des *inflammations* de l'œil et de la paupière d'origine allergique.

ATTENTION

Le flacon de 5 ml, contrairement aux flacons unidoses, contient un conservateur et ne doit pas être utilisé avec les lentilles de contact.

INTERACTIONS MÉDICAMENTEUSES

Ce collyre peut interagir avec d'autres collyres : respectez un intervalle de 15 minutes entre deux instillations.

GROSSESSE, ALLAITEMENT ET NOUVEAU-NÉ

L'effet de ce médicament pendant la grossesse ou l'allaitement est mal connu : seul votre médecin peut évaluer le risque éventuel de son utilisation dans votre cas.

MODE D'EMPLOI ET POSOLOGIE

Tirer la paupière inférieure vers le bas tout en regardant vers le haut et déposer une goutte de collyre entre la paupière et le globe oculaire (*cul-de-sac conjonctival*).

Posologie usuelle :
- Adulte et enfant : 1 goutte, 2 à 6 fois par jour.

L'application correcte du produit peut nécessiter une aide, notamment chez une personne handicapée ou âgée.

Ne conservez pas le flacon de 5 ml plus de 15 jours après une première utilisation. Les flacons unidoses doivent être jetés après chaque instillation.

EFFETS INDÉSIRABLES POSSIBLES

Sensation de brûlure ou de picotement.

NaF CRINEX
fluor

PRÉSENTATION

NaF CRINEX : comprimé (blanc) ; boîte de 200 - Remb. 65 %

Laboratoires Crinex

COMPOSITION

	p. comp.
Fluorure de sodium	0,553 mg
Soit fluor élément	0,25 mg

INDICATIONS

Ce médicament contient du fluor, qui s'incorpore à l'émail des dents et augmente leur résistance aux caries.

Il est utilisé à titre systématique en *traitement préventif* de la carie dentaire, essentiellement chez l'enfant.

ATTENTION

L'apport total en fluor ne doit pas dépasser 2 mg par jour : risque de coloration de l'émail dentaire. Certaines eaux ou certains *sels* de table sont riches en fluor : prenez l'avis de votre médecin sur l'utilité de ce médicament dans votre cas.

Les laitages diminuent l'absorption de fluor : évitez de prendre ce médicament avec une boisson ou un aliment lactés.

Les dosages de ce médicament sont adaptés au *traitement préventif* de la carie dentaire ; ne le confondez pas avec d'autres médicaments plus fortement dosés en fluor (25 à 100 fois plus), destinés à traiter l'*ostéoporose*.

INTERACTIONS MÉDICAMENTEUSES

Ce médicament peut interagir avec d'autres médicaments ou aliments et boissons contenant du calcium et du magnésium, notamment les *antiacides*. Signalez tout autre traitement en cours à votre médecin ou à votre pharmacien.

GROSSESSE, ALLAITEMENT ET NOUVEAU-NÉ

Ce médicament est parfois prescrit dès le 5e mois de la grossesse pour permettre son incorporation dans la dentition future de l'enfant à naître.

Bien que passant dans le lait maternel, le fluor doit être donné directement au *nouveau-né*.

MODE D'EMPLOI ET POSOLOGIE

Laisser fondre les comprimés dans la bouche après le brossage des dents. Les comprimés peuvent également être avalés, croqués ou dissous dans un verre d'eau ou de jus de fruit.

En cas d'ingestion d'une boisson ou d'un aliment lactés, prendre ce médicament soit une demi-heure avant soit deux heures après.

Posologie usuelle :
- Femme enceinte à partir du 5e mois de grossesse : 4 comprimés par jour.
- Nourrisson : 1 comprimé par jour.
- Enfant de 30 mois à 4 ans : 2 comprimés par jour.
- Enfant de plus de 4 ans : 3 ou 4 comprimés par jour.

La formation de l'émail dentaire débute 4 mois avant la naissance et se poursuit jusqu'à l'adolescence. Le fluor peut être pris pendant toute cette période. Il ne dispense pas du brossage soigneux et régulier des dents après chaque repas ou après consommation de sucreries.

NAFTILUX
naftidrofuryl

PRÉSENTATION

NAFTILUX 200 : gélule à libération progressive (incolore et rose) ; boîte de 20 - Remb. 65 % - Liste II

Laboratoires Lucien

COMPOSITION

	p. gél.
Naftidrofuryl oxalate	200 mg

INDICATIONS

C'est un médicament qui appartient à la famille des *vasodilatateurs*. Il augmente le débit du sang dans les artères et permet au cerveau de mieux résister à un défaut d'apport en oxygène.

Il est utilisé dans le *traitement symptomatique* :
- des troubles du comportement et de la mémoire liés au vieillissement,
- de l'*artérite*,
- de certains *accidents vasculaires cérébraux*,
- du phénomène de *Raynaud*.

GROSSESSE, ALLAITEMENT ET NOUVEAU-NÉ

L'effet de ce médicament pendant la grossesse ou l'allaitement est mal connu : seul votre médecin peut évaluer le risque éventuel de son utilisation dans votre cas.

MODE D'EMPLOI ET POSOLOGIE

Les gélules peuvent être prises avec un peu d'eau, au moment ou en dehors des repas.

Posologie usuelle :

Elle est variable en fonction des indications : 1 gélule, 2 ou 3 fois par jour.

> Ce médicament n'est actif que sur les *symptômes* de l'*artérite* ; seule la pratique régulière de la marche peut retarder l'évolution de la maladie. Si vous êtes fumeur, la poursuite du tabagisme nuit à l'efficacité du traitement.
>
> Les gélules peuvent être ouvertes et les granules qu'elles contiennent mélangés à l'alimentation pour faciliter la prise du médicament chez la personne âgée. Les granules ne doivent pas être dissous dans un liquide.

EFFETS INDÉSIRABLES POSSIBLES

Troubles digestifs mineurs.

Allergie cutanée.

NALCRON
cromoglycate de sodium

PRÉSENTATION

NALCRON ampoules buvables : solution buvable ; boîte de 30 ampoules 5 ml - Remb. 35 % - Liste II

Laboratoires Fisons

COMPOSITION

	p. amp.
Acide cromoglicique sel sodique	91,5 mg

INDICATIONS

C'est un médicament antiallergique.

Il est utilisé pour traiter l'*allergie* alimentaire.

GROSSESSE, ALLAITEMENT ET NOUVEAU-NÉ

Grossesse :

L'effet de ce médicament sur l'enfant à naître est mal connu : par mesure de prudence son usage est déconseillé pendant les 3 premiers mois de la grossesse.

Allaitement :

Les données disponibles ne permettent pas de savoir si ce médicament passe dans le lait maternel.

MODE D'EMPLOI ET POSOLOGIE

Les ampoules peuvent être absorbées pures ou diluées dans de l'eau.

Il est préférable de garder la solution dans la bouche pendant environ 1 minute avant d'avaler.

Ce médicament doit être pris 15 à 30 minutes avant les repas.

Posologie usuelle :

Elle est individuelle et varie selon l'âge ; la dose efficace la plus faible possible est toujours recherchée.

EFFETS INDÉSIRABLES POSSIBLES

Rarement : nausée, diarrhée, douleur articulaire, éruptions cutanées.

NALGÉSIC
fénoprofène

PRÉSENTATION

NALGÉSIC : comprimé (orange) ; boîte de 16 - Remb. 65 % - Liste II

Laboratoires Lilly France

COMPOSITION

	p. comp.
Fénoprofène	300 mg

INDICATIONS

Ce médicament est un *anti-inflammatoire* non stéroïdien (*AINS*). Il possède à faible dose des propriétés *antalgiques*.

Il est utilisé en cas de douleurs diverses, en particulier rhumatismales et dentaires.

CONTRE-INDICATIONS

Ce médicament ne doit pas être utilisé dans les cas suivants :
- *antécédent* d'*allergie* à l'aspirine ou aux *anti-inflammatoires* non stéroïdiens (*AINS*),
- *ulcère* de l'estomac ou du *duodénum*,
- *insuffisance rénale* grave,
- 3 derniers mois de la **grossesse**.

> **ATTENTION**
>
> Tout traitement prolongé ou surdosage d'*AINS* expose à des effets indésirables graves.
>
> Des précautions sont nécessaires en cas d'*asthme*, d'*antécédents* d'*ulcère* de l'estomac ou du *duodénum*, d'*insuffisance cardiaque*, de risque hémorragique.
>
> Conducteur : ce médicament peut provoquer parfois des étourdissements.

INTERACTIONS MÉDICAMENTEUSES

Ce médicament peut interagir avec d'autres médicaments, notamment :
- l'aspirine et les autres *anti-inflammatoires* non stéroïdiens, les *anticoagulants*, *antiagrégants plaquettaires* (TICLID...) : augmentation du risque hémorragique ;
- le *lithium* (TÉRALITHE, NEUROLITHIUM...) : augmentation du taux de lithium dans le sang.

Signalez tout autre traitement en cours à votre médecin ou à votre pharmacien.

GROSSESSE, ALLAITEMENT ET NOUVEAU-NÉ

Grossesse :

Des effets néfastes pour la mère et l'enfant ont été mis en évidence lorsque ce médicament, comme tous les *AINS*, est utilisé au cours des 3 derniers mois de la grossesse : son usage est formellement contre-indiqué pendant cette période.

Pendant les 6 premiers mois, l'effet de ce médicament est mal connu : seul votre médecin peut évaluer le risque éventuel de son utilisation dans votre cas.

Allaitement :

Ce médicament passe dans le lait maternel : par mesure de prudence, il est déconseillé pendant l'allaitement.

MODE D'EMPLOI ET POSOLOGIE

Afin de limiter la survenue de *troubles digestifs*, les comprimés peuvent être pris au cours des repas, accompagnés d'un grand verre d'eau. Toutefois, dans les douleurs aiguës, la prise à jeun assure un effet plus rapide.

Posologie usuelle :

1 comprimé, 3 ou 4 fois par jour (toutes les 6 à 8 heures). En cas de douleurs aiguës, il est possible de prendre 2 comprimés à la première prise.

> Ne pas dépasser la *posologie* et la durée de traitement prescrites par votre médecin, afin de limiter les effets indésirables.

EFFETS INDÉSIRABLES POSSIBLES

Troubles digestifs : *gastrite*, douleurs abdominales.

Rares étourdissement, maux de tête, somnolence.

Allergie cutanée, *asthme*.

Rares et parfois graves : *hémorragie* du tube digestif (vomissements sanglants, selles noires, ou plus souvent pertes de sang imperceptibles responsables de l'apparition progressive d'une *anémie*).

NANBACINE collutoire
xibornol

PRÉSENTATION

NANBACINE : *collutoire* arôme menthe ; flacon pressurisé à l'azote 30 ml - Remb. 35 % - Liste II

Laboratoires Bellon

COMPOSITION

	p. 100 ml
Xibornol	3 g
Essence de menthe	+

INDICATIONS

Ce *collutoire* contient un *antiseptique*.

Il est utilisé dans le *traitement d'appoint* des infections de la bouche et de la gorge.

CONTRE-INDICATIONS

Ce médicament ne doit pas être utilisé chez l'enfant de moins de 30 mois.

> **ATTENTION**
>
> Les traitements locaux (*gargarisme*, *collutoire*, pastille) n'agissent que superficiellement ; dans le cas d'infection profonde (angines...), un autre mode de

traitement est nécessaire pour éviter des complications ultérieures, cardiaques ou rénales.

L'usage prolongé de ce médicament n'est pas souhaitable ; il peut modifier l'équilibre microbien naturel de la gorge et favoriser l'apparition de *candidose*.

En l'absence d'amélioration au bout de 5 jours, en cas d'apparition de fièvre : consultez votre médecin.

INTERACTIONS MÉDICAMENTEUSES

Il est généralement inutile d'associer des *antiseptiques* différents. Ceux-ci peuvent être contenus dans de nombreux produits disponibles en automédication : pastille, *collutoire* et solution nasale ; demandez conseil à votre pharmacien.

GROSSESSE, ALLAITEMENT ET NOUVEAU-NÉ

L'effet de ce médicament pendant la grossesse ou l'allaitement est mal connu : seul votre médecin peut évaluer le risque éventuel de son utilisation dans votre cas.

MODE D'EMPLOI ET POSOLOGIE

Posologie usuelle :

- Adulte et enfant de plus de 30 mois : 4 à 6 pulvérisations par jour.

☛ Chez le jeune enfant, la pulvérisation peut provoquer un spasme du larynx : n'introduisez pas trop profondément l'embout dans sa bouche.

NANBACINE oral

PRÉSENTATION

NANBACINE : gélule (blanc et orange) ; boîte de 12 - Remb. 65 % - Liste II

NANBACINE SUSPENSION PÉDIATRIQUE : poudre pour suspension buvable arôme cassis-framboise ; flacon 100 ml (20 cuillères à café 5 ml) - Remb. 65 % - Liste II

Laboratoires Bellon

COMPOSITION

	p. gél. 250 mg	p. c. à c. 100 mg
Xibornol		

INDICATIONS

Ce médicament contient un antibactérien, actif sur certains des *germes* responsables des affections des *voies* respiratoires.

Il est utilisé dans le *traitement d'appoint* des infections respiratoires.

ATTENTION

Si les troubles persistent au-delà de quelques jours, prévenez votre médecin.

GROSSESSE, ALLAITEMENT ET NOUVEAU-NÉ

L'effet de ce médicament pendant la grossesse ou l'allaitement est mal connu : seul votre médecin peut évaluer le risque éventuel de son utilisation dans votre cas.

MODE D'EMPLOI ET POSOLOGIE

Les gélules doivent être avalées avec un verre d'eau.

La suspension buvable est reconstituée en ajoutant de l'eau dans le flacon. Bien agiter avant l'emploi.

Posologie usuelle :

- Adulte : 4 à 6 gélules par jour.
- Enfant : 2 cuillères à café de suspension buvable par 5 kg et par jour, à répartir dans la journée. Soit pour un enfant de 15 kg, 6 cuillères à café par jour.

NAPROSYNE

naproxène

PRÉSENTATION

NAPROSYNE 250 mg : comprimé (blanc) ; boîte de 12 - Remb. 65 % - Liste II

NAPROSYNE 250 mg Enfant : suppositoire ; boîte de 12 - Remb. 65 % - Liste II

NAPROSYNE 500 mg : comprimé oblong (blanc) ; boîte de 15 - Remb. 65 % - Liste II

NAPROSYNE 500 mg Adulte : suppositoire ; boîte de 12 - Remb. 65 % - Liste II

NAPROSYNE 750 mg : comprimé (jaune orangé) ; boîte de 15 - Remb. 65 % - Liste II

NAPROSYNE 1 000 mg : comprimé (blanc) ; boîte de 8 - Remb. 65 % - Liste II

Laboratoires Cassenne

COMPOSITION

	p. comp. 250 mg	p. suppos. 250 mg	p. comp. 500 mg
Naproxène			

	p. suppos. 500 mg	p. comp. 750 mg	p. comp. 1 000 mg
Naproxène			

INDICATIONS

Ce médicament est un *anti-inflammatoire* non stéroïdien (*AINS*). Il lutte contre l'*inflammation* et la douleur, fait baisser la fièvre et fluidifie le sang.

Il est utilisé dans le *traitement symptomatique* :

- des *rhumatismes inflammatoires* ;
- de certaines *arthroses* ;
- des *tendinites*, des *lombalgies*... ;
- des entorses, des suites de chirurgie orthopédique ;
- des règles douloureuses.

Il est également utilisé dans le *traitement d'appoint* des manifestations inflammatoires de la bouche, du nez, de la gorge et des oreilles.

Il est utilisé chez l'enfant dans le traitement de la *polyarthrite rhumatoïde* (comprimé à 250 mg).

CONTRE-INDICATIONS

Ce médicament ne doit pas être utilisé dans les cas suivants :

- *allergie* aux *AINS*, y compris l'aspirine ;
- *ulcère* de l'estomac ou du *duodénum* ;
- *insuffisance hépatique*, *insuffisance rénale* graves ;
- *inflammation* récente du rectum (suppositoire) ;
- enfant de moins de 15 ans (comprimés à 500 mg, 750 mg et 1 000 mg, suppositoire à 500 mg) ;
- enfant de moins de 25 kg (comprimés et suppositoires à 250 mg) ;
- **grossesse** (3 derniers mois) ;
- **allaitement.**

ATTENTION

Tout traitement prolongé ou surdosage d'*AINS* expose à des effets indésirables graves.

Tout *symptôme* pouvant faire craindre des complications (douleurs d'estomac, *allergie* cutanée) doit être signalé à votre médecin.

Des précautions sont nécessaires chez la personne souffrant d'*antécédents* d'*ulcère* de l'estomac ou du *duodénum*, ou présentant un risque hémorragique, chez la personne âgée et chez la femme qui porte un stérilet.

Conducteur : ce médicament peut provoquer parfois des étourdissements.

INTERACTIONS MÉDICAMENTEUSES

Ce médicament peut interagir avec d'autres médicaments, notamment :

- l'aspirine et les autres *anti-inflammatoires* non stéroïdiens : risque d'accroissement des effets indésirables ;
- les *anticoagulants* et les *antiagrégants plaquettaires* (TICLID...) : augmentation du risque hémorragique ;
- le *lithium* (TÉRALITHE, NEUROLITHIUM) : augmentation du taux de lithium dans le sang.

Signalez tout autre traitement en cours à votre médecin ou à votre pharmacien.

GROSSESSE, ALLAITEMENT ET NOUVEAU-NÉ

Grossesse :

Des effets néfastes graves pour la mère et l'enfant à naître ont été mis en évidence lorsque ce médicament, comme tous les *AINS*, est utilisé au cours des 3 derniers mois de la grossesse : son usage est formellement contre-indiqué pendant cette période.

Pendant les 6 premiers mois, l'effet de ce médicament est mal connu : seul votre médecin peut évaluer le risque éventuel de son utilisation dans votre cas.

Allaitement :

Ce médicament passe dans le lait maternel : par mesure de prudence, il est contre-indiqué pendant l'allaitement.

MODE D'EMPLOI ET POSOLOGIE

Les comprimés doivent être avalés, sans être croqués, de préférence au milieu des repas afin de limiter les effets digestifs indésirables.

Posologie usuelle :

- Adulte :
  - *traitement d'attaque* : 1 000 mg par jour (soit 1 comprimé à 500 mg, 2 fois par jour, ou 1 comprimé à 1 000 mg par jour, ou 1 comprimé à 500 mg le matin et 1 suppositoire à 500 mg le soir) ;
  - *traitement d'entretien* : 500 à 750 mg par jour (soit 2 comprimés à 250 mg ou 1 comprimé à 500 mg par jour, ou

1 comprimé à 250 mg le matin et 1 suppositoire à 250 mg le soir ou 1 comprimé à 750 mg par jour).
- Enfant de plus de 5 ans et de plus de 25 kg : en moyenne, 10 mg par kg et par jour ; soit, pour un enfant de 30 kg, 1 comprimé à 250 mg ou un suppositoire à 250 mg par jour.

> Ne dépassez pas la *posologie* ni la durée de traitement prescrites par votre médecin.
> Ce médicament vous a été prescrit dans une situation précise : ne le conseillez pas à un proche, ne le réutilisez pas sans avis médical.
> Les effets indésirables de ce médicament sur l'estomac peuvent survenir aussi bien avec les suppositoires qu'avec les comprimés.

EFFETS INDÉSIRABLES POSSIBLES

Troubles digestifs : *gastrite*, voire *ulcère* de l'estomac ou du *duodénum*, le plus souvent lors d'un traitement de longue durée ou à forte dose. Exceptionnellement : *hémorragie* du tube digestif (vomissements de sang ou selles noires).

Allergie cutanée, *asthme*.

Maux de tête, *vertiges*, somnolence.

Pour les suppositoires : brûlure et démangeaisons rectales.

NARBALEK

PRÉSENTATION

NARBALEK : comprimé (rose) ; boîte de 35 - Non remb.

NARBALEK : comprimé (rose) ; boîte de 70 - Non remb.

NARBALEK : comprimé (rose) ; boîte de 105 - Non remb.

Laboratoires Soekami Lefrancq

COMPOSITION

	p. comp.
Fumarate ferreux	100 mg
Soit fer élément	33 mg
Riboflavine (vitamine B2)	9 mg
Pyridoxine chlorhydrate (vitamine B6)	9 mg
Nicotinamide (vitamine PP)	50 mg
Pantothénate de calcium (vitamine B5)	25 mg
Aspartate de magnésium	30 mg
Molybdate de magnésium	30 mg

INDICATIONS

Ce médicament contient une association de *vitamines* B et PP et de sels minéraux (fer et magnésium).

Il est utilisé dans le *traitement symptomatique* de certaines fatigues (*asthénies fonctionnelles*).

CONTRE-INDICATIONS

Ce médicament ne doit pas être utilisé dans les cas suivants :
- surcharge en fer,
- *insuffisance rénale*,
- **grossesse** : pendant les 3 premiers mois.

> **ATTENTION**
> Le fer est présent dans de nombreux médicaments dont certains sont disponibles en automédication : évitez de les associer.

INTERACTIONS MÉDICAMENTEUSES

Ce médicament ne doit pas être associé à ceux contenant de la lévodopa seule (LARODOPA...) : risque d'annulation des effets de la lévodopa par la *vitamine* B6.

En raison de la présence de fer, ce médicament peut interagir avec d'autres, notamment avec les *antibiotiques* de la famille des *cyclines* : respectez un intervalle de 2 heures entre les prises de chacun de ces médicaments. Signalez tout autre traitement en cours à votre médecin ou à votre pharmacien.

GROSSESSE, ALLAITEMENT ET NOUVEAU-NÉ

Grossesse :

Ce médicament est contre-indiqué pendant les 3 premiers mois de la grossesse.

Allaitement :

Aux doses usuelles, ce médicament peut être pris pendant l'allaitement.

MODE D'EMPLOI ET POSOLOGIE

Les comprimés doivent être avalés avec un verre d'eau pendant les repas.

Posologie usuelle :

1 à 3 comprimés par jour pendant 3 semaines. Ne pas dépasser 5 comprimés par jour.

> Une fatigue persistante ne doit pas vous conduire à augmenter les prises de ce médicament : consultez votre médecin.
> La coloration des selles en noir est normale sous traitement : elle est liée à la présence de fer.

EFFETS INDÉSIRABLES POSSIBLES

Rarement : *troubles digestifs*.

NASALIDE
flunisolide

PRÉSENTATION

NASALIDE : solution nasale ; flacon pulvérisateur 12 ml (100 doses) - Remb. 35 % - Liste I

Laboratoires Cassenne

COMPOSITION

	p. dose
Flunisolide	25 μg

INDICATIONS

Ce médicament d'usage local appartient à la famille des *corticoïdes*.

Il est utilisé dans le *traitement symptomatique* des *rhinites* d'origine allergique ou inflammatoire.

CONTRE-INDICATIONS

Ce médicament ne doit pas être utilisé en cas :
- de saignement de nez,
- de *tuberculose* pulmonaire non traitée,
- d'*ulcère* de l'estomac ou du *duodénum*.

> **ATTENTION**
> En cas de signes d'infection nasale (fièvre, coloration des sécrétions nasales), consultez votre médecin.

GROSSESSE, ALLAITEMENT ET NOUVEAU-NÉ

L'effet de ce médicament pendant la grossesse ou l'allaitement est mal connu : seul votre médecin peut évaluer le risque éventuel de son utilisation dans votre cas.

MODE D'EMPLOI ET POSOLOGIE

Ce médicament doit être pulvérisé après un mouchage soigneux.

Posologie usuelle :

Elle est strictement individuelle et adaptée par votre médecin qui recherche la *posologie* efficace la plus faible :
- Adulte : 1 ou 2 pulvérisations (doses) dans chaque narine, 1 ou 2 fois par jour.
- Enfant de plus de 6 ans : 1 dose dans chaque narine, 3 fois par jour.

> Ce médicament d'action lente n'est pas adapté au traitement des *rhinites* aiguës. Un délai de quelques jours est nécessaire pour qu'il soit actif.
> Seules les prises régulières et prolongées permettent d'obtenir l'amélioration recherchée.

EFFETS INDÉSIRABLES POSSIBLES

Irritation locale passagère.

Sécrétions striées de sang en cas d'assèchement rapide du nez, surtout en début de traitement.

NATI-K
potassium

PRÉSENTATION

NATI-K : comprimé (rose) ; boîte de 40 - Remb. 65 %

Laboratoires Synlab

COMPOSITION

	p. comp.
Tartrate neutre de potassium	500 mg
Soit potassium	166 mg

INDICATIONS

Ce médicament contient du *potassium*, élément minéral indispensable aux cellules de l'organisme.

Il est utilisé dans les déficits en potassium (*hypokaliémie*), liés principalement à la prise de certains médicaments (*diurétiques*, *corticoïdes*, et tous les *laxatifs stimulants*...).

CONTRE-INDICATIONS

Ce médicament ne doit pas être utilisé dans les cas suivants :
- risque d'excès de *potassium* dans le sang (*hyperkaliémie*),
- en association avec certains *diurétiques* et les autres sels de potassium.

ATTENTION

Pour éviter une surcharge en *potassium*, une surveillance médicale et des analyses de sang régulières sont nécessaires avant et pendant le traitement afin d'adapter la *posologie*, notamment chez la personne âgée.

INTERACTIONS MÉDICAMENTEUSES

Ce médicament ne doit pas être associé aux *diurétiques* qui augmentent le taux de *potassium* et aux autres sels de potassium : risque de *trouble du rythme cardiaque* grave. Ce médicament peut interagir avec d'autres médicaments, notamment avec certains *antihypertenseurs*. Signalez tout autre traitement en cours à votre médecin ou à votre pharmacien.

GROSSESSE, ALLAITEMENT ET NOUVEAU-NÉ

Grossesse :

Ce médicament peut être utilisé en cas de déficit en *potassium* chez la femme enceinte, mais uniquement sur prescription médicale.

MODE D'EMPLOI ET POSOLOGIE

Les comprimés doivent être avalés avec de l'eau, de préférence à la fin des repas. Les prises doivent être réparties au cours de la journée.

Posologie usuelle :

Elle est adaptée par votre médecin en fonction des résultats de l'analyse de sang.

NATIROSE

trinitrine

PRÉSENTATION

NATIROSE : comprimé (rose) ; boîte de 50 - Remb. 65 % - Liste II

Laboratoires Procter & Gamble

COMPOSITION

	p. comp.
Trinitrine	0,75 mg

INDICATIONS

Ce médicament *vasodilatateur* appartient à la famille des dérivés de la trinitrine. Il possède de nombreuses propriétés qui facilitent le travail du cœur : dilatation des veines, dilatation des artères à forte dose, prévention des spasmes des *artères coronaires*.

Il est utilisé dans :
- le *traitement préventif* et le *traitement curatif* des crises d'*angine de poitrine*,
- le *traitement d'appoint* de l'*insuffisance cardiaque* aiguë.

ATTENTION

Une crise d'*angine de poitrine* qui dure plus d'un quart d'heure malgré la prise de trinitrine peut être un *infarctus du myocarde* débutant qui requiert un traitement urgent. Consultez un service médical d'urgence ou appelez le 15.

En cas d'utilisation à des doses élevées, le traitement ne doit pas être arrêté brutalement.

INTERACTIONS MÉDICAMENTEUSES

Ce médicament peut interagir avec d'autres médicaments. Signalez tout autre traitement en cours à votre médecin ou à votre pharmacien.

GROSSESSE, ALLAITEMENT ET NOUVEAU-NÉ

L'effet de ce médicament pendant la grossesse ou l'allaitement est mal connu : seul votre médecin peut évaluer le risque éventuel de son utilisation dans votre cas.

MODE D'EMPLOI ET POSOLOGIE

Les comprimés doivent être croqués lentement et gardés dans la bouche au moins une minute avant d'être avalés.

Posologie usuelle :
- 1 ou 2 comprimés à quelques minutes d'intervalle en cas de crise d'*angine de poitrine* ou de circonstances susceptibles de déclencher une crise.
- 1 à 3 comprimés en cas d'*insuffisance cardiaque* aiguë.

Si vous emportez avec vous ces comprimés, gardez-les dans leur emballage d'origine ou dans une boîte étanche.

EFFETS INDÉSIRABLES POSSIBLES

Maux de tête, bouffées de chaleur.

Baisse de la tension artérielle pouvant se traduire par des malaises, surtout chez la personne âgée.

Rares nausées, vomissements et réactions cutanées.

NATISÉDINE

phényléthylbarbiturate de quinidine

PRÉSENTATION

NATISÉDINE : comprimé sécable (rose) ; boîte de 40 - Remb. 65 % - Liste II

Laboratoires Procter & Gamble

COMPOSITION

	p. comp.
Phényléthylbarbiturate de quinidine	100 mg

INDICATIONS

Ce médicament contient de la quinidine, qui appartient à la famille des *antiarythmiques*, et un *barbiturique*, qui possède des propriétés sédatives.

Il est utilisé dans le traitement des *palpitations*.

CONTRE-INDICATIONS

Ce médicament ne doit pas être utilisé dans les cas suivants :
- *allergie* aux *barbituriques* ou à la quinidine,
- *porphyries*,
- *insuffisance respiratoire* grave,
- *bloc auriculo-ventriculaire*,
- association avec les médicaments favorisant un *trouble du rythme cardiaque*.

ATTENTION

Évitez les boissons alcoolisées : augmentation du risque de somnolence.

Conducteur : ce médicament peut être responsable d'une somnolence ou d'une baisse de la vigilance.

INTERACTIONS MÉDICAMENTEUSES

Ce médicament ne doit pas être associé à certains *antiarythmiques*, notamment ceux contenant de l'amiodarone ou du sotalol, et aux médicaments contenant de la *vincamine* ou du sultopride : risque d'apparition de *torsades de pointes*.

Il peut aussi interagir avec les *laxatifs stimulants*, les *diurétiques* et tout autre médicament susceptible de provoquer une *hypokaliémie*.

Signalez tout autre traitement en cours à votre médecin ou à votre pharmacien.

GROSSESSE, ALLAITEMENT ET NOUVEAU-NÉ

L'effet de ce médicament pendant la grossesse ou l'allaitement est mal connu : seul votre médecin peut évaluer le risque éventuel de son utilisation dans votre cas.

MODE D'EMPLOI ET POSOLOGIE

Les comprimés doivent être avalés avec un verre d'eau.

Posologie usuelle :
- Adulte : 1 à 3 comprimés par jour.
- Enfant de 2 à 15 ans : 1/4 à 2 comprimés par jour.

Les *palpitations* peuvent être favorisées par la prise d'excitants : café, thé, boissons alcoolisées et certains sodas contenant de la caféine.

EFFETS INDÉSIRABLES POSSIBLES

Dus au phénobarbital : somnolence, réaction cutanée, excitation chez l'enfant, confusion des idées chez la personne âgée.

NATISPRAY

trinitrine

PRÉSENTATION

NATISPRAY 0,15 mg : solution *sublinguale* pour pulvérisation buccale ; flacon pressurisé (12 ml = 200 doses) - Remb. 65 % - Liste II

NATISPRAY 0,40 mg : solution *sublinguale* pour pulvérisation buccale ; flacon pressurisé (18 ml = 300 doses) - Remb. 65 % - Liste II

Laboratoires Procter & Gamble

COMPOSITION

	p. dose	p. dose
Trinitrine	0,15 mg	0,40 mg
Alcool 95 % v/v	0,02 ml	0,001 ml

INDICATIONS

Ce médicament *vasodilatateur* appartient à la famille des dérivés de la trinitrine. Il possède de nombreuses propriétés qui facilitent le travail du cœur : dilatation des veines, dilatation des artères à forte dose, prévention des spasmes des *artères coronaires*.

Il est utilisé dans :
- le *traitement préventif* et le *traitement curatif* des crises d'*angine de poitrine*,
- le *traitement d'appoint* de l'*insuffisance cardiaque* aiguë.

ATTENTION
Une crise d'*angine de poitrine* qui dure plus d'un quart d'heure malgré la prise de trinitrine peut être un *infarctus du myocarde* débutant qui requiert un traitement urgent. Consultez un service médical d'urgence ou appelez le 15.

INTERACTIONS MÉDICAMENTEUSES

Ce médicament peut interagir avec d'autres médicaments. Signalez tout autre traitement en cours à votre médecin ou à votre pharmacien.

GROSSESSE, ALLAITEMENT ET NOUVEAU-NÉ

L'effet de ce médicament pendant la grossesse ou l'allaitement est mal connu : seul votre médecin peut évaluer le risque éventuel de son utilisation dans votre cas.

MODE D'EMPLOI ET POSOLOGIE

Pulvériser une bouffée, de préférence sous la langue. Il est souhaitable de ne pas respirer pendant la pulvérisation et de fermer la bouche immédiatement après. Le flacon doit être tenu verticalement, le plus près possible de la bouche.

Posologie usuelle :
- 1 pulvérisation, éventuellement renouvelée une fois, en cas de crise d'*angine de poitrine* ou de circonstances susceptibles de déclencher une crise ;
- les doses sont plus fortes en cas d'*insuffisance cardiaque* aiguë.

N'abusez pas de ce médicament qui peut provoquer des maux de tête importants.

EFFETS INDÉSIRABLES POSSIBLES

Maux de tête surtout en début de traitement, bouffées de chaleur.

Baisse de la tension artérielle pouvant se traduire par des malaises, surtout chez la personne âgée.

Troubles digestifs : nausées.

Réactions cutanées.

Pour en savoir plus, lisez : Généralités sur le médicament

NATURA MEDICA ARMOISE

PRÉSENTATION

NATURA MEDICA ARMOISE : solution buvable ; boîte de 20 ampoules 5 ml - Non remb.

Laboratoires Natura Medica

COMPOSITION

	p. amp.
Armoise, feuilles séchées	500 mg
Alcool à 95°	0,70 ml

INDICATIONS

Ce médicament contient un extrait de plante.

Il est utilisé pour stimuler l'appétit chez l'adulte.

ATTENTION
Une perte de l'appétit ou une perte de poids involontaire et durable, rapide ou progressive, ne doivent pas vous conduire à augmenter les doses ni à prolonger le traitement mais à consulter votre médecin afin d'en rechercher la cause.
Ce médicament contient de l'*alcool* en quantité notable.

GROSSESSE, ALLAITEMENT ET NOUVEAU-NÉ

Ce médicament contient une plante présumée sans danger pendant la grossesse ou l'allaitement. Néanmoins, ne l'utilisez pas de façon prolongée sans l'avis de votre pharmacien ou de votre médecin.

MODE D'EMPLOI ET POSOLOGIE

Ce médicament est réservé à l'adulte.

Il doit être pris au cours du repas, dans un demi-verre d'eau.

Posologie usuelle :
- Adulte : 1 ampoule, 2 fois par jour.

Ce médicament doit être conservé à l'abri de la lumière, de la chaleur et de l'humidité.

EFFETS INDÉSIRABLES POSSIBLES

Cette solution contient de l'*alcool* : elle peut occasionner des brûlures d'estomac chez les personnes ayant un *ulcère* de l'estomac ou du *duodénum*, ou une *gastrite*.

NATURA MEDICA AUBÉPINE

PRÉSENTATION

NATURA MEDICA AUBÉPINE : solution buvable ; boîte de 20 ampoules 5 ml - Non remb.

Laboratoires Natura Medica

COMPOSITION

	p. comp.
Aubépine, sommités fleuries	500 mg
Alcool à 95°	0,70 ml

INDICATIONS

Ce médicament contient un extrait de plante à effet *sédatif*, l'aubépine.

Il est utilisé dans le traitement des *palpitations*.

ATTENTION
Les *palpitations* peuvent être le *symptôme* d'une maladie cardiaque : n'utilisez pas ce médicament de façon prolongée sans l'avis de votre médecin.
Ce médicament contient de l'*alcool* en quantité notable.

GROSSESSE, ALLAITEMENT ET NOUVEAU-NÉ

Ce médicament contient une plante présumée sans danger pendant la grossesse ou l'allaitement. Néanmoins, ne l'utilisez pas de façon prolongée sans l'avis de votre pharmacien ou de votre médecin.

MODE D'EMPLOI ET POSOLOGIE

Ce médicament est réservé à l'adulte.

Ce médicament doit être pris au cours du repas, dans un demi-verre d'eau.
- Adulte : 1 ampoule, 2 fois par jour.

Les *palpitations* peuvent être favorisées par la prise d'excitants : café, thé, boissons alcoolisées et certains sodas contenant de la caféine.

EFFETS INDÉSIRABLES POSSIBLES

Brûlures d'estomac chez la personne souffrant de *gastrite* ou d'*ulcère* de l'estomac ou du duodénum.

NATURA MEDICA BALLOTE

PRÉSENTATION

NATURA MEDICA BALLOTE : solution buvable ; boîte de 20 ampoules 5 ml - Non remb.

Laboratoires Natura Medica

COMPOSITION

	p. amp.
Ballote noire, sommités fleuries	500 mg
Alcool à 95°	0,70 ml

INDICATIONS

Ce médicament contient une plante sédative.

Il est utilisé dans le traitement des troubles légers du sommeil ou de la nervosité.

CONTRE-INDICATIONS

Ce médicament ne doit pas être utilisé chez l'enfant de moins de 15 ans.

ATTENTION
Ce médicament contient de l'*alcool* en quantité notable.

GROSSESSE, ALLAITEMENT ET NOUVEAU-NÉ

Ce médicament ne contient que des plantes présumées sans danger pendant la grossesse ou l'allaitement. Néanmoins, ne l'utilisez pas de façon prolongée sans l'avis de votre pharmacien ou de votre médecin.

MODE D'EMPLOI ET POSOLOGIE

Ce médicament doit être dilué dans de l'eau et pris au cours du repas.

Posologie usuelle :
- Adulte : 2 ampoules par jour.

Ce médicament doit être conservé à l'abri de la lumière et de la chaleur.

EFFETS INDÉSIRABLES POSSIBLES

Du fait de la présence d'*alcool* : brûlures d'estomac en cas de *gastrite* ou d'*ulcère* de l'estomac ou du *duodénum*.

NATURA MEDICA BIGARADIER

PRÉSENTATION

NATURA MEDICA BIGARADIER : solution buvable ; boîte de 20 ampoules (5 ml) - Non remb.

Laboratoires Natura Medica

COMPOSITION

	p. amp.
Bigaradier, feuilles	500 mg
Alcool à 95°	0,70 ml

INDICATIONS

Ce médicament contient une plante sédative.

Il est utilisé dans le traitement des troubles légers du sommeil, ou de la nervosité.

CONTRE-INDICATIONS

Ce médicament ne doit pas être utilisé chez l'enfant de moins de 15 ans.

ATTENTION
Ce médicament contient de l'*alcool* en quantité notable.

GROSSESSE, ALLAITEMENT ET NOUVEAU-NÉ

Ce médicament ne contient que des plantes présumées sans danger pendant la grossesse ou l'allaitement. Néanmoins, ne l'utilisez pas de façon prolongée sans l'avis de votre pharmacien ou de votre médecin.

MODE D'EMPLOI ET POSOLOGIE

Ce médidament doit être dilué dans un peu d'eau, et pris au cours des repas.

Posologie usuelle :
- Adulte : 2 ampoules par jour.

Ce médicament doit être conservé à l'abri de la lumière et de la chaleur.

EFFETS INDÉSIRABLES POSSIBLES

Cette solution contient de l'*alcool* ; elle peut occasionner des brûlures d'estomac chez la personne souffrant d'une *gastrite* ou d'un *ulcère* de l'estomac ou du *duodénum*.

NATURA MEDICA BOUILLON-BLANC

PRÉSENTATION

NATURA MEDICA BOUILLON-BLANC : solution buvable ; boîte de 20 ampoules 5 ml - Non remb.

Laboratoires Natura Medica

COMPOSITION

	p. amp.
Bouillon-blanc, fleur	500 mg
Alcool à 95°	0,70 ml

INDICATIONS

Ce médicament contient un extrait de plante, le bouillon-blanc.

Il est utilisé dans le *traitement symptomatique* de la toux.

ATTENTION
La toux est un *symptôme* qui peut révéler de nombreuses maladies. Consultez votre médecin si elle persiste plus de quelques jours.
Ce médicament contient de l'*alcool* en quantité notable.

GROSSESSE, ALLAITEMENT ET NOUVEAU-NÉ

Ce médicament contient une plante présumée sans danger pendant la grossesse ou l'allaitement. Néanmoins, ne l'utilisez pas de façon prolongée sans l'avis de votre pharmacien ou de votre médecin.

MODE D'EMPLOI ET POSOLOGIE

Ce médicament est réservé à l'adulte.

Il doit être pris au cours du repas, dans un demi-verre d'eau.

Posologie usuelle :
- Adulte : 1 ampoule, 2 fois par jour.

Ce médicament doit être conservé à l'abri de la lumière et de la chaleur.

EFFETS INDÉSIRABLES POSSIBLES

Cette solution contenant de l'*alcool*, elle peut occasionner des brûlures d'estomac chez les personnes ayant un *ulcère* de l'estomac ou du *duodénum*, ou une *gastrite*.

Les boissons alcoolisées augmentent parfois les effets indésirables

NATURA MEDICA CASSIS

PRÉSENTATION

NATURA MEDICA CASSIS : solution buvable ; boîte de 20 ampoules 5 ml - Non remb.

Laboratoires Natura Medica

COMPOSITION

	p. amp.
Cassis, feuilles	500 mg
Alcool à 95°	0,70 ml

INDICATIONS

Ce médicament contient un extrait de plante.

Il est utilisé dans le *traitement d'appoint* des douleurs articulaires.

ATTENTION
Ce médicament contient de l'*alcool* en quantité notable. Il est réservé à l'adulte.

GROSSESSE, ALLAITEMENT ET NOUVEAU-NÉ

Ce médicament contient une plante présumée sans danger pendant la grossesse ou l'allaitement. Néanmoins, ne l'utilisez pas de façon prolongée sans l'avis de votre pharmacien ou de votre médecin.

MODE D'EMPLOI ET POSOLOGIE

Le contenu des ampoules doit être dilué dans un demi-verre d'eau et pris au cours du repas.

Posologie usuelle :
- Adulte : 1 ampoule, 2 fois par jour.

EFFETS INDÉSIRABLES POSSIBLES

Cette solution contenant de l'*alcool*, elle peut occasionner des brûlures d'estomac chez les personnes ayant une *gastrite* ou un *ulcère* de l'estomac ou du *duodénum*.

NATURA MEDICA CYPRÈS

PRÉSENTATION

NATURA MEDICA CYPRÈS : solution buvable ; boîte de 20 ampoules 5 ml - Non remb.

Laboratoires Natura Medica

COMPOSITION

	p. amp.
Cyprès, galbules	500 mg
Alcool à 95°	0,70 ml

INDICATIONS

Ce médicament contient une plante (le cyprès) protectrice pour les vaisseaux sanguins.

Il est utilisé dans le *traitement symptomatique* :
- des jambes lourdes, *œdèmes*, crampes, *impatiences* et autres troubles pouvant

être en rapport avec une mauvaise circulation veineuse ;
- des crises d'*hémorroïdes*.

ATTENTION

Ce médicament est insuffisant pour prévenir le risque de *phlébite* chez les malades alités ou plâtrés.

Ce médicament soulage, mais n'empêche pas l'aggravation de l'*insuffisance veineuse*, qui requiert des mesures spécifiques telles que la *contention élastique*.

Ce médicament ne convient pas à l'enfant en raison de la présence d'alcool.

GROSSESSE, ALLAITEMENT ET NOUVEAU-NÉ

Ce médicament contient une plante présumée sans danger pendant la grossesse ou l'allaitement. Néanmoins ne l'utilisez pas de façon prolongée sans l'avis de votre pharmacien ou de votre médecin.

MODE D'EMPLOI ET POSOLOGIE

Les ampoules doivent être prises dans un verre d'eau au cours des repas.

Posologie usuelle :

- Adulte : 1 ampoule, 2 fois par jour.

Une activité physique régulière et la surélévation du pied du lit permettent de faciliter la circulation veineuse et *lymphatique*.

EFFETS INDÉSIRABLES POSSIBLES

Brûlures d'estomac chez les personnes ayant une *gastrite* ou un *ulcère* à l'estomac ou du *duodénum*.

NATURA MEDICA EUCALYPTUS

PRÉSENTATION

NATURA MEDICA EUCALYPTUS : solution buvable ; boîte de 20 ampoules 5 ml - Non remb.

Laboratoires Natura Medica

COMPOSITION

	p. amp.
Eucalyptus, feuilles	500 mg
Alcool à 95°	0,70 ml

INDICATIONS

Ce médicament contient une plante aux propriétés *antiseptiques*.

Il est utilisé dans le *traitement d'appoint* des bronchites aiguës, bénignes.

ATTENTION

Ce médicament contient de l'*alcool* en quantité notable.

GROSSESSE, ALLAITEMENT ET NOUVEAU-NÉ

Ce médicament contient une plante présumée sans danger pendant la grossesse ou l'allaitement. Néanmoins, ne l'utilisez pas de façon prolongée sans l'avis de votre pharmacien ou de votre médecin.

MODE D'EMPLOI ET POSOLOGIE

Ce médicament est réservé à l'adulte.

Il doit être pris au cours du repas, dans un demi-verre d'eau.

Posologie usuelle :

- Adulte : 1 ampoule, 2 fois par jour.

EFFETS INDÉSIRABLES POSSIBLES

Cette solution contient de l'*alcool* : elle peut occasionner des brûlures d'estomac chez les personnes ayant une *gastrite* ou un ulcère de l'estomac ou du *duodénum*.

NATURA MEDICA FENOUIL

PRÉSENTATION

NATURA MEDICA FENOUIL : solution buvable ; boîte de 20 ampoules 5 ml - Non remb.

Laboratoires Natura Medica

COMPOSITION

	p. amp.
Fenouil, racines	500 mg
Alcool à 95°	0,70 ml

INDICATIONS

Ce médicament contient un extrait de plante.

Il est utilisé pour faciliter l'élimination d'eau par les reins.

ATTENTION

Ce médicament contient de l'*alcool* en quantité notable.

GROSSESSE, ALLAITEMENT ET NOUVEAU-NÉ

Ce médicament contient une plante présumée sans danger pendant la grossesse ou l'allaitement. Néanmoins, ne l'utilisez pas de façon prolongée sans l'avis de votre pharmacien ou de votre médecin.

Ce médicament n'est pas adapté au traitement d'une éventuelle rétention d'eau survenant pendant la grossesse. L'apparition d'*œdèmes* impose une consultation médicale.

MODE D'EMPLOI ET POSOLOGIE

Ce médicament est réservé à l'adulte.

Il doit être pris dans un demi-verre d'eau, au moment des principaux repas.

Posologie usuelle :

- Adulte : 1 ampoule, 2 fois par jour.

Ce médicament doit être conservé à l'abri de la lumière et de la chaleur.

EFFETS INDÉSIRABLES POSSIBLES

Douleurs d'estomac chez les personnes ayant une *gastrite* ou un ulcère de l'estomac ou du *duodénum*.

NATURA MEDICA MÉLISSE

PRÉSENTATION

NATURA MEDICA MÉLISSE : solution buvable ; boîte de 20 ampoules 5 ml - Non remb.

Laboratoires Natura Medica

COMPOSITION

	p. amp.
Mélisse, feuilles	500 mg
Alcool à 95°	0,70 ml

INDICATIONS

Ce médicament contient une plante sédative.

Il est utilisé dans le *traitement d'appoint* des douleurs dues aux *colites* spasmodiques.

CONTRE-INDICATIONS

Ce médicament ne doit pas être utilisé chez l'enfant de moins de 15 ans.

ATTENTION

Ce médicament contient de l'*alcool* en quantité notable.

GROSSESSE, ALLAITEMENT ET NOUVEAU-NÉ

Ce médicament ne contient que des plantes présumées sans danger pendant la grossesse ou l'allaitement. Néanmoins, ne l'utilisez pas de façon prolongée sans l'avis de votre pharmacien ou de votre médecin.

MODE D'EMPLOI ET POSOLOGIE

Ce médicament doit être pris au cours du repas, dans un demi-verre d'eau.

Posologie usuelle :

- Adulte : 1 ampoule, 2 fois par jour.

Ce médicament doit être conservé à l'abri de la lumière et de la chaleur.

EFFETS INDÉSIRABLES POSSIBLES

Cette solution contient de l'*alcool* ; elle peut occasionner des brûlures d'estomac chez les personnes ayant une *gastrite* ou un ulcère de l'estomac ou du *duodénum*.

NATURA MEDICA PRÊLE

PRÉSENTATION

NATURA MEDICA PRÊLE : solution buvable ; boîte de 20 ampoules 5 ml - Non remb.

Laboratoires Natura Medica

COMPOSITION

	p. amp.
Prêle, parties aériennes séchées	500 mg
Alcool à 95°	0,70 ml

INDICATIONS

Ce médicament contient un extrait de plante.

Il est utilisé en complément des régimes amaigrissants.

ATTENTION

Ce médicament contient de l'*alcool* en quantité notable.

GROSSESSE, ALLAITEMENT ET NOUVEAU-NÉ

Ce médicament contient une plante présumée sans danger pendant la grossesse ou l'allaitement. Néanmoins, ne l'utilisez pas de façon prolongée sans l'avis de votre pharmacien ou de votre médecin.

MODE D'EMPLOI ET POSOLOGIE

Ce médicament est réservé à l'adulte.

Il doit être pris au cours du repas, dans un demi-verre d'eau.

Posologie usuelle :

- Adulte : 1 ampoule, 2 fois par jour.

La prise de ce médicament ne dispense pas d'une alimentation appropriée : parlez-en à votre médecin ou à votre pharmacien.

Ce médicament doit être conservé à l'abri de la lumière et de la chaleur.

EFFETS INDÉSIRABLES POSSIBLES

Cette solution contenant de l'*alcool*, elle peut occasionner des brûlures d'estomac chez les personnes ayant un *ulcère* de l'estomac ou du *duodénum*, ou une *gastrite*.

NATURA MEDICA REINE-DES-PRÉS

PRÉSENTATION

NATURA MEDICA REINE-DES-PRÉS : solution buvable ; boîte de 20 ampoules 5 ml - Non remb.

Laboratoires Natura Medica

COMPOSITION

	p. amp.
Reine-des-prés, sommités fleuries	500 mg
Alcool à 95°	0,70 ml

INDICATIONS

Ce médicament contient un extrait de plante.

Il est utilisé pour favoriser les fonctions d'élimination rénale ou digestive.

ATTENTION

Ce médicament contient de l'*alcool* en quantité notable.

GROSSESSE, ALLAITEMENT ET NOUVEAU-NÉ

Ce médicament contient une plante présumée sans danger pendant la grossesse ou l'allaitement. Néanmoins, ne l'utilisez pas de façon prolongée sans l'avis de votre pharmacien ou de votre médecin.

MODE D'EMPLOI ET POSOLOGIE

Ce médicament est réservé à l'adulte.

Il doit être pris au cours du repas, dans un demi-verre d'eau.

Posologie usuelle :

- Adulte : 1 ampoule, 2 fois par jour.

EFFETS INDÉSIRABLES POSSIBLES

Cette solution contenant de l'*alcool*, elle peut occasionner des brûlures d'estomac chez les personnes ayant un *ulcère* de l'estomac ou du *duodénum*, ou une *gastrite*.

NATURA MEDICA ROMARIN

PRÉSENTATION

NATURA MEDICA ROMARIN : solution buvable ; boîte de 20 ampoules 5 ml - Non remb.

Laboratoires Natura Medica

COMPOSITION

	p. amp.
Romarin, sommités fleuries	500 mg
Alcool à 95°	0,70 ml

INDICATIONS

Ce médicament contient un extrait de plante qui agit en augmentant la sécrétion de bile.

Il est utilisé dans le *traitement symptomatique* des digestions difficiles.

ATTENTION

Ce médicament contient de l'*alcool* en quantité notable.

GROSSESSE, ALLAITEMENT ET NOUVEAU-NÉ

Ce médicament contient une plante présumée sans danger pendant la grossesse ou l'allaitement. Néanmoins, ne l'utilisez pas de façon prolongée sans l'avis de votre pharmacien ou de votre médecin.

MODE D'EMPLOI ET POSOLOGIE

Ce médicament est réservé à l'adulte.

Il doit être pris au cours du repas, dans un demi-verre d'eau.

Posologie usuelle :

- Adulte : 1 ampoule, 2 fois par jour.

EFFETS INDÉSIRABLES POSSIBLES

Cette solution contenant de l'*alcool*, elle peut occasionner des brûlures d'estomac chez les personnes ayant un *ulcère* de l'estomac ou du *duodénum*, ou une *gastrite*.

NATURINE

bendroflumethiazide

PRÉSENTATION

NATURINE LEO : comprimé (blanc) ; boîte de 24 - Remb. 65 % - Liste II

Laboratoires Leo

COMPOSITION

	p. comp.
Bendroflumethiazide	5 mg

INDICATIONS

C'est un médicament qui appartient à la fois à la famille des *diurétiques* et à celle des *sulfamides*.

Il est utilisé dans le traitement :

- de l'*hypertension artérielle*,
- des *œdèmes* liés à une *insuffisance hépatique*, à une *insuffisance cardiaque* ou à un *syndrome néphrotique*.

CONTRE-INDICATIONS

Ce médicament ne doit pas être utilisé dans les cas suivants :

- *allergie* aux *sulfamides*,
- *insuffisance rénale* grave.

ATTENTION

Ce médicament peut être responsable d'une baisse de la *kaliémie* (taux de *potassium* dans le sang), qui peut être aggravée par l'usage prolongé de *laxatifs stimulants*. Un contrôle par des analyses de sang est souvent prescrit par le médecin.

Chez les personnes souffrant d'une *insuffisance hépatique* grave, l'apparition de troubles de la conscience peut annoncer une complication grave : arrêtez le traitement et prenez un avis médical d'urgence.

Les diurétiques peuvent augmenter le taux d'*acide urique* ou de *sucre* dans le sang.

INTERACTIONS MÉDICAMENTEUSES

Ce médicament peut interagir avec d'autres médicaments, notamment ceux contenant du *lithium* ou de la *vincamine*. Signalez tout autre traitement en cours à votre médecin ou à votre pharmacien.

GROSSESSE, ALLAITEMENT ET NOUVEAU-NÉ

Grossesse :

Les études scientifiques actuellement disponibles n'ont pas mis en évidence de problème particulier lors de l'utilisation de ce médicament chez la femme enceinte. Néanmoins, les *diurétiques* ne sont pas adaptés au traitement de l'*hypertension artérielle* et des *œdèmes* pendant la grossesse.

Allaitement :

Ce médicament passe dans le lait maternel : l'allaitement est déconseillé.

MODE D'EMPLOI ET POSOLOGIE

Ce médicament doit être pris avec un verre d'eau, de préférence au cours du petit déjeuner ou du dîner.

Posologie usuelle :

Elle varie en fonction des indications.

Ce médicament augmente le volume des urines, surtout en début de traitement. Une prise le soir peut occasionner des gênes pendant la nuit.

Les *diurétiques* exposent au risque de déshydratation : les personnes âgées devront boire abondamment, notamment pendant les fortes chaleurs.

EFFETS INDÉSIRABLES POSSIBLES

Baisse du taux de *potassium* dans le sang.

Allergie cutanée.

NAUSICALM

dimenhydrinate

PRÉSENTATION

NAUSICALM : gélule (transparent et blanc) ; boîte de 14 - Non remb.

NAUSICALM : sirop arôme caramel ; flacon 150 ml - Non remb.

Laboratoires Brothier

COMPOSITION

	p. gél.	p. c. à s.	p. c. à c.
Dimenhydrinate	50 mg	47,2 mg	15,7 mg
Saccharose		10,8 g	3,6 g

INDICATIONS

C'est un médicament qui appartient à la famille des *antihistaminiques* de type H1.

Il est principalement utilisé pour prévenir et traiter le mal des transports, mais aussi pour traiter les nausées et les vomissements.

CONTRE-INDICATIONS

Ce médicament ne doit pas être utilisé dans les cas suivants :
- *glaucome* à angle fermé,
- troubles de la vessie et de la prostate pouvant conduire à une rétention des urines : *adénome de la prostate* essentiellement.

ATTENTION

Il est préférable de ne pas utiliser ce médicament si vous souffrez d'*asthme*.

Évitez les boissons alcoolisées : augmentation du risque de somnolence.

Conducteur : ce médicament peut être responsable d'une somnolence ou d'une baisse de la vigilance.

Le sirop contient du *sucre* (saccharose) en quantité notable.

INTERACTIONS MÉDICAMENTEUSES

Ce médicament peut interagir avec d'autres médicaments. Signalez tout autre traitement en cours à votre médecin ou à votre pharmacien.

GROSSESSE, ALLAITEMENT ET NOUVEAU-NÉ

Grossesse :

L'effet de ce médicament sur l'enfant à naître est mal connu : par mesure de prudence, il est déconseillé pendant la grossesse.

Allaitement :

Ce médicament passe dans le lait maternel : il est déconseillé pendant l'allaitement.

MODE D'EMPLOI ET POSOLOGIE

Ce médicament est à prendre une demi-heure avant le départ. Sa prise peut éventuellement être renouvelée au cours du voyage.

Les gélules ne conviennent pas aux enfants de moins de 6 ans.

Posologie usuelle :
- Adulte : 1 ou 2 gélules ou 1 à 2 cuillères à soupe, renouvelable 6 à 8 heures après. Ne pas dépasser 8 gélules ou 8 cuillères à soupe par 24 heures.
- Enfant de 6 à 15 ans : 1/2 ou 1 gélule, renouvelable toutes les 8 heures, ou 1 à 2 cuillères à café, renouvelable 6 à 8 heures après. Ne pas dépasser 3 gélules ou 10 cuillères à café par 24 heures.
- Enfant de 2 à 6 ans : 1/2 à 1 cuillère à café, renouvelable 6 à 8 heures après. Ne pas dépasser 5 cuillères à café par 24 heures.

EFFETS INDÉSIRABLES POSSIBLES

Somnolence.

Sécheresse de la bouche, *vertiges*, *troubles digestifs*.

NAUTAMINE

diphénydramine di-acéfylline

PRÉSENTATION

NAUTAMINE : comprimé sécable (bleu) ; boîte de 20 - Non remb.

Laboratoires Goupil

COMPOSITION

	p. comp.
Di-acéfylline diphénydramine	90 mg

INDICATIONS

C'est un médicament qui appartient à la famille des *antihistaminiques* de type H1.

Il est principalement utilisé pour prévenir et traiter le mal des transports, mais aussi pour traiter les nausées et les vomissements.

CONTRE-INDICATIONS

Ce médicament ne doit pas être utilisé dans les cas suivants :
- *glaucome* à angle fermé,
- troubles de la vessie et de la prostate pouvant conduire à une rétention des urines : *adénome de la prostate* essentiellement,
- enfant de moins de 2 ans.

ATTENTION

Évitez les boissons alcoolisées : augmentation du risque de somnolence.

Conducteur : ce médicament peut être responsable d'une somnolence ou d'une baisse de la vigilance.

INTERACTIONS MÉDICAMENTEUSES

Ce médicament peut interagir avec d'autres médicaments. Signalez tout autre traitement en cours à votre médecin ou à votre pharmacien.

GROSSESSE, ALLAITEMENT ET NOUVEAU-NÉ

Grossesse :

L'effet de ce médicament sur l'enfant à naître est mal connu : par mesure de prudence, il est déconseillé pendant les 3 premiers mois de la grossesse.

Allaitement :

Ce médicament passe faiblement dans le lait maternel : son usage est déconseillé pendant l'allaitement.

MODE D'EMPLOI ET POSOLOGIE

Ce médicament est à prendre une demi-heure avant le départ avec un peu d'eau. Il peut éventuellement être renouvelé au cours du voyage.

Posologie usuelle :
- Adulte et adolescent à partir de 13 ans : 1 comprimé ou 1 et 1/2 comprimé, renouvelable 6 à 8 heures après.
- Enfant de 5 à 13 ans : 1 comprimé, renouvelable 6 à 8 heures après.
- Enfant de 2 à 5 ans : 1/2 comprimé, renouvelable 6 à 8 heures après.

EFFETS INDÉSIRABLES POSSIBLES

Somnolence.

Sécheresse de la bouche, troubles visuels, dessèchement des sécrétions bronchiques.

Constipation, rétention d'urine.

Confusion des idées ou excitation chez la personne âgée.

NAXOGYN

nimorazole

PRÉSENTATION

NAXOGYN : comprimé sécable (blanc) ; boîte de 4 - Non remb.

Laboratoires Pharmacia

COMPOSITION

	p. comp.
Nimorazole	1 g

INDICATIONS

Ce médicament contient un antiparasitaire de la famille des *imidazolés*.

Il est utilisé dans le traitement des infections génitales à *trichomonas*.

CONTRE-INDICATIONS

Ce médicament ne doit pas être utilisé dans les cas suivants :
- *allergie* aux *imidazolés*,
- grossesse (3 premiers mois),
- allaitement.

ATTENTION

Évitez l'absorption de boissons alcoolisées pendant le traitement, ainsi que pendant les 2 ou 3 jours qui suivent : risque d'*effet antabuse*.

INTERACTIONS MÉDICAMENTEUSES

Ce médicament peut interagir avec d'autres médicaments. Signalez tout autre traitement en cours à votre médecin ou à votre pharmacien.

GROSSESSE, ALLAITEMENT ET NOUVEAU-NÉ

Ce médicament est contre-indiqué pendant les 3 premiers mois de la grossesse et pendant l'allaitement.

MODE D'EMPLOI ET POSOLOGIE

Ce médicament doit être pris de préférence pendant le repas du soir.

Posologie usuelle :

2 comprimés en 1 prise unique, à renouveler après 25 à 30 jours.

> Le médecin prescrit parfois un prélèvement pour identifier le *germe* responsable de l'infection et tester sa sensibilité aux *antibiotiques*. Le résultat de cet examen peut être faussé en cas d'automédication : prévenez votre médecin si vous avez pris ce médicament.
>
> En cas d'infection génitale, votre partenaire peut être contaminé alors qu'il ne présente aucun *symptôme*. S'il n'est pas traité conjointement, une recontamination est possible.

EFFETS INDÉSIRABLES POSSIBLES

Troubles digestifs, démangeaisons.

NAXY

clarithromycine

PRÉSENTATION

NAXY : comprimé (jaune) ; boîte de 10 - Remb. 65 % - Liste I

Laboratoires Sanofi Winthrop

COMPOSITION

	p. comp.
Clarithromycine	250 mg

INDICATIONS

C'est un *antibiotique* qui appartient à la famille des *macrolides*.

Il est utilisé dans le traitement des infections de la gorge, du nez, des bronches, et de la peau.

CONTRE-INDICATIONS

Ce médicament ne doit pas être utilisé dans les cas suivants :

- *allergie* aux *macrolides*,
- association avec les médicaments contenant de l'ergotamine ou de la dihydroergotamine,
- grossesse.

> **ATTENTION**
>
> Des précautions sont nécessaires en cas d'*insuffisance hépatique* grave et d'*insuffisance rénale*.
>
> Une diminution de la fièvre ou une disparition des troubles ne sont pas synonymes de guérison : la durée du traitement doit absolument être respectée pour éviter les rechutes.

INTERACTIONS MÉDICAMENTEUSES

Ce médicament ne doit pas être associé aux médicaments contenant de l'ergotamine ou de la dihydroergotamine : risque d'*ergotisme*.

Il peut interagir avec d'autres médicaments. Signalez tout autre traitement en cours à votre médecin ou à votre pharmacien.

GROSSESSE, ALLAITEMENT ET NOUVEAU-NÉ

Grossesse :

Ce médicament est récent : en l'absence de données suffisantes, il est contre-indiqué pendant la grossesse.

Allaitement :

Ce médicament passe dans le lait maternel : il est déconseillé pendant l'allaitement.

MODE D'EMPLOI ET POSOLOGIE

Ce médicament peut être pris indifféremment au cours ou en dehors des repas.

Posologie usuelle :

- Adulte : 1 ou 2 comprimés, matin et soir.

Cette *posologie* peut être augmentée dans le traitement de certaines infections liées au sida.

> Le médecin prescrit parfois un prélèvement pour identifier le *germe* responsable de l'infection et tester sa sensibilité aux *antibiotiques*. Le résultat de cet examen peut être faussé en cas d'automédication préalable : ne prenez pas d'antibiotique sans avis médical.
>
> L'éventuelle impression de fatigue n'est pas due à l'antibiotique, mais à l'infection elle-même.

EFFETS INDÉSIRABLES POSSIBLES

Troubles digestifs.

Réaction allergique cutanée.

NAZINETTE inhalateur

PRÉSENTATION

NAZINETTE BI-INHALATEUR : solution nasale huileuse ; flacon inhalateur - Non remb.

Laboratoires P.P.D.H.

COMPOSITION

	p. 100 g
Serpolet, huile essentielle	5 g
Niaouli, huile essentielle	20 g
Eucalyptus, huile essentielle	10 g
Lavandin, huile essentielle	5 g
Menthe	20 g
Menthol	20 g
Acétate de bornyle	10 g
Salicylate de menthyle	10 g

INDICATIONS

Cette solution nasale huileuse contient une association de substances qui a un effet *antiseptique* et décongestionnant.

Elle est utilisée dans le *traitement d'appoint* des *rhinites*, des *rhino-pharyngites* et des *sinusites*.

CONTRE-INDICATIONS

Ce médicament ne doit pas être utilisé chez l'enfant de moins de 3 ans.

> **ATTENTION**
>
> N'utilisez pas ce médicament sans avis médical chez l'enfant de moins de 7 ans.

GROSSESSE, ALLAITEMENT ET NOUVEAU-NÉ

L'effet de ce médicament pendant la grossesse ou l'allaitement est mal connu. L'évaluation du risque éventuel lié à son utilisation est individuelle : demandez conseil à votre pharmacien ou à votre médecin.

MODE D'EMPLOI ET POSOLOGIE

Inhaler la solution en plaçant les 2 embouts dans les narines et en respirant à fond 2 ou 3 fois de suite.

Posologie usuelle :

- Adulte et enfant de plus de 3 ans : plusieurs inhalations par jour.

NAZINETTE nébulisateur

PRÉSENTATION

NAZINETTE : solution nasale huileuse ; flacon pulvérisateur - Non remb.

Laboratoires P.P.D.H.

COMPOSITION

	p. 100 g
Serpolet, huile essentielle	150 mg
Niaouli, huile essentielle	400 mg
Eucalyptus, huile essentielle	150 mg
Romarin, huile essentielle	150 mg
Girofle, huile essentielle	150 mg
Palmarosa, huile essentielle	150 mg
Aspic lavandé, huile essentielle	150 mg
Thym, huile essentielle	200 mg
Myrte, huile essentielle	300 mg
Acétate de bornyle	200 mg
Salicylate de menthyle	200 mg

INDICATIONS

Cette solution nasale huileuse contient une association de substances *antiseptiques*.

Elle est utilisée comme *traitement d'appoint* des rhumes, des *rhinites*, des *rhino-pharyngites* et des *sinusites*.

CONTRE-INDICATIONS

Ce médicament ne doit pas être utilisé chez l'enfant de moins de 7 ans.

> **ATTENTION**
>
> En l'absence d'amélioration ou en cas d'apparition de fièvre, consultez votre médecin.

GROSSESSE, ALLAITEMENT ET NOUVEAU-NÉ

L'effet de ce médicament pendant la grossesse ou l'allaitement est mal connu. L'évaluation du risque éventuel lié à son

utilisation est individuelle : demandez conseil à votre pharmacien ou à votre médecin.

MODE D'EMPLOI ET POSOLOGIE

Les pulvérisations sont faites après un mouchage soigneux.

Posologie usuelle :

- Adulte et enfant de plus de 7 ans : 1 pulvérisation, 5 ou 6 fois par jour.

NAZOPHYL

PRÉSENTATION

NAZOPHYL : solution nasale huileuse ; flacon pulvérisateur 15 ml - Non remb.

Laboratoires Médecine Végétale

COMPOSITION

	p. 100 ml
Huile essentielle d'eucalyptus	0,20 g
Huile essentielle de niaouli	0,20 g
Huile essentielle de pin	0,20 g
Camphre	0,50 g
Chlorobutanol	0,20 g

INDICATIONS

Cette solution nasale huileuse possède une action *antiseptique* et *anesthésique*.

Elle est utilisée comme *traitement d'appoint* des *rhinites*, des *rhino-pharyngites* et des *sinusites*.

CONTRE-INDICATIONS

Ce médicament ne doit pas être utilisé chez l'enfant de moins de 30 mois.

ATTENTION

N'utilisez pas ce médicament sans avis médical chez l'enfant de moins de 7 ans.

En l'absence d'amélioration ou en cas d'apparition de fièvre, consultez votre médecin.

GROSSESSE, ALLAITEMENT ET NOUVEAU-NÉ

L'effet de ce médicament pendant la grossesse ou l'allaitement est mal connu. L'évaluation du risque éventuel lié à son utilisation est individuelle : demandez conseil à votre pharmacien ou à votre médecin.

MODE D'EMPLOI ET POSOLOGIE

La durée du traitement ne doit pas dépasser 10 jours.

Posologie usuelle :

- Adulte et enfant de plus de 30 mois : 2 pulvérisations dans chaque narine, 3 fois par jour.

NEBCINE

tobramycine

PRÉSENTATION

NEBCINE : solution injectable 25 mg ; boîte de 1 flacon 2,5 ml - Remb. 65 % - Liste I

NEBCINE : solution injectable 75 mg ; boîte de 1 flacon 1,5 ml - Remb. 65 % - Liste I

Laboratoires Lilly France

COMPOSITION

	p. fl. 25 mg	p. fl. 75 mg
Tobramycine		
Sulfites	+	+

INDICATIONS

C'est un *antibiotique* qui appartient à la famille des *aminosides*.

Il est utilisé dans le traitement de diverses maladies infectieuses, notamment de la peau et des *voies* urinaires.

CONTRE-INDICATIONS

Ce médicament ne doit pas être utilisé dans les cas suivants :

- *myasthénie*,
- *allergie* aux médicaments de la famille des *aminosides* ou aux *sulfites*.

ATTENTION

Ce médicament peut être toxique pour l'*oreille interne* : signalez à votre médecin tout trouble de l'équilibre ou de l'audition, ancien ou survenant durant le traitement. Il peut également provoquer des lésions des reins, en cas de surdosage ou d'*insuffisance rénale* préexistante.

Ne prenez aucun *diurétique* sans avis médical pendant le traitement.

En cas d'intervention chirurgicale, informez l'anesthésiste de la prise de ce médicament.

INTERACTIONS MÉDICAMENTEUSES

Ce médicament ne doit pas être associé aux médicaments contenant un autre *aminoside* : augmentation du risque de toxicité pour le rein ou l'*oreille interne*.

Il peut interagir avec d'autres médicaments. Signalez tout autre traitement en cours à votre médecin ou à votre pharmacien.

GROSSESSE, ALLAITEMENT ET NOUVEAU-NÉ

Grossesse :

L'absence d'effet toxique de ce médicament pour l'enfant à naître n'a pas été établie. Seul votre médecin peut évaluer le risque éventuel de son utilisation dans votre cas.

Allaitement :

Ce médicament passe dans le lait maternel.

MODE D'EMPLOI ET POSOLOGIE

Le contenu du flacon est prêt à l'emploi et peut être injecté par *voie* intramusculaire ou à défaut par voie sous-cutanée ; l'administration en *perfusion* est également possible.

Posologie usuelle :

3 mg par kg et par jour, soit 180 mg pour un adulte de 60 kg ou 90 mg pour un enfant de 30 kg.

Le médecin répartit cette dose en 1 ou 2 injections, et même 3 chez l'insuffisant rénal.

La solution injectable ne doit pas être mélangée avec un autre médicament dans la même seringue.

L'éventuelle impression de fatigue n'est pas due à l'*antibiotique*, mais à l'infection elle-même.

EFFETS INDÉSIRABLES POSSIBLES

Douleur au point d'injection.

Rarement, dans les conditions normales d'utilisation : *insuffisance rénale*, troubles de l'audition.

Rares *allergies* cutanées.

NÉCYRANE

ritiométan

PRÉSENTATION

NÉCYRANE : solution nasale ; flacon pressurisé 10 ml - Remb. 35 %

Laboratoires Fisons

COMPOSITION

	p. 100 ml
Ritiométan, sel de magnésium	1,945 g

INDICATIONS

Cette solution nasale contient un *antiseptique*.

Elle est utilisée dans le *traitement d'appoint* des *rhinites* et des *rhino-pharyngites*.

GROSSESSE, ALLAITEMENT ET NOUVEAU-NÉ

L'effet de ce médicament pendant la grossesse ou l'allaitement est mal connu. L'évaluation du risque éventuel lié à son utilisation est individuelle : demandez conseil à votre pharmacien ou à votre médecin.

MODE D'EMPLOI ET POSOLOGIE

Les pulvérisations doivent être faites après un mouchage soigneux.

Posologie usuelle :

- Adulte : 4 à 6 pulvérisations par jour, dans chaque narine.
- Enfant : 3 pulvérisations par jour, dans chaque narine.

Si les *troubles* persistent au-delà de 10 jours, consultez votre médecin.

N'introduisez pas l'embout du pulvérisateur dans la narine du *nourrisson*.

NÉGATOL

polycrésulène

PRÉSENTATION

NÉGATOL : ovule ; boîte de 10 - Remb. 65 %

NÉGATOL : solution vaginale ; flacon 90 ml - Remb. 65 %

Laboratoires Byk France

COMPOSITION

	p. ovule	p. 100 ml
Polycrésulène	360 mg	40 g

INDICATIONS

Ce médicament, fortement acide, est *antiseptique* et a une action de cautérisation.

Il est utilisé en *traitement d'appoint* des *inflammations* du col de l'utérus et du vagin.

INTERACTIONS MÉDICAMENTEUSES

L'association à d'autres *antiseptiques* est déconseillée car leurs effets risquent de s'annuler.

GROSSESSE, ALLAITEMENT ET NOUVEAU-NÉ

L'effet de ce médicament pendant la grossesse ou l'allaitement est mal connu. L'évaluation du risque éventuel lié à son utilisation est individuelle : demandez conseil à votre pharmacien ou à votre médecin.

MODE D'EMPLOI ET POSOLOGIE

Après une toilette intime, mouiller l'ovule avant de l'introduire au fond du vagin.

La solution, utilisée en *irrigation vaginale*, doit être fortement diluée (1 cuillère à soupe dans un litre d'eau).

Posologie usuelle :

Ovule : 1 ovule tous les 2 jours, pendant 20 jours.

> Ce médicament peut provoquer des pertes vaginales : prévoyez une protection.

EFFETS INDÉSIRABLES POSSIBLES

Développement d'une *candidose* favorisée par l'acidité du médicament.

NEGRAM
acide nalidixique

PRÉSENTATION

NEGRAM FORTE ADULTE : comprimé sécable (beige rosé) ; boîte de 20 - Remb. 65 % - Liste I

NEGRAM : suspension buvable ; flacon 120 ml (1 cuillère-mesure = 1,25 ml) - Remb. 65 % - Liste I

Laboratoires Sanofi Winthrop

COMPOSITION

	p. comp.	p. c. mes.
Acide nalidixique	1 g	75 mg

INDICATIONS

C'est un *antibiotique* qui appartient à la famille des quinolones.

Il est utilisé dans le traitement des infections des *voies* urinaires, en l'absence de fièvre.

CONTRE-INDICATIONS

Ce médicament ne doit pas être utilisé dans les cas suivants :
- *allergie* aux *antibiotiques* de la famille des quinolones,
- *antécédent* d'*épilepsie*,
- déficit en *G6PD*,
- enfant de moins de 15 ans (comprimé),
- *nourrisson* de moins de 3 mois (suspension buvable),
- allaitement.

> **ATTENTION**
>
> Des précautions sont nécessaires chez les personnes souffrant d'*insuffisance rénale* ou d'*insuffisance hépatique* graves.
>
> Ce médicament est photosensibilisant : une exposition aux rayons *ultraviolets* (soleil, lampe à bronzer) peut provoquer des réactions cutanées. N'omettez pas de signaler à votre médecin vos projets de vacances au soleil pendant la durée du traitement.
>
> En cas d'apparition de fièvre, consultez votre médecin.
>
> Conducteur : ce médicament peut être responsable de vertiges.

INTERACTIONS MÉDICAMENTEUSES

Ce médicament peut interagir avec d'autres médicaments, notamment les *anticoagulants* oraux : signalez tout autre traitement en cours à votre médecin ou à votre pharmacien.

GROSSESSE, ALLAITEMENT ET NOUVEAU-NÉ

Grossesse :

L'effet de ce médicament sur l'enfant à naître est mal connu. Son usage est déconseillé pendant les 3 premiers mois et le dernier mois de la grossesse.

Allaitement :

Ce médicament est contre-indiqué chez la femme qui allaite.

MODE D'EMPLOI ET POSOLOGIE

Ce médicament doit être pris de préférence au cours d'un repas.

Posologie usuelle :

- Adulte : 1 comprimé matin et soir.
- Adolescent : 1/2 à 1 comprimé matin et soir.
- Enfant et nourrisson de plus de 3 mois : 1 cuillère-mesure de suspension buvable matin et soir pour 5 kg ; soit, par exemple, 3 cuillères-mesure matin et soir pour un enfant de 15 kg.

> Le médecin prescrit parfois une analyse d'urine pour identifier le *germe* responsable de l'infection et tester sa sensibilité aux *antibiotiques*. Le résultat de cet examen peut être faussé en cas d'automédication préalable : ne prenez pas d'antibiotiques sans avis médical.

EFFETS INDÉSIRABLES POSSIBLES

Photosensibilisation.

Réaction allergique, maux de tête, somnolence, malaise, *vertiges*, vision floue ou colorée.

Troubles digestifs.

= risque de test antidopage positif

NÉO-BOLDOLAXINE

PRÉSENTATION

NÉO-BOLDOLAXINE : comprimé (rose) ; boîte de 30 - Non remb.

Laboratoires Bouchara Santé Active

COMPOSITION

	p. comp.
Bisacodyl	5 mg
Docusate sodique	100 mg
Boldo, poudre	70 mg
Aloïne	10 mg
Belladone, extrait	9 mg

INDICATIONS

Ce laxatif contient un *laxatif stimulant* (bisacodyl) et un *atropinique* (belladone). Le laxatif stimulant augmente les sécrétions et la motricité de l'intestin. La *belladone* a une action *antispasmodique*.

Ce médicament est utilisé comme *traitement symptomatique* de la constipation.

CONTRE-INDICATIONS

Ce médicament ne doit pas être utilisé dans les cas suivants :
- maladies inflammatoires du côlon,
- douleur abdominale due à une obstruction du tube digestif,
- *glaucome* à angle fermé,
- risque de blocage urinaire lié à un *adénome de la prostate*,
- enfant de moins de 12 ans.

> **ATTENTION**
>
> Ce médicament doit être utilisé de façon épisodique et en cure très brève : pas plus de 8 à 10 jours.
>
> Son usage régulier peut entraîner :
> - une *dépendance*,
> - des troubles intestinaux graves,
> - une perte de sels minéraux et notamment de *potassium*, pouvant entraîner des *troubles du rythme cardiaque* graves.
>
> Arrêter le traitement en cas de diarrhée ou de douleurs abdominales.

INTERACTIONS MÉDICAMENTEUSES

Ce médicament peut interagir avec d'autres, notamment certains *antiarythmiques* et les médicaments contenant de la *vincamine*. Signalez tout autre traitement en cours à votre médecin ou à votre pharmacien.

GROSSESSE, ALLAITEMENT ET NOUVEAU-NÉ

Ce médicament est déconseillé pendant la grossesse ou l'allaitement.

MODE D'EMPLOI ET POSOLOGIE

Ce médicament doit être avalé sans être croqué, de préférence avant le dîner.

Posologie usuelle :

- Adulte et enfant de plus de 12 ans : 1 comprimé par jour. L'effet ne peut être obtenu qu'après 6 à 8 heures.

> Des mesures simples d'hygiène alimentaire et des exercices physiques

sont à envisager avant d'utiliser un laxatif : parlez-en à votre médecin ou à votre pharmacien.

EFFETS INDÉSIRABLES POSSIBLES

Diarrhée, douleurs abdominales.

À forte dose, effets *atropiniques*.

NÉOCITRAN

pseudoéphédrine, paracétamol

PRÉSENTATION

NÉOCITRAN : poudre pour solution buvable arôme pamplemousse - passion - citron ; boîte de 10 sachets - Non remb.

Laboratoires Sandoz

COMPOSITION

	p. sachet
Pseudoéphédrine chlorhydrate	60 mg
Paracétamol	500 mg

INDICATIONS

Ce médicament contient un *vasoconstricteur* décongestionnant, et un *antalgique* et *antipyrétique* (le paracétamol).

Il est utilisé dans le *traitement symptomatique* des rhumes avec congestion nasale, maux de tête ou fièvre.

CONTRE-INDICATIONS

Ce médicament ne doit pas être utilisé dans les cas suivants :

- enfant de moins de 15 ans,
- *insuffisance hépatique* grave,
- en association avec un *antidépresseur* de type *IMAO* non sélectif.

ATTENTION

Des précautions particulières s'imposent en cas d'*angine de poitrine*, d'*hypertension artérielle*, d'*hyperthyroïdie*, de *diabète* ou de risque de blocage des urines (*adénome de la prostate*...). Demandez conseil à votre pharmacien ou à votre médecin.

De nombreux médicaments contiennent du paracétamol : en tenir compte en cas de prise conjointe car le surdosage en paracétamol peut être toxique pour le foie.

INTERACTIONS MÉDICAMENTEUSES

Ce médicament ne doit pas être associé aux *antidépresseurs* de type *IMAO* non sélectifs (MARSILID, NIAMIDE...) : risque de crise hypertensive.

Il peut interagir avec d'autres médicaments. Signalez tout autre traitement en cours à votre médecin ou à votre pharmacien.

GROSSESSE, ALLAITEMENT ET NOUVEAU-NÉ

En raison de la présence d'un *vasoconstricteur* décongestionnant, ce médicament est déconseillé pendant la grossesse ou l'allaitement.

MODE D'EMPLOI ET POSOLOGIE

Un intervalle de 4 heures doit être respecté entre les prises.

Posologie usuelle :

- Adulte : 1 sachet, 2 ou 3 fois par jour.

Ce médicament n'a pas d'effet anti-infectieux. En cas d'infection bactérienne, un traitement *antibiotique* peut être nécessaire.

EFFETS INDÉSIRABLES POSSIBLES

Palpitations, nausées.

Sécheresse de la bouche, insomnie, *migraine*, anxiété.

Rarement : *allergie* cutanée.

NÉO-CODION comprimé

codéine, grindelia, sulfogaïacol

PRÉSENTATION

NÉO-CODION : comprimé (vert) ; boîte de 20 - Remb. 35 %

Laboratoires Bouchara

COMPOSITION

	p. comp.
Codéine camphosulfonate	25 mg
Grindelia, extrait mou	17 mg
Sulfogaïacol	100 mg

INDICATIONS

Ce médicament *antitussif* contient de la codéine, qui a une action sédative sur le *système nerveux central* et notamment les centres de la toux. Les autres substances fluidifient les sécrétions bronchiques.

Il est utilisé dans le *traitement symptomatique* des toux sèches.

CONTRE-INDICATIONS

En raison de la présence de codéine, ce médicament ne doit pas être utilisé dans les cas suivants :

- *asthme*,
- *insuffisance respiratoire*,
- enfant de moins de 15 ans.

ATTENTION

Ce médicament n'est pas adapté au traitement de la toux grasse, qui est un mécanisme de défense normal de l'organisme permettant l'évacuation des mucosités présentes dans les bronches.

La toux est un *symptôme* qui peut révéler de nombreuses maladies : consultez votre médecin si elle persiste plus de quelques jours.

Évitez les boissons alcoolisées en raison de la présence de codéine : augmentation du risque de somnolence.

INTERACTIONS MÉDICAMENTEUSES

Ce médicament peut interagir avec beaucoup d'autres médicaments, notamment chez les personnes âgées ; signalez tout autre traitement en cours à votre médecin ou à votre pharmacien.

GROSSESSE, ALLAITEMENT ET NOUVEAU-NÉ

Grossesse :

Compte tenu de la présence de codéine, n'utilisez pas ce médicament pendant la grossesse sans prendre l'avis de votre pharmacien ou de votre médecin.

Allaitement :

Ce médicament passe dans le lait maternel : il est déconseillé pendant l'allaitement.

MODE D'EMPLOI ET POSOLOGIE

Les prises de ce médicament doivent être réparties au cours de la journée.

Posologie usuelle :

- Adulte : 3 ou 4 comprimés par jour.

Chez la personne âgée, il convient de réduire la *posologie* de moitié.

De nombreux médicaments contiennent de la codéine, notamment certains *antitussifs* et *antalgiques*. Le surdosage expose à une augmentation des effets indésirables.

Une toux nocturne aggravée par ce médicament peut être une toux allergique, demandez conseil à votre médecin.

La poursuite du tabagisme nuit à l'efficacité du traitement.

Des mesures simples permettent de calmer les toux sèches : boissons chaudes et humidification de l'air ambiant.

EFFETS INDÉSIRABLES POSSIBLES

Ils sont liés à la présence de codéine : constipation et plus rarement somnolence, nausées, vomissements, *bronchospasme*, *allergies* cutanées et ralentissement de la respiration.

NÉO-CODION sirop

PRÉSENTATION

NÉO-CODION Adulte : sirop ; flacon 180 ml - Remb. 35 %

NÉO-CODION Enfant : sirop ; flacon 125 ml - Remb. 35 %

Laboratoires Bouchara

COMPOSITION

	sirop Ad. p. c. à s.	sirop Enf. p. c. à c.
Codéine	16,11 mg	3,43 mg
Acide ascorbique (vitamine C)	238,33 mg	47,28 mg
Bromoforme	19,08 mg	
Bromure de sodium		63,80 mg
Benzoate de sodium		63,80 mg
Saccharose	10 g	3,1 g

INDICATIONS

Ce médicament *antitussif* contient de la codéine et de la *vitamine* C. La codéine a une action sédative sur le *système nerveux central* et notamment sur les centres de la toux. Le sirop Enfant contient également un *sédatif* (bromure de sodium) et un *expectorant* (benzoate de sodium).

Il est utilisé dans le *traitement symptomatique* des toux sèches.

CONTRE-INDICATIONS

Ce médicament ne doit pas être utilisé dans les cas suivants :
- *asthme*,
- *insuffisance respiratoire*,
- enfant de moins de 15 ans (sirop Adulte),
- enfant de moins de 30 mois (sirop Enfant).

ATTENTION

Ce médicament n'est pas adapté au traitement de la toux grasse, qui est un mécanisme de défense normal de l'organisme permettant l'évacuation des mucosités présentes dans les bronches.

La toux est un *symptôme* qui peut révéler de nombreuses maladies : consultez votre médecin si elle persiste plus de quelques jours.

Ce médicament contient du *sucre* (saccharose) en quantité notable.

Évitez les boissons alcoolisées en raison de la présence de codéine : augmentation du risque de somnolence.

Conducteur : ce médicament peut être responsable d'une somnolence ou d'une baisse de la vigilance.

INTERACTIONS MÉDICAMENTEUSES

Ce médicament peut interagir avec beaucoup d'autres médicaments, notamment chez les personnes âgées ; signalez tout autre traitement en cours à votre médecin ou à votre pharmacien.

GROSSESSE, ALLAITEMENT ET NOUVEAU-NÉ

Grossesse :

Compte tenu de la présence de codéine, n'utilisez pas ce médicament pendant la grossesse sans prendre l'avis de votre pharmacien ou de votre médecin.

Allaitement :

Ce médicament passe dans le lait maternel : il est déconseillé pendant l'allaitement.

MODE D'EMPLOI ET POSOLOGIE

Les prises doivent être réparties au cours de la journée, de préférence à distance des repas.

Posologie usuelle :

- Adulte : 1 cuillère à soupe de sirop Adulte, 3 ou 4 fois par jour.
- Enfant de 12 à 15 ans : 1 cuillère à soupe de sirop Enfant, 3 ou 4 fois par jour.
- Enfant de 8 à 12 ans : 1 cuillère à soupe de sirop Enfant, 2 ou 3 fois par jour.
- Enfant de 5 à 8 ans : 1 cuillère à café de sirop Enfant, 2 fois par jour.
- Enfant de 30 mois à 5 ans : 1 cuillère à café de sirop Enfant, 1 ou 2 fois par jour.

De nombreux médicaments contiennent de la codéine, notamment certains *antitussifs* et *antalgiques*. Le surdosage expose à une augmentation des effets indésirables.

Une toux nocturne aggravée par ce médicament peut être une toux allergique : demandez conseil à votre médecin.

Fumer, ou être exposé à la fumée des autres, nuit à l'efficacité du traitement.

Des mesures simples permettent de calmer les toux sèches : boissons chaudes et humidification de l'air ambiant.

EFFETS INDÉSIRABLES POSSIBLES

Ils sont liés à la présence de codéine : constipation ; et plus rarement somnolence, nausées, vomissements, *bronchospasme*, *allergie* cutanée, ralentissement de la respiration.

NÉO-CODION sirop Nourrisson

PRÉSENTATION

NÉO-CODION Nourrisson : sirop arôme orange ; flacon 125 ml - Remb. 35 %

Laboratoires Bouchara

COMPOSITION

	p. c. à c.
Acide ascorbique (vitamine C)	32,04 mg
Benzoate de sodium	77 mg
Bromure de sodium	51,32 mg
Drosera, teinture	64,16 mg
Grindélia, teinture	32,04 mg
Polygala, sirop	2,059 g
Capillaire, sirop	2,059 g
Séné, extrait fluide	19,20 mg
Serpolet, extrait fluide	6,36 mg
Coquelicot, extrait fluide	19,20 mg
Sulfate de magnésium	51,32 mg
Saccharose	3,4 g

INDICATIONS

Ce sirop contient des *expectorants* (benzoate de sodium, polygala), de la *vitamine* C et un *sédatif* (bromure de sodium).

Il est utilisé dans le *traitement symptomatique* des affections respiratoires du *nourrisson*.

ATTENTION

La toux est un *symptôme* qui peut révéler de nombreuses maladies : consultez votre médecin si elle persiste plus de quelques jours.

Ce médicament contient du *sucre* (saccharose) en quantité notable.

MODE D'EMPLOI ET POSOLOGIE

Le sirop peut être mélangé au lait du biberon.

Les prises de ce médicament doivent être réparties au cours de la journée.

Posologie usuelle :

- Nourrisson de 12 à 30 mois : 4 cuillères à café par jour.
- Nourrisson de 6 à 12 mois : 2 à 4 cuillères à café par jour.
- Nourrisson de 1 à 6 mois : 1 ou 2 cuillères à café par jour.

Des mesures simples permettent de calmer les toux sèches : boissons chaudes et humidification de l'air ambiant.

EFFETS INDÉSIRABLES POSSIBLES

Somnolence.

NÉO-CODION suppositoire

codéine, eucalyptol

PRÉSENTATION

NÉO-CODION Adulte : suppositoire ; boîte de 10 - Remb. 35 %

NÉO-CODION Enfant : suppositoire ; boîte de 10 - Remb. 35 %

Laboratoires Bouchara

COMPOSITION

	p. suppos. Adulte	p. suppos. Enfant
Codéine camphosulfonate	30 mg	13 mg
Soit en codéine	18 mg	7,8 mg
Eucalyptol	80 mg	50 mg

INDICATIONS

Ce médicament *antitussif* contient de la codéine et de l'eucalyptol, *antiseptique* des *voies* respiratoires. La codéine a une action sédative sur le *système nerveux central* et notamment sur les centres de la toux.

Il est utilisé dans le *traitement symptomatique* des toux sèches.

CONTRE-INDICATIONS

Ce médicament ne doit pas être utilisé dans les cas suivants :
- *asthme*,
- *insuffisance respiratoire*,
- enfant de moins de 15 ans (suppositoire Adulte),
- enfant de moins de 8 ans (suppositoire Enfant).

ATTENTION

Ce médicament n'est pas adapté au traitement de la toux grasse, qui est un mécanisme de défense normal de l'organisme permettant l'évacuation des mucosités présentes dans les bronches.

La toux est un *symptôme* qui peut révéler de nombreuses maladies : consultez votre médecin si elle persiste plus de quelques jours.

Évitez les boissons alcoolisées en raison de la présence de codéine : augmentation du risque de somnolence.

Conducteur : ce médicament peut être responsable d'une somnolence ou d'une baisse de la vigilance.

INTERACTIONS MÉDICAMENTEUSES

Ce médicament peut interagir avec beaucoup d'autres médicaments, notamment chez les personnes âgées. Signalez tout autre traitement en cours à votre médecin ou à votre pharmacien.

GROSSESSE, ALLAITEMENT ET NOUVEAU-NÉ

Grossesse :

Compte tenu de la présence de codéine, n'utilisez pas ce médicament pendant la grossesse sans prendre l'avis de votre pharmacien ou de votre médecin.

Allaitement :

Ce médicament passe dans le lait maternel : il est déconseillé pendant l'allaitement.

MODE D'EMPLOI ET POSOLOGIE

Posologie usuelle :

- Adulte : 1 suppositoire Adulte, 2 ou 3 fois par jour.
- Enfant de 8 à 15 ans : 1 suppositoire Enfant, 2 à 4 fois par jour, en fonction de l'âge.

> De nombreux médicaments contiennent de la codéine, notamment certains *antitussifs* et *antalgiques*. Le surdosage expose à une augmentation des effets indésirables.
>
> Une toux nocturne aggravée par ce médicament peut être une toux allergique : demandez conseil à votre médecin.
>
> Fumer, ou être exposé à la fumée des autres, nuit à l'efficacité du traitement.
>
> Des mesures simples permettent de calmer les toux sèches : boissons chaudes et humidification de l'air ambiant.

EFFETS INDÉSIRABLES POSSIBLES

Ils sont liés à la présence de codéine : constipation ; et plus rarement somnolence, nausées, vomissements, *bronchospasme*, *allergie* cutanée, ralentissement de la respiration.

NÉO-MERCAZOLE
carbimazole

PRÉSENTATION

NÉO-MERCAZOLE 5 mg : comprimé sécable (blanc) ; boîte de 50 - Remb. 65 %

NÉO-MERCAZOLE 20 mg : comprimé sécable (blanc) ; boîte de 30 - Remb. 65 %

Laboratoires Nicholas

COMPOSITION

	p. comp.	p. comp.
Carbimazole	5 mg	20 mg

INDICATIONS

C'est un médicament qui appartient à la famille des *antithyroïdiens*. Il bloque la synthèse des *hormones thyroïdiennes*.

Il est utilisé dans le traitement de certaines maladies de la glande *thyroïde*, notamment les *hyperthyroïdies* et la maladie de *Basedow*.

CONTRE-INDICATIONS

Ce médicament ne doit pas être utilisé dans les cas suivants :

- certains cancers de la *thyroïde*,
- certaines maladies graves du sang,
- *insuffisance hépatique*,
- **allaitement.**

Dans tous les autres cas, le médecin est seul juge pour prescrire ce médicament, notamment au cours des 6 derniers mois de la grossesse.

> **ATTENTION**
>
> Ce médicament peut être responsable d'une baisse du nombre de *globules blancs* dans le sang. Des analyses de sang régulières sont nécessaires, à plus forte raison en cas de fièvre, angine ou autre infection, qui peuvent traduire cette anomalie sanguine.

INTERACTIONS MÉDICAMENTEUSES

Ce médicament peut interagir avec d'autres médicaments. Signalez tout autre traitement en cours à votre médecin ou à votre pharmacien.

GROSSESSE, ALLAITEMENT ET NOUVEAU-NÉ

Grossesse :

Le traitement peut être poursuivi pendant les 3 premiers mois de la grossesse. Il doit être arrêté pendant les 6 derniers mois pour éviter le risque d'une *hypothyroïdie* chez l'enfant à naître.

Dans certains cas exceptionnels, le médecin reste seul juge de la poursuite du traitement.

Allaitement :

Ce médicament est contre-indiqué pendant l'allaitement.

MODE D'EMPLOI ET POSOLOGIE

Avaler le comprimé avec de l'eau.

Posologie usuelle :

Elle est fixée par le médecin en fonction de l'intensité de l'*hyperthyroïdie*. Elle est modifiée en fonction de la réponse au traitement, qui dure généralement de 12 à 18 mois.

EFFETS INDÉSIRABLES POSSIBLES

Allergie cutanée, fièvre, rougeurs, douleurs articulaires, courbatures.

Augmentation du volume du goitre, en général liée à un surdosage.

Rarement : *hépatite*, perte du goût.

NÉOMYCINE BACITRACINE MARCOFINA
bacitracine, néomycine

PRÉSENTATION

NÉOMYCINE BACITRACINE MARCOFINA : pommade ; tube canule 15 g - Remb. 65 %

Laboratoires Marcofina

COMPOSITION

	p. 100 g
Bacitracine	25 000 UI
Néomycine	500 000 UI

INDICATIONS

Ce médicament d'usage local contient deux *antibiotiques*, dont un de la famille des *aminosides*.

Il est utilisé dans le traitement des infections de la peau, de l'oreille et des paupières.

CONTRE-INDICATIONS

Ce médicament ne doit pas être utilisé dans les cas suivants :

- *allergie* aux *antibiotiques* de la famille des *aminosides* (néomycine...),
- infection du mamelon au cours de l'allaitement.

> **ATTENTION**
>
> La persistance des signes, leur aggravation, notamment l'extension des lésions et l'apparition d'une fièvre, imposent de prendre rapidement un avis médical.
>
> N'utilisez pas cette pommade sur des lésions étendues, en particulier chez le *nourrisson*, sans l'avis de votre médecin.
>
> Cette pommade grasse ne doit pas être appliquée sur les lésions suintantes.

GROSSESSE, ALLAITEMENT ET NOUVEAU-NÉ

L'effet de ce médicament pendant la grossesse est mal connu. L'évaluation du risque éventuel lié à son utilisation est individuelle : demandez conseil à votre pharmacien ou oà votre médecin.

Allaitement :

En raison du risque d'ingestion par le *nouveau-né*, la pommade ne doit pas être appliquée sur le mamelon de la femme qui allaite.

MODE D'EMPLOI ET POSOLOGIE

Appliquer la pommade sur les lésions à traiter.

Dans le traitement des infections des paupières : déposer la pommade sur le bord de la paupière, au contact des cils.

Le traitement ne doit pas dépasser 8 jours.

Posologie usuelle :

2 ou 3 applications par jour.

EFFETS INDÉSIRABLES POSSIBLES

Allergie, *mycose*.

NÉOMYCINE DIAMANT collyre
néomycine

PRÉSENTATION

NÉOMYCINE DIAMANT : collyre ; flacon compte-gouttes 10 ml - Remb. 65 %

Laboratoires Diamant

COMPOSITION

	p. 100 ml
Néomycine	350 000 UI

INDICATIONS

Ce collyre contient un *antibiotique* de la famille des *aminosides*.

Il est utilisé pour traiter les infections de l'œil.

CONTRE-INDICATIONS

Ce médicament ne doit pas être utilisé en cas d'*allergie* aux *antibiotiques* de la famille des *aminosides*.

ATTENTION

Une rougeur ou une douleur de l'œil ne correspondent pas toujours à une infection. Des soins urgents peuvent être nécessaires, particulièrement en cas de vision floue. N'utilisez pas ce médicament sans avis médical.

Le collyre ou la pommade peuvent être contaminés par l'œil infecté : évitez de mettre en contact l'extrémité du flacon ou du tube avec l'œil ; ne les conservez pas plus de 15 jours après leur première utilisation.

INTERACTIONS MÉDICAMENTEUSES

Ce collyre peut interagir avec d'autres collyres. Respectez un intervalle minimal de 15 minutes entre deux instillations.

GROSSESSE, ALLAITEMENT ET NOUVEAU-NÉ

L'effet de ce médicament pendant la grossesse ou l'allaitement est mal connu : seul votre médecin peut évaluer le risque éventuel de son utilisation dans votre cas.

MODE D'EMPLOI ET POSOLOGIE

Tirer la paupière inférieure vers le bas tout en regardant vers le haut, et déposer les gouttes de collyre entre la paupière et le globe oculaire (*cul-de-sac conjonctival*).

Posologie usuelle :

1 goutte, 3 à 8 fois par jour.

☛ Une application correcte du produit peut nécessiter une aide, notamment chez l'enfant ou la personne handicapée ou âgée.

Les lentilles de contact ne doivent pas être portées en cas d'infection oculaire ni réutilisées avant guérison complète.

EFFETS INDÉSIRABLES POSSIBLES

Irritation ou réaction allergique locale.

NÉOMYCINE DIAMANT comprimé

néomycine

PRÉSENTATION

NÉOMYCINE DIAMANT : comprimé sécable (blanc crème) ; boîte de 16 - Remb. 35 % - Liste I

Laboratoires Diamant

COMPOSITION

	p. comp.
Néomycine	250 mg

INDICATIONS

C'est un *antibiotique* qui appartient à la famille des *aminosides*.

Il est utilisé comme *antiseptique* intestinal pour traiter les diarrhées aiguës bénignes.

CONTRE-INDICATIONS

Ce médicament ne doit pas être utilisé dans les cas suivants :
- *antécédent* d'*allergie* aux *aminosides*,
- prématuré ou *nouveau-né*.

ATTENTION

Si la diarrhée persiste ou s'il apparaît une fièvre, des frissons, une grande fatigue, du sang ou des glaires dans les selles, ce traitement est insuffisant et des examens peuvent être nécessaires : consultez votre médecin.

Des précautions sont nécessaires en cas d'*insuffisance rénale* grave. En cas d'opération, prévenez l'anesthésiste de la prise de ce médicament.

GROSSESSE, ALLAITEMENT ET NOUVEAU-NÉ

L'effet de ce médicament pendant la grossesse ou l'allaitement est mal connu. L'évaluation du risque éventuel lié à son utilisation est individuelle : demandez conseil à votre pharmacien ou à votre médecin.

MODE D'EMPLOI ET POSOLOGIE

Les comprimés peuvent être avalés avec un peu d'eau.

La durée du traitement ne doit pas dépasser 4 jours.

Posologie usuelle :

- Adulte : 1 à 2 comprimés, 4 fois par jour.
- Nourrisson de plus de 30 jours et enfant : 1/2 ou 1 comprimé par 5 kg et par jour, à répartir en 3 ou 4 prises ; par exemple pour un enfant de 17 kg : 1 comprimé, 3 fois par jour.

☛ Une diarrhée peut provoquer une déshydratation. Cette perte d'eau par l'organisme peut entraîner des troubles graves (fatigue, malaise, confusion des idées...). Il est indispensable de prévenir cette déshydratation, en particulier chez les personnes âgées et les enfants, par des boissons sucrées abondantes et des bouillons salés. Pour les jeunes enfants, il existe des préparations destinées à cet effet.

EFFETS INDÉSIRABLES POSSIBLES

Nausées, vomissements, diarrhées.

Ce médicament contient des substances susceptibles d'être toxiques pour l'oreille et pour le rein. Néanmoins, aux doses et à la durée préconisées, ces risques sont peu probables.

Un médicament périmé peut être dangereux. Faites régulièrement le tri dans votre armoire à pharmacie.

NÉOMYCINE DIAMANT pommade

néomycine

PRÉSENTATION

NÉOMYCINE DIAMANT : pommade ; tube 15 g - Remb. 65 %

Laboratoires Diamant

COMPOSITION

	p. 100 g
Néomycine	0,35 g

INDICATIONS

Cette pommade contient un *antibiotique* de la famille des *aminosides*.

Elle est utilisée dans le traitement des infections de la peau.

CONTRE-INDICATIONS

Ce médicament ne doit pas être utilisé dans les cas suivants :
- *allergie* aux *antibiotiques* de la famille des *aminosides*,
- infection du mamelon au cours de l'allaitement.

ATTENTION

Si l'infection ne disparaît pas après quelques jours, consultez votre médecin.

Évitez d'utiliser cette pommade, notamment chez l'enfant, de manière prolongée et sur des surfaces étendues ou profondément lésées sans l'avis de votre médecin. Elle ne doit pas non plus être appliquée sur les lésions suintantes.

GROSSESSE, ALLAITEMENT ET NOUVEAU-NÉ

L'effet de ce médicament pendant la grossesse ou l'allaitement est mal connu : seul votre médecin peut évaluer le risque éventuel de son utilisation dans votre cas.

Allaitement :

En raison du risque d'ingestion par le *nouveau-né*, la pommade ne doit pas être appliquée sur le mamelon de la femme qui allaite.

MODE D'EMPLOI ET POSOLOGIE

Avant l'application, nettoyer la lésion à traiter.

Posologie usuelle :

2 ou 3 applications par jour pendant 7 jours.

EFFETS INDÉSIRABLES POSSIBLES

Irritation locale ou réaction allergique (*eczéma*) au point d'application de la pommade ou à distance de celui-ci.

NÉOPARYL B12

PRÉSENTATION

NÉOPARYL B12 : collyre ; flacon de poudre et ampoule de solvant 5 ml - Remb. 65 % - Liste I

Laboratoires CIBA Vision Ophthalmics

COMPOSITION

	p. 100 ml
Héparinate double de phényléphrine et de méthylglucamine	1,4 g
Héparinate de sodium	2,6 g
Hydroxocobalamine acétate (vitamine B12)	0,1 g

INDICATIONS

Ce collyre contient un *vasoconstricteur* décongestionnant et de la *vitamine* B12.

Il est utilisé dans le traitement des *conjonctivites* ou *kératites* non infectieuses, notamment les irritations dues à des corps étrangers, à des gaz irritants, à des poussières.

CONTRE-INDICATIONS

Ce médicament ne doit pas être utilisé dans les cas suivants :
- *glaucome* à angle fermé ou prédisposition à ce type de glaucome,
- port de lentilles souples perméables (risque de coloration),
- enfant de moins de 3 ans.

> **ATTENTION**
>
> Une rougeur ou une douleur de l'œil ne correspondent pas toujours à une *conjonctivite*. Des soins urgents peuvent être nécessaires, notamment en cas de vision floue.
>
> Ce collyre peut provoquer un *glaucome* aigu par fermeture de l'angle chez les personnes prédisposées : œil rouge, dur, douloureux, et flou de la vision. Une consultation d'urgence dans un service spécialisé est alors nécessaire.
>
> Du fait de la présence d'un *vasoconstricteur*, les instillations répétées doivent être évitées chez les personnes souffrant d'*angine de poitrine* ou d'*hypertension artérielle*.

INTERACTIONS MÉDICAMENTEUSES

Ce médicament peut interagir avec d'autres médicaments notamment les *antidépresseurs* de type *IMAO* non sélectifs (MARSILID, NIAMIDE...) : signalez tout autre traitement en cours à votre médecin ou à votre pharmacien.

GROSSESSE, ALLAITEMENT ET NOUVEAU-NÉ

L'effet de ce médicament pendant la grossesse ou l'allaitement est mal connu : seul votre médecin peut évaluer le risque éventuel de son utilisation dans votre cas.

MODE D'EMPLOI ET POSOLOGIE

Tirer la paupière inférieure vers le bas tout en regardant vers le haut et déposer une goutte de collyre entre la paupière et le globe oculaire (*cul-de-sac conjonctival*).

Posologie usuelle :

1 ou 2 gouttes, 3 fois par jour.

> L'application correcte du produit peut nécessiter une aide, notamment chez une personne handicapée ou âgée.

EFFETS INDÉSIRABLES POSSIBLES

Glaucome aigu par fermeture de l'angle (voir ATTENTION).

Accélération du cœur, *palpitations* du fait du passage possible du *vasoconstricteur* dans le sang.

Sensibilité excessive à la lumière due à une dilatation de la pupille.

NÉOPARYL FRAMYCÉTINE

PRÉSENTATION

NÉOPARYL FRAMYCÉTINE : collyre ; flacon de poudre et ampoule de solvant 5 ml - Remb. 65 % - Liste I

Laboratoires CIBA Vision Ophthalmics

COMPOSITION

	p. 100 ml
Framycétine sulfate	1 g
Héparinate double de phényléphrine et de méthylglucamine	5 g

INDICATIONS

Ce collyre contient un *antibiotique* de la famille des *aminosides* et un *vasoconstricteur* décongestionnant.

Il est utilisé pour traiter les infections de l'œil associées ou non à des lésions.

CONTRE-INDICATIONS

Ce médicament ne doit pas être utilisé dans les cas suivants :
- *allergie* aux *antibiotiques* de la famille des *aminosides*,
- *glaucome* à angle fermé,
- enfant de moins de 3 ans.

> **ATTENTION**
>
> Une rougeur ou une douleur de l'œil ne correspondent pas toujours à une infection. Des soins urgents peuvent être nécessaires, notamment en cas de vision floue.
>
> Ce collyre peut provoquer un *glaucome* aigu par fermeture de l'angle chez les personnes prédisposées : œil rouge, dur, douloureux, et flou de la vision. Une consultation d'urgence dans un service spécialisé est alors nécessaire.
>
> Le collyre peut être contaminé par l'œil infecté : évitez de mettre en contact l'extrémité du flacon avec l'œil ; ne le conservez pas plus de 15 jours après une première utilisation.
>
> Du fait de la présence d'un *vasoconstricteur*, les instillations répétées doivent être évitées chez les personnes souffrant d'*angine de poitrine* ou d'*hypertension artérielle*.
>
> Des instillations répétées peuvent provoquer une sensibilité anormale à la lumière, gênante en cas de conduite automobile.

INTERACTIONS MÉDICAMENTEUSES

Ce médicament peut interagir avec d'autres médicaments, notamment les *antidépresseurs* de type *IMAO* non sélectifs (MARSILID, NIAMIDE...) et les médicaments contenant de la guanéthidine : signalez tout autre traitement en cours à votre médecin ou à votre pharmacien.

GROSSESSE, ALLAITEMENT ET NOUVEAU-NÉ

L'effet de ce médicament pendant la grossesse ou l'allaitement est mal connu : seul votre médecin peut évaluer le risque éventuel de son utilisation dans votre cas.

MODE D'EMPLOI ET POSOLOGIE

Tirer la paupière inférieure vers le bas tout en regardant vers le haut. Déposer les gouttes de collyre entre la paupière et le globe oculaire (*cul-de-sac conjonctival*).

Posologie usuelle :

1 ou 2 gouttes, 3 ou 4 fois par jour.

> Les lentilles de contact ne doivent pas être portées en cas d'infection oculaire ni réutilisées avant l'arrêt complet du traitement.
>
> Une application correcte du produit peut nécessiter une aide, notamment chez l'enfant ou la personne handicapée ou âgée.

EFFETS INDÉSIRABLES POSSIBLES

Glaucome aigu par fermeture de l'angle (voir ATTENTION).

Accélération du cœur, *palpitations* du fait du passage du *vasoconstricteur* dans le sang.

Sensibilité excessive à la lumière due à une dilatation de la pupille.

NÉO-PERGONAL
gonadotrophine ménopausique humaine

PRÉSENTATION

NÉO-PERGONAL : préparation injectable ; boîte de 1 ampoule de *lyophilisat* et 1 ampoule de solvant 1 ml - Remb. 100 % - Liste I

NÉO-PERGONAL : préparation injectable ; boîte de 10 ampoules de *lyophilisat* et 10 ampoules de solvant 1 ml - Remb. 100 % - Liste I

Laboratoires Serono

COMPOSITION

	p. unité
Gonadotrophine ménopausique humaine (HMG)	
Soit FSH (hormone folliculo-stimulante)	75 UI
Soit LH (hormone lutéinisante)	75 UI

INDICATIONS

Ce médicament contient une *hormone* qui stimule les organes de la reproduction. Chez la femme, il favorise le développement des ovules, et chez l'homme, la formation des spermatozoïdes.

Il est utilisé dans :
- certains cas de stérilité féminine ou masculine.

CONTRE-INDICATIONS

Ce médicament ne doit pas être utilisé dans les cas suivants :

- *tumeur de l'hypophyse* ou de certaines maladies des ovaires,
- *antécédent* d'*accident thrombo-embolique*,
- grossesse.

ATTENTION

Ce médicament est destiné à rétablir la fertilité : prévenez votre médecin si vous ne souhaitez pas être enceinte.

Ce médicament doit être employé sous contrôle médical et biologique strict.

GROSSESSE, ALLAITEMENT ET NOUVEAU-NÉ

Grossesse :

Ce médicament est contre-indiqué pendant la grossesse.

MODE D'EMPLOI ET POSOLOGIE

Ce médicament doit être injecté exclusivement par *voie* intramusculaire.

Posologie usuelle :

Stérilité féminine : la *posologie* est adaptée à chaque cas en fonction de l'effet éventuel sur le volume des ovaires (*échographie*) et du taux de certaines *hormones*. La dose efficace la plus faible possible est toujours recherchée.

Stérilité masculine : la posologie habituelle est de 1 ampoule tous les 2 jours pendant 3 mois, mais certains cas peuvent nécessiter des doses et des durées plus importantes.

EFFETS INDÉSIRABLES POSSIBLES

Grossesses multiples (fécondation de plusieurs ovules pendant la même grossesse). *Choc* allergique.

NÉOXIDIL

minoxidil

PRÉSENTATION

NÉOXIDIL : solution pour application locale ; boîte de 1 flacon pulvérisateur 60 ml - Non remb. - Liste II

NÉOXIDIL : solution pour application locale ; boîte de 3 flacons pulvérisateurs 60 ml - Non remb. - Liste II

Laboratoires Galderma

COMPOSITION

	p. 100 ml
Minoxidil	2 g
Alcool à 95°	+

INDICATIONS

Ce médicament contient une substance qui stimule la pousse des cheveux.

Il est utilisé dans le traitement des chutes de cheveux d'origine hormonale.

ATTENTION

En cas d'application accidentelle sur les yeux, les *muqueuses* ou la peau abîmée, rincer abondamment.

INTERACTIONS MÉDICAMENTEUSES

Ce médicament peut interagir avec d'autres médicaments. Signalez tout autre traitement en cours à votre médecin ou à votre pharmacien.

GROSSESSE, ALLAITEMENT ET NOUVEAU-NÉ

La sécurité d'emploi de ce médicament n'a pas été établie pendant la grossesse ou l'allaitement. Par mesure de prudence, son usage est déconseillé.

MODE D'EMPLOI ET POSOLOGIE

Sur des cheveux parfaitement secs, appliquer la solution du centre vers la périphérie de la région à traiter. Se laver soigneusement les mains après usage.

Laisser sécher les cheveux naturellement : en accélérant l'évaporation du produit, l'utilisation d'un sèche-cheveux nuirait à l'efficacité du traitement.

Habituellement, le traitement n'est efficace qu'au bout de 4 mois ou plus : pour en garder le bénéfice, il ne doit jamais être interrompu.

Posologie usuelle :

1 application de 1 ml (quelle que soit la surface à traiter), 2 fois par jour. Ce volume correspond à 10 pulvérisations.

Une augmentation de la dose n'augmente pas l'efficacité du traitement.

Ce produit est inflammable : conservez-le à l'abri de la chaleur.

EFFETS INDÉSIRABLES POSSIBLES

Réaction mineure et peu grave : irritation, sécheresse de la peau, pousse excessive des poils en dehors de la région traitée.

Rarement : *allergie*, *vertiges*, maux de tête, irritation des yeux, altération du goût, troubles visuels, *otite* externe, fatigue, *œdème*, *névrite*.

Exceptionnellement : perte des cheveux (effet paradoxal), douleur thoracique, *hépatite*, calcul rénal.

NÉPRESSOL

dihydralazine

PRÉSENTATION

NÉPRESSOL : comprimé sécable (blanc crème) ; boîte de 40 - Remb. 65 % - Liste II

Laboratoires Ciba-Geigy

COMPOSITION

	p. comp.
Dihydralazine	25 mg

INDICATIONS

Ce médicament est un *antihypertenseur* qui appartient à la famille des *vasodilatateurs*.

Il est utilisé principalement dans le traitement de l'*hypertension artérielle*.

CONTRE-INDICATIONS

Ce médicament ne doit pas être utilisé dans les cas suivants :

- *angine de poitrine*,
- certaines formes d'*insuffisance cardiaque*.

ATTENTION

Votre tension artérielle doit être l'objet de contrôles réguliers par votre médecin.

GROSSESSE, ALLAITEMENT ET NOUVEAU-NÉ

Grossesse :

Les études scientifiques actuellement disponibles n'ont pas mis en évidence de problème particulier lors de l'utilisation chez la femme enceinte : cependant seul votre médecin peut évaluer le risque éventuel de son utilisation dans votre cas.

Allaitement :

Ce médicament passe très peu dans le lait maternel : l'allaitement est possible.

MODE D'EMPLOI ET POSOLOGIE

Avaler le comprimé avec un verre d'eau.

Posologie usuelle :

La *posologie* efficace est atteinte progressivement pour limiter les effets indésirables.

- Adulte : 1/2 comprimé 2 fois par jour au début, puis augmentation progressive en 2 semaines, jusqu'à 4 à 6 comprimés par jour en général.

EFFETS INDÉSIRABLES POSSIBLES

Fréquents en début de traitement : maux de tête, nausées et vomissements.

Rares : accélération du cœur, *vertiges* et bouffées de chaleur.

Rétention d'eau et de *sel* : prise de poids, *œdèmes*.

NÉRISALIC

diflucortolone, acide salicylique

PRÉSENTATION

NÉRISALIC : crème ; tube 10 g - Remb. 65 % - Liste I

NÉRISALIC : crème ; tube 30 g - Remb. 65 % - Liste I

Laboratoires Schering

COMPOSITION

	p. 100 g
Diflucortolone valérate micronisé	0,1 g
Acide salicylique micronisé	3 g

INDICATIONS

Cette crème contient deux substances :

- un *dermocorticoïde* d'activité forte. Il freine le renouvellement et la multiplication des cellules de la peau et limite le suintement ;
- l'acide salicylique, qui réduit l'épaisseur de la couche cornée superficielle de la peau. Il facilite ainsi l'activité du dermocorticoïde qui lui est associé.

Elle est utilisée dans le traitement des *dermatoses* comportant un épaississement de la peau, notamment les *lichénifications*, les *dermites séborrhéiques* (sauf au visage), le *psoriasis*.

CONTRE-INDICATIONS

Ce médicament ne doit pas être utilisé dans les cas suivants :
- *allergie* aux *salicylés* ;
- infections et parasitoses non traitées de la peau (ce médicament n'a pas d'effet anti-infectieux) ;
- plaie, *ulcère* de jambe, *escarre* ;
- *acné* et *rosacée*.

Le médecin est seul juge pour prescrire ce médicament chez le *nourrisson* et le jeune enfant.

ATTENTION

Comme les autres *dermocorticoïdes*, ce médicament a souvent une action efficace et rapide sur les lésions de la peau ; il peut être tentant de le réutiliser, mais l'automédication expose à des risques importants : aggravation de certaines lésions, installation d'une *dépendance* (amélioration de moins en moins visible des lésions et recrudescence des *symptômes* à chaque arrêt de traitement) et altération durable de la peau.

Suivez attentivement la prescription de votre médecin et n'hésitez pas à lui demander des explications.

GROSSESSE, ALLAITEMENT ET NOUVEAU-NÉ

Grossesse :

L'effet de ce médicament sur l'enfant à naître est mal connu. Seul votre médecin peut apprécier la nécessité du traitement pendant la grossesse.

MODE D'EMPLOI ET POSOLOGIE

Étaler la crème sur les lésions et faire pénétrer par un léger massage.

Posologie usuelle :

1 ou 2 applications par jour.

Le médecin prescrit fréquemment un arrêt progressif du traitement : espacement des applications ou diminution de la quantité appliquée.

☛ Ne conseillez pas, ne donnez pas ce médicament à un proche.

Pensez à vous laver les mains après l'application. En cas d'utilisation sur une grande surface de peau, le port d'un gant est recommandé.

EFFETS INDÉSIRABLES POSSIBLES

Sont à craindre en cas d'usage prolongé : *atrophie* cutanée, *télangiectasie* (dilatation des petits vaisseaux), vergetures, *purpura* (micro-hémorragies de la peau), fragilisation de la peau.

Sur le visage, ce médicament peut créer une *dermite* péri-orale (rougeur bordant la bouche), ou créer ou aggraver une *rosacée*.

Sont possibles également : retard de cicatrisation, *acné*, développement anormal des poils, décoloration localisée de la peau.

NÉRISONE

diflucortolone

PRÉSENTATION

NÉRISONE GRAS : pommade anhydre ; tube 30 g - Remb. 65 % - Liste I

NÉRISONE : pommade ; tube 30 g - Remb. 65 % - Liste I

NÉRISONE : crème ; tube 30 g - Remb. 65 % - Liste I

Laboratoires Schering

COMPOSITION

	p. 100 g
Diflucortolone valérate	100 mg

INDICATIONS

C'est un *dermocorticoïde* d'activité forte. Comme les autres dérivés de la *cortisone* à usage local, il freine le renouvellement et la multiplication des cellules de la peau et limite le suintement.

Il est utilisé pour traiter les *eczémas* de contact ou *atopiques*, les *lichénifications*, le *psoriasis*, le *prurigo*, la *dyshidrose*, et pour soulager les démangeaisons dues aux piqûres d'insectes ou à la présence de parasites sous la peau. Il est également utilisé dans le traitement de certaines maladies rares : *granulome annulaire*, *lupus érythémateux* discoïde, *mycosis fongoïde*.

CONTRE-INDICATIONS

Ce médicament ne doit pas être utilisé dans les cas suivants :
- infection et parasitose non traitées de la peau (ce médicament n'a pas d'effet anti-infectieux),
- lésion ulcérée,
- *acné* et *rosacée*.

ATTENTION

Comme les autres *dermocorticoïdes*, ce médicament a souvent une action efficace et rapide sur les lésions de la peau ; il peut être tentant de le réutiliser, mais l'automédication expose à des risques importants : aggravation de certaines lésions, installation d'une *dépendance* (amélioration de moins en moins visible des lésions et recrudescence des *symptômes* à chaque arrêt de traitement) et altération durable de la peau.

Suivez attentivement la prescription de votre médecin et n'hésitez pas à lui demander des explications.

GROSSESSE, ALLAITEMENT ET NOUVEAU-NÉ

L'effet de ce médicament pendant la grossesse ou l'allaitement est mal connu : seul votre médecin peut évaluer le risque éventuel de son utilisation dans votre cas.

MODE D'EMPLOI ET POSOLOGIE

La crème est adaptée au traitement des lésions suintantes et des régions pileuses.

La pommade est adaptée au traitement des lésions sèches. La pommade anhydre est adaptée au traitement des lésions très sèches.

Étaler le produit sur les lésions et le faire pénétrer par un léger massage. Pour traiter de grandes surfaces : appliquer en touches espacées, puis étaler avec un gant en plastique jusqu'à complète absorption.

Posologie usuelle :

1 ou 2 applications par jour.

Le médecin prescrit fréquemment un arrêt progressif du traitement : espacement des applications ou diminution de la quantité appliquée.

☛ Ne conseillez pas, ne donnez pas ce médicament à un proche.

Pensez à vous laver les mains après l'application. En cas d'utilisation sur une grande surface de peau, le port d'un gant est recommandé.

EFFETS INDÉSIRABLES POSSIBLES

Ils apparaissent surtout en cas d'usage prolongé :
- *atrophie* avec microhémorragie de la peau (*purpura*), dilatation des petits vaisseaux, vergetures, éruption de boutons ;
- développement anormal des poils, dessèchement, fragilisation et décoloration irrégulière de la peau ;
- rougeur autour de la bouche, apparition d'une *rosacée* ;
- retard de cicatrisation.

NÉRISONE C

diflucortolone, chlorquinaldol

PRÉSENTATION

NÉRISONE C : crème ; tube 30 g - Remb. 65 % - Liste I

Laboratoires Schering

COMPOSITION

	p. 100 g
Diflucortolone valérate	0,10 g
Chlorquinaldol	1 g

INDICATIONS

Ce médicament contient un *dermocorticoïde* d'activité forte et un *antiseptique* local. Comme les autres médicaments contenant un dérivé de la *cortisone* à usage local, il freine le renouvellement et la multiplication des cellules de la peau et limite le suintement.

Cette crème est utilisée dans le traitement initial de certaines lésions inflammatoires de la peau (*eczéma*, *dyshidrose*, *psoriasis*...) lorsqu'elles sont infectées.

CONTRE-INDICATIONS

Ce médicament ne doit pas être utilisé dans les cas suivants :
- infections de la peau dues à un champignon ou à un *virus* ;
- plaies chroniques, *ulcère* de la jambe, *escarre* ;
- *rosacée* ;
- sous pansement étanche (occlusif).

ATTENTION

Cette crème n'est pas destinée à traiter les infections bactériennes de la peau mais à traiter l'infection qui vient compliquer une lésion préexistante.

Comme les autres *dermocorticoïdes*, ce médicament a souvent une action efficace et rapide sur les lésions de la peau ; il peut être tentant de le réutiliser, mais l'automédication expose à des risques importants : aggravation de certaines lésions, installation d'une *dépendance* (amélioration de moins en moins visible des lésions et recrudescence des *symptômes* à chaque arrêt de traitement) et altération durable de la peau.

Suivez attentivement la prescription de votre médecin et n'hésitez pas à lui demander des explications.

INTERACTIONS MÉDICAMENTEUSES

L'association à d'autres *antiseptiques* est déconseillée car leurs effets risquent de s'annuler.

GROSSESSE, ALLAITEMENT ET NOUVEAU-NÉ

L'effet de ce médicament pendant la grossesse ou l'allaitement est mal connu : seul votre médecin peut évaluer le risque éventuel de son utilisation dans votre cas.

MODE D'EMPLOI ET POSOLOGIE

Étaler la crème en couche mince sur les lésions et la faire pénétrer par un léger massage.

Posologie usuelle :

2 applications par jour, pendant 8 jours au maximum.

Ne conseillez pas, ne donnez pas ce médicament à un proche.

Pensez à vous laver les mains après l'application.

EFFETS INDÉSIRABLES POSSIBLES

Compte tenu de la brièveté du traitement, ils sont peu fréquents :

- dilatation des petits vaisseaux, vergetures, éruption de boutons ;
- développement anormal des poils, dessèchement, fragilisation et décoloration irrégulière de la peau ;
- rougeur autour de la bouche, apparition d'une *rosacée* ;
- *allergie* cutanée (chlorquinaldol).

NERVOPAX

homéopathie

PRÉSENTATION

NERVOPAX AU SILICEA : comprimé (blanc) ; boîte de 60 - Non remb.

Laboratoires Lehning

COMPOSITION

Corallium rubrum D3, Atropini sulfas D4, Cupri acetas D4, Magnesii phosphas D3, Arsenii anhydridum D4, Zinci valerianas D4, Agnus castus D3, Silicea D5, aa

INDICATIONS

Ce médicament est un *complexe* (association) de remèdes homéopathiques.

Il est utilisé comme *antispasmodique* dans le *traitement symptomatique* de certains troubles : *névralgies*, maux de tête, crampe, colique, tremblements, *convulsions*...).

ATTENTION

Certaines *convulsions* peuvent avoir des conséquences graves : n'hésitez pas à consulter votre médecin.

GROSSESSE, ALLAITEMENT ET NOUVEAU-NÉ

Aux *dilutions homéopathiques*, les substances contenues dans ce médicament ne sont pas connues pour être toxiques pendant la grossesse ou l'allaitement.

MODE D'EMPLOI ET POSOLOGIE

Ce médicament est pris de préférence avec une tisane calmante.

Laisser fondre les comprimés après les avoir croqués.

Posologie usuelle :

2 comprimés, matin et soir.

Certains homéopathes recommandent de ne pas absorber de camphre pendant un traitement homéopathique.

NESTOSYL pommade

PRÉSENTATION

NESTOSYL : pommade ; tube 30 g - Non remb.

Laboratoires Gallier

COMPOSITION

	p. 100 g
Benzocaïne	2 g
Butoforme	2 g
Résorcine	2 g
Hydroxy-8 quinoléine	0,006 g
Oxyde de zinc	10 g
Lanoléine	

INDICATIONS

Cette pommade contient des *anesthésiques* locaux et un *antiseptique*.

Elle est utilisée pour calmer les irritations aiguës de la peau.

CONTRE-INDICATIONS

Ce médicament ne doit pas être utilisé en cas d'*allergie* aux *anesthésiques* locaux.

ATTENTION

Chez les jeunes enfants, ne pas appliquer sur une grande surface de peau ni sur les lésions profondes de peau.

GROSSESSE, ALLAITEMENT ET NOUVEAU-NÉ

L'effet de ce médicament pendant la grossesse ou l'allaitement est mal connu : demandez conseil à votre pharmacien ou à votre médecin.

MODE D'EMPLOI ET POSOLOGIE

Étendre la pommade sur la zone à traiter, puis masser légèrement pour la faire pénétrer.

Posologie usuelle :

Plusieurs applications par jour.

EFFETS INDÉSIRABLES POSSIBLES

Allergie cutanée.

NESTOSYL soluté huileux

PRÉSENTATION

NESTOSYL SOLUTÉ HUILEUX : solution huileuse pour application locale ; flacon 30 ml - Non remb.

Laboratoires Gallier

COMPOSITION

	p. 100 g
Benzocaïne	3,5 g
Butoforme	6,5 g
Résorcine	5 g
Hydroxy-8 quinoléine	0,015 g

INDICATIONS

Cette solution huileuse contient des *anesthésiques* locaux.

Elle est utilisée comme anesthésique de la peau et des *muqueuses*.

CONTRE-INDICATIONS

Ce médicament ne doit pas être utilisé en cas d'*allergie* aux *anesthésiques* locaux.

GROSSESSE, ALLAITEMENT ET NOUVEAU-NÉ

L'effet de ce médicament pendant la grossesse ou l'allaitement est mal connu : seul votre médecin peut évaluer le risque éventuel de son utilisation dans votre cas.

MODE D'EMPLOI ET POSOLOGIE

La solution s'utilise en badigeonnage, en instillation, en pulvérisation ou en application de compresse imbibée de solution.

EFFETS INDÉSIRABLES POSSIBLES

Allergie cutanée.

NÉTROMICINE

nétilmicine

PRÉSENTATION

NÉTROMICINE I.M. 25 mg/1 ml : solution injectable ; boîte de 1 ampoule 1 ml - Remb. 65 % - Liste I

NÉTROMICINE I.M. 50 mg/2 ml : solution injectable ; boîte de 1 ampoule 2 ml - Remb. 65 % - Liste I

NÉTROMICINE I.M. 100 mg/1 ml : solution injectable ; boîte de 1 ampoule 1 ml - Remb. 65 % - Liste I

NÉTROMICINE I.M. 150 mg/1,5 ml : solution injectable ; boîte de 1 ampoule 1,5 ml - Remb. 65 % - Liste I

Laboratoires Schering-Plough

COMPOSITION

	p. amp. inj.	p. amp. inj.
Nétilmicine	25 mg	50 mg
Sulfites	+	+

	p. amp. inj.	p. amp. inj.
Nétilmicine	100 mg	150 mg
Sulfites	+	+

INDICATIONS

C'est un *antibiotique* qui appartient à la famille des *aminosides*.

Il est utilisé dans le traitement de diverses maladies infectieuses, notamment de la peau et des *voies* urinaires.

CONTRE-INDICATIONS

Ce médicament ne doit pas être utilisé dans les cas suivants :
- *myasthénie*,
- *allergie* aux médicaments de la famille des *aminosides* et aux *sulfites*.

ATTENTION

Ce médicament peut être toxique pour l'*oreille interne* : signalez à votre médecin tout trouble de l'équilibre ou de l'audition, ancien ou survenant pendant le traitement. Il peut également provoquer des lésions des reins, en cas de surdosage ou d'*insuffisance rénale* préexistante.

Ne prenez aucun *diurétique* sans avis médical pendant le traitement. En cas d'intervention chirurgicale, informez l'anesthésiste de la prise de ce médicament.

INTERACTIONS MÉDICAMENTEUSES

Ce médicament ne doit pas être associé à un médicament contenant un autre *aminoside* : augmentation du risque de toxicité pour le rein ou l'*oreille interne*.

Il peut interagir avec d'autres médicaments : signalez tout autre traitement en cours à votre médecin ou à votre pharmacien.

GROSSESSE, ALLAITEMENT ET NOUVEAU-NÉ

Grossesse :

L'absence d'effet toxique de ce médicament pour l'enfant à naître n'a pas été établie. Seul votre médecin peut évaluer le risque éventuel de son utilisation dans votre cas.

Allaitement :

Ce médicament passe dans le lait maternel.

MODE D'EMPLOI ET POSOLOGIE

Les ampoules sont prêtes à l'emploi et doivent être injectées exclusivement par *voie* intramusculaire ou en *perfusion*.

Posologie usuelle :
- Adulte : 4 à 6 mg par kg et par jour, soit 350 mg pour un adulte de 70 kg.
- Enfant et nourrisson : 6 à 7,5 mg par kg et par jour.

Le médecin répartit cette dose en 1 ou 2 injections, et même 3 chez l'insuffisant rénal.

La solution injectable ne doit pas être mélangée avec un autre médicament dans la même seringue.

L'éventuelle impression de fatigue n'est pas due à l'*antibiotique*, mais à l'infection elle-même.

EFFETS INDÉSIRABLES POSSIBLES

Douleur au point d'injection.

Rarement, dans les conditions normales d'utilisation : *insuffisance rénale*, troubles de l'audition.

Rares *allergies* cutanées.

NÉTUX

codéine, phényltoloxamine

PRÉSENTATION

NÉTUX : gélule (jaune et bleu clair) ; boîte de 8 - Remb. 35 %

NÉTUX : suspension buvable (jaune orangé) arôme abricot ; flacon 90 ml (72 cuillères-mesure de 1,25 ml) - Remb. 35 %

Laboratoires Soekami Lefrancq

COMPOSITION

	p. gél.	p. c. mes.
Codéine monohydratée	30 mg	2,5 mg
Phényltoloxamine	10 mg	0,83 mg
Saccharose		0,50 g

INDICATIONS

Ce médicament *antitussif* contient de la codéine associée à un *antihistaminique*. La codéine a une action sédative sur le *système nerveux central* et notamment sur les centres de la toux.

Ce médicament est utilisé dans le *traitement symptomatique* des toux sèches.

CONTRE-INDICATIONS

En raison de la présence de codéine, ce médicament ne doit pas être utilisé dans les cas suivants :
- *asthme*,
- *insuffisance respiratoire*,
- enfant de moins de 15 ans (gélule),
- enfant de moins de 30 mois (suspension buvable).

ATTENTION

Ce médicament n'est pas adapté au traitement de la toux grasse, qui est un mécanisme de défense normal de l'organisme permettant l'évacuation des mucosités présentes dans les bronches.

La toux est un *symptôme* qui peut révéler de nombreuses maladies. Consultez votre médecin si elle persiste plus de quelques jours.

Évitez les boissons alcoolisées : augmentation du risque de somnolence.

Conducteur : ce médicament peut être responsable d'une somnolence ou d'une baisse de la vigilance.

INTERACTIONS MÉDICAMENTEUSES

Ce médicament peut interagir avec beaucoup d'autres médicaments, notamment chez les personnes âgées : signalez tout autre traitement en cours à votre médecin ou à votre pharmacien.

GROSSESSE, ALLAITEMENT ET NOUVEAU-NÉ

Grossesse :

Compte tenu de la présence de codéine, n'utilisez pas ce médicament pendant la grossesse sans prendre l'avis de votre pharmacien ou de votre médecin.

Allaitement :

Ce médicament passe dans le lait maternel : il est déconseillé pendant l'allaitement.

MODE D'EMPLOI ET POSOLOGIE

Les gélules doivent être avalées avec un verre d'eau, sans être ouvertes. La suspension buvable doit être agitée avant l'emploi.

Les prises de ce médicament doivent être réparties au cours de la journée.

Posologie usuelle :
- Adulte : 2 gélules ou 2 cuillères à soupe de suspension buvable par jour. Chez la personne âgée, il convient de réduire la *posologie* de moitié.
- Enfant de 8 à 15 ans : 2 à 5 cuillères à café par jour.
- Enfant de 30 mois à 8 ans : 1 cuillère-mesure par 5 kg et par jour ; soit, pour un enfant de 10 kg, 1 cuillère-mesure 2 fois par jour.

De nombreux médicaments contiennent de la codéine, notamment certains *antitussifs* et *antalgiques*. Le surdosage expose à une augmentation des effets indésirables.

Une toux nocturne aggravée par ce médicament peut être une toux allergique : demandez conseil à votre médecin.

Fumer, ou être exposé à la fumée des autres, nuit à l'efficacité du traitement.

Des mesures simples permettent de calmer les toux sèches : boissons chaudes et humidification de l'air ambiant.

EFFETS INDÉSIRABLES POSSIBLES

Les effets indésirables sont liés à la présence de codéine : constipation, et plus rarement somnolence, nausées, vomissements, *bronchospasme*, *allergies* cutanées, ralentissement de la respiration.

NEULEPTIL

propériciazine

PRÉSENTATION

NEULEPTIL 10 mg : gélule (blanc) ; boîte de 50 - Remb. 65 % - Liste I

NEULEPTIL 25 mg : comprimé sécable (jaune citron) ; boîte de 50 - Remb. 65 % - Liste I

NEULEPTIL 1 % : solution buvable ; flacon 30 ml (1 200 gouttes) - Remb. 65 % - Liste I

NEULEPTIL 4 % : solution buvable ; flacon 30 ml (1 200 gouttes) - Remb. 65 % - Liste I

Laboratoires Specia

COMPOSITION

	p. gél.	p. comp.
Propériciazine	10 mg	25 mg
	p. gte	p. gte
Propériciazine	0,25 mg	1 mg

INDICATIONS

C'est un *neuroleptique* qui appartient à la famille chimique des phénothiazines.

Il est utilisé dans le traitement des troubles nerveux accompagnés de troubles de l'*humeur*.

CONTRE-INDICATIONS

Ce médicament ne doit pas être utilisé dans les cas suivants :
- *allergie* aux phénothiazines,
- *glaucome* à angle fermé,
- risque de blocage des urines (*adénome de la prostate*),
- *antécédents* d'*agranulocytose* et de *porphyrie*,
- association à la lévodopa.

ATTENTION

La guérison peut nécessiter un traitement prolongé ; une amélioration survenant en début de traitement ne doit pas vous conduire à l'arrêter sans l'avis de votre médecin.

En cas de survenue d'une fièvre inexpliquée, suspendez la prise du médicament et alertez immédiatement votre médecin.

Des précautions sont nécessaires chez les personnes âgées et en cas d'*épilepsie*, de maladies cardiaques graves, d'*insuffisance rénale* ou d'*insuffisance hépatique*.

Évitez les boissons alcoolisées : augmentation du risque de somnolence.

Conducteur : ce médicament peut être responsable d'une somnolence ou d'une baisse de la vigilance.

INTERACTIONS MÉDICAMENTEUSES

Ce médicament ne doit pas être associé à ceux contenant de la lévodopa (LARODOPA, MODOPAR, SINEMET...) : risque d'annulation de leurs effets.

Il peut interagir avec d'autres médicaments, notamment les *antihypertenseurs*, l'atropine et ses dérivés, les *sédatifs* et certains pansements gastriques. Signalez tout autre traitement en cours à votre médecin ou à votre pharmacien.

GROSSESSE, ALLAITEMENT ET NOUVEAU-NÉ

Grossesse et nouveau-né :

Si une grossesse survient pendant le traitement, consultez votre médecin. Il appréciera le risque éventuel lié à l'utilisation de ce médicament dans votre cas.

Si le traitement est poursuivi jusqu'à l'accouchement, une surveillance médicale du *nouveau-né* est nécessaire.

Allaitement :

Les données actuellement disponibles ne permettent pas de savoir si ce médicament passe dans le lait maternel : l'allaitement est déconseillé.

MODE D'EMPLOI ET POSOLOGIE

La *posologie* est strictement individuelle.

EFFETS INDÉSIRABLES POSSIBLES

Somnolence.

Tremblements, raideur anormale, grimaces involontaires.

Baisse de la tension artérielle, bouche sèche, trouble de l'*accommodation*, rétention d'urine, constipation.

Arrêt des règles, augmentation du volume des seins, écoulement de lait, prise de poids.

Photosensibilisation, éruption cutanée.

Certains signes doivent faire penser à un surdosage : état amorphe, hébété, rigidité musculaire extrême.

NEURIPLÈGE comprimé

chlorproéthazine

PRÉSENTATION

NEURIPLÈGE : comprimé (blanc) ; boîte de 30 - Remb. 65 % - Liste II

Laboratoires Génévrier

COMPOSITION

	p. comp.
Chlorproéthazine chlorhydrate	25 mg

INDICATIONS

Ce médicament est un myorelaxant (relaxant musculaire). Il a également un effet *antalgique* et *sédatif*.

Il est utilisé dans le traitement des contractures musculaires douloureuses (torticolis, *lombalgies*, *dorsalgies*) et de certaines paralysies.

CONTRE-INDICATIONS

Ce médicament ne doit pas être utilisé dans les cas suivants :
- *myasthénie*,
- baisse de la tension artérielle grave.

ATTENTION

Évitez les boissons alcoolisées : augmentation du risque de somnolence.

Conducteur : ce médicament peut être responsable d'une somnolence ou d'une baisse de la vigilance.

INTERACTIONS MÉDICAMENTEUSES

Ce médicament peut interagir avec d'autres médicaments, notamment les *sédatifs*. Signalez tout autre traitement en cours à votre médecin ou à votre pharmacien.

GROSSESSE, ALLAITEMENT ET NOUVEAU-NÉ

L'effet de ce médicament pendant la grossesse ou l'allaitement est mal connu : seul votre médecin peut évaluer le risque éventuel de son utilisation dans votre cas.

MODE D'EMPLOI ET POSOLOGIE

Les comprimés doivent être avalés avec un verre d'eau, en plusieurs prises réparties dans la journée.

Posologie usuelle :
- Adulte : 1 comprimé, 2 à 4 fois par jour.
- Enfant de 10 à 15 ans : 1 comprimé, 1 à 3 fois par jour.
- Enfant de 5 à 10 ans : 1 comprimé, 1 ou 2 fois par jour.

EFFETS INDÉSIRABLES POSSIBLES

Hypotension orthostatique, *allergie* cutanée.

NEURIPLÈGE pommade

chlorproéthazine, paracymène

PRÉSENTATION

NEURIPLÈGE POMMADE : pommade ; tube 30 g - Remb. 35 %

Laboratoires Génévrier

COMPOSITION

	p. 100 g
Chlorproéthazine chlorhydrate	10 g
Paracymène	9,8 g

INDICATIONS

Cette pommade a un effet *antalgique* et myorelaxant (relaxant musculaire).

Elle est utilisée en massage dans le traitement local des contractures musculaires douloureuses (torticolis, *lombalgies*, *dorsalgies*...).

CONTRE-INDICATIONS

Cette pommade ne doit pas être appliquée sur les *muqueuses*, les plaies ou la peau lésée.

ATTENTION

Évitez d'exposer au soleil la zone traitée.

GROSSESSE, ALLAITEMENT ET NOUVEAU-NÉ

L'effet de ce médicament pendant la grossesse ou l'allaitement est mal connu. L'évaluation du risque éventuel lié à son utilisation est individuelle : demandez conseil à votre pharmacien ou à votre médecin.

MODE D'EMPLOI ET POSOLOGIE

Appliquer par un massage doux et prolongé.

Posologie usuelle :

Une ou plusieurs applications par jour.

Se laver les mains après utilisation.

EFFETS INDÉSIRABLES POSSIBLES

Allergie cutanée (éruption de boutons, démangeaisons...) imposant l'arrêt du traitement.

NEUROCALCIUM

phénobarbital, calcium gluconate, calcium bromure

PRÉSENTATION

NEUROCALCIUM : comprimé (blanc) ; boîte de 40 - Remb. 65 %

NEUROCALCIUM : granulé ; boîte de 100 g - Remb. 65 %

Laboratoires Biologiques Ile-de-France

COMPOSITION

	p. comp.	p. c. à c.
Phénobarbital	10 mg	11,5 mg
Calcium gluconate	200 mg	233 mg
Calcium bromure	100 mg	116 mg

INDICATIONS

Ce médicament est une association de substances, qui contient notamment du phénobarbital de la famille des *barbituriques*.

Il est utilisé comme *sédatif* dans les formes légères d'anxiété ou d'insomnie.

CONTRE-INDICATIONS

Ce médicament ne doit pas être utilisé dans les cas suivants :
- maladie rénale en rapport avec un excès de calcium,
- *porphyrie*,
- *insuffisance respiratoire* grave,
- *allergie* aux *barbituriques*,
- enfant de moins de 15 ans (comprimés).

ATTENTION

Évitez les boissons alcoolisées : augmentation du risque de somnolence.

Conducteur : ce médicament peut être responsable d'une somnolence ou d'une baisse de la vigilance.

INTERACTIONS MÉDICAMENTEUSES

Ce médicament peut interagir avec de nombreux médicaments, notamment les *contraceptifs* oraux (pilule) : risque de contraception inefficace. Signalez tout autre traitement en cours à votre médecin ou à votre pharmacien.

GROSSESSE, ALLAITEMENT ET NOUVEAU-NÉ

Grossesse :

L'effet de ce médicament pendant la grossesse ou l'allaitement est mal connu : seul votre médecin peut évaluer le risque éventuel de son utilisation dans votre cas.

Allaitement :

Ce médicament passe dans le lait maternel : il est déconseillé pendant l'allaitement.

MODE D'EMPLOI ET POSOLOGIE

Les comprimés et les granulés doivent être avalés avec un peu d'eau.

Posologie usuelle :
- Adulte : 1 à 6 comprimés par jour ou 2 cuillères à café de granulés, 2 ou 3 fois par jour.
- Enfant de plus de 20 kg : 2 cuillères à café de granulés, 2 ou 3 fois par jour.
- Enfant de 15 à 20 kg : 1 cuillère à café de granulés, 3 ou 4 fois par jour.
- Enfant de 10 à 15 kg : 1 cuillère à café de granulés, 2 ou 3 fois par jour.
- Enfant de 5 à 10 kg : 1/2 à 1 cuillère à café de granulés, 2 fois par jour.

EFFETS INDÉSIRABLES POSSIBLES

Somnolence, réaction cutanée, excitation chez l'enfant et confusion des idées chez la personne âgée.

NEUROCALCIUM sirop

bromure de calcium, chlorure de calcium, gluconoheptonate de calcium

PRÉSENTATION

NEUROCALCIUM sirop : sirop ; flacon 125 ml - Remb. 65 %

Laboratoires Biologiques Ile-de-France

COMPOSITION

	p. c. à c.
Bromure de calcium anhydre	82 mg
Chlorure de calcium	65 mg
Gluconoglucoheptonate de calcium	106 mg
Calcium	42,4 mg
Brome	65,6 mg

INDICATIONS

Ce médicament est une association de substances sédatives : le calcium et le brome.

Il est utilisé dans le traitement des troubles légers du sommeil, de l'irritabilité et de la nervosité.

CONTRE-INDICATIONS

Ce médicament ne doit pas être utilisé dans les cas suivants :
- *insuffisance rénale* grave,
- enfant de moins de 30 mois,
- personne âgée déshydratée ou *dénutrie*,
- allaitement.

ATTENTION

En cas de traitement prolongé, le brome peut provoquer l'apparition de boutons particuliers appelés bromides. Consultez votre médecin.

Un surdosage peut provoquer des troubles du comportement, particulièrement chez la personne âgée. Arrêtez immédiatement le traitement et prévenez votre médecin.

Évitez les boissons alcoolisées : augmentation du risque de somnolence.

Conducteur : ce médicament peut être responsable d'une somnolence ou d'une baisse de la vigilance.

INTERACTIONS MÉDICAMENTEUSES

Ce médicament peut interagir avec d'autres médicaments. Signalez tout traitement en cours à votre médecin ou à votre pharmacien.

GROSSESSE, ALLAITEMENT ET NOUVEAU-NÉ

Grossesse et nouveau-né :

L'usage de ce médicament a été à l'origine de complications chez le *nouveau-né*. Il est déconseillé pendant la grossesse.

Allaitement :

Ce médicament passe dans le lait maternel : il est contre-indiqué pendant l'allaitement.

MODE D'EMPLOI ET POSOLOGIE

Ne prolongez pas le traitement ou n'augmentez pas les doses sans l'avis de votre médecin ou de votre pharmacien.

Posologie usuelle :

1 à 6 cuillères à café de sirop par jour.

EFFETS INDÉSIRABLES POSSIBLES

Perte de l'appétit, constipation.

Rarement : éruptions cutanées surtout en cas de traitement prolongé, troubles psychiques surtout en cas de surdosage. (Voir ATTENTION).

NEUROFLORINE

passiflore, valériane, aubépine

PRÉSENTATION

NEUROFLORINE : comprimé (vert) ; boîte de 45 - Non remb.

NEUROFLORINE : solution buvable ; flacon de 125 ml - Non remb.

Laboratoires Fuca

COMPOSITION

	p. comp.	p. c. à c.
Passiflore, extrait sec	50 mg	
Valériane, extrait sec	80 mg	
Aubépine, extrait sec	10 mg	
Passiflore, extrait fluide		600 mg
Aubépine, extrait fluide		80 mg
Valériane, extrait mou		500 mg

INDICATIONS

Ce médicament contient une association de plantes sédatives.

Il est utilisé dans le traitement des *palpitations* chez l'adulte et des troubles légers du sommeil ou de la nervosité, chez l'adulte et l'enfant.

GROSSESSE, ALLAITEMENT ET NOUVEAU-NÉ

Ce médicament ne contient que des plantes présumées sans danger pendant la grossesse ou l'allaitement. Néanmoins, ne l'utilisez pas de façon prolongée sans l'avis de votre pharmacien ou de votre médecin.

MODE D'EMPLOI ET POSOLOGIE

Les comprimés doivent être avalés avec un peu d'eau.

Posologie usuelle :
- Adulte : 2 ou 3 comprimés ou 1 ou 2 cuillères à café de solution buvable

avant chaque repas. Dans les troubles du sommeil, prendre 4 à 6 comprimés ou 2 ou 3 cuillères à café de solution buvable, 1 heure avant le coucher.
- Enfant de plus de 6 ans : 1 à 3 cuillères à café de solution buvable par jour.

NEUROLITHIUM

lithium

PRÉSENTATION

NEUROLITHIUM : solution buvable ; boîte de 20 ampoules 10 ml - Remb. 65 % - Liste II

NEUROLITHIUM : solution buvable ; boîte de 24 ampoules 5 ml - Remb. 65 % - Liste II

Laboratoires Labcatal

COMPOSITION

	p. amp. 10 ml	p. amp. 5 ml
Gluconate de lithium	2 g	1 g
Soit lithium	9,9 mEq	4,95 mEq

INDICATIONS

Ce médicament est un régulateur de l'*humeur* dont le principe actif est un sel de *lithium*.

Il est utilisé dans le traitement de certains troubles nerveux faisant alterner les périodes de *dépression* avec des périodes d'excitation anormale.

CONTRE-INDICATIONS

Ce médicament ne doit pas être utilisé dans les cas suivants :
- **grossesse,**
- **allaitement.**

Dans tous les autres cas, votre médecin est seul juge, notamment en cas d'*insuffisance rénale*.

ATTENTION

Tout traitement par ce médicament impose un bilan préalable comportant un test de grossesse, une prise de sang et éventuellement un électrocardiogramme.

La frontière entre la dose efficace et la dose toxique est étroite : pour éviter les fluctuations du taux de *lithium* dans le sang (lithémie), il est essentiel de prendre régulièrement le médicament.

Ce médicament traite des maladies chroniques qu'il stabilise généralement de façon remarquable. La guérison peut n'être qu'apparente et seul le médecin peut décider de l'arrêt du traitement.

Toute cause de perte d'eau et de sel (sueurs abondantes, vomissements, diarrhées) expose à un surdosage.

Conducteur : ce médicament peut être responsable d'une somnolence ou d'une baisse de la vigilance.

Évitez les boissons alcoolisées : augmentation du risque de somnolence et de fluctuation du taux de lithium dans le sang.

INTERACTIONS MÉDICAMENTEUSES

Ce médicament peut interagir avec de nombreux médicaments, notamment *anti-inflammatoires*, *diurétiques* ou *neuroleptiques* : signalez tout autre traitement en cours à votre médecin ou à votre pharmacien.

GROSSESSE, ALLAITEMENT ET NOUVEAU-NÉ

Grossesse et nouveau-né :

Par mesure de prudence, ce médicament est contre-indiqué pendant la grossesse, et une contraception est recommandée.

Néanmoins, si une grossesse survient sous traitement, consultez votre médecin. Il appréciera le risque éventuel lié à l'utilisation de ce médicament dans votre cas. Des examens particuliers permettent de vérifier l'absence d'anomalie chez l'enfant à naître.

Si le traitement est poursuivi jusqu'à l'accouchement, une surveillance médicale du *nouveau-né* est nécessaire.

Allaitement :

Ce médicament passe dans le lait maternel : l'allaitement est contre-indiqué.

MODE D'EMPLOI ET POSOLOGIE

Ce médicament sera pris de préférence au moment des repas, en deux ou trois prises quotidiennes.

Posologie usuelle :

Elle est adaptée individuellement par le médecin en fonction du résultat des dosages sanguins. La lithémie (taux de *lithium* dans le sang) idéale est comprise entre 0,5 et 0,8 mEq/l.

Ne pas suivre de régime sans sel pendant le traitement.

EFFETS INDÉSIRABLES POSSIBLES

Certains effets indésirables sont habituellement réversibles à l'arrêt du traitement :
- *troubles digestifs*, nausées, vomissements, diarrhées (rares) ;
- somnolence, torpeur ;
- tremblements des mains, *vertiges* ;
- prise de poids (fréquente) ;
- perturbation du fonctionnement de la glande *thyroïde*, avec ou sans *goitre* ;
- manque de tonus musculaire ;
- manifestations cutanées.

Les signes les plus fréquents d'un surdosage sont à bien connaître : nausées, tremblements, soif, troubles de l'équilibre. Il faut les signaler immédiatement à votre médecin.

NEUROPAX

phénobarbital, passiflore, aubépine

PRÉSENTATION

NEUROPAX : comprimé (marron) ; boîte de 40 - Non remb.

Laboratoires Sterling Midy

COMPOSITION

	p. comp.
Phénobarbital	10 mg
Passiflore, nébulisat hydroalcoolique	40 mg
Aubépine, nébulisat hydroalcoolique	40 mg

INDICATIONS

Ce médicament est une association de substances qui contient notamment du phénobarbital de la famille des *barbituriques*.

Il est utilisé comme *sédatif* dans les formes légères d'anxiété ou d'insomnie.

CONTRE-INDICATIONS

Ce médicament ne doit pas être utilisé dans les cas suivants :
- *porphyries*,
- *insuffisance respiratoire* grave,
- *allergie* aux *barbituriques*,
- enfant de moins de 15 ans.

ATTENTION

Évitez les boissons alcoolisées : augmentation du risque de somnolence.

Conducteur : ce médicament peut être responsable d'une somnolence ou d'une baisse de la vigilance.

INTERACTIONS MÉDICAMENTEUSES

Ce médicament peut interagir avec d'autres médicaments, notamment avec les *contraceptifs* oraux (pilule) : risque de contraception inefficace. Signalez tout autre traitement en cours à votre médecin ou à votre pharmacien.

GROSSESSE, ALLAITEMENT ET NOUVEAU-NÉ

Grossesse :

Si une grossesse survient pendant le traitement, consultez votre médecin. Il appréciera le risque éventuel lié à l'utilisation de ce médicament dans votre cas.

Si le traitement est poursuivi jusqu'à l'accouchement, une surveillance médicale du *nouveau-né* est nécessaire.

Allaitement :

Ce médicament passe dans le lait maternel : il est déconseillé pendant l'allaitement.

MODE D'EMPLOI ET POSOLOGIE

Les comprimés doivent être avalés avec un peu d'eau.

Posologie usuelle :

2 à 6 comprimés par jour.

EFFETS INDÉSIRABLES POSSIBLES

Dus au phénobarbital : somnolence, réaction cutanée, excitation chez l'enfant, confusion des idées chez la personne âgée.

NEUROSTHÉNOL

PRÉSENTATION

NEUROSTHÉNOL : solution buvable ; boîte de 20 ampoules 5 ml - Non remb.

Laboratoires Richard

COMPOSITION

	p. amp.
Acide glutamique	150 mg
Acide phosphorique	950 mg
Phosphate monocalcique	200 mg
Phosphate disodique	100 mg
Chlorure de magnésium	250 mg
Chlorure de manganèse	10 mg
Extrait cérébral d'origine porcine	100 mg
Soit phosphore	205,75 mg
Soit calcium	31,8 mg

INDICATIONS

Ce médicament *antiasthénique* contient des substances indispensables à l'organisme, notamment un *acide aminé* et des sels minéraux (phosphore, calcium, sodium, magnésium et manganèse).

Il est utilisé dans le *traitement symptomatique* de la fatigue.

CONTRE-INDICATIONS

Ce médicament ne doit pas être utilisé dans les cas suivants :
- *insuffisance rénale* grave,
- calculs des *voies* urinaires,
- *ulcère* de l'estomac et du *duodénum*.

INTERACTIONS MÉDICAMENTEUSES

Ce médicament peut interagir avec d'autres médicaments. Signalez tout autre traitement en cours à votre médecin ou à votre pharmacien.

GROSSESSE, ALLAITEMENT ET NOUVEAU-NÉ

L'effet de ce médicament pendant la grossesse ou l'allaitement est mal connu. L'évaluation du risque éventuel lié à son utilisation est individuelle : demandez conseil à votre pharmacien ou à votre médecin.

MODE D'EMPLOI ET POSOLOGIE

Les ampoules doivent être diluées dans un verre d'eau, et absorbées au moment des repas de midi et du soir.

Posologie usuelle :

1 ampoule, 2 fois par jour.

> Une fatigue persistante ne doit pas vous conduire à augmenter les prises de ce médicament : consultez votre médecin.

NEUTROSES

PRÉSENTATION

NEUTROSES : comprimé à croquer ; boîte de 42 - Non remb.

Laboratoires DB Pharma

COMPOSITION

	p. comp.
Calcium carbonate	160 mg
Magnésium carbonate	114 mg
Kaolin	30 mg
Magnésium trisilicate	20 mg
Saccharose	604 mg

INDICATIONS

C'est une association de substances qui contient des *antiacides* d'action locale et du kaolin. Les antiacides agissent en neutralisant les acides sécrétés par l'estomac ; le kaolin protège le tube digestif en le couvrant d'un film qui l'isole de son contenu et en absorbant les gaz.

Ce médicament est utilisé comme *traitement symptomatique* des douleurs, brûlures, aigreurs de l'estomac ou de l'œsophage. Il est également utilisé pour traiter les ballonnements.

CONTRE-INDICATIONS

Ce médicament ne doit pas être utilisé en cas d'*insuffisance rénale* grave.

> **ATTENTION**
>
> En cas de persistance des *symptômes*, des examens peuvent être nécessaires : consultez votre médecin.
>
> Ce médicament contient du *sucre* (saccharose) en quantité notable.

INTERACTIONS MÉDICAMENTEUSES

Ce médicament peut interagir avec de nombreux autres médicaments en diminuant leur absorption : il convient de séparer les prises d'au moins 2 heures.

GROSSESSE, ALLAITEMENT ET NOUVEAU-NÉ

Les substances contenues dans ce médicament sont peu absorbées. L'automédication est possible en cure courte ou ponctuelle pendant la grossesse ou l'allaitement.

MODE D'EMPLOI ET POSOLOGIE

Ce médicament sera pris de préférence 2 heures après les repas ou au moment des douleurs.

Posologie usuelle :

2 ou 3 comprimés, 3 ou 4 fois par jour.

> Une alimentation équilibrée, une mastication lente et l'élimination des aliments difficiles à digérer permettent souvent d'atténuer, voire de faire disparaître, les douleurs d'estomac qui ne sont pas liées à un *ulcère*.
>
> Si vous êtes fumeur, la poursuite du tabagisme nuit à l'efficacité du traitement.

EFFETS INDÉSIRABLES POSSIBLES

Parfois, diarrhée.

Excès de calcium dans le sang, *insuffisance rénale*, en cas d'usage prolongé à forte dose.

NEVRIBAUME

nicotinate de salicyloylglycol, salicylate de glycol, nicotinate de méthyle

PRÉSENTATION

NEVRIBAUME : crème ; tube 40 g - Non remb.

NEVRIBAUME : crème ; tube 80 g - Non remb.

Laboratoires Lederle

COMPOSITION

	p. 100 g
Nicotinate de salicyloylglycol	2 g
Salicylate de glycol	5 g
Nicotinate de méthyle	0,15 g

INDICATIONS

Cette pommade *antalgique* contient un *salicylé* et des substances qui ont un effet *révulsif*.

Elle est utilisée en massage dans le traitement des douleurs musculaires et articulaires (entorse, élongation...).

CONTRE-INDICATIONS

Ce médicament ne doit pas être utilisé dans les cas suivants :
- *allergie* aux *salicylés*,
- en application sur les *muqueuses*, les plaies ou la peau lésée.

GROSSESSE, ALLAITEMENT ET NOUVEAU-NÉ

L'effet de ce médicament pendant la grossesse ou l'allaitement est mal connu. L'évaluation du risque éventuel lié à son utilisation est individuelle : demandez conseil à votre pharmacien ou à votre médecin.

MODE D'EMPLOI ET POSOLOGIE

Appliquer en massage doux et prolongé.

Posologie usuelle :
- Adulte : 1 ou 2 applications par jour.

> Se laver les mains après l'application. En cas de contact accidentel avec les yeux, rincer abondamment.

EFFETS INDÉSIRABLES POSSIBLES

Allergie cutanée (éruption de boutons, démangeaisons...) imposant l'arrêt du traitement ; à ne pas confondre avec une rougeur normale au point d'application due au médicament.

NÉVROSTHÉNINE GLYCOCOLLE

PRÉSENTATION

NÉVROSTHÉNINE GLYCOCOLLE FREYSSINGE : granulé ; boîte de 20 sachets - Non remb.

Laboratoires 3M Santé

COMPOSITION

	p. sachet
Glycérophosphate de sodium	200 mg
Glycérophosphate de potassium	50 mg
Glycérophosphate de magnésium	2 mg
Acide aminoacétique (glycocolle)	1,4 g
Soit sodium	29 mg
Soit potassium	16 mg
Soit magnésium	0,25 mg

INDICATIONS

Ce médicament est un *antiasthénique* qui associe des substances contenant notamment des sels minéraux (phosphore, *potassium*, sodium, magnésium) et un *acide aminé* (glycocolle).

Il est utilisé dans le *traitement symptomatique* de la fatigue.

GROSSESSE, ALLAITEMENT ET NOUVEAU-NÉ

Ce médicament ne contient que des substances présumées sans danger pendant la grossesse ou l'allaitement. Néanmoins, ne l'utilisez pas de façon prolongée sans l'avis de votre pharmacien ou de votre médecin.

MODE D'EMPLOI ET POSOLOGIE

Les granulés doivent être dissous dans un verre d'eau, et pris au moment des repas.

Posologie usuelle :
- Adulte : 2 sachets, 1 ou 2 fois par jour (le matin et à midi).
- Enfant : 1 sachet par 15 kg et par jour.

L'administration de ce médicament après 17 heures peut favoriser une insomnie.

Une fatigue persistante ne doit pas vous conduire à augmenter les prises de ce médicament : consultez votre médecin.

NIAMIDE
nialamide

PRÉSENTATION

NIAMIDE : comprimé sécable (rose) ; boîte de 100 - Remb. 65 % - Liste I

Laboratoires Pfizer

COMPOSITION

	p. comp.
Nialamide	25 mg

INDICATIONS

C'est un *antidépresseur* qui appartient à la famille des *IMAO* non sélectifs.

Il est utilisé dans le traitement des *états dépressifs* de toute nature.

CONTRE-INDICATIONS

Ce médicament ne doit pas être utilisé dans les cas suivants :
- *insuffisance hépatique*,
- *phéochromocytome*,
- en association avec de nombreux médicaments ou certains aliments.

ATTENTION

Si vous souffrez d'*épilepsie*, d'une *insuffisance hépatique* ou d'une *insuffisance rénale*, prévenez votre médecin afin qu'il puisse adapter la *posologie*.

Ce médicament ne doit pas être associé à certains aliments (fromages fermentés, foies de volaille, extraits de levure, viandes faisandées...) ou boissons riches en caféine : risque d'élévation brutale de la tension artérielle.

Des maux de tête violents ou fréquents doivent conduire à faire un contrôle régulier de la tension artérielle.

Toute automédication est formellement déconseillée compte tenu des interactions médicamenteuses. Tout surdosage expose à de graves complications.

Le traitement sera interrompu 15 jours avant une opération.

Évitez les boissons alcoolisées : augmentation du risque de somnolence.

Conducteur : ce médicament peut être responsable d'une somnolence ou d'une baisse de la vigilance.

INTERACTIONS MÉDICAMENTEUSES

Ce médicament peut interagir avec de nombreux autres médicaments, notamment :
- ceux contenant du dextrométhorphane (*antitussifs*) : risque de très forte fièvre, de malaise cardiaque grave, d'hyperexcitabilité ;
- les *amphétamines*, les *antidépresseurs* imipraminiques, le PROZAC, les dérivés de la réserpine, les médicaments contenant de l'heptaminol ou de la lévodopa (LARODOPA, MODOPAR, SINEMET), le DOLOSAL : risque d'élévation brutale de la tension artérielle.

En cas de remplacement de ce médicament par un autre antidépresseur ou un autre *IMAO*, il convient de respecter un intervalle d'au moins 15 jours. Signalez tout autre traitement en cours à votre médecin ou à votre pharmacien.

GROSSESSE, ALLAITEMENT ET NOUVEAU-NÉ

Compte tenu des nombreuses interactions médicamenteuses, l'usage de ce médicament est déconseillé pendant la grossesse et l'allaitement.

MODE D'EMPLOI ET POSOLOGIE

Ce médicament est réservé à l'adulte.

La *posologie* minimale efficace est atteinte progressivement ; une à trois semaines d'observation sont nécessaires avant de modifier la prescription.

La posologie est strictement individuelle.

L'efficacité des *antidépresseurs* n'est généralement pas immédiate. Un délai pouvant atteindre plusieurs semaines est parfois nécessaire pour que les effets bénéfiques se fassent sentir.

Les effets indésirables éventuels apparaissant en début de traitement ne doivent pas vous conduire à l'arrêter prématurément.

EFFETS INDÉSIRABLES POSSIBLES

Hypotension orthostatique, *vertiges*, maux de tête, constipation, difficultés à uriner, bouche sèche, sueurs.

Insomnie, ou excitation.

Polynévrite, *convulsions*, troubles du comportement, fatigue, troubles visuels.

NIBIOL
nitroxoline

PRÉSENTATION

NIBIOL 50 mg : comprimé (orange) ; boîte de 60 - Remb. 65 % - Liste I

NIBIOL 100 mg : comprimé (orange) ; boîte de 50 - Remb. 65 % - Liste I

NIBIOL : suspension buvable arôme orange ; flacon 150 ml (30 cuillères à café) - Remb. 65 % - Liste I

Laboratoires Debat

COMPOSITION

	p. comp.	p. comp.	p. c. à c.
Nitroxoline	50 mg	100 mg	50 mg
Saccharose			2,5 g

INDICATIONS

C'est un *antibiotique* qui appartient à la famille des oxyquinoléines.

Il est utilisé dans le *traitement préventif* (chez l'enfant) ou dans le *traitement curatif* des infections des *voies* urinaires, en l'absence de fièvre.

CONTRE-INDICATIONS

Ce médicament ne doit pas être utilisé en cas d'*insuffisance rénale* grave.

ATTENTION

En cas d'apparition de fièvre, prévenez votre médecin.

La suspension buvable contient du *sucre* (saccharose) en quantité notable.

INTERACTIONS MÉDICAMENTEUSES

Ce médicament peut interagir avec d'autres médicaments. Signalez tout autre traitement en cours à votre médecin ou à votre pharmacien.

GROSSESSE, ALLAITEMENT ET NOUVEAU-NÉ

L'effet de ce médicament pendant la grossesse ou l'allaitement est mal connu : seul votre médecin peut évaluer le risque éventuel de son utilisation dans votre cas.

MODE D'EMPLOI ET POSOLOGIE

Ce médicament doit être pris de préférence avant les repas.

Posologie usuelle :
- Adulte et enfant de plus de 15 ans : 2 comprimés à 100 mg, 3 fois par jour.
- Enfant de plus de 6 ans : 20 mg par kg et par jour en 3 prises ; soit, pour un enfant de 30 kg, 600 mg par jour à raison de 4 cuillères à café à 50 mg, ou 4 comprimés à 50 mg, ou 2 comprimés à 100 mg, 3 fois par jour.
- Enfant de moins de 6 ans : 20 mg par kg et par jour en 3 prises ; soit, pour un enfant de 15 kg, 300 mg par jour à raison de 2 cuillères à café à 50 mg, 3 fois par jour.

Ne prolongez pas le traitement sans l'avis de votre médecin.

Le médecin prescrit parfois une analyse d'urine pour identifier le *germe* responsable de l'infection et tester sa sensibilité aux *antibiotiques*. Le résultat de cet examen peut être faussé en cas d'automédication préalable : ne prenez pas d'antibiotiques sans avis médical.

EFFETS INDÉSIRABLES POSSIBLES

Nausées, vomissements.

NICAN sirop

PRÉSENTATION

NICAN : sirop arôme orange ; flacon 200 ml - Remb. 35 %

Laboratoires Marion Merrell Dow

COMPOSITION

	p. c. à c.	p. c. à s.
Codéine	3,13 mg	9,4 mg
Bromoforme	3,12 mg	9,4 mg
Aconit, teinture	21,87 mg	65,62 mg
Belladone, teinture	43,75 mg	131,1 mg
Grindelia, teinture	43,75 mg	131,1 mg
Benzoate de sodium	78,12 mg	234,36 mg
Alcool à 95°	625 mg	1,875 g
Saccharose	3,12 g	9,37 g

INDICATIONS

Ce sirop *antitussif* contient de la codéine associée à un *antispasmodique* (*belladone*) et un fluidifiant bronchique. La codéine a une action sédative sur le *système nerveux central* et notamment les centres de la toux.

Ce médicament est utilisé dans le *traitement symptomatique* des toux sèches.

CONTRE-INDICATIONS

Ce médicament ne doit pas être utilisé dans les cas suivants :
- *asthme*,
- *insuffisance respiratoire*,
- *glaucome* à angle fermé,
- risque de rétention des urines (*adénome de la prostate*...),
- enfant de moins de 5 ans.

ATTENTION

Ce médicament n'est pas adapté au traitement de la toux grasse, qui est un mécanisme de défense normal de l'organisme permettant l'évacuation des mucosités présentes dans les bronches.

La toux est un *symptôme* qui peut révéler de nombreuses maladies : consultez votre médecin si elle persiste plus de quelques jours.

Ce médicament contient du *sucre* (saccharose) et de l'*alcool* en quantité notable.

Évitez les boissons alcoolisées, en raison de la présence de codéine : augmentation du risque de somnolence.

Conducteur : ce médicament peut être responsable d'une somnolence ou d'une baisse de la vigilance.

INTERACTIONS MÉDICAMENTEUSES

Ce médicament peut interagir avec d'autres médicaments, notamment chez les personnes âgées : signalez tout autre traitement en cours à votre médecin ou à votre pharmacien.

GROSSESSE, ALLAITEMENT ET NOUVEAU-NÉ

Grossesse :

Compte tenu de la présence de codéine, n'utilisez pas ce médicament pendant la grossesse sans prendre l'avis de votre pharmacien ou de votre médecin.

Allaitement :

Ce médicament passe dans le lait maternel : il est déconseillé pendant l'allaitement.

MODE D'EMPLOI ET POSOLOGIE

Les prises de ce médicament doivent être réparties au cours de la journée.

Posologie usuelle :
- Adulte : 2 à 4 cuillères à soupe de sirop par jour.
- Enfant de 8 à 14 ans : 4 à 6 cuillères à café de sirop par jour.
- Enfant de 5 à 8 ans : 2 ou 3 cuillères à café de sirop par jour.

De nombreux médicaments contiennent de la codéine, notamment certains *antitussifs* et *antalgiques*. Le surdosage expose à une augmentation des effets indésirables.

Une toux nocturne aggravée par ce médicament peut être une toux allergique : demandez conseil à votre médecin.

La poursuite du tabagisme nuit à l'efficacité du traitement.

Des mesures simples permettent de calmer les toux sèches : boissons chaudes et humidification de l'air ambiant.

EFFETS INDÉSIRABLES POSSIBLES

Liés à la codéine : constipation ; et, plus rarement, somnolence, nausées, vomissements, *bronchospasme*, *allergies* cutanées, ralentissement anormal de la respiration.

Liés à la *belladone* : effets *atropiniques* rares aux doses habituelles.

NICAN solution buvable

PRÉSENTATION

NICAN : solution buvable ; flacon compte-gouttes 27 ml - Remb. 35 % - Liste I

Laboratoires Marion Merrell Dow

COMPOSITION

	p. 100 ml
Codéine	1,07 g
Benzoate de sodium	1,07 g
Aconit, teinture	10,59 g
Belladone, teinture	15,89 g
Grindelia, teinture	20,15 g
Bromoforme	21,19 g
Alcool à 95°	14,81 g
Titre alcoolique	58°

INDICATIONS

Ce médicament contient un *antitussif* (codéine), un *antispasmodique* (*belladone*) et un *expectorant* (benzoate de sodium). La codéine a une action sédative sur le *système nerveux central* et notamment sur les centres de la toux.

Il est utilisé dans le *traitement symptomatique* de certaines affections respiratoires, notamment la coqueluche.

CONTRE-INDICATIONS

Ce médicament ne doit pas être utilisé dans les cas suivants :
- enfant de moins de 30 mois,
- *insuffisance respiratoire*.

ATTENTION

La toux est un *symptôme* qui peut révéler de nombreuses maladies : consultez votre médecin si elle persiste plus de quelques jours.

Évitez les boissons alcoolisées : augmentation du risque de somnolence.

Conducteur : ce médicament peut être responsable d'une somnolence ou d'une baisse de la vigilance.

INTERACTIONS MÉDICAMENTEUSES

Ce médicament peut interagir avec d'autres médicaments, notamment chez les personnes âgées : signalez tout autre traitement en cours à votre médecin ou à votre pharmacien.

GROSSESSE, ALLAITEMENT ET NOUVEAU-NÉ

Grossesse :

Compte tenu de la présence de codéine, n'utilisez pas ce médicament pendant la grossesse sans prendre l'avis de votre pharmacien ou de votre médecin.

Allaitement :

Ce médicament passe dans le lait maternel : il est déconseillé pendant l'allaitement.

MODE D'EMPLOI ET POSOLOGIE

Ce médicament doit être pris dans un liquide, à distance des repas, en plusieurs prises réparties au cours de la journée.

Posologie usuelle :
- Adulte : 30 à 60 gouttes, 3 ou 4 fois par jour.
- Enfant de plus de 30 mois : 2 gouttes par année d'âge, 3 ou 4 fois par jour ; soit, pour un enfant de 3 ans : 6 gouttes, 3 ou 4 fois par jour.

De nombreux médicaments contiennent de la codéine, notamment certains *antitussifs* et *antalgiques*. Le surdosage expose à une augmentation des effets indésirables.

Fumer, ou être exposé à la fumée des autres, nuit à l'efficacité du traitement.

Des mesures simples permettent de calmer les toux sèches : boissons chaudes et humidification de l'air ambiant.

EFFETS INDÉSIRABLES POSSIBLES

Constipation.

Plus rarement : somnolence, nausées, vomissements, *bronchospasme*, sensation de vertige, *allergies* cutanées, ralentissement de la respiration.

Placez les médicaments hors de portée des enfants

NICOBION 500

vitamine PP

PRÉSENTATION

NICOBION 500 : comprimé (blanc) ; boîte de 30 - Non remb.

Laboratoires Astra France

COMPOSITION

	p. comp.
Nicotinamide (vitamine PP)	500 mg

INDICATIONS

Ce médicament contient de la *vitamine* PP, indispensable au *métabolisme*.

Il est utilisé dans :
- le traitement de la *pellagre* ;
- la prévention et le traitement des *carences* vitaminiques ; il est alors, le plus souvent, associé aux autres vitamines du groupe B ;
- le traitement des *lucites*.

GROSSESSE, ALLAITEMENT ET NOUVEAU-NÉ

Ce médicament ne contient aucune substance connue pour être toxique pendant la grossesse ou l'allaitement. Néanmoins, ne l'utilisez pas de façon prolongée sans l'avis de votre pharmacien ou de votre médecin.

MODE D'EMPLOI ET POSOLOGIE

1 ou 2 comprimés par jour, à avaler sans croquer.

NICOPATCH

nicotine

PRÉSENTATION

NICOPATCH 7 mg/24 h : dispositif transdermique 10 cm² ; boîte de 28 - Non remb. - Liste I

NICOPATCH 7 mg/24 h : dispositif transdermique 10 cm² ; boîte de 7 - Non remb. - Liste I

NICOPATCH 14 mg/24 h : dispositif transdermique 20 cm² ; boîte de 28 - Non remb. - Liste I

NICOPATCH 14 mg/24 h : dispositif transdermique 20 cm² ; boîte de 7 - Non remb. - Liste I

NICOPATCH 21 mg/24 h : dispositif transdermique 30 cm² ; boîte de 28 - Non remb. - Liste I

NICOPATCH 21 mg/24 h : dispositif transdermique 30 cm² ; boîte de 7 - Non remb. - Liste I

Laboratoires Pierre Fabre

COMPOSITION

	p. 10 cm²	p. 20 cm²	p. 30 cm²
Nicotine libérée/24 h	7 mg	14 mg	21 mg

INDICATIONS

C'est un médicament qui aide les fumeurs à se désintoxiquer du tabac. Le *dispositif transdermique* (timbre) contient de la nicotine, principale substance active du tabac ; celle-ci traverse la peau, gagne le sang, et peut agir sur le système nerveux, permettant au fumeur de ne pas ressentir les *symptômes* du manque de tabac.

Ce médicament est utilisé exclusivement chez les fumeurs nicotino-dépendants, c'est-à-dire qui avalent la fumée et ne peuvent se passer de fumer plus de quelques heures.

CONTRE-INDICATIONS

Ce médicament ne doit pas être utilisé dans les cas suivants :
- *infarctus du myocarde* datant de moins de dix jours ou *angine de poitrine* d'aggravation récente,
- *accident vasculaire cérébral* récent,
- maladie de peau étendue ne permettant pas de coller le timbre,
- enfant de moins de 15 ans,
- **grossesse,**
- **allaitement.**

ATTENTION

La mise en place du timbre doit conduire à un arrêt total du tabac.

N'utilisez pas d'autres médicaments contenant de la nicotine, notamment les gommes à mâcher (chewing-gum).

Ne laissez pas le timbre neuf ou usagé à la portée des enfants ; une application intempestive peut être à l'origine d'accidents graves. Pliez le timbre avant de le jeter.

N'utilisez pas sans avis médical les timbres donnés par un ami : il ne s'agit pas d'un médicament anodin et le dosage est adapté par votre médecin à vos habitudes tabagiques.

Si vous souffrez de maladie cardiaque, d'*hypertension*, d'*ulcère* de l'estomac ou du *duodénum*, d'*hyperthyroïdie*, de *diabète*, d'*insuffisance rénale*, d'*insuffisance hépatique* ou d'*artérite* des membres inférieurs, prévenez votre médecin.

INTERACTIONS MÉDICAMENTEUSES

Ce médicament ne doit pas être associé aux médicaments contenant de la nicotine (NICORETTE...) : risque de surdosage.

Il peut interagir avec d'autres médicaments. Signalez tout autre traitement en cours à votre médecin ou à votre pharmacien.

GROSSESSE, ALLAITEMENT ET NOUVEAU-NÉ

Ce médicament est contre-indiqué pendant la grossesse et l'allaitement. L'aide à l'arrêt du tabac par d'autres moyens devra être envisagée avec votre médecin.

MODE D'EMPLOI ET POSOLOGIE

Il existe trois dosages correspondant à trois surfaces de timbre différentes : la quantité de nicotine qui passe dans le sang est proportionnelle à la surface du *dispositif transdermique* (timbre). Utilisez exclusivement le modèle qui vous a été prescrit.

Choisissez une région sèche, pauvre en poils, et dépourvue de grains de beauté et autres lésions cutanées. Libérez la surface adhésive et appliquez soigneusement le timbre en effectuant une pression sur toute sa surface. Changez d'emplacement tous les jours.

Posologie usuelle :

Le timbre est posé le matin et ôté le soir ; n'utilisez pas plus d'un timbre par jour. Le médecin décidera avec vous de la durée du traitement.

Comme tous les procédés utilisés pour aider les fumeurs, ce médicament n'est utile que lorsque la volonté d'arrêter de fumer est personnelle et s'accompagne d'une forte détermination.

Le rôle du médecin ne se limite pas à prescrire le médicament, ses conseils et son expérience sont un élément essentiel de la lutte contre les rechutes.

La peau absorbe et retient la nicotine du timbre avant de la relâcher dans le sang ; ce qui a deux conséquences :
- contrairement à une cigarette, qui élève le taux sanguin de nicotine en quelques secondes, le timbre ne produit pleinement ses effets qu'une heure ou deux après la pose. Mettez le timbre en place tôt pour éviter de ressentir les *symptômes* du manque de nicotine.
- le taux de nicotine reste élevé dans le sang plusieurs heures après le retrait du timbre. Des troubles du sommeil peuvent survenir si le timbre est gardé la nuit ou ôté trop tard. N'hésitez pas à l'enlever plusieurs heures avant le coucher.

EFFETS INDÉSIRABLES POSSIBLES

Il est difficile de différencier les effets indésirables dus au médicament de ceux qui résultent de la privation de tabac.

Les plus fréquemment constatés sont :
- maux de tête, insomnie, *vertiges*, anxiété, irritabilité, troubles des rêves ;
- *troubles digestifs*, douleurs abdominales ;
- toux, *pharyngite, rhinite, sinusite* ;
- réactions locales : rougeur et démangeaison au niveau de l'application.

NICOPRIVE

PRÉSENTATION

NICOPRIVE : comprimé (orange) ; boîte de 240 - Non remb.

Laboratoires Théranol-Deglaude

COMPOSITION

	p. comp.
Quinine ascorbate	8 mg
Thiamine mononitrate	15 mg
Nicotinamide	10 mg
Acide ascorbique tamponné	50 mg
Pyridoxine chlorhydrate	10 mg
Cratægus, extrait	20 mg

INDICATIONS

Ce médicament contient du nicotinamide, qui se substitue à la nicotine sans en avoir les effets toxiques.

Il est utilisé pour aider les fumeurs à se désintoxiquer du tabac.

CONTRE-INDICATIONS

Ce médicament ne doit pas être utilisé en cas de *trouble du rythme cardiaque*.

INTERACTIONS MÉDICAMENTEUSES

Ce médicament peut interagir avec d'autres médicaments, notamment ceux contenant de la lévodopa (LARODOPA, MODOPAR, SINEMET...) ; signalez tout autre traitement en cours à votre médecin ou à votre pharmacien.

GROSSESSE, ALLAITEMENT ET NOUVEAU-NÉ

Grossesse :

À forte dose, la quinine peut avoir un effet toxique pour l'enfant à naître. Seul votre médecin peut apprécier le risque éventuel de ce médicament dans votre cas.

Allaitement :

Les données actuelles ne permettent pas de savoir si ce médicament passe dans le lait maternel. Par mesure de prudence, l'allaitement est déconseillé.

MODE D'EMPLOI ET POSOLOGIE

Il est préférable d'arrêter le tabac dès la première prise du médicament.

Posologie usuelle :

8 comprimés par jour : 2 le matin, 2 à midi, 2 à 18 heures, 2 après dîner.

> Comme tous les procédés utilisés pour aider les fumeurs, ce médicament n'est utile que lorsque la volonté d'arrêter de fumer s'accompagne d'une forte détermination.

EFFETS INDÉSIRABLES POSSIBLES

Manifestations cutanées.

NICORETTE

nicotine

PRÉSENTATION

NICORETTE 2 mg : gomme à mâcher (jaune brun) ; boîte de 96 - Non remb. - Liste I

NICORETTE 4 mg : gomme à mâcher (jaune) ; boîte de 96 - Non remb. - Liste I

Laboratoires Pharmacia

COMPOSITION

	p. gomme 2 mg
Nicotine	2 mg

	p. gomme 4 mg
Nicotine	4 mg

INDICATIONS

Ce médicament est utilisé sous forme de gomme à mâcher pour aider les fumeurs à se désintoxiquer du tabac. Il apporte dans le sang, par l'intermédiaire de la salive, la nicotine, principale substance du tabac et responsable de l'accoutumance.

CONTRE-INDICATIONS

Ce médicament ne doit pas être utilisé dans les cas suivants :
- enfants de moins de 15 ans,
- **grossesse,**
- **allaitement.**

> **ATTENTION**
>
> L'arrêt du tabac est impératif avant de commencer le traitement.
>
> N'utilisez pas d'autres médicaments contenant de la nicotine, notamment les *dispositifs transdermiques* (timbres) : voir INTERACTIONS MÉDICAMENTEUSES.
>
> Ce chewing-gum est un médicament. Ne le laissez pas à la portée des enfants. Ne le prenez pas sans avis médical : il ne s'agit pas d'un médicament anodin et le dosage est choisi par votre médecin en fonction de vos habitudes tabagiques.
>
> Si vous souffrez de maladie cardiaque, d'un *ulcère* de l'estomac ou du *duodénum* ou d'une *gastrite*, prévenez votre médecin afin qu'il puisse adapter la *posologie*.

INTERACTIONS MÉDICAMENTEUSES

Ce médicament ne doit pas être associé à ceux contenant de la nicotine (*dispositifs transdermiques* ou timbres...) : risque de surdosage. Il peut interagir avec d'autres médicaments. Signalez tout autre traitement en cours à votre médecin ou à votre pharmacien.

GROSSESSE, ALLAITEMENT ET NOUVEAU-NÉ

Ce médicament est contre-indiqué pendant la grossesse et l'allaitement. L'aide à l'arrêt du tabac par d'autres moyens devra être envisagée avec votre médecin.

MODE D'EMPLOI ET POSOLOGIE

Mâcher très lentement chaque gomme afin de permettre l'absorption lente et régulière de la nicotine par les vaisseaux sanguins de la langue. Interrompez fréquemment la mastication pour ne pas épuiser trop rapidement la nicotine contenue dans la gomme à mâcher. Après 30 minutes de mastication, la gomme n'est plus efficace.

Posologie usuelle :

Mâcher une gomme chaque fois que le besoin de fumer est ressenti. Ne pas dépasser 30 gommes à 2 mg, ou 15 gommes à 4 mg, par jour. Dès que le désir de fumer est surmonté, réduire progressivement le nombre de gommes jusqu'à désaccoutumance complète.

Ne pas dépasser 6 mois de traitement continu.

> Comme tous les procédés utilisés pour aider les fumeurs, ce médicament n'est utile que lorsque la volonté d'arrêter de fumer s'accompagne d'une forte détermination.
>
> Le rôle du médecin ne se limite pas à prescrire le médicament : ses conseils et son expérience sont des éléments essentiels de la lutte contre les rechutes.
>
> Le port d'une prothèse dentaire peut entraîner des difficultés lors de la mastication des gommes : consultez votre dentiste.

EFFETS INDÉSIRABLES POSSIBLES

En début de traitement ou en cas de mastication trop rapide : irritation de la gorge, augmentation de la production de salive, hoquet (lorsqu'on avale trop de salive chargée en nicotine), troubles de la digestion.

En cas de consommation trop importante : nausées, maux de tête, *palpitations*.

NICOTINELL

nicotine

PRÉSENTATION

NICOTINELL TTS 7 mg/24 h : dispositif transdermique 10 cm² ; boîte de 7 - Non remb. - Liste I

NICOTINELL TTS 7 mg/24 h : dispositif transdermique 10 cm² ; boîte de 28 - Non remb. - Liste I

NICOTINELL 14 mg/24 h : dispositif transdermique 20 cm² ; boîte de 7 - Non remb. - Liste I

NICOTINELL 14 mg/24 h : dispositif transdermique 20 cm² ; boîte de 28 - Non remb. - Liste I

NICOTINELL TTS 21 mg/24 h : dispositif transdermique 30 cm² ; boîte de 7 - Non remb. - Liste I

NICOTINELL TTS 21 mg/24 h : dispositif transdermique 30 cm² ; boîte de 28 - Non remb. - Liste I

Laboratoires Pharmacia

COMPOSITION

	p. 10 cm²	p. 20 cm²	p. 30 cm²
Nicotine libérée/24 h	7 mg	14 mg	21 mg

INDICATIONS

C'est un médicament qui aide les fumeurs à se désintoxiquer du tabac. Le *dispositif transdermique* (timbre) contient de la nicotine, principale substance active du tabac ; celle-ci traverse la peau, gagne le sang, et peut agir sur le système nerveux, permettant au fumeur de ne pas ressentir les *symptômes* du manque de tabac.

Ce médicament est utilisé exclusivement chez les fumeurs nicotino-dépendants, c'est-à-dire qui avalent la fumée et ne peuvent se passer de fumer plus de quelques heures.

CONTRE-INDICATIONS

Ce médicament ne doit pas être utilisé dans les cas suivants :
- *infarctus du myocarde*, datant de moins de dix jours ou *angine de poitrine* d'aggravation récente ;
- *accident vasculaire cérébral* récent ;
- maladie de peau étendue ne permettant pas de coller le timbre ;
- enfant de moins de 15 ans ;
- **grossesse ;**
- **allaitement.**

ATTENTION

La mise en place du timbre doit conduire à un arrêt total du tabac.

N'utilisez pas d'autres médicaments contenant de la nicotine, notamment les gommes à mâcher (chewing-gum).

Ne laissez pas le timbre neuf ou usagé à la portée des enfants : une application intempestive peut être à l'origine d'accidents graves. Pliez le timbre avant de le jeter.

N'utilisez pas sans avis médical les timbres donnés par un ami : il ne s'agit pas d'un médicament anodin et le dosage est adapté par votre médecin à vos habitudes tabagiques.

Si vous souffrez de maladie cardiaque, d'*hypertension*, d'*ulcère* de l'estomac ou du *duodénum*, d'*hyperthyroïdie*, de *diabète*, d'*insuffisance rénale*, d'*insuffisance hépatique* ou d'*artérite* des membres inférieurs, prévenez votre médecin.

INTERACTIONS MÉDICAMENTEUSES

Ce médicament ne doit pas être associé aux médicaments contenant de la nicotine (NICORETTE...) : risque de surdosage.

Il peut interagir avec d'autres médicaments. Signalez tout autre traitement en cours à votre médecin ou à votre pharmacien.

GROSSESSE, ALLAITEMENT ET NOUVEAU-NÉ

Ce médicament est contre-indiqué pendant la grossesse et l'allaitement. L'aide à l'arrêt du tabac par d'autres moyens devra être envisagée avec votre médecin.

MODE D'EMPLOI ET POSOLOGIE

Il existe trois dosages correspondant à trois surfaces de timbre différentes : la quantité de nicotine qui passe dans le sang est proportionnelle à la surface du *dispositif transdermique* (timbre). Utilisez exclusivement le modèle qui vous a été prescrit.

Choisissez une région sèche, pauvre en poils, et dépourvue de grains de beauté et autres lésions cutanées. Libérez la surface adhésive et appliquez soigneusement le timbre en effectuant une pression sur toute sa surface. Changez-le d'emplacement tous les jours.

Posologie usuelle :

Le timbre est posé le matin après la toilette et ôté le soir ; n'utilisez pas plus d'un timbre par jour. Le médecin décidera avec vous de la durée du traitement.

Comme tous les procédés utilisés pour aider les fumeurs, ce médicament n'est utile que lorsque la volonté d'arrêter de fumer est personnelle et s'accompagne d'une forte détermination.

Le rôle du médecin ne se limite pas à prescrire le médicament : ses conseils et son expérience sont des éléments essentiels de la lutte contre les rechutes.

La peau absorbe et retient la nicotine du timbre avant de la relâcher dans le sang ; ce qui a deux conséquences :

- contrairement à une cigarette, qui élève le taux sanguin de nicotine en quelques secondes, le timbre ne produit pleinement ses effets qu'une heure ou deux après la pose. Mettez-le en place tôt le matin, pour éviter de ressentir les *symptômes* du manque de nicotine.
- le taux de nicotine reste élevé dans le sang plusieurs heures après le retrait du timbre. Des troubles du sommeil peuvent survenir si le timbre est gardé la nuit ou ôté trop tard. N'hésitez pas à l'enlever plusieurs heures avant le coucher.

EFFETS INDÉSIRABLES POSSIBLES

Il est difficile de différencier les effets indésirables dus au médicament de ceux qui résultent de la privation de tabac.

Les plus fréquemment constatés sont :

- maux de tête, insomnie, sensations de *vertiges*, anxiété, irritabilité, troubles des rêves ;
- *troubles digestifs*, douleurs abdominales ;
- toux, *pharyngite*, *rhinite*, *sinusite* ;
- réactions locales : rougeur et démangeaison au niveau de l'application.

NIDREL

nitrendipine

PRÉSENTATION

NIDREL 10 mg : comprimé (orangé) ; boîte de 28 - Remb. 65 % - Liste I

NIDREL 20 mg : comprimé (jaune) ; boîte de 28 - Remb. 65 % - Liste I

Laboratoires Specia

COMPOSITION

	p. comp. 10 mg	p. comp. 20 mg
Nitrendipine	10 mg	20 mg

INDICATIONS

Ce médicament est un *vasodilatateur* qui appartient à la famille des *inhibiteurs calciques*.

Il est utilisé dans le *traitement de fond* de l'*hypertension artérielle*.

CONTRE-INDICATIONS

Ce médicament ne doit pas être utilisé dans les cas suivants :

- **grossesse,**
- **allaitement.**

ATTENTION

Si vous souffrez d'une *insuffisance hépatique*, signalez-le à votre médecin.

Conducteur : ce médicament peut être responsable d'une baisse de la vigilance, particulièrement en début de traitement.

INTERACTIONS MÉDICAMENTEUSES

Ce médicament peut interagir avec d'autres médicaments. Signalez tout autre traitement en cours à votre médecin ou à votre pharmacien.

GROSSESSE, ALLAITEMENT ET NOUVEAU-NÉ

Grossesse :

Ce médicament est contre-indiqué chez la femme enceinte ou susceptible de l'être : une contraception efficace est recommandée.

Allaitement :

Les données actuellement disponibles ne permettent pas de savoir si ce médicament passe dans le lait maternel. L'allaitement est contre-indiqué pendant le traitement.

MODE D'EMPLOI ET POSOLOGIE

10 à 20 mg en 1 ou 2 prises.

Les comprimés doivent être conservés à l'abri de la lumière.

Le traitement médicamenteux ne dispense pas des mesures simples pouvant faire baisser la tension artérielle : activité physique régulière, modération de la consommation de boissons alcoolisées, lutte contre le surpoids.

EFFETS INDÉSIRABLES POSSIBLES

Les plus fréquents sont la conséquence de la dilatation des vaisseaux sanguins :

- rougeur du visage, bouffées de chaleur, maux de tête ;
- jambes lourdes ou enflées.

Plus rarement : nausées, étourdissements, fatigue, éruptions cutanées, *palpitations*, accélération du cœur, gonflement des gencives.

NIFÉDIPINE RATIOPHARM

nifédipine

PRÉSENTATION

NIFÉDIPINE RATIOPHARM 10 mg : capsule (brun) ; boîte de 30 - Remb. 65 % - Liste I

NIFÉDIPINE RATIOPHARM 10 mg : capsule (brun) ; boîte de 90 - Remb. 65 % - Liste I

NIFÉDIPINE RATIOPHARM L.P. 20 mg : comprimé à *libération prolongée* (rouge) ; boîte de 30 - Remb. 65 % - Liste I

NIFÉDIPINE RATIOPHARM L.P. 20 mg : comprimé à *libération prolongée* (rouge) ; boîte de 60 - Remb. 65 % - Liste I

Laboratoires Lafon-Ratiopharm

COMPOSITION

	p. caps. 10 mg	p. comp. L.P. 20 mg
Nifédipine	10 mg	20 mg

INDICATIONS

Ce médicament est un *vasodilatateur* qui appartient à la famille des *inhibiteurs calciques*.

Les capsules à 10 mg sont utilisées dans :

- le traitement des poussées d'*hypertension artérielle* graves,
- le *traitement préventif* des crises d'*angines de poitrine*,
- le *traitement préventif* et le *traitement curatif* des phénomènes de *Raynaud*.

Les comprimés *L.P.* à 20 mg sont utilisés dans :
- le *traitement de fond* de l'hypertension artérielle.

CONTRE-INDICATIONS

Ce médicament ne doit pas être utilisé dans les cas suivants :
- grossesse,
- allaitement.

ATTENTION

La décision de traiter une poussée d'*hypertension artérielle* par une seule capsule à 10 mg par *voie sublinguale* ne peut être prise que par le médecin. Des baisses de tension brutales et parfois graves ont été observées lors de l'usage intempestif de cette voie d'administration.

INTERACTIONS MÉDICAMENTEUSES

Ce médicament peut interagir avec d'autres médicaments. Signalez tout autre traitement en cours à votre médecin ou à votre pharmacien.

GROSSESSE, ALLAITEMENT ET NOUVEAU-NÉ

Grossesse :

Ce médicament est contre-indiqué chez la femme enceinte ou susceptible de l'être : une contraception efficace est recommandée.

Allaitement :

Ce médicament passe dans le lait maternel : l'allaitement est contre-indiqué.

MODE D'EMPLOI ET POSOLOGIE

Les capsules ne doivent pas être croquées ni percées sauf dans certaines situations d'urgence où un effet rapide est désiré.

Les comprimés doivent être avalés avec un peu d'eau sans être croqués ni écrasés.

Posologie usuelle :
- Capsule :
  - la *posologie* varie suivant les indications entre 3 et 6 capsules par jour, en 3 ou 4 prises ;
  - dans certaines situations d'urgence, poussée d'*hypertension artérielle* par exemple, la capsule à 10 mg peut être administrée par *voie sublinguale* sous contrôle médical ; elle est croquée et son contenu liquide est gardé dans la bouche 1 à 2 minutes, puis avalé en même temps que la capsule vide.
- Comprimé : 1 le matin et 1 le soir.

☛ Conservez les comprimés et les capsules à l'abri de la lumière.

Le traitement médicamenteux ne dispense pas des mesures simples pouvant faire baisser la tension artérielle : activité physique régulière, modération de la consommation de boissons alcoolisées, lutte contre le surpoids.

EFFETS INDÉSIRABLES POSSIBLES

Les plus fréquents sont la conséquence de la dilatation des vaisseaux sanguins : rougeur du visage, bouffées de chaleur, maux de tête, jambes lourdes ou enflées.

Plus rarement : baisse excessive de la tension artérielle, étourdissement, fatigue, démangeaisons, gonflement des gencives.

NIFÉLATE

nifédipine

PRÉSENTATION

NIFÉLATE 10 mg : capsule (brun-violet) ; boîte de 30 - Remb. 65 % - Liste I

NIFÉLATE 10 mg : capsule (brun-violet) ; boîte de 90 - Remb. 65 % - Liste I

NIFÉLATE L.P. 20 mg : comprimé à *libération prolongée* (rose sombre) ; boîte de 30 - Remb. 65 % - Liste I

NIFÉLATE L.P. 20 mg : comprimé à *libération prolongée* (rose sombre) ; boîte de 60 - Remb. 65 % - Liste I

Laboratoires Biogalénique

COMPOSITION

	p. caps.	p. comp. L.P.
Nifédipine	10 mg	20 mg

INDICATIONS

Ce médicament est un *vasodilatateur* qui appartient à la famille des *inhibiteurs calciques*.

Il est utilisé dans :
- le *traitement de fond* de l'*hypertension artérielle* (comprimé à 20 mg),
- les poussées d'hypertension artérielle graves (capsule à 10 mg),
- le *traitement préventif* des crises d'*angine de poitrine* (capsule à 10 mg),
- le *traitement préventif* et le *traitement curatif* des phénomènes de *Raynaud* (capsule à 10 mg).

CONTRE-INDICATIONS

Ce médicament ne doit pas être utilisé dans les cas suivants :
- grossesse,
- allaitement.

ATTENTION

La décision de traiter une poussée d'*hypertension artérielle* par une seule capsule de NIFÉLATE 10 mg en *voie sublinguale* ne peut être prise que par le médecin. Des baisses de tension brutales et parfois graves ont été observées lors de l'usage intempestif de cette voie d'administration.

INTERACTIONS MÉDICAMENTEUSES

Ce médicament peut interagir avec d'autres médicament. Signalez tout autre traitement en cours à votre médecin ou à votre pharmacien.

GROSSESSE, ALLAITEMENT ET NOUVEAU-NÉ

Grossesse :

Ce médicament est contre-indiqué chez la femme enceinte ou susceptible de l'être : une contraception efficace est recommandée.

Allaitement :

Ce médicament dans le lait maternel : l'allaitement est contre-indiqué.

MODE D'EMPLOI ET POSOLOGIE

Les capsules à 10 mg ne doivent pas être croquées ni percées sauf dans certaines situations d'urgence où un effet rapide est désiré. Les comprimés à 20 mg doivent être avalés avec un peu d'eau sans être croqués ni écrasés.

Posologie usuelle :
- NIFÉLATE 10 mg :
  - la posologie varie suivant les indications entre 1 et 2 capsules, 3 fois par jour ;
  - dans certaines situations d'urgence, poussée d'*hypertension artérielle* par exemple, le médicament peut être administré par *voie sublinguale* sous contrôle médical ; la capsule est croquée et son contenu est gardé dans la bouche 1 à 2 minutes puis avalé en même temps que la capsule vide.
- NIFÉLATE L.P. 20 mg : 1 comprimé, matin et soir.

☛ Les capsules et les comprimés doivent être conservés à l'abri de la lumière.

Le traitement médicamenteux ne dispense pas des mesures simples pouvant faire baisser la tension artérielle : activité physique régulière, modération de la consommation de boissons alcoolisées, lutte contre le surpoids.

EFFETS INDÉSIRABLES POSSIBLES

Les plus fréquents sont la conséquence de la dilatation des vaisseaux sanguins :
- rougeur du visage, bouffées de chaleur, maux de tête ;
- jambes lourdes ou enflées.

Plus rarement : baisse excessive de la tension artérielle, étourdissements, fatigue, démangeaisons, gonflement des gencives.

NIFLUGEL

acide niflumique

PRÉSENTATION

NIFLUGEL 2,5 p. 100 : gel percutané ; tube 60 g - Remb. 35 % - Liste II

Laboratoires UPSA

COMPOSITION

	p. 100 g
Acide niflumique	2,5 g

INDICATIONS

Ce gel contient un *anti-inflammatoire* non stéroïdien (*AINS*). Il lutte localement contre l'*inflammation* et la douleur.

Il est utilisé dans le traitement local des *tendinites* et des entorses.

CONTRE-INDICATIONS

Ce médicament ne doit pas être utilisé dans les cas suivants :
- *allergie* à l'aspirine ou aux *AINS*,
- en application sur un *eczéma*, des *muqueuses*, des plaies ou de la peau lésée.

GROSSESSE, ALLAITEMENT ET NOUVEAU-NÉ

L'effet de ce médicament pendant la grossesse ou l'allaitement est mal connu : seul votre médecin peut évaluer le risque éventuel de son utilisation dans votre cas.

MODE D'EMPLOI ET POSOLOGIE

Appliquer le gel par un massage doux et prolongé.

Posologie usuelle :

3 applications par jour.

> Se laver les mains après application. En cas de contact accidentel avec les yeux, rincer abondamment.

EFFETS INDÉSIRABLES POSSIBLES

Sensation de brûlure, dessèchement de la peau.

Imposant l'arrêt du traitement : *allergie* cutanée (éruption de boutons, démangeaisons...).

NIFLURIL gel gingival

acide niflumique, hexétidine

PRÉSENTATION

NIFLURIL : gel gingival arôme menthe ; tube 30 g - Remb. 35 % - Liste II

Laboratoires UPSA

COMPOSITION

	p. 100 g
Acide niflumique glycinamide	3 g
Hexétidine	0,2 g
Menthol	+

INDICATIONS

Ce gel gingival contient un *anti-inflammatoire* non stéroïdien (*AINS*) et un *antiseptique*.

Il est utilisé dans le *traitement symptomatique* de l'*inflammation* des gencives.

CONTRE-INDICATIONS

Ce médicament ne doit pas être utilisé dans les cas suivants :
- *ulcère* de l'estomac et du *duodénum*,
- enfant de moins de 30 mois,
- grossesse (3 derniers mois).

> **ATTENTION**
>
> Des effets indésirables graves peuvent survenir en cas de surdosage ou de traitement prolongé. Suivez attentivement la *posologie* prescrite.
>
> Ne pas appliquer ce médicament sur les gencives des bébés.

GROSSESSE, ALLAITEMENT ET NOUVEAU-NÉ

Grossesse et nouveau-né :

Des effets néfastes pour la mère et l'enfant ont été mis en évidence lorsque ce médicament est utilisé au cours des trois derniers mois de la grossesse : son usage est contre-indiqué pendant cette période.

Pendant les 6 premiers mois, seul votre médecin peut évaluer le risque éventuel de son utilisation dans votre cas.

Allaitement :

Ce médicament passe dans le lait maternel : il est déconseillé pendant l'allaitement.

MODE D'EMPLOI ET POSOLOGIE

Le gel doit être utilisé après un brossage des dents soigneux. Il peut être appliqué par brossage ou par massage doux et prolongé de la gencive.

Posologie usuelle :

2 ou 3 applications par jour. Ce médicament peut aussi être utilisé en *bain de bouche* à raison de 2 cuillères à café dans un verre d'eau tiède, 3 fois par jour.

> Ce médicament n'est pas un dentifrice ; ne le laissez pas à la portée des enfants. Conformez-vous à la prescription de votre médecin et ne le réutilisez pas sans son avis.
>
> Les effets indésirables peuvent être limités si l'excès de produit ou la salive sont recrachés après l'application sur la gencive.

EFFETS INDÉSIRABLES POSSIBLES

Troubles digestifs : essentiellement *gastrite*, voire *ulcère* de l'estomac ou du *duodénum* lors d'un traitement prolongé.

NIFLURIL gélule, suppositoire

PRÉSENTATION

NIFLURIL : gélule (rouge et blanc) ; boîte de 30 - Remb. 65 % - Liste II

NIFLURIL ADULTE : suppositoire ; boîte de 8 - Remb. 65 % - Liste II

NIFLURIL ENFANT : suppositoire sécable ; boîte de 8 - Remb. 65 % - Liste II

Laboratoires UPSA

COMPOSITION

	p. gél.	p. suppos. Ad.	p. suppos. Enf.
Acide niflumique	250 mg		
Morniflumate		700 mg	400 mg

INDICATIONS

Ce médicament est un *anti-inflammatoire* non stéroïdien (*AINS*). Il lutte contre l'*inflammation* et la douleur, fait baisser la fièvre et fluidifie le sang.

Il est utilisé dans le *traitement symptomatique* des rhumatismes inflammatoires (*polyarthrite rhumatoïde*) et des crises d'*arthrose*.

Il est également utilisé dans le *traitement d'appoint* des *inflammations* douloureuses de l'oreille, du nez et de la gorge, des affections buccales et dentaires.

CONTRE-INDICATIONS

Ce médicament ne doit pas être utilisé dans les cas suivants :
- *allergie* aux *AINS*, y compris l'aspirine ;
- *ulcère* de l'estomac ou du *duodénum* ;
- *insuffisance hépatique*, *insuffisance rénale* graves ;
- enfant de moins de 13 ans (gélule et suppositoire Adulte) ;
- grossesse (3 derniers mois).

> **ATTENTION**
>
> Tout traitement prolongé ou surdosage d'*AINS* expose à des effets indésirables graves.
>
> Des précautions sont nécessaires en cas d'*antécédents* d'*ulcère* de l'estomac et du *duodénum*, d'*asthme*, de risque hémorragique, chez la personne âgée et chez la femme qui porte un stérilet.
>
> Conducteur : ce médicament peut provoquer parfois des étourdissements.

INTERACTIONS MÉDICAMENTEUSES

Ce médicament peut interagir avec d'autres médicaments, notamment :
- l'aspirine et les autres *anti-inflammatoires* non stéroïdiens : risque d'accroissement des effets indésirables ;
- les *anticoagulants* et les *antiagrégants plaquettaires* (TICLID) : augmentation du risque hémorragique ;
- le *lithium* (TÉRALITHE, NEUROLITHIUM) : augmentation du taux de lithium dans le sang.

Signalez tout autre traitement en cours à votre médecin ou à votre pharmacien.

GROSSESSE, ALLAITEMENT ET NOUVEAU-NÉ

Des effets néfastes graves pour la mère et l'enfant à naître ont été mis en évidence lorsque ce médicament, comme tous les *AINS*, est utilisé au cours des 3 derniers mois de la grossesse : son usage est formellement contre-indiqué pendant cette période.

Pendant les 6 premiers mois, l'effet de ce médicament est mal connu : seul votre médecin peut évaluer le risque éventuel de son utilisation dans votre cas.

Allaitement :

Ce médicament passe dans le lait maternel : par mesure de prudence, il est déconseillé pendant l'allaitement.

MODE D'EMPLOI ET POSOLOGIE

Les gélules doivent être avalées au cours des repas avec un verre d'eau. Les suppositoires Enfant peuvent être coupés en deux. Quelle que soit la forme utilisée, les prises doivent être régulièrement réparties au cours de la journée.

Posologie usuelle :
- Adulte : 1 gélule, 3 ou 4 fois par jour ou 1 suppositoire Adulte, matin et soir.
- Enfant de plus de 13 ans : 1 gélule, 2 ou 3 fois par jour ou 1 suppositoire Adulte, matin et soir.
- Enfant de 6 mois à 13 ans : 1 suppositoire Enfant par 10 kg et par jour, en 2 ou 3 prises, sans dépasser 3 suppositoires par jour. Soit, pour un enfant de 20 kg,

1 suppositoire matin et soir, ou, pour un enfant de 10 kg, 1/2 suppositoire matin et soir.

> Ne pas dépasser la posologie ni la durée prescrites par votre médecin, afin de limiter les effets indésirables.

EFFETS INDÉSIRABLES POSSIBLES

Troubles digestifs, essentiellement *gastrite*, diarrhées.

Maux de tête, bourdonnements d'oreille, somnolence, *vertiges* exceptionnels.

Allergie cutanée : *urticaire*, démangeaisons.

Rarement : *insuffisance rénale* aiguë, essentiellement chez la personne âgée déshydratée et en cas de surdosage.

NIFLURIL pommade

acide niflumique

PRÉSENTATION

NIFLURIL : pommade ; tube 60 g - Remb. 35 %

Laboratoires UPSA

COMPOSITION

	p. 100 g
Acide niflumique	3 g

INDICATIONS

Cette pommade contient un *anti-inflammatoire* non stéroïdien (*AINS*). Elle lutte localement contre l'*inflammation* et la douleur.

Elle est utilisée dans le traitement local des entorses.

CONTRE-INDICATIONS

Ce médicament ne doit pas être utilisé dans les cas suivants :

- *allergie* à l'aspirine ou aux *AINS*,
- en application sur un *eczéma*, des *muqueuses*, des plaies ou de la peau lésée.

GROSSESSE, ALLAITEMENT ET NOUVEAU-NÉ

L'effet de ce médicament pendant la grossesse ou l'allaitement est mal connu. L'évaluation du risque éventuel lié à son utilisation est individuelle : demandez conseil à votre pharmacien ou à votre médecin.

MODE D'EMPLOI ET POSOLOGIE

La pommade doit être appliquée en massage doux et prolongé.

Posologie usuelle :

3 applications par jour.

> Se laver les mains après application. En cas de contact accidentel avec les yeux, rincer abondamment.

EFFETS INDÉSIRABLES POSSIBLES

Sensation de brûlure, dessèchement de la peau.

Imposant l'arrêt du traitement : *allergie* cutanée (éruption de boutons, démangeaisons...).

NIGRANTYL

cassis, citrate de sodium

PRÉSENTATION

NIGRANTYL : comprimé (grenat) ; boîte de 40 - Remb. 35 %

Laboratoires Lactéol du Dr Boucard

COMPOSITION

	p. comp.
Cassis, extrait	300 mg
Citrate de sodium, exprimé en ions citriques	100 mg

INDICATIONS

C'est un protecteur *vasculaire*. Il lutte contre l'altération des *vaisseaux capillaires*.

Il est utilisé dans le *traitement symptomatique* des troubles pouvant être en rapport avec une fragilité des petits vaisseaux.

GROSSESSE, ALLAITEMENT ET NOUVEAU-NÉ

L'effet de ce médicament pendant la grossesse ou l'allaitement est mal connu. L'évaluation du risque éventuel lié à son utilisation est individuelle : demandez conseil à votre pharmacien ou à votre médecin.

MODE D'EMPLOI ET POSOLOGIE

Ce médicament doit être pris avec un peu d'eau avant les repas.

Posologie usuelle :

4 comprimés par jour. Dans certains cas la *posologie* peut être augmentée, jusqu'à 8 comprimés par jour.

EFFETS INDÉSIRABLES POSSIBLES

À forte dose, rares troubles intestinaux.

NISAPULVOL

PRÉSENTATION

NISAPULVOL : poudre pour application locale ; étui poudreur 50 g - Remb. 35 %

Laboratoires Mayoly-Spindler

COMPOSITION

	p. 100 g
Parahydroxybenzoate de méthyle	2 g
Parahydroxybenzoate d'éthyle	2,5 g
Parahydroxybenzoate de propyle	2,5 g
Parahydroxybenzoate de benzyle	2 g
Oxyde de zinc	15 g
Talc	+

INDICATIONS

Ce médicament est un *antiseptique* local. Il désinfecte et assèche les lésions superficielles de la peau.

Il est utilisé pour calmer les démangeaisons, notamment celles dues à la varicelle.

> **ATTENTION**
> Ne traitez pas de grandes surfaces de peau chez le *nourrisson* et le jeune enfant sans avis médical.

INTERACTIONS MÉDICAMENTEUSES

L'association à d'autres *antiseptiques* est déconseillée car leurs effets risquent de s'annuler.

GROSSESSE, ALLAITEMENT ET NOUVEAU-NÉ

L'absence d'effets nocifs de ce médicament n'a pas été établie pendant la grossesse ou l'allaitement.

MODE D'EMPLOI ET POSOLOGIE

Saupoudrer légèrement les parties à traiter.

Posologie usuelle :

1 application, 3 ou 4 fois par jour.

> Pour limiter les *démangeaisons* de la varicelle, évitez de prendre des bains trop chauds.
> Le simple lavage à l'eau et au savon permet d'éliminer la majorité des *germes* ; il doit être suivi d'un rinçage soigneux car le savon peut inactiver certains *antiseptiques*.

EFFETS INDÉSIRABLES POSSIBLES

Allergie cutanée.

NISASEPTOL

parahydroxybenzoates de propyle et de benzyle

PRÉSENTATION

NISASEPTOL : pommade ; tube 40 g - Remb. 35 %

Laboratoires Mayoly-Spindler

COMPOSITION

	p. 100 g
Parahydroxybenzoate de propyle	0,50 g
Parahydroxybenzoate de benzyle	0,50 g

INDICATIONS

Ce médicament possède des propriétés *antiseptiques* et légèrement *antalgiques*.

Il est utilisé pour calmer les démangeaisons, notamment celles dues à la varicelle.

> **ATTENTION**
> Ne traitez pas de grandes surfaces de peau chez le *nourrisson* et le jeune enfant sans avis médical.

INTERACTIONS MÉDICAMENTEUSES

L'association à d'autres *antiseptiques* est déconseillée car leurs effets risquent de s'annuler.

GROSSESSE, ALLAITEMENT ET NOUVEAU-NÉ

L'absence d'effets nocifs de ce médicament n'a pas été établie pendant la grossesse ou l'allaitement.

MODE D'EMPLOI ET POSOLOGIE

Posologie usuelle :

1 application, 2 ou 3 fois par jour.

Pour limiter les démangeaisons de la varicelle, évitez de prendre des bains trop chauds.

Le simple lavage à l'eau et au savon permet d'éliminer la majorité des *germes* ; il doit être suivi d'un rinçage soigneux car le savon peut inactiver certains *antiseptiques*.

EFFETS INDÉSIRABLES POSSIBLES

Allergie cutanée.

NISASOL

parahydroxybenzoates de méthyle, d'éthyle et de propyle

PRÉSENTATION

NISASOL : solution pour application locale ; flacon 90 ml - Remb. 35 %

Laboratoires Mayoly-Spindler

COMPOSITION

	p. 100 ml
Parahydroxybenzoate de méthyle	874 mg
Parahydroxybenzoate d'éthyle	884 mg
Parahydroxybenzoate de propyle	891 mg

INDICATIONS

Ce médicament est un *antiseptique* local.

Il est utilisé pour désinfecter les lésions superficielles de la peau.

ATTENTION

Ne traitez pas de grandes surfaces de peau chez le *nourrisson* et le jeune enfant sans avis médical.

INTERACTIONS MÉDICAMENTEUSES

L'association à d'autres *antiseptiques* est déconseillée car leurs effets risquent de s'annuler.

GROSSESSE, ALLAITEMENT ET NOUVEAU-NÉ

L'absence d'effets nocifs de ce médicament n'a pas été établie pendant la grossesse ou l'allaitement.

MODE D'EMPLOI ET POSOLOGIE

Cette solution doit être utilisée pure.

Elle peut être utilisée en application, en pansement ou en bains locaux.

Posologie usuelle :

1 application, 2 ou 3 fois par jour.

Le simple lavage à l'eau et au savon permet d'éliminer la majorité des *germes* ; il doit être suivi d'un rinçage soigneux car le savon peut inactiver certains *antiseptiques*.

EFFETS INDÉSIRABLES POSSIBLES

Allergie cutanée.

Ne négligez pas les rappels de vaccination

NITRIDERM TTS

trinitrine

PRÉSENTATION

NITRIDERM TTS 5 mg/24 h : *dispositif transdermique* 10 cm² ; boîte de 30 - Remb. 65 % - Liste II

NITRIDERM TTS 10 mg/24 h : *dispositif transdermique* 20 cm² ; boîte de 30 - Remb. 65 % - Liste II

Laboratoires Ciba-Geigy

COMPOSITION

	5 mg/24 h	10 mg/24 h
Trinitrine	25 mg	50 mg

INDICATIONS

Ce médicament *vasodilatateur* appartient à la famille des dérivés de la trinitrine. Il possède de nombreuses propriétés qui facilitent le travail du cœur : dilatation des veines, dilatation des artères à forte dose, prévention des spasmes des *artères coronaires*. Le *dispositif transdermique* (timbre) contient la substance active qui traverse la peau, passe dans le sang, et peut agir sur le cœur et les vaisseaux.

Ce médicament est utilisé dans le *traitement préventif* des crises d'*angine de poitrine*.

CONTRE-INDICATIONS

Ce médicament ne doit pas être utilisé dans les cas suivants :
- *cardiomyopathie* obstructive,
- *hypertension intracrânienne*.

ATTENTION

Ce médicament n'est pas adapté au *traitement de la crise* aiguë d'*angine de poitrine* : son action est trop lente à apparaître. C'est un *traitement préventif* qui lutte contre l'apparition des crises.

En cas de malaise, retirez le timbre.

Ne laissez pas le timbre neuf ou usagé à la portée des enfants.

Conducteur : en début de traitement, ce médicament peut être responsable de vertiges.

INTERACTIONS MÉDICAMENTEUSES

Ce médicament peut interagir avec d'autres médicaments. Signalez tout autre traitement en cours à votre médecin ou à votre pharmacien.

GROSSESSE, ALLAITEMENT ET NOUVEAU-NÉ

L'effet de ce médicament pendant la grossesse ou l'allaitement est mal connu : seul votre médecin peut évaluer le risque éventuel de son utilisation dans votre cas.

MODE D'EMPLOI ET POSOLOGIE

Il existe 2 dosages correspondant à 2 surfaces différentes : la quantité de trinitrine qui passe dans le sang est proportionnelle à la surface du *dispositif transdermique* (timbre). Utilisez exclusivement le modèle qui vous a été prescrit. Choisissez une région sèche, pauvre en poils, et dépourvue de grains de beauté ou autres lésions cutanées. Libérez la surface adhésive et appliquez soigneusement le timbre en effectuant une pression sur toute sa surface. Changez d'emplacement tous les jours.

Posologie usuelle :
- Adulte : 1 *dispositif transdermique* (timbre) par jour, à garder pendant une période de 12 à 24 heures selon les indications du médecin.

Si le timbre se décolle accidentellement, remplacez-le par un timbre neuf placé à un autre endroit.

EFFETS INDÉSIRABLES POSSIBLES

Réactions locales : rougeur et démangeaison au point d'application.

Maux de tête parfois violents, disparaissant habituellement après quelques jours de traitement.

Vertiges, *hypotension orthostatique*.

Rares nausées, vomissements et réactions cutanées allergiques.

NITRODEX

tétranitrate de pentaérythrityle

PRÉSENTATION

NITRODEX CHRONULES : gélule à *libération prolongée* (rose) ; boîte de 30 - Remb. 65 % - Liste II

Laboratoires Dexo

COMPOSITION

	p. gél. L.P.
Tétranitrate de pentaérythrityle	30 mg

INDICATIONS

Ce médicament *vasodilatateur* appartient à la famille des dérivés de la trinitrine. Il possède de nombreuses propriétés qui facilitent le travail du cœur : dilatation des veines, dilatation des artères à forte dose, prévention des spasmes des *artères coronaires*.

Il est utilisé dans :
- le *traitement préventif* des crises d'*angine de poitrine*,
- le *traitement d'appoint* de l'*insuffisance cardiaque*.

ATTENTION

Ce médicament peut être responsable de maux de tête, parfois violents, surtout lors des premières prises.

Des baisses de la tension artérielle ont également été constatées. La mise en route progressive du traitement prescrit par le médecin doit être respectée, notamment pour les *posologies* élevées ; de même, le traitement ne doit pas être arrêté brutalement.

INTERACTIONS MÉDICAMENTEUSES

Ce médicament peut interagir avec d'autres médicaments. Signalez tout autre

traitement en cours à votre médecin ou à votre pharmacien.

GROSSESSE, ALLAITEMENT ET NOUVEAU-NÉ

L'effet de ce médicament pendant la grossesse ou l'allaitement est mal connu : seul votre médecin peut évaluer le risque éventuel de son utilisation dans votre cas.

MODE D'EMPLOI ET POSOLOGIE

Ce médicament doit être avalé tel quel, sans être ni sucé ni écrasé.

Posologie usuelle :

Elle est variable en fonction des indications, et adaptée par votre médecin en fonction de l'effet thérapeutique.

EFFETS INDÉSIRABLES POSSIBLES

Maux de tête, bouffées de chaleur fréquents en début de traitement.

Baisse de la tension artérielle pouvant se traduire par des malaises, surtout chez la personne âgée.

NITROL

PRÉSENTATION

NITROL : solution pour application locale ; flacon 10 ml - Non remb.

Laboratoires Sterling Midy

COMPOSITION

	p. 100 g
Acide salicylique	13,50 g
Acide acétique cristallisable	8 g
Chélidoine, alcoolature	4,50 g
Thuya, teinture	4,50 g

INDICATIONS

Ce médicament contient des substances caustiques et des extraits de plantes.

Il est utilisé dans le traitement local des verrues.

CONTRE-INDICATIONS

Ce médicament ne doit pas être utilisé en cas d'*allergie* aux *salicylés*.

ATTENTION

La cicatrisation peut être très lente chez les diabétiques : consultez votre médecin.

GROSSESSE, ALLAITEMENT ET NOUVEAU-NÉ

L'effet de ce médicament pendant la grossesse ou l'allaitement est mal connu. L'évaluation du risque éventuel lié à son utilisation est individuelle : demandez conseil à votre pharmacien ou à votre médecin.

MODE D'EMPLOI ET POSOLOGIE

La solution forme une pellicule sur la verrue : celle-ci doit être retirée avant chaque nouvelle application. Le traitement doit être poursuivi jusqu'à disparition complète de la verrue.

Posologie usuelle :

1 ou 2 applications par jour.

Pour éviter toute irritation, ne pas mettre cette solution en contact avec la peau saine qui entoure la verrue.

NIVAQUINE
chloroquine

PRÉSENTATION

NIVAQUINE 100 mg : comprimé sécable (blanc) ; boîte de 20 - Remb. 65 %

NIVAQUINE 100 mg : comprimé sécable (blanc) ; boîte de 100 - Remb. 65 %

NIVAQUINE sirop : sirop ; flacon 150 ml (cuillère-mesure 5 ml) - Remb. 65 %

NIVAQUINE 300 mg : comprimé oblong (crème) ; boîte de 4 - Non remb.

NIVAQUINE injectable : solution injectable ; boîte de 5 ampoules 2 ml - Remb. 65 %

Laboratoires Specia

COMPOSITION

	p. comp.	p. c. mes.
Chloroquine	100 mg	25 mg

	p. comp.	p. amp. inj.
Chloroquine	300 mg	100 mg

INDICATIONS

C'est un antipaludéen de synthèse.

Il est principalement utilisé dans le *traitement préventif* et le *traitement curatif* du *paludisme*.

Il peut également être utilisé dans le traitement des amibiases du foie, du *lupus érythémateux* disséminé et de la *polyarthrite rhumatoïde* ; le mécanisme d'action de la NIVAQUINE dans ces deux dernières affections, qui n'ont bien sûr rien à voir avec le paludisme, n'est pas parfaitement élucidé.

CONTRE-INDICATIONS

Ce médicament ne doit pas être utilisé pour un *traitement préventif* chez une personne atteinte d'une maladie de la *rétine* ; néanmoins, ce médicament peut être employé, s'il est nécessaire, pour un *traitement curatif*.

ATTENTION

L'activité de ce médicament utilisé seul est insuffisante dans de nombreux pays (résistance du parasite à la chloroquine) : demandez conseil auprès de votre médecin ou de votre pharmacien.

Un bilan ophtalmique initial et une surveillance tous les 3 à 6 mois sont nécessaires si une prise prolongée à forte dose est envisagée.

La forme injectable est à éviter chez l'enfant de moins de 5 ans.

GROSSESSE, ALLAITEMENT ET NOUVEAU-NÉ

Grossesse :

Le risque pendant la grossesse est lié au *paludisme* et non pas au médicament, qui peut être pris en toute sécurité par la femme enceinte aux doses préconisées.

Allaitement :

Ce médicament passe dans le lait maternel : l'allaitement est déconseillé.

MODE D'EMPLOI ET POSOLOGIE

Le *traitement préventif* du *paludisme* commence la veille du départ, se poursuit pendant la durée de l'exposition au risque, et se termine 4 à 6 semaines après le retour.

Deux modes de traitement sont utilisés :

- le premier est plus contraignant, mais il limite le risque d'oubli.
  - Adulte et enfant de plus de 15 ans : 1 comprimé à 100 mg par prise, tous les jours.
  - Enfant de 1 à 15 ans : 1 à 4 cuillères-mesure par prise, selon l'âge. À prendre en 1 seule fois, tous les jours.
  - Enfant de moins de 1 an : 1 cuillère-mesure tous les 2 jours.
- le second, réservé à l'adulte, est moins contraignant, mais le risque d'oubli est plus grand : prendre 1 comprimé à 300 mg, 2 fois par semaine (le lundi et le jeudi par exemple). Commencer le traitement une semaine avant le départ et le poursuivre 4 à 6 semaines après le retour.

Le *traitement curatif* du *paludisme* dure de 3 à 5 jours et peut être administré soit sous forme orale, soit sous forme injectable. Le traitement d'une crise de *paludisme* nécessite toujours au moins 3 jours de repos strict.

Par voie orale chez l'adulte :

- 1er jour : 600 mg en une prise, 300 mg 6 heures plus tard ;
- 2e jour : 300 mg ;
- 3e jour : 300 mg.

Chez l'enfant, la dose est calculée précisément par le médecin, en fonction du poids.

Le sirop, amer, est souvent refusé par les jeunes enfants. Compte tenu de la difficulté d'obtenir une protection efficace chez le jeune enfant, il est déconseillé de voyager avec un *nourrisson* dans une zone à risque de *paludisme*.

Le traitement ne dispense pas des mesures destinées à empêcher les piqûres de moustiques (moustiquaire...).

Une rechute peut toujours survenir, même après un traitement bien suivi.

EFFETS INDÉSIRABLES POSSIBLES

Rarement : effets sur la peau et les *muqueuses* (démangeaisons, éruption, coloration ardoisée, en particulier des ongles et des muqueuses), *troubles digestifs*.

À dose élevée, lors d'un traitement prolongé : troubles passagers de la vue, régressant à l'arrêt du traitement (exceptionnellement irréversibles) : rarement, atteinte des nerfs et des muscles.

En cas de surdosage accidentel, prévenez d'urgence votre médecin ou appelez le centre antipoison.

NIX
perméthrine

PRÉSENTATION

NIX : crème après-shampooing ; tube 56 g - Non remb.

Laboratoires Warner Wellcome

COMPOSITION

	p. 100 g
Perméthrine	1 g

INDICATIONS

Ce médicament contient une substance active sur les poux.

Il est utilisé pour détruire les poux et leurs œufs (lentes).

ATTENTION

Évitez l'emploi de ce médicament chez l'enfant de moins de 30 mois.

Rincez abondamment en cas de contact accidentel avec les yeux ou les *muqueuses*.

GROSSESSE, ALLAITEMENT ET NOUVEAU-NÉ

L'effet de ce médicament pendant la grossesse ou l'allaitement est mal connu. L'évaluation du risque éventuel lié à son utilisation est individuelle : demandez conseil à votre pharmacien ou à votre médecin.

MODE D'EMPLOI ET POSOLOGIE

Laver les cheveux avec un shampooing, rincer et sécher légèrement avec une serviette.

Appliquer la crème sur les cheveux humides. Laisser agir 10 minutes puis rincer à l'eau.

Posologie usuelle :

1 application, à renouveler 1 semaine plus tard s'il y a encore des lentes.

Pour éviter une réinfestation, il est nécessaire que l'entourage suive le même traitement.

Les chapeaux, bonnets, écharpes doivent être désinfectés.

Les lentes fixées à plus de 2 cm du cuir chevelu sont généralement mortes, et leur présence ne signifie pas que le traitement a échoué. Leur élimination peut être facilitée en démêlant les cheveux avec un peigne trempé dans de l'eau vinaigrée.

EFFETS INDÉSIRABLES POSSIBLES

Irritation, rougeur en cas de contact avec les *muqueuses*.

Calendrier de vaccination : voir Annexes

NIZAXID
nizatidine

PRÉSENTATION

NIZAXID 150 mg : gélule 150 mg (jaune clair et jaune foncé) ; boîte de 30 - Remb. 65 % - Liste II

NIZAXID 300 mg : gélule 300 mg (jaune clair et marron clair) ; boîte de 15 - Remb. 65 % - Liste II

Laboratoires Lilly France

COMPOSITION

	p. gél. 150 mg	p. gél. 300 mg
Nizatidine		

INDICATIONS

C'est un antiulcéreux qui appartient à la famille des *antihistaminiques* de type H2 : ceux-ci agissent en bloquant l'action de l'*histamine*, qui stimule la sécrétion acide de l'estomac.

Il est principalement utilisé pour le traitement des *ulcères* de l'estomac et du *duodénum* et pour prévenir les rechutes de l'ulcère du duodénum.

CONTRE-INDICATIONS

Ce médicament ne doit pas être utilisé dans les cas suivants :
- *allergie* aux *antihistaminiques* de type H2,
- **allaitement.**

ATTENTION

La disparition des douleurs ne signifie pas que l'*ulcère* est cicatrisé : la durée du traitement doit être respectée.

Si vous souffrez d'*insuffisance rénale* ou d'*insuffisance hépatique*, prévenez votre médecin afin qu'il puisse adapter la *posologie*.

INTERACTIONS MÉDICAMENTEUSES

Si vous prenez un *pansement digestif*, respectez au moins 2 heures d'intervalle avec la prise de ce médicament.

GROSSESSE, ALLAITEMENT ET NOUVEAU-NÉ

Grossesse :

L'effet de ce médicament sur l'enfant à naître est mal connu. Seul votre médecin peut apprécier la nécessité du traitement et son risque pendant la grossesse.

Allaitement :

Les données actuellement disponibles ne permettent pas de savoir si ce médicament passe dans le lait maternel : son usage est contre-indiqué pendant l'allaitement.

MODE D'EMPLOI ET POSOLOGIE

Ce médicament peut être pris indifféremment pendant ou en dehors des repas.

Les gélules sont à avaler avec un peu d'eau.

Posologie usuelle :

- Adulte : la posologie varie en fonction des indications ; 150 à 300 mg par jour, habituellement en 1 ou 2 prises.

Le traitement des *ulcères* dure 4 à 6 semaines au moins, même si les *symptômes* s'améliorent ou disparaissent avant ce délai.

Si vous êtes fumeur, la poursuite du tabagisme nuit à l'efficacité du traitement.

Des mesures d'hygiène alimentaire sont à envisager : consultez votre médecin.

L'aspirine, les *anti-inflammatoires* et les *corticoïdes* peuvent être agressifs pour l'estomac : n'en prenez pas sans l'avis de votre médecin.

EFFETS INDÉSIRABLES POSSIBLES

Rarement : maux de tête, fatigue, douleurs du thorax, douleurs musculaires, rêves inhabituels, somnolence, *rhinite*, *pharyngite*, *allergie* cutanée.

Parfois : transpiration excessive.

NIZORAL
kétoconazole

PRÉSENTATION

NIZORAL : comprimé (blanc) ; boîte de 10 - Remb. 65 % - Liste I

NIZORAL : suspension buvable arôme banane ; flacon doseur 30 ml (600 gouttes) - Remb. 65 % - Liste I

Laboratoires Janssen

COMPOSITION

	p. comp.	p. gte
Kétoconazole	200 mg	1 mg

INDICATIONS

C'est un *antifongique* qui appartient à la famille des *imidazolés*.

Il est utilisé sous strict contrôle médical pour traiter certaines infections à champignons microscopiques.

CONTRE-INDICATIONS

Ce médicament ne doit pas être utilisé dans les cas suivants :
- *allergie* aux *imidazolés*,
- association avec les médicaments contenant de la terfénadine ou de l'astémizole,
- **grossesse.**

ATTENTION

Une contraception efficace est nécessaire chez les femmes en âge d'être enceintes.

Certains *symptômes* peuvent faire penser à une *hépatite* médicamenteuse : fièvre ou fatigue anormale, démangeaisons, jaunisse, selles décolorées ou urines très foncées. Cessez le traitement en attendant l'avis de votre médecin.

Pour détecter précocement une atteinte du foie, une analyse de sang avec dosage des *transaminases* est souvent prescrite par le médecin avant et pendant le traitement.

Évitez les boissons alcoolisées pendant le traitement : risque d'*effet antabuse*.

INTERACTIONS MÉDICAMENTEUSES

Ce médicament ne doit pas être associé aux médicaments contenant de la terfénadine (TELDANE...) ou de l'astémizole (HISMANAL) : risque de *torsades de pointes*.

Il peut interagir avec d'autres médicaments, notamment les *anticoagulants* oraux. Signalez tout autre traitement en cours à votre médecin ou à votre pharmacien.

GROSSESSE, ALLAITEMENT ET NOUVEAU-NÉ

Grossesse :

Quelques cas de malformations chez l'animal ont été rapportés. En l'absence de données dans l'espèce humaine, ce médicament est contre-indiqué pendant la grossesse.

Allaitement :

Les données disponibles ne permettent pas de savoir si ce médicament passe dans le lait maternel.

MODE D'EMPLOI ET POSOLOGIE

Ce médicament est mieux absorbé par l'organisme lorsqu'il est pris au cours d'un repas.

Posologie usuelle :

Elle est adaptée par le médecin en fonction de l'indication, du poids et de l'âge du malade.

Le respect de la durée du traitement est un élément capital de son efficacité.

EFFETS INDÉSIRABLES POSSIBLES

Vertiges, maux de tête, *troubles digestifs*, *allergie* cutanée, *hépatite* (voir ATTENTION).

NOBACTER mousse

triclocarban

PRÉSENTATION

NOBACTER : mousse à raser ; flacon pressurisé 150 g - Non remb.

Laboratoires Boots Healthcare

COMPOSITION

	mousse p. 100 g
Triclocarban	1 g

INDICATIONS

Cette mousse à raser contient un *antiseptique* local.

Elle est utilisée lorsqu'il existe sur la peau des lésions qui doivent être nettoyées et désinfectées avant le rasage.

INTERACTIONS MÉDICAMENTEUSES

L'association à d'autres *antiseptiques* est déconseillée car leurs effets risquent de s'annuler.

MODE D'EMPLOI ET POSOLOGIE

Appliquez une noix de mousse sur la peau légèrement humide, étendez-la sans blaireau à l'aide d'un léger massage. Un rinçage soigneux est indispensable après le rasage.

Conserver le flacon à l'abri de la chaleur.

EFFETS INDÉSIRABLES POSSIBLES

Exceptionnellement : *allergie* cutanée, irritation de la peau après exposition au soleil.

NOBACTER savon

triclocarban

PRÉSENTATION

NOBACTER : savon ; pain 100 g - Non remb.

Laboratoires Boots Healthcare

COMPOSITION

	savon p. 100 g
Triclocarban	1 g
Lanoline	+

INDICATIONS

Ce savon contient un *antiseptique* local doué de propriétés détergentes.

Il est utilisé pour nettoyer et désinfecter certaines lésions de la peau (plaies superficielles...).

ATTENTION

Ne pas utiliser ce savon pour nettoyer le linge : ce produit libère des substances toxiques à une température de plus de 50 °C.

INTERACTIONS MÉDICAMENTEUSES

L'association à d'autres *antiseptiques* est déconseillée car leurs effets risquent de s'annuler.

GROSSESSE, ALLAITEMENT ET NOUVEAU-NÉ

L'absence d'effets nocifs de ce médicament n'a pas été établie pendant la grossesse ou l'allaitement.

Allaitement :

Ne pas appliquer sur les seins en cas d'allaitement.

MODE D'EMPLOI ET POSOLOGIE

Un rinçage soigneux est indispensable après l'emploi de ce savon.

Conservez ce savon à l'abri de la chaleur.

EFFETS INDÉSIRABLES POSSIBLES

Exceptionnellement : *allergie* cutanée, irritation de la peau après exposition au soleil.

= risque de test antidopage positif

NOCERTONE

oxétorone

PRÉSENTATION

NOCERTONE : comprimé sécable (blanc) ; boîte de 30 - Remb. 65 % - Liste II

Laboratoires Sanofi Winthrop

COMPOSITION

	p. comp.
Oxétorone fumarate	60 mg

INDICATIONS

Ce médicament est un antimigraineux.

Il est utilisé dans le *traitement de fond* de la *migraine*, et aussi de certains maux de tête d'origine *vasculaire*. Il vise à espacer les crises et à diminuer leur intensité.

ATTENTION

Des précautions sont nécessaires en cas d'*épilepsie*.

Évitez les boissons alcoolisées : augmentation du risque de somnolence.

Conducteur : ce médicament peut être responsable d'une somnolence ou d'une baisse de la vigilance.

GROSSESSE, ALLAITEMENT ET NOUVEAU-NÉ

Grossesse :

L'effet de ce médicament sur l'enfant à naître est mal connu : seul votre médecin peut apprécier la nécessité du traitement et son risque pendant la grossesse.

Allaitement :

Les données actuellement disponibles ne permettent pas de savoir si ce médicament passe dans le lait maternel.

MODE D'EMPLOI ET POSOLOGIE

Les comprimés seront pris de préférence au dîner et au coucher.

Posologie usuelle :

- Adulte : 1 à 2 comprimés par jour.

L'efficacité de ce *traitement de fond* dépend d'une prise régulière et prolongée du médicament.

Il n'est pas adapté au *traitement de la crise* de *migraine* déjà commencée.

EFFETS INDÉSIRABLES POSSIBLES

Somnolence fréquente, surtout en début de traitement.

Exceptionnellement : diarrhée.

NOCTAMIDE

lormétazépam

PRÉSENTATION

NOCTAMIDE 1 : comprimé sécable (blanc) ; boîte de 20 - Remb. 65 % - Liste I

NOCTAMIDE 2 : comprimé sécable (blanc) ; boîte de 10 - Remb. 65 % - Liste I

Laboratoires Schering

COMPOSITION

	p. comp.	p. comp.
Lormétazépam	1 mg	2 mg

INDICATIONS

C'est un somnifère qui appartient à la famille des *benzodiazépines*.

Il est utilisé dans le traitement de l'insomnie.

CONTRE-INDICATIONS

Ce médicament ne doit pas être utilisé en cas d'*insuffisance respiratoire* grave.

ATTENTION

Des précautions sont à prendre en cas de *myasthénie*, d'*insuffisance rénale*, d'*insuffisance hépatique* ou d'*insuffisance respiratoire*.

Une prise prolongée ou des doses importantes de ce médicament, son association à des *sédatifs* ou à des boissons alcoolisées favorisent une *dépendance*. Respectez la *posologie* et la durée de traitement prescrites par votre médecin.

L'arrêt brutal de ce médicament expose à un *syndrome de sevrage* : réapparition de l'insomnie, anxiété, agitation, irritabilité, maux de tête, douleurs musculaires, tremblements, hallucinations. Il faut donc s'entourer de conseils médicaux pour diminuer progressivement les doses et espacer les prises, sur une période d'autant plus longue que le traitement a été prolongé.

Certaines insomnies peuvent traduire une *dépression* masquée et justifier un traitement spécifique.

Ce médicament expose à un risque de chute nocturne chez la personne âgée ayant l'habitude de se lever la nuit.

Un réveil nocturne après la prise du médicament peut entraîner des troubles de la mémoire parfois angoissants.

Évitez les boissons alcoolisées : augmentation du risque de somnolence et de dépendance.

Conducteur : ce médicament peut être responsable d'une somnolence ou d'une baisse de la vigilance.

INTERACTIONS MÉDICAMENTEUSES

Ce médicament peut interagir avec d'autres, notamment les *sédatifs*. Signalez tout autre traitement en cours à votre médecin ou à votre pharmacien.

GROSSESSE, ALLAITEMENT ET NOUVEAU-NÉ

Grossesse et nouveau-né :

Par mesure de prudence, ce médicament est habituellement déconseillé pendant les 3 premiers mois de la grossesse. Toutefois, une grossesse survenant sous traitement ne justifie pas d'inquiétude particulière. Seul votre médecin peut apprécier le risque éventuel lié à l'utilisation de ce médicament dans votre cas.

Si le traitement est poursuivi jusqu'à l'accouchement, une surveillance médicale du *nouveau-né* est nécessaire.

Allaitement :

Ce médicament passe dans le lait maternel : l'allaitement est déconseillé.

MODE D'EMPLOI ET POSOLOGIE

Les comprimés doivent être avalés avec un peu d'eau.

Posologie usuelle :

- Adulte : 1/2 à 1 comprimé le soir au coucher.

Lorsque le traitement a été prolongé plusieurs semaines, l'arrêt devra être progressif.

- Enfant : la posologie est individuelle et le traitement sera de courte durée.

Ce médicament vous a été prescrit dans une situation précise. Ne le conseillez pas à une autre personne.

Les somnifères ne sont pas la seule réponse aux troubles du sommeil. Une meilleure hygiène de vie, une consommation modérée d'excitants (y compris les boissons alcoolisées) permettent aussi de lutter efficacement contre les insomnies.

Ce médicament doit être conservé à l'abri de l'air et de la lumière.

EFFETS INDÉSIRABLES POSSIBLES

Pertes de mémoire, somnolence pendant la journée particulièrement chez la personne âgée, ralentissement des idées ou, au contraire, excitabilité, irritabilité, confusion des idées, hallucinations.

Fatigue musculaire, éruption cutanée.

NOCTISAN

valériane, aubépine, tilleul

PRÉSENTATION

NOCTISAN : comprimé ; boîte de 36 - Non remb.

Laboratoires Dolisos

COMPOSITION

	p. comp.
Aubépine, sommité fleurie, extrait sec	90 mg
Tilleul, inflorescence, extrait sec	70 mg
Valériane, rhizome, extrait sec	130 mg
Aspartam	+

INDICATIONS

Ce médicament contient des extraits de plantes.

Il est utilisé dans le *traitement d'appoint* de la nervosité ou des troubles légers du sommeil, chez l'adulte comme chez l'enfant.

CONTRE-INDICATIONS

Ce médicament ne doit pas être utilisé en cas de *phénylcétonurie* (présence d'aspartam).

GROSSESSE, ALLAITEMENT ET NOUVEAU-NÉ

Ce médicament ne contient que des plantes présumées sans danger pendant la grossesse ou l'allaitement. Néanmoins, ne l'utilisez pas de façon prolongée sans l'avis de votre pharmacien ou de votre médecin.

MODE D'EMPLOI ET POSOLOGIE

Les comprimés peuvent être sucés ou dissous dans de l'eau chaude (verser sur le comprimé un demi-verre d'eau portée à ébullition et attendre pendant 5 minutes la solubilisation). Ils seront pris de préférence en fin d'après-midi ou le soir au coucher.

Posologie usuelle :

- Adulte : 1 ou 2 comprimés, 1 à 3 fois par jour.

Conserver les comprimés à l'abri de la chaleur et de l'humidité.

NOCTRAN

clorazépate, acéprométazine

PRÉSENTATION

NOCTRAN 10 : comprimé sécable (3 couches : jaune, blanc, rose) ; boîte de 30 - Remb. 65 % - Liste I

Laboratoires Menarini France

COMPOSITION

	p. comp.
Clorazépate dipotassique	10 mg
Acépromazine	0,75 mg
Acéprométazine	7,5 mg

INDICATIONS

C'est un somnifère qui associe un *tranquillisant* de la famille des *benzodiazépines* et un *antihistaminique sédatif*.

Il est utilisé dans le traitement de l'insomnie.

CONTRE-INDICATIONS

Ce médicament ne doit pas être utilisé dans les cas suivants :

- *insuffisance respiratoire* grave,
- *glaucome* à angle fermé,
- risque de rétention des urines (*adénome de la prostate*...).

ATTENTION

En cas d'apparition d'une fièvre inexpliquée, suspendez la prise de ce médicament, et alertez immédiatement votre médecin.

Toute douleur oculaire accompagnée d'un trouble de la vision peut révéler l'existence d'un *glaucome* : consultez d'urgence un ophtalmologiste.

Des précautions sont nécessaires en cas de *myasthénie*, de *porphyries*, d'*insuffisance hépatique*, d'*insuffisance cardiaque*, d'*insuffisance rénale*, de maladie de *Parkinson*, d'*épilepsie*, et chez la personne âgée.

Une prise prolongée ou des doses importantes de ce médicament favorisent une *dépendance*. Son arrêt brutal expose à un *syndrome de sevrage*. Il faut y penser devant les signes suivants : réapparition de l'anxiété, agitation, irritabilité, insomnie, maux de tête, douleurs musculaires, tremblements, hallucinations. Il faut donc s'entourer de conseils médicaux pour diminuer progressivement les doses et espacer les prises, sur une période d'autant plus longue que le traitement a été prolongé.

Certaines insomnies peuvent traduire une *dépression* masquée et justifier un traitement spécifique.

Ce médicament peut être responsable d'une somnolence persistant pendant la journée, éventuellement aggravée par la prise de boissons alcoolisées.

Conducteur : ce médicament peut être responsable d'une somnolence ou d'une baisse de la vigilance.

INTERACTIONS MÉDICAMENTEUSES

Ce médicament ne doit pas être associé à la lévodopa (LARODOPA, MODOPAR, SINEMET...) : risque d'annulation mutuelle de leurs effets.

Ce médicament peut interagir avec d'autres médicaments, notamment les *antihypertenseurs* (en particulier ceux contenant de la guanéthidine), les *atropiniques*, les *sédatifs* et certains *pansements digestifs*. Signalez tout autre traitement en cours à votre médecin ou à votre pharmacien.

GROSSESSE, ALLAITEMENT ET NOUVEAU-NÉ

Grossesse et nouveau-né :

Ce médicament est déconseillé pendant les 3 premiers mois de la grossesse.

Si une grossesse survient pendant le traitement, consultez votre médecin. Il appréciera le risque éventuel lié à l'utilisation de ce médicament dans votre cas.

Si le traitement est poursuivi jusqu'à l'accouchement, une surveillance médicale du *nouveau-né* est nécessaire.

Allaitement :

Ce médicament passe dans le lait maternel : il est déconseillé pendant l'allaitement.

MODE D'EMPLOI ET POSOLOGIE

Les comprimés doivent être avalés avec un peu d'eau, de préférence 15 à 30 minutes avant le coucher.

Posologie usuelle :

- Adulte : 1 comprimé.

Dans tous les cas, le traitement doit être de courte durée.

Les somnifères ne sont pas la seule réponse aux troubles du sommeil. Une meilleure hygiène de vie, une consommation modérée d'excitants (y compris les boissons alcoolisées) permettent aussi de lutter efficacement contre les insomnies.

Respectez la durée du traitement et les doses prescrites par votre médecin.

EFFETS INDÉSIRABLES POSSIBLES

Somnolence pendant la journée.

Pertes de mémoire, ralentissement des idées ou, au contraire, excitation, irritabilité, confusion des idées, hallucinations, fatigue musculaire en particulier chez la personne âgée, éruptions cutanées.

Mouvements anormaux, arrêt des règles, écoulement de lait par le mamelon, baisse de la tension artérielle, troubles de l'*accommodation*, bouche sèche et constipation.

NOCVALÈNE
aubépine, coquelicot, passiflore

PRÉSENTATION

NOCVALÈNE ADULTE : gélule (ivoire) ; boîte de 40 - Non remb.

NOCVALÈNE ENFANT : gélule (ivoire) ; boîte de 40 - Non remb.

Laboratoires Arkopharma

COMPOSITION

	p. gél. Ad.	p. gél. Enf.
Aubépine, sommités fleuries	80 mg	60 mg
Coqueliquot, pétales	80 mg	60 mg
Passiflore, parties aériennes	80 mg	60 mg

INDICATIONS

Ce médicament contient une association de plantes sédatives.

Il est utilisé dans le traitement des troubles légers du sommeil et de la nervosité, chez l'adulte et l'enfant.

GROSSESSE, ALLAITEMENT ET NOUVEAU-NÉ

Ce médicament ne contient que des plantes présumées sans danger pendant la grossesse ou l'allaitement. Néanmoins, ne l'utilisez pas de façon prolongée sans l'avis de votre pharmacien ou de votre médecin.

MODE D'EMPLOI ET POSOLOGIE

Les gélules doivent être avalées avec un peu d'eau, de préférence le soir. Pour les enfants, les gélules peuvent être ouvertes et leur contenu mélangé à un aliment (yaourt...).

Posologie usuelle :

- Adulte : 1 à 3 gélules Adulte par jour.
- Enfant : 1 gélule Enfant par 10 kg et par jour. Par exemple, pour un enfant de 23 kg, 2 gélules le soir.

Ce médicament doit être conservé à l'abri de la lumière, de la chaleur et de l'humidité.

NODEX
dextrométhorphane

PRÉSENTATION

NODEX : sirop Adulte ; flacon 150 ml - Non remb.

NODEX : sirop Adulte ; boîte de 10 récipients unidoses - Non remb.

NODEX : pâte à mâcher Adulte ; boîte de 18 - Non remb. - Non remb. - Non remb.

NODEX : sirop Enfant ; flacon 150 ml - Non remb.

NODEX : sirop Enfant ; boîte de 10 récipients unidoses - Non remb.

Laboratoires Brothier

COMPOSITION

	sirop Ad. p. c. à s.	sirop Ad. p. dose	p. pâte
Dextrométhorphane bromhydrate	37,5 mg	25 mg	12,5 mg
Saccharose	3,97 g	2,65 g	

	sirop Enf. p. c. à s.	sirop Enf. p. c. à c.	sirop Enf. p. dose
Dextrométhorphane bromhydrate	22,5 mg	7,5 mg	15 mg
Saccharose	3,97 g	1,32 g	2,65 g

INDICATIONS

Ce médicament *antitussif* contient du dextrométhorphane, qui agit sur les centres de la toux.

Il est utilisé dans le *traitement symptomatique* des toux sèches.

CONTRE-INDICATIONS

Ce médicament ne doit pas être utilisé dans les cas suivants :

- *asthme*,
- *insuffisance respiratoire* grave,
- en association avec un *antidépresseur* de type *IMAO* non sélectif,
- enfant de moins de 15 ans (sirop Adulte et pâte à mâcher),
- enfant de moins de 6 ans (sirop Enfant unidose),
- enfant de moins de 30 mois (sirop Enfant).

ATTENTION

Ce médicament n'est pas adapté au traitement de la toux grasse, qui est un mécanisme de défense normal de l'organisme permettant l'évacuation des mucosités présentes dans les bronches.

La toux est un *symptôme* qui peut révéler de nombreuses maladies : consultez votre médecin si elle persiste plus de quelques jours.

Si vous souffrez d'une *insuffisance hépatique*, consultez votre médecin afin qu'il vous indique la *posologie* correcte.

Diabétique : ce médicament contient du *sucre* (saccharose) en quantité notable.

Évitez les boissons alcoolisées : augmentation du risque de somnolence.

Conducteur : ce médicament peut être responsable d'une somnolence ou d'une baisse de la vigilance.

INTERACTIONS MÉDICAMENTEUSES

Ce médicament ne doit pas être associé aux *antidépresseurs* de type *IMAO* (MARSILID, NIAMIDE...) : risque d'élévation de la température, d'agitation et de chute brutale de la tension artérielle.

GROSSESSE, ALLAITEMENT ET NOUVEAU-NÉ

Grossesse :

Compte tenu de la présence de dextrométhorphane, n'utilisez pas ce médicament pendant la grossesse sans prendre l'avis de votre pharmacien ou de votre médecin.

Allaitement :

Les données actuellement disponibles ne permettent pas de savoir si ce médicament passe dans le lait maternel : par mesure de prudence, il est déconseillé pendant l'allaitement.

MODE D'EMPLOI ET POSOLOGIE

Ce médicament peut être pris indifféremment au cours ou en dehors des repas. Les prises du sirop doivent être espacées d'au moins 4 heures. Chacun des sirops Adulte et Enfant existe en 2 présentations : en flacon ou en unidose.

Posologie usuelle :

- Adulte :
  - sirop Adulte : 1 cuillère à soupe, 1 à 3 fois par jour ou 1 unidose, 3 ou 4 fois par jour. Ne pas dépasser 1 dose par prise et 4 doses par jour ;
  - pâte à mâcher : 5 à 8 pâtes réparties dans la journée.
- Personne âgée : réduire la *posologie* Adulte de moitié.
- Enfant de 7 à 15 ans : 3 cuillères à café ou 2 cuillères à soupe ou 1 à 3 unidoses de sirop Enfant, par jour selon l'âge, réparties dans la journée.
- Enfant de 30 mois à 6 ans : 1 cuillère à café, 1 à 3 fois par jour de sirop Enfant.

> Ce médicament n'entraîne pas de risque de *dépendance*, ni de *dépression respiratoire* aux doses usuelles.
> Une toux nocturne aggravée par ce médicament peut être une toux allergique : demandez conseil à votre médecin.
> La poursuite du tabagisme nuit à l'efficacité du traitement.
> Des mesures simples permettent de calmer les toux sèches : boissons chaudes et humidification de l'air ambiant.

EFFETS INDÉSIRABLES POSSIBLES

Constipation, somnolence, nausées, vomissements, rare *allergie* cutanée, sensation de vertige, spasme des bronches.

NOOTROPYL

piracétam

PRÉSENTATION

NOOTROPYL 400 mg : gélule (orange et blanc) ; boîte de 60 - Remb. 65 % - Liste II

NOOTROPYL 800 mg : comprimé (blanc) ; boîte de 45 - Remb. 35 % - Liste II

NOOTROPYL à 20 % : solution buvable ; flacon 125 ml (pipette graduée) - Remb. 65 % - Liste II

NOOTROPYL 1,2 g : solution buvable ; boîte de 30 ampoules 6 ml - Remb. 65 % - Liste II

Laboratoires UCB

COMPOSITION

	p. gél.	p. comp.
Piracétam	400 mg	800 mg

	p. ml	p. amp. buv.
Piracétam	200 mg	1,2 g

INDICATIONS

Ce médicament aux nombreuses propriétés est destiné à améliorer le fonctionnement du cerveau.

Il est utilisé dans le *traitement symptomatique* :

- de certains troubles de l'équilibre (*vertiges*),
- des troubles du comportement et de la mémoire liés au vieillissement,
- des *accidents vasculaires cérébraux*,
- de la *dyslexie* de l'enfant.

CONTRE-INDICATIONS

Ce médicament ne doit pas être utilisé en cas d'*insuffisance rénale* grave.

> **ATTENTION**
> Si vous souffrez d'*insuffisance rénale*, signalez-le à votre médecin.

GROSSESSE, ALLAITEMENT ET NOUVEAU-NÉ

L'effet de ce médicament pendant la grossesse ou l'allaitement est mal connu : seul votre médecin peut évaluer le risque éventuel de son utilisation dans votre cas.

MODE D'EMPLOI ET POSOLOGIE

La solution buvable peut être absorbée pure ou préalablement diluée dans un peu d'eau. Il existe des graduations sur la pipette doseuse qui permettent de déterminer la dose pour l'adulte ou pour l'enfant.

Posologie usuelle :

- Adulte : 800 mg, 3 fois par jour.
- Enfant : utiliser les graduations de la pipette doseuse et administrer la dose correspondant au poids, 3 fois par jour.

> Rincez la pipette doseuse après chaque usage.

EFFETS INDÉSIRABLES POSSIBLES

Troubles digestifs, nervosité, insomnies, essentiellement à forte dose.

NOPRON

niaprazine

PRÉSENTATION

NOPRON : sirop Enfant 15 mg/5 ml ; flacon 150 ml - Remb. 65 %

Laboratoires Synthélabo France

COMPOSITION

	p. c. mes. 2,5 ml	p. c. mes. 5 ml
Niaprazine	7,5 mg	15 mg

INDICATIONS

C'est un *sédatif* non *barbiturique*.

Il est utilisé dans le traitement de l'agitation de l'enfant pouvant en particulier entraîner une insomnie.

CONTRE-INDICATIONS

Ce médicament ne doit pas être utilisé chez l'enfant de moins de 6 mois.

> **ATTENTION**
> Certaines insomnies peuvent traduire une *dépression* masquée et justifier un traitement spécifique.
> Ce médicament peut être responsable d'une somnolence persistant pendant la journée.

MODE D'EMPLOI ET POSOLOGIE

Lors de la première prise, une demi-dose sera administrée afin de tester la sensibilité de l'enfant au médicament.

La dose journalière doit être répartie en plusieurs prises.

Posologie usuelle :

La *posologie*, strictement individuelle, est adaptée progressivement par votre médecin en fonction de l'indication :

- de 7,5 kg (6 mois) à 15 kg (3 ans) : 2,5 ml de sirop par jour,
- de 15 kg (3 ans) à 22,5 kg (7 ans) : 5 ml de sirop par jour,
- de 22,5 kg (7 ans) à 30 kg (10 ans) : 7,5 ml de sirop par jour,
- de 30 kg (10 ans) à 37,5 kg (12 ans) : 10 ml de sirop par jour.

> Les *sédatifs* ne sont pas la seule réponse aux troubles du sommeil ou aux troubles du comportement de l'enfant. L'avis d'un psychologue peut être nécessaire.
> Respectez la durée de traitement et les doses prescrites par votre médecin.
> Ce médicament doit être conservé à l'abri de la lumière.

EFFETS INDÉSIRABLES POSSIBLES

Lors des premières prises, à forte dose : malaises.

Somnolence pendant la journée.

NORBILINE

prozapine, sorbitol

PRÉSENTATION

NORBILINE ADULTES : solution buvable ; boîte de 24 ampoules 5 ml - Non remb.

NORBILINE ENFANTS : solution buvable ; boîte de 24 ampoules 5 ml - Non remb.

Laboratoires Bellon

COMPOSITION

	p. amp. Ad.	p. amp. Enf.
Prozapine chlorhydrate	0,002 g	0,001 g
Sorbitol	4,311 g	2,125 g

INDICATIONS

Ce médicament est une association de deux substances actives : un *antispasmodique* qui relâche les muscles du tube digestif et le sorbitol qui hydrate son contenu.

Ce médicament est utilisé dans le *traitement symptomatique* des digestions difficiles et de la constipation.

CONTRE-INDICATIONS

Ce médicament ne doit pas être utilisé dans les cas suivants :

- *glaucome* à angle fermé,
- risque de blocage des urines (*adénome de la prostate*).

ATTENTION

En cas de douleurs abdominales répétitives ou prolongées, ce médicament ne doit pas être pris sans avis médical.

Des précautions sont nécessaires en cas d'obstruction des *voies biliaires*.

GROSSESSE, ALLAITEMENT ET NOUVEAU-NÉ

L'effet de ce médicament pendant la grossesse ou l'allaitement est mal connu. L'évaluation du risque éventuel lié à son utilisation est individuelle : demandez conseil à votre pharmacien ou à votre médecin.

MODE D'EMPLOI ET POSOLOGIE

La solution Adulte doit être diluée dans un demi-verre d'eau. La solution Enfant peut être prise pure ou diluée dans un peu d'eau.

En cas de constipation, une prise est conseillée le matin à jeun, dans un verre d'eau glacée.

Posologie usuelle :

- Adulte (solution Adulte) :
  - *troubles digestifs* : débuter par 1 ou 2 ampoules par jour avant chaque repas et poursuivre si besoin par 3 ampoules.
- Enfant (solution Enfant) :
  - au-dessus de 5 ans : 1 ampoule avant les 3 repas,
  - de 2 à 5 ans : 1 ampoule avant les 2 principaux repas,
  - jusqu'à 2 ans : 1 ampoule par jour avant l'un des repas.

Une ampoule Enfant (5 ml) équivaut à la moitié d'une ampoule Adulte (10 ml).

Ce traitement doit être accompagné de mesures simples d'hygiène alimentaire (régime riche en fibres et boissons abondantes) et d'exercices physiques : consultez votre médecin ou votre pharmacien.

EFFETS INDÉSIRABLES POSSIBLES

Diarrhée, douleurs abdominales.

NORDAZ

nordazépam

PRÉSENTATION

NORDAZ 7,5 mg : comprimé sécable (blanc) ; boîte de 30 - Remb. 65 % - Liste I

NORDAZ 15 mg : comprimé quadrisécable (blanc) ; boîte de 30 - Remb. 65 % - Liste I

Laboratoires Bouchara

COMPOSITION

	p. comp.	p. comp.
Nordazépam	7,5 mg	15 mg

INDICATIONS

C'est un *tranquillisant* de la famille des *benzodiazépines*.

Il est utilisé dans le traitement de l'anxiété lorsque celle-ci s'accompagne de troubles gênants.

CONTRE-INDICATIONS

Ce médicament ne doit pas être utilisé en cas d'*insuffisance respiratoire* grave.

ATTENTION

Des précautions sont nécessaires en cas de *myasthénie*, d'*insuffisance hépatique* ou d'*insuffisance respiratoire*.

Utilisé seul, ce médicament n'est pas adapté au traitement des *états dépressifs*.

Une prise prolongée ou des doses importantes de ce médicament, son association à des *sédatifs* ou à des boissons alcoolisées favorisent une *dépendance*. Respectez la *posologie* et la durée de traitement prescrites par votre médecin.

L'arrêt brutal de ce médicament expose à un *syndrome de sevrage* : réapparition de l'anxiété, agitation, irritabilité, insomnie, maux de tête, douleurs musculaires, tremblements, hallucinations. Il faut donc s'entourer de conseils médicaux pour diminuer progressivement les doses et espacer les prises, sur une période d'autant plus longue que le traitement a été prolongé.

Évitez les boissons alcoolisées : augmentation du risque de somnolence et de dépendance.

Conducteur : ce médicament peut être responsable d'une somnolence ou d'une baisse de la vigilance.

INTERACTIONS MÉDICAMENTEUSES

Ce médicament peut interagir avec d'autres, notamment les *sédatifs*. Signalez tout autre traitement en cours à votre médecin ou à votre pharmacien.

GROSSESSE, ALLAITEMENT ET NOUVEAU-NÉ

Grossesse et nouveau-né :

Par mesure de prudence, ce médicament est habituellement déconseillé pendant les 3 premiers mois de la grossesse. Toutefois, une grossesse survenant sous traitement ne justifie pas d'inquiétude particulière. Seul votre médecin peut apprécier le risque éventuel lié à l'utilisation de ce médicament dans votre cas.

Si le traitement est poursuivi jusqu'à l'accouchement, une surveillance médicale du *nouveau-né* est nécessaire.

Allaitement :

Ce médicament passe dans le lait maternel : l'allaitement est déconseillé.

MODE D'EMPLOI ET POSOLOGIE

Ce médicament est réservé à l'adulte. Les comprimés doivent être avalés avec un peu d'eau.

Posologie usuelle :

Elle est strictement individuelle.

Ce médicament vous a été prescrit dans une situation précise : ne le conseillez pas à une autre personne.

L'effet de ce médicament peut persister plus de 48 heures après sa prise.

Les *tranquillisants* ne sont pas la seule réponse à l'anxiété : une meilleure hygiène de vie, une consommation modérée d'excitants (y compris les boissons alcoolisées) permettent aussi de lutter efficacement contre l'excès de stress.

EFFETS INDÉSIRABLES POSSIBLES

Trous de mémoire, sensation d'ivresse, somnolence en particulier chez la personne âgée, ralentissement des idées, ou, au contraire, excitation, irritabilité, idées confuses, hallucinations, fatigue, éruption cutanée.

NORGAGIL

gomme de sterculia, attapulgite, méprobamate

PRÉSENTATION

NORGAGIL sachets : granulé ; boîte de 30 sachets de 10 g - Remb. 65 % - Liste I

Laboratoires Norgan

COMPOSITION

	p. sach.
Sterculia, gomme	5,5 g
Attapulgite	1,5 g
Méprobamate	0,2 g
Saccharose	2,4 g

INDICATIONS

Ce médicament contient un régulateur de transit (gomme de sterculia), un adsorbant des gaz (attapulgite), et un *tranquillisant* (méprobamate).

Il est utilisé comme *traitement symptomatique* des dérèglements chroniques de l'intestin.

CONTRE-INDICATIONS

Ce médicament ne doit pas être utilisé dans les cas suivants :

- maladies comportant un risque d'obstruction du tube digestif,
- *insuffisance respiratoire*.

ATTENTION

Des douleurs qui persistent peuvent être dues à une lésion du tube digestif : consultez votre médecin.

Ce médicament contient du *sucre* (saccharose) en quantité notable.

Évitez les boissons alcoolisées : augmentation du risque de somnolence.

Conducteur : ce médicament peut être responsable d'une somnolence ou d'une baisse de la vigilance.

INTERACTIONS MÉDICAMENTEUSES

Ce médicament peut interagir avec de nombreux autres médicaments en diminuant leur absorption : il convient de séparer les prises d'au moins 2 heures.

GROSSESSE, ALLAITEMENT ET NOUVEAU-NÉ

Grossesse :

En l'absence de données dans l'espèce humaine, ce médicament est déconseillé pendant les 3 premiers mois de la grossesse.

Allaitement :

Ce médicament passe dans le lait maternel : il est déconseillé pendant l'allaitement.

MODE D'EMPLOI ET POSOLOGIE

Ce médicament sera pris de préférence à la fin des repas.

Avaler les granulés sans les croquer avec un grand verre d'eau.

Posologie usuelle :

1 sachet, 2 fois par jour. 1 sachet supplémentaire peut être pris éventuellement après le petit déjeuner.

EFFETS INDÉSIRABLES POSSIBLES

Sensation de ballonnement.

NORGALAX
docusate sodique

PRÉSENTATION

NORGALAX : gel rectal ; boîte de 6 tubes-canules (10 g) - Non remb.

Laboratoires Norgan

COMPOSITION

	p. tube
Docusate sodique	0,12 g

INDICATIONS

C'est un laxatif administré par *voie* rectale. Il délite les selles et provoque leur évacuation rapide.

Il est utilisé comme *traitement symptomatique* de la constipation.

ATTENTION

Comme tous les laxatifs, il ne doit pas être utilisé de façon prolongée sans avis médical. De plus, il doit être utilisé avec prudence chez la personne atteinte d'*hémorroïdes*, de *fissure anale* ou de *rectocolite hémorragique*.

Chez l'enfant, l'usage des laxatifs administrés par *voie* rectale doit rester exceptionnel : il risque d'empêcher le réflexe d'expulsion des selles.

GROSSESSE, ALLAITEMENT ET NOUVEAU-NÉ

Grossesse :

Ce médicament peut être utilisé de façon ponctuelle pour traiter la constipation de la femme enceinte.

MODE D'EMPLOI ET POSOLOGIE

Le délai d'action de ce médicament peut être rapide.

Enlever le capuchon, introduire la canule dans le rectum et vider le contenu du tube par pression.

Posologie usuelle :

1 dose à renouveler si l'effet est insuffisant.

Des mesures simples d'hygiène alimentaire et des exercices physiques sont à envisager avant d'utiliser un laxatif : parlez-en à votre médecin ou à votre pharmacien.

EFFETS INDÉSIRABLES POSSIBLES

Un usage prolongé peut occasionner des sensations de brûlure anale et exceptionnellement des *inflammations* du rectum.

NORIEL
flunitrazépam

PRÉSENTATION

NORIEL : comprimé sécable (bleu clair) ; boîte de 20 - Remb. 65 % - Liste I

Laboratoires Biogalénique

COMPOSITION

	p. comp.
Flunitrazépam	1 mg

INDICATIONS

C'est un somnifère qui appartient à la famille des *benzodiazépines*.

Il est utilisé dans le traitement de l'insomnie.

CONTRE-INDICATIONS

Ce médicament ne doit pas être utilisé en cas d'*insuffisance respiratoire* grave.

ATTENTION

Des précautions sont à prendre en cas de *myasthénie*, d'*insuffisance rénale*, d'*insuffisance hépatique* ou d'*insuffisance respiratoire*.

Une prise prolongée ou des doses importantes de ce médicament, son association à des *sédatifs* ou à des boissons alcoolisées favorisent une *dépendance*. Respectez la *posologie* et la durée de traitement prescrites par votre médecin.

L'arrêt brutal de ce médicament expose à un *syndrome de sevrage* : réapparition de l'insomnie, anxiété, agitation, irritabilité, maux de tête, douleurs musculaires, tremblements, hallucinations. Il faut donc s'entourer de conseils médicaux pour diminuer progressivement les doses et espacer les prises, sur une période d'autant plus longue que le traitement a été prolongé.

Certaines insomnies peuvent traduire une *dépression* masquée et justifier un traitement spécifique.

Ce médicament expose à un risque de chute nocturne chez la personne âgée ayant l'habitude de se lever la nuit.

Un réveil nocturne après la prise du médicament peut entraîner des troubles de la mémoire parfois angoissants.

Évitez les boissons alcoolisées : augmentation du risque de somnolence et de dépendance.

Conducteur : ce médicament peut être responsable d'une somnolence ou d'une baisse de la vigilance.

INTERACTIONS MÉDICAMENTEUSES

Ce médicament peut interagir avec d'autres, notamment les *sédatifs*. Signalez tout autre traitement en cours à votre médecin ou à votre pharmacien.

GROSSESSE, ALLAITEMENT ET NOUVEAU-NÉ

Grossesse et nouveau-né :

Par mesure de prudence, ce médicament est habituellement déconseillé pendant les 3 premiers mois de la grossesse. Toutefois, une grossesse survenant sous traitement ne justifie pas d'inquiétude particulière. Seul votre médecin peut apprécier le risque éventuel lié à l'utilisation de ce médicament dans votre cas.

Si le traitement est poursuivi jusqu'à l'accouchement, une surveillance médicale du *nouveau-né* est nécessaire.

Allaitement :

Ce médicament passe dans le lait maternel : l'allaitement est déconseillé.

MODE D'EMPLOI ET POSOLOGIE

Les comprimés doivent être avalés avec un peu d'eau.

Posologie usuelle :

- Adulte : 1 comprimé le soir au coucher.

Lorsque le traitement a été prolongé plusieurs semaines, l'arrêt devra être progressif.

- Enfant : la posologie est individuelle et le traitement sera de courte durée.

Ce médicament vous a été prescrit dans une situation précise. Ne le conseillez pas à une autre personne.

Les somnifères ne sont pas la seule réponse aux troubles du sommeil. Une meilleure hygiène de vie, une consommation modérée d'excitants (y compris les boissons alcoolisées) permettent aussi de lutter efficacement contre les insomnies.

EFFETS INDÉSIRABLES POSSIBLES

Pertes de mémoire, somnolence pendant la journée particulièrement chez la personne âgée, ralentissement des idées ou, au contraire, excitabilité, irritabilité, confusion des idées, hallucinations.

Fatigue musculaire, éruption cutanée.

NORISTÉRAT
noréthistérone

PRÉSENTATION

NORISTÉRAT : solution huileuse injectable ; boîte de 1 ampoule 1 ml - Remb. 65 % - Liste I

Laboratoires Schering

COMPOSITION

	p. amp. inj.
Noréthistérone énanthate	200 mg

INDICATIONS

Ce médicament contient un *progestatif*.

Il est utilisé par *voie* injectable comme *contraceptif* de longue durée d'action, quand un autre mode de contraception n'est pas possible.

CONTRE-INDICATIONS

Ce médicament ne doit pas être utilisé en cas de :
- maladie du foie grave ou récente ;
- *insuffisance hépatique* ;
- certains cancers du sein ou de l'utérus ;
- certaines maladies cardiaques ou *vasculaires*, notamment l'*hypertension artérielle* et les *antécédents* de *phlébite* ;
- certaines causes de saignement entre les règles ;
- **grossesse,**
- **allaitement.**

> **ATTENTION**
> Une surveillance médicale et des analyses sont nécessaires avant et pendant le traitement. Cette surveillance est renforcée en cas de *diabète*, d'*hypertension artérielle*, d'*antécédent* d'*infarctus du myocarde*.

INTERACTIONS MÉDICAMENTEUSES

L'efficacité de ce *contraceptif* peut être diminuée par la prise de certains médicaments : les *barbituriques*, certains antiépileptiques (TÉGRÉTOL, DI-HYDAN...), les médicaments contenant de la rifampicine (RIMACTAN, RIFADINE...) ou de la griséofulvine (FULCINE, GRISÉFULINE...).

GROSSESSE, ALLAITEMENT ET NOUVEAU-NÉ

Grossesse :

Ce médicament est contre-indiqué pendant la grossesse.

Allaitement :

Ce médicament passe dans le lait maternel : l'allaitement est contre-indiqué.

MODE D'EMPLOI ET POSOLOGIE

La solution doit être injectée par *voie* intramusculaire profonde.

EFFETS INDÉSIRABLES POSSIBLES

Troubles digestifs.

Arrêt des règles, ou saignement entre les règles, *œdèmes* périodiques, douleur ou tension des seins.

Prise de poids.

En cas d'*antécédent* de jaunisse ou de démangeaisons au cours d'une grossesse : risque de récidive lors de la prise de ce *contraceptif*.

NORLUTEN

noréthistérone

PRÉSENTATION

NORLUTEN : comprimé (blanc) ; boîte de 20 - Remb. 65 % - Liste I

Laboratoires SmithKline Beecham

COMPOSITION

	p. comp.
Noréthistérone	5 mg

INDICATIONS

Ce médicament est une *hormone* dont l'effet est proche de celui de la *progestérone*. Son action s'oppose à celle des *estrogènes*.

Il est utilisé dans le traitement :
- de certains *symptômes* (troubles des règles, tensions des seins...), notamment lors de la *préménopause* ;
- des saignements dus à un *fibrome* ;
- de l'*endométriose*.

CONTRE-INDICATIONS

Ce médicament ne doit pas être utilisé dans les cas suivants :
- *antécédent* d'*accident thrombo-embolique* (*phlébite*, *embolie* pulmonaire...) ;
- maladie grave du foie ;
- **grossesse ;**
- **allaitement.**

> **ATTENTION**
> Des précautions sont nécessaires en cas de mauvaise circulation du sang, d'*hypertension artérielle*, de *diabète* ou d'*antécédent* d'*infarctus du myocarde*.
> Tout *symptôme* pouvant faire craindre une complication impose l'arrêt du traitement : maux de tête importants et inhabituels, trouble de la vision, élévation franche de la tension artérielle.

GROSSESSE, ALLAITEMENT ET NOUVEAU-NÉ

Grossesse :

Ce médicament est contre-indiqué pendant la grossesse : risque de malformation des organes sexuels chez l'enfant à naître.

Allaitement :

Ce médicament passe dans le lait maternel : son usage est contre-indiqué pendant l'allaitement.

MODE D'EMPLOI ET POSOLOGIE

Ce médicament peut être pris pendant ou entre les repas.

Posologie usuelle :

Elle est strictement individuelle et varie selon les cas.

EFFETS INDÉSIRABLES POSSIBLES

Modification des règles, arrêt des règles, saignement entre les règles, modification du volume des seins.

Acné, *séborrhée*, augmentation de la pilosité.

Prise de poids.

Jambes lourdes.

Troubles digestifs.

Jaunisse associée à des démangeaisons.

Aggravation d'un *état dépressif*.

NORMACOL

gomme de sterculia

PRÉSENTATION

NORMACOL : granulé arôme vanilline ; boîte 375 g - Remb. 35 %

NORMACOL : granulé arôme vanilline ; boîte 1 kg - Remb. 35 %

NORMACOL sachets : granulé arôme vanilline ; boîte de 30 sachets de 10 g - Remb. 35 %

Laboratoires Norgan

COMPOSITION

	p. c. à c.	p. sach.
Sterculia, gomme	3,05 g	6,1 g
Saccharose	+	2,4 g

INDICATIONS

C'est un *laxatif de lest*. Il contient une substance naturelle qui n'est ni digérée ni absorbée. Elle s'imbibe d'eau et rend les selles plus volumineuses et moins fermes.

Il est utilisé comme *traitement symptomatique* de la constipation.

CONTRE-INDICATIONS

Ce médicament ne doit pas être utilisé en cas de maladies comportant un risque d'obstruction du tube digestif.

> **ATTENTION**
> Il est nécessaire de boire beaucoup d'eau, particulièrement en cas de dilatation du côlon, d'alitement et chez la personne âgée.
> Les laxatifs ne doivent pas être utilisés de façon prolongée sans avis médical.
> Ce médicament contient du *sucre* (saccharose) en quantité notable.

GROSSESSE, ALLAITEMENT ET NOUVEAU-NÉ

Grossesse :

Ce médicament peut être utilisé pour traiter la constipation de la femme enceinte.

MODE D'EMPLOI ET POSOLOGIE

Ce médicament sera pris de préférence à la fin des repas.

Avaler les granulés sans les croquer avec un grand verre d'eau.

L'effet ne peut être obtenu qu'après 2 ou 3 jours.

Posologie usuelle :

1 à 3 cuillères à café ou 3 sachets répartis en 2 ou 3 prises.

> Un échec du traitement peut être lié à la présence d'un *fécalome*, notamment chez la personne âgée.
> Des mesures simples d'hygiène alimentaire et des exercices physiques sont à envisager avant d'utiliser un laxatif : parlez-en à votre médecin ou à votre pharmacien.

EFFETS INDÉSIRABLES POSSIBLES

Sensation de ballonnement.

NORMACOL À LA BOURDAINE

gomme de sterculia, bourdaine

PRÉSENTATION

NORMACOL À LA BOURDAINE : granulé ; boîte de 375 g - Remb. 35 %

NORMACOL À LA BOURDAINE : granulé ; boîte de 1 kg - Remb. 35 %

NORMACOL À LA BOURDAINE : granulé ; boîte de 30 sachets de 10 g - Remb. 35 %

NORMACOL À LA BOURDAINE SANS SUCRE : granulé ; boîte de 375 g - Remb. 35 %

Laboratoires Norgan

COMPOSITION

	p. c. à c.	p. sachet	p. c. à c.
Sterculia, gomme	3,05 g	6,1 g	3,3 g
Bourdaine	0,20 g	0,4 g	0,2 g
Saccharose	+	2,8 g	

INDICATIONS

Ce médicament contient un *laxatif stimulant* (bourdaine) et un *laxatif de lest* (gomme de sterculia). Le laxatif stimulant augmente les sécrétions et la motricité de l'intestin. Le laxatif de lest s'imbibe d'eau et rend les selles plus volumineuses et moins fermes.

Il est utilisé comme *traitement symptomatique* de la constipation.

CONTRE-INDICATIONS

Ce médicament ne doit pas être utilisé dans les cas suivants :
- maladies inflammatoires du côlon ;
- constipation ou douleurs abdominales dues à une obstruction du tube digestif : rétrécissement intestinal, *fécalome* (bouchon de selles).

ATTENTION

Ce médicament doit être utilisé de façon épisodique et en cure très brève : pas plus de 8 à 10 jours.

Son usage régulier peut entraîner :
- une *dépendance* ;
- des troubles intestinaux graves ;
- une perte de sels minéraux et notamment de *potassium*, pouvant entraîner des *troubles du rythme cardiaque* graves.

L'usage de ce médicament doit rester exceptionnel chez l'enfant de moins de 12 ans, sauf prescription médicale.

Arrêter le traitement en cas de diarrhée ou de douleurs abdominales.

Ce médicament contient du *sucre* (saccharose) en quantité notable.

Le NORMACOL SANS SUCRE peut être utilisé chez le diabétique.

INTERACTIONS MÉDICAMENTEUSES

Ce médicament peut interagir avec d'autres médicaments, notamment ceux contenant de la *vincamine* et certains *antiarythmiques*. Signalez tout autre traitement en cours à votre médecin ou à votre pharmacien.

GROSSESSE, ALLAITEMENT ET NOUVEAU-NÉ

Ce médicament est déconseillé pendant la grossesse ou l'allaitement.

MODE D'EMPLOI ET POSOLOGIE

Avaler les granulés avec un peu d'eau de préférence après les repas.

Posologie usuelle :

1 ou 2 sachets ou 2 à 4 cuillères à café par jour en 2 ou 3 prises.

Il est recommandé de boire beaucoup d'eau pour obtenir une meilleure efficacité.

Des mesures simples d'hygiène alimentaire et des exercices physiques sont à envisager avant d'utiliser un laxatif : parlez-en à votre médecin ou à votre pharmacien.

EFFETS INDÉSIRABLES POSSIBLES

Diarrhée, douleurs abdominales.

NORMISON

témazépam

PRÉSENTATION

NORMISON 10 mg : capsule molle ; boîte de 20 - Remb. 65 % - Liste I

NORMISON 20 mg : capsule molle ; boîte de 10 - Remb. 65 % - Liste I

Laboratoires Wyeth France

COMPOSITION

	p. caps. 10 mg	p. caps. 20 mg
Témazépam	10 mg	20 mg

INDICATIONS

C'est un somnifère qui appartient à la famille des *benzodiazépines*.

Il est utilisé dans le traitement de l'insomnie.

CONTRE-INDICATIONS

Ce médicament ne doit pas être utilisé en cas d'*insuffisance respiratoire* grave.

ATTENTION

Des précautions sont à prendre en cas de *myasthénie*, d'*insuffisance rénale*, d'*insuffisance hépatique* ou d'*insuffisance respiratoire*.

Une prise prolongée ou des doses importantes de ce médicament, son association à des *sédatifs* ou à des boissons alcoolisées favorisent une *dépendance*. Respectez la *posologie* et la durée de traitement prescrites par votre médecin.

L'arrêt brutal de ce médicament expose à un *syndrome de sevrage* : réapparition de l'insomnie, anxiété, agitation, irritabilité, maux de tête, douleurs musculaires, tremblements, hallucinations. Il faut donc s'entourer de conseils médicaux pour diminuer progressivement les doses et espacer les prises, sur une période d'autant plus longue que le traitement a été prolongé.

Certaines insomnies peuvent traduire une *dépression* masquée et justifier un traitement spécifique.

Ce médicament expose à un risque de chute nocturne chez la personne âgée ayant l'habitude de se lever la nuit.

Un réveil nocturne après la prise du médicament peut entraîner des troubles de la mémoire parfois angoissants.

Évitez les boissons alcoolisées : augmentation du risque de somnolence et de dépendance.

Conducteur : ce médicament peut être responsable d'une somnolence ou d'une baisse de la vigilance.

INTERACTIONS MÉDICAMENTEUSES

Ce médicament peut interagir avec d'autres médicaments, notamment les *sédatifs*. Signalez tout autre traitement en cours à votre médecin ou à votre pharmacien.

GROSSESSE, ALLAITEMENT ET NOUVEAU-NÉ

Grossesse et nouveau-né :

Par mesure de prudence, ce médicament est habituellement déconseillé pendant les 3 premiers mois de la grossesse. Toutefois, une grossesse survenant sous traitement ne justifie pas d'inquiétude particulière. Seul votre médecin peut apprécier le risque éventuel lié à l'utilisation de ce médicament dans votre cas.

Si le traitement est poursuivi jusqu'à l'accouchement, une surveillance médicale du *nouveau-né* est nécessaire.

Allaitement :

Ce médicament passe dans le lait maternel : l'allaitement est déconseillé.

MODE D'EMPLOI ET POSOLOGIE

Les capsules doivent être avalées avec un peu d'eau.

Posologie usuelle :

- Adulte : 1 capsule à 10 mg le soir au coucher.

Lorsque le traitement a été prolongé plusieurs semaines, l'arrêt devra être progressif.

Ce médicament vous a été prescrit dans une situation précise. Ne le conseillez pas à une autre personne.

Les somnifères ne sont pas la seule réponse aux troubles du sommeil. Une meilleure hygiène de vie, une consommation modérée d'excitants (y compris les boissons alcoolisées) permettent aussi de lutter efficacement contre les insomnies.

EFFETS INDÉSIRABLES POSSIBLES

Pertes de mémoire, somnolence pendant la journée particulièrement chez la personne âgée, ralentissement des idées ou, au contraire, excitabilité, irritabilité, confusion des idées, hallucinations.

Fatigue musculaire, éruption cutanée.

NORMOGASTRYL

PRÉSENTATION

NORMOGASTRYL : comprimé effervescent sécable (blanc) ; boîte de 40 - Non remb.

Laboratoires UPSA

COMPOSITION

	p. comp.
Bicarbonate de sodium	0,170 g
Sulfate de sodium anhydre	0,285 g
Hydrogénophosphate de sodium anhydre	0,195 g
dont sodium	0,411 g

INDICATIONS

Ce médicament appartient à la famille des *antiacides* d'action locale. Il agit en neutralisant les acides sécrétés par l'estomac.

Il est utilisé comme *traitement symptomatique* des douleurs, brûlures, aigreurs de l'estomac ou de l'œsophage.

> **ATTENTION**
>
> Des douleurs qui persistent peuvent être dues à une lésion du tube digestif : consultez votre médecin.
>
> Ce médicament contient du *sel* (sodium) en quantité notable.

INTERACTIONS MÉDICAMENTEUSES

Ce médicament peut interagir avec de nombreux autres médicaments en diminuant leur absorption : il convient de séparer les prises d'au moins 2 heures.

GROSSESSE, ALLAITEMENT ET NOUVEAU-NÉ

L'effet de ce médicament pendant la grossesse ou l'allaitement est mal connu. L'évaluation du risque éventuel lié à son utilisation est individuelle : demandez conseil à votre pharmacien ou à votre médecin.

MODE D'EMPLOI ET POSOLOGIE

Le comprimé doit être dissous dans un verre d'eau.

Posologie usuelle :

1 à 2 comprimés après les repas ou au moment des douleurs.

> Une alimentation équilibrée, une mastication lente et l'élimination des aliments difficiles à digérer permettent souvent d'améliorer, voire de faire disparaître, les douleurs d'estomac qui ne sont pas liées à un *ulcère*.
>
> Si vous êtes fumeur, la poursuite du tabagisme nuit à l'efficacité du traitement.

EFFETS INDÉSIRABLES POSSIBLES

Diarrhée à fortes doses.

NOROXINE 400

norfloxacine

PRÉSENTATION

NOROXINE 400 : comprimé sécable (blanc) ; boîte de 10 - Remb. 65 % - Liste I

Laboratoires M.S.D.-Chibret

COMPOSITION

	p. comp.
Norfloxacine	400 mg

INDICATIONS

Ce médicament est un *antibiotique* qui appartient à la famille des quinolones.

Il est utilisé dans le traitement des infections des *voies* urinaires et des infections génitales à *gonocoque*.

CONTRE-INDICATIONS

Ce médicament ne doit pas être utilisé dans les cas suivants :
- *allergie* aux *antibiotiques* de la famille des quinolones,
- enfant de moins de 15 ans,
- **grossesse,**
- **allaitement.**

> **ATTENTION**
>
> Des précautions sont nécessaires chez les personnes ayant des *antécédents* de *convulsions*.
>
> Ce médicament est photosensibilisant : une exposition aux rayons *ultraviolets* (soleil, lampe à bronzer) peut provoquer des réactions cutanées. N'omettez pas de signaler à votre médecin vos projets de vacances au soleil pendant la durée du traitement.
>
> Ce médicament peut provoquer des lésions des tendons : toute douleur faisant penser à une *tendinite* doit vous conduire à consulter un médecin.
>
> Conducteur : ce médicament peut être responsable de vertiges.

INTERACTIONS MÉDICAMENTEUSES

Ce médicament peut interagir avec d'autres médicaments, notamment avec les *anticoagulants* oraux, certains *pansements digestifs* (contenant des sels d'aluminium, de magnésium et de calcium), et les médicaments contenant du sucralfate. Signalez tout autre traitement en cours à votre médecin ou à votre pharmacien.

GROSSESSE, ALLAITEMENT ET NOUVEAU-NÉ

L'effet de ce médicament pendant la grossesse ou l'allaitement est mal connu. Par mesure de prudence, son usage est contre-indiqué.

MODE D'EMPLOI ET POSOLOGIE

Ce médicament doit être pris de préférence au cours d'un repas.

Posologie usuelle :

- Adulte et enfant de plus de 15 ans : 1 comprimé matin et soir.

> Le médecin prescrit parfois une analyse d'urine pour identifier le *germe* responsable de l'infection et tester sa sensibilité aux *antibiotiques*. Le résultat de cet examen peut être faussé en cas d'automédication préalable : ne prenez pas d'antibiotiques sans avis médical.
>
> Évitez d'absorber des quantités importantes de café : ce médicament peut en augmenter ou en prolonger les effets.

EFFETS INDÉSIRABLES POSSIBLES

Photosensibilisation.

Réactions allergiques.

Troubles digestifs, tendinite.

Maux de tête, étourdissements.

NORTUSSINE

PRÉSENTATION

NORTUSSINE ADULTE : sirop ; flacon 125 ml - Remb. 35 %

NORTUSSINE ENFANT : sirop ; flacon 125 ml - Remb. 35 %

Laboratoires Norgan

COMPOSITION

	sirop Ad. p. c. à c.	sirop Enf. p. c. à c.
Dextrométhorphane bromhydrate	10 mg	5 mg
Mépyramine maléate	10 mg	5 mg
Guaïfénésine	50 mg	20 mg
Phényléphrine chlorhydrate	3,5 mg	
Saccharose	4 g	4 g

INDICATIONS

Ce médicament est une association de substances antitussives (dextrométhorphane), *antihistaminiques* (mépyramine), antiallergiques et décongestionnantes (phényléphrine).

Il est utilisé dans le *traitement symptomatique* des toux sèches irritatives et allergiques associées ou non à un larmoiement ou à une obstruction nasale.

CONTRE-INDICATIONS

Ce médicament ne doit pas être utilisé dans les cas suivants :
- enfant de moins de 15 ans (sirop Adulte),
- enfant de moins de 30 mois (sirop Enfant),
- *insuffisance respiratoire* grave,
- *asthme*,
- *glaucome* à angle fermé,
- risque de rétention des urines (*adénome de la prostate*...),
- en association avec les *antidépresseurs* de type *IMAO* non sélectifs.

> **ATTENTION**
>
> Ce médicament n'est pas adapté au traitement de la toux grasse, qui est un mécanisme de défense normal de l'organisme permettant l'évacuation des mucosités présentes dans les bronches.
>
> La toux est un *symptôme* qui peut révéler de nombreuses maladies : consultez votre médecin si elle persiste plus de quelques jours.
>
> Si vous souffrez d'une *insuffisance hépatique*, consultez votre médecin afin qu'il vous indique la *posologie* correcte.
>
> Ce médiament contient du *sucre* (saccharose) en quantité notable.
>
> Évitez les boissons alcoolisées : augmentation du risque de somnolence.
>
> Conducteur : ce médicament peut être responsable d'une somnolence ou d'une baisse de la vigilance.

INTERACTIONS MÉDICAMENTEUSES

Ce médicament ne doit pas être associé aux *antidépresseurs* de type *IMAO* (MARSILID, NIAMIDE...) : risque d'élévation de la température, d'agitation, de chute brutale de la tension artérielle.

GROSSESSE, ALLAITEMENT ET NOUVEAU-NÉ

Grossesse :

Compte tenu de la présence de dextrométhorphane, n'utilisez pas ce médicament pendant la grossesse sans prendre l'avis de votre pharmacien ou de votre médecin.

Allaitement :

Les données actuellement disponibles ne permettent pas de savoir si ce médicament passe dans le lait maternel. Par mesure de prudence, il est déconseillé pendant l'allaitement.

MODE D'EMPLOI ET POSOLOGIE

Ce médicament peut être absorbé indifféremment au cours ou en dehors des repas, en plusieurs prises dans la journée.

Posologie usuelle :

- Adulte : 1 ou 2 cuillères à café de sirop Adulte, 3 fois par jour.
- Enfant de plus de 5 ans : 2 cuillères à café de sirop Enfant, 1 à 3 fois par jour.
- Enfant de 30 mois à 5 ans : 1 cuillère à café de sirop Enfant, 1 à 3 fois par jour.

La poursuite du tabagisme nuit à l'efficacité du traitement.

Des mesures simples permettent de calmer les toux sèches : boissons chaudes et humidification de l'air ambiant.

EFFETS INDÉSIRABLES POSSIBLES

Constipation, somnolence, nausées, vomissements, sensation de vertige, rare *allergie* cutanée, spasme des bronches.

Effets *atropiniques*.

NOSTRIL
chlorhexidine, cétrimonium

PRÉSENTATION

NOSTRIL : solution nasale ; flacon pulvérisateur 10 ml - Non remb.

Laboratoires Boehringer Ingelheim France

COMPOSITION

	p. fl.
Chlorhexidine gluconate	0,5 mg
Cétrimonium bromure	0,2 mg

INDICATIONS

Cette solution nasale contient deux *antiseptiques*.

Elle est utilisée dans le *traitement d'appoint* des *rhinites* et des *rhino-pharyngites*.

ATTENTION

Si votre état ne s'améliore pas après quelques jours de traitement, consultez votre médecin.

L'usage prolongé de ce médicament n'est pas souhaitable : il peut modifier l'équilibre microbien du nez ou de la gorge.

GROSSESSE, ALLAITEMENT ET NOUVEAU-NÉ

L'effet de ce médicament pendant la grossesse ou l'allaitement est mal connu. L'évaluation du risque éventuel lié à son utilisation est individuelle : demandez conseil à votre pharmacien ou à votre médecin.

MODE D'EMPLOI ET POSOLOGIE

La durée du traitement ne doit pas dépasser 10 jours.

Les pulvérisations sont faites au cours d'une brève inspiration après un mouchage soigneux.

Posologie usuelle :

2 à 6 pulvérisations par jour, dans chaque narine.

Tous les *antiseptiques* peuvent être contaminés par des *germes* : ne les conservez pas inutilement après une première utilisation.

EFFETS INDÉSIRABLES POSSIBLES

Réactions allergiques.

NOVACÉTOL
aspirine, paracétamol, codéine

PRÉSENTATION

NOVACÉTOL : comprimé (blanc) ; boîte de 30 - Non remb.

Laboratoires Pharmastra

COMPOSITION

	p. comp.
Acide acétylsalicylique (aspirine)	300 mg
Paracétamol	250 mg
Codéine	9 mg

INDICATIONS

Ce médicament, *antalgique* et *antipyrétique*, contient de l'aspirine et du paracétamol, qui empêchent la transmission de la douleur, et de la codéine, qui agit directement sur le cerveau.

Il est utilisé dans le *traitement symptomatique* de la douleur ou de la fièvre.

CONTRE-INDICATIONS

Ce médicament ne doit pas être utilisé dans les cas suivants :
- enfant de moins de 15 ans,
- *allergie* aux *salicylés* ou aux *AINS*,
- *ulcère* de l'estomac ou du *duodénum*,
- *hémorragie* et risque hémorragique,
- maladies graves du foie,
- **grossesse** : pendant les 3 derniers mois, ou en prise prolongée à toute période de la grossesse.

ATTENTION

Un avis médical est préférable en cas d'*antécédent* d'*ulcère* de l'estomac ou du *duodénum*, même ancien, d'*asthme*, d'*insuffisance respiratoire* ou d'*insuffisance rénale*.

Ce médicament est déconseillé chez les personnes atteintes de *goutte*.

Évitez de prendre ce médicament pendant la semaine qui précède une extraction dentaire, une opération, ou pendant des règles abondantes : augmentation du risque d'*hémorragie*.

Évitez les boissons alcoolisées : augmentation du risque de somnolence.

Conducteur : ce médicament peut être responsable d'une somnolence ou d'une baisse de la vigilance.

INTERACTIONS MÉDICAMENTEUSES

Ce médicament contient de l'aspirine : les personnes traitées par des médicaments anticancéreux contenant du méthotrexate ne doivent pas l'utiliser.

Il peut interagir avec d'autres médicaments, notamment les *anticoagulants* et les *antiagrégants plaquettaires* (TICLID...) : augmentation du risque hémorragique. Signalez tout autre traitement en cours à votre médecin ou à votre pharmacien.

GROSSESSE, ALLAITEMENT ET NOUVEAU-NÉ

Grossesse :

L'usage de ce médicament est déconseillé au cours des 3 premiers mois de la grossesse (codéine) ; un usage ponctuel est possible pendant le 2e trimestre ; il est contre-indiqué pendant les 3 derniers mois (aspirine).

Allaitement :

Ce médicament passe dans le lait maternel : il est déconseillé pendant l'allaitement.

MODE D'EMPLOI ET POSOLOGIE

Les comprimés doivent être avalés avec un verre d'eau.

Respectez un intervalle d'au moins 4 heures entre 2 prises.

Posologie usuelle :

- Adulte : 1 ou 2 comprimés, 1 à 3 fois par jour.

De nombreux médicaments contiennent de l'aspirine, du paracétamol ou de la codéine : en tenir compte en cas de prise conjointe (risque de surdosage).

EFFETS INDÉSIRABLES POSSIBLES

Liés à l'aspirine :
- *gastrite*, douleurs abdominales, saignements du nez ou des gencives ;
- rares et parfois graves : *hémorragie* du tube digestif (vomissements sanglants, selles noires, ou plus souvent pertes de sang imperceptibles, responsables de l'apparition progressive d'une *anémie*) ; accidents allergiques (*urticaire*, *œdème*, *asthme*) ;
- signes devant faire penser à un surdosage : bourdonnements d'oreille, sensation de baisse de l'audition, maux de tête.

Liés au paracétamol : très rares réactions allergiques.

NOVALGINE
noramidopyrine

PRÉSENTATION

NOVALGINE : comprimé sécable (blanc) ; boîte de 20 - Non remb. - Liste I

Laboratoires Hoechst

COMPOSITION

	p. comp.
Noramidopyrine méthane sulfonate sodique	500 mg

INDICATIONS

Ce médicament est un *antalgique* puissant.

Il est utilisé dans le *traitement symptomatique* de la douleur qui résiste aux autres antalgiques.

CONTRE-INDICATIONS

Ce médicament ne doit pas être utilisé dans les cas suivants :
- *allergie* à la noramidopyrine, à l'amidopyrine ou à l'aspirine ;
- *antécédents* d'*agranulocytose* ;
- déficit en *G6PD* ;
- *porphyries* ;
- enfant de moins de 15 ans.

ATTENTION

La prise de ce médicament expose à un risque très rare mais grave, l'*agranulocytose* (disparition des *globules blancs* du sang). Elle peut se manifester par une fièvre élevée, une angine, des aphtes. L'une de ces manifestations impose l'arrêt immédiat du traitement et des analyses de sang : prévenez d'urgence votre médecin.

Ce médicament vous a été prescrit dans une situation précise : ne le conseillez pas à une autre personne. Ses effets indésirables sur le sang sont imprévisibles et peuvent survenir après la prise d'un seul comprimé.

GROSSESSE, ALLAITEMENT ET NOUVEAU-NÉ

L'effet de ce médicament pendant la grossesse ou l'allaitement est mal connu : seul votre médecin peut évaluer le risque éventuel de son utilisation dans votre cas.

MODE D'EMPLOI ET POSOLOGIE

Les comprimés doivent être avalés avec un verre d'eau.

Posologie usuelle :
- Adulte : jusqu'à 6 comprimés par jour selon l'intensité de la douleur.

Une éventuelle coloration rouge des urines est normale et traduit l'élimination du médicament.

EFFETS INDÉSIRABLES POSSIBLES

Parfois : réactions allergiques.

Exceptionnellement : *agranulocytose*.

Calendrier de vaccination : voir Annexes

NOVALUX

PRÉSENTATION

NOVALUX : collyre ; flacon 10 ml - Non remb.

Laboratoires Lederle

COMPOSITION

	p. 100 ml
Phényléphrine chlorhydrate	0,05 g
Acide borique	1,5 g
Borate de sodium	0,2 g
Esculoside	0,1 g
Chlorobutanol	0,12 g

INDICATIONS

C'est un collyre décongestionnant qui contient notamment un *vasoconstricteur* (phényléphrine) et des *antiseptiques*.

Il est utilisé pour traiter les *conjonctivites* non infectieuses, notamment les irritations dues à des corps étrangers, à des gaz irritants, à des poussières ou à une lumière excessive.

CONTRE-INDICATIONS

Ce médicament ne doit pas être utilisé dans les cas suivants :
- *glaucome* à angle fermé,
- enfant de moins de 3 ans.

ATTENTION

Une rougeur ou une douleur de l'œil ne correspondent pas toujours à une *conjonctivite*. Des soins urgents peuvent être nécessaires, notamment en cas de vision floue.

Ce collyre peut provoquer un *glaucome* aigu par fermeture de l'angle chez les personnes prédisposées : œil rouge, dur, douloureux, et flou de la vision. Une consultation d'urgence dans un service spécialisé est alors nécessaire.

Du fait de la présence d'un *vasoconstricteur*, les instillations répétées doivent être évitées chez les personnes souffrant d'*angine de poitrine* ou d'*hypertension artérielle*.

Des instillations répétées peuvent provoquer une sensibilité anormale à la lumière, gênante en cas de conduite automobile.

INTERACTIONS MÉDICAMENTEUSES

Ce médicament peut interagir avec d'autres médicaments, notamment les *antidépresseurs* de la famille des *IMAO* non sélectifs (MARSILID, NIAMIDE...). Signalez tout autre traitement en cours à votre médecin ou à votre pharmacien.

GROSSESSE, ALLAITEMENT ET NOUVEAU-NÉ

L'effet de ce médicament pendant la grossesse ou l'allaitement est mal connu. L'évaluation du risque éventuel lié à son utilisation est individuelle : demandez conseil à votre pharmacien ou à votre médecin.

MODE D'EMPLOI ET POSOLOGIE

Tirer la paupière vers le bas tout en regardant vers le haut et déposer une goutte de collyre entre la paupière et le globe oculaire (*cul-de-sac conjonctival*).

Posologie usuelle :
- Adulte et enfant de plus de 3 ans : 1 ou 2 gouttes, 3 fois par jour.

Les lentilles de contact ne doivent pas être portées en cas d'irritation oculaire ni réutilisées avant l'arrêt complet du traitement.

L'application correcte du produit peut nécessiter une aide, notamment chez une personne handicapée ou âgée.

Ne conservez pas ce collyre plus de 15 jours après une première utilisation. Il doit être conservé à l'abri de la chaleur et de la lumière.

EFFETS INDÉSIRABLES POSSIBLES

Glaucome aigu par fermeture de l'angle (voir ATTENTION).

Accélération du cœur, *palpitations* du fait du passage possible du *vasoconstricteur* dans le sang.

NOVAPAMYL
vérapamil

PRÉSENTATION

NOVAPAMYL L.P. 120 mg : comprimé sécable à *libération prolongée* (rose) ; boîte de 60 - Remb. 65 % - Liste I

NOVAPAMYL L.P. 240 mg : comprimé sécable à *libération prolongée* (vert clair) ; boîte de 30 - Remb. 65 % - Liste I

Laboratoires Novalis

COMPOSITION

	p. comp. L.P.	p. comp. L.P.
Vérapamil chlorhydrate	120 mg	240 mg

INDICATIONS

Ce médicament est un *vasodilatateur* qui appartient à la famille des *inhibiteurs calciques*.

Il est utilisé dans le *traitement de fond* de l'*hypertension artérielle*.

CONTRE-INDICATIONS

Ce médicament ne doit pas être utilisé dans les cas suivants :
- *bloc auriculo-ventriculaire* grave et certaines maladies de l'automatisme cardiaque,
- *insuffisance cardiaque* mal équilibrée malgré un traitement spécifique.

ATTENTION

Si vous souffrez d'*insuffisance cardiaque* ou d'*insuffisance hépatique*, signalez-le à votre médecin.

Des précautions sont nécessaires chez la personne âgée.

INTERACTIONS MÉDICAMENTEUSES

Ce médicament peut interagir avec d'autres médicaments, notamment les *anti-*

arythmiques. Signalez tout autre traitement en cours à votre médecin ou à votre pharmacien.

GROSSESSE, ALLAITEMENT ET NOUVEAU-NÉ

Grossesse :

Les études scientifiques disponibles n'ont pas mis en évidence de problème particulier lors de l'utilisation chez la femme enceinte.

Allaitement :

Les données actuellement disponibles ne permettent pas de savoir si ce médicament passe dans le lait maternel. L'allaitement est déconseillé pendant le traitement.

MODE D'EMPLOI ET POSOLOGIE

Les comprimés doivent être avalés avec un peu d'eau.

Posologie usuelle :

1 comprimé à 240 mg ou 2 comprimés à 120 mg le matin.

Le traitement médicamenteux ne dispense pas des mesures simples pouvant faire baisser la tension artérielle : activité physique régulière, modération de la consommation de boissons alcoolisées, lutte contre le surpoids.

EFFETS INDÉSIRABLES POSSIBLES

Troubles digestifs : constipation essentiellement.

Baisse de la tension artérielle, ralentissement important du cœur, *bloc auriculo-ventriculaire*, *insuffisance cardiaque*.

NOVAZAM

diazépam

PRÉSENTATION

NOVAZAM 10 mg : comprimé quadrisécable (blanc) ; boîte de 30 - Remb. 65 % - Liste I

Laboratoires Génévrier

COMPOSITION

	p. comp.
Diazépam	10 mg

INDICATIONS

C'est un *tranquillisant* de la famille des *benzodiazépines*.

Il est utilisé dans le traitement de l'anxiété lorsque celle-ci s'accompagne de troubles gênants.

CONTRE-INDICATIONS

Ce médicament ne doit pas être utilisé en cas d'*insuffisance respiratoire* grave.

ATTENTION

Des précautions sont nécessaires en cas de *myasthénie*, d'*insuffisance hépatique* ou d'*insuffisance respiratoire*.

Utilisé seul, ce médicament n'est pas adapté au traitement des *états dépressifs*.

Une prise prolongée ou des doses importantes de ce médicament, son association à des *sédatifs* ou à des boissons alcoolisées favorisent une *dépendance*. Respectez la *posologie* et la durée de traitement prescrites par votre médecin.

L'arrêt brutal de ce médicament expose à un *syndrome de sevrage* : réapparition de l'anxiété, agitation, irritabilité, insomnie, maux de tête, douleurs musculaires, tremblements, hallucinations. Il faut donc s'entourer de conseils médicaux pour diminuer progressivement les doses et espacer les prises, sur une période d'autant plus longue que le traitement a été prolongé.

Évitez les boissons alcoolisées : augmentation du risque de somnolence et de dépendance.

Conducteur : ce médicament peut être responsable d'une somnolence ou d'une baisse de la vigilance.

INTERACTIONS MÉDICAMENTEUSES

Ce médicament peut interagir avec d'autres médicaments, notamment ceux contenant de la cimétidine (TAGAMET...) ou de la phénytoïne (DI-HYDAN...) et avec les *sédatifs*. Signalez tout autre traitement en cours à votre médecin ou à votre pharmacien.

GROSSESSE, ALLAITEMENT ET NOUVEAU-NÉ

Grossesse et nouveau-né :

Par mesure de prudence, ce médicament est habituellement déconseillé pendant les 3 premiers mois de la grossesse. Toutefois, une grossesse survenant sous traitement ne justifie pas d'inquiétude particulière. Seul votre médecin peut apprécier le risque éventuel lié à l'utilisation de ce médicament dans votre cas.

Si le traitement est poursuivi jusqu'à l'accouchement, une surveillance médicale du *nouveau-né* est nécessaire.

Allaitement :

Ce médicament passe dans le lait maternel : l'allaitement est déconseillé.

MODE D'EMPLOI ET POSOLOGIE

Les comprimés doivent être avalés avec un peu d'eau.

Posologie usuelle :

Elle est strictement individuelle. Chez l'enfant, le traitement doit être de courte durée.

Ce médicament vous a été prescrit dans une situation précise : ne le conseillez pas à une autre personne.

L'effet de ce médicament peut persister plus de 24 heures après sa prise.

Les *tranquillisants* ne sont pas la seule réponse à l'anxiété : une meilleure hygiène de vie, une consommation modérée d'excitants (y compris les boissons alcoolisées) permettent aussi de lutter efficacement contre l'excès de stress.

EFFETS INDÉSIRABLES POSSIBLES

Trous de mémoire, sensation d'ivresse, somnolence en particulier chez la personne âgée, ralentissement des idées, ou, au contraire, excitation, irritabilité, idées confuses, hallucinations, fatigue, éruption cutanée.

NOVITAN

procaïne, hématoporphyrine

PRÉSENTATION

NOVITAN : gélule (rose) ; boîte de 30 - Non remb.

Laboratoires Deglaude

COMPOSITION

	p. gél.
Procaïne chlorhydrate	25 mg
Hématoporphyrine base	0,1 mg

INDICATIONS

Ce médicament contient de la procaïne.

Il est destiné au *traitement d'appoint* de certaines fatigues (*asthénie fonctionnelle*), des troubles de la concentration...

CONTRE-INDICATIONS

Ce médicament ne doit pas être utilisé dans les cas suivants :
- *allergie* à la procaïne,
- en association avec les *antibiotiques* de la famille des *sulfamides*.

ATTENTION

Une fatigue persistante ne doit pas vous conduire à augmenter les prises de ce médicament : consultez votre médecin.

INTERACTIONS MÉDICAMENTEUSES

Ce médicament ne doit pas être associé avec certains médicaments, notamment avec les *antibiotiques* de la famille des *sulfamides* : signalez tout autre traitement en cours à votre pharmacien ou à votre médecin.

GROSSESSE, ALLAITEMENT ET NOUVEAU-NÉ

L'effet de ce médicament pendant la grossesse ou l'allaitement est mal connu. L'évaluation du risque éventuel lié à son utilisation est individuelle : demandez conseil à votre pharmacien ou à votre médecin.

MODE D'EMPLOI ET POSOLOGIE

Les gélules doivent être avalées avec un peu d'eau, au moment des repas.

Posologie usuelle :

1 gélule au petit déjeuner et au déjeuner.

EFFETS INDÉSIRABLES POSSIBLES

Allergie.

Un médicament périmé peut être dangereux. Faites régulièrement le tri dans votre armoire à pharmacie.

NOVOBÉDOUZE dix mille
hydroxocobalamine

PRÉSENTATION

NOVOBÉDOUZE DIX MILLE : solution injectable *I.M.* ; boîte de 4 ampoules 2 ml - Remb. 35 %

Laboratoires Bouchara

COMPOSITION

	p. amp.
Hydroxocobalamine	10 000 µg

INDICATIONS

Ce médicament contient une substance apparentée à la *vitamine* B12, substance indispensable au *métabolisme*.

Il est utilisé par *voie* injectable dans le traitement de certaines *névralgies*.

CONTRE-INDICATIONS

Ce médicament ne doit pas être utilisé en cas d'*allergie* à la *vitamine* B12 et aux substances apparentées.

ATTENTION

Un *choc anaphylactique* peut survenir lors de l'administration par *voie* injectable de ce médicament : il est déconseillé chez les personnes ayant des *antécédents* d'*asthme* ou d'*eczéma*.

GROSSESSE, ALLAITEMENT ET NOUVEAU-NÉ

L'effet de ce médicament pendant la grossesse ou l'allaitement est mal connu : seul votre médecin peut évaluer le risque éventuel de son utilisation dans votre cas.

MODE D'EMPLOI ET POSOLOGIE

Ce médicament doit être injecté par *voie* intramusculaire.

Posologie usuelle :

1 ampoule par jour ou 1 ampoule, 1 jour sur 2.

Sous traitement, la coloration rouge des urines est normale : elle est liée à l'élimination de la *vitamine* B12.

EFFETS INDÉSIRABLES POSSIBLES

Douleur au point d'injection, *acné*, *allergie* (démangeaison, rougeur, *urticaire*).

Choc anaphylactique (voir ATTENTION).

NOVODIL
cyclandélate

PRÉSENTATION

NOVODIL : gélule (bleu clair et bleu foncé) ; boîte de 50 - Remb. 35 %

Laboratoires Augot

COMPOSITION

	p. gél.
Cyclandélate	400 mg

INDICATIONS

C'est un médicament qui lutte contre les spasmes des artères.

Il est utilisé dans le traitement des troubles du comportement et de la mémoire liés au vieillissement.

ATTENTION

Chez une personne âgée, des troubles attribués au vieillissement peuvent être dus à une *dépression* ; ils nécessitent alors un traitement spécifique.

MODE D'EMPLOI ET POSOLOGIE

Les gélules peuvent être prises au moment des repas.

Posologie usuelle :

2 gélules matin et soir.

EFFETS INDÉSIRABLES POSSIBLES

Troubles digestifs mineurs.

Allergie cutanée.

NOVOPTINE
cétylpyridinium

PRÉSENTATION

NOVOPTINE : collyre ; flacon 10 ml - Non remb.

Laboratoires Allergan France

COMPOSITION

	p. 10 ml
Cétylpyridinium chlorure	2,5 mg

INDICATIONS

Ce collyre contient un *antiseptique* de la famille des *ammoniums quaternaires*.

Il est utilisé comme *traitement d'appoint* antiseptique dans les affections de l'œil.

CONTRE-INDICATIONS

Ce médicament ne doit pas être utilisé en cas d'*allergie* aux *ammoniums quaternaires*.

ATTENTION

Une rougeur ou une douleur de l'œil ne correspondent pas toujours à une *conjonctivite*. Des soins urgents peuvent être nécessaires, notamment en cas de vision floue.

Ce traitement peut être insuffisant à lui seul pour guérir une infection de l'œil : ne l'utilisez pas plus de quelques jours sans avis médical.

INTERACTIONS MÉDICAMENTEUSES

Ce collyre est incompatible avec certains autres médicaments ophtalmiques. Signalez tout autre traitement en cours à votre médecin ou à votre pharmacien.

GROSSESSE, ALLAITEMENT ET NOUVEAU-NÉ

L'effet de ce médicament pendant la grossesse ou l'allaitement est mal connu. L'évaluation du risque éventuel lié à son utilisation est individuelle : demandez conseil à votre pharmacien ou à votre médecin.

MODE D'EMPLOI ET POSOLOGIE

Tirer la paupière inférieure vers le bas tout en regardant vers le haut et déposer une goutte de collyre entre la paupière et le globe oculaire (*cul-de-sac conjonctival*).

Posologie usuelle :

1 goutte, 3 ou 4 fois par jour.

Les lentilles de contact ne doivent pas être portées en cas d'irritation oculaire ni réutilisées avant l'arrêt complet du traitement.

L'application correcte du produit peut nécessiter une aide, notamment chez l'enfant ou la personne handicapée ou âgée.

Ne conservez pas ce collyre plus de 15 jours après une première utilisation.

EFFETS INDÉSIRABLES POSSIBLES

Irritation ou réaction allergique.

NOZINAN
lévomépromazine

PRÉSENTATION

NOZINAN faible 2 mg : comprimé (rose) ; boîte de 50 - Remb. 65 % - Liste I

NOZINAN 25 mg : comprimé sécable (blanc) ; boîte de 20 - Remb. 65 % - Liste I

NOZINAN 100 mg : comprimé sécable (blanc) ; boîte de 20 - Remb. 65 % - Liste I

NOZINAN : solution buvable 4 % ; flacon 30 ml (1 200 gouttes) - Remb. 65 % - Liste I

NOZINAN 25 mg/1 ml : solution injectable *I.M.* ; boîte de 5 ampoules 1 ml - Remb. 65 % - Liste I

Laboratoires Specia

COMPOSITION

	p. comp.	p. comp.	p. comp.
Lévomépromazine	2 mg	25 mg	100 mg

	p. gte	p. ml
Lévomépromazine	1 mg	25 mg

INDICATIONS

C'est un *neuroleptique* qui appartient à la famille chimique des phénothiazines.

Il est utilisé dans le traitement des troubles nerveux accompagnés de troubles de l'*humeur* et de l'anxiété (comprimé à 2 mg). Il est aussi utilisé pour traiter les douleurs intenses.

CONTRE-INDICATIONS

Ce médicament ne doit pas être utilisé dans les cas suivants :

- *allergie* aux phénothiazines,
- *glaucome* à angle fermé,
- *adénome de la prostate*,
- *antécédents* d'*agranulocytose* et de *porphyrie*,
- association à la lévodopa,
- *allergie* aux *sulfites* (forme injectable).

ATTENTION

La guérison peut nécessiter un traitement prolongé ; une amélioration survenant en début de traitement ne doit pas vous conduire à l'arrêter sans l'avis de votre médecin.

En cas de survenue d'une fièvre inexpliquée, suspendez la prise du médicament et alertez immédiatement votre médecin.

Des précautions sont nécessaires chez les personnes âgées et en cas d'*épilepsie*, de maladies cardiaques graves, d'*insuffisance rénale* ou d'*insuffisance hépatique*.

Évitez les boissons alcoolisées : augmentation du risque de somnolence.

Conducteur : ce médicament peut être responsable d'une somnolence ou d'une baisse de la vigilance.

INTERACTIONS MÉDICAMENTEUSES

Ce médicament ne doit pas être associé à ceux contenant de la lévodopa (LARODOPA, MODOPAR, SINEMET...) : risque d'annulation de leurs effets.

Il peut interagir avec d'autres médicaments, notamment les *antihypertenseurs*, l'atropine et ses dérivés, les *sédatifs* et certains pansements gastriques. Signalez tout autre traitement en cours à votre médecin ou à votre pharmacien.

GROSSESSE, ALLAITEMENT ET NOUVEAU-NÉ

Grossesse et nouveau-né :

Si une grossesse survient pendant le traitement, consultez votre médecin. Il appréciera le risque éventuel lié à l'utilisation de ce médicament dans votre cas.

Si le traitement est poursuivi jusqu'à l'accouchement, une surveillance médicale du *nouveau-né* est nécessaire.

Allaitement :

Les données actuellement disponibles ne permettent pas de savoir si ce médicament passe dans le lait maternel : l'allaitement est déconseillé.

MODE D'EMPLOI ET POSOLOGIE

La *posologie* est strictement individuelle.

En début de traitement, il est conseillé de rester allongé une heure après la prise du médicament.

Les ampoules injectables doivent être conservées à l'abri de la lumière.

EFFETS INDÉSIRABLES POSSIBLES

Somnolence.

Tremblements, raideur anormale, grimaces involontaires.

Baisse de la tension artérielle, bouche sèche, troubles de l'*accommodation*, rétention d'urine, constipation.

Arrêt des règles, augmentation du volume des seins, écoulement de lait, prise de poids.

Photosensibilisation, éruption cutanée.

Certains signes doivent faire penser à un surdosage : état amorphe, hébété, rigidité musculaire extrême.

NUCLÉVIT

PRÉSENTATION

NUCLÉVIT B12 : solution buvable ; boîte de 28 ampoules 3 ml - Non remb.

Laboratoires Synthélabo France

COMPOSITION

	p. amp.
Nucléotides pentosiques	200 mg
Fer	0,32 mg
Manganèse	0,31 mg
Cuivre	0,07 mg
Cyanocobalamine anhydre (vitamine B12)	10 µg
Saccharose	1,2 g
Alcool à 90°	0,21 ml

INDICATIONS

Ce médicament contient une association d'éléments minéraux (fer, manganèse, cuivre) et de la *vitamine* B12.

Il est utilisé dans le *traitement symptomatique* de certaines fatigues (*asthénies fonctionnelles*).

ATTENTION

Le fer est présent dans de nombreux médicaments dont certains sont disponibles en automédication : évitez de les associer.

Ce médicament contient du *sucre* (saccharose) et de l'*alcool* en quantité notable.

INTERACTIONS MÉDICAMENTEUSES

Ce médicament peut interagir avec d'autres médicaments, notamment les *antibiotiques* de la famille des *cyclines* : respectez un intervalle de 2 heures entre les prises de chacun de ces médicaments.

GROSSESSE, ALLAITEMENT ET NOUVEAU-NÉ

Ce médicament ne contient que des substances présumées sans danger pendant la grossesse ou l'allaitement. Néanmoins, ne l'utilisez pas de façon prolongée sans l'avis de votre pharmacien ou de votre médecin.

MODE D'EMPLOI ET POSOLOGIE

Le contenu de l'ampoule peut être avalé pur ou dilué dans un demi-verre d'eau.

Posologie usuelle :

- Adulte : 2 ampoules, matin et midi.
- Enfant : 1 ampoule, matin et midi.

La quantité de *vitamine* B12 et de fer contenue dans ce médicament est insuffisante pour traiter une *carence* vraie mais peut en masquer les signes.

Une fatigue persistante ne doit pas vous conduire à augmenter les prises de ce médicament : consultez votre médecin.

La coloration des selles en noir est normale sous traitement : elle est liée à la présence de fer.

Prendre un médicament à heure fixe limite les risques d'oubli

NUCTALON

estazolam

PRÉSENTATION

NUCTALON : comprimé sécable (jaune) ; boîte de 20 - Remb. 65 % - Liste I

Laboratoires Takeda

COMPOSITION

	p. comp.
Estazolam	2 mg

INDICATIONS

C'est un somnifère qui appartient à la famille des *benzodiazépines*.

Il est utilisé dans le traitement de l'insomnie.

CONTRE-INDICATIONS

Ce médicament ne doit pas être utilisé en cas d'*insuffisance respiratoire* grave.

ATTENTION

Des précautions sont à prendre en cas de *myasthénie*, d'*insuffisance rénale*, d'*insuffisance hépatique* ou d'*insuffisance respiratoire*.

Une prise prolongée ou des doses importantes de ce médicament, son association à des *sédatifs* ou à des boissons alcoolisées favorisent une *dépendance*. Respectez la *posologie* et la durée de traitement prescrites par votre médecin.

L'arrêt brutal de ce médicament expose à un *syndrome de sevrage* : réapparition de l'insomnie, anxiété, agitation, irritabilité, maux de tête, douleurs musculaires, tremblements, hallucinations. Il faut donc s'entourer de conseils médicaux pour diminuer progressivement les doses et espacer les prises, sur une période d'autant plus longue que le traitement a été prolongé.

Certaines insomnies peuvent traduire une *dépression* masquée et justifier un traitement spécifique.

Ce médicament expose à un risque de chute nocturne chez la personne âgée ayant l'habitude de se lever la nuit.

Un réveil nocturne après la prise du médicament peut entraîner des troubles de la mémoire parfois angoissants.

Évitez les boissons alcoolisées : augmentation du risque de somnolence et de dépendance.

Conducteur : ce médicament peut être responsable d'une somnolence ou d'une baisse de la vigilance.

INTERACTIONS MÉDICAMENTEUSES

Ce médicament peut interagir avec d'autres, notamment les *sédatifs*. Signalez tout autre traitement en cours à votre médecin ou à votre pharmacien.

GROSSESSE, ALLAITEMENT ET NOUVEAU-NÉ

Grossesse et nouveau-né :

Par mesure de prudence, ce médicament est habituellement déconseillé pendant les 3 premiers mois de la grossesse. Toutefois, une grossesse survenant sous traitement ne justifie pas d'inquiétude particulière. Seul votre médecin peut apprécier le risque éventuel lié à l'utilisation de ce médicament dans votre cas.

Si le traitement est poursuivi jusqu'à l'accouchement, une surveillance médicale du *nouveau-né* est nécessaire.

Allaitement :

Ce médicament passe dans le lait maternel : l'allaitement est déconseillé.

MODE D'EMPLOI ET POSOLOGIE

Les comprimés doivent être avalés avec un peu d'eau.

Posologie usuelle :

- Adulte : 1 comprimé le soir au coucher.

Lorsque le traitement a été prolongé plusieurs semaines, l'arrêt devra être progressif.

- Enfant : la posologie est individuelle et le traitement sera de courte durée.

> Ce médicament vous a été prescrit dans une situation précise. Ne le conseillez pas à une autre personne.
>
> Les somnifères ne sont pas la seule réponse aux troubles du sommeil. Une meilleure hygiène de vie, une consommation modérée d'excitants (y compris les boissons alcoolisées) permettent aussi de lutter efficacement contre les insomnies.

EFFETS INDÉSIRABLES POSSIBLES

Pertes de mémoire, somnolence pendant la journée particulièrement chez la personne âgée, ralentissement des idées ou, au contraire, excitabilité, irritabilité, confusion des idées, hallucinations.

Fatigue musculaire, éruption cutanée.

NUIDOR

phénobarbital, passiflore, aubépine

PRÉSENTATION

NUIDOR : comprimé (bleu) ; boîte de 40 - Non remb.

Laboratoires Sterling Midy

COMPOSITION

	p. comp.
Phénobarbital	17,6 mg
Passiflore, nébulisat hydroalcoolique	40 mg
Aubépine, nébulisat hydroalcoolique	40 mg

INDICATIONS

Ce médicament est une association de substances, qui contient notamment du phénobarbital de la famille des *barbituriques*.

Il est utilisé comme *sédatif* dans les formes légères d'anxiété ou d'insomnie.

CONTRE-INDICATIONS

Ce médicament ne doit pas être utilisé dans les cas suivants :

- *porphyrie*,
- *insuffisance respiratoire* grave,
- *allergie* aux *barbituriques*,
- enfant de moins de 15 ans.

> **ATTENTION**
>
> Évitez les boissons alcoolisées : augmentation du risque de somnolence.
>
> Conducteur : ce médicament peut être responsable d'une somnolence ou d'une baisse de la vigilance.

INTERACTIONS MÉDICAMENTEUSES

Ce médicament peut interagir avec de nombreux médicaments, notamment avec les *contraceptifs* oraux (pilule) : risque de contraception inefficace. Signalez tout autre traitement en cours à votre médecin ou à votre pharmacien.

GROSSESSE, ALLAITEMENT ET NOUVEAU-NÉ

Grossesse et nouveau-né :

Si une grossesse survient pendant le traitement, consultez votre médecin. Il appréciera le risque éventuel lié à l'utilisation de ce médicament dans votre cas.

Si le traitement est poursuivi jusqu'à l'accouchement, une surveillance médicale du *nouveau-né* est nécessaire.

Allaitement :

Ce médicament passe dans le lait maternel : il est déconseillé pendant l'allaitement.

MODE D'EMPLOI ET POSOLOGIE

Les comprimés doivent être avalés avec un peu d'eau.

Posologie usuelle :

Anxiété : 1 comprimé, 2 ou 3 fois par jour, avant les repas.

Troubles du sommeil : 2 ou 3 comprimés par jour, en 1 prise, le soir.

EFFETS INDÉSIRABLES POSSIBLES

Dus au phénobarbital : somnolence, réaction cutanée, excitation chez l'enfant, confusion des idées chez la personne âgée.

NUJOL

paraffine liquide

PRÉSENTATION

NUJOL : huile buvable ; flacon 480 ml - Non remb.

Laboratoires Fumouze

COMPOSITION

	p. 100 ml
Paraffine liquide (huile de vaseline)	100 ml

INDICATIONS

C'est un *laxatif lubrifiant*. Il agit en ramollissant les selles et en facilitant leur progression dans l'intestin.

Ce médicament est utilisé comme *traitement symptomatique* de la constipation.

> **ATTENTION**
>
> Il peut réduire l'absorption de certaines *vitamines* (A, D, E, K) en cas d'utilisation prolongée.
>
> Les laxatifs ne doivent pas être utilisés de façon prolongée sans avis médical. Leur usage doit rester exceptionnel chez l'enfant.

GROSSESSE, ALLAITEMENT ET NOUVEAU-NÉ

Grossesse :

Ce médicament ne contient aucune substance connue pour être toxique pendant la grossesse ; néanmoins, il peut réduire l'absorption de certaines *vitamines* : son usage doit être ponctuel.

MODE D'EMPLOI ET POSOLOGIE

La prise peut avoir lieu sous forme d'assaisonnement : vinaigrette, mayonnaise.

Posologie usuelle :

- Adulte : 1 ou 2 cuillères à soupe par jour.
- Enfant de 5 à 15 ans : 2 ou 3 cuillères à café par jour.
- Enfant de 2 à 5 ans : 1 cuillère à café matin et soir.
- Enfant de moins de 2 ans : 1/2 cuillère à café le soir.

> Des mesures simples d'hygiène alimentaire et des exercices physiques sont à envisager avant d'utiliser un laxatif : parlez-en à votre médecin ou à votre pharmacien.

EFFETS INDÉSIRABLES POSSIBLES

Suintement anal.

NUROFEN 30 comprimés

ibuprofène

PRÉSENTATION

NUROFEN : comprimé (blanc) ; boîte de 30 - Remb. 65 % - Liste II

Laboratoires Boots Healthcare

COMPOSITION

	p. comp.
Ibuprofène	200 mg

INDICATIONS

Ce médicament est un *anti-inflammatoire* non stéroïdien (*AINS*). Il possède à faible dose des propriétés *antalgiques* et *antipyrétiques* proches de celles de l'aspirine. Ses propriétés anti-inflammatoires se manifestent à forte dose.

Ce médicament est utilisé dans le *traitement symptomatique* de la fièvre, des maux de tête, des douleurs dentaires, des douleurs diverses, en particulier rhumatismales et des règles douloureuses.

CONTRE-INDICATIONS

Ce médicament ne doit pas être utilisé dans les cas suivants :

- *antécédent* d'*allergie* à l'aspirine ou aux *anti-inflammatoires* non stéroïdiens (*AINS*),
- *ulcère* de l'estomac ou du *duodénum*,
- *insuffisance hépatique* grave,
- *insuffisance rénale* grave,
- 3 derniers mois de la **grossesse**,
- enfant de moins de 15 ans.

ATTENTION

Tout traitement prolongé ou surdosage d'*AINS* expose à des effets indésirables graves.

Des précautions sont nécessaires en cas d'*antécédents d'ulcère* de l'estomac ou du *duodénum*, de risque hémorragique, de troubles de la vue, de *lupus érythémateux* disséminé, et chez la femme qui porte un stérilet.

Conducteur : ce médicament peut provoquer parfois des étourdissements.

INTERACTIONS MÉDICAMENTEUSES

Ce médicament peut interagir avec d'autres médicaments, notamment :

- l'aspirine et les autres *anti-inflammatoires* non stéroïdiens, les *anticoagulants* et les *antiagrégants plaquettaires* (TICLID...) : augmentation du risque hémorragique ;
- le *lithium* (TÉRALITHE, NEUROLITHIUM...) : augmentation du taux de lithium dans le sang.

Signalez tout autre traitement en cours à votre médecin ou à votre pharmacien.

GROSSESSE, ALLAITEMENT ET NOUVEAU-NÉ

Grossesse :

Des effets néfastes graves pour la mère et l'enfant ont été mis en évidence lorsque ce médicament, comme tous les *AINS*, est utilisé au cours des 3 derniers mois de la grossesse : son usage est formellement contre-indiqué pendant cette période.

Pendant les 6 premiers mois, l'effet de ce médicament est mal connu : seul votre médecin peut évaluer le risque éventuel de son utilisation dans votre cas.

Allaitement :

Ce médicament passe dans le lait maternel : par mesure de prudence, il est déconseillé pendant l'allaitement.

MODE D'EMPLOI ET POSOLOGIE

Afin de limiter la survenue de *troubles digestifs*, les comprimés peuvent être pris au cours des repas, accompagnés d'un grand verre d'eau. Toutefois, dans les douleurs aiguës, la prise à jeun assure un effet plus rapide.

Posologie usuelle :

- Adulte : 1 à 6 comprimés par jour, répartis en plusieurs prises espacées de 4 à 6 heures. Ne pas dépasser 6 comprimés par jour.

☛ Ne pas dépasser la *posologie* et la durée de traitement prescrites par votre médecin, afin de limiter les effets indésirables.

EFFETS INDÉSIRABLES POSSIBLES

Gastrite, douleurs abdominales.

Exceptionnels : *vertiges*, maux de tête.

Allergie cutanée : éruptions, démangeaisons, *œdème*.

Rares et parfois graves : *hémorragie* du tube digestif (vomissements sanglants, selles noires, ou plus souvent pertes de sang imperceptibles responsables de l'apparition progressive d'une *anémie*).

Asthme.

NUROFEN 20 comprimés

ibuprofène

PRÉSENTATION

NUROFEN : comprimé (blanc) ; boîte de 20 - Non remb.

Laboratoires Boots Healthcare

COMPOSITION

	p. comp.
Ibuprofène	200 mg

INDICATIONS

Ce médicament est un *anti-inflammatoire* non stéroïdien (*AINS*). Il possède à faible dose des propriétés *antalgiques* et *antipyrétiques* proches de celles de l'aspirine.

Ce médicament est utilisé dans le *traitement symptomatique* de la fièvre, des maux de tête, des douleurs dentaires, des douleurs diverses (musculaires, articulaires...) et des règles douloureuses.

La boîte de 20 comprimés, contrairement à celle de 30, peut être obtenue sans ordonnance mais n'est pas remboursée par la Sécurité sociale.

CONTRE-INDICATIONS

Ce médicament ne doit pas être utilisé dans les cas suivants :

- *antécédent d'allergie* à l'aspirine ou aux *anti-inflammatoires* non stéroïdiens (*AINS*),
- *ulcère* de l'estomac ou du *duodénum*,
- *insuffisance hépatique* grave,
- *insuffisance rénale* grave,
- 3 derniers mois de la **grossesse**,
- enfant de moins de 15 ans.

ATTENTION

Tout traitement prolongé ou surdosage d'*AINS* expose à des effets indésirables graves.

Des précautions sont nécessaires en cas d'*antécédents d'ulcère* de l'estomac ou du *duodénum*, de risque hémorragique, de port d'un stérilet, de troubles de la vue, de *lupus érythémateux* disséminé, et chez la femme qui porte un stérilet.

Conducteur : ce médicament peut provoquer parfois des étourdissements.

INTERACTIONS MÉDICAMENTEUSES

Ce médicament peut interagir avec d'autres médicaments, notamment :

- l'aspirine et les autres *anti-inflammatoires* non stéroïdiens, les *anticoagulants* et les *antiagrégants plaquettaires* (TICLID...) : augmentation du risque hémorragique ;
- le *lithium* (TÉRALITHE, NEUROLITHIUM...) : augmentation du taux du lithium dans le sang.

Signalez tout autre traitement en cours à votre médecin ou à votre pharmacien.

GROSSESSE, ALLAITEMENT ET NOUVEAU-NÉ

Grossesse :

Des effets néfastes pour la mère et l'enfant ont été mis en évidence lorsque ce médicament, comme tous les *AINS*, est utilisé au cours des 3 derniers mois de la grossesse : son usage est contre-indiqué pendant cette période.

Pendant les 6 premiers mois, l'effet de ce médicament est mal connu. L'évaluation du risque éventuel lié à son utilisation est individuelle : demandez conseil à votre pharmacien ou à votre médecin.

Allaitement :

Ce médicament passe dans le lait maternel : par mesure de prudence, il est déconseillé pendant l'allaitement.

MODE D'EMPLOI ET POSOLOGIE

Afin de limiter la survenue de *troubles digestifs*, les comprimés peuvent être pris au cours des repas, accompagnés d'un grand verre d'eau. Toutefois, dans les douleurs aiguës, la prise à jeun assure un effet plus rapide.

Posologie usuelle :

- Adulte : 1 à 6 comprimés par jour, répartis en plusieurs prises espacées de 4 à 6 heures. Ne pas dépasser 6 comprimés par jour.

☛ Respectez rigoureusement la *posologie* recommandée par votre pharmacien. Si les *symptômes* persistent malgré un traitement bien suivi, ne prolongez pas inutilement la prise du médicament et consultez votre médecin.

EFFETS INDÉSIRABLES POSSIBLES

Gastrite, douleurs abdominales.

Exceptionnels : *vertiges*, maux de tête.

Allergie cutanée : éruptions, démangeaisons, *œdème*.

Asthme.

Rares et parfois graves : *hémorragie* du tube digestif (vomissements sanglants, selles noires, ou plus souvent pertes de sang imperceptibles, responsables de l'apparition progressive d'une *anémie*).

NUROFEN Enfant Nourrisson

ibuprofène

PRÉSENTATION

NUROFEN Enfant Nourrisson : suspension buvable ; flacon 150 ml avec cuillère-mesure 2,5 ml et 5 ml - Remb. 65 % - Liste II

Laboratoires Boots Healthcare

COMPOSITION

	p. c. mes. 2,5 ml	p. c. mes. 5 ml
Ibuprofène	50 mg	100 mg
Saccharose	1,65 g	3,3 g
Sorbitol	175 mg	350 mg

INDICATIONS

Ce médicament est un *anti-inflammatoire* non stéroïdien (*AINS*). Il possède à faible dose des propriétés *antalgiques* et *antipyrétiques* proches de celles de l'aspirine.

Il est utilisé dans le *traitement symptomatique* :
- de la fièvre et des douleurs,
- de l'*arthrite* chronique.

CONTRE-INDICATIONS

Ce médicament ne doit pas être utilisé dans les cas suivants :
- *allergie* aux *AINS*, y compris l'aspirine ;
- *ulcère* de l'estomac ou du *duodénum* ;
- *insuffisance hépatique*, *insuffisance rénale* graves ;
- *lupus érythémateux* disséminé ;
- enfant de moins de 6 mois.

ATTENTION

Tout traitement prolongé ou surdosage d'*AINS* expose à des effets indésirables graves.

Des précautions sont nécessaires en cas de *gastrite*, de risque hémorragique, d'*asthme* ou de troubles de la vue.

Ce médicament contient du *sucre* (saccharose) et du sorbitol en quantité notable.

INTERACTIONS MÉDICAMENTEUSES

Ce médicament peut interagir avec d'autres médicaments, notamment :
- l'aspirine et les autres *anti-inflammatoires* non stéroïdiens : risque d'accroissement des effets indésirables ;
- les *anticoagulants* et les *antiagrégants plaquettaires* (TICLID...) : augmentation du risque hémorragique ;
- le *lithium* (TÉRALITHE, NEUROLITHIUM...) : augmentation du taux de lithium dans le sang.

Signalez tout autre traitement en cours à votre médecin ou à votre pharmacien.

MODE D'EMPLOI ET POSOLOGIE

Le flacon doit être agité avant utilisation. La cuillère jointe au flacon a une petite extrémité (petite cuillère-mesure de 2,5 ml) et une grande extrémité (grande cuillère-mesure de 5 ml).

Les prises doivent être espacées d'au moins 6 heures.

Posologie usuelle :

20 à 30 mg par kg et par jour, en 3 prises en moyenne, sans dépasser 30 mg par kg et par jour. Soit :
- Enfant de 12 à 15 ans : 2 ou 3 grandes cuillères-mesure, 3 ou 4 fois par jour.
- Enfant de 8 à 12 ans : 2 grandes cuillères-mesure, 3 ou 4 fois par jour.
- Enfant de 5 à 8 ans : 1 petite cuillère-mesure et 1 grande cuillère-mesure, 3 ou 4 fois par jour.
- Enfant de 1 à 5 ans : 1 grande cuillère-mesure, 3 ou 4 fois par jour.
- Enfant de 6 mois à 1 an : 1 petite cuillère-mesure, 3 ou 4 fois par jour.

☛ Ne pas dépasser la *posologie* et la durée de traitement prescrites par le médecin afin de limiter les effets indésirables.

EFFETS INDÉSIRABLES POSSIBLES

Gastrite, douleurs abdominales.

Allergie cutanée (éruptions, démangeaisons, *œdème*), *asthme*.

Exceptionnels : *vertiges*, maux de tête.

Rares mais parfois graves : *hémorragie* du tube digestif (vomissements sanglants, selles noires, ou le plus souvent pertes de sang imperceptibles, responsables de l'apparition progressive d'une *anémie*).

NUTRIGÈNE

PRÉSENTATION

NUTRIGÈNE : comprimé (jaune : 15 et bleu : 15) ; boîte de 30 - Remb. 35 %

NUTRIGÈNE : comprimé (jaune : 30 et bleu : 30) ; boîte de 60 - Remb. 35 %

Laboratoires Biostabilex-Urap

COMPOSITION

	p. comp. jaune	p. comp. bleu
Acide désoxyribonucléique (A.D.N.)	100 mg	
Alpha-tocophérol (vitamine E)	17,5 mg	
Thiamine chlorhydrate (vitamine B1)	7,5 mg	
Riboflavine (vitamine B2)	2,5 mg	
Pyridoxine phosphate (vitamine B6)	25 mg	
Nicotinamide (vitamine PP)	5 mg	
Panthétonate de calcium	15 mg	
Acide ribonucléique		15 mg
Saccharose	375 mg	260 mg

INDICATIONS

Ce médicament contient des *vitamines*, indispensables au *métabolisme*, et de l'A.D.N., constituant cellulaire.

Il est utilisé dans le *traitement d'appoint* des douleurs de l'*arthrose*.

CONTRE-INDICATIONS

Ce médicament ne doit pas être utilisé dans les cas suivants :
- intolérance à la *vitamine* B1,
- en association avec les médicaments contenant de la lévodopa seule.

ATTENTION

Ce médicament contient du *sucre* (saccharose) en quantité notable.

INTERACTIONS MÉDICAMENTEUSES

Ce médicament ne doit pas être associé aux médicaments contenant de la lévodopa seule (LARODOPA) : risque d'annulation des effets de la lévodopa par la *vitamine* B6.

GROSSESSE, ALLAITEMENT ET NOUVEAU-NÉ

Ce médicament ne contient que des substances présumées sans danger pendant la grossesse ou l'allaitement. Néanmoins, ne l'utilisez pas de façon prolongée sans l'avis de votre pharmacien ou de votre médecin.

MODE D'EMPLOI ET POSOLOGIE

Ce médicament est réservé à l'adulte.

Les comprimés doivent être avalés avec un verre d'eau, de préférence au milieu des repas.

Posologie usuelle :
- Adulte : 1 comprimé jaune et 1 comprimé bleu, 2 fois par jour.

O

OCTOFÈNE
clofoctol

PRÉSENTATION

OCTOFÈNE 100 : suppositoire ; boîte de 8 - Remb. 65 % - Liste II

OCTOFÈNE 200 : suppositoire ; boîte de 8 - Remb. 65 % - Liste II

OCTOFÈNE 750 : suppositoire ; boîte de 10 - Remb. 65 % - Liste II

Laboratoires Debat

COMPOSITION

	p. suppos. 100 mg	p. suppos. 200 mg	p. suppos. 750 mg
Clofoctol			

INDICATIONS

Ce médicament contient un antibactérien, actif sur certains des *germes* responsables des affections des *voies* respiratoires.

Il est utilisé dans le *traitement symptomatique* des infections des voies respiratoires.

CONTRE-INDICATIONS

Ce médicament ne doit pas être utilisé en cas de diarrhée.

GROSSESSE, ALLAITEMENT ET NOUVEAU-NÉ

L'effet de ce médicament pendant la grossesse ou l'allaitement est mal connu : seul votre médecin peut évaluer le risque éventuel de son utilisation dans votre cas.

MODE D'EMPLOI ET POSOLOGIE

Posologie usuelle :

- Adulte et enfant de plus de 8 ans : 2 suppositoires à 750 mg par jour.
- Enfant de 8 mois à 8 ans : 2 ou 3 suppositoires à 200 mg par jour.
- Enfant de moins de 8 mois : 2 ou 3 suppositoires à 100 mg par jour.

La durée du traitement est de 5 jours.

> Si les troubles persistent ou si une fièvre apparaît, consultez votre médecin.
> Pour une meilleure conservation, garder les suppositoires au frais.

OCUFEN
flurbiprofène

PRÉSENTATION

OCUFEN : collyre ; flacon 5 ml - Remb. 65 % - Liste II

OCUFEN UNIDOSE : collyre ; boîte de 5 flacons unidoses 0,4 ml - Non remb. - Liste II

OCUFEN UNIDOSE : collyre ; boîte de 20 flacons unidoses 0,4 ml - Non remb. - Liste II

Laboratoires Allergan France

COMPOSITION

	p. 100 ml	p. unidose
Flurbiprofène sel sodique	30 mg	0,12 mg

INDICATIONS

Ce collyre contient un *anti-inflammatoire* non stéroïdien (*AINS*). Il lutte contre l'*œdème* qui peut suivre une opération de la *cataracte*.

Il est exclusivement utilisé dans la prévention et le traitement des complications d'opérations de la cataracte.

CONTRE-INDICATIONS

Ce médicament ne doit pas être utilisé dans les cas suivants :

- *allergie* à l'aspirine ou aux *anti-inflammatoires* non stéroïdiens (*AINS*),
- **grossesse** (3 derniers mois),
- **allaitement.**

> **ATTENTION**
> Une irritation oculaire peut être due à une infection : en cas de doute, n'hésitez pas à consulter votre médecin. N'utilisez pas ce collyre de façon prolongée sans prendre un avis médical.
> Des précautions sont nécessaires en cas d'*allergie* à l'aspirine, ou chez les personnes souffrant d'un *ulcère* de l'estomac ou du *duodénum*.

GROSSESSE, ALLAITEMENT ET NOUVEAU-NÉ

Grossesse :

Des effets néfastes graves pour la mère et l'enfant à naître ont été mis en évidence lorsque les *AINS* sont utilisés au cours des 3 derniers mois de la grossesse : l'usage de ce collyre est formellement contre-indiqué pendant cette période.

Pendant les 6 premiers mois de la grossesse, l'effet de ce médicament est mal connu : seul votre médecin peut évaluer le risque éventuel de son utilisation dans votre cas.

Allaitement :

Ce médicament passe dans le lait maternel : par mesure de prudence, il est contre-indiqué pendant l'allaitement.

MODE D'EMPLOI ET POSOLOGIE

Tirer la paupière inférieure vers le bas tout en regardant vers le haut et déposer une goutte de collyre entre la paupière et le globe oculaire (*cul-de-sac conjonctival*).

Posologie usuelle :

1 goutte toutes les 30 minutes, en commençant 2 heures avant l'opération.

Après l'opération : 1 goutte toutes les 4 heures, pendant 1 à 2 semaines.

> L'application correcte du produit peut nécessiter une aide, notamment chez une personne handicapée ou âgée.
> Ne conservez pas ce collyre plus de 15 jours après une première utilisation.

EFFETS INDÉSIRABLES POSSIBLES

Irritation locale.

ODDIBIL
fumeterre

PRÉSENTATION

ODDIBIL 250 mg : comprimé (orange) ; boîte de 40 - Remb. 35 %

Laboratoires Théraplix

COMPOSITION

	p. comp.
Fumeterre, nébulisat	250 mg

INDICATIONS

Ce médicament, à base de plante, agit en augmentant la production de bile.

Il est utilisé dans le *traitement symptomatique* des digestions difficiles.

> **ATTENTION**
> Si vous souffrez d'obstruction des *voies biliaires* ou d'*insuffisance hépatique* grave, parlez-en à votre médecin ou à votre pharmacien.

GROSSESSE, ALLAITEMENT ET NOUVEAU-NÉ

Ce médicament ne contient aucune substance connue pour être toxique pendant la grossesse ou l'allaitement.

MODE D'EMPLOI ET POSOLOGIE

La posologie usuelle est de 4 comprimés, 1 avant chaque repas et 1 au coucher.

> Ce médicament doit être accompagné d'une alimentation appropriée : parlez-en à votre médecin ou à votre pharmacien.

ODRIK
trandolapril

PRÉSENTATION

ODRIK 0,5 mg : gélule (rouge et jaune) ; boîte de 28 - Remb. 65 % - Liste I

ODRIK 2 mg : gélule (rouge) ; boîte de 28 - Remb. 65 % - Liste I

Laboratoires Roussel

COMPOSITION

	p. gél.	p. gél.
Trandolapril	0,5 mg	2 mg

INDICATIONS

Ce médicament appartient à la famille des inhibiteurs de l'*enzyme* de conversion (IEC). L'enzyme de conversion est une substance naturellement présente dans l'organisme ; elle est responsable d'une contraction des artères qui augmente la tension artérielle et fatigue le cœur.

Il est utilisé dans le traitement de l'*hypertension artérielle*.

CONTRE-INDICATIONS

Ce médicament ne doit pas être utilisé en cas de **grossesse** ou d'**allaitement**.

ATTENTION

Si vous suivez un traitement par *diurétique* ou un régime sans *sel*, la baisse de la tension artérielle peut être importante lors des premières prises : un malaise ou des étourdissements peuvent survenir ; il est préférable de choisir une période de repos et de prendre garde au risque de chute.

Les *sels* de régime contiennent souvent du *potassium* ; ne les utilisez pas sans avis médical pendant le traitement.

Des précautions sont nécessaires chez la personne âgée et celle atteinte d'*insuffisance rénale*.

INTERACTIONS MÉDICAMENTEUSES

Ce médicament peut interagir avec d'autres médicaments, notamment ceux contenant du *lithium*, certains *diurétiques* et les *sels* de régime. Signalez tout autre traitement en cours à votre médecin ou à votre pharmacien.

GROSSESSE, ALLAITEMENT ET NOUVEAU-NÉ

Grossesse :

L'effet de ce médicament sur l'enfant à naître est mal connu. Quelques accidents ayant été rapportés, son usage pendant la grossesse est contre-indiqué.

Allaitement :

Les données actuellement disponibles ne permettent pas de savoir si ce médicament passe dans le lait maternel : l'allaitement est contre-indiqué.

MODE D'EMPLOI ET POSOLOGIE

Ce médicament peut être pris indifféremment au cours ou en dehors des repas.

Posologie usuelle :

- Adulte : 2 mg par jour, en 1 seule prise.

En cas d'*insuffisance rénale*, de traitement par des *diurétiques* ou de régime sans *sel*, la *posologie* initiale est faible ; elle est augmentée progressivement par le médecin en fonction des effets du médicament.

☛ Le traitement médicamenteux ne dispense pas des mesures simples pouvant faire baisser la tension artérielle : activité physique régulière, modération de la consommation de boissons alcoolisées, lutte contre le surpoids.

EFFETS INDÉSIRABLES POSSIBLES

Toux sèche, *vertiges*, maux de tête, nausées, fatigue, hypotension.

Rares réactions allergiques : œdème de *Quincke*, *allergie* cutanée.

ŒSTROGEL
estradiol

PRÉSENTATION

ŒSTROGEL : gel pour application locale ; tube 80 g avec réglette applicatrice (32 mesures) - Remb. 65 % - Liste II

ŒSTROGEL : gel pour application locale ; flacon doseur pressurisé 80 g (64 doses) - Non remb. - Liste II

Laboratoires Besins-Iscovesco

COMPOSITION

	p. mes.	p. dose
Estradiol	1,5 mg	0,75 mg

INDICATIONS

Ce gel contient une *hormone* de la famille des *estrogènes*, qui traverse la peau et passe progressivement dans le sang.

Il est utilisé chez la femme dans le traitement des *carences* en estrogènes, notamment lors de la *ménopause*.

CONTRE-INDICATIONS

Ce médicament ne doit pas être utilisé dans les cas suivants :
- certains cancers du sein ou de l'utérus ;
- *tumeur de l'hypophyse* ;
- *hémorragie* génitale de diagnostic non précisé ;
- certaines maladies rares (*connectivites*) ;
- *porphyries* ;
- *otospongiose* ;
- grossesse.

Dans d'autres situations, votre médecin est seul juge pour prescrire ce médicament, notamment en cas d'*antécédent* d'*accident thrombo-embolique*, d'affections bénignes du sein ou de l'utérus, d'ictère (jaunisse) chronique ou survenu lors d'une grossesse, d'excès de *prolactine*, d'*insuffisance rénale*...

ATTENTION

Une surveillance médicale est nécessaire avant et pendant le traitement. Cette surveillance sera renforcée chez la femme souffrant d'*épilepsie*, d'*asthme* ou ayant des *antécédents* familiaux de cancer du sein.

L'apparition d'un saignement entre les règles ou d'un écoulement de lait impose la consultation de votre médecin.

INTERACTIONS MÉDICAMENTEUSES

Ce médicament peut interagir avec d'autres médicaments. Signalez tout autre traitement en cours à votre médecin ou à votre pharmacien.

GROSSESSE, ALLAITEMENT ET NOUVEAU-NÉ

Grossesse :

Ce médicament est contre-indiqué pendant la grossesse.

MODE D'EMPLOI ET POSOLOGIE

Étaler le gel sur une grande surface de peau, sauf sur les seins.

Laisser sécher avant de remettre un vêtement. Ce gel ne tache pas.

Posologie usuelle :

Elle est strictement individuelle ; votre médecin l'adapte en fonction de l'efficacité du traitement.

☛ Chez la femme ménopausée, un *progestatif* est toujours associé aux *estrogènes* pour éviter une stimulation excessive de l'utérus ou des glandes mammaires. La réapparition de règles minimes est possible après chaque interruption de traitement.

Évitez le contact de la zone imprégnée avec la peau de votre partenaire.

Le tabac augmente le risque d'effets indésirables.

EFFETS INDÉSIRABLES POSSIBLES

Traduisant un surdosage : nausées, tension des seins, irritabilité, jambes lourdes.

Devant faire interrompre le traitement : jaunisse, apparition d'un *fibrome*, phlébite ou autre *accident thrombo-embolique*.

OFLOCET
olfoxacine

PRÉSENTATION

OFLOCET : comprimé sécable (blanc) ; boîte de 10 - Remb. 65 % - Liste I

Laboratoires Diamant

COMPOSITION

	p. comp.
Ofloxacine	200 mg

INDICATIONS

C'est un *antibiotique* qui appartient à la famille des quinolones.

Il est utilisé dans le traitement de diverses maladies infectieuses : certaines infections urinaires, génitales, des os et des articulations, et *ORL*.

CONTRE-INDICATIONS

Ce médicament ne doit pas être utilisé dans les cas suivants :
- enfant de moins de 15 ans,
- déficit en *G6PD*,
- *épilepsie*,
- *antécédent* de *tendinite* lors de l'utilisation d'une quinolone,
- **grossesse**,
- **allaitement**.

ATTENTION
Si vous souffrez d'une *insuffisance rénale*, signalez-le à votre médecin.
Ce médicament est photosensibilisant : une exposition aux rayons *ultraviolets* (soleil, lampe à bronzer) peut provoquer des réactions cutanées. N'omettez pas de signaler à votre médecin vos projets de vacances au soleil pendant la durée du traitement.
Ce médicament peut provoquer des lésions des tendons : toute douleur évoquant une *tendinite* doit vous conduire à consulter votre médecin.

INTERACTIONS MÉDICAMENTEUSES

Ce médicament peut interagir avec d'autres médicaments. Signalez tout autre traitement en cours à votre médecin ou à votre pharmacien.

GROSSESSE, ALLAITEMENT ET NOUVEAU-NÉ

Grossesse :
Quelques cas de malformations ont été constatés chez l'animal. En l'absence de données dans l'espèce humaine, ce médicament est contre-indiqué pendant la grossesse.

Allaitement :
Ce médicament passe dans le lait maternel : l'allaitement est contre-indiqué.

MODE D'EMPLOI ET POSOLOGIE

Ce médicament doit être pris avec un peu d'eau.

Posologie usuelle :
- Adulte : 1 comprimé matin et soir.

Le médecin peut prescrire un prélèvement pour identifier le *germe* responsable de l'infection et tester sa sensibilité aux *antibiotiques*. Le résultat de cet examen peut être faussé en cas d'automédication préalable : ne prenez pas d'antibiotique sans avis médical.
En cas d'infection génitale, votre partenaire peut être contaminé alors qu'il ne présente aucun *symptôme*. S'il n'est pas traité conjointement, une recontamination est possible.

EFFETS INDÉSIRABLES POSSIBLES

Photosensibilisation.
Réactions allergiques cutanées.
Douleurs musculaires ou articulaires, *tendinite*.
Maux de tête, *vertiges*, troubles de la vision.
Troubles digestifs.

OGAST
lansoprazole

PRÉSENTATION

OGAST : gélule *gastrorésistante* ; boîte de 15 - Remb. 65 % - Liste II

Laboratoires Takeda

COMPOSITION

	p. gél.
Lansoprazole	30 mg

INDICATIONS

C'est un antiulcéreux qui agit en diminuant la sécrétion acide de l'estomac indépendamment de la cause qui peut provoquer cette sécrétion.
Il est principalement utilisé pour le traitement des *ulcères* de l'estomac et du *duodénum*, les inflammations de l'œsophage dues au reflux des acides de l'estomac vers l'œsophage.

CONTRE-INDICATIONS

Ce médicament ne doit pas être utilisé pendant l'allaitement.

ATTENTION
La disparition des douleurs ne signifie pas que l'*ulcère* est cicatrisé : la durée du traitement doit être respectée.
Si vous souffrez d'*insuffisance hépatique*, prévenez votre médecin afin qu'il puisse adapter la *posologie*.

INTERACTIONS MÉDICAMENTEUSES

Ce médicament peut interagir avec d'autres médicaments, notamment certains *anticoagulants*, certains *anticonvulsivants* (phénytoïne), les *benzodiazépines* et les contraceptifs oraux. Signalez tout autre traitement en cours à votre médecin ou à votre pharmacien.
Si vous prenez des *pansements digestifs*, respectez un intervalle d'au moins 2 heures avec la prise de ce médicament.

GROSSESSE, ALLAITEMENT ET NOUVEAU-NÉ

Grossesse :
Ce médicament est récent : en l'absence de données suffisantes, il est déconseillé de l'utiliser pendant la grossesse et particulièrement pendant le premier trimestre.

Allaitement :
Ce médicament est récent : en l'absence de données, il est contre-indiqué chez la femme qui allaite.

MODE D'EMPLOI ET POSOLOGIE

Ce médicament doit être pris en dehors des repas, de préférence avec un grand verre d'eau.

Posologie usuelle :
- Adulte : 1 gélule par jour.

La durée du traitement est généralement de plusieurs semaines.

Ce médicament peut être pris à n'importe quel moment dans la journée.
Des mesures d'hygiène alimentaire sont à envisager : consultez votre médecin.
Si vous êtes fumeur, la poursuite du tabagisme nuit à l'efficacité du traitement.
L'aspirine, les *anti-inflammatoires* et les *corticoïdes* peuvent être agressifs pour l'estomac : n'en prenez pas sans l'avis de votre médecin.

EFFETS INDÉSIRABLES POSSIBLES

Parfois : diarrhée ou constipation, maux de tête.
Rarement : éruption cutanée.

OGYLINE
norgestriénone

PRÉSENTATION

OGYLINE : comprimé (blanc) ; boîte de 3 plaquettes de 28 - Non remb. - Liste I

Laboratoires Roussel

COMPOSITION

	p. comp.
Norgestriénone	0,35 mg

INDICATIONS

C'est un *contraceptif* oral. Il contient un *progestatif* seul (sans *estrogène* associé). Tous les comprimés ont une composition identique. Ce contraceptif est dit microdosé car il contient une très faible dose d'*hormone*.

CONTRE-INDICATIONS

Ce médicament ne doit pas être utilisé en cas de :
- maladie du foie grave ou récente,
- *insuffisance hépatique*,
- certains cancers du sein ou de l'utérus,
- en association avec les médicaments de la famille des *rétinoïdes*,
- **grossesse**.

ATTENTION
L'efficacité contraceptive des *progestatifs* microdosés n'est pas absolue. Il est d'autant plus important de veiller à la régularité de la prise.
En cas d'arrêt des règles pendant plus de deux cycles consécutifs, l'absence de grossesse doit être vérifiée avant de poursuivre la contraception.
En cas d'opération ou d'immobilisation pour une période prolongée, un autre mode de contraception est préférable.
Des précautions sont nécessaires en cas d'*antécédent* de jaunisse ou de démangeaisons survenues lors d'une grossesse.

INTERACTIONS MÉDICAMENTEUSES

Ce médicament ne doit pas être associé aux médicaments de la famille des *rétinoïdes* (ROACCUTANE, SORIATANE...) : risque de diminution de l'efficacité de la contraception.

L'efficacité de la pilule peut être diminuée par la prise de certains médicaments : les *barbituriques*, certains antiépileptiques (TÉGRÉTOL, DI-HYDAN...), les médicaments contenant de la rifampicine (RIMACTAN, RIFADINE...) ou de la griséofulvine (FULCINE, GRISÉFULINE...).

GROSSESSE, ALLAITEMENT ET NOUVEAU-NÉ

Grossesse :

Ce médicament est contre-indiqué pendant la grossesse.

Allaitement :

Ce médicament passe dans le lait maternel : il est déconseillé pendant l'allaitement.

MODE D'EMPLOI ET POSOLOGIE

Prendre régulièrement, et sans oubli, 1 comprimé par jour pendant 28 jours consécutifs, sans interruption entre 2 plaquettes. Cette pilule doit être impérativement prise chaque jour à la même heure. La contraception n'est pas assurée pendant la durée de la première plaquette : une contraception complémentaire est nécessaire (préservatif, diaphragme, spermicide...).

En cas de première contraception orale ou de reprise d'une contraception interrompue temporairement, prendre le premier comprimé le premier jour des règles.

En cas de changement de *contraceptif*, prendre le premier comprimé :
- après un arrêt de 7 jours, si le précédent contraceptif comportait 21 comprimés par plaquette ;
- après un arrêt de 6 jours, si le précédent contraceptif comportait 22 comprimés par plaquette ;
- sans interruption, si le précédent contraceptif comportait 28 comprimés par plaquette.

En cas de suite d'accouchement ou d'interruption de grossesse : suivre les indications du médecin.

> En cas d'oubli d'un comprimé :
> - retard de moins de 4 heures : prendre le comprimé oublié et continuer à l'heure habituelle ;
> - retard de plus de 4 heures : prendre le comprimé oublié et continuer à l'heure habituelle, mais la sécurité contraceptive n'est plus assurée et une méthode complémentaire doit être employée pour le cycle en cours (spermicide, préservatif, diaphragme...).
>
> En cas de vomissements ou de diarrhée survenant juste après la prise du comprimé (sans rapport ave la prise du *contraceptif*), prendre un autre comprimé. Si ces troubles durent plus de 4 heures, la sécurité contraceptive n'est plus assurée et une méthode complémentaire doit être employée pour le cycle en cours.

EFFETS INDÉSIRABLES POSSIBLES

Irrégularité des cycles en début de traitement.

Saignement entre les règles, *œdèmes* périodiques, douleur ou tension des seins.

En cas d'*antécédent* de jaunisse ou de démangeaisons au cours d'une grossesse : risque de récidive lors de la prise de ce *contraceptif*.

OLCAM
piroxicam

PRÉSENTATION

OLCAM 10 mg : gélule (bleu clair et rose) ; boîte de 30 - Remb. 65 % - Liste I

OLCAM 20 mg : gélule (rose) ; boîte de 15 - Remb. 65 % - Liste I

Laboratoires IREX

COMPOSITION

	p. gél. 10 mg	p. gél. 20 mg
Piroxicam	10 mg	20 mg

INDICATIONS

Ce médicament est un *anti-inflammatoire* non stéroïdien (*AINS*). Il lutte contre l'*inflammation* et la douleur, fait baisser la fièvre et fluidifie le sang.

Il est utilisé dans le *traitement symptomatique* :
- des *rhumatismes inflammatoires* ;
- des crises d'*arthrose* ;
- des *arthrites*, des *tendinites*, des entorses ;
- des *sciatiques*, des *cruralgies*.

CONTRE-INDICATIONS

Ce médicament ne doit pas être utilisé dans les cas suivants :
- *allergie* aux *AINS*, y compris l'aspirine ;
- *ulcère* de l'estomac ou du *duodénum* ;
- *insuffisance hépatique*, *insuffisance rénale* graves ;
- *inflammation* récente du rectum (suppositoire) ;
- enfant de moins de 15 ans ;
- **grossesse** (3 derniers mois) ;
- **allaitement.**

> **ATTENTION**
>
> Tout traitement prolongé ou surdosage d'*AINS* expose à des effets indésirables graves.
>
> Tout *symptôme* pouvant faire craindre une complication impose l'arrêt du traitement : *allergie* cutanée (rougeur, démangeaison, éruption...).
>
> Des précautions sont nécessaires en cas d'*antécédents* d'*ulcère* de l'estomac ou du *duodénum*, de risque hémorragique, et chez la femme qui porte un stérilet.
>
> Conducteur : ce médicament peut provoquer parfois des étourdissements.

INTERACTIONS MÉDICAMENTEUSES

Ce médicament peut interagir avec d'autres médicaments, notamment :
- l'aspirine et les autres *anti-inflammatoires* non stéroïdiens : risque d'accroissement des effets indésirables ;
- les *anticoagulants* et les *antiagrégants plaquettaires* (TICLID...) : augmentation du risque hémorragique ;
- le *lithium* (TÉRALITHE, NEUROLITHIUM...) : augmentation du taux de lithium dans le sang.

Signalez tout autre traitement en cours à votre médecin ou à votre pharmacien.

GROSSESSE, ALLAITEMENT ET NOUVEAU-NÉ

Grossesse :

Des effets néfastes graves pour la mère et l'enfant ont été mis en évidence lorsque ce médicament, comme tous les *AINS*, est utilisé au cours des 3 derniers mois de la grossesse : son usage est formellement contre-indiqué pendant cette période.

Pendant les 6 premiers mois, l'effet de ce médicament est mal connu : seul votre médecin peut évaluer le risque éventuel de son utilisation dans votre cas.

Allaitement :

Ce médicament passe dans le lait maternel : par mesure de prudence, il est contre-indiqué pendant l'allaitement.

MODE D'EMPLOI ET POSOLOGIE

Les gélules doivent être avalées avec un verre d'eau et prises de préférence au cours des repas.

Posologie usuelle :
- Adulte :
  - *Traitement d'attaque* : 40 mg par jour, en 1 ou plusieurs prises.
  - *Traitement d'entretien* : 1 gélule à 10 mg, 2 fois par jour, ou 1 gélule à 20 mg par jour.

> Afin de limiter le risque d'effets indésirables, ne dépassez pas la *posologie* et la durée de traitement prescrites par votre médecin.

EFFETS INDÉSIRABLES POSSIBLES

- Aphtes, *inflammation* de la bouche ou des gencives.
- *Troubles digestifs*, *gastrite*, voire *ulcère* de l'estomac ou du *duodénum*, le plus souvent lors d'un traitement prolongé ou à des doses supérieures à 30 mg par jour.
- Exceptionnellement : *hémorragie* du tube digestif (vomissements sanglants, selles noires, ou plus souvent pertes de sang imperceptibles, responsables de l'apparition progressive d'une *anémie*).
- Réactions allergiques cutanées, *asthme*.
- Étourdissement, maux de tête, bourdonnements d'oreille, somnolence.

OLÉOSORBATE
polysorbate 80

PRÉSENTATION

OLÉOSORBATE « 80 » : solution nasale, auriculaire et pour aérosol ; flacon 10 ml - Remb. 35 %

Laboratoires M.S.D.-Chibret

COMPOSITION

	p. 100 ml
Polysorbate 80	0,50 g

INDICATIONS

Ce médicament contient un solvant.

Il est utilisé dans le nez pour ramollir les croûtes dues à certaines *rhinites* ou dans les oreilles pour dissoudre les bouchons de cérumen.

CONTRE-INDICATIONS

Ce médicament ne doit pas être utilisé en cas de perforation du tympan.

MODE D'EMPLOI ET POSOLOGIE

Posologie usuelle :

Rhinite croûteuse : 5 ou 6 gouttes, 5 fois par jour dans chaque narine, suivies d'un lavage du nez avec du *sérum physiologique*.

Ce médicament peut également être utilisé en aérosol : 3 à 5 ml à chaque séance. Respectez le mode d'emploi de l'appareil (générateur d'aérosol disponible en pharmacie).

Bouchon de cérumen : une dizaine de gouttes, 3 ou 4 fois par jour pendant les 3 ou 4 jours précédant l'évacuation du bouchon.

OLIGOCURE
oligo-élément

PRÉSENTATION

OLIGOCURE : solution buvable ; flacon pressurisé doseur 60 ml (1 dose = 5 ml) - Non remb.

Laboratoires Labcatal

COMPOSITION

	p. dose
Manganèse	185 µg
Cuivre	210 µg
Or	30 µg

INDICATIONS

Ce médicament appartient à la famille des éléments minéraux traces (oligo-éléments). Il contient de très faibles quantités de manganèse, de cuivre et d'or.

Il est utilisé comme *modificateur de terrain* dans le traitement de la fatigue.

ATTENTION
Une fatigue persistante ne doit pas vous conduire à augmenter les prises de ce médicament ; consultez votre médecin.

GROSSESSE, ALLAITEMENT ET NOUVEAU-NÉ

Compte tenu de sa très faible concentration en minéraux, ce médicament peut être utilisé pendant la grossesse ou l'allaitement.

MODE D'EMPLOI ET POSOLOGIE

Ce médicament doit être pris le matin à jeun.

Posologie usuelle :

Traitement n'excédant pas 1 mois.
- Adulte : 1 dose par jour.
- Enfant : 1 dose tous les 2 jours.

OLIGODERM
gluconates de manganèse et de cuivre

PRÉSENTATION

OLIGODERM : solution pour application locale ; flacon pressurisé 60 ml - Non remb.

Laboratoires Labcatal

COMPOSITION

	p. fl.
Manganèse gluconate exprimé en manganèse	2,184 mg
Cuivre gluconate exprimé en cuivre	2,178 mg

INDICATIONS

Ce médicament d'usage local est une solution qui contient des oligo-éléments.

Il est utilisé dans le *traitement d'appoint* des crevasses du sein lors de l'allaitement.

GROSSESSE, ALLAITEMENT ET NOUVEAU-NÉ

Compte tenu de sa très faible concentration en minéraux, ce médicament peut être utilisé pendant la grossesse.

MODE D'EMPLOI ET POSOLOGIE

2 pulvérisations sur le sein après chaque tétée. Recouvrir le mamelon avec une compresse stérile. Laisser en place jusqu'à la tétée suivante. Poursuivre le traitement pendant 2 ou 3 jours.

OLIGOGRANUL COBALT
oligo-élément

PRÉSENTATION

OLIGOGRANUL COBALT : granule ; boîte de 2 tubes de 90 - Non remb.

Laboratoires Boiron

COMPOSITION

	p. granule
Cobalt	13,1 µg

INDICATIONS

C'est un médicament qui appartient à la famille des éléments minéraux traces (oligo-éléments). Il contient une très faible quantité de cobalt.

Il est utilisé comme *modificateur de terrain* dans les états migraineux.

ATTENTION
Si les maux de tête persistent, des examens peuvent être nécessaires : consultez votre médecin.

GROSSESSE, ALLAITEMENT ET NOUVEAU-NÉ

Compte tenu de sa très faible teneur en minéraux, ce médicament peut être utilisé chez la femme enceinte, ou chez celle qui allaite.

MODE D'EMPLOI ET POSOLOGIE

Ce médicament doit être pris le matin à jeun ou loin des repas. Laisser fondre les granules sous la langue.

Posologie usuelle :
- Adulte et enfant : 5 granules, 1 à 2 fois par jour.

La durée du traitement ne doit pas dépasser 1 mois sans l'avis de votre pharmacien ou de votre médecin.

OLIGOGRANUL CUIVRE
oligo-élément

PRÉSENTATION

OLIGOGRANUL CUIVRE : granule ; boîte de 2 tubes de 90 - Non remb.

Laboratoires Boiron

COMPOSITION

	p. granule
Cuivre	14 µg

INDICATIONS

Ce médicament appartient à la famille des éléments minéraux traces (oligo-éléments). Il contient une très faible quantité de cuivre.

Il est utilisé comme *modificateur de terrain*, en particulier dans les états grippaux et infectieux, et dans les manifestations rhumatismales inflammatoires.

ATTENTION
Les oligo-éléments aident l'organisme à combattre les maladies, mais leur action n'est généralement pas suffisante pour permettre la guérison d'affections graves ; un traitement spécifique est alors nécessaire.

GROSSESSE, ALLAITEMENT ET NOUVEAU-NÉ

Compte tenu de sa très faible concentration en minéraux, ce médicament peut être utilisé pendant la grossesse ou l'allaitement.

MODE D'EMPLOI ET POSOLOGIE

Laisser fondre les granules sous la langue. Prendre le médicament de préférence le matin à jeun ou à distance des repas.

Posologie usuelle :
- Adulte et enfant : 5 granules, 1 ou 2 fois par jour.

La durée du traitement ne doit pas dépasser 1 mois sans avis médical.

OLIGOGRANUL CUIVRE-OR-ARGENT
oligo-élément

PRÉSENTATION

OLIGOGRANUL CUIVRE-OR-ARGENT : granule ; boîte de 180 - Non remb.

Laboratoires Boiron

COMPOSITION

	p. granule
Cuivre	14 µg
Argent	4,46 µg
Or	0,56 µg

INDICATIONS

Ce médicament appartient à la famille des éléments minéraux traces (oligo-éléments). Il contient de très faibles quantités de cuivre, d'argent et d'or.

Il est utilisé comme *modificateur de terrain* en particulier au cours des convalescences et des états de fatigue.

ATTENTION

Une fatigue persistante ne doit pas vous conduire à augmenter les prises de ce médicament, mais à consulter votre médecin.

GROSSESSE, ALLAITEMENT ET NOUVEAU-NÉ

Compte tenu de sa très faible concentration en minéraux, ce médicament peut être utilisé pendant la grossesse ou l'allaitement.

MODE D'EMPLOI ET POSOLOGIE

Laisser fondre les granules sous la langue. Prendre le médicament de préférence le matin à jeun ou à distance des repas.

Posologie usuelle :

- Adulte et enfant : 5 granules, 1 ou 2 fois par jour, pendant 30 jours.

OLIGOGRANUL FLUOR
oligo-élément

PRÉSENTATION

OLIGOGRANUL FLUOR : granule ; boîte de 180 - Non remb.

Laboratoires Boiron

COMPOSITION

	p. granule
Fluor	45,24 µg

INDICATIONS

Ce médicament appartient à la famille des éléments minéraux traces (oligo-éléments). Il contient une très faible quantité de fluor.

Il est utilisé comme *modificateur de terrain*, en particulier dans les affections des ligaments.

GROSSESSE, ALLAITEMENT ET NOUVEAU-NÉ

Compte tenu de sa très faible concentration en minéraux, ce médicament peut être utilisé ponctuellement chez la femme enceinte ou chez celle qui allaite.

MODE D'EMPLOI ET POSOLOGIE

Laisser fondre les granules sous la langue. Prendre le médicament de préférence le matin à jeun ou à distance des repas.

Posologie usuelle :

- Adulte et enfant : 5 granules, 1 ou 2 fois par jour. Ne pas poursuivre le traitement plus d'un mois, sans avis médical.

OLIGOGRANUL LITHIUM
oligo-élément

PRÉSENTATION

OLIGOGRANUL LITHIUM : granule ; boîte de 2 tubes de 90 - Non remb.

Laboratoires Boiron

COMPOSITION

	p. granule
Lithium	54,9 µg

INDICATIONS

Ce médicament appartient à la famille des éléments minéraux traces (oligo-éléments). Il contient une très faible quantité de *lithium*.

Il est utilisé comme *modificateur de terrain*, en particulier en cas d'irritabilité ou de troubles légers du sommeil, chez l'adulte comme chez l'enfant.

GROSSESSE, ALLAITEMENT ET NOUVEAU-NÉ

Compte tenu de sa très faible concentration en minéraux, ce médicament peut être utilisé chez la femme enceinte ou chez celle qui allaite.

MODE D'EMPLOI ET POSOLOGIE

Laisser fondre les granules sous la langue. Prendre le médicament de préférence le matin à jeun ou à distance des repas.

Posologie usuelle :

- Adulte et enfant : 5 granules, 1 ou 2 fois par jour.

La durée du traitement ne doit pas dépasser 1 mois sans l'avis de votre pharmacien ou de votre médecin.

OLIGOGRANUL MAGNÉSIUM
oligo-élément

PRÉSENTATION

OLIGOGRANUL MAGNÉSIUM : granule ; boîte de 2 tubes de 90 - Non remb.

Laboratoires Boiron

COMPOSITION

	p. granule
Magnésium	23,44 µg

INDICATIONS

Ce médicament appartient à la famille des éléments minéraux traces (oligo-éléments). Il contient une très faible quantité de magnésium.

Il est utilisé comme *modificateur de terrain*, en particulier dans certains dérèglements du système *neurovégétatif*, et dans les troubles regroupés sous le terme de *spasmophilie*.

GROSSESSE, ALLAITEMENT ET NOUVEAU-NÉ

Compte tenu de sa très faible concentration en minéraux, ce médicament peut être utilisé chez la femme enceinte ou chez celle qui allaite.

MODE D'EMPLOI ET POSOLOGIE

Laisser fondre les granules sous la langue. Prendre le médicament de préférence le matin à jeun ou à distance des repas.

Posologie usuelle :

- Adulte et enfant : 5 granules, 1 ou 2 fois par jour.

La durée du traitement ne doit pas dépasser 1 mois sans l'avis de votre pharmacien ou de votre médecin.

OLIGOGRANUL MANGANÈSE
oligo-élément

PRÉSENTATION

OLIGOGRANUL MANGANÈSE : granule ; boîte de 2 tubes de 90 - Non remb.

Laboratoires Boiron

COMPOSITION

	p. granule
Manganèse	12,3 µg

INDICATIONS

Ce médicament appartient à la famille des éléments minéraux traces (oligo-éléments). Il contient une très faible quantité de manganèse.

Il est utilisé comme *modificateur de terrain*, en particulier dans les *allergies*.

ATTENTION

Les oligo-éléments aident l'organisme à combattre les maladies, mais leur action n'est généralement pas suffisante pour permettre la guérison d'affections graves ; un traitement spécifique est alors nécessaire.

GROSSESSE, ALLAITEMENT ET NOUVEAU-NÉ

Compte tenu de sa très faible concentration en minéraux, ce médicament peut être utilisé pendant la grossesse ou l'allaitement.

MODE D'EMPLOI ET POSOLOGIE

Laisser fondre les granules sous la langue. Prendre le médicament de préférence le matin à jeun ou à distance des repas.

Posologie usuelle :

- Adulte et enfant : 5 granules, 1 ou 2 fois par jour.

La durée du traitement ne doit pas dépasser 1 mois sans avis médical.

OLIGOGRANUL MANGANÈSE-COBALT
oligo-élément

PRÉSENTATION

OLIGOGRANUL MANGANÈSE-COBALT : granule ; boîte de 2 tubes de 90 - Non remb.

Laboratoires Boiron

COMPOSITION

	p. granule
Manganèse	12,3 µg
Cobalt	13,1 µg

INDICATIONS

Ce médicament appartient à la famille des éléments minéraux traces (oligo-éléments). Il contient de très faibles quantités de manganèse et de cobalt.

Il est utilisé comme *modificateur de terrain*, en particulier dans certains dérèglements du système *neurovégétatif*.

GROSSESSE, ALLAITEMENT ET NOUVEAU-NÉ

Compte tenu de sa très faible concentration en minéraux, ce médicament peut être utilisé chez la femme enceinte ou chez celle qui allaite.

MODE D'EMPLOI ET POSOLOGIE

Laisser fondre les granules sous la langue. Prendre le médicament de préférence le matin à jeun ou à distance des repas.

Posologie usuelle :

- Adulte et enfant : 5 granules, 1 ou 2 fois par jour.

La durée du traitement ne doit pas dépasser 1 mois sans l'avis de votre pharmacien ou de votre médecin.

OLIGOGRANUL MANGANÈSE-CUIVRE-COBALT

oligo-élément

PRÉSENTATION

OLIGOGRANUL MANGANÈSE-CUIVRE-COBALT : granule ; boîte de 2 tubes de 90 - Non remb.

Laboratoires Boiron

COMPOSITION

	p. granule
Manganèse	12,3 µg
Cuivre	14 µg
Cobalt	13,1 µg

INDICATIONS

Ce médicament appartient à la famille des éléments minéraux traces (oligo-éléments). Il contient de très faibles quantités de manganèse, de cuivre et de cobalt.

Il est utilisé comme *modificateur de terrain*, en particulier dans les états de fatigue.

ATTENTION

Une fatigue persistante ne doit pas vous conduire à augmenter les prises de ce médicament ; consultez votre médecin.

GROSSESSE, ALLAITEMENT ET NOUVEAU-NÉ

Compte tenu de sa très faible concentration en minéraux, ce médicament peut être utilisé pendant la grossesse ou l'allaitement.

MODE D'EMPLOI ET POSOLOGIE

Laisser fondre les granules sous la langue. Prendre le médicament de préférence le matin à jeun ou à distance des repas.

Posologie usuelle :

- Adulte et enfant : 5 granules, 1 ou 2 fois par jour.

La durée du traitement ne doit pas dépasser 1 mois sans l'avis de votre pharmacien ou de votre médecin.

OLIGOGRANUL MANGANÈSE-CUIVRE

oligo-élément

PRÉSENTATION

OLIGOGRANUL MANGANÈSE-CUIVRE : granule ; boîte de 2 tubes de 90 - Non remb.

Laboratoires Boiron

COMPOSITION

	p. granule
Manganèse	12,3 µg
Cuivre	14 µg

INDICATIONS

Ce médicament appartient à la famille des éléments minéraux traces (oligo-éléments). Il contient de très faibles quantités de manganèse et de cuivre.

Il est utilisé comme *modificateur de terrain*, en particulier au cours des infections ou des *allergies* touchant le nez, la gorge ou les oreilles.

ATTENTION

Les oligo-éléments aident l'organisme à combattre les maladies, mais leur action n'est généralement pas suffisante pour permettre la guérison d'affections graves ; un traitement spécifique est alors nécessaire.

GROSSESSE, ALLAITEMENT ET NOUVEAU-NÉ

Compte tenu de sa très faible concentration en minéraux, ce médicament peut être utilisé pendant la grossesse ou l'allaitement.

MODE D'EMPLOI ET POSOLOGIE

Laisser fondre les granules sous la langue. Prendre le médicament de préférence le matin à jeun ou à distance des repas.

Posologie usuelle :

- Adulte et enfant : 5 granules, 1 ou 2 fois par jour.

La durée du traitement ne doit pas dépasser 1 mois sans avis médical.

OLIGOGRANUL NICKEL-COBALT

oligo-élément

PRÉSENTATION

OLIGOGRANUL NICKEL-COBALT : granule ; boîte de 2 tubes de 90 - Non remb.

Laboratoires Boiron

COMPOSITION

	p. granule
Nickel	13,1 µg
Cobalt	13,1 µg

INDICATIONS

Ce médicament appartient à la famille des éléments minéraux traces (oligo-éléments). Il contient de très faibles quantités de cobalt et de nickel.

Il est utilisé comme *modificateur de terrain*, en particulier pour traiter les digestions difficiles.

ATTENTION

Les oligo-éléments aident l'organisme à combattre les maladies, mais leur action n'est généralement pas suffisante pour permettre la guérison d'affections graves ; un traitement spécifique est alors nécessaire.

GROSSESSE, ALLAITEMENT ET NOUVEAU-NÉ

Compte tenu de sa très faible concentration en minéraux, ce médicament peut être utilisé chez la femme enceinte ou chez celle qui allaite.

MODE D'EMPLOI ET POSOLOGIE

Laisser fondre les granules sous la langue. Prendre le médicament de préférence le matin à jeun ou à distance des repas.

Posologie usuelle :

- Adulte et enfant : 5 granules, 1 ou 2 fois par jour.

La durée du traitement ne doit pas dépasser 1 mois sans avis médical.

L'usage de ce médicament peut être accompagné d'une alimentation appropriée ; parlez-en à votre médecin ou à votre pharmacien.

OLIGOGRANUL PHOSPHORE

oligo-élément

PRÉSENTATION

OLIGOGRANUL PHOSPHORE : granule ; boîte de 2 tubes de 90 - Non remb.

Laboratoires Boiron

COMPOSITION

	p. granule
Phosphore	6,55 µg

INDICATIONS

Ce médicament appartient à la famille des éléments minéraux traces (oligo-éléments). Il contient une très faible quantité de phosphore.

Il est utilisé comme *modificateur de terrain*, en particulier dans certains dérèglements du système *neurovégétatif* et dans les troubles regroupés sous le terme de *spasmophilie*.

GROSSESSE, ALLAITEMENT ET NOUVEAU-NÉ

Compte tenu de sa très faible concentration en minéraux, ce médicament peut être utilisé chez la femme enceinte ou chez celle qui allaite.

MODE D'EMPLOI ET POSOLOGIE

Laisser fondre les granules sous la langue. Prendre le médicament de préférence le matin à jeun ou à distance des repas.

Posologie usuelle :

- Adulte et enfant : 5 granules, 1 ou 2 fois par jour.

La durée du traitement ne doit pas dépasser 1 mois sans l'avis de votre pharmacien ou de votre médecin.

OLIGOGRANUL POTASSIUM

oligo-élément

PRÉSENTATION

OLIGOGRANUL POTASSIUM : granule ; boîte de 2 tubes de 90 - Non remb.

Laboratoires Boiron

COMPOSITION

	p. granule
Potassium	8,3 µg

INDICATIONS

Ce médicament appartient à la famille des éléments minéraux traces (oligo-éléments). Il contient une très faible quantité de *potassium*.

Il est utilisé comme *modificateur de terrain*, en particulier dans les crampes et les douleurs musculaires.

ATTENTION

Ce médicament n'est pas destiné à traiter un déficit en *potassium* (*hypokaliémie*).

GROSSESSE, ALLAITEMENT ET NOUVEAU-NÉ

Compte tenu de sa très faible concentration en minéraux, ce médicament peut être utilisé ponctuellement chez la femme enceinte ou chez celle qui allaite.

MODE D'EMPLOI ET POSOLOGIE

Laisser fondre les granules sous la langue. Prendre le médicament de préférence le matin à jeun ou à distance des repas.

Posologie usuelle :

- Adulte et enfant : 5 granules, 1 ou 2 fois par jour.

Ne pas poursuivre le traitement plus de 1 mois sans avis médical.

Les crampes survenant après un effort physique sont banales. En revanche, celles qui surviennent au repos ou au cours de la nuit peuvent traduire un déséquilibre du *métabolisme* : consultez votre médecin si les crampes durent plus de quelques jours.

OLIGOGRANUL SÉLÉNIUM

oligo-élément

PRÉSENTATION

OLIGOGRANUL SÉLÉNIUM : granule ; boîte de 2 tubes de 60 - Non remb.

Laboratoires Boiron

COMPOSITION

	p. granule
Sélénium	0,02 mg

INDICATIONS

Ce médicament appartient à la famille des éléments minéraux traces (oligo-éléments). Il contient une très faible quantité de sélénium.

Il est utilisé comme *modificateur de terrain*, en particulier dans les cas d'affections des muscles et de la peau.

GROSSESSE, ALLAITEMENT ET NOUVEAU-NÉ

Compte tenu de sa très faible concentration en minéraux, ce médicament peut être utilisé pendant la grossesse ou l'allaitement.

MODE D'EMPLOI ET POSOLOGIE

Laisser fondre les granules sous la langue. Prendre le médicament de préférence le matin à jeun ou à distance des repas.

Posologie usuelle :

- Adulte et enfant : 4 granules, 1 ou 2 fois par jour.

La durée du traitement ne doit pas dépasser 1 mois sans l'avis de votre pharmacien ou de votre médecin.

OLIGOGRANUL SOUFRE

oligo-élément

PRÉSENTATION

OLIGOGRANUL SOUFRE : granule ; boîte de 2 tubes de 90 - Non remb.

Laboratoires Boiron

COMPOSITION

	p. granule
Soufre	24,33 µg

INDICATIONS

Ce médicament appartient à la famille des éléments minéraux traces (oligo-éléments). Il contient une très faible quantité de soufre.

Il est utilisé comme *modificateur de terrain*, en particulier dans les cas d'affections récidivantes de la peau, des articulations, du nez, de la gorge et des oreilles.

ATTENTION

Les oligo-éléments aident l'organisme à combattre les maladies, mais leur action n'est généralement pas suffisante pour permettre la guérison d'affections graves ; un traitement spécifique est alors nécessaire.

GROSSESSE, ALLAITEMENT ET NOUVEAU-NÉ

Compte tenu de sa très faible concentration en minéraux, ce médicament peut être utilisé pendant la grossesse ou l'allaitement.

MODE D'EMPLOI ET POSOLOGIE

Laisser fondre les granules sous la langue. Prendre le médicament de préférence le matin à jeun ou à distance des repas.

Posologie usuelle :

- Adulte et enfant : 5 granules, 1 ou 2 fois par jour.

La durée du traitement ne doit pas dépasser 1 mois sans l'avis de votre pharmacien ou de votre médecin.

OLIGOGRANUL ZINC

oligo-élément

PRÉSENTATION

OLIGOGRANUL ZINC : granule ; boîte de 2 tubes de 90 - Non remb.

Laboratoires Boiron

COMPOSITION

	p. granule
Zinc	14,3 µg

INDICATIONS

Ce médicament appartient à la famille des éléments minéraux traces (oligo-éléments). Il contient une très faible quantité de zinc.

Il est utilisé comme *modificateur de terrain*, en particulier dans les cas d'affections de la peau.

GROSSESSE, ALLAITEMENT ET NOUVEAU-NÉ

Compte tenu de sa très faible concentration en minéraux, ce médicament peut être utilisé pendant la grossesse ou l'allaitement.

MODE D'EMPLOI ET POSOLOGIE

Laisser fondre les granules sous la langue. Prendre le médicament de préférence le matin à jeun ou à distance des repas.

Posologie usuelle :

- Adulte et enfant : 5 granules, 1 ou 2 fois par jour.

Ne pas poursuivre le traitement plus de 1 mois sans l'avis de votre pharmacien ou de votre médecin.

OLIGOGRANUL ZINC-CUIVRE

oligo-élément

PRÉSENTATION

OLIGOGRANUL ZINC-CUIVRE : granule ; boîte de 2 tubes de 90 - Non remb.

Laboratoires Boiron

COMPOSITION

	p. granule
Zinc	14,3 µg
Cuivre	14 µg

INDICATIONS

Ce médicament appartient à la famille des éléments minéraux traces (oligo-éléments). Il contient de très faibles quantités de zinc et de cuivre.

Il est utilisé comme *modificateur de terrain*, en particulier en cas de troubles *fonctionnels* gynécologiques à la puberté, à la *ménopause*, ou avant les règles.

ATTENTION
Les oligo-éléments aident l'organisme à combattre les maladies, mais leur action n'est généralement pas suffisante pour permettre la guérison d'affections graves ; un traitement spécifique est alors nécessaire.

MODE D'EMPLOI ET POSOLOGIE

Laisser fondre les comprimés sous la langue. Prendre le médicament de préférence le matin à jeun ou à distance des repas.

Posologie usuelle :
- Adulte et enfant : 5 granules, 1 ou 2 fois par jour.

Ne pas poursuivre le traitement plus de 1 mois sans avis médical.

OLIGOGRANUL ZINC-NICKEL-COBALT
oligo-élément

PRÉSENTATION

OLIGOGRANUL ZINC-NICKEL-COBALT : granule ; boîte de 2 tubes de 90 - Non remb.

Laboratoires Boiron

COMPOSITION

	p. granule
Zinc	14,3 µg
Nickel	13,1 µg
Cobalt	13,1 µg

INDICATIONS

Ce médicament appartient à la famille des éléments minéraux traces (oligo-éléments). Il contient de très faibles quantités de zinc, de nickel et de cobalt.

Il est utilisé comme *modificateur de terrain*, en particulier au cours des régimes amaigrissants.

GROSSESSE, ALLAITEMENT ET NOUVEAU-NÉ

Compte tenu de sa très faible concentration en minéraux, ce médicament peut être utilisé pendant la grossesse ou l'allaitement.

MODE D'EMPLOI ET POSOLOGIE

Laisser fondre les granules sous la langue. Prendre le médicament de préférence le matin à jeun ou à distance des repas.

Posologie usuelle :
- Adulte et enfant : 5 granules, 1 ou 2 fois par jour.

La durée du traitement ne doit pas dépasser 1 mois sans l'avis de votre pharmacien ou de votre médecin.

La prise de ce médicament ne dispense pas d'une alimentation appropriée : parlez-en à votre médecin ou à votre pharmacien.

OLIGOSOL ALUMINIUM
oligo-élément

PRÉSENTATION

OLIGOSOL ALUMINIUM : solution injectable ou *sublinguale* ; boîte de 14 ampoules 2 ml - Remb. 35 %

Laboratoires Labcatal

COMPOSITION

	p. amp.
Aluminium métal	176 µg

INDICATIONS

Ce médicament appartient à la famille des éléments minéraux traces (oligo-éléments). Il contient une très faible quantité d'aluminium.

Il est utilisé comme *modificateur de terrain*, en particulier dans les cas de difficultés d'attention chez l'enfant et de troubles légers du sommeil.

GROSSESSE, ALLAITEMENT ET NOUVEAU-NÉ

Compte tenu de sa très faible concentration en minéraux, ce médicament peut être utilisé ponctuellement chez la femme enceinte ou chez celle qui allaite.

MODE D'EMPLOI ET POSOLOGIE

Les ampoules peuvent être utilisées par *voie sublinguale* ou par voie injectable intramusculaire.

Par voie sublinguale, garder le contenu de l'ampoule sous la langue 1 ou 2 minutes avant de l'avaler. Prendre le médicament de préférence le matin à jeun ou à distance des repas.

Posologie usuelle :
- Adulte et enfant : 1 ou 2 ampoules par jour.

La durée du traitement ne doit pas dépasser 1 mois sans l'avis de votre pharmacien ou de votre médecin.

OLIGOSOL BISMUTH
oligo-élément

PRÉSENTATION

OLIGOSOL BISMUTH : solution injectable et *sublinguale* ; boîte de 10 ampoules 1 ml - Non remb.

Laboratoires Labcatal

COMPOSITION

	p. amp.
Bismuth	0,035 mg

INDICATIONS

C'est un médicament qui appartient à la famille des éléments minéraux traces (oligo-éléments). Il contient une très faible quantité de bismuth.

Il est utilisé comme *modificateur de terrain*, en particulier au cours des infections de la gorge, du nez et des oreilles, et des états grippaux.

ATTENTION
Les oligo-éléments aident l'organisme à combattre les maladies, mais leur action n'est généralement pas suffisante pour permettre la guérison d'affections graves ; un traitement spécifique est alors nécessaire.

GROSSESSE, ALLAITEMENT ET NOUVEAU-NÉ

Compte tenu de sa très faible concentration en minéraux, ce médicament peut être utilisé pendant la grossesse ou l'allaitement.

MODE D'EMPLOI ET POSOLOGIE

La solution doit être prise de préférence par *voie sublinguale* le matin à jeun ou à distance des repas : garder le contenu de l'ampoule sous la langue 1 ou 2 minutes avant de l'avaler.

Elle peut également être injectée par voie intramusculaire.

Posologie usuelle :
- Adulte et enfant : 2 à 4 ampoules par jour.

La durée du traitement ne doit pas dépasser 1 mois sans avis médical.

OLIGOSOL COBALT
oligo-élément

PRÉSENTATION

OLIGOSOL COBALT : solution injectable ou *sublinguale* ; boîte de 14 ampoules 2 ml - Remb. 35 %

Laboratoires Labcatal

COMPOSITION

	p. amp.
Cobalt métal	59 µg

INDICATIONS

Ce médicament appartient à la famille des éléments minéraux traces (oligo-éléments). Il contient une très faible quantité de cobalt.

Il est utilisé comme *modificateur de terrain* dans les états migraineux.

ATTENTION
Si les maux de tête persistent, des examens peuvent être nécessaires : consultez votre médecin.

GROSSESSE, ALLAITEMENT ET NOUVEAU-NÉ

Compte tenu de sa très faible teneur en minéraux, ce médicament peut être utilisé chez la femme enceinte, ou celle qui allaite.

MODE D'EMPLOI ET POSOLOGIE

Ce médicament doit être pris de préférence par *voie sublinguale*. Le contenu de l'ampoule doit être gardé sous la langue 1 à 2 minutes avant d'être avalé, le matin à jeun ou loin des repas.

Il peut être également administré par *voie* intramusculaire.

Posologie usuelle :

1 ampoule, 1 à 2 fois par jour.

Dans la crise de *migraine* : 1 ampoule toutes les 2 heures, sans dépasser 6 ampoules par jour, après avis médical.

La durée du traitement ne doit pas dépasser 1 mois sans l'avis de votre médecin.

OLIGOSOL CUIVRE

oligo-élément

PRÉSENTATION

OLIGOSOL CUIVRE : solution injectable et *sublinguale* ; boîte de 14 ampoules 2 ml - Remb. 35 %

Laboratoires Labcatal

COMPOSITION

	p. amp.
Cuivre	0,725 mg

INDICATIONS

Ce médicament appartient à la famille des éléments minéraux traces (oligo-éléments). Il contient une très faible quantité de cuivre.

Il est utilisé comme *modificateur de terrain*, en particulier dans les états grippaux et infectieux, et dans les manifestations rhumatismales inflammatoires.

> **ATTENTION**
>
> Les oligo-éléments aident l'organisme à combattre les maladies, mais leur action n'est généralement pas suffisante pour permettre la guérison d'affections graves ; un traitement spécifique est alors nécessaire.

GROSSESSE, ALLAITEMENT ET NOUVEAU-NÉ

Compte tenu de sa très faible concentration en minéraux, ce médicament peut être utilisé pendant la grossesse ou l'allaitement.

MODE D'EMPLOI ET POSOLOGIE

La solution doit être prise de préférence par *voie sublinguale* le matin à jeun ou à distance des repas : garder le contenu de l'ampoule sous la langue 1 ou 2 minutes avant de l'avaler.

Elle peut également être injectée par voie intramusculaire.

Posologie usuelle :

1 ou 2 ampoules par jour.

Dans les états grippaux : 1 ampoule toutes les 3 heures, pendant 48 heures. Jusqu'à 4 ampoules par jour.

La durée du traitement ne doit pas dépasser 1 mois sans avis médical.

OLIGOSOL CUIVRE-OR-ARGENT

oligo-élément

PRÉSENTATION

OLIGOSOL CUIVRE-OR-ARGENT : solution *sublinguale* ; flacon 60 ml (cuillère-mesure 2 ml) - Remb. 35 %

Laboratoires Labcatal

COMPOSITION

	p. c. mes.
Gluconate de cuivre	0,45 mg
Or colloïdal	1,4 µg
Gluconate d'argent	60 µg

INDICATIONS

Ce médicament appartient à la famille des éléments minéraux traces (oligo-éléments). Il contient de très faibles quantités de cuivre, d'or et d'argent.

Il est utilisé comme *modificateur de terrain*, en particulier dans les convalescences et les états de fatigue.

> **ATTENTION**
>
> Une fatigue persistante ne doit pas vous conduire à augmenter les prises de ce médicament ; consultez votre médecin.

GROSSESSE, ALLAITEMENT ET NOUVEAU-NÉ

Compte tenu de sa très faible concentration en minéraux, ce médicament peut être utilisé pendant la grossesse ou l'allaitement.

MODE D'EMPLOI ET POSOLOGIE

Garder le contenu de la cuillère-mesure sous la langue 1 ou 2 minutes avant de l'avaler. Prendre le médicament de préférence le matin à jeun ou à distance des repas.

Posologie usuelle :

- Adulte et enfant : 1 ou 2 cuillères-mesure par jour.

La durée du traitement ne doit pas dépasser 1 mois sans l'avis de votre pharmacien ou de votre médecin.

OLIGOSOL FLUOR ⚕

oligo-élément

PRÉSENTATION

OLIGOSOL FLUOR : solution injectable et *sublinguale* ; boîte de 14 ampoules 2 ml - Remb. 65 % - Liste II

Laboratoires Labcatal

COMPOSITION

	p. amp.
Fluorure de sodium	0,442 mg
Soit fluor	0,2 mg

INDICATIONS

Ce médicament appartient à la famille des éléments minéraux traces (oligo-éléments). Il contient une très faible quantité de fluor. Le fluor s'incorpore à l'émail des dents et augmente leur résistance aux caries.

Il est utilisé à titre systématique en *traitement préventif* de la carie dentaire, essentiellement chez l'enfant. Ce médicament est aussi utilisé comme *modificateur de terrain*, en particulier dans le cas d'atteintes des ligaments articulaires légèrement distendus.

> **ATTENTION**
>
> L'apport total en fluor ne doit pas dépasser 2 mg par jour : risque de coloration de l'émail dentaire. Certaines eaux ou certains sels de table sont riches en fluor : prenez l'avis de votre médecin sur l'utilité de ce médicament dans votre cas.
>
> Les laitages diminuent l'absorption de fluor : évitez de prendre ce médicament avec une boisson ou un aliment lactés.
>
> Les dosages de ce médicament sont adaptés au *traitement préventif* de la carie dentaire : ne le confondez pas avec d'autres médicaments plus fortement dosés en fluor (25 à 100 fois plus), destinés à traiter l'*ostéoporose*.

INTERACTIONS MÉDICAMENTEUSES

Ce médicament peut interagir avec d'autres médicaments ou aliments et boissons contenant du calcium ou du magnésium, notamment les *pansements digestifs*. Signalez tout autre traitement en cours à votre médecin ou à votre pharmacien.

GROSSESSE, ALLAITEMENT ET NOUVEAU-NÉ

Grossesse :

Ce médicament peut être prescrit chez la femme enceinte.

Allaitement :

Bien que le fluor passe dans le lait maternel, il est préférable de le donner directement au *nouveau-né*.

MODE D'EMPLOI ET POSOLOGIE

Les ampoules peuvent être utilisées par *voie sublinguale* ou par voie injectable intramusculaire. En cas de prise sublinguale, garder le contenu de l'ampoule sous la langue 1 ou 2 minutes avant de l'avaler. Prendre le médicament de préférence le matin à jeun ou à distance des repas.

Posologie usuelle :

- Prévention de la carie dentaire :
  - Enfant de 6 à 15 ans : 5 ampoules par jour.
  - Enfant de 4 à 6 ans : 4 ampoules par jour.
  - Enfant de 2 à 4 ans : 2 ampoules par jour.
  - Nourrisson de la naissance à 2 ans : 1 ampoule par jour.
- Traitement des atteintes ligamentaires : 1 ou 2 ampoules par jour.

> ☛ La solution buvable est plus adaptée à l'enfant de moins de 2 ans.
>
> La formation de l'émail dentaire débute 4 mois avant la naissance et se poursuit jusqu'à l'adolescence. Le fluor peut être

pris pendant toute cette période. Il ne dispense pas du brossage soigneux et régulier des dents après chaque repas ou après la consommation de sucreries.

OLIGOSOL IODE

oligo-élément

PRÉSENTATION

OLIGOSOL IODE : solution injectable *I.M.* et *sublinguale* ; boîte de 14 ampoules 2 ml - Remb. 35 % - Liste II

Laboratoires Labcatal

COMPOSITION

	p. amp.
Iode	24 µg

INDICATIONS

Ce médicament appartient à la famille des éléments minéraux traces (oligo-éléments). Il contient une très faible quantité d'iode.

Il est utilisé comme *modificateur de terrain* dans les troubles mineurs de la *thyroïde*.

ATTENTION

Les oligo-éléments aident l'organisme à combattre les maladies, mais leur action n'est généralement pas suffisante pour permettre la guérison d'affections graves ; un traitement spécifique est alors nécessaire.

GROSSESSE, ALLAITEMENT ET NOUVEAU-NÉ

Compte tenu de sa très faible concentration en minéraux, ce médicament peut être utilisé pendant la grossesse ou l'allaitement après avis médical.

MODE D'EMPLOI ET POSOLOGIE

Le contenu de l'ampoule est gardé sous la langue 1 ou 2 minutes avant d'être avalé, le matin à jeun ou à distance des repas. La solution peut être également injectée par *voie* intramusculaire.

Posologie usuelle :

1 ou 2 ampoules par jour.

OLIGOSOL LITHIUM

oligo-élément

PRÉSENTATION

OLIGOSOL LITHIUM : solution injectable et *sublinguale* ; boîte de 14 ampoules 2 ml - Remb. 35 %

Laboratoires Labcatal

COMPOSITION

	p. amp.
Lithium métal	279,6 µg

INDICATIONS

Ce médicament appartient à la famille des éléments minéraux traces (oligo-éléments). Il contient une très faible quantité de *lithium*.

Il est utilisé comme *modificateur de terrain*, en particulier en cas d'irritabilité ou de troubles légers du sommeil, chez l'adulte comme chez l'enfant.

GROSSESSE, ALLAITEMENT ET NOUVEAU-NÉ

Compte tenu de sa très faible concentration en minéraux, ce médicament peut être utilisé ponctuellement chez la femme enceinte ou chez celle qui allaite.

MODE D'EMPLOI ET POSOLOGIE

Les ampoules peuvent être utilisées par *voie sublinguale* ou par voie injectable intramusculaire.

Par voie sublinguale, garder le contenu de l'ampoule sous la langue 1 ou 2 minutes avant de l'avaler. Prendre le médicament de préférence le matin à jeun ou à distance des repas.

Posologie usuelle :

- Adulte et enfant : 1 à 2 ampoules par jour, jusqu'à 6 par jour.

La durée du traitement ne doit pas dépasser 1 mois sans l'avis de votre pharmacien ou de votre médecin.

OLIGOSOL MAGNÉSIUM

oligo-élément

PRÉSENTATION

OLIGOSOL MAGNÉSIUM : solution injectable et *sublinguale* ; boîte de 14 ampoules 2 ml - Remb. 35 %

Laboratoires Labcatal

COMPOSITION

	p. amp.
Magnésium métal	104,4 µg

INDICATIONS

Ce médicament appartient à la famille des éléments minéraux traces (oligo-éléments). Il contient une très faible quantité de magnésium.

Il est utilisé comme *modificateur de terrain*, en particulier dans certains dérèglements du système *neurovégétatif* et dans les troubles regroupés sous le terme de *spasmophilie*.

GROSSESSE, ALLAITEMENT ET NOUVEAU-NÉ

Compte tenu de sa très faible concentration en minéraux, ce médicament peut être utilisé chez la femme enceinte ou chez celle qui allaite.

MODE D'EMPLOI ET POSOLOGIE

Les ampoules peuvent être utilisées par *voie* sublinguale ou par voie injectable intramusculaire.

Par voie sublinguale, garder le contenu de l'ampoule sous la langue 1 ou 2 minutes avant de l'avaler. Prendre le médicament de préférence le matin à jeun ou à distance des repas.

Posologie usuelle :

- Adulte et enfant : 1 ou 2 ampoules par jour.

La durée du traitement ne doit pas dépasser 1 mois sans l'avis de votre pharmacien ou de votre médecin.

OLIGOSOL MANGANÈSE

oligo-élément

PRÉSENTATION

OLIGOSOL MANGANÈSE : solution injectable et *sublinguale* ; boîte de 14 ampoules 2 ml - Remb. 35 %

Laboratoires Labcatal

COMPOSITION

	p. amp.
Manganèse	0,0728 mg

INDICATIONS

Ce médicament appartient à la famille des éléments minéraux traces (oligo-éléments). Il contient une très faible quantité de manganèse.

Il est utilisé comme *modificateur de terrain*, en particulier dans les *allergies*.

GROSSESSE, ALLAITEMENT ET NOUVEAU-NÉ

Compte tenu de sa très faible concentration en minéraux, ce médicament peut être utilisé pendant la grossesse ou l'allaitement.

MODE D'EMPLOI ET POSOLOGIE

La solution doit être prise de préférence par *voie sublinguale*, le matin à jeun ou à distance des repas : garder le contenu de l'ampoule sous la langue 1 ou 2 minutes avant de l'avaler.

Elle peut également être injectée par voie intramusculaire.

Posologie usuelle :

- Adulte et enfant : 1 ou 2 ampoules par jour.

La durée du traitement ne doit pas dépasser 1 mois sans l'avis de votre pharmacien ou de votre médecin.

Une récidive de l'*allergie* est possible : suspendez le traitement pendant quelques jours.

OLIGOSOL MANGANÈSE-COBALT

oligo-élément

PRÉSENTATION

OLIGOSOL MANGANÈSE-COBALT : solution *sublinguale* ; flacon pressurisé 60 ml (1 dose = 2 ml) - Remb. 35 %

Laboratoires Labcatal

COMPOSITION

	p. dose
Manganèse métal	72,8 µg
Cobalt métal	72,6 µg

INDICATIONS

Ce médicament appartient à la famille des éléments minéraux traces (oligo-éléments). Il contient de très faibles quantités de manganèse et de cobalt.

Il est utilisé comme *modificateur de terrain*, en particulier dans certains dérèglements du système *neurovégétatif*.

GROSSESSE, ALLAITEMENT ET NOUVEAU-NÉ

Compte tenu de sa très faible concentration en minéraux, ce médicament peut être utilisé chez la femme enceinte ou chez celle qui allaite.

MODE D'EMPLOI ET POSOLOGIE

Garder le produit sous la langue 1 ou 2 minutes avant de l'avaler. Prendre le médicament de préférence le matin à jeun ou à distance des repas.

Posologie usuelle :

- Adulte et enfant : 1 ou 2 doses de solution par jour.

La durée du traitement ne doit pas dépasser 1 mois sans l'avis de votre pharmacien ou de votre médecin.

OLIGOSOL MANGANÈSE-CUIVRE

oligo-élément

PRÉSENTATION

OLIGOSOL MANGANÈSE-CUIVRE : solution *sublinguale* ; flacon pressurisé 60 ml (1 dose = 2 ml) - Remb. 35 %

Laboratoires Labcatal

COMPOSITION

	p. dose
Manganèse	0,0728 mg
Cuivre	0,0726 mg

INDICATIONS

Ce médicament appartient à la famille des éléments minéraux traces (oligo-éléments). Il contient de très faibles quantités de manganèse et de cuivre.

Il est utilisé comme *modificateur de terrain*, en particulier dans les états infectieux ou allergiques touchant le nez, la gorge et les oreilles.

ATTENTION

Les oligo-éléments aident l'organisme à combattre les maladies, mais leur action n'est généralement pas suffisante pour permettre la guérison d'affections graves ; un traitement spécifique est alors nécessaire.

GROSSESSE, ALLAITEMENT ET NOUVEAU-NÉ

Compte tenu de sa très faible concentration en minéraux, ce médicament peut être utilisé pendant la grossesse ou l'allaitement.

MODE D'EMPLOI ET POSOLOGIE

Garder la solution 1 à 2 minutes sous la langue avant de l'avaler.

À prendre le matin à jeun ou à distance des repas.

Posologie usuelle :

- Adulte et enfant : 1 ou 2 doses par jour.

La durée du traitement ne doit pas dépasser 1 mois sans l'avis de votre pharmacien ou de votre médecin.

OLIGOSOL MANGANÈSE-CUIVRE-COBALT

oligo-élément

PRÉSENTATION

OLIGOSOL MANGANÈSE-CUIVRE-COBALT : solution injectable et *sublinguale* ; boîte de 14 ampoules 2 ml - Remb. 35 %

Laboratoires Labcatal

COMPOSITION

	p. amp.
Manganèse	72,8 µg
Cuivre	72,6 µg
Cobalt	72,6 µg

INDICATIONS

Ce médicament appartient à la famille des éléments minéraux traces (oligo-éléments). Il contient de très faibles quantités de manganèse, de cuivre et de cobalt.

Il est utilisé comme *modificateur de terrain*, en particulier les états de fatigue.

ATTENTION

Une fatigue persistante ne doit pas vous conduire à augmenter les prises de ce médicament ; consultez votre médecin.

GROSSESSE, ALLAITEMENT ET NOUVEAU-NÉ

Compte tenu de sa très faible concentration en minéraux, ce médicament peut être utilisé pendant la grossesse ou l'allaitement.

MODE D'EMPLOI ET POSOLOGIE

Les ampoules peuvent être utilisées par *voie sublinguale* ou par voie injectable intramusculaire.

Par voie sublinguale, garder le contenu de l'ampoule sous la langue 1 ou 2 minutes avant de l'avaler. Prendre le médicament de préférence le matin à jeun ou à distance des repas.

Posologie usuelle :

- Adulte et enfant : 1 ou 2 ampoules par jour.

La durée du traitement ne doit pas dépasser 1 mois sans l'avis de votre pharmacien ou de votre médecin.

Liste des centres antipoison : voir Annexes

OLIGOSOL NICKEL-COBALT

oligo-élément

PRÉSENTATION

OLIGOSOL NICKEL-COBALT : solution injectable et *sublinguale* ; boîte de 14 ampoules 2 ml - Remb. 35 %

Laboratoires Labcatal

COMPOSITION

	p. amp.
Nickel métal	72,6 µg
Cobalt métal	72,6 µg

INDICATIONS

Ce médicament appartient à la famille des éléments minéraux traces (oligo-éléments). Il contient de très faibles quantités de nickel et de cobalt.

Il est utilisé comme *modificateur de terrain*, en particulier dans les digestions difficiles.

ATTENTION

Les oligo-éléments aident l'organisme à combattre les maladies, mais leur action n'est généralement pas suffisante pour permettre la guérison d'affections graves ; un traitement spécifique est alors nécessaire.

GROSSESSE, ALLAITEMENT ET NOUVEAU-NÉ

Compte tenu de sa très faible concentration en minéraux, ce médicament peut être utilisé chez la femme enceinte ou qui allaite.

MODE D'EMPLOI ET POSOLOGIE

Les ampoules peuvent être utilisées par *voie sublinguale* ou par voie injectable intramusculaire.

Par voie sublinguale, garder le contenu de l'ampoule sous la langue 1 ou 2 minutes avant de l'avaler. Prendre le médicament le matin à jeun ou à distance des repas.

Posologie usuelle :

- Adulte et enfant : 1 ou 2 ampoules par jour.

La durée du traitement ne doit pas dépasser 1 mois sans l'avis de votre médecin.

OLIGOSOL PHOSPHORE

oligo-élément

PRÉSENTATION

OLIGOSOL PHOSPHORE : solution injectable et *sublinguale* ; boîte de 14 ampoules 2 ml - Remb. 35 %

Laboratoires Labcatal

COMPOSITION

	p. amp.
Phosphate disodique	0,14 mg

INDICATIONS

Ce médicament appartient à la famille des éléments minéraux traces (oligo-éléments). Il contient une très faible quantité de phosphore.

Il est utilisé comme *modificateur de terrain*, en particulier dans certains dérèglements du système *neurovégétatif* et dans les troubles regroupés sous le terme de *spasmophilie*.

GROSSESSE, ALLAITEMENT ET NOUVEAU-NÉ

Compte tenu de sa très faible concentration en minéraux, ce médicament peut être utilisé chez la femme enceinte ou chez celle qui allaite.

MODE D'EMPLOI ET POSOLOGIE

Les ampoules peuvent être utilisées par *voie sublinguale* ou par voie injectable intramusculaire.

Par voie sublinguale, garder le contenu de l'ampoule sous la langue 1 ou 2 minutes avant de l'avaler. Prendre le médicament de préférence le matin à jeun ou à distance des repas.

Posologie usuelle :

- Adulte et enfant : 1 ou 2 ampoules par jour.

La durée du traitement ne doit pas dépasser 1 mois sans l'avis de votre médecin ou de votre pharmacien.

OLIGOSOL POTASSIUM

oligo-élément

PRÉSENTATION

OLIGOSOL POTASSIUM : solution injectable et *sublinguale* ; boîte de 14 ampoules 2 ml - Remb. 35 % - Liste II

Laboratoires Labcatal

COMPOSITION

	p. amp.
Potassium	0,04 mg

INDICATIONS

Ce médicament appartient à la famille des éléments minéraux traces (oligo-éléments). Il contient une très faible quantité de *potassium*.

Il est utilisé comme *modificateur de terrain*, en particulier dans les crampes et les douleurs musculaires.

ATTENTION

Ce médicament n'est pas destiné à traiter un déficit en *potassium* (*hypokaliémie*).

GROSSESSE, ALLAITEMENT ET NOUVEAU-NÉ

Compte tenu de sa très faible concentration en minéraux, ce médicament peut être utilisé chez la femme enceinte ou qui allaite.

MODE D'EMPLOI ET POSOLOGIE

Les ampoules peuvent être utilisées par *voie sublinguale* ou par voie injectable intramusculaire.

Par voie sublinguale, garder le contenu de l'ampoule sous la langue 1 ou 2 minutes avant de l'avaler. Prendre le médicament de préférence le matin à jeun ou à distance des repas.

Posologie usuelle :

- Adulte et enfant : 1 ou 2 ampoules par jour.

La durée du traitement ne doit pas dépasser 1 mois sans l'avis de votre médecin.

Les crampes survenant après un effort physique sont banales. En revanche, celles qui surviennent au repos ou au cours de la nuit peuvent traduire un déséquilibre du *métabolisme* : consultez votre médecin si les crampes durent plus de quelques jours.

OLIGOSOL SOUFRE

oligo-élément

PRÉSENTATION

OLIGOSOL SOUFRE : solution injectable et *sublinguale* ; boîte de 14 ampoules 2 ml - Remb. 35 %

Laboratoires Labcatal

COMPOSITION

	p. amp.
Thiosulfate de sodium	0,30 mg

INDICATIONS

Ce médicament appartient à la famille des éléments minéraux traces (oligo-éléments). Il contient une très faible quantité de soufre.

Il est utilisé comme *modificateur de terrain*, en particulier dans les cas d'affections récidivantes de la peau, des articulations, du nez, de la gorge et des oreilles.

ATTENTION

Les oligo-éléments aident l'organisme à combattre les maladies, mais leur action n'est généralement pas suffisante pour permettre la guérison d'affections graves ; un traitement spécifique est alors nécessaire.

GROSSESSE, ALLAITEMENT ET NOUVEAU-NÉ

Compte tenu de sa très faible concentration en minéraux, ce médicament peut être utilisé pendant la grossesse ou l'allaitement.

MODE D'EMPLOI ET POSOLOGIE

La solution doit être prise de préférence par *voie sublinguale* le matin à jeun ou à distance des repas : garder le contenu de l'ampoule sous la langue 1 ou 2 minutes avant de l'avaler.

Elle peut également être injectée par voie intramusculaire.

Posologie usuelle :

- Adulte et enfant : 1 ou 2 ampoules par jour.

La durée du traitement ne doit pas dépasser 1 mois sans l'avis de votre pharmacien ou de votre médecin.

OLIGOSOL ZINC

oligo-élément

PRÉSENTATION

OLIGOSOL ZINC : solution injectable *I.M.* et *sublinguale* ; boîte de 14 ampoules 2 ml - Remb. 35 %

Laboratoires Labcatal

COMPOSITION

	p. amp.
Zinc	0,0674 mg

INDICATIONS

Ce médicament appartient à la famille des éléments minéraux traces (oligo-éléments). Il contient une très faible quantité de zinc.

Il est utilisé comme *modificateur de terrain*, en particulier dans les cas d'affections de la peau.

GROSSESSE, ALLAITEMENT ET NOUVEAU-NÉ

Compte tenu de sa très faible concentration en minéraux, ce médicament peut être utilisé pendant la grossesse ou l'allaitement.

MODE D'EMPLOI ET POSOLOGIE

La solution doit être prise de préférence par *voie sublinguale*, le matin à jeun ou à distance des repas : garder le contenu de l'ampoule sous la langue 1 ou 2 minutes avant de l'avaler.

Elle peut également être injectée par voie intramusculaire.

Posologie usuelle :

- Adulte et enfant : 1 ou 2 ampoules par jour.

La durée du traitement ne doit pas dépasser 1 mois sans l'avis de votre pharmacien ou de votre médecin.

OLIGOSOL ZINC-CUIVRE

oligo-élément

PRÉSENTATION

OLIGOSOL ZINC-CUIVRE : solution injectable *I.M.* et *sublinguale* ; boîte de 14 ampoules 2 ml - Remb. 35 %

Laboratoires Labcatal

COMPOSITION

	p. amp.
Zinc	0,0674 mg
Cuivre	0,0726 mg
Glucose	100 mg

INDICATIONS

Ce médicament appartient à la famille des éléments minéraux traces (oligo-éléments). Il contient de très faibles quantités de zinc et de cuivre.

Il est utilisé comme *modificateur de terrain*, en particulier en cas de troubles *fonctionnels* gynécologiques à la puberté, à la *ménopause* ou avant les règles.

ATTENTION
Les oligo-éléments aident l'organisme à combattre les maladies, mais leur action n'est généralement pas suffisante pour permettre la guérison d'affections graves ; un traitement spécifique est alors nécessaire.

MODE D'EMPLOI ET POSOLOGIE

Le contenu de l'ampoule doit être gardé sous la langue 1 à 2 minutes avant d'être avalé, le matin à jeun ou à distance des repas.

Il peut être également administré par *voie* intramusculaire.

Posologie usuelle :

- Adulte et enfant : 1 ou 2 ampoules par jour.

La durée du traitement ne doit pas dépasser 1 mois sans l'avis de votre médecin ou de votre pharmacien.

OLIGOSOL ZINC-NICKEL-COBALT

oligo-élément

PRÉSENTATION

OLIGOSOL ZINC-NICKEL-COBALT : solution injectable *I.M.* et *sublinguale* ; boîte de 14 ampoules 2 ml - Remb. 35 %

Laboratoires Labcatal

COMPOSITION

	p. amp.
Zinc	67,4 µg
Nickel	72,6 µg
Cobalt	72,6 µg

INDICATIONS

Ce médicament appartient à la famille des éléments minéraux traces (oligo-éléments). Il contient de très faibles quantités de zinc, de nickel et de cobalt.

Il est utilisé comme *modificateur de terrain*, en particulier au cours des régimes amaigrissants.

GROSSESSE, ALLAITEMENT ET NOUVEAU-NÉ

Compte tenu de sa très faible concentration en minéraux, ce médicament peut être utilisé pendant la grossesse ou l'allaitement.

MODE D'EMPLOI ET POSOLOGIE

La solution doit être prise de préférence par *voie sublinguale*, le matin à jeun ou à distance des repas : garder le contenu de l'ampoule sous la langue 1 ou 2 minutes avant de l'avaler.

Elle peut également être injectée par voie intramusculaire.

Posologie usuelle :

- Adulte et enfant : 1 ou 2 ampoules par jour.

La durée du traitement ne doit pas dépasser 1 mois sans l'avis de votre pharmacien ou de votre médecin.

☛ La prise de ce médicament ne dispense pas d'une alimentation appropriée : parlez-en à votre médecin ou à votre pharmacien.

OLIGOSTIM ALUMINIUM

oligo-élément

PRÉSENTATION

OLIGOSTIM ALUMINIUM : comprimé *sublingual* (blanc) ; boîte de 40 - Non remb.

Laboratoires Dolisos

COMPOSITION

	p. comp.
Aluminium	13 µg
Lactose	+

INDICATIONS

Ce médicament appartient à la famille des éléments minéraux traces (oligo-éléments). Il contient une très faible quantité d'aluminium.

Il est utilisé comme *modificateur de terrain* dans les cas de difficultés d'attention chez l'enfant et dans les troubles légers du sommeil.

GROSSESSE, ALLAITEMENT ET NOUVEAU-NÉ

Compte tenu de sa très faible concentration en minéraux, ce médicament peut être utilisé pendant la grossesse ou l'allaitement.

MODE D'EMPLOI ET POSOLOGIE

Laisser fondre les comprimés sous la langue. Prendre le médicament de préférence le matin à jeun ou à distance des repas.

Posologie usuelle :

1 ou 2 comprimés par jour.

Ne prolongez pas le traitement plus de 1 mois sans l'avis de votre médecin ou de votre pharmacien.

OLIGOSTIM COBALT

oligo-élément

PRÉSENTATION

OLIGOSTIM COBALT : comprimé *sublingual* (blanc) ; boîte de 40 - Non remb.

Laboratoires Dolisos

COMPOSITION

	p. comp.
Cobalt	29 µg
Lactose	+

INDICATIONS

Ce médicament appartient à la famille des éléments minéraux traces (oligo-éléments). Il contient une très faible quantité de cobalt.

Il est utilisé comme *modificateur de terrain* dans les états migraineux.

ATTENTION
Si les maux de tête persistent, des examens peuvent être nécessaires : consultez votre médecin.

GROSSESSE, ALLAITEMENT ET NOUVEAU-NÉ

Compte tenu de sa très faible teneur en minéraux, ce médicament peut être utilisé chez la femme enceinte, ou celle qui allaite.

MODE D'EMPLOI ET POSOLOGIE

Laisser fondre le comprimé sous la langue.

Ce médicament est pris de préférence le matin à jeun, ou loin des repas.

Posologie usuelle :

1 comprimé, 1 à 2 fois par jour.

Ne prolongez pas le traitement plus de 1 mois sans l'avis de votre médecin ou de votre pharmacien.

OLIGOSTIM CUIVRE

oligo-élément

PRÉSENTATION

OLIGOSTIM CUIVRE : comprimé *sublingual* (blanc) ; boîte de 40 - Non remb.

Laboratoires Dolisos

COMPOSITION

	p. comp.
Cuivre	0,031 mg
Lactose	+

INDICATIONS

Ce médicament appartient à la famille des éléments minéraux traces (oligo-éléments). Il contient une très faible quantité de cuivre.

Il est utilisé comme *modificateur de terrain*, en particulier dans les états grippaux et infectieux, et dans les manifestations rhumatismales inflammatoires.

ATTENTION
Les oligo-éléments aident l'organisme à combattre les maladies, mais leur action n'est généralement pas suffisante pour permettre la guérison d'affections graves ; un traitement spécifique est alors nécessaire.

GROSSESSE, ALLAITEMENT ET NOUVEAU-NÉ

Compte tenu de sa très faible concentration en minéraux, ce médicament peut être utilisé pendant la grossesse ou l'allaitement.

MODE D'EMPLOI ET POSOLOGIE

Laisser fondre les comprimés sous la langue. Prendre le médicament de préférence le matin à jeun ou à distance des repas.

Posologie usuelle :

1 ou 2 comprimés par jour.

La durée du traitement ne doit pas dépasser 1 mois sans avis médical.

OLIGOSTIM CUIVRE-OR-ARGENT
oligo-élément

PRÉSENTATION
OLIGOSTIM CUIVRE-OR-ARGENT : comprimé *sublingual* (blanc) ; boîte de 40 - Non remb.

Laboratoires Dolisos

COMPOSITION

	p. comp.
Cuivre	31 µg
Or	98 µg
Argent colloïdal	70 µg

INDICATIONS
Ce médicament appartient à la famille des éléments minéraux traces (oligo-éléments). Il contient de très faibles quantités de cuivre, d'or et d'argent.

Il est utilisé comme *modificateur de terrain*, en particulier dans les convalescences et les états de fatigue.

ATTENTION
Une fatigue persistante ne doit pas vous conduire à augmenter les prises de ce médicament ; consultez votre médecin.

GROSSESSE, ALLAITEMENT ET NOUVEAU-NÉ
Compte tenu de sa très faible concentration en minéraux, ce médicament peut être utilisé pendant la grossesse ou l'allaitement.

MODE D'EMPLOI ET POSOLOGIE
Laisser fondre les comprimés sous la langue. Prendre le médicament de préférence le matin à jeun ou à distance des repas.

Posologie usuelle :

1 ou 2 comprimés par jour.

Ne prolongez pas le traitement plus de 1 mois sans l'avis de votre médecin ou de votre pharmacien.

OLIGOSTIM FLUOR
oligo-élément

PRÉSENTATION
OLIGOSTIM FLUOR : comprimé *sublingual* (blanc) ; boîte de 40 - Non remb.

Laboratoires Dolisos

COMPOSITION

	p. comp.
Fluor	90 µg
Lactose	+

INDICATIONS
Ce médicament appartient à la famille des éléments minéraux traces (oligo-éléments). Il contient une très faible quantité de fluor.

Il est utilisé comme *modificateur de terrain*, en particulier dans les affections des ligaments.

GROSSESSE, ALLAITEMENT ET NOUVEAU-NÉ
Compte tenu de sa très faible concentration en minéraux, ce médicament peut être utilisé ponctuellement chez la femme enceinte ou chez celle qui allaite.

MODE D'EMPLOI ET POSOLOGIE
Laisser fondre les comprimés sous la langue. Prendre le médicament de préférence le matin à jeun ou à distance des repas.

Posologie usuelle :

1 ou 2 comprimés par jour.

Ne pas poursuivre le traitement plus de 1 mois sans avis médical.

OLIGOSTIM LITHIUM
oligo-élément

PRÉSENTATION
OLIGOSTIM LITHIUM : comprimé *sublingual* (blanc) ; boîte de 40 - Non remb.

Laboratoires Dolisos

COMPOSITION

	p. comp.
Lithium	3 µg
Lactose	+

INDICATIONS
Ce médicament appartient à la famille des éléments minéraux traces (oligo-éléments). Il contient une très faible quantité de *lithium*.

Il est utilisé comme *modificateur de terrain*, en particulier en cas d'irritabilité ou de troubles légers du sommeil, chez l'adulte comme chez l'enfant.

GROSSESSE, ALLAITEMENT ET NOUVEAU-NÉ
Compte tenu de sa très faible concentration en minéraux, ce médicament peut être utilisé chez la femme enceinte ou chez celle qui allaite.

MODE D'EMPLOI ET POSOLOGIE
Laisser fondre les comprimés sous la langue. Prendre le médicament de préférence le matin à jeun ou à distance des repas.

Posologie usuelle :

1 ou 2 comprimés par jour.

Ne prolongez pas le traitement plus de 1 mois sans l'avis de votre médecin ou de votre pharmacien.

OLIGOSTIM MAGNÉSIUM
oligo-élément

PRÉSENTATION
OLIGOSTIM MAGNÉSIUM : comprimé *sublingual* (blanc) ; boîte de 40 - Non remb.

Laboratoires Dolisos

COMPOSITION

	p. comp.
Magnésium	12 µg
Lactose	+

INDICATIONS
Ce médicament appartient à la famille des éléments minéraux traces (oligo-éléments). Il contient une très faible quantité de magnésium.

Il est utilisé comme *modificateur de terrain*, en particulier dans certains dérèglements du système *neurovégétatif* et dans la *spasmophilie*.

GROSSESSE, ALLAITEMENT ET NOUVEAU-NÉ
Compte tenu de sa très faible concentration en magnésium, ce médicament peut être utilisé chez la femme enceinte ou qui allaite.

MODE D'EMPLOI ET POSOLOGIE
Laisser fondre les comprimés sous la langue. Prendre le médicament de préférence le matin à jeun ou à distance des repas.

Posologie usuelle :

1 ou 2 comprimés par jour.

Ne prolongez pas le traitement plus de 1 mois sans l'avis de votre médecin ou de pharmacien.

OLIGOSTIM MANGANÈSE
oligo-élément

PRÉSENTATION
OLIGOSTIM MANGANÈSE : comprimé *sublingual* (blanc) ; boîte de 40 - Non remb.

Laboratoires Dolisos

COMPOSITION

	p. comp.
Manganèse	27 µg
Lactose	+

INDICATIONS
Ce médicament appartient à la famille des éléments minéraux traces (oligo-éléments). Il contient une très faible quantité de manganèse.

Il est utilisé comme *modificateur de terrain*, en particulier dans les *allergies*.

GROSSESSE, ALLAITEMENT ET NOUVEAU-NÉ
Compte tenu de sa très faible concentration en minéraux, ce médicament peut être utilisé pendant la grossesse ou l'allaitement.

MODE D'EMPLOI ET POSOLOGIE
Laisser fondre les comprimés sous la langue. Prendre le médicament de préférence le matin à jeun ou à distance des repas.

Posologie usuelle :

1 ou 2 comprimés par jour.

Ne prolongez pas le traitement plus de 1 mois sans l'avis de votre médecin ou de votre pharmacien.

OLIGOSTIM MANGANÈSE-COBALT
oligo-élément

PRÉSENTATION
OLIGOSTIM MANGANÈSE-COBALT : comprimé *sublingual* (blanc) ; boîte de 40 - Non remb.

Laboratoires Dolisos

COMPOSITION

	p. comp.
Manganèse	27 µg
Cobalt	29 µg
Lactose	+

INDICATIONS
Ce médicament appartient à la famille des éléments minéraux traces (oligo-éléments). Il contient de très faibles quantités de manganèse et de cobalt.

Il est utilisé comme *modificateur de terrain*, en particulier dans certains dérèglements du système *neurovégétatif*.

GROSSESSE, ALLAITEMENT ET NOUVEAU-NÉ
Compte tenu de sa très faible concentration en minéraux, ce médicament peut être utilisé chez la femme enceinte ou chez celle qui allaite.

MODE D'EMPLOI ET POSOLOGIE
Laisser fondre les comprimés sous la langue. Prendre le médicament de préférence le matin à jeun ou à distance des repas.

Posologie usuelle :

1 ou 2 comprimés par jour.

Ne prolongez pas le traitement plus de 1 mois sans l'avis de votre médecin ou de votre pharmacien.

OLIGOSTIM MANGANÈSE-CUIVRE
oligo-élément

PRÉSENTATION
OLIGOSTIM MANGANÈSE-CUIVRE : comprimé *sublingual* (blanc) ; boîte de 40 - Non remb.

Laboratoires Dolisos

COMPOSITION

	p. comp.
Manganèse	27 µg
Cuivre	31 µg
Lactose	+

INDICATIONS
Ce médicament appartient à la famille des éléments minéraux traces (oligo-éléments). Il contient de très faibles quantités de manganèse et de cuivre.

Il est utilisé comme *modificateur de terrain*, en particulier dans les états infectieux ou allergiques touchant le nez, la gorge et les oreilles.

ATTENTION

Les oligo-éléments aident l'organisme à combattre les maladies, mais leur action n'est généralement pas suffisante pour permettre la guérison d'affections graves ; un traitement spécifique est alors nécessaire.

GROSSESSE, ALLAITEMENT ET NOUVEAU-NÉ
Compte tenu de sa très faible concentration en minéraux, ce médicament peut être utilisé pendant la grossesse ou l'allaitement.

MODE D'EMPLOI ET POSOLOGIE
Laisser fondre les comprimés sous la langue. Prendre le médicament de préférence le matin à jeun ou à distance des repas.

Posologie usuelle :

1 ou 2 comprimés par jour.

Ne prolongez pas le traitement plus de 1 mois sans l'avis de votre médecin ou de votre pharmacien.

OLIGOSTIM MANGANÈSE-CUIVRE-COBALT
oligo-élément

PRÉSENTATION
OLIGOSTIM MANGANÈSE-CUIVRE-COBALT : comprimé *sublingual* (blanc) ; boîte de 40 - Non remb.

Laboratoires Dolisos

COMPOSITION

	p. comp.
Manganèse	27 µg
Cuivre	31 µg
Cobalt	29 µg
Lactose	+

INDICATIONS
Ce médicament appartient à la famille des éléments minéraux traces (oligo-éléments). Il contient de très faibles quantités de manganèse, de cuivre et de cobalt.

Il est utilisé comme *modificateur de terrain*, en particulier en cas de fatigue.

ATTENTION

Une fatigue persistante ne doit pas vous conduire à augmenter les prises de ce médicament : consultez votre médecin.

GROSSESSE, ALLAITEMENT ET NOUVEAU-NÉ
Compte tenu de sa très faible concentration en minéraux, ce médicament peut être utilisé pendant la grossesse ou l'allaitement.

MODE D'EMPLOI ET POSOLOGIE
Laisser fondre les comprimés sous la langue. Prendre le médicament de préférence le matin à jeun ou à distance des repas.

Posologie usuelle :

1 ou 2 comprimés par jour.

Ne prolongez pas le traitement plus de 1 mois sans l'avis de votre médecin.

OLIGOSTIM PHOSPHORE
oligo-élément

PRÉSENTATION
OLIGOSTIM PHOSPHORE : comprimé *sublingual* (blanc) ; boîte de 40 - Non remb.

Laboratoires Dolisos

COMPOSITION

	p. comp.
Phosphore	14 µg
Lactose	+

INDICATIONS
Ce médicament appartient à la famille des éléments minéraux traces (oligo-éléments). Il contient une très faible quantité de phosphore.

Il est utilisé comme *modificateur de terrain*, en particulier dans certains dérèglements du système *neurovégétatif* et dans les troubles regroupés sous le terme de *spasmophilie*.

GROSSESSE, ALLAITEMENT ET NOUVEAU-NÉ
Compte tenu de sa très faible concentration en minéraux, ce médicament peut être utilisé chez la femme enceinte ou chez celle qui allaite.

MODE D'EMPLOI ET POSOLOGIE
Laisser fondre les comprimés sous la langue. Prendre le médicament de préférence le matin à jeun ou à distance des repas.

Posologie usuelle :

1 ou 2 comprimés par jour.

Ne prolongez pas le traitement plus de 1 mois sans l'avis de votre médecin ou de votre pharmacien.

OLIGOSTIM POTASSIUM
oligo-élément

PRÉSENTATION
OLIGOSTIM POTASSIUM : comprimé *sublingual* (blanc) ; boîte de 40 - Non remb.

Laboratoires Dolisos

COMPOSITION

	p. comp.
Potassium	19 µg
Lactose	+

INDICATIONS
Ce médicament appartient à la famille des éléments minéraux traces (oligo-éléments). Il contient une très faible quantité de *potassium*.

Il est utilisé comme *modificateur de terrain*, en particulier dans les crampes et les douleurs musculaires.

ATTENTION
Ce médicament n'est pas destiné à traiter un déficit en *potassium* (*hypokaliémie*).

GROSSESSE, ALLAITEMENT ET NOUVEAU-NÉ

Compte tenu de sa très faible concentration en minéraux, ce médicament peut être utilisé chez la femme enceinte ou chez celle qui allaite.

MODE D'EMPLOI ET POSOLOGIE

Laisser fondre les comprimés sous la langue. Prendre ce médicament de préférence le matin à jeun ou à distance des repas.

Posologie usuelle :
1 ou 2 comprimés par jour.
Ne prolongez pas le traitement plus de 1 mois sans l'avis de votre médecin ou de votre pharmacien.

Les crampes survenant après un effort physique sont banales. En revanche, celles qui surviennent au repos ou au cours de la nuit peuvent traduire un déséquilibre du *métabolisme* : consultez votre médecin si les crampes durent plus de quelques jours.

OLIGOSTIM SOUFRE
oligo-élément

PRÉSENTATION

OLIGOSTIM SOUFRE : comprimé *sublingual* (blanc) ; boîte de 40 - Non remb.
Laboratoires Dolisos

COMPOSITION

	p. comp.
Soufre	15 µg
Lactose	+

INDICATIONS

Ce médicament appartient à la famille des éléments minéraux traces (oligo-éléments). Il contient une très faible quantité de soufre.
Il est utilisé comme *modificateur de terrain*, en particulier dans les cas d'affections récidivantes de la peau, des articulations, du nez, de la gorge et des oreilles.

ATTENTION
Les oligo-éléments aident l'organisme à combattre les maladies, mais leur action n'est généralement pas suffisante pour permettre la guérison d'affections graves ; un traitement spécifique est alors nécessaire.

GROSSESSE, ALLAITEMENT ET NOUVEAU-NÉ

Compte tenu de sa très faible concentration en minéraux, ce médicament peut être utilisé pendant la grossesse ou l'allaitement.

MODE D'EMPLOI ET POSOLOGIE

Laisser fondre les comprimés sous la langue. Prendre le médicament de préférence le matin à jeun ou à distance des repas.

Posologie usuelle :
1 ou 2 comprimés par jour.
Ne prolongez pas le traitement plus de 1 mois sans l'avis de votre médecin ou de pharmacien.

OLIGOSTIM ZINC
oligo-élément

PRÉSENTATION

OLIGOSTIM ZINC : comprimé *sublingual* (blanc) ; boîte de 40 - Non remb.
Laboratoires Dolisos

COMPOSITION

	p. comp.
Zinc	32 µg
Lactose	+

INDICATIONS

Ce médicament appartient à la famille des éléments minéraux traces (oligo-éléments). Il contient une très faible quantité de zinc.
Il est utilisé comme *modificateur de terrain*, en particulier dans les cas d'affections de la peau.

GROSSESSE, ALLAITEMENT ET NOUVEAU-NÉ

Compte tenu de sa très faible concentration en minéraux, ce médicament peut être utilisé pendant la grossesse ou l'allaitement.

MODE D'EMPLOI ET POSOLOGIE

Laisser fondre les comprimés sous la langue. Prendre le médicament de préférence le matin à jeun ou à distance des repas.

Posologie usuelle :
1 ou 2 comprimés par jour.
Ne prolongez pas le traitement plus de 1 mois sans l'avis de votre médecin ou de votre pharmacien.

OLIGOSTIM ZINC-CUIVRE
oligo-élément

PRÉSENTATION

OLIGOSTIM ZINC-CUIVRE : comprimé *sublingual* (blanc) ; tube de 40 - Non remb.
Laboratoires Dolisos

COMPOSITION

	p. comp.
Zinc	32 µg
Cuivre	31 µg
Lactose	+

INDICATIONS

Ce médicament appartient à la famille des éléments minéraux traces (oligo-éléments). Il contient de très faibles quantités de zinc et de cuivre.
Il est utilisé comme *modificateur de terrain*, en particulier en cas de troubles *fonctionnels* gynécologiques à la puberté, à la *ménopause* ou avant les règles.

ATTENTION
Les oligo-éléments aident l'organisme à combattre les maladies, mais leur action n'est généralement pas suffisante pour permettre la guérison d'affections graves ; un traitement spécifique est alors nécessaire.

MODE D'EMPLOI ET POSOLOGIE

Laisser fondre les comprimés sous la langue, de préférence le matin à jeun, ou à distance des repas.

Posologie usuelle :
1 comprimé, 1 ou 2 fois par jour.
Ne prolongez pas le traitement plus de 1 mois sans l'avis de votre médecin ou de votre pharmacien.

OLIGOSTIM ZINC-NICKEL-COBALT
oligo-élément

PRÉSENTATION

OLIGOSTIM ZINC-NICKEL-COBALT : comprimé *sublingual* (blanc) ; boîte de 40 - Non remb.
Laboratoires Dolisos

COMPOSITION

	p. comp.
Zinc	32 µg
Nickel	29 µg
Cobalt	29 µg
Lactose	+

INDICATIONS

Ce médicament appartient à la famille des éléments minéraux traces (oligo-éléments). Il contient de très faibles quantités de zinc, de nickel et de cobalt.
Il est utilisé comme *modificateur de terrain*, en particulier au cours des régimes amaigrissants.

GROSSESSE, ALLAITEMENT ET NOUVEAU-NÉ

Compte tenu de sa très faible concentration en minéraux, ce médicament peut être utilisé pendant la grossesse ou l'allaitement.

MODE D'EMPLOI ET POSOLOGIE

Laisser fondre les comprimés sous la langue. Prendre le médicament de préférence le matin à jeun ou à distance des repas.

Posologie usuelle :
1 ou 2 comprimés par jour.
Ne pas poursuivre le traitement plus de 1 mois sans avis médical.

La prise de ce médicament ne dispense pas d'une alimentation appropriée : parlez-en à votre médecin ou à votre pharmacien.

OLIVIASE
olivier

PRÉSENTATION

OLIVIASE : comprimé (blanc) ; boîte de 60 - Remb. 65 %

Laboratoires UPSA

COMPOSITION

	p. comp.
Olivier, extrait de feuilles	28 mg
Olivier, poudre de feuilles	28 mg

INDICATIONS

Ce médicament contient un extrait de plante.

Il est utilisé pour favoriser l'élimination d'eau par le rein.

GROSSESSE, ALLAITEMENT ET NOUVEAU-NÉ

Ce médicament contient une plante présumée sans danger pendant la grossesse ou l'allaitement. Néanmoins, ne l'utilisez pas sans l'avis de votre pharmacien ou de votre médecin.

Grossesse :

Ce médicament n'est pas adapté au traitement d'une éventuelle rétention d'eau survenant pendant la grossesse. L'apparition d'*œdèmes* impose une consultation médicale.

MODE D'EMPLOI ET POSOLOGIE

Les comprimés doivent être avalés avec un verre d'eau.

Posologie usuelle :

3 comprimés, matin et soir.

OLMIFON
adrafinil

PRÉSENTATION

OLMIFON : comprimé (blanc) ; boîte de 20 - Remb. 65 % - Liste I

OLMIFON : comprimé (blanc) ; boîte de 40 - Remb. 65 % - Liste I

Laboratoires Lafon

COMPOSITION

	p. comp.
Adrafinil	300 mg

INDICATIONS

C'est un médicament qui appartient à la famille des *psychostimulants*.

Il est utilisé dans le traitement des troubles de la vigilance et de l'attention chez la personne âgée.

ATTENTION

Des précautions sont à prendre en cas d'*épilepsie*, d'*insuffisance hépatique* ou d'*insuffisance rénale*.

INTERACTIONS MÉDICAMENTEUSES

Ce médicament peut interagir avec d'autres médicaments. Signalez tout autre traitement en cours à votre médecin ou à votre pharmacien.

MODE D'EMPLOI ET POSOLOGIE

Les comprimés doivent être avalés avec un peu d'eau.

Posologie usuelle :

2 à 4 comprimés par jour.

EFFETS INDÉSIRABLES POSSIBLES

Agitation, inversion d'humeur, insomnie : ces effets disparaissent au cours du traitement ou après diminution des doses.

ONCTOSE
diphenhydramine, lidocaïne

PRÉSENTATION

ONCTOSE : crème ; tube 30 g - Non remb.

Laboratoires Monot

COMPOSITION

	p. 100 g
Diphenhydramine méthylsulfate	2 g
Lidocaïne chlorhydrate	1 g

INDICATIONS

Cette crème contient un *antihistaminique* antiallergique et un *anesthésique* local.

Elle est utilisée dans le *traitement symptomatique* des démangeaisons dues aux piqûres d'insectes et au contact avec certaines plantes (orties...).

CONTRE-INDICATIONS

Cette crème ne doit pas être utilisée en cas d'*allergie* aux *antihistaminiques* ou aux *anesthésiques* locaux.

ATTENTION

Si les démangeaisons persistent ou s'aggravent, elles peuvent être dues à une *allergie* à l'*antihistaminique* : demandez conseil à votre médecin ou à votre pharmacien.

Évitez d'utiliser cette crème, notamment chez l'enfant, de manière prolongée et sur des surfaces de peau étendues ou profondément lésées sans l'avis de votre pharmacien ou de votre médecin.

Ce médicament est photosensibilisant : exposer au soleil les régions traitées peut provoquer des réactions cutanées.

GROSSESSE, ALLAITEMENT ET NOUVEAU-NÉ

L'effet de ce médicament pendant la grossesse ou l'allaitement est mal connu. L'évaluation du risque éventuel lié à son utilisation est individuelle : demandez conseil à votre pharmacien ou à votre médecin.

MODE D'EMPLOI ET POSOLOGIE

Appliquer la crème en massant légèrement.

Posologie usuelle :

2 applications par jour.

EFFETS INDÉSIRABLES POSSIBLES

Photosensibilisation (voir ATTENTION).

Allergie cutanée.

ONCTOSE HYDROCORTISONE
hydrocortisone, diphénhydramine, lidocaïne

PRÉSENTATION

ONCTOSE HYDROCORTISONE : crème ; tube 38 g - Non remb. - Liste I

Laboratoires Monot

COMPOSITION

	p. 100 g
Hydrocortisone acétate	0,25 g
Diphénhydramine méthylsulfate	2 g
Lidocaïne chlorhydrate	1 g

INDICATIONS

Cette crème contient un *dermocorticoïde*, un *antihistaminique* et un *anesthésique* local.

Elle est utilisée dans le *traitement symptomatique* des démangeaisons dues aux piqûres d'insectes et au contact avec certaines plantes (orties...).

CONTRE-INDICATIONS

Ce médicament ne doit pas être utilisé dans les cas suivants :
- infection et parasitose non traitées de la peau (ce médicament n'a pas d'effet anti-infectieux),
- lésion ulcérée,
- *acné* et *rosacée*,
- *allergie* aux *anesthésiques* locaux.

ATTENTION

Suivez attentivement la prescription de votre médecin et n'utilisez pas cette crème de façon prolongée ou répétée sans avis médical.

Ce médicament est photosensibilisant : une exposition aux rayons *ultraviolets* (soleil, lampe à bronzer) peut provoquer des réactions cutanées. N'omettez pas de signaler à votre médecin vos projets de vacances au soleil pendant la durée du traitement.

GROSSESSE, ALLAITEMENT ET NOUVEAU-NÉ

L'effet de ce médicament pendant la grossesse ou l'allaitement est mal connu : seul votre médecin peut évaluer le risque éventuel de son utilisation dans votre cas.

MODE D'EMPLOI ET POSOLOGIE

Étaler la crème sur les lésions et la faire pénétrer par un léger massage.

Posologie usuelle :

1 ou 2 applications par jour.

Évitez l'emploi prolongé de ce médicament.

☛ Ne conseillez pas, ne donnez pas ce médicament à un proche.

Pensez à vous laver les mains après l'application.

EFFETS INDÉSIRABLES POSSIBLES

Allergie cutanée.

Photosensibilisation.

En cas d'usage prolongé :

- *atrophie* avec microhémorragie de la peau (*purpura*), dilatation des petits vaisseaux, vergetures, éruption de boutons ;
- développement anormal des poils, dessèchement, fragilisation et décoloration irrégulière de la peau ;
- rougeur autour de la bouche, apparition d'une *rosacée* ;
- retard de cicatrisation.

OPALGYNE
benzydamine

PRÉSENTATION

OPALGYNE : solution vaginale ; boîte de 2 flacons 140 ml avec canule - Non remb. - Liste II

OPALGYNE : solution vaginale ; boîte de 6 flacons 140 ml avec canule - Non remb. - Liste II

Laboratoires Innothéra

COMPOSITION

	p. fl.
Benzydamine chlorhydrate	140 mg

INDICATIONS

Cette solution à usage gynécologique contient un *anti-inflammatoire* non stéroïdien (*AINS*).

Elle est destinée au *traitement symptomatique* des douleurs lors des infections vaginales.

ATTENTION

Ce médicament n'a pas d'effet anti-infectieux ; il doit être accompagné d'un traitement spécifique.

GROSSESSE, ALLAITEMENT ET NOUVEAU-NÉ

L'effet de ce médicament pendant la grossesse ou l'allaitement est mal connu. L'évaluation du risque éventuel lié à son utilisation est individuelle : demandez conseil à votre pharmacien ou à votre médecin.

MODE D'EMPLOI ET POSOLOGIE

Introduire la canule dans le vagin et comprimer le flacon afin d'en vider le contenu. Retirer la canule en maintenant la pression sur le flacon.

Posologie usuelle :

1 flacon, 2 fois par jour pendant 3 jours.

☛ Si vous suivez un autre traitement sous forme d'ovule ou de comprimé gynécologique, utilisez cette solution vaginale avant et non après l'introduction de l'ovule ou du comprimé.

OPHTADIL

PRÉSENTATION

OPHTADIL : solution buvable arôme abricot-cherry ; boîte de 20 ampoules 5 ml - Remb. 35 %

Laboratoires Chauvin

COMPOSITION

	p. amp.
Buphénine chlorhydrate	3 mg
Éthoxazorutoside	30 mg
Acide ascorbique sel de sodium (vitamine C)	300 mg
Tocofersolan ou vitamine E hydrosoluble	120 mg
Alcool à 95°	0,1 ml

INDICATIONS

C'est un protecteur *vasculaire* qui associe plusieurs substances. Il lutte contre l'altération des *vaisseaux capillaires* notamment de l'œil.

Il est utilisé dans le *traitement symptomatique* de l'insuffisance d'irrigation de la *rétine*.

GROSSESSE, ALLAITEMENT ET NOUVEAU-NÉ

L'effet de ce médicament pendant la grossesse ou l'allaitement est mal connu. L'évaluation du risque éventuel lié à son utilisation est individuelle : demandez conseil à votre pharmacien ou à votre médecin.

MODE D'EMPLOI ET POSOLOGIE

Les ampoules doivent être diluées dans un verre d'eau et prises en début de repas.

Posologie usuelle :

2 ampoules par jour, 20 jours par mois.

OPHTAGRAM
gentamicine

PRÉSENTATION

OPHTAGRAM : collyre ; flacon 5 ml - Remb. 65 % - Liste I

OPHTAGRAM : pommade ophtalmique ; tube 5 g - Remb. 65 % - Liste I

Laboratoires Chauvin

COMPOSITION

	p. 100 ml	p. 100 g
Gentamicine	300 mg	300 mg

INDICATIONS

Ce médicament contient un *antibiotique* de la famille des *aminosides*.

Il est utilisé sous forme de collyre ou de pommade pour traiter les infections de l'œil.

CONTRE-INDICATIONS

Ce médicament ne doit pas être utilisé en cas d'*allergie* aux *antibiotiques* de la famille des *aminosides* (néomycine notamment).

ATTENTION

Une rougeur ou une douleur de l'œil ne correspondent pas toujours à une infection. Des soins urgents peuvent être nécessaires, particulièrement en cas de vision floue. N'utilisez pas ce médicament sans avis médical.

Le collyre ou la pommade peuvent être contaminés par l'œil infecté : évitez de mettre en contact l'extrémité du flacon ou du tube avec l'œil ; ne les conservez pas plus de 15 jours après leur première utilisation.

GROSSESSE, ALLAITEMENT ET NOUVEAU-NÉ

L'effet de ce médicament pendant la grossesse ou l'allaitement est mal connu : seul votre médecin peut évaluer le risque éventuel de son utilisation dans votre cas.

MODE D'EMPLOI ET POSOLOGIE

Tirer la paupière inférieure vers le bas tout en regardant vers le haut. Déposer les gouttes de collyre ou la pommade entre la paupière et le globe oculaire (*cul-de-sac conjonctival*).

Posologie usuelle :

Collyre : 1 ou 2 gouttes, 3 à 8 fois par jour.

Pommade : appliquer l'équivalent d'un grain de riz le soir au coucher (la pommade s'emploie généralement en complément du collyre pour assurer une efficacité prolongée la nuit). Dans le traitement des infections des paupières, déposer la pommade sur le bord de la paupière, au contact des cils.

☛ La vision est troublée par l'application de la pommade. Ce trouble disparaît en quelques minutes.

Une application correcte du produit peut nécessiter une aide, notamment chez l'enfant ou la personne handicapée ou âgée.

Les lentilles de contact ne doivent pas être portées en cas d'infection oculaire ni réutilisées avant guérison complète.

EFFETS INDÉSIRABLES POSSIBLES

Irritation ou réaction allergique locale.

OPHTALMINE bain oculaire

PRÉSENTATION

OPHTALMINE : solution ophtalmique ; flacon 150 ml et œillère - Non remb.

Laboratoires Fisons

COMPOSITION

	p. 100 g
Acide borique	1,30 g
Borate de sodium	2,50 g
Vigne rouge, extrait	0,175 g
Rose, eau distillée	40 g
Menthe, eau distillée	5 g
Hamamélis, eau distillée	11 g
Thymol	traces

INDICATIONS

Cette solution ophtalmique est une lotion oculaire astringente et adoucissante.

Elle est utilisée pour l'hygiène oculaire et dans le traitement des irritations de l'œil et des paupières.

ATTENTION

Une irritation oculaire peut être due à une infection : en cas de doute, n'hésitez pas à consulter votre médecin. N'utilisez pas ce médicament de façon prolongée sans prendre un avis médical.

MODE D'EMPLOI ET POSOLOGIE

Bains : nettoyez préalablement les paupières et les cils avec un morceau de coton imbibé, puis remplissez au tiers une œillère de solution et appliquez-la sur l'œil bien ouvert pendant au moins 30 secondes.

Applications externes : appliquez une compresse ou un morceau de coton imbibé de solution sur l'œil fermé pendant quelques minutes.

Posologie usuelle :

1 à 3 bains ou applications externes par jour.

L'application correcte du produit peut nécessiter une aide, notamment chez une personne handicapée ou âgée.

Ne conservez pas cette solution plus de 15 jours après une première utilisation.

OPHTALMINE collyre

PRÉSENTATION

OPHTALMINE : collyre ; flacon 20 ml - Remb. 65 %

Laboratoires Fisons

COMPOSITION

	p. fl.
Extrait de vigne rouge	200 mg
Acide borique	260 mg
Borate de sodium	500 mg
Eau distillée de rose	8 g
Eau distillée de menthe	1 g
Eau distillée d'hamamélis	2,2 g
Thymol	traces

INDICATIONS

Ce collyre contient de l'acide borique et des extraits végétaux. Il possède des propriétés *antiseptiques*, astringentes et adoucissantes.

Il est utilisé dans le traitement des *conjonctivites* non infectieuses.

ATTENTION

Une rougeur ou une douleur de l'œil ne correspondent pas toujours à une *conjonctivite*. Des soins urgents peuvent être nécessaires, notamment en cas de vision floue.

GROSSESSE, ALLAITEMENT ET NOUVEAU-NÉ

Ce médicament ne contient aucune substance connue pour être toxique pendant la grossesse ou l'allaitement.

MODE D'EMPLOI ET POSOLOGIE

Tirer la paupière inférieure vers le bas tout en regardant vers le haut et déposer les gouttes de collyre entre la paupière et le globe oculaire (*cul-de-sac conjonctival*).

Posologie usuelle :

1 ou 2 gouttes, 2 à 6 fois par jour.

Les lentilles de contact ne doivent pas être portées en cas d'irritation oculaire ni réutilisées avant l'arrêt complet du traitement.

L'application correcte du produit peut nécessiter une aide, notamment chez l'enfant ou la personne handicapée ou âgée.

Ne conservez pas ce collyre plus de 15 jours après une première utilisation.

OPHTASILOXANE

octylphénol polyoxyéthylène, distéarate de polyéthylèneglycol, polysilane

PRÉSENTATION

OPHTASILOXANE : collyre ; flacon 10 ml - Non remb.

Laboratoires Alcon

COMPOSITION

	p. 100 ml
Octylphénol polyoxyéthylène	0,25 g
Distéarate de polyéthylèneglycol	0,50 g
Polysilane	q.s.

INDICATIONS

C'est un collyre protecteur et lubrifiant.

Il est utilisé dans le traitement des *œdèmes* de la *cornée* et des brûlures de l'œil.

CONTRE-INDICATIONS

Ce médicament ne doit pas être utilisé dans les cas suivants :

- uvéite (*inflammation* d'une des membranes de l'œil, l'uvée) ;
- port de lentilles de contact souples perméables.

ATTENTION

Certaines contre-indications ne peuvent être détectées que par un ophtalmologiste : ne réutilisez pas ce médicament sans avis médical.

N'utilisez pas ce collyre de façon prolongée sans avis médical.

GROSSESSE, ALLAITEMENT ET NOUVEAU-NÉ

L'effet de ce médicament pendant la grossesse ou l'allaitement est mal connu. L'évaluation du risque éventuel lié à son utilisation est individuelle : demandez conseil à votre pharmacien ou à votre médecin.

MODE D'EMPLOI ET POSOLOGIE

Tirer la paupière inférieure vers le bas tout en regardant vers le haut et déposer une goutte de collyre entre la paupière et le globe oculaire (*cul-de-sac conjonctival*).

Posologie usuelle :

1 goutte, 1 à 6 fois par jour.

L'application correcte du produit peut nécessiter une aide, notamment chez une personne handicapée ou âgée.

Ne conservez pas ce collyre plus de 15 jours après une première utilisation.

OPHTERGINE

oxyde de mercure

PRÉSENTATION

OPHTERGINE 1 % : pommade ophtalmique ; tube 5 g - Non remb.

Laboratoires Allergan France

COMPOSITION

	p. 5 g
Oxyde mercurique jaune	50 mg

INDICATIONS

Cette pommade ophtalmique contient un *antiseptique* de la famille des dérivés mercuriels.

Elle est utilisée dans le traitement des infections du bord de la paupière (*blépharite*).

CONTRE-INDICATIONS

Ce médicament ne doit pas être utilisé en cas d'*allergie* aux dérivés mercuriels.

ATTENTION

La pommade peut être contaminée par l'œil infecté : évitez de mettre en contact l'extrémité du tube avec l'œil. Ne la conservez pas inutilement après une première utilisation.

En l'absence d'amélioration rapide, consultez votre médecin.

INTERACTIONS MÉDICAMENTEUSES

Ce médicament peut interagir avec les pommades ophtalmiques ou les collyres contenant de l'iode : risque de formation de sels mercuriques irritants.

GROSSESSE, ALLAITEMENT ET NOUVEAU-NÉ

L'effet de ce médicament pendant la grossesse ou l'allaitement est mal connu. L'évaluation du risque éventuel lié à son utilisation est individuelle : demandez conseil à votre pharmacien ou à votre médecin.

MODE D'EMPLOI ET POSOLOGIE

Appliquer un ruban de pommade d'un demi-centimètre sur le bord de la paupière.

Posologie usuelle :

2 ou 3 applications par jour, pendant 7 jours.

> Les lentilles de contact ne doivent pas être portées en cas d'irritation oculaire ni réutilisées avant l'arrêt complet du traitement.
> L'application correcte du produit peut nécessiter une aide, notamment chez l'enfant ou la personne handicapée ou âgée.

EFFETS INDÉSIRABLES POSSIBLES

Irritation ou réaction allergique locale.

OPOBYL
boldo, aloès

PRÉSENTATION

OPOBYL : comprimé (bleu pâle) ; boîte de 50 - Non remb.

Laboratoires Bailly-Speab

COMPOSITION

	p. comp.
Boldo, extrait	50 mg
Aloès, poudre	40 mg

INDICATIONS

C'est un *laxatif stimulant*. Il augmente les sécrétions et la motricité de l'intestin.

Ce médicament est utilisé comme *traitement symptomatique* de la constipation.

CONTRE-INDICATIONS

Ce médicament ne doit pas être utilisé dans les cas suivants :
- maladies inflammatoires du côlon ;
- constipation ou douleur abdominale due à une obstruction du tube digestif : rétrécissement intestinal, *fécalome* (bouchon de selles) ;
- enfant de moins de 12 ans, sauf sur prescription médicale.

> **ATTENTION**
> Ce médicament doit être utilisé de façon épisodique et en cure très brève : pas plus de 8 à 10 jours.
> Son usage régulier peut entraîner :
> - une *dépendance*,
> - des troubles intestinaux graves,
> - une perte de sels minéraux et notamment de *potassium*, pouvant entraîner des *troubles du rythme cardiaque* graves.
>
> Arrêter le traitement en cas de diarrhée ou de douleurs abdominales.

INTERACTIONS MÉDICAMENTEUSES

Ce médicament peut interagir avec d'autres, notamment certains *antiarythmiques* et les médicaments contenant de la *vincamine*. Signalez tout autre traitement en cours à votre médecin ou à votre pharmacien.

GROSSESSE, ALLAITEMENT ET NOUVEAU-NÉ

Ce médicament est déconseillé pendant la grossesse ou l'allaitement.

MODE D'EMPLOI ET POSOLOGIE

Les comprimés doivent être avalés avec un verre d'eau, au début ou à la fin des repas.

Posologie usuelle :
- Adulte et enfant de plus de 12 ans : 1 à 4 comprimés par jour.

> Des mesures simples d'hygiène alimentaire et des exercices physiques sont à envisager avant d'utiliser un laxatif : parlez-en à votre médecin ou à votre pharmacien.

EFFETS INDÉSIRABLES POSSIBLES

Diarrhée, douleurs abdominales.

OPO-VEINOGÈNE
vigne rouge, marron d'Inde, esculoside

PRÉSENTATION

OPO-VEINOGÈNE : solution buvable ; flacon 150 ml (1 cuillère-mesure = 3 ml) - Remb. 35 %

Laboratoires Gallier

COMPOSITION

	p. c. mes.
Vigne rouge, extrait fluide	400 mg
Marron d'Inde, extrait fluide	300 mg
Esculoside	1,2 mg
Alcool à 95°	+

INDICATIONS

C'est un protecteur *vasculaire* et *veinotonique* qui associe plusieurs substances. Il stimule la circulation du sang dans les veines et lutte contre l'altération des *vaisseaux capillaires*.

Il est utilisé dans le *traitement symptomatique* :
- des jambes lourdes, *œdèmes*, crampes, *impatiences* et autres troubles pouvant être en rapport avec une mauvaise circulation veineuse ;
- des crises d'*hémorroïdes*.

> **ATTENTION**
> Ce médicament est insuffisant pour prévenir le risque de *phlébite* chez les malades alités ou plâtrés.
> Ce médicament soulage, mais n'empêche pas l'aggravation de l'*insuffisance veineuse*, qui requiert des mesures spécifiques telles que la *contention élastique*.

GROSSESSE, ALLAITEMENT ET NOUVEAU-NÉ

L'effet de ce médicament pendant la grossesse ou l'allaitement est mal connu. L'évaluation du risque éventuel lié à son utilisation est individuelle : demandez conseil à votre pharmacien ou à votre médecin.

MODE D'EMPLOI ET POSOLOGIE

Ce médicament doit être pris avec un verre d'eau avant les repas.

Posologie usuelle :

2 ou 3 cuillères-mesure par jour.

> Une activité physique régulière et la surélévation du pied du lit permettent de faciliter la circulation veineuse et *lymphatique*.

OPTALIDON
noramidopyrine, caféine

PRÉSENTATION

OPTALIDON À LA NORAMIDOPYRINE : comprimé (rose) ; boîte de 25 - Remb. 65 % - Liste I

OPTALIDON À LA NORAMIDOPYRINE : suppositoire (rose) ; boîte de 6 - Remb. 65 % - Liste I

Laboratoires Sandoz

COMPOSITION

	p. comp.	p. suppos.
Noramidopyrine	125 mg	375 mg
Caféine	25 mg	75 mg

INDICATIONS

Ce médicament associe un *antalgique* puissant (la noramidopyrine) et de la caféine.

Il est utilisé dans le *traitement symptomatique* de la douleur qui résiste aux autres antalgiques.

CONTRE-INDICATIONS

Ce médicament ne doit pas être utilisé dans les cas suivants :
- *allergie* à la noramidopyrine, à l'amidopyrine ou à l'aspirine ;
- *antécédents* d'*agranulocytose* ;
- enfant de moins de 15 ans.

> **ATTENTION**
> La prise de ce médicament expose à un risque très rare mais grave, l'*agranulocytose* (disparition des *globules blancs* du sang). Elle peut se manifester par une fièvre élevée, une angine, des aphtes. L'une de ces manifestations impose l'arrêt immédiat du traitement et des analyses de sang : prévenez d'urgence votre médecin.
> Ce médicament vous a été prescrit dans une situation précise : ne le conseillez pas à une autre personne. Ses effets indésirables sur le sang sont imprévisibles et peuvent survenir après une seule prise.

GROSSESSE, ALLAITEMENT ET NOUVEAU-NÉ

Grossesse :

L'effet de ce médicament pendant la grossesse est mal connu : seul votre médecin peut évaluer le risque éventuel de son utilisation dans votre cas.

Allaitement :

Ce médicament passe dans le lait maternel : il est déconseillé pendant l'allaitement.

MODE D'EMPLOI ET POSOLOGIE

Les comprimés doivent être avalés avec un verre d'eau.

Posologie usuelle :
- Adulte : 2 comprimés, 1 à 3 fois par jour ou 1 ou 2 suppositoires par jour, selon l'intensité de la douleur.

> Une éventuelle coloration rouge des urines est normale et traduit l'élimination du médicament.
> Les suppositoires doivent être conservés à l'abri de la chaleur.

EFFETS INDÉSIRABLES POSSIBLES

Parfois : réactions allergiques.

Exceptionnellement : *agranulocytose*.

Dus à la présence de caféine : excitation, insomnie, *palpitations*.

OPTICRON

cromoglycate de sodium

PRÉSENTATION

OPTICRON : collyre ; flacon 5 ml - Remb. 65 % - Liste II

OPTICRON : collyre ; boîte de 20 ampoules unidoses 0,35 ml - Non remb. - Liste II

OPTICRON : pommade ophtalmique ; tube 5 g - Non remb. - Liste II

Laboratoires Fisons

COMPOSITION

	p. fl.	p. amp.	p. 100 g
Cromoglycate de sodium	100 mg	7 mg	4 g
Benzalkonium chlorure	0,5 mg		

INDICATIONS

Ce médicament est un antiallergique.

Il est utilisé dans le traitement des *allergies* oculaires.

> **ATTENTION**
> En cas d'*allergie* aux *antiseptiques* de la famille des *ammoniums quaternaires*, n'utilisez pas le collyre en flacon de 5 ml du fait de la présence de benzalkonium.

INTERACTIONS MÉDICAMENTEUSES

Ce collyre peut interagir avec d'autres collyres : respectez un intervalle de 15 minutes entre deux instillations.

GROSSESSE, ALLAITEMENT ET NOUVEAU-NÉ

L'effet de ce médicament pendant la grossesse ou l'allaitement est mal connu : seul votre médecin peut évaluer le risque éventuel de son utilisation dans votre cas.

MODE D'EMPLOI ET POSOLOGIE

Tirer la paupière inférieure vers le bas tout en regardant vers le haut et déposer une goutte de collyre ou de la pommade entre la paupière et le globe oculaire (*cul-de-sac conjonctival*).

Une ampoule unidose permet une instillation dans chaque œil et doit être jetée après usage.

Posologie usuelle :

Collyre : 1 goutte dans chaque œil, 2 à 6 fois par jour.

Pommade ophtalmique : appliquer l'équivalent d'un grain de riz, 3 fois par jour, ou en complément du collyre, 1 fois par jour.

> Le port de lentilles de contact est déconseillé en cas d'irritation oculaire ; elles ne devront être réutilisées qu'après arrêt complet du traitement.
> La vision est troublée par l'application de la pommade. Ce trouble disparaît en quelques minutes.
> L'application correcte du produit peut nécessiter une aide, notamment chez une personne handicapée ou âgée.
> Ne conservez pas la pommade plus de 30 jours après une première utilisation.

OPTIDEX

dexaméthasone, néomycine, polymyxine B

PRÉSENTATION

OPTIDEX : collyre ; flacon compte-gouttes 5 ml - Remb. 65 % - Liste I

Laboratoires Fisons

COMPOSITION

	p. 100 ml
Dexaméthasone métasulfobenzoate sodique	0,050 g
Néomycine sulfate	1 g
Polymyxine B sulfate	1 MUI

INDICATIONS

Ce collyre contient un *corticoïde* et des *antibiotiques* dont un de la famille des *aminosides*.

Il est utilisé dans le traitement des affections inflammatoires et infectieuses de l'œil.

CONTRE-INDICATIONS

Ce collyre ne doit pas être utilisé dans les cas suivants :
- *allergie* aux *antibiotiques* de la famille des *aminosides* ou à la polymyxine B ;
- *kératite* virale, *mycose* oculaire ;
- *tuberculose* oculaire ;
- *antécédent* personnel ou familial de *glaucome*.

> **ATTENTION**
> Certaines contre-indications ne peuvent être détectées que par un ophtalmologiste : ne réutilisez pas ce médicament sans avis médical.
> En l'absence d'amélioration après quelques jours de traitement, n'hésitez pas à consulter votre médecin.

INTERACTIONS MÉDICAMENTEUSES

Ce médicament peut interagir avec d'autres collyres : respectez un intervalle de 15 minutes entre deux instillations.

GROSSESSE, ALLAITEMENT ET NOUVEAU-NÉ

L'effet de ce médicament pendant la grossesse ou l'allaitement est mal connu : seul votre médecin peut évaluer le risque éventuel de son utilisation dans votre cas.

MODE D'EMPLOI ET POSOLOGIE

Tirer la paupière inférieure vers le bas tout en regardant vers le haut et déposer les gouttes de collyre entre la paupière et le globe oculaire (*cul-de-sac conjonctival*).

Posologie usuelle :

1 ou 2 gouttes, 2 à 4 fois par jour.

> Le port de lentilles de contact doit être immédiatement interrompu en cas d'infection oculaire et les lentilles ne doivent pas être réutilisées avant guérison complète.
> L'application correcte du produit peut nécessiter une aide, notamment chez une personne handicapée ou âgée.

EFFETS INDÉSIRABLES POSSIBLES

Irritation ou réaction allergique locale.

En cas d'utilisation prolongée : *cataracte*, augmentation de la *tension intraoculaire* (*glaucome*), *kératite* superficielle.

OPTILIX

synéphrine, chlorhexidine, acide borique

PRÉSENTATION

OPTILIX : collyre ; flacon 10 ml - Non remb.

Laboratoires Amido

COMPOSITION

	p. 100 ml
Synéphrine chlorhydrate	0,05 g
Chlorhexidine digluconate	0,005 g
Acide borique	1 g

INDICATIONS

C'est un collyre décongestionnant qui contient un *vasoconstricteur* et des *antiseptiques*.

Il est utilisé pour traiter les *conjonctivites* non infectieuses, notamment les irritations dues à des corps étrangers, à des gaz irritants, à des poussières ou à une lumière excessive.

CONTRE-INDICATIONS

Ce médicament ne doit pas être utilisé dans les cas suivants :
- *glaucome* à angle fermé,
- enfant de moins de 2 ans.

> **ATTENTION**
> Une rougeur ou une douleur de l'œil ne correspondent pas toujours à une *conjonctivite*. Des soins urgents peuvent être nécessaires, notamment en cas de vision floue.
> Ce collyre peut provoquer un *glaucome* aigu par fermeture de l'angle chez les personnes prédisposées : œil rouge, dur, douloureux, et flou de la vision. Une consultation d'urgence dans un service spécialisé est alors nécessaire.
> Du fait de la présence d'un *vasoconstricteur*, les instillations répétées doivent

être évitées chez les personnes souffrant d'*angine de poitrine* ou d'*hypertension artérielle*.

Des instillations répétées peuvent provoquer une sensibilité anormale à la lumière, gênante en cas de conduite automobile.

INTERACTIONS MÉDICAMENTEUSES

Ce médicament peut interagir avec d'autres médicaments, notamment les *antidépresseurs* de la famille des *IMAO* non sélectifs (MARSILID, NIAMIDE...). Signalez tout autre traitement en cours à votre médecin ou à votre pharmacien.

GROSSESSE, ALLAITEMENT ET NOUVEAU-NÉ

L'effet de ce médicament pendant la grossesse ou l'allaitement est mal connu. L'évaluation du risque éventuel lié à son utilisation est individuelle : demandez conseil à votre pharmacien ou à votre médecin.

MODE D'EMPLOI ET POSOLOGIE

Tirer la paupière inférieure vers le bas tout en regardant vers le haut et déposer les gouttes de collyre entre la paupière et le globe oculaire (*cul-de-sac conjonctival*).

Posologie usuelle :

- Adulte et enfant de plus de 2 ans : 2 gouttes, 3 ou 4 fois par jour.

Les lentilles de contact ne doivent pas être portées en cas d'irritation oculaire ni réutilisées avant l'arrêt complet du traitement.

L'application correcte du produit peut nécessiter une aide, notamment chez une personne handicapée ou âgée.

Ne conservez pas ce collyre plus de 15 jours après une première utilisation.

EFFETS INDÉSIRABLES POSSIBLES

Glaucome aigu par fermeture de l'angle (voir ATTENTION).

Accélération du cœur, *palpitations* du fait du passage possible du *vasoconstricteur* dans le sang.

OPTIZOR

trinitrine

PRÉSENTATION

OPTIZOR 5 mg/24 h : dispositif transdermique 16 cm² (transparent) ; boîte de 30 - Remb. 65 % - Liste II

OPTIZOR 10 mg/24 h : dispositif transdermique 32 cm² (transparent) ; boîte de 30 - Remb. 65 % - Liste II

Laboratoires Schwarz Pharma

COMPOSITION

	p. disp. 5 mg/24 h	p. disp. 10 mg/24 h
Trinitrine	16 mg	32 mg

INDICATIONS

Ce médicament *vasodilatateur* appartient à la famille des dérivés de la trinitrine. Il possède de nombreuses propriétés qui facilitent le travail du cœur : dilatation des veines, dilatation des artères à forte dose, prévention des spasmes des *artères coronaires*. Le *dispositif transdermique* (timbre) contient la substance active qui traverse la peau, passe dans le sang, et peut agir sur le cœur et les vaisseaux.

Ce médicament est utilisé dans le *traitement préventif* des crises d'*angine de poitrine*.

CONTRE-INDICATIONS

Ce médicament ne doit pas être utilisé dans les cas suivants :

- *anémie* importante,
- *glaucome*,
- *hypertension intracrânienne*.

ATTENTION

Ce médicament n'est pas adapté au *traitement de la crise* aiguë d'*angine de poitrine* : son action est trop lente à apparaître. C'est un *traitement préventif* qui lutte contre l'apparition des crises.

En cas de malaise, retirez le timbre.

Ne laissez pas le timbre neuf ou usagé à la portée des enfants.

INTERACTIONS MÉDICAMENTEUSES

Ce médicament peut interagir avec d'autres médicaments. Signalez tout autre traitement en cours à votre médecin ou à votre pharmacien.

GROSSESSE, ALLAITEMENT ET NOUVEAU-NÉ

L'effet de ce médicament pendant la grossesse ou l'allaitement est mal connu : seul votre médecin peut évaluer le risque éventuel de son utilisation dans votre cas.

MODE D'EMPLOI ET POSOLOGIE

Il existe deux dosages correspondant à deux surfaces différentes : la quantité de trinitrine qui passe dans le sang est proportionnelle à la surface du *dispositif transdermique* (timbre). Utilisez exclusivement le modèle qui vous a été prescrit. Choisissez une région sèche, pauvre en poils, et dépourvue de grains de beauté ou autres lésions cutanées. Libérez la surface adhésive et appliquez soigneusement le timbre en effectuant une pression sur toute sa surface. Changez d'emplacement tous les jours.

Posologie usuelle :

- Adulte : 1 *dispositif transdermique* (timbre) par jour, à garder pendant une période de 12 à 24 heures selon les indications du médecin.

Si le timbre se décolle accidentellement, remplacez-le par un timbre neuf placé à un autre endroit.

EFFETS INDÉSIRABLES POSSIBLES

Réactions locales : rougeur et démangeaison au point d'application.

Maux de tête parfois violents qui disparaissent après quelques jours de traitement.

Vertiges, hypotension orthostatique.

Rares nausées et vomissements.

OPTRAEX

PRÉSENTATION

OPTRAEX : solution ophtalmique ; flacon 200 ml avec œillère - Non remb.

Laboratoires Etris

COMPOSITION

	p. 100 g
Chlorobutanol	0,02 g
Alcool à 95°	3 g
Acide borique	2 g
Borate de sodium	0,50 g
Acide salicylique	0,02 g
Hamamélis, eau distillée	40 g

INDICATIONS

Cette solution ophtalmique est une lotion oculaire décongestionnante et légèrement *antiseptique*.

Elle est utilisée pour l'hygiène oculaire et dans le traitement des irritations de l'œil et des paupières.

ATTENTION

Une irritation oculaire peut être due à une infection : en cas de doute, n'hésitez pas à consulter votre médecin. N'utilisez pas ce médicament de façon prolongée sans prendre un avis médical.

MODE D'EMPLOI ET POSOLOGIE

Nettoyez préalablement les paupières et les cils avec un morceau de coton imbibé, puis remplissez une œillère de solution et appliquez-la sur l'œil bien ouvert pendant au moins 30 secondes.

Posologie usuelle :

1 à 3 bains oculaires par jour.

L'application correcte du produit peut nécessiter une aide, notamment chez une personne handicapée ou âgée.

ORACÉFAL

céfadroxil

PRÉSENTATION

ORACÉFAL 500 mg : gélule (bleu clair et bleu foncé) ; boîte de 12 - Remb. 65 % - Liste I

ORACÉFAL 500 mg : poudre pour sirop arôme banane-caramel ; flacon 60 ml (12 cuillères-mesure 5 ml) - Remb. 65 % - Liste I

ORACÉFAL 250 mg : poudre pour sirop arôme citron framboise fraise ; flacon 60 ml (12 cuillères-mesure 5 ml) - Remb. 65 % - Liste I

ORACÉFAL 125 mg : poudre pour sirop arôme citron-framboise-fraise ; flacon 60 ml (12 cuillères-mesure 5 ml) - Remb. 65 % - Liste I

Laboratoires Bristol-Myers Squibb

COMPOSITION

	p. gél.	p. c. mes.
Céfadroxil monohydraté	500 mg	500 mg
Saccharose		1,9 g
	p. c. mes.	p. c. mes.
Céfadroxil monohydraté	250 mg	125 mg
Saccharose	1,85 g	2,2 g

INDICATIONS

Cet *antibiotique* appartient à la famille des *céphalosporines*, antibiotiques proches des *pénicillines*, qui sont actives sur un plus grand nombre de *germes* que la pénicilline simple.

Ce médicament est utilisé dans le traitement de diverses maladies infectieuses, notamment celles des poumons, des bronches, du nez, de la gorge ou des oreilles, de l'appareil urinaire.

CONTRE-INDICATIONS

Ce médicament ne doit pas être utilisé en cas d'*allergie* aux *céphalosporines*.

Dans tous les autres cas, le médecin est seul juge pour prescrire ce médicament, notamment en cas d'allergie aux *pénicillines*.

ATTENTION

Si vous souffrez d'*insuffisance rénale*, signalez-le à votre médecin afin qu'il puisse adapter la *posologie*.

Le médecin peut prescrire un prélèvement pour identifier le *germe* responsable de l'infection et tester sa sensibilité aux *antibiotiques*. Le résultat de cet examen peut être faussé en cas d'automédication préalable : ne prenez pas d'antibiotique sans avis médical.

Des *antécédents* d'*allergie* à une *céphalosporine* contre-indiquent l'usage de ce médicament. La survenue de toute manifestation allergique (boutons, *œdème*, malaise) impose l'arrêt immédiat du traitement : consultez votre médecin.

Une diminution de la fièvre ou une disparition des troubles ne sont pas synonymes de guérison : la durée du traitement doit absolument être respectée pour éviter les rechutes.

INTERACTIONS MÉDICAMENTEUSES

Ce médicament peut interagir avec d'autres médicaments. Signalez tout autre traitement en cours à votre médecin ou à votre pharmacien.

GROSSESSE, ALLAITEMENT ET NOUVEAU-NÉ

Grossesse :

Les études scientifiques actuellement disponibles n'ont pas mis en évidence de problème particulier lors de l'utilisation ponctuelle chez la femme enceinte. Seul votre médecin peut apprécier la nécessité du traitement et son risque pendant la grossesse.

Allaitement :

Ce médicament passe dans le lait maternel : l'arrêt de l'allaitement devra être envisagé.

MODE D'EMPLOI ET POSOLOGIE

Les repas ne modifient pas l'absorption du médicament qui peut donc être pris à n'importe quel moment de la journée.

Les sirops doivent être reconstitués avec de l'eau et bien agités avant l'emploi.

Posologie usuelle :

- Adulte : 2 g par jour en 2 prises.
- Enfant et nourrisson : 50 mg par kg et par jour, répartis en 2 prises ; soit par exemple pour un enfant de 20 kg : 2 cuillères-mesure de sirop dosé à 250 mg, matin et soir (4 par jour).

L'éventuelle impression de fatigue n'est pas due à l'*antibiotique*, mais à l'infection elle-même.

Le sirop reconstitué doit être conservé 7 jours à température ambiante.

EFFETS INDÉSIRABLES POSSIBLES

Allergie cutanée.

Choc anaphylactique rare.

ORACILLINE

phénoxyméthylpénicilline

PRÉSENTATION

ORACILLINE 1 million UI : comprimé sécable oblong (blanc) ; boîte de 12 - Remb. 65 % - Liste I

ORACILLINE 500 000 UI : poudre orale ; boîte de 12 sachets - Remb. 65 % - Liste I

ORACILLINE 250 000 UI/5 ml : suspension buvable ; flacon 120 ml (24 cuillères-mesure 5 ml) - Remb. 65 % - Liste I

ORACILLINE 500 000 UI/5 ml : suspension buvable ; flacon 120 ml (24 cuillères-mesure 5 ml) - Remb. 65 % - Liste I

ORACILLINE 1 000 000 UI/10 ml : suspension buvable ; flacon 180 ml (18 cuillères-mesure 10 ml) - Remb. 65 % - Liste I

Laboratoires Scharz Pharma

COMPOSITION

	p. comp.	p. sachet	p. c. mes.
Phénoxyméthylpénicilline	1 million UI	500 000 UI	250 000 UI
		p. c. mes.	p. c. mes.
Phénoxyméthylpénicilline		500 000 UI	1 000 000 UI

INDICATIONS

C'est un *antibiotique* qui appartient à la famille des *pénicillines*.

Il est utilisé dans le traitement de diverses maladies infectieuses, notamment des poumons, des bronches, du nez, de la gorge ou des oreilles, de la peau.

CONTRE-INDICATIONS

Ce médicament ne doit pas être utilisé en cas d'*allergie* aux *pénicillines*.

Ce médicament ne peut être utilisé qu'après avis médical en cas d'allergie aux *céphalosporines*.

ATTENTION

Des précautions sont nécessaires en cas d'*insuffisance rénale*.

Le médecin peut prescrire un prélèvement pour identifier le *germe* responsable de l'infection et tester sa sensibilité aux *antibiotiques*. Le résultat de cet examen peut être faussé en cas d'automédication préalable : ne prenez pas d'antibiotique sans avis médical.

Des *antécédents* d'*allergie* à la *pénicilline* contre-indiquent l'usage de ce médicament. La survenue de toute manifestation allergique (boutons, *œdème*, malaise) impose l'arrêt immédiat du traitement : consultez votre médecin.

Une diminution de la fièvre ou une disparition des *symptômes* ne sont pas synonymes de guérison : la durée du traitement doit absolument être respectée pour éviter les rechutes.

GROSSESSE, ALLAITEMENT ET NOUVEAU-NÉ

Grossesse :

Les études actuellement disponibles n'ont pas mis en évidence de problème particulier lors de l'utilisation chez la femme enceinte. Seul votre médecin peut apprécier la nécessité du traitement et son risque pendant la grossesse.

Allaitement :

Ce médicament passe dans le lait maternel : l'arrêt de l'allaitement devra être envisagé.

MODE D'EMPLOI ET POSOLOGIE

Le médicament sera pris de préférence un peu avant le repas. Les comprimés et les sachets doivent être pris avec un verre d'eau.

Posologie usuelle :

Elle est très variable en fonction des cas.

À titre indicatif et pour des infections courantes :

- Adulte : 1 000 000 UI, 2 à 4 fois par jour.
- Enfant : 50 000 à 100 000 UI par kg et par jour, répartis en 3 ou 4 prises ; soit par exemple pour un enfant de 15 kg : 1 cuillère-mesure de suspension buvable à 500 000 UI, 3 fois par jour.

L'éventuelle impression de fatigue n'est pas due à l'*antibiotique*, mais à l'infection elle-même.

L'odeur particulière des urines est normale et traduit l'élimination de l'antibiotique.

La suspension buvable peut se conserver 15 jours à température ambiante.

EFFETS INDÉSIRABLES POSSIBLES

Fréquents mais généralement bénins :
- *allergie* cutanée ;
- *troubles digestifs* : nausée, diarrhée ;
- *candidose*.

Rares mais parfois graves :
- œdème de *Quincke*,
- *choc* allergique.

ORALFÈNE

ibuprofène

PRÉSENTATION

ORALFÈNE : gélule (blanc) ; boîte de 20 - Non remb.

Laboratoires Pierre Fabre

COMPOSITION

	p. gél.
Ibuprofène	200 mg

INDICATIONS

Ce médicament est un *anti-inflammatoire* non stéroïdien (*AINS*). Il possède à faible dose des propriétés *antalgiques* et *antipyrétiques* proches de celles de l'aspirine.

Il est utilisé dans le *traitement symptomatique* de la fièvre, des maux de tête, des douleurs dentaires, des douleurs des muscles et des articulations, et des règles douloureuses.

CONTRE-INDICATIONS

Ce médicament ne doit pas être utilisé dans les cas suivants :
- *allergie* aux *AINS*, y compris l'aspirine ;
- *ulcère* de l'estomac ou du *duodénum* ;
- *insuffisance rénale*, *insuffisance hépatique* graves ;
- *lupus érythémateux* disséminé ;
- **grossesse** (3 derniers mois) ;
- **allaitement.**

ATTENTION

Tout traitement prolongé ou surdosage d'*AINS* expose à des effets indésirables graves.

Des précautions sont nécessaires en cas d'*antécédent* d'*ulcère* de l'estomac ou du *duodénum*, de risque hémorragique, de troubles de la vue et en cas de contraception par un stérilet.

Conducteur : ce médicament peut provoquer parfois des étourdissements.

INTERACTIONS MÉDICAMENTEUSES

Ce médicament peut interagir avec d'autres médicaments, notamment :
- l'aspirine et les autres *anti-inflammatoires* non stéroïdiens : risque d'accroissement des effets indésirables ;
- les *anticoagulants* et les *antiagrégants plaquettaires* (TICLID...) : augmentation du risque hémorragique ;
- le *lithium* (TÉRALITHE, NEUROLITHIUM...) : augmentation du taux de lithium dans le sang.

Signalez tout autre traitement en cours à votre médecin ou à votre pharmacien.

GROSSESSE, ALLAITEMENT ET NOUVEAU-NÉ

Grossesse :

Des effets néfastes graves pour la mère et l'enfant ont été mis en évidence lorsque ce médicament, comme tous les *AINS*, est utilisé au cours des 3 derniers mois de la grossesse : son usage est formellement contre-indiqué pendant cette période.

Pendant les 6 premiers mois, l'effet de ce médicament est mal connu. L'évaluation du risque éventuel lié à son utilisation est individuelle : demandez conseil à votre pharmacien ou à votre médecin.

Allaitement :

Ce médicament passe faiblement dans le lait maternel : par mesure de prudence, il est déconseillé pendant l'allaitement.

MODE D'EMPLOI ET POSOLOGIE

Afin de limiter l'apparition de *troubles digestifs*, les gélules peuvent être prises au cours des repas, accompagnées d'un grand verre d'eau. Toutefois, dans les douleurs aiguës, la prise à jeun assure un effet plus rapide.

Ce médicament est réservé à l'adulte.

Posologie usuelle :
- Adulte : 1 ou 2 gélules par prise, à renouveler si nécessaire toutes les 4 à 6 heures, sans dépasser 6 gélules par jour.

Respectez rigoureusement la *posologie* recommandée par votre pharmacien. Si les *symptômes* persistent malgré un traitement bien suivi, ne prolongez pas inutilement la prise de ce médicament et consultez votre médecin.

EFFETS INDÉSIRABLES POSSIBLES

Gastrite, douleurs abdominales.

Exceptionnels : *vertiges*, maux de tête.

Allergie cutanée : éruptions, démangeaisons, *œdème*.

Asthme.

Rares mais parfois graves : *hémorragie* du tube digestif (vomissements sanglants, selles noires, ou plus souvent pertes de sang imperceptibles responsables de l'apparition progressive d'une *anémie*).

ORALGAN

paracétamol

PRÉSENTATION

ORALGAN : capsule (vert et blanc) ; boîte de 24 - Non remb.

ORALGAN Enfant et Nourrisson : solution buvable arôme cerise ; flacon 90 ml - Non remb.

Laboratoires Pierre Fabre

COMPOSITION

	p. caps.	p. c. mes.
Paracétamol	325 mg	60 mg

INDICATIONS

Ce médicament est un *antalgique* et un *antipyrétique* qui contient du paracétamol.

Il est utilisé :
- pour faire baisser la fièvre,
- dans le traitement des affections douloureuses.

CONTRE-INDICATIONS

Ce médicament ne doit pas être utilisé dans les cas suivants :
- maladies graves du foie,
- enfants de moins de 6 ans (capsule).

ATTENTION

De nombreux médicaments contiennent du paracétamol : en tenir compte en cas de prise conjointe car le surdosage en paracétamol peut être toxique pour le foie.

GROSSESSE, ALLAITEMENT ET NOUVEAU-NÉ

Grossesse :

Les études scientifiques actuellement disponibles n'ont pas mis en évidence de problème particulier lors de l'utilisation chez la femme enceinte.

Allaitement :

Aux doses usuelles, l'usage de ce médicament est possible pendant l'allaitement.

MODE D'EMPLOI ET POSOLOGIE

Ce médicament peut être pris indifféremment au cours ou en dehors des repas.

La solution buvable peut être avalée pure ou diluée dans un peu d'eau ou de lait.

Respecter un intervalle minimal de 4 heures entre 2 prises.

Posologie usuelle :
- Adulte : 1 à 3 capsules lors de la première prise, puis 1 ou 2 capsules toutes les 4 heures.
- Enfant de 6 à 15 ans : 1 capsule, 1 à 4 fois par jour ou 3 cuillères-mesure, 4 fois par jour.
- Enfant de 3 à 6 ans : 3 cuillères-mesure, 3 fois par jour.
- Enfant de 1 à 3 ans : 2 cuillères-mesure, 3 ou 4 fois par jour.
- Nourrisson de moins de 1 an : 1 cuillère-mesure, 3 ou 4 fois par jour.
- Insuffisant rénal : respecter un intervalle de 8 heures entre chaque prise.

Des sueurs abondantes accompagnent généralement la baisse de température lors du traitement des fièvres élevées. Ce phénomène est normal.

EFFETS INDÉSIRABLES POSSIBLES

Ce médicament est très bien supporté. Les effets indésirables sont rares : *allergies* cutanées essentiellement.

ORALGAN CODÉINE

paracétamol, codéine

PRÉSENTATION

ORALGAN CODÉINE : comprimé (orange clair) ; boîte de 16 - Remb. 65 %

Laboratoires Pierre Fabre

COMPOSITION

	p. comp.
Paracétamol	300 mg
Codéine phosphate	25 mg
Sulfites	+

INDICATIONS

Ce médicament contient deux *antalgiques* : le paracétamol, qui empêche la transmission de la douleur, et la codéine, qui agit directement sur le cerveau.

Il est utilisé dans le *traitement symptomatique* de la douleur ou de la fièvre.

CONTRE-INDICATIONS

Ce médicament ne doit pas être utilisé dans les cas suivants :
- maladie grave du foie,
- *insuffisance respiratoire*.

ATTENTION

De nombreux médicaments contiennent du paracétamol : en tenir compte en cas

de prise conjointe car le surdosage en paracétamol peut être toxique pour le foie.
Évitez les boissons alcoolisées : augmentation du risque de somnolence.
Conducteur : ce médicament peut être responsable d'une somnolence ou d'une baisse de la vigilance.

INTERACTIONS MÉDICAMENTEUSES

Ce médicament peut interagir avec d'autres médicaments, notamment chez la personne âgée. Signalez tout autre traitement en cours à votre médecin ou à votre pharmacien.

GROSSESSE, ALLAITEMENT ET NOUVEAU-NÉ

Grossesse :
Ce médicament contient de la codéine : il est déconseillé en automédication pendant la grossesse.

Allaitement :
Ce médicament passe dans le lait maternel : l'allaitement est déconseillé.

MODE D'EMPLOI ET POSOLOGIE

Ce médicament est destiné à l'adulte.
Il peut être pris indifféremment avant, pendant ou après les repas.
Les comprimés doivent être avalés avec un verre d'eau.
Respectez un intervalle minimal de 4 heures entre 2 prises.

Posologie usuelle :
- Adulte : 2 à 4 comprimés par jour.

EFFETS INDÉSIRABLES POSSIBLES

Liés au paracétamol : *allergie* exceptionnelle.
Liés à la codéine : constipation ; plus rarement : somnolence, *troubles digestifs*, états vertigineux.

ORAP
pimozide

PRÉSENTATION

ORAP 1 : comprimé (rose pâle) ; boîte de 30 - Remb. 65 % - Liste I

ORAP : solution buvable 2,5 mg/ml ; flacon 30 ml (1 ml = 25 gouttes) - Remb. 65 % - Liste I

ORAP 4 : comprimé (vert pâle) ; boîte de 30 - Remb. 65 % - Liste I

Laboratoires Janssen

COMPOSITION

	p. comp.	p. ml	p. comp.
Pimozide	1 mg	2,5 mg	4 mg

INDICATIONS

C'est un médicament qui appartient à la famille des *neuroleptiques*.
Il est utilisé dans le traitement de certains troubles nerveux accompagnés de troubles de l'*humeur*, et également dans le traitement des tics.

CONTRE-INDICATIONS

Ce médicament ne doit pas être utilisé en association avec les médicaments contenant de la lévodopa.

ATTENTION

La guérison peut nécessiter un traitement prolongé ; une amélioration survenant en début de traitement ne doit pas conduire à l'arrêter sans l'avis de votre médecin.
En cas de survenue d'une fièvre inexpliquée, suspendez la prise de ce médicament, et alertez immédiatement votre médecin.
Des précautions sont nécessaires chez la personne âgée et en cas d'*épilepsie*, d'*insuffisance rénale*, d'*insuffisance hépatique* ou de maladie de *Parkinson*.
Évitez les boissons alcoolisées : augmentation du risque de somnolence.
Conducteur : ce médicament peut être responsable d'une somnolence ou d'une baisse de la vigilance.

INTERACTIONS MÉDICAMENTEUSES

Ce médicament ne doit pas être associé avec les médicaments contenant de la lévodopa (LARODOPA, MODOPAR, SINEMET...) : risque d'annulation de leurs effets.
Il peut interagir avec d'autres médicaments, notamment les *antihypertenseurs* et les *sédatifs*. Signalez tout autre traitement en cours à votre médecin ou à votre pharmacien.

GROSSESSE, ALLAITEMENT ET NOUVEAU-NÉ

Grossesse et nouveau-né :
Si une grossesse survient pendant le traitement, consultez votre médecin. Il appréciera le risque éventuel lié à l'utilisation de ce médicament dans votre cas. Si le traitement est poursuivi jusqu'à l'accouchement, une surveillance médicale du *nouveau-né* est nécessaire.

Allaitement :
Ce médicament passe dans le lait maternel : l'allaitement est déconseillé.

MODE D'EMPLOI ET POSOLOGIE

Ce médicament doit être pris de préférence le soir au coucher.

Posologie usuelle :
- Adulte et enfant de plus de 6 ans : la *posologie* est variable selon les cas.

EFFETS INDÉSIRABLES POSSIBLES

Somnolence.
Mouvements involontaires, tremblements, raideur anormale, grimaces involontaires.
Absence de règles, augmentation du volume des seins, écoulement de lait par le mamelon.
Prise de poids.

ORBÉNINE
cloxacilline

PRÉSENTATION

ORBÉNINE 500 mg : gélule (orange et blanc) ; boîte de 16 - Remb. 65 % - Liste I

ORBÉNINE 1 g : préparation injectable *I.M.* ; flacon de poudre et ampoule de solvant 5 ml - Remb. 65 % - Liste I

Laboratoires SmithKline Beecham

COMPOSITION

	p. gél.	p. fl.
Cloxacilline	500 mg	1 g
Alcool benzylique		150 mg

INDICATIONS

C'est un *antibiotique* qui appartient à la famille des *pénicillines* M. Cette famille est particulièrement efficace contre les *staphylocoques*, *germes* capables d'inactiver la pénicilline simple.
Ce médicament est utilisé dans le traitement de diverses maladies infectieuses, notamment celles des poumons, des bronches, du nez, de la gorge ou des oreilles, de l'appareil urinaire, de la peau ou des os.

CONTRE-INDICATIONS

Ce médicament ne doit pas être utilisé en cas d'*allergie* aux *pénicillines*.
Ce médicament ne peut être utilisé qu'après avis médical en cas d'allergie aux *céphalosporines*.

ATTENTION

Des précautions sont nécessaires chez le *nourrisson* de moins de 3 mois, en raison de la nature du solvant de l'ampoule injectable (alcool benzylique).
Le médecin peut prescrire un prélèvement pour identifier le *germe* responsable de l'infection et tester sa sensibilité à l'*antibiotique*. Le résultat de cet examen peut être faussé en cas d'automédication préalable : ne prenez pas d'antibiotique sans avis médical.
Des *antécédents* d'*allergie* à la *pénicilline* contre-indiquent l'usage de ce médicament. La survenue de toute manifestation allergique (boutons, *œdème*, malaise) impose l'arrêt immédiat du traitement : consultez votre médecin.
Une diminution de la fièvre ou une disparition des *symptômes* ne sont pas synonymes de guérison : la durée du traitement doit absolument être respectée pour éviter les rechutes.

GROSSESSE, ALLAITEMENT ET NOUVEAU-NÉ

Grossesse :
Les études scientifiques actuellement disponibles n'ont pas mis en évidence de problème particulier lors de l'utilisation chez la femme enceinte. Seul votre médecin peut apprécier la nécessité du traitement et son risque pendant la grossesse.

Allaitement :
Ce médicament passe dans le lait maternel : l'arrêt de l'allaitement devra être envisagé.

MODE D'EMPLOI ET POSOLOGIE

Les gélules doivent être avalées avec un liquide quelconque, de préférence une demi-heure avant les repas.
La solution injectable est obtenue en mélangeant la poudre avec l'ampoule de solvant. Elle doit alors être injectée par *voie intramusculaire*, mais jamais par voie in-

traveineuse. Aucun autre produit ne doit être mélangé au contenu du flacon.

Posologie usuelle :

Elle varie en fonction des indications. La solution injectable est réservée aux infections graves.

À titre indicatif et pour des infections courantes :

- Adulte et enfant de plus de 12 ans : 1 ou 2 gélules matin et soir.
- Enfant de moins de 12 ans : 1 gélule matin et soir.

Solution injectable : 50 à 100 mg par kg et par jour.

> L'éventuelle impression de fatigue n'est pas due à l'*antibiotique*, mais à l'infection elle-même.
>
> L'odeur particulière des urines est normale et traduit l'élimination de l'antibiotique.
>
> La solution injectable reconstituée ne se conserve pas et doit être utilisée sans délai.

EFFETS INDÉSIRABLES POSSIBLES

Fréquents mais généralement bénins :
- douleur au point d'injection pour la forme injectable,
- *allergie* cutanée,
- *troubles digestifs* : nausée, diarrhée.

Rare mais parfois grave :
- œdème de *Quincke*.

Exceptionnel :
- *choc* allergique.

ORELOX
cefpodoxime

PRÉSENTATION

ORELOX : comprimé (blanc) ; boîte de 10 - Remb. 65 % - Liste I

Laboratoires Diamant

COMPOSITION

	p. comp.
Cefpodoxime	100 mg

INDICATIONS

Cet *antibiotique* appartient à la famille des *céphalosporines*, antibiotiques proches des *pénicillines*, qui sont actives sur un plus grand nombre de *germes* que la pénicilline simple.

Ce médicament est utilisé dans le traitement de diverses maladies infectieuses, notamment celles des poumons, des bronches, de la gorge et des sinus.

CONTRE-INDICATIONS

Ce médicament ne doit pas être utilisé en cas d'*allergie* aux *céphalosporines*.

Dans tous les autres cas, le médecin est seul juge pour prescrire ce médicament, notamment en cas d'allergie aux *pénicillines*.

> **ATTENTION**
>
> Si vous souffrez d'*insuffisance rénale*, signalez-le à votre médecin afin qu'il puisse adapter la *posologie*.
>
> Le médecin peut prescrire un prélèvement pour identifier le *germe* responsable de l'infection et tester sa sensibilité aux *antibiotiques*. Le résultat de cet examen peut être faussé en cas d'automédication préalable : ne prenez pas d'antibiotique sans avis médical.
>
> Des *antécédents* d'*allergie* à une *céphalosporine* contre-indiquent l'usage de ce médicament. La survenue de toute manifestation allergique (boutons, *œdème*, malaise) impose l'arrêt immédiat du traitement ; de même, la survenue d'une diarrhée importante doit vous conduire à alerter votre médecin.
>
> Une diminution de la fièvre ou une disparition des troubles ne sont pas synonymes de guérison : la durée du traitement doit absolument être respectée pour éviter les rechutes.

INTERACTIONS MÉDICAMENTEUSES

Ce médicament peut interagir avec d'autres médicaments. Signalez tout autre traitement en cours à votre médecin ou à votre pharmacien.

GROSSESSE, ALLAITEMENT ET NOUVEAU-NÉ

L'effet de ce médicament pendant la grossesse ou l'allaitement est mal connu : seul votre médecin peut évaluer le risque éventuel de son utilisation dans votre cas.

MODE D'EMPLOI ET POSOLOGIE

Ce médicament doit être pris pendant les repas.

Posologie usuelle :

1 ou 2 comprimés, matin et soir.

> L'éventuelle impression de fatigue n'est pas due à l'*antibiotique*, mais à l'infection elle-même.

EFFETS INDÉSIRABLES POSSIBLES

Troubles digestifs : nausée et diarrhée.

Allergie cutanée.

Choc anaphylactique rare.

ORGAMÉTRIL
lynestrénol

PRÉSENTATION

ORGAMÉTRIL : comprimé (blanc) ; boîte de 2 plaquettes de 15 - Remb. 65 % - Liste I

Laboratoires Organon

COMPOSITION

	p. comp.
Lynestrénol	5 mg

INDICATIONS

Ce médicament est une *hormone* dont l'effet est proche de celui de la *progestérone*. Son action s'oppose à celle des *estrogènes*.

Il est utilisé dans le traitement :
- de certains *symptômes* (troubles des règles, tension des seins...), notamment lors de la *préménopause* ;
- des saignements dus à un *fibrome* ;
- de l'*endométriose*.

Il peut également être utilisé comme *contraceptif*.

CONTRE-INDICATIONS

Ce médicament ne doit pas être utilisé dans les cas suivants :
- *antécédent* d'*accident thrombo-embolique* (*phlébite*, *embolie* pulmonaire...) ;
- maladie grave du foie ;
- **grossesse** ;
- **allaitement**.

> **ATTENTION**
>
> Des précautions sont nécessaires en cas de mauvaise circulation du sang, d'*hypertension artérielle*, de diabète ou d'*antécédent* d'*infarctus du myocarde*.
>
> Tout *symptôme* pouvant faire craindre une complication impose l'arrêt du traitement : maux de tête importants et inhabituels, trouble de la vision, élévation franche de la tension artérielle.

GROSSESSE, ALLAITEMENT ET NOUVEAU-NÉ

Grossesse :

Ce médicament est contre-indiqué pendant la grossesse : risque de malformation des organes sexuels chez l'enfant à naître.

Allaitement :

Ce médicament passe dans le lait maternel : son usage est contre-indiqué pendant l'allaitement.

MODE D'EMPLOI ET POSOLOGIE

Ce médicament peut être pris pendant ou entre les repas.

Posologie usuelle :

Elle est strictement individuelle et varie selon les cas.

EFFETS INDÉSIRABLES POSSIBLES

Modification des règles, arrêt des règles, saignement entre les règles, modification du volume des seins.

Acné, *séborrhée*, augmentation de la pilosité.

Prise de poids.

Jambes lourdes.

Troubles digestifs.

Jaunisse associée à des démangeaisons.

Aggravation d'un *état dépressif*.

ORGASULINE RAPIDE 40 UI/ml
insuline

PRÉSENTATION

ORGASULINE RAPIDE 40 UI/ml : solution injectable d'insuline d'action rapide et brève ; flacon 10 ml (400 unités internationales) - Remb. 65 %

Laboratoires Organon

COMPOSITION

	p. ml
Insuline humaine hémisynthétique d'origine porcine	40 UI

INDICATIONS

C'est une *insuline* identique à l'insuline humaine, obtenue par modification de l'insuline de porc. Son action est rapide et brève : son effet apparaît vers la 15e minute qui suit l'injection et s'estompe vers la 6e heure.

Elle est utilisée exclusivement en injection dans le traitement du *diabète*.

ATTENTION

La mise en route du traitement suppose un apprentissage correct pour injecter l'*insuline*, contrôler la *glycémie* au doigt, rechercher le *sucre* et l'acétone dans les urines et tenir un carnet de surveillance.

L'*hypoglycémie* est la principale complication des traitements par l'insuline. Il s'agit le plus souvent de malaises hypoglycémiques sans gravité dont les principaux signes sont : sueurs, tremblements, troubles visuels, vision double, fatigue soudaine, fringale, *vertiges*, difficulté de concentration. En ce cas, le diabétique doit aussitôt absorber 3 à 6 morceaux de sucre ou un sirop sucré.

Beaucoup plus rarement, l'hypoglycémie peut être grave et peut entraîner des troubles du comportement (comparables notamment à l'ébriété), des *convulsions*, voire une perte de connaissance : 1 ampoule de GLUCAGON doit être injectée immédiatement par *voie* sous-cutanée ou intramusculaire, même à travers les vêtements en cas d'agitation. Si le diabétique ne reprend pas conscience dans les minutes qui suivent, prévenez un service d'urgence. Dans le doute, il n'y a pas de danger à injecter du GLUCAGON à un diabétique traité par l'insuline. Dans tous les cas, la prise d'une collation ou d'un repas reste nécessaire.

L'autre complication possible chez le diabétique est la survenue d'une *acidocétose* due à un manque important d'insuline. Elle peut être déclenchée par une infection (qui augmente les besoins en insuline) : grippe, rhume, *cystite*, abcès, etc. Elle se manifeste par une grande fatigue, une soif intense et des *troubles digestifs*. Il faut alors rechercher la présence de sucre et d'acétone dans les urines : la présence des deux en quantité importante confirme le diagnostic. Le traitement par l'insuline ne doit pas être arrêté ; le diabétique doit suivre les consignes de son médecin et, si besoin, le joindre d'urgence.

Évitez la prise de boissons alcoolisées à jeun ou à distance des repas : augmentation du risque d'hypoglycémie.

La concentration de cette solution n'est pas adaptée aux stylos injecteurs ni aux pompes à *perfusion*.

Conducteur : une hypoglycémie peut entraîner un malaise pendant la conduite ou l'utilisation de machines.

INTERACTIONS MÉDICAMENTEUSES

Certains médicaments peuvent déséquilibrer la *glycémie* : signalez votre traitement par l'*insuline* à tout médecin consulté ou à votre pharmacien.

GROSSESSE, ALLAITEMENT ET NOUVEAU-NÉ

Grossesse :

L'*insuline* est adaptée au *diabète* de la femme enceinte ou aux troubles passagers de la *glycémie* pendant la durée de la grossesse.

Allaitement :

Le traitement par l'*insuline* n'est pas une contre-indication à l'allaitement.

MODE D'EMPLOI ET POSOLOGIE

Cette *insuline* est habituellement injectée par *voie* sous-cutanée. Elle ne doit être injectée par voie intramusculaire ou par voie intraveineuse qu'en milieu hospitalier ou sous surveillance médicale.

Les seringues utilisées doivent avoir une graduation en unité d'insuline.

Respectez les horaires et les zones d'injection recommandés par votre médecin.

Posologie usuelle :

Elle est adaptée en fonction des résultats des analyses réalisées par le diabétique ou par son entourage (carnet de surveillance) et des conseils de son médecin.

En cas d'activité sportive, il est préférable d'injecter l'*insuline* à distance des muscles qui travaillent pour éviter une absorption trop rapide. De plus, il est habituellement nécessaire d'adapter les doses d'insuline selon les recommandations du médecin.

Prenez contact avec les associations pour diabétiques : elles diffusent une information utile sur le traitement et la surveillance du *diabète*.

Votre entourage doit savoir reconnaître les signes d'une *hypoglycémie* et pouvoir vous administrer, en cas de perte de connaissance, une ampoule de GLUCAGON. Celle-ci peut être conservée au domicile ou sur le lieu de travail à température ambiante (inférieure à 25 °C) pendant 2 ans. Après reconstitution, la solution ne doit pas être conservée plus d'une semaine au réfrigérateur ni être congelée.

Veillez à ne pas manquer d'insuline ou de seringues, notamment pendant les week-ends et les jours fériés ; lors de vos déplacements, munissez-vous d'une réserve ou de votre ordonnance en cours de validité. Un certificat de traitement par l'insuline peut être nécessaire pour franchir certaines frontières.

Avant une première utilisation, il est préférable de conserver l'insuline dans le bas du réfrigérateur (entre + 2 °C et + 8 °C). Si le flacon a été soumis à des températures comprises entre 22 °C et 35 °C pendant moins de 72 heures, il peut être utilisé mais doit ensuite être conservé au frais.

Pour un meilleur confort, l'insuline doit être sortie du réfrigérateur une heure avant l'injection ou réchauffée dans les mains pendant quelques minutes, puis injectée à température ambiante.

Après une première utilisation, les flacons entamés peuvent être conservés 3 semaines à température ambiante (inférieure à 25 °C) dans un endroit propre et sec et à l'abri de la lumière.

EFFETS INDÉSIRABLES POSSIBLES

Nodules graisseux sous-cutanés.

Rares *allergies*, essentiellement cutanées.

ORGASULINE 30/70 100 UI/ml

insuline

PRÉSENTATION

ORGASULINE 30/70 100 UI/ml : suspension injectable d'*insuline* d'action intermédiaire à début rapide ; boîte de 5 cartouches de 1,5 ml (150 unités internationales) - Remb. 65 %

Laboratoires Organon

COMPOSITION

	p. cartouche
Insuline humaine hémisynthétique d'origine porcine	150 UI
Sulfate de protamine	0,345 mg
Zinc	32,25 µg

INDICATIONS

C'est une *insuline* identique à l'insuline humaine, obtenue par modification de l'insuline de porc. Elle comprend 30 % d'insuline d'action rapide et 70 % d'insuline d'action intermédiaire : son effet apparaît vers la 30e minute qui suit l'injection et s'estompe au bout de 12 à 16 heures.

Elle est utilisée exclusivement en injection dans le traitement du *diabète*, et conditionnée en cartouche adaptée uniquement aux stylos injecteurs.

ATTENTION

La concentration de cette suspension n'est pas adaptée aux seringues ni aux pompes à *perfusion* : risque majeur d'*hypoglycémie* grave par surdosage.

La mise en route du traitement suppose un apprentissage correct pour injecter l'*insuline*, contrôler la *glycémie* au doigt, rechercher le *sucre* et l'acétone dans les urines et tenir un carnet de surveillance.

L'hypoglycémie est la principale complication des traitements par l'insuline. Il s'agit le plus souvent de malaises hypoglycémiques sans gravité dont les principaux signes sont : sueurs, tremblements, troubles visuels, vision double, fatigue soudaine, fringale, *vertiges*, difficulté de concentration. En ce cas, le diabétique doit aussitôt absorber 3 à 6 morceaux de sucre ou un sirop sucré.

Beaucoup plus rarement, l'hypoglycémie peut être grave et entraîner des troubles du comportement (comparables notamment à l'ébriété), des *convulsions*, voire une perte de connaissance : 1 ampoule de GLUCAGON doit être injectée immédiatement par *voie* sous-cutanée ou intramusculaire, même à travers les vêtements en cas d'agitation. Si le diabétique ne reprend pas conscience dans les minutes qui suivent, prévenez un service d'urgence. Dans le doute, il n'y a pas de danger à injecter du GLUCAGON à un diabétique traité par l'insuline. Dans tous les cas, la prise d'une collation ou d'un repas reste nécessaire.

L'autre complication possible chez le diabétique est la survenue d'une *acidocétose* due à un manque important d'insuline. Elle peut être déclenchée par une infection (qui augmente les besoins en insuline) : grippe, rhume, *cystite*, abcès, etc. Elle se manifeste par une grande fatigue, une soif intense et des *troubles digestifs*. Il faut alors rechercher la présence de sucre et d'acétone dans les urines : la présence des deux en quantité importante confirme le diagnostic. Le traitement par l'insuline ne doit pas être arrêté ; le diabétique doit suivre les consignes de son médecin et, si besoin, le joindre d'urgence.

Évitez la prise de boissons alcoolisées à jeun ou à distance des repas : augmentation du risque d'hypoglycémie.

Conducteur : une hypoglycémie peut entraîner un malaise pendant la conduite ou l'utilisation de machines.

INTERACTIONS MÉDICAMENTEUSES

Certains médicaments peuvent déséquilibrer la *glycémie* : signalez votre traitement par l'*insuline* à tout médecin consulté ou à votre pharmacien.

GROSSESSE, ALLAITEMENT ET NOUVEAU-NÉ

Grossesse :

L'*insuline* est adaptée au *diabète* de la femme enceinte ou aux troubles passagers de la *glycémie* pendant la durée de la grossesse.

Allaitement :

Le traitement par l'*insuline* n'est pas une contre-indication à l'allaitement.

MODE D'EMPLOI ET POSOLOGIE

Cette *insuline* doit être injectée uniquement par *voie* sous-cutanée ; son conditionnement en cartouche est exclusivement réservé aux stylos injecteurs prescrits par votre médecin.

Agitez le stylo avant l'injection afin d'homogénéiser la suspension ; purgez ensuite l'air éventuellement contenu dans la cartouche.

L'aiguille doit être changée après chaque injection.

Respectez les horaires et les zones d'injection recommandés.

Posologie usuelle :

Elle est adaptée en fonction des résultats des analyses réalisées par le diabétique ou par son entourage (carnet de surveillance) et des conseils de son médecin.

Il est prudent de disposer d'une *insuline* équivalente pour seringue afin de faire face à une perte ou à un défaut de fonctionnement du stylo.

Si vous utilisez deux stylos destinés à injecter deux insulines, veillez à pouvoir les distinguer facilement.

Pour le maniement précis du stylo, conformez-vous à la notice fournie par le fabricant et veillez à ne pas l'égarer.

En cas d'activité sportive, il est préférable d'injecter l'insuline à distance des muscles qui travaillent pour éviter une absorption trop rapide de l'insuline. De plus, une adaptation des doses d'insuline est habituellement nécessaire selon les conseils du médecin.

Prenez contact avec les associations pour diabétiques : elles diffusent une information utile sur le traitement et la surveillance du *diabète*.

Votre entourage doit savoir reconnaître les signes d'une *hypoglycémie* et pouvoir vous administrer, en cas de perte de connaissance, une ampoule de GLUCAGON. Celle-ci peut être conservée au domicile ou sur le lieu de travail à température ambiante (inférieure à 25 °C) pendant 2 ans. Après reconstitution, la solution ne doit pas être conservée plus d'une semaine au réfrigérateur ni être congelée.

Veillez à ne pas manquer d'insuline ou de seringues, notamment lors des week-ends et jours fériés ; lors de vos déplacements, munissez-vous d'une réserve ou de votre ordonnance en cours de validité. Un certificat de traitement par l'insuline peut être nécessaire pour franchir certaines frontières.

Avant une première utilisation, il est préférable de conserver vos réserves d'insuline dans le bas du réfrigérateur (entre + 2 °C et + 8 °C). Si les cartouches ont été soumises à des températures comprises entre 22 °C et 35 °C pendant moins de 72 heures, elles peuvent être utilisées mais doivent ensuite être conservées au frais.

Après une première utilisation, la cartouche peut être conservée dans le stylo 3 semaines à température ambiante (inférieure à 25 °C) dans un endroit propre et sec, à l'abri de la lumière.

Ne jamais congeler cette insuline.

EFFETS INDÉSIRABLES POSSIBLES

Nodules graisseux sous-cutanés.

Rares *allergies*, essentiellement cutanées.

ORGASULINE NPH 40 UI/ml

insuline

PRÉSENTATION

ORGASULINE NPH 40 UI/ml : suspension injectable d'*insuline* d'action intermédiaire à début rapide ; flacon 10 ml (400 unités internationales) - Remb. 65 %

Laboratoires Organon

COMPOSITION

	p. ml
Insuline humaine hémisynthétique d'origine porcine	40 UI
Sulfate de protamine	0,14 mg
Chlorure de zinc	0,009 mg

INDICATIONS

C'est une *insuline* identique à l'insuline humaine, obtenue par modification de l'insuline de porc. Son action est de durée intermédiaire : son effet apparaît vers la 30e minute qui suit l'injection et s'estompe au bout de 12 à 16 heures.

Elle est utilisée exclusivement en injection dans le traitement du *diabète*.

ATTENTION

La mise en route du traitement suppose un apprentissage correct pour injecter l'*insuline*, contrôler la *glycémie* au doigt, rechercher le *sucre* et l'acétone dans les urines et tenir un carnet de surveillance.

L'*hypoglycémie* est la principale complication des traitements par l'insuline. Il s'agit le plus souvent de malaises hypoglycémiques sans gravité dont les principaux signes sont : sueurs, tremblements, troubles visuels, vision double, fatigue soudaine, fringale, *vertiges*, difficulté de concentration. En ce cas, le diabétique doit aussitôt absorber 3 à 6 morceaux de sucre ou un sirop sucré.

Beaucoup plus rarement, l'hypoglycémie peut être grave et peut entraîner des troubles du comportement (comparables notamment à l'ébriété), des *convulsions*, voire une perte de connaissance : 1 ampoule de GLUCAGON doit être injectée immédiatement par *voie* sous-cutanée ou intramusculaire, même à travers les vêtements en cas d'agitation. Si le diabétique ne reprend pas conscience dans les minutes qui suivent, prévenez un service d'urgence. Dans le doute, il n'y a pas de danger à injecter du GLUCAGON à un diabétique traité par l'insuline. Dans tous les cas, la prise d'une collation ou d'un repas reste nécessaire.

L'autre complication possible chez le diabétique est la survenue d'une *acidocétose* due à un manque important d'insuline. Elle peut être déclenchée par une infection (qui augmente les besoins en insuline) : grippe, rhume, *cystite*, abcès, etc. Elle se manifeste par une grande fatigue, une soif intense et des *troubles digestifs*. Il faut alors rechercher la présence de sucre et d'acétone dans les urines : la présence des deux en quantité importante confirme le diagnostic. Le traitement par l'insuline ne doit pas être arrêté ; le diabétique doit suivre les consignes de son médecin et, si besoin, le joindre d'urgence.

Évitez la prise de boissons alcoolisées à jeun ou à distance des repas : augmentation du risque d'hypoglycémie.

La concentration de cette solution n'est pas adaptée aux stylos injecteurs ni aux pompes à *perfusion*.

Conducteur : une hypoglycémie peut entraîner un malaise pendant la conduite ou l'utilisation de machines.

INTERACTIONS MÉDICAMENTEUSES

Certains médicaments peuvent déséquilibrer la *glycémie* : signalez votre traitement par l'*insuline* à tout médecin consulté ou à votre pharmacien.

GROSSESSE, ALLAITEMENT ET NOUVEAU-NÉ

Grossesse :

L'*insuline* est adaptée au *diabète* de la femme enceinte ou aux troubles passagers de la *glycémie* pendant la durée de la grossesse.

Allaitement :

Le traitement par l'*insuline* n'est pas une contre-indication à l'allaitement.

MODE D'EMPLOI ET POSOLOGIE

Cette *insuline* doit être injectée par *voie* sous-cutanée.

Agitez la suspension avant l'injection afin de l'homogénéiser.

Les seringues utilisées doivent avoir une graduation en unité d'insuline.

Respectez les horaires et les zones d'injection recommandés par votre médecin.

Posologie usuelle :

Elle est adaptée en fonction des résultats des analyses réalisées par le diabétique ou par son entourage (carnet de surveillance) et des conseils de son médecin.

En cas d'activité sportive, il est préférable d'injecter l'*insuline* à distance des muscles qui travaillent pour éviter une absorption trop rapide. De plus, il est habituellement nécessaire d'adapter les doses d'insuline selon les recommandations du médecin.

Prenez contact avec les associations pour diabétiques : elles diffusent une information utile sur le traitement et la surveillance du *diabète*.

Votre entourage doit savoir reconnaître les signes d'une *hypoglycémie* et pouvoir vous administrer, en cas de perte de connaissance, une ampoule de GLUCAGON. Celle-ci peut être conservée au domicile ou sur le lieu de travail à température ambiante (inférieure à 25 °C) pendant 2 ans. Après reconstitution, la solution ne doit pas être conservée plus d'une semaine au réfrigérateur ni être congelée.

Veillez à ne pas manquer d'insuline ou de seringues, notamment pendant les week-ends et les jours fériés ; lors de vos déplacements, munissez-vous d'une réserve ou de votre ordonnance en cours de validité. Un certificat de traitement par l'insuline peut être nécessaire pour franchir certaines frontières.

Avant une première utilisation, il est préférable de conserver l'insuline dans le bas du réfrigérateur (entre + 2 °C et + 8 °C). Si le flacon a été soumis à des températures comprises entre 22 °C et 35 °C pendant moins de 72 heures, il peut être utilisé mais doit ensuite être conservé au frais.

Cette insuline ne doit pas être congelée.

Pour un meilleur confort, l'insuline doit être sortie du réfrigérateur une heure avant l'injection ou réchauffée dans les mains pendant quelques minutes, puis injectée à température ambiante.

Après une première utilisation, les flacons entamés peuvent être conservés 3 semaines à température ambiante (inférieure à 25 °C) dans un endroit propre et sec et à l'abri de la lumière.

EFFETS INDÉSIRABLES POSSIBLES

Nodules graisseux sous-cutanés.

Rares *allergies*, essentiellement cutanées.

ORGASULINE NPH 100 UI/ml

insuline

PRÉSENTATION

ORGASULINE NPH 100 UI/ml : suspension injectable d'*insuline* d'action intermédiaire à début rapide ; boîte de 5 cartouches de 1,5 ml (150 unités internationales) - Remb. 65 %

Laboratoires Organon

COMPOSITION

	p. cartouche
Insuline humaine hémisynthétique d'origine porcine	150 UI
Sulfate de protamine	0,45 à 0,9 mg
Zinc	33,75 µg

INDICATIONS

C'est une *insuline* identique à l'insuline humaine, obtenue par modification de l'insuline de porc. Son action est de durée intermédiaire : son effet débute vers la 30e minute qui suit l'injection et s'estompe au bout de 12 à 16 heures.

Elle est utilisée exclusivement en injection dans le traitement du *diabète*, et conditionnée en cartouche adaptée uniquement aux stylos injecteurs.

ATTENTION

La concentration de cette suspension n'est pas adaptée aux seringues ni aux pompes à *perfusion* : risque majeur d'*hypoglycémie* grave par surdosage.

La mise en route du traitement suppose un apprentissage correct pour injecter l'*insuline*, contrôler la *glycémie* au doigt, rechercher le *sucre* et l'acétone dans les urines et tenir un carnet de surveillance.

L'hypoglycémie est la principale complication des traitements par l'insuline. Il s'agit le plus souvent de malaises hypoglycémiques sans gravité dont les principaux signes sont : sueurs, tremblements, troubles visuels, vision double, fatigue soudaine, fringale, *vertiges*, difficulté de concentration. En ce cas, le diabétique doit aussitôt absorber 3 à 6 morceaux de sucre ou un sirop sucré.

Beaucoup plus rarement, l'hypoglycémie peut être grave et entraîner des troubles du comportement (comparables notamment à l'ébriété), des *convulsions*, voire une perte de connaissance : 1 ampoule de GLUCAGON doit être injectée immédiatement par *voie* sous-cutanée ou intramusculaire, même à travers les vêtements en cas d'agitation. Si le diabétique ne reprend pas conscience dans les minutes qui suivent, prévenez un service d'urgence. Dans le doute, il n'y a pas de danger à injecter du GLUCAGON à un diabétique traité par l'insuline. Dans tous les cas, la prise d'une collation ou d'un repas reste nécessaire.

L'autre complication possible chez le diabétique est la survenue d'une *acidocétose* due à un manque important d'insuline. Elle peut être déclenchée par une infection (qui augmente les besoins en insuline) : grippe, rhume, *cystite*, abcès, etc. Elle se manifeste par une grande fatigue, une soif intense et des *troubles digestifs*. Il faut alors rechercher la présence de sucre et d'acétone dans les urines : la présence des deux en quantité importante confirme le diagnostic. Le traitement par l'insuline ne doit pas être arrêté ; le diabétique doit suivre les consignes de son médecin et, si besoin, le joindre d'urgence.

Évitez la prise de boissons alcoolisées à jeun ou à distance des repas : augmentation du risque d'hypoglycémie.

Conducteur : une hypoglycémie peut entraîner un malaise pendant la conduite ou l'utilisation de machines.

INTERACTIONS MÉDICAMENTEUSES

Certains médicaments peuvent déséquilibrer la *glycémie* : signalez votre traitement par l'*insuline* à tout médecin consulté ou à votre pharmacien.

GROSSESSE, ALLAITEMENT ET NOUVEAU-NÉ

Grossesse :

L'*insuline* est adaptée au *diabète* de la femme enceinte ou aux troubles passagers de la *glycémie* pendant la durée de la grossesse.

Allaitement :

Le traitement par l'*insuline* n'est pas une contre-indication à l'allaitement.

MODE D'EMPLOI ET POSOLOGIE

Cette *insuline* doit être injectée uniquement par *voie* sous-cutanée ; son conditionnement en cartouche est exclusivement réservé aux stylos injecteurs prescrits par votre médecin.

Agitez le stylo avant l'injection afin d'homogénéiser la suspension ; purgez ensuite l'air éventuellement contenu dans la cartouche.

L'aiguille doit être changée après chaque injection.

Respectez les horaires et les zones d'injection recommandés.

Posologie usuelle :

Elle est adaptée en fonction des résultats des analyses réalisées par le diabétique ou par son entourage (carnet de surveillance) et des conseils de son médecin.

Il est prudent de disposer d'une *insuline* équivalente pour seringue afin de faire face à une perte ou à un défaut de fonctionnement du stylo.

Si vous utilisez deux stylos destinés à injecter deux insulines, veillez à pouvoir les distinguer facilement.

Pour le maniement précis du stylo, conformez-vous à la notice fournie par le fabricant et veillez à ne pas l'égarer.

En cas d'activité sportive, il est préférable d'injecter l'insuline à distance des muscles qui travaillent pour éviter une absorption trop rapide de l'insuline. De plus, une adaptation des doses d'insuline est habituellement nécessaire selon les conseils du médecin.

Prenez contact avec les associations pour diabétiques : elles diffusent une information utile sur le traitement et la surveillance du *diabète*.

Votre entourage doit savoir reconnaître les signes d'une *hypoglycémie* et pouvoir vous administrer, en cas de perte de connaissance, une ampoule de GLUCAGON. Celle-ci peut être conservée au domicile ou sur le lieu de travail à température ambiante (inférieure à 25 °C) pendant 2 ans. Après reconstitution, la solution ne doit pas être conservée plus d'une semaine au réfrigérateur ni être congelée.

Veillez à ne pas manquer d'insuline ou de seringues, notamment lors des week-ends et jours fériés ; lors de vos déplacements, munissez-vous d'une réserve ou de votre ordonnance en cours de validité. Un certificat de traitement par l'insuline peut être nécessaire pour franchir certaines frontières.

Avant une première utilisation, il est préférable de conserver vos réserves d'insuline dans le bas du réfrigérateur (entre + 2 °C et + 8 °C). Si les cartouches ont été soumises à des températures comprises entre 22 °C et 35 °C pendant moins de 72 heures, elles peuvent être utilisées mais doivent ensuite être conservées au frais.

Après une première utilisation, la cartouche peut être conservée dans le stylo 3 semaines à température ambiante (inférieure à 25 °C) dans un endroit propre et sec, à l'abri de la lumière.

Ne jamais congeler cette insuline.

EFFETS INDÉSIRABLES POSSIBLES

Nodules graisseux sous-cutanés.

Rares *allergies*, essentiellement cutanées.

ORGASULINE RAPIDE 100 UI/ml

insuline

PRÉSENTATION

ORGASULINE RAPIDE 100 UI/ml : solution injectable d'*insuline* d'action rapide et brève ; boîte de 5 cartouches de 1,5 ml (150 unités internationales) - Remb. 65 %

Laboratoires Organon

COMPOSITION

	p. cartouche
Insuline humaine hémisynthétique d'origine porcine	150 UI

INDICATIONS

C'est une *insuline* identique à l'insuline humaine, obtenue par modification de l'insuline de porc. Son action est rapide et brève : son effet apparaît vers la 15e minute qui suit l'injection et s'estompe au bout de la 6e heure.

Elle est utilisée exclusivement en injection dans le traitement du *diabète*, et conditionnée en cartouche adaptée uniquement aux stylos injecteurs.

ATTENTION

La concentration de cette solution n'est pas adaptée aux seringues ni aux pompes à *perfusion* : risque majeur d'*hypoglycémie* grave par surdosage.

La mise en route du traitement suppose un apprentissage correct pour injecter l'*insuline*, contrôler la *glycémie* au doigt, rechercher le *sucre* et l'acétone dans les urines et tenir un carnet de surveillance.

L'hypoglycémie est la principale complication des traitements par l'insuline. Il s'agit le plus souvent de malaises hypoglycémiques sans gravité dont les principaux signes sont : sueurs, tremblements, troubles visuels, vision double, fatigue soudaine, fringale, *vertiges*, difficulté de concentration. En ce cas, le diabétique doit aussitôt absorber 3 à 6 morceaux de sucre ou un sirop sucré.

Beaucoup plus rarement, l'hypoglycémie peut être grave et entraîner des troubles du comportement (comparables notamment à l'ébriété), des *convulsions*, voire une perte de connaissance : 1 ampoule de GLUCAGON doit être injectée immédiatement par *voie* sous-cutanée ou intramusculaire, même à travers les vêtements en cas d'agitation. Si le diabétique ne reprend pas conscience dans les minutes qui suivent, prévenez un service d'urgence. Dans le doute, il n'y a pas de danger à injecter du GLUCAGON à un diabétique traité par l'insuline. Dans tous les cas, la prise d'une collation ou d'un repas reste nécessaire.

L'autre complication possible chez le diabétique est la survenue d'une *acidocétose* due à un manque important d'insuline. Elle peut être déclenchée par une infection (qui augmente les besoins en insuline) : grippe, rhume, *cystite*, abcès, etc. Elle se manifeste par une grande fatigue, une soif intense et des *troubles digestifs*. Il faut alors rechercher la présence de sucre et d'acétone dans les urines : la présence des deux en quantité importante confirme le diagnostic. Le traitement par l'insuline ne doit pas être arrêté ; le diabétique doit suivre les consignes de son médecin et, si besoin, le joindre d'urgence.

Évitez la prise de boissons alcoolisées à jeun ou à distance des repas : augmentation du risque d'hypoglycémie.

Conducteur : une hypoglycémie peut entraîner un malaise pendant la conduite ou l'utilisation de machines.

INTERACTIONS MÉDICAMENTEUSES

Certains médicaments peuvent déséquilibrer la *glycémie* : signalez votre traitement par l'*insuline* à tout médecin consulté ou à votre pharmacien.

GROSSESSE, ALLAITEMENT ET NOUVEAU-NÉ

Grossesse :

L'*insuline* est adaptée au *diabète* de la femme enceinte ou aux troubles passagers de la *glycémie* pendant la durée de la grossesse.

Allaitement :

Le traitement par l'*insuline* n'est pas une contre-indication à l'allaitement.

MODE D'EMPLOI ET POSOLOGIE

Cette *insuline* doit être injectée uniquement par *voie* sous-cutanée ; son conditionnement en cartouche est exclusivement réservé aux stylos injecteurs prescrits par votre médecin.

Avant l'injection, purgez l'air éventuellement contenu dans la cartouche.

L'aiguille doit être changée après chaque injection.

Respectez les horaires et les zones d'injection recommandés.

Posologie usuelle :

Elle est adaptée en fonction des résultats des analyses réalisées par le diabétique ou par son entourage (carnet de surveillance) et des conseils de son médecin.

Il est prudent de disposer d'une *insuline* équivalente pour seringue afin de faire face à une perte ou à un défaut de fonctionnement du stylo.

Si vous utilisez deux stylos destinés à injecter deux insulines, veillez à pouvoir les distinguer facilement.

Pour le maniement précis du stylo, conformez-vous à la notice fournie par le fabricant et veillez à ne pas l'égarer.

En cas d'activité sportive, il est préférable d'injecter l'insuline à distance des muscles qui travaillent pour éviter une absorption trop rapide de l'insuline. De plus, une adaptation des doses d'insuline est habituellement nécessaire selon les conseils du médecin.

Prenez contact avec les associations pour diabétiques : elles diffusent une information utile sur le traitement et la surveillance du *diabète*.

Votre entourage doit savoir reconnaître les signes d'une *hypoglycémie* et pouvoir vous administrer, en cas de perte de connaissance, une ampoule de GLUCAGON. Celle-ci peut être conservée au domicile ou sur le lieu de travail à température ambiante (inférieure à 25 °C) pendant 2 ans. Après reconstitution, la solution ne doit pas être conservée plus d'une semaine au réfrigérateur ni être congelée.

Veillez à ne pas manquer d'insuline ou de seringues, notamment lors des week-ends et jours fériés ; lors de vos déplacements, munissez-vous d'une réserve ou de votre ordonnance en cours de validité. Un certificat de traitement par l'insuline peut être nécessaire pour franchir certaines frontières.

Avant une première utilisation, il est préférable de conserver vos réserves d'insuline dans le bas du réfrigérateur (entre + 2 °C et + 8 °C). Si les cartouches ont été soumises à des températures comprises entre 22 °C et 35 °C pendant moins de 72 heures, elles peuvent être utilisées mais doivent ensuite être conservées au frais.

Après une première utilisation, la cartouche peut être conservée dans le stylo 3 semaines à température ambiante (inférieure à 25 °C), dans un endroit propre et sec, à l'abri de la lumière.

EFFETS INDÉSIRABLES POSSIBLES

Nodules graisseux sous-cutanés.

Rares *allergies*, essentiellement cutanées.

ORNITAÏNE

PRÉSENTATION

ORNITAÏNE : solution buvable ; boîte de 20 ampoules (10 ml) - Remb. 35 %

Laboratoires Schwarz Pharma

COMPOSITION

	p. amp.
Ornithine chlorhydrate	0,050 g
Bétaïne	1 g
Sorbitol	3 g
Pyridoxine chlorhydrate (vitamine B6)	0,005 g
Acide citrique	0,500 g
Oxyde de magnésium	0,080 g

INDICATIONS

Ce médicament est une association de plusieurs substances actives : certaines agissent en facilitant le passage de la bile vers le tube digestif ; le sorbitol hydrate le contenu du tube digestif.

Ce médicament est utilisé dans le *traitement symptomatique* des digestions difficiles.

CONTRE-INDICATIONS

Ce médicament ne doit pas être utilisé en association avec la lévodopa.

ATTENTION

Si vous souffrez d'une obstruction des *voies biliaires* et en cas de douleurs répétitives ou prolongées, ce médicament ne doit pas être pris sans l'avis de votre médecin.

INTERACTIONS MÉDICAMENTEUSES

Ce médicament ne doit pas être associé à la lévodopa (antiparkinsonien) : risque de diminution de l'efficacité de la lévodopa.

GROSSESSE, ALLAITEMENT ET NOUVEAU-NÉ

Grossesse :

L'effet de ce médicament pendant la grossesse est mal connu. L'évaluation du risque éventuel lié à son utilisation est individuelle : demandez conseil à votre pharmacien ou à votre médecin.

Allaitement :

Comme tous les laxatifs, ce médicament est susceptible de freiner les montées de lait.

MODE D'EMPLOI ET POSOLOGIE

Ce médicament doit être pris avant le repas. Le contenu de l'ampoule peut être pris pur ou dilué dans un peu d'eau.

Posologie usuelle :

1 ampoule, 1 à 4 fois par jour.

Ce médicament peut être accompagné d'une alimentation appropriée : parlez-en à votre médecin ou à votre pharmacien.

EFFETS INDÉSIRABLES POSSIBLES

Diarrhée, douleurs abdominales.

OROCAL
calcium

PRÉSENTATION

OROCAL 500 mg : comprimé à sucer (blanc) ; boîte de 60 - Remb. 65 %

Laboratoires Théramex

COMPOSITION

	p. comp.
Carbonate de calcium	1,25 g
Soit calcium	500 mg
Aspartam	+

INDICATIONS

Ce médicament contient une forte quantité de calcium, principal constituant de l'os.

Il est utilisé en cas de régime pauvre en calcium, de besoins accrus (période de croissance, grossesse, allaitement) ou de décalcification osseuse, notamment due à une immobilisation prolongée ou à un traitement à la *cortisone*. Il est également utilisé dans le *traitement d'appoint* de l'*ostéoporose*.

CONTRE-INDICATIONS

Ce médicament ne doit pas être utilisé dans les cas suivants :

- excès de calcium dans le sang ou dans les urines, avec ou sans *lithiase* ;
- immobilisation prolongée ;
- *phénylcétonurie* (présence d'aspartam).

ATTENTION

Des apports excessifs en calcium peuvent être dangereux. N'utilisez pas ce médicament sans avis médical.

Lorsque ce médicament est destiné à traiter une décalcification due à une immobilisation prolongée, il ne doit être pris qu'à la reprise de la marche.

Ce médicament est quelquefois associé à la *vitamine* D, qui favorise son absorption ; dans ce cas, des analyses de sang et d'urine sont parfois nécessaires.

INTERACTIONS MÉDICAMENTEUSES

Ce médicament peut interagir avec d'autres médicaments. Signalez tout autre traitement en cours à votre médecin ou à votre pharmacien.

GROSSESSE, ALLAITEMENT ET NOUVEAU-NÉ

Ce médicament peut être prescrit par votre médecin pendant la grossesse ou l'allaitement.

MODE D'EMPLOI ET POSOLOGIE

Les comprimés doivent être sucés.

Posologie usuelle :

- Adulte : 2 ou 3 comprimés par jour.
- Enfant : 1 ou 2 comprimés par jour, en fonction de l'âge.

La prise de ce médicament ne dispense pas de la consommation régulière de laitages, naturellement riches en calcium.

EFFETS INDÉSIRABLES POSSIBLES

Sensation de bouche sèche.

OROKEN
céfixime

PRÉSENTATION

OROKEN 200 mg : comprimé (blanc) ; boîte de 8 - Remb. 65 % - Liste I

OROKEN 100 mg : granulé pour suspension buvable arôme orange ; boîte de 8 sachets - Remb. 65 % - Liste I

OROKEN ENFANTS 100 mg/5 ml : poudre pour suspension buvable ; flacon 40 ml et pipette doseuse - Remb. 65 % - Liste I

OROKEN 40 mg : granulé pour suspension buvable arôme orange ; boîte de 8 sachets - Remb. 65 % - Liste I

OROKEN NOURRISSONS 40 mg/5 ml : poudre pour suspension buvable ; flacon 40 ml et pipette doseuse - Remb. 65 % - Liste I

Laboratoires Bellon

COMPOSITION

	p. comp.	p. sachet	p. dose
Céfixime	200 mg	100 mg	40 mg
Saccharose		1,9 g	1,56 g

	p. sachet	p. dose
Céfixime	40 mg	100 mg
Saccharose	0,75 g	1,51 g

INDICATIONS

Cet *antibiotique* appartient à la famille des *céphalosporines*, antibiotiques proches des *pénicillines*, qui sont actives sur un plus grand nombre de *germes* que la pénicilline simple.

Ce médicament est utilisé dans le traitement de diverses maladies infectieuses, notamment celles des poumons, des bronches et des oreilles.

CONTRE-INDICATIONS

Ce médicament ne doit pas être utilisé en cas d'*allergie* aux *céphalosporines*.

Dans tous les autres cas, le médecin est seul juge pour prescrire ce médicament, notamment en cas d'allergie aux *pénicillines*.

ATTENTION

Le médecin peut prescrire un prélèvement pour identifier le *germe* responsable de l'infection et tester sa sensibilité aux *antibiotiques*. Le résultat de cet examen peut être faussé en cas d'automédication préalable : ne prenez pas d'antibiotique sans avis médical.

Des *antécédents* d'*allergie* à une *céphalosporine* contre-indiquent l'usage de ce médicament. La survenue de toute manifestation allergique (boutons, œdème, malaise) impose l'arrêt immédiat du traitement ; de même, la survenue d'une diarrhée importante doit vous conduire à alerter votre médecin.

Une diminution de la fièvre ou une disparition des troubles ne sont pas synonymes de guérison : la durée du traitement doit absolument être respectée pour éviter les rechutes.

GROSSESSE, ALLAITEMENT ET NOUVEAU-NÉ

L'effet de ce médicament pendant la grossesse ou l'allaitement est mal connu : seul votre médecin peut évaluer le risque éventuel de son utilisation dans votre cas.

MODE D'EMPLOI ET POSOLOGIE

Les comprimés doivent être avalés avec un peu d'eau, au cours ou en dehors des repas.

Le contenu des sachets peut être avalé tel quel, être croqué, ou être dissous dans de l'eau ou un jus de fruit.

La suspension buvable est reconstituée par addition d'eau jusqu'au trait de jauge. Agiter avant l'emploi.

Posologie usuelle :

- Adulte et enfant de plus de 10 ans : 1 comprimé, matin et soir.
- Enfant de plus de 6 mois : 8 mg par kg et par jour, en 2 prises ; soit par exemple pour un enfant de 10 kg : un sachet à 40 mg, matin et soir.

Suspension buvable : la dose prescrite par prise est indiquée en fonction du poids de l'enfant sur le piston de la pipette graduée en kg. Ainsi, le poids indiqué correspond à la dose pour une prise.

L'éventuelle impression de fatigue n'est pas due à l'*antibiotique*, mais à l'infection elle-même.

La durée de conservation de la suspension buvable reconstituée est de 10 jours.

EFFETS INDÉSIRABLES POSSIBLES

Troubles digestifs : nausée et diarrhée.

Maux de tête, *vertiges*.

Allergie cutanée, fièvre.

Choc anaphylactique rare.

Ne jetez pas les médicaments périmés, rapportez-les chez votre pharmacien

OROMÉDINE

hexamidine, tétracaïne

PRÉSENTATION

OROMÉDINE : *collutoire* arôme menthe ; flacon pressurisé à l'azote 30 g - Remb. 35 %

Laboratoires Millot-Solac

COMPOSITION

	p. 100 g
Hexamidine di-iséthionate	100 mg
Tétracaïne chlorhydrate	50 mg
Essence de menthe	+

INDICATIONS

Ce collutoire contient un *antiseptique* et un *anesthésique* local.

Il est utilisé dans le *traitement d'appoint* des infections de la bouche et de la gorge.

CONTRE-INDICATIONS

Ce médicament ne doit pas être utilisé dans les cas suivants :

- *allergie* aux *anesthésiques* locaux,
- enfant de moins de 30 mois.

ATTENTION

Les traitements locaux (*gargarisme*, *collutoire*, pastille) n'agissent que superficiellement ; dans le cas d'infections profondes de la gorge (angines...), un traitement *antibiotique* est nécessaire pour éviter des complications ultérieures, cardiaques ou rénales.

L'usage prolongé de ce médicament n'est pas souhaitable : il peut modifier l'équilibre microbien naturel de la gorge et favoriser l'apparition de *candidose*.

Une surconsommation pourrait provoquer des troubles nerveux et cardiaques : respectez la *posologie*.

En l'absence d'amélioration au bout de 5 jours, en cas d'apparition de fièvre, consultez votre médecin.

INTERACTIONS MÉDICAMENTEUSES

Il est généralement inutile d'associer des *antiseptiques* différents. Ceux-ci peuvent être contenus dans de nombreux produits disponibles en automédication : pastille, *collutoire* et solution nasale ; demandez conseil à votre pharmacien.

GROSSESSE, ALLAITEMENT ET NOUVEAU-NÉ

L'effet de ce médicament pendant la grossesse ou l'allaitement est mal connu. L'évaluation du risque éventuel lié à son utilisation est individuelle : demandez conseil à votre pharmacien ou à votre médecin.

MODE D'EMPLOI ET POSOLOGIE

Posologie usuelle :

- Adulte et enfant de plus de 30 mois : 6 pulvérisations par jour.

Chez le jeune enfant, la pulvérisation peut provoquer un spasme du larynx : n'introduisez pas trop profondément l'embout dans sa bouche.

Chez l'enfant et la personne âgée, évitez l'usage de ce médicament avant les repas : l'*anesthésique* local est susceptible de provoquer des troubles de la déglutition ; ceux-ci pourraient être à l'origine du passage d'aliments dans les *voies* respiratoires.

EFFETS INDÉSIRABLES POSSIBLES

En cas de réaction allergique cutanée : arrêtez le traitement.

OROMONE

estradiol

PRÉSENTATION

OROMONE : comprimé (bleu) ; boîte de 28 - Non remb. - Liste II

Laboratoires LTM

COMPOSITION

	p. comp.
Estradiol	2 mg

INDICATIONS

Ce médicament contient une *hormone* de la famille des *estrogènes*.

Il est utilisé pour traiter les carences en estrogènes, notamment lors de la *ménopause*.

CONTRE-INDICATIONS

Ce médicament ne doit pas être utilisé dans les cas suivants :

- certaines maladies cardiaques, rénales ou vasculaires, notamment l'*hypertension artérielle* et les *antécédents* de *phlébite* ;
- maladie du foie grave ou récente ;
- certains cancers du sein ou de l'utérus ;
- *tumeur de l'hypophyse* ;
- hémorragie génitale de diagnostic non précisé ;
- certaines maladies rares (*connectivites*) ;
- *porphyrie* ;
- *otosclérose*.

Dans d'autres situations, votre médecin est seul juge pour prescrire ce médicament, notamment en cas d'affections bénignes du sein et de l'utérus, de *diabète*, d'obésité, d'excès de *cholestérol* ou de *triglycérides*.

ATTENTION

Une surveillance médicale et des analyses régulières sont nécessaires avant et pendant la poursuite du traitement. Cette surveillance sera renforcée chez la femme souffrant d'*épilepsie*, de *migraine*, d'*asthme*, de *dépression* ou ayant des *antécédents* familiaux de cancer du sein.

Des maux de tête importants et inhabituels, des troubles de la vision, une élévation franche de la tension artérielle imposent l'arrêt du traitement et la consultation d'un médecin.

INTERACTIONS MÉDICAMENTEUSES

Ce médicament peut interagir avec d'autres médicaments. Signalez tout autre

traitement en cours à votre médecin ou à votre pharmacien.

GROSSESSE, ALLAITEMENT ET NOUVEAU-NÉ

Compte tenu de ses indications, ce médicament n'est pas utilisé chez la femme enceinte ou qui allaite.

MODE D'EMPLOI ET POSOLOGIE

Les comprimés doivent être avalés avec un verre d'eau.

Posologie usuelle :

Elle est strictement individuelle : votre médecin l'adapte en fonction de l'efficacité du traitement.

Chez la femme ménopausée, un *progestatif* est toujours associé aux *estrogènes* pour éviter une stimulation excessive de l'utérus ou des glandes mammaires. La réapparition de règles minimes est possible après chaque interruption de traitement ; vous devez néanmoins en informer votre médecin.

Le tabac augmente le risque d'effets indésirables.

EFFETS INDÉSIRABLES POSSIBLES

Fréquents, mais peu graves : bouffées de chaleur persistantes, insomnie, tension des seins, saignement entre les règles.

Rares, mais potentiellement graves et devant faire interrompre le traitement : *hypertension artérielle*, *accident thrombo-embolique*, jaunisse, maux de tête, augmentation des lipides dans le sang, *diabète*, *nodule* ou douleur importante des seins, *migraine*, troubles de la vue, *vertiges*, aggravation d'une *épilepsie*.

Exceptionnellement : calculs de la vésicule biliaire.

OROPIVALONE-BACITRACINE

tixocortol, bacitracine

PRÉSENTATION

OROPIVALONE-BACITRACINE : comprimé à sucer (blanc) ; boîte de 40 - Remb. 35 % - Liste II

Laboratoires Jouveinal

COMPOSITION

	p. comp.
Tixocortol pivalate	1,5 mg
Bacitracine sel de zinc	200 UI

INDICATIONS

Ce médicament d'usage local contient un *anti-inflammatoire* de la famille de la *cortisone* et un *antibiotique*.

Il est utilisé dans le *traitement d'appoint* des infections de la gorge et dans les suites d'opération (amygdales, abcès dentaire...).

CONTRE-INDICATIONS

Ce médicament ne doit pas être utilisé chez l'enfant de moins de 30 mois.

ATTENTION

L'usage prolongé de ce médicament n'est pas souhaitable : il est susceptible de modifier l'équilibre microbien naturel de la gorge.

En cas d'absence d'amélioration au bout de 5 jours, ou d'apparition de fièvre, consultez votre médecin.

GROSSESSE, ALLAITEMENT ET NOUVEAU-NÉ

L'effet de ce médicament pendant la grossesse ou l'allaitement est mal connu : seul votre médecin peut évaluer le risque éventuel de son utilisation dans votre cas.

MODE D'EMPLOI ET POSOLOGIE

Laisser fondre les comprimés dans la bouche sans les croquer.

Posologie usuelle :

4 à 10 comprimés par jour.

La durée de traitement ne dépasse pas habituellement 15 jours.

Certaines infections de la gorge nécessitent un traitement *antibiotique* ; si les troubles persistent sous traitement, consultez votre médecin.

EFFETS INDÉSIRABLES POSSIBLES

Intolérance locale (picotements).

Exceptionnellement : *allergie*.

OROSEPTOL MAUX DE GORGE collutoire

hexamidine, tétracaïne

PRÉSENTATION

OROSEPTOL MAUX DE GORGE : *collutoire* arôme menthe ; flacon pressurisé à l'azote 60 ml - Non remb.

Laboratoires Sterling Midy

COMPOSITION

	p. 100 ml
Hexamidine di-iséthionate	133 mg
Tétracaïne chlorhydrate	57 mg

INDICATIONS

Ce *collutoire* contient un *antiseptique* et un *anesthésique* local.

Il est utilisé dans le *traitement d'appoint* des infections de la bouche et de la gorge.

CONTRE-INDICATIONS

Ce médicament ne doit pas être utilisé dans les cas suivants :

- *allergie* aux *anesthésiques* locaux,
- enfant de moins de 3 ans.

ATTENTION

Les traitements locaux (*gargarisme*, *collutoire*, pastille) n'agissent que superficiellement ; dans le cas d'infections profondes de la gorge (angines...), un traitement *antibiotique* est nécessaire pour éviter des complications ultérieures, cardiaques ou rénales.

L'usage prolongé de ce médicament n'est pas souhaitable : il peut modifier l'équilibre microbien naturel de la gorge et favoriser l'apparition de *candidose*.

Une surconsommation pourrait provoquer des troubles nerveux et cardiaques : respectez la *posologie*.

En l'absence d'amélioration au bout de 5 jours, en cas d'apparition de fièvre, consultez votre médecin.

INTERACTIONS MÉDICAMENTEUSES

Il est généralement inutile d'associer des *antiseptiques* différents. Ceux-ci peuvent être contenus dans de nombreux produits disponibles en automédication : pastille, *collutoire* et solution nasale ; demandez conseil à votre pharmacien.

GROSSESSE, ALLAITEMENT ET NOUVEAU-NÉ

Aucun problème particulier n'a été mis en évidence aux doses usuelles lors d'une utilisation de courte durée pendant la grossesse ou l'allaitement.

MODE D'EMPLOI ET POSOLOGIE

Posologie usuelle :

- Adulte et enfant de plus de 3 ans : 6 pulvérisations par jour.

Chez le jeune enfant, la pulvérisation peut provoquer un spasme du larynx : n'introduisez pas trop profondément l'embout dans sa bouche.

Chez l'enfant et la personne âgée, évitez l'usage de ce médicament avant les repas : l'*anesthésique* local est susceptible de provoquer des troubles de la déglutition ; ceux-ci pourraient être à l'origine du passage d'aliments dans les *voies* respiratoires.

OROSEPTOL MAUX DE GORGE comprimé

chlorure de déqualinium, tétracaïne

PRÉSENTATION

OROSEPTOL : comprimé à sucer (blanc) ; boîte de 30 - Non remb.

Laboratoires Sterling Midy

COMPOSITION

	p. comp.
Déqualinium chlorure	0,25 mg
Tétracaïne chlorhydrate	0,20 mg
Sucre	1,2 g
Essence de menthe	+

INDICATIONS

Ce médicament d'usage local contient un *antiseptique* et un *anesthésique*.

Il est utilisé comme *traitement d'appoint* en cas de mal de gorge sans fièvre et de petites plaies de la bouche.

CONTRE-INDICATIONS

Ce médicament ne doit pas être utilisé dans les cas suivants :
- *allergie* aux *anesthésiques* locaux ou aux *antiseptiques* de la famille des *ammoniums quaternaires*,
- enfant de moins de 6 ans.

ATTENTION

L'usage prolongé de ce médicament n'est pas souhaitable : il est susceptible de modifier l'équilibre microbien naturel de la gorge (apparition de *candidose*).

Une surconsommation pourrait provoquer des troubles nerveux et cardiaques ; respectez la *posologie*.

En cas d'apparition de fièvre, d'aggravation ou d'absence d'amélioration au bout de 5 jours, consultez votre médecin.

Ce médicament contient du *sucre* en quantité notable.

GROSSESSE, ALLAITEMENT ET NOUVEAU-NÉ

L'effet de ce médicament pendant la grossesse ou l'allaitement est mal connu. L'évaluation du risque éventuel lié à son utilisation est individuelle : demandez conseil à votre pharmacien ou à votre médecin.

MODE D'EMPLOI ET POSOLOGIE

Les comprimés doivent être sucés lentement sans être croqués.

Posologie usuelle :
- Adulte : 4 à 8 comprimés par jour,
- Enfant de 6 à 15 ans : 2 à 4 comprimés par jour, selon l'âge.

Chez l'enfant et les personnes âgées, évitez l'usage de ce médicament avant les repas : l'*anesthésique* local est susceptible de provoquer des troubles de la déglutition ; ceux-ci pourraient être à l'origine du passage d'aliments dans les *voies* respiratoires.

Certaines infections de la gorge nécessitent un traitement *antibiotique* pour éviter des complications ultérieures, cardiaques ou rénales : si les troubles persistent, consultez votre médecin.

OROSEPTOL LYSOZYME

chlorure de déqualinium, tétracaïne, lysozyme

PRÉSENTATION

OROSEPTOL LYSOZYME : comprimé à sucer (blanc) ; boîte de 30 - Non remb.

Laboratoires Sterling Midy

COMPOSITION

	p. comp.
Déqualinium chlorure	0,25 mg
Tétracaïne chlorhydrate	0,20 mg
Lysozyme chlorhydrate	10 mg

INDICATIONS

Ce médicament d'usage local contient un *antiseptique*, un *anesthésique* et une *enzyme*.

Il est utilisé dans le *traitement symptomatique* des *inflammations* de la bouche et de la gorge (aphtes, *stomatite*).

CONTRE-INDICATIONS

Ce médicament ne doit pas être utilisé dans les cas suivants :
- *allergie* aux *anesthésiques* locaux ou aux *antiseptiques* de la famille des *ammoniums quaternaires*,
- enfant de moins de 6 ans.

ATTENTION

L'usage prolongé de ce médicament n'est pas souhaitable : il est susceptible de modifier l'équilibre microbien naturel de la gorge (apparition de *candidose*).

Une surconsommation pourrait provoquer des troubles nerveux et cardiaques : respectez la *posologie*.

En cas d'apparition de fièvre, d'aggravation ou d'absence d'amélioration au bout de 5 jours, consultez votre médecin.

GROSSESSE, ALLAITEMENT ET NOUVEAU-NÉ

L'effet de ce médicament pendant la grossesse ou l'allaitement est mal connu. L'évaluation du risque éventuel lié à son utilisation est individuelle : demandez conseil à votre pharmacien ou à votre médecin.

MODE D'EMPLOI ET POSOLOGIE

Les comprimés doivent être sucés lentement sans être croqués.

Posologie usuelle :
- Adulte : 4 à 8 comprimés par jour.
- Enfant de 6 à 15 ans : 2 à 4 comprimés par jour, selon l'âge.

Chez l'enfant et les personnes âgées, évitez l'usage de ce médicament avant les repas : l'*anesthésique* local est susceptible de provoquer des troubles de la déglutition ; ceux-ci pourraient être à l'origine du passage d'aliments dans les *voies* respiratoires.

Certaines infections de la gorge nécessitent un traitement *antibiotique* pour éviter des complications ultérieures, cardiaques ou rénales : si les troubles persistent, consultez votre médecin.

ORTÉNAL

phénobarbital, amphétamine

PRÉSENTATION

ORTÉNAL : comprimé sécable (jaune) ; boîte de 20 - Remb. 65 % - Liste I

Laboratoires Specia

COMPOSITION

	p. comp.
Phénobarbital	100 mg
Amphétamine sulfate	5 mg
Tartrazine	+

INDICATIONS

C'est un *anticonvulsivant* qui appartient à la famille des *barbituriques*.

Il est utilisé dans le traitement des *épilepsies*.

CONTRE-INDICATIONS

Ce médicament ne doit pas être utilisé dans les cas suivants :
- *porphyrie* ;
- *insuffisance respiratoire* grave ;
- *allergie* aux *barbituriques*, à la tartrazine ou à l'aspirine ;
- association aux *IMAO*.

ATTENTION

N'interrompez jamais votre traitement sans l'avis de votre médecin : risque de réapparition des *convulsions*, même si aucune crise n'est survenue depuis une longue période.

Si vous souffrez d'une *insuffisance hépatique* ou d'une *insuffisance rénale*, prévenez votre médecin afin qu'il puisse adapter la *posologie*.

Un traitement prolongé chez l'enfant peut nécessiter la prise conjointe de *vitamine* D.

Évitez les boissons alcoolisées : augmentation du risque de somnolence.

Conducteur : ce médicament peut être responsable d'une somnolence ou d'une baisse de la vigilance.

INTERACTIONS MÉDICAMENTEUSES

Ce médicament ne doit pas être associé aux *IMAO* : risque d'hypertension.

Il peut interagir avec d'autres médicaments, notamment les *contraceptifs* oraux (pilule) : risque d'inefficacité de la contraception. Signalez tout autre traitement en cours à votre médecin ou à votre pharmacien.

GROSSESSE, ALLAITEMENT ET NOUVEAU-NÉ

Grossesse et nouveau-né :

Si une grossesse survient sous traitement, consultez votre médecin. L'arrêt brutal de ce médicament pendant la grossesse expose à la réapparition de crises préjudiciables à la mère et à l'enfant à naître. Le médecin appréciera le risque éventuel lié à l'utilisation de ce médicament dans votre cas. Des examens particuliers permettent de vérifier l'absence d'anomalie chez l'enfant à naître.

Si le traitement est poursuivi jusqu'à l'accouchement, une surveillance médicale du *nouveau-né* est nécessaire.

Allaitement :

Ce médicament passe dans le lait maternel : l'allaitement est déconseillé.

MODE D'EMPLOI ET POSOLOGIE

- Adulte et enfant : la *posologie* est strictement individuelle.

Afin d'éviter les oublis, il est recommandé de prendre ce médicament à heure fixe.
Veillez à ne pas manquer de ce médicament ; lors de vos déplacements, munissez-vous d'une réserve ou de votre ordonnance en cours de validité.

EFFETS INDÉSIRABLES POSSIBLES

Allergie cutanée, douleur articulaire (notamment d'une épaule), troubles de l'*humeur*.

ORTHO GASTRINE

PRÉSENTATION

ORTHO GASTRINE : poudre orale ; boîte de 30 sachets - Non remb.
Laboratoires Jean-Paul Martin

COMPOSITION

	p. sachet
Sulfate de sodium	350 mg
Hydrogénophosphate de sodium	250 mg
Bicarbonate de sodium	100 mg
Citrate de sodium	100 mg
Dont sodium	245 mg

INDICATIONS

C'est une association de substances utilisée dans le *traitement symptomatique* des digestions difficiles et de la constipation.

CONTRE-INDICATIONS

Ce médicament ne doit pas être utilisé dans les cas suivants :
- obstruction des *voies biliaires*,
- maladies inflammatoires du côlon,
- douleurs abdominales de cause indéterminée.

ATTENTION
Les laxatifs ne doivent pas être utilisés de façon prolongée sans avis médical.
Des précautions sont nécessaires en cas d'*insuffisance rénale*.
Arrêter le traitement en cas de diarrhées ou de douleurs abdominales.
Ce médicament contient du *sel* (sodium) en quantité notable.

GROSSESSE, ALLAITEMENT ET NOUVEAU-NÉ

L'effet de ce médicament pendant la grossesse ou l'allaitement est mal connu. L'évaluation du risque éventuel lié à son utilisation est individuelle : demandez conseil à votre pharmacien ou à votre médecin.

MODE D'EMPLOI ET POSOLOGIE

Le contenu du sachet doit être dissous dans un demi-verre d'eau.
Posologie usuelle :
- dans le traitement des digestions difficiles : 1 ou 2 sachets au moment des repas ;
- dans le traitement de la constipation : 2 ou 3 sachets le matin à jeun.

Des mesures simples d'hygiène alimentaire et des exercices physiques sont à envisager avant d'utiliser un laxatif : parlez-en à votre pharmacien ou à votre médecin.

EFFETS INDÉSIRABLES POSSIBLES

Diarrhées.

ORTHO-NOVUM

éthinylestradiol, noréthistérone

PRÉSENTATION

ORTHO-NOVUM 1/35 : comprimé (jaune orangé) ; boîte de 1 plaquette de 21 - Non remb. - Liste I
ORTHO-NOVUM 1/35 : comprimé (jaune orangé) ; boîte de 3 plaquettes de 21 - Non remb. - Liste I
Laboratoires Cilag

COMPOSITION

	p. comp.
Éthinylestradiol	0,035 mg
Noréthistérone	1 mg

INDICATIONS

C'est un *contraceptif* oral (pilule) qui contient un *estrogène* et un *progestatif*. Il est minidosé (moins de 0,04 mg d'estrogène) et monophasique (tous les comprimés contiennent la même quantité d'*hormones* et sont donc de la même couleur). Ce médicament est également prescrit pour traiter les douleurs des règles.

CONTRE-INDICATIONS

Ce médicament ne doit pas être utilisé dans les cas suivants :
- certaines maladies cardiaques ou *vasculaires*, notamment l'*hypertension artérielle* et les *antécédents* de *phlébite* ;
- certaines causes de saignement entre les règles ;
- *diabète*, excès de *cholestérol* ou de *triglycérides* ;
- maladie du foie grave ou récente, jaunisse chronique ou survenue lors d'une grossesse ;
- cancer du sein ou de l'utérus ainsi que certains autres cancers ;
- *tumeur de l'hypophyse*, excès de *prolactine* ;
- certaines maladies rares (*connectivite*, *porphyrie*, *otosclérose*, *otospongiose*) ;
- *insuffisance rénale* ;
- **grossesse** ;
- **allaitement.**

Dans tous les autres cas, le médecin est seul juge pour prescrire ce médicament, notamment en cas d'obésité, de *tumeur* bénigne du sein ou de l'utérus, de calculs de la vésicule biliaire.

ATTENTION
Chez la femme de plus de 35 ans ou chez la femme qui fume, le risque de complications cardio-vasculaires liées aux *estrogènes* augmente nettement.
Tout *symptôme* pouvant faire craindre une complication impose l'arrêt du traitement : maux de tête importants et inhabituels, troubles de la vision, élévation franche de la tension artérielle.
La survenue d'un léger saignement entre les règles (spotting) est fréquente chez les femmes prenant la pilule. Vous devez néanmoins en informer votre médecin.
Une surveillance médicale et des analyses sont nécessaires avant et pendant la contraception orale. Cette surveillance sera renforcée chez la femme souffrant d'*épilepsie*, de *migraine*, d'*asthme*, de *dépression*, ou ayant des *antécédents* familiaux de maladie *vasculaire*.
En cas d'opération ou d'immobilisation pour une période prolongée, un autre mode de contraception est préférable.

INTERACTIONS MÉDICAMENTEUSES

L'efficacité contraceptive de la pilule peut être diminuée par la prise de certains médicaments : les *barbituriques*, certains antiépileptiques (TÉGRÉTOL, DI-HYDAN...), les médicaments contenant de la rifampicine (RIMACTAN, RIFADINE...) ou de la griséofulvine (FULCINE, GRISÉFULINE...).

GROSSESSE, ALLAITEMENT ET NOUVEAU-NÉ

Ce médicament est contre-indiqué pendant la grossesse et l'allaitement.

MODE D'EMPLOI ET POSOLOGIE

Prendre régulièrement, et sans oubli, 1 comprimé par jour à la même heure pendant 21 jours consécutifs, avec un arrêt de 7 jours entre chaque plaquette de 21 comprimés.

En cas de première contraception orale ou de reprise d'une contraception interrompue temporairement, prendre le premier comprimé le premier jour des règles.

En cas de changement de *contraceptif*, prendre le premier comprimé :
- après un arrêt de 7 jours, si le précédent contraceptif comportait 21 comprimés par plaquette ;
- après un arrêt de 6 jours, si le précédent contraceptif comportait 22 comprimés par plaquette ;
- sans interruption, si le précédent contraceptif comportait 28 comprimés par plaquette.

En cas de suite d'accouchement ou d'interruption de grossesse : suivre les indications du médecin.

En cas d'oubli d'un comprimé :
- retard de moins de 12 heures : prendre le comprimé oublié et continuer à l'heure habituelle.
- retard de plus de 12 heures : prendre le comprimé oublié et continuer à l'heure habituelle, mais la sécurité contraceptive n'est plus assurée et une méthode complémentaire doit être employée pour le cycle en cours (spermicide, préservatif, diaphragme).

En cas de vomissement ou de diarrhée survenant juste après la prise du comprimé (sans rapport avec la prise du *contraceptif*), prendre un autre comprimé. Si ces troubles durent plus de 12 heures, la sécurité contraceptive n'est plus assurée et une méthode complémentaire doit être employée pour le cycle en cours.

EFFETS INDÉSIRABLES POSSIBLES

Peu graves et n'empêchant pas la poursuite du traitement : nausées, maux de tête banals, prise de poids, tension modérée des seins, taches sombres sur le visage, jambes lourdes, irritation oculaire par les lentilles de contact, saignement entre les règles, diminution ou disparition des règles, *candidose* vaginale, irritabilité et tendance à la *dépression*.

Rares mais devant faire interrompre la prise de ce *contraceptif* : *hypertension artérielle*, accident cardiaque ou *vasculaire*, jaunisse, augmentation importante des lipides dans le sang, *diabète*, *nodule* ou douleur importante des seins, *migraine*, *vertiges*, troubles de la vision, aggravation d'une *épilepsie*, écoulement de lait.

Exceptionnellement, certaines pilules peuvent être responsables de calculs de la vésicule biliaire, de *tumeur* bénigne du foie ou de *mastopathie*.

OSCILLOCOCCINUM J. ROY
homéopathie

PRÉSENTATION

OSCILLOCOCCINUM J. ROY : globule ; boîte de 1 dose (1 g de globules) - Non remb.

OSCILLOCOCCINUM J. ROY : globule ; boîte de 6 doses (1 dose = 1 g de globules) - Non remb.

Laboratoires Boiron

COMPOSITION

Anas barbariae, foie et cœur autolysat filtré

INDICATIONS

C'est un médicament homéopathique utilisé dans la prévention et le traitement des états grippaux.

MODE D'EMPLOI ET POSOLOGIE

Laisser fondre sous la langue le contenu entier du tube-dose en dehors des repas.

Pour les *nourrissons* : laisser fondre dans un peu d'eau et donner à la cuillère ou au biberon.

Posologie usuelle :

Traitement préventif : 1 dose par semaine pendant la période d'exposition grippale.

Traitement curatif : 1 dose le plus tôt possible, dès le début des *symptômes*, à répéter éventuellement 2 ou 3 fois, à 6 heures d'intervalle.

OSMOGEL
sulfate de magnésium, lidocaïne

PRÉSENTATION

OSMOGEL : gel pour application locale ; tube 90 g - Remb. 35 %

Laboratoires Merck-Clévenot

COMPOSITION

	p. 100 g
Sulfate de magnésium	25 g
Lidocaïne chlorhydrate	1 g

INDICATIONS

Ce gel destiné à lutter contre les *œdèmes* contient un *anesthésique* local.

Il est utilisé dans le traitement local des œdèmes après un choc (bleu, bosse), une contusion ou une opération.

CONTRE-INDICATIONS

Ce médicament ne doit pas être utilisé dans les cas suivants :
- *allergie* aux *anesthésiques* locaux,
- sur les *muqueuses*, les plaies ou la peau lésée.

ATTENTION
En cas de réaction allergique, le traitement devra être immédiatement arrêté.

GROSSESSE, ALLAITEMENT ET NOUVEAU-NÉ

L'effet de ce médicament pendant la grossesse ou l'allaitement est mal connu. L'évaluation du risque éventuel lié à son utilisation est individuelle : demandez conseil à votre pharmacien ou à votre médecin.

MODE D'EMPLOI ET POSOLOGIE

Appliquer un peu de gel sur la peau, puis recouvrir d'une compresse.

Avant une nouvelle application, nettoyer à l'eau bouillie la pellicule de gel adhérant à la peau.

Évitez le contact avec les yeux. Lavez-vous soigneusement les mains après utilisation.

EFFETS INDÉSIRABLES POSSIBLES

Allergie cutanée.

OSMOTOL
résorcine, éphédrine

PRÉSENTATION

OSMOTOL : solution auriculaire ; flacon 10 ml - Non remb.

Laboratoires Chauvin

COMPOSITION

	p. 100 g
Résorcine	0,10 g
Éphédrine chlorhydrate	0,10 g

INDICATIONS

Ce médicament d'usage local contient un *antiseptique* et un *vasoconstricteur*.

Il est utilisé dans le traitement des *otites* externes.

CONTRE-INDICATIONS

Ce médicament ne doit pas être utilisé en cas de perforation du tympan.

ATTENTION
Bien que ce médicament puisse être vendu sans ordonnance, faites vérifier l'absence de perforation de votre tympan par un médecin.

MODE D'EMPLOI ET POSOLOGIE

Les instillations sont faites en gardant la tête penchée pendant 10 à 15 minutes (bain d'oreille).

Le traitement ne doit pas dépasser 10 jours.

Posologie usuelle :

1 instillation de quelques gouttes dans l'oreille à traiter, 3 fois par jour.

Si les troubles persistent malgré un traitement bien suivi, consultez votre médecin.

EFFETS INDÉSIRABLES POSSIBLES

Irritation ou réaction allergique locale.

OSPEN
phénoxyméthylpénicilline

PRÉSENTATION

OSPEN 1 000 000 UI : comprimé sécable (blanc) ; boîte de 12 - Remb. 65 % - Liste I

Laboratoires Sandoz

COMPOSITION

	p. comp.
Phénoxyméthylpénicilline potassique	1 000 000 UI

INDICATIONS

C'est un *antibiotique* qui appartient à la famille des *pénicillines*.

Il est utilisé dans le traitement de diverses maladies infectieuses, notamment celles des poumons, des bronches, du nez, de la gorge ou des oreilles, de la peau.

CONTRE-INDICATIONS

Ce médicament ne doit pas être utilisé en cas d'*allergie* aux *pénicillines*.

Ce médicament ne peut être utilisé qu'après avis médical en cas d'allergie aux *céphalosporines*.

ATTENTION
Des précautions sont nécessaires en cas d'*insuffisance rénale*.

Le médecin peut prescrire un prélèvement pour identifier le *germe* responsable de l'infection et tester sa sensibilité aux *antibiotiques*. Le résultat de cet examen peut être faussé en cas d'automédication préalable : ne prenez pas d'antibiotiques sans avis médical.

Des *antécédents* d'*allergie* à la *pénicilline* contre-indiquent l'usage de ce médicament. La survenue de toute manifestation allergique (boutons, *œdème*, malaise) impose l'arrêt immédiat du traitement : consultez votre médecin.

Une diminution de la fièvre ou une disparition des *symptômes* ne sont pas synonymes de guérison : la durée du traitement doit absolument être respectée pour éviter les rechutes.

GROSSESSE, ALLAITEMENT ET NOUVEAU-NÉ

Grossesse :

Les études actuellement disponibles n'ont pas mis en évidence de problème particulier lors de l'utilisation chez la femme enceinte. Seul votre médecin peut apprécier la nécessité du traitement et son risque pendant la grossesse.

Allaitement :

Ce médicament passe dans le lait maternel : l'arrêt de l'allaitement devra être envisagé.

MODE D'EMPLOI ET POSOLOGIE

Les comprimés doivent être pris avec un verre d'eau de préférence un peu avant les repas.

Posologie usuelle :

Elle varie en fonction des cas.

À titre indicatif et pour des infections courantes :

- Adulte : 1 comprimé, 3 fois par jour.
- Enfant : 100 000 UI par kg et par jour, répartis en 3 ou 4 prises ; soit par exemple pour un enfant de 15 kg : 1/2 comprimé, 3 fois par jour.

L'éventuelle impression de fatigue n'est pas due à l'*antibiotique*, mais à l'infection elle-même.

L'odeur particulière des urines est normale et traduit l'élimination de l'antibiotique.

EFFETS INDÉSIRABLES POSSIBLES

Fréquents mais généralement bénins :
- *allergie* cutanée ;
- *troubles digestifs* : nausée, diarrhée ;
- *candidose*, en cas de traitement prolongé.

Rares mais parfois graves :
- œdème de *Quincke*,
- exceptionnel *choc* allergique.

OSSOPAN

complexe osséine-hydroxyapatite

PRÉSENTATION

OSSOPAN : comprimé (jaune) ; boîte de 30 - Remb. 35 %

Laboratoires Robapharm

COMPOSITION

	p. comp.
Complexe osséine-hydroxyapatite	600 mg
Soit calcium	129 mg
Soit phosphore	60 mg

INDICATIONS

Ce médicament contient un extrait d'os, riche en calcium.

Il est utilisé en cas de *carence* en calcium et dans le *traitement d'appoint* de l'*ostéoporose*.

CONTRE-INDICATIONS

Ce médicament ne doit pas être utilisé dans les cas suivants :
- excès de calcium dans le sang ou dans les urines, avec ou sans *lithiase* ;
- immobilisation prolongée.

ATTENTION

Lorsque ce médicament est destiné à traiter la décalcification due à une immobilisation prolongée, il ne doit être pris que lors de la reprise de la marche.

Des apports excessifs en calcium peuvent être dangereux. N'utilisez pas ce médicament sans avis médical.

Afin de faciliter son absorption, ce médicament est parfois associé à la *vitamine* D ; dans ce cas, des analyses de sang et d'urine peuvent être nécessaires.

INTERACTIONS MÉDICAMENTEUSES

Ce médicament peut interagir avec d'autres médicaments. Signalez tout autre traitement en cours à votre médecin ou à votre pharmacien.

GROSSESSE, ALLAITEMENT ET NOUVEAU-NÉ

Ce médicament ne contient que des substances présumées sans danger pendant la grossesse ou l'allaitement. Néanmoins, ne l'utilisez pas de façon prolongée sans l'avis de votre pharmacien ou de votre médecin.

MODE D'EMPLOI ET POSOLOGIE

2 à 4 comprimés par jour.

La prise de ce médicament ne dispense pas de la consommation régulière de laitages, naturellement riches en calcium.

OSTÉINE

PRÉSENTATION

OSTÉINE C 500 : granulé ; boîte de 20 sachets - Non remb.

OSTÉINE C 500 : granulé ; boîte de 42 sachets - Non remb.

OSTÉINE C 150 : granulé ; boîte de 20 sachets - Non remb.

Laboratoires Zambon France

COMPOSITION

	p. sachet	p. sachet
Acide ascorbique (vitamine C)	500 mg	150 mg
Calcium	42 mg	12,6 mg
Phosphore	96 mg	28,8 mg
Magnésium	8,7 mg	2,6 mg
Soufre	7 mg	2,1 mg
Chlore	500 µg	150 µg
Fer	250 µg	75 µg
Cuivre	30 µg	9 µg
Fluor	2,5 µg	0,75 µg
Silicium	0,9 µg	0,27 µg
Zinc	0,6 µg	0,18 µg
Cobalt	0,07 µg	0,02 µg
Bore	traces	traces
Saccharose	+	+

INDICATIONS

Ce médicament contient de la *vitamine* C et des éléments minéraux.

Il est utilisé dans le *traitement symptomatique* de certaines fatigues (*asthénies fonctionnelles*).

CONTRE-INDICATIONS

Ce médicament ne doit pas être utilisé en cas de calculs des *voies* urinaires (OSTÉINE C 500).

ATTENTION

Dans l'organisme, la *vitamine* C est dégradée en acide oxalique, pouvant favoriser la formation de calculs dans les *voies* urinaires.

Ne prenez de vitamine C ni en quantité importante ni pendant une longue durée sans avis médical.

Des précautions sont nécessaires en cas d'*insuffisance rénale* grave (présence de phosphore).

INTERACTIONS MÉDICAMENTEUSES

Ce médicament peut interagir avec d'autres médicaments, notamment avec les *antibiotiques* de la famille des *cyclines* : respectez un intervalle de 3 heures entre les prises de chacun de ces médicaments.

GROSSESSE, ALLAITEMENT ET NOUVEAU-NÉ

Ce médicament ne contient que des substances présumées sans danger pendant la grossesse ou l'allaitement. Néanmoins, ne l'utilisez pas de façon prolongée sans l'avis de votre pharmacien ou de votre médecin.

MODE D'EMPLOI ET POSOLOGIE

Le contenu des sachets doit être dissous dans un verre d'eau et pris au moment des repas.

Posologie usuelle :

- Adulte : 1 sachet d'OSTÉINE C 500, 2 ou 3 fois par jour.
- Enfant de plus de 8 ans : 1 sachet d'OSTÉINE C 500, 1 ou 2 fois par jour.
- Enfant de 4 à 8 ans : 1 sachet d'OSTÉINE C 500 par jour.
- Enfant de 2 à 4 ans : 1 sachet d'OSTÉINE C 150 par année d'âge et par jour.

Évitez la prise de ce médicament après 17 heures : risque d'insomnie.

Une fatigue persistante ne doit pas vous conduire à augmenter les prises de ce médicament : consultez votre médecin.

EFFETS INDÉSIRABLES POSSIBLES

Chez les personnes prédisposées : calculs des *voies* urinaires.

OSTÉOCYNÉSINE

homéopathie

PRÉSENTATION

OSTÉOCYNÉSINE : comprimé (blanc) ; boîte de 60 - Non remb.

Laboratoires Boiron

COMPOSITION

Calcarea ostreica 3 DH, Calcarea phosphorica 3 DH, Calcarea fluorica 3 DH, Sulfur iodatum 4 CH, aa

INDICATIONS

Ce médicament est un *complexe* (association) de remèdes homéopathiques.

Il est utilisé dans le traitement des décalcifications (croissance...), des états de fatigue (convalescence...) et pour aider à la consolidation des fractures.

GROSSESSE, ALLAITEMENT ET NOUVEAU-NÉ

Aux *dilutions homéopathiques*, les substances contenues dans ce médicament ne sont pas connues pour être toxiques pendant la grossesse ou l'allaitement.

MODE D'EMPLOI ET POSOLOGIE

Les comprimés peuvent être sucés ou écrasés dans un verre d'eau.

Posologie usuelle :

2 comprimés, 2 ou 3 fois par jour.

Certains homéopathes recommandent de ne pas absorber de camphre pendant un traitement homéopathique.

OSTÉOFLUOR
fluorure de sodium

PRÉSENTATION

OSTÉOFLUOR 25 mg : comprimé *gastrorésistant* (blanc) ; boîte de 60 - Remb. 65 %

Laboratoires Merck-Clévenot

COMPOSITION

	p. comp.
Fluorure de sodium	25 mg
Soit fluor	11,3 mg

INDICATIONS

Ce médicament contient du fluor, qui s'incorpore à l'os et le rend plus dense.

Il est utilisé chez l'adulte dans le *traitement curatif* de l'*ostéoporose* compliquée du tassement d'une ou plusieurs vertèbres.

CONTRE-INDICATIONS

Ce médicament ne doit pas être utilisé dans les cas suivants :
- *insuffisance rénale,*
- *ostéomalacie,*
- *antécédent* de fracture du col du fémur traduisant la fragilité de cet os,
- période de croissance osseuse,
- grossesse,
- allaitement.

ATTENTION

Ce médicament, fortement dosé en fluor, est réservé à l'adulte. Il ne convient pas à la prévention de la carie dentaire chez l'enfant.

Bien que ce médicament puisse être obtenu sans ordonnance, ne l'utilisez pas sans l'avis de votre médecin.

Ce médicament est systématiquement prescrit avec du calcium. Cependant, les prises de fluor et de calcium doivent être effectuées à distance l'une de l'autre en raison du risque d'interaction entre ces deux substances. De même, ne prenez pas de fluor au cours d'un repas riche en calcium (lait, fromage, produits lactés...).

INTERACTIONS MÉDICAMENTEUSES

Ce médicament peut interagir avec d'autres médicaments, notamment les *pansements digestifs* et les médicaments contenant du calcium : risque de diminution de l'absorption intestinale du fluor. Signalez tout autre traitement en cours à votre médecin ou à votre pharmacien.

GROSSESSE, ALLAITEMENT ET NOUVEAU-NÉ

Grossesse :

L'effet de ce médicament sur l'enfant à naître est mal connu. Par mesure de prudence, il est contre-indiqué chez la femme enceinte ou susceptible de l'être.

Allaitement :

Compte tenu de sa teneur en fluor, ce médicament est contre-indiqué pendant l'allaitement.

MODE D'EMPLOI ET POSOLOGIE

Les comprimés doivent être avalés, sans être croqués ni écrasés, avec un verre d'eau et dans la demi-heure qui précède le repas.

Posologie usuelle :
- Adulte : 1 comprimé, 2 fois par jour.

Le traitement de l'*ostéoporose* est généralement de longue durée.

Une alimentation riche en calcium et en *vitamine* D ainsi que des exercices physiques réguliers contribuent à limiter l'évolution de l'*ostéoporose*.

EFFETS INDÉSIRABLES POSSIBLES

Troubles digestifs.

En cas de douleurs osseuses au voisinage des articulations, consultez votre médecin car elles peuvent traduire une complication qui nécessite l'arrêt du traitement.

OSTÉOGEN

PRÉSENTATION

OSTÉOGEN : comprimé (beige) ; boîte de 40 - Non remb.

Laboratoires Richard

COMPOSITION

	p. comp.
Pyridoxine phosphate (vitamine B6)	100 mg
Acide ascorbique (vitamine C), sel de calcium	100 mg
Désoxyribonucléate de magnésium	200 mg
Acide désoxyribonucléique (A.D.N.)	200 mg

INDICATIONS

Ce médicament contient des *vitamines*, des sels minéraux (calcium, magnésium) et de l'A.D.N., constituant cellulaire.

Il est utilisé comme stimulant osseux et dans le *traitement symptomatique* de la fatigue chez la personne âgée.

INTERACTIONS MÉDICAMENTEUSES

Ce médicament ne doit pas être associé aux médicaments contenant de la lévodopa seule (LARODOPA...) : risque d'annulation des effets de la lévodopa par la *vitamine* B6.

GROSSESSE, ALLAITEMENT ET NOUVEAU-NÉ

Ce médicament ne contient que des substances présumées sans danger pendant la grossesse ou l'allaitement. Néanmoins, ne l'utilisez pas de façon prolongée sans l'avis de votre pharmacien ou de votre médecin.

MODE D'EMPLOI ET POSOLOGIE

Les comprimés doivent être avalés avec un verre d'eau, de préférence au milieu des repas.

Posologie usuelle :

1 comprimé, 3 fois par jour.

Une fatigue persistante ne doit pas vous conduire à augmenter les prises de ce médicament : consultez votre médecin.

OSTRAM
calcium

PRÉSENTATION

OSTRAM 0,6 g : poudre pour suspension buvable ; boîte de 30 sachets - Remb. 65 %

OSTRAM 1,2 g : poudre pour suspension buvable ; boîte de 30 sachets - Remb. 65 %

Laboratoires Merck-Clévenot

COMPOSITION

	p. sachet	p. sachet
Phosphate neutre de calcium	1,65 g	3,30 mg
Soit calcium	0,6 g	1,2 g

INDICATIONS

Ce médicament contient une forte quantité de calcium, principal constituant de l'os.

Il est utilisé en cas de régime pauvre en calcium, de besoins accrus (période de croissance, grossesse, allaitement) ou de décalcification osseuse, notamment due à une immobilisation prolongée ou à un traitement à la *cortisone*. Il est également utilisé dans le *traitement d'appoint* de l'*ostéoporose*.

CONTRE-INDICATIONS

Ce médicament ne doit pas être utilisé dans les cas suivants :
- excès de calcium dans le sang ou dans les urines, avec ou sans *lithiase* ;
- immobilisation prolongée ;
- *insuffisance rénale* ;
- enfant de moins de 15 ans (OSTRAM 1,2 g).

ATTENTION

Des apports excessifs en calcium peuvent être dangereux. N'utilisez pas ce médicament sans avis médical.

Lorsque ce médicament est destiné à traiter une décalcification liée à une immobilisation prolongée, il ne doit être pris qu'à la reprise de la marche.

Ce médicament est quelquefois associé à la *vitamine* D, qui favorise son absorption ; dans ce cas, des analyses de sang et d'urine sont parfois nécessaires.

INTERACTIONS MÉDICAMENTEUSES

Ce médicament peut interagir avec d'autres médicaments. Signalez tout autre traitement en cours à votre médecin ou à votre pharmacien.

GROSSESSE, ALLAITEMENT ET NOUVEAU-NÉ

Ce médicament peut être prescrit par votre médecin pendant la grossesse ou l'allaitement.

MODE D'EMPLOI ET POSOLOGIE

Le contenu des sachets doit être dissous dans un demi-verre d'eau.

Posologie usuelle :

- Adulte : 1 sachet d'OSTRAM 1,2 g par jour.
- Enfant de plus de 5 ans : 1 ou 2 sachets d'OSTRAM 0,6 g par jour.
- Enfant de moins de 5 ans : 1/2 sachet d'OSTRAM 0,6 g par jour.

La prise de ce médicament ne dispense pas de la consommation régulière de laitages, naturellement riches en calcium.

EFFETS INDÉSIRABLES POSSIBLES

Rarement : *troubles digestifs*.

OTIPAX

lidocaïne, phénazone

PRÉSENTATION

OTIPAX : solution auriculaire ; flacon compte-gouttes 15 ml - Remb. 35 %

OTIPAX : solution auriculaire ; flacon pressurisé - Remb. 35 %

Laboratoires Biocodex

COMPOSITION

	p. 100 g
Lidocaïne chlorhydrate	1 g
Phénazone	4 g

INDICATIONS

Ce médicament d'usage local contient un *anesthésique* et un *anti-inflammatoire*.

Il est utilisé dans le *traitement symptomatique* de certaines *otites*.

CONTRE-INDICATIONS

Ce médicament ne doit pas être utilisé dans les cas suivants :

- *allergie* aux *anesthésiques* locaux,
- perforation du tympan.

ATTENTION

Bien que ce médicament puisse être vendu sans ordonnance, faites vérifier l'absence de perforation de votre tympan par un médecin.

MODE D'EMPLOI ET POSOLOGIE

Les instillations ou les pulvérisations sont faites en gardant la tête penchée pendant quelques minutes (bain d'oreille).

Le traitement ne doit pas dépasser 10 jours.

Posologie usuelle :

2 ou 3 instillations par jour à l'aide du compte-gouttes (4 gouttes) ou à l'aide de la valve doseuse (2 pressions).

Si les troubles persistent malgré un traitement bien suivi, consultez votre médecin.

EFFETS INDÉSIRABLES POSSIBLES

Réactions allergiques locales.

OTOFA

rifamycine

PRÉSENTATION

OTOFA : solution auriculaire (rouge orangé) ; flacon compte-gouttes 10 ml - Remb. 35 % - Liste I

Laboratoires Bouchara

COMPOSITION

	p. 100 ml
Rifamycine	2 millions UI
Sulfites	+

INDICATIONS

Ce médicament est un *antibiotique* d'usage local.

Il est utilisé dans le traitement des poussées d'*otite* chronique avec perforation du tympan.

CONTRE-INDICATIONS

Ce médicament ne doit pas être utilisé en cas d'*allergie* à la rifamycine.

GROSSESSE, ALLAITEMENT ET NOUVEAU-NÉ

L'effet de ce médicament pendant la grossesse ou l'allaitement est mal connu : seul votre médecin peut évaluer le risque éventuel de son utilisation dans votre cas.

MODE D'EMPLOI ET POSOLOGIE

La solution peut être administrée en gouttes ou en bain d'oreille de quelques minutes.

Réchauffer le flacon entre les mains avant l'emploi pour limiter la sensation désagréable liée à l'introduction d'un liquide froid dans l'oreille.

Posologie usuelle :

- Adulte : 5 gouttes, 3 fois par jour ou 1 bain d'oreille, 2 fois par jour.
- Enfant : 3 gouttes, 3 fois par jour ou 1 bain d'oreille, 2 fois par jour.

Ce médicament contient une substance colorée qui peut tacher les textiles.

OTOLYSINE

caprylate de triéthanolamine, acide caprylique

PRÉSENTATION

OTOLYSINE : solution auriculaire ; flacon 10 ml - Remb. 35 %

Laboratoires Chauvin

COMPOSITION

	p. 100 g
Caprylate de triéthanolamine	10 g
Acide caprylique	2 g

INDICATIONS

Ce médicament contient un solvant.

Il est utilisé pour dissoudre les bouchons de cérumen.

CONTRE-INDICATIONS

Ce médicament ne doit pas être utilisé en cas de perforation du tympan.

MODE D'EMPLOI ET POSOLOGIE

La tête inclinée, introduire le produit dans l'oreille puis boucher avec un morceau de coton. Laisser agir 15 à 30 minutes au maximum, puis rincer à l'eau tiède à l'aide d'une poire auriculaire pour évacuer le cérumen.

En cas de bouchon consistant ou ancien, l'opération peut être renouvelée.

Évitez de faire couler le produit sur la peau, sinon laver la peau à l'eau et au savon.

EFFETS INDÉSIRABLES POSSIBLES

Irritation locale.

OTOMIDE

amyléine, sulfasuccinamide

PRÉSENTATION

OTOMIDE : solution auriculaire ; flacon 20 ml - Non remb.

Laboratoires L'Arguenon-S.E.R.B.

COMPOSITION

	p. 100 ml
Amyléine chlorhydrate	0,50 g
Sulfasuccinamide sodique	10 g

INDICATIONS

Ce médicament d'usage local contient un *anesthésique* et un *antibiotique* de la famille des *sulfamides*.

Il est utilisé dans le *traitement symptomatique* de certaines *otites*.

CONTRE-INDICATIONS

Ce médicament ne doit pas être utilisé dans les cas suivants :

- *allergie* aux *anesthésiques* locaux ou aux *sulfamides*,
- perforation du tympan.

ATTENTION

Bien que ce médicament puisse être vendu sans ordonnance, faites vérifier l'absence de perforation de votre tympan par un médecin.

MODE D'EMPLOI ET POSOLOGIE

Il est conseillé de réchauffer le flacon dans la main avant l'instillation. Les instillations sont faites en gardant la tête penchée pendant 10 à 15 minutes (bain d'oreille).

Le traitement ne doit pas dépasser 10 jours.

Posologie usuelle :

Environ 10 gouttes dans l'oreille à traiter, 3 fois par jour.

Si les troubles persistent malgré un traitement bien suivi, consultez votre médecin.

EFFETS INDÉSIRABLES POSSIBLES

Réactions allergiques locales.

OTORALGYL

lidocaïne

PRÉSENTATION

OTORALGYL : solution auriculaire ; flacon compte-gouttes 15 ml - Non remb.

Laboratoires Jean-Paul Martin

COMPOSITION

	p. fl.
Lidocaïne chlorhydrate	150 mg

INDICATIONS

Ce médicament contient un *anesthésique* local.

Il est utilisé dans le *traitement symptomatique* de la douleur lors de certaines *otites*.

CONTRE-INDICATIONS

Ce médicament ne doit pas être utilisé dans les cas suivants :

- *allergie* aux *anesthésiques* locaux,
- perforation du tympan.

ATTENTION

Bien que ce médicament puisse être vendu sans ordonnance, faites vérifier l'absence de perforation de votre tympan par un médecin.

GROSSESSE, ALLAITEMENT ET NOUVEAU-NÉ

L'effet de ce médicament pendant la grossesse ou l'allaitement est mal connu. L'évaluation du risque éventuel lié à son utilisation est individuelle : demandez conseil à votre pharmacien ou à votre médecin.

MODE D'EMPLOI ET POSOLOGIE

Les instillations sont faites en gardant la tête penchée pendant quelques minutes (bain d'oreille).

La durée de traitement ne doit pas dépasser 10 jours.

Posologie usuelle :

- Adulte et enfant de plus de 11 ans : 8 gouttes dans l'oreille à traiter, 2 fois par jour.
- Enfant de 5 à 11 ans : 4 gouttes dans l'oreille à traiter, 3 fois par jour.
- Enfant de moins de 5 ans : 4 gouttes dans l'oreille à traiter, 2 fois par jour.

Si les troubles persistent malgré un traitement bien suivi, consultez votre médecin.

Nettoyez l'embout du flacon après chaque utilisation.

EFFETS INDÉSIRABLES POSSIBLES

Réactions allergiques locales.

OTYLOL

PRÉSENTATION

OTYLOL : solution auriculaire ; flacon compte-gouttes 10 ml (200 gouttes) - Remb. 35 %

Laboratoires Bridoux

COMPOSITION

	p. 100 ml
Procaïne chlorhydrate	287,5 mg
Tétracaïne chlorhydrate	312,5 mg
Phénol	250 mg
Éphédrine chlorhydrate	5 g
Essence de thym	125 mg
Glycérol	119 g

INDICATIONS

Ce médicament d'usage local contient des *anesthésiques*, des décongestionnants et des *antiseptiques*.

Il est utilisé dans le *traitement symptomatique* de certaines *otites*.

CONTRE-INDICATIONS

Ce médicament ne doit pas être utilisé dans les cas suivants :

- *allergie* aux *anesthésiques* locaux,
- perforation du tympan.

ATTENTION

Bien que ce médicament puisse être vendu sans ordonnance, faites vérifier l'absence de perforation de votre tympan par un médecin.

MODE D'EMPLOI ET POSOLOGIE

Les instillations sont faites en gardant la tête penchée pendant 10 à 15 minutes (bain d'oreille).

Le traitement ne doit pas dépasser 10 jours.

Posologie usuelle :

1 ou 2 gouttes dans l'oreille à traiter, 2 fois par jour.

Si les troubles persistent malgré un traitement bien suivi, consultez votre médecin.

Ce médicament doit être conservé à l'abri de la lumière.

EFFETS INDÉSIRABLES POSSIBLES

Réactions allergiques locales.

OVANON

éthinylestradiol, lynestrénol

PRÉSENTATION

OVANON : comprimé (bleu : 7 et blanc : 15) ; boîte de 1 plaquette de 22 - Non remb. - Liste I

OVANON : comprimé (bleu : 7 et blanc : 15) ; boîte de 3 plaquettes de 22 - Non remb. - Liste I

Laboratoires Organon

COMPOSITION

	p. comp. bleu	p. comp. blanc
Éthinylestradiol	0,05 mg	0,05 mg
Lynestrénol		2,5 mg

INDICATIONS

C'est un *contraceptif* oral (pilule). Il est normodosé (0,05 mg d'*estrogène*) et séquentiel (les comprimés de la première partie du cycle ne contiennent qu'un estrogène, alors que les comprimés de la seconde partie du cycle contiennent un estrogène et un *progestatif*). Ce médicament est également prescrit pour traiter les douleurs des règles.

CONTRE-INDICATIONS

Ce médicament ne doit pas être utilisé dans les cas suivants :

- certaines maladies cardiaques ou *vasculaires*, notamment l'*hypertension artérielle* et les *antécédents* de *phlébite* ;
- certaines causes de saignement entre les règles ;
- *diabète*, excès de *cholestérol* ou de *triglycérides* ;
- maladie du foie grave ou récente, jaunisse chronique ou survenue lors d'une grossesse ;
- cancer du sein ou de l'utérus ainsi que certains autres cancers ;
- *tumeur de l'hypophyse*, excès de *prolactine* ;
- certaines maladies rares (*connectivite*, *porphyrie*, *otosclérose*, *otospongiose*) ;
- *insuffisance rénale* ;
- **grossesse** ;
- **allaitement.**

Dans tous les autres cas, le médecin est seul juge pour prescrire ce médicament, notamment en cas d'obésité, de *tumeur* bénigne du sein ou de l'utérus, de calculs de la vésicule biliaire.

ATTENTION

Chez la femme de plus de 35 ans ou chez celle qui fume, le risque de complications cardio-vasculaires liées aux *estrogènes* augmente nettement.

Tout *symptôme* pouvant faire craindre une complication impose l'arrêt du traitement : maux de tête importants et inhabituels, troubles de la vision, élévation franche de la tension artérielle.

La survenue d'un léger saignement entre les règles (spotting) est fréquente chez les femmes prenant la pilule. Vous devez néanmoins en informer votre médecin.

Une surveillance médicale et des analyses sont nécessaires avant et pendant la contraception orale. Cette surveillance sera renforcée chez la femme souffrant d'*épilepsie*, de *migraine*, d'*asthme*, de *dépression*, ou ayant des *antécédents* familiaux de maladie *vasculaire*.

En cas d'opération ou d'immobilisation pour une longue période, un autre mode de contraception est préférable.

INTERACTIONS MÉDICAMENTEUSES

L'efficacité contraceptive de la pilule peut être diminuée par la prise de certains médicaments : les *barbituriques*, certains antiépileptiques (TÉGRÉTOL, DI-HYDAN...), les médicaments contenant de la rifampicine (RIMACTAN, RIFADINE...) ou de la griséofulvine (FULCINE, GRISÉFULINE...).

GROSSESSE, ALLAITEMENT ET NOUVEAU-NÉ

Ce médicament est contre-indiqué pendant la grossesse et l'allaitement.

MODE D'EMPLOI ET POSOLOGIE

Prendre régulièrement, et sans oubli, 1 comprimé par jour à la même heure pendant 22 jours consécutifs, avec un arrêt de 6 jours entre chaque plaquette de 22 comprimés.

En cas de première contraception orale ou de reprise d'une contraception interrompue temporairement : prendre le premier comprimé le premier jour des règles.

En cas de changement de *contraceptif*, prendre le premier comprimé :
- après un arrêt de 7 jours, si le précédent contraceptif comportait 21 comprimés par plaquette ;
- après un arrêt de 6 jours, si le précédent contraceptif comportait 22 comprimés par plaquette ;
- sans interruption, si le précédent contraceptif comportait 28 comprimés par plaquette.

En cas de suite d'accouchement ou d'interruption de grossesse : suivre les indications du médecin.

En cas d'oubli d'un comprimé :
- retard de moins de 12 heures : prendre le comprimé oublié et continuer à l'heure habituelle ;
- retard de plus de 12 heures : prendre le comprimé oublié et continuer à l'heure habituelle, mais la sécurité contraceptive n'est plus assurée et une méthode complémentaire doit être employée pour le cycle en cours (spermicide, préservatif, diaphragme).

En cas de vomissements ou de diarrhée survenant juste après la prise du comprimé (sans rapport avec la prise du *contraceptif*), prendre un comprimé identique sur une autre plaquette. Si ces troubles durent plus de 12 heures, la sécurité contraceptive n'est plus assurée et une méthode complémentaire doit être employée pour le cycle en cours.

EFFETS INDÉSIRABLES POSSIBLES

Peu graves et n'empêchant pas la poursuite du traitement : nausées, maux de tête banals, prise de poids, tension modérée des seins, taches sombres sur le visage, jambes lourdes, irritation oculaire par les lentilles de contact, saignement entre les règles, diminution ou disparition des règles, *candidose* vaginale, irritabilité et tendance à la *dépression*.

Rares mais devant faire interrompre la prise de ce *contraceptif* : *hypertension artérielle*, accident cardiaque ou *vasculaire*, jaunisse, augmentation importante des lipides dans le sang, *diabète*, *nodule* ou douleur importante des seins, *migraine*, *vertiges*, troubles de la vision, aggravation d'une *épilepsie*, écoulement de lait.

Exceptionnellement, certaines pilules peuvent être responsables de calculs de la vésicule biliaire, de *tumeur* bénigne du foie ou de *mastopathie*.

OVESTIN

estriol

PRÉSENTATION

OVESTIN : comprimé (blanc) ; boîte de 20 - Remb. 65 % - Liste II

Laboratoires Organon

COMPOSITION

	p. comp.
Estriol	0,250 mg

INDICATIONS

Ce médicament contient une *hormone* de la famille des *estrogènes*.

Il est utilisé pour traiter les carences en estrogènes, notamment lors de la *ménopause* ou de certaines stérilités.

CONTRE-INDICATIONS

Ce médicament ne doit pas être utilisé dans les cas suivants :
- certaines maladies cardiaques ou vasculaires, notamment l'*hypertension artérielle* et les *antécédents* de *phlébite* ;
- maladie du foie grave ou récente ;
- certains cancers du sein ou de l'utérus ;
- *tumeur de l'hypophyse* ;
- *hémorragie* génitale de diagnostic non précisé ;
- certaines maladies rares (*connectivites*) ;
- *porphyrie* ;
- *otosclérose*.

Dans d'autres situations, votre médecin est seul juge pour prescrire ce médicament, notamment en cas de *diabète*, d'obésité, d'affections bénignes du sein et de l'utérus, d'excès de *cholestérol* ou de *triglycérides*, de jaunisse avec ou sans démangeaisons survenue lors d'une grossesse.

ATTENTION

Une surveillance médicale et des analyses régulières sont nécessaires avant et pendant la poursuite du traitement. Cette surveillance sera renforcée chez la femme souffrant d'*épilepsie*, de *migraine*, d'*asthme*, de *dépression* ou ayant des *antécédents* familiaux de cancer du sein.

Des maux de tête importants et inhabituels, des troubles de la vision, une élévation franche de la tension artérielle imposent l'arrêt du traitement et la consultation d'un médecin.

INTERACTIONS MÉDICAMENTEUSES

Ce médicament peut interagir avec d'autres médicaments. Signalez tout autre traitement en cours à votre médecin ou à votre pharmacien.

GROSSESSE, ALLAITEMENT ET NOUVEAU-NÉ

Compte tenu de ses indications, ce médicament n'est pas utilisé chez la femme enceinte ou qui allaite.

MODE D'EMPLOI ET POSOLOGIE

Les comprimés doivent être avalés avec un verre d'eau.

Posologie usuelle :

Elle est strictement individuelle : votre médecin l'adapte en fonction de l'efficacité du traitement.

Chez la femme ménopausée, un *progestatif* est toujours associé aux *estrogènes* pour éviter une stimulation excessive de l'utérus ou des glandes mammaires. La réapparition de règles minimes est possible après chaque interruption de traitement ; vous devez néanmoins en informer votre médecin.

Le tabac augmente le risque d'effets indésirables.

EFFETS INDÉSIRABLES POSSIBLES

Fréquents, mais peu graves : nausées, maux de tête, prise de poids, tension des seins, irritabilité, *dépression*, *candidose* vaginale, irritation oculaire par les lentilles de contact.

Rares, mais potentiellement graves et devant faire interrompre le traitement : *hypertension artérielle*, *accident thrombo-embolique*, jaunisse, augmentation des lipides dans le sang, *diabète*, *nodule* ou douleur importante des seins, *migraine*, troubles de la vue, aggravation d'une *épilepsie*.

Exceptionnellement : calculs de la vésicule biliaire.

OVULES SÉDO-HÉMOSTATIQUES

phénazone, chlorure de calcium

PRÉSENTATION

OVULES SÉDO-HÉMOSTATIQUES DU DOCTEUR JOUVE : ovule ; boîte de 6 - Non remb.

Laboratoires Gerda

COMPOSITION

	p. ovule
Phénazone	1,5 g
Chlorure de calcium	0,50 g

INDICATIONS

Cet ovule gynécologique contient un *anti-inflammatoire* non stéroïdien.

Il est destiné au traitement des douleurs lors des affections inflammatoires du vagin (infection, douleurs précédant les règles).

ATTENTION
Ce médicament n'est pas un anti-infectieux : il doit être accompagné d'un traitement approprié.

GROSSESSE, ALLAITEMENT ET NOUVEAU-NÉ

Grossesse :
L'effet de ce médicament pendant la grossesse ou l'allaitement est mal connu. L'évaluation du risque éventuel lié à son utilisation est individuelle : demandez conseil à votre pharmacien ou à votre médecin.

MODE D'EMPLOI ET POSOLOGIE

L'ovule doit être introduit profondément dans le vagin, de préférence le soir au coucher.

Posologie usuelle :
1 ovule le soir, les 6 premiers jours de chaque cycle, pendant 4 mois consécutifs.

☛ Introduire l'ovule en position couchée, puis rester allongée pendant 5 à 10 minutes. En fondant dans le vagin, l'ovule peut être à l'origine d'un écoulement gênant : il est conseillé de porter une protection.

OXADILÈNE
butalamine, papavérine

PRÉSENTATION

OXADILÈNE : gélule (blanc) ; boîte de 30 - Remb. 65 % - Liste I

Laboratoires Evans Medical

COMPOSITION

	p. gél.
Papavérine chlorhydrate	100 mg
Butalamine chlorhydrate	80 mg

INDICATIONS

Ce médicament lutte contre les spasmes des artères.

Il est utilisé dans le traitement :
- des troubles du comportement et de la mémoire liés au vieillissement,
- des manifestations douloureuses de l'*artérite*,
- des troubles liés au vieillissement des organes de l'équilibre et de l'audition.

CONTRE-INDICATIONS

Ce médicament ne doit pas être utilisé dans les cas suivants :
- *hypertension intracrânienne*,
- *bloc auriculo-ventriculaire*.

INTERACTIONS MÉDICAMENTEUSES

Ce médicament peut interagir avec d'autres médicaments : signalez tout autre traitement en cours à votre médecin ou à votre pharmacien.

GROSSESSE, ALLAITEMENT ET NOUVEAU-NÉ

L'effet de ce médicament pendant la grossesse ou l'allaitement est mal connu : seul votre médecin peut évaluer le risque éventuel de son utilisation dans votre cas.

MODE D'EMPLOI ET POSOLOGIE

Les gélules doivent être prises avec un peu d'eau.

Posologie usuelle :
2 ou 3 gélules par jour.

☛ Ce médicament n'est actif que sur les *symptômes* de l'*artérite* ; seule la pratique régulière de la marche peut retarder l'évolution de la maladie. Si vous êtes fumeur, la poursuite du tabagisme nuit à l'efficacité du traitement.

EFFETS INDÉSIRABLES POSSIBLES

Troubles cardio-vasculaires : accélération du cœur, bouffées de chaleur.

Troubles digestifs, constipation notamment.

OXOVINCA
vincamine

PRÉSENTATION

OXOVINCA : comprimé (blanc) ; boîte de 60 - Remb. 35 % - Liste II

Laboratoires Schering

COMPOSITION

	p. comp.
Vincamine cétoglutarate	20 mg

INDICATIONS

Ce médicament contient de la *vincamine*. Cette substance facilite l'utilisation du glucose par les cellules cérébrales, ainsi que leur oxygénation en cas d'apport sanguin insuffisant.

Il est utilisé dans les troubles du comportement et de la mémoire liés au vieillissement.

CONTRE-INDICATIONS

Ce médicament ne doit pas être utilisé dans les cas suivants :
- *tumeur* cérébrale avec *hypertension intracrânienne*,
- association aux médicaments, *antiarythmiques* ou non, susceptibles de favoriser les *torsades de pointes*.

ATTENTION
Prévenez votre médecin en cas de prédisposition aux *troubles du rythme cardiaque*.

INTERACTIONS MÉDICAMENTEUSES

Ce médicament ne doit pas être associé à certains *antiarythmiques* : risque de *torsades de pointes*.

Ce médicament peut interagir avec d'autres médicaments, notamment les *laxatifs stimulants* et les *diurétiques*. Signalez tout autre traitement en cours à votre médecin ou à votre pharmacien.

MODE D'EMPLOI ET POSOLOGIE

Les comprimés doivent être pris de préférence au cours des repas.

Posologie usuelle :
1 comprimé, 2 ou 3 fois par jour.

OXYBOLDINE

PRÉSENTATION

OXYBOLDINE : comprimé effervescent (blanc) arôme anis ; boîte de 2 tubes de 18 - Non remb.

Laboratoires C.P.F.

COMPOSITION

	p. comp.
Boldine	0,0096 mg
Sulfate de sodium desséché	0,054 g
Phosphate monosodique	0,132 g
Carbonate monosodique	1,45 g
Sodium	500 mg

INDICATIONS

C'est une association de substances actives utilisée dans le *traitement symptomatique* des *troubles digestifs*.

ATTENTION
Si vous souffrez d'obstruction des *voies biliaires*, parlez-en à votre pharmacien ou à votre médecin.
Ce médicament contient du *sel* (sodium) en quantité notable.

GROSSESSE, ALLAITEMENT ET NOUVEAU-NÉ

L'effet de ce médicament pendant la grossesse ou l'allaitement est mal connu. L'évaluation du risque éventuel lié à son utilisation est individuelle : demandez conseil à votre pharmacien ou à votre médecin.

MODE D'EMPLOI ET POSOLOGIE

Dissoudre le comprimé dans un peu d'eau tiède.

Posologie usuelle :
1 comprimé matin, midi et soir ou au moment des douleurs.

☛ Ce médicament peut être accompagné d'une alimentation appropriée : parlez-en à votre pharmacien ou à votre médecin.

EFFETS INDÉSIRABLES POSSIBLES

Diarrhée.

OXYCARDIN
isosorbide 5-mononitrate

PRÉSENTATION

OXYCARDIN : comprimé sécable (blanc) ; boîte de 60 - Remb. 65 % - Liste II

Laboratoires Schwarz Pharma

COMPOSITION

	p. comp.
Isosorbide 5-mononitrate	20 mg

INDICATIONS

Ce médicament *vasodilatateur* appartient à la famille des dérivés de la trinitrine. Il possède de nombreuses propriétés qui facilitent le travail du cœur : dilatation des veines, dilatation des artères à forte dose, prévention des spasmes des *artères coronaires*.

Il est utilisé dans :
- le *traitement préventif* des crises d'*angine de poitrine*,
- le *traitement d'appoint* de l'*insuffisance cardiaque*.

ATTENTION

Ce médicament peut être responsable de maux de tête, parfois violents, surtout lors des premières prises.

Des baisses de la tension artérielle ont également été constatées. La mise en route progressive du traitement prescrit par le médecin doit être respectée, notamment pour les *posologies* élevées ; de même, le traitement ne doit pas être arrêté brutalement.

INTERACTIONS MÉDICAMENTEUSES

Ce médicament peut interagir avec d'autres médicaments. Signalez tout autre traitement en cours à votre médecin ou à votre pharmacien.

GROSSESSE, ALLAITEMENT ET NOUVEAU-NÉ

L'effet de ce médicament pendant la grossesse ou l'allaitement est mal connu : seul votre médecin peut évaluer le risque éventuel de son utilisation dans votre cas.

MODE D'EMPLOI ET POSOLOGIE

Les comprimés doivent être avalés avec un peu d'eau, sans les croquer ni les laisser fondre.

Posologie usuelle :

Elle est variable en fonction des indications, et adaptée par votre médecin en fonction de l'effet thérapeutique.

EFFETS INDÉSIRABLES POSSIBLES

Maux de tête, bouffées de chaleur fréquents en début de traitement.

Baisse de la tension artérielle pouvant se traduire par des malaises, surtout chez la personne âgée.

Rares nausées, vomissements et réactions cutanées.

OXYDE MERCURIQUE CHAUVIN

oxyde de mercure

PRÉSENTATION

OXYDE MERCURIQUE JAUNE 1 % CHAUVIN : pommade ophtalmique ; tube 5 g - Non remb.

Laboratoires Chauvin

COMPOSITION

	p. 100 g
Oxyde mercurique jaune	1 g

INDICATIONS

Cette pommade ophtalmique contient un *antiseptique* de la famille des dérivés mercuriels.

Elle est utilisée dans le traitement de l'infection du bord de la paupière (*blépharite*).

CONTRE-INDICATIONS

Ce médicament ne doit pas être utilisé en cas d'*allergie* aux dérivés mercuriels.

ATTENTION

La pommade peut être contaminée par l'œil infecté : évitez de mettre en contact l'extrémité du tube avec l'œil. Ne la conservez pas inutilement après une première utilisation.

En l'absence d'amélioration rapide, consultez votre médecin.

INTERACTIONS MÉDICAMENTEUSES

Ce médicament peut interagir avec les pommades ophtalmiques ou les collyres contenant de l'iode : risque de formation de sels mercuriques irritants.

GROSSESSE, ALLAITEMENT ET NOUVEAU-NÉ

L'effet de ce médicament pendant la grossesse ou l'allaitement est mal connu. L'évaluation du risque éventuel lié à son utilisation est individuelle : demandez conseil à votre pharmacien ou à votre médecin.

MODE D'EMPLOI ET POSOLOGIE

Appliquer un ruban de pommade d'un demi-centimètre sur le bord de la paupière infectée.

Posologie usuelle :

2 ou 3 applications par jour, pendant 7 jours.

Les lentilles de contact ne doivent pas être portées en cas d'irritation oculaire ni réutilisées avant l'arrêt complet du traitement.

L'application correcte du produit peut nécessiter une aide, notamment chez l'enfant ou la personne handicapée ou âgée.

EFFETS INDÉSIRABLES POSSIBLES

Irritation ou réaction allergique locale.

OXYPÉROL

PRÉSENTATION

OXYPÉROL : crème ; tube 50 g - Remb. 35 %

Laboratoires Lemoine

COMPOSITION

	p. 100 g
Oxyde de zinc	31,91 g
Eau de chaux	3,42 g
Baume du Pérou	1 g
Huile d'amande douce	q.s.

INDICATIONS

Cette crème est protectrice et hydratante.

Elle est utilisée dans le traitement des brûlures superficielles, des crevasses, des gerçures, des engelures et de la rougeur des fesses du *nourrisson*.

ATTENTION

Cette crème ne doit pas être appliquée sur des lésions suintantes.

GROSSESSE, ALLAITEMENT ET NOUVEAU-NÉ

Ce médicament ne contient que des substances présumées sans danger pendant la grossesse ou l'allaitement. Néanmoins, ne l'utilisez pas de façon prolongée sans l'avis de votre pharmacien ou de votre médecin.

MODE D'EMPLOI ET POSOLOGIE

Nettoyer la zone à traiter avant l'application.

Appliquer en couche mince.

Posologie usuelle :

2 ou 3 applications par jour.

La rougeur des fesses du *nourrisson* est souvent due à l'imprégnation de la peau par l'urine, sous la couche. Il est donc nécessaire de nettoyer et de rincer abondamment la peau avec de l'eau avant d'appliquer le médicament.

EFFETS INDÉSIRABLES POSSIBLES

Eczéma dû au médicament (présence de baume du Pérou).

OXYPLASTINE

oxyde de zinc

PRÉSENTATION

OXYPLASTINE : pommade ; tube 65 g - Remb. 35 %

OXYPLASTINE : pommade ; tube 135 g - Remb. 35 %

Laboratoires Parke-Davis

COMPOSITION

	p. 100 g
Oxyde de zinc	46 g
Baume du Pérou	+

INDICATIONS

Cette pommade contient de l'oxyde de zinc. Elle est protectrice et légèrement *antiseptique*.

Elle est utilisée pour protéger la peau, ou dans le traitement des irritations : rougeur des fesses du *nourrisson*, notamment.

ATTENTION

Cette pommade ne doit pas être appliquée sur des lésions suintantes.

GROSSESSE, ALLAITEMENT ET NOUVEAU-NÉ

Ce médicament ne contient que des substances présumées sans danger pendant la grossesse ou l'allaitement. Néanmoins, ne l'utilisez pas de façon prolongée sans l'avis de votre pharmacien ou de votre médecin.

MODE D'EMPLOI ET POSOLOGIE

Nettoyer la zone à traiter avant l'application.

Appliquer la pommade en couche mince.

Posologie usuelle :

Rougeur des fesses du *nourrisson* : 1 application après chaque toilette.

> La rougeur des fesses du *nourrisson* est souvent due à l'imprégnation de la peau par l'urine, sous la couche. Il est donc nécessaire de nettoyer et de rincer abondamment la peau avec de l'eau avant d'appliquer le médicament.

EFFETS INDÉSIRABLES POSSIBLES

Eczéma dû au médicament (présence de baume du Pérou).

OXY-THYMOLINE

PRÉSENTATION

OXY-THYMOLINE : collutoire ; flacon pulvérisateur - Remb. 35 %

OXY-THYMOLINE : solution pour application locale ; flacon 90 ml - Remb. 35 %

Laboratoires Meyer

COMPOSITION

	p. 100 g
Borate de sodium	6 g
Thymol	80 mg
Phénol	385 mg
Chloral hydrate	1 g
Ratanhia, extrait sec	300 mg
Menthol	+

INDICATIONS

Ce médicament d'usage local contient des *antiseptiques*.

Il est utilisé dans le *traitement d'appoint* des infections de la bouche et de la gorge.

CONTRE-INDICATIONS

Ce médicament ne doit pas être utilisé chez l'enfant de moins de 30 mois.

> **ATTENTION**
>
> Les traitements locaux (gargarisme, collutoire, pastille) n'agissent que superficiellement ; dans le cas d'infection profonde (angines...), un autre mode de traitement est nécessaire pour éviter des complications ultérieures, cardiaques ou rénales.
>
> L'usage prolongé de ce médicament n'est pas souhaitable ; il peut modifier l'équilibre microbien naturel de la gorge.
>
> En l'absence d'amélioration au bout de 5 jours, ou en cas d'apparition de fièvre, consultez votre médecin.

GROSSESSE, ALLAITEMENT ET NOUVEAU-NÉ

L'effet de ce médicament pendant la grossesse ou l'allaitement est mal connu. L'évaluation du risque éventuel lié à son utilisation est individuelle : demandez conseil à votre pharmacien ou à votre médecin.

MODE D'EMPLOI ET POSOLOGIE

La solution peut être utilisée pure en badigeonnage, ou diluée en *gargarisme* ou en inhalation.

Posologie usuelle :

- Adulte et enfant de plus de 30 mois :
  - solution : 1 application ou 1 *gargarisme* ou 1 inhalation, 1 à 3 fois par jour ;
  - *collutoire* : 1 pulvérisation, 1 à 3 fois par jour.

> Chez le jeune enfant, la pulvérisation peut provoquer un spasme du larynx : n'introduisez pas trop profondément l'embout du *collutoire* dans sa bouche.

OXYTHYOL

PRÉSENTATION

OXYTHYOL : pâte pour application locale (gris) ; pot 160 g - Remb. 35 %

Laboratoires du Praticien

COMPOSITION

	p. 100 g
Amidon	25 g
Oxyde de zinc	25 g
Ichthyolammonium	2 g
Lanoline	9 g
Vaseline	39 g

INDICATIONS

Ce médicament est une pâte cicatrisante.

Il est utilisé dans le traitement des brûlures superficielles de faible étendue.

> **ATTENTION**
>
> Évitez d'utiliser cette pâte, notamment chez l'enfant, de manière prolongée sur des surfaces étendues ou profondément lésées, sans l'avis de votre pharmacien ou de votre médecin.

GROSSESSE, ALLAITEMENT ET NOUVEAU-NÉ

Ce médicament ne contient que des substances présumées sans danger pendant la grossesse ou l'allaitement. Néanmoins, ne l'utilisez pas de façon prolongée sans l'avis de votre pharmacien ou de votre médecin.

MODE D'EMPLOI ET POSOLOGIE

Ce médicament fait partie d'un traitement qui associe d'autres médicaments : suivez attentivement la prescription de votre médecin.

EFFETS INDÉSIRABLES POSSIBLES

Eczéma dû au médicament (présence de lanoline).

OZOTHINE À LA DIPROPHYLLINE

PRÉSENTATION

OZOTHINE À LA DIPROPHYLLINE : comprimé (marron) ; boîte de 50 - Remb. 35 %

OZOTHINE À LA DIPROPHYLLINE ADULTE : suppositoire ; boîte de 10 - Remb. 35 %

OZOTHINE À LA DIPROPHYLLINE ENFANT : suppositoire ; boîte de 10 - Remb. 35 %

OZOTHINE À LA DIPROPHYLLINE : solution injectable ; boîte de 6 ampoules 5 ml - Remb. 35 %

Laboratoires S.C.A.T.

COMPOSITION

	p. comp.	p. suppos. Ad.	p. suppos. Enf.
Diprophylline	150 mg	350 mg	150 mg
Produits d'oxydation de l'essence de térébenthine	20 mg	60 mg	30 mg

	p. amp. inj.
Diprophylline	250 mg
Produits oxydés hydrosolubles de l'essence de térébenthine	10 mg

INDICATIONS

Ce médicament contient un bronchodilatateur proche de la théophylline et des dérivés de l'essence de térébenthine, ayant des propriétés *antiseptiques* et fluidifiantes. Il lutte contre la contraction anormale des muscles de la paroi des bronches et stimule la respiration.

Les comprimés et les suppositoires sont utilisés dans le traitement de l'*asthme* et de certaines maladies respiratoires.

La solution injectable est utilisée dans le *traitement de la crise* d'asthme.

CONTRE-INDICATIONS

Ce médicament ne doit pas être utilisé dans les cas suivants :
- enfant de moins de 5 ans,
- enfant de moins de 15 ans (comprimé et solution injectable),
- en association avec les médicaments contenant de l'énoxacine.

> **ATTENTION**
>
> Ce médicament contient une substance proche de la théophylline : ne l'utilisez pas sans l'avis de votre médecin.
>
> Des précautions sont nécessaires en cas d'*insuffisance cardiaque*, d'*insuffisance hépatique*, d'*insuffisance coronarienne*, d'*hyperthyroïdie*, d'*antécédent* de *convulsions*, d'obésité, d'*ulcère* de l'estomac et du *duodénum*.

INTERACTIONS MÉDICAMENTEUSES

Ce médicament ne doit pas être associé aux médicaments contenant de l'énoxacine (ENOXOR...) : risque de surdosage en diprophylline.

Il peut interagir avec d'autres médicaments : signalez tout autre traitement en cours à votre médecin ou à votre pharmacien.

GROSSESSE, ALLAITEMENT ET NOUVEAU-NÉ

Grossesse et nouveau-né :

Lors de son utilisation en fin de grossesse, ce médicament peut provoquer une accélération du cœur et une agitation importante chez le *nouveau-né*.

Allaitement :

Les données actuellement disponibles ne permettent pas de savoir si ce médicament passe dans le lait maternel.

MODE D'EMPLOI ET POSOLOGIE

Les comprimés doivent être avalés avec un verre d'eau. La solution peut être injectée par *voie* intramusculaire ou intraveineuse. L'injection intraveineuse doit être lente et pratiquée sur la personne en position allongée.

Posologie usuelle :

- Adulte : 4 à 6 comprimés ou 1 à 3 suppositoires par jour, en plusieurs prises. En cas de crise d'*asthme* : 1 ou 2 ampoules injectables par jour.
- Enfant de plus de 5 ans : 1 suppositoire, 1 ou 2 fois par jour.

☛ Toute modification de la *posologie* expose à la survenue d'une crise d'*asthme* : veillez à ne jamais manquer de ce médicament.

Fumer, ou être exposé à la fumée des autres, nuit à l'efficacité du traitement.

Les excitants, tels que le thé ou le café, peuvent accroître certains effets indésirables de la diprophylline et doivent être consommés avec modération.

EFFETS INDÉSIRABLES POSSIBLES

Les effets indésirables varient d'une personne à l'autre. Leur intensité peut traduire un surdosage et rendre nécessaire une adaptation de la *posologie* : consultez votre médecin.

Les plus fréquents sont : maux de tête, agitation, insomnie, accélération du cœur, *troubles digestifs*.

OZOTHINE sirop

PRÉSENTATION

OZOTHINE : sirop ; flacon 125 ml (25 cuillères à café) - Remb. 35 %

Laboratoires S.C.A.T.

COMPOSITION

	p. c. à c.
Codéthyline chlorhydrate	3 mg
Produit d'oxydation de l'essence de térébenthine	12 mg
Benzoate de sodium	420 mg
Alcool à 95°	540 mg
Tartrazine	+
Essence de menthe	+

INDICATIONS

Ce sirop contient un *antitussif*, la codéthyline, un fluidifiant bronchique (benzoate de sodium) et des dérivés de l'essence de térébenthine qui ont des propriétés *antiseptiques*. La codéthyline a une action sédative sur le *système nerveux central* et notamment sur les centres de la toux.

Il est utilisé dans le *traitement symptomatique* des affections des *voies* respiratoires.

CONTRE-INDICATIONS

Ce médicament ne doit pas être utilisé dans les cas suivants :
- *asthme*,
- *insuffisance respiratoire*,
- *allergie* à la tartrazine ou à l'aspirine,
- enfant de moins de 5 ans.

ATTENTION

Évitez les boissons alcoolisées : augmentation du risque de somnolence.

INTERACTIONS MÉDICAMENTEUSES

Ce médicament peut interagir avec d'autres médicaments, notamment chez les personnes âgées. Signalez tout autre traitement en cours à votre médecin ou à votre pharmacien.

GROSSESSE, ALLAITEMENT ET NOUVEAU-NÉ

Grossesse :

Compte tenu de la présence de codéthyline, n'utilisez pas ce médicament pendant la grossesse sans prendre l'avis de votre pharmacien ou de votre médecin.

Allaitement :

Ce médicament est déconseillé pendant l'allaitement.

MODE D'EMPLOI ET POSOLOGIE

Le sirop peut être dilué dans un peu d'eau sucrée ou dans une tisane chaude.

Les prises de ce médicament doivent être réparties au cours de la journée.

Posologie usuelle :

- Adulte : 1 cuillère à dessert, 3 fois par jour.
- Enfant de plus de 5 ans : 1 cuillère à café, 3 fois par jour.

☛ De nombreux médicaments, notamment certains *antitussifs* ou *antalgiques*, contiennent de la codéthyline ou une substance voisine, la codéine : un surdosage expose à une augmentation des effets indésirables.

Fumer, ou être exposé à la fumée des autres, nuit à l'efficacité du traitement.

Des mesures simples permettent de calmer les toux sèches : boissons chaudes et humidification de l'air ambiant.

EFFETS INDÉSIRABLES POSSIBLES

Constipation, et plus rarement : somnolence.

OZOTHINE suppositoire et injectable

PRÉSENTATION

OZOTHINE ADULTE : suppositoire ; boîte de 10 - Remb. 35 %

OZOTHINE ENFANT : suppositoire ; boîte de 10 - Remb. 35 %

OZOTHINE NOURRISSON : suppositoire ; boîte de 10 - Remb. 35 %

OZOTHINE : solution injectable Adulte ; boîte de 6 ampoules 10 ml - Remb. 35 %

OZOTHINE : solution injectable Enfant ; boîte de 8 ampoules 5 ml - Remb. 35 %

Laboratoires S.C.A.T.

COMPOSITION

	p. suppos. Ad.	p. suppos. Enf.	p. suppos. Nour.
Produits d'oxydation de l'essence de térébenthine	60 mg	30 mg	10 mg

	p. amp. inj. Ad.	p. amp. inj. Enf.
Produits oxydés hydrosolubles de l'essence de térébenthine	20 mg	10 mg

INDICATIONS

Ce médicament contient des dérivés de l'essence de térébenthine ayant des propriétés *antiseptiques* et *expectorantes*.

Il est utilisé dans le traitement des affections des *voies* respiratoires.

ATTENTION

Si les troubles persistent au-delà de quelques jours ou si vous avez de la fièvre, consultez votre médecin.

GROSSESSE, ALLAITEMENT ET NOUVEAU-NÉ

L'effet de ce médicament pendant la grossesse ou l'allaitement est mal connu. L'évaluation du risque éventuel lié à son utilisation est individuelle : demandez conseil à votre pharmacien ou à votre médecin.

MODE D'EMPLOI ET POSOLOGIE

La solution injectable peut être administrée par *voie* intraveineuse ou intramusculaire.

Posologie usuelle :

1 à 3 suppositoires par jour ou 1 ou 2 ampoules injectables par jour, en utilisant la forme adaptée à l'âge.

P

PABASUN
acide para-aminobenzoïque

PRÉSENTATION

PABASUN : comprimé (blanc) ; boîte de 60 - Non remb.

Laboratoires Gallier

COMPOSITION

	p. comp.
Acide para-aminobenzoïque	500 mg

INDICATIONS

Ce médicament est destiné à lutter contre les effets allergisants du soleil sur la peau.

Il est utilisé dans le *traitement préventif* des *allergies* solaires (*lucites*) chez les personnes prédisposées.

CONTRE-INDICATIONS

Ce médicament ne doit pas être utilisé en cas d'*allergie* à l'acide para-aminobenzoïque, et à certaines substances apparentées : *sulfamides*, certains *anesthésiques* locaux, conservateurs ou colorants.

ATTENTION

Ce médicament n'empêche pas les coups de soleil : ne vous exposez pas aux rayons solaires sans les précautions habituelles (protection par des crèmes adaptées à votre peau, exposition progressive).

GROSSESSE, ALLAITEMENT ET NOUVEAU-NÉ

L'effet de ce médicament pendant la grossesse ou l'allaitement est mal connu. L'évaluation du risque éventuel lié à son utilisation est individuelle : demandez conseil à votre pharmacien ou à votre médecin.

MODE D'EMPLOI ET POSOLOGIE

Les comprimés doivent être pris de préférence au cours des repas. Le traitement commence 15 jours avant l'exposition au soleil et se poursuit jusqu'à ce que la peau soit suffisamment bronzée pour être protégée.

Posologie usuelle :

- Adulte : 2 comprimés, 3 fois par jour.
- Enfant : 1 comprimé, 2 fois par jour.

EFFETS INDÉSIRABLES POSSIBLES

Réaction allergique cutanée.

PADÉRYL

PRÉSENTATION

PADÉRYL : comprimé (rouge et orange) ; boîte de 20 - Remb. 35 %

PADÉRYL : sirop ; flacon 150 ml - Remb. 35 %

Laboratoires Gerda

COMPOSITION

	p. comp.	p. c. à s.
Codéine bromhydrate	20 mg	22,5 mg
Codéine base	14,4 mg	16,2 mg
Papavérine bromhydrate	15 mg	15 mg
Cinnamavérine	15 mg	3,75 mg
Belladone, extrait	2,25 mg	2,25 mg
Jusquiame, extrait	10 mg	9,75 mg
Hysope, extrait	50 mg	
Valériane, poudre	30 mg	
Gui, extrait		4,5 mg
Saccharose		3,15 g

INDICATIONS

Ce médicament *antitussif* contient de la codéine associée à des *antispasmodiques*. La codéine a une action sédative sur le *système nerveux central* et notamment les centres de la toux.

Ce médicament est utilisé dans le *traitement symptomatique* des toux sèches.

CONTRE-INDICATIONS

Ce médicament ne doit pas être utilisé dans les cas suivants :

- *asthme*, *insuffisance respiratoire* (présence de codéine) ;
- *glaucome* à angle fermé, risque de rétention des urines : *adénome de la prostate* (présence de *belladone* et de jusquiame) ;
- enfant de moins de 15 ans.

ATTENTION

Ce médicament n'est pas adapté au traitement de la toux grasse, qui est un mécanisme de défense normal de l'organisme permettant l'évacuation des mucosités présentes dans les bronches.

La toux est un *symptôme* qui peut révéler de nombreuses maladies : consultez votre médecin si elle persiste plus de quelques jours.

Évitez les boissons alcoolisées : augmentation du risque de somnolence.

Conducteur : ce médicament peut être responsable de vertiges ou d'une baisse de la vigilance.

INTERACTIONS MÉDICAMENTEUSES

Ce médicament peut interagir avec d'autres médicaments, notamment chez les personnes âgées. Signalez tout autre traitement en cours à votre médecin ou à votre pharmacien.

GROSSESSE, ALLAITEMENT ET NOUVEAU-NÉ

Grossesse :

Compte tenu de la présence de codéine, n'utilisez pas ce médicament pendant la grossesse sans prendre l'avis de votre pharmacien ou de votre médecin.

Allaitement :

Ce médicament passe dans le lait maternel : par mesure de prudence, il est déconseillé pendant l'allaitement.

MODE D'EMPLOI ET POSOLOGIE

Les prises de ce médicament doivent être réparties au cours de la journée.

Posologie usuelle :

- Adulte et enfant de plus de 15 ans : 2 à 4 comprimés ou 3 ou 4 cuillères à soupe de sirop par jour.

De nombreux médicaments contiennent de la codéine, notamment certains *antitussifs* et *antalgiques*. Le surdosage expose à une augmentation des effets indésirables.

Une toux nocturne aggravée par ce médicament peut être une toux allergique : demandez conseil à votre médecin.

La poursuite du tabagisme nuit à l'efficacité du traitement.

Des mesures simples permettent de calmer les toux sèches : boissons chaudes et humidification de l'air ambiant.

EFFETS INDÉSIRABLES POSSIBLES

Liés à la codéine : constipation ; et plus rarement, somnolence, nausées et vomissements, *bronchospasme*, sensations de vertige, *allergies* cutanées, ralentissement anormal de la respiration.

Liés à la *belladone* : effets *atropiniques*, rares aux doses habituelles.

PAIN RAMET
sulfate de cuivre, sulfate de zinc

PRÉSENTATION

PAIN RAMET ACIDE : pain dermatologique ; boîte de 100 g - Non remb.

Laboratoires CS

COMPOSITION

	p. 100 g
Cuivre, sulfate	0,50 g
Zinc, sulfate	1,75 g
Camphre	0,50 g
Romarin, essence	0,50 g

INDICATIONS

Ce médicament est un *antiseptique* local.

Il est utilisé dans le *traitement d'appoint* des lésions de la peau et des *muqueuses* (*acné*, *eczéma* prurit anal...).

CONTRE-INDICATIONS

Ce médicament ne doit pas être utilisé chez les enfants de moins de 30 mois.

INTERACTIONS MÉDICAMENTEUSES

L'association à d'autres *antiseptiques* est déconseillée car leurs effets risquent de s'annuler.

GROSSESSE, ALLAITEMENT ET NOUVEAU-NÉ

Cet *antiseptique* peut être utilisé par la femme enceinte.

MODE D'EMPLOI ET POSOLOGIE

Ce pain s'utilise comme un savon. Il est préférable de rincer soigneusement la peau après usage.

PALFIUM

dextromoramide

PRÉSENTATION

PALFIUM : comprimé (blanc) ; boîte de 20 - Remb. 65 % - Stupéfiants

PALFIUM : solution injectable ; boîte de 7 ampoules 1 ml - Remb. 65 % - Stupéfiants

Laboratoires Syntélabo France

COMPOSITION

	p. comp.	p. amp.
Dextromoramide tartrate	6,9 mg	6,9 mg
Dextromoramide base	5 mg	5 mg

INDICATIONS

Ce médicament est un *antalgique* puissant. Son action est semblable à celle de la *morphine* : il combat la douleur en agissant directement sur le cerveau.

Il est utilisé dans le traitement des douleurs rebelles.

CONTRE-INDICATIONS

Ce médicament ne doit pas être utilisé dans les cas suivants :
- *insuffisance hépatique* grave ;
- *insuffisance respiratoire* ;
- traumatisme crânien, *convulsions* ;
- douleurs abdominales de cause non connue ;
- association avec les *IMAO* ;
- enfant de moins de 15 ans.

ATTENTION

Des précautions sont nécessaires en cas d'*insuffisance rénale*, d'*insuffisance surrénale*, d'*adénome de la prostate* ou d'*hypothyroïdie*, et chez la personne âgée.

La prise de boissons alcoolisées ou l'association aux *sédatifs* peut augmenter le risque de somnolence.

Ce médicament est responsable d'une baisse de la vigilance : la conduite, les activités professionnelles ou de loisirs exposant à un danger sont formellement déconseillées.

INTERACTIONS MÉDICAMENTEUSES

Par mesure de prudence, ce médicament ne doit pas être associé aux *IMAO*.

Il peut interagir avec d'autres médicaments, notamment les *sédatifs*. Signalez tout autre traitement en cours à votre médecin ou à votre pharmacien.

GROSSESSE, ALLAITEMENT ET NOUVEAU-NÉ

L'effet de ce médicament pendant la grossesse ou l'allaitement est mal connu : seul votre médecin peut évaluer le risque éventuel de son utilisation dans votre cas.

Nouveau-né :

Si le traitement est poursuivi jusqu'à l'accouchement, une surveillance médicale du *nouveau-né* est nécessaire afin de parer à l'éventualité d'un *syndrome de sevrage*.

MODE D'EMPLOI ET POSOLOGIE

Les comprimés doivent être dissous dans un peu d'eau (1 cuillère à dessert) et pris une demi-heure avant les repas ou 2 heures après.

La solution doit être injectée par *voie* intramusculaire. Elle peut également être bue.

Posologie usuelle :

La *posologie*, strictement individuelle, est adaptée progressivement par votre médecin en fonction de l'intensité de la douleur, et des médicaments éventuellement associés.

Restez allongé dans la demi-heure qui suit l'injection.

La prescription de la *morphine* et des substances apparentées, ainsi que leur renouvellement, est réglementée. La durée de validité de l'ordonnance est limitée à 7 jours. Elle est rédigée sur un feuillet numéroté, extrait d'un carnet à souche ; elle est conservée par le pharmacien. Pour obtenir le remboursement par la Sécurité sociale, le médecin rédige une copie de la prescription sur une ordonnance habituelle.

Respectez la *posologie* et la durée de traitement prescrites par votre médecin. Mais si le traitement paraît insuffisant, n'hésitez pas à reprendre contact avec lui.

Ce médicament vous a été prescrit dans une situation précise : ne le conseillez pas à une autre personne.

EFFETS INDÉSIRABLES POSSIBLES

Fréquemment : nausées, vomissements, constipation. Des médicaments peuvent être prescrits pour limiter ces effets indésirables.

Parfois : difficultés respiratoires, somnolence ou, au contraire, excitation (notamment chez la personne âgée), maux de tête, difficultés à uriner.

Ce médicament, apparenté à la *morphine*, expose à un risque de *dépendance*. Ce risque est minime dans les conditions d'utilisation médicale.

PALMI GLOBULES

PRÉSENTATION

PALMI GLOBULES : comprimé (marron) ; boîte de 40 - Non remb.

Laboratoires Médecine Végétale

COMPOSITION

	p. comp.
Boldo, poudre	76 mg
Buchu, poudre	19 mg
Busserole, poudre	190 mg
Combretum, extrait sec	6 mg
Gentiane, extrait	10 mg
Salol	31 mg
Méthénamine	63 mg

INDICATIONS

Ce médicament est une association d'extraits de plantes et d'autres substances actives qui agit en augmentant la production de bile et en facilitant son passage vers le tube digestif.

Il est utilisé dans le *traitement symptomatique* des digestions difficiles.

ATTENTION

Si vous souffrez d'obstruction des *voies biliaires* et d'*insuffisance hépatique* grave : parlez-en à votre médecin ou à votre pharmacien.

En cas de persistance des symptômes, des examens peuvent être nécessaires : consultez votre médecin.

INTERACTIONS MÉDICAMENTEUSES

Ce médicament peut interagir avec d'autres médicaments, notamment les *sulfamides*. Signalez tout autre traitement en cours à votre médecin ou à votre pharmacien.

GROSSESSE, ALLAITEMENT ET NOUVEAU-NÉ

L'effet de ce médicament pendant la grossesse ou l'allaitement est mal connu. L'évaluation du risque éventuel lié à son utilisation est individuelle : demandez conseil à votre pharmacien ou à votre médecin.

MODE D'EMPLOI ET POSOLOGIE

Les comprimés doivent être pris à la fin des repas.

Posologie usuelle :

2 comprimés, 3 fois par jour.

Ce médicament doit être accompagné d'une alimentation appropriée : parlez-en à votre médecin ou à votre pharmacien.

PALPIPAX

méprobamate, valériane

PRÉSENTATION

PALPIPAX : comprimé (vert clair) ; boîte de 40 - Remb. 65 % - Liste I

Laboratoires Bouchard

COMPOSITION

	p. comp.
Méprobamate	100 mg
Valériane, extrait	100 mg

INDICATIONS

Ce médicament contient un *tranquillisant* (méprobamate) et un extrait de plante ayant des effets *sédatifs* (valériane).

Il est utilisé dans le traitement des *palpitations*.

CONTRE-INDICATIONS

Ce médicament ne doit pas être utilisé dans les cas suivants :
- *insuffisance respiratoire*,
- *porphyries*.

ATTENTION

Des précautions sont nécessaires en cas de *myasthénie*.

Une prise prolongée ou des doses importantes de ce médicament favorisent une *dépendance*. Respectez la *posologie* et la durée de traitement prescrites par votre médecin.

Évitez les boissons alcoolisées : augmentation du risque de somnolence.

Conducteur : ce médicament peut être responsable d'une baisse de la vigilance, particulièrement en début de traitement.

INTERACTIONS MÉDICAMENTEUSES

Ce médicament peut interagir avec d'autres médicaments, notamment avec les *sédatifs*. Signalez tout autre traitement en cours à votre médecin ou à votre pharmacien.

GROSSESSE, ALLAITEMENT ET NOUVEAU-NÉ

Grossesse :

Par mesure de prudence, ce médicament est habituellement déconseillé pendant les 3 premiers mois de la grossesse.

Toutefois, une grossesse survenant sous traitement ne justifie pas d'inquiétude particulière. Seul votre médecin peut apprécier le risque éventuel lié à l'utilisation de ce médicament dans votre cas.

Si le traitement est poursuivi jusqu'à l'accouchement, une surveillance médicale du *nouveau-né* est nécessaire.

Allaitement :

Ce médicament passe dans le lait maternel : l'allaitement est déconseillé.

MODE D'EMPLOI ET POSOLOGIE

Les comprimés doivent être avalés avec un verre d'eau.

Posologie usuelle :

1 comprimé, 3 ou 4 fois par jour.

Les *palpitations* peuvent être favorisées par la prise d'excitants : café, thé, boissons alcoolisées et certains sodas contenant de la caféine.

EFFETS INDÉSIRABLES POSSIBLES

Somnolence en début de traitement.

Plus rarement : *troubles digestifs*.

Vertiges, maux de tête, troubles de l'*accommodation*, excitation.

Allergie cutanée, spasmes des bronches.

PALUDRINE

proguanil

PRÉSENTATION

PALUDRINE : comprimé (blanc) ; boîte de 56 - Non remb.

Laboratoires Zeneca Pharma

COMPOSITION

	p. comp.
Proguanil chlorhydrate	100 mg

INDICATIONS

Ce médicament est un antipaludéen de synthèse.

Il est utilisé dans le *traitement préventif* du *paludisme*, généralement en association avec la chloroquine (NIVAQUINE).

ATTENTION

Des précautions sont nécessaires en cas d'*insuffisance rénale*.

L'usage de ce médicament dans la prévention du paludisme est réservé à certaines régions du monde. La liste de ces pays est revue chaque année par l'O.M.S. (Organisation mondiale de la Santé). Même si vous avez déjà pris ce médicament pour un précédent voyage dans la même région ou une autre partie du monde, il est nécessaire de consulter votre médecin pour connaître la prévention la mieux adaptée à votre voyage.

En cas de séjour de plus de 3 mois, il peut être nécessaire d'utiliser d'autres méthodes de prévention du *paludisme* : demandez conseil à votre médecin.

GROSSESSE, ALLAITEMENT ET NOUVEAU-NÉ

Grossesse :

Les études actuellement disponibles n'ont pas mis en évidence de problème particulier lors de l'utilisation chez la femme enceinte.

Allaitement :

Ce médicament passe dans le lait maternel, mais en quantité insuffisante pour protéger le *nourrisson*.

MODE D'EMPLOI ET POSOLOGIE

Les comprimés doivent être pris avec un verre d'eau, de préférence après un repas et à la même heure chaque jour.

Posologie usuelle :

Le traitement commence 24 heures avant le départ, est poursuivi pendant tout le séjour et 4 à 6 semaines après le retour.

- Adulte et enfant de plus de 12 ans : 2 comprimés (200 mg) par jour.
- Enfant de 9 à 12 ans : 1 et 1/2 comprimé (150 mg) par jour.
- Enfant de 5 à 9 ans : 1 comprimé (100 mg) par jour.
- Enfant de 1 à 5 ans : 1/2 comprimé (50 mg) par jour.
- Enfant de moins de 1 an : 1/4 comprimé (25 mg) par jour.

La prise de ce médicament ne dispense pas des mesures visant à prévenir les piqûres de moustiques : utilisation de vêtements longs après le coucher du soleil, insecticides, moustiquaire...

Le risque maximal de crise de *paludisme* se situe dans les 4 semaines qui suivent le retour d'un pays tropical : toute fièvre, même banale, pendant cette période, doit vous amener à consulter votre médecin.

EFFETS INDÉSIRABLES POSSIBLES

Troubles digestifs.

Réactions cutanées, aphte, *inflammation* des gencives.

PANADOL

paracétamol

PRÉSENTATION

PANADOL 500 mg : comprimé sécable ovale (blanc) ; boîte de 16 - Non remb.

PANADOL 500 mg : comprimé effervescent ; boîte de 12 - Non remb.

Laboratoires Sterling Midy

COMPOSITION

	p. comp.	p. comp. efferv.
Paracétamol	500 mg	500 mg
Sorbitol	100 mg	
Sodium		427 mg

INDICATIONS

Ce médicament est un *antalgique* et un *antipyrétique* qui contient du paracétamol.

Il est utilisé :
- pour faire baisser la fièvre,
- dans le traitement des affections douloureuses.

CONTRE-INDICATIONS

Ce médicament ne doit pas être utilisé dans les cas suivants :
- maladies graves du foie,
- enfant de moins de 5 ans (comprimé à 500 mg),
- enfant de moins de 12 ans (comprimé effervescent à 500 mg).

ATTENTION

De nombreux médicaments contiennent du paracétamol : en tenir compte en cas de prise conjointe car le surdosage en paracétamol peut être toxique pour le foie.

Les comprimés effervescents contiennent du *sel* (sodium) en quantité notable.

GROSSESSE, ALLAITEMENT ET NOUVEAU-NÉ

Grossesse :

Les études scientifiques actuellement disponibles n'ont pas mis en évidence de problème particulier lors de l'utilisation chez la femme enceinte.

Allaitement :

Aux doses usuelles, l'usage de ce médicament est possible pendant l'allaitement.

MODE D'EMPLOI ET POSOLOGIE

Ce médicament peut être pris indifféremment pendant ou entre les repas. Respecter un intervalle minimal de 4 heures entre 2 prises.

Les comprimés doivent être avalés avec un peu d'eau.

Posologie usuelle :

- Adulte : 1 ou 2 comprimés, 1 à 3 fois par jour. Ne pas dépasser 3 g (6 comprimés) par jour.
- Enfant de 12 à 15 ans : 1/2 à 1 comprimé, 1 à 3 fois par jour, sans dépasser 3 comprimés par jour.
- Enfant de 8 à 12 ans : 1/2 à 1 comprimé, 1 à 2 fois par jour, sans dépasser 2 comprimés par jour.
- Enfant de 5 à 8 ans : 1/2 comprimé, 2 fois par jour.
- Insuffisant rénal : respecter un intervalle de 8 heures entre 2 prises.

Des sueurs abondantes accompagnent généralement la baisse de température lors du traitement des fièvres élevées. Ce phénomène est normal.

EFFETS INDÉSIRABLES POSSIBLES

Ce médicament est très bien supporté. Les effets indésirables sont rares : *allergies* cutanées essentiellement.

PANADOL CODÉINE

paracétamol, codéine

PRÉSENTATION

PANADOL CODÉINE : comprimé effervescent (blanc) ; boîte de 12 - Non remb.

Laboratoires Sterling Midy

COMPOSITION

	p. comp. efferv.
Paracétamol	500 mg
Codéine	6 mg
Sodium	425 mg

INDICATIONS

Ce médicament, *antalgique* et *antipyrétique*, contient du paracétamol et de la codéine.

Il est utilisé dans le *traitement symptomatique* de la douleur ou de la fièvre (douleurs des règles, douleurs dentaires, maux de tête...).

CONTRE-INDICATIONS

Ce médicament ne doit pas être utilisé dans les cas suivants :

- maladies graves du foie,
- enfant de moins de 10 ans.

ATTENTION

N'utilisez pas ce médicament sans avis médical en cas d'*asthme* ou d'*insuffisance respiratoire*.

Ce médicament contient du *sel* (sodium) en quantité notable.

Évitez les boissons alcoolisées : augmentation du risque de somnolence.

Conducteur : ce médicament peut être responsable d'une somnolence ou d'une baisse de la vigilance.

INTERACTIONS MÉDICAMENTEUSES

Ce médicament peut interagir avec d'autres médicaments, notamment chez la personne âgée. Signalez tout autre traitement en cours à votre médecin ou à votre pharmacien.

GROSSESSE, ALLAITEMENT ET NOUVEAU-NÉ

Compte tenu de la présence de codéine, ce médicament est déconseillé en automédication pendant la grossesse ou l'allaitement.

MODE D'EMPLOI ET POSOLOGIE

Les comprimés doivent être dissous dans un verre d'eau et absorbés de préférence avant les repas.

Respectez un intervalle minimal de 4 heures entre 2 prises.

Posologie usuelle :

- Adulte : 1 ou 2 comprimés, 2 ou 3 fois par jour.
- Enfant de plus de 10 ans :
  - de 50 à 60 kg : 1 comprimé, 1 à 4 fois par jour ;
  - de 40 à 50 kg : 1 comprimé, 1 à 3 fois par jour ;
  - de 30 à 40 kg : 1 comprimé, 1 ou 2 fois par jour.

De nombreux médicaments contiennent du paracétamol et de la codéine : en tenir compte en cas de prise conjointe (risque de surdosage).

Ce médicament doit être conservé à l'abri de l'humidité.

EFFETS INDÉSIRABLES POSSIBLES

Liés à la codéine :

- constipation,
- plus rarement : somnolence, *troubles digestifs*, états vertigineux.

Liés au paracétamol : très rare réaction allergique.

PANCRÉAL KIRCHNER

extraits de pancréas

PRÉSENTATION

PANCRÉAL KIRCHNER : comprimé (beige à brun clair) ; boîte de 50 - Remb. 35 %

Laboratoires Iderne

COMPOSITION

	p. comp.
Pancréatine d'origine porcine	150 mg

INDICATIONS

C'est une association d'extrait pancréatique d'origine animale et d'une cellulase. L'extrait pancréatique apporte des *enzymes* indispensables à la digestion ; la cellulase dégrade en partie les fibres alimentaires (cellulose) contenues dans les féculents.

Ce médicament est utilisé dans le traitement des digestions difficiles en rapport ou non avec une insuffisance du pancréas.

GROSSESSE, ALLAITEMENT ET NOUVEAU-NÉ

L'effet de ce médicament pendant la grossesse ou l'allaitement est mal connu. L'évaluation du risque éventuel lié à son utilisation est individuelle : demandez conseil à votre pharmacien ou à votre médecin.

MODE D'EMPLOI ET POSOLOGIE

Ce médicament doit être pris de préférence avant ou pendant les repas.

Posologie usuelle :

- Adulte : 3 ou 4 comprimés par repas.
- Enfant : 2 ou 3 comprimés par repas.

Une alimentation équilibrée, une mastication lente et la suppression des aliments difficiles à digérer permettent souvent d'atténuer, voire de faire disparaître, des *troubles digestifs* qui ne sont pas liés à un *ulcère*.

PANCRÉLASE

extraits de pancréas, enzymes végétales

PRÉSENTATION

PANCRÉLASE : comprimé (jaune) ; boîte de 60 - Remb. 35 %

PANCRÉLASE : comprimé (jaune) ; boîte de 150 - Remb. 35 %

Laboratoires BYK France

COMPOSITION

	p. comp.
Pancréas de porc, poudre	50 mg
Pancréatine de porc	100 mg
Cellulase fongique	100 mg
Tanin	20 mg

INDICATIONS

C'est une association d'extrait pancréatique d'origine animale et d'une cellulase. L'extrait pancréatique apporte des *enzymes* indispensables à la digestion ; la cellulase dégrade en partie les fibres alimentaires (cellulose) contenues dans les féculents.

Ce médicament est utilisé dans le traitement des digestions difficiles en rapport ou non avec une insuffisance du pancréas.

GROSSESSE, ALLAITEMENT ET NOUVEAU-NÉ

L'effet de ce médicament pendant la grossesse ou l'allaitement est mal connu. L'évaluation du risque éventuel lié à son utilisation est individuelle : demandez conseil à votre pharmacien ou à votre médecin.

MODE D'EMPLOI ET POSOLOGIE

Les comprimés doivent être avalés avec un verre d'eau, au début de chacun des repas.

Posologie usuelle :
3 comprimés, 3 fois par jour.

Une alimentation équilibrée, une mastication lente et l'élimination des aliments difficiles à digérer permettent souvent d'améliorer, voire de faire disparaître, des *troubles digestifs* qui ne sont pas liés à un *ulcère*.

PANFUREX

nifuroxazide

PRÉSENTATION

PANFUREX 200 : gélule (jaune) ; boîte de 28 - Remb. 35 % - Liste II

PANFUREX : suspension buvable ; flacon 90 ml (cuillère-mesure = 5 ml) - Remb. 35 % - Liste II

Laboratoires Bouchara

COMPOSITION

	p. gél.	p. c. mes.
Nifuroxazide	200 mg	220 mg

INDICATIONS

C'est un *antiseptique* intestinal qui appartient à la famille des nitrofuranes.

Il est utilisé pour traiter les diarrhées aiguës bénignes.

CONTRE-INDICATIONS

Ce médicament ne doit pas être utilisé dans les cas suivants :
- *antécédent* d'*allergie* à un nitrofurane,
- prématuré et *nouveau-né*.

ATTENTION

Si la diarrhée persiste ou s'il apparaît une fièvre, des frissons, une grande fatigue, du sang ou des glaires dans les selles, ce traitement est insuffisant et des examens peuvent être nécessaires : consultez votre médecin.

GROSSESSE, ALLAITEMENT ET NOUVEAU-NÉ

L'effet de ce médicament pendant la grossesse ou l'allaitement est mal connu : seul votre médecin peut évaluer le risque éventuel de son utilisation dans votre cas.

MODE D'EMPLOI ET POSOLOGIE

Le traitement ne doit pas dépasser 7 jours.

Posologie usuelle :
- Adulte : 1 gélule à 200 mg, 4 fois par jour.
- Enfant de plus de 8 ans : 1 gélule à 200 mg, 3 à 4 fois par jour.
- Enfant de 30 mois à 8 ans : 1 cuillère-mesure de suspension buvable, 3 fois par jour.
- Nourrisson de 1 à 30 mois : 1 cuillère-mesure de suspension buvable, 1 à 3 fois par jour selon l'âge.

La suspension buvable est adaptée pour les jeunes enfants.
Une diarrhée peut provoquer une déshydratation. Cette perte d'eau par l'organisme peut entraîner des troubles graves (fatigue, malaises, confusion des idées...). Il est indispensable de prévenir cette déshydratation, en particulier chez les personnes âgées et les enfants, par des boissons sucrées abondantes et des bouillons salés. Pour les jeunes enfants, il existe des préparations destinées à cet effet.

EFFETS INDÉSIRABLES POSSIBLES

Allergie.

PANNOGEL

peroxyde de benzoyle

PRÉSENTATION

PANNOGEL 5 : gel aqueux pour application locale ; tube 30 g - Non remb. - Liste II

PANNOGEL 10 : gel aqueux pour application locale ; tube 30 g - Non remb. - Liste II

Laboratoires Schering

COMPOSITION

	p. 100 g	p. 100 g
Peroxyde de benzoyle	5 g	10 g

INDICATIONS

C'est un antiacnéique local qui contient du peroxyde de benzoyle. Il agit essentiellement en détruisant les *germes* responsables de l'*inflammation* du comédon et de la formation de pustules.

Ce médicament est utilisé dans le traitement de l'*acné*.

CONTRE-INDICATIONS

Ce médicament ne doit pas être utilisé par les personnes sensibles aux peroxydes (eau oxygénée).

ATTENTION

N'appliquez aucun autre produit ou cosmétique (eau de Cologne, lotion après-rasage, crème...) sans l'accord de votre médecin.

Ce médicament expose à une *photosensibilisation* : une exposition aux rayons *ultraviolets* (soleil, lampe à bronzer) peut provoquer des réactions cutanées. N'omettez pas de signaler à votre médecin vos projets de vacances au soleil pendant la durée du traitement.

GROSSESSE, ALLAITEMENT ET NOUVEAU-NÉ

L'effet de ce médicament pendant la grossesse ou l'allaitement est mal connu. Seul votre médecin peut apprécier la nécessité du traitement et son risque.

MODE D'EMPLOI ET POSOLOGIE

Le médecin choisit le dosage du médicament et l'espacement des applications adaptés à votre peau.

Appliquez le gel par de légers massages et laissez-le sécher. Lavez-vous les mains après usage.

Posologie usuelle :
Au début du traitement : 1 application, 1 ou 2 fois par jour.
En *traitement d'entretien* : 1 application, 1 fois tous les 2 ou 3 jours.

Une irritation est fréquente en début de traitement : ne vous découragez pas, mais n'hésitez pas à prendre l'avis de votre médecin. Pour limiter les risques d'irritation, n'appliquez pas ce produit sur une peau déjà irritée ou lésée, utilisez des savons de toilette doux et n'appliquez pas de lotion ou parfum alcoolisés.

En cas d'application accidentelle sur les *muqueuses* (yeux, bouche, narines) ou sur les paupières, rincez soigneusement à l'eau.

Tenez compte du risque de décoloration de vos vêtements ou de votre literie par le produit.

EFFETS INDÉSIRABLES POSSIBLES

Photosensibilisation, irritation de la peau. Décoloration de certains textiles.

PANOTILE

PRÉSENTATION

PANOTILE : solution auriculaire ; flacon compte-gouttes 8 ml - Remb. 35 % - Liste I

Laboratoires Zambon France

COMPOSITION

	p. 100 ml
Polymyxine B sulfate	1 M UI
Néomycine sulfate	750 mg
Lidocaïne chlorhydrate	4 g
Fludrocortisone acétate	100 mg

INDICATIONS

Ce médicament d'usage local contient deux *antibiotiques*, un *anesthésique* et un *anti-inflammatoire* de la famille des *corticoïdes*.

Il est utilisé dans le traitement de certaines *otites*.

CONTRE-INDICATIONS

Ce médicament ne doit pas être utilisé dans les cas suivants :
- *allergie* à la néomycine ou à la polymyxine,
- perforation du tympan.

ATTENTION

Ce médicament peut être dangereux en cas de tympan perforé : ne le réutilisez pas sans un contrôle médical de l'intégrité du tympan.

GROSSESSE, ALLAITEMENT ET NOUVEAU-NÉ

L'effet de ce médicament pendant la grossesse ou l'allaitement est mal connu : seul votre médecin peut évaluer le risque éventuel de son utilisation dans votre cas.

MODE D'EMPLOI ET POSOLOGIE

Les instillations sont faites en gardant la tête penchée pendant quelques minutes (bain d'oreille).

Afin de limiter la sensation désagréable de liquide froid dans l'oreille, il est conseillé de réchauffer le flacon dans la main avant l'instillation.

Posologie usuelle :

- Adulte : 4 ou 5 gouttes dans l'oreille à traiter, 2 fois par jour.
- Enfant : 2 ou 3 gouttes dans l'oreille à traiter, 2 fois par jour.

La durée du traitement ne dépasse généralement pas 10 jours.

> Si les troubles persistent malgré un traitement bien suivi, si une fièvre apparaît, consultez votre médecin.
>
> Ne conservez pas inutilement ce médicament après une première utilisation.

EFFETS INDÉSIRABLES POSSIBLES

Réaction allergique cutanée.

Troubles de l'audition ou de l'équilibre en cas de perforation du tympan (voir ATTENTION).

PANOXYL

peroxyde de benzoyle

PRÉSENTATION

PANOXYL GEL 5 % : gel pour application locale ; tube 40 g - Remb. 65 % - Liste II

PANOXYL GEL 10 % : gel pour application locale ; tube 40 g - Remb. 65 % - Liste II

PANOXYL PAIN : pain dermatologique ; 100 g - Non remb. - Liste II

Laboratoires Stiefel

COMPOSITION

	gel p. 100 g	gel p. 100 g	pain p. 100 g
Peroxyde de benzoyle	5 g	10 g	10 g

INDICATIONS

C'est un antiacnéique local qui contient du peroxyde de benzoyle. Il agit essentiellement en détruisant certains *germes* responsables de l'*inflammation* du comédon et de la formation de pustules.

Ce médicament est utilisé dans le traitement de l'*acné*.

CONTRE-INDICATIONS

Ce médicament ne doit pas être utilisé par les personnes sensibles aux peroxydes (eau oxygénée).

> **ATTENTION**
>
> N'appliquez aucun autre produit ou cosmétique (eau de Cologne, lotion après-rasage, crème...) sans l'accord de votre médecin.
>
> Ce médicament expose à une *photosensibilisation* : une exposition aux rayons *ultraviolets* (soleil, lampe à bronzer) peut provoquer des réactions cutanées. N'omettez pas de signaler à votre médecin vos projets de vacances au soleil pendant la durée du traitement.

GROSSESSE, ALLAITEMENT ET NOUVEAU-NÉ

L'effet de ce médicament pendant la grossesse ou l'allaitement est mal connu. Seul votre médecin peut apprécier la nécessité du traitement et son risque.

MODE D'EMPLOI ET POSOLOGIE

Le médecin choisit la forme du médicament adaptée à votre peau.

Gel : faites pénétrer complètement le produit par de légers massages. Lavez-vous les mains après usage.

Pain dermatologique : faites mousser le produit avec de l'eau tiède, savonnez les régions atteintes pendant 1 à 2 minutes. Rincez et séchez.

Posologie usuelle :

Au début du traitement : 1 application, 1 ou 2 fois par jour.

En cure d'entretien : 1 application, tous les 2 ou 3 jours.

> Une irritation est fréquente et normale en début de traitement : ne vous découragez pas, mais n'hésitez pas à prendre l'avis de votre médecin. Pour limiter les risques d'irritation, n'appliquez pas ce produit sur une peau déjà irritée ou lésée, utilisez des savons de toilette doux et n'appliquez pas de lotion ou parfum alcoolisés.
>
> En cas d'application accidentelle sur les *muqueuses* (yeux, bouche, narines) ou sur les paupières, rincez soigneusement à l'eau.
>
> Tenez compte du risque de décoloration de vos vêtements ou de votre literie par le produit.

EFFETS INDÉSIRABLES POSSIBLES

Photosensibilisation, irritation de la peau. Décoloration de certains textiles.

PANSORAL

choline salicylate, cétalkonium chlorure

PRÉSENTATION

PANSORAL : gel pour application buccale arôme anis ; tube 12 g - Non remb.

Laboratoires Inava

COMPOSITION

	p. 100 g
Choline salicylate	8,7 g
Cétalkonium chlorure	0,01 g
Alcool éthylique à 95°	39 g

INDICATIONS

Ce gel buccal contient un *antalgique* et un *antiseptique*.

Il est utilisé pour soulager les douleurs des gencives, les *inflammations* de la bouche et les aphtes.

CONTRE-INDICATIONS

Ce médicament ne doit pas être utilisé en cas d'*allergie* aux *salicylés*.

> **ATTENTION**
>
> Ce médicament contient de l'*alcool* en quantité notable, son usage est déconseillé chez l'enfant de moins de 30 mois.

GROSSESSE, ALLAITEMENT ET NOUVEAU-NÉ

L'effet de ce médicament pendant la grossesse ou l'allaitement est mal connu. L'évaluation du risque éventuel lié à son utilisation est individuelle : demandez conseil à votre pharmacien ou à votre médecin.

MODE D'EMPLOI ET POSOLOGIE

Appliquer un peu de gel avec le doigt sur la partie douloureuse et masser légèrement.

Posologie usuelle :

4 applications par jour (la dernière au coucher).

> L'emploi de ce médicament ne doit pas remplacer le brossage soigneux et régulier des dents après chaque repas ou après consommation de sucreries.
>
> En cas d'irritation des gencives par une prothèse (dentier), n'hésitez pas à consulter votre dentiste.

EFFETS INDÉSIRABLES POSSIBLES

Picotements liés à l'*alcool* contenu dans le gel.

PANTESTONE

testostérone

PRÉSENTATION

PANTESTONE : capsule ; boîte de 60 - Remb. 65 % - Liste II

Laboratoires Organon

COMPOSITION

	p. caps.
Testostérone undécanoate	40 mg

INDICATIONS

Ce médicament contient une *hormone* mâle (*hormone androgène*).

Il est utilisé comme *traitement substitutif* pour remplacer la testostérone naturelle lorsque celle-ci n'est plus sécrétée en quantité suffisante par les testicules. Cette insuffisance de sécrétion peut être due aux testicules eux-mêmes ou à l'insuffisance d'une autre glande qui commande la sécrétion testiculaire (maladie ou ablation de l'*hypophyse*).

CONTRE-INDICATIONS

Ce médicament ne doit pas être utilisé dans les cas suivants :

- chez la femme ;
- *adénome de la prostate*, cancer de la prostate ou cancer du sein chez l'homme ;

- *insuffisance cardiaque*, *insuffisance rénale*, ou *insuffisance hépatique* grave ;
- états agressifs.

ATTENTION
Ce médicament ne doit jamais être employé ou réemployé en dehors d'une prescription médicale.

MODE D'EMPLOI ET POSOLOGIE

Les capsules doivent être avalées après les repas.

Posologie usuelle :

Elle est répartie également entre le matin et le soir. En cas de nombre impair de capsules, la dose la plus élevée sera prise le matin. La dose efficace la plus faible possible est toujours recherchée.

EFFETS INDÉSIRABLES POSSIBLES

Acné, augmentation du volume des seins, *œdèmes*, excès de calcium dans le sang possible chez les personnes alitées.

PAPAÏNE
suc de Carica papaya

PRÉSENTATION

PAPAÏNE TROUETTE-PERRET : élixir ; flacon 200 ml - Non remb.

PAPAÏNE TROUETTE-PERRET : sirop ; flacon 200 ml - Non remb.

Laboratoires DB Pharma

COMPOSITION

	Élixir p. c. à s.	Sirop p. c. à s.
Suc Carica papaya	69 mg	69 mg
Alcool éthylique 95°	3 ml	1,57 ml
Saccharose	7,3 g	8,4 g

INDICATIONS

Ce médicament est une *enzyme* d'origine végétale.

Il est utilisé dans le *traitement symptomatique* des digestions difficiles.

CONTRE-INDICATIONS

Ce médicament ne doit pas être utilisé chez l'enfant de moins de 15 ans en raison de la présence d'*alcool*.

ATTENTION
Ce médicament contient du *sucre* (saccharose) et de l'*alcool* (éthanol) en quantité notable.
Conducteur : ce médicament peut être responsable d'une somnolence ou d'une baisse de la vigilance.

GROSSESSE, ALLAITEMENT ET NOUVEAU-NÉ

Aucun problème particulier n'a été mis en évidence lors de l'utilisation courante chez la femme enceinte.

MODE D'EMPLOI ET POSOLOGIE

Posologie usuelle :

- Adulte : 1 cuillère à soupe d'élixir ou de sirop après chaque repas.
- Adolescent : 1 cuillère à dessert ou à café de sirop selon l'âge, après chaque repas.

PAPS

PRÉSENTATION

PAPS : poudre pour application locale ; boîte poudreuse 100 g - Remb. 65 %

Laboratoires Richard

COMPOSITION

	p. 100 g
Soufre	8,5 g
Undécylénate de zinc	1 g
Gallate basique de bismuth	0,5 g
Menthol	0,5 g
Camphre	1 g
Acide salicylique	0,5 g
Oxyde de zinc	9 g
Acide borique	9 g
Essence de labiées	0,25 g
Talc	q.s.

INDICATIONS

Cette poudre est calmante, *antiseptique* et antimycosique.

Elle est utilisée dans le *traitement d'appoint* de certaines maladies de peau.

CONTRE-INDICATIONS

Ce médicament ne doit pas être utilisé dans les cas suivants :
- enfant de moins de 30 mois,
- poussée d'*eczéma*.

ATTENTION
Ne traitez pas de grandes surfaces de peau chez le jeune enfant sans avis médical.

GROSSESSE, ALLAITEMENT ET NOUVEAU-NÉ

L'effet de ce médicament pendant la grossesse ou l'allaitement est mal connu : demandez conseil à votre pharmacien ou à votre médecin.

MODE D'EMPLOI ET POSOLOGIE

Saupoudrer et masser légèrement.

Posologie usuelle :

3 ou 4 applications par jour.

PARABOLAN
trenbolone

PRÉSENTATION

PARABOLAN : solution injectable huileuse *I.M.* ; boîte de 1 ampoule 1,5 ml - Non remb. - Liste II

Laboratoires Negma

COMPOSITION

	p. amp.
Trenbolone	50 mg

INDICATIONS

Ce médicament contient un *anabolisant* qui appartient à la famille des *hormones androgènes*.

Il est utilisé dans le traitement de certains états de dénutrition de la personne âgée, dans les suites d'intervention chirurgicale majeure, de brûlures étendues ou d'*escarres* importantes.

CONTRE-INDICATIONS

Ce médicament ne doit pas être utilisé dans les cas suivants :
- femme en âge d'avoir des enfants ;
- période précédant la puberté ;
- *adénome de la prostate*, cancer de la prostate ou cancer du sein chez l'homme ;
- *insuffisance hépatique*, *hépatite* récente ;
- états agressifs ;
- **grossesse ;**
- **allaitement.**

ATTENTION
Ce médicament est dangereux en cure prolongée.

GROSSESSE, ALLAITEMENT ET NOUVEAU-NÉ

Grossesse :

Ce médicament est contre-indiqué pendant la grossesse : il existe des risques de *virilisation* chez la femme et chez l'enfant à naître.

Allaitement :

Ce médicament est contre-indiqué pendant l'allaitement.

MODE D'EMPLOI ET POSOLOGIE

La solution est injectée par *voie* intramusculaire profonde.

Le contenu de l'ampoule est huileux : il est préférable d'utiliser des seringues en verre.

EFFETS INDÉSIRABLES POSSIBLES

Acné, *séborrhée*.

Spécifiquement chez la femme :
- irrégularité des règles, trouble de l'ovulation, arrêt des règles ;
- *virilisation*, développement anormal des poils, modification de la voix, chute des cheveux : effets irréversibles à l'arrêt du traitement.

PARAGRIPPE
homéopathie

PRÉSENTATION

PARAGRIPPE : comprimé (blanc) ; boîte de 60 - Non remb.

PARAGRIPPE : globule ; boîte de 3 doses - Non remb.

PARAGRIPPE : globule ; boîte de 9 doses - Non remb.

Laboratoires Boiron

COMPOSITION

Arnica 4 CH, Belladonna 4 CH, Eupatorium perfoliatum 4 CH, Gelsemium 4 CH, Sulfur 5 CH, aa

INDICATIONS

Ce médicament est un *complexe* (association) de remèdes homéopathiques.

Il est utilisé dans le *traitement symptomatique* des états grippaux débutants ou déclarés.

GROSSESSE, ALLAITEMENT ET NOUVEAU-NÉ

Aux *dilutions homéopathiques*, les substances contenues dans ce médicament ne sont pas connues pour être toxiques pendant la grossesse ou l'allaitement.

MODE D'EMPLOI ET POSOLOGIE

Ce médicament doit être pris de préférence à distance des repas.

Sucer ou écraser dans un peu d'eau les comprimés.

Laisser fondre le contenu des doses sous la langue.

Posologie usuelle :

2 comprimés toutes les 2 heures dès les premiers *symptômes* ou 1 dose à renouveler toutes les 6 heures.

> Certains homéopathes recommandent de ne pas absorber de camphre pendant un traitement homéopathique.

PARALYOC

paracétamol

PRÉSENTATION

PARALYOC 500 mg : *lyophilisat* oral (blanc) arôme orange ; boîte de 16 - Remb. 65 %

PARALYOC 250 mg : *lyophilisat* oral ; boîte de 10 - Remb. 65 %

PARALYOC 125 mg : *lyophilisat* oral arôme fraise ; boîte de 10 - Remb. 65 %

PARALYOC 50 mg : *lyophilisat* oral arôme fraise ; boîte de 10 - Remb. 65 %

Laboratoires Farmalyoc

COMPOSITION

	p. lyoph.	p. lyoph.
Paracétamol	500 mg	250 mg
Aspartam	+	+

	p. lyoph.	p. lyoph.
Paracétamol	125 mg	50 mg
Aspartam	+	+

INDICATIONS

Ce médicament est un *antalgique* et un *antipyrétique* qui contient du paracétamol.

Il est utilisé :
- pour faire baisser la fièvre,
- dans le traitement des affections douloureuses.

CONTRE-INDICATIONS

Ce médicament ne doit pas être utilisé dans les cas suivants :
- maladies graves du foie,
- *phénylcétonurie* (présence d'aspartam).

> **ATTENTION**
> De nombreux médicaments contiennent du paracétamol : en tenir compte en cas de prise conjointe car le surdosage en paracétamol peut être toxique pour le foie.

GROSSESSE, ALLAITEMENT ET NOUVEAU-NÉ

Grossesse :

Les études scientifiques actuellement disponibles n'ont pas mis en évidence de problème particulier lors de l'utilisation chez la femme enceinte.

Allaitement :

Aux doses usuelles, l'usage de ce médicament est possible pendant l'allaitement.

MODE D'EMPLOI ET POSOLOGIE

Ce médicament peut être pris indifféremment pendant ou entre les repas.

Les comprimés (*lyophilisat*) peuvent être sucés ou dispersés dans un peu d'eau. Ils ne doivent pas être croqués.

Respecter un intervalle minimal de 4 heures entre 2 prises.

Posologie usuelle :

- Adulte : 1 ou 2 *lyophilisats* à 500 mg, 1 à 3 fois par jour. Ne pas dépasser 3 g (6 lyophilisats à 500 mg) par jour.
- Enfant : 20 à 30 mg par kg et par jour, soit en moyenne :
  - de 10 à 15 ans : 1 à 2 lyophilisats à 250 mg, 1 à 3 fois par jour,
  - de 4 à 10 ans : 1 lyophilisat à 250 mg ou 1 à 2 lyophilisats à 125 mg, 1 à 3 fois par jour,
  - de 2 à 4 ans : 1 lyophilisat à 125 mg ou 2 lyophilisats à 50 mg, 2 à 3 fois par jour,
  - de 3 mois à 2 ans : 1 lyophilisat à 50 mg, 3 à 4 fois par jour.
- Insuffisant rénal : respecter un intervalle de 8 heures entre 2 prises.

> Des sueurs abondantes accompagnent généralement la baisse de température lors du traitement des fièvres élevées. Ce phénomène est normal.

EFFETS INDÉSIRABLES POSSIBLES

Les effets indésirables sont rares : *allergies* cutanées essentiellement.

PARAMINAN 500

acide para-aminobenzoïque

PRÉSENTATION

PARAMINAN 500 : comprimé (blanc) ; boîte de 120 - Non remb.

Laboratoires Gallier

COMPOSITION

	p. comp.
Acide para-aminobenzoïque	500 mg

INDICATIONS

Ce médicament est destiné à lutter contre les effets nocifs des rayons du soleil sur la peau.

Il est utilisé dans le *traitement préventif* des *allergies* solaires (*lucite*) chez les personnes prédisposées. Il est aussi utilisé pour traiter certaines maladies de la peau (*vitiligo*...).

CONTRE-INDICATIONS

Ce médicament ne doit pas être utilisé en cas d'*allergie* à l'acide para-aminobenzoïque et à certaines substances apparentées : *sulfamides*, certains *anesthésiques* locaux, conservateurs ou colorants.

> **ATTENTION**
> Ce médicament n'empêche pas les coups de soleil : ne vous exposez pas aux rayons solaires sans les précautions habituelles (protection par des crèmes adaptées à votre peau, exposition progressive).

GROSSESSE, ALLAITEMENT ET NOUVEAU-NÉ

L'effet de ce médicament pendant la grossesse ou l'allaitement est mal connu. L'évaluation du risque éventuel lié à son utilisation est individuelle : demandez conseil à votre pharmacien ou à votre médecin.

MODE D'EMPLOI ET POSOLOGIE

Les comprimés doivent être pris de préférence au cours des repas.

Le traitement commence 15 jours avant l'exposition au soleil et se poursuit jusqu'à ce que la peau soit suffisamment bronzée pour être protégée.

Posologie usuelle :

- Adulte : 2 comprimés, 2 fois par jour.
- Enfant : 1 comprimé, 2 fois par jour.

EFFETS INDÉSIRABLES POSSIBLES

Réaction allergique cutanée.

PARANICO

nicotinamide, ascorbate de quinine, thiamine

PRÉSENTATION

PARANICO : comprimé (blanc) ; boîte de 100 - Non remb.

Laboratoires Élerté

COMPOSITION

	p. comp.
Nicotinamide	10 mg
Quinine ascorbate	5 mg
Thiamine chlorhydrate	10 mg

INDICATIONS

Ce médicament contient de la nicotinamide, substance qui se substitue à la nicotine sans en avoir les effets toxiques.

Il est utilisé pour aider les fumeurs à se désintoxiquer du tabac.

CONTRE-INDICATIONS

Ce médicament ne doit pas être utilisé en cas de *troubles du rythme cardiaque*.

GROSSESSE, ALLAITEMENT ET NOUVEAU-NÉ

Grossesse :

À forte dose, la quinine peut avoir un effet toxique pour l'enfant à naître. Seul votre médecin peut apprécier le risque éventuel de l'usage de ce médicament dans votre cas.

Allaitement :

Ce médicament passe faiblement dans le lait maternel : l'allaitement est possible.

MODE D'EMPLOI ET POSOLOGIE

Il est préférable d'arrêter le tabac dès la première prise du médicament.

Posologie usuelle :

8 comprimés par jour : 2 le matin, 2 à midi, 2 à 18 heures, 2 après dîner.

Comme tous les procédés utilisés pour aider les fumeurs, ce médicament n'est utile que lorsque la volonté d'arrêter de fumer s'accompagne d'une forte détermination.

EFFETS INDÉSIRABLES POSSIBLES

Manifestations cutanées.

PARA PLUS

perméthrine, malathion, butoxyde de pipéronyle

PRÉSENTATION

PARA PLUS : solution pour application locale ; flacon pressurisé 90 g - Non remb.

Laboratoires S.C.A.T.

COMPOSITION

	p. 100 g
Perméthrine	500 mg
Malathion	250 mg
Butoxyde de pipéronyle	2 g

INDICATIONS

Ce médicament contient des substances actives sur les poux.

Il est utilisé pour détruire les poux et leurs œufs (lentes).

CONTRE-INDICATIONS

Ce médicament est contre-indiqué chez l'enfant de moins de 30 mois.

ATTENTION

Rincez abondamment en cas de contact accidentel avec les yeux ou les *muqueuses*.

GROSSESSE, ALLAITEMENT ET NOUVEAU-NÉ

L'effet de ce médicament pendant la grossesse ou l'allaitement est mal connu. L'évaluation du risque éventuel lié à son utilisation est individuelle : demandez conseil à votre pharmacien ou à votre médecin.

MODE D'EMPLOI ET POSOLOGIE

Pulvériser la solution à la base des cheveux par des pressions brèves, de façon à imprégner totalement la chevelure. Laisser agir pendant 10 minutes. Laver les cheveux avec le shampooing habituel, puis démêler les cheveux au peigne fin.

Posologie usuelle :

1 application, à renouveler 1 semaine plus tard s'il y a encore des lentes.

Pour éviter une réinfestation, il est nécessaire que l'entourage suive le même traitement.

Les chapeaux, bonnets, écharpes doivent être désinfectés.

Les lentes fixées à plus de 2 cm du cuir chevelu sont généralement mortes, et leur présence ne signifie pas que le traitement a échoué. Leur élimination peut être facilitée en démêlant les cheveux avec un peigne trempé dans de l'eau vinaigrée.

EFFETS INDÉSIRABLES POSSIBLES

Irritation, rougeur en cas de contact avec les *muqueuses*.

PARAPSYLLIUM

psyllium, paraffine liquide

PRÉSENTATION

PARAPSYLLIUM : poudre pour suspension buvable ; flacon 100 g - Remb. 35 %

Laboratoires Pharmygiène

COMPOSITION

	p. 100 g
Psyllium tégument mucilagineux de graines, pulvérisé	33,33 g
Paraffine liquide microencapsulée	33,33 g

INDICATIONS

Ce médicament contient un *laxatif de lest* (psyllium) et un *laxatif lubrifiant* (paraffine liquide). Le psyllium s'imbibe d'eau et rend les selles plus volumineuses et moins fermes. Il n'est ni digéré ni absorbé.

Il est utilisé comme *traitement symptomatique* de la constipation.

CONTRE-INDICATIONS

Ce médicament ne doit pas être utilisé en cas de maladies comportant un risque d'obstruction du tube digestif.

ATTENTION

Il est nécessaire de boire beaucoup d'eau, particulièrement en cas de dilatation du côlon, d'alitement et chez la personne âgée.

L'huile de paraffine peut réduire l'absorption de certaines *vitamines* (A, D, E, K) en cas d'utilisation prolongée.

Les laxatifs ne doivent pas être utilisés de façon prolongée sans avis médical.

GROSSESSE, ALLAITEMENT ET NOUVEAU-NÉ

Grossesse :

Ce médicament ne contient aucune substance connue pour être toxique pendant la grossesse, néanmoins il peut réduire l'absorption de certaines *vitamines* : son usage doit être ponctuel.

MODE D'EMPLOI ET POSOLOGIE

1 cuillère à soupe dans un grand verre d'eau ou de jus de fruit, le soir au coucher. Agiter et boire immédiatement.

Un échec du traitement peut être lié à la présence d'un *fécalome*, notamment chez la personne âgée.

Des mesures simples d'hygiène alimentaire et des exercices physiques sont à envisager avant d'utiliser un laxatif : parlez-en à votre médecin ou à votre pharmacien.

EFFETS INDÉSIRABLES POSSIBLES

Sensation de ballonnement en début de traitement.

PARASIDOSE

PRÉSENTATION

PARASIDOSE MALATHION : lotion ; flacon pressurisé 125 ml - Non remb.

PARASIDOSE : shampooing ; flacon 200 ml - Non remb.

Laboratoires Gilbert

COMPOSITION

	p. fl. lotion	p. 100 g shampooing
Malathion	500 mg	
Butoxyde de pipéronyle	1,2 g	
Phénothrine	300 mg	200 mg
Acide acétique		+

INDICATIONS

Ce médicament contient des substances actives sur les poux.

Il est utilisé pour détruire les poux et leurs œufs (lentes).

CONTRE-INDICATIONS

Ce médicament ne doit pas être utilisé chez l'enfant de moins de 30 mois.

ATTENTION

Rincer abondamment en cas de contact accidentel avec les yeux ou les *muqueuses*.

GROSSESSE, ALLAITEMENT ET NOUVEAU-NÉ

L'effet de ce médicament pendant la grossesse ou l'allaitement est mal connu. L'évaluation du risque éventuel lié à son utilisation est individuelle : demandez conseil à votre pharmacien ou à votre médecin.

MODE D'EMPLOI ET POSOLOGIE

Lotion : pulvériser à la base des cheveux par des pressions brèves de façon à imprégner totalement la chevelure. Laisser agir pendant 30 minutes sans couvrir la tête. Laver les cheveux avec le shampooing habituel, puis démêlez les cheveux au peigne fin.

Shampooing : frictionner les cheveux mouillés pendant plusieurs minutes. Laisser agir pendant 3 minutes, rincer abondamment à l'eau tiède. Appliquer le shampooing une seconde fois, puis démêler les cheveux au peigne fin.

Posologie usuelle :

- Lotion : 1 application, à renouveler le lendemain. Répéter le traitement 1 semaine plus tard s'il y a encore des lentes.
- Shampooing : 1 double lavage. Rincer à l'eau abondamment car le shampooing contient de l'acide acétique.

Pour éviter une réinfestation, il est nécessaire que l'entourage suive le même traitement.

Les chapeaux, bonnets, écharpes doivent être désinfectés.

Les lentes fixées à plus de 2 cm du cuir chevelu sont généralement mortes, et leur présence ne signifie pas que le traitement a échoué. Leur élimination peut être facilitée en démêlant les cheveux avec un peigne trempé dans de l'eau vinaigrée.

Le flacon pressurisé doit être conservé à l'abri de la chaleur.

EFFETS INDÉSIRABLES POSSIBLES

Irritation, rougeur en cas de contact avec les *muqueuses*.

PARA SPÉCIAL POUX

dépalléthrine, butoxyde de pipéronyle

PRÉSENTATION

PARA SPÉCIAL POUX : solution pour application locale ; flacon pressurisé 90 g - Non remb.

PARA SPÉCIAL POUX : shampooing ; flacon 125 ml - Non remb.

Laboratoires S.C.A.T.

COMPOSITION

	lotion p. 100 g	shamp. p. 100 g
Dépalléthrine	0,660 g	1,10 g
Pipéronyle butoxyde	2,640 g	4,40 g

INDICATIONS

Ce médicament contient des substances actives sur les poux.

Il est utilisé pour détruire les poux et leurs œufs (lentes).

ATTENTION

Évitez l'emploi de ce médicament chez l'enfant de moins de 30 mois.

Rincez abondamment en cas de contact accidentel avec les yeux ou les *muqueuses*.

GROSSESSE, ALLAITEMENT ET NOUVEAU-NÉ

L'effet de ce médicament pendant la grossesse ou l'allaitement est mal connu. L'évaluation du risque éventuel lié à son utilisation est individuelle : demandez conseil à votre pharmacien ou à votre médecin.

MODE D'EMPLOI ET POSOLOGIE

Aérosol : pulvériser la solution à la base des cheveux par des pressions brèves, de façon à imprégner totalement la chevelure. Laisser agir pendant 30 minutes. Laver les cheveux avec le shampooing habituel, puis démêler les cheveux au peigne fin.

Shampooing : frictionner les cheveux mouillés pendant plusieurs minutes. Laisser agir pendant 5 minutes, rincer abondamment à l'eau tiède.

Posologie usuelle :

- Solution : 1 application, à renouveler 1 semaine plus tard s'il y a encore des lentes.
- Shampooing : 1 lavage, à renouveler le lendemain et éventuellement 1 semaine plus tard.

Pour éviter une réinfestation, il est nécessaire que l'entourage suive le même traitement.

Les chapeaux, bonnets, écharpes doivent être désinfectés.

Les lentes fixées à plus de 2 cm du cuir chevelu sont généralement mortes, et leur présence ne signifie pas que le traitement a échoué. Leur élimination peut être facilitée en démêlant les cheveux avec un peigne trempé dans de l'eau vinaigrée.

EFFETS INDÉSIRABLES POSSIBLES

Irritation, rougeur en cas de contact avec les *muqueuses*.

PARÉGORIQUE LAFRAN

opium, anis, camphre

PRÉSENTATION

PARÉGORIQUE LAFRAN : comprimé (beige) ; boîte de 20 - Remb. 35 % - Liste II

Laboratoires Lafran

COMPOSITION

	p. comp.
Opium, poudre	5 mg
Acide benzoïque	5 mg
Anis, essence	5 mg
Camphre	2 mg
Saccharose	460 mg

INDICATIONS

C'est un antidiarrhéique composé de plusieurs substances : une faible quantité d'opium, qui diminue les contractions du côlon, et de l'anis et du camphre, qui facilitent l'expulsion des gaz.

Il est utilisé dans le *traitement symptomatique* des diarrhées.

CONTRE-INDICATIONS

Ce médicament ne doit pas être utilisé dans les cas suivants :

- enfant de moins de 30 mois,
- crise aiguë de *rectocolite hémorragique*.

ATTENTION

Malgré sa faible teneur en opium, ce médicament peut entraîner une *dépendance*.

Ce médicament contient du *sucre* (saccharose) en quantité notable.

Conducteur : ce médicament peut être responsable d'une somnolence ou d'une baisse de la vigilance.

GROSSESSE, ALLAITEMENT ET NOUVEAU-NÉ

L'effet de ce médicament pendant la grossesse ou l'allaitement est mal connu. L'évaluation du risque éventuel lié à son utilisation est individuelle : demandez conseil à votre pharmacien ou à votre médecin.

MODE D'EMPLOI ET POSOLOGIE

Les comprimés doivent être avalés avec un verre d'eau.

Posologie usuelle :

- Adulte : 1 comprimé, 1 à 4 fois par jour.
- Enfant, personne âgée et insuffisant respiratoire chronique : 1 comprimé, 1 à 2 fois par jour.

Une diarrhée peut provoquer une déshydratation. Cette perte d'eau par l'organisme peut entraîner des troubles graves (fatigue, malaise, confusion des idées...). Il est indispensable de prévenir cette déshydratation par des boissons sucrées abondantes et des bouillons salés, notamment chez la personne âgée et l'enfant.

EFFETS INDÉSIRABLES POSSIBLES

Une constipation peut apparaître à forte dose.

Certains signes doivent faire penser à un surdosage : torpeur, ralentissement de la respiration, *convulsions*. Contactez immédiatement votre médecin, ou à défaut appelez le 15 ou un service médical d'urgence.

PARFENAC

bufexamac

PRÉSENTATION

PARFENAC : crème ; tube 30 g - Remb. 35 %

PARFENAC : crème ; tube 45 g - Non remb.

Laboratoires Lederle

COMPOSITION

	p. 100 g
Bufexamac	5 g

INDICATIONS

Cette crème contient un *anti-inflammatoire* non stéroïdien.

Elle est utilisée pour calmer les démangeaisons de la peau.

CONTRE-INDICATIONS

Ce médicament ne doit pas être utilisé en cas :
- d'infection ou de parasitose non traitée de la peau (ce médicament n'a pas d'effet anti-infectieux),
- de rougeur des fesses du *nourrisson*.

ATTENTION

Évitez d'appliquer cette crème sur des zones étendues ou profondément lésées : risque de passage du médicament dans le sang.

GROSSESSE, ALLAITEMENT ET NOUVEAU-NÉ

L'effet de ce médicament pendant la grossesse ou l'allaitement est mal connu : demandez conseil à votre pharmacien ou à votre médecin.

MODE D'EMPLOI ET POSOLOGIE

La crème doit être appliquée en couche mince, en massant légèrement.

Posologie usuelle :

1 ou 2 applications par jour.

EFFETS INDÉSIRABLES POSSIBLES

Eczéma dû au médicament.

PARKINANE

trihexyphénidyle

PRÉSENTATION

PARKINANE L.P. 2 mg : gélule à *libération prolongée* (incolore et bleu clair) ; boîte de 50 - Remb. 65 % - Liste I

PARKINANE L.P. 5 mg : gélule à *libération prolongée* (translucide et bleu foncé) ; boîte de 20 - Remb. 65 % - Liste I

Laboratoires Lederle

COMPOSITION

	p. gél.	p. gél.
Trihexyphénidyle chlorhydrate	2 mg	5 mg

INDICATIONS

C'est un antiparkinsonien qui appartient à la famille des anticholinergiques (*atropiniques*).

Il est utilisé principalement dans le traitement de la maladie de *Parkinson* et des autres *syndromes* parkinsoniens.

CONTRE-INDICATIONS

Ce médicament ne doit pas être utilisé dans les cas suivants :
- *glaucome* à angle fermé,
- risque de blocage des urines (*adénome de la prostate*),
- maladies cardiaques graves.

ATTENTION

Des précautions sont nécessaires en cas de maladies obstructives de l'intestin.

Vous ne devez pas interrompre brutalement votre traitement.

Conducteur : ce médicament peut être responsable de troubles visuels et d'une sensibilité anormale à la lumière.

INTERACTIONS MÉDICAMENTEUSES

Ce médicament peut interagir avec d'autres médicaments. Signalez tout autre traitement en cours à votre médecin ou à votre pharmacien.

GROSSESSE, ALLAITEMENT ET NOUVEAU-NÉ

Grossesse et nouveau-né :

L'effet de ce médicament pendant la grossesse est mal connu : seul votre médecin peut évaluer le risque éventuel de son utilisation dans votre cas.

Si le traitement est poursuivi jusqu'à l'accouchement, une surveillance médicale du *nouveau-né* est nécessaire.

Allaitement :

L'allaitement est déconseillé pendant le traitement.

MODE D'EMPLOI ET POSOLOGIE

Les comprimés doivent être pris avec un peu d'eau.

Posologie usuelle :

Elle est strictement individuelle.

EFFETS INDÉSIRABLES POSSIBLES

Effets *atropiniques* : troubles de l'*accommodation*, bouche sèche, constipation, difficultés à uriner, *glaucome* à angle fermé, étourdissements.

Éruptions cutanées, dilatation du côlon.

En cas de surdosage, ces signes sont accentués et une confusion des idées peut apparaître, en particulier chez la personne âgée.

PARKIPAN pommade

bleu de trypan, oxyde de titane, amyléine

PRÉSENTATION

PARKIPAN : pommade ; tube 20 g - Non remb.

Laboratoires L'Arguenon-S.E.R.B.

COMPOSITION

	p. 100 g
Bleu de trypan purifié	0,033 g
Oxyde de titane	13,5 g
Amyléine chlorhydrate	0,165 g

INDICATIONS

Cette pommade contient des *antiseptiques* et un *anesthésique*.

Elle est destinée à calmer les douleurs et à désinfecter les lésions de la peau ou des *muqueuses* en cas de varicelle, d'*herpès* ou de *zona*.

GROSSESSE, ALLAITEMENT ET NOUVEAU-NÉ

L'effet de ce médicament pendant la grossesse ou l'allaitement est mal connu. L'évaluation du risque éventuel lié à son utilisation est individuelle : demandez conseil à votre pharmacien ou à votre médecin.

MODE D'EMPLOI ET POSOLOGIE

Plusieurs applications par jour.

PARKIPAN solution locale

bleu de trypan

PRÉSENTATION

PARKIPAN : solution pour application locale ; flacon 20 ml - Non remb.

Laboratoires L'Arguenon-S.E.R.B.

COMPOSITION

	p. 100 g
Bleu de trypan purifié	1 g

INDICATIONS

Cette solution contient un *antiseptique* local.

Elle est utilisée pour assécher et désinfecter les affections de la peau ou des *muqueuses* (varicelle, *herpès*, *zona*, aphte, angine ulcéreuse...).

INTERACTIONS MÉDICAMENTEUSES

L'association de ce médicament à d'autres *antiseptiques* est déconseillée car leur effets risquent de s'annuler.

GROSSESSE, ALLAITEMENT ET NOUVEAU-NÉ

Ce médicament peut être utilisé pendant la grossesse ou l'allaitement.

MODE D'EMPLOI ET POSOLOGIE

La solution s'emploie pure. Elle s'applique à l'aide d'un morceau de coton ou d'une compresse sur l'endroit à traiter.

Posologie usuelle :

Plusieurs applications par jour.

Le simple lavage à l'eau et au savon permet d'éliminer la majorité des *germes* ; il doit être suivi d'un rinçage soigneux car le savon peut inactiver certains *antiseptiques*.

Les taches bleues provoquées par ce produit coloré ne disparaissent au lavage qu'avec de l'eau de Javel : il est préférable de porter du coton blanc pendant le traitement.

Tous les antiseptiques peuvent être contaminés par des germes : ne les conservez pas inutilement.

PARLAX

huile de paraffine

PRÉSENTATION

PARLAX : solution buvable ; flacon 500 ml - Non remb.

Laboratoires Soekami Lefrancq

COMPOSITION

	p. 100 ml
Paraffine liquide	100 ml

INDICATIONS

C'est un *laxatif lubrifiant*. Il agit en ramollissant les selles et en facilitant leur progression dans l'intestin.

Ce médicament est utilisé comme *traitement symptomatique* de la constipation.

ATTENTION

Ce médicament peut réduire l'absorption de certaines *vitamines* (A, D, E, K) en cas d'utilisation prolongée.

Les laxatifs ne doivent pas être utilisés de façon prolongée sans avis médical. Leur usage doit rester exceptionnel chez l'enfant.

GROSSESSE, ALLAITEMENT ET NOUVEAU-NÉ

Grossesse :

Ce médicament ne contient aucune substance connue pour être toxique pendant la grossesse ; néanmoins, il peut réduire l'absorption de certaines *vitamines* : son usage doit être ponctuel.

MODE D'EMPLOI ET POSOLOGIE

Posologie usuelle :

- Adulte : 1 à 2 cuillères à soupe par jour au cours des repas.
- Enfant : 1 à 2 cuillères à café par jour.

Des mesures simples d'hygiène alimentaire et des exercices physiques sont à envisager avant d'utiliser un laxatif : parlez-en à votre médecin ou à votre pharmacien.

EFFETS INDÉSIRABLES POSSIBLES

Suintement anal.

PARLAX composé

paraffine liquide, huile d'olive, passiflore

PRÉSENTATION

PARLAX composé : solution buvable ; flacon 500 ml - Non remb.

Laboratoires Soekami Lefrancq

COMPOSITION

	p. c. à s.
Paraffine liquide	12,33 g
Huile d'olive	0,56 g
Passiflore, extrait huileux	0,18 g

INDICATIONS

C'est un *laxatif lubrifiant*. Il agit en ramollissant les selles et en facilitant leur progression dans l'intestin.

Il est utilisé comme *traitement symptomatique* de la constipation.

ATTENTION

Ce médicament peut réduire l'absorption de certaines *vitamines* (A, D, E, K) en cas d'utilisation prolongée.

Les laxatifs ne doivent pas être utilisés de façon prolongée sans avis médical. Leur usage doit rester exceptionnel chez l'enfant.

GROSSESSE, ALLAITEMENT ET NOUVEAU-NÉ

Grossesse :

Ce médicament ne contient aucune substance connue pour être toxique pendant la grossesse ; néanmoins, il peut réduire l'absorption de certaines *vitamines* : son usage doit être ponctuel.

MODE D'EMPLOI ET POSOLOGIE

- Adulte : 1 à 2 cuillères à soupe par jour au cours des repas.
- Enfant : 1 à 2 cuillères à café par jour.

Des mesures simples d'hygiène alimentaire et des exercices physiques sont à envisager avant d'utiliser un laxatif : parlez-en à votre médecin ou à votre pharmacien.

EFFETS INDÉSIRABLES POSSIBLES

Suintement anal.

PARLODEL

bromocriptine

PRÉSENTATION

PARLODEL 2,5 mg : comprimé sécable (blanc) ; boîte de 30 - Remb. 65 % - Liste I

PARLODEL 5 mg : gélule (vert clair) ; boîte de 30 - Remb. 65 % - Liste I

PARLODEL 10 mg : gélule (vert foncé) ; boîte de 30 - Remb. 65 % - Liste I

Laboratoires Sandoz

COMPOSITION

	p. comp.	p. gél.	p. gél.
Bromocriptine	2,5 mg	5 mg	10 mg

INDICATIONS

C'est un médicament qui appartient à la famille des dopaminergiques. Il possède plusieurs propriétés : il pallie le déficit en dopamine, substance normalement sécrétée par certaines cellules du système nerveux, et freine la sécrétion de la *prolactine*.

Il est utilisé dans le traitement de la maladie de *Parkinson*, seul ou en association.

CONTRE-INDICATIONS

Ce médicament ne doit pas être utilisé en cas d'*allergie* à la bromocriptine ou aux dérivés de l'*ergot de seigle*.

ATTENTION

Si vous êtes âgé de plus de 65 ans, ou si vous souffrez d'une maladie cardiaque grave, un contrôle régulier de la tension artérielle est nécessaire.

Des précautions sont également nécessaires en cas de troubles psychiques graves, *d'antécédents* d'*ulcère* de l'estomac ou du *duodénum*. Si au cours du traitement apparaissent une gêne respiratoire inexpliquée, une douleur lombaire, un *œdème* des jambes, des maux de tête ou une *hypertension artérielle*, prévenez d'urgence votre médecin.

Évitez les boissons alcoolisées : augmentation du risque de somnolence.

Conducteur : ce médicament peut provoquer parfois des étourdissements.

INTERACTIONS MÉDICAMENTEUSES

Ce médicament peut interagir avec d'autres médicaments, notamment les *antibiotiques* de la famille des *macrolides*. Signalez tout autre traitement en cours à votre médecin ou à votre pharmacien.

GROSSESSE, ALLAITEMENT ET NOUVEAU-NÉ

Grossesse :

Ce médicament ne semble pas avoir d'effets nocifs pendant la grossesse. Cependant, si vous êtes enceinte, votre médecin appréciera l'opportunité de poursuivre le traitement.

Allaitement :

Ce médicament inhibe la lactation.

MODE D'EMPLOI ET POSOLOGIE

Ce médicament doit être pris au milieu des repas.

Posologie usuelle :

Elle est strictement individuelle. Le médecin recherche la *posologie* efficace la plus faible possible. Son augmentation est progressive afin de limiter l'apparition des effets indésirables.

EFFETS INDÉSIRABLES POSSIBLES

Surtout en début de traitement : *troubles digestifs* et baisse de la tension artérielle.

Rarement : mouvements anormaux, bouche sèche, constipation, *œdème* des jambes, syndrome de *Raynaud*.

À forte dose : confusion, excitation ou hallucinations. Ces troubles nécessitent la réduction de la *posologie*, voire l'arrêt du traitement.

PASSÉDYL

PRÉSENTATION

PASSÉDYL ENFANT : sirop ; flacon 125 ml - Non remb.

Laboratoires Fournier

COMPOSITION

	p. c. à c.
Benzoate de sodium	73,16 mg
Sulfogaïacol	58,52 mg
Terpine, élixir	122,00 mg
Drosera, teinture	58,52 mg
Grindélia, teinture	39,04 mg
Bromure de potassium	58,52 mg
Eau de fleur d'oranger	243,20 mg
Tolu, extrait concentré pour sirop	115,60 mg
Polygala, extrait concentré pour sirop	447,00 mg

INDICATIONS

Ce médicament contient des *expectorants* (benzoate de sodium, sulfogaïacol, terpine...) et un *sédatif* (bromure de potassium).

Il est utilisé pour éviter l'assèchement des bronches et calmer les toux irritatives chez l'enfant.

ATTENTION
La toux est un *symptôme* qui peut révéler de nombreuses maladies : consultez votre médecin si elle persiste plus de quelques jours.

MODE D'EMPLOI ET POSOLOGIE

Les prises de ce médicament doivent être réparties au cours de la journée.

Posologie usuelle :

- Enfant de plus de 5 ans : 1 cuillère à café, 3 à 5 fois par jour.
- Nourrisson et enfant de moins de 5 ans : 1 cuillère à café, 2 ou 3 fois par jour.

Des mesures simples permettent de calmer les toux sèches : boissons chaudes et humidification de l'air ambiant.

EFFETS INDÉSIRABLES POSSIBLES

Nausées, vomissements.

PASSIFLORA GHL
homéopathie

PRÉSENTATION

PASSIFLORA GHL : solution buvable ; flacon 30 ml (40 gouttes = 1 ml) - Non remb.

Laboratoires Lehning

COMPOSITION

Passiflora incarnata D1, Avena sativa D1, Belladonna D3, Secale cornutum D4, Valeriana D1, aa q.s.p. 30 ml

INDICATIONS

Ce médicament est un *complexe* (association) de remèdes homéopathiques.

Il est utilisé dans le *traitement symptomatique* des insomnies.

GROSSESSE, ALLAITEMENT ET NOUVEAU-NÉ

Aux *dilutions homéopathiques*, les substances contenues dans ce médicament ne sont pas connues pour être toxiques pendant la grossesse ou l'allaitement.

MODE D'EMPLOI ET POSOLOGIE

Les gouttes peuvent être diluées dans un peu d'eau.

Posologie usuelle :

20 gouttes, 3 à 5 fois par jour.

En cas de nécessité, la dose peut être augmentée.

Certains homéopathes recommandent de ne pas absorber de camphre pendant un traitement homéopathique.

PASSIFLORINE
passiflore, aubépine

PRÉSENTATION

PASSIFLORINE : solution buvable ; flacon 125 ml - Remb. 65 %

Laboratoires Parke-Davis

COMPOSITION

	p. c. à c.
Passiflore, extrait fluide	500 mg
Aubépine, teinture	500 mg
Saccharose	1,7 g
Alcool	0,5 ml

INDICATIONS

Ce médicament contient une association de plantes sédatives.

Il est utilisé dans le traitement des *palpitations* chez l'adulte et des troubles légers du sommeil ou de la nervosité, chez l'adulte et l'enfant.

ATTENTION
Ce médicament contient du *sucre* (saccharose) et de l'*alcool* en quantité notable.

GROSSESSE, ALLAITEMENT ET NOUVEAU-NÉ

Ce médicament ne contient que des plantes présumées sans danger pendant la grossesse ou l'allaitement. Néanmoins, ne l'utilisez pas de façon prolongée sans l'avis de votre pharmacien ou de votre médecin.

MODE D'EMPLOI ET POSOLOGIE

La solution buvable peut être diluée dans de l'eau sucrée ou une infusion chaude.

Posologie usuelle :

- Adulte : 1 ou 2 cuillères à café de solution buvable midi et soir avant les repas. Dans les troubles du sommeil, la posologie est de 1 à 4 cuillères à café de solution buvable au coucher.
- Enfant : 1 ou 2 cuillères à café de solution buvable par jour.

PASSINÉVRYL

PRÉSENTATION

PASSINÉVRYL : comprimé (vert pâle) ; boîte de 40 - Non remb.

Laboratoires Thera France

COMPOSITION

	p. comp.
Passiflore, extrait	50 mg
Saule, extrait	20 mg
Aubépine, extrait	20 mg
Valériane, extrait sec aqueux	30 mg

INDICATIONS

Ce médicament contient une association de plantes sédatives et *antispasmodiques*.

Il est utilisé dans le traitement des troubles légers du sommeil ou de la nervosité chez l'adulte et chez l'enfant.

GROSSESSE, ALLAITEMENT ET NOUVEAU-NÉ

Ce médicament ne contient que des plantes présumées sans danger pendant la grossesse ou l'allaitement. Néanmoins, ne l'utilisez pas de façon prolongée sans l'avis de votre pharmacien ou de votre médecin.

MODE D'EMPLOI ET POSOLOGIE

Les comprimés doivent être avalés sans être croqués au cours des repas.

Posologie usuelle :

2 comprimés, 3 fois par jour.

PAST AIL

PRÉSENTATION

PAST AIL : comprimé (marron) et capsule (vert) ; boîte de 30 comprimés et 30 capsules - Non remb.

Laboratoires Médecine Végétale

COMPOSITION

	p. comp.	p. caps.
Ail, extrait sec	133 mg	
Ail, extrait huileux		300 mg

INDICATIONS

Ce médicament contient une plante protectrice pour les vaisseaux sanguins.

Il est utilisé dans le *traitement symptomatique* :

- des troubles pouvant être en rapport avec une mauvaise circulation veineuse ;
- des petites *hémorragies* sous-cutanées se traduisant par des taches rouges ou violacées.

ATTENTION
Ce médicament est insuffisant pour prévenir le risque de *phlébite* chez les malades alités ou plâtrés.
Il soulage, mais n'empêche pas l'aggravation de l'*insuffisance veineuse*, qui requiert des mesures spécifiques telles que la *contention élastique*.

GROSSESSE, ALLAITEMENT ET NOUVEAU-NÉ

Ce médicament contient une plante présumée sans danger pendant la grossesse ou l'allaitement. Néanmoins, ne l'utilisez pas de façon prolongée sans l'avis de votre pharmacien ou de votre médecin.

MODE D'EMPLOI ET POSOLOGIE

Les comprimés et les capsules doivent être avalés avec un peu d'eau, avant les repas.

Posologie usuelle :

1 comprimé et 1 capsule, 3 fois par jour.

Une activité physique régulière et la surélévation du pied du lit permettent de faciliter la circulation veineuse et *lymphatique*.

Des mesures simples d'hygiène alimentaire et des exercices physiques sont à envisager pour prévenir les *hémorroïdes* : parlez-en à votre médecin ou à votre pharmacien.

PASTILLES MONLÉON

PRÉSENTATION

PASTILLES MONLÉON « COLLUTOIRE SEC » : pastille ; boîte de 50 - Non remb.

Laboratoires Toulade

COMPOSITION

	p. past.
Bleu de méthylène	0,125 mg
Baume de Tolu	5,8 mg
Drosera, teinture	3,6 mg
Aconit, alcoolature de racine	2,3 mg
Hamamélis, extrait fluide	3,6 mg
Ipéca, extrait fluide	0,4 mg
Saccharose	600 mg

INDICATIONS

Ce médicament d'usage local contient un *antiseptique*, des extraits végétaux *antitussifs* et un *expectorant*.

Il est utilisé comme *traitement d'appoint* en cas d'irritation de la gorge, de toux ou de rhume.

ATTENTION

Ces pastilles ne sont pas adaptées à l'enfant de moins de 3 ans.

En cas d'apparition de fièvre, d'aggravation ou d'absence d'amélioration au bout de 5 jours, consultez votre médecin.

GROSSESSE, ALLAITEMENT ET NOUVEAU-NÉ

L'effet de ce médicament pendant la grossesse ou l'allaitement est mal connu. L'évaluation du risque éventuel lié à son utilisation est individuelle : demandez conseil à votre pharmacien ou à votre médecin.

MODE D'EMPLOI ET POSOLOGIE

Les pastilles doivent être sucées lentement sans être croquées.

Posologie usuelle :

- Adulte : 15 à 30 pastilles par jour.
- Enfant de plus de 3 ans : 10 à 15 pastilles par jour.

Certaines infections de la gorge nécessitent un traitement *antibiotique* pour éviter des complications ultérieures, cardiaques ou rénales : si les troubles persistent, consultez votre médecin.

= risque de test antidopage positif

PASTILLES SALMON

PRÉSENTATION

PASTILLES SALMON : pastille ; boîte de 65 g - Non remb.

Laboratoires C.P.F.

COMPOSITION

	p. past.
Eucalyptus, essence	1 mg
Goudron de Norvège	0,175 mg
Opium, extrait	1,65 mg
Menthol	1,1 mg
Menthe, essence	1 mg
Saccharose	400 mg

INDICATIONS

Ces pastilles contiennent des substances qui ont un effet *antiseptique* et adoucissant sur les *voies* respiratoires.

Elles sont utilisées dans le *traitement symptomatique* des toux sèches et de l'enrouement.

CONTRE-INDICATIONS

Ce médicament ne doit pas être utilisé dans les cas suivants :

- enfant de moins de 3 ans,
- *asthme*,
- *insuffisance respiratoire*.

ATTENTION

Ce médicament n'est pas adapté au traitement de la toux grasse, qui est un mécanisme de défense normal de l'organisme permettant l'évacuation des mucosités présentes dans les bronches.

La toux est un *symptôme* qui peut révéler de nombreuses maladies : consultez votre médecin si elle persiste plus de quelques jours.

Ce médicament contient du *sucre* (saccharose) en quantité notable.

Évitez les boissons alcoolisées : augmentation du risque de somnolence.

Conducteur : ce médicament peut être responsable d'une somnolence ou d'une baisse de la vigilance.

INTERACTIONS MÉDICAMENTEUSES

Ce médicament peut interagir avec beaucoup d'autres médicaments, notamment chez les personnes âgées ; signalez tout autre traitement en cours à votre médecin ou à votre pharmacien.

GROSSESSE, ALLAITEMENT ET NOUVEAU-NÉ

Par mesure de prudence, ce médicament est déconseillé pendant les 3 premiers mois de la grossesse et pendant l'allaitement.

MODE D'EMPLOI ET POSOLOGIE

Les prises de ce médicament doivent être réparties au cours de la journée.

Posologie usuelle :

- Adulte : 1 pastille à sucer lentement, 10 à 12 fois par jour.
- Enfant de plus de 3 ans : 1 pastille, à sucer lentement, 3 à 6 fois par jour.

Fumer, ou être exposé à la fumée des autres, nuit à l'efficacité du traitement.

Une toux nocturne aggravée par ce médicament peut être une toux allergique : demandez conseil à votre médecin.

Des mesures simples permettent de calmer les toux sèches : boissons chaudes et humidification de l'air ambiant.

EFFETS INDÉSIRABLES POSSIBLES

Constipation, somnolence, nausées, *bronchospasme*, *vertiges*, *allergie* cutanée, ralentissement de la respiration.

PÂTE À L'EAU ROCHE-POSAY

PRÉSENTATION

PÂTE À L'EAU : pâte pour application locale ; tube 125 g - Non remb.

Laboratoires Roche-Posay

COMPOSITION

	p. 100 g
Oxyde de zinc	10 g
Oxyde de titane	10 g
Talc	10 g
Borate de sodium	2 g
Silicate d'aluminium	11 g
Acide silicique	2,5 g
Phase aqueuse :	
Glycérol	25 g
Eau de La Roche-Posay	29,5 g

INDICATIONS

Ce médicament est une pâte non grasse, décongestionnante, calmante et légèrement *antiseptique*.

Elle est utilisée dans le *traitement d'appoint* de certaines lésions de la peau, notamment la rougeur des fesses du *nourrisson* et l'*eczéma*.

CONTRE-INDICATIONS

Ce médicament ne doit pas être utilisé chez l'enfant de moins de 30 mois.

ATTENTION

Évitez d'utiliser cette pâte sur une *muqueuse* et de manière prolongée, notamment chez l'enfant, sur des surfaces étendues ou profondément lésées, sans l'avis de votre pharmacien ou de votre médecin.

GROSSESSE, ALLAITEMENT ET NOUVEAU-NÉ

Ce médicament ne contient que des substances présumées sans danger pendant la grossesse ou l'allaitement. Néanmoins, ne l'utilisez pas de façon prolongée sans l'avis de votre pharmacien ou de votre médecin.

MODE D'EMPLOI ET POSOLOGIE

Appliquer une couche épaisse sur la zone à traiter.

Posologie usuelle :

1 application, matin et soir, ou plus si nécessaire.

La rougeur des fesses du *nourrisson* est souvent due à l'imprégnation de la peau par l'urine, sous la couche. Il est donc nécessaire de nettoyer et de rincer abondamment la peau avec de l'eau avant d'appliquer le médicament.

EFFETS INDÉSIRABLES POSSIBLES

Une rougeur importante et qui s'étend, notamment sur le visage ou sur les fesses, doit vous faire suspendre le traitement et consulter votre médecin.

PATENTEX

nonoxynol 9

PRÉSENTATION

PATENTEX : ovule ; boîte de 12 - Non remb.

Laboratoires C.C.D.

COMPOSITION

	p. ovule
Nonoxynol 9	75 mg

INDICATIONS

Ce médicament contient une substance qui a la propriété de détruire les spermatozoïdes.

Il est utilisé comme *contraceptif* local.

ATTENTION

L'efficacité de cette contraception n'étant pas absolue, il est d'autant plus important d'en respecter les règles d'utilisation.

En cas de traitement vaginal par d'autres produits locaux, il est préférable d'attendre la fin du traitement avant d'utiliser cette contraception.

INTERACTIONS MÉDICAMENTEUSES

L'association à d'autres *antiseptiques* ou à des savons diminue l'efficacité de l'ovule : entre le moment de son introduction et les rapports sexuels, n'utilisez que de l'eau pure pour votre toilette intime.

GROSSESSE, ALLAITEMENT ET NOUVEAU-NÉ

Grossesse :

Lors de grossesses survenues malgré l'utilisation de ce spermicide, aucune anomalie de l'enfant à naître n'a été constatée.

Allaitement :

En l'absence de données suffisantes, ce contraceptif est déconseillé pendant l'allaitement.

MODE D'EMPLOI ET POSOLOGIE

Ne pas pratiquer d'*irrigation vaginale* avant de mettre l'ovule.

La dissolution complète de l'ovule est indispensable : placer l'ovule au fond du vagin au moins 10 minutes avant les rapports sexuels.

L'effet contraceptif dure 2 heures, mais par précaution il est nécessaire d'utiliser un nouvel ovule avant chaque rapport sexuel.

Introduire l'ovule en position couchée afin de le placer correctement au fond du vagin. Après les rapports sexuels, une toilette externe est possible, mais attendez au moins 6 heures avant une douche vaginale.

EFFETS INDÉSIRABLES POSSIBLES

Irritation locale.

PÂTES PECTORALES OBERLIN

codéine, baume de Tolu, laurier-cerise

PRÉSENTATION

PÂTES PECTORALES OBERLIN : pâte à sucer ; boîte de 30 - Non remb.

Laboratoires Oberlin

COMPOSITION

	p. pâte
Codéine	1,5 mg
Baume de Tolu, teinture	30 mg
Laurier-cerise, eau distillée	30 mg
Saccharose	1 g

INDICATIONS

Ce médicament *antitussif* contient de la codéine, qui a une action sédative sur le *système nerveux central* et notamment les centres de la toux.

Il est utilisé dans le *traitement symptomatique* des toux sèches.

CONTRE-INDICATIONS

En raison de la présence de codéine, ce médicament ne doit pas être utilisé dans les cas suivants :
- *asthme*,
- *insuffisance respiratoire*,
- enfant de moins de 3 ans.

ATTENTION

Ce médicament n'est pas adapté au traitement de la toux grasse, qui est un mécanisme de défense normal de l'organisme permettant l'évacuation des mucosités présentes dans les bronches.

La toux est un *symptôme* qui peut révéler de nombreuses maladies : consultez votre médecin si elle persiste plus de quelques jours.

Ce médicament contient du *sucre* (saccharose) en quantité notable.

Évitez les boissons alcoolisées en raison de la présence de codéine : augmentation du risque de somnolence.

Conducteur : ce médicament peut être responsable d'une somnolence ou d'une baisse de la vigilance.

INTERACTIONS MÉDICAMENTEUSES

Ce médicament peut interagir avec beaucoup d'autres médicaments, notamment chez les personnes âgées ; signalez tout autre traitement en cours à votre médecin ou à votre pharmacien.

GROSSESSE, ALLAITEMENT ET NOUVEAU-NÉ

Grossesse :

Compte tenu de la présence de codéine, n'utilisez pas ce médicament pendant la grossesse sans prendre l'avis de votre pharmacien ou de votre médecin.

Allaitement :

Ce médicament passe dans le lait maternel : il est déconseillé pendant l'allaitement.

MODE D'EMPLOI ET POSOLOGIE

Les prises de ce médicament doivent être réparties au cours de la journée.

Laisser fondre les pâtes dans la bouche.

Posologie usuelle :
- Adulte : 8 pâtes par jour.
- Enfant de 8 à 15 ans : 5 pâtes par jour.
- Enfant de 3 à 8 ans : 3 pâtes par jour.

De nombreux médicaments contiennent de la codéine, notamment certains *antitussifs* et *antalgiques*. Le surdosage expose à une augmentation des effets indésirables.

Une toux nocturne aggravée par ce médicament peut être une toux allergique : demandez conseil à votre médecin.

La poursuite du tabagisme nuit à l'efficacité du traitement.

Des mesures simples permettent de calmer les toux sèches : boissons chaudes et humidification de l'air ambiant.

EFFETS INDÉSIRABLES POSSIBLES

Effets indésirables liés à la codéine : constipation ; et, plus rarement, somnolence, nausées ou vomissements, *bronchospasme*, sensation de vertige, *allergie* cutanée, ralentissement de la respiration.

PAXÉLADINE

oxéladine

PRÉSENTATION

PAXÉLADINE : gélule (rose et blanc) ; boîte de 15 - Remb. 35 %

PAXÉLADINE : sirop ; flacon 125 ml et cuillère-mesure 5 ml - Remb. 35 %

Laboratoires Beaufour

COMPOSITION

	p. gél.	p. c. mes.
Oxéladine citrate	40 mg	10 mg

INDICATIONS

Ce médicament est un *antitussif* qui agit sur les centres nerveux de la toux.

Il est utilisé dans le *traitement symptomatique* des toux sèches et d'irritation.

ATTENTION

Ce médicament n'est pas adapté au traitement de la toux grasse, qui est un mécanisme de défense normal de l'organisme permettant l'évacuation des mucosités présentes dans les bronches.

La toux est un *symptôme* qui peut révéler de nombreuses maladies : consultez votre médecin si elle persiste plus de quelques jours.

GROSSESSE, ALLAITEMENT ET NOUVEAU-NÉ

L'effet de ce médicament pendant la grossesse ou l'allaitement est mal connu. L'évaluation du risque éventuel lié à son utilisation est individuelle : demandez conseil à votre pharmacien ou à votre médecin.

MODE D'EMPLOI ET POSOLOGIE

Les prises du médicament doivent être réparties au cours de la journée.

Posologie usuelle :

- Adulte : 2 à 5 cuillères-mesure de sirop par jour ou 1 gélule, 2 ou 3 fois par jour.
- Enfant de 4 à 15 ans : 2 ou 3 cuillères-mesure de sirop par jour.
- Enfant de moins de 4 ans : 1 ou 2 cuillères-mesure de sirop par jour.

Aux doses usuelles, ce médicament n'entraîne pas de *dépression respiratoire*.

Fumer, ou être exposé à la fumée des autres, nuit à l'efficacité du traitement.

Des mesures simples permettent de calmer les toux sèches : boissons chaudes et humidification de l'air ambiant.

PAXÉLADINE NOCTÉE

oxéladine, prométhazine

PRÉSENTATION

PAXÉLADINE NOCTÉE : sirop ; flacon 125 ml et 1 cuillère-mesure 5 ml - Remb. 35 %

Laboratoires Beaufour

COMPOSITION

	p. c. mes.
Oxéladine citrate	10 mg
Prométhazine chlorhydrate	5,64 mg
Saccharose	2 g
Glucose	2 g

INDICATIONS

Ce médicament associe un *antitussif* (oxéladine) et un *antihistaminique* antiallergique et *sédatif* (prométhazine).

Il est utilisé dans le *traitement symptomatique* des toux sèches, notamment allergiques et irritatives.

CONTRE-INDICATIONS

Ce médicament ne doit pas être utilisé dans les cas suivants :

- *insuffisance respiratoire*,
- *asthme*,
- *glaucome* à angle fermé,
- risque de blocage des urines (*adénome de la prostate*...).

ATTENTION

Ce médicament n'est pas adapté au traitement de la toux grasse, qui est un mécanisme de défense normal de l'organisme permettant l'évacuation des mucosités présentes dans les bronches.

La toux est un *symptôme* qui peut révéler de nombreuses maladies : consultez votre médecin si elle persiste plus de quelques jours.

L'effet *sédatif* de ce médicament expose à des risques de chute chez la personne âgée.

Ce médicament contient du *sucre* (saccharose, glucose) en quantité notable.

Évitez les boissons alcoolisées : augmentation du risque de somnolence.

Conducteur : ce médicament peut être responsable d'une somnolence ou d'une baisse de la vigilance.

INTERACTIONS MÉDICAMENTEUSES

Ce médicament peut interagir avec d'autres médicaments, notamment les *sédatifs* : risque d'augmentation de la somnolence. Signalez tout autre traitement à votre médecin ou à votre pharmacien.

GROSSESSE, ALLAITEMENT ET NOUVEAU-NÉ

L'effet de ce médicament pendant la grossesse ou l'allaitement est mal connu. L'évaluation du risque éventuel lié à son utilisation est individuelle : demandez conseil à votre pharmacien ou à votre médecin.

MODE D'EMPLOI ET POSOLOGIE

Les prises du médicament doivent être réparties au cours de la journée.

Posologie usuelle :

- Adulte : 3 à 6 cuillères-mesure par jour (moitié de la dose chez la personne âgée).
- Enfant de plus de 30 mois : 1/2 cuillère-mesure par 5 kg et par jour ; soit, pour un enfant de 30 kg : 1 cuillère-mesure, 3 fois par jour.

Pour éviter les toux nocturnes, la dose la plus forte doit être prise le soir.

La poursuite du tabagisme nuit à l'efficacité du traitement.

Des mesures simples permettent de calmer les toux sèches : boissons chaudes et humidification de l'air ambiant.

EFFETS INDÉSIRABLES POSSIBLES

Somnolence, *intolérance* digestive.

Effets *atropiniques* peu fréquents.

PAXÈNE

phénobarbital, salicylate d'oxy-ésérine

PRÉSENTATION

PAXÈNE : comprimé ; boîte de 20 - Non remb.

Laboratoires Amido

COMPOSITION

	p. comp.
Phénobarbital	15 mg
Salicylate d'oxy-ésérine	1 mg

INDICATIONS

Ce médicament contient un *sédatif* de la famille des *barbituriques*.

Il est utilisé dans le traitement des *palpitations* et des formes légères d'anxiété et d'insomnie.

CONTRE-INDICATIONS

Ce médicament ne doit pas être utilisé dans les cas suivants :

- *allergie* aux *barbituriques*,
- *porphyries*,
- *insuffisance respiratoire* grave,
- enfant de moins de 15 ans,
- **grossesse**,
- **allaitement**.

ATTENTION

Les *palpitations* peuvent être le *symptôme* d'une maladie cardiaque : n'utilisez pas ce médicament de façon prolongée sans l'avis de votre médecin.

Évitez les boissons alcoolisées : augmentation du risque de somnolence.

Conducteur : ce médicament peut être responsable d'une somnolence ou d'une baisse de la vigilance.

INTERACTIONS MÉDICAMENTEUSES

Ce médicament peut interagir avec d'autres médicaments, notamment avec les *contraceptifs* oraux (pilule) : risque de contraception inefficace. Signalez tout autre traitement en cours à votre médecin ou à votre pharmacien.

GROSSESSE, ALLAITEMENT ET NOUVEAU-NÉ

Ce médicament est contre-indiqué pendant la grossesse ou l'allaitement.

MODE D'EMPLOI ET POSOLOGIE

Les comprimés doivent être avalés avec un verre d'eau.

Posologie usuelle :

- Adulte : 1 comprimé, 2 ou 3 fois par jour, ou, en cas de troubles du sommeil, 1 ou 2 comprimés le soir au coucher.

Les *palpitations* et l'insomnie peuvent être favorisées par la prise d'excitants : café, thé, boissons alcoolisées et certains sodas contenant de la caféine.

EFFETS INDÉSIRABLES POSSIBLES

Dus au phénobarbital : somnolence, réactions cutanées, confusion des idées chez la personne âgée.

Un médicament périmé peut être dangereux. Faites régulièrement le tri dans votre armoire à pharmacie.

PAXOM
cobamamide

PRÉSENTATION
PAXOM : préparation lyophilisée injectable ; boîte de 3 flacons de *lyophilisat* et 3 ampoules de solvant 2 ml - Remb. 35 % - Liste II

Laboratoires Synlab

COMPOSITION

	p. fl.
Cobamamide (dibencozide)	20 mg

INDICATIONS
Ce médicament contient une substance qui a les mêmes propriétés que la *vitamine* B12, indispensable au *métabolisme*.

Il est utilisé dans le traitement de certaines *névralgies*.

CONTRE-INDICATIONS
Ce médicament ne doit pas être utilisé en cas d'*allergie* à la *vitamine* B12 et aux substances apparentées.

ATTENTION
Un *choc anaphylactique* peut survenir lors de l'injection de ce médicament : des précautions sont nécessaires chez les personnes ayant des *antécédents* d'*asthme* ou d'*eczéma*.

GROSSESSE, ALLAITEMENT ET NOUVEAU-NÉ
L'effet de ce médicament pendant la grossesse ou l'allaitement est mal connu : seul votre médecin peut évaluer le risque éventuel de son utilisation dans votre cas.

MODE D'EMPLOI ET POSOLOGIE
La solution doit être injectée par *voie* intramusculaire. Elle est préparée juste avant l'injection.

Posologie usuelle :
1 injection par jour ou 1 jour sur 2.

Sous traitement, la coloration rouge des urines est normale : elle est liée à l'élimination de la *vitamine* B12. L'effet de ce médicament n'est pas immédiat et peut n'apparaître qu'après 2 ou 3 injections. Ce médicament doit être conservé à l'abri de la lumière.

EFFETS INDÉSIRABLES POSSIBLES
Douleur au point d'injection, *acné*, *allergie* cutanée.

Choc anaphylactique (voir ATTENTION).

PECTIPAR
opium, kaolin

PRÉSENTATION
PECTIPAR : suspension buvable ; boîte de 10 sachets - Non remb.

Laboratoires C.P.F.

COMPOSITION

	p. sachet
Opium, teinture	250 mg
Kaolin lourd	2,5 g
Saccharose	+
Alcool à 95°	+

INDICATIONS
C'est un antidiarrhéique composé de plusieurs substances : une faible quantité d'opium, qui diminue les contractions du côlon, et du kaolin, qui adsorbe les gaz et les toxines.

Il est utilisé dans le *traitement symptomatique* des diarrhées.

CONTRE-INDICATIONS
Ce médicament ne doit pas être utilisé dans les cas suivants :
- enfant de moins de 30 mois,
- crise aiguë de *rectocolite hémorragique*.

ATTENTION
Malgré sa faible teneur en opium, ce médicament peut entraîner une *dépendance*.

Ce médicament contient du *sucre* (saccharose) et de *l'alcool* en quantité notable.

Conducteur : ce médicament peut être responsable d'une somnolence ou d'une baisse de la vigilance.

INTERACTIONS MÉDICAMENTEUSES
Ce médicament peut interagir avec d'autres médicaments : signalez tout autre traitement en cours à votre médecin ou à votre pharmacien.

GROSSESSE, ALLAITEMENT ET NOUVEAU-NÉ
L'effet de ce médicament pendant la grossesse ou l'allaitement est mal connu. L'évaluation du risque éventuel lié à son utilisation est individuelle : demandez conseil à votre pharmacien ou à votre médecin.

MODE D'EMPLOI ET POSOLOGIE
Cette présentation n'est pas adaptée à l'enfant.

Posologie usuelle :
- Adulte : 1 sachet toutes les 3 heures jusqu'au retour des selles normales.

Le traitement ne doit pas dépasser 2 jours : au-delà, si les troubles persistent, consultez votre médecin.

Une diarrhée peut provoquer une déshydratation. Cette perte d'eau par l'organisme peut entraîner des troubles graves (fatigue, malaise, confusion des idées...). Il est indispensable de prévenir cette déshydratation par des boissons sucrées abondantes et des bouillons salés, notamment chez la personne âgée et l'enfant.

EFFETS INDÉSIRABLES POSSIBLES
À forte dose : constipation, *troubles digestifs*, démangeaisons, *allergie* cutanée.

Certains signes doivent faire penser à un surdosage : torpeur, ralentissement de la respiration. Consultez immédiatement votre médecin ou à défaut appelez le 15 ou un service médical d'urgence.

PECTOÏDS
menthol, réglisse

PRÉSENTATION
PECTOÏDS : pastille ; boîte de 20 g - Non remb.

Laboratoires C.P.F.

COMPOSITION

	p. 100
Menthol	1,2 g
Réglisse, suc	98,79 g

INDICATIONS
Ce médicament d'usage local contient un *antiseptique* des *voies* respiratoires.

Il est utilisé pour calmer les irritations de la gorge.

CONTRE-INDICATIONS
Ce médicament ne doit pas être utilisé chez l'enfant de moins de 30 mois.

ATTENTION
N'utilisez pas ce médicament sans avis médical chez l'enfant de moins de 7 ans.

En cas d'apparition de fièvre, d'aggravation ou d'absence d'amélioration au bout de 10 jours, consultez votre médecin.

La consommation excessive de réglisse peut entraîner une augmentation de la pression artérielle.

GROSSESSE, ALLAITEMENT ET NOUVEAU-NÉ
L'effet de ce médicament pendant la grossesse ou l'allaitement est mal connu. L'évaluation du risque éventuel lié à son utilisation est individuelle : demandez conseil à votre pharmacien ou à votre médecin.

MODE D'EMPLOI ET POSOLOGIE
Les pastilles doivent être sucées sans être croquées.

Posologie usuelle :
- Adulte et enfant de plus de 30 mois : 8 à 10 pastilles par jour.

Certaines infections de la gorge nécessitent un traitement *antibiotique* pour éviter des complications ultérieures, cardiaques ou rénales : si les troubles persistent, consultez votre médecin.

EFFETS INDÉSIRABLES POSSIBLES
À forte dose, *hypertension artérielle.*

Les mots en italique sont expliqués dans le lexique

PECTOJUVÈNE

PRÉSENTATION

PECTOJUVÈNE : pâte arôme mandarine ; boîte de 55 - Non remb.

Laboratoires C.P.F.

COMPOSITION

	p. pâte
Sulfogaïacol	5 mg
Ipéca, extrait	0,2 mg
Belladone, extrait	0,4 mg
Opium, extrait	0,4 mg
Benzoate de sodium	10 mg
Saccharose	420 mg

INDICATIONS

Ces pâtes contiennent un *antitussif* (extrait d'opium), un *antispasmodique* (*belladone*) et des *expectorants*.

Elles sont utilisées pour calmer la toux et l'irritation de la gorge.

CONTRE-INDICATIONS

Ce médicament ne doit pas être utilisé dans les cas suivants :
- enfant de moins de 30 mois,
- *asthme*,
- *insuffisance respiratoire*.

ATTENTION

Ce médicament n'est pas adapté au traitement de la toux grasse, qui est un mécanisme de défense normal de l'organisme permettant l'évacuation des mucosités présentes dans les bronches.

La toux est un *symptôme* qui peut révéler de nombreuses maladies. Consultez votre médecin si elle persiste plus de quelques jours.

Ce médicament contient du *sucre* (saccharose) en quantité notable.

INTERACTIONS MÉDICAMENTEUSES

Ce médicament peut interagir avec d'autres médicaments. Signalez tout autre traitement en cours à votre médecin ou à votre pharmacien.

MODE D'EMPLOI ET POSOLOGIE

Les prises de ce médicament doivent être réparties au cours de la journée.

La durée du traitement doit être courte.

Posologie usuelle :
- Enfant de 6 à 12 ans : 1 pâte, à sucer lentement, 6 à 12 fois par jour.
- Enfant de 30 mois à 6 ans : 1 pâte, à sucer lentement, 3 à 6 fois par jour.

Fumer, ou être exposé à la fumée des autres, nuit à l'efficacité du traitement.

Des mesures simples permettent de calmer les toux sèches : boissons chaudes et humidification de l'air ambiant.

EFFETS INDÉSIRABLES POSSIBLES

Liés à la présence de *belladone* : effets *atropiniques*, peu importants aux doses habituelles.

Liés à la présence d'extrait d'opium : constipation, nausées, vomissements.

PECTORAL ÉDULCOR

PRÉSENTATION

PECTORAL ÉDULCOR : solution buvable ; flacon 200 ml - Non remb.

Laboratoires Pierre Fabre

COMPOSITION

	p. c. à d.
Codéine phosphate	8,7 mg
Belladone, teinture	24,5 mg
Racine d'aconit, teinture	19,5 mg
Eau de laurier-cerise	731,7 mg
Bromoforme	4,8 mg
Saccharinate de sodium	9,7 mg

INDICATIONS

Ce médicament *antitussif* contient notamment de la codéine associée à un *antispasmodique* (*belladone*). La codéine a une action sédative sur le *système nerveux central* et notamment les centres de la toux.

Il est utilisé dans le *traitement symptomatique* des toux sèches.

CONTRE-INDICATIONS

Ce médicament ne doit pas être utilisé dans les cas suivants :
- *asthme*, *insuffisance respiratoire* (présence de codéine) ;
- *glaucome* à angle fermé, risque de rétention des urines (présence de *belladone*) ;
- enfant de moins de 15 ans.

ATTENTION

Ce médicament n'est pas adapté au traitement de la toux grasse, qui est un mécanisme de défense normal de l'organisme permettant l'évacuation des mucosités présentes dans les bronches.

La toux est un *symptôme* qui peut révéler de nombreuses maladies : consultez votre médecin si elle persiste plus de quelques jours.

Évitez les boissons alcoolisées : augmentation du risque de somnolence.

Conducteur : ce médicament peut être responsable d'une somnolence ou d'une baisse de la vigilance.

INTERACTIONS MÉDICAMENTEUSES

Ce médicament peut interagir avec d'autres médicaments, notamment chez les personnes âgées. Signalez tout autre traitement en cours à votre médecin ou à votre pharmacien.

GROSSESSE, ALLAITEMENT ET NOUVEAU-NÉ

Grossesse :

Compte tenu de la présence de codéine, n'utilisez pas ce médicament pendant la grossesse sans prendre l'avis de votre pharmacien ou de votre médecin.

Allaitement :

Ce médicament passe dans le lait maternel : par mesure de prudence, il est déconseillé pendant l'allaitement.

MODE D'EMPLOI ET POSOLOGIE

Le sirop doit être pris de préférence en dehors des repas.

Posologie usuelle :
- Adulte et enfant de plus de 15 ans : 4 à 6 cuillères à dessert par jour.

De nombreux médicaments contiennent de la codéine, notamment certains *antitussifs* et *antalgiques*. Le surdosage expose à une augmentation des effets indésirables.

Une toux nocturne aggravée par ce médicament peut être une toux allergique : demandez conseil à votre médecin.

La poursuite du tabagisme nuit à l'efficacité du traitement.

Des mesures simples permettent de calmer les toux sèches : boissons chaudes et humidification de l'air ambiant.

EFFETS INDÉSIRABLES POSSIBLES

Liés à la codéine : constipation ; et plus rarement, somnolence, nausées, vomissements, *bronchospasme*, sensations de vertige, *allergies* cutanées, ralentissement anormal de la respiration.

Liés à la *belladone* : effets *atropiniques*, rares aux doses habituelles.

PECTOSAN

PRÉSENTATION

PECTOSAN : sirop ; flacon 250 ml - Remb. 35 %

Laboratoires C.P.F.

COMPOSITION

	p. c. à s.	p. c. à c.
Pholcodine	1,88 mg	0,63 mg
Codéthyline chlorhydrate	11,25 mg	3,75 mg
Belladone, teinture	93,75 mg	31,25 mg
Sulfogaïacol	300 mg	100 mg
Polygala, teinture	480 mg	160 mg
Benzoate de sodium	468,75 mg	156,25 mg
Saccharose	9,06 g	3,02 g

INDICATIONS

Ce sirop *antitussif* contient notamment de la codéthyline associée à un *antispasmodique* (*belladone*) et un fluidifiant bronchique (benzoate de sodium). La codéthyline a une action sédative sur le *système nerveux central* et notamment les centres de la toux.

Ce médicament est utilisé dans le *traitement symptomatique* des toux sèches.

CONTRE-INDICATIONS

Ce médicament ne doit pas être utilisé dans les cas suivants :
- *asthme*, *insuffisance respiratoire* (présence de codéthyline) ;
- *glaucome* à angle fermé, risque de rétention des urines : *adénome de la prostate* (présence de *belladone*) ;
- enfant de moins de 10 ans.

ATTENTION

Ce médicament n'est pas adapté au traitement de la toux grasse, qui est un mécanisme de défense normal de l'organisme permettant l'évacuation des mucosités présentes dans les bronches.

La toux est un *symptôme* qui peut révéler de nombreuses maladies : consultez votre médecin si elle persiste plus de quelques jours.

Ce médicament contient du *sucre* (saccharose) en quantité notable.

Évitez les boissons alcoolisées : augmentation du risque de somnolence.

Conducteur : ce médicament peut être responsable d'une somnolence ou d'une baisse de la vigilance.

INTERACTIONS MÉDICAMENTEUSES

Ce médicament peut interagir avec d'autres médicaments, notamment chez les personnes âgées. Signalez tout autre traitement en cours à votre médecin ou à votre pharmacien.

GROSSESSE, ALLAITEMENT ET NOUVEAU-NÉ

Grossesse :

Compte tenu de la présence de codéthyline, n'utilisez pas ce médicament pendant la grossesse sans prendre l'avis de votre pharmacien ou de votre médecin.

Allaitement :

Par mesure de prudence, ce médicament est déconseillé pendant l'allaitement.

MODE D'EMPLOI ET POSOLOGIE

Les prises de ce médicament seront réparties au cours de la journée. Le sirop doit être pris pur ou dilué dans une *infusion*.

Posologie usuelle :

- Adulte : 1 cuillère à soupe de sirop, 3 fois par jour.
- Enfant de plus de 10 ans : 1 ou 2 cuillères à café de sirop, 2 à 4 fois par jour.

De nombreux médicaments, notamment certains *antitussifs* ou *antalgiques*, contiennent de la codéthyline ou une substance voisine, la codéine : un surdosage expose à une augmentation des effets indésirables.

Une toux nocturne aggravée par ce médicament peut être une toux allergique : demandez conseil à votre médecin.

La poursuite du tabagisme nuit à l'efficacité du traitement.

Des mesures simples permettent de calmer les toux sèches : boissons chaudes et humidification de l'air ambiant.

EFFETS INDÉSIRABLES POSSIBLES

Liés à la codéthyline : constipation ; et plus rarement, somnolence, nausées, vomissements, *bronchospasme*, sensations de vertige, *allergies* cutanées, ralentissement anormal de la respiration.

Liés à la *belladone* : effets *atropiniques*, rares aux doses habituelles.

PECTOSPIR

PRÉSENTATION

PECTOSPIR : pastille arôme framboise (rouge) ; boîte de 70 - Non remb.

Laboratoires Soekami Lefrancq

COMPOSITION

	p. past.
Codéine	0,075 mg
Bromoforme	0,25 mg
Aconit, extrait	0,1 mg
Belladone, extrait	0,1 mg
Opium, extrait	0,1 mg
Grindélia, teinture	5 mg
Baume de Tolu, teinture	5 mg
Iris de Florence, teinture	2,5 mg
Saccharose	+

INDICATIONS

Ce médicament contient des substances antitussives et adoucissantes.

Il est utilisé dans le *traitement symptomatique* des toux sèches, des extinctions de voix, de l'enrouement.

CONTRE-INDICATIONS

Ce médicament ne doit pas être utilisé dans les cas suivants :
- *asthme*,
- enfant de moins de 30 mois.

ATTENTION

Ce médicament n'est pas adapté au traitement de la toux grasse, qui est un mécanisme de défense normal de l'organisme permettant l'évacuation des mucosités présentes dans les bronches.

La toux est un *symptôme* qui peut révéler de nombreuses maladies : consultez votre médecin si elle persiste plus de quelques jours.

INTERACTIONS MÉDICAMENTEUSES

Ce médicament peut interagir avec beaucoup d'autres médicaments, notamment chez les personnes âgées ; signalez tout autre traitement en cours à votre médecin ou à votre pharmacien.

GROSSESSE, ALLAITEMENT ET NOUVEAU-NÉ

Grossesse :

Compte tenu de la présence de codéine, n'utilisez pas ce médicament pendant la grossesse sans prendre l'avis de votre pharmacien ou de votre médecin.

MODE D'EMPLOI ET POSOLOGIE

Les prises de ce médicament doivent être réparties au cours de la journée.

Posologie usuelle :

- Adulte : 10 à 12 pastilles par jour.
- Enfant de plus de 30 mois : 4 à 8 pastilles par jour.

De nombreux médicaments contiennent de la codéine, notamment certains *antitussifs* et *antalgiques*. Le surdosage expose à une augmentation des effets indésirables, en cas de prise conjointe.

Une toux nocturne aggravée par ce médicament peut être une toux allergique : demandez conseil à votre médecin.

Fumer, ou être exposé à la fumée des autres, nuit à l'efficacité du traitement.

Des mesures simples permettent de calmer les toux sèches : boissons chaudes et humidification de l'air ambiant.

EFFETS INDÉSIRABLES POSSIBLES

Constipation et somnolence : rares, en raison des faibles doses de codéine.

PECTOTUSSYL

PRÉSENTATION

PECTOTUSSYL À LA TYROTHRICINE : comprimé ; boîte de 24 - Non remb.

PECTOTUSSYL À LA TYROTHRICINE : comprimé ; boîte de 48 - Non remb.

Laboratoires C.P.F.

COMPOSITION

	p. comp.
Aconit, teinture	1 mg
Codéthyline chlorhydrate	1 mg
Tyrothricine	1 mg
Sulfogaïacol	1 mg
Butoforme	0,2 mg
Terpine	20 mg
Saccharose	1,3 g
Essence de menthe	+

INDICATIONS

Ce médicament contient un *antitussif* (codéthyline), un *antiseptique* (tyrothricine), des *expectorants* (sulfogaïacol, terpine), et des substances adoucissantes.

Il est utilisé dans le *traitement symptomatique* des affections de la gorge et des bronches, et des toux sèches.

CONTRE-INDICATIONS

Ce médicament ne doit pas être utilisé dans les cas suivants :
- *asthme*,
- *insuffisance respiratoire*,
- enfant de moins de 3 ans,
- **allaitement.**

ATTENTION

La toux est un *symptôme* qui peut révéler de nombreuses maladies : consultez votre médecin si elle persiste plus de quelques jours.

Ce médicament contient du sucre (saccharose) en quantité notable.

Évitez les boissons alcoolisées : augmentation du risque de somnolence.

Conducteur : ce médicament peut être responsable d'une somnolence ou d'une baisse de la vigilance.

INTERACTIONS MÉDICAMENTEUSES

Ce médicament peut interagir avec beaucoup d'autres médicaments, notamment chez les personnes âgées ; signalez tout autre traitement en cours à votre pharmacien ou à votre médecin.

GROSSESSE, ALLAITEMENT ET NOUVEAU-NÉ

Grossesse :

Compte tenu de la présence de codéthyline, n'utilisez pas ce médicament pendant la grossesse sans prendre l'avis de votre pharmacien ou de votre médecin.

Allaitement :

Par mesure de prudence, ce médicament est contre-indiqué pendant l'allaitement.

MODE D'EMPLOI ET POSOLOGIE

Les comprimés doivent être sucés, au cours de la journée.

Posologie usuelle :

- Adulte : 1 comprimé, 6 à 12 fois par jour.
- Enfant de plus de 3 ans : 1 comprimé, 2 à 8 fois par jour.

> Fumer, ou être exposé à la fumée des autres, nuit à l'efficacité du traitement.
>
> Une toux nocturne aggravée par ce médicament peut être une toux allergique : demandez conseil à votre médecin.
>
> Des mesures simples permettent de calmer les toux sèches : boissons chaudes et humidification de l'air ambiant.

EFFETS INDÉSIRABLES POSSIBLES

Constipation, et plus rarement : somnolence, nausées, vomissements, sensations vertigineuses, *allergies* cutanées, ralentissement de la respiration.

PÉDIAZOLE

érythromycine, sulfafurazole

PRÉSENTATION

PÉDIAZOLE : granulé pour sirop arôme fraise-banane-vanille ; flacon 100 ml (20 cuillères-dose 5 ml) - Remb. 65 % - Liste I

Laboratoires Abbott-France

COMPOSITION

	p. c. dose/5 ml
Érythromycine	200 mg
Sulfafurazole	600 mg
Sodium	56 mg
Saccharose	2,1 g

INDICATIONS

C'est une association de deux *antibiotiques* : l'érythromycine de la famille des *macrolides*, et le sulfafurazole de la famille des *sulfamides*.

Ce médicament est utilisé dans le traitement des *otites* chez l'enfant.

CONTRE-INDICATIONS

Ce médicament ne doit pas être utilisé dans les cas suivants :

- *allergie* aux *antibiotiques* de la famille des *macrolides* ou des *sulfamides* ;
- déficit en *G6PD* ;
- association avec les médicaments contenant de la terfénadine, de l'astémizole, de l'ergotamine ou de la dihydroergotamine ;
- *nourrisson* de moins de 2 mois.

> **ATTENTION**
>
> Ce médicament contient du *sucre* (saccharose) en quantité notable.

INTERACTIONS MÉDICAMENTEUSES

Ce médicament ne doit pas être associé aux médicaments contenant :

- de la terfénadine (TELDANE...) ou de l'astémizole (HISMANAL...) : risque de *torsades de pointes* ;
- de l'ergotamine ou de la dihydroergotamine : risque d'*ergotisme*.

Il peut interagir avec d'autres médicaments, notamment ceux contenant de la théophylline. Signalez tout autre traitement en cours à votre médecin ou à votre pharmacien.

MODE D'EMPLOI ET POSOLOGIE

Le sirop doit être reconstitué avec un volume d'eau jusqu'au repère indiqué sur le flacon.

Posologie usuelle :

- Enfant : 1 cuillère-dose de 5 ml par 4 kg et par jour, soit pour un enfant de 12 kg : 1 cuillère-dose matin, midi et soir.

> Le sirop reconstitué doit être conservé au réfrigérateur, pour une durée maximale de 7 jours.

EFFETS INDÉSIRABLES POSSIBLES

Troubles digestifs : nausée, vomissements, diarrhée.

Réactions cutanées allergiques, *photosensibilisation*.

Maux de tête, *convulsions*, *vertiges*, insomnies.

PEDIMYCOSE

tolnaftate

PRÉSENTATION

PEDIMYCOSE : crème ; tube 30 g - Non remb.

PEDIMYCOSE : lotion ; flacon 25 ml - Non remb.

PEDIMYCOSE : poudre pour application locale ; flacon poudreur 30 g - Non remb.

Laboratoires Scholl

COMPOSITION

	crème p. 100 g	lotion p. 100 ml	poudre p. 100 g
Tolnaftate	1 g	1 g	0,50 g

INDICATIONS

C'est un *antifongique* d'action locale, actif sur les *dermatophytes*.

Il est utilisé dans le traitement des infections de la peau ou des ongles des orteils, dues à des champignons microscopiques.

> **ATTENTION**
>
> Évitez d'utiliser ce médicament, notamment chez l'enfant, de manière prolongée et sur des surfaces étendues ou profondément lésées, sans l'avis de votre pharmacien ou de votre médecin.
>
> Rincez abondamment en cas de contact accidentel avec les yeux.

GROSSESSE, ALLAITEMENT ET NOUVEAU-NÉ

L'effet de ce médicament pendant la grossesse ou l'allaitement est mal connu. L'évaluation du risque éventuel lié à son utilisation est individuelle : demandez conseil à votre pharmacien ou à votre médecin.

MODE D'EMPLOI ET POSOLOGIE

Après avoir lavé puis séché soigneusement la zone à traiter, appliquer la poudre, la crème ou la lotion.

Posologie usuelle :

2 ou 3 applications par jour.

La durée du traitement dépend des cas. Il dure en général plusieurs semaines. Pour limiter les risques de rechute, poursuivre le traitement quelques jours après la guérison apparente.

> En cas de lésion importante des ongles des orteils, un meulage préalable par un pédicure facilite l'action du médicament.
>
> Les lésions dues à des champignons sont facilitées par une transpiration excessive. Le port de chaussettes en fibre naturelle (coton, laine) est recommandé. La même paire de chaussures ne doit pas être portée deux jours de suite.

EFFETS INDÉSIRABLES POSSIBLES

Irritation ou *allergie* cutanées.

PÉFLACINE

péfloxacine

PRÉSENTATION

PÉFLACINE 400 mg : comprimé (blanc) ; boîte de 28 - Remb. 65 % - Liste I

Laboratoires Bellon

COMPOSITION

	p. comp.
Péfloxacine	400 mg

INDICATIONS

C'est un *antibiotique* qui appartient à la famille des quinolones. Il est utilisé dans le traitement des *prostatites* aiguës et chroniques et des infections osseuses.

CONTRE-INDICATIONS

Ce médicament ne doit pas être utilisé dans les cas suivants :

- enfant de moins de 15 ans,
- déficit en *G6PD*,
- *antécédent* de *tendinite* lors de l'utilisation d'une quinolone,
- grossesse,
- allaitement.

ATTENTION

Des précautions particulières sont nécessaires en cas d'*insuffisance hépatique* grave.

Ce médicament est photosensibilisant : une exposition aux rayons *ultraviolets* (soleil, lampe à bronzer) peut provoquer des réactions cutanées. N'omettez pas de signaler à votre médecin vos projets de vacances au soleil pendant la durée du traitement.

Ce médicament peut provoquer des lésions des tendons : toute douleur évoquant une *tendinite* doit vous conduire à consulter votre médecin.

INTERACTIONS MÉDICAMENTEUSES

Ce médicament peut interagir avec d'autres médicaments. Signalez tout autre traitement en cours à votre médecin ou à votre pharmacien.

GROSSESSE, ALLAITEMENT ET NOUVEAU-NÉ

Grossesse :

Quelques cas de malformations ont été constatés chez l'animal. En l'absence de données dans l'espèce humaine, ce médicament est contre-indiqué pendant la grossesse.

Allaitement :

Ce médicament passe dans le lait maternel : l'allaitement est contre-indiqué.

MODE D'EMPLOI ET POSOLOGIE

Ce médicament doit être pris de préférence au cours d'un repas.

Posologie usuelle :

- Adulte : 1 comprimé matin et soir.

☛ Le médecin peut prescrire un prélèvement pour identifier le *germe* responsable de l'infection et tester sa sensibilité aux *antibiotiques*. Le résultat de cet examen peut être faussé en cas d'automédication préalable : ne prenez pas d'antibiotique sans avis médical.

EFFETS INDÉSIRABLES POSSIBLES

Photosensibilisation (voir ATTENTION).

Réactions allergiques, œdème de *Quincke* et *urticaire*.

Douleurs musculaires ou articulaires, *tendinite* (voir ATTENTION).

Maux de tête, insomnie, troubles de la conscience.

Troubles digestifs : nausée, vomissements.

PÉFLACINE MONODOSE

pefloxacine

PRÉSENTATION

PÉFLACINE MONODOSE 400 mg : comprimé (blanc) ; boîte de 2 - Remb. 65 % - Liste I

Laboratoires Bellon

COMPOSITION

	p. comp.
Péfloxacine	400 mg

INDICATIONS

C'est un *antibiotique* qui appartient à la famille des quinolones.

Il est utilisé dans le traitement des *cystites* chez la femme et des infections génitales à *gonocoque* chez l'homme.

CONTRE-INDICATIONS

Ce médicament ne doit pas être utilisé dans les cas suivants :

- enfant de moins de 15 ans,
- déficit en *G6PD*,
- grossesse,
- allaitement.

ATTENTION

Ce médicament est photosensibilisant : une exposition aux rayons *ultraviolets* (soleil, lampe à bronzer) peut provoquer des réactions cutanées. N'omettez pas de signaler à votre médecin vos projets de vacances au soleil pendant la durée du traitement.

Ce médicament peut provoquer des lésions des tendons : toute douleur évoquant une *tendinite* doit vous conduire à consulter votre médecin.

INTERACTIONS MÉDICAMENTEUSES

Ce médicament peut interagir avec d'autres médicaments. Signalez tout autre traitement à votre médecin ou à votre pharmacien.

GROSSESSE, ALLAITEMENT ET NOUVEAU-NÉ

Grossesse :

Quelques cas de malformations ont été constatés chez l'animal. En l'absence de données dans l'espèce humaine, ce médicament est contre-indiqué pendant la grossesse.

Allaitement :

Ce médicament passe dans le lait maternel : l'allaitement est contre-indiqué.

MODE D'EMPLOI ET POSOLOGIE

Ce médicament doit être pris de préférence au cours d'un repas.

Posologie usuelle :

2 comprimés en une fois : il s'agit d'un traitement en prise unique, mais pas d'un *traitement minute* car la substance active reste présente dans les *voies* urinaires pendant plusieurs jours.

☛ Le médecin peut prescrire un prélèvement pour identifier le *germe* responsable de l'infection et tester sa sensibilité aux *antibiotiques*. Le résultat de cet examen peut être faussé en cas d'automédication préalable : ne prenez pas d'antibiotique sans avis médical.

En cas d'infection génitale, votre partenaire peut être contaminé alors qu'il ne présente aucun *symptôme*. S'il n'est pas traité conjointement, une recontamination est possible.

EFFETS INDÉSIRABLES POSSIBLES

Photosensibilisation (voir ATTENTION).

Réactions allergiques, œdème de *Quincke* et *urticaire*.

Douleurs musculaires ou articulaires, *tendinite* (voir ATTENTION).

Maux de tête, insomnie, troubles de la conscience.

Troubles digestifs : nausée, vomissements.

PELVO-MAGNÉSIUM

Allium cepa, magnésium

PRÉSENTATION

PELVO-MAGNÉSIUM : comprimé (blanc) ; boîte de 60 - Non remb.

Laboratoires 3M Santé

COMPOSITION

	p. comp.
Allium cepa, extrait mou	200 mg
Magnésium hydrocarbonate	70 mg

INDICATIONS

Ce médicament contient un extrait de plante et du magnésium.

Il est utilisé comme décongestionnant de la vessie, des *voies* urinaires et génitales.

CONTRE-INDICATIONS

Ce médicament ne doit pas être utilisé en cas d'*insuffisance rénale*.

ATTENTION

En cas d'apparition de fièvre ou d'absence d'amélioration rapide, consultez votre médecin.

GROSSESSE, ALLAITEMENT ET NOUVEAU-NÉ

Ce médicament ne contient que des substances présumées sans danger pendant la grossesse ou l'allaitement. Néanmoins, ne l'utilisez pas de façon prolongée sans l'avis de votre pharmacien ou de votre médecin.

MODE D'EMPLOI ET POSOLOGIE

Ce médicament doit être pris de préférence au moment des repas, avec un verre d'eau.

Posologie usuelle :

3 comprimés, 3 fois par jour.

PENGLOBE

bacampicilline

PRÉSENTATION

PENGLOBE 200 mg : comprimé oblong (blanc) ; boîte de 12 - Remb. 65 % - Liste I

PENGLOBE 400 mg : comprimé sécable oblong (blanc) ; boîte de 12 - Remb. 65 % - Liste I

PENGLOBE 600 mg : comprimé sécable oblong (blanc) ; boîte de 12 - Remb. 65 % - Liste I

Laboratoires Astra France

COMPOSITION

	p. comp. 200 mg	p. comp. 400 mg	p. comp. 600 mg
Bacampicilline			

INDICATIONS

C'est un *antibiotique* qui appartient à la famille des *pénicillines* à spectre élargi, c'est-à-dire actives sur un plus grand nombre de *germes* que la pénicilline simple.

Ce médicament est utilisé dans le traitement de diverses maladies infectieuses, notamment celles des poumons, des bronches, du nez, de la gorge ou des oreilles, de l'appareil digestif ou urinaire, des *voies* génitales, des gencives et des dents.

CONTRE-INDICATIONS

Ce médicament ne doit pas être utilisé dans les cas suivants :
- *allergie* aux *pénicillines*,
- *mononucléose infectieuse*.

Ce médicament ne peut être utilisé qu'après avis médical en cas d'allergie aux *céphalosporines*.

ATTENTION

Des précautions sont nécessaires en cas d'*insuffisance rénale*.

Le médecin peut prescrire un prélèvement pour identifier le *germe* responsable de l'infection et tester sa sensibilité à l'*antibiotique*. Le résultat de cet examen peut être faussé en cas d'automédication préalable : ne prenez pas d'antibiotique sans avis médical.

Des *antécédents* d'*allergie* à la *pénicilline* contre-indiquent l'usage de ce médicament. La survenue de toute manifestation allergique (boutons, *œdème*, malaise) impose l'arrêt immédiat du traitement : consultez votre médecin.

Une diminution de la fièvre ou une disparition des *symptômes* ne sont pas synonymes de guérison : la durée du traitement doit absolument être respectée pour éviter les rechutes.

INTERACTIONS MÉDICAMENTEUSES

Ce médicament peut interagir avec d'autres médicaments. Signalez tout autre traitement en cours à votre médecin ou à votre pharmacien.

GROSSESSE, ALLAITEMENT ET NOUVEAU-NÉ

Grossesse :

Les études scientifiques actuellement disponibles n'ont pas mis en évidence de problème particulier lors de l'utilisation chez la femme enceinte. Seul votre médecin peut apprécier la nécessité du traitement et son risque pendant la grossesse.

Allaitement :

Ce médicament passe dans le lait maternel.

MODE D'EMPLOI ET POSOLOGIE

Ce médicament peut être pris indifféremment pendant ou en dehors des repas.

Les comprimés doivent être avalés avec un peu d'eau.

Posologie usuelle :

Elle varie en fonction des indications.

À titre indicatif et pour des infections courantes :
- Adulte : 800 à 1 200 mg par jour, en 2 prises.
- Enfant de plus de 5 ans : 50 mg par kg et par jour ; soit par exemple pour un enfant de 20 kg : 1 comprimé à 400 mg, matin et soir.

L'éventuelle impression de fatigue n'est pas due à l'*antibiotique*, mais à l'infection elle-même.

L'odeur particulière des urines est normale et traduit l'élimination de l'antibiotique.

EFFETS INDÉSIRABLES POSSIBLES

Fréquents mais généralement bénins :
- *allergie* cutanée,
- *troubles digestifs* (nausée, diarrhée),
- *candidose*.

Rares mais parfois graves :
- œdème de *Quincke*,
- *choc* allergique (exceptionnel).

PÉNICILLINE G DIAMANT

benzylpénicilline

PRÉSENTATION

PÉNICILLINE G DIAMANT 1 000 000 UI : poudre pour solution injectable ; flacon de poudre - Remb. 65 % - Liste I

Laboratoires Diamant

COMPOSITION

	p. fl.
Benzylpénicilline	1 000 000 UI
Sodium	48,8 mg

INDICATIONS

C'est un *antibiotique* qui appartient à la famille des *pénicillines*.

Il est utilisé dans le traitement de diverses maladies infectieuses, notamment des poumons, des bronches, du nez, de la gorge ou des oreilles, de la peau.

CONTRE-INDICATIONS

Ce médicament ne doit pas être utilisé en cas d'*allergie* aux *pénicillines*.

Dans tous les autres cas, le médecin est seul juge pour prescrire ce médicament, notamment en cas d'allergie aux *céphalosporines*.

ATTENTION

Le médecin peut prescrire un prélèvement pour identifier le *germe* responsable de l'infection et tester sa sensibilité aux *antibiotiques*. Le résultat de cet examen peut être faussé en cas d'automédication préalable : ne prenez pas d'antibiotique sans avis médical.

Des *antécédents* d'*allergie* à la *pénicilline* contre-indiquent l'usage de ce médicament. La survenue de toute manifestation allergique (boutons, *œdème*, malaise) impose l'arrêt immédiat du traitement : consultez votre médecin.

Une diminution de la fièvre ou une disparition des *symptômes* ne sont pas synonymes de guérison : la durée du traitement doit absolument être respectée pour éviter les rechutes.

GROSSESSE, ALLAITEMENT ET NOUVEAU-NÉ

Grossesse :

Les études actuellement disponibles n'ont pas mis en évidence de problème particulier lors de l'utilisation chez la femme enceinte. Seul votre médecin peut apprécier la nécessité du traitement et son risque pendant la grossesse.

Allaitement :

Ce médicament passe dans le lait maternel : l'arrêt de l'allaitement devra être envisagé.

MODE D'EMPLOI ET POSOLOGIE

La poudre doit être préalablement dissoute avec 2 à 5 ml d'eau pour préparation injectable ou de soluté physiologique stérile. La solution obtenue peut être injectée par *voie* intraveineuse ou intramusculaire profonde, mais ce médicament est essentiellement destiné à être utilisé en *perfusion*.

Posologie usuelle :
- Adulte : 3 à 6 ampoules par jour.
- Enfant et nourrisson : 50 000 à 100 000 UI par kg et par jour.

Ces doses peuvent être nettement dépassées en cas d'infections graves.

L'éventuelle impression de fatigue n'est pas due à l'*antibiotique*, mais à l'infection elle-même.

L'odeur particulière des urines est normale et traduit l'élimination de l'antibiotique.

La solution reconstituée peut se conserver 24 heures dans le réfrigérateur.

EFFETS INDÉSIRABLES POSSIBLES

Douleur au point d'injection.

Allergie cutanée, œdème de *Quincke*, exceptionnel *choc* allergique.

PENTACOQ

vaccins associés

PRÉSENTATION

PENTACOQ : préparation injectable ; flacon de *lyophilisat* et seringue préremplie 0,5 ml - Remb. 65 %

Laboratoires Mérieux-M.S.D.

COMPOSITION

	p. fl.
Polyoside Haemophilus influenzae type b conjugué à la protéine tétanique	10 µg

	p. seringue
Anatoxine diphtérique purifiée	1 dose
Anatoxine tétanique purifiée	1 dose
Bordetella pertussis, bacilles inactivés	4 UI minimum
Vaccins poliomyélitiques inactivés de type 1, 2 et 3	1 dose

INDICATIONS

C'est une association de *vaccins* composée de toxines inactivées (diphtérie et tétanos), de fragments de *germes* (haemophilus) et de germes tués (coqueluche, polio). Elle ne contient aucun germe vivant.

Ce médicament est utilisé dans la prévention de la diphtérie, du tétanos, de la poliomyélite et de la coqueluche, et des infections graves dues aux haemophilus : *méningites* et *épiglottites* notamment.

CONTRE-INDICATIONS

Ce médicament ne doit pas être utilisé dans les cas suivants :
- certaines maladies graves du cerveau,
- forte réaction lors d'une précédente vaccination anticoquelucheuse : fièvre élevée, *convulsions*...

GROSSESSE, ALLAITEMENT ET NOUVEAU-NÉ

Ce *vaccin* est destiné au jeune enfant et n'est pas utilisé pendant la grossesse.

MODE D'EMPLOI ET POSOLOGIE

Bien agiter la seringue avant l'emploi, la réchauffer à température ambiante si nécessaire. L'injection doit être réalisée par *voie* sous-cutanée ou intramusculaire.

Posologie usuelle :

Les 3 premières injections sont réalisées à 1 mois d'intervalle, dès l'âge de 2 mois. Un rappel est nécessaire 1 an après la troisième injection. Les rappels ultérieurs (tous les 5 ans) sont généralement pratiqués avec un autre *vaccin*, la protection contre les infections à haemophilus étant alors suffisante.

> ☛ Les réactions fébriles dues aux *vaccins* peuvent être combattues en prenant de l'aspirine ou du paracétamol.
>
> Pour garder son efficacité, ce vaccin doit être conservé entre + 2 et + 8 °C (compartiment à beurre du réfrigérateur), mais quelques jours à une température ne dépassant pas 25 °C ne prêtent pas à conséquence. Il ne doit pas être congelé.

EFFETS INDÉSIRABLES POSSIBLES

Réactions douloureuses, *nodule* au point d'injection.

Réaction fébrile (38 °C à 39 °C) pendant 1 ou 2 jours.

Exceptionnellement : fièvre à 40 °C, *convulsions*, cris persistants. Ce *syndrome* rare (1 pour 100 000 vaccinations) et réversible conduit à renoncer à la poursuite de la vaccination anticoquelucheuse chez l'enfant qui en a été la victime. Ce risque ne remet pas en cause l'intérêt de la vaccination contre la coqueluche, compte tenu de la gravité de la maladie.

PENTASA comprimés
mésalazine

PRÉSENTATION

PENTASA 250 mg : comprimé sécable (beige) ; boîte de 200 - Remb. 65 %

PENTASA 500 mg : comprimé sécable (beige) ; boîte de 100 - Remb. 65 %

Laboratoires Ferring

COMPOSITION

	p. comp. 250 mg	p. comp. 500 mg
Mésalazine		

INDICATIONS

Ce médicament contient un *salicylé*. Il a une action *anti-inflammatoire* sur la *muqueuse* intestinale.

Il est utilisé pour traiter la *rectocolite hémorragique* et la maladie de *Crohn*.

CONTRE-INDICATIONS

Ce médicament ne doit pas être utilisé dans les cas suivants :
- *allergie* aux *salicylés*,
- grossesse,
- allaitement.

> **ATTENTION**
>
> Des précautions sont nécessaires en cas d'*insuffisance hépatique* ou d'*insuffisance rénale*.

GROSSESSE, ALLAITEMENT ET NOUVEAU-NÉ

En l'absence de données disponibles, ce médicament est contre-indiqué pendant la grossesse ou l'allaitement.

MODE D'EMPLOI ET POSOLOGIE

Les comprimés doivent être avalés sans être croqués et pris de préférence au cours des repas.

Posologie usuelle :

Rectocolite hémorragique :
- *traitement d'attaque* : 8 comprimés à 500 mg ou 16 comprimés à 250 mg par jour ;
- *traitement d'entretien* : 3 comprimés à 500 mg ou 6 comprimés à 250 mg par jour.

Maladie de *Crohn* : 4 comprimés à 500 mg ou 8 comprimés à 250 mg par jour.

EFFETS INDÉSIRABLES POSSIBLES

En début de traitement : rares maux de tête, nausées, vomissements ; ils sont passagers et ne doivent pas faire arrêter le traitement.

Exceptionnellement : *inflammation* du pancréas, baisse des *globules blancs* nécessitant l'arrêt du traitement.

PENTASA rectal
mésalazine

PRÉSENTATION

PENTASA 1 g/100 ml : suspension rectale ; boîte de 5 flacons 100 ml - Remb. 65 %

PENTASA : suppositoire ; boîte de 15 - Remb. 65 %

Laboratoires Ferring

COMPOSITION

	p. 100 ml	p. suppos.
Mésalazine	1 g	1 g

INDICATIONS

Ce médicament contient un *salicylé*. Il a une action *anti-inflammatoire* sur la *muqueuse* intestinale.

Il est utilisé dans le traitement de la *rectocolite hémorragique*.

CONTRE-INDICATIONS

Ce médicament ne doit pas être utilisé dans les cas suivants :
- *allergie* aux *salicylés*,
- grossesse,
- allaitement.

GROSSESSE, ALLAITEMENT ET NOUVEAU-NÉ

Ce médicament est contre-indiqué pendant la grossesse ou l'allaitement.

MODE D'EMPLOI ET POSOLOGIE

Le suppositoire doit être mis le soir au coucher. Il doit être lubrifié avant son introduction dans le rectum.

Faire le lavement de préférence le soir au lit afin de le garder le plus longtemps possible. Lubrifier la canule avec de la vaseline puis, couché sur le côté, l'introduire dans le rectum. Vider lentement le flacon de son contenu en le comprimant, puis le retirer en maintenant la pression. Cette manœuvre terminée, prendre sa position d'endormissement.

Posologie usuelle :

1 suppositoire ou 1 lavement par jour pendant 2 à 4 semaines. Suivre la prescription de votre médecin.

> ☛ Le sac protecteur du flacon contenant la suspension rectale ne doit être ouvert qu'immédiatement avant son utilisation.

EFFETS INDÉSIRABLES POSSIBLES

Irritation locale, difficulté à garder le suppositoire ou le lavement (spasmes du rectum).

Avec le lavement, mais rares : nausées, ballonnement, douleurs abdominales.

Les médicaments sont prescrits dans une situation précise : ne les réutilisez pas sans avis médical.

PENT-HIBest
vaccins associés

PRÉSENTATION

PENT-HIBest : préparation injectable ; flacon de *lyophilisat* et seringue préremplie 0,5 ml - Remb. 65 %

Laboratoires Pasteur Vaccins

COMPOSITION

	p. fl.
Polyoside Haemophilus influenzae type b conjugué à la protéine tétanique	10 µg
	p. seringue
Anatoxine diphtérique purifiée	1 dose
Anatoxine tétanique purifiée	1 dose
Bordetella pertussis, bacilles inactivés	4 UI minimum
Vaccins poliomyélitiques inactivés de type 1, 2 et 3	1 dose

INDICATIONS

C'est une association de *vaccins* composée de toxines inactivées (diphtérie et tétanos), de fragments de *germes* (haemophilus) et de germes tués (coqueluche, polio). Elle ne contient aucun germe vivant.

Ce médicament est utilisé dans la prévention de la diphtérie, du tétanos, de la poliomyélite, de la coqueluche et des infections graves à haemophilus : *méningites* et *épiglottites* notamment.

CONTRE-INDICATIONS

Ce médicament ne doit pas être utilisé dans les cas suivants :
- certaines maladies graves du cerveau,
- forte réaction lors d'une précédente vaccination anticoquelucheuse : fièvre élevée, *convulsions*...

GROSSESSE, ALLAITEMENT ET NOUVEAU-NÉ

Ce *vaccin* est destiné au jeune enfant et n'est pas utilisé pendant la grossesse.

MODE D'EMPLOI ET POSOLOGIE

Bien agiter la seringue avant l'emploi, la réchauffer à température ambiante si nécessaire. L'injection doit être réalisée par *voie* sous-cutanée ou intramusculaire.

Posologie usuelle :

Les 3 premières injections sont réalisées à 1 mois d'intervalle dès l'âge de 2 mois. Un rappel est nécessaire 1 an après la troisième injection. Les rappels ultérieurs (tous les 5 ans chez l'enfant) sont réalisés avec un autre *vaccin*, la protection contre les infections graves à haemophilus étant alors suffisante.

> Les réactions fébriles dues aux *vaccins* peuvent être combattues en prenant de l'aspirine ou du paracétamol.
>
> Pour garder son efficacité, ce vaccin doit être conservé entre + 2 et + 8 °C (compartiment à beurre du réfrigérateur), mais quelques jours à une température ne dépassant pas 25 °C ne prêtent pas à conséquence. Il ne doit pas être congelé.

EFFETS INDÉSIRABLES POSSIBLES

Réactions douloureuses, *nodule* au point d'injection.

Réaction fébrile (38 °C à 39 °C) pendant 1 ou 2 jours.

Exceptionnellement : fièvre à 40 °C, *convulsions*, cris persistants. Ce *syndrome* rare (1 pour 100 000 vaccinations) et réversible conduit à renoncer à la poursuite de la vaccination anticoquelucheuse chez l'enfant qui en a été la victime. Ce risque ne remet pas en cause l'intérêt de la vaccination contre la coqueluche, compte tenu de la gravité de cette maladie.

PENTICORT
amcinonide

PRÉSENTATION

PENTICORT : crème ; tube 30 g - Remb. 65 % - Liste I

PENTICORT : pommade ; tube 30 g - Remb. 65 % - Liste I

Laboratoires Lederle

COMPOSITION

	p. 100 g
Amcinonide	100 mg

INDICATIONS

C'est un *dermocorticoïde* d'activité forte. Comme les autres dérivés de la *cortisone* à usage local, il freine le renouvellement et la multiplication des cellules de la peau et limite le suintement.

Il est utilisé pour traiter les *eczémas* de contact ou *atopiques*, les *lichénifications*, les *dermites séborrhéiques* sauf celles du visage, le *psoriasis*, le *prurigo*, la *dyshidrose*, et pour soulager les démangeaisons dues aux piqûres d'insectes ou à la présence de parasites sous la peau. Il est également utilisé dans le traitement de certaines maladies rares : *granulome annulaire*, *lupus érythémateux* discoïde, *mycosis fongoïde*.

CONTRE-INDICATIONS

Ce médicament ne doit pas être utilisé dans les cas suivants :
- infection et parasitose non traitées de la peau (ce médicament n'a pas d'effet anti-infectieux),
- lésion ulcérée,
- *acné* et *rosacée*.

> **ATTENTION**
>
> Comme les autres *dermocorticoïdes*, ce médicament a souvent une action efficace et rapide sur les lésions de la peau ; il peut être tentant de le réutiliser, mais l'automédication expose à des risques importants : aggravation de certaines lésions, installation d'une *dépendance* (amélioration de moins en moins visible des lésions et recrudescence des *symptômes* à chaque arrêt de traitement) et altération durable de la peau.
>
> Suivez attentivement la prescription de votre médecin et n'hésitez pas à lui demander des explications.

GROSSESSE, ALLAITEMENT ET NOUVEAU-NÉ

L'effet de ce médicament pendant la grossesse ou l'allaitement est mal connu : seul votre médecin peut évaluer le risque éventuel de son utilisation dans votre cas.

MODE D'EMPLOI ET POSOLOGIE

La crème est adaptée au traitement des lésions suintantes, la pommade à celui des lésions sèches.

Étaler le médicament sur les lésions et le faire pénétrer par un léger massage. Pour traiter de grandes surfaces : appliquer le produit en touches espacées, puis étaler avec un gant en plastique jusqu'à complète absorption.

Posologie usuelle :

1 ou 2 applications par jour.

Le médecin prescrit fréquemment un arrêt progressif du traitement : espacement des applications ou diminution de la quantité appliquée.

> Ne conseillez pas, ne donnez pas ce médicament à un proche.
>
> Pensez à vous laver les mains après l'application. En cas d'utilisation sur une grande surface de peau, le port d'un gant est recommandé.

EFFETS INDÉSIRABLES POSSIBLES

Ils apparaissent surtout en cas d'usage prolongé :
- *atrophie* avec microhémorragie de la peau (*purpura*), dilatation des petits vaisseaux, vergetures, éruption de boutons ;
- développement anormal des poils, dessèchement, fragilisation et décoloration irrégulière de la peau ;
- rougeur autour de la bouche, apparition d'une *rosacée* ;
- retard de cicatrisation.

PENTICORT NÉOMYCINE
amcinonide, néomycine

PRÉSENTATION

PENTICORT NÉOMYCINE : crème ; tube 30 g - Remb. 65 % - Liste I

Laboratoires Lederle

COMPOSITION

	p. 100 g
Amcinonide	100 mg
Néomycine sulfate	325 000 UI

INDICATIONS

Ce médicament contient un *dermocorticoïde* d'activité forte et un *antibiotique* de la famille des *aminosides*. Comme les autres médicaments contenant un dérivé de la *cortisone* à usage local, il freine le renouvellement et la multiplication des cellules de la peau et limite le suintement.

Cette crème est utilisée dans le traitement initial de certaines lésions inflammatoires de la peau (*eczéma*, *dyshidrose*, *psoriasis*...) lorsqu'elles sont infectées.

CONTRE-INDICATIONS

Ce médicament ne doit pas être utilisé dans les cas suivants :
- *allergie* aux *antibiotiques* de la famille des *aminosides* ;
- infections de la peau dues à un champignon ou à un *virus* ;
- plaies chroniques, *ulcère* de la jambe, *escarre* ;
- *rosacée* ;
- sous pansement étanche (occlusif).

ATTENTION

Cette crème n'est pas destinée à traiter les infections bactériennes de la peau mais à traiter l'infection qui vient compliquer une lésion préexistante.

Comme les autres *dermocorticoïdes*, ce médicament a souvent une action efficace et rapide sur les lésions de la peau ; il peut être tentant de le réutiliser, mais l'automédication expose à des risques importants : aggravation de certaines lésions, installation d'une *dépendance* (amélioration de moins en moins visible des lésions et recrudescence des *symptômes* à chaque arrêt de traitement) et altération durable de la peau.

Suivez attentivement la prescription de votre médecin et n'hésitez pas à lui demander des explications.

INTERACTIONS MÉDICAMENTEUSES

Ce médicament peut interagir avec d'autres médicaments. Signalez tout autre traitement en cours à votre médecin ou à votre pharmacien.

GROSSESSE, ALLAITEMENT ET NOUVEAU-NÉ

L'effet de ce médicament pendant la grossesse ou l'allaitement est mal connu : seul votre médecin peut évaluer le risque éventuel de son utilisation dans votre cas.

MODE D'EMPLOI ET POSOLOGIE

Étaler la crème en couche mince sur les lésions et la faire pénétrer par un léger massage.

Posologie usuelle :

1 ou 2 applications par jour, pendant 8 jours au maximum.

Ne conseillez pas, ne donnez pas ce médicament à un proche.

Pensez à vous laver les mains après l'application.

EFFETS INDÉSIRABLES POSSIBLES

Compte tenu de la brièveté du traitement, ils sont peu fréquents :
- éruption de boutons, vergetures ;
- développement anormal des poils, dessèchement, fragilisation et décoloration irrégulière de la peau ;
- rougeur autour de la bouche, apparition d'une *rosacée* ;
- *allergie* cutanée (néomycine).

PEPDINE
famotidine

PRÉSENTATION

PEPDINE 20 : comprimé (beige) ; boîte de 30 - Remb. 65 % - Liste II

PEPDINE 40 : comprimé (beige orangé) ; boîte de 15 - Remb. 65 % - Liste II

Laboratoires M.S.D.-Chibret

COMPOSITION

	p. comp.	p. comp.
Famotidine	20 mg	40 mg

INDICATIONS

C'est un antiulcéreux qui appartient à la famille des *antihistaminiques* de type H2 : ceux-ci agissent en bloquant l'action de l'*histamine*, qui stimule la sécrétion acide de l'estomac.

Il est principalement utilisé pour le traitement des *ulcères* de l'estomac et du *duodénum*, les *inflammations* de l'œsophage dues au reflux des acides de l'estomac vers l'œsophage et pour prévenir les rechutes de l'ulcère du duodénum. Il est aussi utilisé pour traiter certaines maladies rares.

CONTRE-INDICATIONS

Ce médicament ne doit pas être utilisé en cas d'*allergie* à la famotidine.

ATTENTION

La disparition des douleurs ne signifie pas que l'*ulcère* est cicatrisé : la durée du traitement doit être respectée.

Si vous souffrez d'*insuffisance rénale*, prévenez votre médecin afin qu'il puisse adapter la *posologie*.

INTERACTIONS MÉDICAMENTEUSES

Si vous prenez un *pansement digestif*, respectez au moins 2 heures d'intervalle avec la prise de ce médicament.

GROSSESSE, ALLAITEMENT ET NOUVEAU-NÉ

Grossesse :

En l'absence de données suffisantes, il est déconseillé d'utiliser ce médicament pendant la grossesse et particulièrement pendant le premier trimestre.

Allaitement :

Ce médicament passe dans le lait maternel : il est déconseillé pendant l'allaitement.

MODE D'EMPLOI ET POSOLOGIE

Les comprimés sont à avaler avec un peu d'eau.

Posologie usuelle :

Elle varie en fonction des indications : 20 à 80 mg par jour, habituellement en 1 ou 2 prises par jour.

Le traitement des *ulcères* dure 4 à 6 semaines au moins, même si les *symptômes* s'améliorent ou disparaissent avant ce délai.

Si vous êtes fumeur, la poursuite du tabagisme nuit à l'efficacité du traitement.

Des mesures d'hygiène alimentaire sont à envisager : consultez votre médecin.

L'aspirine, les *anti-inflammatoires* et les *corticoïdes* peuvent être agressifs pour l'estomac : n'en prenez pas sans l'avis de votre médecin.

EFFETS INDÉSIRABLES POSSIBLES

Parfois : diarrhée ou constipation, maux de tête, *vertiges*.

Rarement : bouche sèche, *troubles digestifs*, éruption cutanée, douleurs articulaires.

PEPP

PRÉSENTATION

PEPP : pastille arôme menthe ; boîte de 30 - Non remb.

Laboratoires Théranol-Deglaude

COMPOSITION

	p. past.
Pepsine (origine porcine)	3 mg
Pancréatine (origine porcine)	2,5 mg
Papaïne	0,25 mg
Hydroxyde de magnésium	25 mg
Phosphate dicalcique	5 mg
Carbonate de calcium	7,5 mg
Hydrocarbonate de magnésium	10 mg
Benzoate de sodium	5 mg
Carbonate monosodique	42,5 mg
Jusquiame, teinture	1 mg
Belladone, teinture	1 mg
Saccharose	850 mg

INDICATIONS

Ce médicament contient des *enzymes* d'origine animale et végétale, des *antiacides* d'action locale et des *antispasmodiques* (jusquiame, *belladone*). Les enzymes sont nécessaires à la digestion ; les antispasmodiques calment les douleurs et les spasmes de l'intestin.

Il est utilisé dans le *traitement symptomatique* des digestions difficiles et des ballonnements.

CONTRE-INDICATIONS

Ce médicament ne doit pas être utilisé dans les cas suivants :
- *glaucome* à angle fermé,
- risque de blocage des urines lié à un *adénome de la prostate*,
- constipation chronique.

ATTENTION

Si les troubles persistent, consultez votre médecin.

Ce médicament contient du *sucre* (saccharose) en quantité notable.

GROSSESSE, ALLAITEMENT ET NOUVEAU-NÉ

L'effet de ce médicament pendant la grossesse ou l'allaitement est mal connu.

L'évaluation du risque éventuel lié à son utilisation est individuelle : demandez conseil à votre pharmacien ou à votre médecin.

MODE D'EMPLOI ET POSOLOGIE

Les pastilles doivent être sucées.

Posologie usuelle :

1 à 3 pastilles après chaque repas ou au moment des douleurs, sans dépasser 10 pastilles par jour.

> Une alimentation équilibrée, une mastication lente et la suppression des aliments difficiles à digérer permettent souvent d'atténuer, voire de faire disparaître, les *troubles digestifs* qui ne sont pas liés à un *ulcère*.

EFFETS INDÉSIRABLES POSSIBLES

Effets *atropiniques*.

PEPSANE

gaïazulène, diméticone

PRÉSENTATION

PEPSANE : gelée orale arôme menthe ; boîte de 30 sachets 10 g - Remb. 65 %

Laboratoires Rosa-Phytopharma

COMPOSITION

	p. sachet
Gaïazulène	4 mg
Diméticone	3 g
Sodium	1,37 mg

INDICATIONS

C'est un médicament qui appartient à la famille des pansements au silicone du tube digestif. Il protège le tube digestif en le couvrant d'un film qui l'isole de son contenu.

Il est utilisé pour traiter les digestions difficiles, notamment en cas de ballonnement.

GROSSESSE, ALLAITEMENT ET NOUVEAU-NÉ

Les substances contenues dans ce médicament sont peu absorbées ; l'automédication est possible en cure courte ou ponctuelle pendant la grossesse ou l'allaitement.

MODE D'EMPLOI ET POSOLOGIE

Le contenu du sachet peut être avalé directement. Il est pris de préférence avant les repas.

Posologie usuelle :

1 ou 2 sachets, 2 ou 3 fois par jour et si besoin au moment des douleurs.

> Une alimentation équilibrée, une mastication lente et l'élimination des aliments difficiles à digérer permettent souvent d'atténuer, voire de faire disparaître les douleurs d'estomac qui ne sont pas liées à un *ulcère*.
>
> Si ces troubles persistent plus de quelques jours, consultez votre médecin.

PEPTOFER

fer, peptone, mélisse

PRÉSENTATION

PEPTOFER : sirop ; flacon 250 ml - Non remb.

Laboratoires Monin

COMPOSITION

	p. c. à s.
Chlorure ferrique, soluté officinal	54,9 mg
Soit fer	5 mg
Peptone pancréatique	19 mg
Mélisse composé, alcoolat	0,172 ml
Saccharose	8,5 g
Titre alcoolique	25°

INDICATIONS

Ce médicament contient du fer et des *acides aminés*, qui participent au *métabolisme*, et un extrait de plante.

Il est utilisé dans le *traitement symptomatique* de la fatigue (*asthénie fonctionnelle*) et des *troubles digestifs*.

CONTRE-INDICATIONS

Ce médicament ne doit pas être utilisé chez l'enfant de moins de 15 ans.

> **ATTENTION**
>
> Ce médicament contient du *sucre* (saccharose) et de l'*alcool* en quantité notable.

INTERACTIONS MÉDICAMENTEUSES

En raison de la présence de fer, ce médicament peut interagir avec d'autres, notamment avec les *antibiotiques* de la famille des cyclines : respectez un intervalle de 2 heures entre les prises de chacun de ces médicaments. Il peut aussi interagir avec les médicaments contenant du disulfirame (ESPÉRAL...) : *effet antabuse*. Signalez tout autre traitement en cours à votre médecin ou à votre pharmacien.

GROSSESSE, ALLAITEMENT ET NOUVEAU-NÉ

Ce médicament ne contient que des substances présumées sans danger pendant la grossesse ou l'allaitement. Néanmoins, ne l'utilisez pas de façon prolongée sans l'avis de votre pharmacien ou de votre médecin.

MODE D'EMPLOI ET POSOLOGIE

Ce médicament doit être pris de préférence à la fin des repas.

Posologie usuelle :

- Adulte : 1 cuillère à soupe, 3 fois par jour.

> Une fatigue persistante ne doit pas vous conduire à augmenter les prises de ce médicament : consultez votre médecin.

EFFETS INDÉSIRABLES POSSIBLES

Ce sirop contenant de l'*alcool*, il peut occasionner des brûlures d'estomac chez les personnes ayant un *ulcère* de l'estomac ou du *duodénum* ou une *gastrite*.

PERCLUSONE

clofézone, clofexamide

PRÉSENTATION

PERCLUSONE : pommade ; tube 30 g - Remb. 35 % - Liste II

Laboratoires S.E.R.B.

COMPOSITION

	p. 100 g
Clofézone	5 g
Clofexamide chlorhydrate	3 g

INDICATIONS

Cette pommade *antalgique* contient un *anti-inflammatoire* non stéroïdien (*AINS*).

Elle est utilisée dans le traitement local des *tendinites*, des douleurs articulaires, des entorses, des contusions, des lumbagos et des courbatures. Elle est également utilisée en association avec une *contention élastique* dans le traitement des *phlébites* superficielles.

CONTRE-INDICATIONS

Ce médicament ne doit pas être utilisé dans les cas suivants :
- *allergie* aux *AINS*,
- en application sur un *eczéma*, des *muqueuses*, des plaies ou de la peau lésée.

> **ATTENTION**
>
> N'utilisez pas cette pommade de façon prolongée sans avis médical.

GROSSESSE, ALLAITEMENT ET NOUVEAU-NÉ

L'effet de ce médicament pendant la grossesse ou l'allaitement est mal connu : seul votre médecin peut évaluer le risque éventuel de son utilisation dans votre cas.

MODE D'EMPLOI ET POSOLOGIE

La pommade doit être appliquée en massage doux et prolongé.

Posologie usuelle :

2 ou 3 applications par jour.

> Se laver les mains après application. En cas de contact accidentel avec les yeux, rincer abondamment.

EFFETS INDÉSIRABLES POSSIBLES

Imposant l'arrêt du traitement : *allergie* cutanée (éruption de boutons, démangeaisons...).

PERCUTACRINE

thyroxine

PRÉSENTATION

PERCUTACRINE THYROXINIQUE 20 mg : solution pour application locale ; boîte de 1 ampoule 10 ml - Non remb. - Liste II

PERCUTACRINE THYROXINIQUE : solution pour application locale ; boîte de 20 ampoules 2 ml - Non remb. - Liste II

Laboratoires Besins-Iscovesco

COMPOSITION

	p. amp. 10 ml	p. amp. 2 ml
Thyroxine	20 mg	4 mg

INDICATIONS

Cette solution contient une *hormone thyroïdienne*. Elle agit localement en diminuant le volume des cellules graisseuses.

Elle est utilisée dans le traitement local de la cellulite.

ATTENTION

Cette solution ne doit être en aucun cas appliquée sur une peau lésée ou sur les *muqueuses* : risque de passage de la substance active dans la circulation générale.

GROSSESSE, ALLAITEMENT ET NOUVEAU-NÉ

Grossesse :

En l'absence de données suffisantes, ce médicament est déconseillé pendant la grossesse.

Allaitement :

Les données actuellement disponibles ne permettent pas de savoir si ce médicament passe dans le lait maternel.

MODE D'EMPLOI ET POSOLOGIE

Lors de l'utilisation de cette solution, aucun autre médicament ou produit cosmétique ne doit être appliqué en même temps, au même endroit. Cette solution doit toujours être appliquée après la toilette. Avant l'application, frottez vigoureusement la peau avec la main. N'utilisez pas de gant de crin qui pourrait léser la peau et faciliter le passage du principe actif dans le sang. Aspergez ensuite la région à traiter sur des surfaces aussi restreintes que possible.

Posologie usuelle :

1 ampoule de 10 ml ou 4 à 6 ampoules de 2 ml en une seule application, un jour sur deux.

PERCUTAFÉINE gel

caféine

PRÉSENTATION

PERCUTAFÉINE : gel pour application locale ; tube 72 g - Non remb.

PERCUTAFÉINE : gel pour application locale ; tube 144 g - Non remb.

Laboratoires Pierre Fabre

COMPOSITION

	p. 100 ml
Caféine	5 g
Alcool à 95°	50 ml

INDICATIONS

Ce gel contient de la caféine qui, en pénétrant à travers la peau, active la transformation des graisses locales.

Il est utilisé dans le traitement des surcharges graisseuses localisées (culotte de cheval).

ATTENTION

Il est recommandé de ne pas appliquer ce gel sur une peau lésée.

Ce médicament contient de l'*alcool* en quantité notable.

GROSSESSE, ALLAITEMENT ET NOUVEAU-NÉ

L'effet de ce médicament pendant la grossesse ou l'allaitement est mal connu. L'évaluation du risque éventuel lié à son utilisation est individuelle : demandez conseil à votre pharmacien ou à votre médecin.

MODE D'EMPLOI ET POSOLOGIE

Posologie usuelle :

Environ 10 à 20 g, 1 fois par jour, pendant 5 à 6 semaines.

La *posologie* recommandée apporte une quantité de caféine inférieure à celle d'une tasse de café.

L'utilisation de ce médicament doit s'accompagner d'une alimentation équilibrée et d'exercices musculaires.

EFFETS INDÉSIRABLES POSSIBLES

Démangeaisons locales.

PERCUTALGINE

PRÉSENTATION

PERCUTALGINE : gel pour application locale ; tube 30 g - Remb. 35 % - Liste I

PERCUTALGINE : solution pour application locale (*voie* percutanée) ; boîte de 10 ampoules 2 ml - Remb. 35 % - Liste I

Laboratoires Besins-Iscovesco

COMPOSITION

	p. 100 g	p. amp.
Dexaméthasone acétate	0,05 g	
Dexaméthasone		1 mg
Salicylamide	2 g	170 mg
Salicylate de glycol	10 g	200 mg
Nicotinate de méthyle	0,5 g	10 mg
Alcool à 95°	+	+

INDICATIONS

Ce médicament contient un *corticoïde* et des *salicylés*. Il lutte localement contre l'*inflammation* et la douleur.

Il est utilisé dans le traitement local des entorses, des *tendinites*, des douleurs articulaires et des *phlébites* superficielles.

CONTRE-INDICATIONS

Ce médicament ne doit pas être utilisé dans les cas suivants :

- *allergie* aux *salicylés* ou aux *corticoïdes*,
- infection virale de la peau (*herpès*, varicelle, *zona*),
- en application sur un *eczéma*, des *muqueuses*, des plaies ou de la peau lésée.

ATTENTION

N'utilisez pas ce médicament de façon prolongée sans avis médical.

GROSSESSE, ALLAITEMENT ET NOUVEAU-NÉ

L'effet de ce médicament pendant la grossesse ou l'allaitement est mal connu : seul votre médecin peut évaluer le risque éventuel de son utilisation dans votre cas.

MODE D'EMPLOI ET POSOLOGIE

Ce médicament doit être appliqué en massage doux et prolongé.

Posologie usuelle :

Gel : 3 applications par jour.

Solution : 2 ou 3 applications de 2 ampoules par jour.

Se laver les mains après application. En cas de contact accidentel avec les yeux, rincer abondamment.

EFFETS INDÉSIRABLES POSSIBLES

Imposant l'arrêt du traitement : *allergie* cutanée (*eczéma* de contact).

PEREFLAT

diméticone, extrait pancréatique

PRÉSENTATION

PEREFLAT : comprimé (brun clair) ; boîte de 24 - Non remb.

Laboratoires LTM

COMPOSITION

	p. comp.
Diméticone atomisat protéique	310 mg
Pancréas d'origine porcine, poudre	172 mg

INDICATIONS

C'est une association de substances qui contient un *pansement digestif* au silicone et des extraits de pancréas d'origine animale. Le silicone protège le tube digestif en l'isolant de son contenu et les extraits de pancréas remplacent ou complètent une production insuffisante d'*enzymes pancréatiques* nécessaires à la digestion.

Ce médicament est utilisé dans le *traitement symptomatique* des digestions difficiles, notamment en cas de ballonnement.

GROSSESSE, ALLAITEMENT ET NOUVEAU-NÉ

L'effet de ce médicament pendant la grossesse ou l'allaitement est mal connu. L'évaluation du risque éventuel lié à son utilisation est individuelle : demandez conseil à votre pharmacien ou à votre médecin.

MODE D'EMPLOI ET POSOLOGIE

Ce médicament doit être délayé dans un verre d'eau et pris à la fin des repas.

Posologie usuelle :

- Adulte : 1 ou 2 comprimés, 1 à 3 fois par jour.
- Enfant : la dose quotidienne est de 1 comprimé par 5 kg ; soit par exemple

pour un enfant de 12 kg : 2 ou 3 comprimés à répartir en 2 ou 3 prises.

> Une alimentation équilibrée, une mastication lente, et l'élimination des aliments difficiles à digérer permettent souvent d'améliorer, voire de faire disparaître, des *troubles digestifs* qui ne sont pas liés à un *ulcère*.

EFFETS INDÉSIRABLES POSSIBLES

Rarement : diarrhée ou constipation en début de traitement.

Exceptionnellement : *allergie* cutanée.

PÉRÉNAN
dihydroergotoxine

PRÉSENTATION

PÉRÉNAN : gélule (bleu et ivoire) ; boîte de 30 - Remb. 35 % - Liste II

Laboratoires Sanofi Winthrop

COMPOSITION

	p. gél.
Dihydroergotoxine mésilate	2,5 mg

INDICATIONS

Ce médicament est un *vasodilatateur* qui appartient à la famille des dérivés de l'*ergot de seigle*. Il augmente le débit sanguin cérébral.

Il est utilisé dans le traitement des troubles du comportement et de la mémoire liés au vieillissement.

> **ATTENTION**
> Chez une personne âgée, des troubles attribués au vieillissement peuvent être dus à une *dépression* ; ils nécessitent alors un traitement spécifique.

MODE D'EMPLOI ET POSOLOGIE

Ce médicament doit être pris au cours d'un repas, même léger.

Posologie usuelle :

1 gélule, matin et soir.

> Ne pas prendre ce médicament à jeun afin d'éviter d'éventuels *troubles digestifs*.

EFFETS INDÉSIRABLES POSSIBLES

- Nausées en cas de prise à jeun.
- Rarement : congestion nasale.

PERGOTIME
clomifène

PRÉSENTATION

PERGOTIME : comprimé sécable (blanc) ; boîte de 5 - Remb. 65 % - Liste I

Laboratoires Serono

COMPOSITION

	p. comp.
Clomifène citrate	50 mg

INDICATIONS

Ce médicament est un inducteur de l'ovulation : il provoque la formation de l'ovule par l'ovaire. Il agit sur l'*hypothalamus*, qui sécrète les *hormones* indispensables au déclenchement de l'ovulation.

Il est utilisé dans :

- le traitement des stérilités dues à un dérèglement hormonal ;
- le diagnostic et le traitement de certaines *aménorrhées*, notamment celles qui peuvent suivre l'arrêt d'une contraception orale (pilule).

CONTRE-INDICATIONS

Ce médicament ne doit pas être utilisé dans les cas suivants :

- maladie grave ou récente du foie,
- certaines causes de saignements entre les règles,
- cancer des organes génitaux,
- certains kystes de l'ovaire,
- troubles de la vue pendant le traitement ou lors de traitements précédents,
- grossesse.

> **ATTENTION**
> Ce médicament peut provoquer une stimulation excessive des ovaires : en cas de douleurs dans le bas-ventre, prévenez votre médecin.

GROSSESSE, ALLAITEMENT ET NOUVEAU-NÉ

Grossesse :

Ce médicament est contre-indiqué pendant la grossesse : le médecin s'assurera de l'absence de grossesse avant le début du traitement.

MODE D'EMPLOI ET POSOLOGIE

Posologie usuelle :

Stérilité : 1 comprimé par jour pendant 5 jours. La date de début du traitement ainsi que la *posologie* lors des cycles ultérieurs sont fixées par votre médecin.

Aménorrhée : 2 comprimés par jour pendant 5 jours.

> L'usage de ce médicament dans le traitement de la stérilité nécessite des examens fréquents (*échographie*...). N'hésitez pas à questionner votre médecin pour mieux comprendre le traitement et à vous faire préciser la période la plus favorable à la fécondation ainsi que la fréquence optimale des rapports sexuels.

EFFETS INDÉSIRABLES POSSIBLES

Troubles de la vision.

Bouffées de chaleur, maux de tête, étourdissement, *vertiges*.

Troubles digestifs.

Règles plus abondantes, saignement entre les règles.

Nervosité, insomnie, *état dépressif*.

Envie d'uriner fréquente.

Allergie cutanée.

Augmentation de la probabilité d'une grossesse multiple.

PÉRIACTINE
cyproheptadine

PRÉSENTATION

PÉRIACTINE : comprimé sécable (blanc) ; boîte de 30 - Non remb.

Laboratoires M.S.D.-Chibret

COMPOSITION

	p. comp.
Cyproheptadine chlorhydrate	4 mg

INDICATIONS

Ce médicament appartient à la famille des *antihistaminiques*. Il possède des propriétés antiallergiques et sédatives.

Il est utilisé dans :

- le *traitement symptomatique* de certaines formes d'*allergies* (*rhinite*, *conjonctivite*, réactions allergiques aux piqûres d'insectes...),
- le *traitement symptomatique* des démangeaisons (*urticaire*...).

CONTRE-INDICATIONS

Ce médicament ne doit pas être utilisé dans les cas suivants :

- enfant de moins de 2 ans ;
- crise d'*asthme* ;
- risque de blocage des urines, (*adénome de la prostate*...) ;
- *glaucome* à angle fermé ;
- **allaitement.**

> **ATTENTION**
> Des précautions sont à prendre en cas d'*hypertension artérielle*, d'*hyperthyroïdie* ou de maladie cardiaque.
> Toute douleur oculaire accompagnée d'un trouble de la vision peut révéler l'existence d'un *glaucome* et nécessite d'urgence une consultation chez un ophtalmologiste.
> Évitez les boissons alcoolisées : augmentation du risque de somnolence.
> Conducteur : ce médicament peut être responsable d'une somnolence ou d'une baisse de la vigilance.

INTERACTIONS MÉDICAMENTEUSES

Ce médicament peut interagir avec d'autres médicaments, notamment les *sédatifs* et les *atropiniques*. Signalez tout autre traitement en cours à votre médecin ou à votre pharmacien.

GROSSESSE, ALLAITEMENT ET NOUVEAU-NÉ

Grossesse :

L'effet de ce médicament pendant la grossesse est mal connu. L'évaluation du risque éventuel lié à son utilisation est individuelle. Demandez conseil à votre pharmacien ou à votre médecin.

Allaitement :
Ce médicament est contre-indiqué pendant l'allaitement.

MODE D'EMPLOI ET POSOLOGIE

Les prises de ce médicament doivent être réparties en 3 ou 4 fois dans la journée.

Les comprimés doivent être avalés avec un peu d'eau. Ce médicament peut être pris indifféremment avant, pendant ou entre les repas.

Posologie usuelle :
Elle est strictement individuelle et varie selon les indications :
- Adulte : 1 à 5 comprimés par jour ; ne pas dépasser 8 comprimés par jour.
- Enfant de 7 à 14 ans : 1 comprimé, 2 ou 3 fois par jour, au maximum.
- Enfant de 2 à 6 ans : 1/2 comprimé, 2 ou 3 fois par jour ; ne pas dépasser 6 demi-comprimés par jour.

EFFETS INDÉSIRABLES POSSIBLES

Somnolence fréquente ou au contraire excitation, insomnie, *troubles digestifs*, rare *allergie* cutanée.

Effets *atropiniques*.

Certains signes doivent faire penser à un surdosage, notamment chez l'enfant : pupilles dilatées, peau rouge et chaude, fièvre, accélération de la respiration, baisse ou, au contraire, élévation de la tension artérielle, agitation, hallucinations, mauvaise coordination des mouvements.

Prevenez d'urgence votre médecin ou à défaut, appelez le 15 ou un service médical d'urgence.

PÉRIDIL-HÉPARINE ⚕

acide nicotinique, héparine, procaïne

PRÉSENTATION

PÉRIDIL-HÉPARINE : solution injectable intradermique ; boîte de 4 ampoules 3 ml - Remb. 65 % - Liste I

Laboratoires Pharmy II

COMPOSITION

	p. amp. inj.
Acide nicotinique	75 mg
Héparine (sel de sodium)	50 mg
Procaïne	2 mg

INDICATIONS

Ce médicament d'usage local contient un *vasodilatateur*, un *anticoagulant* et un *anesthésique* local.

Il est utilisé dans le traitement des douleurs rhumatismales et des troubles de la circulation sanguine superficielle.

CONTRE-INDICATIONS

Ce médicament ne doit pas être utilisé dans les cas suivants :
- hémophilie et maladies apparentées,
- *allergie* ou baisse des *plaquettes* sanguines lors d'une précédente utilisation d'héparine.

ATTENTION

Des précautions sont nécessaires en cas d'*insuffisance hépatique*, d'*insuffisance rénale*, d'*hypertension artérielle*, d'*antécédent* d'*ulcère* de l'estomac ou du *duodénum* ou de maladie de la *rétine*.

Des analyses de sang sont généralement prescrites pendant le traitement pour contrôler le taux de *plaquettes* dans le sang.

INTERACTIONS MÉDICAMENTEUSES

Ce médicament peut interagir avec de nombreux médicaments, notamment ceux contenant de l'aspirine, des *anti-inflammatoires* non stéroïdiens (*AINS*) et de la ticlopidine : augmentation du risque d'*hémorragie*. Signalez tout autre traitement en cours à votre médecin ou à votre pharmacien.

GROSSESSE, ALLAITEMENT ET NOUVEAU-NÉ

L'effet de ce médicament pendant la grossesse ou l'allaitement est mal connu : seul votre médecin peut évaluer le risque éventuel de son utilisation dans votre cas.

MODE D'EMPLOI ET POSOLOGIE

La solution est injectée par *voie* intradermique.

Posologie usuelle :
1 injection, tous les 3 ou 4 jours.

> Après l'injection, il est préférable de rester allongé quelques minutes afin d'éviter les effets désagréables d'éventuelles bouffées de chaleur.

EFFETS INDÉSIRABLES POSSIBLES

Allergie, nécessitant l'arrêt du traitement.
Hémorragies de gravité variable.

PÉRIDYS ⚕

dompéridone

PRÉSENTATION

PÉRIDYS : comprimé (blanc) ; boîte de 40 - Remb. 35 % - Liste II

PÉRIDYS : suspension buvable 1 mg par ml ; flacon 200 ml (cuillère-mesure : 1,25 ml - 5 ml) - Remb. 35 % - Liste II

Laboratoires Robapharm

COMPOSITION

	p. comp.	p. ml
Dompéridone	10 mg	1 mg

INDICATIONS

Ce médicament est un *antiémétique*, et un régulateur de la motricité du tube digestif. Il régularise la contraction des muscles de l'œsophage, de l'estomac et du *duodénum*.

Il est utilisé dans le traitement des nausées et des vomissements ainsi que dans certains troubles de la digestion.

CONTRE-INDICATIONS

Ce médicament ne doit pas être utilisé dans les cas suivants :
- *hémorragie* ou obstruction du tube digestif,
- *antécédents* de *dyskinésie* (mouvements involontaires ou inadaptés) due aux *neuroleptiques*.

ATTENTION

Des précautions sont nécessaires en cas d'*insuffisance rénale*.

INTERACTIONS MÉDICAMENTEUSES

Ce médicament peut interagir avec d'autres : signalez tout autre traitement en cours à votre médecin ou à votre pharmacien.

GROSSESSE, ALLAITEMENT ET NOUVEAU-NÉ

Grossesse :
Les études scientifiques actuellement disponibles n'ont pas mis en évidence de problème particulier lors de l'utilisation chez la femme enceinte.

Allaitement :
Le passage de ce médicament dans le lait maternel est faible.

MODE D'EMPLOI ET POSOLOGIE

Les comprimés et la solution buvable sont à prendre un quart d'heure avant les repas.

Posologie usuelle :
- Adulte : 1 à 2 comprimés, 3 fois par jour ou 2 à 4 cuillères-mesure (5 ml), 3 fois par jour.
- Enfant de plus de 40 kg : 2 cuillères-mesure (5 ml), 3 fois par jour.
- Enfant de 20 à 40 kg : 1 cuillère-mesure (5 ml), 3 fois par jour.
- Enfant de moins de 20 kg et nourrisson : 1 cuillère-mesure (1,25 ml) par 5 kg, 3 fois par jour ; soit, pour un enfant de 15 kg, 3 cuillères-mesure (1,25 ml), 3 fois par jour.

> Lors de vomissements répétés, les pertes en eau et en sels minéraux sont importantes. Elles doivent être compensées par des aliments liquides (bouillons salés, sodas...) pris en petites quantités et régulièrement.
>
> Les nausées de la femme enceinte peuvent être combattues par la prise du petit déjeuner au lit.

EFFETS INDÉSIRABLES POSSIBLES

Rarement : maux de tête, sécheresse de la bouche, diarrhée, nervosité.

Exceptionnellement : troubles du système nerveux (tremblements, raideurs...)

Exceptionnellement et à forte dose, lors de traitement prolongé : arrêt des règles, augmentation du volume des seins (chez l'homme comme chez la femme).

⚕ = *médicament délivré uniquement sur ordonnance*

PÉRISTALTINE
cascara

PRÉSENTATION

PÉRISTALTINE : comprimé (noir) ; boîte de 20 - Non remb.

Laboratoires Zyma

COMPOSITION

	p. comp.
Cascara, extrait	100 mg

INDICATIONS

C'est un *laxatif stimulant*. Il augmente les sécrétions et la motricité de l'intestin.

Ce médicament est utilisé dans le *traitement symptomatique* de la constipation.

CONTRE-INDICATIONS

Ce médicament ne doit pas être utilisé dans les cas suivants :
- maladies inflammatoires du côlon ;
- constipation ou douleur abdominale due à une obstruction du tube digestif : rétrécissement intestinal, *fécalome* (bouchon de selles) ;
- enfant de moins de 12 ans, sauf sur prescription médicale.

ATTENTION

Ce médicament doit être utilisé de façon épisodique et en cure très brève : pas plus de 8 à 10 jours.

Son usage régulier peut entraîner :
- une *dépendance* ;
- des troubles intestinaux graves ;
- une perte de sels minéraux et notamment de *potassium*, pouvant entraîner des *troubles du rythme cardiaque* graves.

Arrêter le traitement en cas de diarrhée ou de douleurs abdominales.

INTERACTIONS MÉDICAMENTEUSES

Ce médicament peut interagir avec d'autres médicaments, notamment ceux contenant de la *vincamine* et certains *antiarythmiques*. Signalez tout autre traitement en cours à votre médecin ou à votre pharmacien.

GROSSESSE, ALLAITEMENT ET NOUVEAU-NÉ

Ce médicament est déconseillé pendant la grossesse ou l'allaitement.

MODE D'EMPLOI ET POSOLOGIE

Les comprimés doivent être avalés avec un verre d'eau de préférence après le repas du soir.

L'effet ne peut être obtenu qu'après 8 à 12 heures.

Posologie usuelle :
- Adulte et enfant de plus de 12 ans : 1 ou 2 comprimés par jour.

Des mesures simples d'hygiène alimentaire et des exercices physiques sont à envisager avant d'utiliser un laxatif : parlez-en à votre médecin ou à votre pharmacien.

EFFETS INDÉSIRABLES POSSIBLES

Diarrhée, douleurs abdominales.

PERKOD
dipyridamole

PRÉSENTATION

PERKOD 75 : comprimé (blanc) ; boîte de 30 - Remb. 65 % - Liste II

PERKOD 75 : comprimé (blanc) ; boîte de 100 - Remb. 65 % - Liste II

Laboratoires Biogalénique

COMPOSITION

	p. comp.
Dipyridamole	75 mg

INDICATIONS

C'est un médicament qui dilate les *artères coronaires* et tend à fluidifier le sang.

Il est utilisé dans le *traitement d'appoint* de l'*angine de poitrine*.

GROSSESSE, ALLAITEMENT ET NOUVEAU-NÉ

L'effet de ce médicament pendant la grossesse ou l'allaitement est mal connu : seul votre médecin peut évaluer le risque éventuel de son utilisation dans votre cas.

MODE D'EMPLOI ET POSOLOGIE

3 à 5 comprimés par jour, en 3 prises.

EFFETS INDÉSIRABLES POSSIBLES

Rares, apparaissant surtout à forte dose : maux de tête, bouffées de chaleur, baisse de la tension artérielle, éruptions cutanées, *troubles digestifs*.

PERMIXON
Serenoa repens

PRÉSENTATION

PERMIXON : gélule (vert) ; boîte de 60 - Remb. 35 %

Laboratoires Pierre Fabre

COMPOSITION

	p. gél.
Serenoa repens, extrait lipidostérolique	160 mg

INDICATIONS

Ce médicament contient un extrait végétal qui a des propriétés décongestionnantes sur l'appareil urinaire. Il freine l'action de l'*hormone* mâle sur la prostate, permettant de retarder le développement des adénomes prostatiques.

Il est utilisé dans le traitement des troubles urinaires liés à un *adénome de la prostate*.

ATTENTION

Si les troubles persistent, parlez-en à votre médecin.

Ce médicament ne peut guérir un *adénome de la prostate* ; en cas de blocage progressif ou brutal des urines, consultez d'urgence votre médecin.

MODE D'EMPLOI ET POSOLOGIE

Ce médicament doit être pris au cours des repas pour éviter d'éventuelles nausées.

Posologie usuelle :

1 gélule matin et soir.

Conserver ce médicament à l'abri de la chaleur.

PERNAZÈNE
tymazoline

PRÉSENTATION

PERNAZÈNE : solution nasale ; flacon pulvérisateur 12 ml - Remb. 35 % - Liste II

Laboratoires Synthélabo France

COMPOSITION

	p. 100 ml
Tymazoline chlorhydrate	0,05 g

INDICATIONS

Cette solution nasale contient un *vasoconstricteur* qui lutte contre la congestion nasale due à la dilatation des vaisseaux sanguins.

Elle est utilisée dans le *traitement symptomatique* des congestions nasales aiguës : *rhinite*, *rhino-pharyngite*.

CONTRE-INDICATIONS

Ce médicament ne doit pas être utilisé dans les cas suivants :
- enfant de moins de 7 ans,
- *glaucome* à angle fermé,
- en association avec les *antidépresseurs* de type *IMAO* non sélectifs.

ATTENTION

Des précautions particulières sont nécessaires dans le cas d'*hypertension artérielle*, de certains troubles cardiaques, d'*hyperthyroïdie*.

L'utilisation répétée ou prolongée des *vasoconstricteurs* expose à un risque de *rhinite* grave, parfois irréversible. La brièveté de l'effet décongestionnant ne doit pas vous conduire à dépasser la *posologie* prescrite par votre médecin.

INTERACTIONS MÉDICAMENTEUSES

Ce médicament ne doit pas être associé aux *antidépresseurs* de type *IMAO* non sélectifs (MARSILID, NIAMIDE...) : risque de crise hypertensive.

GROSSESSE, ALLAITEMENT ET NOUVEAU-NÉ

L'effet de ce médicament pendant la grossesse ou l'allaitement est mal connu : seul

votre médecin peut évaluer le risque éventuel de son utilisation dans votre cas.

MODE D'EMPLOI ET POSOLOGIE

Les pulvérisations doivent être faites au cours d'une brève inspiration, en tenant le flacon verticalement.

Posologie usuelle :

- Adulte et enfant de plus de 7 ans : 2 ou 3 pulvérisations dans chaque narine, 3 ou 4 fois par jour.

La durée du traitement ne doit pas dépasser 10 jours.

Ce médicament contient une substance active puissante : ne le laissez pas à la portée des enfants.

EFFETS INDÉSIRABLES POSSIBLES

Sécheresse nasale.

Plus rarement, en cas de passage dans le sang : maux de tête, insomnie, accélération du cœur.

PERSANTINE
dipyridamole

PRÉSENTATION

PERSANTINE 25 mg : comprimé (rouge) ; boîte de 40 - Remb. 65 % - Liste II

PERSANTINE 75 mg : comprimé (rouge) ; boîte de 30 - Remb. 65 % - Liste II

PERSANTINE 75 mg : comprimé (rouge) ; boîte de 100 - Remb. 65 % - Liste II

Laboratoires Boehringer Ingelheim France

COMPOSITION

	p. comp.	p. comp.
Dipyridamole	25 mg	75 mg

INDICATIONS

C'est un médicament qui dilate les *artères coronaires* et tend à fluidifier le sang.

Les comprimés à 75 mg sont utilisés dans le *traitement d'appoint* de l'*angine de poitrine*. Ils peuvent également être utilisés dans le *traitement préventif* des *accidents thrombo-emboliques*, en association avec l'aspirine ou les *anticoagulants*.

Les comprimés à 25 mg sont destinés chez l'enfant à prévenir les complications de certaines malformations cardiaques.

GROSSESSE, ALLAITEMENT ET NOUVEAU-NÉ

L'effet de ce médicament pendant la grossesse ou l'allaitement est mal connu : seul votre médecin peut évaluer le risque éventuel de son utilisation dans votre cas.

MODE D'EMPLOI ET POSOLOGIE

Posologie usuelle :

- Adulte : 3 à 5 comprimés à 75 mg par jour, en 2 ou 3 prises.
- Enfant : 2 à 4 mg par kg et par jour, en 2 ou 3 prises ; soit par exemple, pour un enfant de 25 kg : 1 comprimé à 25 mg, 3 fois par jour.

EFFETS INDÉSIRABLES POSSIBLES

Rares, apparaissant surtout à forte dose : maux de tête, bouffées de chaleur, baisse de la tension artérielle, éruptions cutanées, *troubles digestifs*.

PERTOFRAN
désipramine

PRÉSENTATION

PERTOFRAN : comprimé (orange) ; boîte de 40 - Remb. 65 % - Liste I

Laboratoires Ciba-Geigy

COMPOSITION

	p. comp.
Désipramine chlorhydrate	25 mg

INDICATIONS

Ce médicament appartient à la famille des *antidépresseurs* imipraminiques.

Il est utilisé dans le traitement des *états dépressifs* de toute nature, accompagnés ou non d'anxiété.

CONTRE-INDICATIONS

Ce médicament ne doit pas être utilisé dans les cas suivants :

- *glaucome* à angle fermé,
- risque de blocage des urines (*adénome de la prostate...*),
- en association avec les *IMAO* non sélectifs ou avec le BARNETIL.

ATTENTION

Si vous souffrez d'*épilepsie*, ou de maladie cardiaque, prévenez votre médecin afin qu'il puisse adapter la *posologie*.

Une fièvre, une angine ou une infection sous traitement doivent vous inciter à consulter votre médecin.

Avant une *anesthésie* locale, notamment chez le dentiste, signalez la prise de ce médicament.

Évitez les boissons alcoolisées : augmentation du risque de somnolence.

Conducteur : ce médicament peut être responsable d'une baisse de la vigilance, particulièrement en début de traitement.

INTERACTIONS MÉDICAMENTEUSES

Ce médicament ne doit pas être associé aux médicaments suivants :

- *IMAO* non sélectifs (MARSILID, NIAMIDE...) : risque de *collapsus cardio-vasculaire*, ou d'*hypertension artérielle*, de fièvre et de *convulsions*. Respectez un délai de 15 jours après l'arrêt de l'IMAO.
- BARNETIL : risque de *troubles du rythme cardiaque* graves.

Ce médicament peut interagir avec d'autres médicaments, notamment les *anticonvulsivants*, les *antihypertenseurs* et les *atropiniques*, le PROZAC, l'*adrénaline* et la *noradrénaline*, et les médicaments *sédatifs*. Signalez tout autre traitement en cours, ou récemment arrêté, à votre médecin ou à votre pharmacien.

GROSSESSE, ALLAITEMENT ET NOUVEAU-NÉ

Grossesse et nouveau-né :

Si une grossesse survient pendant le traitement, consultez votre médecin. Il appréciera le risque éventuel lié à l'utilisation de ce médicament dans votre cas.

Si le traitement est poursuivi jusqu'à l'accouchement, une surveillance médicale du *nouveau-né* est nécessaire.

Allaitement :

Ce médicament passe dans le lait maternel : l'allaitement est déconseillé.

MODE D'EMPLOI ET POSOLOGIE

Les comprimés doivent être avalés avec un peu d'eau.

Posologie usuelle :

Elle est strictement individuelle.

L'efficacité des *antidépresseurs* n'est généralement pas immédiate. Un délai pouvant atteindre plusieurs semaines est parfois nécessaire pour que les effets bénéfiques se fassent sentir.

Les effets indésirables éventuels apparaissant en début de traitement ne doivent pas vous conduire à l'arrêter prématurément.

EFFETS INDÉSIRABLES POSSIBLES

Rarement : tremblements, difficultés de la parole, sédation ou insomnie, confusion des idées, troubles de l'*accommodation*.

Parfois : bouche sèche, accélération du cœur, sueurs, bouffées de chaleur, constipation, difficultés à uriner, *vertiges*, *hypotension orthostatique*, prise de poids, *allergie*, excitation anormale.

Certains de ces effets peuvent être prévenus ou corrigés.

PERTUDORON
homéopathie

PRÉSENTATION

PERTUDORON : solution buvable (gouttes) ; flacon 30 ml - Non remb.

Laboratoires Weleda

COMPOSITION

	p. 100 g
Belladonna D3	10 g
China rubra D3	10 g
Coccus cacti D3	10 g
Drosera rotundifolia D1	5 g
Ipeca D3	10 g
Mephitis putorius D5	10 g
Veratrum album D3	10 g
Alcool à 55°	+

INDICATIONS

Ce médicament est un *complexe* (association) de remèdes homéopathiques.

Il est utilisé dans le *traitement symptomatique* de la toux, en particulier celle de la coqueluche.

ATTENTION

La toux est un *symptôme* qui peut révéler de nombreuses maladies. Consultez votre médecin si elle persiste au-delà de quelques jours.

GROSSESSE, ALLAITEMENT ET NOUVEAU-NÉ

Aux *dilutions homéopathiques*, les substances contenues dans ce médicament ne sont pas connues pour être toxiques pendant la grossesse ou l'allaitement.

MODE D'EMPLOI ET POSOLOGIE

Les gouttes peuvent être diluées dans un peu d'eau. Au stade aigu de la toux, elles doivent être prises toutes les 2 heures, y compris la nuit si c'est possible. Dès l'amélioration, espacer les prises pour arriver à 2 ou 3 prises par jour.

Posologie usuelle :

- Adulte et enfant : 5 gouttes par prise.
- Nourrisson : 3 gouttes par prise.
- Nouveau-né : 1 ou 2 gouttes par prise.

Une aggravation passagère de la toux est possible : suspendez les prises avant de les reprendre en quantité plus faible et en les espaçant.

Certains homéopathes recommandent de ne pas absorber de camphre pendant un traitement homéopathique.

PÉRUBORE

PRÉSENTATION

PÉRUBORE : comprimé pour inhalation ou *gargarisme* ; boîte de 30 - Non remb.

Laboratoires Mayoly-Spindler

COMPOSITION

	p. comp.
Thym, essence	17,01 mg
Romarin, essence	24,30 mg
Lavande, essence	9,23 mg
Bergamote, essence	2,91 mg
Thymol	1,21 mg
Baume du Pérou	37,67 mg

INDICATIONS

Ce médicament contient une association d'essences végétales, qui possède une action décongestionnante et *antiseptique* sur les *muqueuses* des *voies* respiratoires.

Il est utilisé dans le *traitement d'appoint* des affections des voies respiratoires.

CONTRE-INDICATIONS

Ce médicament ne doit pas être utilisé chez l'enfant de moins de 30 mois.

ATTENTION

N'utilisez pas ce médicament chez le jeune enfant sans prendre l'avis de votre médecin.

Ce médicament ne doit pas être avalé ; ne le laissez pas à la portée des enfants.

GROSSESSE, ALLAITEMENT ET NOUVEAU-NÉ

Ce médicament ne contient que des plantes présumées sans danger pendant la grossesse ou l'allaitement. Néanmoins, ne l'utilisez pas de façon prolongée sans l'avis de votre pharmacien ou de votre médecin.

MODE D'EMPLOI ET POSOLOGIE

Ce médicament peut être utilisé en inhalation ou en *gargarisme*.

Posologie usuelle :

En inhalation : 2 comprimés dans un bol d'eau très chaude ou dans un inhalateur, 3 fois par jour.

En gargarisme : 2 comprimés dans un demi-verre d'eau chaude, 1 à 3 fois par jour.

Il est important de lutter contre la sécheresse de l'air ambiant (humidificateur...) pour éviter le dessèchement des sécrétions nasales et bronchiques.

EFFETS INDÉSIRABLES POSSIBLES

Réactions allergiques, notamment au baume du Pérou.

PERVINCAMINE

vincamine

PRÉSENTATION

PERVINCAMINE 20 mg : gélule (violet et bleu) ; boîte de 40 - Remb. 35 % - Liste II

Laboratoires Synthélabo France

COMPOSITION

	p. gél.
Vincamine	20 mg

INDICATIONS

Le principe actif de ce médicament est la *vincamine*. Cette substance facilite l'utilisation du glucose par les cellules cérébrales, ainsi que leur oxygénation en cas d'apport sanguin insuffisant.

Il est utilisé dans le traitement :
- des troubles du comportement et de la mémoire liés au vieillissement,
- des sensations d'étourdissement de la personne âgée.

CONTRE-INDICATIONS

Ce médicament ne doit pas être utilisé dans les cas suivants :
- *tumeur* cérébrale avec *hypertension intracrânienne*,
- association aux médicaments, *antiarythmiques* ou non, susceptibles de favoriser les *torsades de pointes*.

ATTENTION

Prévenez votre médecin en cas de prédisposition aux *troubles du rythme cardiaque*.

INTERACTIONS MÉDICAMENTEUSES

Ce médicament ne doit pas être associé à certains *antiarythmiques* : risque de *torsades de pointes*.

Ce médicament peut interagir avec d'autres médicaments, notamment les *laxatifs stimulants* et les *diurétiques*. Signalez tout autre traitement en cours à votre médecin ou à votre pharmacien.

MODE D'EMPLOI ET POSOLOGIE

Les gélules doivent être prises de préférence au cours des repas avec un peu d'eau.

Posologie usuelle :

1 ou 2 gélules, 2 fois par jour.

PETITES PILULES CARTERS pour le foie

boldine, aloès du Cap

PRÉSENTATION

PETITES PILULES CARTERS POUR LE FOIE : comprimé (blanc) ; boîte de 40 - Non remb.

Laboratoires Fumouze

COMPOSITION

	p. comp.
Boldine	0,5 mg
Aloès du Cap	3,9 mg

INDICATIONS

C'est un *laxatif stimulant*. Il augmente les sécrétions et la motricité de l'intestin.

Il est utilisé comme *traitement symptomatique* de la constipation.

CONTRE-INDICATIONS

Ce médicament ne doit pas être utilisé dans les cas suivants :
- maladies inflammatoires du côlon ;
- constipation ou douleurs abdominales dues à une obstruction du tube digestif ; rétrécissement intestinal, *fécalome* (bouchon de selles) ;
- enfant de moins de 15 ans.

ATTENTION

Ce médicament doit être utilisé de façon épisodique et en cure très brève : pas plus de 8 à 10 jours.

Son usage régulier peut entraîner :
- une *dépendance*,
- des troubles intestinaux graves,
- une perte de sels minéraux et notamment de *potassium*, pouvant entraîner des troubles cardiaques graves.

Arrêtez le traitement en cas de diarrhée ou de douleurs abdominales.

INTERACTIONS MÉDICAMENTEUSES

Ce médicament peut interagir avec d'autres médicaments, notamment certains *antiarythmiques* et ceux contenant de la *vincamine* : signalez tout autre traitement en cours à votre médecin ou à votre pharmacien.

GROSSESSE, ALLAITEMENT ET NOUVEAU-NÉ

Ce médicament est déconseillé pendant la grossesse et l'allaitement.

MODE D'EMPLOI ET POSOLOGIE

Avaler les comprimés avec un peu d'eau.

Posologie usuelle :
Commencer par 1 comprimé par jour, puis augmenter la dose si nécessaire. Ne pas dépasser 4 comprimés par jour.

> Des mesures simples d'hygiène alimentaire et des exercices physiques sont à envisager avant d'utiliser un laxatif : parlez-en à votre médecin ou à votre pharmacien.

EFFETS INDÉSIRABLES POSSIBLES

Diarrhée et douleurs abdominales.

PEVARYL
éconazole

PRÉSENTATION

PEVARYL : crème ; tube 30 g - Remb. 65 %

PEVARYL SPRAY-POUDRE : poudre pour application locale ; flacon pressurisé 20 g - Remb. 65 %

PEVARYL SPRAY-SOLUTION : solution pour application locale ; flacon pressurisé 30 g - Remb. 65 %

PEVARYL LAIT DERMIQUE : émulsion pour application locale ; flacon 30 ml - Remb. 65 %

Laboratoires Cilag

COMPOSITION

	p. 100 g
Éconazole nitrate	1 g

INDICATIONS

Ce médicament d'action locale contient un *antifongique* de la famille des *imidazolés*.

Il est utilisé dans le traitement de certaines maladies de la peau et des *muqueuses*, dues à des champignons microscopiques : *candidose*, *pityriasis versicolor*, *dermatophyties*...

CONTRE-INDICATIONS

Ce médicament ne doit pas être utilisé en cas d'*allergie* aux *antifongiques* de la famille des *imidazolés*.

> **ATTENTION**
> Évitez d'utiliser ce médicament, notamment chez l'enfant, de manière prolongée et sur des surfaces étendues ou profondément lésées, sans l'avis de votre pharmacien ou de votre médecin.
> Rincez abondamment en cas de contact accidentel avec les yeux.

GROSSESSE, ALLAITEMENT ET NOUVEAU-NÉ

L'effet de ce médicament pendant la grossesse ou l'allaitement est mal connu. L'évaluation du risque éventuel lié à son utilisation est individuelle : demandez conseil à votre pharmacien ou à votre médecin.

MODE D'EMPLOI ET POSOLOGIE

Lait dermique : mettre quelques gouttes dans le creux de la main, appliquer sur les lésions et masser pour faire pénétrer.

Crème : appliquer directement sur les lésions et masser pour faire pénétrer. Dans les plis de la peau, la crème doit être appliquée en petite quantité pour limiter le risque de macération.

Spray-poudre : après agitation du flacon, pulvériser sur les lésions en respectant une distance d'au moins 10 cm.

Spray-solution : après agitation du flacon, pulvériser sur les lésions en respectant une distance d'au moins 10 cm, puis masser pour faire pénétrer.

Posologie usuelle :
2 applications par jour.

La forme utilisée (lait, crème, poudre, solution) et la durée du traitement varient selon les cas.

> En cas de *candidose*, évitez d'utiliser des savons acides : ils favorisent la multiplication des champignons.

EFFETS INDÉSIRABLES POSSIBLES

Irritation cutanée.

PEVARYL lotion
éconazole

PRÉSENTATION

PEVARYL LOTION : lotion ; flacon doseur 70 ml (1 dose = 5 ml) - Non remb.

Laboratoires Cilag

COMPOSITION

	p. 100 g
Éconazole base	1 g

INDICATIONS

Ce médicament d'action locale contient un *antifongique* de la famille des *imidazolés*.

Il est utilisé dans le traitement de certaines maladies de la peau (*pityriasis versicolor*) et du cuir chevelu (pellicules), dues à des champignons microscopiques.

CONTRE-INDICATIONS

Ce médicament ne doit pas être utilisé en cas d'*allergie* aux *antifongiques* de la famille des *imidazolés*.

> **ATTENTION**
> Évitez d'utiliser ce médicament, notamment chez l'enfant, de manière prolongée et sur des surfaces étendues ou profondément lésées, sans l'avis de votre pharmacien ou de votre médecin.
> Rincez abondamment en cas de contact accidentel avec les yeux.

GROSSESSE, ALLAITEMENT ET NOUVEAU-NÉ

L'effet de ce médicament pendant la grossesse ou l'allaitement est mal connu. L'évaluation du risque éventuel lié à son utilisation est individuelle : demandez conseil à votre pharmacien ou à votre médecin.

MODE D'EMPLOI ET POSOLOGIE

Pellicules : à l'aide du bouchon doseur, appliquer 5 ml de lotion sur les cheveux mouillés, faire mousser en massant le cuir chevelu, laisser agir pendant quelques minutes puis rincer ; renouveler l'application de 5 ml de lotion, laisser agir et rincer abondamment. Il n'est pas nécessaire de se laver les cheveux à l'aide d'un shampooing après l'application.

Pityriasis versicolor : après la toilette, appliquer la lotion sur tout le corps, frictionner soigneusement pendant au moins 5 minutes puis rincer abondamment.

Posologie usuelle :
Pellicules :
- *traitement d'attaque* : 2 applications par semaine pendant environ 6 semaines ;
- *traitement d'entretien* : 1 application par semaine.

Pityriasis versicolor : 1 application d'un volume de 2 bouchons doseurs sur la totalité du corps, 1 fois par jour pendant 2 semaines.

EFFETS INDÉSIRABLES POSSIBLES

Irritation cutanée.

PEVISONE
éconazole, triamcinolone

PRÉSENTATION

PEVISONE : crème ; tube 10 g - Non Remb. - Liste I

Laboratoires Cilag

COMPOSITION

	p. 100 g
Éconazole nitrate	1 g
Triamcinolone acétonide	0,10 g

INDICATIONS

Cette crème contient un *antifongique* de la famille des *imidazolés* et un *dermocorticoïde*. Le dermocorticoïde, comme les autres dérivés de la *cortisone* à usage local, lutte contre l'*inflammation*.

Elle est utilisée pendant les 8 premiers jours du traitement des maladies de la peau dues à certains champignons, lorsqu'il existe une inflammation locale.

CONTRE-INDICATIONS

Ce médicament ne doit pas être utilisé dans les cas suivants :
- *allergie* aux *antifongiques* de la famille des *imidazolés*,
- infection virale ou bactérienne de la peau, notamment varicelle, *herpès*, *zona*, *impétigo*.

> **ATTENTION**
> Cette crème n'est pas destinée à traiter les infections bactériennes ou dues à des champignons mais à traiter l'infection qui vient compliquer une lésion préexistante.
> L'usage prolongé ou répété de ce médicament peut provoquer des lésions de

la peau. Suivez attentivement la prescription de votre médecin et n'hésitez pas à lui demander des explications.

GROSSESSE, ALLAITEMENT ET NOUVEAU-NÉ

L'effet de ce médicament pendant la grossesse ou l'allaitement est mal connu : seul votre médecin peut évaluer le risque éventuel de son utilisation dans votre cas.

MODE D'EMPLOI ET POSOLOGIE

Étaler la crème sur les lésions et la faire pénétrer par un léger massage.

Posologie usuelle :

1 application, matin et soir, pendant 8 jours au maximum.

En cas de *candidose*, évitez d'utiliser des savons acides : ils favorisent la multiplication de champignons.

Pensez à vous laver les mains après l'application.

Le port d'un gant est recommandé.

Ne conseillez pas, ne donnez pas ce médicament à un proche.

EFFETS INDÉSIRABLES POSSIBLES

Compte tenu de la brièveté du traitement préconisé, ils sont peu fréquents : éruption de boutons, développement anormal des poils, dessèchement, fragilisation et décoloration irrégulière de la peau, rougeur autour de la bouche.

PEXID
perhexilline

PRÉSENTATION

PEXID 100 mg : comprimé sécable (blanc) ; boîte de 40 - Non remb. - Liste I

Laboratoires Marion Merrell Dow

COMPOSITION

	p. comp.
Perhexiline maléate	100 mg

INDICATIONS

Ce médicament est un *vasodilatateur* qui appartient à la famille des *inhibiteurs calciques*. Il a un effet protecteur sur le cœur. Il est réservé au *traitement préventif* des crises d'*angine de poitrine*, lorsque ne peuvent être utilisés les autres traitements.

CONTRE-INDICATIONS

Ce médicament ne doit pas être utilisé dans les cas suivants :
- *neuropathie*,
- *insuffisance hépatique*, *insuffisance rénale*.

ATTENTION

Des analyses de sang régulières sont nécessaires pendant toute la durée du traitement. Elles permettent de dépister la survenue des principaux effets indésirables graves.

Des précautions sont particulièrement nécessaires chez les personnes atteintes de *diabète*.

Conducteur : ce médicament peut être responsable d'une somnolence ou d'une baisse de la vigilance.

INTERACTIONS MÉDICAMENTEUSES

Ce médicament peut interagir avec d'autres médicaments. Signalez tout autre traitement en cours à votre médecin ou à votre pharmacien.

GROSSESSE, ALLAITEMENT ET NOUVEAU-NÉ

L'effet de ce médicament pendant la grossesse ou l'allaitement est mal connu : seul votre médecin peut évaluer le risque éventuel de son utilisation dans votre cas.

MODE D'EMPLOI ET POSOLOGIE

Les comprimés doivent être pris avec un peu d'eau.

Posologie usuelle :

Traitement d'attaque : 1 comprimé par jour pendant quelques jours, puis 2 par jour en deux prises.

Traitement d'entretien : lorsque les crises d'*angine de poitrine* ont disparu, la dose quotidienne est progressivement diminuée par le médecin, jusqu'à la *posologie* minimale efficace.

EFFETS INDÉSIRABLES POSSIBLES

Fréquemment : *vertiges* ou sensation d'ébriété, instabilité de la marche, maux de tête, nausées, vomissements, perte de l'appétit, perte de poids de 2 à 4 kg, anomalies sanguines (augmentation des *transaminases*, *hypoglycémie*), anomalies de l'électrocardiogramme.

Plus rarement : fatigue profonde, nervosité, lassitude, insomnie, tremblements, diminution de l'audition, sensation de fourmillement, malaise, modifications de la libido, bouffées de chaleur, transpiration excessive, éruption de boutons.

Rares et graves :
- maladie des nerfs pouvant toucher les quatre membres : elle se traduit au début par des sensations de fourmillements accompagnées de faiblesse des jambes et de difficultés à la marche ;
- des troubles visuels, qui peuvent également constituer un signe d'alerte ;
- perte de poids importante dépassant 10 % du poids initial ;
- *hépatite*.

PHAEVA
éthinylestradiol, gestodène

PRÉSENTATION

PHAEVA : comprimé (beige : 6, brun : 5 et blanc : 10) ; boîte de 1 plaquette de 21 - Non remb. - Liste I

PHAEVA : comprimé (beige : 6, brun : 5 et blanc : 10) ; boîte de 3 plaquettes de 21 - Non remb. - Liste I

Laboratoires Schering

COMPOSITION

	p. comp. beige	p. comp. brun	p. comp. blanc
Éthinylestradiol	0,03 mg	0,04 mg	0,03 mg
Gestodène	0,05 mg	0,07 mg	0,10 mg

INDICATIONS

C'est un *contraceptif* oral (pilule) qui contient un *estrogène* et un *progestatif*. Il est minidosé (moins de 0,04 mg d'estrogène) et triphasique (tous les comprimés ne contiennent pas la même quantité d'*hormones* et sont de trois couleurs différentes).

CONTRE-INDICATIONS

Ce médicament ne doit pas être utilisé dans les cas suivants :
- certaines maladies cardiaques ou *vasculaires*, notamment l'*hypertension artérielle* et les *antécédents* de *phlébite* ;
- certaines causes de saignement entre les règles ;
- *diabète*, excès de *cholestérol* ou de *triglycérides* ;
- maladie du foie grave ou récente, jaunisse chronique ou survenue lors d'une grossesse ;
- cancer du sein ou de l'utérus ainsi que certains autres cancers ;
- *tumeur de l'hypophyse*, excès de *prolactine* ;
- certaines maladies rares (*connectivite*, *porphyrie*, *otosclérose*, *otospongiose*) ;
- *insuffisance rénale* ;
- **grossesse** ;
- **allaitement.**

Dans tous les autres cas, le médecin est seul juge pour prescrire ce médicament, notamment en cas d'obésité, de *tumeur* bénigne du sein ou de l'utérus, de calculs de la vésicule biliaire.

ATTENTION

Chez la femme de plus de 35 ans ou chez la femme qui fume, le risque de complications cardio-vasculaires liées aux *estrogènes* augmente nettement.

Tout *symptôme* pouvant faire craindre une complication impose l'arrêt du traitement : maux de tête importants et inhabituels, troubles de la vision, élévation franche de la tension artérielle.

La survenue d'un léger saignement entre les règles (spotting) est fréquente chez les femmes prenant la pilule. Vous devez néanmoins en informer votre médecin.

Une surveillance médicale et des analyses sont nécessaires avant et pendant la contraception orale. Cette surveillance sera renforcée chez la femme souffrant d'*épilepsie*, de *migraine*, d'*asthme*, de *dépression*, ou ayant des *antécédents* familiaux de maladie *vasculaire*.

En cas d'opération ou d'immobilisation pour une période prolongée, un autre mode de contraception est préférable.

INTERACTIONS MÉDICAMENTEUSES

L'efficacité contraceptive de la pilule peut être diminuée par la prise de certains médicaments : les *barbituriques*, certains antiépileptiques (TÉGRÉTOL, DI-HYDAN...), les médicaments contenant de la rifampicine (RIMACTAN, RIFADINE...) ou de la griséofulvine (FULCINE, GRISÉFULINE...).

GROSSESSE, ALLAITEMENT ET NOUVEAU-NÉ

Ce médicament est contre-indiqué pendant la grossesse et l'allaitement.

MODE D'EMPLOI ET POSOLOGIE

Prendre régulièrement, et sans oubli, 1 comprimé par jour à la même heure pendant 21 jours consécutifs, avec un arrêt de 7 jours entre chaque plaquette de 21 comprimés.

En cas de première contraception orale ou de reprise d'une contraception interrompue temporairement, prendre le premier comprimé le premier jour des règles.

En cas de changement de *contraceptif*, prendre le premier comprimé :
- après un arrêt de 7 jours, si le précédent contraceptif comportait 21 comprimés par plaquette ;
- après un arrêt de 6 jours, si le précédent contraceptif comportait 22 comprimés par plaquette ;
- sans interruption, si le précédent contraceptif comportait 28 comprimés par plaquette.

En cas de suite d'accouchement ou d'interruption de grossesse : suivre les indications du médecin.

> En cas d'oubli d'un comprimé :
> - retard de moins de 12 heures : prendre le comprimé oublié et continuer à l'heure habituelle ;
> - retard de plus de 12 heures : prendre le comprimé oublié et continuer à l'heure habituelle, mais la sécurité contraceptive n'est plus assurée et une méthode complémentaire doit être employée pour le cycle en cours (spermicide, préservatif, diaphragme).
>
> En cas de vomissement ou de diarrhée survenant juste après la prise du comprimé (sans rapport avec la prise du *contraceptif*), prendre un comprimé identique sur une autre plaquette. Si ces troubles durent plus de 12 heures, la sécurité contraceptive n'est plus assurée et une méthode complémentaire doit être employée pour le cycle en cours.

EFFETS INDÉSIRABLES POSSIBLES

Peu graves et n'empêchant pas la poursuite du traitement : nausées, maux de tête banals, prise de poids, tension modérée des seins, taches sombres sur le visage, jambes lourdes, irritation oculaire par les lentilles de contact, saignement entre les règles, diminution ou disparition des règles, *candidose* vaginale, irritabilité et tendance à la *dépression*.

Rares mais devant faire interrompre la prise de ce *contraceptif* : *hypertension artérielle*, accident cardiaque ou *vasculaire*, jaunisse, augmentation importante des lipides dans le sang, *diabète*, *nodule* ou douleur importante des seins, *migraine*, *vertiges*, troubles de la vision, aggravation d'une *épilepsie*, écoulement de lait.

Exceptionnellement, certaines pilules peuvent être responsables de calculs de la vésicule biliaire, de *tumeur* bénigne du foie ou de *mastopathie*.

PHAKAN

PRÉSENTATION

PHAKAN : solution buvable et gélule *gastrorésistante* (bleu) ; boîte de 20 ampoules 5 ml et 20 gélules - Remb. 65 %

Laboratoires Chauvin

COMPOSITION

	p. amp.	p. gél.
Glycine	100 mg	
Acide glutamique	200 mg	
Pyridoxine chlorhydrate (vitamine B6)	25 mg	
L-cystéine		200 mg
Acide ascorbique (vitamine C)		175 mg

INDICATIONS

Ce médicament contient des *acides aminés* et des *vitamines*.

Il est utilisé dans le *traitement d'appoint* de la *cataracte*.

INTERACTIONS MÉDICAMENTEUSES

Ce médicament ne doit pas être utilisé en association avec les médicaments contenant de la lévodopa seule (LARODOPA) : risque d'annulation des effets de la lévodopa.

MODE D'EMPLOI ET POSOLOGIE

Avaler en même temps une gélule et le contenu d'une ampoule buvable dilué dans de l'eau, au petit déjeuner et au repas de midi.

Posologie usuelle :

2 ampoules et 2 gélules par jour, 20 jours par mois.

EFFETS INDÉSIRABLES POSSIBLES

Rarement : *troubles digestifs*.

PHAPAX

PRÉSENTATION

PHAPAX : solution buvable ; flacon 30 ml (40 gouttes = 1 ml) - Non remb.

Laboratoires Lehning

COMPOSITION

Cyclamen D3, Gelsemium D4, Chelidonium D3, Ruta graveolens D8, Iris versicolor D3, Sanguinaria D4, Argentum nitricum D6, Cimicifuga D4, Digitalis D2, Melilotus D2 : aa

INDICATIONS

Ce médicament est un *complexe* (association) de remèdes homéopathiques.

Il est utilisé dans le *traitement symptomatique* des maux de tête et des *névralgies*.

> **ATTENTION**
> Si les maux de tête persistent, des examens peuvent être nécessaires : consultez votre médecin.

GROSSESSE, ALLAITEMENT ET NOUVEAU-NÉ

Aux *dilutions homéopathiques*, ce médicament ne contient aucune substance connue pour être toxique pendant la grossesse ou l'allaitement.

MODE D'EMPLOI ET POSOLOGIE

Les gouttes doivent être gardées sous la langue 1 à 2 minutes avant d'être avalées.

Posologie usuelle :

20 gouttes, 3 fois par jour.

PHARMADOSE compresse d'alcool

PRÉSENTATION

PHARMADOSE COMPRESSE D'ALCOOL : compresse ; boîte de 12 (ouate de cellulose imprégnée) - Non remb.

Laboratoires Gilbert

COMPOSITION

	p. compresse
Alcool à 70°	2,5 ml
Camphre	5 mg
Tartrazine	+

INDICATIONS

Cette compresse est imprégnée d'*alcool* camphré.

Elle est utilisée pour désinfecter et assécher la peau.

CONTRE-INDICATIONS

Ce produit ne doit pas être utilisé en cas d'*allergie* à la tartrazine.

> **ATTENTION**
> Évitez le contact de la compresse avec les *muqueuses* et les zones de peau fragile (pourtour des yeux, cou, creux au-dessus des clavicules...).

INTERACTIONS MÉDICAMENTEUSES

L'association à d'autres *antiseptiques* est déconseillée car leurs effets risquent de s'annuler.

GROSSESSE, ALLAITEMENT ET NOUVEAU-NÉ

Cet *antiseptique* peut être utilisé par la femme enceinte ou qui allaite.

MODE D'EMPLOI ET POSOLOGIE

Sortir la compresse de son emballage et l'appliquer sur la partie à traiter.

> Le simple lavage à l'eau et au savon permet d'éliminer la majorité des *germes* ; il doit être suivi d'un rinçage soigneux car le savon peut inactiver certains *antiseptiques*.
>
> L'*alcool* à 70 ° est un antiseptique plus efficace que l'alcool à 90 °.
>
> Sur une plaie, l'application d'alcool est très douloureuse : l'emploi d'un autre antiseptique est préférable.

EFFETS INDÉSIRABLES POSSIBLES

Allergie cutanée.

PHARMADOSE compresse de teinture d'arnica

PRÉSENTATION

PHARMADOSE ARNICA : compresse imprégnée ; boîte de 12 - Non remb.

Laboratoires Gilbert

COMPOSITION

	p. compresse
Teinture d'arnica	2,5 ml
Alcool à 60°	+

INDICATIONS

Cette compresse est imprégnée d'un extrait d'arnica, destiné à lutter contre les *œdèmes* et les *inflammations*.

Elle est utilisée pour limiter les œdèmes survenant après un choc (bleu, bosse) ou des contusions.

ATTENTION

Évitez d'appliquer cette compresse sur des plaies ou sur des *muqueuses*.

GROSSESSE, ALLAITEMENT ET NOUVEAU-NÉ

Ce médicament peut être utilisé ponctuellement pendant la grossesse ou l'allaitement.

MODE D'EMPLOI ET POSOLOGIE

Appliquer la compresse immédiatement après la contusion.

Ce médicament doit être conservé à l'abri de la chaleur.

PHARMADOSE compresse de mercurescéine

merbromine

PRÉSENTATION

PHARMADOSE MERCURESCÉINE : compresse imprégnée ; boîte de 12 - Non remb.

Laboratoires Gilbert

COMPOSITION

	p. compresse
Merbromine en solution à 2 %	2,5 ml

INDICATIONS

Cette compresse est imprégnée d'un *antiseptique* local appartenant à la famille des mercuriels.

Elle est utilisée pour désinfecter la peau et les plaies superficielles.

CONTRE-INDICATIONS

Ce médicament ne doit pas être utilisé en cas d'*allergie* aux dérivés mercuriels.

ATTENTION

Cet *antiseptique* ne doit pas être utilisé pour traiter les *muqueuses*.

N'utilisez pas ce médicament sur une large surface de peau sans avis médical : risque de passage du médicament dans le sang.

INTERACTIONS MÉDICAMENTEUSES

L'association de ce médicament à d'autres *antiseptiques* est déconseillée : risque d'annulation de leurs effets ou de formation de produits caustiques.

GROSSESSE, ALLAITEMENT ET NOUVEAU-NÉ

L'absence d'effets nocifs de ce médicament n'a pas été établie pendant la grossesse ou l'allaitement.

MODE D'EMPLOI ET POSOLOGIE

Déchirer l'emballage sans sortir la compresse, plier et presser au-dessus de la plaie.

Le simple lavage à l'eau et au savon permet d'éliminer la majorité des *germes* ; il doit être suivi d'un rinçage soigneux car le savon peut inactiver certains *antiseptiques*.

Tous les antiseptiques peuvent être contaminés par des germes : ne les conservez pas inutilement.

EFFETS INDÉSIRABLES POSSIBLES

Allergie cutanée.

PHARMATEX

PRÉSENTATION

PHARMATEX : comprimé gynécologique ; boîte de 12 - Non remb.

PHARMATEX : crème ; tube 72 g avec applicateur - Non remb.

PHARMATEX : crème ; tube 72 g sans applicateur - Non remb.

PHARMATEX : crème ; boîte de 6 tubes-canule unidoses 4,5 g - Non remb.

PHARMATEX : mini-ovule ; boîte de 10 - Non remb.

PHARMATEX : mini-ovule ; boîte de 20 - Non remb.

PHARMATEX : ovule ; boîte de 10 - Non remb.

PHARMATEX : ovule ; boîte de 20 - Non remb.

PHARMATEX : tampon imprégné de 5 g de crème ; boîte de 6 - Non remb.

Laboratoires Innothéra

COMPOSITION

	p. comp. gyn.	p. 100 g	p. tube-canule
Benzalkonium chlorure	20 mg	1,20 g	54 mg
Acide borique		2 g	90 mg

	p. mini-ovule	p. ovule	p. tampon
Benzalkonium chlorure	18,9 mg	18,9 mg	60 mg
Acide borique			100 mg

INDICATIONS

Ce médicament contient un *antiseptique* de la famille des *ammoniums quaternaires* qui a la propriété de détruire les spermatozoïdes.

Il est utilisé comme *contraceptif* local.

CONTRE-INDICATIONS

Ce médicament ne doit pas être utilisé en cas d'*allergie* aux *antiseptiques* de la famille des *ammoniums quaternaires*.

ATTENTION

L'efficacité de cette contraception n'étant pas absolue, il est d'autant plus important d'en respecter les règles d'utilisation.

En cas de traitement vaginal par d'autres produits locaux, il est préférable d'attendre la fin du traitement avant d'utiliser cette contraception.

Ce médicament contenant une substance pouvant être irritante, il ne doit pas être utilisé en cas de plaie ou d'*ulcération* génitale (*herpès*...).

L'*antiseptique* contenu dans ce médicament est actif sur le *virus* du sida, mais ce mode de contraception ne constitue en aucun cas une protection suffisante contre cette maladie.

INTERACTIONS MÉDICAMENTEUSES

L'association à d'autres *antiseptiques* ou à des savons diminue l'efficacité de ce spermicide : entre le moment de son utilisation et les rapports sexuels, n'utilisez que de l'eau pure pour votre toilette intime.

GROSSESSE, ALLAITEMENT ET NOUVEAU-NÉ

Grossesse :

Lors de grossesses survenues malgré l'utilisation de ce spermicide, aucune anomalie de l'enfant à naître n'a été constatée.

Allaitement :

Ce médicament ne passe pas dans le lait maternel.

MODE D'EMPLOI ET POSOLOGIE

- Comprimé gynécologique : humidifier le comprimé puis, en position couchée, le placer au fond du vagin au moins 10 minutes avant les rapports sexuels afin de permettre sa dissolution complète. L'effet dure 3 heures, mais par précaution il est nécessaire d'utiliser un nouveau comprimé avant chaque rapport.
- Crème : déposer la crème au fond du vagin. L'effet est immédiat et dure 10 heures, mais par précaution il est nécessaire d'appliquer une nouvelle dose de crème avant chaque rapport.
- Mini-ovule et ovule : en position couchée, placer l'ovule au fond du vagin au moins 5 minutes avant les rapports sexuels afin de permettre sa dissolution complète. L'effet dure 4 heures, mais par précaution il est nécessaire d'utiliser un nouvel ovule avant chaque rapport.
- Tampon : placer un tampon au fond du vagin. L'effet est immédiat et dure 24 heures. Le retrait du tampon doit se faire au plus tôt 2 heures après le dernier rapport et au plus tard 24 heures après sa mise en place.

Après les rapports sexuels, une toilette externe est possible mais attendez au moins 2 heures avant une douche vaginale.

PHARMATEX solution gynécologique
chlorure de benzalkonium

PRÉSENTATION
PHARMATEX : solution gynécologique ; boîte de 12 sachets - Non remb.

Laboratoires Innothéra

COMPOSITION

	p. sachet
Benzalkonium chlorure	250 mg

INDICATIONS
Ce médicament contient un *antiseptique* de la famille des *ammoniums quaternaires*.

Il est utilisé pour nettoyer les *muqueuses* des organes génitaux.

CONTRE-INDICATIONS
Ce médicament ne doit pas être utilisé en cas d'*allergie* aux *antiseptiques* de la famille des *ammoniums quaternaires*.

ATTENTION

Ce médicament est déconseillé si une grossesse est souhaitée : outre ses propriétés *antiseptiques*, cette substance détruit les spermatozoïdes.

Cette solution n'est pas adaptée à une utilisation comme *contraceptif* local.

Elle peut être irritante et ne doit pas être utilisée en cas de plaie ou d'*ulcération* génitales (*herpès*...).

Cet *antiseptique* est actif sur le virus du sida, mais ne constitue en aucun cas une protection suffisante contre cette maladie.

INTERACTIONS MÉDICAMENTEUSES
L'association à d'autres *antiseptiques* ou à des savons est déconseillée car leurs effets risquent de s'annuler.

GROSSESSE, ALLAITEMENT ET NOUVEAU-NÉ
Ce médicament peut être utilisé pendant la grossesse ou l'allaitement.

MODE D'EMPLOI ET POSOLOGIE
Le contenu du sachet doit être dilué dans l'eau. Après usage, s'il reste de la solution non utilisée, elle doit être jetée.

La solution obtenue est utilisée pour la toilette intime, soit en lavage externe, soit en *irrigation vaginale*.

Posologie usuelle :

1 sachet pour un demi-litre d'eau.

Ⓥ = présence d'un message d'attention pour les conducteurs

PHARYNGINE
tyrothricine, tétracaïne, vitamine C

PRÉSENTATION
PHARYNGINE : tablette (blanc) arôme orange, mandarine ; boîte de 48 - Non remb.

Laboratoires Salver

COMPOSITION

	p. tabl.
Tyrothricine	1 mg
Tétracaïne chlorhydrate	0,2 mg
Acide ascorbique (vitamine C)	50 mg

INDICATIONS
Ce médicament d'usage local contient un *antibiotique*, un *anesthésique* et de la *vitamine* C.

Il est utilisé comme *traitement d'appoint* en cas de mal de gorge sans fièvre.

CONTRE-INDICATIONS
Ce médicament ne doit pas être utilisé en cas d'*allergie* aux *anesthésiques* locaux.

ATTENTION

Les médicaments contenant un *anesthésique* local ne doivent pas être utilisés sans avis médical chez l'enfant de moins de 6 ans.

L'usage prolongé de ce médicament n'est pas souhaitable : il est susceptible de modifier l'équilibre microbien naturel de la gorge (apparition de *candidose*).

Une surconsommation pourrait provoquer des troubles nerveux et cardiaques : respectez la *posologie*.

En cas d'apparition de fièvre, d'aggravation ou d'absence d'amélioration au bout de 5 jours, consultez votre médecin.

GROSSESSE, ALLAITEMENT ET NOUVEAU-NÉ
L'effet de ce médicament pendant la grossesse ou l'allaitement est mal connu. L'évaluation du risque éventuel lié à son utilisation est individuelle : demandez conseil à votre pharmacien ou à votre médecin.

MODE D'EMPLOI ET POSOLOGIE
Les tablettes doivent être sucées lentement sans être croquées.

Posologie usuelle :

6 à 8 tablettes par jour.

Chez l'enfant et les personnes âgées, évitez l'usage de ce médicament avant les repas : l'*anesthésique* local est susceptible de provoquer des troubles de la déglutition ; ceux-ci pourraient être à l'origine du passage d'aliments dans les *voies* respiratoires.

Certaines infections de la gorge nécessitent un traitement spécifique pour éviter des complications ultérieures, cardiaques ou rénales : si les troubles persistent, consultez votre médecin.

EFFETS INDÉSIRABLES POSSIBLES
En cas de réaction allergique cutanée : arrêtez le traitement.

PHÉNERGAN
prométhazine

PRÉSENTATION
PHÉNERGAN : comprimé (bleu) ; boîte de 20 - Remb. 65 %

PHÉNERGAN : sirop ; flacon 150 ml - Remb. 65 %

PHÉNERGAN : solution injectable ; boîte de 5 ampoules 2 ml - Remb. 65 %

Laboratoires Specia

COMPOSITION

	p. comp.	p. c. à c.	p. amp. inj.
Prométhazine	25 mg	5 mg	50 mg
Sulfites			+

INDICATIONS
Ce médicament est un *antihistaminique* antiallergique de la famille des phénothiazines. Il a également des effets *sédatifs* et *atropiniques*.

Il est utilisé dans le traitement :
- des *allergies* (*rhinite*, *conjonctivite*, *urticaire*, œdème de *Quincke*) ;
- des démangeaisons non allergiques ;
- de l'insomnie de l'adulte et du mal des transports.

CONTRE-INDICATIONS
Ce médicament ne doit pas être utilisé dans les cas suivants :
- *glaucome* à angle fermé,
- risque de blocage des urines (*adénome de la prostate*).

ATTENTION Ⓥ

N'utilisez pas ce médicament chez l'enfant de moins de 1 an sans avis médical.

Des précautions sont nécessaires en cas d'*allergie* aux *sulfites* (solution injectable).

Évitez les boissons alcoolisées : augmentation du risque de somnolence.

Ce médicament est responsable d'une baisse de la vigilance : la conduite, les activités professionnelles ou de loisirs exposant à un danger sont formellement déconseillées.

INTERACTIONS MÉDICAMENTEUSES
Ce médicament peut interagir avec d'autres médicaments, notamment les *sédatifs* et les *atropiniques*. Signalez tout autre traitement en cours à votre médecin ou à votre pharmacien.

GROSSESSE, ALLAITEMENT ET NOUVEAU-NÉ
Grossesse :

L'usage de ce médicament est déconseillé pendant les 3 premiers mois de la grossesse. Son usage pendant les 6 derniers mois doit être soumis à l'appréciation de votre médecin.

Grossesse et nouveau-né :

En cas de traitement prolongé au cours des derniers mois de la grossesse, une surveillance du *nouveau-né* est nécessaire.

Allaitement :

Les données actuellement disponibles ne permettent pas de savoir si ce médicament

passe dans le lait maternel : par mesure de prudence, il est déconseillé pendant l'allaitement.

MODE D'EMPLOI ET POSOLOGIE

Les comprimés doivent être avalés avec un verre d'eau. Les prises sont à répartir au cours de la journée ; la plus forte dose doit être prise le soir.

La solution injectable est réservée aux situations d'urgence. Les injections sont faites par *voie* intramusculaire profonde ou intraveineuse directe.

Posologie usuelle :

- Adulte :
  - *allergie* : 1 ou 2 ampoules, ou 2 à 6 comprimés par jour ;
  - insomnie : 1 comprimé le soir au moment du coucher.
- Enfant de 10 à 15 ans : 2 ou 3 comprimés par jour.
- Enfant de 5 à 10 ans : 5 à 10 cuillères à café de sirop par jour.
- Enfant de 2 à 5 ans : 3 à 5 cuillères à café de sirop par jour.
- Enfant de moins de 2 ans : 1/2 à 3 cuillères à café de sirop par jour.

> Ce médicament agit sur les manifestations de l'*allergie* mais n'en supprime pas la cause. Si les *symptômes* persistent ou s'aggravent, n'hésitez pas à consulter votre médecin.
>
> Les somnifères ne sont pas la seule réponse aux troubles du sommeil : une meilleure hygiène de vie, une consommation modérée d'excitants (y compris les boissons alcoolisées) permettent aussi de lutter contre les insomnies.

EFFETS INDÉSIRABLES POSSIBLES

Somnolence fréquente.

Effets *atropiniques*, surtout à forte dose.

Dans de rares cas, ce médicament peut donner des effets opposés à ceux attendus : agitation, excitation chez le *nourrisson* ou la personne âgée.

En cas d'usage très prolongé, des mouvements involontaires (grimaces, tics) peuvent survenir.

PHÉNERGAN crème

prométhazine

PRÉSENTATION

PHÉNERGAN : crème ; tube 30 g - Remb. 35 %

Laboratoires Théraplix

COMPOSITION

	p. 100 g
Prométhazine	2 g

INDICATIONS

Cette crème contient un *antihistaminique* antiallergique.

Elle est utilisée pour apaiser les démangeaisons, notamment celles dues aux piqûres d'insectes.

CONTRE-INDICATIONS

Cette crème ne doit pas être appliquée sur des plaies, un *eczéma*, ou des lésions suintantes.

> **ATTENTION**
>
> Si les démangeaisons persistent ou s'aggravent, elles peuvent être dues à une *allergie* à l'*antihistaminique* : demandez conseil à votre médecin ou à votre pharmacien.
>
> Ce médicament est photosensibilisant : exposer au soleil les régions traitées peut provoquer des réactions cutanées.

GROSSESSE, ALLAITEMENT ET NOUVEAU-NÉ

L'effet de ce médicament pendant la grossesse ou l'allaitement est mal connu. L'évaluation du risque éventuel lié à son utilisation est individuelle : demandez conseil à votre pharmacien ou à votre médecin.

MODE D'EMPLOI ET POSOLOGIE

Appliquer la crème en massant légèrement.

Posologie usuelle :

3 ou 4 applications par jour.

EFFETS INDÉSIRABLES POSSIBLES

Photosensibilisation (voir ATTENTION).

Allergie cutanée due au médicament.

PHÉNORO

bêta-carotène, canthaxantine

PRÉSENTATION

PHÉNORO : gélule ; boîte de 60 - Non remb.

Laboratoires Roche

COMPOSITION

	p. gél.
Bêta-carotène	10 mg
Canthaxantine	15 mg

INDICATIONS

Ce médicament contient des substances, proches de la *vitamine* A, qui se concentrent dans la couche cornée de la peau et lui donnent une coloration brun orangé.

Il est utilisé pour lutter contre les phénomènes de *photosensibilisation*.

CONTRE-INDICATIONS

Ce médicament ne doit pas être utilisé dans les cas suivants :

- maladie de la *rétine* ou *glaucome*,
- grossesse,
- allaitement.

> **ATTENTION**
>
> Ce médicament n'empêche pas les coups de soleil : ne vous exposez pas aux rayons solaires sans les précautions habituelles (protection par des crèmes adaptées à votre peau, exposition progressive).
>
> Une surveillance médicale de la vue est nécessaire en cas d'utilisation pendant plus de 2 mois par an.

INTERACTIONS MÉDICAMENTEUSES

Éviter l'association avec les antipaludéens de synthèse (NIVAQUINE...).

GROSSESSE, ALLAITEMENT ET NOUVEAU-NÉ

Ce médicament est contre-indiqué pendant la grossesse ou l'allaitement.

MODE D'EMPLOI ET POSOLOGIE

Pour faciliter son absorption, ce médicament doit être pris au cours d'un repas comportant des corps gras. Les gélules doivent être avalées sans être ouvertes ni croquées.

Le traitement commence 15 jours avant toute exposition au soleil et se poursuit pendant toute la période d'exposition.

Posologie usuelle :

Pendant les 15 jours qui précèdent les bains de soleil : 1 gélule par 10 kg et par jour, soit 6 gélules par jour pour une personne de 60 kg.

Pendant la période d'exposition : 4 gélules par jour en moyenne.

> Ce médicament colore les larmes en orange : évitez de porter des lentilles de contact pendant la durée du traitement.
>
> La coloration des selles en orange est normale.

EFFETS INDÉSIRABLES POSSIBLES

Dépôt orangé sur la *rétine* en cas d'utilisation prolongée.

Troubles digestifs.

PHÉNYLBUTAZONE LIGNOCAÏNE

phénylbutazone, lidocaïne

PRÉSENTATION

PHÉNYLBUTAZONE LIGNOCAÏNE 2 % : pommade ; tube 30 g - Non remb. - Liste II

Laboratoires Monot

COMPOSITION

	p. 100 g
Phénylbutazone	2 g
Lidocaïne chlorhydrate	2 g

INDICATIONS

Cette pommade *antalgique* contient un *anti-inflammatoire* non stéroïdien (*AINS*) et un *anesthésique*.

Elle est utilisée dans le traitement local des *tendinites*, des douleurs articulaires, des entorses, des contusions, des lumbagos et des courbatures. Elle est également utilisée en association avec une *contention élastique* dans le traitement des *phlébites* superficielles.

CONTRE-INDICATIONS

Ce médicament ne doit pas être utilisé dans les cas suivants :
- *allergie* aux *AINS* ou aux *anesthésiques* locaux,
- en application sur un *eczéma*, des *muqueuses*, des plaies ou de la peau lésée.

ATTENTION
N'utilisez pas cette pommade de façon prolongée sans avis médical.

GROSSESSE, ALLAITEMENT ET NOUVEAU-NÉ

L'effet de ce médicament pendant la grossesse ou l'allaitement est mal connu : seul votre médecin peut évaluer le risque éventuel de son utilisation dans votre cas.

MODE D'EMPLOI ET POSOLOGIE

La pommade doit être appliquée en massage doux et prolongé.

Posologie usuelle :
2 ou 3 applications par jour.

Se laver les mains après application. En cas de contact accidentel avec les yeux, rincer abondamment.

EFFETS INDÉSIRABLES POSSIBLES

Imposant l'arrêt du traitement : *allergie* cutanée (éruption de boutons, démangeaisons...).

PHLÉBOGEL
escine, buphénine

PRÉSENTATION

PHLÉBOGEL : gel pour application locale ; tube 100 g - Remb. 35 %
Laboratoires Aron-Médicia

COMPOSITION

	p. 100 g
Escine	1 g
Buphénine chlorhydrate	1 g
Alcool	+

INDICATIONS

C'est un gel qui, appliqué localement, facilite la circulation sanguine superficielle.
Il est utilisé dans le traitement des troubles dus à l'*insuffisance veineuse* :
- jambes lourdes ou douloureuses,
- crampes ou œdèmes,
- inflammations localisées : *phlébites* superficielles, suite de sclérose de varices.

CONTRE-INDICATIONS

Ce médicament ne doit pas être utilisé sur les plaies ou les *ulcères* variqueux.

ATTENTION
Ce gel contient de l'*alcool* : évitez l'exposition au soleil après l'application.

GROSSESSE, ALLAITEMENT ET NOUVEAU-NÉ

L'effet de ce médicament pendant la grossesse ou l'allaitement est mal connu. L'évaluation du risque éventuel lié à son utilisation est individuelle : demandez conseil à votre pharmacien ou à votre médecin.

MODE D'EMPLOI ET POSOLOGIE

Faire pénétrer le gel par un léger massage.

Posologie usuelle :
2 ou 3 applications par jour.

Ce médicament soulage mais n'empêche pas l'aggravation de l'*insuffisance veineuse*, qui requiert des mesures spécifiques telles que la *contention élastique*.
Une activité physique régulière et la surélévation du pied du lit permettent de faciliter la circulation veineuse et *lymphatique*.

PHOLCODYL Adulte

PRÉSENTATION

PHOLCODYL : sirop Adulte ; flacon 200 ml - Non remb.
Laboratoires Salver

COMPOSITION

	p. c. à s.
Pholcodine	1,875 mg
Codéthyline chlorhydrate	11,25 mg
Calcium bromogalactogluconate	349,95 mg
Calcium panthoténate	30 mg
Benzoate de sodium	99,9 g
Saccharose	9,25 g

INDICATIONS

Ce sirop contient deux *antitussifs* (codéthyline et pholcodine) et un *expectorant* (benzoate de sodium). Les substances antitussives ont une action sédative sur le *système nerveux central* et notamment sur les centres de la toux.
Il est utilisé dans le *traitement symptomatique* des toux sèches.

CONTRE-INDICATIONS

Ce médicament ne doit pas être utilisé dans les cas suivants :
- *asthme*,
- *insuffisance respiratoire*,
- enfant de 15 ans,
- allaitement.

ATTENTION
Ce médicament n'est pas adapté au traitement de la toux grasse, qui est un mécanisme de défense normal de l'organisme permettant l'évacuation des mucosités présentes dans les bronches.
La toux est un *symptôme* qui peut révéler de nombreuses maladies : consultez votre médecin si elle persiste plus de quelques jours.
Ce médicament contient du *sucre* (saccharose) en quantité notable.
Évitez les boissons alcoolisées : augmentation du risque de somnolence.
Conducteur : ce médicament peut être responsable d'une somnolence ou d'une baisse de la vigilance.

INTERACTIONS MÉDICAMENTEUSES

Ce médicament peut interagir avec d'autres médicaments, notamment chez les personnes âgées. Signalez tout autre traitement en cours à votre pharmacien ou à votre médecin .

GROSSESSE, ALLAITEMENT ET NOUVEAU-NÉ

Grossesse :
Compte tenu de la présence de codéthyline, n'utilisez pas ce médicament pendant la grossesse sans prendre l'avis de votre pharmacien ou de votre médecin.
Allaitement :
Par mesure de prudence, ce médicament est contre-indiqué pendant l'allaitement.

MODE D'EMPLOI ET POSOLOGIE

Les prises de ce médicament doivent être réparties au cours de la journée.

Posologie usuelle :
- Adulte : 1 cuillère à soupe de sirop, 3 fois par jour.

De nombreux médicaments, notamment certains *antitussifs* ou *antalgiques*, contiennent de la codéthyline ou une substance voisine, la codéine : un surdosage expose à une augmentation des effets indésirables.
Fumer, ou être exposé à la fumée des autres, nuit à l'efficacité du traitement.
Une toux nocturne aggravée par ce médicament peut être une toux allergique : demandez conseil à votre médecin.
Des mesures simples permettent de calmer les toux sèches : boissons abondantes et humidification de l'air ambiant.

EFFETS INDÉSIRABLES POSSIBLES

Constipation et plus rarement : somnolence, sensation de vertige, nausées, *bronchospasme*, *allergie* cutanée.

PHOLCODYL Enfant

PRÉSENTATION

PHOLCODYL ENFANT : sirop ; flacon 150 ml - Non remb.
Laboratoires Salver

COMPOSITION

	p. c. à c.
Pholcodine	2 mg
Calcium bromogalactogluconate	233,3 mg
Benzoate de sodium	50 mg
Saccharose	3,6 g

INDICATIONS

Ce sirop *antitussif* contient de la pholcodine, qui a un effet *sédatif* sur le *système nerveux central* et notamment sur les centres de la toux, et un *expectorant* (benzoate de sodium).

Il est utilisé dans le *traitement symptomatique* des toux sèches.

CONTRE-INDICATIONS

- *asthme*,
- *insuffisance respiratoire*,
- enfant de moins de 30 mois.

ATTENTION

Ce médicament n'est pas adapté au traitement de la toux grasse, qui est un mécanisme de défense normal de l'organisme permettant l'évacuation des mucosités présentes dans les bronches.

La toux est un *symptôme* qui peut révéler de nombreuses maladies : consultez votre médecin si elle persiste plus de quelques jours.

Ce médicament contient du *sucre* (saccharose) en quantité notable.

INTERACTIONS MÉDICAMENTEUSES

Ce médicament peut interagir avec d'autres médicaments. Signalez tout autre traitement en cours à votre pharmacien ou à votre médecin.

MODE D'EMPLOI ET POSOLOGIE

Les prises de ce médicament doivent être réparties au cours de la journée.

Posologie usuelle :

- Enfant de plus de 10 ans : 1 cuillère à soupe de sirop, 3 ou 4 fois par jour.
- Enfant de 6 à 10 ans : 1 cuillère à soupe de sirop, 2 ou 3 fois par jour.
- Enfant de 4 à 6 ans : 1 ou 2 cuillères à café de sirop, 2 ou 3 fois par jour.
- Enfant de 30 mois à 4 ans : 1 cuillère à café de sirop, 2 ou 3 fois par jour.

Le tabagisme de l'entourage nuit à l'efficacité du traitement.

Une toux nocturne aggravée par ce médicament peut être une toux allergique : demandez conseil à votre médecin.

Des mesures simples permettent de calmer les toux sèches : boissons abondantes et humidification de l'air ambiant.

EFFETS INDÉSIRABLES POSSIBLES

Constipation et plus rarement : somnolence, nausées, vomissements, sensation de vertige, allergie cutanée.

PHOLCONES

PRÉSENTATION

PHOLCONES ADULTE : suppositoire ; boîte de 8 - Remb. 35 %

PHOLCONES ENFANT : suppositoire ; boîte de 8 - Remb. 35 %

Laboratoires C.P.F.

COMPOSITION

	p. suppos. Ad.	p. suppos. Enf.
Pholcodine	15 mg	5 mg
Eucalyptol	120 mg	80 mg
Camphre	150 mg	80 mg
Quinine sulfate basique	100 mg	50 mg
Amyléine chlorhydrate	10 mg	5 mg

INDICATIONS

Ce médicament est une association qui contient un *antitussif* (pholcodine), un *antiseptique* des *voies* respiratoires (eucalyptol) et un *antipyrétique* (quinine).

Il est utilisé dans le *traitement symptomatique* des toux sèches accompagnées de fièvre, au cours des affections respiratoires.

CONTRE-INDICATIONS

Ce médicament ne doit pas être utilisé dans les cas suivants :

- *asthme*,
- *insuffisance respiratoire*,
- enfant de moins de 15 ans (suppositoire Adulte),
- enfant de moins de 30 mois (suppositoire Enfant).

ATTENTION

Ce médicament n'est pas adapté au traitement de la toux grasse, qui est un mécanisme de défense normal de l'organisme permettant l'évacuation des mucosités présentes dans les bronches.

La toux est un *symptôme* qui peut révéler de nombreuses maladies. Consultez votre médecin si elle persiste plus de quelques jours.

Évitez les boissons alcoolisées : augmentation du risque de somnolence.

Conducteur : ce médicament peut être responsable d'une somnolence ou d'une baisse de la vigilance.

INTERACTIONS MÉDICAMENTEUSES

Ce médicament peut interagir avec d'autres médicaments. Signalez tout autre traitement en cours à votre médecin ou à votre pharmacien.

GROSSESSE, ALLAITEMENT ET NOUVEAU-NÉ

Grossesse :

Compte tenu de la présence de pholcodine, n'utilisez pas ce médicament pendant la grossesse sans prendre l'avis de votre pharmacien ou de votre médecin.

Allaitement :

Les données actuellement disponibles ne permettent pas de savoir si ce médicament passe dans le lait maternel : il est déconseillé pendant l'allaitement.

MODE D'EMPLOI ET POSOLOGIE

Les prises de ce médicament doivent être réparties au cours de la journée.

Posologie usuelle :

- Adulte : 1 suppositoire Adulte, 2 ou 3 fois par jour.
- Enfant de plus de 10 ans : 1 suppositoire Enfant, 2 ou 3 fois par jour.
- Enfant de 6 à 10 ans : 1 suppositoire Enfant, matin et soir.
- Enfant de 30 mois à 6 ans : 1 suppositoire Enfant par jour.

Fumer, ou être exposé à la fumée des autres, nuit à l'efficacité du traitement.

Des mesures simples permettent de calmer les toux sèches : boissons chaudes et humidification de l'air ambiant.

EFFETS INDÉSIRABLES POSSIBLES

Constipation, somnolence, *vertiges*, *troubles digestifs*, *bronchospasme*, *allergie* cutanée, ralentissement de la respiration.

PHOLCONES BISMUTH-QUININE

PRÉSENTATION

PHOLCONES BISMUTH-QUININE : suppositoire Adulte ; boîte de 8 - Non remb.

Laboratoires C.P.F.

COMPOSITION

	p. suppos.
Bismuth succinate basique	80 mg
Pholcodine	20 mg
Eucalyptol	120 mg
Gaïacol éther glycérique	100 mg
Camphre	150 mg
Quinine sulfate	100 mg

INDICATIONS

Ce médicament contient un *antitussif*, du bismuth, de la quinine et des *antiseptiques* des *voies* respiratoires.

Il est utilisé dans le *traitement symptomatique* des maux de gorge (*pharyngite*...) et des toux sèches.

CONTRE-INDICATIONS

Ce médicament ne doit pas être utilisé dans les cas suivants :

- certaines maladies du rein, *insuffisance rénale* ;
- *asthme* ;
- *insuffisance respiratoire* ;
- enfant de moins de 15 ans.

ATTENTION

Ce médicament n'est pas adapté au traitement de la toux grasse, qui est un mécanisme de défense normal de l'organisme permettant l'évacuation des mucosités présentes dans les bronches.

La toux est un *symptôme* qui peut révéler de nombreuses maladies : consultez votre médecin si elle persiste plus de quelques jours.

Évitez les boissons alcoolisées : augmentation du risque de somnolence.

Conducteur : ce médicament peut être responsable d'une somnolence ou d'une baisse de la vigilance.

INTERACTIONS MÉDICAMENTEUSES

Ce médicament peut interagir avec d'autres médicaments. Signalez tout autre

traitement en cours à votre médecin ou à votre pharmacien.

GROSSESSE, ALLAITEMENT ET NOUVEAU-NÉ

En l'absence de données suffisantes, ce médicament est déconseillé pendant la grossesse et l'allaitement.

MODE D'EMPLOI ET POSOLOGIE

Posologie usuelle :

1 suppositoire, 2 ou 3 fois par jour.

> La poursuite du tabagisme nuit à l'efficacité du traitement.
>
> Des mesures simples permettent de calmer les toux sèches : boissons chaudes et humidification de l'air ambiant.

EFFETS INDÉSIRABLES POSSIBLES

Constipation, somnolence, *vertiges*, *troubles digestifs*, *bronchospasme*.

Allergie cutanée.

PHOLCONES GUAIPHÉNÉSINE-QUININE

PRÉSENTATION

PHOLCONES GUAIPHÉNÉSINE-QUININE : suppositoire Enfant ; boîte de 8 - Non remb.

Laboratoires C.P.F.

COMPOSITION

	p. suppos.
Pholcodine	10 mg
Eucalyptol	60 mg
Camphre synthétique	75 mg
Guaiphénésine	50 mg
Quinine sulfate	50 mg

INDICATIONS

Ce médicament est une association qui contient un *antitussif* (pholcodine), un *antiseptique* des *voies* respiratoires (eucalyptol), un *expectorant* (guaiphénésine), et un *antipyrétique* (quinine).

Il est utilisé dans le *traitement symptomatique* des toux sèches, d'irritation, des enrouements, au cours des affections de la gorge.

CONTRE-INDICATIONS

Ce médicament ne doit pas être utilisé dans les cas suivants :
- *asthme*,
- *insuffisance respiratoire*,
- enfant de moins de 7 ans.

> **ATTENTION**
>
> Ce médicament n'est pas adapté au traitement de la toux grasse, qui est un mécanisme de défense normal de l'organisme permettant l'évacuation des mucosités présentes dans les bronches.
>
> La toux est un *symptôme* qui peut révéler de nombreuses maladies : consultez votre médecin si elle persiste plus de quelques jours.
>
> Évitez les boissons alcoolisées : augmentation du risque de somnolence.

INTERACTIONS MÉDICAMENTEUSES

Ce médicament peut interagir avec d'autres. Signalez tout autre traitement en cours à votre médecin ou à votre pharmacien.

MODE D'EMPLOI ET POSOLOGIE

Les prises de ce médicament doivent être réparties au cours de la journée.

Posologie usuelle :
- Enfant de plus de 8 ans : 1 suppositoire, 1 ou 2 fois par jour.
- Enfant de 7 à 8 ans : 1 suppositoire par jour.

> Des mesures simples permettent de calmer les toux sèches : boissons chaudes et humidification de l'air ambiant.
>
> Le tabagisme de l'entourage nuit à l'efficacité du traitement.

EFFETS INDÉSIRABLES POSSIBLES

Constipation, et plus rarement : somnolence, nausées, vomissements, sensation de vertige, *bronchospasme*, *allergie* cutanée, ralentissement de la respiration.

PHOSOFORME

acide phosphorique

PRÉSENTATION

PHOSOFORME : solution buvable ; flacon 90 ml (1 ml = 40 gouttes) - Remb. 35 %

Laboratoires Monot

COMPOSITION

	p. 10 gtes
Acide mono et diéthylphosphorique	106 mg
Acide orthophosphorique	10 mg
Alcool à 90°	10 mg

INDICATIONS

Ce médicament apporte du phosphore sous une forme acide.

Il est utilisé dans les cas où l'on cherche à acidifier les urines, notamment lors d'infections urinaires ou de calculs rénaux contenant du calcium.

CONTRE-INDICATIONS

Ce médicament ne doit pas être utilisé dans les cas suivants :
- calculs d'*acide urique*,
- *ulcère* de l'estomac ou du *duodénum*.

GROSSESSE, ALLAITEMENT ET NOUVEAU-NÉ

L'effet de ce médicament pendant la grossesse ou l'allaitement est mal connu. L'évaluation du risque éventuel lié à son utilisation est individuelle : demandez conseil à votre pharmacien ou à votre médecin.

MODE D'EMPLOI ET POSOLOGIE

Ce médicament doit être dilué dans un grand verre de liquide et avalé au cours des repas.

Posologie usuelle :

La *posologie* est adaptée à votre cas grâce à un papier réactif qui permet de mesurer l'acidité des urines.
- Adulte : 200 gouttes par jour si la couleur du papier vire au vert, 150 gouttes par jour si la couleur du papier vire au jaune, 100 gouttes par jour si la couleur du papier reste rouge.
- Enfant : 10 gouttes par jour et par année d'âge si la couleur du papier vire au vert, 7 gouttes par jour et par année d'âge si la couleur du papier vire au jaune, 5 gouttes par jour et par année d'âge si la couleur du papier reste rouge.

PHOSOVÉOL

acide phosphorique, vitamine C, calcium

PRÉSENTATION

PHOSOVÉOL VITAMINE C 500 : solution buvable ; boîte de 20 ampoules 10 ml - Non remb.

Laboratoires Fournier

COMPOSITION

	p. amp.
Acide phosphorique concentré	295 mg
Soit phosphore	79 mg
Acide ascorbique (vitamine C)	500 mg
Calcium glucoheptonate	1,07 g
Soit calcium	87 mg
Saccharose	1,34 g

INDICATIONS

Ce médicament contient des sels minéraux (phosphore, calcium) et de la *vitamine* C.

Il est utilisé dans le *traitement symptomatique* de certaines fatigues (*asthénies fonctionnelles*).

CONTRE-INDICATIONS

Ce médicament ne doit pas être utilisé en cas de calculs des *voies* urinaires.

> **ATTENTION**
>
> Des précautions sont nécessaires en cas d'*insuffisance rénale* grave.

INTERACTIONS MÉDICAMENTEUSES

Ce médicament peut interagir avec d'autres médicaments, notamment avec les *antibiotiques* de la famille des *cyclines* : respectez un intervalle de 3 heures entre les prises de chacun de ces médicaments.

GROSSESSE, ALLAITEMENT ET NOUVEAU-NÉ

Ce médicament ne contient que des substances présumées sans danger pendant la grossesse ou l'allaitement. Néanmoins, ne l'utilisez pas de façon prolongée sans l'avis de votre pharmacien ou de votre médecin.

MODE D'EMPLOI ET POSOLOGIE

Le contenu des ampoules doit être agité, puis dilué dans un demi-verre d'eau, avant d'être absorbé au début des repas.

Posologie usuelle :
- Adulte et enfant de plus de 12 ans : 2 ampoules buvables, 1 ou 2 fois par jour.
- Enfant de 6 à 12 ans : 1 ampoule buvable, 1 ou 2 fois par jour.

> Évitez la prise de ce médicament après 17 heures : risque d'insomnie.
> Une fatigue persistante ne doit pas vous conduire à augmenter les prises de ce médicament : consultez votre médecin.

EFFETS INDÉSIRABLES POSSIBLES

Chez les personnes prédisposées : calculs des *voies* urinaires.

PHOSPHALUGEL

phosphate d'aluminium

PRÉSENTATION

PHOSPHALUGEL : suspension buvable sans sucre ; boîte de 26 sachets 20 g - Remb. 65 %

PHOSPHALUGEL : suspension buvable sans sucre ; flacon 250 g - Remb. 65 %

PHOSPHALUGEL : comprimé à croquer (blanc) ; boîte de 36 - Remb. 65 %

PHOSPHALUGEL : comprimé à croquer (blanc) ; boîte de 90 - Remb. 65 %

Laboratoires Yamanouchi

COMPOSITION

	p. sachet	p. c. à s.	p. comp.
Phosphate d'aluminium	2,47 g	2,47 g	540 mg

INDICATIONS

C'est un médicament qui appartient à la famille des *antiacides* d'action locale. Il agit en neutralisant les acides sécrétés par l'estomac.

Il est utilisé comme *traitement symptomatique* des douleurs, brûlures, aigreurs de l'estomac ou de l'œsophage.

CONTRE-INDICATIONS

Ce médicament ne doit pas être utilisé en cas d'*insuffisance rénale* grave.

> **ATTENTION**
> Des douleurs qui persistent peuvent être dues à une lésion du tube digestif : consultez votre médecin.

INTERACTIONS MÉDICAMENTEUSES

Ce médicament peut interagir avec de nombreux autres médicaments en diminuant leur absorption : il convient de séparer les prises d'au moins 2 heures.

GROSSESSE, ALLAITEMENT ET NOUVEAU-NÉ

Les sels minéraux contenus dans ce médicament sont peu absorbés ; l'automédication est possible en cure courte ou ponctuelle pendant la grossesse et l'allaitement.

MODE D'EMPLOI ET POSOLOGIE

Les comprimés doivent être sucés puis croqués.

Posologie usuelle :

1 ou 2 comprimés ou sachets ou cuillères à soupe, 2 ou 3 fois par jour après les repas ou au moment des douleurs.

La prise se fait habituellement au moment où l'estomac sécrète le plus d'acide, c'est-à-dire environ 90 minutes après le repas.

> Une alimentation équilibrée, une mastication lente et l'élimination des aliments difficiles à digérer permettent souvent d'atténuer, voire de faire disparaître, les douleurs d'estomac qui ne sont pas liées à un *ulcère*.
> Si vous êtes fumeur, la poursuite du tabagisme nuit à l'efficacité du traitement.

EFFETS INDÉSIRABLES POSSIBLES

Parfois : constipation, notamment chez les personnes âgées.

PHOSPHAROME

PRÉSENTATION

PHOSPHAROME : sirop ; flacon 250 ml (50 cuillères à café) - Non remb.

Laboratoires Plantes et Médecines

COMPOSITION

	p. c. à c.
Kola, extrait fluide	132 mg
Gentiane, extrait fluide	66 mg
Quinquina, extrait fluide	33 mg
Glycérophosphate de calcium	132 mg
Glycérophosphate de manganèse	132 mg
Glycérophosphate de magnésium	132 mg
Acide phosphorique	66 mg
Sirop d'acide citrique	5,313 g
Soit calcium	22 mg
Soit manganèse	28 mg
Soit magnésium	13 mg
Soit phosphore	165 mg
Saccharose	5 g

INDICATIONS

Ce médicament *antiasthénique* contient une association de substances, notamment du phosphore, du magnésium, du manganèse et du calcium.

Il est utilisé dans le *traitement symptomatique* de la fatigue.

CONTRE-INDICATIONS

Ce médicament ne doit pas être utilisé en cas d'*antécédents* de calculs des *voies* urinaires.

> **ATTENTION**
> Des précautions sont nécessaires en cas d'*insuffisance rénale* grave.
> Ce médicament contient du *sucre* (saccharose) en quantité notable.

INTERACTIONS MÉDICAMENTEUSES

Ce médicament peut interagir avec d'autres médicaments. Signalez tout autre traitement en cours à votre médecin ou à votre pharmacien.

GROSSESSE, ALLAITEMENT ET NOUVEAU-NÉ

Avant d'utiliser ce médicament pendant la grossesse ou l'allaitement, demandez conseil à votre médecin ou à votre pharmacien.

MODE D'EMPLOI ET POSOLOGIE

Le sirop doit être dilué dans un verre d'eau ou de jus de fruits, et pris au cours des repas.

Posologie usuelle :
- Adulte : 1 cuillère à café, 2 fois par jour.
- Enfant : 1/2 cuillère à café, 2 fois par jour.

> Une fatigue persistante ne doit pas vous conduire à augmenter les prises de ce médicament : demandez conseil à votre médecin ou à votre pharmacien.
> Ce médicament doit être conservé de préférence à l'abri de la lumière.

PHOSPHOCHOLINE

PRÉSENTATION

PHOSPHOCHOLINE : granulé effervescent ; boîte de 125 g - Non remb.

Laboratoires Soekami Lefrancq

COMPOSITION

	p. 100 g
Phosphate disodique	2,50 g
Citrate de choline	12 g
Citrate trisodique	17,50 g
Lactose	21 g

dont sodium : 460 mg/c. à soupe

INDICATIONS

C'est une association de substances actives utilisée dans le *traitement symptomatique* des digestions difficiles.

> **ATTENTION**
> Ce médicament contient du sodium (*sel*) en quantité notable.

INTERACTIONS MÉDICAMENTEUSES

Ce médicament peut interagir avec des *anticoagulants* : signalez tout autre traitement à votre pharmacien et à votre médecin.

GROSSESSE, ALLAITEMENT ET NOUVEAU-NÉ

L'effet de ce médicament pendant la grossesse ou l'allaitement est mal connu. L'évaluation du risque éventuel lié à son utilisation est individuelle : demandez conseil à votre pharmacien ou à votre médecin.

MODE D'EMPLOI ET POSOLOGIE

Les granulés doivent être dissous dans un verre d'eau.

Posologie usuelle :
- Adulte : 1 à 2 cuillères à soupe, 1 à 3 fois par jour.

- Enfant de 10 à 15 ans : 1 cuillère à café, 2 à 4 fois par jour.
- Enfant de 5 à 10 ans : 1/2 cuillère à café, 2 à 4 fois par jour.
- Enfant de 2 à 5 ans : 1/2 cuillère à café, 1 ou 2 fois par jour.

Ce médicament peut être accompagné d'une alimentation appropriée : parlez-en à votre médecin ou à votre pharmacien.

PHOSPHOLINE IODIDE

iodure d'écothiopate

PRÉSENTATION

PHOSPHOLINE IODIDE 0,03 pour cent : collyre ; flacon de *lyophilisat*, ampoule de solvant 3 ml et compte-gouttes - Non remb. - Liste I

Laboratoires Promedica

COMPOSITION

	p. 100 ml
Écothiopate iodure	0,03 g

INDICATIONS

Ce collyre a la propriété de contracter la pupille et de diminuer la pression des liquides contenus dans l'œil (*tension intraoculaire*).

Il est utilisé dans le traitement des *glaucomes*, à l'exception du glaucome par fermeture de l'angle. Il est également utilisé dans le traitement de certains *strabismes*.

CONTRE-INDICATIONS

Ce collyre ne doit pas être utilisé dans les cas suivants :
- *glaucome* par fermeture de l'angle ou prédisposition à ce type de glaucome,
- forte myopie.

ATTENTION

Certaines contre-indications ne peuvent être détectées que par un ophtalmologiste : ne réutilisez pas ce médicament sans avis médical.

Conducteur : l'instillation de ce collyre peut provoquer une gêne visuelle transitoire.

INTERACTIONS MÉDICAMENTEUSES

Ce collyre peut interagir avec d'autres collyres : respectez un intervalle de 15 minutes entre deux instillations, sauf indication contraire de votre ophtalmologiste.

GROSSESSE, ALLAITEMENT ET NOUVEAU-NÉ

L'effet de ce médicament pendant la grossesse ou l'allaitement est mal connu : seul votre médecin peut évaluer le risque éventuel de son utilisation dans votre cas.

MODE D'EMPLOI ET POSOLOGIE

Tirer la paupière inférieure vers le bas tout en regardant vers le haut et déposer une goutte de collyre entre la paupière et le globe oculaire (*cul-de-sac conjonctival*).

Posologie usuelle :

1 goutte, le soir.

Habituellement, la *posologie* est fixée par l'ophtalmologiste en fonction de la *tension intraoculaire*.

L'application correcte du produit peut nécessiter une aide, notamment chez une personne handicapée ou âgée.

Ce collyre doit être gardé à + 4 °C (compartiment à beurre du réfrigérateur).

EFFETS INDÉSIRABLES POSSIBLES

Larmoiement, gêne visuelle passagère.

PHOSPHONEUROS

phosphore

PRÉSENTATION

PHOSPHONEUROS : solution buvable ; flacon 120 ml (2 800 gouttes) et seringue doseuse - Remb. 65 % - Liste II

Laboratoires Doms-Adrian

COMPOSITION

	p. 100 ml
Acide phosphorique concentré	36,804 g
Bisdihydrogénophosphate de calcium	10,260 g
Hydrogénophosphate de sodium	25,865 g
Glycérophosphate de magnésium	5,8 g
Sodium	+

INDICATIONS

Ce médicament apporte du phosphore, élément minéral constituant de l'os, et dont le *métabolisme* est étroitement lié à celui du calcium. En cas de perte excessive de calcium dans les urines, un apport important de phosphore permet de réduire cette perte et de lutter contre la formation de calculs.

Il est utilisé dans le traitement des pertes excessives de calcium dans les urines, avec ou sans calculs, de certains *rachitismes*, et dans le *traitement d'appoint* de l'*ostéoporose* grave.

CONTRE-INDICATIONS

Ce médicament ne doit pas être utilisé dans les cas suivants :
- *hypocalcémie*,
- *insuffisance rénale*,
- régime désodé strict.

ATTENTION

En cas de traitement prolongé, des analyses de sang et d'urine régulières peuvent être nécessaires.

Ce médicament contient du sodium (*sel*) en quantité notable (10 gouttes : 35,7 mg).

INTERACTIONS MÉDICAMENTEUSES

Ce médicament peut interagir avec d'autres médicaments, notamment ceux contenant de l'hydroxyde d'aluminium (MAALOX...) ou de fortes quantités de calcium : il convient de séparer les prises d'au moins 2 heures. Signalez tout autre traitement en cours à votre médecin ou à votre pharmacien.

GROSSESSE, ALLAITEMENT ET NOUVEAU-NÉ

L'effet de ce médicament pendant la grossesse ou l'allaitement est mal connu : seul votre médecin peut évaluer le risque éventuel de son utilisation dans votre cas.

MODE D'EMPLOI ET POSOLOGIE

Les gouttes doivent être prises à la fin des repas. Les prises doivent être réparties au cours de la journée.

Posologie usuelle :

Elle est variable en fonction du diagnostic. Suivez la prescription de votre médecin.

EFFETS INDÉSIRABLES POSSIBLES

Troubles digestifs.

PHOSPHORE SANDOZ FORTE

phosphore

PRÉSENTATION

PHOSPHORE SANDOZ « FORTE » : comprimé effervescent (blanc) ; boîte de 20 - Remb. 65 %

Laboratoires Sandoz

COMPOSITION

	p. comp.
Phosphate monoammonique	1,518 g
Phosphate monopotassique	0,650 g
Manganèse glycérophosphate	1,540 g
Soit phosphore	750 mg
Sodium	166 mg

INDICATIONS

Ce médicament apporte du phosphore, élément minéral constituant de l'os, et dont le *métabolisme* est étroitement lié à celui du calcium. En cas de perte excessive de calcium dans les urines, un apport important de phosphore permet de réduire cette perte et de lutter contre la formation de calculs.

Il est utilisé dans le traitement des pertes excessives de phosphore ou de calcium dans les urines, avec ou sans calculs, de certains *rachitismes*, et dans le *traitement d'appoint* de l'*ostéoporose* grave.

CONTRE-INDICATIONS

Ce médicament ne doit pas être utilisé dans les cas suivants :
- *hypocalcémie*,
- *hyperkaliémie*,
- *insuffisance rénale chronique*.

ATTENTION

En cas de traitement prolongé, des analyses de sang et d'urine régulières peuvent être nécessaires.

Ce médicament contient du sodium (*sel*) en quantité notable.

INTERACTIONS MÉDICAMENTEUSES

Ce médicament peut interagir avec d'autres médicaments, notamment avec ceux contenant de l'hydroxyde d'aluminium (MAALOX...) ou de fortes quantités de calcium : il convient de séparer les prises d'au moins 2 heures. Signalez tout autre traitement en cours à votre médecin ou à votre pharmacien.

GROSSESSE, ALLAITEMENT ET NOUVEAU-NÉ

L'effet de ce médicament pendant la grossesse ou l'allaitement est mal connu : seul votre médecin peut évaluer le risque éventuel de son utilisation dans votre cas.

MODE D'EMPLOI ET POSOLOGIE

Les comprimés effervescents doivent être dissous dans un verre d'eau. Les prises doivent être réparties au cours de la journée.

Posologie usuelle :

Elle est variable en fonction du diagnostic.

> Les comprimés effervescents doivent être conservés à l'abri de l'humidité.

EFFETS INDÉSIRABLES POSSIBLES

Troubles digestifs.

PHYLARM

chlorure de sodium, acide borique, borate de sodium

PRÉSENTATION

PHYLARM : solution ophtalmique ; boîte de 8 flacons 10 ml - Non remb.

PHYLARM : solution ophtalmique ; boîte de 16 flacons 10 ml - Remb. 65 %

Laboratoires LCA

COMPOSITION

	p. 100 ml
Chlorure de sodium	0,90 g
Acide borique	270 mg
Borate de sodium	20 mg

INDICATIONS

Cette solution ophtalmique est une lotion oculaire décongestionnante.

Elle est utilisée :
- pour l'hygiène oculaire quotidienne ;
- dans le traitement local des irritations de l'œil et des paupières ;
- dans le traitement de la sécheresse de l'œil due à une insuffisance de sécrétion lacrymale ;
- dans la prévention des *inflammations* et gênes oculaires dues au travail sur écran informatique, à la climatisation, au port de lentilles de contact ;
- dans le *traitement d'appoint* des infections et *allergies* oculaires.

> **ATTENTION**
> Certaines infections nécessitent l'emploi d'un collyre *antibiotique* : en cas de doute, n'hésitez pas à consulter votre médecin. N'utilisez pas ce médicament de façon prolongée sans prendre un avis médical.

MODE D'EMPLOI ET POSOLOGIE

Lavages et irrigations : pressez légèrement le flacon et arrosez l'œil irrité. En cas de brûlure par des gaz lacrymogènes ou par une autre substance chimique irritante, écartez les paupières pour bien nettoyer la totalité de l'œil et n'hésitez pas à utiliser une quantité importante de solution.

Sécheresse de l'œil : instillez 2 ou 3 gouttes, 4 à 8 fois par jour.

> L'application correcte du produit peut nécessiter une aide, notamment chez une personne handicapée ou âgée.
> Ne conservez pas le flacon plus de 24 heures après une première utilisation.

PHYSIOGINE

estriol

PRÉSENTATION

PHYSIOGINE 0,5 mg : ovule ; boîte de 15 - Remb. 65 % - Liste II

PHYSIOGINE 0,1 % : crème vaginale ; tube 15 g et applicateur - Remb. 65 % - Liste II

Laboratoires Organon

COMPOSITION

	p. ovule	p. 100 g
Estriol	0,5 mg	100 mg

INDICATIONS

Ce médicament permet l'apport local d'une *hormone* de la famille des *estrogènes*.

Il est utilisé pour corriger les *symptômes* vaginaux dus à une *carence* hormonale (*atrophie* vaginale, démangeaisons...). Il est également utilisé en chirurgie gynécologique.

CONTRE-INDICATIONS

Ce médicament ne doit pas être utilisé dans les cas suivants :
- *antécédents* de certains cancers gynécologiques ;
- certaines maladies des veines ;
- certaines causes de saignement entre les règles ;
- **grossesse** ;
- **allaitement**.

GROSSESSE, ALLAITEMENT ET NOUVEAU-NÉ

L'effet du traitement local par les *estrogènes* pendant la grossesse et l'allaitement est mal connu. Par mesure de prudence, son usage est contre-indiqué.

MODE D'EMPLOI ET POSOLOGIE

L'ovule ou la crème doivent être introduits dans le vagin, le soir au coucher. Pour la crème, utiliser l'applicateur.

Posologie usuelle :

1 application de crème ou 1 ovule par jour, pendant 3 semaines.

En *traitement d'entretien*, 1 application de crème ou 1 ovule, 2 jours par semaine.

EFFETS INDÉSIRABLES POSSIBLES

En début de traitement : irritation, démangeaisons locales, douleur dans les seins.

PHYSIOMYCINE

métacycline

PRÉSENTATION

PHYSIOMYCINE : gélule (blanc) ; boîte de 8 - Remb. 65 % - Liste I

Laboratoires Laphal

COMPOSITION

	p. gél.
Métacycline chlorhydrate	300 mg

INDICATIONS

C'est un *antibiotique* qui appartient à la famille des *tétracyclines*.

Il est utilisé dans le traitement de diverses maladies infectieuses, notamment respiratoires et génitales. Il est également utilisé dans le traitement de l'*acné*.

CONTRE-INDICATIONS

Ce médicament ne doit pas être utilisé dans les cas suivants :
- *allergie* aux *tétracyclines*,
- enfant de moins de 8 ans (risque de coloration définitive des dents),
- association avec les *rétinoïdes*,
- **grossesse**,
- **allaitement**.

> **ATTENTION**
> Des précautions sont nécessaires en cas d'*insuffisance rénale* ou d'*insuffisance hépatique*.
> Ce médicament est photosensibilisant : une exposition aux rayons *ultraviolets* peut provoquer des réactions cutanées. Évitez toute exposition au soleil et n'omettez pas de signaler à votre médecin vos projets de vacances au soleil pendant la durée du traitement.
> L'emploi de *tétracyclines* périmées peut provoquer des lésions rénales.

INTERACTIONS MÉDICAMENTEUSES

Ce médicament ne doit pas être associé à ceux contenant des *rétinoïdes* (ROACCUTANE ORAL, SORIATANE...) : risque d'*hypertension intracrânienne*.

Il peut interagir avec d'autres médicaments, notamment les *anticoagulants* oraux : signalez tout autre traitement en cours à votre médecin ou à votre pharmacien.

GROSSESSE, ALLAITEMENT ET NOUVEAU-NÉ

Ce médicament peut provoquer des anomalies dentaires chez l'enfant à naître ou le *nourrisson* : son usage est contre-indiqué pendant la grossesse et l'allaitement.

MODE D'EMPLOI ET POSOLOGIE

Ce médicament doit être pris au milieu des repas avec un grand verre d'eau. Il est préférable de ne pas l'absorber en position allongée.

Posologie usuelle :

- Adulte : 1 gélule, matin et soir. Dans le traitement prolongé de l'*acné*, la *posologie* est très variable et fixée par le médecin.
- Enfant de plus de 8 ans : 75 à 150 mg, par 10 kg et par jour, en 2 prises, matin et soir.

> Le médecin peut prescrire un prélèvement pour identifier le *germe* responsable de l'infection et tester sa sensibilité aux *antibiotiques*. Le résultat de cet examen peut être faussé en cas d'automédication préalable : un avis médical est toujours préférable avant la prise d'antibiotiques.
>
> Une diminution de la fièvre ou une disparition des troubles ne sont pas synonymes de guérison : la durée du traitement doit absolument être respectée pour éviter les rechutes.

EFFETS INDÉSIRABLES POSSIBLES

Troubles digestifs : nausée, diarrhée.

Allergie cutanée.

Rougeurs cutanées dues à une exposition aux rayons *ultraviolets*.

PHYSIOSPIR
chlorure de sodium

PRÉSENTATION

PHYSIOSPIR : solution nasale et ophtalmique ; boîte de 15 flacons unidoses 5 ml - Non remb.

Laboratoires Soekami Lefrancq

COMPOSITION

	p. 100 ml
Chlorure de sodium	0,9 g

INDICATIONS

Cette solution est du *sérum physiologique* (eau salée à 9 g par litre), stérile et non injectable.

Elle est utilisée pour le lavage des fosses nasales ou des yeux.

GROSSESSE, ALLAITEMENT ET NOUVEAU-NÉ

Ce médicament est couramment utilisé au cours de la grossesse ou chez la femme qui allaite.

MODE D'EMPLOI ET POSOLOGIE

Pour plus de confort, la solution peut être réchauffée dans la main avant utilisation.

Posologie usuelle :

1 à 3 lavages des fosses nasales ou des yeux, par jour.

Chez le *nourrisson*, n'exercez pas une pression trop forte sur le flacon : quelques gouttes suffisent pour réaliser une *irrigation nasale*.

> Chaque flacon entamé doit être utilisé dans la journée.
>
> Pour lutter contre l'obstruction nasale chez le jeune enfant, veillez à assurer une bonne humidification de l'air ambiant.

PHYSIOSTAT
éthinylestradiol, lynestrénol

PRÉSENTATION

PHYSIOSTAT : comprimé (bleu : 7 et blanc : 15) ; boîte de 1 plaquette de 22 - Non Remb. - Liste I

Laboratoires Organon

COMPOSITION

	p. comp. bleu	p. comp. blanc
Éthinylestradiol	0,05 mg	0,05 mg
Lynestrénol		1 mg

INDICATIONS

C'est un *contraceptif* oral (pilule). Il est normodosé (0,05 mg d'estrogène) et séquentiel (les comprimés de la première partie du cycle ne contiennent qu'un *estrogène*, alors que les comprimés de la seconde partie du cycle contiennent un estrogène et un *progestatif*). Ce médicament est également prescrit pour traiter les douleurs des règles.

CONTRE-INDICATIONS

Ce médicament ne doit pas être utilisé dans les cas suivants :

- certaines maladies cardiaques ou *vasculaires*, notamment l'*hypertension artérielle* et les *antécédents* de *phlébite* ;
- certaines causes de saignement entre les règles ;
- *diabète*, excès de *cholestérol* ou de *triglycérides* ;
- cancer du sein ou de l'utérus ainsi que certains autres cancers ;
- *tumeur de l'hypophyse*, excès de *prolactine* ;
- maladie du foie grave ou récente, jaunisse chronique ou survenue lors d'une grossesse ;
- certaines maladies rares (*connectivite*, *porphyrie*, *otosclérose*, *otospongiose*) ;
- *insuffisance rénale* ;
- **grossesse** ;
- **allaitement**.

Dans tous les autres cas, le médecin est seul juge pour prescrire ce médicament, notamment en cas d'obésité ou de *tumeur* bénigne du sein ou de l'utérus.

> **ATTENTION**
>
> Chez la femme de plus de 35 ans ou chez celle qui fume, le risque de complications cardio-vasculaires liées aux *estrogènes* augmente nettement.
>
> Tout *symptôme* pouvant faire craindre une complication impose l'arrêt du traitement : maux de tête importants et inhabituels, troubles de la vision, élévation franche de la tension artérielle.
>
> La survenue d'un léger saignement entre les règles (spotting) est fréquente chez les femmes prenant la pilule. Vous devez néanmoins en informer votre médecin.
>
> Une surveillance médicale et des analyses sont nécessaires avant et pendant la contraception orale. Cette surveillance sera renforcée chez la femme souffrant d'*épilepsie*, de *migraine*, d'*asthme*, de *dépression*, ou ayant des *antécédents* familiaux de maladie *vasculaire*.
>
> En cas d'opération ou d'immobilisation pour une longue période, un autre mode de contraception est préférable.

INTERACTIONS MÉDICAMENTEUSES

L'efficacité contraceptive de la pilule peut être diminuée par la prise de certains médicaments : les *barbituriques*, certains antiépileptiques (TÉGRÉTOL, DI-HYDAN...), les médicaments contenant de la rifampicine (RIMACTAN, RIFADINE...) ou de la griséofulvine (FULCINE, GRISÉFULINE...).

GROSSESSE, ALLAITEMENT ET NOUVEAU-NÉ

Ce médicament est contre-indiqué pendant la grossesse et l'allaitement.

MODE D'EMPLOI ET POSOLOGIE

Prendre régulièrement, et sans oubli, 1 comprimé par jour à la même heure pendant 22 jours consécutifs, avec un arrêt de 6 jours entre chaque plaquette de 22 comprimés.

En cas de première contraception orale ou de reprise d'une contraception interrompue temporairement : prendre le premier comprimé le premier jour des règles.

En cas de changement de *contraceptif*, prendre le premier comprimé :

- après un arrêt de 7 jours, si le précédent contraceptif comportait 21 comprimés par plaquette ;
- après un arrêt de 6 jours, si le précédent contraceptif comportait 22 comprimés par plaquette ;
- sans interruption, si le précédent contraceptif comportait 28 comprimés par plaquette.

En cas de suite d'accouchement ou d'interruption de grossesse : suivre les indications du médecin.

> En cas d'oubli d'un comprimé :
> - retard de moins de 12 heures : prendre le comprimé oublié et continuer à l'heure habituelle ;
> - retard de plus de 12 heures : prendre le comprimé oublié et continuer à l'heure habituelle, mais la sécurité contraceptive n'est plus assurée et une méthode complémentaire doit être employée pour le cycle en cours (spermicide, préservatif, diaphragme).
>
> En cas de vomissements ou de diarrhée survenant juste après la prise du comprimé (sans rapport avec la prise du *contraceptif*), prendre un comprimé identique sur une autre plaquette. Si ces troubles durent plus de 12 heures, la sécurité contraceptive n'est plus assurée et une méthode complémentaire doit être employée pour le cycle en cours.

EFFETS INDÉSIRABLES POSSIBLES

Peu graves et n'empêchant pas la poursuite du traitement : nausées, maux de tête banals, prise de poids, tension modérée des seins, taches sombres sur le visage, jambes lourdes, irritation oculaire par les lentilles de contact, saignement entre les règles, diminution ou disparition des règles, *candidose* vaginale, irritabilité et tendance à la *dépression*.

Rares mais devant faire interrompre la prise de ce *contraceptif* : *hypertension artérielle*, accident cardiaque ou *vasculaire*, jaunisse, augmentation importante des lipides dans le sang, *diabète*, *nodule* ou douleur importante des seins, *migraine*, *vertiges*, troubles de la vision, aggravation d'une *épilepsie*, écoulement de lait.

Exceptionnellement, certaines pilules peuvent être responsables de calculs de la vésicule biliaire, de *tumeur* bénigne du foie ou de *mastopathie*.

PHYTAT D.B.

acide fytique

PRÉSENTATION

PHYTAT D.B. : sirop arôme orange amère ; flacon 250 ml - Remb. 65 %

Laboratoires Marx

COMPOSITION

	p. c. à d.
Acide fytique	0,7 g
Sodium	175 mg
Saccharose	6,4 g

INDICATIONS

Ce médicament empêche l'absorption du calcium par l'intestin.

Il est utilisé dans le traitement de l'excès de calcium dans les urines, avec ou sans calculs rénaux.

ATTENTION

Ce médicament doit être utilisé sous contrôle médical ; la mesure du taux de calcium dans les urines est nécessaire pour adapter le traitement.

Ce médicament contient du *sucre* (saccharose) et du *sel* (sodium) en quantité notable.

GROSSESSE, ALLAITEMENT ET NOUVEAU-NÉ

Compte tenu des besoins importants en calcium pendant la grossesse et l'allaitement, ce médicament ne doit pas être utilisé en l'absence de prescription médicale.

MODE D'EMPLOI ET POSOLOGIE

1 cuillère à dessert au début ou au cours des trois principaux repas.

Un régime pauvre en calcium (présent dans les fromages, les yaourts, les produits lactés...) est recommandé pendant le traitement.

EFFETS INDÉSIRABLES POSSIBLES

Troubles digestifs, diarrhée essentiellement.

PHYTÉMAG

PRÉSENTATION

PHYTÉMAG : gélule (transparent) ; boîte de 20 - Non remb.

Laboratoires Lesourd

COMPOSITION

	p. gél.
Silicate de magnésium	125 mg
Glycérophosphate de magnésium	60 mg
Chlorophylle	10 mg
Poudres de persil, thym, buchu	aa 25 mg
Poudres de prêle, ache, gingembre	aa 20 mg
Oxydes de zinc, cuivre, nickel	aa 0,01 mg

INDICATIONS

Ce médicament est un *antiasthénique* qui contient des extraits de plantes et des sels minéraux, notamment du magnésium.

Il est utilisé dans le *traitement symptomatique* de la fatigue.

GROSSESSE, ALLAITEMENT ET NOUVEAU-NÉ

Ce médicament ne contient que des substances présumées sans danger pendant la grossesse ou l'allaitement. Néanmoins, ne l'utilisez pas de façon prolongée sans l'avis de votre pharmacien ou de votre médecin.

MODE D'EMPLOI ET POSOLOGIE

Les gélules doivent être avalées avec un verre d'eau, avant les repas.

Posologie usuelle :

1 gélule, 1 ou 2 fois par jour.

Une fatigue persistante ne doit pas vous conduire à augmenter les prises de ce médicament : consultez votre médecin.

PHYTOCALM

PRÉSENTATION

PHYTOCALM : solution buvable ; flacon de 60 ml - Remb. 65 %

Laboratoires UPSA

COMPOSITION

	p. c. à c.
Valériane, extrait sec	90 mg
Ballote, teinture	735 mg
Aubépine, teinture	735 mg
Passiflore, teinture	735 mg
Alcool	1,144 g

INDICATIONS

Ce médicament contient une association de plantes sédatives.

Il est utilisé dans le traitement des troubles légers du sommeil, ou de la nervosité.

ATTENTION

Ce médicament contient de l'*alcool* en quantité notable : il ne convient pas à l'enfant de moins de 13 ans.

GROSSESSE, ALLAITEMENT ET NOUVEAU-NÉ

Ce médicament ne contient que des plantes présumées sans danger pendant la grossesse ou l'allaitement. Néanmoins, ne l'utilisez pas de façon prolongée sans l'avis de votre pharmacien ou de votre médecin.

MODE D'EMPLOI ET POSOLOGIE

La solution buvable doit être de préférence diluée dans un peu d'eau sucrée.

Posologie usuelle :

- Adulte et enfant de plus de 13 ans : 3 cuillères à café de solution buvable par jour.

PIASCLÉDINE

insaponifiables d'avocat et de soja

PRÉSENTATION

PIASCLÉDINE : gélule 300 mg (orange et gris) ; boîte de 15 - Remb. 35 %

Laboratoires Pharmascience

COMPOSITION

	p. gél.
Insaponifiables d'avocat et de soja, extrait total	300 mg

INDICATIONS

Ce médicament contient une association d'extraits végétaux.

Il est utilisé dans le traitement des parodontopathies (*inflammation* des gencives avec déchaussement des dents). Il est également utilisé dans le *traitement d'appoint* des douleurs liées à l'*arthrose*.

GROSSESSE, ALLAITEMENT ET NOUVEAU-NÉ

Ce médicament ne contient aucune substance connue pour être toxique pendant la grossesse ou l'allaitement.

MODE D'EMPLOI ET POSOLOGIE

Les gélules doivent être avalées avec un verre d'eau, au cours des repas.

Posologie usuelle :

1 gélule par jour.

Une hygiène soigneuse de la bouche reste nécessaire pendant le traitement.

EFFETS INDÉSIRABLES POSSIBLES

Rares régurgitations.

Un médicament n'est pas un produit comme les autres

PIDOLATE DE MAGNÉSIUM-RATIOPHARM
magnésium

PRÉSENTATION

PIDOLATE DE MAGNÉSIUM-RATIOPHARM : solution buvable arôme citron ; boîte de 30 ampoules 10 ml - Remb. 35 %

Laboratoires Lafon-Ratiopharm

COMPOSITION

	p. amp.
Magnésium pidolate	1,5 g
Soit magnésium	122 mg
Alcool à 95°	100 mg

INDICATIONS

Ce médicament contient du magnésium, élément minéral indispensable au *métabolisme*.

Il est utilisé dans le traitement des *carences* en magnésium, notamment celles qui sont liées à la prise de *diurétiques*.

CONTRE-INDICATIONS

Ce médicament ne doit pas être utilisé en cas d'*insuffisance rénale* grave.

ATTENTION
Cette solution buvable contient de l'*alcool* en quantité notable.

INTERACTIONS MÉDICAMENTEUSES

Ce médicament peut interagir avec d'autres médicaments en diminuant leur absorption digestive : signalez tout autre traitement en cours à votre médecin ou à votre pharmacien.

GROSSESSE, ALLAITEMENT ET NOUVEAU-NÉ

Ce médicament ne contient aucune substance connue pour être toxique chez la femme enceinte ou qui allaite.

MODE D'EMPLOI ET POSOLOGIE

Posologie usuelle :
- Adulte : 1 ampoule buvable, 3 fois par jour.
- Enfant : la dose est fixée par le médecin, selon le poids.

EFFETS INDÉSIRABLES POSSIBLES

Diarrhée, douleurs abdominales.

PILO
pilocarpine

PRÉSENTATION

PILO 1 : collyre ; flacon de *lyophilisat* et ampoule de solvant 10 ml - Remb. 65 %

PILO 2 : collyre ; flacon de *lyophilisat* et ampoule de solvant 10 ml - Remb. 65 %

Laboratoires Chauvin

COMPOSITION

	p. 100 ml	p. 100 ml
Pilocarpine nitrate	1 g	2 g

INDICATIONS

Ce collyre a la propriété de contracter la pupille et de diminuer la pression des liquides contenus dans l'œil (*tension intraoculaire*).

Il est utilisé dans le traitement du *glaucome* à angle ouvert (glaucome chronique) et dans les crises de glaucome par fermeture de l'angle.

CONTRE-INDICATIONS

Ce médicament ne doit pas être utilisé en cas d'iridocyclite (maladie inflammatoire de l'iris).

ATTENTION
Certaines contre-indications ne peuvent être détectées que par un ophtalmologiste : ne réutilisez pas ce médicament sans avis médical.

En cas de myopie, des précautions sont nécessaires.

Conducteur : l'instillation de ce collyre peut provoquer une gêne visuelle transitoire.

INTERACTIONS MÉDICAMENTEUSES

Ce collyre peut interagir avec d'autres collyres : respectez un intervalle de 15 minutes entre deux instillations, sauf indication contraire de votre ophtalmologiste.

GROSSESSE, ALLAITEMENT ET NOUVEAU-NÉ

L'effet de ce médicament pendant la grossesse ou l'allaitement est mal connu : seul votre médecin peut évaluer le risque éventuel de son utilisation dans votre cas.

MODE D'EMPLOI ET POSOLOGIE

Tirer la paupière inférieure vers le bas tout en regardant vers le haut et déposer une goutte de collyre entre la paupière et le globe oculaire (*cul-de-sac conjonctival*).

Posologie usuelle :

Elle est fixée par l'ophtalmologiste en fonction de la *tension intraoculaire*.

L'application correcte du produit peut nécessiter une aide, notamment chez une personne handicapée ou âgée.

Ne conservez pas ce collyre plus de 15 jours après une première utilisation.

EFFETS INDÉSIRABLES POSSIBLES

Rétrécissement de la pupille, troubles de la vision, larmoiement.

PILOCARPINE MARTINET
pilocarpine

PRÉSENTATION

PILOCARPINE MARTINET 1 % : collyre ; flacon 15 ml - Remb. 65 %

PILOCARPINE MARTINET 2 % : collyre ; flacon 15 ml - Remb. 65 %

Laboratoires CIBA Vision Ophthalmics

COMPOSITION

	p. 100 ml	p. 100 ml
Pilocarpine nitrate	1 g	2 g

INDICATIONS

Ce collyre a la propriété de contracter la pupille et de diminuer la pression des liquides contenus dans l'œil (*tension intraoculaire*).

Il est utilisé dans le traitement du *glaucome* à angle ouvert (glaucome chronique) et des crises de glaucome par fermeture de l'angle.

CONTRE-INDICATIONS

Ce médicament ne doit pas être utilisé en cas d'iridocyclite (maladie inflammatoire de l'iris).

ATTENTION
Certaines contre-indications ne peuvent être détectées que par un ophtalmologiste : n'utilisez pas ce médicament sans avis médical.

Des précautions sont nécessaires en cas de myopie.

Conducteur : l'instillation de ce collyre peut provoquer une gêne visuelle transitoire.

INTERACTIONS MÉDICAMENTEUSES

Ce collyre peut interagir avec d'autres collyres : respectez un intervalle de 15 minutes entre deux instillations, sauf indication contraire de votre ophtalmologiste.

GROSSESSE, ALLAITEMENT ET NOUVEAU-NÉ

L'effet de ce médicament pendant la grossesse ou l'allaitement est mal connu : seul votre médecin peut évaluer le risque éventuel de son utilisation dans votre cas.

MODE D'EMPLOI ET POSOLOGIE

Tirer la paupière inférieure vers le bas tout en regardant vers le haut et déposer une goutte de collyre entre la paupière et le globe oculaire (*cul-de-sac conjonctival*).

Posologie usuelle :

Elle est fixée par l'ophtalmologiste en fonction de la *tension intraoculaire*.

L'application correcte du produit peut nécessiter une aide, notamment chez une personne handicapée ou âgée.

EFFETS INDÉSIRABLES POSSIBLES

Rétrécissement de la pupille, troubles de la vision, larmoiement.

PILOCARPINE MARTINET 3 %
pilocarpine

PRÉSENTATION

PILOCARPINE MARTINET 3 % : collyre ; flacon 15 ml - Remb. 65 % - Liste I

Laboratoires CIBA Vision Ophthalmics

COMPOSITION

	p. 100 ml
Pilocarpine nitrate	3 g

INDICATIONS

Ce collyre a la propriété de contracter la pupille et de diminuer la pression des liquides contenus dans l'œil (*tension intraoculaire*).

Il est utilisé dans le traitement du *glaucome* à angle ouvert (glaucome chronique) et dans les crises de glaucome par fermeture de l'angle.

CONTRE-INDICATIONS

Ce médicament ne doit pas être utilisé en cas d'iridocyclite (maladie inflammatoire de l'iris).

ATTENTION

En cas de myopie, des précautions sont nécessaires.

Certaines contre-indications ne peuvent être détectées que par un ophtalmologiste : ne réutilisez pas ce médicament sans avis médical.

Conducteur : l'instillation de ce collyre peut provoquer une gêne visuelle transitoire.

INTERACTIONS MÉDICAMENTEUSES

Ce collyre peut interagir avec d'autres collyres : respectez un intervalle de 15 minutes entre deux instillations, sauf indication contraire de votre ophtalmologiste.

GROSSESSE, ALLAITEMENT ET NOUVEAU-NÉ

L'effet de ce médicament pendant la grossesse ou l'allaitement est mal connu : seul votre médecin peut évaluer le risque éventuel de son utilisation dans votre cas.

MODE D'EMPLOI ET POSOLOGIE

Tirer la paupière inférieure vers le bas tout en regardant vers le haut et déposer une goutte de collyre entre la paupière et le globe oculaire (*cul-de-sac conjonctival*).

Posologie usuelle :

Elle est fixée par l'ophtalmologiste en fonction de la *tension intraoculaire*.

L'application correcte du produit peut nécessiter une aide, notamment chez une personne handicapée ou âgée.

EFFETS INDÉSIRABLES POSSIBLES

Rétrécissement de la pupille, troubles de la vision, larmoiement.

PILOSURYL

piloselle, phyllantus

PRÉSENTATION

PILOSURYL : solution buvable ; flacon 250 ml - Remb. 65 %

Laboratoires Pierre Fabre

COMPOSITION

	p. c. à c.
Piloselle, extrait fluide	1 g
Phyllantus, extrait aqueux	0,15 g
Alcool à 95°	+

INDICATIONS

Ce médicament contient des extraits de plantes.

Il est utilisé pour favoriser l'élimination d'eau par le rein.

ATTENTION

Ce médicament contient de l'*alcool* : il est conseillé de ne pas l'utiliser chez l'enfant.

GROSSESSE, ALLAITEMENT ET NOUVEAU-NÉ

Ce médicament ne contient que des plantes présumées sans danger pendant la grossesse ou l'allaitement. Néanmoins, ne l'utilisez pas de façon prolongée sans l'avis de votre pharmacien ou de votre médecin.

Grossesse :

Ce médicament n'est pas adapté au traitement d'une éventuelle rétention d'eau survenant pendant la grossesse. L'apparition d'*œdèmes* impose une consultation médicale.

MODE D'EMPLOI ET POSOLOGIE

La solution doit être diluée dans un peu d'eau.

Posologie usuelle :

2 ou 3 cuillères à café de solution buvable, avant les deux principaux repas.

PILULE DUPUIS

bisacodyl, aloès, bourdaine

PRÉSENTATION

PILULE DUPUIS : comprimé (rouge) ; boîte de 25 - Non remb.

Laboratoires Goupil

COMPOSITION

	p. comp.
Bisacodyl	5 mg
Aloès du Cap, poudre	24 mg
Bourdaine, extrait sec purifié	20 mg

INDICATIONS

C'est un *laxatif stimulant*. Il augmente les sécrétions et la motricité de l'intestin.

Ce médicament est utilisé comme *traitement symptomatique* de la constipation.

CONTRE-INDICATIONS

Ce médicament ne doit pas être utilisé dans les cas suivants :

- maladies inflammatoires du côlon ;
- constipation ou douleur abdominale due à une obstruction du tube digestif : rétrécissement intestinal, *fécalome* (bouchon de selles) ;
- enfant de moins de 12 ans, sauf sur prescription médicale.

ATTENTION

Ce médicament doit être utilisé de façon épisodique et en cure très brève : pas plus de 8 à 10 jours.

Son usage régulier peut entraîner :

- une *dépendance* ;
- des troubles intestinaux graves ;
- une perte de sels minéraux et notamment de *potassium*, pouvant entraîner des *troubles du rythme cardiaque* graves.

Arrêter le traitement en cas de diarrhée ou de douleurs abdominales.

INTERACTIONS MÉDICAMENTEUSES

Ce médicament peut interagir avec d'autres médicaments, notamment ceux contenant de la *vincamine* et certains *antiarythmiques*. Signalez tout autre traitement en cours à votre médecin ou à votre pharmacien.

GROSSESSE, ALLAITEMENT ET NOUVEAU-NÉ

Ce médicament est déconseillé pendant la grossesse ou l'allaitement.

MODE D'EMPLOI ET POSOLOGIE

Les comprimés doivent être avalés sans être croqués.

L'effet ne peut être obtenu qu'après 8 à 12 heures.

Posologie usuelle :

- Adulte et enfant de plus de 12 ans : 1 à 2 comprimés, le soir au coucher.

Des mesures simples d'hygiène alimentaire et des exercices physiques sont à envisager avant d'utiliser un laxatif : parlez-en à votre médecin ou à votre pharmacien.

EFFETS INDÉSIRABLES POSSIBLES

Diarrhée, douleurs abdominales.

PIMAFUCORT

PRÉSENTATION

PIMAFUCORT : pommade ; tube 30 g - Remb. 65 % - Liste I

Laboratoires Yamanouchi

COMPOSITION

	p. 100 g
Dexaméthasone micronisée	0,1 g
Néomycine sulfate micronisé, exprimé en base	312 500 UI
Bacitracine micronisée	50 000 UI
Natamycine	2 g

INDICATIONS

Cette pommade contient un *dermocorticoïde*, deux *antibiotiques* (la néomycine, de la famille des *aminosides*, et la bacitracine) et un *antifongique*. Le dermocorticoïde, comme les autres dérivés de la *cortisone* à usage local, lutte contre l'*inflammation*.

Elle est utilisée dans le traitement initial de certaines lésions inflammatoires de la peau (*eczéma*, *dyshidrose*, *psoriasis*...) lorsqu'elles sont infectées.

CONTRE-INDICATIONS

Ce médicament ne doit pas être utilisé dans les cas suivants :
- *allergie* aux *antibiotiques* de la famille des *aminosides* ;
- infection virale de la peau, notamment varicelle, *herpès*, *zona* ;
- plaies chroniques, *ulcère* de la jambe, *escarre* ;
- *rosacée* ;
- sous un pansement étanche (occlusif).

ATTENTION

Cette pommade n'est pas destinée à traiter les infections bactériennes ou dues à des champignons microscopiques mais à traiter l'infection qui vient compliquer une lésion préexistante.

Comme les autres *dermocorticoïdes*, ce médicament a souvent une action efficace et rapide sur les lésions de la peau ; il peut être tentant de le réutiliser, mais l'automédication expose à des risques importants : aggravation de certaines lésions, installation d'une *dépendance* (amélioration de moins en moins visible des lésions et recrudescence des *symptômes* à chaque arrêt de traitement) et altération durable de la peau.

Suivez attentivement la prescription de votre médecin et n'hésitez pas à lui demander des explications.

GROSSESSE, ALLAITEMENT ET NOUVEAU-NÉ

L'effet de ce médicament pendant la grossesse ou l'allaitement est mal connu : seul votre médecin peut évaluer le risque éventuel de son utilisation dans votre cas.

MODE D'EMPLOI ET POSOLOGIE

Étaler la pommade en couche mince sur les lésions et la faire pénétrer par un léger massage.

Posologie usuelle :

1 ou 2 applications par jour, pendant 8 jours au maximum.

Pensez à vous laver les mains après l'application.

Le port d'un gant est recommandé.

Ne conseillez pas, ne donnez pas ce médicament à un proche.

EFFETS INDÉSIRABLES POSSIBLES

Compte tenu de la brièveté du traitement, ils sont peu fréquents :
- dilatation des petits vaisseaux, vergetures, éruption de boutons ;
- développement anormal des poils, dessèchement, fragilisation et décoloration irrégulière de la peau ;
- rougeur autour de la bouche, apparition d'une *rosacée* ;
- retard de la cicatrisation ;
- *allergie* cutanée (néomycine) ;
- apparition d'*eczéma* à distance des lieux d'application.

PINDIONE

phénindione

PRÉSENTATION

PINDIONE : comprimé sécable (blanc) ; boîte de 20 - Remb. 65 % - Liste I

Laboratoires Oberval

COMPOSITION

	p. comp.
Phénindione	50 mg

INDICATIONS

Ce médicament est un *anticoagulant* oral qui appartient à la famille des *antivitamines K*. Il empêche la formation des caillots en se substituant à la *vitamine* K. Celle-ci est indispensable à la synthèse par le foie des facteurs de la coagulation.

Il est utilisé dans le *traitement préventif* et curatif des *accidents thrombo-emboliques*.

CONTRE-INDICATIONS

Ce médicament ne doit pas être utilisé dans les cas suivants :
- hémophilie et maladies apparentées,
- risque de saignement d'un organe (*ulcère* de l'estomac ou du *duodénum*...),
- *hypertension artérielle* grave,
- association aux médicaments contenant de l'aspirine, de la phénylbutazone ou du miconazole (sauf formes à usage local).

ATTENTION

L'action de ce médicament est adaptée avec précision par votre médecin en fonction du résultat d'analyses de sang régulières : un *TP* trop élevé traduit une action insuffisante et un risque de caillot sanguin ; un TP trop bas traduit un surdosage et un risque d'*hémorragie*.

Tout signe pouvant faire penser à une hémorragie (urines rouges, selles rouges ou noires, taches anormales de la peau ou bleus multiples, saignement du nez ou des gencives...) doit vous conduire à prévenir immédiatement votre médecin ou un service médical d'urgence.

Pendant la durée du traitement, les injections intramusculaires sont interdites mais les injections par *voie* sous-cutanée ou intraveineuse sont possibles, de même que les prises de sang.

De nombreux médicaments contenant de l'aspirine sont vendus sans ordonnance : compte tenu des risques d'hémorragie qu'ils entraînent, l'automédication est particulièrement dangereuse.

Des précautions sont nécessaires en cas d'*insuffisance hépatique* ou d'*insuffisance rénale*.

En cas d'intervention chirurgicale ou d'extraction dentaire, signalez à l'anesthésiste ou à votre dentiste la prise de ce médicament : une modification de votre traitement pourra éventuellement être décidée.

Les boissons alcoolisées, augmentant les effets de ce médicament, sont déconseillées pendant la durée du traitement : risque de saignement.

INTERACTIONS MÉDICAMENTEUSES

Ce médicament ne doit pas être associé aux médicaments contenant de la phénylbutazone, de l'aspirine, du miconazole (l'usage des formes à usage local est possible) : risque d'*hémorragies*.

Il peut interagir avec d'autres médicaments. Signalez tout autre traitement en cours à votre médecin ou à votre pharmacien.

GROSSESSE, ALLAITEMENT ET NOUVEAU-NÉ

Grossesse :

Ce médicament ne doit pas être utilisé pendant la grossesse, sauf sur prescription médicale.

Allaitement :

Ce médicament passe dans le lait maternel : l'allaitement est déconseillé.

MODE D'EMPLOI ET POSOLOGIE

Les comprimés seront avalés avec un grand verre d'eau, mais jamais en position couchée. Pour un effet constant de ce médicament, la prise doit être régulière, toujours à la même heure, au cours ou en dehors des repas.

Posologie usuelle :

Elle est adaptée par le médecin en fonction des résultats des analyses de sang (*TP*, *INR*). Néanmoins, compte tenu de l'action retardée du produit, les variations du TP ou de l'INR n'apparaissent que plusieurs jours après les modifications de traitement.

Lorsque ce médicament remplace un *anticoagulant* injectable, les deux traitements peuvent se chevaucher pendant quelques jours.

Veillez à ne pas manquer de ce médicament ; lors de vos déplacements, munissez-vous d'une réserve ou de votre ordonnance en cours de validité.

Certaines activités ou sports violents pouvant entraîner des blessures ou des coupures (risque d'*hémorragie*), leur pratique est déconseillée pendant la durée du traitement.

En cas de saignement, comprimez la plaie pendant plusieurs minutes.

Un jeûne prolongé ou au contraire un apport alimentaire important en *vitamine* K (céréales, brocolis, choux, choucroute, carottes, abats) sont à éviter.

La coloration des urines en rouge orangé est normale sous traitement. Il ne faut pas confondre cette coloration avec la présence de sang dans les urines (voir ATTENTION).

EFFETS INDÉSIRABLES POSSIBLES

Hémorragie, de gravité variable.

Éruptions cutanées.

La survenue d'une fièvre inexpliquée avec fatigue et éruption de boutons nécessite l'arrêt du traitement : consultez votre médecin.

PINORHINOL

PRÉSENTATION

PINORHINOL : solution nasale ; ampoule 10 ml avec flacon pulvérisateur - Non remb.

Laboratoires Bouchara

COMPOSITION

	p. 100 g
Menthol	500 mg
Camphre	500 mg
Eucalyptus, essence	500 mg
Cannelle, essence	200 mg
Pin, essence	1 g

INDICATIONS

Cette solution nasale huileuse possède une action *antiseptique* et décongestionnante.

Elle est utilisée comme *traitement d'appoint* des *rhinites*, des *rhino-pharyngites* et des *sinusites*.

CONTRE-INDICATIONS

Ce médicament ne doit pas être utilisé chez l'enfant de moins de 30 mois.

ATTENTION

N'utilisez pas ce médicament sans avis médical chez l'enfant de moins de 7 ans.

En l'absence d'amélioration ou en cas d'apparition de fièvre, consultez votre médecin.

GROSSESSE, ALLAITEMENT ET NOUVEAU-NÉ

L'effet de ce médicament pendant la grossesse ou l'allaitement est mal connu. L'évaluation du risque éventuel lié à son utilisation est individuelle : demandez conseil à votre pharmacien ou à votre médecin.

MODE D'EMPLOI ET POSOLOGIE

Les pulvérisations sont faites au cours d'une brève inspiration, en tenant le flacon verticalement.

Le traitement ne doit pas dépasser 10 jours.

Posologie usuelle :

- Adulte : 1 pulvérisation dans chaque narine, 3 ou 4 fois par jour.
- Enfant de plus de 3 ans : 1 pulvérisation dans chaque narine, 1 ou 2 fois par jour.

☛ Après avoir transvasé la solution dans le flacon pulvérisateur, ne la conservez pas plus d'un mois.

PIPIOL

menthol, chloral, formaldéhyde

PRÉSENTATION

PIPIOL : solution pour application locale ; flacon 24 ml - Non remb.

PIPIOL : solution pour application locale ; flacon pulvérisateur 15 ml - Non remb.

Laboratoires C.P.F.

COMPOSITION

	p. 100 g
Menthol	2 g
Chloral hydrate	2 g
Formaldéhyde	10 g
Alcool à 60°	+

INDICATIONS

Cette solution d'usage local contient notamment un *antalgique* et un astringent.

Elle est utilisée dans le traitement des piqûres d'insectes.

CONTRE-INDICATIONS

Ce médicament ne doit pas être utilisé chez l'enfant de moins de 30 mois.

ATTENTION

Ce médicament ne doit pas être appliqué sur les *muqueuses* ni à proximité de l'œil.

GROSSESSE, ALLAITEMENT ET NOUVEAU-NÉ

L'effet de ce médicament pendant la grossesse ou l'allaitement est mal connu. L'évaluation du risque éventuel lié à son utilisation est individuelle : demandez conseil à votre pharmacien ou à votre médecin.

MODE D'EMPLOI ET POSOLOGIE

La solution est appliquée ou pulvérisée sur les piqûres.

Posologie usuelle :

- Adulte et enfant de plus de 30 mois : 1 application, à renouveler si nécessaire.

PIPORTIL

pipotiazine

PRÉSENTATION

PIPORTIL 10 mg : comprimé sécable (jaune) ; boîte de 20 - Remb. 65 % - Liste I

PIPORTIL : solution buvable 4 % ; flacon 10 ml (gouttes) - Remb. 65 % - Liste I

PIPORTIL 10 mg/2 ml : solution injectable 0,5 % ; boîte de 5 ampoules 2 ml - Remb. 65 % - Liste I

PIPORTIL L4 25 mg/1 ml : solution injectable huileuse 2,5 % ; boîte de 3 ampoules 1 ml - Remb. 65 % - Liste I

PIPORTIL L4 100 mg/4 ml : solution injectable huileuse 2,5 % ; boîte de 1 ampoule 4 ml - Remb. 65 % - Liste I

Laboratoires Théraplix

COMPOSITION

	p. comp.	p. gte	p. amp. inj.
Pipotiazine	10 mg	1 mg	10 mg
Sulfites			1,3 mg

	p. amp. inj.	p. amp. inj.
Pipotiazine palmitate	25 mg	100 mg

INDICATIONS

C'est un *neuroleptique* qui appartient à la famille chimique des phénothiazines.

Il est utilisé dans le traitement des troubles nerveux accompagnés de troubles de l'*humeur*.

CONTRE-INDICATIONS

Ce médicament ne doit pas être utilisé dans les cas suivants :

- *allergie* aux phénothiazines,
- *glaucome* à angle fermé,
- risque de blocage des urines (*adénome de la prostate*),
- association à la lévodopa,
- *allergie* aux *sulfites* (forme injectable à 0,5 %).

ATTENTION

La guérison peut nécessiter un traitement prolongé ; une amélioration survenant en début de traitement ne doit pas vous conduire à l'arrêter sans l'avis de votre médecin.

En cas de survenue d'une fièvre inexpliquée, suspendez la prise du médicament et alertez immédiatement votre médecin.

Des précautions sont nécessaires chez les personnes âgées et en cas d'*épilepsie*, de maladies cardiaques graves, d'*insuffisance rénale* ou d'*insuffisance hépatique*.

Évitez les boissons alcoolisées : augmentation du risque de somnolence.

Conducteur : ce médicament peut être responsable d'une somnolence ou d'une baisse de la vigilance.

INTERACTIONS MÉDICAMENTEUSES

Ce médicament ne doit pas être associé à ceux contenant de la lévodopa (LARODOPA, MODOPAR, SINEMET...) : risque d'annulation de leurs effets.

Il peut interagir avec d'autres médicaments, notamment les *antihypertenseurs*, l'atropine et ses dérivés, les *sédatifs* et certains pansements gastriques. Signalez tout autre traitement en cours à votre médecin ou à votre pharmacien.

GROSSESSE, ALLAITEMENT ET NOUVEAU-NÉ

Grossesse et nouveau-né :

Si une grossesse survient pendant le traitement, consultez votre médecin. Il appréciera le risque éventuel lié à l'utilisation de ce médicament dans votre cas.

Si le traitement est poursuivi jusqu'à l'accouchement, une surveillance médicale du *nouveau-né* est nécessaire.

Allaitement :

Les données actuellement disponibles ne permettent pas de savoir si ce médicament passe dans le lait maternel : l'allaitement est déconseillé.

MODE D'EMPLOI ET POSOLOGIE

Les injections se pratiquent par *voie* intramusculaire.

La *posologie* est strictement individuelle.

EFFETS INDÉSIRABLES POSSIBLES

Somnolence.

Tremblements, raideur anormale, grimaces involontaires.

Baisse de la tension artérielle, bouche sèche, troubles de l'*accommodation*, rétention d'urine, constipation.

Arrêt des règles, augmentation du volume des seins, écoulement de lait, prise de poids.
Photosensibilisation.
Certains signes doivent faire penser à un surdosage : état amorphe, hébété, rigidité musculaire extrême.

PIPRAM
acide pipémidique

PRÉSENTATION

PIPRAM 200 mg : gélule (vert transparent et vert opaque) ; boîte de 20 - Remb. 65 % - Liste I

PIPRAM FORT 400 mg : comprimé (jaune pâle) ; boîte de 10 - Remb. 65 % - Liste I

Laboratoires Bellon

COMPOSITION

	p. gél.	p. comp.
Acide pipémidique	200 mg	400 mg

INDICATIONS

C'est un *antibiotique* qui appartient à la famille des quinolones.
Il est utilisé dans le traitement des infections des *voies* urinaires, en l'absence de fièvre.

CONTRE-INDICATIONS

Ce médicament ne doit pas être utilisé dans les cas suivants :
- *allergie* aux *antibiotiques* de la famille des quinolones,
- déficit en *G6PD*,
- enfant de moins de 15 ans,
- **grossesse.**

ATTENTION

Ce médicament est photosensibilisant : une exposition aux rayons *ultraviolets* (soleil, lampe à bronzer) peut provoquer des réactions cutanées. N'omettez pas de signaler à votre médecin vos projets de vacances au soleil pendant la durée du traitement.
En cas d'apparition de fièvre, consultez votre médecin.
Conducteur : ce médicament peut être responsable de vertiges.

GROSSESSE, ALLAITEMENT ET NOUVEAU-NÉ

Grossesse :
L'effet de ce médicament sur l'enfant à naître est mal connu. Par mesure de prudence, son usage est contre-indiqué.

Allaitement :
Ce médicament passe très faiblement dans le lait maternel.

MODE D'EMPLOI ET POSOLOGIE

Ce médicament doit être pris de préférence au cours d'un repas.

Posologie usuelle :
- Adulte et enfant de plus de 15 ans : 2 gélules à 200 mg ou 1 comprimé à 400 mg, matin et soir.

Le médecin prescrit parfois une analyse d'urine pour identifier le *germe* responsable de l'infection et tester sa sensibilité aux *antibiotiques*. Le résultat de cet examen peut être faussé en cas d'automédication préalable : ne prenez pas d'antibiotiques sans avis médical.

EFFETS INDÉSIRABLES POSSIBLES

Photosensibilisation.
Réaction allergique, *vertiges*, trouble de l'équilibre chez la personne âgée.
Troubles digestifs.

PIRILÈNE
pyrazinamide

PRÉSENTATION

PIRILÈNE 500 mg : comprimé sécable (blanc) ; boîte de 60 - Remb. 65 % - Liste I

Laboratoires Marion Merrell Dow

COMPOSITION

	p. comp.
Pyrazinamide	500 mg

INDICATIONS

Cet *antibiotique* appartient à la famille des antituberculeux.
Il est exclusivement utilisé dans le traitement de la *tuberculose.*

CONTRE-INDICATIONS

Ce médicament ne doit pas être employé dans les cas suivants :
- *insuffisance hépatique,*
- *insuffisance rénale,*
- *hyperuricémie,*
- *porphyrie,*
- **grossesse.**

ATTENTION

Diabétiques : ce médicament rend impossible l'interprétation des bandelettes pour la recherche de l'acétone dans les urines.

GROSSESSE, ALLAITEMENT ET NOUVEAU-NÉ

Grossesse :
L'effet de ce médicament sur l'enfant à naître est mal connu : par mesure de prudence, son usage est contre-indiqué pendant la grossesse.

Allaitement :
Les données actuellement disponibles ne permettent pas de savoir si ce médicament passe dans le lait maternel.

MODE D'EMPLOI ET POSOLOGIE

Ce médicament doit être pris de préférence en une seule prise quotidienne, le matin à jeun, avec un verre d'eau.

Posologie usuelle :
Elle est fixée par le médecin en fonction du poids du malade et de la gravité de la maladie.

Le traitement antituberculeux, qui associe plusieurs médicaments, est habituellement très efficace. Cette efficacité nécessite néanmoins des prises régulières et un respect de la durée du traitement prescrit. Les rechutes dues à un traitement mal suivi sont beaucoup plus difficiles à soigner.

EFFETS INDÉSIRABLES POSSIBLES

Troubles digestifs, fatigue.
Hépatite (rarement).
Douleurs articulaires, dues à l'élévation du taux d'*acide urique* dans le sang.
Réactions allergiques cutanées.

PIVALONE
tixocortol

PRÉSENTATION

PIVALONE : suspension nasale ; flacon pulvérisateur 10 ml (100 doses) - Remb. 35 % - Liste II

Laboratoires Jouveinal

COMPOSITION

	p. 100 g
Tixocortol pivalate	1 g

INDICATIONS

Ce médicament est un *anti-inflammatoire* d'usage local qui appartient à la famille des *corticoïdes.*
Il est utilisé dans le *traitement symptomatique* des *rhinites* d'origine allergique ou inflammatoire.

CONTRE-INDICATIONS

Ce médicament ne doit pas être utilisé en cas :
- de saignement de nez,
- d'infection.

ATTENTION

En cas de signes d'infection nasale (fièvre, coloration des sécrétions nasales), consultez votre médecin.

GROSSESSE, ALLAITEMENT ET NOUVEAU-NÉ

L'effet de ce médicament pendant la grossesse ou l'allaitement est mal connu : seul votre médecin peut évaluer le risque éventuel de son utilisation dans votre cas.

MODE D'EMPLOI ET POSOLOGIE

Ce médicament doit être pulvérisé après un mouchage soigneux.

Posologie usuelle :
1 ou 2 pulvérisations dans chaque narine, 2 à 4 fois par jour.

EFFETS INDÉSIRABLES POSSIBLES

Irritation locale en début de traitement, sécheresse nasale, réactions allergiques.

PIVALONE NÉOMYCINE
tixocortol, néomycine

PRÉSENTATION
PIVALONE NÉOMYCINE : suspension nasale ; flacon pulvérisateur 10 ml - Remb. 35 % - Liste II

Laboratoires Jouveinal

COMPOSITION

	p. 100 ml
Tixocortol pivalate	1 g
Néomycine base	340 000 UI

INDICATIONS
Cette solution nasale contient un *anti-inflammatoire* de la famille des *corticoïdes* et un *antibiotique* de la famille des *aminosides*.

Elle est utilisée dans le *traitement d'appoint* des *rhinites*, *rhino-pharyngites* et *sinusites*.

CONTRE-INDICATIONS
Ce médicament ne doit pas être utilisé dans les cas suivants :
- *allergie* aux *antibiotiques* de la famille des *aminosides*,
- certaines infections virales (*herpès*...),
- saignement de nez.

GROSSESSE, ALLAITEMENT ET NOUVEAU-NÉ
L'effet de ce médicament pendant la grossesse ou l'allaitement est mal connu : seul votre médecin peut évaluer le risque éventuel de son utilisation dans votre cas.

MODE D'EMPLOI ET POSOLOGIE
Après un mouchage soigneux, ce médicament doit être pulvérisé au cours d'une brève inspiration. Agitez le flacon avant l'emploi.

Posologie usuelle :

1 ou 2 pulvérisations dans chaque narine, 4 fois par jour.

Le traitement ne doit pas dépasser 10 jours.

> Ce médicament vous a été prescrit personnellement dans une situation précise : ne le réutilisez pas sans avis médical.

EFFETS INDÉSIRABLES POSSIBLES
Irritation ou réaction allergique locale.

PLANOR
éthinylestradiol, norgestriénone

PRÉSENTATION
PLANOR : comprimé (blanc) ; boîte de 3 plaquettes de 21 - Non remb. - Liste I

Laboratoires Roussel

COMPOSITION

	p. comp.
Éthinylestradiol	0,05 mg
Norgestriénone	2 mg

INDICATIONS
C'est un *contraceptif* oral (pilule) qui contient un *estrogène* et un *progestatif*. Il est normodosé (0,05 mg d'estrogène) et monophasique (tous les comprimés contiennent la même quantité d'*hormones* et sont donc de la même couleur). Ce médicament est également prescrit pour traiter les douleurs des règles, certains troubles *fonctionnels* du cycle et l'*endométriose*.

CONTRE-INDICATIONS
Ce médicament ne doit pas être utilisé dans les cas suivants :
- certaines maladies cardiaques ou *vasculaires*, notamment l'*hypertension artérielle* et les *antécédents* de *phlébite* ;
- certaines causes de saignement entre les règles ;
- *diabète*, excès de *cholestérol* ou de *triglycérides* ;
- maladie du foie grave ou récente, jaunisse chronique ou survenue lors d'une grossesse ;
- cancer du sein ou de l'utérus ainsi que certains autres cancers ;
- *tumeur de l'hypophyse*, excès de *prolactine* ;
- certaines maladies rares (*connectivite*, *porphyrie*, *otosclérose*, *otospongiose*) ;
- *insuffisance rénale* ;
- **grossesse ;**
- **allaitement.**

Dans tous les autres cas, le médecin est seul juge pour prescrire ce médicament, notamment en cas d'obésité, de *tumeur* bénigne du sein ou de l'utérus, de calculs de la vésicule biliaire.

> **ATTENTION**
>
> Chez la femme de plus de 35 ans ou chez la femme qui fume, le risque de complications cardio-vasculaires liées aux *estrogènes* augmente nettement.
>
> Tout *symptôme* pouvant faire craindre une complication impose l'arrêt du traitement : maux de tête importants et inhabituels, troubles de la vision, élévation franche de la tension artérielle.
>
> La survenue d'un léger saignement entre les règles (spotting) est fréquente chez les femmes prenant la pilule. Vous devez néanmoins en informer votre médecin.
>
> Une surveillance médicale et des analyses sont nécessaires avant et pendant la contraception orale. Cette surveillance sera renforcée chez la femme souffrant d'*épilepsie*, de *migraine*, d'*asthme*, de *dépression*, ou ayant des *antécédents* familiaux de maladie *vasculaire*.
>
> En cas d'opération ou d'immobilisation pour une période prolongée, un autre mode de contraception est préférable.

INTERACTIONS MÉDICAMENTEUSES
L'efficacité contraceptive de la pilule peut être diminuée par la prise de certains médicaments : les *barbituriques*, certains antiépileptiques (TÉGRÉTOL, DI-HYDAN...), les médicaments contenant de la rifampicine (RIMACTAN, RIFADINE...) ou de la griséofulvine (FULCINE, GRISÉFULINE...).

GROSSESSE, ALLAITEMENT ET NOUVEAU-NÉ
Ce médicament est contre-indiqué pendant la grossesse et l'allaitement.

MODE D'EMPLOI ET POSOLOGIE
Prendre régulièrement, et sans oubli, 1 comprimé par jour à la même heure pendant 21 jours consécutifs, avec un arrêt de 7 jours entre chaque plaquette de 21 comprimés.

En cas de première contraception orale ou de reprise d'une contraception interrompue temporairement, prendre le premier comprimé le premier jour des règles.

En cas de changement de *contraceptif*, prendre le premier comprimé :
- après un arrêt de 7 jours, si le précédent contraceptif comportait 21 comprimés par plaquette ;
- après un arrêt de 6 jours, si le précédent contraceptif comportait 22 comprimés par plaquette ;
- sans interruption, si le précédent contraceptif comportait 28 comprimés par plaquette.

En cas de suite d'accouchement ou d'interruption de grossesse : suivre les indications du médecin.

> En cas d'oubli d'un comprimé :
> - retard de moins de 12 heures : prendre le comprimé oublié et continuer à l'heure habituelle ;
> - retard de plus de 12 heures : prendre le comprimé oublié et continuer à l'heure habituelle, mais la sécurité contraceptive n'est plus assurée et une méthode complémentaire doit être employée pour le cycle en cours (spermicide, préservatif, diaphragme).
>
> En cas de vomissement ou de diarrhée survenant juste après la prise du comprimé (sans rapport avec la prise du *contraceptif*), prendre un autre comprimé. Si ces troubles durent plus de 12 heures, la sécurité contraceptive n'est plus assurée et une méthode complémentaire doit être employée pour le cycle en cours.

EFFETS INDÉSIRABLES POSSIBLES
Peu graves et n'empêchant pas la poursuite du traitement : nausées, maux de tête banals, prise de poids, tension modérée des seins, taches sombres sur le visage, jambes lourdes, irritation oculaire par les lentilles de contact, saignement entre les règles, diminution ou disparition des règles, *candidose* vaginale, irritabilité et tendance à la *dépression*.

Rares mais devant faire interrompre la prise de ce *contraceptif* : *hypertension artérielle*, accident cardiaque ou *vasculaire*, jaunisse, augmentation importante des lipides dans le sang, *diabète*, *nodule* ou douleur importante des seins, *migraine*, *vertiges*, troubles de la vision, aggravation d'une *épilepsie*, écoulement de lait.

Exceptionnellement, certaines pilules peuvent être responsables de calculs de la vésicule biliaire, de *tumeur* bénigne du foie ou de *mastopathie*.

PLANPHYLLINE
aminophylline

PRÉSENTATION

PLANPHYLLINE 300 mg : comprimé sécable à *libération prolongée* (beige) ; boîte de 30 - Remb. 65 %

Laboratoires ASTA Medica

COMPOSITION

	p. comp.
Aminophylline	300 mg
Soit théophylline base	250 mg

INDICATIONS

Ce médicament est un bronchodilatateur qui libère dans l'organisme de la théophylline. Il lutte contre la contraction anormale des muscles de la paroi des bronches et stimule la respiration.

Il est utilisé dans le traitement de l'*asthme* et de certaines maladies respiratoires.

CONTRE-INDICATIONS

Ce médicament ne doit pas être utilisé dans les cas suivants :
- enfant de moins de 12 ans,
- en association avec les médicaments contenant de l'énoxacine.

ATTENTION

Ce médicament n'est pas adapté en cas de crise d'*asthme*.

Ce médicament contient un dérivé de la théophylline : ne l'utilisez pas sans l'avis de votre médecin.

Des précautions sont nécessaires en cas d'*insuffisance cardiaque*, d'*insuffisance hépatique*, d'*insuffisance coronarienne*, d'*hyperthyroïdie*, d'*antécédent* de *convulsions*, d'obésité, d'*ulcère* de l'estomac ou du *duodénum*.

Le tabac interagit avec la théophylline dont il diminue fortement l'efficacité, mais son arrêt peut conduire à un surdosage. Votre médecin adaptera la *posologie* en conséquence.

INTERACTIONS MÉDICAMENTEUSES

Ce médicament ne doit pas être associé aux médicaments contenant de l'énoxacine (ENOXOR...) : risque de surdosage en théophylline.

Il peut interagir avec d'autres médicaments. Signalez tout autre traitement en cours à votre médecin ou à votre pharmacien.

GROSSESSE, ALLAITEMENT ET NOUVEAU-NÉ

Grossesse et nouveau-né :

Lors de son utilisation en fin de grossesse, ce médicament peut provoquer une accélération du cœur et une agitation importante chez le *nouveau-né*.

Allaitement :

Les données actuellement disponibles ne permettent pas de savoir si ce médicament passe dans le lait maternel.

MODE D'EMPLOI ET POSOLOGIE

Posologie usuelle :

Elle est précise et strictement individuelle. Elle est adaptée progressivement par votre médecin en fonction des analyses de sang indiquant le taux de théophylline.

La *posologie* efficace la plus faible possible est toujours recherchée.

Toute modification de la *posologie* expose à la survenue d'une crise d'*asthme* : veillez à ne jamais manquer de ce médicament.

Fumer, ou être exposé à la fumée des autres, nuit à l'efficacité du traitement.

Les excitants, tels que le thé ou le café, peuvent accroître certains effets indésirables de la théophylline et doivent être consommés avec modération.

EFFETS INDÉSIRABLES POSSIBLES

Les effets indésirables varient d'une personne à l'autre. Leur intensité peut traduire un surdosage et rendre nécessaire une adaptation de la *posologie* : consultez votre médecin.

Les plus fréquents sont : agitation, maux de tête, insomnie, accélération du cœur, *troubles digestifs*.

PLAQUENIL
hydroxychloroquine

PRÉSENTATION

PLAQUENIL : comprimé (blanc) ; boîte de 30 - Remb. 65 %

Laboratoires Sanofi Winthrop

COMPOSITION

	p. comp.
Hydroxychloroquine sulfate	200 mg

INDICATIONS

C'est un antirhumatismal d'action lente, ayant des propriétés *antalgiques* et *anti-inflammatoires*. Sa structure chimique est proche de certains médicaments utilisés dans le traitement du *paludisme* (antipaludéens).

Il est utilisé dans le traitement des *rhumatismes inflammatoires* (notamment *polyarthrite rhumatoïde*) et des maladies du *collagène*, notamment le *lupus érythémateux* disséminé.

CONTRE-INDICATIONS

Ce médicament ne doit pas être utilisé dans les cas suivants :
- maladie de la rétine,
- *allergie* aux dérivés de la chloroquine (NIVAQUINE...).

ATTENTION

Des précautions sont nécessaires en cas de *psoriasis* et de déficit en *G6PD*.

Ce médicament peut être toxique pour la *rétine* : une surveillance ophtalmologique régulière est indispensable pendant toute la durée du traitement. N'utilisez jamais ce médicament sans avis médical.

Ce médicament peut provoquer des anomalies de la *numération formule sanguine* : des analyses de sang régulières sont nécessaires en cas de traitement prolongé.

GROSSESSE, ALLAITEMENT ET NOUVEAU-NÉ

L'effet de ce médicament pendant la grossesse ou l'allaitement est mal connu : seul votre médecin peut évaluer le risque éventuel de son utilisation dans votre cas.

MODE D'EMPLOI ET POSOLOGIE

Les comprimés doivent être avalés avec un peu d'eau.

Posologie usuelle :

- Adulte :
  - *traitement d'attaque* : 2 ou 3 comprimés par jour ;
  - *traitement d'entretien* : 1 ou 2 comprimés par jour.
- Enfant de plus de 5 ans : la *posologie*, strictement individuelle, est adaptée par votre médecin.

EFFETS INDÉSIRABLES POSSIBLES

Bourdonnements d'oreille, *vertiges*, *troubles digestifs*, éruptions cutanées, maux de tête, dépôt du médicament dans la cornée régressant à l'arrêt du traitement, fatigabilité, diminution de la force musculaire.

Exceptionnellement : maladie de la rétine, troubles nerveux.

PLASMARINE

PRÉSENTATION

PLASMARINE : sirop arôme pêche ; flacon 200 ml - Non remb.

Laboratoires Pharmadéveloppement

COMPOSITION

	p. c. à d.
Iode	7,7 mg
Phosphate di-acide de calcium	49,1 mg
Glycérophosphate de calcium	49,1 mg
Glycérophosphate de manganèse	16,4 mg
Acide phosphorique à 75 %	81,6 mg
Tanin	10,8 mg
Calcium	16,42 mg
Phosphore	33,90 mg
Manganèse	4,00 mg
Saccharose	4,10 g
Eau de mer	2,65 g

INDICATIONS

C'est un *antiasthénique* qui contient de l'iode et des sels minéraux (calcium, manganèse, phosphore).

Il est utilisé dans le *traitement symptomatique* de la fatigue.

CONTRE-INDICATIONS

Ce médicament ne doit pas être utilisé en cas de **grossesse** (présence d'iode).

ATTENTION

Des précautions sont nécessaires en cas d'*insuffisance rénale* grave.

Ce médicament contient du *sucre* (saccharose) en quantité notable.

INTERACTIONS MÉDICAMENTEUSES

Ce médicament peut interagir avec d'autres médicaments. Signalez tout autre traitement en cours à votre médecin ou à votre pharmacien.

GROSSESSE, ALLAITEMENT ET NOUVEAU-NÉ

Grossesse :

En raison de la présence d'iode, ce médicament est contre-indiqué pendant la grossesse.

Allaitement :

Les données actuellement disponibles ne permettent pas de savoir si ce médicament passe dans le lait maternel.

MODE D'EMPLOI ET POSOLOGIE

Le sirop peut être avalé pur ou dilué dans un peu d'eau, avant ou après les repas.

Posologie usuelle :

- Adulte : 2 ou 3 cuillères à soupe par jour.
- Enfant : 1 à 3 cuillères à dessert par jour.

Une fatigue persistante ne doit pas vous conduire à augmenter les prises de ce médicament : consultez votre médecin.

EFFETS INDÉSIRABLES POSSIBLES

En cas de prise prolongée : *hyperthyroïdie* ou *hypothyroïdie*, dues à la présence d'iode.

PLÉBÉ

PRÉSENTATION

PLÉBÉ : solution buvable arôme cerise ; boîte de 16 ampoules 10 ml - Non remb.

Laboratoires Pharmadéveloppement

COMPOSITION

	p. amp.
Glucoheptogluconate de calcium	1 g
Soit calcium	82 mg
Glycérophosphate de magnésium	200 mg
Acide ascorbique (vitamine C)	500 mg
Pyridoxine (vitamine B6)	100 mg
Sorbitol	1 g

INDICATIONS

Ce médicament contient des sels minéraux (magnésium, calcium), des *vitamines* et du sorbitol.

Il est utilisé dans le *traitement symptomatique* de certaines fatigues (*asthénies fonctionnelles*).

CONTRE-INDICATIONS

Ce médicament ne doit pas être utilisé dans les cas suivants :

- calculs des *voies* urinaires,
- enfant de moins de 3 ans.

ATTENTION

Dans l'organisme, la *vitamine* C est dégradée en acide oxalique, pouvant favoriser la formation de calculs dans les *voies* urinaires.

Ne prenez de vitamine C ni en quantité importante ni pendant une longue durée, sans avis médical.

INTERACTIONS MÉDICAMENTEUSES

Ce médicament ne doit pas être associé aux médicaments contenant de la lévodopa seule (LARODOPA) : risque d'annulation des effets de la lévodopa par la *vitamine* B6.

Il peut interagir avec d'autres médicaments, notamment avec les *antibiotiques* de la famille des cyclines : respectez un intervalle de 3 heures entre les prises de chacun de ces médicaments.

GROSSESSE, ALLAITEMENT ET NOUVEAU-NÉ

Ce médicament ne contient que des substances présumées sans danger pendant la grossesse ou l'allaitement. Néanmoins, ne l'utilisez pas de façon prolongée sans l'avis de votre pharmacien ou de votre médecin.

MODE D'EMPLOI ET POSOLOGIE

Le contenu des ampoules doit être dilué dans un peu d'eau et pris de préférence le matin ou à midi.

Posologie usuelle :

- Adulte : 1 ou 2 ampoules buvables par jour.
- Enfant de plus de 10 ans : 1 ampoule buvable par jour.
- Enfant de 3 à 10 ans : 1 ampoule buvable tous les 2 jours.

Une fatigue persistante ne doit pas vous conduire à augmenter les prises de ce médicament : consultez votre médecin.

EFFETS INDÉSIRABLES POSSIBLES

Diarrhée, douleur abdominale chez les personnes prédisposées.

PLÉNYL

PRÉSENTATION

PLÉNYL : comprimé à croquer ; boîte de 15 - Non remb.

PLÉNYL : comprimé à croquer ; boîte de 30 - Non remb.

PLÉNYL : comprimé effervescent ; boîte de 15 - Non remb.

PLÉNYL : comprimé effervescent ; boîte de 30 - Non remb.

Laboratoires Oberlin

COMPOSITION

	p. comp.
Rétinol palmitate (vitamine A)	3 000 UI
Thiamine (vitamine B1)	1,6 mg
Riboflavine (vitamine B2)	2 mg
Pantothénate de calcium (vitamine B5)	6,87 mg
Pyridoxine (vitamine B6)	4,11 mg
Cyanocobalamine (vitamine B12)	4 µg
Acide ascorbique (vitamine C)	150 mg
Tocophérol (vitamine E)	20 UI
Nicotinamide (vitamine PP)	30 mg
Biotine (vitamine B8)	0,15 mg
Acide folique (vitamine B9)	0,4 mg
Zinc	1,43 mg
Cuivre	0,42 mg
Sélénium	0,02 mg

INDICATIONS

Ce médicament contient une association de *vitamines* et d'oligo-éléments.

Il est utilisé dans la prévention et la correction des troubles en rapport avec une alimentation carencée ou déséquilibrée chez l'adulte ainsi que chez l'adolescent.

ATTENTION

Ce médicament contient de la *vitamine* A, susceptible de provoquer des troubles en cas de surdosage : éviter de l'associer à d'autres médicaments qui en contiennent ou de dépasser la *posologie* recommandée.

GROSSESSE, ALLAITEMENT ET NOUVEAU-NÉ

Chez la femme enceinte ou qui allaite, les apports quotidiens en *vitamine* A ne doivent pas dépasser 6 000 *UI* par jour, apports alimentaires compris.

MODE D'EMPLOI ET POSOLOGIE

1 comprimé par jour, par cure de 15 jours à 1 mois.

1 000 *UI* de *vitamine* A sont contenues dans : 100 g de beurre ou 10 g d'huile de foie de morue ou 20 g de carottes ou 2 kg de myrtilles ou 50 g de melon ou 10 g de foie de veau.

EFFETS INDÉSIRABLES POSSIBLES

Aucun effet indésirable n'est généralement constaté aux doses usuelles. Leur apparition doit faire penser à un surdosage : perte de l'appétit, nausées, vomissements...

PLITICAN

alizapride

PRÉSENTATION

PLITICAN : comprimé sécable (blanc) ; boîte de 12 - Non remb. - Liste II

PLITICAN : solution buvable ; flacon 30 ml (720 gouttes) - Non remb. - Liste II

PLITICAN : solution injectable ; boîte de 6 ampoules 2 ml - Remb. 65 % - Liste II

Laboratoires Delagrange

COMPOSITION

	p. comp.	p. gte	p. amp.
Alizapride	50 mg	0,5 mg	50 mg

INDICATIONS

C'est un médicament *antiémétique*. Il régularise la contraction des muscles de l'œsophage et de l'estomac.

Il est utilisé pour traiter les nausées et les vomissements (à l'exclusion de ceux de la grossesse). La solution injectable est réservée aux nausées et vomissements de certaines maladies graves.

CONTRE-INDICATIONS

Ce médicament ne doit pas être utilisé dans les cas suivants :
- *antécédents* de *dyskinésie* (mouvements involontaires ou inadaptés) due aux *neuroleptiques*,
- *phéochromocytome*.

ATTENTION

Des précautions sont nécessaires en cas d'*insuffisance rénale*.

Évitez les boissons alcoolisées : augmentation du risque de somnolence.

Conducteur : ce médicament peut être responsable d'une somnolence ou d'une baisse de la vigilance.

INTERACTIONS MÉDICAMENTEUSES

Ce médicament peut interagir avec d'autres médicaments. Signalez tout autre traitement en cours à votre médecin ou à votre pharmacien.

GROSSESSE, ALLAITEMENT ET NOUVEAU-NÉ

Grossesse :

L'effet de ce médicament sur l'enfant à naître est mal connu : par mesure de prudence, son usage est déconseillé pendant la grossesse.

Allaitement :

Les données actuellement disponibles ne permettent pas de savoir si ce médicament passe dans le lait maternel : par mesure de prudence, il est déconseillé pendant l'allaitement.

MODE D'EMPLOI ET POSOLOGIE

Les comprimés et la solution buvable sont à prendre avant les repas. La solution buvable est particulièrement adaptée aux enfants et aux *nourrissons*. La solution injectable peut être administrée par *voie* intramusculaire ou intraveineuse.

Posologie usuelle :

- Adulte : 1 comprimé, 2 à 4 fois par jour.
- Enfant : 1/2 à 1 comprimé, 1 à 3 fois par jour ou 10 gouttes de solution buvable par kg et par jour ; soit pour un enfant de 20 kg : 70 gouttes, 3 fois par jour.
- Nourrisson : 10 gouttes de solution buvable par kg et par jour ; soit pour un enfant de 13 kg : 40 gouttes, 3 fois par jour.

Lors de vomissements répétés, les pertes en eau et en sels minéraux sont importantes. Ces pertes doivent être compensées par des aliments liquides (bouillons salés, sodas...) pris en petites quantités et régulièrement.

EFFETS INDÉSIRABLES POSSIBLES

Somnolence, *vertiges*, insomnie, diarrhée.

Exceptionnellement : maux de tête ; à dose élevée et prolongée, spasme de la face, mouvements involontaires cédant à l'arrêt du traitement, baisse de la tension artérielle, arrêt des règles, augmentation du volume des seins (chez l'homme comme chez la femme).

PLUREXID
chlorhexidine

PRÉSENTATION

PLUREXID : solution moussante pour application locale ; flacon 250 ml - Remb. 65 %

PLUREXID : solution moussante pour application locale ; flacon 400 ml - Remb. 65 %

Laboratoires Théraplix

COMPOSITION

	p. 100 ml
Chlorhexidine digluconate	1,5 g

INDICATIONS

Ce médicament est un *antiseptique* local associé à un détergent.

Il est utilisé pour nettoyer la peau et les *muqueuses* des organes génitaux et pour désinfecter certaines lésions de la peau (*eczéma*, petite plaie...).

CONTRE-INDICATIONS

Ce médicament ne doit pas être utilisé dans l'œil ou dans l'oreille (risque de toxicité en cas de perforation du tympan).

INTERACTIONS MÉDICAMENTEUSES

L'association à d'autres *antiseptiques* ou aux savons est déconseillée car leurs effets risquent de s'annuler.

GROSSESSE, ALLAITEMENT ET NOUVEAU-NÉ

L'utilisation ponctuelle de ce médicament pendant la grossesse ou l'allaitement ne semble pas poser de problème particulier.

Allaitement :

Ne pas appliquer sur les seins en cas d'allaitement.

MODE D'EMPLOI ET POSOLOGIE

Ce produit peut être utilisé pur ou dilué.

Après dilution, la solution doit être utilisée immédiatement et la quantité non utilisée doit être jetée.

Un rinçage soigneux est indispensable, que le produit soit utilisé pur ou dilué, même dans un bain.

Posologie usuelle :

Traitement des plaies superficielles et peu étendues : badigeonner les surfaces à traiter à l'aide d'une compresse imbibée avec la solution pure.

En lavage : la solution peut être utilisée pure ou diluée (3 bouchons par litre d'eau).

En bain local ou en application avec des compresses, la solution doit être diluée : 3 bouchons pour 2 litres d'eau ou 1 cuillère à café pour un verre d'eau.

En *irrigation vaginale*, la solution doit être diluée (3 bouchons par litre d'eau).

Tous les *antiseptiques* peuvent être contaminés par des *germes* : ne les conservez pas inutilement après une première utilisation.

EFFETS INDÉSIRABLES POSSIBLES

Allergie cutanée.

PLURIFACTOR

PRÉSENTATION

PLURIFACTOR : comprimé à double noyau (rose) ; boîte de 30 - Non remb.

Laboratoires Gomenol

COMPOSITION

	p. comp.
ADN	100 mg
Acide aminoacétique	100 mg
Thiamine (vitamine B1)	15 mg
Ribloflavine (vitamine B2)	10 mg
Nicotinamide (vitamine PP)	50 mg
Pyridoxine (vitamine B6)	10 mg
Pantothénate de calcium	25 mg
Soit calcium	2,10 mg

INDICATIONS

Ce médicament contient un *acide aminé* et des *vitamines*, indispensables au *métabolisme*.

Il est utilisé dans le *traitement symptomatique* de certaines fatigues (*asthénies fonctionnelles*).

INTERACTIONS MÉDICAMENTEUSES

Ce médicament ne doit pas être associé aux médicaments contenant de la lévodopa seule (LARODOPA) : risque d'annulation des effets de la lévodopa par la *vitamine* B6.

GROSSESSE, ALLAITEMENT ET NOUVEAU-NÉ

Ce médicament ne contient que des substances présumées sans danger pendant la grossesse ou l'allaitement. Néanmoins, ne l'utilisez pas de façon prolongée sans l'avis de votre pharmacien ou de votre médecin.

MODE D'EMPLOI ET POSOLOGIE

Les comprimés doivent être avalés avec un verre d'eau.

Posologie usuelle :

2 comprimés, 2 ou 3 fois par jour.

Une fatigue persistante ne doit pas vous conduire à augmenter les prises de ce médicament : consultez votre médecin.

PNEUMO 23

vaccin contre les infections à pneumocoques

PRÉSENTATION

PNEUMO 23 : solution injectable ; seringue préremplie 0,5 ml - Non remb.

Laboratoires Mérieux-M.S.D.

COMPOSITION

	p. seringue
Streptococcus pneumoniae, polyosides purifiés	1 dose

INDICATIONS

C'est un *vaccin* composé de fragments de pneumocoques. Il ne contient aucun *germe* vivant.

Il est utilisé dans la prévention des infections à pneumocoques, notamment respiratoires chez des personnes fragiles.

L'immunité apparaît 15 jours après l'injection et dure environ 5 ans.

CONTRE-INDICATIONS

Ce médicament ne doit pas être utilisé dans les cas suivants :
- forte réaction lors d'une précédente injection,
- injection de ce *vaccin* ou infection à pneumocoques datant de moins de 5 ans.

GROSSESSE, ALLAITEMENT ET NOUVEAU-NÉ

Grossesse :

Il est préférable d'effectuer cette vaccination en dehors de la grossesse.

MODE D'EMPLOI ET POSOLOGIE

Bien agiter la seringue avant l'emploi, la réchauffer à température ambiante si nécessaire. L'injection doit être réalisée par *voie* sous-cutanée ou intramusculaire.

Posologie usuelle :

1 injection unique assure une protection d'au moins 5 ans.

☛ Pour des raisons de confort, la vaccination doit être différée en cas de fièvre élevée.

Les réactions fébriles dues aux *vaccins* peuvent être combattues en prenant de l'aspirine ou du paracétamol.

Pour garder son efficacité, ce vaccin doit être conservé entre + 2 et + 8 °C (compartiment à beurre du réfrigérateur), mais quelques jours à une température ne dépassant pas 25 °C ne prêtent pas à conséquence. Il ne doit pas être congelé.

EFFETS INDÉSIRABLES POSSIBLES

Réactions douloureuses, *nodule* au point d'injection.

Fièvre modérée pendant 24 heures.

Allergie.

Ne conseillez pas vos médicaments à une autre personne

PNEUMOGÉINE

PRÉSENTATION

PNEUMOGÉINE : solution buvable ; flacon 110 ml (22 cuillères à café) - Remb. 65 %

Laboratoires Techni-Pharma

COMPOSITION

	p. c. à c.
Théophylline	40,6 mg
Caféine	47 mg
Iodure de potassium	94 mg
Benzoate de sodium	56,5 mg

INDICATIONS

Ce médicament est un bronchodilatateur qui associe de la théophylline, de la caféine et des *expectorants*. Il lutte contre la contraction anormale des muscles de la paroi des bronches et stimule la respiration.

Il est utilisé dans le traitement de l'*asthme* et de certaines maladies respiratoires.

CONTRE-INDICATIONS

Ce médicament ne doit pas être utilisé dans les cas suivants :
- enfant de moins de 5 ans,
- *insuffisance rénale* grave,
- *hyperkaliémie*,
- grossesse,
- en association avec les médicaments contenant de l'énoxacine.

ATTENTION

Ce médicament contient de la théophylline : ne l'utilisez pas sans l'avis de votre médecin.

Des précautions sont nécessaires en cas d'*insuffisance cardiaque*, d'*insuffisance hépatique*, d'*insuffisance coronarienne*, d'*hyperthyroïdie*, d'*antécédent* de *convulsions*, d'obésité, d'*ulcère* de l'estomac ou du *duodénum*.

Le tabac interagit avec la théophylline dont il diminue fortement l'efficacité, mais son arrêt peut conduire à un surdosage. Votre médecin adaptera la *posologie* en conséquence.

INTERACTIONS MÉDICAMENTEUSES

Ce médicament ne doit pas être associé aux médicaments contenant de l'énoxacine (ENOXOR...) : risque de surdosage en théophylline.

Il peut interagir avec d'autres médicaments, notamment certains *diurétiques*. Signalez tout autre traitement en cours à votre médecin ou à votre pharmacien.

GROSSESSE, ALLAITEMENT ET NOUVEAU-NÉ

Grossesse :

Ce médicament est contre-indiqué pendant la grossesse.

Allaitement :

Les données actuellement disponibles ne permettent pas de savoir si ce médicament passe dans le lait maternel.

MODE D'EMPLOI ET POSOLOGIE

Posologie usuelle :

Elle est précise et strictement individuelle. Elle est adaptée progressivement par votre médecin en fonction des analyses de sang indiquant le taux de théophylline.

La *posologie* efficace la plus faible possible est toujours recherchée.

☛ Toute modification de la *posologie* expose à la survenue d'une crise d'*asthme* : veillez à ne jamais manquer de ce médicament.

Fumer, ou être exposé à la fumée des autres, nuit à l'efficacité du traitement.

Les excitants, tels que le thé ou le café, peuvent accroître certains effets indésirables de la théophylline et doivent être consommés avec modération.

Ce médicament doit être conservé à l'abri de la lumière.

EFFETS INDÉSIRABLES POSSIBLES

Les effets indésirables de la théophylline varient d'une personne à l'autre. Leur intensité peut traduire un surdosage et rendre nécessaire une adaptation de la *posologie* : consultez votre médecin. Les plus fréquents sont : maux de tête, agitation, insomnie, accélération du cœur, *troubles digestifs*.

Effets indésirables liés à la présence d'iodure de *potassium* : éruptions cutanées.

PNEUMOPAN

PRÉSENTATION

PNEUMOPAN ADULTE-ENFANT : sirop ; flacon 150 ml - Non remb.

Laboratoires Sterling Midy

COMPOSITION

	p. c. à s.	p. c. à c.
Codéine	17,78 mg	5,93 mg
Chlorphénamine maléate	3,56 mg	1,19 mg
Bromoforme	17,78 mg	5,93 mg
Benzoate de sodium	88,88 mg	29,63 mg
Alcool à 95°	+	+
Saccharose	7,9 g	2,6 g

INDICATIONS

Ce sirop *antitussif* contient de la codéine associée notamment à un *antihistaminique* (chlorphénamine) et un fluidifiant bronchique (benzoate de sodium). La codéine a une action sédative sur le *système nerveux central* et notamment les centres de la toux.

Ce médicament est utilisé dans le *traitement symptomatique* des toux sèches, en particulier allergiques.

CONTRE-INDICATIONS

Ce médicament ne doit pas être utilisé dans les cas suivants :
- *asthme*,
- *insuffisance respiratoire*,

- *glaucome* à angle fermé,
- risque de rétention des urines (*adénome de la prostate*...),
- enfant de moins de 10 ans.

ATTENTION

Ce médicament n'est pas adapté au traitement de la toux grasse, qui est un mécanisme de défense normal de l'organisme permettant l'évacuation des mucosités présentes dans les bronches.

La toux est un *symptôme* qui peut révéler de nombreuses maladies : consultez votre médecin si elle persiste plus de quelques jours.

Ce médicament contient du *sucre* (saccharose) et de l'*alcool* en quantité notable.

Évitez les boissons alcoolisées : augmentation du risque de somnolence.

Conducteur : ce médicament peut être responsable d'une somnolence ou d'une baisse de la vigilance.

INTERACTIONS MÉDICAMENTEUSES

Ce médicament peut interagir avec d'autres médicaments, notamment chez les personnes âgées. Signalez tout autre traitement en cours à votre médecin ou à votre pharmacien.

GROSSESSE, ALLAITEMENT ET NOUVEAU-NÉ

Grossesse :

Compte tenu de la présence de codéine, n'utilisez pas ce médicament pendant la grossesse sans prendre l'avis de votre pharmacien ou de votre médecin.

Allaitement :

Ce médicament passe dans le lait maternel : par mesure de prudence, il est déconseillé pendant l'allaitement.

MODE D'EMPLOI ET POSOLOGIE

Les prises de ce médicament doivent être réparties au cours de la journée.

Posologie usuelle :

- Adulte : 1 cuillère à soupe de sirop, 3 fois par jour.
- Enfant de plus de 10 ans : 1 cuillère à café de sirop, 3 fois par jour.

De nombreux médicaments contiennent de la codéine, notamment certains *antitussifs* et *antalgiques*. Le surdosage expose à une augmentation des effets indésirables.

La poursuite du tabagisme nuit à l'efficacité du traitement.

Des mesures simples permettent de calmer les toux sèches : boissons chaudes et humidification de l'air ambiant.

EFFETS INDÉSIRABLES POSSIBLES

Liés à la présence de codéine : constipation ; et plus rarement, somnolence, nausées, vomissements, *bronchospasme*, sensations de vertige, *allergies* cutanées, ralentissement anormal de la respiration.

Effets *atropiniques*, rares aux doses habituelles.

PNEUMOPLASME
farine de moutarde

PRÉSENTATION

PNEUMOPLASME : *cataplasme* sinapisé ; boîte de 1 cataplasme (20,8 cm x 80 cm) - Non remb.

PNEUMOPLASME : *cataplasme* sinapisé ; boîte de 1 cataplasme (15,6 cm x 80 cm) - Non remb.

Laboratoires Augot

COMPOSITION

	p. 100 cm²
Farine de moutarde déshuilée	0,60 g

INDICATIONS

Ce *cataplasme* à la farine de moutarde (sinapisme) a un effet *révulsif*.

Il est utilisé pour faciliter la respiration au cours des affections respiratoires, avec ou sans toux. Il peut également être utilisé dans le traitement local des douleurs des muscles, des tendons et des ligaments.

CONTRE-INDICATIONS

Ce médicament ne doit pas être utilisé sur des *muqueuses*, des plaies ou de la peau lésée.

GROSSESSE, ALLAITEMENT ET NOUVEAU-NÉ

Ce médicament peut être utilisé pendant la grossesse ou l'allaitement.

MODE D'EMPLOI ET POSOLOGIE

Découper la surface de *cataplasme* nécessaire avant de l'humecter avec de l'eau froide ou tiède. L'application ne doit pas durer plus de 15 minutes.

Posologie usuelle :

1 cataplasme, 1 ou 2 fois par jour, sur la partie malade.

PNEUMOPLASME À L'HISTAMINE
farine de moutarde, histamine

PRÉSENTATION

PNEUMOPLASME : *cataplasme* sinapisé (15,6 cm x 80 cm) ; sachet aluminium - Remb. 35 %

Laboratoires Augot

COMPOSITION

	p. 100 cm²
Farine de moutarde déshuilée	600 mg
Dichlorhydrate d'histamine	6 mg

INDICATIONS

C'est un *cataplasme révulsif* et *antalgique*.

Il est utilisé dans le traitement local des *tendinites* et des douleurs musculaires et ligamentaires. Il peut être également utilisé en complément du traitement de certaines maladies respiratoires.

CONTRE-INDICATIONS

Ce médicament ne doit pas être utilisé sur des *muqueuses*, des plaies ou de la peau lésée.

GROSSESSE, ALLAITEMENT ET NOUVEAU-NÉ

L'utilisation ponctuelle de ce médicament pendant la grossesse ou l'allaitement ne semble pas poser de problème particulier.

MODE D'EMPLOI ET POSOLOGIE

Découper la surface de *cataplasme* nécessaire avant de l'humecter avec de l'eau froide ou tiède. Laisser agir jusqu'à ce que la peau devienne rouge et qu'une sensation de chaleur soit ressentie. L'application ne doit pas durer plus de 15 minutes.

Posologie usuelle :

1 ou 2 cataplasmes par jour.

EFFETS INDÉSIRABLES POSSIBLES

Allergie cutanée (éruption de boutons, démangeaisons...) imposant l'arrêt du traitement ; à ne pas confondre avec une rougeur normale au point d'application due au médicament.

PNEUMOREL
fenspiride

PRÉSENTATION

PNEUMOREL 80 mg : comprimé (blanc) ; boîte de 30 - Remb. 35 % - Liste II

PNEUMOREL SIROP : sirop (orangé) arôme miel-vanille ; flacon 150 ml - Remb. 35 % - Liste II

Laboratoires Biopharma

COMPOSITION

	p. comp.	p. c. à s.
Fenspiride chlorhydrate	80 mg	30 mg
Saccharose		9 g

INDICATIONS

Ce médicament lutte contre l'*inflammation* des bronches.

Il est utilisé seul ou en complément d'un traitement anti-infectieux dans de nombreuses affections des *voies* respiratoires et des bronches.

ATTENTION

Le sirop contient du *sucre* (saccharose) en quantité notable.

GROSSESSE, ALLAITEMENT ET NOUVEAU-NÉ

L'effet de ce médicament pendant la grossesse ou l'allaitement est mal connu : seul votre médecin peut évaluer le risque éventuel de son utilisation dans votre cas.

MODE D'EMPLOI ET POSOLOGIE

Les comprimés et le sirop doivent être pris au début des repas. Le sirop peut être mélangé au contenu des biberons.

Posologie usuelle :

Les comprimés sont réservés à l'adulte : 1 comprimé, 2 ou 3 fois par jour.

Sirop :
- Adulte : 3 à 6 cuillères à soupe par jour.
- Enfant de plus de 24 mois (ou de plus de 10 kg) : 2 à 4 cuillères à soupe par jour.
- Enfant de moins de 24 mois (ou jusqu'à 10 kg) : 2 à 4 cuillères à café par jour.

> En cas d'*inflammation* de l'appareil respiratoire, il est souvent utile d'humidifier l'air ambiant.

EFFETS INDÉSIRABLES POSSIBLES

Rarement : *troubles digestifs* mineurs, somnolence.

PO 12
énoxolone

PRÉSENTATION

PO 12 : crème ; tube 40 g - Non remb.

Laboratoires Boehringer Ingelheim France

COMPOSITION

	p. 100 g
Énoxolone	2 g

INDICATIONS

Cette crème contient un *anti-inflammatoire* non stéroïdien.

Elle est utilisée pour calmer les démangeaisons et les rougeurs de la peau (*eczéma* du visage, rougeur des fesses du *nourrisson*, coup de soleil, piqûre d'insecte...).

CONTRE-INDICATIONS

Ce médicament ne doit pas être utilisé en cas d'infection ou de parasitose non traitée de la peau (ce médicament n'a pas d'effet anti-infectieux).

> **ATTENTION**
> Évitez d'appliquer cette crème sur des zones étendues ou lésées : risque de passage du médicament dans le sang ; ne l'utilisez pas chez le *nourrisson* sans avis médical.
> En cas de contact accidentel avec l'œil, rincez abondamment.

GROSSESSE, ALLAITEMENT ET NOUVEAU-NÉ

L'effet de ce médicament pendant la grossesse ou l'allaitement est mal connu : demandez conseil à votre pharmacien ou à votre médecin.

MODE D'EMPLOI ET POSOLOGIE

Après avoir désinfecté la zone à traiter, appliquer la crème en couche mince, en massant légèrement.

Posologie usuelle :

2 à 4 applications par jour.

EFFETS INDÉSIRABLES POSSIBLES

Eczéma dû au médicament.

POCONÉOL Nº 1
homéopathie

PRÉSENTATION

POCONÉOL Nº 1 : solution buvable ; flacon 15 ml - Non remb.

Laboratoires Plantes et Médecines

COMPOSITION

Costus spicatus 5 CH, Croton campestris 5 CH, Anchieta salutaris 5 CH, Robinia coccinea 5 CH, aa

INDICATIONS

Ce médicament est un *complexe* (association) de remèdes homéopathiques.

Il est utilisé comme *draineur* général (il stimule les fonctions d'élimination).

GROSSESSE, ALLAITEMENT ET NOUVEAU-NÉ

Aux *dilutions homéopathiques*, les substances contenues dans ce médicament ne sont pas connues pour être toxiques pendant la grossesse ou l'allaitement.

MODE D'EMPLOI ET POSOLOGIE

Les gouttes doivent être diluées dans un peu d'eau et prises de préférence à distance des repas.

Posologie usuelle :

5 à 15 gouttes par jour.

> Certains homéopathes recommandent de ne pas absorber de camphre pendant un traitement homéopathique.

POCONÉOL Nº 2
homéopathie

PRÉSENTATION

POCONÉOL Nº 2 : solution buvable ; flacon 15 ml (gouttes) - Non remb.

Laboratoires Plantes et Médecines

COMPOSITION

Carica papaya 5 CH, Acanthus volubilis 5 CH, Dorstenia multiformis 5 CH, Mimosa virginalis 5 CH, aa

INDICATIONS

Ce médicament est un *complexe* (association) de remèdes homéopathiques.

Il est utilisé comme régulateur du système nerveux.

GROSSESSE, ALLAITEMENT ET NOUVEAU-NÉ

Aux *dilutions homéopathiques*, les substances contenues dans ce médicament ne sont pas connues pour être toxiques pendant la grossesse ou l'allaitement.

MODE D'EMPLOI ET POSOLOGIE

Les gouttes doivent être diluées dans un peu d'eau et prises de préférence à distance des repas.

Posologie usuelle :

5 à 15 gouttes par jour.

> Certains homéopathes recommandent de ne pas absorber de camphre pendant un traitement homéopathique.

POCONÉOL Nº 5
homéopathie

PRÉSENTATION

POCONÉOL Nº 5 : solution buvable ; flacon 15 ml (gouttes) - Non remb.

Laboratoires Plantes et Médecines

COMPOSITION

Myristica bicuiba 5 CH, Mespilodaphne pretiosa 5 CH, Echinodorus macrophyllus 5 CH, Viscum album 5 CH, Schinus molle 5 CH, Cereus grandiflorus 5 CH, aa

INDICATIONS

Ce médicament est un *complexe* (association) de remèdes homéopathiques.

Il est utilisé dans le traitement des troubles de la circulation veineuse, en particulier pendant la *ménopause*.

MODE D'EMPLOI ET POSOLOGIE

Les gouttes doivent être diluées dans un peu d'eau et prises de préférence à distance des repas.

Posologie usuelle :

5 à 15 gouttes par jour.

> Certains homéopathes recommandent de ne pas absorber de camphre pendant un traitement homéopathique.

POCONEOL Nº 7
homéopathie

PRÉSENTATION

POCONÉOL Nº 7 : solution buvable ; flacon 15 ml (gouttes) - Non remb.

Laboratoires Plantes et Médecines

COMPOSITION

Laurus persea 5 CH, Ruiza fragrans 5 CH, Cassia occidentalis 5 CH, Piper umbellatum 5 CH, Achras sapota 5 CH, aa

INDICATIONS

Ce médicament est un *complexe* (association) de remèdes homéopathiques.

Il est utilisé comme *draineur* du foie et des reins.

GROSSESSE, ALLAITEMENT ET NOUVEAU-NÉ

Aux *dilutions homéopathiques*, les substances contenues dans ce médicament ne sont pas connues pour être toxiques pendant la grossesse ou l'allaitement.

MODE D'EMPLOI ET POSOLOGIE

Les gouttes doivent être diluées dans un peu d'eau et prises de préférence à distance des repas.

Posologie usuelle :

5 à 15 gouttes par jour.

☛ Certains homéopathes recommandent de ne pas absorber de camphre pendant un traitement homéopathique.

POCONÉOL N° 8
homéopathie

PRÉSENTATION

POCONÉOL N° 8 : solution buvable ; flacon 15 ml (gouttes) - Non remb.

Laboratoires Plantes et Médecines

COMPOSITION

Psidium pomiferum 5 CH, Smilax officinalis 5 CH, Cayaponia tayuya 5 CH, Sapindus esculentus 5 CH, aa

INDICATIONS

Ce médicament est un *complexe* (association) de remèdes homéopathiques.

Il est utilisé dans le *traitement symptomatique* des douleurs rhumatismales.

GROSSESSE, ALLAITEMENT ET NOUVEAU-NÉ

Aux *dilutions homéopathiques*, les substances contenues dans ce médicament ne sont pas connues pour être toxiques pendant la grossesse ou l'allaitement.

MODE D'EMPLOI ET POSOLOGIE

Les gouttes doivent être diluées dans un peu d'eau et prises de préférence à distance des repas.

Posologie usuelle :

5 à 15 gouttes par jour.

☛ Certains homéopathes recommandent de ne pas absorber de camphre pendant un traitement homéopathique.

POCONÉOL N° 9
homéopathie

PRÉSENTATION

POCONÉOL N° 9 : solution buvable ; flacon 15 ml (gouttes) - Non remb.

Laboratoires Plantes et Médecines

COMPOSITION

Mikania guaco 5 CH, Caesalpinia ferrea 5 CH, Bixa orellana 5 CH, Scoparia dulcis 5 CH, Origanum vulgare 5 CH, Phellandrium aquaticum 5 CH, aa

INDICATIONS

Ce médicament est un *complexe* (association) de remèdes homéopathiques.

Il est utilisé dans le *traitement symptomatique* des affections respiratoires.

ATTENTION

La toux est un *symptôme* qui peut révéler de nombreuses maladies : consultez votre médecin si elle persiste au-delà de quelques jours.

GROSSESSE, ALLAITEMENT ET NOUVEAU-NÉ

Aux *dilutions homéopathiques*, les substances contenues dans ce médicament ne sont pas connues pour être toxiques pendant la grossesse ou l'allaitement.

MODE D'EMPLOI ET POSOLOGIE

Les gouttes doivent être diluées dans un peu d'eau et prises de préférence à distance des repas.

Posologie usuelle :

5 à 15 gouttes par jour.

☛ Certains homéopathes recommandent de ne pas absorber de camphre pendant un traitement homéopathique.

POCONÉOL N° 20
homéopathie

PRÉSENTATION

POCONÉOL N° 20 : solution buvable ; flacon 15 ml (gouttes) - Non remb.

Laboratoires Plantes et Médecines

COMPOSITION

Cecropia palmata 5 CH, Cuscuta racemosa 5 CH, Anacardium occidentalis 5 CH, aa

INDICATIONS

Ce médicament est un *complexe* (association) de remèdes homéopathiques.

Il est utilisé dans le traitement des toux spasmodiques.

ATTENTION

La toux est un *symptôme* qui peut révéler de nombreuses maladies : consultez votre médecin si elle persiste au-delà de quelques jours.

GROSSESSE, ALLAITEMENT ET NOUVEAU-NÉ

Aux *dilutions homéopathiques*, les substances contenues dans ce médicament ne sont pas connues pour être toxiques pendant la grossesse ou l'allaitement.

MODE D'EMPLOI ET POSOLOGIE

Les gouttes doivent être diluées dans un peu d'eau et prises de préférence à distance des repas.

Posologie usuelle :

5 à 15 gouttes par jour.

☛ Certains homéopathes recommandent de ne pas absorber de camphre pendant un traitement homéopathique.

POCONÉOL N° 22
homéopathie

PRÉSENTATION

POCONÉOL N° 22 : solution buvable ; flacon 15 ml (gouttes) - Non remb.

Laboratoires Plantes et Médecines

COMPOSITION

Guettarda uruquensis 5 CH, Piper nigrum 5 CH, Citrus medica 5 CH, aa

INDICATIONS

Ce médicament est un *complexe* (association) de remèdes homéopathiques.

Il est utilisé dans le *traitement d'appoint* de la fièvre.

ATTENTION

L'effet de ce médicament peut être insuffisant en cas de fièvre élevée.

GROSSESSE, ALLAITEMENT ET NOUVEAU-NÉ

Aux *dilutions homéopathiques*, les substances contenues dans ce médicament ne sont pas connues pour être toxiques pendant la grossesse ou l'allaitement.

MODE D'EMPLOI ET POSOLOGIE

Les gouttes doivent être diluées dans un peu d'eau et prises de préférence à distance des repas.

Posologie usuelle :

5 à 15 gouttes par jour.

☛ Certains homéopathes recommandent de ne pas absorber de camphre pendant un traitement homéopathique.

POCONÉOL N° 43
homéopathie

PRÉSENTATION

POCONÉOL N° 43 : solution buvable ; flacon 15 ml (gouttes) - Non remb.

Laboratoires Plantes et Médecines

COMPOSITION

Matricaria parthenium 5 CH, Polygonum acre 5 CH, Pulchea quitoc 5 CH, Viscum album 5 CH, Tanacetum balsamita 5 CH, aa

INDICATIONS

Ce médicament est un *complexe* (association) de remèdes homéopathiques.

Il est utilisé dans les *états dépressifs*.

ATTENTION

En l'absence d'amélioration, n'hésitez pas à consulter votre médecin.

GROSSESSE, ALLAITEMENT ET NOUVEAU-NÉ

Aux *dilutions homéopathiques*, les substances contenues dans ce médicament ne sont pas connues pour être toxiques pendant la grossesse ou l'allaitement.

MODE D'EMPLOI ET POSOLOGIE

Les gouttes doivent être diluées dans un peu d'eau et prises de préférence à distance des repas.

Posologie usuelle :

5 à 15 gouttes par jour.

☛ Certains homéopathes recommandent de ne pas absorber de camphre pendant un traitement homéopathique.

POCONÉOL Nº 44
homéopathie

PRÉSENTATION

POCONÉOL Nº 44 : solution buvable ; flacon 15 ml (gouttes) - Non remb.

Laboratoires Plantes et Médecines

COMPOSITION

Juniperus communis 5 CH, Linum usitatissimum 5 CH, Psidium pomiferum 5 CH, aa

INDICATIONS

Ce médicament est un *complexe* (association) de remèdes homéopathiques.

Il est utilisé dans le *traitement symptomatique* des états grippaux.

GROSSESSE, ALLAITEMENT ET NOUVEAU-NÉ

Aux *dilutions homéopathiques*, les substances contenues dans ce médicament ne sont pas connues pour être toxiques pendant la grossesse ou l'allaitement.

MODE D'EMPLOI ET POSOLOGIE

Les gouttes doivent être diluées dans un peu d'eau et prises de préférence à distance des repas.

Posologie usuelle :

5 à 15 gouttes par jour.

☛ Certains homéopathes recommandent de ne pas absorber de camphre pendant un traitement homéopathique.

POCONÉOL Nº 51
homéopathie

PRÉSENTATION

POCONÉOL Nº 51 : solution buvable ; flacon 15 ml - Non remb.

Laboratoires Plantes et Médecines

COMPOSITION

Boehmeria caudata 5 CH, Perianthopodus tomba 5 CH, Hamamelis virginiana 5 CH, aa

INDICATIONS

Ce médicament est un *complexe* (association) de remèdes homéopathiques.

Il décongestionne les veines et est utilisé comme *traitement d'appoint* des jambes lourdes.

ATTENTION

En cas de persistance des *symptômes*, un changement de traitement peut se révéler nécessaire : consultez votre médecin.

GROSSESSE, ALLAITEMENT ET NOUVEAU-NÉ

Aux *dilutions homéopathiques*, les substances contenues dans ce médicament ne sont pas connues pour être toxiques pendant la grossesse ou l'allaitement.

MODE D'EMPLOI ET POSOLOGIE

Les gouttes doivent être diluées dans un peu d'eau et prises de préférence à distance des repas.

Posologie usuelle :

5 à 15 gouttes par jour.

☛ Certains homéopathes recommandent de ne pas absorber de camphre pendant un traitement homéopathique.

POCONÉOL Nº 69
homéopathie

PRÉSENTATION

POCONÉOL Nº 69 : solution buvable ; flacon 15 ml (gouttes) - Non remb.

Laboratoires Plantes et Médecines

COMPOSITION

Citrus medica 5 CH, Erythrina corallodendron 5 CH, Papaver rheas 5 CH, aa

INDICATIONS

Ce médicament est un *complexe* (association) de remèdes homéopathiques.

Il est utilisé comme *sédatif* du système nerveux.

GROSSESSE, ALLAITEMENT ET NOUVEAU-NÉ

Aux *dilutions homéopathiques*, les substances contenues dans ce médicament ne sont pas connues pour être toxiques pendant la grossesse ou l'allaitement.

MODE D'EMPLOI ET POSOLOGIE

Les gouttes doivent être diluées dans un peu d'eau et prises de préférence à distance des repas.

Posologie usuelle :

5 à 15 gouttes par jour.

☛ Certains homéopathes recommandent de ne pas absorber de camphre pendant un traitement homéopathique.

POCONÉOL Nº 73
homéopathie

PRÉSENTATION

POCONÉOL Nº 73 : solution buvable ; flacon 15 ml (gouttes) - Non remb.

Laboratoires Plantes et Médecines

COMPOSITION

Erythrina corallodendron 5 CH, Spondias lutea 5 CH, Chiococca anguifuga 5 CH, aa

INDICATIONS

Ce médicament est un *complexe* (association) de remèdes homéopathiques.

Il est utilisé pour traiter le dérèglement du système *neurovégétatif* et l'émotivité.

GROSSESSE, ALLAITEMENT ET NOUVEAU-NÉ

Aux *dilutions homéopathiques*, les substances contenues dans ce médicament ne sont pas connues pour être toxiques pendant la grossesse ou l'allaitement.

MODE D'EMPLOI ET POSOLOGIE

Les gouttes doivent être diluées dans un peu d'eau et prises de préférence à distance des repas.

Posologie usuelle :

5 à 15 gouttes par jour.

☛ Certains homéopathes recommandent de ne pas absorber de camphre pendant un traitement homéopathique.

POCONÉOL Nº 76
homéopathie

PRÉSENTATION

POCONÉOL Nº 76 : solution buvable ; flacon 15 ml (gouttes) - Non remb.

Laboratoires Plantes et Médecines

COMPOSITION

Laurus persea 5 CH, Plumeria lancifolia 5 CH, Brunella vulgaris 5 CH, aa

INDICATIONS

Ce médicament est un *complexe* (association) de remèdes homéopathiques.

Il est utilisé dans le traitement de l'*acné*.

GROSSESSE, ALLAITEMENT ET NOUVEAU-NÉ

Aux *dilutions homéopathiques*, les substances contenues dans ce médicament ne sont pas connues pour être toxiques pendant la grossesse ou l'allaitement.

MODE D'EMPLOI ET POSOLOGIE

Les gouttes doivent être diluées dans un peu d'eau et prises de préférence à distance des repas.

Posologie usuelle :
5 à 15 gouttes par jour.

> Certains homéopathes recommandent de ne pas absorber de camphre pendant un traitement homéopathique.

POLARAMINE
dexchlorphéniramine

PRÉSENTATION

POLARAMINE : comprimé sécable (blanc) ; boîte de 30 - Remb. 65 %

POLARAMINE REPETABS : comprimé ovale à libération répétée (blanc) ; boîte de 30 - Remb. 65 %

POLARAMINE : sirop (incolore) arôme orange ; flacon 125 ml - Remb. 65 %

POLARAMINE : solution injectable ; boîte de 5 ampoules 1 ml - Remb. 65 %

Laboratoires Schering-Plough

COMPOSITION

	p. comp.	p. comp. Repetabs
Dexchlorphéniramine maléate	2 mg	6 mg
Soit dans la couche externe à libération immédiate		3 mg
Soit dans le noyau à libération 4 à 6 heures après		3 mg

	p. c. à c.	p. amp. inj.
Dexchlorphéniramine maléate	0,5 mg	5 mg

INDICATIONS

Ce médicament est un *antihistaminique* antiallergique. Il a en outre des effets *sédatifs* et *atropiniques*.

Il est utilisé dans le traitement des *allergies* : rhume des foins, *urticaire*, *conjonctivite*, œdème de *Quincke*. Il est également utilisé dans le traitement des démangeaisons non allergiques. La solution injectable est adaptée au *traitement préventif* ou au *traitement curatif* des accidents allergiques aigus.

CONTRE-INDICATIONS

Ce médicament ne doit pas être utilisé dans les cas suivants :
- *glaucome* à angle fermé,
- risque de blocage des urines (*adénome de la prostate*).

> **ATTENTION**
> Évitez les boissons alcoolisées : augmentation du risque de somnolence.
> Ce médicament est responsable d'une baisse de la vigilance : la conduite, les activités professionnelles ou de loisirs exposant à un danger sont formellement déconseillées.

INTERACTIONS MÉDICAMENTEUSES

Ce médicament peut interagir avec d'autres médicaments, notamment les *sédatifs* et les *atropiniques*. Signalez tout autre traitement en cours à votre médecin ou à votre pharmacien.

GROSSESSE, ALLAITEMENT ET NOUVEAU-NÉ

L'effet de ce médicament pendant la grossesse ou l'allaitement est mal connu. L'évaluation du risque éventuel lié à son utilisation est individuelle : demandez conseil à votre pharmacien ou à votre médecin.

MODE D'EMPLOI ET POSOLOGIE

Les comprimés Repetabs sont plus fortement dosés et ont une durée d'action prolongée par rapport aux comprimés à 2 mg.

Le sirop peut être pris pur ou dilué.

La solution injectable peut être administrée par *voie* intramusculaire, intraveineuse ou sous-cutanée.

Posologie usuelle :
- Adulte : 1 comprimé à 2 mg, 3 ou 4 fois par jour, ou 1 comprimé Repetabs matin et soir, ou 1 ampoule injectable à renouveler en fonction de l'évolution des *symptômes*.
- Enfant de 30 mois à 15 ans : 1/2 comprimé à 2 mg, 2 ou 3 fois par jour, ou 1 cuillère à café de sirop, 3 ou 4 fois par jour, ou 1 ampoule injectable à renouveler en fonction de l'évolution des symptômes.
- Nourrisson : 1 cuillère à café de sirop, 1 ou 2 fois par jour.

> Ce médicament agit sur les manifestations de l'*allergie* mais n'en supprime pas la cause. Si les *symptômes* persistent ou s'aggravent, n'hésitez pas à consulter votre médecin.

EFFETS INDÉSIRABLES POSSIBLES

Somnolence.
Effets *atropiniques*.

POLARAMINE PECTORAL

PRÉSENTATION

POLARAMINE PECTORAL : sirop ; flacon 125 ml - Non remb.

Laboratoires Schering-Plough

COMPOSITION

	p. c. à c.
Dexchlorphéniramine maléate	2 mg
Pseudo-éphédrine sulfate	20 mg
Guaïfénésine	100 mg
Benzoate de sodium	5 mg
Cyclamate de sodium	30 mg
Alcool à 95°	0,35 ml

INDICATIONS

Ce médicament est une association de substances qui contient un décongestionnant (pseudo-éphédrine), un *antihistaminique* antiallergique (dexchlorphéniramine), et des *expectorants*.

Il est utilisé dans le *traitement symptomatique* des affections aiguës du nez, de la gorge et des bronches, et notamment des toux allergiques.

CONTRE-INDICATIONS

Ce médicament ne doit pas être utilisé dans les cas suivants :
- *insuffisance respiratoire* grave,
- *glaucome* à angle fermé,
- risque de blocage des urines (*adénome de la prostate*...),
- en association avec les *antidépresseurs* de type *IMAO* non sélectifs,
- enfant de moins de 30 mois.

> **ATTENTION**
> Des précautions sont nécessaires en cas d'*hypertension artérielle* ou d'*angine de poitrine*.
> Ce médicament contient de l'*alcool* en quantité notable.
> Évitez les boissons alcoolisées : augmentation du risque de somnolence.
> Conducteur : ce médicament peut être responsable d'une somnolence ou d'une baisse de la vigilance.

INTERACTIONS MÉDICAMENTEUSES

Ce médicament ne doit pas être associé aux *antidépresseurs* de type *IMAO* non sélectifs (MARSILID, NIAMIDE...) : risque de crise hypertensive.

Il peut interagir avec d'autres médicaments. Signalez tout autre traitement en cours à votre médecin ou à votre pharmacien.

GROSSESSE, ALLAITEMENT ET NOUVEAU-NÉ

L'effet de ce médicament pendant la grossesse ou l'allaitement est mal connu. Par mesure de prudence, son usage est déconseillé.

MODE D'EMPLOI ET POSOLOGIE

Posologie usuelle :
- Adulte : 1 ou 2 cuillères à café, 3 ou 4 fois par jour.
- Enfant de plus de 30 mois : 1/2 ou 1 cuillère à café, 3 ou 4 fois par jour.

> Pour éviter une somnolence dans la journée, la dose la plus forte doit être prise le soir.

EFFETS INDÉSIRABLES POSSIBLES

Fréquemment : somnolence.

Parfois : nausées, difficulté à uriner, *palpitations*, confusion mentale et excitation chez la personne âgée et, plus rarement, agitation chez l'enfant.

POLERY

PRÉSENTATION

POLERY SIROP ADULTE : sirop ; flacon 200 ml - Remb. 35 %

POLERY SIROP ENFANT : sirop ; flacon 125 ml - Remb. 35 %

Laboratoires Veyron et Froment

COMPOSITION

	sirop Ad. p. c. à s.	sirop Enf. p. c. à c.
Codéine	3,7 mg	1,23 mg
Codéthyline chlorhydrate	3,7 mg	1,23 mg
Bromure de sodium	78 mg	26 mg
Benzoate de sodium	342 mg	113,75 mg
Belladone, teinture	117 mg	39 mg
Aconit, teinture	88 mg	
Érysimum composé, sirop	8,98 g	2,99 g
Polygala, sirop	4,49 g	1,49 g
Eau de laurier-cerise	1,12 g	
Saccharose	10 g	3,5 g

INDICATIONS

Ce médicament est une association de substances antitussives (codéine, codéthyline), expectorantes (polygala et benzoate de sodium), décongestionnantes (érysimum et aconit), *antispasmodique* (*belladone*).

Il est utilisé dans le *traitement symptomatique* des toux sèches, des extinctions de voix et de l'enrouement.

CONTRE-INDICATIONS

Ce médicament ne doit pas être utilisé dans les cas suivants :
- *asthme*, *insuffisance respiratoire* (présence de codéine et de codéthyline) ;
- *glaucome* à angle fermé, risque de rétention des urines (présence de *belladone*) ;
- enfant de moins de 30 mois (sirop Enfant), enfant de moins de 15 ans (sirop Adulte).

ATTENTION

Ce médicament n'est pas adapté au traitement de la toux grasse, qui est un mécanisme de défense normal de l'organisme permettant l'évacuation des mucosités présentes dans les bronches.

La toux est un *symptôme* qui peut révéler de nombreuses maladies : consultez votre médecin si elle persiste plus de quelques jours.

Ce médicament contient du *sucre* (saccharose) en quantité notable.

Évitez les boissons alcoolisées : augmentation du risque de somnolence.

Conducteur : ce médicament peut être responsable d'une somnolence ou d'une baisse de la vigilance.

INTERACTIONS MÉDICAMENTEUSES

Ce médicament peut interagir avec d'autres médicaments, notamment chez les personnes âgées. Signalez tout autre traitement en cours à votre médecin ou à votre pharmacien.

GROSSESSE, ALLAITEMENT ET NOUVEAU-NÉ

Grossesse :

Compte tenu de la présence de codéine, n'utilisez pas ce médicament pendant la grossesse sans prendre l'avis de votre pharmacien ou de votre médecin.

Allaitement :

Ce médicament passe dans le lait maternel : par mesure de prudence, il est déconseillé pendant l'allaitement.

MODE D'EMPLOI ET POSOLOGIE

Le sirop doit être pris de préférence en dehors des repas.

Posologie usuelle :
- Adulte : 2 à 5 cuillères à soupe de sirop Adulte par jour.
- Enfant de 5 à 15 ans : 1 à 5 cuillères à café de sirop Enfant par jour.
- Enfant de 30 mois à 5 ans : 1 à 3 cuillères à café de sirop Enfant par jour.

De nombreux médicaments contiennent de la codéine, notamment certains *antitussifs* et *antalgiques*. Le surdosage expose à une augmentation des effets indésirables.

Une toux nocturne aggravée par ce médicament peut être une toux allergique : demandez conseil à votre médecin.

La poursuite du tabagisme nuit à l'efficacité du traitement.

Des mesures simples permettent de calmer les toux sèches : boissons chaudes et humidication de l'air ambiant.

EFFETS INDÉSIRABLES POSSIBLES

Liés à la codéine et à la codéthyline : constipation ; et plus rarement, somnolence, nausées, vomissements, *bronchospasme*, états vertigineux, *allergies* cutanées, ralentissement anormal de la respiration.

Liés à la *belladone* : effets *atropiniques*, rares aux doses habituelles.

POLIODINE

polyvidone iodée

PRÉSENTATION

POLIODINE : solution pour application locale ; flacon 45 ml - Non remb.

Laboratoires Gifrer Barbezat

COMPOSITION

	p. 100 ml
Polyvidone iodée	10 g

INDICATIONS

Ce médicament est un *antiseptique* local qui contient de l'iode.

Il est utilisé pour désinfecter les plaies, les brûlures superficielles peu étendues mais également la peau saine. Il est en outre utilisé dans le *traitement d'appoint* des infections de la peau et des *muqueuses*.

CONTRE-INDICATIONS

Ce médicament ne doit pas être utilisé dans les cas suivants :
- *antécédent* d'*intolérance* ou d'*allergie* à l'iode,
- *nouveau-né*.

ATTENTION

N'utilisez pas ce médicament sur une large surface de peau sans avis médical : risque de passage d'iode dans le sang, qui pourrait entraîner une pertubation du fonctionnement de la *thyroïde*.

Par mesure de prudence, chez un enfant de moins de 30 mois, procédez à des applications brèves et suivies d'un lavage à l'eau bouillie.

INTERACTIONS MÉDICAMENTEUSES

L'association à d'autres *antiseptiques* est déconseillée : risque d'annulation de leurs effets ou de formation de substances caustiques.

GROSSESSE, ALLAITEMENT ET NOUVEAU-NÉ

Compte tenu de la teneur en iode de ce médicament, seul votre médecin peut apprécier la nécessité du traitement et son risque pendant la grossesse (du 4e au 9e mois) et l'allaitement.

MODE D'EMPLOI ET POSOLOGIE

La solution est utilisée pure, en badigeonnage.

Le simple lavage à l'eau et au savon permet d'éliminer la majorité des *germes* ; il doit être suivi d'un rinçage soigneux car le savon peut inactiver certains *antiseptiques*.

Tous les antiseptiques peuvent être contaminés par des germes : ne les conservez pas inutilement.

N'exposez pas les zones badigeonnées au soleil.

Les taches sur les vêtements dues au médicament disparaissent après lavage.

Conservez le produit à l'abri de la chaleur.

EFFETS INDÉSIRABLES POSSIBLES

Allergie cutanée.

En cas d'emploi prolongé : perturbation du fonctionnement de la glande *thyroïde*.

POLYDEXA

néomycine, polymyxine B, dexaméthasone

PRÉSENTATION

POLYDEXA : solution auriculaire ; flacon compte-gouttes 10,5 ml - Remb. 35 % - Liste I

Laboratoires Bouchara

COMPOSITION

	p. 100 ml
Néomycine sulfate	1 g
Polymyxine B sulfate	1 M UI
Dexaméthasone métasulfobenzoate sodique	0,100 g

INDICATIONS

Ce médicament d'usage local contient deux *antibiotiques*, dont un de la famille des *aminosides*, et un *anti-inflammatoire* de la famille des *corticoïdes*.

Il est utilisé dans le traitement des *otites*.

CONTRE-INDICATIONS

Ce médicament ne doit pas être utilisé dans les cas suivants :
- *allergie* aux *antibiotiques* de la famille des *aminosides* (néomycine...),
- perforation du tympan.

ATTENTION

Ce médicament peut être dangereux en cas de tympan perforé : ne le réutilisez pas sans un contrôle médical de l'intégrité du tympan.

GROSSESSE, ALLAITEMENT ET NOUVEAU-NÉ

L'effet de ce médicament pendant la grossesse ou l'allaitement est mal connu : seul votre médecin peut évaluer le risque éventuel de son utilisation dans votre cas.

MODE D'EMPLOI ET POSOLOGIE

Les instillations sont faites en gardant la tête penchée pendant quelques minutes (bain d'oreille).

Afin de limiter la sensation désagréable de liquide froid dans l'oreille, il est conseillé de réchauffer le flacon dans la main avant l'instillation.

Posologie usuelle :

- Adulte : 1 à 5 gouttes dans l'oreille à traiter, 2 fois par jour.
- Enfant : 1 ou 2 gouttes dans l'oreille à traiter, 2 fois par jour.

La durée du traitement ne dépasse généralement pas 10 jours.

Si les troubles persistent malgré un traitement bien suivi, si une fièvre apparaît, consultez votre médecin.

Ne conservez pas inutilement ce médicament après une première utilisation.

EFFETS INDÉSIRABLES POSSIBLES

Réaction allergique cutanée.

Troubles de l'audition ou de l'équilibre en cas de perforation du tympan (voir ATTENTION).

POLYDEXA À LA PHÉNYLÉPHRINE

PRÉSENTATION

POLYDEXA À LA PHÉNYLÉPHRINE : solution nasale ; flacon pulvérisateur 15 ml - Remb. 35 % - Liste I

Laboratoires Bouchara

COMPOSITION

	p. 100 ml
Dexaméthasone métasulfobenzoate sodique	0,025 g
Phényléphrine chlorhydrate	0,250 g
Néomycine	650 000 U
Polymyxine B sulfate	1 M U

INDICATIONS

Cette solution nasale contient un *anti-inflammatoire* de la famille des *corticoïdes*, un *vasoconstricteur* et deux *antibiotiques*.

Elle est utilisée dans le *traitement symptomatique* des affections congestives aiguës du nez : *rhinite*, *rhino-pharyngite*.

CONTRE-INDICATIONS

Ce médicament ne doit pas être utilisé dans les cas suivants :

- enfant de moins de 30 mois,
- *glaucome* à angle fermé,
- traitement en cours par un *antidépresseur* de type *IMAO* non sélectif,
- infection non contrôlée par un traitement adapté,
- *allergie* à la néomycine ou aux *aminosides*,
- maladie du rein (albumine dans les urines),
- **grossesse**,
- **allaitement**.

ATTENTION

Des précautions sont nécessaires en cas d'*hypertension artérielle*, d'*insuffisance coronarienne*, d'*hyperthyroïdie*.

L'utilisation prolongée ou répétée des *vasoconstricteurs* expose à un risque de *rhinite* grave, parfois irréversible. La brièveté de l'effet décongestionnant ne doit pas vous conduire à dépasser la *posologie* prescrite par votre médecin.

INTERACTIONS MÉDICAMENTEUSES

Ce médicament ne doit pas être associé aux *antidépresseurs* de type *IMAO* non sélectifs (MARSILID, NIAMIDE...) : risque de crise hypertensive.

GROSSESSE, ALLAITEMENT ET NOUVEAU-NÉ

L'effet de ce médicament pendant la grossesse ou l'allaitement est mal connu : seul votre médecin peut évaluer le risque éventuel de son utilisation dans votre cas.

MODE D'EMPLOI ET POSOLOGIE

Ce médicament doit être pulvérisé au cours d'une brève inspiration, en tenant le flacon verticalement.

Posologie usuelle :

- Adulte : 1 pulvérisation dans chaque narine, 3 à 5 fois par jour.
- Enfant de 30 mois à 15 ans : 1 pulvérisation dans chaque narine, 3 fois par jour.

La durée du traitement ne doit pas dépasser 10 jours.

Ce médicament peut provoquer des effets secondaires graves chez l'enfant : ne le laissez pas à sa portée.

EFFETS INDÉSIRABLES POSSIBLES

Sécheresse nasale.

Allergie cutanée.

POLYFRA collyre

framycétine, polymyxine B, synéphrine

PRÉSENTATION

POLYFRA : collyre ; flacon compte-gouttes 10 ml - Remb. 65 %

Laboratoires Alcon

COMPOSITION

	p. 100 ml
Framycétine	700 000 UI
Polymyxine B	700 000 UI
Synéphrine chlorhydrate	100 mg

INDICATIONS

Ce collyre contient deux *antibiotiques*, dont un de la famille des *aminosides*, et un *vasoconstricteur* décongestionnant.

Il est utilisé pour traiter les infections de l'œil.

CONTRE-INDICATIONS

Ce médicament ne doit pas être utilisé dans les cas suivants :

- *allergie* aux *antibiotiques* de la famille des *aminosides* ou à la polymyxine,
- *glaucome* à angle fermé,
- enfant de moins de 3 ans.

ATTENTION

Une rougeur ou une douleur de l'œil ne correspondent pas toujours à une infection. Des soins urgents peuvent être nécessaires, notamment en cas de vision floue.

Ce collyre peut provoquer un *glaucome* aigu par fermeture de l'angle chez les personnes prédisposées : œil rouge, dur, douloureux, et flou de la vision. Une consultation d'urgence dans un service spécialisé est alors nécessaire.

Le collyre peut être contaminé par l'œil infecté : évitez de mettre en contact l'extrémité du flacon avec l'œil ; ne le conservez pas plus de 15 jours après une première utilisation.

Du fait de la présence d'un *vasoconstricteur*, les instillations répétées doivent être évitées chez les personnes souffrant d'*angine de poitrine* ou d'*hypertension artérielle*.

Des instillations répétées peuvent provoquer une sensibilité anormale à la lumière, gênante en cas de conduite automobile.

INTERACTIONS MÉDICAMENTEUSES

Ce médicament peut interagir avec d'autres médicaments, notamment les *antidépresseurs* de type *IMAO* non sélectifs (MARSILID, NIAMIDE...) et les médicaments contenant de la guanéthidine : signalez tout autre traitement en cours à votre médecin ou à votre pharmacien.

GROSSESSE, ALLAITEMENT ET NOUVEAU-NÉ

L'effet de ce médicament pendant la grossesse ou l'allaitement est mal connu : seul votre médecin peut évaluer le risque éventuel de son utilisation dans votre cas.

MODE D'EMPLOI ET POSOLOGIE

Tirer la paupière inférieure vers le bas tout en regardant vers le haut. Déposer les gouttes de collyre entre la paupière et le globe oculaire (*cul-de-sac conjonctival*).

Posologie usuelle :

1 goutte, 2 à 6 fois par jour.

Les lentilles de contact ne doivent pas être portées en cas d'infection oculaire ni réutilisées avant l'arrêt complet du traitement.

Ce collyre peut colorer de façon irréversible les lentilles souples.

Une application correcte du produit peut nécessiter une aide, notamment chez l'enfant ou la personne handicapée ou âgée.

EFFETS INDÉSIRABLES POSSIBLES

Glaucome aigu par fermeture de l'angle (voir ATTENTION).

Accélération du cœur, *palpitations* du fait du passage du *vasoconstricteur* dans le sang.

Sensibilité excessive à la lumière due à une dilatation de la pupille.

POLYFRA pommade ophtalmique

framycétine, polymyxine B

PRÉSENTATION

POLYFRA : pommade ophtalmique ; tube-canule 5 g - Remb. 65 %

Laboratoires Alcon

COMPOSITION

	p. 100 g
Framycétine	700 000 UI
Polymyxine B	700 000 UI

INDICATIONS

Cette pommade ophtalmique contient deux *antibiotiques* dont un de la famille des *aminosides*.

Elle est utilisée pour traiter les infections de l'œil.

CONTRE-INDICATIONS

Ce médicament ne doit pas être utilisé en cas d'*allergie* aux *antibiotiques* de la famille des *aminosides* ou à la polymyxine.

ATTENTION

Une rougeur ou une douleur de l'œil ne correspondent pas toujours à une infection. Des soins urgents peuvent être nécessaires, notamment en cas de vision floue.

La pommade peut être contaminée par l'œil infecté : évitez de mettre en contact l'extrémité du tube avec l'œil ; ne la conservez pas inutilement après une première utilisation.

GROSSESSE, ALLAITEMENT ET NOUVEAU-NÉ

L'effet de ce médicament pendant la grossesse ou l'allaitement est mal connu : seul votre médecin peut évaluer le risque éventuel de son utilisation dans votre cas.

MODE D'EMPLOI ET POSOLOGIE

Appliquer un ruban de pommade d'un demi-centimètre entre la paupière et le globe oculaire (*cul-de-sac conjonctival*).

Posologie usuelle :

1 à 3 applications par jour.

☛ La vision est légèrement troublée par l'application de la pommade. Ce trouble disparaît en quelques minutes.

Une application correcte du produit peut nécessiter une aide, notamment chez l'enfant ou la personne handicapée ou âgée.

Les lentilles de contact ne doivent pas être portées en cas d'infection oculaire ni réutilisées avant guérison complète.

EFFETS INDÉSIRABLES POSSIBLES

Irritation ou réaction allergique locale.

POLYGYNAX

néomycine, polymyxine, nystatine

PRÉSENTATION

POLYGYNAX : capsule vaginale ; boîte de 6 - Remb. 65 % - Liste I

POLYGYNAX VIRGO : suspension vaginale ; boîte de 6 capsules pour instillation - Remb. 65 % - Liste I

Laboratoires Innothéra

COMPOSITION

	p. caps.
Néomycine sulfate	35 000 UI
Polymyxine sulfate	35 000 UI
Nystatine	100 000 UI

INDICATIONS

Ce médicament contient deux *antibiotiques*, la polymyxine B et la néomycine, de la famille des *aminosides*, et un *antifongique*, la nystatine.

Il est utilisé dans le traitement des infections génitales.

CONTRE-INDICATIONS

Ce médicament ne doit pas être utilisé en cas d'*allergie* aux *antibiotiques* de la famille des *aminosides*.

ATTENTION

Le médecin prescrit parfois un prélèvement pour identifier le *germe* responsable de l'infection et tester sa sensibilité aux *antibiotiques*. Le résultat de cet examen peut être faussé en cas d'automédication préalable : ne prenez pas d'antibiotique sans avis médical.

GROSSESSE, ALLAITEMENT ET NOUVEAU-NÉ

L'effet de ce médicament pendant la grossesse ou l'allaitement est mal connu : seul votre médecin peut évaluer le risque éventuel de son utilisation dans votre cas.

MODE D'EMPLOI ET POSOLOGIE

POLYGYNAX VIRGO est destiné à la petite fille et à l'adolescente. Couper l'extrémité effilée de la capsule. Exercer une pression douce sur la capsule afin d'instiller son contenu dans le vagin.

La capsule vaginale pour l'adulte est mise en place au fond du vagin.

Posologie usuelle :

- Adulte : 1 capsule vaginale le soir au coucher, pendant 12 jours.
- Petite fille et adolescente : 1 instillation le soir au coucher, pendant 6 jours.

☛ Introduire la capsule en position couchée, puis rester allongée pendant 5 à 10 minutes. En fondant dans le vagin, la capsule peut être à l'origine d'un écoulement gênant : il est conseillé de porter une protection.

Pendant les règles, ne pas interrompre le traitement et éviter de porter des tampons.

EFFETS INDÉSIRABLES POSSIBLES

Eczéma de contact ou à distance du lieu d'application, en cas d'emploi prolongé.

POLY-KARAYA

gomme karaya, polyvidone

PRÉSENTATION

POLY-KARAYA : granulé ; boîte de 30 sachets 10 g - Remb. 65 %

Laboratoires Synthélabo France

COMPOSITION

	p. sachet
Gomme karaya	4 g
Polyvidone	2 g
Saccharose	3,55 g

INDICATIONS

Ce médicament est une association de substances actives :

- un *mucilage* régulateur de transit, le karaya ;
- un protecteur du tube digestif, la polyvidone.

Il est utilisé pour traiter les troubles *fonctionnels* du côlon : diarrhée, constipation, ballonnements.

CONTRE-INDICATIONS

Ce médicament ne doit pas être utilisé en cas de maladie comportant un risque d'obstruction du tube digestif.

ATTENTION

Ce médicament contient du *sucre* (saccharose) en quantité notable.

En cas de *mégacôlon* ou de *diabète*, prévenez votre médecin afin qu'il puisse adapter la *posologie*.

GROSSESSE, ALLAITEMENT ET NOUVEAU-NÉ

Les substances contenues dans ce médicament sont peu absorbées ; l'automédication est possible en cure courte ou ponctuelle pendant la grossesse ou l'allaitement.

MODE D'EMPLOI ET POSOLOGIE

Avaler le contenu du sachet avec de l'eau, sans croquer.

Posologie usuelle :

3 sachets par jour à prendre un quart d'heure avant les repas.

EFFETS INDÉSIRABLES POSSIBLES

Sensation passagère de ballonnement abdominal.

POLYPIRINE

PRÉSENTATION

POLYPIRINE : gélule (blanc) ; boîte de 20 - Remb. 65 % - Liste II

Laboratoires Lehning

COMPOSITION

	p. gél.
Propyphénazone	125 mg
Phénicarbazide	50 mg
Phénacétine	100 mg
Caféine citrate	50 mg
Cannelle	7,5 mg
Ipéca	6 mg
Scille	6,5 mg

INDICATIONS

Ce médicament contient des substances aux propriétés multiples, notamment *antipyrétiques* et *antalgiques*.

Il est utilisé dans le *traitement symptomatique* de la douleur ou de la fièvre.

CONTRE-INDICATIONS

Ce médicament ne doit pas être utilisé chez l'enfant de moins de 15 ans.

ATTENTION

Ce médicament contient de la phénacétine, pouvant exposer à une *insuffisance rénale* grave lors d'une utilisation prolongée ; respectez la dose et la durée du traitement prescrites.

Des précautions sont nécessaires en cas d'*insuffisance hépatique*, d'*insuffisance rénale*, ou de déficit en *G6PD*.

GROSSESSE, ALLAITEMENT ET NOUVEAU-NÉ

L'effet de ce médicament pendant la grossesse ou l'allaitement est mal connu : seul votre médecin peut évaluer le risque éventuel de son utilisation dans votre cas.

MODE D'EMPLOI ET POSOLOGIE

Les gélules doivent être avalées avec un verre d'eau au cours ou en dehors des repas.

Posologie usuelle :

- Adulte : 2 gélules, 1 à 3 fois par jour.

EFFETS INDÉSIRABLES POSSIBLES

Rarement : *allergies* cutanées.

POLYSILANE JOULLIÉ

PRÉSENTATION

POLYSILANE JOULLIÉ : comprimé à croquer ou à sucer (blanc) ; boîte de 32 - Remb. 65 %

Laboratoires Synthélabo France

COMPOSITION

	p. comp.
Diméticone	250 mg
Aluminium hydroxyde	500 mg
Sorbitol	500 mg
Saccharose	1,08 g

INDICATIONS

C'est une association de substances qui contient un *antiacide* d'action locale, un pansement au silicone (le diméticone) et du sorbitol. L'antiacide agit en neutralisant les acides sécrétés par l'estomac ; le pansement protège le tube digestif en le couvrant d'un film et le sorbitol hydrate son contenu.

Ce médicament est utilisé comme *traitement symptomatique* des douleurs de l'œsophage ou de l'estomac associées aux ballonnements et comme traitement des irritations gastriques dues à certains médicaments.

ATTENTION

Ce médicament contient du *sucre* (saccharose) en quantité notable.

Si les troubles persistent au-delà de quelques jours, consultez votre médecin.

INTERACTIONS MÉDICAMENTEUSES

Ce médicament peut interagir avec de nombreux autres médicaments en diminuant leur absorption : il convient de séparer les prises d'au moins 2 heures.

GROSSESSE, ALLAITEMENT ET NOUVEAU-NÉ

Les substances contenues dans ce médicament sont peu absorbées. L'automédication est possible en cure courte ou ponctuelle pendant la grossesse ou l'allaitement.

MODE D'EMPLOI ET POSOLOGIE

Les comprimés peuvent être croqués ou sucés.

Posologie usuelle :

En cas de douleurs de l'œsophage et de l'estomac, ou de ballonnements : 1 ou 2 comprimés avant le repas ou au moment des douleurs.

Pour protéger l'estomac d'un médicament irritatif : 1 ou 2 comprimés après la prise du médicament en cause.

Une alimentation équilibrée, une mastication lente et l'élimination des aliments difficiles à digérer permettent souvent d'améliorer, voire de faire disparaître, les douleurs d'estomac qui ne sont pas liées à un *ulcère*.

Si vous êtes fumeur, la poursuite du tabagisme nuit à l'efficacité du traitement.

EFFETS INDÉSIRABLES POSSIBLES

Parfois : constipation.

POLYSILANE JOULLIÉ Nourrisson

diméticone, farine de caroube

PRÉSENTATION

POLYSILANE JOULLIÉ NOURRISSON : granulé (blanc crème) ; flacon 50 g (100 cuillères-mesure) - Remb. 65 %

Laboratoires Synthélabo France

COMPOSITION

	p. c. mes.
Diméticone	50 mg
Caroube, farine	250 mg
Saccharose	200 mg

INDICATIONS

Ce médicament est une association de substances qui contient un *pansement digestif* au silicone (le diméticone) et de la farine de caroube. Le pansement protège le tube digestif en le couvrant d'un film qui l'isole de son contenu ; la farine de caroube se transforme en un gel qui surnage dans l'estomac et protège l'œsophage en cas de reflux du contenu de l'estomac.

Il est utilisé pour traiter les régurgitations et vomissements, et les ballonnements lors du passage au biberon ou à l'introduction des farines.

ATTENTION

En cas de persistance des *symptômes*, des examens peuvent être nécessaires : consultez votre médecin.

INTERACTIONS MÉDICAMENTEUSES

Ce médicament peut interagir avec de nombreux autres médicaments en diminuant leur absorption : il convient de séparer les prises d'au moins 2 heures.

MODE D'EMPLOI ET POSOLOGIE

Ce médicament doit être délayé dans de l'eau ou du lait chaud.

Verser le contenu des cuillères-mesure dans un récipient, délayer en ajoutant progressivement de l'eau ou du lait chaud jusqu'à obtention d'une bouillie.

Posologie usuelle :

1 à 2 cuillères-mesure à chaque biberon ou à chaque repas.

- Nourrisson : verser le mélange dans le biberon et compléter avec de l'eau de coupage ou du lait. Agiter vigoureusement et laisser refroidir à la température souhaitée.
- Enfant : verser le mélange dans de la purée ou de la bouillie chaude.
- Adulte : cette forme peut être utilisée en augmentant la posologie (5 cuillères-mesure plusieurs fois par jour).

Ce mélange s'épaissit à la chaleur : ne pas l'amener à ébullition sauf indication précise de votre médecin.

POLYTONYL

PRÉSENTATION

POLYTONYL ADULTES : solution buvable ; boîte de 18 ampoules 10 ml - Non remb.

POLYTONYL ENFANTS : solution buvable ; boîte de 18 ampoules 5 ml - Non remb.

Laboratoires UPSA

COMPOSITION

	p. amp. Ad.	p. amp. Enf.
DL-Aspartate de magnésium	200 mg	100 mg
Soit magnésium	13,4 mg	6,7 mg
DL-Aspartate de potassium	100 mg	50 mg
Soit potassium	20,66 mg	10,33 mg
Acide ascorbique (vitamine C)	500 mg	250 mg
Pyridoxine chlorhydrate (vitamine B6)	25 mg	12,5 mg
Nicotinamide (vitamine PP)	50 mg	25 mg
L-Lysine	450 mg	225 mg
Fructoheptonate de calcium	600 mg	300 mg
Soit calcium	49 mg	24,5 mg
Sorbitol	3 g	1,5 g

INDICATIONS

Ce médicament contient des *acides aminés*, des éléments minéraux (calcium, magnésium, *potassium*), des *vitamines* et du sorbitol.

Il est utilisé dans le *traitement symptomatique* de certaines fatigues (*asthénies fonctionnelles*).

CONTRE-INDICATIONS

Ce médicament ne doit pas être utilisé en cas de calculs des *voies* urinaires.

ATTENTION

Dans l'organisme, la *vitamine* C est dégradée en acide oxalique, pouvant favoriser la formation de calculs dans les *voies* urinaires.

Ne prenez de vitamine C ni en quantité importante ni pendant une longue durée, sans avis médical.

INTERACTIONS MÉDICAMENTEUSES

Ce médicament ne doit pas être associé aux médicaments contenant de la lévodopa seule (LARODOPA...) : risque d'annulation des effets de la lévodopa par la *vitamine* B6.

Il peut interagir avec d'autres médicaments, notamment les *antibiotiques* de la famille des cyclines : respectez un intervalle de 3 heures entre les prises de chacun de ces médicaments

GROSSESSE, ALLAITEMENT ET NOUVEAU-NÉ

Ce médicament ne contient que des substances présumées sans danger pendant la grossesse ou l'allaitement. Néanmoins, ne l'utilisez pas de façon prolongée sans l'avis de votre pharmacien ou de votre médecin.

MODE D'EMPLOI ET POSOLOGIE

Le contenu des ampoules peut être avalé pur ou dilué dans un peu d'eau.

Posologie usuelle :

- Adulte : 2 ou 3 ampoules Adulte par jour.
- Enfant : 2 ou 3 ampoules Enfant par jour.

☛ Afin d'éviter d'éventuels *troubles digestifs*, ne prenez pas ce médicament à jeun.

Une fatigue persistante ne doit pas vous conduire à augmenter les prises de ce médicament : consultez votre médecin.

EFFETS INDÉSIRABLES POSSIBLES

Diarrhée, douleur abdominale chez les personnes prédisposées.

POMMADE ISOLANTE BÉBIA

PRÉSENTATION

POMMADE ISOLANTE BÉBIA : pommade ; tube 80 g - Non remb.

Laboratoires Stiefel

COMPOSITION

	p. 100 g
Oxyde de zinc	20 g
Silicate de magnésium hydraté	10 g
Silicate d'aluminium hydraté	20 g
Acide benzoïque	0,10 g
Huile de vaseline	25 g
Vaseline	q.s.

INDICATIONS

Cette pommade est protectrice et isolante.

Elle est utilisée dans le traitement des lésions de la peau non suintantes : rougeur des fesses du *nourrisson*, *eczéma*, brûlures et plaies superficielles, gerçures, engelures.

ATTENTION

Évitez d'utiliser cette pommade, notamment chez l'enfant, de manière prolongée sur des surfaces étendues ou profondément lésées, sans l'avis de votre pharmacien ou de votre médecin.

GROSSESSE, ALLAITEMENT ET NOUVEAU-NÉ

Ce médicament ne contient que des substances présumées sans danger pendant la grossesse ou l'allaitement. Néanmoins, ne l'utilisez pas de façon prolongée sans l'avis de votre pharmacien ou de votre médecin.

MODE D'EMPLOI ET POSOLOGIE

Appliquer en couche mince sur la peau préalablement nettoyée ; en couche épaisse sur les fesses du *nourrisson*.

Posologie usuelle :

1 application, matin et soir.

☛ La rougeur des fesses du *nourrisson* est souvent due à l'imprégnation de la peau par l'urine, sous la couche. Il est donc nécessaire de nettoyer et de rincer abondamment la peau avec de l'eau avant d'appliquer le médicament.

POMMADE AU CALENDULA LHF

Calendula officinalis

PRÉSENTATION

POMMADE AU CALENDULA LHF : pommade ; tube 20 g - Remb. 65 %

Laboratoires Boiron

COMPOSITION

	p. 100 g
Calendula officinalis, teinture mère	4 g
Lanoline	+

INDICATIONS

Cette pommade est adoucissante et apaise les démangeaisons.

Elle est utilisée dans le traitement des crevasses, des gerçures et des écorchures.

GROSSESSE, ALLAITEMENT ET NOUVEAU-NÉ

Ce médicament ne contient que des substances présumées sans danger pendant la grossesse ou l'allaitement. Néanmoins, ne l'utilisez pas de façon prolongée sans l'avis de votre pharmacien ou de votre médecin.

MODE D'EMPLOI ET POSOLOGIE

Nettoyer la région à traiter avant l'application.

EFFETS INDÉSIRABLES POSSIBLES

Eczéma dû au médicament (présence de lanoline).

POMMADE CALENDULA PAR DIGESTION

Calendula officinalis

PRÉSENTATION

POMMADE CALENDULA PAR DIGESTION : pommade ; tube 20 g - Remb. 65 %

Laboratoires Boiron

COMPOSITION

	p. 100 g
Calendula officinalis (plante fraîche)	20 g

INDICATIONS

Cette pommade est cicatrisante et *antalgique*.

Elle est utilisée dans le traitement des brûlures et des plaies superficielles, des crevasses, des gerçures et des piqûres d'insectes.

GROSSESSE, ALLAITEMENT ET NOUVEAU-NÉ

Ce médicament ne contient que des substances présumées sans danger pendant la grossesse ou l'allaitement. Néanmoins, ne l'utilisez pas de façon prolongée sans l'avis de votre pharmacien ou de votre médecin.

MODE D'EMPLOI ET POSOLOGIE

Nettoyer la région à traiter avant l'application.

Posologie usuelle :

2 ou 3 applications par jour.

POMMADE DALIBOUR HAMEL

PRÉSENTATION

POMMADE DALIBOUR HAMEL : pommade ; tube 20 g - Non remb.

Laboratoires C.P.F.

COMPOSITION

	p. 100 g
Sulfate de cuivre	0,10 g
Sulfate de zinc	0,35 g
Oxyde de zinc	10 g
Camphre	0,10 g
Lanoline	+

INDICATIONS

Cette pommade est un *antiseptique* local qui contient du zinc et du cuivre.

Elle est utilisée comme *traitement d'appoint* des lésions infectées de la peau lorsqu'elles ne suintent pas (*impétigo*, *acné*...).

CONTRE-INDICATIONS

Ce médicament ne doit pas être utilisé chez l'enfant de moins de 30 mois.

ATTENTION

N'utilisez pas ce médicament sur une large surface de peau sans avis médical : risque de passage des substances actives dans le sang.

INTERACTIONS MÉDICAMENTEUSES

L'association à d'autres *antiseptiques* est déconseillée car leurs effets risquent de s'annuler.

GROSSESSE, ALLAITEMENT ET NOUVEAU-NÉ

L'effet de ce médicament pendant la grossesse ou l'allaitement est mal connu. L'évaluation du risque éventuel lié à son utilisation est individuelle : demandez conseil à votre pharmacien ou à votre médecin.

MODE D'EMPLOI ET POSOLOGIE

1 ou 2 applications par jour.

Tous les *antiseptiques* peuvent être contaminés par des *germes* : ne les conservez pas inutilement.

Le simple lavage à l'eau et au savon permet d'éliminer la majorité des germes ; il doit être suivi d'un rinçage soigneux car le savon peut inactiver certains antiseptiques.

POMMADE LELONG

baume du Pérou, sulfapyridine, vitamine A

PRÉSENTATION

POMMADE LELONG : pommade ; tube 30 g - Non remb.

Laboratoires Sterling Midy

COMPOSITION

	p. 100 g
Baume du Pérou	1,60 g
Sulfapyridine	10 g
Rétinol (vitamine A)	25 000 UI
Lanoline	+

INDICATIONS

Cette pommade *antiseptique* et cicatrisante contient du baume du Pérou, un antiseptique local et de la *vitamine* A.

Elle est utilisée dans le traitement des irritations de la peau : démangeaisons, crevasses, gerçures, engelures.

CONTRE-INDICATIONS

Ce médicament ne doit pas être utilisé en cas d'*allergie* aux *sulfamides*.

ATTENTION

Évitez d'utiliser cette pommade, notamment chez l'enfant, de manière prolongée et sur des surfaces étendues ou profondément lésées, sans l'avis de votre pharmacien ou de votre médecin.

INTERACTIONS MÉDICAMENTEUSES

L'association à d'autres *antiseptiques* est déconseillée car leurs effets risquent de s'annuler.

GROSSESSE, ALLAITEMENT ET NOUVEAU-NÉ

Ce médicament ne contient que des substances présumées sans danger pendant la grossesse ou l'allaitement. Néanmoins, ne l'utilisez pas de façon prolongée sans l'avis de votre pharmacien ou de votre médecin.

MODE D'EMPLOI ET POSOLOGIE

Étaler doucement la pommade sur la région à traiter.

EFFETS INDÉSIRABLES POSSIBLES

Eczéma dû au médicament (présence de baume du Pérou et de lanoline).

POMMADE MAURICE

oxyde mercurique

PRÉSENTATION

POMMADE MAURICE : pommade ophtalmique ; tube 10 g - Non remb.

Laboratoires C.P.F.

COMPOSITION

	p. 100 g
Oxyde mercurique jaune	2,5 g

INDICATIONS

Cette pommade ophtalmique contient un *antiseptique* de la famille des dérivés mercuriels.

Elle est utilisée dans le traitement des infections du bord de la paupière (*blépharites*).

CONTRE-INDICATIONS

Ce médicament ne doit pas être utilisé en cas d'*allergie* aux dérivés mercuriels.

ATTENTION

La pommade peut être contaminée par l'œil infecté : évitez de mettre en contact l'extrémité du tube avec l'œil. Ne la conservez pas inutilement après une première utilisation.

En l'absence d'amélioration rapide, consultez votre médecin.

INTERACTIONS MÉDICAMENTEUSES

Ce médicament peut interagir avec les pommades ophtalmiques ou les collyres contenant de l'iode : risque de formation de sels mercuriques irritants.

GROSSESSE, ALLAITEMENT ET NOUVEAU-NÉ

L'effet de ce médicament pendant la grossesse ou l'allaitement est mal connu. L'évaluation du risque éventuel lié à son utilisation est individuelle : demandez conseil à votre pharmacien ou à votre médecin.

MODE D'EMPLOI ET POSOLOGIE

Après un lavage oculaire, appliquer un ruban de pommade d'un demi-centimètre sur le bord de la paupière infectée.

Posologie usuelle :

2 applications par jour.

Les lentilles de contact ne doivent pas être portées en cas d'irritation oculaire ni réutilisées avant l'arrêt complet du traitement.

L'application correcte du produit peut nécessiter une aide, notamment chez une personne handicapée ou âgée.

EFFETS INDÉSIRABLES POSSIBLES

Irritation ou réaction allergique locale.

PONDÉRAL

fenfluramine

PRÉSENTATION

PONDÉRAL 20 mg : comprimé (blanc) ; boîte de 40 - Non remb. - Liste I

PONDÉRAL LONGUE ACTION 60 mg : gélule (bleu et incolore) ; boîte de 30 - Non Remb. - Liste I

Laboratoires Biopharma

COMPOSITION

	p. comp.	p. gél.
Fenfluramine chlorhydrate	20 mg	60 mg

INDICATIONS

C'est un *anorexigène* (coupe-faim). Il n'a pas les effets excitants des *amphétamines*.

Il est utilisé après échec d'un régime hypocalorique pour traiter l'obésité.

CONTRE-INDICATIONS

Ce médicament ne doit pas être utilisé dans les cas suivants :

- *antécédents* de troubles nerveux : *dépression*, *anorexie* mentale ;
- *glaucome* à angle fermé ;
- association aux *antidépresseurs IMAO* non sélectifs ;
- enfant de moins de 15 ans.

ATTENTION

En cas d'apparition ou d'augmentation d'un essoufflement pendant l'effort, arrêtez le traitement et consultez votre médecin.

INTERACTIONS MÉDICAMENTEUSES

Ce médicament ne doit pas être associé aux *antidépresseurs IMAO* non sélectifs (MARSILID, NIAMIDE...) : risque de poussée d'*hypertension artérielle* ou de fièvre élevée. Cette contre-indication persiste pendant les 15 jours qui suivent l'arrêt d'un traitement par IMAO.

Ce médicament peut interagir avec d'autres médicaments. Signalez tout autre traitement en cours à votre médecin ou à votre pharmacien.

GROSSESSE, ALLAITEMENT ET NOUVEAU-NÉ

En l'absence de données suffisantes, ce médicament est déconseillé pendant la grossesse et l'allaitement.

MODE D'EMPLOI ET POSOLOGIE

Ce médicament doit être avalé avec un verre d'eau.

Posologie usuelle :

- Adulte : 3 comprimés ou 1 gélule, par jour.

Respectez la *posologie* et la durée du traitement fixées par votre médecin.

> L'utilisation de ce médicament ne se conçoit que dans le cadre d'un régime hypocalorique adapté.

EFFETS INDÉSIRABLES POSSIBLES

Somnolence, bouche sèche, nausées, constipation, diarrhées, envie d'uriner fréquente.

Plus rarement : maux de tête, fatigue, insomnie, nervosité, *dépression*.

PONSTYL
acide méfénamique

PRÉSENTATION

PONSTYL : gélule (bleu et ivoire) ; boîte de 20 - Remb. 65 % - Liste II

PONSTYL : suppositoire ; boîte de 8 - Remb. 65 % - Liste II

Laboratoires Parke-Davis

COMPOSITION

	p. gél.	p. suppos.
Acide méfénamique	250 mg	500 mg

INDICATIONS

Ce médicament est un *anti-inflammatoire* non stéroïdien (*AINS*). Il possède à faible dose des propriétés *antalgiques* et *antipyrétiques* proches de celles de l'aspirine. Ses propriétés anti-inflammatoires se manifestent à forte dose.

Il est utilisé dans le *traitement symptomatique* de la fièvre, des douleurs diverses, en particulier rhumatismales, musculaires, articulaires, et des règles douloureuses.

CONTRE-INDICATIONS

Ce médicament ne doit pas être utilisé dans les cas suivants :

- *antécédent* d'*allergie* à l'aspirine et aux *AINS*,
- *ulcère* de l'estomac ou du *duodénum*,
- *insuffisance hépatique* ou *insuffisance rénale* grave,
- *inflammation* ou saignement du rectum (suppositoire),
- 3 derniers mois de la **grossesse**.

> **ATTENTION**
>
> Tout traitement prolongé ou surdosage d'*AINS* expose à des effets indésirables graves.
>
> Des précautions sont nécessaires en cas d'*asthme*, d'*antécédents* d'*ulcère* de l'estomac ou du *duodénum*, d'*insuffisance cardiaque*, de risque hémorragique, et chez la femme qui porte un stérilet.
>
> Conducteur : ce médicament peut provoquer parfois des étourdissements.

INTERACTIONS MÉDICAMENTEUSES

Ce médicament peut interagir avec d'autres médicaments, notamment :

- l'aspirine et les autres *anti-inflammatoires* non stéroïdiens, les *anticoagulants* et les *antiagrégants plaquettaires* (TICLID...) : augmentation du risque hémorragique ;
- le *lithium* (TÉRALITHE, NEUROLITHIUM...) : augmentation du taux de lithium dans le sang.

Signalez tout autre traitement en cours à votre médecin ou à votre pharmacien.

GROSSESSE, ALLAITEMENT ET NOUVEAU-NÉ

Grossesse :

Des effets néfastes pour la mère et l'enfant ont été mis en évidence lorsque ce médicament, comme tous les *AINS*, est utilisé au cours des 3 derniers mois de la grossesse : son usage est formellement contre-indiqué pendant cette période.

Pendant les 6 premiers mois, l'effet de ce médicament est mal connu : seul votre médecin peut évaluer le risque éventuel de son utilisation dans votre cas.

Allaitement :

Ce médicament passe dans le lait maternel : par mesure de prudence, il est déconseillé pendant l'allaitement.

MODE D'EMPLOI ET POSOLOGIE

Afin de limiter la survenue de *troubles digestifs*, les gélules peuvent être prises au cours des repas, accompagnées d'un grand verre d'eau.

Posologie usuelle :

Adulte et enfant à partir de 12 ans : 4 à 6 gélules, réparties en plusieurs prises, ou 1 à 3 suppositoires par jour.

> Ne pas dépasser la *posologie* et la durée de traitement prescrites par votre médecin, afin de limiter les effets indésirables.

EFFETS INDÉSIRABLES POSSIBLES

Troubles digestifs : *gastrite*, douleurs abdominales.

Allergie cutanée : éruptions, démangeaisons, *œdème*, *asthme*.

Exceptionnels : *vertiges*, maux de tête.

Rares et parfois graves : *hémorragie* du tube digestif (vomissements sanglants, selles noires, ou plus souvent pertes de sang imperceptibles responsables de l'apparition progressive d'une *anémie*).

Les suppositoires peuvent être responsables d'une irritation locale.

POSÉBOR
hexamidine, chlorhydroxyaluminium, lysine

PRÉSENTATION

POSÉBOR : crème ; tube 30 g - Non remb.

Laboratoires Galderma

COMPOSITION

	p. 100 g
Hexamidine di-iséthionate	0,10 g
Chlorhydroxyaluminium, allantoïnate	2 g
Lysine monochlorhydrate	1,50 g

INDICATIONS

Cette crème possède des propriétés *antiseptiques* et antiacnéiques.

Elle est utilisée dans le *traitement d'appoint* de l'*acné*.

INTERACTIONS MÉDICAMENTEUSES

L'association à d'autres *antiseptiques* est déconseillée car leurs effets risquent de s'annuler.

GROSSESSE, ALLAITEMENT ET NOUVEAU-NÉ

L'effet de ce médicament pendant la grossesse ou l'allaitement est mal connu. L'évaluation du risque éventuel lié à son utilisation est individuelle : demandez conseil à votre pharmacien ou à votre médecin.

MODE D'EMPLOI ET POSOLOGIE

Posologie usuelle :

Au début du traitement : 1 application, 2 fois par jour.

En *traitement d'entretien* : 1 application par jour.

EFFETS INDÉSIRABLES POSSIBLES

Allergie ou irritation locale.

POSICYCLINE
oxytétracycline

PRÉSENTATION

POSICYCLINE : collyre ; ampoule et flacon 5 ml - Remb. 65 %

POSICYCLINE : pommade ophtalmique ; tube 5 g - Remb. 65 %

Laboratoires Alcon

COMPOSITION

	p. 100 ml	p. 100 g
Oxytétracycline chlorhydrate	1 g	1 g
Sulfites	+	

INDICATIONS

Ce médicament à usage local contient un *antibiotique* de la famille des *tétracyclines*.

Il est utilisé sous forme de collyre ou de pommade pour traiter les infections de l'œil et des paupières.

ATTENTION

Une rougeur ou une douleur de l'œil ne correspondent pas toujours à une infection. Des soins urgents peuvent être nécessaires, particulièrement en cas de vision floue. N'utilisez pas ce médicament sans avis médical.

Le collyre ou la pommade peuvent être contaminés par l'œil infecté : évitez de mettre en contact l'extrémité du flacon ou du tube avec l'œil ; ne les conservez pas plus de 15 jours après leur première utilisation.

GROSSESSE, ALLAITEMENT ET NOUVEAU-NÉ

L'effet de ce médicament pendant la grossesse ou l'allaitement est mal connu : seul votre médecin peut évaluer le risque éventuel de son utilisation dans votre cas.

MODE D'EMPLOI ET POSOLOGIE

Tirer la paupière inférieure vers le bas tout en regardant vers le haut. Déposer les gouttes de collyre ou la pommade entre la paupière et le globe oculaire (*cul-de-sac conjonctival*).

Posologie usuelle :

Collyre : 1 goutte, 3 à 8 fois par jour.

Pommade ophtalmique : appliquer l'équivalent d'un grain de riz le soir au coucher (la pommade s'emploie généralement en complément du collyre pour assurer une efficacité prolongée la nuit). Dans le traitement des infections des paupières, déposer la pommade sur le bord de la paupière, au contact des cils.

☛ La vision est légèrement troublée par l'application de la pommade. Ce trouble disparaît en quelques minutes.

Une application correcte du produit peut nécessiter une aide, notamment chez l'enfant ou la personne handicapée ou âgée.

Les lentilles de contact ne doivent pas être portées en cas d'infection oculaire ni réutilisées avant guérison complète.

EFFETS INDÉSIRABLES POSSIBLES

Irritation ou réaction allergique locale (*eczéma*).

POSINE

synéphrine, acide borique

PRÉSENTATION

POSINE : collyre ; flacon 10 ml - Remb. 65 %

Laboratoires Alcon

COMPOSITION

	p. 100 ml
Synéphrine chlorhydrate	0,1 g
Acide borique	1 g
Rose, eau distillée	20 ml
Hamamélis, eau distillée	2 ml

INDICATIONS

C'est un collyre décongestionnant qui contient un *vasoconstricteur* et un *antiseptique*.

Il est utilisé pour traiter les *conjonctivites* non infectieuses, notamment les irritations dues à des corps étrangers, à des gaz irritants, à des poussières ou à une lumière excessive.

CONTRE-INDICATIONS

Ce médicament ne doit pas être utilisé en cas de *glaucome* à angle fermé.

ATTENTION

Ne pas utiliser ce collyre sans avis médical chez l'enfant de moins de 3 ans.

Une rougeur ou une douleur de l'œil ne correspondent pas toujours à une *conjonctivite*. Des soins urgents peuvent être nécessaires, notamment en cas de vision floue.

Ce collyre peut provoquer un *glaucome* aigu par fermeture de l'angle chez les personnes prédisposées : œil rouge, dur, douloureux, et flou de la vision. Une consultation d'urgence dans un service spécialisé est alors nécessaire.

Du fait de la présence d'un *vasoconstricteur*, les instillations répétées doivent être évitées chez les personnes souffrant d'*angine de poitrine* ou d'*hypertension artérielle*.

Des instillations répétées peuvent provoquer une sensibilité anormale à la lumière, gênante en cas de conduite automobile.

INTERACTIONS MÉDICAMENTEUSES

Ce médicament peut interagir avec d'autres médicaments, notamment les *antidépresseurs* de la famille des *IMAO* non sélectifs (MARSILID, NIAMIDE...). Signalez tout autre traitement en cours à votre médecin ou à votre pharmacien.

GROSSESSE, ALLAITEMENT ET NOUVEAU-NÉ

L'effet de ce médicament pendant la grossesse ou l'allaitement est mal connu. L'évaluation du risque éventuel lié à son utilisation est individuelle : demandez conseil à votre pharmacien ou à votre médecin.

MODE D'EMPLOI ET POSOLOGIE

Tirer la paupière inférieure vers le bas tout en regardant vers le haut et déposer les gouttes de collyre entre la paupière et le globe oculaire (*cul-de-sac conjonctival*).

Posologie usuelle :

1 ou 2 gouttes, 2 ou 3 fois par jour.

☛ Les lentilles de contact ne doivent pas être portées en cas d'irritation oculaire ni réutilisées avant l'arrêt complet du traitement.

L'application correcte du produit peut nécessiter une aide, notamment chez l'enfant ou la personne handicapée ou âgée.

Ne conservez pas ce collyre plus de 15 jours après une première utilisation.

EFFETS INDÉSIRABLES POSSIBLES

Glaucome aigu par fermeture de l'angle (voir ATTENTION).

Sensibilité excessive à la lumière due à la dilatation de la pupille.

POTASSION

potassium

PRÉSENTATION

POTASSION : solution buvable arôme orange - ananas ; flacon 125 ml (9 cuillères à soupe) - Remb. 65 %

Laboratoires Delagrange

COMPOSITION

	p. c. à s.
Glucoheptonate de potassium	3,9 g
Soit potassium	600 mg

INDICATIONS

Ce médicament contient du *potassium*, élément minéral indispensable aux cellules de l'organisme.

Il est utilisé dans les déficits en potassium (*hypokaliémie*), liés principalement à la prise de certains médicaments (*diurétiques*, *corticoïdes*, et tous les *laxatifs stimulants*...).

CONTRE-INDICATIONS

Ce médicament ne doit pas être utilisé dans les cas suivants :

- risque d'excès de *potassium* dans le sang (*hyperkaliémie*),
- en association avec certains *diurétiques* et les autres sels de potassium.

ATTENTION

Pour éviter une surcharge en *potassium*, une surveillance médicale et des analyses de sang régulières sont nécessaires avant et pendant le traitement afin d'adapter la *posologie*, notamment chez la personne âgée.

INTERACTIONS MÉDICAMENTEUSES

Ce médicament ne doit pas être associé aux *diurétiques*, qui augmentent le taux de *potassium*, ni à d'autres sels de potassium : risque de *trouble du rythme cardiaque* grave. Ce médicament peut interagir avec d'autres médicaments, notamment avec certains *antihypertenseurs*. Signalez tout autre traitement en cours à votre médecin ou à votre pharmacien.

GROSSESSE, ALLAITEMENT ET NOUVEAU-NÉ

Grossesse :

Ce médicament peut être utilisé en cas de déficit en *potassium* chez la femme enceinte, mais uniquement sur prescription médicale.

MODE D'EMPLOI ET POSOLOGIE

Posologie usuelle :

Elle est adaptée par votre médecin en fonction des résultats de l'analyse de sang.

EFFETS INDÉSIRABLES POSSIBLES

Troubles digestifs.

POVANYL
pyrvinium

PRÉSENTATION

POVANYL : suspension buvable arôme cerise ; flacon 35 ml - Non remb.

POVANYL 50 mg : comprimé (rouge clair) ; boîte de 8 - Non remb.

POVANYL 50 mg : comprimé à croquer (rouge) ; boîte de 8 - Non remb.

Laboratoires Parke-Davis

COMPOSITION

	p. c. à c.	p. comp.	p. comp. à croquer
Pyrvinium	50 mg	50 mg	50 mg

INDICATIONS

Ce médicament est un vermifuge.

Il est utilisé pour éliminer les oxyures.

GROSSESSE, ALLAITEMENT ET NOUVEAU-NÉ

L'effet de ce médicament pendant la grossesse ou l'allaitement est mal connu. L'évaluation du risque éventuel lié à son utilisation est individuelle : demandez conseil à votre pharmacien ou à votre médecin.

MODE D'EMPLOI ET POSOLOGIE

La solution buvable peut être prise pure ou diluée dans une boisson gazeuse ou un yaourt, de préférence pendant un repas ou au coucher.

Les comprimés à croquer doivent être pris de préférence à la fin du repas du soir.

Le traitement se fait en une seule prise, éventuellement répétée le lendemain, à renouveler au bout de 15 à 20 jours pour éviter une réinfestation par les œufs qui ne sont pas détruits par le médicament.

Posologie usuelle :

1 cuillère à café de solution buvable ou un comprimé par 10 kg, en une seule prise. Soit, pour un enfant de 25 kg : 2 et 1/2 cuillères à café, en une prise.

Il est normal de constater une coloration rouge des selles.

Les oxyures se transmettant par les mains, pour éviter la réinfestation, il est recommandé :
- de se laver les mains et de se brosser les ongles plusieurs fois dans la journée,
- de couper très court les ongles des enfants,
- de traiter tous les membres de la famille en même temps car il est fréquent que l'infestation ne donne aucun *symptôme*.

EFFETS INDÉSIRABLES POSSIBLES

Rarement : nausées, vomissements, douleurs abdominales et maux de tête.

PRACTAZIN
altizide, spironolactone

PRÉSENTATION

PRACTAZIN : comprimé sécable (blanc) ; boîte de 15 - Remb. 65 % - Liste II

PRACTAZIN : comprimé sécable (blanc) ; boîte de 20 - Remb. 65 % - Liste II

Laboratoires Biogalénique

COMPOSITION

	p. comp.
Altizide	15 mg
Spironolactone micronisée	25 mg

INDICATIONS

Ce médicament est une association de deux *diurétiques* : l'altizide, dont la structure est proche de celle des *sulfamides*, et la spironolactone, qui a pour caractéristique d'empêcher la perte du *potassium* dans les urines, habituelle avec l'altizide.

Il est utilisé dans le traitement :
- de l'*hypertension artérielle*,
- de l'*ascite* ou des *œdèmes* liés à une *insuffisance hépatique*, à une *insuffisance cardiaque* ou à un *syndrome néphrotique*.

CONTRE-INDICATIONS

Ce médicament ne doit pas être utilisé dans les cas suivants :
- *insuffisance rénale*,
- *hyperkaliémie* (excès de *potassium* dans le sang),
- *allergie* aux médicaments de la famille des *sulfamides*.

ATTENTION

Ce médicament peut être responsable d'une augmentation ou au contraire d'une baisse de la *kaliémie* (taux de *potassium* dans le sang), qui peut être aggravée par l'usage prolongé de *laxatifs stimulants*. Un contrôle par des analyses de sang est souvent prescrit par le médecin.

Chez les personnes souffrant d'une *insuffisance hépatique* grave, l'apparition de troubles de la conscience peut annoncer une complication grave. Arrêtez le traitement et prenez un avis médical d'urgence.

N'utilisez de *sel* de régime, souvent riche en potassium, qu'avec l'accord de votre médecin.

Les *diurétiques* peuvent augmenter les taux d'*acide urique* ou de *sucre* dans le sang.

INTERACTIONS MÉDICAMENTEUSES

Ce médicament peut interagir avec d'autres médicaments, notamment ceux contenant du *lithium*, et les *sels* de régime.

Signalez tout autre traitement en cours à votre médecin ou à votre pharmacien.

GROSSESSE, ALLAITEMENT ET NOUVEAU-NÉ

Grossesse :

Les études scientifiques actuellement disponibles n'ont pas mis en évidence de problème particulier lors de l'utilisation chez la femme enceinte. Néanmoins, les *diurétiques* ne sont pas adaptés au traitement de l'*hypertension artérielle* et des *œdèmes* pendant la grossesse. Seul votre médecin peut apprécier la nécessité du traitement et le risque éventuel de son utilisation dans votre cas.

Allaitement :

Ce médicament passe dans le lait maternel : l'allaitement est déconseillé.

MODE D'EMPLOI ET POSOLOGIE

Ce médicament doit être pris avec un verre d'eau.

Posologie usuelle :

Elle varie selon la nature et la gravité de la maladie.

Ce médicament augmente le volume des urines, surtout en début de traitement. Évitez une prise le soir, source de gêne nocturne.

Les *diurétiques* exposent au risque de déshydratation : veillez à proposer des boissons abondantes aux personnes âgées, notamment pendant les fortes chaleurs.

EFFETS INDÉSIRABLES POSSIBLES

Déshydratation.

Troubles digestifs, somnolence, troubles des règles, augmentation du volume des seins, éruption cutanée.

PRACTON
spironolactone

PRÉSENTATION

PRACTON : comprimé (blanc) ; boîte de 20 - Remb. 65 % - Liste II

Laboratoires Biogalénique

COMPOSITION

	p. comp.
Spironolactone	50 mg

INDICATIONS

C'est un médicament qui appartient à la famille des *diurétiques*. Il a pour caractéristique d'empêcher la perte du *potassium* dans les urines, habituelle avec la plupart des autres diurétiques. Il agit en bloquant l'action de l'aldostérone, substance naturelle dont le taux peut être anormalement élevé dans certaines maladies ou au cours de certains traitements.

Il est utilisé dans le traitement :
- des troubles en rapport avec un excès d'aldostérone dans le sang,
- de l'*hypertension artérielle*,

- de l'*ascite* ou des *œdèmes* liés à une *insuffisance hépatique*, à une *insuffisance cardiaque* ou à un *syndrome néphrotique*.

Il est également utilisé dans le *traitement d'appoint* de la *myasthénie*, pour lutter contre les pertes de potassium.

CONTRE-INDICATIONS

Ce médicament ne doit pas être utilisé dans les cas suivants :
- *insuffisance rénale* grave,
- *hyperkaliémie* (excès de *potassium* dans le sang).

ATTENTION

Ce médicament peut être responsable d'une augmentation de la *kaliémie* (taux de *potassium* dans le sang). Un contrôle par des analyses de sang est souvent prescrit par le médecin.

N'utilisez de *sel* de régime, souvent riche en potassium, qu'avec l'accord de votre médecin.

Les *diurétiques* peuvent augmenter le taux d'*acide urique* ou de *sucre* dans le sang.

INTERACTIONS MÉDICAMENTEUSES

Ce médicament ne doit pas être associé aux *diurétiques* élevant le taux de *potassium* dans le sang.

Il peut interagir avec d'autres médicaments, notamment ceux contenant du *lithium*, et les *sels* de régime. Signalez tout autre traitement en cours à votre médecin ou à votre pharmacien.

GROSSESSE, ALLAITEMENT ET NOUVEAU-NÉ

Grossesse :

Les études scientifiques actuellement disponibles n'ont pas mis en évidence de problème particulier lors de l'utilisation chez la femme enceinte. Néanmoins, les *diurétiques* ne sont pas adaptés au traitement de l'*hypertension artérielle* et des *œdèmes* pendant la grossesse.

Seul votre médecin peut apprécier la nécessité du traitement et le risque éventuel de son utilisation dans votre cas.

Allaitement :

Ce médicament passe dans le lait maternel : l'allaitement est déconseillé.

MODE D'EMPLOI ET POSOLOGIE

Ce médicament doit être pris avec un verre d'eau.

Posologie usuelle :

Elle varie selon la nature et la gravité de la maladie.

Ce médicament augmente le volume des urines, surtout en début de traitement. Évitez une prise le soir, source de gêne nocturne.

Les *diurétiques* exposent au risque de déshydratation : veillez à proposer des boissons abondantes aux personnes âgées, notamment pendant les fortes chaleurs.

EFFETS INDÉSIRABLES POSSIBLES

Troubles digestifs, troubles des règles, augmentation du volume des seins, éruption cutanée.

PRAGMAREL
trazodone

PRÉSENTATION

PRAGMAREL 25 mg : gélule (blanc et vert) ; boîte de 40 - Remb. 65 % - Liste I

PRAGMAREL : solution buvable ; flacon 40 ml et doseur (1 ml = 25 gouttes) - Remb. 65 % - Liste I

PRAGMAREL 100 mg : comprimé sécable oblong (blanc) ; boîte de 40 - Remb. 65 % - Liste I

Laboratoires UPSA

COMPOSITION

	p. gél.	p. ml	p. comp.
Trazodone chlorhydrate	25 mg	25 mg	100 mg
Alcool		+	

INDICATIONS

C'est un *antidépresseur* qui appartient à la famille des antidépresseurs non *IMAO*, non imipraminiques.

Il est utilisé dans le traitement des *états dépressifs* de toute nature, et de ceux accompagnés d'anxiété chez la personne âgée (gélule à 25 mg et solution buvable).

CONTRE-INDICATIONS

Ce médicament ne doit pas être utilisé en association avec les *IMAO* non sélectifs.

ATTENTION

Si vous souffrez d'*épilepsie*, prévenez votre médecin afin qu'il puisse adapter la *posologie*.

Évitez les boissons alcoolisées : augmentation du risque de somnolence.

Conducteur : ce médicament peut être responsable d'une baisse de la vigilance, particulièrement en début de traitement.

INTERACTIONS MÉDICAMENTEUSES

Ce médicament ne doit pas être associé aux *IMAO* non sélectifs (MARSILID, NIAMIDE...) : risque de poussée d'*hypertension artérielle* ou de malaise grave.

Lorsque ce médicament vient en remplacement d'un IMAO non sélectif, il convient de respecter un délai d'au moins 15 jours.

Ce médicament peut interagir avec d'autres médicaments, notamment les *sédatifs*. Signalez tout autre traitement en cours à votre médecin ou à votre pharmacien.

GROSSESSE, ALLAITEMENT ET NOUVEAU-NÉ

En l'absence de données suffisantes, ce médicament est déconseillé pendant la grossesse et l'allaitement.

MODE D'EMPLOI ET POSOLOGIE

Les comprimés et la solution buvable peuvent être pris avec un peu d'eau au moment des repas.

Posologie usuelle :

La *posologie*, strictement individuelle, est généralement établie de façon progressive.

La prise la plus importante peut être donnée le soir pour faciliter la rééducation du sommeil.

L'efficacité de ce médicament peut ne pas être immédiate ; n'arrêtez pas le traitement prématurément.

EFFETS INDÉSIRABLES POSSIBLES

Somnolence, *hypotension orthostatique*.

Troubles digestifs, bouche sèche, étourdissements ; ces effets disparaissent généralement à la poursuite du traitement.

Rarement : éruptions cutanées.

PRAXILÈNE oral
naftidrofuryl

PRÉSENTATION

PRAXILÈNE GÉLULES 100 mg : gélule (rose) ; boîte de 20 - Remb. 65 % - Liste II

PRAXILÈNE COMPRIMÉS 200 mg : comprimé (blanc) ; boîte de 20 - Remb. 65 % - Liste II

Laboratoires Oberval

COMPOSITION

	p. gél.	p. comp.
Naftidrofuryl oxalate	100 mg	200 mg

INDICATIONS

C'est un médicament qui appartient à la famille des *vasodilatateurs*. Il augmente le débit du sang dans les artères et permet au cerveau de mieux résister à un défaut d'apport en oxygène.

Il est utilisé dans le traitement :
- des *symptômes* de l'*artérite*,
- du phénomène de *Raynaud*,
- de certains *accidents vasculaires cérébraux*,
- des troubles liés à une mauvaise circulation sanguine dans la *rétine*,
- des troubles du comportement et de la mémoire liés au vieillissement.

GROSSESSE, ALLAITEMENT ET NOUVEAU-NÉ

L'effet de ce médicament pendant la grossesse ou l'allaitement est mal connu : seul votre médecin peut évaluer le risque éventuel de son utilisation dans votre cas.

MODE D'EMPLOI ET POSOLOGIE

Les gélules et les comprimés peuvent être pris avec un peu d'eau, au moment ou en dehors des repas.

Posologie usuelle :

Elle est variable selon les cas : 2 gélules ou 1 comprimé, 2 ou 3 fois par jour.

Ce médicament n'est actif que sur les *symptômes* de l'*artérite* ; seule la pratique régulière de la marche peut retarder l'évolution de la maladie.

Si vous êtes fumeur, la poursuite du tabagisme nuit à l'efficacité du traitement.

EFFETS INDÉSIRABLES POSSIBLES

Troubles digestifs mineurs.

Allergie cutanée.

PRAXILÈNE injectable

naftidrofuryl

PRÉSENTATION

PRAXILÈNE SOLUTION INJECTABLE 40 mg : solution injectable ; boîte de 12 ampoules (5 ml) - Remb. 65 % - Liste II

PRAXILÈNE PERFUSION 200 mg : solution injectable pour *perfusion* ; boîte de 10 ampoules (10 ml) - Remb. 65 % - Liste II

Laboratoires Oberval

COMPOSITION

	p. amp. 5 ml	p. amp. 10 ml
Naftidrofuryl oxalate	40 mg	200 mg

INDICATIONS

C'est un médicament qui appartient à la famille des *vasodilatateurs*. Il augmente le débit du sang dans les artères et permet au cerveau de mieux résister à un défaut d'apport en oxygène.

Il est utilisé dans le traitement :
- de certains *accidents vasculaires cérébraux*,
- des manifestations douloureuses de l'*artérite* lors des poussées ou dans l'attente d'une intervention chirurgicale,
- des troubles liés à une mauvaise circulation sanguine dans la *rétine*.

CONTRE-INDICATIONS

Ce médicament ne doit pas être utilisé en cas de *bloc auriculo-ventriculaire* grave.

ATTENTION

Si vous souffrez d'*insuffisance hépatique* ou d'*insuffisance rénale*, prévenez votre médecin.

GROSSESSE, ALLAITEMENT ET NOUVEAU-NÉ

L'effet de ce médicament pendant la grossesse ou l'allaitement est mal connu : seul votre médecin peut évaluer le risque éventuel de son utilisation dans votre cas.

MODE D'EMPLOI ET POSOLOGIE

La solution à 40 mg est administrée par *voie* intramusculaire ou voie intraveineuse lente. La solution à 200 mg est administrée en *perfusion*.

Posologie usuelle :

Elle est variable selon les cas, de 40 à 400 mg par jour.

Ce médicament n'est actif que sur les *symptômes* de l'*artérite* ; seule la pratique régulière de la marche peut retarder l'évolution de la maladie. Si vous êtes fumeur, la poursuite du tabagisme nuit à l'efficacité du traitement.

EFFETS INDÉSIRABLES POSSIBLES

À forte dose :
- État confusionnel.
- *Bloc auriculo-ventriculaire*, ralentissement du cœur.

Rarement : *allergie* cutanée.

PRAXINOR

théodrénaline, cafédrine

PRÉSENTATION

PRAXINOR : comprimé (blanc) ; boîte de 20 - Remb. 65 % - Liste II

Laboratoires Aron-Médicia

COMPOSITION

	p. comp.
Théodrénaline chlorhydrate	5 mg
Cafédrine chlorhydrate	100 mg

INDICATIONS

Ce médicament est un stimulant du système cardio-vasculaire apparenté à l'*adrénaline*. Il augmente le débit du cœur et la tension artérielle.

Il est utilisé dans le traitement de l'*hypotension orthostatique*.

CONTRE-INDICATIONS

Ce médicament ne doit pas être utilisé dans les cas suivants :
- *hypertension artérielle*,
- certains cas de *porphyries*,
- association aux médicaments de la famille des *IMAO* non sélectifs.

Dans les autres cas, le médecin est seul juge pour prescrire ce médicament, notamment en cas de *glaucome* à angle fermé, d'*adénome de la prostate* ou d'*hyperthyroïdie*.

ATTENTION

Signalez la prise de ce médicament avant toute anesthésie générale.

Les baisses de tension artérielle survenant lors des états de fatigue en sont souvent la conséquence mais non la cause. Consultez votre médecin.

INTERACTIONS MÉDICAMENTEUSES

Ce médicament ne doit pas être associé aux *IMAO* non sélectifs (MARSILID, NIAMIDE...) : risque d'*hypertension artérielle* grave, ni être utilisé dans les 15 jours qui suivent l'arrêt d'un traitement par *IMAO* non sélectif.

GROSSESSE, ALLAITEMENT ET NOUVEAU-NÉ

L'effet de ce médicament pendant la grossesse ou l'allaitement est mal connu : seul votre médecin peut évaluer le risque éventuel de son utilisation dans votre cas.

MODE D'EMPLOI ET POSOLOGIE

Les comprimés doivent être pris avec un peu d'eau.

Posologie usuelle :

2 comprimés le matin et 1 ou 2 comprimés en début d'après-midi.

Les manifestations de l'*hypotension orthostatique* peuvent être réduites en évitant les changements brusques de position.

EFFETS INDÉSIRABLES POSSIBLES

Troubles digestifs, *hypertension artérielle*, maux de tête, ralentissement du cœur, difficultés à uriner, *allergie* cutanée rare.

PRAZINIL

carpipramine

PRÉSENTATION

PRAZINIL : comprimé sécable (blanc) ; boîte de 24 - Remb. 65 % - Liste I

Laboratoires Pierre Fabre

COMPOSITION

	p. comp.
Carpipramine	50 mg

INDICATIONS

C'est un médicament qui appartient à la famille des *neuroleptiques*.

Il est utilisé comme stimulant au cours des états anxieux, et dans le traitement de certains troubles nerveux accompagnés de troubles de l'*humeur*.

CONTRE-INDICATIONS

Ce médicament ne doit pas être utilisé dans les cas suivants :
- *trouble du rythme cardiaque* ;
- *insuffisance rénale*, *insuffisance hépatique* graves ;
- en association avec les *IMAO* ;
- grossesse ;
- allaitement.

ATTENTION

La guérison peut nécessiter un traitement prolongé ; une amélioration survenant en début de traitement ne doit pas vous conduire à l'arrêter sans l'avis de votre médecin.

Des précautions sont nécessaires chez la personne âgée et en cas d'*épilepsie* et de maladie cardiaque.

Évitez les boissons alcoolisées : augmentation du risque de somnolence.

Conducteur : ce médicament peut être responsable d'une somnolence ou d'une baisse de la vigilance.

INTERACTIONS MÉDICAMENTEUSES

Ce médicament ne doit pas être associé avec les *IMAO* : respecter un délai de 15 jours après l'arrêt de ce médicament.

Il peut interagir avec d'autres médicaments, notamment les *antihypertenseurs* et les *sédatifs*. Signalez tout autre traitement en cours à votre médecin ou à votre pharmacien.

GROSSESSE, ALLAITEMENT ET NOUVEAU-NÉ

En l'absence de données suffisantes, ce médicament est contre-indiqué pendant la grossesse et l'allaitement.

MODE D'EMPLOI ET POSOLOGIE

Ce médicament doit être avalé avec de l'eau.

Posologie usuelle :
Elle est variable selon les cas.

EFFETS INDÉSIRABLES POSSIBLES

Difficulté d'endormissement.
Hypotension orthostatique.

Rarement : absence de règles, écoulement de lait par le mamelon.

PRÉCYCLAN LEO

méprobamate, bendrofluméthiazide, médroxyprogestérone

PRÉSENTATION

PRÉCYCLAN LEO : comprimé sécable (blanc) ; boîte de 24 - Non remb. - Liste II

Laboratoires Leo

COMPOSITION

	p. comp.
Méprobamate	200 mg
Bendrofluméthiazide	2 mg
Médroxyprogestérone	2,5 mg

INDICATIONS

Ce médicament contient un *tranquillisant* léger, un *diurétique*, et une *hormone* de la famille des *progestatifs*.

Il est utilisé pour traiter les troubles précédant les règles : douleur, gonflement, tension des seins.

CONTRE-INDICATIONS

Ce médicament ne doit pas être utilisé en cas :
- d'*insuffisance rénale* grave ;
- d'*allergie* aux *diurétiques* de la famille des thiazidiques ;
- de *myasthénie*.

ATTENTION

Ce médicament n'est pas un *contraceptif*.

Une surveillance médicale et des analyses régulières sont nécessaires avant et pendant le traitement.

L'effet de ce médicament pendant la grossesse ou l'allaitement est mal connu : seul votre médecin peut évaluer le risque éventuel de son utilisation dans votre cas.

Conducteur : ce médicament peut être responsable d'une somnolence ou d'une baisse de la vigilance.

GROSSESSE, ALLAITEMENT ET NOUVEAU-NÉ

L'effet de ce médicament pendant la grossesse ou l'allaitement est mal connu : il est déconseillé chez la femme enceinte ou celle qui allaite

MODE D'EMPLOI ET POSOLOGIE

Les comprimés doivent être pris pendant au moins 3 cycles consécutifs. Ensuite, selon les résultats, le traitement est suivi pendant 1 mois sur 2 ou 1 mois sur 3.

Posologie usuelle :
2 comprimés par jour, du 15e au 25e jour du cycle.

EFFETS INDÉSIRABLES POSSIBLES

Nausée, allongement du cycle, fatigue, *vertiges*.

PRÉFAGYL

PRÉSENTATION

PRÉFAGYL : comprimé effervescent (blanc) ; boîte de 20 - Non remb.

PRÉFAGYL : comprimé effervescent (blanc) ; boîte de 40 - Non remb.

Laboratoires Oberlin

COMPOSITION

	p. comp.
Chlorure de magnésium	0,010 g
Carbonate monosodique	0,140 g
Sulfate de sodium	0,285 g
Hydrogénophosphate de sodium anhydre	0,195 g
dont sodium	563 mg

INDICATIONS

Ce médicament appartient à la famille des *antiacides* d'action locale. Il agit en neutralisant les acides sécrétés par l'estomac.

Il est utilisé comme *traitement symptomatique* des douleurs, brûlures, aigreurs de l'estomac ou de l'œsophage.

ATTENTION

Des douleurs qui persistent peuvent être dues à une lésion du tube digestif : consultez votre médecin.

Ce médicament contient du *sel* (sodium) en quantité notable.

INTERACTIONS MÉDICAMENTEUSES

Ce médicament peut interagir avec de nombreux autres médicaments en diminuant leur absorption : il convient de séparer les prises d'au moins 2 heures.

GROSSESSE, ALLAITEMENT ET NOUVEAU-NÉ

L'effet de ce médicament pendant la grossesse ou l'allaitement est mal connu. L'évaluation du risque éventuel lié à son utilisation est individuelle : demandez conseil à votre pharmacien ou à votre médecin.

MODE D'EMPLOI ET POSOLOGIE

Le comprimé doit être dissous dans un verre d'eau.

Posologie usuelle :
1 ou 2 comprimés après les repas ou au moment des douleurs.

Une alimentation équilibrée, une mastication lente et la suppression des aliments difficiles à digérer permettent souvent d'améliorer, voire de faire disparaître, les douleurs d'estomac qui ne sont pas liées à un *ulcère*.

Si vous êtes fumeur, la poursuite du tabagisme nuit à l'efficacité du traitement.

EFFETS INDÉSIRABLES POSSIBLES

Diarrhée à forte dose.

PRÉFAMONE

amfépramone

PRÉSENTATION

PRÉFAMONE CHRONULES : gélule à action prolongée (jaune) ; boîte de 10 - Non Remb. - Liste I

PRÉFAMONE CHRONULES : gélule à action prolongée (jaune) ; boîte de 30 - Non Remb. - Liste I

Laboratoires Dexo

COMPOSITION

	p. gél.
Amfépramone chlorhydrate	75 mg

INDICATIONS

C'est un *anorexigène* (coupe-faim) qui appartient à la famille des *amphétamines*.

Il est utilisé en complément du régime hypocalorique pour traiter un excès de poids.

CONTRE-INDICATIONS

Ce médicament ne doit pas être utilisé dans les cas suivants :
- maladie cardiaque grave, *hypertension artérielle* ;
- *hyperthyroïdie* ;
- risque de rétention des urines (*adénome de la prostate*...) ;
- *glaucome* à angle fermé ;
- *antécédents* de troubles nerveux : *dépression*, *anorexie* mentale ;
- association aux *antidépresseurs IMAO* de type non sélectif ;
- **grossesse.**

ATTENTION

L'efficacité de ce médicament tend à diminuer au bout de quelques semaines de traitement. L'augmentation des doses expose à un risque de *dépendance* et de troubles psychiques graves. Ne dépassez pas la *posologie* prescrite par votre médecin.

Il est fréquent que la perte de poids obtenue à l'aide de ce médicament ne persiste pas après l'arrêt du traitement. Un régime reste nécessaire.

Ce médicament peut modifier le comportement : prudence lors de la conduite ou de l'utilisation de machines dangereuses.

INTERACTIONS MÉDICAMENTEUSES

Ce médicament ne doit pas être associé aux *antidépresseurs IMAO* de type non sélectif (MARSILID, NIAMIDE) : risque de poussée d'*hypertension artérielle* ou de fièvre élevée. Cette contre-indication persiste pendant les 15 jours qui suivent l'arrêt d'un traitement par IMAO.

Ce médicament peut interagir avec d'autres médicaments. Signalez tout autre traitement en cours à votre médecin ou à votre pharmacien.

GROSSESSE, ALLAITEMENT ET NOUVEAU-NÉ

Grossesse :

En l'absence de données suffisantes, ce médicament est contre-indiqué pendant la grossesse.

Allaitement :

Les données actuellement disponibles ne permettent pas de savoir si ce médicament passe dans le lait maternel : par mesure de prudence, l'allaitement est déconseillé.

MODE D'EMPLOI ET POSOLOGIE

Les gélules doivent être avalées avec un verre d'eau.

Posologie usuelle :

- Adulte : 1 gélule, 2 heures avant le repas de midi.

> ☛ L'utilisation de ce médicament ne se conçoit que dans le cadre d'un régime hypocalorique adapté.
>
> Ce médicament peut entraîner des difficultés d'endormissement : il est conseillé de ne pas le prendre au-delà du repas de midi.

EFFETS INDÉSIRABLES POSSIBLES

Insomnie, maux de tête, bouche sèche, constipation, accélération du cœur, *allergie* cutanée, nervosité, tendance dépressive et plus rarement nausées, vomissements.

Certains signes doivent faire penser à un surdosage : accélération de la respiration, *tachycardie*, élévation ou au contraire baisse de la tension artérielle, agitation, confusion des idées, hallucinations ; prévenez d'urgence votre médecin.

PRÉMARIN oral

estrogènes

PRÉSENTATION

PRÉMARIN 0,625 mg : comprimé (blanc) ; boîte de 20 - Non remb. - Liste II

PRÉMARIN 1,25 mg : comprimé (jaune) ; boîte de 20 - Non remb. - Liste II

Laboratoires Wyeth France

COMPOSITION

	p. comp.	p. comp.
Estrogènes conjugués, extraits d'urine de jument gravide	0,625 mg	1,25 mg

INDICATIONS

Ce médicament contient des *hormones* de la famille des *estrogènes*.

Il est utilisé pour traiter les carences en estrogènes, notamment lors de la *ménopause* ou de certaines stérilités.

CONTRE-INDICATIONS

Ce médicament ne doit pas être utilisé dans les cas suivants :

- certaines maladies cardiaques ou vasculaires, notamment l'*hypertension artérielle* et les *antécédents* de *phlébite* ;
- maladie du foie grave ou récente ;
- certains cancers du sein ou de l'utérus ;
- *tumeur de l'hypophyse* ;
- *hémorragie* génitale de diagnostic non précisé ;
- certaines maladies rares (*connectivites*) ;
- *porphyries* ;
- *otosclérose* ;
- **grossesse.**

Dans d'autres situations, votre médecin est seul juge pour prescrire ce médicament, notamment en cas de *diabète*, d'obésité, d'affections bénignes du sein et de l'utérus, d'excès de *cholestérol* ou de *triglycérides*, d'allaitement, de jaunisse avec ou sans démangeaisons survenue lors d'une grossesse.

> **ATTENTION**
>
> Une surveillance médicale et des analyses régulières sont nécessaires avant et pendant la poursuite du traitement. Cette surveillance sera renforcée chez la femme souffrant d'*épilepsie*, de *migraine*, d'*asthme*, de *dépression* ou ayant des *antécédents* familiaux de cancer du sein.
>
> Des maux de tête importants et inhabituels, des troubles de la vision, une élévation franche de la tension artérielle imposent l'arrêt du traitement et la consultation d'un médecin.

INTERACTIONS MÉDICAMENTEUSES

Ce médicament peut interagir avec d'autres médicaments. Signalez tout autre traitement en cours à votre médecin ou à votre pharmacien.

GROSSESSE, ALLAITEMENT ET NOUVEAU-NÉ

Compte tenu de ses indications, ce médicament n'est pas utilisé chez la femme enceinte ou qui allaite.

MODE D'EMPLOI ET POSOLOGIE

Les comprimés doivent être avalés avec un verre d'eau.

Posologie usuelle :

Elle est strictement individuelle : votre médecin l'adapte en fonction de l'efficacité du traitement.

> ☛ Chez la femme ménopausée, un *progestatif* est toujours associé aux *estrogènes* pour éviter une stimulation excessive de l'utérus ou des glandes mammaires. La réapparition de règles minimes est possible après chaque interruption de traitement ; vous devez néanmoins en informer votre médecin.
>
> Le tabac augmente le risque d'effets indésirables.

EFFETS INDÉSIRABLES POSSIBLES

Fréquents, mais peu graves : nausées, maux de tête, prise de poids, tension des seins, irritabilité, *dépression*, *candidose* vaginale, irritation oculaire par les lentilles de contact.

Rares, mais potentiellement graves et devant faire interrompre le traitement : *hypertension artérielle*, *accident thrombo-embolique*, jaunisse, augmentation des lipides dans le sang, *diabète*, *nodule* ou douleur importante des seins, *migraine*, troubles de la vue, aggravation d'une *épilepsie*.

Exceptionnellement : calculs de la vésicule biliaire.

PREMIDAN

PRÉSENTATION

PRÉMIDAN ADULTE : sirop ; flacon 150 ml - Non remb.

PRÉMIDAN ENFANT : sirop ; flacon 150 ml - Non remb.

Laboratoires Monot

COMPOSITION

	Sirop Ad. p. c. à s.	Sirop Enf. p. c. à c.
Pholcodine	22,1 mg	4,2 mg
Belladone, teinture	38 mg	
Aconit, teinture	8 mg	3,6 mg
Drosera, teinture		7 mg
Eau de laurier-cerise	979 mg	
Opium, teinture	45 mg	
Polygala, concentré pour sirop	162 mg	
Ipécacuanha, concentré pour sirop	964 mg	622 mg
Alcool à 95°	1,593 g	160 mg
Saccharose	12 g	4 g

INDICATIONS

Ce sirop *antitussif* contient de la pholcodine, associée notamment à des *expectorants* (polygala, ipécacuanha) et à un *antispasmodique* (*belladone*) pour le sirop Adulte. La pholcodine a une action sédative sur le *système nerveux central* et notamment sur les centres de la toux.

Ce sirop est utilisé dans le *traitement symptomatique* des toux sèches.

CONTRE-INDICATIONS

Ce médicament ne doit pas être utilisé dans les cas suivants :

- *asthme*,
- *insuffisance respiratoire*,
- *glaucome* à angle fermé (sirop Adulte),
- risque de rétention des urines : *adénome de la prostate...* (sirop Adulte),
- enfant de moins de 15 ans (sirop Adulte),
- enfant de moins de 30 mois (sirop Enfant).

> **ATTENTION**
>
> Ce médicament n'est pas adapté au traitement de la toux grasse, qui est un mécanisme de défense normal de l'organisme permettant l'évacuation des mucosités présentes dans les bronches.
>
> La toux est un *symptôme* qui peut révéler de nombreuses maladies. Consultez votre médecin si elle persiste plus de quelques jours.

Ce médicament contient du *sucre* (saccharose) et de l'*alcool* en quantité notable.

Évitez les boissons alcoolisées : augmentation du risque de somnolence.

Conducteur : ce médicament peut être responsable d'une somnolence ou d'une baisse de la vigilance.

INTERACTIONS MÉDICAMENTEUSES

Ce médicament peut interagir avec d'autres médicaments, notamment chez les personnes âgées. Signalez tout autre traitement en cours à votre médecin ou à votre pharmacien.

GROSSESSE, ALLAITEMENT ET NOUVEAU-NÉ

Grossesse :
Compte tenu de la présence de pholcodine, n'utilisez pas ce médicament pendant la grossesse sans prendre l'avis de votre pharmacien ou de votre médecin.

Allaitement :
Les données actuellement disponibles ne permettent pas de savoir si ce médicament passe dans le lait maternel : il est déconseillé pendant l'allaitement.

MODE D'EMPLOI ET POSOLOGIE

Les prises de ce médicament doivent être réparties au cours de la journée.

Posologie usuelle :

- Adulte : 1 cuillère à soupe de sirop Adulte, 3 à 5 fois par jour. La *posologie* doit être diminuée de moitié chez les personnes âgées.
- Enfant de 8 à 15 ans : 1 cuillère à soupe de sirop Enfant, 3 fois par jour.
- Enfant de 5 à 8 ans : 1 cuillère à dessert de sirop Enfant, 2 ou 3 fois par jour.
- Enfant de 30 mois à 5 ans : 1 cuillère à café de sirop Enfant, 2 à 4 fois par jour.

Une toux nocturne aggravée par ce médicament peut être une toux allergique : demandez conseil à votre médecin.

Fumer, ou être exposé à la fumée des autres, nuit à l'efficacité du traitement.

Des mesures simples permettent de calmer les toux sèches : boissons chaudes et humidification de l'air ambiant.

EFFETS INDÉSIRABLES POSSIBLES

Constipation, et plus rarement : somnolence, nausées, vomissements, *bronchospasme*, sensation vertigineuse, *allergie* cutanée.

Effets *atropiniques* liés à la présence de *belladone* (sirop Adulte), rares aux doses habituelles.

PRÉNOXAN
aspirine, phénobarbital

PRÉSENTATION

PRÉNOXAN 1 cg : suppositoire ; boîte de 10 - Remb. 65 % - Liste II

PRÉNOXAN 2 cg : suppositoire ; boîte de 10 - Remb. 65 % - Liste II

PRÉNOXAN 5 cg : suppositoire ; boîte de 10 - Remb. 65 % - Liste II

Laboratoires Schering-Plough

COMPOSITION

	p. suppos. 1 cg	p. suppos. 2 cg	p. suppos. 5 cg
Acide acétylsalicylique (aspirine)	150 mg	250 mg	250 mg
Phénobarbital	10 mg	20 mg	50 mg

INDICATIONS

Ce médicament contient de l'aspirine, qui lutte contre la douleur et la fièvre, et un *sédatif*, le phénobarbital.

Il est utilisé dans le *traitement symptomatique* des affections douloureuses ou fébriles.

CONTRE-INDICATIONS

Ce médicament ne doit pas être utilisé dans les cas suivants :
- *allergie* aux *salicylés* ou aux *barbituriques*,
- *ulcère* de l'estomac ou du *duodénum*,
- *hémorragie* et risque hémorragique,
- *porphyrie*,
- *insuffisance respiratoire* grave,
- **grossesse** : pendant les 3 derniers mois, ou en prise prolongée, à toute période de la grossesse.

ATTENTION

Des précautions sont nécessaires en cas d'*antécédents* d'*ulcère* de l'estomac ou du *duodénum* même ancien, d'*asthme*, d'*insuffisance rénale*, et chez la femme qui porte un stérilet.

Ce médicament est déconseillé chez les personnes atteintes de *goutte* et chez les femmes pendant des règles abondantes.

Évitez de prendre ce médicament pendant la semaine qui précède une extraction dentaire ou une opération (augmentation du risque d'*hémorragie*).

Évitez les boissons alcoolisées : augmentation du risque de somnolence.

Conducteur : ce médicament peut être responsable de vertiges ou d'une baisse de la vigilance.

INTERACTIONS MÉDICAMENTEUSES

Les personnes traitées par des médicaments anticancéreux contenant du méthotrexate ne doivent pas utiliser d'aspirine.

Ce médicament peut interagir avec d'autres médicaments, notamment les *anticoagulants* et les *antiagrégants plaquettaires* (TICLID...) : augmentation du risque hémorragique. Il peut interagir aussi avec les *contraceptifs* oraux (pilule) : risque d'inefficacité de la contraception. Signalez tout autre traitement en cours à votre médecin ou à votre pharmacien.

GROSSESSE, ALLAITEMENT ET NOUVEAU-NÉ

Grossesse :
Compte tenu de la présence d'aspirine, seule la prise ponctuelle de ce médicament est admise durant les 6 premiers mois de la grossesse ; au cours des 3 derniers mois, ce médicament est contre-indiqué.

Allaitement :
Ce médicament passe dans le lait maternel : il est déconseillé en prises répétées pendant l'allaitement.

MODE D'EMPLOI ET POSOLOGIE

Posologie usuelle :

- Adulte : 1 ou 2 suppositoires à 2 ou à 5 cg par jour.
- Enfant de plus de 30 mois : 1 ou 2 suppositoires à 2 cg par jour.
- Nourrisson de 13 à 30 mois : 1 ou 2 suppositoires à 1 cg par jour.
- Nourrisson de 0 à 12 mois : 1 suppositoire à 1 cg par jour.

De nombreux médicaments contiennent de l'aspirine : un surdosage expose à une augmentation des effets indésirables.

EFFETS INDÉSIRABLES POSSIBLES

Liés à l'aspirine :
- *gastrite*, douleurs abdominales ;
- rares et parfois graves : *hémorragie* du tube digestif (vomissements sanglants, selles noires, ou plus souvent pertes de sang imperceptibles, responsables de l'apparition progressive d'une *anémie*) ; accidents allergiques (*urticaire*, *œdème*, *asthme*) ;
- signes devant faire penser à un surdosage : bourdonnements d'oreille, sensation de baisse de l'audition, maux de tête.

Liés au phénobarbital : somnolence, réaction cutanée, excitation ou confusion des idées chez les personnes âgées.

PRÉ-PAR
ritodrine

PRÉSENTATION

PRÉ-PAR : comprimé sécable (jaune) ; boîte de 20 - Remb. 65 % - Liste I

Laboratoires Duphar et Cie

COMPOSITION

	p. comp.
Ritodrine chlorhydrate	10 mg

INDICATIONS

Ce médicament relâche les fibres de l'utérus et diminue l'intensité et la fréquence des contractions.

Il est utilisé chez la femme enceinte, en particulier lors de menace d'accouchement prématuré.

CONTRE-INDICATIONS

Ce médicament ne doit pas être utilisé dans les cas suivants :
- *hémorragie* utérine abondante,
- maladies graves du cœur,
- infection du liquide amniotique.

ATTENTION
Des précautions sont nécessaires en cas de *diabète*, d'*hyperthyroïdie*, d'*angine de poitrine*, ou de *trouble du rythme cardiaque*.

INTERACTIONS MÉDICAMENTEUSES

Ce médicament peut interagir avec d'autres médicaments. Signalez tout autre traitement en cours à votre médecin ou à votre pharmacien.

MODE D'EMPLOI ET POSOLOGIE

La *posologie* est individuelle et varie selon les cas.

En cas de menace d'accouchement prématuré, le repos au calme est indispensable.

EFFETS INDÉSIRABLES POSSIBLES

Fréquemment : légère augmentation du rythme cardiaque, *palpitations*.

Plus rarement : agitation, tremblement, sueurs, nausée, vomissements, augmentation du rythme du cœur de l'enfant à naître.

PRÉPARATION H pommade

PRÉSENTATION

PRÉPARATION H : pommade ; tube 25 g avec canule - Non remb.

PRÉPARATION H : pommade ; tube 50 g avec canule - Non remb.

Laboratoires Whitehall

COMPOSITION

	p. 100 g
Levure de bière, extrait hydroalcoolique	7 000 UW
Flétan, huile de foie	3 g
Thym, essence	0,1 g
Lanoline	+

INDICATIONS

Ce médicament à usage local contient de la levure de bière et de l'huile de foie de poisson qui apportent des *vitamines* A et B.

Il est utilisé dans le *traitement symptomatique* des douleurs et des démangeaisons de l'anus, en particulier dues aux *hémorroïdes*.

ATTENTION
Le traitement doit être de courte durée : consultez votre médecin si les symptômes persistent.

GROSSESSE, ALLAITEMENT ET NOUVEAU-NÉ

L'effet de ce médicament pendant la grossesse ou l'allaitement est mal connu. L'évaluation du risque éventuel lié à son utilisation est individuelle : demandez conseil à votre pharmacien ou à votre médecin.

MODE D'EMPLOI ET POSOLOGIE

Posologie usuelle :

2 applications de pommade par jour.

Pour prévenir les *hémorroïdes*, des mesures simples d'hygiène alimentaire (suppression des mets épicés) sont à envisager. Parlez-en à votre médecin ou à votre pharmacien.

PRÉPARATION H suppositoire

PRÉSENTATION

PRÉPARATION H : suppositoire ; boîte de 12 - Non remb.

PRÉPARATION H : suppositoire ; boîte de 24 - Non remb.

Laboratoires Whitehall

COMPOSITION

	p. suppos.
Butoforme	20 mg
Levure de bière, extrait hydroalcoolique	116 UW
Esculoside	1 mg
Huile de foie de flétan	
Soit vitamine A	1 500 UI
Thym, essence	+

INDICATIONS

C'est un médicament à usage local qui contient notamment un décongestionnant et un *anesthésique*.

Il est utilisé dans le *traitement symptomatique* des douleurs et des démangeaisons de l'anus, en particulier dues aux *hémorroïdes*.

CONTRE-INDICATIONS

Les suppositoires ne doivent pas être utilisés dans le cas d'*antécédent* d'*allergie* aux *anesthésiques* locaux.

ATTENTION
Le traitement doit être de courte durée : consultez votre médecin si les *symptômes* persistent.

GROSSESSE, ALLAITEMENT ET NOUVEAU-NÉ

L'effet de ce médicament pendant la grossesse ou l'allaitement est mal connu. L'évaluation du risque éventuel lié à son utilisation est individuelle : demandez conseil à votre pharmacien ou à votre médecin.

MODE D'EMPLOI ET POSOLOGIE

1 suppositoire matin et soir, après être allé à la selle.

Pour prévenir les *hémorroïdes*, des mesures simples d'hygiène alimentaire (suppression des mets épicés) sont à envisager. Parlez-en à votre médecin ou à votre pharmacien.

Les suppositoires doivent être conservés à l'abri de la chaleur.

PRÉPARATION H VEINOTONIC
diosmine

PRÉSENTATION

PRÉPARATION H VEINOTONIC : comprimé ; boîte de 30 - Non remb.

Laboratoires Whitehall

COMPOSITION

	p. comp.
Diosmine	300 mg

INDICATIONS

Ce médicament est un protecteur *vasculaire* et *veinotonique*. Il stimule la circulation du sang dans les veines et lutte contre l'altération des *vaisseaux capillaires*.

Il est utilisé dans le *traitement symptomatique* des crises d'*hémorroïdes*.

GROSSESSE, ALLAITEMENT ET NOUVEAU-NÉ

L'effet de ce médicament pendant la grossesse ou l'allaitement est mal connu. L'évaluation du risque éventuel lié à son utilisation est individuelle : demandez conseil à votre pharmacien ou à votre médecin.

MODE D'EMPLOI ET POSOLOGIE

Ce médicament doit être pris avec un peu d'eau au cours des repas.

Posologie usuelle :

2 comprimés, 2 ou 3 fois par jour.

Pour prévenir les *hémorroïdes*, des mesures d'hygiène alimentaire sont à envisager : parlez-en à votre pharmacien ou à votre médecin.

EFFETS INDÉSIRABLES POSSIBLES

Rares *troubles digestifs*.

PREPULSID
cisapride

PRÉSENTATION

PREPULSID : comprimé sécable (blanc) ; boîte de 40 - Remb. 65 % - Liste II

PREPULSID : suspension buvable 1 mg par ml ; flacon 100 ml (et doseur pédiatrique) - Remb. 65 % - Liste II

PREPULSID : suspension buvable 1 mg par ml ; flacon 200 ml (et cuillère-mesure 5 ml) - Remb. 65 % - Liste II

Laboratoires Janssen

COMPOSITION

	p. comp.	p. ml
Cisapride	10 mg	1 mg

INDICATIONS

C'est un médicament qui appartient à la famille des stimulants de la motricité du tube digestif. Il augmente le tonus du bas œsophage, empêchant le reflux des aliments. Il renforce les contractions de l'estomac, facilitant l'évacuation des aliments vers l'intestin.

Il est utilisé pour traiter :
- le *reflux gastro-œsophagien* et ses conséquences (les *inflammations* de l'œsophage),
- les troubles liés à un retard de l'évacuation de l'estomac.

CONTRE-INDICATIONS

Ce médicament ne doit pas être utilisé en cas d'obstruction du tube digestif.

ATTENTION

Si vous souffrez d'une *insuffisance rénale* ou d'*insuffisance hépatique*, prévenez votre médecin afin qu'il puisse adapter la *posologie*.

INTERACTIONS MÉDICAMENTEUSES

Ce médicament peut interagir avec d'autres, notamment les *anticoagulants* oraux, les *antiacides*, les *anxiolytiques*, certains antiulcéreux et certains médicaments pour le cœur. Signalez tout autre traitement en cours à votre médecin ou à votre pharmacien.

GROSSESSE, ALLAITEMENT ET NOUVEAU-NÉ

Grossesse :

Ce médicament est récent : en l'absence de données suffisantes, il est déconseillé pendant la grossesse.

MODE D'EMPLOI ET POSOLOGIE

Ce médicament doit être pris avec un verre d'eau, au moins un quart d'heure avant les 3 repas, et au coucher si une 4e prise est nécessaire.

Posologie usuelle :
- Adulte : 1/2 ou 1 comprimé, 3 ou 4 fois par jour ; 1 ou 2 cuillères-mesure de suspension buvable en flacon de 200 ml, 3 ou 4 fois par jour.
- Enfant pesant plus de 25 kg : 1/2 comprimé par 25 kg, 3 ou 4 fois par jour. Par exemple, un enfant de 37 kg recevra 3/4 de comprimé, 3 ou 4 fois par jour.
- Enfant pesant moins de 25 kg : la suspension en flacon de 100 ml avec doseur pédiatrique leur est particulièrement adaptée. La posologie est de 1 ml par 5 kg et par prise, 3 ou 4 fois par jour. La cuillère-mesure affiche 5 graduations. Il y a donc 1 graduation par kg et par prise. Par exemple, un enfant de 8 kg recevra par prise 1 cuillère-mesure complète et 3 graduations d'une seconde cuillère-mesure, 3 ou 4 fois par jour.

Il est bon de fractionner les repas, d'éviter la position penchée, d'éviter de s'allonger après les repas et de porter des vêtements trop serrés. La surélévation de la tête du lit est recommandée.

Lorsqu'une diarrhée survient chez l'enfant, la *posologie* doit être réduite.

EFFETS INDÉSIRABLES POSSIBLES

Parfois : crampes abdominales passagères, diarrhée, gargouillements abdominaux.

Rarement : maux de tête passagers, sensation de tête vide.

PRESTOLE

hydrochlorothiazide, triamtérène

PRÉSENTATION

PRESTOLE : gélule (blanc et bleu) ; boîte de 30 - Remb. 65 % - Liste II

Laboratoires SmithKline Beecham

COMPOSITION

	p. gél.
Hydrochlorothiazide	25 mg
Triamtérène	50 mg

INDICATIONS

Ce médicament est une association de deux *diurétiques* : l'hydrochlorothiazide, dont la structure est proche de celle des *sulfamides*, et le triamtérène, qui a pour caractéristique d'empêcher la perte du *potassium* dans les urines, habituelle avec l'hydrochlorothiazide.

Il est utilisé dans le traitement de l'*hypertension artérielle*.

CONTRE-INDICATIONS

Ce médicament ne doit pas être utilisé dans les cas suivants :
- *allergie* aux *sulfamides*,
- *insuffisance rénale*,
- *hyperkaliémie* (excès de *potassium* dans le sang).

ATTENTION

Ce médicament peut être responsable d'une augmentation ou au contraire d'une baisse de la *kaliémie* (taux de *potassium* dans le sang), qui peut être aggravée par l'usage prolongé de *laxatifs stimulants*. Un contrôle par des analyses de sang est souvent prescrit par le médecin.

Chez les personnes souffrant d'une *insuffisance hépatique* grave, l'apparition de troubles de la conscience peut annoncer une complication grave. Arrêtez le traitement et prenez un avis médical d'urgence.

N'utilisez de *sel* de régime, souvent riche en potassium, qu'avec l'accord de votre médecin.

Les *diurétiques* peuvent augmenter les taux d'*acide urique* ou de *sucre* dans le sang.

INTERACTIONS MÉDICAMENTEUSES

Ce médicament peut interagir avec d'autres médicaments, notamment ceux contenant du *lithium*, et les *sels* de régime. Signalez tout autre traitement en cours à votre médecin ou à votre pharmacien.

GROSSESSE, ALLAITEMENT ET NOUVEAU-NÉ

Grossesse :

Les études scientifiques actuellement disponibles n'ont pas mis en évidence de problème particulier lors de l'utilisation chez la femme enceinte. Néanmoins, les *diurétiques* ne sont pas adaptés au traitement de l'*hypertension artérielle* et des *œdèmes* pendant la grossesse. Seul votre médecin peut apprécier la nécessité du traitement et le risque éventuel de son utilisation dans votre cas.

Allaitement :

Ce médicament passe dans le lait maternel : l'allaitement est déconseillé.

MODE D'EMPLOI ET POSOLOGIE

Ce médicament doit être pris avec un verre d'eau.

Posologie usuelle :

1 gélule par jour.

Ce médicament augmente le volume des urines, surtout en début de traitement. Évitez une prise le soir, source de gêne nocturne.

Les *diurétiques* exposent au risque de déshydratation : veillez à proposer des boissons abondantes aux personnes âgées, notamment pendant les fortes chaleurs.

EFFETS INDÉSIRABLES POSSIBLES

Déshydratation.

Hypotension orthostatique.

Troubles digestifs, fatigue, *vertiges*, *allergie* cutanée.

Crampes.

PRÉVIGRIP

vaccin antigrippal

PRÉSENTATION

PRÉVIGRIP : suspension injectable ; seringue préremplie 0,5 ml - Non remb.

Laboratoires Cassenne

COMPOSITION

	p. seringue
Virus grippaux inactivés	1 dose

INDICATIONS

C'est un *vaccin* composé de *virus* grippaux tués. Il ne contient aucun *germe* vivant.

Ce médicament est utilisé dans la prévention de la grippe. L'immunité apparaît 15 jours après l'injection et dure environ 1 an.

CONTRE-INDICATIONS

Ce médicament ne doit pas être utilisé en cas d'*allergie* aux protéines de l'œuf.

ATTENTION

Le *vaccin* antigrippal ne protège que contre la vraie grippe, maladie grave, potentiellement mortelle chez les personnes fragiles. Il est incapable de prévenir les bronchites banales et autres affections virales saisonnières.

GROSSESSE, ALLAITEMENT ET NOUVEAU-NÉ

Grossesse :

L'effet de ce *vaccin* pendant la grossesse est mal connu : seul votre médecin peut évaluer le risque éventuel de son utilisation dans votre cas.

Allaitement :

Cette vaccination peut être pratiquée pendant l'allaitement.

MODE D'EMPLOI ET POSOLOGIE

Bien agiter la seringue avant l'emploi, la réchauffer à température ambiante si nécessaire. L'injection doit être réalisée par *voie* sous-cutanée ou intramusculaire.

Posologie usuelle :

- Adulte et enfant de plus de 10 ans : 1 injection de 0,5 ml.
- Enfant de moins de 10 ans : 2 injections de 0,25 ml (demi-dose) à 1 mois d'intervalle.

La prévention de la grippe repose sur une injection annuelle : le *vaccin* est différent tous les ans car il est adapté aux caractéristiques du *virus* attendu.

> Pour des raisons de confort, la vaccination doit être différée en cas de fièvre élevée.
>
> Les réactions fébriles dues aux *vaccins* peuvent être combattues en prenant de l'aspirine ou du paracétamol.
>
> Pour garder son efficacité, ce vaccin doit être conservé entre + 2 et + 8 °C (compartiment à beurre du réfrigérateur), mais quelques jours à une température ne dépassant pas 25 °C ne prêtent pas à conséquence. Il ne doit pas être congelé.

EFFETS INDÉSIRABLES POSSIBLES

Réactions douloureuses, *nodule* au point d'injection.

Fièvre modérée pendant 1 ou 2 jours.

PRÉVISCAN

fluindione

PRÉSENTATION

PRÉVISCAN : comprimé sécable (blanc crème) ; boîte de 8 - Remb. 65 % - Liste I

PRÉVISCAN : comprimé sécable (blanc crème) ; boîte de 100 - Remb. 65 % - Liste I

Laboratoires Procter & Gamble

COMPOSITION

	p. comp.
Fluindione	20 mg

INDICATIONS

Ce médicament est un *anticoagulant* oral qui appartient à la famille des *antivitamines K*. Il empêche la formation des caillots en se substituant à la *vitamine* K. Celle-ci est indispensable à la synthèse par le foie des facteurs de la coagulation.

Il est utilisé dans le *traitement préventif* et curatif des *accidents thrombo-emboliques*.

CONTRE-INDICATIONS

Ce médicament ne doit pas être utilisé dans les cas suivants :

- hémophilie et maladies apparentées,
- risque de saignement d'un organe (*ulcère* de l'estomac ou du *duodénum*...),
- *hypertension artérielle* grave,
- *insuffisance rénale* et *insuffisance hépatique* graves,
- association aux médicaments contenant de l'aspirine, de la phénylbutazone ou du miconazole (sauf formes à usage local).

> **ATTENTION**
>
> L'action de ce médicament est adaptée avec précision par votre médecin en fonction du résultat d'analyses de sang régulières : un *TP* trop élevé traduit une action insuffisante et un risque de caillot sanguin ; un TP trop bas traduit un surdosage et un risque d'*hémorragie*.
>
> Tout signe pouvant faire penser à une hémorragie (urines rouges, selles rouges ou noires, taches anormales de la peau ou bleus multiples, saignement du nez ou des gencives...) doit vous conduire à prévenir immédiatement votre médecin ou un service médical d'urgence.
>
> Pendant la durée du traitement, les injections intramusculaires sont interdites mais les injections par *voie* sous-cutanée ou intraveineuse sont possibles, de même que les prises de sang.
>
> De nombreux médicaments contenant de l'aspirine sont vendus sans ordonnance : compte tenu des risques d'hémorragie qu'ils entraînent, l'automédication est particulièrement dangereuse.
>
> En cas d'intervention chirurgicale ou d'extraction dentaire, signalez à l'anesthésiste ou à votre dentiste la prise de ce médicament : une modification de votre traitement pourra éventuellement être décidée.
>
> Les boissons alcoolisées, augmentant les effets de ce médicament, sont déconseillées pendant la durée du traitement : risque de saignement.

INTERACTIONS MÉDICAMENTEUSES

Ce médicament ne doit pas être associé aux médicaments contenant de la phénylbutazone, de l'aspirine, du miconazole (l'usage de formes à usage local est possible) : risque d'*hémorragie*.

Il peut interagir avec d'autres médicaments. Signalez tout autre traitement en cours à votre médecin ou à votre pharmacien.

GROSSESSE, ALLAITEMENT ET NOUVEAU-NÉ

Grossesse :

Ce médicament ne doit pas être utilisé pendant la grossesse, sauf sur prescription médicale.

Allaitement :

Ce médicament passe dans le lait maternel : l'allaitement est déconseillé.

MODE D'EMPLOI ET POSOLOGIE

Les comprimés seront avalés avec un grand verre d'eau, mais jamais en position couchée. Pour un effet constant de ce médicament, la prise doit être régulière, toujours à la même heure, pendant ou en dehors des repas.

Posologie usuelle :

Elle est adaptée par le médecin en fonction des résultats des analyses de sang (*TP, INR*). Néanmoins, compte tenu de l'action retardée du produit, les variations du TP ou de l'INR n'apparaissent que plusieurs jours après les modifications de traitement.

Lorsque ce médicament remplace un *anticoagulant* injectable, les deux traitements peuvent se chevaucher pendant quelques jours.

> Veillez à ne pas manquer de ce médicament ; lors de vos déplacements, munissez-vous d'une réserve ou de votre ordonnance en cours de validité.
>
> Certaines activités ou sports violents pouvant entraîner des blessures ou des coupures (risque d'*hémorragie*), leur pratique est déconseillée pendant la durée du traitement.
>
> En cas de saignement, comprimez la plaie pendant plusieurs minutes.
>
> Un jeûne prolongé ou au contraire un apport alimentaire important en *vitamine* K (céréales, brocolis, choux, choucroute, carottes, abats) sont à éviter.

EFFETS INDÉSIRABLES POSSIBLES

Hémorragie, de gravité variable.

Troubles digestifs, *hépatite* exceptionnelle.

Éruptions cutanées, fièvre, douleurs articulaires.

PRIMALAN

méquitazine

PRÉSENTATION

PRIMALAN : comprimé sécable (blanc) ; boîte de 14 - Remb. 65 %

PRIMALAN : sirop ; flacon 60 ml (24 cuillères-mesure 2,5 ml) - Remb. 65 %

Laboratoires INAVA

COMPOSITION

	p. comp.	p. c. mes.
Méquitazine	5 mg	1,25 mg

INDICATIONS

Ce médicament est un *antihistaminique* antiallergique. Il possède en outre des propriétés *atropiniques*.

Il est utilisé dans le traitement des *allergies* : rhume des foins, *urticaire*, *conjonctivite*, œdème de *Quincke*. Il est également utilisé dans le traitement des démangeaisons non allergiques.

CONTRE-INDICATIONS

Ce médicament ne doit pas être utilisé dans les cas suivants :

- *glaucome* à angle fermé,
- risque de blocage des urines (*adénome de la prostate*),
- association avec les *antidépresseurs* de type *IMAO*.

INTERACTIONS MÉDICAMENTEUSES

Ce médicament ne doit pas être associé aux *antidépresseurs* de type *IMAO*.

Il peut interagir avec d'autres médicaments, notamment ceux ayant des effets *atropiniques*. Signalez tout autre traitement en cours à votre médecin ou à votre pharmacien.

GROSSESSE, ALLAITEMENT ET NOUVEAU-NÉ

L'effet de ce médicament pendant la grossesse ou l'allaitement est mal connu. L'évaluation du risque éventuel lié à son utilisation est individuelle : demandez conseil à votre pharmacien ou à votre médecin.

MODE D'EMPLOI ET POSOLOGIE

Les comprimés doivent être avalés avec un verre d'eau.

Posologie usuelle :

- Adulte : 1 comprimé, matin et soir, ou 2 comprimés le soir.
- Enfant : 1/2 comprimé par 10 kg et par jour, ou 1 cuillère-mesure de sirop par 5 kg et par jour. Par exemple, pour un enfant de 25 kg, 5 cuillères-mesure par jour, en 1 ou 2 prises.

> Ce médicament agit sur les manifestations de l'*allergie* mais n'en supprime pas la cause. Si les *symptômes* persistent ou s'aggravent, n'hésitez pas à consulter votre médecin.

EFFETS INDÉSIRABLES POSSIBLES

Effets *atropiniques*.

PRIMOLUT-NOR

norethistérone

PRÉSENTATION

PRIMOLUT-NOR : comprimé sécable (blanc) ; boîte de 30 - Remb. 65 % - Liste I

Laboratoires Schering

COMPOSITION

	p. comp.
Noréthistérone acétate	10 mg

INDICATIONS

Ce médicament est une *hormone* dont l'effet est proche de celui de la *progestérone*. Son action s'oppose à celle des *estrogènes*.

Il est utilisé dans le traitement :

- de certains *symptômes* (troubles des règles, tension des seins...), notamment lors de la *préménopause* ;
- des saignements dus à un *fibrome* ;
- de l'*endométriose*.

Il peut également être utilisé comme *contraceptif*.

CONTRE-INDICATIONS

Ce médicament ne doit pas être utilisé dans les cas suivants :

- *antécédent* d'*accident thrombo-embolique* (*phlébite*, *embolie* pulmonaire...) ;
- maladie grave du foie ;
- grossesse ;
- allaitement.

> **ATTENTION**
>
> Des précautions sont nécessaires en cas de mauvaise circulation du sang, d'*hypertension artérielle*, de *diabète* ou d'*antécédent* d'*infarctus du myocarde*.
>
> Tout *symptôme* pouvant faire craindre une complication impose l'arrêt du traitement : maux de tête importants et inhabituels, trouble de la vision, élévation franche de la tension artérielle.

GROSSESSE, ALLAITEMENT ET NOUVEAU-NÉ

Grossesse :

Ce médicament est contre-indiqué pendant la grossesse : risque de malformation des organes sexuels chez l'enfant à naître.

Allaitement :

Ce médicament passe dans le lait maternel : son usage est contre-indiqué pendant l'allaitement.

MODE D'EMPLOI ET POSOLOGIE

Ce médicament peut être pris pendant ou entre les repas.

Posologie usuelle :

Elle est strictement individuelle et varie selon les cas.

EFFETS INDÉSIRABLES POSSIBLES

Modification des règles, arrêt des règles, saignement entre les règles, modification du volume des seins.

Acné, séborrhée, augmentation de la pilosité.

Prise de poids.

Jambes lourdes.

Troubles digestifs.

Jaunisse associée à des démangeaisons.

Aggravation d'un *état dépressif*.

PRIMPÉRAN

métoclopramide

PRÉSENTATION

PRIMPÉRAN : comprimé sécable (blanc) ; boîte de 40 - Remb. 65 % - Liste II

PRIMPÉRAN : solution buvable 5 mg par 5 ml ; flacon 200 ml (40 cuillères à café de 5 ml) - Remb. 65 % - Liste II

PRIMPÉRAN : solution buvable en gouttes Nourrisson ; flacon 60 ml (1 560 gouttes env.) - Remb. 65 % - Liste II

PRIMPÉRAN 20 mg : suppositoire Adulte ; boîte de 10 - Remb. 65 % - Liste II

PRIMPÉRAN 10 mg : suppositoire Enfant sécable ; boîte de 10 - Remb. 65 % - Liste II

PRIMPÉRAN 10 mg : solution injectable ; boîte de 3 ampoules 2 ml - Remb. 65 % - Liste II

PRIMPÉRAN 10 mg : solution injectable ; boîte de 12 ampoules 2 ml - Remb. 65 % - Liste II

Laboratoires Delagrange

COMPOSITION

	p. comp.	p. c. à c.	p. gte
Métoclopramide chlorhydrate anhydre	10 mg		
Métoclopramide dichlorhydrate anhydre		5 mg	0,1 mg
	p. suppos. Ad.	**p. suppos. Enf.**	**p. amp.**
Métoclopramide base	20 mg	10 mg	
Métoclopramide dichlorhydrate			10 mg

INDICATIONS

C'est un médicament *antiémétique*, modificateur de la motricité du tube digestif. Il régularise la contraction des muscles de l'œsophage, de l'estomac et de l'intestin.

Il est utilisé dans le traitement des nausées et des vomissements ainsi que dans certains troubles de la digestion.

CONTRE-INDICATIONS

Ce médicament ne doit pas être utilisé dans les cas suivants :

- *hémorragie* ou obstruction du tube digestif,
- *antécédents* de *dyskinésie* (mouvements involontaires ou inadaptés) due aux *neuroleptiques*,
- *phéochromocytome*,
- en association avec les médicaments contenant de la lévodopa.

> **ATTENTION**
>
> Des précautions sont nécessaires en cas d'*épilepsie* ou d'*insuffisance rénale* sévère.
>
> La solution buvable contient du *sucre* (saccharose) en quantité notable.
>
> Évitez les boissons alcoolisées : augmentation du risque de somnolence.
>
> Conducteur : ce médicament peut être responsable d'une somnolence ou d'une baisse de la vigilance.

INTERACTIONS MÉDICAMENTEUSES

Ce médicament ne doit pas être associé à ceux contenant de la lévodopa : risque d'annulation réciproque de leurs effets.

Il peut interagir avec d'autres médicaments : signalez tout autre traitement en cours à votre médecin ou à votre pharmacien.

GROSSESSE, ALLAITEMENT ET NOUVEAU-NÉ

Grossesse :

Les études scientifiques actuellement disponibles n'ont pas mis en évidence de problème particulier lors de l'utilisation chez la femme enceinte.

Allaitement :

Ce médicament passe dans le lait maternel : il est déconseillé pendant l'allaitement.

MODE D'EMPLOI ET POSOLOGIE

Les comprimés et la solution buvable sont à prendre avant les repas.

Posologie usuelle :

- Adulte :
  - 1/2 à 1 comprimé, 3 fois par jour ;
  - 1 à 3 cuillères à café de solution buvable, 3 fois par jour ;
  - 1 à 2 suppositoires Adulte par jour ;
  - 1 ampoule en injection intramusculaire ou intraveineuse, à renouveler éventuellement.
- Enfant :
  - 1/4 à 1/2 comprimé, 3 fois par jour ;
  - 1/2 à 1 cuillère à café de solution buvable, 3 fois par jour ;
  - 1/2 à 1 suppositoire Enfant, 2 fois par jour ;

- 1/2 ampoule de solution injectable, à renouveler éventuellement.
- Nourrisson :
  - utiliser exclusivement la solution buvable en gouttes. La *posologie* est de 5 gouttes par kg et par jour, réparties dans la journée ; soit, pour un nourrisson de 7 kg, 11 gouttes, 3 fois par jour.

Lors de vomissements répétés, les pertes en eau et en sels minéraux sont importantes. Elles doivent être compensées par des aliments liquides (bouillons salés, sodas...) pris en petites quantités et régulièrement.

Les nausées de la femme enceinte peuvent être combattues par la prise du petit déjeuner au lit.

La solution injectable doit être conservée à l'abri de la lumière.

EFFETS INDÉSIRABLES POSSIBLES

Somnolence, lassitude, *vertiges*.
Exceptionnellement :
- maux de tête, insomnie, diarrhée, spasmes de la face ;
- mouvements involontaires ou inadaptés pouvant survenir tardivement, lors d'un traitement prolongé ;
- arrêt des règles, augmentation du volume des seins (chez l'homme comme chez la femme).

PRIMPÉROXANE

métoclopramide, diméticone

PRÉSENTATION

PRIMPÉROXANE : comprimé à croquer (blanc) ; boîte de 18 - Non remb. - Liste II

Laboratoires Delagrange

COMPOSITION

	p. comp.
Métoclopramide base	5 mg
Diméticone	250 mg

INDICATIONS

C'est un médicament qui associe :
- le métoclopramide, *antiémétique* qui régularise la contraction des muscles de l'œsophage, de l'estomac et de l'intestin ;
- la diméticone, protecteur de la *muqueuse* de l'estomac.

Il est utilisé dans le traitement de certains troubles de la digestion, notamment ballonnements et flatulences.

CONTRE-INDICATIONS

Ce médicament ne doit pas être utilisé dans les cas suivants :
- *hémorragie* ou obstruction du tube digestif,
- *antécédents* de *dyskinésie* (mouvements involontaires ou inadaptés) due aux *neuroleptiques*,
- *phéochromocytome*,
- en association avec des médicaments contenant de la lévodopa,
- enfant de moins de 5 ans.

ATTENTION

Des précautions sont nécessaires si vous souffrez d'*épilepsie* ou d'*insuffisance rénale* sévère.

Évitez les boissons alcoolisées : augmentation du risque de somnolence.

Conducteur : ce médicament peut être responsable d'une somnolence ou d'une baisse de la vigilance.

INTERACTIONS MÉDICAMENTEUSES

Ce médicament ne doit pas être associé à ceux contenant de la lévodopa : risque d'annulation réciproque de leurs effets.

Il peut interagir avec d'autres médicaments. Signalez tout autre traitement en cours à votre médecin ou à votre pharmacien.

GROSSESSE, ALLAITEMENT ET NOUVEAU-NÉ

Grossesse :
Les études scientifiques actuellement disponibles n'ont pas mis en évidence de problème particulier lors de l'utilisation chez la femme enceinte.

Allaitement :
Ce médicament passe dans le lait maternel : il est déconseillé pendant l'allaitement.

MODE D'EMPLOI ET POSOLOGIE

Les comprimés doivent être croqués au moment des troubles.

Posologie usuelle :
- Adulte : 3 comprimés par jour.
- Enfant de 5 à 14 ans : 1/2 comprimé, 3 fois par jour au maximum.

EFFETS INDÉSIRABLES POSSIBLES

Somnolence, lassitude, *vertiges*.
Exceptionnellement :
- maux de tête, insomnie, diarrhée, spasmes de la face ;
- mouvements involontaires ou inadaptés pouvant survenir tardivement lors d'un traitement prolongé ;
- arrêt des règles, augmentation du volume des seins (chez l'homme comme chez la femme).

PRIMYXINE

oxytétracycline, polymyxine B

PRÉSENTATION

PRIMYXINE : pommade ; tube 15 g - Non remb.

Laboratoires Pfizer

COMPOSITION

	p. 100 g
Oxytétracycline	3 g
Polymyxine B	0,1 g

INDICATIONS

Cette pommade contient deux *antibiotiques*.
Elle est utilisée dans le traitement des infections de la peau.

CONTRE-INDICATIONS

Ce médicament ne doit pas être utilisé dans les cas suivants :
- *allergie* à la polymyxine ou aux *antibiotiques* de la famille des *tétracyclines*,
- infection du mamelon au cours de l'allaitement.

ATTENTION

Si l'infection ne disparaît pas après quelques jours, consultez votre médecin.

Évitez d'utiliser cette pommade, notamment chez l'enfant, de manière prolongée et sur des surfaces étendues ou profondément lésées sans l'avis de votre médecin. Elle ne doit pas non plus être appliquée sur les lésions suintantes.

GROSSESSE, ALLAITEMENT ET NOUVEAU-NÉ

L'effet de ce médicament pendant la grossesse ou l'allaitement est mal connu. L'évaluation du risque éventuel lié à son utilisation est individuelle : demandez conseil à votre pharmacien ou à votre médecin.

Allaitement :
En raison du risque d'ingestion par le *nouveau-né*, la pommade ne doit pas être appliquée sur le mamelon de la femme qui allaite.

MODE D'EMPLOI ET POSOLOGIE

Nettoyer la lésion à traiter avant application de la pommade.

Posologie usuelle :
2 ou 3 applications par jour pendant 7 jours.

Les *antibiotiques* de la famille des *tétracyclines* peuvent être toxiques s'ils sont utilisés au-delà de leur date de péremption.

EFFETS INDÉSIRABLES POSSIBLES

Irritation locale ou réaction allergique (*eczéma*) au point d'application de la pommade ou à distance de celui-ci.

PRINACTIZIDE

altizide, spironolactone

PRÉSENTATION

PRINACTIZIDE : comprimé sécable (blanc) ; boîte de 20 - Remb. 65 % - Liste II

Laboratoires Sanofi Winthrop

COMPOSITION

	p. comp.
Altizide	15 mg
Spironolactone microfine	25 mg

INDICATIONS

Ce médicament est une association de deux *diurétiques* : l'altizide, dont la structure est proche de celle des *sulfamides*, et la spironolactone, qui a pour caractéristique d'empêcher la perte du *potassium* dans les urines, habituelle avec l'altizide.

Il est utilisé dans le traitement :
- de l'*hypertension artérielle*,
- de l'*ascite* ou des *œdèmes* liés à une *insuffisance hépatique*, à une *insuffisance cardiaque* ou à un *syndrome néphrotique*.

CONTRE-INDICATIONS

Ce médicament ne doit pas être utilisé dans les cas suivants :
- *insuffisance rénale*,
- *hyperkaliémie* (excès de *potassium* dans le sang),
- *allergie* aux médicaments de la famille des *sulfamides*.

> **ATTENTION**
>
> Ce médicament peut être responsable d'une augmentation ou au contraire d'une baisse de la *kaliémie* (taux de *potassium* dans le sang), qui peut être aggravée par l'usage prolongé de *laxatifs stimulants*. Un contrôle par des analyses de sang est souvent prescrit par le médecin.
>
> Chez les personnes souffrant d'une *insuffisance hépatique* grave, l'apparition de troubles de la conscience peut annoncer une complication grave. Arrêtez le traitement et prenez un avis médical d'urgence.
>
> N'utilisez de *sel* de régime, souvent riche en potassium, qu'avec l'accord de votre médecin.
>
> Les *diurétiques* peuvent augmenter le taux d'*acide urique* ou de *sucre* dans le sang.

INTERACTIONS MÉDICAMENTEUSES

Ce médicament peut interagir avec d'autres médicaments, notamment ceux contenant du *lithium*, et les *sels* de régime. Signalez tout autre traitement en cours à votre médecin ou à votre pharmacien.

GROSSESSE, ALLAITEMENT ET NOUVEAU-NÉ

Grossesse :

Les études scientifiques actuellement disponibles n'ont pas mis en évidence de problème particulier lors de l'utilisation chez la femme enceinte. Néanmoins, les *diurétiques* ne sont pas adaptés au traitement de l'*hypertension artérielle* et des *œdèmes* pendant la grossesse. Seul votre médecin peut apprécier la nécessité du traitement et le risque éventuel de son utilisation dans votre cas.

Allaitement :

Ce médicament passe dans le lait maternel : l'allaitement est déconseillé.

MODE D'EMPLOI ET POSOLOGIE

Ce médicament doit être pris avec un verre d'eau.

Posologie usuelle :

Elle varie selon la nature et la gravité de la maladie.

> Ce médicament augmente le volume des urines, surtout en début de traitement. Évitez une prise le soir, source de gêne nocturne.
>
> Les *diurétiques* exposent au risque de déshydratation : veillez à proposer des boissons abondantes aux personnes âgées, notamment pendant les fortes chaleurs.

EFFETS INDÉSIRABLES POSSIBLES

Déshydratation.

Troubles digestifs, troubles des règles, augmentation du volume des seins, éruption cutanée.

PRINCI-B FORT

vitamines B1, B6, B12

PRÉSENTATION

PRINCI-B FORT MIDY : comprimé (rouge) ; boîte de 30 - Non remb.

Laboratoires Promopharma

COMPOSITION

	p. comp.
Thiamine mononitrate (vitamine B1)	250 mg
Pyridoxine chlorhydrate (vitamine B6)	250 mg
Cyanocobalamine (vitamine B12)	1 mg

INDICATIONS

Ce médicament contient une association de *vitamines* du groupe B, substances indispensables au *métabolisme*.

Il est utilisé dans la prévention des *carences* en vitamine B lors de certains *régimes restrictifs*, et dans le traitement de certaines douleurs nerveuses (*polynévrite*...) et musculaires.

CONTRE-INDICATIONS

Ce médicament ne doit pas être utilisé dans les cas suivants :
- *allergie* à la *vitamine* B1 ou à la vitamine B12 et aux substances apparentées,
- association avec les médicaments contenant de la lévodopa seule.

> **ATTENTION**
>
> Une prise de *vitamine* B6 supérieure à 2 g par jour peut entraîner des effets indésirables ; n'associez pas les médicaments ou les produits diététiques contenant des vitamines sans l'avis de votre médecin ou de votre pharmacien.

INTERACTIONS MÉDICAMENTEUSES

Ce médicament ne doit pas être associé aux médicaments contenant de la lévodopa (LARODOPA) : risque d'annulation des effets de la lévodopa.

GROSSESSE, ALLAITEMENT ET NOUVEAU-NÉ

Ce médicament ne contient que des substances présumées sans danger pendant la grossesse ou l'allaitement. Néanmoins, ne l'utilisez pas de façon prolongée sans l'avis de votre pharmacien ou de votre médecin.

MODE D'EMPLOI ET POSOLOGIE

Les comprimés doivent être avalés sans être croqués avec un verre d'eau, au début ou au milieu du repas.

Posologie usuelle :

1 comprimé, 2 ou 3 fois par jour.

> Une alimentation équilibrée et diversifiée apporte habituellement des quantités suffisantes de *vitamine* B6. Cependant, certaines circonstances peuvent justifier un apport supplémentaire : prenez l'avis de votre médecin ou de votre pharmacien.

EFFETS INDÉSIRABLES POSSIBLES

Fourmillements lors d'une prise prolongée de *vitamine* B6 supérieure à 2 g par jour.

PRINIVIL

lisinopril

PRÉSENTATION

PRINIVIL 5 mg : comprimé sécable triangulaire (blanc) ; boîte de 28 - Remb. 65 % - Liste I

PRINIVIL 20 mg : comprimé sécable triangulaire (orangé) ; boîte de 28 - Remb. 65 % - Liste I

Laboratoires Dupont Pharma

COMPOSITION

	p. comp.	p. comp.
Lisinopril	5 mg	20 mg

INDICATIONS

Ce médicament appartient à la famille des inhibiteurs de l'*enzyme* de conversion (IEC). L'enzyme de conversion est une substance présente dans l'organisme ; elle est responsable d'une contraction anormale des artères qui augmente la tension artérielle et fatigue le cœur.

Ce médicament est utilisé dans le traitement de l'*hypertension artérielle* et de l'*insuffisance cardiaque*.

CONTRE-INDICATIONS

Ce médicament ne doit pas être utilisé en cas de **grossesse** ou d'**allaitement**.

> **ATTENTION**
>
> Chez les personnes qui suivent un traitement par *diurétique* ou un régime sans *sel*, la baisse de la tension artérielle peut être importante lors des premières prises : un malaise ou des étourdissements peuvent survenir ; il est préférable de choisir une période de repos et de prendre garde au risque de chute.
>
> Les *sels* de régime contiennent souvent du *potassium* ; ne les utilisez pas sans avis médical pendant le traitement.
>
> Des précautions sont nécessaires chez la personne âgée et celle atteinte d'*insuffisance rénale*.

INTERACTIONS MÉDICAMENTEUSES

Ce médicament peut interagir avec d'autres médicaments, notamment ceux contenant du *lithium*, certains *diurétiques* et les *sels* de régime. Signalez tout autre traitement en cours à votre médecin ou à votre pharmacien.

GROSSESSE, ALLAITEMENT ET NOUVEAU-NÉ

Grossesse :

L'effet de ce médicament sur l'enfant à naître est mal connu. Quelques accidents ayant été rapportés, son usage pendant la grossesse est contre-indiqué.

Allaitement :

Les données actuellement disponibles ne permettent pas de savoir si ce médicament passe dans le lait maternel : l'allaitement est contre-indiqué.

MODE D'EMPLOI ET POSOLOGIE

Ce médicament peut être pris indifféremment au cours ou en dehors des repas.

Posologie usuelle :

- Adulte : la posologie est variable en fonction des cas :
  - *hypertension artérielle* : 20 mg par jour en 1 seule prise,
  - *insuffisance cardiaque* : 5 à 20 mg par jour en 1 seule prise.

En cas d'*insuffisance rénale*, de traitement par *diurétique* ou de régime sans *sel*, la *posologie* initiale est faible ; elle est augmentée progressivement par le médecin en fonction des effets du médicament.

> Le traitement médicamenteux ne dispense pas des mesures simples pouvant faire baisser la tension artérielle : activité physique régulière, modération de la consommation de boissons alcoolisées, lutte contre le surpoids.

EFFETS INDÉSIRABLES POSSIBLES

Toux sèche, *vertiges*, maux de tête, diarrhée, fatigue, *hypotension orthostatique*.

Réactions allergiques rares : œdème de *Quincke*, *allergie* cutanée.

PRINZIDE

lisinopril, hydrochlorothiazide

PRÉSENTATION

PRINZIDE : comprimé sécable octogonal (jaune) ; boîte de 28 - Remb. 65 % - Liste I

Laboratoires Dupont Pharma

COMPOSITION

	p. comp.
Lisinopril anhydre	20 mg
Hydrochlorothiazide	12,5 mg

INDICATIONS

Cet *antihypertenseur* contient deux substances :

- le lisinopril, un inhibiteur de l'*enzyme* de conversion. Cette enzyme est une substance naturellement présente dans l'organisme, responsable d'une contraction des artères qui augmente la tension artérielle et fatigue le cœur ;
- l'hydrochlorothiazide, un *diurétique* dont la structure chimique est proche de celle des *sulfamides*. Son action renforce celle du lisinopril.

Ce médicament est utilisé dans le traitement de l'*hypertension artérielle*.

CONTRE-INDICATIONS

Ce médicament ne doit pas être utilisé dans les cas suivants :

- *allergie* connue à l'un des constituants ou à la famille des *sulfamides*,
- *insuffisance rénale* grave,
- grossesse.

> **ATTENTION**
>
> Si vous suiviez auparavant un traitement par *diurétique* ou un régime sans *sel*, la baisse de la tension artérielle peut être importante lors des premières prises : un malaise ou des étourdissements peuvent survenir ; il est préférable de choisir une période de repos et de prendre garde au risque de chute.
>
> Des précautions sont nécessaires en cas d'*insuffisance hépatique* et chez la personne âgée.
>
> Ce médicament peut être responsable d'une baisse de la *kaliémie* (taux du potassium dans le sang) qui peut être aggravée par l'usage immodéré de *laxatifs stimulants*. Des analyses de sang sont souvent prescrites par le médecin.

INTERACTIONS MÉDICAMENTEUSES

Ce médicament peut interagir avec d'autres médicaments, notamment ceux contenant du *lithium*, certains *diurétiques* et les *sels* de régime. Signalez tout autre traitement en cours à votre médecin ou à votre pharmacien.

GROSSESSE, ALLAITEMENT ET NOUVEAU-NÉ

Grossesse :

L'effet de ce médicament sur l'enfant à naître est mal connu. Quelques cas de complications ont été rapportés et son usage pendant la grossesse est contre-indiqué.

Allaitement :

Ce médicament passe dans le lait maternel : l'allaitement est déconseillé.

MODE D'EMPLOI ET POSOLOGIE

- Adulte : 1 comprimé par jour en 1 prise.

En cas d'*insuffisance rénale*, de traitement préalable par des *diurétiques* ou de régime sans *sel*, la *posologie* initiale est faible ; elle est augmentée progressivement par le médecin en fonction des effets du médicament.

> Le traitement médicamenteux ne dispense pas de mesures simples pouvant faire baisser la tension artérielle : activité physique régulière, modération de la consommation de boissons alcoolisées, lutte contre le surpoids.

EFFETS INDÉSIRABLES POSSIBLES

Toux sèche, maux de tête, étourdissements, fatigue, nausées, *hypotension orthostatique*.

Élévation du taux de *sucre* ou d'*acide urique* dans le sang.

Baisse du taux de potassium dans le sang associée ou non à des crampes.

Rares réactions allergiques : œdème de *Quincke*, *allergie* cutanée.

PRIODERM

malathion

PRÉSENTATION

PRIODERM : lotion ; flacon 110 ml - Non remb.

Laboratoires Sarget Pharma

COMPOSITION

	p. 100 ml
Malathion	500 mg

INDICATIONS

Ce médicament contient une substance active sur les poux.

Il est utilisé pour détruire les poux et leurs œufs (lentes).

> **ATTENTION**
>
> Évitez l'emploi de ce médicament chez l'enfant de moins de 6 mois, sans avis médical.
>
> Rincez abondamment en cas de contact accidentel avec les yeux ou les *muqueuses*.

GROSSESSE, ALLAITEMENT ET NOUVEAU-NÉ

L'effet de ce médicament pendant la grossesse ou l'allaitement est mal connu. L'évaluation du risque éventuel lié à son utilisation est individuelle : demandez conseil à votre pharmacien ou à votre médecin.

MODE D'EMPLOI ET POSOLOGIE

Appliquer la lotion à la base des cheveux secs et frictionner de façon à imprégner totalement la chevelure. Laisser agir pendant 12 heures. Laver les cheveux avec le shampooing habituel, puis démêler les cheveux au peigne fin.

Posologie usuelle :

1 application.

> Pour éviter une réinfestation, il est nécessaire que l'entourage suive le même traitement.
>
> Les chapeaux, bonnets, écharpes doivent être désinfectés.
>
> Les lentes fixées à plus de 2 cm du cuir chevelu sont généralement mortes, et leur présence ne signifie pas que le traitement a échoué. Leur élimination peut être facilitée en démêlant les cheveux avec un peigne trempé dans de l'eau vinaigrée.

EFFETS INDÉSIRABLES POSSIBLES

Irritation, rougeur en cas de contact avec les *muqueuses*.

PROAMPI

pivampicilline

PRÉSENTATION

PROAMPI 350 mg : comprimé oblong (blanc) ; boîte de 16 - Remb. 65 % - Liste I

PROAMPI 500 mg : comprimé oblong (blanc) ; boîte de 12 - Remb. 65 % - Liste I

Laboratoires Parke-Davis

COMPOSITION

	p. comp.	p. comp.
Pivampicilline	350 mg	500 mg

INDICATIONS

C'est un *antibiotique* qui appartient à la famille des *pénicillines* à spectre élargi, c'est-à-dire actives sur un plus grand nombre de *germes* que la pénicilline simple.

Ce médicament est utilisé dans le traitement de diverses maladies infectieuses, notamment celles des poumons, des bronches, du nez, de la gorge ou des oreilles, de l'appareil digestif ou urinaire, des *voies* génitales, des gencives et des dents.

CONTRE-INDICATIONS

Ce médicament ne doit pas être utilisé dans les cas suivants :
- *allergie* aux *pénicillines*,
- *mononucléose infectieuse.*

Ce médicament ne peut être utilisé qu'après avis médical en cas d'allergie aux *céphalosporines*.

ATTENTION

Des précautions sont nécessaires en cas d'*insuffisance rénale.*

Le médecin peut prescrire un prélèvement pour identifier le *germe* responsable de l'infection et tester sa sensibilité à l'*antibiotique*. Le résultat de cet examen peut être faussé en cas d'automédication préalable : ne prenez pas d'antibiotique sans avis médical.

Des *antécédents* d'*allergie* à la *pénicilline* contre-indiquent l'usage de ce médicament. La survenue de toute manifestation allergique (boutons, *œdème*, malaise) impose l'arrêt immédiat du traitement : consultez votre médecin.

Une diminution de la fièvre ou une disparition des *symptômes* ne sont pas synonymes de guérison : la durée du traitement doit absolument être respectée pour éviter les rechutes.

INTERACTIONS MÉDICAMENTEUSES

Ce médicament peut interagir avec d'autres médicaments. Signalez tout autre traitement en cours à votre médecin ou à votre pharmacien.

GROSSESSE, ALLAITEMENT ET NOUVEAU-NÉ

Grossesse :

Les études scientifiques actuellement disponibles n'ont pas mis en évidence de problème particulier lors de l'utilisation chez la femme enceinte. Seul votre médecin peut apprécier la nécessité du traitement et son risque pendant la grossesse.

Allaitement :

Ce médicament passe dans le lait maternel.

MODE D'EMPLOI ET POSOLOGIE

Les comprimés doivent être avalés avec un verre d'eau, de préférence au cours des repas.

Posologie usuelle :

Elle varie en fonction des indications.

À titre indicatif et pour des infections courantes :
- Adulte : 500 mg, matin et soir.
- Enfant de plus de 5 ans : 25 à 35 mg par kg et par jour, répartis en 2 à 4 prises ; soit par exemple pour un enfant de 20 kg : 1 comprimé de 350 mg, matin et soir.

L'éventuelle impression de fatigue n'est pas due à l'*antibiotique*, mais à l'infection elle-même.

L'odeur particulière des urines est normale et traduit l'élimination de l'antibiotique.

EFFETS INDÉSIRABLES POSSIBLES

Fréquents mais généralement bénins :
- *allergie* cutanée,
- *troubles digestifs* (nausée, diarrhée),
- *candidose.*

Rares mais parfois graves :
- œdème de *Quincke*,
- *choc* allergique (exceptionnel).

PROBANTHINE

propanthéline bromure

PRÉSENTATION

PROBANTHINE : comprimé (rose) ; boîte de 42 - Non remb. - Liste II

Laboratoires Searle

COMPOSITION

	p. comp.
Propanthéline bromure	15 mg

INDICATIONS

Ce médicament contient un *antispasmodique* de la famille des *atropiniques*. Il relâche les muscles du tube digestif et des *voies biliaires*.

Il est utilisé dans le *traitement symptomatique* des spasmes du tube digestif et des *voies biliaires*.

CONTRE-INDICATIONS

Ce médicament ne doit pas être utilisé dans les cas suivants :
- *glaucome* à angle fermé,
- risque de blocage des urines (*adénome de la prostate*...).

ATTENTION

La survenue d'une douleur violente à l'œil, accompagnée d'une rougeur et surtout d'une baisse de l'acuité visuelle, doit conduire à consulter d'urgence un ophtalmologiste : il peut s'agir d'un *glaucome* aigu.

Des précautions sont nécessaires en cas d'*insuffisance hépatique*, d'*insuffisance rénale*, d'*insuffisance coronarienne*, de *troubles du rythme cardiaque*, d'*hyperthyroïdie*, de *bronchite chronique* grave ou d'*atonie intestinale*, notamment chez la personne âgée.

Conducteur : ce médicament peut être responsable de troubles visuels.

INTERACTIONS MÉDICAMENTEUSES

Ce médicament peut interagir avec d'autres médicaments, notamment les *atropiniques*. Signalez tout autre traitement en cours à votre médecin ou à votre pharmacien.

GROSSESSE, ALLAITEMENT ET NOUVEAU-NÉ

Grossesse :

L'effet de ce médicament pendant la grossesse est mal connu : seul votre médecin peut évaluer le risque éventuel de son utilisation dans votre cas.

Allaitement :

Ce médicament passe dans le lait maternel : il est déconseillé pendant l'allaitement.

MODE D'EMPLOI ET POSOLOGIE

Ce médicament doit être pris environ une demi-heure avant les repas et le soir au coucher.

Posologie usuelle :

1 comprimé, 4 fois par jour.

EFFETS INDÉSIRABLES POSSIBLES

Effets *atropiniques* : sécheresse de la bouche, troubles de l'*accommodation*, constipation, épaississement des sécrétions bronchiques, accélération du cœur.

Éruption cutanée due à la présence de bromure.

PROCAÏNE BIOSTABILEX

procaïne

PRÉSENTATION

PROCAÏNE À 2 % : solution injectable ; boîte de 6 ampoules 5 ml - Remb. 35 % - Liste II

Laboratoires Biostabilex-Urap

COMPOSITION

	p. amp. inj.
Procaïne chlorhydrate	100 mg
Sulfites	+

INDICATIONS

Ce médicament contient de la procaïne, qui a un effet *anesthésique* local et *vasodilatateur*.

Il est utilisé dans le traitement des troubles *vasculaires* du cerveau et de leurs séquelles.

CONTRE-INDICATIONS

Ce médicament ne doit pas être utilisé dans les cas suivants :
- *allergie* aux *anesthésiques* locaux ;
- *asthme*, *urticaire*, rhume des foins ;
- *épilepsie* ;
- association avec les *sulfamides* ou avec la PROSTIGMINE ;
- enfant de moins de 10 ans.

ATTENTION

Ce médicament contient des *sulfites* en quantité notable.

Avant le traitement, l'injection d'une faible quantité de produit permet de vérifier l'absence d'*allergie*.

INTERACTIONS MÉDICAMENTEUSES

Ce médicament ne doit pas être associé aux *sulfamides* ou à la PROSTIGMINE.

GROSSESSE, ALLAITEMENT ET NOUVEAU-NÉ

L'effet de ce médicament pendant la grossesse ou l'allaitement est mal connu : seul votre médecin peut évaluer le risque éventuel de son utilisation dans votre cas.

MODE D'EMPLOI ET POSOLOGIE

La solution doit être injectée par *voie* intramusculaire lente.

Posologie usuelle :

- 1 ampoule, 1 ou 2 fois par jour, selon le poids.

EFFETS INDÉSIRABLES POSSIBLES

Allergie, choc anaphylactique.

PROCAÏNE LAVOISIER

procaïne

PRÉSENTATION

PROCAÏNE LAVOISIER 1 % : solution injectable ; boîte de 10 ampoules 1 ml - Remb. 35 % - Liste II

PROCAÏNE LAVOISIER 1 % : solution injectable ; boîte de 10 ampoules 2 ml - Remb. 35 % - Liste II

PROCAÏNE LAVOISIER 1 % : solution injectable ; boîte de 10 ampoules 5 ml - Remb. 35 % - Liste II

PROCAÏNE LAVOISIER 1 % : solution injectable ; boîte de 10 ampoules 10 ml - Remb. 35 % - Liste II

PROCAÏNE LAVOISIER 1 % : solution injectable ; boîte de 10 ampoules 20 ml - Remb. 35 % - Liste II

PROCAÏNE LAVOISIER 2 % : solution injectable ; boîte de 10 ampoules 2 ml - Remb. 35 % - Liste II

PROCAÏNE LAVOISIER 2 % : solution injectable ; boîte de 10 ampoules 5 ml - Remb. 35 % - Liste II

PROCAÏNE LAVOISIER 2 % : solution injectable ; boîte de 10 ampoules 10 ml - Remb. 35 % - Liste II

PROCAÏNE LAVOISIER 2 % : solution injectable ; boîte de 10 ampoules 20 ml - Remb. 35 % - Liste II

Laboratoires Chaix et Du Marais

COMPOSITION

	sol. à 1 % p. 100 ml	sol. à 2 % p. 100 ml
Procaïne chlorhydrate	1 g	2 g
Sulfites	+	+

INDICATIONS

Ce médicament contient de la procaïne, qui a un effet *anesthésique* local et *vasodilatateur*.

Il est utilisé dans le traitement des troubles *vasculaires* du cerveau. Il peut également être utilisé en *mésothérapie*.

CONTRE-INDICATIONS

Ce médicament ne doit pas être utilisé dans les cas suivants :

- *allergie* aux *anesthésiques* locaux,
- baisse de la tension artérielle,
- *épilepsie*,
- en association avec les *sulfamides* ou avec la PROSTIGMINE.

ATTENTION

Ce médicament contient des *sulfites* en quantité notable.

Avant le traitement, l'injection d'une faible quantité de produit permet de vérifier l'absence d'*allergie*.

INTERACTIONS MÉDICAMENTEUSES

Ce médicament ne doit pas être associé aux *sulfamides* ou à la PROSTIGMINE.

GROSSESSE, ALLAITEMENT ET NOUVEAU-NÉ

L'effet de ce médicament pendant la grossesse ou l'allaitement est mal connu : seul votre médecin peut évaluer le risque éventuel de son utilisation dans votre cas.

MODE D'EMPLOI ET POSOLOGIE

La solution peut être injectée par *voie* intramusculaire ou être utilisée en *mésothérapie*.

Posologie usuelle :

- Adulte : 2 à 3 mg par kg et par jour.

EFFETS INDÉSIRABLES POSSIBLES

Allergie, choc anaphylactique.

PROCTOCORT

hydrocortisone

PRÉSENTATION

PROCTOCORT : mousse rectale ; flacon pressurisé avec canule (20 doses) - Remb. 65 % - Liste I

Laboratoires Boehringer Ingelheim France

COMPOSITION

	p. dose
Hydrocortisone acétate	90 mg

INDICATIONS

Cette mousse rectale contient un dérivé naturel de la *cortisone*, qui a une action *anti-inflammatoire* sur la *muqueuse* du rectum et du côlon.

Elle est utilisée pour traiter les *inflammations* du rectum, la *rectocolite hémorragique* et la maladie de *Crohn*.

CONTRE-INDICATIONS

Ce médicament ne doit pas être utilisé dans les cas suivants :

- certaines maladies virales, en particulier *herpès* et *zona* de l'œil ;
- *ulcère* de l'estomac ou du *duodénum* en évolution ;
- maladie grave du foie ;
- *goutte* ;
- *psychoses*.

ATTENTION

Des précautions sont nécessaires en cas de *diabète*.

GROSSESSE, ALLAITEMENT ET NOUVEAU-NÉ

L'effet de ce médicament pendant la grossesse ou l'allaitement est mal connu : seul votre médecin peut évaluer le risque éventuel de son utilisation dans votre cas.

MODE D'EMPLOI ET POSOLOGIE

Utiliser la mousse rectale de préférence le soir au coucher afin de la garder le plus longtemps possible.

Lubrifier l'applicateur avec de la vaseline, puis, couché sur le côté, l'introduire dans le rectum.

Posologie usuelle :

1 application par jour pendant 2 à 3 semaines, puis 1 application tous les 2 ou 3 jours.

Conservez le flacon à température ambiante.

N'hésitez pas à demander des informations précises sur le mode d'emploi de ce lavement à votre pharmacien ou à votre médecin.

EFFETS INDÉSIRABLES POSSIBLES

Surtout en cas d'usage prolongé ou à forte dose : fatigue persistante, faiblesse musculaire, prise de poids, *hypertrichose*. Ces effets indésirables doivent vous amener à consulter votre médecin.

PROCTOLOG

trimébutine, ruscogénines

PRÉSENTATION

PROCTOLOG : pommade ; tube 20 g - Remb. 35 % - Liste II

PROCTOLOG : suppositoire ; boîte de 10 - Remb. 35 % - Liste II

Laboratoires Jouveinal

COMPOSITION

	p. 100 g	p. suppos.
Trimébutine	5,8 g	120 mg
Ruscogénines	0,5 g	10 mg

INDICATIONS

C'est un décongestionnant à usage local qui a également des propriétés *antispasmodiques*.

Il est utilisé dans le *traitement symptomatique* des douleurs et des démangeaisons de l'anus, en particulier dues aux *hémorroïdes*.

ATTENTION

Le traitement doit être de courte durée : consultez votre médecin si les *symptômes* persistent.

GROSSESSE, ALLAITEMENT ET NOUVEAU-NÉ

L'effet de ce médicament pendant la grossesse ou l'allaitement est mal connu : seul votre médecin peut évaluer le risque éventuel de son utilisation dans votre cas.

MODE D'EMPLOI ET POSOLOGIE

1 suppositoire ou 1 application de pommade, après chaque selle, au moins 2 fois par jour.

> Pour prévenir les *hémorroïdes*, des mesures simples d'hygiène alimentaire (suppression des mets épicés) sont à envisager : parlez-en à votre médecin ou à votre pharmacien.
>
> Les suppositoires doivent être conservés à l'abri de la chaleur.

PRO-DAFALGAN

propacétamol

PRÉSENTATION

PRO-DAFALGAN : préparation injectable ; boîte de 5 flacons de poudre et 5 ampoules de solvant 5 ml - Remb. 65 %

Laboratoires UPSA

COMPOSITION

	p. fl.
Propacétamol chlorhydrate	1 g
Soit paracétamol	500 mg
Citrate trisodique	100 mg

INDICATIONS

Ce médicament injectable est un *antalgique* et un *antipyrétique* qui libère du paracétamol.

Il est utilisé :
- pour faire baisser la fièvre,
- dans le traitement des douleurs (chirurgie, cancérologie...).

CONTRE-INDICATIONS

Ce médicament ne doit pas être utilisé dans les cas suivants :
- maladies graves du foie,
- enfant de moins de 15 ans (sauf prescription médicale).

> **ATTENTION**
>
> De nombreux médicaments contiennent du paracétamol : en tenir compte en cas de prise conjointe car le surdosage en paracétamol peut être toxique pour le foie.

GROSSESSE, ALLAITEMENT ET NOUVEAU-NÉ

Grossesse :

Les études scientifiques actuellement disponibles n'ont pas mis en évidence de problème particulier lors de l'utilisation chez la femme enceinte.

Allaitement :

Aux doses usuelles, l'usage de ce médicament est possible pendant l'allaitement.

MODE D'EMPLOI ET POSOLOGIE

Le contenu du flacon doit être dissous dans l'ampoule de solvant. La solution peut être injectée par *voie* intramusculaire ou intraveineuse.

Posologie usuelle :
- Adulte : 1 à 2 flacons, 2 à 4 fois par jour. Ne pas dépasser 8 flacons par jour. Respecter un intervalle minimal de 4 heures entre 2 injections.
- Insuffisant rénal : respecter un intervalle de 8 heures entre 2 prises.

> Des sueurs abondantes accompagnent généralement la baisse de température lors du traitement des fièvres élevées. Ce phénomène est normal.

EFFETS INDÉSIRABLES POSSIBLES

Douleur au point d'injection.

Après injection intraveineuse : *vertiges*, malaise, baisse de la tension artérielle.

Rares *allergies* cutanées.

PROFÉNID oral, rectal

kétoprofène

PRÉSENTATION

PROFÉNID 50 mg : gélule (beige) ; boîte de 24 - Remb. 65 % - Liste II

PROFÉNID 100 mg : comprimé (blanc) ; boîte de 30 - Remb. 65 % - Liste II

PROFÉNID 100 mg : suppositoire ; boîte de 12 - Remb. 65 % - Liste II

PROFÉNID L.P. 200 mg : comprimé à *libération prolongée gastrorésistant* (blanc) ; boîte de 14 - Remb. 65 % - Liste II

PROFÉNID L.P. 200 mg : gélule à *libération prolongée* (transparent et orange) ; boîte de 14 - Remb. 65 % - Liste II

Laboratoires Specia

COMPOSITION

	p. gél.	p. comp.	p. suppos.
Kétoprofène	50 mg	100 mg	100 mg

	p. comp. L.P.	p. gél. L.P.
Kétoprofène	200 mg	200 mg

INDICATIONS

Ce médicament est un *anti-inflammatoire* non stéroïdien (*AINS*). Il lutte contre l'*inflammation* et la douleur, fait baisser la fièvre et fluidifie le sang.

Il est utilisé dans le *traitement symptomatique* :
- des *rhumatismes inflammatoires* ;
- de certaines *arthroses* ;
- des *tendinites*, des *arthrites*, et des *lombalgies*... ;
- des *sciatiques*, des *cruralgies*.

CONTRE-INDICATIONS

Ce médicament ne doit pas être utilisé dans les cas suivants :
- *allergie* aux *AINS*, y compris l'aspirine ;
- *ulcère* de l'estomac ou du *duodénum* ;
- *insuffisance hépatique, insuffisance rénale* graves ;
- *inflammation* du rectum (suppositoire) ;
- enfant de moins de 15 ans (formes à 100 et 200 mg) ;
- **grossesse** (3 derniers mois) ;
- **allaitement.**

> **ATTENTION**
>
> Tout traitement prolongé ou surdosage d'*AINS* expose à des effets indésirables graves.
>
> Tout *symptôme* pouvant faire craindre des complications (douleurs d'estomac, *allergie* cutanée) doit être signalé à votre médecin.
>
> Des précautions sont nécessaires chez la personne souffrant d'*antécédents* d'*ulcère* de l'estomac ou du *duodénum*, ou présentant un risque hémorragique, chez la personne âgée, et chez la femme qui porte un stérilet.
>
> Conducteur : ce médicament peut provoquer parfois des étourdissements.

INTERACTIONS MÉDICAMENTEUSES

Ce médicament peut interagir avec d'autres médicaments, notamment :
- l'aspirine et les autres *anti-inflammatoires* non stéroïdiens : risque d'accroissement des effets indésirables ;
- les *anticoagulants* et les *antiagrégants plaquettaires* (TICLID...) : augmentation du risque hémorragique ;
- le *lithium* (TÉRALITHE, NEUROLITHIUM) : augmentation du taux de lithium dans le sang.

Signalez tout autre traitement en cours à votre médecin ou à votre pharmacien.

GROSSESSE, ALLAITEMENT ET NOUVEAU-NÉ

Grossesse :

Des effets néfastes graves pour la mère et l'enfant à naître ont été mis en évidence lorsque ce médicament, comme tous les *AINS*, est utilisé au cours des 3 derniers mois de la grossesse : son usage est formellement contre-indiqué pendant cette période.

Pendant les 6 premiers mois, l'effet de ce médicament est mal connu : seul votre médecin peut évaluer le risque éventuel de son utilisation dans votre cas.

Allaitement :

Les données actuellement disponibles ne permettant pas de savoir si ce médicament passe dans le lait maternel, il est contre-indiqué pendant l'allaitement.

MODE D'EMPLOI ET POSOLOGIE

Les gélules et les comprimés doivent être avalés avec un verre d'eau, de préférence au milieu des repas afin de limiter les effets digestifs indésirables.

Les comprimés et les gélules à *libération prolongée* (200 mg) sont réservés au *traitement d'entretien*.

Posologie usuelle :
- Adulte :
  - *traitement d'attaque* : 300 mg par jour (soit 6 gélules à 50 mg ou 3 comprimés à 100 mg par jour), en 2 ou 3 prises ;
  - *traitement d'entretien* : 100 à 200 mg par jour (soit 3 gélules à 50 mg ou 1 à

2 comprimés à 100 mg ou 1 comprimé à 200 mg ou 1 gélule à 200 mg par jour), en 2 ou 3 prises.

Les suppositoires peuvent être utilisés en remplacement des comprimés à 100 mg, notamment le soir.

> Ne dépassez pas la *posologie* ni la durée de traitement prescrites par votre médecin.
>
> Ce médicament vous a été prescrit dans une situation précise : ne le conseillez pas à un proche, ne le réutilisez pas sans avis médical.
>
> Les effets indésirables de ce médicament sur l'estomac peuvent survenir aussi bien avec les suppositoires qu'avec les comprimés et les gélules.

EFFETS INDÉSIRABLES POSSIBLES

Troubles digestifs : *gastrite*, voire *ulcère* de l'estomac ou du *duodénum*, le plus souvent lors d'un traitement de longue durée ou à forte dose.

Exceptionnellement : *hémorragie* digestive (vomissements de sang, selles noires ou plus souvent pertes de sang imperceptibles, responsables de l'apparition progressive d'une *anémie*).

Allergie cutanée, *asthme*.

Maux de tête, *vertiges*, somnolence.

PROFÉNID gel
ketoprofène

PRÉSENTATION

PROFÉNID 2,5 p. 100 : gel pour application locale ; tube 60 g - Remb. 35 % - Liste II

Laboratoires Specia

COMPOSITION

	p. 100 g
Kétoprofène	2,5 g

INDICATIONS

Ce gel *antalgique* contient un *anti-inflammatoire* non stéroïdien (*AINS*). Il lutte localement contre l'*inflammation* et la douleur.

Il est utilisé dans le traitement des *tendinites*, des entorses, des contusions et des *œdèmes* survenant après un traumatisme.

CONTRE-INDICATIONS

Ce médicament ne doit pas être utilisé dans les cas suivants :
- *allergie* à l'aspirine ou aux *AINS*,
- en application sur un *eczéma*, des *muqueuses*, des plaies ou de la peau lésée.

GROSSESSE, ALLAITEMENT ET NOUVEAU-NÉ

L'effet de ce médicament pendant la grossesse ou l'allaitement est mal connu : seul votre médecin peut évaluer le risque éventuel de son utilisation dans votre cas.

MODE D'EMPLOI ET POSOLOGIE

Le gel doit être appliqué en massage doux et prolongé.

Il peut être appliqué sous pansement étanche (occlusif).

Posologie usuelle :
2 applications par jour.

> Se laver les mains après application. En cas de contact accidentel avec les yeux, rincer abondamment.

EFFETS INDÉSIRABLES POSSIBLES

Imposant l'arrêt du traitement : *allergie* cutanée (éruption de boutons, démangeaisons...).

PROFÉNID injectable
kétoprofène

PRÉSENTATION

PROFÉNID 100 mg : préparation injectable *I.M.* ; boîte de 6 flacons de *lyophilisat* et 6 ampoules de solvant 5 ml - Remb. 65 % - Liste II

Laboratoires Specia

COMPOSITION

	p. unité
Kétoprofène	100 mg
Solution aqueuse d'alcool benzylique à 2,5 %	5 ml

INDICATIONS

Ce médicament est un *anti-inflammatoire* non stéroïdien (*AINS*). Il lutte contre l'*inflammation* et la douleur, fait baisser la fièvre et fluidifie le sang.

Il est utilisé dans le *traitement symptomatique* :
- des *rhumatismes inflammatoires* ;
- de certaines *arthroses* ;
- des *tendinites*, des *arthrites*, et des *lombalgies...* ;
- de fortes douleurs.

CONTRE-INDICATIONS

Ce médicament ne doit pas être utilisé dans les cas suivants :
- *allergie* aux *AINS*, y compris l'aspirine ;
- *ulcère* de l'estomac ou du *duodénum* ;
- *insuffisance hépatique*, *insuffisance rénale* graves ;
- association à un traitement *anticoagulant* ;
- **grossesse** (3 derniers mois) ;
- **allaitement.**

> **ATTENTION**
>
> Ce médicament n'est pas adapté à l'enfant de moins de 15 ans.
>
> Tout traitement prolongé ou surdosage d'*AINS* expose à des effets indésirables graves.
>
> Tout *symptôme* pouvant faire craindre des complications (douleurs d'estomac, *allergie* cutanée) doit être signalé à votre médecin.
>
> Des précautions sont nécessaires chez la personne souffrant d'*antécédents* d'*ulcère* d'estomac ou du *duodénum*, ou présentant un risque hémorragique, chez la personne âgée, et chez la femme qui porte un stérilet.
>
> Conducteur : ce médicament peut provoquer parfois des étourdissements.

INTERACTIONS MÉDICAMENTEUSES

Ce médicament peut interagir avec d'autres médicaments, notamment :
- l'aspirine et les autres *anti-inflammatoires* non stéroïdiens : risque d'accroissement des effets indésirables ;
- les *anticoagulants* et les *antiagrégants plaquettaires* (TICLID...) : augmentation du risque hémorragique ;
- le *lithium* (TÉRALITHE, NEUROLITHIUM...) : augmentation du taux de lithium dans le sang.

Signalez tout autre traitement en cours à votre médecin ou à votre pharmacien.

GROSSESSE, ALLAITEMENT ET NOUVEAU-NÉ

Grossesse :
Des effets néfastes graves pour la mère et l'enfant à naître ont été mis en évidence lorsque ce médicament, comme tous les *AINS*, est utilisé au cours des 3 derniers mois de la grossesse : son usage est formellement contre-indiqué pendant cette période.

Pendant les 6 premiers mois, l'effet de ce médicament est mal connu : seul votre médecin peut évaluer le risque éventuel de son utilisation dans votre cas.

Allaitement :
Les données actuellement disponibles ne permettant pas de savoir si ce médicament passe dans le lait maternel, il est contre-indiqué pendant l'allaitement.

MODE D'EMPLOI ET POSOLOGIE

Les injections doivent être faites exclusivement par *voie* intramusculaire.

Posologie usuelle :
- Adulte : 1 ou 2 ampoules par jour, pendant 2 ou 3 jours. Au-delà, le traitement peut se poursuivre avec les comprimés, les gélules ou les suppositoires.

> Les effets indésirables de ce médicament sur l'estomac peuvent survenir aussi bien avec la solution injectable qu'avec les comprimés et les gélules.

EFFETS INDÉSIRABLES POSSIBLES

Troubles digestifs : *gastrite*, voire *ulcère* de l'estomac ou du *duodénum*, le plus souvent lors d'un traitement de longue durée ou à forte dose.

Exceptionnellement : *hémorragie* digestive (vomissements de sang, selles noires ou plus souvent pertes de sang imperceptibles, responsables de l'apparition progressive d'une *anémie*).

Allergie cutanée, *asthme*.

Maux de tête, *vertiges*, somnolence.

PROGESTOGEL
progestérone

PRÉSENTATION

PROGESTOGEL : gel pour application locale ; tube 80 g (mesure de 2,5 g) - Remb. 65 %

Laboratoires Besins-Iscovesco

COMPOSITION

	p. comp.
Progestérone	25 mg

INDICATIONS

Ce médicament contient une *hormone*, la *progestérone*.

Il est utilisé localement pour traiter certains troubles bénins des seins et pour prévenir les récidives de kyste ou de *tumeur* bénigne.

MODE D'EMPLOI ET POSOLOGIE

Après la toilette et le séchage de la peau, étaler le gel sur le sein jusqu'à pénétration du produit. Ce gel ne tache pas.

Posologie usuelle :

En moyenne, 1 mesure de l'applicateur sur chaque sein, de préférence tous les jours du mois y compris pendant les règles.

PROGESTOSOL

progestérone

PRÉSENTATION

PROGESTOSOL : solution alcoolique pour application locale ; flacon 90 ml et seringue doseuse 2 ml - Non remb.

Laboratoires Besins-Iscovesco

COMPOSITION

	p. 100 ml
Progestérone naturelle	0,5 g
Alcool à 95°	+

INDICATIONS

Ce médicament d'action locale contient une *hormone*, la *progestérone*. Il agit en freinant la sécrétion excessive de sébum, graisse naturellement sécrétée par la peau.

Il est utilisé pour traiter la *séborrhée* du visage ou du cuir chevelu (avec ou sans chute des cheveux), les pellicules et l'*acné*, chez la femme comme chez l'homme.

GROSSESSE, ALLAITEMENT ET NOUVEAU-NÉ

Grossesse :

Ce médicament peut être utilisé pendant la grossesse, bien que la *progestérone* soit naturellement sécrétée en grande quantité pendant cette période.

Allaitement :

Les données actuellement disponibles ne permettent pas de savoir si ce médicament passe dans le lait maternel.

MODE D'EMPLOI ET POSOLOGIE

Appliquer la solution sur la peau propre et sèche en débordant largement la région à traiter.

Sur le cuir chevelu, la solution est appliquée raie par raie à l'aide de la seringue doseuse. Le massage est inutile.

Posologie usuelle :

Traitement d'attaque : 2 seringues doseuses, 2 fois par jour pendant 2 mois.

Traitement d'entretien : 2 ou 3 seringues doseuses par jour. Ce médicament peut être utilisé de façon prolongée mais il est possible d'interrompre le traitement 8 à 10 jours par mois.

Une augmentation de la dose n'augmente pas l'efficacité du traitement.

> Les effets du traitement, notamment dans le cas de la chute des cheveux due à la *séborrhée*, peuvent être longs à se manifester.
>
> Bien que ce médicament contienne de la *progestérone*, il peut être utilisé chez la femme à tout moment du cycle menstruel.

PROGYNOVA

estradiol

PRÉSENTATION

PROGYNOVA 1 mg : comprimé (beige) ; boîte de 20 - Non remb. - Liste II

PROGYNOVA 2 mg : comprimé (blanc) ; boîte de 20 - Non remb. - Liste II

PROGYNOVA 2 mg : comprimé (blanc) ; boîte de 60 - Non remb. - Liste II

Laboratoires Schering

COMPOSITION

	p. comp.	p. comp.
Estradiol valérate	1 mg	2 mg

INDICATIONS

Ce médicament contient une *hormone* de la famille des *estrogènes*.

Il est utilisé pour traiter les *carences* en estrogènes, notamment lors de la *ménopause* ou de certaines stérilités.

CONTRE-INDICATIONS

Ce médicament ne doit pas être utilisé dans les cas suivants :

- certaines maladies cardiaques, rénales ou *vasculaires*, notamment l'*hypertension artérielle* et les *antécédents* de *phlébite* ;
- maladie du foie grave ou récente ;
- certains cancers du sein ou de l'utérus ;
- *tumeurs de l'hypophyse* ;
- *hémorragie* génitale de diagnostic non précisé ;
- certaines maladies rares (*connectivites*) ;
- *porphyrie* ;
- *otosclérose*.

Dans d'autres situations, votre médecin est seul juge pour prescrire ce médicament, notamment en cas d'affections bénignes du sein et de l'utérus, de *diabète*, d'obésité, d'excès de *cholestérol* ou de *triglycérides*.

> **ATTENTION**
>
> Une surveillance médicale et des analyses régulières sont nécessaires avant et pendant la poursuite du traitement. Cette surveillance sera renforcée chez la femme souffrant d'*épilepsie*, de *migraine*, d'*asthme*, de *dépression* ou ayant des *antécédents* familiaux de cancer du sein.
>
> Des maux de tête importants et inhabituels, des troubles de la vision, une élévation franche de la tension artérielle imposent l'arrêt du traitement et la consultation d'un médecin.

INTERACTIONS MÉDICAMENTEUSES

Ce médicament peut interagir avec d'autres médicaments. Signalez tout autre traitement en cours à votre médecin ou à votre pharmacien.

GROSSESSE, ALLAITEMENT ET NOUVEAU-NÉ

Compte tenu de ses indications, ce médicament n'est pas utilisé chez la femme enceinte ou qui allaite.

MODE D'EMPLOI ET POSOLOGIE

Les comprimés doivent être avalés avec un verre d'eau.

Posologie usuelle :

Elle est strictement individuelle ; votre médecin l'adapte en fonction de l'efficacité du traitement.

> Chez la femme ménopausée, un *progestatif* est toujours associé aux *estrogènes* pour éviter une stimulation excessive de l'utérus ou des glandes mammaires. La réapparition de règles minimes est possible après chaque interruption de traitement ; vous devez néanmoins en informer votre médecin.
>
> Le tabac augmente le risque d'effets indésirables.

EFFETS INDÉSIRABLES POSSIBLES

Fréquents, mais peu graves : nausées, maux de tête, prise de poids, tension des seins, irritabilité, *dépression*, *candidose* vaginale, irritation oculaire par les lentilles de contact.

Rares, mais potentiellement graves et devant faire interrompre le traitement : *hypertension artérielle*, *accident thrombo-embolique*, jaunisse, augmentation des lipides dans les sang, *diabète*, *nodule* ou douleur importante des seins, *migraine*, troubles de la vue, aggravation d'une *épilepsie*.

Exceptionnellement : calculs de la vésicule biliaire.

PROKINYL L.P.

métoclopramide

PRÉSENTATION

PROKINYL L.P. : gélule à *libération prolongée* (transparent) ; boîte de 30 - Remb. 65 % - Liste II

Laboratoires Techni-Pharma

COMPOSITION

	p. gél.
Métoclopramide chlorhydrate	15 mg

INDICATIONS

C'est un médicament *antiémétique*, modificateur de la motricité du tube digestif. Il régularise la contraction des muscles de l'œsophage, de l'estomac et de l'intestin.

Il est utilisé dans le traitement des nausées et des vomissements ainsi que dans certains troubles de la digestion.

CONTRE-INDICATIONS

Ce médicament ne doit pas être utilisé dans les cas suivants :
- *hémorragie* ou obstruction du tube digestif,
- *antécédents* de *dyskinésie* (mouvements involontaires ou inadaptés) due aux *neuroleptiques*,
- *phéochromocytome*,
- en association avec des médicaments contenant de la lévodopa.

ATTENTION

Des précautions sont nécessaires en cas d'*épilepsie* ou d'*insuffisance rénale* sévère.

Évitez les boissons alcoolisées : augmentation du risque de somnolence.

Conducteur : ce médicament peut être responsable d'une somnolence ou d'une baisse de la vigilance.

INTERACTIONS MÉDICAMENTEUSES

Ce médicament ne doit pas être associé aux médicaments contenant de la lévodopa : risque d'annulation réciproque de leurs effets.

Il peut interagir avec d'autres médicaments. Signalez tout autre traitement en cours à votre médecin ou à votre pharmacien.

GROSSESSE, ALLAITEMENT ET NOUVEAU-NÉ

Grossesse :

Les études scientifiques actuellement disponibles n'ont pas mis en évidence de problème particulier lors de l'utilisation chez la femme enceinte.

Allaitement :

Ce médicament passe dans le lait maternel : il est déconseillé pendant l'allaitement.

MODE D'EMPLOI ET POSOLOGIE

1 gélule matin et soir.

☛ Lors de vomissements répétés, les pertes en eau et en sels minéraux sont importantes. Elles doivent être compensées par des aliments liquides (bouillons salés, sodas...) pris en petites quantités et régulièrement.

Les nausées de la femme enceinte peuvent être combattues par la prise du petit déjeuner au lit.

EFFETS INDÉSIRABLES POSSIBLES

Somnolence, lassitude, *vertiges*.

Exceptionnellement :
- maux de tête, insomnie, diarrhée, spasmes de la face ;
- mouvements involontaires ou inadaptés pouvant survenir tardivement lors d'un traitement prolongé ;
- arrêt des règles, augmentation du volume des seins (chez l'homme comme chez la femme).

PROMINCIL

fucus vésiculeux, reine-des-prés, prêle

PRÉSENTATION

PROMINCIL : suspension buvable ; boîte de 7 récipients unidoses 10 ml - Non remb.

Laboratoires Chefaro-Ardeval

COMPOSITION

	p. récipient
Fucus vésiculeux, thalle frais	807 mg
Reine-des-prés, sommité fleurie fraîche	538 mg
Prêle, parties aériennes stériles fraîches	702 mg
Alcool à 95 °	+
Aspartam	+

INDICATIONS

Ce médicament contient des extraits de plantes.

Il est utilisé en complément des régimes amaigrissants.

CONTRE-INDICATIONS

Ce médicament ne doit pas être utilisé dans les cas suivants :
- *allergie* à l'iode,
- *phénylcétonurie* (aspartam),
- association avec le disulfirame,
- enfant de moins de 15 ans.

INTERACTIONS MÉDICAMENTEUSES

Ce médicament ne doit pas être associé au disulfirame (ESPÉRAL...) : risque d'*effet antabuse* (présence d'*alcool*).

GROSSESSE, ALLAITEMENT ET NOUVEAU-NÉ

Ce médicament ne contient que des plantes présumées sans danger pendant la grossesse ou l'allaitement. Néanmoins, ne l'utilisez pas de façon prolongée sans l'avis de votre pharmacien ou de votre médecin.

MODE D'EMPLOI ET POSOLOGIE

Ce médicament est réservé à l'adulte.

Agiter et diluer le contenu du récipient dans un verre d'eau.

Posologie usuelle :
- Adulte : 1 récipient, 1 à 4 fois par jour.

☛ Les médicaments ne sont pas la seule réponse à votre problème de poids ; des mesures simples d'hygiène alimentaire et des exercices physiques sont à envisager : parlez-en à votre médecin ou à votre pharmacien.

Évitez les boissons alcoolisées : elles augmentent le nombre de calories de votre régime.

Une perte de poids trop rapide peut entraîner une fatigue physique et psychique importante : il est préférable de la limiter (1 à 2 kg par mois).

Les pertes de poids sont individuelles ; elles se font souvent par paliers : ne vous découragez pas.

Conservez ce médicament à l'abri de la lumière et de la chaleur.

PRONTALGINE

PRÉSENTATION

PRONTALGINE : comprimé (blanc) ; boîte de 12 - Non remb.

Laboratoires Boehringer Ingelheim France

COMPOSITION

	p. comp.
Paracétamol	400 mg
Codéine phosphate	10 mg
Bromure de diméthyl-n-octyl ammonium	20 mg
Caféine	50 mg

INDICATIONS

C'est un *antalgique* qui contient du paracétamol, de la codéine, et de la caféine.

Il est utilisé dans le *traitement symptomatique* des douleurs dentaires, rhumatismales, de la *migraine*, des règles douloureuses... Le paracétamol agit également contre la fièvre.

CONTRE-INDICATIONS

Ce médicament ne doit pas être utilisé dans les cas suivants :
- maladies graves du foie,
- *insuffisance respiratoire*,
- *glaucome* à angle fermé,
- risque de blocage des urines par *adénome de la prostate*,
- *allergie* au brome,
- enfant de moins de 15 ans.

ATTENTION

La prise de boissons alcoolisées peut augmenter le risque de somnolence lié à la codéine.

Conducteur : ce médicament peut être responsable d'une somnolence ou d'une baisse de la vigilance.

INTERACTIONS MÉDICAMENTEUSES

Ce médicament peut interagir avec d'autres médicaments, notamment chez la personne âgée. Signalez tout autre traitement en cours à votre médecin ou à votre pharmacien.

GROSSESSE, ALLAITEMENT ET NOUVEAU-NÉ

Grossesse :

L'usage de ce médicament est déconseillé au cours des 3 premiers mois de la grossesse (codéine) ; un usage ponctuel est possible pendant le 2ᵉ trimestre ; il est contre-indiqué au cours des 3 derniers mois.

Allaitement :

Ce médicament passe dans le lait maternel : il est déconseillé pendant l'allaitement.

MODE D'EMPLOI ET POSOLOGIE

Ce médicament peut être pris indifféremment au cours ou en dehors des repas. Les comprimés doivent être avalés avec un verre d'eau.

Respectez un intervalle minimal de 4 heures entre 2 prises.

Posologie usuelle :
- Adulte : 1 ou 2 comprimés, 2 ou 3 fois par jour ; ne pas dépasser 6 comprimés par jour.

De nombreux médicaments contiennent du paracétamol ou de la codéine : en tenir compte en cas de prise conjointe (risque de surdosage).

Il est préférable de ne pas prendre ce médicament en fin de journée, en raison de la présence de caféine.

EFFETS INDÉSIRABLES POSSIBLES

Liés au paracétamol : les effets indésirables sont rares, *allergie* essentiellement.

Liés à la codéine : constipation fréquente, plus rarement somnolence, *troubles digestifs*, états vertigineux, *allergies* cutanées, ralentissement anormal de la respiration.

Possibilité d'insomnie liée à la caféine.

PROPINE
dipivéphrine

PRÉSENTATION

PROPINE 0,1 % : collyre ; flacon 5 ml - Remb. 65 % - Liste I

Laboratoires Allergan France

COMPOSITION

	p. 100 ml
Dipivéphrine chlorhydrate	100 mg

INDICATIONS

Ce collyre a la propriété de diminuer la pression des liquides contenus dans l'œil (*tension intraoculaire*).

Il est utilisé dans le traitement des *glaucomes*, à l'exception du glaucome par fermeture de l'angle.

CONTRE-INDICATIONS

Ce médicament ne doit pas être utilisé en cas de *glaucome* par fermeture de l'angle ou de prédisposition à ce type de glaucome.

ATTENTION

Certaines contre-indications ne peuvent être détectées que par un ophtalmologiste : ne réutilisez pas ce médicament sans avis médical.

Des précautions sont nécessaires chez la personne souffrant de maladie cardiaque ou d'*hypertension artérielle*.

Conducteur : l'instillation de ce collyre peut provoquer une gêne visuelle transitoire.

INTERACTIONS MÉDICAMENTEUSES

Ce collyre peut interagir avec d'autres collyres : respectez un intervalle de 15 minutes entre deux instillations, sauf indication contraire de votre ophtalmologiste.

Il peut interagir avec d'autres médicaments, notamment ceux contenant de la guanéthidine et les *IMAO*. Signalez tout autre traitement en cours à votre pharmacien ou à votre médecin.

GROSSESSE, ALLAITEMENT ET NOUVEAU-NÉ

Grossesse :

L'usage de ce collyre est déconseillé pendant la grossesse.

Allaitement :

Les données actuellement disponibles ne permettent pas de savoir si ce médicament passe dans le lait maternel.

MODE D'EMPLOI ET POSOLOGIE

Tirer la paupière inférieure vers le bas tout en regardant vers le haut et déposer une goutte de collyre entre la paupière et le globe oculaire (*cul-de-sac conjonctival*).

Posologie usuelle :

Elle est fixée par l'ophtalmologiste en fonction de la *tension intraoculaire*. Au maximum, 2 gouttes par jour.

Les substances contenues dans le collyre peuvent se fixer sur les lentilles de contact, qui ne doivent pas être portées pendant le traitement.

L'application correcte du produit peut nécessiter une aide, notamment chez une personne handicapée ou âgée.

Ne conservez pas ce collyre plus de 15 jours après une première utilisation.

EFFETS INDÉSIRABLES POSSIBLES

Sensibilité anormale à la lumière par dilatation de la pupille, irritation locale, sécheresse oculaire, coloration de la face interne des paupières.

PROPIOCINE
érythromycine

PRÉSENTATION

PROPIOCINE 500 : comprimé sécable (blanc) ; boîte de 20 - Remb. 65 % - Liste I

PROPIOCINE 250 : comprimé sécable pour suspension buvable (blanc) ; boîte de 12 - Remb. 65 % - Liste I

Laboratoires Roussel

COMPOSITION

	p. comp.	p. comp.
Érythromycine	500 mg	250 mg

INDICATIONS

C'est un *antibiotique* qui appartient à la famille des *macrolides*.

Il est utilisé dans le traitement de diverses maladies infectieuses, notamment celles des poumons, des bronches, de la peau, du nez, de la bouche et des dents, de l'appareil génital...

CONTRE-INDICATIONS

Ce médicament ne doit pas être utilisé dans les cas suivants :
- *allergie* aux *macrolides*,
- association avec les médicaments contenant de la terfénadine, de l'astémizole, de l'ergotamine ou de la dihydroergotamine.

ATTENTION

Des précautions sont nécessaires en cas d'*insuffisance hépatique* grave.

Une diminution de la fièvre ou une disparition des troubles ne sont pas synonymes de guérison : la durée du traitement doit absolument être respectée pour éviter les rechutes.

INTERACTIONS MÉDICAMENTEUSES

Ce médicament ne doit pas être associé aux médicaments contenant de :
- l'ergotamine ou de la dihydroergotamine : risque d'*ergotisme*,
- la terfénadine (TELDANE...) ou de l'astémizole (HISMANAL...) : risque de *torsades de pointes*.

Il peut interagir avec d'autres médicaments, notamment ceux contenant de la théophylline. Signalez tout autre traitement en cours à votre médecin ou à votre pharmacien.

GROSSESSE, ALLAITEMENT ET NOUVEAU-NÉ

Grossesse :

Ce médicament est couramment utilisé chez la femme enceinte.

Allaitement :

Ce médicament passe faiblement dans le lait maternel.

MODE D'EMPLOI ET POSOLOGIE

Les comprimés à 250 mg doivent être dissous dans un verre d'eau.

Ce médicament doit être pris de préférence une demi-heure à une heure avant les repas.

Posologie usuelle :
- Adulte : 1 comprimé à 500 mg, 2 à 3 fois par jour.
- Enfant de 12 à 15 ans : 1 comprimé à 500 mg, 2 fois par jour.
- Enfant de 4 à 12 ans : 1 comprimé à 250 mg, 3 fois par jour.
- Enfant de 12 mois à 4 ans : 1 comprimé à 250 mg, 2 fois par jour.
- Nourrisson de moins de 12 mois : 1/2 comprimé à 250 mg, 2 fois par jour.

Le médecin peut prescrire un prélèvement pour identifier le *germe* responsable de l'infection et tester sa sensibilité aux *antibiotiques*. Le résultat de cet examen peut être faussé en cas d'automédication préalable : ne prenez pas et ne donnez pas d'antibiotique sans avis médical.

L'éventuelle impression de fatigue n'est pas due à l'antibiotique, mais à l'infection elle-même.

EFFETS INDÉSIRABLES POSSIBLES

Troubles digestifs.

Allergie cutanée.

PROPIONATE DE SODIUM 2,5 % CHIBRET

PRÉSENTATION

PROPIONATE DE SODIUM 2,5 % CHIBRET : solution nasale ; flacon pulvérisateur 15 ml - Remb. 35 %

Laboratoires M.S.D.-Chibret

COMPOSITION

	p. fl.
Propionate de sodium	375 mg

INDICATIONS

Cette solution nasale contient un *antiseptique* d'usage local.

Elle est utilisée dans le *traitement d'appoint* des *rhinites* et des *rhino-pharyngites*.

ATTENTION

Si votre état ne s'améliore pas après quelques jours de traitement, consultez votre médecin.

L'usage prolongé de ce médicament n'est pas souhaitable : il peut modifier l'équilibre microbien du nez ou de la gorge.

GROSSESSE, ALLAITEMENT ET NOUVEAU-NÉ

L'effet de ce médicament pendant la grossesse ou l'allaitement est mal connu. L'évaluation du risque éventuel lié à son utilisation est individuelle : demandez conseil à votre pharmacien ou à votre médecin.

MODE D'EMPLOI ET POSOLOGIE

La durée du traitement ne doit pas dépasser 10 jours.

Les pulvérisations sont faites au cours d'une brève inspiration après un mouchage soigneux.

Posologie usuelle :

4 pulvérisations par jour, dans chaque narine.

Tous les *antiseptiques* peuvent être contaminés par des *germes* : ne conservez pas ce médicament plus de 15 jours après une première utilisation.

PROPIONATE DE SODIUM 5 % CHIBRET

PRÉSENTATION

PROPIONATE DE SODIUM 5 % : solution ophtalmique et auriculaire ; flacon 10 ml - Remb. 65 %

Laboratoires M.S.D.-Chibret

COMPOSITION

	p. 100 ml
Propionate de sodium	5 g

INDICATIONS

Ce médicament d'usage local contient un *antiseptique*.

Il est utilisé dans le traitement des *otites* et des infections de l'œil.

CONTRE-INDICATIONS

Ce médicament ne doit pas être utilisé en cas de perforation du tympan.

ATTENTION

Bien que ce médicament puisse être vendu sans ordonnance, faites vérifier l'absence de perforation de votre tympan par un médecin.

Une rougeur ou une douleur de l'œil ne correspondent pas toujours à une infection. Des soins urgents peuvent être nécessaires, particulièrement en cas de vision floue.

La solution peut être contaminée par l'œil infecté : évitez de mettre en contact l'extrémité du flacon avec l'œil.

MODE D'EMPLOI ET POSOLOGIE

Les instillations auriculaires sont faites en gardant la tête penchée pendant quelques minutes (bain d'oreille).

Afin de limiter la sensation désagréable de liquide froid dans l'oreille, il est conseillé de réchauffer le flacon dans la main avant l'instillation.

Les instillations oculaires sont faites en déposant les gouttes de solution entre la paupière et le globe oculaire (*cul-de-sac conjonctival*).

Posologie usuelle :

Otite : 1 instillation, 3 fois par jour.

Infection de l'œil : 1 instillation, 4 fois par jour.

Si les troubles persistent malgré un traitement bien suivi, consultez votre médecin.

Les lentilles de contact ne doivent pas être portées en cas d'infection oculaire ni réutilisées avant guérison complète.

Ne conservez pas inutilement ce médicament après une première utilisation.

EFFETS INDÉSIRABLES POSSIBLES

Irritation locale.

PROPOFAN

PRÉSENTATION

PROPOFAN : comprimé sécable (blanc) ; boîte de 30 - Remb. 65 % - Liste I

Laboratoires Marion Merrell Dow

COMPOSITION

	p. comp.
Dextropropoxyphène base	27 mg
Carbasalate calcique	320 mg
Acide acétylsalicylique (aspirine)	250 mg
Paracétamol	120 mg
Chlorphénamine maléate	2 mg
Caféine	30 mg

INDICATIONS

Ce médicament contient une association d'*antalgiques* : certains empêchent la transmission de la douleur et d'autres agissent directement sur le cerveau. Il contient également un *antihistaminique* (chlorphénamine) et de la caféine.

Il est utilisé dans le *traitement symptomatique* de la douleur.

CONTRE-INDICATIONS

Ce médicament ne doit pas être utilisé dans les cas suivants :
- *allergie* aux *salicylés* ou aux *AINS*,
- *ulcère* de l'estomac ou du *duodénum*,
- *hémorragie* et risque hémorragique,
- maladie grave du foie,
- **grossesse :** pendant les 3 derniers mois.

ATTENTION

Ce médicament contient de l'aspirine :
- évitez de le prendre pendant la semaine qui précède une extraction dentaire ou une opération : augmentation du risque d'*hémorragie*,
- il est déconseillé chez les personnes atteintes de *goutte* et chez les femmes lors de règles abondantes.

Des précautions sont nécessaires en cas d'*antécédent* d'*ulcère* de l'estomac ou du *duodénum* même ancien, d'*asthme*, d'*insuffisance rénale*, et chez les femmes qui portent un stérilet.

Le dextropropoxyphène est apparenté à la *morphine* : à dose élevée et en usage prolongé, ce médicament expose à un risque de *dépendance*. Ne dépassez pas la dose et la durée de traitement prescrites par votre médecin.

Évitez les boissons alcoolisées : augmentation du risque de somnolence.

Conducteur : ce médicament peut être responsable d'une somnolence ou d'une baisse de la vigilance.

INTERACTIONS MÉDICAMENTEUSES

Ce médicament peut interagir avec d'autres médicaments, notamment les *anticoagulants* et certains *anticonvulsivants* (carbamazépine). Signalez tout autre traitement en cours à votre médecin ou à votre pharmacien.

GROSSESSE, ALLAITEMENT ET NOUVEAU-NÉ

Grossesse et nouveau-né :

Ce médicament est déconseillé pendant la grossesse.

Il est formellement contre-indiqué pendant les 3 derniers mois en raison de la présence d'aspirine : risque de malformation *vasculaire* chez le *nouveau-né*.

Allaitement :

Ce médicament passe dans le lait maternel : il est déconseillé pendant l'allaitement.

MODE D'EMPLOI ET POSOLOGIE

Les comprimés doivent être avalés avec un grand verre d'eau et répartis régulièrement dans la journée.

Respecter un intervalle minimal de 4 heures entre 2 prises.

Ce médicament est déconseillé chez l'enfant de moins de 12 ans.

Posologie usuelle :
- Adulte : 1 ou 2 comprimés, 2 ou 3 fois par jour selon l'intensité de la douleur. Ne pas dépasser 6 comprimés par jour.

De nombreux médicaments contiennent du paracétamol : en tenir compte en cas de prise conjointe car le surdosage en paracétamol peut être toxique pour le foie.

EFFETS INDÉSIRABLES POSSIBLES

Liés à l'aspirine :
- *gastrite*, douleur abdominale, saignements de nez ou des gencives ;
- très rarement : *hémorragie* du tube digestif (vomissements sanglants, selles noires ou plus souvent pertes de sang imperceptibles, responsables de l'apparition progressive d'une *anémie*). Réactions allergiques, *asthme*.

Liés au dextropropoxyphène :
- nausées, vomissements. Plus rarement : maux de tête, éruption cutanée, somnolence, *vertiges*.

PROPRANOLOL RATIOPHARM
propranolol

PRÉSENTATION

PROPRANOLOL RATIOPHARM : comprimé quadrisécable (blanc) ; boîte de 50 - Remb. 65 % - Liste I

PROPRANOLOL RATIOPHARM : gélule à *libération prolongée* (blanc et transparent) ; boîte de 28 - Remb. 65 % - Liste I

PROPRANOLOL RATIOPHARM : gélule à *libération prolongée* (transparent) ; boîte de 28 - Remb. 65 % - Liste I

Laboratoires Lafon-Ratiopharm

COMPOSITION

	p. comp.	p. gél. L.P.	p. gél. L.P.
Propranolol chlorhydrate	40 mg	80 mg	160 mg

INDICATIONS

Ce médicament appartient à la famille des *bêtabloquants*. Ceux-ci agissent en bloquant l'action de l'*adrénaline* (et d'autres *hormones* apparentées) sur de nombreux organes et notamment sur le cœur, les vaisseaux et les bronches.

Il est utilisé dans :
- le traitement de l'*hypertension artérielle*,
- la prévention des crises d'*angine de poitrine* et les suites d'*infarctus du myocarde*,
- certains *troubles du rythme cardiaque*,
- les manifestations cardio-vasculaires des excès d'*hormones thyroïdiennes*,
- les *cardiomyopathies* obstructives,
- le *traitement de fond* des *migraines* et des *algies vasculaires de la face*,
- la prévention des récidives des *hémorragies* digestives chez les personnes atteintes de *cirrhose* du foie.

Les comprimés sont également utilisés dans certains tremblements.

CONTRE-INDICATIONS

Ce médicament ne doit pas être utilisé dans les cas suivants :
- *asthme*,
- *insuffisance cardiaque* grave non contrôlée par un traitement spécifique,
- *bloc auriculo-ventriculaire* grave,
- rythme cardiaque inférieur à 50 battements par minute,
- association avec les médicaments contenant de la floctafénine.

Dans tous les autres cas, le médecin est seul juge pour prescrire ce médicament, notamment en cas de syndrome de *Raynaud*.

ATTENTION

N'interrompez jamais brutalement le traitement. Espacez progressivement les prises. Un avis médical est toujours préférable.

Diabétiques : les *bêtabloquants* peuvent masquer certains *symptômes* de l'*hypoglycémie*, essentiellement *palpitations* et accélération du cœur.

INTERACTIONS MÉDICAMENTEUSES

Ce médicament ne doit pas être associé à la floctafénine (IDARAC...) : risque d'accentuation de la gravité d'un éventuel *choc* allergique. Il peut interagir avec d'autres médicaments, notamment ceux contenant de l'amiodarone. Signalez tout autre traitement en cours à votre médecin ou à votre pharmacien.

GROSSESSE, ALLAITEMENT ET NOUVEAU-NÉ

Grossesse :

Les études scientifiques actuellement disponibles n'ont pas mis en évidence de problème particulier lors de l'utilisation chez la femme enceinte.

L'effet *bêtabloquant* persiste quelques jours chez le *nouveau-né* et justifie une surveillance médicale renforcée pendant les premiers jours de la vie.

Allaitement :

Ce médicament passe dans le lait maternel : l'allaitement est déconseillé.

MODE D'EMPLOI ET POSOLOGIE

Ce médicament peut être pris indifféremment pendant ou en dehors des repas.

Posologie usuelle :

Elle dépend des cas : de 1/2 comprimé à 40 mg, 2 fois par jour jusqu'à 1 gélule *L.P.* à 160 mg par jour.

Veillez à toujours disposer d'une réserve de ce médicament : une plaquette dans la boîte à gants de la voiture et dans la trousse de toilette, par exemple.

Il est normal que le rythme cardiaque ralentisse sous l'effet du traitement ; néanmoins, en cas de fatigue anormale et de pouls inférieur à 50 battements par minute, consultez votre médecin.

EFFETS INDÉSIRABLES POSSIBLES

Bénins et peu fréquents : *troubles digestifs*, fatigue en début de traitement, troubles du sommeil, syndrome de *Raynaud* et fourmillement des extrémités.

Potentiellement graves et rares : *bloc auriculo-ventriculaire*, ralentissement important du cœur, chute de tension, *insuffisance cardiaque*, crise d'*asthme*.

Pour en savoir plus, lisez :
Généralités sur le médicament

PRORHINEL
polysorbate 80, benzododécinium

PRÉSENTATION

PRORHINEL : solution nasale ; boîte de 2 ampoules 10 ml et flacon pulvérisateur - Non remb.

PRORHINEL : solution nasale ; boîte de 10 ampoules 10 ml et flacon-pipette - Remb. 35 %

Laboratoires Monal

COMPOSITION

	p. amp.
Polysorbate 80	20 mg
Benzododécinium chlorure	0,5 mg

INDICATIONS

Cette solution nasale contient un fluidifiant et un *antiseptique*.

Elle est utilisée dans le *traitement d'appoint* des infections du nez : *rhinite, rhinopharyngite, sinusite*. Elle est également utilisée pour l'hygiène nasale.

ATTENTION

Évitez de vous moucher violemment dans les minutes qui suivent la pulvérisation.

GROSSESSE, ALLAITEMENT ET NOUVEAU-NÉ

Ce médicament est couramment utilisé au cours de la grossesse ou chez la femme qui allaite.

MODE D'EMPLOI ET POSOLOGIE

La solution doit être introduite dans chacune des narines à chaque prise. Pour plus de confort, la solution peut être réchauffée dans la main avant utilisation.

Posologie usuelle :
- Flacon pulvérisateur : 2 pulvérisations, 3 fois par jour dans chaque narine.
- Flacon-pipette : 1 à 3 lavages de nez par jour.

Ne conservez pas un flacon entamé plus de 8 jours.

Chez le *nouveau-né* et le *nourrisson*, il est préférable d'utiliser le flacon-pipette.

En cas d'emploi du flacon pulvérisateur, évitez de pulvériser trop fortement la solution.

Pour lutter contre l'obstruction nasale chez le jeune enfant, veillez à assurer une bonne humidification de l'air ambiant.

PROSTIGMINE
néostigmine

PRÉSENTATION

PROSTIGMINE : comprimé sécable (blanc) ; boîte de 20 - Remb. 65 % - Liste I

Laboratoires Roche

COMPOSITION

	p. comp.
Néostigmine bromure	15 mg

INDICATIONS

C'est un médicament qui favorise la transmission de l'influx nerveux aux muscles et en renforce les contractions.

Il est utilisé dans le traitement de la *myasthénie* et de l'*atonie intestinale*.

CONTRE-INDICATIONS

Ce médicament ne doit pas être utilisé dans les cas suivants :
- *asthme*,
- maladies exposant au risque d'occlusion de l'intestin ou de rétention urinaire,
- maladie de *Parkinson*.

ATTENTION
Des précautions sont nécessaires en cas de bronchite asthmatiforme.

INTERACTIONS MÉDICAMENTEUSES

Ce médicament peut interagir avec d'autres. Signalez tout autre traitement en cours à votre médecin ou à votre pharmacien.

GROSSESSE, ALLAITEMENT ET NOUVEAU-NÉ

Grossesse et nouveau-né :
L'usage de ce médicament pendant la grossesse impose une surveillance médicale du *nouveau-né*.

Allaitement :
Le passage de ce médicament dans le lait maternel est nul : l'allaitement est possible.

MODE D'EMPLOI ET POSOLOGIE

Les comprimés doivent être avalés avec un peu d'eau.

Posologie usuelle :
Elle est strictement individuelle et varie selon les indications :
- *myasthénie* : 5 à 20 comprimés par jour répartis en 4 à 6 prises,
- *atonie intestinale* : 1 comprimé, 4 fois par jour.

EFFETS INDÉSIRABLES POSSIBLES

Troubles digestifs, salivation excessive, *myosis*, malaise, crampes et soubresauts musculaires.

PROTAMINE CHOAY
sulfate de protamine

PRÉSENTATION

PROTAMINE CHOAY : solution injectable ; flacon multidose 10 ml - Remb. 65 %
Laboratoires Sanofi Winthrop

COMPOSITION

	p. ml
Protamine sulfate	1 000 UAH

INDICATIONS

Ce médicament contient un antidote de l'héparine, substance utilisée comme *anticoagulant*.

Il est utilisé pour neutraliser instantanément l'excès d'héparine dans le sang, qui peut être responsable d'*hémorragie* grave.

MODE D'EMPLOI ET POSOLOGIE

La solution doit être injectée par *voie* intraveineuse lente.

Posologie usuelle :
Elle varie selon les cas.

EFFETS INDÉSIRABLES POSSIBLES

Baisse de la tension artérielle, ralentissement du cœur.

PROTANGIX
dipyridamole

PRÉSENTATION

PROTANGIX : capsule (ocre) ; boîte de 30 - Remb. 65 % - Liste II

PROTANGIX : capsule (ocre) ; boîte de 100 - Remb. 65 % - Liste II

Laboratoires Soekami Lefrancq

COMPOSITION

	p. caps.
Dipyridamole	60 mg

INDICATIONS

C'est un médicament qui dilate les *artères coronaires* et tend à fluidifier le sang.

Il est utilisé dans le *traitement préventif* des *accidents thrombo-emboliques* en association avec l'aspirine ou les *anticoagulants*. Il est également utilisé dans le *traitement d'appoint* de l'*angine de poitrine*.

GROSSESSE, ALLAITEMENT ET NOUVEAU-NÉ

L'effet de ce médicament pendant la grossesse ou l'allaitement est mal connu : seul votre médecin peut évaluer le risque éventuel de son utilisation dans votre cas.

MODE D'EMPLOI ET POSOLOGIE

3 à 5 capsules par jour, en 3 prises.

EFFETS INDÉSIRABLES POSSIBLES

Rares, apparaissant surtout à forte dose : maux de tête, bouffées de chaleur, baisse de la tension artérielle, éruptions cutanées, *troubles digestifs*.

PROTÉOSÉRYL
protéolysat de sérum d'équidé

PRÉSENTATION

PROTÉOSÉRYL : pommade ; tube 20 g - Remb. 35 %

PROTÉOSÉRYL : pommade ; tube 80 g - Remb. 35 %

Laboratoires Recherche Thérapeutique-Splénodex

COMPOSITION

	p. 100 g
Protéolysat enzymatique de sérum d'équidé	2 g
Lanoline	+
Vaseline	+

INDICATIONS

Cette pommade nutritive et cicatrisante apporte des *acides aminés*.

Elle est utilisée dans le *traitement d'appoint* des *ulcères* de la jambe.

CONTRE-INDICATIONS

Ce médicament ne doit pas être utilisé en cas d'*allergie* aux protéines animales.

ATTENTION
Cette pommade n'est pas adaptée au traitement des lésions suintantes.

GROSSESSE, ALLAITEMENT ET NOUVEAU-NÉ

Ce médicament ne contient que des substances présumées sans danger pendant la grossesse ou l'allaitement. Néanmoins, ne l'utilisez pas de façon prolongée sans l'avis de votre pharmacien ou de votre médecin.

MODE D'EMPLOI ET POSOLOGIE

Nettoyer la région à traiter avant l'application.

Appliquer la pommade en couche épaisse, puis recouvrir d'une compresse stérile.

Posologie usuelle :
Renouveler et changer le pansement tous les jours jusqu'à cicatrisation.

EFFETS INDÉSIRABLES POSSIBLES

Eczéma dû au médicament (présence de lanoline).

Exceptionnellement : *allergie* grave.

PROTÉOSULFAN
aspirine, soufre

PRÉSENTATION

PROTÉOSULFAN : comprimé *gastrorésistant* (blanc) ; boîte de 60 - Non remb.
Laboratoires Gallier

COMPOSITION

	p. comp.
Acide acétylsalicylique (aspirine)	250 mg
Protéolysat soufré	200 mg

INDICATIONS

Ce médicament est une association d'aspirine et de soufre. Il possède de nombreuses propriétés : *antalgique*, *antipyrétique*, mais aussi *anti-inflammatoire* à dose élevée, et fluidifiant du sang.

Il est utilisé dans le traitement de l'*arthrose* et des douleurs rhumatismales.

CONTRE-INDICATIONS

Ce médicament ne doit pas être utilisé dans les cas suivants :
- *allergie* aux *salicylés* ou aux *AINS*,
- *ulcère* de l'estomac ou du *duodénum*,

- *hémorragie* et risque hémorragique,
- **grossesse** : pendant les 3 derniers mois, ou, en prise prolongée, à toute période de la grossesse.

ATTENTION

L'aspirine n'est pas un médicament anodin. Tout surdosage ou prise prolongée exposent à des complications sérieuses.

Un avis médical est préférable chez les personnes présentant des *antécédents* d'*ulcère* de l'estomac ou du *duodénum*, même ancien, d'*asthme*, d'*insuffisance rénale*, et chez les femmes qui portent un stérilet.

L'aspirine est déconseillée chez les personnes atteintes de *goutte* et chez les femmes, lors de règles abondantes.

Évitez de prendre ce médicament pendant la semaine qui précède une extraction dentaire ou une opération (augmentation du risque d'*hémorragie*).

Évitez la prise de boissons alcoolisées avec l'aspirine.

INTERACTIONS MÉDICAMENTEUSES

Les personnes traitées par des médicaments anticancéreux contenant du méthotrexate ne doivent pas utiliser d'aspirine.

Ce médicament peut interagir avec d'autres médicaments, notamment les *anticoagulants* et les *antiagrégants plaquettaires* (TICLID...) : augmentation du risque hémorragique. Signalez tout autre traitement en cours à votre médecin ou à votre pharmacien.

GROSSESSE, ALLAITEMENT ET NOUVEAU-NÉ

Grossesse :

Des effets néfastes pour la mère et pour l'enfant à naître ont été mis en évidence lorsque l'aspirine est utilisée au cours des 3 derniers mois de la grossesse. En conséquence, seule la prise ponctuelle est admise durant les 6 premiers mois. Toute prise d'aspirine est contre-indiquée au cours des 3 derniers mois.

Allaitement :

Ce médicament passe dans le lait maternel : il est déconseillé pendant l'allaitement.

MODE D'EMPLOI ET POSOLOGIE

Les comprimés doivent être avalés avec un verre d'eau au cours des repas.

Posologie usuelle :

2 comprimés, 3 fois par jour.

Il est préférable de ne pas prendre une dose plus élevée de façon prolongée, sans l'avis de votre médecin.

EFFETS INDÉSIRABLES POSSIBLES

Gastrite, douleurs abdominales, saignements du nez ou des gencives.

Rares et parfois graves :
- *hémorragie* du tube digestif : vomissements sanglants, selles noires, ou plus souvent pertes de sang imperceptibles, responsables de l'apparition progressive d'une *anémie* ;
- accidents allergiques : *urticaire*, *œdème*, *asthme*.

Symptômes devant faire penser à un surdosage : bourdonnements d'oreille, sensation de baisse de l'audition, maux de tête.

PROTHIADEN
dosulépine

PRÉSENTATION

PROTHIADEN 25 mg : gélule (marron et rouge) ; boîte de 50 - Remb. 65 % - Liste I

PROTHIADEN 75 mg : comprimé (rouge) ; boîte de 20 - Remb. 65 % - Liste I

Laboratoires Boots Pharma

COMPOSITION

	p. gél.	p. comp.
Dosulépine chlorhydrate	25 mg	75 mg

INDICATIONS

Ce médicament appartient à la famille des *antidépresseurs* imipraminiques.

Il est utilisé dans le traitement des *états dépressifs* de toute nature.

CONTRE-INDICATIONS

Ce médicament ne doit pas être utilisé dans les cas suivants :
- *glaucome* à angle fermé,
- risque de blocage des urines (*adénome de la prostate*...),
- en association avec les *IMAO* non sélectifs ou avec le BARNETIL.

ATTENTION

Si vous souffrez d'*épilepsie* ou en cas d'*antécédents* cardiaques, prévenez votre médecin afin qu'il puisse adapter la *posologie*.

Une fièvre, une angine ou une infection sous traitement doivent vous inciter à consulter votre médecin.

Avant une *anesthésie* locale, notamment chez le dentiste, signalez la prise de ce médicament.

Évitez les boissons alcoolisées : augmentation du risque de somnolence.

Conducteur : ce médicament peut être responsable d'une baisse de la vigilance, particulièrement en début de traitement.

INTERACTIONS MÉDICAMENTEUSES

Ce médicament ne doit pas être associé aux médicaments suivants :
- *IMAO* non sélectifs (MARSILID, NIAMIDE...) : risque de *collapsus cardio-vasculaire*, ou d'*hypertension artérielle*, de fièvre et de *convulsions*. Respectez un délai de 15 jours après l'arrêt de l'IMAO.
- BARNETIL : risque de *troubles du rythme cardiaque* graves.

Ce médicament peut interagir avec d'autres médicaments, notamment les *anticonvulsivants*, les *antihypertenseurs* et les *atropiniques*, le PROZAC, l'*adrénaline* et la *noradrénaline*, et les médicaments *sédatifs*. Signalez tout autre traitement en cours, ou récemment arrêté, à votre médecin ou à votre pharmacien.

GROSSESSE, ALLAITEMENT ET NOUVEAU-NÉ

Grossesse et nouveau-né :

Si une grossesse survient pendant le traitement, consultez votre médecin. Il appréciera le risque éventuel lié à l'utilisation de ce médicament dans votre cas.

Si le traitement est poursuivi jusqu'à l'accouchement, une surveillance médicale du *nouveau-né* est nécessaire.

Allaitement :

En l'absence de données suffisantes, l'allaitement est déconseillé.

MODE D'EMPLOI ET POSOLOGIE

Ce médicament doit être pris avec un peu d'eau.

Posologie usuelle :

Elle est strictement individuelle.

L'efficacité des *antidépresseurs* n'est généralement pas immédiate. Un délai pouvant atteindre plusieurs semaines est parfois nécessaire pour que les effets bénéfiques se fassent sentir.

Les effets indésirables éventuels apparaissant en début de traitement ne doivent pas vous conduire à l'arrêter prématurément.

EFFETS INDÉSIRABLES POSSIBLES

Rarement : tremblements, insomnie, troubles de l'*accommodation*.

Parfois : bouche sèche, accélération du cœur, sueurs, bouffées de chaleur, constipation, *hypotension orthostatique*.

Exceptionnellement : excitation anormale.

Certains de ces effets peuvent être prévenus ou corrigés.

PROVIRON
mestérolone

PRÉSENTATION

PROVIRON : comprimé (blanc) ; boîte de 20 - Non remb. - Liste II

Laboratoires Schering

COMPOSITION

	p. comp.
Mestérolone	25 mg

INDICATIONS

Ce médicament contient une *hormone* mâle (*hormone androgène*).

Il est utilisé comme *traitement substitutif* pour remplacer la testostérone naturelle lorsque celle-ci n'est plus sécrétée en quantité suffisante par les testicules. Cette insuffisance de sécrétion peut être due aux testicules eux-mêmes ou à l'insuffisance d'une autre glande qui commande la sécrétion testiculaire (maladie ou ablation de l'*hypophyse*).

CONTRE-INDICATIONS

Ce médicament ne doit pas être utilisé dans les cas suivants :
- chez la femme ;
- période précédant la puberté ;
- *adénome de la prostate*, cancer de la prostate ou cancer du sein chez l'homme ;
- *insuffisance hépatique*, *hépatite récente* ;
- comportement agressif.

ATTENTION
Ce médicament ne doit jamais être employé ou réemployé en dehors d'une prescription médicale.

INTERACTIONS MÉDICAMENTEUSES

Ce médicament peut interagir avec d'autres médicaments, notamment avec les *antidiabétiques*. Signalez tout autre traitement en cours à votre médecin ou à votre pharmacien.

MODE D'EMPLOI ET POSOLOGIE

Les comprimés peuvent être pris avec un peu d'eau.

Posologie usuelle :

Elle est strictement individuelle.

EFFETS INDÉSIRABLES POSSIBLES

Acné, diminution de la production de spermatozoïdes. Augmentation du volume des seins, *œdème*.

PROZAC
fluoxétine

PRÉSENTATION

PROZAC 20 mg : gélule (blanc cassé et vert) ; boîte de 14 - Remb. 65 % - Liste I

Laboratoires Lilly France

COMPOSITION

	p. gél.
Fluoxétine	20 mg

INDICATIONS

C'est un *antidépresseur* qui appartient à la famille des antidépresseurs non *IMAO*, non imipraminiques.

Il est utilisé dans le traitement des *états dépressifs* et de certains troubles nerveux.

CONTRE-INDICATIONS

Ce médicament ne doit pas être utilisé dans les cas suivants :
- association aux *IMAO*,
- *allergie* à la fluoxétine,
- enfant de moins de 15 ans.

ATTENTION
Si vous souffrez d'*insuffisance hépatique*, de *diabète* ou d'*épilepsie*, prévenez votre médecin afin qu'il puisse adapter la *posologie*.

En cas d'éruption cutanée, prévenez immédiatement votre médecin.

Évitez les boissons alcoolisées : augmentation du risque de somnolence.

Conducteur : ce médicament peut être responsable d'une somnolence ou d'une baisse de la vigilance.

INTERACTIONS MÉDICAMENTEUSES

Ce médicament ne doit pas être associé aux *IMAO* non sélectifs (MARSILID, NIAMIDE...) : risque de poussée d'*hypertension artérielle* ou de malaise grave.

Lorsque ce médicament vient en remplacement d'un IMAO non sélectif, il convient de respecter un délai d'au moins 15 jours.

Lorsqu'un IMAO vient en remplacement de ce médicament, il convient de respecter un intervalle de 5 semaines.

Ce médicament peut interagir avec d'autres médicaments, notamment le *lithium* (NEUROLITHIUM, TÉRALITHE...), la carbamazépine (TÉGRÉTOL) et les *sédatifs*. Signalez tout autre traitement en cours à votre médecin ou à votre pharmacien.

GROSSESSE, ALLAITEMENT ET NOUVEAU-NÉ

Grossesse :

L'effet de ce médicament pendant la grossesse est mal connu : seul votre médecin peut évaluer le risque éventuel de son utilisation dans votre cas.

Allaitement :

Ce médicament passe dans le lait maternel : l'allaitement est déconseillé.

MODE D'EMPLOI ET POSOLOGIE

Ce médicament peut être pris indifféremment pendant ou en dehors des repas, le matin ou le soir.

Posologie usuelle :

Elle est strictement individuelle.

En cas d'insomnie, ce médicament peut être pris le matin.

L'efficacité de cet *antidépresseur* n'est généralement pas immédiate. N'arrêtez pas le traitement prématurément.

EFFETS INDÉSIRABLES POSSIBLES

Le plus souvent : bouche sèche, nausées, diarrhée, perte de l'appétit, perte de poids maux de tête, nervosité, anxiété, insomnie, ou au contraire, somnolence, tremblements, excitation anormale.

Rarement : confusion des idées, mouvements involontaires de la face, *convulsions*, fièvre, douleurs articulaires, *allergie* cutanée.

Exceptionnellement : *hépatite*.

PRUNAGAR

PRÉSENTATION

PRUNAGAR : comprimé ; boîte de 30 - Non remb.

Laboratoires P.P.D.H.

COMPOSITION

	p. comp.
Agar-agar, poudre	80 mg
Belladone, extrait	10 mg
Noix vomique, extrait	3 mg
Bourdaine, extrait	10 mg
Séné, poudre	40 mg
Évonymine brune	10 mg
Aloès, poudre	100 mg

INDICATIONS

Ce médicament contient notamment un *laxatif de lest* (agar-agar), des *laxatifs stimulants* (bourdaine, séné), un *antispasmodique atropinique*, (*belladone*) et un *cholérétique*.

Il est utilisé comme *traitement symptomatique* de la constipation.

CONTRE-INDICATIONS

Ce médicament ne doit pas être utilisé dans les cas suivants :
- maladies inflammatoires du côlon ;
- constipation ou douleur abdominale dues à une obstruction du tube digestif : rétrécissement intestinal, *fécalome* (bouchon de selles) ;
- *glaucome* à angle fermé ;
- risque de blocage des urines lié à un *adénome de la prostate* ;
- enfant de moins de 12 ans, sauf sur prescription médicale.

ATTENTION
Ce médicament doit être utilisé de façon épisodique et en cure très brève : pas plus de 8 à 10 jours. Son usage régulier peut entraîner :
- une *dépendance*,
- des troubles intestinaux graves,
- une perte de sels minéraux et notamment de *potassium*, pouvant être responsable de *troubles cardiaques* graves.

Arrêtez le traitement en cas de diarrhées ou de douleurs abdominales.

INTERACTIONS MÉDICAMENTEUSES

Ce médicament peut interagir avec d'autres médicaments, notamment ceux contenant de la *vincamine* et certains *antiarythmiques*. Signalez tout autre traitement en cours à votre médecin ou à votre pharmacien.

GROSSESSE, ALLAITEMENT ET NOUVEAU-NÉ

Ce médicament est déconseillé pendant la grossesse ou l'allaitement.

MODE D'EMPLOI ET POSOLOGIE

Les comprimés doivent être avalés avec un verre d'eau.

Posologie usuelle :
- Adulte : 1 à 3 comprimés par jour au repas du soir.

Des mesures simples d'hygiène alimentaire et des exercices physiques sont à envisager avant d'utiliser un laxatif : parlez-en à votre médecin ou à votre pharmacien.

EFFETS INDÉSIRABLES POSSIBLES

Diarrhée, douleurs abdominales.

À forte dose : effets *atropiniques*.

PSEUDOPHAGE

acide polymannuronique, Gelidium corneum

PRÉSENTATION

PSEUDOPHAGE : granulé soluble (jaune) ; boîte de 20 sachets 10 g - Non remb.

Laboratoires Servier

COMPOSITION

	p. sachet
Acide polymannuronique	2,5 g
Gelidium corneum, extrait	0,3 g
Soit apport calorique	25,9 kcal

INDICATIONS

Ce médicament est utilisé en complément des régimes amaigrissants.

CONTRE-INDICATIONS

Ce médicament ne doit pas être utilisé en cas de maladie comportant un risque d'obstruction du tube digestif.

ATTENTION

Évitez les boissons gazeuses.

INTERACTIONS MÉDICAMENTEUSES

Ce médicament peut interagir avec de nombreux autres médicaments en diminuant leur absorption : il convient de séparer les prises d'au moins 2 heures.

GROSSESSE, ALLAITEMENT ET NOUVEAU-NÉ

L'effet de ce médicament pendant la grossesse ou l'allaitement est mal connu. L'évaluation du risque éventuel lié à son utilisation est individuelle : demandez conseil à votre pharmacien ou à votre médecin.

MODE D'EMPLOI ET POSOLOGIE

Ce médicament doit être pris 10 minutes avant les repas.

Verser le contenu du sachet dans un verre ; ajouter l'eau en mélangeant bien. La consistance s'épaissit rapidement. Absorber le mélange sans attendre qu'une gelée se soit formée.

Ce médicament ne doit jamais être absorbé à sec.

Posologie usuelle :

1 sachet, 2 ou 3 fois par jour.

Les médicaments ne sont pas la seule réponse à votre problème de poids ; des mesures simples d'hygiène alimentaire et des exercices physiques sont à envisager : parlez-en à votre médecin ou à votre pharmacien.

Évitez les boissons alcoolisées : elles augmentent le nombre de calories de votre régime.

Une perte de poids trop rapide peut entraîner une fatigue physique et psychique importante : il est préférable de la limiter (1 à 2 kg par mois).

Les pertes de poids sont individuelles ; elles se font souvent par paliers : ne vous découragez pas.

PSOCORTÈNE

flumétasone, goudron de houille, acide salicylique

PRÉSENTATION

PSOCORTÈNE : pommade ; tube 60 g - Remb. 65 % - Liste I

Laboratoires Ciba-Geigy

COMPOSITION

	p. 100 g
Flumétasone pivalate micronisé	0,02 g
Goudron de houille	1,50 g
Acide salicylique	1 g

INDICATIONS

Cette pommade contient trois substances :

- un *dermocorticoïde* d'activité assez forte, qui freine le renouvellement et la multiplication des cellules de la peau et limite le suintement ;
- le goudron, qui freine également le renouvellement des cellules de la peau ;
- l'acide salicylique, qui réduit l'épaisseur de la couche cornée superficielle de la peau. Il facilite ainsi l'activité du dermocorticoïde qui lui est associé.

Elle est utilisée dans le traitement des *dermatoses* comportant un épaississement de la peau, notamment les *lichénifications*, les *dermites séborrhéiques* (sauf au visage), le *psoriasis*.

CONTRE-INDICATIONS

Ce médicament ne doit pas être utilisé dans les cas suivants :

- *allergie* aux *salicylés* ;
- infections et parasitoses non traitées de la peau (ce médicament n'a pas d'effet anti-infectieux) ;
- plaie, *ulcère* de jambe, *escarre* ;
- *acné* et *rosacée* ;
- *dermatose* suintante.

Le médecin est seul juge pour prescrire ce médicament chez le *nourrisson* et le jeune enfant.

ATTENTION

Comme les autres *dermocorticoïdes*, ce médicament a souvent une action efficace et rapide sur les lésions de la peau ; il peut être tentant de le réutiliser, mais l'automédication expose à des risques importants : aggravation de certaines lésions, installation d'une *dépendance* (amélioration de moins en moins visible des lésions et recrudescence des *symptômes* à chaque arrêt de traitement) et altération durable de la peau.

Suivez attentivement la prescription de votre médecin et n'hésitez pas à demander des explications.

GROSSESSE, ALLAITEMENT ET NOUVEAU-NÉ

Grossesse :

L'effet de ce médicament sur l'enfant à naître est mal connu. Seul votre médecin peut apprécier la nécessité du traitement pendant la grossesse.

MODE D'EMPLOI ET POSOLOGIE

La pommade est adaptée au traitement des lésions sèches.

Étaler la pommade sur les lésions et faire pénétrer par un léger massage.

Posologie usuelle :

1 ou 2 applications par jour, chez l'adulte comme chez l'enfant.

Le médecin prescrit fréquemment un arrêt progressif du traitement : espacement des applications ou diminution de la quantité appliquée.

Ne conseillez pas, ne donnez pas ce médicament à un proche.

Pensez à vous laver les mains après l'application. En cas d'utilisation sur une grande surface de peau, le port d'un gant est recommandé.

EFFETS INDÉSIRABLES POSSIBLES

Sont à craindre en cas d'usage prolongé : *atrophie* cutanée, *télangiectasie* (dilatation des petits vaisseaux), vergetures, *purpura* (micro-hémorragies de la peau), fragilisation de la peau.

Au visage, ce médicament peut créer une *dermite* péri-orale (rougeur bordant la bouche), ou créer ou aggraver une *rosacée*.

Sont possibles également : retard de cicatrisation, *acné*, développement anormal des poils, décoloration localisée de la peau.

PSORADERM-5

5-méthoxypsoralène

PRÉSENTATION

PSORADERM-5 : comprimé sécable (blanc) ; boîte de 50 - Non remb. - Liste I

Laboratoires Bergaderm

COMPOSITION

	p. comp.
5-Méthoxypsoralène	20 mg

INDICATIONS

Ce médicament appartient à la famille des psoralènes : ceux-ci augmentent fortement la sensibilité de la peau aux *ultraviolets* (soleil, lampe à bronzer).

Il est utilisé, dans le cadre de la *puvathérapie*, pour traiter le *psoriasis*.

CONTRE-INDICATIONS

Ce médicament ne doit pas être utilisé dans les cas suivants :

- affection de la peau susceptible d'être aggravée par le soleil, certains cancers de la peau ;
- certaines maladies de l'œil (*glaucome*, *cataracte*...) ;
- *insuffisance cardiaque* ;
- *insuffisance hépatique* ;
- *insuffisance rénale* ;
- enfant ;
- grossesse.

ATTENTION

Pour éviter les brûlures graves, il est nécessaire de respecter les durées prescrites d'exposition aux *ultraviolets*. Seul l'emploi d'un matériel médical permet de doser le rayonnement ; ne vous exposez jamais à une autre source d'ultraviolets (soleil, lampe à bronzer).

L'utilisation conjointe de substances photosensibilisantes est déconseillée : elles peuvent être contenues dans certains produits cosmétiques (parfum, lotion après-rasage) ou certains médicaments (quinolones, *sulfamides*, *tétracyclines*...). Signalez tout autre traitement en cours à votre pharmacien ou à votre médecin.

GROSSESSE, ALLAITEMENT ET NOUVEAU-NÉ

Grossesse :

Ce médicament est contre-indiqué chez la femme enceinte ou susceptible de l'être : son usage impose une contraception efficace pendant la durée du traitement.

Allaitement :

Les données actuellement disponibles ne permettent pas de savoir si ce médicament passe dans le lait maternel.

MODE D'EMPLOI ET POSOLOGIE

Dans tous les cas, ce médicament nécessite une surveillance médicale afin de mesurer le rayonnement délivré et d'évaluer la tolérance individuelle.

Les modalités du traitement sont strictement individuelles et une surveillance par un médecin spécialiste est nécessaire.

☛ À chaque séance d'*ultraviolets*, couvrez les parties génitales, en particulier chez l'homme.

Dès que vous avez pris les comprimés (2 heures avant la séance) et pendant les 12 heures qui suivent :
- portez des lunettes noires filtrantes efficaces,
- ne vous exposez pas du tout au soleil et appliquez une crème de protection solaire écran total sur les parties découvertes du corps.

EFFETS INDÉSIRABLES POSSIBLES

Rarement : nausées, douleur d'estomac, nervosité, démangeaisons.

PSYLIA

psyllium

PRÉSENTATION

PSYLIA : poudre orale effervescente ; boîte de 20 sachets - Remb. 35 %

Laboratoires Techni-Pharma

COMPOSITION

	p. sach.
Psyllium	3,6 g

INDICATIONS

C'est un *laxatif de lest*. Il contient une substance naturelle qui n'est ni digérée ni absorbée. Elle s'imbibe d'eau et rend les selles plus volumineuses et moins fermes.

Il est utilisé comme *traitement symptomatique* de la constipation.

CONTRE-INDICATIONS

Ce médicament ne doit pas être utilisé en cas de maladies comportant un risque d'obstruction du tube digestif.

ATTENTION

Il est nécessaire de boire beaucoup d'eau, particulièrement en cas de dilatation du côlon, d'alitement et chez la personne âgée.

Les laxatifs ne doivent pas être utilisés de façon prolongée sans avis médical.

GROSSESSE, ALLAITEMENT ET NOUVEAU-NÉ

Grossesse :

Ce médicament peut être utilisé pour traiter la constipation de la femme enceinte.

MODE D'EMPLOI ET POSOLOGIE

Le sachet doit être versé dans un verre d'eau. Il est conseillé de boire à nouveau un verre après la prise du médicament.

Posologie usuelle :

- Adulte : 1 sachet, 3 fois par jour.

☛ Un échec du traitement peut être lié à la présence d'un *fécalome*, notamment chez la personne âgée.

Des mesures simples d'hygiène alimentaire et des exercices physiques sont à envisager avant d'utiliser un laxatif : parlez-en à votre médecin ou à votre pharmacien.

EFFETS INDÉSIRABLES POSSIBLES

Sensation de ballonnement en début de traitement et diarrhée en cas de surdosage.

PSYLLIUM LANGLEBERT

psyllium

PRÉSENTATION

PSYLLIUM LANGLEBERT : graines ; boîte 250 g - Non remb.

Laboratoires Vigan et Cie

COMPOSITION

Psyllium noir de Provence, graines.

INDICATIONS

C'est un *laxatif de lest*. Il contient une substance naturelle qui n'est ni digérée ni absorbée. Elle s'imbibe d'eau et rend les selles plus volumineuses et moins fermes.

Il est utilisé comme *traitement symptomatique* de la constipation.

CONTRE-INDICATIONS

Ce médicament ne doit pas être utilisé en cas de maladies comportant un risque d'obstruction du tube digestif.

ATTENTION

Il est nécessaire de boire beaucoup d'eau, particulièrement en cas de dilatation du côlon, d'alitement et chez la personne âgée.

Les laxatifs ne doivent pas être utilisés de façon prolongée sans avis médical.

GROSSESSE, ALLAITEMENT ET NOUVEAU-NÉ

Grossesse :

Ce médicament peut être utilisé pour traiter la constipation de la femme enceinte.

MODE D'EMPLOI ET POSOLOGIE

Ces graines sont généralement prises dans du potage ou avalées pures. Il est conseillé de boire un verre d'eau après la prise du médicament.

Posologie usuelle :

1 à 2 cuillères à soupe le soir.

☛ Un échec du traitement peut être lié à la présence d'un *fécalome*, notamment chez la personne âgée.

Des mesures simples d'hygiène alimentaire et des exercices physiques sont à envisager avant d'utiliser un laxatif : parlez-en à votre médecin ou à votre pharmacien.

EFFETS INDÉSIRABLES POSSIBLES

Sensation de ballonnement.

PULMADOL Adulte

PRÉSENTATION

PULMADOL ADULTE : sirop ; flacon 150 ml - Non remb.

Laboratoires Amido

COMPOSITION

	p. c. à s.
Codéine, sirop	3,75 g
Sulfogaïacol	0,23 g
Acide benzoïque	0,02 g
Benzoate de sodium	0,45 g
Aconit, teinture	0,04 g
Belladone, teinture	0,11 g
Drosera, teinture	0,11 g
Eucalyptus, sirop	0,11 g
Eau de laurier-cerise	0,38 g
Serpolet, extrait mou	3 mg
Séné, extrait mou	6 mg
Sulfate de magnésium	0,09 g
Sirop thébaïque	1,88 g
Saccharose	9,93 g

INDICATIONS

Ce sirop *antitussif* contient notamment de la codéine, des *expectorants* (benzoate de sodium et acide benzoïque), et un *antispasmodique* (*belladone*). La codéine a une action sédative sur le *système nerveux central* et notamment sur les centres de la toux.

Ce médicament est utilisé dans le *traitement symptomatique* de la toux et des troubles de la sécrétion bronchique.

CONTRE-INDICATIONS

Ce médicament ne doit pas être utilisé dans les cas suivants :
- *asthme*,
- *insuffisance respiratoire*,
- *glaucome* à angle fermé,
- risque de blocage des urines (*adénome de la prostate*...),
- enfant de moins de 15 ans.

ATTENTION

La toux est un *symptôme* qui peut révéler de nombreuses maladies : consultez votre médecin si elle persiste plus de quelques jours.

Évitez les boissons alcoolisées : augmentation du risque de somnolence.

Conducteur : ce médicament peut être responsable d'une somnolence ou d'une baisse de la vigilance.

INTERACTIONS MÉDICAMENTEUSES

Ce médicament peut interagir avec beaucoup d'autres médicaments, notamment chez les personnes âgées ; signalez tout autre traitement en cours à votre médecin ou à votre pharmacien.

GROSSESSE, ALLAITEMENT ET NOUVEAU-NÉ

Grossesse :

Compte tenu de la présence de codéine, n'utilisez pas ce médicament pendant la grossesse sans prendre l'avis de votre pharmacien ou de votre médecin.

Allaitement :

Ce médicament est déconseillé pendant l'allaitement.

MODE D'EMPLOI ET POSOLOGIE

Les prises de ce médicament doivent être réparties au cours de la journée, de préférence en dehors des repas.

Posologie usuelle :
- Adulte : 1 cuillère à soupe de sirop, 4 ou 5 fois par jour.

De nombreux médicaments contiennent de la codéine, notamment certains *antitussifs* et *antalgiques*. Le surdosage expose à une augmentation des effets indésirables, en cas de prise conjointe.

Une toux nocturne aggravée par ce médicament peut être une toux allergique : demandez conseil à votre médecin.

Fumer, ou être exposé à la fumée des autres, nuit à l'efficacité du traitement.

EFFETS INDÉSIRABLES POSSIBLES

Liés à la présence de codéine : constipation ; et plus rarement, somnolence, nausées, vomissements, sensation vertigineuse, *bronchospasme*, *allergie* cutanée, ralentissement de la respiration.

Liés à la présence de *belladone* : effets *atropiniques* très peu probables aux doses habituelles.

PULMADOL Enfant

PRÉSENTATION

PULMADOL ENFANT : sirop ; flacon 150 ml - Non remb.

Laboratoires Amido

COMPOSITION

	p. c. à c.
Pholcodine	3,75 mg
Benzoate de sodium	33,33 mg
Bromure de sodium	33,33 mg
Belladone, teinture	13,33 mg
Ipécacuanha, teinture	33,33 mg
Acide benzoïque	33,33 mg
Drosera, extrait fluide	16,6 mg
Séné, serpolet, coquelicot, extrait mou	25 mg
Saccharose	3,3 g

INDICATIONS

Ce sirop contient un *antitussif* (pholcodine), des *expectorants* (benzoate de sodium, acide benzoïque), un *sédatif* et un *antispasmodique* (*belladone*).

Il est utilisé dans le *traitement symptomatique* de la toux et des affections respiratoires de l'enfant.

CONTRE-INDICATIONS

Ce médicament ne doit pas être utilisé dans les cas suivants :
- enfant de moins de 3 ans,
- *asthme*,
- *insuffisance respiratoire*,
- *glaucome* à angle fermé.

ATTENTION

La toux est un *symptôme* qui peut révéler de nombreuses maladies : consultez votre médecin si elle persiste plus de quelques jours.

Ce médicament contient du *sucre* (saccharose) en quantité notable.

INTERACTIONS MÉDICAMENTEUSES

Ce médicament peut interagir avec d'autres médicaments. Signalez tout autre traitement en cours à votre médecin ou à votre pharmacien.

MODE D'EMPLOI ET POSOLOGIE

Les prises de ce médicament doivent être répa rties au cours de la journée.

Posologie usuelle :
- Enfant de 8 à 15 ans : 2 à 5 cuillères à dessert de sirop par jour.
- Enfant de 5 à 8 ans : 1 ou 2 cuillères à dessert de sirop par jour.
- Enfant de 3 à 5 ans : 1 à 3 cuillères à café de sirop par jour.

Une toux nocturne aggravée par ce médicament peut être une toux allergique : demandez conseil à votre médecin.

Le tabagisme de l'entourage nuit à l'efficacité du traitement.

Des mesures simples permettent de calmer les toux sèches : boissons abondantes et humidification de l'air ambiant.

EFFETS INDÉSIRABLES POSSIBLES

Constipation, somnolence.

Effets *atropiniques* liés à la présence de *belladone*, rares aux doses habituelles.

PULMAX

PRÉSENTATION

PULMAX : crème ; tube 40 g - Non remb.

Laboratoires Zyma

COMPOSITION

	p. 100 g
Baume du Pérou	6 g
Camphre	12,5 g
Essence d'eucalyptus	5 g
Essence de romarin	5 g

INDICATIONS

Cette crème, qui contient des extraits de plantes, a un effet *révulsif*.

Elle est utilisée pour faciliter la respiration au cours des affections respiratoires, avec ou sans toux.

CONTRE-INDICATIONS

Ce médicament ne doit pas être utilisé chez l'enfant de moins de 30 mois.

ATTENTION

En raison de la présence de camphre, n'utilisez pas ce médicament chez l'enfant de moins de 7 ans sans avis médical.

Des précautions sont nécessaires en cas d'*allergie* au baume du Pérou ou d'*antécédent* de *convulsions*.

Ce médicament ne doit pas être appliqué sur les *muqueuses*, les brûlures et sur la peau lésée.

GROSSESSE, ALLAITEMENT ET NOUVEAU-NÉ

L'effet de ce médicament pendant la grossesse ou l'allaitement est mal connu. L'évaluation du risque éventuel lié à son utilisation est individuelle : demandez conseil à votre pharmacien ou à votre médecin.

MODE D'EMPLOI ET POSOLOGIE

La crème peut être utilisée soit en friction sur la poitrine ou sur le dos, soit en inhalation en faisant fondre l'équivalent d'une noisette de crème dans un bol d'eau bouillante.

Posologie usuelle :
- Adulte et enfant de plus de 30 mois : 2 ou 3 applications ou inhalations par jour.

PULMICORT
budésonide

PRÉSENTATION

PULMICORT 100 μg/dose : aérosol ; flacon pressurisé (200 doses) avec valve doseuse et embout buccal - Remb. 65 % - Liste I

PULMICORT 200 µg/dose : aérosol ; flacon pressurisé (100 doses) avec valve doseuse et embout buccal - Remb. 65 % - Liste I

PULMICORT TURBUHALER : poudre pour inhalation buccale ; flacon doseur (200 doses) - Remb. 65 % - Liste I

Laboratoires Astra France

COMPOSITION

	p. dose	p. dose	p. dose
Budésonide	100 µg	200 µg	200 µg

INDICATIONS

Ce médicament d'action locale contient un *corticoïde* qui possède une activité *anti-inflammatoire* marquée sur les *muqueuses*, notamment celle des bronches.

Ce médicament est utilisé dans le *traitement de fond* de l'*asthme*.

> **ATTENTION**
>
> Des précautions sont nécessaires en cas de *tuberculose* pulmonaire non traitée, de *mycose* pulmonaire, et d'*ulcère* de l'estomac ou du *duodénum* en évolution.
>
> Ce médicament d'action lente n'est pas adapté au *traitement de la crise* d'*asthme*. Une aggravation de l'asthme peut traduire une infection : consultez votre médecin.

GROSSESSE, ALLAITEMENT ET NOUVEAU-NÉ

Grossesse :

L'effet de ce médicament pendant la grossesse est mal connu. Seul votre médecin peut apprécier la nécessité du traitement et son risque dans votre cas.

Allaitement :

Les données actuellement disponibles ne permettent pas de savoir si ce médicament passe dans le lait maternel. Par mesure de prudence, il est déconseillé pendant l'allaitement.

MODE D'EMPLOI ET POSOLOGIE

Quel que soit le système utilisé, l'inhalation du médicament doit se faire au cours d'une inspiration profonde, précédée si possible d'une expiration forcée. Il est ensuite nécessaire de retenir sa respiration pendant quelques instants.

Agiter vigoureusement l'aérosol. Placer l'embout dans la bouche, le fond de la cartouche dirigé vers le haut. Expirer à fond, puis inspirer rapidement et profondément tout en appuyant sur le fond de la cartouche. Chaque pression délivre une dose unique.

Turbuhaler : l'appareil doit être chargé, puis placé entre les lèvres. L'inspiration doit être rapide et profonde. Contrairement à l'aérosol, le Turbuhaler n'entraîne aucune sensation particulière, bien que le produit soit délivré au niveau du poumon. Il ne faut jamais souffler dans l'appareil ni le mouiller. Replacer le capuchon après usage.

Posologie usuelle :

Elle est strictement individuelle. La dose efficace la plus faible est toujours recherchée ; elle est répartie régulièrement en 2 ou 4 prises au cours de la journée.

> Lisez attentivement la notice jointe au médicament.
>
> N'hésitez pas à demander une démonstration du maniement de ces appareils à votre médecin ou à votre pharmacien.
>
> L'utilisation de l'aérosol doseur chez les personnes maîtrisant mal la technique d'inhalation peut être facilitée par l'emploi d'un réservoir en matière plastique qui s'interpose entre l'aérosol doseur et la bouche. Demandez conseil à votre pharmacien.
>
> Le Turbuhaler est adapté aux personnes ayant des difficultés à utiliser les aérosols.
>
> Lorsque ce médicament est utilisé conjointement avec un bronchodilatateur, le bronchodilatateur devra être inhalé en premier.
>
> Il est conseillé de boire un verre d'eau après chaque inhalation pour limiter le risque de *candidose* ou d'enrouement lié à l'utilisation de ce médicament.
>
> Le flacon d'aérosol est sous pression : maintenez-le à l'abri de la chaleur.

EFFETS INDÉSIRABLES POSSIBLES

Irritation de la bouche et de la gorge, toux, voix rauque.

Par ailleurs, une *candidose* de la bouche et de la gorge peut apparaître.

PULMOFLUIDE ENFANTS

PRÉSENTATION

PULMOFLUIDE ENFANTS : sirop ; flacon 180 ml - Non remb.

Laboratoires Phygiène

COMPOSITION

	p. c. à c.	p. c. à s.
Pholcodine	0,985 mg	2,955 mg
Terpine	8,25 mg	24,75 mg
Benzoate de sodium	41,35 mg	124,05 mg
Guaiphénésine	2,05 mg	6,15 mg
Sirop de Desessartz	1,65 g	4,95 g
Sirop de framboise	0,55 g	1,65 g
Sirop de Tolu	3,165 g	9,495 g
Saccharose	3 g	9 g

INDICATIONS

Ce sirop contient notamment un *antitussif* (la pholcodine) et des *expectorants* (terpine, benzoate de sodium, guaïphénésine). La pholcodine a une action sédative calmante sur le *système nerveux central* et notamment sur les centres de la toux.

Ce sirop est utilisé dans le *traitement symptomatique* des toux sèches.

CONTRE-INDICATIONS

Ce médicament ne doit pas être utilisé dans les cas suivants :
- *asthme*,
- *insuffisance respiratoire*,
- enfant de moins de 30 mois.

> **ATTENTION**
>
> Ce médicament n'est pas adapté au traitement de la toux grasse, qui est un mécanisme de défense normal de l'organisme permettant l'évacuation des mucosités présentes dans les bronches.
>
> La toux est un *symptôme* qui peut révéler de nombreuses maladies. Consultez votre médecin si elle persiste plus de quelques jours.
>
> Ce médicament contient du *sucre* (saccharose) en quantité notable.

MODE D'EMPLOI ET POSOLOGIE

Les prises de ce médicament doivent être réparties dans la journée.

Posologie usuelle :
- Enfant de plus de 8 ans : 1 cuillère à soupe, 3 fois par jour.
- Enfant de 4 à 8 ans : 2 cuillères à café, 3 fois par jour.
- Enfant de 30 mois à 4 ans : 1 cuillère à café, 3 fois par jour.

> Le tabagisme de l'entourage nuit à l'efficacité du traitement.
>
> Des mesures simples permettent de calmer les toux sèches : boissons chaudes et humidification de l'air ambiant.

EFFETS INDÉSIRABLES POSSIBLES

Constipation, et plus rarement : somnolence, nausées, vomissements, sensation de vertige, *bronchospasme*, *allergie* cutanée.

PULMOFLUIDE SIMPLE

PRÉSENTATION

PULMOFLUIDE SIMPLE : solution buvable ; flacon 180 ml - Non remb.

Laboratoires Phygiène

COMPOSITION

	p. c. à s.
Codéine base	7,2 mg
Terpine	37,5 mg
Eucalyptol	1,5 mg
Benzoate de sodium	300 mg
Guaiphénésine	30 mg
Ipéca, teinture	150 mg
Alcool	+
Saccharose	3,6 g

INDICATIONS

Ce médicament *antitussif* contient de la codéine, qui a une action sédative sur le *système nerveux central* et notamment sur les centres de la toux. Les autres substances fluidifient les sécrétions bronchiques.

Il est utilisé dans le *traitement symptomatique* des affections respiratoires accompagnées de sécrétions importantes.

CONTRE-INDICATIONS

Ce médicament ne doit pas être utilisé dans les cas suivants :
- *asthme*,

- *insuffisance respiratoire*,
- enfant de moins de 15 ans.

ATTENTION

La toux est un *symptôme* qui peut révéler de nombreuses maladies : consultez votre médecin si elle persiste plus de quelques jours.

Ce médicament contient du *sucre* (saccharose) et de l'*alcool* en quantité notable.

Évitez les boissons alcoolisées : augmentation du risque de somnolence.

Conducteur : ce médicament peut être responsable d'une somnolence ou d'une baisse de la vigilance.

INTERACTIONS MÉDICAMENTEUSES

Ce médicament peut interagir avec d'autres médicaments. Signalez tout autre traitement en cours à votre médecin ou à votre pharmacien.

GROSSESSE, ALLAITEMENT ET NOUVEAU-NÉ

Grossesse :
Compte tenu de la présence de codéine, n'utilisez pas ce médicament pendant la grossesse sans prendre l'avis de votre pharmacien ou de votre médecin.

Allaitement :
Les données actuellement disponibles ne permettent pas de savoir si ce médicament passe dans le lait maternel : il est déconseillé pendant l'allaitement.

MODE D'EMPLOI ET POSOLOGIE

Ce médicament peut être pris pur ou dilué dans un peu d'eau.

Posologie usuelle :
- Adulte et enfant de plus de 15 ans : 1 cuillère à soupe, 3 fois par jour.

De nombreux médicaments contiennent de la codéine, notamment certains *antitussifs* et *antalgiques*. Le surdosage expose à une augmentation des effets indésirables.

Fumer, ou être exposé à la fumée des autres, nuit à l'efficacité du traitement.

Il est essentiel de lutter contre la sécheresse de l'air ambiant (humidificateur...) pour éviter le dessèchement des sécrétions. Il est également recommandé de boire beaucoup.

EFFETS INDÉSIRABLES POSSIBLES

Constipation, et plus rarement : somnolence, nausées, vomissements, *bronchospasme*, états vertigineux, *allergie* cutanée, ralentissement de la respiration.

PULMOFLUIDE ÉPHÉDRINÉ

PRÉSENTATION

PULMOFLUIDE ÉPHÉDRINÉ : solution buvable ; flacon 180 ml - Non remb.

Laboratoires Phygiène

COMPOSITION

	p. c. à s.
Éphédrine chlorhydrate	12 mg
Codéine base	7,2 mg
Terpine	37,5 mg
Eucalyptol	1,5 mg
Benzoate de sodium	300 mg
Guaiphénésine	30 mg
Ipéca, teinture	150 mg
Alcool éthylique	1,34 g
Saccharose	3,6 g

INDICATIONS

Ce médicament contient une association de substances : l'éphédrine, notamment qui dilate les bronches et stimule la respiration, et la codéine, substance antitussive.

Il est utilisé dans le traitement de l'*asthme* et de certaines maladies bronchiques.

CONTRE-INDICATIONS

Ce médicament ne doit pas être utilisé dans les cas suivants :
- enfant de moins de 15 ans,
- *troubles du rythme cardiaque*,
- *hypertension artérielle*,
- *insuffisance coronarienne*,
- *hyperthyroïdie*,
- *glaucome* à angle fermé,
- association avec les *antidépresseurs* de type *IMAO*.

ATTENTION

Des précautions sont nécessaires en cas d'*insuffisance cardiaque*, de *diabète*, et chez la personne âgée.

Ce médicament contient du *sucre* (saccharose) et de l'*alcool* en quantité notable.

Conducteur : ce médicament peut être responsable d'une somnolence ou d'une baisse de la vigilance.

INTERACTIONS MÉDICAMENTEUSES

Ce médicament ne doit pas être associé aux *IMAO* (MARSILID, NIAMIDE) : risque d'hypertension grave.

Il peut interagir avec d'autres médicaments. Signalez tout autre traitement en cours à votre médecin ou à votre pharmacien.

GROSSESSE, ALLAITEMENT ET NOUVEAU-NÉ

En l'absence de données suffisantes, ce médicament est déconseillé pendant les 3 premiers mois de la grossesse et pendant l'allaitement.

MODE D'EMPLOI ET POSOLOGIE

Ce médicament peut être pris pur ou dilué dans une boisson chaude.

La dernière prise doit se situer à distance du coucher.

Posologie usuelle :
- Adulte : 1 cuillère à soupe, 3 fois par jour.

De nombreux médicaments contiennent de la codéine, notamment certains *antitussifs* et *antalgiques*. Le surdosage expose à une augmentation des effets indésirables. Demandez conseil à votre pharmacien.

EFFETS INDÉSIRABLES POSSIBLES

Maux de tête, nausées, accélération du cœur, sueurs, rétention d'urine, tremblements, agitation, anxiété.

PULMOLL

terpine, menthol, amyléine

PRÉSENTATION

PULMOLL : pastille (marron) arôme réglisse - menthe ; boîte de 70 g - Non remb.

PULMOLL : pastille (marron) arôme menthe - eucalyptus ; boîte de 140 g - Non remb.

Laboratoires Sterling Midy

COMPOSITION

	p. past.
Terpine	3,8 mg
Menthol	0,76 mg
Amyléine chlorhydrate	0,152 mg
Saccharose	713 mg

INDICATIONS

Ce médicament d'usage local contient un *expectorant*, un *antiseptique* et un *anesthésique*.

Il est utilisé comme *traitement d'appoint* en cas d'irritation de la gorge, de toux ou de rhume.

CONTRE-INDICATIONS

Ce médicament ne doit pas être utilisé dans les cas suivants :
- *allergie* aux *anesthésiques* locaux,
- enfant de moins de 30 mois.

ATTENTION

Les médicaments contenant un *anesthésique* local ne doivent pas être utilisés sans avis médical chez les enfants de moins de 6 ans.

Une surconsommation pourrait provoquer des troubles nerveux et cardiaques : respectez la *posologie*.

En cas d'apparition de fièvre, d'aggravation ou d'absence d'amélioration au bout de 5 jours, consultez votre médecin.

Ce médicament contient du *sucre* (saccharose) en quantité notable.

GROSSESSE, ALLAITEMENT ET NOUVEAU-NÉ

Aucun problème particulier n'a été mis en évidence, aux doses usuelles, lors d'une utilisation de courte durée pendant la grossesse ou l'allaitement.

MODE D'EMPLOI ET POSOLOGIE

Les pastilles doivent être sucées lentement sans être croquées.

Posologie usuelle :
- Adulte : 20 pastilles par jour au maximum.
- Enfant de plus de 30 mois : 10 pastilles par jour au maximum.

Chez l'enfant et les personnes âgées, évitez l'usage de ce médicament avant les repas : l'*anesthésique* local est susceptible de provoquer des troubles de la déglutition ; ceux-ci pourraient être à l'origine du passage d'aliments dans les *voies* respiratoires.

Certaines infections de la gorge nécessitent un traitement *antibiotique* pour éviter des complications ultérieures, cardiaques ou rénales : si les troubles persistent, consultez votre médecin.

PULMOLL menthol, eucalyptus

menthe, menthol, eucalyptus

PRÉSENTATION

PULMOLL : pastille à sucer (vert) ; boîte de 70 g - Non remb.

Laboratoires Sterling Midy

COMPOSITION

	p. past.
Menthol	1,52 mg
Menthe poivrée, huile essentielle	0,19 mg
Eucalyptus, huile essentielle	0,76 mg
Saccharose	700 mg

INDICATIONS

Ce médicament d'usage local contient des substances *antiseptiques*.

Il est utilisé dans le *traitement symptomatique* des affections respiratoires et notamment pour calmer l'irritation de la gorge.

CONTRE-INDICATIONS

Ce médicament ne doit pas être utilisé chez l'enfant de moins de 30 mois (présence de menthol).

ATTENTION

En cas de persistance des troubles ou d'apparition de fièvre, consultez votre médecin.

Ce médicament n'est pas un bonbon : il doit être donné avec prudence chez l'enfant de moins de 7 ans.

Ce médicament contient du *sucre* (saccharose) en quantité notable.

GROSSESSE, ALLAITEMENT ET NOUVEAU-NÉ

Aucun problème particulier n'a été mis en évidence, aux doses usuelles, lors d'une utilisation de courte durée pendant la grossesse ou l'allaitement.

MODE D'EMPLOI ET POSOLOGIE

Les prises de ce médicament doivent être réparties au cours de la journée.

La durée du traitement doit être courte.

Posologie usuelle :

- Adulte : 10 à 20 pastilles à sucer par jour.
- Enfant de plus de 30 mois : 10 pastilles à sucer, au maximum, par jour.

Les boissons alcoolisées augmentent parfois les effets indésirables

PULMOSÉRUM

codéine, gaïacol, acide phosphorique

PRÉSENTATION

PULMOSÉRUM : solution buvable (jaune ambré) ; flacon 200 ml - Remb. 35 %

PULMOSÉRUM : solution buvable à diluer (jaune ambré) ; flacon 125 ml - Non remb.

Laboratoires Bailly-Speab

COMPOSITION

	sol. buv. p. c. à s.	sol. buv. p. c. à c.	sol. à diluer p. c. à c.
Codéine	2,25 mg	0,75 mg	4 mg
Gaïacol	75 mg	25 mg	75 mg
Acide phosphorique	44 mg	14,7 mg	70 mg
Saccharose	1 g	0,33 g	0,33 g
Alcool à 95°	+	+	+

INDICATIONS

Ce médicament *antitussif* contient de la codéine associée à un *expectorant*. La codéine a une action sédative sur le *système nerveux central* et notamment les centres de la toux.

Il est utilisé dans le *traitement symptomatique* des toux sèches.

CONTRE-INDICATIONS

Ce médicament ne doit pas être utilisé dans les cas suivants :
- *asthme*,
- *insuffisance respiratoire*,
- enfant de moins de 10 ans (solution buvable à diluer),
- enfant de moins de 30 mois (solution buvable).

ATTENTION

Ce médicament n'est pas adapté au traitement de la toux grasse, qui est un mécanisme de défense normal de l'organisme permettant l'évacuation des mucosités présentes dans les bronches.

La toux est un *symptôme* qui peut révéler de nombreuses maladies : consultez votre médecin si elle persiste plus de quelques jours.

La solution buvable contient du *sucre* (saccharose) en quantité notable.

Évitez les boissons alcoolisées : augmentation du risque de somnolence.

Conducteur : ce médicament peut être responsable d'une somnolence ou d'une baisse de la vigilance.

INTERACTIONS MÉDICAMENTEUSES

Ce médicament peut interagir avec beaucoup d'autres médicaments, notamment chez les personnes âgées : signalez tout autre traitement en cours à votre médecin ou à votre pharmacien.

GROSSESSE, ALLAITEMENT ET NOUVEAU-NÉ

Grossesse :

Compte tenu de la présence de codéine, n'utilisez pas ce médicament pendant la grossesse sans prendre l'avis de votre pharmacien ou de votre médecin.

Allaitement :

Ce médicament passe dans le lait maternel : il est déconseillé pendant l'allaitement.

MODE D'EMPLOI ET POSOLOGIE

La solution à diluer doit être mélangée à un peu d'eau ou de tisane.

Posologie usuelle :

- Adulte : 1 à 2 cuillères à soupe de solution buvable ou 2 cuillères à café de solution à diluer, 3 fois par jour.
- Enfant de plus de 10 ans : 1 cuillère à soupe de solution buvable ou 1 cuillère à café de solution à diluer, 3 fois par jour.
- Enfant de 30 mois à 10 ans : 1 cuillère à soupe de solution buvable, 3 fois par jour.

De nombreux médicaments contiennent de la codéine, notamment certains *antitussifs* et *antalgiques*. Le surdosage expose à une augmentation des effets indésirables.

Une toux nocturne aggravée par ce médicament peut être une toux allergique : demandez conseil à votre médecin.

Fumer, ou être exposé à la fumée des autres, nuit à l'efficacité du traitement.

Des mesures simples permettent de calmer les toux sèches : boissons chaudes et humidification de l'air ambiant.

EFFETS INDÉSIRABLES POSSIBLES

Constipation.

Plus rarement : somnolence, nausées, vomissements, *bronchospasme*, états vertigineux, *allergie* cutanée, ralentissement de la respiration.

PULMOSODYL

PRÉSENTATION

PULMOSODYL : sirop ; flacon 200 ml - Remb. 35 %

Laboratoires Bridoux

COMPOSITION

	p. c. à s.
Codéthyline chlorhydrate	11,70 mg
Bromoforme, solution	200 mg
Sulfogaïacol	390 mg
Benzoate de sodium	390 mg
Eau distillée laurier-cerise	1 g
Baume de Tolu	975 mg
Sucre	10,125 g
Tartrazine	+

INDICATIONS

Ce sirop *antitussif* contient de la codéthyline associée notamment à des fluidifiants bronchiques (benzoate de sodium, sulfogaïacol). La codéthyline a une action sédative sur le *système nerveux central* et notamment les centres de la toux.

Ce médicament est utilisé dans le *traitement symptomatique* des toux sèches et d'irritation.

CONTRE-INDICATIONS

Ce médicament ne doit pas être utilisé dans les cas suivants :
- *asthme*,

- *insuffisance respiratoire*,
- *allergie* à la tartrazine,
- enfant de moins de 15 ans.

ATTENTION

Ce médicament n'est pas adapté au traitement de la toux grasse, qui est un mécanisme de défense normal de l'organisme permettant l'évacuation des mucosités présentes dans les bronches.

La toux est un *symptôme* qui peut révéler de nombreuses maladies : consultez votre médecin si elle persiste plus de quelques jours.

Des précautions sont nécessaires en cas d'*allergie* à la tartrazine ou à l'aspirine.

Ce médicament contient du *sucre* (sirop simple) en quantité notable.

Évitez les boissons alcoolisées : augmentation du risque de somnolence.

Conducteur : ce médicament peut être responsable d'une somnolence ou d'une baisse de la vigilance.

INTERACTIONS MÉDICAMENTEUSES

Ce médicament peut interagir avec d'autres médicaments, notamment chez les personnes âgées. Signalez tout autre traitement en cours à votre médecin ou à votre pharmacien.

GROSSESSE, ALLAITEMENT ET NOUVEAU-NÉ

Grossesse :

Compte tenu de la présence de codéthyline, n'utilisez pas ce médicament pendant la grossesse sans prendre l'avis de votre pharmacien ou de votre médecin.

Allaitement :

Ce médicament est déconseillé pendant l'allaitement.

MODE D'EMPLOI ET POSOLOGIE

Les prises de ce médicament doivent être réparties au cours de la journée.

Posologie usuelle :

- Adulte et enfant de plus de 15 ans : 2 à 5 cuillères à soupe par jour.

De nombreux médicaments, notamment certains *antitussifs* ou *antalgiques*, contiennent de la codéthyline ou une substance voisine, la codéine : un surdosage expose à une augmentation des effets indésirables.

Une toux nocturne aggravée par ce médicament peut être une toux allergique : demandez conseil à votre médecin.

La poursuite du tabagisme nuit à l'efficacité du traitement.

Des mesures simples permettent de calmer les toux sèches : boissons chaudes et humidifcation de l'air ambiant.

EFFETS INDÉSIRABLES POSSIBLES

Liés à la présence de codéthyline : constipation ; et plus rarement, somnolence, nausées, *bronchospasme*, sensation de vertige, *allergies* cutanées, ralentissement anormal de la respiration.

PULMOSPIR

PRÉSENTATION

PULMOSPIR ADULTE : sirop ; flacon 200 ml - Non remb.

Laboratoires Soekami Lefrancq

COMPOSITION

	p. c. à s.
Codéine	5,7 mg
Codéthyline	2,9 mg
Benzoate de sodium	143 mg
Sulfogaïacolate de potassium	286 mg
Teinture de belladone	71 mg
Teinture d'aconit	71 mg
Tolu, extrait	2,86 g
Saccharose	9,4 g
Alcool	+

INDICATIONS

Ce sirop contient des *antitussifs* (codéine, codéthyline), des *expectorants* (benzoate de sodium, sulfogaïacol) et un *antispasmodique* (*belladone*). La codéine et la codéthyline ont un effet *sédatif* sur le *système nerveux central* et notamment les centres de la toux.

Il est utilisé dans le *traitement symptomatique* des toux sèches.

CONTRE-INDICATIONS

Ce médicament ne doit pas être utilisé dans les cas suivants :

- *asthme*,
- *insuffisance respiratoire*,
- *glaucome* à angle fermé,
- risque de rétention des urines (*adénome de la prostate*...),
- enfant de moins de 15 ans.

ATTENTION

Ce médicament n'est pas adapté au traitement de la toux grasse, qui est un mécanisme de défense normal de l'organisme permettant l'évacuation des mucosités présentes dans les bronches.

La toux est un *symptôme* qui peut révéler de nombreuses maladies : consultez votre médecin si elle persiste plus de quelques jours.

Ce médicament contient du *sucre* (saccharose) en quantité notable.

Évitez les boissons alcoolisées : augmentation du risque de somnolence.

Conducteur : ce médicament peut être responsable d'une somnolence ou d'une baisse de la vigilance.

INTERACTIONS MÉDICAMENTEUSES

Ce médicament peut interagir avec d'autres médicaments, notamment chez les personnes âgées. Signalez tout autre traitement en cours à votre médecin ou à votre pharmacien.

GROSSESSE, ALLAITEMENT ET NOUVEAU-NÉ

Grossesse :

Compte tenu de la présence de codéine, n'utilisez pas ce médicament pendant la grossesse sans prendre l'avis de votre pharmacien ou de votre médecin.

Allaitement :

Ce médicament passe dans le lait maternel. Par mesure de prudence, il est déconseillé pendant l'allaitement.

MODE D'EMPLOI ET POSOLOGIE

Le sirop doit être pris de préférence en dehors des repas.

Posologie usuelle :

- Adulte : 1 cuillère à soupe de sirop, 4 à 5 fois par jour.

Fumer, ou être exposé à la fumée des autres, nuit à l'efficacité du traitement.

De nombreux médicaments contiennent de la codéine, notamment certains *antitussifs* et *antalgiques*. Le surdosage expose à une augmentation des effets indésirables, en cas de prise conjointe.

Une toux nocturne aggravée par ce médicament peut être une toux allergique : demandez conseil à votre médecin.

Des mesures simples permettent de calmer les toux sèches : boissons chaudes et humidification de l'air ambiant.

EFFETS INDÉSIRABLES POSSIBLES

Liés à la codéine et à la codéthyline : constipation ; et, plus rarement, nausées, vomissements, somnolence, *bronchospasme*, sensation vertigineuse, *allergie* cutanée, ralentissement anormal de la respiration.

Liés à la *belladone* : effets *atropiniques*, rares aux doses habituelles.

PULMOTHIOL

PRÉSENTATION

PULMOTHIOL ADULTE : sirop ; flacon 200 ml - Remb. 35 %

Laboratoires Soekami Lefrancq

COMPOSITION

	p. c. à s.
Codéine	6 mg
Terpine	30 mg
Benzoate de sodium	255 mg
Sulfogaïacol	225 mg
Bromure de sodium	262,5 mg
Bromoforme	37,5 mg
Aconit, teinture	46,9 mg
Aubépine, teinture	93 mg
Eucalyptus, teinture	247,5 mg
Polygala, teinture	117 mg
Lobélie, teinture	75 mg
Belladone, teinture	99 mg
Tolu, extrait fluide	234,4 mg
Desessartz, extrait fluide	562,5 mg
Pavot blanc, extrait	0,9 mg
Eau de laurier-cerise	315 mg
Alcool à 95°	0,38 g

INDICATIONS

Ce sirop *antitussif* contient de la codéine associée à des fluidifiants bronchiques (benzoate de sodium, terpine...) et à un *antispasmodique* (*belladone*). La codéine a une action sédative sur le *système nerveux central* et notamment les centres de la toux.

Ce médicament est utilisé dans le *traitement symptomatique* des toux sèches.

CONTRE-INDICATIONS

Ce médicament ne doit pas être utilisé dans les cas suivants :
- *asthme*, *insuffisance respiratoire* (présence de codéine) ;
- *glaucome* à angle fermé, risque de rétention des urines lié à un *adénome de la prostate*... (présence de *belladone*) ;
- enfant de moins de 15 ans.

> **ATTENTION**
>
> Ce médicament n'est pas adapté au traitement de la toux grasse, qui est un mécanisme de défense normal de l'organisme permettant l'évacuation des mucosités présentes dans les bronches.
>
> La toux est un *symptôme* qui peut révéler de nombreuses maladies : consultez votre médecin si elle persiste plus de quelques jours.
>
> Ce médicament contient du *sucre* (saccharose) en quantité notable.
>
> Évitez les boissons alcoolisées : augmentation du risque de somnolence.
>
> Conducteur : ce médicament peut être responsable d'une somnolence ou d'une baisse de la vigilance.

INTERACTIONS MÉDICAMENTEUSES

Ce médicament peut interagir avec d'autres médicaments, notamment chez les personnes âgées. Signalez tout autre traitement en cours à votre médecin ou à votre pharmacien.

GROSSESSE, ALLAITEMENT ET NOUVEAU-NÉ

Grossesse :

Compte tenu de la présence de codéine, n'utilisez pas ce médicament pendant la grossesse sans prendre l'avis de votre pharmacien ou de votre médecin.

Allaitement :

Ce médicament passe dans le lait maternel : par mesure de prudence, il est déconseillé pendant l'allaitement.

MODE D'EMPLOI ET POSOLOGIE

Les prises de ce médicament doivent être réparties au cours de la journée.

Posologie usuelle :

- Adulte et enfant de plus de 15 ans : 1 cuillère à soupe, 4 ou 5 fois par jour.

> De nombreux médicaments contiennent de la codéine, notamment certains *antitussifs* et *antalgiques*. Le surdosage expose à une augmentation des effets indésirables.
>
> Une toux nocturne aggravée par ce médicament peut être une toux allergique : demandez conseil à votre médecin.
>
> La poursuite du tabagisme nuit à l'efficacité du traitement.
>
> Des mesures simples permettent de calmer les toux sèches : boissons chaudes et humidification de l'air ambiant.

EFFETS INDÉSIRABLES POSSIBLES

Liés à la codéine : constipation ; et, plus rarement, somnolence, nausées, vomissements, *bronchospasme*, sensations de vertige, *allergies* cutanées, ralentissement anormal de la respiration.

Liés à la *belladone* : effets *atropiniques*, rares aux doses habituelles.

PULVÉOL

PRÉSENTATION

PULVÉOL : poudre pour inhalation ; boîte de 100 g - Non remb.

Laboratoires Laleuf

COMPOSITION

	p. 100 g
Menthol synthétique	0,930 g
Eucalyptol	2,980 g
Terpinol	2,980 g
Acide borique	0,276 g

INDICATIONS

Ce médicament possède une action locale décongestionnante et *antiseptique* sur les *muqueuses* des *voies* respiratoires.

Il est utilisé dans le *traitement d'appoint* des affections des voies respiratoires.

CONTRE-INDICATIONS

Ce médicament ne doit pas être utilisé chez l'enfant de moins de 30 mois.

> **ATTENTION**
>
> N'utilisez pas ce médicament chez le jeune enfant sans prendre l'avis de votre médecin.
>
> Ce médicament ne doit pas être avalé ; ne le laissez pas à la portée des enfants.

GROSSESSE, ALLAITEMENT ET NOUVEAU-NÉ

Ce médicament ne contient aucune substance connue pour être toxique pendant la grossesse ou l'allaitement.

MODE D'EMPLOI ET POSOLOGIE

Posologie usuelle :

- Adulte et enfant de plus de 30 mois : 1 à 2 cuillères à café dans un bol d'eau très chaude. Les inhalations peuvent être répétées au cours de la journée.

> Il est important de lutter contre la sécheresse de l'air ambiant (humidificateur...) pour éviter le dessèchement des sécrétions nasales et bronchiques.

PULVO 47
catalase, hexamidine

PRÉSENTATION

PULVO 47 : poudre pour application locale ; flacon pressurisé - Remb. 35 %

Laboratoires Fournier

COMPOSITION

	p. fl.
Fraction catalasique de foie de cheval	800 000 UI
Hexamidine di-iséthionate	40 mg

INDICATIONS

Ce médicament d'usage local contient un *antiseptique*, l'hexamidine, et une *enzyme*, la catalase de foie de cheval.

Il est utilisé dans le *traitement d'appoint* des plaies, des brûlures superficielles et de certains *ulcères* de jambe.

INTERACTIONS MÉDICAMENTEUSES

Ce médicament ne doit pas être associé à d'autres *antiseptiques* et toute trace de savon doit être éliminée par un rinçage soigneux avant son application.

GROSSESSE, ALLAITEMENT ET NOUVEAU-NÉ

L'effet de ce médicament pendant la grossesse ou l'allaitement est mal connu. L'évaluation du risque éventuel lié à son utilisation est individuelle : demandez conseil à votre pharmacien ou à votre médecin.

MODE D'EMPLOI ET POSOLOGIE

Le flacon doit être agité avant emploi.

Nettoyer la plaie avec du *sérum physiologique*. Sécher soigneusement avec une compresse. Tenir verticalement le flacon, puis pulvériser 3 ou 4 fois (quelques secondes à chaque fois) vers la plaie à une distance d'environ 20 cm. Recouvrir d'une compresse stérile.

Posologie usuelle :

Lésion sèche : 1 application par jour ou tous les 2 jours.

Lésion suintante : 1 ou 2 applications par jour.

> Pour atténuer la douleur éventuelle due à l'application du produit, ce médicament peut être pulvérisé sur la compresse qui sera appliquée ensuite sur la peau.
>
> Pour éviter l'irritation de la peau bordant la plaie, protéger celle-ci avec une pâte à l'eau.
>
> La pulvérisation d'une quantité excessive de poudre n'accélère pas la cicatrisation.

EFFETS INDÉSIRABLES POSSIBLES

Irritation cutanée, *allergie* locale ou générale.

PULVO 47 NÉOMYCINE
néomycine, catalase

PRÉSENTATION

PULVO 47 NÉOMYCINE : poudre pour application locale ; flacon pressurisé - Remb. 35 % - Liste I

Laboratoires Fournier

COMPOSITION

	p. fl.
Néomycine sulfate	160 mg
Fraction catalasique de foie de cheval	800 000 UI

INDICATIONS

Ce médicament d'action locale contient un *antibiotique* de la famille des *aminosides*, et une *enzyme*.

Il est utilisé dans le traitement des plaies et des brûlures superficielles infectées.

CONTRE-INDICATIONS

Ce médicament ne doit pas être utilisé dans les cas suivants :
- *allergie* aux *aminosides*,
- infection du mamelon au cours de l'allaitement.

ATTENTION
Ne prolongez pas ce traitement au-delà de la durée prescrite par votre médecin.
Si les *symptômes* persistent, n'hésitez pas à consulter votre médecin.

GROSSESSE, ALLAITEMENT ET NOUVEAU-NÉ

L'effet de ce médicament pendant la grossesse ou l'allaitement est mal connu : seul votre médecin peut évaluer le risque éventuel de son utilisation dans votre cas.

Allaitement :
En raison du risque d'ingestion par le *nouveau-né*, ce médicament ne doit pas être appliqué sur le mamelon de la femme qui allaite.

MODE D'EMPLOI ET POSOLOGIE

Le flacon doit être agité avant emploi.

Nettoyer la plaie avec du *sérum physiologique*. Sécher soigneusement avec une compresse. Tenir verticalement le flacon, puis pulvériser 3 ou 4 fois (quelques secondes à chaque fois) vers la plaie à une distance d'environ 20 cm. Recouvrir d'une compresse stérile.

Posologie usuelle :
Lésion sèche : 1 application par jour ou tous les 2 jours.
Lésion suintante : 1 ou 2 applications par jour.

☛ Pour atténuer la douleur éventuelle due à l'application du produit, pulvériser ce médicament sur la compresse, qui sera appliquée ensuite sur la peau.
Pour éviter l'irritation de la peau bordant la plaie, protéger celle-ci avec une pâte à l'eau.
L'application d'une quantité excessive de poudre n'accélère pas la cicatrisation.

EFFETS INDÉSIRABLES POSSIBLES

Irritation cutanée ou *allergie* dues à l'*enzyme* ou à l'*antibiotique*.

Placez les médicaments hors de portée des enfants

PURGANOL
phénolphtaléine

PRÉSENTATION

PURGANOL DAGUIN : tablette quadrisécable (blanc) ; boîte de 20 - Non remb. - Liste II
Laboratoires Saunier-Daguin

COMPOSITION

	p. tabl.
Phénolphtaléine	250 mg

INDICATIONS

C'est un *laxatif stimulant*. Il augmente les sécrétions et la motricité de l'intestin.

Ce médicament est utilisé comme *traitement symptomatique* de la constipation.

CONTRE-INDICATIONS

Ce médicament ne doit pas être utilisé dans les cas suivants :
- maladies inflammatoires du côlon ;
- constipation ou douleur abdominale due à une obstruction du tube digestif : rétrécissement intestinal, *fécalome* (bouchon de selles) ;
- enfant de moins de 15 ans.

ATTENTION
Ce médicament doit être utilisé de façon épisodique et en cure très brève : pas plus de 8 à 10 jours.
Son usage régulier peut entraîner :
- une *dépendance* ;
- des troubles intestinaux graves ;
- une perte de sels minéraux et notamment de *potassium*, pouvant entraîner des *troubles du rythme cardiaque* graves.

Arrêter le traitement en cas de diarrhée ou de douleurs abdominales.
Ce médicament est photosensibilisant : une exposition aux rayons *ultraviolets* (soleil, lampe à bronzer) peut provoquer des réactions cutanées.

INTERACTIONS MÉDICAMENTEUSES

Ce médicament peut interagir avec d'autres médicaments, notamment ceux contenant de la *vincamine* et certains *antiarythmiques*. Signalez tout autre traitement en cours à votre médecin ou à votre pharmacien.

GROSSESSE, ALLAITEMENT ET NOUVEAU-NÉ

Ce médicament est déconseillé pendant la grossesse ou l'allaitement.

MODE D'EMPLOI ET POSOLOGIE

Les tablettes doivent être sucées. Boire ensuite un verre d'eau.

Posologie usuelle :
- Adulte : 1/4 à 1 tablette, le soir au coucher.

☛ Des mesures simples d'hygiène alimentaire et des exercices physiques sont à envisager avant d'utiliser un laxatif : parlez-en à votre médecin ou à votre pharmacien.

EFFETS INDÉSIRABLES POSSIBLES

Diarrhée, douleurs abdominales.
Allergie, photosensibilisation.

PURSENNIDE
sennosides calciques

PRÉSENTATION

PURSENNIDE 20 mg : comprimé (rose) ; boîte de 40 - Non remb.
Laboratoires Sandoz

COMPOSITION

	p. comp.
Sennosides calciques	20 mg

INDICATIONS

C'est un *laxatif stimulant*. Il augmente les sécrétions et la motricité de l'intestin.

Ce médicament est utilisé comme *traitement symptomatique* de la constipation.

CONTRE-INDICATIONS

Ce médicament ne doit pas être utilisé dans les cas suivants :
- maladies inflammatoires du côlon ;
- constipation ou douleur abdominale due à une obstruction du tube digestif : rétrécissement intestinal, *fécalome* (bouchon de selles) ;
- enfant de moins de 12 ans, sauf sur prescription médicale.

ATTENTION
Ce médicament doit être utilisé de façon épisodique et en cure très brève : pas plus de 8 à 10 jours.
Son usage régulier peut entraîner :
- une *dépendance* ;
- des troubles intestinaux graves ;
- une perte de sels minéraux et notamment de *potassium*, pouvant entraîner des *troubles du rythme cardiaque* graves.

Arrêter le traitement en cas de diarrhée ou de douleurs abdominales.

INTERACTIONS MÉDICAMENTEUSES

Ce médicament peut interagir avec d'autres médicaments, notamment ceux contenant de la *vincamine* et certains *antiarythmiques*. Signalez tout autre traitement en cours à votre médecin ou à votre pharmacien.

GROSSESSE, ALLAITEMENT ET NOUVEAU-NÉ

Ce médicament est déconseillé pendant la grossesse ou l'allaitement.

MODE D'EMPLOI ET POSOLOGIE

Les comprimés sont pris après le repas du soir.

L'effet ne peut être obtenu qu'après 8 à 12 heures.

Posologie usuelle :
- Adulte et enfant de plus de 12 ans : 1 comprimé par jour, 2 si besoin.

☛ Des mesures simples d'hygiène alimentaire et des exercices physiques sont à envisager avant d'utiliser un laxatif : parlez-en à votre médecin ou à votre pharmacien.

EFFETS INDÉSIRABLES POSSIBLES

Diarrhée, douleurs abdominales.
Coloration rose des urines.

P. VEINOS

PRÉSENTATION

P. VEINOS : solution buvable ; flacon 60 ml (900 gouttes) - Non remb.

Laboratoires Augot

COMPOSITION

	p. fl.
Marron d'Inde, extrait fluide	2,27 g
Cyprès, extrait fluide	20,80 g
Hamamélis, extrait	1,30 g
Viburnum, extrait fluide	0,65 g
Méthyl-4 aesculétolmonoéthanoate de sodium	0,26 g

INDICATIONS

C'est un protecteur *vasculaire* et *veinotonique* qui associe plusieurs substances. Il stimule la circulation du sang dans les veines et lutte contre l'altération des *vaisseaux capillaires*.

Il est utilisé dans le *traitement symptomatique* :
- des jambes lourdes, *œdèmes*, crampes, *impatiences* et autres troubles pouvant être en rapport avec une mauvaise circulation veineuse (engelures, *ulcères* variqueux, *ménopause*...) ;
- des petites *hémorragies* sous-cutanées se traduisant par des taches rouges ou violacées ;
- des crises d'*hémorroïdes*.

ATTENTION

Ce médicament est insuffisant pour prévenir le risque de *phlébite* chez les malades alités ou plâtrés.

Ce médicament soulage, mais n'empêche pas l'aggravation de l'*insuffisance veineuse*, qui requiert des mesures spécifiques telles que la *contention élastique*.

GROSSESSE, ALLAITEMENT ET NOUVEAU-NÉ

L'effet de ce médicament pendant la grossesse ou l'allaitement est mal connu. L'évaluation du risque éventuel lié à son utilisation est individuelle : demandez conseil à votre pharmacien ou à votre médecin.

MODE D'EMPLOI ET POSOLOGIE

Ce médicament doit être pris avec un peu d'eau sucrée.

Posologie usuelle :

De 30 à 100 gouttes, 3 fois par jour.

☛ Une activité physique régulière et la surélévation du pied du lit permettent de faciliter la circulation veineuse et *lymphatique*.

PYGMAL

soufre, zinc, trichlorex

PRÉSENTATION

PYGMAL : crème ; tube 30 g - Remb. 65 %

Laboratoires Astier

COMPOSITION

	p. 100 g
Soufre précipité	5,350 g
Zinc oxyde	2,676 g
Zinc carbonate	2,676 g
Trichlorex	1 g

INDICATIONS

Cette crème est un antiacnéique qui contient du soufre, du zinc et un dérivé chloré. Elle agit essentiellement en détruisant les *germes* responsables de l'*inflammation* du comédon et de la formation de pustules.

Ce médicament est utilisé dans le traitement de l'*acné*.

INTERACTIONS MÉDICAMENTEUSES

L'association à d'autres *antiseptiques* est déconseillée car leurs effets risquent de s'annuler.

GROSSESSE, ALLAITEMENT ET NOUVEAU-NÉ

Ce médicament peut être utilisé chez la femme enceinte ou qui allaite (mais ne pas l'appliquer sur les mamelons).

MODE D'EMPLOI ET POSOLOGIE

Faire pénétrer complètement le produit par de légers massages. Se laver les mains après usage.

Posologie usuelle :

1 à 3 applications par jour.

EFFETS INDÉSIRABLES POSSIBLES

Augmentation du nombre de comédons.

PYORÉDOL

phénytoïne

PRÉSENTATION

PYORÉDOL : pâte gingivale ; tube 60 g - Non remb.

Laboratoires Roussel

COMPOSITION

	p. 100 g
Phénytoïne sodique	1 g
Essence de menthe	+

INDICATIONS

Cette pâte gingivale possède des propriétés cicatrisantes.

Elle est utilisée dans le traitement des parodontopathies (*inflammation* des gencives avec déchaussement des dents).

CONTRE-INDICATIONS

Ce médicament ne doit pas être utilisé chez l'enfant de moins de 30 mois (présence de menthol).

GROSSESSE, ALLAITEMENT ET NOUVEAU-NÉ

L'effet de ce médicament sur l'enfant à naître est mal connu. Il est déconseillé pendant la grossesse et l'allaitement.

MODE D'EMPLOI ET POSOLOGIE

Après un brossage soigneux des dents, mettre un peu de gel sur un doigt ou sur une brosse à dents souple et masser doucement les gencives pendant 2 à 3 minutes.

Posologie usuelle :

1 application matin et soir pendant 1 mois.

☛ L'emploi de ce médicament ne doit pas remplacer le brossage soigneux et régulier des dents après chaque repas ou après consommation de sucreries.

PYOSTACINE

pristinamycine

PRÉSENTATION

PYOSTACINE : comprimé sécable (blanc) ; boîte de 16 - Remb. 65 % - Liste I

Laboratoires Specia

COMPOSITION

	p. comp.
Pristinamycine	500 mg

INDICATIONS

C'est un *antibiotique* qui appartient à la famille des *synergistines*.

Il est utilisé dans le traitement de diverses maladies infectieuses, notamment celles de la bouche et des dents, de la peau, de la prostate, des os...

CONTRE-INDICATIONS

Ce médicament ne doit pas être utilisé en cas d'*allergie* aux *synergistines* (pristinamycine, virginiamycine).

ATTENTION

Le médecin peut prescrire un prélèvement pour identifier le *germe* responsable de l'infection et tester sa sensibilité aux *antibiotiques*. Le résultat de cet examen peut être faussé en cas d'automédication préalable : ne prenez pas d'antibiotiques sans avis médical.

Une diminution de la fièvre ou une disparition des troubles ne sont pas synonymes de guérison : la durée du traitement doit absolument être respectée pour éviter les rechutes.

INTERACTIONS MÉDICAMENTEUSES

Ce médicament peut interagir avec d'autres médicaments, notamment avec la ciclosporine : signalez tout autre traitement en cours à votre médecin ou à votre pharmacien.

GROSSESSE, ALLAITEMENT ET NOUVEAU-NÉ

Grossesse :

L'effet de ce médicament pendant la grossesse est mal connu : seul votre médecin peut évaluer le risque éventuel de son utilisation dans votre cas.

Allaitement :
Ce médicament passe dans le lait maternel.

MODE D'EMPLOI ET POSOLOGIE

Les comprimés doivent être avalés avec un verre d'eau au moment des repas.

Posologie usuelle :
- Adulte : 2 comprimés, 2 à 4 fois par jour.
- Enfant : 50 mg par kg et par jour, en 2 ou 3 prises ; soit par exemple pour un enfant de 20 kg : 1 comprimé, matin et soir.

> L'éventuelle impression de fatigue n'est pas due à l'*antibiotique* mais à l'infection elle-même.

EFFETS INDÉSIRABLES POSSIBLES

Troubles digestifs.

Très rarement : réactions cutanées.

PYRADOL
morpholine salicylate

PRÉSENTATION

PYRADOL : crème ; tube 40 g - Non remb.

Laboratoires Gallier

COMPOSITION

	p. 100 g
Morpholine salicylate	12 g

INDICATIONS

Cette crème *antalgique* contient un *salicylé*.

Elle est utilisée dans le traitement local des douleurs des muscles, des tendons et des ligaments.

CONTRE-INDICATIONS

Ce médicament ne doit pas être appliqué sur les *muqueuses*, les plaies ou la peau lésée.

> **ATTENTION**
> Des précautions sont nécessaires en cas d'*antécédent* d'*allergie* aux *salicylés*.

GROSSESSE, ALLAITEMENT ET NOUVEAU-NÉ

L'effet de ce médicament pendant la grossesse ou l'allaitement est mal connu. L'évaluation du risque éventuel lié à son utilisation est individuelle : demandez conseil à votre pharmacien ou à votre médecin.

MODE D'EMPLOI ET POSOLOGIE

La crème doit être appliquée en massage doux et prolongé jusqu'à pénétration complète.

Posologie usuelle :
2 à 5 applications par jour.

> Se laver les mains après application. En cas de contact accidentel avec les yeux, rincer abondamment.

EFFETS INDÉSIRABLES POSSIBLES

Réaction allergique locale imposant l'arrêt du traitement.

PYRALVEX
rhubarbe, acide salicylique

PRÉSENTATION

PYRALVEX SOLUTÉ : solution alcoolique buccale et gingivale ; flacon 25 ml - Non remb.

PYRALVEX GEL : gel alcoolique buccal et gingival ; tube 15 g - Non remb.

Laboratoires Norgan

COMPOSITION

	p. 100 ml	p. 100 g
Extrait sec sodé et purifié de rhubarbe	5 g	5 g
Acide salicylique	1 g	1 g
Alcool à 61°	q.s. 100 ml	+

INDICATIONS

Ce médicament d'usage local possède des propriétés *anti-inflammatoires* et *antiseptiques*.

Il est utilisé sous forme de gel ou de solution dans le *traitement d'appoint* des infections et des *inflammations* de la bouche et des gencives.

CONTRE-INDICATIONS

Ce médicament ne doit pas être utilisé en cas d'*allergie* aux *salicylés*.

> **ATTENTION**
> La solution contient de l'*alcool* en quantité notable.

GROSSESSE, ALLAITEMENT ET NOUVEAU-NÉ

L'effet de ce médicament pendant la grossesse ou l'allaitement est mal connu. L'évaluation du risque éventuel lié à son utilisation est individuelle : demandez conseil à votre pharmacien ou à votre médecin.

MODE D'EMPLOI ET POSOLOGIE

Appliquer la solution avec le pinceau joint au flacon ou avec un morceau de coton.

Appliquer le gel avec le doigt sur la partie douloureuse, puis masser doucement la gencive.

Posologie usuelle :
2 à 4 applications par jour.

> L'emploi de ce médicament ne doit pas remplacer le brossage soigneux et régulier des dents après chaque repas ou après consommation de sucreries.
> En cas d'irritation des gencives par une prothèse (dentier), n'hésitez pas à consulter votre dentiste.

EFFETS INDÉSIRABLES POSSIBLES

Picotements liés à l'*alcool* contenu dans la solution.

Coloration jaune des dents qui disparaît rapidement.

PYRAX
aspirine, caféine, quinine

PRÉSENTATION

PYRAX Adulte : suppositoire ; boîte de 8 - Non remb.

PYRAX Enfant : suppositoire ; boîte de 8 - Non remb.

PYRAX Nourrisson : suppositoire ; boîte de 8 - Non remb.

Laboratoires Amido

COMPOSITION

	p. suppos. Ad.	p. suppos. Enf.	p. suppos. Nour.
Acide acétylsalicylique (aspirine)	300 mg	200 mg	100 mg
Caféine	20 mg	10 mg	5 mg
Sulfate de quinine	50 mg	30 mg	20 mg

INDICATIONS

Ce médicament associe de l'aspirine, qui lutte contre la douleur et la fièvre, de la caféine et de la quinine.

Il est utilisé dans le *traitement symptomatique* des affections douloureuses ou fébriles, notamment les états grippaux, les maux de tête, les courbatures, les rhumatismes et les douleurs dentaires.

CONTRE-INDICATIONS

Ce médicament ne doit pas être utilisé dans les cas suivants :
- *allergie* aux *salicylés* ou aux *AINS*,
- *ulcère* de l'estomac ou du *duodénum*,
- *hémorragie* et risque hémorragique,
- en association avec le méthotrexate,
- enfant de moins de 15 ans (suppositoire Adulte),
- enfant de moins de 3 ans (suppositoire Enfant),
- **grossesse** : pendant les 3 derniers mois, ou en prise prolongée à toute période de la grossesse.

> **ATTENTION**
> Un avis médical est préférable en cas d'*antécédent* d'*ulcère* de l'estomac ou du *duodénum* même ancien, d'*asthme*, d'*insuffisance rénale*, et chez les femmes qui portent un stérilet.
> Ce médicament est déconseillé chez les personnes atteintes de *goutte* et chez les femmes ayant des règles abondantes.
> Évitez de prendre ce médicament pendant la semaine qui précède une extraction dentaire ou une opération (augmentation du risque d'*hémorragie*).

INTERACTIONS MÉDICAMENTEUSES

Les personnes traitées par des médicaments anticancéreux contenant du méthotrexate ne doivent pas utiliser d'aspirine.

Ce médicament peut interagir avec d'autres médicaments, notamment avec les *anticoagulants* et les *antiagrégants plaquettaires* (TICLID...) : augmentation du risque hémorragique.

Signalez tout autre traitement en cours à votre médecin ou à votre pharmacien.

GROSSESSE, ALLAITEMENT ET NOUVEAU-NÉ

Grossesse :

Compte tenu de la présence d'aspirine, seule la prise ponctuelle de ce médicament est admise durant les 6 premiers mois de la grossesse ; au cours des 3 derniers mois, ce médicament est contre-indiqué.

Allaitement :

Ce médicament passe dans le lait maternel : il est déconseillé pendant l'allaitement.

MODE D'EMPLOI ET POSOLOGIE

Respecter un intervalle d'au moins 4 heures entre 2 prises.

Posologie usuelle :

- Adulte : 1 à 3 suppositoires Adulte par jour.
- Enfant de 8 à 15 ans : 2 à 4 suppositoires Enfant par jour.
- Enfant de 5 à 8 ans : 1 à 3 suppositoires Enfant par jour.
- Enfant de 3 à 5 ans : 1 ou 2 suppositoires Enfant par jour.
- Nourrisson : 1 ou 2 suppositoires Nourrisson par jour.

> ☛ De nombreux médicaments contiennent de l'aspirine : un surdosage expose à une augmentation des effets indésirables.

EFFETS INDÉSIRABLES POSSIBLES

Liés à l'aspirine :

- *gastrite*, douleurs abdominales ;
- accidents allergiques (*urticaire*, *œdème*) ;
- rares et parfois graves : *hémorragie* du tube digestif (vomissements sanglants, selles noires, ou plus souvent pertes de sang imperceptibles, responsables de l'apparition progressive d'une *anémie*) ;
- signes devant faire penser à un surdosage : bourdonnements d'oreille, sensation de baisse de l'audition, maux de tête.

PYREFLOR

PRÉSENTATION

PYREFLOR LOTION : solution pour application locale ; flacon vaporisateur 100 ml - Non remb.

PYREFLOR LOTION : solution pour application locale ; flacon 125 ml - Non remb.

PYREFLOR : shampooing ; flacon 125 ml - Non remb.

Laboratoires Clément

COMPOSITION

	lotion p. 100 ml	shamp. p. 100 ml
Perméthrine 25/75 (cis/trans)	0,3 g	0,3 g
Butoxyde de pipéronyle	1 g	1 g
Énoxolone	0,2 g	

INDICATIONS

Ce médicament contient des substances actives sur les poux, et un *anti-inflammatoire* qui limite les phénomènes d'irritation (shampooing).

Il est utilisé pour détruire les poux et leurs œufs (lentes).

> **ATTENTION**
>
> Évitez l'emploi de ce médicament chez l'enfant de moins de 30 mois.
>
> Rincez abondamment en cas de contact accidentel avec les yeux ou les *muqueuses*.

MODE D'EMPLOI ET POSOLOGIE

- Solution : vaporiser à la base des cheveux, de façon à imprégner totalement la chevelure. Laisser agir pendant 10 minutes. Laver les cheveux avec le shampooing habituel, puis démêler les cheveux au peigne fin.
- Shampooing : frictionner les cheveux mouillés pendant plusieurs minutes. Laisser agir pendant 5 minutes, rincer abondamment à l'eau tiède. Appliquer le shampooing une seconde fois, rincer, puis démêler les cheveux au peigne fin.

Posologie usuelle :

- Solution : 1 application, à renouveler le lendemain. Recommencer le traitement 1 semaine plus tard s'il y a encore des lentes.
- Shampooing : 1 double lavage, à renouveler le lendemain.

> ☛ Pour éviter une réinfestation, il est nécessaire que l'entourage suive le même traitement.
>
> Les chapeaux, bonnets, écharpes doivent être désinfectés.
>
> Les lentes fixées à plus de 2 cm du cuir chevelu sont généralement mortes, et leur présence ne signifie pas que le traitement a échoué. Leur élimination peut être facilitée en démêlant les cheveux avec un peigne trempé dans de l'eau vinaigrée.

EFFETS INDÉSIRABLES POSSIBLES

Irritation, rougeur en cas de contact avec les *muqueuses*.

PYRÉTHANE

noramidopyrine

PRÉSENTATION

PYRÉTHANE À LA NORAMIDOPYRINE : solution buvable ; flacon 24 ml avec pipette doseuse (15 gouttes = 1 ml) - Remb. 65 % - Liste I

Laboratoires Gerda

COMPOSITION

	p. 1 ml
Noramidopyrine méthane sulfonate sodique	250 mg

INDICATIONS

Ce médicament est un *antalgique* puissant.

Il est utilisé dans le *traitement symptomatique* de la douleur qui résiste aux autres antalgiques.

CONTRE-INDICATIONS

Ce médicament ne doit pas être utilisé dans les cas suivants :

- *allergie* à la noramidopyrine, à l'amidopyrine ou à l'aspirine ;
- *antécédents* d'*agranulocytose* ;
- enfant de moins de 15 ans.

> **ATTENTION**
>
> La prise de ce médicament expose à un risque très rare mais grave, l'*agranulocytose* (disparition des *globules blancs* du sang). Elle peut se manifester par une fièvre élevée, une angine, des aphtes. L'une de ces manifestations impose l'arrêt immédiat du traitement et des analyses de sang : prévenez d'urgence votre médecin.
>
> Ce médicament vous a été prescrit dans une situation précise : ne le conseillez pas à une autre personne. Ses effets indésirables sur le sang sont imprévisibles et peuvent survenir après la prise d'une seule dose (15 gouttes).

GROSSESSE, ALLAITEMENT ET NOUVEAU-NÉ

L'effet de ce médicament pendant la grossesse ou l'allaitement est mal connu : seul votre médecin peut évaluer le risque éventuel de son utilisation dans votre cas.

MODE D'EMPLOI ET POSOLOGIE

Posologie usuelle :

- Adulte : 15 à 30 gouttes, 2 ou 3 fois par jour selon l'intensité de la douleur, sans dépasser 30 gouttes, 6 fois par jour.

> ☛ Une éventuelle coloration rouge des urines est normale et traduit l'élimination du médicament.

EFFETS INDÉSIRABLES POSSIBLES

Parfois : réactions allergiques.

Exceptionnellement : *agranulocytose*.

PYRIDOSCORBINE

vitamine B6, vitamine C

PRÉSENTATION

PYRIDOSCORBINE : solution buvable arôme orange ; boîte de 12 ampoules 10 ml - Non remb.

Laboratoires Synthélabo France

COMPOSITION

	p. amp.
Complexe d'acide ascorbique (vitamine C) 51,1 % et de pyridoxine (vitamine B6) 48,9 %	1 g
Saccharose	6,5 g

INDICATIONS

Ce médicament contient des *vitamines* (B6, C), indispensables au *métabolisme*.

Il est utilisé dans le *traitement symptomatique* de certaines fatigues (*asthénies fonctionnelles*).

CONTRE-INDICATIONS

La vitamine C ne doit pas être utilisée à une dose supérieure à 1 g par jour en cas d'*antécédents* de calculs des *voies* urinaires.

ATTENTION

Dans l'organisme, la *vitamine* C est dégradée en acide oxalique, pouvant favoriser la formation de calculs dans les *voies* urinaires.
Ne prenez de vitamine C ni en quantité importante ni pendant une longue durée, sans avis médical.
Ce médicament contient du *sucre* (saccharose) en quantité notable.

INTERACTIONS MÉDICAMENTEUSES

Ce médicament ne doit pas être associé aux médicaments contenant de la lévodopa seule (LARODOPA) : risque d'annulation des effets de la lévodopa par la *vitamine* B6.

GROSSESSE, ALLAITEMENT ET NOUVEAU-NÉ

Ce médicament ne contient que des substances présumées sans danger pendant la grossesse ou l'allaitement. Néanmoins, ne l'utilisez pas de façon prolongée sans l'avis de votre pharmacien ou de votre médecin.

MODE D'EMPLOI ET POSOLOGIE

Le contenu des ampoules doit être dilué dans un verre d'eau et pris de préférence le matin ou à midi.

Posologie usuelle :

- Adulte : 1 ou 2 ampoules le matin et 1 ampoule à midi.
- Enfant de plus de 8 ans : 1 ampoule par jour.
- Enfant de 1 à 8 ans : 1/2 ampoule par jour.

Une fatigue persistante ne doit pas vous conduire à augmenter les prises de ce médicament : consultez votre médecin.

EFFETS INDÉSIRABLES POSSIBLES

Chez les personnes prédisposées : calculs des *voies* urinaires.

Q

QUESTRAN
colestyramine

PRÉSENTATION

QUESTRAN : poudre orale ; boîte de 50 sachets - Remb. 65 % - Liste I

Laboratoires Bristol-Myers Squibb

COMPOSITION

	p. sachet
Colestyramine	4 g

INDICATIONS

C'est un *hypolipidémiant* qui appartient à la famille des résines. Il permet d'abaisser le taux de *cholestérol* cirulant dans le sang en augmentant son élimination intestinale.

Il est principalement utilisé dans le traitement des excès de cholestérol persistant malgré un régime adapté et assidu, mais également dans les démangeaisons associées à certaines jaunisses.

CONTRE-INDICATIONS

Ce médicament ne doit pas être utilisé dans les cas d'*insuffisance hépatique* grave ou d'obstruction des *voies biliaires*.

Dans tous les autres cas, le médecin est seul juge pour prescrire ce médicament, notamment en cas de constipation.

ATTENTION
Chez la personne âgée, le traitement doit être commencé de préférence à faible dose pour limiter la survenue des effets indésirables.

INTERACTIONS MÉDICAMENTEUSES

Ce médicament peut interagir avec d'autres médicaments. Signalez tout autre traitement en cours à votre médecin ou à votre pharmacien. Il est préférable de prendre ce médicament à distance des autres médicaments : 2 heures avant ou après.

GROSSESSE, ALLAITEMENT ET NOUVEAU-NÉ

Grossesse :

La poursuite du traitement pendant la grossesse peut justifier des mesures diététiques particulières.

Allaitement :

Ce médicament ne passe pas dans le lait maternel : l'allaitement est possible.

MODE D'EMPLOI ET POSOLOGIE

Ce médicament sera pris de préférence avant les repas.

La poudre doit être versée dans un verre d'eau. Après avoir laissé reposer 1 à 2 minutes, remuer pour obtenir une suspension uniforme. Ce médicament ne doit en aucun cas être pris à l'état pur (sous forme sèche). Il peut également être mélangé à du jus de fruit ou du lait. Il peut être préparé chaque soir pour le lendemain et conservé au réfrigérateur.

Posologie usuelle :

- Adulte : la *posologie* est adaptée par le médecin en fonction des résultats de la prise de sang. Elle est habituellement fixée à 3 sachets par jour.

Le régime reste indispensable pendant le traitement.

☛ Un régime pauvre en *cholestérol* et en graisses animales n'est pas simple à suivre : les erreurs sont fréquentes. Demandez conseil à votre médecin ou à un professionnel de la diététique.

EFFETS INDÉSIRABLES POSSIBLES

Constipation très fréquente, parfois grave, en particulier chez la personne âgée.

Autres *troubles digestifs* assez fréquents : douleurs abdominales, éructations, ballonnements, diarrhée, nausées, vomissements, selles grasses.

QUINIDURULE
quinidine

PRÉSENTATION

QUINIDURULE 200 mg : comprimé à *libération prolongée* (blanc) ; boîte de 30 - Remb. 65 % - Liste I

QUINIDURULE 200 mg : comprimé à *libération prolongée* (blanc) ; boîte de 120 - Remb. 65 % - Liste I

Laboratoires Astra France

COMPOSITION

	p. comp.
Quinidine monosulfate	200 mg

INDICATIONS

Ce médicament appartient à la classe I de la famille des *antiarythmiques*. Il modifie la vitesse de transmission de l'influx nerveux au sein du muscle cardiaque et lutte contre ses contractions anarchiques.

Il est utilisé dans le traitement de certains *troubles du rythme cardiaque*.

CONTRE-INDICATIONS

Ce médicament ne doit pas être utilisé dans les cas suivants :
- *allergie* à la quinine,
- *bloc auriculo-ventriculaire* grave,
- *maladie de l'oreillette*,
- association avec certains médicaments (voir INTERACTIONS MÉDICAMENTEUSES).

Dans tous les autres cas, le médecin est seul juge pour prescrire ce médicament, notamment en cas de *bloc auriculo-ventriculaire* incomplet, *insuffisance cardiaque*, *myasthénie*, utilisation régulière de *laxatifs stimulants*.

ATTENTION
Si vous souffrez d'une *insuffisance rénale*, signalez-le à votre médecin.

INTERACTIONS MÉDICAMENTEUSES

Ce médicament ne doit pas être associé aux médicaments favorisant un *trouble du rythme cardiaque* particulier et potentiellement grave : les *torsades de pointes*. Ces médicaments sont : certains autres *antiarythmiques* et les médicaments contenant de la *vincamine*, du sultopride, du sotalol, de l'amiodarone.

Il peut interagir avec d'autres médicaments, notamment les *laxatifs stimulants*, les *diurétiques* et tout autre médicament susceptible de provoquer une *hypokaliémie*. Signalez tout traitement en cours à votre médecin ou à votre pharmacien.

GROSSESSE, ALLAITEMENT ET NOUVEAU-NÉ

L'effet de ce médicament pendant la grossesse ou l'allaitement est mal connu : seul votre médecin peut évaluer le risque éventuel de son utilisation dans votre cas.

MODE D'EMPLOI ET POSOLOGIE

Les comprimés doivent être avalés sans être croqués ni fractionnés.

Posologie usuelle :

2 comprimés, matin et soir.

☛ Il est normal de retrouver le comprimé dans les selles : son contenu a été libéré dans l'intestin.

EFFETS INDÉSIRABLES POSSIBLES

Troubles digestifs.
Malaise, *vertiges.*
Troubles de la vision : vision double ou incapacité à supporter la lumière.

Bourdonnements d'oreille, baisse de l'audition.

Troubles *hématologiques* : baisse des *globules rouges* ou des *plaquettes* sanguines.

Aggravation paradoxale de l'*arythmie*, ou apparition de nouveaux *troubles du rythme cardiaque*.

Allergie cutanée.

QUINIMAX comprimé
quinine

PRÉSENTATION

QUINIMAX : comprimé (gris-beige) ; boîte de 30 - Non remb.

Laboratoires Sanofi Winthrop

COMPOSITION

	p. comp.
Quinimax	100 mg
Soit quinine	60,9 mg

INDICATIONS

Ce médicament est un antipaludéen qui contient de la quinine.

Il est utilisé dans le *traitement curatif* des crises de *paludisme* et également dans le *traitement préventif* en cas de résistance à d'autres antipaludéens.

CONTRE-INDICATIONS

Ce médicament ne doit pas être utilisé en cas de *troubles du rythme cardiaque*.

ATTENTION
Si une prise prolongée à forte dose est envisagée, un bilan auditif initial est nécessaire, à renouveler tous les 3 à 6 mois.

GROSSESSE, ALLAITEMENT ET NOUVEAU-NÉ

Grossesse :
Les études scientifiques actuellement disponibles n'ont pas mis en évidence de problème particulier lors de l'utilisation ponctuelle chez la femme enceinte. Néanmoins ce médicament ne doit pas être employé sans avis médical.

Allaitement :
Le passage de ce médicament dans le lait maternel est très faible : l'allaitement est possible.

MODE D'EMPLOI ET POSOLOGIE

Ce médicament sera pris de préférence avant les repas.

Posologie usuelle :
Traitement préventif : 1 à 3 comprimés par jour, selon l'âge.

Traitement curatif : 3 à 15 comprimés par jour, selon l'âge.

☛ La prise de ce médicament ne dispense pas de mesures visant à lutter contre les piqûres de moustiques : utilisation de vêtements longs après le coucher du soleil, insecticides, moustiquaire...

Le risque maximal de crise de *paludisme* se situe dans les 4 semaines qui suivent le retour d'un pays tropical : toute fièvre, même banale, pendant cette période doit vous amener à consulter un médecin.

Une rechute peut toujours survenir, même après un traitement bien suivi.

EFFETS INDÉSIRABLES POSSIBLES

Allergie cutanée.

Bourdonnements d'oreille, baisse de l'audition, *vertiges*.

QUINIMAX injectable
quinine

PRÉSENTATION

QUINIMAX : solution injectable ; boîte de 6 ampoules 1 ml - Non remb.

QUINIMAX : solution injectable ; boîte de 6 ampoules 2 ml - Non remb.

QUINIMAX : solution injectable ; boîte de 6 ampoules 4 ml - Non remb.

Laboratoires Sanofi Winthrop

COMPOSITION

	p. amp. inj. 1 ml	p. amp. inj. 2 ml	p. amp. inj. 4 ml
Quinimax	100 mg	200 mg	400 mg
Soit quinine	60,9 mg	121,8 mg	243,6 mg

INDICATIONS

Ce médicament est un antipaludéen qui contient de la quinine.

Il est utilisé dans le *traitement curatif* du *paludisme* en cas de crise grave, de résistance aux autres antipaludéens, ou d'impossibilité d'utilisation de la *voie* orale.

CONTRE-INDICATIONS

Ce médicament ne doit pas être utilisé en cas de *troubles du rythme cardiaque*.

INTERACTIONS MÉDICAMENTEUSES

Ce médicament peut interagir avec d'autres médicaments, notamment avec un autre antipaludéen, le LARIAM. Signalez tout autre traitement en cours à votre médecin ou à votre pharmacien.

GROSSESSE, ALLAITEMENT ET NOUVEAU-NÉ

Grossesse :
Les études scientifiques actuellement disponibles n'ont pas mis en évidence de problème particulier lors de l'utilisation ponctuelle chez la femme enceinte. Néanmoins, ce médicament ne doit pas être utilisé sans avis médical.

Allaitement :
Le passage de ce médicament dans le lait maternel est très faible : l'allaitement est possible.

MODE D'EMPLOI ET POSOLOGIE

La solution doit être injectée par *voie* intramusculaire profonde et lente, ou en *perfusion*.

Posologie usuelle :
En injection *I.M.* profonde, pour les adultes et les enfants, la dose est de 25 mg par kg et par jour, à administrer en 3 fois. Chez l'adulte, il ne faut jamais dépasser 1,5 g par jour.

☛ Une rechute peut toujours survenir, même après un traitement bien suivi.

EFFETS INDÉSIRABLES POSSIBLES

Allergie cutanée, bourdonnements d'oreille, baisse de l'audition, *vertiges*.

En cas d'injection intraveineuse : baisse du taux de *sucre* dans le sang, *phlébite* suivie de sclérose si le produit passe hors de la veine.

En cas d'injection intramusculaire : *inflammation* douloureuse, voire nécrose locale au point d'injection.

QUININE LAFRAN
quinine

PRÉSENTATION

QUININE LAFRAN 250 mg : comprimé (blanc) ; boîte de 20 - Remb. 65 %

QUININE LAFRAN 500 mg : comprimé (blanc) ; boîte de 20 - Remb. 65 %

Laboratoires Lafran

COMPOSITION

	p. comp.	p. comp.
Quinine chlorhydrate basique	250 mg	500 mg

INDICATIONS

Ce médicament est un antipaludéen qui contient de la quinine.

Il est utilisé dans le *traitement curatif* des crises de *paludisme* et également dans le *traitement préventif* en cas de résistance à d'autres antipaludéens.

CONTRE-INDICATIONS

Ce médicament ne doit pas être utilisé en cas de *troubles du rythme cardiaque*.

ATTENTION
Si une prise prolongée à forte dose est envisagée, un bilan auditif initial est nécessaire, à renouveler tous les 3 à 6 mois.

GROSSESSE, ALLAITEMENT ET NOUVEAU-NÉ

Grossesse :
Les études scientifiques actuellement disponibles n'ont pas mis en évidence de problème particulier lors de l'utilisation ponctuelle chez la femme enceinte. Néanmoins ce médicament ne doit pas être employé sans avis médical.

Allaitement :
Le passage de ce médicament dans le lait maternel est très faible : l'allaitement est possible.

MODE D'EMPLOI ET POSOLOGIE

Ce médicament sera pris de préférence avant les repas.

Posologie usuelle :

Traitement préventif : 1/2 ou 1 comprimé à 250 mg, 2 fois par jour.

Traitement curatif :

- Adulte : 6 à 8 comprimés à 250 mg ou 3 à 4 comprimés à 500 mg, en 3 ou 4 prises par jour. Ne pas dépasser 0,5 g par prise, soit 2 g par jour.
- Enfant de moins de 15 ans : 150 mg par année d'âge et par jour, répartis en 3 ou 4 prises. Soit par exemple, pour un enfant de 9 ans : 2 comprimés à 250 mg le matin, 1 comprimé à 250 mg à midi et 2 comprimés à 250 mg le soir.

La prise de ce médicament ne dispense pas de mesures visant à prévenir les piqûres de moustiques : utilisation de vêtements longs après le coucher du soleil, insecticides, moustiquaire...

Le risque maximal de crise de *paludisme* se situe dans les 4 semaines qui suivent le retour d'un pays tropical : toute fièvre, même banale, pendant cette période doit vous amener à consulter un médecin.

Une rechute peut toujours survenir, même après un traitement bien suivi.

EFFETS INDÉSIRABLES POSSIBLES

Allergie cutanée.

Bourdonnements d'oreille, baisse de l'audition, *vertiges*.

QUININE VITAMINE C

quinine, vitamine C

PRÉSENTATION

QUININE VITAMINE C GRAND : comprimé (vert) ; boîte de 24 - Remb. 65 %

Laboratoires Dufoort

COMPOSITION

	p. comp.
Bisulfate de quinine	50 mg
Acide ascorbique (vitamine C)	50 mg
Saccharose	+

INDICATIONS

Ce médicament est une association de quinine (*antipyrétique*) et de *vitamine* C.

Il est utilisé dans le *traitement d'appoint* des états grippaux, rhumes, fatigue et crampes musculaires.

CONTRE-INDICATIONS

Ce médicament ne doit pas être utilisé dans les cas suivants :

- *myasthénie*,
- association avec les médicaments contenant de la quinidine ou de la chloroquine.

ATTENTION

La *vitamine* C est dégradée en acide oxalique, qui peut favoriser la formation de calculs dans les *voies* urinaires.

N'abusez pas de ce médicament si vous avez souffert de *coliques néphrétiques* ou de calculs rénaux.

INTERACTIONS MÉDICAMENTEUSES

Ce médicament ne doit pas être associé aux médicaments contenant un dérivé de la quinine : chloroquine (NIVAQUINE...) ou quinidine (LONGACOR...).

GROSSESSE, ALLAITEMENT ET NOUVEAU-NÉ

L'effet de ce médicament pendant la grossesse ou l'allaitement est mal connu. L'évaluation du risque éventuel lié à son utilisation est individuelle : demandez conseil à votre pharmacien ou à votre médecin.

MODE D'EMPLOI ET POSOLOGIE

Ce médicament doit être pris avec un peu d'eau. Il est destiné aux adultes et aux enfants de plus de 10 ans.

Posologie usuelle :

- État grippal : 3 comprimés, 3 ou 4 fois par jour (ne pas dépasser un maximum de 12 comprimés).
- Crampes musculaires : 4 comprimés le soir.

EFFETS INDÉSIRABLES POSSIBLES

Vertiges, bourdonnements d'oreille, réactions allergiques.

Risque de trouble de la vue ou de l'audition en cas de surdosage.

QUINOFORME

quinine

PRÉSENTATION

QUINOFORME : solution injectable ; boîte de 6 ampoules 2 ml - Remb. 65 %

Laboratoires Synthélabo France

COMPOSITION

	p. amp. inj.
Quinine, formiate basique	500 mg
Sulfites	+

INDICATIONS

Ce médicament est un antipaludéen qui contient de la quinine.

Il est utilisé dans le *traitement curatif* du *paludisme* en cas de crise grave, de résistance aux autres antipaludéens, ou d'impossibilité d'utilisation de la *voie* orale.

CONTRE-INDICATIONS

Ce médicament ne doit pas être utilisé en cas de *troubles du rythme cardiaque*.

ATTENTION

Ce médicament contient des *sulfites*, qui peuvent être à l'origine d'une réaction allergique (hypotension grave).

INTERACTIONS MÉDICAMENTEUSES

Ce médicament peut interagir avec d'autres médicaments, notamment avec un autre antipaludéen, le LARIAM. Signalez tout autre traitement en cours à votre médecin ou à votre pharmacien.

GROSSESSE, ALLAITEMENT ET NOUVEAU-NÉ

Grossesse :

Les études scientifiques actuellement disponibles n'ont pas mis en évidence de problème particulier lors de l'utilisation ponctuelle chez la femme enceinte. Néanmoins, n'utilisez pas ce médicament sans avis médical.

Allaitement :

Le passage de ce médicament dans le lait maternel est très faible : l'allaitement est possible.

MODE D'EMPLOI ET POSOLOGIE

La solution doit être injectée par *voie* intramusculaire profonde et lente, ou en *perfusion*.

Posologie usuelle :

En injection *I.M.* profonde, pour les adultes et les enfants, la dose est de 25 mg par kg et par jour, à administrer en 3 fois. Chez l'adulte, il ne faut jamais dépasser 1,5 g par jour.

Une rechute peut toujours survenir, même après un traitement bien suivi.

EFFETS INDÉSIRABLES POSSIBLES

Allergie cutanée, bourdonnements d'oreille, baisse de l'audition, *vertiges*.

En cas d'injection intraveineuse : *hypoglycémie*, *phlébite* suivie de sclérose si le produit passe hors de la veine.

En cas d'injection intramusculaire : *inflammation* douloureuse, voire nécrose locale au point d'injection.

QUINTONINE

PRÉSENTATION

QUINTONINE : sirop à diluer ; boîte de 2 flacons de 90 ml - Non remb.

QUINTONINE : sirop ; flacon 540 ml - Non remb.

Laboratoires Sterling Midy

COMPOSITION

	p. 100 ml
Cannelle, écorce	269,62 mg
Kola, graine séchée	405,04 mg
Orange amère, écorce	1,06 g
Quinquina, écorce	141,52 mg
Quassia, bois	1,032 g
Gentiane, racine séchée	1,354 g
Glycérophosphate acide de calcium	82,96 mg
Noix vomique, extrait	40,26 mg
Alcool 5°	+

INDICATIONS

Ce médicament est un *psychostimulant*. Il contient une association de plantes et de sels minéraux.

Il est utilisé dans le traitement de certaines fatigues (*asthénies fonctionnelles*).

CONTRE-INDICATIONS

Ce médicament ne doit pas être utilisé chez l'enfant de moins de 15 ans.

ATTENTION

Ce médicament contient de l'*alcool*.

GROSSESSE, ALLAITEMENT ET NOUVEAU-NÉ

L'effet de ce médicament pendant la grossesse ou l'allaitement est mal connu. L'évaluation du risque éventuel lié à son utilisation est individuelle : demandez conseil à votre pharmacien ou à votre médecin.

MODE D'EMPLOI ET POSOLOGIE

Le contenu du flacon de 90 ml doit être dilué dans 1 litre d'eau ou de jus de fruit. Celui du flacon de 540 ml peut être pris pur ou dilué dans une boisson.

Ce médicament doit être pris avant les repas.

Posologie usuelle :

4 cuillères à soupe de la préparation reconstituée, midi et soir, ou 1 cuillère à soupe du sirop non dilué, midi et soir.

Une fatigue persistante ne doit pas vous conduire à augmenter les prises de ce médicament : consultez votre médecin.

La solution reconstituée doit être conservée au frais.

QUINTOPAN

PRÉSENTATION

QUINTOPAN ADULTE : sirop ; flacon 150 ml - Non remb.

Laboratoires Sterling Midy

COMPOSITION

	p. c. à s.
Codéine	8,85 mg
Codéthyline	8,85 mg
Bromoforme	17,7 mg
Sodium, benzoate	177 mg
Grindélia, extrait	88,5 mg
Polygala, extrait	8,85 mg
Bryone, extrait	1,77 mg
Aconit, extrait racines	1,77 mg
Degré alcoolique	16,4°
Saccharose	7,79 g

INDICATIONS

Ce médicament associe notamment des *antitussifs* (codéine et codéthyline) et des fluidifiants bronchiques. La codéine et la codéthyline ont une action sédative sur le *système nerveux central* et notamment les centres de la toux.

Il est utilisé dans le *traitement symptomatique* des toux sèches.

CONTRE-INDICATIONS

En raison de la présence de codéine et de codéthyline, ce médicament ne doit pas être utilisé dans les cas suivants :
- *asthme*,
- *insuffisance respiratoire*,
- enfant de moins de 15 ans.

ATTENTION

Ce médicament n'est pas adapté au traitement de la toux grasse, qui est un mécanisme de défense normal de l'organisme permettant l'évacuation des mucosités présentes dans les bronches.

La toux est un *symptôme* qui peut révéler de nombreuses maladies : consultez votre médecin si elle persiste plus de quelques jours.

Ce médicament contient du *sucre* et de l'*alcool* en quantité notable.

Évitez les boissons alcoolisées : augmentation du risque de somnolence.

Conducteur : ce médicament peut être responsable d'une somnolence ou d'une baisse de la vigilance.

INTERACTIONS MÉDICAMENTEUSES

Ce médicament peut interagir avec beaucoup d'autres médicaments, notamment chez les personnes âgées : signalez tout autre traitement en cours à votre médecin ou à votre pharmacien.

GROSSESSE, ALLAITEMENT ET NOUVEAU-NÉ

Grossesse :

Compte tenu de la présence de codéine, n'utilisez pas ce médicament pendant la grossesse sans prendre l'avis de votre pharmacien ou de votre médecin.

Allaitement :

Ce médicament passe dans le lait maternel : il est déconseillé pendant l'allaitement.

MODE D'EMPLOI ET POSOLOGIE

Les prises de ce médicament doivent être réparties au cours de la journée.

Posologie usuelle :

- Adulte : 1 cuillère à soupe de sirop, 2 ou 3 fois par jour.

De nombreux médicaments contiennent de la codéine, notamment certains *antitussifs* et *antalgiques*. Le surdosage expose à une augmentation des effets indésirables.

Une toux nocturne aggravée par ce médicament peut être une toux allergique : demandez conseil à votre médecin.

La poursuite du tabagisme nuit à l'efficacité du traitement.

Des mesures simples permettent de calmer les toux sèches : boissons chaudes et humidification de l'air ambiant.

EFFETS INDÉSIRABLES POSSIBLES

Des effets indésirables sont liés à la présence de codéine et de codéthyline : constipation, et plus rarement somnolence, nausées, vomissements, *bronchospasme*, sensations de vertige, *allergies* cutanées, ralentissement anormal de la respiration.

QUINTOPAN ENFANT

PRÉSENTATION

QUINTOPAN ENFANT : sirop ; flacon 150 ml - Non remb.

Laboratoires Sterling Midy

COMPOSITION

	p. c. à c.
Pholcodine	1,97 mg
Prométhazine chlorhydrate	2,98 mg
Sulfogaïacol	64,5 mg
Dioxéthédrine chlorhydrate	6,41 mg
Saccharose	3,25 g

INDICATIONS

Ce sirop *antitussif* contient de la pholcodine, qui a un effet *sédatif* sur le *système nerveux central* et notamment sur les centres de la toux, un *antihistaminique* (prométhazine) et un *expectorant* (sulfogaïacol).

Il est utilisé dans le *traitement symptomatique* des toux sèches allergiques et d'irritation.

CONTRE-INDICATIONS

Ce médicament ne doit pas être utilisé dans les cas suivants :
- enfant de moins de 3 ans,
- *glaucome* à angle fermé,
- *asthme*,
- *insuffisance respiratoire*.

ATTENTION

Ce médicament n'est pas adapté au traitement de la toux grasse, qui est un mécanisme de défense normal de l'organisme permettant l'évacuation des mucosités présentes dans les bronches.

La toux est un *symptôme* qui peut révéler de nombreuses maladies : consultez votre médecin si elle persiste plus de quelques jours.

Ce médicament contient du *sucre* (saccharose) en quantité notable.

MODE D'EMPLOI ET POSOLOGIE

Les prises de ce médicament doivent être réparties au cours de la journée.

Posologie usuelle :

- Enfant de 8 à 15 ans : 1 cuillère à café de sirop, 3 ou 4 fois par jour.
- Enfant de 3 à 8 ans : 1 cuillère à café de sirop, 2 ou 3 fois par jour.

Le tabagisme de l'entourage nuit à l'efficacité du traitement.

Des mesures simples permettent de calmer les toux sèches : boissons chaudes et humidification de l'air ambiant.

EFFETS INDÉSIRABLES POSSIBLES

Constipation, et plus rarement : somnolence, états vertigineux, nausées, vomissements, *bronchospasme*, *allergie* cutanée.

Effets *atropiniques*, rares aux doses habituelles.

QUITAXON

doxépine

PRÉSENTATION

QUITAXON 10 mg : comprimé sécable (jaune) ; boîte de 40 - Remb. 65 % - Liste I

QUITAXON 50 mg : comprimé sécable (jaune) ; boîte de 20 - Remb. 65 % - Liste I

QUITAXON 10 mg/ml : solution buvable ; flacon de 30 ml (600 gouttes) - Remb. 65 % - Liste I

QUITAXON 25 mg/2 ml : solution injectable ; boîte de 10 ampoules 2 ml - Remb. 65 % - Liste I

Laboratoires Pierre Fabre

COMPOSITION

	p. comp.	p. comp.
Doxépine	10 mg	50 mg
	p. gte	p. amp. inj.
Doxépine	0,5 mg	25 mg

INDICATIONS

Ce médicament appartient à la famille des *antidépresseurs* imipraminiques.

Il est utilisé dans le traitement des *états dépressifs* de toute nature accompagnés ou non d'anxiété.

CONTRE-INDICATIONS

Ce médicament ne doit pas être utilisé dans les cas suivants :
- *glaucome* à angle fermé,
- risque de blocage des urines (*adénome de la prostate*...),
- *insuffisance rénale* ou *insuffisance hépatique* graves,
- en association avec les *IMAO* non sélectifs ou avec le BARNETIL.

ATTENTION

Si vous souffrez d'*épilepsie* ou de maladie cardiaque, prévenez votre médecin afin qu'il puisse adapter la *posologie*.

Une fièvre, une angine ou une infection sous traitement doivent vous inciter à consulter votre médecin.

Avant une *anesthésie* locale, notamment chez le dentiste, signalez la prise de ce médicament.

Évitez les boissons alcoolisées : augmentation du risque de somnolence.

Conducteur : ce médicament peut être responsable d'une baisse de la vigilance, particulièrement en début de traitement.

INTERACTIONS MÉDICAMENTEUSES

Ce médicament ne doit pas être associé aux médicaments suivants :
- *IMAO* non sélectifs (MARSILID, NIAMIDE...) : risque de *collapsus cardio-vasculaire*, ou d'*hypertension artérielle*, de fièvre et de *convulsions*. Respectez un délai de 15 jours après l'arrêt de l'IMAO.
- BARNETIL : risque de *troubles du rythme cardiaque* graves.

Ce médicament peut interagir avec d'autres médicaments, notamment les *anticonvulsivants*, les *antihypertenseurs* et les *atropiniques*, le PROZAC, l'*adrénaline* et la *noradrénaline*, et les médicaments *sédatifs*. Signalez tout autre traitement en cours, ou récemment arrêté, à votre médecin ou à votre pharmacien.

GROSSESSE, ALLAITEMENT ET NOUVEAU-NÉ

Grossesse et nouveau-né :

Si une grossesse survient pendant le traitement, consultez votre médecin. Il appréciera le risque éventuel lié à l'utilisation de ce médicament dans votre cas.

Si le traitement est poursuivi jusqu'à l'accouchement, une surveillance médicale du *nouveau-né* est nécessaire.

Allaitement :

Ce médicament passe faiblement dans le lait maternel : l'allaitement est déconseillé.

MODE D'EMPLOI ET POSOLOGIE

Les comprimés et la solution buvable doivent être pris avec un peu d'eau.

Posologie usuelle :

Elle est strictement individuelle.

L'efficacité des *antidépresseurs* n'est généralement pas immédiate. Un délai pouvant atteindre plusieurs semaines est parfois nécessaire pour que les effets bénéfiques se fassent sentir.

Les effets indésirables éventuels apparaissant en début de traitement ne doivent pas vous conduire à l'arrêter prématurément.

EFFETS INDÉSIRABLES POSSIBLES

Somnolence en début de traitement, bouche sèche, accélération du cœur, constipation, troubles de l'*accommodation*, difficultés à uriner, baisse de la tension artérielle, prise de poids, *allergie*, et à forte dose excitation anormale.

Certains de ces effets peuvent être prévenus ou corrigés.

QUOTANE
quinisocaïne

PRÉSENTATION

QUOTANE : crème ; tube 30 g - Non remb.

Laboratoires Théraplix

COMPOSITION

	p. 100 g
Quinisocaïne chlorhydrate	0,50 g

INDICATIONS

Cette crème contient un *anesthésique* local.

Elle est utilisée pour calmer les démangeaisons de la peau.

CONTRE-INDICATIONS

Ce médicament ne doit pas être utilisé dans les cas suivants :
- lésions suintantes ou infectées de la peau,
- *allergie* aux *anesthésiques* locaux.

ATTENTION

Chez les jeunes enfants, ne pas appliquer sur une grande surface de peau ni sur les lésions profondes.

GROSSESSE, ALLAITEMENT ET NOUVEAU-NÉ

L'effet de ce médicament pendant la grossesse ou l'allaitement est mal connu : demandez conseil à votre pharmacien ou à votre médecin.

MODE D'EMPLOI ET POSOLOGIE

Étendre la crème sur la zone à traiter, puis masser légèrement pour la faire pénétrer.

Posologie usuelle :

2 ou 3 applications par jour.

EFFETS INDÉSIRABLES POSSIBLES

Rarement : *eczéma*.

QUOTIVIT O.E.

PRÉSENTATION

QUOTIVIT O.E. : comprimé ; boîte de 30 - Non remb.

QUOTIVIT O.E. : comprimé ; boîte de 90 - Non remb.

Laboratoires RP Labo

COMPOSITION

	p. comp.
Rétinol acétate (vitamine A)	1 000 UI
Colécalciférol (vitamine D3)	200 UI
Alpha-tocophérol acétate (vitamine E)	15 mg
Thiamine nitrate (vitamine B1)	2 mg
Riboflavine (vitamine B2)	1,5 mg
Nicotinamide (vitamine PP)	15 mg
Pyridoxine chlorhydrate (vitamine B6)	2 mg
Acide ascorbique (vitamine C)	80 mg
Pantothénate de calcium (vitamine B5)	10 mg
Acide folique (vitamine B9)	0,40 mg
Magnésium carbonate lourd	296 mg
Sulfate ferreux	30,43 mg
Cuivre sulfate	3,92 mg
Manganèse sulfate	3,07 mg
Zinc oxyde	12,48 mg

INDICATIONS

Ce médicament contient des *vitamines* et de faibles quantités d'éléments minéraux.

Il est utilisé dans la prévention et la correction des troubles en rapport avec une alimentation carencée ou déséquilibrée chez l'adulte ainsi que chez l'adolescent.

CONTRE-INDICATIONS

Ce médicament ne doit pas être utilisé en cas de surcharge en fer.

ATTENTION

Ce médicament contient des *vitamines* A et D : leur surdosage expose à des effets indésirables graves. Ces vitamines sont présentes dans de nombreux médicaments dont certains sont disponibles en automédication : évitez de les associer.

INTERACTIONS MÉDICAMENTEUSES

Ce médicament ne doit pas être associé aux médicaments contenant de la lévodopa seule (LARODOPA...) : risque d'annulation des effets de la lévodopa par la *vitamine* B6.

En raison de la présence de fer, ce médicament peut interagir avec d'autres, notamment avec les *antibiotiques* de la famille des *cyclines* : respectez un intervalle de 2 heures entre les prises de chacun de ces médicaments. Signalez tout autre traitement en cours à votre médecin ou à votre pharmacien.

GROSSESSE, ALLAITEMENT ET NOUVEAU-NÉ

Grossesse :

Chez la femme enceinte ou qui allaite, les apports quotidiens en *vitamine* A ne doivent pas dépasser 6 000 *UI* par jour, alimentation comprise.

Allaitement :

Aux doses usuelles, ce médicament peut être pris pendant l'allaitement.

MODE D'EMPLOI ET POSOLOGIE

Les comprimés doivent être avalés avec un verre d'eau, de préférence au cours du repas.

Posologie usuelle :

- Adulte et adolescent : 1 comprimé par jour.

☛ Une alimentation équilibrée et diversifiée apporte habituellement des quantités suffisantes de *vitamines*. Cependant, certaines circonstances peuvent justifier un apport supplémentaire : demandez conseil à votre médecin ou à votre pharmacien.

EFFETS INDÉSIRABLES POSSIBLES

Aucun effet indésirable n'est généralement constaté aux doses usuelles. Leur apparition doit faire penser à un surdosage : perte de l'appétit, nausées, vomissements...

R

RAMET DALIBOUR

PRÉSENTATION

RAMET DALIBOUR : solution pour application locale ; flacon 250 ml - Non remb.

RAMET DALIBOUR : solution pour application locale ; flacon 500 ml - Non remb.

Laboratoires CS

COMPOSITION

	p. 250 ml	p. 500 ml
Sulfate de cuivre	0,25 g	0,5 g
Sulfate de zinc	0,875 g	1,75 g
Solution alcoolique forte de camphre	2,5 g	5 g

INDICATIONS

Cette solution *antiseptique* contient du zinc et du cuivre.

Elle est utilisée dans le traitement des affections de la peau (*acné*, excès de sécrétion de sébum, *impétigo*, *eczéma*...) et des *muqueuses*.

CONTRE-INDICATIONS

Ce médicament ne doit pas être utilisé chez l'enfant de moins de 30 mois.

INTERACTIONS MÉDICAMENTEUSES

L'association à d'autres *antiseptiques* est déconseillée car leurs effets risquent de s'annuler.

GROSSESSE, ALLAITEMENT ET NOUVEAU-NÉ

L'effet de ce médicament pendant la grossesse ou l'allaitement est mal connu. L'évaluation du risque éventuel lié à son utilisation est individuelle : demandez conseil à votre pharmacien ou à votre médecin.

MODE D'EMPLOI ET POSOLOGIE

Utilisation dermatologique : la solution peut être utilisée pure ou diluée de moitié (1 volume d'eau pour 1 volume de produit), en particulier chez l'enfant.

Utilisation gynécologique : la solution doit être diluée (5 cuillères à soupe par litre d'eau) et utilisée en *irrigation vaginale*.

Posologie usuelle :

2 à 4 applications par jour ou 1 irrigation vaginale matin et soir.

Tous les *antiseptiques* peuvent être contaminés par des *germes* : ne les conservez pas inutilement.

Le simple lavage à l'eau et au savon permet d'éliminer la majorité des germes ; il doit être suivi d'un rinçage soigneux car le savon peut inactiver certains antiseptiques.

RANIPLEX

ranitidine

PRÉSENTATION

RANIPLEX 150 : comprimé (blanc) ; boîte de 30 - Remb. 65 % - Liste II

RANIPLEX 300 : comprimé (blanc) ; boîte de 15 - Remb. 65 % - Liste II

RANIPLEX 150 effervescent : comprimé (blanc) ; boîte de 30 - Remb. 65 % - Liste II

RANIPLEX 300 effervescent : comprimé (blanc) ; boîte de 15 - Remb. 65 % - Liste II

Laboratoires Fournier

COMPOSITION

	p. comp.	p. comp.
Ranitidine base	150 mg	300 mg

	p. comp. efferv.	p. comp. efferv.
Ranitidine base	150 mg	300 mg
Sodium	328 mg	479 mg

INDICATIONS

C'est un antiulcéreux qui appartient à la famille des *antihistaminiques* de type H2 : ceux-ci agissent en bloquant l'action de l'*histamine* qui stimule la sécrétion acide de l'estomac.

Il est principalement utilisé pour le traitement des *ulcères* de l'estomac et du *duodénum*, des *inflammations* de l'œsophage dues au reflux des acides de l'estomac vers l'œsophage et pour prévenir les rechutes de l'ulcère du duodénum. Il est aussi utilisé pour traiter certaines maladies rares.

CONTRE-INDICATIONS

Ce médicament ne doit pas être utilisé en cas d'*allergie* à la ranitidine.

ATTENTION

La disparition des douleurs ne signifie pas que l'*ulcère* est cicatrisé : la durée du traitement doit être respectée.

Si vous souffrez d'*insuffisance rénale* ou d'*insuffisance hépatique*, prévenez votre médecin afin qu'il puisse adapter la *posologie*.

Les comprimés effervescents contiennent du *sel* (sodium) en quantité notable.

INTERACTIONS MÉDICAMENTEUSES

Si vous prenez un *pansement digestif*, respectez un intervalle d'au moins 2 heures avec la prise de ce médicament.

GROSSESSE, ALLAITEMENT ET NOUVEAU-NÉ

Grossesse :

L'effet de ce médicament sur l'enfant à naître est mal connu. Seul votre médecin peut apprécier la nécessité du traitement et son risque pendant la grossesse.

Allaitement :

Ce médicament passe dans le lait maternel : il est déconseillé pendant l'allaitement.

MODE D'EMPLOI ET POSOLOGIE

Ce médicament peut être pris indifféremment pendant ou en dehors des repas.

Les comprimés doivent être avalés avec un peu d'eau.

Les comprimés effervescents doivent être dissous dans un verre d'eau. La forme effervescente est d'action rapide : 10 minutes environ.

Posologie usuelle :

Elle varie en fonction des indications : 150 à 300 mg par jour, habituellement en 1 ou 2 prises.

Le traitement des *ulcères* dure 4 à 6 semaines au moins, même si les *symptômes* s'atténuent ou disparaissent avant ce délai.

Si vous êtes fumeur, la poursuite du tabagisme nuit à l'efficacité du traitement.

Des mesures d'hygiène alimentaire sont à envisager : consultez votre médecin.

L'aspirine, les *anti-inflammatoires* et les *corticoïdes* peuvent être agressifs pour l'estomac : n'en prenez pas sans l'avis de votre médecin.

EFFETS INDÉSIRABLES POSSIBLES

Parfois : diarrhée ou constipation, douleurs musculaires, maux de tête, *vertiges*, éruption cutanée.

Exceptionnellement : confusion des idées chez la personne âgée.

RANIPLEX injectable

ranitidine

PRÉSENTATION

RANIPLEX injectable : solution injectable *I.M.* et *I.V.* ; boîte de 5 ampoules 2 ml - Remb. 65 % - Liste II

Laboratoires Fournier

COMPOSITION

	p. amp.
Ranitidine	50 mg

INDICATIONS

C'est un antiulcéreux qui appartient à la famille des *antihistaminiques* de type H2 : ceux-ci agissent en bloquant l'action de l'*histamine* qui stimule la sécrétion acide de l'estomac.

Il est principalement utilisé dans :
- le traitement des *ulcères* de l'estomac et du *duodénum*,
- le traitement des *hémorragies* liées aux ulcères,
- les *inflammations* de l'œsophage dues au reflux des acides de l'estomac vers l'œsophage,
- le traitement de certaines maladies rares.

CONTRE-INDICATIONS

Ce médicament ne doit pas être utilisé en cas d'*allergie* à la ranitidine.

ATTENTION
Si vous souffrez d'*insuffisance rénale* ou d'*insuffisance hépatique*, prévenez votre médecin afin qu'il puisse adapter la *posologie*.

GROSSESSE, ALLAITEMENT ET NOUVEAU-NÉ

Grossesse :
L'effet de ce médicament sur l'enfant à naître est mal connu. Seul votre médecin peut apprécier la nécessité du traitement et son risque pendant la grossesse.

Allaitement :
Ce médicament passe dans le lait maternel : il est déconseillé pendant l'allaitement.

MODE D'EMPLOI ET POSOLOGIE

La solution peut être injectée par *voie* intramusculaire ou intraveineuse lente.

Posologie usuelle :
Elle varie en fonction des indications : 1 à 4 ampoules par jour, réparties dans la journée.

Si vous êtes fumeur, la poursuite du tabagisme nuit à l'efficacité du traitement.
Des mesures d'hygiène alimentaire sont à envisager : consultez votre médecin.
L'aspirine, les *anti-inflammatoires* et les *corticoïdes* peuvent être agressifs pour l'estomac : n'en prenez pas sans l'avis de votre médecin.

EFFETS INDÉSIRABLES POSSIBLES

Parfois : diarrhée ou constipation, douleurs musculaires, maux de tête, *vertiges*, éruption cutanée.

Exceptionnellement : confusion des idées chez la personne âgée.

Ne négligez pas les rappels de vaccination

RAPHANUS S. POTIER
raphanus niger

PRÉSENTATION

RAPHANUS S. POTIER : solution buvable ; boîte de 12 ampoules (10 ml) - Non remb.
Laboratoires DB Pharma

COMPOSITION

	p. amp.
Raphanus niger L, suc aqueux	9,2 ml

INDICATIONS

Ce médicament à base de plante agit en augmentant la production de bile.

Il est utilisé dans le *traitement symptomatique* des *troubles digestifs*.

ATTENTION
Si vous souffrez d'obstruction des *voies biliaires* : parlez-en à votre médecin ou à votre pharmacien.

GROSSESSE, ALLAITEMENT ET NOUVEAU-NÉ

Ce médicament ne contient aucune substance connue pour être toxique pendant la grossesse ou l'allaitement.

MODE D'EMPLOI ET POSOLOGIE

Posologie usuelle :
1 ampoule, 2 fois par jour.

Ce médicament doit être accompagné d'une alimentation appropriée : parlez-en à votre médecin ou à votre pharmacien.

RAPITARD MC
insuline

PRÉSENTATION

RAPITARD MC : suspension injectable d'insuline d'action intermédiaire à début rapide ; flacon 10 ml (400 unités internationales) - Remb. 65 %
Laboratoires Novo Nordisk

COMPOSITION

	p. ml
Insuline d'origine porcine (10 UI) et d'origine bovine (30 UI)	40 UI

INDICATIONS

C'est une *insuline* animale comprenant 25 % d'insuline de porc d'action rapide et 75 % d'insuline de bœuf d'action intermédiaire : son effet apparaît vers la 30e minute qui suit l'injection et s'estompe au bout de 24 heures.

Elle est utilisée exclusivement en injection dans le traitement du *diabète*.

ATTENTION
La mise en route du traitement suppose un apprentissage correct pour injecter l'*insuline*, contrôler la *glycémie* au doigt, rechercher le *sucre* et l'acétone dans les urines et tenir un carnet de surveillance.

L'*hypoglycémie* est la principale complication des traitements par l'insuline. Il s'agit le plus souvent de malaises hypoglycémiques sans gravité dont les principaux signes sont : sueurs, tremblements, troubles visuels, vision double, fatigue soudaine, fringale, *vertiges*, difficulté de concentration. En ce cas, le diabétique doit aussitôt absorber 3 à 6 morceaux de sucre ou un sirop sucré.

Beaucoup plus rarement, l'hypoglycémie peut être grave et peut entraîner des troubles du comportement (comparables notamment à l'ébriété), des *convulsions*, voire une perte de connaissance : 1 ampoule de GLUCAGON doit être injectée immédiatement par *voie* sous-cutanée ou intramusculaire, même à travers les vêtements en cas d'agitation. Si le diabétique ne reprend pas conscience dans les minutes qui suivent, prévenez un service d'urgence. Dans le doute, il n'y a pas de danger à injecter du GLUCAGON à un diabétique traité par l'insuline. Dans tous les cas, la prise d'une collation ou d'un repas reste nécessaire.

L'autre complication possible chez le diabétique est la survenue d'une *acidocétose* due à un manque important d'insuline. Elle peut être déclenchée par une infection (qui augmente les besoins en insuline) : grippe, rhume, *cystite*, abcès, etc. Elle se manifeste par une grande fatigue, une soif intense et des *troubles digestifs*. Il faut alors rechercher la présence de sucre et d'acétone dans les urines : la présence des deux en quantité importante confirme le diagnostic. Le traitement par l'insuline ne doit pas être arrêté ; le diabétique doit suivre les consignes de son médecin et, si besoin, le joindre d'urgence.

Évitez la prise de boissons alcoolisées à jeun ou à distance des repas : augmentation du risque d'hypoglycémie.

La concentration de cette solution n'est pas adaptée aux stylos injecteurs ni aux pompes à *perfusion*.

Conducteur : une hypoglycémie peut entraîner un malaise pendant la conduite ou l'utilisation de machines.

INTERACTIONS MÉDICAMENTEUSES

Certains médicaments peuvent déséquilibrer la *glycémie* : signalez votre traitement par l'*insuline* à tout médecin consulté ou à votre pharmacien.

GROSSESSE, ALLAITEMENT ET NOUVEAU-NÉ

Grossesse :
L'*insuline* est adaptée au *diabète* de la femme enceinte ou aux troubles passagers de la *glycémie* pendant la durée de la grossesse.

Allaitement :
Le traitement par l'*insuline* n'est pas une contre-indication à l'allaitement.

MODE D'EMPLOI ET POSOLOGIE

Cette *insuline* doit être injectée par *voie* sous-cutanée.

Agitez la suspension avant l'injection afin de l'homogénéiser.

Les seringues utilisées doivent avoir une graduation en unité d'insuline.

Respectez les horaires et les zones d'injection recommandés par votre médecin.

Posologie usuelle :

Elle est adaptée en fonction des résultats des analyses réalisées par le diabétique ou par son entourage (carnet de surveillance) et des conseils de son médecin.

En cas d'activité sportive, il est préférable d'injecter l'*insuline* à distance des muscles qui travaillent pour éviter une absorption trop rapide. De plus, il est habituellement nécessaire d'adapter les doses d'insuline selon les recommandations du médecin.

Prenez contact avec les associations pour diabétiques : elles diffusent une information utile sur le traitement et la surveillance du *diabète*.

Votre entourage doit savoir reconnaître les signes d'une *hypoglycémie* et pouvoir vous administrer, en cas de perte de connaissance, une ampoule de GLUCAGON. Celle-ci peut être conservée au domicile ou sur le lieu de travail à température ambiante (inférieure à 25 °C) pendant 2 ans. Après reconstitution, la solution ne doit pas être conservée plus d'une semaine au réfrigérateur ni être congelée.

Veillez à ne pas manquer d'insuline ou de seringues, notamment pendant les week-ends et les jours fériés ; lors de vos déplacements, munissez-vous d'une réserve ou de votre ordonnance en cours de validité. Un certificat de traitement par l'insuline peut être nécessaire pour franchir certaines frontières.

Avant une première utilisation, il est préférable de conserver l'insuline dans le bas du réfrigérateur (entre + 2 °C et + 8 °C). Si le flacon a été soumis à des températures comprises entre 22 °C et 35 °C pendant moins de 72 heures, il peut être utilisé mais doit ensuite être conservé au frais.

Cette insuline ne doit pas être congelée.

Pour un meilleur confort, l'insuline doit être sortie du réfrigérateur une heure avant l'injection ou réchauffée dans les mains pendant quelques minutes, puis injectée à température ambiante.

Après une première utilisation, les flacons entamés peuvent être conservés 3 semaines à température ambiante (inférieure à 25 °C) dans un endroit propre et sec et à l'abri de la lumière.

EFFETS INDÉSIRABLES POSSIBLES

Nodules graisseux sous-cutanés.

Rares *allergies*, essentiellement cutanées.

RECORDIL LA

efloxate

PRÉSENTATION

RECORDIL LA : comprimé à *libération prolongée* ; boîte de 30 - Remb. 65 %

Laboratoires Meram

COMPOSITION

	p. comp. L.P.
Efloxate	100 mg

INDICATIONS

Ce médicament augmente le débit sanguin dans les *artères coronaires* et tend à diminuer leurs spasmes.

Il est utilisé dans la prévention et le traitement des crises d'*angine de poitrine*.

GROSSESSE, ALLAITEMENT ET NOUVEAU-NÉ

L'effet de ce médicament pendant la grossesse ou l'allaitement est mal connu : seul votre médecin peut évaluer le risque éventuel de son utilisation dans votre cas.

MODE D'EMPLOI ET POSOLOGIE

Les comprimés doivent être avalées avec un peu d'eau.

Posologie usuelle :

1 comprimé, matin et soir.

RECTOLAX

mannitol, carraghénates

PRÉSENTATION

RECTOLAX : crème rectale ; boîte de 6 tubes-canules unidoses (8 g) - Non remb.

Laboratoires Martin

COMPOSITION

	p. tube
Mannitol	2,40 g
Carraghénates	0,056 g

INDICATIONS

C'est un laxatif administré par *voie* rectale. Il réhydrate les selles et provoque leur évacuation rapide.

Il est utilisé comme *traitement symptomatique* de la constipation.

ATTENTION

Comme tous les laxatifs, il ne doit pas être utilisé de façon prolongée sans avis médical. De plus, il doit être utilisé avec prudence chez la personne atteinte d'*hémorroïdes*, de *fissure anale* ou de *rectocolite hémorragique*.

Chez l'enfant, l'usage des laxatifs par *voie* rectale doit rester exceptionnel : il risque d'empêcher le réflexe d'expulsions des selles.

MODE D'EMPLOI ET POSOLOGIE

Le délai d'action de ce médicament peut être rapide.

Enlever le capuchon, introduire la canule dans le rectum et vider le contenu du tube par pression.

Posologie usuelle :

- Adulte : 1 ou 2 tubes par jour.

Des mesures simples d'hygiène alimentaire et des exercices physiques sont à envisager avant d'utiliser un laxatif : parlez-en à votre médecin ou à votre pharmacien.

EFFETS INDÉSIRABLES POSSIBLES

Un usage prolongé peut occasionner des sensations de brûlure anale et exceptionnellement des *inflammations* du rectum.

RECTOPANBILINE

extrait de bile, gélatine, glycérol

PRÉSENTATION

RECTOPANBILINE : suppositoire Adulte ; boîte de 10 - Non remb.

RECTOPANBILINE : suppositoire Enfant ; boîte de 10 - Non remb.

Laboratoires Sarget Pharma

COMPOSITION

	p. suppos. Ad.	p. suppos. Enf.
Bile de bœuf, extrait titré à 9 % en acide cholique	1 g	526 mg
Gélatine	520 mg	274 mg
Glycérol	1,47 g	779,11 mg

INDICATIONS

C'est un laxatif administré par *voie* rectale. Il délite les selles et provoque leur évacuation rapide.

Il est utilisé comme *traitement symptomatique* de la constipation.

ATTENTION

Comme tous les laxatifs, il ne doit pas être utilisé de façon prolongée sans avis médical. De plus, il doit être utilisé avec prudence chez la personne atteinte d'*hémorroïdes*, de *fissure anale* ou de *rectocolite hémorragique*.

Chez l'enfant, l'usage des laxatifs par *voie* rectale doit rester exceptionnel : il risque d'empêcher le réflexe d'expulsion des selles.

GROSSESSE, ALLAITEMENT ET NOUVEAU-NÉ

Grossesse :

Ce médicament peut être utilisé de façon ponctuelle pour traiter la constipation de la femme enceinte.

MODE D'EMPLOI ET POSOLOGIE

Le délai d'action de ce médicament peut être rapide.

Posologie usuelle :

- Adulte : 1 suppositoire Adulte par jour.
- Enfant : 1 suppositoire Enfant par jour.

Des mesures simples d'hygiène alimentaire et des exercices physiques sont à envisager avant d'utiliser un laxatif : parlez-en à votre médecin ou à votre pharmacien.

EFFETS INDÉSIRABLES POSSIBLES

Un usage prolongé peut occasionner des sensations de brûlure anale et exceptionnellement des *inflammations* du rectum.

RECTOPHÉDROL

PRÉSENTATION

RECTOPHÉDROL ADULTE : suppositoire ; boîte de 10 - Non remb.

Laboratoires Martin

COMPOSITION

	p. suppos. Ad.
Éphédrine	10 mg
Eucalyptol	150 mg
Carbonate de gaïacol	100 mg
Serpolet, essence	50 mg
Camphre	50 mg
Procaïne chlorhydrate	10 mg

INDICATIONS

Ce médicament associe une substance qui dilate les bronches et stimule la respiration (éphédrine), un *expectorant* (gaïacol) et des essences végétales aux propriétés *antiseptiques*.

Il est utilisé dans le *traitement symptomatique* des affections respiratoires.

CONTRE-INDICATIONS

Ce médicament ne doit pas être utilisé dans les cas suivants :
- *allergie* aux *anesthésiques* locaux ;
- *troubles du rythme cardiaque, hypertension artérielle, insuffisance coronarienne* ;
- *hyperthyroïdie* ;
- en association avec les *antidépresseurs* de type *IMAO* non sélectifs ;
- *glaucome* à angle fermé ;
- enfant de moins de 15 ans.

ATTENTION

Des précautions sont nécessaires en cas d'*insuffisance cardiaque*, de *diabète*, de rétention des urines (*adénome de la prostate*...).

INTERACTIONS MÉDICAMENTEUSES

Ce médicament ne doit pas être associé aux *antidépresseurs* de type *IMAO* non sélectif (MARSILID, NIAMIDE...) : risque d'hypertension grave.

Il peut interagir avec d'autres médicaments. Signalez tout autre traitement en cours à votre médecin ou à votre pharmacien.

GROSSESSE, ALLAITEMENT ET NOUVEAU-NÉ

L'effet de ce médicament pendant la grossesse ou l'allaitement est mal connu. L'évaluation du risque éventuel lié à son utilisation est individuelle : demandez conseil à votre pharmacien ou à votre médecin.

MODE D'EMPLOI ET POSOLOGIE

Posologie usuelle :
- Adulte : 1 à 3 suppositoires par jour.

EFFETS INDÉSIRABLES POSSIBLES

Irritation locale.

Maux de tête, nausées, douleurs thoraciques, sueurs, rétention d'urine, tremblements, anxiété.

RECTOPLEXIL

PRÉSENTATION

RECTOPLEXIL ADULTE : suppositoire ; boîte de 10 - Remb. 35 % - Liste II

RECTOPLEXIL NOURRISSON ET ENFANT : suppositoire ; boîte de 10 - Remb. 35 % - Liste II

Laboratoires Specia

COMPOSITION

	p. suppos. Ad.	p. suppos. Nour. Enf.
Oxomémazine	6,6 mg	3,3 mg
Guaïfénésine	133,2 mg	66,6 mg
Benzoate de sodium	133,2 mg	66,6 mg
Paracétamol	133,2 mg	66,6 mg

INDICATIONS

Ce médicament contient un *antihistaminique* antiallergique, *antitussif* et *sédatif* (oxomémazine), deux *expectorants* (benzoate de sodium, guaïfénésine) et un *antipyrétique* (paracétamol).

Il est utilisé dans le *traitement symptomatique* des toux sèches, notamment allergiques ou irritatives.

CONTRE-INDICATIONS

Ce médicament ne doit pas être utilisé dans les cas suivants :
- *insuffisance hépatique*,
- *insuffisance respiratoire*,
- en association avec les médicaments contenant de la lévodopa.

ATTENTION

Ce médicament n'est pas adapté au traitement de la toux grasse, qui est un mécanisme de défense normal de l'organisme permettant l'évacuation des mucosités présentes dans les bronches.

La toux est un *symptôme* qui peut révéler de nombreuses maladies : consultez votre médecin si elle persiste plus de quelques jours.

Ce médicament contient du paracétamol : tenez-en compte en cas de prise conjointe avec d'autres médicaments contenant du paracétamol, car le surdosage peut être toxique pour le foie.

Évitez les boissons alcoolisées : augmentation du risque de somnolence.

Conducteur : ce médicament peut être responsable d'une somnolence ou d'une baisse de la vigilance.

INTERACTIONS MÉDICAMENTEUSES

Ce médicament ne doit pas être associé à ceux contenant de la lévodopa (LARODOPA, MODOPAR, SINEMET...) : risque d'annulation de leurs effets.

Il peut interagir avec d'autres médicaments. Signalez tout autre traitement en cours à votre médecin ou à votre pharmacien.

GROSSESSE, ALLAITEMENT ET NOUVEAU-NÉ

L'effet de ce médicament pendant la grossesse ou l'allaitement est mal connu : seul votre médecin peut évaluer le risque éventuel de son utilisation dans votre cas.

MODE D'EMPLOI ET POSOLOGIE

Les prises de ce médicament doivent être réparties au cours de la journée.

Le traitement doit être de courte durée.

Posologie usuelle :
- Adulte : 1 suppositoire Adulte, matin et soir.
- Enfant de plus de 30 mois : 1 suppositoire Nourrisson et Enfant, 3 fois par jour.
- Enfant de moins de 30 mois : 1 suppositoire Nourrisson et Enfant, matin et soir.

Des mesures simples permettent de calmer les toux sèches : boissons chaudes et humidification de l'air ambiant.

EFFETS INDÉSIRABLES POSSIBLES

Somnolence fréquente.

Troubles digestifs, effets *atropiniques*.

Rarement : tremblement, grimaces involontaires, raideur anormale, agitation chez l'enfant.

RECTOQUOTANE

PRÉSENTATION

RECTOQUOTANE : pommade ; tube 20 g (canule) - Non remb.

RECTOQUOTANE : suppositoire ; boîte de 10 - Non remb.

Laboratoires Bellon

COMPOSITION

	p. 100 g de pom.	p. suppos.
Quinisocaïne chlorhydrate	0,50 g	10 mg
Esculoside	1 g	30 mg
Éphédrine chlorhydrate	1 g	10 mg
Cétrimonium bromure	0,50 g	10 mg

INDICATIONS

C'est un médicament décongestionnant à usage local qui contient notamment un *anesthésique*.

Il est utilisé dans le *traitement symptomatique* des douleurs et des démangeaisons de l'anus, en particulier dues aux *hémorroïdes*.

CONTRE-INDICATIONS

Ce médicament ne doit pas être utilisé dans le cas d'*allergie* aux *anesthésiques* locaux.

ATTENTION

Le traitement doit être de courte durée : consultez votre médecin si les *symptômes* persistent.

GROSSESSE, ALLAITEMENT ET NOUVEAU-NÉ

L'effet de ce médicament pendant la grossesse ou l'allaitement est mal connu. L'évaluation du risque éventuel lié à son utilisation est individuelle : demandez conseil à votre pharmacien ou à votre médecin.

MODE D'EMPLOI ET POSOLOGIE

1 suppositoire le matin après la selle et 1 le soir au coucher, ou 1 application de pommade, matin et soir.

> Pour prévenir les *hémorroïdes*, des mesures simples d'hygiène alimentaire (suppression des mets épicés) sont à envisager. Parlez-en à votre médecin ou à votre pharmacien.

RECTOVALONE
tixocortol

PRÉSENTATION

RECTOVALONE : suspension rectale ; flacon 100 ml avec canule - Remb. 65 % - Liste II

Laboratoires Jouveinal

COMPOSITION

	p. fl.
Tixocortol pivalate	250 mg

INDICATIONS

Ce lavement contient un *corticoïde*. Il a une action *anti-inflammatoire* sur la *muqueuse* rectale.

Il est utilisé pour traiter la *rectocolite hémorragique* et la maladie de *Crohn*.

> **ATTENTION**
> Des précautions sont nécessaires en cas d'*ulcères* du rectum ou du côlon.

GROSSESSE, ALLAITEMENT ET NOUVEAU-NÉ

L'effet de ce médicament pendant la grossesse ou l'allaitement est mal connu : seul votre médecin peut évaluer le risque éventuel de son utilisation dans votre cas.

MODE D'EMPLOI ET POSOLOGIE

Faire le lavement de préférence le soir au lit afin de le garder le plus longtemps possible.

Agiter avant l'emploi.

Lubrifier la canule avec de la vaseline puis, couché sur le côté, l'introduire jusqu'à la moitié de sa longueur dans le rectum. Presser progressivement le flacon, afin que son contenu passe en 1 à 2 minutes dans le rectum. Cette manœuvre terminée, s'allonger sur le ventre pendant 3 à 5 minutes avant de prendre sa position d'endormissement.

Posologie usuelle :

1 lavement par jour pendant 3 semaines.

> Ce médicament doit être conservé au frais.
> N'hésitez pas à demander des informations précises sur le mode d'emploi de ce lavement à votre pharmacien ou à votre médecin.

EFFETS INDÉSIRABLES POSSIBLES

Réactions allergiques.

REFLEX SPRAY
picolamine

PRÉSENTATION

REFLEX SPRAY : solution pour application locale ; flacon pressurisé 40 ml - Remb. 35 %

Laboratoires Boots Healthcare

COMPOSITION

	p. 100 ml
Picolamine salicylate	10 g
Alcool à 80°	q.s.

INDICATIONS

Cette solution *antalgique* contient un *salicylé*.

Elle est utilisée dans le traitement local des douleurs et des contusions.

CONTRE-INDICATIONS

Ce médicament ne doit pas être appliqué sur les *muqueuses*, les plaies ou la peau lésée.

> **ATTENTION**
> Des précautions sont nécessaires en cas d'*antécédent* d'*allergie* aux *salicylés*.

GROSSESSE, ALLAITEMENT ET NOUVEAU-NÉ

L'effet de ce médicament pendant la grossesse ou l'allaitement est mal connu. L'évaluation du risque éventuel lié à son utilisation est individuelle : demandez conseil à votre pharmacien ou à votre médecin.

MODE D'EMPLOI ET POSOLOGIE

La solution doit être pulvérisée sur la région douloureuse.

Posologie usuelle :

3 ou 4 pulvérisations par jour.

> En cas de contact accidentel avec les yeux, rincer abondamment.

EFFETS INDÉSIRABLES POSSIBLES

Réaction allergique locale (rougeur, démangeaisons...) imposant l'arrêt du traitement.

REGAINE
minoxidil

PRÉSENTATION

REGAINE : solution pour application locale ; flacon pulvérisateur 60 ml avec applicateur - Non remb. - Liste II

Laboratoires Upjohn

COMPOSITION

	p. 100 ml
Minoxidil	2 g
Alcool à 95°	+

INDICATIONS

Ce médicament contient une substance qui stimule la pousse des cheveux.

Il est utilisé dans le traitement des chutes de cheveux d'origine hormonale.

> **ATTENTION**
> En cas d'application accidentelle sur les yeux, les *muqueuses* ou la peau abîmée, rincer abondamment.

INTERACTIONS MÉDICAMENTEUSES

Ce médicament peut interagir avec d'autres médicaments. Signalez tout autre traitement en cours à votre médecin ou à votre pharmacien.

GROSSESSE, ALLAITEMENT ET NOUVEAU-NÉ

La sécurité d'emploi de ce médicament n'a pas été établie pendant la grossesse ou l'allaitement. Par mesure de prudence, son usage est déconseillé.

MODE D'EMPLOI ET POSOLOGIE

Sur des cheveux parfaitement secs, appliquer la solution du centre vers la périphérie de la région à traiter.

Se laver soigneusement les mains après usage.

Laisser sécher les cheveux naturellement : en accélérant l'évaporation du produit, l'utilisation d'un sèche-cheveux nuirait à l'efficacité du traitement.

Habituellement, le traitement n'est opérant qu'au bout de 4 mois ou plus : pour en garder le bénéfice, il ne devrait jamais être interrompu.

Posologie usuelle :

1 application de 1 ml (quelle que soit la surface à traiter), 2 fois par jour. Ce volume correspond à 6 pulvérisations ou à 1 réservoir du tampon applicateur.

Une augmentation de la dose n'augmente pas l'efficacité du traitement.

> Ce produit est inflammable : conservez-le à l'abri de la chaleur.

EFFETS INDÉSIRABLES POSSIBLES

Réaction mineure et peu grave : irritation, sécheresse de la peau, pousse excessive des poils en dehors de la région traitée.

Rarement : *allergie*, *vertiges*, maux de tête, irritation des yeux, altération du goût, troubles visuels, *otite* externe, fatigue, *œdème*, *névrite*.

Exceptionnellement : perte des cheveux (effet paradoxal), douleur thoracique, *hépatite*, calcul rénal.

RELAXODDI
butacaïne, acide oléique

PRÉSENTATION

RELAXODDI : capsule (rouge) ; boîte de 30 - Remb. 35 % - Liste II

Laboratoires Opocalcium

COMPOSITION

	p. caps.
Butacaïne	50 mg
Acide oléique	92 mg

INDICATIONS

Ce médicament appartient à la famille des *cholérétiques*. Il contient un *anesthésique* local : la butacaïne.

Il est principalement utilisé dans le *traitement symptomatique* des *troubles digestifs*, en rapport avec une paresse biliaire.

ATTENTION
En cas de persistance des *symptômes*, des examens peuvent être nécessaires : consultez votre médecin.

GROSSESSE, ALLAITEMENT ET NOUVEAU-NÉ

L'effet de ce médicament pendant la grossesse ou l'allaitement est mal connu. L'évaluation du risque éventuel lié à son utilisation est individuelle : demandez conseil à votre pharmacien ou à votre médecin.

MODE D'EMPLOI ET POSOLOGIE

Ce médicament doit être pris avant les repas.

Posologie usuelle :
2 capsules, matin et soir.

EFFETS INDÉSIRABLES POSSIBLES

Diarrhée.

Exceptionnellement : baisse de la tension artérielle.

RELVÈNE
hydroxyéthylrutosides

PRÉSENTATION

RELVÈNE 1000 : poudre orale (jaune clair) arôme orange ; boîte de 20 sachets - Remb. 35 %

Laboratoires Pharmascience

COMPOSITION

	p. sachet
O-(bêta-hydroxyéthyl)-rutosides	1 g
Mannitol	+

INDICATIONS

C'est un protecteur *vasculaire* et un *veinotonique*. Il stimule la circulation du sang dans les veines et lutte contre l'altération des *vaisseaux capillaires*.

Il est utilisé dans le *traitement symptomatique* :
- des jambes lourdes, *œdèmes*, crampes, *impatiences* et autres troubles pouvant être en rapport avec une mauvaise circulation veineuse ou *lymphatique* ;
- de l'insuffisance d'irrigation de la *rétine* (à forte dose).

ATTENTION
Ce médicament est insuffisant pour prévenir le risque de *phlébite* chez les malades alités ou plâtrés. Il soulage, mais n'empêche pas l'aggravation de l'*insuffisance veineuse*, qui requiert des mesures spécifiques telles que la *contention élastique*.

GROSSESSE, ALLAITEMENT ET NOUVEAU-NÉ

L'effet de ce médicament pendant la grossesse ou l'allaitement est mal connu. L'évaluation du risque éventuel lié à son utilisation est individuelle : demandez conseil à votre pharmacien ou à votre médecin.

MODE D'EMPLOI ET POSOLOGIE

Le contenu des sachets doit être pris dans un verre d'eau au cours des repas.

Posologie usuelle :
1 ou 2 sachets par jour.

En ophtalmologie, la *posologie* peut être portée à 2 ou 3 sachets par jour.

Une activité physique régulière et la surélévation du pied du lit permettent de faciliter la circulation veineuse et *lymphatique*.

EFFETS INDÉSIRABLES POSSIBLES

Rares nausées.

RELVÈNE gel
hydroxyéthylrutosides

PRÉSENTATION

RELVÈNE GEL : gel pour application locale ; tube 60 g - Remb. 35 %

Laboratoires Pharmascience

COMPOSITION

	p. 100 g
Hydroxyéthylrutosides	2 g
Alcool	+

INDICATIONS

C'est un gel qui, appliqué localement, facilite la circulation sanguine superficielle.

Il est utilisé dans le traitement des troubles dus à l'*insuffisance veineuse* : jambes lourdes ou douloureuses, crampes ou *œdèmes*.

ATTENTION
Ce gel contient de l'*alcool* : évitez l'exposition au soleil après l'application.

GROSSESSE, ALLAITEMENT ET NOUVEAU-NÉ

L'effet de ce médicament pendant la grossesse ou l'allaitement est mal connu. L'évaluation du risque éventuel lié à son utilisation est individuelle : demandez conseil à votre pharmacien ou à votre médecin.

MODE D'EMPLOI ET POSOLOGIE

Faire pénétrer le gel par un léger massage.

Posologie usuelle :
3 ou 4 applications par jour.

Ce médicament soulage mais n'empêche pas l'aggravation de l'*insuffisance veineuse*, qui requiert des mesures spécifiques telles que la *contention élastique*.
Une activité physique régulière et la surélévation du pied du lit permettent de faciliter la circulation veineuse et *lymphatique*.

EFFETS INDÉSIRABLES POSSIBLES

Très rares éruptions cutanées.

RENITEC
énalapril

PRÉSENTATION

RENITEC 5 mg : comprimé sécable (blanc) ; boîte de 28 - Remb. 65 % - Liste I

RENITEC 20 mg : comprimé sécable (pêche) ; boîte de 28 - Remb. 65 % - Liste I

Laboratoires M.S.D.-Chibret

COMPOSITION

	p. comp.	p. comp.
Énalapril maléate	5 mg	20 mg

INDICATIONS

Ce médicament appartient à la famille des inhibiteurs de l'*enzyme* de conversion (IEC). L'enzyme de conversion est une substance naturellement présente dans l'organisme ; elle est responsable d'une contraction des artères qui augmente la tension artérielle et fatigue le cœur.

Ce médicament est utilisé dans le traitement de l'*hypertension artérielle* et de l'*insuffisance cardiaque*.

CONTRE-INDICATIONS

Ce médicament ne doit pas être utilisé en cas de **grossesse**.

ATTENTION
Si vous suivez un traitement par *diurétique* ou un régime sans *sel*, la baisse de la tension artérielle peut être importante lors des premières prises : un malaise ou des étourdissements peuvent survenir ; il est préférable de choisir une période de repos et de prendre garde au risque de chute.
Les *sels* de régime contiennent souvent du *potassium* ; ne les utilisez pas sans avis médical pendant le traitement.
Des précautions sont nécessaires chez la personne âgée et celle atteinte d'*insuffisance rénale*.

INTERACTIONS MÉDICAMENTEUSES

Ce médicament peut interagir avec d'autres médicaments, notamment ceux contenant du *lithium*, certains *diurétiques* et les *sels* de régime. Signalez tout autre traitement en cours à votre médecin ou à votre pharmacien.

GROSSESSE, ALLAITEMENT ET NOUVEAU-NÉ

Grossesse :
L'effet de ce médicament sur l'enfant à naître est mal connu. Quelques accidents

ayant été rapportés, son usage pendant la grossesse est contre-indiqué.

Allaitement :

Les données actuellement disponibles ne permettent pas de savoir si ce médicament passe dans le lait maternel : l'allaitement est déconseillé.

MODE D'EMPLOI ET POSOLOGIE

Ce médicament peut être pris indifféremment au cours ou en dehors des repas.

Posologie usuelle :

- Adulte : la posologie est variable en fonction des cas :
  - 20 mg par jour, en 1 seule prise, dans le traitement de l'*hypertension artérielle* ;
  - 2,5 à 20 mg par jour, atteints progressivement et répartis en 1 ou 2 prises, dans le traitement de l'*insuffisance cardiaque*.

En cas d'*insuffisance rénale*, de traitement préalable par des *diurétiques* ou de régime sans *sel*, la *posologie* initiale est faible ; elle est augmentée progressivement par le médecin en fonction des effets du médicament.

> ☛ Le traitement médicamenteux ne dispense pas des mesures simples pouvant faire baisser la tension artérielle : activité physique régulière, modération de la consommation de boissons alcoolisées, lutte contre le surpoids.

EFFETS INDÉSIRABLES POSSIBLES

Toux sèche, étourdissements, maux de tête, nausées, diarrhée, fatigue, *hypotension orthostatique*.

Rares réactions allergiques : œdème de *Quincke*, *allergie* cutanée.

RENNIE

carbonate de calcium, carbonate de magnésium

PRÉSENTATION

RENNIE : comprimé ; boîte de 48 - Non remb.

RENNIE : comprimé ; boîte de 96 - Non remb.

Laboratoires Roche Nicholas

COMPOSITION

	p. comp.
Carbonate de calcium	680 mg
Carbonate de magnésium lourd	80 mg
Saccharose	475 mg

INDICATIONS

Ce médicament appartient à la famille des *antiacides* d'action locale. Il agit en neutralisant les acides sécrétés par l'estomac.

Il est utilisé comme *traitement symptomatique* des douleurs, brûlures, aigreurs de l'estomac et de l'œsophage.

> **ATTENTION**
> Des précautions sont nécessaires en cas d'*insuffisance rénale*.
> Des douleurs qui persistent peuvent être dues à une lésion du tube digestif : consultez votre médecin.

INTERACTIONS MÉDICAMENTEUSES

Ce médicament peut interagir avec de nombreux autres médicaments en diminuant leur absorption : il convient de séparer les prises d'au moins 2 heures.

GROSSESSE, ALLAITEMENT ET NOUVEAU-NÉ

Les sels minéraux contenus dans ce médicament sont très peu absorbés ; l'automédication est possible, en cure courte ou ponctuelle, pendant la grossesse ou l'allaitement.

MODE D'EMPLOI ET POSOLOGIE

Les comprimés peuvent être croqués ou sucés.

Posologie usuelle :

1 ou 2 comprimés après les repas ou au moment des douleurs.

> ☛ Une alimentation équilibrée, une mastication lente et la suppression des aliments difficiles à digérer permettent souvent de diminuer, voire de faire disparaître, les *troubles digestifs* qui ne sont pas liés à un *ulcère*.
> Si vous êtes fumeur, la poursuite du tabagisme nuit à l'efficacité du traitement.

RENUTRYL

mélange nutritif

PRÉSENTATION

RENUTRYL 500 : préparation buvable prête à l'emploi arôme vanille ; boîte 375 ml - Remb. 35 %

Laboratoires Clintec Nutrition Clinique

COMPOSITION

	p. boîte
Rétinol (vitamine A)	833 UI
Thiamine nitrate (vitamine B1)	2,89 mg
Riboflavine (vitamine B2)	3 mg
Pantothénate de calcium (vitamine B5)	9,49 mg
Pyridoxine chlorhydrate (vitamine B6)	2,10 mg
Acide ascorbique (vitamine C)	75 mg
Nicotinamide (vitamine PP)	10,50 mg
Oxyde de magnésium	34,88 mg
Chlorure de potassium	600 mg
Sulfate de manganèse monohydraté	3,94 mg
Sulfate ferreux	15 mg
Caséinate de sodium	12,50 g
Lactoprotéines	21,51 g
Levures lactiques séchées	3 g
Lait sec écrémé	10,24 g
Huile de soja	4 g
Huile de beurre	4,75 g
Sirop de glucose déshydraté	45 g
Saccharose	20 g

INDICATIONS

C'est une préparation liquide qui contient une association de substances nutritives et de *vitamines*, en proportion équilibrée : 500 kcal réparties en 24 % de protéines, 20 % de matières grasses et 56 % de *sucres*.

Elle est utilisée pour alimenter par sonde les personnes ne pouvant se nourrir normalement. Elle peut être également utilisée en complément d'une alimentation solide chez les personnes affaiblies ou convalescentes.

CONTRE-INDICATIONS

Cette préparation est déconseillée chez les personnes qui ne digèrent pas le lait.

MODE D'EMPLOI ET POSOLOGIE

La préparation est administrée à l'aide d'une sonde placée dans l'estomac ou absorbée à l'aide d'une paille ou à la cuillère.

Posologie usuelle :

1 à 6 boîtes par jour.

> ☛ Cette préparation concentrée peut être difficile à digérer. Il peut être utile de la diluer (un verre d'eau pour une boîte).

RÉPARIL

aescine

PRÉSENTATION

RÉPARIL : comprimé (blanc) ; boîte de 40 - Remb. 35 %

Laboratoires Madaus

COMPOSITION

	p. comp.
Aescine amorphe	0,02 g

INDICATIONS

Ce médicament est un *veinotonique* et un protecteur *vasculaire* : il stimule la circulation du sang dans les veines et lutte contre l'altération des *vaisseaux capillaires*.

Il est utilisé dans le *traitement symptomatique* :

- des jambes lourdes et autres troubles pouvant être en rapport avec une mauvaise circulation veineuse et *lymphatique* ;
- des crises d'*hémorroïdes*.

> **ATTENTION**
> Ce médicament est insuffisant pour prévenir le risque de *phlébite* chez les malades alités ou plâtrés.
> Ce médicament soulage, mais n'empêche pas l'aggravation de l'*insuffisance veineuse*, qui requiert des mesures spécifiques telles que la *contention élastique*.

GROSSESSE, ALLAITEMENT ET NOUVEAU-NÉ

L'effet de ce médicament pendant la grossesse ou l'allaitement est mal connu. L'évaluation du risque éventuel lié à son utilisation est individuelle : demandez conseil à votre pharmacien ou à votre médecin.

MODE D'EMPLOI ET POSOLOGIE

Les comprimés doivent être avalés avec un verre d'eau.

Posologie usuelle :

Jambes lourdes : 1 comprimé, 2 ou 3 fois par jour.

Crise d'*hémorroïdes* : 2 comprimés, 2 ou 3 fois par jour.

Des mesures simples d'hygiène alimentaire (suppression des mets épicés) sont à envisager pour prévenir les *hémorroïdes* : parlez-en à votre médecin ou à votre pharmacien.

EFFETS INDÉSIRABLES POSSIBLES

Rares : nausées, diarrhées (à forte dose).

RÉSIVIT

leucocianidol

PRÉSENTATION

RÉSIVIT : solution buvable ; boîte de 30 ampoules 2 ml - Remb. 35 %

Laboratoires UPSA

COMPOSITION

	p. amp.
Leucocianidol	5 mg

INDICATIONS

C'est un protecteur *vasculaire* et un *veinotonique*. Il stimule la circulation du sang dans les veines et lutte contre l'altération des *vaisseaux capillaires*.

Il est utilisé dans le *traitement symptomatique* :

- des jambes lourdes, *œdèmes*, crampes, *impatiences* et autres troubles pouvant être en rapport avec une mauvaise circulation veineuse ou *lymphatique* ;
- des crises d'*hémorroïdes*.

ATTENTION

Ce médicament est insuffisant pour prévenir le risque de *phlébite* chez les malades alités ou plâtrés.

Ce médicament soulage, mais n'empêche pas l'aggravation de l'*insuffisance veineuse*, qui requiert des mesures spécifiques telles que la *contention élastique*.

GROSSESSE, ALLAITEMENT ET NOUVEAU-NÉ

L'effet de ce médicament pendant la grossesse ou l'allaitement est mal connu. L'évaluation du risque éventuel lié à son utilisation est individuelle : demandez conseil à votre pharmacien ou à votre médecin.

MODE D'EMPLOI ET POSOLOGIE

Le contenu des ampoules doit être pris dans un peu d'eau, avant les principaux repas.

Posologie usuelle :

2 ampoules, 2 fois par jour.

Dans le traitement des *hémorroïdes*, 3 ampoules, 3 fois par jour.

Une activité physique régulière et la surélévation du pied du lit permettent de faciliter la circulation veineuse et *lymphatique*.

La constipation, la consommation de mets épicés et de vins riches en tanins favorisent les *hémorroïdes*.

RESPILÈNE

zipéprol

PRÉSENTATION

RESPILÈNE ADULTES : sirop ; flacon 200 ml - Remb. 35 % - Liste II

RESPILÈNE ENFANTS ET NOURRISSONS : sirop ; flacon 200 ml - Remb. 35 % - Liste II

Laboratoires Sterling Winthrop

COMPOSITION

	sirop Ad. p. c. à s.	sirop Enf. Nour. p. c. à c.
Zipéprol dichlorhydrate	75 mg	15 mg

INDICATIONS

Ce médicament est un *antitussif*. Il agit en luttant contre la contraction anormale des bronches. Par ailleurs, il fluidifie les sécrétions bronchiques.

Ce médicament est utilisé dans le *traitement symptomatique* des maladies respiratoires et notamment en cas de toux.

CONTRE-INDICATIONS

Ce médicament ne doit pas être utilisé en cas d'*épilepsie*.

ATTENTION

Ce médicament n'est pas adapté au traitement de la toux grasse, qui est un mécanisme de défense normale de l'organisme permettant l'évacuation des mucosités présentes dans les bronches.

La toux est un *symptôme* qui peut révéler de nombreuses maladies : consultez votre médecin si elle persiste plus de quelques jours.

Conducteur : ce médicament peut être responsable d'une somnolence ou d'une baisse de la vigilance.

INTERACTIONS MÉDICAMENTEUSES

Ce médicament peut interagir avec d'autres médicaments, notamment certains *antitussifs* : signalez tout autre traitement en cours à votre médecin ou à votre pharmacien.

GROSSESSE, ALLAITEMENT ET NOUVEAU-NÉ

L'effet de ce médicament pendant la grossesse ou l'allaitement est mal connu : seul votre médecin peut évaluer le risque éventuel de son utilisation dans votre cas.

MODE D'EMPLOI ET POSOLOGIE

Ce médicament doit être absorbé en plusieurs prises qui seront réparties régulièrement au cours de la journée.

Posologie usuelle :

- Adulte : 1 cuillère à soupe de sirop Adultes, 2 à 4 fois par jour.
- Enfant de plus de 6 ans : 1 cuillère à soupe de sirop Enfants-Nourrissons, 2 à 4 fois par jour.
- Enfant de moins de 6 ans *et Nourrisson* : 1 ou 2 cuillères à café par 5 kg et par jour de sirop Enfants-Nourrissons ; soit pour un enfant de 10 kg : 1 ou 2 cuillères à café, matin et soir.

Ce médicament n'entraîne pas de *dépression respiratoire* aux doses usuelles.

Fumer, ou être exposé à la fumée des autres, nuit à l'efficacité du traitement.

Des mesures simples permettent de calmer les toux sèches : boissons chaudes et humidification de l'air ambiant.

EFFETS INDÉSIRABLES POSSIBLES

En cas de prises excessives ou trop rapprochées : somnolence, *vertiges*, nausées.

RESTRICAL

PRÉSENTATION

RESTRICAL noisette : huile buvable aromatisée noisette ; flacon 500 ml - Non remb.

RESTRICAL estragon : huile buvable aromatisée estragon ; flacon 500 ml - Non remb.

Laboratoires Meram

COMPOSITION

	Noisette p. 100 ml	Estragon p. 100 ml
Paraffine liquide	85,5 g	85,5 g
Bêta-carotène	0,45 mg	0,45 mg
Glycérides de l'huile d'arachide	0,875 g	0,875 g
Estragon, essence déterpénée		5 mg
Arôme noisette	7 mg	

INDICATIONS

C'est un *laxatif lubrifiant*. Il agit en ramollissant les selles et en facilitant leur progression dans l'intestin.

Ce médicament est utilisé comme *traitement symptomatique* de la constipation, et en complément dans les régimes pauvres en calories ou en lipides.

ATTENTION

Ce médicament peut réduire l'absorption de certaines *vitamines* (A, D, E, K) en cas d'utilisation prolongée.

Les laxatifs ne doivent pas être utilisés de façon prolongée sans avis médical. Leur usage doit rester exceptionnel chez l'enfant.

GROSSESSE, ALLAITEMENT ET NOUVEAU-NÉ

Grossesse :

Ce médicament ne contient aucune substance connue pour être toxique pendant la grossesse ; néanmoins, il peut réduire l'absorption de certaines *vitamines* : son usage doit être ponctuel.

MODE D'EMPLOI ET POSOLOGIE

Régimes : cette huile s'utilise comme les huiles végétales pour les sauces vinaigrette ou mayonnaise.

Constipation : 1 à 2 cuillères à soupe par jour, soit pure, soit dans des salades.

> Des mesures simples d'hygiène alimentaire et des exercices physiques sont à envisager avant d'utiliser un laxatif : parlez-en à votre médecin ou à votre pharmacien.

EFFETS INDÉSIRABLES POSSIBLES

Suintement anal.

RETACNYL

trétinoïne

PRÉSENTATION

RETACNYL 0,025 % : crème ; tube 30 g - Non remb. - Liste I

RETACNYL 0,05 % : crème ; tube 30 g - Non remb. - Liste I

Laboratoires Galderma

COMPOSITION

	p. 100 g	p. 100 g
Trétinoïne	25 mg	50 mg

INDICATIONS

C'est un antiacnéique local qui appartient à la famille des dérivés de la *vitamine* A acide (*rétinoïdes*). Il facilite l'évacuation du sébum en éliminant les bouchons qui obstruent les pores de la peau.

Il est utilisé pour traiter certains types d'*acné*.

> **ATTENTION**
>
> Évitez d'utiliser tout autre médicament ou cosmétique (eau de Cologne, lotion après-rasage, crème...) sans l'accord de votre médecin.
>
> Ce médicament expose à une *photosensibilisation* : une exposition aux rayons *ultraviolets* (soleil, lampe à bronzer) peut provoquer des réactions cutanées. N'omettez pas de signaler à votre médecin vos projets de vacances au soleil pendant la durée du traitement.

INTERACTIONS MÉDICAMENTEUSES

Ce médicament peut interagir avec d'autres médicaments. Signalez tout autre traitement en cours à votre médecin ou à votre pharmacien.

GROSSESSE, ALLAITEMENT ET NOUVEAU-NÉ

Grossesse :

Ce médicament est déconseillé par prudence pendant les 3 premiers mois de la grossesse. Toutefois, une grossesse survenant sous traitement ne justifie aucune inquiétude particulière, mais doit vous conduire à consulter votre médecin.

Allaitement :

Les données actuellement disponibles ne permettent pas de savoir si ce médicament passe dans le lait maternel.

MODE D'EMPLOI ET POSOLOGIE

Avant l'application, laver la peau avec un savon doux. Rincer et sécher soigneusement avant d'appliquer le produit.

En général, le traitement commence par 1 ou 2 applications par jour, ensuite la fréquence est adaptée à la réaction de la peau.

Le traitement doit être poursuivi au moins 3 mois ; un *traitement d'entretien* est souvent nécessaire pour éviter les rechutes.

> Une irritation et une aggravation de l'*acné* sont fréquentes et normales en début de traitement ; ne vous découragez pas : les boutons qui apparaissent traduisent une élimination du sébum.
>
> Le résultat est nettement visible à partir de la 6e semaine ; ensuite, les applications seront espacées dès que le résultat obtenu sera jugé satisfaisant.
>
> Si vous vous exposez exceptionnellement au soleil, n'appliquez pas ce médicament la veille, le jour même ni le lendemain. En cas de coup de soleil, attendez un complet rétablissement avant la reprise du traitement.
>
> Si vous mettez accidentellement cette substance en contact avec les yeux, les paupières, la bouche, les narines ou les *muqueuses*, rincez abondamment.
>
> Ce produit doit être conservé à l'abri de la lumière.

EFFETS INDÉSIRABLES POSSIBLES

Rougeur sèche et parfois cuisante de la peau, surtout autour de la bouche et du cou. Ces réactions peuvent être prévenues ou atténuées par l'emploi de crèmes calmantes, ou par une modification de la *posologie*. Demandez conseil à votre médecin.

RETIN A

trétinoïne

PRÉSENTATION

RETIN A : crème ; tube 20 g - Non remb. - Liste I

Laboratoires Cilag

COMPOSITION

	p. 100 g
Trétinoïne	50 mg

INDICATIONS

Cette crème contient un dérivé de la *vitamine* A acide (*rétinoïde*). Elle facilite la desquamation superficielle de l'*épiderme*.

Elle est utilisée pour traiter certains types d'épaississement de la peau.

> **ATTENTION**
>
> N'appliquez aucun autre produit ou cosmétique (eau de Cologne, lotion après-rasage, crème...) sans l'avis de votre médecin.
>
> Ce médicament expose à une *photosensibilisation* : une exposition aux rayons *ultraviolets* (soleil, lampe à bronzer) peut provoquer des réactions cutanées. N'omettez pas de signaler à votre médecin vos projets de vacances au soleil pendant la durée du traitement.

INTERACTIONS MÉDICAMENTEUSES

Ce médicament peut interagir avec d'autres médicaments. Signalez tout autre traitement en cours à votre médecin ou à votre pharmacien.

GROSSESSE, ALLAITEMENT ET NOUVEAU-NÉ

Grossesse :

Ce médicament est déconseillé par prudence pendant les 3 premiers mois de la grossesse. Toutefois, une grossesse survenant sous traitement ne justifie aucune inquiétude particulière, mais doit vous conduire à consulter votre médecin.

Allaitement :

Les données actuellement disponibles ne permettent pas de savoir si ce médicament passe dans le lait maternel.

MODE D'EMPLOI ET POSOLOGIE

Avant l'application, laver la peau avec un savon doux. Rincer soigneusement et laisser sécher avant d'appliquer le produit.

La *posologie* est variable et individuelle.

> Si vous vous exposez exceptionnellement au soleil, n'appliquez pas ce médicament la veille, le jour même ni le lendemain. En cas de coup de soleil, attendez un complet rétablissement avant la reprise du traitement.
>
> Si vous mettez accidentellement cette crème en contact avec les yeux, les paupières, la bouche, les narines ou les *muqueuses*, rincez abondamment.
>
> Ce produit doit être conservé à l'abri de la lumière.

EFFETS INDÉSIRABLES POSSIBLES

Rougeur sèche et parfois cuisante de la peau, surtout autour de la bouche et sur le cou : ce phénomène disparaît dès que l'on espace les applications.

RETITOP

trétinoïne

PRÉSENTATION

RETITOP : crème ; tube 20 g - Non remb. - Liste I

Laboratoires Roche-Posay

COMPOSITION

	p. 100 g
Trétinoïne	50 mg

INDICATIONS

C'est un antiacnéique local qui appartient à la famille des dérivés de la *vitamine* A acide (*rétinoïdes*). Il facilite l'évacuation du sébum en éliminant les bouchons qui obstruent les pores de la peau.

Il est utilisé pour traiter certains types d'*acné*.

> **ATTENTION**
>
> Évitez d'utiliser tout autre médicament ou cosmétique (eau de Cologne, lotion après-rasage, crème...) sans l'accord de votre médecin.

Ce médicament expose à une *photosensibilisation* : une exposition aux rayons *ultraviolets* (soleil, lampe à bronzer) peut provoquer des réactions cutanées. N'omettez pas de signaler à votre médecin vos projets de vacances au soleil pendant la durée du traitement.

INTERACTIONS MÉDICAMENTEUSES

Ce médicament peut interagir avec d'autres médicaments. Signalez tout autre traitement en cours à votre médecin ou à votre pharmacien.

GROSSESSE, ALLAITEMENT ET NOUVEAU-NÉ

Grossesse :

Ce médicament est déconseillé par prudence pendant les 3 premiers mois de la grossesse. Toutefois, une grossesse survenant sous traitement ne justifie aucune inquiétude particulière, mais doit vous conduire à consulter votre médecin.

Allaitement :

Les données disponibles ne permettent pas de savoir si ce médicament passe dans le lait maternel.

MODE D'EMPLOI ET POSOLOGIE

Avant l'application, laver la peau avec un savon doux. Rincer et sécher soigneusement avant d'appliquer le produit.

Étendre un pois de crème sur les lésions à traiter et masser légèrement du bout des doigts.

En général, le traitement commence par 1 ou 2 applications par jour, ensuite la fréquence est adaptée à la réaction de la peau.

Le traitement doit être poursuivi au moins 3 mois ; un *traitement d'entretien* est souvent nécessaire pour éviter les rechutes.

Une irritation et une aggravation de l'*acné* sont fréquentes et normales en début de traitement ; ne vous découragez pas : les boutons qui apparaissent traduisent une élimination du sébum.

Le résultat est nettement visible à partir de la 6e semaine ; ensuite, les applications seront espacées dès que le résultat sera jugé satisfaisant.

Si vous vous exposez exceptionnellement au soleil, n'appliquez pas ce médicament la veille, le jour même ni le lendemain. En cas de coup de soleil, attendez un complet rétablissement avant la reprise du traitement.

Si vous mettez accidentellement cette substance en contact avec les yeux, les paupières, la bouche, les narines ou les *muqueuses*, rincez abondamment.

Ce produit doit être conservé à l'abri de la lumière.

EFFETS INDÉSIRABLES POSSIBLES

Rougeur sèche et parfois cuisante de la peau, surtout autour de la bouche et du cou. Ces réactions peuvent être prévenues ou atténuées par l'emploi de crèmes calmantes, ou par une modification de la *posologie*. Demandez conseil à votre médecin.

REVITALOSE

PRÉSENTATION

REVITALOSE : solution buvable ; boîte de 10 ampoules A (5 ml) et 10 ampoules B (5 ml) - Non remb.

Laboratoires Darcy

COMPOSITION

	p. amp. A	p. amp. B
Aspartate magnésium	200 mg	
L-leucine	25 mg	
L-lysine	200 mg	
L-phénylalanine	10 mg	
L-valine	10 mg	
Acide ascorbique (vitamine C)		1 g

INDICATIONS

Ce médicament contient des *acides aminés* et de la *vitamine* C.

Il est utilisé dans le *traitement symptomatique* de certaines fatigues (*asthénies fonctionnelles*).

CONTRE-INDICATIONS

La *vitamine* C ne doit pas être utilisée à une dose supérieure à 1 g par jour en cas d'*antécédents* de calculs des *voies* urinaires.

ATTENTION

Dans l'organisme, la *vitamine* C est dégradée en acide oxalique, pouvant favoriser la formation de calculs dans les *voies* urinaires.

Ne prenez de vitamine C ni en quantité importante ni pendant une longue durée sans avis médical.

GROSSESSE, ALLAITEMENT ET NOUVEAU-NÉ

Ce médicament ne contient que des substances présumées sans danger pendant la grossesse ou l'allaitement. Néanmoins, ne l'utilisez pas de façon prolongée sans l'avis de votre pharmacien ou de votre médecin.

MODE D'EMPLOI ET POSOLOGIE

Les contenus des ampoules A et B doivent être mélangés dans un peu d'eau, et pris de préférence le matin.

Posologie usuelle :

1 ampoule A et 1 ampoule B par jour.

Évitez la prise de ce médicament le soir : risque d'insomnie.

Une fatigue persistante ne doit pas vous conduire à augmenter les prises de ce médicament : consultez votre médecin.

EFFETS INDÉSIRABLES POSSIBLES

Chez les personnes prédisposées : calculs des *voies* urinaires.

REXORUBIA

homéopathie

PRÉSENTATION

REXORUBIA : granulé ; boîte de 350 g (70 cuillères à café) - Non remb.

Laboratoires Lehning

COMPOSITION

	p. 100 g
Natrum sulfuricum D3	1,2 g
Silicea D3	4 g
Calcarea carbonica ostrearum D2	4 g
Calcarea iodata D4	2 g
Calcarea phosphorica D2	4 g
Natrum phosphoricum D2	2 g
Magnesia phosphorica D2	1,2 g
Ferrum phosphoricum D2	1,2 g
Rubia D2	4 g
Juglans pulvérisation D2	4 g
Saccharum officinalis q.s.p.	100 g

INDICATIONS

Ce médicament est un *complexe* (association) de remèdes homéopathiques.

Il est utilisé dans le traitement des décalcifications (croissance, grossesse, allaitement...), des amaigrissements, des états de fatigue (convalescence...) et pour aider à la consolidation des fractures.

CONTRE-INDICATIONS

Ce médicament ne doit pas être utilisé en cas de *diabète*.

ATTENTION

Une perte de poids, ou une fatigue persistante, doit vous conduire à consulter votre médecin afin d'en rechercher la cause.

GROSSESSE, ALLAITEMENT ET NOUVEAU-NÉ

Aux *dilutions homéopathiques*, les substances contenues dans ce médicament ne sont pas connues pour être toxiques pendant la grossesse ou l'allaitement.

MODE D'EMPLOI ET POSOLOGIE

Ce médicament est pris de préférence avant les repas.

Les granulés peuvent être dissous dans un verre d'eau ou de lait.

Posologie usuelle :

- Adulte : 1 cuillère à café, 3 fois par jour.
- Enfant : 1/2 cuillère à café, 2 fois par jour.

Certains homéopathes recommandent de ne pas absorber de camphre pendant un traitement homéopathique.

RHÉOBRAL

troxérutine, vincamine

PRÉSENTATION

RHÉOBRAL : gélule (jaune et bleu) ; boîte de 60 - Remb. 35 % - Liste II

Laboratoires Niverpharm

COMPOSITION

	p. gél.
Troxérutine	200 mg
Vincamine	20 mg
Lactose	70 mg

INDICATIONS

L'un des principes actifs de ce médicament est la *vincamine*. Cette substance facilite l'utilisation du glucose par les cellules cérébrales, ainsi que leur oxygénation en cas d'apport sanguin insuffisant.

Ce médicament est utilisé dans les troubles du comportement et de la mémoire liés au vieillissement.

CONTRE-INDICATIONS

Ce médicament ne doit pas être utilisé dans les cas suivants :
- tumeur cérébrale avec *hypertension intracrânienne*,
- association aux médicaments, *antiarythmiques* ou non, susceptibles de favoriser les *torsades de pointes*.

ATTENTION

Prévenez votre médecin en cas de prédisposition aux *troubles du rythme cardiaque*.

INTERACTIONS MÉDICAMENTEUSES

Ce médicament ne doit pas être associé à certains *antiarythmiques* : risque de *torsades de pointes*.

Ce médicament peut interagir avec d'autres médicaments, notamment les *laxatifs stimulants* et les *diurétiques*. Signalez tout autre traitement en cours à votre médecin ou à votre pharmacien.

MODE D'EMPLOI ET POSOLOGIE

Les gélules doivent être prises de préférence après les repas, avec un peu d'eau.

Posologie usuelle :

3 ou 4 gélules par jour.

RHÉOFLUX
troxérutine

PRÉSENTATION

RHÉOFLUX 3 500 mg : poudre orale arôme orange ; boîte de 10 sachets - Remb. 35 %

Laboratoires Niverpharm

COMPOSITION

	p. sachet
Troxérutine	3,5 g

INDICATIONS

C'est un protecteur *vasculaire* et un *veinotonique*. Il stimule la circulation du sang dans les veines et lutte contre l'altération des *vaisseaux capillaires*. Il facilite également le passage des globules rouges dans les petits vaisseaux.

Il est utilisé dans le *traitement symptomatique* :
- des jambes lourdes, *œdèmes*, crampes, *impatiences* et autres troubles pouvant être en rapport avec une mauvaise circulation veineuse ou *lymphatique* ;
- des crises d'*hémorroïdes*.

ATTENTION

Ce médicament est insuffisant pour prévenir le risque de *phlébite* chez les malades alités ou plâtrés.

Ce médicament soulage, mais n'empêche pas l'aggravation de l'*insuffisance veineuse*, qui requiert des mesures spécifiques telles que la *contention élastique*.

GROSSESSE, ALLAITEMENT ET NOUVEAU-NÉ

L'effet de ce médicament pendant la grossesse ou l'allaitement est mal connu. L'évaluation du risque éventuel lié à son utilisation est individuelle : demandez conseil à votre pharmacien ou à votre médecin.

MODE D'EMPLOI ET POSOLOGIE

Le contenu des sachets doit être dissous dans un verre d'eau.

Ce médicament doit être pris au cours du repas afin d'éviter d'éventuelles nausées.

Posologie usuelle :

1 sachet par jour.

Une activité physique régulière et la surélévation du pied du lit permettent de faciliter la circulation veineuse et *lymphatique*.

La constipation, la consommation de mets épicés et de vins riches en tanins favorisent les *hémorroïdes*.

EFFETS INDÉSIRABLES POSSIBLES

Rares nausées.

RHEUMADORON
homéopathie

PRÉSENTATION

RHEUMADORON : solution buvable ; flacon 30 ml (gouttes) - Non remb.

Laboratoires Weleda

COMPOSITION

	p. 100 g
Aconitum napellus, planta tota, D3	10 g
Arnica montana, planta tota, TM	25 g
Betula alba, folium, D1	12 g
Mandragora radix D1	3 g
Alcool à 35°	+

INDICATIONS

Ce médicament contient des remèdes homéopathiques et une *teinture mère*.

Il est utilisé dans le *traitement d'appoint* des douleurs articulaires.

GROSSESSE, ALLAITEMENT ET NOUVEAU-NÉ

Aux *dilutions homéopathiques*, les substances contenues dans ce médicament ne sont pas connues pour être toxiques pendant la grossesse ou l'allaitement.

MODE D'EMPLOI ET POSOLOGIE

Ce médicament doit être dilué dans un peu d'eau.

Posologie usuelle :

5 à 10 gouttes, 3 ou 4 fois par jour.

RHINAAXIA
acide N-acétyl-aspartyl-glutamique

PRÉSENTATION

RHINAAXIA : solution nasale ; flacon pulvérisateur 13 ml avec valve doseuse (185 pulvérisations) - Remb. 35 %

Laboratoires Zyma

COMPOSITION

	p. 100 ml
Acide N-acétyl-aspartyl-glutamique, sel de magnésium	6 g

INDICATIONS

Ce médicament agit localement sur l'*inflammation* de la *muqueuse* nasale.

Il est utilisé dans le *traitement symptomatique* des *rhinites* d'origine allergique.

ATTENTION

En cas d'infection nasale avec fièvre et coloration des sécrétions, consultez votre médecin.

GROSSESSE, ALLAITEMENT ET NOUVEAU-NÉ

Grossesse :

L'effet de ce médicament sur l'enfant à naître est mal connu : par mesure de prudence, il est déconseillé pendant les 3 premiers mois de la grossesse.

MODE D'EMPLOI ET POSOLOGIE

Ce médicament doit être utilisé après un mouchage soigneux.

Posologie usuelle :

2 pulvérisations dans chaque narine, 5 fois par jour.

Tout flacon entamé doit être jeté après 30 jours.

EFFETS INDÉSIRABLES POSSIBLES

Irritation locale passagère.

RHINADVIL
ibuprofène, pseudoéphédrine

PRÉSENTATION

RHINADVIL : comprimé (rouge brique) ; boîte de 20 - Remb. 35 %

Laboratoires Whitehall

COMPOSITION

	p. comp.
Ibuprofène	200 mg
Pseudoéphédrine chlorhydrate	30 mg

INDICATIONS

Ce médicament contient un *anti-inflammatoire* non stéroïdien (*AINS*) *antalgique* et *antipyrétique* et un *vasoconstricteur* décongestionnant.

Il est utilisé dans le *traitement symptomatique* des rhumes avec congestion nasale, maux de tête ou fièvre.

CONTRE-INDICATIONS

Ce médicament ne doit pas être utilisé dans les cas suivants :
- enfant de moins de 15 ans,

- *antécédent* d'*allergie* à l'aspirine ou aux *anti-inflammatoires* non stéroïdiens (AINS),
- *ulcère* de l'estomac ou du *duodénum*,
- *insuffisance hépatique* grave,
- *insuffisance rénale* grave,
- en association avec un *antidépresseur* de type *IMAO* non sélectif.

ATTENTION

Tout traitement prolongé ou surdosage d'*AINS* expose à des effets indésirables graves.

Des précautions sont nécessaires en cas d'*asthme*, d'*insuffisance cardiaque*, de risque hémorragique, de troubles de la vue, d'*angine de poitrine*, d'*hypertension artérielle*, d'*hyperthyroïdie*, de *diabète*, de troubles nerveux ou de risque de blocage des urines (*adénome de la prostate*...).

INTERACTIONS MÉDICAMENTEUSES

Ce médicament ne doit pas être associé aux *antidépresseurs* de type *IMAO* non sélectifs (MARSILID, NIAMIDE...) : risque de crise hypertensive.

Il peut interagir avec d'autres médicaments, notamment l'aspirine, les autres *anti-inflammatoires* non stéroïdiens, les *anticoagulants*, les *antiagrégants plaquettaires* et les médicaments contenant du *lithium*. Signalez tout autre traitement en cours à votre médecin ou à votre pharmacien.

GROSSESSE, ALLAITEMENT ET NOUVEAU-NÉ

Grossesse :

Des effets néfastes graves pour la mère et l'enfant ont été mis en évidence lorsque ce médicament, comme tous les *AINS*, est utilisé au cours des 3 derniers mois de la grossesse : son usage est formellement contre-indiqué pendant cette période.

Pendant les 6 premiers mois, l'effet de ce médicament est mal connu : seul votre médecin peut évaluer le risque éventuel de son utilisation dans votre cas.

Allaitement :

Ce médicament passe dans le lait maternel : par mesure de prudence, il est déconseillé pendant l'allaitement.

MODE D'EMPLOI ET POSOLOGIE

Les comprimés doivent être avalés avec un verre d'eau, de préférence au cours des repas.

Ce médicament est réservé à l'adulte.

Posologie usuelle :

- Adulte : 1 ou 2 comprimés lors de la première prise, puis 1 comprimé par prise, sans dépasser 4 comprimés par jour.

Ce médicament n'a pas d'effet anti-infectieux. En cas d'infection bactérienne, un traitement *antibiotique* peut être nécessaire.

EFFETS INDÉSIRABLES POSSIBLES

Gastrite, douleurs abdominales. Insomnie, sécheresse de la bouche, *migraine*, anxiété.

Rarement : *hémorragie* du tube digestif, *vertiges*, maux de tête, troubles de la vue, *allergie*, *asthme*, *insuffisance rénale*.

RHINALAIR

pseudoéphédrine

PRÉSENTATION

RHINALAIR : gélule à *libération prolongée* (bleu) ; boîte de 10 - Remb. 35 %

Laboratoires Inava

COMPOSITION

	p. gél.
Pseudoéphédrine chlorhydrate	120 mg

INDICATIONS

Ce médicament est un *vasoconstricteur*. Il lutte contre la congestion nasale due à la dilatation des vaisseaux sanguins.

Il est utilisé dans le *traitement symptomatique* des congestions nasales aiguës.

CONTRE-INDICATIONS

Ce médicament ne doit pas être utilisé dans les cas suivants :
- enfant de moins de 12 ans,
- association avec un *antidépresseur* de type *IMAO* non sélectif,
- **grossesse,**
- **allaitement.**

ATTENTION

Des précautions particulières s'imposent en cas d'*angine de poitrine*, d'*hypertension artérielle*, d'*hyperthyroïdie*, de *diabète*, de certains troubles nerveux ou de risque de blocage des urines (*adénome de la prostate*...). Demandez conseil à votre pharmacien ou à votre médecin.

INTERACTIONS MÉDICAMENTEUSES

Ce médicament ne doit pas être associé aux *antidépresseurs* de type *IMAO* non sélectifs (MARSILID, NIAMIDE...) : risque de crise hypertensive.

Il peut interagir avec d'autres médicaments. Signalez tout autre traitement en cours à votre médecin ou à votre pharmacien.

GROSSESSE, ALLAITEMENT ET NOUVEAU-NÉ

Ce médicament est contre-indiqué pendant la grossesse ou l'allaitement.

MODE D'EMPLOI ET POSOLOGIE

Les gélules doivent être avalées avec un verre d'eau.

Posologie usuelle :

- Adulte et enfant de plus de 12 ans : 1 gélule matin et soir.

Ce médicament n'a pas d'effet anti-infectieux. En cas d'infection bactérienne, un traitement *antibiotique* peut être nécessaire.

EFFETS INDÉSIRABLES POSSIBLES

Sécheresse de la bouche, insomnie, *migraine*, anxiété.

En cas d'accélération du cœur, de *palpitations* ou de nausées, arrêtez le traitement.

RHINALÈNE

framycétine

PRÉSENTATION

RHINALÈNE À LA FRAMYCÉTINE : solution nasale ; flacon pulvérisateur 15 ml - Non remb.

Laboratoires SmithKline Beecham

COMPOSITION

	p. fl.
Framycétine sulfate	187,5 mg

INDICATIONS

Cette solution nasale contient un *antibiotique* de la famille des *aminosides*.

Elle est utilisée dans le *traitement d'appoint* des *rhinites* et des *rhino-pharyngites*.

CONTRE-INDICATIONS

Ce médicament ne doit pas être utilisé en cas d'*allergie* aux *aminosides*.

ATTENTION

Si votre état ne s'améliore pas après quelques jours de traitement, consultez votre médecin.

L'usage prolongé de ce médicament n'est pas souhaitable : il peut modifier l'équilibre microbien du nez ou de la gorge.

GROSSESSE, ALLAITEMENT ET NOUVEAU-NÉ

L'effet de ce médicament pendant la grossesse ou l'allaitement est mal connu. L'évaluation du risque éventuel lié à son utilisation est individuelle : demandez conseil à votre pharmacien ou à votre médecin.

MODE D'EMPLOI ET POSOLOGIE

La durée du traitement ne doit pas dépasser 10 jours.

Les pulvérisations sont faites au cours d'une brève inspiration après un mouchage soigneux.

Posologie usuelle :

- Adulte et enfant de plus de 12 ans : 2 à 5 pulvérisations par jour, dans chaque narine.

EFFETS INDÉSIRABLES POSSIBLES

Allergie cutanée.

RHINAMIDE

PRÉSENTATION

RHINAMIDE : solution nasale et auriculaire ; flacon pulvérisateur 30 ml - Remb. 35 % - Liste II

Laboratoires Bailly-Speab

COMPOSITION

	p. 100 g
Éphédrine chlorhydrate	1,00 g
Sulfanilamine	0,40 g
Butacaïne sulfate	0,03 g
Acide benzoïque	0,20 g

INDICATIONS

Ce médicament à usage local contient un *vasoconstricteur*, un *antibiotique*, un *anesthésique* et un *antiseptique*.

Il est utilisé dans le *traitement symptomatique* des affections congestives aiguës du nez (*rhinite*, *rhino-pharyngite*) et de leurs répercussions sur l'oreille.

CONTRE-INDICATIONS

Ce médicament ne doit pas être utilisé dans les cas suivants :
- *allergie* aux *antibiotiques* de la famille des *sulfamides*,
- traitement en cours par un *antidépresseur* de type *IMAO* non sélectif,
- *glaucome* à angle fermé,
- enfant de moins de 3 ans.

ATTENTION

Des précautions sont nécessaires en cas d'*hypertension artérielle*, d'*insuffisance coronarienne*, d'*hyperthyroïdie*.

L'utilisation prolongée ou répétée des *vasoconstricteurs* expose à un risque de *rhinite* grave, parfois irréversible. La brièveté de l'effet décongestionnant ne doit pas vous conduire à dépasser la *posologie* prescrite par votre médecin.

INTERACTIONS MÉDICAMENTEUSES

Ce médicament ne doit pas être associé aux *antidépresseurs* de type *IMAO* non sélectifs (MARSILID, NIAMIDE) : risque de crise hypertensive.

GROSSESSE, ALLAITEMENT ET NOUVEAU-NÉ

L'effet de ce médicament pendant la grossesse ou l'allaitement est mal connu : seul votre médecin peut évaluer le risque éventuel de son utilisation dans votre cas.

MODE D'EMPLOI ET POSOLOGIE

Ce médicament peut être pulvérisé dans le nez au cours d'une brève inspiration, ou instillé dans l'oreille.

Posologie usuelle :
- Adulte : 2 pulvérisations dans chaque narine ou 2 ou 3 gouttes dans chaque oreille, 2 à 5 fois par jour.
- Enfant de plus de 3 ans : 2 pulvérisations dans chaque narine ou 2 ou 3 gouttes dans chaque oreille, 1 ou 2 fois par jour.

La durée du traitement ne doit pas dépasser 7 jours.

Ce médicament peut provoquer des effets secondaires graves chez l'enfant : ne le laissez pas à sa portée.

EFFETS INDÉSIRABLES POSSIBLES

Allergie.

Sécheresse nasale.

Plus rarement, en cas de passage dans le sang : maux de tête, insomnie, accélération du cœur.

RHINATHIOL

carbocistéine

PRÉSENTATION

RHINATHIOL : gélule (bleu et blanc) ; boîte de 30 - Remb. 35 %

RHINATHIOL DOSE : granulé pour suspension buvable arôme mandarine ; boîte de 30 sachets - Remb. 35 %

RHINATHIOL ADULTE : sirop arôme caramel-cannelle ; flacon 125 ml - Remb. 35 %

RHINATHIOL ADULTE : sirop arôme caramel-cannelle ; flacon 300 ml - Remb. 35 %

RHINATHIOL ENFANT NOURRISSON : sirop arôme framboise-vanille ; flacon 125 ml - Remb. 35 %

Laboratoires Synthélabo France

COMPOSITION

	p. gél.	p. sachet
Carbocistéine	375 mg	750 mg
Aspartam		+

	sirop Ad. p. c. à s.	sirop Enf. Nour. p. c. à c.
Carbocistéine	750 mg	100 mg
Alcool	0,25 ml	0,04 ml
Saccharose	6 g	3,5 g

INDICATIONS

Ce médicament fluidifie les sécrétions bronchiques et nasales. Il facilite leur évacuation par la toux et le mouchage.

Il est utilisé dans les états d'encombrement des bronches, associés aux affections respiratoires ou *ORL*.

CONTRE-INDICATIONS

Ce médicament ne doit pas être utilisé en cas de *phénylcétonurie* (pour les granulés).

ATTENTION

Des précautions sont nécessaires en cas d'*ulcère* de l'estomac ou du *duodénum*.

N'utilisez pas d'*antitussif* en plus de ce médicament sans l'avis de votre médecin ou de votre pharmacien.

Si les sécrétions persistent au-delà de quelques jours, si elles se colorent ou si vous avez de la fièvre, consultez votre médecin.

Le sirop contient du *sucre* (saccharose) en quantité notable.

GROSSESSE, ALLAITEMENT ET NOUVEAU-NÉ

L'effet de ce médicament pendant la grossesse ou l'allaitement est mal connu. L'évaluation du risque éventuel lié à son utilisation est individuelle : demandez conseil à votre pharmacien ou à votre médecin.

MODE D'EMPLOI ET POSOLOGIE

Posologie usuelle :
- Adulte :
  - soit 2 gélules, 2 ou 3 fois par jour ;
  - soit 1 sachet 3 fois par jour, à diluer dans un 1/2 verre d'eau ;
  - soit 1 cuillère à soupe de sirop Adulte, 3 fois par jour.
- Enfant de plus de 5 ans : 1 cuillère à café de sirop Enfant Nourrisson, 3 fois par jour.
- Enfant de moins de 5 ans *et Nourrisson* : 1 à 2 cuillères à café de sirop Enfant Nourrisson, par jour.

La poursuite du tabagisme est un frein important à l'évacuation des mucosités.

Il est nécessaire de lutter contre la sécheresse de l'air ambiant (humidificateur...) pour éviter le dessèchement des sécrétions. Il est également recommandé de boire beaucoup.

Des crachats fluides et abondants traduisent l'efficacité de ce médicament.

Chez la personne âgée ou le très jeune enfant, l'incapacité à évacuer les crachats peut justifier l'aide d'un kinésithérapeute, sur prescription du médecin.

EFFETS INDÉSIRABLES POSSIBLES

Troubles digestifs : nausées, diarrhée.

RHINATHIOL PROMÉTHAZINE

prométhazine, carbocistéine

PRÉSENTATION

RHINATHIOL PROMÉTHAZINE : sirop ; flacon 125 ml - Remb. 35 %

Laboratoires Synthélabo France

COMPOSITION

	p. c. à s.	p. c. à c.
Prométhazine chlorhydrate	7,5 mg	2,5 mg
Carbocistéine	300 mg	100 mg
Saccharose	9 g	3 g
Alcool	0,46 ml	0,15 ml

INDICATIONS

Ce médicament est une association de substances qui contient un *antihistaminique* antitussif et *sédatif* (prométhazine), et un fluidifiant des sécrétions bronchiques et nasales.

Il est utilisé dans le *traitement symptomatique* des toux sèches allergiques ou irritatives.

CONTRE-INDICATIONS

Ce médicament ne doit pas être utilisé dans les cas suivants :
- *ulcère* de l'estomac ou du *duodénum*,
- *glaucome* à angle fermé,
- risque de blocage des urines (*adénome de la prostate*...).

ATTENTION

La toux est un *symptôme* qui peut révéler de nombreuses maladies : consultez votre médecin si elle persiste plus de quelques jours.

L'effet *sédatif* de ce médicament expose à des risques de chute chez la personne âgée.

Ce médicament contient du *sucre* (saccharose, glucose) en quantité notable.

Évitez les boissons alcoolisées : augmentation du risque de somnolence.

Conducteur : ce médicament peut être responsable d'une somnolence ou d'une baisse de la vigilance.

INTERACTIONS MÉDICAMENTEUSES

Ce médicament peut interagir avec d'autres médicaments, notamment les *sédatifs* : risque d'augmentation de la somnolence.

Signalez tout autre traitement en cours à votre médecin ou à votre pharmacien.

GROSSESSE, ALLAITEMENT ET NOUVEAU-NÉ

L'effet de ce médicament pendant la grossesse ou l'allaitement est mal connu. L'évaluation du risque éventuel lié à son utilisation est individuelle : demandez conseil à votre pharmacien ou à votre médecin.

MODE D'EMPLOI ET POSOLOGIE

Les prises du médicament doivent être réparties au cours de la journée.

Posologie usuelle :

- Adulte : 3 cuillères à soupe par jour.
- Enfant de plus de 5 ans : 3 à 6 cuillères à café par jour.
- Enfant de 1 à 5 ans : 1 cuillère à café par 5 kg et par jour ; soit pour un enfant de 12 kg, 2 et 1/2 cuillères à café par jour.

☛ La poursuite du tabagisme nuit à l'efficacité du traitement.

Des mesures simples permettent de calmer les toux sèches : boissons chaudes et humidification de l'air ambiant.

EFFETS INDÉSIRABLES POSSIBLES

Somnolence, nausées, diarrhée.

Allergie cutanée, effets *atropiniques* peu fréquents.

RHINATP

triphosadénine, sulfasuccinamide

PRÉSENTATION

RHINATP : solution nasale ; flacon pulvérisateur et ampoule de solvant 10 ml - Remb. 35 %

Laboratoires Synthélabo France

COMPOSITION

	p. unité
Triphosadénine disodique	0,100 g
Sulfasuccinamide sodique	0,225 g

INDICATIONS

Ce médicament contient un *antibiotique* de la famille des *sulfamides* et une substance qui facilite l'évacuation des sécrétions nasales.

Il est utilisé comme *traitement d'appoint* des *rhinites*, des *rhino-pharyngites* et des *sinusites*.

CONTRE-INDICATIONS

Ce médicament ne doit pas être utilisé dans les cas suivants :

- *allergie* aux *antibiotiques* de la famille des *sulfamides*,
- maladie du rein (albumine dans les urines).

ATTENTION

La persistance des *troubles* au-delà de quelques jours, la survenue d'une fièvre ou la coloration des sécrétions nasales imposent de prendre un avis médical.

GROSSESSE, ALLAITEMENT ET NOUVEAU-NÉ

L'effet de ce médicament pendant la grossesse ou l'allaitement est mal connu. L'évaluation du risque éventuel lié à son utilisation est individuelle : demandez conseil à votre pharmacien ou à votre médecin.

MODE D'EMPLOI ET POSOLOGIE

La solution doit être pulvérisée au cours d'une brève inspiration, en tenant le flacon verticalement.

Posologie usuelle :

- Adulte et enfant : 3 à 6 pulvérisations dans chaque narine par jour, sans dépasser 8 jours.

☛ La solution reconstituée peut être conservée pendant 10 jours à température ambiante.

EFFETS INDÉSIRABLES POSSIBLES

Sensations de picotement.

RHINATUX

PRÉSENTATION

RHINATUX : comprimé ; boîte de 18 - Non remb.

Laboratoires Amido

COMPOSITION

	p. comp.
Codéine	5 mg
Papavérine chlorhydrate	5 mg
Camphre	50 mg
Éphédrine chlorhydrate	2 mg

INDICATIONS

Ce médicament contient de la codéine, un *antispasmodique* (la papavérine) et un décongestionnant (l'éphédrine). La codéine a un effet *sédatif* sur le *système nerveux central* et notamment les centres de la toux.

Il est utilisé dans le *traitement symptomatique* des toux sèches et des *rhinites*.

CONTRE-INDICATIONS

Ce médicament ne doit pas être utilisé dans les cas suivants :

- *asthme*,
- *insuffisance respiratoire*,
- *hypertension artérielle*,
- maladies cardiaques,
- *hyperthyroïdie*,
- *artérite*,
- *glaucome* à angle fermé,
- risque de rétention des urines (*adénome de la prostate*...),
- enfant de moins de 15 ans.

ATTENTION

Ce médicament n'est pas adapté au traitement de la toux grasse, qui est un mécanisme de défense normal de l'organisme permettant l'évacuation des mucosités présentes dans les bronches.

La toux est un *symptôme* qui peut révéler de nombreuses maladies : consultez votre médecin si elle persiste plus de quelques jours.

Évitez les boissons alcoolisées : augmentation du risque de somnolence.

Conducteur : ce médicament peut être responsable d'une somnolence ou d'une baisse de la vigilance.

INTERACTIONS MÉDICAMENTEUSES

Ce médicament peut interagir avec beaucoup d'autres médicaments, notamment chez les personnes âgées ; signalez tout autre traitement en cours à votre médecin ou à votre pharmacien.

GROSSESSE, ALLAITEMENT ET NOUVEAU-NÉ

Grossesse :

Compte tenu de la présence de codéine, n'utilisez pas ce médicament pendant la grossesse sans prendre l'avis de votre pharmacien ou de votre médecin.

Allaitement :

Ce médicament passe dans le lait maternel : par mesure de prudence, il est déconseillé pendant l'allaitement.

MODE D'EMPLOI ET POSOLOGIE

Les comprimés doivent être avalés avec un verre d'eau.

Posologie usuelle :

- Adulte : 2 comprimés, 2 ou 3 fois par jour.

☛ De nombreux médicaments contiennent de la codéine, notamment certains *antitussifs* et *antalgiques*. Le surdosage expose à une augmentation des effets indésirables, en cas de prise conjointe.

La poursuite du tabagisme nuit à l'efficacité du traitement.

EFFETS INDÉSIRABLES POSSIBLES

Liés à la présence de codéine : constipation ; plus rarement : somnolence, nausées, vomissements, sensation de vertige, *allergie* cutanée, ralentissement de la respiration.

RHINÉDRINE

dodéclonium, borate de sodium

PRÉSENTATION

RHINÉDRINE : solution nasale ; flacon pulvérisateur 20 ml - Non remb.

Laboratoires C.P.F.

COMPOSITION

	p. 100 ml
Dodéclonium	25 mg
Borate de sodium	4 mg

INDICATIONS

Cette solution nasale contient un *antiseptique*.

Elle est utilisée dans le *traitement d'appoint* des *rhinites* et des *rhino-pharyngites*.

CONTRE-INDICATIONS

Ce médicament ne doit pas être utilisé chez l'enfant de moins de 5 ans.

ATTENTION
Si les *symptômes* persistent au-delà de quelques jours, consultez votre médecin.

INTERACTIONS MÉDICAMENTEUSES

L'association à d'autres *antiseptiques* est déconseillée car leurs effets risquent de s'annuler.

GROSSESSE, ALLAITEMENT ET NOUVEAU-NÉ

L'effet de ce médicament pendant la grossesse ou l'allaitement est mal connu. L'évaluation du risque éventuel lié à son utilisation est individuelle : demandez conseil à votre pharmacien ou à votre médecin.

MODE D'EMPLOI ET POSOLOGIE

Les pulvérisations sont faites après un mouchage soigneux.

Posologie usuelle :

- Adulte : 4 à 6 pulvérisations dans chaque narine, par jour.
- Enfant de plus de 5 ans : 2 à 6 pulvérisations par jour, selon l'âge.

Tous les *antiseptiques* peuvent être contaminés par des *germes* : ne les conservez pas inutilement après une première utilisation.

RHINE infantile
dodéclonium

PRÉSENTATION

RHINE INFANTILE : solution nasale ; flacon 20 ml - Non remb.

Laboratoires C.P.F.

COMPOSITION

	p. 100 ml
Dodéclonium bromure	12 mg

INDICATIONS

Cette solution nasale contient un *antiseptique*.

Elle est utilisée dans le *traitement d'appoint* des *rhinites* et des *rhino-pharyngites*.

ATTENTION
Si les *symptômes* persistent au-delà de quelques jours, consultez votre médecin.
L'usage prolongé de ce médicament n'est pas souhaitable : il peut modifier l'équilibre microbien du nez ou de la gorge.

MODE D'EMPLOI ET POSOLOGIE

Les instillations sont faites après un mouchage soigneux.

Posologie usuelle :

- Enfant de plus de 2 ans : 15 gouttes, 1 à 3 fois par jour dans chaque narine.
- Enfant de 1 à 2 ans : 7 à 15 gouttes, 1 à 3 fois par jour dans chaque narine.
- Nourrisson de moins de 1 an : quelques gouttes, 1 à 3 fois par jour dans chaque narine.

Rincez le compte-gouttes après chaque utilisation.
Tous les *antiseptiques* peuvent être contaminés par des *germes* : ne les conservez pas inutilement après une première utilisation.

RHINO-BLACHE
chlorhexidine

PRÉSENTATION

RHINO-BLACHE : solution nasale ; ampoule et flacon pulvérisateur 10 ml - Non remb.

Laboratoires Gallier

COMPOSITION

	p. amp.
Chlorhexidine gluconate	0,5 mg

INDICATIONS

Cette solution nasale contient un *antiseptique*.

Elle est utilisée dans le *traitement d'appoint* des *rhinites* et des *rhino-pharyngites*.

ATTENTION
Si votre état ne s'améliore pas après quelques jours de traitement, consultez votre médecin.
L'usage prolongé de ce médicament n'est pas souhaitable : il peut modifier l'équilibre microbien du nez ou de la gorge.

GROSSESSE, ALLAITEMENT ET NOUVEAU-NÉ

L'effet de ce médicament pendant la grossesse ou l'allaitement est mal connu. L'évaluation du risque éventuel lié à son utilisation est individuelle : demandez conseil à votre pharmacien ou à votre médecin.

MODE D'EMPLOI ET POSOLOGIE

La durée du traitement ne doit pas dépasser 10 jours.

Les pulvérisations sont faites au cours d'une brève inspiration après un mouchage soigneux.

Posologie usuelle :

2 à 6 pulvérisations par jour, dans chaque narine.

Tous les *antiseptiques* peuvent être contaminés par des *germes* : ne les conservez pas inutilement après une première utilisation.
Ce médicament peut être conservé 2 mois après transvasement de l'ampoule dans le flacon pulvérisateur.

EFFETS INDÉSIRABLES POSSIBLES

Réactions allergiques.

RHINOFÉBRAL
chlorphénamine, paracétamol, vitamine C

PRÉSENTATION

RHINOFÉBRAL : gélule (bleu clair et bleu foncé) ; boîte de 20 - Non remb.

Laboratoires Jean-Paul Martin

COMPOSITION

	p. gél.
Chlorphénamine maléate	3,2 mg
Paracétamol	240 mg
Acide ascorbique (vitamine C)	100 mg

INDICATIONS

Ce médicament contient un *antihistaminique*, un *antipyrétique* et *antalgique* (le paracétamol) et de la *vitamine* C.

Il est utilisé dans le *traitement symptomatique* des affections aiguës du nez et de la gorge, et des états grippaux.

CONTRE-INDICATIONS

Ce médicament ne doit pas être utilisé dans les cas suivants :

- *insuffisance hépatique* grave,
- *glaucome* à angle fermé,
- risque de blocage des urines (*adénome de la prostate*...),
- enfant de moins de 5 ans.

ATTENTION
De nombreux médicaments contiennent du paracétamol : en tenir compte en cas de prise conjointe car le surdosage en paracétamol peut être toxique pour le foie.
Évitez les boissons alcoolisées : augmentation du risque de somnolence.
Conducteur : ce médicament peut être responsable d'une somnolence ou d'une baisse de la vigilance.

INTERACTIONS MÉDICAMENTEUSES

Ce médicament peut interagir avec d'autres médicaments, notamment les *sédatifs* et les *atropiniques*. Signalez tout autre traitement en cours à votre médecin ou à votre pharmacien.

GROSSESSE, ALLAITEMENT ET NOUVEAU-NÉ

L'effet de ce médicament pendant la grossesse ou l'allaitement est mal connu : par mesure de prudence, son usage est déconseillé.

MODE D'EMPLOI ET POSOLOGIE

Les gélules doivent être avalées avec un verre d'eau, de préférence 15 minutes avant les repas. Respectez un intervalle de 4 heures entre les prises.

Posologie usuelle :

- Adulte :
  - affections aiguës du nez et de la gorge : 3 ou 4 gélules par jour ;
  - états grippaux : 4 à 6 gélules par jour.
- Enfant de 10 à 15 ans : 2 ou 3 gélules par jour, selon l'âge.
- Enfant de 5 à 10 ans : 1 ou 2 gélules par jour, selon l'âge.

En cas d'*insuffisance rénale*, respecter un intervalle de 8 heures entre les prises.

Si les troubles persistent plus de quelques jours, consultez votre médecin : un traitement *antibiotique* peut être nécessaire.

EFFETS INDÉSIRABLES POSSIBLES

Somnolence, *troubles digestifs*.

Effets *atropiniques* : sécheresse de la bouche, troubles visuels, rétention urinaire, confusion des idées ou agitation chez la personne âgée.

Rarement : *allergie* cutanée.

RHINOFLUIMUCIL

tuaminoheptane, benzalkonium, acétylcystéine

PRÉSENTATION

RHINOFLUIMUCIL : solution nasale ; flacon pulvérisateur 10 ml - Remb. 35 % - Liste II

Laboratoires Zambon France

COMPOSITION

	p. 100 ml
Tuaminoheptane sulfate	500 mg
Benzalkonium chlorure	12,5 mg
Acétylcystéine	1 g

INDICATIONS

Cette solution nasale contient un *vasoconstricteur*, un *antiseptique* et un fluidifiant des sécrétions nasales.

Elle est utilisée dans le *traitement symptomatique* des *rhino-pharyngites* accompagnées de sécrétions nasales importantes.

CONTRE-INDICATIONS

Ce médicament ne doit pas être utilisé dans les cas suivants :

- traitement en cours par un *antidépresseur* de type *IMAO* non sélectif,
- *glaucome* à angle fermé,
- risque de blocage des urines (*adénome de la prostate*...),
- enfant de moins de 30 mois.

ATTENTION

L'utilisation prolongée ou répétée des *vasoconstricteurs* expose à un risque de *rhinite* grave, parfois irréversible. La brièveté de l'effet décongestionnant ne doit pas vous conduire à dépasser la *posologie* prescrite par votre médecin.

INTERACTIONS MÉDICAMENTEUSES

Ce médicament ne doit pas être associé aux *antidépresseurs* de type *IMAO* non sélectifs (MARSILID, NIAMIDE) : risque de crise hypertensive.

GROSSESSE, ALLAITEMENT ET NOUVEAU-NÉ

L'effet de ce médicament pendant la grossesse ou l'allaitement est mal connu : seul votre médecin peut évaluer le risque éventuel de son utilisation dans votre cas.

MODE D'EMPLOI ET POSOLOGIE

Ce médicament doit être pulvérisé au cours d'une brève inspiration, en tenant le flacon verticalement.

Posologie usuelle :

- Adulte : 2 pulvérisations dans chaque narine, 3 ou 4 fois par jour.
- Enfant de plus de 30 mois : 1 pulvérisation dans chaque narine, 1 ou 2 fois par jour.

La durée du traitement ne doit pas dépasser 7 jours.

Ce médicament peut provoquer des effets secondaires graves chez l'enfant : ne le laissez pas à sa portée.

EFFETS INDÉSIRABLES POSSIBLES

Sensation de légère brûlure.

Plus rarement, en cas de passage dans le sang : maux de tête, insomnie, accélération du cœur.

RHINO LACTÉOL DU Dr BOUCARD

Lactobacillus acidophilus

PRÉSENTATION

RHINO LACTÉOL du Dr BOUCARD : poudre à priser ; tube 29 g - Remb. 35 %

Laboratoires Lactéol du Dr Boucard

COMPOSITION

	p. gramme
Lactobacillus acidophilus tyndallisés	800 millions

INDICATIONS

Ce médicament contient des substances produites par une levure : Lactobacillus acidophilus.

Il est utilisé dans le *traitement d'appoint* des infections du nez.

ATTENTION

Si les troubles persistent au-delà de quelques jours, consultez votre médecin ou votre pharmacien.

GROSSESSE, ALLAITEMENT ET NOUVEAU-NÉ

Ce médicament ne contient aucune substance connue pour être toxique pendant la grossesse ou l'allaitement.

MODE D'EMPLOI ET POSOLOGIE

La poudre doit être prisée. De ce fait, son administration n'est pas adaptée aux enfants. Elle ne doit en aucun cas être insufflée dans leurs narines.

Posologie usuelle :

1 ou 2 prises par heure.

RHINOPTEN

fractions antigéniques

PRÉSENTATION

RHINOPTEN : comprimé (beige) ; boîte de 30 - Remb. 35 %

RHINOPTEN : solution nasale ; ampoule 15 ml et flacon pulvérisateur avec valve doseuse - Remb. 35 %

Laboratoires Debat

COMPOSITION

	p. comp.	p. 100 ml
Fractions antigéniques extraites de		
Staphylococcus aureus 634, 636, 659	3 mg	30 mg
Streptococcus 147	3 mg	30 mg
Streptococcus pyogenes 155, 1178	3 mg	30 mg
Diplococcus pneumoniae 209, 210	3 mg	30 mg
Branhamella catarrhalis 987	1 mg	10 mg

INDICATIONS

Ce médicament est destiné à stimuler l'immunité et à renforcer les défenses de l'organisme contre l'infection.

Il est utilisé dans le traitement des infections des *voies* respiratoires.

GROSSESSE, ALLAITEMENT ET NOUVEAU-NÉ

L'effet de ce médicament pendant la grossesse ou l'allaitement est mal connu. L'évaluation du risque éventuel lié à son utilisation est individuelle : demandez conseil à votre pharmacien ou à votre médecin.

MODE D'EMPLOI ET POSOLOGIE

Les comprimés doivent être avalés avec un verre d'eau. La solution nasale doit être pulvérisée au cours d'une brève inspiration.

Posologie usuelle :

1 comprimé, 3 fois par jour pendant 10 à 20 jours ou 2 pulvérisations dans chaque narine, 3 fois par jour pendant 7 jours, à renouveler si nécessaire.

La solution nasale ne doit pas être conservée plus de 10 jours après son introduction dans le flacon pulvérisateur.

RHINO SULFORGAN

PRÉSENTATION

RHINO SULFORGAN : solution nasale huileuse ; flacon pulvérisateur 20 ml - Remb. 35 %

RHINO SULFORGAN : solution nasale huileuse ; flacon compte-gouttes 20 ml - Remb. 35 %

Laboratoires Jolly-Jatel

COMPOSITION

	p. 100 ml
Huile naturelle soufrée à 13 %	13,5 g
Butoforme	0,05 g
Labrafil	10 g
Eucalyptol	6,6 g

INDICATIONS

Cette solution nasale huileuse possède une action *antiseptique* et apporte du soufre.

Elle est utilisée comme *traitement d'appoint* des *rhinites*, des *rhino-pharyngites* et des *sinusites*.

ATTENTION
En l'absence d'amélioration ou en cas d'apparition de fièvre, consultez votre médecin.

GROSSESSE, ALLAITEMENT ET NOUVEAU-NÉ

L'effet de ce médicament pendant la grossesse ou l'allaitement est mal connu. L'évaluation du risque éventuel lié à son utilisation est individuelle : demandez conseil à votre pharmacien ou à votre médecin.

MODE D'EMPLOI ET POSOLOGIE

Les gouttes sont instillées la tête penchée en arrière.

Posologie usuelle :

1 instillation ou 1 pulvérisation dans chaque narine, 3 à 6 fois par jour.

EFFETS INDÉSIRABLES POSSIBLES

Allergie au soufre.

RHINO-SULFURYL

éphédrine, thiosulfate de sodium

PRÉSENTATION

RHINO-SULFURYL : solution nasale ; flacon pulvérisateur 24 ml - Remb. 35 % - Liste II

Laboratoires Monal

COMPOSITION

	p. 100 ml
Éphédrine chlorhydrate	1 g
Thiosulfate de sodium	0,10 g

INDICATIONS

Cette solution nasale contient un *vasoconstricteur* et un *antiseptique*.

Elle est utilisée dans le *traitement symptomatique* des affections congestives aiguës du nez : *rhinite*, *rhino-pharyngite*.

CONTRE-INDICATIONS

Ce médicament ne doit pas être utilisé dans les cas suivants :
- traitement en cours par un *antidépresseur* de type *IMAO* non sélectif,
- *glaucome* à angle fermé,
- enfant de moins de 3 ans.

ATTENTION
Des précautions sont nécessaires en cas d'*hypertension artérielle*, d'*insuffisance coronarienne*, d'*hyperthyroïdie*.

L'utilisation prolongée ou répétée des *vasoconstricteurs* expose à un risque de *rhinite* grave, parfois irréversible. La brièveté de l'effet décongestionnant ne doit pas vous conduire à dépasser la *posologie* prescrite par votre médecin.

INTERACTIONS MÉDICAMENTEUSES

Ce médicament ne doit pas être associé aux *antidépresseurs* de type *IMAO* non sélectifs (MARSILID, NIAMIDE) : risque de crise hypertensive.

GROSSESSE, ALLAITEMENT ET NOUVEAU-NÉ

L'effet de ce médicament pendant la grossesse ou l'allaitement est mal connu : seul votre médecin peut évaluer le risque éventuel de son utilisation dans votre cas.

MODE D'EMPLOI ET POSOLOGIE

Ce médicament doit être pulvérisé dans le nez au cours d'une brève inspiration, en tenant le flacon verticalement.

Posologie usuelle :
- Adulte : 4 ou 5 pulvérisations dans chaque narine, 6 ou 7 fois par jour.
- Enfant de plus de 3 ans : 2 ou 3 pulvérisations dans chaque narine, 3 ou 4 fois par jour.

La durée du traitement ne doit pas dépasser 7 jours.

Ce médicament peut provoquer des effets secondaires graves chez l'enfant : ne le laissez pas à sa portée.

EFFETS INDÉSIRABLES POSSIBLES

Sécheresse nasale.

Plus rarement, en cas de passage dans le sang : maux de tête, insomnie, accélération du cœur.

RHINOTROPHYL

acide ténoïque sel d'éthanolamine, framycétine

PRÉSENTATION

RHINOTROPHYL : solution nasale ; flacon pulvérisateur 20 ml - Remb. 35 %

Laboratoires Jolly-Jatel

COMPOSITION

	p. 100 ml
Acide ténoïque sel d'éthanolamine	3 g
Framycétine sulfate	1 g

INDICATIONS

Cette solution nasale contient un *antibiotique* de la famille des *aminosides*, et du soufre.

Elle est utilisée comme *traitement d'appoint* des *rhinites*, des *rhino-pharyngites* et des *sinusites*.

CONTRE-INDICATIONS

Ce médicament ne doit pas être utilisé en cas d'*allergie* aux *antibiotiques* de la famille des *aminosides*.

ATTENTION
La persistance des *troubles* au-delà de quelques jours, la survenue d'une fièvre ou la coloration des sécrétions nasales imposent de prendre un avis médical.

GROSSESSE, ALLAITEMENT ET NOUVEAU-NÉ

L'effet de ce médicament pendant la grossesse ou l'allaitement est mal connu. L'évaluation du risque éventuel lié à son utilisation est individuelle : demandez conseil à votre pharmacien ou à votre médecin.

MODE D'EMPLOI ET POSOLOGIE

La solution doit être pulvérisée au cours d'une brève inspiration, en tenant le flacon verticalement.

Posologie usuelle :

4 pulvérisations dans chaque narine par jour, sans dépasser 10 jours.

Tous les *antibiotiques* d'usage local peuvent être contaminés par des *germes*. Ne conservez pas ce médicament inutilement après une première utilisation.

RHINYL

framycétine, propionate de sodium

PRÉSENTATION

RHINYL : solution nasale ; flacon pulvérisateur 15 ml - Non remb.

Laboratoires Pierre Fabre

COMPOSITION

	p. 100 ml
Framycétine sulfate	1,25 g
Propionate de sodium	2 g

INDICATIONS

Cette solution nasale contient un *antibiotique* de la famille des *aminosides*.

Elle est utilisée comme *traitement d'appoint* des *rhinites*, des *rhino-pharyngites* et des *sinusites*.

CONTRE-INDICATIONS

Ce médicament ne doit pas être utilisé en cas d'*allergie* aux *antibiotiques* de la famille des *aminosides*.

ATTENTION
La persistance des *troubles* au-delà de quelques jours, la survenue d'une fièvre ou la coloration des sécrétions nasales imposent de prendre un avis médical.

GROSSESSE, ALLAITEMENT ET NOUVEAU-NÉ

L'effet de ce médicament pendant la grossesse ou l'allaitement est mal connu. L'évaluation du risque éventuel lié à son utilisation est individuelle : demandez conseil à votre pharmacien ou à votre médecin.

MODE D'EMPLOI ET POSOLOGIE

La solution doit être pulvérisée au cours d'une brève inspiration, en tenant le flacon verticalement.

Posologie usuelle :

4 à 6 pulvérisations dans chaque narine par jour, sans dépasser 10 jours.

Tous les *antibiotiques* d'usage local peuvent être contaminés par des *germes*. Ne conservez pas ce médicament inutilement après une première utilisation.

EFFETS INDÉSIRABLES POSSIBLES

Allergie cutanée.

RHONAL
aspirine

PRÉSENTATION

RHONAL 500 mg : comprimé sécable (blanc) ; boîte de 20 - Non remb.

Laboratoires Théraplix

COMPOSITION

	p. comp.
Acide acétylsalicylique (aspirine)	500 mg

INDICATIONS

Ce médicament contient de l'aspirine, qui possède de nombreuses propriétés : *antalgique* et *antipyrétique*, mais aussi *anti-inflammatoire* à dose élevée, et fluidifiant du sang.

Il est principalement utilisé en cas de fièvre (mais n'agit pas sur sa cause), états grippaux, douleurs diverses, rhumatismes.

CONTRE-INDICATIONS

Ce médicament ne doit pas être utilisé dans les cas suivants :
- *allergie* aux *salicylés* ou aux *AINS*,
- *ulcère* de l'estomac ou du *duodénum*,
- *hémorragie* et risque hémorragique,
- enfant de moins de 10 ans,
- **grossesse** : pendant les 3 derniers mois, ou, en prise prolongée, à toute période de la grossesse.

ATTENTION

L'aspirine n'est pas un médicament anodin. Tout surdosage ou prise prolongée exposent à des complications sérieuses.

Un avis médical est préférable chez les personnes présentant des *antécédents* d'*ulcère* de l'estomac ou du *duodénum*, même ancien, d'*asthme*, d'*insuffisance rénale*, et chez les femmes qui portent un stérilet.

L'aspirine est déconseillée chez les personnes atteintes de *goutte* et chez les femmes lors de règles abondantes.

Évitez de prendre ce médicament pendant la semaine qui précède une extraction dentaire ou une opération (augmentation du risque d'*hémorragie*).

Évitez la prise de boissons alcoolisées avec l'aspirine.

INTERACTIONS MÉDICAMENTEUSES

Les personnes traitées par des médicaments anticancéreux contenant du méthotrexate ne doivent pas utiliser d'aspirine.

Ce médicament peut interagir avec d'autres médicaments, notamment les *anticoagulants* et *antiagrégants plaquettaires* (TICLID...) : augmentation du risque hémorragique. Signalez tout autre traitement en cours à votre médecin ou à votre pharmacien.

GROSSESSE, ALLAITEMENT ET NOUVEAU-NÉ

Grossesse :

Des effets néfastes pour la mère et pour l'enfant ont été mis en évidence lorsque l'aspirine est utilisée au cours des 3 derniers mois de la grossesse. En conséquence, seule la prise ponctuelle est admise durant les 6 premiers mois. Toute prise d'aspirine est contre-indiquée au cours des 3 derniers mois.

Allaitement :

Ce médicament passe dans le lait maternel : il est déconseillé pendant l'allaitement.

MODE D'EMPLOI ET POSOLOGIE

Les comprimés doivent être avalés avec un verre d'eau, sans être écrasés.

Les prises doivent être espacées d'au moins 4 heures.

Ce médicament peut être pris à n'importe quel moment de la journée.

Posologie usuelle :
- Adulte :
  - douleur modérée et fièvre : 1/2 à 2 comprimés, 3 fois par jour, sans dépasser 3 g par jour ;
  - douleurs rebelles ou rhumatismales : 1 à 4 comprimés, 3 fois par jour. Cette posologie ne doit pas être prolongée sans l'avis de votre médecin.
- Enfant de 10 à 15 ans : 1/2 à 1 comprimé, 3 à 5 fois par jour.

EFFETS INDÉSIRABLES POSSIBLES

Gastrite, douleurs abdominales, saignements du nez ou des gencives.

Rares et parfois graves :
- *hémorragie* du tube digestif : vomissements sanglants, selles noires, ou plus souvent pertes de sang imperceptibles, responsables de l'apparition progressive d'une *anémie* ;
- accidents allergiques : *urticaire*, *œdème*, *asthme*.

Symptômes devant faire penser à un surdosage : bourdonnements d'oreille, sensation de baisse de l'audition, maux de tête.

RHUBARBE LAFRAN
rhubarbe

PRÉSENTATION

RHUBARBE LAFRAN : comprimé (marron) ; boîte de 30 - Non remb.

Laboratoires Lafran

COMPOSITION

	p. comp.
Rhubarbe, poudre	250 mg

INDICATIONS

C'est un *laxatif stimulant*. Il augmente les sécrétions et la motricité de l'intestin.

Ce médicament est utilisé comme *traitement symptomatique* de la constipation.

CONTRE-INDICATIONS

Ce médicament ne doit pas être utilisé dans les cas suivants :
- maladies inflammatoires du côlon ;
- constipation ou douleur abdominale due à une obstruction du tube digestif : rétrécissement intestinal, *fécalome* (bouchon de selles) ;
- enfant de moins de 12 ans, sauf sur prescription médicale.

ATTENTION

Ce médicament doit être utilisé de façon épisodique et en cure très brève : pas plus de 8 à 10 jours.

Son usage régulier peut entraîner :
- une *dépendance*,
- des troubles intestinaux graves,
- une perte de sels minéraux et notamment de *potassium*, pouvant entraîner des *troubles du rythme cardiaque* graves.

Arrêter le traitement en cas de diarrhée ou de douleurs abdominales.

INTERACTIONS MÉDICAMENTEUSES

Ce médicament peut interagir avec d'autres, notamment certains *antiarythmiques* et les médicaments contenant de la *vincamine*. Signalez tout autre traitement en cours à votre médecin ou à votre pharmacien.

GROSSESSE, ALLAITEMENT ET NOUVEAU-NÉ

Ce médicament est déconseillé pendant la grossesse ou l'allaitement.

MODE D'EMPLOI ET POSOLOGIE

Les comprimés doivent être pris de préférence le soir au coucher.

Posologie usuelle :
- Adulte et enfant de plus de 12 ans : 1 à 4 comprimés par jour.

Des mesures simples d'hygiène alimentaire et des exercices physiques sont à envisager avant d'utiliser un laxatif : parlez-en à votre médecin ou à votre pharmacien.

EFFETS INDÉSIRABLES POSSIBLES

Diarrhée, douleurs abdominales.

RHUMAGRIP

PRÉSENTATION

RHUMAGRIP : sirop ; flacon 200 ml - Non remb.

Laboratoires Salver

COMPOSITION

	p. c. à c.
Codéthyline chlorhydrate	3,73 mg
Sulfogaïacol	124,4 mg
Benzoate de sodium	155,5 mg
Belladone, teinture	31,1 mg
Aconit, teinture	62,2 mg
Hysope, extrait pour sirop	49,75 mg
Saccharose	3 g

INDICATIONS

Ce sirop *antitussif* contient notamment de la codéthyline associée à un *antispasmo-*

dique (*belladone*) et des *expectorants* (sulfogaïacol, benzoate de sodium). La codéthyline a un effet *sédatif* sur le *système nerveux central* et notamment sur les centres de la toux.

Ce médicament est utilisé dans le *traitement symptomatique* des toux sèches et d'irritation.

CONTRE-INDICATIONS

Ce médicament ne doit pas être utilisé dans les cas suivants :
- *asthme*,
- *insuffisance respiratoire*,
- *glaucome* à angle fermé,
- risque de blocage des urines (*adénome de la prostate*...),
- enfant de moins de 12 ans.

ATTENTION

Ce médicament n'est pas adapté au traitement de la toux grasse, qui est un mécanisme de défense normal de l'organisme permettant l'évacuation des mucosités présentes dans les bronches.

La toux est un *symptôme* qui peut révéler de nombreuses maladies : consultez votre médecin si elle persiste plus de quelques jours.

Ce médicament contient du *sucre* (saccharose) en quantité notable.

Évitez les boissons alcoolisées : augmentation du risque de somnolence.

Conducteur : ce médicament peut être responsable d'une somnolence ou d'une baisse de la vigilance.

INTERACTIONS MÉDICAMENTEUSES

Ce médicament peut interagir avec d'autres médicaments. Signalez tout autre traitement en cours à votre pharmacien ou à votre médecin.

GROSSESSE, ALLAITEMENT ET NOUVEAU-NÉ

Grossesse :

Compte tenu de la présence de codéthyline, n'utilisez pas ce médicament pendant la grossesse sans prendre l'avis de votre pharmacien ou de votre médecin.

Allaitement :

Par prudence, ce médicament est contre-indiqué pendant l'allaitement.

MODE D'EMPLOI ET POSOLOGIE

Les prises de ce médicament doivent être réparties au cours de la journée.

Posologie usuelle :
- Adulte : 1 cuillère à soupe de sirop, 3 fois par jour.
- Enfant de plus de 12 ans : 2 cuillères à café de sirop, 3 fois par jour.

Il est important de respecter la *posologie* recommandée. Si vous prenez déjà un médicament contenant de la codéthyline ou un autre *antitussif*, prévenez votre médecin.

Une toux nocturne aggravée par ce médicament peut être une toux allergique : demandez conseil à votre médecin.

La poursuite du tabagisme nuit à l'efficacité du traitement.

Des mesures simples permettent de calmer les toux sèches : boissons chaudes et humidification de l'air ambiant.

EFFETS INDÉSIRABLES POSSIBLES

Liés à la présence de codéthyline : constipation ; et plus rarement, somnolence, nausées, vomissements, sensation vertigineuse, ralentissement anormal de la respiration.

Liés à la présence de *belladone* : effets *atropiniques* rares aux doses habituelles.

RIABAL

prifinium

PRÉSENTATION

RIABAL : comprimé à *libération prolongée* (blanc) ; boîte de 20 - Remb. 35 % - Liste II

RIABAL : solution injectable ; boîte de 6 ampoules 2 ml - Remb. 35 % - Liste II

Laboratoires Logeais

COMPOSITION

	p. comp. L.P.	p. amp. inj.
Prifinium bromure	70 mg	15 mg

INDICATIONS

Ce médicament contient un *antispasmodique* de la famille des *atropiniques*.

Il est utilisé dans le *traitement symptomatique* des spasmes du tube digestif, des *voies biliaires* ou du côlon. La solution injectable est également utilisée dans le traitement des *coliques néphrétiques* et hépatiques.

CONTRE-INDICATIONS

Ce médicament ne doit pas être utilisé dans les cas suivants :
- *glaucome* à angle fermé,
- risque de blocage des urines (*adénome de la prostate*...).

ATTENTION

La survenue d'une douleur violente à l'œil, accompagnée d'une rougeur et surtout d'une baisse de l'acuité visuelle, doit conduire à consulter d'urgence un ophtalmologiste : il peut s'agir d'un *glaucome* aigu.

Des précautions sont nécessaires en cas d'*insuffisance hépatique*, d'*insuffisance rénale*, d'*insuffisance coronarienne*, de *troubles du rythme cardiaque*, d'*hyperthyroïdie*, de *bronchite chronique* grave ou d'*atonie intestinale*, notamment chez la personne âgée.

Conducteur : ce médicament peut être responsable de troubles visuels.

INTERACTIONS MÉDICAMENTEUSES

Ce médicament peut interagir avec d'autres médicaments, notamment les *atropiniques*. Signalez tout autre traitement en cours à votre médecin ou à votre pharmacien.

GROSSESSE, ALLAITEMENT ET NOUVEAU-NÉ

Grossesse :

L'effet de ce médicament pendant la grossesse est mal connu : seul votre médecin peut évaluer le risque éventuel de son utilisation dans votre cas.

Allaitement :

Ce médicament (comprimé) ne passe pas dans le lait maternel.

MODE D'EMPLOI ET POSOLOGIE

Les comprimés doivent être pris au cours des repas. La solution est injectée par *voie* intramusculaire ou intraveineuse.

Posologie usuelle :

Traitement d'attaque : 1 comprimé, 3 fois par jour, ou 1 ou 3 ampoules injectables par jour.

Traitement d'entretien : 1 comprimé, 2 fois par jour.

EFFETS INDÉSIRABLES POSSIBLES

Effets *atropiniques* : sécheresse de la bouche, troubles de l'*accommodation*, constipation, épaississement des sécrétions bronchiques, accélération du cœur.

RIABAL Enfant

prifinium

PRÉSENTATION

RIABAL ENFANT : solution buvable ; flacon 50 ml et pipette - Non remb. - Liste II

Laboratoires Logeais

COMPOSITION

	p. pipette 0,4 ml
Prifinium bromure	2 mg

INDICATIONS

Ce médicament est un *antispasmodique* de la famille des *atropiniques*.

Il est utilisé dans le traitement des spasmes du tube digestif, en particulier des vomissements du *nourrisson* et de l'enfant.

CONTRE-INDICATIONS

Ce médicament ne doit pas être utilisé dans les cas suivants :
- *glaucome* à angle fermé,
- risque de blocage des urines.

INTERACTIONS MÉDICAMENTEUSES

Ce médicament peut interagir avec d'autres médicaments, notamment les *atropiniques*. Signalez tout autre traitement en cours à votre médecin ou à votre pharmacien.

MODE D'EMPLOI ET POSOLOGIE

Ce médicament peut être dilué dans un peu d'eau. La dose journalière est répartie en 3 prises.

Posologie usuelle :

1 pipette (0,4 ml) par 2 kg et par jour. Soit, pour un enfant de 6 kg : 1 pipette le matin, 1 le midi et 1 le soir.

EFFETS INDÉSIRABLES POSSIBLES

Effets *atropiniques* : sécheresse de la bouche, dilatation de la pupille, somnolence.

RIBATRAN
trypsine, ribonucléase, chymotrypsinogène

PRÉSENTATION

RIBATRAN : comprimé *gastrorésistant* (orange) ; boîte de 20 - Remb. 35 %

Laboratoires Leurquin Mediolanum

COMPOSITION

	p. comp.
Trypsine	4,2 µkat
Ribonucléase	0,33 µkat
Chymotrypsinogène	93,4 µkat

INDICATIONS

Ce médicament contient des *enzymes* destinées à lutter contre l'*œdème*, l'*inflammation* et la douleur.

Il est utilisé dans le traitement des œdèmes survenant après un traumatisme ou une opération. Il est également utilisé dans le *traitement d'appoint* des affections des *voies* respiratoires.

ATTENTION
La survenue d'une *allergie* cutanée impose l'arrêt du traitement.

GROSSESSE, ALLAITEMENT ET NOUVEAU-NÉ

L'effet de ce médicament pendant la grossesse ou l'allaitement est mal connu. L'évaluation du risque éventuel lié à son utilisation est individuelle : demandez conseil à votre pharmacien ou à votre médecin.

MODE D'EMPLOI ET POSOLOGIE

Les comprimés doivent être avalés avec un peu d'eau.

Posologie usuelle :

3 comprimés par jour.

EFFETS INDÉSIRABLES POSSIBLES

Allergie cutanée.

RIBOMUNYL
extraits bactériens

PRÉSENTATION

RIBOMUNYL AÉROSOL : solution pour aérosol ; flacon pressurisé au Fréon 10 ml (200 doses) - Remb. 35 %

RIBOMUNYL : comprimé (blanc) ; boîte de 4 - Remb. 35 %

RIBOMUNYL : granulé pour suspension buvable ; boîte de 4 sachets - Remb. 35 %

RIBOMUNYL : solution injectable ; flacon de lyophilisat, 1 ampoule de solvant (0,5 ml) et 1 seringue-aiguille stérile à usage unique. - Remb. 35 %

Laboratoires Inava

COMPOSITION

	p. fl. aérosol	p. comp.
Ribosomes titrés à 70 % d'ARN de : Klebsiella pneumoniae, Streptococcus pneumoniae, Streptococcus pyogenes A, Haemophilus influenzae	2 mg	0,750 mg
Protéoglycanes de Klebsiella pneumoniae	3 mg	0,375 mg

	p. sachet	p. fl.
Ribosomes titrés à 70 % d'ARN de : Klebsiella pneumoniae, Streptococcus pneumoniae, Streptococcus pyogenes A, Haemophilus influenzae	0,750 mg	0,010 mg
Protéoglycanes de Klebsiella pneumoniae	1,125 mg	0,015 mg

INDICATIONS

Ce médicament est destiné à stimuler l'immunité et à renforcer les défenses de l'organisme contre l'infection.

Il est utilisé dans le *traitement préventif* des infections récidivantes des *voies* respiratoires.

CONTRE-INDICATIONS

Ce médicament ne doit pas être utilisé dans certaines maladies du système immunitaire.

ATTENTION
L'emploi de l'aérosol nécessite des précautions chez les asthmatiques.

GROSSESSE, ALLAITEMENT ET NOUVEAU-NÉ

Grossesse :

L'effet de ce médicament sur l'enfant à naître est mal connu. Par mesure de prudence, il est déconseillé pendant la grossesse.

MODE D'EMPLOI ET POSOLOGIE

Les comprimés et les granulés doivent être pris de préférence le matin à jeun. La solution injectable est administrée par *voie* sous-cutanée profonde. L'aérosol est administré dans chaque narine et dans la gorge au cours d'une inspiration profonde.

Posologie usuelle :

- Adulte : 1 injection par semaine pendant 4 semaines, ou 1 dose d'aérosol 2 ou 3 fois par jour pendant 15 jours, à renouveler après un intervalle d'une semaine.
- Enfant : 1 comprimé ou 1 sachet, 4 jours par semaine pendant 3 semaines, puis 4 jours par mois pendant 5 mois. En solution injectable et en aérosol, même *posologie* que pour l'adulte.

Ne pas utiliser les formes aérosol chez l'enfant de moins de 3 ans, ni les comprimés chez l'enfant de moins de 5 ans.

EFFETS INDÉSIRABLES POSSIBLES

Allergie, augmentation passagère des sécrétions nasales et salivaires, notamment en début de traitement.

Inflammation au point d'injection et fièvre passagère pour la forme injectable.

RICRIDÈNE
nifurzide

PRÉSENTATION

RICRIDÈNE : gélule (rouge) ; boîte de 21 - Remb. 35 % - Liste II

RICRIDÈNE : suspension buvable infantile ; flacon 100 ml (cuillère-mesure = 2,5 ml) - Remb. 35 % - Liste II

Laboratoires Anphar-Rolland

COMPOSITION

	p. gél.	p. c. mes.
Nifurzide	150 mg	20 mg
Érythrosine	+	
Saccharose		1 g

INDICATIONS

C'est un *antiseptique* intestinal qui appartient à la famille des nitrofuranes.

Il est utilisé pour traiter les diarrhées aiguës bénignes.

CONTRE-INDICATIONS

Ce médicament ne doit pas être utilisé dans les cas suivants :
- *allergie* à un nitrofurane,
- allergie à l'iode (gélule),
- prématuré et *nouveau-né* (suspension buvable).

ATTENTION
Si la diarrhée persiste ou s'il apparaît une fièvre, des frissons, une grande fatigue, du sang ou des glaires dans les selles, ce traitement est insuffisant et des examens peuvent être nécessaires : consultez votre médecin.
Les gélules contiennent de l'érythrosine : elles ne doivent pas être utilisées par les personnes allergiques à l'iode.

GROSSESSE, ALLAITEMENT ET NOUVEAU-NÉ

L'effet de ce médicament pendant la grossesse ou l'allaitement est mal connu : seul votre médecin peut évaluer le risque éventuel de son utilisation dans votre cas.

MODE D'EMPLOI ET POSOLOGIE

Les gélules doivent être avalées avec un peu d'eau.

Posologie usuelle :

- Adulte : 1 gélule, 3 fois par jour.
- Enfant : 1 cuillère-mesure de suspension buvable par 2 kg et par jour à répartir en 3 prises ; par exemple, pour un enfant de 18 kg : 3 cuillères-mesure, 3 fois par jour.

Une diarrhée peut provoquer une déshydratation. Cette perte d'eau par l'organisme peut entraîner des troubles graves (fatigue, malaises, confusion des idées...). Il est indispensable de prévenir cette déshydratation, en particulier chez les personnes âgées et les enfants, par des boissons sucrées abondantes et des bouillons salés. Il existe pour les jeunes enfants des préparations destinées à cet effet.
À conserver à l'abri de la lumière.

EFFETS INDÉSIRABLES POSSIBLES

Allergie.

Exceptionnellement : douleurs d'estomac, *troubles digestifs.*

RIDAURAN
auranofine

PRÉSENTATION

RIDAURAN 3 mg : comprimé (jaune pâle) ; boîte de 30 - Remb. 65 % - Liste I

Laboratoires Robapharm

COMPOSITION

	p. comp.
Auranofine	3 mg

INDICATIONS

Ce médicament est un antirhumatismal d'action lente. Il contient des sels d'or.

Il est utilisé dans le *traitement de fond* de la *polyarthrite rhumatoïde.*

CONTRE-INDICATIONS

Ce médicament ne doit pas être utilisé dans les cas suivants :
- certaines maladies du rein,
- *insuffisance hépatique,*
- *insuffisance rénale,*
- certaines maladies du sang,
- inflammation de la bouche et des gencives,
- *insuffisance cardiaque,*
- certaines maladies de peau,
- **grossesse,**
- **allaitement.**

ATTENTION

Au cours du traitement, une surveillance médicale et des analyses de sang régulières sont nécessaires.

L'effet de ce médicament est lent à apparaître : un délai d'action de 2 à 3 mois est nécessaire avant de pouvoir juger de l'efficacité du traitement. Dans l'intervalle, l'usage des traitements *antalgiques* habituels reste possible.

Ce médicament est destiné au traitement d'un *rhumatisme inflammatoire* : il ne convient pas en cas d'*arthrose* ou de rhumatisme banal.

INTERACTIONS MÉDICAMENTEUSES

Ce médicament peut interagir avec d'autres médicaments, notamment ceux contenant de la phénylbutazone : risque d'augmentation des effets indésirables. Signalez tout autre traitement en cours à votre médecin ou à votre pharmacien.

GROSSESSE, ALLAITEMENT ET NOUVEAU-NÉ

Grossesse :

Ce médicament est contre-indiqué chez la femme enceinte ou susceptible de l'être. Une contraception efficace est recommandée.

Allaitement :

Les données actuellement disponibles ne permettent pas de savoir si ce médicament passe dans le lait maternel : l'allaitement est contre-indiqué.

MODE D'EMPLOI ET POSOLOGIE

Ce médicament doit être pris avec un verre d'eau.

Posologie usuelle :

1 comprimé matin et soir.

EFFETS INDÉSIRABLES POSSIBLES

Les plus fréquents sont digestifs (diarrhée). Certains effets graves peuvent conduire à interrompre le traitement : démangeaisons, éruptions cutanées, aphtes, jaunisse. Prévenez immédiatement votre médecin lors de leur survenue.

RIFADINE
rifampicine

PRÉSENTATION

RIFADINE 300 mg : gélule (rouge) ; boîte de 30 - Remb. 65 % - Liste I

RIFADINE 2 % : suspension buvable arôme framboise ; flacon 120 ml (24 cuillères-mesure 5 ml) - Remb. 65 % - Liste I

Laboratoires Marion Merrell Dow

COMPOSITION

	p. gél.	p. c. mes. 2,5 ml	p. c. mes. 5 ml
Rifampicine	300 mg	50 mg	100 mg
Saccharose		1 g	2 g
Sulfites		+	+

INDICATIONS

C'est un *antibiotique* qui appartient à la famille des rifamycines.

Il est actif sur de nombreux *germes*, mais son usage est habituellement réservé au traitement de la *tuberculose*, de la lèpre et de quelques autres maladies rares. Il est également utilisé dans une indication très particulière : la prévention ponctuelle des *méningites* à méningocoques.

CONTRE-INDICATIONS

Ce médicament ne doit pas être utilisé dans les cas suivants :
- *allergie* aux rifamycines,
- *porphyrie.*

ATTENTION

Ce médicament peut annuler l'efficacité des *contraceptifs* oraux (pilules).

Cet *antibiotique* présente des caractéristiques allergisantes : l'automédication est particulièrement contre-indiquée.

Des précautions sont nécessaires en cas d'*insuffisance rénale* ou d'*insuffisance hépatique.* Des analyses de sang régulières sont souvent prescrites pour contrôler la bonne tolérance du médicament.

La suspension buvable contient du *sucre* (saccharose) en quantité notable.

INTERACTIONS MÉDICAMENTEUSES

Ce médicament accélère la dégradation de nombreux autres médicaments dont il diminue l'efficacité, notamment les *contraceptifs* oraux (pilules), les *anticoagulants* oraux et la ciclosporine (SANDIMMUM). Lors de traitements prolongés, un mode de contraception différent et une modification des autres traitements peuvent être nécessaires.

GROSSESSE, ALLAITEMENT ET NOUVEAU-NÉ

Grossesse et nouveau-né :

Les études actuellement disponibles n'ont pas mis en évidence de problème particulier lors de l'utilisation chez la femme enceinte. Seul votre médecin peut apprécier la nécessité du traitement et son risque pendant la grossesse.

La prise de ce médicament peut justifier des soins particuliers chez la femme en fin de grossesse et chez le *nouveau-né.*

Allaitement :

Ce médicament passe dans le lait maternel : l'allaitement est déconseillé pendant le traitement.

MODE D'EMPLOI ET POSOLOGIE

Ce médicament doit être pris de préférence une demi-heure avant ou deux heures après un repas.

Les gélules sont réservées à l'adulte et à l'enfant de plus de 7 ans.

Posologie usuelle :
- *Tuberculose*, lèpre : la *posologie*, fixée par le médecin, est strictement individuelle.
- Prévention des *méningites* à méningocoques (ce traitement concerne les personnes ayant été en contact avec un malade atteint de méningite à méningocoques) :
  - Adulte : 2 gélules toutes les 12 heures, pendant 2 jours.
  - Nourrisson et enfant : 10 mg par kg toutes les 12 heures, pendant 2 jours ; soit par exemple pour un enfant de 20 kg : 2 cuillères-mesure de 5 ml (200 mg) toutes les 12 heures.
  - Nouveau-né : 5 mg par kg toutes les 12 heures, pendant 2 jours.

Un traitement antituberculeux, qui associe plusieurs médicaments, est habituellement très efficace. Cette efficacité nécessite néanmoins des prises régulières et un respect de la durée du traitement prescrit. Les rechutes dues à un traitement mal suivi sont beaucoup plus difficiles à soigner.

La rifampicine peut colorer en rouge les sécrétions : urines, larmes, crachats. Évitez le port de lentilles de contact, elles pourraient être colorées de façon permanente.

EFFETS INDÉSIRABLES POSSIBLES

Réactions allergiques cutanées, *troubles digestifs*, troubles des règles.

Baisse du nombre des *plaquettes* dans le sang, se traduisant par l'apparition spontanée de plaques violacées sur la peau (bleus). Le traitement doit alors être interrompu en attendant un avis médical et le résultat d'un contrôle sanguin.

Certains effets apparaissent lors des traitements nécessitant une prise intermittente du médicament : *syndrome* grippal fréquent (maux de tête, fièvre, frissons, *vertiges*, douleurs osseuses...), difficultés respiratoires, baisse de la tension artérielle.

RIFAMYCINE CHIBRET

rifamycine

PRÉSENTATION

RIFAMYCINE CHIBRET : collyre (jaune orangé) ; flacon 10 ml - Remb. 65 % - Liste I

RIFAMYCINE CHIBRET : pommade ophtalmique (jaune orangé) ; tube 5 g - Remb. 65 % - Liste I

Laboratoires M.S.D.-Chibret

COMPOSITION

	p. 100 ml	p. 100 g
Rifamycine	1 g	1 g
Sulfites	+	

INDICATIONS

Ce médicament à usage local contient un *antibiotique*, la rifamycine.

Il est utilisé sous forme de collyre ou de pommade pour traiter les infections de l'œil.

ATTENTION

Une rougeur ou une douleur de l'œil ne correspondent pas toujours à une infection. Des soins urgents peuvent être nécessaires, notamment en cas de vision floue. N'utilisez pas ce médicament sans avis médical.

Le collyre ou la pommade peuvent être contaminés par l'œil infecté : évitez de mettre en contact l'extrémité du flacon ou du tube avec l'œil ; ne conservez pas ce médicament plus de 15 jours après une première utilisation.

INTERACTIONS MÉDICAMENTEUSES

Ce collyre peut interagir avec d'autres collyres. Respectez un intervalle minimal de 15 minutes entre deux instillations.

GROSSESSE, ALLAITEMENT ET NOUVEAU-NÉ

L'effet de ce médicament pendant la grossesse ou l'allaitement est mal connu : seul votre médecin peut évaluer le risque éventuel de son utilisation dans votre cas.

MODE D'EMPLOI ET POSOLOGIE

Tirer la paupière inférieure vers le bas tout en regardant vers le haut. Déposer les gouttes de collyre ou la pommade entre la paupière et le globe oculaire (*cul-de-sac conjonctival*).

Posologie usuelle :

Collyre : 1 ou 2 gouttes, 3 à 6 fois par jour.

Pommade ophtalmique : appliquer l'équivalent d'un grain de riz le soir au coucher (la pommade s'emploie généralement en complément du collyre pour assurer une efficacité prolongée la nuit). Dans le traitement des infections des paupières, déposer la pommade sur le bord de la paupière, au contact des cils.

La vision est légèrement troublée par l'application de la pommade. Ce trouble disparaît en quelques minutes.

Une application correcte du produit peut nécessiter une aide, notamment chez l'enfant ou la personne handicapée ou âgée.

Les lentilles de contact ne doivent pas être portées en cas d'infection oculaire ni être réutilisées avant guérison complète.

Ce collyre peut colorer de façon irréversible les lentilles souples.

Il peut également tacher les vêtements. De plus, la coloration des sécrétions nasales est normale.

EFFETS INDÉSIRABLES POSSIBLES

Irritation ou réaction allergique locale.

RIFATER

rifampicine, isoniazide, pyrazinamide

PRÉSENTATION

RIFATER : comprimé ; boîte de 60 - Remb. 65 % - Liste I

Laboratoires Marion Merrell Dow

COMPOSITION

	p. comp.
Rifampicine	120 mg
Isoniazide	50 mg
Pyrazinamide	300 mg

INDICATIONS

C'est une association d'*antibiotiques* actifs sur le bacille de Koch, responsable de la *tuberculose*.

Ce médicament est utilisé dans le traitement de la tuberculose.

CONTRE-INDICATIONS

Ce médicament ne doit pas être utilisé dans les cas suivants :
- *allergie* à la rifampicine,
- *porphyries*,
- *insuffisance rénale*,
- *hyperuricémie*,
- *insuffisance hépatique*,
- grossesse
- allaitement.

ATTENTION

Ce médicament peut annuler l'efficacité des *contraceptifs* oraux (pilules).

Des analyses de sang régulières sont souvent prescrites pour contrôler la bonne tolérance du médicament.

Ce médicament peut être toxique pour le foie, et certains signes évocateurs d'une *hépatite* imposent un avis médical et un éventuel arrêt du traitement : perte d'appétit, fatigue anormale, démangeaisons diffuses...

Diabétiques : ce médicament rend impossible l'interprétation des bandelettes pour la recherche de l'acétone dans les urines.

INTERACTIONS MÉDICAMENTEUSES

Ce médicament accélère la dégradation de nombreux autres médicaments dont il diminue l'efficacité : *contraceptifs* oraux (pilules), *anticoagulants* oraux, ciclosporine (SANDIMMUM...) notamment. Lors de traitements prolongés, un autre mode de contraception et une modification des autres traitements peuvent être nécessaires.

Il peut interagir avec de nombreux autres médicaments, notamment les *antiacides* contenant des sels d'aluminium (MAALOX, PHOSPHALUGEL...), qui pourraient diminuer son absorption. Signalez tout autre traitement en cours à votre médecin ou à votre pharmacien.

GROSSESSE, ALLAITEMENT ET NOUVEAU-NÉ

Grossesse :

L'effet de ce médicament sur l'enfant à naître est mal connu : par mesure de prudence, son usage est contre-indiqué pendant la grossesse.

Allaitement :

Ce médicament passe dans le lait maternel : l'allaitement est contre-indiqué pendant le traitement.

MODE D'EMPLOI ET POSOLOGIE

Ce médicament doit être pris avec un verre d'eau, en 1 seule prise, le matin à jeun.

Posologie usuelle :

Elle est fixée par le médecin en fonction du poids du malade et de la gravité de la maladie.

La rifampicine peut colorer en rouge les sécrétions : urines, larmes, crachats. Évitez le port de lentilles de contact, elles pourraient être colorées de façon permanente.

Le traitement antituberculeux, qui associe plusieurs médicaments, est habituellement très efficace. Cette efficacité nécessite néanmoins des prises régulières et un respect de la durée du traitement prescrit. Les rechutes dues à un traitement mal suivi sont beaucoup plus difficiles à soigner.

EFFETS INDÉSIRABLES POSSIBLES

Les médicaments antituberculeux peuvent être à l'origine de *troubles digestifs*.

Une élévation du taux d'*acide urique* dans le sang est fréquemment constatée ; elle peut être responsable de douleurs articulaires.

Plus rarement : fièvre associée ou non à des douleurs musculaires, *hépatite*, troubles du comportement, fourmillements des extrémités, réaction allergique cutanée.

Baisse du nombre des *plaquettes* dans le sang, se traduisant par l'apparition spontanée de plaques violacées sur la peau (bleus). Le traitement doit alors être interrompu en attendant un avis médical et le résultat d'un contrôle sanguin.

RIFINAH

isoniazide, rifampicine

PRÉSENTATION

RIFINAH 300 : comprimé (jaune orangé) ; boîte de 30 - Remb. 65 % - Liste I

Laboratoires Marion Merrell Dow

COMPOSITION

	p. comp.
Isoniazide	150 mg
Rifampicine	300 mg

INDICATIONS

C'est une association d'*antibiotiques* actifs sur le bacille de Koch, responsable de la *tuberculose*.

Ce médicament est utilisé dans le traitement de la tuberculose.

CONTRE-INDICATIONS

Ce médicament ne doit pas être utilisé dans les cas suivants :

- *allergie* à la rifampicine,
- *porphyries*,
- *insuffisance hépatique*,
- allaitement.

ATTENTION

Ce médicament peut annuler l'efficacité des *contraceptifs* oraux (pilules).

Des analyses de sang régulières sont souvent prescrites pour contrôler la bonne tolérance du médicament.

Ce médicament peut être toxique pour le foie, et certains signes évocateurs d'une *hépatite* imposent un avis médical et un éventuel arrêt du traitement : perte d'appétit, fatigue anormale, démangeaisons diffuses...

INTERACTIONS MÉDICAMENTEUSES

Ce médicament accélère la dégradation de nombreux autres médicaments dont il diminue l'efficacité : *contraceptifs* oraux (pilules), *anticoagulants* oraux, ciclosporine (SANDIMMUN) notamment. Lors de traitements prolongés, un autre mode de contraception et une modification des autres traitements peuvent être nécessaires.

Il peut interagir avec de nombreux autres médicaments, notamment les *antiacides* contenant des sels d'aluminium (MAALOX, PHOSPHALUGEL...) qui pourraient diminuer son absorption. Signalez tout autre traitement en cours à votre médecin ou à votre pharmacien.

GROSSESSE, ALLAITEMENT ET NOUVEAU-NÉ

Grossesse et nouveau-né :

Les études actuellement disponibles n'ont pas mis en évidence de problème particulier lors de l'utilisation chez la femme enceinte. Seul votre médecin peut apprécier la nécessité du traitement et son risque pendant la grossesse.

La prise de ce médicament peut justifier des soins particuliers chez la femme en fin de grossesse et chez le *nouveau-né*.

Allaitement :

Ce médicament passe dans le lait maternel : l'allaitement est contre-indiqué pendant le traitement.

MODE D'EMPLOI ET POSOLOGIE

Ce médicament doit être pris avec un verre d'eau, en une seule prise, le matin à jeun.

Posologie usuelle :

Elle est fixée par le médecin en fonction du poids du malade et de la gravité de la maladie.

La rifampicine peut colorer en rouge les sécrétions : urines, larmes, crachats. Évitez le port de lentilles de contact, elles pourraient être colorées de façon permanente.

Le traitement antituberculeux, qui associe plusieurs médicaments, est habituellement très efficace. Cette efficacité nécessite néanmoins des prises régulières et un respect de la durée du traitement prescrit. Les rechutes dues à un traitement mal suivi sont beaucoup plus difficiles à soigner.

EFFETS INDÉSIRABLES POSSIBLES

Les médicaments antituberculeux peuvent être à l'origine de *troubles digestifs*.

Plus rarement : fièvre associée ou non à des douleurs des muscles ou des articulations, *hépatite*, troubles du comportement, fourmillements des extrémités, réaction allergique cutanée.

Baisse du nombre des *plaquettes* dans le sang, se traduisant par l'apparition spontanée de plaques violacées sur la peau (bleus). Le traitement doit alors être interrompu en attendant un avis médical et le résultat d'un contrôle sanguin.

RIFOCINE

rifamycine

PRÉSENTATION

RIFOCINE : solution pour application locale ; boîte de 1 ampoule 2 ml - Remb. 65 % - Liste I

RIFOCINE : solution pour application locale ; boîte de 1 ampoule 10 ml - Remb. 65 % - Liste I

Laboratoires Marion Merrell Dow

COMPOSITION

	p. 2 ml	p. 10 ml
Rifamycine	100 mg	500 mg
Sulfites	+	+

INDICATIONS

Cette solution d'usage local contient un *antibiotique*.

Elle est utilisée dans le traitement des infections de la peau.

CONTRE-INDICATIONS

Ce médicament ne doit pas être utilisé en cas d'*allergie* aux *antibiotiques* de la famille des rifamycines.

ATTENTION

Si l'infection ne régresse pas après quelques jours, consultez votre médecin.

Évitez d'utiliser ce médicament, notamment chez l'enfant, de manière prolongée et sur des surfaces étendues ou profondément lésées sans l'avis de votre médecin. Il ne doit pas non plus être appliqué sur les lésions suintantes.

GROSSESSE, ALLAITEMENT ET NOUVEAU-NÉ

L'effet de ce médicament pendant la grossesse ou l'allaitement est mal connu : seul votre médecin peut évaluer le risque éventuel de son utilisation dans votre cas.

MODE D'EMPLOI ET POSOLOGIE

Pour les lésions étendues : utiliser les ampoules de 10 ml, en diluant éventuellement la solution dans 20 à 40 ml de *sérum physiologique*.

Pour les lésions limitées : utiliser les ampoules de 2 ml et recouvrir la zone traitée d'une gaze stérile.

Posologie usuelle :

2 ou 3 applications par jour.

Le simple lavage à l'eau et au savon permet d'éliminer la majorité des *germes* ; il doit être suivi d'un rinçage soigneux.

EFFETS INDÉSIRABLES POSSIBLES

Légère douleur locale, *allergie* cutanée.

RIFOCINE collutoire

rifamycine

PRÉSENTATION

RIFOCINE 1 % : collutoire ; flacon pressurisé à l'azote 10 ml - Remb. 35 % - Liste I

Laboratoires Marion Merrell Dow

COMPOSITION

	p. pulv.
Rifamycine	3,33 mg

INDICATIONS

Ce collutoire contient un *antibiotique* d'action locale.

Il est utilisé dans le *traitement d'appoint* des infections de la bouche et de la gorge.

CONTRE-INDICATIONS

Ce médicament ne doit pas être utilisé dans les cas suivants :

- *allergie* aux rifamycines,
- enfant de moins de 30 mois.

ATTENTION

Les traitements locaux (*gargarisme*, *collutoire*, pastille) n'agissent que superficiellement ; dans le cas d'infection profonde (angines...), un autre mode de traitement est nécessaire pour éviter des complications ultérieures, cardiaques ou rénales.

L'usage prolongé de ce médicament n'est pas souhaitable ; il peut modifier l'équilibre microbien naturel de la gorge et favoriser l'apparition de *candidose*.

En l'absence d'amélioration au bout de 5 jours, en cas d'apparition de fièvre : consultez votre médecin.

INTERACTIONS MÉDICAMENTEUSES

Il est généralement inutile d'associer des *antibiotiques* différents. Ceux-ci peuvent être contenus dans de nombreux produits disponibles en automédication : pastille, *collutoire* et solution nasale ; demandez conseil à votre pharmacien.

GROSSESSE, ALLAITEMENT ET NOUVEAU-NÉ

L'effet de ce médicament pendant la grossesse ou l'allaitement est mal connu : seul votre médecin peut évaluer le risque éventuel de son utilisation dans votre cas.

MODE D'EMPLOI ET POSOLOGIE

Posologie usuelle :
- Adulte et enfant de plus de 30 mois : 4 à 6 pulvérisations par jour.

Chez le jeune enfant, la pulvérisation peut provoquer un spasme du larynx : n'introduisez pas trop profondément l'embout dans sa bouche.

RIMACTAN
rifampicine

PRÉSENTATION

RIMACTAN 300 mg : gélule (brun et rouge) ; boîte de 30 - Remb. 65 % - Liste I

RIMACTAN : suspension buvable arôme framboise ; flacon 120 ml (24 cuillères-mesure 5 ml) - Remb. 65 % - Liste I

Laboratoires Ciba-Geigy

COMPOSITION

	p. gél.	p. c. mes.
Rifampicine	300 mg	100 mg
Sulfites		+
Saccharose		+

INDICATIONS

C'est un *antibiotique* qui appartient à la famille des rifamycines.

Il est actif sur de nombreux *germes*, mais son usage est habituellement réservé au traitement de la *tuberculose*, de la lèpre et de quelques autres maladies rares. Il est également utilisé dans une indication très particulière : la prévention ponctuelle des *méningites* à méningocoques.

CONTRE-INDICATIONS

Ce médicament ne doit pas être utilisé dans les cas suivants :
- *allergie* aux rifamycines,
- *porphyries*.

ATTENTION

Ce médicament peut annuler l'efficacité des *contraceptifs* oraux (pilules).

Cet *antibiotique* présente des caractéristiques allergisantes : l'automédication est particulièrement contre-indiquée.

Des précautions sont nécessaires en cas d'*insuffisance rénale* ou d'*insuffisance hépatique*. Des analyses de sang régulières sont souvent prescrites pour contrôler la bonne tolérance du médicament.

Le sirop contient du *sucre* (saccharose) en quantité notable.

INTERACTIONS MÉDICAMENTEUSES

Ce médicament accélère la dégradation de nombreux autres médicaments dont il diminue l'efficacité, notamment les *contraceptifs* oraux (pilules), les *anticoagulants* oraux et la ciclosporine (SANDIMMUM...). Lors de traitements prolongés, un mode de contraception différent et une modification des autres traitements peuvent être nécessaires.

GROSSESSE, ALLAITEMENT ET NOUVEAU-NÉ

Grossesse et nouveau-né :

Les études actuellement disponibles n'ont pas mis en évidence de problème particulier lors de l'utilisation chez la femme enceinte. Seul votre médecin peut apprécier la nécessité du traitement et son risque pendant la grossesse.

La prise de ce médicament peut justifier des soins particuliers chez la femme en fin de grossesse et chez le *nouveau-né*.

Allaitement :

Ce médicament passe dans le lait maternel : l'allaitement est déconseillé pendant le traitement.

MODE D'EMPLOI ET POSOLOGIE

Ce médicament doit être pris de préférence une demi-heure avant ou deux heures après un repas. Les gélules sont réservées à l'adulte et à l'enfant de plus de 7 ans.

Posologie usuelle :
- *Tuberculose*, lèpre : la *posologie*, fixée par le médecin, est strictement individuelle.
- Prévention des *méningites* à méningocoques (ce traitement concerne les personnes ayant été en contact avec un malade atteint de méningite à méningocoques) :
  - Adulte : 2 gélules toutes les 12 heures, pendant 2 jours.
  - Nourrisson et enfant : 10 mg par kg toutes les 12 heures, pendant 2 jours ; soit par exemple pour un enfant de 20 kg : 2 cuillères-mesure (200 mg) toutes les 12 heures.
  - Nouveau-né : 5 mg par kg toutes les 12 heures, pendant 2 jours.

Un traitement antituberculeux, qui associe plusieurs médicaments, est habituellement très efficace. Cette efficacité nécessite néanmoins des prises régulières et un respect de la durée du traitement prescrit. Les rechutes dues à un traitement mal suivi sont beaucoup plus difficiles à soigner.

La rifampicine peut colorer en rouge les sécrétions : urines, larmes, crachats. Évitez le port de lentilles de contact, elles pourraient être colorées de façon permanente.

EFFETS INDÉSIRABLES POSSIBLES

Réactions allergiques cutanées, *troubles digestifs*, troubles des règles.

Baisse du nombre des *plaquettes* dans le sang, se traduisant par l'apparition spontanée de plaques violacées sur la peau (bleus). Le traitement doit alors être interrompu en attendant un avis médical et le résultat d'un contrôle sanguin.

Certains effets apparaissent lors des traitements nécessitant une prise intermittente du médicament : *syndrome* grippal fréquent (maux de tête, fièvre, frissons, *vertiges*, douleurs osseuses...), difficultés respiratoires, baisse de la tension artérielle.

RIMIFON
isoniazide

PRÉSENTATION

RIMIFON 50 mg : comprimé (blanc) ; boîte de 200 - Remb. 65 % - Liste I

RIMIFON 150 mg : comprimé (blanc) ; boîte de 100 - Remb. 65 % - Liste I

Laboratoires Roche

COMPOSITION

	p. comp.	p. comp.
Isoniazide (INH)	50 mg	150 mg

INDICATIONS

C'est un *antibiotique* qui appartient à la famille des antituberculeux.

Il est utilisé dans le traitement de la *tuberculose*.

CONTRE-INDICATIONS

Ce médicament ne doit pas être utilisé en cas d'*insuffisance hépatique* grave.

ATTENTION

Ce médicament peut être toxique pour le foie, et certains signes évocateurs d'une *hépatite* imposent un avis médical et un éventuel arrêt du traitement : perte d'appétit, fatigue anormale, démangeaisons diffuses...

INTERACTIONS MÉDICAMENTEUSES

Ce médicament peut interagir avec d'autres médicaments, notamment avec les *antiacides* contenant des sels d'aluminium (MAALOX, PHOSPHALUGEL...) qui pourraient diminuer son absorption. Signalez tout autre traitement en cours à votre médecin ou à votre pharmacien.

GROSSESSE, ALLAITEMENT ET NOUVEAU-NÉ

Grossesse :

Ce médicament peut être utilisé en cas de *tuberculose* évolutive chez la femme enceinte.

Allaitement :

Ce médicament passe dans le lait maternel.

MODE D'EMPLOI ET POSOLOGIE

Ce médicament doit être pris avec un verre d'eau, de préférence en une seule prise quotidienne, le matin à jeun.

Posologie usuelle :

Elle est fixée par le médecin en fonction du poids du malade et de la gravité de la maladie.

Le traitement antituberculeux, qui associe plusieurs médicaments, est habituellement très efficace. Cette efficacité nécessite néanmoins des prises régulières et un respect de la durée du traitement prescrit. Les rechutes dues à un traitement mal suivi sont beaucoup plus difficiles à soigner.

EFFETS INDÉSIRABLES POSSIBLES

Troubles digestifs.

Fièvre due à l'*antibiotique*, associée ou non à des douleurs des muscles ou des articulations.

Hépatite (voir ATTENTION).

Troubles du comportement, fourmillements des extrémités.

Réactions allergiques cutanées.

RINAZYL

chlorure de cétylpyridinium, sorbate de potassium

PRÉSENTATION

RINAZYL : solution nasale ; flacon pulvérisateur 15 ml - Non remb.

Laboratoires Lederle

COMPOSITION

	p. 100 ml
Chlorure de cétylpyridinium	50 mg
Sorbate de potassium	100 mg

INDICATIONS

Cette solution nasale contient un *antiseptique*.

Elle est utilisée dans le *traitement d'appoint* des *rhinites* et des *rhino-pharyngites*.

ATTENTION

N'utilisez pas ce médicament chez l'enfant de moins de 3 ans sans l'avis de votre médecin.

Si les *symptômes* persistent au-delà de quelques jours, consultez votre médecin.

GROSSESSE, ALLAITEMENT ET NOUVEAU-NÉ

L'effet de ce médicament pendant la grossesse ou l'allaitement est mal connu. L'évaluation du risque éventuel lié à son utilisation est individuelle : demandez conseil à votre pharmacien ou à votre médecin.

MODE D'EMPLOI ET POSOLOGIE

La durée du traitement ne doit pas dépasser 10 jours.

Les pulvérisations sont faites après un mouchage soigneux.

Posologie usuelle :

- Adulte et enfant de plus de 3 ans : 2 ou 3 pulvérisations dans chaque narine, 3 à 5 fois par jour.

Tous les *antiseptiques* peuvent être contaminés par des *germes* : ne les conservez pas inutilement après une première utilisation.

EFFETS INDÉSIRABLES POSSIBLES

Allergie locale.

RINUREL

phénylpropanolamine, phényltoloxamine, paracétamol

PRÉSENTATION

RINUREL : comprimé sécable (rose) ; boîte de 24 - Remb. 35 %

Laboratoires Warner Wellcome

COMPOSITION

	p. comp.
Phénylpropanolamine chlorhydrate	25 mg
Phényltoloxamine citrate	22 mg
Paracétamol	300 mg

INDICATIONS

Ce médicament contient un *vasoconstricteur* décongestionnant, un *antihistaminique*, et un *antalgique* et *antipyrétique* (le paracétamol).

Il est utilisé dans le *traitement symptomatique* des affections aiguës du nez et de la gorge (obstruction du nez ou écoulement nasal, larmoiement, éternuement, fièvre).

CONTRE-INDICATIONS

Ce médicament ne doit pas être utilisé dans les cas suivants :
- enfant de moins de 6 ans,
- *glaucome* à angle fermé,
- risque de blocage des urines (*adénome de la prostate*...),
- *insuffisance hépatique* grave,
- en association avec un *antidépresseur* de type *IMAO* non sélectif,
- **grossesse,**
- **allaitement.**

ATTENTION

Des précautions particulières s'imposent en cas d'*angine de poitrine*, d'*hypertension artérielle*, d'*hyperthyroïdie* ou de *diabète*. Demandez conseil à votre pharmacien ou à votre médecin.

De nombreux médicaments contiennent du paracétamol : en tenir compte en cas de prise conjointe car le surdosage en paracétamol peut être toxique pour le foie.

Évitez les boissons alcoolisées : augmentation du risque de somnolence.

Conducteur : ce médicament peut être responsable d'une somnolence ou d'une baisse de la vigilance.

INTERACTIONS MÉDICAMENTEUSES

Ce médicament ne doit pas être associé aux *antidépresseurs* de type *IMAO* non sélectifs (MARSILID, NIAMIDE...) : risque de crise hypertensive.

Il peut interagir avec d'autres médicaments. Signalez tout autre traitement en cours à votre médecin ou à votre pharmacien.

GROSSESSE, ALLAITEMENT ET NOUVEAU-NÉ

En raison de la présence d'un *vasoconstricteur*, ce médicament est contre-indiqué pendant la grossesse ou l'allaitement.

MODE D'EMPLOI ET POSOLOGIE

Un intervalle de 4 heures doit être respecté entre les prises.

Posologie usuelle :

- Adulte : 1 comprimé, 4 fois par jour.
- Enfant de 12 à 15 ans : 1 comprimé, 2 ou 3 fois par jour.
- Enfant de 9 à 12 ans : 1/2 comprimé, 3 ou 4 fois par jour.
- Enfant de 6 à 9 ans : 1/2 comprimé, 2 ou 3 fois par jour.

Ce médicament n'a pas d'effet anti-infectieux. En cas d'infection bactérienne, un traitement *antibiotique* peut être nécessaire.

EFFETS INDÉSIRABLES POSSIBLES

Effets *atropiniques* : sécheresse de la bouche, troubles visuels, rétention urinaire, confusion des idées et agitation chez la personne âgée.

Rarement : *allergie* cutanée.

RINUTAN

phénylpropanolamine, phényltoloxamine, paracétamol

PRÉSENTATION

RINUTAN : comprimé sécable (beige rosé) ; boîte de 12 - Remb. 35 %

RINUTAN : sirop (orange) ; flacon 200 ml - Remb. 35 %

Laboratoires Warner Wellcome

COMPOSITION

	p. comp.	p. 100 ml
Phénylpropanolamine chlorhydrate	100 mg	0,125 g
Phényltoloxamine citrate diacide	66 mg	0,100 g
Paracétamol	500 mg	3 g

INDICATIONS

Ce médicament contient un *vasoconstricteur* décongestionnant, un *antihistaminique*, et un *antalgique* et *antipyrétique* (le paracétamol).

Il est utilisé dans le *traitement symptomatique* des affections aiguës du nez et de la gorge (obstruction du nez ou écoulement nasal, larmoiement, éternuement, fièvre).

CONTRE-INDICATIONS

Ce médicament ne doit pas être utilisé dans les cas suivants :
- *glaucome* à angle fermé,
- risque de blocage des urines (*adénome de la prostate*...),
- *insuffisance hépatique* grave,
- association avec un *antidépresseur* de type *IMAO* non sélectif,
- **grossesse,**
- **allaitement.**

ATTENTION

Des précautions particulières s'imposent en cas d'*angine de poitrine*, d'*hypertension artérielle*, d'*hyperthyroïdie* ou de *diabète*. Demandez conseil à votre pharmacien ou à votre médecin.

De nombreux médicaments contiennent du paracétamol : en tenir compte en cas de prise conjointe car le surdosage en paracétamol peut être toxique pour le foie.

Évitez les boissons alcoolisées : augmentation du risque de somnolence.

Conducteur : ce médicament peut être responsable d'une somnolence ou d'une baisse de la vigilance.

INTERACTIONS MÉDICAMENTEUSES

Ce médicament ne doit pas être associé aux *antidépresseurs* de type *IMAO* non sélectifs (MARSILID, NIAMIDE...) : risque de crise hypertensive.

Il peut interagir avec d'autres médicaments. Signalez tout autre traitement en cours à votre médecin ou à votre pharmacien.

GROSSESSE, ALLAITEMENT ET NOUVEAU-NÉ

En raison de la présence d'un *vasoconstricteur*, ce médicament est contre-indiqué pendant la grossesse ou l'allaitement.

MODE D'EMPLOI ET POSOLOGIE

Les comprimés doivent être avalés avec un verre d'eau sans être croqués ni broyés.

Respectez un intervalle de 4 heures entre les prises.

Posologie usuelle :

- Adulte : 1 comprimé matin et soir ou 1 cuillère à soupe de sirop, 4 fois par jour.
- Enfant de plus de 8 ans : 1/2 comprimé matin et soir ou 2 à 3 cuillères à café de sirop, 2 ou 3 fois par jour.
- Enfant de 3 à 8 ans : 1 ou 2 cuillères à café de sirop, 2 ou 3 fois par jour.
- Enfant de 1 à 3 ans : 1/2 ou 1 cuillère à café de sirop, 2 ou 3 fois par jour.
- Enfant de 0 à 1 an : 1/2 cuillère à café de sirop, 2 ou 3 fois par jour.

Ce médicament n'a pas d'effet anti-infectieux. En cas d'infection bactérienne, un traitement *antibiotique* peut être nécessaire.

Ce médicament peut provoquer des effets indésirables graves en cas de surdosage. Ne laissez pas le sirop à la portée des enfants.

EFFETS INDÉSIRABLES POSSIBLES

Effets *atropiniques* : sécheresse de la bouche, troubles visuels, rétention urinaire, confusion des idées et agitation chez la personne âgée.

Rarement : *allergie* cutanée.

RISORDAN
isosorbide dinitrate

PRÉSENTATION

RISORDAN 5 mg : comprimé (blanc) ; boîte de 30 - Remb. 65 % - Liste II

RISORDAN 10 mg : comprimé sécable (blanc) ; boîte de 60 - Remb. 65 % - Liste II

RISORDAN 10 mg : comprimé sécable (blanc) ; boîte de 120 - Remb. 65 % - Liste II

RISORDAN 20 mg : comprimé sécable (rose) ; boîte de 60 - Remb. 65 % - Liste II

RISORDAN L.P. 20 mg : comprimé à *libération prolongée* (jaune) ; boîte de 60 - Remb. 65 % - Liste II

RISORDAN L.P. 40 mg : comprimé à *libération prolongée* (orangé) ; boîte de 60 - Remb. 65 % - Liste II

RISORDAN L.P. 60 mg : comprimé sécable à *libération prolongée* (blanc) ; boîte de 30 - Remb. 65 % - Liste II

Laboratoires Théraplix

COMPOSITION

	p. comp.	p. comp.	p. comp.
Isosorbide dinitrate ...	5 mg	10 mg	20 mg
	p. comp. L.P.	p. comp. L.P.	p. comp. L.P.
Isosorbide dinitrate ...	20 mg	40 mg	60 mg

INDICATIONS

Ce médicament *vasodilatateur* appartient à la famille des dérivés de la trinitrine. Il possède de nombreuses propriétés qui facilitent le travail du cœur : dilatation des veines, dilatation des artères à forte dose, prévention des spasmes des *artères coronaires*.

Il est utilisé dans :
- le *traitement préventif* des crises d'*angine de poitrine*,
- le *traitement d'appoint* de l'*insuffisance cardiaque*,
- le *traitement de la crise* d'*angine de poitrine* ou de l'*œdème* aigu du poumon (RISORDAN 5 mg par *voie sublinguale* seulement).

ATTENTION

Ce médicament peut être responsable de maux de tête, parfois violents, surtout lors des premières prises.

Des baisses de la tension artérielle ont également été constatées. La mise en route progressive du traitement prescrit par le médecin doit être respectée, notamment pour les *posologies* élevées ; de même le traitement ne doit pas être arrêté brutalement.

Une crise d'*angine de poitrine* qui dure plus d'un quart d'heure malgré la prise de RISORDAN 5 mg par *voie sublinguale* peut être un *infarctus du myocarde* débutant qui requiert un traitement urgent. Contactez un service médical d'urgence ou appelez le 15.

INTERACTIONS MÉDICAMENTEUSES

Ce médicament peut interagir avec d'autres médicaments. Signalez tout autre traitement en cours à votre médecin ou à votre pharmacien.

GROSSESSE, ALLAITEMENT ET NOUVEAU-NÉ

L'effet de ce médicament pendant la grossesse ou l'allaitement est mal connu : seul votre médecin peut évaluer le risque éventuel de son utilisation dans votre cas.

MODE D'EMPLOI ET POSOLOGIE

Ce médicament peut être pris indifféremment pendant ou en dehors des repas. Le comprimé doit être avalé tel quel, sans être ni sucé ni écrasé, sauf RISORDAN 5 mg.

La *voie sublinguale* doit être utilisée pour le *traitement de la crise* d'*angine de poitrine* par RISORDAN 5 mg : croquer 1 ou 2 comprimés et les garder sous la langue quelques minutes avant d'avaler. L'effet est rapide (2 minutes).

Posologie usuelle :

Elle est variable en fonction des indications, et adaptée par votre médecin en fonction de l'effet thérapeutique.

EFFETS INDÉSIRABLES POSSIBLES

Maux de tête, bouffées de chaleur fréquents en début de traitement.

Baisse de la tension artérielle pouvant se traduire par des malaises, surtout chez la personne âgée.

Nausées, vomissements et réactions cutanés.

RIVOTRIL
clonazépam

PRÉSENTATION

RIVOTRIL 2 mg : comprimé quadrisécable (blanc) ; boîte de 40 - Remb. 65 % - Liste I

RIVOTRIL : solution buvable arôme pêche ; flacon 20 ml (500 gouttes) - Remb. 65 % - Liste I

RIVOTRIL : solution injectable ; boîte de 6 ampoules 2 ml - Remb. 65 % - Liste I

Laboratoires Roche

COMPOSITION

	p. comp.	p. gte	p. amp.
Clonazépam	2 mg	0,1 mg	1 mg

INDICATIONS

C'est un *anticonvulsivant* non barbiturique qui appartient à la famille des *benzodiazépines*.

Il est utilisé dans le *traitement préventif* des *épilepsies* rebelles aux traitements habituels.

CONTRE-INDICATIONS

Ce médicament ne doit pas être utilisé en cas d'*insuffisance respiratoire*.

ATTENTION

Si vous souffrez de *myasthénie*, prévenez votre médecin afin qu'il puisse adapter la *posologie*.

Évitez les boissons alcoolisées : augmentation du risque de somnolence.

Conducteur : ce médicament peut être responsable d'une somnolence ou d'une baisse de la vigilance.

INTERACTIONS MÉDICAMENTEUSES

Ce médicament peut interagir avec d'autres médicaments, notamment avec les *sédatifs*. Signalez tout autre traitement en cours à votre médecin ou à votre pharmacien.

GROSSESSE, ALLAITEMENT ET NOUVEAU-NÉ

Grossesse et nouveau-né :

L'arrêt brutal de ce médicament expose à la réapparition de crises préjudiciables à la mère et à l'enfant à naître. Si une grossesse survient sous traitement, consultez votre médecin : il appréciera le risque éventuel lié à l'utilisation de ce médicament dans votre cas. Des examens particuliers permettent de vérifier l'absence d'anomalie chez l'enfant à naître.

Si le traitement est poursuivi jusqu'à l'accouchement, une surveillance médicale du *nouveau-né* est nécessaire.

Allaitement :

Ce médicament passe dans le lait maternel : l'allaitement est déconseillé.

MODE D'EMPLOI ET POSOLOGIE

Les comprimés et la solution buvable doivent être avalés avec un peu d'eau. La solution injectable peut être administrée par *voie* intramusculaire ou intraveineuse lente. En cas de crise, une injection intramusculaire peut être faite dans l'heure qui suit une injection intraveineuse, dont elle prolonge la durée d'action et l'efficacité.

Posologie usuelle :

Strictement individuelle, elle varie selon l'âge, le poids et la sensibilité du malade. Elle sera établie de façon progressive.

> Afin d'éviter les oublis, il est recommandé de prendre ce médicament à heure fixe.
>
> Veillez à ne jamais manquer de ce médicament : lors de vos déplacements, munissez-vous d'une réserve ou d'une photocopie de votre ordonnance.
>
> Les ampoules doivent être conservées au frais, dans le bac à légumes du réfrigérateur, et la solution buvable, à l'abri de la lumière.

EFFETS INDÉSIRABLES POSSIBLES

Trous de mémoire. Mauvaise coordination des mouvements, somnolence en particulier chez les personnes âgées et en début de traitement.

Irritabilité, excitation.

ROACCUTANE
isotrétinoïne

PRÉSENTATION

ROACCUTANE 5 mg : capsule molle ; boîte de 30 - Remb. 65 % - Liste I

ROACCUTANE 10 mg : capsule molle ; boîte de 30 - Remb. 65 % - Liste I

ROACCUTANE 20 mg : capsule molle ; boîte de 30 - Remb. 65 % - Liste I

Laboratoires Roche

COMPOSITION

	p. caps. 5 mg	p. caps. 10 mg	p. caps. 20 mg
Isotrétinoïne			

INDICATIONS

C'est un antiacnéique qui appartient à la famille des *rétinoïdes* (dérivés de la *vitamine* A acide). Il agit notamment en réduisant l'activité des glandes sébacées.

Il est utilisé pour traiter les *acnés* importantes ou rebelles aux traitements classiques.

CONTRE-INDICATIONS

Ce médicament ne doit pas être utilisé dans les cas suivants :
- femme en âge de procréer, sans protection contraceptive efficace ;
- **grossesse** ;
- **allaitement** ;
- *insuffisance rénale* grave ;
- *insuffisance hépatique* grave ;
- certaines augmentations des lipides dans le sang ;
- en association avec certains *antibiotiques* (*tétracyclines*), avec les médicaments contenant de la *vitamine* A.

Dans tous les autres cas, le médecin est seul juge pour prescrire ce médicament, notamment en cas de *diabète* ou d'*insuffisance hépatique* légère.

> **ATTENTION**
>
> Ce médicament est responsable de graves malformations chez l'enfant à naître en cas de prise pendant une grossesse. Une contraception rigoureuse est indispensable chez la femme pendant toute la durée du traitement et le mois qui suit son arrêt.
>
> N'appliquez rien sur la peau sans l'avis de votre médecin.
>
> Évitez toute exposition prolongée aux rayons *ultraviolets* (soleil, lampe à bronzer) pendant le traitement.
>
> Ne faites pas don de votre sang pendant la durée du traitement, ni pendant les 2 semaines qui suivent son arrêt, en raison de la présence de ce médicament dans le sang.
>
> Conducteur : ce médicament peut être responsable d'une baisse de la vision nocturne.

INTERACTIONS MÉDICAMENTEUSES

Ce médicament ne doit pas être associé :
- aux *tétracyclines* (*antibiotiques*) : risque d'augmentation de la pression intracrânienne,
- aux médicaments contenant de la *vitamine* A (A 313, AROVIT, AVIBON...) : risque accru d'intoxication à la vitamine A,
- aux antiacnéiques à usage local : risque de réaction de la peau.

GROSSESSE, ALLAITEMENT ET NOUVEAU-NÉ

Grossesse :

Ce médicament est contre-indiqué pendant la grossesse : il est responsable de malformation chez l'enfant à naître.

Allaitement :

Ce médicament est contre-indiqué pendant l'allaitement.

MODE D'EMPLOI ET POSOLOGIE

Les capsules doivent être prises au cours des repas.

Posologie usuelle :

La dose quotidienne est répartie en 3 prises.

La durée du traitement est habituellement de 16 semaines : l'amélioration de l'état de la peau continue après l'arrêt du traitement et conduit généralement à une guérison durable. Si nécessaire, une seconde cure peut être prescrite après un intervalle minimal de 2 mois.

> Une irritation de la peau, une aggravation de l'*acné* sont fréquentes et normales en début de traitement ;
>
> Ce traitement assèche l'œil : évitez le port des lentilles de contact.

EFFETS INDÉSIRABLES POSSIBLES

Effets sur la peau et les *muqueuses*, disparaissant habituellement à l'arrêt du traitement :
- fréquemment : sécheresse de la peau et des muqueuses (œil, bouche, nez, gorge), poussée d'*acné* en début de traitement ;
- moins fréquemment : rougeur cutanée, démangeaison, *photosensibilisation*, chute des cheveux, sensibilité plus grande à certains *germes* cutanés, sécheresse vaginale, irritation de l'urètre.

D'autres effets sont possibles :
- transpiration excessive, fatigue, douleurs des muscles et des articulations, *colite*, mauvaise vision nocturne, troubles de l'audition, troubles osseux ;
- exceptionnellement : maux de tête, nausées, troubles visuels, *état dépressif*, *convulsions*.

ROACCUTANE gel
isotrétinoïne

PRÉSENTATION

ROACCUTANE : gel pour application locale ; tube 30 g - Non remb. - Liste I

Laboratoires Roche

COMPOSITION

	p. 100 g
Isotrétinoïne	50 mg

INDICATIONS

C'est un antiacnéique local, qui appartient à la famille des dérivés de la *vitamine* A acide (*rétinoïdes*).

Ce médicament est utilisé dans le traitement de l'*acné*.

> **ATTENTION**
>
> N'appliquez aucun autre produit ou cosmétique sans l'accord de votre médecin (eau de Cologne, lotion après-rasage, crème...).
>
> Ce médicament expose à une *photosensibilisation* : une exposition aux rayons *ultraviolets* (soleil, lampe à bronzer) peut provoquer des réactions cutanées. N'omettez pas de signaler à votre médecin vos projets de vacances au soleil pendant la durée du traitement.

INTERACTIONS MÉDICAMENTEUSES

Ce médicament peut interagir avec d'autres médicaments. Signalez tout autre traitement en cours à votre médecin ou à votre pharmacien.

GROSSESSE, ALLAITEMENT ET NOUVEAU-NÉ

Compte tenu des études actuellement disponibles qui ont montré l'absence de passage de ce médicament dans le sang, les précautions observées pendant la grossesse et l'allaitement pour la forme orale de ROACCUTANE ne s'applique pas à la forme gel.

MODE D'EMPLOI ET POSOLOGIE

Le produit est généralement appliqué après la toilette sur la peau bien sèche. Étaler le gel, en couche mince, avec les doigts.

Posologie usuelle :

Le traitement commence par 1 ou 2 applications par jour. Le résultat est habituellement visible dès le 1er mois ; ensuite, les applications peuvent être espacées.

> Une irritation et une aggravation de l'*acné* sont fréquentes et normales en début de traitement ; ne vous découragez pas : les boutons qui apparaissent traduisent une élimination du sébum.
>
> Le résultat est nettement visible à partir de la 6e semaine ; ensuite, les applications seront espacées dès que le résultat sera jugé satisfaisant.
>
> Si vous vous exposez exceptionnellement au soleil, n'appliquez pas ce médicament la veille, le jour même ni le lendemain. En cas de coup de soleil, attendez un complet rétablissement avant la reprise du traitement.
>
> Si vous mettez accidentellement cette substance en contact avec les yeux, les paupières, la bouche, les narines ou les *muqueuses*, rincez abondamment.
>
> Ce produit doit être conservé à l'abri de la lumière.

EFFETS INDÉSIRABLES POSSIBLES

Rougeur sèche et parfois cuisante de la peau, surtout autour de la bouche et du cou. Ces réactions peuvent être prévenues ou atténuées par l'emploi de crèmes calmantes, ou par une modification de la *posologie*. Demandez conseil à votre médecin.

ROCALTROL

vitamine D3

PRÉSENTATION

ROCALTROL : capsule (orange) ; boîte de 30 - Remb. 65 % - Liste I

Laboratoires Roche

COMPOSITION

	p. caps.
Calcitriol (vitamine D3)	0,25 µg

INDICATIONS

Ce médicament contient un dérivé de la *vitamine* D directement utilisable par l'organisme, alors que la vitamine D naturelle doit subir une transformation dans le rein pour être active. Il permet la fixation osseuse du calcium.

Il est utilisé dans le traitement :
- du *rachitisme* et de l'*ostéomalacie* résistant à la vitamine D naturelle,
- des anomalies osseuses rencontrées chez les insuffisants rénaux,
- des troubles de la calcification dus à un mauvais fonctionnement des glandes *parathyroïdes*.

CONTRE-INDICATIONS

Ce médicament ne doit pas être utilisé dans les cas suivants :
- excès de calcium dans le sang ;
- excès de calcium dans les urines, responsable de calculs rénaux ;
- *hyperparathyroïdie*.

> **ATTENTION**
>
> Un traitement prolongé peut nécessiter des analyses régulières de sang et d'urine.

INTERACTIONS MÉDICAMENTEUSES

Ce médicament peut interagir avec d'autres médicaments. Signalez tout autre traitement en cours à votre médecin ou à votre pharmacien.

GROSSESSE, ALLAITEMENT ET NOUVEAU-NÉ

L'effet de ce médicament pendant la grossesse ou l'allaitement est mal connu : seul votre médecin peut évaluer le risque éventuel de son utilisation dans votre cas.

MODE D'EMPLOI ET POSOLOGIE

Les capsules doivent être avalées avec un peu d'eau sans être croquées ni sucées.

Posologie usuelle :

Elle varie selon les cas et en fonction du résultat des analyses de sang.

> Ce médicament doit être conservé à l'abri de la chaleur et de la lumière.

EFFETS INDÉSIRABLES POSSIBLES

Ce médicament est habituellement bien toléré ; certains signes doivent cependant faire penser à un surdosage et justifient des analyses de sang et d'urine : maux de tête, somnolence, faiblesse musculaire, nausées, vomissements, sécheresse de la bouche accompagnée de goût métallique. Prévenez d'urgence votre médecin.

ROCÉPHINE I.M.

ceftriaxone

PRÉSENTATION

ROCÉPHINE 500 mg I.M. : préparation injectable ; flacon de poudre et ampoule de solvant 2 ml - Remb. 65 % - Liste I

ROCÉPHINE 1 g I.M. : préparation injectable ; flacon de poudre et ampoule de solvant 3,5 ml - Remb. 65 % - Liste I

Laboratoires Roche

COMPOSITION

	p. unité	p. unité
Ceftriaxone disodique	500 mg	1 g
Dont sodium	44 mg	88 mg
Lidocaïne chlorhydrate (solvant)	20 mg	35 mg

INDICATIONS

Cet *antibiotique* appartient à la famille des *céphalosporines*, antibiotiques proches des *pénicillines*, qui sont actives sur un plus grand nombre de *germes* que la pénicilline simple.

Cet antibiotique très puissant est utilisé dans le traitement des infections respiratoires ou urinaires graves, notamment chez les personnes fragilisées.

CONTRE-INDICATIONS

Ce médicament ne doit pas être utilisé dans les cas suivants :
- *allergie* aux *céphalosporines* ou à la lidocaïne,
- enfant de moins de 30 mois.

Dans tous les autres cas, le médecin est seul juge pour prescrire ce médicament, notamment en cas d'allergie aux *pénicillines*.

> **ATTENTION**
>
> Des *antécédents* d'*allergie* à une *céphalosporine* contre-indiquent l'usage de ce médicament. La survenue de toute manifestation allergique (boutons, *œdème*, malaise) impose l'arrêt immédiat du traitement : consultez votre médecin.
>
> Une diminution de la fièvre ou une disparition des troubles ne sont pas synonymes de guérison : la durée du traitement doit absolument être respectée pour éviter les rechutes.

INTERACTIONS MÉDICAMENTEUSES

Ce médicament peut interagir avec d'autres médicaments. Signalez tout autre traitement en cours à votre médecin ou à votre pharmacien.

GROSSESSE, ALLAITEMENT ET NOUVEAU-NÉ

L'effet de ce médicament pendant la grossesse ou l'allaitement est mal connu : seul votre médecin peut évaluer le risque éventuel de son utilisation dans votre cas.

MODE D'EMPLOI ET POSOLOGIE

La solution injectable est préparée en mélangeant la poudre et le solvant fourni.

Posologie usuelle :

Elle est variable en fonction des indications.

À titre indicatif :
- Adulte et enfant de plus de 15 ans : 1 g en 1 injection.
- Enfant de plus de 30 mois : 50 mg par kg et par jour en 1 injection, sans dépasser 1 g.

> L'éventuelle impression de fatigue n'est pas due à l'*antibiotique*, mais à l'infection elle-même.
>
> La solution injectable reconstituée se conserve 6 heures à température ambiante et 24 heures à 5 °C.

EFFETS INDÉSIRABLES POSSIBLES

Douleur au point d'injection.

Troubles digestifs : nausée et diarrhée.

Allergie cutanée, fièvre.

Choc anaphylactique rare.

ROCÉPHINE I.V.

ceftriaxone

PRÉSENTATION

ROCÉPHINE 500 mg I.V. : préparation injectable ; flacon de poudre et ampoule de solvant 5 ml - Remb. 65 % - Liste I

ROCÉPHINE 1 g I.V. : préparation injectable ; flacon de poudre et ampoule de solvant 10 ml - Remb. 65 % - Liste I

Laboratoires Roche

COMPOSITION

	p. unité 500 mg	p. unité 1 g
Ceftriaxone	500 mg	1 g

INDICATIONS

Cet *antibiotique* appartient à la famille des *céphalosporines*, antibiotiques proches des *pénicillines*, qui sont actives sur un plus grand nombre de *germes* que la pénicilline simple.

Cet antibiotique très puissant est utilisé dans le traitement des infections respiratoires ou urinaires graves, notamment chez les personnes fragilisées.

CONTRE-INDICATIONS

Ce médicament ne doit pas être utilisé en cas d'*allergie* aux *céphalosporines*.

Il ne peut être utilisé qu'après avis médical en cas d'allergie aux *pénicillines*.

ATTENTION

Des *antécédents* d'*allergie* à une *céphalosporine* contre-indiquent l'usage de ce médicament. La survenue de toute manifestation allergique (boutons, *œdème*, malaise) impose l'arrêt immédiat du traitement ; de même, la survenue d'une diarrhée importante doit vous conduire à alerter votre médecin.

Une diminution de la fièvre ou une disparition des troubles ne sont pas synonymes de guérison : la durée du traitement doit absolument être respectée pour éviter les rechutes.

INTERACTIONS MÉDICAMENTEUSES

Ce médicament peut interagir avec d'autres médicaments : signalez tout autre traitement en cours à votre médecin ou à votre pharmacien.

GROSSESSE, ALLAITEMENT ET NOUVEAU-NÉ

L'effet de ce médicament pendant la grossesse ou l'allaitement est mal connu : seul votre médecin peut évaluer le risque éventuel de son utilisation dans votre cas.

MODE D'EMPLOI ET POSOLOGIE

La solution injectable est obtenue en mélangeant la poudre avec l'ampoule de solvant fournie. Elle est injectée par *voie* intraveineuse lente.

Posologie usuelle :

Elle est variable selon les cas.

À titre indicatif et pour des infections courantes :

- Adulte : 1 g en une injection quotidienne.
- Enfant et nourrisson : 50 mg par kg et par jour en une injection, sans dépasser 1 g.

L'éventuelle impression de fatigue n'est pas due à l'*antibiotique*, mais à l'infection elle-même.

La solution injectable reconstituée se conserve 6 heures à température ambiante et 24 heures à 5 °C.

EFFETS INDÉSIRABLES POSSIBLES

Troubles digestifs : nausée et diarrhée.

Allergie cutanée, fièvre.

Choc allergique rare.

ROCGEL

oxyde d'aluminium

PRÉSENTATION

ROCGEL : suspension buvable (blanc) ; boîte de 24 sachets - Remb. 65 %

Laboratoires Roques

COMPOSITION

	p. sachet
Oxyde d'aluminium hydraté	8,08 g
Saccharose	1,90 g

INDICATIONS

C'est un médicament qui appartient à la famille des *antiacides* d'action locale. Il agit en neutralisant les acides sécrétés par l'estomac.

Il est utilisé comme *traitement symptomatique* des douleurs, brûlures, aigreurs de l'estomac ou de l'œsophage.

ATTENTION

Des douleurs qui persistent peuvent être dues à une lésion du tube digestif : consultez votre médecin.

Ce médicament contient du *sucre* (saccharose) en quantité notable.

INTERACTIONS MÉDICAMENTEUSES

Ce médicament peut interagir avec de nombreux autres médicaments en diminuant leur absorption : il convient de séparer les prises d'au moins 2 heures.

GROSSESSE, ALLAITEMENT ET NOUVEAU-NÉ

Les sels minéraux contenus dans ce médicament sont peu absorbés ; l'automédication est possible en cure courte ou ponctuelle pendant la grossesse ou l'allaitement.

MODE D'EMPLOI ET POSOLOGIE

Le sachet doit être pris pur.

Posologie usuelle :

1 sachet après les repas ou au moment des douleurs.

La prise se fait habituellement au moment où l'estomac sécrète le plus d'acide, c'est-à-dire environ 90 minutes après le repas.

Une alimentation équilibrée, une mastication lente et l'élimination des aliments difficiles à digérer permettent souvent d'atténuer, voire de faire disparaître, les douleurs d'estomac qui ne sont pas liées à un *ulcère*.

Si vous êtes fumeur, la poursuite du tabagisme nuit à l'efficacité du traitement.

ROCMALINE

arginine, acide malique

PRÉSENTATION

ROCMALINE : solution buvable arôme prune ; boîte de 20 ampoules (10 ml) - Non remb.

Laboratoires Roques

COMPOSITION

	p. amp.
Arginine	0,413 g
Acide malique	1,5 g
Saccharose	1 g
Sulfites	+

INDICATIONS

C'est une association utilisée dans le *traitement symptomatique* des *troubles digestifs* en rapport avec une paresse du foie.

ATTENTION

Ce médicament contient de l'*alcool* et du *sucre* (saccharose) en quantité notable.

En cas de persistance des *symptômes*, des examens peuvent être nécessaires : consultez votre médecin.

GROSSESSE, ALLAITEMENT ET NOUVEAU-NÉ

Ce médicament ne contient que des substances présumées sans danger pendant la grossesse ou l'allaitement. Néanmoins, ne l'utilisez pas de façon prolongée sans l'avis de votre pharmacien ou de votre médecin.

MODE D'EMPLOI ET POSOLOGIE

Les ampoules doivent être diluées dans un verre d'eau.

Posologie usuelle :

2 à 3 ampoules par jour, aux repas.

Ce médicament peut être accompagné d'une alimentation appropriée : parlez-en à votre médecin ou à votre pharmacien.

RODOGYL

spiramycine, métronidazole

PRÉSENTATION

RODOGYL : comprimé (rose) ; boîte de 20 - Remb. 65 % - Liste I

Laboratoires Specia

COMPOSITION

	p. comp.
Spiramycine base	750 000 UI
Métronidazole	125 mg

INDICATIONS

C'est une association de deux *antibiotiques* : la spiramycine de la famille des *macrolides* et le métronidazole de la famille des *imidazolés*.

Ce médicament est utilisé dans le traitement des infections de la bouche et des dents.

CONTRE-INDICATIONS

Ce médicament ne doit pas être utilisé en cas d'*allergie* aux *macrolides* ou aux *imidazolés*.

ATTENTION

Évitez l'absorption de boissons alcoolisées pendant le traitement : risque d'*effet antabuse*.

INTERACTIONS MÉDICAMENTEUSES

Ce médicament peut interagir avec d'autres médicaments, notamment l'ESPÉRAL. Signalez tout autre traitement en cours à votre médecin ou à votre pharmacien.

GROSSESSE, ALLAITEMENT ET NOUVEAU-NÉ

Grossesse :

L'effet de ce médicament pendant la grossesse est mal connu : par mesure de prudence, son usage est déconseillé pendant les 3 premiers mois.

Allaitement :

Ce médicament passe dans le lait maternel.

MODE D'EMPLOI ET POSOLOGIE

Ce médicament doit être pris de préférence au cours des repas.

Posologie usuelle :

- Adulte : 2 comprimés, 2 à 3 fois par jour.
- Enfant de 10 à 15 ans : 1 comprimé, 3 fois par jour.
- Enfant de 5 à 10 ans : 1 comprimé, 2 fois par jour.

Une diminution de la fièvre ou une disparition des troubles ne sont pas synonymes de guérison : la durée du traitement doit absolument être respectée pour éviter les rechutes.

La coloration brun-rouge des urines est normale.

EFFETS INDÉSIRABLES POSSIBLES

Troubles digestifs : nausée, vomissements, diarrhée. Goût métallique dans la bouche.

Réactions allergiques, *urticaire*.

Vertiges, mauvaise coordination des mouvements liés à la durée du traitement.

Prendre un médicament à heure fixe limite les risques d'oubli

ROHYPNOL

flunitrazépam

PRÉSENTATION

ROHYPNOL 1 mg : comprimé sécable (blanc) ; boîte de 20 - Remb. 65 % - Liste I

ROHYPNOL 2 mg : comprimé sécable (rose) ; boîte de 10 - Remb. 65 % - Liste I

Laboratoires Roche

COMPOSITION

	p. comp.	p. comp.
Flunitrazépam	1 mg	2 mg

INDICATIONS

C'est un somnifère qui appartient à la famille des *benzodiazépines*.

Il est utilisé dans le traitement de l'insomnie.

CONTRE-INDICATIONS

Ce médicament ne doit pas être utilisé en cas d'*insuffisance respiratoire* grave.

ATTENTION

Des précautions sont à prendre en cas de *myasthénie*, d'*insuffisance rénale*, d'*insuffisance hépatique* ou d'*insuffisance respiratoire*.

Une prise prolongée ou des doses importantes de ce médicament, son association à des *sédatifs* ou à des boissons alcoolisées favorisent une *dépendance*. Respectez la *posologie* et la durée de traitement prescrites par votre médecin.

Certaines insomnies peuvent traduire une *dépression* masquée et justifier un traitement spécifique.

Ce médicament expose à un risque de chute nocturne chez la personne âgée ayant l'habitude de se lever la nuit.

Un réveil nocturne après la prise du médicament peut entraîner des troubles de la mémoire parfois angoissants.

L'arrêt brutal de ce médicament expose à un *syndrome de sevrage* : réapparition de l'insomnie, anxiété, agitation, irritabilité, maux de tête, douleurs musculaires, tremblements, hallucinations. Il faut donc s'entourer de conseils médicaux pour diminuer progressivement les doses et espacer les prises, sur une période d'autant plus longue que le traitement a été prolongé.

Évitez les boissons alcoolisées : augmentation du risque de somnolence et de dépendance.

Conducteur : ce médicament peut être responsable d'une somnolence ou d'une baisse de la vigilance.

INTERACTIONS MÉDICAMENTEUSES

Ce médicament peut interagir avec d'autres, notamment les *sédatifs*. Signalez tout autre traitement en cours à votre médecin ou à votre pharmacien.

GROSSESSE, ALLAITEMENT ET NOUVEAU-NÉ

Grossesse et nouveau-né :

Par mesure de prudence, ce médicament est habituellement déconseillé pendant les 3 premiers mois de la grossesse. Toutefois, une grossesse survenant sous traitement ne justifie pas d'inquiétude particulière. Seul votre médecin peut apprécier le risque éventuel lié à l'utilisation de ce médicament dans votre cas.

Si le traitement est poursuivi jusqu'à l'accouchement, une surveillance médicale du *nouveau-né* est nécessaire.

Allaitement :

Ce médicament passe dans le lait maternel : l'allaitement est déconseillé.

MODE D'EMPLOI ET POSOLOGIE

Les comprimés doivent être avalés avec un peu d'eau.

Posologie usuelle :

- Adulte : 1 mg au coucher.

Lorsque le traitement a été prolongé plusieurs semaines, l'arrêt devra être progressif.

- Enfant : la posologie est individuelle et le traitement sera de courte durée.

Ce médicament vous a été prescrit dans une situation précise. Ne le conseillez pas à une autre personne.

Les somnifères ne sont pas la seule réponse aux troubles du sommeil. Une meilleure hygiène de vie, une consommation modérée d'excitants (y compris les boissons alcoolisées) permettent aussi de lutter efficacement contre les insomnies.

EFFETS INDÉSIRABLES POSSIBLES

Pertes de mémoire, somnolence pendant la journée en particulier chez la personne âgée, ralentissement des idées ou, au contraire, excitabilité, irritabilité, confusion des idées, hallucinations.

Fatigue musculaire, éruption cutanée.

ROMARÈNE

PRÉSENTATION

ROMARÈNE BEAUFOUR : granulé arôme romarin ; boîte de 250 g - Non remb.

Laboratoires Beaufour

COMPOSITION

	p. c. à c.
Romarin, extrait fluide	0,125 g
Taraxacum, extrait mou	0,0225 g
Combretum, extrait mou	0,0075 g
Eucalyptus, extrait mou	0,0075 g
Tartrate de potassium et de sodium	0,125 g
Citrate de sodium	0,5 g
Essence de romarin	0,25 g
dont sodium	0,125 g

INDICATIONS

C'est une association de substances actives utilisée dans le *traitement symptomatique* des *troubles digestifs*, et des brûlures de l'œsophage et de l'estomac.

ATTENTION

Des douleurs qui persistent peuvent être dues à une lésion du tube digestif : consultez votre médecin.

Si vous souffrez d'obstruction des *voies biliaires* et d'*insuffisance hépatique* grave, parlez-en à votre pharmacien ou à votre médecin.

Ce médicament contient du *sel* (sodium) en quantité notable.

GROSSESSE, ALLAITEMENT ET NOUVEAU-NÉ

L'effet de ce médicament pendant la grossesse ou l'allaitement est mal connu. L'évaluation du risque éventuel lié à son utilisation est individuelle : demandez conseil à votre pharmacien ou à votre médecin.

MODE D'EMPLOI ET POSOLOGIE

Les granulés peuvent être croqués ou dissous dans une boisson tiède.

Posologie usuelle :

- Adulte : 1 à 3 cuillères à café par jour.
- Enfant : 1/2 à 2 cuillères à café par jour.

Ce médicament doit être accompagné d'une alimentation appropriée : parlez-en à votre médecin ou à votre pharmacien.

ROMARINEX CHOLINE

PRÉSENTATION

ROMARINEX CHOLINE : solution buvable arôme cerise ; flacon 125 ml - Remb. 35 %

Laboratoires Aérocid

COMPOSITION

	p. 100 ml
Romarin, extrait fluide	10 g
Artichaut, extrait fluide	10 g
Boldo, extrait fluide	10 g
Pissenlit, extrait fluide	10 g
Combretum, extrait fluide	10 g
Citrate de choline	20 g
Alcool	19,4 g

INDICATIONS

Ce médicament est une association d'extraits de plantes, et d'autres substances actives. Il agit en augmentant la production de bile et en facilitant son passage vers le tube digestif. Il a également une action *diurétique*.

Il est utilisé dans le *traitement symptomatique* des digestions difficiles.

ATTENTION

Ce médicament contient une quantité notable d'*alcool*.

Si vous souffrez d'obstruction des *voies biliaires* et d'*insuffisance hépatique* grave : parlez-en à votre médecin ou à votre pharmacien.

GROSSESSE, ALLAITEMENT ET NOUVEAU-NÉ

L'effet de ce médicament pendant la grossesse ou l'allaitement est mal connu. L'évaluation du risque éventuel lié à son utilisation est individuelle : demandez conseil à votre pharmacien ou à votre médecin.

MODE D'EMPLOI ET POSOLOGIE

Posologie usuelle :

- Adulte : 1 à 3 cuillères à café par jour.

Ce médicament peut être accompagné d'une alimentation appropriée : parlez-en à votre médecin ou à votre pharmacien.

R.O.R.

vaccins associés

PRÉSENTATION

R.O.R. : préparation injectable ; flacon-dose de lyophilisat et seringue de solvant 0,5 ml - Remb. 65 %

Laboratoires Mérieux-M.S.D.

COMPOSITION

Virus vivants hyperatténués de la rougeole (souche Schwarz) ; Virus vivants atténués des oreillons (souche Urabe AM-9) ; Virus vivants atténués de la rubéole (souche Wistar RA 27/3M).

INDICATIONS

C'est une association de *vaccins* composés de *virus* atténués : ceux-ci sont vivants, mais affaiblis, et ne peuvent pas provoquer de maladies.

Elle est utilisée dans la prévention de la rougeole, des oreillons et de la rubéole.

L'immunité apparaît 15 jours après la vaccination.

CONTRE-INDICATIONS

Ce *vaccin* ne doit pas être utilisé dans les cas suivants :

- *déficit immunitaire*,
- *allergie* aux protéines de l'œuf ou à la néomycine,
- injection récente d'*immunoglobulines*,
- grossesse.

ATTENTION

Il est préférable de respecter un délai minimal de 2 mois entre cette vaccination et une grossesse ultérieure.

INTERACTIONS MÉDICAMENTEUSES

L'injection d'*immunoglobulines* peut inactiver les *virus* contenus dans le *vaccin*. Les tests à la tuberculine (timbre NÉOTEST, MONOTEST...) peuvent être rendus transitoirement négatifs dans les suites de cette vaccination.

GROSSESSE, ALLAITEMENT ET NOUVEAU-NÉ

Ce vaccin est contre-indiqué pendant la grossesse. D'autre part, une contraception est nécessaire chez la femme pendant les 2 mois qui suivent la vaccination.

MODE D'EMPLOI ET POSOLOGIE

L'injection est réalisée par *voie* sous-cutanée ou intramusculaire.

Posologie usuelle :

Une seule injection vers l'âge de 1 an est nécessaire. Une seconde injection peut toutefois être pratiquée chez les enfants vaccinés avant cet âge.

Chez l'adulte, d'autres présentations de *vaccins* sont préférables ; demandez conseil à votre médecin.

Pour des raisons de confort, la vaccination doit être différée en cas de fièvre élevée.

Les réactions fébriles dues aux *vaccins* peuvent être combattues en prenant de l'aspirine ou du paracétamol.

Pour garder son efficacité, ce vaccin doit être conservé entre + 2 et + 8 °C (compartiment à beurre du réfrigérateur) et à l'abri de la lumière, mais quelques jours à une température ne dépassant pas 25 °C ne prêtent pas à conséquence. Il ne doit pas être congelé.

EFFETS INDÉSIRABLES POSSIBLES

Ils surviennent généralement à partir du 5e jour suivant la vaccination : fièvre associée ou non à une *rhino-pharyngite* ou à une bronchite modérée et transitoire.

Dans de très rares cas peuvent apparaître des complications plus sérieuses : *convulsions*, surdité d'une oreille, *méningite* (habituellement sans séquelles). Ces complications surviennent dans des proportions très inférieures à celles observées lors de l'infection naturelle par la rougeole ou les oreillons.

ROUVAX

vaccin contre la rougeole

PRÉSENTATION

ROUVAX : préparation injectable ; flacon-dose de lyophilisat et seringue de solvant 0,5 ml - Remb. 65 %

Laboratoires Mérieux-M.S.D.

COMPOSITION

Virus vivants hyperatténués de la rougeole (souche Schwarz)

INDICATIONS

C'est un *vaccin* composé de *virus* atténués : vivants, mais affaiblis, ils ne peuvent pas provoquer la maladie.

Il est utilisé dans la prévention de la rougeole. L'immunité apparaît 15 jours après la première injection et dure au moins 20 ans.

CONTRE-INDICATIONS

Ce *vaccin* ne doit pas être utilisé dans les cas suivants :

- *déficit immunitaire*,
- *allergie* à la néomycine,
- injection récente d'*immunoglobulines*,
- grossesse.

ATTENTION

Des précautions sont nécessaires en cas d'*allergie* aux protéines de l'œuf.

INTERACTIONS MÉDICAMENTEUSES

L'injection d'*immunoglobulines* peut inactiver les virus contenus dans le *vaccin*.

Les tests à la tuberculine (timbre NÉOTEST, MONOTEST...) peuvent être rendus transitoirement négatifs dans les suites de cette vaccination.

GROSSESSE, ALLAITEMENT ET NOUVEAU-NÉ

Grossesse :

Par mesure de prudence, ce vaccin est contre-indiqué pendant la grossesse. Seul votre médecin peut évaluer le risque éventuel de son utilisation dans votre cas.

MODE D'EMPLOI ET POSOLOGIE

L'injection est réalisée par *voie* sous-cutanée ou intramusculaire.

Une seule injection vers l'âge de 1 an est nécessaire. Une seconde injection peut toutefois être pratiquée chez les enfants vaccinés avant cet âge. Chez l'adulte, une seule injection est nécessaire.

> Pour des raisons de confort, la vaccination doit être différée en cas de fièvre élevée.
> Les réactions fébriles dues aux *vaccins* peuvent être combattues en prenant de l'aspirine ou du paracétamol.
> Pour garder son efficacité, ce vaccin doit être conservé entre + 2 et + 8 °C (compartiment à beurre du réfrigérateur) mais quelques jours à une température ne dépassant pas 25 °C ne prêtent pas à conséquence. Il ne doit pas être congelé.

EFFETS INDÉSIRABLES POSSIBLES

Ils surviennent généralement à partir du 5e jour suivant la vaccination : fièvre, associée ou non à une *rhino-pharyngite* ou à une bronchite modérée et transitoire.

Dans de très rares cas peuvent apparaître des *convulsions*. Celles-ci sont beaucoup plus fréquentes en cas de rougeole naturelle survenant chez un enfant non vacciné.

ROVAMYCINE
spiramycine

PRÉSENTATION

ROVAMYCINE NOURRISSONS ET ENFANTS : sirop arôme chocolat-menthe-caramel ; flacon 150 ml - Remb. 65 % - Liste I

ROVAMYCINE 0,375 M UI : granulé ; boîte de 10 sachets - Remb. 65 % - Liste I

ROVAMYCINE 0,75 M UI : granulé ; boîte de 10 sachets - Remb. 65 % - Liste I

ROVAMYCINE 1,5 M UI : granulé ; boîte de 10 sachets - Remb. 65 % - Liste I

ROVAMYCINE 1,5 M UI : comprimé (blanc) ; boîte de 16 - Remb. 65 % - Liste I

ROVAMYCINE 3 M UI : comprimé (blanc) ; boîte de 10 - Remb. 65 % - Liste I

Laboratoires Specia

COMPOSITION

	p. c. mes.	p. sachet	p. sachet
Spiramycine	0,375 M UI	0,375 M UI	0,75 M UI
	p. sachet	**p. comp.**	**p. comp.**
Spiramycine	1,5 M UI	1,5 M UI	3 M UI

INDICATIONS

C'est un *antibiotique* qui appartient à la famille des *macrolides*.

Il est utilisé dans le traitement de diverses maladies infectieuses, notamment celles des poumons, des bronches, de la peau, du nez, de la bouche et des dents, de l'appareil génital...

> **ATTENTION**
> Une diminution de la fièvre ou une disparition des troubles ne sont pas synonymes de guérison : la durée du traitement doit absolument être respectée pour éviter les rechutes.

GROSSESSE, ALLAITEMENT ET NOUVEAU-NÉ

Grossesse :

Ce médicament peut être utilisé chez la femme enceinte.

Allaitement :

Ce médicament passe dans le lait maternel. Une interruption de l'allaitement doit être envisagée.

MODE D'EMPLOI ET POSOLOGIE

Ce médicament peut être pris au cours ou en dehors des repas.

Granulé : mettre les granulés dans un verre, puis remplir d'eau le sachet vide. Ajouter l'eau aux granulés et agiter.

Posologie usuelle :

- Adulte : 1 comprimé à 3 M UI, 2 à 3 fois par jour.
- Enfant de plus de 20 kg : 1 comprimé à 1,5 M UI par 10 kg et par jour en 2 ou 3 prises.

> Le médecin peut prescrire un prélèvement pour identifier le *germe* responsable de l'infection et tester sa sensibilité aux *antibiotiques*. Le résultat de cet examen peut être faussé en cas d'automédication préalable : ne prenez pas d'antibiotique sans avis médical.
> L'éventuelle impression de fatigue n'est pas due à l'antibiotique, mais à l'infection elle-même.

EFFETS INDÉSIRABLES POSSIBLES

Troubles digestifs.

Allergie cutanée.

ROVIGON
vitamines A et E

PRÉSENTATION

ROVIGON : comprimé à croquer ; boîte de 30 - Non remb.

Laboratoires Roche Nicholas

COMPOSITION

	p. comp.
Rétinol (vitamine A)	3 333 UI
Tocophérol (vitamine E)	70 mg

INDICATIONS

Ce médicament contient des *vitamines* A et E, indispensables au *métabolisme*.

Il est utilisé en cas de fatigue, d'amaigrissement, de dénutrition et dans le traitement de certaines maladies de peau.

> **ATTENTION**
> Ce médicament n'est pas adapté à l'enfant.
> Ce médicament contient de la *vitamine* A : un surdosage expose à des effets indésirables graves. Cette vitamine est présente dans de nombreux médicaments dont certains sont disponibles en automédication : évitez de les associer.

GROSSESSE, ALLAITEMENT ET NOUVEAU-NÉ

Grossesse :

Chez la femme enceinte, les apports quotidiens en *vitamine* A ne doivent pas dépasser 6 000 UI par jour, alimentation comprise. Par mesure de prudence, ce médicament est déconseillé pendant les 3 premiers mois de la grossesse.

Allaitement :

Chez la femme qui allaite, les apports quotidiens en *vitamine* A ne doivent pas dépasser 5 000 UI par jour, alimentation comprise.

MODE D'EMPLOI ET POSOLOGIE

Les comprimés doivent être croqués.

Posologie usuelle :

1 ou 2 comprimés par jour, pendant 21 jours, 3 fois par an.

> La *vitamine* A est apportée par les corps gras : l'huile de foie de poissons, le jaune d'œuf, le beurre, et les laitages, surtout. Elle est également fabriquée par le foie à partir de certains aliments : légumes, fruits. Une alimentation équilibrée et diversifiée apporte habituellement des quantités suffisantes de vitamine A.

EFFETS INDÉSIRABLES POSSIBLES

Leur apparition (perte de l'appétit, nausées, vomissements, irritabilité...) traduit un surdosage et impose l'arrêt du traitement.

ROWASA
mésalazine

PRÉSENTATION

ROWASA 250 mg : comprimé *gastrorésistant* (brun clair) ; boîte de 90 - Remb. 65 %

ROWASA 500 mg : comprimé *gastrorésistant* (rouge orangé) ; boîte de 90 - Remb. 65 %

ROWASA 500 mg : suppositoire (blanc) ; boîte de 15 - Remb. 65 %

ROWASA 500 mg : suppositoire (blanc) ; boîte de 30 - Remb. 65 %

Laboratoires LTM

COMPOSITION

	p. comp.	p. comp.	p. suppos.
Mésalazine	250 mg	500 mg	500 mg

INDICATIONS

Ce médicament contient un *salicylé*. Il a une action *anti-inflammatoire* sur la *muqueuse* intestinale.

Il est utilisé pour traiter la *rectocolite hémorragique*.

CONTRE-INDICATIONS

Ce médicament ne doit pas être utilisé dans les cas suivants :
- *allergie* aux *salicylés*,
- grossesse,
- allaitement.

ATTENTION

Des précautions sont nécessaires en cas d'*insuffisance hépatique* ou d'*insuffisance rénale*.

GROSSESSE, ALLAITEMENT ET NOUVEAU-NÉ

Grossesse :

Ce médicament est récent : en l'absence de données suffisantes, il est contre-indiqué pendant la grossesse.

Allaitement :

Ce médicament passe dans le lait maternel : l'allaitement est contre-indiqué.

MODE D'EMPLOI ET POSOLOGIE

Les comprimés doivent être avalés avec un peu d'eau.

Posologie usuelle :

Traitement d'attaque : 8 à 16 comprimés à 250 mg ou 4 à 8 comprimés à 500 mg par jour, en 3 à 4 prises régulièrement espacées, ou 1 suppositoire, 2 ou 3 fois par jour.

Traitement d'entretien : 1 ou 2 comprimés, 3 fois par jour.

EFFETS INDÉSIRABLES POSSIBLES

En début de traitement : nausées, vomissements (comprimés). Ils sont passagers, et ne doivent pas faire arrêter le traitement.

Exceptionnellement : anomalie de la *numération formule sanguine* imposant un arrêt du traitement.

ROZEX

métronidazole

PRÉSENTATION

ROZEX : gel pour application locale ; tube 30 g - Remb. 65 % - Liste I

Laboratoires Galderma

COMPOSITION

	p. 100 g
Métronidazole	0,75 g

INDICATIONS

Ce gel contient un *antibiotique* de la famille des *imidazolés*.

Il possède également une action *anti-inflammatoire* qui permet son utilisation dans le traitement de la *rosacée*.

CONTRE-INDICATIONS

Ce médicament ne doit pas être utilisé en cas d'*allergie* aux *imidazolés*.

ATTENTION

Évitez les boissons alcoolisées : risque d'*effet antabuse*.

En cas de contact accidentel avec les yeux, rincez abondamment.

INTERACTIONS MÉDICAMENTEUSES

Ce médicament peut interagir avec d'autres médicaments. Signalez tout autre traitement en cours à votre médecin ou à votre pharmacien.

GROSSESSE, ALLAITEMENT ET NOUVEAU-NÉ

L'effet de ce médicament pendant la grossesse ou l'allaitement est mal connu : seul votre médecin peut évaluer le risque éventuel de son utilisation dans votre cas.

MODE D'EMPLOI ET POSOLOGIE

Après la toilette, appliquer le gel en couche mince.

Posologie usuelle :

2 applications par jour, pendant 3 à 4 mois.

EFFETS INDÉSIRABLES POSSIBLES

Irritation locale, démangeaisons.

RUBOZINC

zinc

PRÉSENTATION

RUBOZINC : gélule (blanc) ; boîte de 30 - Remb. 65 %

Laboratoires Labcatal

COMPOSITION

	p. gél.
Zinc gluconate	
Soit zinc métal	15 mg

INDICATIONS

Ce médicament contient du zinc, actif sur l'*inflammation* des lésions de l'*acné*.

Il est utilisé dans le traitement de l'acné modérée et de certaines maladies héréditaires rares liées à une *carence* en zinc.

INTERACTIONS MÉDICAMENTEUSES

Ce médicament gêne l'absorption des *antibiotiques* de la famille des *tétracyclines*, qui ne doivent pas lui être associés.

La prise de médicaments contenant du calcium ou du fer, ainsi que les *pansements digestifs*, diminue l'absorption de ce produit.

GROSSESSE, ALLAITEMENT ET NOUVEAU-NÉ

L'absence d'effets nocifs de ce médicament n'a pas été établie pendant la grossesse ou l'allaitement. Seul votre médecin peut apprécier la nécessité du traitement et son risque.

MODE D'EMPLOI ET POSOLOGIE

Ce médicament doit être pris en 1 seule fois, à jeun, avec un grand verre d'eau.

Posologie usuelle :

Traitement de l'*acné* : 2 gélules, 1 fois par jour, pendant 3 mois ; puis 1 seule gélule par jour selon la prescription du médecin.

Le repas qui suit immédiatement la prise de ce médicament ne doit pas comporter certains aliments comme le pain complet, les germes de soja, le maïs : ceux-ci peuvent gêner son absorption.

EFFETS INDÉSIRABLES POSSIBLES

Troubles digestifs.

RUDI-ROUVAX

vaccins associés

PRÉSENTATION

RUDI-ROUVAX : préparation injectable ; flacon-dose de lyophilisat et seringue de solvant 0,5 ml - Remb. 65 %

Laboratoires Mérieux-M.S.D.

COMPOSITION

Virus vivants atténués de la rougeole (souche Schwarz) ; Virus vivants atténués de la rubéole (souche Wistar RA 27/3).

INDICATIONS

C'est une association de *vaccins* composés de *virus* atténués : ceux-ci sont vivants, mais affaiblis, et ne peuvent pas provoquer la maladie.

Elle est utilisée dans la prévention de la rubéole et de la rougeole. L'immunité apparaît 15 jours après la première injection et dure au moins 20 ans.

CONTRE-INDICATIONS

Ce *vaccin* ne doit pas être utilisé dans les cas suivants :
- *déficit immunitaire*,
- *allergie* à la néomycine,
- injection récente d'*immunoglobulines*,
- grossesse.

ATTENTION

Des précautions sont nécessaires en cas d'*allergie* aux protéines de l'œuf.

Il est préférable de respecter un délai minimal de 2 mois entre cette vaccination et une grossesse ultérieure.

INTERACTIONS MÉDICAMENTEUSES

L'injection d'*immunoglobulines* peut inactiver les *virus* contenus dans le *vaccin*.

Les tests à la tuberculine (timbre NÉOTEST, MONOTEST...) peuvent être rendus transitoirement négatifs dans les suites de cette vaccination.

GROSSESSE, ALLAITEMENT ET NOUVEAU-NÉ

Grossesse :

Ce *vaccin* est contre-indiqué pendant la grossesse. D'autre part, une contraception est nécessaire chez la femme pendant les 2 mois qui suivent la vaccination.

MODE D'EMPLOI ET POSOLOGIE

L'injection est réalisée par *voie* sous-cutanée ou intramusculaire.

Une seule injection vers l'âge de 1 an est nécessaire. Une seconde injection peut toutefois être pratiquée chez les enfants vaccinés avant cet âge.

Un rappel systématique contre la rubéole est recommandé chez les adolescentes.

> Pour des raisons de confort, la vaccination doit être différée en cas de fièvre élevée.
>
> Les réactions fébriles dues aux *vaccins* peuvent être combattues en prenant de l'aspirine ou du paracétamol.
>
> Pour garder son efficacité, ce vaccin doit être conservé entre + 2 et + 8 °C (compartiment à beurre du réfrigérateur) et à l'abri de la lumière, mais quelques jours à une température ne dépassant pas 25 °C ne prêtent pas à conséquence. Il ne doit pas être congelé.

EFFETS INDÉSIRABLES POSSIBLES

Ils surviennent généralement à partir du 5e jour suivant la vaccination : fièvre, associée ou non à une *rhino-pharyngite* ou à une bronchite modérée et transitoire.

Dans de très rares cas peuvent apparaître des *convulsions*. Celles-ci sont beaucoup plus fréquentes en cas de rougeole naturelle survenant chez un enfant non vacciné.

RUDIVAX

vaccin contre la rubéole

PRÉSENTATION

RUDIVAX : préparation injectable ; flacon-dose de *lyophilisat* et seringue de solvant 0,5 ml - Remb. 65 %

Laboratoires Mérieux-M.S.D.

COMPOSITION

Virus vivants atténués de la rubéole (souche Wistar RA 27/3 M)

INDICATIONS

C'est un *vaccin* composé de *virus* atténués : vivants, mais affaiblis, ils ne peuvent pas provoquer la maladie.

Il est utilisé dans la prévention de la rubéole. L'immunité apparaît 15 jours après la première injection et dure au moins 20 ans.

CONTRE-INDICATIONS

Ce *vaccin* ne doit pas être utilisé dans les cas suivants :

- *déficit immunitaire*,
- *allergie* à la néomycine,
- injection récente d'*immunoglobulines*,
- grossesse.

> **ATTENTION**
>
> Il est préférable de respecter un délai minimal de 2 mois entre cette vaccination et une grossesse ultérieure.

INTERACTIONS MÉDICAMENTEUSES

L'injection d'*immunoglobulines* peut inactiver les *virus* contenus dans le *vaccin*.

Les tests à la tuberculine (timbre NÉOTEST, MONOTEST...) peuvent être rendus transitoirement négatifs dans les suites de cette vaccination.

GROSSESSE, ALLAITEMENT ET NOUVEAU-NÉ

Grossesse :

Ce *vaccin* est contre-indiqué pendant la grossesse. D'autre part, une contraception est nécessaire chez la femme pendant les 2 mois qui suivent la vaccination.

MODE D'EMPLOI ET POSOLOGIE

L'injection est réalisée par *voie* sous-cutanée ou intramusculaire.

Une seule injection vers l'âge de 1 an est nécessaire. Un rappel systématique contre la rubéole est recommandé chez l'adolescente.

> Pour des raisons de confort, la vaccination doit être différée en cas de fièvre élevée.
>
> Les réactions fébriles dues aux *vaccins* peuvent être combattues en prenant de l'aspirine ou du paracétamol.
>
> Pour garder son efficacité, ce vaccin doit être conservé entre + 2 et + 8 °C (compartiment à beurre du réfrigérateur) mais quelques jours à une température ne dépassant pas 25 °C ne prêtent pas à conséquence. Il ne doit pas être congelé.

EFFETS INDÉSIRABLES POSSIBLES

Cette vaccination est généralement bien tolérée. Rarement et à partir du 5e jour suivant la vaccination : fièvre modérée, douleurs articulaires, petits ganglions.

RUFOL

sulfaméthizol

PRÉSENTATION

RUFOL : comprimé (blanc) ; boîte de 50 - Non remb.

Laboratoires Debat

COMPOSITION

	p. comp.
Sulfaméthizol	100 mg

INDICATIONS

C'est un *antibiotique* qui appartient à la famille des *sulfamides*.

Il est utilisé dans le traitement des infections des *voies* urinaires, en l'absence de fièvre.

CONTRE-INDICATIONS

Ce médicament ne doit pas être utilisé dans les cas suivants :

- *allergie* aux *sulfamides*,
- *insuffisance hépatique*,
- *insuffisance rénale*,
- enfant de moins de 30 mois,
- association avec les médicaments contenant de la phénytoïne,
- allaitement.

> **ATTENTION**
>
> Ce médicament est un *antibiotique* dont l'activité est limitée à certains *germes*. Utilisé en automédication, il risque de fausser les résultats de l'analyse d'urine que le médecin peut être amené à demander en cas d'échec du traitement. Ne le prenez sans avis médical qu'en cas d'absolue nécessité.
>
> En cas d'apparition de fièvre, consultez votre médecin.

INTERACTIONS MÉDICAMENTEUSES

Ce médicament peut interagir avec les médicaments contenant de la phénytoïne (DI-HYDAN...) : risque d'augmentation du taux de phénytoïne dans le sang jusqu'à des valeurs toxiques.

En outre, il peut interagir avec les médicaments contenant de la méthénamine (MICTASOL, SAPROL, URASEPTINE ROGIER...).

Il peut interagir avec d'autres médicaments. Signalez tout autre traitement en cours à votre médecin ou à votre pharmacien.

GROSSESSE, ALLAITEMENT ET NOUVEAU-NÉ

Grossesse :

Ce médicament peut être employé pendant la grossesse mais uniquement sur prescription et sous contrôle médical.

Grossesse et nouveau-né :

La prise de ce médicament en fin de grossesse augmente le risque de jaunisse chez le *nouveau-né*.

Allaitement :

Ce médicament passe dans le lait maternel : son usage est contre-indiqué pendant l'allaitement.

MODE D'EMPLOI ET POSOLOGIE

Ce médicament peut être pris indifféremment au cours ou en dehors des repas.

Posologie usuelle :

- Adulte : 2 comprimés, 3 fois par jour, pendant 3 ou 4 jours ;
- Enfant de plus de 30 mois : la *posologie* doit être adaptée à l'âge.

EFFETS INDÉSIRABLES POSSIBLES

Troubles digestifs, réactions allergiques cutanées.

RULID

roxithromycine

PRÉSENTATION

RULID 50 mg : poudre pour suspension buvable ; boîte de 10 sachets - Remb. 65 % - Liste I

RULID 50 mg : comprimé ; boîte de 10 - Remb. 65 % - Liste I

RULID 100 mg : comprimé ; boîte de 10 - Remb. 65 % - Liste I

RULID 150 mg : comprimé (blanc) ; boîte de 10 - Remb. 65 % - Liste I

Laboratoires Roussel

COMPOSITION

	p. sachet	p. comp.
Roxithromycine	50 mg	50 mg
Saccharose	2,7 mg	

	p. comp.	p. comp.
Roxithromycine	100 mg	150 mg

INDICATIONS

C'est un *antibiotique* qui appartient à la famille des *macrolides*.

Il est utilisé dans le traitement de diverses maladies infectieuses, notamment celles des poumons, des bronches, de la peau, du nez, de la bouche et des dents, de l'appareil génital.

CONTRE-INDICATIONS

Ce médicament ne doit pas être utilisé dans les cas suivants :
- *allergie* aux *macrolides*,
- en association avec les médicaments contenant de l'ergotamine ou de la dihydroergotamine.

ATTENTION

Des précautions sont nécessaires en cas d'*insuffisance hépatique* grave.

Une diminution de la fièvre ou une disparition des troubles ne sont pas synonymes de guérison : la durée du traitement doit absolument être respectée pour éviter les rechutes.

Conducteur : ce médicament peut être responsable de vertiges.

INTERACTIONS MÉDICAMENTEUSES

Ce médicament ne doit pas être associé aux médicaments contenant de l'ergotamine ou de la dihydroergotamine : risque d'*ergotisme*.

Il peut interagir avec d'autres médicaments : signalez tout autre traitement en cours à votre médecin ou à votre pharmacien.

GROSSESSE, ALLAITEMENT ET NOUVEAU-NÉ

Grossesse :

L'effet de ce médicament pendant la grossesse est mal connu : seul votre médecin peut évaluer le risque éventuel de son utilisation dans votre cas.

Allaitement :

Ce médicament passe faiblement dans le lait maternel.

MODE D'EMPLOI ET POSOLOGIE

Ce médicament doit être pris de préférence juste avant les repas.

Posologie usuelle :
- Adulte : 150 mg matin et soir.
- Enfant : 5 à 8 mg par kg et par jour ; soit pour un enfant de 15 kg : 1 sachet de 50 mg ou 1 comprimé à 50 mg, matin et soir.

Le médecin prescrit parfois un prélèvement au laboratoire pour identifier le *germe* responsable de l'infection et tester sa sensibilité aux *antibiotiques*. Le résultat de cet examen peut être faussé en cas d'automédication préalable : ne prenez pas d'antibiotique sans avis médical.

L'éventuelle impression de fatigue n'est pas due à l'antibiotique, mais à l'infection elle-même.

EFFETS INDÉSIRABLES POSSIBLES

Troubles digestifs.

Sensation vertigineuse.

Allergie cutanée.

RUMAFLUOR
fluorure de sodium

PRÉSENTATION

RUMAFLUOR : comprimé *gastrorésistant* (blanc) ; boîte de 60 - Remb. 65 %

Laboratoires Zyma

COMPOSITION

	p. comp.
Fluorure de sodium	22,1 mg
Soit fluor	10 mg

INDICATIONS

Ce médicament contient du fluor, qui s'incorpore à l'os et le rend plus dense.

Il est utilisé chez l'adulte dans le *traitement curatif* de l'*ostéoporose* compliquée du tassement d'une ou plusieurs vertèbres.

CONTRE-INDICATIONS

Ce médicament ne doit pas être utilisé dans les cas suivants :
- *insuffisance rénale*,
- *ostéomalacie*,
- *antécédent* de fracture du col du fémur traduisant la fragilité de cet os,
- période de croissance osseuse,
- grossesse,
- allaitement.

ATTENTION

Ce médicament, fortement dosé en fluor, est réservé à l'adulte. Il ne convient pas à la prévention de la carie dentaire chez l'enfant.

Bien que ce médicament puisse être obtenu sans ordonnance, ne l'utilisez pas sans l'avis de votre médecin.

Ce médicament est systématiquement prescrit avec du calcium. Cependant, les prises de fluor et de calcium doivent être effectuées à distance l'une de l'autre en raison du risque d'interaction entre ces deux substances. De même, ne prenez pas de fluor au cours d'un repas riche en calcium (lait, fromage, produits lactés...).

INTERACTIONS MÉDICAMENTEUSES

Ce médicament peut interagir avec d'autres médicaments, notamment les *pansements digestifs* et les médicaments contenant du calcium : risque de diminution de l'absorption intestinale du fluor. Signalez tout autre traitement en cours à votre médecin ou à votre pharmacien.

GROSSESSE, ALLAITEMENT ET NOUVEAU-NÉ

Grossesse :

L'effet de ce médicament sur l'enfant à naître est mal connu. Par mesure de prudence, il est contre-indiqué chez la femme enceinte ou susceptible de l'être.

Allaitement :

Compte tenu de sa teneur en fluor, ce médicament est contre-indiqué pendant l'allaitement.

MODE D'EMPLOI ET POSOLOGIE

Les comprimés doivent être avalés, sans être croqués ni écrasés, avec un verre d'eau et dans la demi-heure qui précède le repas.

Posologie usuelle :
- Adulte : 1 comprimé, 2 fois par jour.

Le traitement de l'*ostéoporose* est généralement de longue durée.

Une alimentation riche en calcium et en *vitamine* D ainsi que des exercices physiques réguliers contribuent à limiter l'évolution de l'*ostéoporose*.

EFFETS INDÉSIRABLES POSSIBLES

Troubles digestifs.

En cas de douleurs osseuses au voisinage des articulations, consultez votre médecin car elles peuvent traduire une complication qui nécessite l'arrêt du traitement.

RUMICINE
chlorphénamine, aspirine, caféine

PRÉSENTATION

RUMICINE : comprimé (blanc) ; boîte de 16 - Non remb.

Laboratoires Shering-Plough

COMPOSITION

	p. comp.
Chlorphénamine maléate	2 mg
Acide acétylsalicylique (aspirine)	390 mg
Caféine	32 mg

INDICATIONS

Ce médicament contient un *antihistaminique* antiallergique, et un *antalgique* et *antipyrétique* (aspirine).

Il est utilisé dans le *traitement symptomatique* des affections aiguës du nez et de la gorge (état grippal, rhume, *rhinite*).

CONTRE-INDICATIONS

Ce médicament ne doit pas être utilisé dans les cas suivants :
- *allergie* aux *salicylés*,
- *ulcère* de l'estomac ou du *duodénum*,
- *hémorragie* et risque hémorragique,
- grossesse : pendant les 3 derniers mois, ou en prise prolongée, à toute période de la grossesse.

ATTENTION

Un avis médical est préférable chez les personnes présentant des *antécédents* d'*ulcère* de l'estomac ou du *duodénum*, même ancien, d'*asthme* et d'*insuffisance rénale*.

Évitez les boissons alcoolisées : augmentation du risque de somnolence.

Conducteur : ce médicament peut être responsable d'une somnolence ou d'une baisse de la vigilance.

INTERACTIONS MÉDICAMENTEUSES

Ce médicament peut interagir avec d'autres médicaments, notamment les

anticoagulants. Signalez tout autre traitement en cours à votre médecin ou à votre pharmacien.

GROSSESSE, ALLAITEMENT ET NOUVEAU-NÉ

Grossesse :

Compte tenu de la présence d'aspirine, seule la prise ponctuelle de ce médicament est admise durant les 6 premiers mois de la grossesse ; au cours des 3 derniers mois, ce médicament est contre-indiqué.

MODE D'EMPLOI ET POSOLOGIE

Les comprimés doivent être avalés avec un verre d'eau.

Posologie usuelle :

- Adulte : 2 comprimés à la première prise, puis 1 comprimé toutes les 4 heures.
- Enfant de plus de 12 ans : 1 comprimé, 1 à 4 fois par jour.

De nombreux médicaments contiennent de l'aspirine : en tenir compte en cas de prise conjointe avec un autre médicament.

Ce médicament n'a pas d'effet anti-infectieux. En cas d'infection bactérienne, un traitement *antibiotique* peut être nécessaire.

EFFETS INDÉSIRABLES POSSIBLES

Liés à l'aspirine :
- fréquents : *gastrite*, douleurs abdominales, saignements du nez ou des gencives ;
- rares et parfois graves : *hémorragie* du tube digestif, réactions allergiques.

RUPTON

phénylpropanolamine, bromphéniramine

PRÉSENTATION *

RUPTON : gélule (microgranules à *libération prolongée*) ; boîte de 10 - Non remb.

Laboratoires Dexo

COMPOSITION

	p. gél.
Phénylpropanolamine chlorhydrate	50 mg
Bromphéniramine maléate	4 mg

INDICATIONS

Ce médicament contient un *vasoconstricteur* décongestionnant et un *antihistaminique*.

Il est utilisé dans le *traitement symptomatique* du rhume.

CONTRE-INDICATIONS

Ce médicament ne doit pas être utilisé dans les cas suivants :
- enfant de moins de 15 ans,
- *glaucome* à angle fermé,
- risque de blocage des urines (*adénome de la prostate*...),
- association avec un *antidépresseur* de type *IMAO* non sélectif,
- **grossesse,**
- **allaitement.**

ATTENTION

Des précautions particulières s'imposent en cas d'*angine de poitrine*, d'*hypertension artérielle*, d'*hyperthyroïdie* ou de *diabète*. Demandez conseil à votre pharmacien ou à votre médecin.

Évitez les boissons alcoolisées : augmentation du risque de somnolence.

Conducteur : ce médicament peut être responsable d'une somnolence ou d'une baisse de la vigilance.

INTERACTIONS MÉDICAMENTEUSES

Ce médicament ne doit pas être associé aux *antidépresseurs* de type *IMAO* non sélectifs (MARSILID, NIAMIDE...) : risque de crise hypertensive.

Il peut interagir avec de nombreux autres médicaments. Signalez tout autre traitement en cours à votre médecin ou à votre pharmacien.

GROSSESSE, ALLAITEMENT ET NOUVEAU-NÉ

En l'absence de données suffisantes, ce médicament est contre-indiqué pendant la grossesse ou l'allaitement.

MODE D'EMPLOI ET POSOLOGIE

Les gélules doivent être avalées avec un verre d'eau.

Posologie usuelle :

- Adulte et enfant de plus de 15 ans : 1 gélule, 2 fois par jour.

Ce médicament n'a pas d'effet anti-infectieux. En cas d'infection bactérienne, un traitement *antibiotique* peut être nécessaire.

EFFETS INDÉSIRABLES POSSIBLES

Effets *atropiniques* : sécheresse de la bouche, troubles visuels, blocage des urines, confusion des idées et agitation chez la personne âgée.

Palpitations, anxiété, maux de tête, nausées, vomissements.

RYTHMODAN

disopyramide

PRÉSENTATION

RYTHMODAN : gélule (jaune et vert foncé) ; boîte de 40 - Remb. 65 % - Liste I

RYTHMODAN À LIBÉRATION PROLONGÉE : comprimé sécable (blanc) ; boîte de 20 - Remb. 65 % - Liste I

Laboratoires Roussel

COMPOSITION

	p. gél.	p. comp.
Disopyramide	100 mg	250 mg

INDICATIONS

Ce médicament appartient à la classe I de la famille des *antiarythmiques*. Il modifie la vitesse de transmission de l'influx nerveux au sein du muscle cardiaque et lutte contre ses contractions anarchiques.

Il est utilisé dans certains *troubles du rythme cardiaque*.

CONTRE-INDICATIONS

Ce médicament ne doit pas être utilisé dans les cas suivants :
- certaines formes de *bloc auriculo-ventriculaire*,
- *insuffisance cardiaque* grave,
- association avec certains médicaments (voir INTERACTIONS MÉDICAMENTEUSES).

Dans tous les autres cas, le médecin est seul juge pour prescrire ce médicament, notamment en cas d'utilisation régulière de *laxatifs stimulants*.

ATTENTION

Si vous souffrez d'une maladie cardiaque, d'une *insuffisance rénale*, d'un *glaucome* à angle fermé ou d'un *adénome de la prostate*, signalez-le à votre médecin.

INTERACTIONS MÉDICAMENTEUSES

Ce médicament ne doit pas être associé aux médicaments favorisant un *trouble du rythme cardiaque* particulier et potentiellement grave : les *torsades de pointes*. Ces médicaments sont : certains autres *antiarythmiques* et les médicaments contenant de la *vincamine*, du sultopride, du sotalol, de l'amiodarone...

Il peut interagir avec d'autres médicaments, notamment les *laxatifs stimulants*, les *diurétiques* et tout autre médicament susceptible de provoquer une *hypokaliémie*.

GROSSESSE, ALLAITEMENT ET NOUVEAU-NÉ

Grossesse :

Les résultats expérimentaux ne laissent pas préjuger d'un effet malformatif dans l'espèce humaine. Seul votre médecin peut apprécier la nécessité du traitement et son risque.

Allaitement :

Ce médicament passe dans le lait maternel : l'allaitement est déconseillé pendant le traitement.

MODE D'EMPLOI ET POSOLOGIE

Les gélules et les comprimés doivent être avalés avec un peu d'eau.

Posologie usuelle :

Elle est strictement individuelle et habituellement répartie en 3 prises quotidiennes pour les gélules et en 2 prises pour les comprimés.

Ce médicament peut provoquer une constipation. L'usage des *laxatifs stimulants* est alors déconseillé. Ceux-ci peuvent être contenus dans des tisanes d'apparence anodine. Demandez conseil à votre pharmacien ou à votre médecin, qui vous proposeront un régime ou des médicaments efficaces et sans danger.

EFFETS INDÉSIRABLES POSSIBLES

Bouche sèche, troubles visuels, *troubles digestifs*, constipation notamment, blocage des urines, principalement en cas d'*adénome de la prostate*.

Aggravation d'une *insuffisance cardiaque* préexistante.

RYTHMOL

propafénone

PRÉSENTATION

RYTHMOL 300 mg : comprimé sécable (blanc) ; boîte de 30 - Remb. 65 % - Liste I

Laboratoires Knoll France

COMPOSITION

	p. comp.
Propafénone	300 mg

INDICATIONS

Ce médicament appartient à la classe I de la famille des *antiarythmiques*. Il modifie la vitesse de transmission de l'influx nerveux au sein du muscle cardiaque et lutte contre ses contractions anarchiques.

Il est utilisé dans le traitement de certains *troubles du rythme cardiaque*.

CONTRE-INDICATIONS

Ce médicament ne doit pas être utilisé dans les cas suivants :
- *bloc auriculo-ventriculaire* grave,
- *maladie de l'oreillette*.

Dans tous les autres cas, le médecin est seul juge pour prescrire ce médicament, notamment en cas de :
- *bloc auriculo-ventriculaire* incomplet,
- rythme cardiaque inférieur à 50 battements par minute,
- *insuffisance cardiaque* grave,
- asthme ou bronchite chronique grave,
- *insuffisance hépatique* grave,
- *insuffisance rénale* grave.

INTERACTIONS MÉDICAMENTEUSES

Ce médicament peut interagir avec d'autres médicaments, notamment les autres *antiarythmiques* et les *anticoagulants*. Signalez tout autre traitement en cours à votre médecin ou à votre pharmacien.

GROSSESSE, ALLAITEMENT ET NOUVEAU-NÉ

Grossesse :

Les effets de ce médicament sur l'enfant à naître sont mal connus : il est déconseillé pendant la grossesse.

Allaitement :

Les données disponibles ne permettent pas de savoir si ce médicament passe dans le lait maternel.

MODE D'EMPLOI ET POSOLOGIE

Les comprimés doivent être avalés avec un peu d'eau.

Posologie usuelle :

1 comprimé, 2 à 3 fois par jour.

EFFETS INDÉSIRABLES POSSIBLES

Troubles digestifs.

Malaise, *vertiges*, tremblements, troubles visuels, troubles du goût, maux de tête.

Allergie cutanée.

Aggravation paradoxale de l'*arythmie*, ou apparition de nouveaux *troubles du rythme cardiaque*.

Tous ces *symptômes* régressent après interruption du traitement ou réduction de la *posologie*.

S

SACNEL

PRÉSENTATION

SACNEL : lotion ; flacon 100 ml - Non remb.

SACNEL : crème ; tube 38 g - Non remb.

Laboratoires URPAC

COMPOSITION

	lotion p. 100 ml	crème p. 100 g
Soufre sublimé lavé	8 g	500 mg
Acide dithiosalicylique	0,40 g	500 mg
Hamamélis externe aqueux	1,60 g	300 mg
Zinc oxyde	5 g	
Titane oxyde	5 g	
Linoléate d'éthyle		100 mg
Menthol		10 mg
Cholestérol		300 mg
Alcool à 95°	+	

INDICATIONS

C'est un antiacnéique local.

Il est utilisé dans le *traitement d'appoint* de l'*acné*.

CONTRE-INDICATIONS

Ce médicament ne doit pas être utilisé en cas d'*allergie* aux *salicylés*.

GROSSESSE, ALLAITEMENT ET NOUVEAU-NÉ

L'effet de ce médicament pendant la grossesse ou l'allaitement est mal connu. L'évaluation du risque éventuel lié à son utilisation est individuelle : demandez conseil à votre pharmacien ou à votre médecin.

MODE D'EMPLOI ET POSOLOGIE

Le traitement repose sur l'emploi alterné de la lotion la nuit, et de la crème le jour :
- la lotion doit être agitée, puis appliquée sur les lésions à l'aide d'un morceau de coton. Elle forme un masque blanc sur le visage ;
- la crème est appliquée après la toilette du matin.

Posologie usuelle :

En fonction de la sensibilité de la peau, le médecin peut prévoir d'espacer les applications (1 jour sur 2 par exemple) ou d'interrompre le traitement 2 ou 3 jours par semaine.

> Lavez-vous les mains après l'application.

EFFETS INDÉSIRABLES POSSIBLES

Augmentation du nombre de comédons.

SACOLÈNE
lactoprotéines méthyléniques

PRÉSENTATION

SACOLÈNE Adulte : granulé pour suspension buvable ; boîte de 12 sachets - Non remb.

SACOLÈNE PÉDIATRIQUE : granulé pour suspension buvable ; boîte de 12 sachets - Non remb.

Laboratoires Searle

COMPOSITION

	p. sach. Ad.	p. sach. Nourr. Enf.
Lactoprotéines méthyléniques	2 g	0,5 g
Saccharose	3,8 g	2,4 g

INDICATIONS

C'est un médicament qui appartient à la famille des antidiarrhéiques.

Il est utilisé dans le *traitement symptomatique* des diarrhées aiguës.

> **ATTENTION**
> Ce médicament contient du *sucre* (saccharose) en quantité notable.

GROSSESSE, ALLAITEMENT ET NOUVEAU-NÉ

L'effet de ce médicament pendant la grossesse ou l'allaitement est mal connu. L'évaluation du risque éventuel lié à son utilisation est individuelle : demandez conseil à votre pharmacien ou à votre médecin.

MODE D'EMPLOI ET POSOLOGIE

Les sachets doivent être pris dans un verre d'eau ou dans le biberon, avant les repas ou au moment des troubles.

Posologie usuelle :
- Adulte : 1 sachet de 2 g, 1 à 3 fois par jour.
- Enfant de plus de 2 ans : 1 sachet de 0,5 g, 3 à 4 fois par jour.
- Enfant de 3 mois à 2 ans : 1 sachet de 0,5 g, 2 fois par jour.
- Enfant de moins de 3 mois : 1 sachet de 0,5 g par jour.

> Une diarrhée peut provoquer une déshydratation. Cette perte d'eau par l'organisme peut entraîner des troubles graves (fatigue, malaise, confusion des idées...). Il est indispensable de prévenir cette déshydratation par des boissons sucrées abondantes et des bouillons salés, notamment chez les personnes âgées et les enfants. Il existe des préparations à cet effet destinées aux jeunes enfants.
> Si la diarrhée persiste au-delà de 2 jours, consultez votre médecin.

EFFETS INDÉSIRABLES POSSIBLES

Constipation passagère.

SALAZOPYRINE
sulfasalazine

PRÉSENTATION

SALAZOPYRINE : comprimé gastrorésistant (jaune orangé) ; boîte de 100 - Remb. 65 % - Liste I

Laboratoires Pharmacia

COMPOSITION

	p. comp.
Sulfasalazine	500 mg

INDICATIONS

Ce médicament appartient à la famille des *sulfamides* et des *salicylés*. Il a une action *anti-inflammatoire* sur la muqueuse intestinale.

Il est utilisé pour traiter :
- la *rectocolite hémorragique*,
- certaines formes de la maladie de *Crohn*,
- la *polyarthrite rhumatoïde*.

CONTRE-INDICATIONS

Ce médicament ne doit pas être utilisé dans les cas suivants :
- *allergie* aux *sulfamides* et aux *salicylés* (dérivés de l'aspirine),
- déficit en *G6PD*,
- prématuré et *nouveau-né*.

> **ATTENTION**
> Des précautions sont nécessaires en cas d'*insuffisance hépatique* ou d'*insuffisance rénale*.
> Une surveillance régulière de la *numération formule sanguine* est nécessaire en début de traitement.
> Il est indispensable de boire abondamment.

INTERACTIONS MÉDICAMENTEUSES

Ce médicament peut interagir avec d'autres médicaments, notamment ceux contenant de la digoxine (DIGOXINE NATIVELLE...), les *anticoagulants* et les *antidiabétiques* oraux.

Signalez tout autre traitement en cours à votre médecin ou à votre pharmacien.

GROSSESSE, ALLAITEMENT ET NOUVEAU-NÉ

Grossesse :

La grossesse ne justifie pas un arrêt du traitement, mais nécessite une réduction de la *posologie*.

Allaitement :

Les données actuellement disponibles ne permettent pas de savoir si ce médicament passe dans le lait maternel. Par mesure de prudence, il est déconseillé pendant l'allaitement.

MODE D'EMPLOI ET POSOLOGIE

Les comprimés peuvent être pris indifféremment avant, pendant, après ou entre les repas. Ils doivent être avalés avec un peu d'eau.

Posologie usuelle :

Rectocolite hémorragique et maladie de *Crohn* :

- *traitement d'attaque* :
  - Adulte : 8 à 12 comprimés par jour en 3 à 6 prises, régulièrement espacées.
  - Enfant : 100 à 150 mg par kg et par jour.
- *traitement d'entretien* :
  - Adulte : 4 comprimés par jour en 2 prises.
  - Enfant : 50 à 75 mg par kg et par jour.

Polyarthrite rhumatoïde : la *posologie* de 4 comprimés par jour est atteinte par paliers successifs.

> Une coloration brune des urines peut apparaître : elle ne prête pas à conséquence.

EFFETS INDÉSIRABLES POSSIBLES

Pour les comprimés :

Troubles digestifs fréquents : nausées, vomissements, perte de l'appétit, qu'une diminution de la *posologie* permet d'atténuer.

Diminution de la fécondité chez l'homme.

Allergie cutanée, fièvre, anomalies exceptionnelles de la formule sanguine.

Ces effets indésirables imposent un arrêt du traitement.

SALBUMOL

salbutamol

PRÉSENTATION

SALBUMOL 2 mg : comprimé sécable (blanc) ; boîte de 40 - Remb. 65 % - Liste I

SALBUMOL 1 mg : suppositoire ; boîte de 12 - Remb. 65 % - Liste I

Laboratoires Glaxo

COMPOSITION

	p. comp.	p. suppos.
Salbutamol	2 mg	1 mg

INDICATIONS

Ce médicament relâche les fibres musculaires de l'utérus et diminue l'intensité et la fréquence des contractions.

Il est utilisé chez la femme enceinte, en particulier lors de menace d'accouchement prématuré. Il est également utilisé pour traiter les douleurs après l'accouchement (tranchées utérines).

CONTRE-INDICATIONS

Ce médicament ne doit pas être utilisé dans les cas suivants :

- *hémorragie* utérine abondante,
- maladies graves du cœur,
- infection du liquide amniotique.

> **ATTENTION**
> Des précautions sont nécessaires en cas de *diabète*, d'*hyperthyroïdie*, d'*angine de poitrine* ou de *trouble du rythme cardiaque*.

INTERACTIONS MÉDICAMENTEUSES

Ce médicament peut interagir avec d'autres médicaments, notamment les *antidiabétiques* oraux. Signalez tout autre traitement en cours à votre médecin ou à votre pharmacien.

MODE D'EMPLOI ET POSOLOGIE

Posologie usuelle :

Menace d'accouchement prématuré : 2 comprimés ou 1 suppositoire, 4 fois par jour.

Douleurs après l'accouchement : 1 comprimé, 4 fois par jour.

> En cas de menace d'accouchement prématuré, le repos au calme est indispensable.

EFFETS INDÉSIRABLES POSSIBLES

Fréquemment : augmentation du rythme cardiaque, *palpitations*.

Plus rarement : agitation, tremblement, *vertiges*, sueurs, nausées, vomissements, augmentation du rythme cardiaque de l'enfant à naître.

SALGYDAL

noramidopyrine, paracétamol, codéine

PRÉSENTATION

SALGYDAL À LA NORAMIDOPYRINE : comprimé ; boîte de 12 - Remb. 65 % - Liste I

SALGYDAL ADULTE À LA NORAMIDOPYRINE : suppositoire ; boîte de 10 - Non remb. - Liste I

Laboratoires Doms-Adrian

COMPOSITION

	p. comp.	p. suppos. Ad.
Noramidopyrine mésilate sodique	250 mg	500 mg
Paracétamol	250 mg	500 mg
Codéine phosphate hémihydraté	15 mg	30 mg

INDICATIONS

Ce médicament associe deux *antalgiques* puissants (la noramidopyrine et la codéine) et du paracétamol, antalgique et *antipyrétique*.

Il est utilisé dans le *traitement symptomatique* des douleurs qui résistent aux autres antalgiques.

CONTRE-INDICATIONS

Ce médicament ne doit pas être utilisé dans les cas suivants :

- *allergie* à la noramidopyrine, à l'amidopyrine ou à l'aspirine ;
- *antécédent* d'*agranulocytose* ;
- maladie grave du foie ;
- enfant de moins de 15 ans.

> **ATTENTION**
> La prise de ce médicament expose à un risque très rare mais grave, l'*agranulocytose* (disparition des *globules blancs* du sang). Elle peut se manifester par une fièvre élevée, une angine, des aphtes. L'une de ces manifestations impose l'arrêt immédiat du traitement et des analyses de sang : prévenez d'urgence votre médecin.
> Ce médicament contient de la codéine : à dose élevée, en usage prolongé, il expose à un risque de *dépendance*. Ne dépassez pas la *posologie* ni la durée du traitement prescrites par votre médecin.
> Ce médicament vous a été prescrit dans une situation précise : ne le conseillez pas à une autre personne. Ses effets indésirables sur le sang sont imprévisibles et peuvent survenir avec une seule prise.

GROSSESSE, ALLAITEMENT ET NOUVEAU-NÉ

Grossesse :

En raison de la présence de codéine, ce médicament est déconseillé pendant les 3 premiers mois de la grossesse. Seul votre médecin peut apprécier la nécessité du traitement et son risque pendant les 6 derniers mois de la grossesse.

Allaitement :

Ce médicament passe dans le lait maternel : il est déconseillé pendant l'allaitement.

MODE D'EMPLOI ET POSOLOGIE

Les comprimés doivent être avalés avec un verre d'eau.

Posologie usuelle :

- Adulte : jusqu'à 6 comprimés ou 3 suppositoires par jour, selon l'intensité de la douleur.

> De nombreux médicaments contiennent du paracétamol : en tenir compte en cas de prise conjointe car le surdosage en paracétamol peut être toxique pour le foie.
> Ce médicament doit être conservé à l'abri de la lumière et de la chaleur (suppositoires).

EFFETS INDÉSIRABLES POSSIBLES

Parfois : réactions allergiques.

Exceptionnellement : *agranulocytose*.

Liste des centres antipoison : voir Annexes

SALICAIRINE
salicaire

PRÉSENTATION

SALICAIRINE : solution buvable ; flacon compte-gouttes 15 ml - Remb. 65 %

Laboratoires Monal

COMPOSITION

	p. fl.
Salicaire, extrait	
Soit tannoglucoside	750 mg
Soit hydrate de fer	1 µg

INDICATIONS

Ce médicament contient un extrait de plante.

Il est utilisé dans le *traitement d'appoint* des diarrhées.

GROSSESSE, ALLAITEMENT ET NOUVEAU-NÉ

Ce médicament contient une plante présumée sans danger pendant la grossesse ou l'allaitement. Néanmoins, ne l'utilisez pas de façon prolongée sans l'avis de votre pharmacien ou de votre médecin.

MODE D'EMPLOI ET POSOLOGIE

Les gouttes peuvent être diluées dans un peu d'eau.

Posologie usuelle :

- Adulte : 100 à 200 gouttes ou 1 à 2 cuillères à café par jour, réparties en 3 prises.
- Enfant : 50 à 100 gouttes ou 1/2 à 1 cuillère à café par jour, réparties en 3 prises.
- Nourrisson : 20 à 50 gouttes par jour, réparties en 3 prises.

Une diarrhée peut provoquer une déshydratation. Cette perte d'eau par l'organisme peut entraîner des troubles graves (fatigue, malaise, confusion des idées...). Il est indispensable de prévenir cette déshydratation par des boissons sucrées abondantes et des bouillons salés, notamment chez les personnes âgées et les enfants.

SALIPRAN
aspirine, paracétamol

PRÉSENTATION

SALIPRAN : poudre orale arôme citron ; boîte de 8 sachets - Remb. 65 %

Laboratoires Evans Medical

COMPOSITION

	p. sachet
Bénorilate	2 g
Soit aspirine	1,15 g
Soit paracétamol	0,95 g
Saccharose	1 g

INDICATIONS

Ce médicament est *antalgique*, *antipyrétique*, et, à forte dose, *anti-inflammatoire*. Il contient une substance qui libère dans l'organisme de l'aspirine et du paracétamol.

Il est utilisé en cas de fièvre (mais n'agit pas sur sa cause) ou de douleurs diverses.

CONTRE-INDICATIONS

Ce médicament ne doit pas être utilisé dans les cas suivants :

- *allergie* aux *salicylés* ou aux *AINS* ;
- *ulcère* de l'estomac ou du *duodénum* ;
- *hémorragie* et risque hémorragique ;
- maladie grave du foie ;
- **grossesse** : pendant les trois derniers mois, ou, en prise prolongée, à toute période de la grossesse ;
- enfant de moins de 15 ans.

ATTENTION

Toute prise prolongée ou surdosage d'un médicament contenant de l'aspirine exposent à des effets indésirables graves.

Un avis médical est préférable chez les personnes présentant des *antécédents* d'*ulcère* de l'estomac ou du *duodénum*, même ancien, d'*asthme*, d'*insuffisance rénale*, et chez les femmes qui portent un stérilet.

Ce médicament est déconseillé chez les personnes atteintes de *goutte* et chez les femmes lors de règles abondantes.

Évitez de prendre ce médicament pendant la semaine qui précède une extraction dentaire ou une opération (augmentation du risque d'*hémorragie*).

Ce médicament contient du *sucre* (saccharose) en quantité notable.

INTERACTIONS MÉDICAMENTEUSES

Les personnes traitées par des médicaments anticancéreux contenant du méthotrexate ne doivent pas utiliser d'aspirine.

Ce médicament peut interagir avec d'autres médicaments, notamment les *anticoagulants* et les *antiagrégants plaquettaires* (TICLID...) : augmentation du risque hémorragique. Signalez tout autre traitement en cours à votre médecin ou à votre pharmacien.

GROSSESSE, ALLAITEMENT ET NOUVEAU-NÉ

Grossesse :

Compte tenu de la présence d'aspirine, seule la prise ponctuelle de ce médicament est admise durant les 6 premiers mois de la grossesse ; au cours des 3 derniers mois, ce médicament est contre-indiqué.

Allaitement :

Ce médicament passe dans le lait maternel : il est déconseillé pendant l'allaitement.

MODE D'EMPLOI ET POSOLOGIE

Ce médicament est réservé à l'adulte.

Verser le contenu du sachet dans un verre d'eau, remuer et absorber immédiatement.

Les prises doivent être espacées d'au moins 4 heures. Le médicament peut être pris au cours des repas. L'effet sera plus rapide s'il est pris à jeun.

Posologie usuelle :

- Adulte : 1 sachet, 1 ou 2 fois par jour. Ne pas dépasser 3 sachets par jour.

De nombreux médicaments contiennent de l'aspirine et du paracétamol : en tenir compte en cas de prise conjointe.

EFFETS INDÉSIRABLES POSSIBLES

Liés au paracétamol : *allergie* cutanée rare.

Liés à l'aspirine :

- *gastrite*, douleurs abdominales ; saignements du nez ou des gencives ;
- rares et parfois graves : *hémorragie* du tube digestif (vomissements sanglants, selles noires, ou plus souvent pertes de sang imperceptibles responsables de l'apparition progressive d'une *anémie*) ; accidents allergiques (*urticaire*, *œdème*, *asthme*) ;
- *symptômes* devant faire penser à un surdosage : bourdonnements d'oreille, sensation de baisse de l'audition, maux de tête.

SANDIMMUN
ciclosporine

PRÉSENTATION

SANDIMMUN : solution buvable ; flacon 10 ml - Non remb. - Liste I

SANDIMMUN : solution buvable ; flacon 50 ml - Non remb. - Liste I

SANDIMMUN 25 mg : capsule (rose) ; boîte de 50 - Non remb. - Liste I

SANDIMMUN 50 mg : capsule (jaune) ; boîte de 50 - Non remb. - Liste I

SANDIMMUN 100 mg : capsule (vieux rose) ; boîte de 50 - Non remb. - Liste I

Laboratoires Sandoz

COMPOSITION

	p. ml	p. caps.
Ciclosporine	100 mg	25 mg
	p. caps.	**p. caps.**
Ciclosporine	50 mg	100 mg

INDICATIONS

Ce médicament contient de la ciclosporine. Cette substance a la propriété de bloquer certaines cellules qui interviennent dans les réactions immunitaires contre les corps étrangers.

La ciclosporine est utilisée pour prévenir le rejet des greffes d'organe (rein, cœur, moelle osseuse...).

Elle est également utilisée dans le traitement de certaines maladies où une activité anormale du système immunitaire est connue ou suspectée : *polyarthrite rhumatoïde*, *néphrites*, *psoriasis* grave.

CONTRE-INDICATIONS

Dans la prévention du rejet des greffes d'organe, il n'existe pas de contre-indications à l'emploi de la ciclosporine en dehors de l'*allergie* à cette substance. Lorsque ce médicament est utilisé pour traiter une maladie, les contre-indications varient en fonction de l'affection traitée et du bénéfice attendu pour le malade.

ATTENTION

Le respect de la *posologie*, la régularité des prises sont des éléments fondamentaux du traitement. Le médecin prescrit des analyses de sang pour vérifier le bon fonctionnement des reins, ou pour la quantité de ciclosporine présente dans le sang.

INTERACTIONS MÉDICAMENTEUSES

Certains médicaments ou substances peuvent augmenter le taux de ciclosporine dans le sang :
- *antibiotiques* : pristinamycine, érythromycine, roxithromycine, josamycine ;
- *antifongiques* (sauf d'usage local) : kétoconazole, fluconazole, itraconazole ;
- *contraceptifs* oraux ;
- certains *inhibiteurs calciques*.

D'autres médicaments ou substances peuvent diminuer l'action de la ciclosporine :
- antibiotiques : triméthoprime, octréotide, rifampicine ;
- *barbituriques* : phénobarbital et autres ;
- antiépileptiques : carbamazépine, phénytoïne.

Certains médicaments, enfin, peuvent donner lieu à des interactions plus ou moins gênantes :
- *vaccins* vivants (aucun risque avec les vaccins tués) ;
- antibiotiques potentiellement toxiques pour le rein (sauf d'usage local) : *aminosides*, amphotéricine B.

Ne prenez aucun de ces médicaments sans l'accord du médecin hospitalier qui vous a prescrit la ciclosporine.

GROSSESSE, ALLAITEMENT ET NOUVEAU-NÉ

L'effet de ce médicament pendant la grossesse ou l'allaitement est mal connu : seul votre médecin peut évaluer le risque éventuel de son utilisation dans votre cas.

MODE D'EMPLOI ET POSOLOGIE

La *posologie* est strictement individuelle.

EFFETS INDÉSIRABLES POSSIBLES

Insuffisance rénale, *hypertension artérielle*, *hépatite*, tremblements, fourmillements cutanés, pousse anormale des poils, *troubles digestifs*, gonflement des gencives, *œdèmes*.

SANDOCAL
calcium

PRÉSENTATION

SANDOCAL 500 mg : poudre orale ; boîte de 30 sachets - Remb. 65 %

Laboratoires Sandoz

COMPOSITION

	p. sachet
Calcium gluconolactate	3,405 g
Calcium carbonate	0,150 g
Soit calcium	500 mg
Aspartam	+

INDICATIONS

Ce médicament contient une forte quantité de calcium, principal constituant de l'os.

Il est utilisé en cas de régime pauvre en calcium, de besoins accrus (période de croissance, grossesse, allaitement) ou de décalcification osseuse, notamment due à une immobilisation prolongée ou à un traitement à la *cortisone*. Il est également utilisé dans la prévention et le traitement de l'*ostéoporose*.

CONTRE-INDICATIONS

Ce médicament ne doit pas être utilisé dans les cas suivants :
- excès de calcium dans le sang ou dans les urines, avec ou sans *lithiase* ;
- immobilisation prolongée ;
- *phénylcétonurie* (présence d'aspartam).

ATTENTION

Des apports excessifs en calcium peuvent être dangereux. N'utilisez pas ce médicament sans avis médical.

Lorsque ce médicament est destiné à traiter une décalcification osseuse due à une immobilisation prolongée, il ne doit être pris qu'à la reprise de la marche.

Ce médicament est quelquefois associé à la *vitamine* D, qui favorise son absorption ; dans ce cas, des analyses de sang et d'urine sont parfois nécessaires.

INTERACTIONS MÉDICAMENTEUSES

Ce médicament peut interagir avec d'autres médicaments. Signalez tout autre traitement en cours à votre médecin ou à votre pharmacien.

GROSSESSE, ALLAITEMENT ET NOUVEAU-NÉ

Ce médicament peut être prescrit par votre médecin pendant la grossesse ou l'allaitement.

MODE D'EMPLOI ET POSOLOGIE

Le contenu des sachets doit être dissous dans un verre d'eau.

Posologie usuelle :
- Adulte : 2 sachets par jour.
- Enfant : 1 ou 2 sachets par jour, en fonction de l'âge.

☛ La prise de ce médicament ne dispense pas de la consommation régulière de laitages, naturellement riches en calcium.

EFFETS INDÉSIRABLES POSSIBLES

Rarement : *troubles digestifs*.

SANITOS

PRÉSENTATION

SANITOS : solution pour application locale ; flacon 5 ml et rondelles - Non remb.

Laboratoires C.P.F.

COMPOSITION

	p. 100 g
Acide salicylique	11 g
Acide acétique	2 g
Térébenthine, essence	4 g
Ricin, huile	4 g
Alcool à 95 °	+

INDICATIONS

Ce médicament contient des substances caustiques.

Il est utilisé dans le traitement local des verrues, cors, durillons et œils-de-perdrix.

CONTRE-INDICATIONS

Ce médicament ne doit pas être utilisé en cas d'*allergie* aux *salicylés*.

ATTENTION

La cicatrisation peut être très lente chez les diabétiques : consultez votre médecin.

GROSSESSE, ALLAITEMENT ET NOUVEAU-NÉ

L'effet de ce médicament pendant la grossesse ou l'allaitement est mal connu. L'évaluation du risque éventuel lié à son utilisation est individuelle : demandez conseil à votre pharmacien ou à votre médecin.

MODE D'EMPLOI ET POSOLOGIE

Coller la rondelle autour de la lésion à traiter, puis appliquer la solution. Celle-ci forme une pellicule qui doit être retirée avant chaque nouvelle application.

Posologie usuelle :

1 application, matin et soir, pendant 5 jours.

☛ Pour éviter toute irritation, ne pas mettre cette solution en contact avec la peau saine qui entoure la zone à traiter.

SANMIGRAN
pizotifène

PRÉSENTATION

SANMIGRAN 0,5 mg : comprimé (blanc) ; boîte de 50 - Remb. 65 % - Liste II

SANMIGRAN 0,5 mg : comprimé (blanc) ; boîte de 100 - Remb. 65 % - Liste II

Laboratoires Sandoz

COMPOSITION

	p. comp.
Pizotifène malate	0,73 mg

INDICATIONS

Ce médicament est un antimigraineux.

Il est utilisé dans le *traitement de fond* de la *migraine* et de certains maux de tête d'origine *vasculaire*. Il vise à espacer les crises et à diminuer leur intensité.

CONTRE-INDICATIONS

Ce médicament ne doit pas être utilisé dans les cas suivants :
- *glaucome* à angle fermé,
- risque de blocage des urines (*adénome de la prostate*...).

ATTENTION

Ce médicament n'est pas adapté au *traitement de la crise* de migraine.

Évitez les boissons alcoolisées : augmentation du risque de somnolence.

Conducteur : ce médicament peut être responsable d'une somnolence ou d'une baisse de la vigilance.

GROSSESSE, ALLAITEMENT ET NOUVEAU-NÉ

Grossesse :

L'effet de ce médicament sur l'enfant à naître est mal connu : seul votre médecin peut évaluer le risque éventuel de son utilisation dans votre cas.

Allaitement :

L'usage de ce médicament est déconseillé pendant l'allaitement.

MODE D'EMPLOI ET POSOLOGIE

Les comprimés doivent être avalés avec un peu d'eau.

Posologie usuelle :

Elle est atteinte progressivement.

- Adulte : 1 comprimé, 3 fois par jour.
- Enfant : la moitié de la dose Adulte.

☛ L'efficacité de ce *traitement de fond* dépend d'une prise régulière et prolongée du médicament.

EFFETS INDÉSIRABLES POSSIBLES

Le plus souvent : somnolence.

Rarement : constipation, nausées, *vertiges*, douleurs musculaires.

SANOFORMINE

sulfate de cuivre, fluorure de sodium

PRÉSENTATION

SANOFORMINE : comprimé pour solution vaginale et pour *gargarisme* (bleu) ; boîte de 50 - Non remb.

Laboratoires Mayoly-Spindler

COMPOSITION

	p. comp.
Sulfate de cuivre	40 mg
Fluorure de sodium	40 mg

INDICATIONS

Ce médicament contient un *antiseptique* local.

Il est utilisé pour nettoyer les *muqueuses* de la bouche, de la gorge ou du vagin.

CONTRE-INDICATIONS

Ce médicament ne doit pas être utilisé chez l'enfant de moins de 30 mois.

ATTENTION

Des précautions sont nécessaires chez l'enfant de moins de 7 ans.

INTERACTIONS MÉDICAMENTEUSES

L'association à d'autres *antiseptiques* est déconseillée car leurs effets risquent de s'annuler.

GROSSESSE, ALLAITEMENT ET NOUVEAU-NÉ

L'effet de ce médicament pendant la grossesse ou l'allaitement est mal connu. L'évaluation du risque éventuel lié à son utilisation est individuelle : demandez conseil à votre pharmacien ou à votre médecin.

MODE D'EMPLOI ET POSOLOGIE

Les comprimés doivent être dissous dans de l'eau chaude.

La solution obtenue peut être utilisée en bain, en *gargarisme* ou en *irrigation vaginale*.

Après usage, s'il reste de la solution non utilisée, elle doit être jetée.

Posologie usuelle :

2 ou 3 comprimés par litre d'eau chaude.

☛ Ce produit n'est pas destiné à la toilette intime quotidienne.

SANTAHERBA

homéopathie

PRÉSENTATION

SANTAHERBA : solution buvable ; flacon compte-gouttes 30 ml (1 200 gouttes) - Non remb.

Laboratoires Lehning

COMPOSITION

Yerba santa D3, Ipeca D4, Lobelia D3, Adrenalinum D6, Belladonna D4, Stramonium D4, Solidago D3, Ephedra D3, Galeopsis TM, Sambucus TM, Crataegus TM aa p. 36,63 %

Alcool à 30°

INDICATIONS

Ce médicament est un *complexe* (association) de remèdes homéopathiques.

Il est utilisé dans le *traitement d'appoint* de l'*asthme* et des maladies des bronches.

GROSSESSE, ALLAITEMENT ET NOUVEAU-NÉ

Aux *dilutions homéopathiques*, les substances contenues dans ce médicament ne sont pas connues pour être toxiques pendant la grossesse ou l'allaitement.

MODE D'EMPLOI ET POSOLOGIE

Les gouttes peuvent être prises sur un sucre.

Posologie usuelle :

20 gouttes, 4 à 5 fois par jour. En cas de crise d'*asthme*, jusqu'à 50 gouttes.

☛ Certains homéopathes recommandent de ne pas absorber de camphre pendant un traitement homéopathique.

SAPROL

PRÉSENTATION

SAPROL : comprimé (noir) ; boîte de 40 - Non remb.

Laboratoires Médecine Végétale

COMPOSITION

	p. comp.
Méthénamine	100 mg
Salol	50 mg
Térébenthine de Bordeaux	30 mg
Busserole, poudre	20 mg
Boldo, poudre	10 mg
Buchu, poudre	5 mg

INDICATIONS

C'est un *antiseptique* urinaire et un décongestionnant de la vessie.

Il est utilisé en *traitement d'appoint* des infections urinaires et génitales.

CONTRE-INDICATIONS

Ce médicament ne doit pas être utilisé en cas d'*insuffisance rénale* grave.

ATTENTION

En cas d'apparition de fièvre ou d'absence d'amélioration rapide, consultez votre médecin.

Ne buvez pas d'eau riche en bicarbonates pendant le traitement (Vichy...) : risque de diminution de l'efficacité du médicament.

INTERACTIONS MÉDICAMENTEUSES

Ce médicament ne doit pas être associé à certains *antibiotiques* de la famille des *sulfamides* (RUFOL...) : risque de formation de cristaux dans les *voies* urinaires.

GROSSESSE, ALLAITEMENT ET NOUVEAU-NÉ

L'effet de ce médicament pendant la grossesse ou l'allaitement est mal connu. L'évaluation du risque éventuel lié à son utilisation est individuelle : demandez conseil à votre pharmacien ou à votre médecin.

MODE D'EMPLOI ET POSOLOGIE

Ce médicament doit être pris de préférence avant les repas, avec un verre d'eau ou une *infusion*.

Posologie usuelle :

2 comprimés, 3 fois par jour.

☛ Le médecin prescrit parfois une analyse d'urine pour identifier le *germe* responsable de l'infection et tester sa sensibilité aux *antibiotiques*. Le résultat de cet examen peut être faussé en cas d'automédication : prévenez votre médecin si vous avez pris ce médicament.

SARGENOR

aspartate d'arginine

PRÉSENTATION

SARGENOR : comprimé à croquer (blanc) ; boîte de 20 - Non remb.

SARGENOR : comprimé effervescent ; boîte de 20 - Non remb.

SARGENOR : comprimé effervescent ; boîte de 40 - Non remb.

SARGENOR : solution buvable ; boîte de 20 ampoules 5 ml - Non remb.

Laboratoires Sarget Pharma

COMPOSITION

	p. comp.	p. comp. efferv.	p. amp.
Arginine aspartate	1 g	1 g	1 g
Saccharose			1 g
Sodium		100 mg	

INDICATIONS

C'est un *antiasthénique* qui contient une association d'*acides aminés*.

Il est utilisé dans le *traitement symptomatique* de la fatigue.

ATTENTION

La solution buvable contient du *sucre* (saccharose) en quantité notable.

Les comprimés effervescents contiennent du sodium en quantité notable.

GROSSESSE, ALLAITEMENT ET NOUVEAU-NÉ

Ce médicament ne contient que des substances présumées sans danger pendant la grossesse ou l'allaitement. Néanmoins, ne l'utilisez pas de façon prolongée sans l'avis de votre pharmacien ou de votre médecin.

MODE D'EMPLOI ET POSOLOGIE

La solution buvable doit être prise de préférence avant les repas, diluée dans un peu d'eau. Les comprimés peuvent être croqués ou sucés.

Les comprimés effervescents doivent être dissous dans un verre d'eau.

Posologie usuelle :

- Adulte : 1 comprimé à croquer, 3 ou 4 fois par jour, ou 1 comprimé effervescent ou 1 ampoule 2 ou 3 fois par jour.
- Enfant de plus de 12 ans : 1 comprimé effervescent 1 ou 2 fois par jour, ou 1/2 à 2 comprimés à croquer ou 1/2 à 2 ampoules par jour, selon l'âge.
- Enfant de 30 mois à 12 ans : 1/2 à 2 comprimés à croquer ou 1/2 à 2 ampoules par jour, selon l'âge.

Le traitement se fait habituellement en cures de 8 à 15 jours.

Contrairement à la solution buvable, les comprimés ne contiennent pas de *sucre* et peuvent être utilisés par les diabétiques.

Une fatigue persistante ne doit pas conduire à augmenter les prises de ce médicament : consultez votre médecin.

Les comprimés effervescents doivent être conservés à l'abri de l'humidité.

SARGÉPIRINE

aspirine, glycine

PRÉSENTATION

SARGÉPIRINE 500 mg : comprimé à croquer (rose) arôme orange ; boîte de 18 - Remb. 65 %

Laboratoires ASTA Medica

COMPOSITION

	p. comp.
Acide acétylsalicylique (aspirine)	500 mg
Glycine	250 mg

INDICATIONS

Ce médicament contient de l'aspirine, qui possède de nombreuses propriétés : *antalgique* et *antipyrétique*, mais aussi *anti-inflammatoire* à dose élevée, et fluidifiant du sang.

Il est principalement utilisé en cas de fièvre (mais n'agit pas sur sa cause), états grippaux, douleurs diverses (maux de tête, douleurs dentaires, rhumatismales...).

CONTRE-INDICATIONS

Ce médicament ne doit pas être utilisé dans les cas suivants :

- *allergie* aux *salicylés* ou aux *AINS*,
- *ulcère* de l'estomac ou du *duodénum*,
- *hémorragie* et risque hémorragique,
- **grossesse :** pendant les 3 derniers mois, ou en prise prolongée, à toute période de la grossesse.

ATTENTION

L'aspirine n'est pas un médicament anodin. Tout surdosage ou prise prolongée exposent à des complications sérieuses.

Un avis médical est préférable chez les personnes présentant des *antécédents* d'*ulcère* de l'estomac ou du *duodénum*, même ancien, d'*asthme*, d'*insuffisance rénale*, et chez les femmes qui portent un stérilet.

L'aspirine est déconseillée chez les personnes atteintes de *goutte* et chez les femmes lors de règles abondantes.

Évitez de prendre ce médicament pendant la semaine qui précède une extraction dentaire ou une opération (augmentation du risque d'*hémorragie*).

Évitez la prise de boissons alcoolisées avec l'aspirine.

INTERACTIONS MÉDICAMENTEUSES

Les personnes traitées par des médicaments anticancéreux contenant du méthotrexate ne doivent pas utiliser d'aspirine.

Ce médicament peut interagir avec d'autres médicaments, notamment les *anticoagulants* et les *antiagrégants plaquettaires* (TICLID...) : augmentation du risque hémorragique. Signalez tout autre traitement en cours à votre médecin ou à votre pharmacien.

GROSSESSE, ALLAITEMENT ET NOUVEAU-NÉ

Grossesse :

Des effets néfastes pour la mère et pour l'enfant à naître ont été mis en évidence lorsque l'aspirine est utilisée au cours des 3 derniers mois de la grossesse. En conséquence, seule la prise ponctuelle est admise durant les 6 premiers mois. Toute prise d'aspirine est contre-indiquée au cours des 3 derniers mois.

Allaitement :

Ce médicament passe dans le lait maternel : il est déconseillé pendant l'allaitement.

MODE D'EMPLOI ET POSOLOGIE

Les comprimés doivent être croqués.

L'effet du médicament sera plus rapide s'il est pris à jeun.

Les prises doivent être espacées d'au moins 4 heures.

Ce médicament est réservé à l'adulte et à l'enfant de plus de 6 ans.

Posologie usuelle :

- Adulte :
  - douleur modérée et fièvre : 1 comprimé, 1 à 3 fois par jour ; ne pas dépasser 3 g par jour ;
  - douleurs rebelles ou rhumatismales : 2 comprimés par prise, jusqu'à 12 comprimés par jour. Cette *posologie* ne doit pas être prolongée sans l'avis de votre médecin.
- Enfant de 10 à 15 ans : 1/2 comprimé, 2 à 4 fois par jour.
- Enfant de 5 à 9 ans : 1/2 comprimé, 1 ou 2 fois par jour.

EFFETS INDÉSIRABLES POSSIBLES

Gastrite, douleurs abdominales, saignements du nez ou des gencives.

Rares et parfois graves :

- *hémorragie* du tube digestif : vomissements sanglants, selles noires, ou plus souvent pertes de sang imperceptibles, responsables de l'apparition progressive d'une *anémie* ;
- accidents allergiques : *urticaire*, *œdème*, *asthme*.

Signes devant faire penser à un surdosage : bourdonnements d'oreille, sensation de baisse de l'audition, maux de tête.

SAVON LIQUIDE RAMET

huile de cade

PRÉSENTATION

SAVON LIQUIDE RAMET : savon liquide ; flacon 250 ml - Non remb.

Laboratoires CS

COMPOSITION

	p. 100 ml
Huile de cade	0,2 g

INDICATIONS

Ce médicament contient de l'huile de cade, qui lutte contre l'épaississement anormal de l'*épiderme* et apaise les démangeaisons.

Il est notamment utilisé pour traiter les pellicules, les peaux épaisses et squameuses, le *psoriasis* et les *séborrhées*.

ATTENTION

Des précautions sont nécessaires en cas d'affection cutanée suintante, infectieuse, ou de peau crevassée.

Ce produit ne doit pas être mis en contact avec l'œil.

GROSSESSE, ALLAITEMENT ET NOUVEAU-NÉ

L'effet de ce médicament pendant la grossesse ou l'allaitement est mal connu.

L'évaluation du risque éventuel lié à son utilisation est individuelle : demandez conseil à votre pharmacien ou à votre médecin.

MODE D'EMPLOI ET POSOLOGIE

Cette préparation se mélange à l'eau. Elle ne décolore pas les cheveux et ne tache pas la peau.

Elle peut être utilisée en bain de 10 à 15 minutes, en lotion ou en savon.

Posologie usuelle :

En bain :

- Adulte : la moitié ou le flacon entier par bain.
- Enfant : le quart ou la moitié du flacon par bain.

En lotion ou en shampooing : savonnez la partie lésée préalablement mouillée, ajoutez de l'eau pour faire mousser, puis rincez abondamment.

SCABECID
lindane

PRÉSENTATION

SCABECID POUX ET LENTES : crème fluide ; flacon 150 ml - Non remb.

Laboratoires Stiefel

COMPOSITION

	p. 100 g
Lindane	1 g

INDICATIONS

Cette crème contient une substance active sur certains parasites de la peau.

Elle est principalement utilisée contre les parasites de la gale (sarcoptes) et pour détruire les poux et leurs œufs (lentes).

CONTRE-INDICATIONS

Ce médicament ne doit pas être utilisé dans les cas suivants :

- enfant de moins de 2 ans,
- grossesse.

ATTENTION

Évitez d'utiliser cette poudre sur une peau lésée, notamment chez l'enfant.

Rincez abondamment en cas de contact accidentel avec les yeux ou les *muqueuses*.

GROSSESSE, ALLAITEMENT ET NOUVEAU-NÉ

Grossesse :

Ce médicament est contre-indiqué pendant la grossesse.

Allaitement :

L'effet de ce médicament pendant l'allaitement est mal connu. L'évaluation du risque éventuel lié à son utilisation est individuelle : demandez conseil à votre pharmacien ou à votre médecin.

MODE D'EMPLOI ET POSOLOGIE

Traitement de la gale : avant le traitement, prenez un bain et séchez-vous soigneusement. Appliquez la crème sur tout le corps, sauf sur le visage et le cuir chevelu, en insistant sur les mains et dans les plis de la peau. Laissez agir le traitement pendant 6 à 12 heures (pas plus de 6 heures chez l'enfant), puis lavez-vous pour éliminer le produit. Les draps doivent être changés deux fois : juste avant l'application du produit et avant la première nuit suivant le rinçage. Les démangeaisons peuvent persister 10 à 15 jours : elles ne doivent pas conduire au renouvellement du traitement.

Traitement des poux : l'application doit se faire sur des cheveux propres et secs. Après les avoir enduits de crème, laissez agir pendant 3 à 5 minutes, puis lavez et rincez abondamment à l'eau tiède. Renouvelez l'application le lendemain.

Si la gale est infectée, consultez votre médecin avant tout traitement. Une irritation persistante ou un *eczéma* peuvent apparaître après le traitement et justifier des soins spécifiques. Cela ne signifie pas que le traitement a échoué. Pour éviter une réinfestation, il est nécessaire que l'entourage (famille, partenaire sexuel) suive le même traitement. Les vêtements récemment portés, les chaussons et les chapeaux doivent être désinfectés. Le linge de corps et les draps doivent être lavés à 60 °C. La literie (couverture, couette, oreillers) doit aussi être désinfectée. Il existe également un moyen simple de se débarrasser du parasite : laissez les vêtements contaminés dans un endroit frais pendant une quinzaine de jours.

Pour éviter une réinfestation par les poux, il est nécessaire que l'entourage suive le même traitement. Les chapeaux, bonnets, écharpes doivent être désinfectés. Les lentes fixées à plus de 2 cm du cuir chevelu sont généralement mortes, et leur présence ne signifie pas que le traitement a échoué. Leur élimination peut être facilitée en démêlant les cheveux avec un peigne trempé dans de l'eau vinaigrée.

EFFETS INDÉSIRABLES POSSIBLES

Irritation locale fréquente, *eczéma*.

En cas d'ingestion accidentelle : risque de *convulsions*. Appeler le centre antipoison.

SCHOUM

PRÉSENTATION

SCHOUM Solution : solution buvable arôme menthe ; flacon 540 ml - Non remb.

Laboratoires Pharmygiène

COMPOSITION

	p. 100 ml
Fumeterre officinal, extrait fluide	17,30 mg
Piscidia erythrina, extrait fluide	2,70 mg
Bugrane, extrait fluide	19,70 mg
Sorbitol à 70 %	5,95 g
Alvérine citrate	1,70 mg
Menthe poivrée, essence	1,70 mg
Alcool à 95°	270 mg

INDICATIONS

C'est un médicament qui appartient à la famille des *cholérétiques*. Il agit en augmentant la production de bile et lutte contre les spasmes des *voies biliaires*.

Il est principalement utilisé dans le *traitement symptomatique* des digestions difficiles en rapport avec une paresse biliaire.

ATTENTION

Des précautions sont nécessaires en cas d'obstruction des *voies biliaires* ou de maladie grave du foie.

En cas de persistance des *symptômes*, des examens peuvent être nécessaires : consultez votre médecin.

GROSSESSE, ALLAITEMENT ET NOUVEAU-NÉ

L'effet de ce médicament pendant la grossesse et l'allaitement est mal connu : par mesure de prudence, son usage est déconseillé.

MODE D'EMPLOI ET POSOLOGIE

- Adulte : 4 cuillères à soupe, 1 à 3 fois par jour.
- Enfant : 2 cuillères à soupe, 1 à 3 fois par jour.

EFFETS INDÉSIRABLES POSSIBLES

Diarrhée, ballonnements.

SCLÉROCALCINE
homéopathie

PRÉSENTATION

SCLÉROCALCINE : comprimé (beige) ; boîte de 60 - Non remb.

Laboratoires Lehning

COMPOSITION

	p. comp.
Crocus D4	50 mg
Secale cornutum D4	50 mg
Geranium robertianum D3	50 mg
Senecio aureus D3	50 mg
Silicea D6	100 mg
Crataegus D3	50 mg
Sulfur D4	100 mg
Cortex betulae pulvis	50 mg

INDICATIONS

Ce médicament est un *complexe* (association) de remèdes homéopathiques.

Il est utilisé dans le *traitement symptomatique* des troubles de la circulation artérielle et des *vertiges* chez la personne âgée.

GROSSESSE, ALLAITEMENT ET NOUVEAU-NÉ

Aux *dilutions homéopatiques*, ce médicament ne contient aucune substance connue pour être toxique pendant la grossesse ou l'allaitement.

MODE D'EMPLOI ET POSOLOGIE

Croquer les comprimés ou les laisser fondre dans la bouche.

Posologie usuelle :

2 comprimés, matin et soir.

Certains homéopathes recommandent de ne pas absorber de camphre pendant un traitement homéopathique.

SCOPODERM
scopolamine

PRÉSENTATION

SCOPODERM TTS 0,5 mg/72 h : système transdermique adhésif ; boîte de 5 - Non remb. - Liste I

Laboratoires Ciba-Geigy

COMPOSITION

	p. système
Scopolamine	1,5 mg

INDICATIONS

C'est un médicament qui appartient à la famille des *atropiniques*.

Il est principalement utilisé pour prévenir le mal des transports.

CONTRE-INDICATIONS

Ce médicament ne doit pas être utilisé dans les cas suivants :
- *glaucome* à angle fermé,
- troubles de la vessie et de la prostate pouvant conduire à une rétention des urines : *adénome de la prostate* essentiellement,
- enfant de moins de 15 ans,
- *allergie* à la scopolamine.

ATTENTION

Ne pas le laisser à la portée des enfants.

L'utilisation de ce médicament chez la personne âgée, ou souffrant d'*insuffisance rénale* ou d'*insuffisance hépatique* nécessite des précautions particulières : risque de confusion des idées.

Évitez les boissons alcoolisées : augmentation du risque de somnolence.

Conducteur : ce médicament peut être responsable d'une somnolence ou d'une baisse de la vigilance.

INTERACTIONS MÉDICAMENTEUSES

Ce médicament peut interagir avec d'autres médicaments : signalez tout autre traitement en cours à votre médecin ou à votre pharmacien.

GROSSESSE, ALLAITEMENT ET NOUVEAU-NÉ

L'effet de ce médicament pendant la grossesse ou l'allaitement est mal connu : seul votre médecin peut évaluer le risque éventuel de son utilisation dans votre cas.

MODE D'EMPLOI ET POSOLOGIE

La veille du départ (6 à 12 heures avant), appliquez la pastille autocollante derrière l'oreille sur la peau dépourvue de cheveux. Laissez-la en place pendant toute la durée du voyage. En cas de long voyage, vous pouvez la garder pendant 72 heures et éventuellement la renouveler à un autre endroit. Les effets durent jusqu'à 12 heures après le traitement.

Se laver les mains après la mise en place de la pastille : il faut éviter le contact avec les yeux.

En cas de décollement accidentel, appliquer une nouvelle pastille à un autre endroit.

EFFETS INDÉSIRABLES POSSIBLES

Sécheresse de la bouche, troubles visuels, dessèchement des sécrétions bronchiques.

Constipation, rétention des urines, *palpitations*, accélération du cœur.

Rarement : somnolence, confusion des idées, plus particulièrement chez la personne âgée.

À l'arrêt d'un traitement de quelques jours, il peut très rarement survenir des *vertiges*, nausées, vomissements, maux de tête et troubles de l'équilibre.

SÉBAKLEN
xénysalate

PRÉSENTATION

SÉBAKLEN : solution moussante pour application locale ; flacon 120 ml - Remb. 65 %

Laboratoires Fumouze

COMPOSITION

	p. 100 ml
Xénysalate chlorhydrate	1 g

INDICATIONS

Ce médicament est une solution moussante utilisée dans le traitement de la *séborrhée* du cuir chevelu.

ATTENTION

En cas de contact accidentel avec les yeux, rincez abondamment.

GROSSESSE, ALLAITEMENT ET NOUVEAU-NÉ

L'effet de ce médicament pendant la grossesse ou l'allaitement est mal connu. L'évaluation du risque éventuel lié à son utilisation est individuelle : demandez conseil à votre pharmacien ou à votre médecin.

MODE D'EMPLOI ET POSOLOGIE

Appliquer cette solution sur les cheveux mouillés. Laisser agir pendant 3 à 5 minutes, puis rincer abondamment.

Posologie usuelle :

1 application par semaine pendant quelques semaines.

Éviter les permanentes ou les teintures pour limiter les risques d'assèchement des cheveux.

EFFETS INDÉSIRABLES POSSIBLES

Sécheresse des cheveux.

En cas d'utilisation prolongée : irritation locale.

SÉCALIP
fénofibrate

PRÉSENTATION

SÉCALIP 100 : gélule (blanc ivoire) ; boîte de 48 - Remb. 65 % - Liste II

SÉCALIP 300 : gélule (blanc et orange) ; boîte de 30 - Remb. 65 % - Liste II

Laboratoires Biothérapie

COMPOSITION

	p. gél. 100 mg	p. gél. 300 mg
Fénofibrate		

INDICATIONS

C'est un *hypolipidémiant* qui appartient à la famille des fibrates. Il permet d'abaisser le taux des graisses circulant dans le sang : *cholestérol* et *triglycérides*, essentiellement.

Il est utilisé dans le traitement des excès de cholestérol ou de triglycérides, lorsqu'un régime adapté et assidu n'est pas suffisant.

CONTRE-INDICATIONS

Ce médicament ne doit pas être utilisé dans les cas suivants :
- *insuffisance hépatique* grave,
- *insuffisance rénale* grave,
- enfant de moins de 15 ans (pour les gélules à 300 mg).

ATTENTION

Des anomalies de certaines constantes sanguines, telles que les *transaminases*, peuvent apparaître en cours de traitement. Elles justifient la prescription d'une prise de sang tous les trois mois la première année de traitement.

INTERACTIONS MÉDICAMENTEUSES

Ce médicament peut interagir avec d'autres médicaments, notamment les *anticoagulants* oraux. Signalez tout autre traitement en cours à votre médecin ou à votre pharmacien.

GROSSESSE, ALLAITEMENT ET NOUVEAU-NÉ

Grossesse :

L'effet de ce médicament sur l'enfant à naître est mal connu : seul votre médecin peut évaluer le risque éventuel de son utilisation dans votre cas.

Allaitement :

En l'absence de données, l'allaitement est déconseillé.

MODE D'EMPLOI ET POSOLOGIE

Ce médicament sera pris de préférence au cours d'un repas.

Posologie usuelle :

- Adulte : la *posologie* est adaptée par le médecin en fonction des résultats de la prise de sang. Elle est habituellement de 1 gélule à 100 mg, 1 à 3 fois par jour, ou 1 gélule à 300 mg par jour.

Le régime reste indispensable pendant le traitement.

Un régime pauvre en *cholestérol* et en graisses animales n'est pas simple à suivre : les erreurs sont fréquentes. Demandez conseil à votre médecin, à votre pharmacien ou à un professionnel de la nutrition.

EFFETS INDÉSIRABLES POSSIBLES

Troubles digestifs : digestions difficiles.

Allergie cutanée rare et douleurs musculaires.

SECTRAL
acébutolol

PRÉSENTATION

SECTRAL 200 mg : comprimé sécable (blanc) ; boîte de 20 - Remb. 65 % - Liste I

SECTRAL 400 mg : comprimé sécable oblong (blanc) ; boîte de 30 - Remb. 65 % - Liste I

SECTRAL LP 500 mg : comprimé à *libération prolongée* oblong (blanc) ; boîte de 28 - Remb. 65 % - Liste I

Laboratoires Specia

COMPOSITION

	p. comp.	p. comp.	p. comp. L.P.
Acébutolol	200 mg	400 mg	500 mg

INDICATIONS

Ce médicament appartient à la famille des *bêtabloquants*. Ceux-ci agissent en bloquant l'action de l'*adrénaline* (et d'autres *hormones* apparentées) sur de nombreux organes et notamment le cœur, les vaisseaux et les bronches.

Il est utilisé dans :
- l'*hypertension artérielle*,
- la prévention des crises d'*angine de poitrine* et les suites d'*infarctus du myocarde*,
- certains *troubles du rythme cardiaque*.

CONTRE-INDICATIONS

Ce médicament ne doit pas être utilisé dans les cas suivants :
- *insuffisance cardiaque* grave non contrôlée par un traitement spécifique,
- *bloc auriculo-ventriculaire* grave,
- rythme cardiaque inférieur à 50 battements par minute,
- association avec les médicaments contenant de la floctafénine.

Dans tous les autres cas, le médecin est seul juge, notamment en cas d'*asthme*.

ATTENTION

N'interrompez jamais brutalement le traitement. Espacez progressivement les prises. Un avis médical est toujours préférable.

Diabétiques : les *bêtabloquants* peuvent masquer certains *symptômes* de l'*hypoglycémie*, essentiellement *palpitations* et accélération du cœur.

INTERACTIONS MÉDICAMENTEUSES

Ce médicament ne doit pas être associé à la floctafénine (IDARAC...) : risque d'augmentation de la gravité d'un éventuel *choc* allergique.

Il peut interagir avec d'autres médicaments, notamment ceux contenant de l'amiodarone. Signalez tout autre traitement en cours à votre médecin ou à votre pharmacien.

GROSSESSE, ALLAITEMENT ET NOUVEAU-NÉ

Grossesse et nouveau-né :

Les études scientifiques actuellement disponibles n'ont pas mis en évidence de problème particulier lors de l'utilisation chez la femme enceinte.

L'effet *bêtabloquant* persiste quelques jours chez le *nouveau-né* et justifie une surveillance médicale renforcée pendant les premiers jours de la vie.

Allaitement :

Ce médicament passe dans le lait maternel : l'allaitement est déconseillé.

MODE D'EMPLOI ET POSOLOGIE

Ce médicament peut être pris indifféremment pendant ou en dehors des repas. Avaler les comprimés sans les croquer.

Posologie usuelle :

Elle dépend des indications : 200 mg, matin et soir, ou 400 mg le matin. La forme 500 *L.P.* est plus particulièrement destinée à la prévention des crises d'*angine de poitrine*.

Veillez à toujours disposer d'une réserve de ce médicament : une plaquette dans la boîte à gants de la voiture et dans la trousse de toilette, par exemple.

Il est normal que le rythme cardiaque ralentisse sous l'effet du traitement ; néanmoins, en cas de fatigue anormale et de pouls inférieur à 50 battements par minute, consultez votre médecin.

EFFETS INDÉSIRABLES POSSIBLES

Bénins et peu fréquents : *troubles digestifs*, fatigue en début de traitement, syndrome de *Raynaud* et fourmillement des extrémités ; parfois, réactions cutanées.

Potentiellement graves et rares : *bloc auriculo-ventriculaire*, ralentissement important du cœur, chute de tension, *insuffisance cardiaque*, crise d'*asthme*.

SÉDACOLLYRE
synéphrine, berbérine, benzododécinium

PRÉSENTATION

SÉDACOLLYRE : collyre ; flacon 10 ml - Non remb.

Laboratoires C.P.F.

COMPOSITION

	p. 100 ml
Synéphrine tartrate	500 mg
Berbérine chlorhydrate	26,20 mg
Benzododécinium bromure	4 mg

INDICATIONS

C'est un collyre décongestionnant qui contient un *vasoconstricteur*, un *anti-inflammatoire* et un *antiseptique*.

Il est utilisé pour traiter les *conjonctivites* non infectieuses, et notamment les irritations dues à des corps étrangers, à des gaz irritants, à des poussières ou à une lumière excessive.

CONTRE-INDICATIONS

Ce médicament ne doit pas être utilisé dans les cas suivants :
- *glaucome* à angle fermé,
- enfant de moins de 30 mois.

ATTENTION

Une rougeur ou une douleur de l'œil ne correspondent pas toujours à une *conjonctivite*. Des soins urgents peuvent être nécessaires, notamment en cas de vision floue.

Ce collyre peut provoquer un *glaucome* aigu par fermeture de l'angle chez les personnes prédisposées : œil rouge, dur, douloureux, et flou de la vision. Une consultation d'urgence dans un service spécialisé est alors nécessaire.

Du fait de la présence d'un *vasoconstricteur*, les instillations répétées doivent être évitées chez les personnes souffrant d'*angine de poitrine* ou d'*hypertension artérielle*.

Des instillations répétées peuvent provoquer une sensibilité anormale à la lumière, gênante en cas de conduite automobile.

INTERACTIONS MÉDICAMENTEUSES

Ce médicament peut interagir avec d'autres médicaments, notamment les *antidépresseurs* de la famille des *IMAO* non sélectifs (MARSILID, NIAMIDE...). Signalez tout autre traitement en cours à votre médecin ou à votre pharmacien.

GROSSESSE, ALLAITEMENT ET NOUVEAU-NÉ

L'effet de ce médicament pendant la grossesse ou l'allaitement est mal connu. L'évaluation du risque éventuel lié à son utilisation est individuelle : demandez conseil à votre pharmacien ou à votre médecin.

MODE D'EMPLOI ET POSOLOGIE

Tirer la paupière inférieure vers le bas tout en regardant vers le haut et déposer les gouttes de collyre entre la paupière et le globe oculaire (*cul-de-sac conjonctival*).

Posologie usuelle :

- Adulte et enfant de plus de 30 mois : 2 gouttes, 4 ou 5 fois par jour. Ne dépassez pas 10 jours de traitement sans avis médical.

Les lentilles de contact ne doivent pas être portées en cas d'irritation oculaire ni réutilisées avant l'arrêt complet du traitement.

Ce collyre peut colorer de façon irréversible les lentilles souples.

L'application correcte du produit peut nécessiter une aide, notamment chez l'enfant ou la personne handicapée ou âgée.

Ne conservez pas ce collyre plus de 2 mois après une première utilisation.

EFFETS INDÉSIRABLES POSSIBLES

Glaucome aigu par fermeture de l'angle (voir ATTENTION).

Sensibilité excessive à la lumière due à une dilatation de la pupille.

SÉDAPLAIE

dodéclonium, amyléine

PRÉSENTATION

SÉDAPLAIE : solution pour application locale ; flacon pressurisé 40 ml - Non remb.

Laboratoires C.P.F.

COMPOSITION

	p. 100 ml
Dodéclonium bromure	100 mg
Amyléine chlorhydrate	1 g

INDICATIONS

Cette solution d'usage local contient un *antiseptique* de la famille des *ammoniums quaternaires* et un *anesthésique*.

Elle est utilisée pour désinfecter les plaies superficielles.

CONTRE-INDICATIONS

Ce médicament ne doit pas être utilisé en cas d'*allergie* aux *ammoniums quaternaires* ou aux *anesthésiques* locaux.

GROSSESSE, ALLAITEMENT ET NOUVEAU-NÉ

L'effet de ce médicament pendant la grossesse ou l'allaitement est mal connu. L'évaluation du risque éventuel lié à son utilisation est individuelle : demandez conseil à votre pharmacien ou à votre médecin.

MODE D'EMPLOI ET POSOLOGIE

Pulvériser la solution sur la plaie.

Posologie usuelle :

1 à 4 pulvérisations par jour.

☛ Le simple lavage à l'eau et au savon permet d'éliminer la majorité des *germes* ; il doit être suivi d'un rinçage soigneux car le savon peut inactiver certains *antiseptiques*.

EFFETS INDÉSIRABLES POSSIBLES

Allergie locale.

SÉDARTRYL

PRÉSENTATION

SÉDARTRYL : baume ; tube 60 g - Non remb.

SÉDARTRYL : baume ; tube 100 g - Non remb.

Laboratoires Oberlin

COMPOSITION

	p. 100 g
Nicotinate de méthyle	1 g
Salicylate d'amyle	2 g
Acide salicylique	2 g
Menthol	0,6 g
Camphre synthétique	4 g
Essence de térébenthine	5 g
Essence de moutarde	0,1 g

INDICATIONS

Ce baume *antalgique* contient des *salicylés* et des substances qui ont un effet *révulsif*.

Il est utilisé en massage dans le traitement local des *tendinites* et des douleurs musculaires et ligamentaires.

CONTRE-INDICATIONS

Ce médicament ne doit pas être utilisé dans les cas suivants :
- *allergie* aux *salicylés* ;
- sur les *muqueuses*, la peau irritée et les plaies cutanées ;
- enfant de moins de 30 mois.

ATTENTION

Des précautions sont nécessaires chez l'enfant de moins de 7 ans (présence de camphre).

GROSSESSE, ALLAITEMENT ET NOUVEAU-NÉ

L'effet de ce médicament pendant la grossesse ou l'allaitement est mal connu. L'évaluation du risque éventuel lié à son utilisation est individuelle : demandez conseil à votre pharmacien ou à votre médecin.

MODE D'EMPLOI ET POSOLOGIE

Appliquer par un massage doux et prolongé.

Posologie usuelle :

Plusieurs applications par jour.

☛ Lavez-vous soigneusement les mains après utilisation.

EFFETS INDÉSIRABLES POSSIBLES

Allergie cutanée (éruption de boutons, démangeaisons...) imposant l'arrêt du traitement ; à ne pas confondre avec une rougeur au point d'application due au médicament.

SÉDASPIR

aspirine, codéine, caféine

PRÉSENTATION

SÉDASPIR : comprimé (blanc) ; boîte de 20 - Non remb.

Laboratoires C.P.F.

COMPOSITION

	p. comp.
Acide acétylsalicylique (aspirine)	500 mg
Codéine phosphate	12 mg
Caféine	50 mg

INDICATIONS

Ce médicament *antalgique* associe de l'aspirine, de la codéine et de la caféine.

Il est utilisé dans le *traitement symptomatique* de la douleur ou de la fièvre (maux de tête, états grippaux, courbatures...).

CONTRE-INDICATIONS

Ce médicament ne doit pas être utilisé dans les cas suivants :
- enfant de moins de 12 ans,
- *allergie* aux *salicylés* ou aux *AINS*,
- *ulcère* de l'estomac ou du *duodénum*,
- *hémorragie* et risque hémorragique,
- *insuffisance respiratoire*,
- **grossesse** : pendant les 3 derniers mois, ou en prise prolongée à toute période de la grossesse.

ATTENTION

Un avis médical est préférable en cas d'*antécédent* d'*ulcère* de l'estomac ou du *duodénum*, même ancien, d'*asthme*, d'*insuffisance rénale*.

Ce médicament est déconseillé chez les personnes atteintes de *goutte*.

Évitez de prendre ce médicament pendant la semaine qui précède une extraction dentaire, une opération, ou pendant des règles abondantes : augmentation du risque d'*hémorragie*.

Évitez les boissons alcoolisées : augmentation du risque de somnolence.

Conducteur : ce médicament peut être responsable d'une somnolence ou d'une baisse de la vigilance.

INTERACTIONS MÉDICAMENTEUSES

Ce médicament contient de l'aspirine : les personnes traitées par des médicaments anticancéreux contenant du méthotrexate ne doivent pas l'utiliser.

Il peut interagir avec d'autres médicaments, notamment les *anticoagulants* et les *antiagrégants plaquettaires* (TICLID...) : augmentation du risque hémorragique. Signalez tout autre traitement en cours à votre médecin ou à votre pharmacien.

GROSSESSE, ALLAITEMENT ET NOUVEAU-NÉ

Grossesse :

L'usage de ce médicament est déconseillé pendant les 3 premiers mois (codéine) ; un usage ponctuel est possible pendant le 2e trimestre ; il est contre-indiqué pendant les 3 derniers mois de la grossesse (aspirine).

Allaitement :

Ce médicament passe dans le lait maternel : il est déconseillé pendant l'allaitement.

MODE D'EMPLOI ET POSOLOGIE

Les comprimés doivent être avalés avec un verre d'eau.

Posologie usuelle :

- Adulte : 1 comprimé, 1 à 6 fois par jour.
- Enfant de plus de 12 ans : 1 comprimé, 1 ou 2 fois par jour.

☛ De nombreux médicaments contiennent de la codéine et de l'aspirine : en cas de prise conjointe, leur surdosage expose à une augmentation des effets indésirables.

Il est préférable d'éviter la prise de ce médicament en fin de journée, en raison de la présence de caféine.

EFFETS INDÉSIRABLES POSSIBLES

Liés à l'aspirine :
- *gastrite*, douleurs abdominales, saignements du nez ou des gencives ;
- rares et parfois graves : *hémorragie* du tube digestif (vomissements sanglants, selles noires, ou plus souvent pertes de sang imperceptibles, responsables de l'apparition progressive d'une *anémie*) ; accidents allergiques (*urticaire*, *œdème*, *asthme*) ;
- signes devant faire penser à un surdosage : bourdonnements d'oreille, sensation de baisse de l'audition, maux de tête.

Liés à la caféine : excitation, insomnie.

Liés à la codéine : constipation, somnolence, *troubles digestifs*, *vertiges*, ralentissement de la respiration.

SÉDATIF PC
homéopathie

PRÉSENTATION

SÉDATIF PC : comprimé (blanc) ; boîte de 40 - Non remb.

SÉDATIF PC : suppositoire ; boîte de 12 - Non remb.

Laboratoires Boiron

COMPOSITION

Abrus precatorius 6 CH, Aconitum napellus 6 CH, Atropa belladonna 6 CH, Calendula officinalis 6 CH, Chelidonium majus 6 CH, Viburnum opulus 6 CH, aa 0,5 mg p. comp. ou 0,02 ml p. suppositoire

INDICATIONS

Ce médicament est un *complexe* (association) de remèdes homéopathiques.

Il est utilisé comme *sédatif* et *antispasmodique* dans le *traitement symptomatique* des troubles légers liés à l'anxiété, à l'émotivité et à l'hyperexcitabilité (irritabilité, nervosité, troubles du sommeil...).

GROSSESSE, ALLAITEMENT ET NOUVEAU-NÉ

Aux *dilutions homéopathiques*, les substances contenues dans ce médicament ne sont pas connues pour être toxiques pendant la grossesse ou l'allaitement.

MODE D'EMPLOI ET POSOLOGIE

Les comprimés peuvent être sucés ou écrasés dans un peu d'eau.

Posologie usuelle :

2 comprimés, 3 fois par jour.

1 suppositoire, le soir au coucher.

Certains homéopathes recommandent de ne pas absorber de camphre pendant un traitement homéopathique.

SÉDATIF TIBER

PRÉSENTATION

SÉDATIF TIBER : sirop arôme caramel-banane ; flacon 150 ml - Non remb.

Laboratoires Médecine végétale

COMPOSITION

	p. c. à c.
Aubépine, extrait fluide	165 mg
Passiflore, extrait fluide	330 mg
Bromure de potassium	132 mg
Bromure de sodium	132 mg
Brome	190 mg
Saccharose	3,6 g

INDICATIONS

Ce médicament est une association de plantes et de substances sédatives : le calcium et le brome.

Il est utilisé dans le traitement des troubles légers du sommeil, de l'irritabilité et de la nervosité.

CONTRE-INDICATIONS

Ce médicament ne doit pas être utilisé dans les cas suivants :
- *insuffisance rénale* grave,
- enfant de moins de 30 mois,
- personne âgée *dénutrie* ou déshydratée,
- **allaitement.**

ATTENTION

En cas de traitement prolongé, le brome peut provoquer l'apparition de boutons particuliers appelés bromides. Consultez votre médecin.

Un surdosage peut provoquer des troubles du comportement, particulièrement chez la personne âgée. Arrêtez immédiatement le traitement et prévenez votre médecin.

Ce médicament contient du *sucre* (saccharose) en quantité notable.

Évitez les boissons alcoolisées : augmentation du risque de somnolence.

Conducteur : ce médicament peut être responsable d'une somnolence ou d'une baisse de la vigilance.

INTERACTIONS MÉDICAMENTEUSES

Ce médicament peut interagir avec d'autres médicaments. Signalez tout traitement en cours à votre médecin ou à votre pharmacien.

GROSSESSE, ALLAITEMENT ET NOUVEAU-NÉ

Grossesse et nouveau-né :

L'usage de ce médicament a été à l'origine de complications chez le *nouveau-né*. Il est déconseillé pendant la grossesse.

Allaitement :

Ce médicament passe dans le lait maternel : il est contre-indiqué pendant l'allaitement.

MODE D'EMPLOI ET POSOLOGIE

Ne prolongez pas le traitement ou n'augmentez pas les doses sans l'avis de votre médecin ou de votre pharmacien.

Posologie usuelle :

1 à 3 cuillères à café par jour.

EFFETS INDÉSIRABLES POSSIBLES

Perte de l'appétit, constipation.

Rarement : éruptions cutanées, surtout en cas de traitement prolongé. Troubles psychiques, surtout en cas de surdosage. (Voir ATTENTION).

SÉDATONYL
phénobarbital, aubépine

PRÉSENTATION

SÉDATONYL : solution buvable arôme menthe ; flacon 30 ml - Remb. 35 % - Liste II

Laboratoires Aron-Médicia

COMPOSITION

	p. 20 gtes
Phénobarbital	20 mg
Aubépine, extrait fluide	60 mg
Alcool	+

INDICATIONS

Ce médicament est une association de substances, qui contient notamment du phénobarbital de la famille des *barbituriques*.

Il est utilisé comme *sédatif* dans les formes légères d'anxiété accompagnées de *palpitations*, ou d'insomnie.

CONTRE-INDICATIONS

Ce médicament ne doit pas être utilisé dans les cas suivants :
- *porphyries*,
- *insuffisance respiratoire* grave,
- *allergie* aux *barbituriques*,
- enfant de moins de 15 ans.

ATTENTION

Évitez les boissons alcoolisées : augmentation du risque de somnolence.

Conducteur : ce médicament peut être responsable d'une somnolence ou d'une baisse de la vigilance.

INTERACTIONS MÉDICAMENTEUSES

Ce médicament peut interagir avec de nombreux médicaments, notamment avec les *contraceptifs* oraux (pilule) : risque de contraception inefficace. Signalez tout autre traitement en cours à votre médecin ou à votre pharmacien.

GROSSESSE, ALLAITEMENT ET NOUVEAU-NÉ

Grossesse et nouveau-né :

Si une grossesse survient pendant le traitement, consultez votre médecin. Il appréciera le risque éventuel lié à l'utilisation de ce médicament dans votre cas.

Si le traitement est poursuivi jusqu'à l'accouchement, une surveillance médicale du *nouveau-né* est nécessaire.

Allaitement :

Ce médicament passe dans le lait maternel : il est déconseillé pendant l'allaitement.

MODE D'EMPLOI ET POSOLOGIE

La solution buvable peut être diluée dans un peu d'eau.

Posologie usuelle :

- Adulte : 20 gouttes, 3 fois par jour.

EFFETS INDÉSIRABLES POSSIBLES

Dus au phénobarbital : somnolence, réaction cutanée, excitation chez l'enfant, confusion des idées en particulier chez la personne âgée.

SÉDERMYL

isothipendyl

PRÉSENTATION

SÉDERMYL : pommade ; tube 35 g - Non remb.

SÉDERMYL : pommade ; tube 60 g - Non remb.

Laboratoires Lipha Santé

COMPOSITION

	p. 100 g
Isothipendyl	750 mg

INDICATIONS

Cette pommade contient un *antihistaminique* antiallergique.

Elle est utilisée dans le *traitement symptomatique* des démangeaisons, notamment celles dues aux piqûres d'insectes.

CONTRE-INDICATIONS

Ce médicament ne doit pas être utilisé dans les cas suivants :

- *allergie* aux *antihistaminiques*,
- en application sur des plaies ou des lésions suintantes.

ATTENTION

N'utilisez pas cette pommade sans avis médical en cas d'*eczéma*.

Si les démangeaisons persistent ou s'aggravent, elles peuvent être dues à une *allergie* à l'*antihistaminique* : demandez conseil à votre médecin ou à votre pharmacien.

GROSSESSE, ALLAITEMENT ET NOUVEAU-NÉ

L'effet de ce médicament pendant la grossesse ou l'allaitement est mal connu. L'évaluation du risque éventuel lié à son utilisation est individuelle : demandez conseil à votre pharmacien ou à votre médecin.

MODE D'EMPLOI ET POSOLOGIE

Appliquer la pommade en massant légèrement.

Posologie usuelle :

2 ou 3 applications par jour.

EFFETS INDÉSIRABLES POSSIBLES

Allergie cutanée.

SÉDIBAÏNE

PRÉSENTATION

SÉDIBAÏNE : comprimé (bleu) ; boîte de 33 - Non remb.

Laboratoires Marion Merrell Dow

COMPOSITION

	p. comp.
Phénobarbital	15 mg
Strophantus, extrait	0,25 mg
Jusquiame, extrait	5 mg
Crataegus, extrait (aubépine)	20 mg
Ballote, extrait	20 mg
Valériane, extrait	20 mg
Belladone, poudre	5 mg

INDICATIONS

Ce médicament contient une association de substances, notamment le phénobarbital de la famille des *barbituriques* et la *belladone* de la famille des *atropiniques*.

Il est utilisé comme *sédatif* dans les formes légères d'anxiété ou d'insomnie accompagnées d'irritabilité et de *palpitations*.

CONTRE-INDICATIONS

Ce médicament ne doit pas être utilisé dans les cas suivants :

- *glaucome* à angle fermé, risque de rétention des urines (*adénome de la prostate*...) ;
- *porphyries*, *insuffisance respiratoire* grave, *allergie* aux *barbituriques*, en raison de la présence de phénobarbital.

ATTENTION

Toute douleur oculaire accompagnée d'un trouble de la vision peut révéler l'existence d'un *glaucome* : consultez d'urgence un ophtalmologiste.

Évitez les boissons alcoolisées : augmentation du risque de somnolence.

Conducteur : ce médicament peut être responsable d'une somnolence ou d'une baisse de la vigilance.

INTERACTIONS MÉDICAMENTEUSES

Ce médicament peut interagir avec de nombreux médicaments, notamment les *contraceptifs* oraux (pilule) : risque de contraception inefficace. Signalez tout autre traitement en cours à votre médecin ou à votre pharmacien.

GROSSESSE, ALLAITEMENT ET NOUVEAU-NÉ

Grossesse et nouveau-né :

Si une grossesse survient pendant le traitement, consultez votre médecin. Il appréciera le risque éventuel lié à l'utilisation de ce médicament dans votre cas.

Si le traitement est poursuivi jusqu'à l'accouchement, une surveillance médicale du *nouveau-né* est nécessaire.

Allaitement :

Ce médicament passe dans le lait maternel : il est déconseillé pendant l'allaitement.

MODE D'EMPLOI ET POSOLOGIE

Les comprimés doivent être avalés avec un peu d'eau, de préférence avant les repas, ou le soir au coucher.

Posologie usuelle :

2 à 4 comprimés par jour.

EFFETS INDÉSIRABLES POSSIBLES

Dus au phénobarbital, à forte dose : somnolence, réaction cutanée, confusion des idées en particulier chez la personne âgée.

Dus à l'atropine : bouche sèche, constipation, *mydriase*, troubles de l'*accommodation*.

SÉDIGRIPPAL

PRÉSENTATION

SÉDIGRIPPAL à la vitamine C : comprimé (blanc) ; boîte de 24 - Non remb.

Laboratoires Boehringer Ingelheim France

COMPOSITION

	p. comp.
Paracétamol	300 mg
Aspartate de potassium	50 mg
Ascorbate de calcium	100 mg
Caféine anhydre	5 mg

INDICATIONS

Ce médicament associe du paracétamol, qui lutte contre la douleur et la fièvre, et des substances qui luttent contre la fatigue.

Il est utilisé dans le *traitement symptomatique* des affections douloureuses ou fébriles, notamment les états grippaux et les courbatures.

CONTRE-INDICATIONS

Ce médicament ne doit pas être utilisé en cas de maladie grave du foie.

ATTENTION

Ce médicament n'est pas adapté à l'enfant de moins de 7 ans.

De nombreux médicaments contiennent du paracétamol : en tenir compte en cas de prise conjointe car le surdosage en paracétamol peut être toxique pour le foie.

GROSSESSE, ALLAITEMENT ET NOUVEAU-NÉ

Par mesure de prudence, ce médicament est déconseillé pendant les 3 premiers mois de la grossesse et pendant l'allaitement.

MODE D'EMPLOI ET POSOLOGIE

Les comprimés doivent être avalés avec un verre d'eau. Respecter un intervalle minimal de 4 heures entre 2 prises.

Posologie usuelle :

- Adulte : 1 ou 2 comprimés, 4 fois par jour.
- Enfant de plus de 7 ans : 1 comprimé, 1 à 3 fois par jour.

EFFETS INDÉSIRABLES POSSIBLES

Rarement : *allergie* cutanée.

SÉDOPHON pectoral
codéthyline, guaïfénésine, aconit

PRÉSENTATION

SÉDOPHON pectoral, sans sucre : solution buvable arôme vanille ; flacon 125 ml - Non remb.

Laboratoires Mayoly-Spindler

COMPOSITION

	p. c. à s.
Codéthyline chlorhydrate	10 mg
Guaïfénésine	45 mg
Aconit, teinture	75 mg

INDICATIONS

Ce médicament *antitussif* contient de la codéthyline associée à un fluidifiant bronchique (guaïfénésine). La codéthyline a une action sédative sur le *système nerveux central* et notamment les centres de la toux.

Ce médicament est utilisé dans le *traitement symptomatique* des toux sèches.

CONTRE-INDICATIONS

En raison de la présence de codéthyline, ce médicament ne doit pas être utilisé dans les cas suivants :
- *asthme*,
- *insuffisance respiratoire*,
- enfant de moins de 15 ans.

ATTENTION

Ce médicament n'est pas adapté au traitement de la toux grasse, qui est un mécanisme de défense normal de l'organisme permettant l'évacuation de mucosités présentes dans les bronches.

La toux est un *symptôme* qui peut révéler de nombreuses maladies : consultez votre médecin si elle persiste plus de quelques jours.

Évitez les boissons alcoolisées : augmentation du risque de somnolence.

Conducteur : ce médicament peut être responsable d'une somnolence ou d'une baisse de la vigilance.

INTERACTIONS MÉDICAMENTEUSES

Ce médicament peut interagir avec d'autres médicaments, notamment chez les personnes âgées. Signalez tout autre traitement en cours à votre médecin ou à votre pharmacien.

GROSSESSE, ALLAITEMENT ET NOUVEAU-NÉ

Grossesse :

Compte tenu de la présence de codéthyline, n'utilisez pas ce médicament pendant la grossesse sans prendre l'avis de votre pharmacien ou de votre médecin.

Allaitement :

Ce médicament est déconseillé pendant l'allaitement.

MODE D'EMPLOI ET POSOLOGIE

Les prises de ce médicament doivent être réparties au cours de la journée.

Posologie usuelle :

- Adulte : 1 cuillère à soupe de solution buvable, 3 fois par jour pendant 3 jours.

De nombreux médicaments, notamment certains *antitussifs* ou *antalgiques*, contiennent de la codéthyline ou une substance voisine, la codéine : un surdosage expose à une augmentation des effets indésirables.

Une toux nocturne aggravée par ce médicament peut être une toux allergique : demandez conseil à votre médecin.

La poursuite du tabagisme nuit à l'efficacité du traitement.

Des mesures simples permettent de calmer les toux sèches : boissons chaudes et humidification de l'air ambiant.

EFFETS INDÉSIRABLES POSSIBLES

Liés à la présence de codéthyline : constipation ; et plus rarement, somnolence, nausées, vomissements, *bronchospasme*, sensations de vertige, *allergie* cutanée, ralentissement anormal de la respiration.

SÉDORRHOÏDE

PRÉSENTATION

SÉDORRHOÏDE : crème rectale ; tube 30 g canule - Non remb.

SÉDORRHOÏDE : suppositoire ; boîte de 8 - Non remb.

Laboratoires Lipha

COMPOSITION

	p. 100 g de crème	p. suppos.
Dodéclonium	0,40 g	1,3 mg
Butoforme	1 g	25 mg
Benzocaïne	1 g	25 mg
Esculoside	0,46 g	6 mg
Énoxolone	0,93 g	23 mg

INDICATIONS

C'est un médicament à usage local qui contient un *anti-inflammatoire*, un *antiseptique* et deux *anesthésiques*

Il est utilisé dans le *traitement symptomatique* des douleurs et des démangeaisons de l'anus, en particulier dues aux *hémorroïdes*.

CONTRE-INDICATIONS

Ce médicament ne doit pas être utilisé dans le cas d'*allergie* aux *anesthésiques* locaux.

ATTENTION

Le traitement doit être de courte durée : consultez votre médecin si les *symptômes* persistent.

GROSSESSE, ALLAITEMENT ET NOUVEAU-NÉ

L'effet de ce médicament pendant la grossesse ou l'allaitement est mal connu. L'évaluation du risque éventuel lié à son utilisation est individuelle : demandez conseil à votre pharmacien ou à votre médecin.

MODE D'EMPLOI ET POSOLOGIE

2 ou 3 suppositoires par jour, ou 2 ou 3 applications de pommade par jour.

Pour prévenir les *hémorroïdes*, des mesures simples d'hygiène alimentaire (suppression des mets épicés) sont à envisager. Parlez-en à votre médecin ou à votre pharmacien.

Les suppositoires doivent être conservés à l'abri de la chaleur.

SÉGLOR
dihydroergotamine

PRÉSENTATION

SÉGLOR 5 mg : gélule (orange et incolore) ; boîte de 30 - Remb. 65 % - Liste II

SÉGLOR : solution buvable ; flacon 75 ml (30 gouttes = 1,5 ml) - Remb. 65 % - Liste II

SÉGLOR LYOC 5 mg : *lyophilisat* oral ; boîte de 30 - Remb. 65 % - Liste II

Laboratoires Millot-Solac

COMPOSITION

	p. gél.	p. 30 gtes	p. lyoph.
Dihydroergotamine mésilate .	5 mg	3 mg	5 mg

INDICATIONS

C'est un *vasoconstricteur* qui appartient à la famille des dérivés de l'*ergot de seigle*.

Il est utilisé dans le *traitement de fond* de la *migraine* et de certains maux de tête d'origine *vasculaire*. Il vise à espacer les crises et à diminuer leur intensité. Il peut également être utilisé dans le traitement de l'*hypotension orthostatique*.

CONTRE-INDICATIONS

Ce médicament ne doit pas être utilisé en association avec les *antibiotiques* de la famille des *macrolides*.

ATTENTION

Des précautions sont nécessaires en cas d'*insuffisance rénale* ou d'*insuffisance hépatique* graves.

La dihydroergotamine peut diminuer l'effet de certains médicaments utilisés dans le traitement de l'*angine de poitrine*.

INTERACTIONS MÉDICAMENTEUSES

Ce médicament ne doit pas être associé aux *antibiotiques* de la famille des *macrolides* (érythromycine, josamycine ou roxithromycine) : risque d'*ergotisme*.

Il peut interagir avec d'autres médicaments : signalez tout autre traitement en cours à votre médecin ou à votre pharmacien.

GROSSESSE, ALLAITEMENT ET NOUVEAU-NÉ

Grossesse :

L'effet de ce médicament sur l'enfant à naître est mal connu. Par mesure de prudence, son usage pendant la grossesse est déconseillé.

Allaitement :

Les données actuellement disponibles ne permettent pas de savoir si ce médicament

passe dans le lait maternel : par mesure de prudence, l'allaitement est déconseillé.

MODE D'EMPLOI ET POSOLOGIE

Les gélules seront avalées avec un peu d'eau. Les gouttes doivent être diluées dans de l'eau et les *lyophilisats*, dilués dans un verre d'eau ou placés sous la langue. Ce médicament doit être pris de préférence au cours des repas.

Posologie usuelle :

1 gélule ou 1 lyophilisat, 2 fois par jour, ou 30 gouttes de solution buvable, 3 fois par jour.

> L'efficacité de ce *traitement de fond* dépend d'une prise régulière et prolongée du médicament.
> La solution buvable doit être maintenue à l'abri de la lumière.

EFFETS INDÉSIRABLES POSSIBLES

Nausées, surtout en cas de prise à jeun.

SELEXID
pivmecillinam

PRÉSENTATION

SELEXID : comprimé ; boîte de 12 - Remb. 65 % - Liste I

Laboratoires Leo

COMPOSITION

	p. comp.
Pivmecillinam chlorhydrate	200 mg

INDICATIONS

Cet *antibiotique* est apparenté à la famille des *pénicillines*.

Il est utilisé dans le traitement des infections des *voies* urinaires.

CONTRE-INDICATIONS

Ce médicament ne doit pas être utilisé dans les cas suivants :
- *allergie* aux *pénicillines* et aux *céphalosporines*,
- infection par le *virus* de l'*herpès*, notamment la *mononucléose infectieuse*.

> **ATTENTION**
> Ce médicament n'est pas adapté à l'enfant.
> Des *antécédents* d'*allergie* à une *pénicilline* contre-indiquent l'usage de ce médicament. La survenue de toute manifestation allergique (boutons, *œdème*, malaise) impose l'arrêt immédiat du traitement : consultez votre médecin.
> En cas d'infection urinaire avec fièvre et en l'absence d'amélioration rapide, n'hésitez pas à rappeler votre médecin.
> Des précautions sont nécessaires en cas d'*insuffisance rénale*.

INTERACTIONS MÉDICAMENTEUSES

Ce médicament peut interagir avec d'autres médicaments, notamment ceux contenant de l'allopurinol (ZYLORIC...). Signalez tout autre traitement en cours à votre pharmacien ou à votre médecin.

GROSSESSE, ALLAITEMENT ET NOUVEAU-NÉ

L'effet de ce médicament pendant la grossesse ou l'allaitement est mal connu : seul votre médecin peut évaluer le risque éventuel de son utilisation dans votre cas.

MODE D'EMPLOI ET POSOLOGIE

Les comprimés doivent être avalés avec un verre d'eau.

Posologie usuelle :
- Adulte : 3 ou 4 comprimés par jour, répartis en 2 ou 3 prises.

> Le médecin prescrit parfois une analyse d'urine pour identifier le *germe* responsable de l'infection et tester sa sensibilité aux *antibiotiques*. Le résultat de cet examen peut être faussé en cas d'automédication préalable : ne prenez pas d'antibiotiques sans avis médical.

EFFETS INDÉSIRABLES POSSIBLES

Troubles digestifs, éruption cutanée allergique ou non.

À forte dose : irritation vaginale.

SELOKEN
métoprolol

PRÉSENTATION

SELOKEN 100 : comprimé sécable (blanc) ; boîte de 28 - Remb. 65 % - Liste I

SELOKEN 100 mg : comprimé sécable (blanc) ; boîte de 60 - Remb. 65 % - Liste I

SELOKEN LP 200 : comprimé sécable à *libération prolongée* (blanc) ; boîte de 28 - Remb. 65 % - Liste I

Laboratoires Astra France

COMPOSITION

	p. comp.	p. comp. L.P.
Métoprolol tartrate	100 mg	200 mg

INDICATIONS

Ce médicament appartient à la famille des *bêtabloquants*. Ceux-ci agissent en bloquant l'action de l'*adrénaline* (et d'autres *hormones* apparentées) sur de nombreux organes et notamment le cœur, les vaisseaux et les bronches.

Il est utilisé dans :
- le traitement de l'*hypertension artérielle*,
- la prévention des crises d'*angine de poitrine* et les suites d'*infarctus du myocarde*,
- certains *troubles du rythme cardiaque*,
- les manifestations cardiaques : *palpitations*.

La forme à 200 mg est également utilisée dans le *traitement de fond* de la *migraine*.

CONTRE-INDICATIONS

Ce médicament ne doit pas être utilisé dans les cas suivants :
- *insuffisance cardiaque* grave non contrôlée par un traitement spécifique,
- *bloc auriculo-ventriculaire* grave,
- rythme cardiaque inférieur à 50 battements par minute,
- association avec les médicaments contenant de la floctafénine.

Dans tous les autres cas, le médecin est seul juge, notamment en cas d'*asthme*.

> **ATTENTION**
> N'interrompez jamais brutalement le traitement. Espacez progressivement les prises. Un avis médical est toujours préférable.
> Diabétiques : les *bêtabloquants* peuvent masquer certains *symptômes* de l'*hypoglycémie*, essentiellement *palpitations* et accélération du cœur.

INTERACTIONS MÉDICAMENTEUSES

Ce médicament ne doit pas être associé à la floctafénine (IDARAC...) : risque d'augmentation de la gravité d'un éventuel *choc* allergique.

Il peut interagir avec d'autres médicaments, notamment ceux contenant de l'amiodarone. Signalez tout autre traitement en cours à votre médecin ou à votre pharmacien.

GROSSESSE, ALLAITEMENT ET NOUVEAU-NÉ

Grossesse et nouveau-né :

Les études scientifiques actuellement disponibles n'ont pas mis en évidence de problème particulier lors de l'utilisation chez la femme enceinte.

L'effet *bêtabloquant* persiste quelques jours chez le *nouveau-né* et justifie une surveillance médicale renforcée pendant les premiers jours de la vie.

Allaitement :

Ce médicament passe dans le lait maternel : l'allaitement est déconseillé.

MODE D'EMPLOI ET POSOLOGIE

Ce médicament peut être pris indifféremment pendant ou en dehors des repas. Avaler les comprimés sans les croquer avec un verre d'eau.

Posologie usuelle :

100 ou 200 mg par jour.

> Veillez à toujours disposer d'une réserve de ce médicament : une plaquette dans la boîte à gants de la voiture et dans la trousse de toilette, par exemple.
> Il est normal que le rythme cardiaque ralentisse sous l'effet du traitement ; néanmoins, en cas de fatigue anormale et de pouls inférieur à 50 battements par minute, consultez votre médecin.

EFFETS INDÉSIRABLES POSSIBLES

Bénins et peu fréquents : *troubles digestifs*, fatigue en début de traitement, troubles du sommeil, syndrome de *Raynaud* et fourmillement des extrémités ; parfois, réactions cutanées.

Potentiellement graves et rares : *bloc auriculo-ventriculaire*, ralentissement important du cœur, chute de tension, *insuffisance cardiaque*, crise d'*asthme*.

SELS CALCAIRES NUTRITIFS

PRÉSENTATION

SELS CALCAIRES NUTRITIFS : poudre orale ; boîte de 50 g sel n° 1 et de 50 g sel n° 2 - Non remb.

Laboratoires Weleda

COMPOSITION

	sel n° 1 p. 100 g	sel n° 2 p. 100 g
Apatite D5	10 g	
Cucurbita, flos D2	10 g	
Conchae D1		50 g
Quercus, cortex D3		10 g

INDICATIONS

Ce médicament est un *complexe* (association) de remèdes homéopathiques. Il contient des dilutions de sels minéraux et de plantes.

Il est utilisé pour favoriser la fixation des sels minéraux chez l'enfant, la femme enceinte, la personne âgée, ou en période de convalescence.

GROSSESSE, ALLAITEMENT ET NOUVEAU-NÉ

Aux *dilutions homéopathiques*, les substances contenues dans ce médicament, ne sont pas connues pour être toxiques pendant la grossesse ou l'allaitement.

MODE D'EMPLOI ET POSOLOGIE

Ce médicament peut être donné au *nourrisson* à partir du 4e mois.

Prendre le sel nutritif n° 1 le matin et le sel nutritif n° 2 le soir.

Posologie usuelle :

1/4 de cuillère à café à chaque prise, pendant 4 à 6 semaines.

SELSUN

sulfure de sélénium

PRÉSENTATION

SELSUN 2,5 % : suspension pour application locale ; flacon 120 ml - Non remb. - Liste I

Laboratoires Abbott-France

COMPOSITION

	p. 100 ml
Sulfure de sélénium	2,5 g

INDICATIONS

Ce médicament contient un *antifongique* actif sur le champignon responsable du *pityriasis versicolor* et de certaines maladies du cuir chevelu.

Il est utilisé dans le traitement du pityriasis versicolor et de la *séborrhée* du cuir chevelu.

CONTRE-INDICATIONS

Ce médicament ne doit pas être utilisé en cas de plaies ou de lésions étendues dues à une autre maladie.

ATTENTION

Rincez abondamment en cas de contact accidentel avec les yeux ou les *muqueuses*.

GROSSESSE, ALLAITEMENT ET NOUVEAU-NÉ

L'effet de ce médicament pendant la grossesse ou l'allaitement est mal connu : seul votre médecin peut évaluer le risque éventuel de son utilisation dans votre cas.

MODE D'EMPLOI ET POSOLOGIE

Le flacon doit être agité avant usage.

Pityriasis versicolor : après une toilette complète avec une solution *antiseptique* et détergente, suivie d'un séchage soigneux, appliquer la suspension avec un gant de toilette sur tout le corps. Laisser le produit agir 15 minutes puis rincer abondamment.

Séborrhée du cuir chevelu : mouiller la chevelure à l'eau chaude, verser une quantité correspondant à 1 ou 2 cuillères à café dans le creux de la main et frictionner le cuir chevelu. Laisser le produit agir 2 à 3 minutes. Rincer abondamment. Répéter l'opération et rincer de nouveau abondamment.

Après l'application, se laver soigneusement les mains et se brosser les ongles.

Posologie usuelle :

Pityriasis versicolor : 2 applications par semaine pendant 2 semaines.

EFFETS INDÉSIRABLES POSSIBLES

Irritation du cuir chevelu.

Un usage prolongé peut renforcer une *séborrhée* au lieu de l'atténuer.

SEMAP

penfluridol

PRÉSENTATION

SEMAP : comprimé (blanc) à action prolongée ; boîte de 6 - Remb. 65 % - Liste I

Laboratoires Janssen

COMPOSITION

	p. comp.
Penfluridol	20 mg

INDICATIONS

C'est un *neuroleptique* à action prolongée, qui appartient à la famille chimique des butyrophénones.

Il est utilisé pour traiter certains troubles nerveux accompagnés de troubles de l'*humeur*.

CONTRE-INDICATIONS

Ce médicament ne doit pas être utilisé en association avec la lévodopa.

ATTENTION

En cas de survenue d'une fièvre inexpliquée, alertez immédiatement votre médecin.

Des précautions sont nécessaires chez la personne âgée et en cas d'*épilepsie* ou d'*insuffisance rénale*, d'*insuffisance hépatique*, ou de maladies cardiaques graves.

Évitez les boissons alcoolisées : augmentation du risque de somnolence.

Ce médicament est responsable d'une baisse de la vigilance : la conduite, les activités professionnelles ou de loisir exposant à un danger sont formellement déconseillées.

INTERACTIONS MÉDICAMENTEUSES

Ce médicament ne doit pas être associé à la lévodopa (LARODOPA, MODOPAR, SINEMET...) : risque d'annulation de leurs effets.

Ce médicament peut interagir avec d'autres médicaments, notamment les *antihypertenseurs* et les *sédatifs*. Signalez tout autre traitement en cours à votre médecin ou à votre pharmacien.

GROSSESSE, ALLAITEMENT ET NOUVEAU-NÉ

Grossesse et nouveau-né :

Si une grossesse survient pendant le traitement, consultez votre médecin.

Il appréciera le risque éventuel lié à l'utilisation de ce médicament dans votre cas.

Si le traitement est poursuivi jusqu'à l'accouchement, une surveillance médicale du *nouveau-né* est nécessaire.

Allaitement :

Les données disponibles ne permettent pas de savoir si ce médicament passe dans le lait maternel : l'allaitement est déconseillé.

MODE D'EMPLOI ET POSOLOGIE

La *posologie* est strictement individuelle avec en moyenne une prise par semaine.

EFFETS INDÉSIRABLES POSSIBLES

Somnolence,

Tremblements, raideur anormale, grimaces involontaires.

Arrêt des règles, augmentation du volume des seins, écoulement de lait par le mamelon.

Certains signes doivent faire penser à un surdosage : état amorphe, hébété, rigidité musculaire extrême.

SÉMICID

nonoxynol 9

PRÉSENTATION

SÉMICID : ovule ; boîte de 10 - Non remb.

Laboratoires Théraplix

COMPOSITION

	p. ovule
Nonoxynol 9	100 mg

INDICATIONS

Ce médicament contient une substance qui a la propriété de détruire les spermatozoïdes.

Il est utilisé comme *contraceptif* local.

ATTENTION

L'efficacité de cette contraception n'étant pas absolue, il est d'autant plus important d'en respecter les règles d'utilisation.

En cas de traitement vaginal par d'autres produits locaux, il est préférable d'attendre la fin du traitement avant d'utiliser cette contraception.

INTERACTIONS MÉDICAMENTEUSES

L'association à d'autres *antiseptiques* ou à des savons diminue l'efficacité de l'ovule : entre le moment de son introduction et les rapports sexuels, n'utilisez que de l'eau pure pour votre toilette intime.

GROSSESSE, ALLAITEMENT ET NOUVEAU-NÉ

Grossesse :

Lors de grossesses survenues malgré l'utilisation de ce spermicide, aucune anomalie de l'enfant à naître n'a été constatée.

Allaitement :

En l'absence de données suffisantes, ce *contraceptif* est déconseillé pendant l'allaitement.

MODE D'EMPLOI ET POSOLOGIE

Ne pas pratiquer d'*irrigation vaginale* avant de mettre l'ovule.

La dissolution complète de l'ovule est indispensable : placer l'ovule au fond du vagin au moins 10 minutes avant les rapports sexuels.

L'effet dure 2 heures, mais par précaution il est nécessaire d'utiliser un nouvel ovule avant chaque rapport sexuel.

Introduire l'ovule en position couchée afin de le placer correctement au fond du vagin. Après les rapports sexuels, une toilette externe est possible mais attendez au moins 6 heures avant une douche vaginale.

EFFETS INDÉSIRABLES POSSIBLES

Brûlure ou irritation locale.

SEMILENTE MC
insuline

PRÉSENTATION

SEMILENTE MC : suspension injectable d'insuline d'action intermédiaire ; flacon 10 ml (400 unités internationales) - Remb. 65 %

Laboratoires Novo Nordisk

COMPOSITION

	p. ml
Insuline porcine sous forme amorphe et zinc	40 UI

INDICATIONS

C'est une *insuline* de porc. Son action est de durée intermédiaire : son effet apparaît vers la 90e minute qui suit l'injection et s'estompe au bout de 16 heures.

Elle est utilisée exclusivement en injection dans le traitement du *diabète*.

ATTENTION

La mise en route du traitement suppose un apprentissage correct pour injecter l'*insuline*, contrôler la *glycémie* au doigt, rechercher le *sucre* et l'acétone dans les urines et tenir un carnet de surveillance.

L'*hypoglycémie* est la principale complication des traitements par l'insuline. Il s'agit le plus souvent de malaises hypoglycémiques sans gravité dont les principaux signes sont : sueurs, tremblements, troubles visuels, vision double, fatigue soudaine, fringale, *vertiges*, difficulté de concentration. En ce cas, le diabétique doit aussitôt absorber 3 à 6 morceaux de sucre ou un sirop sucré.

Beaucoup plus rarement, l'hypoglycémie peut être grave et peut entraîner des troubles du comportement (comparables notamment à l'ébriété), des *convulsions*, voire une perte de connaissance : 1 ampoule de GLUCAGON doit être injectée immédiatement par *voie* sous-cutanée ou intramusculaire, même à travers les vêtements en cas d'agitation. Si le diabétique ne reprend pas conscience dans les minutes qui suivent, prévenez un service d'urgence. Dans le doute, il n'y a pas de danger à injecter du GLUCAGON à un diabétique traité par l'insuline. Dans tous les cas, la prise d'une collation ou d'un repas reste nécessaire.

L'autre complication possible chez le diabétique est la survenue d'une *acidocétose* due à un manque important d'insuline. Elle peut être déclenchée par une infection (qui augmente les besoins en insuline) : grippe, rhume, *cystite*, abcès, etc. Elle se manifeste par une grande fatigue, une soif intense et des *troubles digestifs*. Il faut alors rechercher la présence de sucre et d'acétone dans les urines : la présence des deux en quantité importante confirme le diagnostic. Le traitement par l'insuline ne doit pas être arrêté ; le diabétique doit suivre les consignes de son médecin et, si besoin, le joindre d'urgence.

Évitez la prise de boissons alcoolisées à jeun ou à distance des repas : augmentation du risque d'hypoglycémie.

La concentration de cette solution n'est pas adaptée aux stylos injecteurs ni aux pompes à *perfusion*.

Conducteur : une hypoglycémie peut entraîner un malaise pendant la conduite ou l'utilisation de machines.

INTERACTIONS MÉDICAMENTEUSES

Certains médicaments peuvent déséquilibrer la *glycémie* : signalez votre traitement par l'*insuline* à tout médecin consulté ou à votre pharmacien.

GROSSESSE, ALLAITEMENT ET NOUVEAU-NÉ

Grossesse :

L'*insuline* est adaptée au *diabète* de la femme enceinte ou aux troubles passagers de la *glycémie* pendant la durée de la grossesse.

Allaitement :

Le traitement par l'*insuline* n'est pas une contre-indication à l'allaitement.

MODE D'EMPLOI ET POSOLOGIE

Cette *insuline* doit être injectée par *voie* sous-cutanée.

Agitez la suspension avant l'injection afin de l'homogénéiser.

Les seringues utilisées doivent avoir une graduation en unité d'insuline.

Respectez les horaires et les zones d'injection recommandés par votre médecin.

Posologie usuelle :

Elle est adaptée en fonction des résultats des analyses réalisées par le diabétique ou par son entourage (carnet de surveillance) et des conseils de son médecin.

En cas d'activité sportive, il est préférable d'injecter l'*insuline* à distance des muscles qui travaillent pour éviter une absorption trop rapide. De plus, il est habituellement nécessaire d'adapter les doses d'insuline selon les recommandations du médecin.

Prenez contact avec les associations pour diabétiques : elles diffusent une information utile sur le traitement et la surveillance du *diabète*.

Votre entourage doit savoir reconnaître les signes d'une *hypoglycémie* et pouvoir vous administrer, en cas de perte de connaissance, une ampoule de GLUCAGON. Celle-ci peut être conservée au domicile ou sur le lieu de travail à température ambiante (inférieure à 25 °C) pendant 2 ans. Après reconstitution, la solution ne doit pas être conservée plus d'une semaine au réfrigérateur ni être congelée.

Veillez à ne pas manquer d'insuline ou de seringues, notamment pendant les week-ends et les jours fériés ; lors de vos déplacements, munissez-vous d'une réserve ou de votre ordonnance en cours de validité. Un certificat de traitement par l'insuline peut être nécessaire pour franchir certaines frontières.

Avant une première utilisation, il est préférable de conserver l'insuline dans le bas du réfrigérateur (entre + 2 °C et + 8 °C). Si le flacon a été soumis à des températures comprises entre 22 °C et 35 °C pendant moins de 72 heures, il peut être utilisé mais doit ensuite être conservé au frais.

Cette insuline ne doit pas être congelée.

Pour un meilleur confort, l'insuline doit être sortie du réfrigérateur une heure avant l'injection ou réchauffée dans les mains pendant quelques minutes, puis injectée à température ambiante.

Après une première utilisation, les flacons entamés peuvent être conservés 3 semaines à température ambiante (inférieure à 25 °C) dans un endroit propre et sec et à l'abri de la lumière.

EFFETS INDÉSIRABLES POSSIBLES

Nodules graisseux sous-cutanés.

Rares *allergies*, essentiellement cutanées.

SEMI-TARDUM

insuline

PRÉSENTATION

SEMI-TARDUM HAUTEMENT PURIFIÉE : suspension injectable d'insuline d'action intermédiaire ; flacon 10 ml (400 unités internationales) - Remb. 65 %

Laboratoires Organon

COMPOSITION

	p. ml
Insuline d'origine porcine sous forme amorphe, en présence de zinc	40 UI

INDICATIONS

C'est une *insuline* de porc. Son action est de durée intermédiaire : son effet apparaît vers la 60e minute qui suit l'injection et s'estompe au bout de 12 heures.

Elle est utilisée exclusivement en injection dans le traitement du *diabète*.

ATTENTION

La mise en route du traitement suppose un apprentissage correct pour injecter l'*insuline*, contrôler la *glycémie* au doigt, rechercher le *sucre* et l'acétone dans les urines et tenir un carnet de surveillance.

L'*hypoglycémie* est la principale complication des traitements par l'insuline. Il s'agit le plus souvent de malaises hypoglycémiques sans gravité dont les principaux signes sont : sueurs, tremblements, troubles visuels, vision double, fatigue soudaine, fringale, *vertiges*, difficulté de concentration. En ce cas, le diabétique doit aussitôt absorber 3 à 6 morceaux de sucre ou un sirop sucré.

Beaucoup plus rarement, l'hypoglycémie peut être grave et peut entraîner des troubles du comportement (comparables notamment à l'ébriété), des *convulsions*, voire une perte de connaissance : 1 ampoule de GLUCAGON doit être injectée immédiatement par *voie* sous-cutanée ou intramusculaire, même à travers les vêtements en cas d'agitation. Si le diabétique ne reprend pas conscience dans les minutes qui suivent, prévenez un service d'urgence. Dans le doute, il n'y a pas de danger à injecter du GLUCAGON à un diabétique traité par l'insuline. Dans tous les cas, la prise d'une collation ou d'un repas reste nécessaire.

L'autre complication possible chez le diabétique est la survenue d'une *acidocétose* due à un manque important d'insuline. Elle peut être déclenchée par une infection (qui augmente les besoins en insuline) : grippe, rhume, *cystite*, abcès, etc. Elle se manifeste par une grande fatigue, une soif intense et des *troubles digestifs*. Il faut alors rechercher la présence de sucre et d'acétone dans les urines : la présence des deux en quantité importante confirme le diagnostic. Le traitement par l'insuline ne doit pas être arrêté ; le diabétique doit suivre les consignes de son médecin et, si besoin, le joindre d'urgence.

Évitez la prise de boissons alcoolisées à jeun ou à distance des repas : augmentation du risque d'hypoglycémie.

La concentration de cette solution n'est pas adaptée aux stylos injecteurs ni aux pompes à *perfusion*.

Conducteur : une hypoglycémie peut entraîner un malaise pendant la conduite ou l'utilisation de machines.

INTERACTIONS MÉDICAMENTEUSES

Certains médicaments peuvent déséquilibrer la *glycémie* : signalez votre traitement par l'*insuline* à tout médecin consulté ou à votre pharmacien.

GROSSESSE, ALLAITEMENT ET NOUVEAU-NÉ

Grossesse :

L'*insuline* est adaptée au *diabète* de la femme enceinte ou aux troubles passagers de la *glycémie* pendant la durée de la grossesse.

Allaitement :

Le traitement par l'*insuline* n'est pas une contre-indication à l'allaitement.

MODE D'EMPLOI ET POSOLOGIE

Cette *insuline* doit être injectée par *voie* sous-cutanée.

Agitez la suspension avant l'injection afin de l'homogénéiser.

Les seringues utilisées doivent avoir une graduation en unité d'insuline.

Respectez les horaires et les zones d'injection recommandés par votre médecin.

Posologie usuelle :

Elle est adaptée en fonction des résultats des analyses réalisées par le diabétique ou par son entourage (carnet de surveillance) et des conseils de son médecin.

En cas d'activité sportive, il est préférable d'injecter l'*insuline* à distance des muscles qui travaillent pour éviter une absorption trop rapide. De plus, il est habituellement nécessaire d'adapter les doses d'insuline selon les recommandations du médecin.

Prenez contact avec les associations pour diabétiques : elles diffusent une information utile sur le traitement et la surveillance du *diabète*.

Votre entourage doit savoir reconnaître les signes d'une *hypoglycémie* et pouvoir vous administrer, en cas de perte de connaissance, une ampoule de GLUCAGON. Celle-ci peut être conservée au domicile ou sur le lieu de travail à température ambiante (inférieure à 25 °C) pendant 2 ans. Après reconstitution, la solution ne doit pas être conservée plus d'une semaine au réfrigérateur ni être congelée.

Veillez à ne pas manquer d'insuline ou de seringues, notamment pendant les week-ends et les jours fériés ; lors de vos déplacements, munissez-vous d'une réserve ou de votre ordonnance en cours de validité. Un certificat de traitement par l'insuline peut être nécessaire pour franchir certaines frontières.

Avant une première utilisation, il est préférable de conserver l'insuline dans le bas du réfrigérateur (entre + 2 °C et + 8 °C). Si le flacon a été soumis à des températures comprises entre 22 °C et 35 °C pendant moins de 72 heures, il peut être utilisé mais doit ensuite être conservé au frais.

Cette insuline ne doit pas être congelée.

Pour un meilleur confort, l'insuline doit être sortie du réfrigérateur une heure avant l'injection ou réchauffée dans les mains pendant quelques minutes, puis injectée à température ambiante.

Après une première utilisation, les flacons entamés peuvent être conservés 3 semaines à température ambiante (inférieure à 25 °C) dans un endroit propre et sec et à l'abri de la lumière.

EFFETS INDÉSIRABLES POSSIBLES

Nodules graisseux sous-cutanés.

Rares *allergies*, essentiellement cutanées.

SÉNOKOT

séné

PRÉSENTATION

SÉNOKOT : comprimé ; boîte de 30 - Non remb.

SÉNOKOT : granulé ; boîte de 240 g - Non remb.

Laboratoires Sarget Pharma

COMPOSITION

	p. comp.	p. c. à c.
Séné, poudre	152 mg	597,3 mg
Saccharose		3,9 g

INDICATIONS

C'est un *laxatif stimulant*, qui augmente les sécrétions et la motricité de l'intestin.

Il est utilisé comme *traitement symptomatique* de la constipation.

CONTRE-INDICATIONS

Ce médicament ne doit pas être utilisé dans les cas suivants :

- maladies inflammatoires du côlon ;
- constipation ou douleur abdominale due à une obstruction du tube digestif : rétrécissement intestinal, *fécalome* (bouchon de selles) ;
- enfant de moins de 12 ans, sauf sur prescription médicale.

ATTENTION

Ce médicament doit être utilisé de façon épisodique et en cure très brève : pas plus de 8 à 10 jours.

Son usage régulier peut entraîner :

- une *dépendance* ;
- des troubles intestinaux graves ;
- une perte de sels minéraux et notamment de *potassium*, pouvant entraîner des *troubles du rythme cardiaque* graves.

Arrêter le traitement en cas de diarrhées ou de douleurs abdominales.

Les granulés contiennent du *sucre* (saccharose) en quantité notable.

INTERACTIONS MÉDICAMENTEUSES

Ce médicament peut interagir avec d'autres, notamment certains *antiarythmiques* et ceux contenant de la *vincamine*. Signalez tout autre traitement en cours à votre médecin ou à votre pharmacien.

GROSSESSE, ALLAITEMENT ET NOUVEAU-NÉ

Ce médicament est déconseillé pendant la grossesse ou l'allaitement.

MODE D'EMPLOI ET POSOLOGIE

Les comprimés doivent être avalés sans être croqués.

L'effet ne peut être obtenu qu'après 8 à 12 heures.

Posologie usuelle :

- Adulte : 2 comprimés ou 1 cuillère à café au coucher ; ne pas dépasser 3 comprimés ou 2 cuillères à café par jour en 2 prises.
- Enfant de plus de 12 ans : la moitié de la dose Adulte.

> Des mesures simples d'hygiène alimentaire et des exercices physiques sont à envisager avant d'utiliser un laxatif : parlez-en à votre médecin ou à votre pharmacien.

EFFETS INDÉSIRABLES POSSIBLES

Diarrhée, douleurs abdominales.

SÉNOPHILE

oxyde de zinc,
benzoate de cholestérol

PRÉSENTATION

SÉNOPHILE : pommade ; tube 50 g - Remb. 35 %

Laboratoires Braun Medical

COMPOSITION

	p. 100 g
Oxyde de zinc	5 g
Benzoate de cholestérol	1 g
Lanoline	+

INDICATIONS

Cette pommade est protectrice et hydratante.

Elle est utilisée dans le traitement de certaines lésions de la peau (rougeur des fesses du *nourrisson*, crevasse, gerçure, engelure) et des brûlures superficielles.

> **ATTENTION**
> Cette pommade ne doit pas être appliquée sur des lésions suintantes.

GROSSESSE, ALLAITEMENT ET NOUVEAU-NÉ

Ce médicament ne contient que des substances présumées sans danger pendant la grossesse ou l'allaitement. Néanmoins, ne l'utilisez pas de façon prolongée sans l'avis de votre pharmacien ou de votre médecin.

MODE D'EMPLOI ET POSOLOGIE

Nettoyer la zone à traiter avant l'application.

Appliquer la pommade en couche mince.

Posologie usuelle :

2 à 6 applications par jour.

> La rougeur des fesses du *nourrisson* est souvent due à l'imprégnation de la peau par l'urine, sous la couche. Il est donc nécessaire de nettoyer et de rincer abondamment la peau avec de l'eau avant d'appliquer le médicament.

EFFETS INDÉSIRABLES POSSIBLES

Eczéma dû au médicament (présence de lanoline).

SENSIVISION AU PLANTAIN

plantain

PRÉSENTATION

SENSIVISION AU PLANTAIN : collyre ; flacon 5 ml - Non remb.

Laboratoires Chauvin

COMPOSITION

	p. 100 ml
Plantain, feuilles (en infusé)	2 g

INDICATIONS

C'est un collyre décongestionnant.

Il est utilisé en cas d'irritation de l'œil ou de gêne oculaire.

> **ATTENTION**
> Une irritation oculaire peut être due à une infection : en cas de doute, n'hésitez pas à consulter votre médecin.

INTERACTIONS MÉDICAMENTEUSES

Ce collyre peut interagir avec d'autres collyres : respectez un intervalle de 15 minutes entre deux instillations.

GROSSESSE, ALLAITEMENT ET NOUVEAU-NÉ

L'effet de ce médicament pendant la grossesse ou l'allaitement est mal connu. L'évaluation du risque éventuel lié à son utilisation est individuelle : demandez conseil à votre pharmacien ou à votre médecin.

MODE D'EMPLOI ET POSOLOGIE

Tirer la paupière inférieure vers le bas tout en regardant vers le haut et déposer les gouttes de collyre entre la paupière et le globe oculaire (*cul-de-sac conjonctival*).

Posologie usuelle :

1 ou 2 gouttes, plusieurs fois par jour.

> L'application correcte du produit peut nécessiter une aide, notamment chez une personne handicapée ou âgée.
> Ne conservez pas ce collyre plus de 15 jours après une première utilisation.

SEPTÉAL

chlorhexidine

PRÉSENTATION

SEPTÉAL : solution pour application locale ; flacon 250 ml - Remb. 65 %

Laboratoires Sinbio

COMPOSITION

	p. 100 ml
Chlorhexidine digluconate	0,5 g

INDICATIONS

Ce médicament est un *antiseptique* local. Il est utilisé pour nettoyer la peau et désinfecter les plaies et les brûlures superficielles. Il est en outre utilisé comme *traitement d'appoint* dans certaines infections de la peau.

CONTRE-INDICATIONS

Ce médicament ne doit pas être utilisé dans l'oreille (risque de toxicité en cas de perforation du tympan).

> **ATTENTION**
> N'utilisez pas ce médicament sur une large surface de peau sans avis médical : risque de passage du médicament dans le sang.

INTERACTIONS MÉDICAMENTEUSES

L'association à d'autres *antiseptiques* ou aux savons est déconseillée car leurs effets risquent de s'annuler.

GROSSESSE, ALLAITEMENT ET NOUVEAU-NÉ

L'utilisation ponctuelle de ce médicament pendant la grossesse ou l'allaitement ne semble pas poser de problème particulier.

Allaitement :

Ne pas appliquer sur les seins en cas d'allaitement.

MODE D'EMPLOI ET POSOLOGIE

Cette solution est prête à l'emploi : elle est appliquée pure en badigeonnage, sans rinçage.

Posologie usuelle :

2 applications par jour.

> Le simple lavage à l'eau et au savon permet d'éliminer la majorité des *germes* ; il doit être suivi d'un rinçage soigneux car le savon peut inactiver certains *antiseptiques*.
> Tous les antiseptiques peuvent être contaminés par des germes : une fois ouverts, ne les conservez pas inutilement.

EFFETS INDÉSIRABLES POSSIBLES

Allergie cutanée.

SEPTILINE

PRÉSENTATION

SEPTILINE : granulé effervescent ; boîte de 12 sachets - Non remb.

Laboratoires Médecine Végétale

COMPOSITION

	p. sachet
Carbonate de lithium	0,01 g
Benzoate de lithium	0,02 g
Acide tartrique	3,80 g
Hydrogénophosphate de sodium	0,02 g
Bicarbonate de sodium	5,00 g
dont sodium	1,37 g

INDICATIONS

C'est une association de substances actives utilisée comme eau de table gazeuse dans le *traitement symptomatique* des digestions difficiles.

CONTRE-INDICATIONS

Ce médicament ne doit pas être utilisé dans les cas suivants :
- en association avec les sels de *lithium*,
- grossesse.

ATTENTION
Ce médicament contient du *sel* (sodium) en quantité notable.

GROSSESSE, ALLAITEMENT ET NOUVEAU-NÉ

Grossesse :
Ce médicament est contre-indiqué pendant la grossesse.

MODE D'EMPLOI ET POSOLOGIE

Verser le sachet dans un litre d'eau. Boucher, agiter.
À boire en remplacement de la consommation d'eau journalière.

Ce médicament doit être accompagné d'une alimentation appropriée : parlez-en à votre médecin ou à votre pharmacien.

SEPTISOL
acide salicylique

PRÉSENTATION

SEPTISOL : collyre ; flacon compte-gouttes 10 ml - Non remb.

Laboratoires Monot

COMPOSITION

	p. fl.
Acide salicylique	10 mg
Chlorhexidine	+

INDICATIONS

Ce collyre contient une substance astringente de la famille des *salicylés*.

Il est utilisé dans le traitement de la *conjonctivite* chronique non infectieuse.

CONTRE-INDICATIONS

Ce médicament ne doit pas être utilisé en cas d'*allergie* aux *salicylés*.

ATTENTION
Une rougeur ou une douleur de l'œil ne correspondent pas toujours à une *conjonctivite*. Des soins urgents peuvent être nécessaires, notamment en cas de vision floue.
En l'absence d'amélioration rapide, consultez votre médecin.

INTERACTIONS MÉDICAMENTEUSES

Ce collyre peut interagir avec d'autres collyres. Respectez un intervalle minimal de 15 minutes entre deux instillations.

GROSSESSE, ALLAITEMENT ET NOUVEAU-NÉ

L'effet de ce médicament pendant la grossesse ou l'allaitement est mal connu. L'évaluation du risque éventuel lié à son utilisation est individuelle : demandez conseil à votre pharmacien ou à votre médecin.

MODE D'EMPLOI ET POSOLOGIE

Tirer la paupière inférieure vers le bas tout en regardant vers le haut et déposer une goutte de collyre entre la paupière et le globe oculaire (*cul-de-sac conjonctival*).

Posologie usuelle :
1 goutte, 2 à 4 fois par jour.

Les lentilles de contact ne doivent pas être portées en cas d'irritation oculaire ni réutilisées avant l'arrêt complet du traitement.
L'application correcte du produit peut nécessiter une aide, notamment chez l'enfant ou la personne handicapée ou âgée.

EFFETS INDÉSIRABLES POSSIBLES

Irritation ou réaction allergique locale.

SEPTIVON

PRÉSENTATION

SEPTIVON : solution moussante pour application locale ; flacon 250 ml - Remb. 65 %

SEPTIVON : solution moussante pour application locale ; flacon 500 ml - Remb. 65 %

Laboratoires Scholl

COMPOSITION

	p. 100 ml
Triclocarban	0,50 g
Alkyldiméthylcarboxyméthylamine	6 g
Palmitate de triéthanolamine et d'acides aminés	20 g

INDICATIONS

Cette solution contient un *antiseptique* local doué de propriétés détergentes.

Il est utilisé pour nettoyer la peau, les *muqueuses* des organes génitaux et pour désinfecter certaines lésions de la peau (*eczéma*, petite plaie...).

CONTRE-INDICATIONS

Ce médicament ne doit pas être utilisé pour nettoyer les yeux.

ATTENTION
Ce produit libère des substances toxiques à une température de plus de 50 °C : ne pas le verser dans de l'eau trop chaude lorsqu'il est destiné à l'eau du bain.
Ne pas utiliser ce savon pour nettoyer le linge.

INTERACTIONS MÉDICAMENTEUSES

L'association à d'autres *antiseptiques* est déconseillée car leurs effets risquent de s'annuler.

GROSSESSE, ALLAITEMENT ET NOUVEAU-NÉ

Grossesse :
L'absence d'effets nocifs de ce médicament n'a pas été établie pendant la grossesse ou l'allaitement.

Allaitement :
Ne pas appliquer sur les seins en cas d'allaitement.

MODE D'EMPLOI ET POSOLOGIE

Ce produit peut être utilisé pur pour nettoyer les petites plaies. En cas d'usage répété, il doit être dilué immédiatement avant usage dans une eau de température inférieure à 50 °C.

Posologie usuelle :
- Adulte : 1 bouchon pour 1 litre d'eau.
- Nourrisson :
  - bain : 1 bouchon pour 5 litres d'eau ;
  - pour désinfecter une plaie, imbiber une compresse de la préparation suivante : 1 cuillère à café par litre d'eau.

Un rinçage soigneux est indispensable, que le produit soit utilisé pur ou dilué, même dans un bain.

Ce produit n'est pas destiné à la toilette intime quotidienne.
Conservez le flacon à l'abri de la chaleur.
Tous les *antiseptiques* peuvent être contaminés par des *germes* : ne les conservez pas inutilement une fois ouverts.
Rincez abondamment le linge imprégné de cette solution lorsqu'il est destiné à être lavé à plus de 50 °C.

EFFETS INDÉSIRABLES POSSIBLES

Exceptionnellement : *allergie* cutanée, irritation de la peau après exposition au soleil.

SERC
bétahistine

PRÉSENTATION

SERC : comprimé (blanc) ; boîte de 100 - Remb. 65 % - Liste I

Laboratoires Duphar et Cie

COMPOSITION

	p. comp.
Bétahistine dichlorhydrate	8 mg

INDICATIONS

C'est un antivertigineux chimiquement proche de l'*histamine*.

Il est utilisé dans le *traitement symptomatique* des *vertiges*.

CONTRE-INDICATIONS

Ce médicament ne doit pas être utilisé dans les cas suivants :
- *ulcère* de l'estomac ou du *duodénum*,
- *phéochromocytome*.

ATTENTION
Des précautions sont nécessaires en cas d'*asthme*.

INTERACTIONS MÉDICAMENTEUSES

Ce médicament peut interagir avec d'autres, notamment les *antihistaminiques*. Signalez tout autre traitement en cours à votre médecin ou à votre pharmacien.

GROSSESSE, ALLAITEMENT ET NOUVEAU-NÉ

Grossesse :
L'effet de ce médicament sur l'enfant à naître est mal connu. Par mesure de prudence, son usage est déconseillé pendant la grossesse.

Allaitement :
Les données actuellement disponibles ne permettent pas de savoir si ce médicament passe dans le lait maternel.

MODE D'EMPLOI ET POSOLOGIE

Les comprimés doivent être avalés avec un verre d'eau au cours des repas.

Posologie usuelle :
- Adulte : 1 comprimé, 3 fois par jour.

EFFETS INDÉSIRABLES POSSIBLES

Rarement : douleur d'estomac.

SÉRÉCOR
hydroquinidine

PRÉSENTATION

SÉRÉCOR : gélule à *libération prolongée* (vert et rose) ; boîte de 20 - Remb. 65 % - Liste I

SÉRÉCOR : gélule à *libération prolongée* (vert et rose) ; boîte de 60 - Remb. 65 % - Liste I

Laboratoires Houdé

COMPOSITION

	p. gél.
Hydroquinidine chlorhydrate	300 mg

INDICATIONS

Ce médicament appartient à la classe I de la famille des *antiarythmiques*. Il modifie la vitesse de transmission de l'influx nerveux au sein du muscle cardiaque et lutte contre ses contractions anarchiques.

Il est utilisé dans le traitement de certains *troubles du rythme cardiaque*.

CONTRE-INDICATIONS

Ce médicament ne doit pas être utilisé dans les cas suivants :
- *allergie* à la quinine,
- *bloc auriculo-ventriculaire* grave,
- *maladie de l'oreillette*,
- association avec certains médicaments (voir INTERACTIONS MÉDICAMENTEUSES).

Dans tous les autres cas, le médecin est seul juge pour prescrire ce médicament, notamment en cas de *bloc auriculo-ventriculaire* incomplet, *insuffisance cardiaque*, *myasthénie*, utilisation régulière de *laxatifs stimulants*.

ATTENTION
Si vous souffrez d'une *insuffisance rénale*, signalez-le à votre médecin.

INTERACTIONS MÉDICAMENTEUSES

Ce médicament ne doit pas être associé aux médicaments favorisant un *trouble du rythme cardiaque* particulier et potentiellement grave : les *torsades de pointes*. Ces médicaments sont : certains autres *antiarythmiques*, et les médicaments contenant de la *vincamine*, du sultopride, du sotalol, de l'amiodarone.

Il peut interagir avec d'autres médicaments, notamment les *laxatifs stimulants*, les *diurétiques* et tout autre médicament susceptible de provoquer une *hypokaliémie*. Signalez tout traitement en cours à votre médecin ou à votre pharmacien.

GROSSESSE, ALLAITEMENT ET NOUVEAU-NÉ

L'effet de ce médicament pendant la grossesse ou l'allaitement est mal connu : seul votre médecin peut évaluer le risque éventuel de son utilisation dans votre cas.

MODE D'EMPLOI ET POSOLOGIE

Les gélules doivent être avalées avec un peu d'eau.

Posologie usuelle :
1 ou 2 gélules matin et soir.

EFFETS INDÉSIRABLES POSSIBLES

Troubles digestifs.

Malaise, *vertiges*.

Troubles de la vision : vision double ou incapacité à supporter la lumière.

Bourdonnements d'oreille, baisse de l'audition.

Troubles *hématologiques* : baisse des *globules rouges* ou des *plaquettes* sanguines.

Aggravation paradoxale de l'*arythmie*, ou apparition de nouveaux *troubles du rythme cardiaque*.

Allergie cutanée.

SÉRÉNIVAL
aubépine, passiflore, valériane

PRÉSENTATION

SÉRÉNIVAL : suspension buvable ; boîte de 7 récipients unidoses (10 ml) - Non remb.

SÉRÉNIVAL : suspension buvable ; boîte de 14 récipients unidoses (10 ml) - Non remb.

Laboratoires Chefaro-Ardeval

COMPOSITION

	p. dose
Aubépine, sommités fleuries	538,6 mg
Passiflore, parties aériennes	538,6 mg
Valériane, rhizome	646,3 mg
Alcool à 95°	+
Aspartam	+

INDICATIONS

Ce médicament contient une association de plantes sédatives.

Il est utilisé dans le traitement des troubles légers du sommeil, ou de la nervosité.

CONTRE-INDICATIONS

Ce médicament ne doit pas être utilisé dans les cas suivants :
- *phénylcétonurie* (en raison de la présence d'aspartam),
- enfant de moins de 15 ans.

ATTENTION
Ce médicament contient de l'*alcool* en quantité notable.

GROSSESSE, ALLAITEMENT ET NOUVEAU-NÉ

Ce médicament ne contient que des plantes présumées sans danger pendant la grossesse ou l'allaitement. Néanmoins, ne l'utilisez pas de façon prolongée sans l'avis de votre pharmacien ou de votre médecin.

MODE D'EMPLOI ET POSOLOGIE

La dose doit être agitée et son contenu dilué dans un peu d'eau.

Posologie usuelle :
- Adulte : 1 dose par jour.

Ce médicament doit être conservé à l'abri de la lumière et de la chaleur.

SÉRESTA
oxazépam

PRÉSENTATION

SÉRESTA 10 mg : comprimé (blanc) ; boîte de 25 - Remb. 65 % - Liste I

SÉRESTA 10 mg : comprimé (blanc) ; boîte de 50 - Remb. 65 % - Liste I

SÉRESTA 50 mg : comprimé sécable (rose) ; boîte de 20 - Remb. 65 % - Liste I

Laboratoires Wyeth France

COMPOSITION

	p. comp. 10 mg	p. comp. 50 mg
Oxazépam		
Lactose	+	+

INDICATIONS

C'est un *tranquillisant* de la famille des *benzodiazépines*.

Il est utilisé dans le traitement de l'anxiété lorsque celle-ci s'accompagne de troubles gênants.

CONTRE-INDICATIONS

Ce médicament ne doit pas être utilisé en cas d'*insuffisance respiratoire* grave.

ATTENTION

Des précautions sont nécessaires en cas de *myasthénie*, d'*insuffisance hépatique* ou d'*insuffisance respiratoire*.

Utilisé seul, ce médicament n'est pas adapté au traitement des *états dépressifs*.

Une prise prolongée ou des doses importantes de ce médicament, son association à des *sédatifs* ou à des boissons alcoolisées favorisent une *dépendance*. Respectez la *posologie* et la durée de traitement prescrites par votre médecin.

L'arrêt brutal de ce médicament expose à un *syndrome de sevrage* : réapparition de l'anxiété, agitation, irritabilité, insomnie, maux de tête, douleurs musculaires, tremblements, hallucinations. Il faut donc s'entourer de conseils médicaux pour diminuer progressivement les doses et espacer les prises, sur une période d'autant plus longue que le traitement a été prolongé.

Évitez les boissons alcoolisées : augmentation du risque de somnolence et de dépendance.

Conducteur : ce médicament peut être responsable d'une somnolence ou d'une baisse de la vigilance.

INTERACTIONS MÉDICAMENTEUSES

Ce médicament peut interagir avec d'autres médicaments, notamment les *sédatifs*. Signalez tout autre traitement en cours à votre médecin ou à votre pharmacien.

GROSSESSE, ALLAITEMENT ET NOUVEAU-NÉ

Grossesse et nouveau-né :
Par mesure de prudence, ce médicament est habituellement déconseillé pendant les 3 premiers mois de la grossesse. Toutefois, une grossesse survenant sous traitement ne justifie pas d'inquiétude particulière. Seul votre médecin peut apprécier le risque éventuel de ce médicament dans votre cas.
Si le traitement est poursuivi jusqu'à l'accouchement, une surveillance médicale du *nouveau-né* est nécessaire.

Allaitement :
Ce médicament passe dans le lait maternel : l'allaitement est déconseillé.

MODE D'EMPLOI ET POSOLOGIE

Les comprimés doivent être avalés avec un peu d'eau.

Posologie usuelle :
Elle est strictement individuelle. Chez l'enfant, le traitement doit être de courte durée.

Ce médicament vous a été prescrit dans une situation précise : ne le conseillez pas à une autre personne.

L'effet de ce médicament persiste environ 8 heures après sa prise.

Les *tranquillisants* ne sont pas la seule réponse à l'anxiété : une meilleure hygiène de vie, une consommation modérée d'excitants (y compris les boissons alcoolisées) permettent aussi de lutter efficacement contre l'excès de stress.

EFFETS INDÉSIRABLES POSSIBLES

Trous de mémoire, sensation d'ivresse, somnolence en particulier chez la personne âgée, ralentissement des idées, ou, au contraire, excitation, irritabilité, idées confuses, hallucinations, fatigue, éruption cutanée.

SÉRÉVENT
salmétérol

PRÉSENTATION

SÉRÉVENT 25 µg : suspension pour inhalation buccale ; flacon pressurisé avec valve doseuse (120 doses) - Remb. 65 % - Liste I

SÉRÉVENT 50 µg : poudre pour inhalation buccale ; boîte de 15 disques de 4 doses avec distributeur - Remb. 65 % - Liste I

SÉRÉVENT 50 µg : poudre pour inhalation buccale ; boîte de 15 disques de 4 doses sans distributeur - Remb. 65 % - Liste I

Laboratoires Glaxo

COMPOSITION

	p. dose	p. dose
Salmétérol	25 µg	50 µg

INDICATIONS

Ce médicament est un bronchodilatateur qui lutte contre la contraction anormale des muscles de la paroi des bronches. Il est apparenté à une substance naturelle, l'*adrénaline*, mais, contrairement à cette substance, il a peu d'effet sur le cœur. Son action apparaît au bout de 15 minutes et persiste 12 heures.
Il est utilisé dans :
- le *traitement de fond* de l'*asthme* et de certaines maladies respiratoires,
- le *traitement préventif* de la crise d'asthme pendant l'effort.

ATTENTION

Ce médicament n'est pas adapté à l'enfant de moins de 4 ans.

GROSSESSE, ALLAITEMENT ET NOUVEAU-NÉ

Grossesse :
En l'absence de données suffisantes, ce médicament est déconseillé pendant la grossesse.

Allaitement :
Ce médicament passe dans le lait maternel : l'allaitement est déconseillé pendant le traitement.

MODE D'EMPLOI ET POSOLOGIE

Quel que soit le système utilisé, la prise du médicament doit se faire au cours d'une inspiration profonde, précédée si possible d'une expiration forcée. Il est ensuite nécessaire de retenir sa respiration pendant quelques instants.
- *Aérosol* doseur (délivrant 25 µg par dose) : agiter vigoureusement l'aérosol. Placer l'embout dans la bouche, le fond de la cartouche dirigé vers le haut. Expirer à fond, puis inspirer rapidement et profondément tout en appuyant sur le fond de la cartouche. Chaque pression délivre une dose unique.
- Diskhaler (délivrant 50 µg par dose) : percer la capsule au moment de l'inhalation). Tenir l'appareil horizontalement, expirer complètement. Placer l'embout buccal entre les lèvres. Ne pas recouvrir les arrivées d'air situées de chaque côté de l'embout buccal. L'inspiration doit être rapide et profonde. Retenir ensuite sa respiration quelques instants.

Posologie usuelle :
- Adulte et enfant de plus de 4 ans :
  - *Traitement de fond* de l'*asthme* : 2 inhalations à 25 µg ou 1 dose à 50 µg, matin et soir.
  - *Traitement préventif* de l'*asthme* d'effort : 2 inhalations à 25 µg ou 1 dose à 50 µg, 30 à 60 minutes avant l'exercice.

Lire attentivement la notice du médicament avant son emploi.

Ne pas hésiter à demander une démonstration du maniement de cet appareil à votre médecin ou à votre pharmacien.

La chambre d'inhalation adaptée au SÉRÉVENT s'appelle Diskhaler.

Nettoyer l'embout buccal régulièrement à l'eau avant et après chaque utilisation.

En cas d'irritation de la gorge due à la poudre, se rincer la boucher après l'inhalation.

EFFETS INDÉSIRABLES POSSIBLES

Les effets indésirables sont rares et bénins avec les formes inhalées.

Leur survenue est favorisée par une augmentation de la *posologie*.

Tremblements des extrémités, maux de tête, accélération du cœur peuvent être observés à forte dose.

SÉRIEL
tofisopam

PRÉSENTATION

SÉRIEL : comprimé sécable (blanc) ; boîte de 30 - Remb. 65 % - Liste I

Laboratoires Biogalénique

COMPOSITION

	p. comp.
Tofisopam	50 mg

INDICATIONS

C'est un *tranquillisant* de la famille des *benzodiazépines*.

Il est utilisé dans le traitement de l'anxiété lorsque celle-ci s'accompagne de troubles gênants.

CONTRE-INDICATIONS

Ce médicament ne doit pas être utilisé en cas d'*insuffisance respiratoire* grave.

ATTENTION

Des précautions sont nécessaires en cas de *myasthénie*, d'*insuffisance hépatique* ou d'*insuffisance respiratoire*.

Utilisé seul, ce médicament n'est pas adapté au traitement des *états dépressifs*.

Une prise prolongée ou des doses importantes de ce médicament, son association à des *sédatifs* ou à des boissons alcoolisées favorisent une *dépendance*. Respectez la *posologie* et la durée de traitement prescrites par votre médecin.

L'arrêt brutal de ce médicament expose à un *syndrome de sevrage* : réapparition de l'anxiété, agitation, irritabilité, insomnie, maux de tête, douleurs musculaires, tremblements, hallucinations. Il faut donc s'entourer de conseils médicaux pour diminuer progressivement les doses et espacer les prises, sur une période d'autant plus longue que le traitement a été prolongé.

Évitez les boissons alcoolisées : augmentation du risque de somnolence et de dépendance.

Conducteur : ce médicament peut être responsable d'une somnolence ou d'une baisse de la vigilance.

INTERACTIONS MÉDICAMENTEUSES

Ce médicament peut interagir avec d'autres médicaments, notamment les *sédatifs*. Signalez tout autre traitement en cours à votre médecin ou à votre pharmacien.

GROSSESSE, ALLAITEMENT ET NOUVEAU-NÉ

Grossesse et nouveau-né :

Par mesure de prudence, ce médicament est habituellement déconseillé pendant les 3 premiers mois de la grossesse. Toutefois, une grossesse survenant sous traitement ne justifie pas d'inquiétude particulière. Seul votre médecin peut apprécier le risque éventuel lié à l'utilisation de ce médicament dans votre cas.

Si le traitement est poursuivi jusqu'à l'accouchement, une surveillance médicale du *nouveau-né* est nécessaire.

Allaitement :

Ce médicament passe dans le lait maternel : l'allaitement est déconseillé.

MODE D'EMPLOI ET POSOLOGIE

Ce médicament doit être avalé avec un peu d'eau.

Posologie usuelle :

Elle est strictement individuelle. Chez l'enfant, le traitement doit être de courte durée.

Ce médicament vous a été prescrit dans une situation précise : ne le conseillez pas à une autre personne.

L'effet de ce médicament persiste 8 heures après sa prise.

Les *tranquillisants* ne sont pas la seule réponse à l'anxiété : une meilleure hygiène de vie, une consommation modérée d'excitants (y compris les boissons alcoolisées) permettent aussi de lutter efficacement contre l'excès de stress.

EFFETS INDÉSIRABLES POSSIBLES

Trous de mémoire, sensation d'ivresse, somnolence particulièrement chez la personne âgée, ralentissement des idées, ou, au contraire, excitation, irritabilité, idées confuses, hallucinations, fatigue, éruption cutanée.

SERMION oral

nicergoline

PRÉSENTATION

SERMION : gélule 5 mg (jaune et bleu) ; boîte de 30 - Remb. 65 % - Liste II

SERMION Lyoc 5 mg : *lyophilisat* oral ; boîte de 30 - Remb. 65 % - Liste II

SERMION : gélule 10 mg (turquoise et bleu marine) ; boîte de 30 - Remb. 35 % - Liste II

SERMION Lyoc 10 mg : lyophilisat oral ; boîte de 30 - Remb. 65 % - Liste II

Laboratoires Specia

COMPOSITION

	p. gél.	p. lyoph.
Nicergoline	5 mg	5 mg
	p. gél.	p. lyoph.
Nicergoline	10 mg	10 mg

INDICATIONS

Ce médicament appartient à la famille des *vasodilatateurs*. Il augmente le débit sanguin, notamment cérébral et l'apport d'oxygène et de glucose au cerveau.

Toutes les formes sont utilisées dans le traitement :

- des manifestations douloureuses de l'*artérite*,
- des troubles du comportement et de la mémoire liés au vieillissement,
- des sensations d'étourdissement chez la personne âgée.

Les gélules et les Lyoc à 5 mg sont également utilisés dans le traitement des maladies des yeux dues à un défaut de vascularisation.

ATTENTION

Chez une personne âgée, des troubles attribués au vieillissement peuvent être dus à une *dépression* ; ils nécessitent alors un traitement spécifique.

GROSSESSE, ALLAITEMENT ET NOUVEAU-NÉ

L'effet de ce médicament pendant la grossesse ou l'allaitement est mal connu : seul votre médecin peut évaluer le risque éventuel de son utilisation dans votre cas.

MODE D'EMPLOI ET POSOLOGIE

Ce médicament doit être pris avant les repas matin, midi et soir. Les Lyoc doivent être dissous dans un demi-verre d'eau ou d'une autre boisson.

Posologie usuelle :

Elle varie, selon les cas, entre 15 et 30 mg par jour.

Ce médicament n'est actif que sur les *symptômes* de l'*artérite* ; seule la pratique régulière de la marche peut retarder l'évolution de la maladie. Si vous êtes fumeur, la poursuite du tabagisme nuit à l'efficacité du traitement.

Ce médicament doit être conservé à l'abri de la lumière.

EFFETS INDÉSIRABLES POSSIBLES

Crampes d'estomac, bouffées de chaleur, *vertiges*.

SERMION injectable

nicergoline

PRÉSENTATION

SERMION : préparation injectable ; boîte de 1 flacon de *lyophilisat* et 1 ampoule de solvant (2,5 ml) - Remb. 65 % - Liste II

Laboratoires Specia

COMPOSITION

	p. fl.
Nicergoline	5 mg

INDICATIONS

Ce médicament appartient à la famille des *vasodilatateurs*. Il augmente le débit sanguin, notamment cérébral et l'apport d'oxygène et de glucose au cerveau.

Il est utilisé dans le traitement :

- des manifestations douloureuses de l'*artérite* lors des poussées,
- de certains *accidents vasculaires cérébraux*.

GROSSESSE, ALLAITEMENT ET NOUVEAU-NÉ

L'effet de ce médicament pendant la grossesse ou l'allaitement est mal connu : seul votre médecin peut évaluer le risque éventuel de son utilisation dans votre cas.

MODE D'EMPLOI ET POSOLOGIE

La solution injectable est administrée par *voie* intramusculaire ou en *perfusion*.

Posologie usuelle :

2 à 6 flacons par jour.

Ce médicament n'est actif que sur les *symptômes* de l'*artérite* ; seule la pratique régulière de la marche peut retarder l'évolution de la maladie.

Si vous êtes fumeur, la poursuite du tabagisme nuit à l'efficacité du traitement.

EFFETS INDÉSIRABLES POSSIBLES

- Bouffées de chaleur, *vertiges*.
- Baisse de la tension artérielle, surtout en début de traitement.

SEROPHY

chlorure de sodium

PRÉSENTATION

SEROPHY : solution nasale ; boîte de 15 flacons compte-gouttes 5 ml - Non remb.

SEROPHY : solution nasale ; boîte de 30 flacons compte-gouttes 5 ml - Non remb.

SEROPHY : solution nasale ; flacon pressurisé 100 ml - Non remb.

Laboratoires Monal

COMPOSITION

	p. 100 ml
Chlorure de sodium	0,9 g

INDICATIONS

Cette solution est du *sérum physiologique* (eau salée à 9 g par litre), stérile et non injectable.

Elle est utilisée pour le lavage des fosses nasales, notamment en cas de *rhinite*.

GROSSESSE, ALLAITEMENT ET NOUVEAU-NÉ

Ce médicament est couramment utilisé au cours de la grossesse ou chez la femme qui allaite.

MODE D'EMPLOI ET POSOLOGIE

Pour plus de confort, la solution peut être réchauffée dans la main avant utilisation. Ne pas se moucher violemment au cours des 10 minutes qui suivent l'instillation.

Posologie usuelle :

1 à 3 lavages des fosses nasales par jour.

Chez le *nourrisson*, n'exercez pas une pression trop forte sur le flacon : quelques gouttes suffisent pour réaliser une *irrigation nasale*.

> Chaque flacon compte-gouttes entamé ne doit pas être conservé plus de 48 heures.
>
> En cas d'emploi du flacon pulvérisateur, évitez d'enfoncer trop profondément l'embout dans la narine.
>
> Pour lutter contre l'obstruction nasale chez le jeune enfant, veillez à assurer une bonne humidification de l'air ambiant.

SÉRUM ANTITÉTANIQUE PASTEUR

sérum antitétanique d'origine chevaline

PRÉSENTATION

SÉRUM ANTITÉTANIQUE PASTEUR 1 500 UI : solution injectable ; seringue prête à l'emploi 1 ml - Remb. 65 %

Laboratoires Pasteur Vaccins

COMPOSITION

	p. dose
Antitoxine tétanique provenant de chevaux hyperimmunisés	⩾ 1 500 UI

INDICATIONS

C'est un sérum extrait du sang de chevaux spécialement immunisés contre le tétanos.

Ce médicament n'est pas un *vaccin* ; il apporte une protection qui dure quelques semaines puis disparaît ensuite totalement.

Ce médicament est utilisé dans la prévention immédiate du tétanos, notamment en cas de plaie chez une personne mal ou non vaccinée.

CONTRE-INDICATIONS

Ce médicament ne doit pas être utilisé dans les cas suivants :
- *allergie* au sérum de cheval,
- grossesse.

> **ATTENTION**
>
> Ce médicament ne doit en aucun cas être injecté par *voie* intraveineuse. Il est préférable d'utiliser le sérum d'origine humaine pour éviter les réactions allergiques.

GROSSESSE, ALLAITEMENT ET NOUVEAU-NÉ

Grossesse :

L'emploi des *immunoglobulines* humaines est préférable chez la femme enceinte.

MODE D'EMPLOI ET POSOLOGIE

Le contenu de l'ampoule est prêt à l'emploi et doit être injecté par *voie* intramusculaire ou sous-cutanée après avoir été réchauffé à température ambiante.

Pour limiter la gravité d'une éventuelle réaction allergique, le contenu de l'ampoule doit être injecté lentement, par petites quantités successives, espacées de quelques minutes (méthode de Besredka).

Posologie usuelle :

1 flacon au minimum.

> L'injection en un autre point du corps d'un *vaccin* contre le tétanos, en plus de l'injection de ce sérum, est indispensable.
>
> Ce médicament doit être conservé dans le compartiment à beurre du réfrigérateur (+ 2 à + 8 °C). Il ne doit pas être congelé.

EFFETS INDÉSIRABLES POSSIBLES

L'injection est parfois douloureuse.

Choc allergique.

SÉRUM PHYSIOLOGIQUE GIFRER

chlorure de sodium

PRÉSENTATION

SÉRUM PHYSIOLOGIQUE GIFRER : solution nasale et ophtalmique ; boîte de 16 flacons à usage unique 5 ml - Non remb.

SÉRUM PHYSIOLOGIQUE GIFRER : solution nasale et ophtalmique ; boîte de 32 flacons à usage unique 5 ml - Non remb.

Laboratoires Gifrer Barbezat

COMPOSITION

	p. 100 ml
Chlorure de sodium	0,9 g

INDICATIONS

Cette solution est du *sérum physiologique* (eau salée à 9 g par litre), stérile et non injectable.

Elle est utilisée pour le lavage des fosses nasales ou des yeux.

GROSSESSE, ALLAITEMENT ET NOUVEAU-NÉ

Ce médicament est couramment utilisé au cours de la grossesse ou chez la femme qui allaite.

MODE D'EMPLOI ET POSOLOGIE

Pour plus de confort, la solution peut être réchauffée dans la main avant utilisation. Ne pas se moucher violemment au cours des 10 minutes qui suivent l'instillation.

Posologie usuelle :

1 à 3 lavages des yeux ou des fosses nasales par jour.

Chez le *nourrisson*, n'exercez pas une pression trop forte sur le flacon : quelques gouttes suffisent pour réaliser une *irrigation nasale*.

> Chaque flacon entamé doit être jeté après utilisation.
>
> Pour lutter contre l'obstruction nasale chez le jeune enfant, veillez à assurer une bonne humidification de l'air ambiant.

SIBÉLIUM

flunarizine

PRÉSENTATION

SIBÉLIUM : comprimé sécable (blanc) ; boîte de 30 - Remb. 65 % - Liste I

Laboratoires Janssen

COMPOSITION

	p. comp.
Flunarizine	10 mg

INDICATIONS

C'est un antivertigineux aux propriétés multiples. Il agit à la fois sur les organes de l'équilibre de l'*oreille interne* et sur la circulation sanguine locale et cérébrale.

Il est utilisé dans le *traitement symptomatique* des *vertiges* et dans le *traitement de fond* de la *migraine*, ayant résisté aux autres traitements.

CONTRE-INDICATIONS

Ce médicament ne doit pas être utilisé dans les cas suivants :
- maladie de *Parkinson* et troubles apparentés ;
- *dépression*, même ancienne.

> **ATTENTION**
>
> Évitez les boissons alcoolisées : augmentation du risque de somnolence.
>
> Conducteur : ce médicament peut être responsable d'une somnolence ou d'une baisse de la vigilance.

INTERACTIONS MÉDICAMENTEUSES

Ce médicament peut interagir avec d'autres, notamment les *atropiniques* et les *sédatifs*. Signalez tout autre traitement en cours à votre médecin ou à votre pharmacien.

GROSSESSE, ALLAITEMENT ET NOUVEAU-NÉ

Grossesse :

L'effet de ce médicament pendant la grossesse est mal connu : seul votre médecin peut évaluer le risque éventuel de son utilisation dans votre cas.

Allaitement :

En l'absence de données suffisantes, l'allaitement est déconseillé.

MODE D'EMPLOI ET POSOLOGIE

Les comprimés peuvent être avalés avec un verre d'eau au coucher.

Posologie usuelle :

- Adulte : 1 comprimé par jour. 1/2 comprimé chez les personnes âgées de plus de 65 ans.
- Enfant de plus de 10 ans, à titre exceptionnel dans les cas de migraine : 1/2 comprimé par jour. Ne pas dépasser 2 mois de traitement sans avis médical.

EFFETS INDÉSIRABLES POSSIBLES

Fréquemment : somnolence.

Rarement : fatigue, *troubles digestifs*, maux de tête, insomnie.

Certains signes doivent faire penser à un surdosage : *dépression*, raideur anormale, grimaces involontaires.

SICAZINE
sulfadiazine

PRÉSENTATION

SICAZINE : crème ; tube 50 g - Remb. 35 %

Laboratoires Smith & Nephew

COMPOSITION

	p. 100 g
Sulfadiazine argentique	1 g

INDICATIONS

Cette crème contient un *antibiotique* de la famille des *sulfamides*, associé à un sel d'argent *antiseptique*.

Elle est utilisée dans le *traitement d'appoint* des lésions infectées de la peau.

CONTRE-INDICATIONS

Ce médicament ne doit pas être utilisé dans les cas suivants :
- *allergie* aux *antibiotiques* de la famille des *sulfamides*,
- grossesse,
- allaitement,
- *nouveau-né*.

ATTENTION

Évitez d'utiliser cette crème, notamment chez l'enfant, de manière prolongée et sur des surfaces étendues ou profondément lésées, sans l'avis de votre médecin.

GROSSESSE, ALLAITEMENT ET NOUVEAU-NÉ

Ce médicament est contre-indiqué pendant la grossesse et l'allaitement.

MODE D'EMPLOI ET POSOLOGIE

Avant l'application de la crème, nettoyer la lésion à l'eau ou avec du *sérum physiologique*.

Étaler la crème soit directement sur la zone à traiter, soit préalablement sur une compresse stérile.

Posologie usuelle :

1 application par jour.

> ☛ Lavez-vous les mains après l'application.
>
> Ce médicament est photosensibilisant : une exposition aux rayons *ultraviolets* (soleil, lampe à bronzer) des régions traitées peut provoquer des réactions cutanées.
>
> Les taches occasionnées par cette crème sur le linge ou la literie disparaissent au lavage.
>
> Cette crème ne doit pas être conservée plus de 8 jours après une première utilisation.

EFFETS INDÉSIRABLES POSSIBLES

Eczéma dû au médicament, *photosensibilisation*.

SILIGAZ
diméticone

PRÉSENTATION

SILIGAZ : capsule (orange) ; boîte de 32 - Non remb.

Laboratoires SmithKline Beecham

COMPOSITION

	p. caps.
Diméticone	250 mg

INDICATIONS

C'est un médicament qui appartient à la famille des *pansements digestifs* au silicone. Il protège le tube digestif en le couvrant d'un film l'isolant de son contenu.

Il est utilisé pour traiter les *troubles digestifs fonctionnels*, notamment les ballonnements abdominaux et les brûlures de l'œsophage.

GROSSESSE, ALLAITEMENT ET NOUVEAU-NÉ

La substance contenue dans ce médicament est peu absorbée ; l'automédication est possible en cure courte ou ponctuelle pendant la grossesse ou l'allaitement.

MODE D'EMPLOI ET POSOLOGIE

Ce médicament doit être pris avec un peu d'eau, avant les repas et si besoin au moment des douleurs.

Posologie usuelle :

1 ou 2 capsules, 3 fois par jour.

> ☛ Une alimentation équilibrée, une mastication lente et l'élimination des aliments difficiles à digérer permettent souvent d'atténuer, voire de faire disparaître, les douleurs d'estomac qui ne sont pas liées à un *ulcère*.

SILIPRÊLE
prêle des champs

PRÉSENTATION

SILIPRÊLE : capsule (vert sombre) ; boîte de 30 - Non remb.

Laboratoires Herbaxt

COMPOSITION

	p. caps.
Prêle des champs, extrait	250 mg

INDICATIONS

Ce médicament contient un extrait de plante.

Il est utilisé pour faciliter les fonctions d'élimination rénale et digestive.

GROSSESSE, ALLAITEMENT ET NOUVEAU-NÉ

Ce médicament contient une plante présumée sans danger pendant la grossesse ou l'allaitement. Néanmoins, ne l'utilisez pas sans l'avis de votre pharmacien ou de votre médecin.

Grossesse :

Ce médicament n'est pas adapté au traitement d'une éventuelle rétention d'eau survenant pendant la grossesse. L'apparition d'*œdèmes* impose une consultation médicale.

MODE D'EMPLOI ET POSOLOGIE

Les capsules doivent être avalées avec un grand verre d'eau, avant les repas.

Posologie usuelle :

1 capsule, 1 à 3 fois par jour.

SILOMAT
clobutinol

PRÉSENTATION

SILOMAT 40 mg : comprimé ; boîte de 30 - Remb. 35 % - Liste II

SILOMAT 60 mg/1 ml : solution buvable ; flacon 20 ml (compte-gouttes) - Remb. 35 % - Liste II

SILOMAT 4 mg/1 ml : sirop ; flacon 125 ml - Remb. 35 % - Liste II

SILOMAT 20 mg : solution injectable ; boîte de 5 ampoules 2 ml - Remb. 35 % - Liste II

Laboratoires Boehringer Ingelheim France

COMPOSITION

	p. comp.	p. gte
Clobutinol chlorhydrate	40 mg	2 mg

	p. c. à c.	p. amp. inj.
Clobutinol chlorhydrate	20 mg	20 mg
Chlorure d'ammonium	35 mg	
Benzoate de sodium	10 mg	

INDICATIONS

Ce médicament est un *antitussif* qui agit sur les centres nerveux de la toux.

Il est utilisé dans le *traitement symptomatique* de la toux sèche et d'irritation, en particulier en cas d'*insuffisance respiratoire*.

CONTRE-INDICATIONS

Ce médicament ne doit pas être utilisé dans les cas suivants :
- *épilepsie*, *antécédents* de *convulsions* ;
- grossesse (3 premiers mois).

ATTENTION

Ce médicament n'est pas adapté au traitement de la toux grasse, qui est un mécanisme de défense normal de l'organisme permettant l'évacuation des mucosités présentes dans les bronches.

La toux est un *symptôme* qui peut révéler de nombreuses maladies : consultez votre médecin si elle persiste plus de quelques jours.

INTERACTIONS MÉDICAMENTEUSES

Ce médicament peut interagir avec d'autres médicaments. Signalez tout autre traitement en cours à votre médecin ou à votre pharmacien.

GROSSESSE, ALLAITEMENT ET NOUVEAU-NÉ

Grossesse :

Ce médicament ne doit pas être utilisé pendant les 3 premiers mois de la grossesse.

Allaitement :

Les données actuellement disponibles ne permettent pas de savoir si ce médicament passe dans le lait maternel.

MODE D'EMPLOI ET POSOLOGIE

La solution buvable est la seule forme adaptée à l'enfant de moins de 3 ans. Les prises doivent être régulièrement réparties au cours de la journée.

La solution injectable peut être administrée par *voie* intramusculaire ou intraveineuse.

Posologie usuelle :

- Adulte :
  - comprimés : 1 ou 2, 3 fois par jour ;
  - solution buvable : 30 à 40 gouttes, 3 fois par jour ;
  - sirop : 1 cuillère à soupe, 3 fois par jour ;
  - solution injectable : 1 ou 2 ampoules par jour en injection intramusculaire ou intraveineuse.
- Enfant de plus de 3 ans :
  - solution buvable : 10 à 20 gouttes, 3 fois par jour ;
  - sirop : 1 ou 2 cuillères à café, 3 fois par jour.
- Enfant de moins de 3 ans :
  - solution buvable : 1 goutte par kg, 3 fois par jour.

Ce médicament n'entraîne pas de risque de *dépendance*, ni de *dépression respiratoire* aux doses usuelles.

Fumer, ou être exposé à la fumée des autres, nuit à l'efficacité du traitement.

Des mesures simples permettent de calmer les toux sèches : boissons chaudes et humidification de l'air ambiant.

EFFETS INDÉSIRABLES POSSIBLES

Les plus fréquents sont digestifs : nausées, vomissements.

Plus rarement : agitation, troubles du sommeil, éruption cutanée, *urticaire*.

SINAPISME RIGOLLOT

farine de moutarde

PRÉSENTATION

SINAPISME RIGOLLOT : *cataplasme* sinapisé ; 10 feuilles - Non remb.

Laboratoires Chefaro-Ardeval

COMPOSITION

Bande recouverte d'un liquide agglutinatif de graines de moutarde noire

INDICATIONS

C'est un *cataplasme* à la farine de moutarde (sinapisme). Il a un effet *révulsif* et *antalgique*.

Il est utilisé dans le traitement local des douleurs d'origine rhumatismale. Il peut être également utilisé en complément du traitement de certaines maladies respiratoires.

CONTRE-INDICATIONS

Ce médicament ne doit pas être utilisé sur les *muqueuses*, les plaies, ou en cas de maladie de peau.

ATTENTION

Évitez l'utilisation de ce *cataplasme* sur des peaux fragiles et chez le *nourrisson*.

GROSSESSE, ALLAITEMENT ET NOUVEAU-NÉ

Ce médicament peut être utilisé ponctuellement pendant la grossesse ou l'allaitement.

MODE D'EMPLOI ET POSOLOGIE

Découper la surface de *cataplasme* nécessaire avant de l'humecter avec de l'eau froide ou tiède. Déposer le cataplasme sur la partie à traiter et le maintenir avec une serviette. Laisser agir jusqu'à ce que la peau devienne rouge et qu'une sensation de chaleur soit ressentie. Retirer le cataplasme. L'application ne doit pas durer plus de 20 minutes.

EFFETS INDÉSIRABLES POSSIBLES

Rougeur normale au point d'application due au médicament.

SINEMET

lévodopa, carbidopa

PRÉSENTATION

SINEMET 100 : comprimé sécable ovale (bleu) ; boîte de 100 - Remb. 65 % - Liste I

SINEMET 250 : comprimé sécable ovale (bleu) ; boîte de 50 - Remb. 65 % - Liste I

SINEMET LP 200 : comprimé à *libération prolongée* (pêche) ; boîte de 30 - Remb. 65 % - Liste I

Laboratoires Dupont Pharma

COMPOSITION

	p. comp.	p. comp.	p. comp. L.P.
Lévodopa	100 mg	250 mg	200 mg
Carbidopa	10 mg	25 mg	50 mg

INDICATIONS

C'est un antiparkinsonien qui appartient à la famille des dopaminergiques. Il vise à combler le déficit en dopamine, substance normalement sécrétée par certaines cellules du système nerveux.

Utilisé dans la maladie de *Parkinson*, il agit principalement sur la rigidité musculaire et la réduction des mouvements propres à cette affection.

CONTRE-INDICATIONS

Ce médicament ne doit pas être utilisé dans les cas suivants :
- troubles psychiques graves ;
- *infarctus du myocarde* ;
- en association avec les *IMAO* non sélectifs, les *neuroleptiques*, la réserpine ou ses dérivés.

ATTENTION

L'utilisation de ce médicament chez les personnes présentant des troubles psychiques, une affection cardiaque, un *glaucome* à angle fermé, ou un *ulcère* de l'estomac ou du *duodénum* nécessite des précautions particulières, surtout en début de traitement. Prévenez votre médecin.

Si vous avez un grain de beauté qui se modifie, parlez-en à votre pharmacien ou à votre médecin.

INTERACTIONS MÉDICAMENTEUSES

Ce médicament ne doit pas être associé :
- aux *IMAO* non sélectifs (MARSILID, NIAMIDE...) : risque d'hypertension brutale ;
- aux *neuroleptiques* : risque d'opposition des effets ;
- à la réserpine et à ses dérivés : risque d'annulation des effets.

Il peut aussi interagir avec d'autres médicaments. Signalez tout autre traitement en cours à votre médecin ou à votre pharmacien.

GROSSESSE, ALLAITEMENT ET NOUVEAU-NÉ

Grossesse :

L'effet de ce médicament sur l'enfant à naître est mal connu. Par mesure de prudence, son usage est déconseillé pendant la grossesse.

Allaitement :

L'allaitement est déconseillé pendant le traitement.

MODE D'EMPLOI ET POSOLOGIE

Ce médicament sera pris de préférence en fin de repas ou avec un peu de nourriture. Ne pas dissoudre les comprimés dans de l'eau.

Posologie usuelle :

Elle est strictement individuelle.

La *posologie* minimale efficace est atteinte progressivement, par paliers. Cette progression permet de limiter l'apparition des effets indésirables. Lorsque cette dose est trop rapidement dépassée, des mouvements anormaux peuvent survenir.

EFFETS INDÉSIRABLES POSSIBLES

En début de traitement : nausées, vomissements, *troubles du rythme cardiaque*, baisse de la tension artérielle, troubles psychiques ; une adaptation de la *posologie* peut limiter ces effets.

Après un traitement prolongé : alternance de mouvements involontaires et de raideur invalidante.

SINÉQUAN
doxépine

PRÉSENTATION

SINÉQUAN 10 mg : gélule (bleu et rose) ; boîte de 30 - Remb. 65 % - Liste I

SINÉQUAN 25 mg : gélule (rose foncé et rose clair) ; boîte de 30 - Remb. 65 % - Liste I

SINÉQUAN 50 mg : gélule (jaune et rose foncé) ; boîte de 30 - Remb. 65 % - Liste I

Laboratoires Pfizer

COMPOSITION

	p. gél.	p. gél.	p. gél.
Doxépine	10 mg	25 mg	50 mg

INDICATIONS

Ce médicament appartient à la famille des *antidépresseurs* imipraminiques.

Il est utilisé dans le traitement des *états dépressifs* de toute nature, accompagnés ou non d'anxiété.

CONTRE-INDICATIONS

Ce médicament ne doit pas être utilisé dans les cas suivants :
- *glaucome* à angle fermé,
- risque de blocage des urines (*adénome de la prostate*...),
- en association avec les *IMAO* non sélectifs ou avec le BARNETIL.

ATTENTION

Si vous souffrez d'*épilepsie* ou de maladie cardiaque, prévenez votre médecin afin qu'il puisse adapter la *posologie*.

Une fièvre, une angine ou une infection sous traitement doivent vous inciter à consulter votre médecin.

Avant une *anesthésie* locale, notamment chez le dentiste, signalez la prise de ce médicament.

Évitez les boissons alcoolisées : augmentation du risque de somnolence.

Conducteur : ce médicament peut être responsable d'une baisse de la vigilance, particulièrement en début de traitement.

INTERACTIONS MÉDICAMENTEUSES

Ce médicament ne doit pas être associé aux médicaments suivants :
- *IMAO* non sélectifs (MARSILID, NIAMIDE...) : risque de *collapsus cardio-vasculaire*, ou d'*hypertension artérielle*, de fièvre et de *convulsions*. Respectez un délai de 15 jours après l'arrêt de l'IMAO.
- BARNETIL : risque de *troubles du rythme cardiaque* graves.

Ce médicament peut interagir avec d'autres, notamment les *anticonvulsivants*, les *antihypertenseurs* et les *atropiniques*, le PROZAC, l'*adrénaline* et la *noradrénaline*, les médicaments *sédatifs*. Signalez tout autre traitement en cours, ou récemment arrêté, à votre médecin ou à votre pharmacien.

GROSSESSE, ALLAITEMENT ET NOUVEAU-NÉ

Grossesse et nouveau-né :

Si une grossesse survient pendant le traitement, consultez votre médecin. Il appréciera le risque éventuel lié à l'utilisation de ce médicament dans votre cas.

Si le traitement est poursuivi jusqu'à l'accouchement, une surveillance médicale du *nouveau-né* est nécessaire.

Allaitement :

Ce médicament passe faiblement dans le lait maternel : l'allaitement est déconseillé.

MODE D'EMPLOI ET POSOLOGIE

Les gélules doivent être prises avec un peu d'eau.

Posologie usuelle :

Elle est strictement individuelle.

L'efficacité des *antidépresseurs* n'est généralement pas immédiate. Un délai pouvant atteindre plusieurs semaines est parfois nécessaire pour que les effets bénéfiques se fassent sentir.

Les effets indésirables éventuels apparaissant en début de traitement ne doivent pas vous conduire à l'arrêter prématurément.

EFFETS INDÉSIRABLES POSSIBLES

Somnolence au début du traitement.

Rarement : tremblements, difficultés de la parole, confusion des idées.

Parfois : bouche sèche, troubles de l'*accommodation*, accélération du cœur, sueurs, constipation, difficultés à uriner, *vertiges*, baisse de la tension artérielle, prise de poids, *allergie*, et à forte dose excitation anormale.

Certains de ces effets peuvent être prévenus ou corrigés.

SINEX
oxymétazoline, menthol, camphre

PRÉSENTATION

SINEX : solution nasale ; flacon pulvérisateur 15 ml - Remb. 35 % - Liste II

Laboratoires Lachartre

COMPOSITION

	p. 100 ml
Oxymétazoline chlorhydrate	50 mg
Menthol	25 mg
Camphre	15 mg

INDICATIONS

Cette solution nasale contient un *vasoconstricteur* qui lutte contre la congestion nasale due à la dilatation des vaisseaux sanguins.

Elle est utilisée dans le *traitement symptomatique* des congestions nasales aiguës.

CONTRE-INDICATIONS

Ce médicament ne doit pas être utilisé dans les cas suivants :
- enfant de moins de 15 ans,
- *glaucome* à angle fermé,
- en association avec les *antidépresseurs* de type *IMAO* non sélectif.

ATTENTION

Des précautions particulières sont nécessaires dans le cas d'*hypertension artérielle*, de certains troubles cardiaques, d'*hyperthyroïdie*.

L'utilisation répétée ou prolongée des *vasoconstricteurs* expose à un risque de *rhinite* grave, parfois irréversible. La brièveté de l'effet décongestionnant ne doit pas vous conduire à dépasser la *posologie* prescrite par votre médecin.

INTERACTIONS MÉDICAMENTEUSES

Ce médicament ne doit pas être associé aux *antidépresseurs* de type *IMAO* non sélectif (MARSILID, NIAMIDE...) : risque de crise hypertensive.

GROSSESSE, ALLAITEMENT ET NOUVEAU-NÉ

L'effet de ce médicament pendant la grossesse ou l'allaitement est mal connu : seul votre médecin peut évaluer le risque éventuel de son utilisation dans votre cas.

MODE D'EMPLOI ET POSOLOGIE

Les pulvérisations doivent être faites au cours d'une brève inspiration, en tenant le flacon verticalement.

Posologie usuelle :

- Adulte : 1 pulvérisation dans chaque narine, 3 ou 4 fois par jour.

La durée du traitement ne doit pas dépasser 7 jours.

Ce médicament contient une substance active puissante : ne le laissez pas à la portée des enfants.

EFFETS INDÉSIRABLES POSSIBLES

Sécheresse nasale.

Plus rarement, en cas de passage dans le sang : maux de tête, insomnie, accélération du cœur.

Calendrier de vaccination : voir Annexes

SINTROM

acénocoumarol

PRÉSENTATION

SINTROM : comprimé quadrisécable (rose) ; boîte de 12 - Remb. 65 % - Liste I

SINTROM : comprimé quadrisécable (rose) ; boîte de 50 - Remb. 65 % - Liste I

Laboratoires Ciba-Geigy

COMPOSITION

	p. comp.
Acénocoumarol	4 mg

INDICATIONS

Ce médicament est un *anticoagulant* oral qui appartient à la famille des *antivitamines K*. Il empêche la formation des caillots en se substituant à la *vitamine* K. Celle-ci est indispensable à la synthèse par le foie des facteurs de la coagulation.

Il est utilisé dans le *traitement préventif* et curatif des *accidents thrombo-emboliques*.

CONTRE-INDICATIONS

Ce médicament ne doit pas être utilisé dans les cas suivants :
- hémophilie et maladies apparentées,
- risque de saignement d'un organe (*ulcère* de l'estomac ou du *duodénum*...),
- *hypertension artérielle* grave,
- *insuffisance rénale* et *insuffisance hépatique* graves,
- association aux médicaments contenant de l'aspirine, de la phénylbutazone ou du miconazole (sauf formes à usage local).

ATTENTION

L'action de ce médicament est adaptée avec précision par votre médecin en fonction du résultat d'analyses de sang régulières : un *TP* trop élevé traduit une action insuffisante et un risque de caillot sanguin ; un TP trop bas traduit un surdosage et un risque d'*hémorragie*.

Tout signe pouvant faire penser à une hémorragie (urines rouges, selles rouges ou noires, taches anormales de la peau ou bleus multiples, saignement du nez ou des gencives...) doit vous conduire à prévenir immédiatement votre médecin ou un service médical d'urgence.

Pendant la durée du traitement, les injections intramusculaires sont interdites mais les injections par *voie* sous-cutanée ou intraveineuse sont possibles, de même que les prises de sang.

De nombreux médicaments contenant de l'aspirine sont vendus sans ordonnance : compte tenu des risques d'hémorragie qu'ils entraînent, l'automédication est particulièrement dangereuse.

En cas d'intervention chirurgicale ou d'extraction dentaire, signalez à l'anesthésiste ou à votre dentiste la prise de ce médicament : une modification de votre traitement pourra éventuellement être décidée.

Les boissons alcoolisées, augmentant les effets de ce médicament, sont déconseillées pendant la durée du traitement : risque de saignement.

INTERACTIONS MÉDICAMENTEUSES

Ce médicament ne doit pas être associé aux médicaments contenant de la phénylbutazone, de l'aspirine, du miconazole (l'utilisation de formes à usage local est possible) : risque d'*hémorragie*.

Il peut interagir avec d'autres médicaments. Signalez tout autre traitement en cours à votre médecin ou à votre pharmacien.

GROSSESSE, ALLAITEMENT ET NOUVEAU-NÉ

Grossesse :

Ce médicament ne doit pas être utilisé pendant la grossesse, sauf sur prescription médicale.

Allaitement :

Ce médicament passe dans le lait maternel : l'allaitement est déconseillé.

MODE D'EMPLOI ET POSOLOGIE

Les comprimés seront avalés avec un grand verre d'eau, mais jamais en position couchée. Pour un effet constant de ce médicament, la prise doit être régulière, toujours à la même heure, pendant ou en dehors des repas.

Posologie usuelle :

Elle est adaptée par le médecin en fonction des résultats des analyses de sang (*TP*, *INR*). Néanmoins, compte tenu de l'action retardée du produit, les variations du TP ou de l'INR n'apparaissent que plusieurs jours après les modifications de traitement.

Lorsque ce médicament remplace un *anticoagulant* injectable, les deux traitements peuvent se chevaucher pendant quelques jours.

Veillez à ne pas manquer de ce médicament ; lors de vos déplacements, munissez-vous d'une réserve ou de votre ordonnance en cours de validité.

Certaines activités ou sports violents pouvant entraîner des blessures ou des coupures (risque d'*hémorragie*), leur pratique est déconseillée pendant la durée du traitement.

En cas de saignement, comprimez la plaie pendant plusieurs minutes.

Un jeûne prolongé ou au contraire un apport alimentaire important en *vitamine* K (céréales, brocolis, choux, choucroute, carottes, abats) sont à éviter.

EFFETS INDÉSIRABLES POSSIBLES

Hémorragie de gravité variable.

Troubles digestifs, éruptions cutanées.

Un médicament périmé peut être dangereux. Faites régulièrement le tri dans votre armoire à pharmacie.

SINUDOL

phénylpropanolamine, thiazinamium, paracétamol

PRÉSENTATION

SINUDOL : gélule ; boîte de 30 - Non remb.

Laboratoires C.P.F.

COMPOSITION

	p. gél.
Phénylpropanolamine chlorhydrate	25 mg
Thiazinamium méthylsulfate	100 mg
Paracétamol	250 mg

INDICATIONS

Ce médicament contient un *vasoconstricteur* décongestionnant, un *antihistaminique*, et un *antalgique* et *antipyrétique* (le paracétamol).

Il est utilisé dans le *traitement symptomatique* des *rhinites*.

CONTRE-INDICATIONS

Ce médicament ne doit pas être utilisé dans les cas suivants :
- *insuffisance hépatique* grave,
- *glaucome* à angle fermé,
- risque de blocage des urines (*adénome de la prostate*...),
- *hyperthyroïdie*,
- maladie cardiaque grave,
- en association avec un *antidépresseur* de type *IMAO* non sélectif.

ATTENTION

N'utilisez pas ce médicament chez l'enfant, sans avis médical.

De nombreux médicaments contiennent du paracétamol : tenez-en compte en cas de prise conjointe car le surdosage en paracétamol peut être toxique pour le foie.

Évitez les boissons alcoolisées : augmentation du risque de somnolence.

Conducteur : ce médicament peut être responsable d'une somnolence ou d'une baisse de la vigilance.

INTERACTIONS MÉDICAMENTEUSES

Ce médicament ne doit pas être associé aux *antidépresseurs* de type *IMAO* non sélectif (MARSILID, NIAMIDE...) : risque de crise hypertensive.

Il peut interagir avec d'autres médicaments. Signalez tout autre traitement en cours à votre médecin ou à votre pharmacien.

GROSSESSE, ALLAITEMENT ET NOUVEAU-NÉ

En raison de la présence d'un *vasoconstricteur*, ce médicament est déconseillé pendant la grossesse ou l'allaitement.

MODE D'EMPLOI ET POSOLOGIE

Les gélules doivent être avalées avec un verre d'eau, de préférence au cours des repas. Un intervalle de 4 heures doit être respecté entre les prises.

Posologie usuelle :

1 gélule, 3 ou 4 fois par jour.

En cas d'*insuffisance rénale*, respecter un intervalle de 8 heures entre chaque prise.

> ☛ Ce médicament n'a pas d'effet anti-infectieux. En cas d'infection bactérienne, un traitement *antibiotique* peut être nécessaire.

EFFETS INDÉSIRABLES POSSIBLES

Somnolence, sécheresse de la bouche.

Rarement : *allergie* cutanée.

SINUSPAX
homéopathie

PRÉSENTATION

SINUSPAX : comprimé (blanc) ; boîte de 60 - Non remb.

Laboratoires Lehning

COMPOSITION

Calcii carbonas D3, Calcii fluoridum D3, Mangani sulfas D3, Bellladonna D3, Sabadilla D3, Hepar sulfuris calcareum D3, Hydrastis D3, Dikalii sulfas D4, Silicea D5, Thuya D2, Kalii dichromas D5, Cinnabaris D4, aa 20 mg p. comp.

INDICATIONS

Ce médicament est un *complexe* (association) de remèdes homéopathiques.

Il est utilisé dans le *traitement symptomatique* des *sinusites* et des *rhinites*.

GROSSESSE, ALLAITEMENT ET NOUVEAU-NÉ

Aux *dilutions homéopathiques*, les substances contenues dans ce médicament ne sont pas connues pour être toxiques pendant la grossesse ou l'allaitement.

MODE D'EMPLOI ET POSOLOGIE

Les comprimés doivent être sucés lentement, et pris de préférence à distance des repas.

Posologie usuelle :

1 comprimé, 3 à 6 fois par jour.

> ☛ Certains homéopathes recommandent de ne pas absorber de camphre pendant un traitement homéopathique.

SIROP BOIN

PRÉSENTATION

SIROP BOIN : sirop ; flacon 180 ml - Remb. 35 %

Laboratoires Picot

COMPOSITION

	p. c. à s.
Épinéphrine (adrénaline), solution au 1/1000	61,9 mg
Codéine	6,19 mg
Menthol	6,19 mg
Gaïacol	86,25 mg
Aconit, teinture de racines	93,75 mg
Eau de laurier-cerise	937,5 mg
Alcool	123,75 mg
Saccharose	10,25 g

INDICATIONS

Ce médicament contient une association de substances, notamment l'*adrénaline*, qui dilate les bronches et stimule la respiration, et la codéine, substance antitussive.

Il est utilisé dans le traitement de certaines maladies respiratoires.

CONTRE-INDICATIONS

Ce médicament ne doit pas être utilisé dans les cas suivants :
- enfant de moins de 15 ans,
- *insuffisance respiratoire*.

> **ATTENTION**
> Ce médicament contient du *sucre* (saccharose) et de l'*alcool* en quantité notable.
> Évitez les boissons alcoolisées en raison de la présence de codéine : augmentation du risque de somnolence.
> Conducteur : ce médicament peut être responsable d'une somnolence ou d'une baisse de la vigilance.

INTERACTIONS MÉDICAMENTEUSES

Ce médicament peut interagir avec d'autres médicaments. Signalez tout autre traitement en cours à votre médecin ou à votre pharmacien.

GROSSESSE, ALLAITEMENT ET NOUVEAU-NÉ

Grossesse :

Compte tenu de la présence de codéine, n'utilisez pas ce médicament pendant la grossesse sans prendre l'avis de votre pharmacien ou de votre médecin.

Allaitement :

Ce médicament passe dans le lait maternel : il est déconseillé pendant l'allaitement.

MODE D'EMPLOI ET POSOLOGIE

Ce médicament doit être pris à distance des repas.

Posologie usuelle :
- Adulte : 1 cuillère à soupe, 2 ou 3 fois par jour.
- Adolescent de plus de 15 ans : 1 cuillère à dessert, 2 ou 3 fois par jour.

> ☛ De nombreux médicaments contiennent de la codéine, notamment certains *antitussifs* et *antalgiques*. Le surdosage expose à une augmentation des effets indésirables.

EFFETS INDÉSIRABLES POSSIBLES

Constipation, somnolence, sensation de vertige, *allergies* cutanées, *troubles digestifs*.

SIROP DES VOSGES
pholcodine

PRÉSENTATION

SIROP DES VOSGES CAZÉ : sirop ; flacon 250 ml - Non remb.

SIROP DES VOSGES CAZÉ : sirop sans sucre ; flacon 250 ml - Non remb.

Laboratoires SmithKline Beecham

COMPOSITION

	p. c. à s.	p. c. à s.
Pholcodine	20 mg	20 mg
Alcool à 95°	0,6 ml	0,6 ml
Saccharose	9,4 g	

INDICATIONS

Ce sirop *antitussif* contient de la pholcodine, qui a une action sédative sur le *système nerveux central* et notamment les centres de la toux.

Il est utilisé dans le *traitement symptomatique* des toux sèches.

CONTRE-INDICATIONS

Ce médicament ne doit pas être utilisé dans les cas suivants :
- *asthme*,
- *insuffisance respiratoire*,
- enfant de moins de 30 mois.

> **ATTENTION**
> Ce médicament n'est pas adapté au traitement de la toux grasse, qui est un mécanisme de défense normal de l'organisme permettant l'évacuation des mucosités présentes dans les bronches.
> La toux est un *symptôme* qui peut révéler de nombreuses maladies : consultez votre médecin si elle persiste plus de quelques jours.
> Évitez les boissons alcoolisées : augmentation du risque de somnolence.
> Conducteur : ce médicament peut être responsable d'une somnolence ou d'une baisse de la vigilance.

INTERACTIONS MÉDICAMENTEUSES

Ce médicament peut interagir avec d'autres médicaments, notamment chez les personnes âgées. Signalez tout autre traitement en cours à votre médecin ou à votre pharmacien.

GROSSESSE, ALLAITEMENT ET NOUVEAU-NÉ

Grossesse :

Compte tenu de la présence de pholcodine, n'utilisez pas ce médicament pendant la grossesse sans prendre l'avis de votre pharmacien ou de votre médecin.

Allaitement :

Ce médicament est déconseillé pendant l'allaitement.

MODE D'EMPLOI ET POSOLOGIE

Les prises de ce médicament doivent être réparties au cours de la journée.

Posologie usuelle :
- Adulte : 1 cuillère à soupe, 3 ou 4 fois par jour.
- Enfant de 12 à 15 ans : 1 ou 2 cuillères à soupe par jour.
- Enfant de 10 à 12 ans : 2 à 4 cuillères à café par jour.
- Enfant de 7 à 9 ans : 2 ou 3 cuillères à café par jour.
- Enfant de 4 à 6 ans : 2 cuillères à café par jour.

- Enfant de 30 mois à 3 ans : 1 cuillère à café par jour.

> Une toux nocturne aggravée par ce médicament peut être une toux allergique : demandez conseil à votre médecin.
>
> La poursuite du tabagisme nuit à l'efficacité du traitement.
>
> Des mesures simples permettent de calmer les toux sèches : boissons chaudes et humidification de l'air ambiant.

EFFETS INDÉSIRABLES POSSIBLES

Constipation et plus rarement : somnolence, nausées, vomissements, *bronchospasme*, sensation de vertige, *allergies* cutanées.

SIROP FAMEL

PRÉSENTATION

SIROP FAMEL : sirop ; flacon 230 ml - Remb. 35 %

Laboratoires Etris

COMPOSITION

	p. c. à c.	p. c. à s.
Codéine	1,6 mg	5 mg
Aconit, teinture	6,6 mg	20 mg
Lactocréosote	66 mg	200 mg
Lactophosphate de calcium	33 mg	100 mg
Saccharose	4 g	12 g

INDICATIONS

Ce sirop *antitussif* contient de la codéine, qui a une action sédative sur le *système nerveux central* et notamment sur les centres de la toux.

Ce médicament est utilisé dans le *traitement symptomatique* des toux sèches.

CONTRE-INDICATIONS

Ce médicament ne doit pas être utilisé dans les cas suivants :
- *asthme*,
- *insuffisance respiratoire*,
- enfant de moins de 5 ans.

> **ATTENTION**
>
> Ce médicament n'est pas adapté au traitement de la toux grasse, qui est un mécanisme de défense normal de l'organisme permettant l'évacuation des mucosités présentes dans les bronches.
>
> La toux est un *symptôme* qui peut révéler de nombreuses maladies : consultez votre médecin si elle persiste plus de quelques jours.
>
> Ce médicament contient du *sucre* (saccharose) en quantité notable.
>
> Évitez les boissons alcoolisées en raison de la présence de codéine : augmentation du risque de somnolence.
>
> Conducteur : ce médicament peut être responsable d'une somnolence ou d'une baisse de la vigilance.

INTERACTIONS MÉDICAMENTEUSES

Ce médicament peut interagir avec beaucoup d'autres médicaments, notamment chez les personnes âgées ; signalez tout autre traitement en cours à votre médecin ou à votre pharmacien.

GROSSESSE, ALLAITEMENT ET NOUVEAU-NÉ

Grossesse :

Compte tenu de la présence de codéine, n'utilisez pas ce médicament pendant la grossesse sans prendre l'avis de votre pharmacien ou de votre médecin.

Allaitement :

Ce médicament passe dans le lait maternel : il est déconseillé pendant l'allaitement.

MODE D'EMPLOI ET POSOLOGIE

Le sirop peut être pris pur ou dilué dans une *infusion* chaude. Les prises doivent être réparties au cours de la journée.

Posologie usuelle :

- Adulte : 1 cuillère à soupe de sirop, 4 ou 5 fois par jour.
- Enfant de 10 à 14 ans : 2 cuillères à café de sirop, 2 ou 3 fois par jour.
- Enfant de 5 à 10 ans : 1 cuillère à café de sirop, 2 ou 3 fois par jour.

> De nombreux médicaments contiennent de la codéine, notamment certains *antitussifs* et *antalgiques*. Le surdosage expose à une augmentation des effets indésirables.
>
> Une toux nocturne aggravée par ce médicament peut être une toux allergique : demandez conseil à votre médecin.
>
> Fumer, ou être exposé à la fumée des autres, nuit à l'efficacité du traitement.
>
> Des mesures simples permettent de calmer les toux sèches : boissons chaudes et humidification de l'air ambiant.

EFFETS INDÉSIRABLES POSSIBLES

Constipation.

Plus rarement : somnolence, nausées, vomissements, *bronchospasme*, sensations vertigineuses, *allergie* cutanée, ralentissement de la respiration.

SIROP MANCEAU
pomme de reinette, séné

PRÉSENTATION

SIROP MANCEAU : sirop (brun) ; flacon 180 ml - Non remb.

Laboratoires SmithKline Beecham

COMPOSITION

	p. c. à c.
Séné, feuilles, exprimé en substance active	6,06 mg
Pomme de reinette	99 mg

INDICATIONS

C'est un *laxatif stimulant*, qui augmente les sécrétions et la motricité de l'intestin.

Ce médicament est utilisé comme *traitement symptomatique* de la constipation.

CONTRE-INDICATIONS

Ce médicament ne doit pas être utilisé dans les cas suivants :
- maladies inflammatoires du côlon ;
- constipation ou douleur abdominale due à une obstruction du tube digestif : rétrécissement intestinal, *fécalome* (bouchon de selles) ;
- enfant de moins de 12 ans, sauf sur prescription médicale.

> **ATTENTION**
>
> Il doit être utilisé de façon épisodique et en cure très brève : pas plus de 8 à 10 jours.
>
> Son usage régulier peut entraîner :
> - une *dépendance* ;
> - des troubles intestinaux graves ;
> - une perte de sels minéraux et notamment de *potassium*, pouvant entraîner des *troubles du rythme cardiaque* graves.
>
> Arrêter le traitement en cas de diarrhées ou de douleurs abdominales.

INTERACTIONS MÉDICAMENTEUSES

Ce médicament peut interagir avec d'autres médicaments, notamment ceux contenant de la *vincamine* et certains *antiarythmiques*. Signalez tout autre traitement en cours à votre médecin ou à votre pharmacien.

GROSSESSE, ALLAITEMENT ET NOUVEAU-NÉ

Ce médicament est déconseillé pendant la grossesse ou l'allaitement.

MODE D'EMPLOI ET POSOLOGIE

L'effet ne peut être obtenu qu'après 8 à 12 heures.

- Adulte et enfant de plus de 12 ans : 2 cuillères à café, matin et soir.

> Des mesures simples d'hygiène alimentaire et des exercices physiques sont à envisager avant d'utiliser un laxatif : parlez-en à votre médecin ou à votre pharmacien.

EFFETS INDÉSIRABLES POSSIBLES

Diarrhée, douleurs abdominales.

SIROP PECTORAL OBERLIN

PRÉSENTATION

SIROP PECTORAL ADULTE : sirop ; flacon 150 ml - Non remb.

SIROP PECTORAL ADULTE : sirop ; flacon 250 ml - Non remb.

SIROP PECTORAL ENFANT : sirop ; flacon 125 ml - Non remb.

Laboratoires Oberlin

COMPOSITION

	sirop Ad. p. c. à s.	sirop Enf. p. c. à c.
Codéthyline chlorhydrate	6 mg	0,5 mg
Belladone, teinture	75 mg	
Benzoate de sodium	300 mg	60 mg
Sulfogaïacol	300 mg	100 mg
Aconit, teinture	60 mg	
Bromoforme	15 mg	
Eau de laurier-cerise	900 mg	
Drosera, teinture	150 mg	50 mg
Eucalyptus, essence déterpénée	3 mg	0,5 mg
Polygala, sirop	3,75 g	
Ipécacuanha, sirop composé	9,75 g	
Baume de Tolu, sirop	q.s.p. 15 ml	
Bromure de sodium		75 mg
Bourdaine, extrait fluide		100 mg
Baume de Tolu, extrait pour sirop		267 mg
Saccharose	+	3,22 g

INDICATIONS

Ce sirop *antitussif* contient de la codéthyline, associée notamment à des fluidifiants bronchiques (benzoate de sodium, sulfogaïacol). La codéthyline a une action sédative sur le *système nerveux central* et notamment sur les centres de la toux. Le sirop Adulte contient en outre un *antispasmodique* (*belladone*).

Il est utilisé dans le *traitement symptomatique* des toux sèches.

CONTRE-INDICATIONS

Ce médicament ne doit pas être utilisé dans les cas suivants :
- *asthme*,
- *insuffisance respiratoire*,
- enfant de moins de 30 mois (sirop Enfant),
- enfant de moins de 15 ans (sirop Adulte),
- *glaucome* à angle fermé (sirop Adulte),
- risque de rétention des urines : *adénome de la prostate*... (sirop Adulte).

ATTENTION

Ce médicament n'est pas adapté au traitement de la toux grasse, qui est un mécanisme de défense normal de l'organisme permettant l'évacuation des mucosités présentes dans les bronches.

La toux est un *symptôme* qui peut révéler de nombreuses maladies : consultez votre médecin si elle persiste plus de quelques jours.

Ce médicament contient du *sucre* (saccharose) en quantité notable.

Évitez les boissons alcoolisées : augmentation du risque de somnolence.

Conducteur : ce médicament peut être responsable d'une somnolence ou d'une baisse de la vigilance.

INTERACTIONS MÉDICAMENTEUSES

Ce médicament peut interagir avec d'autres médicaments, notamment chez les personnes âgées. Signalez à votre médecin ou à votre pharmacien tout autre traitement en cours.

GROSSESSE, ALLAITEMENT ET NOUVEAU-NÉ

Grossesse :

Compte tenu de la présence de codéthyline, n'utilisez pas ce médicament pendant la grossesse sans prendre l'avis de votre pharmacien ou de votre médecin.

Allaitement :

Ce médicament est déconseillé pendant l'allaitement.

MODE D'EMPLOI ET POSOLOGIE

Les prises de ce médicament doivent être réparties au cours de la journée, à distance des repas.

Posologie usuelle :
- Adulte : 1 cuillère à soupe de sirop Adulte, 4 ou 5 fois par jour.
- Enfant de 7 à 15 ans : 1 cuillère à soupe de sirop Enfant, 2 ou 3 fois par jour.
- Enfant de 3 à 7 ans : 1 cuillère à café de sirop Enfant, 5 à 7 fois par jour.
- Enfant de 30 mois à 3 ans : 1 cuillère à café de sirop Enfant, 3 à 5 fois par jour.

De nombreux médicaments, notamment certains *antitussifs* ou *antalgiques*, contiennent de la codéthyline ou une substance voisine, la codéine : un surdosage expose à une augmentation des effets indésirables.

Une toux nocturne aggravée par ce médicament peut être une toux allergique : demandez conseil à votre médecin.

Fumer, ou être exposé à la fumée des autres, nuit à l'efficacité du traitement.

Des mesures simples permettent de calmer les toux sèches : boissons chaudes et humidification de l'air ambiant.

EFFETS INDÉSIRABLES POSSIBLES

Liés à la codéthyline :
- constipation et, plus rarement, somnolence, nausées, vomissements, *bronchospasme*, états vertigineux, *allergies* cutanées, ralentissement de la respiration.

Liés à la *belladone* (sirop Adulte) : effets *atropiniques* rares aux doses habituelles.

SIROP PETER'S

PRÉSENTATION

PETER'S : sirop ; flacon 180 ml - Non remb.

Laboratoires Monot

COMPOSITION

	p. c. à s.
Liqueur ammoniacale anisée	149 mg
Codéthyline chlorhydrate	7,35 mg
Aconit, teinture	74,4 mg
Belladone, teinture	149 mg
Laurier-cerise, eau distillée	744 mg
Alcool à 90°	1,5 g
Saccharose	12 g

INDICATIONS

Ce sirop *antitussif* contient de la codéthyline associée à un *antispasmodique* (*belladone*). La codéthyline a une action sédative sur le *système nerveux central* et notamment sur les centres de la toux.

Ce médicament est utilisé dans le *traitement symptomatique* de la toux sèche et des maladies chroniques des *voies* respiratoires.

CONTRE-INDICATIONS

Ce médicament ne doit pas être utilisé dans les cas suivants :
- *asthme*,
- *insuffisance respiratoire*,
- *glaucome* à angle fermé,
- risque de rétention des urines (*adénome de la prostate*...),
- enfant de moins de 15 ans.

ATTENTION

Ce médicament n'est pas adapté au traitement de la toux grasse, qui est un mécanisme de défense normal de l'organisme permettant l'évacuation des mucosités présentes dans les bronches.

La toux est un *symptôme* qui peut révéler de nombreuses maladies : consultez votre médecin si elle persiste plus de quelques jours.

Ce médicament contient du *sucre* (saccharose) et de l'*alcool* en quantité notable.

Évitez les boissons alcoolisées : augmentation du risque de somnolence.

Conducteur : ce médicament peut être responsable d'une somnolence ou d'une baisse de la vigilance.

INTERACTIONS MÉDICAMENTEUSES

Ce médicament peut interagir avec d'autres médicaments, notamment chez les personnes âgées. Signalez tout autre traitement en cours à votre médecin ou à votre pharmacien.

GROSSESSE, ALLAITEMENT ET NOUVEAU-NÉ

Grossesse :

Compte tenu de la présence de codéthyline, n'utilisez pas ce médicament pendant la grossesse sans prendre l'avis de votre pharmacien ou de votre médecin.

Allaitement :

Par mesure de prudence, ce médicament est déconseillé pendant l'allaitement.

MODE D'EMPLOI ET POSOLOGIE

Les prises de ce médicament doivent être réparties au cours de la journée. Le sirop peut être pris pur ou dilué dans une tasse d'eau chaude. Agiter le flacon avant l'utilisation.

Posologie usuelle :

3 cuillères à soupe de sirop par jour.

De nombreux médicaments, notamment certains *antitussifs* ou *antalgiques*, contiennent de la codéthyline ou une substance voisine, la codéine : un surdosage expose à une augmentation des effets indésirables.

Une toux nocturne aggravée par ce médicament peut être une toux allergique : demandez conseil à votre médecin.

La poursuite du tabagisme nuit à l'efficacité du traitement.

Des mesures simples permettent de calmer les toux sèches : boissons chaudes et humidification de l'air ambiant.

EFFETS INDÉSIRABLES POSSIBLES

Liés à la codéthyline : constipation et, plus rarement, somnolence, nausées, vomissements, *bronchospasme*, états vertigineux, *allergies* cutanées, ralentissement de la respiration.

Liés à la *belladone* : effets *atropiniques*, rares aux doses habituelles.

SIROP DE POTASSIUM RICHARD

potassium

PRÉSENTATION

SIROP DE POTASSIUM RICHARD : sirop ; flacon 250 ml - Remb. 65 %

SIROP DE POTASSIUM RICHARD : sirop en sachet ; boîte de 20 sachets 15 ml - Remb. 65 %

Laboratoires Richard

COMPOSITION

	p. c. à s.	p. sachet
Chlorure de potassium	750 mg	750 mg
Glycérophosphate de potassium (50 %)	300 mg	300 mg
Potassium	440,4 mg	440,4 mg
Saccharose	+	11,49 g

INDICATIONS

Ce médicament contient du *potassium*, élément minéral indispensable aux cellules de l'organisme.

Il est utilisé dans le traitement des déficits en potassium (*hypokaliémie*), liés principalement à la prise de certains médicaments (*diurétiques*, *corticoïdes*, et tous les *laxatifs stimulants*...).

CONTRE-INDICATIONS

Ce médicament ne doit pas être utilisé dans les cas suivants :

- risque d'excès de *potassium* dans le sang (*hyperkaliémie*),
- en association avec certains *diurétiques* et les autres sels de potassium.

ATTENTION

Pour éviter une surcharge en *potassium*, une surveillance médicale et des analyses de sang régulières sont nécessaires avant et pendant le traitement afin d'adapter la *posologie*, notamment chez la personne âgée.

Ce médicament contient du *sucre* (saccarose) en quantité notable.

INTERACTIONS MÉDICAMENTEUSES

Ce médicament ne doit pas être associé aux *diurétiques* qui augmentent le taux de *potassium* et aux autres sels de potassium : risque de *trouble du rythme cardiaque* grave.

Ce médicament peut interagir avec d'autres médicaments, notamment certains *antihypertenseurs*. Signalez tout autre traitement en cours à votre médecin ou à votre pharmacien.

GROSSESSE, ALLAITEMENT ET NOUVEAU-NÉ

Grossesse :

Ce médicament peut être utilisé en cas de déficit en *potassium* chez la femme enceinte, mais uniquement sur prescription médicale.

MODE D'EMPLOI ET POSOLOGIE

Le sirop doit être dilué dans un verre d'eau, et pris de préférence à la fin des repas. Les prises seront réparties au cours de la journée.

Posologie usuelle :

Elle est adaptée par votre médecin en fonction des résultats de l'analyse de sang.

EFFETS INDÉSIRABLES POSSIBLES

Troubles digestifs.

SIROP SAINTBOIS

PRÉSENTATION

SIROP SAINTBOIS : sirop ; flacon 250 ml - Non remb.

Laboratoires C.P.F.

COMPOSITION

	p. c. à c.
Codéthyline chlorhydrate	3,73 mg
Belladone, teinture	31,1 mg
Sulfogaïacol	124,4 mg
Benzoate de sodium	155,4 mg
Aconit, teinture	61,2 mg
Hysope, extrait pour sirop	49,7 mg
Saccharose	3 g

INDICATIONS

Ce sirop *antitussif* contient de la codéthyline associée à un *antispasmodique* (*belladone*) et des *expectorants* (benzoate de sodium, sulfogaïacol). La codéthyline a une action sédative sur le *système nerveux central* et notamment sur les centres de la toux.

Il est utilisé dans le *traitement symptomatique* des toux sèches.

CONTRE-INDICATIONS

Ce médicament ne doit pas être utilisé dans les cas suivants :

- *asthme*,
- *insuffisance respiratoire*,
- *glaucome* à angle fermé,
- risque de blocage des urines (*adénome de la prostate*...),
- **allaitement,**
- enfant de moins de 12 ans.

ATTENTION

Ce médicament n'est pas adapté au traitement de la toux grasse, qui est un mécanisme de défense normal de l'organisme permettant l'évacuation des mucosités présentes dans les bronches.

La toux est un *symptôme* qui peut révéler de nombreuses maladies : consultez votre médecin si elle persiste plus de quelques jours.

Ce médicament contient du *sucre* (saccharose) en quantité notable.

Évitez les boissons alcoolisées : augmentation du risque de somnolence.

Conducteur : ce médicament peut être responsable d'une somnolence ou d'une baisse de la vigilance.

INTERACTIONS MÉDICAMENTEUSES

Ce médicament peut interagir avec d'autres médicaments. Signalez tout autre traitement en cours à votre pharmacien ou à votre médecin.

GROSSESSE, ALLAITEMENT ET NOUVEAU-NÉ

Compte tenu de la présence de codéthyline, n'utilisez pas ce médicament pendant la grossesse sans prendre l'avis de votre médecin ou de votre pharmacien.

MODE D'EMPLOI ET POSOLOGIE

Les prises de ce médicament doivent être réparties au cours de la journée. Le sirop peut être pris pur ou dilué dans une *infusion*.

Posologie usuelle :

- Adulte : 1 cuillère à soupe de sirop, 3 fois par jour.
- Enfant de plus de 12 ans : 2 cuillères à café de sirop, 3 fois par jour.

Une toux nocturne aggravée par ce médicament peut être une toux allergique : demandez conseil à votre médecin.

Fumer, ou être exposé à la fumée des autres, nuit à l'efficacité du traitement.

Des mesures simples permettent de calmer les toux sèches : boissons chaudes et humidification de l'air ambiant.

EFFETS INDÉSIRABLES POSSIBLES

Liés à la codéthyline : constipation ; et plus rarement, somnolence, nausées, vomissements, sensation de vertige, *allergie* cutanée, ralentissement anormal de la respiration.

Liés à la *belladone* : effets *atropiniques*, rares aux doses habituelles.

SISOLLINE

sisomicine

PRÉSENTATION

SISOLLINE I.M. 20 mg/2 ml : solution injectable ; boîte de 1 ampoule 2 ml - Remb. 65 % - Liste I

SISOLLINE I.M. 50 mg/1 ml : solution injectable ; boîte de 1 ampoule 1 ml - Remb. 65 % - Liste I

SISOLLINE I.M. 75 mg/1,5 ml : solution injectable ; boîte de 1 ampoule 1,5 ml - Remb. 65 % - Liste I

SISOLLINE I.M. 100 mg/2 ml : solution injectable ; boîte de 1 ampoule 2 ml - Remb. 65 % - Liste I

Laboratoires Schering-Plough

COMPOSITION

	p. amp. inj.	p. amp. inj.
Sisomicine	20 mg	50 mg
Sulfites	+	+

	p. amp. inj.	p. amp. inj.
Sisomicine	75 mg	100 mg
Sulfites	+	+

INDICATIONS

C'est un *antibiotique* qui appartient à la famille des *aminosides*.

Il est utilisé dans le traitement de diverses maladies infectieuses, notamment de la peau et des *voies* urinaires.

CONTRE-INDICATIONS

Ce médicament ne doit pas être utilisé dans les cas suivants :
- *myasthénie*,
- *allergie* aux médicaments de la famille des *aminosides* ou aux *sulfites*.

ATTENTION

Ce médicament peut être toxique pour l'*oreille interne* : signalez à votre médecin tout trouble de l'équilibre ou de l'audition, ancien ou survenant pendant le traitement. Il peut également provoquer des lésions des reins, en cas de surdosage ou d'*insuffisance rénale* préexistante.

Ne prenez aucun *diurétique* sans avis médical pendant le traitement.

En cas d'intervention chirurgicale, informez l'anesthésiste de la prise de ce médicament.

INTERACTIONS MÉDICAMENTEUSES

Ce médicament ne doit pas être associé aux médicaments contenant un autre *aminoside* : augmentation du risque de toxicité pour le rein ou l'*oreille interne*.

Il peut interagir avec d'autres médicaments. Signalez tout autre traitement en cours à votre médecin ou à votre pharmacien.

GROSSESSE, ALLAITEMENT ET NOUVEAU-NÉ

Grossesse :

L'absence d'effet toxique de ce médicament pour l'enfant à naître n'a pas été établie. Seul votre médecin peut évaluer le risque éventuel de son utilisation dans votre cas.

Allaitement :

Ce médicament passe faiblement dans le lait maternel.

MODE D'EMPLOI ET POSOLOGIE

Les ampoules sont prêtes à l'emploi et doivent être injectées par *voie* intramusculaire. L'administration en *perfusion* est également possible.

Posologie usuelle :

3 mg par kg et par jour, soit 180 mg pour un adulte de 60 kg ou 90 mg pour un enfant de 30 kg.

Le médecin répartit cette dose en 1 ou 2 injections, et même 3 chez l'insuffisant rénal.

La solution injectable ne doit pas être mélangée avec un autre médicament dans la même seringue.

☛ L'éventuelle impression de fatigue n'est pas due à l'*antibiotique*, mais à l'infection elle-même.

EFFETS INDÉSIRABLES POSSIBLES

Douleur au point d'injection.

Rarement, dans les conditions normales d'utilisation : *insuffisance rénale*, troubles de l'audition.

Rares *allergies* cutanées.

SKENAN

sulfate de morphine

PRÉSENTATION

SKENAN : gélule à *libération prolongée* (jaune et incolore) ; boîte de 14 - Remb. 65 % - Stupéfiants

SKENAN : gélule à *libération prolongée* (rose et incolore) ; boîte de 14 - Remb. 65 % - Stupéfiants

SKENAN : gélule à *libération prolongée* (orange et incolore) ; boîte de 14 - Remb. 65 % - Stupéfiants

SKENAN : gélule à *libération prolongée* (blanc et incolore) ; boîte de 14 - Remb. 65 % - Stupéfiants

Laboratoires UPSA

COMPOSITION

	p. gél.	p. gél.
Morphine sulfate	10 mg	30 mg

	p. gél.	p. gél.
Morphine sulfate	60 mg	100 mg

INDICATIONS

C'est un *antalgique* puissant qui contient de la *morphine*. Il combat la douleur en agissant directement sur le cerveau.

Il est utilisé dans le traitement des douleurs rebelles.

CONTRE-INDICATIONS

Ce médicament ne doit pas être utilisé dans les cas suivants :
- *insuffisance hépatique* grave ;
- *insuffisance respiratoire* grave ;
- traumatisme crânien, *convulsions* ;
- douleurs abdominales de cause non connue ;
- association avec les *IMAO* ;
- enfant de moins de 30 mois.

ATTENTION

Des précautions sont nécessaires en cas d'*insuffisance hépatique*, d'*insuffisance rénale*, d'*insuffisance surrénale*, d'*adénome de la prostate* ou d'*hypothyroïdie*, et chez les personnes âgées.

La prise de boissons alcoolisées ou l'association aux *sédatifs* peuvent augmenter le risque de somnolence.

Ce médicament est responsable d'une baisse de la vigilance : la conduite, les activités professionnelles ou de loisirs exposant à un danger sont formellement déconseillées.

INTERACTIONS MÉDICAMENTEUSES

Ce médicament ne doit pas être associé aux *IMAO* sélectifs (MARSILID, NIAMIDE...) : risque de malaise avec *hypertension artérielle*, de fièvre élevée, pouvant aller jusqu'au *coma*.

Ce médicament peut interagir avec d'autres médicaments, notamment avec les *sédatifs*. Signalez tout autre traitement en cours à votre médecin ou à votre pharmacien.

GROSSESSE, ALLAITEMENT ET NOUVEAU-NÉ

Grossesse :

L'absence d'effets nocifs de ce médicament n'a pas été établie ; seul votre médecin peut apprécier la nécessité du traitement et son risque pendant la grossesse.

Allaitement :

Les données disponibles ne permettent pas de savoir si ce médicament passe dans le lait maternel : par mesure de prudence, il est déconseillé pendant l'allaitement.

Nouveau-né :

Une surveillance particulière est nécessaire pour l'enfant né d'une mère sous traitement afin de parer à l'éventualité d'un *syndrome de sevrage*.

MODE D'EMPLOI ET POSOLOGIE

Les gélules à *libération prolongée* ne doivent pas être croquées mais avalées avec un peu d'eau. Elles peuvent également être ouvertes et leur contenu mélangé à des aliments semi-liquides (purée, yaourt...).

Posologie usuelle :

La *posologie*, strictement individuelle, est adaptée progressivement par votre médecin en fonction de l'intensité de la douleur et des médicaments éventuellement associés.

☛ La prescription de la *morphine* et des substances apparentées ainsi que leur renouvellement sont réglementés. La durée de validité de l'ordonnance est limitée à 14 jours. Cette ordonnance est rédigée sur un feuillet numéroté, extrait d'un carnet à souche ; elle est conservée par le pharmacien. Pour obtenir le remboursement par la Sécurité sociale, le médecin rédige une copie de la prescription sur une ordonnance habituelle.

Respectez la *posologie* et la durée de traitement prescrites par votre médecin. Mais si le traitement paraît insuffisant, n'hésitez pas à reprendre contact avec lui.

EFFETS INDÉSIRABLES POSSIBLES

Fréquemment : confusion des idées, nausée, vomissement, constipation. Des médicaments peuvent être prescrits pour limiter ces effets indésirables.

Parfois : difficultés respiratoires, somnolence ou, au contraire, excitation (notamment chez la personne âgée), maux de tête, difficultés à uriner.

Ce médicament contient de la *morphine* et expose à un risque de *dépendance*. Ce risque est très faible par *voie* orale, dans les conditions d'utilisation médicale.

SKINOREN
acide azélaïque

PRÉSENTATION

SKINOREN : crème ; tube 30 g - Non remb.

Laboratoires Schering

COMPOSITION

	p. 100 g
Acide azélaïque micronisé	20 g

INDICATIONS

Cette crème contient un *antiseptique* d'action locale qui agit en détruisant les *germes* responsables de l'*inflammation* du comédon et de la formation de pustules.

Ce médicament est utilisé dans le traitement de l'*acné*.

ATTENTION
En cas de contact accidentel avec l'œil, rincez abondamment.

GROSSESSE, ALLAITEMENT ET NOUVEAU-NÉ

L'utilisation de ce médicament pendant la grossesse ou l'allaitement ne semble pas poser de problème particulier.

MODE D'EMPLOI ET POSOLOGIE

Le produit est généralement appliqué sur la peau bien sèche, après la toilette (avec un savon doux) suivie d'un rinçage soigneux.

Faites pénétrer complètement le produit par un massage. Lavez-vous les mains après l'application.

Posologie usuelle :

1 application, 1 ou 2 fois par jour.

L'amélioration survient habituellement au bout de 4 semaines. Le traitement doit être poursuivi plusieurs mois pour obtenir un résultat optimal.

☛ Évitez l'usage de tout autre médicament ou cosmétique (eau de Cologne, lotion après-rasage, crème...) qui risque d'accroître l'irritation de la peau.

En cas d'irritation importante, réduisez la *posologie* ou interrompez temporairement le traitement.

EFFETS INDÉSIRABLES POSSIBLES

Irritation, démangeaison, rougeur.

Sécheresse de la peau en début de traitement.

Calendrier de vaccination : voir Annexes

SMECTA
diosmectite

PRÉSENTATION

SMECTA : poudre pour suspension buvable et rectale ; boîte de 30 sachets - Remb. 65 %

SMECTA : poudre pour suspension buvable et rectale ; boîte de 60 sachets - Remb. 65 %

Laboratoires IPSEN

COMPOSITION

	p. sachet
Diosmectite	3 g
Glucose monohydraté	0,749 g
Saccharine sodique	7 mg

INDICATIONS

C'est un médicament qui appartient à la famille des pansements du tube digestif. Il protège le tube digestif en le couvrant d'un film l'isolant de son contenu.

Il est utilisé dans le *traitement symptomatique* de certaines diarrhées et des douleurs du tube digestif.

ATTENTION
Ce médicament est surtout destiné aux affections du tube digestif entraînant des diarrhées ; il convient mal en cas de constipation.

Si ces troubles persistent au-delà de quelques jours, consultez votre médecin.

INTERACTIONS MÉDICAMENTEUSES

Ce médicament peut interagir avec de nombreux autres médicaments en diminuant leur absorption : il convient de séparer les prises d'au moins 2 heures.

GROSSESSE, ALLAITEMENT ET NOUVEAU-NÉ

Les substances contenues dans ce médicament sont peu absorbées ; l'automédication est possible en cure courte ou ponctuelle pendant la grossesse ou l'allaitement.

MODE D'EMPLOI ET POSOLOGIE

Ce médicament est pris de préférence après les repas pour les douleurs de l'œsophage, entre les repas pour les autres indications. Il peut être mélangé à de l'eau ou à un aliment semi-liquide. Pour les bébés, le contenu du sachet peut être dilué dans un biberon de 50 ml.

Posologie usuelle :

- Adulte : 1 sachet, 3 fois par jour.
- Enfant de plus de 2 ans : 1 sachet, 2 ou 3 fois par jour.
- Enfant de 1 à 2 ans : 1 ou 2 sachets par jour.
- Enfant de moins de 1 an : 1 sachet par jour.

En lavement : utiliser 1 à 3 sachets dilués dans 50 à 100 ml d'eau tiède. 1 lavement 1 à 3 fois par jour.

☛ Pour obtenir un mélange homogène et agréable au goût : mélangez la poudre avec du sucre avant d'ajouter l'eau, ou mélangez-la à un yaourt.

Une diarrhée peut provoquer une déshydratation. Cette perte d'eau par l'organisme peut entraîner des troubles graves (fatigue, malaise, confusion des idées...). Il est indispensable de prévenir cette déshydratation par des boissons sucrées abondantes et des bouillons salés, notamment chez les personnes âgées et les enfants. Pour les jeunes enfants, il existe des préparations destinées à cet effet.

EFFETS INDÉSIRABLES POSSIBLES

Rarement : constipation.

SOFRAMYCINE
framycétine

PRÉSENTATION

SOFRAMYCINE : poudre pour solution locale ; flacon de poudre et ampoule de solvant 5 ml - Remb. 65 %

SOFRAMYCINE : pommade ; tube 15 g - Remb. 65 %

Laboratoires Roussel

COMPOSITION

	p. flacon	p. 100 g
Framycétine sulfate	100 mg	2,5 g

INDICATIONS

Ce médicament contient un *antibiotique* de la famille des *aminosides*.

Il est utilisé dans le traitement de certaines infections de la peau ou pour traiter les *otites* externes.

CONTRE-INDICATIONS

Ce médicament ne doit pas être utilisé dans les cas suivants :

- *allergie* aux *antibiotiques* de la famille des *aminosides*,
- infection du mamelon au cours de l'allaitement,
- perforation du tympan.

ATTENTION
Bien que ce médicament puisse être vendu sans ordonnance, en cas d'*otite*, faites vérifier par un médecin l'absence de perforation de votre tympan.

Si l'infection ne disparaît pas après quelques jours, consultez votre médecin.

Évitez d'utiliser la pommade, notamment chez l'enfant, de manière prolongée et sur des surfaces étendues ou profondément lésées sans l'avis de votre médecin. Elle ne doit pas non plus être appliquée sur les lésions suintantes.

Des précautions sont nécessaires en cas d'*insuffisance rénale*.

GROSSESSE, ALLAITEMENT ET NOUVEAU-NÉ

L'effet de ce médicament pendant la grossesse ou l'allaitement est mal connu. L'évaluation du risque éventuel lié à son utilisation est individuelle : demandez conseil à votre pharmacien ou à votre médecin.

Allaitement :

En raison du risque d'ingestion par le *nouveau-né*, ce médicament ne doit pas être appliqué sur le mamelon de la femme qui allaite.

MODE D'EMPLOI ET POSOLOGIE

Pommade : nettoyer la lésion à traiter avant l'application.

Solution : elle doit être reconstituée au moment de l'emploi (prélever le solvant à l'aide d'une seringue et l'introduire dans le flacon de poudre puis agiter) ; elle est utilisée sur une compresse (pansement) ou en *aérosol*. Dans ce dernier cas, l'usage d'un générateur d'aérosol est nécessaire. Suivez les conseils de votre médecin et de votre pharmacien.

Posologie usuelle :

Pommade : 1 ou 2 applications par jour pendant 7 jours.

Solution : la *posologie* est strictement individuelle, mais ne dépasse jamais 5 flacons par jour.

La durée du traitement ne doit pas dépasser 10 jours.

EFFETS INDÉSIRABLES POSSIBLES

Réaction allergique (*eczéma*) au point d'application du médicament ou à distance de celui-ci.

Exceptionnellement : atteinte du rein ou du nerf auditif.

SOFRAMYCINE nasal

framycétine

PRÉSENTATION

SOFRAMYCINE : solution nasale ; flacon pulvérisateur 15 ml - Non remb.

Laboratoires Roussel

COMPOSITION

	p. 100 ml
Framycétine sulfate	1,25 g

INDICATIONS

Cette solution nasale contient un *antibiotique* de la famille des *aminosides*.

Elle est utilisée dans le *traitement d'appoint* des *rhinites*.

CONTRE-INDICATIONS

Ce médicament ne doit pas être utilisé en cas d'*allergie* aux *aminosides*.

ATTENTION

Si les *symptômes* persistent au-delà de quelques jours, consultez votre médecin.

L'usage prolongé de ce médicament n'est pas souhaitable : il peut modifier l'équilibre microbien du nez ou de la gorge.

GROSSESSE, ALLAITEMENT ET NOUVEAU-NÉ

L'effet de ce médicament pendant la grossesse ou l'allaitement est mal connu.

L'évaluation du risque éventuel lié à son utilisation est individuelle : demandez conseil à votre pharmacien ou à votre médecin.

MODE D'EMPLOI ET POSOLOGIE

Les pulvérisations sont faites au cours d'une brève inspiration après un mouchage soigneux.

Posologie usuelle :

- Adulte : 3 à 6 pulvérisations par jour, dans chaque narine.
- Enfant : 2 à 4 pulvérisations par jour, dans chaque narine.

La durée du traitement ne doit pas dépasser 10 jours.

Tous les *antibiotiques* d'usage local peuvent être contaminés par des *germes*. Ne conservez pas ce médicament inutilement après une première utilisation.

Conservez ce médicament à l'abri de la chaleur.

EFFETS INDÉSIRABLES POSSIBLES

Allergie cutanée.

SOFRAMYCINE HYDROCORTISONE

hydrocortisone, framycétine

PRÉSENTATION

SOFRAMYCINE HYDROCORTISONE : solution nasale (incolore) ; flacon 15 ml - Non remb. - Liste I

Laboratoires Roussel

COMPOSITION

	p. 100 ml
Hydrocortisone	0,1 g
Framycétine sulfate	1,25 g
Soit framycétine	856 250 UI

INDICATIONS

Cette solution nasale contient un *anti-inflammatoire* de la famille des *corticoïdes* et un *antibiotique* de la famille des *aminosides*.

Elle est utilisée dans le traitement des *rhinites*, des *rhino-pharyngites* et des *sinusites*.

CONTRE-INDICATIONS

Ce médicament ne doit pas être utilisé dans les cas suivants :
- *allergie* aux *antibiotiques* de la famille des *aminosides*,
- certaines infections virales (*herpès*...).

GROSSESSE, ALLAITEMENT ET NOUVEAU-NÉ

Cette solution contient de la *cortisone* naturelle : aucun problème particulier n'a été mis en évidence lors d'une utilisation de courte durée pendant la grossesse ou l'allaitement.

MODE D'EMPLOI ET POSOLOGIE

Après un mouchage soigneux, le médicament doit être pulvérisé au cours d'une brève inspiration, en tenant le flacon verticalement.

Posologie usuelle :

4 ou 5 pulvérisations dans chaque narine, toutes les 2 ou 3 heures.

Le traitement ne doit pas dépasser 10 jours.

Ce médicament vous a été personnellement prescrit dans une situation précise : ne le réutilisez pas sans avis médical.

Conservez ce médicament à l'abri de la chaleur.

EFFETS INDÉSIRABLES POSSIBLES

Allergie cutanée.

SOFRAMYCINE À LA NAPHTAZOLINE

naphtazoline, framycétine

PRÉSENTATION

SOFRAMYCINE À LA NAPHTAZOLINE : solution nasale ; flacon pulvérisateur 15 ml - Non remb. - Liste II

Laboratoires Roussel

COMPOSITION

	p. 100 ml
Naphtazoline nitrate	50 mg
Framycétine sulfate	1,25 g

INDICATIONS

Cette solution nasale contient un *vasoconstricteur* et un *antibiotique*.

Elle est utilisée dans le *traitement symptomatique* des affections congestives aiguës du nez : *rhinite*, *rhino-pharyngite*.

CONTRE-INDICATIONS

Ce médicament ne doit pas être utilisé dans les cas suivants :
- *allergie* aux *antibiotiques* de la famille des *aminosides*,
- traitement en cours par un *antidépresseur* de type *IMAO* non sélectif,
- *glaucome* à angle fermé,
- enfant de moins de 7 ans,
- grossesse,
- allaitement.

ATTENTION

Des précautions sont nécessaires dans le cas d'*hypertension artérielle*, de certains troubles cardiaques, d'*hyperthyroïdie*.

L'utilisation prolongée ou répétée des *vasoconstricteurs* expose à un risque de *rhinite* grave, parfois irréversible. La brièveté de l'effet décongestionnant ne doit pas vous conduire à dépasser la *posologie* prescrite par votre médecin.

INTERACTIONS MÉDICAMENTEUSES

Ce médicament ne doit pas être associé aux *antidépresseurs* de type *IMAO* non sélectifs (MARSILID, NIAMIDE...) : risque de crise hypertensive.

GROSSESSE, ALLAITEMENT ET NOUVEAU-NÉ

L'emploi de ce médicament est déconseillé pendant la grossesse ou l'allaitement.

MODE D'EMPLOI ET POSOLOGIE

Ce médicament doit être pulvérisé au cours d'une brève inspiration, en tenant le flacon verticalement.

Posologie usuelle :

- Adulte et enfant de plus de 7 ans : 4 ou 5 pulvérisations dans chaque narine, toutes les 2 ou 3 heures.

La durée du traitement ne doit pas dépasser 7 jours.

> Ce médicament peut provoquer des effets secondaires graves chez l'enfant : ne le laissez pas à sa portée.

EFFETS INDÉSIRABLES POSSIBLES

Sécheresse nasale.

Plus rarement, en cas de passage dans le sang : maux de tête, insomnie, accélération du cœur.

SOKER

PRÉSENTATION

SOKER : gélule (bleu et jaune) ; boîte de 30 - Non remb.

Laboratoires Médecine Végétale

COMPOSITION

	p. gél.
Anis vert, poudre	25 mg
Badiane de Chine, poudre	25 mg
Condurango, poudre	25 mg
Réglisse, poudre	25 mg
Bicarbonate de sodium	100 mg
Sulfate de sodium	50 mg
Hydrogénophosphate de sodium	20 mg
Carbonate de calcium	100 mg
Oxyde de magnésium	100 mg
dont sodium	50 mg
Tartrazine	+

INDICATIONS

C'est une association de substances actives utilisée dans le *traitement symptomatique* des *troubles digestifs*, et des brûlures de l'œsophage et de l'estomac.

CONTRE-INDICATIONS

Ce médicament ne doit pas être utilisé en cas d'*insuffisance rénale* grave.

> **ATTENTION**
> Des douleurs qui persistent peuvent être dues à une lésion du tube digestif : consultez votre médecin.
> Si vous souffrez d'obstruction des *voies biliaires*, parlez-en à votre pharmacien ou à votre médecin.

GROSSESSE, ALLAITEMENT ET NOUVEAU-NÉ

L'effet de ce médicament pendant la grossesse ou l'allaitement est mal connu. L'évaluation du risque éventuel lié à son utilisation est individuelle : demandez conseil à votre pharmacien ou à votre médecin.

MODE D'EMPLOI ET POSOLOGIE

Les gélules doivent être avalées avec un peu d'eau, après les repas.

Posologie usuelle :

- Adulte : 2 gélules, 3 fois par jour.
- Enfant : 1 gélule, 3 fois par jour.

> Ce médicament peut être accompagné d'une alimentation appropriée : parlez-en à votre médecin ou à votre pharmacien.

SOLACY

PRÉSENTATION

SOLACY : gélule (blanc) ; boîte de 45 - Remb. 35 % - Liste I

SOLACY PÉDIATRIQUE : comprimé pour solution buvable ; boîte de 30 - Remb. 35 %

SOLACY PÉDIATRIQUE : comprimé pour solution buvable ; boîte de 60 - Remb. 35 %

SOLACY PÉDIATRIQUE : comprimé pour solution buvable ; boîte de 90 - Remb. 35 %

Laboratoires Serozym

COMPOSITION

	p. gél.	p. comp.
L-cystine	72,6 mg	36,30 mg
Soufre sublimé lavé	22 mg	11 mg
Rétinol (vitamine A)	20 000 UI	1 000 UI
Levure saccharomyces cerevisiae	77,4 mg	38,70 mg

INDICATIONS

Ce médicament contient du soufre, de la *vitamine* A et des levures.

Il est utilisé dans le *traitement symptomatique* des *rhinites* et des *rhino-pharyngites*.

CONTRE-INDICATIONS

Ce médicament ne doit pas être utilisé dans les cas suivants :

- grossesse,
- allaitement.

> **ATTENTION**
> Ce médicament contient de la *vitamine* A ; son surdosage expose à des effets indésirables graves. Cette vitamine est présente dans de nombreux médicaments, dont certains sont disponibles en automédication : évitez de les associer.

GROSSESSE, ALLAITEMENT ET NOUVEAU-NÉ

Ce médicament contient de la *vitamine* A en quantité importante : il est contre-indiqué pendant la grossesse et l'allaitement.

MODE D'EMPLOI ET POSOLOGIE

Les comprimés doivent être dissous dans un peu d'eau et pris au cours des repas.

Posologie usuelle :

- Adulte : 3 gélules par jour, pendant 15 jours.
- Enfant de plus de 5 ans : 3 comprimés par jour, pendant 3 mois.
- Enfant de 30 mois à 5 ans : 2 comprimés par jour, pendant 3 mois.
- Enfant de 6 à 30 mois : 1 comprimé par jour, pendant 3 mois.

EFFETS INDÉSIRABLES POSSIBLES

Douleurs d'estomac.

SOLASKIL
lévamisole

PRÉSENTATION

SOLASKIL 30 mg : comprimé sécable (blanc) ; boîte de 5 - Remb. 65 %

SOLASKIL 150 mg : comprimé sécable (blanc) ; boîte de 2 - Non remb.

Laboratoires Specia

COMPOSITION

	p. comp. 30 mg	p. comp. 150 mg
Lévamisole		

INDICATIONS

Ce médicament est un vermifuge, actif sur certains vers parasites de l'intestin. Il paralyse les vers à l'intérieur du tube digestif, permettant ainsi leur élimination.

Il est utilisé pour éliminer les ascaris et les ankylostomes.

> **ATTENTION**
> Évitez les boissons alcoolisées pendant le traitement.

GROSSESSE, ALLAITEMENT ET NOUVEAU-NÉ

L'effet de ce médicament pendant la grossesse ou l'allaitement est mal connu. L'évaluation du risque éventuel lié à son utilisation est individuelle : demandez conseil à votre pharmacien ou à votre médecin.

MODE D'EMPLOI ET POSOLOGIE

Le traitement se fait en une seule prise, éventuellement renouvelable.

Pour le jeune enfant, les comprimés peuvent être écrasés et mélangés à un peu de confiture ou de miel.

Posologie usuelle :

Pour les ascaris :

- Adulte : 1 comprimé à 150 mg, après le repas principal.
- Enfant de 30 mois à 15 ans : 3 mg par kg, en une prise, après le repas principal ; soit, pour un enfant de 20 kg : 2 comprimés à 30 mg, en une prise.

Pour les ankylostomes :

- Adulte : 2 comprimés à 150 mg, pendant 1 ou 2 jours.
- Enfant de 30 mois à 15 ans : 6 mg par kg, pendant 1 ou 2 jours ; soit, pour un enfant de 20 kg : 4 comprimés à 30 mg, pendant 1 ou 2 jours.

Pour éviter l'infestation par les ascaris, laver les légumes et les fruits.

EFFETS INDÉSIRABLES POSSIBLES

Rares nausées, vomissements.

SOLCOSÉRYL
sang de veau déprotéiné

PRÉSENTATION

SOLCOSÉRYL : pommade ; tube 30 g - Remb. 35 %

Laboratoires ASTA Medica

COMPOSITION

	p. 100 g
Extrait concentré stabilisé de sang de veau déprotéiné	1,66 g

INDICATIONS

Cette pommade est nutritive.

Elle est utilisée dans le *traitement d'appoint* des *ulcères* de jambe.

CONTRE-INDICATIONS

Ce médicament ne doit pas être utilisé en cas d'*allergie* aux protéines animales.

ATTENTION

Cette pommade n'est pas adaptée au traitement des lésions suintantes.

GROSSESSE, ALLAITEMENT ET NOUVEAU-NÉ

Ce médicament ne contient que des substances présumées sans danger pendant la grossesse ou l'allaitement. Néanmoins, ne l'utilisez pas de façon prolongée sans l'avis de votre pharmacien ou de votre médecin.

MODE D'EMPLOI ET POSOLOGIE

Nettoyer la région à traiter avant l'application.

Posologie usuelle :

1 à plusieurs applications par jour en fonction du résultat obtenu.

EFFETS INDÉSIRABLES POSSIBLES

Exceptionnellement : *allergie* grave.

SOLIAN
amisulpride

PRÉSENTATION

SOLIAN 50 mg : comprimé sécable (blanc) ; boîte de 30 - Remb. 65 % - Liste I

SOLIAN 200 mg : comprimé sécable (blanc) ; boîte de 30 - Remb. 65 % - Liste I

Laboratoires Delagrange

COMPOSITION

	p. comp. 50 mg	p. comp. 200 mg
Amisulpride		

INDICATIONS

C'est un *neuroleptique* qui appartient à la famille chimique des benzamides.

Il est utilisé dans le traitement de certains troubles nerveux accompagnés de troubles de l'*humeur*.

CONTRE-INDICATIONS

Ce médicament ne doit pas être utilisé dans les cas suivants :
- *phéochromocytome*,
- en association avec les médicaments contenant de la lévodopa.

ATTENTION

La guérison peut nécessiter un traitement prolongé ; une amélioration survenant en début de traitement ne doit pas vous conduire à l'arrêter sans l'avis de votre médecin.

En cas de survenue d'une fièvre inexpliquée, suspendez la prise de ce médicament et alertez immédiatement votre médecin.

Des précautions sont nécessaires chez les personnes âgées et en cas d'*épilepsie*, d'*insuffisance rénale* ou de maladie de *Parkinson*.

Évitez les boissons alcoolisées : augmentation du risque de somnolence.

Conducteur : ce médicament peut être responsable d'une somnolence ou d'une baisse de la vigilance.

INTERACTIONS MÉDICAMENTEUSES

Ce médicament ne doit pas être associé à ceux contenant de la lévodopa (LARODOPA, MODOPAR, SINEMET...) : risque d'annulation de leurs effets.

Ce médicament peut interagir avec d'autres médicaments, notamment les *antihypertenseurs* et les *sédatifs*. Signalez tout autre traitement en cours à votre médecin ou à votre pharmacien.

GROSSESSE, ALLAITEMENT ET NOUVEAU-NÉ

Grossesse :

Ce médicament est récent : en l'absence de données suffisantes, il est déconseillé pendant les 3 premiers mois de la grossesse.

Allaitement :

Les données actuellement disponibles ne permettent pas de savoir si ce médicament passe dans le lait maternel.

MODE D'EMPLOI ET POSOLOGIE

Ce médicament peut être avalé avec un verre d'eau.

Posologie usuelle :

Elle est strictement individuelle.

EFFETS INDÉSIRABLES POSSIBLES

Somnolence, à forte dose.

Mouvements involontaires, tremblements, raideur anormale, grimaces involontaires.

Baisse de la tension artérielle.

Absence de règles, augmentation du volume des seins, écoulement de lait par le mamelon.

Prise de poids.

SOLMUCOL
acétylcystéine

PRÉSENTATION

SOLMUCOL 100 mg : granulé pour solution buvable arôme orange ; boîte de 10 sachets - Remb. 35 %

SOLMUCOL 200 mg : granulé pour solution buvable arôme orange ; boîte de 30 sachets - Remb. 35 %

Laboratoires Génévrier

COMPOSITION

	p. sachet	p. sachet
Acétylcystéine	100 mg	200 mg

INDICATIONS

Ce médicament fluidifie les sécrétions bronchiques. Il facilite leur évacuation par la toux.

Il est utilisé dans les états d'encombrement des bronches associés aux maladies bronchiques aiguës ou chroniques.

ATTENTION

Des précautions sont nécessaires en cas d'*ulcère* de l'estomac ou du *duodénum*.

N'utilisez pas d'*antitussif* en plus de ce médicament sans l'avis de votre médecin ou de votre pharmacien.

Si les sécrétions persistent au-delà de quelques jours, si elles se colorent ou si vous avez de la fièvre, consultez votre médecin.

GROSSESSE, ALLAITEMENT ET NOUVEAU-NÉ

L'effet de ce médicament pendant la grossesse ou l'allaitement est mal connu. L'évaluation du risque éventuel lié à son utilisation est individuelle : demandez conseil à votre pharmacien ou à votre médecin.

MODE D'EMPLOI ET POSOLOGIE

Le contenu du sachet doit être dissous dans un demi-verre d'eau.

Posologie usuelle :

- Adulte et enfant de plus de 7 ans : 1 sachet à 200 mg, 3 fois par jour.
- Enfant de 2 à 7 ans : 1 sachet à 200 mg, 2 fois par jour.
- Nourrisson de moins de 2 ans : 1 sachet à 100 mg, 2 fois par jour.

La poursuite du tabagisme est un frein important à l'évacuation des mucosités.

Il est nécessaire de lutter contre la sécheresse de l'air ambiant (humidificateur...) pour éviter le dessèchement des sécrétions. Il est également recommandé de boire beaucoup.

Des crachats fluides et abondants traduisent l'efficacité de ce médicament.

Chez la personne âgée ou le très jeune enfant, l'incapacité à évacuer les crachats peut justifier l'aide d'un kinésithérapeute, sur prescription du médecin.

EFFETS INDÉSIRABLES POSSIBLES

Troubles digestifs : nausées, diarrhée.

SOLUBACTER
triclocarban

PRÉSENTATION

SOLUBACTER : solution moussante pour application locale ; flacon 150 ml - Remb. 65 %

SOLUBACTER : solution moussante pour application locale ; flacon 400 ml - Remb. 65 %

Laboratoires Boots Healthcare

COMPOSITION

	p. 100 g
Triclocarban	1 g

INDICATIONS

Ce médicament est un *antiseptique* local doué de propriétés détergentes.

Il est utilisé pour nettoyer la peau, les *muqueuses* des organes génitaux et pour désinfecter certaines lésions de la peau (*eczéma*, petite plaie...).

CONTRE-INDICATIONS

Ce médicament ne doit pas être utilisé pour nettoyer les yeux.

ATTENTION
Ce produit libère des substances toxiques à une température de plus de 50 °C : ne pas le verser dans de l'eau trop chaude lorsqu'il est destiné à l'eau du bain.

INTERACTIONS MÉDICAMENTEUSES

L'association à d'autres *antiseptiques* est déconseillée car leurs effets risquent de s'annuler.

GROSSESSE, ALLAITEMENT ET NOUVEAU-NÉ

Grossesse :

L'absence d'effets nocifs de ce médicament n'a pas été établie pendant la grossesse.

Allaitement :

Ne pas appliquer sur les seins en cas d'allaitement.

MODE D'EMPLOI ET POSOLOGIE

Ce produit peut être utilisé pur pour nettoyer les petites plaies. En cas d'usage répété, il doit être dilué immédiatement avant usage dans une eau de température inférieure à 50 °C (voir ATTENTION).

Posologie usuelle :

- Adulte : 4 à 8 cuillères à soupe par litre d'eau.
- Enfant et nourrisson :
  - bain : 1 cuillère à soupe par baignoire d'enfant (10 litres),
  - pour désinfecter une plaie, imbiber une compresse de la préparation suivante : 1 cuillère à café par litre d'eau.

Un rinçage soigneux est indispensable, que le produit soit utilisé pur ou dilué, même dans un bain.

☛ Ce produit détergent n'est pas destiné à la toilette intime quotidienne.
Conservez le flacon à l'abri de la chaleur.
Tous les *antiseptiques* peuvent être contaminés par des *germes* : ne les conservez pas inutilement une fois ouverts.
Rincez abondamment le linge imprégné de cette solution avant de le laver lorsqu'il est destiné à être lavé à plus de 50 °C.

EFFETS INDÉSIRABLES POSSIBLES

Exceptionnellement : *allergie* cutanée, irritation de la peau après exposition au soleil.

SOLUCAMPHRE
camsilate de pipérazine

PRÉSENTATION

SOLUCAMPHRE 0,14 g/ml : solution buvable ; flacon compte-gouttes 30 ml (1 ml = 31 gouttes) - Remb. 65 %

SOLUCAMPHRE 0,70 g/5 ml : solution injectable ; boîte de 6 ampoules 5 ml - Remb. 65 %

Laboratoires Synthélabo

COMPOSITION

	p. ml	p. amp. inj.
Camsilate de pipérazine	0,14 g	0,70 g

INDICATIONS

Ce médicament est un stimulant léger du système cardio-vasculaire.

Il est utilisé dans le traitement de certains malaises, en l'absence de maladie cardiaque grave.

CONTRE-INDICATIONS

Ce médicament ne doit pas être utilisé en cas de **grossesse**.

ATTENTION
Un malaise d'allure bénigne peut être révélateur d'une maladie sérieuse ; n'hésitez pas à consulter votre médecin.

GROSSESSE, ALLAITEMENT ET NOUVEAU-NÉ

Grossesse :

L'effet de ce médicament sur l'enfant à naître est mal connu : son usage pendant la grossesse est contre-indiqué.

Allaitement :

Les données actuellement disponibles ne permettent pas de savoir si ce médicament passe dans le lait maternel.

MODE D'EMPLOI ET POSOLOGIE

Solution buvable : prendre les gouttes avec un peu d'eau sucrée de préférence.

Solution injectable : les ampoules peuvent être utilisées par *voie* intramusculaire ou intraveineuse.

Posologie usuelle :

Solution buvable : 25 à 100 gouttes, réparties dans la journée.

Solution injectable :
- voie intraveineuse : 1 ou 2 ampoules en une fois, répétées 1 heure après si nécessaire.
- voie intramusculaire : 1 ampoule toutes les 3 heures.

SOLUCHROM
merbromine

PRÉSENTATION

SOLUCHROM : solution pour application locale ; flacon 30 ml - Non remb.

Laboratoires C.P.F.

COMPOSITION

	p. 100 ml
Merbromine sodique	1,50 g

INDICATIONS

C'est un *antiseptique* local appartenant à la famille des mercuriels.

Il est utilisé pour désinfecter la peau et les plaies superficielles.

CONTRE-INDICATIONS

Ce médicament ne doit pas être utilisé en cas d'*allergie* aux dérivés mercuriels.

ATTENTION
Cet *antiseptique* ne doit pas être utilisé pour traiter les *muqueuses*.
N'utilisez pas ce médicament sur une large surface de peau sans avis médical : risque de passage du médicament dans le sang.

INTERACTIONS MÉDICAMENTEUSES

L'association de ce médicament à d'autres *antiseptiques* est déconseillée : risque d'annulation de leurs effets ou de formation de produits caustiques.

GROSSESSE, ALLAITEMENT ET NOUVEAU-NÉ

L'absence d'effets nocifs de ce médicament n'a pas été établie pendant la grossesse ou l'allaitement.

MODE D'EMPLOI ET POSOLOGIE

La solution s'emploie pure. Elle s'applique à l'aide d'un morceau de coton propre ou d'une compresse.

Posologie usuelle :

1 badigeonnage, 1 ou 2 fois par jour.

☛ Le simple lavage à l'eau et au savon permet d'éliminer la majorité des *germes* ; il doit être suivi d'un rinçage soigneux car le savon peut inactiver certains *antiseptiques*.
Tous les antiseptiques peuvent être contaminés par des germes : ne les conservez pas inutilement.

EFFETS INDÉSIRABLES POSSIBLES

Allergie cutanée.

SOLUCORT OPHTA

prednisolone

PRÉSENTATION

SOLUCORT OPHTA : collyre ; flacon de *lyophilisat* et ampoule de solvant 5 ml - Remb. 65 % - Liste I

Laboratoires M.S.D.-Chibret

COMPOSITION

	p. 100 ml
Prednisolone ester monophosphorique	250 mg

INDICATIONS

C'est un collyre *anti-inflammatoire* qui contient un dérivé de la *cortisone*.

Il est utilisé dans le traitement des *conjonctivites* allergiques et de certaines maladies inflammatoires de l'œil.

CONTRE-INDICATIONS

Ce médicament ne doit pas être utilisé dans les cas suivants :
- infections non traitées de l'œil, *kératite* virale à son début ;
- *antécédent* personnel ou familial de *glaucome*.

ATTENTION

Certaines contre-indications ne peuvent être détectées que par un ophtalmologiste : ne réutilisez pas ce médicament sans avis médical.

En cas de traitement prolongé, une surveillance ophtalmologique régulière est nécessaire.

Pour éviter de contaminer le collyre, ne mettez pas en contact l'extrémité du flacon avec l'œil et ne conservez pas ce médicament plus de 15 jours après une première utilisation.

Le port de lentilles de contact est déconseillé en cas d'irritation oculaire. Les lentilles souples ne devront être réutilisées qu'après l'arrêt complet du traitement car elles peuvent s'imprégner des substances actives contenues dans le collyre.

INTERACTIONS MÉDICAMENTEUSES

Ce collyre peut interagir avec d'autres collyres. Respectez un intervalle de 15 minutes entre deux instillations.

GROSSESSE, ALLAITEMENT ET NOUVEAU-NÉ

L'effet de ce médicament pendant la grossesse ou l'allaitement est mal connu : seul votre médecin peut évaluer le risque éventuel de son utilisation dans votre cas.

MODE D'EMPLOI ET POSOLOGIE

Tirer la paupière inférieure vers le bas et déposer une goutte de collyre entre la paupière et le globe oculaire (*cul-de-sac conjonctival*).

Posologie usuelle :

Traitement d'attaque : 1 ou 2 gouttes toutes les 1 ou 2 heures.

Traitement d'entretien : 1 goutte, 3 ou 4 fois par jour.

Sauf indication contraire du médecin, la durée du traitement ne doit jamais dépasser 2 semaines.

Une application correcte du produit peut nécessiter une aide, notamment chez l'enfant ou la personne handicapée ou âgée.

EFFETS INDÉSIRABLES POSSIBLES

Irritation ou réaction allergique locales.

En cas d'utilisation prolongée : *cataracte*, augmentation de la tension oculaire (*glaucome*), *inflammation* de la *cornée* (*kératite* superficielle).

SOLUCORT ORL

prednisolone

PRÉSENTATION

SOLUCORT ORL : solution nasale ; flacon de poudre 10 ml et flacon de solvant 10 ml - Remb. 35 % - Liste I

Laboratoires M.S.D.-Chibret

COMPOSITION

	p. fl.
Prednisolone ester monophosphorique	25 mg

INDICATIONS

Ce médicament d'usage local contient un *corticoïde* qui possède une action *anti-inflammatoire* sur les *muqueuses*.

Il est utilisé dans le *traitement symptomatique* des *rhinites* d'origine allergique (rhume des foins).

CONTRE-INDICATIONS

Ce médicament ne doit pas être utilisé dans les cas suivants :
- saignement de nez ;
- infections non traitées, notamment *tuberculose* pulmonaire.

ATTENTION

En cas de signes d'infection nasale (fièvre, coloration des sécrétions nasales), consultez votre médecin.

GROSSESSE, ALLAITEMENT ET NOUVEAU-NÉ

L'effet de ce médicament pendant la grossesse ou l'allaitement est mal connu : seul votre médecin peut évaluer le risque éventuel de son utilisation dans votre cas.

MODE D'EMPLOI ET POSOLOGIE

Ce médicament doit être inhalé au cours d'une brève inspiration, après un mouchage soigneux.

Posologie usuelle :

1 pulvérisation dans chaque narine, 4 à 6 fois par jour.

Un flacon ouvert ne doit pas être conservé plus de 15 jours.

EFFETS INDÉSIRABLES POSSIBLES

Irritation locale passagère.

Sécrétions striées de sang en cas d'assèchement rapide du nez, surtout en début de traitement.

SOLUDACTONE

canrénoate de potassium

PRÉSENTATION

SOLUDACTONE 100 mg : préparation injectable ; boîte de 1 flacon de poudre et 1 ampoule de solvant 2 ml - Remb. 65 % - Liste I

Laboratoires Searle

COMPOSITION

	p. amp. inj.
Canrénoate de potassium	100 mg
Trométamol	5 mg

INDICATIONS

Ce médicament est un *diurétique* qui a pour caractéristique d'empêcher la perte du *potassium* dans les urines. Il agit en bloquant l'action d'une substance naturelle, l'aldostérone, dont le taux peut être anormalement élevé dans certaines maladies ou au cours de certains traitements.

Il est utilisé en :
- traitement des troubles en rapport avec un excès d'aldostérone dans le sang ;
- traitement de l'*ascite* et des *œdèmes* liés à une *insuffisance hépatique* ou à une *insuffisance cardiaque* ;
- *traitement d'appoint* pour lutter contre les pertes de potassium en cas de *trouble du rythme cardiaque*.

CONTRE-INDICATIONS

Ce médicament ne doit pas être utilisé dans les cas suivants :
- *insuffisance rénale* grave,
- *insuffisance hépatique* grave,
- *hyperkaliémie* (excès de *potassium* dans le sang),
- *bloc auriculo-ventriculaire*,
- association avec les *diurétiques* élevant le taux de potassium.

ATTENTION

Ce médicament peut être responsable d'une augmentation de la *kaliémie* (taux de *potassium* dans le sang). Un contrôle par des analyses de sang est souvent prescrit par le médecin.

N'utilisez de *sel* de régime, souvent riche en potassium, qu'avec l'accord de votre médecin.

INTERACTIONS MÉDICAMENTEUSES

Ce médicament ne doit pas être associé aux *diurétiques* élevant le taux de *potassium* dans le sang.

Il peut interagir avec d'autres médicaments, notamment ceux contenant du *lithium*, et les *sels* de régime. Signalez tout autre traitement en cours à votre médecin ou à votre pharmacien.

GROSSESSE, ALLAITEMENT ET NOUVEAU-NÉ

Grossesse :

Les études scientifiques actuellement disponibles n'ont pas mis en évidence de problème particulier lors de l'utilisation chez la femme enceinte. Néanmoins, les *diurétiques* ne sont pas adaptés au traitement des *œdèmes* pendant la grossesse. Seul votre médecin peut apprécier la nécessité du traitement et le risque éventuel de son utilisation dans votre cas.

Allaitement :

Ce médicament passe dans le lait maternel : l'allaitement est déconseillé.

MODE D'EMPLOI ET POSOLOGIE

La solution est injectée par *voie* intraveineuse lente ou par *perfusion*.

Posologie usuelle :

Elle varie selon les cas.

> Les *diurétiques* exposent au risque de déshydratation : veillez à proposer régulièrement des boissons aux personnes âgées, notamment pendant les fortes chaleurs.

EFFETS INDÉSIRABLES POSSIBLES

Douleur au point d'injection.

Éruption cutanée, somnolence.

En traitement prolongé : augmentation du volume des seins.

Excès de *potassium* dans le sang en cas d'*insuffisance rénale*.

SOLUDÉCADRON

dexaméthasone

PRÉSENTATION

SOLUDÉCADRON 4 mg : solution injectable ; boîte de 3 ampoules 1 ml et 3 seringues avec aiguilles - Remb. 65 % - Liste I

Laboratoires M.S.D.-Chibret

COMPOSITION

	p. amp.
Dexaméthasone ester monophosphorique	4 mg
Sulfites	+

INDICATIONS

C'est un *anti-inflammatoire* stéroïdien qui appartient à la famille des *corticoïdes* de synthèse (dérivés chimiques de la *cortisone* naturelle). Les propriétés de la cortisone sont nombreuses, mais ce médicament est surtout utilisé pour son effet anti-inflammatoire puissant et rapide. Il présente, à efficacité égale, moins d'effets indésirables que la cortisone naturelle.

Il est utilisé dans le traitement de nombreuses affections inflammatoires ou allergiques, lorsqu'un effet rapide est désiré ou lorsque l'état du malade ne permet pas l'absorption de comprimés, notamment :

- *choc* allergique, œdème de *Quincke* ;
- *connectivites* ;
- *œdème* du cerveau ;
- maladies inflammatoires des reins ou des yeux ;
- laryngite suffocante ;
- *asthme* grave.

Il est également utilisé en traitement local (*infiltration*) dans les cas suivants :

- *inflammation* des articulations, des tendons et des ligaments, poussées douloureuses d'*arthrose* ;
- maladie de *Dupuytren*, *syndrome du canal carpien* ;
- inflammation des nerfs (*sciatique*, *névralgie cervicobrachiale*...) ;
- cicatrice *chéloïde*.

CONTRE-INDICATIONS

Ce médicament ne doit pas être utilisé dans les cas suivants :

- *allergie* aux *sulfites*,
- maladies virales en évolution (*zona*, *herpès* oculaires),
- infection ou *mycose* non contrôlée par un traitement adapté,
- *goutte*,
- *cirrhose* alcoolique grave,
- *hépatite* virale aiguë,
- *psychose*,
- *ulcère* de l'estomac ou du *duodénum* en évolution.

> **ATTENTION**
>
> L'injection de ce médicament ne doit être pratiquée que sous contrôle médical.
>
> En cas de traitement prolongé, l'arrêt de celui-ci doit être progressif pour permettre aux glandes *surrénales* de reprendre la synthèse de *cortisone* naturelle. Un arrêt brutal expose par ailleurs à une rechute de la maladie traitée. Cette précaution n'est utile que lorsque la durée du traitement dépasse 7 jours.
>
> Ce médicament contient des *sulfites* qui peuvent aggraver les réactions allergiques chez les personnes prédisposées.

INTERACTIONS MÉDICAMENTEUSES

En cas d'injections répétées, ce médicament peut interagir avec d'autres médicaments et avec certains *vaccins*. Signalez tout autre traitement en cours à votre médecin ou à votre pharmacien.

GROSSESSE, ALLAITEMENT ET NOUVEAU-NÉ

Grossesse :

Les études scientifiques actuellement disponibles n'ont pas mis en évidence de problème particulier lors de l'utilisation ponctuelle chez la femme enceinte. Seul votre médecin peut évaluer le risque éventuel de son utilisation dans votre cas.

Allaitement :

Ce médicament passe dans le lait maternel : il est déconseillé pendant l'allaitement.

MODE D'EMPLOI ET POSOLOGIE

L'injection peut être réalisée par *voie* intramusculaire ou intraveineuse, cette dernière permettant l'action la plus rapide. Les *infiltrations* sont réalisées par le médecin dans la zone lésée, ou à proximité.

Posologie usuelle :

Elle dépend de la gravité de la maladie traitée. Des doses importantes (plusieurs ampoules) peuvent être nécessaires.

> Afin de compenser une baisse du taux de *potassium* dans le sang lors d'un traitement prolongé, le médecin peut être amené à prescrire du potassium.

EFFETS INDÉSIRABLES POSSIBLES

Liés à la *voie* d'administration : infection, *atrophie* cutanée.

En cas de traitement prolongé et à forte dose :

- rétention d'eau et de sel avec parfois *hypertension artérielle* ;
- baisse du taux de *potassium* dans le sang ;
- gonflement du visage et du buste, taches cutanées violacées, apparition de poils ;
- surexcitation avec euphorie et troubles du sommeil ;
- atrophie musculaire, *ostéoporose* ;
- *diabète* (réversible), arrêt de la croissance chez l'enfant, troubles des règles ;
- *gastrite*, *ulcère* ;
- certaines formes de *glaucome* ou de *cataracte*.

SOLUGASTRYL

PRÉSENTATION

SOLUGASTRYL : comprimé effervescent (blanc) ; boîte de 2 tubes de 15 - Non remb.

Laboratoires Oberlin

COMPOSITION

	p. comp.
Sulfate de sodium anhydre	285 mg
Hydrogénophosphate de sodium anhydre	195 mg
Chlorure de magnésium	10 mg
Sodium	0,5 g

INDICATIONS

C'est un médicament qui appartient à la famille des *antiacides* d'action locale. Il agit en neutralisant les acides sécrétés par l'estomac.

Il est utilisé dans le *traitement symptomatique* des douleurs, brûlures, aigreurs de l'estomac ou de l'œsophage.

CONTRE-INDICATIONS

Ce médicament ne doit pas être utilisé en cas d'*insuffisance rénale* grave.

> **ATTENTION**
>
> Des douleurs qui persistent peuvent être dues à une lésion du tube digestif : consultez votre médecin.
>
> Ce médicament contient du *sel* (sodium) en quantité notable.

GROSSESSE, ALLAITEMENT ET NOUVEAU-NÉ

Les sels minéraux contenus dans ce médicament sont peu absorbés ; l'automédication est possible en cure courte ou ponctuelle pendant la grossesse ou l'allaitement.

MODE D'EMPLOI ET POSOLOGIE

Les comprimés doivent être dissous dans un verre d'eau.

Posologie usuelle :

1 ou 2 comprimés après chaque repas ou au moment des douleurs.

La prise se fait habituellement au moment où l'estomac sécrète le plus d'acide, c'est-à-dire environ 90 minutes après le repas.

> Une alimentation équilibrée, une mastication lente et l'élimination des aliments difficiles à digérer permettent souvent d'atténuer, voire de faire disparaître, les douleurs d'estomac qui ne sont pas liées à un ulcère.
>
> Si vous êtes fumeur, la poursuite du tabagisme nuit à l'efficacité du traitement.

EFFETS INDÉSIRABLES POSSIBLES

Diarrhées.

SOLUMAG

magnésium

PRÉSENTATION

SOLUMAG : solution buvable arôme mandarine ; boîte de 30 sachets - Remb. 35 %

Laboratoires Boehringer Ingelheim France

COMPOSITION

	p. sachet
Magnésium pidolate	1,5 g
Soit magnésium	122 mg

INDICATIONS

Ce médicament contient du magnésium, élément minéral indispensable au *métabolisme*.

Il est utilisé dans le traitement des *carences* en magnésium, notamment celles qui sont liées à la prise de *diurétiques*. Il peut être également utilisé dans le *traitement symptomatique* de la *spasmophilie*.

CONTRE-INDICATIONS

Ce médicament ne doit pas être utilisé en cas d'*insuffisance rénale* grave.

INTERACTIONS MÉDICAMENTEUSES

Ce médicament peut interagir avec d'autres médicaments en diminuant leur absorption digestive : signalez tout autre traitement en cours à votre médecin ou à votre pharmacien.

GROSSESSE, ALLAITEMENT ET NOUVEAU-NÉ

Ce médicament ne contient aucune substance connue pour être toxique chez la femme enceinte ou qui allaite.

MODE D'EMPLOI ET POSOLOGIE

Le sachet doit être agité avant l'ouverture. Le contenu des sachets peut être pris pur ou dilué dans un peu d'eau, au moment des repas.

Posologie usuelle :

- *carence* en magnésium :
  - Adulte : 1 sachet, 3 fois par jour.
  - Enfant : la dose est fixée par le médecin en fonction du poids.
- *spasmophilie* :
  - Adulte : 1 sachet, 2 ou 3 fois par jour.

EFFETS INDÉSIRABLES POSSIBLES

Diarrhée, douleurs abdominales.

SOLU-MÉDROL

méthylprednisolone

PRÉSENTATION

SOLU-MÉDROL 20 mg : préparation injectable ; flacon de *lyophilisat* et ampoule de solvant - Remb. 65 % - Liste I

SOLU-MÉDROL 40 mg : préparation injectable ; flacon de *lyophilisat* et ampoule de solvant - Remb. 65 % - Liste I

SOLU-MÉDROL 120 mg : préparation injectable ; flacon de *lyophilisat* et ampoule de solvant - Remb. 65 % - Liste I

Laboratoires Upjohn

COMPOSITION

	p. unité	p. unité	p. unité
Méthylprednisolone	20 mg	40 mg	120 mg

INDICATIONS

C'est un *anti-inflammatoire* stéroïdien qui appartient à la famille des *corticoïdes* de synthèse (dérivés chimiques de la *cortisone* naturelle). Les propriétés de la cortisone sont nombreuses, mais ce médicament est surtout utilisé pour son effet anti-inflammatoire puissant et rapide. Il présente, à efficacité égale, moins d'effets indésirables que la cortisone naturelle.

Il est utilisé dans le traitement de nombreuses affections inflammatoires ou allergiques, lorsqu'un effet rapide est désiré ou lorsque l'état du malade ne permet pas l'absorption de comprimés, notamment :

- *choc* allergique, œdème de *Quincke* ;
- *connectivites* ;
- *œdème* du cerveau ;
- maladies inflammatoires des reins ou des yeux ;
- laryngite suffocante ;
- *asthme* grave.

CONTRE-INDICATIONS

Ce médicament ne doit pas être utilisé dans les cas suivants :

- maladies virales en évolution (*zona*, *herpès* oculaires),
- infection ou *mycose* non contrôlée par un traitement adapté,
- *goutte*,
- *cirrhose* alcoolique grave,
- *hépatite* virale aiguë,
- *psychose*,
- *ulcère* de l'estomac ou du *duodénum* en évolution,
- *purpura* (par *voie* intramusculaire).

> **ATTENTION**
>
> L'injection de ce médicament ne doit être pratiquée que sous contrôle médical.
>
> En cas de traitement prolongé, l'arrêt de celui-ci doit être progressif pour permettre aux glandes *surrénales* de reprendre la synthèse de *cortisone* naturelle. Un arrêt brutal expose par ailleurs à une rechute de la maladie traitée. Cette précaution n'est utile que lorsque la durée du traitement dépasse 7 jours.

INTERACTIONS MÉDICAMENTEUSES

En cas d'injections répétées, ce médicament peut interagir avec d'autres médicaments et avec certains *vaccins*. Signalez tout autre traitement en cours à votre médecin ou à votre pharmacien.

GROSSESSE, ALLAITEMENT ET NOUVEAU-NÉ

Grossesse :

Les études scientifiques actuellement disponibles n'ont pas mis en évidence de problème particulier lors de l'utilisation ponctuelle chez la femme enceinte. Seul votre médecin peut évaluer le risque éventuel de son utilisation dans votre cas.

Allaitement :

Les données disponibles ne permettent pas de savoir si ce médicament passe dans le lait maternel.

MODE D'EMPLOI ET POSOLOGIE

L'injection peut être réalisée par *voie* intramusculaire ou intraveineuse, cette dernière permettant l'action la plus rapide. Les *infiltrations* sont réalisées par le médecin dans la zone lésée, ou à proximité.

La solution à 120 mg est réservée à l'adulte.

Posologie usuelle :

Elle dépend de la gravité de la maladie traitée. Des doses importantes (plusieurs ampoules) peuvent être nécessaires.

> Afin de compenser une baisse du taux de *potassium* dans le sang lors d'un traitement prolongé, le médecin peut être amené à prescrire du potassium.

EFFETS INDÉSIRABLES POSSIBLES

Liés à la *voie* d'administration : infection, *atrophie* cutanée.

En cas de traitement prolongé et à forte dose :

- rétention d'eau et de sel avec parfois *hypertension artérielle* ;
- baisse du taux de *potassium* dans le sang ;
- gonflement du visage et du buste, taches cutanées violacées, apparition de poils ;
- surexcitation avec euphorie et troubles du sommeil ;
- atrophie musculaire, *ostéoporose* ;

- *diabète* (réversible), arrêt de la croissance chez l'enfant, troubles des règles ;
- *gastrite, ulcère* ;
- certaines formes de *glaucome* ou de *cataracte*.

SOLUPRED
prednisolone

PRÉSENTATION

SOLUPRED 5 mg : comprimé effervescent sécable (blanc) ; boîte de 30 - Remb. 65 % - Liste I

SOLUPRED 20 mg : comprimé effervescent sécable (blanc) arôme citron ; boîte de 20 - Remb. 65 % - Liste I

SOLUPRED 1 mg/ml : solution buvable ; flacon 50 ml et compte-gouttes (4 graduations : 0,5 ml, 1 ml, 1,5 ml et 2 ml) (20 gouttes = 1 ml) - Remb. 65 % - Liste I

Laboratoires Houdé

COMPOSITION

	p. comp.	p. comp.	p. ml
Prednisolone	5 mg	20 mg	1 mg
Sorbitol			+

INDICATIONS

C'est un *anti-inflammatoire* stéroïdien qui appartient à la famille des *corticoïdes* de synthèse (dérivés chimiques de la cortisone naturelle). Les propriétés de la *cortisone* sont nombreuses, mais ce produit est surtout utilisé pour son effet anti-inflammatoire puissant. Il présente, à efficacité égale, moins d'effets indésirables que la cortisone naturelle. Ces propriétés sont utiles dans le traitement de nombreuses affections comportant une composante inflammatoire ou allergique, mais aussi de certains cancers où ce médicament permet de lutter contre la prolifération cellulaire. Il diminue les réactions immunitaires et est donc utilisé pour prévenir le rejet des greffes d'organes.

Ce médicament est utilisé dans le traitement de certaines maladies graves : cancer, *sclérose en plaques, rhumatisme articulaire aigu* par exemple, mais également de maladies plus bénignes : *allergie*, crise d'*asthme, sinusite* aiguë, *otite*. Dans ces derniers cas, le traitement est souvent court.

CONTRE-INDICATIONS

Ce médicament ne doit pas être utilisé dans les cas suivants :
- infection ou *mycose* non contrôlée par un traitement adapté,
- *herpès* ou *zona* oculaires,
- *goutte*,
- *cirrhose* alcoolique grave,
- *hépatite* virale aiguë,
- *psychose*,
- *ulcère* de l'estomac ou du *duodénum* en évolution.

ATTENTION

Ce médicament ne doit jamais être employé ou réemployé en dehors d'une prescription médicale.

Si vous avez un *diabète*, vous risquez de le déséquilibrer si vous modifiez la quantité ou le rythme de la prise de *cortisone* sans avis médical.

Les personnes ayant des *antécédents* de *tuberculose*, d'*ulcère*, les personnes souffrant d'*insuffisance rénale*, de *colite* ulcéreuse, d'*hypertension artérielle*, d'*ostéoporose*, de *myasthénie* grave, les personnes sous *anticoagulants* doivent faire l'objet d'une prise en charge médicale particulière.

L'arrêt du traitement doit être progressif pour permettre aux glandes *surrénales* de reprendre la synthèse de cortisone naturelle. Un arrêt brutal expose par ailleurs à une rechute de la maladie traitée. Cette précaution n'est utile que lorsque la durée du traitement dépasse une semaine.

INTERACTIONS MÉDICAMENTEUSES

Ce médicament peut interagir avec d'autres médicaments et avec certains *vaccins*. Signalez tout autre traitement en cours à votre médecin ou à votre pharmacien.

GROSSESSE, ALLAITEMENT ET NOUVEAU-NÉ

Grossesse et nouveau-né :

Dans l'espèce humaine, les études scientifiques actuellement disponibles n'ont pas mis en évidence de risque de malformation lors de l'utilisation de ce médicament pendant la grossesse. Seul votre médecin peut apprécier la nécessité du traitement et son risque pendant la grossesse.

Lorsqu'une maladie grave impose un traitement prolongé chez la mère, une surveillance médicale du *nouveau-né* est nécessaire.

Allaitement :

Ce médicament passe dans le lait maternel : l'allaitement est déconseillé.

MODE D'EMPLOI ET POSOLOGIE

Ce médicament doit être absorbé au cours d'un repas, de préférence en une fois, le matin.

Lors des traitements prolongés, et dès que le bon contrôle de la maladie le permet, une prise alternée un jour sur deux est préférable, notamment chez l'enfant.

Les comprimés doivent être dissous dans un verre d'eau.

Posologie usuelle :

Fréquemment, la *posologie* initiale est élevée (*traitement d'attaque*) ; elle est ensuite diminuée jusqu'à la posologie minimale efficace (*traitement d'entretien*).

Tout traitement prolongé à forte dose doit être arrêté progressivement : suivre les indications du médecin.

Ce traitement nécessite :
- la diminution de la consommation de *sel*,
- la prise de *potassium* (prescrit par le médecin),
- un régime riche en protéines et en calcium, pauvre en *glucides*.

EFFETS INDÉSIRABLES POSSIBLES

Ils sont à craindre surtout lors d'un traitement prolongé et à forte dose :
- rétention d'eau et de sel, *hypertension artérielle* ;
- baisse du taux de *potassium*, à prévenir par un apport systématique ;
- modifications physiques fréquentes : gonflement du visage et du buste, apparition de poils, taches cutanées violacées, *acné* ;
- surexcitation, euphorie, troubles du sommeil ou, au contraire, *état dépressif* à l'arrêt du traitement ;
- faiblesse puis fonte musculaires, lentement réversibles ;
- *ostéoporose* (décalcification des os) parfois définitive ;
- troubles hormonaux et métaboliques : *diabète* (réversible), arrêt de la croissance chez l'enfant, troubles des règles chez la femme ;
- *troubles digestifs* : *gastrite, ulcère* ;
- troubles des yeux : certaines formes de *cataracte* et de *glaucome*.

SOLUPSAN
carbasalate calcique

PRÉSENTATION

SOLUPSAN NOURRISSON ENFANT : comprimé effervescent (blanc) arôme orange ; boîte de 20 - Remb. 65 %

SOLUPSAN 500 mg : comprimé effervescent (blanc) arôme orange ; boîte de 20 - Remb. 65 %

SOLUPSAN ADULTE 1 000 mg : comprimé effervescent (blanc) arôme orange ; boîte de 20 - Remb. 65 %

Laboratoires UPSA

COMPOSITION

	p. comp. Nour. Enf.	p. comp.	p. comp. Ad.
Carbasalate calcique	127,2 mg	636 mg	1 272 mg
Soit acide acétylsalicylique (aspirine)	100 mg	500 mg	1 000 mg

INDICATIONS

Ce médicament contient une substance qui se transforme en aspirine dans l'organisme. Il possède les propriétés de l'aspirine : *antalgique* et *antipyrétique*, mais aussi *anti-inflammatoire* à dose élevée, et fluidifiant du sang.

Il est principalement utilisé en cas de douleurs diverses, rhumatismes, fièvre (mais n'agit pas sur sa cause) et états grippaux.

CONTRE-INDICATIONS

Ce médicament ne doit pas être utilisé dans les cas suivants :
- *allergie* aux *salicylés* et aux *AINS*,
- *ulcère* de l'estomac ou du *duodénum*,
- *hémorragie* et risque hémorragique,
- **grossesse** : pendant les 3 derniers mois ou, en prise prolongée, à toute période de la grossesse.

ATTENTION

L'aspirine n'est pas un médicament anodin. Tout surdosage ou prise prolongée exposent à des complications sérieuses.

Ne laissez pas ce médicament à la portée des enfants. En cas d'intoxication accidentelle, appelez un service d'urgence ou un centre antipoison (voir Annexes).

Un avis médical est préférable chez les personnes présentant des *antécédents* d'*ulcère* de l'estomac ou du *duodénum*, même ancien, d'*asthme*, d'*insuffisance rénale*, et chez les femmes qui portent un stérilet.

L'aspirine est déconseillée chez les personnes atteintes de *goutte* et chez les femmes lors de règles abondantes.

Évitez de prendre ce médicament pendant la semaine qui précède une extraction dentaire ou une opération (augmentation du risque d'*hémorragie*).

Évitez la prise de boissons alcoolisées avec l'aspirine.

INTERACTIONS MÉDICAMENTEUSES

Les personnes traitées par des médicaments anticancéreux contenant du méthotrexate ne doivent pas utiliser d'aspirine.

Ce médicament peut interagir avec d'autres médicaments, notamment les *anticoagulants* et les *antiagrégants plaquettaires* (TICLID...) : augmentation du risque hémorragique. Signalez tout autre traitement en cours à votre médecin ou à votre pharmacien.

GROSSESSE, ALLAITEMENT ET NOUVEAU-NÉ

Grossesse :

Des effets néfastes pour la mère et pour l'enfant à naître ont été mis en évidence lorsque l'aspirine est utilisée au cours des 3 derniers mois de la grossesse. En conséquence, seule la prise ponctuelle est admise durant les 6 premiers mois. Toute prise d'aspirine est contre-indiquée au cours des 3 derniers mois.

Allaitement :

Ce médicament passe dans le lait maternel : il est déconseillé pendant l'allaitement.

MODE D'EMPLOI ET POSOLOGIE

Les comprimés doivent être dissous dans un verre d'eau sucrée ou non, de lait ou de jus de fruits.

L'effet du médicament est plus rapide s'il est pris à jeun.

Les prises du médicament doivent être espacées d'au moins 4 heures.

Posologie usuelle :

- Adulte :
  - douleur isolée : 500 mg à 1 g, en une prise ;
  - fièvre : 500 mg, 3 à 5 fois par jour ; ne pas dépasser 3 g par jour ;
  - douleurs rebelles ou rhumatismales : 1 g, 3 fois par jour. Cette *posologie* ne doit pas être prolongée sans l'avis de votre médecin ; dans certains cas, celui-ci pourra prescrire jusqu'à 6 g par jour.
- Enfant : la posologie dépend du poids ; elle peut varier entre 25 et 50 mg par kg et par jour répartis en 3 ou 5 prises. Par exemple, pour un enfant de 10 kg, la dose la plus forte habituelle est de 1 comprimé à 100 mg, 5 fois par jour.

SOLUPSAN NOURRISSON ENFANT convient dès la naissance.

SOLUPSAN 500 mg peut être utilisé chez l'enfant, mais seulement après 4 ans.

SOLUPSAN 1 000 mg ne doit pas être utilisé chez l'enfant de moins de 15 ans.

EFFETS INDÉSIRABLES POSSIBLES

Gastrite, douleurs abdominales, saignements du nez ou des gencives.

Rares et parfois graves :
- *hémorragie* du tube digestif : vomissements sanglants, selles noires, ou plus souvent pertes de sang imperceptibles, responsables de l'apparition progressive d'une *anémie* ;
- accidents allergiques : *urticaire*, *œdème*, *asthme*.

Signes devant faire penser à un surdosage : bourdonnements d'oreille, sensation de baisse de l'audition, maux de tête.

SOLURUTINE PAPAVÉRINE

éthoxazorutoside, vitamine C, papavérine

PRÉSENTATION

SOLURUTINE PAPAVÉRINE F. RETARD : comprimé (blanc) ; boîte de 30 - Remb. 35 % - Liste I

Laboratoires Synthélabo France

COMPOSITION

	p. comp.
Papavérine chlorhydrate	100 mg
Éthoxazorutoside	75 mg
Acide ascorbique (vitamine C)	75 mg
Saccharose	307 mg

INDICATIONS

Ce médicament lutte contre les spasmes des artères.

Il est utilisé dans le traitement :
- des troubles du comportement et de la mémoire liés au vieillissement,
- des manifestations douloureuses de l'*artérite*,
- des manifestations en rapport avec la fragilité des *vaisseaux capillaires*.

CONTRE-INDICATIONS

Ce médicament ne doit pas être utilisé dans les cas suivants :
- *hypertension intracrânienne*,
- *bloc auriculo-ventriculaire*.

INTERACTIONS MÉDICAMENTEUSES

Ce médicament peut interagir avec d'autres médicaments. Signalez tout autre traitement en cours à votre médecin ou à votre pharmacien.

GROSSESSE, ALLAITEMENT ET NOUVEAU-NÉ

L'effet de ce médicament pendant la grossesse ou l'allaitement est mal connu : seul votre médecin peut évaluer le risque éventuel de son utilisation dans votre cas.

MODE D'EMPLOI ET POSOLOGIE

Les comprimés doivent être pris avec un peu d'eau.

Posologie usuelle :

4 à 6 comprimés par jour.

EFFETS INDÉSIRABLES POSSIBLES

Troubles cardio-vasculaires : accélération du cœur, bouffées de chaleur.

Troubles digestifs, constipation notamment.

SOLUTION ANTISEPTIQUE GILBERT

chlorhexidine

PRÉSENTATION

SOLUTION ANTISEPTIQUE : solution pour application locale ; boîte de 10 flacons unidoses 5 ml - Non remb.

Laboratoires Gilbert

COMPOSITION

	p. 100 ml
Chlorhexidine gluconate	50 mg

INDICATIONS

Ce médicament est un *antiseptique* local.

Il est utilisé pour désinfecter la peau (plaie, brûlure superficielle).

CONTRE-INDICATIONS

Ce médicament ne doit pas être appliqué dans les yeux, les oreilles ou sur les *muqueuses*.

ATTENTION

N'utilisez pas ce médicament sur une large surface de peau sans avis médical : risque de passage du médicament dans le sang.

INTERACTIONS MÉDICAMENTEUSES

L'association à d'autres *antiseptiques* est déconseillée car leurs effets risquent de s'annuler.

GROSSESSE, ALLAITEMENT ET NOUVEAU-NÉ

L'utilisation ponctuelle de ce médicament pendant la grossesse ou l'allaitement ne semble pas poser de problème particulier.

Allaitement :

Ne pas appliquer sur les seins en cas d'allaitement.

MODE D'EMPLOI ET POSOLOGIE

Cette solution est prête à l'emploi : elle peut être appliquée directement sur les plaies à traiter.

Posologie usuelle :
2 applications par jour.

> Le simple lavage à l'eau et au savon permet d'éliminer la majorité des *germes* ; il doit être suivi d'un rinçage soigneux car le savon peut inactiver certains *antiseptiques*.
> Tous les antiseptiques peuvent être contaminés par des germes : utilisez un nouveau flacon pour chaque application.

SOLUTION DE CHLORURE DE SODIUM PRIMASOIN

PRÉSENTATION

SOLUTION DE CHLORURE DE SODIUM PRIMASOIN : solution nasale et ophtalmique ; boîte de 18 flacons unidoses 5 ml - Non remb.

SOLUTION DE CHLORURE DE SODIUM PRIMASOIN : solution nasale et ophtalmique ; boîte de 36 flacons unidoses 5 ml - Non remb.

Laboratoires Pharmygiène

COMPOSITION

	p. 100 ml
Chlorure de sodium	0,9 g

INDICATIONS

Cette solution est du *sérum physiologique* (eau salée à 9 g par litre), stérile et non injectable.

Elle est utilisée pour le lavage des fosses nasales ou des yeux.

GROSSESSE, ALLAITEMENT ET NOUVEAU-NÉ

Ce médicament est couramment utilisé au cours de la grossesse ou chez la femme qui allaite.

MODE D'EMPLOI ET POSOLOGIE

Pour plus de confort, la solution peut être réchauffée dans la main avant utilisation.
Ne pas se moucher violemment au cours des 10 minutes qui suivent l'instillation.

Posologie usuelle :
1 à 3 lavages des yeux ou des fosses nasales par jour.

Chez le *nourrisson*, n'exercez pas une pression trop forte sur le flacon : quelques gouttes suffisent pour réaliser une *irrigation nasale*.

> Chaque flacon entamé ne doit pas être conservé plus de 48 heures.
> Pour lutter contre l'obstruction nasale chez le jeune enfant, veillez à assurer une bonne humidification de l'air ambiant.

Ne jetez pas les médicaments périmés, rapportez-les chez votre pharmacien

SOLUTION NASALE DE CHLORURE DE SODIUM DEMEL
chlorure de sodium

PRÉSENTATION

SOLUTION NASALE DE CHLORURE DE SODIUM DEMEL : solution nasale ; boîte de 16 flacons unidoses 5 ml - Non remb.

Laboratoires C.P.F.

COMPOSITION

	p. 100 ml
Chlorure de sodium	0,9 g

INDICATIONS

Cette solution est du *sérum physiologique* (eau salée à 9 g par litre), stérile et non injectable.

Elle est utilisée pour le lavage des fosses nasales, notamment en cas de *rhinite*.

GROSSESSE, ALLAITEMENT ET NOUVEAU-NÉ

Ce médicament est couramment utilisé au cours de la grossesse ou chez la femme qui allaite.

MODE D'EMPLOI ET POSOLOGIE

Pour plus de confort, la solution peut être réchauffée dans la main avant utilisation.
Ne pas se moucher violemment au cours des 10 minutes qui suivent l'instillation.

Posologie usuelle :
1 à 3 lavages des fosses nasales par jour.

Chez le *nourrisson*, n'exercez pas une pression trop forte sur le flacon : quelques gouttes suffisent pour réaliser une *irrigation nasale*.

> Chaque flacon entamé ne doit pas être conservé plus de 24 heures.
> Pour lutter contre l'obstruction nasale chez le jeune enfant, veillez à assurer une bonne humidification de l'air ambiant.

SOLUTION NASALE ET OPHTALMIQUE GILBERT
chlorure de sodium

PRÉSENTATION

SOLUTION NASALE ET OPHTALMIQUE GILBERT : solution nasale et ophtalmique ; boîte de 15 flacons unidoses 5 ml - Non remb.

SOLUTION NASALE ET OPHTALMIQUE GILBERT : solution nasale et ophtalmique ; boîte de 30 flacons unidoses 5 ml - Non remb.

Laboratoires Gilbert

COMPOSITION

	p. 100 ml
Chlorure de sodium	0,9 g

INDICATIONS

Cette solution est du *sérum physiologique* (eau salée à 9 g par litre), stérile et non injectable.

Elle est utilisée pour le lavage des fosses nasales ou des yeux.

GROSSESSE, ALLAITEMENT ET NOUVEAU-NÉ

Ce médicament est couramment utilisé au cours de la grossesse ou chez la femme qui allaite.

MODE D'EMPLOI ET POSOLOGIE

Pour plus de confort, la solution peut être réchauffée dans la main avant utilisation.

Posologie usuelle :
1 à 3 lavages des fosses nasales ou des yeux par jour.

Chez le *nourrisson*, n'exercez pas une pression trop forte sur le flacon : quelques gouttes suffisent pour réaliser une *irrigation nasale*.

> Chaque flacon entamé doit être jeté après utilisation.
> Pour lutter contre l'obstruction nasale chez le jeune enfant, veillez à assurer une bonne humidification de l'air ambiant.

SOLUTION NASALE ET OPHTALMIQUE SAUBA
chlorure de sodium

PRÉSENTATION

SOLUTION NASALE ET OPHTALMIQUE SAUBA : solution nasale et ophtalmique ; boîte de 18 flacons unidoses 5 ml - Non remb.

SOLUTION NASALE ET OPHTALMIQUE SAUBA : solution nasale et ophtalmique ; boîte de 36 flacons unidoses 5 ml - Non remb.

Laboratoires Sterling Midy

COMPOSITION

	p. 100 ml
Chlorure de sodium	0,9 g

INDICATIONS

Cette solution est du *sérum physiologique* (eau salée à 9 g par litre), stérile et non injectable.

Elle est utilisée pour le lavage des fosses nasales ou des yeux.

GROSSESSE, ALLAITEMENT ET NOUVEAU-NÉ

Ce médicament est couramment utilisé au cours de la grossesse ou chez la femme qui allaite.

MODE D'EMPLOI ET POSOLOGIE

Pour plus de confort, la solution peut être réchauffée dans la main avant utilisation.

Posologie usuelle :
1 à 3 lavages des fosses nasales ou des yeux par jour.

Chez le *nourrisson*, n'exercez pas une pression trop forte sur le flacon : quelques gouttes suffisent pour réaliser une *irrigation nasale*.

> Chaque flacon entamé doit être jeté après utilisation.
> Pour lutter contre l'obstruction nasale chez le jeune enfant, veillez à assurer une bonne humidification de l'air ambiant.

SOLUTRICINE

tyrothricine, vitamine C

PRÉSENTATION

SOLUTRICINE : pastille arôme citron ; boîte de 48 - Non remb.

SOLUTRICINE : pastille arôme citron ; boîte de 72 - Non remb.

Laboratoires RP Labo

COMPOSITION

	p. past.
Tyrothricine	1 mg
Acide ascorbique (vitamine C)	50 mg
Saccharose	0,84 g

INDICATIONS

Ce médicament d'usage local contient un *antibiotique* et de la *vitamine* C.

Il est utilisé dans le *traitement d'appoint* des infections de la bouche (aphtes, petites plaies) et de la gorge, sans fièvre.

ATTENTION

L'usage prolongé de ce médicament n'est pas souhaitable : il est susceptible de modifier l'équilibre microbien naturel de la gorge (apparition de *candidose*).

En cas d'apparition de fièvre, d'aggravation ou d'absence d'amélioration au bout de 3 jours, consultez votre médecin.

Ce médicament contient du *sucre* (saccharose) en quantité notable.

GROSSESSE, ALLAITEMENT ET NOUVEAU-NÉ

L'effet de ce médicament pendant la grossesse ou l'allaitement est mal connu. L'évaluation du risque éventuel lié à son utilisation est individuelle : demandez conseil à votre pharmacien ou à votre médecin.

MODE D'EMPLOI ET POSOLOGIE

Les pastilles doivent être sucées sans être croquées.

Posologie usuelle :

8 à 10 pastilles par jour.

> Certaines infections de la gorge nécessitent un traitement spécifique pour éviter des complications ultérieures, cardiaques ou rénales : si les troubles persistent, consultez votre médecin.

SOLUTRICINE TÉTRACAÏNE

tyrothricine, tétracaïne

PRÉSENTATION

SOLUTRICINE TÉTRACAÏNE : comprimé à sucer ; boîte de 36 - Non remb.

Laboratoires RP Labo

COMPOSITION

	p. comp.
Tyrothricine	1 mg
Tétracaïne chlorhydrate	0,1 mg
Saccharose	1,26 g
Menthol	+

INDICATIONS

Ce médicament d'usage local contient un *antibiotique* et un *anesthésique*.

Il est utilisé comme *traitement d'appoint* en cas de mal de gorge sans fièvre.

CONTRE-INDICATIONS

Ce médicament ne doit pas être utilisé dans les cas suivants :

- *allergie* aux *anesthésiques* locaux,
- enfant de moins de 6 ans.

ATTENTION

L'usage prolongé de ce médicament n'est pas souhaitable : il est susceptible de modifier l'équilibre microbien naturel de la gorge (apparition d'une *candidose*).

Une surconsommation pourrait provoquer des troubles nerveux et cardiaques : respectez la *posologie*.

En cas d'apparition de fièvre, d'aggravation ou d'absence d'amélioration au bout de 5 jours, consultez votre médecin.

Ce médicament contient du *sucre* (saccharose) en quantité notable.

GROSSESSE, ALLAITEMENT ET NOUVEAU-NÉ

L'effet de ce médicament pendant la grossesse ou l'allaitement est mal connu. L'évaluation du risque éventuel lié à son utilisation est individuelle : demandez conseil à votre pharmacien ou à votre médecin.

MODE D'EMPLOI ET POSOLOGIE

Les comprimés doivent être sucés sans être croqués, et pris de préférence à distance des repas.

Posologie usuelle :

- Adulte : 1 comprimé, 6 à 10 fois par jour, les prises devant être espacées d'au moins 1 heure.
- Enfant de 6 à 15 ans : 1 comprimé, 3 à 6 fois par jour, les prises devant être espacées d'au moins 2 heures.

> Chez l'enfant et les personnes âgées, évitez l'usage de ce médicament avant les repas : l'*anesthésique* local est susceptible de provoquer des troubles de la déglutition ; ceux-ci pourraient être à l'origine du passage d'aliments dans les *voies* respiratoires.

> Certaines infections de la gorge nécessitent un traitement spécifique pour éviter des complications ultérieures, cardiaques ou rénales : si les troubles persistent, consultez votre médecin.

EFFETS INDÉSIRABLES POSSIBLES

En cas de réaction allergique cutanée, arrêtez le traitement.

Engourdissement passager de la langue.

SOPHTAL collyre

acide salicylique, chlorhexidine

PRÉSENTATION

SOPHTAL : collyre ; flacon compte-gouttes 10 ml - Remb. 65 %

Laboratoires Alcon

COMPOSITION

	p. 10 ml
Acide salicylique	10 mg
Chlorhexidine gluconate	0,5 mg

INDICATIONS

Ce collyre contient une substance astringente de la famille des *salicylés* et un *antiseptique*.

Il est utilisé dans le traitement des *conjonctivites* chroniques non infectieuses.

CONTRE-INDICATIONS

Ce médicament ne doit pas être utilisé en cas d'*allergie* aux *salicylés*.

ATTENTION

Une rougeur ou une douleur de l'œil ne correspondent pas toujours à une *conjonctivite*. Des soins urgents peuvent être nécessaires, notamment en cas de vision floue.

En l'absence d'amélioration rapide, consultez votre médecin.

INTERACTIONS MÉDICAMENTEUSES

Ce collyre peut interagir avec d'autres collyres. Respectez un intervalle minimal de 15 minutes entre deux instillations.

GROSSESSE, ALLAITEMENT ET NOUVEAU-NÉ

L'effet de ce médicament pendant la grossesse ou l'allaitement est mal connu. L'évaluation du risque éventuel lié à son utilisation est individuelle : demandez conseil à votre pharmacien ou à votre médecin.

MODE D'EMPLOI ET POSOLOGIE

Tirer la paupière inférieure vers le bas tout en regardant vers le haut et déposer les gouttes de collyre entre la paupière et le globe oculaire (*cul-de-sac conjonctival*).

Posologie usuelle :

1 goutte, 2 à 4 fois par jour.

> Les lentilles de contact ne doivent pas être portées en cas d'irritation oculaire ni réutilisées avant l'arrêt complet du traitement.

L'application correcte du produit peut nécessiter une aide, notamment chez l'enfant ou la personne handicapée ou âgée.
Ne conservez pas ce collyre plus de 15 jours après une première utilisation.

EFFETS INDÉSIRABLES POSSIBLES

Irritation ou réaction allergique.

SOPHTAL solution oculaire

acide salicylique, borate de sodium, eau distillée de rose

PRÉSENTATION

SOPHTAL : solution ophtalmique ; boîte de 5 unidoses 10 ml et 5 œillères - Non remb.

SOPHTAL : solution ophtalmique ; boîte de 20 unidoses 10 ml - Non remb.

SOPHTAL : solution ophtalmique ; flacon 200 ml - Non remb.

Laboratoires Alcon

COMPOSITION

	p. 100 ml
Borate de sodium	0,25 g
Acide salicylique	0,1 g
Eau distillée de rose	10 ml

INDICATIONS

Cette solution ophtalmique est une lotion oculaire astringente et légèrement *antiseptique*.

Elle est utilisée pour l'hygiène oculaire et dans le traitement des irritations de l'œil ou des paupières.

ATTENTION
Une irritation oculaire peut être due à une infection : en cas de doute, n'hésitez pas à consulter votre médecin. N'utilisez pas ce médicament de façon prolongée sans prendre un avis médical.

GROSSESSE, ALLAITEMENT ET NOUVEAU-NÉ

Cette solution ophtalmique contient des conservateurs dont l'effet est mal connu pendant la grossesse ou l'allaitement. L'évaluation du risque éventuel lié à son utilisation est individuelle : demandez conseil à votre pharmacien ou à votre médecin.

MODE D'EMPLOI ET POSOLOGIE

Lavages : pressez légèrement le flacon et arrosez l'œil irrité. En cas de brûlure par des gaz lacrymogènes ou par une autre substance chimique irritante, écartez les paupières pour bien nettoyer la totalité de l'œil et n'hésitez pas à utiliser une quantité importante de solution.

Applications externes : appliquez une compresse ou un morceau de coton imbibé de solution sur l'œil fermé pendant quelques minutes.

Posologie usuelle :

1 à 3 lavages ou applications externes par jour.

L'application correcte du produit peut nécessiter une aide, notamment chez une personne handicapée ou âgée.

SOPHTALINE

synéphrine, acide borique

PRÉSENTATION

SOPHTALINE : collyre ; flacon 10 ml - Non remb.

Laboratoires P.P.D.H.

COMPOSITION

	p. 100 ml
Synéphrine chlorhydrate	0,1 g
Acide borique	1 g
Rose, eau distillée	20 ml
Hamamélis, eau distillée	2 ml

INDICATIONS

C'est un collyre décongestionnant qui contient notamment un *vasoconstricteur* et des *antiseptiques*.

Il est utilisé pour traiter la *conjonctivite* non infectieuse, notamment les irritations dues à des corps étrangers, à des gaz irritants, à des poussières ou à une lumière excessive.

CONTRE-INDICATIONS

Ce médicament ne doit pas être utilisé en cas de *glaucome* à angle fermé.

ATTENTION
Ne pas utiliser ce collyre sans avis médical chez l'enfant de moins de 2 ans.
Une rougeur ou une douleur de l'œil ne correspondent pas toujours à une *conjonctivite*. Des soins urgents peuvent être nécessaires, notamment en cas de vision floue.
Ce collyre peut provoquer un *glaucome* aigu par fermeture de l'angle chez les personnes prédisposées : œil rouge, dur, douloureux, et flou de la vision. Une consultation d'urgence dans un service spécialisé est alors nécessaire.
Du fait de la présence d'un *vasoconstricteur*, les instillations répétées doivent être évitées chez les personnes souffrant d'*angine de poitrine* ou d'*hypertension artérielle*.
Des instillations répétées peuvent provoquer une sensibilité anormale à la lumière, gênante en cas de conduite automobile.

INTERACTIONS MÉDICAMENTEUSES

Ce médicament peut interagir avec d'autres médicaments, notamment les *antidépresseurs* de la famille des *IMAO* non sélectifs (MARSILID, NIAMIDE...). Signalez tout autre traitement en cours à votre médecin ou à votre pharmacien.

GROSSESSE, ALLAITEMENT ET NOUVEAU-NÉ

L'effet de ce médicament pendant la grossesse ou l'allaitement est mal connu. L'évaluation du risque éventuel lié à son utilisation est individuelle : demandez conseil à votre pharmacien ou à votre médecin.

MODE D'EMPLOI ET POSOLOGIE

Tirer la paupière inférieure vers le bas tout en regardant vers le haut et déposer les gouttes de collyre entre la paupière et le globe oculaire (*cul-de-sac conjonctival*).

Posologie usuelle :

1 ou 2 gouttes, 2 à 6 fois par jour.

Les lentilles de contact ne doivent pas être portées en cas d'irritation oculaire ni réutilisées avant l'arrêt complet du traitement.
L'application correcte du produit peut nécessiter une aide, notamment chez la personne handicapée ou âgée.
Ne conservez pas ce collyre inutilement après une première utilisation.

EFFETS INDÉSIRABLES POSSIBLES

Glaucome aigu par fermeture de l'angle (voir ATTENTION).

Sensibilité excessive à la lumière due à une dilatation de la pupille.

SOPROL

bisoprolol

PRÉSENTATION

SOPROL 10 mg : comprimé sécable (gris orangé) ; boîte de 28 - Remb. 65 % - Liste I

Laboratoires Novalis

COMPOSITION

	p. comp.
Bisoprolol hémifumarate	10 mg

INDICATIONS

Ce médicament appartient à la famille des *bêtabloquants*. Ceux-ci agissent en bloquant l'action de l'*adrénaline* (et d'autres *hormones* apparentées) sur de nombreux organes et notamment le cœur, les vaisseaux et les bronches.

Il est utilisé dans :
- le traitement de l'*hypertension artérielle*,
- la prévention des crises d'*angine de poitrine*.

CONTRE-INDICATIONS

Ce médicament ne doit pas être utilisé dans les cas suivants :
- *insuffisance cardiaque* grave non contrôlée par un traitement spécifique,
- *bloc auriculo-ventriculaire* grave,
- rythme cardiaque inférieur à 50 battements par minute,
- association avec les médicaments contenant de la floctafénine.

Dans tous les autres cas, le médecin est seul juge, notamment en cas d'*asthme*.

ATTENTION
N'interrompez jamais brutalement le traitement. Espacez progressivement les prises. Un avis médical est toujours préférable.

Diabétiques : les *bétabloquants* peuvent masquer certains *symptômes* de l'*hypoglycémie*, essentiellement *palpitations* et accélération du cœur.

INTERACTIONS MÉDICAMENTEUSES

Ce médicament ne doit pas être associé à la floctafénine (IDARAC...) : risque d'augmentation de la gravité d'un éventuel *choc* allergique.

Il peut interagir avec d'autres médicaments, notamment ceux contenant de l'amiodarone. Signalez tout autre traitement en cours à votre médecin ou à votre pharmacien.

GROSSESSE, ALLAITEMENT ET NOUVEAU-NÉ

Grossesse et nouveau-né :

L'effet de ce médicament sur l'enfant à naître est mal connu. Seul votre médecin peut apprécier la nécessité du traitement et son risque.

L'effet *bétabloquant* persiste quelques jours chez le *nouveau-né* et justifie une surveillance médicale renforcée pendant les premiers jours de la vie.

Allaitement :

Ce médicament passe dans le lait maternel : l'allaitement est déconseillé.

MODE D'EMPLOI ET POSOLOGIE

Ce médicament peut être pris indifféremment pendant ou en dehors des repas.

Posologie usuelle :

1 comprimé par jour, de préférence le matin.

> Veillez à toujours disposer d'une réserve de ce médicament : une plaquette dans la boîte à gants de la voiture et dans la trousse de toilette, par exemple.
>
> Il est normal que le rythme cardiaque ralentisse sous l'effet du traitement ; néanmoins, en cas de fatigue anormale et de pouls inférieur à 50 battements par minute, consultez votre médecin.

EFFETS INDÉSIRABLES POSSIBLES

Bénins et peu fréquents : *troubles digestifs*, fatigue en début de traitement, troubles du sommeil, syndrome de *Raynaud* et fourmillement des extrémités ; parfois, réactions cutanées.

Potentiellement graves et rares : *bloc auriculo-ventriculaire*, ralentissement important du cœur, chute de tension, *insuffisance cardiaque*, crise d'*asthme*.

SORBILÈNE

bétaïne, sorbitol, orthosiphon

PRÉSENTATION

SORBILÈNE : solution buvable arôme orange ; boîte de 20 ampoules 10 ml - Non remb.

Laboratoires Amido

COMPOSITION

	p. amp.
Bétaïne monohydrate	500 mg
Sorbitol	3,5 g
Orthosiphon, extrait fluide	250 mg
Alcool à 95°	100 mg

INDICATIONS

Ce médicament facilite le passage de la bile vers le tube digestif et permet une meilleure hydratation des selles.

Il est utilisé dans le *traitement symptomatique* de la constipation et des digestions difficiles.

CONTRE-INDICATIONS

Ce médicament ne doit pas être utilisé dans les cas suivants :
- occlusion intestinale ou risque d'occlusion,
- maladies inflammatoires du côlon.

> **ATTENTION**
>
> En cas de douleurs abdominales qui se renouvellent ou qui durent, ce médicament ne doit pas être pris sans avis médical.
>
> Des précautions sont nécessaires en cas d'obstruction des *voies biliaires*.

GROSSESSE, ALLAITEMENT ET NOUVEAU-NÉ

Grossesse :

Ce médicament peut être utilisé chez la femme enceinte.

Allaitement :

Comme tous les laxatifs, ce médicament est susceptible de freiner les montées de lait.

MODE D'EMPLOI ET POSOLOGIE

Le contenu des ampoules doit être dilué dans un verre d'eau.

Posologie usuelle :
- Adulte : 2 à 4 ampoules par jour.
- Enfant : 1 ou 2 ampoules par jour.

> Ce traitement doit être accompagné de mesures simples d'hygiène alimentaire (régime riche en fibres et boissons abondantes) et d'exercices physiques : consultez votre médecin ou votre pharmacien.

EFFETS INDÉSIRABLES POSSIBLES

Diarrhée, douleurs abdominales.

SORBITOL DELALANDE

sorbitol

PRÉSENTATION

SORBITOL DELALANDE 5 g : poudre ; boîte de 20 sachets (5 g) - Non remb.

Laboratoires Goupil

COMPOSITION

	p. sach.
Sorbitol	5 g

INDICATIONS

Ce médicament facilite le passage de la bile vers le tube digestif et permet une meilleure hydratation des selles.

Il est utilisé dans le *traitement symptomatique* de la constipation et des digestions difficiles.

CONTRE-INDICATIONS

Ce médicament ne doit pas être utilisé dans les cas suivants :
- occlusion intestinale ou risque d'occlusion,
- maladies inflammatoires du côlon,
- intolérance au fructose.

> **ATTENTION**
>
> En cas de douleurs abdominales répétitives ou prolongées, ce médicament ne doit pas être pris sans avis médical.
>
> Des précautions sont nécessaires en cas d'obstruction des *voies biliaires*.

GROSSESSE, ALLAITEMENT ET NOUVEAU-NÉ

Grossesse :

Ce médicament peut être utilisé chez la femme enceinte.

Allaitement :

Comme tous les laxatifs, ce médicament est susceptible de freiner les montées de lait.

MODE D'EMPLOI ET POSOLOGIE

Dissoudre la poudre dans un demi-verre d'eau froide.

Posologie usuelle :
- Adulte :
  - constipation : 1 sachet le matin à jeun,
  - digestions difficiles : 1 à 3 sachets par jour, avant les repas ou au moment des troubles.
- Enfant : 1/2 sachet le matin.

> Pour les jeunes enfants, la poudre peut être dissoute dans un biberon ou mélangée à un yaourt ou une compote...
>
> Ce traitement doit être accompagné de mesures simples d'hygiène alimentaire (régime riche en fibres et boissons abondantes) et d'exercices physiques : consultez votre médecin ou votre pharmacien.

EFFETS INDÉSIRABLES POSSIBLES

Diarrhée, douleurs abdominales.

SORBITRATE

isosorbide dinitrate

PRÉSENTATION

SORBITRATE : comprimé sécable (blanc) ; boîte de 60 - Remb. 65 % - Liste II

Laboratoires Zeneca Pharma

COMPOSITION

	p. comp.
Isosorbide dinitrate	20 mg

INDICATIONS

Ce médicament *vasodilatateur* appartient à la famille des dérivés de la trinitrine. Il possède de nombreuses propriétés qui facilitent le travail du cœur : dilatation des veines, dilatation des artères à forte dose, prévention des spasmes des *artères coronaires*.

Il est utilisé dans :
- le *traitement préventif* des crises d'*angine de poitrine*,
- le *traitement d'appoint* de l'*insuffisance cardiaque*.

ATTENTION

Ce médicament peut être responsable de maux de tête, parfois violents, surtout lors des premières prises.

Des baisses de la tension artérielle ont également été constatées. La mise en route progressive du traitement prescrit par le médecin doit être respectée, notamment pour les *posologies* élevées ; de même le traitement ne doit pas être arrêté brutalement.

INTERACTIONS MÉDICAMENTEUSES

Ce médicament peut interagir avec d'autres médicaments. Signalez tout autre traitement en cours à votre médecin ou à votre pharmacien.

GROSSESSE, ALLAITEMENT ET NOUVEAU-NÉ

L'effet de ce médicament pendant la grossesse ou l'allaitement est mal connu : seul votre médecin peut évaluer le risque éventuel de son utilisation dans votre cas.

MODE D'EMPLOI ET POSOLOGIE

Ce médicament doit être avalé tel quel, sans être ni sucé ni croqué.

Posologie usuelle :

Elle est variable en fonction des indications et adaptée par votre médecin en fonction de l'effet thérapeutique.

EFFETS INDÉSIRABLES POSSIBLES

Maux de tête, bouffées de chaleur fréquents en début de traitement.

Baisse de la tension artérielle pouvant se traduire par des malaises, surtout chez la personne âgée.

Nausées et réactions cutanées.

SORBO-CITRYL

sorbitol, citrate de sodium

PRÉSENTATION

SORBO-CITRYL : solution buvable Adulte arôme citron ; boîte de 24 ampoules (10 ml) - Non remb.

SORBO-CITRYL ENFANT : solution buvable Enfant arôme citron ; boîte de 24 ampoules (5 ml) - Non remb.

Laboratoires Meram

COMPOSITION

	p. amp. Ad.	p. amp. Enf.
Sorbitol	3 g	1,50 g
Citrate monosodique	1 g	0,50 g
Citrate trisodique	0,66 g	0,33 g
Saccharose	2 g	1 g

INDICATIONS

Ce médicament est une association de plusieurs substances facilitant le passage de la bile vers le tube digestif ; en outre le sorbitol hydrate le contenu du tube digestif.

Il est utilisé dans le *traitement symptomatique* de la constipation et des digestions difficiles.

CONTRE-INDICATIONS

Ce médicament ne doit pas être utilisé dans les cas suivants :
- maladies inflammatoires du côlon,
- occlusion intestinale ou risque d'occlusion.

ATTENTION

En cas de douleurs abdominales répétitives ou prolongées, ce médicament ne doit pas être pris sans l'avis de votre médecin.

Des précautions sont nécessaires en cas d'obstruction des *voies biliaires*.

GROSSESSE, ALLAITEMENT ET NOUVEAU-NÉ

Grossesse :

L'effet de ce médicament pendant la grossesse est mal connu. L'évaluation du risque éventuel lié à son utilisation est individuelle : demandez conseil à votre pharmacien ou à votre médecin.

Allaitement :

Comme tous les laxatifs, ce médicament est susceptible de freiner les montées de lait.

MODE D'EMPLOI ET POSOLOGIE

- Adulte : 2 à 4 ampoules Adulte par jour durant 1 mois.
- Enfant à partir de 4 ans : 1 ampoule Enfant, 2 fois par jour durant 1 mois.
- Nourrisson : 1/2 ampoule Enfant, 2 fois par jour.

Ce traitement doit être accompagné de mesures simples d'hygiène alimentaire (régime riche en fibres et boissons abondantes) et d'exercices physiques : consultez votre médecin ou votre pharmacien.

1 ampoule Enfant (5 ml) équivaut à la moitié d'une ampoule Adulte.

EFFETS INDÉSIRABLES POSSIBLES

Diarrhée, douleurs abdominales.

L'exposition au soleil peut être contre-indiquée pendant certains traitements

SORIATANE

acitrétine

PRÉSENTATION

SORIATANE 10 mg : gélule (blanc jaunâtre et brun-rouge) ; boîte de 30 - Remb. 65 % - Liste I

SORIATANE 25 mg : gélule (jaune et brun-rouge) ; boîte de 30 - Remb. 65 % - Liste I

Laboratoires Roche

COMPOSITION

	p. gél.	p. gél.
Acitrétine	10 mg	25 mg

INDICATIONS

Ce médicament appartient à la famille des *rétinoïdes* (*vitamine* A acide). Il limite le renouvellement excessif des cellules de la peau observé dans certaines maladies. Il diminue également l'épaisseur de la couche cornée (partie superficielle de l'*épiderme*).

Il est réservé au traitement du *psoriasis* grave et à d'autres maladies apparentées.

CONTRE-INDICATIONS

Ce médicament ne doit pas être utilisé dans les cas suivants :
- femme en âge de procréer et n'ayant pas de protection contraceptive efficace ;
- **grossesse** ;
- **allaitement** ;
- *insuffisance rénale* ou *insuffisance hépatique* ;
- augmentation des lipides dans le sang ;
- association avec les *antibiotiques* de la famille des *tétracyclines*.

ATTENTION

Une contraception efficace est indispensable 1 mois avant le début du traitement, pendant toute sa durée et pendant les 2 ans qui suivent son arrêt : ce médicament est responsable de graves malformations chez l'enfant à naître.

Certains médicaments peuvent nuire à l'efficacité d'une contraception orale : demandez conseil à votre médecin ou à votre pharmacien.

Ne faites pas don de votre sang pendant la durée du traitement ni pendant l'année qui suit son arrêt, en raison de la présence de ce médicament dans le sang.

Ce médicament est apparenté à la *vitamine* A. Évitez d'absorber des quantités importantes de cette vitamine sous forme de médicament pendant le traitement. Aucune restriction alimentaire n'est, en revanche, nécessaire.

Des analyses de sang régulières sont nécessaires pendant le traitement.

Conducteur : ce médicament peut être responsable d'une baisse de la vision nocturne.

INTERACTIONS MÉDICAMENTEUSES

Ce médicament ne doit pas être associé aux *antibiotiques* de la famille des *tétra-*

cyclines : risque d'*hypertension intra-crânienne.*

Ce médicament peut interagir avec d'autres médicaments. Signalez tout autre traitement en cours à votre médecin ou à votre pharmacien.

GROSSESSE, ALLAITEMENT ET NOUVEAU-NÉ

Grossesse :

Ce médicament est contre-indiqué pendant la grossesse : il est responsable de malformations chez l'enfant à naître (voir ATTENTION).

Allaitement :

Ce médicament est contre-indiqué pendant l'allaitement.

MODE D'EMPLOI ET POSOLOGIE

Les gélules doivent être avalées de préférence au cours du repas.

Posologie usuelle :

Elle est strictement individuelle. Le médecin recherche la dose minimale compatible avec l'efficacité du traitement.

> Ce médicament assèche l'œil : évitez de porter des lentilles de contact.

EFFETS INDÉSIRABLES POSSIBLES

Fréquemment : *inflammation* des lèvres, sécheresse de la peau et des *muqueuses*, aggravation de la chute naturelle des cheveux, fragilité des ongles.

Plus rarement : sécheresse de la bouche, sensation de soif, amincissement de la peau des mains et des pieds, maux de tête, baisse de la vision nocturne, douleurs musculaires et articulaires.

Ces effets indésirables disparaissent habituellement à l'arrêt du traitement.

SOTALEX
sotalol

PRÉSENTATION

SOTALEX 80 : comprimé sécable (blanc) ; boîte de 30 - Remb. 65 % - Liste I

SOTALEX 160 : comprimé sécable (bleu clair) ; boîte de 30 - Remb. 65 % - Liste I

Laboratoires Bristol-Myers Squibb

COMPOSITION

	p. comp.	p. comp.
Sotalol chlorhydrate	80 mg	160 mg

INDICATIONS

Ce médicament appartient à la famille des *bêtabloquants*. Ceux-ci agissent en bloquant l'action de l'*adrénaline* (et d'autres *hormones* apparentées) sur de nombreux organes, notamment le cœur, les vaisseaux et les bronches. Le sotalol possède par ailleurs des propriétés *antiarythmiques*.

Il est utilisé dans :
- l'*hypertension artérielle*,
- la prévention des crises d'*angine de poitrine* et les suites d'*infarctus du myocarde*,
- le *traitement préventif* ou *traitement curatif* de certains *troubles du rythme cardiaque*,
- les manifestations cardio-vasculaires des excès d'*hormones thyroïdiennes*,
- les *cardiomyopathies* obstructives.

CONTRE-INDICATIONS

Ce médicament ne doit pas être utilisé dans les cas suivants :
- *asthme*,
- *insuffisance cardiaque* grave non contrôlée par un traitement spécifique,
- *bloc auriculo-ventriculaire* grave,
- rythme cardiaque inférieur à 50 battements par minute,
- phénomène de *Raynaud*,
- association avec les médicaments contenant de la floctafénine ou pouvant entraîner des *torsades de pointes*.

> **ATTENTION**
> N'interrompez jamais brutalement le traitement. Espacez progressivement les prises. Un avis médical est toujours préférable.
> Diabétiques : les *bêtabloquants* peuvent masquer certains *symptômes* de l'*hypoglycémie*, essentiellement *palpitations* et accélération du cœur.

INTERACTIONS MÉDICAMENTEUSES

Ce médicament ne doit pas être associé :
- aux médicaments contenant de la floctafénine (IDARAC...) : risque d'augmentation de la gravité d'un éventuel *choc* allergique ;
- aux médicaments susceptibles de provoquer ou de faciliter des *torsades de pointes*, notamment ceux contenant de l'amiodarone (CORDARONE...) et les *laxatifs stimulants* en usage prolongé.

Il peut interagir avec d'autres médicaments. Signalez tout autre traitement en cours à votre médecin ou à votre pharmacien.

GROSSESSE, ALLAITEMENT ET NOUVEAU-NÉ

Grossesse et nouveau-né :

Les études scientifiques actuellement disponibles n'ont pas mis en évidence de problème particulier lors de l'utilisation chez la femme enceinte.

L'effet *bêtabloquant* persiste quelques jours chez le *nouveau-né* et justifie une surveillance médicale renforcée pendant les premiers jours de la vie.

Allaitement :

Ce médicament passe dans le lait maternel : l'allaitement est déconseillé.

MODE D'EMPLOI ET POSOLOGIE

Ce médicament doit être pris de préférence le matin, juste avant le petit déjeuner.

Posologie usuelle :

Dans l'*hypertension artérielle*, elle est de 320 mg par jour en 1 prise. Dans les autres indications, 2 prises peuvent être nécessaires : la deuxième prise aura lieu le soir, avant le dîner.

> Veillez à toujours disposer d'une réserve de ce médicament : une plaquette dans la boîte à gants de la voiture et dans la trousse de toilette, par exemple.
> Il est normal que le rythme cardiaque ralentisse sous l'effet du traitement ; néanmoins, en cas de fatigue anormale et de pouls inférieur à 50 battements par minute, consultez votre médecin.

EFFETS INDÉSIRABLES POSSIBLES

Bénins et peu fréquents : *troubles digestifs*, fatigue en début de traitement, maux de tête, troubles du sommeil, syndrome de *Raynaud* et fourmillement des extrémités ; parfois, réactions cutanées.

Potentiellement graves et rares : *torsades de pointes*, *bloc auriculo-ventriculaire*, ralentissement important du cœur, chute de tension, *insuffisance cardiaque*, crise d'*asthme*.

SOUFRANE
thénoate de sodium

PRÉSENTATION

SOUFRANE : solution nasale ; flacon pulvérisateur 15 ml - Remb. 35 %

Laboratoires Millot-Solac

COMPOSITION

	p. 100 ml
Thénoate de sodium	2,34 g

INDICATIONS

Cette solution nasale contient un *antiseptique* soufré.

Elle est utilisée comme *traitement d'appoint* des *rhinites*, des *rhino-pharyngites* et des *sinusites*.

> **ATTENTION**
> En l'absence d'amélioration ou en cas d'apparition de fièvre, consultez votre médecin.

GROSSESSE, ALLAITEMENT ET NOUVEAU-NÉ

Ce médicament ne contient aucune substance connue pour être toxique pendant la grossesse ou l'allaitement.

MODE D'EMPLOI ET POSOLOGIE

Les pulvérisations sont faites au cours d'une brève inspiration, en tenant le flacon verticalement.

Le traitement ne dépasse habituellement pas 10 jours.

Posologie usuelle :

1 pulvérisation dans chaque narine, 4 à 6 fois par jour.

EFFETS INDÉSIRABLES POSSIBLES

Réaction allergique locale.

SPAGULAX citrate de potassium

ispaghul, citrate de potassium

PRÉSENTATION

SPAGULAX CITRATE DE POTASSIUM : granulé (brun clair) ; boîte de 220 g (50 cuillères à café) - Remb. 35 %

SPAGULAX CITRATE DE POTASSIUM : granulé (brun clair) ; boîte de 700 g (160 cuillères à café) - Remb. 35 %

Laboratoires SmithKline Beecham

COMPOSITION

	p. c. à c.
Ispaghul, mucilage végétal pur	2,54 g
Citrate de potassium	0,43 g
Saccharose	1,3 g

INDICATIONS

C'est un *laxatif de lest* ; il contient une substance naturelle (ispaghul) qui n'est ni digérée, ni absorbée. Elle s'imbibe d'eau et rend les selles plus volumineuses et moins fermes.

Il est utilisé dans le *traitement symptomatique* de la constipation.

CONTRE-INDICATIONS

Ce médicament ne doit pas être utilisé dans les cas suivants :

- maladies comportant un risque d'obstruction du tube digestif,
- *hyperkaliémie*,
- *insuffisance rénale*,
- association avec les *diurétiques* hyperkaliémiants.

ATTENTION

Il est nécessaire de boire beaucoup d'eau, particulièrement en cas de dilatation du côlon, d'alitement et chez la personne âgée.

Les laxatifs ne doivent pas être utilisés de façon prolongée sans avis médical. Leur usage doit rester exceptionnel chez l'enfant.

Ce médicament contient du *sucre* (saccharose) en quantité notable.

INTERACTIONS MÉDICAMENTEUSES

Ce médicament ne doit pas être utilisé en cas d'*hyperkaliémie* : celle-ci peut être due à l'utilisation de certains *diurétiques*. Signalez tout autre traitement en cours à votre médecin ou à votre pharmacien.

GROSSESSE, ALLAITEMENT ET NOUVEAU-NÉ

Grossesse :

Ce médicament peut être utilisé en cure courte et ponctuelle, pour traiter la constipation de la femme enceinte.

MODE D'EMPLOI ET POSOLOGIE

Ce médicament sera pris indifféremment avant ou après les repas.

Avaler les granulés sans les croquer avec un grand verre d'eau ou du potage. Éviter l'absorption en position allongée.

Posologie usuelle :

3 cuillères à café à chacun des principaux repas.

Un échec du traitement peut être lié à la présence d'un *fécalome*, notamment chez la personne âgée.

Des mesures simples d'hygiène alimentaire et des exercices physiques sont à envisager avant d'utiliser un laxatif : parlez-en à votre médecin ou à votre pharmacien.

EFFETS INDÉSIRABLES POSSIBLES

Sensation de ballonnement.

SPAGULAX MUCILAGE PUR

ispaghul

PRÉSENTATION

SPAGULAX MUCILAGE PUR : granulé (brun clair) ; boîte de 220 g (50 cuillères à café) - Remb. 35 %

SPAGULAX MUCILAGE PUR : granulé (brun clair) ; boîte de 700 g (160 cuillères à café) - Remb. 35 %

Laboratoires SmithKline Beecham

COMPOSITION

	p. c. à c.
Ispaghul, tégument de la graine	3 g
Saccharose	1,3 g

INDICATIONS

C'est un *laxatif de lest*. Il contient une substance naturelle qui n'est ni digérée ni absorbée. Elle s'imbibe d'eau et rend les selles plus volumineuses et moins fermes.

Il est utilisé dans le *traitement symptomatique* de la constipation.

CONTRE-INDICATIONS

Ce médicament ne doit pas être utilisé en cas de maladies comportant un risque d'obstruction du tube digestif.

ATTENTION

Il est nécessaire de boire beaucoup d'eau, particulièrement en cas de dilatation du côlon, d'alitement et chez la personne âgée.

Les laxatifs ne doivent pas être utilisés de façon prolongée sans avis médical.

GROSSESSE, ALLAITEMENT ET NOUVEAU-NÉ

Grossesse :

Ce médicament peut être utilisé pour traiter la constipation de la femme enceinte.

MODE D'EMPLOI ET POSOLOGIE

Ce médicament sera pris indifféremment avant ou après les repas.

Avaler les granulés sans les croquer avec un grand verre d'eau ou du potage. Éviter l'absorption en position allongée.

L'effet n'est obtenu qu'après 2 ou 3 jours.

Posologie usuelle :

3 cuillères à café à chacun des principaux repas.

Un échec du traitement peut être lié à la présence d'un *fécalome*, notamment chez la personne âgée.

Des mesures simples d'hygiène alimentaire et des exercices physiques sont à envisager avant d'utiliser un laxatif : parlez-en à votre médecin ou à votre pharmacien.

EFFETS INDÉSIRABLES POSSIBLES

Sensation de ballonnement.

SPAGULAX sorbitol

ispaghul, sorbitol

PRÉSENTATION

SPAGULAX SORBITOL : granulé (brun clair) ; boîte de 220 g (50 cuillères à café) - Remb. 35 %

Laboratoires SmithKline Beecham

COMPOSITION

	p. c. à c.
Ispaghul, tégument de la graine	2,41 g
Sorbitol	1,63 g

INDICATIONS

Ce médicament contient un *laxatif de lest* (ispaghul) et du sorbitol. L'ispaghul s'imbibe d'eau et rend les selles plus volumineuses et moins fermes.

Il est utilisé dans le *traitement symptomatique* de la constipation.

CONTRE-INDICATIONS

Ce médicament ne doit pas être utilisé dans les cas suivants :

- maladie comportant un risque d'obstruction du tube digestif,
- maladies inflammatoires du côlon,
- *intolérance* au fructose.

ATTENTION

Il est nécessaire de boire beaucoup d'eau, particulièrement en cas de dilatation du côlon, d'alitement et chez la personne âgée.

Les laxatifs ne doivent pas être utilisés de façon prolongée sans avis médical.

GROSSESSE, ALLAITEMENT ET NOUVEAU-NÉ

Grossesse :

Ce médicament peut être utilisé pour traiter la constipation de la femme enceinte.

MODE D'EMPLOI ET POSOLOGIE

Ce médicament sera pris indifféremment avant ou après les repas.

Avaler les granulés sans les croquer avec un grand verre d'eau ou du potage. Éviter l'absorption en position allongée.

Posologie usuelle :

3 cuillères à café à chacun des principaux repas.

Un échec du traitement peut être lié à la présence d'un *fécalome*, notamment chez la personne âgée.

Des mesures simples d'hygiène alimentaire et des exercices physiques sont à envisager avant d'utiliser un laxatif : parlez-en à votre médecin ou à votre pharmacien.

EFFETS INDÉSIRABLES POSSIBLES

Sensation de ballonnement et risque de diarrhée.

SPANOR
doxycycline

PRÉSENTATION

SPANOR 100 : gélule (blanc) ; boîte de 5 - Remb. 65 % - Liste I

Laboratoires Biothérapie

COMPOSITION

	p. gél.
Doxycycline	100 mg

INDICATIONS

C'est un *antibiotique* qui appartient à la famille des *tétracyclines*.

Il est utilisé dans le traitement de diverses maladies infectieuses, notamment respiratoires et génitales. Il est également utilisé dans le traitement de l'*acné*.

CONTRE-INDICATIONS

Ce médicament ne doit pas être utilisé dans les cas suivants :
- *allergie* aux *tétracyclines*,
- enfant de moins de 8 ans (risque de coloration définitive des dents),
- association avec les *rétinoïdes*,
- grossesse,
- allaitement.

ATTENTION

Ce médicament est photosensibilisant : une exposition aux rayons *ultraviolets* peut provoquer des réactions cutanées. Évitez toute exposition au soleil et n'omettez pas de signaler à votre médecin vos projets de vacances pendant la durée du traitement.

INTERACTIONS MÉDICAMENTEUSES

Ce médicament ne doit pas être associé à ceux contenant des *rétinoïdes* (ROACCUTANE ORAL, SORIATANE...) : risque d'*hypertension intracrânienne*.

Il peut interagir avec d'autres médicaments, notamment les *anticoagulants* oraux : signalez tout autre traitement en cours à votre médecin ou à votre pharmacien.

GROSSESSE, ALLAITEMENT ET NOUVEAU-NÉ

Ce médicament peut provoquer des anomalies dentaires chez l'enfant à naître ou le *nourrisson* : son usage est contre-indiqué pendant la grossesse et l'allaitement.

MODE D'EMPLOI ET POSOLOGIE

Pour éviter les *troubles digestifs*, ce médicament sera pris de préférence pendant les repas.

Les gélules doivent être avalées avec un grand verre d'eau. Il est préférable de ne pas les absorber en position allongée.

Posologie usuelle :
- Adulte :
  - pour un poids inférieur à 60 kg : 2 gélules le 1er jour, puis 1 gélule par jour ;
  - pour un poids supérieur à 60 kg : 2 gélules par jour, en une prise.

Dans le traitement prolongé de l'*acné* et de certaines infections génitales : *posologie* particulière précisée par le médecin.
- Enfant de plus de 8 ans : 4 mg par kg et par jour.

Le médecin peut prescrire un prélèvement pour identifier le *germe* responsable de l'infection et tester sa sensibilité aux *antibiotiques*. Le résultat de cet examen peut être faussé en cas d'automédication préalable : un avis médical est toujours préférable avant la prise d'antibiotiques.

Une diminution de la fièvre ou une disparition des troubles ne sont pas synonymes de guérison : la durée du traitement doit absolument être respectée pour éviter les rechutes.

EFFETS INDÉSIRABLES POSSIBLES

Troubles digestifs : nausée, diarrhée, *candidose* anale et génitale.

Allergie cutanée, œdème de *Quincke*.

Rougeurs cutanées dues à une exposition aux rayons *ultraviolets*.

SPARAPLAIE
chlorure de benzalkonium

PRÉSENTATION

SPARAPLAIE : pansement médicamenteux adhésif ; boîte de 10 (10 cm x 6 cm) - Remb. 35 %

SPARAPLAIE : pansement médicamenteux adhésif ; boîte de 10 (10 cm x 8 cm) - Remb. 35 %

Laboratoires Fournier

COMPOSITION

	sol. d'imprégnation p. 100 ml
Benzalkonium chlorure	800 mg

INDICATIONS

C'est un pansement imprégné d'un *antiseptique* de la famille des *ammoniums quaternaires*.

Il est utilisé pour désinfecter et protéger les plaies superficielles.

ATTENTION

N'utilisez pas ce pansement dans le cadre d'une vaccination.

GROSSESSE, ALLAITEMENT ET NOUVEAU-NÉ

L'utilisation ponctuelle de ce médicament est possible chez la femme enceinte ou qui allaite.

MODE D'EMPLOI ET POSOLOGIE

Appliquer le pansement après avoir nettoyé et séché la plaie. Le changer 2 fois par jour.

SPARK PILULES

PRÉSENTATION

SPARK PILULES : comprimé (marron) ; boîte de 40 - Non remb.

Laboratoires Médecine Végétale

COMPOSITION

	p. comp.
Bourdaine, poudre d'écorce	20 mg
Boldo, poudre de feuille	20 mg
Aloès, poudre de suc	30 mg
Belladone, extrait	5 mg

INDICATIONS

Ce médicament contient des *laxatifs stimulants* et un *atropinique* (belladone). Les laxatifs stimulants augmentent les sécrétions et la motricité de l'intestin. La *belladone* réduit les douleurs abdominales.

Il est utilisé comme *traitement symptomatique* de la constipation.

CONTRE-INDICATIONS

Ce médicament ne doit pas être utilisé dans les cas suivants :
- maladies inflammatoires du côlon ;
- maladie comportant un risque d'obstruction du tube digestif ;
- *glaucome* à angle fermé ;
- risque de rétention urinaire lié à un *adénome de la prostate* ;
- grossesse.

ATTENTION

Ce médicament doit être utilisé de façon épisodique et en cure très brève : pas plus de 8 à 10 jours.

Son usage régulier peut entraîner :
- une *dépendance* ;
- des troubles intestinaux graves ;
- une perte de sels minéraux et notamment de *potassium*, pouvant entraîner des *troubles du rythme cardiaque* graves.

Son usage doit rester exceptionnel chez l'enfant de moins de 12 ans, sauf sur prescription médicale.

Arrêter le traitement en cas de diarrhées ou de douleurs abdominales.

INTERACTIONS MÉDICAMENTEUSES

Ce médicament peut interagir avec d'autres médicaments, notamment certains *antiarythmiques* et ceux contenant de la *vincamine*. Signalez tout autre traitement en cours à votre médecin ou à votre pharmacien.

GROSSESSE, ALLAITEMENT ET NOUVEAU-NÉ

Ce médicament est contre-indiqué pendant la grossesse et déconseillé pendant l'allaitement.

MODE D'EMPLOI ET POSOLOGIE

Ce médicament sera pris de préférence le soir au coucher.

Posologie usuelle :

1 comprimé par jour pour un effet laxatif.

2 comprimés par jour pour un effet purgatif.

Des mesures simples d'hygiène alimentaire et des exercices physiques sont à envisager avant d'utiliser un laxatif : parlez-en à votre médecin ou à votre pharmacien.

EFFETS INDÉSIRABLES POSSIBLES

Diarrhée, douleurs abdominales.

À forte dose : effets *atropiniques*.

SPASFON
phloroglucinol

PRÉSENTATION

SPASFON : comprimé (rose) ; boîte de 30 - Remb. 35 %

SPASFON : suppositoire ; boîte de 10 - Remb. 35 %

SPASFON : solution injectable ; boîte de 6 ampoules 4 ml - Remb. 35 %

SPASFON-LYOC : lyophilisat oral (blanc) ; boîte de 10 - Remb. 35 %

Laboratoires Lafon

COMPOSITION

	p. comp.	p. suppos.
Phloroglucinol	80 mg	150 mg
Triméthylphloroglucinol	80 mg	150 mg

	p. amp.	p. lyoph.
Phloroglucinol	40 mg	80 mg
Triméthylphloroglucinol	40 µg	

INDICATIONS

C'est un *antispasmodique* qui lutte contre les contractions anormales de l'intestin, des *voies biliaires*, des *voies* urinaires et de l'utérus. Il ne possède pas d'effet *atropinique*.

Ce médicament est utilisé dans le traitement :
- des *coliques néphrétiques* et des douleurs des voies urinaires ;
- des coliques hépatiques et des douleurs biliaires ;
- des *colites* spasmodiques, des douleurs intestinales ;
- des douleurs des règles et des spasmes de l'utérus pendant la grossesse.

ATTENTION
La solution injectable ne doit pas être mélangée avec un autre médicament dans la même seringue.

GROSSESSE, ALLAITEMENT ET NOUVEAU-NÉ

Grossesse :

Ce médicament est déconseillé pendant les 3 premiers mois de la grossesse.

Allaitement :

Les données actuellement disponibles ne permettent pas de savoir si ce médicament passe dans le lait maternel : il est déconseillé pendant l'allaitement.

MODE D'EMPLOI ET POSOLOGIE

Le mode d'administration diffère selon les cas et l'intensité des troubles : la solution injectable et le *lyophilisat* agissent en quelques minutes mais leur effet est de courte durée ; les comprimés sont destinés à prendre le relais du lyophilisat ou de la solution injectable, leur action dure plus longtemps ; les suppositoires peuvent être utilisés en cas de vomissement.

La solution injectable est administrée par *voie* intramusculaire ou intraveineuse.

Le lyophilisat peut être dissous dans de l'eau ou placé sous la langue.

Posologie usuelle :

Traitement de la crise : 1 ampoule injectable ou 2 lyophilisats (à renouveler éventuellement 2 fois dans la journée).

Traitement d'entretien : 2 comprimés ou 1 suppositoire, 3 fois par jour.

En cas de *coliques néphrétiques*, lors des périodes douloureuses, ne buvez pas afin de ne pas accroître la douleur.

EFFETS INDÉSIRABLES POSSIBLES

Très rarement : réaction allergique cutanée.

SPASMAG
magnésium, levure de bière

PRÉSENTATION

SPASMAG : solution buvable arôme orange ; boîte de 30 ampoules 5 ml - Remb. 35 %

SPASMAG : gélule (bleu clair) ; boîte de 60 - Remb. 35 %

Laboratoires Serozym

COMPOSITION

	p. amp.	p. gél.
Magnésium sulfate	1,2 g	419 mg
Levure Saccharomyces cerevisae	100 mg	50 mg
Soit magnésium	118 mg	59 mg

INDICATIONS

Ce médicament contient du magnésium associé à de la *levure* de bière. Le magnésium est un élément minéral indispensable au *métabolisme*.

Il est utilisé dans le traitement des *carences* en magnésium, notamment celles qui sont liées à la prise de *diurétiques*. Il peut être également utilisé dans le *traitement symptomatique* de la *spasmophilie*.

CONTRE-INDICATIONS

Ce médicament ne doit pas être utilisé en cas d'*insuffisance rénale* grave.

INTERACTIONS MÉDICAMENTEUSES

Ce médicament peut interagir avec d'autres médicaments en diminuant leur absorption digestive : signalez tout autre traitement en cours à votre médecin ou à votre pharmacien.

GROSSESSE, ALLAITEMENT ET NOUVEAU-NÉ

Ce médicament ne contient aucune substance connue pour être toxique chez la femme enceinte ou qui allaite.

MODE D'EMPLOI ET POSOLOGIE

Les ampoules buvables doivent être agitées avant ouverture et diluées dans un peu d'eau.

Les gélules doivent être avalées avec un verre d'eau.

Les prises de ce médicament doivent être réparties au cours de la journée.

Posologie usuelle :
- *carence* en magnésium :
  - Adulte : 3 ampoules buvables ou 5 à 7 gélules, par jour.
  - Enfant : la dose est fixée par le médecin en fonction du poids.
- *spasmophilie* :
  - Adulte : 2 ou 3 ampoules buvables ou 4 à 6 gélules par jour, au cours des 3 principaux repas.

EFFETS INDÉSIRABLES POSSIBLES

Diarrhée, douleurs abdominales.

SPASMAVÉRINE oral et injectable
alvérine

PRÉSENTATION

SPASMAVÉRINE : comprimé (blanc) ; boîte de 30 - Remb. 35 %

SPASMAVÉRINE : solution injectable ; boîte de 6 ampoules 2 ml - Remb. 35 %

Laboratoires Théraplix

COMPOSITION

	p. comp.	p. amp. inj.
Alvérine	40 mg	40 mg

INDICATIONS

C'est un *antispasmodique* qui lutte contre les contractions anormales de l'intestin, des *voies biliaires*, des *voies* urinaires et de l'utérus. Il ne possède pas d'effet *atropinique*.

Ce médicament est utilisé dans le traitement :
- des *coliques néphrétiques* et des douleurs des voies urinaires ;
- des douleurs biliaires ;
- des *colites* spasmodiques, des douleurs intestinales ;
- des douleurs des règles, des menaces de fausse couche et des spasmes du col de l'utérus lors de l'accouchement.

GROSSESSE, ALLAITEMENT ET NOUVEAU-NÉ

Grossesse :

Ce médicament est couramment utilisé chez la femme enceinte.

Allaitement :

Les données actuellement disponibles ne permettent pas de savoir si ce médicament passe dans le lait maternel. Par mesure de prudence, son usage est déconseillé.

MODE D'EMPLOI ET POSOLOGIE

La solution injectable est administrée par *voie* intramusculaire ou intraveineuse.

Posologie usuelle :

1 ou 2 ampoules injectables (à renouveler éventuellement 2 ou 3 fois dans les heures qui suivent), ou 3 à 9 comprimés par jour.

☛ En cas de *coliques néphrétiques*, lors des périodes douloureuses, ne buvez pas afin de ne pas accroître la douleur.

SPASMAVÉRINE rectal

alvérine

PRÉSENTATION

SPASMAVÉRINE : suppositoire ; boîte de 12 - Remb. 35 %

Laboratoires Théraplix

COMPOSITION

	p. suppos.
Alvérine	80 mg
Benzocaïne	+

INDICATIONS

C'est un *antispasmodique* qui lutte contre les contractions anormales de l'intestin, des *voies biliaires*, des *voies* urinaires et de l'utérus. Il ne possède pas d'effet *atropinique*.

Ce médicament est utilisé dans le traitement :

- des *coliques néphrétiques* et des douleurs des voies urinaires ;
- des douleurs biliaires ;
- des *colites* spasmodiques, des douleurs intestinales ;
- des douleurs des règles, des menaces de fausse couche et des spasmes du col de l'utérus lors de l'accouchement.

CONTRE-INDICATIONS

Ce médicament ne doit pas être utilisé en cas d'*allergie* à la benzocaïne.

ATTENTION

Sportif : ce médicament peut rendre positifs certains tests antidopage.

GROSSESSE, ALLAITEMENT ET NOUVEAU-NÉ

Grossesse :

Ce médicament est couramment utilisé chez la femme enceinte.

Allaitement :

Les données actuellement disponibles ne permettent pas de savoir si ce médicament passe dans le lait maternel. Par mesure de prudence, son usage est déconseillé.

MODE D'EMPLOI ET POSOLOGIE

Posologie usuelle :

2 ou 3 suppositoires par jour.

☛ Les suppositoires sont particulièrement adaptés en cas de vomissement.

En cas de *coliques néphrétiques*, lors des périodes douloureuses, ne buvez pas afin de ne pas accroître la douleur.

SPASMIDÉNAL

phénobarbital, aubépine, valériane

PRÉSENTATION

SPASMIDÉNAL : comprimé (blanc) ; boîte de 50 - Remb. 65 %

SPASMIDÉNAL : suppositoire Adulte ; boîte de 10 - Remb. 65 % - Liste II

Laboratoires Jolly-Jatel

COMPOSITION

	p. comp.	p. suppos.
Phénobarbital	10 mg	60 mg
Aubépine, extrait	48 mg	50 mg
Valériane, extrait	32 mg	200 mg

INDICATIONS

Ce médicament est une association de substances, qui contient notamment du phénobarbital de la famille des *barbituriques*.

Il est utilisé comme *sédatif* dans les formes légères d'anxiété ou d'insomnie.

CONTRE-INDICATIONS

Ce médicament ne doit pas être utilisé dans les cas suivants :

- *porphyrie*,
- *insuffisance respiratoire* grave,
- *allergie* aux *barbituriques*,
- enfant de moins de 20 kg.

ATTENTION

Évitez les boissons alcoolisées : augmentation du risque de somnolence.

Conducteur : ce médicament peut être responsable d'une somnolence ou d'une baisse de la vigilance.

INTERACTIONS MÉDICAMENTEUSES

Ce médicament peut interagir avec de nombreux médicaments, notamment avec les contraceptifs oraux (pilule) : risque de contraception inefficace. Signalez tout autre traitement en cours à votre médecin ou à votre pharmacien.

GROSSESSE, ALLAITEMENT ET NOUVEAU-NÉ

Grossesse et nouveau-né :

Si une grossesse survient pendant le traitement, consultez votre médecin. Il appréciera le risque éventuel lié à l'utilisation de ce médicament dans votre cas.

Si le traitement est poursuivi jusqu'à l'accouchement, une surveillance médicale du *nouveau-né* est nécessaire.

Allaitement :

Ce médicament passe dans le lait maternel : il est déconseillé pendant l'allaitement.

MODE D'EMPLOI ET POSOLOGIE

Les comprimés doivent être avalés avec un peu d'eau.

Posologie usuelle :

- Adulte :
  - Anxiété : 2 comprimés, 2 ou 3 fois par jour, avant les repas, ou 1 à 3 suppositoires par jour ;
  - Troubles du sommeil : 2 comprimés avant le dîner et 2 comprimés au coucher.

EFFETS INDÉSIRABLES POSSIBLES

Dus au phénobarbital : somnolence, réaction cutanée, excitation en particulier chez l'enfant, confusion des idées en particulier chez la personne âgée.

SPASMINE JOLLY

valériane, aubépine

PRÉSENTATION

SPASMINE JOLLY : comprimé (brun) ; boîte de 30 - Remb. 65 %

Laboratoires Jolly-Jatel

COMPOSITION

	p. comp.
Valériane, extrait stabilisé	150 mg
Aubépine, poudre	100 mg

INDICATIONS

Ce médicament contient une association de plantes sédatives.

Il est utilisé dans le traitement des troubles légers du sommeil, de l'irritabilité ou de la nervosité accompagnée de *palpitations*.

GROSSESSE, ALLAITEMENT ET NOUVEAU-NÉ

Ce médicament ne contient que des plantes présumées sans danger pendant la grossesse ou l'allaitement. Néanmoins, ne l'utilisez pas de façon prolongée sans l'avis de votre pharmacien ou de votre médecin.

MODE D'EMPLOI ET POSOLOGIE

Les comprimés doivent être avalés avec un peu d'eau.

Posologie usuelle :

- Adulte : 1 ou 2 comprimés, 3 fois par jour. Dans les troubles du sommeil, la posologie est de 2 à 4 comprimés au coucher.
- Enfant : 1 à 3 comprimés par jour.

SPASMODEX

dihexyvérine

PRÉSENTATION

SPASMODEX : comprimé sécable (blanc) ; boîte de 30 - Remb. 35 % - Liste II

SPASMODEX : suppositoire Adulte ; boîte de 6 - Remb. 35 % - Liste II

Laboratoires Crinex

COMPOSITION

	p. comp.	p. suppos.
Dihexyvérine chlorhydrate	10 mg	50 mg

INDICATIONS

Ce médicament est un *antispasmodique* de la famille des *atropiniques*. Il lutte contre les contractions anormales de l'intestin, des *voies biliaires*, et de l'utérus.

Il est utilisé dans le traitement des spasmes douloureux d'origine digestive, gynécologique et obstétricale (préparation à l'accouchement).

CONTRE-INDICATIONS

Ce médicament ne doit pas être utilisé dans les cas suivants :
- risque de blocage des urines (*adénome de la prostate*...),
- *glaucome* à angle fermé.

ATTENTION

Des précautions sont nécessaires en cas d'*insuffisance hépatique*, d'*insuffisance rénale*, d'*insuffisance coronarienne*, de *trouble du rythme cardiaque*, d'*hyperthyroïdie*, de *bronchite chronique*, de constipation.

La survenue d'une douleur violente de l'œil, accompagnée d'une rougeur et surtout d'une baisse de l'acuité visuelle, doit conduire à consulter un ophtalmologiste : il peut s'agir d'un *glaucome* aigu.

GROSSESSE, ALLAITEMENT ET NOUVEAU-NÉ

Grossesse :

Bien que ce médicament puisse être utilisé pour la préparation à l'accouchement, ne l'utilisez jamais pendant une grossesse sans avis médical.

Allaitement :

En raison de ses effets *atropiniques*, ce médicament est déconseillé pendant l'allaitement.

MODE D'EMPLOI ET POSOLOGIE

Posologie usuelle :
- Adulte : 1 à 5 comprimés, ou 1 à 3 suppositoires par jour.
- Enfant de plus de 2 ans : 1/2 à 2 comprimés par jour.

Les suppositoires doivent être conservés à l'abri de la chaleur.

EFFETS INDÉSIRABLES POSSIBLES

Effets *atropiniques* : sécheresse de la bouche, troubles visuels, accélération du cœur, *palpitations*, constipation, rétention d'urine.

Irritabilité, confusion des idées chez la personne âgée.

Les mots en italique sont expliqués dans le lexique

SPASMOPRIV

fénovérine

PRÉSENTATION

SPASMOPRIV : gélule (bleu clair et bleu foncé) ; boîte de 20 - Remb. 35 % - Liste II

Laboratoires Synthélabo France

COMPOSITION

	p. gél.
Fénovérine	100 mg

INDICATIONS

C'est un *antispasmodique* qui lutte contre les contractions anormales de l'intestin, des *voies biliaires*, des *voies* urinaires, et de l'utérus. Il ne possède pas d'effet *atropinique*.

Ce médicament est utilisé dans le traitement :
- des *colites* spasmodiques, vomissements, suites de chirurgie gastrique ;
- des coliques hépatiques et des douleurs biliaires ;
- des douleurs des règles et suites d'accouchement ;
- des spasmes de l'œsophage.

CONTRE-INDICATIONS

Ce médicament ne doit pas être utilisé en cas de maladie chronique du foie.

ATTENTION

Si des douleurs musculaires surviennent, consultez votre médecin.

GROSSESSE, ALLAITEMENT ET NOUVEAU-NÉ

Grossesse :

En l'absence de données suffisantes, ce médicament est déconseillé pendant la grossesse.

Allaitement :

Les données actuellement disponibles ne permettent pas de savoir si ce médicament passe dans le lait maternel.

MODE D'EMPLOI ET POSOLOGIE

Les gélules doivent être avalées avec un peu d'eau.

Posologie usuelle :

3 à 6 gélules par jour.

En cas de *coliques néphrétiques*, lors des périodes douloureuses, ne buvez pas afin de ne pas accroître la douleur.

EFFETS INDÉSIRABLES POSSIBLES

Rarement : douleurs musculaires.

SPASMOSÉDINE

phénobarbital, quinine, aubépine

PRÉSENTATION

SPASMOSÉDINE : comprimé (marron) ; boîte de 40 - Remb. 65 %

Laboratoires Deglaude

COMPOSITION

	p. comp.
Phénobarbital	12 mg
Quinine bromhydrate	50 mg
Aubépine, extrait	50 mg
Gluten	+

INDICATIONS

Ce médicament contient un *sédatif* de la famille des *barbituriques*, un *antalgique* (quinine) et un extrait de plante (aubépine).

Il est utilisé dans le traitement des *palpitations* et des troubles dus aux spasmes des artères et des veines (maux de tête, *vertiges*, bourdonnements d'oreille...).

CONTRE-INDICATIONS

Ce médicament ne doit pas être utilisé dans les cas suivants :
- *allergie* aux *barbituriques*,
- *porphyries*,
- *insuffisance respiratoire* grave,
- déficit en *G6PD*.

ATTENTION

Ce médicament contient du *gluten*.

Les *palpitations* peuvent être le *symptôme* d'une maladie cardiaque : n'utilisez pas ce médicament de façon prolongée sans l'avis de votre médecin.

Évitez les boissons alcoolisées : augmentation du risque de somnolence.

Conducteur : ce médicament peut être responsable d'une somnolence ou d'une baisse de la vigilance.

INTERACTIONS MÉDICAMENTEUSES

Ce médicament peut interagir avec d'autres médicaments, notamment les *contraceptifs* oraux (pilule) : risque de contraception inefficace.

Signalez tout autre traitement en cours à votre médecin ou à votre pharmacien.

GROSSESSE, ALLAITEMENT ET NOUVEAU-NÉ

L'effet de ce médicament pendant la grossesse ou l'allaitement est mal connu. L'évaluation du risque éventuel lié à son utilisation est individuelle : demandez conseil à votre pharmacien ou à votre médecin.

MODE D'EMPLOI ET POSOLOGIE

Les comprimés doivent être avalés avec un verre d'eau.

Posologie usuelle :

2 à 6 comprimés par jour.

Les *palpitations* peuvent être favorisées par la prise d'excitants : café, thé, alcool et certains sodas contenant de la caféine.

EFFETS INDÉSIRABLES POSSIBLES

Liés au phénobarbital : somnolence, réaction cutanée, excitation, confusion des idées chez la personne âgée.

Liés à la quinine : bourdonnements d'oreille, nausées, troubles de la vision, *vertiges*.

SPÉCIAFOLDINE

acide folique

PRÉSENTATION

SPÉCIAFOLDINE : comprimé (jaune) ; boîte de 20 - Remb. 65 %

Laboratoires Specia

COMPOSITION

	p. comp.
Acide folique (vitamine B9)	5 mg

INDICATIONS

Ce médicament contient de l'acide folique (*vitamine* B9), indispensable au *métabolisme*.

Il est utilisé dans le traitement des *carences* en acide folique, responsables de certaines formes d'*anémies*. Il est également utilisé avant la grossesse pour prévenir une malformation rare de l'enfant à naître chez les femmes prédisposées à ce risque.

GROSSESSE, ALLAITEMENT ET NOUVEAU-NÉ

Ce médicament ne contient que des substances présumées sans danger pendant la grossesse ou l'allaitement. Néanmoins, ne l'utilisez pas de façon prolongée sans l'avis de votre pharmacien ou de votre médecin.

MODE D'EMPLOI ET POSOLOGIE

1 à 3 comprimés par jour.

> Les aliments riches en acide folique sont les légumes verts, le foie et les rognons.

SPÉCYTON

PRÉSENTATION

SPÉCYTON CARTILAGE PARATHYROÏDE : suppositoire ; boîte de 3 - Remb. 35 %

SPÉCYTON CARTILAGE PARATHYROÏDE : suppositoire ; boîte de 9 - Remb. 35 %

Laboratoires Menarini France

COMPOSITION

	p. suppos.
Globulines isolées du plasma de cheval préparé par injection d'extraits de cartilage et de parathyroïde	0,30 ml

INDICATIONS

Ce médicament contient des protéines de cheval.

Il est utilisé dans le *traitement de fond* de l'*arthrose*.

GROSSESSE, ALLAITEMENT ET NOUVEAU-NÉ

L'effet de ce médicament pendant la grossesse ou l'allaitement est mal connu. L'évaluation du risque éventuel lié à son utilisation est individuelle : demandez conseil à votre pharmacien ou à votre médecin.

MODE D'EMPLOI ET POSOLOGIE

1 suppositoire par jour, pendant 3 ou 4 semaines.

SPÉVIN

PRÉSENTATION

SPÉVIN : gélule (ivoire) ; boîte de 15 - Remb. 35 %

Laboratoires Arcis-Toledano

COMPOSITION

	p. gél.
Cascara sagrada, poudre	260 mg
Quassia amara, poudre	10 mg
Lactose	200 mg

INDICATIONS

C'est un *laxatif stimulant*, qui augmente les sécrétions et la motricité de l'intestin.

Ce médicament est utilisé comme *traitement symptomatique* de la constipation.

CONTRE-INDICATIONS

Ce médicament ne doit pas être utilisé dans les cas suivants :
- maladies inflammatoires du côlon ;
- constipation ou douleur abdominale due à une obstruction du tube digestif : rétrécissement intestinal, *fécalome* (bouchon de selles).

> **ATTENTION**
>
> Ce médicament doit être utilisé de façon épisodique et en cure très brève : pas plus de 8 à 10 jours.
>
> Son usage régulier peut entraîner :
> - une *dépendance* ;
> - des troubles intestinaux graves ;
> - une perte de sels minéraux et notamment de *potassium*, pouvant entraîner des *troubles du rythme cardiaque* graves.
>
> Son usage doit rester exceptionnel chez l'enfant de moins de 12 ans, sauf sur prescription médicale.
>
> Arrêter le traitement en cas de diarrhées ou de douleurs abdominales.

INTERACTIONS MÉDICAMENTEUSES

Ce médicament peut interagir avec d'autres médicaments, notamment certains *antiarythmiques* et ceux contenant de la *vincamine*. Signalez tout autre traitement en cours à votre médecin ou à votre pharmacien.

GROSSESSE, ALLAITEMENT ET NOUVEAU-NÉ

Ce médicament est déconseillé pendant la grossesse ou l'allaitement.

MODE D'EMPLOI ET POSOLOGIE

Les gélules doivent être avalées avec un verre d'eau après le repas du soir.

Posologie usuelle :

1 gélule par jour ; en cas de constipation rebelle : 1 gélule supplémentaire après le déjeuner.

> Des mesures simples d'hygiène alimentaire et des exercices physiques sont à envisager avant d'utiliser un laxatif : parlez-en à votre médecin ou à votre pharmacien.

EFFETS INDÉSIRABLES POSSIBLES

Diarrhée, douleurs abdominales.

SPIR

béclométasone

PRÉSENTATION

SPIR 250 µg : *aérosol* ; flacon pressurisé (80 bouffées) avec valve doseuse et embout buccal - Remb. 65 % - Liste I

Laboratoires Inava

COMPOSITION

	p. bouffée
Béclométasone dipropionate	250 µg

INDICATIONS

Ce médicament d'usage local contient un *corticoïde* qui possède une activité *anti-inflammatoire* marquée sur les *muqueuses*, notamment sur celle des bronches.

Il est utilisé dans le *traitement de fond* de l'*asthme*.

CONTRE-INDICATIONS

Ce médicament ne doit pas être utilisé dans les cas suivants :
- *tuberculose* pulmonaire non traitée,
- *ulcère* de l'estomac ou du *duodénum* en évolution, non traité.

> **ATTENTION**
>
> Ce médicament d'action lente n'est pas adapté au *traitement de la crise* d'*asthme*. Une aggravation de l'asthme peut traduire une infection : consultez votre médecin.

GROSSESSE, ALLAITEMENT ET NOUVEAU-NÉ

Grossesse :

Les études actuellement disponibles n'ont pas mis en évidence de problème particulier lors de l'utilisation ponctuelle chez la femme enceinte. Seul votre médecin peut apprécier la nécessité du traitement et son risque pendant la grossesse.

Allaitement :

Par mesure de prudence, ce médicament est déconseillé pendant l'allaitement.

MODE D'EMPLOI ET POSOLOGIE

L'inhalation du médicament doit se faire au cours d'une inspiration profonde, précédée si possible d'une expiration forcée. Il est ensuite nécessaire de retenir sa respiration pendant quelques instants. Agiter vigoureusement l'*aérosol*. Placer l'embout dans la bouche, le fond de la cartouche dirigé vers le haut. Expirer à fond, puis inspirer rapidement et profondément tout en appuyant sur le fond de la cartouche. Chaque pression délivre une dose unique.

Posologie usuelle :

Elle est strictement individuelle. La dose efficace la plus faible est toujours recherchée ; elle est répartie régulièrement en 2 ou 4 prises au cours de la journée.

Lisez attentivement la notice jointe au médicament.

N'hésitez pas à demander une démonstration du maniement de cet appareil à votre médecin ou à votre pharmacien.

L'utilisation de l'*aérosol* doseur chez les personnes maîtrisant mal la technique d'inhalation peut être facilitée par l'emploi d'un réservoir en matière plastique, qui s'interpose entre l'aérosol doseur et la bouche. Demandez conseil à votre pharmacien.

Nettoyez l'embout à l'eau avant et après chaque utilisation.

Lorsque ce médicament est utilisé conjointement avec un bronchodilatateur, le bronchodilatateur devra être inhalé en premier.

Il est conseillé de boire un verre d'eau après chaque inhalation pour limiter le risque de *candidose* ou d'enrouement lié à l'utilisation de ce médicament.

Ce flacon est pressurisé : maintenez-le à l'abri de la chaleur.

EFFETS INDÉSIRABLES POSSIBLES

Irritation de la bouche et de la gorge, toux, voix rauque.

Par ailleurs, une *candidose* de la bouche et de la gorge peut apparaître.

SPIRAMYCINE COQUELUSÉDAL

spiramycine

PRÉSENTATION

SPIRAMYCINE COQUELUSÉDAL ADULTES : suppositoire ; boîte de 6 - Remb. 65 % - Liste I

SPIRAMYCINE COQUELUSÉDAL ENFANTS : suppositoire ; boîte de 6 - Remb. 65 % - Liste I

SPIRAMYCINE COQUELUSÉDAL NOURRISSONS : suppositoire ; boîte de 6 - Remb. 65 % - Liste I

Laboratoires Élerté

COMPOSITION

	p. suppos. Ad.	p. suppos. Enf.	p. suppos. Nour.
Spiramycine ..	1,95 M UI	1,3 M UI	0,65 M UI

INDICATIONS

C'est un *antibiotique* qui appartient à la famille des *macrolides*.

Il est utilisé dans le traitement de diverses maladies infectieuses, notamment celles des poumons, des bronches, de la peau, du nez, de la bouche et des dents, de l'appareil génital...

ATTENTION

Une diminution de la fièvre ou une disparition des troubles ne sont pas synonymes de guérison : la durée du traitement doit absolument être respectée pour éviter les rechutes.

GROSSESSE, ALLAITEMENT ET NOUVEAU-NÉ

Grossesse :

Ce médicament est couramment utilisé chez la femme enceinte.

Allaitement :

Ce médicament passe dans le lait maternel. Une interruption de l'allaitement doit être envisagée.

MODE D'EMPLOI ET POSOLOGIE

Le suppositoire doit être administré de préférence après être allé à la selle. Il doit être trempé dans un peu d'eau froide avant d'être introduit dans le rectum. Chez les jeunes enfants, il peut être nécessaire de tenir les fesses serrées quelques minutes afin d'éviter un éventuel rejet.

Posologie usuelle :

- Adulte et enfant de plus de 12 ans : 1 suppositoire Adulte, 2 à 3 fois par jour.
- Enfant : 1 suppositoire Enfant, 2 à 3 fois par jour.
- Nourrisson : 1 suppositoire Nourrisson par 5 kg et par jour. Par exemple pour un *nourrisson* de 10 kg : 1 suppositoire, 2 fois par jour.

Le médecin peut prescrire un prélèvement pour identifier le *germe* responsable de l'infection et tester sa sensibilité aux *antibiotiques*. Le résultat de cet examen peut être faussé en cas d'automédication préalable : ne prenez pas et ne donnez pas d'antibiotique sans avis médical.

L'éventuelle impression de fatigue n'est pas due à l'antibiotique, mais à l'infection elle-même.

EFFETS INDÉSIRABLES POSSIBLES

Allergie cutanée.

SPIROCTAN

spironolactone

PRÉSENTATION

SPIROCTAN 50 mg : gélule (turquoise et blanc) ; boîte de 20 - Remb. 65 % - Liste II

SPIROCTAN 75 mg : gélule (bleu et blanc) ; boîte de 20 - Remb. 65 % - Liste II

Laboratoires Aron-Médicia

COMPOSITION

	p. gél. 50 mg	p. gél. 75 mg
Spironolactone microfine		

INDICATIONS

C'est un médicament qui appartient à la famille des *diurétiques*. Il a pour caractéristique d'empêcher la perte du *potassium* dans les urines, habituelle avec la plupart des autres diurétiques. Il agit en bloquant l'action de l'aldostérone, substance naturelle dont le taux peut être anormalement élevé dans certaines maladies ou au cours de certains traitements.

Il est utilisé dans le traitement :

- des troubles en rapport avec un excès d'aldostérone dans le sang,
- de l'*hypertension artérielle*,
- de l'*ascite* ou des *œdèmes* liés à une *insuffisance hépatique*, à une *insuffisance cardiaque* ou à un *syndrome néphrotique*.

Il est également utilisé dans le *traitement d'appoint* de la *myasthénie*, pour lutter contre les pertes de potassium.

CONTRE-INDICATIONS

Ce médicament ne doit pas être utilisé dans les cas suivants :

- *insuffisance rénale* grave,
- *hyperkaliémie* (excès de *potassium* dans le sang).

ATTENTION

Ce médicament peut être responsable d'une augmentation de la *kaliémie* (taux de *potassium* dans le sang). Un contrôle par des analyses de sang est souvent prescrit par le médecin.

N'utilisez de *sel* de régime, souvent riche en potassium, qu'avec l'accord de votre médecin.

Les *diurétiques* peuvent augmenter le taux d'*acide urique* ou de *sucre* dans le sang.

INTERACTIONS MÉDICAMENTEUSES

Ce médicament ne doit pas être associé aux *diurétiques* élevant le taux de *potassium* dans le sang.

Il peut interagir avec d'autres médicaments, notamment ceux contenant du *lithium*, et les *sels* de régime. Signalez tout autre traitement en cours à votre médecin ou à votre pharmacien.

GROSSESSE, ALLAITEMENT ET NOUVEAU-NÉ

Grossesse :

Les études scientifiques actuellement disponibles n'ont pas mis en évidence de problème particulier lors de l'utilisation chez la femme enceinte. Néanmoins, les *diurétiques* ne sont pas adaptés au traitement de l'*hypertension artérielle* et des *œdèmes* pendant la grossesse. Seul votre médecin peut apprécier la nécessité du traitement et le risque éventuel de son utilisation dans votre cas.

Allaitement :

Ce médicament passe dans le lait maternel : l'allaitement est déconseillé.

MODE D'EMPLOI ET POSOLOGIE

Ce médicament doit être pris avec un verre d'eau.

Posologie usuelle :

Elle varie selon la nature et la gravité de la maladie.

Ce médicament augmente le volume des urines, surtout en début de traitement. Évitez une prise le soir, source de gêne nocturne.

Les *diurétiques* exposent au risque de déshydratation : veillez à proposer des boissons abondantes aux personnes âgées, notamment pendant les fortes chaleurs.

EFFETS INDÉSIRABLES POSSIBLES

Troubles digestifs, troubles des règles, augmentation du volume des seins, éruption cutanée.

SPIROCTAZINE

altizide, spironolactone

PRÉSENTATION

SPIROCTAZINE : comprimé (blanc) ; boîte de 20 - Remb. 65 % - Liste II

Laboratoires Aron-Médicia

COMPOSITION

	p. comp.
Altizide	15 mg
Spironolactone microfine	25 mg

INDICATIONS

Ce médicament est une association de deux *diurétiques* : l'altizide, dont la structure est proche de celle des *sulfamides*, et la spironolactone, qui a pour caractéristique d'empêcher la perte du *potassium* dans les urines, habituelle avec l'altizide.

Il est utilisé dans le traitement :
- de l'*hypertension artérielle*,
- de l'*ascite* ou des *œdèmes* liés à une *insuffisance hépatique*, à une *insuffisance cardiaque* ou à un *syndrome néphrotique*.

CONTRE-INDICATIONS

Ce médicament ne doit pas être utilisé dans les cas suivants :
- *insuffisance rénale*,
- *hyperkaliémie* (excès de *potassium* dans le sang),
- *allergie* connue à la famille des *sulfamides*.

ATTENTION

Ce médicament peut être responsable d'une augmentation ou au contraire d'une baisse de la *kaliémie* (taux de *potassium* dans le sang), qui peut être aggravée par l'usage prolongé de *laxatifs stimulants*. Un contrôle par des analyses de sang est souvent prescrit par le médecin.

Chez les personnes souffrant d'une *insuffisance hépatique* grave, l'apparition de troubles de la conscience peut annoncer une complication grave. Arrêtez le traitement et prenez un avis médical d'urgence.

N'utilisez de *sel* de régime, souvent riche en potassium, qu'avec l'accord de votre médecin.

Les *diurétiques* peuvent augmenter le taux d'*acide urique* ou de *sucre* dans le sang.

INTERACTIONS MÉDICAMENTEUSES

Ce médicament peut interagir avec d'autres médicaments, notamment ceux contenant du *lithium*, et les *sels* de régime. Signalez tout autre traitement en cours à votre médecin ou à votre pharmacien.

GROSSESSE, ALLAITEMENT ET NOUVEAU-NÉ

Grossesse :

Les études scientifiques actuellement disponibles n'ont pas mis en évidence de problème particulier lors de l'utilisation chez la femme enceinte. Néanmoins, les *diurétiques* ne sont pas adaptés au traitement de l'*hypertension artérielle* et des *œdèmes* pendant la grossesse. Seul votre médecin peut apprécier la nécessité du traitement et le risque éventuel de son utilisation dans votre cas.

Allaitement :

Ce médicament passe dans le lait maternel : l'allaitement est déconseillé.

MODE D'EMPLOI ET POSOLOGIE

Ce médicament doit être pris avec un verre d'eau.

Posologie usuelle :

Elle varie selon la nature et la gravité de la maladie.

Ce médicament augmente le volume des urines, surtout en début de traitement. Évitez une prise le soir, source de gêne nocturne.

Les *diurétiques* exposent au risque de déshydratation : veillez à proposer des boissons abondantes aux personnes âgées, notamment pendant les fortes chaleurs.

EFFETS INDÉSIRABLES POSSIBLES

Déshydratation.

Troubles digestifs, troubles des règles, augmentation du volume des seins, éruption cutanée.

SPIRONONE

spironolactone

PRÉSENTATION

SPIRONONE MICROFINE : comprimé (blanc) ; boîte de 20 - Remb. 65 % - Liste II

Laboratoires Pharmafarm

COMPOSITION

	p. comp.
Spironolactone	75 mg

INDICATIONS

C'est un médicament qui appartient à la famille des *diurétiques*. Il a pour caractéristique d'empêcher la perte du *potassium* dans les urines, habituelle avec la plupart des autres diurétiques. Il agit en bloquant l'action de l'aldostérone, substance naturelle dont le taux peut être anormalement élevé dans certaines maladies ou au cours de certains traitements.

Il est utilisé dans le traitement :
- des troubles en rapport avec un excès d'aldostérone dans le sang,
- de l'*hypertension artérielle*,
- de l'*ascite* ou des *œdèmes* liés à une *insuffisance hépatique*, à une *insuffisance cardiaque*.

Il est également utilisé dans le *traitement d'appoint* de la *myasthénie*, pour lutter contre les pertes de potassium.

CONTRE-INDICATIONS

Ce médicament ne doit pas être utilisé dans les cas suivants :
- *insuffisance rénale* grave,
- hyperkaliémie (excès de *potassium* dans le sang).

ATTENTION

Ce médicament peut être responsable d'une augmentation de la *kaliémie* (taux de *potassium* dans le sang). Un contrôle par des analyses de sang est souvent prescrit par le médecin.

N'utilisez de *sel* de régime, souvent riche en potassium, qu'avec l'accord de votre médecin.

Les *diurétiques* peuvent augmenter le taux d'*acide urique* ou de *sucre* dans le sang.

INTERACTIONS MÉDICAMENTEUSES

Ce médicament ne doit pas être associé aux *diurétiques* élevant le taux de *potassium* dans le sang.

Il peut interagir avec d'autres médicaments, notamment ceux contenant du *lithium*, et les *sels* de régime. Signalez tout autre traitement en cours à votre médecin ou à votre pharmacien.

GROSSESSE, ALLAITEMENT ET NOUVEAU-NÉ

Grossesse :

Les études scientifiques actuellement disponibles n'ont pas mis en évidence de problème particulier lors de l'utilisation chez la femme enceinte. Néanmoins, les *diurétiques* ne sont pas adaptés au traitement de l'*hypertension artérielle* et des *œdèmes* pendant la grossesse. Seul votre médecin peut apprécier la nécessité du traitement et le risque éventuel de son utilisation dans votre cas.

Allaitement :

Ce médicament passe dans le lait maternel : l'allaitement est déconseillé.

MODE D'EMPLOI ET POSOLOGIE

Ce médicament doit être pris avec un verre d'eau.

Posologie usuelle :

Elle varie selon la nature et la gravité de la maladie.

Ce médicament augmente le volume des urines, surtout en début de traitement. Évitez une prise le soir, source de gêne nocturne.

Les *diurétiques* exposent au risque de déshydratation : veillez à proposer des boissons abondantes aux personnes âgées, notamment pendant les fortes chaleurs.

EFFETS INDÉSIRABLES POSSIBLES

Troubles digestifs, troubles des règles, augmentation du volume des seins, éruption cutanée.

SPLÉNOCARBINE
charbon activé

PRÉSENTATION

SPLÉNOCARBINE : granulé ; boîte de 100 g - Non remb.

Laboratoires Lesourd

COMPOSITION

	p. 100 g
Charbon activé	17 g
Saccharose : 4,15 g/c. à c.	

INDICATIONS

C'est un médicament qui contient du charbon activé. Il facilite la digestion en fixant les toxines et les gaz présents dans le tube digestif.

Il est utilisé essentiellement dans le *traitement symptomatique* des maladies *fonctionnelles* du côlon, notamment avec diarrhées et ballonnements.

ATTENTION

Si les troubles persistent, consultez votre médecin. Une diarrhée expose à un risque de déshydratation qui peut être grave.

Ce médicament contient du *sucre* (saccharose) en quantité notable.

INTERACTIONS MÉDICAMENTEUSES

Ce médicament peut interagir avec de nombreux autres médicaments en diminuant leur absorption : il convient de séparer les prises d'au moins 2 heures.

GROSSESSE, ALLAITEMENT ET NOUVEAU-NÉ

Grossesse :

Ce médicament peut être utilisé chez la femme enceinte.

MODE D'EMPLOI ET POSOLOGIE

1 à 3 cuillères à café après les repas.

EFFETS INDÉSIRABLES POSSIBLES

Selles de coloration noire.

SPORILINE
tolnaftate

PRÉSENTATION

SPORILINE : crème ; tube 30 g - Remb. 65 %

SPORILINE : lotion ; flacon 10 ml - Remb. 65 %

SPORILINE : lotion ; flacon 25 ml - Remb. 65 %

Laboratoires Schering-Plough

COMPOSITION

	crème p. 100 g	lotion p. 100 ml
Tolnaftate	1 g	1 g

INDICATIONS

C'est un *antifongique* d'action locale, actif sur les *dermatophytes*.

Il est utilisé dans le traitement des infections de la peau ou des ongles, dues à des champignons microscopiques.

ATTENTION

Évitez d'utiliser ce médicament, notamment chez l'enfant, de manière prolongée et sur des surfaces étendues ou profondément lésées, sans l'avis de votre pharmacien ou de votre médecin.

Rincez abondamment en cas de contact accidentel avec les yeux.

GROSSESSE, ALLAITEMENT ET NOUVEAU-NÉ

L'effet de ce médicament pendant la grossesse ou l'allaitement est mal connu. L'évaluation du risque éventuel lié à son utilisation est individuelle : demandez conseil à votre pharmacien ou à votre médecin.

MODE D'EMPLOI ET POSOLOGIE

Dans tous les cas, le médicament doit être appliqué après lavage et séchage soigneux de la zone à traiter.

Crème ou lotion : appliquer directement sur les lésions et masser pour faire pénétrer. Dans les plis de la peau, la crème doit être appliquée en petite quantité pour limiter le risque de macération.

Posologie usuelle :

2 applications par jour.

La durée du traitement dépend des cas : en général, elle est de plusieurs semaines. Pour limiter les risques de rechute, poursuivre le traitement quelques jours après la guérison apparente ; 1 seule application par jour peut alors suffire.

En cas de lésion importante des ongles des orteils, un meulage préalable par un pédicure facilite l'action du médicament.

Les lésions dues à des champignons sont facilitées par une transpiration excessive. Le port de chaussettes en fibre naturelle (coton, laine) est recommandé. La même paire de chaussures ne doit pas être portée deux jours de suite.

EFFETS INDÉSIRABLES POSSIBLES

Irritation ou *allergie* cutanées.

= médicament délivré uniquement sur ordonnance

SPRAY-PAX
pyrèthre, butoxyde de pipéronyle

PRÉSENTATION

SPRAY-PAX : solution pour application locale ; flacon pressurisé 12 g - Non remb.

Laboratoires S.C.A.T.

COMPOSITION

	p. 100 g
Extrait de pyrèthre à 25 %	1,333 g
Butoxyde de pipéronyle	2,667 g

INDICATIONS

Ce médicament contient des substances actives sur les poux.

Il est utilisé pour détruire les poux du pubis et leurs œufs (lentes).

ATTENTION

Rincez abondamment en cas de contact accidentel avec les yeux ou les *muqueuses*.

MODE D'EMPLOI ET POSOLOGIE

Pulvériser la solution à la base des poils du pubis par des pressions brèves, de façon à imprégner totalement la zone. Laisser agir pendant 30 minutes. Laver au savon et rincer abondamment.

Posologie usuelle :

1 seule application.

Pour éviter une réinfestation, il est nécessaire que le partenaire sexuel suive le même traitement.

EFFETS INDÉSIRABLES POSSIBLES

Irritation, rougeur en cas de contact avec les *muqueuses*.

SPRÉGAL
esdépalléthrine, butoxyde de pipéronyle

PRÉSENTATION

SPRÉGAL : solution pour application locale ; flacon pressurisé 160 g - Non remb.

Laboratoires S.C.A.T.

COMPOSITION

	p. 100 g
Esdépalléthrine	0,63 g
Butoxyde de pipéronyle	5,04 g

INDICATIONS

Cette solution contient une substance active sur certains parasites de la peau.

Elle est utilisée contre les parasites de la gale (sarcoptes).

ATTENTION

Rincez abondamment en cas de contact accidentel avec les yeux ou les *muqueuses*.

GROSSESSE, ALLAITEMENT ET NOUVEAU-NÉ

L'effet de ce médicament pendant la grossesse ou l'allaitement est mal connu. L'évaluation du risque éventuel lié à son utilisation est individuelle : demandez conseil à votre pharmacien ou à votre médecin.

MODE D'EMPLOI ET POSOLOGIE

Avant le traitement, prenez un bain et séchez-vous soigneusement. Pulvérisez la lotion sur tout le corps, sauf sur le visage et le cuir chevelu, en insistant sur les mains et dans les plis de la peau. Laissez agir le traitement pendant 12 heures, puis lavez-vous pour éliminer le produit. Les draps doivent être changés deux fois : juste avant l'application du produit et avant la première nuit suivant le rinçage. Les démangeaisons peuvent persister 10 à 15 jours : elles ne doivent pas conduire au renouvellement du traitement.

> Si la gale est infectée, consultez votre médecin avant tout traitement.
>
> Une irritation persistante ou un *eczéma* peuvent apparaître après le traitement et justifier des soins spécifiques. Cela ne signifie pas que le traitement a échoué.
>
> Pour éviter une réinfestation, il est nécessaire que l'entourage (famille, partenaire sexuel) suive le même traitement. Les vêtements récemment portés, les chaussons et les chapeaux doivent être désinfectés. Le linge de corps et les draps doivent être lavés à 60 °C. La literie (couverture, couette, oreillers) doit aussi être désinfectée.
>
> Il existe également un moyen simple de se débarrasser du parasite : laissez les vêtements contaminés dans un endroit frais pendant une quinzaine de jours.

SPRÉOR
salbutamol

PRÉSENTATION

SPRÉOR 100 µg : suspension pour inhalation buccale ; flacon pressurisé avec valve doseuse (200 bouffées) - Remb. 65 % - Liste I

Laboratoires Inava

COMPOSITION

	p. bouffée
Salbutamol	100 µg

INDICATIONS

Ce médicament est un bronchodilatateur qui lutte contre la contraction anormale des muscles de la paroi des bronches. Il est apparenté à une substance naturelle, l'*adrénaline* ; mais contrairement à cette substance, il a peu d'effet sur le cœur.

Son action est rapide et se prolonge pendant 3 à 5 heures.

Il est utilisé dans :
- le *traitement de la crise* d'*asthme*,
- le *traitement de fond* de l'asthme,
- la prévention de la crise d'asthme pendant l'effort,
- certaines maladies respiratoires.

> **ATTENTION**
>
> Si une crise d'*asthme* ne cède pas malgré des inhalations répétées, ne vous obstinez pas et consultez immédiatement votre médecin ou à défaut appelez le 15 ou un service médical d'urgence.

GROSSESSE, ALLAITEMENT ET NOUVEAU-NÉ

Ce médicament peut être utilisé pendant la grossesse ou l'allaitement.

MODE D'EMPLOI ET POSOLOGIE

L'inhalation du médicament doit se faire au cours d'une inspiration profonde, précédée si possible d'une expiration forcée. Il est ensuite nécessaire de retenir sa respiration pendant quelques instants.

Agiter vigoureusement l'appareil. Introduire l'embout dans la bouche, le fond de la cartouche dirigé vers le haut. Expirer à fond, puis inspirer rapidement et profondément tout en appuyant sur le fond de la cartouche. Chaque pression délivre une dose unique.

Posologie usuelle :
- *Traitement de la crise* : 1 ou 2 bouffées, que l'on peut renouveler après 1 minute si l'effet est insuffisant.
- *Traitement de fond* :
  - Adulte : 4 à 12 bouffées par jour, régulièrement réparties dans la journée. Ne pas dépasser 15 bouffées par jour.
  - Enfant : 3 à 6 bouffées par jour, régulièrement réparties dans la journée. Ne pas dépasser 10 bouffées par jour.
- *Traitement préventif* de l'*asthme* d'effort :
  - Adulte : 2 bouffées, 15 à 30 minutes avant l'exercice.
  - Enfant : 1 bouffée, 15 à 30 minutes avant l'exercice.

> Lisez attentivement la notice du médicament avant son emploi.
>
> N'hésitez pas à demander une démonstration du maniement de cet appareil à votre médecin ou à votre pharmacien.
>
> L'utilisation de l'aérosol doseur chez les personnes maîtrisant mal la technique d'inhalation peut être facilitée par l'emploi d'un réservoir en matière plastique qui s'interpose entre l'aérosol doseur et la bouche.
>
> Nettoyez l'embout buccal à l'eau, avant et après utilisation.
>
> Le flacon est sous pression : conservez-le à l'abri de la chaleur.

EFFETS INDÉSIRABLES POSSIBLES

Les effets indésirables sont rares et bénins avec les formes inhalées. Leur survenue est favorisée par une augmentation de la *posologie*.

Tremblements des extrémités, accélération du cœur peuvent être observés à forte dose.

SRILANE
idrocilamide

PRÉSENTATION

SRILANE : pommade ; tube 60 g - Remb. 35 %

Laboratoires Aron-Médicia

COMPOSITION

	p. 100 g
Idrocilamide	5 g

INDICATIONS

Cette pommade contient un myorelaxant (relaxant musculaire).

Elle est utilisée en massage dans le traitement local des contractures musculaires douloureuses.

CONTRE-INDICATIONS

Cette pommade ne doit pas être appliquée sur les *muqueuses*, les plaies ou la peau lésée.

GROSSESSE, ALLAITEMENT ET NOUVEAU-NÉ

L'effet de ce médicament pendant la grossesse ou l'allaitement est mal connu. L'évaluation du risque éventuel lié à son utilisation est individuelle : demandez conseil à votre pharmacien ou à votre médecin.

MODE D'EMPLOI ET POSOLOGIE

Appliquer par un massage doux et prolongé.

Posologie usuelle :

1 à 3 applications par jour.

> Se laver les mains après utilisation.

EFFETS INDÉSIRABLES POSSIBLES

Allergie cutanée (éruption de boutons, démangeaisons...) imposant l'arrêt du traitement ; à ne pas confondre avec une rougeur au point d'application due au médicament.

STABLON
tianeptine

PRÉSENTATION

STABLON 12,5 mg : comprimé ovoïde (blanc) ; boîte de 30 - Remb. 65 % - Liste I

Laboratoires Ardix

COMPOSITION

	p. comp.
Tianeptine sodique	12,5 mg

INDICATIONS

C'est un *antidépresseur* qui appartient à la famille des antidépresseurs non *IMAO*, non imipraminiques.

Il est utilisé dans le traitement des *états dépressifs* accompagnés d'anxiété.

CONTRE-INDICATIONS

Ce médicament ne doit pas être utilisé dans les cas suivants :
- association aux *IMAO*,
- enfant de moins de 15 ans.

ATTENTION

Évitez les boissons alcoolisées : augmentation du risque de somnolence.

Conducteur : ce médicament peut être responsable d'une somnolence ou d'une baisse de la vigilance.

INTERACTIONS MÉDICAMENTEUSES

Ce médicament ne doit pas être associé aux *IMAO* non sélectifs (MARSILID, NIAMIDE...) : risque de poussée d'*hypertension artérielle* ou de malaise grave.

Lorsque ce médicament vient en remplacement d'un IMAO non sélectif, il convient de respecter un délai d'au moins 15 jours.

Lorsqu'un IMAO vient en remplacement de ce médicament, un intervalle de 24 heures suffit.

Ce médicament peut interagir avec d'autres médicaments, notamment les *sédatifs*. Signalez tout autre traitement en cours à votre médecin ou à votre pharmacien.

GROSSESSE, ALLAITEMENT ET NOUVEAU-NÉ

Grossesse :

En l'absence de données suffisantes, ce médicament est déconseillé pendant la grossesse.

Allaitement :

Ce médicament passe dans le lait maternel : l'allaitement est déconseillé.

MODE D'EMPLOI ET POSOLOGIE

Les comprimés doivent être avalés avec un peu d'eau.

Posologie usuelle :

1 comprimé, 3 fois par jour, au moment des repas.

L'efficacité de ce médicament peut ne pas être immédiate. N'arrêtez pas le traitement prématurément

EFFETS INDÉSIRABLES POSSIBLES

Troubles digestifs, bouche sèche, constipation, perte de l'appétit, insomnie ou au contraire somnolence.

Troubles du rythme cardiaque, accélération du cœur.

Étourdissements, maux de tête, bouffées de chaleur, tremblements.

Gêne respiratoire, boule dans la gorge.

Douleurs musculaires.

STAGID

metformine

PRÉSENTATION

STAGID : comprimé sécable (jaune citron) ; boîte de 30 - Remb. 65 % - Liste I

STAGID : comprimé sécable (jaune citron) ; boîte de 100 - Remb. 65 % - Liste I

Laboratoires Merck-Clévenot

COMPOSITION

	p. comp.
Metformine embonate	700 mg
Soit metformine	280 mg

INDICATIONS

Cet *antidiabétique* oral appartient à la famille des biguanides. Il permet de diminuer l'excès de *sucre* dans le sang sans pour autant favoriser la sécrétion d'*insuline*, contrairement aux *sulfamides hypoglycémiants*.

Il est utilisé dans le traitement du *diabète* non insulinodépendant lorsque le régime alimentaire seul est insuffisant.

CONTRE-INDICATIONS

Ce médicament ne doit pas être utilisé dans les cas suivants :
- *insuffisance rénale*, maladie aiguë pouvant provoquer une insuffisance rénale (voir ATTENTION) ;
- *insuffisance hépatique* grave, état d'ivresse ;
- *insuffisance cardiaque* ;
- **grossesse.**

En cas d'*infarctus du myocarde*, votre médecin appréciera la nécessité du traitement.

ATTENTION

Ce médicament n'est pas adapté au traitement du *diabète* insulinodépendant : celui-ci requiert un traitement par injections d'*insuline*.

Ce médicament expose à un risque de complication exceptionnelle et grave : l'*acidose lactique*. Celle-ci est favorisée par la présence d'une *insuffisance rénale* même modérée ou d'une *insuffisance hépatique* grave. Toute insuffisance rénale préexistante ou apparaissant sous traitement (notamment chez la personne âgée qui se déshydrate) contre-indique l'utilisation ou la poursuite de la prise de ce médicament.

Certaines situations peuvent contribuer à augmenter la *glycémie* : infections, prise de médicaments, stress. En cas d'apparition d'une sensation de malaise général, consultez rapidement votre médecin.

En cas d'examen radiologique nécessitant l'administration de produits de contraste par *voie* intraveineuse, la prise de ce médicament devra être interrompue 48 heures avant et être reprise 48 heures après.

INTERACTIONS MÉDICAMENTEUSES

Ce médicament peut interagir avec d'autres médicaments, notamment les *diurétiques* et les produits de contraste injectables utilisés en radiologie. Signalez tout autre traitement en cours à votre médecin ou à votre pharmacien.

GROSSESSE, ALLAITEMENT ET NOUVEAU-NÉ

Grossesse :

Ce médicament n'est pas adapté au *diabète* de la femme enceinte, qui nécessite un traitement par *insuline*.

Allaitement :

Les données actuellement disponibles ne permettent pas de savoir si ce médicament passe dans le lait maternel.

MODE D'EMPLOI ET POSOLOGIE

Les prises seront réparties dans la journée au cours ou à la fin des trois repas.

Posologie usuelle :

Elle est adaptée par votre médecin en fonction des résultats des analyses de sang.

Ce médicament n'expose pas au risque d'*hypoglycémie*.

Le *diabète* peut diminuer la sensibilité des pieds à la douleur et favoriser les infections. Des plaies profondes peuvent se développer : une hygiène rigoureuse et des chaussures confortables limitent ce risque.

Le régime du diabétique ne consiste pas en une simple interdiction des *glucides* (*sucres*, pain, pâtes...) : demandez conseil à votre médecin.

Pesez-vous régulièrement et signalez toute variation rapide de poids à votre médecin.

EFFETS INDÉSIRABLES POSSIBLES

Troubles digestifs.

STAGO

PRÉSENTATION

STAGO : solution diluée buvable arôme banane ; flacon 550 ml - Non remb.

Laboratoires Merck-Clévenot

COMPOSITION

	p. 100 ml
Boldo, teinture	18 mg
Kinkéliba, teinture	16 mg
Camomille, teinture	27 mg
Solidage, teinture	12 mg
Alcool à 95°	940 mg
Chloroforme	+
Tartrazine	+

INDICATIONS

Ce médicament contient des extraits de plantes aux propriétés *cholérétiques*. Il est utilisé dans le *traitement symptomatique* des digestions difficiles en rapport avec une paresse biliaire.

ATTENTION

Si vous souffrez d'une maladie grave du foie ou d'une obstruction des *voies biliaires* notamment due à des calculs, n'utilisez pas ce médicament sans avis médical.

En cas de persistance des *symptômes*, des examens peuvent être nécessaires : consultez votre médecin.

GROSSESSE, ALLAITEMENT ET NOUVEAU-NÉ

L'effet de ce médicament pendant la grossesse ou l'allaitement est mal connu. L'évaluation du risque éventuel lié à son

utilisation est individuelle : demandez conseil à votre pharmacien ou à votre médecin.

MODE D'EMPLOI ET POSOLOGIE

- Adulte : 4 à 6 cuillères à soupe, en plusieurs prises. 20 cuillères à soupe maximum par jour.
- Enfant de plus de 12 ans : 1 à 2 cuillères à soupe, à renouveler. 10 cuillères à soupe maximum par jour.

Ne pas utiliser de façon prolongée.

STAPHYLOMYCINE oral

virginiamycine

PRÉSENTATION

STAPHYLOMYCINE : comprimé (beige) ; boîte de 16 - Remb. 65 % - Liste I

STAPHYLOMYCINE NOURRISSON ET ENFANT : poudre orale arôme chocolat ; boîte de 20 sachets - Remb. 65 % - Liste I

Laboratoires SmithKline Beecham

COMPOSITION

	p. comp.	p. sachet
Virginiamycine	250 mg	100 mg

INDICATIONS

Cet *antibiotique* appartient à la famille des *synergistines*.

Il est utilisé dans le traitement de diverses maladies infectieuses, notamment celles de la bouche et des dents, de la peau, de la prostate, des os...

CONTRE-INDICATIONS

Ce médicament ne doit pas être utilisé en cas d'*allergie* aux *synergistines* (pristinamycine, virginiamycine).

ATTENTION

Le médecin prescrit parfois des analyses pour identifier le *germe* responsable de l'infection et tester sa sensibilité aux *antibiotiques*. Le résultat de cet examen peut être faussé en cas d'automédication préalable : ne prenez pas d'antibiotique sans avis médical.

Une diminution de la fièvre ou une disparition des troubles ne sont pas synonymes de guérison : la durée du traitement doit absolument être respectée pour éviter les rechutes.

GROSSESSE, ALLAITEMENT ET NOUVEAU-NÉ

L'effet de ce médicament pendant la grossesse ou l'allaitement est mal connu : seul votre médecin peut évaluer le risque éventuel de son utilisation dans votre cas.

MODE D'EMPLOI ET POSOLOGIE

Les comprimés doivent être avalés avec un peu d'eau.

Le contenu des sachets peut être avalé pur ou mélangé avec du lait, un yaourt, de la confiture.

Posologie usuelle :

- Adulte : 3 ou 4 comprimés, 3 fois par jour (16 comprimés par jour au maximum).
- Nourrisson et enfant : 50 mg par kg et par jour, en 2 ou 3 prises. Soit, par exemple, pour un enfant de 10 kg, 1 comprimé ou 2 sachets, matin et soir.

L'éventuelle impression de fatigue n'est pas due à l'*antibiotique* mais à l'infection elle-même.

Évitez de prendre ce médicament avec des boissons chaudes ou acides : l'amertume de l'antibiotique risque de ressortir.

EFFETS INDÉSIRABLES POSSIBLES

Troubles digestifs : nausée, diarrhée.

Très rarement : réactions cutanées.

STAPHYLOMYCINE pommade

virginiamycine

PRÉSENTATION

STAPHYLOMYCINE : pommade ; tube 28 g - Remb. 65 % - Liste I

Laboratoires SmithKline Beecham

COMPOSITION

	p. 100 g
Virginiamycine	0,5 g

INDICATIONS

Cette pommade contient un *antibiotique* de la famille des *synergistines*.

Elle est utilisée dans le traitement des infections de la peau.

CONTRE-INDICATIONS

Ce médicament ne doit pas être utilisé dans les cas suivants :

- *allergie* aux *antibiotiques* de la famille des *synergistines*,
- infection du mamelon au cours de l'allaitement.

ATTENTION

Si l'infection ne régresse pas après quelques jours, consultez votre médecin.

Évitez d'utiliser cette pommade, notamment chez l'enfant, de manière prolongée et sur des surfaces de peau étendues ou profondément lésées sans l'avis de votre médecin. Elle ne doit pas non plus être appliquée sur les lésions suintantes.

GROSSESSE, ALLAITEMENT ET NOUVEAU-NÉ

L'effet de ce médicament pendant la grossesse ou l'allaitement est mal connu : seul votre médecin peut évaluer le risque éventuel de son utilisation dans votre cas.

Allaitement :

En raison du risque d'ingestion par le *nouveau-né*, la pommade ne doit pas être appliquée sur le mamelon de la femme qui allaite.

MODE D'EMPLOI ET POSOLOGIE

Nettoyer la lésion à traiter avant l'application.

Le traitement ne doit pas dépasser 8 jours.

Posologie usuelle :

2 ou 3 applications par jour.

La pommade doit être conservée à l'abri de la chaleur.

EFFETS INDÉSIRABLES POSSIBLES

Irritation locale ou réaction allergique (*eczéma*) au point d'application de la pommade, ou à distance de celui-ci.

STAPOROS

calcitonine de porc

PRÉSENTATION

STAPOROS : préparation injectable ; boîte de 6 flacons de *lyophilisat* et 6 ampoules de solvant 2 ml - Remb. 65 % - Liste II

Laboratoires Cassenne

COMPOSITION

	p. fl.
Calcitonine naturelle de porc	1 unité

INDICATIONS

Ce médicament contient de la calcitonine de porc. Normalement sécrétée par les glandes *parathyroïdes*, cette *hormone* a plusieurs propriétés :

- elle freine l'activité des cellules qui détruisent l'os (*ostéoclastes*),
- elle facilite la fixation du calcium sur l'os et abaisse le taux de calcium dans le sang,
- elle a une action *antalgique*.

Ce médicament est utilisé dans le traitement des anomalies du *métabolisme* du calcium.

GROSSESSE, ALLAITEMENT ET NOUVEAU-NÉ

L'effet de ce médicament pendant la grossesse ou l'allaitement est mal connu : seul votre médecin peut évaluer le risque éventuel de son utilisation dans votre cas.

MODE D'EMPLOI ET POSOLOGIE

Ce médicament est injecté par *voie* intramusculaire profonde.

Posologie usuelle :

Elle est individuelle et adaptée par votre médecin en fonction de la maladie en cause et de l'évolution des signes.

Compte tenu des effets indésirables possibles après l'injection de ce médicament, il est préférable de prévoir une période de repos après son administration.

EFFETS INDÉSIRABLES POSSIBLES

Réaction allergique cutanée.

STÉDIRIL
éthinylestradiol, norgestrel

PRÉSENTATION

STÉDIRIL : comprimé (bleu) ; boîte de 1 plaquette de 21 - Remb. 65 % - Liste I

STÉDIRIL : comprimé (bleu) ; boîte de 3 plaquettes de 21 - Remb. 65 % - Liste I

Laboratoires Wyeth France

COMPOSITION

	p. comp.
Éthinylestradiol	0,05 mg
Norgestrel	0,5 mg

INDICATIONS

C'est un *contraceptif* oral (pilule) qui contient un *estrogène* et un *progestatif*. Il est normodosé (0,05 mg d'estrogène) et monophasique (tous les comprimés contiennent la même quantité d'*hormones* et sont donc de la même couleur). Ce médicament est également prescrit pour traiter les douleurs des règles.

CONTRE-INDICATIONS

Ce médicament ne doit pas être utilisé dans les cas suivants :
- certaines maladies cardiaques ou *vasculaires*, notamment l'*hypertension artérielle* et les *antécédents* de *phlébite* ;
- certaines causes de saignement entre les règles ;
- *diabète*, excès de *cholestérol* ou de *triglycérides* ;
- maladie du foie grave ou récente, jaunisse chronique ou survenue lors d'une grossesse ;
- cancer du sein ou de l'utérus ainsi que certains autres cancers ;
- *tumeur de l'hypophyse*, excès de *prolactine* ;
- certaines maladies rares (*connectivite*, *porphyrie*, *otosclérose*, *otospongiose*) ;
- *insuffisance rénale* ;
- **grossesse** ;
- **allaitement.**

Dans tous les autres cas, le médecin est seul juge pour prescrire ce médicament, notamment en cas d'obésité, de *tumeur* bénigne du sein ou de l'utérus, de calculs de la vésicule biliaire.

ATTENTION

Chez la femme de plus de 35 ans ou chez la femme qui fume, le risque de complications cardio-vasculaires liées aux *estrogènes* augmente nettement.

Tout *symptôme* pouvant faire craindre une complication impose l'arrêt du traitement : maux de tête importants et inhabituels, troubles de la vision, élévation franche de la tension artérielle.

La survenue d'un léger saignement entre les règles (spotting) est fréquente chez les femmes prenant la pilule. Vous devez néanmoins en informer votre médecin.

Une surveillance médicale et des analyses sont nécessaires avant et pendant la contraception orale. Cette surveillance sera renforcée chez la femme souffrant d'*épilepsie*, de *migraine*, d'*asthme*, de *dépression*, ou ayant des *antécédents* familiaux de maladie *vasculaire*.

En cas d'opération ou d'immobilisation pour une période prolongée, un autre mode de contraception est préférable.

INTERACTIONS MÉDICAMENTEUSES

L'efficacité contraceptive de la pilule peut être diminuée par la prise de certains médicaments : les *barbituriques*, certains antiépileptiques (TÉGRÉTOL, DI-HYDAN...), les médicaments contenant de la rifampicine (RIMACTAN, RIFADINE...) ou de la griséofulvine (FULCINE, GRISÉFULINE...).

GROSSESSE, ALLAITEMENT ET NOUVEAU-NÉ

Ce médicament est contre-indiqué pendant la grossesse et l'allaitement.

MODE D'EMPLOI ET POSOLOGIE

Prendre régulièrement, et sans oubli, 1 comprimé par jour à la même heure pendant 21 jours consécutifs, avec un arrêt de 7 jours entre chaque plaquette de 21 comprimés.

En cas de première contraception orale ou de reprise d'une contraception interrompue temporairement, prendre le premier comprimé le premier jour des règles.

En cas de changement de *contraceptif*, prendre le premier comprimé :
- après un arrêt de 7 jours, si le précédent contraceptif comportait 21 comprimés par plaquette ;
- après un arrêt de 6 jours, si le précédent contraceptif comportait 22 comprimés par plaquette ;
- sans interruption, si le précédent contraceptif comportait 28 comprimés par plaquette.

En cas de suite d'accouchement ou d'interruption de grossesse : suivre les indications du médecin.

En cas d'oubli d'un comprimé :
- retard de moins de 12 heures : prendre le comprimé oublié et continuer à l'heure habituelle ;
- retard de plus de 12 heures : prendre le comprimé oublié et continuer à l'heure habituelle, mais la sécurité contraceptive n'est plus assurée et une méthode complémentaire doit être employée pour le cycle en cours (spermicide, préservatif, diaphragme).

En cas de vomissement ou de diarrhée survenant juste après la prise du comprimé (sans rapport avec la prise du *contraceptif*), prendre un autre comprimé. Si ces troubles durent plus de 12 heures, la sécurité contraceptive n'est plus assurée et une méthode complémentaire doit être employée pour le cycle en cours.

EFFETS INDÉSIRABLES POSSIBLES

Peu graves et n'empêchant pas la poursuite du traitement : nausées, maux de tête banals, prise de poids, tension modérée des seins, taches sombres sur le visage, jambes lourdes, irritation oculaire par les lentilles de contact, saignement entre les règles, diminution ou disparition des règles, *candidose* vaginale, irritabilité et tendance à la *dépression*.

Rares mais devant faire interrompre la prise de ce *contraceptif* : *hypertension artérielle*, accident cardiaque ou *vasculaire*, jaunisse, augmentation importante des lipides dans le sang, *diabète*, *nodule* ou douleur importante des seins, *migraine*, *vertiges*, troubles de la vision, aggravation d'une *épilepsie*, écoulement de lait.

Exceptionnellement, certaines pilules peuvent être responsables de calculs de la vésicule biliaire, de *tumeur* bénigne du foie ou de *mastopathie*.

STER-DEX
dexaméthasone, oxytétracycline

PRÉSENTATION

STER-DEX : pommade ophtalmique ; boîte de 12 unidoses stériles - Remb. 65 % - Liste I

Laboratoires CIBA Vision Ophthalmics

COMPOSITION

	p. unidose
Dexaméthasone	0,267 mg
Oxytétracycline	1,335 mg

INDICATIONS

Cette pommade ophtalmique contient un *corticoïde* et un *antibiotique* de la famille des *tétracyclines*.

Elle est utilisée dans le traitement des *conjonctivites* allergiques, de l'*eczéma* des paupières, des chalazions (petits kystes du bord de la paupière) et des brûlures de la *conjonctive*.

CONTRE-INDICATIONS

Cette pommade ne doit pas être utilisée dans les cas suivants :
- *allergie* aux *antibiotiques* de la famille des *tétracyclines* ;
- *kératite* virale, *mycose* oculaire ;
- *tuberculose* oculaire ;
- *antécédent* personnel ou familial de *glaucome*.

ATTENTION

Certaines contre-indications ne peuvent être détectées que par un ophtalmologiste : ne réutilisez pas ce médicament sans avis médical.

En l'absence d'amélioration après quelques jours de traitement, n'hésitez pas à consulter votre médecin.

INTERACTIONS MÉDICAMENTEUSES

Ce médicament peut interagir avec d'autres collyres : respectez un intervalle de 15 minutes entre deux instillations.

GROSSESSE, ALLAITEMENT ET NOUVEAU-NÉ

L'effet de ce médicament pendant la grossesse ou l'allaitement est mal connu : seul votre médecin peut évaluer le risque éventuel de son utilisation dans votre cas.

MODE D'EMPLOI ET POSOLOGIE

Tirer la paupière inférieure vers le bas tout en regardant vers le haut et déposer l'équivalent d'un grain de riz de pommade entre la paupière et le globe oculaire (*cul-de-sac conjonctival*).

Posologie usuelle :

1 à 3 applications par jour.

> ☛ Le port de lentilles de contact doit être immédiatement interrompu en cas d'infection oculaire et les lentilles ne doivent pas être réutilisées avant guérison complète.
>
> La vision est troublée par l'application de la pommade. Ce trouble disparaît en quelques minutes.
>
> L'application correcte du produit peut nécessiter une aide, notamment chez une personne handicapée ou âgée.
>
> Chaque dose est destinée à une application et doit être jetée après usage.

EFFETS INDÉSIRABLES POSSIBLES

Irritation ou réaction allergique locale.

En cas d'utilisation prolongée : *cataracte*, augmentation de la *tension intraoculaire* (*glaucome*), *kératite* superficielle.

STÉRIMYCINE

kanamycine, polymyxine B

PRÉSENTATION

STÉRIMYCINE : pommade ophtalmique ; boîte de 12 unidoses stériles - Remb. 65 %

Laboratoires CIBA Vision Ophthalmics

COMPOSITION

	p. unidose
Kanamycine sulfate	2,6 mg
Polymyxine B sulfate	5 200 U

INDICATIONS

Cette pommade ophtalmique contient deux *antibiotiques* dont un de la famille des *aminosides*.

Il est utilisé pour traiter les infections de l'œil.

CONTRE-INDICATIONS

Ce médicament ne doit pas être utilisé en cas d'*allergie* aux *antibiotiques* de la famille des *aminosides* ou à la polymyxine.

> **ATTENTION**
>
> Une rougeur ou une douleur de l'œil ne correspondent pas toujours à une infection. Des soins urgents peuvent être nécessaires, notamment en cas de vision floue.

GROSSESSE, ALLAITEMENT ET NOUVEAU-NÉ

L'effet de ce médicament pendant la grossesse ou l'allaitement est mal connu : seul votre médecin peut évaluer le risque éventuel de son utilisation dans votre cas.

MODE D'EMPLOI ET POSOLOGIE

Tirer la paupière inférieure vers le bas tout en regardant vers le haut. Déposer la pommade entre la paupière et le globe oculaire (*cul-de-sac conjonctival*).

Posologie usuelle :

Appliquer l'équivalent d'un grain de riz, 1 à 3 fois par jour.

> ☛ La vision est légèrement troublée par l'application de la pommade. Ce trouble disparaît en quelques minutes.
>
> Une application correcte du produit peut nécessiter une aide, notamment chez l'enfant ou la personne handicapée ou âgée.
>
> Les lentilles de contact ne doivent pas être portées en cas d'infection oculaire ni réutilisées avant guérison complète.

STERLANE

PRÉSENTATION

STERLANE : solution pour application locale ; flacon 125 ml - Remb. 65 %

STERLANE : solution pour application locale ; flacon 350 ml - Remb. 65 %

STERLANE : crème ; tube 60 g - Remb. 65 %

Laboratoires Pharmascience

COMPOSITION

	solution p. 100 ml	crème p. 100 g
Acide lauryloxypropyl-bêta-aminobutyrique	1 g	1 g
Acide dodécylaminopropyl-bêta-aminobutyrique	1 g	1 g
Miristalkonium chlorure	0,50 g	0,50 g

INDICATIONS

Ce médicament est un *antiseptique* local de la famille des *ammoniums quaternaires*.

Il est utilisé pour désinfecter la peau et les plaies superficielles.

CONTRE-INDICATIONS

Ce médicament ne doit pas être utilisé :
- sur les *muqueuses* génitales,
- pour le nettoyage des yeux.

> **ATTENTION**
>
> L'application sur les *muqueuses* génitales peut provoquer des rougeurs, des *ulcérations* ou des nécroses locales.
>
> N'utilisez pas ce médicament sur une large surface de peau sans avis médical : risque de passage du médicament dans le sang.
>
> L'absorption accidentelle de ce produit expose à des complications graves : appelez le centre antipoison.

INTERACTIONS MÉDICAMENTEUSES

L'association à d'autres *antiseptiques* est déconseillée car leurs effets risquent de s'annuler.

GROSSESSE, ALLAITEMENT ET NOUVEAU-NÉ

Grossesse :

L'absence d'effets nocifs de ce médicament n'a pas été établie pendant la grossesse ou l'allaitement.

MODE D'EMPLOI ET POSOLOGIE

La solution s'emploie :
- pure en application locale, à rincer après 15 minutes ;
- diluée jusqu'à 1 % dans l'eau du bain.

La crème s'applique 1 ou 2 fois par jour après nettoyage des lésions.

> ☛ Le simple lavage à l'eau et au savon permet d'éliminer la majorité des *germes* ; il doit être suivi d'un rinçage soigneux car le savon peut inactiver certains *antiseptiques*.
>
> Après dilution, la solution ne doit pas être conservée plus de 24 heures. Le contact avec du liège (bouchon) diminue l'activité antiseptique.
>
> Tous les antiseptiques peuvent être contaminés par des germes : ne les conservez pas inutilement.

STÉROGYL 15 H et 15 A ⚕

vitamine D2

PRÉSENTATION

STÉROGYL 15 « H » : solution huileuse buvable et injectable *I.M.* (jaune pâle) ; boîte de 1 ampoule 1,5 ml - Remb. 65 % - Liste II

STÉROGYL 15 « A » : solution alcoolique buvable ; boîte de 1 ampoule 1,5 ml - Remb. 65 % - Liste II

Laboratoires Roussel

COMPOSITION

	p. amp. H	p. amp. A
Ergocalciférol (vitamine D2)	600 000 UI	600 000 UI
Huile neutralisée	1,5 ml	
Alcool à 90°		1,5 ml

INDICATIONS

Ce médicament contient de la *vitamine* D, qui permet la fixation osseuse du calcium et dont la *carence* est responsable du *rachitisme*.

Il est utilisé pour prévenir et traiter les carences en vitamine D. Il peut être également utilisé chez l'adulte et la personne âgée dans le traitement de l'*ostéomalacie*, de la *tétanie* et de la *spasmophilie* dues à un manque de calcium.

CONTRE-INDICATIONS

Ce médicament ne doit pas être utilisé dans les cas suivants :
- excès de calcium dans le sang et dans les urines,
- *antécédents* de calculs rénaux contenant du calcium,
- immobilisation prolongée (pour les fortes doses).

> **ATTENTION**
>
> Ne pas administrer à un enfant plus de 1 ampoule par an.
>
> Un surdosage en *vitamine* D expose à des effets indésirables graves.
>
> La vitamine D est présente dans de nombreux laits pour bébé et médicaments disponibles sans ordonnance : prenez l'avis de votre médecin ou de

votre pharmacien pour éviter tout risque de surdosage.

GROSSESSE, ALLAITEMENT ET NOUVEAU-NÉ

Grossesse :

Ne prenez pas de *vitamine* D sans avis médical pendant la grossesse.

Allaitement :

Ce médicament passe dans le lait maternel : il est, à forte dose, déconseillé pendant l'allaitement.

MODE D'EMPLOI ET POSOLOGIE

La solution huileuse peut être avalée pure ou diluée dans le lait du biberon ; elle peut être également injectée par *voie* intramusculaire, en utilisant une seringue en verre.

La solution alcoolique est fortement alcoolisée, elle ne peut pas être injectée. Elle doit être diluée dans un peu d'eau, de lait ou de jus de fruit ; elle ne convient pas à l'enfant de moins de 3 ans.

Posologie usuelle :

Prévention du *rachitisme* :
- Nourrisson de moins de 18 mois : 1/2 ampoule tous les 6 mois.
- Enfant de 18 mois à 5 ans révolus : 1/2 ampoule au début de l'hiver.

Dans les autres cas, notamment chez la femme enceinte et la personne âgée, la *posologie* est strictement individuelle.

Le contenu de l'ampoule doit être pris en une seule fois ; en aucun cas la prise ne doit être fractionnée.

Les ampoules de STÉROGYL 15 H et de STÉROGYL 15 A ne renferment pas la même quantité de *vitamine* D que la solution buvable de STÉROGYL (gouttes) : n'utilisez pas les unes à la place de l'autre.

Les *carences* en vitamine D sont particulièrement fréquentes chez les jeunes enfants à peau sombre ou peu exposée au soleil ; en effet, la vitamine D est fabriquée par la peau sous l'influence des rayons *ultraviolets*.

La prévention du *rachitisme* par la vitamine D est mise en œuvre de façon systématique chez le *nourrisson* et le jeune enfant.

Ce médicament doit être conservé à l'abri de la chaleur et de la lumière.

EFFETS INDÉSIRABLES POSSIBLES

Aucun effet indésirable n'est généralement constaté aux doses usuelles ; certains signes doivent cependant faire penser à un surdosage : perte de l'appétit, soif intense, nausées, vomissements. Prévenez d'urgence votre médecin.

STÉROGYL gouttes
vitamine D2

PRÉSENTATION

STÉROGYL : solution buvable ; flacon compte-gouttes 20 ml - Remb. 65 %

Laboratoires Roussel

COMPOSITION

	p. gte
Ergocalciférol (vitamine D2)	400 UI
Alcool à 90°	0,02 ml

INDICATIONS

Ce médicament contient de la *vitamine* D, qui permet la fixation osseuse du calcium et dont la *carence* est responsable du *rachitisme*.

Il est utilisé pour prévenir et traiter les carences en vitamine D. Il peut être également utilisé chez l'adulte et la personne âgée dans le traitement de l'*ostéomalacie*, de la *tétanie* et de la *spasmophilie* dues à un manque de calcium.

CONTRE-INDICATIONS

Ce médicament ne doit pas être utilisé dans les cas suivants :
- excès de calcium dans le sang et dans les urines,
- *antécédents* de calculs rénaux contenant du calcium.

ATTENTION

Un surdosage en *vitamine* D expose à des effets indésirables graves.

La vitamine D est présente dans de nombreux laits pour bébé et médicaments disponibles sans ordonnance : prenez l'avis de votre médecin ou de votre pharmacien pour éviter tout risque de surdosage.

GROSSESSE, ALLAITEMENT ET NOUVEAU-NÉ

Grossesse :

Ne prenez pas de *vitamine* D sans avis médical pendant la grossesse.

Allaitement :

Ce médicament passe dans le lait maternel : il est, à forte dose, déconseillé pendant l'allaitement.

MODE D'EMPLOI ET POSOLOGIE

La solution est fortement alcoolisée et doit être diluée dans le lait du biberon ou dans du jus de fruit.

Posologie usuelle :

Prévention du *rachitisme* :
- Nourrisson de moins de 18 mois : 3 ou 4 gouttes par jour (jusqu'à 6 gouttes pour les enfants à peau sombre) durant toute l'année.
- Enfant de 18 mois à 5 ans révolus : même dose durant les mois d'hiver seulement.

Dans les autres cas, notamment chez la femme enceinte et la personne âgée, la *posologie* est strictement individuelle.

Les *carences* en *vitamine* D sont particulièrement fréquentes chez les jeunes enfants à peau sombre ou peu exposée au soleil ; en effet, la vitamine D est fabriquée par la peau sous l'influence des rayons *ultraviolets*.

La prévention du *rachitisme* par la vitamine D est mise en œuvre de façon systématique chez le *nourrisson* et le jeune enfant.

Ce médicament doit être conservé à l'abri de la chaleur et de la lumière.

EFFETS INDÉSIRABLES POSSIBLES

Aucun effet indésirable n'est généralement constaté aux doses usuelles ; certains signes doivent cependant faire penser à un surdosage : perte de l'appétit, soif intense, nausées, vomissements. Prévenez d'urgence votre médecin.

STHÉNOREX
pollens

PRÉSENTATION

STHÉNOREX : gélule (vert et blanc) ; flacon de 30 - Remb. 35 %

STHÉNOREX INFANTILE : poudre orale arôme banane ; boîte de 15 sachets - Remb. 35 %

Laboratoires S.C.A.T.

COMPOSITION

	p. gél.	p. sachet
Pollens, extraits hydrosolubles	120 mg	180 mg
Pollens, extraits liposolubles	6 mg	9 mg

INDICATIONS

Ce médicament contient des extraits de pollens destinés à stimuler l'appétit.

Il est utilisé en complément du régime alimentaire lorsqu'une prise de poids est souhaitée.

ATTENTION

Une perte de l'appétit ou une perte de poids involontaire et durable, rapide ou progressive, ne doivent pas vous conduire à augmenter les doses ni à prolonger le traitement mais à consulter votre médecin afin d'en rechercher la cause.

GROSSESSE, ALLAITEMENT ET NOUVEAU-NÉ

Grossesse :

Ce médicament peut être pris pendant la grossesse, si votre médecin le juge nécessaire.

MODE D'EMPLOI ET POSOLOGIE

Les gélules doivent être avalées avec un verre d'eau ; elles peuvent être ouvertes et leur contenu mélangé à un aliment ou à une boisson.

Le contenu des sachets doit être dilué dans un peu de liquide.

Posologie usuelle :
- Adulte : 2 gélules, 2 fois par jour.
- Adolescent : 1 gélule, 2 ou 3 fois par jour.
- Nourrisson et enfant : 1 sachet par jour.

STILLA

PRÉSENTATION

STILLA : collyre (bleu) ; flacon 10 ml - Non remb.

Laboratoires Phygiène

COMPOSITION

	p. 100 ml
Phényléphrine chlorhydrate	0,10 g
Acide borique	1,400 g
Borate de sodium	0,05 g
Méthylthioninium (bleu de méthylène)	0,003 g

INDICATIONS

C'est un collyre décongestionnant qui contient un *vasoconstricteur* et des *antiseptiques*.

Il est utilisé pour traiter les *conjonctivites* non infectieuses, notamment les irritations dues à des corps étrangers, à des gaz irritants, à des poussières ou à une lumière excessive.

CONTRE-INDICATIONS

Ce médicament ne doit pas être utilisé dans les cas suivants :
- *glaucome* à angle fermé,
- enfant de moins de 3 ans.

ATTENTION

Une rougeur ou une douleur de l'œil ne correspondent pas toujours à une *conjonctivite*. Des soins urgents peuvent être nécessaires, notamment en cas de vision floue.

Ce collyre peut provoquer un *glaucome* aigu par fermeture de l'angle chez les personnes prédisposées : œil rouge, dur, douloureux, et flou de la vision. Une consultation d'urgence dans un service spécialisé est alors nécessaire.

Du fait de la présence d'un *vasoconstricteur*, les instillations répétées doivent être évitées chez les personnes souffrant d'*angine de poitrine* ou d'*hypertension artérielle*.

Des instillations répétées peuvent provoquer une sensibilité anormale à la lumière, gênante en cas de conduite automobile.

INTERACTIONS MÉDICAMENTEUSES

Ce médicament peut interagir avec d'autres médicaments, notamment les *antidépresseurs* de la famille des *IMAO* non sélectifs (MARSILID, NIAMIDE...). Signalez tout autre traitement en cours à votre médecin ou à votre pharmacien.

GROSSESSE, ALLAITEMENT ET NOUVEAU-NÉ

L'effet de ce médicament pendant la grossesse ou l'allaitement est mal connu. L'évaluation du risque éventuel lié à son utilisation est individuelle : demandez conseil à votre pharmacien ou à votre médecin.

MODE D'EMPLOI ET POSOLOGIE

Tirer la paupière inférieure vers le bas tout en regardant vers le haut et déposer les gouttes de collyre entre la paupière et le globe oculaire (*cul-de-sac conjonctival*).

Posologie usuelle :
- Adulte et enfant de plus de 3 ans : 1 ou 2 gouttes, 2 ou 3 fois par jour.

Les lentilles de contact ne doivent pas être portées en cas d'irritation oculaire ni réutilisées avant l'arrêt complet du traitement.

Ce collyre peut colorer de façon irréversible les lentilles souples.

L'application correcte du produit peut nécessiter une aide, notamment chez l'enfant ou la personne handicapée ou âgée.

Ne conservez pas ce collyre plus de 15 jours après une première utilisation. Il doit être conservé à l'abri de la chaleur et de la lumière.

EFFETS INDÉSIRABLES POSSIBLES

Glaucome aigu par fermeture de l'angle (voir ATTENTION).

Sensibilité excessive à la lumière due à une dilatation de la pupille.

STILLARGOL
protéinate d'argent

PRÉSENTATION

STILLARGOL 1 % : solution nasale et ophtalmique ; flacon compte-gouttes 25 ml - Remb. 35 %

STILLARGOL 2 % : solution nasale et ophtalmique ; flacon compte-gouttes 25 ml - Remb. 35 %

STILLARGOL 5 % : solution nasale et ophtalmique ; flacon compte-gouttes 25 ml - Remb. 35 %

Laboratoires Mayoly-Spindler

COMPOSITION

	p. fl.	p. fl.	p. fl.
Protéinate d'argent	250 mg	500 mg	1,25 g

INDICATIONS

C'est un médicament à usage local qui contient un sel d'argent *antiseptique*.

Il est utilisé dans le *traitement d'appoint* des *conjonctivites* infectieuses du *nourrisson* (solution à 1 %) ou de l'adulte (solution à 5 %), des *rhinites* et des *sinusites* (solution à 1 % ou 2 %).

CONTRE-INDICATIONS

Ce médicament ne doit pas être utilisé en cas d'*allergie* aux sels d'argent.

ATTENTION

Une rougeur ou une douleur de l'œil ne correspondent pas toujours à une infection. Des soins urgents peuvent être nécessaires, notamment en cas de vision floue.

En l'absence d'amélioration rapide, consultez votre médecin.

Un usage répété et prolongé de ce médicament peut provoquer une coloration bleuâtre indélébile de la peau et de certaines *muqueuses*.

Le flacon peut être contaminé par l'œil infecté : évitez de mettre en contact l'extrémité du flacon avec l'œil. Ne le conservez pas inutilement après une première utilisation.

GROSSESSE, ALLAITEMENT ET NOUVEAU-NÉ

L'effet de ce médicament pendant la grossesse ou l'allaitement est mal connu. L'évaluation du risque éventuel lié à son utilisation est individuelle : demandez conseil à votre pharmacien ou à votre médecin.

MODE D'EMPLOI ET POSOLOGIE

Conjonctivite : tirer la paupière inférieure vers le bas tout en regardant vers le haut et déposer les gouttes de solution entre la paupière et le globe oculaire (*cul-de-sac conjonctival*).

Rhinite, sinusite : pencher la tête en arrière et instiller les gouttes dans chaque narine.

Posologie usuelle :

2 gouttes, 3 fois par jour.

Les lentilles de contact ne doivent pas être portées en cas d'irritation oculaire ni réutilisées avant l'arrêt complet du traitement.

Ce collyre peut colorer de façon irréversible les lentilles souples.

L'application correcte du produit peut nécessiter une aide, notamment chez l'enfant ou la personne handicapée ou âgée.

EFFETS INDÉSIRABLES POSSIBLES

Réaction de *photosensibilisation*.

STILNOX
zolpidem

PRÉSENTATION

STILNOX 10 mg : comprimé sécable (blanc) ; boîte de 20 - Remb. 65 % - Liste I

Laboratoires Synthélabo France

COMPOSITION

	p. comp.
Zolpidem hémitartrate	10 mg

INDICATIONS

C'est un somnifère proche de la famille des *benzodiazépines*.

Il est utilisé dans le traitement de l'insomnie.

CONTRE-INDICATIONS

Ce médicament ne doit pas être utilisé dans les cas suivants :
- enfant de moins de 15 ans,
- grossesse,
- allaitement.

ATTENTION

Des précautions sont nécessaires si vous souffrez de *myasthénie*, d'*insuffisance hépatique* ou d'*insuffisance respiratoire* grave et chez la personne âgée.

Une prise prolongée ou des doses importantes de ce médicament, son association à des *sédatifs* ou à des boissons alcoolisées pourraient favoriser une *dépendance*. Respectez la *posologie* et la durée de traitement prescrites par votre médecin.

Certaines insomnies peuvent traduire une *dépression* masquée et justifier un traitement spécifique.

Un trouble du sommeil persistant ne doit pas vous conduire à augmenter les doses, mais à consulter votre médecin.

Ce médicament expose à un risque de chute nocturne chez la personne âgée ayant l'habitude de se lever la nuit.

Un réveil nocturne après la prise du médicament peut entraîner des troubles de mémoire parfois angoissants.

Évitez les boissons alcoolisées : augmentation du risque de somnolence et de dépendance.

Conducteur : ce médicament peut être responsable d'une somnolence ou d'une baisse de la vigilance.

INTERACTIONS MÉDICAMENTEUSES

Ce médicament peut interagir avec d'autres médicaments, notamment avec les *sédatifs*. Signalez tout autre traitement en cours à votre médecin ou à votre pharmacien.

GROSSESSE, ALLAITEMENT ET NOUVEAU-NÉ

Grossesse :

Ce médicament est récent : en l'absence de données suffisantes, il est contre-indiqué pendant la grossesse.

Allaitement :

Ce médicament passe dans le lait maternel : il est contre-indiqué pendant l'allaitement.

MODE D'EMPLOI ET POSOLOGIE

Les comprimés doivent être avalés avec un peu d'eau.

Posologie usuelle :

- Adulte : 1 comprimé immédiatement avant le coucher.

Lorsque le traitement a été prolongé plusieurs semaines, l'arrêt devra être progressif.

☛ Ce médicament vous a été prescrit dans une situation précise. Ne le conseillez pas à une autre personne.

Les somnifères ne sont pas la seule réponse aux troubles du sommeil. Une meilleure hygiène de vie, une consommation modérée d'excitants (y compris les boissons alcoolisées) permettent aussi de lutter efficacement contre les insomnies.

EFFETS INDÉSIRABLES POSSIBLES

Confusion des idées, trous de mémoire, hallucinations.

Somnolence pendant la journée, *vertiges*, cauchemars, maux de tête, excitabilité.

Plus rarement : *troubles digestifs*, éruptions cutanées, malaises.

STIMOL

malate de citrulline

PRÉSENTATION

STIMOL : solution buvable arôme orange ; boîte de 18 ampoules 10 ml - Non remb.

STIMOL : solution buvable arôme orange ; boîte de 36 sachets - Non remb.

Laboratoires Biocodex

COMPOSITION

	p. amp.	p. sachet
Malate de citrulline solution à 50 %	2 g	2 g
Sodium		30 mg

INDICATIONS

C'est un *antiasthénique* qui contient une association d'*acides aminés*.

Ce médicament est utilisé dans le *traitement symptomatique* de la fatigue.

GROSSESSE, ALLAITEMENT ET NOUVEAU-NÉ

Ce médicament ne contient que des substances présumées sans danger pendant la grossesse ou l'allaitement. Néanmoins, ne l'utilisez pas de façon prolongée sans l'avis de votre pharmacien ou de votre médecin.

MODE D'EMPLOI ET POSOLOGIE

Ce médicament doit être dilué dans un verre d'eau, et pris au moment des repas.

Posologie usuelle :

- Adulte : 3 ampoules ou 3 sachets par jour.
- Enfant : 2 ampoules ou 2 sachets par jour.

☛ Une fatigue persistante ne doit pas vous conduire à augmenter les prises de ce médicament : consultez votre médecin.

EFFETS INDÉSIRABLES POSSIBLES

Douleurs d'estomac, en début de traitement.

STIMYCINE

érythromycine

PRÉSENTATION

STIMYCINE : solution pour application locale ; flacon 100 ml et applicateur - Remb. 65 % - Liste I

Laboratoires Stiefel

COMPOSITION

	p. 100 ml
Érythromycine base	2,09 g
Alcool	+

INDICATIONS

Cette solution contient un *antibiotique* d'action locale qui appartient à la famille des *macrolides*. Il agit en détruisant les *germes* responsables de l'*inflammation* du comédon et de la formation de pustules.

Ce médicament est utilisé dans le traitement de l'*acné*.

CONTRE-INDICATIONS

Ce médicament ne doit pas être utilisé en cas d'*allergie* aux *antibiotiques* de la famille des *macrolides*.

ATTENTION

Évitez l'application de ce médicament sur les *muqueuses*.

GROSSESSE, ALLAITEMENT ET NOUVEAU-NÉ

Grossesse :

Les études actuellement disponibles n'ont pas mis en évidence de problèmes particuliers lors de l'utilisation de l'érythromycine chez la femme enceinte.

Allaitement :

Les données actuellement disponibles ne permettent pas de savoir si ce médicament passe dans le lait maternel.

MODE D'EMPLOI ET POSOLOGIE

Le produit est appliqué sur la peau bien sèche, après la toilette avec un savon doux suivie d'un rinçage soigneux.

Posologie usuelle :

1 application, 1 ou 2 fois par jour. Le traitement dure généralement de 1 à 3 mois.

☛ Ce produit doit être conservé à l'abri de la lumière.

EFFETS INDÉSIRABLES POSSIBLES

Irritation, démangeaison, rougeur.

Sécheresse de la peau en début de traitement.

STIVANE

pirisudanol

PRÉSENTATION

STIVANE : gélule (beige) ; boîte de 24 - Non remb.

Laboratoires Beaufour

COMPOSITION

	p. gél.
Pirisudanol dimaléate (libérant de la vitamine B6)	300 mg

INDICATIONS

C'est un médicament qui appartient à la famille des *psychostimulants*.

Il est utilisé dans le traitement des *asthénies fonctionnelles* et des troubles de la vigilance et de l'attention.

INTERACTIONS MÉDICAMENTEUSES

Ce médicament peut interagir avec d'autres médicaments, notamment ceux contenant de la lévodopa (antiparkinsonien) : signalez tout autre traitement en cours à votre médecin ou à votre pharmacien.

GROSSESSE, ALLAITEMENT ET NOUVEAU-NÉ

L'effet de ce médicament pendant la grossesse ou l'allaitement est mal connu. L'évaluation du risque éventuel lié à son utilisation est individuelle : demandez conseil à votre pharmacien ou à votre médecin.

MODE D'EMPLOI ET POSOLOGIE

Les gélules doivent être avalées avec un peu d'eau.

Posologie usuelle :

2 gélules, le matin et à midi.

> Une fatigue persistante ne doit pas vous conduire à augmenter les prises de ce médicament : consultez votre médecin.

STODAL

PRÉSENTATION

STODAL : sirop ; flacon 200 ml - Non remb.

Laboratoires Boiron

COMPOSITION

	p. c. à s.	p. c. à c.
Anemone pulsatilla 6 CH	0,19 g	0,06 g
Rumex crispus 6 CH	0,19 g	0,06 g
Bryonia dioica 3 CH	0,19 g	0,06 g
Ipecacuanha 3 CH	0,19 g	0,06 g
Spongia tosta 3 CH	0,19 g	0,06 g
Sticta pulmonaria 3 CH	0,19 g	0,06 g
Antimonium tartaricum 6 CH	0,19 g	0,06 g
Myocarde 6 CH	0,19 g	0,06 g
Coccus cacti 3 CH	0,19 g	0,06 g
Drosera TM	0,19 g	0,06 g
Sirop de Tolu	1,85 g	0,62 g
Sirop de polygala	1,85 g	0,62 g

INDICATIONS

Ce médicament contient des extraits de plantes et des remèdes homéopathiques.

Il est utilisé dans le *traitement symptomatique* des toux sèches.

> **ATTENTION**
>
> Ce médicament n'est pas adapté au traitement de la toux grasse, qui est un mécanisme de défense normal de l'organisme permettant l'évacuation des mucosités présentes dans les bronches.
>
> La toux est un *symptôme* qui peut révéler de nombreuses maladies : consultez votre médecin si elle persiste plus de quelques jours.

GROSSESSE, ALLAITEMENT ET NOUVEAU-NÉ

L'effet de ce médicament pendant la grossesse ou l'allaitement est mal connu. L'évaluation du risque éventuel lié à son utilisation est individuelle : demandez conseil à votre pharmacien ou à votre médecin.

MODE D'EMPLOI ET POSOLOGIE

Les prises de sirop doivent être réparties dans la journée.

Posologie usuelle :

- Adulte : 1 cuillère à soupe, 3 à 5 fois par jour.
- Enfant : 1 cuillère à café, 3 à 5 fois par jour.

> Des mesures simples permettent de calmer les toux sèches : boissons chaudes et humidification de l'air ambiant.

STOPASTHME

éphédrine

PRÉSENTATION

STOPASTHME : gélule (blanc) ; boîte de 50 - Non remb.

Laboratoires Granions

COMPOSITION

	p. gél.
Éphédrine chlorhydrate	10 mg

INDICATIONS

Ce médicament est un bronchodilatateur qui dilate les bronches et stimule la respiration.

Il est utilisé dans :

- le *traitement de la crise* d'*asthme* non calmée par d'autres antiasthmatiques,
- le *traitement de fond* de l'*asthme*,
- le traitement de certaines maladies respiratoires.

CONTRE-INDICATIONS

Ce médicament ne doit pas être utilisé dans les cas suivants :

- *troubles du rythme cardiaque*,
- *insuffisance coronarienne*,
- *hypertension artérielle*,
- *hyperthyroïdie*,
- *glaucome* à angle fermé,
- en association avec les *antidépresseurs* de type *IMAO*.

> **ATTENTION**
>
> Des précautions sont nécessaires en cas d'*insuffisance cardiaque*, d'*adénome de la prostate*, de *diabète*, et chez la personne âgée.

INTERACTIONS MÉDICAMENTEUSES

Ce médicament ne doit pas être associé aux *IMAO* (MARSILID, NIAMIDE...) : risque d'hypertension grave.

Ce médicament peut interagir avec d'autres médicaments. Signalez tout autre traitement en cours à votre médecin ou à votre pharmacien.

GROSSESSE, ALLAITEMENT ET NOUVEAU-NÉ

L'effet de ce médicament pendant la grossesse ou l'allaitement est mal connu : seul votre médecin peut évaluer le risque éventuel de son utilisation dans votre cas.

MODE D'EMPLOI ET POSOLOGIE

Les gélules doivent être avalées avec un verre d'eau, avant les repas, et prises régulièrement.

Posologie usuelle :

- Adulte :
  - *traitement préventif* : 2 à 6 gélules par jour, en 2 ou 3 prises.
  - *traitement de la crise* : 6 gélules par jour, en 3 prises.
- Enfant : 1 ou 2 gélules par jour.

EFFETS INDÉSIRABLES POSSIBLES

Maux de tête, accélération du cœur, douleur thoracique, sueurs, rétention d'urine, tremblements, agitation, anxiété.

STOP HÉMO

alginate de calcium

PRÉSENTATION

STOP HÉMO : compresse imprégnée stérile ; boîte de 3 sachets - Non remb.

STOP HÉMO : pansement adhésif ; boîte de 12 sachets (3 formats) - Non remb.

STOP HÉMO : poudre pour application locale ; flacon poudreur 4 g - Non remb.

STOP HÉMO : poudre pour application locale ; flacon pressurisé 4 g - Non remb.

Laboratoires Brothier

COMPOSITION

	p. compresse	p. pansement	p. fl.
Alginate de calcium ...	+	+	4 g

INDICATIONS

Ce médicament contient une substance qui favorise la formation d'un caillot.

Il est utilisé pour arrêter le saignement des petites plaies.

CONTRE-INDICATIONS

Ce médicament ne doit pas être utilisé sur des plaies infectées.

> **ATTENTION**
>
> En cas de saignement important, comprimez la plaie pendant plusieurs minutes avec une compresse. Si l'*hémorragie* persiste, prévenez d'urgence votre médecin.
>
> Évitez de laver ou de frotter une blessure qui vient de s'arrêter de saigner.

MODE D'EMPLOI ET POSOLOGIE

Appliquer directement la compresse ou le pansement sur la plaie après l'avoir nettoyée et séchée.

Poudre : pulvériser sur la plaie et éventuellement recouvrir avec une compresse. Il est également possible de pulvériser la poudre sur une compresse et d'appliquer ensuite celle-ci sur la plaie.

STOPHENYL

PRÉSENTATION

STOPHENYL : solution pour *bain de bouche* et *gargarisme* ; flacon 150 ml - Non remb.

Laboratoires Amido

COMPOSITION

	p. fl.
Amyléine chlorhydrate	0,1 g
Chloral hydrate	4 g
Essence de géranium	0,2 g
Phénosalyl	1 g
Borate de sodium	3 g
Glycérine	6 g

INDICATIONS

Cette solution pour *bain de bouche* et *gargarisme* contient une association de substances *antiseptiques* et *antalgiques*.

Elle est utilisée dans le *traitement d'appoint* des infections de la gorge, de la bouche, ou après une opération des dents ou des gencives.

CONTRE-INDICATIONS

Ce médicament ne doit pas être utilisé dans les cas suivants :
- enfant de moins de 30 mois,
- *allergie* aux *anesthésiques* locaux.

ATTENTION

L'usage prolongé de ce médicament n'est pas souhaitable ; il peut modifier l'équilibre microbien naturel de la gorge.

Les traitements locaux (*gargarisme*, *collutoire*, pastille) n'agissent que superficiellement ; dans le cas d'infections profondes (angine, abcès...), un autre mode de traitement est nécessaire.

En l'absence d'amélioration au bout de 5 jours, en cas d'apparition de fièvre, consultez votre médecin.

GROSSESSE, ALLAITEMENT ET NOUVEAU-NÉ

L'effet de ce médicament pendant la grossesse ou l'allaitement est mal connu. L'évaluation du risque éventuel lié à son utilisation est individuelle : demandez conseil à votre pharmacien ou à votre médecin.

MODE D'EMPLOI ET POSOLOGIE

Cette solution peut être utilisée pure, en badigeonnage, ou diluée (1 cuillère à soupe dans un verre d'eau) en *bain de bouche* ou *gargarisme*.

Posologie usuelle :
- Adulte et enfant de plus de 30 mois : 1 bain de bouche ou 1 gargarisme, plusieurs fois par jour.

Il est généralement conseillé de ne pas s'alimenter ou de ne pas boire immédiatement après un *bain de bouche* ou un *gargarisme* afin de permettre aux substances actives d'agir.

Certains dentistes et stomatologistes recommandent de ne pas pratiquer de bain de bouche dans les heures qui suivent une extraction dentaire afin d'éviter de faire saigner la plaie.

= présence d'un message d'attention pour les conducteurs

STRATÈNE

cétiédil

PRÉSENTATION

STRATÈNE : gélule (rose) ; boîte de 24 - Remb. 65 % - Liste I

Laboratoires Gerda

COMPOSITION

	p. gél.
Cétiédil	100 mg

INDICATIONS

Ce médicament appartient à la famille des *vasodilatateurs*. Il augmente le débit du sang dans les artères.

Il est utilisé dans le *traitement symptomatique* de l'*artérite*.

CONTRE-INDICATIONS

Ce médicament ne doit pas être utilisé dans les cas suivants :
- *glaucome* à angle fermé,
- risque de rétention des urines (*adénome de la prostate*).

INTERACTIONS MÉDICAMENTEUSES

Ce médicament peut interagir avec d'autres médicaments. Signalez tout autre traitement en cours à votre médecin ou à votre pharmacien.

GROSSESSE, ALLAITEMENT ET NOUVEAU-NÉ

L'effet de ce médicament pendant la grossesse ou l'allaitement est mal connu : seul votre médecin peut évaluer le risque éventuel de son utilisation dans votre cas.

MODE D'EMPLOI ET POSOLOGIE

Ce médicament doit être pris au cours des repas.

Posologie usuelle :

4 à 6 gélules par jour.

Ce médicament n'est actif que sur les *symptômes* de l'*artérite*. Seule la pratique régulière de la marche peut retarder l'évolution de la maladie. Si vous êtes fumeur, la poursuite du tabagisme nuit à l'efficacité du traitement.

EFFETS INDÉSIRABLES POSSIBLES

Ils sont rares : *troubles digestifs*, bouche sèche, sensation d'ébriété, essentiellement en début de traitement.

STREPSILS

amylmétacrésol, alcool dichloro-2,4 benzylique

PRÉSENTATION

STREPSILS : pastille (rouge) arôme menthe-anis ; boîte de 24 - Non remb.

STREPSILS MIEL-CITRON : pastille (jaune) ; boîte de 24 - Non remb.

STREPSILS VITAMINE C : pastille (orange) ; boîte de 24 - Non remb.

Laboratoires Boots Healthcare

COMPOSITION

	p. past.
Amylmétacrésol	0,6 mg
Alcool dichloro-2,4 benzylique	1,2 mg
Saccharose	1,7 g
Essence de menthe	+

	p. past.	p. past.
Amylmétacrésol	0,6 mg	0,6 mg
Alcool dichloro-2,4 benzylique	1,2 mg	1,2 mg
Acide ascorbique (vitamine C)		100 mg
Saccharose	1,7 g	1,7 g
Tartrazine	+	
Menthol		+
Essence de menthe	+	
Miel	+	
Citron	+	

INDICATIONS

Ce médicament d'usage local contient des *antiseptiques*.

Il est utilisé dans le *traitement d'appoint* des affections de la bouche et de la gorge, sans fièvre.

CONTRE-INDICATIONS

Ce médicament ne doit pas être utilisé chez l'enfant de moins de 5 ans.

ATTENTION

L'usage prolongé de ce médicament n'est pas souhaitable : il est susceptible de modifier l'équilibre microbien naturel de la gorge (apparition de *candidose*).

En cas d'apparition de fièvre, d'aggravation ou d'absence d'amélioration au bout de 5 jours, consultez votre médecin.

Ce médicament contient du *sucre* (saccharose) en quantité notable.

GROSSESSE, ALLAITEMENT ET NOUVEAU-NÉ

Aucun problème particulier n'a été mis en évidence aux doses usuelles lors d'une utilisation de courte durée pendant la grossesse ou l'allaitement.

MODE D'EMPLOI ET POSOLOGIE

Les pastilles doivent être sucées lentement sans être croquées.

Posologie usuelle :
- Adulte et enfant de plus de 5 ans : 3 à 6 pastilles par jour.

Certaines infections de la gorge nécessitent un traitement *antibiotique* pour éviter des complications ultérieures, cardiaques ou rénales : si les troubles persistent, consultez votre médecin.

STREPSILS sans sucre

amylmétacrésol, alcool dichloro-2,4 benzylique

PRÉSENTATION

STREPSILS SANS SUCRE : pastille (crème) ; boîte de 24 - Non remb.

Laboratoires Boots Healthcare

COMPOSITION

	p. past.
Amylmétacrésol	0,6 mg
Alcool dichloro-2,4 benzylique	1,2 mg
Menthol	+
Essence de menthe	+

INDICATIONS

Ce médicament d'usage local contient des *antiseptiques*.

Il est utilisé dans le *traitement d'appoint* des affections de la bouche ou de la gorge, sans fièvre.

CONTRE-INDICATIONS

Ce médicament ne doit pas être utilisé chez l'enfant de moins de 5 ans.

ATTENTION

L'usage prolongé de ce médicament n'est pas souhaitable : il est susceptible de modifier l'équilibre microbien naturel de la gorge (apparition d'une *candidose*).

En cas d'apparition de fièvre, d'aggravation ou d'absence d'amélioration au bout de 5 jours, consultez votre médecin.

GROSSESSE, ALLAITEMENT ET NOUVEAU-NÉ

L'effet de ce médicament pendant la grossesse ou l'allaitement est mal connu. L'évaluation du risque éventuel lié à son utilisation est individuelle : demandez conseil à votre pharmacien ou à votre médecin.

MODE D'EMPLOI ET POSOLOGIE

Les pastilles doivent être sucées lentement sans être croquées.

Posologie usuelle :

- Adulte et enfant de plus de 5 ans : 1 pastille, 3 à 6 fois par jour.

☛ Certaines infections de la gorge nécessitent un traitement *antibiotique* pour éviter des complications ultérieures, cardiaques ou rénales : si les troubles persistent, consultez votre médecin.

STREPTOMYCINE DIAMANT

streptomycine

PRÉSENTATION

STREPTOMYCINE DIAMANT 1 g : préparation injectable ; boîte de 1 flacon de poudre - Remb. 65 % - Liste I

Laboratoires Diamant

COMPOSITION

	p. fl.
Streptomycine	1 g

INDICATIONS

C'est un *antibiotique* qui appartient à la famille des *aminosides*.

Il est utilisé dans le traitement de certaines maladies infectieuses rares :
- *tuberculose*,
- brucellose (fièvre de Malte),
- tularémie, peste.

CONTRE-INDICATIONS

Ce médicament ne doit pas être utilisé dans les cas suivants :
- *allergie* aux médicaments de la famille des *aminosides*,
- *myasthénie*,
- en association avec un autre aminoside.

ATTENTION

Ce médicament peut être toxique pour l'*oreille interne* : signalez à votre médecin tout trouble de l'équilibre ou de l'audition, ancien ou survenant pendant le traitement. Il peut également provoquer des lésions des reins, en cas de surdosage ou d'*insuffisance rénale* préexistante.

Ne prenez aucun *diurétique* sans avis médical pendant le traitement.

En cas d'intervention chirurgicale, informez l'anesthésiste de la prise de ce médicament.

INTERACTIONS MÉDICAMENTEUSES

Ce médicament ne doit pas être associé aux médicaments contenant un autre *aminoside* : augmentation du risque de toxicité pour le rein ou l'*oreille interne*.

Il peut interagir avec d'autres médicaments. Signalez tout autre traitement en cours à votre médecin ou à votre pharmacien.

GROSSESSE, ALLAITEMENT ET NOUVEAU-NÉ

Grossesse :

L'absence d'effet toxique de ce médicament pour l'enfant à naître n'a pas été établie. Seul votre médecin peut évaluer le risque éventuel de son utilisation dans votre cas.

Allaitement :

Ce médicament passe dans le lait maternel.

MODE D'EMPLOI ET POSOLOGIE

La solution injectable est obtenue en mélangeant la poudre avec un solvant (eau pour préparation injectable, sérum salé ou glucosé).

Elle doit être injectée exclusivement par *voie* intra-musculaire ou en *perfusion*.

Posologie usuelle :

1 injection par jour :
- Adulte : 0,50 g à 1,50 g par jour.
- Enfant : 30 à 50 mg par kg et par jour (sans dépasser 1 g).

☛ L'éventuelle impression de fatigue n'est pas due à l'*antibiotique*, mais à l'infection elle-même.

EFFETS INDÉSIRABLES POSSIBLES

Douleur au point d'injection.

Rarement, dans les conditions normales d'utilisation : *insuffisance rénale*, troubles de l'audition.

Rares *allergies* cutanées.

STRESAM

étifoxine

PRÉSENTATION

STRESAM : gélule (bleu et blanc) ; boîte de 60 - Remb. 65 % - Liste I

Laboratoires Cipharm

COMPOSITION

	p. gél.
Étifoxine chlorhydrate	50 mg

INDICATIONS

Ce médicament est un *tranquillisant*.

Il est utilisé dans le traitement de l'anxiété lorsque celle-ci s'accompagne de troubles gênants.

CONTRE-INDICATIONS

Ce médicament ne doit pas être utilisé en cas d'*insuffisance respiratoire*, d'*insuffisance hépatique* ou d'*insuffisance rénale* graves.

ATTENTION

Des précautions sont nécessaires en cas de *myasthénie*.

Ce médicament n'est pas adapté au traitement des *états dépressifs*.

Évitez les boissons alcoolisées : augmentation du risque de somnolence.

Conducteur : ce médicament peut être responsable d'une somnolence ou d'une baisse de la vigilance.

INTERACTIONS MÉDICAMENTEUSES

Ce médicament peut interagir avec d'autres médicaments, notamment les *sédatifs*. Signalez tout autre traitement en cours à votre médecin ou à votre pharmacien.

GROSSESSE, ALLAITEMENT ET NOUVEAU-NÉ

En l'absence de données dans l'espèce humaine et par mesure de prudence, ce médicament est déconseillé pendant la grossesse et l'allaitement.

MODE D'EMPLOI ET POSOLOGIE

Les gélules doivent être avalées avec un verre d'eau.

Posologie usuelle :

1 gélule, 3 fois par jour. Respectez la *posologie* et la durée de traitement prescrites par votre médecin.

☛ Ce médicament vous a été prescrit dans une situation précise : ne le conseillez pas à une autre personne.

Les *tranquillisants* ne sont pas la seule réponse à l'anxiété. Une meilleure hygiène de vie, une consommation modérée d'excitants (y compris les boissons alcoolisées) permettent aussi de lutter efficacement contre l'excès de stress.

EFFETS INDÉSIRABLES POSSIBLES

Fréquemment en début de traitement : somnolence.

STRUCTUM
sulfate de chondroïtine sodique

PRÉSENTATION

STRUCTUM 250 mg : gélule (bleu) ; boîte de 60 - Remb. 35 %

Laboratoires Robapharm

COMPOSITION

	p. gél.
Sulfate de chondroïtine sodique	250 mg

INDICATIONS

Ce médicament contient un constituant de l'os et du cartilage.

Il est utilisé dans le *traitement d'appoint* de l'*arthrose* douloureuse.

GROSSESSE, ALLAITEMENT ET NOUVEAU-NÉ

Ce médicament ne contient que des substances présumées sans danger pendant la grossesse ou l'allaitement. Néanmoins, ne l'utilisez pas de façon prolongée sans l'avis de votre pharmacien ou de votre médecin.

MODE D'EMPLOI ET POSOLOGIE

- Adulte : 2 ou 3 gélules, 2 fois par jour.

SUCARYL
cyclamate, saccharinate de sodium

PRÉSENTATION

SUCARYL : comprimé (blanc) ; boîte de 200 - Non remb.

SUCARYL : solution buvable ; flacon 120 ml - Non remb.

SUCARYL : granulé ; flacon poudreur 70 g - Non remb.

Laboratoires Abbott-France

COMPOSITION

	p. comp.	p. 100 ml sol.	p. 100 g granulé
Cyclamate de sodium	50 mg	6 g	30 g
Saccharine sodique	5 mg	0,6 g	3 g
Soit sodium	10,2 mg	743 mg	3,7 g
Lactose			+

INDICATIONS

Ce médicament est une association de substances au goût sucré (édulcorant de synthèse).

Il est utilisé en remplacement du *sucre* par les personnes qui suivent un régime (*diabète*, surpoids).

ATTENTION

Les granulés contiennent du *sel* (sodium) en quantité notable.

INTERACTIONS MÉDICAMENTEUSES

Ce médicament peut interagir avec la LINCOCINE : espacer les prises de 2 à 3 heures.

GROSSESSE, ALLAITEMENT ET NOUVEAU-NÉ

Grossesse :

Ce médicament est déconseillé pendant la grossesse.

Allaitement :

Les données actuellement disponibles ne permettent pas de savoir si ce médicament passe dans le lait maternel.

MODE D'EMPLOI ET POSOLOGIE

La chaleur et la cuisson n'altèrent pas les propriétés du produit.

Les granulés conviennent à la préparation de la pâtisserie, des desserts et des confitures : 1 comprimé ou 8 gouttes ont le pouvoir sucrant d'un morceau de sucre de 5 g ; 1 cuillère à café rase de granulés, celui de 15 morceaux de sucre de 5 g.

Les comprimés et la solution n'apportent aucune calorie ; en revanche, les granulés apportent 7,2 kcal (30,1 kJ) par cuillère à café.
En comparaison une cuillère à café de sucre apporte 14 kcal.

EFFETS INDÉSIRABLES POSSIBLES

Diarrhée en cas de consommation excessive.

Rarement : *photosensibilisation*.

SUCCINIMIDE SAUBA
succinimide

PRÉSENTATION

SUCCINIMIDE SAUBA : poudre orale ; boîte de 30 sachets arôme citron - Remb. 65 % - Liste II

Laboratoires Sterling Midy

COMPOSITION

	p. sachet
Succinimide	3 g

INDICATIONS

Ce médicament réduit le taux urinaire d'acide oxalique, constituant de certains calculs des *voies* urinaires.

Il est utilisé dans le traitement des *lithiases* rénales d'acide oxalique récidivantes.

CONTRE-INDICATIONS

Ce médicament ne doit pas être utilisé en cas de **grossesse**.

GROSSESSE, ALLAITEMENT ET NOUVEAU-NÉ

Grossesse :

Ce médicament est contre-indiqué chez la femme enceinte ou susceptible de l'être.

Allaitement :

Les données actuellement disponibles ne permettent pas de savoir si ce médicament passe dans le lait maternel.

MODE D'EMPLOI ET POSOLOGIE

Ce médicament est réservé à l'adulte.

Il doit être absorbé avant les repas, après avoir été dissous dans un grand verre d'eau, sucrée ou non.

Posologie usuelle :

- Adulte : 1 sachet, 3 fois par jour.

Respectez la *posologie* et la durée du traitement prescrites par votre médecin.
Ne prenez pas de médicaments contenant de fortes quantités de *vitamine* C : ils peuvent favoriser la formation de *lithiase* oxalique.

EFFETS INDÉSIRABLES POSSIBLES

Rares douleurs d'estomac, réactions cutanées allergiques.

SUCRÉDULCOR
sulfimide benzoïque

PRÉSENTATION

SUCRÉDULCOR : comprimé effervescent ; boîte de 260 - Non remb.

SUCRÉDULCOR : comprimé effervescent ; boîte de 600 - Non remb.

Laboratoires Pierre Fabre

COMPOSITION

	p. comp.
Sulfimide benzoïque	20 mg

INDICATIONS

Ce médicament contient une substance au goût sucré (édulcorant de synthèse).

Il est utilisé en remplacement du *sucre* par les personnes qui suivent un régime (*diabète*, surpoids).

GROSSESSE, ALLAITEMENT ET NOUVEAU-NÉ

L'effet de ce médicament pendant la grossesse ou l'allaitement est mal connu. L'évaluation du risque éventuel lié à son utilisation est individuelle : demandez conseil à votre pharmacien ou à votre médecin.

MODE D'EMPLOI ET POSOLOGIE

La cuisson n'altère pas les propriétés du produit.

1 comprimé a le pouvoir sucrant de 2 morceaux de sucre de 5 g.

Ces comprimés n'apportent aucune calorie.

EFFETS INDÉSIRABLES POSSIBLES

Rarement : *photosensibilisation*.

Les médicaments sont prescrits dans une situation précise : ne les réutilisez pas sans avis médical.

SUCRETTES
saccharine

PRÉSENTATION

SUCRETTES : comprimé ; boîte de 200 - Non remb.

SUCRETTES : comprimé ; boîte de 600 - Non remb.

Laboratoires C.P.F.

COMPOSITION

	p. comp.
Saccharine	25 mg

INDICATIONS

Ce médicament contient une substance au goût sucré (édulcorant de synthèse).

Il est utilisé en remplacement du *sucre* par les personnes qui suivent un régime (*diabète*, surpoids).

CONTRE-INDICATIONS

Ce médicament ne doit pas être utilisé dans les cas suivants :
- enfant de moins de 3 ans,
- **grossesse.**

GROSSESSE, ALLAITEMENT ET NOUVEAU-NÉ

Grossesse :

Ce médicament est contre-indiqué pendant la grossesse.

Allaitement :

Les données actuellement disponibles ne permettent pas de savoir si ce médicament passe dans le lait maternel.

MODE D'EMPLOI ET POSOLOGIE

La cuisson n'altère pas les propriétés du produit.

Posologie usuelle :
- Adulte et enfant de plus de 3 ans : 1 ou 2 comprimés pour sucrer une tasse de café ou de thé.

> Ces comprimés n'apportent pratiquement aucune calorie.

SUDAFED
pseudoéphédrine

PRÉSENTATION

SUDAFED : comprimé (orange) ; boîte de 15 - Remb. 35 %

SUDAFED : sirop arôme framboise ; flacon 100 ml - Remb. 35 %

Laboratoires Wellcome

COMPOSITION

	p. comp.	p. c. à c.
Pseudoéphédrine chlorhydrate	60 mg	30 mg
Saccharose		3,5 g

INDICATIONS

Ce médicament est un *vasoconstricteur*. Il lutte contre la congestion nasale, due à la dilatation des vaisseaux sanguins.

Il est utilisé dans le *traitement symptomatique* des congestions nasales aiguës.

CONTRE-INDICATIONS

Ce médicament ne doit pas être utilisé dans les cas suivants :
- enfant de moins de 6 mois (sirop),
- enfant de moins de 12 ans (comprimé),
- *insuffisance coronarienne* grave,
- *hypertension artérielle* grave,
- association avec un *antidépresseur* de type *IMAO* non sélectif,
- **grossesse.**

> **ATTENTION**
>
> Des précautions particulières s'imposent en cas d'*hyperthyroïdie*, de *diabète*, de certains troubles nerveux ou de risque de blocage des urines (*adénome de la prostate*...). Demandez conseil à votre pharmacien ou à votre médecin.
>
> Le sirop contient du *sucre* (saccharose) en quantité notable.

INTERACTIONS MÉDICAMENTEUSES

Ce médicament ne doit pas être associé aux *antidépresseurs* de type *IMAO* non sélectif (MARSILID, NIAMIDE...) : risque de crise hypertensive.

Il peut interagir avec d'autres médicaments. Signalez tout autre traitement en cours à votre médecin ou à votre pharmacien.

GROSSESSE, ALLAITEMENT ET NOUVEAU-NÉ

Grossesse :

En l'absence de données suffisantes, ce médicament est contre-indiqué pendant la grossesse.

Allaitement :

Ce médicament passe faiblement dans le lait maternel. Par mesure de prudence, son usage est déconseillé pendant l'allaitement.

MODE D'EMPLOI ET POSOLOGIE

Posologie usuelle :
- Adulte et enfant de plus de 12 ans : 1 comprimé ou 2 cuillères à café de sirop, 3 fois par jour.
- Enfant de 6 à 12 ans : 1 cuillère à café de sirop, 3 fois par jour.
- Enfant de 2 à 6 ans : 1/2 cuillère à café de sirop, 3 fois par jour.
- Nourrisson de 6 mois à 2 ans : 1/2 cuillère à café de sirop, 2 fois par jour.

> Ce médicament n'a pas d'effet anti-infectieux. En cas d'infection bactérienne, un traitement *antibiotique* peut être nécessaire.
>
> Ce médicament peut provoquer des effets indésirables graves en cas de surdosage. Ne laissez pas le sirop à la portée des enfants.

EFFETS INDÉSIRABLES POSSIBLES

Sécheresse de la bouche, insomnie, *migraine*, anxiété.

En cas d'accélération du cœur, de *palpitations* ou de nausées, arrêtez le traitement.

SULFARLEM
anétholtrithione

PRÉSENTATION

SULFARLEM : comprimé (jaune orangé) ; boîte de 60 - Remb. 35 %

Laboratoires LTM

COMPOSITION

	p. comp.
Anétholtrithione	12,5 mg

INDICATIONS

C'est un médicament destiné à augmenter la sécrétion de la bile et de la salive.

Il est utilisé pour traiter les digestions difficiles et la sécheresse de la bouche.

CONTRE-INDICATIONS

Ce médicament ne doit pas être utilisé en cas d'obstruction des *voies biliaires* (calculs...).

GROSSESSE, ALLAITEMENT ET NOUVEAU-NÉ

L'effet de ce médicament pendant la grossesse ou l'allaitement est mal connu. L'évaluation du risque éventuel lié à son utilisation est individuelle : demandez conseil à votre pharmacien ou à votre médecin.

MODE D'EMPLOI ET POSOLOGIE

Les comprimés doivent être avalés avec un verre d'eau, une demi-heure avant les repas.

Ce médicament n'est pas destiné à l'enfant de moins de 6 ans.

Posologie usuelle :
- Adulte : 1 ou 2 comprimés, 3 fois par jour.
- Enfant de 10 à 15 ans : 1 comprimé, 3 fois par jour.
- Enfant de 6 à 10 ans : 1 comprimé, 2 fois par jour.

> La coloration plus foncée des urines est normale lors de la prise de ce médicament.

EFFETS INDÉSIRABLES POSSIBLES

Selles molles pouvant aller jusqu'à la diarrhée.

SULFARLEM S 25
anétholtrithione

PRÉSENTATION

SULFARLEM S 25 : comprimé (jaune orangé) ; boîte de 60 - Remb. 65 %

Laboratoires LTM

COMPOSITION

	p. comp.
Anétholtrithione	25 mg

INDICATIONS

Ce médicament augmente la sécrétion de la salive et des larmes.

Il est utilisé dans le traitement de la sécheresse de la bouche et des yeux.

CONTRE-INDICATIONS

Ce médicament ne doit pas être utilisé en cas d'obstruction des *voies biliaires*.

GROSSESSE, ALLAITEMENT ET NOUVEAU-NÉ

L'effet de ce médicament pendant la grossesse ou l'allaitement est mal connu. L'évaluation du risque éventuel lié à son utilisation est individuelle : demandez conseil à votre pharmacien ou à votre médecin.

MODE D'EMPLOI ET POSOLOGIE

Les comprimés doivent être avalés avec un peu d'eau, une demi-heure avant les repas.

Posologie usuelle :

1 comprimé, 3 fois par jour.

> La coloration plus foncée des urines est normale au cours du traitement.

EFFETS INDÉSIRABLES POSSIBLES

Ramollissement des selles.

SULFURYL inhalant

soufre

PRÉSENTATION

SULFURYL INHALANT : comprimé pour inhalation ; boîte de 80 - Remb. 35 %

Laboratoires Aérocid

COMPOSITION

	p. comp.
Silicoaluminate sodique sulfuré (soufre)	0,10 g

INDICATIONS

Ce médicament possède une action locale décongestionnante et *antiseptique* sur les *muqueuses* des *voies* respiratoires.

Il est utilisé dans le *traitement d'appoint* des affections des voies respiratoires.

> **ATTENTION**
> Ce médicament ne doit pas être avalé ; ne le laissez pas à la portée des enfants.

GROSSESSE, ALLAITEMENT ET NOUVEAU-NÉ

Ce médicament ne contient aucune substance connue pour être toxique pendant la grossesse ou l'allaitement.

MODE D'EMPLOI ET POSOLOGIE

Posologie usuelle :

6 à 8 comprimés dans un inhalateur ou un bol d'eau très chaude, 2 ou 3 fois par jour.

> Il est important de lutter contre la sécheresse de l'air ambiant (humidificateur...) pour éviter le dessèchement des sécrétions nasales et bronchiques.

SULFURYL oral

soufre

PRÉSENTATION

SULFURYL : comprimé à croquer (bleu) ; boîte de 30 - Non remb.

Laboratoires Aérocid

COMPOSITION

	p. comp.
Silicoaluminate sodique sulfuré (soufre)	0,20 g

INDICATIONS

Ce médicament contient du soufre. Il possède une action décongestionnante et *antiseptique* sur les *muqueuses* des *voies* respiratoires.

Il est utilisé dans le *traitement d'appoint* des affections des voies respiratoires.

GROSSESSE, ALLAITEMENT ET NOUVEAU-NÉ

Ce médicament ne contient aucune substance connue pour être toxique pendant la grossesse ou l'allaitement.

MODE D'EMPLOI ET POSOLOGIE

Les comprimés peuvent être croqués ou sucés.

Posologie usuelle :

4 à 6 comprimés par jour.

SUPADOL comprimé

PRÉSENTATION

SUPADOL : comprimé (blanc) ; boîte de 12 - Non remb.

SUPADOL : comprimé (blanc) ; boîte de 16 - Remb. 65 %

Laboratoires Lederle

COMPOSITION

	p. comp.
Paracétamol	500 mg
Codéine bromhydrate	20 mg
Papavérine chlorhydrate	14 mg
Papavérine nicotinate	15 mg
Homatropine méthylbromhydrate	0,5 mg
Soit brome	4,3 mg

INDICATIONS

Ce médicament contient une association d'*antalgiques* (paracétamol et codéine) et d'*antispasmodiques* (papavérine et homatropine).

Il est utilisé dans le traitement des spasmes douloureux avec ou sans fièvre.

CONTRE-INDICATIONS

Ce médicament ne doit pas être utilisé dans les cas suivants :
- maladie grave du foie,
- *glaucome* à angle fermé,
- risque de blocage des urines (*adénome de la prostate*...),
- *insuffisance respiratoire*,
- *trouble du rythme cardiaque*,
- enfant de moins de 15 ans.

> **ATTENTION**
> L'apparition d'une douleur violente, accompagnée d'une rougeur de l'œil et surtout d'une baisse de l'acuité visuelle, doit conduire à consulter un ophtalmologiste : il peut s'agir d'un *glaucome* aigu.
> Des précautions sont nécessaires en cas d'*insuffisance rénale*, d'*angine de poitrine*, d'*hyperthyroïdie*, de ralentissement du *transit intestinal*, notamment chez la personne âgée.
> De nombreux médicaments contiennent du paracétamol : en tenir compte en cas de prise conjointe, car le surdosage en paracétamol peut être toxique pour le foie.
> Évitez les boissons alcoolisées : augmentation du risque de somnolence.
> Conducteur : ce médicament peut être responsable d'une somnolence ou d'une baisse de la vigilance.

INTERACTIONS MÉDICAMENTEUSES

Ce médicament peut interagir avec d'autres médicaments. Signalez tout autre traitement en cours à votre médecin ou à votre pharmacien.

GROSSESSE, ALLAITEMENT ET NOUVEAU-NÉ

Grossesse :

Ce médicament contient de la codéine et de l'homatropine ; il est déconseillé en automédication pendant la grossesse.

Allaitement :

Ce médicament passe dans le lait maternel : il est déconseillé pendant l'allaitement.

MODE D'EMPLOI ET POSOLOGIE

Respecter un intervalle minimal de 4 heures entre 2 prises.

Posologie usuelle :

- Adulte : 1 à 3 comprimés par jour. Ne pas dépasser 2 comprimés par prise, et 6 comprimés par jour.

EFFETS INDÉSIRABLES POSSIBLES

Liés au paracétamol : *allergie* exceptionnelle.

Liés à la codéine : constipation, somnolence, *troubles digestifs*, *bronchospasme*, *vertiges*, ralentissement anormal de la respiration.

À forte dose, effets *atropiniques* liés à l'homatropine.

Liés au brome : éruptions cutanées.

SUPADOL suppositoire

PRÉSENTATION

SUPADOL : suppositoire ; boîte de 10 - Remb. 65 % - Liste I

Laboratoires Lederle

COMPOSITION

	p. suppos.
Paracétamol	800 mg
Codéine bromhydrate	30 mg
Papavérine chlorhydrate	42 mg
Papavérine nicotinate	40 mg
Homatropine méthylbromhydrate	4 mg
Soit brome	6,73 mg

INDICATIONS

Ce médicament contient une association d'*antalgiques* (paracétamol et codéine) et d'*antispasmodiques* (papavérine et homatropine).

Il est utilisé dans le traitement des spasmes douloureux avec ou sans fièvre.

CONTRE-INDICATIONS

Ce médicament ne doit pas être utilisé dans les cas suivants :
- maladie grave du foie,
- *glaucome* à angle fermé,
- risque de blocage des urines (*adénome de la prostate*...),
- *insuffisance respiratoire*,
- *trouble du rythme cardiaque*,
- enfant de moins de 15 ans.

ATTENTION

L'apparition d'une douleur violente, accompagnée d'une rougeur de l'œil et surtout d'une baisse de l'acuité visuelle, doit conduire à consulter un ophtalmologiste : il peut s'agir d'un *glaucome* aigu.

Des précautions sont nécessaires en cas d'*insuffisance rénale*, d'*angine de poitrine*, d'*hyperthyroïdie*, de ralentissement du *transit intestinal*, notamment chez la personne âgée.

Ce médicament contient de la codéine : à dose élevée, en usage prolongé, il expose à un risque de *dépendance*. Ne dépassez pas la dose et la durée du traitement prescrites par votre médecin.

De nombreux médicaments contiennent du paracétamol : en tenir compte en cas de prise conjointe, car le surdosage en paracétamol peut être toxique pour le foie.

Évitez les boissons alcoolisées : augmentation du risque de somnolence.

Conducteur : ce médicament peut être responsable d'une somnolence ou d'une baisse de la vigilance.

INTERACTIONS MÉDICAMENTEUSES

Ce médicament peut interagir avec d'autres médicaments. Signalez tout autre traitement en cours à votre médecin ou à votre pharmacien.

GROSSESSE, ALLAITEMENT ET NOUVEAU-NÉ

Grossesse :

Ce médicament contient de la codéine et de l'homatropine : il est déconseillé pendant la grossesse en automédication.

Allaitement :

Ce médicament passe dans le lait maternel : il est déconseillé pendant l'allaitement.

MODE D'EMPLOI ET POSOLOGIE

Respecter un intervalle minimal de 4 heures entre 2 prises.

Posologie usuelle :

- Adulte : 1 à 3 suppositoires par jour. Ne pas dépasser 4 suppositoires par jour.

Conserver les suppositoires à l'abri de la chaleur.

EFFETS INDÉSIRABLES POSSIBLES

Liés au paracétamol : *allergie* exceptionnelle.

Liés à la codéine : constipation, somnolence, *troubles digestifs*, *bronchospasme*, *vertiges*, ralentissement anormal de la respiration.

À forte dose, effets *atropiniques* liés à l'homatropine.

Liés au brome : éruptions cutanées.

SUPPOMALINE

PRÉSENTATION

SUPPOMALINE : suppositoire (vert pâle) ; boîte de 12 - Non remb.

Laboratoires LTM

COMPOSITION

	p. suppos.
Paracétamol	400 mg
Codéine	10 mg
Caféine	50 mg
Belladone, poudre	30 mg

INDICATIONS

Ce médicament, *antalgique* et *antipyrétique*, associe du paracétamol, de la codéine, de la caféine et de la *belladone* (*antispasmodique*).

Il est utilisé dans le *traitement symptomatique* des douleurs (rhumatismes, douleurs dentaires, *migraine*, règles douloureuses) et de la fièvre.

CONTRE-INDICATIONS

Ce médicament ne doit pas être utilisé dans les cas suivants :
- maladies graves du foie,
- *insuffisance respiratoire*,
- *glaucome* à angle fermé,
- risque de blocage des urines lié à un *adénome de la prostate*,
- enfant de moins de 15 ans.

ATTENTION

Évitez les boissons alcoolisées en raison de la présence de codéine : augmentation du risque de somnolence.

Conducteur : ce médicament peut être responsable d'une somnolence ou d'une baisse de la vigilance.

INTERACTIONS MÉDICAMENTEUSES

Ce médicament peut interagir avec d'autres médicaments, notamment chez la personne âgée. Signalez tout autre traitement en cours à votre médecin ou à votre pharmacien.

GROSSESSE, ALLAITEMENT ET NOUVEAU-NÉ

Compte tenu de la présence de codéine, n'utilisez pas ce médicament pendant la grossesse ou l'allaitement sans prendre l'avis de votre pharmacien ou de votre médecin.

MODE D'EMPLOI ET POSOLOGIE

Respectez un intervalle minimal de 4 heures entre 2 prises.

Posologie usuelle :

- Adulte : 1 à 3 suppositoires par jour.

De nombreux médicaments contiennent du paracétamol et de la codéine : en tenir compte en cas de prise conjointe (risque de surdosage).

Il est préférable d'éviter la prise de ce médicament le soir, en raison de la présence de caféine.

EFFETS INDÉSIRABLES POSSIBLES

Liés au paracétamol : rare *allergie*.

Liés à la codéine : constipation, somnolence, *troubles digestifs*, *vertiges*, ralentissement anormal de la respiration.

À forte dose : effets *atropiniques* liés à la *belladone* et insomnie liée à la caféine.

SUPPOSITOIRES DE GLYCÉRINE DEMEL

extrait de bile, glycérol

PRÉSENTATION

SUPPOSITOIRES DE GLYCÉRINE À LA BILE TOTALE DEMEL : suppositoire ; boîte de 10 - Remb. 35 %

Laboratoires C.P.F.

COMPOSITION

	p. suppos.
Bile de bœuf , extrait	150 mg
Glycérol	2,063 g

INDICATIONS

C'est un laxatif administré par *voie* rectale. Il délite les selles et provoque leur évacuation rapide.

Il est utilisé comme *traitement symptomatique* de la constipation.

ATTENTION

Comme tous les laxatifs, il ne doit pas être utilisé de façon prolongée sans avis médical. De plus, il doit être utilisé avec prudence chez la personne atteinte d'*hémorroïdes*, de *fissure anale* ou de *rectocolite hémorragique*.

GROSSESSE, ALLAITEMENT ET NOUVEAU-NÉ

Grossesse :

Ce médicament peut être utilisé de façon ponctuelle pour traiter la constipation de la femme enceinte.

MODE D'EMPLOI ET POSOLOGIE

Le délai d'action de ce médicament peut être rapide.

Posologie usuelle :

- Adulte : 1 suppositoire par jour à renouveler dans l'heure qui suit en cas de constipation rebelle.

Des mesures simples d'hygiène alimentaire et des exercices physiques sont à envisager avant d'utiliser un laxatif : parlez-en à votre médecin ou à votre pharmacien.

EFFETS INDÉSIRABLES POSSIBLES

Un usage prolongé peut occasionner des sensations de brûlure anale et exceptionnellement des *inflammations* du rectum.

SUPPOSITOIRES À LA GLYCÉRINE SAUBA

PRÉSENTATION

SUPPOSITOIRES À LA GLYCÉRINE SAUBA : suppositoire Adulte ; boîte de 10 - Non remb.

SUPPOSITOIRES À LA GLYCÉRINE SAUBA : suppositoire Adulte ; boîte de 25 - Non remb.

SUPPOSITOIRES À LA GLYCÉRINE SAUBA : suppositoire Adulte ; boîte de 50 - Non remb.

SUPPOSITOIRES À LA GLYCÉRINE SAUBA : suppositoire Adulte ; boîte de 100 (en sac) - Non remb.

SUPPOSITOIRES À LA GLYCÉRINE SAUBA : suppositoire Adulte ; boîte de 100 (sous film) - Non remb.

SUPPOSITOIRES À LA GLYCÉRINE SAUBA : suppositoire Enfant ; boîte de 10 - Non remb.

SUPPOSITOIRES À LA GLYCÉRINE SAUBA : suppositoire Enfant ; boîte de 25 - Non remb.

SUPPOSITOIRES À LA GLYCÉRINE SAUBA : suppositoire Nourrisson ; boîte de 10 - Non remb.

SUPPOSITOIRES À LA GLYCÉRINE SAUBA : suppositoire Nourrisson ; boîte de 25 - Non remb.

Laboratoires Sterling Midy

COMPOSITION

	p. suppos. Ad.	p. suppos. Enf.	p. suppos. Nour.
Glycérol	1,98 g	1,25 g	0,65 g

INDICATIONS

C'est un laxatif administré par *voie* rectale. Il délite les selles et provoque leur évacuation rapide.

Il est utilisé comme *traitement symptomatique* de la constipation.

ATTENTION

Comme tous les laxatifs, il ne doit pas être utilisé de façon prolongée sans avis médical. De plus, il doit être utilisé avec prudence chez la personne atteinte d'*hémorroïdes*, de *fissure anale* ou de *rectocolite hémorragique*.

Chez le *nourrisson*, son usage doit rester exceptionnel : il risque d'empêcher le réflexe d'expulsion des selles.

GROSSESSE, ALLAITEMENT ET NOUVEAU-NÉ

Grossesse :
Ce médicament peut être utilisé de façon ponctuelle pour traiter la constipation de la femme enceinte.

MODE D'EMPLOI ET POSOLOGIE

Le délai d'action de ce médicament peut être rapide.

Posologie usuelle :

- Adulte : 1 suppositoire Adulte par jour, à renouveler en cas de constipation rebelle.
- Enfant de plus de 6 ans : 1 suppositoire Enfant par jour, à renouveler en cas de constipation rebelle.
- Enfant de 2 à 6 ans : 1 suppositoire Enfant par jour.
- Nourrisson : 1 suppositoire Nourrisson par jour, en interrompant le traitement 24 heures tous les 3 jours.

Des mesures simples d'hygiène alimentaire et des exercices physiques sont à envisager avant d'utiliser un laxatif : parlez-en à votre médecin ou à votre pharmacien.

Pour le *nourrisson*, l'équilibre alimentaire doit être particulièrement respecté.

EFFETS INDÉSIRABLES POSSIBLES

Un usage prolongé peut occasionner des sensations de brûlure anale et exceptionnellement des *inflammations* du rectum.

SUPRADYNE

PRÉSENTATION

SUPRADYNE : comprimé effervescent (jaune) arôme orange-framboise ; boîte de 10 - Non remb.

SUPRADYNE : comprimé effervescent (jaune) arôme orange-framboise ; boîte de 20 - Non remb.

Laboratoires Nicholas

COMPOSITION

	p. comp.
Rétinol palmitate (vitamine A)	5 000 UI
Ergocalciférol (vitamine D2)	500 UI
Acétate d'alpha-tocophérol (vitamine E)	10 mg
Acide ascorbique (vitamine C)	150 mg
Thiamine mononitrate (vitamine B1)	20 mg
Ribloflavine phosphate sodique (vitamine B2)	5 mg
Pyridoxine chlorhydrate (vitamine B6)	10 mg
Cyanocobalamine (vitamine B12)	5 µg
Nicotinamide (vitamine PP)	50 mg
Biotine (vitamine H)	0,25 mg
Acide pantothénique sel de calcium (vitamine B5)	11,6 mg
Calcium	50 mg
Manganèse	0,5 mg
Magnésium	5 mg
Cuivre	0,1 mg
Fer	1,25 mg
Zinc	0,5 mg
Molybdène	0,1 mg
Cobalt	0,1 mg
Bore	0,1 mg
Saccharose	1,56 g
Aspartam	+

INDICATIONS

Ce médicament contient des *vitamines* et de faibles quantités d'éléments minéraux.

Il est utilisé dans la prévention ou la correction des troubles en rapport avec une alimentation carencée ou déséquilibrée chez l'adulte ou chez l'adolescent, et dans le *traitement symptomatique* de certaines fatigues (*asthénies fonctionnelles*).

ATTENTION

Ce médicament contient des *vitamines* A et D : leur surdosage expose à des effets indésirables graves. Ces vitamines sont présentes dans de nombreux médicaments dont certains sont disponibles en automédication : évitez de les associer.

INTERACTIONS MÉDICAMENTEUSES

Ce médicament ne doit pas être associé aux médicaments contenant de la lévodopa seule (LARODOPA...) : risque d'annulation des effets de la lévodopa par la *vitamine* B6.

En raison de la présence de fer, ce médicament peut interagir avec d'autres, notamment avec les *antibiotiques* de la famille des *cyclines* : respectez un intervalle de 2 heures entre les prises de chacun de ces médicaments. Signalez tout autre traitement en cours à votre médecin ou à votre pharmacien.

GROSSESSE, ALLAITEMENT ET NOUVEAU-NÉ

Chez la femme enceinte ou qui allaite, les apports quotidiens en *vitamine* A ne doivent pas dépasser 6 000 *UI* par jour, alimentation comprise.

MODE D'EMPLOI ET POSOLOGIE

Les comprimés doivent être dissous dans un verre d'eau, et pris de préférence le matin.

Posologie usuelle :

- Adulte et adolescent : 1 comprimé par jour.

Une alimentation équilibrée et diversifiée apporte habituellement des quantités suffisantes de *vitamines*. Cependant, certaines circonstances peuvent justifier un apport supplémentaire : demandez conseil à votre médecin ou à votre pharmacien.

Une fatigue persistante ne doit pas vous conduire à augmenter les prises de ce médicament : consultez votre médecin.

EFFETS INDÉSIRABLES POSSIBLES

Aucun effet indésirable n'est généralement constaté aux doses usuelles. Leur apparition doit faire penser à un surdosage : perte de l'appétit, nausées, vomissements...

SUPRALOX

hydroxydes d'aluminium et de magnésium

PRÉSENTATION

SUPRALOX : suspension buvable ; flacon 250 ml - Remb. 65 %

Laboratoires Rorer

COMPOSITION

	p. 100 ml
Magnésium, hydroxyde	6 g
Aluminium, hydroxyde	9 g
Sorbitol	2,275 g
Bentonite	0,100 g
Menthe, essence	0,012 g

INDICATIONS

C'est un médicament qui appartient à la famille des *antiacides* d'action locale. Il agit en neutralisant les acides sécrétés par l'estomac.

Il est utilisé comme *traitement d'appoint* de l'*ulcère* du *duodénum*.

CONTRE-INDICATIONS

Ce médicament ne doit pas être utilisé en cas d'*insuffisance rénale* grave.

INTERACTIONS MÉDICAMENTEUSES

Ce médicament peut interagir avec de nombreux autres médicaments en diminuant leur absorption : il convient de séparer les prises d'au moins 2 heures.

GROSSESSE, ALLAITEMENT ET NOUVEAU-NÉ

Grossesse :

Les substances contenues dans ce médicament sont peu absorbées ; l'automédication est possible en cure courte ou ponctuelle pendant la grossesse ou l'allaitement.

MODE D'EMPLOI ET POSOLOGIE

Ce médicament sera pris de préférence 1 heure après les principaux repas et au moment du coucher.

Posologie usuelle :

2 cuillères à café, 4 fois par jour.

EFFETS INDÉSIRABLES POSSIBLES

Parfois : diarrhée, constipation.

SUP-RHINITE

chlorphénamine, phényléphrine

PRÉSENTATION

SUP-RHINITE : gélule à *libération prolongée* (blanc) ; boîte de 10 - Non remb.

Laboratoires Sterling Midy

COMPOSITION

	p. gél.
Chlorphénamine maléate	6 mg
Phényléphrine chlorhydrate	20 mg

INDICATIONS

Ce médicament contient un *vasoconstricteur* décongestionnant et un *antihistaminique*.

Il est utilisé dans le *traitement symptomatique* des affections aiguës du nez et de la gorge (congestion, écoulement nasal, larmoiement).

CONTRE-INDICATIONS

Ce médicament ne doit pas être utilisé dans les cas suivants :
- enfant de moins de 15 ans,
- *hypertension artérielle*,
- *glaucome* à angle fermé,
- risque de blocage des urines (*adénome de la prostate*...),
- association avec un *antidépresseur* de type *IMAO* non sélectif,
- **grossesse,**
- **allaitement.**

ATTENTION

Des précautions particulières s'imposent en cas d'*angine de poitrine*, d'*hyperthyroïdie* ou de *diabète*. Demandez conseil à votre pharmacien ou à votre médecin.

Évitez les boissons alcoolisées : augmentation du risque de somnolence.

Conducteur : ce médicament peut être responsable d'une somnolence ou d'une baisse de la vigilance.

INTERACTIONS MÉDICAMENTEUSES

Ce médicament ne doit pas être associé aux *antidépresseurs* de type *IMAO* non sélectif (MARSILID, NIAMIDE...) : risque de crise hypertensive.

Il peut interagir avec de nombreux autres médicaments. Signalez tout autre traitement en cours à votre médecin ou à votre pharmacien.

GROSSESSE, ALLAITEMENT ET NOUVEAU-NÉ

En l'absence de données suffisantes, ce médicament est contre-indiqué pendant la grossesse ou l'allaitement.

MODE D'EMPLOI ET POSOLOGIE

Les gélules doivent être avalées avec un verre d'eau.

Posologie usuelle :

- Adulte et enfant de plus de 15 ans : 1 gélule, 2 ou 3 fois par jour.

Ce médicament n'a pas d'effet anti-infectieux. En cas d'infection bactérienne, un traitement *antibiotique* peut être nécessaire.

EFFETS INDÉSIRABLES POSSIBLES

Effets *atropiniques* : sécheresse de la bouche, troubles visuels, rétention urinaire, confusion des idées et agitation chez la personne âgée.

Troubles digestifs.

SUPRISTOL

sulfamoxole, triméthoprime

PRÉSENTATION

SUPRISTOL ADULTE : comprimé sécable (blanc) ; boîte de 11 - Remb. 65 % - Liste I

Laboratoires Gallier

COMPOSITION

	p. comp.
Sulfamoxole	400 mg
Triméthoprime	80 mg

INDICATIONS

C'est une association de deux *antibiotiques* : la sulfamoxole, de la famille des *sulfamides*, et le triméthoprime, de la famille des diaminopyrimidines.

Ce médicament est utilisé dans le traitement de diverses maladies infectieuses, notamment bronchiques, pulmonaires, urinaires et génitales...

CONTRE-INDICATIONS

Ce médicament ne doit pas être utilisé dans les cas suivants :
- *allergie* aux *antibiotiques* de la famille des *sulfamides*,
- déficit en *G6PD*,
- **grossesse,**
- **allaitement,**
- *nouveau-né.*

ATTENTION

En cas d'apparition de boutons, de cloques, consultez votre médecin avant de poursuivre le traitement.

Si vous souffrez d'*insuffisance rénale* ou d'*insuffisance hépatique*, prévenez votre médecin.

INTERACTIONS MÉDICAMENTEUSES

Ce médicament peut interagir avec d'autres médicaments. Signalez tout autre traitement en cours à votre médecin ou à votre pharmacien.

GROSSESSE, ALLAITEMENT ET NOUVEAU-NÉ

Ce médicament est déconseillé pendant la grossesse.

L'organisme du *nouveau-né* étant incapable d'éliminer ce médicament, son usage est contre-indiqué en fin de grossesse, pendant l'allaitement et chez le nourrisson de moins de 6 semaines.

MODE D'EMPLOI ET POSOLOGIE

Ce médicament sera pris de préférence au cours des repas.

Posologie usuelle :

- Adulte : 1 comprimé matin et soir.

La *posologie* peut être augmentée considérablement dans le traitement de certaines infections liées au sida.

Le médecin peut prescrire un prélèvement pour identifier le *germe* responsable de l'infection et tester sa sensibilité aux *antibiotiques*. Le résultat de cet examen peut être faussé en cas d'automédication préalable : ne prenez pas d'antibiotiques sans avis médical.

EFFETS INDÉSIRABLES POSSIBLES

Troubles digestifs : nausées, vomissements.

Réactions cutanées allergiques.

Anomalies de la *numération formule sanguine*.

L'exposition au soleil peut être contre-indiquée pendant certains traitements

SURBRONC
ambroxol

PRÉSENTATION

SURBRONC : comprimé sécable (blanc) ; boîte de 30 - Remb. 35 % - Liste II

SURBRONC : solution buvable ; flacon 150 ml - Remb. 35 % - Liste II

SURBRONC 15 mg/2 ml : solution injectable ; boîte de 12 ampoules 2 ml - Remb. 35 % - Liste II

SURBRONC 30 mg/4 ml : solution injectable ; boîte de 12 ampoules 4 ml - Remb. 35 % - Liste II

Laboratoires Boehringer Ingelheim France

COMPOSITION

	p. comp.	p. c. à c.
Ambroxol chlorhydrate	30 mg	30 mg
Menthol		+
	p. amp. inj.	p. amp. inj.
Ambroxol chlorhydrate	15 mg	30 mg

INDICATIONS

Ce médicament fluidifie les sécrétions bronchiques. Il facilite leur évacuation par la toux.

Il est utilisé dans les états d'encombrement des bronches, associés aux maladies bronchiques aiguës ou chroniques. Chez l'enfant, il est également utilisé sous forme injectable dans le *traitement symptomatique* des épisodes aigus de *mucoviscidose*.

ATTENTION

N'utilisez pas d'*antitussif* en plus de ce médicament sans l'avis de votre médecin ou de votre pharmacien.

Si les sécrétions persistent au-delà de quelques jours, si elles se colorent ou si vous avez de la fièvre, consultez votre médecin.

GROSSESSE, ALLAITEMENT ET NOUVEAU-NÉ

L'effet de ce médicament pendant la grossesse ou l'allaitement est mal connu : seul votre médecin peut évaluer le risque éventuel de son utilisation dans votre cas.

MODE D'EMPLOI ET POSOLOGIE

Les comprimés et la solution buvable sont réservés à l'adulte.

La solution injectable peut être administrée par *voie* intramusculaire ou intraveineuse.

Posologie usuelle :

- Adulte : 1 ou 2 cuillères à café de solution buvable ou 1 ou 2 comprimés, 2 fois par jour ; ou 45 à 90 mg par jour en 2 ou 3 injections.
- Enfant de plus de 6 ans : 3 à 5 mg par kg et par jour, sans dépasser 120 mg, répartis en 2 ou 3 injections par voie intraveineuse (*mucoviscidose*).

La poursuite du tabagisme est un frein important à l'évacuation des mucosités.

Il est nécessaire de lutter contre la sécheresse de l'air ambiant (humidificateur...) pour éviter le dessèchement des sécrétions. Il est également recommandé de boire beaucoup.

Des crachats fluides et abondants traduisent l'efficacité de ce médicament.

Chez la personne âgée ou le très jeune enfant, l'incapacité à évacuer les crachats peut justifier l'aide d'un kinésithérapeute, sur prescription du médecin.

EFFETS INDÉSIRABLES POSSIBLES

Maux de tête, *vertiges*, somnolence ou agitation, toux.

Troubles digestifs : nausées, vomissements.

SURÉLEN

PRÉSENTATION

SURÉLEN ADULTE : solution buvable arôme framboise ; boîte de 10 doses (amp. A 5 ml et amp. B 5 ml) - Non remb.

SURÉLEN ADULTE : solution buvable arôme framboise ; boîte de 20 doses (amp. A 5 ml et amp. B 5 ml) - Non remb.

SURÉLEN INFANTILE : solution buvable arôme framboise ; boîte de 10 doses (amp. A 3 ml et amp. B 3 ml) - Non remb.

SURÉLEN INFANTILE : solution buvable arôme framboise ; boîte de 20 doses (amp. A 3 ml et amp. B 3 ml) - Non remb.

Laboratoires Syntex

COMPOSITION

	p. amp. Ad.	p. amp. Enf.
Ampoule A		
Corticosurrénale de porc, extrait		
Soit hydrocortisone	0,024 mg	0,0144 mg
Cyanocobalamine (vitamine B12)	100 µg	60 µg
Pyridoxine chlorhydrate (vitamine B6)	50 mg	30 mg
Ampoule B		
Complexe d'amide nicotinique-acide ascorbique	250 mg	150 mg
Aspartate de potassium	300 mg	180 mg
Adénosine monophosphate	5 mg	3 mg
Alcool à 95°	0,5 ml	0,3 ml

INDICATIONS

Ce médicament *antiasthénique* est une association de substances : *vitamines* B6, B12 et extraits de glande *surrénale* de porc, qui contient une faible quantité de *cortisone*.

Il est utilisé dans le *traitement symptomatique* de la fatigue.

CONTRE-INDICATIONS

Ce médicament ne doit pas être utilisé dans les cas suivants :

- *allergie* aux extraits de cellules animales,
- association avec les médicaments contenant de la lévodopa seule ou du disulfirame.

ATTENTION

Ce médicament contient de l'*alcool*.

INTERACTIONS MÉDICAMENTEUSES

Ce médicament ne doit pas être associé aux médicaments contenant de la lévodopa seule (LARODOPA...) : risque d'annulation des effets du traitement antiparkinsonien (lévodopa) par la *vitamine* B6.

Il peut agir avec d'autres médicaments, notamment ceux contenant du disulfirame (ESPÉRAL) : *effet antabuse*.

GROSSESSE, ALLAITEMENT ET NOUVEAU-NÉ

L'effet de ce médicament pendant la grossesse ou l'allaitement est mal connu. L'évaluation du risque éventuel lié à son utilisation est individuelle : demandez conseil à votre pharmacien ou à votre médecin.

MODE D'EMPLOI ET POSOLOGIE

Les contenus des ampoules A et B doivent être mélangés pour constituer une dose de médicament qui peut être diluée dans de l'eau. Cette dose peut être prise avec le petit déjeuner ou au cours du repas de midi.

Posologie usuelle :

- Adulte et adolescent : 1 dose Adulte par jour.
- Enfant : 1 dose Enfant par jour.

Une fatigue persistante ne doit pas vous conduire à augmenter les prises de ce médicament : demandez conseil à votre médecin ou à votre pharmacien.

EFFETS INDÉSIRABLES POSSIBLES

Comme avec tous les extraits d'origine animale, des réactions allergiques sont possibles.

SUREPTIL
cinnarizine, acéfylline heptaminol

PRÉSENTATION

SUREPTIL : comprimé (blanc) ; boîte de 50 - Remb. 35 % - Liste II

SUREPTIL : solution buvable ; flacon 100 ml (1 ml = 55 gouttes) - Remb. 35 % - Liste II

Laboratoires Synthélabo France

COMPOSITION

	p. comp.	p. ml
Cinnarizine	20 mg	10 mg
Acéfylline heptaminol	200 mg	100 mg
Alcool 95°		+

INDICATIONS

Ce médicament est une association de deux substances : la cinnarizine, qui est un *vasodilatateur*, et l'acéfylline heptaminol, qui est un stimulant du système cardio-vasculaire.

Il est utilisé dans le *traitement symptomatique* :

- de certains troubles de l'équilibre,
- de certaines maladies de la *rétine*,
- des *accidents vasculaires cérébraux*,
- des troubles du comportement et de la mémoire liés au vieillissement.

Il est également utilisé en complément du traitement de certains troubles nerveux de l'enfant.

CONTRE-INDICATIONS

Ce médicament ne doit pas être utilisé en association avec les *IMAO* non sélectifs.

ATTENTION
Évitez les boissons alcoolisées pendant la durée du traitement.

INTERACTIONS MÉDICAMENTEUSES

Ce médicament ne doit pas être associé aux médicaments de la famille des *IMAO* non sélectifs. Signalez tout autre traitement en cours à votre médecin ou à votre pharmacien.

GROSSESSE, ALLAITEMENT ET NOUVEAU-NÉ

L'effet de ce médicament pendant la grossesse ou l'allaitement est mal connu : seul votre médecin peut évaluer le risque éventuel de son utilisation dans votre cas.

MODE D'EMPLOI ET POSOLOGIE

La solution peut être diluée dans un demi-verre d'eau.

Posologie usuelle :
- Adulte : 1 comprimé ou 2 ml de solution buvable, par jour, aux 3 repas.
- Enfant de plus de 6 ans : 2 ml de solution buvable, 2 fois par jour.
- Enfant de moins de 6 ans : 1 ml de solution buvable, 2 fois par jour.

SURGAM
acide tiaprofénique

PRÉSENTATION

SURGAM : comprimé sécable (blanc) ; boîte de 30 - Remb. 65 % - Liste II

SURGAM : suppositoire (blanc) ; boîte de 6 - Remb. 65 % - Liste II

Laboratoires Roussel

COMPOSITION

	p. comp.	p. suppos.
Acide tiaprofénique	100 mg	300 mg

INDICATIONS

Ce médicament est un *anti-inflammatoire* non stéroïdien (*AINS*). Il lutte contre l'*inflammation* et la douleur, fait baisser la fièvre et fluidifie le sang.

Il est utilisé dans le *traitement symptomatique* :
- des *rhumatismes inflammatoires* et des crises d'*arthrose* ;
- des *arthrites*, des *tendinites* et des *lombalgies* ;
- des entorses, des suites de chirurgie orthopédique.

Il est également utilisé dans le *traitement d'appoint* des manifestations inflammatoires des affections du nez, de la gorge et des oreilles.

CONTRE-INDICATIONS

Ce médicament ne doit pas être utilisé dans les cas suivants :
- *allergie* aux *AINS*, y compris l'aspirine ;
- *ulcère* de l'estomac ou du *duodénum* ;
- *insuffisance hépatique*, *insuffisance rénale* graves ;
- *inflammation* récente du rectum (suppositoire) ;
- grossesse (3 derniers mois) ;
- allaitement.

ATTENTION
Les comprimés ne sont pas adaptés à l'enfant de moins de 3 ans.

Tout traitement prolongé ou surdosage d'*AINS* expose à des effets indésirables graves.

Tout *symptôme* pouvant faire craindre une complication (douleurs d'estomac, ou *allergie* cutanée) doit être signalé à votre médecin.

Des précautions sont nécessaires chez la personne souffrant d'*antécédents* d'*ulcère* de l'estomac ou du *duodénum*, ou présentant un risque hémorragique, chez la personne âgée et chez la femme qui porte un stérilet.

Conducteur : ce médicament peut provoquer parfois des étourdissements.

INTERACTIONS MÉDICAMENTEUSES

Ce médicament peut interagir avec d'autres médicaments, notamment :
- l'aspirine et les autres *anti-inflammatoires* non stéroïdiens : risque d'accroissement des effets indésirables ;
- les *anticoagulants* et les *antiagrégants plaquettaires* (TICLID...) : augmentation du risque hémorragique ;
- le *lithium* (TÉRALITHE, NEUROLITHIUM...) : augmentation du taux de lithium dans le sang.

Signalez tout autre traitement en cours à votre médecin ou à votre pharmacien.

GROSSESSE, ALLAITEMENT ET NOUVEAU-NÉ

Grossesse :

Des effets néfastes graves pour la mère et l'enfant à naître ont été mis en évidence lorsque ce médicament, comme tous les *AINS*, est utilisé au cours des 3 derniers mois de la grossesse : son usage est formellement contre-indiqué pendant cette période.

Pendant les 6 premiers mois, l'effet de ce médicament est mal connu : seul votre médecin peut évaluer le risque éventuel de son utilisation dans votre cas.

Allaitement :

Ce médicament passe dans le lait maternel : par mesure de prudence, il est contre-indiqué pendant l'allaitement.

MODE D'EMPLOI ET POSOLOGIE

Les comprimés doivent être avalés de préférence au milieu des repas afin de limiter les effets digestifs indésirables. Ils peuvent également être dissous dans un verre d'eau sucrée.

Les suppositoires sont réservés à l'adulte.

Posologie usuelle :
- Adulte :
  - *traitement d'attaque* : 2 comprimés, 3 fois par jour ou 1 suppositoire, 2 fois par jour ;
  - *traitement d'entretien* : 3 à 4 comprimés par jour, en plusieurs prises.
- Enfant de plus de 10 ans : 1 comprimé, 3 fois par jour.
- Enfant de 5 à 10 ans : 1/2 comprimé, 4 fois par jour.
- Enfant de 3 à 5 ans : 1/2 comprimé, 3 fois par jour.

Ne dépassez pas la *posologie* ni la durée de traitement prescrites par votre médecin.

Ce médicament vous a été prescrit dans une situation précise : ne le conseillez pas à un proche, ne le réutilisez pas sans avis médical.

EFFETS INDÉSIRABLES POSSIBLES

Troubles digestifs : *gastrite*, voire *ulcère* de l'estomac ou du *duodénum*, le plus souvent lors d'un traitement de longue durée ou à forte dose. Exceptionnellement : *hémorragie* du tube digestif (vomissements de sang, selles noires) ou plus souvent pertes de sang imperceptibles, responsables de l'apparition d'une *anémie*.

Réactions allergiques cutanées (éruptions, démangeaisons...), *asthme*, malaise avec baisse de la tension artérielle.

Vertiges.

Irritation du rectum (suppositoire).

SURGASTRIL
glycinate d'aluminium, bicarbonate de sodium, kaolin lourd

PRÉSENTATION

SURGASTRIL : tablette ; boîte de 30 - Non remb.

Laboratoires Amido

COMPOSITION

	p. tabl.
Glycinate d'aluminium	100 mg
Bicarbonate de sodium	200 mg
Kaolin lourd	440 mg
Saccharose	1,5 g

INDICATIONS

Ce médicament appartient à la famille des *antiacides* d'action locale. Il agit en neutralisant les acides sécrétés par l'estomac.

Il est utilisé dans le *traitement symptomatique* des douleurs, des brûlures, des aigreurs de l'estomac ou de l'œsophage.

ATTENTION
Des douleurs qui persistent peuvent être dues à une lésion du tube digestif : consultez votre médecin.

Ce médicament contient du *sucre* (saccharose) en quantité notable.

INTERACTIONS MÉDICAMENTEUSES

Ce médicament peut interagir avec de nombreux autres médicaments en diminuant leur absorption : il convient de séparer les prises d'au moins 2 heures.

GROSSESSE, ALLAITEMENT ET NOUVEAU-NÉ

L'automédication est possible, en cure courte ou ponctuelle, pendant la grossesse ou l'allaitement.

MODE D'EMPLOI ET POSOLOGIE

Les tablettes doivent être croquées.

Posologie usuelle :

1 ou 2 tablettes, 1 heure après les repas ou au moment des douleurs.

Une alimentation équilibrée, une mastication lente et la suppression des aliments difficiles à digérer permettent souvent d'atténuer, voire de faire disparaître, les douleurs d'estomac qui ne sont pas liées à un *ulcère*.

Si vous êtes fumeur, la poursuite du tabagisme nuit à l'efficacité du traitement.

EFFETS INDÉSIRABLES POSSIBLES

Constipation.

SURGESTONE
promégestone

PRÉSENTATION

SURGESTONE 0,125 mg : comprimé (blanc) ; boîte de 10 - Remb. 65 % - Liste I

SURGESTONE 0,250 mg : comprimé (blanc) ; boîte de 10 - Remb. 65 % - Liste I

SURGESTONE 0,500 mg : comprimé (blanc) ; boîte de 10 - Remb. 65 % - Liste I

Laboratoires Cassenne

COMPOSITION

	p. comp.	p. comp.	p. comp.
Promégestone	0,125 mg	0,250 mg	0,500 mg

INDICATIONS

Ce médicament contient une *hormone* proche de la *progestérone*.

Il est utilisé pour compenser une insuffisance de progestérone dans le traitement :

- des troubles des règles, de la tension des seins ;
- de la *ménopause* (en complément des *estrogènes*) ;
- des saignements dus à un *fibrome*.

CONTRE-INDICATIONS

Ce médicament ne doit pas être utilisé en cas d'*insuffisance hépatique* grave.

Dans d'autres situations, le médecin est seul juge pour prescrire ce médicament, notamment en cas d'*antécédent* d'*accident thrombo-embolique* (*phlébite*, *embolie* pulmonaire...), de *diabète*, et au cours des 3 premiers mois de la **grossesse**.

INTERACTIONS MÉDICAMENTEUSES

Ce médicament peut interagir avec d'autres médicaments. Signalez tout autre traitement en cours à votre médecin ou à votre pharmacien.

GROSSESSE, ALLAITEMENT ET NOUVEAU-NÉ

Grossesse :

Ce médicament est contre-indiqué pendant les 3 premiers mois de grossesse : risque de malformation des organes sexuels chez l'enfant à naître.

Allaitement :

Ce médicament passe dans le lait maternel : il est déconseillé pendant l'allaitement.

MODE D'EMPLOI ET POSOLOGIE

Ce médicament est pris indifféremment au cours ou en dehors des repas.

Posologie usuelle :

Elle est strictement individuelle et varie selon les cas.

EFFETS INDÉSIRABLES POSSIBLES

Arrêt des règles, saignement entre les règles.

Exceptionnellement : prise de poids, *séborrhée*, *troubles digestifs*, jaunisse, démangeaison.

SURMONTIL
trimipramine

PRÉSENTATION

SURMONTIL 25 mg : comprimé sécable (blanc) ; boîte de 50 - Remb. 65 % - Liste I

SURMONTIL 100 mg : comprimé sécable (blanc) ; boîte de 20 - Remb. 65 % - Liste I

SURMONTIL : solution buvable 4 % ; flacon 30 ml (1 200 gouttes) - Remb. 65 % - Liste I

SURMONTIL 25 mg/2 ml : solution injectable *I.M.* ; boîte de 5 ampoules (2 ml) - Remb. 65 % - Liste I

Laboratoires Specia

COMPOSITION

	p. comp.	p. comp.
Trimipramine	25 mg	100 mg
	p. gte	**p. amp. inj.**
Trimipramine	1 mg	25 mg
Alcool	+	
Sulfites		+

INDICATIONS

Ce médicament appartient à la famille des *antidépresseurs* imipraminiques.

Il est utilisé dans le traitement des *états dépressifs* de toute nature, accompagnés ou non d'anxiété.

CONTRE-INDICATIONS

Ce médicament ne doit pas être utilisé dans les cas suivants :

- *glaucome* à angle fermé,
- risque de blocage des urines (*adénome de la prostate*...),
- en association avec les *IMAO* non sélectifs ou avec le BARNETIL.

ATTENTION

Si vous souffrez d'*épilepsie*, d'une *insuffisance hépatique* ou de maladie cardiaque, prévenez votre médecin afin qu'il puisse adapter la *posologie*. Des précautions sont nécessaires chez la personne âgée.

Une fièvre, une angine ou une infection sous traitement doivent vous inciter à consulter votre médecin.

Avant une *anesthésie* locale, notamment chez votre dentiste, signalez la prise de ce médicament.

Évitez les boissons alcoolisées : augmentation du risque de somnolence.

Conducteur : ce médicament peut être responsable d'une baisse de la vigilance, particulièrement en début de traitement.

INTERACTIONS MÉDICAMENTEUSES

Ce médicament ne doit pas être associé aux médicaments suivants :

- *IMAO* non sélectifs (MARSILID, NIAMIDE...) : risque de *collapsus cardiovasculaire*, ou d'*hypertension artérielle*, de fièvre et de *convulsions*. Respectez un délai de 15 jours après l'arrêt de l'IMAO.
- BARNETIL : risque de *troubles du rythme cardiaque* graves.

Ce médicament peut interagir avec d'autres médicaments, notamment les *anticonvulsivants*, les *antihypertenseurs* et les *atropiniques*, le PROZAC, l'*adrénaline* et la *noradrénaline*, et les médicaments *sédatifs*. Signalez tout autre traitement en cours, ou récemment arrêté, à votre médecin ou à votre pharmacien.

GROSSESSE, ALLAITEMENT ET NOUVEAU-NÉ

Grossesse et nouveau-né :

Si une grossesse survient pendant le traitement, consultez votre médecin. Il appréciera le risque éventuel lié à l'utilisation de ce médicament dans votre cas.

Si le traitement est poursuivi jusqu'à l'accouchement, une surveillance médicale du *nouveau-né* est nécessaire.

Allaitement :

Ce médicament passe dans le lait maternel : l'allaitement est déconseillé.

MODE D'EMPLOI ET POSOLOGIE

Les comprimés doivent être avalés avec un peu d'eau.

Posologie usuelle :

Elle est strictement individuelle.

L'efficacité des *antidépresseurs* n'est généralement pas immédiate. Un délai pouvant atteindre plusieurs semaines est parfois nécessaire pour que les effets bénéfiques se fassent sentir.

Les effets indésirables éventuels apparaissant en début de traitement ne doivent pas vous conduire à l'arrêter prématurément.

EFFETS INDÉSIRABLES POSSIBLES

Rarement : tremblements, difficultés de la parole, somnolence, confusion des idées, troubles de l'*accommodation*.

Parfois : bouche sèche, accélération du cœur, sueurs, bouffées de chaleur, difficultés à uriner, *hypotension orthostatique*, prise de poids, excitation anormale.

Certains de ces effets peuvent être prévenus ou corrigés.

SURVECTOR

amineptine

PRÉSENTATION

SURVECTOR 100 mg : comprimé sécable (blanc) ; boîte de 20 - Remb. 65 % - Liste I

Laboratoires Euthérapie

COMPOSITION

	p. comp.
Amineptine chlorhydrate	100 mg

INDICATIONS

C'est un *antidépresseur* qui appartient à la famille des antidépresseurs non *IMAO*, non imipraminiques.

Il est utilisé dans le traitement des *états dépressifs*.

CONTRE-INDICATIONS

Ce médicament ne doit pas être utilisé dans les cas suivants :
- *chorée de Huntington*,
- *antécédent* d'*hépatite* au SURVECTOR,
- association aux *IMAO* non sélectifs.

ATTENTION

Le dépassement de la *posologie* prescrite n'améliore pas l'efficacité du traitement et expose à une *dépendance*.

En cas de douleurs abdominales, de fatigue, de perte de l'appétit, de nausées, de douleurs articulaires ou douleurs musculaires, de fièvre inexpliquée, prévenez votre médecin.

En cas de jaunisse, le traitement doit être interrompu définitivement.

Évitez les boissons alcoolisées : augmentation du risque de somnolence et de dépendance.

INTERACTIONS MÉDICAMENTEUSES

Ce médicament ne doit pas être associé aux *IMAO* non sélectifs (MARSILID, NIAMIDE...) : risque de poussée d'hypertension ou de malaise grave.

En cas de remplacement d'un IMAO par SURVECTOR, il convient de respecter un intervalle d'au moins 15 jours.

Ce médicament peut interagir avec d'autres médicaments. Signalez tout autre traitement en cours ou récemment arrêté à votre médecin ou à votre pharmacien.

GROSSESSE, ALLAITEMENT ET NOUVEAU-NÉ

L'effet de ce médicament pendant la grossesse ou l'allaitement est mal connu : seul votre médecin peut évaluer le risque éventuel de son utilisation dans votre cas.

MODE D'EMPLOI ET POSOLOGIE

1 à 2 comprimés par jour, le matin et à midi.

Évitez la prise de ce médicament le soir : elle peut favoriser une insomnie.

L'efficacité de cet *antidépresseur* peut ne pas être immédiate. N'arrêtez pas le traitement prématurément.

EFFETS INDÉSIRABLES POSSIBLES

En début de traitement : *palpitations*, accélération du cœur, baisse de la tension artérielle, nervosité, insomnie, rougeur du visage, *troubles digestifs*, tremblement, sensation de vertige.

D'autres effets, réversibles à l'arrêt du traitement, peuvent survenir : jaunisse, *acné* (à forte dose), douleurs abdominales, fatigue, perte de l'appétit, nausées, douleurs articulaires ou douleurs musculaires, fièvre.

SURVITINE

PRÉSENTATION

SURVITINE : capsule (rouge) ; boîte de 30 - Non remb.

Laboratoires Soekami Lefranq

COMPOSITION

	p. caps.
Rétinol (vitamine A)	1 250 UI
Colécalciférol (vitamine D3)	75 UI
Thiamine (vitamine B1)	5 mg
Riblofiavine (vitamine B2)	0,5 mg
Pyridoxine chlorhydrate (vitamine B6)	2,5 mg
Cyanocobalamine (vitamine B12)	1,25 µg
Panthénol	2,5 mg
Nicotinamide (vitamine PP)	12,5 mg
Acide ascorbique (vitamine C)	62,5 mg
Acétate de dl-alpha-tocophérol (vitamine E)	0,25 mg
Biotine	0,25 mg
Sulfate de manganèse	0,775 mg
Soit manganèse	0,25 mg
Sulfate de cuivre	1,4 mg
Soit cuivre	0,50 mg
Oxyde de zinc	0,312 mg
Soit zinc	0,25 mg
Sulfate de cobalt	0,375 mg
Soit cobalt	0,125 mg
Molybdate de sodium	0,15 mg
Soit molybdate	0,0625 mg

INDICATIONS

Ce médicament contient des *vitamines* et de faibles quantités d'éléments minéraux.

Il est utilisé dans la prévention ou la correction des troubles en rapport avec une alimentation carencée ou déséquilibrée, et dans le *traitement symptomatique* de la fatigue (*asthénies fonctionnelles*).

ATTENTION

Ce médicament contient des *vitamines* A et D : leur surdosage expose à des effets indésirables graves. Ces vitamines sont présentes dans de nombreux médicaments dont certains sont disponibles en automédication : évitez de les associer.

INTERACTIONS MÉDICAMENTEUSES

Ce médicament ne doit pas être associé aux médicaments contenant de la lévodopa seule (LARODOPA...) : risque d'annulation des effets de la lévodopa par la *vitamine* B6.

GROSSESSE, ALLAITEMENT ET NOUVEAU-NÉ

Grossesse :

Chez la femme enceinte ou qui allaite, les apports quotidiens en *vitamine* A ne doivent pas dépasser 6 000 *UI* par jour, alimentation comprise.

Allaitement :

Aux doses usuelles, ce médicament peut être pris pendant l'allaitement.

MODE D'EMPLOI ET POSOLOGIE

Les capsules doivent être avalées, sans être croquées, avec un verre d'eau.

Posologie usuelle :
- Adulte et adolescent :
- Prévention des *carences* : 1 ou 2 capsules par jour, en cure de 15 jours.
- *Traitement symptomatique* de la fatigue : 2 ou 3 capsules par jour.
- Enfant :
- Traitement symptomatique de la fatigue : 1 capsule matin et soir.

Une alimentation équilibrée et diversifiée apporte habituellement des quantités suffisantes de *vitamines*. Cependant, certaines circonstances peuvent justifier un apport supplémentaire : demandez conseil à votre médecin ou à votre pharmacien.

Une fatigue persistante ne doit pas vous conduire à augmenter les prises de ce médicament : consultez votre médecin.

EFFETS INDÉSIRABLES POSSIBLES

Aucun effet indésirable n'est généralement constaté aux doses usuelles. Leur apparition doit faire penser à un surdosage : perte de l'appétit, nausées, vomissements...

SUVIPEN

métampicilline

PRÉSENTATION

SUVIPEN 500 mg : comprimé (blanc) ; boîte de 8 - Remb. 65 % - Liste I

Laboratoires Gallier

COMPOSITION

	p. comp.
Métampicilline	500 mg

INDICATIONS

C'est un *antibiotique* qui appartient à la famille des *pénicillines* à spectre élargi, c'est-à-dire actives sur un plus grand nombre de *germes* que la pénicilline simple.

Ce médicament est utilisé dans le traitement de diverses maladies infectieuses, notamment celles des poumons, des bronches, du nez, de la gorge ou des oreilles, de l'appareil digestif ou urinaire, des *voies* génitales, des gencives et des dents.

CONTRE-INDICATIONS

Ce médicament ne doit pas être utilisé dans les cas suivants :
- *allergie* aux *pénicillines*,
- *mononucléose infectieuse*.

Ce médicament ne peut être utilisé qu'après avis médical en cas d'allergie aux *céphalosporines*.

ATTENTION

Des précautions sont nécessaires en cas d'*insuffisance rénale*.

Le médecin peut prescrire un prélèvement pour identifier le *germe* responsable de l'infection et tester sa sensibilité à l'*antibiotique*. Le résultat de cet examen peut être faussé en cas d'automédication préalable : ne prenez pas d'antibiotique sans avis médical.

Des *antécédents* d'*allergie* à la *pénicilline* contre-indiquent l'usage de ce médicament. La survenue de toute manifestation allergique (boutons, *œdème*, malaise) impose l'arrêt immédiat du traitement : consultez votre médecin.

Une diminution de la fièvre ou une disparition des *symptômes* ne sont pas synonymes de guérison : la durée du traitement doit absolument être respectée pour éviter les rechutes.

INTERACTIONS MÉDICAMENTEUSES

Ce médicament peut interagir avec d'autres médicaments. Signalez tout autre traitement en cours à votre médecin ou à votre pharmacien.

GROSSESSE, ALLAITEMENT ET NOUVEAU-NÉ

Grossesse :

Les études scientifiques actuellement disponibles n'ont pas mis en évidence de problème particulier lors de l'utilisation chez la femme enceinte. Seul votre médecin peut apprécier la nécessité du traitement et son risque pendant la grossesse.

Allaitement :

Ce médicament passe dans le lait maternel.

MODE D'EMPLOI ET POSOLOGIE

Les comprimés doivent être pris une demi-heure avant les repas, en 2 ou 3 prises par jour.

Posologie usuelle :

Elle varie en fonction des indications.

À titre indicatif et pour des infections courantes :

- Adulte : 1 g, matin et soir.
- Enfant : 50 mg par kg et par jour ; soit par exemple pour un enfant de 20 kg : 1 comprimé, matin et soir.

L'éventuelle impression de fatigue n'est pas due à l'*antibiotique*, mais à l'infection elle-même.

L'odeur particulière des urines est normale et traduit l'élimination de l'antibiotique.

EFFETS INDÉSIRABLES POSSIBLES

Fréquents mais généralement bénins :
- *allergie* cutanée,
- *troubles digestifs* (nausée, diarrhée),
- *candidose*.

Rares mais parfois graves :
- œdème de *Quincke*,
- *choc* allergique (exceptionnel).

= risque de test antidopage positif

SYMPANEUROL

PRÉSENTATION

SYMPANEUROL : comprimé (marron) ; boîte de 20 - Remb. 65 %

SYMPANEUROL : comprimé (marron) ; boîte de 60 - Remb. 65 % - Liste II

SYMPANEUROL : solution buvable ; flacon 100 ml - Remb. 65 % - Liste II

Laboratoires Lemoine

COMPOSITION

	p. comp.	p. c. à c.
Phénobarbital	20 mg	22 mg
Aubépine, extrait	60 mg	660 mg
Passiflore, extrait	50 mg	550 mg
Valériane, extrait	50 mg	550 mg
Titre alcoolique		32°

INDICATIONS

Ce médicament est une association de substances, qui contient notamment du phénobarbital de la famille des *barbituriques*.

Il est utilisé comme *sédatif* dans les formes légères d'anxiété ou d'insomnie.

CONTRE-INDICATIONS

Ce médicament ne doit pas être utilisé dans les cas suivants :
- *porphyries*,
- *insuffisance respiratoire* grave,
- *allergie* aux *barbituriques*,
- enfant de moins de 15 ans.

ATTENTION

La solution buvable contient de l'*alcool* en quantité notable.

Évitez les boissons alcoolisées : augmentation du risque de somnolence.

Conducteur : ce médicament peut être responsable d'une somnolence ou d'une baisse de la vigilance.

INTERACTIONS MÉDICAMENTEUSES

Ce médicament peut interagir avec de nombreux médicaments, notamment les *contraceptifs* oraux (pilule) : risque de contraception inefficace. Signalez tout autre traitement en cours à votre médecin ou à votre pharmacien.

GROSSESSE, ALLAITEMENT ET NOUVEAU-NÉ

Grossesse et nouveau-né :

Si une grossesse survient pendant le traitement, consultez votre médecin. Il appréciera le risque éventuel lié à l'utilisation de ce médicament dans votre cas.

Si le traitement est poursuivi jusqu'à l'accouchement, une surveillance médicale du *nouveau-né* est nécessaire.

Allaitement :

Ce médicament passe dans le lait maternel : il est déconseillé pendant l'allaitement.

MODE D'EMPLOI ET POSOLOGIE

La solution buvable peut être diluée dans un peu d'eau.

Posologie usuelle :

- Adulte : 1 à 3 comprimés ou 2 à 4 cuillères à café de solution buvable par jour.

EFFETS INDÉSIRABLES POSSIBLES

Dus au phénobarbital : somnolence, réaction cutanée, excitation en particulier chez l'enfant, confusion des idées notamment chez la personne âgée.

SYMPATHYL

phénobarbital, aubépine

PRÉSENTATION

SYMPATHYL : comprimé (blanc) ; boîte de 40 - Remb. 65 %

Laboratoires Innothéra

COMPOSITION

	p. comp.
Phénobarbital	10 mg
Aubépine, extrait sec	60 mg

INDICATIONS

Ce médicament est une association de plante (aubépine) et de phénobarbital de la famille des *barbituriques*.

Il est utilisé comme *sédatif* dans les formes légères d'anxiété ou d'insomnie.

CONTRE-INDICATIONS

Ce médicament ne doit pas être utilisé dans les cas suivants :
- *porphyrie*,
- *insuffisance respiratoire* grave,
- *allergie* aux *barbituriques*,
- enfant de moins de 5 ans.

ATTENTION

Évitez les boissons alcoolisées : augmentation du risque de somnolence.

Conducteur : ce médicament peut être responsable d'une somnolence ou d'une baisse de la vigilance.

INTERACTIONS MÉDICAMENTEUSES

Ce médicament peut interagir avec de nombreux médicaments, notamment avec les *contraceptifs* oraux (pilule) : risque de contraception inefficace. Signalez tout autre traitement en cours à votre médecin ou à votre pharmacien.

GROSSESSE, ALLAITEMENT ET NOUVEAU-NÉ

Grossesse et nouveau-né :

Si une grossesse survient pendant le traitement, consultez votre médecin. Il appréciera le risque éventuel lié à l'utilisation de ce médicament dans votre cas.

Si le traitement est poursuivi jusqu'à l'accouchement, une surveillance médicale du *nouveau-né* est nécessaire.

Allaitement :

Ce médicament passe dans le lait maternel : il est déconseillé pendant l'allaitement.

MODE D'EMPLOI ET POSOLOGIE

Les comprimés doivent être avalés avec un peu d'eau.

Posologie usuelle :

- Adulte : 3 à 6 comprimés par jour.

EFFETS INDÉSIRABLES POSSIBLES

Dus au phénobarbital : somnolence, réaction cutanée, excitation en particulier chez l'enfant, confusion des idées notamment chez la personne âgée.

SYMPAVAGOL
passiflore, aubépine

PRÉSENTATION

SYMPAVAGOL : comprimé (marron) ; boîte de 40 - Remb. 65 %

SYMPAVAGOL : solution buvable ; flacon 90 ml - Remb. 65 %

Laboratoires Monal

COMPOSITION

	p. comp.	p. c. à c.
Aubépine, extrait sec	20 mg	
Passiflore, extrait sec	40 mg	
Aubépine, extrait fluide		0,30 g
Passiflore, extrait fluide		1,23 g
Alcool		0,62 g
Saccharose		2,6 g

INDICATIONS

Ce médicament contient une association de plantes sédatives.

Il est utilisé dans le traitement des troubles légers du sommeil chez l'adulte et chez l'enfant ou de la nervosité, accompagnée de *palpitations* chez l'adulte.

ATTENTION
La solution buvable contient du *sucre* (saccharose) et de l'*alcool* en quantité notable.

GROSSESSE, ALLAITEMENT ET NOUVEAU-NÉ

Ce médicament ne contient que des plantes présumées sans danger pendant la grossesse ou l'allaitement. Néanmoins, ne l'utilisez pas de façon prolongée sans l'avis de votre pharmacien ou de votre médecin.

MODE D'EMPLOI ET POSOLOGIE

La solution buvable doit être diluée dans un peu d'eau, sucrée ou non.

Posologie usuelle :

2 à 6 comprimés ou 1 à 4 cuillères à café de solution buvable par jour.

SYNACTHÈNE
tétracosactide

PRÉSENTATION

SYNACTHÈNE RETARD 0,50 mg : solution injectable *I.M.* ; boîte de 1 ampoule 0,5 ml - Remb. 65 % - Liste I

SYNACTHÈNE RETARD 1 mg : solution injectable *I.M.* ; boîte de 1 ampoule 1 ml - Remb. 65 % - Liste I

SYNACTHÈNE IMMÉDIAT 0,25 mg : solution injectable *I.M.* ou *I.V.* ; boîte de 1 ampoule 1 ml - Remb. 65 % - Liste I

Laboratoires Ciba-Geigy

COMPOSITION

	p. amp. inj.	p. amp. inj.	p. amp. inj.
Tétracosactide	0,50 mg	1 mg	0,25 mg
Zinc	1,25 mg	2,50 mg	
Alcool benzylique	+	+	+

INDICATIONS

C'est un stimulant de la sécrétion des *corticoïdes* par les glandes *surrénales*. Comme la *cortisone*, il a une action *anti-inflammatoire*, anti-allergique, *anti-œdémateuse*, *antalgique* et *antiémétique*.

Il est principalement utilisé dans les *radiculalgies*, les *œdèmes* du cerveau, et les autres indications habituelles de la *cortisone*.

CONTRE-INDICATIONS

Ce médicament ne doit pas être utilisé dans les cas suivants :
- *ulcère* de l'estomac ou du *duodénum* ;
- maladie infectieuse ou mycosique non contrôlée, certaines maladies virales ;
- *psychoses* ;
- *insuffisance cardiaque* ;
- syndrome de *Cushing* ;
- certaines maladies hormonales ;
- *asthme* ;
- grossesse ;
- *nouveau-né*.

Dans tous les autres cas, le médecin est seul juge pour prescrire ce médicament, notamment en cas de *diabète* et d'*hypertension artérielle*.

ATTENTION
Signalez tout *antécédent* allergique à votre médecin : ce médicament peut causer des réactions allergiques parfois très graves.

INTERACTIONS MÉDICAMENTEUSES

Ce médicament peut interagir avec d'autres médicaments, notamment avec ceux contenant de la *vincamine* et certains *vaccins*. Signalez tout autre traitement en cours à votre médecin ou à votre pharmacien.

GROSSESSE, ALLAITEMENT ET NOUVEAU-NÉ

Grossesse :

Ce médicament est contre-indiqué pendant la grossesse : contraception obligatoire pendant toute la durée du traitement.

MODE D'EMPLOI ET POSOLOGIE

La *posologie*, strictement individuelle, dépend des indications.

Ce traitement nécessite :
- la diminution de la consommation de *sel*,
- la prise de *potassium* (prescrit par le médecin),
- un régime riche en protéines et en calcium, pauvre en *glucides*.

EFFETS INDÉSIRABLES POSSIBLES

Ils sont surtout à craindre lors d'un traitement prolongé et à forte dose :
- rétention d'eau et de sel, *hypertension artérielle* ;
- baisse du taux de *potassium*, à prévenir par un apport systématique ;
- surexcitation, euphorie, troubles du sommeil ;
- *ostéoporose* ;
- *troubles digestifs* : rare *ulcère* de l'estomac ou du *duodénum*.

SYNALAR
fluocinolone acétonide

PRÉSENTATION

SYNALAR GRAS : pommade ; tube 15 g - Remb. 65 % - Liste I

SYNALAR : crème ; flacon applicateur 15 g - Remb. 65 % - Liste I

SYNALAR : solution pour application locale ; flacon 30 ml (compte-gouttes) - Remb. 65 % - Liste I

Laboratoires Cassenne

COMPOSITION

	p. 100 g	solution p. 100 ml
Fluocinolone acétonide	25 mg	10 mg
Propylèneglycol		+

INDICATIONS

C'est un *dermocorticoïde* d'activité forte. Comme les autres dérivés de la *cortisone* à usage local, il freine le renouvellement et la multiplication des cellules de la peau et limite le suintement.

Il est utilisé pour traiter les *eczémas* de contact ou *atopiques*, les *lichénifications*, les *dermites séborrhéiques* sauf celles du visage, le *psoriasis*, le *prurigo*, la *dyshidrose*, et pour soulager les démangeaisons dues aux piqûres d'insectes ou à la présence de parasites sous la peau. Il est également utilisé dans le traitement de certaines maladies rares : *granulome annulaire*, *lupus érythémateux* discoïde, *mycosis fongoïde*.

CONTRE-INDICATIONS

Ce médicament ne doit pas être utilisé dans les cas suivants :
- infection et parasitose non traitées de la peau (ce médicament n'a pas d'effet anti-infectieux),
- lésion cutanée,
- *acné* et *rosacée*.

ATTENTION
Comme les autres *dermocorticoïdes*, ce médicament a souvent une action efficace et rapide sur les lésions de la peau ; il peut être tentant de le réutiliser, mais l'automédication expose à des risques importants : aggravation de certaines lésions, installation d'une *dépendance* (amélioration de moins en moins visible des lésions et recrudescence des *symptômes* à chaque arrêt de traitement) et altération durable de la peau.
Suivez attentivement la prescription de votre médecin et n'hésitez pas à lui demander des explications.

GROSSESSE, ALLAITEMENT ET NOUVEAU-NÉ

L'effet de ce médicament pendant la grossesse ou l'allaitement est mal connu : seul

votre médecin peut évaluer le risque éventuel de son utilisation dans votre cas.

MODE D'EMPLOI ET POSOLOGIE

La crème est adaptée au traitement des lésions suintantes, la pommade à celui des lésions sèches. La solution est destinée au traitement des régions pileuses et des plis de la peau.

Étaler le médicament sur les lésions et le faire pénétrer par un léger massage. Pour traiter de grandes surfaces : appliquer le produit en touches espacées, puis étaler avec un gant en plastique jusqu'à complète absorption. Dans les affections du cuir chevelu, la solution sera appliquée raie par raie en dépassant largement la surface à traiter.

Posologie usuelle :

1 ou 2 applications par jour.

Le médecin prescrit fréquemment un arrêt progressif du traitement : espacement des applications ou diminution de la quantité appliquée.

> Ne conseillez pas, ne donnez pas ce médicament à un proche.
>
> Pensez à vous laver les mains après l'application. En cas d'utilisation sur une grande surface de peau, le port d'un gant est recommandé.

EFFETS INDÉSIRABLES POSSIBLES

Ils apparaissent surtout en cas d'usage prolongé :

- *atrophie* avec microhémorragie de la peau (*purpura*), dilatation des petits vaisseaux, vergetures, éruption de boutons ;
- développement anormal des poils, dessèchement, fragilisation et décoloration irrégulière de la peau ;
- rougeur autour de la bouche, apparition d'une *rosacée* ;
- retard de cicatrisation.

SYNALAR NÉOMYCINE

fluocinolone, néomycine

PRÉSENTATION

SYNALAR NÉOMYCINE : crème ; tube 10 g - Remb. 65 % - Liste I

Laboratoires Cassenne

COMPOSITION

	p. 100 g
Fluocinolone acétonide	25 mg
Néomycine	350 mg

INDICATIONS

Ce médicament contient un *dermocorticoïde* d'activité forte et un *antibiotique* de la famille des *aminosides*. Comme les autres médicaments contenant un dérivé de la *cortisone* à usage local, il freine le renouvellement et la multiplication des cellules de la peau et limite le suintement.

Cette crème est utilisée dans le traitement initial de certaines lésions inflammatoires de la peau (*eczéma*, *dyshidrose*, *psoriasis*...) lorsqu'elles sont infectées.

CONTRE-INDICATIONS

Ce médicament ne doit pas être utilisé dans les cas suivants :

- *allergie* aux *antibiotiques* de la famille des *aminosides* ;
- infections de la peau dues à un champignon ou à un *virus* ;
- plaies chroniques, *ulcère* de la jambe, *escarre* ;
- *rosacée* ;
- sous pansement étanche (occlusif).

> **ATTENTION**
>
> Cette crème n'est pas destinée à traiter les infections bactériennes de la peau mais à traiter l'infection qui vient compliquer une lésion préexistante.
>
> Comme les autres *dermocorticoïdes*, ce médicament a souvent une action efficace et rapide sur les lésions de la peau ; il peut être tentant de le réutiliser, mais l'automédication expose à des risques importants : aggravation de certaines lésions, installation d'une *dépendance* (amélioration de moins en moins visible des lésions et recrudescence des *symptômes* à chaque arrêt de traitement) et altération durable de la peau.
>
> Suivez attentivement la prescription de votre médecin et n'hésitez pas à lui demander des explications.

GROSSESSE, ALLAITEMENT ET NOUVEAU-NÉ

L'effet de ce médicament pendant la grossesse ou l'allaitement est mal connu : seul votre médecin peut évaluer le risque éventuel de son utilisation dans votre cas.

MODE D'EMPLOI ET POSOLOGIE

Étaler la crème en couche mince sur les lésions et la faire pénétrer par un léger massage.

Posologie usuelle :

1 ou 2 applications par jour, pendant 8 jours au maximum.

> Ne conseillez pas, ne donnez pas ce médicament à un proche.
>
> Pensez à vous laver les mains après l'application.

EFFETS INDÉSIRABLES POSSIBLES

Compte tenu de la brièveté du traitement, ils sont peu fréquents :

- éruption de boutons, vergetures ;
- développement anormal des poils, dessèchement, fragilisation et décoloration irrégulière de la peau ;
- rougeur autour de la bouche, apparition d'une *rosacée* ;
- *allergie* cutanée (néomycine).

Un médicament n'est pas un produit comme les autres

SYNAREL

nafaréline

PRÉSENTATION

SYNAREL : solution endonasale ; flacon pulvérisateur 10 ml (100 doses) - Remb. 65 % - Liste I

Laboratoires Syntex

COMPOSITION

	p. dose
Nafaréline acétate	200 µg

INDICATIONS

Ce médicament est une substance qui, dans certaines conditions de traitement, bloque les organes de la reproduction chez la femme.

Il est principalement utilisé pour traiter l'*endométriose*.

CONTRE-INDICATIONS

Ce médicament ne doit pas être utilisé dans les cas suivants :

- saignements vaginaux de cause non déterminée,
- grossesse,
- allaitement.

> **ATTENTION**
>
> L'absence de grossesse doit être confirmée par un test avant de commencer le traitement.
>
> Une grossesse pouvant survenir sous traitement, un moyen contraceptif autre que la pilule est recommandé.

INTERACTIONS MÉDICAMENTEUSES

L'usage d'une solution nasale contenant un décongestionnant peut freiner l'absorption de ce médicament par la *muqueuse* nasale ; respecter un intervalle d'au moins 30 minutes après la prise de celui-ci.

GROSSESSE, ALLAITEMENT ET NOUVEAU-NÉ

Grossesse :

Ce médicament est contre-indiqué pendant la grossesse.

Allaitement :

Les données actuellement disponibles ne permettent pas de savoir si ce médicament passe dans le lait maternel : il est contre-indiqué pendant l'allaitement.

MODE D'EMPLOI ET POSOLOGIE

Ce médicament doit être pulvérisé dans le nez au cours d'une brève inspiration. Il est alors absorbé par la *muqueuse* nasale et passe dans le sang.

Posologie usuelle :

Elle est adaptée en fonction de chaque cas par le médecin, qui recherche la dose efficace la plus faible possible.

> L'arrêt des règles est une conséquence inévitable mais réversible à l'arrêt du traitement.

EFFETS INDÉSIRABLES POSSIBLES

Bouffées de chaleur, maux de tête, nervosité, diminution du volume des seins, douleurs musculaires.

Irritation de la *muqueuse* nasale.

SYNCORTYL
désoxycortone

PRÉSENTATION

SYNCORTYL : solution injectable huileuse ; boîte de 4 ampoules 1 ml - Remb. 65 %

Laboratoires Roussel

COMPOSITION

	p. amp.
Désoxycortone acétate	10 mg

INDICATIONS

Ce médicament contient une *hormone* qui appartient à la famille de la *cortisone*. Elle a la propriété de lutter contre la fuite de *sel* (sodium) qui accompagne l'*insuffisance surrénale*.

Elle est utilisée dans le *traitement substitutif* de l'*insuffisance surrénale* et de la maladie d'*Addison*.

CONTRE-INDICATIONS

Ce médicament ne doit pas être utilisé en cas d'*hypertension artérielle*.

ATTENTION

L'apparition d'*œdème*, de malaise général, de bouffées de chaleur, de bourdonnements d'oreille, de maux de tête, de saignements de nez doivent conduire à consulter un médecin.

INTERACTIONS MÉDICAMENTEUSES

Ce médicament peut interagir avec d'autres médicaments. Signalez tout autre traitement en cours à votre médecin ou à votre pharmacien.

GROSSESSE, ALLAITEMENT ET NOUVEAU-NÉ

L'effet de ce médicament pendant la grossesse ou l'allaitement est mal connu : seul votre médecin peut évaluer le risque éventuel de son utilisation dans votre cas.

MODE D'EMPLOI ET POSOLOGIE

Ce médicament doit être injecté par *voie* intramusculaire.

C'est un produit huileux : il est recommandé d'utiliser une seringue en verre.

EFFETS INDÉSIRABLES POSSIBLES

Certains signes doivent faire penser à un surdosage : *œdème*, *hypertension artérielle*.

SYNÉDIL
sulpiride

PRÉSENTATION

SYNÉDIL 50 mg : gélule (blanc et bleu) ; boîte de 30 - Remb. 65 % - Liste I

SYNÉDIL : solution buvable ; flacon 200 ml (40 cuillères à café ou 4 000 gouttes) - Remb. 65 % - Liste I

Laboratoires Yamanouchi

COMPOSITION

	p. gél.	p. 4 gtes
Sulpiride	50 mg	1 mg

INDICATIONS

C'est un *neuroleptique* qui appartient à la famille chimique des benzamides. À faible dose, ce médicament lutte contre certains dérèglements nerveux.

Il est utilisé dans le traitement de la fatigue d'origine nerveuse.

CONTRE-INDICATIONS

Ce médicament ne doit pas être utilisé dans les cas suivants :
- *phéochromocytome*,
- en association avec les médicaments contenant de la lévodopa.

ATTENTION

En cas de survenue d'une fièvre inexpliquée, suspendez la prise de ce médicament et alertez immédiatement votre médecin.

La guérison peut nécessiter un traitement prolongé ; une amélioration survenant en début de traitement ne doit pas vous conduire à l'arrêter sans l'avis de votre médecin.

Des précautions sont nécessaires chez les personnes âgées et en cas d'*épilepsie*, d'*insuffisance rénale* ou de maladie de *Parkinson*.

Évitez les boissons alcoolisées : augmentation du risque de somnolence.

Conducteur : ce médicament peut être responsable d'une somnolence ou d'une baisse de la vigilance.

INTERACTIONS MÉDICAMENTEUSES

Ce médicament ne doit pas être associé à ceux contenant de la lévodopa (LARODOPA, MODOPAR, SINEMET...) : risque d'annulation de leurs effets.

Ce médicament peut interagir avec d'autres médicaments, notamment les *antihypertenseurs* et les *sédatifs*. Signalez tout autre traitement en cours à votre médecin ou à votre pharmacien.

GROSSESSE, ALLAITEMENT ET NOUVEAU-NÉ

Grossesse et nouveau-né :

Si une grossesse survient pendant le traitement, consultez votre médecin. Il appréciera le risque éventuel lié à l'utilisation de ce médicament dans votre cas.

Si le traitement est poursuivi jusqu'à l'accouchement, une surveillance médicale du *nouveau-né* est nécessaire.

Allaitement :

Ce médicament passe dans le lait maternel.

MODE D'EMPLOI ET POSOLOGIE

Les gélules doivent être avalées avec un verre d'eau.

La solution buvable est adaptée à l'enfant (1 cuillère à café = 25 mg de sulpiride).

Posologie usuelle :

Elle est strictement individuelle.

EFFETS INDÉSIRABLES POSSIBLES

Somnolence.

Mouvements involontaires, tremblements, raideur anormale, grimaces involontaires.

Hypotension orthostatique.

Absence de règles, augmentation du volume des seins, écoulement de lait par le mamelon.

Prise de poids.

SYNÉDIL FORT
sulpiride

PRÉSENTATION

SYNÉDIL FORT : comprimé quadrisécable (blanc) ; boîte de 12 - Remb. 65 % - Liste I

SYNÉDIL FORT : solution injectable *I.M.* 100 mg/2 ml ; boîte de 6 ampoules 2 ml - Remb. 65 % - Liste I

Laboratoires Yamanouchi

COMPOSITION

	p. comp.	p. amp. inj.
Sulpiride	200 mg	100 mg

INDICATIONS

C'est un *neuroleptique* qui appartient à la famille chimique des benzamides.

Il est utilisé dans le traitement de certains troubles nerveux accompagnés de troubles de l'*humeur*.

CONTRE-INDICATIONS

Ce médicament ne doit pas être utilisé dans les cas suivants :
- *phéochromocytome*,
- en association avec les médicaments contenant de la lévodopa.

ATTENTION

La guérison peut nécessiter un traitement prolongé ; une amélioration survenant en début de traitement ne doit pas vous conduire à l'arrêter sans l'avis de votre médecin.

En cas de survenue d'une fièvre inexpliquée, suspendez la prise de ce médicament et alertez immédiatement votre médecin.

Des précautions sont nécessaires chez les personnes âgées et en cas d'*épilepsie*, d'*insuffisance rénale* ou de maladie de *Parkinson*.

Évitez les boissons alcoolisées : augmentation du risque de somnolence.

Ce médicament est responsable d'une baisse de la vigilance : la conduite, les activités professionnelles ou de loisirs exposant à un danger sont formellement déconseillées.

INTERACTIONS MÉDICAMENTEUSES

Ce médicament ne doit pas être associé à ceux contenant de la lévodopa (LARODOPA, MODOPAR, SINEMET...) : risque d'annulation de leurs effets.

Ce médicament peut interagir avec d'autres médicaments, notamment les *antihypertenseurs* et les *sédatifs*. Signalez tout autre traitement en cours à votre médecin ou à votre pharmacien.

GROSSESSE, ALLAITEMENT ET NOUVEAU-NÉ

Grossesse et nouveau-né :

Si une grossesse survient pendant le traitement, consultez votre médecin. Il appréciera le risque éventuel lié à l'utilisation de ce médicament dans votre cas.

Si le traitement est poursuivi jusqu'à l'accouchement, une surveillance médicale du *nouveau-né* est nécessaire.

Allaitement :

Ce médicament passe dans le lait maternel.

MODE D'EMPLOI ET POSOLOGIE

Les comprimés peuvent être avalés avec un verre d'eau. La solution injectable doit être administrée exclusivement par *voie intramusculaire* sous surveillance médicale.

Posologie usuelle :

Elle est strictement individuelle.

EFFETS INDÉSIRABLES POSSIBLES

Somnolence.

Mouvements involontaires, tremblements, raideur anormale, grimaces involontaires.

Hypotension orthostatique.

Absence de règles, augmentation du volume des seins, écoulement de lait par le mamelon.

Prise de poids.

SYNERGYL

PRÉSENTATION

SYNERGYL : comprimé à croquer ; boîte de 30 - Non remb.

Laboratoires Searle

COMPOSITION

	p. comp.
Rétinol (vitamine A)	2 500 UI
Colécalciférol (vitamine D3)	200 UI
Tocophérol (vitamine E)	15 mg
Thiamine chlorhydrate (vitamine B1)	0,75 mg
Ribloflavine (vitamine B2)	0,9 mg
Cyanocobalamine (vitamine B12)	1,5 µg
Pyridoxine (vitamine B6)	1 mg
Nicotinamide (vitamine PP)	10 mg
Acide pantothénique (vitamine B5)	5,01 mg
Acide ascorbique (vitamine C)	30 mg
Acide folique (vitamine B9)	200 µg
Fumarate ferreux	29 mg
Oxyde de zinc	9,4 mg
Oxyde de cuivre	1,85 mg
Sulfate de manganèse	5,8 mg
Molybdate d'ammonium	230 µg
Iodure de potassium	97,5 µg

INDICATIONS

Ce médicament contient des *vitamines* et de faibles quantités d'éléments minéraux.

Il est utilisé dans la prévention et la correction des troubles en rapport avec une alimentation carencée ou déséquilibrée chez l'adulte ainsi que chez l'adolescent.

CONTRE-INDICATIONS

Ce médicament ne doit pas être utilisé en cas de surcharge en fer.

> **ATTENTION**
> Ce médicament contient des *vitamines* A et D : leur surdosage expose à des effets indésirables graves. Ces vitamines sont présentes dans de nombreux médicaments dont certains sont disponibles en automédication : évitez de les associer.

INTERACTIONS MÉDICAMENTEUSES

Ce médicament ne doit pas être associé aux médicaments contenant de la lévodopa seule (LARODOPA...) : risque d'annulation des effets de la lévodopa par la *vitamine* B6.

En raison de la présence de fer, ce médicament peut interagir avec d'autres, notamment avec les *antibiotiques* de la famille des *cyclines* : respectez un intervalle de 2 heures entre les prises de chacun de ces médicaments.

Signalez tout autre traitement en cours à votre médecin ou à votre pharmacien.

GROSSESSE, ALLAITEMENT ET NOUVEAU-NÉ

Chez la femme enceinte ou qui allaite, les apports quotidiens en *vitamine* A ne doivent pas dépasser 6 000 *UI* par jour, alimentation comprise.

MODE D'EMPLOI ET POSOLOGIE

Les comprimés doivent être avalés avec un verre d'eau.

Posologie usuelle :

1 comprimé par jour.

> ☛ Une alimentation équilibrée et diversifiée apporte habituellement des quantités suffisantes de *vitamines*. Cependant, certaines circonstances peuvent justifier un apport supplémentaire : demandez conseil à votre médecin ou à votre pharmacien.
> La coloration des selles en noir est normale sous traitement : elle est liée à la présence de fer.

EFFETS INDÉSIRABLES POSSIBLES

Aucun effet indésirable n'est généralement constaté aux doses usuelles. Leur apparition doit faire penser à un surdosage : perte de l'appétit, nausées, vomissements...

SYNTHOL

PRÉSENTATION

SYNTHOL SPRAY : solution pour application locale ; flacon pulvérisateur 125 ml - Non remb.

SYNTHOL LIQUIDE : solution pour application locale ; flacon 225 ml - Non remb.

SYNTHOL LIQUIDE : solution pour application locale ; flacon 450 ml - Non remb.

SYNTHOL GEL : gel pour application locale ; tube 100 g - Non remb.

Laboratoires SmithKline Beecham

COMPOSITION

	solution p 100 g	gel p. 100 g
Chloral hydrate	936 mg	800 mg
Menthol	260 mg	260 mg
Vératrol	260 mg	250 mg
Résorcinol	21 mg	30 mg
Acide salicylique	10,5 mg	20 mg
Alcool à 95°	+	+

INDICATIONS

Ce médicament calme les douleurs, décongestionne et désinfecte.

Il est utilisé dans le traitement des maux de tête, douleurs musculaires, contusions, courbatures, et pour calmer les démangeaisons et les piqûres d'insectes. La solution est également utilisée comme *traitement d'appoint* des gingivites, des aphtes, des douleurs dentaires et des *pharyngites*.

CONTRE-INDICATIONS

Ce médicament ne doit pas être utilisé dans les cas suivants :
- *antécédent* d'*allergie* aux *salicylés* ;
- sur les plaies et les *muqueuses* ;
- en *gargarisme* et en *bain de bouche* chez l'enfant de moins de 7 ans (présence d'*alcool*), pour la forme liquide ;
- enfant de moins de 30 mois (présence de menthol).

GROSSESSE, ALLAITEMENT ET NOUVEAU-NÉ

L'effet de ce médicament pendant la grossesse ou l'allaitement est mal connu. L'évaluation du risque éventuel lié à son utilisation est individuelle : demandez conseil à votre pharmacien ou à votre médecin.

MODE D'EMPLOI ET POSOLOGIE

Solution :
- En compresse : pour un contact prolongé (1/2 heure à 1 heure au maximum), imbiber une compresse de la solution diluée à 50 % avec de l'eau, puis l'appliquer sur la région douloureuse.
- En *bain de bouche*, *gargarisme* et inhalation : la solution doit être diluée à 10 %, soit 1 cuillère à soupe dans un verre d'eau.
- En friction, lotion et pulvérisation : la solution est utilisée pure.

Gel :
- Étendre le gel sur une compresse et l'appliquer sur la région douloureuse. À renouveler 1 ou 2 fois par jour.

EFFETS INDÉSIRABLES POSSIBLES

Rare : *allergie* cutanée, imposant l'arrêt du traitement.

T

TADENAN
Pygeum africanum

PRÉSENTATION
TADENAN : capsule (blanc et vert) ; boîte de 30 - Remb. 35 %

Laboratoires Debat

COMPOSITION

	p. caps.
Pygeum africanum, extrait	50 mg

INDICATIONS
Ce médicament contient un extrait végétal qui a des propriétés décongestionnantes sur la prostate.

Il est utilisé dans le traitement des troubles urinaires liés à un *adénome de la prostate*.

ATTENTION

Si les troubles persistent, consultez votre médecin.

Ce médicament ne peut guérir un *adénome de la prostate* ; en cas de blocage progressif ou brutal des urines, consultez d'urgence votre médecin.

MODE D'EMPLOI ET POSOLOGIE
Ce médicament doit être pris de préférence avant les repas.

Posologie usuelle :

1 capsule, matin et soir.

EFFETS INDÉSIRABLES POSSIBLES
Rarement : *troubles digestifs*.

TAGAMET
cimétidine

PRÉSENTATION
TAGAMET 200 mg : comprimé (vert pâle) ; boîte de 50 - Remb. 65 % - Liste II

TAGAMET 200 mg effervescent : comprimé (blanc) ; boîte de 60 - Remb. 65 % - Liste II

TAGAMET 400 mg : comprimé (vert pâle) ; boîte de 30 - Remb. 65 % - Liste II

TAGAMET 800 mg : comprimé sécable (vert pâle) ; boîte de 15 - Remb. 65 % - Liste II

TAGAMET 800 mg effervescent : comprimé (blanc) ; boîte de 15 - Remb. 65 % - Liste II

Laboratoires SmithKline Beecham

COMPOSITION

	p. comp.	p. comp.	p. comp.
Cimétidine base ..	200 mg	400 mg	800 mg

	p. comp. efferv.	p. comp. efferv.
Cimétidine base	200 mg	800 mg
Sodium	403 mg	423 mg

INDICATIONS
C'est un antiulcéreux qui appartient à la famille des *antihistaminiques* de type H2 : ceux-ci agissent en bloquant l'action de l'*histamine*, qui stimule la sécrétion acide de l'estomac.

Il est principalement utilisé pour le traitement des *ulcères* de l'estomac et du *duodénum*, des *inflammations* de l'œsophage dues au reflux des acides de l'estomac vers l'œsophage et pour prévenir les rechutes de l'ulcère du duodénum. Il est aussi utilisé pour traiter certaines maladies rares.

CONTRE-INDICATIONS
Ce médicament ne doit pas être utilisé en cas d'*allergie* à la cimétidine.

ATTENTION

La disparition des douleurs ne signifie pas que l'*ulcère* est cicatrisé : la durée du traitement doit être respectée.

Ce médicament peut provoquer une confusion des idées ou un ralentissement du rythme cardiaque, particulièrement chez les personnes âgées.

Si vous souffrez d'*insuffisance rénale* ou d'*insuffisance hépatique*, prévenez votre médecin afin qu'il puisse adapter la *posologie*.

Les comprimés effervescents contiennent du *sel* (sodium) en quantité notable.

INTERACTIONS MÉDICAMENTEUSES
Ce médicament peut interagir avec d'autres médicaments, notamment les *anticoagulants*, certains *anticonvulsivants* (phénytoïne) et les *benzodiazépines*. Signalez tout autre traitement en cours à votre médecin ou à votre pharmacien.

Si vous prenez des *pansements digestifs*, respectez un intervalle d'au moins 2 heures avec la prise de ce médicament.

GROSSESSE, ALLAITEMENT ET NOUVEAU-NÉ
Grossesse :

L'effet de ce médicament sur l'enfant à naître est mal connu. Seul votre médecin peut apprécier la nécessité du traitement et son risque pendant la grossesse.

Allaitement :

Ce médicament passe dans le lait maternel : il est déconseillé pendant l'allaitement.

MODE D'EMPLOI ET POSOLOGIE
Le médicament est pris de préférence au petit déjeuner ou au coucher. Les comprimés sont à avaler avec un peu d'eau.

Les comprimés effervescents doivent être dissous dans un verre d'eau. La forme effervescente est d'action rapide : 10 minutes environ.

La forme TAGAMET 200 effervescent est adaptée à l'enfant.

Posologie usuelle :

- Adulte : la posologie varie en fonction des cas. 200 à 800 mg par jour, habituellement en 1 à 3 prises.
- Enfant : 20 à 25 mg par kg et par jour, à répartir en 4 à 6 prises.

Le traitement des *ulcères* dure 4 à 6 semaines au moins, même si les *symptômes* s'améliorent ou disparaissent durant ce délai.

Si vous êtes fumeur, la poursuite du tabagisme nuit à l'efficacité du traitement.

Des mesures d'hygiène alimentaire sont à envisager : consultez votre médecin.

L'aspirine, les *anti-inflammatoires* et les *corticoïdes* peuvent être agressifs pour l'estomac : n'en prenez pas sans l'avis de votre médecin.

EFFETS INDÉSIRABLES POSSIBLES
Parfois : diarrhée, douleurs musculaires, étourdissement, éruption cutanée, fièvre.

Rarement : augmentation du volume des seins, écoulement de lait.

Confusion des idées spécialement chez la personne âgée et l'insuffisant rénal.

Ralentissement du rythme cardiaque.

Rares *hépatite*, *néphrite*, *pancréatite*.

Altération de la *numération formule sanguine*.

TAGAMET injectable
cimétidine

PRÉSENTATION
TAGAMET injectable : solution injectable *I.M.* et *I.V.* ; boîte de 10 ampoules 2 ml - Remb. 65 % - Liste II

Laboratoires SmithKline Beecham

COMPOSITION

	p. amp.
Cimétidine base	200 mg

INDICATIONS

C'est un antiulcéreux qui appartient à la famille des *antihistaminiques* de type H2 : ceux-ci agissent en bloquant l'action de l'*histamine*, qui stimule la sécrétion acide de l'estomac.

Il est principalement utilisé dans :
- le traitement des *ulcères* de l'estomac et du *duodénum*,
- le traitement des *hémorragies* liées aux ulcères,
- les *inflammations* de l'œsophage dues au reflux des acides de l'estomac vers l'œsophage,
- le traitement de certaines maladies rares.

CONTRE-INDICATIONS

Ce médicament ne doit pas être utilisé en cas d'*allergie* à la cimétidine.

ATTENTION

Ce médicament peut provoquer une confusion des idées ou un ralentissement du rythme cardiaque, particulièrement chez les personnes âgées.

Si vous souffrez d'*insuffisance rénale* ou d'*insuffisance hépatique*, prévenez votre médecin afin qu'il puisse adapter la *posologie*.

INTERACTIONS MÉDICAMENTEUSES

Ce médicament peut interagir avec d'autres médicaments notamment les *anticoagulants* oraux, certains *anticonvulsivants* (phénytoïne), et les *benzodiazépines*. Signalez tout autre traitement en cours à votre médecin ou à votre pharmacien.

GROSSESSE, ALLAITEMENT ET NOUVEAU-NÉ

Grossesse :

L'effet de ce médicament sur l'enfant à naître est mal connu. Seul votre médecin peut apprécier la nécessité du traitement et son risque pendant la grossesse.

Allaitement :

Ce médicament passe dans le lait maternel : il est déconseillé pendant l'allaitement.

MODE D'EMPLOI ET POSOLOGIE

La solution peut être injectée par *voie* intramusculaire ou intraveineuse lente.

Posologie usuelle :
- Adulte : la posologie varie en fonction des cas. 4 à 8 ampoules par jour, réparties dans la journée.
- Enfant de 1 à 12 ans : 20 à 25 mg par kg et par jour.
- Enfant de moins de 1 an : 20 mg par kg et par jour.
- *Nouveau-né* : 10 à 15 mg par kg et par jour.

Si vous êtes fumeur, la poursuite du tabagisme nuit à l'efficacité du traitement.

Des mesures d'hygiène alimentaire sont à envisager : consultez votre médecin.

L'aspirine, les *anti-inflammatoires* et les *corticoïdes* peuvent être agressifs pour l'estomac : n'en prenez pas sans l'avis de votre médecin.

EFFETS INDÉSIRABLES POSSIBLES

Parfois : diarrhée, douleurs musculaires, étourdissement, éruption cutanée, fièvre.

Rarement : augmentation du volume des seins, écoulement de lait.

Confusion des idées, spécialement chez la personne âgée et l'insuffisant rénal.

Ralentissement du rythme cardiaque.

Rares *hépatite*, *néphrite*, *pancréatite*.

Altération de la *numération formule sanguine*.

TAKETIAM
céfotiam

PRÉSENTATION

TAKETIAM : comprimé (jaune pâle) ; boîte de 10 - Remb. 65 % - Liste I

Laboratoires Takeda

COMPOSITION

	p. comp.
Céfotiam	200 mg

INDICATIONS

Cet *antibiotique* appartient à la famille des *céphalosporines*, antibiotiques proches des *pénicillines*, qui sont actives sur un plus grand nombre de *germes* que la pénicilline simple.

Ce médicament est utilisé dans le traitement de diverses maladies infectieuses, notamment celles des poumons, des bronches, de la gorge et des *sinus*.

CONTRE-INDICATIONS

Ce médicament ne doit pas être utilisé dans les cas suivants :
- *allergie* aux *céphalosporines*,
- *insuffisance rénale* grave,
- *insuffisance hépatique*.

Ce médicament ne peut être utilisé qu'après avis médical en cas d'allergie aux *pénicillines*.

ATTENTION

Des *antécédents* d'*allergie* à une *céphalosporine* contre-indiquent l'usage de ce médicament. La survenue de toute manifestation allergique (boutons, *œdème*, malaise) impose l'arrêt immédiat du traitement ; de même, la survenue d'une diarrhée importante doit vous conduire à alerter votre médecin.

Une diminution de la fièvre ou une disparition des troubles ne sont pas synonymes de guérison : la durée du traitement doit absolument être respectée pour éviter les rechutes.

GROSSESSE, ALLAITEMENT ET NOUVEAU-NÉ

Grossesse :

Ce médicament est récent : en l'absence de données suffisantes, son usage est déconseillé pendant la grossesse.

Allaitement :

Ce médicament passe dans le lait maternel.

MODE D'EMPLOI ET POSOLOGIE

Les comprimés doivent être avalés avec un grand verre d'eau, avant les repas.

Posologie usuelle :

1 ou 2 comprimés, matin et soir.

Le médecin peut prescrire une analyse pour identifier le *germe* responsable de l'infection et tester sa sensibilité aux *antibiotiques*. Le résultat de cet examen peut être faussé en cas d'automédication préalable : ne prenez pas d'antibiotique sans avis médical.

L'éventuelle impression de fatigue n'est pas due à l'antibiotique, mais à l'infection elle-même.

EFFETS INDÉSIRABLES POSSIBLES

Troubles digestifs : nausée et diarrhée.

Allergie cutanée.

Choc allergique rare.

TAMARINE
séné, tamarin

PRÉSENTATION

TAMARINE : gélule (vert clair et vert foncé) ; boîte de 20 - Non remb.

TAMARINE : gelée orale ; pot 380 g (63 cuillères à café de 6 g) - Remb. 35 %

Laboratoires Sterling Midy

COMPOSITION

	p. gél.	p. c. à c.
Séné, poudre de feuilles soit en substance active	240 mg	10,2 mg
Tamarin, extrait sec de pulpe	11,7 mg	23,4 mg

INDICATIONS

C'est un *laxatif stimulant*, qui augmente les sécrétions et la motricité de l'intestin.

Il est utilisé comme *traitement symptomatique* de la constipation.

CONTRE-INDICATIONS

Ce médicament ne doit pas être utilisé dans les cas suivants :
- maladies inflammatoires du côlon ;
- maladie comportant un risque d'obstruction du tube digestif ;
- enfant de moins de 12 ans, sauf sur prescription médicale.

ATTENTION

Ce médicament doit être utilisé de façon épisodique et en cure très brève (pas plus de 8 à 10 jours).

Son usage régulier peut entraîner :
- une *dépendance*,
- des troubles intestinaux graves,
- une perte de sels minéraux et notamment de *potassium* pouvant entraîner des *troubles du rythme cardiaque* graves.

Arrêtez le traitement en cas de diarrhées ou de douleurs abdominales.

INTERACTIONS MÉDICAMENTEUSES

Ce médicament peut interagir avec d'autres médicaments, notamment ceux contenant de la *vincamine* et certains *antiarythmiques*. Signalez tout autre traitement en cours à votre médecin ou à votre pharmacien.

GROSSESSE, ALLAITEMENT ET NOUVEAU-NÉ

Ce médicament est déconseillé pendant la grossesse ou l'allaitement.

MODE D'EMPLOI ET POSOLOGIE

Ce médicament sera pris de préférence le soir après le dîner.

L'effet ne peut être obtenu qu'après environ 10 heures.

Posologie usuelle :

- Adulte : 1 ou 2 gélules ou 1 à 2 cuillères à café de gelée orale par jour.
- Enfant de plus de 12 ans : 1 gélule par jour.

> Des mesures simples d'hygiène alimentaire et des exercices physiques sont à envisager avant d'utiliser un laxatif : parlez-en à votre médecin ou à votre pharmacien.

EFFETS INDÉSIRABLES POSSIBLES

Diarrhée, douleurs abdominales.

TAMIK
dihydroergotamine

PRÉSENTATION

TAMIK : capsule (beige) ; boîte de 60 - Remb. 65 % - Liste II

Laboratoires Marcofina

COMPOSITION

	p. caps.
Dihydroergotamine mésilate	3 mg

INDICATIONS

C'est un *vasoconstricteur* qui appartient à la famille des dérivés de l'*ergot de seigle*.

Il est utilisé dans le *traitement de fond* de la *migraine* et de certains maux de tête d'origine *vasculaire*. Il vise à espacer les crises et à diminuer leur intensité. Il peut également être utilisé dans le traitement de l'*hypotension orthostatique* et des troubles provenant d'une mauvaise circulation veineuse ou *lymphatique*.

CONTRE-INDICATIONS

Ce médicament ne doit pas être utilisé en association avec les *antibiotiques* de la famille des *macrolides*.

> **ATTENTION**
> Des précautions sont nécessaires en cas d'*insuffisance rénale* ou d'*insuffisance hépatique* graves.
> La dihydroergotamine peut diminuer l'effet de certains médicaments utilisés dans le traitement de l'*angine de poitrine*.

INTERACTIONS MÉDICAMENTEUSES

Ce médicament ne doit pas être associé aux *antibiotiques* de la famille des *macrolides* (érythromycine, josamycine ou roxithromycine) : risque d'*ergotisme*.

Il peut interagir avec d'autres médicaments : signalez tout autre traitement en cours à votre médecin ou à votre pharmacien.

GROSSESSE, ALLAITEMENT ET NOUVEAU-NÉ

Grossesse :

L'effet de ce médicament sur l'enfant à naître est mal connu. Par mesure de prudence, son usage pendant la grossesse est déconseillé.

Allaitement :

Les données actuellement disponibles ne permettent pas de savoir si ce médicament passe dans le lait maternel : par mesure de prudence, l'allaitement est déconseillé.

MODE D'EMPLOI ET POSOLOGIE

Les capsules doivent être avalées avec un peu d'eau, au cours des repas.

Posologie usuelle :

- Adulte : 1 capsule, 2 fois par jour.

> L'efficacité de ce *traitement de fond* dépend d'une prise régulière et prolongée du médicament.

EFFETS INDÉSIRABLES POSSIBLES

Nausées, surtout en cas de prise à jeun.

TANAKAN
ginkgo biloba

PRÉSENTATION

TANAKAN : solution buvable ; flacon 30 ml et doseur (1 dose = 1 ml) - Remb. 65 %

TANAKAN : comprimé (rouge-brun) ; boîte de 30 - Remb. 35 %

Laboratoires IPSEN

COMPOSITION

	p. dose	p. comp.
Ginkgo biloba, extrait standardisé	40 mg	40 mg
Alcool	+	
Lactose		+

INDICATIONS

C'est un médicament qui facilite la circulation sanguine.

Il est utilisé dans le *traitement symptomatique* :

- des troubles du comportement et de la mémoire liés au vieillissement,
- de l'*artérite*,
- du phénomène de *Raynaud*,
- des *vertiges*, bourdonnements d'oreilles, baisse de l'audition,
- de certaines maladies de la *rétine*.

> **ATTENTION**
> La solution buvable contient de l'*alcool* en quantité notable.

GROSSESSE, ALLAITEMENT ET NOUVEAU-NÉ

L'effet de ce médicament pendant la grossesse ou l'allaitement est mal connu : seul votre médecin peut évaluer le risque éventuel de son utilisation dans votre cas.

MODE D'EMPLOI ET POSOLOGIE

Ce médicament doit être pris pendant les repas. La solution buvable est alcoolisée et doit être diluée dans un demi-verre d'eau.

Posologie usuelle :

1 comprimé ou 1 dose de 1 ml, 3 fois par jour.

> Ce médicament n'est actif que sur les *symptômes* de l'*artérite*. Seule la pratique régulière de la marche peut retarder l'évolution de la maladie. Si vous êtes fumeur, la poursuite du tabagisme nuit à l'efficacité du traitement.

EFFETS INDÉSIRABLES POSSIBLES

Ils sont rares : *troubles digestifs*, maux de tête, éruption cutanée.

TANGANIL
acétylleucine

PRÉSENTATION

TANGANIL 500 mg : comprimé sécable (blanc) ; boîte de 20 - Remb. 65 %

TANGANIL 500 mg : solution injectable ; boîte de 5 ampoules 5 ml - Remb. 65 %

Laboratoires Pierre Fabre

COMPOSITION

	p. comp.	p. amp.
Acétylleucine	500 mg	500 mg

INDICATIONS

Ce médicament est un antivertigineux.

Il est utilisé dans le *traitement symptomatique* de la crise de *vertige*.

GROSSESSE, ALLAITEMENT ET NOUVEAU-NÉ

Grossesse :

L'effet de ce médicament sur l'enfant à naître est mal connu. Par mesure de prudence, son usage pendant la grossesse est déconseillé.

Allaitement :

Les données actuellement disponibles ne permettent pas de savoir si ce médicament passe dans le lait maternel.

MODE D'EMPLOI ET POSOLOGIE

Les comprimés peuvent être avalés avec un peu d'eau, au moment des repas. La solution injectable est administrée par *voie* intraveineuse lente.

Posologie usuelle :

Variant selon l'intensité de la crise, elle est répartie en 3 prises.

> Ce médicament est destiné au traitement des *vertiges* et non des troubles de l'équilibre : parlez-en à votre médecin ou à votre pharmacien.

Les comprimés sont inadaptés en cas de *vertiges* graves accompagnés de vomissements ; il sera alors préférable d'utiliser la solution injectable : consultez votre médecin.

TARDUM MX

insuline

PRÉSENTATION

TARDUM MX HAUTEMENT PURIFIÉE : suspension injectable d'insuline d'action prolongée ; flacon 10 ml (400 unités internationales) - Remb. 65 %

Laboratoires Organon

COMPOSITION

	p. ml
Insuline amorphe de porc 30 % et insuline de bœuf 70 % cristallisée en présence de zinc	40 UI

INDICATIONS

C'est une *insuline* qui comprend 30 % d'insuline de porc et 70 % d'insuline de bœuf. Son action est de durée prolongée : son effet apparaît 1 heure environ après l'injection et s'estompe au bout de 24 heures.

Elle est utilisée exclusivement en injection dans le traitement du *diabète*.

ATTENTION

La mise en route du traitement suppose un apprentissage correct pour injecter l'*insuline*, contrôler la *glycémie* au doigt, rechercher le *sucre* et l'acétone dans les urines et tenir un carnet de surveillance.

L'*hypoglycémie* est la principale complication des traitements par l'insuline, et avec cette insuline le risque d'hypoglycémie persiste au moins 24 heures. Il s'agit le plus souvent de malaises hypoglycémiques sans gravité dont les principaux signes sont : sueurs, tremblements, troubles visuels, vision double, fatigue soudaine, fringale, *vertiges*, difficulté de concentration. En ce cas, le diabétique doit aussitôt absorber 3 à 6 morceaux de sucre ou un sirop sucré.

Beaucoup plus rarement, l'hypoglycémie peut être grave et peut entraîner des troubles du comportement (comparables notamment à l'ébriété), des *convulsions*, voire une perte de connaissance : 1 ampoule de GLUCAGON doit être injectée immédiatement par *voie* sous-cutanée ou intramusculaire, même à travers les vêtements en cas d'agitation. Si le diabétique ne reprend pas conscience dans les minutes qui suivent, prévenez un service d'urgence. Dans le doute, il n'y a pas de danger à injecter du GLUCAGON à un diabétique traité par l'insuline. Dans tous les cas, la prise d'une collation ou d'un repas reste nécessaire.

L'autre complication possible chez le diabétique est la survenue d'une *acidocétose* due à un manque important d'insuline. Elle peut être déclenchée par une infection (qui augmente les besoins en insuline) : grippe, rhume, *cystite*, abcès, etc. Elle se manifeste par une grande fatigue, une soif intense et des *troubles digestifs*. Il faut alors rechercher la présence de sucre et d'acétone dans les urines : la présence des deux en quantité importante confirme le diagnostic. Le traitement par l'insuline ne doit pas être arrêté ; le diabétique doit suivre les consignes de son médecin et, si besoin, le joindre d'urgence.

Évitez la prise de boissons alcoolisées à jeun ou à distance des repas : augmentation du risque d'hypoglycémie.

La concentration de cette solution n'est pas adaptée aux stylos injecteurs ni aux pompes à *perfusion*.

Conducteur : une hypoglycémie peut entraîner un malaise pendant la conduite ou l'utilisation de machines.

INTERACTIONS MÉDICAMENTEUSES

Certains médicaments peuvent déséquilibrer la *glycémie* : signalez votre traitement par l'*insuline* à tout médecin consulté ou à votre pharmacien.

GROSSESSE, ALLAITEMENT ET NOUVEAU-NÉ

Grossesse :

L'*insuline* est adaptée au *diabète* de la femme enceinte ou aux troubles passagers de la *glycémie* pendant la durée de la grossesse.

Allaitement :

Le traitement par l'*insuline* n'est pas une contre-indication à l'allaitement.

MODE D'EMPLOI ET POSOLOGIE

Cette *insuline* doit être injectée par *voie* sous-cutanée.

Agitez la suspension avant l'injection afin de l'homogénéiser.

Les seringues utilisées doivent avoir une graduation en unité d'insuline.

Cette insuline ne doit pas être injectée plus d'une fois par jour.

Respectez les horaires et les zones d'injection recommandés par votre médecin.

Posologie usuelle :

Elle est adaptée en fonction des résultats des analyses réalisées par le diabétique ou par son entourage (carnet de surveillance) et des conseils de son médecin.

En cas d'activité sportive, il est préférable d'injecter l'*insuline* à distance des muscles qui travaillent pour éviter une absorption trop rapide. De plus, il est habituellement nécessaire d'adapter les doses d'insuline selon les recommandations du médecin.

Prenez contact avec les associations pour diabétiques : elles diffusent une information utile sur le traitement et la surveillance du *diabète*.

Votre entourage doit savoir reconnaître les signes d'une *hypoglycémie* et pouvoir vous administrer, en cas de perte de connaissance, une ampoule de GLUCAGON. Celle-ci peut être conservée au domicile ou sur le lieu de travail à température ambiante (inférieure à 25 °C) pendant 2 ans. Après reconstitution, la solution ne doit pas être conservée plus d'une semaine au réfrigérateur ni être congelée.

Veillez à ne pas manquer d'insuline ou de seringues, notamment pendant les week-ends et les jours fériés ; lors de vos déplacements, munissez-vous d'une réserve ou de votre ordonnance en cours de validité. Un certificat de traitement par l'insuline peut être nécessaire pour franchir certaines frontières.

Avant une première utilisation, il est préférable de conserver l'insuline dans le bas du réfrigérateur (entre + 2 °C et + 8 °C). Si le flacon a été soumis à des températures comprises entre 22 °C et 35 °C pendant moins de 72 heures, il peut être utilisé mais doit ensuite être conservé au frais.

Cette insuline ne doit pas être congelée.

Pour un meilleur confort, l'insuline doit être sortie du réfrigérateur une heure avant l'injection ou réchauffée dans les mains pendant quelques minutes, puis injectée à température ambiante.

Après une première utilisation, les flacons entamés peuvent être conservés 3 semaines à température ambiante (inférieure à 25 °C) dans un endroit propre et sec et à l'abri de la lumière.

EFFETS INDÉSIRABLES POSSIBLES

Nodules graisseux sous-cutanés.

Rares *allergies*, essentiellement cutanées.

TARDYFERON

sulfate ferreux, mucoprotéose, vitamine C

PRÉSENTATION

TARDYFERON 80 mg : comprimé (rose) ; boîte de 30 - Remb. 65 %

Laboratoires Robapharm

COMPOSITION

	p. comp.
Sulfate ferreux sesquihydraté	256,30 mg
Soit fer	80 mg
Mucoprotéose	80 mg
Acide ascorbique (vitamine C)	30 mg

INDICATIONS

Ce médicament contient du fer, élément minéral essentiel au fonctionnement de l'organisme. Le fer est nécessaire à la formation de l'*hémoglobine*, contenue dans les *globules rouges* et qui assure le transport de l'oxygène dans le sang.

Il est utilisé dans le traitement des *carences* en fer responsables de certaines formes d'*anémies*. Il est également utilisé pour prévenir cette carence chez la femme enceinte lorsque les apports alimentaires sont insuffisants.

CONTRE-INDICATIONS

Ce médicament ne doit pas être utilisé en cas d'excès de fer dans l'organisme.

ATTENTION

Un apport en fer sous forme de médicament ne peut être décidé que par votre médecin. La quantité de fer contenue dans une alimentation diversifiée est généralement suffisante.

INTERACTIONS MÉDICAMENTEUSES

Ce médicament peut interagir avec les *antibiotiques* de la famille des *cyclines*. Respectez un intervalle de 2 heures entre les prises des deux médicaments. Signalez tout autre traitement en cours à votre médecin ou à votre pharmacien.

GROSSESSE, ALLAITEMENT ET NOUVEAU-NÉ

Ce médicament peut être utilisé pendant la grossesse ou l'allaitement uniquement s'il vous a été prescrit par votre médecin.

MODE D'EMPLOI ET POSOLOGIE

Ce médicament n'est pas adapté à l'enfant de moins de 6 ans.

Il est mieux absorbé s'il est pris avec un verre d'eau avant les repas. En cas d'*intolérance*, vous pouvez le prendre en plusieurs fois au cours des repas.

Posologie usuelle :

- Adulte et enfant de plus de 10 ans : 1 ou 2 comprimés par jour.
- Femme enceinte : 1 comprimé par jour pendant les 6 derniers mois de la grossesse (sur prescription médicale).
- Enfant de 6 à 10 ans : 1 comprimé par jour.

La coloration des selles en noir est habituelle et ne doit pas vous conduire à interrompre le traitement.

Si vous ne supportez pas ce médicament (*troubles digestifs*), prévenez votre médecin : il pourra vous proposer un autre traitement.

La reconstitution du stock en fer de l'organisme nécessite un traitement de longue durée (plusieurs mois) ; respectez la durée prescrite par votre médecin.

Les aliments les plus riches en fer sont d'origine animale : viande, poisson, volaille, abats.

Une consommation importante de thé peut diminuer l'absorption du fer par l'organisme.

EFFETS INDÉSIRABLES POSSIBLES

Nausées, constipation, diarrhée.

TARDYFERON B9

PRÉSENTATION

TARDYFERON B9 : comprimé (rouge) ; boîte de 30 - Remb. 35 %

Laboratoires Robapharm

COMPOSITION

	p. comp.
Sulfate ferreux sesquihydraté	160,2 mg
Acide folique (vitamine B9)	350 µg
Mucoprotéose	50 mg
Acide ascorbique (vitamine C)	30 mg
Soit fer	50 mg

INDICATIONS

Ce médicament contient du fer et de l'acide folique (*vitamine* B9). Le fer est nécessaire à la formation de l'*hémoglobine*, contenue dans les *globules rouges* et qui assure le transport de l'oxygène dans le sang.

Il est utilisé pour prévenir la carence en fer et en acide folique chez la femme enceinte lorsque les apports alimentaires sont insuffisants.

CONTRE-INDICATIONS

Ce médicament ne doit pas être utilisé en cas d'excès de fer dans l'organisme.

ATTENTION

Un apport en fer sous forme de médicament ne peut être décidé que par votre médecin. La quantité de fer contenue dans une alimentation diversifiée est généralement suffisante.

INTERACTIONS MÉDICAMENTEUSES

Ce médicament peut interagir avec les *antibiotiques* de la famille des *cyclines*. Respectez un intervalle de 2 heures entre les prises des deux médicaments. Signalez tout autre traitement en cours à votre médecin ou à votre pharmacien.

GROSSESSE, ALLAITEMENT ET NOUVEAU-NÉ

Ce médicament peut être utilisé pendant la grossesse ou l'allaitement, uniquement s'il vous a été prescrit par votre médecin.

MODE D'EMPLOI ET POSOLOGIE

Ce médicament est mieux absorbé s'il est pris avec un verre d'eau avant les repas. En cas d'*intolérance*, vous pouvez le prendre en plusieurs fois au cours des repas.

Posologie usuelle :

- Femme enceinte : 1 comprimé par jour pendant les 3 derniers mois de la grossesse (sur prescription médicale).

La coloration des selles en noir est habituelle et ne doit pas conduire à interrompre le traitement.

Les aliments les plus riches en fer sont d'origine animale : viande, poisson, volaille, abats.

Une consommation importante de thé peut diminuer l'absorption du fer par l'organisme.

EFFETS INDÉSIRABLES POSSIBLES

Nausées, constipation, diarrhée.

Pour vous soigner, préférez les conseils de votre médecin ou de votre pharmacien

TÉALINE

thé vert, orthosiphon

PRÉSENTATION

TÉALINE : gélule (ivoire) ; boîte de 40 - Non remb.

TÉALINE : gélule (ivoire) ; boîte de 160 - Non remb.

Laboratoires Arkopharma

COMPOSITION

	p. gél.
Thé vert, feuille	250 mg
Orthosiphon	150 mg

INDICATIONS

Ce médicament contient des extraits de plantes.

Il est utilisé en complément des régimes amaigrissants.

GROSSESSE, ALLAITEMENT ET NOUVEAU-NÉ

Ce médicament ne contient que des plantes présumées sans danger pendant la grossesse ou l'allaitement. Néanmoins, ne l'utilisez pas de façon prolongée sans l'avis de votre pharmacien ou de votre médecin.

MODE D'EMPLOI ET POSOLOGIE

Ce médicament est pris de préférence au cours des repas avec un grand verre d'eau.

Posologie usuelle :

- Adulte : 1 ou 2 gélules, 3 fois par jour.

Les médicaments ne sont pas la seule réponse à votre problème de poids ; des mesures simples d'hygiène alimentaire et des exercices physiques sont à envisager : parlez-en à votre médecin ou à votre pharmacien.

Évitez les boissons alcoolisées : elles augmentent le nombre de calories de votre régime.

Une perte de poids trop rapide peut entraîner une fatigue physique et psychique importante : il est préférable de la limiter (1 à 2 kg par mois).

Les pertes de poids sont individuelles ; elles se font souvent par paliers : ne vous découragez pas.

Conservez ce médicament à l'abri de la lumière, de la chaleur et de l'humidité.

TÉATROIS

tiratricol

PRÉSENTATION

TÉATROIS : comprimé (blanc) ; boîte de 100 - Non remb. - Liste II

Laboratoires Théranol Deglaude

COMPOSITION

	p. comp.
Tiratricol	0,35 mg

INDICATIONS

Ce médicament contient une substance dérivée d'une *hormone thyroïdienne*.

Il est principalement utilisé lorsque l'on veut freiner l'action excitatrice de l'*hypophyse* sur la *thyroïde*, notamment dans certains *goitres*, certaines *tumeurs* de la thyroïde et dans certaines maladies rares. Il est également utilisé après l'ablation totale ou partielle de la thyroïde.

CONTRE-INDICATIONS

Ce médicament ne doit pas être utilisé dans les cas suivants :
- *insuffisance coronarienne*, *troubles du rythme cardiaque*, maladie grave du cœur ;
- anxiété importante.

ATTENTION
L'utilisation de ce médicament est dangereuse en dehors de ses indications.
Prévenez votre médecin si vous avez eu des troubles cardiaques, une *hypertension artérielle*, un *diabète* ou d'autres troubles hormonaux.

INTERACTIONS MÉDICAMENTEUSES

Ce médicament peut interagir avec d'autres médicaments, notamment les *hypoglycémiants*. Signalez tout autre traitement en cours à votre médecin ou à votre pharmacien.

GROSSESSE, ALLAITEMENT ET NOUVEAU-NÉ

Grossesse :
L'effet de ce médicament pendant la grossesse est mal connu : seul votre médecin peut évaluer le risque éventuel de son utilisation dans votre cas.

Allaitement :
Les données actuellement disponibles ne permettent pas de savoir si ce médicament passe dans le lait maternel.

MODE D'EMPLOI ET POSOLOGIE

La *posologie* est individuelle. Elle varie de 2 à 5 comprimés, répartis dans la journée.
Des analyses de sang peuvent permettre d'adapter la posologie : suivez-la strictement et ne l'augmentez pas de vous-même.

EFFETS INDÉSIRABLES POSSIBLES

Certains signes doivent faire penser à un surdosage : *tachycardie*, insomnie, excitabilité, fièvre, sueurs, amaigrissement rapide, diarrhée : consultez rapidement votre médecin afin qu'il puisse adapter la *posologie* ou arrêter le traitement.

TÉDAROL
triamcinolone

PRÉSENTATION

TÉDAROL : suspension injectable ; boîte de 1 ampoule-seringue 2 ml - Remb. 65 % - Liste I
Laboratoires Specia

COMPOSITION

	p. amp.
Triamcinolone diacétate	50 mg

INDICATIONS

C'est un *anti-inflammatoire* stéroïdien qui appartient à la famille des *corticoïdes* de synthèse (dérivés chimiques de la *cortisone* naturelle). Les propriétés de la cortisone sont nombreuses, mais ce médicament est surtout utilisé pour son effet anti-inflammatoire puissant et rapide. Il présente, à efficacité égale, moins d'effets indésirables que la cortisone naturelle.
Il est utilisé en traitement local (*infiltration*) dans de nombreuses affections, notamment :
- *inflammation* des articulations, des tendons et des ligaments ;
- *rhumatisme inflammatoire*, poussées douloureuses d'*arthrose* ;
- maladie de *Dupuytren*, *syndrome du canal carpien* ;
- cicatrice *chéloïde*.

CONTRE-INDICATIONS

Ce médicament ne doit pas être utilisé dans les cas suivants :
- infection ou *mycose* non contrôlée, par un traitement adapté,
- maladies virales en évolution (*zona*, *herpès* oculaires).

ATTENTION
L'injection de ce médicament ne doit être pratiquée que sous contrôle médical.
Des précautions sont nécessaires en cas d'*ulcère* de l'estomac ou du *duodénum*.

INTERACTIONS MÉDICAMENTEUSES

En cas d'injections répétées pendant plusieurs mois, ce médicament peut interagir avec d'autres médicaments et avec certains *vaccins*. Signalez tout autre traitement en cours à votre médecin ou à votre pharmacien.

GROSSESSE, ALLAITEMENT ET NOUVEAU-NÉ

Grossesse :
Seul votre médecin peut évaluer le risque éventuel de son utilisation dans votre cas pendant la grossesse et en particulier durant les derniers mois.

Allaitement :
Les données disponibles ne permettent pas de savoir si ce médicament passe dans le lait maternel.

MODE D'EMPLOI ET POSOLOGIE

L'injection est faite dans ou à proximité de la zone à traiter.

Posologie usuelle :
Elle est strictement personnelle et peut être renouvelée au bout de quelques jours ou de quelques semaines, selon l'évolution.

Afin de compenser une baisse du taux de *potassium* dans le sang lors d'un traitement prolongé, le médecin peut être amené à prescrire du potassium.

EFFETS INDÉSIRABLES POSSIBLES

Liés à la *voie* d'administration : infection, *atrophie* cutanée.
En cas de traitement prolongé et à forte dose :
- rétention d'eau et de sel avec parfois *hypertension artérielle* ;
- baisse du taux de *potassium* dans le sang ;
- gonflement du visage et du buste, taches cutanées violacées, apparition de poils ;
- surexcitation avec euphorie et troubles du sommeil ;
- atrophie musculaire, *ostéoporose* ;
- *diabète* (réversible), arrêt de la croissance chez l'enfant, troubles des règles ;
- *gastrite*, *ulcère* ;
- certaines formes de *glaucome* ou de *cataracte*.

TÉDRALAN
théophylline, éphédrine, phénobarbital

PRÉSENTATION

TÉDRALAN : comprimé sécable à double couche, à libération immédiate et prolongée (rose framboise et blanc) ; boîte de 30 - Remb. 65 % - Liste II
Laboratoires Parke-Davis

COMPOSITION

	p. comp.
Racéphédrine chlorhydrate	48 mg
Théophylline anhydre	180 mg
Phénobarbital	25 mg

INDICATIONS

C'est un médicament qui associe plusieurs substances : la théophylline et l'éphédrine dilatent les bronches, stimulent la respiration et ont un effet excitant que le phénobarbital est destiné à limiter.
Il est utilisé dans le *traitement de fond* de l'*asthme* et de certaines maladies respiratoires.

CONTRE-INDICATIONS

Ce médicament ne doit pas être utilisé dans les cas suivants :
- enfant de moins de 7 ans,
- *porphyries*,
- *insuffisance respiratoire* grave,
- *troubles du rythme cardiaque*,
- *hypertension artérielle*,
- *insuffisance coronarienne*,
- *glaucome* à angle fermé,
- en association avec les *antidépresseurs* de type *IMAO*,
- grossesse,
- allaitement.

ATTENTION
Certains *antécédents* doivent être portés à la connaissance de votre médecin :
- en raison de la présence de théophylline : *convulsions*, *ulcère* de l'estomac et du *duodénum*, obésité, *insuffisance*

coronarienne, *hyperthyroïdie*, *insuffisance rénale*, *insuffisance hépatique*, *insuffisance cardiaque* ;
- en raison de la présence d'éphédrine : *adénome de la prostate*, *diabète*.

Des précautions sont nécessaires chez la personne âgée.

Le tabac interagit avec la théophylline, dont il diminue fortement l'efficacité, mais son arrêt peut conduire à un surdosage. Votre médecin adaptera la *posologie* en conséquence.

Évitez les boissons alcoolisées en raison de la présence de phénobarbital : augmentation du risque de somnolence.

Conducteur : ce médicament peut être responsable d'une somnolence ou d'une baisse de la vigilance.

INTERACTIONS MÉDICAMENTEUSES

Ce médicament ne doit pas être associé aux *IMAO* (MARSILID, NIAMIDE) : risque d'hypertension grave.

Ce médicament peut interagir avec d'autres médicaments, notamment les *contraceptifs* oraux (pilule).

Signalez tout autre traitement en cours à votre médecin ou à votre pharmacien.

GROSSESSE, ALLAITEMENT ET NOUVEAU-NÉ

Grossesse :

Ce médicament contient du phénobarbital ; il est contre-indiqué pendant la grossesse.

Allaitement :

Ce médicament passe dans le lait maternel : l'allaitement est contre-indiqué.

MODE D'EMPLOI ET POSOLOGIE

Les comprimés sont sécables mais doivent être avalés sans être croqués ni broyés, avec un peu d'eau.

Un intervalle d'au moins 8 heures doit être respecté entre chaque prise.

Posologie usuelle :

- Adulte : 1 comprimé matin et soir, sans dépasser 3 comprimés par jour.
- Enfant à partir de 7 ans :
  - entre 7 et 8 ans : 1/2 comprimé, 2 fois par jour toutes les 12 heures ou 1/2 comprimé, 3 fois par jour toutes les 8 heures ;
  - entre 8 et 12 ans : 1/2 comprimé, 3 fois par jour toutes les 8 heures ou 1 comprimé, 2 fois par jour toutes les 12 heures ;
  - entre 12 et 15 ans : 1 comprimé, 2 fois par jour toutes les 12 heures. Ne pas dépasser 3 comprimés par jour.

Toute modification de la *posologie* expose à la survenue d'une crise d'*asthme* : veillez à ne jamais manquer de ce médicament.

Le tabagisme, notamment celui de l'entourage, est un frein important à l'efficacité du traitement.

Les excitants tels que le thé ou le café peuvent accroître certains effets indésirables de la théophylline et doivent être consommés avec modération.

EFFETS INDÉSIRABLES POSSIBLES

Ils varient d'une personne à l'autre.

Liés à la présence de théophylline : maux de tête, excitation, accélération du cœur, *troubles digestifs*.

Liés à la présence de phénobarbital : éruption cutanée, agitation chez l'enfant, confusion mentale chez la personne âgée.

Liés à la présence d'éphédrine : douleur thoracique, sueurs, rétention d'urine, tremblements, agitation, anxiété.

TÉGRÉTOL
carbamazépine

PRÉSENTATION

TÉGRÉTOL 200 : comprimé sécable (blanc) ; boîte de 50 - Remb. 65 % - Liste II

TÉGRÉTOL : suspension buvable arôme caramel ; flacon 150 ml (cuillère-mesure = 5 ml) - Remb. 65 % - Liste II

TÉGRÉTOL LP 200 : comprimé sécable à *libération prolongée* (beige orangé) ; boîte de 30 - Remb. 65 % - Liste II

TÉGRÉTOL LP 400 : comprimé sécable à *libération prolongée* (orange foncé) ; boîte de 30 - Remb. 65 % - Liste II

Laboratoires Ciba-Geigy

COMPOSITION

	p. comp.	p. c. mes.
Carbamazépine	200 mg	100 mg

	p. comp. L.P.	p. comp. L.P.
Carbamazépine	200 mg	400 mg

INDICATIONS

Ce médicament appartient à la famille des *anticonvulsivants* non barbituriques. Il possède également des propriétés sédatives et agit comme régulateur de l'*humeur*.

Il est utilisé dans le traitement des *épilepsies*, de certains troubles nerveux faisant alterner des périodes de dépression avec des périodes d'excitation anormale, et de certaines *névralgies* rebelles de la face.

CONTRE-INDICATIONS

Ce médicament ne doit pas être utilisé en cas de :
- *bloc auriculo-ventriculaire*,
- en association avec les *IMAO*.

ATTENTION

En cas d'éruption cutanée, de fièvre, d'angine ou de jaunisse, prévenez d'urgence votre médecin.

Des précautions sont nécessaires si vous souffrez de *glaucome*, de blocage des urines *(adénome de la prostate)*, d'*insuffisance hépatique*, d'*insuffisance cardiaque* ou d'*insuffisance rénale*, ainsi que chez les personnes âgées. Des analyses de sang sont nécessaires au début et au cours du traitement.

Évitez les boissons alcoolisées : augmentation du risque de somnolence.

Conducteur : ce médicament peut être responsable d'une somnolence ou d'une baisse de la vigilance.

INTERACTIONS MÉDICAMENTEUSES

Ce médicament ne doit pas être utilisé en association avec les *IMAO*. Il peut par ailleurs interagir avec de nombreux autres médicaments, notamment les *contraceptifs* oraux (pilule) : risque de contraception inefficace. Signalez tout autre traitement en cours à votre médecin ou à votre pharmacien.

GROSSESSE, ALLAITEMENT ET NOUVEAU-NÉ

Grossesse et nouveau-né :

Si une grossesse survient pendant le traitement, consultez votre médecin.

L'arrêt brutal de ce médicament pendant la grossesse expose à la réapparition de crises préjudiciables à la mère et à l'enfant à naître. Votre médecin appréciera le risque éventuel lié à l'utilisation de ce médicament dans votre cas. Des examens particuliers permettent de vérifier l'absence d'anomalie chez l'enfant à naître.

Si le traitement est poursuivi jusqu'à l'accouchement, une surveillance médicale du *nouveau-né* est nécessaire.

Allaitement :

Ce médicament passe dans le lait maternel : l'allaitement est déconseillé.

MODE D'EMPLOI ET POSOLOGIE

Ce médicament sera pris avec un peu d'eau, au cours ou à la fin des repas. Les comprimés peuvent être coupés mais ni écrasés ni croqués.

Posologie usuelle :

Strictement individuelle, elle est atteinte progressivement.

Veillez à ne pas manquer de ce médicament : lors de vos déplacements, munissez-vous d'une réserve ou de votre ordonnance en cours de validité.

EFFETS INDÉSIRABLES POSSIBLES

En début de traitement : somnolence, maux de tête, confusion des idées surtout chez les personnes âgées, *vertige*, bouche sèche, troubles de l'*accommodation*, *troubles digestifs*, constipation, nausées, perte de l'appétit. Ces manifestations disparaissent habituellement après 8 à 15 jours de traitement ou après réduction de la *posologie*.

TEINTURE ARNICA HAMEL
arnica

PRÉSENTATION

TEINTURE ARNICA HAMEL : solution pour usage local ; flacon 60 ml - Non remb.

Laboratoires C.P.F.

COMPOSITION

	p. 100 g
Arnica	20 g
Alcool à 60°	+

INDICATIONS

Cette solution d'usage local est de la teinture d'arnica destinée à lutter contre l'*œdème* et l'*inflammation*.

Elle est utilisée pour limiter les œdèmes survenant après un choc ou des contusions (bleu, bosse).

ATTENTION

Évitez d'appliquer cette solution sur les yeux, les plaies ou sur les *muqueuses*.

GROSSESSE, ALLAITEMENT ET NOUVEAU-NÉ

Ce médicament peut être utilisé ponctuellement pendant la grossesse ou l'allaitement.

MODE D'EMPLOI ET POSOLOGIE

Appliquer la solution immédiatement après la contusion.

TELDANE

terfénadine

PRÉSENTATION

TELDANE 60 mg : comprimé sécable (blanc) ; boîte de 14 - Remb. 65 % - Liste II

TELDANE 120 mg : comprimé (blanc) ; boîte de 15 - Remb. 65 % - Liste II

TELDANE : suspension buvable ; flacon 120 ml avec cuillère-mesure graduée à 1,25 ml et 5 ml - Remb. 65 % - Liste II

Laboratoires Marion Merrell Dow

COMPOSITION

	p. comp.	p. comp.
Terfénadine	60 mg	120 mg
	p. c. mes. 1,25 ml	p. c. mes. 5 ml
Terfénadine	7,5 mg	30 mg

INDICATIONS

Ce médicament est un *antihistaminique* antiallergique ; il n'a pas d'effets *sédatifs* ni *atropiniques*.

Il est utilisé dans le *traitement symptomatique* de l'*allergie* (*rhinite*, *conjonctivite*, *urticaire*, œdème de *Quincke*). Il est également utilisé dans le traitement des démangeaisons non allergiques.

CONTRE-INDICATIONS

Ce médicament ne doit pas être utilisé dans les cas suivants :
- *insuffisance hépatique* grave ;
- association avec les médicaments contenant du kétoconazole, de l'itraconazole ou de l'érythromycine ;
- enfant de moins de 12 ans (comprimé).

ATTENTION

Des précautions sont nécessaires en cas de *troubles du rythme cardiaque* ou d'*hypokaliémie*.

Ne dépassez en aucun cas la *posologie* de 120 mg par jour.

INTERACTIONS MÉDICAMENTEUSES

Ce médicament ne doit pas être associé à ceux contenant du kétoconazole, de l'itraconazole ou de l'érythromycine : risque de *troubles du rythme cardiaque* graves.

Ce médicament peut interagir avec la josamycine (JOSACINE). Signalez tout autre traitement en cours à votre médecin ou à votre pharmacien.

GROSSESSE, ALLAITEMENT ET NOUVEAU-NÉ

L'effet de ce médicament pendant la grossesse ou l'allaitement est mal connu : seul votre médecin peut évaluer le risque éventuel de son utilisation dans votre cas.

MODE D'EMPLOI ET POSOLOGIE

La cuillère-mesure jointe à la suspension buvable comporte deux compartiments, l'un gradué à 1,25 ml et l'autre à 5 ml.

Posologie usuelle :

Quelle que soit la forme utilisée, la *posologie* ne doit pas dépasser 120 mg.
- Adulte et enfant de plus de 12 ans : 2 comprimés à 60 mg par jour, en 2 prises, ou 1 comprimé à 120 mg, en 1 prise le matin, ou 4 cuillères-mesure de 5 ml, en 1 ou 2 prises.
- Enfant de 6 à 12 ans : 2 cuillères-mesure de 5 ml par jour, en 1 ou 2 prises.
- Nourrisson et enfant de moins de 6 ans :
  - de 5 à 10 kg : 1 cuillère-mesure à 1,25 ml, 2 fois par jour ;
  - de 10 à 15 kg : 2 cuillères-mesure à 1,25 ml, 2 fois par jour ;
  - de 15 à 20 kg : 3 cuillères-mesure à 1,25 ml, 2 fois par jour ;
  - plus de 20 kg : 1 cuillère-mesure de 5 ml, 2 fois par jour.

Ce médicament agit sur les manifestations de l'*allergie* mais n'en supprime pas la cause. Si les *symptômes* persistent ou s'aggravent, n'hésitez pas à consulter votre médecin.

EFFETS INDÉSIRABLES POSSIBLES

Exceptionnellement : maux de tête, *troubles digestifs*.

TÉMESTA

lorazépam

PRÉSENTATION

TÉMESTA 1 mg : comprimé sécable (blanc) ; boîte de 50 - Remb. 65 % - Liste I

TÉMESTA 2,5 mg : comprimé sécable (jaune) ; boîte de 30 - Remb. 65 % - Liste I

Laboratoires Wyeth France

COMPOSITION

	p. comp.	p. comp.
Lorazépam	1 mg	2,5 mg

INDICATIONS

C'est un *tranquillisant* de la famille des *benzodiazépines*.

Il est utilisé dans le traitement de l'anxiété lorsque celle-ci s'accompagne de troubles gênants.

CONTRE-INDICATIONS

Ce médicament ne doit pas être utilisé en cas d'*insuffisance respiratoire* grave.

ATTENTION

Des précautions sont nécessaires en cas de *myasthénie*, d'*insuffisance hépatique* ou d'*insuffisance respiratoire*.

Utilisé seul, ce médicament n'est pas adapté au traitement des *états dépressifs*.

Une prise prolongée ou des doses importantes de ce médicament, son association à des *sédatifs* ou à des boissons alcoolisées favorisent une *dépendance*. Respectez la *posologie* et la durée de traitement prescrites par votre médecin.

L'arrêt brutal de ce médicament expose à un *syndrome de sevrage* : réapparition de l'anxiété, agitation, irritabilité, insomnie, maux de tête, douleurs musculaires, tremblements, hallucinations. Il faut donc s'entourer de conseils médicaux pour diminuer progressivement les doses et espacer les prises, sur une période d'autant plus longue que le traitement a été prolongé.

Évitez les boissons alcoolisées : augmentation du risque de somnolence et de dépendance.

Conducteur : ce médicament peut être responsable d'une somnolence ou d'une baisse de la vigilance.

INTERACTIONS MÉDICAMENTEUSES

Ce médicament peut interagir avec d'autres médicaments, notamment les *sédatifs*. Signalez tout autre traitement en cours à votre médecin ou à votre pharmacien.

GROSSESSE, ALLAITEMENT ET NOUVEAU-NÉ

Grossesse et nouveau-né :

Par mesure de prudence, ce médicament est habituellement déconseillé pendant les 3 premiers mois de la grossesse. Toutefois, une grossesse survenant sous traitement ne justifie pas d'inquiétude particulière. Seul votre médecin peut apprécier le risque éventuel lié à l'utilisation de ce médicament dans votre cas.

Si le traitement est poursuivi jusqu'à l'accouchement, une surveillance médicale du *nouveau-né* est nécessaire.

Allaitement :

Ce médicament passe dans le lait maternel : l'allaitement est déconseillé.

MODE D'EMPLOI ET POSOLOGIE

Les comprimés doivent être avalés avec un peu d'eau.

Posologie usuelle :

Elle est strictement individuelle. Chez l'enfant, le traitement sera de courte durée.

Ce médicament vous a été prescrit dans une situation précise : ne le conseillez pas à une autre personne.

L'effet de ce médicament persiste environ 12 heures après sa prise.

Les *tranquillisants* ne sont pas la seule réponse à l'anxiété : une meilleure hygiène de vie, une consommation modérée d'excitants (y compris les boissons alcoolisées) permettent aussi de lutter efficacement contre l'excès de stress.

EFFETS INDÉSIRABLES POSSIBLES

Trous de mémoire, sensation d'ivresse, somnolence en particulier chez la personne âgée, ralentissement des idées, ou, au contraire, excitation, irritabilité, idées confuses, hallucinations, fatigue, éruption cutanée.

TEMGÉSIC

buprénorphine

PRÉSENTATION

TEMGÉSIC 0,2 mg : comprimé *sublingual* (blanc) ; boîte de 20 - Remb. 65 % - Liste I

Laboratoires Schering-Plough

COMPOSITION

	p. comp.
Buprénorphine	0,2 mg

INDICATIONS

C'est un *antalgique* puissant, d'action durable, qui contient une substance apparentée à la *morphine*. Il combat la douleur en agissant directement sur le cerveau.

Il est utilisé dans le *traitement symptomatique* des douleurs intenses.

CONTRE-INDICATIONS

Ce médicament ne doit pas être utilisé dans les cas suivants :
- *insuffisance hépatique* grave,
- *insuffisance respiratoire* grave,
- intoxication alcoolique aiguë,
- association avec les *IMAO*,
- enfant de moins de 7 ans.

ATTENTION

Ce médicament est apparenté à la *morphine* : une prise prolongée ou des doses importantes favorisent une *dépendance*. Respectez la *posologie* et la durée de traitement prescrites par votre médecin.

Évitez les boissons alcoolisées et l'association aux *sédatifs* : augmentation du risque de somnolence.

Ce médicament est responsable d'une baisse de la vigilance : la conduite, les activités professionnelles ou de loisirs exposant à un danger sont formellement déconseillées.

INTERACTIONS MÉDICAMENTEUSES

Ce médicament ne doit pas être associé aux *IMAO* non sélectifs (MARSILID, NIAMIDE...) : risque de malaise avec *hypertension artérielle*, de fièvre élevée, pouvant aller jusqu'au *coma*.

Il peut interagir avec d'autres médicaments, notamment avec les *sédatifs*. Signalez tout autre traitement en cours à votre médecin ou à votre pharmacien.

GROSSESSE, ALLAITEMENT ET NOUVEAU-NÉ

L'effet de ce médicament pendant la grossesse ou l'allaitement est mal connu : seul votre médecin peut évaluer le risque éventuel de son utilisation dans votre cas.

MODE D'EMPLOI ET POSOLOGIE

Les comprimés ne doivent pas être avalés ni croqués ; laissez-les fondre lentement sous la langue.

Posologie usuelle :
- Adulte : 1 à 2 comprimés, 3 fois par jour.

Chez la personne âgée, la *posologie* doit être réduite de moitié.

La prescription de la *morphine* et des substances apparentées, ainsi que leur renouvellement, est réglementée. La durée du traitement est limitée. Afin de ne pas manquer de ce médicament, respectez la posologie et la durée du traitement prescrites par votre médecin.

L'ordonnance est rédigée sur un feuillet numéroté, extrait d'un carnet à souche ; elle est conservée par le pharmacien. Pour que vous obteniez le remboursement par la Sécurité sociale, le médecin rédige une copie de la prescription sur une ordonnance habituelle.

Ce médicament peut retarder un diagnostic en masquant la douleur : ne le prenez pas sans l'avis de votre médecin ; ne le conseillez à aucune autre personne.

EFFETS INDÉSIRABLES POSSIBLES

Fréquemment : somnolence, nausées, vomissements, sueurs abondantes, *vertiges*.

Rarement : difficultés respiratoires.

Exceptionnellement : hallucinations.

TENORDATE

aténolol, nifédipine

PRÉSENTATION

TENORDATE : gélule (rose et violet) ; boîte de 28 - Remb. 65 % - Liste I

Laboratoires Zeneca Pharma

COMPOSITION

	p. gél.
Aténolol	50 mg
Nifédipine L.P.	20 mg

INDICATIONS

Cet *antihypertenseur* contient deux substances :
- l'aténolol, un *bêtabloquant* qui bloque l'action de l'*adrénaline* (et d'autres *hormones* apparentées) sur de nombreux organes et notamment sur le cœur, les vaisseaux et plus faiblement sur les bronches ;
- la nifédipine, un *vasodilatateur* de la famille des *inhibiteurs calciques*, dont l'action renforce celle de l'aténolol.

Ce médicament est utilisé dans le traitement de l'*hypertension artérielle*.

CONTRE-INDICATIONS

Ce médicament ne doit pas être utilisé dans les cas suivants :
- *insuffisance cardiaque* grave non contrôlée par un traitement spécifique,
- *bloc auriculo-ventriculaire* grave,
- rythme cardiaque inférieur à 50 battements par minute,
- association avec les médicaments contenant de la floctafénine,
- grossesse.

Dans tous les autres cas, le médecin est seul juge, notamment en cas d'*asthme*.

ATTENTION

N'interrompez jamais brutalement le traitement. Espacez progressivement les prises. Un avis médical est toujours préférable.

Diabétiques : les *bêtabloquants* peuvent masquer certains *symptômes* de l'*hypoglycémie* (*palpitations* et accélération du cœur, essentiellement).

Des précautions sont nécessaires chez la personne âgée et la personne atteinte d'*insuffisance rénale* ou du syndrome de *Raynaud*.

INTERACTIONS MÉDICAMENTEUSES

Ce médicament ne doit pas être associé à la floctafénine (IDARAC...) : risque d'augmentation de la gravité d'un éventuel *choc* allergique.

Il peut interagir avec d'autres médicaments, notamment ceux contenant de l'amiodarone. Signalez tout autre traitement en cours à votre médecin ou à votre pharmacien.

GROSSESSE, ALLAITEMENT ET NOUVEAU-NÉ

Grossesse :

Ce médicament est contre-indiqué chez la femme enceinte ou susceptible de l'être : une contraception efficace est recommandée.

Allaitement :

Les données actuellement disponibles ne permettent pas de savoir si ce médicament passe dans le lait maternel. Par mesure de prudence, il est déconseillé pendant l'allaitement.

MODE D'EMPLOI ET POSOLOGIE

Habituellement 1 gélule, par jour.

Veillez à toujours disposer d'une réserve de ce médicament : une plaquette dans la boîte à gants de la voiture et dans la trousse de toilette, par exemple.

Il est normal que le rythme cardiaque ralentisse sous l'effet du traitement ; néanmoins, en cas de fatigue anormale et de pouls inférieur à 50 battements par minute, consultez votre médecin.

Le traitement médicamenteux ne dispense pas de mesures simples pouvant faire baisser la tension artérielle : activité physique régulière, modération de la consommation de boissons alcoolisées, lutte contre le surpoids.

Conservez les gélules à l'abri de la lumière.

EFFETS INDÉSIRABLES POSSIBLES

Fatigue, rougeur du visage, bouffées de chaleur, maux de tête, *œdèmes* des jambes, en début de traitement.

Bloc auriculo-ventriculaire, ralentissement important du cœur, chute de tension, *insuffisance cardiaque*, crise d'*asthme*, étourdissements, gonflement des gencives et *allergie* cutanée.

TÉNORMINE
aténolol

PRÉSENTATION

TÉNORMINE : comprimé sécable (blanc) ; boîte de 28 - Remb. 65 % - Liste I

Laboratoires Zeneca Pharma

COMPOSITION

	p. comp.
Aténolol	100 mg

INDICATIONS

Ce médicament appartient à la famille des *bêtabloquants*. Ceux-ci agissent en bloquant l'action de l'*adrénaline* (et d'autres *hormones* apparentées) sur de nombreux organes et notamment le cœur, les vaisseaux et les bronches.

Il est utilisé dans :
- le traitement de l'*hypertension artérielle*,
- la prévention des crises d'*angine de poitrine*.

CONTRE-INDICATIONS

Ce médicament ne doit pas être utilisé dans les cas suivants :
- *insuffisance cardiaque* grave non contrôlée par un traitement spécifique,
- *bloc auriculo-ventriculaire* grave,
- rythme cardiaque inférieur à 50 battements par minute,
- association avec les médicaments contenant de la floctafénine.

Dans tous les autres cas, le médecin est seul juge, notamment en cas d'*asthme*.

ATTENTION

N'interrompez jamais brutalement le traitement. Espacez progressivement les prises. Un avis médical est toujours préférable.

Diabétiques : les *bêtabloquants* peuvent masquer certains *symptômes* de l'*hypoglycémie*, essentiellement *palpitations* et accélération du cœur.

INTERACTIONS MÉDICAMENTEUSES

Ce médicament ne doit pas être associé à la floctafénine (IDARAC...) : risque d'augmentation de la gravité d'un éventuel *choc* allergique.

Il peut interagir avec d'autres médicaments, notamment ceux contenant de l'amiodarone. Signalez tout autre traitement en cours à votre médecin ou à votre pharmacien.

GROSSESSE, ALLAITEMENT ET NOUVEAU-NÉ

Grossesse et nouveau-né :

Les études scientifiques actuellement disponibles n'ont pas mis en évidence de problème particulier lors de l'utilisation chez la femme enceinte.

L'effet *bêtabloquant* persiste quelques jours chez le *nouveau-né* et justifie une surveillance médicale renforcée pendant les premiers jours de la vie.

Allaitement :

Ce médicament passe dans le lait maternel : l'allaitement est déconseillé.

MODE D'EMPLOI ET POSOLOGIE

Ce médicament sera pris de préférence une demi-heure avant les repas.

Posologie usuelle :

1 comprimé le matin.

Veillez à toujours disposer d'une réserve de ce médicament : une plaquette dans la boîte à gants de la voiture et dans la trousse de toilette, par exemple.

Il est normal que le rythme cardiaque ralentisse sous l'effet du traitement ; néanmoins, en cas de fatigue anormale et de pouls inférieur à 50 battements par minute, consultez votre médecin.

EFFETS INDÉSIRABLES POSSIBLES

Bénins et peu fréquents : fatigue en début de traitement, rares troubles du sommeil, syndrome de *Raynaud* et fourmillement des extrémités ; parfois, réactions cutanées.

Potentiellement graves et rares : *bloc auriculo-ventriculaire*, ralentissement important du cœur, chute de tension, *insuffisance cardiaque*, crise d'*asthme*.

TENSIONORME
bendrofluméthiazide, réserpine

PRÉSENTATION

TENSIONORME : comprimé sécable (blanc) ; boîte de 24 - Remb. 65 % - Liste II

Laboratoires Leo

COMPOSITION

	p. comp.
Bendrofluméthiazide	2,5 mg
Réserpine	0,1 mg

INDICATIONS

Cet *antihypertenseur* contient un *diurétique* (apparenté à la famille des *sulfamides*) et de la réserpine.

Il est utilisé dans le traitement de l'*hypertension artérielle*.

CONTRE-INDICATIONS

Ce médicament ne doit pas être utilisé dans les cas suivants :
- *état dépressif*,
- *ulcère* de l'estomac ou du *duodénum*,
- *allergie* aux *sulfamides*,
- *insuffisance rénale* grave,
- association avec les médicaments appartenant à la famille des *IMAO* et ceux contenant de la lévodopa,
- grossesse,
- allaitement.

ATTENTION

Comme la majorité des *diurétiques*, ce médicament peut être responsable d'une baisse de la *kaliémie* qui doit donc être contrôlée régulièrement. Il peut exceptionnellement provoquer des crises de *goutte* chez les personnes prédisposées ou aggraver un *diabète*.

Des précautions sont nécessaires en cas d'*insuffisance hépatique*.

Une baisse de moral, un *état dépressif* peuvent être dus au médicament. Signalez toute anomalie à votre médecin.

Évitez les boissons alcoolisées : augmentation du risque de somnolence.

INTERACTIONS MÉDICAMENTEUSES

Ce médicament ne doit pas être associé aux *IMAO* ni aux médicaments contenant de la lévodopa.

Il peut interagir avec d'autres médicaments, notamment certains *diurétiques*, les *sels* de régime et les *laxatifs stimulants* qui pourraient être responsables d'une *hypokaliémie*. Signalez tout autre traitement en cours à votre médecin ou à votre pharmacien.

GROSSESSE, ALLAITEMENT ET NOUVEAU-NÉ

Grossesse :

Les *diurétiques* ne sont pas indiqués dans les rétentions d'eau ou les cas d'*hypertension artérielle* liés à la grossesse. Ce médicament est contre-indiqué chez la femme enceinte ou susceptible de l'être.

Allaitement :

Ce médicament passe dans le lait maternel : l'allaitement est contre-indiqué.

MODE D'EMPLOI ET POSOLOGIE

Posologie usuelle :

1 à 3 comprimés par jour en 1 prise (le matin) ou 2 prises (matin et soir).

Une perte excessive de sodium ou de *potassium* peut être responsable de troubles gênants, voire graves. Ne suivez aucun régime, sans *sel* par exemple, sans l'avis de votre médecin.

EFFETS INDÉSIRABLES POSSIBLES

Troubles digestifs.

Cauchemars, anxiété, *états dépressifs*.

Congestion nasale (nez bouché), somnolence, lassitude, vision floue.

Hypotension orthostatique.

Rares réactions cutanées.

Élévation des taux de *sucre* ou d'*acide urique* dans le sang.

Baisse du taux de potassium dans le sang, associée ou non à des crampes, qui peut être responsable de *troubles du rythme cardiaque*.

TENSOPHORIL
dopamine, amobarbital, acide ascorbique

PRÉSENTATION

TENSOPHORIL : gélule (rouge et blanc) ; boîte de 30 - Remb. 65 % - Liste I

Laboratoires Monot

COMPOSITION

	p. gél.
Dopamine chlorhydrate	15 mg
Amobarbital	15 mg
Acide ascorbique enrobé (vitamine C)	250 mg
Acide borique	15 mg

INDICATIONS

Ce médicament contient de la dopamine, stimulant du muscle cardiaque, de la vitamine C et de l'amobarbital, *sédatif* de la famille des *barbituriques*.

Il est utilisé dans le traitement de l'*hypotension orthostatique* et également de certains états de fatigue.

CONTRE-INDICATIONS

Ce médicament ne doit pas être utilisé dans les cas suivants :
- *allergie* aux *barbituriques*,
- certains *troubles du rythme cardiaque*,
- association avec les *IMAO* non sélectifs.

ATTENTION

Les baisses de tension artérielle survenant lors des états de fatigue en sont souvent la conséquence mais non la cause. Consultez votre médecin.

Évitez les boissons alcoolisées : augmentation du risque de somnolence.

Conducteur : ce médicament peut être responsable d'une somnolence ou d'une baisse de la vigilance.

INTERACTIONS MÉDICAMENTEUSES

Ce médicament ne doit pas être associé aux *IMAO* non sélectifs (MARSILIDE, NIAMIDE...) : risque d'*hypertension artérielle* grave.

Il peut interagir avec d'autres médicaments, notamment les *contraceptifs* oraux (pilule) : risque d'inefficacité de la contraception. Signalez tout autre traitement en cours à votre médecin ou à votre pharmacien.

GROSSESSE, ALLAITEMENT ET NOUVEAU-NÉ

L'effet de ce médicament pendant la grossesse ou l'allaitement est mal connu : seul votre médecin peut évaluer le risque éventuel de son utilisation dans votre cas.

MODE D'EMPLOI ET POSOLOGIE

Traitement d'attaque : 2 gélules, 3 fois par jour, pendant 10 à 15 jours.

Traitement d'entretien : 2 gélules, 2 fois par jour.

Les manifestations de l'*hypotension orthostatique* peuvent être réduites en évitant les changements brusques de position.

EFFETS INDÉSIRABLES POSSIBLES

Liés à l'amobarbital, à forte dose : somnolence.

L'exposition au soleil peut être contre-indiquée pendant certains traitements

TENSTATEN

ciclétanine

PRÉSENTATION

TENSTATEN : gélule (ivoire et corail) ; boîte de 30 - Remb. 65 % - Liste I

Laboratoires IPSEN

COMPOSITION

	p. gél.
Ciclétanine chlorhydrate	50 mg

INDICATIONS

C'est un *antihypertenseur* qui appartient à la famille des *diurétiques*. Il agit directement sur les vaisseaux sanguins.

Il est utilisé exclusivement dans le traitement de l'*hypertension artérielle*.

CONTRE-INDICATIONS

Ce médicament ne doit pas être utilisé dans les cas suivants :
- *insuffisance rénale* grave,
- *insuffisance hépatique* grave,
- grossesse.

ATTENTION

Ce médicament peut être responsable d'une baisse de la *kaliémie* (taux de *potassium* dans le sang) susceptible d'être aggravée par l'usage immodéré de *laxatifs stimulants*. Un contrôle par des analyses de sang est souvent prescrit par le médecin.

INTERACTIONS MÉDICAMENTEUSES

Ce médicament peut interagir avec d'autres médicaments, notamment ceux contenant de la *vincamine* ou du *lithium*. Signalez tout autre traitement en cours à votre médecin ou à votre pharmacien.

GROSSESSE, ALLAITEMENT ET NOUVEAU-NÉ

Grossesse :

Les *diurétiques* ne sont pas indiqués dans l'*hypertension artérielle* de la femme enceinte. Un autre médicament sera choisi par le médecin si une grossesse survient pendant le traitement.

Allaitement :

Les données actuellement disponibles ne permettent pas de savoir si ce médicament passe dans le lait maternel : l'allaitement est déconseillé pendant la durée du traitement.

MODE D'EMPLOI ET POSOLOGIE

Les gélules doivent être prises avec un verre d'eau.

Posologie usuelle :

1 gélule le matin.

Des boissons abondantes sont recommandées en début de traitement.

EFFETS INDÉSIRABLES POSSIBLES

Fatigue, envie d'uriner fréquente.

Baisse du taux de *potassium* dans le sang.

TENUATE DOSPAN

amfépramone

PRÉSENTATION

TENUATE DOSPAN : comprimé (blanc) ; boîte de 30 - Non remb. - Liste I

Laboratoires Marion Merrell Dow

COMPOSITION

	p. comp.
Amfépramone chlorhydrate	75 mg

INDICATIONS

C'est un *anorexigène* (coupe-faim) qui appartient à la famille des *amphétamines*.

Il est utilisé en complément du régime hypocalorique pour traiter un excès de poids.

CONTRE-INDICATIONS

Ce médicament ne doit pas être utilisé dans les cas suivants :
- maladie cardiaque grave, *hypertension artérielle* ;
- *hyperthyroïdie* ;
- risque de rétention des urines ;
- *glaucome* à angle fermé ;
- *antécédents* de troubles nerveux : *dépression*, *anorexie* mentale ;
- association aux *antidépresseurs IMAO* non sélectifs ;
- grossesse.

ATTENTION

L'efficacité de ce médicament tend à diminuer au bout de quelques semaines de traitement. L'augmentation des doses expose à un risque de *dépendance* et de troubles psychiques graves. Ne dépassez pas la *posologie* prescrite par votre médecin.

Il est fréquent que la perte de poids obtenue à l'aide de ce médicament ne persiste pas après l'arrêt du traitement. Un régime reste nécessaire.

Ce médicament peut modifier le comportement : prudence lors de la conduite ou de l'utilisation de machines dangereuses.

INTERACTIONS MÉDICAMENTEUSES

Ce médicament ne doit pas être associé aux *antidépresseurs IMAO* non sélectifs (MARSILID, NIAMIDE...) : risque de poussée d'*hypertension artérielle* ou de fièvre élevée. Cette contre-indication persiste pendant les 15 jours qui suivent l'arrêt d'un traitement par *IMAO*.

Ce médicament peut interagir avec d'autres médicaments. Signalez tout autre traitement en cours à votre médecin ou à votre pharmacien.

GROSSESSE, ALLAITEMENT ET NOUVEAU-NÉ

Grossesse :

En l'absence de données suffisantes, ce médicament est contre-indiqué pendant la grossesse.

Allaitement :

Les données actuellement disponibles ne permettent pas de savoir si ce médicament passe dans le lait maternel : par mesure de prudence, l'allaitement est déconseillé.

MODE D'EMPLOI ET POSOLOGIE

Les comprimés doivent être avalés avec un peu d'eau.

Posologie usuelle :

- Adulte et enfant de plus de 15 ans : 1 comprimé de préférence le matin ou avant le repas de midi.

> L'utilisation de ce médicament ne se conçoit que dans le cadre d'un régime hypocalorique adapté.
>
> Ce médicament peut entraîner des difficultés d'endormissement : il est conseillé de ne pas le prendre après le repas de midi.

EFFETS INDÉSIRABLES POSSIBLES

Insomnie, maux de tête, bouche sèche, constipation, accélération du cœur, *allergie* cutanée, nervosité, tendance dépressive, et plus rarement nausées, vomissements.

Certains signes doivent faire penser à un surdosage : accélération de la respiration, *tachycardie*, élévation ou au contraire baisse de la tension artérielle, agitation, confusions des idées, hallucinations ; prévenez d'urgence votre médecin.

TÉRALITHE

carbonate de lithium

PRÉSENTATION

TÉRALITHE : comprimé sécable (blanc) ; boîte de 100 - Remb. 65 % - Liste II

Laboratoires Théraplix

COMPOSITION

	p. comp.
Carbonate de lithium	250 mg
Soit lithium	6,8 mEq

INDICATIONS

Ce médicament est un régulateur de l'*humeur* dont le principe actif est un sel de *lithium*.

Il est utilisé dans le traitement de certains troubles nerveux faisant alterner des périodes de *dépression* avec des périodes d'excitation anormale.

CONTRE-INDICATIONS

Ce médicament ne doit pas être utilisé dans les cas suivants :
- **grossesse,**
- **allaitement.**

Dans tous les autres cas, votre médecin est seul juge, notamment en cas d'*insuffisance rénale*.

ATTENTION

Tout traitement par ce médicament impose un bilan préalable comportant un test de grossesse, une prise de sang et éventuellement un électrocardiogramme.

La frontière entre la dose efficace et la dose toxique est étroite : pour éviter les fluctuations du taux de *lithium* dans le sang (lithémie), il est essentiel de prendre régulièrement le médicament.

Ce médicament traite des maladies chroniques qu'il stabilise généralement de façon remarquable. La guérison peut n'être qu'apparente et seul le médecin peut décider de l'arrêt du traitement.

Toute cause de perte d'eau et de sel (sueurs abondantes, vomissements, diarrhées) expose à un surdosage.

Conducteur : ce médicament peut être responsable d'une somnolence ou d'une baisse de la vigilance.

Évitez l'absorption de boissons alcoolisées : augmentation du risque de somnolence et de fluctuation du taux de lithium dans le sang.

INTERACTIONS MÉDICAMENTEUSES

Ce médicament peut interagir avec de nombreux médicaments notamment *anti-inflammatoires*, *diurétiques* ou *neuroleptiques* : signalez tout autre traitement en cours à votre médecin ou à votre pharmacien.

GROSSESSE, ALLAITEMENT ET NOUVEAU-NÉ

Grossesse et nouveau-né :

Par mesure de prudence, ce médicament est contre-indiqué pendant la grossesse, et une contraception est recommandée.

Néanmoins, si une grossesse survient sous traitement, consultez votre médecin. Il appréciera le risque éventuel lié à l'utilisation de ce médicament dans votre cas. Des examens particuliers permettent de vérifier l'absence d'anomalie chez l'enfant à naître.

Si le traitement est poursuivi jusqu'à l'accouchement, une surveillance médicale du *nouveau-né* est nécessaire.

Allaitement :

Ce médicament passe dans le lait maternel : il est contre-indiqué chez la femme qui allaite.

MODE D'EMPLOI ET POSOLOGIE

Ce médicament sera pris de préférence au moment des repas, en deux ou trois prises quotidiennes.

Posologie usuelle :

Elle est adaptée individuellement par le médecin en fonction du résultat des dosages sanguins. La lithémie (taux de *lithium* dans le sang) idéale est comprise entre 0,5 et 0,8 mEq/l.

> Ne pas suivre de régime sans sel pendant le traitement.

EFFETS INDÉSIRABLES POSSIBLES

Certains effets indésirables sont habituellement réversibles à l'arrêt du traitement :
- *troubles digestifs*, nausées, vomissements, diarrhées (rares) ;
- somnolence, torpeur ;
- tremblements des mains, *vertiges* ;
- prise de poids (fréquente) ;
- perturbation du fonctionnement de la glande *thyroïde*, avec ou sans *goitre* ;
- manque de tonus musculaire ;
- manifestations cutanées.

Les signes les plus fréquents d'un surdosage sont à bien connaître : nausées, tremblements, soif, troubles de l'équilibre. Il faut les signaler immédiatement à votre médecin.

TERCIAN

cyamémazine

PRÉSENTATION

TERCIAN 25 mg : comprimé sécable (bleu) ; boîte de 30 - Remb. 65 % - Liste I

TERCIAN 100 mg : comprimé sécable (bleu) ; boîte de 25 - Remb. 65 % - Liste I

TERCIAN 40 mg/ml : solution buvable 4 % ; flacon 30 ml (1 200 gouttes) - Remb. 65 % - Liste I

TERCIAN 50 mg/5 ml : solution injectable ; boîte de 5 ampoules 5 ml - Remb. 65 % - Liste I

Laboratoires Théraplix

COMPOSITION

	p. comp.	p. comp.
Cyamémazine	25 mg	100 mg

	p. gte	p. amp. inj.
Cyamémazine	1 mg	50 mg

INDICATIONS

C'est un *neuroleptique* qui appartient à la famille chimique des phénothiazines.

Ce médicament est utilisé dans le traitement des troubles nerveux accompagnés de troubles de l'*humeur*. Il est aussi utilisé pour traiter certains types d'anxiété.

CONTRE-INDICATIONS

Ce médicament ne doit pas être utilisé dans les cas suivants :
- *allergie* aux phénothiazines,
- *glaucome* à angle fermé,
- risque de blocage des urines (*adénome de la prostate*),
- association à la lévodopa.

ATTENTION

La guérison peut nécessiter un traitement prolongé ; une amélioration survenant en début de traitement ne doit pas vous conduire à l'arrêter sans l'avis de votre médecin.

En cas de survenue d'une fièvre inexpliquée, suspendez la prise du médicament et alertez immédiatement votre médecin.

Des précautions sont nécessaires chez les personnes âgées et en cas d'*épilepsie*, de maladies cardiaques graves, d'*insuffisance rénale* ou d'*insuffisance hépatique*.

Évitez les boissons alcoolisées : augmentation du risque de somnolence.

Conducteur : ce médicament peut être responsable d'une somnolence ou d'une baisse de la vigilance.

INTERACTIONS MÉDICAMENTEUSES

Ce médicament ne doit pas être associé à ceux contenant de la lévodopa (LARODOPA, MODOPAR, SINEMET...) : risque d'annulation de leurs effets.

Il peut interagir avec d'autres médicaments, notamment les *antihypertenseurs*, l'atropine et ses dérivés, les *sédatifs* et certains pansements gastriques. Signalez tout autre traitement en cours à votre médecin ou à votre pharmacien.

GROSSESSE, ALLAITEMENT ET NOUVEAU-NÉ

Grossesse et nouveau-né :

Si une grossesse survient pendant le traitement, consultez votre médecin. Il appréciera le risque éventuel lié à l'utilisation de ce médicament dans votre cas.

Si le traitement est poursuivi jusqu'à l'accouchement, une surveillance médicale du *nouveau-né* est nécessaire.

Allaitement :

Les données actuellement disponibles ne permettent pas de savoir si ce médicament passe dans le lait maternel : l'allaitement est déconseillé.

MODE D'EMPLOI ET POSOLOGIE

La *posologie* est strictement individuelle.

> Les ampoules injectables doivent être conservées à l'abri de la lumière.

EFFETS INDÉSIRABLES POSSIBLES

Somnolence.

Tremblements, raideur anormale, grimaces involontaires.

Baisse de la tension artérielle, bouche sèche, troubles de l'*accommodation*, rétention d'urine, constipation.

Arrêt des règles, augmentation du volume des seins, écoulement de lait, prise de poids.

Photosensibilisation.

Certains signes doivent faire penser à un surdosage : état amorphe, hébété, rigidité musculaire extrême.

TERCODINE

codéine, terpine, eau de laurier-cerise

PRÉSENTATION

TERCODINE Élixir : solution buvable ; flacon 180 ml - Non remb.

Laboratoires Monot

COMPOSITION

	p. c. à c.	p. c. à s.
Codéine	5,1 mg	15,30 mg
Terpine	25,70 mg	77,7 mg
Laurier-cerise, eau distillée	257,5 mg	772,5 mg
Saccharose	1,25 g	3,75 g

INDICATIONS

Ce médicament *antitussif* contient de la codéine, associée notamment à un *expectorant* (terpine). La codéine a une action sédative sur le *système nerveux central* et notamment sur les centres de la toux.

Il est utilisé dans le *traitement symptomatique* des affections bronchiques et des toux grasses.

CONTRE-INDICATIONS

Ce médicament ne doit pas être utilisé dans les cas suivants :
- *asthme*,
- *insuffisance respiratoire*,
- enfant de moins de 8 ans.

> **ATTENTION**
>
> La toux est un *symptôme* qui peut révéler de nombreuses maladies : consultez votre médecin si elle persiste plus de quelques jours.
>
> Ce médicament contient du *sucre* (saccharose) en quantité notable.
>
> Évitez les boissons alcoolisées : augmentation du risque de somnolence.
>
> Conducteur : ce médicament peut être responsable d'une somnolence ou d'une baisse de la vigilance.

INTERACTIONS MÉDICAMENTEUSES

Ce médicament peut interagir avec beaucoup d'autres médicaments, notamment chez les personnes âgées ; signalez tout autre traitement en cours à votre médecin ou à votre pharmacien.

GROSSESSE, ALLAITEMENT ET NOUVEAU-NÉ

Grossesse :

Compte tenu de la présence de codéine, n'utilisez pas ce médicament pendant la grossesse sans prendre l'avis de votre pharmacien ou de votre médecin.

Allaitement :

Ce médicament passe dans le lait maternel : il est déconseillé pendant l'allaitement.

MODE D'EMPLOI ET POSOLOGIE

Ce médicament doit être dilué dans un peu d'eau.

Posologie usuelle :

- Adulte : 3 à 5 cuillères à soupe par jour. Chez la personne âgée, il convient de réduire la *posologie* de moitié.
- Enfant de plus de 8 ans : 2 ou 3 cuillères à café par jour.

> De nombreux médicaments contiennent de la codéine, notamment certains *antitussifs* et *antalgiques*. Le surdosage expose à une augmentation des effets indésirables.
>
> Une toux nocturne aggravée par ce médicament peut être une toux allergique : demandez conseil à votre médecin.
>
> Fumer, ou être exposé à la fumée des autres, nuit à l'efficacité du traitement.
>
> Des mesures simples permettent de calmer les toux sèches : boissons chaudes et humidification de l'air ambiant.

EFFETS INDÉSIRABLES POSSIBLES

Constipation et plus rarement : somnolence, nausées, vomissements, *bronchospasme*, sensation de vertige, *allergie* cutanée, ralentissement de la respiration.

TERFLUZINE

trifluopérazine

PRÉSENTATION

TERFLUZINE 10 mg : comprimé sécable (orange) ; boîte de 20 - Remb. 65 % - Liste I

TERFLUZINE 100 mg : comprimé sécable (jaune) ; boîte de 20 - Remb. 65 % - Liste I

TERFLUZINE 40 mg/ml : solution buvable 4 % ; flacon 30 ml (1 200 gouttes) - Remb. 65 % - Liste I

Laboratoires Théraplix

COMPOSITION

	p. comp. 10 mg	p. comp. 100 mg	p. gte 1 mg
Trifluopérazine chlorhydrate			
Sulfite			+
Tartrazine			+

INDICATIONS

C'est un *neuroleptique* qui appartient à la famille chimique des phénothiazines.

Il est utilisé dans le traitement des troubles nerveux accompagnés de troubles de l'*humeur*.

CONTRE-INDICATIONS

Ce médicament ne doit pas être utilisé dans les cas suivants :
- *allergie* aux phénothiazines,
- *glaucome* à angle fermé,
- risque de blocage des urines (*adénome de la prostate*),
- association à la lévodopa,
- *allergie* aux *sulfites* ou à la tartrazine (solution buvable).

> **ATTENTION**
>
> La guérison peut nécessiter un traitement prolongé ; une amélioration survenant en début de traitement ne doit pas vous conduire à l'arrêter sans l'avis de votre médecin.
>
> En cas de survenue d'une fièvre inexpliquée, suspendez la prise du médicament et alertez immédiatement votre médecin.
>
> Des précautions sont nécessaires chez les personnes âgées et en cas d'*épilepsie*, de maladies cardiaques graves, d'*insuffisance rénale* ou d'*insuffisance hépatique*.
>
> Évitez les boissons alcoolisées : augmentation du risque de somnolence.
>
> Conducteur : ce médicament peut être responsable d'une somnolence ou d'une baisse de la vigilance.

INTERACTIONS MÉDICAMENTEUSES

Ce médicament ne doit pas être associé à ceux contenant de la lévodopa (LARODOPA, MODOPAR, SINEMET...) : risque d'annulation de leurs effets.

Il peut interagir avec d'autres médicaments, notamment les *antihypertenseurs*, l'atropine et ses dérivés, les *sédatifs* et certains pansements gastriques. Signalez tout autre traitement en cours à votre médecin ou à votre pharmacien.

GROSSESSE, ALLAITEMENT ET NOUVEAU-NÉ

Grossesse et nouveau-né :

Si une grossesse survient pendant le traitement, consultez votre médecin. Il appréciera le risque éventuel lié à l'utilisation de ce médicament dans votre cas.

Si le traitement est poursuivi jusqu'à l'accouchement, une surveillance médicale du *nouveau-né* est nécessaire.

Allaitement :

Les données actuellement disponibles ne permettent pas de savoir si ce médicament passe dans le lait maternel : l'allaitement est déconseillé.

MODE D'EMPLOI ET POSOLOGIE

La *posologie* est strictement individuelle.

EFFETS INDÉSIRABLES POSSIBLES

Somnolence.

Tremblements, raideur anormale, grimaces involontaires.

Baisse de la tension artérielle, bouche sèche, trouble de l'*accommodation*, rétention d'urine, constipation.

Arrêt des règles, augmentation du volume des seins, écoulement de lait, prise de poids.

Photosensibilisation.

Certains signes doivent faire penser à un surdosage : état amorphe, hébété, rigidité musculaire extrême.

TERGYNAN

PRÉSENTATION

TERGYNAN : comprimé gynécologique ; boîte de 10 - Remb. 65 % - Liste I

Laboratoires Bouchara

COMPOSITION

	p. comp.
Ternidazole	200 mg
Néomycine sulfate	100 mg
Nystatine	100 000 U
Prednisolone	3 mg

INDICATIONS

Ce médicament contient un antiparasitaire, un *antibiotique* de la famille des *aminosides*, un *antifongique* et un *corticoïde* qui combat l'*inflammation*.

Il est utilisé dans le traitement des infections vaginales, notamment celles à *trichomonas*, et les *mycoses*.

CONTRE-INDICATIONS

Ce médicament ne doit pas être utilisé en cas d'*allergie* aux *antibiotiques* de la famille des *aminosides*.

ATTENTION

Le médecin prescrit parfois un prélèvement pour identifier le *germe* responsable de l'infection et tester sa sensibilité aux *antibiotiques*. Le résultat de cet examen peut être faussé en cas d'automédication préalable : ne prenez pas d'antibiotique sans avis médical.

GROSSESSE, ALLAITEMENT ET NOUVEAU-NÉ

L'effet de ce médicament pendant la grossesse ou l'allaitement est mal connu : seul votre médecin peut évaluer le risque éventuel de son utilisation dans votre cas.

MODE D'EMPLOI ET POSOLOGIE

Mouiller le comprimé en le trempant dans l'eau pendant 20 à 30 secondes, puis le mettre en place au fond du vagin.

Posologie usuelle :

1 comprimé gynécologique, 1 ou 2 fois par jour pendant 10 à 20 jours.

Introduire le comprimé en position couchée, puis rester allongée pendant 15 minutes environ.

Pendant les règles, ne pas interrompre le traitement et éviter de porter des tampons.

En cas de *mycose*, évitez d'utiliser des savons acides : ils favorisent la multiplication des champignons.

Votre partenaire peut être contaminé alors qu'il ne présente aucun *symptôme*. S'il n'est pas traité conjointement, une recontamination est possible.

EFFETS INDÉSIRABLES POSSIBLES

Irritation locale, *allergie* cutanée.

TERNEURINE
vitamines B1, B6, B12

PRÉSENTATION

TERNEURINE : comprimé (rose) ; boîte de 20 - Non remb.

TERNEURINE H. 5 000 : préparation injectable *I.M.* ; boîte de 4 flacons de *lyophilisat* et 4 ampoules de solvant 5 ml - Non remb.

Laboratoires Bristol-Myers Squibb

COMPOSITION

	p. comp.	p. fl. inj.
Thiamine (vitamine B1)	250 mg	50 mg
Pyridoxine (vitamine B6)	250 mg	250 mg
Cyanocobalamine (vitamine B12)	250 µg	5 000 µg

INDICATIONS

Ce médicament contient une association de *vitamines* B, substances indispensables au *métabolisme*.

Il est utilisé dans le traitement de certaines douleurs d'origine nerveuse (*polynévrites*, *névralgies*...).

CONTRE-INDICATIONS

Ce médicament ne doit pas être utilisé dans les cas suivants :

- *allergie* à la *vitamine* B12 et aux substances apparentées,
- *intolérance* à la vitamine B1,
- en association avec les médicaments contenant de la lévodopa seule.

ATTENTION

Une prise de *vitamine* B6 supérieure à 2 g par jour peut entraîner des effets indésirables ; n'associez pas les médicaments ou les produits diététiques contenant des vitamines sans l'avis de votre médecin ou de votre pharmacien.

INTERACTIONS MÉDICAMENTEUSES

Ce médicament ne doit pas être associé aux médicaments contenant de la lévodopa (LARODOPA) : risque d'annulation des effets de la lévodopa.

GROSSESSE, ALLAITEMENT ET NOUVEAU-NÉ

Ce médicament ne contient que des substances présumées sans danger pendant la grossesse ou l'allaitement. Néanmoins, ne l'utilisez pas de façon prolongée sans l'avis de votre pharmacien ou de votre médecin.

MODE D'EMPLOI ET POSOLOGIE

Les comprimés doivent être avalés avec un verre d'eau au milieu des repas.

La solution injectable doit être administrée par *voie* intramusculaire profonde.

Posologie usuelle :

4 à 6 comprimés par jour ou 1 ampoule injectable par jour ou 1 jour sur 2.

Sous traitement, la coloration rouge des urines est normale : elle est liée à l'élimination de la *vitamine* B12.

Dans le traitement de la douleur, l'effet de ce médicament n'est pas immédiat et peut n'apparaître qu'après 2 ou 3 injections.

EFFETS INDÉSIRABLES POSSIBLES

Fourmillements lors d'une prise prolongée de *vitamine* B6 supérieure à 2 g par jour.

Acné, *allergie* cutanée.

Uniquement avec la solution injectable : baisse de la tension artérielle et exceptionnellement *choc anaphylactique*.

TERPINE DES MONTS-DORE

PRÉSENTATION

TERPINE DES MONTS-DORE : solution buvable ; flacon 180 ml - Remb. 35 %

Laboratoires Centrapharm

COMPOSITION

	p. c. à s.
Terpine	80 mg
Alcool absolu	3,35 g
Saccharose	6,15 g

INDICATIONS

Ce médicament contient un *expectorant*. Il facilite l'évacuation des sécrétions bronchiques.

Il est utilisé dans le traitement des affections respiratoires accompagnées de sécrétions importantes.

CONTRE-INDICATIONS

Ce médicament ne doit pas être utilisé chez l'enfant de moins de 15 ans.

ATTENTION

Si les sécrétions persistent au-delà de quelques jours, si elles se colorent ou si vous avez de la fièvre, consultez votre médecin.

Le sirop contient de l'*alcool* et du *sucre* (saccharose) en quantité notable.

Conducteur : ce médicament peut être responsable d'une somnolence ou d'une baisse de la vigilance.

INTERACTIONS MÉDICAMENTEUSES

Du fait de sa teneur en *alcool*, ce médicament peut interagir avec d'autres médicaments, notamment ceux contenant du disulfirame (ESPÉRAL...). Signalez tout autre traitement en cours à votre médecin ou à votre pharmacien.

MODE D'EMPLOI ET POSOLOGIE

Les prises de ce médicament doivent être réparties au cours de la journée.

Posologie usuelle :

- Adulte : 1 cuillère à soupe, 4 à 6 fois par jour.

Fumer, ou être exposé à la fumée des autres, nuit à l'efficacité du traitement.

Il est important de lutter contre la sécheresse de l'air ambiant (humidificateur...) pour éviter le dessèchement des sécrétions. Il est également recommandé de boire beaucoup.

EFFETS INDÉSIRABLES POSSIBLES

Rarement : nausées, vomissements.

TERPINE GONNON

PRÉSENTATION

TERPINE GONNON : solution buvable ; flacon 250 ml - Non remb.

Laboratoires Pharminter

COMPOSITION

	p. c. à s.
Terpine	75 mg
Sirop de baume de Tolu concentré	0,6 g
Saccharose	3 g
Alcool	31,6 %

INDICATIONS

Ce médicament fluidifie les sécrétions bronchiques et facilite l'expectoration.

Il est utilisé dans le *traitement symptomatique* des affections respiratoires accompagnées de sécrétions importantes.

CONTRE-INDICATIONS

Ce médicament ne doit pas être utilisé chez l'enfant de moins de 15 ans.

ATTENTION

N'utilisez pas d'*antitussif* en plus de ce médicament sans l'avis de votre médecin ou de votre pharmacien.

Si les sécrétions persistent au-delà de quelques jours, si elles se colorent ou si vous avez de la fièvre, consultez votre médecin.

Ce médicament contient du *sucre* (saccharose) et de l'*alcool* en quantité notable.

Conducteur : ce médicament peut être responsable d'une somnolence ou d'une baisse de la vigilance.

INTERACTIONS MÉDICAMENTEUSES

Du fait de sa teneur en *alcool*, ce médicament peut interagir avec d'autres médicaments, notamment ceux contenant du disulfirame (ESPÉRAL...). Signalez tout autre traitement en cours à votre pharmacien ou à votre médecin.

GROSSESSE, ALLAITEMENT ET NOUVEAU-NÉ

En l'absence de données suffisantes, ce médicament est déconseillé pendant la grossesse ou l'allaitement.

MODE D'EMPLOI ET POSOLOGIE

Ce médicament peut être pris pur ou dilué dans un peu d'eau ou de tisane.

Posologie usuelle :

- Adulte : 3 cuillères à soupe par jour.

La poursuite du tabagisme est un frein important à l'évacuation des mucosités.

Il est important de lutter contre la sécheresse de l'air ambiant (humidificateur...) pour éviter le dessèchement des sécrétions.

EFFETS INDÉSIRABLES POSSIBLES

Rarement : nausées, vomissements.

TERPONE

PRÉSENTATION

TERPONE : sirop ; flacon 180 ml - Remb. 35 %

TERPONE ADULTE : suppositoire ; boîte de 8 - Remb. 35 %

TERPONE ENFANT : suppositoire ; boîte de 8 - Remb. 35 %

TERPONE NOURRISSON : suppositoire ; boîte de 8 - Remb. 35 %

TERPONE : solution pour injection ou aérosol ; boîte de 12 ampoules 5 ml - Remb. 35 %

Laboratoires Rosa-Phytopharma

COMPOSITION

	p. c. à c.	p. suppos. Ad.	p. suppos. Enf.
Dérivés oxydés d'essences de pin, niaouli, eucalyptus	6,75 mg	50 mg	25 mg
Terpine	10 mg	30 mg	20 mg
Quinine camphosulfonate		300 mg	150 mg
Saccharose	2,28 g		
Alcool à 95 °	+		

	p. suppos. Nour.	p. amp. inj.
Dérivés oxydés d'essences de pin, niaouli, eucalyptus	15 mg	5 mg
Terpine	10 mg	5 mg
Quinine camphosulfate	50 mg	
Alcool à 95 °		50 mg

INDICATIONS

Ce médicament contient une association d'essences végétales et de la terpine, qui facilite l'expectoration. Les suppositoires contiennent également de la quinine, *antipyrétique*.

Il est utilisé dans le *traitement symptomatique* des maladies des *voies* respiratoires.

CONTRE-INDICATIONS

Les suppositoires ne doivent pas être utilisés en cas d'*allergie* à la quinine.

ATTENTION

Le sirop contient du *sucre* (saccharose) en quantité notable.

GROSSESSE, ALLAITEMENT ET NOUVEAU-NÉ

L'effet de ce médicament pendant la grossesse ou l'allaitement est mal connu. L'évaluation du risque éventuel lié à son utilisation est individuelle : demandez conseil à votre pharmacien ou à votre médecin.

MODE D'EMPLOI ET POSOLOGIE

- Sirop :
  Le sirop ne convient pas à l'enfant de moins de 30 mois.
  - Adulte : 3 à 4 cuillères à soupe par jour.
  - Enfant de plus de 6 ans : 2 cuillères à café, 3 fois par jour.
  - Enfant de 30 mois à 6 ans : 1 cuillère à café, 3 fois par jour.
- Suppositoire :
  - Adulte : 1 suppositoire Adulte, matin et soir.
  - Enfant : 1 suppositoire Enfant, matin et soir.
  - Nourrisson : 1 suppositoire Nourrisson, matin et soir.
- Solution :
  Elle peut être injectée par *voie* intraveineuse ou intramusculaire, ou utilisée en aérosol. La *posologie* est fixée par le médecin.

TERRAMYCINE pommade ophtalmique

oxytétracycline

PRÉSENTATION

TERRAMYCINE : pommade ophtalmique ; tube 5 g - Remb. 65 %

Laboratoires Pfizer

COMPOSITION

	p. 100 g
Oxytétracycline	0,50 g

INDICATIONS

C'est une pommade ophtalmique qui contient un *antibiotique* de la famille des *tétracyclines*.

Elle est utilisée pour traiter les infections de l'œil et le *trachome*.

ATTENTION

Une rougeur ou une douleur de l'œil ne correspondent pas toujours à une infection. Des soins urgents peuvent être nécessaires, particulièrement en cas de vision floue. N'utilisez pas ce médicament sans avis médical.

La pommade peut être contaminée par l'œil infecté : évitez de mettre en contact l'extrémité du tube avec l'œil ; ne la conservez pas inutilement après une première utilisation.

N'utilisez pas ce médicament sans avis médical chez l'enfant de moins de 8 ans.

GROSSESSE, ALLAITEMENT ET NOUVEAU-NÉ

Ce médicament peut provoquer des anomalies dentaires chez l'enfant à naître ou le *nourrisson* : son usage est déconseillé pendant la grossesse ou l'allaitement.

MODE D'EMPLOI ET POSOLOGIE

Tirer la paupière inférieure vers le bas tout en regardant vers le haut. Appliquer un ruban de pommade d'un demi-centimètre entre la paupière et le globe oculaire (*cul-de-sac conjonctival*).

Posologie usuelle :

Infections de l'œil : 2 à 6 applications par jour pendant 7 jours en moyenne.

Trachome : 2 applications par jour pendant 2 mois.

La vision est légèrement troublée par l'application de la pommade. Ce trouble disparaît en quelques minutes.

Une application correcte du produit peut nécessiter une aide, notamment chez l'enfant ou la personne handicapée ou âgée.

Les lentilles de contact ne doivent pas être portées en cas d'infection oculaire ni réutilisées avant guérison complète.

EFFETS INDÉSIRABLES POSSIBLES

Irritation ou réaction allergique locale (*eczéma*).

TERRAMYCINE pommade dermique

oxytétracycline

PRÉSENTATION

TERRAMYCINE : pommade dermique ; tube 15 g - Non remb.

Laboratoires Pfizer

COMPOSITION

	p. 100 g
Oxytétracycline	3 g

INDICATIONS

Cette pommade contient un *antibiotique* de la famille des *tétracyclines*.

Elle est utilisée dans le traitement des infections de la peau.

CONTRE-INDICATIONS

Ce médicament ne doit pas être utilisé dans les cas suivants :

- *allergie* aux *tétracyclines*,
- infection du mamelon au cours de l'allaitement.

ATTENTION

Si l'infection ne disparaît pas après quelques jours, consultez votre médecin.

Évitez d'utiliser cette pommade, notamment chez l'enfant, de manière prolongée et sur des surfaces étendues ou profondément lésées sans l'avis de votre médecin. Elle ne doit pas non plus être appliquée sur les lésions suintantes.

GROSSESSE, ALLAITEMENT ET NOUVEAU-NÉ

L'effet de ce médicament pendant la grossesse ou l'allaitement est mal connu : seul votre médecin peut évaluer le risque éventuel de son utilisation dans votre cas.

Allaitement :

En raison du risque d'ingestion par le *nouveau-né*, la pommade ne doit pas être appliquée sur le mamelon de la femme qui allaite.

MODE D'EMPLOI ET POSOLOGIE

Nettoyer la lésion à traiter avant l'application de la pommade.

Posologie usuelle :

2 ou 3 applications par jour pendant 7 jours.

Les *antibiotiques* de la famille des *tétracyclines* peuvent être toxiques s'ils sont utilisés au-delà de leur date de péremption.

EFFETS INDÉSIRABLES POSSIBLES

Irritation locale ou réaction allergique (*eczéma*) au point d'application de la pommade ou à distance de celui-ci.

TERRAMYCINE SOLU-RETARD

oxytétracycline

PRÉSENTATION

TERRAMYCINE SOLU-RETARD : solution injectable *I.M.* ; boîte de 1 ampoule 3 ml - Remb. 65 % - Liste I

Laboratoires Pfizer

COMPOSITION

	p. amp. inj.
Oxytétracycline	250 mg
Lidocaïne	40 mg
Sulfites	+

INDICATIONS

Ce médicament contient un *antibiotique* de la famille des *tétracyclines*.

Il est utilisé dans le traitement de diverses maladies infectieuses, notamment respiratoires et génitales.

CONTRE-INDICATIONS

Ce médicament ne doit pas être utilisé dans les cas suivants :

- *allergie* aux *tétracyclines* ou à la lidocaïne,
- enfant de moins de 8 ans (risque de coloration définitive des dents),
- association avec les *rétinoïdes*,
- grossesse,
- allaitement.

ATTENTION

Des précautions sont nécessaires en cas d'*insuffisance rénale* ou d'*insuffisance hépathique*.

Ce médicament est photosensibilisant : une exposition aux rayons *ultraviolets* peut provoquer des réactions cutanées. Évitez toute exposition au soleil et n'omettez pas de signaler à votre médecin vos projets de vacances pendant la durée du traitement.

Ce médicament contient des *sulfites* qui peuvent aggraver les réactions allergiques chez les personnes prédisposées.

Ce médicament peut perturber certaines analyses d'urine, notamment la recherche de glucose.

INTERACTIONS MÉDICAMENTEUSES

Ce médicament ne doit pas être associé à ceux contenant des *rétinoïdes* (ROACCUTANE ORAL, SORIATANE...) : risque d'*hypertension intracrânienne*.

Il peut interagir avec d'autres médicaments, notamment les *anticoagulants* oraux : signalez tout autre traitement en cours à votre médecin ou à votre pharmacien.

GROSSESSE, ALLAITEMENT ET NOUVEAU-NÉ

Ce médicament peut provoquer des anomalies dentaires chez l'enfant à naître ou le *nourrisson* : son usage est contre-indiqué pendant la grossesse et l'allaitement.

MODE D'EMPLOI ET POSOLOGIE

La solution doit être injectée par *voie* intramusculaire profonde, dans la fesse.

Posologie usuelle :

- Adulte : 1 ampoule, 1 ou 2 fois par jour.
- Enfant de plus de 8 ans : 1/2 à 1 ampoule par jour.

Une diminution de la fièvre ou une disparition des troubles ne sont pas synonymes de guérison : la durée du traitement doit absolument être respectée pour éviter les rechutes.

Ce médicament doit être conservé à l'abri de la lumière.

EFFETS INDÉSIRABLES POSSIBLES

Troubles digestifs : diarrhée, nausée.
Allergie cutanée.
Rougeurs cutanées dues à une exposition aux rayons *ultraviolets*.

TERSIGAT
oxitropium bromure

PRÉSENTATION

TERSIGAT : aérosol doseur ; flacon pressurisé avec embout buccal (150 bouffées) - Remb. 65 % - Liste I
Laboratoires 3M Santé

COMPOSITION

	p. bouffée
Oxytropium bromure	100 µg

INDICATIONS

C'est un bronchodilatateur qui appartient à la famille des anticholinergiques (*atropiniques*). Il agit localement contre la contraction anormale des muscles de la paroi des bronches. Son action est rapide (quelques minutes) et se poursuit 6 à 10 heures.
Il est utilisé dans :
- l'*asthme* (*traitement de la crise, traitement de fond*),
- certaines maladies des bronches.

CONTRE-INDICATIONS

Bien qu'il ait des effets *atropiniques*, ce médicament ne présente aucune contre-indication, car il agit localement et n'est pas diffusé dans l'organisme.

ATTENTION
Si une crise d'*asthme* ne cède pas malgré des inhalations répétées à la *posologie* usuelle, ne pas s'obstiner et consulter immédiatement votre médecin (à défaut appeler le 15 ou un service médical d'urgence).

GROSSESSE, ALLAITEMENT ET NOUVEAU-NÉ

Grossesse :
Par mesure de prudence, ce médicament est déconseillé pendant les 3 premiers mois de la grossesse.
Allaitement :
Les données actuellement disponibles ne permettent pas de savoir si ce médicament passe dans le lait maternel.

MODE D'EMPLOI ET POSOLOGIE

Le flacon doit être agité avant l'emploi. Présenter l'embout à l'entrée de la bouche, le fond de la cartouche dirigé vers le haut. Appuyer sur le fond de la cartouche tout en inhalant. L'inhalation doit être faite au cours d'une inspiration profonde, précédée d'une expiration forcée. Il est ensuite nécessaire de retenir sa respiration quelques instants.
Se rincer la bouche à l'eau après l'emploi.

Posologie usuelle :
- Adulte et enfant de plus de 5 ans : 2 bouffées, 2 ou 3 fois par jour.

Lire attentivement la notice du médicament avant son emploi.
N'hésitez pas à demander une démonstration du maniement de cet appareil à votre médecin ou à votre pharmacien.
L'utilisation de l'aérosol doseur chez les personnes maîtrisant mal la technique d'inhalation peut être facilitée par l'emploi d'un réservoir en matière plastique qui s'interpose entre l'aérosol doseur et la bouche. Demandez conseil à votre pharmacien.
Pensez à nettoyer à l'eau l'embout buccal avant et après l'emploi.
Le récipient est sous pression : le maintenir à l'abri de la chaleur.

EFFETS INDÉSIRABLES POSSIBLES

Sécheresse de la bouche, irritation de la gorge, au cours d'administrations prolongées.

TÉTAGRIP 05
vaccins associés

PRÉSENTATION

TÉTAGRIP 05 : suspension injectable ; seringue préremplie 0,5 ml - Non remb.
Laboratoires Mérieux-M.S.D.

COMPOSITION

	p. seringue
Anatoxine tétanique	1 dose
Vaccin grippal inactivé purifié	1 dose

INDICATIONS

C'est une association de *vaccins* composée d'une toxine inactivée, ou *anatoxine*, (tétanos) et de *virus* tués (grippe). Elle ne contient aucun *germe* vivant.
Elle est utilisée dans la prévention de la grippe et du tétanos.
L'immunité contre la grippe apparaît 15 jours après l'injection et dure environ 1 an.

CONTRE-INDICATIONS

Ce médicament ne doit pas être utilisé en cas d'*allergie* aux protéines de l'œuf.

ATTENTION
Le *vaccin* antigrippal ne protège que contre la vraie grippe, maladie grave, potentiellement mortelle chez les personnes fragiles. Il est incapable de prévenir les bronchites banales et autres affections virales saisonnières.

GROSSESSE, ALLAITEMENT ET NOUVEAU-NÉ

Grossesse :
L'effet de ce *vaccin* pendant la grossesse est mal connu : seul votre médecin peut évaluer le risque éventuel de son utilisation dans votre cas.
Allaitement :
Cette vaccination peut être pratiquée pendant l'allaitement.

MODE D'EMPLOI ET POSOLOGIE

Bien agiter la seringue avant l'emploi, la réchauffer à température ambiante si nécessaire. L'injection doit être réalisée par *voie* sous-cutanée ou intramusculaire.
La prévention de la grippe repose sur une injection annuelle : le *vaccin* est différent tous les ans car il est adapté aux caractéristiques du *virus* attendu. L'adjonction du vaccin antitétanique permet de profiter de l'injection de vaccin antigrippal pour commencer une vaccination antitétanique chez une personne non vaccinée, ou de pratiquer les rappels nécessaires. Par exemple, l'absence de rappel antitétanique depuis 30 ans chez un adulte de 50 ans peut être corrigée par 3 injections successives de ce vaccin à 1 an d'intervalle.

Une infection avec ou sans fièvre n'empêche pas la vaccination ; pour des raisons de confort, elle peut néanmoins être différée.
Les réactions fébriles dues aux *vaccins* peuvent être combattues en prenant de l'aspirine ou du paracétamol.
Pour garder son efficacité, ce vaccin doit être conservé entre + 2 et + 8 °C (compartiment à beurre du réfrigérateur), mais quelques jours à une température ne dépassant pas 25 °C ne prêtent pas à conséquence. Il ne doit pas être congelé.

EFFETS INDÉSIRABLES POSSIBLES

Réactions douloureuses, *nodule* au point d'injection.
Fièvre modérée pendant 1 ou 2 jours.

TÉTAVAX
vaccin antitétanique

PRÉSENTATION

TÉTAVAX : suspension injectable ; seringue préremplie 0,5 ml - Remb. 65 %
Laboratoires Mérieux-M.S.D.

COMPOSITION

	p. seringue
Anatoxine tétanique purifiée	1 dose

INDICATIONS

Ce *vaccin* est composé de l'*anatoxine* tétanique, forme inactivée et purifiée de la toxine responsable du tétanos. Il ne contient aucun *germe* vivant.
Il est utilisé dans la prévention du tétanos.
L'immunité apparaît dès la deuxième injection et persiste 10 ans après le premier rappel.

CONTRE-INDICATIONS

Il n'existe aucune contre-indication à ce vaccin.

ATTENTION
En cas de blessure :
- si le dernier rappel date de moins de 10 ans, aucune prévention antitétanique n'est utile ;

- si le dernier rappel date de plus de 10 ans, 2 injections sont nécessaires : 1 rappel de vaccin et une injection de gammaglobulines antitétaniques.

GROSSESSE, ALLAITEMENT ET NOUVEAU-NÉ

Cette vaccination peut être pratiquée chez la femme enceinte ou qui allaite.

MODE D'EMPLOI ET POSOLOGIE

Bien agiter la seringue avant l'emploi, la réchauffer à température ambiante si nécessaire. L'injection doit être réalisée par *voie* sous-cutanée ou intramusculaire. Ce *vaccin* peut aussi bien servir à la première vaccination qu'aux rappels ultérieurs.

Posologie usuelle :

- Adulte : la première vaccination consiste en 2 injections espacées de 4 à 6 semaines, suivies d'un rappel 6 à 12 mois après la deuxième injection. Un rappel doit ensuite être pratiqué tous les 10 ans.

Pour des raisons de confort, la vaccination doit être différée en cas de fièvre élevée.

En cas de dépassement des dates de rappel, il est inutile de reprendre toute la vaccination, il faut rattraper le retard ; par exemple, si aucun rappel n'a été effectué depuis 20 ans, deux injections séparées d'un mois suffisent à restaurer l'immunité.

Pour garder son efficacité, ce *vaccin* doit être conservé entre + 2 et + 8 °C (compartiment à beurre du réfrigérateur), mais quelques jours à une température ne dépassant pas 25 °C ne prêtent pas à conséquence. Il ne doit pas être congelé.

EFFETS INDÉSIRABLES POSSIBLES

Réactions douloureuses, *nodule* au point d'injection.

Très rares réactions fébriles.

TÉTRACOQ 05

vaccins associés

PRÉSENTATION

TÉTRACOQ 05 : suspension injectable ; seringue préremplie 0,5 ml - Remb. 65 %

Laboratoires Mérieux-M.S.D.

COMPOSITION

	p. seringue
Anatoxine diphtérique purifiée	1 dose
Anatoxine tétanique purifiée	1 dose
Bordetella pertussis	⩾ 4 UI
Vaccins poliomyélitiques inactivés type 1, 2 et 3	1 dose

INDICATIONS

C'est une association de *vaccins* composée de toxines inactivées ou *anatoxines*, (diphtérie et tétanos) et de *germes* tués (coqueluche, polio). Elle ne contient aucun germe vivant.

Elle est utilisée dans la prévention de la diphtérie, du tétanos, de la poliomyélite et de la coqueluche.

CONTRE-INDICATIONS

Ce médicament ne doit pas être utilisé dans les cas suivants :
- certaines maladies graves du cerveau,
- forte réaction lors de la première vaccination anticoquelucheuse : fièvre élevée, *convulsions*...

GROSSESSE, ALLAITEMENT ET NOUVEAU-NÉ

Ce *vaccin* est destiné au jeune enfant et n'est pas utilisé pendant la grossesse.

MODE D'EMPLOI ET POSOLOGIE

Bien agiter la seringue avant l'emploi, la réchauffer à température ambiante si nécessaire. L'injection doit être réalisée par *voie* sous-cutanée ou intramusculaire.

Posologie usuelle :

Les 3 premières injections sont réalisées à 1 mois d'intervalle dès l'âge de 2 mois. Le premier rappel a lieu 1 an après la troisième injection, puis éventuellement 5 ans après. Les rappels ultérieurs sont généralement pratiqués avec une association de *vaccins* ne comportant pas le vaccin anticoquelucheux.

Les réactions fébriles dues aux *vaccins* peuvent être combattues en prenant de l'aspirine ou du paracétamol.

Pour garder son efficacité, ce vaccin doit être conservé entre + 2 et + 8 °C (compartiment à beurre du réfrigérateur), mais quelques jours à une température ne dépassant pas 25 °C ne prêtent pas à conséquence. Il ne doit pas être congelé.

EFFETS INDÉSIRABLES POSSIBLES

Réactions douloureuses, *nodule* au point d'injection.

Réaction fébrile (38 à 39 °C) pendant 1 ou 2 jours.

Exceptionnellement : fièvre à 40 °C, *convulsions*, cris persistants. Ce *syndrome* très rare (1 pour 100 000 vaccinations) et réversible conduit à renoncer à la poursuite de la vaccination anticoquelucheuse chez l'enfant qui en a été la victime. Ce risque ne remet pas en cause l'intérêt de la vaccination contre la coqueluche, compte tenu de la gravité de cette maladie.

TÉTRACYCLINE DIAMANT

tétracycline

PRÉSENTATION

TÉTRACYCLINE DIAMANT : comprimé (orange) ; boîte de 16 - Remb. 65 % - Liste I

Laboratoires Diamant

COMPOSITION

	p. comp.
Tétracycline chlorhydrate	250 mg

INDICATIONS

C'est un *antibiotique* qui appartient à la famille des *tétracyclines*.

Il est utilisé dans le traitement de diverses maladies infectieuses, notamment respiratoires et génitales. Il est également utilisé dans le traitement de l'*acné*.

CONTRE-INDICATIONS

Ce médicament ne doit pas être utilisé dans les cas suivants :
- *allergie* aux *tétracyclines*,
- enfant de moins de 8 ans (risque de coloration définitive des dents),
- association avec les *rétinoïdes*,
- **grossesse,**
- **allaitement.**

ATTENTION

Des précautions sont nécessaires en cas d'*insuffisance rénale* ou d'*insuffisance hépatique*.

Ce médicament est photosensibilisant : une exposition aux rayons *ultraviolets* peut provoquer des réactions cutanées. Évitez toute exposition au soleil et n'omettez pas de signaler à votre médecin vos projets de vacances pendant la durée du traitement.

L'emploi de *tétracyclines* périmées peut provoquer des lésions rénales.

Ce médicament peut perturber certaines analyses d'urine, notamment la recherche de glucose.

INTERACTIONS MÉDICAMENTEUSES

Ce médicament ne doit pas être associé à ceux contenant des *rétinoïdes* (ROACCUTANE ORAL, SORIATANE...) : risque d'*hypertension intracrânienne*.

Il peut interagir avec d'autres médicaments, notamment les *anticoagulants* oraux : signalez tout autre traitement en cours à votre médecin ou à votre pharmacien.

GROSSESSE, ALLAITEMENT ET NOUVEAU-NÉ

Ce médicament peut provoquer des anomalies dentaires chez l'enfant à naître ou le *nourrisson* : son usage est contre-indiqué pendant la grossesse et l'allaitement.

MODE D'EMPLOI ET POSOLOGIE

Ce médicament sera pris avec un verre d'eau, de préférence une demi-heure avant ou deux heures après un repas. Il est préférable de ne pas l'absorber en position allongée.

Posologie usuelle :

- Adulte : 6 à 8 comprimés par jour, en 2 à 3 prises. Dans le traitement prolongé de l'*acné*, la *posologie* est très variable et fixée par le médecin.
- Enfant de plus de 8 ans : 50 mg par kg et par jour (soit, par exemple, pour un enfant de 30 kg : 1,5 g, soit 2 comprimés, 3 fois par jour).

Le médecin peut prescrire un prélèvement pour identifier le *germe* responsable de l'infection et tester sa sensibilité aux *antibiotiques*. Le résultat de cet examen peut être faussé en cas d'automédication préalable : un avis médical est toujours préférable avant la prise d'antibiotiques.

Une diminution de la fièvre ou une disparition des troubles ne sont pas synonymes de guérison : la durée du traitement doit absolument être respectée pour éviter les rechutes.

EFFETS INDÉSIRABLES POSSIBLES

Troubles digestifs : diarrhée, nausée.

Allergie cutanée.

Rougeurs cutanées dues à une exposition aux rayons *ultraviolets*.

TÉTRALYSAL

lymécycline

PRÉSENTATION

TÉTRALYSAL : gélule (rouge et jaune) ; boîte de 16 - Remb. 65 % - Liste I

Laboratoires Galderma

COMPOSITION

	p. gél.
Lymécycline	150 mg

INDICATIONS

C'est un *antibiotique* qui appartient à la famille des *tétracyclines*.

Il est utilisé dans le traitement de diverses maladies infectieuses, notamment respiratoires et génitales. Il est également utilisé dans le traitement de l'*acné*.

CONTRE-INDICATIONS

Ce médicament ne doit pas être utilisé dans les cas suivants :

- *allergie* aux *tétracyclines*,
- enfant de moins de 8 ans (risque de coloration définitive des dents),
- association avec les *rétinoïdes*,
- grossesse,
- allaitement.

ATTENTION

Des précautions sont nécessaires en cas d'*insuffisance rénale* ou d'*insuffisance hépatique*.

Ce médicament est photosensibilisant : une exposition aux rayons *ultraviolets* peut provoquer des réactions cutanées. Évitez toute exposition au soleil et n'omettez pas de signaler à votre médecin vos projets de vacances pendant la durée du traitement.

Ce médicament peut perturber certaines analyses d'urine, notamment la recherche de glucose.

INTERACTIONS MÉDICAMENTEUSES

Ce médicament ne doit pas être associé à ceux contenant des *rétinoïdes* (ROACCUTANE ORAL, SORIATANE...) : risque d'*hypertension intracrânienne*.

Il peut interagir avec d'autres médicaments, notamment les *anticoagulants* oraux : signalez tout autre traitement en cours à votre médecin ou à votre pharmacien.

GROSSESSE, ALLAITEMENT ET NOUVEAU-NÉ

Ce médicament peut provoquer des anomalies dentaires chez l'enfant à naître ou le *nourrisson* : son usage est contre-indiqué pendant la grossesse et l'allaitement.

MODE D'EMPLOI ET POSOLOGIE

Ce médicament doit être pris en dehors des repas, avec un grand verre d'eau. Il est préférable de ne pas l'absorber en position allongée.

Posologie usuelle :

- Adulte : 2 gélules, matin et soir (soit 4 par jour). Dans le traitement prolongé de l'*acné*, la *posologie* est très variable et fixée par le médecin.

Le médecin peut prescrire un prélèvement pour identifier le *germe* responsable de l'infection et tester sa sensibilité aux *antibiotiques*. Le résultat de cet examen peut être faussé en cas d'automédication préalable : un avis médical est toujours préférable avant la prise d'antibiotiques.

Une diminution de la fièvre ou une disparition des troubles ne sont pas synonymes de guérison : la durée du traitement doit absolument être respectée pour éviter les rechutes.

EFFETS INDÉSIRABLES POSSIBLES

Troubles digestifs : nausée, diarrhée.

Allergie cutanée, œdème de *Quincke*.

Rougeurs cutanées dues à une exposition aux rayons *ultraviolets*.

TÉTRAMIG

tétracycline

PRÉSENTATION

TÉTRAMIG : comprimé (blanc) ; boîte de 16 - Remb. 65 % - Liste I

Laboratoires Biogalénique

COMPOSITION

	p. comp.
Tétracycline chlorhydrate	250 mg

INDICATIONS

C'est un *antibiotique* qui appartient à la famille des *tétracyclines*.

Il est utilisé dans le traitement de diverses maladies infectieuses, notamment respiratoires et génitales. Il est également utilisé dans le traitement de l'*acné*.

CONTRE-INDICATIONS

Ce médicament ne doit pas être utilisé dans les cas suivants :

- *allergie* aux *tétracyclines*,
- enfant de moins de 8 ans (risque de coloration définitive des dents),
- association avec les *rétinoïdes*,
- grossesse,
- allaitement.

ATTENTION

Des précautions sont nécessaires en cas d'*insuffisance rénale* ou d'*insuffisance hépatique*.

Ce médicament est photosensibilisant : une exposition aux rayons *ultraviolets* peut provoquer des réactions cutanées. Évitez toute exposition au soleil et n'omettez pas de signaler à votre médecin vos projets de vacances pendant la durée du traitement.

L'emploi de *tétracyclines* périmées peut provoquer des lésions rénales.

Ce médicament peut perturber certaines analyses d'urine, notamment la recherche de glucose.

INTERACTIONS MÉDICAMENTEUSES

Ce médicament ne doit pas être associé à ceux contenant des *rétinoïdes* (ROACCUTANE ORAL, SORIATANE...) : risque d'*hypertension intracrânienne*.

Il peut interagir avec d'autres médicaments, notamment les *anticoagulants* oraux : signalez tout autre traitement en cours à votre médecin ou à votre pharmacien.

GROSSESSE, ALLAITEMENT ET NOUVEAU-NÉ

Ce médicament peut provoquer des anomalies dentaires chez l'enfant à naître ou le *nourrisson* : son usage est contre-indiqué pendant la grossesse et l'allaitement.

MODE D'EMPLOI ET POSOLOGIE

Ce médicament sera pris avec un verre d'eau, de préférence une demi-heure avant ou deux heures après un repas. Il est préférable de ne pas l'absorber en position allongée.

Posologie usuelle :

- Adulte : 6 à 8 comprimés par jour en 2 à 4 prises. Dans le traitement prolongé de l'*acné*, la *posologie* est très variable et fixée par le médecin.
- Enfant de plus de 8 ans : 50 mg par kg et par jour (par exemple, pour un enfant de 30 kg : 1,5 g, soit 2 comprimés, 3 fois par jour).

Le médecin peut prescrire un prélèvement pour identifier le *germe* responsable de l'infection et tester sa sensibilité aux *antibiotiques*. Le résultat de cet examen peut être faussé en cas d'automédication préalable : un avis médical est toujours préférable avant la prise d'antibiotiques.

Une diminution de la fièvre ou une disparition des troubles ne sont pas synonymes de guérison : la durée du traitement doit absolument être respectée pour éviter les rechutes.

EFFETS INDÉSIRABLES POSSIBLES

Troubles digestifs : diarrhée, nausée.

Allergie cutanée.

Rougeurs cutanées dues à une exposition aux rayons *ultraviolets*.

TÉTRANASE

oxytétracycline, broméläines

PRÉSENTATION

TÉTRANASE : comprimé (jaune) ; boîte de 16 - Remb. 65 % - Liste I

Laboratoires Rottapharm

COMPOSITION

	p. comp.
Oxytétracycline chlorhydrate	250 mg
Bromélaïnes	1 800 nkatal

INDICATIONS

Ce médicament associe un *antibiotique* de la famille des *tétracyclines* et des *enzymes anti-inflammatoires*, les bromélaïnes.

Il est utilisé dans le traitement de diverses maladies infectieuses, notamment respiratoires et génitales.

CONTRE-INDICATIONS

Ce médicament ne doit pas être utilisé dans les cas suivants :
- *allergie* aux *tétracyclines*,
- enfant de moins de 8 ans (risque de coloration définitive des dents),
- association avec les *rétinoïdes*,
- grossesse,
- allaitement.

ATTENTION

Des précautions sont nécessaires en cas d'*insuffisance hépatique*.

Ce médicament est photosensibilisant : une exposition aux rayons *ultraviolets* peut provoquer des réactions cutanées. Évitez toute exposition au soleil et n'omettez pas de signaler à votre médecin vos projets de vacances pendant la durée du traitement.

L'emploi de *tétracyclines* périmées peut provoquer des lésions rénales.

Ce médicament peut perturber certaines analyses d'urine, notamment la recherche du glucose.

INTERACTIONS MÉDICAMENTEUSES

Ce médicament ne doit pas être associé à ceux contenant des *rétinoïdes* (ROACCUTANE ORAL, SORIATANE...) : risque d'*hypertension intracrânienne*.

Il peut interagir avec d'autres médicaments, notamment les *anticoagulants* oraux : signalez tout autre traitement en cours à votre médecin ou à votre pharmacien.

GROSSESSE, ALLAITEMENT ET NOUVEAU-NÉ

Ce médicament peut provoquer des anomalies dentaires chez l'enfant à naître ou le *nourrisson* : son usage est contre-indiqué pendant la grossesse et l'allaitement.

MODE D'EMPLOI ET POSOLOGIE

Ce médicament doit être pris de préférence au moins une demi-heure avant ou deux heures après les repas.

Posologie usuelle :
- Adulte : 6 à 8 comprimés par jour, répartis en 3 ou 4 prises.
- Enfant de plus de 8 ans : 25 à 50 mg par kg et par jour, en 3 prises.

L'éventuelle impression de fatigue n'est pas due à l'*antibiotique*, mais à l'infection elle-même.

Le médecin peut prescrire un prélèvement pour identifier le *germe* responsable de l'infection et tester sa sensibilité aux antibiotiques. Le résultat de cet examen peut être faussé en cas d'automédication préalable : un avis médical est toujours préférable avant la prise d'antibiotiques.

Une diminution de la fièvre ou une disparition des troubles ne sont pas synonymes de guérison : la durée du traitement doit absolument être respectée pour éviter les rechutes.

EFFETS INDÉSIRABLES POSSIBLES

Troubles digestifs : nausée, diarrhée.

Allergie cutanée.

Réactions de *photosensibilisation* : rougeurs cutanées dues à une exposition aux rayons *ultraviolets*.

TÉTRAPONGYL

glande thyroïde de porc

PRÉSENTATION

TÉTRAPONGYL : comprimé (violet) ; boîte de 100 - Non remb. - Liste II

Laboratoires Gallier

COMPOSITION

	p. comp.
Glande thyroïde de porc, poudre	25 mg

INDICATIONS

Ce médicament contient de la poudre de glande *thyroïde* de porc riche.

Il est utilisé comme *traitement substitutif* pour remplacer les *hormones thyroïdiennes* lorsque celles-ci ne sont plus sécrétées en quantité suffisante par la thyroïde.

CONTRE-INDICATIONS

Ce médicament ne doit pas être utilisé en cas d'hyperfonctionnement de la *thyroïde*. Dans toutes les autres situations, le médecin est seul juge pour prescrire ce médicament, notamment en cas d'*insuffisance coronarienne* ou de *troubles du rythme cardiaque*.

ATTENTION

L'utilisation de ce médicament bloque l'*hypophyse* : il ne doit jamais être utilisé dans le traitement de l'obésité.

Prévenez votre médecin si vous avez eu des troubles cardiaques, une *hypertension artérielle*, un *diabète* ou d'autres troubles hormonaux.

Ne dépassez en aucun cas la *posologie* prescrite : risque de troubles cardiaques graves.

INTERACTIONS MÉDICAMENTEUSES

Ce médicament peut interagir avec d'autres médicaments, notamment les *anticoagulants* oraux, les *hypoglycémiants* et les *antidépresseurs*. Signalez tout autre traitement en cours à votre médecin ou à votre pharmacien.

GROSSESSE, ALLAITEMENT ET NOUVEAU-NÉ

Grossesse :

La prise de ce médicament peut être poursuivie pendant la grossesse, sous contrôle médical.

MODE D'EMPLOI ET POSOLOGIE

La *posologie* est individuelle, et adaptée par le médecin : suivez-la strictement et ne l'augmentez pas de vous-même. Le traitement est installé par paliers successifs.

La dose quotidienne est prise en une seule fois, le matin à jeun.

L'*hypothyroïdie* est une maladie qui nécessite un traitement à vie.

EFFETS INDÉSIRABLES POSSIBLES

Aggravation possible de troubles cardiaques.

Certains signes doivent faire penser à un surdosage : *tachycardie*, insomnie, maux de tête, excitabilité, fièvre, sueurs, amaigrissement rapide, diarrhée.

TEXODIL

céfotiam

PRÉSENTATION

TEXODIL : comprimé ; boîte de 10 - Remb. 65 % - Liste I

Laboratoires Cassenne

COMPOSITION

	p. comp.
Céfotiam	200 mg

INDICATIONS

Cet *antibiotique* appartient à la famille des *céphalosporines*, antibiotiques proches des *pénicillines*, qui sont actives sur un plus grand nombre de *germes* que la pénicilline simple.

Ce médicament est utilisé dans le traitement de diverses maladies infectieuses, notamment celles des poumons, des bronches, de la gorge et des *sinus*.

CONTRE-INDICATIONS

Ce médicament ne doit pas être utilisé dans les cas suivants :
- *allergie* aux *céphalosporines*,
- *insuffisance rénale* grave,
- *insuffisance hépatique*.

Il ne peut être utilisé qu'après avis médical en cas d'allergie aux *pénicillines*.

ATTENTION

Des *antécédents* d'*allergie* à une *céphalosporine* contre-indiquent l'usage de ce médicament. La survenue de toute manifestation allergique (boutons, *œdème*, malaise) impose l'arrêt immédiat du traitement ; de même, la survenue d'une diarrhée importante doit vous conduire à alerter votre médecin.

Une diminution de la fièvre ou une disparition des troubles ne sont pas synonymes de guérison : la durée du traitement doit absolument être respectée pour éviter les rechutes.

GROSSESSE, ALLAITEMENT ET NOUVEAU-NÉ

Grossesse :

Ce médicament est récent : en l'absence de données suffisantes, son usage est déconseillé pendant la grossesse.

Allaitement :

Ce médicament passe dans le lait maternel.

MODE D'EMPLOI ET POSOLOGIE

Les comprimés doivent être avalés avec un grand verre d'eau, avant les repas.

Posologie usuelle :

- Adulte : 1 ou 2 comprimés, matin et soir.

> Le médecin peut prescrire une analyse pour identifier le *germe* responsable de l'infection et tester sa sensibilité aux *antibiotiques*. Le résultat de cet examen peut être faussé en cas d'automédication préalable : ne prenez pas d'antibiotique sans avis médical.
>
> L'éventuelle impression de fatigue n'est pas due à l'antibiotique, mais à l'infection elle-même.

EFFETS INDÉSIRABLES POSSIBLES

Troubles digestifs : nausée et diarrhée.

Allergie cutanée.

Choc allergique rare.

THÉINOL

salicylate de sodium, phénazone, caféine

PRÉSENTATION

THÉINOL : solution buvable (jaune ambré) ; flacon 125 ml - Remb. 65 %

Laboratoires Bailly-Speab

COMPOSITION

	p. c. à c.
Salicylate de sodium	33,3 mg
Phénazone	137 mg
Caféine	33 mg
Saccharose	1,08 g
Alcool à 95°	0,45 ml

INDICATIONS

Ce médicament contient un *salicylé*, de la phénazone, aux propriétés *antalgiques* et *antipyrétiques*, et de la caféine, stimulant du système nerveux.

Il est utilisé dans le *traitement symptomatique* de la douleur ou de la fièvre.

CONTRE-INDICATIONS

Ce médicament ne doit pas être utilisé dans les cas suivants :

- *allergie* à l'aspirine et aux *anti-inflammatoires* non stéroïdiens (*AINS*),
- *ulcère* de l'estomac ou du *duodénum*,
- *hémorragie* et risque hémorragique.

> **ATTENTION**
>
> Ce médicament est apparenté à l'aspirine ; évitez de le prendre pendant la semaine qui précède une extraction dentaire, une opération, ou pendant des règles abondantes : augmentation du risque d'*hémorragie*.
>
> Un avis médical est préférable en cas d'*asthme*, d'*insuffisance rénale*, de déficit en *G6PD*.
>
> La solution buvable contient de l'*alcool* et du *sel* en quantité notable.

INTERACTIONS MÉDICAMENTEUSES

Ce médicament peut interagir avec de nombreux médicaments, notamment les *anticoagulants*. Signalez tout autre traitement en cours à votre médecin ou à votre pharmacien.

GROSSESSE, ALLAITEMENT ET NOUVEAU-NÉ

Ce médicament est déconseillé pendant la grossesse ou l'allaitement.

MODE D'EMPLOI ET POSOLOGIE

La solution buvable doit être avalée avec un grand verre d'eau.

Posologie usuelle :

- Adulte : 1 ou 2 cuillères à café, 1 à 4 fois par jour.

> De nombreux médicaments contiennent de l'aspirine : en tenir compte en cas de prise conjointe (risque de surdosage).
>
> Il est préférable d'éviter la prise de ce médicament le soir, en raison de la présence de caféine.

EFFETS INDÉSIRABLES POSSIBLES

Liés au *salicylé* :

- *gastrite*, douleurs abdominales, saignements du nez ou des gencives ;
- rares et parfois graves : *hémorragie* du tube digestif (vomissements sanglants, selles noires ou plus souvent pertes de sang imperceptibles, responsables de l'apparition progressive d'une *anémie*) ; accidents allergiques (*urticaire*, *œdème*, *asthme*) ;
- signes devant faire penser à un surdosage : bourdonnements d'oreille, baisse de l'audition, maux de tête.

Liés à la phénazone : *allergie* cutanée.

Liés à la caféine : insomnie, excitation, *palpitations*.

THÉOLAIR

théophylline

PRÉSENTATION

THÉOLAIR L.P. 100 mg : comprimé sécable à *libération prolongée* (blanc) ; boîte de 30 - Remb. 65 %

THÉOLAIR 125 mg : comprimé sécable (blanc) ; boîte de 30 - Remb. 65 %

THÉOLAIR L.P. 175 mg : comprimé sécable à *libération prolongée* (blanc) ; boîte de 30 - Remb. 65 %

Laboratoires 3M Santé

COMPOSITION

	p. comp. L.P.	p. comp.	p. comp. L.P.
Théophylline	100 mg	125 mg	175 mg

INDICATIONS

Ce médicament est un bronchodilatateur qui contient de la théophylline. Il lutte contre la contraction anormale des muscles de la paroi des bronches et stimule la respiration.

Il est utilisé dans le traitement de l'*asthme* et de certaines maladies respiratoires.

CONTRE-INDICATIONS

Ce médicament ne doit pas être utilisé dans les cas suivants :

- enfant de moins de 30 mois,
- en association avec les médicaments contenant de l'énoxacine.

> **ATTENTION**
>
> Ce médicament n'est pas adapté en cas de crise d'*asthme*.
>
> Ce médicament contient de la théophylline : ne l'utilisez pas sans l'avis de votre médecin.
>
> Des précautions sont nécessaires en cas d'*insuffisance cardiaque*, d'*insuffisance hépatique*, d'*insuffisance coronarienne*, d'*hyperthyroïdie*, d'*antécédent* de *convulsions*, d'obésité, d'*ulcère* de l'estomac et du *duodénum*.
>
> Le tabac interagit avec la théophylline, dont il diminue fortement l'efficacité, mais son arrêt peut conduire à un surdosage. Votre médecin adaptera la *posologie* en conséquence.

INTERACTIONS MÉDICAMENTEUSES

Ce médicament ne doit pas être associé aux médicaments contenant de l'énoxacine (ENOXOR...) : risque de surdosage en théophylline.

Il peut interagir avec d'autres médicaments. Signalez tout autre traitement en cours à votre médecin ou à votre pharmacien.

GROSSESSE, ALLAITEMENT ET NOUVEAU-NÉ

Grossesse et nouveau-né :

Lors de son utilisation en fin de grossesse, ce médicament peut provoquer une accélération du cœur et une agitation importante chez le *nouveau-né*.

Allaitement :

Les données actuellement disponibles ne permettent pas de savoir si ce médicament passe dans le lait maternel.

MODE D'EMPLOI ET POSOLOGIE

Posologie usuelle :

Elle est précise et strictement individuelle. Elle est adaptée progressivement par votre médecin en fonction des analyses de sang indiquant le taux de théophylline.

La *posologie* efficace la plus faible possible est toujours recherchée.

> Toute modification de la *posologie* expose à la survenue d'une crise d'*asthme* : veillez à ne jamais manquer de ce médicament.
>
> Fumer, ou être exposé à la fumée des autres, nuit à l'efficacité du traitement.

Les excitants, tels que le thé ou le café, peuvent accroître certains effets indésirables de la théophylline et doivent être consommés avec modération.

EFFETS INDÉSIRABLES POSSIBLES

Les effets indésirables varient d'une personne à l'autre. Leur intensité peut traduire un surdosage et rendre nécessaire une adaptation de la *posologie* : consultez votre médecin.

Les plus fréquents sont : maux de tête, nervosité, agitation, insomnie, accélération du cœur, *troubles digestifs*.

THÉOSTAT
théophylline

PRÉSENTATION

THÉOSTAT 100 mg : comprimé sécable à *libération prolongée* (blanc) ; boîte de 30 - Remb. 65 %

THÉOSTAT 300 mg : comprimé sécable à *libération prolongée* (blanc) ; boîte de 30 - Remb. 65 %

Laboratoires Inava

COMPOSITION

	p. comp. L.P.	p. comp. L.P.
Théophylline	100 mg	300 mg

INDICATIONS

Ce médicament est un bronchodilatateur qui contient de la théophylline. Il lutte contre la contraction anormale des muscles de la paroi des bronches et stimule la respiration.

Il est utilisé dans le traitement de l'*asthme* et de certaines maladies respiratoires.

CONTRE-INDICATIONS

Ce médicament ne doit pas être utilisé dans les cas suivants :
- enfant de moins de 3 ans,
- en association avec les médicaments contenant de l'énoxacine.

ATTENTION

Ce médicament n'est pas adapté en cas de crise d'*asthme*.

Ce médicament contient de la théophylline : ne l'utilisez pas sans l'avis de votre médecin.

Des précautions sont nécessaires en cas d'*insuffisance cardiaque*, d'*insuffisance hépatique*, d'*insuffisance coronarienne*, d'*hyperthyroïdie*, d'*antécédent* de *convulsions*, d'obésité, d'*ulcère* de l'estomac et du *duodénum*.

Le tabac interagit avec la théophylline, dont il diminue fortement l'efficacité, mais son arrêt peut conduire à un surdosage. Votre médecin adaptera la *posologie* en conséquence.

INTERACTIONS MÉDICAMENTEUSES

Ce médicament ne doit pas être associé aux médicaments contenant de l'énoxacine (ENOXOR...) : risque de surdosage en théophylline.

Il peut interagir avec d'autres médicaments. Signalez tout autre traitement en cours à votre médecin ou à votre pharmacien.

GROSSESSE, ALLAITEMENT ET NOUVEAU-NÉ

Grossesse et nouveau-né :

Lors de son utilisation en fin de grossesse, ce médicament peut provoquer une accélération du cœur et une agitation importante chez le *nouveau-né*.

Allaitement :

Les données actuellement disponibles ne permettent pas de savoir si ce médicament passe dans le lait maternel.

MODE D'EMPLOI ET POSOLOGIE

Les comprimés doivent être avalés avec un verre d'eau, sans être croqués, ni mâchés.

Posologie usuelle :

Elle est précise et strictement individuelle. Elle est adaptée progressivement par votre médecin en fonction des analyses de sang indiquant le taux de théophylline.

La *posologie* efficace la plus faible possible est toujours recherchée.

Toute modification de la *posologie* expose à la survenue d'une crise d'*asthme* : veillez à ne jamais manquer de ce médicament.

Fumer, ou être exposé à la fumée des autres, nuit à l'efficacité du traitement.

Les excitants, tels que le thé ou le café, peuvent accroître certains effets indésirables de la théophylline et doivent être consommés avec modération.

EFFETS INDÉSIRABLES POSSIBLES

Les effets indésirables varient d'une personne à l'autre. Leur intensité peut traduire un surdosage et rendre nécessaire une adaptation de la *posologie* : consultez votre médecin.

Les plus fréquents sont : maux de tête, agitation, insomnie, accélération du cœur, *troubles digestifs*.

THÉRALÈNE
alimémazine

PRÉSENTATION

THÉRALÈNE : comprimé sécable (rose) ; boîte de 50 - Remb. 65 % - Liste II

THÉRALÈNE 40 mg/ml : solution buvable ; flacon 30 ml (1 200 gouttes) - Remb. 65 % - Liste II

Laboratoires Théraplix

COMPOSITION

	p. comp.	p. gte
Alimémazine	5 mg	1 mg
Alcool		+

INDICATIONS

Ce médicament est un *antihistaminique* antiallergique de la famille des phénothiazines. Il a également des effets *antitussifs*, *sédatifs* et *atropiniques*.

Il est utilisé dans le traitement :
- des *allergies* (*rhinite*, *conjonctivite*, *urticaire*, œdème de *Quincke*) ;
- des démangeaisons non allergiques ;
- des toux sèches, en particulier irritatives et allergiques ;
- de l'insomnie et de l'agitation.

CONTRE-INDICATIONS

Ce médicament ne doit pas être utilisé dans les cas suivants :
- *glaucome* à angle fermé,
- risque de blocage des urines (*adénome de la prostate*).

ATTENTION

N'utilisez pas ce médicament chez l'enfant de moins de 1 an sans avis médical.

Ce médicament n'est pas adapté au traitement de la toux grasse, qui est un mécanisme de défense normal de l'organisme permettant l'évacuation des mucosités présentes dans les bronches.

La toux est un *symptôme* qui peut révéler de nombreuses maladies : consultez votre médecin si elle persiste plus de quelques jours.

Évitez les boissons alcoolisées : augmentation du risque de somnolence.

Ce médicament est responsable d'une baisse de la vigilance : la conduite, les activités professionnelles ou de loisirs exposant à un danger sont formellement déconseillées.

INTERACTIONS MÉDICAMENTEUSES

Ce médicament peut interagir avec d'autres médicaments, notamment les *sédatifs* et les *atropiniques*. Signalez tout autre traitement en cours à votre médecin ou à votre pharmacien.

GROSSESSE, ALLAITEMENT ET NOUVEAU-NÉ

Grossesse et nouveau-né :

L'usage de ce médicament est déconseillé pendant les 3 premiers mois de la grossesse. Son usage pendant les 6 derniers mois doit être soumis à l'appréciation de votre médecin.

En cas de traitement prolongé au cours des derniers mois de la grossesse, une surveillance du *nouveau-né* est nécessaire.

Allaitement :

Les données actuellement disponibles ne permettent pas de savoir si ce médicament passe dans le lait maternel : par mesure de prudence, il est déconseillé pendant l'allaitement.

MODE D'EMPLOI ET POSOLOGIE

Les comprimés doivent être avalés avec un verre d'eau. Les prises sont à répartir au cours de la journée ; la plus forte dose doit être prise le soir.

Posologie usuelle :

- Adulte :
  - *allergie*, toux : 1 à 8 comprimés ou 5 à 40 gouttes par jour ;
  - insomnie : 1 à 4 comprimés le soir au moment du coucher.

- Enfant : de 0,5 mg à 1 mg par kg et par jour ; soit, pour un enfant de 20 kg, 10 à 20 gouttes par jour.

Ce médicament agit sur les manifestations de l'*allergie* mais n'en supprime pas la cause. Si les *symptômes* persistent ou s'aggravent, n'hésitez pas à consulter votre médecin.

Des mesures simples permettent de calmer les toux sèches : boissons chaudes et humidification de l'air ambiant.

Les somnifères ne sont pas la seule réponse aux troubles du sommeil. Une meilleure hygiène de vie, une consommation modérée d'excitants (y compris les boissons alcoolisées) permettent aussi de lutter contre les insomnies.

EFFETS INDÉSIRABLES POSSIBLES

Somnolence fréquente.

Effets *atropiniques*, surtout à forte dose.

Dans de rares cas, ce médicament peut donner des effets opposés à ceux attendus : agitation, excitation chez le *nourrisson* ou la personne âgée.

En cas d'usage très prolongé, des mouvements involontaires (grimaces, tics) peuvent survenir.

THÉRALÈNE sirop
alimémazine

PRÉSENTATION

THÉRALÈNE : sirop ; flacon 150 ml - Remb. 65 %

Laboratoires Théraplix

COMPOSITION

	p. c. à c.	p. c. à s.
Alimémazine	2,5 mg	7,5 mg
Saccharose	3,55 g	10,65 g
Alcool	+	+

INDICATIONS

Ce médicament est un *antihistaminique* antiallergique de la famille des phénothiazines. Il a également des effets *antitussifs*, *sédatifs* et *atropiniques*.

Il est utilisé dans le traitement :
- des *allergies* (*rhinite*, *conjonctivite*, *urticaire*, œdème de *Quincke*) ;
- des démangeaisons non allergiques ;
- des toux sèches, en particulier irritatives et allergiques ;
- de l'insomnie et de l'agitation.

CONTRE-INDICATIONS

Ce médicament ne doit pas être utilisé dans les cas suivants :
- *glaucome* à angle fermé,
- risque de blocage des urines (*adénome de la prostate*).

ATTENTION

N'utilisez pas ce médicament chez l'enfant de moins de 1 an sans avis médical.

Ce médicament n'est pas adapté au traitement de la toux grasse, qui est un mécanisme de défense normal de l'organisme permettant l'évacuation des mucosités présentes dans les bronches.

La toux est un *symptôme* qui peut révéler de nombreuses maladies : consultez votre médecin si elle persiste plus de quelques jours.

Ce médicament contient du *sucre* (saccharose) en quantité notable.

Évitez les boissons alcoolisées : augmentation du risque de somnolence.

Ce médicament est responsable d'une baisse de la vigilance : la conduite, les activités professionnelles ou de loisirs exposant à un danger sont formellement déconseillées.

INTERACTIONS MÉDICAMENTEUSES

Ce médicament peut interagir avec d'autres médicaments, notamment les *sédatifs* et les *atropiniques*. Signalez tout autre traitement en cours à votre médecin ou à votre pharmacien.

GROSSESSE, ALLAITEMENT ET NOUVEAU-NÉ

Grossesse et nouveau-né :

L'usage de ce médicament est déconseillé pendant les 3 premiers mois de la grossesse. Son usage pendant les 6 derniers mois doit être soumis à l'appréciation de votre médecin.

En cas de traitement prolongé au cours des derniers mois de la grossesse, une surveillance du *nouveau-né* est nécessaire.

Allaitement :

Les données actuellement disponibles ne permettent pas de savoir si ce médicament passe dans le lait maternel : par mesure de prudence, il est déconseillé pendant l'allaitement.

MODE D'EMPLOI ET POSOLOGIE

Les prises sont à répartir au cours de la journée ; la plus forte dose doit être prise le soir.

Posologie usuelle :
- Adulte : 1 à 6 cuillères à soupe de sirop par jour.
- Enfant : de 0,5 mg à 1 mg par kg et par jour, soit pour un enfant de 20 kg, 4 à 8 cuillères à café de sirop par jour.

Ce médicament agit sur les manifestations de l'*allergie* mais n'en supprime pas la cause. Si les *symptômes* persistent ou s'aggravent, n'hésitez pas à appeler votre médecin.

Des mesures simples permettent de calmer les toux sèches : boissons chaudes et humidification de l'air ambiant.

Les somnifères ne sont pas la seule réponse aux troubles du sommeil. Une meilleure hygiène de vie, une consommation modérée d'excitants (y compris les boissons alcoolisées) permettent aussi de lutter contre les insomnies.

EFFETS INDÉSIRABLES POSSIBLES

Somnolence fréquente.

Effets *atropiniques*, surtout à forte dose.

Dans de rares cas, ce médicament peut donner des effets opposés à ceux attendus : agitation, excitation chez le *nourrisson* ou la personne âgée.

En cas d'usage très prolongé, des mouvements involontaires (grimaces, tics) peuvent survenir.

THÉRALÈNE PECTORAL

PRÉSENTATION

THÉRALÈNE PECTORAL : sirop ; flacon 150 ml (10 cuillères à soupe) - Remb. 35 %

Laboratoires Théraplix

COMPOSITION

	p. c. à c.	p. c. à s.
Codéthyline chlorhydrate	4 mg	12 mg
Alimémazine tartrate	1,25 mg	3,75 mg
Éphédrine chlorhydrate	5 mg	15 mg
Acétate d'ammonium	125 mg	375 mg
Saccharose	2,6 g	7,8 g
Sulfites	+	+

INDICATIONS

Ce sirop contient un *antitussif* (codéthyline), un *antihistaminique* (alimémazine) et un bronchodilatateur (éphédrine).

Il est utilisé dans le *traitement symptomatique* des toux sèches allergiques et irritatives.

CONTRE-INDICATIONS

Ce médicament ne doit pas être utilisé dans les cas suivants :
- *asthme* ;
- *insuffisance respiratoire* ;
- *troubles du rythme cardiaque*, *hypertension artérielle*, *insuffisance coronarienne* ;
- *hyperthyroïdie* ;
- *glaucome* à angle fermé ;
- risque de rétention des urines (*adénome de la prostate*...) ;
- association avec les *antidépresseurs* de type *IMAO* ;
- enfant de moins de 30 mois.

ATTENTION

Des précautions sont nécessaires en cas d'*insuffisance cardiaque* et de *diabète*, et chez les personnes âgées.

Ce médicament n'est pas adapté au traitement de la toux grasse, qui est un mécanisme de défense normal de l'organisme permettant l'évacuation des mucosités présentes dans les bronches.

La toux est un *symptôme* qui peut révéler de nombreuses maladies : consultez votre médecin si elle persiste plus de quelques jours.

Ce médicament contient du *sucre* (saccharose) en quantité notable.

Évitez les boissons alcoolisées : augmentation du risque de somnolence.

Conducteur : ce médicament peut être responsable d'une somnolence ou d'une baisse de la vigilance.

INTERACTIONS MÉDICAMENTEUSES

Ce médicament peut interagir avec d'autres médicaments, notamment chez les personnes âgées. Signalez tout autre traitement en cours à votre médecin ou à votre pharmacien.

GROSSESSE, ALLAITEMENT ET NOUVEAU-NÉ

Grossesse :

Compte tenu de la présence de codéthyline, n'utilisez pas ce médicament pendant la grossesse sans prendre l'avis de votre pharmacien ou de votre médecin.

Allaitement :

Par mesure de prudence, ce médicament est déconseillé pendant l'allaitement.

MODE D'EMPLOI ET POSOLOGIE

Les prises de ce médicament doivent être réparties au cours de la journée.

Posologie usuelle :

- Adulte : 1 cuillère à soupe de sirop, 4 fois par jour.
- Enfant de 8 à 15 ans : 1 ou 2 cuillères à café de sirop, 3 fois par jour.
- Enfant de 30 mois à 8 ans : 1 ou 2 cuillères à café de sirop par jour.

> ☛ De nombreux médicaments, notamment certains *antitussifs* ou *antalgiques*, contiennent de la codéthyline ou une substance voisine, la codéine : un surdosage expose à une augmentation des effets indésirables.
>
> Une toux nocturne aggravée par ce médicament peut être une toux allergique : demandez conseil à votre médecin.
>
> Fumer, ou être exposé à la fumée des autres, nuit à l'efficacité du traitement.
>
> Des mesures simples permettent de calmer les toux sèches : boissons chaudes et humidification de l'air ambiant.

EFFETS INDÉSIRABLES POSSIBLES

Constipation, somnolence, nausées, sensation vertigineuse, *allergies* cutanées, ralentissement anormal de la respiration.

Maux de tête, *palpitations*, sueurs, tremblements, anxiété.

Effets *atropiniques*.

THÉRALÈNE PECTORAL nourrisson

PRÉSENTATION

THÉRALÈNE PECTORAL NOURRISSON : sirop arôme framboise, prune ; flacon 150 ml - Remb. 35 %

Laboratoires Théraplix

COMPOSITION

	p. c. à c.
Alimémazine tartrate	1,25 mg
Acétate d'ammonium	125 mg
Sodium benzoate	12 mg
Magnésium sulfate	10 mg
Tolu, extrait pour sirop	150 mg
Degré alcoolique	1,93°
Saccharose	3 g
Sulfites	+

INDICATIONS

Ce médicament est une association de substances qui contient notamment un *antihistaminique antitussif* et *sédatif* (alimémazine) et des *expectorants* (benzoate de sodium, acétate d'ammonium).

Il est utilisé dans le *traitement symptomatique* des toux sèches allergiques ou irritatives.

CONTRE-INDICATIONS

Ce médicament ne doit pas être utilisé dans les cas suivants :

- *insuffisance respiratoire*,
- *glaucome* à angle fermé.

> **ATTENTION**
>
> Ce médicament n'est pas adapté au traitement de la toux grasse, qui est un mécanisme de défense normal de l'organisme permettant l'évacuation des mucosités présentes dans les bronches.
>
> La toux est un *symptôme* qui peut révéler de nombreuses maladies : consultez votre médecin si elle persiste plus de quelques jours.
>
> Ce médicament contient du *sucre* (saccharose) en quantité notable.
>
> Ce médicament peut être responsable d'une somnolence.

INTERACTIONS MÉDICAMENTEUSES

Ce médicament peut interagir avec d'autres médicaments, notamment les *sédatifs* : risque d'augmentation de la somnolence. Signalez tout autre traitement à votre médecin ou à votre pharmacien.

MODE D'EMPLOI ET POSOLOGIE

Les prises du médicament doivent être réparties au cours de la journée.

Posologie usuelle :

1 à 6 cuillères à café par jour, en fonction de l'âge.

> ☛ Des mesures simples permettent de calmer les toux sèches : boissons chaudes et humidification de l'air ambiant.

EFFETS INDÉSIRABLES POSSIBLES

Fréquemment : somnolence, épaississement des sécrétions bronchiques, sécheresse de la bouche, constipation, rétention d'urine.

Rarement : *allergie* cutanée, agitation chez le *nourrisson*.

THIOMUCASE
mucopolysaccharidases

PRÉSENTATION

THIOMUCASE : comprimé ; boîte de 40 - Non remb.

THIOMUCASE : crème ; tube 135 g - Non remb.

THIOMUCASE : suppositoire ; boîte de 10 - Non remb.

Laboratoires Millot-Solac

COMPOSITION

	p. comp.	crème p. 100 g	p. suppos.
Mucopolysaccharidases testiculaires		13 500 TRU	
Mucopolysaccharidases d'activité chondroïtinasique	100 TRU		1 000 TRU
Mucopolysaccharidases d'activité hyaluronidasique	15 000 UI		8 000 UI

INDICATIONS

Ce médicament contient des *enzymes* destinées à lutter contre la tension excessive des fibres placées sous la peau.

Il est utilisé dans le traitement de la cellulite localisée et dans le *traitement d'appoint* des *œdèmes*.

CONTRE-INDICATIONS

Ce médicament ne doit pas être utilisé en cas d'*antécédents* d'*allergie*.

> **ATTENTION**
>
> Ce médicament sous forme de crème est déconseillé en cas d'*allergie* au mercure.

GROSSESSE, ALLAITEMENT ET NOUVEAU-NÉ

L'effet de ce médicament pendant la grossesse ou l'allaitement est mal connu. L'évaluation du risque éventuel lié à son utilisation est individuelle : demandez conseil à votre pharmacien ou à votre médecin.

MODE D'EMPLOI ET POSOLOGIE

Crème : faire pénétrer la crème complètement en massant la région à traiter.

Posologie usuelle :

Crème : 2 ou 3 applications par jour.

Comprimé : 2 comprimés, 3 fois par jour.

Suppositoire : 1 suppositoire, 1 ou 2 fois par jour.

THIOPHÉNICOL ⚕
thiamphénicol

PRÉSENTATION

THIOPHÉNICOL 250 mg : comprimé (blanc) ; boîte de 16 - Remb. 65 % - Liste I

THIOPHÉNICOL 750 mg/5 ml : préparation injectable ; 1 flacon de poudre et ampoule de solvant 5 ml - Remb. 65 % - Liste I

Laboratoires Sanofi Winthrop

COMPOSITION

	p. comp.	p. fl.
Thiamphénicol	250 mg	750 mg

INDICATIONS

C'est un *antibiotique* qui appartient à la famille des phénicolés.

Il est utilisé dans le traitement de diverses maladies infectieuses, notamment des *voies* respiratoires, digestives et de l'appareil génital.

CONTRE-INDICATIONS

Ce médicament ne doit pas être utilisé dans les cas suivants :
- *antécédent* d'*insuffisance médullaire*,
- *insuffisance rénale* grave,
- *nouveau-né* et *nourrisson* de moins de 6 mois.

> **ATTENTION**
> Ce médicament peut être responsable d'une baisse réversible des *globules rouges*, des *globules blancs* ou des *plaquettes* dans le sang. Ces accidents justifient la prescription d'analyses de sang régulières par votre médecin.

GROSSESSE, ALLAITEMENT ET NOUVEAU-NÉ

Grossesse :
L'effet de ce médicament pendant la grossesse est mal connu : seul votre médecin peut évaluer le risque éventuel de son utilisation dans votre cas.

Allaitement :
Ce médicament passe dans le lait maternel.

MODE D'EMPLOI ET POSOLOGIE

Les comprimés doivent être avalés avec un verre d'eau.

La solution injectable doit être reconstituée avant l'emploi et injectée indifféremment par *voie* intramusculaire, intraveineuse ou sous-cutanée.

Posologie usuelle :
- Adulte : 6 à 12 comprimés par jour, en 3 ou 4 prises, ou 2 à 4 ampoules injectables.
- Enfant : 30 à 100 mg par kg et par jour.

EFFETS INDÉSIRABLES POSSIBLES

Insuffisance médullaire réversible (voir ATTENTION).

THIOPHÉOL comprimé
thénoate de lithium

PRÉSENTATION

THIOPHÉOL : comprimé (jaune) ; boîte de 60 - Remb. 35 % - Liste II

Laboratoires Biogalénique

COMPOSITION

	p. comp.
Thénoate de lithium	200 mg
Tartrazine	+

INDICATIONS

Ce médicament contient du soufre. Il possède une action décongestionnante et *antiseptique* sur les *muqueuses* des *voies* respiratoires.

Il est utilisé dans le *traitement d'appoint* des affections des voies respiratoires.

CONTRE-INDICATIONS

Ce médicament ne doit pas être utilisé en cas d'*insuffisance hépatique*.

> **ATTENTION**
> Ce médicament ne convient pas à l'enfant de moins de 15 ans.
> Certains *symptômes* peuvent faire penser à la possibilité d'une *hépatite* : fièvre ou fatigue anormale, démangeaisons, jaunisse. Cessez le traitement et consultez votre médecin.

INTERACTIONS MÉDICAMENTEUSES

Ce médicament peut interagir avec ceux qui contiennent du *lithium* (TÉRALITHE, NEUROLITHIUM...).

GROSSESSE, ALLAITEMENT ET NOUVEAU-NÉ

L'effet de ce médicament pendant la grossesse ou l'allaitement est mal connu. L'évaluation du risque éventuel lié à son utilisation est individuelle : demandez conseil à votre pharmacien ou à votre médecin.

MODE D'EMPLOI ET POSOLOGIE

Les comprimés doivent être avalés avec un verre d'eau.

Posologie usuelle :
4 comprimés par jour.

EFFETS INDÉSIRABLES POSSIBLES

Rarement : *hépatite* (voir ATTENTION).

THIOPHÉOL suppositoire

PRÉSENTATION

THIOPHÉOL ADULTE : suppositoire ; boîte de 12 - Remb. 35 %

THIOPHÉOL ENFANT : suppositoire ; boîte de 12 - Remb. 35 %

Laboratoires Biogalénique

COMPOSITION

	p. suppos. Ad.	p. suppos. Enf.
Pantothénate de calcium	200 mg	40 mg
Thiophène	100 mg	20 mg
Eucalyptol	50 mg	10 mg
Soufre colloïdal	6 mg	1 mg

INDICATIONS

Ce médicament contient notamment du soufre. Il possède une action décongestionnante et *antiseptique* sur les *muqueuses* des *voies* respiratoires.

Il est utilisé dans le *traitement d'appoint* des affections des voies respiratoires.

CONTRE-INDICATIONS

Ce médicament ne doit pas être utilisé dans les cas suivants :
- *insuffisance hépatique*,
- *intolérance* au soufre.

> **ATTENTION**
> Ce médicament ne convient pas au *nourrisson*.
> Certains *symptômes* peuvent faire penser à la possibilité d'une *hépatite* : fièvre ou fatigue anormale, démangeaisons, jaunisse. Cessez le traitement et consultez votre médecin.

INTERACTIONS MÉDICAMENTEUSES

Ce médicament peut interagir avec ceux qui contiennent du *lithium* (TÉRALITHE, NEUROLITHIUM...).

GROSSESSE, ALLAITEMENT ET NOUVEAU-NÉ

L'effet de ce médicament pendant la grossesse ou l'allaitement est mal connu. L'évaluation du risque éventuel lié à son utilisation est individuelle : demandez conseil à votre pharmacien ou à votre médecin.

MODE D'EMPLOI ET POSOLOGIE .

Posologie usuelle :
- Adulte : 1 suppositoire Adulte, 2 fois par jour.
- Enfant : 1 suppositoire Enfant, 2 fois par jour.

EFFETS INDÉSIRABLES POSSIBLES

Rarement : *hépatite* (voir ATTENTION).

THIOPON
soufre

PRÉSENTATION

THIOPON : solution pour aérosol ; boîte de 6 ampoules 2 ml - Remb. 35 %

THIOPON : capsule ; boîte de 50 - Remb. 35 %

Laboratoires Amido

COMPOSITION

	p. amp.	p. caps.
Huile thiophénique à 12 % de soufre	400 mg	30 mg
Huile d'olive	2 ml	
Huile d'arachide		70 mg

INDICATIONS

Ce médicament contient du soufre.

Il est utilisé dans le *traitement d'appoint* des *rhinites* et des *rhino-pharyngites*.

CONTRE-INDICATIONS

Ce médicament ne doit pas être utilisé en cas d'*intolérance* au soufre.

GROSSESSE, ALLAITEMENT ET NOUVEAU-NÉ

Ce médicament ne contient aucune substance connue pour être toxique pendant la grossesse ou l'allaitement.

MODE D'EMPLOI ET POSOLOGIE

Les capsules doivent être avalées sans être croquées, avec un verre d'eau. Les ampoules doivent être utilisées sous forme d'*aérosol* obtenu à l'aide d'un générateur électrique disponible en pharmacie. Dans ce cas, respecter le mode d'emploi de l'appareil.

Posologie usuelle :
1 ampoule par séance d'aérosol ou 1 capsule, 3 ou 4 fois par jour.

EFFETS INDÉSIRABLES POSSIBLES

Les capsules peuvent provoquer des *troubles digestifs*.

THIOPON BALSAMIQUE

PRÉSENTATION

THIOPON BALSAMIQUE : solution nasale huileuse ; flacon pulvérisateur 15 ml - Remb. 35 %

Laboratoires Amido

COMPOSITION

	p. prise
Huile thiophénique à 12 % de soufre	45,53 mg
Essence d'eucalyptus	9,1 mg
Essence de niaouli	4,55 mg
Essence de pin	4,55 mg

INDICATIONS

Cette solution nasale huileuse contient des *antiseptiques* et apporte du soufre.

Elle est utilisée dans le *traitement d'appoint* des *rhinites*, des *rhino-pharyngites* et des *sinusites*.

ATTENTION

En l'absence d'amélioration ou en cas d'apparition de fièvre, consultez votre médecin.

GROSSESSE, ALLAITEMENT ET NOUVEAU-NÉ

Ce médicament ne contient aucune substance connue pour être toxique pendant la grossesse ou l'allaitement.

MODE D'EMPLOI ET POSOLOGIE

Les pulvérisations sont faites au cours d'une brève inspiration, en tenant le flacon verticalement.

Posologie usuelle :

1 pulvérisation dans chaque narine, 3 à 5 fois par jour.

EFFETS INDÉSIRABLES POSSIBLES

Allergie au soufre.

THIOPON PANTOTHÉNIQUE

soufre, vitamine B5

PRÉSENTATION

THIOPON PANTOTHÉNIQUE ADULTE : suppositoire ; boîte de 10 - Remb. 35 %

THIOPON PANTOTHÉNIQUE ENFANT : suppositoire ; boîte de 10 - Remb. 35 %

Laboratoires Amido

COMPOSITION

	p. suppos. Ad.	p. suppos. Enf.
Huile thiophénique à 12 % de soufre	200 mg	100 mg
Pantothénate de calcium (vitamine B5)	100 mg	50 mg

INDICATIONS

Ce médicament contient une association de soufre et de *vitamine* B5.

Il est utilisé dans le *traitement d'appoint* des *rhinites* et des *rhino-pharyngites*.

CONTRE-INDICATIONS

Ce médicament ne doit pas être utilisé en cas d'*intolérance* au soufre.

GROSSESSE, ALLAITEMENT ET NOUVEAU-NÉ

Ce médicament ne contient aucune substance connue pour être toxique pendant la grossesse ou l'allaitement.

MODE D'EMPLOI ET POSOLOGIE

Posologie usuelle :

- Adulte : 1 suppositoire Adulte, 1 ou 2 fois par jour.
- Enfant : 1 suppositoire Enfant, 1 ou 2 fois par jour.

THIOPURINOL

tisopurine

PRÉSENTATION

THIOPURINOL : comprimé (jaune) ; boîte de 30 - Remb. 65 % - Liste I

Laboratoires Bouchara

COMPOSITION

	p. comp.
Tisopurine	100 mg

INDICATIONS

C'est un hypo-uricémiant : il diminue la production d'*acide urique*, abaisse son taux dans le sang et donc dans les urines.

Il est utilisé dans le traitement de l'excès d'*acide urique* et de ses conséquences : *goutte* et *lithiases* urinaires.

CONTRE-INDICATIONS

Ce médicament ne doit pas être utilisé en cas de **grossesse**.

ATTENTION

Ce médicament n'est pas un *traitement de la crise* de *goutte*. Paradoxalement, il peut provoquer des crises de goutte en début de traitement. Le médecin lui associe généralement de la colchicine pendant le premier mois de traitement.

Des analyses de sang et d'urine sont nécessaires pour juger de l'efficacité du traitement.

INTERACTIONS MÉDICAMENTEUSES

Ce médicament peut interagir avec d'autres médicaments, notamment certaines *pénicillines* à spectre élargi. Signalez tout autre traitement en cours à votre médecin ou à votre pharmacien.

GROSSESSE, ALLAITEMENT ET NOUVEAU-NÉ

Grossesse :

Quelques cas de malformations chez l'animal ont été rapportés. En l'absence de données dans l'espèce humaine, ce médicament est contre-indiqué pendant la grossesse.

Allaitement :

Les données disponibles ne permettent pas de savoir si ce médicament passe dans le lait maternel.

MODE D'EMPLOI ET POSOLOGIE

Les comprimés doivent être avalés après les repas pour améliorer la tolérance digestive.

Posologie usuelle :

Elle est fonction du taux d'*acide urique*.

Une crise de *goutte* peut être provoquée par un excès alimentaire mais aussi par un jeûne prolongé, une fatigue excessive, un stress, un traumatisme.

Le traitement reste justifié même si le taux d'*acide urique* est normal pendant la crise de goutte.

EFFETS INDÉSIRABLES POSSIBLES

En début de traitement : crise de *goutte*, prévenue généralement par l'association de colchicine (voir ATTENTION).

Troubles digestifs (nausées, diarrhées, brûlures d'estomac). *Allergie* cutanée : prévenez immédiatement votre médecin.

Rarement : maux de tête et *vertiges*.

THIOSÉDAL

codéthyline, jusquiame, sulfogaïacol

PRÉSENTATION

THIOSÉDAL : comprimé (rose indien) ; boîte de 40 - Non remb.

THIOSÉDAL : sirop ; flacon 150 ml - Non remb.

Laboratoires Zyma

COMPOSITION

	p. comp.	p. c. à c.
Codéthyline chlorhydrate	5 mg	5 mg
Jusquiame, extrait	7,5 mg	2,5 mg
Sulfogaïacol	100 mg	100 mg
Saccharose		3,75 g

INDICATIONS

Ce médicament *antitussif* contient de la codéthyline associée à un fluidifiant bronchique (sulfogaïacol) et à un *atropinique* (jusquiame). La codéthyline a une action sédative sur le *système nerveux central* et notamment les centres de la toux.

Ce médicament est utilisé dans le *traitement symptomatique* des toux sèches.

CONTRE-INDICATIONS

Ce médicament ne doit pas être utilisé dans les cas suivants :

- *asthme*,
- *insuffisance respiratoire*,
- *glaucome* à angle fermé,
- risque de rétention des urines (*adénome de la prostate*...),
- enfant de moins de 30 mois.

ATTENTION

Ce médicament n'est pas adapté au traitement de la toux grasse, qui est un mécanisme de défense normal de l'organisme permettant l'évacuation des mucosités présentes dans les bronches.

La toux est un *symptôme* qui peut révéler de nombreuses maladies : consultez votre médecin si elle persiste plus de quelques jours.

Le sirop contient du *sucre* (saccharose) en quantité notable.

Évitez les boissons alcoolisées : augmentation du risque de somnolence.

Conducteur : ce médicament peut être responsable d'une somnolence ou d'une baisse de la vigilance.

INTERACTIONS MÉDICAMENTEUSES

Ce médicament peut interagir avec d'autres médicaments, notamment chez les personnes âgées : signalez tout autre traitement en cours à votre médecin ou à votre pharmacien.

GROSSESSE, ALLAITEMENT ET NOUVEAU-NÉ

Grossesse :

Compte tenu de la présence de codéthyline, n'utilisez pas ce médicament pendant la grossesse sans prendre l'avis de votre pharmacien ou de votre médecin.

Allaitement :

Ce médicament est déconseillé pendant l'allaitement.

MODE D'EMPLOI ET POSOLOGIE

Les prises de ce médicament doivent être réparties au cours de la journée.

Posologie usuelle :

- Adulte : 1 cuillère à dessert de sirop ou 2 comprimés, 3 ou 4 fois par jour.
- Enfant de 8 à 15 ans : 1 cuillère à café de sirop, 2 ou 3 fois par jour.
- Enfant de 30 mois à 8 ans : 1/2 cuillère à café de sirop, 2 fois par jour.

De nombreux médicaments, notamment certains *antitussifs* ou *antalgiques*, contiennent de la codéthyline ou une substance voisine, la codéine : un surdosage expose à une augmentation des effets indésirables.

Une toux nocturne aggravée par ce médicament peut être une toux allergique : demandez conseil à votre médecin.

La poursuite du tabagisme nuit à l'efficacité du traitement.

Des mesures simples permettent de calmer les toux sèches : boissons chaudes et humidification de l'air ambiant.

EFFETS INDÉSIRABLES POSSIBLES

Liés à la présence de codéthyline : constipation ; et plus rarement, somnolence, nausées, vomissements, *bronchospasme*, sensation vertigineuse, *allergies* cutanées, ralentissement anormal de la respiration.

Liés à la présence de jusquiame : effets *atropiniques*, rares aux doses habituelles.

THIOVALONE PRESSURISÉ

chlorhexidine, tixocortol

PRÉSENTATION

THIOVALONE PRESSURISÉ : *collutoire* ; flacon pressurisé au Fréon 10 ml - Remb. 35 % - Liste II

Laboratoires Eurorga

COMPOSITION

	p. pulv.
Chlorhexidine diacétate	0,150 mg
Tixocortol pivalate	0,500 mg

INDICATIONS

Ce *collutoire* contient un *antiseptique* et un *anti-inflammatoire* de la famille des *corticoïdes*.

Il est utilisé dans le *traitement d'appoint* des infections de la gorge et dans les suites d'opération (amygdales).

CONTRE-INDICATIONS

Ce médicament ne doit pas être utilisé chez l'enfant de moins de 30 mois.

ATTENTION

Les traitements locaux (*gargarisme*, *collutoire*, pastille) n'agissent que superficiellement ; dans le cas d'infection profonde (angines...), un autre mode de traitement est nécessaire pour éviter des complications ultérieures, cardiaques ou rénales.

L'usage prolongé de ce médicament n'est pas souhaitable ; il peut modifier l'équilibre microbien naturel de la gorge et favoriser l'apparition de *candidose*.

GROSSESSE, ALLAITEMENT ET NOUVEAU-NÉ

L'effet de ce médicament pendant la grossesse ou l'allaitement est mal connu : seul votre médecin peut évaluer le risque éventuel de son utilisation dans votre cas.

MODE D'EMPLOI ET POSOLOGIE

Agiter le flacon avant l'emploi, puis le retourner avant d'appuyer sur l'embout-poussoir.

Posologie usuelle :

- Adulte et enfant de plus de 30 mois : 1 ou 2 pulvérisations, 3 ou 4 fois par jour.

La durée du traitement ne dépasse pas habituellement 8 à 15 jours.

Ce médicament vous a été prescrit dans une situation particulière : ne le réutilisez pas sans avis médical.

Chez le jeune enfant, la pulvérisation peut provoquer un spasme du larynx : n'introduisez pas trop profondément l'embout dans sa bouche.

EFFETS INDÉSIRABLES POSSIBLES

Allergie ou *intolérance* locale.

TIADILON

tidiacic arginine

PRÉSENTATION

TIADILON : gélule (orange et jaune) ; boîte de 20 - Remb. 35 %

Laboratoires Crinex

COMPOSITION

	p. gél.
Tidiacic sel d'arginine	100 mg

INDICATIONS

C'est une association utilisée dans le *traitement symptomatique* des *troubles digestifs* en rapport avec une paresse du foie.

CONTRE-INDICATIONS

Ce médicament ne doit pas être utilisé en cas d'*insuffisance rénale* grave.

ATTENTION

En cas de persistance des *symptômes*, des examens peuvent être nécessaires : consultez votre médecin.

GROSSESSE, ALLAITEMENT ET NOUVEAU-NÉ

L'effet de ce médicament pendant la grossesse ou l'allaitement est mal connu. L'évaluation du risque éventuel lié à son utilisation est individuelle : demandez conseil à votre pharmacien ou à votre médecin.

MODE D'EMPLOI ET POSOLOGIE

Les gélules doivent être prises aux deux principaux repas.

Posologie usuelle :

- Adulte : 2 à 4 gélules par jour.

Ce médicament peut être accompagné d'une alimentation appropriée : parlez-en à votre médecin ou à votre pharmacien.

TIAPRIDAL

tiapride

PRÉSENTATION

TIAPRIDAL : comprimé quadrisécable (blanc) ; boîte de 20 - Remb. 65 % - Liste I

TIAPRIDAL : solution injectable ; boîte de 12 ampoules 2 ml - Remb. 65 % - Liste I

Laboratoires Delagrange

COMPOSITION

	p. comp.	p. amp. inj.
Tiapride	100 mg	100 mg

INDICATIONS

C'est un *neuroleptique* qui appartient à la famille des benzamides.

Il est utilisé dans le traitement des troubles nerveux accompagnés de troubles de l'*hu-*

meur, des douleurs rebelles et de certains mouvements anormaux (comprimé seulement).

CONTRE-INDICATIONS

Ce médicament ne doit pas être utilisé dans les cas suivants :
- *phéochromocytome*,
- en association avec les médicaments contenant de la lévodopa.

ATTENTION

La guérison peut nécessiter un traitement prolongé. Une amélioration survenant en début de traitement ne doit pas vous conduire à l'arrêter sans l'avis de votre médecin.

En cas de survenue d'une fièvre inexpliquée, suspendez la prise de ce médicament et alertez immédiatement votre médecin.

Des précautions sont nécessaires chez les personnes âgées et en cas d'*épilepsie*, d'*insuffisance rénale*, de maladie cardiaque grave ou de maladie de *Parkinson*.

Évitez les boissons alcoolisées : augmentation du risque de somnolence.

Conducteur : ce médicament peut être responsable d'une somnolence ou d'une baisse de la vigilance.

INTERACTIONS MÉDICAMENTEUSES

Ce médicament ne doit pas être associé à ceux contenant de la lévodopa (LARODOPA, MODOPAR, SINEMET...) : risque d'annulation de leurs effets.

Ce médicament peut interagir avec d'autres médicaments, notamment les *antihypertenseurs* et les *sédatifs*. Signalez tout autre traitement en cours à votre médecin ou à votre pharmacien.

GROSSESSE, ALLAITEMENT ET NOUVEAU-NÉ

Grossesse et nouveau-né :

Si une grossesse survient pendant le traitement, consultez votre médecin. Il appréciera le risque éventuel lié à l'utilisation de ce médicament dans votre cas.

Si le traitement est poursuivi jusqu'à l'accouchement, une surveillance médicale du *nouveau-né* est nécessaire.

Allaitement :

Les données actuellement disponibles ne permettent pas de savoir si ce médicament passe dans le lait maternel. Par mesure de prudence, l'allaitement est déconseillé.

MODE D'EMPLOI ET POSOLOGIE

Les comprimés peuvent être avalés avec un peu d'eau. La solution injectable peut être administrée par *voie* intramusculaire ou intraveineuse.

Posologie usuelle :

Elle est strictement individuelle.

EFFETS INDÉSIRABLES POSSIBLES

Somnolence.

Mouvements involontaires, tremblements, raideur anormale, grimaces involontaires.

Hypotension orthostatique.

Absence de règles, augmentation du volume des seins, écoulement de lait par le mamelon.

Prise de poids.

TIBURON
ibuprofène

PRÉSENTATION

TIBURON : gélule ; boîte de 20 - Non remb.

Laboratoires Pharminter

COMPOSITION

	p. gél.
Ibuprofène	200 mg

INDICATIONS

Ce médicament est un *anti-inflammatoire* non stéroïdien (*AINS*). Il possède à faible dose des propriétés *antalgiques* et *antipyrétiques* proches de celles de l'aspirine.

Il est utilisé dans le *traitement symptomatique* de la fièvre, des maux de tête, des douleurs dentaires, des douleurs des muscles, des articulations et des règles douloureuses.

CONTRE-INDICATIONS

Ce médicament ne doit pas être utilisé dans les cas suivants :
- *antécédent* d'*allergie* à l'aspirine ou aux *anti-inflammatoires* non stéroïdiens (*AINS*) ;
- *ulcère* de l'estomac ou du *duodénum* ;
- *insuffisance rénale* grave ;
- *insuffisance hépatique* grave ;
- 3 derniers mois de la **grossesse** ;
- enfant de moins de 15 ans.

ATTENTION

Tout traitement prolongé ou surdosage d'*AINS* expose à des effets indésirables graves.

Des précautions sont nécessaires en cas d'*antécédents* d'*ulcère* de l'estomac ou du *duodénum*, de risque hémorragique, de troubles de la vue et de *lupus érythémateux* disséminé et chez la femme qui porte un stérilet.

Conducteur : ce médicament peut provoquer parfois des étourdissements.

INTERACTIONS MÉDICAMENTEUSES

Ce médicament peut interagir avec d'autres médicaments, notamment :
- l'aspirine et les autres *anti-inflammatoires* non stéroïdiens, les *anticoagulants*, *antiagrégants plaquettaires* (TICLID...) : augmentation du risque hémorragique ;
- le *lithium* (TÉRALITHE, NEUROLITHIUM...) : augmentation du taux de lithium dans le sang.

Signalez tout autre traitement en cours à votre médecin ou à votre pharmacien.

GROSSESSE, ALLAITEMENT ET NOUVEAU-NÉ

Grossesse :

Des effets néfastes pour la mère et l'enfant ont été mis en évidence lorsque ce médicament, comme tous les *AINS*, est utilisé au cours des 3 derniers mois de la grossesse : son usage est formellement contre-indiqué pendant cette période.

Pendant les 6 premiers mois, l'effet de ce médicament est mal connu. L'évaluation du risque éventuel lié à son utilisation est individuelle : demandez conseil à votre pharmacien ou à votre médecin.

Allaitement :

Ce médicament passe dans le lait maternel : par mesure de prudence, il est déconseillé pendant l'allaitement.

MODE D'EMPLOI ET POSOLOGIE

Afin de limiter la survenue de *troubles digestifs*, les gélules peuvent être prises au cours des repas, accompagnées d'un grand verre d'eau. Toutefois, dans les douleurs aiguës, la prise à jeun assure un effet plus rapide.

Posologie usuelle :

- Adulte : 1 à 6 gélules par jour ; en plusieurs prises de 1 ou 2 gélules, espacées de 4 à 6 heures. Ne pas dépasser 6 gélules par jour.

Respectez rigoureusement la *posologie* recommandée par votre pharmacien. Si les *symptômes* persistent malgré un traitement bien suivi, ne prolongez pas inutilement la prise du médicament et consultez votre médecin.

EFFETS INDÉSIRABLES POSSIBLES

Gastrite, douleurs abdominales.

Exceptionnels : *vertiges*, maux de tête, *allergie* cutanée (éruptions, démangeaisons, *œdème*), *asthme*.

Rares et parfois graves : *hémorragie* du tube digestif (vomissements sanglants, selles noires, ou plus souvent pertes de sang imperceptibles responsables de l'apparition progressive d'une *anémie*).

TICLID
ticlopidine

PRÉSENTATION

TICLID 250 mg : comprimé (blanc) ; boîte de 20 - Remb. 65 % - Liste I

Laboratoires Sanofi Winthrop

COMPOSITION

	p. comp.
Ticlopidine chlorhydrate	250 mg

INDICATIONS

C'est un fluidifiant du sang qui appartient à la famille des *antiagrégants plaquettaires*.

Il est utilisé dans la prévention des accidents *vasculaires* :
- liés à l'*athérosclérose* chez certains malades à risque.
- chez les malades atteints d'*artérite* des membres inférieurs.

CONTRE-INDICATIONS

Ce médicament ne doit pas être utilisé dans les cas suivants :
- *hémorragie* ou prédisposition aux hémorragies,
- *ulcère* de l'estomac ou du *duodénum*,
- *antécédents* de déficit important en *plaquettes* ou en *globules blancs*.

ATTENTION

Ce médicament peut être responsable d'une baisse du nombre des *globules blancs* ou des *plaquettes* dans le sang. Des analyses régulières sont nécessaires, notamment pendant les trois premiers mois de traitement ; elles doivent être faites en urgence en cas d'angine, d'*ulcérations* de la bouche ou de fièvre anormale, qui peuvent traduire cette anomalie sanguine.

L'effet du médicament persiste une semaine après son arrêt.

Avant une intervention chirurgicale, il convient de prévenir l'anesthésiste de la prise du médicament au moins une semaine avant l'opération.

INTERACTIONS MÉDICAMENTEUSES

Ce médicament peut interagir avec d'autres médicaments, notamment l'aspirine, les *AINS* et les *anticoagulants*. Signalez tout autre traitement en cours à votre médecin ou à votre pharmacien.

GROSSESSE, ALLAITEMENT ET NOUVEAU-NÉ

Grossesse :

L'effet de ce médicament pendant la grossesse est mal connu : seul votre médecin peut évaluer le risque éventuel de son utilisation dans votre cas.

Allaitement :

Ce médicament passe dans le lait maternel : l'allaitement est déconseillé.

MODE D'EMPLOI ET POSOLOGIE

Ce médicament sera pris de préférence au cours des repas.

Posologie usuelle :

- Adulte : 1 comprimé, matin et soir.

EFFETS INDÉSIRABLES POSSIBLES

Hémorragie.

Diarrhée, nausée et autres *troubles digestifs*.

Éruptions cutanées.

Rares *hépatites* réversibles.

Rares mais graves : anomalies de la *numération formule sanguine* (voir ATTENTION).

TIFOMYCINE collyre

chloramphénicol

PRÉSENTATION

TIFOMYCINE : collyre ; flacon de *lyophilisat* et flacon de solvant 5 ml avec embout - Remb. 65 % - Liste I

Laboratoires Roussel

COMPOSITION

	p. fl.
Chloramphénicol	20 mg

INDICATIONS

Ce collyre contient un *antibiotique*, le chloramphénicol.

Il est utilisé pour traiter les infections de l'œil.

CONTRE-INDICATIONS

Ce médicament ne doit pas être utilisé dans les cas suivants :
- *allergie* aux *antibiotiques* de la famille des phénicolés,
- *antécédent* d'*insuffisance médullaire*,
- enfant de moins de 6 mois,
- **grossesse,**
- **allaitement.**

ATTENTION

Une rougeur ou une douleur de l'œil ne correspondent pas toujours à une infection. Des soins urgents peuvent être nécessaires, notamment en cas de vision floue. N'utilisez pas ce médicament sans avis médical.

Le collyre peut être contaminé par l'œil infecté : évitez de mettre en contact l'extrémité du flacon avec l'œil ; ne conservez pas ce médicament plus de 15 jours après une première utilisation.

INTERACTIONS MÉDICAMENTEUSES

Ce collyre peut interagir avec d'autres collyres. Respectez un intervalle minimal de 15 minutes entre deux instillations.

GROSSESSE, ALLAITEMENT ET NOUVEAU-NÉ

Ce médicament peut exceptionnellement être toxique pour la moelle osseuse de l'enfant à naître ou du *nourrisson* : son usage est contre-indiqué pendant la grossesse ou l'allaitement.

MODE D'EMPLOI ET POSOLOGIE

Reconstituer le collyre en mélangeant la poudre avec le solvant.

Tirer la paupière inférieure vers le bas tout en regardant vers le haut. Déposer les gouttes de collyre entre la paupière et le globe oculaire (*cul-de-sac conjonctival*).

Posologie usuelle :

1 goutte, 3 à 8 fois par jour.

Une application correcte du produit peut nécessiter une aide, notamment chez l'enfant ou la personne handicapée ou âgée.

Les lentilles de contact ne doivent pas être portées en cas d'infection oculaire ni réutilisées avant guérison complète.

Ce médicament doit être conservé à l'abri de la lumière.

EFFETS INDÉSIRABLES POSSIBLES

Réaction allergique locale.

Exceptionnellement : *insuffisance médullaire.*

TIFOMYCINE comprimé

chloramphénicol

PRÉSENTATION

TIFOMYCINE : comprimé (ivoire) ; boîte de 12 - Remb. 65 % - Liste I

Laboratoires Roussel

COMPOSITION

	p. comp.
Chloramphénicol	250 mg

INDICATIONS

C'est un *antibiotique* qui appartient à la famille des phénicolés.

Son usage est habituellement réservé au traitement de certaines infections graves : fièvre typhoïde, notamment.

CONTRE-INDICATIONS

Ce médicament ne doit pas être utilisé dans les cas suivants :
- *antécédent* d'*insuffisance médullaire*,
- enfant de moins de 6 mois,
- **grossesse,**
- **allaitement.**

ATTENTION

Ce médicament peut être responsable d'une baisse des *globules rouges*, des *globules blancs* ou des *plaquettes* dans le sang. Ces accidents peuvent survenir plusieurs semaines après l'arrêt du traitement et justifient la prescription d'analyses de sang régulières par votre médecin.

Des précautions sont nécessaires en cas d'*insuffisance hépatique* ou d'*insuffisance rénale*.

Évitez l'absorption de boissons alcoolisées : risque d'*effet antabuse*.

INTERACTIONS MÉDICAMENTEUSES

Ce médicament peut interagir avec d'autres médicaments, notamment les *anticoagulants* oraux et les *sulfamides hypoglycémiants*. Signalez tout autre traitement en cours à votre médecin ou à votre pharmacien.

GROSSESSE, ALLAITEMENT ET NOUVEAU-NÉ

Ce médicament peut être toxique pour la moelle osseuse de l'enfant à naître ou du *nourrisson* : son usage est contre-indiqué pendant la grossesse et l'allaitement.

MODE D'EMPLOI ET POSOLOGIE

Les comprimés doivent être avalés avec un verre d'eau, sans être croqués en raison de l'amertume du chloramphénicol.

Posologie usuelle :

- Adulte : 8 à 12 comprimés par jour, en 3 ou 4 prises.
- Enfant : 2 à 8 comprimés par jour, en 2 ou 4 prises.

EFFETS INDÉSIRABLES POSSIBLES

Insuffisance médullaire réversible, voire *aplasie médullaire*.

TILADE

nédocromil sodique

PRÉSENTATION

TILADE : suspension pour inhalation buccale ; flacon pressurisé avec valve doseuse et embout buccal (56 bouffées) - Remb. 65 % - Liste II

TILADE : suspension pour inhalation buccale ; flacon pressurisé (112 bouffées) et système inhalateur Synchroner - Remb. 65 % - Liste II

Laboratoires Fisons

COMPOSITION

	p. bouffée
Nédocromil sodique	2 mg
Menthol	0,400 mg

INDICATIONS

Ce médicament possède une action *anti-inflammatoire* locale.

Il est utilisé dans le *traitement de fond* de l'*asthme*.

CONTRE-INDICATIONS

Ce médicament ne doit pas être utilisé chez l'enfant de moins de 12 ans.

ATTENTION

Ce médicament n'est pas destiné à traiter une crise d'*asthme* déclarée.

GROSSESSE, ALLAITEMENT ET NOUVEAU-NÉ

Grossesse :

L'effet de ce médicament sur l'enfant à naître est mal connu ; en l'absence de données suffisantes, il est déconseillé pendant les 3 premiers mois de la grossesse.

Allaitement :

En l'absence de données suffisantes, ce médicament est déconseillé pendant l'allaitement.

MODE D'EMPLOI ET POSOLOGIE

Quel que soit le système utilisé, l'inhalation du médicament doit se faire au cours d'une inspiration profonde, précédée si possible d'une expiration forcée. Il est ensuite nécessaire de retenir sa respiration pendant quelques instants.

- Aérosol doseur :

L'aérosol doseur doit être agité, puis tenu verticalement. L'embout buccal doit être introduit dans la bouche, le fond de la cartouche métallique vers le haut.

- Synchroner :

Agiter l'inhalateur et ouvrir le système (déclic audible).

L'embout doit être introduit dans la bouche, le fond de la cartouche métallique vers le haut. Inspirer lentement et presser sur la cartouche en continuant à inspirer.

Posologie usuelle :

2 bouffées, 2 à 4 fois par jour.

Lire attentivement la notice du médicament avant l'emploi.

N'hésitez pas à demander une démonstration du maniement des appareils à votre pharmacien.

En cas d'irritation de la gorge due à la poudre, avalez un verre d'eau ou faites un gargarisme à l'eau juste après l'inhalation.

Nettoyez l'embout buccal à l'eau, avant et après utilisation.

Dans le Synchroner, le corps du système inhalateur doit être nettoyé au moins 2 fois par semaine à l'eau tiède.

Le flacon est sous pression : le conserver à l'abri de la chaleur.

EFFETS INDÉSIRABLES POSSIBLES

Maux de tête, nausées, éruptions cutanées, démangeaisons, irritation de la gorge, goût amer, *vertiges*.

TILCOTIL

ténoxicam

PRÉSENTATION

TILCOTIL : comprimé sécable (jaune) ; boîte de 16 - Remb. 65 % - Liste I

TILCOTIL : suppositoire ; boîte de 10 - Remb. 65 % - Liste I

TILCOTIL : préparation injectable ; boîte de 2 flacons de *lyophilisat* et 2 ampoules de solvant 2 ml - Remb. 65 % - Liste I

Laboratoires Roche

COMPOSITION

	p. comp.	p. suppos.	p. unité
Ténoxicam	20 mg	20 mg	20 mg

INDICATIONS

Ce médicament est un *anti-inflammatoire* non stéroïdien (*AINS*). Il lutte contre l'*inflammation* et la douleur, fait baisser la fièvre et fluidifie le sang.

Il est utilisé dans le *traitement symptomatique* :
- des *rhumatismes inflammatoires* ;
- des *arthrites*, des *tendinites*, des entorses... ;
- des crises d'*arthrose* (comprimé).

CONTRE-INDICATIONS

Ce médicament ne doit pas être utilisé dans les cas suivants :
- *allergie* aux *AINS*, y compris l'aspirine ;
- *ulcère* de l'estomac ou du *duodénum* ;
- *insuffisance hépatique*, *insuffisance rénale* graves ;
- *inflammation* récente du côlon ;
- enfant de moins de 15 ans ;
- **grossesse** (3 derniers mois) ;
- **allaitement.**

ATTENTION

Tout traitement prolongé ou surdosage d'*AINS* expose à des effets indésirables graves.

Tout *symptôme* pouvant faire craindre une complication impose l'arrêt du traitement : *allergie* cutanée (rougeur, démangeaison, éruption...).

Des précautions sont nécessaires en cas d'*antécédent* d'*ulcère* de l'estomac ou du *duodénum*, ou de risque hémorragique, et chez la femme qui porte un stérilet.

Conducteur : ce médicament peut provoquer parfois des étourdissements.

INTERACTIONS MÉDICAMENTEUSES

Ce médicament peut interagir avec d'autres médicaments, notamment :
- l'aspirine et les autres *anti-inflammatoires* non stéroïdiens : risque d'accroissement des effets indésirables ;
- les *anticoagulants* et les *antiagrégants plaquettaires* (TICLID...) : augmentation du risque hémorragique ;
- le *lithium* (TÉRALITHE, NEUROLITHIUM...) : augmentation du taux de lithium dans le sang.
- les médicaments contenant du triamtérène : risque de toxicité rénale.

Signalez tout autre traitement en cours à votre médecin ou à votre pharmacien.

GROSSESSE, ALLAITEMENT ET NOUVEAU-NÉ

Grossesse :

Des effets néfastes graves pour la mère et l'enfant ont été mis en évidence lorsque ce médicament, comme tous les *AINS*, est utilisé au cours des 3 derniers mois de la grossesse : son usage est formellement contre-indiqué pendant cette période.

Pendant les 6 premiers mois, l'effet de ce médicament est mal connu : seul votre médecin peut évaluer le risque éventuel de son utilisation dans votre cas.

Allaitement :

Les données actuellement disponibles ne permettent pas de savoir si ce médicament passe dans le lait maternel. Par mesure de prudence, il est contre-indiqué pendant l'allaitement.

MODE D'EMPLOI ET POSOLOGIE

La solution injectable agit rapidement mais son effet est de courte durée ; elle est utilisée uniquement en *traitement d'attaque*. Elle doit être injectée par *voie* intramusculaire.

Les comprimés doivent être avalés avec un verre d'eau, de préférence au cours des repas.

Posologie usuelle :

- Adulte : 1 comprimé ou 1 suppositoire ou 1 injection par jour sans dépasser 20 mg par jour, de préférence au cours des repas.

Ne dépassez pas la *posologie* et la durée de traitement prescrites par votre médecin.

Ce médicament vous a été prescrit dans une situation précise : ne le conseillez pas à un proche, ne le réutilisez pas sans avis médical.

Les effets indésirables de ce médicament sur l'estomac peuvent survenir aussi bien avec la solution injectable et les suppositoires qu'avec les comprimés.

EFFETS INDÉSIRABLES POSSIBLES

- *Troubles digestifs*, *gastrite*, voire *ulcère* de l'estomac ou du *duodénum*, lors de

traitement prolongé et à de fortes doses. Exceptionnellement : *hémorragie* du tube digestif (vomissements sanglants, selles noires, ou plus souvent pertes de sang imperceptibles responsables de l'apparition progressive d'une *anémie*).
- Réactions allergiques cutanées, *asthme*.
- Très rares cas de maux de tête et *vertiges*.

TILDIEM
diltiazem

PRÉSENTATION

TILDIEM : comprimé (blanc) ; boîte de 30 - Remb. 65 % - Liste I

Laboratoires Synthélabo France

COMPOSITION

	p. comp.
Diltiazem chlorhydrate	60 mg

INDICATIONS

Ce médicament est un *vasodilatateur* qui appartient à la famille des *inhibiteurs calciques*. Il a un effet protecteur sur le cœur.

Cette forme est réservée au *traitement préventif* des crises d'*angine de poitrine*.

CONTRE-INDICATIONS

Ce médicament ne doit pas être utilisé dans les cas suivants :
- *insuffisance cardiaque* grave,
- *troubles du rythme cardiaque* graves,
- grossesse.

ATTENTION

Des précautions sont nécessaires en cas de *troubles du rythme cardiaque*, d'*insuffisance rénale*, d'*insuffisance hépatique*, et chez la personne âgée.

Signalez la prise de ce médicament à l'anesthésiste en cas d'intervention chirurgicale.

INTERACTIONS MÉDICAMENTEUSES

Ce médicament peut interagir avec d'autres médicaments, notamment certains *antiarythmiques*. Signalez tout autre traitement en cours à votre médecin ou à votre pharmacien.

GROSSESSE, ALLAITEMENT ET NOUVEAU-NÉ

Grossesse :

Ce médicament est contre-indiqué chez la femme enceinte ou susceptible de l'être. Une contraception efficace est recommandée.

Allaitement :

Ce médicament passe dans le lait maternel : l'allaitement est déconseillé.

MODE D'EMPLOI ET POSOLOGIE

Les comprimés doivent être pris avec un peu d'eau, sans être croqués, au début des repas.

Posologie usuelle :

3 comprimés par jour répartis en 3 prises, jusqu'à 6 comprimés par jour.

EFFETS INDÉSIRABLES POSSIBLES

Fréquemment : *troubles du rythme cardiaque*, *œdème* des jambes, éruptions cutanées.

Rarement : fatigue, somnolence, maux de tête, insomnie, *troubles digestifs*.

TIMACOR
timolol

PRÉSENTATION

TIMACOR : comprimé sécable (bleu pâle) ; boîte de 30 - Remb. 65 % - Liste I

Laboratoires M.S.D.-Chibret

COMPOSITION

	p. comp.
Timolol maléate	10 mg

INDICATIONS

Ce médicament appartient à la famille des *bêtabloquants*. Ceux-ci agissent en bloquant l'action de l'*adrénaline* (et d'autres *hormones* apparentées) sur de nombreux organes et notamment le cœur, les vaisseaux et les bronches.

Il est utilisé dans :
- le traitement de l'*hypertension artérielle*,
- la prévention des crises d'*angine de poitrine* et les suites d'*infarctus du myocarde*.

CONTRE-INDICATIONS

Ce médicament ne doit pas être utilisé dans les cas suivants :
- *asthme*,
- *insuffisance cardiaque* grave non contrôlée par un traitement spécifique,
- *bloc auriculo-ventriculaire* grave,
- phénomène de *Raynaud*,
- rythme cardiaque inférieur à 50 battements par minute,
- association avec les médicaments contenant de la floctafénine.

ATTENTION

N'interrompez jamais brutalement le traitement. Espacez progressivement les prises. Un avis médical est toujours préférable.

Diabétiques : les *bêtabloquants* peuvent masquer certains *symptômes* de l'*hypoglycémie*, essentiellement *palpitations* et accélération du cœur.

INTERACTIONS MÉDICAMENTEUSES

Ce médicament ne doit pas être associé à la floctafénine (IDARAC...) : risque d'augmentation de la gravité d'un éventuel *choc* allergique.

Il peut interagir avec d'autres médicaments, notamment ceux contenant de l'amiodarone. Signalez tout autre traitement en cours à votre médecin ou à votre pharmacien.

GROSSESSE, ALLAITEMENT ET NOUVEAU-NÉ

Grossesse et nouveau-né :

Les études scientifiques actuellement disponibles n'ont pas mis en évidence de problème particulier lors de l'utilisation chez la femme enceinte.

L'effet *bêtabloquant* persiste quelques jours chez le *nouveau-né* et justifie une surveillance médicale renforcée pendant les premiers jours de la vie.

Allaitement :

Ce médicament passe dans le lait maternel : l'allaitement est déconseillé.

MODE D'EMPLOI ET POSOLOGIE

Ce médicament peut être pris pendant ou en dehors des repas.

Posologie usuelle :
- Adulte : elle dépend des indications et varie entre 1 et 6 comprimés par jour, en une ou plusieurs prises.

Veillez à toujours disposer d'une réserve de ce médicament : une plaquette dans la boîte à gants de la voiture et dans la trousse de toilette, par exemple.

Il est normal que le rythme cardiaque ralentisse sous l'effet du traitement ; néanmoins, en cas de fatigue anormale et de pouls inférieur à 50 battements par minute, consultez votre médecin.

EFFETS INDÉSIRABLES POSSIBLES

Bénins et peu fréquents : *troubles digestifs*, fatigue en début de traitement, maux de tête, troubles du sommeil, syndrome de *Raynaud* et fourmillement des extrémités ; parfois, réactions cutanées.

Potentiellement graves et rares : *bloc auriculo-ventriculaire*, ralentissement important du cœur, chute de tension, *insuffisance cardiaque*, *bronchospasme*.

TIMOPTOL
timolol

PRÉSENTATION

TIMOPTOL 0,10 % : collyre ; flacon 3 ml - Remb. 65 % - Liste I

TIMOPTOL 0,25 % : collyre ; flacon 3 ml - Remb. 65 % - Liste I

TIMOPTOL 0,50 % : collyre ; flacon 3 ml - Remb. 65 % - Liste I

Laboratoires M.S.D.-Chibret

COMPOSITION

	p. 100 ml	p. 100 ml	p. 100 ml
Timolol	0,10 g	0,25 g	0,50 g
Benzalkonium chlorure	+	+	+

INDICATIONS

Ce collyre *bêtabloquant* a la propriété de diminuer la pression des liquides contenus dans l'œil (*tension intraoculaire*).

Il est utilisé dans le traitement des maladies dues à un excès de tension intraoculaire, et notamment du *glaucome* à angle ouvert.

CONTRE-INDICATIONS

Compte tenu du passage du *bêtabloquant* dans le sang, ce médicament ne doit pas être utilisé dans les cas suivants :
- *asthme*,

- *insuffisance cardiaque* grave non contrôlée par un traitement spécifique,
- *bloc auriculo-ventriculaire* grave,
- phénomène de *Raynaud*,
- rythme cardiaque inférieur à 50 battements par minute.

ATTENTION

Des précautions sont nécessaires en cas d'*insuffisance cardiaque* ou d'*allergie* aux *antiseptiques* de la famille des *ammoniums quaternaires* (présence de benzalkonium).

Diabétiques : les *bêtabloquants* peuvent masquer certains *symptômes* de l'*hypoglycémie*, essentiellement les *palpitations* et l'accélération du cœur.

INTERACTIONS MÉDICAMENTEUSES

Ce collyre peut interagir avec d'autres collyres : respectez un intervalle de 15 minutes entre deux instillations, sauf indication contraire de votre ophtalmologiste.

Il peut interagir avec certains médicaments utilisés par *voie* orale, notamment ceux contenant de l'amiodarone (CORDARONE) et ceux qui ont pour but d'abaisser la pression artérielle. Signalez tout autre traitement en cours à votre médecin ou à votre pharmacien.

GROSSESSE, ALLAITEMENT ET NOUVEAU-NÉ

Grossesse :

L'effet de ce médicament pendant la grossesse est mal connu : seul votre médecin peut évaluer le risque éventuel de son utilisation dans votre cas.

Allaitement :

Ce médicament passe dans le lait maternel. L'allaitement est déconseillé pendant le traitement.

MODE D'EMPLOI ET POSOLOGIE

Tirer la paupière inférieure vers le bas tout en regardant vers le haut et déposer une goutte de collyre entre la paupière et le globe oculaire (*cul-de-sac conjonctival*).

Posologie usuelle :

- Adulte : 1 goutte, 1 ou 2 fois par jour.

Habituellement, la *posologie* est fixée par l'ophtalmologiste en fonction de la *tension intraoculaire*.

Les porteurs de lentilles de contact souples doivent les ôter avant l'instillation du collyre car elles peuvent s'imprégner des substances qu'il contient ; elles ne pourront être replacées que 15 minutes après l'instillation. Le port de lentilles rigides ne pose généralement aucun problème pendant le traitement.

L'application correcte du produit peut nécessiter une aide, notamment chez une personne handicapée ou âgée.

Ne conservez pas ce collyre plus de 15 jours après une première utilisation.

EFFETS INDÉSIRABLES POSSIBLES

Irritation locale, troubles visuels.

Dus au passage du *bêtabloquant* dans le sang :
- généralement bénins : nausées, fatigue en début de traitement, maux de tête ;
- rares mais potentiellement graves : ralentissement important du cœur, chute de tension, *insuffisance cardiaque*, *bloc auriculo-ventriculaire*, crise d'*asthme*.

Ce médicament peut également provoquer des réactions allergiques cutanées.

TIMPILO
timolol, pilocarpine

PRÉSENTATION

TIMPILO 2 : collyre ; flacon bicompartimenté 100 ml - Non remb. - Liste I

TIMPILO 4 : collyre ; flacon bicompartimenté 100 ml - Non remb. - Liste I

Laboratoires M.S.D.-Chibret

COMPOSITION

	p. fl.	p. fl.
Timolol	500 mg	500 mg
Pilocarpine	2 g	4 g
Chlorure de benzalkonium	+	+

INDICATIONS

Ce collyre associe un *bêtabloquant* et de la pilocarpine. Ces deux substances ont la propriété de diminuer la pression des liquides contenus dans l'œil (*tension intraoculaire*).

Il est utilisé dans le traitement des maladies dues à un excès de tension intraoculaire, et notamment du *glaucome* à angle ouvert.

CONTRE-INDICATIONS

Compte tenu du passage du *bêtabloquant* dans le sang, ce médicament ne doit pas être utilisé dans les cas suivants :
- *asthme* et maladies respiratoires apparentées,
- *insuffisance cardiaque* grave non contrôlée par un traitement spécifique,
- *bloc auriculo-ventriculaire* grave,
- rythme cardiaque inférieur à 50 battements par minute.

ATTENTION

Des précautions sont nécessaires en cas d'*insuffisance cardiaque*, de myopie importante ou d'*allergie* aux *antiseptiques* de la famille des *ammoniums quaternaires* (présence de benzalkonium).

Diabétiques : les *bêtabloquants* peuvent masquer certains *symptômes* de l'*hypoglycémie*, essentiellement les *palpitations* et l'accélération du cœur.

Conducteur : l'instillation de ce collyre peut provoquer une gêne visuelle transitoire.

INTERACTIONS MÉDICAMENTEUSES

Ce collyre peut interagir avec d'autres collyres : respectez un intervalle de 15 minutes entre deux instillations, sauf indication contraire de votre ophtalmologiste.

Il peut interagir avec certains médicaments utilisés par *voie* orale, notamment ceux contenant de l'amiodarone (CORDARONE) ou ceux qui ont pour but d'abaisser la pression artérielle : signalez tout autre traitement en cours à votre médecin ou à votre pharmacien.

GROSSESSE, ALLAITEMENT ET NOUVEAU-NÉ

Grossesse :

L'effet de ce médicament pendant la grossesse est mal connu : seul votre médecin peut évaluer le risque éventuel de son utilisation dans votre cas.

Allaitement :

Ce médicament passe dans le lait maternel. L'allaitement est déconseillé pendant le traitement.

MODE D'EMPLOI ET POSOLOGIE

Tirer la paupière inférieure vers le bas tout en regardant vers le haut et déposer une goutte de collyre entre la paupière et le globe oculaire (*cul-de-sac conjonctival*).

Posologie usuelle :

1 goutte, 2 fois par jour.

Habituellement, la *posologie* est fixée par l'ophtalmologiste en fonction de la *tension intraoculaire*.

Le port de lentilles de contact souples est déconseillé pendant le traitement (fixation du conservateur du collyre sur les lentilles).

L'application correcte du produit peut nécessiter une aide, notamment chez une personne handicapée ou âgée.

Ne conservez pas ce collyre plus de 4 semaines après une première utilisation.

EFFETS INDÉSIRABLES POSSIBLES

Irritation locale, troubles visuels, réactions allergiques cutanées.

Dus au passage du *bêtabloquant* dans le sang :
- généralement bénins : nausées, fatigue en début de traitement, maux de tête ;
- rares mais potentiellement graves : ralentissement important du cœur, chute de tension, *insuffisance cardiaque*, *bloc auriculo-ventriculaire*, crise d'*asthme*.

Dus au passage de la pilocarpine dans le sang (rares) :
- *hypertension artérielle*, accélération du cœur, salivation excessive, sueurs, *troubles digestifs*.

TINSET
oxatomide

PRÉSENTATION

TINSET : comprimé sécable (blanc) ; boîte de 30 - Remb. 65 % - Liste II

TINSET : suspension buvable ; flacon 90 ml (cuillère-mesure 4 ml) - Remb. 65 % - Liste II

Laboratoires Cilag

COMPOSITION

	p. comp.	p. c. mes.
Oxatomide	30 mg	10 mg

INDICATIONS

Ce médicament est un *antihistaminique* antiallergique ; il n'a pas d'effets *atropiniques*.

Il est utilisé dans le *traitement symptomatique* de l'*allergie* (*dermatite atopique*, *urticaire*...).

CONTRE-INDICATIONS

Ce médicament ne doit pas être utilisé en cas d'*insuffisance hépatique* grave.

ATTENTION

Évitez les boissons alcoolisées : augmentation du risque de somnolence.

Conducteur : ce médicament peut être responsable d'une somnolence ou d'une baisse de la vigilance.

INTERACTIONS MÉDICAMENTEUSES

Ce médicament peut interagir avec d'autres médicaments. Signalez tout autre traitement en cours à votre médecin ou à votre pharmacien.

GROSSESSE, ALLAITEMENT ET NOUVEAU-NÉ

L'effet de ce médicament pendant la grossesse ou l'allaitement est mal connu : seul votre médecin peut évaluer le risque éventuel de son utilisation dans votre cas.

MODE D'EMPLOI ET POSOLOGIE

La suspension buvable est mieux adaptée à l'enfant.

Posologie usuelle :

- Adulte : 1 comprimé matin et soir.
- Nourrisson et enfant : 2 à 3 mg par kg et par jour.
  Soit, par exemple, pour un enfant :
  - de 5 kg : 1/2 cuillère-mesure, 2 fois par jour ;
  - de 10 kg : 1 cuillère-mesure, 2 fois par jour ;
  - de 15 kg : 1 et 1/2 cuillère-mesure, 2 fois par jour ;
  - de 20 kg : 2 cuillères-mesure, 2 fois par jour ou 1/2 comprimé, 3 fois par jour ;
  - de plus de 30 kg : 3 cuillères-mesure ou 1 comprimé, 2 fois par jour.

Ce médicament agit sur les manifestations de l'*allergie* mais n'en supprime pas la cause. Si les *symptômes* persistent ou s'aggravent, n'hésitez pas à consulter votre médecin.

EFFETS INDÉSIRABLES POSSIBLES

Exceptionnellement : somnolence, prise de poids.

TIORFAN

acétorphan

PRÉSENTATION

TIORFAN : gélule (bleu et marron foncé) ; boîte de 20 - Remb. 35 % - Liste I

Laboratoires Bioprojet Pharma

COMPOSITION

	p. gél.
Acétorphan	100 mg

INDICATIONS

Ce médicament est un antidiarrhéique qui agit en réduisant les sécrétions intestinales.

Il est utilisé dans le *traitement symptomatique* des diarrhées aiguës de l'adulte.

CONTRE-INDICATIONS

Ce médicament ne doit pas être utilisé dans les cas suivants :
- enfant de moins de 15 ans,
- **grossesse,**
- **allaitement.**

ATTENTION

Conducteur : ce médicament peut être responsable d'une somnolence ou d'une baisse de la vigilance.

GROSSESSE, ALLAITEMENT ET NOUVEAU-NÉ

Ce médicament est contre-indiqué pendant la grossesse et l'allaitement.

MODE D'EMPLOI ET POSOLOGIE

Si une diète n'est pas conseillée, ce médicament est pris de préférence avant les repas.

Posologie usuelle :

1 gélule, 3 fois par jour.

Le traitement ne doit pas dépasser 7 jours.

Une diarrhée peut provoquer une déshydratation. Cette perte d'eau peut entraîner des troubles graves (fatigue, malaise...). Il est indispensable de prévenir cette déshydratation par des boissons sucrées abondantes et des bouillons salés, notamment chez les personnes âgées.

EFFETS INDÉSIRABLES POSSIBLES

Exceptionnellement : somnolence.

TISANE CLAIRO

PRÉSENTATION

TISANE CLAIRO : tisane ; boîte de 50 g vrac - Non remb.

Laboratoires Weleda

COMPOSITION

	p. 100 g
Anis vert, fruit	27,3 g
Giroflier, bouton floral	7,3 g
Menthe poivrée, feuille	10,9 g
Séné, feuille	54,5 g

INDICATIONS

Cette tisane contient un mélange de plantes et notamment un *laxatif stimulant* : le séné. Elle augmente les sécrétions et la motricité de l'intestin.

Elle est utilisée comme *traitement symptomatique* de la constipation.

CONTRE-INDICATIONS

Ce médicament ne doit pas être utilisé dans les cas suivants :
- maladies inflammatoires du côlon ;
- constipation ou douleurs abdominales dues à une obstruction du tube digestif : rétrécissement intestinal, *fécalome* (bouchon de selles) ;
- enfant de moins de 12 ans, sauf sur prescription médicale.

ATTENTION

Comme tous les *laxatifs stimulants*, ce médicament doit être utilisé de façon épisodique et en cure très brève : pas plus de 8 à 10 jours.

Son usage régulier peut entraîner :
- une *dépendance* ;
- des troubles intestinaux graves ;
- une perte de sels minéraux et notamment de *potassium*, pouvant entraîner des *troubles du rythme cardiaque* graves.

Arrêtez le traitement en cas de diarrhées ou de douleurs abdominales.

INTERACTIONS MÉDICAMENTEUSES

Ce médicament peut interagir avec d'autres médicaments, notamment ceux contenant de la *vincamine* et certains *antiarythmiques*. Signalez tout autre traitement en cours à votre médecin ou à votre pharmacien.

GROSSESSE, ALLAITEMENT ET NOUVEAU-NÉ

Ce médicament est déconseillé pendant la grossesse ou l'allaitement.

MODE D'EMPLOI ET POSOLOGIE

Cette tisane peut être utilisée en *décoction* (effet le plus fort), en *infusion* (effet le plus doux).

L'effet ne peut être obtenu qu'après 8 à 12 heures.

Posologie usuelle :

2 cuillères à café du mélange de plantes pour une tasse de tisane, à prendre après le repas du soir.

Des mesures simples d'hygiène alimentaire et des exercices physiques sont à envisager avant d'utiliser un laxatif : parlez-en à votre médecin ou à votre pharmacien.

EFFETS INDÉSIRABLES POSSIBLES

Diarrhée, douleurs abdominales.

TISANE DIGESTIVE WELEDA

PRÉSENTATION

TISANE DIGESTIVE WELEDA : tisane ; boîte de 80 g - Non remb.

Laboratoires Weleda

COMPOSITION

	p. 100 g
Achillée mille-feuille, partie aérienne fleurie	20 g
Anis vert, fruit	20 g
Carvi, fruit	20 g
Fenouil doux, fruit	20 g
Matricaire, capitule floral	20 g

INDICATIONS

C'est une tisane qui contient différentes plantes.

Elle est utilisée dans le *traitement d'appoint* des digestions difficiles (ballonnements, éructation, flatulence).

GROSSESSE, ALLAITEMENT ET NOUVEAU-NÉ

Ce médicament ne contient que des plantes présumées sans danger pendant la grossesse ou l'allaitement. Néanmoins, ne l'utilisez pas de façon prolongée sans l'avis de votre pharmacien ou de votre médecin.

MODE D'EMPLOI ET POSOLOGIE

Posologie usuelle :

- Adulte : 1 cuillère à café, en *infusion* dans une tasse (200 ml), 2 ou 3 fois par jour.

La prise de ce médicament ne dispense pas d'une alimentation appropriée : parlez-en à votre médecin ou à votre pharmacien.
Conservez ce médicament à l'abri de la lumière et de la chaleur.

TISANE GRANDE CHARTREUSE

PRÉSENTATION

TISANE GRANDE CHARTREUSE : tisane ; boîte de 100 g vrac - Non remb.

TISANE GRANDE CHARTREUSE : tisane ; boîte de 20 sachets-dose 2 g - Non remb.

Laboratoires Aérocid

COMPOSITION

	p. 100 g
Marjolaine	6,00 g
Guimauve	11,25 g
Réglisse	22,50 g
Séné	15,00 g
Bourdaine	11,25 g
Mélisse	3,75 g
Menthe poivrée	7,50 g
Frêne	15,00 g
Pariétaire	6,00 g
Coriandre	2,25 g

INDICATIONS

Cette tisane contient un mélange de plantes et notamment deux *laxatifs stimulants* : le séné et la bourdaine. Elle augmente les sécrétions et la motricité de l'intestin.

Elle est utilisée dans le *traitement symptomatique* de la constipation et des manifestations cutanées liées à des *troubles digestifs*.

CONTRE-INDICATIONS

Ce médicament ne doit pas être utilisé dans les cas suivants :
- maladies inflammatoires du côlon ;
- constipation ou douleurs abdominales dues à une obstruction du tube digestif : rétrécissement intestinal, *fécalome* (bouchon de selles).

ATTENTION

Comme tous les *laxatifs stimulants*, il doit être utilisé de façon épisodique et en cure très brève : pas plus de 8 à 10 jours.

Son usage régulier peut entraîner :
- une *dépendance* ;
- des troubles intestinaux graves ;
- une perte de sels minéraux et notamment de *potassium*, pouvant entraîner des *troubles du rythme cardiaque* graves.

Son usage doit rester exceptionnel chez l'enfant de moins de 12 ans, sauf sur prescription médicale.

Arrêtez le traitement en cas de diarrhées ou de douleurs abdominales.

INTERACTIONS MÉDICAMENTEUSES

Ce médicament peut interagir avec d'autres médicaments, notamment ceux contenant de la *vincamine* et certains *antiarythmiques*. Signalez tout autre traitement en cours à votre médecin ou à votre pharmacien.

GROSSESSE, ALLAITEMENT ET NOUVEAU-NÉ

Ce médicament est déconseillé pendant la grossesse ou l'allaitement.

MODE D'EMPLOI ET POSOLOGIE

Cette tisane peut être utilisée en *infusion*.

Posologie usuelle :

1 cuillère à soupe par tasse pour un effet laxatif.

3 cuillères à soupe par tasse pour un effet purgatif.

Des mesures simples d'hygiène alimentaire et des exercices physiques sont à envisager avant d'utiliser un laxatif : parlez-en à votre médecin ou à votre pharmacien.

EFFETS INDÉSIRABLES POSSIBLES

Diarrhée, douleurs abdominales.

TISANE MEXICAINE

PRÉSENTATION

TISANE MEXICAINE : tisane ; boîte de 90 g (vrac) - Non remb.

Laboratoires Médecine Végétale

COMPOSITION

	p. 100 g
Vigne rouge, feuille	25 g
Boldo, feuille	10 g
Bourdaine, écorce	10 g
Hysope, feuille et sommité fleurie	25 g
Romarin, sommité fleurie	11 g
Frêne, feuille	12 g
Séné, feuille	7 g

INDICATIONS

Ce médicament associe plusieurs plantes protectrices pour les vaisseaux sanguins et des *laxatifs stimulants* (bourdaine, séné).

Il est utilisé dans le *traitement symptomatique* des jambes lourdes, *œdèmes*, crampes, *impatiences* et autres troubles pouvant être en rapport avec une mauvaise circulation veineuse.

CONTRE-INDICATIONS

Ce médicament ne doit pas être utilisé dans les cas suivants :
- maladies inflammatoires du côlon ;
- constipation ou douleurs abdominales dues à une obstruction du tube digestif : rétrécissement intestinal, *fécalome* (bouchon de selles) ;
- grossesse ;
- allaitement.

ATTENTION

Ce médicament soulage, mais n'empêche pas l'aggravation de l'*insuffisance veineuse*, qui requiert des mesures spécifiques telles que la *contention élastique*.

Il doit être utilisé de façon épisodique et en cure très brève : pas plus de 8 à 10 jours.

Son usage régulier peut entraîner :
- une *dépendance* ;
- des troubles intestinaux graves ;
- une perte de sels minéraux et notamment de *potassium*, pouvant entraîner des *troubles du rythme cardiaque* graves.

Arrêter le traitement en cas de diarrhées ou de douleurs abdominales.

INTERACTIONS MÉDICAMENTEUSES

Ce médicament peut interagir avec d'autres médicaments, notamment certains *antiarythmiques* et ceux contenant de la *vincamine*. Signalez tout autre traitement en cours à votre médecin ou à votre pharmacien.

GROSSESSE, ALLAITEMENT ET NOUVEAU-NÉ

Ce médicament est contre-indiqué pendant la grossesse ou l'allaitement.

MODE D'EMPLOI ET POSOLOGIE

1 cuillère à soupe de tisane en *infusion* dans une tasse après les repas.

Posologie usuelle :

3 ou 4 infusions par jour.

Une activité physique régulière et la surélévation du pied du lit permettent de faciliter la circulation veineuse et *lymphatique*.

EFFETS INDÉSIRABLES POSSIBLES

Diarrhée, douleurs abdominales.

TISANE OBÉFLORINE

PRÉSENTATION

TISANE OBÉFLORINE : tisane ; boîte de 150 g vrac - Non remb.

TISANE OBÉFLORINE : tisane ; boîte de 20 sachets-dose 2 g - Non remb.

Laboratoires Lehning

COMPOSITION

	p. 100 g
Fucus	40 g
Séné, folioles	20 g
Réglisse, racines	20 g
Frêne, feuilles	20 g

INDICATIONS

Cette tisane contient un mélange de plantes et notamment un *laxatif stimulant* : le séné. Elle augmente les sécrétions et la motricité de l'intestin.

Elle est utilisée dans le *traitement symptomatique* de la constipation.

CONTRE-INDICATIONS

Ce médicament ne doit pas être utilisé dans les cas suivants :
- maladies inflammatoires du côlon ;
- constipation ou douleurs abdominales dues à une obstruction du tube digestif : rétrécissement intestinal, *fécalome* (bouchon de selles).

ATTENTION

Comme tous les *laxatifs stimulants*, il doit être utilisé de façon épisodique et en cure très brève : pas plus de 8 à 10 jours.

Son usage régulier peut entraîner :
- une *dépendance* ;
- des troubles intestinaux graves ;
- une perte de sels minéraux et notamment de *potassium*, pouvant entraîner des *troubles du rythme cardiaque* graves.

Son usage doit rester exceptionnel chez l'enfant de moins de 12 ans, sauf sur prescription médicale.

Arrêtez le traitement en cas de diarrhées ou de douleurs abdominales.

INTERACTIONS MÉDICAMENTEUSES

Ce médicament peut interagir avec d'autres médicaments, notamment ceux contenant de la *vincamine* et certains *antiarythmiques*. Signalez tout autre traitement en cours à votre médecin ou à votre pharmacien.

GROSSESSE, ALLAITEMENT ET NOUVEAU-NÉ

Ce médicament est déconseillé pendant la grossesse ou l'allaitement.

MODE D'EMPLOI ET POSOLOGIE

Cette tisane peut être utilisée en *infusion* avec une cuillère à café de tisane ou un sachet-dose par tasse.

Posologie usuelle :

2 tasses par jour, de préférence midi et soir après les repas.

Des mesures simples d'hygiène alimentaire et des exercices physiques sont à envisager avant d'utiliser un laxatif : parlez-en à votre médecin ou à votre pharmacien.

EFFETS INDÉSIRABLES POSSIBLES

Diarrhée, douleurs abdominales.

TISANE ORIENTALE SOKER

PRÉSENTATION

TISANE ORIENTALE SOKER : tisane ; boîte de 85 g - Non remb.

Laboratoires Médecine Végétale

COMPOSITION

	p. 100 g
Arénaire, partie aérienne fleurie	20 g
Pariétaire, partie aérienne fleurie	20 g
Chiendent, racine	20 g
Busserole, feuille	20 g
Maïs, stigmates	20 g

INDICATIONS

C'est une tisane qui contient différentes plantes. Elle a un effet *diurétique* et *antiseptique*.

Elle est utilisée pour favoriser l'élimination d'eau et dans le *traitement d'appoint* des infections urinaires.

GROSSESSE, ALLAITEMENT ET NOUVEAU-NÉ

Ce médicament ne contient que des plantes présumées sans danger pendant la grossesse ou l'allaitement. Néanmoins, ne l'utilisez pas de façon prolongée sans l'avis de votre pharmacien ou de votre médecin.

MODE D'EMPLOI ET POSOLOGIE

Cette tisane peut être bue chaude, tiède ou froide.

Infusion : verser 1 cuillère à soupe de tisane dans une tasse d'eau bouillante. Laisser infuser quelques minutes.

Posologie usuelle :

1 tasse, 3 ou 4 fois par jour.

TISANE PHLÉBOSÉDOL

PRÉSENTATION

TISANE PHLÉBOSÉDOL : tisane ; boîte de 100 g (vrac) - Non remb.

TISANE PHLÉBOSÉDOL : tisane ; boîte de 20 sachets-dose (2 g) - Non remb.

Laboratoires Lehning

COMPOSITION

	p. 100 g
Marron d'Inde, écorce	15 g
Clematis vitalba, feuilles	10 g
Hamamélis, feuilles	5 g
Ficaire, feuilles	5 g
Viburnum, écorce	5 g
Piscidia, écorce	10 g
Bourdaine, écorce	20 g
Séneçon, feuilles	15 g
Alchemille, feuilles	15 g

INDICATIONS

Cette tisane contient plusieurs plantes protectrices pour les vaisseaux sanguins et un *laxatif stimulant* (bourdaine).

Elle est utilisée dans le *traitement symptomatique* des jambes lourdes, *œdèmes*, crampes, *impatiences* et autres troubles pouvant être en rapport avec une mauvaise circulation veineuse.

CONTRE-INDICATIONS

Ce médicament ne doit pas être utilisé dans les cas suivants :
- maladies inflammatoires du côlon,
- constipation ou douleurs abdominales dues à une obstruction du tube digestif : rétrécissement intestinal, *fécalome* (bouchon de selles),
- enfant de moins de 15 ans,
- grossesse,
- allaitement.

ATTENTION

Ce médicament soulage, mais n'empêche pas l'aggravation de l'*insuffisance veineuse* qui requiert des mesures spécifiques telles que la *contention élastique*.

Il doit être utilisé de façon épisodique et en cure très brève : pas plus de 8 à 10 jours.

Son usage régulier peut entraîner une *dépendance* et des troubles intestinaux graves.

Arrêter le traitement en cas de diarrhées ou de douleurs abdominales.

INTERACTIONS MÉDICAMENTEUSES

Ce médicament peut interagir avec d'autres médicaments, notamment certains *antiarythmiques* et ceux contenant de la *vincamine*. Signalez tout autre traitement en cours à votre médecin ou à votre pharmacien.

GROSSESSE, ALLAITEMENT ET NOUVEAU-NÉ

Ce médicament est contre-indiqué pendant la grossesse ou l'allaitement.

MODE D'EMPLOI ET POSOLOGIE

1 cuillère à café de tisane ou 1 sachet en *infusion* dans une tasse après les repas.

Posologie usuelle :

2 infusions par jour.

Une activité physique régulière et la surélévation du pied du lit permettent de faciliter la circulation veineuse et *lymphatique*.

EFFETS INDÉSIRABLES POSSIBLES

Diarrhée, douleurs abdominales.

TISANE SÉDATIVE WELEDA

lavande, valériane, mauve

PRÉSENTATION

TISANE SÉDATIVE WELEDA : tisane ; boîte de 40 g - Non remb.

Laboratoires Weleda

COMPOSITION

	p. 100 g
Lavande, fleurs	37,5 g
Valériane, racines	37,5 g
Mauve, fleurs	25 g

INDICATIONS

C'est une tisane qui contient un mélange de plantes.

Elle est utilisée dans le *traitement d'appoint* des troubles légers du sommeil chez l'adulte comme chez l'enfant.

GROSSESSE, ALLAITEMENT ET NOUVEAU-NÉ

Ce médicament ne contient que des plantes présumées sans danger pendant la grossesse ou l'allaitement. Néanmoins, ne l'utilisez pas de façon prolongée sans l'avis de votre pharmacien ou de votre médecin.

MODE D'EMPLOI ET POSOLOGIE

Posologie usuelle :

- Adulte : 1 cuillère à café de tisane, en *infusion* dans une tasse (200 ml), 2 ou 3 fois par jour.
- Enfant : 1 cuillère à café de tisane, en infusion dans une tasse (200 ml), le soir.

Ce médicament doit être conservé à l'abri de l'humidité et de la chaleur.

TISANE TOURAINE

PRÉSENTATION

TISANE TOURAINE : tisane ; boîte de 95 g vrac - Non remb.

TISANE TOURAINE : tisane ; boîte de 20 sachets-dose - Non remb.

Laboratoires Pharmacie Principale

COMPOSITION

	p. 95 g
Frêne	8,5 g
Verveine	6 g
Aspérule	5,5 g
Pariétaire	9 g
Reine-des-prés	8,5 g
Fraisier	7 g
Menthe	3 g
Mélisse	2 g
Bourdaine	10 g
Bleuet	0,5 g
Séné	35 g

INDICATIONS

Cette tisane contient un mélange de plantes et notamment deux *laxatifs stimulants* : la bourdaine et le séné. Elle augmente les sécrétions et la motricité de l'intestin.

Elle est utilisée comme *traitement symptomatique* de la constipation.

CONTRE-INDICATIONS

Ce médicament ne doit pas être utilisé dans les cas suivants :

- maladies inflammatoires du côlon ;
- constipation ou douleurs abdominales dues à une obstruction du tube digestif : rétrécissement intestinal, *fécalome* (bouchon de selles).

ATTENTION

Comme tous les *laxatifs stimulants*, ce médicament doit être utilisé de façon épisodique et en cure très brève : pas plus de 8 à 10 jours.

Son usage régulier peut entraîner :

- une *dépendance* ;
- des troubles intestinaux graves ;
- une perte de sels minéraux et notamment de *potassium*, pouvant entraîner des *troubles du rythme cardiaque* graves.

Son usage doit rester exceptionnel chez l'enfant de moins de 12 ans, sauf sur prescription médicale.

Arrêtez le traitement en cas de diarrhées ou de douleurs abdominales.

INTERACTIONS MÉDICAMENTEUSES

Ce médicament peut interagir avec d'autres médicaments, notamment ceux contenant de la *vincamine* et certains *antiarythmiques*. Signalez tout autre traitement en cours à votre médecin ou à votre pharmacien.

GROSSESSE, ALLAITEMENT ET NOUVEAU-NÉ

Ce médicament est déconseillé pendant la grossesse ou l'allaitement.

MODE D'EMPLOI ET POSOLOGIE

Cette tisane peut être utilisée en *infusion* et prise de préférence après le repas du soir.

Posologie usuelle :

1 tasse par jour pour un effet laxatif.

2 ou 3 tasses par jour pour un effet purgatif.

Des mesures simples d'hygiène alimentaire et des exercices physiques sont à envisager avant d'utiliser un *laxatif* : parlez-en à votre médecin ou à votre pharmacien.

EFFETS INDÉSIRABLES POSSIBLES

Diarrhée, douleurs abdominales.

TITANORÉÏNE pommade

PRÉSENTATION

TITANORÉÏNE : pommade ; tube 20 g - Remb. 35 %

Laboratoires Jean-Paul Martin

COMPOSITION

	p. 100 g
Lidocaïne	2 g
Carraghénates	4 g
Oxyde de zinc	2 g
Dioxyde de titane	2 g

INDICATIONS

C'est un médicament à usage local qui contient notamment un *anesthésique*.

Il est utilisé dans le *traitement symptomatique* des douleurs et des démangeaisons de l'anus, en particulier dues aux *hémorroïdes*.

CONTRE-INDICATIONS

Ce médicament ne doit pas être utilisé dans le cas d'*antécédent* d'*allergie* à la lidocaïne.

ATTENTION

Le traitement doit être de courte durée : consultez votre médecin si les *symptômes* persistent.

GROSSESSE, ALLAITEMENT ET NOUVEAU-NÉ

L'effet de ce médicament pendant la grossesse ou l'allaitement est mal connu. L'évaluation du risque éventuel lié à son utilisation est individuelle : demandez conseil à votre pharmacien ou à votre médecin.

MODE D'EMPLOI ET POSOLOGIE

Posologie usuelle :

1 ou 2 applications de pommade par jour.

Pour prévenir les *hémorroïdes*, des mesures simples d'hygiène alimentaire (suppression des mets épicés) sont à envisager. Parlez-en à votre médecin ou à votre pharmacien.

TITANORÉÏNE suppositoire

carraghénates, oxyde de zinc, dioxyde de titane

PRÉSENTATION

TITANORÉÏNE : suppositoire ; boîte de 12 - Remb. 35 %

Laboratoires Jean-Paul Martin

COMPOSITION

	p. suppos.
Carraghénates	300 mg
Oxyde de zinc	400 mg
Dioxyde de titane	200 mg

INDICATIONS

C'est un médicament à usage local.

Il est utilisé dans le *traitement symptomatique* des douleurs et des démangeaisons de l'anus, en particulier dues aux *hémorroïdes*.

ATTENTION

Le traitement doit être de courte durée : consultez votre médecin si les symptômes persistent.

GROSSESSE, ALLAITEMENT ET NOUVEAU-NÉ

L'effet de ce médicament pendant la grossesse ou l'allaitement est mal connu. L'évaluation du risque éventuel lié à son utilisation est individuelle : demandez conseil à votre pharmacien ou à votre médecin.

MODE D'EMPLOI ET POSOLOGIE

Posologie usuelle :

1 ou 2 suppositoires par jour après être allé à la selle.

Pour prévenir les *hémorroïdes*, des mesures simples d'hygiène alimentaire (suppression des mets épicés) sont à envisager. Parlez-en à votre médecin ou à votre pharmacien.

Les suppositoires doivent être conservés à l'abri de la chaleur.

TIXAIR
acétylcystéine

PRÉSENTATION

TIXAIR : comprimé (blanc) ; boîte de 30 - Remb. 35 %

Laboratoires ASTA Medica

COMPOSITION

	p. comp.
N-acétylcystéine	200 mg

INDICATIONS

Ce médicament fluidifie les sécrétions bronchiques. Il facilite leur évacuation par la toux.

Il est utilisé dans les états d'encombrement des bronches associés aux maladies bronchiques aiguës ou chroniques.

ATTENTION

Des précautions sont nécessaires en cas d'*ulcère* de l'estomac et du *duodénum*.

N'utilisez pas d'*antitussif* en plus de ce médicament sans l'avis de votre médecin ou de votre pharmacien.

Si les sécrétions persistent au-delà de quelques jours, si elles se colorent ou si vous avez de la fièvre, consultez votre médecin.

GROSSESSE, ALLAITEMENT ET NOUVEAU-NÉ

L'effet de ce médicament pendant la grossesse ou l'allaitement est mal connu. L'évaluation du risque éventuel lié à son utilisation est individuelle : demandez conseil à votre pharmacien ou à votre médecin.

MODE D'EMPLOI ET POSOLOGIE

Les comprimés peuvent être avalés avec un verre d'eau ou désagrégés dans un demi-verre d'eau.

Posologie usuelle :

- Adulte et enfant de plus de 7 ans : 1 comprimé, 3 fois par jour.
- Enfant de 2 à 7 ans : 1 comprimé, 2 fois par jour.

La poursuite du tabagisme est un frein important à l'évacuation des mucosités.

Il est nécessaire de lutter contre la sécheresse de l'air ambiant (humidificateur...) pour éviter le dessèchement des sécrétions. Il est également recommandé de boire beaucoup.

Des crachats fluides et abondants traduisent l'efficacité de ce médicament.

Chez la personne âgée ou le très jeune enfant, l'incapacité à évacuer les crachats peut justifier l'aide d'un kinésithérapeute, sur prescription du médecin.

EFFETS INDÉSIRABLES POSSIBLES

Troubles digestifs : nausées, diarrhée.

= risque de test antidopage positif

TOBREX
tobramycine

PRÉSENTATION

TOBREX : collyre ; flacon compte-gouttes 5 ml - Remb. 65 % - Liste I

TOBREX : pommade ophtalmique ; tube 5 g - Remb. 65 % - Liste I

Laboratoires Alcon

COMPOSITION

	p. 100 ml	p. 100 g
Tobramycine	300 000 UI	300 000 UI

INDICATIONS

Ce médicament à usage local contient un *antibiotique* de la famille des *aminosides*.

Il est utilisé sous forme de collyre ou de pommade pour traiter les infections de l'œil.

CONTRE-INDICATIONS

Ce médicament ne doit pas être utilisé en cas d'*allergie* aux *antibiotiques* de la famille des *aminosides* (néomycine notamment).

ATTENTION

Une rougeur ou une douleur de l'œil ne correspondent pas toujours à une infection. Des soins urgents peuvent être nécessaires, notamment en cas de vision floue. N'utilisez pas ce médicament sans avis médical.

Le collyre ou la pommade peuvent être contaminés par l'œil infecté : évitez de mettre en contact l'extrémité du flacon ou du tube avec l'œil ; ne conservez pas ces médicaments plus de 15 jours après une première utilisation.

INTERACTIONS MÉDICAMENTEUSES

Le collyre ne doit pas être associé aux collyres et pommades contenant des *tétracyclines*.

GROSSESSE, ALLAITEMENT ET NOUVEAU-NÉ

L'effet de ce médicament pendant la grossesse ou l'allaitement est mal connu : seul votre médecin peut évaluer le risque éventuel de son utilisation dans votre cas.

MODE D'EMPLOI ET POSOLOGIE

Tirer la paupière inférieure vers le bas tout en regardant vers le haut. Déposer les gouttes de collyre ou la pommade entre la paupière et le globe oculaire (*cul-de-sac conjonctival*).

Posologie usuelle :

Collyre : 1 goutte, 3 à 8 fois par jour.

Pommade ophtalmique : appliquer l'équivalent d'un grain de riz le soir au coucher (la pommade s'emploie généralement en complément du collyre pour assurer une efficacité prolongée la nuit). Dans le traitement des infections des paupières, déposer la pommade sur le bord de la paupière, au contact des cils.

La vision est légèrement troublée par l'application de la pommade. Ce trouble disparaît en quelques minutes.

Une application correcte du produit peut nécessiter une aide, notamment chez l'enfant ou la personne handicapée ou âgée.

Les lentilles de contact ne doivent pas être portées en cas d'infection oculaire ni réutilisées avant guérison complète.

EFFETS INDÉSIRABLES POSSIBLES

Irritation ou réaction allergique locale.

TOCALFA
vitamine E

PRÉSENTATION

TOCALFA : capsule (jaune) ; boîte de 20 - Non remb.

Laboratoires Cipharm

COMPOSITION

	p. capsule
Alpha-tocophérol acétate (vitamine E)	200 mg

INDICATIONS

Ce médicament contient de la *vitamine* E, substance protectrice de la membrane des cellules.

Il est utilisé dans le traitement et la prévention des *carences* en vitamine E.

GROSSESSE, ALLAITEMENT ET NOUVEAU-NÉ

Ce médicament ne contient aucune substance connue pour être toxique pendant la grossesse ou l'allaitement.

MODE D'EMPLOI ET POSOLOGIE

Les capsules doivent être avalées avec un verre d'eau, au petit déjeuner.

Posologie usuelle :

1 capsule par jour.

Une alimentation équilibrée et diversifiée apporte habituellement des quantités suffisantes de *vitamine* E, présente essentiellement dans les corps gras.

TOCO 500
vitamine E

PRÉSENTATION

TOCO 500 : capsule transparente (vert pâle) ; boîte de 30 - Remb. 35 %

Laboratoires Pharma 2000

COMPOSITION

	p. caps.
Alpha-tocophérol acétate (vitamine E)	500 mg

INDICATIONS

Ce médicament contient de la *vitamine* E. Celle-ci améliore la répartition des graisses circulant dans le sang, en augmentant notamment le taux de bon *cholestérol*.

Ce médicament est utilisé en complément du régime, notamment dans les excès de cholestérol qui ne justifient pas un traitement *hypolipidémiant*.

GROSSESSE, ALLAITEMENT ET NOUVEAU-NÉ

L'effet de ce médicament pendant la grossesse ou l'allaitement est mal connu : seul votre médecin peut évaluer le risque éventuel de son utilisation dans votre cas.

MODE D'EMPLOI ET POSOLOGIE

Une capsule par jour, le matin, au petit déjeuner.

> Un régime pauvre en *cholestérol* et en graisses animales n'est pas simple à suivre : les erreurs sont fréquentes. Demandez conseil à votre médecin ou à un professionnel de la nutrition.

TOCOGESTAN
hydroxyprogestérone, progestérone, vitamine E

PRÉSENTATION

TOCOGESTAN : solution huileuse injectable ; boîte de 2 ampoules 2 ml - Remb. 65 %

Laboratoires Théramex

COMPOSITION

	p. amp.
Hydroxyprogestérone, 17 alpha-heptanoate	200 mg
Progestérone	50 mg
DL alpha-tocophérol palmitate (vitamine E)	250 mg

INDICATIONS

Ce médicament contient de la *progestérone* et un de ses dérivés ainsi que de la *vitamine* E.

Il est utilisé dans certains cas de menace de fausse couche ou d'accouchement prématuré.

> **ATTENTION**
> N'utilisez en aucun cas ce médicament sans avis médical.

GROSSESSE, ALLAITEMENT ET NOUVEAU-NÉ

Grossesse :

L'usage de ce médicament est déconseillé après la 36e semaine de grossesse.

MODE D'EMPLOI ET POSOLOGIE

La *posologie* est individuelle, et variable selon les cas.

TOCOMINE
vitamine E

PRÉSENTATION

TOCOMINE : comprimé (blanc) ; boîte de 40 - Remb. 35 %

Laboratoires Paillusseau

COMPOSITION

	p. comp.
Alpha-tocophérol acétate (vitamine E)	100 mg

INDICATIONS

Ce médicament contient de la *vitamine* E, substance protectrice de la membrane des cellules.

Il est utilisé dans le traitement et la prévention des *carences* en vitamine E.

GROSSESSE, ALLAITEMENT ET NOUVEAU-NÉ

Ce médicament ne contient aucune substance connue pour être toxique pendant la grossesse ou l'allaitement.

MODE D'EMPLOI ET POSOLOGIE

Les comprimés doivent être avalés avec un verre d'eau.

Posologie usuelle :

1 comprimé, 1 à 5 fois par jour.

> Une alimentation équilibrée et diversifiée apporte habituellement des quantités suffisantes de *vitamine* E, présente essentiellement dans les corps gras.

TOFRANIL
imipramine

PRÉSENTATION

TOFRANIL 10 : comprimé triangulaire (ocre) ; boîte de 60 - Remb. 65 % - Liste I

TOFRANIL 25 : comprimé rond (ocre) ; boîte de 100 - Remb. 65 % - Liste I

TOFRANIL 25 mg/2 ml : solution injectable *I.M.* ; boîte de 10 ampoules 2 ml - Remb. 65 % - Liste I

Laboratoires Ciba-Geigy

COMPOSITION

	p. comp. 10 mg	p. comp. 25 mg	p. amp. inj. 25 mg
Imipramine chlorhydrate			
Sulfites			+

INDICATIONS

Ce médicament appartient à la famille des *antidépresseurs* imipraminiques.

Il est utilisé dans le traitement :
- des *états dépressifs* de toute nature,
- des douleurs rebelles,
- de certains troubles de l'*humeur* et de l'*énurésie* chez l'enfant.

CONTRE-INDICATIONS

Ce médicament ne doit pas être utilisé dans les cas suivants :
- *glaucome* à angle fermé,
- risque de blocage des urines (*adénome de la prostate*...),
- en association avec les *IMAO* non sélectifs ou avec BARNETIL.

> **ATTENTION**
> Si vous souffrez d'*épilepsie* ou de maladie cardiaque prévenez votre médecin.
> Une fièvre, une angine ou une infection sous traitement doivent vous inciter à consulter votre médecin.
> Avant une *anesthésie* locale, notamment chez le dentiste, signalez la prise de ce médicament.
> Évitez les boissons alcoolisées : augmentation du risque de somnolence.
> Conducteur : ce médicament peut être responsable d'une baisse de la vigilance, particulièrement en début de traitement.

INTERACTIONS MÉDICAMENTEUSES

Ce médicament ne doit pas être associé aux médicaments suivants :
- *IMAO* non sélectifs (MARSILID, NIAMIDE...) : risque de *collapsus cardio-vasculaire*, ou d'*hypertension artérielle*, de fièvre et de *convulsions*. Respectez un délai de 15 jours après l'arrêt de l'IMAO.
- BARNETIL : risque de *troubles du rythme cardiaque* graves.

Ce médicament peut interagir avec d'autres médicaments, notamment les *anticonvulsivants*, les *antihypertenseurs* et les *atropiniques*, le PROZAC, l'*adrénaline* et la *noradrénaline*, et les médicaments *sédatifs*. Signalez tout autre traitement en cours, ou récemment arrêté, à votre médecin ou à votre pharmacien.

GROSSESSE, ALLAITEMENT ET NOUVEAU-NÉ

Grossesse et nouveau-né :

Si une grossesse survient pendant le traitement, consultez votre médecin. Il appréciera le risque éventuel lié à l'utilisation de ce médicament dans votre cas.

Si le traitement est poursuivi jusqu'à l'accouchement, une surveillance médicale du *nouveau-né* est nécessaire.

Allaitement :

Ce médicament passe dans le lait maternel : l'allaitement est déconseillé.

MODE D'EMPLOI ET POSOLOGIE

Les comprimés doivent être avalés avec un peu d'eau.

Posologie usuelle :

Elle est strictement individuelle.

> L'efficacité des *antidépresseurs* n'est généralement pas immédiate. Un délai pouvant atteindre plusieurs semaines est parfois nécessaire pour que les effets bénéfiques se fassent sentir.
> Les effets indésirables éventuels apparaissant en début de traitement ne doivent pas vous conduire à l'arrêter prématurément.

EFFETS INDÉSIRABLES POSSIBLES

Rarement : tremblements, difficultés de prononciation, sédation, insomnie, confusion des idées, troubles de l'*accommodation*.

Parfois : bouche sèche, accélération du cœur, sueurs, bouffées de chaleur, constipation, difficultés à uriner, *hypotension orthostatique*, prise de poids, *allergie*, excitation anormale.

Certains de ces effets peuvent être prévenus ou corrigés.

TOLEXINE
doxycycline

PRÉSENTATION

TOLEXINE 50 : gélule (orange opaque et jaune transparent) ; boîte de 14 - Remb. 65 % - Liste I

TOLEXINE 50 : gélule (orange opaque et jaune transparent) ; boîte de 28 - Remb. 65 % - Liste I

TOLEXINE 100 : gélule (jaune opaque et jaune transparent) ; boîte de 5 - Remb. 65 % - Liste I

Laboratoires Biorga

COMPOSITION

	p. gél.	p. gél.
Doxycycline	50 mg	100 mg

INDICATIONS

C'est un *antibiotique* qui appartient à la famille des *tétracyclines*.

Il est utilisé dans le traitement de diverses maladies infectieuses, notamment respiratoires et génitales. Il est également utilisé dans le traitement de l'*acné*.

CONTRE-INDICATIONS

Ce médicament ne doit pas être utilisé dans les cas suivants :
- *allergie* aux *tétracyclines*,
- enfant de moins de 8 ans (risque de coloration définitive des dents),
- association avec les *rétinoïdes*,
- grossesse,
- allaitement.

ATTENTION
Ce médicament est photosensibilisant : une exposition aux rayons *ultraviolets* peut provoquer des réactions cutanées. Évitez toute exposition au soleil et n'omettez pas de signaler à votre médecin vos projets de vacances pendant la durée du traitement.

INTERACTIONS MÉDICAMENTEUSES

Ce médicament ne doit pas être associé à ceux contenant des *rétinoïdes* (ROACCUTANE, SORIATANE...) : risque d'*hypertension intracrânienne*.

Il peut interagir avec d'autres médicaments, notamment les *anticoagulants* oraux : signalez tout autre traitement en cours à votre médecin ou à votre pharmacien.

GROSSESSE, ALLAITEMENT ET NOUVEAU-NÉ

Ce médicament peut provoquer des anomalies dentaires chez l'enfant à naître ou le *nourrisson* : son usage est contre-indiqué pendant la grossesse et l'allaitement.

MODE D'EMPLOI ET POSOLOGIE

Pour éviter les *troubles digestifs*, ce médicament sera pris de préférence pendant les repas.

Les gélules doivent être avalées avec un grand verre d'eau. Il est préférable de ne pas les absorber en position allongée.

Posologie usuelle :
- Adulte :
  - pour un poids inférieur à 60 kg : 200 mg le 1er jour, puis 100 mg par jour en une prise ;
  - pour un poids supérieur à 60 kg : 2 gélules à 100 mg par jour, en une prise.

Dans le traitement prolongé de l'*acné* et de certaines infections génitales : *posologie* particulière, précisée par le médecin.
- Enfant de plus de 8 ans : 4 mg par kg et par jour.

☛ Le médecin peut prescrire un prélèvement pour identifier le *germe* responsable de l'infection et tester sa sensibilité aux *antibiotiques*. Le résultat de cet examen peut être faussé en cas d'automédication préalable : un avis médical est toujours préférable avant la prise d'antibiotiques.
Une diminution de la fièvre ou une disparition des troubles ne sont pas synonymes de guérison : la durée du traitement doit absolument être respectée pour éviter les rechutes.

EFFETS INDÉSIRABLES POSSIBLES

Troubles digestifs : nausée, diarrhée, *candidose* génitale.

Allergie cutanée, œdème de *Quincke*.

Rougeurs cutanées dues à une exposition aux rayons *ultraviolets*.

T.O.M. TYROTHRICINE ŒSTRADIOL MEYER
estradiol, tyrothricine

PRÉSENTATION

T.O.M. : gel pour application locale ; tube 34 g - Remb. 65 %

Laboratoires Meyer

COMPOSITION

	p. 100 g
Estradiol benzoate	5 mg
Tyrothricine	25 mg

INDICATIONS

Ce gel contient une *hormone* de la famille des *estrogènes* et un *antibiotique*.

Il est utilisé pour corriger les *symptômes* locaux dus à une *carence* en estrogènes associée à une infection (*atrophie* vaginale, crevasses du sein après l'accouchement, certains cas d'*acné*).

CONTRE-INDICATIONS

Ce médicament ne doit pas être utilisé en cas d'*antécédent* de cancer sensible aux *estrogènes*.

ATTENTION
Des précautions sont nécessaires en cas de mauvaise circulation veineuse ou de saignement entre les règles.

GROSSESSE, ALLAITEMENT ET NOUVEAU-NÉ

Grossesse :
L'effet de ce médicament pendant la grossesse est mal connu. L'évaluation du risque éventuel lié à son utilisation est individuelle : demandez conseil à votre pharmacien ou à votre médecin.

MODE D'EMPLOI ET POSOLOGIE

Appliquer le gel puis le faire pénétrer par un léger massage.

Posologie usuelle :
1 ou 2 applications par jour.

La durée du traitement ne doit pas dépasser 10 jours.

Crevasses du sein : 1 application après chaque tétée.

☛ Avant chaque tétée, laver et rincer abondamment le mamelon pour limiter la quantité d'*hormone* absorbée par le *nouveau-né*.

TONACTIL
kola, ginseng

PRÉSENTATION

TONACTIL : gélule (ivoire) ; boîte de 50 - Non remb.

Laboratoires Arkopharma

COMPOSITION

	p. gél.
Kola, poudre de graine	300 mg
Ginseng, poudre de racine	150 mg
Lactose	525 mg

INDICATIONS

Ce médicament d'origine végétale contient du kola, riche en caféine, et du ginseng.

Il est utilisé dans le *traitement symptomatique* de certaines fatigues (*asthénie fonctionnelle*).

ATTENTION
Une fatigue persistante ne doit pas vous conduire à augmenter les prises de ce médicament : consultez votre médecin.

GROSSESSE, ALLAITEMENT ET NOUVEAU-NÉ

L'effet de ce médicament pendant la grossesse ou l'allaitement est mal connu. L'évaluation du risque éventuel lié à son utilisation est individuelle : demandez conseil à votre pharmacien ou à votre médecin.

MODE D'EMPLOI ET POSOLOGIE

Ce médicament est réservé à l'adulte.

Les gélules doivent être avalées avec un verre d'eau.

Posologie usuelle :
- Adulte : 2 gélules le matin et à midi en *traitement d'attaque*, puis 1 ou 2 gélules le matin en *traitement d'entretien*.

Ne pas dépasser 6 gélules par jour.

☛ Ce médicament contient de la graine de kola, riche en caféine : évitez de prendre ce médicament en fin de journée.

Ce médicament doit être conservé à l'abri de la lumière, de la chaleur et de l'humidité.

TONIBRAL
déanol

PRÉSENTATION

TONIBRAL ADULTE : solution buvable arôme cerise ; boîte de 20 ampoules (10 ml) - Non remb.

Laboratoires Bouchara Santé Active

COMPOSITION

	p. amp.
Déanol hémisuccinate	0,20 g
Alcool à 95 %	1,50 g

INDICATIONS

C'est un *psychostimulant* qui appartient à la famille chimique du déanol.

Il est utilisé dans le traitement de certaines fatigues (*asthénies fonctionnelles*).

CONTRE-INDICATIONS

Ce médicament ne doit pas être utilisé en cas d'*épilepsie*.

ATTENTION

Ce médicament contient de l'*alcool* : il ne doit pas être utilisé chez l'enfant ni en cas de désintoxication alcoolique.

GROSSESSE, ALLAITEMENT ET NOUVEAU-NÉ

Grossesse :

L'effet de ce médicament sur l'enfant à naître est mal connu. Par mesure de prudence, son usage pendant la grossesse est déconseillé.

MODE D'EMPLOI ET POSOLOGIE

Les ampoules doivent être prises avec un peu d'eau au cours des repas.

Posologie usuelle :

- Adulte : 2 ou 3 ampoules par jour, en 1 ou 2 prises.

☛ Une fatigue persistante ne doit pas vous conduire à augmenter les prises de ce médicament : consultez votre médecin.

EFFETS INDÉSIRABLES POSSIBLES

Insomnie, maux de tête, démangeaisons ; ces effets disparaissent au cours du traitement ou après diminution des doses.

Les médicaments sont prescrits dans une situation précise : ne les réutilisez pas sans avis médical.

TONICALCIUM
ascorbate de lysine et de calcium

PRÉSENTATION

TONICALCIUM ADULTES : solution buvable ; boîte de 20 ampoules 10 ml - Non remb.

TONICALCIUM ENFANTS : solution buvable ; boîte de 20 ampoules 5 ml - Non remb.

Laboratoires Bouchara

COMPOSITION

	p. amp.	p. amp.
Ascorbate de DL-lysine	500 mg	250 mg
Ascorbate de calcium	500 mg	250 mg
Soit calcium	47 mg	23,5 mg
Soit acide ascorbique (vitamine C)	700 mg	350 mg
Saccharose	3,5 g	1,75 g
Alcool	0,32 ml	0,16 ml

INDICATIONS

Ce médicament contient un *acide aminé*, de la *vitamine* C et du calcium.

Il est utilisé dans le *traitement symptomatique* de certaines fatigues (*asthénies fonctionnelles*).

CONTRE-INDICATIONS

Ce médicament ne doit pas être utilisé en cas d'*antécédents* de calculs des *voies* urinaires.

ATTENTION

Dans l'organisme, la *vitamine* C est dégradée en acide oxalique pouvant favoriser la formation de calculs dans les *voies* urinaires. Ne prenez de vitamine C ni en quantité importante ni pendant une longue durée sans avis médical.

Ce médicament contient du *sucre* (saccharose) en quantité notable.

INTERACTIONS MÉDICAMENTEUSES

Ce médicament peut interagir avec d'autres médicaments, notamment avec les *antibiotiques* de la famille des *cyclines* : respectez un intervalle de 3 heures entre les prises de chacun de ces médicaments.

GROSSESSE, ALLAITEMENT ET NOUVEAU-NÉ

Ce médicament ne contient que des substances présumées sans danger pendant la grossesse ou l'allaitement. Néanmoins, ne l'utilisez pas de façon prolongée sans l'avis de votre pharmacien ou de votre médecin.

MODE D'EMPLOI ET POSOLOGIE

Le contenu des ampoules doit être dilué dans un verre d'eau et pris avant les repas.

Posologie usuelle :

- Adulte : 2 ou 3 ampoules Adulte par jour.
- Enfant de 30 mois à 15 ans : 1 à 3 ampoules Enfant par jour.

☛ Une fatigue persistante ne doit pas vous conduire à augmenter les prises de ce médicament : consultez votre médecin.

Une prise quotidienne, et supérieure à 2 g, de vitamine C peut modifier certaines analyses de sang.

EFFETS INDÉSIRABLES POSSIBLES

Chez les personnes prédisposées : calculs des *voies* urinaires.

TONIQUE VÉGÉTAL
homéopathie

PRÉSENTATION

TONIQUE VÉGÉTAL : solution buvable ; flacon 250 ml - Non remb.

Laboratoires Lehning

COMPOSITION

Podophyllum D2 2 %, Avena sativa D1 2 %, Cola D1 2 %, Artemisia D1 1 %, Rhapontica D1 1 %, Frangula D1 1 %, China D1 1 %, Nux vomica D2 1 %, Cinnamomi D1 1 %, Arsenicum album D4 3 %, Gentiana D1 1 %, Vinum dulce 84 %

INDICATIONS

Ce médicament est un *complexe* (association) de remèdes homéopathiques.

Il est utilisé dans le *traitement symptomatique* de la fatigue due au surmenage, à la convalescence ou à la grossesse.

CONTRE-INDICATIONS

Ce médicament ne doit pas être utilisé :
- en cas d'*hypertension artérielle*,
- chez l'enfant de moins de 8 ans.

GROSSESSE, ALLAITEMENT ET NOUVEAU-NÉ

Aux *dilutions homéopathiques*, les substances contenues dans ce médicament ne sont pas connues pour être toxiques pendant la grossesse ou l'allaitement.

MODE D'EMPLOI ET POSOLOGIE

Ce médicament peut être pris avant ou après le repas.

Posologie usuelle :

1 cuillère à soupe, 3 fois par jour.

☛ Certains homéopathes recommandent de ne pas absorber de camphre pendant un traitement homéopathique.

TONISAN
ginseng, thé

PRÉSENTATION

TONISAN : comprimé à sucer arôme orange ; boîte de 36 - Non remb.

Laboratoires Dolisos

COMPOSITION

	p. comp.
Ginseng panax, racine, extrait sec	100 mg
Thé noir, feuilles, extrait sec	200 mg
Aspartam	10 mg

INDICATIONS

Ce médicament contient des extraits de plantes.

Il est utilisé dans le *traitement symptomatique* des états de fatigue.

CONTRE-INDICATIONS

Ce médicament ne doit pas être utilisé en cas de *phénylcétonurie* (présence d'aspartam).

> **ATTENTION**
> Une fatigue persistante ne doit pas vous conduire à augmenter les prises de ce médicament ; consultez votre médecin.

GROSSESSE, ALLAITEMENT ET NOUVEAU-NÉ

Ce médicament ne contient que des substances présumées sans danger pendant la grossesse ou l'allaitement. Néanmoins, ne l'utilisez pas de façon prolongée sans l'avis de votre pharmacien ou de votre médecin.

MODE D'EMPLOI ET POSOLOGIE

Les comprimés peuvent être croqués ou dissous dans un demi-verre d'eau chaude.

Posologie usuelle :

1 ou 2 comprimés, 2 ou 3 fois par jour.

> ☛ Pour éviter les risques d'insomnie, il est préférable de prendre ce médicament avant 16 heures.
> Conserver les comprimés à l'abri de la chaleur et de l'humidité.

TOPAAL

PRÉSENTATION

TOPAAL : comprimé à croquer (blanc) arôme caramel-fraise ; boîte de 42 - Remb. 65 %

TOPAAL : suspension buvable arôme caramel-menthe ; flacon 210 ml - Remb. 65 %

Laboratoires Sinbio

COMPOSITION

	p. comp.	p. 10 ml
Acide alginique	200 mg	400 mg
Hydroxyde d'aluminium colloïdal	30 mg	60 mg
Carbonate de magnésium léger		80 mg
Hydrocarbonate de magnésium	40 mg	
Silice	130 mg	260 mg
Saccharose	0,88 g	

INDICATIONS

C'est un médicament qui appartient à la famille des *antiacides* d'action locale. Il forme un gel visqueux qui surnage dans l'estomac et protège l'œsophage en cas de reflux du contenu de l'estomac.

Il est utilisé dans le traitement du *reflux gastro-œsophagien*.

> **ATTENTION**
> Les comprimés contiennent du *sucre* (saccharose) en quantité notable.

INTERACTIONS MÉDICAMENTEUSES

Ce médicament peut interagir avec de nombreux autres médicaments en diminuant leur absorption : il convient de séparer les prises d'au moins 2 heures.

GROSSESSE, ALLAITEMENT ET NOUVEAU-NÉ

Les substances contenues dans ce médicament sont peu absorbées ; l'automédication est possible en cure courte ou ponctuelle pendant la grossesse ou l'allaitement.

MODE D'EMPLOI ET POSOLOGIE

Ce médicament doit être pris après les repas et la dernière prise aura lieu de préférence le soir au coucher.

Les comprimés doivent être mâchés très soigneusement avant d'être avalés avec un demi-verre d'eau.

Le flacon contenant la suspension buvable doit être agité vigoureusement avant chaque emploi.

Posologie usuelle :

2 comprimés ou 2 cuillères à café de suspension buvable, 3 fois par jour.

> ☛ Si vous prenez d'autres médicaments, il est préférable de prendre ce médicament en dernier.

TOPFENA

kétoprofène

PRÉSENTATION

TOPFENA 50 mg : gélule (blanc) ; boîte de 24 - Remb. 65 % - Liste II

TOPFENA L.P. 100 mg : gélule à *libération prolongée* (transparent et opaque) ; boîte de 14 - Remb. 65 % - Liste II

TOPFENA L.P. 200 mg : gélule à *libération prolongée* (transparent) ; boîte de 14 - Remb. 65 % - Liste II

Laboratoires Biostabilex-Urap

COMPOSITION

	p. gél. 50 mg	p. gél. L.P. 100 mg	p. gél. L.P. 200 mg
Kétoprofène			

INDICATIONS

Ce médicament est un *anti-inflammatoire* non stéroïdien (*AINS*). Il lutte contre l'*inflammation* et la douleur, fait baisser la fièvre et fluidifie le sang.

Il est utilisé dans le *traitement symptomatique* :
- des *rhumatismes inflammatoires* ;
- de certaines *arthroses* ;
- des *tendinites*, des *arthrites* et des *lombalgies*... ;
- des *sciatiques* et *cruralgies*.

CONTRE-INDICATIONS

Ce médicament ne doit pas être utilisé dans les cas suivants :
- *allergie* aux *AINS*, y compris l'aspirine ;
- *ulcère* de l'estomac ou du *duodénum* ;
- *insuffisance hépatique*, *insuffisance rénale* graves ;
- enfant de moins de 15 ans ;
- **grossesse** (3 derniers mois) ;
- **allaitement**.

> **ATTENTION** ⚠
> Tout traitement prolongé ou surdosage d'*AINS* expose à des effets indésirables graves.
> Tout *symptôme* pouvant faire craindre des complications (douleurs d'estomac, *allergie* cutanée) doit être signalé à votre médecin.
> Des précautions sont nécessaires chez la personne souffrant d'*antécédents* d'*ulcère* de l'estomac ou du *duodénum*, ou présentant un risque hémorragique, chez la personne âgée, et chez la femme qui porte un stérilet.
> Conducteur : ce médicament peut provoquer parfois des étourdissements.

INTERACTIONS MÉDICAMENTEUSES

Ce médicament peut interagir avec d'autres médicaments, notamment :
- l'aspirine et les autres *anti-inflammatoires* non stéroïdiens : risque d'accroissement des effets indésirables ;
- les *anticoagulants* et les *antiagrégants plaquettaires* (TICLID...) : augmentation du risque hémorragique ;
- le *lithium* (TÉRALITHE, NEUROLITHIUM...) : augmentation du taux de lithium dans le sang.

Signalez tout autre traitement en cours à votre médecin ou à votre pharmacien.

GROSSESSE, ALLAITEMENT ET NOUVEAU-NÉ

Grossesse :

Des effets néfastes graves pour la mère et l'enfant à naître ont été mis en évidence lorsque ce médicament, comme tous les *AINS*, est utilisé au cours des 3 derniers mois de la grossesse : son usage est formellement contre-indiqué pendant cette période.

Pendant les 6 premiers mois, l'effet de ce médicament est mal connu : seul votre médecin peut évaluer le risque éventuel de son utilisation dans votre cas.

Allaitement :

Ce médicament passe dans le lait maternel : par mesure de prudence, il est contre-indiqué pendant l'allaitement.

MODE D'EMPLOI ET POSOLOGIE

Les gélules doivent être avalées avec un verre d'eau, de préférence au milieu des repas afin de limiter les effets digestifs indésirables.

Les gélules à *libération prolongée* sont réservées au traitement de longue durée.

Posologie usuelle :

- Adulte :
  - *traitement d'attaque* : 6 gélules à 50 mg par jour, réparties en 2 ou 3 prises ;
  - *traitement d'entretien* : 3 gélules à 50 mg, ou 1 gélule *L.P.* à 100 mg, ou 1 gélule L.P. à 200 mg par jour.

> ☛ Ne dépassez pas la *posologie* ni la durée de traitement prescrites par votre médecin.
> Ce médicament vous a été prescrit dans une situation précise : ne le conseillez pas à un proche, ne le réutilisez pas sans avis médical.

EFFETS INDÉSIRABLES POSSIBLES

Troubles digestifs : *gastrite*, voire *ulcère* de l'estomac ou du *duodénum*, le plus souvent lors d'un traitement de longue durée ou à forte dose.

Exceptionnellement : *hémorragie* digestive (vomissements de sang, selles noires ou plus souvent pertes de sang imperceptibles responsables de l'apparition progressive d'une *anémie*).

Allergie cutanée, *asthme*.

Maux de tête, *vertiges*, somnolence.

TOPFENA gel

kétoprofène

PRÉSENTATION

TOPFENA GEL à 2,5 % : gel pour application locale ; tube 60 g - Remb. 35 % - Liste II

Laboratoires Biostabilex-Urap

COMPOSITION

	p. 100 g
Kétoprofène	2,5 g
Alcool à 95°	+

INDICATIONS

Ce gel contient un *anti-inflammatoire* non stéroïdien (*AINS*). Il lutte localement contre l'*inflammation* et la douleur.

Il est utilisé dans le traitement des *tendinites*, des entorses, des contusions et des *œdèmes* survenant après un traumatisme.

CONTRE-INDICATIONS

Ce médicament ne doit pas être utilisé dans les cas suivants :
- *allergie* à l'aspirine ou aux *AINS*,
- en application sur un *eczéma*, des *muqueuses*, des plaies ou de la peau lésée.

GROSSESSE, ALLAITEMENT ET NOUVEAU-NÉ

L'effet de ce médicament pendant la grossesse ou l'allaitement est mal connu : seul votre médecin peut évaluer le risque éventuel de son utilisation dans votre cas.

MODE D'EMPLOI ET POSOLOGIE

Appliquer un ruban de gel de 5 à 10 cm, et masser doucement.

Ce gel peut être appliqué sans pansement occclusif.

Posologie usuelle :

2 applications par jour.

> Se laver les mains après application. En cas de contact accidentel avec les yeux, rincer abondamment.

EFFETS INDÉSIRABLES POSSIBLES

Imposant l'arrêt du traitement : *allergie* cutanée (éruption de boutons, démangeaisons...).

> *Ne conseillez pas vos médicaments à une autre personne*

TOPICORTE

désoximétasone

PRÉSENTATION

TOPICORTE : crème ; flacon 15 g - Remb. 65 % - Liste I

Laboratoires Roussel

COMPOSITION

	p. 100 g
Désoximétasone	250 mg

INDICATIONS

C'est un *dermocorticoïde* d'activité assez forte. Comme les autres dérivés de la *cortisone* à usage local, il freine le renouvellement et la multiplication des cellules de la peau et limite le suintement.

Il est utilisé pour traiter les *eczémas* de contact ou *atopiques*, les *lichénifications*, le *psoriasis*, les *dermites séborrhéiques* sauf celles du visage, le *prurigo*, la *dyshidrose*, et pour soulager les démangeaisons dues aux piqûres d'insectes ou à la présence de parasites sous la peau. Il est également utilisé dans le traitement de certaines maladies rares : *granulome annulaire*, *lupus érythémateux* discoïde, *mycosis fongoïde*.

CONTRE-INDICATIONS

Ce médicament ne doit pas être utilisé dans les cas suivants :
- infection et parasitose non traitées de la peau (ce médicament n'a pas d'effet anti-infectieux),
- lésion ulcérée,
- *acné* et *rosacée*.

> **ATTENTION**
>
> Comme les autres *dermocorticoïdes*, ce médicament a souvent une action efficace et rapide sur les lésions de la peau ; il peut être tentant de le réutiliser, mais l'automédication expose à des risques importants : aggravation de certaines lésions, installation d'une *dépendance* (amélioration de moins en moins visible des lésions et recrudescence des *symptômes* à chaque arrêt de traitement) et altération durable de la peau.
>
> Suivez attentivement la prescription de votre médecin et n'hésitez pas à lui demander des explications.

GROSSESSE, ALLAITEMENT ET NOUVEAU-NÉ

L'effet de ce médicament pendant la grossesse ou l'allaitement est mal connu : seul votre médecin peut évaluer le risque éventuel de son utilisation dans votre cas.

MODE D'EMPLOI ET POSOLOGIE

Étaler la crème sur les lésions et la faire pénétrer par un léger massage. Pour traiter de grandes surfaces : appliquer en touches espacées, puis étaler avec un gant en plastique jusqu'à complète absorption.

Posologie usuelle :

1 ou 2 applications par jour.

Le médecin prescrit fréquemment un arrêt progressif du traitement : espacement des applications ou diminution de la quantité appliquée.

> Ne conseillez pas, ne donnez pas ce médicament à un proche.
>
> Pensez à vous laver les mains après l'application. En cas d'utilisation sur une grande surface de peau, le port d'un gant est recommandé.

EFFETS INDÉSIRABLES POSSIBLES

Ils apparaissent surtout en cas d'usage prolongé :
- *atrophie* avec microhémorragie de la peau (*purpura*), dilatation des petits vaisseaux, vergetures, éruption de boutons ;
- développement anormal des poils, dessèchement, fragilisation et décoloration irrégulière de la peau ;
- rougeur autour de la bouche, apparition d'une *rosacée* ;
- retard de cicatrisation.

TOPIFRAM

désoximétasone, framycétine, gramicidine

PRÉSENTATION

TOPIFRAM : crème ; flacon 15 g - Remb. 65 % - Liste I

Laboratoires Roussel

COMPOSITION

	p. 100 g
Désoximétasone	250 mg
Framycétine sulfate	750 mg
Gramicidine	25 mg

INDICATIONS

Ce médicament contient un *dermocorticoïde* d'activité forte et deux *antibiotiques*, la framycétine, de la famille des *aminosides*, et la gramicidine, de la famille des polypeptides. Comme les autres médicaments contenant un dérivé de la *cortisone* à usage local, il freine le renouvellement et la multiplication des cellules de la peau et limite le suintement.

Cette crème est utilisée dans le traitement initial de certaines lésions inflammatoires de la peau (*eczéma*, *dyshidrose*, *psoriasis*...) lorsqu'elles sont infectées.

CONTRE-INDICATIONS

Ce médicament ne doit pas être utilisé dans les cas suivants :
- *allergie* aux *antibiotiques* de la famille des *aminosides* ou à la gramicidine ;
- infections de la peau dues à un champignon ou à un *virus* ;
- plaies chroniques, *ulcère* de la jambe, *escarre* ;
- *rosacée* ;
- sous pansement étanche (occlusif).

> **ATTENTION**
>
> Cette crème n'est pas destinée à traiter les infections bactériennes de la peau

mais à traiter l'infection qui vient compliquer une lésion préexistante.

Comme les autres *dermocorticoïdes*, ce médicament a souvent une action efficace et rapide sur les lésions de la peau ; il peut être tentant de le réutiliser, mais l'automédication expose à des risques importants : aggravation de certaines lésions, installation d'une *dépendance* (amélioration de moins en moins visible des lésions et recrudescence des *symptômes* à chaque arrêt de traitement) et altération durable de la peau.

Suivez attentivement la prescription de votre médecin et n'hésitez pas à lui demander des explications.

GROSSESSE, ALLAITEMENT ET NOUVEAU-NÉ

L'effet de ce médicament pendant la grossesse ou l'allaitement est mal connu : seul votre médecin peut évaluer le risque éventuel de son utilisation dans votre cas.

Nouveau-né :

Ce médicament est déconseillé chez le *nouveau-né*.

MODE D'EMPLOI ET POSOLOGIE

Étaler la crème en couche mince sur les lésions et la faire pénétrer par un léger massage.

Posologie usuelle :

1 ou 2 applications par jour, pendant 8 jours au maximum.

Ne conseillez pas, ne donnez pas ce médicament à un proche.

Pensez à vous laver les mains après l'application.

EFFETS INDÉSIRABLES POSSIBLES

Compte tenu de la brièveté du traitement, ils sont peu fréquents :

- dilatation des petits vaisseaux, vergetures, éruption de boutons ;
- développement anormal des poils, dessèchement, fragilisation et décoloration irrégulière de la peau ;
- rougeur autour de la bouche, apparition d'une *rosacée* ;
- retard de la cicatrisation ;
- *allergie* cutanée (framycétine).

TOPILAR

fluclorolone acétonide

PRÉSENTATION

TOPILAR : pommade ; tube 15 g - Remb. 65 % - Liste I

TOPILAR : crème ; tube 15 g - Remb. 65 % - Liste I

Laboratoires Syntex

COMPOSITION

	p. 100 g
Fluclorolone acétonide	25 mg

INDICATIONS

C'est un *dermocorticoïde* d'activité forte. Comme les autres dérivés de la *cortisone* à usage local, il freine le renouvellement et la multiplication des cellules de la peau et limite le suintement.

Il est utilisé pour traiter les *eczémas* de contact ou *atopiques*, les *lichénifications*, le *psoriasis*, le *prurigo*, la *dyshidrose*, et pour soulager les démangeaisons dues aux piqûres d'insectes ou à la présence de parasites sous la peau. Il est également utilisé dans le traitement d'une maladie rare, le *lupus érythémateux* discoïde.

CONTRE-INDICATIONS

Ce médicament ne doit pas être utilisé dans les cas suivants :

- infection et parasitose non traitées de la peau (ce médicament n'a pas d'effet anti-infectieux),
- lésion ulcérée,
- *acné* et *rosacée*.

ATTENTION

Comme les autres *dermocorticoïdes*, ce médicament a souvent une action efficace et rapide sur les lésions de la peau ; il peut être tentant de le réutiliser, mais l'automédication expose à des risques importants : aggravation de certaines lésions, installation d'une *dépendance* (amélioration de moins en moins visible des lésions et recrudescence des *symptômes* à chaque arrêt de traitement) et altération durable de la peau.

Suivez attentivement la prescription de votre médecin et n'hésitez pas à lui demander des explications.

GROSSESSE, ALLAITEMENT ET NOUVEAU-NÉ

L'effet de ce médicament pendant la grossesse ou l'allaitement est mal connu : seul votre médecin peut évaluer le risque éventuel de son utilisation dans votre cas.

MODE D'EMPLOI ET POSOLOGIE

La crème est adaptée au traitement des lésions suintantes, la pommade à celui des lésions sèches.

Étaler le médicament sur les lésions et le faire pénétrer par un léger massage. Pour traiter de grandes surfaces : appliquer le produit en touches espacées, puis étaler avec un gant en plastique jusqu'à complète absorption.

Posologie usuelle :

1 ou 2 applications par jour.

Le médecin prescrit fréquemment un arrêt progressif du traitement : espacement des applications ou diminution de la quantité appliquée.

Ne conseillez pas, ne donnez pas ce médicament à un proche.

Pensez à vous laver les mains après l'application. En cas d'utilisation sur une grande surface de peau, le port d'un gant est recommandé.

EFFETS INDÉSIRABLES POSSIBLES

Ils apparaissent surtout en cas d'usage prolongé :

- *atrophie* avec microhémorragie de la peau (*purpura*), dilatation des petits vaisseaux, vergetures, éruption de boutons ;
- développement anormal des poils, dessèchement, fragilisation et décoloration irrégulière de la peau ;
- rougeur autour de la bouche, apparition d'une *rosacée* ;
- retard de cicatrisation.

TOPLEXIL gélule

PRÉSENTATION

TOPLEXIL : gélule (vert et blanc) ; boîte de 24 - Remb. 35 % - Liste II

Laboratoires Specia

COMPOSITION

	p. gél.
Oxomémazine	1,65 mg
Guaïfénésine	33,3 mg
Benzoate de sodium	33,3 mg
Paracétamol	33,3 mg

INDICATIONS

Ce médicament contient un *antihistaminique* antiallergique, *antitussif* et *sédatif* (oxomémazine), deux *expectorants* (benzoate de sodium, guaïfénésine) et un *antipyrétique* (paracétamol).

Il est utilisé dans le *traitement symptomatique* des toux sèches, notamment allergiques ou irritatives.

CONTRE-INDICATIONS

Ce médicament ne doit pas être utilisé dans les cas suivants :

- *insuffisance respiratoire*,
- *insuffisance hépatique*,
- en association avec les médicaments contenant de la lévodopa.

ATTENTION

Ce médicament n'est pas adapté au traitement de la toux grasse, qui est un mécanisme de défense normal de l'organisme permettant l'évacuation des mucosités présentes dans les bronches.

La toux est un *symptôme* qui peut révéler de nombreuses maladies. Consultez votre médecin si elle persiste plus de quelques jours.

Ce médicament contient du paracétamol : en tenir compte en cas de prise conjointe avec d'autres médicaments qui en contiennent.

Évitez les boissons alcoolisées : augmentation du risque de somnolence.

Conducteur : ce médicament peut être responsable d'une somnolence ou d'une baisse de la vigilance.

INTERACTIONS MÉDICAMENTEUSES

Ce médicament ne doit pas être associé à ceux contenant de la lévodopa (LARODOPA, MODOPAR, SINEMET...) : risque d'annulation de leurs effets.

Il peut interagir avec d'autres médicaments. Signalez tout autre traitement en cours à votre médecin ou à votre pharmacien.

GROSSESSE, ALLAITEMENT ET NOUVEAU-NÉ

L'effet de ce médicament pendant la grossesse ou l'allaitement est mal connu : seul votre médecin peut évaluer le risque éventuel de son utilisation dans votre cas.

MODE D'EMPLOI ET POSOLOGIE

Les prises de ce médicament doivent être réparties au cours de la journée.

Posologie usuelle :

- Adulte : 2 à 6 gélules par jour, en 2 ou 3 prises. Chez la personne âgée, commencer par la *posologie* la plus faible.

EFFETS INDÉSIRABLES POSSIBLES

Somnolence, *troubles digestifs*, épaississement des sécrétions bronchiques, sécheresse de la bouche, troubles visuels, constipation, rétention d'urine, confusion mentale ou agitation chez la personne âgée.

TOPLEXIL sirop

PRÉSENTATION

TOPLEXIL : sirop ; flacon 150 ml - Remb. 35 %

Laboratoires Specia

COMPOSITION

	p. c. à c.
Oxomémazine	1,66 mg
Guaïfénésine	33,3 mg
Benzoate de sodium	33,3 mg
Paracétamol	33,3 mg
Saccharose	3,5 g

INDICATIONS

Ce médicament est une association de substances qui contient notamment un *antihistaminique antitussif* et *sédatif* (oxomémazine), un *expectorant* (benzoate de sodium) et un *antipyrétique* (paracétamol).

Il est utilisé dans le traitement des toux sèches, notamment allergiques et irritatives.

CONTRE-INDICATIONS

Ce médicament ne doit pas être utilisé dans les cas suivants :

- *insuffisance respiratoire*,
- *insuffisance hépatique*,
- association avec les médicaments contenant de la lévodopa.

ATTENTION

Ce médicament n'est pas adapté au traitement de la toux grasse, qui est un mécanisme de défense normal de l'organisme permettant l'évacuation des mucosités présentes dans les bronches. La toux est un *symptôme* qui peut révéler de nombreuses maladies : consultez votre médecin si elle persiste plus de quelques jours.

Ce sirop contient du *sucre* (saccharose) en quantité notable.

Ce médicament contient du paracétamol : en tenir compte en cas de prise conjointe avec d'autres médicaments qui en contiennent.

Évitez les boissons alcoolisées : augmentation du risque de somnolence.

Conducteur : ce médicament peut être responsable d'une somnolence ou d'une baisse de la vigilance.

INTERACTIONS MÉDICAMENTEUSES

Ce médicament ne doit pas être associé à ceux contenant de la lévodopa (LARODOPA, MODOPAR, SINEMET...) : risque d'annulation de leurs effets.

Il peut interagir avec d'autres médicaments. Signalez tout autre traitement en cours à votre médecin ou à votre pharmacien.

GROSSESSE, ALLAITEMENT ET NOUVEAU-NÉ

L'effet de ce médicament pendant la grossesse ou l'allaitement est mal connu. L'évaluation du risque éventuel lié à son utilisation est individuelle : demandez conseil à votre pharmacien ou à votre médecin.

MODE D'EMPLOI ET POSOLOGIE

Le traitement ne doit pas dépasser quelques jours.

Les prises de ce médicament doivent être réparties au cours de la journée.

Posologie usuelle :

- Adulte : 1 ou 2 cuillères à café, 2 ou 3 fois par jour. Chez la personne âgée, commencer par la *posologie* la plus faible.
- Enfant de plus de 30 mois : 3 à 5 cuillères à café de sirop par jour, en 2 ou 3 prises.
- Nouveau-né et nourrisson : 1 à 3 cuillères à café de sirop par jour, en 2 ou 3 prises.

EFFETS INDÉSIRABLES POSSIBLES

Somnolence, *troubles digestifs*, épaississement des sécrétions bronchiques, sécheresse de la bouche, troubles visuels, constipation, rétention d'urine, confusion mentale chez les personnes âgées et, plus rarement, agitation chez l'enfant.

TOP MAG
magnésium

PRÉSENTATION

TOP MAG : poudre orale arôme citron ; boîte de 30 sachets - Remb. 35 %

Laboratoires Génévrier

COMPOSITION

	p. sachet
Magnésium pidolate	2,25 g
Soit magnésium	190,5 mg

INDICATIONS

Ce médicament contient du magnésium, élément minéral indispensable au *métabolisme*.

Il est utilisé dans le traitement des *carences* en magnésium, notamment celles qui sont liées à la prise de *diurétiques*.

CONTRE-INDICATIONS

Ce médicament ne doit pas être utilisé en cas d'*insuffisance rénale* grave.

INTERACTIONS MÉDICAMENTEUSES

Ce médicament peut interagir avec d'autres médicaments en diminuant leur absorption digestive : signalez tout autre traitement en cours à votre médecin ou à votre pharmacien.

GROSSESSE, ALLAITEMENT ET NOUVEAU-NÉ

Ce médicament ne contient aucune substance connue pour être toxique chez la femme enceinte ou qui allaite.

MODE D'EMPLOI ET POSOLOGIE

Le contenu des sachets doit être dissous dans un demi-verre d'eau.

Posologie usuelle :

- Adulte : 1 ou 2 sachets par jour.
- Enfant : la dose est fixée par le médecin en fonction du poids.

EFFETS INDÉSIRABLES POSSIBLES

Diarrhée, douleurs abdominales.

TOPREC
kétoprofène

PRÉSENTATION

TOPREC : comprimé (blanc) ; boîte de 20 - Remb. 65 % - Liste II

Laboratoires Théraplix

COMPOSITION

	p. comp.
Kétoprofène	25 mg
Lactose	+

INDICATIONS

Ce médicament est un *anti-inflammatoire* non stéroïdien (AINS). Il possède à faible dose des propriétés *antalgiques* et *antipyrétiques* proches de celles de l'aspirine. Ses propriétés anti-inflammatoires se manifestent à forte dose.

Il est utilisé dans le *traitement symptomatique* de la fièvre, des maux de tête, des douleurs diverses (en particulier rhumatismales et dentaires) et des règles douloureuses.

CONTRE-INDICATIONS

Ce médicament ne doit pas être utilisé dans les cas suivants :

- *antécédent* d'*allergie* à l'aspirine ou aux *anti-inflammatoires* non stéroïdiens (*AINS*),
- *ulcère* de l'estomac ou du *duodénum*,
- *insuffisance hépatique* ou *insuffisance rénale* graves,
- 3 derniers mois de la grossesse,
- enfant de moins de 15 ans.

ATTENTION

Tout traitement prolongé ou surdosage d'*AINS* expose à des effets indésirables graves.

Des précautions sont nécessaires en cas d'*antécédents* d'*ulcère* de l'estomac ou du *duodénum*, d'*asthme*, d'*insuffisance cardiaque*, de risque hémorragique, et chez la femme qui porte un stérilet.

Conducteur : ce médicament peut provoquer parfois des étourdissements.

INTERACTIONS MÉDICAMENTEUSES

Ce médicament peut interagir avec d'autres médicaments, notamment :
- l'aspirine et les *anti-inflammatoires* non stéroïdiens, les *anticoagulants*, *antiagrégants plaquettaires* (TICLID...) : augmentation du risque hémorragique ;
- le *lithium* (TÉRALITHE, NEUROLITHIUM...) : augmentation du taux de lithium dans le sang.

Signalez tout autre traitement en cours à votre médecin ou à votre pharmacien.

GROSSESSE, ALLAITEMENT ET NOUVEAU-NÉ

Grossesse :

Des effets néfastes graves pour la mère et l'enfant ont été mis en évidence lorsque ce médicament, comme tous les *AINS*, est utilisé au cours des 3 derniers mois de la grossesse : son usage est formellement contre-indiqué pendant cette période.

Pendant les 6 premiers mois, l'effet de ce médicament est mal connu : seul votre médecin peut évaluer le risque éventuel de son utilisation dans votre cas.

Allaitement :

Ce médicament passe dans le lait maternel : par mesure de prudence, il est déconseillé pendant l'allaitement.

MODE D'EMPLOI ET POSOLOGIE

Afin de limiter la survenue de *troubles digestifs*, les comprimés peuvent être pris au cours des repas, accompagnés d'un grand verre d'eau. Toutefois, dans les douleurs aiguës, la prise à jeun assure un effet plus rapide.

Posologie usuelle :

1 ou 2 comprimés, 1 à 3 fois par jour. Ne pas dépasser 6 comprimés par jour.

Ne pas dépasser la *posologie* et la durée prescrites par votre médecin, afin de limiter les effets indésirables.

EFFETS INDÉSIRABLES POSSIBLES

Troubles digestifs : *gastrite*, douleurs abdominales.

Vertiges, maux de tête, somnolence.

Allergie cutanée, *asthme*.

Rares et parfois graves : *hémorragie* du tube digestif (vomissements sanglants, selles noires, ou plus souvent pertes de sang imperceptibles, responsables de l'apparition progressive d'une *anémie*).

TOPSYNE

fluocinonide

PRÉSENTATION

TOPSYNE 0,01 : pommade ; tube 50 g - Remb. 65 % - Liste I

TOPSYNE : lotion capillaire ; flacon 40 ml - Remb. 65 % - Liste I

Laboratoires Cassenne

COMPOSITION

	p. 100 g	p. 100 ml
Fluocinonide	10 mg	10 mg

INDICATIONS

C'est un *dermocorticoïde* d'activité assez forte. Comme les autres dérivés de la *cortisone* à usage local, il freine le renouvellement et la multiplication des cellules de la peau et limite le suintement.

Il est utilisé pour traiter les *eczémas* de contact ou *atopiques*, les *lichénifications*, les *dermites séborrhéiques* sauf celles du visage, le *psoriasis*, le *prurigo*, la *dyshidrose*, et pour soulager les démangeaisons dues aux piqûres d'insectes ou à la présence de parasites sous la peau. Il est également utilisé dans le traitement de certaines maladies rares : *granulome annulaire*, *lupus érythémateux* discoïde, *mycosis fongoïde*.

CONTRE-INDICATIONS

Ce médicament ne doit pas être utilisé dans les cas suivants :
- infection et parasitose non traitées de la peau (ce médicament n'a pas d'effet anti-infectieux),
- lésion ulcérée,
- *acné* et *rosacée*.

ATTENTION

Comme les autres *dermocorticoïdes*, ce médicament a souvent une action efficace et rapide sur les lésions de la peau ; il peut être tentant de le réutiliser, mais l'automédication expose à des risques importants : aggravation de certaines lésions, installation d'une *dépendance* (amélioration de moins en moins visible des lésions et recrudescence des *symptômes* à chaque arrêt de traitement) et altération durable de la peau.

Suivez attentivement la prescription de votre médecin et n'hésitez pas à lui demander des explications.

GROSSESSE, ALLAITEMENT ET NOUVEAU-NÉ

L'effet de ce médicament pendant la grossesse ou l'allaitement est mal connu : seul votre médecin peut évaluer le risque éventuel de son utilisation dans votre cas.

MODE D'EMPLOI ET POSOLOGIE

La pommade est adaptée au traitement des lésions sèches, la lotion est destinée au traitement des régions pileuses et des plis de la peau.

Étaler le médicament sur les lésions et le faire pénétrer par un léger massage. Pour traiter de grandes surfaces : appliquer le produit en touches espacées, puis étaler avec un gant en plastique jusqu'à complète absorption. Dans les affections du cuir chevelu, la lotion sera appliquée raie par raie en dépassant largement la surface à traiter.

Posologie usuelle :

1 ou 2 applications par jour.

Le médecin prescrit fréquemment un arrêt progressif du traitement : espacement des applications ou diminution de la quantité appliquée.

Ne conseillez pas, ne donnez pas ce médicament à un proche.

Pensez à vous laver les mains après l'application. En cas d'utilisation sur une grande surface de peau, le port d'un gant est recommandé.

EFFETS INDÉSIRABLES POSSIBLES

Ils apparaissent surtout en cas d'usage prolongé :
- *atrophie* avec microhémorragie de la peau (*purpura*), dilatation des petits vaisseaux, vergetures, éruption de boutons ;
- développement anormal des poils, dessèchement, fragilisation et décoloration irrégulière de la peau ;
- rougeur autour de la bouche, apparition d'une *rosacée* ;
- retard de cicatrisation.

TOPSYNE APG et TOPSYNE GRAS

fluocinonide

PRÉSENTATION

TOPSYNE APG : pommade ; tube 15 g - Remb. 65 % - Liste I

TOPSYNE GRAS : pommade ; tube 15 g - Remb. 65 % - Liste I

Laboratoires Cassenne

COMPOSITION

	p. 100 g
Fluocinonide	50 mg

INDICATIONS

C'est un *dermocorticoïde* d'activité forte. Comme les autres dérivés de la *cortisone* à usage local, il freine le renouvellement et la multiplication des cellules de la peau et limite le suintement.

Il est utilisé pour traiter les *eczémas* de contact ou *atopiques*, les *lichénifications*, les *dermites séborrhéiques* sauf celles du visage, le *psoriasis*, le *prurigo*, la *dyshidrose*, et pour soulager les démangeaisons dues aux piqûres d'insectes ou à la présence de parasites sous la peau. Il est également utilisé dans le traitement de certaines maladies rares : *granulome annulaire*, *lupus érythémateux* discoïde, *mycosis fongoïde*.

CONTRE-INDICATIONS

Ce médicament ne doit pas être utilisé dans les cas suivants :
- infection et parasitose non traitées de la

peau (ce médicament n'a pas d'effet anti-infectieux),
- lésion ulcérée,
- lésion suintante (TOPSYNE GRAS),
- *acné* et *rosacée*.

ATTENTION

Comme les autres *dermocorticoïdes*, ce médicament a souvent une action efficace et rapide sur les lésions de la peau ; il peut être tentant de le réutiliser, mais l'automédication expose à des risques importants : aggravation de certaines lésions, installation d'une *dépendance* (amélioration de moins en moins visible des lésions et recrudescence des *symptômes* à chaque arrêt de traitement) et altération durable de la peau.

Suivez attentivement la prescription de votre médecin et n'hésitez pas à lui demander des explications.

GROSSESSE, ALLAITEMENT ET NOUVEAU-NÉ

L'effet de ce médicament pendant la grossesse ou l'allaitement est mal connu : seul votre médecin peut évaluer le risque éventuel de son utilisation dans votre cas.

MODE D'EMPLOI ET POSOLOGIE

Étaler le produit sur les lésions et le faire pénétrer par un léger massage. Pour traiter de grandes surfaces : appliquer en touches espacées, puis étaler avec un gant en plastique jusqu'à complète absorption.

Posologie usuelle :

1 ou 2 applications par jour.

Le médecin prescrit fréquemment un arrêt progressif du traitement : espacement des applications ou diminution de la quantité appliquée.

Ne conseillez pas, ne donnez pas ce médicament à un proche.

Pensez à vous laver les mains après l'application. En cas d'utilisation sur une grande surface de peau, le port d'un gant est recommandé.

EFFETS INDÉSIRABLES POSSIBLES

Ils apparaissent surtout en cas d'usage prolongé :
- *atrophie* avec microhémorragie de la peau (*purpura*), dilatation des petits vaisseaux, vergetures, éruption de boutons ;
- développement anormal des poils, dessèchement, fragilisation et décoloration irrégulière de la peau ;
- rougeur autour de la bouche, apparition d'une *rosacée* ;
- retard de cicatrisation.

TOPSYNE NÉOMYCINE

fluocinonide, néomycine

PRÉSENTATION

TOPSYNE NÉOMYCINE : pommade ; tube 15 g - Remb. 65 % - Liste I

Laboratoires Cassenne

COMPOSITION

	p. 100 g
Fluocinonide	50 mg
Néomycine sulfate	500 mg

INDICATIONS

Ce médicament contient un *dermocorticoïde* d'activité forte et un *antibiotique* de la famille des *aminosides*. Comme les autres médicaments contenant un dérivé de la *cortisone* à usage local, il freine le renouvellement et la multiplication des cellules de la peau et limite le suintement.

Cette pommade est utilisée dans le traitement initial de certaines lésions inflammatoires de la peau (*eczéma*, *dyshidrose*, *psoriasis*...) lorsqu'elles sont infectées.

CONTRE-INDICATIONS

Ce médicament ne doit pas être utilisé dans les cas suivants :
- *allergie* aux *antibiotiques* de la famille des *aminosides* ;
- infections de la peau dues à un champignon ou à un *virus* ;
- plaies chroniques, *ulcère* de jambe, *escarre* ;
- *rosacée* ;
- sous pansement étanche (occlusif).

ATTENTION

Cette pommade n'est pas destinée à traiter les infections bactériennes de la peau mais à traiter l'infection qui vient compliquer une lésion préexistante.

Comme les autres *dermocorticoïdes*, ce médicament a souvent une action efficace et rapide sur les lésions de la peau ; il peut être tentant de le réutiliser, mais l'automédication expose à des risques importants : aggravation de certaines lésions, installation d'une *dépendance* (amélioration de moins en moins visible des lésions et recrudescence des *symptômes* à chaque arrêt de traitement) et altération durable de la peau.

Suivez attentivement la prescription de votre médecin et n'hésitez pas à lui demander des explications.

GROSSESSE, ALLAITEMENT ET NOUVEAU-NÉ

L'effet de ce médicament pendant la grossesse ou l'allaitement est mal connu : seul votre médecin peut évaluer le risque éventuel de son utilisation dans votre cas.

MODE D'EMPLOI ET POSOLOGIE

Étaler la pommade en couche mince sur les lésions et la faire pénétrer par un léger massage.

Posologie usuelle :

2 applications par jour, pendant 8 jours au maximum.

Ne conseillez pas, ne donnez pas ce médicament à un proche.

Pensez à vous laver les mains après l'application.

EFFETS INDÉSIRABLES POSSIBLES

Compte tenu de la brièveté du traitement, ils sont peu fréquents :
- éruption de boutons, vergetures ;
- développement anormal des poils, dessèchement, fragilisation et décoloration irrégulière de la peau ;
- rougeur autour de la bouche, apparition d'une *rosacée* ;
- *allergie* cutanée (néomycine).

TORENTAL oral

pentoxifylline

PRÉSENTATION

TORENTAL 100 mg : comprimé *gastrorésistant* (blanc) ; boîte de 40 - Remb. 65 % - Liste II

TORENTAL L.P. 400 mg : comprimé à *libération prolongée* (rose) ; boîte de 20 - Remb. 65 % - Liste II

Laboratoires Hoechst

COMPOSITION

	p. comp.	p. comp. L.P.
Pentoxifylline	100 mg	400 mg

INDICATIONS

Ce médicament améliore la circulation du sang : il facilite le passage des *globules rouges* dans les petits vaisseaux et lutte contre les spasmes des artères.

Il est utilisé dans le *traitement symptomatique* :
- de l'*artérite*,
- des troubles du comportement et de la mémoire liés au vieillissement.

ATTENTION

Des précautions sont nécessaires en cas de baisse de la tension artérielle et d'*insuffisance rénale* grave.

INTERACTIONS MÉDICAMENTEUSES

Ce médicament peut interagir avec d'autres médicaments, notamment les *anticoagulants* oraux ou l'aspirine. Signalez tout autre traitement en cours à votre médecin ou à votre pharmacien.

GROSSESSE, ALLAITEMENT ET NOUVEAU-NÉ

L'effet de ce médicament pendant la grossesse ou l'allaitement est mal connu : seul votre médecin peut évaluer le risque éventuel de son utilisation dans votre cas.

MODE D'EMPLOI ET POSOLOGIE

Les comprimés doivent être avalés avec un peu d'eau de préférence au cours des repas.

Posologie usuelle :

3 à 12 comprimés à 100 mg par jour ou 1 comprimé L.P. 400 mg, 1 à 3 fois par jour.

Ce médicament n'est actif que sur les *symptômes* de l'*artérite* ; seule la pratique régulière de la marche peut retarder l'évolution de la maladie. Si vous êtes fumeur, la poursuite du tabagisme nuit à l'efficacité du traitement.

EFFETS INDÉSIRABLES POSSIBLES

Ils sont rares : *troubles digestifs*, bouffées de chaleur ; exceptionnellement, éruption cutanée.

TORENTAL injectable

pentoxifylline

PRÉSENTATION

TORENTAL : solution injectable ; boîte de 6 ampoules 5 ml - Remb. 65 % - Liste II

Laboratoires Hoechst

COMPOSITION

	p. amp. inj.
Pentoxifylline	100 mg

INDICATIONS

Ce médicament améliore la circulation du sang : il facilite le passage des *globules rouges* dans les petits vaisseaux et lutte contre les spasmes des artères.

Il est utilisé dans le traitement des manifestations douloureuses de l'*artérite* lors des poussées ou dans l'attente d'une intervention chirurgicale et dans certaines maladies de la *rétine*.

ATTENTION

Des précautions sont nécessaires en cas de baisse de la tension artérielle et d'*insuffisance rénale* grave.

INTERACTIONS MÉDICAMENTEUSES

Ce médicament peut interagir avec d'autres médicaments, notamment les *anticoagulants* oraux ou l'aspirine. Signalez tout autre traitement en cours à votre médecin ou à votre pharmacien.

GROSSESSE, ALLAITEMENT ET NOUVEAU-NÉ

L'effet de ce médicament pendant la grossesse ou l'allaitement est mal connu : seul votre médecin peut évaluer le risque éventuel de son utilisation dans votre cas.

MODE D'EMPLOI ET POSOLOGIE

La solution injectable peut être administrée par *perfusion* (*voie* intraveineuse lente).

Posologie usuelle :

3 à 6 ampoules par jour en 1 ou 2 perfusions.

☛ Ce médicament n'est actif que sur les *symptômes* de l'*artérite* ; seule la pratique régulière de la marche peut retarder l'évolution de la maladie. Si vous êtes fumeur, la poursuite du tabagisme nuit à l'efficacité du traitement.

EFFETS INDÉSIRABLES POSSIBLES

Ils sont rares : *troubles digestifs*, éruption cutanée.

Liés à l'injection : bouffées de chaleur, *vertiges*, maux de tête, augmentation du rythme cardiaque, baisse de la tension artérielle.

TOSS

phénylpropanolamine, prométhazine

PRÉSENTATION

TOSS : comprimé (rose) ; boîte de 50 - Non remb.

Laboratoires P.P.D.H.

COMPOSITION

	p. comp.
Phénylpropanolamine chlorhydrate	8 mg
Prométhazine chlorhydrate	5 mg

INDICATIONS

Ce médicament associe un *vasoconstricteur* décongestionnant et un *antitussif antihistaminique* aux effets *sédatifs*, la prométhazine.

Il est utilisé dans le *traitement symptomatique* des toux sèches.

CONTRE-INDICATIONS

Ce médicament ne doit pas être utilisé dans les cas suivants :

- *glaucome* à angle fermé,
- risque de blocage des urines (*adénome de la prostate*...),
- en association avec un *antidépresseur* de type *IMAO* non sélectif,
- grossesse.

ATTENTION

Des précautions particulières s'imposent en cas d'*angine de poitrine*, d'*hypertension artérielle*, d'*hyperthyroïdie*, de troubles nerveux.

Ce médicament n'est pas adapté au traitement de la toux grasse, qui est un mécanisme de défense normal de l'organisme permettant l'évacuation des mucosités présentes dans les bronches.

La toux est un *symptôme* qui peut révéler de nombreuses maladies : consultez votre médecin si elle persiste plus de quelques jours.

Évitez les boissons alcoolisées : augmentation du risque de somnolence.

Conducteur : ce médicament peut être responsable d'une somnolence ou d'une baisse de la vigilance.

INTERACTIONS MÉDICAMENTEUSES

Ce médicament ne doit pas être associé aux *antidépresseurs* de type *IMAO* non sélectifs (MARSILID, NIAMIDE...) : risque de crise hypertensive.

Il peut interagir avec d'autres médicaments. Signalez tout autre traitement en cours à votre médecin ou à votre pharmacien.

GROSSESSE, ALLAITEMENT ET NOUVEAU-NÉ

Grossesse :

Ce médicament est contre-indiqué pendant la grossesse.

Allaitement :

Les données actuellement disponibles ne permettent pas de savoir si ce médicament passe dans le lait maternel.

MODE D'EMPLOI ET POSOLOGIE

Les comprimés doivent être avalés avec un verre d'eau, sans être croqués. Les prises doivent être réparties au cours de la journée.

Posologie usuelle :

- Adulte : 2 comprimés, 4 ou 5 fois par jour.

☛ La poursuite du tabagisme nuit à l'efficacité du traitement.

Des mesures simples permettent de calmer les toux sèches : boissons chaudes et humidification de l'air ambiant.

EFFETS INDÉSIRABLES POSSIBLES

Fréquemment : somnolence, sécheresse de la bouche, *troubles digestifs*.

Maux de tête, *palpitations*, augmentation de la pression artérielle.

Rarement : *allergie*, irritation.

TOSSAREL

PRÉSENTATION

TOSSAREL : comprimé (rose) ; boîte de 45 - Remb. 35 %

Laboratoires Monal

COMPOSITION

	p. comp.
Aunée, extrait	70 mg
Marrube, extrait	70 mg
Terpine	33 mg
Benzoate de sodium	30 mg

INDICATIONS

Ce médicament contient des *expectorants* (terpine, benzoate de sodium) associés à des extraits de plantes.

Il est utilisé dans le *traitement symptomatique* de la toux et des affections respiratoires.

ATTENTION

La toux est un *symptôme* qui peut révéler de nombreuses maladies. Consultez votre médecin si elle persiste plus de quelques jours.

GROSSESSE, ALLAITEMENT ET NOUVEAU-NÉ

L'effet de ce médicament pendant la grossesse ou l'allaitement est mal connu. L'évaluation du risque éventuel lié à son utilisation est individuelle : demandez conseil à votre pharmacien ou à votre médecin.

MODE D'EMPLOI ET POSOLOGIE

Posologie usuelle :

6 comprimés par jour.

Pour en savoir plus, lisez : Généralités sur le médicament

TOTAPEN oral
ampicilline

PRÉSENTATION

TOTAPEN 125 mg : poudre pour sirop arôme fraise-caramel ; flacon 60 ml (12 cuillères-mesure 5 ml) - Remb. 65 % - Liste I

TOTAPEN 250 mg : poudre pour sirop arôme banane-caramel ; flacon 60 ml (12 cuillères-mesure 5 ml) - Remb. 65 % - Liste I

TOTAPEN 250 mg : comprimé (crème) ; boîte de 16 - Remb. 65 % - Liste I

TOTAPEN 500 mg : gélule (blanc et rose) ; boîte de 8 - Remb. 65 % - Liste I

TOTAPEN 500 mg : poudre pour sirop arôme banane-orange ; flacon 60 ml (12 cuillères-mesure 5 ml) - Remb. 65 % - Liste I

Laboratoires Bristol-Myers Squibb

COMPOSITION

	p. c. mes.	p. c. mes.	p. comp.
Ampicilline	125 mg	250 mg	250 mg

	p. gél.	p. c. mes.
Ampicilline	500 mg	500 mg

INDICATIONS

C'est un *antibiotique* qui appartient à la famille des *pénicillines* à spectre élargi, c'est-à-dire actives sur un plus grand nombre de *germes* que la pénicilline simple.

Ce médicament est utilisé dans le traitement de diverses maladies infectieuses, notamment celles des poumons, des bronches, du nez, de la gorge ou des oreilles, de l'appareil digestif ou urinaire, des *voies* génitales, des gencives et des dents.

CONTRE-INDICATIONS

Ce médicament ne doit pas être utilisé dans les cas suivants :
- *allergie* aux *pénicillines*,
- *mononucléose infectieuse*.

Ce médicament ne peut être utilisé qu'après avis médical en cas d'allergie aux *céphalosporines*.

ATTENTION

Des précautions sont nécessaires en cas d'*insuffisance rénale*.

Le médecin peut prescrire un prélèvement pour identifier le *germe* responsable de l'infection et tester sa sensibilité à l'*antibiotique*. Le résultat de cet examen peut être faussé en cas d'automédication préalable : ne prenez pas d'antibiotique sans avis médical.

Des *antécédents* d'*allergie* à la *pénicilline* contre-indiquent l'usage de ce médicament. La survenue de toute manifestation allergique (boutons, *œdème*, malaise) impose l'arrêt immédiat du traitement : consultez votre médecin.

Une diminution de la fièvre ou une disparition des *symptômes* ne sont pas synonymes de guérison : la durée du traitement doit absolument être respectée pour éviter les rechutes.

INTERACTIONS MÉDICAMENTEUSES

Ce médicament peut interagir avec d'autres médicaments. Signalez tout autre traitement en cours à votre médecin ou à votre pharmacien.

GROSSESSE, ALLAITEMENT ET NOUVEAU-NÉ

Grossesse :

Les études scientifiques actuellement disponibles n'ont pas mis en évidence de problème particulier lors de l'utilisation chez la femme enceinte. Seul votre médecin peut apprécier la nécessité du traitement et son risque pendant la grossesse.

Allaitement :

Ce médicament passe dans le lait maternel.

MODE D'EMPLOI ET POSOLOGIE

Les comprimés doivent être avalés une demi-heure avant les repas. Ils peuvent être écrasés et mélangés à un aliment.

Les gélules doivent être avalées avec un verre d'eau, une demi-heure avant les repas.

Le sirop doit être préparé : dissoudre la poudre avec de l'eau minérale en quantité suffisante pour que la solution obtenue atteigne le trait gravé sur le flacon.

Posologie usuelle :

Elle varie en fonction des indications.

À titre indicatif et pour des infections courantes :
- Adulte : 1 g, matin et soir.
- Enfant et nourrisson : 50 mg par kg et par jour, répartis en 2 prises ; par exemple, pour un enfant de 20 kg : une cuillère-mesure de sirop à 500 mg, matin et soir.

L'éventuelle impression de fatigue n'est pas due à l'*antibiotique*, mais à l'infection elle-même.

L'odeur particulière des urines est normale et traduit l'élimination de l'antibiotique.

Le sirop reconstitué se conserve une semaine à température ambiante ; il est préférable de l'agiter avant chaque usage.

EFFETS INDÉSIRABLES POSSIBLES

Fréquents mais généralement bénins :
- *allergie* cutanée,
- *troubles digestifs* (nausée, diarrhée),
- *candidose*.

Rares mais parfois graves :
- œdème de *Quincke*,
- *choc* allergique (exceptionnel).

TOTAPEN injectable
ampicilline

PRÉSENTATION

TOTAPEN 0,25 g : préparation injectable *I.M.* et *I.V.* ; flacon de poudre et ampoule de solvant 5 ml - Remb. 65 % - Liste I

TOTAPEN 0,50 g : préparation injectable *I.M.* ; flacon de poudre et ampoule de solvant 5 ml - Remb. 65 % - Liste I

TOTAPEN 1 g : préparation injectable *I.M.* ; flacon de poudre et ampoule de solvant 5 ml - Remb. 65 % - Liste I

Laboratoires Bristol-Myers Squibb

COMPOSITION

	p. fl.	p. fl.	p. fl.
Amoxicilline	250 mg	500 mg	1 g
Alcool benzylique		150 mg	195 mg

INDICATIONS

Ce médicament est un *antibiotique* de la famille des *pénicillines* à spectre élargi, c'est-à-dire actives sur un plus grand nombre de *germes* que la pénicilline simple.

Il est utilisé dans le traitement de diverses maladies infectieuses, notamment celles des poumons, des bronches, du nez, de la gorge ou des oreilles, du sang, de l'appareil digestif ou urinaire, des *voies* génitales, des gencives et des dents...

CONTRE-INDICATIONS

Ce médicament ne doit pas être utilisé dans les cas suivants :
- *allergie* aux *pénicillines*,
- *mononucléose infectieuse*.

Il ne peut être utilisé qu'après avis médical en cas d'allergie aux *céphalosporines*.

ATTENTION

Des précautions sont nécessaires en cas d'*insuffisance rénale* et chez l'enfant de moins de 3 ans, en raison de la nature du solvant (alcool benzylique).

Des *antécédents* d'*allergie* à la *pénicilline* contre-indiquent l'usage de ce médicament. La survenue de toute manifestation allergique (boutons, *œdème*, malaise) impose l'arrêt immédiat du traitement : consultez votre médecin.

Une diminution de la fièvre ou une disparition des *symptômes* ne sont pas synonymes de guérison : la durée du traitement doit absolument être respectée pour éviter les rechutes.

INTERACTIONS MÉDICAMENTEUSES

Ce médicament peut interagir avec d'autres médicaments. Signalez tout autre traitement en cours à votre médecin ou à votre pharmacien.

GROSSESSE, ALLAITEMENT ET NOUVEAU-NÉ

Grossesse :

Les études scientifiques actuellement disponibles n'ont pas mis en évidence de problème particulier lors de l'utilisation chez la femme enceinte. Seul votre médecin peut apprécier la nécessité du traitement et son risque pendant la grossesse.

Allaitement :

Ce médicament passe dans le lait maternel.

MODE D'EMPLOI ET POSOLOGIE

La solution injectable est obtenue en mélangeant la poudre avec l'ampoule de solvant fournie. Une légère coloration de la solution est normale.

La solution ainsi obtenue doit être injectée par *voie* intramusculaire, jamais par voie intraveineuse.

Aucun autre produit ne doit être mélangé au contenu du flacon.

Posologie usuelle :

Elle varie selon les cas.

À titre indicatif et pour des infections courantes :

- Adulte : 2 g par jour.
- Enfant et nourrisson : 50 mg par kg et par jour, répartis en 2 injections, matin et soir.

> La solution doit être injectée dans l'heure qui suit sa préparation.
>
> L'éventuelle impression de fatigue n'est pas due à l'*antibiotique*, mais à l'infection elle-même.

EFFETS INDÉSIRABLES POSSIBLES

Fréquents mais généralement bénins :
- *allergie* cutanée ;
- *troubles digestifs* (nausée, diarrhée) ;
- *candidose*.

Rares mais parfois graves :
- œdème de *Quincke*,
- *choc* allergique (exceptionnel).

TOT'HÉMA

fer, manganèse, cuivre

PRÉSENTATION

TOT'HÉMA : solution buvable ; boîte de 20 ampoules 10 ml - Non remb.

Laboratoires Innothéra

COMPOSITION

	p. amp.
Fer	50 mg
Manganèse	1,33 mg
Cuivre	0,7 mg
Saccharose	3 g

INDICATIONS

Ce médicament contient du fer et de faibles quantités de manganèse et de cuivre. Le fer est nécessaire à la formation de l'*hémoglobine*, contenue dans les *globules rouges*, qui assure le transport de l'oxygène dans le sang.

Il est utilisé dans le traitement des *carences* en fer responsables de certaines formes d'*anémies*. Il est également utilisé pour prévenir cette carence chez la femme enceinte, le *nouveau-né* ou le *nourrisson*, lorsque les apports alimentaires sont insuffisants.

CONTRE-INDICATIONS

Ce médicament ne doit pas être utilisé en cas d'excès de fer dans l'organisme.

> **ATTENTION**
>
> Un apport en fer sous forme de médicament ne peut être décidé que par votre médecin. La quantité de fer contenue dans une alimentation diversifiée est généralement suffisante.
>
> Ce médicament contient du *sucre* (saccharose) en quantité notable.

INTERACTIONS MÉDICAMENTEUSES

Ce médicament peut interagir avec les *antibiotiques* de la famille des *cyclines*. Respectez un intervalle de 2 heures entre les prises des deux médicaments. Signalez tout autre traitement en cours à votre médecin ou à votre pharmacien.

GROSSESSE, ALLAITEMENT ET NOUVEAU-NÉ

Ce médicament peut être utilisé pendant la grossesse ou l'allaitement uniquement s'il vous a été prescrit par votre médecin.

MODE D'EMPLOI ET POSOLOGIE

Ce médicament est mieux absorbé s'il est pris avant les repas. En cas d'*intolérance*, vous pouvez le prendre en plusieurs fois au cours des repas.

Le contenu des ampoules doit être dilué dans un peu d'eau, sucrée ou non.

Posologie usuelle :

- Adulte : 2 à 4 ampoules par jour.
- Femme enceinte : 1 ampoule par jour pendant les 3 derniers mois de la grossesse (sur prescription médicale).
- Nourrisson et enfant : 5 à 10 mg de fer par kg et par jour ; soit, pour un enfant de 10 kg, 1 à 2 ampoules par jour.

> La coloration des selles en noir est habituelle et ne doit pas vous conduire à interrompre le traitement.
>
> Si vous ne supportez pas ce médicament (*troubles digestifs*), prévenez votre médecin : il pourra vous proposer un autre traitement.
>
> La reconstitution du stock en fer de l'organisme nécessite un traitement de longue durée (plusieurs mois) ; respectez la durée prescrite par votre médecin.
>
> Les aliments les plus riches en fer sont d'origine animale : viande, poisson, volaille, abats.
>
> Une consommation importante de thé peut diminuer l'absorption du fer par l'organisme.

EFFETS INDÉSIRABLES POSSIBLES

Nausées, constipation, diarrhée.

T. POLIO

vaccins associés

PRÉSENTATION

T. POLIO : solution injectable ; seringue préremplie 0,5 ml - Remb. 65 %

Laboratoires Mérieux-M.S.D.

COMPOSITION

	p. seringue
Anatoxine tétanique purifiée	1 dose
Vaccins poliomyélitiques inactivés de type 1, 2 et 3	1 dose

INDICATIONS

C'est une association de vaccins composée d'une toxine inactivée, ou *anatoxine* (tétanos), et de *germes* tués (polio). Elle ne contient aucun germe vivant.

Elle est utilisée dans la prévention du tétanos et de la poliomyélite.

GROSSESSE, ALLAITEMENT ET NOUVEAU-NÉ

Cette vaccination peut être pratiquée pendant la grossesse ou l'allaitement.

MODE D'EMPLOI ET POSOLOGIE

Bien agiter la seringue avant l'emploi, la réchauffer à température ambiante si nécessaire. L'injection doit être réalisée par *voie* sous-cutanée ou intramusculaire.

Posologie usuelle :

Les 3 premières injections sont réalisées à 1 mois d'intervalle dès l'âge de 2 mois. Le premier rappel a lieu 1 an après la troisième injection, puis les rappels sont réalisés tous les 5 à 10 ans.

> Pour des raisons de confort, la vaccination doit être différée en cas de fièvre élevée.
>
> Les réactions fébriles dues aux *vaccins* peuvent être combattues en prenant de l'aspirine ou du paracétamol.
>
> Pour garder son efficacité, ce vaccin doit être conservé entre + 2 et + 8 °C (compartiment à beurre du réfrigérateur), mais quelques jours à une température ne dépassant pas 25 °C ne prêtent pas à conséquence. Il ne doit pas être congelé.

EFFETS INDÉSIRABLES POSSIBLES

Réactions douloureuses au point d'injection.

Rares réactions fébriles.

TRACHYL

codéthyline

PRÉSENTATION

TRACHYL : comprimé (rouge) ; boîte de 20 - Non remb.

Laboratoires Monal

COMPOSITION

	p. comp.
Codéthyline iodométhylate	15 mg

INDICATIONS

Ce médicament *antitussif* contient de la codéthyline, qui a une action sédative sur le *système nerveux central* et notamment les centres de la toux.

Il est utilisé dans le *traitement symptomatique* des toux sèches.

CONTRE-INDICATIONS

Ce médicament ne doit pas être utilisé dans les cas suivants :
- *asthme*,
- *insuffisance respiratoire*,
- enfant de moins de 15 ans.

> **ATTENTION**
>
> Ce médicament n'est pas adapté au traitement de la toux grasse, qui est un mécanisme de défense normal de l'organisme permettant l'évacuation des mucosités présentes dans les bronches.
>
> La toux est un *symptôme* qui peut révéler de nombreuses maladies : consultez

votre médecin si elle persiste plus de quelques jours.

Évitez les boissons alcoolisées : augmentation du risque de somnolence.

Conducteur : ce médicament peut être responsable d'une somnolence ou d'une baisse de la vigilance.

INTERACTIONS MÉDICAMENTEUSES

Ce médicament peut interagir avec d'autres médicaments, notamment chez les personnes âgées. Signalez tout autre traitement en cours à votre médecin ou à votre pharmacien.

GROSSESSE, ALLAITEMENT ET NOUVEAU-NÉ

Grossesse :
Compte tenu de la présence de codéthyline, n'utilisez pas ce médicament pendant la grossesse sans prendre l'avis de votre pharmacien ou de votre médecin.

Allaitement :
Ce médicament est déconseillé pendant l'allaitement.

MODE D'EMPLOI ET POSOLOGIE

Les prises de ce médicament doivent être réparties au cours de la journée.

Posologie usuelle :
1 ou 2 comprimés, 2 ou 3 fois par jour ; 6 comprimés par jour au maximum.

De nombreux médicaments, notamment certains *antitussifs* ou *antalgiques*, contiennent de la codéthyline ou une substance voisine, la codéine : un surdosage expose à une augmentation des effets indésirables.

Une toux nocturne aggravée par ce médicament peut être une toux allergique : demandez conseil à votre médecin.

La poursuite du tabagisme nuit à l'efficacité du traitement.

Des mesures simples permettent de calmer les toux sèches : boissons chaudes et humidification de l'air ambiant.

EFFETS INDÉSIRABLES POSSIBLES

Constipation, et plus rarement, somnolence, nausées, vomissements, *bronchospasme*, sensation vertigineuse, *allergies* cutanées, ralentissement de la respiration.

TRAMISAL
gingko biloba

PRÉSENTATION

TRAMISAL : solution buvable ; flacon 30 ml et doseur (1 dose = 1 ml) - Remb. 35 %

Laboratoires Astier

COMPOSITION

	p. dose
Ginkgo biloba, extrait	40 mg
Alcool à 95°	+

INDICATIONS

C'est un médicament qui facilite la circulation sanguine.

Il est utilisé dans le *traitement symptomatique* :
- des troubles du comportement et de la mémoire liés au vieillissement ;
- de l'*artérite* ;
- du phénomène de *Raynaud* ;
- des *vertiges*, bourdonnements d'oreilles, baisse de l'audition ;
- de certaines maladies de la *rétine*.

GROSSESSE, ALLAITEMENT ET NOUVEAU-NÉ

L'effet de ce médicament pendant la grossesse ou l'allaitement est mal connu : seul votre médecin peut évaluer le risque éventuel de son utilisation dans votre cas.

MODE D'EMPLOI ET POSOLOGIE

Ce médicament doit être dilué dans un demi-verre d'eau et pris pendant les repas.

Posologie usuelle :
1 dose de 1 ml, 3 fois par jour.

Ce médicament n'est actif que sur les *symptômes* de l'*artérite*. Seuls la pratique régulière de la marche et l'arrêt d'un éventuel tabagisme peuvent retarder l'évolution de la maladie.

EFFETS INDÉSIRABLES POSSIBLES

Ils sont rares : *troubles digestifs*, maux de tête, éruption cutanée.

TRANCALGYL
éthenzamide

PRÉSENTATION

TRANCALGYL : comprimé sécable (blanc) ; boîte de 20 - Non remb.

Laboratoires Innothéra

COMPOSITION

	p. comp.
Éthenzamide	500 mg

INDICATIONS

Ce médicament contient un *salicylé*. Il a un effet *antalgique* et *antipyrétique*.

Il est principalement utilisé en cas de douleurs ou de fièvre (mais n'agit pas sur sa cause).

CONTRE-INDICATIONS

Ce médicament ne doit pas être utilisé dans les cas suivants :
- *allergie* à l'aspirine et aux *salicylés*,
- *ulcère* de l'estomac ou du *duodénum*.

ATTENTION

Un avis médical est souhaitable chez les personnes présentant des *antécédents* d'*ulcère* de l'estomac ou du *duodénum*.

INTERACTIONS MÉDICAMENTEUSES

Ce médicament peut interagir avec d'autres médicaments, notamment ceux contenant du méthotrexate et les *anticoagulants*. Signalez tout autre traitement en cours à votre médecin ou à votre pharmacien.

GROSSESSE, ALLAITEMENT ET NOUVEAU-NÉ

Grossesse :
Ce médicament contient un *salicylé* : par mesure de prudence, il est déconseillé pendant les 3 premiers mois et contre-indiqué pendant les 3 derniers mois de la grossesse.

Allaitement :
Les données actuellement disponibles ne permettent pas de savoir si ce médicament passe dans le lait maternel.

MODE D'EMPLOI ET POSOLOGIE

Les comprimés doivent être avalés avec un verre d'eau.

Posologie usuelle :
- Adulte : 4 à 8 comprimés par jour.

EFFETS INDÉSIRABLES POSSIBLES

Douleurs d'estomac.

TRANCOGÉSIC
aspirine, chlormézanone

PRÉSENTATION

TRANCOGÉSIC : comprimé (blanc) ; boîte de 20 - Non remb. - Liste II

Laboratoires Sanofi Winthrop

COMPOSITION

	p. comp.
Acide acétylsalicylique (aspirine)	300 mg
Chlormézanone	100 mg

INDICATIONS

C'est un *antalgique* qui associe de l'aspirine à un relaxant musculaire, la chlormézanone.

Il est utilisé dans le *traitement symptomatique* des douleurs, notamment lorsqu'elles sont associées à des contractures musculaires : torticolis, *dorsalgie*, *lombalgie*, maux de tête.

CONTRE-INDICATIONS

Ce médicament ne doit pas être utilisé dans les cas suivants :
- *allergie* à l'aspirine ou aux *salicylés*,
- *ulcère* de l'estomac ou du *duodénum*,
- *hémorragie* et risque hémorragique,
- **grossesse** : pendant les 3 derniers mois, ou en prise prolongée à toute période de la grossesse.

ATTENTION

L'apparition d'une réaction cutanée impose l'arrêt du traitement.

Évitez de prendre ce médicament pendant la semaine qui précède une extraction dentaire, une opération, ou pendant des règles abondantes : augmentation du risque d'*hémorragie*.

L'aspirine est déconseillée chez les personnes atteintes de *goutte*.

Des précautions sont nécessaires en cas d'*antécédent* d'*ulcère* de l'estomac ou du *duodénum*, même ancien, d'*asthme*, d'*insuffisance rénale*.

Conducteur : ce médicament peut être responsable d'une somnolence ou d'une baisse de la vigilance.

INTERACTIONS MÉDICAMENTEUSES

Ce médicament contient de l'aspirine : les personnes traitées par des médicaments anticancéreux contenant du méthotrexate ne doivent pas l'utiliser.

Il peut interagir avec de nombreux médicaments, notamment les *anticoagulants* et les *antiagrégants plaquettaires* (TICLID...) : augmentation du risque hémorragique. Signalez tout autre traitement en cours à votre médecin ou à votre pharmacien.

GROSSESSE, ALLAITEMENT ET NOUVEAU-NÉ

Grossesse :

Compte tenu de la présence d'aspirine, seule la prise ponctuelle de ce médicament est admise durant les 6 premiers mois. Toute prise d'aspirine est contre-indiquée au cours des 3 derniers mois de la grossesse.

Allaitement :

Ce médicament passe dans le lait maternel : il est déconseillé pendant l'allaitement.

MODE D'EMPLOI ET POSOLOGIE

Les comprimés doivent être avalés avec un verre d'eau.

Posologie usuelle :

- Adulte : 1 ou 2 comprimés, 3 fois par jour, selon l'intensité de la douleur.

De nombreux médicaments contiennent de l'aspirine : en tenir compte en cas de prise conjointe (risque de surdosage).

EFFETS INDÉSIRABLES POSSIBLES

Liés à l'aspirine :
- *gastrite*, douleurs abdominales, saignements du nez ou des gencives ;
- rares et parfois graves : *hémorragie* du tube digestif (vomissements sanglants, selles noires ou plus souvent pertes de sang imperceptibles, responsables de l'apparition progressive d'une *anémie*) ; accidents allergiques (*urticaire*, *œdème*, *asthme*) ;
- signes devant faire penser à un surdosage : bourdonnements d'oreille, baisse de l'audition, maux de tête.

Liés à la chlormézanone, et rarement : somnolence, *vertiges*, nausées, bouffées de chaleur, baisse de la tension artérielle.

TRANCOPAL
chlormézanone

PRÉSENTATION

TRANCOPAL 200 mg : comprimé sécable (blanc) ; boîte de 12 - Remb. 65 % - Liste II

TRANCOPAL 200 mg : suppositoire ; boîte de 10 - Remb. 65 % - Liste II

Laboratoires Sanofi Winthrop

COMPOSITION

	p. comp.	p. suppos.
Chlormézanone	200 mg	200 mg

INDICATIONS

Ce médicament est un myorelaxant (relaxant musculaire). Il possède également un léger effet *sédatif*.

Il est utilisé dans le traitement des contractures musculaires douloureuses (torticolis, *lombalgies*, *dorsalgies*).

ATTENTION

Ce médicament est réservé à l'adulte.

Une éruption cutanée impose l'arrêt du traitement et un avis médical.

Des précautions sont nécessaires en cas d'*insuffisance rénale* ou d'*insuffisance hépatique*.

Évitez les boissons alcoolisées : augmentation du risque de somnolence.

Conducteur : ce médicament peut être responsable d'une somnolence ou d'une baisse de la vigilance.

INTERACTIONS MÉDICAMENTEUSES

Ce médicament peut interagir avec d'autres médicaments, notamment les *sédatifs*. Signalez tout autre traitement en cours à votre médecin ou à votre pharmacien.

GROSSESSE, ALLAITEMENT ET NOUVEAU-NÉ

L'effet de ce médicament pendant la grossesse ou l'allaitement est mal connu : seul votre médecin peut évaluer le risque éventuel de son utilisation dans votre cas.

MODE D'EMPLOI ET POSOLOGIE

- Adulte : 1 comprimé, 1 à 3 fois par jour ou 1 suppositoire, matin et soir.

EFFETS INDÉSIRABLES POSSIBLES

Parfois : somnolence.

Rarement : *vertiges*, nausées, sécheresse de la bouche, bouffée de chaleur.

Exceptionnellement : *allergie* cutanée, baisse de la tension artérielle.

TRANDATE
labétalol

PRÉSENTATION

TRANDATE 200 mg : comprimé sécable (blanc) ; boîte de 30 - Remb. 65 % - Liste I

Laboratoires Glaxo

COMPOSITION

	p. comp.
Labétalol chlorhydrate	200 mg

INDICATIONS

Ce médicament appartient à la famille des *bêtabloquants*. Ceux-ci agissent en bloquant l'action de l'*adrénaline* (et d'autres *hormones* apparentées) sur de nombreux organes et notamment le cœur, les vaisseaux et les bronches. Ce médicament est également un *vasodilatateur*.

Il est utilisé dans le traitement de l'*hypertension artérielle*.

CONTRE-INDICATIONS

Ce médicament ne doit pas être utilisé dans les cas suivants :
- *asthme*,
- *insuffisance cardiaque* grave non contrôlée par un traitement spécifique,
- *bloc auriculo-ventriculaire* grave,
- rythme cardiaque inférieur à 50 battements par minute,
- maladie du foie,
- association avec les médicaments contenant de la floctafénine.

ATTENTION

N'interrompez jamais brutalement le traitement. Espacez progressivement les prises. Un avis médical est toujours préférable.

Diabétiques : les *bêtabloquants* peuvent masquer certains *symptômes* de l'*hypoglycémie*, essentiellement *palpitations* et accélération du cœur.

Ce médicament peut provoquer une *hépatite*. Signalez à votre médecin toute fatigue anormale survenue pendant le traitement.

INTERACTIONS MÉDICAMENTEUSES

Ce médicament ne doit pas être associé à la floctafénine (IDARAC...) : risque d'augmentation de la gravité d'un éventuel *choc* allergique.

Il peut interagir avec d'autres médicaments, notamment ceux contenant de l'amiodarone. Signalez tout autre traitement en cours à votre médecin ou à votre pharmacien.

GROSSESSE, ALLAITEMENT ET NOUVEAU-NÉ

Grossesse et nouveau-né :

Les études scientifiques actuellement disponibles n'ont pas mis en évidence de problème particulier lors de l'utilisation chez la femme enceinte.

L'effet *bêtabloquant* persiste quelques jours chez le *nouveau-né* et justifie une surveillance médicale renforcée pendant les premiers jours de la vie.

Allaitement :

Ce médicament passe dans le lait maternel : l'allaitement est déconseillé.

MODE D'EMPLOI ET POSOLOGIE

Les comprimés doivent être absorbés de préférence après les repas.

Posologie usuelle :

1 comprimé, matin et soir.

Veillez à toujours disposer d'une réserve de ce médicament : une plaquette dans la boîte à gants de la voiture et dans la trousse de toilette, par exemple.

Il est normal que le rythme cardiaque ralentisse sous l'effet du traitement ; néanmoins, en cas de fatigue anormale et de pouls inférieur à 50 battements par minute, consultez votre médecin.

EFFETS INDÉSIRABLES POSSIBLES

Ceux dus aux *bêtabloquants* :
- bénins et peu fréquents : *troubles digestifs*, fatigue en début de traitement,

troubles du sommeil, syndrome de *Raynaud* et fourmillement des extrémités ; parfois, réactions cutanées.
- potentiellement graves et rares : *bloc auriculo-ventriculaire*, ralentissement important du cœur, chute de tension, *insuffisance cardiaque*, crise d'*asthme*.

Autres effets indésirables possibles avec le labétalol : *hépatite*, réactions allergiques, maux de tête, *vertiges*, crampes, tremblements, fièvre.

TRANSILANE

psyllium, bicarbonate de potassium

PRÉSENTATION

TRANSILANE : poudre orale arôme citron ; boîte de 140 g - Remb. 35 %

Laboratoires Innothéra

COMPOSITION

	p. c. à c.
Psyllium, hémicellulose purifiée de graine	40,231 g
Bicarbonate de potassium	10 g
Saccharose	1,6 g

INDICATIONS

C'est un *laxatif de lest*. Il contient une substance naturelle qui n'est ni digérée, ni absorbée. Elle s'imbibe d'eau et rend les selles plus volumineuses et moins fermes.

Ce médicament est utilisé comme *traitement symptomatique* de la constipation.

CONTRE-INDICATIONS

Ce médicament ne doit pas être utilisé en cas de maladies comportant un risque d'obstruction du tube digestif.

ATTENTION

Il est nécessaire de boire beaucoup d'eau, particulièrement en cas de dilatation du côlon, d'alitement, et chez la personne âgée.

Les laxatifs ne doivent pas être utilisés de façon prolongée sans avis médical.

Ce médicament contient du *sucre* (saccharose) en quantité notable.

GROSSESSE, ALLAITEMENT ET NOUVEAU-NÉ

Grossesse :

Ce médicament peut être utilisé en cure courte et ponctuelle pour traiter la constipation de la femme enceinte.

MODE D'EMPLOI ET POSOLOGIE

Ce médicament sera pris de préférence avant les repas.

La poudre doit être diluée dans un grand verre d'eau ou une autre boisson.

L'effet n'est obtenu qu'après 2 ou 3 jours.

Posologie usuelle :

2 cuillères à café, matin et soir.

Un échec du traitement peut être lié à la présence d'un *fécalome*, notamment chez la personne âgée.

Des mesures simples d'hygiène alimentaire et des exercices physiques sont à envisager avant d'utiliser un laxatif : parlez-en à votre médecin ou à votre pharmacien.

EFFETS INDÉSIRABLES POSSIBLES

Sensation de ballonnement en début de traitement.

TRANSODDI

acide cinamétique

PRÉSENTATION

TRANSODDI : comprimé (blanc) ; boîte de 20 - Remb. 35 %

Laboratoires Anphar-Rolland

COMPOSITION

	p. comp.
Acide cinamétique	250 mg

INDICATIONS

C'est un médicament qui appartient à la famille des *cholérétiques*. Il agit en augmentant la production de bile et lutte contre les spasmes des *voies biliaires*.

Il est principalement utilisé dans le *traitement symptomatique* des *troubles digestifs* en rapport avec une paresse biliaire et dans le *traitement d'appoint* de la constipation.

ATTENTION

Des précautions sont nécessaires en cas de maladie grave du foie et d'obstruction des *voies biliaires*.

En cas de persistance des *symptômes*, des examens peuvent être nécessaires : consultez votre médecin.

GROSSESSE, ALLAITEMENT ET NOUVEAU-NÉ

L'effet de ce médicament pendant la grossesse ou l'allaitement est mal connu. L'évaluation du risque éventuel lié à son utilisation est individuelle : demandez conseil à votre pharmacien ou à votre médecin.

MODE D'EMPLOI ET POSOLOGIE

Les comprimés doivent être pris avec un peu d'eau, au début des repas.

Posologie usuelle :

2 à 3 comprimés par jour.

TRANSVERCID

acide salicylique

PRÉSENTATION

TRANSVERCID : dispositif adhésif pour application locale ; boîte de 10 - Non remb.

Laboratoires Pierre Fabre

COMPOSITION

	p. disp.
Acide salicylique	15 g

INDICATIONS

Ce médicament contient une substance caustique.

Il est utilisé dans le traitement local des verrues chez l'enfant.

CONTRE-INDICATIONS

Ce médicament ne doit pas être utilisé en cas d'*allergie* aux *salicylés*.

ATTENTION

La cicatrisation peut être très lente chez les diabétiques : consultez votre médecin.

MODE D'EMPLOI ET POSOLOGIE

Au coucher, frotter légèrement la verrue avec une lime puis la nettoyer à l'eau tiède et au savon. Appliquer le dispositif adhésif sur la verrue et le retirer le lendemain matin. Recommencer chaque soir jusqu'à disparition complète de la verrue. Le traitement ne doit pas dépasser 1 mois.

Pour éviter toute irritation, ne pas mettre le dispositif en contact avec la peau saine qui entoure la verrue.

EFFETS INDÉSIRABLES POSSIBLES

Irritation autour de la verrue.

TRANXÈNE

clorazépate dipotassique

PRÉSENTATION

TRANXÈNE 5 : gélule (rose et blanc) ; boîte de 30 - Remb. 65 % - Liste I

TRANXÈNE 10 : gélule (rose) ; boîte de 30 - Remb. 65 % - Liste I

TRANXÈNE 50 : comprimé sécable (rose) ; boîte de 30 - Remb. 65 % - Liste I

Laboratoires Sanofi Winthrop

COMPOSITION

	p. gél.	p. gél.	p. comp.
Clorazépate dipotassique	5 mg	10 mg	50 mg

INDICATIONS

C'est un *tranquillisant* de la famille des *benzodiazépines*.

Il est utilisé dans le traitement de l'anxiété lorsque celle-ci s'accompagne de troubles gênants.

CONTRE-INDICATIONS

Ce médicament ne doit pas être utilisé dans les cas suivants :
- *insuffisance respiratoire* grave,
- enfant de moins de 30 mois.

ATTENTION

Des précautions sont nécessaires en cas de *myasthénie*, d'*insuffisance hépatique* ou d'*insuffisance respiratoire*.

Utilisé seul, ce médicament n'est pas adapté au traitement des *états dépressifs*.

Une prise prolongée ou des doses importantes de ce médicament, son association à des *sédatifs* ou à des boissons alcoolisées favorisent une *dépendance*. Respectez la *posologie* et la durée de traitement prescrites par votre médecin.

L'arrêt brutal de ce médicament expose à un *syndrome de sevrage* : réapparition de l'anxiété, agitation, irritabilité, insomnie, maux de tête, douleurs musculaires, tremblements, hallucinations. Il faut donc s'entourer de conseils médicaux pour diminuer progressivement les doses et espacer les prises, sur une période d'autant plus longue que le traitement a été prolongé.

Évitez les boissons alcoolisées : augmentation du risque de somnolence et de dépendance.

Conducteur : ce médicament peut être responsable d'une somnolence ou d'une baisse de la vigilance.

INTERACTIONS MÉDICAMENTEUSES

Ce médicament peut interagir avec d'autres médicaments, notamment les *sédatifs*. Signalez tout autre traitement en cours à votre médecin ou à votre pharmacien.

GROSSESSE, ALLAITEMENT ET NOUVEAU-NÉ

Grossesse et nouveau-né :

Par mesure de prudence, ce médicament est habituellement déconseillé pendant les 3 premiers mois de la grossesse. Toutefois, une grossesse survenant sous traitement ne justifie pas d'inquiétude particulière. Seul votre médecin peut apprécier le risque éventuel lié à l'utilisation de ce médicament dans votre cas.

Si le traitement est poursuivi jusqu'à l'accouchement, une surveillance médicale du *nouveau-né* est nécessaire.

Allaitement :

Ce médicament passe dans le lait maternel : l'allaitement est déconseillé.

MODE D'EMPLOI ET POSOLOGIE

Ce médicament doit être avalé avec un peu d'eau.

Posologie usuelle :

Elle est strictement individuelle. Les gélules à 5 mg sont adaptées à l'enfant. Le traitement doit être de courte durée.

Ce médicament vous a été prescrit dans une situation précise : ne le conseillez pas à une autre personne.

L'effet de ce médicament peut persister plus de 24 heures après sa prise.

Les *tranquillisants* ne sont pas la seule réponse à l'anxiété : une meilleure hygiène de vie, une consommation modérée d'excitants (y compris les boissons alcoolisées) permettent aussi de lutter efficacement contre l'excès de stress.

EFFETS INDÉSIRABLES POSSIBLES

Trous de mémoire, sensation d'ivresse, somnolence en particulier chez la personne âgée, ralentissement des idées, ou, au contraire, excitation, irritabilité, idées confuses, hallucinations, fatigue, éruption cutanée.

TRASICOR

oxprénolol

PRÉSENTATION

TRASICOR 80 : comprimé sécable (jaune) ; boîte de 30 - Remb. 65 % - Liste I

TRASICOR-RETARD 160 : comprimé à *libération prolongée* (blanc) ; boîte de 28 - Remb. 65 % - Liste I

Laboratoires Ciba-Geigy

COMPOSITION

	p. comp.	p. comp. L.P.
Oxprénolol chlorhydrate	80 mg	160 mg

INDICATIONS

Ce médicament appartient à la famille des *bêtabloquants*. Ceux-ci agissent en bloquant l'action de l'*adrénaline* (et d'autres *hormones* apparentées) sur de nombreux organes et notamment le cœur, les vaisseaux et les bronches.

Il est utilisé dans :
- le traitement de l'*hypertension artérielle*,
- la prévention des crises d'*angine de poitrine*,
- certains *troubles du rythme cardiaque*,
- les manifestations cardio-vasculaires des excès d'*hormones thyroïdiennes*,
- les *cardiomyopathies* obstructives.

CONTRE-INDICATIONS

Ce médicament ne doit pas être utilisé dans les cas suivants :
- *asthme*,
- *bloc auriculo-ventriculaire* grave,
- *insuffisance cardiaque* grave non contrôlée par un traitement spécifique,
- rythme cardiaque inférieur à 50 battements par minute,
- syndrome de *Raynaud*,
- association avec les médicaments contenant de la floctafénine.

ATTENTION

N'interrompez jamais brutalement le traitement. Espacez progressivement les prises. Un avis médical est toujours préférable.

Diabétiques : les *bêtabloquants* peuvent masquer certains *symptômes* de l'*hypoglycémie*, essentiellement *palpitations* et accélération du cœur.

INTERACTIONS MÉDICAMENTEUSES

Ce médicament ne doit pas être associé à la floctafénine (IDARAC...) : risque d'augmentation de la gravité d'un éventuel *choc* allergique.

Il peut interagir avec d'autres médicaments, notamment ceux contenant de l'amiodarone. Signalez tout autre traitement en cours à votre médecin ou à votre pharmacien.

GROSSESSE, ALLAITEMENT ET NOUVEAU-NÉ

Grossesse et nouveau-né :

Les études scientifiques actuellement disponibles n'ont pas mis en évidence de problème particulier lors de l'utilisation chez la femme enceinte.

L'effet *bêtabloquant* persiste quelques jours chez le *nouveau-né* et justifie une surveillance médicale renforcée pendant les premiers jours de la vie.

Allaitement :

Ce médicament passe dans le lait maternel : l'allaitement est déconseillé.

MODE D'EMPLOI ET POSOLOGIE

Les comprimés peuvent être avalés avec un peu d'eau. Ne pas les croquer. La prise d'aliments n'influe pas sur l'absorption du médicament.

Posologie usuelle :

Elle dépend des indications : de 1/2 comprimé à 80 mg, 3 fois par jour, jusqu'à 1 comprimé *L.P.* à 160 mg, en une fois.

Veillez à toujours disposer d'une réserve de ce médicament : une plaquette dans la boîte à gants de la voiture et dans la trousse de toilette, par exemple.

Il est normal que le rythme cardiaque ralentisse sous l'effet du traitement ; néanmoins, en cas de fatigue anormale et de pouls inférieur à 50 battements par minute, consultez votre médecin.

EFFETS INDÉSIRABLES POSSIBLES

Bénins et peu fréquents : *troubles digestifs*, fatigue en début de traitement, troubles du sommeil, syndrome de *Raynaud* et fourmillement des extrémités ; parfois, réactions cutanées.

Potentiellement graves et rares : *bloc auriculo-ventriculaire*, ralentissement important du cœur, chute de tension, *insuffisance cardiaque*, *bronchospasme*.

TRASIPRESSOL

oxprénolol, dihydralazine

PRÉSENTATION

TRASIPRESSOL : comprimé sécable (saumon) ; boîte de 40 - Remb. 65 % - Liste I

Laboratoires Ciba-Geigy

COMPOSITION

	p. comp.
Oxprénolol chlorhydrate	80 mg
Dihydralazine	25 mg

INDICATIONS

Cet *antihypertenseur* contient deux substances :
- l'oxprénolol, un *bêtabloquant* qui bloque l'action de l'*adrénaline* (et d'autres *hormones* apparentées) sur de nombreux organes et notamment sur le cœur, les vaisseaux et les bronches ;

– la dihydralazine, un *vasodilatateur*, dont l'action renforce celle de l'oxprénolol.

Ce médicament est utilisé dans le traitement de l'*hypertension artérielle*.

CONTRE-INDICATIONS

Ce médicament ne doit pas être utilisé dans les cas suivants :
- *angine de poitrine*,
- *asthme*,
- certaines formes d'*insuffisance cardiaque*,
- *bloc auriculo-ventriculaire* grave,
- rythme cardiaque inférieur à 50 battements par minute,
- syndrome de *Raynaud*,
- association avec les médicaments contenant de la floctafénine.

ATTENTION

N'interrompez jamais brutalement le traitement. Espacez progressivement les prises. Un avis médical est toujours préférable.

Diabétiques : les *bêtabloquants* peuvent masquer certains *symptômes* de l'*hypoglycémie* (*palpitations* et accélération du cœur, essentiellement).

Des précautions sont nécessaires en cas d'*insuffisance rénale* et chez la personne âgée.

INTERACTIONS MÉDICAMENTEUSES

Ce médicament ne doit pas être associé à la floctafénine (IDARAC...) : risque d'augmentation de la gravité d'un éventuel *choc* allergique.

Il peut interagir avec d'autres médicaments, notamment ceux contenant de l'amiodarone. Signalez tout autre traitement en cours à votre médecin ou à votre pharmacien.

GROSSESSE, ALLAITEMENT ET NOUVEAU-NÉ

Grossesse et nouveau-né :

Les études scientifiques actuellement disponibles n'ont pas mis en évidence de problème particulier lors de l'utilisation chez la femme enceinte.

L'effet *bêtabloquant* persiste quelques jours chez le *nouveau-né* et justifie une surveillance médicale renforcée pendant les premiers jours de la vie.

Allaitement :

Ce médicament passe dans le lait maternel : l'allaitement est déconseillé.

MODE D'EMPLOI ET POSOLOGIE

Ce médicament peut être pris avec un peu d'eau sans être croqué.

Posologie usuelle :

Le traitement commence généralement par 1/2 comprimé matin et soir, puis 1 comprimé matin et soir. Les doses sont augmentées progressivement.

Veillez à toujours disposer d'une réserve de ce médicament : une plaquette dans la boîte à gants de la voiture et dans la trousse de toilette, par exemple.

Il est normal que le rythme cardiaque ralentisse sous l'effet du traitement ; néanmoins, en cas de fatigue anormale et de pouls inférieur à 50 battements par minute, consultez votre médecin.

Le traitement médicamenteux ne dispense pas de mesures simples pouvant faire baisser la tension artérielle : activité physique régulière, modération de la consommation de boissons alcoolisées, lutte contre le surpoids.

EFFETS INDÉSIRABLES POSSIBLES

Troubles digestifs, fatigue en début de traitement, troubles du sommeil, syndrome de *Raynaud* et fourmillement des extrémités.

Maux de tête, *vertiges*, *hypotension orthostatique*, rétention d'eau et de *sel* : prise de poids, *œdèmes*.

Bloc auriculo-ventriculaire, ralentissement important du cœur, chute de tension, *insuffisance cardiaque*, crise d'*asthme*.

TRASITENSINE

oxprénolol, chlortalidone

PRÉSENTATION

TRASITENSINE : comprimé (jaune pâle) ; boîte de 30 - Remb. 65 % - Liste I

Laboratoires Ciba-Geigy

COMPOSITION

	p. comp.
Oxprénolol chlorhydrate	160 mg
Chlortalidone	20 mg

INDICATIONS

Cet *antihypertenseur* contient deux substances :
- l'oxprénolol, un *bêtabloquant* qui bloque l'action de l'*adrénaline* (et d'autres *hormones* apparentées) sur de nombreux organes et notamment sur le cœur, les vaisseaux et les bronches ;
- le chlortalidone, un *diurétique* dont la structure chimique est proche de celle des *sulfamides*. Son action renforce celle de l'oxprénolol.

Ce médicament est utilisé dans le traitement de l'*hypertension artérielle*.

CONTRE-INDICATIONS

Ce médicament ne doit pas être utilisé dans les cas suivants :
- *asthme*,
- *insuffisance cardiaque* grave non contrôlée par un traitement spécifique,
- *insuffisance rénale* grave,
- *bloc auriculo-ventriculaire* grave,
- rythme cardiaque inférieur à 50 battements par minute,
- *allergie* connue à l'un des constituants ou à la famille des *sulfamides*,
- phénomène de *Raynaud*,
- association avec les médicaments contenant de la floctafénine.

ATTENTION

N'interrompez jamais brutalement le traitement. Espacez progressivement les prises. Un avis médical est toujours préférable.

Diabétiques : les *bêtabloquants* peuvent masquer certains *symptômes* de l'*hypoglycémie* (*palpitations* et accélération du cœur, essentiellement).

Des précautions sont nécessaires en cas d'*insuffisance hépatique*.

Ce médicament peut être responsable d'une baisse de la *kaliémie* (taux du potassium dans le sang) qui peut être aggravée par l'usage immodéré de *laxatifs stimulants*. Des analyses de sang sont souvent prescrites par le médecin.

INTERACTIONS MÉDICAMENTEUSES

Ce médicament ne doit pas être associé à la floctafénine (IDARAC...) : risque d'augmentation de la gravité d'un éventuel *choc* allergique.

Il peut interagir avec d'autres médicaments, notamment ceux contenant du *lithium* ou de l'amiodarone, certains *diurétiques* et les *sels* de régime. Signalez tout autre traitement en cours à votre médecin ou à votre pharmacien.

GROSSESSE, ALLAITEMENT ET NOUVEAU-NÉ

Grossesse :

Les études scientifiques actuellement disponibles n'ont pas mis en évidence de problème particulier lors de l'utilisation chez la femme enceinte. Néanmoins, ce médicament contient un *diurétique* et n'est pas adapté au traitement de l'*hypertension artérielle* pendant la grossesse.

Allaitement :

Ce médicament passe dans le lait maternel : l'allaitement est déconseillé.

MODE D'EMPLOI ET POSOLOGIE

Ce médicament doit être pris au petit déjeuner avec un verre d'eau. Les comprimés ne doivent être ni croqués, ni écrasés.

Posologie usuelle :

1 comprimé par jour en 1 prise le matin.

Veillez à toujours disposer d'une réserve de ce médicament : une plaquette dans la boîte à gants de la voiture et dans la trousse de toilette, par exemple.

Il est normal que le rythme cardiaque ralentisse sous l'effet du traitement ; néanmoins, en cas de fatigue anormale et de pouls inférieur à 50 battements par minute, consultez votre médecin.

Le traitement médicamenteux ne dispense pas de mesures simples pouvant faire baisser la tension artérielle : activité physique régulière, modération de la consommation de boissons alcoolisées, lutte contre le surpoids.

EFFETS INDÉSIRABLES POSSIBLES

Troubles digestifs, fatigue en début de traitement, troubles du sommeil, syndrome de *Raynaud* et fourmillement des extrémités.

Crise d'*asthme*, réactions allergiques cutanées.

Bloc auriculo-ventriculaire, ralentissement important du cœur, chute de tension, *insuffisance cardiaque*.

Élévation du taux de *sucre* ou d'*acide urique* dans le sang, baisse du taux de potassium dans le sang, associée ou non à des crampes.

TRAUMALGYL

PRÉSENTATION

TRAUMALGYL : crème ; tube 50 g - Remb. 35 % - Liste II

Laboratoires Synlab

COMPOSITION

	p. 100 g
Phénylbutazone	2 g
Méphénésine	2 g
Salicylate de diéthylamine	2 g
Lidocaïne	2 g

INDICATIONS

Cette crème *antalgique* contient un *anti-inflammatoire* non stéroïdien (*AINS*), un *salicylé*, un myorelaxant (relaxant musculaire) et un *anesthésique*. Elle lutte localement contre l'*inflammation* et la douleur.

Elle est utilisée dans le traitement des *tendinites*, des douleurs articulaires, des entorses, des contusions, des lumbagos, des courbatures et des *œdèmes* survenant après un traumatisme.

CONTRE-INDICATIONS

Ce médicament ne doit pas être utilisé dans les cas suivants :

- *allergie* aux *salicylés*, aux *AINS* ou aux *anesthésiques* locaux ;
- en application sur un *eczéma*, des *muqueuses*, des plaies ou de la peau lésée.

ATTENTION

N'utilisez pas cette crème de façon prolongée sans avis médical.

GROSSESSE, ALLAITEMENT ET NOUVEAU-NÉ

L'effet de ce médicament pendant la grossesse ou l'allaitement est mal connu : seul votre médecin peut évaluer le risque éventuel de son utilisation dans votre cas.

MODE D'EMPLOI ET POSOLOGIE

La crème doit être appliquée en massage doux et prolongé.

Posologie usuelle :

2 ou 3 applications par jour.

Se laver les mains après application. En cas de contact accidentel avec les yeux, rincer abondamment.

EFFETS INDÉSIRABLES POSSIBLES

Imposant l'arrêt du traitement : *allergie* cutanée (*eczéma* de contact).

TRÉDÉMINE

niclosamide

PRÉSENTATION

TRÉDÉMINE : comprimé (jaune pâle) ; boîte de 4 - Remb. 65 % - Liste II

Laboratoires Bellon

COMPOSITION

	p. comp.
Niclosamide	500 mg

INDICATIONS

C'est un antiparasitaire actif sur les vers de l'intestin de la famille des ténias.

Il est utilisé en cas d'infestation du tube digestif par le grand ténia (ver solitaire) ou des ténias nains.

ATTENTION

L'absorption de boissons alcoolisées est fortement déconseillée pendant le traitement.

GROSSESSE, ALLAITEMENT ET NOUVEAU-NÉ

Grossesse :

Les études scientifiques actuellement disponibles n'ont pas mis en évidence de problème particulier lors de l'utilisation ponctuelle chez la femme enceinte. Dans certains cas, le traitement peut être différé.

Allaitement :

Les données actuellement disponibles ne permettent pas de savoir si ce médicament passe dans le lait maternel.

MODE D'EMPLOI ET POSOLOGIE

Les comprimés doivent être mastiqués lentement et avalés avec un peu d'eau. Pour les jeunes enfants, ils seront finement écrasés.

Posologie usuelle :

- Grand ténia (ver solitaire) : la veille au soir, faire un repas léger, puis rester à jeun jusqu'au lendemain. Attendre 3 heures après la dernière prise pour boire et manger. S'abstenir de prendre des boissons alcoolisées pendant le traitement et 24 heures après.
  - Adulte et enfant de plus de 7 ans : 2 comprimés le matin à jeun, puis 2 comprimés, 1 heure plus tard.
  - Enfant de 2 à 7 ans : 1 comprimé le matin à jeun, puis 1 comprimé, 1 heure plus tard.
  - Enfant de moins de 2 ans : 1/2 comprimé le matin à jeun, puis 1/2 comprimé, 1 heure plus tard.
- Ténia nain : traitement de 7 jours. Buvez en abondance des jus de fruits acides pour favoriser l'élimination de glaires sous lesquelles se protège cette variété de ténia.
  - Adulte et enfant de plus de 7 ans : 4 comprimés le 1er jour, à répartir au cours des repas, puis 2 comprimés à la fin d'un repas, les 6 jours suivants.
  - Enfant de 2 à 7 ans : 2 comprimés le 1er jour, puis 1 comprimé les 6 jours suivants, à la fin d'un repas.
  - Enfant de moins de 2 ans : 1 comprimé le 1er jour, puis 1/2 comprimé les 6 jours suivants, à la fin d'un repas.

Dans le traitement du ver solitaire : le ténia sera rejeté entier, ou, le plus souvent, fragmenté dans les selles du jour suivant. Il est souvent difficile de le retrouver.

La persistance d'anneaux dans les selles après une semaine signifie que le traitement a échoué. Si les anneaux réapparaissent après un délai de 2 à 3 mois, il s'agit d'une réinfestation.

EFFETS INDÉSIRABLES POSSIBLES

Rares *troubles digestifs*, notamment : nausées, vomissements, douleurs d'estomac.

TRENTADIL

bamifylline

PRÉSENTATION

TRENTADIL : comprimé (blanc) ; boîte de 20 - Remb. 65 % - Liste II

TRENTADIL ADULTE : suppositoire ; boîte de 6 - Remb. 65 % - Liste II

TRENTADIL ENFANT : suppositoire ; boîte de 10 - Remb. 65 % - Liste II

Laboratoires Bellon

COMPOSITION

	p. comp.	p. suppos. Ad.	p. suppos. Enf.
Bamifylline chlorhydrate	300 mg	750 mg	250 mg

INDICATIONS

Ce médicament est un bronchodilatateur qui contient une substance dérivée de la théophylline. Il lutte contre la contraction anormale des bronches, stimule la respiration et possède un léger effet *sédatif*.

Il est utilisé dans le traitement de l'*asthme* et de certaines maladies des bronches.

CONTRE-INDICATIONS

Ce médicament ne doit pas être utilisé en cas d'*infarctus du myocarde*.

ATTENTION

Les comprimés et les suppositoires Adulte ne doivent pas être utilisés chez l'enfant.

Des précautions sont nécessaires en cas d'*ulcère* de l'estomac, d'*insuffisance cardiaque*, d'*hyperthyroïdie*, d'*insuffisance hépatique*.

GROSSESSE, ALLAITEMENT ET NOUVEAU-NÉ

Grossesse :

Par mesure de prudence, ce médicament est déconseillé dans les derniers jours de la grossesse.

MODE D'EMPLOI ET POSOLOGIE

Les comprimés doivent être avalés à distance des repas, sans être croqués et avec un verre d'eau.

Posologie usuelle :

- Adulte :
  - comprimé à 300 mg : 2 à 3 comprimés, matin et soir ;
  - suppositoire Adulte : 1 suppositoire matin et soir.
- Enfant : la *posologie* est strictement individuelle ; adaptée au poids de l'enfant, elle doit être administrée en deux prises matin et soir.

Toute modification de la *posologie* expose à la survenue d'une crise d'*asthme* : veillez à ne jamais manquer de ce médicament.

EFFETS INDÉSIRABLES POSSIBLES

Les effets indésirables varient d'une personne à l'autre.

Rares maux de tête et douleur d'estomac.

TRÉTINOÏNE KÉFRANE

trétinoïne

PRÉSENTATION

TRÉTINOÏNE KÉFRANE : gel pour application locale ; tube 30 g - Non remb. - Liste I

Laboratoires RoC

COMPOSITION

	p. 100 g
Trétinoïne	50 mg

INDICATIONS

C'est un antiacnéique local qui appartient à la famille des dérivés de la *vitamine* A acide (*rétinoïdes*). Il facilite l'évacuation du sébum en éliminant les bouchons qui obstruent les pores de la peau.

Il est utilisé dans le traitement de l'*acné*.

ATTENTION

Évitez d'utiliser tout autre médicament ou cosmétique (eau de Cologne, lotion après-rasage, crème...) sans l'accord de votre médecin.

Ce médicament expose à une *photosensibilisation* : une exposition aux rayons *ultraviolets* (soleil, lampe à bronzer) peut provoquer des réactions cutanées. N'omettez pas de signaler à votre médecin vos projets de vacances au soleil, pendant la durée du traitement.

INTERACTIONS MÉDICAMENTEUSES

Ce médicament peut interagir avec d'autres médicaments. Signalez tout autre traitement en cours à votre médecin ou à votre pharmacien.

GROSSESSE, ALLAITEMENT ET NOUVEAU-NÉ

Grossesse :

Ce médicament est déconseillé par prudence pendant les 3 premiers mois de la grossesse. Toutefois, une grossesse survenant sous traitement ne justifie aucune inquiétude particulière mais doit vous conduire à consulter votre médecin.

Allaitement :

Les données actuellement disponibles ne permettent pas de savoir si ce médicament passe dans le lait maternel.

MODE D'EMPLOI ET POSOLOGIE

Avant l'application, laver la peau avec un savon doux. Rincer et sécher soigneusement avant d'appliquer le produit.

En général, le traitement commence par 1 ou 2 applications par jour ; ensuite la fréquence est adaptée en fonction de la réaction de la peau.

Le traitement doit être poursuivi au moins 3 mois ; un *traitement d'entretien* est souvent nécessaire pour éviter les rechutes.

☛ Une irritation et une aggravation de l'*acné* sont fréquentes et normales en début de traitement ; ne vous découragez pas : les boutons qui apparaissent traduisent une élimination du sébum.

Le résultat est nettement visible à partir de la 6e semaine ; ensuite, les applications seront espacées dès que le résultat sera jugé satisfaisant.

Si vous vous exposez exceptionnellement au soleil, n'appliquez pas ce médicament la veille, le jour même ni le lendemain. En cas de coup de soleil, attendez un complet rétablissement avant la reprise du traitement.

Si vous mettez accidentellement cette substance en contact avec les yeux, les paupières, la bouche, les narines ou les *muqueuses*, rincez abondamment.

Ce produit doit être conservé à l'abri de la lumière.

EFFETS INDÉSIRABLES POSSIBLES

Rougeur sèche et parfois cuisante de la peau, surtout autour de la bouche et du cou. Ces réactions peuvent être prévenues ou atténuées par l'emploi de crèmes calmantes, ou par une modification de la *posologie*. Demandez conseil à votre médecin.

TRIACANA comprimé

tiratricol

PRÉSENTATION

TRIACANA : comprimé (blanc) ; boîte de 100 - Non remb. - Liste II

Laboratoires Marcofina

COMPOSITION

	p. comp.
Tiratricol	0,35 mg

INDICATIONS

Ce médicament contient une substance dérivée d'une *hormone thyroïdienne*.

Il est principalement utilisé lorsque l'on veut freiner l'action excitatrice de l'*hypophyse* sur la *thyroïde*, notamment dans certains *goitres*, certaines *tumeurs* de la thyroïde et dans certaines maladies rares. Il est également utilisé après l'ablation totale ou partielle de la thyroïde.

CONTRE-INDICATIONS

Ce médicament ne doit pas être utilisé dans les cas suivants :
- *insuffisance coronarienne*, *troubles du rythme cardiaque*, maladie grave du cœur ;
- anxiété importante.

ATTENTION

L'utilisation de ce médicament est dangereuse en dehors de ses indications.

Prévenez votre médecin si vous avez eu des troubles cardiaques, une *hypertension artérielle*, un *diabète* ou d'autres troubles hormonaux.

INTERACTIONS MÉDICAMENTEUSES

Ce médicament peut interagir avec d'autres médicaments, notamment les *hypoglycémiants*. Signalez tout autre traitement en cours à votre médecin ou à votre pharmacien.

GROSSESSE, ALLAITEMENT ET NOUVEAU-NÉ

Grossesse :

L'effet de ce médicament pendant la grossesse est mal connu : seul votre médecin peut évaluer le risque éventuel de son utilisation dans votre cas.

Allaitement :

Les données actuellement disponibles ne permettent pas de savoir si ce médicament passe dans le lait maternel.

MODE D'EMPLOI ET POSOLOGIE

La *posologie* est individuelle.

Des analyses de sang permettent d'adapter la posologie : suivez-la strictement et ne l'augmentez pas de vous-même.

Posologie usuelle :

2 à 5 comprimés répartis dans la journée.

EFFETS INDÉSIRABLES POSSIBLES

Certains signes doivent faire penser à un surdosage : *tachycardie*, insomnie, excitabilité, fièvre, sueurs, amaigrissement rapide, diarrhée. Consultez rapidement votre médecin afin qu'il puisse adapter la *posologie* ou arrêter le traitement.

TRIACANA crème

tiratricol

PRÉSENTATION

TRIACANA : crème ; tube 45 g - Non remb. - Liste II

Laboratoires Marcofina

COMPOSITION

	p. 100 g
Tiratricol	0,2 g

INDICATIONS

Cette crème contient une substance dérivée d'une *hormone thyroïdienne*. Elle agit localement en diminuant le volume des cellules graisseuses.

Elle est utilisée dans le traitement local de la cellulite.

CONTRE-INDICATIONS

Ce médicament ne doit pas être utilisé en cas d'*allergie* à l'iode.

ATTENTION

Cette crème ne doit être en aucun cas appliquée sur une peau lésée ou sur les *muqueuses* : risque de passage de la substance active dans le sang.

Évitez d'exposer les surfaces traitées au soleil ou aux rayons *ultraviolets*.

GROSSESSE, ALLAITEMENT ET NOUVEAU-NÉ

L'effet de ce médicament pendant la grossesse ou l'allaitement est mal connu : seul

votre médecin peut évaluer le risque éventuel de son utilisation dans votre cas.

MODE D'EMPLOI ET POSOLOGIE

Lors de l'utilisation de cette crème, aucun autre médicament ou produit cosmétique ne doit être appliqué au même endroit.

N'utilisez pas de gant de crin qui pourrait léser la peau et faciliter le passage du principe actif dans le sang. Faites pénétrer la crème par de légers massages.

Posologie usuelle :

1 application par jour, ou 1 jour sur 2.

EFFETS INDÉSIRABLES POSSIBLES

L'apparition d'une *allergie* impose l'arrêt définitif du traitement.

TRIAMINIC

noréphédrine, mépyramine, phéniramine

PRÉSENTATION

TRIAMINIC : comprimé sécable (blanc) ; boîte de 20 - Non remb.

Laboratoires Sandoz

COMPOSITION

	p. comp.
Noréphédrine chlorhydrate	25 mg
Mépyramine maléate	12,5 mg
Phéniramine maléate	12,5 mg

INDICATIONS

Ce médicament contient un *vasoconstricteur* décongestionnant et deux *antihistaminiques*.

Il est utilisé dans le *traitement symptomatique* des affections aiguës du nez et de la gorge : *rhinite*, *sinusite*, *pharyngite*.

CONTRE-INDICATIONS

Ce médicament ne doit pas être utilisé dans les cas suivants :
- enfant de moins de 12 ans,
- *glaucome* à angle fermé,
- risque de blocage des urines (*adénome de la prostate*...),
- association avec un *antidépresseur* de type *IMAO* non sélectif,
- grossesse,
- allaitement.

ATTENTION

Des précautions particulières s'imposent en cas d'*angine de poitrine*, d'*hypertension artérielle*, d'*hyperthyroïdie* ou de *diabète*. Demandez conseil à votre pharmacien ou à votre médecin.

Évitez les boissons alcoolisées : augmentation du risque de somnolence.

Conducteur : ce médicament peut être responsable d'une somnolence ou d'une baisse de la vigilance.

INTERACTIONS MÉDICAMENTEUSES

Ce médicament ne doit pas être associé aux *antidépresseurs* de type *IMAO* non sélectifs (MARSILID, NIAMIDE...) : risque de crise hypertensive.

Il peut interagir avec de nombreux autres médicaments. Signalez tout autre traitement en cours à votre médecin ou à votre pharmacien.

GROSSESSE, ALLAITEMENT ET NOUVEAU-NÉ

En l'absence de données suffisantes, ce médicament est contre-indiqué pendant la grossesse ou l'allaitement.

MODE D'EMPLOI ET POSOLOGIE

Les comprimés doivent être avalés avec un verre d'eau.

Posologie usuelle :

- Adulte : 3 ou 4 comprimés par jour.
- Enfant de plus de 12 ans : 1/2 comprimé, 3 à 6 fois par jour.

Ce médicament n'a pas d'effet anti-infectieux. En cas d'infection bactérienne, un traitement *antibiotique* peut être nécessaire.

EFFETS INDÉSIRABLES POSSIBLES

Effets *atropiniques* : sécheresse de la bouche, troubles visuels, rétention urinaire, confusion des idées et agitation chez la personne âgée.

Troubles digestifs.

TRIATEC

ramipril

PRÉSENTATION

TRIATEC 1,25 mg : gélule (jaune et blanc) ; boîte de 30 - Remb. 65 % - Liste I

TRIATEC 2,5 mg : gélule (orange et blanc) ; boîte de 30 - Remb. 65 % - Liste I

TRIATEC 5 mg : gélule (rouge et blanc) ; boîte de 30 - Remb. 65 % - Liste I

Laboratoires Hoechst

COMPOSITION

	p. gél. 1,25 mg	p. gél. 2,5 mg	p. gél. 5 mg
Ramipril			

INDICATIONS

Ce médicament appartient à la famille des inhibiteurs de l'*enzyme* de conversion (IEC). L'enzyme de conversion est une substance naturellement présente dans l'organisme ; elle est responsable d'une contraction des artères qui augmente la tension artérielle et fatigue le cœur.

Il est utilisé dans le traitement de l'*hypertension artérielle*.

CONTRE-INDICATIONS

Ce médicament ne doit pas être utilisé en cas de **grossesse** ou d'**allaitement**.

ATTENTION

Si vous suivez un traitement par *diurétique* ou un régime sans *sel*, la baisse de la tension artérielle peut être importante lors des premières prises : un malaise ou des étourdissements peuvent survenir ; il est préférable de choisir une période de repos et de prendre garde au risque de chute.

Les *sels* de régime contiennent souvent du *potassium* ; ne les utilisez pas sans avis médical pendant le traitement.

Des précautions sont nécessaires chez la personne âgée et celle atteinte d'*insuffisance rénale* ou d'*insuffisance hépatique*.

Conducteur : ce médicament peut être responsable d'une baisse de la vigilance, particulièrement en début de traitement.

INTERACTIONS MÉDICAMENTEUSES

Ce médicament peut interagir avec d'autres médicaments, notamment ceux contenant du *lithium*, certains *diurétiques* et les *sels* de régime. Signalez tout autre traitement en cours à votre médecin ou à votre pharmacien.

GROSSESSE, ALLAITEMENT ET NOUVEAU-NÉ

Grossesse :

L'effet de ce médicament sur l'enfant à naître est mal connu. Quelques accidents ayant été rapportés, son usage pendant la grossesse est contre-indiqué.

Allaitement :

Les données actuellement disponibles ne permettent pas de savoir si ce médicament passe dans le lait maternel : l'allaitement est contre-indiqué.

MODE D'EMPLOI ET POSOLOGIE

Ce médicament peut être pris indifféremment au cours ou en dehors des repas.

Posologie usuelle :

2,5 mg par jour, en 1 prise le matin.

En cas d'*insuffisance rénale*, de traitement préalable par des *diurétiques* ou de régime sans *sel*, la *posologie* initiale est faible ; elle est augmentée progressivement par le médecin en fonction des effets du médicament.

Le traitement médicamenteux ne dispense pas des mesures simples pouvant faire baisser la tension artérielle : activité physique régulière, modération de la consommation de boissons alcoolisées, lutte contre le surpoids.

EFFETS INDÉSIRABLES POSSIBLES

Toux sèche, *vertiges*, étourdissements, fatigue, nausées, maux de tête, *hypotension orthostatique*.

Rares réactions allergiques : œdème de *Quincke*, *allergie* cutanée.

TRIDÉSONIT

désonide

PRÉSENTATION

TRIDÉSONIT 0,05 % : crème ; tube 30 g - Remb. 65 % - Liste I

Laboratoires Bayer Pharma

COMPOSITION

	p. 100 g
Désonide	50 mg

INDICATIONS

C'est un *dermocorticoïde* d'activité assez forte. Comme les autres dérivés de la *cortisone* à usage local, il freine le renouvellement et la multiplication des cellules de la peau et limite le suintement.

Il est utilisé pour traiter les *eczémas* de contact ou *atopiques*, les *lichénifications*, le *psoriasis*, le *prurigo*, la *dyshidrose*, et pour soulager les démangeaisons dues aux piqûres d'insectes ou à la présence de parasites sous la peau. Il est également utilisé dans le traitement de certaines maladies rares : *granulome annulaire*, *lupus érythémateux* discoïde, *mycosis fongoïde*.

CONTRE-INDICATIONS

Ce médicament ne doit pas être utilisé dans les cas suivants :
- infection et parasitose non traitées de la peau (ce médicament n'a pas d'effet anti-infectieux),
- lésion ulcérée,
- *acné* et *rosacée*.

ATTENTION

Comme les autres *dermocorticoïdes*, ce médicament a souvent une action efficace et rapide sur les lésions de la peau ; il peut être tentant de le réutiliser, mais l'automédication expose à des risques importants : aggravation de certaines lésions, installation d'une *dépendance* (amélioration de moins en moins visible des lésions et recrudescence des *symptômes* à chaque arrêt de traitement) et altération durable de la peau.

Suivez attentivement la prescription de votre médecin et n'hésitez pas à lui demander des explications.

GROSSESSE, ALLAITEMENT ET NOUVEAU-NÉ

L'effet de ce médicament pendant la grossesse ou l'allaitement est mal connu : seul votre médecin peut évaluer le risque éventuel de son utilisation dans votre cas.

MODE D'EMPLOI ET POSOLOGIE

Étaler la crème sur les lésions et la faire pénétrer par un léger massage. Pour les grandes surfaces : appliquer en touches espacées, puis étaler avec un gant en plastique jusqu'à complète absorption.

Posologie usuelle :

1 ou 2 applications par jour.

Le médecin prescrit fréquemment un arrêt progressif du traitement : espacement des applications ou diminution de la quantité appliquée.

☛ Ne conseillez pas, ne donnez pas ce médicament à un proche.

Pensez à vous laver les mains après l'application. En cas d'utilisation sur une grande surface de peau, le port d'un gant est recommandé.

EFFETS INDÉSIRABLES POSSIBLES

Ils apparaissent surtout en cas d'usage prolongé :
- *atrophie* avec microhémorragie de la peau (*purpura*), dilatation des petits vaisseaux, vergetures, éruption de boutons ;
- développement anormal des poils, dessèchement, fragilisation et décoloration irrégulière de la peau ;
- rougeur autour de la bouche, apparition d'une *rosacée* ;
- retard de cicatrisation.

TRIELLA

éthinylestradiol, noréthistérone

PRÉSENTATION

TRIELLA : comprimé (blanc : 7, orange pâle : 7 et orange : 7) ; boîte de 1 plaquette de 21 - Remb. 65 % - Liste I

TRIELLA : comprimé (blanc : 7, orange pâle : 7 et orange : 7) ; boîte de 3 plaquettes de 21 - Remb. 65 % - Liste I

Laboratoires Cilag

COMPOSITION

	p. comp. blanc	p. comp. orange pâle	p. comp. orange
Éthinylestradiol	0,035 mg	0,035 mg	0,035 mg
Noréthistérone	0,5 mg	0,75 mg	1 mg

INDICATIONS

C'est un *contraceptif* oral (pilule) qui contient un *estrogène* et un *progestatif*. Il est minidosé (moins de 0,04 mg d'estrogène) et triphasique (tous les comprimés ne contiennent pas la même quantité d'*hormones* et sont de trois couleurs différentes).

CONTRE-INDICATIONS

Ce médicament ne doit pas être utilisé dans les cas suivants :
- certaines maladies cardiaques ou *vasculaires*, notamment l'*hypertension artérielle* et les *antécédents de phlébite* ;
- certaines causes de saignement entre les règles ;
- *diabète*, excès de *cholestérol* ou de *triglycérides* ;
- maladie du foie grave ou récente, jaunisse chronique ou survenue lors d'une grossesse ;
- cancer du sein ou de l'utérus ainsi que certains autres cancers ;
- *tumeur de l'hypophyse*, excès de *prolactine* ;
- certaines maladies rares (*connectivite*, *porphyrie*, *otosclérose*, *otospongiose*) ;
- *insuffisance rénale* ;
- **grossesse ;**
- **allaitement.**

Dans tous les autres cas, le médecin est seul juge pour prescrire ce médicament, notamment en cas d'obésité, de *tumeur* bénigne du sein ou de l'utérus, de calculs de la vésicule biliaire.

ATTENTION

Chez la femme de plus de 35 ans ou chez la femme qui fume, le risque de complications cardio-vasculaires liées aux *estrogènes* augmente nettement.

Tout *symptôme* pouvant faire craindre une complication impose l'arrêt du traitement : maux de tête importants et inhabituels, troubles de la vision, élévation franche de la tension artérielle.

La survenue d'un léger saignement entre les règles (spotting) est fréquente chez les femmes prenant la pilule. Vous devez néanmoins en informer votre médecin.

Une surveillance médicale et des analyses sont nécessaires avant et pendant la contraception orale. Cette surveillance sera renforcée chez la femme souffrant d'*épilepsie*, de *migraine*, d'*asthme*, de *dépression*, ou ayant des *antécédents* familiaux de maladie *vasculaire*.

En cas d'opération ou d'immobilisation pour une période prolongée, un autre mode de contraception est préférable.

INTERACTIONS MÉDICAMENTEUSES

L'efficacité contraceptive de la pilule peut être diminuée par la prise de certains médicaments : les *barbituriques*, certains antiépileptiques (TÉGRÉTOL, DI-HYDAN...), les médicaments contenant de la rifampicine (RIMACTAN, RIFADINE...) ou de la griséofulvine (FULCINE, GRISÉFULINE...).

GROSSESSE, ALLAITEMENT ET NOUVEAU-NÉ

Ce médicament est contre-indiqué pendant la grossesse et l'allaitement.

MODE D'EMPLOI ET POSOLOGIE

Prendre régulièrement, et sans oubli, 1 comprimé par jour à la même heure pendant 21 jours consécutifs, avec un arrêt de 7 jours entre chaque plaquette de 21 comprimés.

En cas de première contraception orale ou de reprise d'une contraception interrompue temporairement, prendre le premier comprimé le premier jour des règles.

En cas de changement de *contraceptif*, prendre le premier comprimé :
- après un arrêt de 7 jours, si le précédent contraceptif comportait 21 comprimés par plaquette ;
- après un arrêt de 6 jours, si le précédent contraceptif comportait 22 comprimés par plaquette ;
- sans interruption, si le précédent contraceptif comportait 28 comprimés par plaquette.

En cas de suite d'accouchement ou d'interruption de grossesse : suivre les indications du médecin.

☛ En cas d'oubli d'un comprimé :
- retard de moins de 12 heures : prendre le comprimé oublié et continuer à l'heure habituelle ;
- retard de plus de 12 heures : prendre le comprimé oublié et continuer à l'heure habituelle, mais la sécurité contraceptive n'est plus assurée et une méthode complémentaire doit être employée pour le cycle en cours (spermicide, préservatif, diaphragme).

En cas de vomissement ou de diarrhée survenant juste après la prise du comprimé (sans rapport avec la prise du *contraceptif*), prendre un comprimé identique sur une autre plaquette. Si ces troubles durent plus de 12 heures, la sécurité contraceptive n'est plus assurée et une méthode complémentaire doit être employée pour le cycle en cours.

EFFETS INDÉSIRABLES POSSIBLES

Peu graves et n'empêchant pas la poursuite du traitement : nausées, maux de tête banals, prise de poids, tension modérée des seins, taches sombres sur le visage, jambes lourdes, irritation oculaire par les lentilles de contact, saignement entre les règles, diminution ou disparition des règles, *candidose* vaginale, irritabilité et tendance à la *dépression*.

Rares mais devant faire interrompre la prise de ce *contraceptif* : *hypertension artérielle*, accident cardiaque ou *vasculaire*, jaunisse, augmentation importante des lipides dans le sang, *diabète*, *nodule* ou douleur importante des seins, *migraine*, *vertiges*, troubles de la vision, aggravation d'une *épilepsie*, écoulement de lait.

Exceptionnellement, certaines pilules peuvent être responsables de calculs de la vésicule biliaire, de *tumeur* bénigne du foie ou de *mastopathie*.

TRIFLUCAN

fluconazole

PRÉSENTATION

TRIFLUCAN 50 mg : gélule (vert et blanc) ; boîte de 7 - Remb. 65 % - Liste I

Laboratoires Pfizer

COMPOSITION

	p. gél.
Fluconazole	50 mg

INDICATIONS

C'est un *antifongique* apparenté à la famille des *imidazolés*.

Il est utilisé sous strict contrôle médical pour traiter les formes graves de *candidoses* buccales.

Il existe également une forme plus fortement dosée réservée à l'usage hospitalier qui a des indications et des modalités d'emploi différentes.

CONTRE-INDICATIONS

Ce médicament ne doit pas être utilisé dans les cas suivants :
- *allergie* aux *imidazolés*,
- **grossesse,**
- **allaitement.**

ATTENTION

Une contraception efficace est nécessaire pendant la durée du traitement.

INTERACTIONS MÉDICAMENTEUSES

Ce médicament peut interagir avec d'autres médicaments, notamment les *anticoagulants* et *hypoglycémiants* oraux : signalez tout autre traitement en cours à votre médecin ou à votre pharmacien.

GROSSESSE, ALLAITEMENT ET NOUVEAU-NÉ

Ce médicament est contre-indiqué pendant la grossesse ou l'allaitement (voir ATTENTION).

MODE D'EMPLOI ET POSOLOGIE

Ce médicament peut être pris indifféremment au cours ou en dehors des repas. Les gélules doivent être avalées telles quelles avec un verre d'eau.

Posologie usuelle :
- Adulte : 1 gélule par jour, pendant 7 à 14 jours.

EFFETS INDÉSIRABLES POSSIBLES

Troubles digestifs : nausées, diarrhée.
Allergie cutanée.

TRIGLYSAL

PRÉSENTATION

TRIGLYSAL : comprimé à croquer ou à sucer (blanc) ; boîte de 20 - Non remb.

Laboratoires Jumer

COMPOSITION

	p. comp.
Aluminium glycinate	250 mg
Magnésium trisilicate	250 mg
Glycyrrhizate d'ammonium	20 mg
Saccharose	120 mg

INDICATIONS

Ce médicament est une association d'*antiacides* d'action locale. Ils agissent en neutralisant les acides sécrétés par l'estomac.

Ce médicament est utilisé comme *traitement symptomatique* des douleurs, brûlures, aigreurs de l'estomac ou de l'œsophage.

CONTRE-INDICATIONS

Ce médicament ne doit pas être utilisé en cas d'*insuffisance rénale* grave.

ATTENTION

En cas de persistance des *symptômes*, des examens peuvent être nécessaires : consultez votre médecin.

Ce médicament contient une quantité notable de *sucre* et de glycyrrhizine, substance présente dans la réglisse. En cas d'autres apports en réglisse (boissons, confiserie), ne pas dépasser 500 mg par jour.

INTERACTIONS MÉDICAMENTEUSES

Ce médicament peut interagir avec de nombreux autres médicaments en diminuant leur absorption : il convient de séparer les prises d'au moins 2 heures.

GROSSESSE, ALLAITEMENT ET NOUVEAU-NÉ

Les substances contenues dans ce médicament sont peu absorbées. L'automédication est possible en cure courte ou ponctuelle, pendant la grossesse ou l'allaitement.

MODE D'EMPLOI ET POSOLOGIE

Les comprimés peuvent être croqués ou sucés lentement.

Ils seront pris de préférence après le repas ou au moment d'une crise douloureuse.

Posologie usuelle :

1 comprimé, 3 fois par jour, sans dépasser 5 comprimés par jour.

Une alimentation équilibrée, une mastication lente et l'élimination des aliments difficiles à digérer permettent souvent d'atténuer, voire de faire disparaître, les douleurs d'estomac qui ne sont pas liées à un *ulcère*.

Si vous êtes fumeur, la poursuite du tabagisme nuit à l'efficacité du traitement.

EFFETS INDÉSIRABLES POSSIBLES

À forte dose, en usage prolongé : risque d'*hypertension artérielle* dû à la glycyrrhizine.

TRI-MINULET

éthinylestradiol, gestodène

PRÉSENTATION

TRI-MINULET : comprimé (beige : 6, marron : 5 et blanc : 10) ; boîte de 1 plaquette de 21 - Non remb. - Liste I

TRI-MINULET : comprimé (beige : 6, marron : 5 et blanc : 10) ; boîte de 3 plaquettes de 21 - Non remb. - Liste I

Laboratoires Wyeth France

COMPOSITION

	p. comp. beige	p. comp. marron	p. comp. blanc
Éthinylestradiol	0,03 mg	0,04 mg	0,03 mg
Gestodène	0,05 mg	0,07 mg	0,1 mg

INDICATIONS

C'est un *contraceptif* oral (pilule) qui contient un *estrogène* et un *progestatif*. Il est minidosé (moins de 0,04 mg d'estrogène) et triphasique (tous les comprimés ne contiennent pas la même quantité d'*hormones* et sont de trois couleurs différentes).

CONTRE-INDICATIONS

Ce médicament ne doit pas être utilisé dans les cas suivants :
- certaines maladies cardiaques ou *vasculaires*, notamment l'*hypertension artérielle* et les *antécédents* de *phlébite* ;
- certaines causes de saignement entre les règles ;
- *diabète*, excès de *cholestérol* ou de *triglycérides* ;
- maladie du foie grave ou récente, jaunisse chronique ou survenue lors d'une grossesse ;
- cancer du sein ou de l'utérus ainsi que certains autres cancers ;
- *tumeur de l'hypophyse*, excès de *prolactine* ;
- certaines maladies rares (*connectivite*, *porphyrie*, *otosclérose*, *otospongiose*) ;
- *insuffisance rénale* ;
- **grossesse ;**
- **allaitement.**

Dans tous les autres cas, le médecin est seul juge pour prescrire ce médicament, notamment en cas d'obésité, de *tumeur* bénigne du sein ou de l'utérus, de calculs de la vésicule biliaire.

ATTENTION

Chez la femme de plus de 35 ans ou chez la femme qui fume, le risque de complications cardio-vasculaires liées aux *estrogènes* augmente nettement.

Tout *symptôme* pouvant faire craindre une complication impose l'arrêt du traitement : maux de tête importants et inhabituels, troubles de la vision, élévation franche de la tension artérielle.

La survenue d'un léger saignement entre les règles (spotting) est fréquente chez lés femmes prenant la pilule. Vous devez néanmoins en informer votre médecin.

Une surveillance médicale et des analyses sont nécessaires avant et pendant la contraception orale. Cette surveillance sera renforcée chez la femme souffrant d'*épilepsie*, de *migraine*, d'*asthme*, de *dépression*, ou ayant des *antécédents* familiaux de maladie *vasculaire* ou de cancer du sein.

En cas d'opération ou d'immobilisation pour une période prolongée, un autre mode de contraception est préférable.

INTERACTIONS MÉDICAMENTEUSES

L'efficacité contraceptive de la pilule peut être diminuée par la prise de certains médicaments : les *barbituriques*, certains antiépileptiques (TÉGRÉTOL, DI-HYDAN...), les médicaments contenant de la rifampicine (RIMACTAN, RIFADINE...) ou de la griséofulvine (FULCINE, GRISÉFULINE...).

GROSSESSE, ALLAITEMENT ET NOUVEAU-NÉ

Ce médicament est contre-indiqué pendant la grossesse et l'allaitement.

MODE D'EMPLOI ET POSOLOGIE

Prendre régulièrement, et sans oubli, 1 comprimé par jour à la même heure pendant 21 jours consécutifs, avec un arrêt de 7 jours entre chaque plaquette de 21 comprimés.

En cas de première contraception orale ou de reprise d'une contraception interrompue temporairement, prendre le premier comprimé le premier jour des règles.

En cas de changement de *contraceptif*, prendre le premier comprimé :
- après un arrêt de 7 jours, si le précédent contraceptif comportait 21 comprimés par plaquette ;
- après un arrêt de 6 jours, si le précédent contraceptif comportait 22 comprimés par plaquette ;
- sans interruption, si le précédant contraceptif comportait 28 comprimés par plaquette.

En cas de suite d'accouchement ou d'interruption de grossesse : suivre les indications du médecin.

☛ En cas d'oubli d'un comprimé :
- retard de moins de 12 heures : prendre le comprimé oublié et continuer à l'heure habituelle ;
- retard de plus de 12 heures : prendre le comprimé oublié et continuer à l'heure habituelle, mais la sécurité contraceptive n'est plus assurée et une méthode complémentaire doit être employée pour le cycle en cours (spermicide, préservatif, diaphragme).

En cas de vomissement ou de diarrhée survenant juste après la prise du comprimé (sans rapport avec la prise du *contraceptif*), prendre un comprimé identique sur une autre plaquette. Si ces troubles durent plus de 12 heures, la sécurité contraceptive n'est plus assurée et une méthode complémentaire doit être employée pour le cycle en cours.

EFFETS INDÉSIRABLES POSSIBLES

Peu graves et n'empêchant pas la poursuite du traitement : nausées, maux de tête banals, prise de poids, tension modérée des seins, taches sombres sur le visage, jambes lourdes, irritation oculaire par les lentilles de contact, saignement entre les règles, diminution ou disparition des règles, *candidose* vaginale, irritabilité et tendance à la *dépression*.

Rares mais devant faire interrompre la prise de ce *contraceptif* : *hypertension artérielle*, accident cardiaque ou *vasculaire*, jaunisse, augmentation importante des lipides dans le sang, *diabète*, *nodule* ou douleur importante des seins, *migraine*, *vertiges*, troubles de la vision, aggravation d'une *épilepsie*, écoulement de lait.

Exceptionnellement, certaines pilules peuvent être responsables de calculs de la vésicule biliaire, de *tumeur* bénigne du foie ou de *mastopathie*.

TRIMOVAX

vaccins associés

PRÉSENTATION

TRIMOVAX PASTEUR : préparation injectable ; flacon-dose de *lyophilisat* et seringue de solvant 0,5 ml - Remb. 65 %

Laboratoires Pasteur Vaccins

COMPOSITION

Virus vivants atténués de la rougeole (souche Schwarz) ; Virus vivants atténués des oreillons (souche Urabe AM9) ; Virus vivants atténués de la rubéole (souche Wistar RA 27/3M).

INDICATIONS

C'est une association de *vaccins* composés de *virus* atténués : ceux-ci sont vivants, mais affaiblis, et ne peuvent pas provoquer de maladies.

Elle est utilisée dans la prévention de la rougeole, des oreillons et de la rubéole.

L'immunité apparaît 15 jours après la vaccination.

CONTRE-INDICATIONS

Ce *vaccin* ne doit pas être utilisé dans les cas suivants :
- *déficit immunitaire*,
- *allergie* aux protéines de l'œuf ou à la néomycine,
- injection récente d'*immunoglobulines*,
- grossesse.

ATTENTION

Il est préférable de respecter un délai minimal de 2 mois entre cette vaccination et une grossesse ultérieure.

INTERACTIONS MÉDICAMENTEUSES

L'injection d'*immunoglobulines* peut inactiver les *virus* contenus dans le *vaccin*.

Les tests à la tuberculine (timbre NÉOTEST, MONOTEST...) peuvent être rendus transitoirement négatifs dans les suites de cette vaccination.

GROSSESSE, ALLAITEMENT ET NOUVEAU-NÉ

Ce vaccin est contre-indiqué pendant la grossesse. D'autre part, une contraception est nécessaire chez la femme pendant les 2 mois qui suivent la vaccination.

MODE D'EMPLOI ET POSOLOGIE

L'injection est réalisée par *voie* sous-cutanée ou intramusculaire.

Posologie usuelle :

Une seule injection vers l'âge de 1 an est nécessaire. Une seconde injection peut toutefois être pratiquée chez les enfants vaccinés avant cet âge.

Chez l'adulte, d'autres présentations de vaccins sont préférables : demandez conseil à votre médecin.

☛ Pour des raisons de confort, la vaccination doit être différée en cas de fièvre élevée.

Les réactions fébriles dues aux *vaccins* peuvent être combattues en prenant de l'aspirine ou du paracétamol.

Pour garder son efficacité, ce vaccin doit être conservé entre + 2 et + 8 °C (compartiment à beurre du réfrigérateur) et à l'abri de la lumière, mais quelques jours à une température ne dépassant pas 25 °C ne prêtent pas à conséquence. Il ne doit pas être congelé.

EFFETS INDÉSIRABLES POSSIBLES

Ils surviennent généralement à partir du 5e jour suivant la vaccination : fièvre, associée ou non à une *rhino-pharyngite* ou à une bronchite modérée et transitoire.

Dans de très rares cas peuvent apparaître des complications plus sérieuses : *convulsions*, surdité d'une oreille, *méningite* (habituellement sans séquelles). Ces complications surviennent dans des proportions très inférieures à celles observées lors de l'infection naturelle par la rougeole ou les oreillons.

TRIMYSTEN

clotrimazole

PRÉSENTATION

TRIMYSTEN : crème ; tube 30 g - Remb. 65 %

Laboratoires Bellon

COMPOSITION

	p. 100 g
Clotrimazole	1 g

INDICATIONS

Ce médicament d'action locale contient un *antifongique* de la famille des *imidazolés*.

Il est utilisé dans le traitement de certaines maladies de la peau et des *muqueuses*, dues à des champignons microscopiques : *candidose*, *pityriasis versicolor*, *dermatophyties*...

CONTRE-INDICATIONS

Ce médicament ne doit pas être utilisé en cas d'*allergie* aux *antifongiques* de la famille des *imidazolés*.

ATTENTION

Évitez d'utiliser ce médicament, notamment chez l'enfant, de manière prolongée et sur des surfaces étendues ou profondément lésées, sans l'avis de votre pharmacien ou de votre médecin.

Rincez abondamment en cas de contact accidentel avec les yeux.

GROSSESSE, ALLAITEMENT ET NOUVEAU-NÉ

L'effet de ce médicament pendant la grossesse ou l'allaitement est mal connu. L'évaluation du risque éventuel lié à son utilisation est individuelle : demandez conseil à votre pharmacien ou à votre médecin.

MODE D'EMPLOI ET POSOLOGIE

Après lavage et séchage soigneux de la zone à traiter, appliquer directement la crème sur les lésions et masser pour faire pénétrer. Dans les plis de la peau, elle doit être appliquée en petite quantité pour limiter le risque de macération.

Posologie usuelle :

1 application, matin et soir.

La durée du traitement varie selon les cas.

En cas de *candidose*, évitez d'utiliser des savons acides : ils favorisent la multiplication des champignons.

En cas de lésion importante des ongles des orteils, un meulage préalable par un pédicure facilite l'action du médicament.

Les lésions dues à des champignons sont facilitées par une transpiration excessive. Le port de chaussettes en fibre naturelle (coton, laine) est recommandé. La même paire de chaussures ne doit pas être portée deux jours de suite.

EFFETS INDÉSIRABLES POSSIBLES

Irritation cutanée.

TRINITRINE CAFÉINÉE DUBOIS

trinitrine, caféine

PRÉSENTATION

TRINITRINE CAFÉINÉE DUBOIS : pilule (blanc) ; boîte de 60 - Remb. 65 % - Liste II

Laboratoires Laleuf

COMPOSITION

	p. pil.
Trinitrine (solution à 4 %)	0,30 mg
Caféine monohydratée	20 mg
Saccharose	268 mg

INDICATIONS

Ce médicament *vasodilatateur* appartient à la famille des dérivés de la trinitrine. Il possède de nombreuses propriétés qui facilitent le travail du cœur : dilatation des veines, dilatation des artères à forte dose, prévention des spasmes des *artères coronaires*.

Il est utilisé dans :

- le *traitement préventif* ou le *traitement curatif* des crises d'*angine de poitrine*,
- le *traitement d'appoint* de l'*insuffisance cardiaque*.

ATTENTION

Une crise d'*angine de poitrine* qui dure plus d'un quart d'heure malgré la prise de trinitrine peut être un *infarctus du myocarde* débutant qui requiert un traitement urgent. Consultez un service médical d'urgence ou appelez le 15.

Ce médicament contient une quantité notable de caféine : 5 pilules sont équivalentes à une tasse de café.

INTERACTIONS MÉDICAMENTEUSES

Ce médicament peut interagir avec d'autres médicaments. Signalez tout autre traitement en cours à votre médecin ou à votre pharmacien.

GROSSESSE, ALLAITEMENT ET NOUVEAU-NÉ

L'effet de ce médicament pendant la grossesse ou l'allaitement est mal connu : seul votre médecin peut évaluer le risque éventuel de son utilisation dans votre cas.

MODE D'EMPLOI ET POSOLOGIE

Les pilules doivent être croquées lentement et gardées dans la bouche au moins une minute avant d'être avalées.

Posologie usuelle :

- 1 à 3 pilules à quelques minutes d'intervalle en cas de crise d'*angine de poitrine* ou de circonstances susceptibles de déclencher une crise.
- 3 pilules en une fois en attendant le médecin en cas d'*insuffisance cardiaque* aiguë.

Dans tous les cas, ne pas dépasser 10 pilules par jour.

EFFETS INDÉSIRABLES POSSIBLES

Maux de tête passagers, bouffées de chaleur.

Baisse de la tension artérielle pouvant se traduire par des malaises, surtout chez la personne âgée.

Pour vous soigner, préférez les conseils de votre médecin ou de votre pharmacien

TRINITRINE SIMPLE LALEUF

trinitrine

PRÉSENTATION

TRINITRINE SIMPLE LALEUF 0,15 mg : pilule (blanc) ; boîte de 60 - Remb. 65 % - Liste II

Laboratoires Laleuf

COMPOSITION

	p. pil.
Trinitrine	0,15 mg

INDICATIONS

Ce médicament *vasodilatateur* appartient à la famille des dérivés de la trinitrine. Il possède de nombreuses propriétés qui facilitent le travail du cœur : dilatation des veines, dilatation des artères à forte dose, prévention des spasmes des *artères coronaires*.

Il est utilisé dans :

- le *traitement préventif* et le *traitement curatif* des crises d'*angine de poitrine*,
- le *traitement d'appoint* de l'*insuffisance cardiaque*.

ATTENTION

Une crise d'*angine de poitrine* qui dure plus d'un quart d'heure malgré la prise de trinitrine peut être un *infarctus du myocarde* débutant qui requiert un traitement urgent. Consultez un service médical d'urgence ou appelez le 15.

INTERACTIONS MÉDICAMENTEUSES

Ce médicament peut interagir avec d'autres médicaments. Signalez tout autre traitement en cours à votre médecin ou à votre pharmacien.

GROSSESSE, ALLAITEMENT ET NOUVEAU-NÉ

L'effet de ce médicament pendant la grossesse ou l'allaitement est mal connu : seul votre médecin peut évaluer le risque éventuel de son utilisation dans votre cas.

MODE D'EMPLOI ET POSOLOGIE

Les pilules doivent être croquées lentement et gardées dans la bouche au moins une minute avant d'être avalées.

Posologie usuelle :

- 1 à 3 pilules à quelques minutes d'intervalle en cas de crise d'*angine de poitrine* ou de circonstances susceptibles de déclencher une crise.
- 5 pilules en une fois en attendant le médecin en cas d'*insuffisance cardiaque* aiguë.

Dans tous les cas, ne pas dépasser 20 pilules par jour.

EFFETS INDÉSIRABLES POSSIBLES

Maux de tête passagers, bouffées de chaleur.

Baisse de la tension artérielle pouvant se traduire par des malaises, surtout chez la personne âgée.

TRINORDIOL

éthinylestradiol, lévonorgestrel

PRÉSENTATION

TRINORDIOL : comprimé (brique : 6, blanc : 5 et jaune : 10) ; boîte de 1 plaquette de 21 - Remb. 65 % - Liste I

TRINORDIOL : comprimé (brique : 6, blanc : 5 et jaune : 10) ; boîte de 3 plaquettes de 21 - Remb. 65 % - Liste I

Laboratoires Wyeth France

COMPOSITION

	p. comp. brique	p. comp. blanc	p. comp. jaune
Éthinylestradiol microfin .	0,03 mg	0,04 mg	0,03 mg
Lévonorgestrel microfin . .	0,05 mg	0,075 mg	0,125 mg

INDICATIONS

C'est un *contraceptif* oral (pilule) qui contient un *estrogène* et un *progestatif*. Il est minidosé (moins de 0,04 mg d'estrogène) et triphasique (tous les comprimés ne contiennent pas la même quantité d'*hormones* et sont de trois couleurs différentes).

CONTRE-INDICATIONS

Ce médicament ne doit pas être utilisé dans les cas suivants :
- certaines maladies cardiaques ou *vasculaires*, notamment l'*hypertension artérielle* et les *antécédents* de *phlébite* ;
- certaines causes de saignement entre les règles ;
- *diabète*, excès de *cholestérol* ou de *triglycérides* ;
- maladie du foie grave ou récente, jaunisse chronique ou survenue lors d'une grossesse ;
- cancer du sein ou de l'utérus ainsi que certains autres cancers ;
- *tumeur de l'hypophyse*, excès de *prolactine* ;
- certaines maladies rares (*connectivite*, *porphyries*, *otosclérose*, *otospongiose*) ;
- *insuffisance rénale* ;
- **grossesse ;**
- **allaitement.**

Dans tous les autres cas, le médecin est seul juge pour prescrire ce médicament, notamment en cas d'obésité, de *tumeur* bénigne du sein ou de l'utérus.

ATTENTION

Chez la femme de plus de 35 ans ou chez la femme qui fume, le risque de complications cardio-vasculaires liées aux *estrogènes* augmente nettement.

Tout *symptôme* pouvant faire craindre une complication impose l'arrêt du traitement : maux de tête importants et inhabituels, troubles de la vision, élévation franche de la tension artérielle.

La survenue d'un léger saignement entre les règles (spotting) est fréquente chez les femmes prenant la pilule. Vous devez néanmoins en informer votre médecin.

Une surveillance médicale et des analyses sont nécessaires avant et pendant la contraception orale. Cette surveillance sera renforcée chez la femme souffrant d'*épilepsie*, de *migraine*, d'*asthme*, de *dépression*, ou ayant des *antécédents* familiaux de maladie *vasculaire*.

En cas d'opération ou d'immobilisation pour une période prolongée, un autre mode de contraception est préférable.

INTERACTIONS MÉDICAMENTEUSES

L'efficacité contraceptive de la pilule peut être diminuée par la prise de certains médicaments : les *barbituriques*, certains antiépileptiques (TÉGRÉTOL, DI-HYDAN...), les médicaments contenant de la rifampicine (RIMACTAN, RIFADINE...) ou de la griséofulvine (FULCINE, GRISÉFULINE...).

GROSSESSE, ALLAITEMENT ET NOUVEAU-NÉ

Ce médicament est contre-indiqué pendant la grossesse et l'allaitement.

MODE D'EMPLOI ET POSOLOGIE

Prendre régulièrement, et sans oubli, 1 comprimé par jour à la même heure pendant 21 jours consécutifs, avec un arrêt de 7 jours entre chaque plaquette de 21 comprimés.

En cas de première contraception orale ou de reprise d'une contraception interrompue temporairement, prendre le premier comprimé le premier jour des règles.

En cas de changement de *contraceptif*, prendre le premier comprimé :
- après un arrêt de 7 jours, si le précédent contraceptif comportait 21 comprimés par plaquette ;
- après un arrêt de 6 jours, si le précédent contraceptif comportait 22 comprimés par plaquette ;
- sans interruption, si le précédent contraceptif comportait 28 comprimés par plaquette.

En cas de suite d'accouchement ou d'interruption de grossesse : suivre les indications du médecin.

En cas d'oubli d'un comprimé :
- retard de moins de 12 heures : prendre le comprimé oublié et continuer à l'heure habituelle ;
- retard de plus de 12 heures : prendre le comprimé oublié et continuer à l'heure habituelle, mais la sécurité contraceptive n'est plus assurée et une méthode complémentaire doit être employée pour le cycle en cours (spermicide, préservatif, diaphragme).

En cas de vomissement ou de diarrhée survenant juste après la prise du comprimé (sans rapport avec la prise du *contraceptif*), prendre un comprimé identique sur une autre plaquette. Si ces troubles durent plus de 12 heures, la sécurité contraceptive n'est plus assurée et une méthode complémentaire doit être employée pour le cycle en cours.

EFFETS INDÉSIRABLES POSSIBLES

Peu graves et n'empêchant pas la poursuite du traitement : nausées, maux de tête banals, prise de poids, tension modérée des seins, taches sombres sur le visage, jambes lourdes, irritation oculaire par les lentilles de contact, saignement entre les règles, diminution ou disparition des règles, *candidose* vaginale, irritabilité et tendance à la *dépression*.

Rares mais devant faire interrompre la prise de ce *contraceptif* : *hypertension artérielle*, accident cardiaque ou *vasculaire*, jaunisse, augmentation importante des lipides dans le sang, *diabète*, *nodule* ou douleur importante des seins, *migraine*, *vertiges*, troubles de la vision, aggravation d'une *épilepsie*, écoulement de lait.

Exceptionnellement, certaines pilules peuvent être responsables de calculs de la vésicule biliaire, de *tumeur* bénigne du foie ou de *mastopathie*.

TRIOGÈNE

PRÉSENTATION

TRIOGÈNE : granulé (pourpre) ; boîte de 100 g - Non remb.

Laboratoires Médecine Végétale

COMPOSITION

	p. 100 g
Kola, extrait sec	1,5 g
Gentiane, extrait sec	0,250 g
Magnésium chlorure	1 g
Gluconate ferreux	2,4 g
Soit fer	0,3 g
Saccharose (4,8 g par c. à c.)	+

INDICATIONS

C'est un *antiasthénique* qui contient des extraits de plantes et des *sels* minéraux (magnésium, fer).

Il est utilisé dans le *traitement symptomatique* de la fatigue.

ATTENTION

Ce médicament contient de la caféine, présente dans l'extrait de kola.

Ce médicament contient du *sucre* (saccharose) en quantité notable.

GROSSESSE, ALLAITEMENT ET NOUVEAU-NÉ

Ce médicament ne contient que des substances présumées sans danger pendant la grossesse ou l'allaitement. Néanmoins, ne l'utilisez pas de façon prolongée sans l'avis de votre pharmacien ou de votre médecin.

MODE D'EMPLOI ET POSOLOGIE

Les prises de ce médicament doivent être évitées le soir.

Posologie usuelle :

1 cuillère à café, 3 fois par jour.

Une fatigue persistante ne doit pas vous conduire à augmenter les prises de ce médicament : consultez votre médecin.

TRIPÉRIDOL

triflupéridol

PRÉSENTATION

TRIPÉRIDOL : solution buvable 1 mg/ml ; flacon 15 ml (1 ml = 20 gouttes) - Remb. 65 % - Liste I

Laboratoires Janssen

COMPOSITION

	p. 20 gtes
Triflupéridol chlorhydrate	1 mg

INDICATIONS

C'est un *neuroleptique* qui appartient à la famille chimique des butyrophénones.

Il est utilisé pour traiter certains troubles nerveux accompagnés de troubles de l'*humeur*.

CONTRE-INDICATIONS

Ce médicament ne doit pas être utilisé dans les cas suivants :
- en association avec la lévodopa,
- grossesse,
- allaitement.

ATTENTION

En cas de survenue d'une fièvre inexpliquée, alertez immédiatement votre médecin.

Des précautions sont nécessaires chez la personne âgée et en cas d'*épilepsie* ou d'*insuffisance rénale*, d'*insuffisance hépatique*, ou de maladies cardiaques graves.

Évitez les boissons alcoolisées : augmentation du risque de somnolence.

Ce médicament est responsable d'une baisse de la vigilance : la conduite, les activités professionnelles ou de loisirs exposant à un danger sont formellement déconseillées.

INTERACTIONS MÉDICAMENTEUSES

Ce médicament ne doit pas être associé à la lévodopa (LARODOPA, MODOPAR, SINEMET...) : risque d'annulation de leurs effets.

Ce médicament peut interagir avec d'autres médicaments, notamment les *antihypertenseurs*, et les *sédatifs*. Signalez tout autre traitement en cours à votre médecin ou à votre pharmacien.

GROSSESSE, ALLAITEMENT ET NOUVEAU-NÉ

Grossesse :

L'effet de ce médicament sur l'enfant à naître est mal connu : par mesure de prudence, son usage est contre-indiqué pendant la grossesse.

Allaitement :

Les données disponibles ne permettent pas de savoir si ce médicament passe dans le lait maternel : l'allaitement est contre-indiqué.

MODE D'EMPLOI ET POSOLOGIE

La *posologie* est strictement individuelle.

EFFETS INDÉSIRABLES POSSIBLES

Somnolence.

Tremblements, raideur anormale, grimaces involontaires.

Arrêt des règles, augmentation du volume des seins, écoulement de lait par le mamelon.

Prise de poids.

Certains signes doivent faire penser à un surdosage : état amorphe, hébété, rigidité musculaire extrême.

TRIPHOSMAG

PRÉSENTATION

TRIPHOSMAG : solution buvable ; boîte de 20 ampoules 10 ml - Non remb.

Laboratoires Boehringer Ingelheim France

COMPOSITION

	p. amp.
Triphosadénine (ou ATP)	10 mg
Acide phosphorique officinal	60,3 mg
Phosphate disodique	44,1 mg
Magnésium chlorure	73,5 mg
Magnésium glycérophosphate	24,5 mg

INDICATIONS

Ce médicament *antiasthénique* contient une association de substances, notamment du phosphore et du magnésium.

Il est utilisé dans le *traitement symptomatique* de la fatigue.

CONTRE-INDICATIONS

Ce médicament ne doit pas être utilisé en cas d'*insuffisance rénale*.

GROSSESSE, ALLAITEMENT ET NOUVEAU-NÉ

Avant d'utiliser ce médicament pendant la grossesse ou l'allaitement, demandez conseil à votre médecin ou à votre pharmacien.

MODE D'EMPLOI ET POSOLOGIE

Le contenu des ampoules doit être dilué dans un verre d'eau, et avalé au cours des repas.

Posologie usuelle :
- Adulte : 1 ampoule, 3 fois par jour.
- Enfant : 1 ampoule, 2 fois par jour.

Une fatigue persistante ne doit pas vous conduire à augmenter les prises de ce médicament : demandez conseil à votre médecin ou à votre pharmacien.

EFFETS INDÉSIRABLES POSSIBLES

Maux de tête, bouffées de chaleur.

TRISEQUENS

estradiol, noréthistérone

PRÉSENTATION

TRISEQUENS : comprimé (bleu : 12, blanc : 10 et rouge : 6) ; boîte de 28 - Non remb. - Liste I

Laboratoires Novo Nordisk

COMPOSITION

	p. comp. bleu	p. comp. blanc	p. comp. rouge
Estradiol 17 bêta	2 mg	2 mg	1 mg
Noréthistérone acétate		1 mg	

INDICATIONS

Ce médicament contient de l'estradiol, destiné à corriger une *carence* en *estrogènes*, et de la noréthistérone, *progestatif* qui a un effet protecteur sur l'utérus et les glandes mammaires.

Il est utilisé pour traiter certains *symptômes* de la *ménopause* (bouffées de chaleur, sécheresse vaginale...) et pour prévenir l'*ostéoporose* et ses complications.

CONTRE-INDICATIONS

Ce médicament ne doit pas être utilisé dans les cas suivants :
- certaines maladies cardiaques ou *vasculaires*, notamment l'*hypertension artérielle* et les *antécédents* de *phlébite* ;
- maladie du foie grave ou récente ;
- cancers du sein ou de l'utérus ;
- *tumeur de l'hypophyse* ;
- certaines causes de saignement entre les règles ;
- certaines maladies rares (*connectivite*, *porphyries*, *otospongiose*).

Dans tous les autres cas, le médecin est seul juge pour prescrire ce médicament, notamment en cas de *diabète*, d'obésité, d'excès de *cholestérol* ou de *triglycérides*, de *tumeurs* bénignes du sein et de l'utérus, *d'hypertension artérielle*, *d'insuffisance rénale* ou d'écoulement de lait.

ATTENTION

Ce médicament n'est pas un *contraceptif*.

Tout *symptôme* pouvant faire craindre une complication impose l'arrêt du traitement : maux de tête importants et inhabituels, troubles de la vision, élévation franche de la tension artérielle.

L'apparition d'un saignement génital ou d'un écoulement de lait impose une consultation médicale.

Des précautions sont nécessaires en cas d'*épilepsie*, de *migraine*, d'*asthme*, de *dépression*, d'*antécédents* familiaux d'*accident thrombo-embolique*.

INTERACTIONS MÉDICAMENTEUSES

L'efficacité du traitement peut être diminuée par la prise de certains médicaments : les *barbituriques*, certains antiépileptiques (TÉGRÉTOL, DI-HYDAN...), les médicaments contenant de la rifampicine (RIMACTAN, RIFADINE...) ou de la griséofulvine (FULCINE, GRISÉFULINE...).

GROSSESSE, ALLAITEMENT ET NOUVEAU-NÉ

Compte tenu de ses indications, ce médicament n'est pas utilisé chez la femme enceinte ou qui allaite.

MODE D'EMPLOI ET POSOLOGIE

Prendre par jour et dans l'ordre suivant : 1 comprimé bleu pendant 12 jours, 1 comprimé blanc pendant 10 jours, 1 comprimé rouge pendant 6 jours, sans interruption entre 2 plaquettes.

Ce médicament peut faire réapparaître des saignements (règles).

EFFETS INDÉSIRABLES POSSIBLES

Peu graves et n'empêchant pas la poursuite du traitement : nausées, maux de tête banals, prise de poids, tension modérée des seins, taches sombres sur le visage, jambes lourdes, irritation oculaire par les lentilles de contact, *candidose* vaginale, irritabilité et tendance à la *dépression*.

Rares mais devant faire interrompre la prise de ce médicament : *hypertension artérielle*, accident cardiaque ou *vasculaire*, jaunisse, augmentation importante des lipides dans le sang, *diabète*, *nodule* ou douleur importante des seins, *migraine*, *vertiges*, troubles de la vision, aggravation d'une *épilepsie*, écoulement de lait.

Exceptionnellement : calculs de la vésicule biliaire, *tumeur* bénigne du foie, *mastopathie*.

TRISOLVIT

PRÉSENTATION

TRISOLVIT : solution buvable ; boîte de 10 ampoules 5 ml - Non remb.

Laboratoires Chauvin

COMPOSITION

	p. amp.
Tocofersolan	120 mg
Acide ascorbique sel de sodium (vitamine C)	300 mg
Éthoxazorutoside	30 mg

INDICATIONS

Ce médicament associe plusieurs substances protectrices pour les vaisseaux sanguins, notamment ceux de l'œil.

Il est utilisé dans le traitement de l'insuffisance d'irrigation de la *rétine*.

GROSSESSE, ALLAITEMENT ET NOUVEAU-NÉ

L'effet de ce médicament pendant la grossesse ou l'allaitement est mal connu. L'évaluation du risque éventuel lié à son utilisation est individuelle : demandez conseil à votre pharmacien ou à votre médecin.

MODE D'EMPLOI ET POSOLOGIE

Les ampoules doivent être diluées dans un peu d'eau et prises en début de repas.

Posologie usuelle :

2 ampoules par jour, 20 jours par mois.

TRIVASTAL comprimé

piribédil

PRÉSENTATION

TRIVASTAL 20 mg : comprimé (bleu) ; boîte de 30 - Remb. 65 % - Liste II

TRIVASTAL 50 mg LP : comprimé à *libération prolongée* (rouge) ; boîte de 30 - Remb. 65 % - Liste II

Laboratoires Euthérapie

COMPOSITION

	p. comp.	p. comp. L.P.
Piribédil	20 mg	50 mg

INDICATIONS

C'est un médicament qui appartient à la famille des dopaminergiques. Il possède de nombreuses propriétés. Il est destiné à améliorer le fonctionnement du cerveau et à augmenter le débit du sang dans les artères.

Il est utilisé dans le traitement :
- des troubles de l'attention et de la mémoire liés au vieillissement, des étourdissements de la personne âgée ;
- des accidents vasculaires de la *rétine* ;
- des manifestations douloureuses de l'*artérite* ;
- de certaines formes de la maladie de *Parkinson*.

CONTRE-INDICATIONS

Ce médicament ne doit pas être utilisé en cas de malaise cardiaque grave.

INTERACTIONS MÉDICAMENTEUSES

Ce médicament peut interagir avec d'autres médicaments. Signalez tout autre traitement en cours à votre médecin ou à votre pharmacien.

GROSSESSE, ALLAITEMENT ET NOUVEAU-NÉ

Grossesse :

L'effet de ce médicament sur l'enfant à naître est mal connu. Seul votre médecin peut apprécier la nécessité du traitement et son risque pendant la grossesse.

Allaitement :

Les données actuellement disponibles ne permettent pas de savoir si ce médicament passe dans le lait maternel.

MODE D'EMPLOI ET POSOLOGIE

Ce médicament doit être pris avec un peu d'eau à la fin du repas.

Posologie usuelle :

Elle varie en fonction des indications.

> Ce médicament n'est actif que sur les *symptômes* de l'*artérite*. Seule la pratique régulière de la marche peut retarder l'évolution de la maladie. Si vous êtes fumeur, la poursuite du tabagisme nuit à l'efficacité du traitement.

EFFETS INDÉSIRABLES POSSIBLES

Troubles digestifs.

Hypotension orthostatique, somnolence.

TRIVASTAL injectable

piribédil

PRÉSENTATION

TRIVASTAL INJECTABLE 3 mg : solution injectable ; boîte de 12 ampoules 1 ml - Remb. 65 % - Liste II

Laboratoires Euthérapie

COMPOSITION

	p. amp.
Piribédil mésilate	3 mg

INDICATIONS

Ce médicament aux nombreuses propriétés est destiné à améliorer le fonctionnement du cerveau et à augmenter le débit du sang dans les artères.

Il est utilisé dans le traitement :
- des manifestations douloureuses de l'*artérite* lors des poussées ou dans l'attente d'une intervention chirurgicale ;
- des accidents vasculaires de la *rétine*.

CONTRE-INDICATIONS

Ce médicament ne doit pas être utilisé dans les cas suivants :
- malaise cardiaque grave,
- *œdème* du poumon.

INTERACTIONS MÉDICAMENTEUSES

Ce médicament peut interagir avec d'autres médicaments. Signalez tout autre traitement en cours à votre médecin ou à votre pharmacien.

GROSSESSE, ALLAITEMENT ET NOUVEAU-NÉ

Grossesse :

L'effet de ce médicament sur l'enfant à naître est mal connu. Seul votre médecin peut apprécier la nécessité du traitement et son risque pendant la grossesse.

Allaitement :

Les données actuellement disponibles ne permettent pas de savoir si ce médicament passe dans le lait maternel.

MODE D'EMPLOI ET POSOLOGIE

La solution injectable peut être administrée par *voie* intramusculaire ou par voie intraveineuse lente.

Posologie usuelle :

1 ampoule par jour, les 2 premiers jours, puis 1 ampoule, matin et soir.

> Ce médicament n'est actif que sur les *symptômes* de l'*artérite*. Seule la pratique régulière de la marche peut retarder l'évolution de la maladie. Si vous êtes fumeur, la poursuite du tabagisme nuit à l'efficacité du traitement.
>
> Ce médicament doit être conservé à l'abri de la lumière.

EFFETS INDÉSIRABLES POSSIBLES

Troubles digestifs.

Hypotension orthostatique, somnolence.

TROBICINE

spectinomycine

PRÉSENTATION

TROBICINE 2 g : préparation injectable *I.M.* ; boîte de 1 flacon poudre et 1 ampoule solvant 3,2 ml - Remb. 65 % - Liste I

Laboratoires Upjohn

COMPOSITION

	p. fl.
Spectinomycine	2 g
Alcool benzylique	28,8 mg

INDICATIONS

C'est un *antibiotique* proche de la famille des *aminosides*.

Il est utilisé dans le traitement des infections génitales à *gonocoques*.

CONTRE-INDICATIONS

Ce médicament ne doit pas être utilisé dans les cas suivants :
- enfant de moins de 15 ans,
- grossesse.

ATTENTION
Cet *antibiotique* n'est pas efficace sur toutes les infections génitales : il est inactif sur la syphilis notamment. Un examen de laboratoire préalable à l'injection permet habituellement de vérifier qu'il s'agit bien d'une infection à *gonocoques*.

GROSSESSE, ALLAITEMENT ET NOUVEAU-NÉ

L'absence d'effets nocifs de ce médicament pour l'enfant à naître n'a pas été établie : son usage est contre-indiqué pendant la grossesse.

Allaitement :
Les données actuellement disponibles ne permettent pas de savoir si ce médicament passe dans le lait maternel : l'allaitement est déconseillé.

MODE D'EMPLOI ET POSOLOGIE

La solution reconstituée doit être injectée exclusivement par *voie* intramusculaire profonde avec une aiguille de fort diamètre.

Posologie usuelle :
Traitement minute : 1 ou 2 ampoules. Ne pas injecter 2 ampoules dans la même fesse.

N'oubliez pas de prévenir vos partenaires sexuels. Ils doivent consulter rapidement un médecin.

EFFETS INDÉSIRABLES POSSIBLES

Vive douleur au point d'injection.
Vertiges, nausées, maux de tête, frissons.
Rares réactions allergiques.

TROFOSEPTINE
néomycine, clostébol

PRÉSENTATION

TROFOSEPTINE : crème ; tube 15 g - Non remb.

Laboratoires Boehringer Ingelheim France

COMPOSITION

	p. 100 g
Néomycine	350 mg
Clostébol	500 mg

INDICATIONS

Cette crème contient un *antibiotique* de la famille des *aminosides* et un dérivé de la testostérone (*hormone* masculine).
Elle est utilisée pour accélérer la cicatrisation de certaines plaies.

CONTRE-INDICATIONS

Ce médicament ne doit pas être utilisé dans les cas suivants :
- *allergie* aux *antibiotiques* de la famille des *aminosides* ou aux dérivés de la testostérone ;
- infection du mamelon au cours de l'allaitement.

ATTENTION
Évitez d'utiliser cette crème, notamment chez l'enfant, de manière prolongée et sur des surfaces étendues ou profondément lésées sans l'avis de votre médecin.

GROSSESSE, ALLAITEMENT ET NOUVEAU-NÉ

L'effet de ce médicament utilisé sous forme de crème pendant la grossesse ou l'allaitement est mal connu : seul votre médecin peut évaluer le risque éventuel de son utilisation dans votre cas.

Allaitement :
En raison du risque d'ingestion par le *nouveau-né*, ce médicament ne doit pas être appliqué sur le mamelon de la femme qui allaite.

MODE D'EMPLOI ET POSOLOGIE

Avant l'application, nettoyer la lésion à traiter.

Posologie usuelle :
1 ou 2 applications par jour.
La durée du traitement ne dépasse habituellement pas 1 semaine.

L'application d'une quantité excessive de crème n'accélère pas la cicatrisation.

EFFETS INDÉSIRABLES POSSIBLES

Douleur éventuelle due à la reprise de la cicatrisation.
Réaction allergique.

TROLOVOL
D-pénicillamine

PRÉSENTATION

TROLOVOL : comprimé sécable (blanc) ; boîte de 30 - Remb. 65 % - Liste I

TROLOVOL : comprimé sécable (blanc) ; boîte de 100 - Remb. 65 % - Liste I

Laboratoires Bayer Pharma

COMPOSITION

	p. comp.
Pénicillamine	300 mg

INDICATIONS

Ce médicament est un antirhumatismal d'action lente.
Il est utilisé dans le *traitement de fond* de la *polyarthrite rhumatoïde*.

CONTRE-INDICATIONS

Ce médicament ne doit pas être utilisé dans les cas suivants :
- certaines maladies du rein,
- certaines maladies du sang,
- *lupus érythémateux*,
- *myasthénie*,
- *allergie* aux *antibiotiques* de la famille des *pénicillines* et *céphalosporines*,
- *antécédent* d'accidents graves avec la tiopronine (ACADIONE...) ou le pyritinol (ENCÉPHABOL...),
- grossesse,
- allaitement.

ATTENTION
En cas d'*intolérance* aux sels d'or, prévenez votre médecin.
Au cours du traitement, une surveillance médicale et des analyses de sang régulières sont nécessaires.
L'effet de ce médicament est lent à apparaître : un délai d'action de 2 à 3 mois est nécessaire avant de pouvoir juger de l'efficacité du traitement. Dans l'intervalle, l'usage des traitements *antalgiques* habituels reste possible.
Ce médicament est destiné au traitement d'un *rhumatisme inflammatoire* : il ne convient pas en cas d'*arthrose* ou de rhumatisme banal.

INTERACTIONS MÉDICAMENTEUSES

Ce médicament peut interagir avec d'autres médicaments, notamment ceux contenant de la phénylbutazone : augmentation des effets indésirables.
Si vous prenez des *pansements digestifs*, respectez un intervalle de 2 heures entre les prises de médicaments.

GROSSESSE, ALLAITEMENT ET NOUVEAU-NÉ

Grossesse :
Ce médicament est contre-indiqué chez la femme enceinte ou susceptible de l'être. Une contraception efficace est recommandée.

Allaitement :
Les données actuellement disponibles ne permettent pas de savoir si ce médicament passe dans le lait maternel : l'allaitement est contre-indiqué.

MODE D'EMPLOI ET POSOLOGIE

Les comprimés doivent être pris une demi-heure avant le repas ou 2 heures après.

Posologie usuelle :
Elle est strictement individuelle et adaptée progressivement par le médecin, qui recherche la posologie efficace la plus faible.

EFFETS INDÉSIRABLES POSSIBLES

Perte du goût, *troubles digestifs* (nausées, vomissements, diarrhée) : ces anomalies peuvent survenir même lorsque l'effet du traitement est favorable.
Si surviennent des démangeaisons, des éruptions, des *aphtes* ou de la fièvre, prévenez immédiatement votre médecin.

TRONOTHANE
pramocaïne

PRÉSENTATION

TRONOTHANE : gel hydrosoluble pour application locale ; tube 30 g - Non remb.

Laboratoires Abbott-France

COMPOSITION

	p. 100 g
Pramocaïne chlorhydrate	1 g

INDICATIONS

Ce gel contient un *anesthésique* local.

Il est utilisé dans le *traitement symptomatique* des démangeaisons et des douleurs superficielles de la peau ou des *muqueuses*, ou pour rendre moins douloureux certains examens du tube digestif.

CONTRE-INDICATIONS

Ce médicament ne doit pas être utilisé dans les cas suivants :
- *allergie* aux *anesthésiques* locaux,
- au contact du nez ou des yeux.

ATTENTION
Si les démangeaisons persistent ou s'aggravent, elles peuvent être dues à une *allergie* aux *anesthésiques* locaux : demandez conseil à votre pharmacien ou à votre médecin.

GROSSESSE, ALLAITEMENT ET NOUVEAU-NÉ

L'effet de ce médicament pendant la grossesse ou l'allaitement est mal connu. L'évaluation du risque éventuel lié à son utilisation est individuelle : demandez conseil à votre pharmacien ou à votre médecin.

MODE D'EMPLOI ET POSOLOGIE

Le gel est appliqué directement ou à l'aide d'une compresse.

Posologie usuelle :

1 ou plusieurs applications par jour (l'effet *anesthésique* ne dure que 3 à 4 heures).

EFFETS INDÉSIRABLES POSSIBLES

Irritation locale.

TROPHICRÈME
estriol

PRÉSENTATION

TROPHICRÈME : crème vaginale ; tube 30 g et applicateur doseur - Remb. 65 % - Liste II

Laboratoires Sanofi Winthrop

COMPOSITION

	p. 100 g
Estriol	100 mg

INDICATIONS

Ce médicament permet l'apport local d'une *hormone* de la famille des *estrogènes*.

Il est utilisé pour corriger les *symptômes* vaginaux dus à une *carence* hormonale (*atrophie* vaginale). Il est également utilisé en chirurgie gynécologique.

CONTRE-INDICATIONS

Ce médicament ne doit pas être utilisé dans les cas suivants :
- *antécédents* de certains cancers gynécologiques ;
- certaines maladies des veines ;
- certaines causes de saignement entre les règles ;
- **grossesse** ;
- allaitement.

GROSSESSE, ALLAITEMENT ET NOUVEAU-NÉ

L'effet du traitement local par les *estrogènes* pendant la grossesse et l'allaitement est mal connu. Par mesure de prudence, son usage est contre-indiqué.

MODE D'EMPLOI ET POSOLOGIE

La crème doit être introduite profondément dans le vagin grâce à l'applicateur.

Posologie usuelle :

1 application par jour, pendant 1 semaine, puis 1 application tous les 2 jours jusqu'à la disparition des *symptômes*. Ce traitement peut être renouvelé.

EFFETS INDÉSIRABLES POSSIBLES

En début de traitement : irritation, démangeaisons locales, douleur dans les seins.

TROPHIDERM
alginate de calcium

PRÉSENTATION

TROPHIDERM : poudre pour application locale ; flacon 4 g - Remb. 35 %

Laboratoires Brothier

COMPOSITION

	p. fl.
Alginate de calcium, poudre	4 g

INDICATIONS

Cette poudre est protectrice et cicatrisante.

Elle est utilisée pour traiter les plaies suintantes, les *ulcères* variqueux et certaines irritations de la peau.

ATTENTION
L'utilisation de cette poudre ne dispense pas d'un lavage et d'une désinfection de la zone à traiter.

GROSSESSE, ALLAITEMENT ET NOUVEAU-NÉ

Ce médicament ne contient que des substances présumées sans danger pendant la grossesse ou l'allaitement. Néanmoins, ne l'utilisez pas de façon prolongée sans l'avis de votre pharmacien ou de votre médecin.

MODE D'EMPLOI ET POSOLOGIE

Nettoyer la région à traiter avant de saupoudrer sur les lésions.

Posologie usuelle :

1 application à chaque renouvellement de pansement, 1 fois par jour.

Les boissons alcoolisées augmentent parfois les effets indésirables

TROPHIGIL
bacille de Döderlein, estriol, progestérone

PRÉSENTATION

TROPHIGIL : gélule gynécologique (blanc) ; boîte de 14 - Remb. 65 %

Laboratoires Sanofi Winthrop

COMPOSITION

	p. gél. gyn.
Lactobacillus acidophilus Döderlein (germes vivants lyophilisés)	2 x 10^9 à 10^8
Estriol	0,2 mg
Progestérone	2 mg

INDICATIONS

Ce médicament permet un apport d'*hormones* (*estrogène* et *progestérone*). La présence de bacilles de Döderlein est destinée à restaurer la *flore vaginale* qui protège le vagin des infections.

Il est utilisé pour corriger les *symptômes* vaginaux dus à une *carence* hormonale (*atrophie* vaginale). Il est également utilisé en chirurgie gynécologique.

CONTRE-INDICATIONS

Ce médicament ne doit pas être utilisé chez les personnes ayant des *antécédents* de certains cancers gynécologiques.

GROSSESSE, ALLAITEMENT ET NOUVEAU-NÉ

L'effet du traitement local par les *estrogènes* pendant la grossesse et l'allaitement est mal connu. Seul votre médecin peut apprécier le risque éventuel de son utilisation dans votre cas.

MODE D'EMPLOI ET POSOLOGIE

Humecter la gélule avec un peu d'eau, puis l'introduire profondément dans le vagin.

Posologie usuelle :

1 gélule, matin et soir, pendant 2 ou 3 semaines.

TROPHIRÈS sirop
pholcodine, acide ténoïque, eucalyptus

PRÉSENTATION

TROPHIRÈS ADULTE : sirop arôme caramel ; flacon 125 ml - Remb. 35 %

TROPHIRÈS ADULTE : sirop ; flacon 300 ml - Non remb.

TROPHIRÈS ENFANT : sirop arôme caramel ; flacon 125 ml - Remb. 35 %

Laboratoires Millot-Solac

COMPOSITION

	Sirop Ad. p. c. à s.	Sirop Enf. p. c. à c.
Pholcodine	19,8 mg	3 mg
Acide ténoïque sel de sodium	150 mg	50 mg
Solution d'essence d'eucalyptus à 12 % dans l'alcool à 96°	37,5 mg	12,5 mg
Saccharose	11,25 g	3,75 g

INDICATIONS

Ce sirop *antitussif* contient de la pholcodine, associée notamment à un *expecto-*

rant (acide ténoïque). La pholcodine a une action sédative sur le *système nerveux central* et notamment sur les centres de la toux.

Ce sirop est utilisé dans le *traitement symptomatique* des toux sèches et des affections des *voies* respiratoires.

CONTRE-INDICATIONS

Ce médicament ne doit pas être utilisé dans les cas suivants :
- *asthme*,
- *insuffisance respiratoire*,
- enfant de moins de 15 ans (sirop Adulte),
- enfant de moins de 30 mois (sirop Enfant).

ATTENTION

La toux est un *symptôme* qui peut révéler de nombreuses maladies : consultez votre médecin si elle persiste plus de quelques jours.

Ce médicament contient du *sucre* (saccharose) en quantité notable.

Évitez les boissons alcoolisées : augmentation du risque de somnolence.

Conducteur : ce médicament peut être responsable d'une somnolence ou d'une baisse de la vigilance.

INTERACTIONS MÉDICAMENTEUSES

Ce médicament peut interagir avec d'autres médicaments. Signalez tout autre traitement en cours à votre médecin ou à votre pharmacien.

GROSSESSE, ALLAITEMENT ET NOUVEAU-NÉ

Grossesse :
Compte tenu de la présence de pholcodine, n'utilisez pas ce médicament pendant la grossesse sans prendre l'avis de votre pharmacien ou de votre médecin.

Allaitement :
Les données actuellement disponibles ne permettent pas de savoir si ce médicament passe dans le lait maternel : il est déconseillé pendant l'allaitement.

MODE D'EMPLOI ET POSOLOGIE

Les prises de ce médicament doivent être réparties au cours de la journée.

Posologie usuelle :
- Adulte : 1 cuillère à soupe de sirop Adulte, 3 fois par jour.
- Enfant de plus de 30 mois : 1/2 cuillère à café de sirop Enfant, par année d'âge et par jour. Soit, pour un enfant de 6 ans : 1 cuillère à café, 3 fois par jour.

Une toux nocturne aggravée par ce médicament peut être une toux allergique : demandez conseil à votre médecin.

Fumer, ou être exposé à la fumée des autres, nuit à l'efficacité du traitement.

Des mesures simples permettent de calmer les toux sèches : boissons chaudes et humidification de l'air ambiant.

EFFETS INDÉSIRABLES POSSIBLES

Constipation et plus rarement : somnolence, nausées, vomissements, *bronchospasme*, sensation de vertige, *allergie* cutanée, ralentissement de la respiration.

TROPHIRÈS suppositoires

PRÉSENTATION

TROPHIRÈS ADULTE : suppositoire ; boîte de 8 - Remb. 35 %

TROPHIRÈS ENFANT : suppositoire ; boîte de 8 - Remb. 35 %

TROPHIRÈS NOURRISSON : suppositoire ; boîte de 8 - Remb. 35 %

Laboratoires Millot-Solac

COMPOSITION

	p. suppos. Ad.	p. suppos. Enf.	p. suppos. Nour.
Acide ténoïque sel de sodium	285 mg	190 mg	95 mg
Myrte, essence	50 mg	35 mg	20 mg
Eucalyptus, essence	60 mg	40 mg	24 mg
Camphre	100 mg	50 mg	

INDICATIONS

Ce médicament contient des essences de plantes *antiseptiques*, un *expectorant* (acide ténoïque) et du camphre.

Il est utilisé dans le *traitement symptomatique* des affections respiratoires : *rhinite*, laryngite, bronchite...

ATTENTION

Si les troubles persistent plus de quelques jours ou si une fièvre apparaît, consultez votre médecin.

Les suppositoires Enfant ne doivent pas être donnés à un *nourrisson*.

GROSSESSE, ALLAITEMENT ET NOUVEAU-NÉ

L'effet de ce médicament pendant la grossesse ou l'allaitement est mal connu. L'évaluation du risque éventuel lié à son utilisation est individuelle : demandez conseil à votre pharmacien ou à votre médecin.

MODE D'EMPLOI ET POSOLOGIE

1 suppositoire matin et soir, en utilisant le suppositoire adapté à l'âge.

Les suppositoires doivent être conservés au frais.

TROPHIRÈS COMPOSÉ Adulte Enfant

PRÉSENTATION

TROPHIRÈS COMPOSÉ ADULTE : suppositoire ; boîte de 8 - Remb. 35 %

TROPHIRÈS COMPOSÉ ENFANT : suppositoire ; boîte de 8 - Remb. 35 %

Laboratoires Millot-Solac

COMPOSITION

	p. suppos. Ad.	p. suppos. Enf.
Pholcodine	20 mg	4 mg
Paracétamol	450 mg	300 mg
Acide ténoïque sel de sodium	200 mg	130 mg
Camphre	100 mg	50 mg
Myrte, essence	50 mg	35 mg
Eucalyptus, essence	60 mg	40 mg

INDICATIONS

Ce médicament contient un *antitussif*, la pholcodine, un *antiseptique* des *voies* respiratoires et un *antipyrétique*, le paracétamol.

Il est utilisé dans le traitement des affections respiratoires accompagnées de fièvre et de toux.

CONTRE-INDICATIONS

Ce médicament ne doit pas être utilisé dans les cas suivants :
- maladies graves du foie,
- *asthme*,
- *insuffisance respiratoire*,
- enfant de moins de 30 mois.

ATTENTION

De nombreux médicaments contiennent du paracétamol : tenez-en compte en cas de prise conjointe, car le surdosage en paracétamol peut être toxique pour le foie.

La toux est un *symptôme* qui peut révéler de nombreuses maladies : consultez votre médecin si elle persiste plus de quelques jours.

Évitez les boissons alcoolisées : augmentation du risque de somnolence.

Conducteur : ce médicament peut être responsable d'une somnolence ou d'une baisse de la vigilance.

INTERACTIONS MÉDICAMENTEUSES

Ce médicament peut interagir avec d'autres médicaments. Signalez tout autre traitement en cours à votre médecin ou à votre pharmacien.

GROSSESSE, ALLAITEMENT ET NOUVEAU-NÉ

Grossesse :
Compte tenu de la présence de pholcodine, n'utilisez pas ce médicament pendant la grossesse sans prendre l'avis de votre pharmacien ou de votre médecin.

Allaitement :
Les données actuellement disponibles ne permettent pas de savoir si ce médicament passe dans le lait maternel : il est déconseillé pendant l'allaitement.

MODE D'EMPLOI ET POSOLOGIE

Posologie usuelle :
- Adulte : 1 suppositoire Adulte, 2 ou 3 fois par jour.
- Enfant de 4 à 15 ans : 1 suppositoire Enfant, 2 ou 3 fois par jour.
- Enfant de 30 mois à 4 ans : 1 suppositoire Enfant, 1 ou 2 fois par jour.

Fumer, ou être exposé à la fumée des autres, nuit à l'efficacité du traitement.

Des mesures simples permettent de calmer les toux sèches : boissons chaudes et humidification de l'air ambiant.

Les suppositoires doivent être conservés à l'abri de la chaleur.

EFFETS INDÉSIRABLES POSSIBLES

Constipation et plus rarement : somnolence, nausées, vomissements, sensation de vertige, *bronchospasme*, *allergie* cutanée, ralentissement de la respiration.

TROPHIRÈS COMPOSÉ Nourrisson

PRÉSENTATION

TROPHIRÈS COMPOSÉ NOURRISSON : suppositoire ; boîte de 8 - Remb. 35 %

Laboratoires Millot-Solac

COMPOSITION

	p. suppos.
Paracétamol	150 mg
Acide ténoïque sel de sodium	65 mg
Myrte, essence	20 mg
Eucalyptus, essence	24 mg

INDICATIONS

Ce médicament contient des essences de plantes *antiseptiques*, un *expectorant* (acide ténoïque) et un *antipyrétique* (paracétamol).

Il est utilisé dans le *traitement symptomatique* des affections respiratoires accompagnées de fièvre.

CONTRE-INDICATIONS

Ce médicament ne doit pas être utilisé en cas de maladies graves du foie.

ATTENTION

De nombreux médicaments contiennent du paracétamol : en tenir compte en cas de prise conjointe avec ce médicament.

MODE D'EMPLOI ET POSOLOGIE

Posologie usuelle :

- Nourrisson de 2 à 30 mois : 1 suppositoire, 1 à 3 fois par jour.

Si la fièvre persiste plus de quelques jours, consultez votre médecin.

Les suppositoires doivent être conservés au frais et éventuellement passés sous l'eau froide avant utilisation.

TROPHOBOLÈNE

estrapronicate, nandrolone, hydroxyprogestérone

PRÉSENTATION

TROPHOBOLÈNE : solution injectable huileuse *I.M.* ; boîte de 1 ampoule 1 ml - Non remb. - Liste II

Laboratoires Théramex

COMPOSITION

	p. amp.
Estrapronicate	1,3 mg
Nandrolone	50 mg
Hydroxyprogestérone	80 mg

INDICATIONS

Ce médicament *anabolisant* contient des *hormones*.

Il est utilisé dans le traitement des états de dénutrition de la personne âgée, dans les suites d'interventions chirurgicales majeures, dans le traitement de brûlures étendues ou d'*escarres* importantes.

CONTRE-INDICATIONS

Ce médicament ne doit pas être utilisé dans les cas suivants :

- femme en âge d'avoir des enfants ;
- enfant et adolescent ;
- *adénome de la prostate*, cancer du sein, de l'utérus ou de la prostate ;
- *hépatite* récente, *insuffisance hépatique* ;
- *accident thrombo-embolique* ;
- grossesse ;
- allaitement.

ATTENTION

Ce médicament ne doit jamais être utilisé ou réutilisé en dehors d'une prescription médicale.

GROSSESSE, ALLAITEMENT ET NOUVEAU-NÉ

Grossesse :

Ce médicament est contre-indiqué pendant la grossesse : risques de *virilisation* chez l'enfant à naître (anomalies des organes sexuels).

Allaitement :

Ce médicament est contre-indiqué pendant l'allaitement.

MODE D'EMPLOI ET POSOLOGIE

Cette solution huileuse doit être injectée par *voie* intramusculaire profonde et, de préférence, à l'aide d'une seringue en verre.

Posologie usuelle :

- Adulte : 1 ampoule, 1 ou 2 fois par mois.

EFFETS INDÉSIRABLES POSSIBLES

Acné, *séborrhée*.

Spécifiquement chez la femme :

- irrégularité ou arrêt des règles, troubles de l'ovulation ;
- virilisation : développement anormal des poils, modification de la voix, chute des cheveux. Ces effets peuvent persister à l'arrêt du traitement.

Augmentation du volume des seins chez l'homme.

TROPHYSAN GLUCIDIQUE

PRÉSENTATION

TROPHYSAN GLUCIDIQUE : solution buvable ; boîte de 18 ampoules 10 ml - Non remb.

Laboratoires Clintec Nutrition Clinique

COMPOSITION

	p. amp.
L-Thréonine	27 mg
L-Valine	37 mg
M-Isoleucine	27 mg
L-Phénylalanine	37 mg
L-Leucine	43 mg
L-Méthionine	44 mg
L-Lysine monochlorhydrate	66,8 mg
Glycine	500 mg
Inositol	20 mg
Sorbitol	0,98 mg
Pyridoxine chlorhydrate (vitamine B6)	0,3 mg
Nicotinamide (vitamine PP)	1 mg
Chlorure de cobalt	0,04 mg
Chlorure de manganèse	0,04 mg
Bicarbonate de sodium	12 mg
Chlorure de sodium	2 mg
Sulfites	+

INDICATIONS

Ce médicament contient des *acides aminés*, des éléments minéraux, des *vitamines* et du sorbitol.

Il est utilisé dans le *traitement symptomatique* de certaines fatigues (*asthénies fonctionnelles*).

INTERACTIONS MÉDICAMENTEUSES

Ce médicament ne doit pas être associé aux médicaments contenant de la lévodopa seule (LARODOPA) : risque d'annulation des effets de la lévodopa par la *vitamine* B6.

GROSSESSE, ALLAITEMENT ET NOUVEAU-NÉ

Ce médicament ne contient que des substances présumées sans danger pendant la grossesse ou l'allaitement. Néanmoins, ne l'utilisez pas de façon prolongée sans l'avis de votre pharmacien ou de votre médecin.

MODE D'EMPLOI ET POSOLOGIE

Le contenu des ampoules doit être dilué dans un peu d'eau, et pris au début des repas.

Posologie usuelle :

- Adulte : 1 ampoule, 2 à 4 fois par jour.
- Enfant : 1 ou 2 ampoules par jour.

Une fatigue persistante ne doit pas vous conduire à augmenter les prises de ce médicament : consultez votre médecin.

EFFETS INDÉSIRABLES POSSIBLES

Diarrhée, douleur abdominale chez les personnes prédisposées.

TROSYD

tioconazole

PRÉSENTATION

TROSYD : crème ; tube 30 g - Remb. 65 % - Liste I

Laboratoires Pfizer

COMPOSITION

	p. 100 g
Tioconazole	1 g

INDICATIONS

Ce médicament d'action locale contient un *antifongique* de la famille des *imidazolés*.

Il est utilisé dans le traitement de certaines maladies de la peau dues à des champignons microscopiques : *candidose*, *pityriasis versicolor*, *dermatophyties*...

CONTRE-INDICATIONS

Ce médicament ne doit pas être utilisé en cas d'*allergie* aux *antifongiques* de la famille des *imidazolés*.

> **ATTENTION**
> Évitez d'utiliser ce médicament, notamment chez l'enfant, de manière prolongée et sur des surfaces étendues ou profondément lésées, sans l'avis de votre pharmacien ou de votre médecin.
> Rincez abondamment en cas de contact accidentel avec les yeux.

GROSSESSE, ALLAITEMENT ET NOUVEAU-NÉ

L'effet de ce médicament pendant la grossesse ou l'allaitement est mal connu : seul votre médecin peut évaluer le risque éventuel de son utilisation dans votre cas.

MODE D'EMPLOI ET POSOLOGIE

Après lavage et séchage soigneux de la zone à traiter, appliquer directement la crème sur les lésions et masser pour faire pénétrer. Dans les plis de la peau, elle doit être appliquée en petite quantité pour limiter le risque de macération.

Posologie usuelle :

1 application, matin et soir.

La durée du traitement varie selon les cas.

> En cas de *candidose*, évitez d'utiliser des savons acides : ils favorisent la multiplication des champignons.

EFFETS INDÉSIRABLES POSSIBLES

Irritation cutanée.

T.T.D.-B3-B4

disulfirame, nicotinamide, adénine

PRÉSENTATION

T.T.D.-B3-B4 : comprimé sécable (blanc) ; boîte de 30 - Remb. 65 % - Liste I

Laboratoires AJC Pharma

COMPOSITION

	p. comp.
Disulfirame	500 mg
Nicotinamide	0,3 mg
Adénine	0,5 mg

INDICATIONS

Ce médicament est destiné à diminuer la *dépendance* alcoolique. Il provoque des troubles pénibles lors de la prise d'alcool (bouffées de chaleur, nausées, vomissements, accélération du rythme cardiaque, sensation de malaise).

Il est utilisé dans l'aide à la désintoxication alcoolique : la relation entre la prise d'alcool et des troubles pénibles entraîne un dégoût de l'alcool chez le buveur excessif, qui est ainsi amené à modifier son comportement.

CONTRE-INDICATIONS

Ce médicament ne doit pas être utilisé dans les cas suivants :
- *insuffisance hépatique* ;
- *diabète* ;
- *épilepsie*, troubles nerveux ;
- *insuffisance coronarienne* ;
- prise de boissons alcoolisées depuis moins de 24 heures ;
- grossesse.

> **ATTENTION**
> Tout produit contenant de l'*alcool* (médicament, aliment ou parfum) doit être évité pendant le traitement : risque de déclenchement intempestif de troubles pénibles (*effet antabuse*).

INTERACTIONS MÉDICAMENTEUSES

Ce médicament peut interagir avec d'autres médicaments, notamment :
- l'isoniazide (RIMIFON, DEXAMBUTOL-INH,...) : risque de troubles du comportement et de la coordination ;
- la phénytoïne (DI-HYDAN...) : risque d'intoxication ;
- les *imidazolés* (FLAGYL, RODOGYL,...) : risque de confusion des idées ;
- les *anticoagulants* oraux : risque d'*hémorragie*.

Signalez tout autre traitement en cours à votre médecin ou à votre pharmacien.

GROSSESSE, ALLAITEMENT ET NOUVEAU-NÉ

Grossesse :

Ce médicament est contre-indiqué chez la femme enceinte ou susceptible de l'être.

MODE D'EMPLOI ET POSOLOGIE

Les comprimés doivent être avalés avec un peu d'eau.

Posologie usuelle :

En début de traitement : 1 ou 2 comprimés par jour, ensuite 1/2 ou 1 comprimé par jour.

> Ce médicament n'est qu'un élément de l'aide que peut recevoir le buveur excessif : le rôle du médecin ou des associations d'anciens buveurs est capital.

EFFETS INDÉSIRABLES POSSIBLES

Goût métallique de la bouche.

Rarement : *polynévrite* des membres inférieurs, atteinte de la vision, troubles du comportement et de la mémoire, maux de tête, *allergie* cutanée.

En cas d'association à l'alcool : *collapsus cardio-vasculaire*, *troubles du rythme cardiaque*, *angine de poitrine*, *infarctus du myocarde*.

TULLE GRAS LUMIÈRE

PRÉSENTATION

TULLE GRAS LUMIÈRE : compresse imprégnée (10 cm x 10 cm) ; boîte de 10 - Remb. 65 %

TULLE GRAS LUMIÈRE : compresse imprégnée (20 cm x 20 cm) ; boîte de 10 - Remb. 65 %

TULLE GRAS LUMIÈRE : bande médicamenteuse (60 cm x 20 cm) ; boîte de 10 - Remb. 65 %

Laboratoires LTM

COMPOSITION

Tissu imprégné (1,25 g/dm²) de baume du Pérou à 1 % dans la vaseline

INDICATIONS

Ce médicament est un pansement gras cicatrisant.

Il est utilisé dans le traitement des brûlures et des plaies.

> **ATTENTION**
> L'application de ce produit ne dispense en aucun cas du nettoyage et de la désinfection de la plaie.

GROSSESSE, ALLAITEMENT ET NOUVEAU-NÉ

Ce médicament ne contient que des substances présumées sans danger pendant la grossesse ou l'allaitement. Néanmoins, ne l'utilisez pas de façon prolongée sans l'avis de votre pharmacien ou de votre médecin.

MODE D'EMPLOI ET POSOLOGIE

Nettoyer et désinfecter la plaie avant d'appliquer les compresses imprégnées, les recouvrir de gaze ou de coton. Maintenir l'ensemble avec une bande.

Posologie usuelle :

Renouveler le pansement tous les 2 ou 3 jours.

EFFETS INDÉSIRABLES POSSIBLES

Eczéma dû au médicament (baume du Pérou).

TUSSIFED

dextrométhorphane, triprolidine, pseudoéphédrine

PRÉSENTATION

TUSSIFED : comprimé sécable (blanc) ; boîte de 20 - Non remb.

TUSSIFED : solution buvable ; flacon 120 ml (gobelet doseur 5 ml) - Non remb.

Laboratoires Warner Wellcome

COMPOSITION

	p. comp.	p. 5 ml
Dextrométhorphane	14,60 mg	7,30 mg
Triprolidine chlorhydrate	2,50 mg	1,25 mg
Pseudoéphédrine chlorhydrate	50 mg	25 mg
Alcool à 95°		+

INDICATIONS

Ce médicament est une association de substances antitussive (dextrométhorphane), *antihistaminique* antiallergique (triprolidine), décongestionnante (pseudoéphédrine).

Il est utilisé dans le *traitement symptomatique* des toux sèches irritatives et allergiques et dans les cas d'obstruction des *voies* respiratoires.

CONTRE-INDICATIONS

Ce médicament ne doit pas être utilisé dans les cas suivants :
- *insuffisance respiratoire* grave,
- *asthme*,
- *glaucome* à angle fermé,
- risque de rétention des urines (*adénome de la prostate*...),
- troubles cardiaques graves non équilibrés,
- en association avec les *antidépresseurs* de type *IMAO*, non sélectifs,
- enfant de moins de 30 mois.

ATTENTION

Ce médicament n'est pas adapté au traitement de la toux grasse, qui est un mécanisme de défense normale de l'organisme, permettant l'évacuation des mucosités présentes dans les bronches.

La toux est un *symptôme* qui peut révéler de nombreuses maladies : consultez votre médecin si elle persiste plus de quelques jours.

Des précautions sont nécessaires en cas d'*insuffisance hépatique*, d'*insuffisance rénale*, d'*angine de poitrine*, d'*hyperthyroïdie*, de *diabète*, de troubles nerveux.

Évitez les boissons alcoolisées : augmentation du risque de somnolence.

Conducteur : ce médicament peut être responsable d'une somnolence ou d'une baisse de la vigilance.

INTERACTIONS MÉDICAMENTEUSES

Ce médicament ne doit pas être associé aux *antidépresseurs* de type *IMAO* (MARSILID, NIAMIDE...) : risque d'élévation de la température, d'agitation, de chute brutale de la tension artérielle.

Il peut interagir avec d'autres médicaments. Signalez tout autre traitement en cours à votre médecin ou à votre pharmacien.

GROSSESSE, ALLAITEMENT ET NOUVEAU-NÉ

Grossesse :

N'utilisez pas ce médicament pendant la grossesse sans prendre l'avis de votre pharmacien ou de votre médecin.

Allaitement :

Les données actuellement disponibles ne permettent pas de savoir si ce médicament passe dans le lait maternel : par mesure de prudence, il est déconseillé pendant l'allaitement.

MODE D'EMPLOI ET POSOLOGIE

Ce médicament peut être pris indifféremment au cours ou en dehors des repas.

Posologie usuelle :

- Adulte et enfant de plus de 12 ans : 2 doses de 5 ml de solution ou 1 comprimé, 3 fois par jour.
- Enfant de 6 à 12 ans : 1 dose de 5 ml de solution ou 1/2 comprimé, 3 fois par jour.
- Enfant de 30 mois à 6 ans : 1 dose de 2,5 ml de solution, 3 fois par jour.

La poursuite du tabagisme nuit à l'efficacité du traitement.

Des mesures simples permettent de calmer les toux sèches : boissons chaudes et humidification de l'air ambiant.

EFFETS INDÉSIRABLES POSSIBLES

Constipation, somnolence, sensation de vertige, nausées, vomissements, *allergie* cutanée, spasme des bronches.

Effets *atropiniques*.

TUSSIPAX

PRÉSENTATION

TUSSIPAX : comprimé (rouge) ; boîte de 15 - Remb. 35 %

TUSSIPAX : sirop arôme abricot ; flacon 200 ml (40 cuillères-mesure 5 ml) - Remb. 35 %

Laboratoires Thérica

COMPOSITION

	p. comp.	p. c. mes.
Codéine	10 mg	3 mg
Codéthyline chlorhydrate	10 mg	3 mg
Baume de Tolu, sirop		240 mg
Concentré d'espèces pectorales		180 mg
Saccharose		2,5 g
Alcool		+

INDICATIONS

Ce médicament *antitussif* contient de la codéine et de la codéthyline, qui ont une action sédative sur le *système nerveux central* et notamment sur les centres de la toux.

Ce médicament est utilisé dans le *traitement symptomatique* des toux sèches.

CONTRE-INDICATIONS

Ce médicament ne doit pas être utilisé dans les cas suivants :
- *asthme*,
- *insuffisance respiratoire*,
- enfant de moins de 8 ans (sirop),
- enfant de moins de 15 ans (comprimé).

ATTENTION

Ce médicament n'est pas adapté au traitement de la toux grasse, qui est un mécanisme de défense normal de l'organisme permettant l'évacuation des mucosités présentes dans les bronches.

La toux est un *symptôme* qui peut révéler de nombreuses maladies : consultez votre médecin si elle persiste plus de quelques jours.

Évitez les boissons alcoolisées : augmentation du risque de somnolence.

Conducteur : ce médicament peut être responsable d'une somnolence ou d'une baisse de la vigilance.

INTERACTIONS MÉDICAMENTEUSES

Ce médicament peut interagir avec d'autres médicaments, notamment chez les personnes âgées. Signalez tout autre traitement en cours à votre médecin ou à votre pharmacien.

GROSSESSE, ALLAITEMENT ET NOUVEAU-NÉ

Grossesse :

Compte tenu de la présence de codéine, n'utilisez pas ce médicament pendant la grossesse sans prendre l'avis de votre pharmacien ou de votre médecin.

Allaitement :

Ce médicament passe dans le lait maternel : par mesure de prudence, il est déconseillé pendant l'allaitement.

MODE D'EMPLOI ET POSOLOGIE

Les prises de ce médicament doivent toujours être espacées (de 6 heures environ).

Posologie usuelle :

- Adulte : 1 comprimé, 2 ou 3 fois par jour, ou 3 cuillères-mesure de sirop, 3 ou 4 fois par jour.
- Enfant de 10 à 15 ans : 4 cuillères-mesure de sirop par jour.
- Enfant de 8 à 10 ans : 2 cuillères-mesure de sirop par jour.

De nombreux médicaments contiennent de la codéine, notamment certains *antitussifs* et *antalgiques*. Le surdosage expose à une augmentation des effets indésirables.

Une toux nocturne aggravée par ce médicament peut être une toux allergique : demandez conseil à votre médecin.

Fumer, ou être exposé à la fumée des autres, nuit à l'efficacité du traitement.

Des mesures simples permettent de calmer les toux sèches : boissons chaudes et humidification de l'air ambiant.

EFFETS INDÉSIRABLES POSSIBLES

Constipation et plus rarement : somnolence, nausées, vomissements, *bronchospasme*, sensation de *vertiges*, *allergies* cutanées, ralentissement de la respiration.

TUSSIPAX à l'euquinine

PRÉSENTATION

TUSSIPAX À L'EUQUININE ADULTE : suppositoire ; boîte de 8 - Remb. 35 %

TUSSIPAX À L'EUQUININE ENFANT : suppositoire ; boîte de 8 - Remb. 35 %

Laboratoires Thérica

COMPOSITION

	p. suppos. Ad.	p. suppos. Enf.
Codéine	10 mg	2 mg
Codéthyline chlorhydrate	10 mg	2 mg
Pin, essence	50 mg	20 mg
Eucalyptus, essence	100 mg	40 mg
Éthylcarbonate de quinine	100 mg	50 mg

INDICATIONS

Ce médicament *antitussif* contient de la codéine et de la codéthyline, des extraits de plantes (*antiseptiques* des *voies* respiratoires), et de la quinine (*antipyrétique*). La codéine et la codéthyline ont un effet *sédatif* sur le *système nerveux central*, et notamment sur les centres de la toux.

Il est utilisé dans le *traitement symptomatique* des toux sèches.

CONTRE-INDICATIONS

Ce médicament ne doit pas être utilisé dans les cas suivants :
- *asthme*,
- *insuffisance respiratoire*,
- enfant de moins de 30 mois (suppositoire Enfant),
- enfant de moins de 15 ans (suppositoire Adulte).

ATTENTION

Ce médicament n'est pas adapté au traitement de la toux grasse, qui est un mécanisme de défense normal de l'organisme permettant l'évacuation des mucosités présentes dans les bronches.

La toux est un *symptôme* qui peut révéler de nombreuses maladies : consultez votre médecin si elle persiste plus de quelques jours.

Évitez les boissons alcoolisées : augmentation du risque de somnolence.

Conducteur : ce médicament peut être responsable d'une somnolence ou d'une baisse de la vigilance.

INTERACTIONS MÉDICAMENTEUSES

Ce médicament peut interagir avec d'autres médicaments, notamment chez les personnes âgées. Signalez tout autre traitement en cours à votre médecin ou à votre pharmacien.

GROSSESSE, ALLAITEMENT ET NOUVEAU-NÉ

Grossesse :

Compte tenu de la présence de codéine et de codéthyline, n'utilisez pas ce médicament pendant la grossesse sans prendre l'avis de votre pharmacien ou de votre médecin.

Allaitement :

Ce médicament passe dans le lait maternel. Par mesure de prudence, il est déconseillé pendant l'allaitement.

MODE D'EMPLOI ET POSOLOGIE

Posologie usuelle :
- Adulte : 2 ou 3 suppositoires Adulte par jour.
- Enfant de 8 à 15 ans : 2 ou 3 suppositoires Enfant par jour.
- Enfant de 5 à 8 ans : 1 ou 2 suppositoires Enfant par jour.
- Enfant de 30 mois à 5 ans : 1 suppositoire Enfant par jour.

De nombreux médicaments contiennent de la codéine, notamment certains *antitussifs* et *antalgiques*. Le surdosage expose à une augmentation des effets indésirables, en cas de prise conjointe.

Une toux nocturne aggravée par ce médicament peut être une toux allergique : demandez conseil à votre médecin.

La poursuite du tabagisme nuit à l'efficacité du traitement.

Des mesures simples permettent de calmer les toux sèches : boissons chaudes et humidification de l'air ambiant.

EFFETS INDÉSIRABLES POSSIBLES

Constipation et plus rarement : somnolence, nausées, vomissements, *bronchospasme*, sensation vertigineuse, *allergies* cutanées, ralentissement de la respiration.

TUSSIPAX GOUTTES

codéine, codéthyline

PRÉSENTATION

TUSSIPAX GOUTTES : solution buvable ; flacon 24 ml (1 ml = 50 gouttes) - Remb. 35 % - Liste I

Laboratoires Thérica

COMPOSITION

	p. goutte
Codéine	0,1 mg
Codéthyline chlorhydrate	0,1 mg
Alcool	+

INDICATIONS

Ce médicament *antitussif* contient de la codéine et de la codéthyline, qui ont un effet *sédatif* sur le *système nerveux central* et notamment sur les centres de la toux.

Il est utilisé dans le *traitement symptomatique* des toux sèches.

CONTRE-INDICATIONS

Ce médicament ne doit pas être utilisé dans les cas suivants :
- *asthme*,
- *insuffisance respiratoire*,
- enfant de moins de 30 mois.

ATTENTION

Ce médicament n'est pas adapté au traitement de la toux grasse, qui est un mécanisme de défense normal de l'organisme permettant l'évacuation des mucosités présentes dans les bronches.

La toux est un *symptôme* qui peut révéler de nombreuses maladies : consultez votre médecin si elle persiste plus de quelques jours.

Évitez les boissons alcoolisées : augmentation du risque de somnolence.

Conducteur : ce médicament peut être responsable d'une somnolence ou d'une baisse de la vigilance.

INTERACTIONS MÉDICAMENTEUSES

Ce médicament peut interagir avec d'autres médicaments, notamment chez les personnes âgées. Signalez tout autre traitement en cours à votre médecin ou à votre pharmacien.

GROSSESSE, ALLAITEMENT ET NOUVEAU-NÉ

Grossesse :

Compte tenu de la présence de codéine et de codéthyline, n'utilisez pas ce médicament pendant la grossesse sans prendre l'avis de votre médecin ou de votre pharmacien.

Allaitement :

Ce médicament passe dans le lait maternel : par mesure de prudence, il est déconseillé pendant l'allaitement.

MODE D'EMPLOI ET POSOLOGIE

La solution buvable doit être diluée dans une tisane ou un peu de lait tiède sucré.

Posologie usuelle :
- Adulte : 100 gouttes de solution buvable, 5 fois par jour.
- Enfant de plus de 30 mois : 1 goutte de solution buvable par kg, 3 fois par jour.

De nombreux médicaments, notamment certains *antitussifs* ou *antalgiques*, contiennent de la codéthyline ou une substance voisine, la codéine : un surdosage expose à une augmentation des effets indésirables, en cas de prise conjointe.

Une toux nocturne aggravée par ce médicament peut être une toux allergique : demandez conseil à votre médecin.

La poursuite du tabagisme nuit à l'efficacité du traitement.

Des mesures simples permettent de calmer les toux sèches : boissons chaudes et humidification de l'air ambiant.

EFFETS INDÉSIRABLES POSSIBLES

Constipation et plus rarement : somnolence, nausées, vomissements, *bronchospasme*, sensation vertigineuse, *allergies* cutanées, ralentissement de la respiration.

TUSSISÉDAL

noscapine, prométhazine, tween 85

PRÉSENTATION

TUSSISÉDAL : sirop ; flacon 125 ml - Remb. 35 %

Laboratoires Élerté

COMPOSITION

	p. c. à c.
Noscapine	5 mg
Prométhazine	2,5 mg
Tween 85	1 mg
Saccharose	3,6 g

INDICATIONS

Ce sirop contient un *antihistaminique* antiallergique (prométhazine) et un *antitussif* (noscapine) qui a une action sédative sur le *système nerveux central* et notamment sur les centres de la toux.

Il est utilisé dans le *traitement symptomatique* des toux sèches, notamment allergiques et irritatives.

CONTRE-INDICATIONS

Ce médicament ne doit pas être utilisé dans les cas suivants :
- *asthme*,
- *insuffisance respiratoire*,

- *glaucome* à angle fermé,
- risque de rétention des urines (*adénome de la prostate*...),
- enfant de moins de 30 mois.

ATTENTION

Ce médicament n'est pas adapté au traitement de la toux grasse, qui est un mécanisme de défense normal de l'organisme permettant l'évacuation des mucosités présentes dans les bronches.

La toux est un *symptôme* qui peut révéler de nombreuses maladies : consultez votre médecin si elle persiste plus de quelques jours.

Ce médicament contient du *sucre* (saccharose) en quantité notable.

Évitez les boissons alcoolisées : augmentation du risque de somnolence.

Conducteur : ce médicament peut être responsable d'une somnolence ou d'une baisse de la vigilance.

INTERACTIONS MÉDICAMENTEUSES

Ce médicament peut interagir avec d'autres médicaments. Signalez tout autre traitement en cours à votre médecin ou à votre pharmacien.

GROSSESSE, ALLAITEMENT ET NOUVEAU-NÉ

Grossesse :
Compte tenu de la présence de noscapine, n'utilisez pas ce médicament pendant la grossesse sans prendre l'avis de votre pharmacien ou de votre médecin.

Allaitement :
Par mesure de prudence, ce médicament est déconseillé pendant l'allaitement.

MODE D'EMPLOI ET POSOLOGIE

Les prises de ce médicament doivent être réparties au cours de la journée.

Posologie usuelle :
- Adulte : 1 cuillère à soupe de sirop, 2 à 4 fois par jour. Chez la personne âgée, la *posologie* doit être diminuée de moitié.
- Enfant de 6 à 15 ans : 2 cuillères à café de sirop, 2 à 4 fois par jour.
- Enfant de 30 mois à 6 ans : 1 cuillère à café de sirop, 2 à 4 fois par jour.

Fumer, ou être exposé à la fumée des autres, nuit à l'efficacité du traitement.

Des mesures simples permettent de calmer les toux sèches : boissons chaudes et humidification de l'air ambiant.

EFFETS INDÉSIRABLES POSSIBLES

Constipation, somnolence, nausées, vomissements, *bronchospasme*, sensation vertigineuse, *allergie* cutanée.

Effets *atropiniques*, rares aux doses habituelles.

Placez les médicaments hors de portée des enfants

TUXIUM
dextrométhorphane

PRÉSENTATION

TUXIUM 30 : capsule (rouille) ; boîte de 12 - Remb. 35 %

Laboratoires Galephar

COMPOSITION

	p. caps.
Dextrométhorphane bromhydrate	30 mg

INDICATIONS

Ce médicament *antitussif* contient du dextrométhorphane, qui agit sur les centres de la toux.

Il est utilisé dans le *traitement symptomatique* des toux sèches.

CONTRE-INDICATIONS

Ce médicament ne doit pas être utilisé dans les cas suivants :
- *insuffisance respiratoire* grave, *asthme* ;
- en association avec un *antidépresseur* de type *IMAO* non sélectif ;
- enfant de moins de 15 ans.

ATTENTION

Ce médicament n'est pas adapté aux personnes âgées ou atteintes d'*insuffisance hépatique*.

Il n'est pas adapté au traitement de la toux grasse, qui est un mécanisme de défense normale de l'organisme, permettant l'évacuation des mucosités présentes dans les bronches.

La toux est un *symptôme* qui peut révéler de nombreuses maladies : consultez votre médecin si elle persiste plus de quelques jours.

Évitez les boissons alcoolisées : augmentation du risque de somnolence.

Conducteur : ce médicament peut être responsable d'une somnolence ou d'une baisse de la vigilance.

INTERACTIONS MÉDICAMENTEUSES

Ce médicament ne doit pas être associé aux *antidépresseurs* de type *IMAO* (MARSILID, NIAMIDE...) : risque d'élévation de la température, d'agitation, de chute brutale de la tension artérielle.

GROSSESSE, ALLAITEMENT ET NOUVEAU-NÉ

Grossesse :
Compte tenu de la présence de dextrométhorphane, n'utilisez pas ce médicament pendant la grossesse sans prendre l'avis de votre pharmacien ou de votre médecin.

Allaitement :
Les données actuellement disponibles ne permettent pas de savoir si ce médicament passe dans le lait maternel. Par mesure de prudence, il est déconseillé pendant l'allaitement.

MODE D'EMPLOI ET POSOLOGIE

Ce médicament peut être pris indifféremment au cours ou en dehors des repas. Les prises doivent être espacées d'au moins 4 heures.

Posologie usuelle :
- Adulte : 1 capsule, matin et soir ; jusqu'à 4 capsules par jour.

Ce médicament n'entraîne pas de risque de *dépendance* ni de *dépression respiratoire* aux doses usuelles.

Une toux nocturne aggravée par ce médicament peut être une toux allergique : demandez conseil à votre médecin.

La poursuite du tabagisme nuit à l'efficacité du traitement.

Des mesures simples permettent de calmer les toux sèches : boissons chaudes et humidification de l'air ambiant.

EFFETS INDÉSIRABLES POSSIBLES

Constipation, somnolence, sensation de vertige, nausées, vomissements, *allergie* cutanée, spasme des bronches.

TYPHIM Vi
vaccin contre la fièvre typhoïde

PRÉSENTATION

TYPHIM Vi : solution injectable ; seringue préremplie 0,5 ml - Non remb.

Laboratoires Pasteur Vaccins

COMPOSITION

	p. seringue
Polyoside capsulaire Vi purifié de Salmonella typhi	0,025 mg

INDICATIONS

C'est un *vaccin* composé de fragments de salmonelles typhoïdiques. Il ne contient aucun *germe* vivant.

Il est utilisé dans la prévention de la fièvre typhoïde.

L'immunité apparaît 15 jours à 3 semaines après l'injection et persiste au moins 3 ans.

ATTENTION

Ce vaccin n'est pas efficace chez le jeune enfant.

GROSSESSE, ALLAITEMENT ET NOUVEAU-NÉ

Grossesse :
L'effet de ce vaccin sur l'enfant à naître est mal connu : seul votre médecin peut évaluer le risque éventuel de son utilisation dans votre cas.

MODE D'EMPLOI ET POSOLOGIE

Bien agiter la seringue avant l'emploi, la réchauffer à température ambiante si nécessaire. L'injection doit être réalisée par *voie* sous-cutanée ou intramusculaire.

Posologie usuelle :
- Adulte et enfant de plus de 5 ans : 1 injection unique assure une protection d'au moins 3 ans.

Les réactions fébriles dues aux *vaccins* peuvent être combattues en prenant de l'aspirine ou du paracétamol.

Pour garder son efficacité, ce vaccin doit être conservé entre + 2 et + 8 °C (compartiment à beurre du réfrigérateur), mais quelques jours à une température ne dépassant pas 25 °C ne prêtent pas à conséquence. Il ne doit pas être congelé.

EFFETS INDÉSIRABLES POSSIBLES

Réactions douloureuses, *nodule* au point d'injection.

Fièvre pendant 1 ou 2 jours.

TYRCINE

tyrothricine, tétracaïne

PRÉSENTATION

TYRCINE : comprimé à sucer (blanc) arôme anis ; boîte de 48 - Non remb.

Laboratoires Oberlin

COMPOSITION

	p. comp.
Tyrothricine	1 mg
Tétracaïne chlorhydrate	0,1 mg
Saccharose	0,97 g

INDICATIONS

Ce médicament d'usage local contient un *antibiotique* et un *anesthésique*.

Il est utilisé comme *traitement d'appoint* en cas de mal de gorge sans fièvre ou d'affection de la bouche.

CONTRE-INDICATIONS

Ce médicament ne doit pas être utilisé dans les cas suivants :
- *allergie* aux *anesthésiques* locaux,
- enfant de moins de 6 ans.

ATTENTION

L'usage prolongé de ce médicament n'est pas souhaitable : il est susceptible de modifier l'équilibre microbien naturel de la gorge (apparition de *candidose*).

Une surconsommation pourrait provoquer des troubles nerveux et cardiaques ; respectez la *posologie*.

En cas d'apparition de fièvre, d'aggravation ou d'absence d'amélioration au bout de 5 jours, consultez votre médecin.

Ce médicament contient du *sucre* (saccharose) en quantité notable.

GROSSESSE, ALLAITEMENT ET NOUVEAU-NÉ

L'effet de ce médicament pendant la grossesse ou l'allaitement est mal connu. L'évaluation du risque éventuel lié à son utilisation est individuelle : demandez conseil à votre pharmacien ou à votre médecin.

MODE D'EMPLOI ET POSOLOGIE

Les comprimés doivent être sucés lentement sans être croqués, à distance des repas.

Posologie usuelle :
- Adulte : 8 à 12 comprimés par jour.
- Enfant de plus de 6 ans : 4 à 8 comprimés par jour, selon l'âge.

Chez l'enfant et les personnes âgées, évitez l'usage de ce médicament avant les repas : l'*anesthésique* local est susceptible de provoquer des troubles de la déglutition ; ceux-ci pourraient être à l'origine du passage d'aliments dans les *voies* respiratoires.

Certaines infections de la gorge nécessitent un traitement spécifique pour éviter des complications ultérieures, cardiaques ou rénales : si les troubles persistent, consultez votre médecin.

EFFETS INDÉSIRABLES POSSIBLES

Rare réaction allergique.

Engourdissement passager de la langue.

TYROTHRICINE LAFRAN

tyrothricine, butoforme

PRÉSENTATION

TYROTHRICINE LAFRAN : comprimé à sucer (rose) arôme menthe ; boîte de 24 - Non remb.

Laboratoires Lafran

COMPOSITION

	p. comp.
Tyrothricine	1 mg
Butoforme	5 mg
Saccharose	500 mg
Lactose	494 mg
Essence de menthe	+

INDICATIONS

Ce médicament d'usage local contient un *antibiotique* et un *anesthésique*.

Il est utilisé comme *traitement d'appoint* en cas de mal de gorge sans fièvre ou d'affection de la bouche (aphtes...).

CONTRE-INDICATIONS

Ce médicament ne doit pas être utilisé dans les cas suivants :
- *allergie* aux *anesthésiques* locaux,
- enfant de moins de 30 mois.

ATTENTION

Les médicaments contenant un *anesthésique* local ne doivent pas être utilisés sans avis médical chez l'enfant de moins de 6 ans.

L'usage prolongé de ce médicament n'est pas souhaitable : il est susceptible de modifier l'équilibre microbien naturel de la gorge (apparition de *candidose*).

Une surconsommation pourrait provoquer des troubles nerveux et cardiaques : respectez la *posologie*.

En cas d'apparition de fièvre, d'aggravation ou d'absence d'amélioration au bout de 5 jours, consultez votre médecin.

Ce médicament contient du *sucre* (saccharose) en quantité notable.

GROSSESSE, ALLAITEMENT ET NOUVEAU-NÉ

L'effet de ce médicament pendant la grossesse ou l'allaitement est mal connu. L'évaluation du risque éventuel lié à son utilisation est individuelle : demandez conseil à votre pharmacien ou à votre médecin.

MODE D'EMPLOI ET POSOLOGIE

Les comprimés doivent être sucés lentement sans être croqués.

Posologie usuelle :
- Adulte et enfant de plus de 30 mois : 4 à 10 comprimés par jour.

Chez l'enfant et les personnes âgées, évitez l'usage de ce médicament avant les repas : l'*anesthésique* local est susceptible de provoquer des troubles de la déglutition ; ceux-ci pourraient être à l'origine du passage d'aliments dans les *voies* respiratoires.

Certaines infections de la gorge nécessitent un traitement spécifique pour éviter des complications ultérieures, cardiaques ou rénales : si les troubles persistent, consultez votre médecin.

TYROTHRICINE TÉTRACAÏNE

tyrothricine, tétracaïne

PRÉSENTATION

TYROTHRICINE TÉTRACAÏNE LIPHA : tablette ; boîte de 48 - Non remb.

Laboratoires Lipha

COMPOSITION

	p. tabl.
Tyrothricine	1 mg
Tétracaïne chlorhydrate	0,2 mg
Saccharose	1,2 g
Menthe essence	+

INDICATIONS

Ce médicament d'usage local contient un *antibiotique* et un *anesthésique*.

Il est utilisé comme *traitement d'appoint* en cas de mal de gorge sans fièvre ou d'infection de la bouche.

CONTRE-INDICATIONS

Ce médicament ne doit pas être utilisé dans les cas suivants :
- *allergie* aux *anesthésiques* locaux,
- enfant de moins de 30 mois.

ATTENTION

Les médicaments contenant un *anesthésique* local ne doivent pas être utilisés sans avis médical chez l'enfant de moins de 6 ans.

L'usage prolongé de ce médicament n'est pas souhaitable : il est susceptible de modifier l'équilibre microbien naturel de la gorge (apparition d'une *candidose*).

Une surconsommation pourrait provoquer des troubles nerveux et cardiaques : respectez la *posologie*.

En cas d'apparition de fièvre, d'aggravation ou d'absence d'amélioration au bout de 5 jours, consultez votre médecin.

Ce médicament contient du *sucre* (saccharose) en quantité notable.

GROSSESSE, ALLAITEMENT ET NOUVEAU-NÉ

L'effet de ce médicament pendant la grossesse ou l'allaitement est mal connu. L'évaluation du risque éventuel lié à son utilisation est individuelle : demandez conseil à votre pharmacien ou à votre médecin.

MODE D'EMPLOI ET POSOLOGIE

Les tablettes doivent être sucées sans être croquées.

Posologie usuelle :

- Adulte et enfant de plus de 30 mois : 1 tablette, 6 à 8 fois par jour.

Chez l'enfant et la personne âgée, évitez l'usage de ce médicament avant les repas : l'*anesthésique* local est susceptible de provoquer des troubles de la déglutition ; ceux-ci pourraient être à l'origine du passage d'aliments dans les *voies* respiratoires.

Certaines infections de la gorge nécessitent un traitement spécifique pour éviter des complications ultérieures, cardiaques ou rénales : si les troubles persistent, consultez votre médecin.

EFFETS INDÉSIRABLES POSSIBLES

En cas de réaction allergique cutanée, arrêtez le traitement.

Engourdissement passager de la langue.

TYROTRICYL

tyrothricine, tétracaïne, borate de sodium

PRÉSENTATION

TYROTRICYL : comprimé à sucer (blanc) ; boîte de 36 - Non remb.

Laboratoires Lederle

COMPOSITION

	p. comp.
Tyrothricine	1 mg
Tétracaïne chlorhydrate	0,1 mg
Borate de sodium	40 mg
Saccharose	1,26 g
Menthol	+

INDICATIONS

Ce médicament d'usage local contient un *antibiotique* et un *anesthésique*.

Il est utilisé comme *traitement d'appoint* en cas de mal de gorge sans fièvre ou de petites plaies de la bouche.

CONTRE-INDICATIONS

Ce médicament ne doit pas être utilisé dans les cas suivants :
- enfant de moins de 15 ans,
- *allergie* aux *anesthésiques* locaux.

ATTENTION

L'usage prolongé de ce médicament n'est pas souhaitable : il est susceptible de modifier l'équilibre microbien naturel de la gorge (apparition de *candidose*).

Une surconsommation pourrait provoquer des troubles nerveux et cardiaques : respectez la *posologie*.

En cas d'apparition de fièvre, d'aggravation ou d'absence d'amélioration au bout de 5 jours, consultez votre médecin.

Ce médicament contient du *sucre* (saccharose) en quantité notable.

GROSSESSE, ALLAITEMENT ET NOUVEAU-NÉ

L'effet de ce médicament pendant la grossesse ou l'allaitement est mal connu. L'évaluation du risque éventuel lié à son utilisation est individuelle : demandez conseil à votre pharmacien ou à votre médecin.

MODE D'EMPLOI ET POSOLOGIE

Les comprimés doivent être sucés lentement sans être croqués.

Posologie usuelle :

- Adulte : 4 à 10 comprimés par jour.

Chez la personne âgée, évitez l'usage de ce médicament avant les repas : l'*anesthésique* local est susceptible de provoquer des troubles de la déglutition ; ceux-ci pourraient être à l'origine du passage d'aliments dans les *voies* respiratoires.

Certaines infections de la gorge nécessitent un traitement *antibiotique* pour éviter des complications ultérieures, cardiaques ou rénales : si les troubles persistent, consultez votre médecin.

EFFETS INDÉSIRABLES POSSIBLES

Allergie.

U

ULCAR
sucralfate

PRÉSENTATION

ULCAR : comprimé oblong (blanc) ; boîte de 30 - Remb. 65 %

ULCAR suspension : suspension buvable ; boîte de 30 sachets - Remb. 65 %

Laboratoires Houdé

COMPOSITION

	p. comp.	p. sachet
Sucralfate	1 g	1 g

INDICATIONS

C'est un médicament qui appartient à la famille des antiulcéreux. Il agit en se fixant sur l'*ulcère* et le protège en le couvrant d'un film l'isolant de l'acidité de l'estomac. Il stimule la sécrétion de substances qui tendent à lutter contre l'acidité de l'estomac.

Il est principalement utilisé pour le traitement des ulcères de l'estomac et du *duodénum*, et pour prévenir les rechutes de l'ulcère du duodénum.

ATTENTION

La disparition des douleurs ne signifie pas que l'*ulcère* est cicatrisé : la durée du traitement doit être respectée.

Si vous souffrez d'*insuffisance rénale*, prévenez votre médecin afin qu'il puisse adapter la *posologie*.

INTERACTIONS MÉDICAMENTEUSES

Ce médicament peut interagir avec d'autres, notamment les *anticoagulants*, certains *anticonvulsivants* (phénytoïne) et la digoxine : signalez tout autre traitement en cours à votre médecin ou à votre pharmacien.

Il est toujours souhaitable de respecter un délai de 2 heures entre la prise de sucralfate et la prise d'un autre médicament.

GROSSESSE, ALLAITEMENT ET NOUVEAU-NÉ

Grossesse :

L'effet de ce médicament sur l'enfant à naître est mal connu. Seul votre médecin peut apprécier la nécessité du traitement et son risque pendant la grossesse.

Allaitement :

Les données actuellement disponibles ne permettent pas de savoir si ce médicament passe dans le lait maternel.

MODE D'EMPLOI ET POSOLOGIE

Ce médicament sera pris de préférence une demi-heure à une heure avant les repas ou deux heures après le repas du soir.

Les comprimés doivent être avalés avec un peu d'eau. La suspension buvable peut être prise pure ou diluée dans un verre d'eau.

Posologie usuelle :

Elle varie en fonction des indications : 1 à 4 g par jour, habituellement en 1 à 4 prises.

Le traitement des *ulcères* dure 4 à 6 semaines au moins, même si les *symptômes* s'améliorent ou disparaissent avant ce délai.

Si vous êtes fumeur, la poursuite du tabagisme nuit à l'efficacité du traitement.

Des mesures d'hygiène alimentaire sont à envisager : consultez votre médecin.

L'aspirine, les *anti-inflammatoires* et les *corticoïdes* peuvent être agressifs pour l'estomac : n'en prenez pas sans l'avis de votre médecin.

EFFETS INDÉSIRABLES POSSIBLES

Parfois : constipation.

Rarement : sécheresse de la bouche, nausée, vomissement, *vertiges*, *allergie* cutanée.

ULFON

PRÉSENTATION

ULFON : poudre orale ; boîte de 20 sachets 3 g - Remb. 35 %

ULFON : poudre orale ; boîte de 45 sachets 3 g - Remb. 35 %

Laboratoires Lafon

COMPOSITION

	p. sachet
Aldioxa (Aluminium)	900 mg
Alcloxa (Aluminium)	100 mg
Poloxamère 188	100 mg
Homatropine méthylbromure	0,5 mg
Calcium carbonate	1,9 g

INDICATIONS

Ce médicament contient un *pansement digestif*, des *antiacides* d'action locale et de l'atropine. Le pansement protège le tube digestif en le couvrant d'un film qui l'isole de son contenu ; les antiacides agissent en neutralisant les acides sécrétés par l'estomac et l'atropine relâche les spasmes de l'intestin.

Cette association est utilisée dans le *traitement symptomatique* des irritations de l'œsophage ou de l'estomac, et des *hernies hiatales*.

CONTRE-INDICATIONS

Ce médicament ne doit pas être utilisé dans les cas suivants :
- *glaucome* à angle fermé,
- risque de rétention urinaire lié à un *adénome de la prostate*.

ATTENTION

En cas de persistance des *symptômes*, des examens peuvent être nécessaires : consultez votre médecin.

La survenue d'une douleur violente à l'œil, accompagnée d'une rougeur, et surtout une baisse de l'acuité visuelle, doit conduire à consulter d'urgence un ophtalmologiste : il peut s'agir d'un *glaucome* aigu.

INTERACTIONS MÉDICAMENTEUSES

Ce médicament peut interagir avec de nombreux autres médicaments en diminuant leur absorption : il convient de séparer les prises d'au moins 2 heures.

GROSSESSE, ALLAITEMENT ET NOUVEAU-NÉ

L'effet de ce médicament pendant la grossesse ou l'allaitement est mal connu. L'évaluation du risque éventuel lié à son utilisation est individuelle : demandez conseil à votre pharmacien ou à votre médecin.

MODE D'EMPLOI ET POSOLOGIE

Ce médicament sera pris de préférence un quart d'heure avant ou 1 heure après les repas, et le soir au coucher.

Le contenu du sachet doit être versé dans un peu d'eau ; la suspension est instantanée.

Posologie usuelle :

1 sachet, 1 à 4 fois par jour.

Une alimentation équilibrée, une mastication lente et l'élimination des aliments difficiles à digérer permettent souvent d'améliorer, voire de faire disparaître, les douleurs d'estomac qui ne sont pas liées à un *ulcère*.

Fumer, ou être exposé à la fumée des autres, nuit à l'efficacité du traitement.

EFFETS INDÉSIRABLES POSSIBLES

Aux doses usuelles : parfois constipation.

À forte dose : effets *atropiniques*.

Excès de calcium dans le sang, *insuffisance rénale*, en cas d'usage prolongé, à forte dose.

ULTACITE
hydrotalcite

PRÉSENTATION

ULTACITE : comprimé à croquer ; boîte de 30 - Non remb.

Laboratoires Soekami Lefrancq

COMPOSITION

	p. comp.
Hydrotalcite	500 mg

INDICATIONS

Ce médicament appartient à la famille des *antiacides* d'action locale. Il agit en neutralisant les acides sécrétés par l'estomac.

Il est utilisé comme *traitement symptomatique* des douleurs, brûlures, aigreurs de l'estomac et de l'œsophage.

CONTRE-INDICATIONS

Ce médicament ne doit pas être utilisé dans les cas suivants :
- *insuffisance rénale* grave,
- enfant de moins de 15 ans.

ATTENTION

Des douleurs qui persistent peuvent être dues à une lésion du tube digestif : consultez votre médecin.

INTERACTIONS MÉDICAMENTEUSES

Ce médicament peut interagir avec de nombreux autres médicaments en diminuant leur absorption : il convient de séparer les prises d'au moins 2 heures.

GROSSESSE, ALLAITEMENT ET NOUVEAU-NÉ

L'effet de ce médicament pendant la grossesse ou l'allaitement est mal connu. L'évaluation du risque éventuel lié à son utilisation est individuelle : demandez conseil à votre pharmacien ou à votre médecin.

MODE D'EMPLOI ET POSOLOGIE

Les comprimés doivent être croqués puis avalés avec un verre d'eau.

Posologie usuelle :
- Adulte: 2 comprimés après les repas ou au moment des douleurs, sans dépasser 8 comprimés par jour.

Une alimentation équilibrée, une mastication lente et la suppression des aliments difficiles à digérer permettent souvent de diminuer, voire de faire disparaître, les *troubles digestifs* qui ne sont pas liés à un *ulcère*.

EFFETS INDÉSIRABLES POSSIBLES

Réactions cutanées.

ULTRADERME
levures

PRÉSENTATION

ULTRADERME : crème ; tube 40 g - Remb. 35 %

Laboratoires Biocodex

COMPOSITION

	p. 100 g
Levures	4,4 g

INDICATIONS

Ce médicament d'action locale contient des *levures* qui apportent des *vitamines* du groupe B.

Il est utilisé pour traiter la *séborrhée* de la peau, notamment lorsqu'elle est associée à l'*acné*.

GROSSESSE, ALLAITEMENT ET NOUVEAU-NÉ

L'utilisation ponctuelle de ce médicament pendant la grossesse ou l'allaitement ne semble pas poser de problème particulier.

MODE D'EMPLOI ET POSOLOGIE

Avant l'application, laver la zone à traiter et laisser sécher.

Appliquer la crème en massant jusqu'à complète pénétration.

Posologie usuelle :

1 application, matin et soir.

ULTRALAN
fluocortolone

PRÉSENTATION

ULTRALAN : pommade ; tube 10 g - Remb. 65 % - Liste I

ULTRALAN : pommade ; tube 30 g - Remb. 65 % - Liste I

Laboratoires Schering

COMPOSITION

	p. 100 g
Fluocortolone	0,25 g
Fluocortolone caproate	0,25 g

INDICATIONS

C'est un *dermocorticoïde* d'activité assez forte. Comme les autres dérivés de la *cortisone* à usage local, il freine le renouvellement et la multiplication des cellules de la peau et limite le suintement.

Il est utilisé pour traiter les *eczémas* de contact ou *atopiques* et les *lichénifications*.

CONTRE-INDICATIONS

Ce médicament ne doit pas être utilisé dans les cas suivants :
- infection et parasitose non traitées de la peau (ce médicament n'a pas d'effet anti-infectieux),
- lésion ulcérée,
- *acné* et *rosacée*.

ATTENTION

Comme les autres *dermocorticoïdes*, ce médicament a souvent une action efficace et rapide sur les lésions de la peau ; il peut être tentant de le réutiliser, mais l'automédication expose à des risques importants : aggravation de certaines lésions, installation d'une *dépendance* (amélioration de moins en moins visible des lésions et recrudescence des *symptômes* à chaque arrêt de traitement) et altération durable de la peau.

Suivez attentivement la prescription de votre médecin et n'hésitez pas à lui demander des explications.

GROSSESSE, ALLAITEMENT ET NOUVEAU-NÉ

L'effet de ce médicament pendant la grossesse ou l'allaitement est mal connu : seul votre médecin peut évaluer le risque éventuel de son utilisation dans votre cas.

MODE D'EMPLOI ET POSOLOGIE

Étaler la pommade sur les lésions et la faire pénétrer par un léger massage. Pour traiter de grandes surfaces : appliquer en touches espacées, puis étaler avec un gant en plastique jusqu'à complète absorption.

Posologie usuelle :

1 ou 2 applications par jour.

Le médecin prescrit fréquemment un arrêt progressif du traitement : espacement des applications ou diminution de la quantité appliquée.

Ne conseillez pas, ne donnez pas ce médicament à un proche.
Pensez à vous laver les mains après l'application. En cas d'utilisation sur une grande surface de peau, le port d'un gant est recommandé.

EFFETS INDÉSIRABLES POSSIBLES

Ils apparaissent surtout en cas d'usage prolongé :
- *atrophie* avec microhémorragie de la peau (*purpura*), dilatation des petits vaisseaux, vergetures, éruption de boutons ;
- développement anormal des poils, dessèchement, fragilisation et décoloration irrégulière de la peau ;
- rougeur autour de la bouche, apparition d'une *rosacée* ;
- retard de cicatrisation.

ULTRALENTE MC
insuline

PRÉSENTATION

ULTRALENTE MC : suspension injectable d'insuline d'action prolongée ; flacon 10 ml (400 unités internationales) - Remb. 65 %

Laboratoires Novo Nordisk

COMPOSITION

	p. ml
Insuline de bœuf cristallisée en présence de zinc	40 UI

INDICATIONS

C'est une *insuline* de bœuf. Son action est de durée prolongée : son effet apparaît vers la 4e heure qui suit l'injection et s'estompe au bout de 36 heures.

Elle est utilisée exclusivement en injection dans le traitement du *diabète*.

> **ATTENTION**
>
> La mise en route du traitement suppose un apprentissage correct pour injecter l'*insuline*, contrôler la *glycémie* au doigt, rechercher le *sucre* et l'acétone dans les urines et tenir un carnet de surveillance.
>
> L'*hypoglycémie* est la principale complication des traitements par l'insuline, et avec cette insuline le risque d'hypoglycémie persiste au moins 24 heures. Il s'agit le plus souvent de malaises hypoglycémiques sans gravité dont les principaux signes sont : sueurs, tremblements, troubles visuels, vision double, fatigue soudaine, fringale, *vertiges*, difficulté de concentration. En ce cas, le diabétique doit aussitôt absorber 3 à 6 morceaux de sucre ou un sirop sucré.
>
> Beaucoup plus rarement, l'hypoglycémie peut être grave et peut entraîner des troubles du comportement (comparables notamment à l'ébriété), des *convulsions*, voire une perte de connaissance : 1 ampoule de GLUCAGON doit être injectée immédiatement par *voie* sous-cutanée ou intramusculaire, même à travers les vêtements en cas d'agitation. Si le diabétique ne reprend pas conscience dans les minutes qui suivent, prévenez un service d'urgence. Dans le doute, il n'y a pas de danger à injecter du GLUCAGON à un diabétique traité par l'insuline. Dans tous les cas, la prise d'une collation ou d'un repas reste nécessaire.
>
> L'autre complication possible chez le diabétique est la survenue d'une *acidocétose* due à un manque important d'insuline. Elle peut être déclenchée par une infection (qui augmente les besoins en insuline) : grippe, rhume, *cystite*, abcès, etc. Elle se manifeste par une grande fatigue, une soif intense et des *troubles digestifs*. Il faut alors rechercher la présence de sucre et d'acétone dans les urines : la présence des deux en quantité importante confirme le diagnostic. Le traitement par l'insuline ne doit pas être arrêté ; le diabétique doit suivre les consignes de son médecin et, si besoin, le joindre d'urgence.
>
> Évitez la prise de boissons alcoolisées à jeun ou à distance des repas : augmentation du risque d'hypoglycémie.
>
> La concentration de cette solution n'est pas adaptée aux stylos injecteurs ni aux pompes à *perfusion*.
>
> Conducteur : une hypoglycémie peut entraîner un malaise pendant la conduite ou l'utilisation de machines.

INTERACTIONS MÉDICAMENTEUSES

Certains médicaments peuvent déséquilibrer la *glycémie* : signalez votre traitement par l'*insuline* à tout médecin consulté ou à votre pharmacien.

GROSSESSE, ALLAITEMENT ET NOUVEAU-NÉ

Grossesse :

L'*insuline* est adaptée au *diabète* de la femme enceinte ou aux troubles passagers de la *glycémie* pendant la durée de la grossesse.

Allaitement :

Le traitement par l'*insuline* n'est pas une contre-indication à l'allaitement.

MODE D'EMPLOI ET POSOLOGIE

Cette *insuline* doit être injectée par *voie* sous-cutanée.

Agitez la suspension avant l'injection afin de l'homogénéiser.

Les seringues utilisées doivent avoir une graduation en unité d'insuline.

Cette insuline ne doit pas être injectée plus d'une fois par jour.

Respectez les horaires et les zones d'injection recommandés par votre médecin.

Posologie usuelle :

Elle est adaptée en fonction des résultats des analyses réalisées par le diabétique ou par son entourage (carnet de surveillance) et des conseils de son médecin.

> En cas d'activité sportive, il est préférable d'injecter l'*insuline* à distance des muscles qui travaillent pour éviter une absorption trop rapide. De plus, il est habituellement nécessaire d'adapter les doses d'insuline selon les recommandations du médecin.
>
> Prenez contact avec les associations pour diabétiques : elles diffusent une information utile sur le traitement et la surveillance du *diabète*.
>
> Votre entourage doit savoir reconnaître les signes d'une *hypoglycémie* et pouvoir vous administrer, en cas de perte de connaissance, une ampoule de GLUCAGON. Celle-ci peut être conservée au domicile ou sur le lieu de travail à température ambiante (inférieure à 25 °C) pendant 2 ans. Après reconstitution, la solution ne doit pas être conservée plus d'une semaine au réfrigérateur ni être congelée.
>
> Veillez à ne pas manquer d'insuline ou de seringues, notamment pendant les week-ends et les jours fériés ; lors de vos déplacements, munissez-vous d'une réserve ou de votre ordonnance en cours de validité. Un certificat de traitement par l'insuline peut être nécessaire pour franchir certaines frontières.
>
> Avant une première utilisation, il est préférable de conserver l'insuline dans le bas du réfrigérateur (entre + 2 °C et + 8 °C). Si le flacon a été soumis à des températures comprises entre 22 °C et 35 °C pendant moins de 72 heures, il peut être utilisé mais doit ensuite être conservé au frais.
>
> Cette insuline ne doit pas être congelée.
>
> Pour un meilleur confort, l'insuline doit être sortie du réfrigérateur une heure avant l'injection ou réchauffée dans les mains pendant quelques minutes, puis injectée à température ambiante.
>
> Après une première utilisation, les flacons entamés peuvent être conservés 3 semaines à température ambiante (inférieure à 25 °C) dans un endroit propre et sec et à l'abri de la lumière.

EFFETS INDÉSIRABLES POSSIBLES

Nodules graisseux sous-cutanés.

Rares *allergies*, essentiellement cutanées.

ULTRA-LEVURE
saccharomyces boulardii

PRÉSENTATION

ULTRA-LEVURE : gélule (blanc opaque) ; boîte de 20 - Remb. 35 %

ULTRA-LEVURE : gélule (blanc opaque) ; boîte de 50 - Remb. 35 %

Laboratoires Biocodex

COMPOSITION

	p. gél.
Saccharomyces boulardii lyophilisé	56,5 mg

INDICATIONS

Ce médicament appartient à la famille des antidiarrhéiques d'origine microbienne. C'est un champignon microscopique qui favorise la restauration de la flore intestinale.

Il est utilisé dans le *traitement symptomatique* des diarrhées et des *troubles digestifs*, notamment ceux liés à la prise d'*antibiotiques*.

GROSSESSE, ALLAITEMENT ET NOUVEAU-NÉ

Grossesse :

Ce médicament peut être utilisé chez la femme enceinte.

MODE D'EMPLOI ET POSOLOGIE

Les gélules peuvent être avalées avec un verre d'eau ou ouvertes : leur contenu ne doit pas être mélangé à un liquide ou un aliment trop chaud (50 °C), glacé ou alcoolisé.

Posologie usuelle :

- Adulte, enfant, nourrisson : 1 gélule, 1 à 4 fois par jour.

> Une diarrhée peut provoquer une déshydratation. Cette perte d'eau par l'organisme peut entraîner des troubles graves (fatigue, malaise, confusion des idées...). Il est indispensable de prévenir cette déshydratation par des boissons sucrées abondantes et des bouillons salés, notamment chez les personnes âgées et les enfants.
>
> Si la diarrhée persiste au-delà de quelques jours, consultez votre médecin.

ULTRAPROCT
fluocortolone, cinchocaïne

PRÉSENTATION

ULTRAPROCT : suppositoire ; boîte de 10 - Non remb. - Liste I

ULTRAPROCT : pommade ; tube 10 g - Non remb. - Liste I

Laboratoires Schering

COMPOSITION

	p. suppos.	p. 100 g de pom.
Fluocortolone triméthylacétate	0,612 mg	91,8 mg
Fluocortolone caproate	0,63 mg	94,5 mg
Cinchocaïne chlorhydrate	1 mg	500 mg

INDICATIONS

C'est un médicament qui associe un *corticoïde* anti-inflammatoire et un *anesthésique* d'action locale.

Il est utilisé dans le *traitement symptomatique* des douleurs et des démangeaisons de l'anus, en particulier dues aux *hémorroïdes*.

CONTRE-INDICATIONS

Ce médicament ne doit pas être utilisé dans le cas d'*allergie* aux *anesthésiques* locaux.

ATTENTION

Le traitement doit être de courte durée : consultez votre médecin si les *symptômes* persistent. Si la lésion est infectée, un traitement anti-infectieux doit précéder ou être associé à l'usage de ce médicament.

GROSSESSE, ALLAITEMENT ET NOUVEAU-NÉ

L'effet de ce médicament pendant la grossesse ou l'allaitement est mal connu : seul votre médecin peut évaluer le risque éventuel de son utilisation dans votre cas.

MODE D'EMPLOI ET POSOLOGIE

- *Traitement d'attaque* : en cas de crise aiguë, 2 ou 3 suppositoires ou 3 ou 4 applications de pommade, le premier jour.
- *Traitement d'entretien* : 1 suppositoire ou 2 applications de pommade par jour pendant quelques jours.

Des mesures simples d'hygiène alimentaire et des exercices physiques sont à envisager pour prévenir les *hémorroïdes* : parlez-en à votre médecin ou à votre pharmacien.

Les suppositoires doivent être conservés à l'abri de la chaleur.

ULTRATARD HM ge 40 UI/ml

insuline

PRÉSENTATION

ULTRATARD HM ge 40 UI/ml : suspension injectable d'insuline d'action prolongée ; flacon 10 ml (400 unités internationales) - Remb. 65 %

Laboratoires Novo Nordisk

COMPOSITION

	p. ml
Insuline humaine biogénétique cristallisée	40 UI

INDICATIONS

C'est une *insuline* identique à l'insuline humaine, obtenue par *biotechnologie*. Son action est de durée prolongée : son effet apparaît vers la 4e heure qui suit l'injection et s'estompe au bout de 28 heures.

Elle est utilisée exclusivement en injection dans le traitement du *diabète*.

ATTENTION

La mise en route du traitement suppose un apprentissage correct pour injecter l'*insuline*, contrôler la *glycémie* au doigt, rechercher le *sucre* et l'acétone dans les urines et tenir un carnet de surveillance.

L'*hypoglycémie* est la principale complication des traitements par l'insuline, et avec cette insuline le risque d'hypoglycémie persiste au moins 24 heures. Il s'agit le plus souvent de malaises hypoglycémiques sans gravité dont les principaux signes sont : sueurs, tremblements, troubles visuels, vision double, fatigue soudaine, fringale, *vertiges*, difficulté de concentration. En ce cas, le diabétique doit aussitôt absorber 3 à 6 morceaux de sucre ou un sirop sucré.

Beaucoup plus rarement, l'hypoglycémie peut être grave et peut entraîner des troubles du comportement (comparables notamment à l'ébriété), des *convulsions*, voire une perte de connaissance : 1 ampoule de GLUCAGON doit être injectée immédiatement par *voie* souscutanée ou intramusculaire, même à travers les vêtements en cas d'agitation. Si le diabétique ne reprend pas conscience dans les minutes qui suivent, prévenez un service d'urgence. Dans le doute, il n'y a pas de danger à injecter du GLUCAGON à un diabétique traité par l'insuline. Dans tous les cas, la prise d'une collation ou d'un repas reste nécessaire.

L'autre complication possible chez le diabétique est la survenue d'une *acidocétose* due à un manque important d'insuline. Elle peut être déclenchée par une infection (qui augmente les besoins en insuline) : grippe, rhume, *cystite*, abcès, etc. Elle se manifeste par une grande fatigue, une soif intense et des *troubles digestifs*. Il faut alors rechercher la présence de sucre et d'acétone dans les urines : la présence des deux en quantité importante confirme le diagnostic. Le traitement par l'insuline ne doit pas être arrêté ; le diabétique doit suivre les consignes de son médecin et, si besoin, le joindre d'urgence.

Évitez la prise de boissons alcoolisées à jeun ou à distance des repas : augmentation du risque d'hypoglycémie.

La concentration de cette solution n'est pas adaptée aux stylos injecteurs ni aux pompes à *perfusion*.

Conducteur : une hypoglycémie peut entraîner un malaise pendant la conduite ou l'utilisation de machines.

INTERACTIONS MÉDICAMENTEUSES

Certains médicaments peuvent déséquilibrer la *glycémie* : signalez votre traitement par l'*insuline* à tout médecin consulté ou à votre pharmacien.

GROSSESSE, ALLAITEMENT ET NOUVEAU-NÉ

Grossesse :

L'*insuline* est adaptée au *diabète* de la femme enceinte ou aux troubles passagers de la *glycémie* pendant la durée de la grossesse.

Allaitement :

Le traitement par l'*insuline* n'est pas une contre-indication à l'allaitement.

MODE D'EMPLOI ET POSOLOGIE

Cette *insuline* doit être injectée par *voie* sous-cutanée.

Agitez la suspension avant l'injection afin de l'homogénéiser.

Les seringues utilisées doivent avoir une graduation en unité d'insuline.

Cette insuline ne doit pas être injectée plus d'une fois par jour.

Respectez les horaires et les zones d'injection recommandés par votre médecin.

Posologie usuelle :

Elle est adaptée en fonction des résultats des analyses réalisées par le diabétique ou par son entourage (carnet de surveillance) et des conseils de son médecin.

En cas d'activité sportive, il est préférable d'injecter l'*insuline* à distance des muscles qui travaillent pour éviter une absorption trop rapide. De plus, il est habituellement nécessaire d'adapter les doses d'insuline selon les recommandations du médecin.

Prenez contact avec les associations pour diabétiques : elles diffusent une information utile sur le traitement et la surveillance du *diabète*.

Votre entourage doit savoir reconnaître les signes d'une *hypoglycémie* et pouvoir vous administrer, en cas de perte de connaissance, une ampoule de GLUCAGON. Celle-ci peut être conservée au domicile ou sur le lieu de travail à température ambiante (inférieure à 25 °C) pendant 2 ans. Après reconstitution, la solution ne doit pas être conservée plus d'une semaine au réfrigérateur ni être congelée.

Veillez à ne pas manquer d'insuline ou de seringues, notamment pendant les week-ends et les jours fériés ; lors de vos déplacements, munissez-vous d'une réserve ou de votre ordonnance en cours de validité. Un certificat de traitement par l'insuline peut être nécessaire pour franchir certaines frontières.

Avant une première utilisation, il est préférable de conserver l'insuline dans le bas du réfrigérateur (entre + 2 °C et + 8 °C). Si le flacon a été soumis à des températures comprises entre 22 °C et 35 °C pendant moins de 72 heures, il peut être utilisé mais doit ensuite être conservé au frais.

Cette insuline ne doit pas être congelée.

Pour un meilleur confort, l'insuline doit être sortie du réfrigérateur une heure avant l'injection ou réchauffée dans les mains pendant quelques minutes, puis injectée à température ambiante.

Après une première utilisation, les flacons entamés peuvent être conservés 3 semaines à température ambiante (inférieure à 25 °C) dans un endroit propre et sec et à l'abri de la lumière.

EFFETS INDÉSIRABLES POSSIBLES

Nodules graisseux sous-cutanés.

Rares *allergies*, essentiellement cutanées.

ULTRA TARDUM

insuline

PRÉSENTATION

ULTRA TARDUM HAUTEMENT PURIFIÉE : suspension injectable d'insuline d'action prolongée ; flacon 10 ml (400 unités internationales) - Remb. 65 %

Laboratoires Organon

COMPOSITION

	p. ml
Insuline d'origine bovine cristallisée en présence de zinc	40 UI

INDICATIONS

C'est une *insuline* de bœuf. Son action est de durée prolongée : son effet apparaît vers la 2e heure qui suit l'injection et s'estompe au bout de 30 heures.

Elle est utilisée exclusivement en injection dans le traitement du *diabète*.

ATTENTION

La mise en route du traitement suppose un apprentissage correct pour injecter l'*insuline*, contrôler la *glycémie* au doigt, rechercher le *sucre* et l'acétone dans les urines et tenir un carnet de surveillance.

L'*hypoglycémie* est la principale complication des traitements par l'insuline, et avec cette insuline le risque d'hypoglycémie persiste au moins 24 heures. Il s'agit le plus souvent de malaises hypoglycémiques sans gravité dont les principaux signes sont : sueurs, tremblements, troubles visuels, vision double, fatigue soudaine, fringale, *vertiges*, difficulté de concentration. En ce cas, le diabétique doit aussitôt absorber 3 à 6 morceaux de sucre ou un sirop sucré.

Beaucoup plus rarement, l'hypoglycémie peut être grave et peut entraîner des troubles du comportement (comparables notamment à l'ébriété), des *convulsions*, voire une perte de connaissance : 1 ampoule de GLUCAGON doit être injectée immédiatement par *voie* sous-cutanée ou intramusculaire, même à travers les vêtements en cas d'agitation. Si le diabétique ne reprend pas conscience dans les minutes qui suivent, prévenez un service d'urgence. Dans le doute, il n'y a pas de danger à injecter du GLUCAGON à un diabétique traité par l'insuline. Dans tous les cas, la prise d'une collation ou d'un repas reste nécessaire.

L'autre complication possible chez le diabétique est la survenue d'une *acidocétose* due à un manque important d'insuline. Elle peut être déclenchée par une infection (qui augmente les besoins en insuline) : grippe, rhume, *cystite*, abcès, etc. Elle se manifeste par une grande fatigue, une soif intense et des *troubles digestifs*. Il faut alors rechercher la présence de sucre et d'acétone dans les urines : la présence des deux en quantité importante confirme le diagnostic. Le traitement par l'insuline ne doit pas être arrêté ; le diabétique doit suivre les consignes de son médecin et, si besoin, le joindre d'urgence.

Évitez la prise de boissons alcoolisées à jeun ou à distance des repas : augmentation du risque d'hypoglycémie.

La concentration de cette solution n'est pas adaptée aux stylos injecteurs ou aux pompes à *perfusion*.

Conducteur : une hypoglycémie peut entraîner un malaise pendant la conduite ou l'utilisation de machines.

INTERACTIONS MÉDICAMENTEUSES

Certains médicaments peuvent déséquilibrer la *glycémie* : signalez votre traitement par l'*insuline* à tout médecin consulté ou à votre pharmacien.

GROSSESSE, ALLAITEMENT ET NOUVEAU-NÉ

Grossesse :

L'*insuline* est adaptée au *diabète* de la femme enceinte ou aux troubles passagers de la *glycémie* pendant la durée de la grossesse.

Allaitement :

Le traitement par l'*insuline* n'est pas une contre-indication à l'allaitement.

MODE D'EMPLOI ET POSOLOGIE

Cette *insuline* doit être injectée par *voie* sous-cutanée.

Agitez la suspension avant l'injection afin de l'homogénéiser.

Les seringues utilisées doivent avoir une graduation en unité d'insuline.

Cette insuline ne doit pas être injectée plus d'une fois par jour.

Respectez les horaires et les zones d'injection recommandés par votre médecin.

Posologie usuelle :

Elle est adaptée en fonction des résultats des analyses réalisées par le diabétique ou par son entourage (carnet de surveillance) et des conseils de son médecin.

En cas d'activité sportive, il est préférable d'injecter l'*insuline* à distance des muscles qui travaillent pour éviter une absorption trop rapide. De plus, il est habituellement nécessaire d'adapter les doses d'insuline selon les recommandations du médecin.

Prenez contact avec les associations pour diabétiques : elles diffusent une information utile sur le traitement et la surveillance du *diabète*.

Votre entourage doit savoir reconnaître les signes d'une *hypoglycémie* et pouvoir vous administrer, en cas de perte de connaissance, une ampoule de GLUCAGON. Celle-ci peut être conservée au domicile ou sur le lieu de travail à température ambiante (inférieure à 25 °C) pendant 2 ans. Après reconstitution, la solution ne doit pas être conservée plus d'une semaine au réfrigérateur ni être congelée.

Veillez à ne pas manquer d'insuline ou de seringues, notamment pendant les week-ends et les jours fériés ; lors de vos déplacements, munissez-vous d'une réserve ou de votre ordonnance en cours de validité. Un certificat de traitement par l'insuline peut être nécessaire pour franchir certaines frontières.

Avant une première utilisation, il est préférable de conserver l'insuline dans le bas du réfrigérateur (entre + 2 °C et + 8 °C). Si le flacon a été soumis à des températures comprises entre 22 °C et 35 °C pendant moins de 72 heures, il peut être utilisé mais doit ensuite être conservé au frais.

Cette insuline ne doit pas être congelée.

Pour un meilleur confort, l'insuline doit être sortie du réfrigérateur une heure avant l'injection ou réchauffée dans les mains pendant quelques minutes, puis injectée à température ambiante.

Après une première utilisation, les flacons entamés peuvent être conservés 3 semaines à température ambiante (inférieure à 25 °C) dans un endroit propre et sec et à l'abri de la lumière.

EFFETS INDÉSIRABLES POSSIBLES

Nodules graisseux sous-cutanés.

Rares *allergies*, essentiellement cutanées.

UMULINE NPH 40 UI/ml

insuline

PRÉSENTATION

UMULINE PROTAMINE ISOPHANE NPH 40 UI/ml : suspension injectable d'insuline d'action intermédiaire ; flacon 10 ml (400 unités internationales) - Remb. 65 %

Laboratoires Lilly France

COMPOSITION

	p. ml
Insuline humaine biogénétique cristallisée en présence de zinc	40 UI
Protamine sulfate	0,114 mg

INDICATIONS

C'est une *insuline* identique à l'insuline humaine, obtenue par *biotechnologie*. Son action est de durée intermédiaire : son effet apparaît vers la 1re heure qui suit l'injection et s'estompe au bout de 18 à 20 heures.

Elle est utilisée exclusivement en injection dans le traitement du *diabète*.

ATTENTION

La mise en route du traitement suppose un apprentissage correct pour injecter l'*insuline*, contrôler la *glycémie* au doigt, rechercher le *sucre* et l'acétone dans les urines et tenir un carnet de surveillance.

L'*hypoglycémie* est la principale complication des traitements par l'insuline. Il s'agit le plus souvent de malaises hypoglycémiques sans gravité dont les principaux signes sont : sueurs, tremblements, troubles visuels, vision double, fatigue soudaine, fringale, *vertiges*, difficulté de concentration. En ce cas, le diabétique doit aussitôt absorber 3 à 6 morceaux de sucre ou un sirop sucré.

Beaucoup plus rarement, l'hypoglycémie peut être grave et peut entraîner des troubles du comportement (comparables notamment à l'ébriété), des *convulsions*, voire une perte de connaissance : 1 ampoule de GLUCAGON doit être injectée immédiatement par *voie* sous-cutanée ou intramusculaire, même à travers les vêtements en cas d'agitation. Si le diabétique ne reprend pas conscience dans les minutes qui suivent, prévenez un service d'urgence. Dans le doute, il n'y a pas de danger à injecter du GLUCAGON à un diabétique traité par l'insuline. Dans tous les cas, la prise d'une collation ou d'un repas reste nécessaire.

L'autre complication possible chez le diabétique est la survenue d'une *acidocétose* due à un manque important d'insuline. Elle peut être déclenchée par une infection (qui augmente les besoins en insuline) : grippe, rhume, *cystite*, abcès, etc. Elle se manifeste par une grande fatigue, une soif intense et des *troubles digestifs*. Il faut alors rechercher la présence de sucre et d'acétone dans les urines : la présence des deux en quantité importante confirme le diagnostic. Le traitement par l'insuline ne doit pas être arrêté ; le diabétique doit suivre les consignes de son médecin et, si besoin, le joindre d'urgence.

Évitez la prise de boissons alcoolisées à jeun ou à distance des repas : augmentation du risque d'hypoglycémie.

La concentration de cette solution n'est pas adaptée aux stylos injecteurs ni aux pompes à *perfusion*.

Conducteur : une hypoglycémie peut entraîner un malaise pendant la conduite ou l'utilisation de machines.

INTERACTIONS MÉDICAMENTEUSES

Certains médicaments peuvent déséquilibrer la *glycémie* : signalez votre traitement par l'*insuline* à tout médecin consulté ou à votre pharmacien.

GROSSESSE, ALLAITEMENT ET NOUVEAU-NÉ

Grossesse :

L'*insuline* est adaptée au *diabète* de la femme enceinte ou aux troubles passagers de la *glycémie* pendant la durée de la grossesse.

Allaitement :

Le traitement par l'*insuline* n'est pas une contre-indication à l'allaitement.

MODE D'EMPLOI ET POSOLOGIE

Cette *insuline* doit être injectée par *voie* sous-cutanée profonde.

Agitez la suspension avant l'injection afin de l'homogénéiser.

Les seringues utilisées doivent avoir une graduation en unité d'insuline.

Respectez les horaires et les zones d'injection recommandés par votre médecin.

Posologie usuelle :

Elle est adaptée en fonction des résultats des analyses réalisées par le diabétique ou par son entourage (carnet de surveillance) et des conseils de son médecin.

En cas d'activité sportive, il est préférable d'injecter l'*insuline* à distance des muscles qui travaillent pour éviter une absorption trop rapide. De plus, il est habituellement nécessaire d'adapter les doses d'insuline selon les recommandations du médecin.

Prenez contact avec les associations pour diabétiques : elles diffusent une information utile sur le traitement et la surveillance du *diabète*.

Votre entourage doit savoir reconnaître les signes d'une *hypoglycémie* et pouvoir vous administrer, en cas de perte de connaissance, une ampoule de GLUCAGON. Celle-ci peut être conservée au domicile ou sur le lieu de travail à température ambiante (inférieure à 25 °C) pendant 2 ans. Après reconstitution, la solution ne doit pas être conservée plus d'une semaine au réfrigérateur ni être congelée.

Veillez à ne pas manquer d'insuline ou de seringues, notamment pendant les week-ends et les jours fériés ; lors de vos déplacements, munissez-vous d'une réserve ou de votre ordonnance en cours de validité. Un certificat de traitement par l'insuline peut être nécessaire pour franchir certaines frontières.

Avant une première utilisation, il est préférable de conserver l'insuline dans le bas du réfrigérateur (entre + 2 °C et + 8 °C). Elle ne doit pas être congelée. Si le flacon a été soumis à des températures comprises entre 22 °C et 35 °C pendant moins de 72 heures, il peut être utilisé mais doit ensuite être conservé au frais.

Cette insuline ne doit pas être congelée.

Pour un meilleur confort, l'insuline doit être sortie du réfrigérateur une heure avant l'injection ou réchauffée dans les mains pendant quelques minutes, puis injectée à température ambiante.

Après une première utilisation, les flacons entamés peuvent être conservés 3 semaines à température ambiante (inférieure à 25 °C) dans un endroit propre et sec et à l'abri de la lumière.

EFFETS INDÉSIRABLES POSSIBLES

Nodules graisseux sous-cutanés.

Rares *allergies*, essentiellement cutanées.

Ne négligez pas les rappels de vaccination

UMULINE PROFIL 10 100 UI/ml

insuline

PRÉSENTATION

UMULINE PROFIL 10 100 UI/ml : suspension injectable d'*insuline* d'action intermédiaire à début rapide ; boîte de 5 cartouches 1,5 ml (150 unités internationales) - Remb. 65 %

Laboratoires Lilly France

COMPOSITION

	p. cartouche
Insuline humaine biogénétique cristallisée en présence de zinc	150 UI
Protamine base	0,365 mg

INDICATIONS

C'est une *insuline* identique à l'insuline humaine, obtenue par *biotechnologie*. Elle comprend 10 % d'insuline d'action rapide et 90 % d'insuline d'action intermédiaire : son effet apparaît vers la 30e minute qui suit l'injection et s'estompe au bout de 18 à 20 heures.

Elle est utilisée exclusivement en injection dans le traitement du *diabète*, et conditionnée en cartouche adaptée uniquement aux stylos injecteurs.

ATTENTION

La concentration de cette suspension n'est pas adaptée aux seringues ni aux pompes à *perfusion* : risque majeur d'*hypoglycémie* grave par surdosage.

La mise en route du traitement suppose un apprentissage correct pour injecter l'*insuline*, contrôler la *glycémie* au doigt, rechercher le *sucre* et l'acétone dans les urines et tenir un carnet de surveillance.

L'hypoglycémie est la principale complication des traitements par l'insuline. Il s'agit le plus souvent de malaises hypoglycémiques sans gravité dont les principaux signes sont : sueurs, tremblements, troubles visuels, vision double, fatigue soudaine, fringale, *vertiges*, difficulté de concentration. En ce cas, le diabétique doit aussitôt absorber 3 à 6 morceaux de sucre ou un sirop sucré.

Beaucoup plus rarement, l'hypoglycémie peut être grave et entraîner des troubles du comportement (comparables notamment à l'ébriété), des *convulsions*, voire une perte de connaissance : 1 ampoule de GLUCAGON doit être injectée immédiatement par *voie* sous-cutanée ou intramusculaire, même à travers les vêtements en cas d'agitation. Si le diabétique ne reprend pas conscience dans les minutes qui suivent, prévenez un service d'urgence. Dans le doute, il n'y a pas de danger à injecter du GLUCAGON à un diabétique traité par l'insuline. Dans tous les cas, la prise d'une collation ou d'un repas reste nécessaire.

L'autre complication possible chez le diabétique est la survenue d'une *acidocétose* due à un manque important d'insuline. Elle peut être déclenchée par une infection (qui augmente les besoins en insuline) : grippe, rhume, *cystite*, abcès, etc. Elle se manifeste par une grande fatigue, une soif intense et des *troubles digestifs*. Il faut alors rechercher la présence de sucre et d'acétone dans les urines : la présence des deux en quantité importante confirme le diagnostic. Le traitement par l'insuline ne doit pas être arrêté ; le diabétique doit suivre les consignes de son médecin et, si besoin, le joindre d'urgence.

Évitez la prise de boissons alcoolisées à jeun ou à distance des repas : augmentation du risque d'hypoglycémie.

Conducteur : une hypoglycémie peut entraîner un malaise pendant la conduite ou l'utilisation de machines.

INTERACTIONS MÉDICAMENTEUSES

Certains médicaments peuvent déséquilibrer la *glycémie* : signalez votre traitement par l'*insuline* à tout médecin consulté ou à votre pharmacien.

GROSSESSE, ALLAITEMENT ET NOUVEAU-NÉ

Grossesse :

L'*insuline* est adaptée au *diabète* de la femme enceinte ou aux troubles passagers de la *glycémie* pendant la durée de la grossesse.

Allaitement :

Le traitement par l'*insuline* n'est pas une contre-indication à l'allaitement.

MODE D'EMPLOI ET POSOLOGIE

Cette *insuline* doit être injectée uniquement par *voie* sous-cutanée ; son conditionnement en cartouche est exclusivement réservé au stylo injecteur prescrit par votre médecin.

Agitez le stylo avant l'injection afin d'homogénéiser la suspension ; purgez ensuite l'air éventuellement contenu dans la cartouche.

L'aiguille doit être changée après chaque injection.

Respectez les horaires et les zones d'injection recommandés.

Posologie usuelle :

Elle est adaptée en fonction des résultats des analyses réalisées par le diabétique ou son entourage (carnet de surveillance) et des conseils de son médecin.

Il est prudent de disposer d'une *insuline* équivalente pour seringue afin de faire face à une perte ou à un défaut de fonctionnement du stylo.

Si vous utilisez deux stylos destinés à injecter deux insulines, veillez à pouvoir les distinguer facilement.

Pour le maniement précis du stylo, conformez-vous à la notice fournie par le fabricant et veillez à ne pas l'égarer.

En cas d'activité sportive, il est préférable d'injecter l'insuline à distance des muscles qui travaillent pour éviter une absorption trop rapide de l'insuline. De plus, une adaptation des doses d'insuline est habituellement nécessaire selon les conseils du médecin.

Prenez contact avec les associations pour diabétiques : elles diffusent une information utile sur le traitement et la surveillance du *diabète*.

Votre entourage doit savoir reconnaître les signes d'une *hypoglycémie* et pouvoir vous administrer, en cas de perte de connaissance, une ampoule de GLUCAGON. Celle-ci peut être conservée au domicile ou sur le lieu de travail à température ambiante (inférieure à 25 °C) pendant 2 ans. Après reconstitution, la solution ne doit pas être conservée plus d'une semaine au réfrigérateur ni être congelée.

Veillez à ne pas manquer d'insuline ou de seringues, notamment lors des week-ends et jours fériés ; lors de vos déplacements, munissez-vous d'une réserve ou de votre ordonnance en cours de validité. Un certificat de traitement par l'insuline peut être nécessaire pour franchir certaines frontières.

Avant une première utilisation, il est préférable de conserver vos réserves d'insuline dans le bas du réfrigérateur (entre + 2 °C et + 8 °C). Si les cartouches ont été soumises à des températures comprises entre 22 °C et 35 °C pendant moins de 72 heures, elles peuvent être utilisées mais doivent ensuite être conservées au frais.

Après une première utilisation, la cartouche peut être conservée dans le stylo 3 semaines à température ambiante (inférieure à 25 °C) dans un endroit propre et sec, à l'abri de la lumière.

Ne jamais congeler cette insuline.

EFFETS INDÉSIRABLES POSSIBLES

Nodules graisseux sous-cutanés.

Rares *allergies*, essentiellement cutanées.

UMULINE PROFIL 20

insuline

PRÉSENTATION

UMULINE PROFIL 20 : suspension injectable d'insuline d'action intermédiaire à début rapide ; flacon 10 ml (400 unités internationales) - Remb. 65 %

Laboratoires Lilly France

COMPOSITION

	p. ml
Insuline humaine biogénétique cristallisée en présence de zinc	40 UI
Protamine sulfate	0,111 mg

INDICATIONS

C'est une *insuline* identique à l'insuline humaine, obtenue par *biotechnologie*. Elle comprend 20 % d'insuline d'action rapide et 80 % d'insuline d'action intermédiaire : son effet apparaît vers la 30e minute qui suit l'injection et s'estompe au bout de 20 heures.

Elle est utilisée exclusivement en injection dans le traitement du *diabète*.

ATTENTION

La mise en route du traitement suppose un apprentissage correct pour injecter l'*insuline*, contrôler la *glycémie* au doigt, rechercher le *sucre* et l'acétone dans les urines et tenir un carnet de surveillance.

L'*hypoglycémie* est la principale complication des traitements par l'insuline. Il s'agit le plus souvent de malaises hypoglycémiques sans gravité dont les principaux signes sont : sueurs, tremblements, troubles visuels, vision double, fatigue soudaine, fringale, *vertiges*, difficulté de concentration. En ce cas, le diabétique doit aussitôt absorber 3 à 6 morceaux de sucre ou un sirop sucré.

Beaucoup plus rarement, l'hypoglycémie peut être grave et peut entraîner des troubles du comportement (comparables notamment à l'ébriété), des *convulsions*, voire une perte de connaissance : 1 ampoule de GLUCAGON doit être injectée immédiatement par *voie* sous-cutanée ou intramusculaire, même à travers les vêtements en cas d'agitation. Si le diabétique ne reprend pas conscience dans les minutes qui suivent, prévenez un service d'urgence. Dans le doute, il n'y a pas de danger à injecter du GLUCAGON à un diabétique traité par l'insuline. Dans tous les cas, la prise d'une collation ou d'un repas reste nécessaire.

L'autre complication possible chez le diabétique est la survenue d'une *acidocétose* due à un manque important d'insuline. Elle peut être déclenchée par une infection (qui augmente les besoins en insuline) : grippe, rhume, *cystite*, abcès, etc. Elle se manifeste par une grande fatigue, une soif intense et des *troubles digestifs*. Il faut alors rechercher la présence de sucre et d'acétone dans les urines : la présence des deux en quantité importante confirme le diagnostic. Le traitement par l'insuline ne doit pas être arrêté ; le diabétique doit suivre les consignes de son médecin et, si besoin, le joindre d'urgence.

Évitez la prise de boissons alcoolisées à jeun ou à distance des repas : augmentation du risque d'hypoglycémie.

La concentration de cette solution n'est pas adaptée aux stylos injecteurs ni aux pompes à *perfusion*.

Conducteur : une hypoglycémie peut entraîner un malaise pendant la conduite ou l'utilisation de machines.

INTERACTIONS MÉDICAMENTEUSES

Certains médicaments peuvent déséquilibrer la *glycémie* : signalez votre traitement par l'*insuline* à tout médecin consulté ou à votre pharmacien.

GROSSESSE, ALLAITEMENT ET NOUVEAU-NÉ

Grossesse :

L'*insuline* est adaptée au *diabète* de la femme enceinte ou aux troubles passagers de la *glycémie* pendant la durée de la grossesse.

Allaitement :

Le traitement par l'*insuline* n'est pas une contre-indication à l'allaitement.

MODE D'EMPLOI ET POSOLOGIE

Cette *insuline* doit être injectée par *voie* sous-cutanée.

Agitez la suspension avant l'injection afin de l'homogénéiser.

Les seringues utilisées doivent avoir une graduation en unité d'insuline.

Respectez les horaires et les zones d'injection recommandés par votre médecin.

Posologie usuelle :

Elle est adaptée en fonction des résultats des analyses réalisées par le diabétique ou par son entourage (carnet de surveillance) et des conseils de son médecin.

En cas d'activité sportive, il est préférable d'injecter l'*insuline* à distance des muscles qui travaillent pour éviter une absorption trop rapide. De plus, il est habituellement nécessaire d'adapter les doses d'insuline selon les recommandations du médecin.

Prenez contact avec les associations pour diabétiques : elles diffusent une information utile sur le traitement et la surveillance du *diabète*.

Votre entourage doit savoir reconnaître les signes d'une *hypoglycémie* et pouvoir vous administrer, en cas de perte de connaissance, une ampoule de GLUCAGON. Celle-ci peut être conservée au domicile ou sur le lieu de travail à température ambiante (inférieure à 25 °C) pendant 2 ans. Après reconstitution, la solution ne doit pas être conservée plus d'une semaine au réfrigérateur ni être congelée.

Veillez à ne pas manquer d'insuline ou de seringues, notamment pendant les week-ends et les jours fériés ; lors de vos déplacements, munissez-vous d'une réserve ou de votre ordonnance en cours de validité. Un certificat de traitement par l'insuline peut être nécessaire pour franchir certaines frontières.

Avant une première utilisation, il est préférable de conserver l'insuline dans le bas du réfrigérateur (entre + 2 °C et + 8 °C). Si le flacon a été soumis à des températures comprises entre 22 °C et 35 °C pendant moins de 72 heures, il peut être utilisé mais doit ensuite être conservé au frais.

Cette insuline ne doit pas être congelée.

Pour un meilleur confort, l'insuline doit être sortie du réfrigérateur une heure avant l'injection ou réchauffée dans les mains pendant quelques minutes, puis injectée à température ambiante.

Après une première utilisation, les flacons entamés peuvent être conservés 3 semaines à température ambiante (inférieure à 25 °C) dans un endroit propre et sec et à l'abri de la lumière.

EFFETS INDÉSIRABLES POSSIBLES

Nodules graisseux sous-cutanés.

Rares *allergies*, essentiellement cutanées.

UMULINE PROFIL 20 100 UI/ml

insuline

PRÉSENTATION

UMULINE PROFIL 20 100 UI/ml : suspension injectable d'*insuline* d'action intermédiaire à début rapide ; boîte de 5 cartouches 1,5 ml (150 unités internationales) - Remb. 65 %

Laboratoires Lilly France

COMPOSITION

	p. cartouche
Insuline humaine biogénétique cristallisée en présence de zinc	150 UI
Protamine base	0,324 mg

INDICATIONS

C'est une *insuline* identique à l'insuline humaine, obtenue par *biotechnologie*. Elle comprend 20 % d'insuline d'action rapide et 80 % d'insuline d'action intermédiaire : son effet apparaît vers la 30e minute qui suit l'injection et s'estompe au bout de 18 à 20 heures.

Elle est utilisée exclusivement en injection dans le traitement du *diabète*, et conditionnée en cartouche adaptée uniquement aux stylos injecteurs.

ATTENTION

La concentration de cette suspension n'est pas adaptée aux seringues ni aux pompes à *perfusion* : risque majeur d'*hypoglycémie* grave par surdosage.

La mise en route du traitement suppose un apprentissage correct pour injecter l'*insuline*, contrôler la *glycémie* au doigt, rechercher le *sucre* et l'acétone dans les urines et tenir un carnet de surveillance.

L'hypoglycémie est la principale complication des traitements par l'insuline. Il s'agit le plus souvent de malaises hypoglycémiques sans gravité dont les principaux signes sont : sueurs, tremblements, troubles visuels, vision double, fatigue soudaine, fringale, *vertiges*, difficulté de concentration. En ce cas, le diabétique doit aussitôt absorber 3 à 6 morceaux de sucre ou un sirop sucré.

Beaucoup plus rarement, l'hypoglycémie peut être grave et entraîner des troubles du comportement (comparables notamment à l'ébriété), des *convulsions*, voire une perte de connaissance : 1 ampoule de GLUCAGON doit être injectée immédiatement par *voie* sous-cutanée ou intramusculaire, même à travers les vêtements en cas d'agitation. Si le diabétique ne reprend pas conscience dans les minutes qui suivent, prévenez un service d'urgence. Dans le doute, il n'y a pas de danger à injecter du GLUCAGON à un diabétique traité par l'insuline. Dans tous les cas, la prise d'une collation ou d'un repas reste nécessaire.

L'autre complication possible chez le diabétique est la survenue d'une *acidocétose* due à un manque important d'insuline. Elle peut être déclenchée par une infection (qui augmente les besoins en insuline) : grippe, rhume, *cystite*, abcès, etc. Elle se manifeste par une grande fatigue, une soif intense et des *troubles digestifs*. Il faut alors rechercher la présence de sucre et d'acétone dans les urines : la présence des deux en quantité importante confirme le diagnostic. Le traitement par l'insuline ne doit pas être arrêté ; le diabétique doit suivre les consignes de son médecin et, si besoin, le joindre d'urgence.

Évitez la prise de boissons alcoolisées à jeun ou à distance des repas : augmentation du risque d'hypoglycémie.

Conducteur : une hypoglycémie peut entraîner un malaise pendant la conduite ou l'utilisation de machines.

INTERACTIONS MÉDICAMENTEUSES

Certains médicaments peuvent déséquilibrer la *glycémie* : signalez votre traitement par l'*insuline* à tout médecin consulté ou à votre pharmacien.

GROSSESSE, ALLAITEMENT ET NOUVEAU-NÉ

Grossesse :

L'*insuline* est adaptée au *diabète* de la femme enceinte ou aux troubles passagers de la *glycémie* pendant la durée de la grossesse.

Allaitement :

Le traitement par l'*insuline* n'est pas une contre-indication à l'allaitement.

MODE D'EMPLOI ET POSOLOGIE

Cette *insuline* doit être injectée uniquement par *voie* sous-cutanée ; son conditionnement en cartouche est exclusivement réservé au stylo injecteur prescrit par votre médecin.

Agitez le stylo avant l'injection afin d'homogénéiser la suspension ; purgez ensuite l'air éventuellement contenu dans la cartouche.

L'aiguille doit être changée après chaque injection.

Respectez les horaires et les zones d'injection recommandés.

Posologie usuelle :

Elle est adaptée en fonction des résultats des analyses réalisées par le diabétique ou son entourage (carnet de surveillance) et des conseils de son médecin.

Il est prudent de disposer d'une *insuline* équivalente pour seringue afin de faire face à une perte ou à un défaut de fonctionnement du stylo.

Si vous utilisez deux stylos destinés à injecter deux insulines, veillez à pouvoir les distinguer facilement.

Pour le maniement précis du stylo, conformez-vous à la notice fournie par le fabricant et veillez à ne pas l'égarer.

En cas d'activité sportive, il est préférable d'injecter l'insuline à distance des muscles qui travaillent pour éviter une absorption trop rapide de l'insuline. De plus, une adaptation des doses d'insuline est habituellement nécessaire selon les conseils du médecin.

Prenez contact avec les associations pour diabétiques : elles diffusent une information utile sur le traitement et la surveillance du *diabète*.

Votre entourage doit savoir reconnaître les signes d'une *hypoglycémie* et pouvoir vous administrer, en cas de perte de connaissance, une ampoule de GLUCAGON. Celle-ci peut être conservée au domicile ou sur le lieu de travail à température ambiante (inférieure à

25 °C) pendant 2 ans. Après reconstitution, la solution ne doit pas être conservée plus d'une semaine au réfrigérateur ni être congelée.

Veillez à ne pas manquer d'insuline ou de seringues, notamment lors des week-ends et jours fériés ; lors de vos déplacements, munissez-vous d'une réserve ou de votre ordonnance en cours de validité. Un certificat de traitement par l'insuline peut être nécessaire pour franchir certaines frontières.

Avant une première utilisation, il est préférable de conserver vos réserves d'insuline dans le bas du réfrigérateur (entre + 2 °C et + 8 °C). Si les cartouches ont été soumises à des températures comprises entre 22 °C et 35 °C pendant moins de 72 heures, elles peuvent être utilisées mais doivent ensuite être conservées au frais.

Après une première utilisation, la cartouche peut être conservée dans le stylo 3 semaines à température ambiante (inférieure à 25 °C) dans un endroit propre et sec, à l'abri de la lumière.

Ne jamais congeler cette insuline.

EFFETS INDÉSIRABLES POSSIBLES

Nodules graisseux sous-cutanés.

Rares *allergies*, essentiellement cutanées.

UMULINE PROFIL 30
insuline

PRÉSENTATION

UMULINE PROFIL 30 : suspension injectable d'insuline d'action intermédiaire à début rapide ; flacon 10 ml (400 unités internationales) - Remb. 65 %

Laboratoires Lilly France

COMPOSITION

	p. ml
Insuline humaine biogénétique cristallisée en présence de zinc	40 UI
Protamine sulfate	0,101 mg

INDICATIONS

C'est une *insuline* identique à l'insuline humaine, obtenue par *biotechnologie*. Elle comprend 30 % d'insuline d'action rapide et 70 % d'insuline d'action intermédiaire : son effet apparaît vers la 30e minute qui suit l'injection et s'estompe au bout de 20 heures.

Elle est utilisée exclusivement en injection dans le traitement du *diabète*.

ATTENTION

La mise en route du traitement suppose un apprentissage correct pour injecter l'*insuline*, contrôler la *glycémie* au doigt, rechercher le *sucre* et l'acétone dans les urines et tenir un carnet de surveillance.

L'*hypoglycémie* est la principale complication des traitements par l'insuline. Il s'agit le plus souvent de malaises hypoglycémiques sans gravité dont les principaux signes sont : sueurs, tremblements, troubles visuels, vision double, fatigue soudaine, fringale, *vertiges*, difficulté de concentration. En ce cas, le diabétique doit aussitôt absorber 3 à 6 morceaux de sucre ou un sirop sucré.

Beaucoup plus rarement, l'hypoglycémie peut être grave et peut entraîner des troubles du comportement (comparables notamment à l'ébriété), des *convulsions*, voire une perte de connaissance : 1 ampoule de GLUCAGON doit être injectée immédiatement par *voie* sous-cutanée ou intramusculaire, même à travers les vêtements en cas d'agitation. Si le diabétique ne reprend pas conscience dans les minutes qui suivent, prévenez un service d'urgence. Dans le doute, il n'y a pas de danger à injecter du GLUCAGON à un diabétique traité par l'insuline. Dans tous les cas, la prise d'une collation ou d'un repas reste nécessaire.

L'autre complication possible chez le diabétique est la survenue d'une *acidocétose* due à un manque important d'insuline. Elle peut être déclenchée par une infection (qui augmente les besoins en insuline) : grippe, rhume, *cystite*, abcès, etc. Elle se manifeste par une grande fatigue, une soif intense et des *troubles digestifs*. Il faut alors rechercher la présence de sucre et d'acétone dans les urines : la présence des deux en quantité importante confirme le diagnostic. Le traitement par l'insuline ne doit pas être arrêté ; le diabétique doit suivre les consignes de son médecin et, si besoin, le joindre d'urgence.

Évitez la prise de boissons alcoolisées à jeun ou à distance des repas : augmentation du risque d'hypoglycémie.

La concentration de cette solution n'est pas adaptée aux stylos injecteurs ni aux pompes à *perfusion*.

Conducteur : une hypoglycémie peut entraîner un malaise pendant la conduite ou l'utilisation de machines.

INTERACTIONS MÉDICAMENTEUSES

Certains médicaments peuvent déséquilibrer la *glycémie* : signalez votre traitement par l'*insuline* à tout médecin consulté ou à votre pharmacien.

GROSSESSE, ALLAITEMENT ET NOUVEAU-NÉ

Grossesse :

L'*insuline* est adaptée au *diabète* de la femme enceinte ou aux troubles passagers de la *glycémie* pendant la durée de la grossesse.

Allaitement :

Le traitement par l'*insuline* n'est pas une contre-indication à l'allaitement.

MODE D'EMPLOI ET POSOLOGIE

Cette *insuline* doit être injectée par *voie* sous-cutanée.

Agitez la suspension avant l'injection afin de l'homogénéiser.

Les seringues utilisées doivent avoir une graduation en unité d'insuline.

Respectez les horaires et les zones d'injection recommandés par votre médecin.

Posologie usuelle :

Elle est adaptée en fonction des résultats des analyses réalisées par le diabétique ou par son entourage (carnet de surveillance) et des conseils de son médecin.

En cas d'activité sportive, il est préférable d'injecter l'*insuline* à distance des muscles qui travaillent pour éviter une absorption trop rapide. De plus, il est habituellement nécessaire d'adapter les doses d'insuline selon les recommandations du médecin.

Prenez contact avec les associations pour diabétiques : elles diffusent une information utile sur le traitement et la surveillance du *diabète*.

Votre entourage doit savoir reconnaître les signes d'une *hypoglycémie* et pouvoir vous administrer, en cas de perte de connaissance, une ampoule de GLUCAGON. Celle-ci peut être conservée au domicile ou sur le lieu de travail à température ambiante (inférieure à 25 °C) pendant 2 ans. Après reconstitution, la solution ne doit pas être conservée plus d'une semaine au réfrigérateur ni être congelée.

Veillez à ne pas manquer d'insuline ou de seringues, notamment pendant les week-ends et les jours fériés ; lors de vos déplacements, munissez-vous d'une réserve ou de votre ordonnance en cours de validité. Un certificat de traitement par l'insuline peut être nécessaire pour franchir certaines frontières.

Avant une première utilisation, il est préférable de conserver l'insuline dans le bas du réfrigérateur (entre + 2 °C et + 8 °C). Si le flacon a été soumis à des températures comprises entre 22 °C et 35 °C pendant moins de 72 heures, il peut être utilisé mais doit ensuite être conservé au frais.

Cette insuline ne doit pas être congelée.

Pour un meilleur confort, l'insuline doit être sortie du réfrigérateur une heure avant l'injection ou réchauffée dans les mains pendant quelques minutes, puis injectée à température ambiante.

Après une première utilisation, les flacons entamés peuvent être conservés 3 semaines à température ambiante (inférieure à 25 °C) dans un endroit propre et sec et à l'abri de la lumière.

EFFETS INDÉSIRABLES POSSIBLES

Nodules graisseux sous-cutanés.

Rares *allergies*, essentiellement cutanées.

UMULINE PROFIL 30 100 UI/ml
insuline

PRÉSENTATION

UMULINE PROFIL 30 100 UI/ml : suspension injectable d'*insuline* d'action intermédiaire à début rapide ; boîte de 5 cartouches 1,5 ml (150 unités internationales) - Remb. 65 %

Laboratoires Lilly France

COMPOSITION

	p. cartouche
Insuline humaine biogénétique cristallisée en présence de zinc	150 UI
Protamine base	0,284 mg

INDICATIONS

C'est une *insuline* identique à l'insuline humaine, obtenue par *biotechnologie*. Elle comprend 30 % d'insuline d'action rapide et 70 % d'insuline d'action intermédiaire : son effet apparaît vers la 30e minute qui suit l'injection et s'estompe au bout de 18 à 20 heures.

Elle est utilisée exclusivement en injection dans le traitement du *diabète*, et conditionnée en cartouche adaptée uniquement aux stylos injecteurs.

ATTENTION

La concentration de cette suspension n'est pas adaptée aux seringues ni aux pompes à *perfusion* : risque majeur d'*hypoglycémie* grave par surdosage.

La mise en route du traitement suppose un apprentissage correct pour injecter l'*insuline*, contrôler la *glycémie* au doigt, rechercher le *sucre* et l'acétone dans les urines et tenir un carnet de surveillance.

L'hypoglycémie est la principale complication des traitements par l'insuline. Il s'agit le plus souvent de malaises hypoglycémiques sans gravité dont les principaux signes sont : sueurs, tremblements, troubles visuels, vision double, fatigue soudaine, fringale, *vertiges*, difficulté de concentration. En ce cas, le diabétique doit aussitôt absorber 3 à 6 morceaux de sucre ou un sirop sucré.

Beaucoup plus rarement, l'hypoglycémie peut être grave et entraîner des troubles du comportement (comparables notamment à l'ébriété), des *convulsions*, voire une perte de connaissance : 1 ampoule de GLUCAGON doit être injectée immédiatement par *voie* sous-cutanée ou intramusculaire, même à travers les vêtements en cas d'agitation. Si le diabétique ne reprend pas conscience dans les minutes qui suivent, prévenez un service d'urgence. Dans le doute, il n'y a pas de danger à injecter du GLUCAGON à un diabétique traité par l'insuline. Dans tous les cas, la prise d'une collation ou d'un repas reste nécessaire.

L'autre complication possible chez le diabétique est la survenue d'une *acidocétose* due à un manque important d'insuline. Elle peut être déclenchée par une infection (qui augmente les besoins en insuline) : grippe, rhume, *cystite*, abcès, etc. Elle se manifeste par une grande fatigue, une soif intense et des *troubles digestifs*. Il faut alors rechercher la présence de sucre et d'acétone dans les urines : la présence des deux en quantité importante confirme le diagnostic. Le traitement par l'insuline ne doit pas être arrêté ; le diabétique doit suivre les consignes de son médecin et, si besoin, le joindre d'urgence.

Évitez la prise de boissons alcoolisées à jeun ou à distance des repas : augmentation du risque d'hypoglycémie.

Conducteur : une hypoglycémie peut entraîner un malaise pendant la conduite ou l'utilisation de machines.

INTERACTIONS MÉDICAMENTEUSES

Certains médicaments peuvent déséquilibrer la *glycémie* : signalez votre traitement par l'*insuline* à tout médecin consulté ou à votre pharmacien.

GROSSESSE, ALLAITEMENT ET NOUVEAU-NÉ

Grossesse :

L'*insuline* est adaptée au *diabète* de la femme enceinte ou aux troubles passagers de la *glycémie* pendant la durée de la grossesse.

Allaitement :

Le traitement par l'*insuline* n'est pas une contre-indication à l'allaitement.

MODE D'EMPLOI ET POSOLOGIE

Cette *insuline* doit être injectée uniquement par *voie* sous-cutanée ; son conditionnement en cartouche est exclusivement réservé au stylo injecteur prescrit par votre médecin.

Agitez le stylo avant l'injection afin d'homogénéiser la suspension ; purgez ensuite l'air éventuellement contenu dans la cartouche.

L'aiguille doit être changée après chaque injection.

Respectez les horaires et les zones d'injection recommandés.

Posologie usuelle :

Elle est adaptée en fonction des résultats des analyses réalisées par le diabétique ou par son entourage (carnet de surveillance) et des conseils de son médecin.

Il est prudent de disposer d'une *insuline* équivalente pour seringue afin de faire face à une perte ou à un défaut de fonctionnement du stylo.

Si vous utilisez deux stylos destinés à injecter deux insulines, veillez à pouvoir les distinguer facilement.

Pour le maniement précis du stylo, conformez-vous à la notice fournie par le fabricant et veillez à ne pas l'égarer.

En cas d'activité sportive, il est préférable d'injecter l'insuline à distance des muscles qui travaillent pour éviter une absorption trop rapide de l'insuline. De plus, une adaptation des doses d'insuline est habituellement nécessaire selon les conseils du médecin.

Prenez contact avec les associations pour diabétiques : elles diffusent une information utile sur le traitement et la surveillance du *diabète*.

Votre entourage doit savoir reconnaître les signes d'une *hypoglycémie* et pouvoir vous administrer, en cas de perte de connaissance, une ampoule de GLUCAGON. Celle-ci peut être conservée au domicile ou sur le lieu de travail à température ambiante (inférieure à 25 °C) pendant 2 ans. Après reconstitution, la solution ne doit pas être conservée plus d'une semaine au réfrigérateur ni être congelée.

Veillez à ne pas manquer d'insuline ou de seringues, notamment lors des week-ends et jours fériés ; lors de vos déplacements, munissez-vous d'une réserve ou de votre ordonnance en cours de validité. Un certificat de traitement par l'insuline peut être nécessaire pour franchir certaines frontières.

Avant une première utilisation, il est préférable de conserver vos réserves d'insuline dans le bas du réfrigérateur (entre + 2 °C et + 8 °C). Si les cartouches ont été soumises à des températures comprises entre 22 °C et 35 °C pendant moins de 72 heures, elles peuvent être utilisées mais doivent ensuite être conservées au frais.

Après une première utilisation, la cartouche peut être conservée dans le stylo 3 semaines à température ambiante (inférieure à 25 °C) dans un endroit propre et sec, à l'abri de la lumière.

Ne jamais congeler cette insuline.

EFFETS INDÉSIRABLES POSSIBLES

Nodules graisseux sous-cutanés.

Rares *allergies*, essentiellement cutanées.

UMULINE PROFIL 40

insuline

PRÉSENTATION

UMULINE PROFIL 40 : suspension injectable d'insuline d'action intermédiaire à début rapide ; flacon 10 ml (400 unités internationales) - Remb. 65 %

Laboratoires Lilly France

COMPOSITION

	p. ml
Insuline humaine biogénétique cristallisée en présence de zinc	40 UI
Protamine sulfate	0,086 mg

INDICATIONS

C'est une *insuline* identique à l'insuline humaine, obtenue par *biotechnologie*. Elle comprend 40 % d'insuline d'action rapide et 60 % d'insuline d'action intermédiaire : son effet apparaît vers la 30e minute qui suit l'injection et s'estompe au bout de 20 heures.

Elle est utilisée exclusivement en injection dans le traitement du *diabète*.

ATTENTION

La mise en route du traitement suppose un apprentissage correct pour injecter l'*insuline*, contrôler la *glycémie* au doigt, rechercher le *sucre* et l'acétone dans les urines et tenir un carnet de surveillance.

L'*hypoglycémie* est la principale complication des traitements par l'insuline. Il s'agit le plus souvent de malaises hypoglycémiques sans gravité dont les principaux signes sont : sueurs, tremblements, troubles visuels, vision double, fatigue soudaine, fringale, *vertiges*, difficulté de concentration. En ce cas, le diabétique doit aussitôt absorber 3 à 6 morceaux de sucre ou un sirop sucré.

Beaucoup plus rarement, l'hypoglycémie peut être grave et peut entraîner des troubles du comportement (comparables notamment à l'ébriété), des *convulsions*, voire une perte de connaissance : 1 ampoule de GLUCAGON doit être injectée immédiatement par *voie* sous-cutanée ou intramusculaire, même à travers les vêtements en cas d'agitation. Si le diabétique ne reprend pas conscience dans les minutes qui suivent, prévenez un service d'urgence. Dans le doute, il n'y a pas de danger à injecter du GLUCAGON à un diabétique traité par l'insuline. Dans tous les cas, la prise d'une collation ou d'un repas reste nécessaire.

L'autre complication possible chez le diabétique est la survenue d'une *acidocétose* due à un manque important d'insuline. Elle peut être déclenchée par une infection (qui augmente les besoins en insuline) : grippe, rhume, *cystite*, abcès, etc. Elle se manifeste par une grande fatigue, une soif intense et des *troubles digestifs*. Il faut alors rechercher la présence de sucre et d'acétone dans les urines : la présence des deux en quantité importante confirme le diagnostic. Le traitement par l'insuline ne doit pas être arrêté ; le diabétique doit suivre les consignes de son médecin et, si besoin, le joindre d'urgence.

Évitez la prise de boissons alcoolisées à jeun ou à distance des repas : augmentation du risque d'hypoglycémie.

La concentration de cette solution n'est pas adaptée aux stylos injecteurs ni aux pompes à *perfusion*.

Conducteur : une hypoglycémie peut entraîner un malaise pendant la conduite ou l'utilisation de machines.

INTERACTIONS MÉDICAMENTEUSES

Certains médicaments peuvent déséquilibrer la *glycémie* : signalez votre traitement par l'*insuline* à tout médecin consulté ou à votre pharmacien.

GROSSESSE, ALLAITEMENT ET NOUVEAU-NÉ

Grossesse :

L'*insuline* est adaptée au *diabète* de la femme enceinte ou aux troubles passagers de la *glycémie* pendant la durée de la grossesse.

Allaitement :

Le traitement par l'*insuline* n'est pas une contre-indication à l'allaitement.

MODE D'EMPLOI ET POSOLOGIE

Cette *insuline* doit être injectée par *voie* sous-cutanée.

Agitez la suspension avant l'injection afin de l'homogénéiser.

Les seringues utilisées doivent avoir une graduation en unité d'insuline.

Respectez les horaires et les zones d'injection recommandés par votre médecin.

Posologie usuelle :

Elle est adaptée en fonction des résultats des analyses réalisées par le diabétique ou par son entourage (carnet de surveillance) et des conseils de son médecin.

En cas d'activité sportive, il est préférable d'injecter l'*insuline* à distance des muscles qui travaillent pour éviter une absorption trop rapide. De plus, il est habituellement nécessaire d'adapter les doses d'insuline selon les recommandations du médecin.

Prenez contact avec les associations pour diabétiques : elles diffusent une information utile sur le traitement et la surveillance du *diabète*.

Votre entourage doit savoir reconnaître les signes d'une *hypoglycémie* et pouvoir vous administrer, en cas de perte de connaissance, une ampoule de GLUCAGON. Celle-ci peut être conservée au domicile ou sur le lieu de travail à température ambiante (inférieure à 25 °C) pendant 2 ans. Après reconstitution, la solution ne doit pas être conservée plus d'une semaine au réfrigérateur ni être congelée.

Veillez à ne pas manquer d'insuline ou de seringues, notamment pendant les week-ends et les jours fériés ; lors de vos déplacements, munissez-vous d'une réserve ou de votre ordonnance en cours de validité. Un certificat de traitement par l'insuline peut être nécessaire pour franchir certaines frontières.

Avant une première utilisation, il est préférable de conserver l'insuline dans le bas du réfrigérateur (entre + 2 °C et + 8 °C). Si le flacon a été soumis à des températures comprises entre 22 °C et 35 °C pendant moins de 72 heures, il peut être utilisé mais doit ensuite être conservé au frais.

Cette insuline ne doit pas être congelée.

Pour un meilleur confort, l'insuline doit être sortie du réfrigérateur une heure avant l'injection ou réchauffée dans les mains pendant quelques minutes, puis injectée à température ambiante.

Après une première utilisation, les flacons entamés peuvent être conservés 3 semaines à température ambiante (inférieure à 25 °C) dans un endroit propre et sec et à l'abri de la lumière.

EFFETS INDÉSIRABLES POSSIBLES

Nodules graisseux sous-cutanés.

Rares *allergies*, essentiellement cutanées.

UMULINE PROFIL 40 100 UI/ml

insuline

PRÉSENTATION

UMULINE PROFIL 40 100 UI/ml : suspension injectable d'*insuline* d'action intermédiaire à début rapide ; boîte de 5 cartouches 1,5 ml (150 unités internationales) - Remb. 65 %

Laboratoires Lilly France

COMPOSITION

	p. cartouche
Insuline humaine biogénétique cristallisée en présence de zinc	150 UI
Protamine base	0,243 mg

INDICATIONS

C'est une *insuline* identique à l'insuline humaine, obtenue par *biotechnologie*. Elle comprend 40 % d'insuline d'action rapide et 60 % d'insuline d'action intermédiaire : son effet apparaît vers la 30e minute qui suit l'injection et s'estompe au bout de 18 à 20 heures.

Elle est utilisée exclusivement en injection dans le traitement du *diabète*, et conditionnée en cartouche adaptée uniquement aux stylos injecteurs.

ATTENTION

La concentration de cette suspension n'est pas adaptée aux seringues et aux pompes à *perfusion* : risque majeur d'*hypoglycémie* grave par surdosage.

La mise en route du traitement suppose un apprentissage correct pour injecter l'*insuline*, contrôler la *glycémie* au doigt, rechercher le *sucre* et l'acétone dans les urines et tenir un carnet de surveillance.

L'hypoglycémie est la principale complication des traitements par l'insuline. Il s'agit le plus souvent de malaises hypoglycémiques sans gravité dont les principaux signes sont : sueurs, tremblements, troubles visuels, vision double, fatigue soudaine, fringale, *vertiges*, difficulté de concentration. En ce cas, le diabétique doit aussitôt absorber 3 à 6 morceaux de sucre ou un sirop sucré.

Beaucoup plus rarement, l'hypoglycémie peut être grave et entraîner des troubles du comportement (comparables notamment à l'ébriété), des *convulsions*, voire une perte de connaissance : 1 ampoule de GLUCAGON doit être injectée immédiatement par *voie* sous-cutanée ou intramusculaire, même à travers les vêtements en cas d'agitation. Si le diabétique ne reprend pas conscience dans les minutes qui suivent, prévenez un service d'urgence. Dans le doute, il n'y a pas de danger à injecter du GLUCAGON à un diabétique traité par l'insuline. Dans tous les cas, la prise d'une collation ou d'un repas reste nécessaire.

L'autre complication possible chez le diabétique est la survenue d'une *acidocétose* due à un manque important d'insuline. Elle peut être déclenchée par une infection (qui augmente les besoins en insuline) : grippe, rhume, *cystite*, abcès, etc. Elle se manifeste par une grande fatigue, une soif intense et des *troubles digestifs*. Il faut alors rechercher la présence de sucre et d'acétone dans les urines : la présence des deux en quantité importante confirme le diagnostic. Le traitement par l'insuline ne doit pas être arrêté ; le diabétique doit suivre les consignes de son médecin et, si besoin, le joindre d'urgence.

Évitez la prise de boissons alcoolisées à jeun ou à distance des repas : augmentation du risque d'hypoglycémie.

Conducteur : une hypoglycémie peut entraîner un malaise pendant la conduite ou l'utilisation de machines.

INTERACTIONS MÉDICAMENTEUSES

Certains médicaments peuvent déséquilibrer la *glycémie* : signalez votre traitement par l'*insuline* à tout médecin consulté ou à votre pharmacien.

GROSSESSE, ALLAITEMENT ET NOUVEAU-NÉ

Grossesse :

L'*insuline* est adaptée au *diabète* de la femme enceinte ou aux troubles passagers de la *glycémie* pendant la durée de la grossesse.

Allaitement :

Le traitement par l'*insuline* n'est pas une contre-indication à l'allaitement.

MODE D'EMPLOI ET POSOLOGIE

Cette *insuline* doit être injectée uniquement par *voie* sous-cutanée ; son conditionnement en cartouche est exclusivement réservé au stylo injecteur prescrit par votre médecin.

Agitez le stylo avant l'injection afin d'homogénéiser la suspension ; purgez ensuite l'air éventuellement contenu dans la cartouche.

L'aiguille doit être changée après chaque injection.

Respectez les horaires et les zones d'injection recommandés.

Posologie usuelle :

Elle est adaptée en fonction des résultats des analyses réalisées par le diabétique ou par son entourage (carnet de surveillance) et des conseils de son médecin.

☛ Il est prudent de disposer d'une *insuline* équivalente pour seringue afin de faire face à une perte ou à un défaut de fonctionnement du stylo.

Si vous utilisez deux stylos destinés à injecter deux insulines, veillez à pouvoir les distinguer facilement.

Pour le maniement précis du stylo, conformez-vous à la notice fournie par le fabricant et veillez à ne pas l'égarer.

En cas d'activité sportive, il est préférable d'injecter l'insuline à distance des muscles qui travaillent pour éviter une absorption trop rapide de l'insuline. De plus, une adaptation des doses d'insuline est habituellement nécessaire selon les conseils du médecin.

Prenez contact avec les associations pour diabétiques : elles diffusent une information utile sur le traitement et la surveillance du *diabète*.

Votre entourage doit savoir reconnaître les signes d'une *hypoglycémie* et pouvoir vous administrer, en cas de perte de connaissance, une ampoule de GLUCAGON. Celle-ci peut être conservée au domicile ou sur le lieu de travail à température ambiante (inférieure à 25 °C) pendant 2 ans. Après reconstitution, la solution ne doit pas être conservée plus d'une semaine au réfrigérateur ni être congelée.

Veillez à ne pas manquer d'insuline ou de seringues, notamment lors des week-ends et jours fériés ; lors de vos déplacements, munissez-vous d'une réserve ou de votre ordonnance en cours de validité. Un certificat de traitement par l'insuline peut être nécessaire pour franchir certaines frontières.

Avant une première utilisation, il est préférable de conserver l'insuline dans le bas du réfrigérateur (entre + 2 °C et + 8 °C). Si les cartouches ont été soumises à des températures comprises entre 22 °C et 35 °C pendant moins de 72 heures, elles peuvent être utilisées mais doivent ensuite être conservées au frais.

Après une première utilisation, la cartouche peut être conservée dans le stylo 3 semaines à température ambiante (inférieure à 25 °C) dans un endroit propre et sec, à l'abri de la lumière.

Ne jamais congeler cette insuline.

EFFETS INDÉSIRABLES POSSIBLES

Nodules graisseux sous-cutanés.

Rares *allergies*, essentiellement cutanées.

UMULINE PROFIL 50
insuline

PRÉSENTATION

UMULINE PROFIL 50 : suspension injectable d'insuline d'action intermédiaire à début rapide ; flacon 10 ml (400 unités internationales) - Remb. 65 %

Laboratoires Lilly France

COMPOSITION

	p. ml
Insuline humaine biogénétique cristallisée en présence de zinc	40 UI
Protamine sulfate	5,4 µg

INDICATIONS

C'est une *insuline* identique à l'insuline humaine, obtenue par *biotechnologie*. Elle comprend 50 % d'insuline d'action rapide et 50 % d'insuline d'action intermédiaire : son effet apparaît vers la 30e minute qui suit l'injection et s'estompe au bout de 20 heures.

Elle est utilisée exclusivement en injection dans le traitement du *diabète*.

ATTENTION

La mise en route du traitement suppose un apprentissage correct pour injecter l'*insuline*, contrôler la *glycémie* au doigt, rechercher le *sucre* et l'acétone dans les urines et tenir un carnet de surveillance.

L'*hypoglycémie* est la principale complication des traitements par l'insuline. Il s'agit le plus souvent de malaises hypoglycémiques sans gravité dont les principaux signes sont : sueurs, tremblements, troubles visuels, vision double, fatigue soudaine, fringale, *vertiges*, difficulté de concentration. En ce cas, le diabétique doit aussitôt absorber 3 à 6 morceaux de sucre ou un sirop sucré.

Beaucoup plus rarement, l'hypoglycémie peut être grave et peut entraîner des troubles du comportement (comparables notamment à l'ébriété), des *convulsions*, voire une perte de connaissance : 1 ampoule de GLUCAGON doit être injectée immédiatement par *voie* sous-cutanée ou intramusculaire, même à travers les vêtements en cas d'agitation. Si le diabétique ne reprend pas conscience dans les minutes qui suivent, prévenez un service d'urgence. Dans le doute, il n'y a pas de danger à injecter du GLUCAGON à un diabétique traité par l'insuline. Dans tous les cas, la prise d'une collation ou d'un repas reste nécessaire.

L'autre complication possible chez le diabétique est la survenue d'une *acidocétose* due à un manque important d'insuline. Elle peut être déclenchée par une infection (qui augmente les besoins en insuline) : grippe, rhume, *cystite*, abcès, etc. Elle se manifeste par une grande fatigue, une soif intense et des *troubles digestifs*. Il faut alors rechercher la présence de sucre et d'acétone dans les urines : la présence des deux en quantité importante confirme le diagnostic. Le traitement par l'insuline ne doit pas être arrêté ; le diabétique doit suivre les consignes de son médecin et, si besoin, le joindre d'urgence.

Évitez la prise de boissons alcoolisées à jeun ou à distance des repas : augmentation du risque d'hypoglycémie.

La concentration de cette solution n'est pas adaptée aux stylos injecteurs ni aux pompes à *perfusion*.

Conducteur : une hypoglycémie peut entraîner un malaise pendant la conduite ou l'utilisation de machines.

INTERACTIONS MÉDICAMENTEUSES

Certains médicaments peuvent déséquilibrer la *glycémie* : signalez votre traitement par l'*insuline* à tout médecin consulté ou à votre pharmacien.

GROSSESSE, ALLAITEMENT ET NOUVEAU-NÉ

Grossesse :

L'*insuline* est adaptée au *diabète* de la femme enceinte ou aux troubles passagers de la *glycémie* pendant la durée de la grossesse.

Allaitement :

Le traitement par l'*insuline* n'est pas une contre-indication à l'allaitement.

MODE D'EMPLOI ET POSOLOGIE

Cette *insuline* doit être injectée par *voie* sous-cutanée.

Agitez la suspension avant l'injection afin de l'homogénéiser.

Les seringues utilisées doivent avoir une graduation en unité d'insuline.

Respectez les horaires et les zones d'injection recommandés par votre médecin.

Posologie usuelle :

Elle est adaptée en fonction des résultats des analyses réalisées par le diabétique ou par son entourage (carnet de surveillance) et des conseils de son médecin.

☛ En cas d'activité sportive, il est préférable d'injecter l'*insuline* à distance des muscles qui travaillent pour éviter une absorption trop rapide. De plus, il est habituellement nécessaire d'adapter les doses d'insuline selon les recommandations du médecin.

Prenez contact avec les associations pour diabétiques : elles diffusent une information utile sur le traitement et la surveillance du *diabète*.

Votre entourage doit savoir reconnaître les signes d'une *hypoglycémie* et pouvoir vous administrer, en cas de perte de connaissance, une ampoule de GLUCAGON. Celle-ci peut être conservée au domicile ou sur le lieu de travail à température ambiante (inférieure à 25 °C) pendant 2 ans. Après reconstitution, la solution ne doit pas être conservée plus d'une semaine au réfrigérateur ni être congelée.

Veillez à ne pas manquer d'insuline ou de seringues, notamment pendant les week-ends et les jours fériés ; lors de vos déplacements, munissez-vous d'une réserve ou de votre ordonnance en cours de validité. Un certificat de traitement par l'insuline peut être nécessaire pour franchir certaines frontières.

Avant une première utilisation, il est préférable de conserver l'insuline dans le bas du réfrigérateur (entre + 2 °C et + 8 °C). Si le flacon a été soumis à des températures comprises entre 22 °C et 35 °C pendant moins de 72 heures, il peut être utilisé mais doit ensuite être conservé au frais.

Cette insuline ne doit pas être congelée.

Pour un meilleur confort, l'insuline doit être sortie du réfrigérateur une heure avant l'injection ou réchauffée dans les mains pendant quelques minutes, puis injectée à température ambiante.

Après une première utilisation, les flacons entamés peuvent être conservés 3 semaines à température ambiante (inférieure à 25 °C) dans un endroit propre et sec et à l'abri de la lumière.

EFFETS INDÉSIRABLES POSSIBLES

Nodules graisseux sous-cutanés.

Rares *allergies*, essentiellement cutanées.

UMULINE NPH 100 UI/ml

insuline

PRÉSENTATION

UMULINE NPH Protamine Isophane 100 UI/ml : suspension injectable d'*insuline* d'action intermédiaire ; boîte de 5 cartouches 1,5 ml (150 unités internationales) - Remb. 65 %

Laboratoires Lilly France

COMPOSITION

	p. cartouche
Insuline humaine biogénétique isophane cristallisée en présence de zinc	150 UI
Protamine base	0,405 mg

INDICATIONS

C'est une *insuline* identique à l'insuline humaine, obtenue par *biotechnologie*. Son action est de durée intermédiaire : son effet apparaît vers la 60e minute qui suit l'injection et s'estompe au bout de 18 à 20 heures.

Elle est utilisée exclusivement en injection dans le traitement du *diabète*, et conditionnée en cartouche adaptée uniquement aux stylos injecteurs.

ATTENTION

La concentration de cette suspension n'est pas adaptée aux seringues ni aux pompes à *perfusion* : risque majeur d'*hypoglycémie* grave par surdosage.

La mise en route du traitement suppose un apprentissage correct pour injecter l'*insuline*, contrôler la *glycémie* au doigt, rechercher le *sucre* et l'acétone dans les urines et tenir un carnet de surveillance.

L'hypoglycémie est la principale complication des traitements par l'insuline. Il s'agit le plus souvent de malaises hypoglycémiques sans gravité dont les principaux signes sont : sueurs, tremblements, troubles visuels, vision double, fatigue soudaine, fringale, *vertiges*, difficulté de concentration. En ce cas, le diabétique doit aussitôt absorber 3 à 6 morceaux de sucre ou un sirop sucré.

Beaucoup plus rarement, l'hypoglycémie peut être grave et entraîner des troubles du comportement (comparables notamment à l'ébriété), des *convulsions*, voire une perte de connaissance : 1 ampoule de GLUCAGON doit être injectée immédiatement par *voie* sous-cutanée ou intramusculaire, même à travers les vêtements en cas d'agitation. Si le diabétique ne reprend pas conscience dans les minutes qui suivent, prévenez un service d'urgence. Dans le doute, il n'y a pas de danger à injecter du GLUCAGON à un diabétique traité par l'insuline. Dans tous les cas, la prise d'une collation ou d'un repas reste nécessaire.

L'autre complication possible chez le diabétique est la survenue d'une *acidocétose* due à un manque important d'insuline. Elle peut être déclenchée par une infection (qui augmente les besoins en insuline) : grippe, rhume, *cystite*, abcès, etc. Elle se manifeste par une grande fatigue, une soif intense et des *troubles digestifs*. Il faut alors rechercher la présence de sucre et d'acétone dans les urines : la présence des deux en quantité importante confirme le diagnostic. Le traitement par l'insuline ne doit pas être arrêté ; le diabétique doit suivre les consignes de son médecin et, si besoin, le joindre d'urgence.

Évitez la prise de boissons alcoolisées à jeun ou à distance des repas : augmentation du risque d'hypoglycémie.

Conducteur : une hypoglycémie peut entraîner un malaise pendant la conduite ou l'utilisation de machines.

INTERACTIONS MÉDICAMENTEUSES

Certains médicaments peuvent déséquilibrer la *glycémie* : signalez votre traitement par l'*insuline* à tout médecin consulté ou à votre pharmacien.

GROSSESSE, ALLAITEMENT ET NOUVEAU-NÉ

Grossesse :

L'*insuline* est adaptée au *diabète* de la femme enceinte ou aux troubles passagers de la *glycémie* pendant la durée de la grossesse.

Allaitement :

Le traitement par l'*insuline* n'est pas une contre-indication à l'allaitement.

MODE D'EMPLOI ET POSOLOGIE

Cette *insuline* doit être injectée uniquement par *voie* sous-cutanée ; son conditionnement en cartouche est exclusivement réservé au stylo injecteur prescrit par votre médecin.

Agitez le stylo avant l'injection afin d'homogénéiser la suspension ; purgez ensuite l'air éventuellement contenu dans la cartouche.

L'aiguille doit être changée après chaque injection.

Respectez les horaires et les zones d'injection recommandés.

Posologie usuelle :

Elle est adaptée en fonction des résultats des analyses réalisées par le diabétique ou son entourage (carnet de surveillance) et des conseils de son médecin.

Il est prudent de disposer d'une *insuline* équivalente pour seringue afin de faire face à une perte ou à un défaut de fonctionnement du stylo.

Si vous utilisez deux stylos destinés à injecter deux insulines, veillez à pouvoir les distinguer facilement.

Pour le maniement précis du stylo, conformez-vous à la notice fournie par le fabricant et veillez à ne pas l'égarer.

En cas d'activité sportive, il est préférable d'injecter l'insuline à distance des muscles qui travaillent pour éviter une absorption trop rapide de l'insuline. De plus, une adaptation des doses d'insuline est habituellement nécessaire selon les conseils du médecin.

Prenez contact avec les associations pour diabétiques : elles diffusent une information utile sur le traitement et la surveillance du *diabète*.

Votre entourage doit savoir reconnaître les signes d'une *hypoglycémie* et pouvoir vous administrer, en cas de perte de connaissance, une ampoule de GLUCAGON. Celle-ci peut être conservée au domicile ou sur le lieu de travail à température ambiante (inférieure à 25 °C) pendant 2 ans. Après reconstitution, la solution ne doit pas être conservée plus d'une semaine au réfrigérateur ni être congelée.

Veillez à ne pas manquer d'insuline ou de seringues, notamment lors des week-ends et jours fériés ; lors de vos déplacements, munissez-vous d'une réserve ou de votre ordonnance en cours de validité. Un certificat de traitement par l'insuline peut être nécessaire pour franchir certaines frontières.

Avant une première utilisation, il est préférable de conserver vos réserves d'insuline dans le bas du réfrigérateur (entre + 2 °C et + 8 °C). Si les cartouches ont été soumises à des températures comprises entre 22 °C et 35 °C pendant moins de 72 heures, elles peuvent être utilisées mais doivent ensuite être conservées au frais.

Après une première utilisation, la cartouche peut être conservée dans le stylo 3 semaines à température ambiante (inférieure à 25 °C), dans un endroit propre et sec, à l'abri de la lumière.

Ne jamais congeler cette insuline.

EFFETS INDÉSIRABLES POSSIBLES

Nodules graisseux sous-cutanés.

Rares *allergies*, essentiellement cutanées.

UMULINE RAPIDE

insuline

PRÉSENTATION

UMULINE RAPIDE : solution injectable d'insuline d'action rapide et brève ; flacon 10 ml (400 unités internationales) - Remb. 65 %

Laboratoires Lilly France

COMPOSITION

	p. ml
Insuline humaine biogénétique cristallisée en présence de zinc	40 UI

INDICATIONS

C'est une *insuline* identique à l'insuline humaine, obtenue par *biotechnologie*. Son action est rapide et brève : son effet apparaît vers la 30e minute qui suit l'injection et s'estompe vers la 7e heure.

Elle est utilisée exclusivement en injection dans le traitement du *diabète*.

ATTENTION

La mise en route du traitement suppose un apprentissage correct pour injecter l'*insuline*, contrôler la *glycémie* au doigt, rechercher le *sucre* et l'acétone dans les urines et tenir un carnet de surveillance.

L'*hypoglycémie* est la principale complication des traitements par l'insuline. Il s'agit le plus souvent de malaises hypoglycémiques sans gravité dont les principaux signes sont : sueurs, tremblements, troubles visuels, vision double, fatigue soudaine, fringale, *vertiges*, difficulté de concentration. En ce cas, le diabétique doit aussitôt absorber 3 à 6 morceaux de sucre ou un sirop sucré.

Beaucoup plus rarement, l'hypoglycémie peut être grave et peut entraîner des troubles du comportement (comparables notamment à l'ébriété), des *convulsions*, voire une perte de connaissance : 1 ampoule de GLUCAGON doit être injectée immédiatement par *voie* sous-cutanée ou intramusculaire, même à travers les vêtements en cas d'agitation. Si le diabétique ne reprend pas conscience dans les minutes qui suivent, prévenez un service d'urgence. Dans le doute, il n'y a pas de danger à injecter du GLUCAGON à un diabétique traité par l'insuline. Dans tous les cas, la prise d'une collation ou d'un repas reste nécessaire.

L'autre complication possible chez le diabétique est la survenue d'une *acidocétose* due à un manque important d'insuline. Elle peut être déclenchée par une infection (qui augmente les besoins en insuline) : grippe, rhume, *cystite*, abcès, etc. Elle se manifeste par une grande fatigue, une soif intense et des *troubles digestifs*. Il faut alors rechercher la présence de sucre et d'acétone dans les urines : la présence des deux en quantité importante confirme le diagnostic. Le traitement par l'insuline ne doit pas être arrêté ; le diabétique doit suivre les consignes de son médecin et, si besoin, le joindre d'urgence.

Évitez la prise de boissons alcoolisées à jeun ou à distance des repas : augmentation du risque d'hypoglycémie.

La concentration de cette solution n'est pas adaptée aux stylos injecteurs ni aux pompes à *perfusion*.

Conducteur : une hypoglycémie peut entraîner un malaise pendant la conduite ou l'utilisation de machines.

INTERACTIONS MÉDICAMENTEUSES

Certains médicaments peuvent déséquilibrer la *glycémie* : signalez votre traitement par l'*insuline* à tout médecin consulté ou à votre pharmacien.

GROSSESSE, ALLAITEMENT ET NOUVEAU-NÉ

Grossesse :

L'*insuline* est adaptée au *diabète* de la femme enceinte ou aux troubles passagers de la *glycémie* pendant la durée de la grossesse.

Allaitement :

Le traitement par l'*insuline* n'est pas une contre-indication à l'allaitement.

MODE D'EMPLOI ET POSOLOGIE

Cette *insuline* doit être injectée par *voie* sous-cutanée. Elle ne doit être injectée par voie intramusculaire ou par voie intraveineuse qu'en milieu hospitalier ou sous surveillance médicale

Les seringues utilisées doivent avoir une graduation en unité d'insuline.

Respectez les horaires et les zones d'injection recommandés par votre médecin.

Posologie usuelle :

Elle est adaptée en fonction des résultats des analyses réalisées par le diabétique ou par son entourage (carnet de surveillance) et des conseils de son médecin.

En cas d'activité sportive, il est préférable d'injecter l'*insuline* à distance des muscles qui travaillent pour éviter une absorption trop rapide. De plus, il est habituellement nécessaire d'adapter les doses d'insuline selon les recommandations du médecin.

Prenez contact avec les associations pour diabétiques : elles diffusent une information utile sur le traitement et la surveillance du *diabète*.

Votre entourage doit savoir reconnaître les signes d'une *hypoglycémie* et pouvoir vous administrer, en cas de perte de connaissance, une ampoule de GLUCAGON. Celle-ci peut être conservée au domicile ou sur le lieu de travail à température ambiante (inférieure à 25 °C) pendant 2 ans. Après reconstitution, la solution ne doit pas être conservée plus d'une semaine au réfrigérateur ni être congelée.

Veillez à ne pas manquer d'insuline ou de seringues, notamment pendant les week-ends et les jours fériés ; lors de vos déplacements, munissez-vous d'une réserve ou de votre ordonnance en cours de validité. Un certificat de traitement par l'insuline peut être nécessaire pour franchir certaines frontières.

Avant une première utilisation, il est préférable de conserver l'insuline dans le bas du réfrigérateur (entre + 2 °C et + 8 °C). Si le flacon a été soumis à des températures comprises entre 22 °C et 35 °C pendant moins de 72 heures, il peut être utilisé mais doit ensuite être conservé au frais.

Pour un meilleur confort, l'insuline doit être sortie du réfrigérateur une heure avant l'injection ou réchauffée dans les mains pendant quelques minutes, puis injectée à température ambiante.

Après une première utilisation, les flacons entamés peuvent être conservés 3 semaines à température ambiante (inférieure à 25 °C) dans un endroit propre et sec et à l'abri de la lumière.

EFFETS INDÉSIRABLES POSSIBLES

Nodules graisseux sous-cutanés.

Rares *allergies*, essentiellement cutanées.

UMULINE RAPIDE 100 UI/ml

insuline

PRÉSENTATION

UMULINE RAPIDE 100 UI/ml : solution injectable d'*insuline* d'action rapide et brève ; boîte de 5 cartouches de 1,5 ml (150 unités internationales) - Remb. 65 %

Laboratoires Lilly France

COMPOSITION

	p. cartouche
Insuline humaine biogénétique cristallisée en présence de zinc	150 UI

INDICATIONS

C'est une *insuline* identique à l'insuline humaine, obtenue par *biotechnologie*. Son action est rapide et brève : son effet apparaît vers la 30e minute qui suit l'injection et s'estompe vers la 7e heure.

Elle est utilisée exclusivement en injection dans le traitement du *diabète*, et conditionnée en cartouche adaptée uniquement aux stylos injecteurs.

ATTENTION

La concentration de cette solution n'est pas adaptée aux seringues ni aux pompes à *perfusion* : risque majeur d'*hypoglycémie* grave par surdosage.

La mise en route du traitement suppose un apprentissage correct pour injecter l'*insuline*, contrôler la *glycémie* au doigt, rechercher le *sucre* et l'acétone dans les urines et tenir un carnet de surveillance.

L'hypoglycémie est la principale complication des traitements par l'insuline. Il s'agit le plus souvent de malaises hypoglycémiques sans gravité dont les principaux signes sont : sueurs, tremblements, troubles visuels, vision double, fatigue soudaine, fringale, *vertiges*, difficulté de concentration. En ce cas, le diabétique doit aussitôt absorber 3 à 6 morceaux de sucre ou un sirop sucré.

Beaucoup plus rarement, l'hypoglycémie peut être grave et entraîner des troubles du comportement (comparables notamment à l'ébriété), des *convulsions*, voire une perte de connaissance : 1 ampoule de GLUCAGON doit être injectée immédiatement par *voie* sous-cutanée ou intramusculaire, même à travers les vêtements en cas d'agitation. Si le diabétique ne reprend pas conscience dans les minutes qui suivent, prévenez un service d'urgence. Dans le doute, il n'y a pas de danger à injecter du GLUCAGON à un diabétique traité par l'insuline. Dans tous les cas, la prise d'une collation ou d'un repas reste nécessaire.

L'autre complication possible chez le diabétique est la survenue d'une *acidocétose* due à un manque important d'insuline. Elle peut être déclenchée par une infection (qui augmente les besoins en insuline) : grippe, rhume, *cystite*, abcès, etc. Elle se manifeste par une grande fatigue, une soif intense et des *troubles digestifs*. Il faut alors rechercher la présence de sucre et d'acétone dans les urines : la présence des deux en quantité importante confirme le diagnostic. Le traitement par l'insuline ne doit pas être arrêté ; le diabétique doit suivre les consignes de son médecin et, si besoin, le joindre d'urgence.

Évitez la prise de boissons alcoolisées à jeun ou à distance des repas : augmentation du risque d'hypoglycémie.

Conducteur : une hypoglycémie peut entraîner un malaise pendant la conduite ou l'utilisation de machines.

INTERACTIONS MÉDICAMENTEUSES

Certains médicaments peuvent déséquilibrer la *glycémie* : signalez votre traitement par l'*insuline* à tout médecin consulté ou à votre pharmacien.

GROSSESSE, ALLAITEMENT ET NOUVEAU-NÉ

Grossesse :

L'*insuline* est adaptée au *diabète* de la femme enceinte ou aux troubles passagers de la *glycémie* pendant la durée de la grossesse.

Allaitement :

Le traitement par l'*insuline* n'est pas une contre-indication à l'allaitement.

MODE D'EMPLOI ET POSOLOGIE

Cette *insuline* doit être injectée uniquement par *voie* sous-cutanée ; son conditionnement en cartouche est exclusivement réservé au stylo injecteur prescrit par votre médecin.

Avant injection, purgez l'air éventuellement contenu dans la cartouche.

L'aiguille doit être changée après chaque injection.

Respectez les horaires et les zones d'injection recommandés.

Posologie usuelle :

Elle est adaptée en fonction des résultats des analyses réalisées par le diabétique ou par son entourage (carnet de surveillance) et des conseils de son médecin.

Il est prudent de disposer d'une *insuline* équivalente pour seringue afin de faire face à une perte ou à un défaut de fonctionnement du stylo.

Si vous utilisez deux stylos destinés à injecter deux insulines, veillez à pouvoir les distinguer facilement.

Pour le maniement précis du stylo, conformez-vous à la notice fournie par le fabricant et veillez à ne pas l'égarer.

En cas d'activité sportive, il est préférable d'injecter l'insuline à distance des muscles qui travaillent pour éviter une absorption trop rapide de l'insuline. De plus, une adaptation des doses d'insuline est habituellement nécessaire selon les conseils du médecin.

Prenez contact avec les associations pour diabétiques : elles diffusent une information utile sur le traitement et la surveillance du *diabète*.

Votre entourage doit savoir reconnaître les signes d'une *hypoglycémie* et pouvoir vous administrer, en cas de perte de connaissance, une ampoule de GLUCAGON. Celle-ci peut être conservée au domicile ou sur le lieu de travail à température ambiante (inférieure à 25 °C) pendant 2 ans. Après reconstitution, la solution ne doit pas être conservée plus d'une semaine au réfrigérateur ni être congelée.

Veillez à ne pas manquer d'insuline ou de seringues, notamment lors des week-ends et jours fériés ; lors de vos déplacements, munissez-vous d'une réserve ou de votre ordonnance en cours de validité. Un certificat de traitement par l'insuline peut être nécessaire pour franchir certaines frontières.

Avant une première utilisation, il est préférable de conserver vos réserves d'insuline dans le bas du réfrigérateur (entre + 2 °C et + 8 °C). Si les cartouches ont été soumises à des températures comprises entre 22 °C et 35 °C pendant moins de 72 heures, elles peuvent être utilisées mais doivent ensuite être conservées au frais.

Après une première utilisation, la cartouche peut être conservée dans le stylo 3 semaines à température ambiante (inférieure à 25 °C) dans un endroit propre et sec, à l'abri de la lumière.

EFFETS INDÉSIRABLES POSSIBLES

Nodules graisseux sous-cutanés.

Rares *allergies*, essentiellement cutanées.

UMULINE ZINC

insuline

PRÉSENTATION

UMULINE ZINC : suspension injectable d'insuline d'action prolongée ; flacon 10 ml (400 unités internationales) - Remb. 65 %

Laboratoires Lilly France

COMPOSITION

	p. ml
Insuline humaine biogénétique cristallisée en présence de zinc	40 UI

INDICATIONS

C'est une *insuline* identique à l'insuline humaine, obtenue par *biotechnologie*. Son action est de durée prolongée : son effet apparaît vers la 60e minute qui suit l'injection et s'estompe au bout de 24 à 26 heures.

Elle est utilisée exclusivement en injection dans le traitement du *diabète*.

ATTENTION

La mise en route du traitement suppose un apprentissage correct pour injecter l'*insuline*, contrôler la *glycémie* au doigt, rechercher le *sucre* et l'acétone dans les urines et tenir un carnet de surveillance.

L'*hypoglycémie* est la principale complication des traitements par l'insuline, et avec cette insuline le risque d'hypoglycémie persiste au moins 24 heures. Il s'agit le plus souvent de malaises hypoglycémiques sans gravité dont les principaux signes sont : sueurs, tremblements, troubles visuels, vision double, fatigue soudaine, fringale, *vertiges*, difficulté de concentration. En ce cas, le diabétique doit aussitôt absorber 3 à 6 morceaux de sucre ou un sirop sucré.

Beaucoup plus rarement, l'hypoglycémie peut être grave et peut entraîner des troubles du comportement (comparables notamment à l'ébriété), des *convulsions*, voire une perte de connaissance : 1 ampoule de GLUCAGON doit être injectée immédiatement par *voie* sous-cutanée ou intramusculaire, même à travers les vêtements en cas d'agitation. Si le diabétique ne reprend pas conscience dans les minutes qui suivent, prévenez un service d'urgence. Dans le doute, il n'y a pas de danger à injecter du GLUCAGON à un diabétique traité par l'insuline. Dans tous les cas, la prise d'une collation ou d'un repas reste nécessaire.

L'autre complication possible chez le diabétique est la survenue d'une *acidocétose* due à un manque important d'insuline. Elle peut être déclenchée par une infection (qui augmente les besoins en insuline) : grippe, rhume, *cystite*, abcès, etc. Elle se manifeste par une grande fatigue, une soif intense et des *troubles digestifs*. Il faut alors rechercher la présence de sucre et d'acétone dans les urines : la présence des deux en quantité importante confirme le diagnostic. Le traitement par l'insuline ne doit pas être arrêté ; le diabétique doit suivre les consignes de son médecin et, si besoin, le joindre d'urgence.

Évitez la prise de boissons alcoolisées à jeun ou à distance des repas : augmentation du risque d'hypoglycémie.

La concentration de cette solution n'est pas adaptée aux stylos injecteurs ou aux pompes à *perfusion*.

Conducteur : une hypoglycémie peut entraîner un malaise pendant la conduite ou l'utilisation de machines.

INTERACTIONS MÉDICAMENTEUSES

Certains médicaments peuvent déséquilibrer la *glycémie* : signalez votre traitement par l'*insuline* à tout médecin consulté ou à votre pharmacien.

GROSSESSE, ALLAITEMENT ET NOUVEAU-NÉ

Grossesse :

L'*insuline* est adaptée au *diabète* de la femme enceinte ou aux troubles passagers de la *glycémie* pendant la durée de la grossesse.

Allaitement :

Le traitement par l'*insuline* n'est pas une contre-indication à l'allaitement.

MODE D'EMPLOI ET POSOLOGIE

Cette *insuline* doit être injectée par *voie* sous-cutanée.

Agitez la suspension avant l'injection afin de l'homogénéiser.

Les seringues utilisées doivent avoir une graduation en unité d'insuline.

Cette insuline ne doit pas être injectée plus d'une fois par jour.

Respectez les horaires et les zones d'injection recommandés par votre médecin.

Posologie usuelle :

Elle est adaptée en fonction des résultats des analyses réalisées par le diabétique ou par son entourage (carnet de surveillance) et des conseils de son médecin.

En cas d'activité sportive, il est préférable d'injecter l'*insuline* à distance des muscles qui travaillent pour éviter une absorption trop rapide. De plus, il est habituellement nécessaire d'adapter les doses d'insuline selon les recommandations du médecin.

Prenez contact avec les associations pour diabétiques : elles diffusent une information utile sur le traitement et la surveillance du *diabète*.

Votre entourage doit savoir reconnaître les signes d'une *hypoglycémie* et pouvoir vous administrer, en cas de perte de connaissance, une ampoule de GLUCAGON. Celle-ci peut être conservée au domicile ou sur le lieu de travail à température ambiante (inférieure à 25 °C) pendant 2 ans. Après reconstitution, la solution ne doit pas être conservée plus d'une semaine au réfrigérateur ni être congelée.

Veillez à ne pas manquer d'insuline ou de seringues, notamment pendant les week-ends et les jours fériés ; lors de vos déplacements, munissez-vous d'une réserve ou de votre ordonnance en cours de validité. Un certificat de traitement par l'insuline peut être nécessaire pour franchir certaines frontières.

Avant une première utilisation, il est préférable de conserver l'insuline dans le bas du réfrigérateur (entre + 2 °C et + 8 °C). Si le flacon a été soumis à des températures comprises entre 22 °C et 35 °C pendant moins de 72 heures, il peut être utilisé mais doit ensuite être conservé au frais.

Cette insuline ne doit pas être congelée.

Pour un meilleur confort, l'insuline doit être sortie du réfrigérateur une heure avant l'injection ou réchauffée dans les mains pendant quelques minutes, puis injectée à température ambiante.

Après une première utilisation, les flacons entamés peuvent être conservés 3 semaines à température ambiante (inférieure à 25 °C) dans un endroit propre et sec et à l'abri de la lumière.

EFFETS INDÉSIRABLES POSSIBLES

Nodules graisseux sous-cutanés.

Rares *allergies*, essentiellement cutanées.

UMULINE ZINC COMPOSÉ

insuline

PRÉSENTATION

UMULINE ZINC COMPOSÉ : suspension injectable d'insuline d'action intermédiaire ; flacon 10 ml (400 unités internationales) - Remb. 65 %

Laboratoires Lilly France

COMPOSITION

	p. ml
Insuline humaine biogénétique cristallisée en présence de zinc	40 UI

INDICATIONS

C'est une *insuline* identique à l'insuline humaine, obtenue par *biotechnologie*. Son action est de durée intermédiaire : son effet apparaît entre la 1re et la 3e heure qui suit l'injection et s'estompe au bout de 18 à 24 heures.

Elle est utilisée exclusivement en injection dans le traitement du *diabète*.

ATTENTION

La mise en route du traitement suppose un apprentissage correct pour injecter l'*insuline*, contrôler la *glycémie* au doigt, rechercher le *sucre* et l'acétone dans les urines et tenir un carnet de surveillance.

L'*hypoglycémie* est la principale complication des traitements par l'insuline. Il s'agit le plus souvent de malaises hypoglycémiques sans gravité dont les principaux signes sont : sueurs, tremblements, troubles visuels, vision double, fatigue soudaine, fringale, *vertiges*, difficulté de concentration. En ce cas, le diabétique doit aussitôt absorber 3 à 6 morceaux de sucre ou un sirop sucré.

Beaucoup plus rarement, l'hypoglycémie peut être grave et peut entraîner des troubles du comportement (comparables notamment à l'ébriété), des *convulsions*, voire une perte de connaissance : 1 ampoule de GLUCAGON doit être injectée immédiatement par *voie* sous-cutanée ou intramusculaire, même à travers les vêtements en cas d'agitation. Si le diabétique ne reprend pas conscience dans les minutes qui suivent, prévenez un service d'urgence. Dans le doute, il n'y a pas de danger à injecter du GLUCAGON à un diabétique traité par l'insuline. Dans tous les cas, la prise d'une collation ou d'un repas reste nécessaire.

L'autre complication possible chez le diabétique est la survenue d'une *acidocétose* due à un manque important d'insuline. Elle peut être déclenchée par une infection (qui augmente les besoins en insuline) : grippe, rhume, *cystite*, abcès, etc. Elle se manifeste par une grande fatigue, une soif intense et des *troubles digestifs*. Il faut alors rechercher la présence de sucre et d'acétone dans les urines : la présence des deux en quantité importante confirme le diagnostic. Le traitement par l'insuline ne doit pas être arrêté ; le diabétique doit suivre les consignes de son médecin et, si besoin, le joindre d'urgence.

Évitez la prise de boissons alcoolisées à jeun ou à distance des repas : augmentation du risque d'hypoglycémie.

La concentration de cette solution n'est pas adaptée aux stylos injecteurs ni aux pompes à *perfusion*.

Conducteur : une hypoglycémie peut entraîner un malaise pendant la conduite ou l'utilisation de machines.

INTERACTIONS MÉDICAMENTEUSES

Certains médicaments peuvent déséquilibrer la *glycémie* : signalez votre traitement par l'*insuline* à tout médecin consulté ou à votre pharmacien.

GROSSESSE, ALLAITEMENT ET NOUVEAU-NÉ

Grossesse :

L'*insuline* est adaptée au *diabète* de la femme enceinte ou aux troubles passagers de la *glycémie* pendant la durée de la grossesse.

Allaitement :

Le traitement par l'*insuline* n'est pas une contre-indication à l'allaitement.

MODE D'EMPLOI ET POSOLOGIE

Cette *insuline* doit être injectée par *voie* sous-cutanée.

Agitez la suspension avant l'injection afin de l'homogénéiser.

Les seringues utilisées doivent avoir une graduation en unité d'insuline.

Respectez les horaires et les zones d'injection recommandés par votre médecin.

Posologie usuelle :

Elle est adaptée en fonction des résultats des analyses réalisées par le diabétique ou par son entourage (carnet de surveillance) et des conseils de son médecin.

En cas d'activité sportive, il est préférable d'injecter l'*insuline* à distance

des muscles qui travaillent pour éviter une absorption trop rapide. De plus, il est habituellement nécessaire d'adapter les doses d'insuline selon les recommandations du médecin.
Prenez contact avec les associations pour diabétiques : elles diffusent une information utile sur le traitement et la surveillance du *diabète*.
Votre entourage doit savoir reconnaître les signes d'une *hypoglycémie* et pouvoir vous administrer, en cas de perte de connaissance, une ampoule de GLUCAGON. Celle-ci peut être conservée au domicile ou sur le lieu de travail à température ambiante (inférieure à 25 °C) pendant 2 ans. Après reconstitution, la solution ne doit pas être conservée plus d'une semaine au réfrigérateur ni être congelée.
Veillez à ne pas manquer d'insuline ou de seringues, notamment pendant les week-ends et les jours fériés ; lors de vos déplacements, munissez-vous d'une réserve ou de votre ordonnance en cours de validité. Un certificat de traitement par l'insuline peut être nécessaire pour franchir certaines frontières.
Avant une première utilisation, il est préférable de conserver l'insuline dans le bas du réfrigérateur (entre + 2 °C et + 8 °C). Elle ne doit pas être congelée. Si le flacon a été soumis à des températures comprises entre 22 °C et 35 °C pendant moins de 72 heures, il peut être utilisé mais doit ensuite être conservé au frais.
Cette insuline ne doit pas être congelée.
Pour un meilleur confort, l'insuline doit être sortie du réfrigérateur une heure avant l'injection ou réchauffée dans les mains pendant quelques minutes, puis injectée à température ambiante.
Après une première utilisation, les flacons entamés peuvent être conservés 3 semaines à température ambiante (inférieure à 25 °C) dans un endroit propre et sec et à l'abri de la lumière.

EFFETS INDÉSIRABLES POSSIBLES

Nodules graisseux sous-cutanés.
Rares *allergies*, essentiellement cutanées.

UNACIM oral
sultamicilline

PRÉSENTATION

UNACIM 375 mg : comprimé (blanc) ; boîte de 12 - Remb. 65 % - Liste I

Laboratoires Jouveinal

COMPOSITION

	p. comp.
Sultamicilline	375 mg

INDICATIONS

C'est un *antibiotique* qui appartient à la famille des *pénicillines* à spectre élargi, c'est-à-dire actives sur un plus grand nombre de *germes* que la pénicilline simple.

Ce médicament est utilisé dans le traitement de diverses maladies infectieuses, notamment celles des poumons, des bronches, du nez, de la gorge ou des oreilles, de l'appareil urinaire, des *voies* génitales, de la peau.

CONTRE-INDICATIONS

Ce médicament ne doit pas être utilisé dans les cas suivants :
- *allergie* aux *pénicillines*,
- *mononucléose infectieuse*.

Ce médicament ne peut être utilisé qu'après avis médical en cas d'allergie aux *céphalosporines*.

ATTENTION

Des précautions sont nécessaires en cas d'*insuffisance rénale*.

Le médecin peut prescrire un prélèvement pour identifier le *germe* responsable de l'infection et tester sa sensibilité à l'*antibiotique*. Le résultat de cet examen peut être faussé en cas d'automédication préalable : ne prenez pas d'antibiotique sans avis médical.

Des *antécédents* d'*allergie* à la *pénicilline* contre-indiquent l'usage de ce médicament. La survenue de toute manifestation allergique (boutons, *œdème*, malaise) impose l'arrêt immédiat du traitement : consultez votre médecin.

Une diminution de la fièvre ou une disparition des *symptômes* ne sont pas synonymes de guérison : la durée du traitement doit absolument être respectée pour éviter les rechutes.

INTERACTIONS MÉDICAMENTEUSES

Ce médicament peut interagir avec d'autres médicaments. Signalez tout autre traitement en cours à votre médecin ou à votre pharmacien.

GROSSESSE, ALLAITEMENT ET NOUVEAU-NÉ

Grossesse :

Ce médicament est récent : son effet est mal connu pendant la grossesse. Seul votre médecin peut apprécier la nécessité du traitement et son risque.

Allaitement :

Ce médicament passe dans le lait maternel : l'arrêt de l'allaitement devra être envisagé.

MODE D'EMPLOI ET POSOLOGIE

Les comprimés doivent être avalés avec un verre d'eau.

Posologie usuelle :

Elle varie selon les cas.
- Adulte : 2 à 4 comprimés par jour, répartis en 2 prises.
- Enfant : 25 à 50 mg par kg et par jour, en 2 ou 4 prises.

L'éventuelle impression de fatigue n'est pas due à l'*antibiotique*, mais à l'infection elle-même.

L'odeur particulière des urines est normale et traduit l'élimination de l'antibiotique.

EFFETS INDÉSIRABLES POSSIBLES

Fréquents mais généralement bénins :
- *allergie* cutanée,
- *troubles digestifs* : nausée, diarrhée, *candidose*.

Rares mais parfois graves :
- œdème de *Quincke*,
- *choc* allergique (exceptionnel).

UNACIM injectable
sulbactam, ampicilline

PRÉSENTATION

UNACIM 1 g : préparation injectable *I.M.* ; flacon de poudre et ampoule de solvant 3,2 ml - Remb. 65 % - Liste I

Laboratoires Jouveinal

COMPOSITION

	p. fl.
Sulbactam	500 mg
Ampicilline	1 g
Lidocaïne	+

INDICATIONS

Ce médicament contient un *antibiotique* (ampicilline) de la famille des *pénicillines* à spectre élargi, c'est-à-dire actives sur un plus grand nombre de *germes* que la pénicilline simple. L'adjonction de sulbactam permet d'empêcher la destruction de l'ampicilline par certaines bactéries.

Il est utilisé dans le traitement de diverses maladies infectieuses, notamment celles des poumons, des bronches, du nez, de la gorge ou des oreilles, de l'appareil digestif ou urinaire, des *vois* génitales, de la peau et des os.

CONTRE-INDICATIONS

Ce médicament ne doit pas être utilisé dans les cas suivants :
- *allergie* aux *pénicillines* ou à la lidocaïne,
- *mononucléose infectieuse*,
- *nourrisson*.

Il ne peut être utilisé qu'après avis médical en cas d'allergie aux *céphalosporines*.

ATTENTION

Des précautions sont nécessaires en cas d'*insuffisance rénale*.

Des *antécédents* d'*allergie* contre-indiquent l'usage de ce médicament. La survenue de toute manifestation allergique (boutons, *œdème*, malaise) impose l'arrêt immédiat du traitement : consultez votre médecin.

Une diminution de la fièvre ou une disparition des *symptômes* ne sont pas synonymes de guérison : la durée du traitement doit absolument être respectée pour éviter les rechutes.

INTERACTIONS MÉDICAMENTEUSES

Ce médicament peut interagir avec d'autres médicaments.

Signalez tout autre traitement en cours à votre médecin ou à votre pharmacien.

GROSSESSE, ALLAITEMENT ET NOUVEAU-NÉ

Grossesse :

Ce médicament est récent : son effet est mal connu pendant la grossesse. Seul votre médecin peut apprécier la nécessité du traitement et son risque.

Allaitement :

Ce médicament passe dans le lait maternel : l'arrêt de l'allaitement devra être envisagé.

MODE D'EMPLOI ET POSOLOGIE

La solution injectable est obtenue en mélangeant la poudre avec l'ampoule de solvant fournie.

La solution ainsi obtenue doit être injectée par *voie* intramusculaire, jamais par voie intraveineuse.

Aucun autre produit ne doit être mélangé au contenu du flacon.

Posologie usuelle :

Elle varie selon les cas.

À titre indicatif et pour des infections courantes :

- Adulte : 1 g, 2 fois par jour.

La solution doit être injectée dans l'heure qui suit sa préparation.

L'éventuelle impression de fatigue n'est pas due à l'*antibiotique*, mais à l'infection elle-même.

EFFETS INDÉSIRABLES POSSIBLES

Fréquents mais généralement bénins :

- *allergie* cutanée,
- *troubles digestifs* (nausée, diarrhée, *candidose*).

Rares mais parfois graves :

- œdème de *Quincke*,
- *choc* allergique (exceptionnel).

UN-ALFA

vitamine D3

PRÉSENTATION

UN-ALFA 0,1 µg : solution buvable ; flacon 10 ml (200 gouttes) - Remb. 65 % - Liste I

UN-ALFA 0,25 µg : capsule (blanc) ; boîte de 30 - Remb. 65 % - Liste I

UN-ALFA 1 µg : capsule (brun) ; boîte de 30 - Remb. 65 % - Liste I

Laboratoires Leo

COMPOSITION

	p. gte	p. caps.	p. caps.
Alfacalcidol (vitamine D3 hydroxylée)	0,1 µg	0,25 µg	1 µg
Éthanol	5 mg		

INDICATIONS

Ce médicament contient un dérivé de la *vitamine* D. Il permet la fixation osseuse du calcium.

Il est utilisé dans le traitement :

- des anomalies osseuses rencontrées chez les insuffisants rénaux,
- du *rachitisme* et de l'*ostéomalacie* résistant à la vitamine D naturelle,
- des troubles de la calcification dus à un mauvais fonctionnement des glandes *parathyroïdes*,
- de certaines *hypocalcémies*.

CONTRE-INDICATIONS

Ce médicament ne doit pas être utilisé en cas d'excès de calcium, de phosphore ou de magnésium dans le sang.

ATTENTION

Un traitement prolongé peut nécessiter des analyses régulières de sang et d'urine.

INTERACTIONS MÉDICAMENTEUSES

Ce médicament peut interagir avec d'autres médicaments. Signalez tout autre traitement en cours à votre médecin ou à votre pharmacien.

GROSSESSE, ALLAITEMENT ET NOUVEAU-NÉ

L'effet de ce médicament pendant la grossesse ou l'allaitement est mal connu : seul votre médecin peut évaluer le risque éventuel de son utilisation dans votre cas.

MODE D'EMPLOI ET POSOLOGIE

Les capsules doivent être avalées avec un peu d'eau sans être croquées ni sucées.

Les gouttes doivent être diluées dans un peu d'eau ou de lait.

Posologie usuelle :

Elle varie selon les cas et en fonction du résultat des analyses de sang.

Les capsules doivent être conservées à l'abri de la chaleur, de l'humidité et de la lumière.

La solution buvable doit être conservée dans le bas du réfrigérateur (environ + 4 °C).

EFFETS INDÉSIRABLES POSSIBLES

Excès de calcium dans le sang et dans les urines.

Chez l'insuffisant rénal : excès de calcium et de phosphore dans le sang entraînant un dépôt de calcium dans le rein, les vaisseaux, la *cornée*, la peau.

UNILARM

chlorure de sodium

PRÉSENTATION

UNILARM : collyre ; boîte de 20 flacons unidoses 0,65 ml - Non remb.

Laboratoires Faure

COMPOSITION

	p. 100 ml
Chlorure de sodium	900 mg

INDICATIONS

C'est une solution de suppléance lacrymale : elle compense une insuffisance de sécrétion naturelle de larmes.

Elle est utilisée dans le traitement de la sécheresse oculaire due à une insuffisance lacrymale (œil sec).

ATTENTION

Une irritation oculaire peut être due à une infection : en cas de doute, n'hésitez pas à consulter votre médecin.

N'utilisez pas ce collyre de façon prolongée sans prendre un avis médical.

GROSSESSE, ALLAITEMENT ET NOUVEAU-NÉ

Ce collyre peut être utilisé pendant la grossesse ou l'allaitement.

MODE D'EMPLOI ET POSOLOGIE

Tirer la paupière inférieure vers le bas tout en regardant vers le haut et déposer les gouttes de collyre entre la paupière et le globe oculaire (*cul-de-sac conjonctival*).

Posologie usuelle :

1 ou 2 gouttes, 4 à 8 fois par jour.

L'application correcte du produit peut nécessiter une aide, notamment chez une personne handicapée ou âgée.

Ce médicament ne contient aucun conservateur et chaque flacon unidose ne peut être conservé que 6 heures après ouverture.

URARTHONE

homéopathie

PRÉSENTATION

URARTHONE : solution buvable ; flacon 250 ml - Non remb.

Laboratoires Lehning

COMPOSITION

Colchicum D1 0,5 %, Bryonia TM 0,5 %, Dulcamara TM 0,8 %, Viscum album TM 1,5 %, Kalium iodatum D2 0,5 %, Aurum natrium chloratum D3 0,25 %, Aqua silicata D2 5 %, Sulfur D4 2 %, Rubia TM 2 %, Natrum salicylicum D3 5 %, Betula TM 2 %, Mercurius corrosivus D4 0,5 %, Aqua destillata 63,5 %, Spiritus vini 14 %, Caramel 2 %

INDICATIONS

Ce médicament contient des remèdes homéopathiques et des *teintures mères*.

Il est utilisé dans le *traitement symptomatique* de l'*arthrose*, des douleurs articulaires et rhumatismales, de la *goutte* et de l'excès de poids.

GROSSESSE, ALLAITEMENT ET NOUVEAU-NÉ

L'effet de ce médicament pendant la grossesse ou l'allaitement est mal connu. L'évaluation du risque éventuel lié à son utilisation est individuelle : demandez conseil à votre pharmacien ou à votre médecin.

MODE D'EMPLOI ET POSOLOGIE

Ce médicament doit être dilué dans une *infusion* et pris de préférence le matin à jeun et le soir au coucher.

Posologie usuelle :

1 cuillère à soupe, 2 fois par jour dans une infusion chaude.

URASEPTINE ROGIER

PRÉSENTATION

URASEPTINE ROGIER : granulé soluble ; boîte de 80 g - Non remb.

Laboratoires Gallier

COMPOSITION

	p. 100 g
Méthénamine	4,225 g
Anhydrométhylène citrate de méthénamine	0,550 g
Hydrate de pipérazine	0,255 g
Benzoate de sodium	3 g
Benzoate de lithium	1,125 g
Saccharose	90,845 g

INDICATIONS

C'est un *antiseptique* urinaire.

Il est utilisé dans le *traitement d'appoint* des infections urinaires (*cystite*, *prostatite*).

ATTENTION

En cas d'apparition de fièvre ou d'absence d'amélioration rapide, consultez votre médecin.

Prenez l'avis de votre médecin en cas d'*insuffisance rénale*.

Ne buvez pas d'eau riche en bicarbonates pendant le traitement (Vichy...) : risque de diminution de l'efficacité du médicament.

Ce médicament contient du *sucre* (saccharose) en quantité notable.

INTERACTIONS MÉDICAMENTEUSES

Ce médicament ne doit pas être associé à certains *antibiotiques* de la famille des *sulfamides* (RUFOL...) : risque de formation de cristaux dans les *voies* urinaires.

GROSSESSE, ALLAITEMENT ET NOUVEAU-NÉ

L'effet de ce médicament pendant la grossesse ou l'allaitement est mal connu. L'évaluation du risque éventuel lié à son utilisation est individuelle : demandez conseil à votre pharmacien ou à votre médecin.

MODE D'EMPLOI ET POSOLOGIE

Ce médicament doit être dissous dans un verre d'eau.

Posologie usuelle :

- Adulte : 2 à 6 cuillères à café de granulés par jour.
- Enfant : 1/2 à 2 cuillères à café de granulés par jour, selon l'âge.

Le médecin prescrit parfois une analyse d'urine pour identifier le *germe* responsable de l'infection et tester sa sensibilité aux *antibiotiques*. Le résultat de cet examen peut être faussé en cas d'automédication : prévenez votre médecin si vous avez pris ce médicament.

URBANYL

clobazam

PRÉSENTATION

URBANYL : gélule (blanc et bleu) ; boîte de 30 - Remb. 65 % - Liste I

URBANYL 10 : comprimé sécable (blanc) ; boîte de 30 - Remb. 65 % - Liste I

URBANYL 20 : comprimé sécable (blanc) ; boîte de 30 - Remb. 65 % - Liste I

Laboratoires Diamant

COMPOSITION

	p. gél. 5 mg	p. comp. 10 mg	p. comp. 20 mg
Clobazam	5 mg	10 mg	20 mg

INDICATIONS

C'est un *tranquillisant* de la famille des *benzodiazépines*.

Il est utilisé dans le traitement de l'anxiété lorsque celle-ci s'accompagne de troubles gênants. Il est également utilisé dans les formes chroniques de l'*épilepsie* en association avec un autre *anticonvulsivant*.

CONTRE-INDICATIONS

Ce médicament ne doit pas être utilisé en cas d'*insuffisance respiratoire* grave.

ATTENTION

Des précautions sont nécessaires en cas de *myasthénie*, d'*insuffisance hépatique* ou d'*insuffisance respiratoire*.

Utilisé seul, ce médicament n'est pas adapté au traitement des *états dépressifs*.

Une prise prolongée ou des doses importantes de ce médicament, son association à des *sédatifs* ou à des boissons alcoolisées favorisent une *dépendance*. Respectez la *posologie* et la durée de traitement prescrites par votre médecin.

L'arrêt brutal de ce médicament expose à un *syndrome de sevrage* : réapparition de l'anxiété, agitation, irritabilité, insomnie, maux de tête, douleurs musculaires, tremblements, hallucinations. Il faut donc s'entourer de conseils médicaux pour diminuer progressivement les doses et espacer les prises, sur une période d'autant plus longue que le traitement a été prolongé.

Évitez les boissons alcoolisées : augmentation du risque de somnolence et de dépendance.

Conducteur : ce médicament peut être responsable d'une somnolence ou d'une baisse de la vigilance.

INTERACTIONS MÉDICAMENTEUSES

Ce médicament peut interagir avec d'autres médicaments, notamment les *sédatifs*. Signalez tout autre traitement en cours à votre médecin ou à votre pharmacien.

GROSSESSE, ALLAITEMENT ET NOUVEAU-NÉ

Grossesse et nouveau-né :

Par mesure de prudence, ce médicament est habituellement déconseillé pendant les 3 premiers mois de la grossesse. Toutefois, une grossesse survenant sous traitement ne justifie pas d'inquiétude particulière. Seul votre médecin peut apprécier le risque éventuel lié à l'utilisation de ce médicament dans votre cas.

Si le traitement est poursuivi jusqu'à l'accouchement, une surveillance médicale du *nouveau-né* est nécessaire.

Allaitement :

Ce médicament passe dans le lait maternel : l'allaitement est déconseillé.

MODE D'EMPLOI ET POSOLOGIE

Ce médicament doit être pris avec un peu d'eau.

Posologie usuelle :

Elle est strictement individuelle.

Ce médicament vous a été prescrit dans une situation précise : ne le conseillez pas à une autre personne.

L'effet de ce médicament peut persister plus de 24 heures après sa prise.

Les *tranquillisants* ne sont pas la seule réponse à l'anxiété : une meilleure hygiène de vie, une consommation modérée d'excitants (y compris les boissons alcoolisées) permettent aussi de lutter efficacement contre l'excès de stress.

EFFETS INDÉSIRABLES POSSIBLES

Trous de mémoire, sensation d'ivresse, somnolence particulièrement chez la personne âgée, ralentissement des idées, ou, au contraire, excitation, irritabilité, idées confuses, hallucinations, fatigue, éruption cutanée.

URÉMIASE

PRÉSENTATION

URÉMIASE : comprimé orange ; boîte de 60 - Remb. 35 %

Laboratoires Nogues

COMPOSITION

	p. comp.
Kimkéliba, poudre	20 mg
Carbonate de calcium	87 mg

INDICATIONS

C'est une association de substances utilisée dans le *traitement symptomatique* des digestions difficiles.

CONTRE-INDICATIONS

Ce médicament ne doit pas être utilisé en cas d'obstruction des *voies biliaires*.

ATTENTION

En cas de persistance des *symptômes*, des examens peuvent être nécessaires : consultez votre médecin.

GROSSESSE, ALLAITEMENT ET NOUVEAU-NÉ

L'effet de ce médicament pendant la grossesse ou l'allaitement est mal connu. L'évaluation du risque éventuel lié à son utilisation est individuelle : demandez conseil à votre pharmacien ou à votre médecin.

MODE D'EMPLOI ET POSOLOGIE

Ce médicament doit être pris avant les repas matin, midi et soir.

Posologie usuelle :
- Adulte : 3 comprimés, 3 fois par jour.
- Enfant de plus de 12 ans : 2 comprimés, 3 fois par jour.

URFADYN
nifurtoïnol

PRÉSENTATION
URFADYN : comprimé sécable (jaune) ; boîte de 40 - Remb. 65 % - Liste I

Laboratoires Zambon France

COMPOSITION

	p. comp.
Nifurtoïnol	40 mg
Aluminium hydroxyde	150 mg

INDICATIONS
C'est un *antibiotique* qui appartient à la famille des nitrofuranes.

Il est utilisé dans le *traitement préventif* ou le *traitement curatif* des infections des *voies* urinaires.

CONTRE-INDICATIONS
Ce médicament ne doit pas être utilisé dans les cas suivants :
- *insuffisance rénale* grave,
- déficit en *G6PD*.

ATTENTION
En cas d'infection urinaire avec fièvre et en l'absence d'amélioration rapide, n'hésitez pas à consulter votre médecin.

GROSSESSE, ALLAITEMENT ET NOUVEAU-NÉ
L'effet de ce médicament pendant la grossesse ou l'allaitement est mal connu : seul votre médecin peut évaluer le risque éventuel de son utilisation dans votre cas.

MODE D'EMPLOI ET POSOLOGIE
Ce médicament doit être pris de préférence au cours des repas.

Posologie usuelle :
- Adulte : 2 comprimés, 2 fois par jour.
- Enfant : la *posologie* est adaptée en fonction de l'âge.

Le médecin prescrit parfois une analyse d'urine pour identifier le *germe* responsable de l'infection et tester sa sensibilité aux *antibiotiques*. Le résultat de cet examen peut être faussé en cas d'automédication préalable : ne prenez pas d'antibiotiques sans avis médical.

EFFETS INDÉSIRABLES POSSIBLES
Troubles digestifs.
Réaction allergique rare.

URIDEAL
piloselle

PRÉSENTATION
URIDEAL : solution buvable arôme orange ; boîte de 20 ampoules 5 ml - Non remb.

Laboratoires Plantes et Médecines

COMPOSITION

	p. amp.
Piloselle, extrait fluide	1,05 g
Alcool à 95°	+

INDICATIONS
Ce médicament contient un extrait de plante.

Il est utilisé pour faciliter les fonctions d'élimination rénale et digestive.

GROSSESSE, ALLAITEMENT ET NOUVEAU-NÉ
Ce médicament contient une plante présumée sans danger pendant la grossesse ou l'allaitement. Néanmoins, ne l'utilisez pas sans l'avis de votre pharmacien ou de votre médecin.

Grossesse :
Ce médicament n'est pas adapté au traitement d'une éventuelle rétention d'eau survenant pendant la grossesse. L'apparition d'*œdèmes* impose une consultation médicale.

MODE D'EMPLOI ET POSOLOGIE
Le contenu des ampoules doit être dilué dans un grand verre d'eau.

Posologie usuelle :
1 ampoule, 1 à 3 fois par jour.

URIDOZ
fosfomycine

PRÉSENTATION
URIDOZ : granulé pour solution buvable arôme orange-citron ; boîte de 1 sachet - Remb. 65 % - Liste I

Laboratoires Thérabel Lucien

COMPOSITION

	p. sachet
Fosfomycine	3 g

INDICATIONS
C'est un *antibiotique* qui se concentre dans les urines.

Il est utilisé dans le *traitement minute* des *cystites* de la femme jeune, dans certaines conditions.

CONTRE-INDICATIONS
Ce médicament ne doit pas être utilisé en cas d'*insuffisance rénale* grave.

ATTENTION
Ce médicament n'est efficace que dans certains cas de *cystites*. Ne le prenez jamais sans avis médical.

GROSSESSE, ALLAITEMENT ET NOUVEAU-NÉ
Grossesse :
Ce médicament n'est pas destiné au traitement des infections urinaires de la femme enceinte.

Allaitement :
Ce médicament passe faiblement dans le lait maternel : par mesure de prudence, son usage est déconseillé pendant l'allaitement.

MODE D'EMPLOI ET POSOLOGIE
Dissoudre le contenu du sachet dans un demi-verre d'eau. Prendre ce médicament le matin à jeun, ou 2 heures avant un repas, ou le soir au coucher, après être allée aux toilettes.

Posologie usuelle :
1 sachet en une dose unique.

Certaines mesures d'hygiène permettent de prévenir les récidives de *cystites* : demandez conseil à votre médecin.

EFFETS INDÉSIRABLES POSSIBLES
Troubles digestifs, éruption de boutons.

URION
alfuzosine

PRÉSENTATION
URION 2,5 mg : comprimé (blanc) ; boîte de 30 - Remb. 35 % - Liste I

Laboratoires Zambon France

COMPOSITION

	p. comp.
Alfuzosine chlorhydrate	2,5 mg

INDICATIONS
Ce médicament appartient à la famille des *alphabloquants*. Il lutte contre la contraction des *voies* urinaires.

Il est utilisé dans le traitement des troubles urinaires dus à un *adénome de la prostate*.

CONTRE-INDICATIONS
Ce médicament ne doit pas être utilisé en cas d'*antécédent* d'*hypotension orthostatique*.

ATTENTION
Une *hypotension orthostatique* peut survenir dans les heures qui suivent la prise du médicament : ce malaise peut être précédé de sensations de vertige ou de sueurs. Il est alors recommandé de s'allonger jusqu'à disparition des *symptômes*.

Conducteur : ce médicament peut être responsable de vertiges.

INTERACTIONS MÉDICAMENTEUSES
Ce médicament peut interagir avec d'autres médicaments, notamment certains *antihypertenseurs*. Signalez tout autre traitement en cours à votre médecin ou à votre pharmacien.

MODE D'EMPLOI ET POSOLOGIE
Ce médicament peut être pris indifféremment au cours ou en dehors des repas.

Posologie usuelle :
1 comprimé, 3 fois par jour.

Du fait du risque d'*hypotension orthostatique*, éviter toute activité dangereuse en début de traitement.

EFFETS INDÉSIRABLES POSSIBLES

Troubles digestifs.

Hypotension orthostatique, sensations vertigineuses, malaises, somnolence.

Maux de tête, bouffées de chaleur.

Accélération du cœur, *palpitations.*

Bouche sèche.

Réactions allergiques cutanées.

Œdèmes.

UROSIPHON
orthosiphon

PRÉSENTATION

UROSIPHON : gélule (blanc) ; boîte de 30 - Non remb.

UROSIPHON : solution buvable ; boîte de 10 ampoules buvables 10 ml - Non remb.

Laboratoires Pierre Fabre

COMPOSITION

	p. gél.	p. amp.
Orthosiphon stamineus, extrait hydroalcoolique	200 mg	
Orthosiphon stamineus, infusé concentré		5,5 g
Glycérol		2,2 g

INDICATIONS

Ce médicament contient un extrait de plante.

Il est utilisé pour faciliter les fonctions d'élimination rénale et digestive, et dans le *traitement d'appoint* des régimes amaigrissants.

GROSSESSE, ALLAITEMENT ET NOUVEAU-NÉ

Ce médicament contient une plante présumée sans danger pendant la grossesse ou l'allaitement. Néanmoins, ne l'utilisez pas sans l'avis de votre pharmacien ou de votre médecin.

Grossesse :

Ce médicament n'est pas adapté au traitement d'une éventuelle rétention d'eau survenant pendant la grossesse. L'apparition d'*œdèmes* impose une consultation médicale.

MODE D'EMPLOI ET POSOLOGIE

Les gélules doivent être avalées avec de l'eau, et la solution diluée dans un grand verre d'eau.

Posologie usuelle :

1 gélule, 2 fois par jour, ou 1 ampoule par jour.

> Les gélules doivent être conservées à l'abri de la lumière, de la chaleur et de l'humidité.

UROTRATE
acide oxolinique

PRÉSENTATION

UROTRATE : comprimé oblong (vert clair) ; boîte de 14 - Remb. 65 % - Liste I

Laboratoires Parke-Davis

COMPOSITION

	p. comp.
Acide oxolinique	750 mg

INDICATIONS

C'est un *antibiotique* qui appartient à la famille des quinolones.

Il est utilisé dans le traitement des infections des *voies* urinaires, en l'absence de fièvre.

CONTRE-INDICATIONS

Ce médicament ne doit pas être utilisé dans les cas suivants :

- *allergie* aux *antibiotiques* de la famille des quinolones,
- *antécédent* d'*épilepsie*,
- déficit en *G6PD*,
- enfant de moins de 15 ans,
- **grossesse,**
- **allaitement.**

> **ATTENTION**
>
> Des précautions sont nécessaires chez les personnes souffrant d'*insuffisance rénale* ou d'*insuffisance hépatique* graves.
>
> Ce médicament est photosensibilisant : une exposition aux rayons *ultraviolets* (soleil, lampe à bronzer) peut provoquer des réactions cutanées. N'omettez pas de signaler à votre médecin vos projets de vacances au soleil pendant la durée du traitement.
>
> En cas d'apparition de fièvre, consultez votre médecin.

INTERACTIONS MÉDICAMENTEUSES

Ce médicament peut interagir avec d'autres médicaments, notamment les *anticoagulants* oraux. Signalez tout autre traitement en cours à votre médecin ou à votre pharmacien.

GROSSESSE, ALLAITEMENT ET NOUVEAU-NÉ

Quelques cas de malformations ont été constatés chez l'animal. En l'absence de données dans l'espèce humaine, ce médicament est contre-indiqué pendant la grossesse et l'allaitement.

MODE D'EMPLOI ET POSOLOGIE

Ce médicament doit être pris de préférence au cours d'un repas.

Posologie usuelle :

- Adulte et enfant de plus de 15 ans : 1 comprimé, 2 fois par jour.

> Le médecin prescrit parfois une analyse d'urine pour identifier le *germe* responsable de l'infection et tester sa sensibilité aux *antibiotiques*. Le résultat de cet examen peut être faussé en cas d'automédication préalable : ne prenez pas d'antibiotiques sans avis médical.

EFFETS INDÉSIRABLES POSSIBLES

Photosensibilisation.

Réaction allergique, excitation, insomnie, vision colorée.

Troubles digestifs.

URSOLVAN
acide ursodésoxycholique

PRÉSENTATION

URSOLVAN 200 mg : gélule (bleu) ; boîte de 30 - Remb. 65 % - Liste I

Laboratoires Synthélabo France

COMPOSITION

	p. gél.
Acide ursodésoxycholique	200 mg

INDICATIONS

C'est un médicament qui appartient à la famille des dissolvants des calculs de la vésicule biliaire. Il contient une substance qui se trouve normalement en petite quantité dans la bile.

Il est utilisé pour dissoudre les calculs biliaires formés de *cholestérol.*

CONTRE-INDICATIONS

Ce médicament ne doit pas être utilisé dans les cas suivants :

- certaines maladies du foie, de l'estomac ou du tube digestif ;
- grossesse.

> **ATTENTION**
>
> L'action de ce médicament est lente ; la taille du calcul peut être surveillée par *échographie.*

INTERACTIONS MÉDICAMENTEUSES

Ce médicament peut interagir avec d'autres médicaments, notamment ceux contenant de la colestyramine (QUESTRAN...) : signalez tout autre traitement en cours à votre médecin ou à votre pharmacien.

GROSSESSE, ALLAITEMENT ET NOUVEAU-NÉ

Grossesse :

Ce médicament est contre-indiqué pendant la grossesse : une contraception est recommandée pendant toute la durée du traitement.

Allaitement :

Les données actuellement disponibles ne permettent pas de savoir si ce médicament passe dans le lait maternel.

MODE D'EMPLOI ET POSOLOGIE

Ce médicament doit être pris pendant les repas ou le soir au coucher avec un verre de lait.

Posologie usuelle :

1 gélule matin et soir ; la prise du soir peut être de 2 gélules.

Le traitement dure habituellement 6 mois et peut être poursuivi plus longtemps si le calcul est volumineux.

EFFETS INDÉSIRABLES POSSIBLES

Rarement : diarrhée.

Prendre un médicament à heure fixe limite les risques d'oubli

UTROGESTAN

progestérone

PRÉSENTATION

UTROGESTAN : capsule orale et vaginale ; boîte de 30 - Remb. 65 %

Laboratoires Besins-Iscovesco

COMPOSITION

	p. caps.
Progestérone naturelle micronisée	100 mg

INDICATIONS

Ce médicament contient une *hormone*, la *progestérone*.

Il est utilisé :

- pour corriger une insuffisance de sécrétion de progestérone dans le traitement de certains troubles des règles, de la tension des seins, de certaines stérilités et des menaces de fausses couches ;
- en complément des *estrogènes* dans le traitement de la *ménopause*.

CONTRE-INDICATIONS

Ce médicament ne doit pas être utilisé par *voie* orale en cas de maladie grave du foie.

ATTENTION

N'utilisez en aucun cas ce médicament sans avis médical.

Conducteur : par *voie* orale, ce médicament peut être responsable de *vertiges* ou d'une baisse de la vigilance.

GROSSESSE, ALLAITEMENT ET NOUVEAU-NÉ

Grossesse :

Ce médicament peut être utilisé pendant la grossesse.

MODE D'EMPLOI ET POSOLOGIE

Par *voie* orale : prendre les capsules à distance des repas, de préférence le soir au coucher.

Par voie vaginale : la capsule doit être introduite profondément dans le vagin.

Posologie usuelle :

La *posologie* est individuelle, et variable selon les cas.

EFFETS INDÉSIRABLES POSSIBLES

Par *voie* orale seulement, certains signes peuvent faire penser à un surdosage : somnolence, *vertiges* 1 à 3 heures après la prise du médicament, léger saignement, raccourcissement du cycle. Une adaptation de la *posologie* est nécessaire : consultez votre médecin.

Par voie vaginale, aucun effet indésirable n'est généralement constaté aux doses usuelles.

UVÉDOSE

vitamine D3

PRÉSENTATION

UVÉDOSE 100 000 UI : solution buvable ; boîte de 1 ampoule 2 ml - Remb. 65 % - Liste II

Laboratoires Crinex

COMPOSITION

	p. amp.
Colécalciférol (vitamine D3)	100 000 UI

INDICATIONS

Ce médicament contient de la *vitamine* D, qui permet la fixation osseuse du calcium et dont la *carence* est responsable du *rachitisme*.

Il est utilisé pour prévenir et traiter les carences en vitamine D. Il peut être également utilisé chez la personne âgée dans le traitement de l'*ostéomalacie*.

CONTRE-INDICATIONS

Ce médicament ne doit pas être utilisé dans les cas suivants :

- excès de calcium dans le sang et dans les urines,
- *antécédents* de calculs rénaux contenant du calcium,
- immobilisation prolongée (à forte dose).

ATTENTION

Un surdosage en *vitamine* D expose à des effets indésirables graves.

La vitamine D est présente dans de nombreux laits pour bébé et médicaments disponibles sans ordonnance : prenez l'avis de votre médecin ou de votre pharmacien pour éviter tout risque de surdosage.

GROSSESSE, ALLAITEMENT ET NOUVEAU-NÉ

Grossesse :

Ne prenez pas de *vitamine* D sans avis médical pendant la grossesse.

Allaitement :

Ce médicament passe dans le lait maternel : il est, à forte dose, déconseillé pendant l'allaitement.

MODE D'EMPLOI ET POSOLOGIE

La solution peut être avalée pure, ou diluée dans le lait du biberon ou dans de l'eau.

Posologie usuelle :

Prévention du *rachitisme* :

- Nourrisson et jeune enfant jusqu'à 6 ans : 1 ampoule (100 000 *UI*) tous les 3 mois (2 ampoules chez l'enfant à peau sombre ou peu exposée au soleil).

Dans les autres cas, notamment chez la femme enceinte et la personne âgée, la *posologie* est strictement individuelle.

Les *carences* en *vitamine* D sont particulièrement fréquentes chez les jeunes enfants à peau sombre ou peu exposée au soleil ; en effet, la vitamine D est fabriquée par la peau sous l'influence des rayons *ultraviolets*.

La prévention du *rachitisme* par la vitamine D est mise en œuvre de façon systématique chez le *nourrisson* et le jeune enfant.

Ce médicament doit être conservé à l'abri de la chaleur et de la lumière.

EFFETS INDÉSIRABLES POSSIBLES

Aucun effet indésirable n'est généralement constaté aux doses usuelles ; certains signes doivent cependant faire penser à un surdosage : perte de l'appétit, soif intense, nausées, vomissements. Prévenez d'urgence votre médecin.

UVÉLINE

méthylsulfate de N-méthyl-8-hydroxyquinoléinium

PRÉSENTATION

UVÉLINE : collyre ; flacon 10 ml - Non remb.

Laboratoires M.S.D.-Chibret

COMPOSITION

	p. 100 ml
Méthylsulfate de N-méthyl-8-hydroxyquinoléinium	500 mg

INDICATIONS

Ce collyre protège l'œil contre les rayons *ultraviolets* et calme l'irritation oculaire.

Il est utilisé dans le traitement des ophtalmies (*inflammations* dues aux rayons ultraviolets) et des irritations ou de la fatigue oculaires.

ATTENTION

Toute irritation peut être une infection : consultez votre ophtalmologiste si les troubles persistent.

Ce collyre ne doit pas être utilisé chez les porteurs de lentilles de contact souples : risque de coloration définitive.

GROSSESSE, ALLAITEMENT ET NOUVEAU-NÉ

L'effet de ce médicament pendant la grossesse ou l'allaitement est mal connu. L'évaluation du risque éventuel lié à son utilisation est individuelle : demandez conseil à votre pharmacien ou à votre médecin.

MODE D'EMPLOI ET POSOLOGIE

Tirer la paupière inférieure vers le bas tout en regardant vers le haut et déposer une goutte de collyre entre la paupière et le globe oculaire (*cul-de-sac conjonctival*).

Posologie usuelle :

1 goutte, 4 à 8 fois par jour, voire toutes les heures en cas d'ophtalmie.

L'application correcte du produit peut nécessiter une aide, notamment chez une personne handicapée ou âgée.

Ne conservez pas ce collyre plus de 15 jours après une première utilisation.

UVESTÉROL A, D, E, C

PRÉSENTATION

UVESTÉROL VITAMINÉ A, D, E, C : solution buvable ; flacon 20 ml avec mesure graduée (nº 1 = 1 ml, nº 2 = 1,5 ml) - Non remb.

Laboratoires Crinex

COMPOSITION

	p. dose 1 ml	p. dose 1,5 ml
Ergocalciférol (vitamine D2)	1 000 UI	1 500 UI
Rétinol (vitamine A)	5 000 UI	7 500 UI
Tocophérol (vitamine E)	3 mg	4,5 mg
Acide ascorbique (vitamine C)	50 mg	75 mg

INDICATIONS

Ce médicament est une association de *vitamines* indispensables au *métabolisme*. La *carence* en vitamine A est responsable de troubles de la vision et d'une sécheresse de la peau et des *muqueuses*. La vitamine D participe à la croissance de l'os ; sa carence est responsable du *rachitisme*.

Il est utilisé, chez le *nourrisson* et le jeune enfant, pour prévenir le rachitisme et les carences en vitamines favorisant la croissance.

CONTRE-INDICATIONS

Ce médicament ne doit pas être utilisé dans les cas suivants :
- excès de calcium dans le sang et dans les urines,
- *antécédents* de calculs rénaux contenant du calcium.

ATTENTION

Un surdosage en *vitamines* A et D expose à des effets indésirables graves.

Les vitamines A et D sont présentes dans de nombreux laits pour bébé et médicaments disponibles sans ordonnance : prenez l'avis de votre médecin ou de votre pharmacien pour éviter tout risque de surdosage.

MODE D'EMPLOI ET POSOLOGIE

La solution peut être avalée pure, ou diluée dans le lait du biberon ou dans de l'eau.

Posologie usuelle :

Prévention du *rachitisme* :
- Nourrisson de la 1re semaine à 2 ans : 1 dose de 1 ml ou 1 dose de 1,5 ml (peaux pigmentées) par jour durant toute l'année.
- Enfant de 2 à 6 ans : même dose durant les mois d'hiver seulement.

Les *carences* en *vitamine* D sont particulièrement fréquentes chez les jeunes enfants à peau sombre ou peu exposée au soleil ; en effet, la vitamine D est fabriquée par la peau sous l'influence des rayons *ultraviolets*.

La prévention du *rachitisme* par la vitamine D est mise en œuvre de façon systématique chez le *nourrisson* et le jeune enfant.

Ce médicament doit être conservé à l'abri de la chaleur et de la lumière.

EFFETS INDÉSIRABLES POSSIBLES

Aucun effet indésirable n'est généralement constaté aux doses usuelles ; certains signes doivent cependant faire penser à un surdosage : perte de l'appétit, soif intense, nausées, vomissements. Prévenez d'urgence votre médecin.

UVESTÉROL D

vitamine D2

PRÉSENTATION

UVESTÉROL D : solution buvable ; flacon 20 ml et cuillère-mesure graduée - Remb. 65 %

Laboratoires Crinex

COMPOSITION

	p. dose L (0,53 ml)	p. dose 1 (0,67 ml)	p. dose 2 (1 ml)
Ergocalciférol (vitamine D2) ...	800 UI	1 000 UI	1 500 UI

INDICATIONS

Ce médicament contient de la *vitamine* D, qui permet la fixation osseuse du calcium et dont la *carence* est responsable du *rachitisme*.

Il est utilisé pour prévenir et traiter les carences en vitamine D.

CONTRE-INDICATIONS

Ce médicament ne doit pas être utilisé dans les cas suivants :
- excès de calcium dans le sang et dans les urines,
- *antécédents* de calculs rénaux contenant du calcium,
- immobilisation prolongée (à forte dose).

ATTENTION

Un surdosage en *vitamine* D expose à des effets indésirables graves.

La vitamine D est présente dans de nombreux laits pour bébé et médicaments disponibles sans ordonnance : prenez l'avis de votre médecin ou de votre pharmacien pour éviter tout risque de surdosage.

GROSSESSE, ALLAITEMENT ET NOUVEAU-NÉ

Grossesse :

Ne prenez pas de *vitamine* D sans avis médical pendant la grossesse.

Allaitement :

Ce médicament passe dans le lait maternel : il est, à forte dose, déconseillé pendant l'allaitement.

MODE D'EMPLOI ET POSOLOGIE

La solution peut être avalée pure, ou diluée dans le lait du biberon ou dans de l'eau.

Posologie usuelle :

Prévention du *rachitisme* :
- Nourrisson et enfant jusqu'à 6 ans : 1 000 à 2 000 *UI* par jour. En cas d'apport de lait enrichi en *vitamine* D, ne pas dépasser 800 UI par jour.

Dans les autres cas, notamment chez la femme enceinte et la personne âgée, la *posologie* est strictement individuelle.

Les *carences* en *vitamine* D sont particulièrement fréquentes chez les jeunes enfants à peau sombre ou peu exposée au soleil ; en effet, la vitamine D est fabriquée par la peau sous l'influence des rayons *ultraviolets*.

La prévention du *rachitisme* par la vitamine D est mise en œuvre de façon systématique chez le *nourrisson* et le jeune enfant.

Ce médicament doit être conservé à l'abri de la chaleur et de la lumière.

EFFETS INDÉSIRABLES POSSIBLES

Aucun effet indésirable n'est généralement constaté aux doses usuelles ; certains signes doivent cependant faire penser à un surdosage : perte de l'appétit, soif intense, nausées, vomissements. Prévenez d'urgence votre médecin.

UVICOL

synéphrine, borate de sodium, actinoquinol

PRÉSENTATION

UVICOL : collyre ; flacon 10 ml - Non remb.

Laboratoires Alcon

COMPOSITION

	p. 100 ml
Synéphrine chlorhydrate	0,1 g
Borate de sodium	0,25 g
Actinoquinol	0,2 g
Rose, eau distillée	20 ml

INDICATIONS

C'est un collyre décongestionnant qui contient un *vasoconstricteur*, un *antiseptique* et un agent actif contre les effets nocifs de la lumière.

Il est utilisé pour traiter les irritations oculaires dues à la lumière et, sur prescription médicale, les irritations dues aux verres de contact.

CONTRE-INDICATIONS

Ce médicament ne doit pas être utilisé en cas de *glaucome* à angle fermé.

ATTENTION

Une rougeur ou une douleur de l'œil ne correspondent pas toujours à une *conjonctivite*. Des soins urgents peuvent être nécessaires, notamment en cas de vision floue.

Ce collyre peut provoquer un *glaucome* aigu par fermeture de l'angle chez les personnes prédisposées : œil rouge, dur, douloureux, et flou de la vision. Une consultation d'urgence dans un service spécialisé est alors nécessaire.

Du fait de la présence d'un *vasoconstricteur*, les instillations répétées doivent être évitées chez les personnes souffrant d'*angine de poitrine* ou d'*hypertension artérielle*.

INTERACTIONS MÉDICAMENTEUSES

Ce médicament peut interagir avec d'autres médicaments, notamment les *antidépresseurs* de la famille des *IMAO* non sélectifs (MARSILID, NIAMIDE...). Signalez tout autre traitement en cours à votre médecin ou à votre pharmacien.

GROSSESSE, ALLAITEMENT ET NOUVEAU-NÉ

L'effet de ce médicament pendant la grossesse ou l'allaitement est mal connu.

L'évaluation du risque éventuel lié à son utilisation est individuelle : demandez conseil à votre pharmacien ou à votre médecin.

MODE D'EMPLOI ET POSOLOGIE

Tirer la paupière inférieure vers le bas tout en regardant vers le haut et déposer les gouttes de collyre entre la paupière et le globe oculaire (*cul-de-sac conjonctival*).

Posologie usuelle :

1 ou 2 gouttes, 2 à 6 fois par jour. Ne dépassez pas 7 jours de traitement sans avis médical.

> Une application correcte du produit peut nécessiter une aide, notamment chez l'enfant ou la personne handicapée ou âgée.
>
> Ne conservez pas ce collyre plus de 15 jours après une première utilisation.

EFFETS INDÉSIRABLES POSSIBLES

Glaucome aigu par fermeture de l'angle (voir ATTENTION).

UVIMAG B6

magnésium, vitamine B6

PRÉSENTATION

UVIMAG B6 : solution buvable ; boîte de 20 ampoules (10 ml) - Remb. 35 %

Laboratoires Laphal

COMPOSITION

	p. amp.
Magnésium glycérophosphate, solution à 50 %	1 g
Pyridoxine (vitamine B6)	125 mg
Saccharose	4,25 g

INDICATIONS

Ce médicament est une association de magnésium et de *vitamine* B6, substances indispensables au *métabolisme*.

Il est utilisé dans le traitement des *carences* en magnésium, notamment celles qui sont liées à la prise de *diurétiques*. Il peut être également utilisé dans le *traitement symptomatique* de la *spasmophilie*.

CONTRE-INDICATIONS

Ce médicament ne doit pas être utilisé dans les cas suivants :
- *insuffisance rénale*,
- en association avec les médicaments contenant de la lévodopa.

> **ATTENTION**
>
> Ce médicament contient du *sucre* (saccharose) en quantité notable.

INTERACTIONS MÉDICAMENTEUSES

Ce médicament ne doit pas être associé avec les médicaments contenant de la lévodopa seule (LARODOPA...) : risque d'annulation des effets de la lévodopa.

Ce médicament peut interagir avec d'autres médicaments en diminuant leur absorption digestive. Signalez tout autre traitement en cours à votre médecin ou à votre pharmacien.

GROSSESSE, ALLAITEMENT ET NOUVEAU-NÉ

Ce médicament ne contient aucune substance connue pour être toxique chez la femme enceinte ou qui allaite.

MODE D'EMPLOI ET POSOLOGIE

Ce médicament sera pris de préférence au moment des repas. Le contenu de l'ampoule doit être dilué dans un demi-verre d'eau.

Posologie usuelle :

- Adulte : 1 ampoule buvable, 3 fois par jour.
- Enfant : 1 ou 2 ampoules par jour selon l'âge.

EFFETS INDÉSIRABLES POSSIBLES

Troubles digestifs.

V

VACCIN BCG PASTEUR
vaccin contre la tuberculose

PRÉSENTATION

VACCIN BCG PASTEUR INTRADERMIQUE : préparation injectable ; flacon de lyophilisat (10 doses de vaccin), ampoule de solvant 1 ml et seringue *I.D.* - Remb. 65 %

Laboratoires Pasteur Vaccins

COMPOSITION

	p. dose
Germes tuberculeux reviviscibles (bacilles vivants atténués)	de 800 000 à 3 200 000 U

INDICATIONS

C'est un *vaccin* composé de bacilles tuberculeux atténués : vivants, mais affaiblis, ils sont incapables de provoquer la maladie.

Il est utilisé dans la prévention de la *tuberculose* et notamment des *méningites* liées à cette maladie. L'immunité apparaît 2 mois après la première injection et dure tant que les tests à la tuberculine (NÉOTEST, MONOTEST...) restent positifs.

CONTRE-INDICATIONS

Ce *vaccin* ne doit pas être utilisé dans les cas suivants :
- *dermatose* étendue,
- *déficit immunitaire*.

ATTENTION

Évitez tout contact direct entre une personne souffrant d'un *déficit immunitaire* et le bouton résultant de la vaccination.

GROSSESSE, ALLAITEMENT ET NOUVEAU-NÉ

Grossesse :

Comme pour tous les *vaccins* vivants, ce vaccin n'est pas recommandé pendant la grossesse. Seul votre médecin peut évaluer le risque éventuel de cette vaccination dans votre cas.

MODE D'EMPLOI ET POSOLOGIE

L'injection est pratiquée exclusivement par *voie* intradermique.

L'évolution normale consiste en l'apparition d'une lésion rouge violacé vers le 30e jour, qui disparaît en quelques mois. Une petite plaie peut également apparaître, bénigne mais longue à se refermer.

La vaccination est obligatoire avant l'âge de 6 ans ; elle est possible chez le *nouveau-né*.

Un contrôle par un test à la tuberculine (NÉOTEST, MONOTEST...), pratiqué au minimum 3 mois après l'injection et répété tous les ans, permet de vérifier la présence de l'immunité.

☛ Pour des raisons de confort, la vaccination doit être différée en cas de fièvre élevée.

Pour garder son efficacité, ce *vaccin* doit être conservé entre + 2 et + 8 °C (compartiment à beurre du réfrigérateur), mais quelques jours à une température ne dépassant pas 25 °C ne prêtent pas à conséquence. Il ne doit pas être congelé.

EFFETS INDÉSIRABLES POSSIBLES

Fréquemment : plaie au point d'injection, longue à se refermer, nécessitant un simple pansement sec.

Très rarement : abcès local, ganglion sous le bras.

VACCIN DTCP PASTEUR
vaccins associés

PRÉSENTATION

VACCIN DTCP PASTEUR : suspension injectable ; seringue préremplie 0,5 ml - Remb. 65 %

Laboratoires Pasteur Vaccins

COMPOSITION

	p. seringue
Anatoxine diphtérique purifiée	1 dose
Anatoxine tétanique purifiée	1 dose
Bordetella pertussis	⩾ 4 UI
Vaccins poliomyélitiques inactivés de type 1, 2 et 3 .	1 dose

INDICATIONS

C'est une association de *vaccins* composée de toxines inactivées, ou *anatoxines* (diphtérie et tétanos), et de *germes* tués (coqueluche, polio). Elle ne contient aucun germe vivant.

Elle est utilisée dans la prévention de la diphtérie, du tétanos, de la coqueluche et de la poliomyélite.

L'immunité apparait dès la deuxième injection et persiste au moins 5 ans après le premier rappel.

CONTRE-INDICATIONS

Ce médicament ne doit pas être utilisé dans les cas suivants :
- certaines maladies graves du cerveau,
- forte réaction lors de la première vaccination anticoquelucheuse : fièvre élevée, *convulsions*...

GROSSESSE, ALLAITEMENT ET NOUVEAU-NÉ

Ce *vaccin* est destiné au jeune enfant et n'est pas utilisé pendant la grossesse.

MODE D'EMPLOI ET POSOLOGIE

Bien agiter la seringue avant l'emploi, la réchauffer à température ambiante si nécessaire. L'injection doit être réalisée par *voie* sous-cutanée ou intramusculaire.

Posologie usuelle :

Les 3 premières injections sont réalisées à 1 mois d'intervalle dès l'âge de 2 mois. Le premier rappel a lieu 1 an après la troisième injection, puis éventuellement 5 ans après. Les rappels ultérieurs sont généralement pratiqués avec une association de *vaccins* ne comportant pas le vaccin anticoquelucheux.

☛ Les réactions fébriles dues aux *vaccins* peuvent être combattues en prenant de l'aspirine ou du paracétamol.

Pour garder son efficacité, ce vaccin doit être conservé entre + 2 et + 8 °C (compartiment à beurre du réfrigérateur), mais quelques jours à une température ne dépassant pas 25 °C ne prêtent pas à conséquence. Il ne doit pas être congelé.

EFFETS INDÉSIRABLES POSSIBLES

Réactions douloureuses, *nodule* au point d'injection.

Réaction fébrile (38 à 39 °C) pendant 1 ou 2 jours.

Exceptionnellement : fièvre à 40 °C, *convulsions*, cris persistants. Ce *syndrome* très rare (1 pour 100 000 vaccinations) et réversible conduit à renoncer à la poursuite de la vaccination anticoquelucheuse chez l'enfant qui en a été la victime. Ce risque ne remet pas en cause l'intérêt de la vaccination contre la coqueluche, compte tenu de la gravité de cette maladie.

VACCIN DTP PASTEUR
vaccins associés

PRÉSENTATION

VACCIN DTP PASTEUR : suspension injectable ; seringue préremplie 0,5 ml - Remb. 65 %

Laboratoires Pasteur Vaccins

COMPOSITION

	p. seringue
Anatoxine diphtérique purifiée	1 dose
Anatoxine tétanique purifiée	1 dose
Vaccins poliomyélitiques inactivés de type 1, 2 et 3	1 dose

INDICATIONS

C'est une association de *vaccins* composée de toxines inactivées, ou *anatoxines*, (diphtérie et tétanos) et de *germes* tués (polio). Elle ne contient aucun germe vivant.

Elle est utilisée dans la prévention de la diphtérie, du tétanos, et de la poliomyélite.

L'immunité apparaît dès la deuxième injection et persiste au moins 5 ans après le premier rappel.

GROSSESSE, ALLAITEMENT ET NOUVEAU-NÉ

Cette vaccination peut être pratiquée pendant la grossesse ou l'allaitement.

MODE D'EMPLOI ET POSOLOGIE

Bien agiter la seringue avant l'emploi, la réchauffer à température ambiante si nécessaire. L'injection doit être réalisée par *voie* sous-cutanée ou intramusculaire.

Posologie usuelle :

Les 3 premières injections sont réalisées à 1 mois d'intervalle dès l'âge de 2 mois. Le premier rappel a lieu 1 an après la troisième injection, puis tous les 5 à 10 ans.

Pour des raisons de confort, la vaccination doit être différée en cas de fièvre élevée.

Les réactions fébriles dues aux *vaccins* peuvent être combattues en prenant de l'aspirine ou du paracétamol.

Pour garder son efficacité, ce vaccin doit être conservé entre + 2 et + 8 °C (compartiment à beurre du réfrigérateur), mais quelques jours à une température ne dépassant pas 25 °C ne prêtent pas à conséquence. Il ne doit pas être congelé.

EFFETS INDÉSIRABLES POSSIBLES

Réactions douloureuses, *nodule* au point d'injection.

Réaction fébrile (38 à 39 °C) pendant 1 ou 2 jours.

VACCIN MÉNINGOCOCCIQUE A + C

vaccin contre la méningite à méningocoque A ou C

PRÉSENTATION

VACCIN MÉNINGOCOCCIQUE A + C : préparation injectable ; flacon de *lyophilisat* et seringue de solvant 0,5 ml - Non remb.

Laboratoires Mérieux-M.S.D.

COMPOSITION

	p. dose
Polyoside purifié de Neisseria meningitidis, groupe A	50 µg
Polyoside purifié de Neisseria meningitidis, groupe C	50 µg

INDICATIONS

C'est un *vaccin* composé de fragments de méningocoque de type A et C. Il ne contient aucun *germe* vivant.

Il est utilisé dans la prévention des *méningites* à méningocoque A ou C, lors d'une épidémie due à ces germes, ou avant un voyage dans un pays à risques. L'immunité apparaît 10 jours après l'injection et dure environ 4 ans.

ATTENTION

Ce *vaccin* ne protège pas contre les deux *germes* les plus fréquemment responsables de méningite en France : méningocoque B et Haemophilus influenzae type b.

GROSSESSE, ALLAITEMENT ET NOUVEAU-NÉ

Cette vaccination peut être pratiquée pendant la grossesse ou l'allaitement.

MODE D'EMPLOI ET POSOLOGIE

Bien agiter la seringue avant l'emploi, la réchauffer à température ambiante si nécessaire. L'injection doit être réalisée par *voie* sous-cutanée ou intramusculaire.

Posologie usuelle :

- Adulte et enfant : 1 injection unique assure une protection d'environ 4 ans.

Pour des raisons de confort, la vaccination doit être différée en cas de fièvre élevée.

Les réactions fébriles dues aux *vaccins* peuvent être combattues en prenant de l'aspirine ou du paracétamol.

Pour garder son efficacité, ce vaccin doit être conservé entre + 2 et + 8 °C (compartiment à beurre du réfrigérateur), mais quelques jours à une température ne dépassant pas 25 °C ne prêtent pas à conséquence. Il ne doit pas être congelé.

EFFETS INDÉSIRABLES POSSIBLES

Réactions douloureuses, *nodule* au point d'injection.

Fièvre modérée pendant 1 ou 2 jours.

VACCIN POLIOMYÉLITIQUE

vaccin contre la poliomyélite

PRÉSENTATION

VACCIN POLIOMYÉLITIQUE : solution injectable ; seringue préremplie 0,5 ml - Remb. 65 %

Laboratoires Mérieux-M.S.D.

COMPOSITION

	p. seringue
Vaccins inactivés poliomyélitiques de type 1, 2 et 3	1 dose

INDICATIONS

C'est un *vaccin* composé de *virus* poliomyélitiques tués. Il ne contient aucun *germe* vivant.

Il est utilisé dans la prévention de la poliomyélite. L'immunité apparaît dès la deuxième injection et persiste au moins 5 ans après le premier rappel.

GROSSESSE, ALLAITEMENT ET NOUVEAU-NÉ

Cette vaccination peut être pratiquée pendant la grossesse ou l'allaitement.

MODE D'EMPLOI ET POSOLOGIE

Bien agiter la seringue avant l'emploi, la réchauffer à température ambiante si nécessaire. L'injection doit être réalisée par *voie* sous-cutanée ou intramusculaire.

Les 3 premières injections sont réalisées à 1 mois d'intervalle. Le premier rappel a lieu 1 an après la troisième injection, puis éventuellement 5 ans après.

Pour des raisons de confort, la vaccination doit être différée en cas de fièvre élevée.

Les réactions fébriles dues aux *vaccins* peuvent être combattues en prenant de l'aspirine ou du paracétamol.

Pour garder son efficacité, ce vaccin doit être conservé entre + 2 et + 8 °C (compartiment à beurre du réfrigérateur), mais quelques jours à une température ne dépassant pas 25 °C ne prêtent pas à conséquence. Il ne doit pas être congelé.

EFFETS INDÉSIRABLES POSSIBLES

Réactions douloureuses, *nodule* au point d'injection.

Rare réaction fébrile.

VACCIN POLIOMYÉLITIQUE oral

vaccin contre la poliomyélite

PRÉSENTATION

VACCIN POLIOMYÉLITIQUE ORAL : solution buvable ; ampoule 0,5 ml - Remb. 65 %

Laboratoires Mérieux-M.S.D.

COMPOSITION

Virus poliomyélitiques de type 1, 2 et 3

INDICATIONS

C'est un *vaccin* composé de trois types de *virus* poliomyélitiques atténués : vivants, mais affaiblis, ils ne peuvent pas provoquer la maladie.

Il est utilisé dans la prévention de la poliomyélite. L'immunité apparaît dès la première prise.

CONTRE-INDICATIONS

Ce médicament ne doit pas être utilisé dans les cas suivants :

- *déficit immunitaire* chez la personne à vacciner ou chez une personne de son entourage non vaccinée,
- cancer en cours de traitement,
- grossesse.

GROSSESSE, ALLAITEMENT ET NOUVEAU-NÉ

Grossesse :

Ce *vaccin* oral contient un *virus* vivant atténué et est contre-indiqué pendant la grossesse. Seul le vaccin inactivé (injectable) est utilisable.

Allaitement :

Cette vaccination peut être pratiquée pendant l'allaitement.

MODE D'EMPLOI ET POSOLOGIE

Le contenu de l'ampoule doit être avalé, habituellement après avoir été versé sur un morceau de sucre, de préférence en dehors des repas. Il ne doit en aucun cas être injecté.

Posologie usuelle :

Les 3 premières prises sont réalisées à 4 à 6 semaines d'intervalle. Les rappels ont lieu 1 an, puis 5 ans après ; ils permettent de maintenir l'immunité acquise.

> Ce *vaccin* contient un *virus* vivant atténué : celui-ci se développe dans l'organisme sans provoquer la maladie. La personne qui vient de prendre le vaccin peut transmettre ce virus et donc vacciner son entourage, mais aussi contaminer une personne souffrant d'un *déficit immunitaire* et qui risque de développer une maladie au contact du virus vaccinal. Cette forme orale de vaccin ne doit être utilisée que lorsque le médecin l'a prescrite.
>
> Pour des raisons de confort, la vaccination doit être différée en cas de fièvre élevée.
>
> Les réactions fébriles dues aux vaccins peuvent être combattues en prenant de l'aspirine ou du paracétamol.
>
> Pour garder son efficacité, ce vaccin doit être conservé entre + 2 et + 8 °C (compartiment à beurre du réfrigérateur), mais quelques jours à une température ne dépassant pas 25 °C n'altèrent pas la qualité du vaccin. Il ne doit pas être congelé.

EFFETS INDÉSIRABLES POSSIBLES

Réactions fébriles.

Exceptionnellement : moins de 1 fois sur 1 million de vaccinations, une paralysie due à ce vaccin est observée chez la personne vaccinée ou dans son entourage.

VACCIN TÉTANIQUE PASTEUR

vaccin antitétanique

PRÉSENTATION

VACCIN TÉTANIQUE PASTEUR : suspension injectable ; seringue préremplie 0,5 ml - Remb. 65 %

Laboratoires Pasteur Vaccins

COMPOSITION

	p. seringue
Anatoxine tétanique purifiée	1 dose

INDICATIONS

Ce *vaccin* est l'*anatoxine* tétanique, forme inactivée et purifiée de la toxine responsable du tétanos. Il ne contient aucun *germe* vivant.

Il est utilisé dans la prévention du tétanos.

L'immunité apparaît dès la deuxième injection et persiste 10 ans après le premier rappel.

CONTRE-INDICATIONS

Il n'existe aucune contre-indication à ce vaccin.

> **ATTENTION**
>
> En cas de blessure :
> - si le dernier rappel date de moins de 10 ans, aucune prévention antitétanique n'est utile ;
> - si le dernier rappel date de plus de 10 ans, 2 injections sont nécessaires : 1 rappel de vaccin et 1 injection de gammaglobulines antitétaniques.

GROSSESSE, ALLAITEMENT ET NOUVEAU-NÉ

Ce *vaccin* peut être pratiqué chez la femme enceinte ou qui allaite.

MODE D'EMPLOI ET POSOLOGIE

Bien agiter la seringue avant l'emploi, la réchauffer à température ambiante si nécessaire. L'injection doit être réalisée par *voie* sous-cutanée ou intramusculaire. Ce *vaccin* peut aussi bien servir à la première vaccination qu'aux rappels ultérieurs.

Posologie usuelle :

- Adulte : la première vaccination consiste en 2 injections espacées de 4 à 6 semaines, suivies d'un rappel 6 à 12 mois après la deuxième injection. Un rappel doit ensuite être pratiqué tous les 10 ans.

> Pour des raisons de confort, la vaccination doit être différée en cas de fièvre élevée.
>
> En cas de dépassement des dates de rappel, il est inutile de reprendre toute la vaccination, il faut rattraper le retard ; par exemple, si aucun rappel n'a été effectué depuis 20 ans, 2 injections séparées d'1 mois suffisent à restaurer l'immunité.
>
> Pour garder son efficacité, ce *vaccin* doit être conservé entre + 2 et + 8 °C (compartiment à beurre du réfrigérateur), mais quelques jours à une température ne dépassant pas 25 °C ne prêtent pas à conséquence. Il ne doit pas être congelé.

EFFETS INDÉSIRABLES POSSIBLES

Réactions douloureuses, *nodule* au point d'injection.

Très rares réactions fébriles.

VACCIN TP PASTEUR

vaccins associés

PRÉSENTATION

VACCIN TP PASTEUR : suspension injectable ; seringue préremplie 0,5 ml - Remb. 65 %

Laboratoires Pasteur Vaccins

COMPOSITION

	p. seringue
Anatoxine tétanique purifiée	1 dose
Vaccins poliomyélitiques inactivés de type 1, 2 et 3	1 dose

INDICATIONS

C'est une association de *vaccins* composée d'une toxine inactivée, ou *anatoxine* (tétanos), et de *germes* tués (polio). Elle ne contient aucun germe vivant.

Elle est utilisée dans la prévention du tétanos et de la poliomyélite.

GROSSESSE, ALLAITEMENT ET NOUVEAU-NÉ

Cette vaccination peut être pratiquée pendant la grossesse ou l'allaitement.

MODE D'EMPLOI ET POSOLOGIE

Bien agiter la seringue avant l'emploi, la réchauffer à température ambiante si nécessaire. L'injection doit être réalisée par *voie* sous-cutanée ou intramusculaire.

Posologie usuelle :

Les 3 premières injections sont réalisées à 1 mois d'intervalle dès l'âge de 2 mois. Le premier rappel a lieu 1 an après la troisième injection puis tous les 5 à 10 ans.

> Pour des raisons de confort, la vaccination doit être différée en cas de fièvre élevée.
>
> Les réactions fébriles dues aux *vaccins* peuvent être combattues en prenant de l'aspirine ou du paracétamol.
>
> Pour garder son efficacité, ce vaccin doit être conservé entre + 2 et + 8 °C (compartiment à beurre du réfrigérateur), mais quelques jours à une température ne dépassant pas 25 °C ne prêtent pas à conséquence. Il ne doit pas être congelé.

EFFETS INDÉSIRABLES POSSIBLES

Réactions douloureuses au point d'injection.

Rare réaction fébrile.

VADILEX

ifenprodil

PRÉSENTATION

VADILEX 20 : comprimé (rose) ; boîte de 30 - Remb. 65 % - Liste II

VADILEX : solution injectable ; boîte de 10 ampoules 2 ml - Remb. 65 % - Liste II

Laboratoires Synthélabo France

COMPOSITION

	p. comp.	p. amp. inj.
Ifenprodil tartrate	20 mg	5 mg
Sulfites		+

INDICATIONS

Ce médicament appartient à la famille des *vasodilatateurs*. Il augmente le débit du sang dans les artères.

Il est utilisé dans le *traitement symptomatique* :

- de l'*artérite* (comprimé),
- des manifestations douloureuses de l'ar-

térite lors des poussées ou dans l'attente d'une intervention chirurgicale (solution injectable).

ATTENTION
Des précautions sont nécessaires en cas d'hypotension chez la personne âgée.

GROSSESSE, ALLAITEMENT ET NOUVEAU-NÉ

L'effet de ce médicament pendant la grossesse ou l'allaitement est mal connu : seul votre médecin peut évaluer le risque éventuel de son utilisation dans votre cas.

MODE D'EMPLOI ET POSOLOGIE

La solution peut être injectée par *voie* intramusculaire profonde, voie intraveineuse lente ou en *perfusion*.

Posologie usuelle :
2 ou 3 comprimés par jour ou 1 ou 3 ampoules injectables par jour.

Ce médicament n'est actif que sur les *symptômes* de l'*artérite*. Seuls la pratique régulière de la marche et l'arrêt d'un éventuel tabagisme peuvent retarder l'évolution de la maladie.

EFFETS INDÉSIRABLES POSSIBLES

Ils sont rares : malaise, bouffées de chaleur.

VAGOSTABYL MONIN

PRÉSENTATION

VAGOSTABYL MONIN : comprimé (jaune orangé) ; boîte de 40 - Remb. 65 %

Laboratoires Monin

COMPOSITION

	p. comp.
Aubépine, extrait sec hydroalcoolique	50 mg
Mélisse, extrait sec hydroalcoolique	50 mg
Calcium, lactate	45 mg
Magnésium, thiosulfate	10 mg

INDICATIONS

Ce médicament est une association de plantes et de minéraux *sédatifs*.

Il est utilisé dans le traitement de l'anxiété accompagnée de *palpitations* et de troubles du sommeil, chez l'adulte et l'enfant.

GROSSESSE, ALLAITEMENT ET NOUVEAU-NÉ

L'effet de ce médicament pendant la grossesse ou l'allaitement est mal connu. L'évaluation du risque éventuel lié à son utilisation est individuelle : demandez conseil à votre pharmacien ou à votre médecin.

MODE D'EMPLOI ET POSOLOGIE

Les comprimés doivent être avalés avec un peu d'eau.

Posologie usuelle :
2 comprimés, 2 ou 3 fois par jour.

VALDA

PRÉSENTATION

VALDA : pastille (vert) arôme menthe ; boîte de 50 - Non remb.

VALDA : pastille (vert) arôme menthe ; boîte de 160 - Non remb.

VALDA SANS SUCRE : pastille (vert) sans sucre, arôme menthe ; boîte de 50 - Non remb.

VALDA SANS SUCRE : pastille (vert) sans sucre, arôme menthe ; boîte de 160 - Non remb.

Laboratoires Sterling Midy

COMPOSITION

	p. past.	p. past. sans sucre
Menthol	3,28 mg	3,28 mg
Eucalyptol	0,451 mg	0,451 mg
Thymol	0,016 mg	0,016 mg
Terpinol liquide	0,016 mg	0,016 mg
Gaïacol	0,016 mg	0,016 mg
Sucre	696 mg	

INDICATIONS

Ce médicament d'usage local contient des substances *antiseptiques* et calmantes.

Il est utilisé pour calmer les irritations de la gorge.

CONTRE-INDICATIONS

Ce médicament ne doit pas être utilisé chez l'enfant de moins de 7 ans.

ATTENTION
En cas d'apparition de fièvre, d'aggravation ou d'absence d'amélioration au bout de 10 jours, consultez votre médecin.

GROSSESSE, ALLAITEMENT ET NOUVEAU-NÉ

Aucun problème particulier n'a été mis en évidence aux doses usuelles lors d'une utilisation de courte durée pendant la grossesse ou l'allaitement.

MODE D'EMPLOI ET POSOLOGIE

Les pastilles doivent être sucées sans être croquées.

Posologie usuelle :
- Adulte : 10 à 15 pastilles par jour.
- Enfant de plus de 7 ans : 5 à 10 pastilles par jour, selon l'âge.

Certaines infections de la gorge nécessitent un traitement *antibiotique* pour éviter des complications ultérieures, cardiaques ou rénales : si les troubles persistent, consultez votre médecin.

VALDA SEPTOL

PRÉSENTATION

VALDA SEPTOL : pastille (jaune orangé) ; boîte de 40 - Non remb.

Laboratoires Sterling Midy

COMPOSITION

	p. past.
Menthol	6,56 mg
Eucalyptol	0,8 mg
Énoxolone	1,3 mg
Cicliménol	0,8 mg
Sucres	1 g

INDICATIONS

Ce médicament d'usage local contient des *antiseptiques* et un *anti-inflammatoire*.

Il est utilisé comme *traitement d'appoint* en cas de mal de gorge sans fièvre ou d'affection de la bouche.

CONTRE-INDICATIONS

Ce médicament ne doit pas être utilisé chez l'enfant de moins de 3 ans.

ATTENTION
N'utilisez pas ce médicament sans avis médical chez l'enfant de moins de 7 ans.
L'usage prolongé de ce médicament n'est pas souhaitable ; il est susceptible de modifier l'équilibre microbien naturel de la gorge (apparition d'une *candidose*).
En cas d'apparition de fièvre, d'aggravation ou d'absence d'amélioration au bout de 5 jours, consultez votre médecin.
Ce médicament contient du *sucre* (saccharose, glucose) en quantité notable.

INTERACTIONS MÉDICAMENTEUSES

Il est généralement inutile d'associer des *antiseptiques* différents. Ceux-ci peuvent être contenus dans de nombreux produits disponibles en automédication : pastille, *collutoire* et solution nasale ; demandez conseil à votre pharmacien.

GROSSESSE, ALLAITEMENT ET NOUVEAU-NÉ

L'effet de ce médicament pendant la grossesse ou l'allaitement est mal connu. L'évaluation du risque éventuel lié à son utilisation est individuelle : demandez conseil à votre pharmacien ou à votre médecin.

MODE D'EMPLOI ET POSOLOGIE

Les pastilles doivent être sucées sans être croquées. Elles ne sont pas adaptées à l'enfant de moins de 6 ans.

Posologie usuelle :
- Adulte : 1 pastille, 5 à 8 fois par jour.
- Enfant de plus de 6 ans : 1 pastille, 2 à 5 fois par jour.

Certaines infections de la gorge nécessitent un traitement *antibiotique* pour éviter des complications ultérieures, cardiaques ou rénales : si les troubles persistent, consultez votre médecin.

EFFETS INDÉSIRABLES POSSIBLES

Irritation locale.

Calendrier de vaccination : voir Annexes

VALERBÉ

PRÉSENTATION

VALERBÉ : gélule ; boîte de 120 (80 blanches et 40 bleues) - Non remb.

Laboratoires Saunier-Daguin

COMPOSITION

	p. gél. blanche	p. gél. bleue
Valériane, extrait sec	50 mg	50 mg
Acide ascorbique	100 mg	
Thiamine chlorhydrate	25 mg	25 mg
Pyridoxine chlorhydrate	100 mg	100 mg

INDICATIONS

C'est une association qui contient notamment de la valériane. Elle modifie la perception gustative et olfactive, et entraîne un dégoût du tabac.

Ce médicament est utilisé pour aider les fumeurs à se désintoxiquer.

INTERACTIONS MÉDICAMENTEUSES

Ce médicament peut interagir avec d'autres médicaments notamment ceux contenant de la lévodopa (LARODOPA, MODOPAR, SINEMET...) : signalez tout autre traitement en cours à votre médecin ou à votre pharmacien.

GROSSESSE, ALLAITEMENT ET NOUVEAU-NÉ

Grossesse :

L'effet de ce médicament sur l'enfant à naître est mal connu : en l'absence de données suffisantes, il est déconseillé pendant la grossesse.

Allaitement :

Les données actuelles ne permettent pas de savoir si ce médicament passe dans le lait maternel. Par mesure de prudence, l'allaitement est déconseillé.

MODE D'EMPLOI ET POSOLOGIE

Posologie usuelle :

6 gélules par jour pendant 20 jours : 2 gélules blanches au début du petit déjeuner et au début du déjeuner, et 2 gélules bleues au coucher.

> Comme tous les procédés utilisés pour aider les fumeurs, ce médicament n'est utile que lorsque la volonté d'arrêter de fumer s'accompagne d'une forte détermination.

EFFETS INDÉSIRABLES POSSIBLES

Troubles digestifs mineurs.

VALIUM
diazépam

PRÉSENTATION

VALIUM 2 mg : comprimé sécable (blanc) ; boîte de 40 - Remb. 65 % - Liste I

VALIUM 5 mg : comprimé sécable (jaune) ; boîte de 40 - Remb. 65 % - Liste I

VALIUM 10 mg : comprimé sécable (bleu) ; boîte de 30 - Remb. 65 % - Liste I

VALIUM 1 % : solution buvable ; flacon 20 ml (1 ml = 30 gouttes) - Remb. 65 % - Liste I

VALIUM 10 mg : solution injectable (*I.M.* ou *I.V.*) ; boîte de 6 ampoules 2 ml - Remb. 65 % - Liste I

Laboratoires Roche

COMPOSITION

	p. comp.	p. comp.	p. comp.
Diazépam	2 mg	5 mg	10 mg
Lactose	100 mg	100 mg	100 mg

	p. 30 gtes	p. amp. inj.
Diazépam	10 mg	10 mg

INDICATIONS

C'est un *tranquillisant* de la famille des *benzodiazépines*.

Il est utilisé dans le traitement de l'anxiété lorsque celle-ci s'accompagne de troubles gênants. Il est également utilisé en pédiatrie dans la prévention des *convulsions* liées à une *hyperthermie*.

CONTRE-INDICATIONS

Ce médicament ne doit pas être utilisé en cas d'*insuffisance respiratoire* grave.

> **ATTENTION**
>
> Des précautions sont nécessaires en cas de *myasthénie*, d'*insuffisance hépatique* ou d'*insuffisance respiratoire*.
>
> Utilisé seul, ce médicament n'est pas adapté au traitement des *états dépressifs*.
>
> Une prise prolongée ou des doses importantes de ce médicament, son association à des *sédatifs* ou à des boissons alcoolisées favorisent une *dépendance*. Respectez la *posologie* et la durée de traitement prescrites par votre médecin.
>
> L'arrêt brutal de ce médicament expose à un *syndrome de sevrage* : réapparition de l'anxiété, agitation, irritabilité, insomnie, maux de tête, douleurs musculaires, tremblements, hallucinations. Il faut donc s'entourer de conseils médicaux pour diminuer progressivement les doses et espacer les prises, sur une période d'autant plus longue que le traitement a été prolongé.
>
> Évitez les boissons alcoolisées : augmentation du risque de somnolence et de dépendance.
>
> Conducteur : ce médicament peut être responsable d'une somnolence ou d'une baisse de la vigilance.

INTERACTIONS MÉDICAMENTEUSES

Ce médicament peut interagir avec d'autres, notamment avec les *sédatifs* et les médicaments contenant de la cimétidine (TAGAMET...) et de la phénytoïne (DI-HYDAN...). Signalez tout autre traitement en cours à votre médecin ou à votre pharmacien.

GROSSESSE, ALLAITEMENT ET NOUVEAU-NÉ

Grossesse et nouveau-né :

Par mesure de prudence, ce médicament est habituellement déconseillé pendant les 3 premiers mois de la grossesse. Toutefois, une grossesse survenant sous traitement ne justifie pas d'inquiétude particulière. Seul votre médecin peut apprécier le risque éventuel lié à l'utilisation de ce médicament dans votre cas.

Si le traitement est poursuivi jusqu'à l'accouchement, une surveillance médicale du *nouveau-né* est nécessaire.

Allaitement :

Ce médicament passe dans le lait maternel : l'allaitement est déconseillé.

MODE D'EMPLOI ET POSOLOGIE

Les comprimés et les gouttes doivent être pris avec un peu d'eau.

Chez l'enfant, la solution injectable est administrée par *voie* intrarectale à l'aide d'une canule adaptable à une seringue. Cette injection intrarectale n'est pratiquée que par un médecin.

Posologie usuelle :

Elle est strictement individuelle. Chez l'enfant, le traitement doit être de courte durée.

> Ce médicament vous a été prescrit dans une situation précise : ne le conseillez pas à une autre personne.
>
> L'effet de ce médicament peut persister plus de 24 heures après sa prise.
>
> Les *tranquillisants* ne sont pas la seule réponse à l'anxiété : une meilleure hygiène de vie, une consommation modérée d'excitants (y compris les boissons alcoolisées) permettent aussi de lutter efficacement contre l'excès de stress.

EFFETS INDÉSIRABLES POSSIBLES

Trous de mémoire, sensation d'ivresse, somnolence en particulier chez la personne âgée, ralentissement des idées, ou, au contraire, excitation, irritabilité, idées confuses, hallucinations, fatigue, éruption cutanée.

VALPROATE DE SODIUM ROLAND-MARIE

PRÉSENTATION

VALPROATE DE SODIUM À 20 % ROLAND-MARIE : solution buvable (incolore) ; flacon 40 ml (seringue doseuse en mg/ml) - Remb. 65 % - Liste II

VALPROATE DE SODIUM 200 mg ROLAND-MARIE : comprimé *gastrorésistant* (blanc) ; boîte de 40 - Remb. 65 % - Liste II

VALPROATE DE SODIUM 500 mg ROLAND-MARIE : comprimé *gastrorésistant* (ivoire) ; boîte de 40 - Remb. 65 % - Liste II

Laboratoires Millot-Solac

COMPOSITION

	p. ml	p. comp.	p. comp.
Valproate de sodium	200 mg	200 mg	500 mg

INDICATIONS

C'est un antiépileptique qui appartient à la famille des *anticonvulsivants* non barbituriques.

Il est utilisé dans :
- le traitement des *épilepsies*,
- le *traitement préventif* des *convulsions* liées à la fièvre chez l'enfant,
- le traitement des tics rebelles de l'enfant.

CONTRE-INDICATIONS

Ce médicament ne doit pas être utilisé dans les cas suivants :
- *hépatite*,
- en association avec la méfloquine.

ATTENTION

Une *hépatite* peut exceptionnellement survenir pendant le traitement. Le *nourrisson* et l'enfant de moins de 3 ans sont particulièrement exposés dans les 6 premiers mois de traitement. Les signes évocateurs qui doivent vous amener à consulter votre médecin sont une perte de l'appétit, une fatigue anormale avec nausées, et parfois vomissements et douleurs abdominales, voire la réapparition des crises d'*épilepsie*.

Des analyses de sang régulières sont pratiquées pour la surveillance du traitement.

Si vous souffrez d'*insuffisance rénale*, prévenez votre médecin afin qu'il puisse adapter la *posologie*.

Ne modifiez ni n'interrompez jamais votre traitement sans l'avis de votre médecin : risque de réapparition des *convulsions*, même si aucune crise n'est survenue depuis une longue période.

Évitez les boissons alcoolisées : augmentation du risque de somnolence et de convulsions.

INTERACTIONS MÉDICAMENTEUSES

Ce médicament ne doit pas être utilisé en association avec la méfloquine (LARIAM) : risque de crise d'*épilepsie*. Il peut interagir avec d'autres médicaments, notamment les *sédatifs* barbituriques, les *antidépresseurs* imipraminiques, et certains autres antiépileptiques. Signalez tout autre traitement en cours à votre médecin ou à votre pharmacien.

GROSSESSE, ALLAITEMENT ET NOUVEAU-NÉ

Grossesse et nouveau-né :

Si une grossesse survient sous traitement, consultez votre médecin. L'arrêt brutal de ce médicament expose à la réapparition de crises préjudiciables à la mère et à l'enfant à naître. Le médecin appréciera le risque éventuel lié à l'utilisation de ce médicament dans votre cas. Des examens particuliers permettent de vérifier l'absence d'anomalie chez l'enfant à naître.

Si le traitement est poursuivi jusqu'à l'accouchement, une surveillance médicale du *nouveau-né* est nécessaire.

Allaitement :

Ce médicament passe faiblement dans le lait maternel.

MODE D'EMPLOI ET POSOLOGIE

Les différentes formes de ce médicament peuvent être avalées avec un peu d'eau, au moment des repas. Les comprimés ne doivent pas être coupés ni croqués.

Posologie usuelle :

Strictement individuelle, elle est adaptée progressivement par votre médecin en fonction de l'indication.

☛ Afin d'éviter les oublis, il est recommandé de prendre ce médicament à heure fixe. Veillez à ne pas manquer de ce médicament ; lors de vos déplacements, munissez-vous d'une réserve ou de votre ordonnance en cours de validité.

La prise de ce médicament au cours des repas permet d'éviter les *troubles digestifs*.

EFFETS INDÉSIRABLES POSSIBLES

Maux d'estomac et nausées en début de traitement, disparaissant au cours de celui-ci.

Prise de poids, absence de règles, règles irrégulières.

Tremblements, chute de cheveux souvent passagère et toujours réversible à l'arrêt du traitement.

Confusion des idées surtout en cas d'association à d'autres *anticonvulsivants*.

Exceptionnellement : *hépatite* (voir ATTENTION).

VAPO MYRTOL

PRÉSENTATION

VAPO MYRTOL : solution pour inhalation ; flacon 60 ml - Non remb.

Laboratoires Marion Merrell Dow

COMPOSITION

	p. c. à c.
Bornéol	5 mg
Menthol	20 mg
Myrte, essence	25 mg
Niaouli, essence	100 mg
Thym, essence	100 mg
Eucalyptol	200 mg

INDICATIONS

Cette solution pour inhalation contient une association d'essences végétales, qui possède une action décongestionnante et *antiseptique* sur les *muqueuses* des *voies* respiratoires.

Elle est utilisée dans le *traitement d'appoint* des affections des voies respiratoires.

CONTRE-INDICATIONS

Ce médicament ne doit pas être utilisé chez l'enfant de moins de 8 ans.

ATTENTION

Ce médicament ne doit pas être avalé ; ne le laissez pas à la portée des enfants.

GROSSESSE, ALLAITEMENT ET NOUVEAU-NÉ

Ce médicament ne contient que des plantes présumées sans danger pendant la grossesse ou l'allaitement. Néanmoins, ne l'utilisez pas de façon prolongée sans l'avis de votre pharmacien ou de votre médecin.

MODE D'EMPLOI ET POSOLOGIE

Posologie usuelle :

- Adulte et enfant de plus de 8 ans : 1 cuillère à café dans un bol d'eau très chaude. Les inhalations peuvent être répétées 3 à 5 fois par jour.

☛ Il est important de lutter contre la sécheresse de l'air ambiant (humidificateur...) pour éviter le dessèchement des sécrétions nasales et bronchiques.

VARNOLINE

éthinylestradiol, désogestrel

PRÉSENTATION

VARNOLINE : comprimé (blanc) ; boîte de 1 plaquette de 21 - Non remb. - Liste I

VARNOLINE : comprimé (blanc) ; boîte de 3 plaquettes de 21 - Non remb. - Liste I

Laboratoires Organon

COMPOSITION

	p. comp.
Éthinylestradiol	0,03 mg
Désogestrel	0,15 mg

INDICATIONS

C'est un *contraceptif* oral (pilule) qui contient un *estrogène* et un *progestatif*. Il est minidosé (moins de 0,04 mg d'estrogène) et monophasique (tous les comprimés contiennent la même quantité d'*hormones* et sont donc de la même couleur).

CONTRE-INDICATIONS

Ce médicament ne doit pas être utilisé dans les cas suivants :
- certaines maladies cardiaques ou *vasculaires*, notamment l'*hypertension artérielle* et les *antécédents* de *phlébite* ;
- certaines causes de saignement entre les règles ;
- *diabète*, excès de *cholestérol* ou de *triglycérides* ;
- maladie du foie grave ou récente, jaunisse chronique ou survenue lors d'une grossesse ;
- cancer du sein ou de l'utérus ainsi que certains autres cancers ;
- *tumeur de l'hypophyse*, excès de *prolactine* ;
- certaines maladies rares (*connectivite*, *porphyrie*, *otosclérose*, *otospongiose*) ;
- *insuffisance rénale* ;
- **grossesse ;**
- **allaitement.**

Dans tous les autres cas, le médecin est seul juge pour prescrire ce médicament, notamment en cas d'obésité, de *tumeur* bénigne du sein ou de l'utérus, de calculs de la vésicule biliaire.

ATTENTION

Chez la femme de plus de 35 ans ou chez la femme qui fume, le risque de complications cardio-vasculaires liées aux *estrogènes* augmente nettement.

Tout *symptôme* pouvant faire craindre une complication impose l'arrêt du traitement : maux de tête importants et inhabituels, troubles de la vision, élévation franche de la tension artérielle.

La survenue d'un léger saignement entre les règles (spotting) est fréquente chez les femmes prenant la pilule. Vous devez néanmoins en informer votre médecin.

Une surveillance médicale et des analyses sont nécessaires avant et pendant la contraception orale. Cette surveillance sera renforcée chez la femme souffrant d'*épilepsie*, de *migraine*, d'*asthme*, de *dépression*, ou ayant des *antécédents* familiaux de maladie *vasculaire*.

En cas d'opération ou d'immobilisation pour une période prolongée, un autre mode de contraception est préférable.

INTERACTIONS MÉDICAMENTEUSES

L'efficacité contraceptive de la pilule peut être diminuée par la prise de certains médicaments : les *barbituriques*, certains antiépileptiques (TÉGRÉTOL, DI-HYDAN...), les médicaments contenant de la rifampicine (RIMACTAN, RIFADINE...) ou de la griséofulvine (FULCINE, GRISÉFULINE...).

GROSSESSE, ALLAITEMENT ET NOUVEAU-NÉ

Ce médicament est contre-indiqué pendant la grossesse et l'allaitement.

MODE D'EMPLOI ET POSOLOGIE

Prendre régulièrement, et sans oubli, 1 comprimé par jour à la même heure pendant 21 jours consécutifs, avec un arrêt de 7 jours entre chaque plaquette de 21 comprimés.

En cas de première contraception orale ou de reprise d'une contraception interrompue temporairement, prendre le premier comprimé le premier jour des règles.

En cas de changement de *contraceptif*, prendre le premier comprimé :
- après un arrêt de 7 jours, si le précédent contraceptif comportait 21 comprimés par plaquette ;
- après un arrêt de 6 jours, si le précédent contraceptif comportait 22 comprimés par plaquette ;
- sans interruption, si le précédent contraceptif comportait 28 comprimés par plaquette.

En cas de suite d'accouchement ou d'interruption de grossesse : suivre les indications du médecin.

En cas d'oubli d'un comprimé :
- retard de moins de 12 heures : prendre le comprimé oublié et continuer à l'heure habituelle ;
- retard de plus de 12 heures : prendre le comprimé oublié et continuer à l'heure habituelle, mais la sécurité contraceptive n'est plus assurée et une méthode complémentaire doit être employée pour le cycle en cours (spermicide, préservatif, diaphragme).

En cas de vomissement ou de diarrhée survenant juste après la prise du comprimé (sans rapport avec la prise du *contraceptif*), prendre un autre comprimé. Si ces troubles durent plus de 12 heures, la sécurité contraceptive n'est plus assurée et une méthode complémentaire doit être employée pour le cycle en cours.

EFFETS INDÉSIRABLES POSSIBLES

Peu graves et n'empêchant pas la poursuite du traitement : nausées, maux de tête banals, prise de poids, tension modérée des seins, taches sombres sur le visage, jambes lourdes, irritation oculaire par les lentilles de contact, saignement entre les règles, diminution ou disparition des règles, *candidose* vaginale, irritabilité et tendance à la *dépression*.

Rares mais devant faire interrompre la prise de ce *contraceptif* : *hypertension artérielle*, accident cardiaque ou *vasculaire*, jaunisse, augmentation importante des lipides dans le sang, *diabète*, *nodule* ou douleur importante des seins, *migraine*, *vertiges*, troubles de la vision, aggravation d'une *épilepsie*, écoulement de lait.

Exceptionnellement, certaines pilules peuvent être responsables de calculs de la vésicule biliaire, de *tumeur* bénigne du foie ou de *mastopathie*.

VASCOCITROL

PRÉSENTATION

VASCOCITROL : solution buvable ; boîte de 30 ampoules 5 ml - Remb. 35 %

Laboratoires Merck-Clévenot

COMPOSITION

	p. amp.
Citroflavonoïdes hydrosolubles	100 mg
Acide ascorbique (vitamine C)	230 mg
Magnésium, carbonate léger	123 mg

INDICATIONS

C'est un protecteur *vasculaire* et *veinotonique*. Il stimule la circulation du sang dans les veines et lutte contre l'altération des *vaisseaux capillaires*.

Il est utilisé dans le *traitement symptomatique* des jambes lourdes, *œdèmes*, crampes, *impatiences* et autres troubles pouvant être en rapport avec une mauvaise circulation veineuse.

ATTENTION

Ce médicament est insuffisant pour prévenir le risque de *phlébite* chez les malades alités ou plâtrés.

Ce médicament soulage, mais n'empêche pas l'aggravation de l'*insuffisance veineuse*, qui requiert des mesures spécifiques telles que la *contention élastique*.

INTERACTIONS MÉDICAMENTEUSES

Ce médicament peut interagir avec d'autres médicaments. Signalez tout autre traitement en cours à votre médecin ou à votre pharmacien.

GROSSESSE, ALLAITEMENT ET NOUVEAU-NÉ

L'effet de ce médicament pendant la grossesse ou l'allaitement est mal connu. L'évaluation du risque éventuel lié à son utilisation est individuelle : demandez conseil à votre pharmacien ou à votre médecin.

MODE D'EMPLOI ET POSOLOGIE

Les ampoules doivent être diluées dans un demi-verre d'eau.

Posologie usuelle :

2 ou 3 ampoules par jour.

Une activité physique régulière et la surélévation du pied du lit permettent de faciliter la circulation veineuse et *lymphatique*.

EFFETS INDÉSIRABLES POSSIBLES

Rares nausées.

VASCUNORMYL

cyclandélate

PRÉSENTATION

VASCUNORMYL : comprimé (bleu turquoise) ; boîte de 50 - Remb. 35 %

Laboratoires Alcon

COMPOSITION

	p. comp.
Cyclandélate	200 mg

INDICATIONS

C'est un médicament qui lutte contre les spasmes des artères.

Il est utilisé dans le traitement des *symptômes* de l'*artérite* et des troubles liés au vieillissement de la *rétine*.

GROSSESSE, ALLAITEMENT ET NOUVEAU-NÉ

L'effet de ce médicament pendant la grossesse ou l'allaitement est mal connu : seul votre médecin peut évaluer le risque éventuel de son utilisation dans votre cas.

MODE D'EMPLOI ET POSOLOGIE

Les comprimés peuvent être pris au moment des repas.

Posologie usuelle :

1 à 3 comprimés matin et soir.

Ce médicament n'est actif que sur les *symptômes* de l'*artérite*. Seule la pratique régulière de la marche peut retarder l'évolution de la maladie. Si vous êtes fumeur, la poursuite du tabagisme nuit à l'efficacité du traitement.

EFFETS INDÉSIRABLES POSSIBLES

Troubles digestifs mineurs.

Allergie cutanée.

VASELINE GOMENOLÉE
gomenol, vaseline

PRÉSENTATION

VASELINE GOMENOLÉE : pommade ; tube 15 g - Remb. 35 %

Laboratoires Gomenol

COMPOSITION

	p. 100 g
Gomenol	5 g
Vaseline	95 g

INDICATIONS

Cette pommade possède une action *antiseptique* et protectrice.

Elle est utilisée dans le traitement des irritations et des petites plaies de la peau et de la *muqueuse* du nez, au cours des *rhinites*.

GROSSESSE, ALLAITEMENT ET NOUVEAU-NÉ

Ce médicament ne contient aucune substance connue pour être toxique pendant la grossesse ou l'allaitement.

MODE D'EMPLOI ET POSOLOGIE

1 ou 2 applications par jour.

VASELINE STÉRILISÉE HAMEL
vaseline officinale

PRÉSENTATION

VASELINE STÉRILISÉE HAMEL : pommade ; tube 20 g - Non remb.

Laboratoires C.P.F.

COMPOSITION

	p. tube
Vaseline officinale	20 g

INDICATIONS

Cette pommade est isolante et lubrifiante.

Elle est utilisée pour protéger la peau et les *muqueuses*.

GROSSESSE, ALLAITEMENT ET NOUVEAU-NÉ

Ce médicament peut être employé chez la femme enceinte ou qui allaite.

MODE D'EMPLOI ET POSOLOGIE

Étaler la pommade sur la zone à protéger.

Posologie usuelle :

L'application peut être répétée plusieurs fois par jour.

Un médicament périmé peut être dangereux. Faites régulièrement le tri dans votre armoire à pharmacie.

VASOBRAL
dihydroergocryptine, caféine

PRÉSENTATION

VASOBRAL : solution buvable ; flacon 50 ml et mesurette (2 ml = 40 gouttes) - Remb. 65 % - Liste II

Laboratoires Logeais

COMPOSITION

	p. 40 gtes
Dihydroergocryptine mésilate	2 mg
Caféine	20 mg

INDICATIONS

Ce médicament est un *vasodilatateur* qui appartient à la famille des dérivés de l'*ergot de seigle*. Il augmente le débit sanguin, notamment cérébral.

Il est utilisé dans le *traitement symptomatique* :
- des troubles du comportement et de la mémoire liés au vieillissement,
- du phénomène de *Raynaud*.

ATTENTION

Chez une personne âgée, des troubles attribués au vieillissement peuvent être dus à une *dépression* ; ils nécessitent alors un traitement spécifique.

GROSSESSE, ALLAITEMENT ET NOUVEAU-NÉ

L'effet de ce médicament pendant la grossesse ou l'allaitement est mal connu : seul votre médecin peut évaluer le risque éventuel de son utilisation dans votre cas.

MODE D'EMPLOI ET POSOLOGIE

Ce médicament doit être pris au moment des repas et dilué dans un peu d'eau, sucrée ou non.

Posologie usuelle :

1 à 2 mesurettes (2 à 4 ml), 2 fois par jour.

Ne pas prendre ce médicament à jeun afin d'éviter d'éventuels *troubles digestifs*.

EFFETS INDÉSIRABLES POSSIBLES

Nausées, en cas de prise à jeun.

VASOCET
cétiédil

PRÉSENTATION

VASOCET : gélule (rose et blanc) ; boîte de 24 - Remb. 35 % - Liste I

Laboratoires Cipharm

COMPOSITION

	p. gél.
Cétiédil	100 mg

INDICATIONS

Ce médicament appartient à la famille des *vasodilatateurs*. Il augmente le débit du sang dans les artères.

Il est utilisé dans le *traitement symptomatique* :
- de l'*artérite*,
- des troubles liés à une lésion des petits vaisseaux,
- du phénomène de *Raynaud*.

CONTRE-INDICATIONS

Ce médicament ne doit pas être utilisé dans les cas suivants :
- *glaucome* à angle fermé,
- risque de rétention des urines (*adénome de la prostate*).

INTERACTIONS MÉDICAMENTEUSES

Ce médicament peut interagir avec d'autres médicaments. Signalez tout autre traitement en cours à votre médecin ou à votre pharmacien.

GROSSESSE, ALLAITEMENT ET NOUVEAU-NÉ

L'effet de ce médicament pendant la grossesse ou l'allaitement est mal connu : seul votre médecin peut évaluer le risque éventuel de son utilisation dans votre cas.

MODE D'EMPLOI ET POSOLOGIE

Ce médicament doit être pris au cours des repas.

Posologie usuelle :

2 gélules 2 fois par jour, 6 au maximum.

Ce médicament n'est actif que sur les *symptômes* de l'*artérite*. Seule la pratique régulière de la marche peut retarder l'évolution de la maladie. Si vous êtes fumeur, la poursuite du tabagisme nuit à l'efficacité du traitement.

EFFETS INDÉSIRABLES POSSIBLES

Ils sont rares : *troubles digestifs*, bouche sèche, sensation d'ébriété, essentiellement en début de traitement.

VASTAREL
trimétazidine

PRÉSENTATION

VASTAREL 20 mg : comprimé (rouge) ; boîte de 60 - Remb. 65 %

VASTAREL 20 mg/ml : solution buvable ; flacon 60 ml (20 gouttes = 1 ml) - Remb. 65 %

Laboratoires Biopharma

COMPOSITION

	p. comp.	p. 20 gtes
Trimétazidine dichlorhydrate	20 mg	20 mg

INDICATIONS

Ce médicament protège les cellules de l'organisme des conséquences d'un défaut d'apport sanguin.

Il est utilisé dans :
- le *traitement préventif* des crises d'*angine de poitrine*,
- certaines maladies de la *rétine*,
- certains *vertiges* et bourdonnements d'oreille.

GROSSESSE, ALLAITEMENT ET NOUVEAU-NÉ

L'effet de ce médicament pendant la grossesse ou l'allaitement est mal connu : seul votre médecin peut évaluer le risque éventuel de son utilisation dans votre cas.

MODE D'EMPLOI ET POSOLOGIE

Ce médicament sera pris de préférence pendant le repas.

Posologie usuelle :

1 comprimé ou 20 gouttes, 2 ou 3 fois par jour.

VASTEN

pravastatine

PRÉSENTATION

VASTEN : comprimé sécable (blanc) ; boîte de 28 - Remb. 65 % - Liste I

Laboratoires Specia

COMPOSITION

	p. comp.
Pravastatine sodique	20 mg

INDICATIONS

C'est un médicament qui appartient à la famille des *hypocholestérolémiants*. Il permet d'abaisser fortement le taux de *cholestérol* circulant dans le sang.

Il est utilisé dans le traitement des excès de cholestérol persistant malgré un régime adapté et assidu.

CONTRE-INDICATIONS

Ce médicament ne doit pas être utilisé dans les cas suivants :

- *insuffisance hépatique* grave,
- *insuffisance rénale* grave,
- grossesse,
- allaitement.

ATTENTION

Ce médicament peut être toxique pour le foie ou les muscles. Signalez à votre médecin toute fatigue anormale, perte d'appétit, douleur ou faiblesse musculaire. Des analyses de sang régulières permettent de vérifier que le médicament est bien supporté.

INTERACTIONS MÉDICAMENTEUSES

Ce médicament peut interagir avec d'autres médicaments, notamment les *anticoagulants*. Signalez tout autre traitement en cours à votre médecin ou à votre pharmacien.

GROSSESSE, ALLAITEMENT ET NOUVEAU-NÉ

Grossesse :

Les propriétés de ce médicament font envisager la possibilité d'un effet toxique pour l'enfant à naître. Par prudence, son usage est contre-indiqué pendant la grossesse. Une contraception efficace est recommandée pendant le traitement.

Allaitement :

Bien que ce médicament ne passe qu'en petite quantité dans le lait maternel, l'allaitement est contre-indiqué pendant le traitement.

MODE D'EMPLOI ET POSOLOGIE

Les comprimés doivent être pris au cours d'un repas.

Posologie usuelle :

- Adulte : 1/2 à 2 comprimés par jour, en une prise unique le soir.

Le régime reste indispensable pendant toute la durée du traitement.

Un régime pauvre en *cholestérol* et en graisses animales n'est pas simple à suivre : les erreurs sont fréquentes. Demandez conseil à votre médecin ou à un professionnel de la nutrition.

EFFETS INDÉSIRABLES POSSIBLES

Allergie cutanée.

Douleurs musculaires.

VAXICOQ

vaccin contre la coqueluche

PRÉSENTATION

VAXICOQ : suspension injectable ; seringue préremplie 0,5 ml - Remb. 65 %

Laboratoires Mérieux-M.S.D.

COMPOSITION

	p. seringue
Bordetella pertussis, bacilles inactivés	⩾ 4 UI

INDICATIONS

C'est un *vaccin* composé de Bordetella pertussis tués, bacilles responsables de la coqueluche. Il ne contient aucun *germe* vivant.

Il est utilisé dans la prévention de la coqueluche. L'immunité est obtenue dès la deuxième injection, se renforce à la troisième et persiste au moins 5 ans après le premier rappel.

CONTRE-INDICATIONS

Ce médicament ne doit pas être utilisé dans les cas suivants :

- certaines maladies graves du cerveau,
- forte réaction lors de la première vaccination anticoquelucheuse : fièvre élevée, *convulsions*...

GROSSESSE, ALLAITEMENT ET NOUVEAU-NÉ

Comme pour tous les *vaccins* ne contenant aucun *germe* vivant, la grossesse ou l'allaitement ne constituent pas une contre-indication à la vaccination.

MODE D'EMPLOI ET POSOLOGIE

Bien agiter la seringue avant l'emploi, la réchauffer à température ambiante si nécessaire. L'injection doit être réalisée par *voie* sous-cutanée ou intramusculaire.

Posologie usuelle :

Les 3 premières injections d'une dose de *vaccin* sont réalisées à 1 mois d'intervalle.

Le premier rappel a lieu 1 an après la troisième injection, puis éventuellement 5 ans après.

Les réactions fébriles dues aux *vaccins* peuvent être combattues en prenant de l'aspirine ou du paracétamol.

Pour garder son efficacité, ce vaccin doit être conservé entre + 2 et + 8 °C (compartiment à beurre du réfrigérateur), mais quelques jours à une température ne dépassant pas 25 °C ne prêtent pas à conséquence. Il ne doit pas être congelé.

EFFETS INDÉSIRABLES POSSIBLES

Réactions douloureuses, *nodule* au point d'injection.

Réaction fébrile (38 à 39 °C) pendant 1 ou 2 jours.

Exceptionnellement, fièvre à 40 °C, *convulsions*, cris persistants. Ce *syndrome* très rare (1 pour 100 000 vaccinations) et réversible conduit à renoncer à la poursuite de la vaccination anticoquelucheuse chez l'enfant qui en a été victime. Ce risque ne remet pas en cause l'intérêt de la vaccination contre la coqueluche, compte tenu de la gravité de la maladie.

VAXIGRIP

vaccin antigrippal

PRÉSENTATION

VAXIGRIP : solution injectable ; seringue préremplie 0,5 ml - Non remb.

Laboratoires Mérieux-M.S.D.

COMPOSITION

	p. seringue
Virus grippaux inactivés	1 dose

INDICATIONS

C'est un *vaccin* composé de *virus* grippaux tués. Il ne contient aucun *germe* vivant.

Ce médicament est utilisé dans la prévention de la grippe. L'immunité apparaît 15 jours après l'injection et dure environ 1 an.

CONTRE-INDICATIONS

Ce médicament ne doit pas être utilisé en cas d'*allergie* aux protéines de l'œuf.

ATTENTION

Le *vaccin* antigrippal ne protège que contre la vraie grippe, maladie grave, potentiellement mortelle chez les personnes fragiles. Il est incapable de prévenir les bronchites banales et autres affections virales saisonnières.

GROSSESSE, ALLAITEMENT ET NOUVEAU-NÉ

Grossesse :

L'effet de ce *vaccin* pendant la grossesse est mal connu : seul votre médecin peut évaluer le risque éventuel de son utilisation dans votre cas.

Allaitement :

Cette vaccination peut être pratiquée pendant l'allaitement.

MODE D'EMPLOI ET POSOLOGIE

Bien agiter la seringue avant l'emploi, la réchauffer à température ambiante si nécessaire. L'injection doit être réalisée par *voie* sous-cutanée ou intramusculaire.

Posologie usuelle :

- Adulte et enfant de plus de 10 ans : 1 injection de 0,5 ml.
- Enfant de moins de 10 ans : 2 injections de 0,25 ml (demi-dose) à 1 mois d'intervalle.

La prévention de la grippe repose sur une injection annuelle : le *vaccin* est différent tous les ans car il est adapté aux caractéristiques du *virus* attendu.

> Pour des raisons de confort, la vaccination doit être différée en cas de fièvre élevée.
>
> Les réactions fébriles dues aux *vaccins* peuvent être combattues en prenant de l'aspirine ou du paracétamol.
>
> Pour garder son efficacité, ce vaccin doit être conservé entre + 2 et + 8 °C (compartiment à beurre du réfrigérateur), mais quelques jours à une température ne dépassant pas 25 °C ne prêtent pas à conséquence. Il ne doit pas être congelé.

EFFETS INDÉSIRABLES POSSIBLES

Réactions douloureuses, *nodule* au point d'injection.

Fièvre modérée pendant 1 ou 2 jours.

VECTARION
almitrine

PRÉSENTATION

VECTARION : comprimé sécable (blanc) ; boîte de 30 - Remb. 65 % - Liste II

Laboratoires Euthérapie

COMPOSITION

	p. comp.
Almitrine bismésilate	50 mg

INDICATIONS

Ce médicament favorise l'oxygénation du sang.

Il est utilisé dans le traitement de l'*insuffisance respiratoire* associée aux *bronchites chroniques*.

CONTRE-INDICATIONS

Ce médicament ne doit pas être utilisé dans les cas suivants :

- maladie grave du foie,
- **grossesse,**
- **allaitement.**

> **ATTENTION**
>
> En cas de perte de poids ou de fourmillements, picotements, engourdissements persistants des jambes, prévenez votre médecin.

INTERACTIONS MÉDICAMENTEUSES

Ce médicament ne doit pas être associé à d'autres médicaments contenant de l'almitrine (DUXIL).

GROSSESSE, ALLAITEMENT ET NOUVEAU-NÉ

Ce médicament est contre-indiqué pendant la grossesse et l'allaitement.

MODE D'EMPLOI ET POSOLOGIE

Les comprimés doivent être pris avec un verre d'eau au cours des repas.

Posologie usuelle :

Elle est individuelle, et adaptée par le médecin selon le poids du malade et la gravité de la maladie.

EFFETS INDÉSIRABLES POSSIBLES

Troubles digestifs, somnolence ou, au contraire, insomnie, agitation, anxiété, *palpitations*, états vertigineux.

Au cours d'un traitement de longue durée : perte de poids, fourmillement, engourdissement des jambes.

VÉGANINE
aspirine, paracétamol, codéine

PRÉSENTATION

VÉGANINE : comprimé (blanc) ; boîte de 20 - Remb. 65 %

VÉGANINE ADULTE : suppositoire ; boîte de 10 - Remb. 65 %

Laboratoires Warner Wellcome

COMPOSITION

	p. comp.	p. suppos. Ad.
Acide acétylsalicylique (aspirine)	380 mg	500 mg
Paracétamol	120 mg	500 mg
Codéine	5,8 mg	14,4 mg

INDICATIONS

Ce médicament, *antalgique* et *antipyrétique*, associe de l'aspirine et du paracétamol, qui empêchent la transmission de la douleur, et de la codéine, qui agit directement sur le cerveau.

Il est utilisé dans le *traitement symptomatique* de la douleur ou de la fièvre.

CONTRE-INDICATIONS

Ce médicament ne doit pas être utilisé dans les cas suivants :

- enfant de moins de 7 ans (comprimé),
- enfant de moins de 15 ans (suppositoire),
- *allergie* aux *salicylés* ou aux *AINS*,
- *ulcère* de l'estomac ou du *duodénum*,
- *hémorragie* et risque hémorragique,
- maladies graves du foie,
- *insuffisance respiratoire*,
- **grossesse** : pendant les 3 derniers mois.

> **ATTENTION**
>
> Un avis médical est préférable en cas d'*antécédent* d'*ulcère* de l'estomac ou du *duodénum*, même ancien, d'*asthme*, d'*insuffisance rénale*.
>
> Ce médicament est déconseillé chez les personnes atteintes de *goutte*.
>
> Évitez de prendre ce médicament pendant la semaine qui précède une extraction dentaire, une opération, ou pendant des règles abondantes : augmentation du risque d'*hémorragie*.
>
> Évitez les boissons alcoolisées : augmentation du risque de somnolence.
>
> Conducteur : ce médicament peut être responsable d'une somnolence ou d'une baisse de la vigilance.

INTERACTIONS MÉDICAMENTEUSES

Ce médicament contient de l'aspirine : les personnes traitées par des médicaments anticancéreux contenant du méthotrexate ne doivent pas l'utiliser.

Il peut interagir avec d'autres médicaments, notamment avec les *anticoagulants* et les *antiagrégants plaquettaires* (TICLID...) : augmentation du risque hémorragique. Signalez tout autre traitement en cours à votre médecin ou à votre pharmacien.

GROSSESSE, ALLAITEMENT ET NOUVEAU-NÉ

Grossesse :

L'usage de ce médicament est déconseillé pendant les 3 premiers mois de la grossesse (codéine) ; un usage ponctuel est possible pendant le 2e trimestre ; il est contre-indiqué pendant les 3 derniers mois (aspirine).

Allaitement :

Ce médicament passe dans le lait maternel : il est déconseillé pendant l'allaitement.

MODE D'EMPLOI ET POSOLOGIE

Les comprimés doivent être avalés avec un verre d'eau.

Respectez un intervalle d'au moins 4 heures entre 2 prises.

Posologie usuelle :

- Adulte : 1 ou 2 comprimés 3 fois par jour, ou 2 ou 3 suppositoires par jour.
- Enfant de plus de 7 ans : 1 comprimé, 1 ou 2 fois par jour. Ne pas prendre plus de 1 comprimé par prise.

> De nombreux médicaments contiennent de l'aspirine, du paracétamol ou de la codéine : en tenir compte en cas de prise conjointe (risque de surdosage).

EFFETS INDÉSIRABLES POSSIBLES

Liés à l'aspirine :

- *gastrite*, douleurs abdominales, saignements du nez ou des gencives ;
- rares et parfois graves : *hémorragie* du tube digestif (vomissements sanglants, selles noires, ou plus souvent pertes de sang imperceptibles, responsables de

l'apparition progressive d'une *anémie*) ; accidents allergiques (*urticaire*, *œdème*, *asthme*) ;
- signes devant faire penser à un surdosage : bourdonnements d'oreille, sensation de baisse de l'audition, maux de tête.

Liés au paracétamol : très rares réactions *allergiques*.

Liés à la codéine, rares et modérés aux doses usuelles : constipation, somnolence, *troubles digestifs*, *vertiges*.

VÉGÉBOM baume

PRÉSENTATION

VÉGÉBOM : baume ; tube 45 g - Non remb.

VÉGÉBOM : baume ; tube 100 g - Non remb.

Laboratoires Jessel-Végébom

COMPOSITION

	p. 100 g
Eucalyptol	2,416 g
Essence de cajeput	0,805 g
Essence de cèdre	160 mg
Essence de noix muscade	160 mg
Essence de sassafras	2,008 g
Camphre	160 mg
Menthol	78 mg
Huile de baies de laurier	1,208 g

INDICATIONS

Ce médicament contient des essences de plantes, du camphre et du menthol.

Il est utilisé dans le traitement des démangeaisons, des piqûres d'insectes, des brûlures superficielles, des engelures et des douleurs musculaires.

CONTRE-INDICATIONS

Ce médicament est contre-indiqué chez l'enfant de moins de 30 mois.

> **ATTENTION**
>
> Ce baume n'est pas adapté au traitement des lésions infectées.

GROSSESSE, ALLAITEMENT ET NOUVEAU-NÉ

Ce médicament ne contient que des substances présumées sans danger pendant la grossesse ou l'allaitement. Néanmoins, ne l'utilisez pas de façon prolongée sans l'avis de votre pharmacien ou de votre médecin.

MODE D'EMPLOI ET POSOLOGIE

Posologie usuelle :

1 application, matin et soir.

VÉGÉBOM suppositoire

PRÉSENTATION

VÉGÉBOM du Dr Miot : suppositoire ; boîte de 12 - Non remb.

Laboratoires Jessel-Végébom

COMPOSITION

	p. suppos.
Eucalyptol	58,5 mg
Cajeput, essence	19,4 mg
Cèdre, essence	3,9 mg
Noix muscade, essence	3,9 mg
Sassafras, essence	48,5 mg
Camphre	3,9 mg
Menthol	2 mg
Laurier, huile de baies	29,3 mg

INDICATIONS

C'est un décongestionnant à usage local.

Il est utilisé dans le *traitement symptomatique* des douleurs et des démangeaisons de l'anus, en particulier dues aux *hémorroïdes*.

> **ATTENTION**
>
> Le traitement doit être de courte durée : si les *symptômes* persistent, consultez votre médecin.

GROSSESSE, ALLAITEMENT ET NOUVEAU-NÉ

Ce médicament ne contient que des substances présumées sans danger pendant la grossesse ou l'allaitement. Néanmoins, ne l'utilisez pas de façon prolongée sans l'avis de votre pharmacien ou de votre médecin.

MODE D'EMPLOI ET POSOLOGIE

- Adulte et enfant de plus de 30 mois : 3 ou 4 suppositoires par jour.

> Pour prévenir les *hémorroïdes*, des mesures simples d'hygiène alimentaire et des exercices physiques sont à envisager : parlez-en à votre médecin ou à votre pharmacien.
>
> Les suppositoires doivent être conservés à l'abri de la chaleur.

VÉGÉLAX

PRÉSENTATION

VÉGÉLAX : comprimé (marron) ; boîte de 36 - Non remb.

Laboratoires Biologiques Ile-de-France

COMPOSITION

	p. comp.
Bourdaine, extrait	75 mg
Cascara sagrada, extrait	50 mg
Séné, extrait	50 mg
Boldo, extrait	15 mg
Artichaut, extrait	20 mg
Belladone, extrait	10 mg
Aloès	50 mg
Scammonée, poudre	20 mg
Rhubarbe, poudre	20 mg

INDICATIONS

Ce médicament contient des *laxatifs stimulants*, des *cholagogues* et un *atropinique* (belladone). Il augmente les sécrétions et la motricité de l'intestin. La *belladone* réduit les douleurs abdominales.

Il est utilisé comme *traitement symptomatique* de la constipation.

CONTRE-INDICATIONS

Ce médicament ne doit pas être utilisé dans les cas suivants :
- maladies inflammatoires du côlon ;
- maladie comportant un risque d'obstruction du tube digestif ;
- *glaucome* à angle fermé ;
- risque de rétention urinaire lié à un *adénome de la prostate*.

> **ATTENTION**
>
> Il doit être utilisé de façon épisodique et en cure très brève : pas plus de 8 à 10 jours.
>
> Son usage régulier peut entraîner :
> - une *dépendance* ;
> - des troubles intestinaux graves ;
> - une perte de sels minéraux et notamment de *potassium*, pouvant être à l'origine de *troubles du rythme cardiaque* graves.
>
> Son usage doit rester exceptionnel chez l'enfant de moins de 12 ans, sauf sur prescription médicale.
>
> Arrêtez le traitement en cas de diarrhées ou de douleurs abdominales.

INTERACTIONS MÉDICAMENTEUSES

Ce médicament peut interagir avec d'autres médicaments, notamment ceux contenant de la *vincamine* et certains *antiarythmiques*. Signalez tout autre traitement en cours à votre médecin ou à votre pharmacien.

GROSSESSE, ALLAITEMENT ET NOUVEAU-NÉ

Ce médicament est déconseillé pendant la grossesse ou l'allaitement.

MODE D'EMPLOI ET POSOLOGIE

Ce médicament doit être pris sans être croqué, de préférence au cours du repas du soir.

Posologie usuelle :
- Adulte : 1 à 4 comprimés le soir.
- Enfant : ne pas dépasser 1 comprimé par jour.

> Des mesures simples d'hygiène alimentaire et des exercices physiques sont à envisager avant d'utiliser un laxatif : parlez-en à votre médecin ou à votre pharmacien.

EFFETS INDÉSIRABLES POSSIBLES

Diarrhée, douleurs abdominales.

À forte dose : effets *atropiniques*.

VÉGÉTOSÉRUM Adulte

PRÉSENTATION

VÉGÉTOSÉRUM à la codéthyline : sirop ; flacon 150 ml - Remb. 35 %

Laboratoires Pharmygiène

COMPOSITION

	p. c. à s.
Codéthyline chlorhydrate	10 mg
Belladone, teinture	60 mg
Racine d'aconit, teinture	60 mg
Grindélia, teinture	120 mg
Laurier-cerise, eau distillée	500 mg
Alcool à 95°	2,75 g
Saccharose	9,2 g

INDICATIONS

Ce sirop *antitussif* contient de la codéthyline associée à un *antispasmodique* (*belladone*). La codéthyline a une action sédative sur le *système nerveux central* et notamment les centres de la toux.

Ce médicament est utilisé dans le *traitement symptomatique* des toux sèches.

CONTRE-INDICATIONS

Ce médicament ne doit pas être utilisé dans les cas suivants :
- *asthme*, *insuffisance respiratoire* (présence de codéthyline) ;
- *glaucome* à angle fermé, risque de rétention des urines lié à un *adénome de la prostate*... (présence de *belladone*) ;
- enfant de moins de 15 ans.

ATTENTION

Ce médicament n'est pas adapté au traitement de la toux grasse, qui est un mécanisme de défense normal de l'organisme permettant l'évacuation des mucosités présentes dans les bronches.

La toux est un *symptôme* qui peut révéler de nombreuses maladies : consultez votre médecin si elle persiste plus de quelques jours.

Ce médicament contient du *sucre* (saccharose) en quantité notable.

Évitez les boissons alcoolisées : augmentation du risque de somnolence.

Conducteur : ce médicament peut être responsable d'une somnolence ou d'une baisse de la vigilance.

INTERACTIONS MÉDICAMENTEUSES

Ce médicament peut interagir avec d'autres médicaments, notamment chez les personnes âgées. Signalez tout autre traitement en cours à votre médecin ou à votre pharmacien.

GROSSESSE, ALLAITEMENT ET NOUVEAU-NÉ

Grossesse :

Compte tenu de la présence de codéthyline, n'utilisez pas ce médicament pendant la grossesse sans prendre l'avis de votre pharmacien ou de votre médecin.

Allaitement :

Ce médicament est déconseillé pendant l'allaitement.

MODE D'EMPLOI ET POSOLOGIE

Les prises de ce médicament doivent être réparties au cours de la journée.

Posologie usuelle :

- Adulte : 1 cuillère à soupe de sirop, 4 fois par jour.

De nombreux médicaments, notamment certains *antitussifs* ou *antalgiques*, contiennent de la codéthyline ou une substance voisine, la codéine : un surdosage expose à une augmentation des effets indésirables.

Une toux nocturne aggravée par ce médicament peut être une toux allergique : demandez conseil à votre médecin.

La poursuite du tabagisme nuit à l'efficacité du traitement.

Des mesures simples permettent de calmer les toux sèches : boissons chaudes et humidification de l'air ambiant.

EFFETS INDÉSIRABLES POSSIBLES

Liés à la codéthyline : constipation ; et plus rarement, somnolence, nausées, vomissements, *bronchospasme*, sensation vertigineuse, *allergies* cutanées, ralentissement de la respiration.

Liés à la *belladone* : effets *atropiniques*, rares aux doses habituelles.

VÉGÉTOSÉRUM Enfant

PRÉSENTATION

VÉGÉTOSÉRUM : sirop ; flacon 150 ml - Remb. 35 %

Laboratoires Pharmygiène

COMPOSITION

	p. c. à c.
Codéthyline chlorhydrate	2 mg
Réglisse, extrait	5 mg
Eau distillée de fleurs d'oranger	40 mg
Saccharose	4,1 g

INDICATIONS

Ce sirop *antitussif* contient de la codéthyline, qui a une action sédative sur le *système nerveux central* et notamment les centres de la toux.

Ce médicament est utilisé dans le *traitement symptomatique* des toux sèches.

CONTRE-INDICATIONS

Ce médicament ne doit pas être utilisé dans les cas suivants :
- *asthme*,
- *insuffisance respiratoire*,
- enfant de moins de 30 mois.

ATTENTION

Ce médicament n'est pas adapté au traitement de la toux grasse, qui est un mécanisme de défense normal de l'organisme permettant l'évacuation des mucosités présentes dans les bronches.

La toux est un *symptôme* qui peut révéler de nombreuses maladies : consultez votre médecin si elle persiste plus de quelques jours.

Ce médicament contient du *sucre* (saccharose) en quantité notable.

INTERACTIONS MÉDICAMENTEUSES

Ce médicament peut interagir avec d'autres médicaments : signalez à votre médecin ou à votre pharmacien tout autre traitement en cours.

MODE D'EMPLOI ET POSOLOGIE

Les prises de ce médicament doivent être réparties au cours de la journée.

Posologie usuelle :

1 cuillère à café de sirop par année d'âge et par jour.

De nombreux médicaments, notamment certains *antitussifs* ou *antalgiques*, contiennent de la codéthyline ou une substance voisine, la codéine : un surdosage expose à une augmentation des effets indésirables.

Une toux nocturne aggravée par ce médicament peut être une toux allergique : demandez conseil à votre médecin.

Des mesures simples permettent de calmer les toux sèches : boissons chaudes et humidification de l'air ambiant.

EFFETS INDÉSIRABLES POSSIBLES

Des effets indésirables sont liés à la présence de codéthyline : constipation, et plus rarement somnolence.

VEINAMITOL 3 500 mg

troxérutine

PRÉSENTATION

VEINAMITOL 3 500 mg : poudre orale ; boîte de 10 sachets - Remb. 35 %

VEINAMITOL 3 500 mg/7 ml : solution buvable ; boîte de 10 ampoules 7 ml - Remb. 35 %

Laboratoires Negma

COMPOSITION

	p. sachet	p. amp.
Troxérutine	3,5 g	3,5 g
Titre alcoolique		35,7°

INDICATIONS

C'est un protecteur *vasculaire* et *veinotonique*. Il stimule la circulation du sang dans les veines et lutte contre l'altération des *vaisseaux capillaires*. Il facilite également le passage des *globules rouges* dans les petits vaisseaux.

Il est utilisé dans le *traitement symptomatique* des troubles pouvant être en rapport avec une mauvaise circulation veineuse et des crises d'*hémorroïdes*.

GROSSESSE, ALLAITEMENT ET NOUVEAU-NÉ

L'effet de ce médicament pendant la grossesse ou l'allaitement est mal connu. L'évaluation du risque éventuel lié à son utilisation est individuelle : demandez conseil à votre pharmacien ou à votre médecin.

MODE D'EMPLOI ET POSOLOGIE

Le contenu des sachets doit être dissous dans un verre d'eau.

Le contenu des ampoules doit être dilué dans un verre d'eau.

Ce médicament doit être pris au cours du repas afin d'éviter d'éventuelles nausées.

Posologie usuelle :
1 sachet ou 1 ampoule par jour.

> La constipation, la consommation de mets épicés et de vins riches en tanins favorisent les *hémorroïdes*.

EFFETS INDÉSIRABLES POSSIBLES

Rarement : nausées.

VEINOBIASE
ribes nigrum, ruscus, vitamine C

PRÉSENTATION

VEINOBIASE : comprimé effervescent (violet marbré de blanc) ; boîte de 30 - Remb. 35 %
Laboratoires Fournier

COMPOSITION

	p. comp.
Ribes nigrum, extrait (anthocyanosides)	550 mg
Ruscus, extrait titré en saponosides	60 mg
Acide ascorbique (vitamine C)	200 mg
Bicarbonate de potassium	1 g

INDICATIONS

C'est un protecteur *vasculaire* et *veinotonique* qui associe plusieurs substances. Il stimule la circulation du sang dans les veines et lutte contre l'altération des *vaisseaux capillaires*.
Il est utilisé dans le *traitement symptomatique* :
- des jambes lourdes, *œdèmes*, crampes, *impatiences* et autres troubles pouvant être en rapport avec une mauvaise circulation veineuse ou *lymphatique* ;
- des crises d'*hémorroïdes*.

CONTRE-INDICATIONS

Ce médicament ne doit pas être utilisé en cas d'augmentation du taux de potassium dans le sang (traitement par certains *diurétiques*...).

> **ATTENTION**
> Ce médicament est insuffisant pour prévenir le risque de *phlébite* chez les malades alités ou plâtrés.
> Ce médicament soulage, mais n'empêche pas l'aggravation de l'*insuffisance veineuse*, qui requiert des mesures spécifiques telles que la *contention élastique*.

GROSSESSE, ALLAITEMENT ET NOUVEAU-NÉ

L'effet de ce médicament pendant la grossesse ou l'allaitement est mal connu. L'évaluation du risque éventuel lié à son utilisation est individuelle : demandez conseil à votre pharmacien ou à votre médecin.

MODE D'EMPLOI ET POSOLOGIE

Ce médicament doit être dissous dans un verre d'eau et pris au cours des repas.
Posologie usuelle :
2 à 4 comprimés par jour.
Dans les crises d'*hémorroïdes* : 6 comprimés par jour.

> Une activité physique régulière et la surélévation du pied du lit permettent de faciliter la circulation veineuse et *lymphatique*.

EFFETS INDÉSIRABLES POSSIBLES

Rares nausées.
Éruptions cutanées.

VEINOSANE
vigne rouge, mélilot

PRÉSENTATION

VEINOSANE : comprimé ; boîte de 36 - Non remb.
Laboratoires Dolisos

COMPOSITION

	p. comp.
Mélilot, extrait sec	100 mg
Vigne rouge, extrait sec	200 mg
Aspartam	14 mg

INDICATIONS

Ce médicament contient des extraits de plantes.
Il est utilisé dans le *traitement symptomatique* des troubles pouvant être en rapport avec une mauvaise circulation veineuse ou *lymphatique* : jambes lourdes, *hémorroïdes*.

CONTRE-INDICATIONS

Ce médicament ne doit pas être utilisé en cas de *phénylcétonurie* (présence d'aspartam).

> **ATTENTION**
> Ce médicament soulage, mais n'empêche pas l'aggravation de l'*insuffisance veineuse*, qui requiert des mesures spécifiques telles que la *contention élastique*.

GROSSESSE, ALLAITEMENT ET NOUVEAU-NÉ

Ce médicament ne contient que des plantes présumées sans danger pendant la grossesse ou l'allaitement. Néanmoins, ne l'utilisez pas de façon prolongée sans l'avis de votre pharmacien ou de votre médecin.

MODE D'EMPLOI ET POSOLOGIE

Les comprimés peuvent être sucés ou dissous dans de l'eau chaude (verser sur le comprimé un demi-verre d'eau portée à ébullition et attendre pendant 5 minutes la solubilisation).
Posologie usuelle :
1 ou 2 comprimés, 1 à 3 fois par jour.

> Une activité sportive régulière et la surélévation des pieds du lit permettent de faciliter la circulation veineuse et *lymphatique*.
> Ce médicament doit être conservé à l'abri de la chaleur et de l'humidité.

VEINOTONYL
marron d'Inde, perméthol

PRÉSENTATION

VEINOTONYL : gélule (blanc et rouge) ; boîte de 60 - Remb. 35 %
Laboratoires Aron-Médicia

COMPOSITION

	p. gél.
Marron d'Inde, extrait	75 mg
Perméthol	15 mg

INDICATIONS

C'est un protecteur *vasculaire* et *veinotonique*. Il stimule la circulation du sang dans les veines et lutte contre l'altération des *vaisseaux capillaires*.
Il est utilisé dans le *traitement symptomatique* des jambes lourdes, douleurs, *impatiences* et autres troubles pouvant être en rapport avec une mauvaise circulation veineuse ou *lymphatique*.

> **ATTENTION**
> Ce médicament est insuffisant pour prévenir le risque de *phlébite* chez les malades alités ou plâtrés.
> Ce médicament soulage, mais n'empêche pas l'aggravation de l'*insuffisance veineuse*, qui requiert des mesures spécifiques telles que la *contention élastique*.

GROSSESSE, ALLAITEMENT ET NOUVEAU-NÉ

L'effet de ce médicament pendant la grossesse ou l'allaitement est mal connu. L'évaluation du risque éventuel lié à son utilisation est individuelle : demandez conseil à votre pharmacien ou à votre médecin.

MODE D'EMPLOI ET POSOLOGIE

Ce médicament doit être pris avec un peu d'eau au cours des repas.
Posologie usuelle :
1 gélule, 2 fois par jour.

> Une activité physique régulière et la surélévation du pied du lit permettent de faciliter la circulation veineuse et *lymphatique*.

EFFETS INDÉSIRABLES POSSIBLES

Rares : nausées, maux d'estomac.

VÉLITEN
vitamine C, vitamine E, rutoside

PRÉSENTATION

VÉLITEN : comprimé (beige) ; boîte de 30 - Remb. 35 %
Laboratoires Wyeth France

COMPOSITION

	p. comp.
Acide ascorbique (vitamine C)	200 mg
Alpha-tocophérol (vitamine E)	50 mg
Rutoside	200 mg

INDICATIONS

C'est un protecteur *vasculaire* et *veinotonique*. Il stimule la circulation du sang dans les veines et lutte contre l'altération des *vaisseaux capillaires*.

Il est utilisé dans le *traitement symptomatique* :
- des jambes lourdes, *œdèmes*, crampes, *impatiences* et autres troubles pouvant être en rapport avec une mauvaise circulation veineuse ou *lymphatique* ;
- des petites *hémorragies* sous-cutanées se traduisant par des taches rouges ou violacées ;
- des crises d'*hémorroïdes* ;
- de l'insuffisance d'irrigation de la *rétine*.

ATTENTION

Ce médicament est insuffisant pour prévenir le risque de *phlébite* chez les malades alités ou plâtrés.

Ce médicament soulage, mais n'empêche pas l'aggravation de l'*insuffisance veineuse*, qui requiert des mesures spécifiques telles que la *contention élastique*.

GROSSESSE, ALLAITEMENT ET NOUVEAU-NÉ

L'effet de ce médicament pendant la grossesse ou l'allaitement est mal connu. L'évaluation du risque éventuel lié à son utilisation est individuelle : demandez conseil à votre pharmacien ou à votre médecin.

MODE D'EMPLOI ET POSOLOGIE

Les comprimés doivent être pris avec un peu d'eau.

Posologie usuelle :

3 comprimés par jour.

Dans le traitement des *hémorroïdes*, 6 comprimés par jour.

☛ Une activité physique régulière et la surélévation du pied du lit permettent de faciliter la circulation veineuse et *lymphatique*.

La constipation, la consommation de mets épicés et de vins riches en tanins favorisent les *hémorroïdes*.

EFFETS INDÉSIRABLES POSSIBLES

Rares éruptions cutanées.

VÉLOSULINE HUMAINE 100 UI/ml

insuline

PRÉSENTATION

VÉLOSULINE HUMAINE 100 UI/ml : solution injectable d'*insuline* d'action rapide et brève ; boîte de 5 cartouches de 2,5 ml (250 unités internationales) - Remb. 65 %

Laboratoires Novo Nordisk

COMPOSITION

	p. cartouche
Insuline humaine hémisynthétique d'origine porcine	250 UI

INDICATIONS

C'est une *insuline* identique à l'insuline humaine, obtenue par modification de l'insuline de porc. Son action est rapide et brève : son effet apparaît vers la 30e minute qui suit l'injection et s'estompe vers la 8e heure.

Elle est utilisée exclusivement en injection dans le traitement du *diabète*, et conditionnée en cartouche adaptée uniquement aux stylos injecteurs.

ATTENTION

La concentration de cette solution n'est pas adaptée aux seringues ni aux pompes à *perfusion* : risque majeur d'*hypoglycémie* grave par surdosage.

La mise en route du traitement suppose un apprentissage correct pour injecter l'*insuline*, contrôler la *glycémie* au doigt, rechercher le *sucre* et l'acétone dans les urines et tenir un carnet de surveillance.

L'hypoglycémie est la principale complication des traitements par l'insuline. Il s'agit le plus souvent de malaises hypoglycémiques sans gravité dont les principaux signes sont : sueurs, tremblements, troubles visuels, vision double, fatigue soudaine, fringale, *vertiges*, difficulté de concentration. En ce cas, le diabétique doit aussitôt absorber 3 à 6 morceaux de sucre ou un sirop sucré.

Beaucoup plus rarement, l'hypoglycémie peut être grave et entraîner des troubles du comportement (comparables notamment à l'ébriété), des *convulsions*, voire une perte de connaissance : 1 ampoule de GLUCAGON doit être injectée immédiatement par *voie* sous-cutanée ou intramusculaire, même à travers les vêtements en cas d'agitation. Si le diabétique ne reprend pas conscience dans les minutes qui suivent, prévenez un service d'urgence. Dans le doute, il n'y a pas de danger à injecter du GLUCAGON à un diabétique traité par l'insuline. Dans tous les cas, la prise d'une collation ou d'un repas reste nécessaire.

L'autre complication possible chez le diabétique est la survenue d'une *acidocétose* due à un manque important d'insuline. Elle peut être déclenchée par une infection (qui augmente les besoins en insuline) : grippe, rhume, *cystite*, abcès, etc. Elle se manifeste par une grande fatigue, une soif intense et des *troubles digestifs*. Il faut alors rechercher la présence de sucre et d'acétone dans les urines : la présence des deux en quantité importante confirme le diagnostic. Le traitement par l'insuline ne doit pas être arrêté ; le diabétique doit suivre les consignes de son médecin et, si besoin, le joindre d'urgence.

Évitez la prise de boissons alcoolisées à jeun ou à distance des repas : augmentation du risque d'hypoglycémie.

Conducteur : une hypoglycémie peut entraîner un malaise pendant la conduite ou l'utilisation de machines.

INTERACTIONS MÉDICAMENTEUSES

Certains médicaments peuvent déséquilibrer la *glycémie* : signalez votre traitement par l'*insuline* à tout médecin consulté ou à votre pharmacien.

GROSSESSE, ALLAITEMENT ET NOUVEAU-NÉ

Grossesse :

L'*insuline* est adaptée au *diabète* de la femme enceinte ou aux troubles passagers de la *glycémie* pendant la durée de la grossesse.

Allaitement :

Le traitement par l'*insuline* n'est pas une contre-indication à l'allaitement.

MODE D'EMPLOI ET POSOLOGIE

Cette *insuline* doit être injectée uniquement par *voie* sous-cutanée ; son conditionnement en cartouche est exclusivement réservé aux stylos injecteurs prescrits par votre médecin.

Avant l'injection, purgez l'air éventuellement contenu dans la cartouche.

L'aiguille doit être changée après chaque injection.

Respectez les horaires et les zones d'injection recommandés.

Posologie usuelle :

Elle est adaptée en fonction des résultats des analyses réalisées par le diabétique ou par son entourage (carnet de surveillance) et des conseils de son médecin.

☛ Il est prudent de disposer d'une *insuline* équivalente pour seringue afin de faire face à une perte ou à un défaut de fonctionnement du stylo.

Si vous utilisez deux stylos destinés à injecter deux insulines, veillez à pouvoir les distinguer facilement.

Pour le maniement précis du stylo, conformez-vous à la notice fournie par le fabricant et veillez à ne pas l'égarer.

En cas d'activité sportive, il est préférable d'injecter l'insuline à distance des muscles qui travaillent pour éviter une absorption trop rapide de l'insuline. De plus, une adaptation des doses d'insuline est habituellement nécessaire selon les conseils du médecin.

Prenez contact avec les associations pour diabétiques : elles diffusent une information utile sur le traitement et la surveillance du *diabète*.

Votre entourage doit savoir reconnaître les signes d'une *hypoglycémie* et pouvoir vous administrer, en cas de perte de connaissance, une ampoule de GLUCAGON. Celle-ci peut être conservée au domicile ou sur le lieu de travail à température ambiante (inférieure à 25 °C) pendant 2 ans. Après reconstitution, la solution ne doit pas être conservée plus d'une semaine au réfrigérateur ni être congelée.

Veillez à ne pas manquer d'insuline ou de seringues, notamment lors des week-ends et jours fériés ; lors de vos déplacements, munissez-vous d'une réserve ou de votre ordonnance en cours de validité. Un certificat de traitement par l'insuline peut être nécessaire pour franchir certaines frontières.

Avant une première utilisation, il est préférable de conserver vos réserves d'insuline dans le bas du réfrigérateur (entre + 2 °C et + 8 °C). Si les cartouches ont été soumises à des températures comprises entre 22 °C et 35 °C pendant moins de 72 heures, elles peuvent être utilisées mais doivent ensuite être conservées au frais.

Après une première utilisation, la cartouche peut être conservée dans le stylo 3 semaines à température ambiante (inférieure à 25 °C), dans un endroit propre et sec, à l'abri de la lumière.

EFFETS INDÉSIRABLES POSSIBLES

Nodules graisseux sous-cutanés.

Rares *allergies*, essentiellement cutanées.

VENTODISKS

salbutamol

PRÉSENTATION

VENTODISKS 200 µg : poudre pour inhalation buccale ; boîte de 7 disques de 8 doses avec distributeur (Diskhaler) - Remb. 65 % - Liste I

VENTODISKS 200 µg : poudre pour inhalation buccale ; boîte de 7 disques de 8 doses sans distributeur - Remb. 65 % - Liste I

Laboratoires Glaxo

COMPOSITION

	p. dose
Salbutamol	200 µg

INDICATIONS

Ce médicament est un bronchodilatateur qui lutte contre la contraction anormale des muscles de la paroi des bronches. Il est apparenté à une substance naturelle, l'*adrénaline* ; mais contrairement à cette substance, il a peu d'effet sur le cœur.

Son action est rapide et se prolonge pendant 3 à 5 heures.

Il est utilisé dans :
- le *traitement de la crise* d'*asthme*,
- le *traitement de fond* de l'asthme,
- la prévention de la crise d'asthme pendant l'effort,
- certaines maladies respiratoires.

ATTENTION

Si une crise d'*asthme* ne cède pas malgré des inhalations répétées, ne vous obstinez pas et consultez immédiatement votre médecin ou à défaut appelez le 15 ou un service médical d'urgence.

GROSSESSE, ALLAITEMENT ET NOUVEAU-NÉ

Ce médicament peut être utilisé pendant la grossesse ou l'allaitement.

MODE D'EMPLOI ET POSOLOGIE

L'inhalation du médicament doit se faire au cours d'une inspiration profonde, précédée si possible d'une expiration forcée. Il est ensuite nécessaire de retenir sa respiration pendant quelques instants.

Diskhaler : charger l'appareil (percer la cupule au moment de l'inhalation). Le tenir horizontalement et expirer complètement. Placer l'embout buccal entre les lèvres. Ne pas recouvrir les arrivées d'air situées de chaque côté de l'embout buccal.

Posologie usuelle :
- *Traitement de la crise* : 1 ou 2 inhalations, que l'on peut renouveler après quelques minutes.
- *Traitement de fond* :
  - Adulte : 4 à 12 inhalations par jour, régulièrement réparties dans la journée.
    Ne pas dépasser 15 inhalations par jour.
  - Enfant : 3 à 6 inhalations par jour, régulièrement réparties dans la journée.
    Ne pas dépasser 10 inhalations par jour.
- *Traitement préventif* de l'*asthme* d'effort :
  - Adulte : 2 inhalations, 15 à 30 minutes avant l'exercice.
  - Enfant : 1 inhalation, 15 à 30 minutes avant l'exercice.

Lisez attentivement la notice du médicament avant son emploi. La chambre d'inhalation, ou distributeur, adaptée à VENTODISKS s'appelle Diskhaler.

N'hésitez pas à demander une démonstration du maniement de cet appareil à votre médecin ou à votre pharmacien.

Nettoyez régulièrement l'embout buccal à l'eau.

En cas d'irritation de la gorge, due à la poudre : rincez-vous la bouche après l'inhalation.

EFFETS INDÉSIRABLES POSSIBLES

Les effets indésirables sont rares et bénins avec les formes inhalées. Leur survenue est favorisée par une augmentation de la *posologie*.

Tremblements des extrémités, accélération du cœur peuvent être observés à forte dose.

VENTOLINE aérosol

salbutamol

PRÉSENTATION

VENTOLINE : aérosol ; 1 flacon pressurisé avec valve doseuse (200 inhalations buccales) - Remb. 65 % - Liste I

Laboratoires Glaxo

COMPOSITION

	p. inhal.
Salbutamol	100 µg

INDICATIONS

Ce médicament est un bronchodilatateur qui lutte contre la contraction anormale des muscles de la paroi des bronches. Il est apparenté à une substance naturelle, l'*adrénaline*, mais contrairement à cette substance, il a peu d'effet sur le cœur. Son action est rapide et se prolonge pendant 3 à 5 heures.

Il est utilisé dans :
- le *traitement de la crise* d'*asthme*,
- le *traitement de fond* de l'asthme,
- la prévention de la crise d'*asthme* pendant l'effort,
- certaines maladies respiratoires.

ATTENTION

Si une crise d'*asthme* ne cède pas malgré des inhalations répétées, ne vous obstinez pas et consultez immédiatement votre médecin, ou à défaut appelez le 15 ou un service médical d'urgence.

GROSSESSE, ALLAITEMENT ET NOUVEAU-NÉ

Ce médicament peut être utilisé pendant la grossesse ou l'allaitement.

MODE D'EMPLOI ET POSOLOGIE

L'inhalation du médicament doit se faire au cours d'une inspiration profonde, précédée si possible d'une expiration forcée. Il est ensuite nécessaire de retenir sa respiration pendant quelques instants.

L'aérosol doseur doit être agité, puis tenu verticalement, flacon vers le haut, face à la bouche ouverte. La bouffée est libérée par pression de l'index lors du début d'une inspiration profonde. Retenir ensuite sa respiration pendant quelques minutes.

Posologie usuelle :
- *Traitement de la crise* : 1 ou 2 inhalations, que l'on peut renouveler après quelques minutes.
- *Traitement de fond* :
  - Adulte : 4 à 12 inhalations par jour, régulièrement réparties dans la journée.
    Ne pas dépasser 15 inhalations par jour.
  - Enfant : 3 à 6 inhalations par jour, régulièrement réparties dans la journée.
    Ne pas dépasser 10 inhalations par jour.
- *Traitement préventif* de l'*asthme* d'effort :
  - Adulte : 2 inhalations, 15 à 30 minutes avant l'exercice.
  - Enfant : 1 inhalation, 15 à 30 minutes avant l'exercice.

Lisez attentivement la notice du médicament avant son emploi.

N'hésitez pas à demander une démonstration du maniement de cet appareil à votre médecin ou à votre pharmacien.

L'utilisation de l'aérosol doseur chez les personnes maîtrisant mal la technique d'inhalation peut être facilitée par l'emploi d'un réservoir en matière plastique qui s'interpose entre l'aérosol doseur et la bouche.

Nettoyez l'embout buccal à l'eau, avant et après utilisation.

Le flacon est sous pression : conservez-le à l'abri de la chaleur.

EFFETS INDÉSIRABLES POSSIBLES

Les effets indésirables sont rares et bénins avec les formes inhalées. Leur survenue est favorisée par une augmentation de la *posologie*.

Tremblements des extrémités, accélération du cœur peuvent être observés à forte dose.

VENTOLINE oral

salbutamol

PRÉSENTATION

VENTOLINE : comprimé sécable (blanc) ; boîte de 40 - Remb. 65 % - Liste I

VENTOLINE BUVABLE : solution buvable arôme orange ; flacon 150 ml (30 cuillères-mesure 5 ml) - Remb. 65 % - Liste I

Laboratoires Glaxo

COMPOSITION

	p. comp.	p. c. mes.
Salbutamol	2 mg	2 mg

INDICATIONS

Ce médicament est un bronchodilatateur qui lutte contre la contraction anormale des muscles de la paroi des bronches. Il est apparenté à une substance naturelle, l'*adrénaline* ; mais contrairement à cette substance, il a peu d'effet sur le cœur.

Il est utilisé dans :
- le *traitement de fond* de l'*asthme* et de certaines maladies des bronches,
- la prévention de l'*asthme* pendant l'effort.

La solution buvable est également utilisée dans le traitement de la *bronchiolite* du *nourrisson*.

ATTENTION

Ce médicament n'est pas adapté au *traitement de la crise d'asthme*.

Des précautions sont nécessaires en cas de maladie cardiaque grave (*troubles du rythme cardiaque, angine de poitrine*), *hypertension artérielle, hyperthyroïdie, diabète* ou traitement par un autre bronchodilatateur.

GROSSESSE, ALLAITEMENT ET NOUVEAU-NÉ

Ce médicament peut être utilisé pendant la grossesse ou l'allaitement.

MODE D'EMPLOI ET POSOLOGIE

Posologie usuelle :
- Adulte : 2 comprimés ou 1 ou 2 cuillères-mesure, 3 ou 4 fois par jour.
- Enfant de plus de 6 ans : 1 comprimé ou 1 cuillère-mesure, 3 ou 4 fois par jour.
- Enfant de 2 à 6 ans : 1/2 à 1 comprimé ou 1/2 à 1 cuillère-mesure, 3 ou 4 fois par jour.
- Nourrisson de 1 mois à 2 ans : 1/2 cuillère-mesure, 2 ou 3 fois par jour.

Dans le *traitement préventif* de l'*asthme* d'effort :
- Adulte : 2 comprimés ou 2 cuillères-mesure, 2 heures avant l'effort.
- Grand enfant : 1 comprimé ou 1 cuillère-mesure, 2 heures avant l'effort.

Toute interruption du traitement expose à une recrudescence de l'*asthme*.

Les excitants tels que le thé ou le café peuvent accroître certains effets indésirables du salbutamol, et doivent être consommés avec modération.

EFFETS INDÉSIRABLES POSSIBLES

Tremblements des extrémités essentiellement chez l'adulte, accélération du cœur à forte dose, rares *troubles digestifs*, maux de tête.

VÉNYL

PRÉSENTATION

VÉNYL : solution buvable ; boîte de 20 ampoules 10 ml - Non remb.

Laboratoires Pierre Fabre

COMPOSITION

	p. amp.
Ruscus aculeatus, extrait fluide	1,5 ml
Hespéridine méthylchalcone	150 mg
Acide ascorbique (vitamine C)	100 mg
Alcool à 95°	+

INDICATIONS

C'est un protecteur *vasculaire* et *veinotonique*. Il stimule la circulation du sang dans les veines et lutte contre l'altération des *vaisseaux capillaires*.

Il est utilisé dans le *traitement symptomatique* :
- des jambes lourdes et autres troubles pouvant être en rapport avec une mauvaise circulation veineuse ou *lymphatique* ;
- des crises d'*hémorroïdes*.

ATTENTION

Ce médicament est insuffisant pour prévenir le risque de *phlébite* chez les malades alités ou plâtrés.

Il soulage, mais n'empêche pas l'aggravation de l'*insuffisance veineuse*, qui requiert des mesures spécifiques telles que la *contention élastique*.

Ce médicament contient de l'*alcool*.

GROSSESSE, ALLAITEMENT ET NOUVEAU-NÉ

L'effet de ce médicament pendant la grossesse ou l'allaitement est mal connu. L'évaluation du risque éventuel lié à son utilisation est individuelle : demandez conseil à votre pharmacien ou à votre médecin.

MODE D'EMPLOI ET POSOLOGIE

Les ampoules doivent être diluées dans un demi-verre d'eau.

Posologie usuelle :

1 ou 2 ampoules par jour.

Une activité physique régulière et la surélévation du pied du lit permettent de faciliter la circulation veineuse et *lymphatique*.

EFFETS INDÉSIRABLES POSSIBLES

Rares nausées, douleurs d'estomac.

VÉRATRAN

clotiazépam

PRÉSENTATION

VÉRATRAN 5 mg : comprimé (vert pâle) ; boîte de 30 - Remb. 65 % - Liste I

VÉRATRAN 10 mg : comprimé sécable (jaune pâle) ; boîte de 30 - Remb. 65 % - Liste I

Laboratoires LTM

COMPOSITION

	p. comp.	p. comp.
Clotiazépam	5 mg	10 mg

INDICATIONS

C'est un *tranquillisant* de la famille des *benzodiazépines*.

Il est utilisé dans le traitement de l'anxiété lorsque celle-ci s'accompagne de troubles gênants.

CONTRE-INDICATIONS

Ce médicament ne doit pas être utilisé en cas d'*insuffisance respiratoire* grave.

ATTENTION

Des précautions sont nécessaires en cas de *myasthénie*, d'*insuffisance hépatique* ou d'*insuffisance respiratoire*.

Utilisé seul, ce médicament n'est pas adapté au traitement des *états dépressifs*.

Une prise prolongée ou des doses importantes de ce médicament, son association à des *sédatifs* ou à des boissons alcoolisées favorisent une *dépendance*. Respectez la *posologie* et la durée de traitement prescrites par votre médecin.

L'arrêt brutal de ce médicament expose à un *syndrome de sevrage* : réapparition de l'anxiété, agitation, irritabilité, insomnie, maux de tête, douleurs musculaires, tremblements, hallucinations. Il faut donc s'entourer de conseils médicaux pour diminuer progressivement les doses et espacer les prises, sur une période d'autant plus longue que le traitement a été prolongé.

Évitez les boissons alcoolisées : augmentation du risque de somnolence et de dépendance.

Conducteur : ce médicament peut être responsable d'une somnolence ou d'une baisse de la vigilance.

INTERACTIONS MÉDICAMENTEUSES

Ce médicament peut interagir avec d'autres médicaments, notamment les *sédatifs*. Signalez tout autre traitement en cours à votre médecin ou à votre pharmacien.

GROSSESSE, ALLAITEMENT ET NOUVEAU-NÉ

Grossesse et nouveau-né :

Par mesure de prudence, ce médicament est habituellement déconseillé pendant les 3 premiers mois de la grossesse. Toutefois, une grossesse survenant sous traitement ne justifie pas d'inquiétude particulière. Seul votre médecin peut apprécier le risque éventuel lié à l'utilisation de ce médicament dans votre cas.

Si le traitement est poursuivi jusqu'à l'accouchement, une surveillance médicale du *nouveau-né* est nécessaire.

Allaitement :

Ce médicament passe dans le lait maternel : l'allaitement est déconseillé.

MODE D'EMPLOI ET POSOLOGIE

Les comprimés doivent être avalés avec un peu d'eau.

Posologie usuelle :

Elle est strictement individuelle. Chez l'enfant, le traitement doit être de courte durée.

> Ce médicament vous a été prescrit dans une situation précise : ne le conseillez pas à une autre personne.
>
> Les *tranquillisants* ne sont pas la seule réponse à l'anxiété : une meilleure hygiène de vie, une consommation modérée d'excitants (y compris les boissons alcoolisées) permettent aussi de lutter efficacement contre l'excès de stress.

EFFETS INDÉSIRABLES POSSIBLES

Trous de mémoire, sensation d'ivresse, somnolence en particulier chez la personne âgée, ralentissement des idées, ou, au contraire, excitation, irritabilité, idées confuses, hallucinations, fatigue, éruption cutanée.

VÉRICARDINE

phénobarbital, aubépine

PRÉSENTATION

VÉRICARDINE : comprimé (vert) ; boîte de 50 - Remb. 65 %

Laboratoires Laleuf

COMPOSITION

	p. comp.
Phénobarbital	20 mg
Aubépine, extrait sec aqueux	50 mg
Saccharose	197 mg

INDICATIONS

Ce médicament contient un *sédatif* de la famille des *barbituriques*, le phénobarbital, et un extrait de plante, l'aubépine.

Il est utilisé dans le traitement des *palpitations* et des formes légères d'anxiété ou d'insomnie.

CONTRE-INDICATIONS

Ce médicament ne doit pas être utilisé dans les cas suivants :
- *porphyries*,
- *insuffisance respiratoire*,
- *allergie* aux *barbituriques*,
- enfant de moins de 15 ans.

> **ATTENTION**
>
> Les *palpitations* peuvent être le *symptôme* d'une maladie cardiaque : n'utilisez pas ce médicament de façon prolongée sans l'avis de votre médecin.
>
> Évitez les boissons alcoolisées : augmentation du risque de somnolence.
>
> Conducteur : ce médicament peut être responsable d'une somnolence ou d'une baisse de la vigilance.

INTERACTIONS MÉDICAMENTEUSES

Ce médicament peut interagir avec d'autres médicaments, notamment les *contraceptifs* oraux (pilule) : risque de contraception inefficace. Signalez tout autre traitement en cours à votre médecin ou à votre pharmacien.

GROSSESSE, ALLAITEMENT ET NOUVEAU-NÉ

Grossesse :

L'effet de ce médicament pendant la grossesse est mal connu. L'évaluation du risque éventuel lié à son utilisation est individuelle : demandez conseil à votre pharmacien ou à votre médecin.

Allaitement :

Ce médicament passe dans le lait maternel : il est déconseillé pendant l'allaitement.

MODE D'EMPLOI ET POSOLOGIE

Posologie usuelle :

- Adulte :
  - *palpitations*, nervosité, anxiété : 1 comprimé, 1 à 3 fois par jour avant le repas ;
  - troubles du sommeil : 1 à 3 comprimés en 1 seule prise le soir.

> Les *palpitations* peuvent être favorisées par la prise d'excitants : café, thé, alcool et certains sodas contenant de la caféine.

EFFETS INDÉSIRABLES POSSIBLES

Dus au phénobarbital : somnolence, réaction cutanée, excitation, confusion des idées chez la personne âgée.

VERMIFUGE SORIN

PRÉSENTATION

VERMIFUGE SORIN : solution buvable ; flacon 200 ml - Non remb.

Laboratoires Sorin-Maxim

COMPOSITION

	p. c. à c.	p. c. à s.
Pipérazine hydrate	75 mg	225 mg
Bromure de sodium	100 mg	300 mg
Sirop d'éther	1,25 g	3,75 g
Alcoolat vulnéraire, extrait concentré à 25 %	50 mg	150 mg
Alcool	42 mg	126 mg
Saccharose	+	+

INDICATIONS

Ce médicament contient un antiparasitaire, actif sur certains vers parasites de l'intestin. Il paralyse les vers à l'intérieur du tube digestif, permettant ainsi leur élimination. Il contient également un *sédatif* destiné à lutter contre les troubles du comportement parfois attribués aux vers.

Il est utilisé pour éliminer les oxyures et les ascaris.

CONTRE-INDICATIONS

Ce médicament ne doit pas être utilisé dans les cas suivants :
- *insuffisance rénale*,
- *épilepsie*.

GROSSESSE, ALLAITEMENT ET NOUVEAU-NÉ

L'effet de ce médicament pendant la grossesse ou l'allaitement est mal connu. L'évaluation du risque éventuel lié à son utilisation est individuelle : demandez conseil à votre pharmacien ou à votre médecin.

MODE D'EMPLOI ET POSOLOGIE

Ce médicament peut être pris pur ou dilué dans un verre d'eau, le matin à jeun et le soir au coucher.

Le traitement dure 4 jours et doit être renouvelé au bout de 15 jours pour éviter une réinfestation par les œufs qui ne sont pas détruits par le médicament.

Posologie usuelle :

- Adulte de plus de 20 ans : 3 cuillères à soupe, 2 fois par jour.
- Adulte de 15 à 20 ans et enfant de 13 à 15 ans : 2 cuillères à soupe, 2 fois par jour.
- Enfant de 7 à 13 ans : 3 cuillères à café, le matin et 4 cuillères à café, le soir.
- Enfant de 3 à 7 ans : 2 cuillères à café, le matin et 3 cuillères à café, le soir.
- Enfant de 1 à 3 ans : 1 cuillère à café, le matin et 2 cuillères à café, le soir.
- Enfant de moins de 1 an : 1 cuillère à café, matin et soir.

> Les oxyures se transmettant par les mains, pour éviter la réinfestation, il est recommandé :
> - de se laver les mains et de se brosser les ongles plusieurs fois dans la journée,
> - de couper très court les ongles des enfants,
> - de traiter tous les membres de la famille en même temps car il est fréquent que l'infestation ne donne aucun *symptôme*.

EFFETS INDÉSIRABLES POSSIBLES

Éruption cutanée (présence de bromure).

VERMISIROP

PRÉSENTATION

VERMISIROP : sirop ; flacon 150 ml - Non remb.

Laboratoires C.P.F.

COMPOSITION

	p. 100 g
Thymol	8 mg
Thym	1 g
Séné, folioles	1,6 g
Tanaisie	2 g
Grenade, écorce de fruit	500 mg
Grenadier, écorce de racine	1 g
Absinthe	1 g
Genièvre, baies	1,2 g
Fougère mâle	2 g
Sodium, bromure	1,5 g
Sulfate disodique	2 g

INDICATIONS

Ce médicament est un vermifuge, actif sur certains vers parasites de l'intestin. Il contient également un *laxatif stimulant* (séné).

Il est utilisé pour éliminer les oxyures, les ascaris.

ATTENTION
Ce médicament n'est pas adapté au *nourrisson* de moins de 6 mois.

GROSSESSE, ALLAITEMENT ET NOUVEAU-NÉ

L'effet de ce médicament pendant la grossesse ou l'allaitement est mal connu. L'évaluation du risque éventuel lié à son utilisation est individuelle : demandez conseil à votre pharmacien ou à votre médecin.

MODE D'EMPLOI ET POSOLOGIE

Posologie usuelle :

- Adulte et enfant de plus de 10 ans : 1 ou 2 cuillères à soupe, le matin à jeun et le soir au coucher, pendant 3 ou 4 jours.
- Enfant de 4 à 10 ans : 1 cuillère à soupe, le matin à jeun, pendant 3 ou 4 jours.
- Enfant de 1 à 4 ans : 2 cuillères à café, le matin à jeun, pendant 3 ou 4 jours.
- Enfant de 6 mois à 1 an : 1 cuillère à café, le matin à jeun, pendant 3 ou 4 jours.

Si nécessaire, le traitement peut être renouvelé tous les mois ou tous les 2 mois.

Les oxyures se transmettant par les mains, pour éviter la réinfestation, il est recommandé :
- de se laver les mains et de se brosser les ongles plusieurs fois dans la journée,
- de couper très court les ongles des enfants,
- de traiter tous les membres de la famille en même temps car il est fréquent que l'infestation ne donne aucun *symptôme*.

Pour éviter l'infestation par les ascaris, laver les légumes et les fruits.

EFFETS INDÉSIRABLES POSSIBLES

Rares *troubles digestifs*, notamment douleurs abdominales, nausées ou diarrhée.

Liste des centres antipoison : voir Annexes

VERRULYSE MÉTHIONINE

PRÉSENTATION

VERRULYSE MÉTHIONINE : comprimé (orangé) ; boîte de 60 - Remb. 35 %

Laboratoires Saunier-Daguin

COMPOSITION

	p. comp.
Oxyde de magnésium	225 mg
Méthionine	250 mg
Glycérophosphate de calcium	18 mg
Glycérophosphate de magnésium	12 mg
Glycérophosphate de fer	9 mg
Glycérophosphate de manganèse	9 mg

INDICATIONS

Ce médicament contient un *acide aminé* soufré, du magnésium et des sels minéraux destinés à renforcer les défenses de la peau. Il est utilisé dans le traitement des verrues.

CONTRE-INDICATIONS

Ce médicament ne doit pas être utilisé en cas d'*insuffisance rénale* grave.

GROSSESSE, ALLAITEMENT ET NOUVEAU-NÉ

Ce médicament ne contient que des substances présumées sans danger pendant la grossesse ou l'allaitement. Néanmoins, ne l'utilisez pas de façon prolongée sans l'avis de votre pharmacien ou de votre médecin.

MODE D'EMPLOI ET POSOLOGIE

Ce médicament est pris de préférence au début du repas.

Posologie usuelle :

- Adulte : 1 ou 2 comprimés, 1 ou 2 fois par jour.
- Enfant : 1/2 ou 1 comprimé, 1 ou 2 fois par jour.

VERRUPAN

acide salicylique, acide lactique, thuya

PRÉSENTATION

VERRUPAN : baume ; boîte de 2 flacons 3 g - Non remb.

Laboratoires P.P.D.H.

COMPOSITION

	p. 100 g
Acide salicylique	3 g
Acide lactique	3 g
Thuya, teinture	11 g

INDICATIONS

Ce baume contient des substances caustiques et un extrait de plante.

Il est utilisé dans le traitement local des verrues.

CONTRE-INDICATIONS

Ce médicament ne doit pas être utilisé en cas d'*allergie* aux *salicylés*.

ATTENTION
La cicatrisation peut être très lente chez les diabétiques : consultez votre médecin.

GROSSESSE, ALLAITEMENT ET NOUVEAU-NÉ

L'effet de ce médicament pendant la grossesse ou l'allaitement est mal connu. L'évaluation du risque éventuel lié à son utilisation est individuelle : demandez conseil à votre pharmacien ou à votre médecin.

MODE D'EMPLOI ET POSOLOGIE

Le baume forme une pellicule sur la verrue : celle-ci doit être retirée avec un peu d'alcool avant l'application du soir. Le traitement doit être poursuivi jusqu'à disparition complète de la verrue.

Posologie usuelle :

2 ou 3 applications par jour.

Pour éviter toute irritation, ne pas mettre ce baume en contact avec la peau saine qui entoure la verrue.

VÉSADOL

halopéridol, buzépide métiodure

PRÉSENTATION

VÉSADOL : comprimé (bleu) ; boîte de 30 - Remb. 35 % - Liste I

Laboratoires Janssen

COMPOSITION

	p. comp.
Halopéridol	0,3 mg
Buzépide métiodure	3 mg
Soit iode	0,795 mg

INDICATIONS

Ce médicament contient un *neuroleptique* (à dose faible) et un *antispasmodique* de la famille des *atropiniques*.

Il est utilisé dans le *traitement symptomatique* des spasmes du tube digestif, des *voies biliaires* ou du côlon, notamment chez la personne anxieuse.

CONTRE-INDICATIONS

Ce médicament ne doit pas être utilisé dans les cas suivants :
- *glaucome* à angle fermé,
- risque de blocage des urines (*adénome de la prostate*...),
- maladie de *Parkinson*,
- grossesse.

ATTENTION
La survenue d'une douleur violente à l'œil, accompagnée d'une rougeur et surtout d'une baisse de l'acuité visuelle, doit conduire à consulter d'urgence un ophtalmologiste : il peut s'agir d'un *glaucome* aigu.

Des précautions sont nécessaires en cas d'*insuffisance hépatique*, d'*insuffisance rénale*, d'*insuffisance coronarienne*, de *troubles du rythme cardiaque*, d'*hyper-*

thyroïdie, de *bronchite chronique* grave ou d'*atonie intestinale*, notamment chez la personne âgée.

Évitez les boissons alcoolisées : augmentation du risque de somnolence.

Conducteur : ce médicament peut être responsable d'une somnolence ou d'une baisse de la vigilance.

INTERACTIONS MÉDICAMENTEUSES

Ce médicament peut interagir avec d'autres médicaments, notamment les *atropiniques*, certains *antihypertenseurs* et les *tranquillisants*. Signalez tout autre traitement en cours à votre médecin ou à votre pharmacien.

GROSSESSE, ALLAITEMENT ET NOUVEAU-NÉ

Grossesse :

Ce médicament est contre-indiqué pendant la grossesse.

Allaitement :

Ce médicament passe dans le lait maternel.

MODE D'EMPLOI ET POSOLOGIE

Ce médicament doit être pris environ une demi-heure avant les repas et éventuellement le soir au coucher.

Posologie usuelle :

- Adulte : 1 comprimé, 3 ou 4 fois par jour.

EFFETS INDÉSIRABLES POSSIBLES

Effets *atropiniques* : sécheresse de la bouche, troubles de l'*accommodation*, constipation, épaississement des sécrétions bronchiques, accélération du cœur. Somnolence.

VEYBIROL-TYROTHRICINE

formaldéhyde, tyrothricine, teintures végétales

PRÉSENTATION

VEYBIROL-TYROTHRICINE : solution pour *bain de bouche* et *gargarisme* ; boîte de 2 flacons jumelés (flacon A : 15 ml et flacon B : 10 ml) - Remb. 35 %

Laboratoires Veyron et Froment

COMPOSITION

	flacon A p. 100 ml	flacon B p. 100 ml
Solution officinale de formaldéhyde	29,34 g	
Teintures végétales (pyrèthre, cochenille, gayac, girofle)	17,67 g	
Alcool à 50°	q.s.	
Tyrothricine		20 g
Alcool à 90°		q.s.

INDICATIONS

Cette solution pour *bain de bouche* et *gargarisme* possède des propriétés *antiseptiques*, *anti-inflammatoires* et cicatrisantes.

Elle est utilisée dans le *traitement d'appoint* des infections de la gorge et de la bouche, ou après une opération des dents ou des gencives.

ATTENTION

L'usage prolongé de ce médicament n'est pas souhaitable ; il peut modifier l'équilibre microbien naturel de la gorge.

Les traitements locaux (*gargarisme*, *collutoire*, pastille) n'agissent que superficiellement ; dans le cas d'infections profondes (angine, abcès...), un autre mode de traitement est nécessaire.

En l'absence d'amélioration au bout de 5 jours, en cas d'apparition de fièvre, consultez votre médecin.

GROSSESSE, ALLAITEMENT ET NOUVEAU-NÉ

L'effet de ce médicament pendant la grossesse ou l'allaitement est mal connu. L'évaluation du risque éventuel lié à son utilisation est individuelle : demandez conseil à votre pharmacien ou à votre médecin.

MODE D'EMPLOI ET POSOLOGIE

Verser 2 mesures du flacon A et 2 mesures du flacon B dans un demi-verre d'eau tiède.

La solution peut être utilisée en *bain de bouche* ou en *gargarisme*.

Posologie usuelle :

1 bain de bouche ou 1 gargarisme, 2 ou 3 fois par jour.

La solution ne doit en aucun cas être avalée.

Il est généralement conseillé de ne pas s'alimenter ou de ne pas boire immédiatement après un *bain de bouche* ou un *gargarisme* afin de permettre aux substances actives d'agir.

Certains dentistes et stomatologistes recommandent de ne pas pratiquer de bain de bouche dans les heures qui suivent une extraction dentaire afin d'éviter de faire saigner la plaie.

VGR VACCIN GRIPPAL RONCHÈSE

vaccin antigrippal

PRÉSENTATION

VGR VACCIN GRIPPAL RONCHÈSE : suspension injectable ; seringue préremplie 0,5 ml - Non remb.

Laboratoires Sterling Midy

COMPOSITION

	p. seringue
Virus grippaux inactivés	1 dose

INDICATIONS

C'est un *vaccin* composé de *virus* grippaux tués. Il ne contient aucun *germe* vivant.

Ce médicament est utilisé dans la prévention de la grippe. L'immunité apparaît 15 jours après l'injection et dure environ 1 an.

CONTRE-INDICATIONS

Ce médicament ne doit pas être utilisé en cas d'*allergie* aux protéines de l'œuf.

ATTENTION

Le *vaccin* antigrippal ne protège que contre la vraie grippe, maladie grave, potentiellement mortelle chez les personnes fragiles. Il est incapable de prévenir les bronchites banales et autres affections virales saisonnières.

GROSSESSE, ALLAITEMENT ET NOUVEAU-NÉ

Grossesse :

L'effet de ce *vaccin* pendant la grossesse est mal connu : seul votre médecin peut évaluer le risque éventuel de son utilisation dans votre cas.

Allaitement :

Cette vaccination peut être pratiquée pendant l'allaitement.

MODE D'EMPLOI ET POSOLOGIE

Bien agiter la seringue avant l'emploi, la réchauffer à température ambiante si nécessaire. L'injection doit être réalisée par *voie* sous-cutanée ou intramusculaire.

Posologie usuelle :

- Adulte et enfant de plus de 10 ans : 1 injection de 0,5 ml.
- Enfant de moins de 10 ans : 2 injections de 0,25 ml (demi-dose) à 1 mois d'intervalle.

La prévention de la grippe repose sur une injection annuelle : le *vaccin* est différent tous les ans car il est adapté aux caractéristiques du *virus* attendu.

Pour des raisons de confort, la vaccination doit être différée en cas de fièvre élevée.

Les réactions fébriles dues aux *vaccins* peuvent être combattues en prenant de l'aspirine ou du paracétamol.

Pour garder son efficacité, ce vaccin doit être conservé entre + 2 et + 8 °C (compartiment à beurre du réfrigérateur), mais quelques jours à une température ne dépassant pas 25 °C ne prêtent pas à conséquence. Il ne doit pas être congelé.

EFFETS INDÉSIRABLES POSSIBLES

Réactions douloureuses, *nodule* au point d'injection.

Fièvre modérée pendant 1 ou 2 jours.

VIBALGAN

hydroxocobalamine, cobamamide

PRÉSENTATION

VIBALGAN : préparation injectable ; boîte de 4 flacons de *lyophilisat* et 4 ampoules de solvant 2 ml - Remb. 35 % - Liste II

Laboratoires Doms-Adrian

COMPOSITION

	p. flacon
Hydroxocobalamine acétate	5 mg
Cobamamide (dibencozide)	5 mg

INDICATIONS

Ce médicament contient deux substances proches de la *vitamine* B12, indispensable au *métabolisme*.

Il est utilisé dans le traitement de certaines *névralgies*.

CONTRE-INDICATIONS

Ce médicament ne doit pas être utilisé en cas d'*allergie* à la *vitamine* B12 et aux substances apparentées.

ATTENTION
Un *choc anaphylactique* peut survenir lors de l'injection de ce médicament : des précautions sont nécessaires chez les personnes ayant des *antécédents* d'*asthme* ou d'*eczéma*.

GROSSESSE, ALLAITEMENT ET NOUVEAU-NÉ

L'effet de ce médicament pendant la grossesse ou l'allaitement est mal connu : seul votre médecin peut évaluer le risque éventuel de son utilisation dans votre cas.

MODE D'EMPLOI ET POSOLOGIE

La solution injectable peut être administrée par *voie* intramusculaire.

Posologie usuelle :

1 ampoule par jour ou 1 jour sur 2.

Sous traitement, la coloration rouge des urines est normale : elle est liée à l'élimination de la *vitamine* B12.

L'effet de ce médicament n'est pas immédiat et peut n'apparaître qu'après 2 ou 3 injections.

EFFETS INDÉSIRABLES POSSIBLES

Douleur au point d'injection, *acné*, *allergie* cutanée.

Choc anaphylactique (voir ATTENTION).

VIBRAMYCINE
doxycycline

PRÉSENTATION

VIBRAMYCINE N 100 mg : comprimé sécable (jaune pâle) ; boîte de 5 - Remb. 65 % - Liste I

Laboratoires Pfizer

COMPOSITION

	p. comp.
Doxycycline	100 mg

INDICATIONS

C'est un *antibiotique* qui appartient à la famille des *tétracyclines*.

Il est utilisé dans le traitement de diverses maladies infectieuses, notamment respiratoires et génitales. Il est également utilisé dans le traitement de l'*acné*.

CONTRE-INDICATIONS

Ce médicament ne doit pas être utilisé dans les cas suivants :
- *allergie* aux *tétracyclines*,
- enfant de moins de 8 ans (risque de coloration définitive des dents),
- association avec les *rétinoïdes*,
- **grossesse,**
- **allaitement.**

ATTENTION
Ce médicament est photosensibilisant : une exposition aux rayons *ultraviolets* peut provoquer des réactions cutanées. Évitez toute exposition au soleil et n'omettez pas de signaler à votre médecin vos projets de vacances pendant la durée du traitement.

INTERACTIONS MÉDICAMENTEUSES

Ce médicament ne doit pas être associé à ceux contenant des *rétinoïdes* (ROACCUTANE ORAL, SORIATANE...) : risque d'*hypertension intracrânienne*.

Il peut interagir avec d'autres médicaments, notamment les *anticoagulants* oraux : signalez tout autre traitement en cours à votre médecin ou à votre pharmacien.

GROSSESSE, ALLAITEMENT ET NOUVEAU-NÉ

Ce médicament peut provoquer des anomalies dentaires chez l'enfant à naître ou le *nourrisson*. Son usage est contre-indiqué pendant la grossesse et l'allaitement.

MODE D'EMPLOI ET POSOLOGIE

Pour éviter les *troubles digestifs*, ce médicament doit être pris de préférence pendant un repas.

Les comprimés doivent être avalés avec un grand verre d'eau ou délayés dans un demi-verre d'eau. Il est préférable de ne pas absorber ce médicament en position allongée.

Posologie usuelle :
- Adulte :
  - pour un poids inférieur à 60 kg : 2 comprimés le 1er jour puis 1 comprimé par jour ;
  - pour un poids supérieur à 60 kg : 2 comprimés par jour, en une prise.

Dans le traitement prolongé de l'*acné* et de certaines infections génitales : *posologie* particulière précisée par le médecin.
- Enfant de plus de 8 ans : 4 mg par kg et par jour ; soit, par exemple, pour un enfant de 25 kg : 100 mg, soit 1/2 comprimé, 2 fois par jour.

Le médecin peut prescrire un prélèvement pour identifier le *germe* responsable de l'infection et tester sa sensibilité aux *antibiotiques*. Le résultat de cet examen peut être faussé en cas d'automédication préalable : un avis médical est toujours préférable avant la prise d'antibiotiques.

Une diminution de la fièvre ou une disparition des troubles ne sont pas synonymes de guérison : la durée du traitement doit absolument être respectée pour éviter les rechutes.

EFFETS INDÉSIRABLES POSSIBLES

Troubles digestifs : nausée, diarrhée, *candidose* génitale.

Allergie cutanée, œdème de *Quincke*.

Rougeurs cutanées dues à une exposition aux rayons ultraviolets.

VIBTIL
aubier de tilleul

PRÉSENTATION

VIBTIL : comprimé (blanc) ; boîte de 40 - Remb. 35 %

Laboratoires Lafon

COMPOSITION

	p. comp.
Aubier de tilleul, nébulisat	250 mg

INDICATIONS

Ce médicament à base de plante agit en augmentant la production de bile et en facilitant son passage vers le tube digestif.

Il est utilisé dans le *traitement symptomatique* des digestions difficiles.

GROSSESSE, ALLAITEMENT ET NOUVEAU-NÉ

Ce médicament ne contient aucune substance connue pour être toxique pendant la grossesse ou l'allaitement.

MODE D'EMPLOI ET POSOLOGIE

- Adulte : 1 ou 2 comprimés, 3 fois par jour.
- Enfant : 1 comprimé, 1 à 3 fois par jour.

Ce médicament peut être accompagné d'une alimentation appropriée : parlez-en à votre pharmacien ou à votre médecin.

VICKS VAPORUB

PRÉSENTATION

VICKS VAPORUB : pommade ; pot 40 g - Non remb.

VICKS VAPORUB : pommade ; pot 90 g - Non remb.

Laboratoires Lachartre

COMPOSITION

	p. 100 g
Menthol	2,75 g
Camphre	5 g
Essence de térébenthine	5 g
Essence d'eucalyptus	1,5 g
Essence de noix muscade	0,75 g
Essence de feuille de cèdre	0,75 g
Thymol	0,25 g

INDICATIONS

Cette pommade, qui contient des extraits de plantes, a un effet *révulsif*.

Elle est utilisée pour faciliter la respiration au cours des affections respiratoires, avec ou sans toux.

CONTRE-INDICATIONS

Ce médicament ne doit pas être utilisé dans les cas suivants :
- *antécédent* de *convulsions*,
- enfant de moins de 3 ans.

ATTENTION

En raison de la présence de camphre et de menthol, n'utilisez pas ce médicament chez l'enfant de moins de 7 ans sans avis médical.

Ce médicament ne doit pas être appliqué sur les *muqueuses*, les brûlures et sur la peau lésée.

GROSSESSE, ALLAITEMENT ET NOUVEAU-NÉ

L'effet de ce médicament pendant la grossesse ou l'allaitement est mal connu. L'évaluation du risque éventuel lié à son utilisation est individuelle : demandez conseil à votre pharmacien ou à votre médecin.

MODE D'EMPLOI ET POSOLOGIE

La pommade est appliquée sur la poitrine ou sur le dos en massage prolongé, de préférence le soir au coucher.

Posologie usuelle :
- Adulte et enfant de plus de 3 ans : 2 ou 3 applications par jour.

VICKS VAPOSYRUP expectorant

guaïfénésine

PRÉSENTATION

VICKS VAPOSYRUP expectorant : sirop ; flacon 120 ml avec gobelet doseur (1 dose = 15 ml) - Non remb.

Laboratoires Lachartre

COMPOSITION

	p. dose
Guaïfénésine	200 mg
Saccharose	7,65 g
Alcool	+

INDICATIONS

Ce médicament fluidifie les sécrétions bronchiques. Il facilite leur évacuation par la toux.

Il est utilisé dans les états d'encombrement des bronches, associés aux maladies bronchiques aiguës ou chroniques.

CONTRE-INDICATIONS

Ce médicament ne convient pas à l'enfant.

ATTENTION

Des précautions sont nécessaires en cas d'*ulcère* de l'estomac ou du *duodénum*.

N'utilisez pas d'*antitussif* en plus de ce médicament sans l'avis de votre médecin ou de votre pharmacien.

Si les sécrétions persistent au-delà de quelques jours, si elles se colorent ou si vous avez de la fièvre, consultez votre médecin.

Ce médicament contient du *sucre* (saccharose) en quantité notable.

GROSSESSE, ALLAITEMENT ET NOUVEAU-NÉ

L'effet de ce médicament pendant la grossesse ou l'allaitement est mal connu. L'évaluation du risque éventuel lié à son utilisation est individuelle : demandez conseil à votre pharmacien ou à votre médecin.

MODE D'EMPLOI ET POSOLOGIE

Agiter le flacon avant utilisation.

Posologie usuelle :
- Adulte : 1 dose, 6 fois par jour.

Fumer, ou être exposé à la fumée des autres, nuit à l'efficacité du traitement.

Il est important de lutter contre la sécheresse de l'air ambiant (humidificateur...) pour éviter le dessèchement des sécrétions. Il est également recommandé de boire beaucoup.

Des crachats fluides et abondants traduisent l'efficacité de ce médicament.

Chez la personne âgée, l'incapacité à évacuer les crachats peut justifier l'aide d'un kinésithérapeute, sur prescription médicale.

EFFETS INDÉSIRABLES POSSIBLES

Troubles digestifs : nausées, vomissements.

VICKS VAPOSYRUP toux sèche

dextrométhorphane

PRÉSENTATION

VICKS VAPOSYRUP TOUX SÈCHE : sirop ; flacon 120 ml avec gobelet doseur - Non remb.

Laboratoires Lachartre

COMPOSITION

	p. dose
Dextrométhorphane bromhydrate	20 mg
Saccharose	7,65 g

INDICATIONS

Ce sirop *antitussif* contient du dextrométhorphane, qui agit sur les centres de la toux.

Il est utilisé dans le *traitement symptomatique* des toux sèches.

CONTRE-INDICATIONS

Ce médicament ne doit pas être utilisé dans les cas suivants :
- *insuffisance respiratoire*,
- *asthme*,
- en association avec un *antidépresseur* de type *IMAO* non sélectif,
- enfant de moins de 15 ans.

ATTENTION

Ce médicament n'est pas adapté au traitement de la toux grasse, qui est un mécanisme de défense normal de l'organisme, permettant l'évacuation des mucosités présentes dans les bronches.

La toux est un *symptôme* qui peut révéler de nombreuses maladies : consultez votre médecin si elle persiste plus de quelques jours.

Des précautions sont nécessaires en cas d'*insuffisance hépatique* et chez la personne âgée.

Ce médicament contient du *sucre* (saccharose) en quantité notable.

Évitez les boissons alcoolisées : augmentation du risque de somnolence.

Conducteur : ce médicament peut être responsable d'une somnolence ou d'une baisse de la vigilance.

INTERACTIONS MÉDICAMENTEUSES

Ce médicament ne doit pas être associé aux *antidépresseurs* de type *IMAO* non sélectifs (MARSILID, NIAMIDE...) : risque d'élévation de la température, d'agitation, de chute brutale de la tension artérielle.

GROSSESSE, ALLAITEMENT ET NOUVEAU-NÉ

Grossesse :

Compte tenu de la présence de dextrométhorphane, n'utilisez pas ce médicament pendant la grossesse sans prendre l'avis de votre pharmacien ou de votre médecin.

Allaitement :

Par mesure de prudence, ce médicament est déconseillé pendant l'allaitement.

MODE D'EMPLOI ET POSOLOGIE

Ce médicament peut être pris indifféremment au cours ou en dehors des repas. Les prises de sirop doivent être espacées d'au moins 4 heures. Bien agiter le flacon avant de s'en servir.

Posologie usuelle :
- Adulte : 1 gobelet doseur, 6 fois par jour ou 1 et 1/2 gobelet doseur, 4 fois par jour.
- Personne âgée : réduire la *posologie* adulte de moitié.

Ce médicament n'entraîne pas de risque de *dépendance* ni de *dépression respiratoire*, aux doses usuelles.

Fumer, ou être exposé à la fumée des autres, nuit à l'efficacité du traitement.

Une toux nocturne aggravée par ce médicament peut être une toux allergique : demandez conseil à votre médecin.

Des mesures simples permettent de calmer les toux sèches : boissons chaudes et humidification de l'air ambiant.

EFFETS INDÉSIRABLES POSSIBLES

Constipation, somnolence, états vertigineux, nausées, vomissements, *allergie* cutanée, *bronchospasme*.

VICTAN

loflazépate d'éthyle

PRÉSENTATION

VICTAN 2 mg : comprimé sécable (saumon) ; boîte de 30 - Remb. 65 % - Liste I

Laboratoires Sanofi Winthrop

COMPOSITION

	p. comp.
Loflazépate d'éthyle	2 mg

INDICATIONS

C'est un *tranquillisant* de la famille des *benzodiazépines*.

Il est utilisé dans le traitement de l'anxiété lorsque celle-ci s'accompagne de troubles gênants.

CONTRE-INDICATIONS

Ce médicament ne doit pas être utilisé en cas d'*insuffisance respiratoire* grave.

ATTENTION

Des précautions sont nécessaires en cas de *myasthénie*, d'*insuffisance hépatique* ou d'*insuffisance respiratoire*.

Utilisé seul, ce médicament n'est pas adapté au traitement des *états dépressifs*.

Une prise prolongée ou des doses importantes de ce médicament, son association à des *sédatifs* ou à des boissons alcoolisées favorisent une *dépendance*. Respectez la *posologie* et la durée de traitement prescrites par votre médecin.

L'arrêt brutal de ce médicament expose à un *syndrome de sevrage* : réapparition de l'anxiété, agitation, irritabilité, insomnie, maux de tête, douleurs musculaires, tremblements, hallucinations. Il faut donc s'entourer de conseils médicaux pour diminuer progressivement les doses et espacer les prises, sur une période d'autant plus longue que le traitement a été prolongé.

Évitez les boissons alcoolisées : augmentation du risque de somnolence et de dépendance.

Conducteur : ce médicament peut être responsable d'une somnolence ou d'une baisse de la vigilance.

INTERACTIONS MÉDICAMENTEUSES

Ce médicament peut interagir avec d'autres médicaments, notamment les *sédatifs*. Signalez tout autre traitement en cours à votre médecin ou à votre pharmacien.

GROSSESSE, ALLAITEMENT ET NOUVEAU-NÉ

Grossesse et nouveau-né :

Par mesure de prudence, ce médicament est habituellement déconseillé pendant les 3 premiers mois de la grossesse. Toutefois, une grossesse survenant sous traitement ne justifie pas d'inquiétude particulière. Seul votre médecin peut apprécier le risque éventuel lié à l'utilisation de ce médicament dans votre cas.

Si le traitement est poursuivi jusqu'à l'accouchement, une surveillance médicale du *nouveau-né* est nécessaire.

Allaitement :

Ce médicament passe dans le lait maternel : l'allaitement est déconseillé.

MODE D'EMPLOI ET POSOLOGIE

Les comprimés doivent être avalés avec un peu d'eau.

Posologie usuelle :

- Adulte : la *posologie* est strictement individuelle.

Ce médicament vous a été prescrit dans une situation précise : ne le conseillez pas à une autre personne.

L'effet de ce médicament peut persister plus de 72 heures après sa prise.

Les *tranquillisants* ne sont pas la seule réponse à l'anxiété : une meilleure hygiène de vie, une consommation modérée d'excitants (y compris les boissons alcoolisées) permettent aussi de lutter efficacement contre l'excès de stress.

EFFETS INDÉSIRABLES POSSIBLES

Trous de mémoire, sensation d'ivresse, somnolence en particulier chez la personne âgée, ralentissement des idées, ou, au contraire, excitation, irritabilité, idées confuses, hallucinations, fatigue, éruption cutanée.

VIDORA

indoramine

PRÉSENTATION

VIDORA 25 mg : comprimé (blanc) ; boîte de 30 - Remb. 65 % - Liste I

Laboratoires Wyeth France

COMPOSITION

	p. comp.
Indoramine	25 mg

INDICATIONS

Ce médicament est un antimigraineux.

Il est utilisé dans le *traitement de fond* de la *migraine*. Il vise à espacer les crises et à diminuer leur intensité.

CONTRE-INDICATIONS

Ce médicament ne doit pas être utilisé dans les cas suivants :

- maladie de *Parkinson* ;
- *insuffisance hépatique*, *insuffisance cardiaque*, *insuffisance rénale* grave ;
- en association avec les *antidépresseurs* de type *IMAO*.

ATTENTION

Ce médicament n'est pas adapté au *traitement de la crise de migraine*.

Des précautions sont nécessaires en cas d'*insuffisance rénale*, d'*antécédents d'angine de poitrine* ou d'*infarctus du myocarde*.

Conducteur : ce médicament peut être responsable d'une somnolence ou d'une baisse de la vigilance.

INTERACTIONS MÉDICAMENTEUSES

Ce médicament ne doit pas être utilisé en association avec les *antidépresseurs* de type *IMAO*. Il peut interagir avec d'autres médicaments, notamment les *antihypertenseurs*, dont il renforce l'action. Signalez tout autre traitement en cours à votre médecin ou à votre pharmacien.

GROSSESSE, ALLAITEMENT ET NOUVEAU-NÉ

L'effet de ce médicament pendant la grossesse ou l'allaitement est mal connu : seul votre médecin peut évaluer le risque éventuel de son utilisation dans votre cas.

MODE D'EMPLOI ET POSOLOGIE

Les comprimés doivent être avalés avec de l'eau.

Posologie usuelle :

- Adulte : 1 comprimé, 2 fois par jour.

L'efficacité de ce *traitement de fond* dépend d'une prise régulière et prolongée du médicament.

Ce médicament doit être conservé à l'abri de la chaleur et de l'humidité.

EFFETS INDÉSIRABLES POSSIBLES

Le plus souvent, en début de traitement : somnolence, bouche sèche, nez bouché.

VINCA

vincamine

PRÉSENTATION

VINCA 20 : comprimé (bleu) ; boîte de 45 - Remb. 35 % - Liste II

VINCA 30 RETARD : gélule (bleu et incolore) ; boîte de 60 - Remb. 35 % - Liste II

Laboratoires Pharmafarm

COMPOSITION

	p. comp.	p. gél.
Vincamine	20 mg	30 mg

INDICATIONS

Le principe actif de ce médicament est la *vincamine*. Cette substance facilite l'utilisation du glucose par les cellules cérébrales, ainsi que leur oxygénation en cas d'apport sanguin insuffisant.

Il est utilisé dans le traitement :

- des troubles du comportement et de la mémoire liés au vieillissement,
- des troubles liés au vieillissement des organes de la vue, de l'équilibre et de l'audition.

CONTRE-INDICATIONS

Ce médicament ne doit pas être utilisé dans les cas suivants :
- *tumeur* cérébrale avec *hypertension intracrânienne*,
- association aux médicaments, *antiarythmiques* ou non, susceptibles de favoriser les *torsades de pointes*.

ATTENTION
Prévenez votre médecin en cas de prédisposition aux *troubles du rythme cardiaque*.

INTERACTIONS MÉDICAMENTEUSES

Ce médicament ne doit pas être associé à certains *antiarythmiques* : risque de *torsades de pointes*.

Ce médicament peut interagir avec d'autres médicaments, notamment les *laxatifs stimulants* et les *diurétiques*. Signalez tout autre traitement en cours à votre médecin ou à votre pharmacien.

MODE D'EMPLOI ET POSOLOGIE

Ce médicament doit être pris de préférence au cours du repas.

Posologie usuelle :
40 à 60 mg, en 2 ou 3 prises.

VINCAFOR
vincamine

PRÉSENTATION

VINCAFOR : gélule à *libération prolongée* (transparent et bleu foncé) ; boîte de 30 - Remb. 35 % - Liste II

Laboratoires Pharmafarm

COMPOSITION

	p. gél.
Vincamine	30 mg

INDICATIONS

Le principe actif de ce médicament est la *vincamine*. Cette substance facilite l'utilisation du glucose par les cellules cérébrales, ainsi que leur oxygénation en cas d'apport sanguin insuffisant.

Il est utilisé dans :
- les troubles du comportement et de la mémoire liés au vieillissement,
- les troubles liés au vieillissement des organes de l'équilibre et de l'audition.

CONTRE-INDICATIONS

Ce médicament ne doit pas être utilisé dans les cas suivants :
- *tumeur* cérébrale avec *hypertension intracrânienne*,
- association aux médicaments, *antiarythmiques* ou non, susceptibles de favoriser les *torsades de pointes*.

ATTENTION
Prévenez votre médecin en cas de prédisposition aux *troubles du rythme cardiaque*.

INTERACTIONS MÉDICAMENTEUSES

Ce médicament ne doit pas être associé à certains *antiarythmiques* : risque de *torsades de pointes*.

Ce médicament peut interagir avec d'autres médicaments, notamment les *laxatifs stimulants* et les *diurétiques*. Signalez tout autre traitement en cours à votre médecin ou à votre pharmacien.

MODE D'EMPLOI ET POSOLOGIE

Les gélules doivent être prises avec un peu d'eau.

Posologie usuelle :
1 gélule, matin et soir.

VINCARUTINE
vincamine, rutoside

PRÉSENTATION

VINCARUTINE : gélule (bleu et rose orangé) ; boîte de 45 - Remb. 35 % - Liste II

Laboratoires Pharbiol

COMPOSITION

	p. gél.
Vincamine	20 mg
Rutoside	40 mg

INDICATIONS

L'un des principes actifs de ce médicament est la *vincamine*. Cette substance facilite l'utilisation du glucose par les cellules cérébrales, ainsi que leur oxygénation en cas d'apport sanguin insuffisant.

Il est utilisé dans les troubles du comportement et de la mémoire liés au vieillissement.

CONTRE-INDICATIONS

Ce médicament ne doit pas être utilisé dans les cas suivants :
- *tumeur* cérébrale avec *hypertension intracrânienne*,
- association aux médicaments, *antiarythmiques* ou non, susceptibles de favoriser les *torsades de pointes*.

ATTENTION
Prévenez votre médecin en cas de prédisposition aux *troubles du rythme cardiaque*.

INTERACTIONS MÉDICAMENTEUSES

Ce médicament ne doit pas être associé à certains *antiarythmiques* : risque de *torsades de pointes*.

Ce médicament peut interagir avec d'autres médicaments, notamment les *laxatifs stimulants* et les *diurétiques*. Signalez tout autre traitement en cours à votre médecin ou à votre pharmacien.

MODE D'EMPLOI ET POSOLOGIE

Les gélules doivent être prises de préférence au cours des repas, avec un peu d'eau.

Posologie usuelle :
1 gélule, 3 fois par jour.

VINCIMAX
vincamine

PRÉSENTATION

VINCIMAX : comprimé retard (rose) ; boîte de 40 - Remb. 35 % - Liste II

Laboratoires Synthélabo France

COMPOSITION

	p. comp.
Vincamine	30 mg

INDICATIONS

Le principe actif de ce médicament est la *vincamine*. Cette substance facilite l'utilisation du glucose par les cellules cérébrales, ainsi que leur oxygénation en cas d'apport sanguin insuffisant.

Il est utilisé dans le traitement :
- des troubles du comportement et de la mémoire liés au vieillissement,
- du *syndrome subjectif des traumatismes crâniens*,
- des suites de certains *accidents vasculaires cérébraux*,
- des troubles liés au vieillissement de la *rétine* et des organes de l'équilibre et de l'audition.

CONTRE-INDICATIONS

Ce médicament ne doit pas être utilisé dans les cas suivants :
- *tumeur* cérébrale avec *hypertension intracrânienne*,
- association aux médicaments, *antiarythmiques* ou non, susceptibles de favoriser les *torsades de pointes*,
- grossesse.

ATTENTION
Prévenez votre médecin en cas de prédisposition aux *troubles du rythme cardiaque*.

INTERACTIONS MÉDICAMENTEUSES

Ce médicament ne doit pas être associé à certains *antiarythmiques* : risque de *torsades de pointes*.

Ce médicament peut interagir avec d'autres médicaments, notamment les *laxatifs stimulants* et les *diurétiques*. Signalez tout autre traitement en cours à votre médecin ou à votre pharmacien.

GROSSESSE, ALLAITEMENT ET NOUVEAU-NÉ

Ce médicament ne doit pas être utilisé chez la femme enceinte.

MODE D'EMPLOI ET POSOLOGIE

Les comprimés doivent être pris de préférence au cours des repas.

Posologie usuelle :
1 comprimé, matin et soir.

Ne jetez pas les médicaments périmés, rapportez-les chez votre pharmacien

VIRA-MP
vidarabine

PRÉSENTATION
VIRA-MP : gel ; tube 15 g - Remb. 65 % - Liste I

Laboratoires Pierre Fabre

COMPOSITION

	p. 100 g
Vidarabine phosphate	10 g
Sulfites	+

INDICATIONS
Ce gel contient un *antiviral* actif sur le *virus* de l'*herpès*.

Il est utilisé dans le traitement des poussées d'herpès génital.

CONTRE-INDICATIONS
Ce médicament ne doit pas être utilisé dans les cas suivants :
- pour traiter un herpès de l'œil,
- grossesse,
- allaitement.

ATTENTION
Ce médicament traite les poussées d'*herpès* mais n'élimine pas le *virus* de l'organisme. Il ne modifie donc pas la fréquence des crises.

GROSSESSE, ALLAITEMENT ET NOUVEAU-NÉ
Grossesse :
Ce médicament est contre-indiqué chez la femme enceinte.

Allaitement :
Ce médicament est contre-indiqué pendant l'allaitement.

MODE D'EMPLOI ET POSOLOGIE
Le traitement doit être commencé dès les premiers *symptômes* annonçant une poussée d'*herpès*.

Posologie usuelle :
1 application de gel toutes les 4 heures pendant 7 jours.

Afin d'éviter de disséminer le *virus* dans une autre région du corps ou de l'inoculer à d'autres personnes, il est indispensable d'éviter le contact du doigt avec les vésicules d'*herpès* : utilisez une compresse ou un gant pour l'application du gel, puis lavez-vous les mains.

Rebouchez bien le tube après chaque application. Une légère coloration du gel est normale.

Abstenez-vous de rapports sexuels jusqu'à la cicatrisation des lésions.

VIRLIX
cétirizine

PRÉSENTATION
VIRLIX : comprimé (blanc) ; boîte de 15 - Remb. 65 % - Liste II

Laboratoires Synthélabo France

COMPOSITION

	p comp.
Cétirizine dichlorhydrate	10 mg

INDICATIONS
Ce médicament est un *antihistaminique* antiallergique ; il n'a pas d'effets *sédatifs* ni *atropiniques*.

Il est utilisé dans le *traitement symptomatique* de l'*allergie* (*rhinite*, *conjonctivite*, *urticaire*, œdème de *Quincke*).

CONTRE-INDICATIONS
Ce médicament ne doit pas être utilisé dans les cas suivants :
- *insuffisance hépatique* grave,
- enfant de moins de 12 ans.

GROSSESSE, ALLAITEMENT ET NOUVEAU-NÉ
Grossesse :
En l'absence de données suffisantes, ce médicament est déconseillé pendant la grossesse.

Allaitement :
Le passage de ce médicament dans le lait maternel est très faible.

MODE D'EMPLOI ET POSOLOGIE
Les comprimés doivent être avalés avec un verre d'eau.

Posologie usuelle :
- Adulte et enfant de plus de 12 ans : 1 comprimé par jour.

Ce médicament agit sur les manifestations de l'*allergie* mais n'en supprime pas la cause. Si les *symptômes* persistent ou s'aggravent, n'hésitez pas à consulter votre médecin.

EFFETS INDÉSIRABLES POSSIBLES
Exceptionnellement : *troubles digestifs*, bouche sèche, *vertiges*.

VIROPHTA
trifluridine

PRÉSENTATION
VIROPHTA : collyre ; flacon de *lyophilisat* et flacon de solvant 5 ml - Remb. 65 % - Liste I

Laboratoires Allergan France

COMPOSITION

	p. 100 ml
Trifluridine	1 g
Benzalkonium chlorure	+

INDICATIONS
Ce collyre contient une substance *antivirale*.

Il est utilisé dans le traitement des infections superficielles de l'œil dues au *virus* de l'*herpès*.

ATTENTION
Des précautions sont nécessaires en cas d'*allergie* aux *antiseptiques* de la famille des *ammoniums quaternaires* (présence de benzalkonium).

Le collyre peut être contaminé par l'œil infecté : évitez de mettre en contact l'extrémité du flacon avec l'œil ; ne conservez pas ce médicament plus de 15 jours après une première utilisation.

GROSSESSE, ALLAITEMENT ET NOUVEAU-NÉ
L'effet de ce médicament pendant la grossesse ou l'allaitement est mal connu : seul votre médecin peut évaluer le risque éventuel de son utilisation dans votre cas.

MODE D'EMPLOI ET POSOLOGIE
Tirer la paupière inférieure vers le bas tout en regardant vers le haut et déposer une goutte de collyre entre la paupière et le globe oculaire (*cul-de-sac conjonctival*).

Posologie usuelle :
- *Traitement d'attaque* : 1 goutte toutes les 2 heures jusqu'à l'amorce de la guérison constatée par l'ophtalmologiste.
- *Traitement d'entretien* : 1 goutte, 5 fois par jour.

La durée du traitement n'excède généralement pas 21 jours.

Le port de lentilles de contact doit être immédiatement interrompu en cas d'infection oculaire et les lentilles ne doivent pas être réutilisées avant guérison complète.

L'application correcte du produit peut nécessiter une aide, notamment chez une personne handicapée ou âgée.

EFFETS INDÉSIRABLES POSSIBLES
Irritation ou réaction allergique locale.

VISCÉRALGINE
tiémonium

PRÉSENTATION
VISCÉRALGINE 50 mg : comprimé (blanc) ; boîte de 30 - Remb. 35 % - Liste II

VISCÉRALGINE 10 mg/5 ml : sirop arôme fraise (rouge) ; flacon 150 ml - Remb. 35 % - Liste II

VISCÉRALGINE 20 mg : suppositoire ; boîte de 20 - Remb. 35 % - Liste II

VISCÉRALGINE 5 mg/2 ml : solution injectable ; boîte de 10 ampoules 2 ml - Remb. 65 % - Liste II

Laboratoires Riom Laboratoires-CERM

COMPOSITION

	p. comp.	p. c. à c.	p. c. à s.
Tiémonium méthylsulfate	50 mg	10 mg	30 mg
Saccharose		4 g	12 g

	p. suppos.	p. amp.
Tiémonium méthylsulfate	20 mg	5 mg

INDICATIONS
Ce médicament contient un *antispasmodique* apparenté à la famille des *atropiniques*. Il lutte contre les contractions anormales de l'intestin, des *voies biliaires*, des *voies* urinaires et de l'utérus.

Il est utilisé dans le traitement des spasmes douloureux d'origine digestive, biliaire, urologique (*coliques néphrétiques*...) et gynécologique.

CONTRE-INDICATIONS

Ce médicament ne doit pas être utilisé dans les cas suivants :
- risque de blocage des urines (*adénome de la prostate*...),
- *glaucome* à angle fermé.

ATTENTION

La survenue d'une douleur violente de l'œil, accompagnée d'une rougeur et surtout d'une baisse de l'acuité visuelle, doit conduire à consulter d'urgence un ophtalmologiste : il peut s'agir d'un *glaucome* aigu.

Le sirop contient du *sucre* (saccharose) en quantité notable.

GROSSESSE, ALLAITEMENT ET NOUVEAU-NÉ

Grossesse :

L'effet de ce médicament pendant la grossesse est mal connu. Seul votre médecin peut apprécier la nécessité du traitement et son risque.

Allaitement :

En raison de ses effets *atropiniques*, ce médicament est déconseillé pendant l'allaitement.

MODE D'EMPLOI ET POSOLOGIE

En cas de crise aiguë chez l'adulte, il est préférable d'utiliser la solution injectable par *voie* intramusculaire ou intraveineuse lente.

Posologie usuelle :
- Adulte : 2 à 6 comprimés par jour, ou 3 à 9 cuillères à soupe de sirop par jour, ou 1 ou 2 suppositoires par jour, ou 1 à 3 ampoules de solution injectable par jour.
- Enfant : 3 cuillères à café de sirop par 5 kg et par jour ; soit, pour un enfant de 10 kg, 6 cuillères à café par jour.

En cas de *coliques néphrétiques*, lors des périodes douloureuses, ne buvez pas afin de ne pas accroître la douleur.

EFFETS INDÉSIRABLES POSSIBLES

En cas d'injection intraveineuse trop rapide : baisse de la tension artérielle, accélération du cœur.

Risque d'effets *atropiniques* en cas de surdosage.

VISCÉRALGINE FORTE

noramidopyrine, tiémonium, codéine

PRÉSENTATION

VISCÉRALGINE FORTE À LA NORAMIDOPYRINE : comprimé (blanc) ; boîte de 20 - Remb. 35 % - Liste I

VISCÉRALGINE FORTE À LA NORAMIDOPYRINE : suppositoire ; boîte de 10 - Remb. 35 % - Liste I

Laboratoires Riom Laboratoires-CERM

COMPOSITION

	p. comp.	p. suppos.
Noramidopyrine méthane sulfonate de sodium	250 mg	500 mg
Tiémonium méthylsulfate	25 mg	50 mg
Codéine phosphate	10 mg	20 mg

INDICATIONS

Ce médicament associe deux *antalgiques* puissants (la noramidopyrine et la codéine) et un *antispasmodique* de la famille des *atropiniques* (le tiémonium).

Il est utilisé dans le *traitement symptomatique* des douleurs accompagnées de spasmes (douleurs digestives, pelviennes avant et pendant les règles, dentaires et rhumatismales...), et qui résistent aux autres antalgiques.

CONTRE-INDICATIONS

Ce médicament ne doit pas être utilisé dans les cas suivants :
- *allergie* à la noramidopyrine, à l'amidopyrine ou à l'aspirine ;
- risque de blocage des urines (*adénome de la prostate*) ;
- *glaucome* à angle fermé ;
- *antécédent* d'*agranulocytose* ;
- état allergique (*asthme* par exemple) ;
- enfant de moins de 15 ans.

ATTENTION

La prise de ce médicament expose à un risque très rare mais grave, l'*agranulocytose* (disparition des *globules blancs* du sang). Elle peut se manifester par une fièvre élevée, une angine, des aphtes. L'une de ces manifestations impose l'arrêt immédiat du traitement et des analyses de sang : prévenez d'urgence votre médecin.

Ce médicament contient de la codéine : à dose élevée, en usage prolongé, il expose à un risque de *dépendance*. Ne dépassez pas la *posologie* ni la durée du traitement prescrites par votre médecin.

Ce médicament vous a été prescrit dans une situation précise : ne le conseillez pas à une autre personne. Ses effets indésirables sur le sang sont imprévisibles et peuvent survenir avec une seule prise.

INTERACTIONS MÉDICAMENTEUSES

Ce médicament peut interagir avec d'autres médicaments. Signalez tout autre traitement en cours à votre médecin ou à votre pharmacien.

GROSSESSE, ALLAITEMENT ET NOUVEAU-NÉ

Grossesse :

En raison de la présence de codéine, ce médicament est déconseillé pendant les 3 premiers mois de la grossesse. Seul votre médecin peut apprécier la nécessité du traitement et son risque pendant les 6 derniers mois de la grossesse.

Allaitement :

La noramidopyrine passe dans le lait maternel : ce médicament est donc déconseillé pendant l'allaitement.

MODE D'EMPLOI ET POSOLOGIE

Les comprimés doivent être avalés avec un verre d'eau.

Posologie usuelle :
- Adulte : jusqu'à 6 comprimés ou 4 suppositoires par jour, selon l'intensité de la douleur.

Dans les crises aiguës, il est habituel d'utiliser la solution injectable.

Les suppositoires doivent être conservés à l'abri de la chaleur.

EFFETS INDÉSIRABLES POSSIBLES

Parfois : réactions allergiques.

Exceptionnellement : *agranulocytose*.

Risque d'effets *atropiniques* en cas de surdosage.

VISCÉRALGINE FORTE injectable

noramidopyrine, tiémonium

PRÉSENTATION

VISCÉRALGINE FORTE À LA NORAMIDOPYRINE : solution injectable ; boîte de 10 ampoules 5 ml - Remb. 65 % - Liste I

Laboratoires Riom Laboratoires-CERM

COMPOSITION

	p. amp. inj.
Noramidopyrine méthane sulfonate de sodium	2 g
Tiémonium méthylsulfate	10 mg
Sulfites	+

INDICATIONS

Ce médicament associe un *antalgique* puissant (la noramidopyrine) et un *antispasmodique* de la famille des *atropiniques* (le tiémonium).

Il est utilisé dans le *traitement symptomatique* des douleurs accompagnées de spasmes (*colique néphrétique* et hépatique, douleur gastrique, intestinale...), et qui résistent aux autres antalgiques.

CONTRE-INDICATIONS

Ce médicament ne doit pas être utilisé dans les cas suivants :
- *allergie* à la noramidopyrine, à l'amidopyrine ou à l'aspirine ;
- risque de blocage des urines (*adénome de la prostate*) ;
- *glaucome* à angle fermé ;
- *antécédent* d'*agranulocytose* ;
- état allergique (*asthme* par exemple) ;
- enfant de moins de 15 ans.

ATTENTION

La prise de ce médicament expose à un risque très rare mais grave, l'*agranulocytose* (disparition des *globules blancs* du sang). Elle peut se manifester par une fièvre élevée, une angine, des aphtes.

L'une de ces manifestations impose l'arrêt immédiat du traitement et des analyses de sang : prévenez d'urgence votre médecin.

Ce médicament vous a été prescrit dans une situation précise : ne le conseillez pas à une autre personne. Ses effets indésirables sur le sang sont imprévisibles et peuvent survenir avec une seule prise.

Des précautions sont nécessaires en cas d'*allergie* aux sulfites.

INTERACTIONS MÉDICAMENTEUSES

Ce médicament peut interagir avec d'autres médicaments. Signalez tout autre traitement en cours à votre médecin ou à votre pharmacien.

GROSSESSE, ALLAITEMENT ET NOUVEAU-NÉ

Grossesse :
En raison de la présence de noramidopyrine, ce médicament ne devra être utilisé que s'il est indispensable et pour une durée limitée. Seul votre médecin peut évaluer le risque éventuel de son utilisation dans votre cas.

Allaitement :
La noramidopyrine passe dans le lait maternel : ce médicament est donc déconseillé pendant l'allaitement.

MODE D'EMPLOI ET POSOLOGIE

La solution peut être injectée par *voie* intramusculaire profonde, intraveineuse lente ou en perfusion, en position allongée et de préférence à jeun. Ne pas utiliser la voie sous-cutanée.

Posologie usuelle :
- Adulte : jusqu'à 2 ampoules par jour, selon l'intensité de la douleur.

☛ Ce médicament doit être conservé à l'abri de la lumière.

EFFETS INDÉSIRABLES POSSIBLES

En cas d'injection intraveineuse trop rapide : douleur dans la veine, baisse de la tension artérielle.

Parfois : réactions allergiques.

Exceptionnellement : *agranulocytose*, *choc* allergique grave.

Risque d'effets *atropiniques* en cas de surdosage.

VISCOBANDE

PRÉSENTATION

VISCOBANDE : bande de contention imprégnée ; bande de 7 m x 10 cm - Remb. 35 %

Laboratoires Fisch

COMPOSITION

	p. 100 g de pâte
Gélatine	7 g
Glycérine	11 g
Oxyde de zinc	8 g

INDICATIONS

Cette bande de gaze imprégnée d'une pâte est destinée à absorber les sécrétions d'une plaie, tout en permettant une contention qui réduit l'*œdème*.

Elle est notamment utilisée pour traiter les *ulcères*, œdèmes, ou *eczémas* de la jambe.

GROSSESSE, ALLAITEMENT ET NOUVEAU-NÉ

Ce médicament ne contient que des substances présumées sans danger pendant la grossesse ou l'allaitement. Néanmoins, ne l'utilisez pas de façon prolongée sans l'avis de votre pharmacien ou de votre médecin.

MODE D'EMPLOI ET POSOLOGIE

Avant la pose, allonger la jambe en hauteur pour la faire dégonfler.

En cas d'*ulcère* variqueux : nettoyer la plaie puis appliquer directement la bande sur la plaie.

La bande peut rester en place 1 à 3 semaines selon l'évolution de l'*œdème* ou de l'ulcère.

VISCOTIOL
létostéine

PRÉSENTATION

VISCOTIOL : gélule *gastrorésistante* (blanc) ; boîte de 30 - Remb. 35 %

VISCOTIOL : granulé arôme framboise (rose) ; boîte de 75 g (32 cuillères-mesure) - Remb. 35 %

Laboratoires Evans Medical

COMPOSITION

	p. gél.	p. c. mes.
Létostéine	50 mg	25 mg
Saccharose		2,2 g

INDICATIONS

Ce médicament fluidifie les sécrétions bronchiques et nasales. Il facilite leur évacuation par la toux et le mouchage.

Il est utilisé dans le *traitement symptomatique* des affections respiratoires ou *ORL* accompagnées de sécrétions importantes.

CONTRE-INDICATIONS

Ce médicament ne doit pas être utilisé en cas d'*ulcère* de l'estomac ou du *duodénum*.

ATTENTION

N'utilisez pas d'*antitussif* en plus de ce médicament sans l'avis de votre médecin ou de votre pharmacien.

Si les sécrétions persistent au-delà de quelques jours, si elles se colorent ou si vous avez de la fièvre, consultez votre médecin.

Les granulés contiennent du *sucre* (saccharose) en quantité notable.

GROSSESSE, ALLAITEMENT ET NOUVEAU-NÉ

L'effet de ce médicament pendant la grossesse ou l'allaitement est mal connu. L'évaluation du risque éventuel lié à son utilisation est individuelle : demandez conseil à votre pharmacien ou à votre médecin.

MODE D'EMPLOI ET POSOLOGIE

Ce médicament doit être pris au milieu des repas. Les gélules doivent être avalées avec un demi-verre d'eau. Les granulés peuvent être pris tels quels, ou dissous dans un demi-verre d'eau, ou mélangés à un yaourt ou à une compote.

Posologie usuelle :
- Adulte : 1 gélule ou 2 mesurettes de granulés, 3 fois par jour.
- Enfant de plus de 5 ans : 1 mesurette de granulés, 3 fois par jour.
- Enfant de moins de 5 ans : 1/2 mesurette de granulés, 3 fois par jour.

☛ La poursuite du tabagisme est un frein important à l'évacuation des mucosités.

Il est nécessaire de lutter contre la sécheresse de l'air ambiant (humidificateur...) pour éviter le dessèchement des sécrétions. Il est également recommandé de boire beaucoup.

Des crachats fluides et abondants traduisent l'efficacité de ce médicament.

Chez la personne âgée ou le très jeune enfant, l'incapacité à évacuer les crachats peut justifier l'aide d'un kinésithérapeute, sur prescription du médecin.

EFFETS INDÉSIRABLES POSSIBLES

Troubles digestifs : nausées, vomissements.

VISIOLYRE
phényléphrine, sulfates de zinc et de cadmium

PRÉSENTATION

VISIOLYRE : collyre ; flacon 10 ml - Non remb.

Laboratoires Fournier

COMPOSITION

	p. 100 ml
Phényléphrine chlorhydrate	120 mg
Sulfate de zinc	50 mg
Sulfate de cadmium	20 mg

INDICATIONS

C'est un collyre décongestionnant qui contient notamment un *vasoconstricteur* et un astringent.

Il est utilisé pour traiter les *conjonctivites* non infectieuses, et notamment les irritations dues à des corps étrangers, à des gaz irritants, à des poussières ou à une lumière excessive.

CONTRE-INDICATIONS

Ce médicament ne doit pas être utilisé dans les cas suivants :
- *glaucome* à angle fermé,
- enfant de moins de 3 ans.

ATTENTION

Une rougeur ou une douleur de l'œil ne correspondent pas toujours à une *conjonctivite*. Des soins urgents peuvent être nécessaires, notamment en cas de vision floue.

Ce collyre peut provoquer un *glaucome* aigu par fermeture de l'angle chez les personnes prédisposées : œil rouge, dur, douloureux, et flou de la vision. Une consultation d'urgence dans un service spécialisé est alors nécessaire.

Du fait de la présence d'un *vasoconstricteur*, les instillations répétées doivent être évitées chez les personnes souffrant d'*angine de poitrine* ou d'*hypertension artérielle*.

Des instillations répétées peuvent provoquer une sensibilité anormale à la lumière, gênante en cas de conduite automobile.

INTERACTIONS MÉDICAMENTEUSES

Ce médicament peut interagir avec d'autres médicaments, notamment les *antidépresseurs* de la famille des *IMAO* non sélectifs (MARSILID, NIAMIDE...). Signalez tout autre traitement en cours à votre médecin ou à votre pharmacien.

GROSSESSE, ALLAITEMENT ET NOUVEAU-NÉ

L'effet de ce médicament pendant la grossesse ou l'allaitement est mal connu. L'évaluation du risque éventuel lié à son utilisation est individuelle : demandez conseil à votre pharmacien ou à votre médecin.

MODE D'EMPLOI ET POSOLOGIE

Tirer la paupière inférieure vers le bas tout en regardant vers le haut et déposer les gouttes de collyre entre la paupière et le globe oculaire (*cul-de-sac conjonctival*).

Posologie usuelle :

- Adulte et enfant de plus de 3 ans : 2 gouttes, 4 fois par jour.

Les lentilles de contact ne doivent pas être portées en cas d'irritation oculaire ni réutilisées avant l'arrêt complet du traitement.

L'application correcte du produit peut nécessiter une aide, notamment chez l'enfant ou la personne handicapée ou âgée.

Ne conservez pas ce collyre plus de 2 mois après une première utilisation.

EFFETS INDÉSIRABLES POSSIBLES

Glaucome aigu par fermeture de l'angle (voir ATTENTION).

Sensibilité excessive à la lumière due à une dilatation de la pupille.

VISKALDIX

pindolol, clopamide

PRÉSENTATION

VISKALDIX : comprimé sécable (blanc) ; boîte de 28 - Remb. 65 % - Liste I

Laboratoires Sandoz

COMPOSITION

	p. comp.
Pindolol	10 mg
Clopamide	5 mg

INDICATIONS

Cet *antihypertenseur* contient deux substances :
- le pindolol, un ***bêtabloquant*** qui bloque l'action de l'*adrénaline* (et d'autres *hormones* apparentées) sur de nombreux organes et notamment sur le cœur, les vaisseaux et les bronches ;
- le clopamide, un *diurétique* dont la structure chimique est proche de celle des *sulfamides*. Son action renforce celle du pindolol.

Ce médicament est utilisé dans le traitement de l'*hypertension artérielle*.

CONTRE-INDICATIONS

Ce médicament ne doit pas être utilisé dans les cas suivants :
- *asthme*,
- *insuffisance cardiaque* grave non contrôlée par un traitement spécifique,
- *insuffisance rénale* grave,
- *bloc auriculo-ventriculaire* grave,
- rythme cardiaque inférieur à 50 battements par minute,
- phénomène de *Raynaud*,
- maladie d'*Addison*,
- *allergie* connue à l'un des constituants ou à la famille des *sulfamides*,
- association avec les médicaments contenant de la floctafénine.

ATTENTION

N'interrompez jamais brutalement le traitement. Espacez progressivement les prises. Un avis médical est toujours préférable.

Diabétiques : les *bêtabloquants* peuvent masquer certains *symptômes* de l'*hypoglycémie* (*palpitations* et accélération du cœur, essentiellement).

Ce médicament peut être responsable d'une baisse de la *kaliémie*, qui peut être aggravée par l'usage immodéré de *laxatifs stimulants*. Des analyses de sang sont souvent prescrites par le médecin.

Des précautions sont nécessaires chez la personne âgée.

INTERACTIONS MÉDICAMENTEUSES

Ce médicament ne doit pas être associé à la floctafénine (IDARAC...) : risque d'augmentation de la gravité d'un éventuel *choc* allergique.

Il peut interagir avec d'autres médicaments, notamment ceux contenant du *lithium* ou de l'amiodarone, certains *diurétiques* et les *sels* de régime. Signalez tout autre traitement en cours à votre médecin ou à votre pharmacien.

GROSSESSE, ALLAITEMENT ET NOUVEAU-NÉ

Grossesse :

Les études scientifiques actuellement disponibles n'ont pas mis en évidence de problème particulier lors de l'utilisation chez la femme enceinte. Néanmoins, ce médicament contient un *diurétique* et n'est pas adapté au traitement de l'*hypertension artérielle* pendant la grossesse.

Allaitement :

Ce médicament passe dans le lait maternel : l'allaitement est déconseillé.

MODE D'EMPLOI ET POSOLOGIE

Ce médicament doit être pris avec le petit déjeuner.

Posologie usuelle :

1 comprimé le matin et éventuellement un 2e comprimé au repas de midi.

Veillez à toujours disposer d'une réserve de ce médicament : une plaquette dans la boîte à gants de la voiture et dans la trousse de toilette, par exemple.

Il est normal que le rythme cardiaque ralentisse sous l'effet du traitement ; néanmoins, en cas de fatigue anormale et de pouls inférieur à 50 battements par minute, consultez votre médecin.

Le traitement médicamenteux ne dispense pas de mesures simples pouvant faire baisser la tension artérielle : activité physique régulière, modération de la consommation de boissons alcoolisées, lutte contre le surpoids.

EFFETS INDÉSIRABLES POSSIBLES

Troubles digestifs, fatigue en début de traitement, insomnie, troubles du sommeil, syndrome de *Raynaud* et fourmillement des extrémités.

Crise d'*asthme*.

Bloc auriculo-ventriculaire, ralentissement important du cœur, chute de tension, *insuffisance cardiaque*.

Élévation du taux de *sucre* ou d'*acide urique* dans le sang, baisse du taux de potassium dans le sang, associée ou non à des crampes, *hypotension orthostatique*.

Allergie cutanée.

VISKEN

pindolol

PRÉSENTATION

VISKEN 5 mg : comprimé sécable (blanc) ; boîte de 50 - Remb. 65 % - Liste I

VISKEN-QUINZE : comprimé sécable (blanc) ; boîte de 28 - Remb. 65 % - Liste I

Laboratoires Sandoz

COMPOSITION

	p. comp. 5 mg	p. comp. 15 mg
Pindolol	5 mg	15 mg

INDICATIONS

Ce médicament appartient à la famille des *bêtabloquants*. Ceux-ci agissent en bloquant l'action de l'*adrénaline* (et d'autres *hormones* apparentées) sur de nombreux organes et notamment le cœur, les vaisseaux et les bronches.

Il est utilisé dans :
- le traitement de l'*hypertension artérielle*,
- la prévention des crises d'*angine de poitrine*,
- certains *troubles du rythme cardiaque*,
- les manifestations cardio-vasculaires des excès d'*hormones thyroïdiennes*,
- *cardiomyopathies* obstructives.

CONTRE-INDICATIONS

Ce médicament ne doit pas être utilisé dans les cas suivants :
- *asthme*,
- *insuffisance cardiaque* grave non contrôlée par un traitement spécifique,
- *bloc auriculo-ventriculaire* grave,
- rythme cardiaque inférieur à 50 battements par minute,
- phénomène de *Raynaud*,
- association avec les médicaments contenant de la floctafénine.

ATTENTION

N'interrompez jamais brutalement le traitement. Espacez progressivement les prises. Un avis médical est toujours préférable.

Diabétiques : les *bêtabloquants* peuvent masquer certains *symptômes* de l'*hypoglycémie*, essentiellement *palpitations* et accélération du cœur.

INTERACTIONS MÉDICAMENTEUSES

Ce médicament ne doit pas être associé à la floctafénine (IDARAC...) : risque d'augmentation de la gravité d'un éventuel *choc* allergique.

Il peut interagir avec d'autres médicaments, notamment ceux contenant de l'amiodarone. Signalez tout autre traitement en cours à votre médecin ou à votre pharmacien.

GROSSESSE, ALLAITEMENT ET NOUVEAU-NÉ

Grossesse et nouveau-né :

L'effet de ce médicament sur l'enfant à naître est mal connu. Seul votre médecin peut apprécier la nécessité du traitement et son risque.

L'effet *bêtabloquant* persiste quelques jours chez le *nouveau-né* et justifie une surveillance médicale renforcée pendant les premiers jours de la vie.

Allaitement :

Ce médicament passe dans le lait maternel : l'allaitement est déconseillé.

MODE D'EMPLOI ET POSOLOGIE

Ce médicament peut être pris indifféremment pendant ou en dehors des repas.

Posologie usuelle :

Elle dépend des indications : de 1 comprimé à 5 mg, 1 à 3 fois par jour, jusqu'à 2 comprimés à 15 mg par jour.

Veillez à toujours disposer d'une réserve de ce médicament : une plaquette dans la boîte à gants de la voiture et dans la trousse de toilette, par exemple.

Il est normal que le rythme cardiaque ralentisse sous l'effet du traitement ; néanmoins, en cas de fatigue anormale et de pouls inférieur à 50 battements par minute, consultez votre médecin.

EFFETS INDÉSIRABLES POSSIBLES

Bénins et peu fréquents : *troubles digestifs*, fatigue en début de traitement, troubles du sommeil, syndrome de *Raynaud* et fourmillement des extrémités. Parfois, réactions cutanées.

Potentiellement graves et rares : *bloc auriculo-ventriculaire*, ralentissement important du cœur, chute de tension, *insuffisance cardiaque*, crise d'*asthme*.

VITA 3

phényléphrine, sulforutoside

PRÉSENTATION

VITA 3 : collyre ; flacon 10 ml - Remb. 65 %

Laboratoires Faure

COMPOSITION

	p. 100 ml
Phényléphrine chlorhydrate	100 mg
Sulforutoside sodique	100 mg

INDICATIONS

C'est un collyre décongestionnant qui contient un *vasoconstricteur* et un astringent.

Il est utilisé pour traiter les *conjonctivites* non infectieuses, et notamment les irritations dues à des corps étrangers, à des gaz irritants, à des poussières ou à une lumière excessive.

CONTRE-INDICATIONS

Ce médicament ne doit pas être utilisé dans les cas suivants :
- *glaucome* à angle fermé,
- enfant de moins de 3 ans.

ATTENTION

Une rougeur ou une douleur de l'œil ne correspondent pas toujours à une *conjonctivite*. Des soins urgents peuvent être nécessaires, notamment en cas de vision floue.

Ce collyre peut provoquer un *glaucome* aigu par fermeture de l'angle chez les personnes prédisposées : œil rouge, dur, douloureux, et flou de la vision. Une consultation d'urgence dans un service spécialisé est alors nécessaire.

Du fait de la présence d'un *vasoconstricteur*, les instillations répétées doivent être évitées chez les personnes souffrant d'*angine de poitrine* ou d'*hypertension artérielle*.

Des instillations répétées peuvent provoquer une sensibilité anormale à la lumière, gênante en cas de conduite automobile.

INTERACTIONS MÉDICAMENTEUSES

Ce médicament peut interagir avec d'autres médicaments, notamment les *antidépresseurs* de la famille des *IMAO* non sélectifs (MARSILID, NIAMIDE...). Signalez tout autre traitement en cours à votre médecin ou à votre pharmacien.

GROSSESSE, ALLAITEMENT ET NOUVEAU-NÉ

L'effet de ce médicament pendant la grossesse ou l'allaitement est mal connu. L'évaluation du risque éventuel lié à son utilisation est individuelle : demandez conseil à votre pharmacien ou à votre médecin.

MODE D'EMPLOI ET POSOLOGIE

Tirer la paupière inférieure vers le bas tout en regardant vers le haut et déposer les gouttes de collyre entre la paupière et le globe oculaire (*cul-de-sac conjonctival*).

Posologie usuelle :
- Adulte et enfant de plus de 3 ans : 1 goutte, 3 ou 4 fois par jour pendant 7 jours en moyenne.

Les lentilles de contact ne doivent pas être portées en cas d'irritation oculaire ni réutilisées avant l'arrêt complet du traitement.

Ce collyre peut colorer de façon irréversible les lentilles souples.

L'application correcte du produit peut nécessiter une aide, notamment chez l'enfant ou la personne handicapée ou âgée.

Ne conservez pas ce collyre plus de 15 jours après une première utilisation.

EFFETS INDÉSIRABLES POSSIBLES

Glaucome aigu par fermeture de l'angle (voir ATTENTION).

Accélération du cœur, *palpitations* du fait du passage possible du *vasoconstricteur* dans le sang.

Sensibilité excessive à la lumière due à une dilatation de la pupille.

VITA B

vitamines B1, B2, PP

PRÉSENTATION

VITA B : collyre ; ampoule 15 ml - Remb. 65 %

Laboratoires Faure

COMPOSITION

	p. 100 ml
Thiamine chlorhydrate (vitamine B1)	50 mg
Riboflavine (vitamine B2)	5 mg
Nicotinamide (vitamine PP)	400 mg

INDICATIONS

Ce collyre contient des *vitamines* du groupe B.

Il est utilisé dans le traitement des *kératites* et de la sécheresse de l'œil due à une insuffisance de sécrétion lacrymale.

INTERACTIONS MÉDICAMENTEUSES

Ce collyre peut interagir avec d'autres collyres : respectez un intervalle de 15 minutes entre deux instillations.

GROSSESSE, ALLAITEMENT ET NOUVEAU-NÉ

L'effet de ce médicament pendant la grossesse ou l'allaitement est mal connu. L'évaluation du risque éventuel lié à son utilisation est individuelle : demandez conseil à votre pharmacien ou à votre médecin.

MODE D'EMPLOI ET POSOLOGIE

Tirer la paupière inférieure vers le bas tout en regardant vers le haut et déposer une goutte de collyre entre la paupière et le globe oculaire (*cul-de-sac conjonctival*).

Posologie usuelle :

1 goutte, 4 à 6 fois par jour.

> L'application correcte du produit peut nécessiter une aide, notamment chez une personne handicapée ou âgée.

VITABACT
picloxydine

PRÉSENTATION

VITABACT : collyre ; flacon 10 ml - Remb. 65 %

Laboratoires Faure

COMPOSITION

	p. 10 ml
Picloxydine dichlorhydrate	5 mg

INDICATIONS

Ce collyre contient un *antiseptique*.

Il est utilisé dans le traitement de certaines infections oculaires.

> **ATTENTION**
> Une rougeur ou une douleur de l'œil ne correspondent pas toujours à une infection. Des soins urgents peuvent être nécessaires, notamment en cas de vision floue.
> Ce traitement peut être insuffisant pour guérir à lui seul une infection de l'œil : ne l'utilisez pas plus de quelques jours sans avis médical.
> Le collyre peut être contaminé par l'œil infecté : évitez de mettre en contact l'extrémité du flacon avec l'œil ; ne le conservez pas inutilement après une première utilisation.

GROSSESSE, ALLAITEMENT ET NOUVEAU-NÉ

L'effet de ce médicament pendant la grossesse ou l'allaitement est mal connu. L'évaluation du risque éventuel lié à son utilisation est individuelle : demandez conseil à votre pharmacien ou à votre médecin.

MODE D'EMPLOI ET POSOLOGIE

Tirer la paupière inférieure vers le bas tout en regardant vers le haut et déposer une goutte de collyre entre la paupière et le globe oculaire (*cul-de-sac conjonctival*).

Posologie usuelle :

1 goutte, 2 à 6 fois par jour.

> Les lentilles de contact ne doivent pas être portées en cas d'irritation oculaire ni réutilisées avant l'arrêt complet du traitement.
> L'application correcte du produit peut nécessiter une aide, notamment chez l'enfant ou la personne handicapée ou âgée.

EFFETS INDÉSIRABLES POSSIBLES

Irritation ou réaction allergique.

VITACEMIL
vitamine C

PRÉSENTATION

VITACEMIL : granulé pour solution buvable ; boîte de 10 sachets - Non remb.

Laboratoires Soekami Lefrancq

COMPOSITION

	p. sachet
Acide ascorbique (vitamine C)	1 g
Saccharose	2,8 g

INDICATIONS

Ce médicament contient de l'acide ascorbique (*vitamine* C), indispensable au *métabolisme*. Sa *carence* était autrefois responsable du scorbut chez les navigateurs.

Il est utilisé :

- à faible dose, dans le *traitement préventif* des carences en vitamine C et le traitement du scorbut confirmé (exceptionnels en France) ;
- à forte dose, dans le traitement de la fatigue au cours des états grippaux et des suites de maladie.

CONTRE-INDICATIONS

Ce médicament ne doit pas être utilisé à une dose supérieure à 1 g par jour, en cas d'*antécédents* de calcul des *voies* urinaires.

> **ATTENTION**
> La *vitamine* C est dégradée dans l'organisme en acide oxalique pouvant favoriser la formation de calculs dans les *voies* urinaires. Ne prenez pas de dose importante de vitamine C pendant une longue durée sans avis médical.
> Des précautions sont nécessaires en cas de déficit en *G6PD*.

GROSSESSE, ALLAITEMENT ET NOUVEAU-NÉ

La *vitamine* C, à faible dose, n'est pas toxique chez la femme enceinte ou qui allaite.

MODE D'EMPLOI ET POSOLOGIE

Les granulés doivent être dissous dans un verre d'eau.

Posologie usuelle :

- Prévention des *carences* : 10 à 50 mg par jour aussi bien chez l'adulte que chez l'enfant de plus de 6 ans.
- Traitement de la fatigue : 500 mg à 1 g par jour (demi-dose chez l'enfant de plus de 6 ans).

> Il est préférable de ne pas prendre ce médicament en fin de journée à cause de son effet légèrement stimulant.
> Une prise quotidienne (supérieure à 2 g) de *vitamine* C peut modifier certaines analyses de sang.
> La vitamine C est présente dans les légumes, y compris la pomme de terre, et les fruits ; elle est dégradée en partie par la chaleur et la lumière. Elle est largement utilisée comme conservateur dans les produits alimentaires.
> Une alimentation équilibrée et diversifiée apporte habituellement des quantités suffisantes de vitamine C. Il est inutile d'augmenter les doses ou la durée du traitement conseillées par votre médecin ou votre pharmacien : un excès d'apport est éliminé par les urines.

EFFETS INDÉSIRABLES POSSIBLES

À forte dose (supérieure à 1 g) : brûlures d'estomac, diarrhée.

Chez les personnes prédisposées : calculs des *voies* urinaires.

VITACIC

PRÉSENTATION

VITACIC : collyre ; flacon 5 ml - Remb. 65 %

Laboratoires Faure

COMPOSITION

	p. 100 ml
Adénosine	0,2 g
Thymidine	0,2 g
Cytidine	0,6 g
Uridine	0,7 g
Guanosine 5' monophosphate disodique	1,2 g

INDICATIONS

C'est un collyre cicatrisant.

Il est utilisé dans le traitement des *kératites* et des irritations dues aux lentilles de contact.

INTERACTIONS MÉDICAMENTEUSES

Ce collyre peut interagir avec d'autres collyres : respectez un intervalle de 15 minutes entre deux instillations.

GROSSESSE, ALLAITEMENT ET NOUVEAU-NÉ

L'effet de ce médicament pendant la grossesse ou l'allaitement est mal connu. L'évaluation du risque éventuel lié à son utilisation est individuelle : demandez conseil à votre pharmacien ou à votre médecin.

MODE D'EMPLOI ET POSOLOGIE

Tirer la paupière inférieure vers le bas tout en regardant vers le haut et déposer une goutte de collyre entre la paupière et le globe oculaire (*cul-de-sac conjonctival*).

Posologie usuelle :

1 ou 2 gouttes, 3 à 6 fois par jour.

L'application correcte du produit peut nécessiter une aide, notamment chez une personne handicapée ou âgée.

VITA-DERMACIDE

PRÉSENTATION

VITA-DERMACIDE : pâte pour application locale ; tube 40 g - Non remb.

Laboratoires CS

COMPOSITION

	p. 100 g
Nicotinamide	25 mg
Acide glutamique	100 mg
Tryptophane	20 mg
P-hydroxybenzoate de sodium	100 mg
Lanoline	+

INDICATIONS

Ce médicament est une pâte grasse. Elle est nutritive et calmante.

Elle est utilisée dans le traitement des brûlures et des plaies superficielles peu étendues, des crevasses et des irritations de la peau.

GROSSESSE, ALLAITEMENT ET NOUVEAU-NÉ

Ce médicament ne contient que des substances présumées sans danger pendant la grossesse ou l'allaitement. Néanmoins, ne l'utilisez pas de façon prolongée sans l'avis de votre pharmacien ou de votre médecin.

MODE D'EMPLOI ET POSOLOGIE

Nettoyer la région à traiter avant l'application.

Posologie usuelle :

1 ou 2 applications par jour.

EFFETS INDÉSIRABLES POSSIBLES

Eczéma dû au médicament (présence de lanoline).

VITALGINE
hamamélis, viburnum

PRÉSENTATION

VITALGINE : solution buvable ; flacon 150 ml - Non remb.

Laboratoires Médecine Végétale

COMPOSITION

	p. c. à s.
Hamamélis, teinture	795 mg
Viburnum, teinture	795 mg

INDICATIONS

Ce médicament associe deux plantes protectrices pour les vaisseaux sanguins.

Il est utilisé dans le *traitement symptomatique* :

- des jambes lourdes, *œdèmes*, crampes, *impatiences* et autres troubles pouvant être en rapport avec une mauvaise circulation veineuse ;
- des crises d'*hémorroïdes*.

ATTENTION

Ce médicament est insuffisant pour prévenir le risque de *phlébite* chez les malades alités ou plâtrés.

Ce médicament soulage, mais n'empêche pas l'aggravation de l'*insuffisance veineuse*, qui requiert des mesures spécifiques telles que la *contention élastique*.

GROSSESSE, ALLAITEMENT ET NOUVEAU-NÉ

Ce médicament ne contient que des plantes présumées sans danger pendant la grossesse ou l'allaitement. Néanmoins, ne l'utilisez pas de façon prolongée sans l'avis de votre pharmacien ou de votre médecin.

MODE D'EMPLOI ET POSOLOGIE

Posologie usuelle :

1 cuillère à soupe, 2 fois par jour.

Une activité physique régulière et la surélévation du pied du lit permettent de faciliter la circulation veineuse et *lymphatique*.

VITAMINE A DULCIS

PRÉSENTATION

VITAMINE A DULCIS : pommade ophtalmique ; tube 10 g - Remb. 65 %

Laboratoires Allergan France

COMPOSITION

	p. 100 g
Rétinol (vitamine A)	25 000 UI

INDICATIONS

Cette pommade ophtalmique cicatrisante contient de la *vitamine* A.

Elle est utilisée dans le traitement des *kératites*.

GROSSESSE, ALLAITEMENT ET NOUVEAU-NÉ

L'effet de ce médicament pendant la grossesse ou l'allaitement est mal connu. L'évaluation du risque éventuel lié à son utilisation est individuelle : demandez conseil à votre pharmacien ou à votre médecin.

MODE D'EMPLOI ET POSOLOGIE

Tirer la paupière inférieure vers le bas tout en regardant vers le haut et déposer l'équivalent d'un grain de riz de pommade entre la paupière et le globe oculaire (*cul-de-sac conjonctival*).

Posologie usuelle :

2 ou 3 applications par jour.

La vision est troublée par l'application de la pommade. Ce trouble disparaît en quelques minutes.

L'application correcte du produit peut nécessiter une aide, notamment chez une personne handicapée ou âgée.

VITAMINE A FAURE

PRÉSENTATION

VITAMINE A FAURE : collyre ; ampoule 15 ml - Remb. 65 %

Laboratoires Faure

COMPOSITION

	p. 100 ml
Rétinol palmitate (vitamine A)	1,5 g

INDICATIONS

Ce collyre cicatrisant contient de la *vitamine* A.

Il est utilisé dans le traitement des *kératites*.

INTERACTIONS MÉDICAMENTEUSES

Ce collyre peut interagir avec d'autres collyres : respectez un intervalle de 15 minutes entre deux instillations.

GROSSESSE, ALLAITEMENT ET NOUVEAU-NÉ

L'effet de ce médicament pendant la grossesse ou l'allaitement est mal connu. L'évaluation du risque éventuel lié à son utilisation est individuelle : demandez conseil à votre pharmacien ou à votre médecin.

MODE D'EMPLOI ET POSOLOGIE

Tirer la paupière inférieure vers le bas tout en regardant vers le haut et déposer une goutte de collyre entre la paupière et le globe oculaire (*cul-de-sac conjonctival*).

Posologie usuelle :

1 goutte, 4 à 6 fois par jour.

L'application correcte du produit peut nécessiter une aide, notamment chez une personne handicapée ou âgée.

VITAMINE B1 DELAGRANGE

PRÉSENTATION

VITAMINE B1 250 mg DELAGRANGE : comprimé (blanc) ; boîte de 52 - Non remb.

Laboratoires Delagrange

COMPOSITION

	p. comp.
Thiamine chlorhydrate (vitamine B1)	250 mg

INDICATIONS

Ce médicament contient de la *vitamine* B1, substance indispensable au *métabolisme*. La *carence* en vitamine B1 (béribéri) est responsable de lésions des nerfs.

Il est utilisé dans :
- le traitement du béribéri,
- la prévention des carences en vitamine B1 lors de certains *régimes restrictifs*,
- le traitement des *polynévrites*, douloureuses ou non.

GROSSESSE, ALLAITEMENT ET NOUVEAU-NÉ

Ce médicament ne contient aucune substance connue pour être toxique pendant la grossesse ou l'allaitement. Néanmoins, ne l'utilisez pas de façon prolongée sans l'avis de votre pharmacien ou de votre médecin.

MODE D'EMPLOI ET POSOLOGIE

Les comprimés doivent être avalés avec un verre d'eau au début des repas.

Posologie usuelle :

2 à 4 comprimés par jour.

La *vitamine* B1 est présente dans la levure de bière, les céréales (riz, pain complet...), les légumes, les fruits, ainsi que dans le jaune d'œuf, le lait et les abats. Une alimentation équilibrée et diversifiée apporte habituellement des quantités suffisantes de vitamine B1. Certaines circonstances peuvent cependant justifier un apport supplémentaire : prenez l'avis de votre médecin ou de votre pharmacien.

VITAMINES B1-B6 ROCHE

PRÉSENTATION

VITAMINES B1-B6 ROCHE : comprimé (blanc) ; boîte de 20 - Non remb.

VITAMINES B1-B6 ROCHE : comprimé (blanc) ; boîte de 40 - Non remb.

Laboratoires Roche

COMPOSITION

	p. comp.
Thiamine (vitamine B1)	250 mg
Pyridoxine (vitamine B6)	250 mg

INDICATIONS

Ce médicament contient une association de *vitamines* du groupe B, substances indispensables au *métabolisme*.

Il est utilisé dans la prévention des *carences* en vitamine B lors de certains *régimes restrictifs*, et dans le traitement de certaines douleurs nerveuses (*polynévrite*...) et musculaires.

CONTRE-INDICATIONS

Ce médicament ne doit pas être utilisé dans les cas suivants :
- *allergie* à la *vitamine* B1,
- en association avec les médicaments contenant de la lévodopa seule.

ATTENTION

Une prise de *vitamine* B6 supérieure à 2 g par jour peut entraîner des effets indésirables ; n'associez pas les médicaments ou les produits diététiques contenant des vitamines sans l'avis de votre médecin ou de votre pharmacien.

INTERACTIONS MÉDICAMENTEUSES

Ce médicament ne doit pas être associé aux médicaments contenant de la lévodopa (LARODOPA) : risque d'annulation des effets de la lévodopa.

GROSSESSE, ALLAITEMENT ET NOUVEAU-NÉ

Ce médicament ne contient que des substances présumées sans danger pendant la grossesse ou l'allaitement. Néanmoins, ne l'utilisez pas de façon prolongée sans l'avis de votre pharmacien ou de votre médecin.

MODE D'EMPLOI ET POSOLOGIE

Les comprimés doivent être avalés avec un verre d'eau, sans être croqués.

Posologie usuelle :

1 à 4 comprimés par jour.

Une alimentation équilibrée et diversifiée apporte habituellement des quantités suffisantes de *vitamine* B6. Cependant, certaines circonstances peuvent justifier un apport supplémentaire : prenez l'avis de votre médecin ou de votre pharmacien.

EFFETS INDÉSIRABLES POSSIBLES

Fourmillements lors d'une prise prolongée de *vitamine* B6 supérieure à 2 g par jour.

VITAMINES B1-B6-B12 GERDA

PRÉSENTATION

VITAMINES B1-B6-B12 GERDA : comprimé (blanc) arôme ananas-orange ; boîte de 36 - Non remb.

Laboratoires Gerda

COMPOSITION

	p. comp.
Thiamine chlorhydrate (vitamine B1)	125 mg
Pyridoxine chlorhydrate (vitamine B6)	125 mg
Cyanocobalamine (vitamine B12)	125 µg

INDICATIONS

Ce médicament contient une association de *vitamines* du groupe B, substances indispensables au *métabolisme*.

Il est utilisé dans la prévention des *carences* en vitamine B lors de certains *régimes restrictifs* et dans le traitement de certaines douleurs nerveuses (*polynévrite*...) et musculaires.

CONTRE-INDICATIONS

Ce médicament ne doit pas être utilisé dans les cas suivants :
- *allergie* à la *vitamine* B1 ou à la vitamine B12 et aux substances apparentées,
- en association avec les médicaments contenant de la lévodopa seule.

ATTENTION

Une prise de *vitamine* B6 supérieure à 2 g par jour peut entraîner des effets indésirables ; n'associez pas les médicaments ou les produits diététiques contenant des vitamines sans l'avis de votre médecin ou de votre pharmacien.

INTERACTIONS MÉDICAMENTEUSES

Ce médicament ne doit pas être associé aux médicaments contenant de la lévodopa (LARODOPA) : risque d'annulation des effets de la lévodopa.

GROSSESSE, ALLAITEMENT ET NOUVEAU-NÉ

Ce médicament ne contient que des substances présumées sans danger pendant la grossesse ou l'allaitement. Néanmoins, ne l'utilisez pas de façon prolongée sans l'avis de votre pharmacien ou de votre médecin.

MODE D'EMPLOI ET POSOLOGIE

Les comprimés doivent être avalés avec un verre d'eau, au début ou au milieu du repas.

Posologie usuelle :

2 à 4 comprimés par jour.

Une alimentation équilibrée et diversifiée apporte habituellement des quantités suffisantes de *vitamine* B6. Cependant, certaines circonstances peuvent justifier un apport supplémentaire : prenez l'avis de votre médecin ou de votre pharmacien.

EFFETS INDÉSIRABLES POSSIBLES

Fourmillements lors d'une prise prolongée de *vitamine* B6 supérieure à 2 g par jour.

VITAMINES B1-B6-B12 ROCHE

PRÉSENTATION

VITAMINES B1-B6-B12 ROCHE : comprimé (rose) ; boîte de 20 - Non remb.

VITAMINES B1-B6-B12 ROCHE : comprimé (rose) ; boîte de 40 - Non remb.

Laboratoires Roche

COMPOSITION

	p. comp.
Thiamine (vitamine B1)	250 mg
Pyridoxine chlorhydrate (vitamine B6)	250 mg
Cyanocobalamine (vitamine B12)	1 mg

INDICATIONS

Ce médicament contient une association de *vitamines* du groupe B, substances indispensables au *métabolisme*.

Il est utilisé dans la prévention des *carences* en vitamines B lors de certains *régimes restrictifs*, et dans le traitement de certaines douleurs nerveuses (*polynévrite*...) et musculaires.

CONTRE-INDICATIONS

Ce médicament ne doit pas être utilisé dans les cas suivants :
- *allergie* à la *vitamine* B1 ou à la vitamine B12 et aux substances apparentées,
- en association avec les médicaments contenant de la lévodopa seule.

ATTENTION
Une prise de *vitamine* B6 supérieure à 2 g par jour peut entraîner des effets indésirables ; n'associez pas les médicaments ou les produits diététiques contenant des vitamines sans l'avis de votre médecin ou de votre pharmacien.

INTERACTIONS MÉDICAMENTEUSES

Ce médicament ne doit pas être associé aux médicaments contenant de la lévodopa (LARODOPA) : risque d'annulation des effets de la lévodopa.

GROSSESSE, ALLAITEMENT ET NOUVEAU-NÉ

Ce médicament ne contient que des substances présumées sans danger pendant la grossesse ou l'allaitement. Néanmoins, ne l'utilisez pas de façon prolongée sans l'avis de votre pharmacien ou de votre médecin.

MODE D'EMPLOI ET POSOLOGIE

Les comprimés doivent être avalés avec un verre d'eau.

Posologie usuelle :

2 à 4 comprimés par jour.

☛ Une alimentation équilibrée et diversifiée apporte habituellement des quantités suffisantes de *vitamine* B6. Cependant, certaines circonstances peuvent justifier un apport supplémentaire : prenez l'avis de votre médecin ou de votre pharmacien.

EFFETS INDÉSIRABLES POSSIBLES

Fourmillements lors d'une prise prolongée de *vitamine* B6 supérieure à 2 g par jour.

VITAMINE B6 RICHARD

PRÉSENTATION

VITAMINE B6 RICHARD : comprimé sécable (blanc) ; boîte de 20 - Non remb.

Laboratoires Richard

COMPOSITION

	p. comp.
Pyridoxine chlorhydrate (vitamine B6)	250 mg

INDICATIONS

Ce médicament contient de la *vitamine* B6, substance indispensable au *métabolisme*.

Il est utilisé dans le traitement des *carences* en vitamine B6, lors de certains *régimes restrictifs*, et dans le *traitement préventif* des *neuropathies* liées à la prise de certains médicaments, notamment le RIMIFON.

CONTRE-INDICATIONS

Ce médicament ne doit pas être utilisé en association avec les médicaments contenant de la lévodopa seule.

ATTENTION
Une prise de *vitamine* B6 supérieure à 2 g par jour peut entraîner des effets indésirables ; n'associez pas les médicaments ou les produits diététiques contenant des vitamines sans l'avis de votre médecin ou de votre pharmacien.

INTERACTIONS MÉDICAMENTEUSES

Ce médicament ne doit pas être utilisé en association avec ceux contenant de la lévodopa seule (LARODOPA) : risque d'annulation des effets de la lévodopa.

GROSSESSE, ALLAITEMENT ET NOUVEAU-NÉ

Ce médicament ne contient aucune substance connue pour être toxique pendant la grossesse ou l'allaitement. Néanmoins, ne l'utilisez pas de façon prolongée sans l'avis de votre pharmacien ou de votre médecin.

MODE D'EMPLOI ET POSOLOGIE

Les comprimés doivent être avalés avec un verre d'eau.

Posologie usuelle :
- Adulte : 1/4 à 4 comprimés par jour, par cure de 20 jours.
- Enfant : la posologie est fixée par le médecin en fonction du poids et de l'âge.

☛ Une alimentation équilibrée et diversifiée apporte habituellement des quantités suffisantes de *vitamine* B6. Certaines circonstances peuvent cependant justifier un apport supplémentaire : prenez l'avis de votre médecin ou de votre pharmacien.

EFFETS INDÉSIRABLES POSSIBLES

À forte dose, troubles neurologiques.

VITAMINE B12 DULCIS collyre

PRÉSENTATION

VITAMINE B12 DULCIS : collyre ; flacon 5 ml - Remb. 65 %

Laboratoires Allergan France

COMPOSITION

	p. 100 ml
Cyanocobalamine anhydre (vitamine B12)	50 mg

INDICATIONS

Ce collyre cicatrisant contient de la *vitamine* B12.

Il est utilisé dans le traitement des *kératites*.

ATTENTION
Ce collyre peut provoquer une coloration irréversible des lentilles de contact. Celles-ci ne pourront être réutilisées qu'après l'arrêt du traitement.

GROSSESSE, ALLAITEMENT ET NOUVEAU-NÉ

L'utilisation ponctuelle de ce médicament pendant la grossesse ou l'allaitement ne semble pas poser de problème particulier.

MODE D'EMPLOI ET POSOLOGIE

Tirer la paupière inférieure vers le bas tout en regardant vers le haut et déposer une goutte de collyre entre la paupière et le globe oculaire (*cul-de-sac conjonctival*).

Posologie usuelle :

1 goutte, 3 ou 4 fois par jour.

☛ L'application correcte du produit peut nécessiter une aide, notamment chez une personne handicapée ou âgée. Ne conservez pas ce collyre plus de 15 jours après une première utilisation.

VITAMINE B12 GERDA

PRÉSENTATION

VITAMINE B12 GERDA : comprimé (rose) ; boîte de 24 - Non remb.

VITAMINE B12 GERDA : solution injectable et buvable ; boîte de 6 ampoules 4 ml - Remb. 65 %

Laboratoires Gerda

COMPOSITION

	p. comp.	p. amp.
Cyanocobalamine (vitamine B12)	250 µg	1 000 µg

INDICATIONS

Ce médicament contient de la *vitamine* B12, indispensable au fonctionnement de la moelle osseuse (qui fabrique les cellules du sang).

Il est utilisé dans certaines formes d'*anémie*. Il est également utilisé en injection dans le traitement de certaines *névralgies*.

CONTRE-INDICATIONS

Ce médicament ne doit pas être utilisé en cas d'*allergie* à la *vitamine* B12 et aux substances apparentées.

ATTENTION
Un *choc anaphylactique* peut survenir lors de l'injection de ce médicament : des précautions sont nécessaires chez

les personnes ayant des *antécédents* d'*asthme* ou d'*eczéma*.

GROSSESSE, ALLAITEMENT ET NOUVEAU-NÉ

L'effet de ce médicament pendant la grossesse ou l'allaitement est mal connu : seul votre médecin peut évaluer le risque éventuel de son utilisation dans votre cas.

MODE D'EMPLOI ET POSOLOGIE

Les comprimés peuvent être sucés ou avalés avec un verre d'eau. Ils peuvent être écrasés ou mélangés à du lait ou de la bouillie.

La solution injectable peut être administrée par *voie* intramusculaire ou sous-cutanée.

Posologie usuelle :

- Adulte : 1 à 3 comprimés par jour ou 1 ampoule par jour ou 1 jour sur 2.
- Enfant et nourrisson : 1/2 à 2 comprimés par jour, selon l'âge.

Sous traitement, la coloration rouge des urines est normale : elle est liée à l'élimination de la *vitamine* B12.

Dans le traitement de la douleur, l'effet de ce médicament n'est pas immédiat et peut n'apparaître qu'après 2 ou 3 injections.

EFFETS INDÉSIRABLES POSSIBLES

Douleur au point d'injection.

Acné, *allergie* cutanée (*urticaire*, démangeaisons).

Choc anaphylactique (voir ATTENTION).

VITAMINE B12 LAVOISIER

PRÉSENTATION

VITAMINE B12 LAVOISIER 5 000 µg : solution injectable ; boîte de 2 ampoules 2 ml - Remb. 65 %

VITAMINE B12 LAVOISIER 5 000 µg : solution injectable ; boîte de 6 ampoules 2 ml - Remb. 65 %

Laboratoires Chaix et Du Marais

COMPOSITION

	p. amp. inj.
Cyanocobalamine (vitamine B12)	5 000 µg

INDICATIONS

Ce médicament contient de la *vitamine* B12, indispensable au *métabolisme*.

Il est utilisé dans le traitement de certaines *névralgies*.

CONTRE-INDICATIONS

Ce médicament ne doit pas être utilisé en cas d'*allergie* à la *vitamine* B12 et aux substances apparentées.

ATTENTION

Un *choc anaphylactique* peut survenir lors de l'injection de ce médicament : des précautions sont nécessaires chez les personnes ayant des *antécédents* d'*asthme* ou d'*eczéma*.

GROSSESSE, ALLAITEMENT ET NOUVEAU-NÉ

L'effet de ce médicament pendant la grossesse ou l'allaitement est mal connu : seul votre médecin peut évaluer le risque éventuel de son utilisation dans votre cas.

MODE D'EMPLOI ET POSOLOGIE

La solution injectable doit être administrée par *voie* intramusculaire.

Posologie usuelle :

1 ampoule par jour ou tous les 2 jours.

Sous traitement, la coloration rouge des urines est normale : elle est liée à l'élimination de la *vitamine* B12.

L'effet de ce médicament n'est pas immédiat et peut n'apparaître qu'après 2 ou 3 injections.

EFFETS INDÉSIRABLES POSSIBLES

Douleur au point d'injection.

Acné, *allergie* cutanée (*urticaire*, démangeaisons).

Choc anaphylactique (voir ATTENTION).

VITAMINE B12 MILLE

PRÉSENTATION

VITAMINE B12 MILLE DELAGRANGE : solution injectable et buvable ; boîte de 6 ampoules 2 ml - Remb. 65 %

Laboratoires Delagrange

COMPOSITION

	p. amp.
Cyanocobalamine (vitamine B12)	1000 µg

INDICATIONS

Ce médicament contient de la *vitamine* B12, indispensable au fonctionnement de la moelle osseuse (qui fabrique les cellules du sang).

Il est utilisé dans le traitement de certaines formes d'*anémie*. Il est également utilisé en injection, dans le traitement de certaines *névralgies*.

CONTRE-INDICATIONS

Ce médicament ne doit pas être utilisé en cas d'*allergie* à la *vitamine* B12 et aux substances apparentées.

ATTENTION

Un *choc anaphylactique* peut survenir lors de l'injection de ce médicament : des précautions sont nécessaires chez les personnes ayant des *antécédents* d'*asthme* ou d'*eczéma*.

GROSSESSE, ALLAITEMENT ET NOUVEAU-NÉ

L'effet de ce médicament pendant la grossesse ou l'allaitement est mal connu : seul votre médecin peut évaluer le risque éventuel de son utilisation dans votre cas.

MODE D'EMPLOI ET POSOLOGIE

La solution buvable peut être diluée dans un verre d'eau.

La solution injectable peut être administrée par *voie* intramusculaire ou sous-cutanée.

Posologie usuelle :

Elle est individuelle, et variable selon les cas.

Sous traitement, la coloration rouge des urines est normale : elle est liée à l'élimination de la *vitamine* B12.

Dans le traitement de la douleur, l'effet de ce médicament n'est pas immédiat et peut n'apparaître qu'après 2 ou 3 injections.

EFFETS INDÉSIRABLES POSSIBLES

Douleur au point d'injection.

Acné, *allergie* cutanée (*urticaire*, démangeaisons).

Choc anaphylactique (voir ATTENTION).

VITAMINE C 250 ARKOVITAL

PRÉSENTATION

VITAMINE C 250 ARKOVITAL : gélule (ivoire) ; boîte de 50 - Non remb.

Laboratoires Arkopharma

COMPOSITION

	p. gél.
Acide ascorbique (vitamine C)	250 mg

INDICATIONS

Ce médicament contient de l'acide ascorbique (*vitamine* C), indispensable au *métabolisme*. Sa *carence* était autrefois responsable du scorbut chez les navigateurs.

Il est utilisé :

- à faible dose, dans le *traitement préventif* des carences en vitamine C et le traitement du scorbut confirmé (exceptionnels en France) ;
- à forte dose, dans le traitement de la fatigue au cours des états grippaux et des suites de maladie.

CONTRE-INDICATIONS

Ce médicament ne doit pas être utilisé à une dose supérieure à 1 g par jour, en cas d'*antécédents* de calcul des *voies* urinaires.

ATTENTION

La *vitamine* C est dégradée dans l'organisme en acide oxalique pouvant favoriser la formation de calculs dans les *voies* urinaires. Ne prenez pas de dose importante de vitamine C pendant une longue durée sans avis médical.

Des précautions sont nécessaires en cas de déficit en *G6PD*.

GROSSESSE, ALLAITEMENT ET NOUVEAU-NÉ

La *vitamine* C, à faible dose, n'est pas toxique chez la femme enceinte ou qui allaite.

MODE D'EMPLOI ET POSOLOGIE

Les gélules doivent être avalées avec un verre d'eau.

Posologie usuelle :
- Prévention des *carences* : 10 à 50 mg par jour.
- Traitement de la fatigue : 500 mg à 1 g par jour.

Il est préférable de ne pas prendre ce médicament en fin de journée à cause de son effet légèrement stimulant.

Une prise quotidienne (supérieure à 2 g) de *vitamine* C peut modifier certaines analyses de sang.

La vitamine C est présente dans les légumes, y compris la pomme de terre, et les fruits ; elle est dégradée en partie par la chaleur et la lumière. Elle est largement utilisée comme conservateur dans les produits alimentaires.

Une alimentation équilibrée et diversifiée apporte habituellement des quantités suffisantes de vitamine C. Il est inutile d'augmenter les doses ou la durée du traitement conseillées par votre médecin ou votre pharmacien : un excès d'apport est éliminé par les urines.

EFFETS INDÉSIRABLES POSSIBLES

À forte dose (supérieure à 1 g) : brûlures d'estomac, diarrhée.

Chez les personnes prédisposées : calculs des *voies* urinaires.

VITAMINE C FAURE collyre

PRÉSENTATION

VITAMINE C FAURE : collyre ; flacon 10 ml - Remb. 65 %

Laboratoires Faure

COMPOSITION

	p. 100 ml
Acide ascorbique (vitamine C)	2 g

INDICATIONS

Ce collyre contient de la *vitamine* C.

Il est utilisé dans le *traitement d'appoint* de la *cataracte*.

INTERACTIONS MÉDICAMENTEUSES

Ce collyre peut interagir avec d'autres collyres : respectez un intervalle de 15 minutes entre deux instillations.

MODE D'EMPLOI ET POSOLOGIE

Tirer la paupière inférieure vers le bas tout en regardant vers le haut et déposer une goutte de collyre entre la paupière et le globe oculaire (*cul-de-sac conjonctival*).

Posologie usuelle :
1 goutte, 2 à 6 fois par jour.

L'application correcte du produit peut nécessiter une aide, notamment chez une personne handicapée ou âgée.

Ne conservez pas ce collyre plus de 15 jours après une première utilisation.

Le flacon doit être gardé à l'abri de la lumière.

VITAMINE C 1 000 INAVA

PRÉSENTATION

VITAMINE C 1 000 : granulé effervescent arôme orange-citron ; boîte de 10 sachets - Non remb.

Laboratoires Inava

COMPOSITION

	p. sachet
Acide ascorbique (vitamine C)	1 g

INDICATIONS

Ce médicament contient de l'acide ascorbique (*vitamine* C), indispensable au *métabolisme*. Sa *carence* était autrefois responsable du scorbut chez les navigateurs.

Il est utilisé :
- à faible dose, dans le *traitement préventif* des carences en vitamine C et le traitement du scorbut confirmé (exceptionnels en France) ;
- à forte dose, dans le traitement de la fatigue au cours des états grippaux et des suites de maladie.

CONTRE-INDICATIONS

Ce médicament ne doit pas être utilisé à une dose supérieure à 1 g par jour, en cas d'*antécédents* de calcul des *voies* urinaires.

ATTENTION

La *vitamine* C est dégradée dans l'organisme en acide oxalique pouvant favoriser la formation de calculs dans les *voies* urinaires. Ne prenez pas de dose importante de vitamine C pendant une longue durée sans avis médical.

Des précautions sont nécessaires en cas de déficit en *G6PD*.

GROSSESSE, ALLAITEMENT ET NOUVEAU-NÉ

La *vitamine* C, à faible dose, n'est pas toxique chez la femme enceinte ou qui allaite.

MODE D'EMPLOI ET POSOLOGIE

Les granulés doivent être dissous dans un verre d'eau.

Posologie usuelle :
- Prévention des *carences* : 10 à 50 mg par jour.
- Traitement de la fatigue : 500 mg à 1 g par jour.

Il est préférable de ne pas prendre ce médicament en fin de journée à cause de son effet légèrement stimulant.

Une prise quotidienne (supérieure à 2 g) de *vitamine* C peut modifier certaines analyses de sang.

La vitamine C est présente dans les légumes, y compris la pomme de terre, et les fruits ; elle est dégradée en partie par la chaleur et la lumière. Elle est largement utilisée comme conservateur dans les produits alimentaires.

Une alimentation équilibrée et diversifiée apporte habituellement des quantités suffisantes de vitamine C. Il est inutile d'augmenter les doses ou la durée du traitement conseillées par votre médecin ou votre pharmacien : un excès d'apport est éliminé par les urines.

Ce médicament doit être conservé à l'abri de l'humidité.

EFFETS INDÉSIRABLES POSSIBLES

À forte dose (supérieure à 1 g) : brûlures d'estomac, diarrhée.

Chez les personnes prédisposées : calculs des *voies* urinaires.

VITAMINE C OBERLIN

PRÉSENTATION

VITAMINE C 500 mg OBERLIN : comprimé à croquer arôme fruit de la passion ; boîte de 30 - Non remb.

VITAMINE C 1 000 mg OBERLIN : comprimé effervescent sécable (orange) arôme orange ; boîte de 20 - Non remb.

VITAMINE C 1 000 mg OBERLIN : poudre orale arôme fruit de la passion ; boîte de 12 sachets - Non remb.

Laboratoires Oberlin

COMPOSITION

	p. comp.	p. comp. efferv.	p. sachet
Acide ascorbique (vitamine C)	500 mg	1 g	1 g

INDICATIONS

Ce médicament contient de l'acide ascorbique (*vitamine* C), indispensable au *métabolisme*. Sa *carence* était autrefois responsable du scorbut chez les navigateurs.

Il est utilisé :
- à faible dose, dans le *traitement préventif* des carences en vitamine C et le traitement du scorbut confirmé (exceptionnels en France) ;
- à forte dose, dans le traitement de la fatigue au cours des états grippaux et des suites de maladie.

CONTRE-INDICATIONS

Ce médicament ne doit pas être utilisé à une dose supérieure à 1 g par jour, en cas d'*antécédents* de calcul des *voies* urinaires.

ATTENTION

La *vitamine* C est dégradée dans l'organisme en acide oxalique pouvant favoriser la formation de calculs dans les *voies* urinaires. Ne prenez pas de dose importante de vitamine C pendant une longue durée sans avis médical.

Des précautions sont nécessaires en cas de déficit en *G6PD*.

GROSSESSE, ALLAITEMENT ET NOUVEAU-NÉ

La *vitamine* C, à faible dose, n'est pas toxique chez la femme enceinte ou qui allaite.

MODE D'EMPLOI ET POSOLOGIE

Les comprimés effervescents et les sachets de poudre doivent être dissous dans un verre d'eau.

Posologie usuelle :
- Prévention des *carences* : 10 à 50 mg par jour.
- Traitement de la fatigue : 500 mg à 1 g.

☛ Il est préférable de ne pas prendre ce médicament en fin de journée à cause de son effet légèrement stimulant.

Une prise quotidienne (supérieure à 2 g) de *vitamine* C peut modifier certaines analyses de sang.

La vitamine C est présente dans les légumes, y compris la pomme de terre, et les fruits ; elle est dégradée en partie par la chaleur et la lumière. Elle est largement utilisée comme conservateur dans les produits alimentaires.

Une alimentation équilibrée et diversifiée apporte habituellement des quantités suffisantes de vitamine C. Il est inutile d'augmenter les doses ou la durée du traitement conseillées par votre médecin ou votre pharmacien : un excès d'apport est éliminé par les urines.

Les comprimés effervescents doivent être conservés à l'abri de l'humidité.

EFFETS INDÉSIRABLES POSSIBLES

À forte dose (supérieure à 1 g) : brûlures d'estomac, diarrhée.

Chez les personnes prédisposées : calculs des *voies* urinaires.

VITAMINE C 1 000 PIERRE FABRE

PRÉSENTATION

VITAMINE C 1 000 FRUCTOSE : poudre orale ; boîte de 10 sachets - Non remb.

Laboratoires Pierre Fabre

COMPOSITION

	p. sachet
Acide ascorbique (vitamine C)	1 g
Fructose	1 g
Saccharose	6,05 g

INDICATIONS

Ce médicament contient de l'acide ascorbique (*vitamine* C), indispensable au *métabolisme*. Sa *carence* était autrefois responsable du scorbut chez les navigateurs.

Il est utilisé :
- à faible dose, dans le *traitement préventif* des carences en vitamine C et le traitement du scorbut confirmé (exceptionnels en France) ;
- à forte dose, dans le traitement de la fatigue au cours des états grippaux et des suites de maladie.

CONTRE-INDICATIONS

Ce médicament ne doit pas être utilisé à une dose supérieure à 1 g par jour, en cas d'*antécédents* de calcul des *voies* urinaires.

ATTENTION

La *vitamine* C est dégradée dans l'organisme en acide oxalique pouvant favoriser la formation de calculs dans les *voies* urinaires. Ne prenez pas de dose importante de vitamine C pendant une longue durée sans avis médical.

Des précautions sont nécessaires en cas de déficit en *G6PD*.

GROSSESSE, ALLAITEMENT ET NOUVEAU-NÉ

La *vitamine* C, à faible dose, n'est pas toxique chez la femme enceinte ou qui allaite.

MODE D'EMPLOI ET POSOLOGIE

Les sachets de poudre doivent être dissous dans un verre d'eau.

Posologie usuelle :
- Prévention des *carences* : 10 à 50 mg par jour.
- Traitement de la fatigue : 500 mg à 1 g.

☛ Il est préférable de ne pas prendre ce médicament en fin de journée à cause de son effet légèrement stimulant.

Une prise quotidienne (supérieure à 2 g) de *vitamine* C peut modifier certaines analyses de sang.

La vitamine C est présente dans les légumes, y compris la pomme de terre, et les fruits ; elle est dégradée en partie par la chaleur et la lumière. Elle est largement utilisée comme conservateur dans les produits alimentaires.

Une alimentation équilibrée et diversifiée apporte habituellement des quantités suffisantes de vitamine C. Il est inutile d'augmenter les doses ou la durée du traitement conseillées par votre médecin ou votre pharmacien : un excès d'apport est éliminé par les urines.

EFFETS INDÉSIRABLES POSSIBLES

À forte dose (supérieure à 1 g) : brûlures d'estomac, diarrhée.

Chez les personnes prédisposées : calculs des *voies* urinaires.

VITAMINE C SALVER

PRÉSENTATION

VITAMINE C SALVER : comprimé à croquer ou à sucer ; boîte de 32 - Non remb.

Laboratoires Salver

COMPOSITION

	p. comp.
Acide ascorbique (vitamine C)	250 mg
Ascorbate de sodium	281 mg
Soit acide ascorbique total	500 mg
Aspartam	+

INDICATIONS

Ce médicament contient de l'acide ascorbique (*vitamine* C), indispensable au *métabolisme*. Sa *carence* était autrefois responsable du scorbut chez les navigateurs.

Il est utilisé dans le traitement de la fatigue au cours des états grippaux et des suites de maladie.

CONTRE-INDICATIONS

Ce médicament ne doit pas être utilisé dans les cas suivants :
- *phénylcétonurie* (présence d'aspartam),
- *antécédent* de calcul des *voies* urinaires (pour une dose de *vitamine* C supérieure à 1 g par jour).

ATTENTION

La *vitamine* C est dégradée dans l'organisme en acide oxalique pouvant favoriser la formation de calculs dans les *voies* urinaires. Ne prenez pas de vitamine C en quantité importante pendant une longue durée sans avis médical.

Des précautions sont nécessaires en cas de déficit en *G6PD*.

GROSSESSE, ALLAITEMENT ET NOUVEAU-NÉ

La *vitamine* C, à faible dose, n'est pas toxique chez la femme enceinte ou qui allaite.

MODE D'EMPLOI ET POSOLOGIE

Les comprimés peuvent être sucés ou croqués.

Posologie usuelle :

1 comprimé par jour.

☛ Il est préférable de ne pas prendre ce médicament en fin de journée à cause de son effet légèrement stimulant.

Une prise quotidienne (supérieure à 2 g) de *vitamine* C peut modifier certaines analyses de sang.

La vitamine C est présente dans les légumes, y compris la pomme de terre, et les fruits ; elle est dégradée en partie par la chaleur et la lumière. Elle est largement utilisée comme conservateur dans les produits alimentaires.

Une alimentation équilibrée et diversifiée apporte habituellement des quantités suffisantes de vitamine C. Il est inutile d'augmenter les doses ou la durée de traitement conseillées par votre médecin ou votre pharmacien : un excès d'apport est éliminé par les urines.

EFFETS INDÉSIRABLES POSSIBLES

À forte dose (supérieure à 1 g) : brûlure d'estomac, diarrhée.

Chez les personnes prédisposées : calculs des *voies* urinaires.

VITAMINE C UPSA

PRÉSENTATION

VITAMINE C UPSA EFFERVESCENTE 1 000 mg : comprimé effervescent sécable (orange) ; boîte de 10 - Non remb.

VITAMINE C UPSA EFFERVESCENTE 1 000 mg : comprimé effervescent sécable (orange) ; boîte de 20 - Non remb.

Laboratoires UPSA

COMPOSITION

	p. comp.
Acide ascorbique (vitamine C)	1 g
Saccharose	628 mg

INDICATIONS

Ce médicament contient de l'acide ascorbique (*vitamine* C), indispensable au *métabolisme*. Sa *carence* était autrefois responsable du scorbut chez les navigateurs.

Il est utilisé :
- à faible dose, dans le *traitement préventif* des carences en vitamine C et le traitement du scorbut confirmé (exceptionnels en France) ;
- à forte dose, dans le traitement de la fatigue au cours des états grippaux et des suites de maladie.

CONTRE-INDICATIONS

Ce médicament ne doit pas être utilisé à une dose supérieure à 1 g par jour, en cas d'*antécédents* de calcul des *voies* urinaires.

ATTENTION

La *vitamine* C est dégradée dans l'organisme en acide oxalique pouvant favoriser la formation de calculs dans les *voies* urinaires. Ne prenez pas de dose importante de vitamine C pendant une longue durée sans avis médical.

Des précautions sont nécessaires en cas de déficit en *G6PD*.

GROSSESSE, ALLAITEMENT ET NOUVEAU-NÉ

La *vitamine* C, à faible dose, n'est pas toxique chez la femme enceinte ou qui allaite.

MODE D'EMPLOI ET POSOLOGIE

Les comprimés effervescents doivent être dissous dans un verre d'eau.

Posologie usuelle :
- Prévention des *carences* : 10 à 50 mg par jour.
- Traitement de la fatigue : 500 mg à 1 g.

Il est préférable de ne pas prendre ce médicament en fin de journée à cause de son effet légèrement stimulant.

Une prise quotidienne (supérieure à 2 g) de *vitamine* C peut modifier certaines analyses de sang.

La vitamine C est présente dans les légumes, y compris la pomme de terre, et les fruits ; elle est dégradée en partie par la chaleur et la lumière. Elle est largement utilisée comme conservateur dans les produits alimentaires.

Une alimentation équilibrée et diversifiée apporte habituellement des quantités suffisantes de vitamine C. Il est inutile d'augmenter les doses ou la durée du traitement conseillées par votre médecin ou votre pharmacien : un excès d'apport est éliminé par les urines.

Les comprimés effervescents doivent être conservés à l'abri de l'humidité.

EFFETS INDÉSIRABLES POSSIBLES

À forte dose (supérieure à 1 g) : brûlures d'estomac, diarrhée.

Chez les personnes prédisposées : calculs des *voies* urinaires.

VITAMINES C + B2 LEMOINE

PRÉSENTATION

VITAMINES C + B2 : solution buvable arôme cassis ; flacon 125 ml - Non remb.

Laboratoires Lemoine

COMPOSITION

	p. c. à c.
Acide ascorbique (vitamine C)	1 g
Riboflavine (vitamine B2)	5 mg

INDICATIONS

Ce médicament contient des *vitamines* (C et B2), indispensables au *métabolisme*.

Il est utilisé dans le *traitement symptomatique* de la fatigue au cours des états grippaux ou de convalescence.

CONTRE-INDICATIONS

La *vitamine* C ne doit pas être utilisée à une dose supérieure à 1 g par jour en cas d'*antécédents* de calculs des *voies* urinaires.

ATTENTION

Dans l'organisme, la *vitamine* C est dégradée en acide oxalique, pouvant favoriser la formation de calculs dans les *voies* urinaires. Ne prenez de vitamine C ni en quantité importante ni pendant une longue durée sans avis médical.

GROSSESSE, ALLAITEMENT ET NOUVEAU-NÉ

Ce médicament ne contient que des substances présumées sans danger pendant la grossesse ou l'allaitement. Néanmoins, ne l'utilisez pas de façon prolongée sans l'avis de votre pharmacien ou de votre médecin.

MODE D'EMPLOI ET POSOLOGIE

La solution doit être diluée dans un verre d'eau, et prise de préférence un quart d'heure avant le petit déjeuner et le repas de midi.

Posologie usuelle :

2 à 4 cuillères à café ou 1 ou 2 cuillères à soupe par jour.

Il est préférable de ne pas prendre ce médicament en fin de journée à cause de son effet légèrement stimulant.

Une prise quotidienne, et supérieure à 2 g, de *vitamine* C peut modifier certaines analyses de sang.

EFFETS INDÉSIRABLES POSSIBLES

Chez les personnes prédisposées : calculs des *voies* urinaires.

VITAMINE D3 B.O.N.

PRÉSENTATION

VITAMINE D3 B.O.N. : solution alcoolique buvable ; boîte de 1 ampoule 1 ml - Remb. 65 % - Liste II

VITAMINE D3 B.O.N. : solution huileuse buvable et injectable ; boîte de 1 ampoule 1 ml - Remb. 65 % - Liste II

Laboratoires Doms-Adrian

COMPOSITION

	p. amp. (sol. alcool.)	p. amp. (sol. huil.)
Colécalciférol (vitamine D3)	200 000 UI	200 000 UI
Hydroquinone	0,1 mg	
Alcool à 90°	+	

INDICATIONS

Ce médicament contient de la *vitamine* D, qui permet la fixation osseuse du calcium et dont la *carence* est responsable du *rachitisme*.

Il est utilisé pour prévenir et traiter les carences en vitamine D. Il peut être également utilisé chez l'adulte et la personne âgée dans le traitement de l'*ostéomalacie*, de la *tétanie* et de la *spasmophilie* dues à un manque de calcium.

CONTRE-INDICATIONS

Ce médicament ne doit pas être utilisé dans les cas suivants :
- excès de calcium dans le sang et dans les urines,
- *antécédents* de calculs rénaux contenant du calcium,
- immobilisation prolongée (à forte dose).

ATTENTION

Un surdosage en *vitamine* D expose à des effets indésirables graves.

La vitamine D est présente dans de nombreux laits pour bébé et médicaments disponibles sans ordonnance : prenez l'avis de votre médecin ou de votre pharmacien pour éviter tout risque de surdosage.

GROSSESSE, ALLAITEMENT ET NOUVEAU-NÉ

Grossesse :

Ne prenez pas de *vitamine* D sans avis médical pendant la grossesse.

Allaitement :

Ce médicament passe dans le lait maternel : il est, à forte dose, déconseillé pendant l'allaitement.

MODE D'EMPLOI ET POSOLOGIE

La solution alcoolique ne doit pas être injectée et est réservée de préférence à l'enfant de plus de 12 ans et à l'adulte.

La solution huileuse doit être injectée par *voie* intramusculaire avec une seringue en verre. Chez le *nourrisson*, elle peut également être mélangée au biberon ou donnée à la cuillère.

Posologie usuelle :

Prévention du *rachitisme* :

- Nourrisson et jeune enfant jusqu'à 6 ans : 1 ampoule (200 000 *UI*) tous les 6 mois (2 ampoules chez l'enfant à peau sombre ou peu exposée au soleil).

Dans les autres cas, notamment chez la femme enceinte et la personne âgée, la *posologie* est strictement individuelle.

> Les *carences* en *vitamine* D sont particulièrement fréquentes chez les jeunes enfants à peau sombre ou peu exposée au soleil ; en effet, la vitamine D est fabriquée par la peau sous l'influence des rayons *ultraviolets*.
>
> La prévention du *rachitisme* par la vitamine D est mise en œuvre de façon systématique chez le *nourrisson* et le jeune enfant.
>
> Ce médicament doit être conservé à l'abri de la chaleur et de la lumière.

EFFETS INDÉSIRABLES POSSIBLES

Aucun effet indésirable n'est généralement constaté aux doses usuelles ; certains signes doivent cependant faire penser à un surdosage : perte de l'appétit, soif intense, nausées, vomissements. Prévenez d'urgence votre médecin.

VITAMINE K1 ROCHE

phytoménadione (vitamine K1)

PRÉSENTATION

VITAMINE K1 ROCHE : comprimé à croquer ; boîte de 20 - Remb. 65 %

VITAMINE K1 ROCHE : suspension buvable ; flacon 10 ml (compte-gouttes) - Remb. 65 %

Laboratoires Roche

COMPOSITION

	p. comp.	p. gte
Phytoménadione (vitamine K1)	10 mg	1 mg

INDICATIONS

Ce médicament contient de la *vitamine* K1 naturelle. Cette vitamine intervient dans la formation des caillots sanguins qui permettent à l'organisme de lutter contre les *hémorragies*. Elle est normalement apportée par l'alimentation, et les *carences* ne se rencontrent que dans des situations très particulières : maladie intestinale qui diminue son absorption, prise prolongée de certains *antibiotiques* puissants, prise de médicaments *anticoagulants* oraux.

Ce médicament est utilisé dans la prévention ou le traitement des hémorragies par carence en vitamine K dues à la prise de certains médicaments et dans la prévention des hémorragies chez le *nouveau-né*.

> **ATTENTION**
>
> N'utilisez pas ce médicament sans avis médical.

GROSSESSE, ALLAITEMENT ET NOUVEAU-NÉ

L'effet de ce médicament pendant la grossesse ou l'allaitement est mal connu : seul votre médecin peut évaluer le risque éventuel de son utilisation dans votre cas.

MODE D'EMPLOI ET POSOLOGIE

Les comprimés doivent être croqués.

Posologie usuelle :

- Adulte : 1 à 5 comprimés par jour, suivant la gravité de la *carence* en *vitamine* K.
- *Traitement préventif* des hémorragies chez le nouveau-né : 1 goutte à la naissance.

> La suspension buvable doit être conservée à l'abri de la lumière.

VITANÉVRIL FORT

benfotiamine

PRÉSENTATION

VITANÉVRIL FORT : comprimé (blanc) ; boîte de 30 - Non remb.

Laboratoires Clin Midy

COMPOSITION

	p. comp.
Benfotiamine	100 mg

INDICATIONS

Ce médicament contient une substance proche de la *vitamine* B1. La *carence* en vitamine B1 (béribéri) est responsable de lésions des nerfs.

Il est utilisé dans le traitement du béribéri, la prévention des *carences* en vitamine B1 lors de certains *régimes restrictifs*, et dans le traitement des *polynévrites*, douloureuses ou non.

CONTRE-INDICATIONS

Ce médicament ne doit pas être utilisé chez l'enfant de moins de 8 ans.

GROSSESSE, ALLAITEMENT ET NOUVEAU-NÉ

Ce médicament ne contient aucune substance connue pour être toxique pendant la grossesse ou l'allaitement. Néanmoins, ne l'utilisez pas de façon prolongée sans l'avis de votre pharmacien ou de votre médecin.

MODE D'EMPLOI ET POSOLOGIE

Les comprimés doivent être avalés avec un verre d'eau, sans être croqués.

Posologie usuelle :

2 à 4 comprimés par jour.

> La *vitamine* B1 est présente dans la levure de bière, les céréales (riz, pain complet...), les légumes, les fruits, ainsi que dans le jaune d'œuf, le lait et les abats. Une alimentation équilibrée et diversifiée apporte habituellement des quantités suffisantes de vitamine B1. Certaines circonstances peuvent cependant justifier un apport supplémentaire : prenez l'avis de votre médecin ou de votre pharmacien.

VITAPHAKOL

PRÉSENTATION

VITAPHAKOL : collyre ; flacon 10 ml - Remb. 65 %

Laboratoires Faure

COMPOSITION

	p. 100 ml
Cytochrome C	50 mg
Succinate de sodium anhydre	60 mg
Adénosine	200 mg
Nicotinamide	1 g
Mercurothiolate sodique	+

INDICATIONS

Ce collyre est utilisé dans le *traitement d'appoint* de la *cataracte*.

CONTRE-INDICATIONS

Ce médicament ne doit pas être utilisé en cas d'*allergie* aux *antiseptiques* mercuriels (présence de mercurothiolate).

INTERACTIONS MÉDICAMENTEUSES

Ce collyre peut interagir avec d'autres collyres : respectez un intervalle de 15 minutes entre deux instillations.

MODE D'EMPLOI ET POSOLOGIE

Tirer la paupière inférieure vers le bas tout en regardant vers le haut et déposer une goutte de collyre entre la paupière et le globe oculaire (*cul-de-sac conjonctival*).

Posologie usuelle :

1 goutte, 2 fois par jour.

> L'application correcte du produit peut nécessiter une aide, notamment chez une personne handicapée ou âgée.
>
> Ne conservez pas ce collyre plus de 15 jours après une première utilisation.

VITARUTINE

rutoside, vitamine PP

PRÉSENTATION

VITARUTINE : collyre ; flacon 10 ml - Remb. 65 %

Laboratoires Faure

COMPOSITION

	p. 100 ml
Sulforutoside sodique	0,2 g
Nicotinamide (vitamine PP)	0,5 g

INDICATIONS

Ce collyre contient un protecteur *vasculaire* et une *vitamine*.

Il est utilisé dans le traitement des troubles en rapport avec une fragilité des vaisseaux sanguins de la *conjonctive* : petites *hémorragies*, essentiellement.

> **ATTENTION**
>
> Une *hémorragie* de la *conjonctive* (tache rouge du blanc de l'œil) nécessite une consultation médicale afin d'en connaître la cause.
>
> Éviter de porter des lentilles de contact pendant le traitement.

INTERACTIONS MÉDICAMENTEUSES

Ce collyre peut interagir avec d'autres collyres : respectez un intervalle de 15 minutes entre deux instillations.

GROSSESSE, ALLAITEMENT ET NOUVEAU-NÉ

L'effet de ce médicament pendant la grossesse ou l'allaitement est mal connu. L'évaluation du risque éventuel lié à son utilisation est individuelle : demandez conseil à votre pharmacien ou à votre médecin.

MODE D'EMPLOI ET POSOLOGIE

Tirer la paupière inférieure vers le bas tout en regardant vers le haut et déposer une goutte de collyre entre la paupière et le globe oculaire (*cul-de-sac conjonctival*).

Posologie usuelle :

1 goutte, 4 à 6 fois par jour.

> L'application correcte du produit peut nécessiter une aide, notamment chez une personne handicapée ou âgée.
>
> Ne conservez pas ce collyre plus de 15 jours après une première utilisation.

EFFETS INDÉSIRABLES POSSIBLES

Allergie locale.

VITASCORBOL

vitamine C

PRÉSENTATION

VITASCORBOL VITAMINE C 500 mg : comprimé à croquer ou à sucer (jaune) ; boîte de 12 - Non remb.

VITASCORBOL VITAMINE C 500 mg : comprimé à croquer ou à sucer (jaune) ; boîte de 24 - Non remb.

VITASCORBOL SANS SUCRE VITAMINE C 500 mg : comprimé à croquer ou à sucer (orange pâle) ; boîte de 24 - Non remb.

VITASCORBOL VITAMINE C 1 000 mg : granulé pour solution buvable ; boîte de 10 sachets - Non remb.

VITASCORBOL EFFERVESCENT VITAMINE C 1 000 mg : comprimé effervescent (orange) arôme orange ; boîte de 20 - Non remb.

Laboratoires RP Labo

COMPOSITION

	p. comp. avec sucre	p. comp. sans sucre
Acide ascorbique	247,2 mg	200 mg
Ascorbate de sodium	284,4 mg	337,5 mg
Soit acide ascorbique total (vitamine C)	500 mg	500 mg
Saccharose	+	
Aspartam		+

	p. sachet	p. comp. efferv.
Acide ascorbique (vitamine C)	1 g	1 g
Tartrazine	+	

INDICATIONS

Ce médicament contient de l'acide ascorbique (*vitamine* C), indispensable au *métabolisme*. Sa *carence* était autrefois responsable du scorbut chez les navigateurs.

Il est utilisé :

- à faible dose, dans le *traitement préventif* des carences en vitamine C, et le traitement du scorbut confirmé (exceptionnels en France) ;
- à forte dose, dans le traitement de la fatigue au cours des états grippaux et des suites de maladie.

CONTRE-INDICATIONS

Ce médicament ne doit pas être utilisé dans les cas suivants :

- *antécédents* de calcul des *voies* urinaires (à une dose supérieure à 1 g par jour),
- *phénylcétonurie* (comprimé sans sucre),
- allergie à la tartrazine ou à l'aspirine.

> **ATTENTION**
>
> La *vitamine* C est dégradée dans l'organisme en acide oxalique pouvant favoriser la formation de calculs dans les *voies* urinaires. Ne prenez pas de dose importante de vitamine C pendant une longue durée sans avis médical.
>
> Des précautions sont nécessaires en cas de déficit en *G6PD*.

GROSSESSE, ALLAITEMENT ET NOUVEAU-NÉ

La *vitamine* C, à faible dose, n'est pas toxique chez la femme enceinte ou qui allaite.

MODE D'EMPLOI ET POSOLOGIE

Les comprimés effervescents et les granulés doivent être dissous dans un verre d'eau.

Posologie usuelle :

- Prévention des *carences* : 10 à 50 mg par jour.
- Traitement de la fatigue : 500 mg à 1 g par jour.

> Il est préférable de ne pas prendre ce médicament en fin de journée à cause de son effet légèrement stimulant.
>
> Une prise quotidienne (supérieure à 2 g) de *vitamine* C peut modifier certaines analyses de sang.
>
> La vitamine C est présente dans les légumes, y compris la pomme de terre, et les fruits ; elle est dégradée en partie par la chaleur et la lumière. Elle est largement utilisée comme conservateur dans les produits alimentaires.
>
> Une alimentation équilibrée et diversifiée apporte habituellement des quantités suffisantes de vitamine C. Il est inutile d'augmenter les doses ou la durée du traitement conseillées par votre médecin ou votre pharmacien : un excès d'apport est éliminé par les urines.
>
> Les comprimés effervescents doivent être conservés à l'abri de l'humidité.

EFFETS INDÉSIRABLES POSSIBLES

À forte dose (supérieure à 1 g) : brûlures d'estomac, diarrhée.

Chez les personnes prédisposées : calculs des *voies* urinaires.

VITASEPTOL

mercurothiolate sodique

PRÉSENTATION

VITASEPTOL 0,012 % : collyre ; flacon 10 ml - Remb. 65 %

Laboratoires Faure

COMPOSITION

	p. 10 ml
Mercurothiolate sodique	1,2 mg

INDICATIONS

Ce collyre contient un *antiseptique* de la famille des dérivés mercuriels.

Il est utilisé dans le *traitement d'appoint* des affections oculaires.

CONTRE-INDICATIONS

Ce médicament ne doit pas être utilisé en cas d'*allergie* aux dérivés mercuriels.

> **ATTENTION**
>
> Une rougeur ou une douleur de l'œil ne correspondent pas toujours à une *conjonctivite*. Des soins urgents peuvent être nécessaires, notamment en cas de vision floue.
>
> Le collyre peut être contaminé par l'œil infecté : évitez de mettre en contact l'extrémité du flacon avec l'œil ; ne le conservez pas plus de 15 jours après une première utilisation.
>
> En l'absence d'amélioration rapide, consultez votre médecin.

INTERACTIONS MÉDICAMENTEUSES

Ce médicament peut interagir avec les pommades ophtalmiques ou les collyres contenant de l'iode : risque de formation de sels mercuriques irritants.

GROSSESSE, ALLAITEMENT ET NOUVEAU-NÉ

L'effet de ce médicament pendant la grossesse ou l'allaitement est mal connu. L'évaluation du risque éventuel lié à son utilisation est individuelle : demandez conseil à votre pharmacien ou à votre médecin.

MODE D'EMPLOI ET POSOLOGIE

Tirer la paupière inférieure vers le bas tout en regardant vers le haut et déposer une goutte de collyre entre la paupière et le globe oculaire (*cul-de-sac conjonctival*).

Posologie usuelle :

1 goutte, 3 à 6 fois par jour, pendant 7 jours.

> Les lentilles de contact ne doivent pas être portées en cas d'irritation oculaire ni réutilisées avant l'arrêt complet du traitement.
> L'application correcte du produit peut nécessiter une aide, notamment chez l'enfant ou la personne handicapée ou âgée.

EFFETS INDÉSIRABLES POSSIBLES

Irritation ou réaction allergique locale.

VITATHION

vitamine C, vitamine B1, calcium

PRÉSENTATION

VITATHION : granulé effervescent (blanc et rouge) ; boîte de 20 sachets - Non remb.

Laboratoires Servier

COMPOSITION

	p. sachet
Acide ascorbique (vitamine C)	500 mg
Thiamine (vitamine B1)	2 mg
Inositocalcium	100 mg
Soit calcium	22 mg
Sodium	107 mg
Saccharose	2,8 g
Lactose	0,6 g

INDICATIONS

Ce médicament contient des *vitamines* (C et B1) et du calcium.

Il est utilisé dans le *traitement symptomatique* de certaines fatigues (*asthénies fonctionnelles*).

CONTRE-INDICATIONS

La vitamine C ne doit pas être utilisée à des doses supérieures à 1 g par jour, en cas d'*antécédents* de calculs des *voies* urinaires.

> **ATTENTION**
> Dans l'organisme, la *vitamine* C est dégradée en acide oxalique, pouvant favoriser la formation de calculs dans les *voies* urinaires. Ne prenez de vitamine C ni en quantité importante ni pendant une longue durée sans avis médical.
> Ce médicament contient du *sucre* (saccharose) et du sodium en quantité notable.

INTERACTIONS MÉDICAMENTEUSES

Ce médicament peut interagir avec d'autres médicaments, notamment avec les *antibiotiques* de la famille des *cyclines* : respectez un intervalle de 3 heures entre les prises de chacun de ces médicaments.

GROSSESSE, ALLAITEMENT ET NOUVEAU-NÉ

Ce médicament ne contient que des substances présumées sans danger pendant la grossesse ou l'allaitement. Néanmoins, ne l'utilisez pas de façon prolongée sans l'avis de votre pharmacien ou de votre médecin.

MODE D'EMPLOI ET POSOLOGIE

Le contenu des sachets doit être dissous dans un demi-verre d'eau et pris avant le petit déjeuner.

Posologie usuelle :

- Adulte : 1 à 3 sachets par jour.
- Enfant de 10 à 15 ans : 1 sachet par jour.
- Enfant de 5 à 10 ans : 1/2 à 1 cuillère à café par jour.
- Enfant de 30 mois à 5 ans : 1/4 à 1/2 cuillère à café par jour.

> Une fatigue persistante ne doit pas vous conduire à augmenter les prises de ce médicament : consultez votre médecin.
> Il est préférable de ne pas prendre ce médicament en fin de journée, pour éviter des difficultés d'endormissement.
> Une prise quotidienne, et supérieure à 2 g, de *vitamine* C peut modifier certaines analyses de sang.

EFFETS INDÉSIRABLES POSSIBLES

Chez les personnes prédisposées : calculs des *voies* urinaires.

VITIVEINE

vigne rouge

PRÉSENTATION

VITIVEINE : gélule (transparent) ; boîte de 50 - Non remb.

Laboratoires Arkopharma

COMPOSITION

	p. gél.
Vigne rouge, poudre de feuilles	270 mg

INDICATIONS

Ce médicament contient une plante (la vigne rouge), protectrice *vasculaire*.

Il est utilisé dans le *traitement symptomatique* des troubles pouvant être en rapport avec une mauvaise circulation veineuse (jambes lourdes, *hémorroïdes*).

> **ATTENTION**
> Ce médicament soulage, mais n'empêche pas l'aggravation de l'*insuffisance veineuse*, qui requiert des mesures spécifiques telles que la *contention élastique*.

GROSSESSE, ALLAITEMENT ET NOUVEAU-NÉ

Ce médicament contient une plante présumée sans danger pendant la grossesse ou l'allaitement. Néanmoins, ne l'utilisez pas de façon prolongée sans l'avis de votre pharmacien ou de votre médecin.

MODE D'EMPLOI ET POSOLOGIE

Les gélules doivent être avalées avec un grand verre d'eau au moment des repas.

Posologie usuelle :

2 gélules, matin et soir.

> Une activité physique régulière et la surélévation du pied du lit permettent de faciliter la circulation veineuse et *lymphatique*.
> Ce médicament doit être conservé à l'abri de la lumière et de la chaleur.

VIVALAN

viloxazine

PRÉSENTATION

VIVALAN 100 mg : comprimé sécable (jaune) ; boîte de 20 - Remb. 65 % - Liste I

VIVALAN 300 mg L.P. : comprimé à *libération prolongée* (jaune) ; boîte de 30 - Remb. 65 % - Liste I

Laboratoires Zeneca Pharma

COMPOSITION

	p. comp.	p. comp. L.P.
Viloxazine	100 mg	300 mg

INDICATIONS

C'est un *antidépresseur* qui appartient à la famille des antidépresseurs non *IMAO*, non imipraminiques.

Il est utilisé dans le traitement des *états dépressifs* de toute nature.

> **ATTENTION**
> Si vous souffrez d'*épilepsie* ou de *diabète*, prévenez votre médecin afin qu'il puisse adapter la *posologie*.
> Évitez les boissons alcoolisées : augmentation du risque de somnolence.
> Conducteur : ce médicament peut être responsable d'une baisse de la vigilance, particulièrement en début de traitement.

INTERACTIONS MÉDICAMENTEUSES

Ce médicament peut interagir avec d'autres, notamment les *IMAO* non sélectifs (MARSILID, NIAMIDE...) : risque de poussée d'*hypertension artérielle* ou de malaise grave.

Lorsque ce médicament vient en remplacement d'un IMAO non sélectif, il convient de respecter un délai d'au moins 15 jours.

Il peut également interagir avec la théophylline et les *sédatifs*. Signalez tout autre traitement en cours à votre médecin ou à votre pharmacien.

GROSSESSE, ALLAITEMENT ET NOUVEAU-NÉ

Grossesse :

L'effet de ce médicament pendant la grossesse est mal connu : seul votre médecin peut évaluer le risque éventuel de son utilisation dans votre cas.

Allaitement :

Ce médicament passe dans le lait maternel : l'allaitement est déconseillé.

MODE D'EMPLOI ET POSOLOGIE

Les comprimés doivent être avalés avec un peu d'eau.

Posologie usuelle :

Elle est strictement individuelle.

> VIVALAN 100 mg : le dernier comprimé sera pris avant 17 heures pour éviter les difficultés d'endormissement.
>
> VIVALAN 300 mg L.P. : le comprimé à *libération prolongée* sera pris sans être croqué le matin à jeun.

EFFETS INDÉSIRABLES POSSIBLES

Troubles digestifs, maux de tête, difficultés d'endormissement, agitation ou au contraire somnolence, qui disparaissent généralement à la poursuite du traitement.

VIVAMYNE

PRÉSENTATION

VIVAMYNE : comprimé (pêche) ; boîte de 15 - Non remb.

VIVAMYNE : comprimé (pêche) ; boîte de 30 - Non remb.

Laboratoires Lederle

COMPOSITION

	p. comp.
Rétinol acétate (vitamine A)	5 000 UI
Ergocalciférol (vitamine D1)	400 UI
Acétate de dl-alpha-tocophérol (vitamine E)	30 UI
Acide ascorbique (vitamine C)	90 mg
Thiamine (vitamine B1)	2,25 mg
Ribloflavine (vitamine B2)	2,6 mg
Pyridoxine (vitamine B6)	3 mg
Cyanocobalamine (vitamine B12)	9 µg
Acide folique (vitamine B9)	0,4 mg
Nicotinamide (vitamine PP)	20 mg
Biotine (vitamine H)	45 µg
Pantothénate de calcium (vitamine B5)	10 mg
Calcium (en phosphate dicalcique)	162 mg
Phosphore	125 mg
Iode	150 µg
Fer	27 mg
Magnésium	100 mg
Cuivre	3 mg
Manganèse	7,5 mg
Potassium	7,5 mg
Zinc	1,12 mg

INDICATIONS

Ce médicament contient des *vitamines* et de faibles quantités d'éléments minéraux.

Il est utilisé dans la prévention ou la correction des troubles en rapport avec une alimentation carencée ou déséquilibrée.

CONTRE-INDICATIONS

Ce médicament ne doit pas être utilisé en cas de surcharge en fer.

> **ATTENTION**
>
> Ce médicament contient des *vitamines* A et D : leur surdosage expose à des effets indésirables graves. Ces vitamines sont présentes dans de nombreux médicaments dont certains sont disponibles en automédication : évitez de les associer.

INTERACTIONS MÉDICAMENTEUSES

Ce médicament ne doit pas être associé aux médicaments contenant de la lévodopa seule (LARODOPA) : risque d'annulation des effets de la lévodopa par la *vitamine* B6.

En raison de la présence de fer, ce médicament peut interagir avec d'autres, notamment avec les *antibiotiques* de la famille des *cyclines* : respectez un intervalle de 2 heures entre les prises de chacun de ces médicaments. Signalez tout autre traitement en cours à votre médecin ou à votre pharmacien.

GROSSESSE, ALLAITEMENT ET NOUVEAU-NÉ

Grossesse :

Chez la femme enceinte ou qui allaite, les apports quotidiens en *vitamine* A ne doivent pas dépasser 6 000 *UI* par jour, alimentation comprise.

Allaitement :

Aux doses usuelles, ce médicament peut être pris pendant l'allaitement.

MODE D'EMPLOI ET POSOLOGIE

Les comprimés doivent être avalés avec un verre d'eau, de préférence le matin.

Posologie usuelle :

- Adulte et adolescent : 1 comprimé par jour.

> Une alimentation équilibrée et diversifiée apporte habituellement des quantités suffisantes de *vitamines*. Cependant, certaines circonstances peuvent justifier un apport supplémentaire : demandez conseil à votre médecin ou à votre pharmacien.
>
> La coloration des selles en noir est normale sous traitement : elle est liée à la présence de fer. Ce médicament doit être conservé à l'abri de la lumière et de l'humidité.

EFFETS INDÉSIRABLES POSSIBLES

Troubles digestifs.

VIVÈNE

buphénine, escine, troxérutine

PRÉSENTATION

VIVÈNE : comprimé à double noyau (jaune) ; boîte de 60 - Remb. 35 %

Laboratoires Jolly-Jatel

COMPOSITION

	p. comp.
Troxérutine	200 mg
Escine	20 mg

INDICATIONS

C'est un protecteur *vasculaire* et un *veinotonique* qui associe plusieurs substances. Il stimule la circulation du sang dans les veines et lutte contre l'altération des *vaisseaux capillaires*.

Il est utilisé dans le *traitement symptomatique* :
- des jambes lourdes, *œdèmes*, crampes, *impatiences* et autres troubles pouvant être en rapport avec une mauvaise circulation veineuse ou *lymphatique* ;
- des crises d'*hémorroïdes*.

> **ATTENTION**
>
> Ce médicament est insuffisant pour prévenir le risque de *phlébite* chez les malades alités ou plâtrés.
>
> Il soulage, mais n'empêche pas l'aggravation de l'*insuffisance veineuse*, qui requiert des mesures spécifiques telles que la *contention élastique*.

GROSSESSE, ALLAITEMENT ET NOUVEAU-NÉ

L'effet de ce médicament pendant la grossesse ou l'allaitement est mal connu. L'évaluation du risque éventuel lié à son utilisation est individuelle : demandez conseil à votre pharmacien ou à votre médecin.

MODE D'EMPLOI ET POSOLOGIE

Ce médicament doit être pris au cours des repas. Le comprimé ne doit être ni croqué, ni dilué.

Posologie usuelle :

2 à 6 comprimés par jour.

> Une activité physique régulière et la surélévation du pied du lit permettent de faciliter la circulation veineuse et *lymphatique*.

VOCADYS

codéine, tétracaïne, aconit

PRÉSENTATION

VOCADYS : pâte à sucer ; boîte de 30 - Non remb.

Laboratoires Chemineau

COMPOSITION

	p. pâte
Tétracaïne chlorhydrate	0,1 mg
Codéine phosphate	2 mg
Aconit, extrait mou	1 mg
Saccharose	1,14 g
Menthol	+

INDICATIONS

Ce médicament *antitussif* contient de la codéine et un *anesthésique* local. La codéine a une action sédative sur le *système nerveux central* et notamment les centres de la toux.

Il est utilisé dans le *traitement symptomatique* des toux sèches, de l'irritation de la gorge et des extinctions de voix.

CONTRE-INDICATIONS

En raison de la présence de codéine, ce médicament ne doit pas être utilisé dans les cas suivants :
- *asthme*,
- *insuffisance respiratoire*,

- *allergie* à la tétracaïne,
- enfant de moins de 7 ans.

ATTENTION

Ce médicament n'est pas adapté au traitement de la toux grasse, qui est un mécanisme de défense normal de l'organisme permettant l'évacuation des mucosités présentes dans les bronches.

La toux est un *symptôme* qui peut révéler de nombreuses maladies : consultez votre médecin si elle persiste plus de quelques jours.

Ce médicament contient du *sucre* (saccharose) en quantité notable.

Évitez les boissons alcoolisées en raison de la présence de codéine : augmentation du risque de somnolence.

Conducteur : ce médicament peut être responsable d'une somnolence ou d'une baisse de la vigilance.

INTERACTIONS MÉDICAMENTEUSES

Ce médicament peut interagir avec beaucoup d'autres médicaments, notamment chez les personnes âgées. Signalez tout autre traitement en cours à votre médecin ou à votre pharmacien.

GROSSESSE, ALLAITEMENT ET NOUVEAU-NÉ

Grossesse :

Compte tenu de la présence de codéine, n'utilisez pas ce médicament pendant la grossesse sans prendre l'avis de votre pharmacien ou de votre médecin.

Allaitement :

Ce médicament passe dans le lait maternel : il est déconseillé pendant l'allaitement.

MODE D'EMPLOI ET POSOLOGIE

Ce médicament peut être pris indifféremment pendant ou en dehors des repas. Les prises doivent être espacées.

Posologie usuelle :

- Adulte : 6 à 10 pâtes par jour.
- Enfant de 7 à 15 ans : 3 à 6 pâtes par jour.

De nombreux médicaments contiennent de la codéine, notamment certains *antitussifs* et *antalgiques*. Le surdosage expose à une augmentation des effets indésirables.

Une toux nocturne aggravée par ce médicament peut être une toux allergique : demandez conseil à votre médecin.

La poursuite du tabagisme nuit à l'efficacité du traitement.

Des mesures simples permettent de calmer les toux sèches : boissons chaudes et humidification de l'air ambiant.

EFFETS INDÉSIRABLES POSSIBLES

Effets indésirables liés à la présence de codéine : constipation ; plus rarement, somnolence, nausées, vomissements, *bronchospasme*, sensation de vertiges, *allergies* cutanées, ralentissement anormal de la respiration.

VOGALÈNE

métopimazine

PRÉSENTATION

VOGALÈNE 2,5 mg : comprimé (blanc) ; boîte de 40 - Remb. 65 % - Liste II

VOGALÈNE LYOC 7,5 mg : *lyophilisat* oral ; boîte de 16 - Remb. 65 % - Liste II

VOGALÈNE 15 mg : gélule (blanc) ; boîte de 20 - Remb. 65 % - Liste II

VOGALÈNE 4 mg/ml : goutte buvable ; flacon 30 ml (1 200 gouttes) - Remb. 65 % - Liste II

VOGALÈNE 5 mg : solution buvable ; flacon 150 ml - Remb. 65 % - Liste II

VOGALÈNE 5 mg : suppositoire ; boîte de 10 - Remb. 65 % - Liste II

VOGALÈNE 10 mg/ml : solution injectable ; boîte de 10 ampoules 1 ml - Remb. 65 % - Liste II

Laboratoires Pharmacia

COMPOSITION

	p. lyoph.	p. comp.	p. gél.
Métopimazine	7,5 mg	2,5 mg	15 mg

	p. c. à c.	p. 10 gtes
Métopimazine	5 mg	1 mg
Saccharose	960 mg	87 mg
Alcool	250 mg	25 mg
Sulfites	+	+

	p. amp.	p. suppos.
Métopimazine	10 mg	5 mg

INDICATIONS

C'est un médicament *antiémétique* qui appartient à la famille des phénothiazines. Il régularise la contraction des muscles de l'œsophage et de l'estomac.

Il est utilisé pour traiter les nausées et les vomissements. La forme injectable est réservée aux nausées et vomissements de certaines maladies graves.

CONTRE-INDICATIONS

Ce médicament ne doit pas être utilisé dans les cas suivants :

- *glaucome* à angle fermé,
- risque de rétention urinaire lié à un *adénome de la prostate*,
- *phénylcétonurie* pour la forme Lyoc, qui contient de l'aspartam.

ATTENTION

Des précautions sont nécessaires en cas d'*insuffisance rénale* ou d'*insuffisance hépatique*.

Évitez les boissons alcoolisées : augmentation du risque de somnolence.

Conducteur : ce médicament peut être responsable d'une somnolence ou d'une baisse de la vigilance.

INTERACTIONS MÉDICAMENTEUSES

Il peut interagir avec d'autres médicaments, notamment les *antihypertenseurs*, les hypnotiques et les *sédatifs*. Signalez tout autre traitement en cours à votre médecin ou à votre pharmacien.

GROSSESSE, ALLAITEMENT ET NOUVEAU-NÉ

Grossesse :

En l'absence de données suffisantes, ce médicament est déconseillé chez la femme enceinte. Seul votre médecin peut apprécier la nécessité du traitement et son risque pendant la grossesse.

MODE D'EMPLOI ET POSOLOGIE

Le Lyoc peut être dissous dans un demi-verre d'eau ou déposé directement sous la langue : sa dissolution est quasi immédiate. Ne pas croquer.

Les gélules ne doivent pas être ouvertes.

La solution buvable est particulièrement adaptée au *nourrisson*.

La solution injectable peut être administrée par *voie* intramusculaire ou intraveineuse.

Posologie usuelle :

- Adulte :
  - 1 lyophylisat, 2 à 4 fois par jour.
  - 1 gélule, 1 ou 2 fois par jour.
  - 1 ou 2 cuillères à café de solution buvable, 3 fois par jour.
  - 2 à 4 comprimés, 2 ou 3 fois par jour.
  - 1 suppositoire, 3 à 6 fois par jour.
- Enfant de 6 à 12 ans :
  - 1 lyophylisat, 1 ou 2 fois par jour.
  - solution buvable : 1 cuillère à café, 1 à 3 fois par jour.
  - gouttes buvables : 75 à 150 gouttes à répartir dans la journée.
- Enfant de moins de 6 ans :
  - solution buvable : 1 cuillère à café par 5 kg à répartir dans la journée ; soit par exemple pour un enfant de 12 kg : un peu moins d'une cuillère à café, 3 fois par jour.
  - gouttes buvables : 10 gouttes par kg, par jour. Par exemple pour un enfant de 9 kg : 30 gouttes, 3 fois par jour.

Lors de vomissements répétés, les pertes en eau et en sels minéraux sont importantes. Elles doivent être compensées par des aliments liquides (bouillons salés, sodas...) pris en petites quantités et régulièrement.

Les nausées de la femme enceinte peuvent être combattues par la prise du petit déjeuner au lit.

EFFETS INDÉSIRABLES POSSIBLES

Rarement : somnolence, baisse de la tension artérielle, sécheresse de la bouche, troubles visuels, blocage des urines, constipation, *allergie* cutanée.

Exceptionnellement : spasme de la face, mouvements involontaires ou inadaptés, tremblements, raideur anormale, impuissance, frigidité, arrêt des règles, augmentation du volume des seins (chez l'homme comme chez la femme).

VOLDAL oral, rectal

diclofénac

PRÉSENTATION

VOLDAL 25 mg : comprimé *gastrorésistant* (jaune) ; boîte de 30 - Remb. 65 % - Liste II

VOLDAL 50 mg : comprimé *gastrorésistant* (brun clair) ; boîte de 30 - Remb. 65 % - Liste II

VOLDAL L.P. 100 mg : comprimé à *libération prolongée* (rose) ; boîte de 15 - Remb. 65 % - Liste II

VOLDAL 25 mg Enfant : suppositoire ; boîte de 10 - Remb. 65 % - Liste II

VOLDAL 100 mg Adulte : suppositoire ; boîte de 10 - Remb. 65 % - Liste II

Laboratoires Zyma

COMPOSITION

	p. comp.	p. comp.	p. comp. L.P.
Diclofénac, sel de sodium	25 mg	50 mg	100 mg

	p. suppos. Enf.	p. suppos. Ad.
Diclofénac, sel de sodium	25 mg	100 mg

INDICATIONS

Ce médicament est un *anti-inflammatoire* non stéroïdien (*AINS*). Il lutte contre l'*inflammation* et la douleur, fait baisser la fièvre et fluidifie le sang.

Il est utilisé chez l'adulte dans le *traitement symptomatique* :
- des *rhumatismes inflammatoires* ;
- de certaines *arthroses* ;
- des *arthrites*, des *tendinites*, des *lombalgies* ;
- des *sciatiques* et des *cruralgies* ;
- des règles douloureuses (comprimés à 25 mg et à 50 mg).

Il est utilisé chez l'enfant dans le traitement des *rhumatismes inflammatoires* (comprimé et suppositoire dosés à 25 mg).

CONTRE-INDICATIONS

Ce médicament ne doit pas être utilisé dans les cas suivants :
- *allergie* aux *AINS*, y compris l'aspirine ;
- *ulcère* de l'estomac ou du *duodénum* ;
- *insuffisance hépatique*, *insuffisance rénale* graves ;
- *inflammation* récente du rectum (suppositoire) ;
- enfant de moins de 15 ans (comprimés à 50 mg et *L.P.* à 100 mg, suppositoire Adulte) ;
- enfant de moins de 17 kg et de moins de 1 an (comprimé à 25 mg et suppositoire Enfant) ;
- **grossesse** (3 derniers mois) ;
- **allaitement.**

ATTENTION

Tout traitement prolongé ou surdosage d'*AINS* expose à des effets indésirables graves.

Tout *symptôme* pouvant faire craindre une complication (maux d'estomac, *allergie* cutanée) doit être signalé à votre médecin.

Des précautions sont nécessaires chez la personne souffrant d'*antécédents* d'*ulcère* de l'estomac ou du *duodénum* ou présentant un risque hémorragique, chez la personne âgée, et chez la femme qui porte un stérilet.

Conducteur : ce médicament peut provoquer parfois des étourdissements.

INTERACTIONS MÉDICAMENTEUSES

Ce médicament peut interagir avec d'autres médicaments, notamment :
- l'aspirine et les autres *anti-inflammatoires* non stéroïdiens : risque d'accroissement des effets indésirables ;
- les *anticoagulants* et les *antiagrégants plaquettaires* (TICLID...) : augmentation du risque hémorragique ;
- le *lithium* (TÉRALITHE, NEUROLITHIUM) : augmentation du taux de lithium dans le sang.

Signalez tout autre traitement en cours à votre médecin ou à votre pharmacien.

GROSSESSE, ALLAITEMENT ET NOUVEAU-NÉ

Grossesse :

Des effets néfastes graves pour la mère et l'enfant à naître ont été mis en évidence lorsque ce médicament, comme tous les *AINS*, est utilisé au cours des 3 derniers mois de la grossesse : son usage est formellement contre-indiqué pendant cette période.

Pendant les 6 premiers mois, l'effet de ce médicament est mal connu : seul votre médecin peut évaluer le risque éventuel de son utilisation dans votre cas.

Allaitement :

Ce médicament passe dans le lait maternel : par mesure de prudence, il est contre-indiqué pendant l'allaitement.

MODE D'EMPLOI ET POSOLOGIE

Les comprimés doivent être pris de préférence au milieu des repas afin de limiter les effets digestifs indésirables. Ils doivent être avalés avec un verre d'eau sans être croqués ni écrasés.

Les comprimés à *libération prolongée* sont réservés au traitement de longue durée des affections de l'adulte.

Posologie usuelle :
- Adulte :
  - *traitement d'attaque* : 50 mg, 3 fois par jour (soit 2 comprimés à 25 mg ou 1 comprimé à 50 mg, 3 fois par jour) ;
  - *traitement d'entretien* : 75 à 100 mg par jour (soit 1 comprimé à 25 mg et 1 comprimé à 50 mg par jour, ou 1 comprimé *L.P.* à 100 mg ou 1 suppositoire à 100 mg par jour).
- Enfant de plus de 17 kg et de plus de 1 an : 2 à 3 mg par kilo et par jour, répartis en 2 ou 3 prises.

Ne dépassez pas la *posologie* ni la durée de traitement prescrites par votre médecin.

Ce médicament vous a été prescrit dans une situation précise : ne le conseillez pas à un proche, ne le réutilisez pas sans avis médical.

Les effets indésirables de ce médicament sur l'estomac peuvent survenir aussi bien avec les suppositoires qu'avec les comprimés.

EFFETS INDÉSIRABLES POSSIBLES

Troubles digestifs : *gastrite*, voire *ulcère* de l'estomac ou du *duodénum*, le plus souvent lors d'un traitement de longue durée ou à forte dose. Exceptionnellement : *hémorragie* du tube digestif (vomissements sanglants, selles noires, ou plus souvent pertes de sang imperceptibles responsables de l'apparition progressive d'une *anémie*).

Allergie cutanée, *asthme*.

Fatigue, insomnie, irritabilité, sensation de *vertiges*, bourdonnement d'oreille, troubles de la vision, maux de tête.

VOLDAL injectable

diclofénac

PRÉSENTATION

VOLDAL 75 mg/3 ml : solution injectable *I.M.* ; boîte de 2 ampoules 3 ml - Remb. 65 % - Liste II

Laboratoires Zyma

COMPOSITION

	p. amp.
Diclofénac, sel de sodium	75 mg
Sulfites	+

INDICATIONS

Ce médicament est un *anti-inflammatoire* non stéroïdien (*AINS*). Il lutte contre l'*inflammation* et la douleur, fait baisser la fièvre et fluidifie le sang.

Il est utilisé dans le traitement des douleurs inflammatoires aiguës lorsqu'un effet rapide est souhaité : *sciatique*, *lombalgie*, *colique néphrétique*, crise de *rhumatisme*.

CONTRE-INDICATIONS

Ce médicament ne doit pas être utilisé dans les cas suivants :
- *allergie* aux *AINS*, y compris l'aspirine ;
- *ulcère* de l'estomac ou du *duodénum* ;
- *insuffisance hépatique*, *insuffisance rénale* graves ;
- enfant de moins de 15 ans ;
- association à un traitement *anticoagulant* ;
- **grossesse** (3 derniers mois) ;
- **allaitement.**

ATTENTION

Tout traitement prolongé ou surdosage d'*AINS* expose à des effets indésirables graves.

Tout *symptôme* pouvant faire craindre une complication (maux d'estomac, *allergie* cutanée) doit être signalé à votre médecin.

Des précautions sont nécessaires chez la personne souffrant d'*antécédents* d'*ulcère* de l'estomac ou du *duodénum*, ou présentant un risque hémorragique, chez la personne âgée et chez la femme qui porte un stérilet.

Conducteur : ce médicament peut provoquer parfois des étourdissements.

INTERACTIONS MÉDICAMENTEUSES

Ce médicament peut interagir avec d'autres médicaments, notamment :
- l'aspirine et les autres *anti-inflammatoires* non stéroïdiens : risque d'accroissement des effets indésirables ;

- les *anticoagulants* et les *antiagrégants plaquettaires* (TICLID...) : augmentation du risque hémorragique ;
- le *lithium* (TÉRALITHE, NEUROLITHIUM...) : augmentation du taux de lithium dans le sang.

Signalez tout autre traitement en cours à votre médecin ou à votre pharmacien.

GROSSESSE, ALLAITEMENT ET NOUVEAU-NÉ

Grossesse :

Des effets néfastes graves pour la mère et l'enfant à naître ont été mis en évidence lorsque ce médicament, comme tous les *AINS*, est utilisé au cours des 3 derniers mois de la grossesse : son usage est formellement contre-indiqué pendant cette période.

Pendant les 6 premiers mois, l'effet de ce médicament est mal connu : seul votre médecin peut évaluer le risque éventuel de son utilisation dans votre cas.

Allaitement :

Ce médicament passe dans le lait maternel : par mesure de prudence, il est contre-indiqué pendant l'allaitement.

MODE D'EMPLOI ET POSOLOGIE

Les injections doivent être faites exclusivement par *voie* intramusculaire.

Chez la personne pourvue d'une prothèse de hanche, l'injection doit être faite du côté opposé à celle-ci.

Posologie usuelle :

- Adulte : 1 ampoule par jour pendant 2 jours. Au-delà, le traitement peut se poursuivre avec les comprimés ou les suppositoires.

> Les effets indésirables de ce médicament sur l'estomac peuvent survenir aussi bien avec la solution injectable qu'avec les comprimés.

EFFETS INDÉSIRABLES POSSIBLES

Troubles digestifs : *gastrite*, voire *ulcère* de l'estomac ou du *duodénum*, le plus souvent lors d'un traitement de longue durée ou à forte dose. Exceptionnellement : *hémorragie* digestive (vomissements sanglants, selles noires, ou plus souvent pertes de sang imperceptibles responsables de l'apparition progressive d'une *anémie*).

Allergie cutanée, *asthme*.

Fatigue, insomnie, irritabilité, sensation de *vertiges*, bourdonnements d'oreille, troubles de la vision, maux de tête.

VOLTARÈNE oral, rectal

diclofénac

PRÉSENTATION

VOLTARÈNE 25 mg : comprimé *gastrorésistant* (jaune) ; boîte de 30 - Remb. 65 % - Liste II

VOLTARÈNE 50 mg : comprimé *gastrorésistant* (brun clair) ; boîte de 30 - Remb. 65 % - Liste II

VOLTARÈNE L.P. 100 mg : comprimé à *libération prolongée* (rose) ; boîte de 15 - Remb. 65 % - Liste II

VOLTARÈNE 25 mg Enfant : suppositoire ; boîte de 10 - Remb. 65 % - Liste II

VOLTARÈNE 100 mg Adulte : suppositoire ; boîte de 10 - Remb. 65 % - Liste II

Laboratoires Ciba-Geigy

COMPOSITION

	p. comp.	p. comp.	p. comp. L.P.
Diclofénac, sel de sodium	25 mg	50 mg	100 mg

	p. suppos. Enf.	p. suppos. Ad.
Diclofénac, sel de sodium	25 mg	100 mg

INDICATIONS

Ce médicament est un *anti-inflammatoire* non stéroïdien (*AINS*). Il lutte contre l'*inflammation* et la douleur, fait baisser la fièvre et fluidifie le sang.

Il est utilisé chez l'adulte dans le *traitement symptomatique* :

- des *rhumatismes inflammatoires* ;
- des *arthrites*, de la *goutte*, des *arthroses*, des *tendinites*... ;
- des *lombalgies*, des *sciatiques* et des *cruralgies* ;
- des règles douloureuses (comprimé et suppositoire à 25 mg).

Il est utilisé chez l'enfant dans le traitement des *rhumatismes inflammatoires* (comprimé et suppositoire dosés à 25 mg).

CONTRE-INDICATIONS

Ce médicament ne doit pas être utilisé dans les cas suivants :

- *allergie* aux *AINS*, y compris l'aspirine ;
- *ulcère* de l'estomac ou du *duodénum* ;
- *insuffisance hépatique*, *insuffisance rénale* graves ;
- *inflammation* récente du rectum (suppositoire) ;
- enfant de moins de 15 ans (comprimés à 50 mg et 100 mg, suppositoire Adulte) ;
- enfant de moins de 17 kg et de moins de 1 an (comprimé à 25 mg et suppositoire Enfant) ;
- **grossesse** (3 derniers mois) ;
- **allaitement.**

> **ATTENTION**
>
> Tout traitement prolongé ou surdosage d'*AINS* expose à des effets indésirables graves.
>
> Tout *symptôme* pouvant faire craindre une complication (maux d'estomac, *allergie* cutanée) doit être signalé à votre médecin...
>
> Des précautions sont nécessaires chez la personne souffrant d'*antécédents* d'*ulcère* de l'estomac ou du *duodénum*, ou présentant un risque hémorragique, et chez la femme qui porte un stérilet.
>
> Conducteur : ce médicament peut provoquer parfois des étourdissements.

INTERACTIONS MÉDICAMENTEUSES

Ce médicament peut interagir avec d'autres médicaments, notamment :

- l'aspirine et les autres *anti-inflammatoires* non stéroïdiens : risque d'accroissement des effets indésirables ;
- les *anticoagulants* et les *antiagrégants plaquettaires* (TICLID...) : augmentation du risque hémorragique ;
- le *lithium* (TÉRALITHE, NEUROLITHIUM...) : augmentation du taux de lithium dans le sang.

Signalez tout autre traitement en cours à votre médecin ou à votre pharmacien.

GROSSESSE, ALLAITEMENT ET NOUVEAU-NÉ

Grossesse :

Des effets néfastes graves pour la mère et l'enfant à naître ont été mis en évidence lorsque ce médicament, comme tous les *AINS*, est utilisé au cours des 3 derniers mois de la grossesse : son usage est formellement contre-indiqué pendant cette période.

Pendant les 6 premiers mois, l'effet de ce médicament est mal connu : seul votre médecin peut évaluer le risque éventuel de son utilisation dans votre cas.

Allaitement :

Ce médicament passe dans le lait maternel : par mesure de prudence, il est contre-indiqué pendant l'allaitement.

MODE D'EMPLOI ET POSOLOGIE

Les comprimés doivent être pris de préférence au milieu des repas afin de limiter les effets digestifs indésirables. Ils doivent être avalés avec un verre d'eau sans être croqués ni écrasés.

Les comprimés à *libération prolongée* sont réservés au traitement de longue durée des affections de l'adulte.

Posologie usuelle :

- Adulte :
  - *traitement d'attaque* : 50 mg (soit 2 comprimés à 25 mg ou 1 comprimé à 50 mg), 3 fois par jour ;
  - *traitement d'entretien* : 75 à 100 mg (soit 1 comprimé à 25 mg et 1 comprimé à 50 mg par jour, ou 1 comprimé à *libération prolongée* ou 1 suppositoire à 100 mg par jour).
- Enfant de plus de 17 kg et de plus de 1 an : 2 à 3 mg par kilo et par jour, répartis en 2 ou 3 prises.

> Ne dépassez pas la *posologie* ni la durée de traitement prescrites par votre médecin.
>
> Ce médicament vous a été prescrit dans une situation précise : ne le conseillez pas à un proche, ne le réutilisez pas sans avis médical.
>
> Les effets indésirables de ce médicament sur l'estomac peuvent survenir aussi bien avec la solution injectable et les suppositoires qu'avec les comprimés.

EFFETS INDÉSIRABLES POSSIBLES

Troubles digestifs : *gastrite*, voire *ulcère* de l'estomac ou du *duodénum*, le plus souvent lors d'un traitement de longue durée ou à forte dose. Exceptionnellement : *hémorragie* du tube digestif (vomissements sanglants, selles noires, ou plus souvent pertes de sang imperceptibles responsables de l'apparition progressive d'une *anémie*).

Allergie cutanée, *asthme*.

Irritabilité, sensation de *vertiges*, bourdonnement d'oreille, troubles de la vision, maux de tête.

VOLTARÈNE collyre

diclofénac

PRÉSENTATION

VOLTARÈNE : collyre ; flacon compte-gouttes 5 ml - Non remb. - Liste II

Laboratoires Ciba Vision Ophthalmics

COMPOSITION

	p. 100 ml
Diclofénac sel sodique	100 mg
Thiomersal	4 mg

INDICATIONS

Ce collyre contient un *anti-inflammatoire* non stéroïdien (*AINS*). Il lutte contre l'*œdème* qui peut suivre une opération de la *cataracte*.

Il est exclusivement utilisé dans la prévention et le traitement des complications d'opération de la cataracte.

CONTRE-INDICATIONS

Ce médicament ne doit pas être utilisé dans les cas suivants :

- *allergie* à l'aspirine ou aux *anti-inflammatoires* non stéroïdiens (*AINS*),
- **grossesse** (3 derniers mois),
- **allaitement.**

ATTENTION

Une irritation oculaire peut être due à une infection : en cas de doute, n'hésitez pas à consulter votre médecin. N'utilisez pas ce collyre de façon prolongée sans prendre un avis médical.

GROSSESSE, ALLAITEMENT ET NOUVEAU-NÉ

Grossesse :

Des effets néfastes graves pour la mère et l'enfant à naître ont été mis en évidence lorsque les *AINS* sont utilisés au cours des 3 derniers mois de la grossesse : l'usage de ce collyre est formellement contre-indiqué pendant cette période.

Pendant les 6 premiers mois de la grossesse, l'effet de ce médicament est mal connu : seul votre médecin peut évaluer le risque éventuel de son utilisation dans votre cas.

Allaitement :

Ce médicament passe dans le lait maternel : par mesure de prudence, il est contre-indiqué pendant l'allaitement.

MODE D'EMPLOI ET POSOLOGIE

Tirer la paupière inférieure vers le bas tout en regardant vers le haut et déposer une goutte de collyre entre la paupière et le globe oculaire (*cul-de-sac conjonctival*).

Posologie usuelle :

1 goutte dans l'œil à opérer, 5 fois au cours des 3 heures qui précèdent l'opération. Le traitement doit être poursuivi après l'intervention, à raison de 1 goutte, 3 à 5 fois par jour.

L'application correcte du produit peut nécessiter une aide, notamment chez une personne handicapée ou âgée.

Ne conservez pas ce collyre plus de 15 jours après une première utilisation.

EFFETS INDÉSIRABLES POSSIBLES

Irritation locale.

Dus au conservateur (thiomersal) : *allergie* (rougeurs, démangeaisons) devant faire arrêter le traitement.

VOLTARÈNE injectable

diclofénac

PRÉSENTATION

VOLTARÈNE 75 mg/3 ml : solution injectable *I.M.* ; boîte de 2 ampoules 3 ml - Remb. 65 % - Liste II

Laboratoires Ciba-Geigy

COMPOSITION

	p. amp. inj.
Diclofénac, sel de sodium	75 mg
Sulfites	+

INDICATIONS

Ce médicament est un *anti-inflammatoire* non stéroïdien (*AINS*). Il lutte contre l'*inflammation* et la douleur, fait baisser la fièvre et fluidifie le sang.

Il est utilisé dans le traitement des douleurs inflammatoires aiguës lorsqu'un effet rapide est souhaité : *sciatique*, *lombalgie*, *colique néphrétique*, crise de *rhumatisme*.

CONTRE-INDICATIONS

Ce médicament ne doit pas être utilisé dans les cas suivants :

- *allergie* aux *AINS*, y compris l'aspirine ;
- *ulcère* de l'estomac ou du *duodénum* ;
- *insuffisance hépatique*, *insuffisance rénale* graves ;
- association à un traitement *anticoagulant* ;
- enfant de moins de 15 ans ;
- **grossesse** (3 derniers mois) ;
- **allaitement.**

ATTENTION

Tout traitement prolongé ou surdosage d'*AINS* expose à des effets indésirables graves.

Tout *symptôme* pouvant faire craindre une complication (maux d'estomac, *allergie* cutanée) doit être signalé à votre médecin.

Des précautions sont nécessaires chez la personne souffrant d'*antécédents* d'*ulcère* de l'estomac ou du *duodénum* ou présentant un risque hémorragique, chez la personne âgée et chez la femme qui porte un stérilet.

Conducteur : ce médicament peut provoquer parfois des étourdissements.

INTERACTIONS MÉDICAMENTEUSES

Ce médicament peut interagir avec d'autres médicaments, notamment :

- l'aspirine et les autres *anti-inflammatoires* non stéroïdiens : risque d'accroissement des effets indésirables ;
- les *anticoagulants* et les *antiagrégants plaquettaires* (TICLID...) : augmentation du risque hémorragique ;
- le *lithium* (TÉRALITHE, NEUROLITHIUM...) : augmentation du taux de lithium dans le sang.

Signalez tout autre traitement en cours à votre médecin ou à votre pharmacien.

GROSSESSE, ALLAITEMENT ET NOUVEAU-NÉ

Grossesse :

Des effets néfastes graves pour la mère et l'enfant à naître ont été mis en évidence lorsque ce médicament, comme tous les *AINS*, est utilisé au cours des 3 derniers mois de la grossesse : son usage est formellement contre-indiqué pendant cette période.

Pendant les 6 premiers mois, l'effet de ce médicament est mal connu : seul votre médecin peut évaluer le risque éventuel de son utilisation dans votre cas.

Allaitement :

Ce médicament passe dans le lait maternel : par mesure de prudence, il est contre-indiqué pendant l'allaitement.

MODE D'EMPLOI ET POSOLOGIE

Les injections doivent être faites exclusivement par *voie* intramusculaire.

Chez la personne pourvue d'une prothèse de hanche, l'injection doit être faite du côté opposé à celle-ci.

Posologie usuelle :

- Adulte : 1 ampoule par jour pendant 2 jours. Au-delà, le traitement peut se poursuivre avec les comprimés ou les suppositoires.

Les effets indésirables de ce médicament sur l'estomac peuvent survenir aussi bien avec la solution injectable et les suppositoires qu'avec les comprimés.

EFFETS INDÉSIRABLES POSSIBLES

Troubles digestifs : *gastrite*, voire *ulcère* de l'estomac ou du *duodénum*, le plus souvent lors d'un traitement de longue durée ou à forte dose. Exceptionnellement : *hémorragie* du tube digestif (vomissements sanglants, selles noires, ou plus souvent pertes de sang imperceptibles responsables de l'apparition progressive d'une *anémie*).

Allergie cutanée, *asthme*.

Fatigue, insomnie, irritabilité, sensation de *vertiges*, bourdonnement d'oreille, troubles de la vision, maux de tête.

VOLTARÈNE EMULGEL
diclofénac

PRÉSENTATION

VOLTARÈNE EMULGEL : gel pour application locale ; tube 50 g - Remb. 35 % - Liste II

Laboratoires Ciba-Geigy

COMPOSITION

	p. 100 g
Diclofénac, sel de sodium	1 g

INDICATIONS

Ce gel *antalgique* contient un *anti-inflammatoire* non stéroïdien (*AINS*). Il lutte localement contre l'*inflammation* et la douleur.

Il est utilisé dans le traitement des *tendinites* et des *œdèmes* survenant après un traumatisme.

CONTRE-INDICATIONS

Ce médicament ne doit pas être utilisé dans les cas suivants :
- *allergie* à l'aspirine ou aux *AINS*,
- en application sur un *eczéma*, des *muqueuses*, des plaies ou de la peau lésée.

ATTENTION
Ce médicament est réservé à l'adulte.

GROSSESSE, ALLAITEMENT ET NOUVEAU-NÉ

L'effet de ce médicament pendant la grossesse ou l'allaitement est mal connu : seul votre médecin peut évaluer le risque éventuel de son utilisation dans votre cas.

MODE D'EMPLOI ET POSOLOGIE

Le gel doit être appliqué en massage doux et prolongé.

Posologie usuelle :
- Adulte : 2 à 4 applications par jour.

☛ Se laver les mains après application. En cas de contact accidentel avec les yeux, rincer abondamment.

EFFETS INDÉSIRABLES POSSIBLES

Imposant l'arrêt du traitement : *allergie* cutanée (éruption de boutons, démangeaisons...).

VOXPAX
homéopathie

PRÉSENTATION

VOXPAX : comprimé (blanc) ; boîte de 60 - Non remb.

Laboratoires Lehning

COMPOSITION

Arum triphyllum D4, Pimpinella anisum D2, Carbo ligni officinalis D2, Calcii polysulfidum D4, Mangani peroxydatum D4, Olibanum D3, Arsenii anhydridum D4, Sisymbrium officinale D2, aa 60 mg p. comp.

INDICATIONS

Ce médicament est un *complexe* (association) de remèdes homéopathiques.

Il est utilisé dans le *traitement symptomatique* des enrouements et des laryngites.

ATTENTION
En l'absence d'amélioration ou en cas d'apparition de fièvre, consultez votre médecin.

GROSSESSE, ALLAITEMENT ET NOUVEAU-NÉ

Aux *dilutions homéopathiques*, les substances contenues dans ce médicament ne sont pas connues pour être toxiques pendant la grossesse ou l'allaitement.

MODE D'EMPLOI ET POSOLOGIE

Les comprimés doivent être sucés lentement et pris de préférence à distance des repas.

Posologie usuelle :

2 comprimés, 4 ou 5 fois par jour. Puis espacer les prises dès amélioration.

☛ Certains homéopathes recommandent de ne pas absorber de camphre pendant un traitement homéopathique.

VULCASE
aloès du Cap

PRÉSENTATION

VULCASE : comprimé (rose) ; boîte de 50 - Non remb.

Laboratoires Pharmascience

COMPOSITION

	p. comp.
Aloès du Cap exprimé en principe actif	9 mg

INDICATIONS

C'est un *laxatif stimulant*. Il augmente les sécrétions et la motricité de l'intestin.

Ce médicament est utilisé comme *traitement symptomatique* de la constipation.

CONTRE-INDICATIONS

Ce médicament ne doit pas être utilisé dans les cas suivants :
- maladies inflammatoires du côlon ;
- maladie comportant un risque d'obstruction du tube digestif ;
- enfant de moins de 12 ans, sauf sur prescription médicale.

ATTENTION
Ce médicament doit être utilisé de façon épisodique et en cure très brève : pas plus de 8 à 10 jours.
Son usage régulier peut entraîner :
- une *dépendance* ;
- des troubles intestinaux graves ;
- une perte de sels minéraux et notamment de *potassium*, pouvant être à l'origine de *troubles du rythme cardiaque* graves.

Arrêtez le traitement en cas de diarrhées ou de douleurs abdominales.

INTERACTIONS MÉDICAMENTEUSES

Ce médicament peut interagir avec d'autres médicaments, notamment ceux contenant de la *vincamine* et certains *antiarythmiques*. Signalez tout autre traitement en cours à votre médecin ou à votre pharmacien.

GROSSESSE, ALLAITEMENT ET NOUVEAU-NÉ

Ce médicament est déconseillé pendant la grossesse ou l'allaitement.

MODE D'EMPLOI ET POSOLOGIE

Ce médicament doit être pris sans être croqué de préférence le soir au coucher.

L'effet ne peut être obtenu qu'après 8 à 12 heures.

Posologie usuelle :
- Adulte et enfant de plus de 12 ans : 1 ou 2 comprimés par jour.

☛ Des mesures simples d'hygiène alimentaire et des exercices physiques sont à envisager avant d'utiliser un laxatif : parlez-en à votre médecin ou à votre pharmacien.

EFFETS INDÉSIRABLES POSSIBLES

Diarrhée, douleurs abdominales.

À forte dose : effets *atropiniques*.

W-X-Y-Z

WELLCOPRIM
trimétoprime

PRÉSENTATION
WELLCOPRIM : comprimé sécable (blanc) ; boîte de 5 - Remb. 65 % - Liste I

Laboratoires Warner Wellcome

COMPOSITION

	p. comp.
Triméthoprime	300 mg

INDICATIONS
Ce médicament contient un *antibiotique*.

Il est utilisé dans le traitement des infections urinaires de l'adulte.

CONTRE-INDICATIONS
Ce médicament ne doit pas être utilisé dans les cas suivants :
- *insuffisance rénale* ou *insuffisance hépatique* graves,
- enfant de moins de 15 ans,
- **grossesse,**
- **allaitement.**

INTERACTIONS MÉDICAMENTEUSES
Ce médicament peut interagir avec d'autres médicaments, en particulier les *anticoagulants* oraux. Signalez tout autre traitement en cours à votre médecin ou à votre pharmacien.

GROSSESSE, ALLAITEMENT ET NOUVEAU-NÉ
Ce médicament est contre-indiqué pendant la grossesse et l'allaitement.

MODE D'EMPLOI ET POSOLOGIE
Ce médicament doit être pris de préférence au cours des repas.

Posologie usuelle :
- Adulte : 1 comprimé par jour.

> Le médecin prescrit parfois un prélèvement pour identifier le *germe* responsable de l'infection et tester sa sensibilité aux *antibiotiques*. Le résultat de cet examen peut être faussé en cas d'automédication préalable : ne prenez pas d'antibiotique sans avis médical.

EFFETS INDÉSIRABLES POSSIBLES
Troubles digestifs.

Réactions cutanées allergiques.

X-ADÈNE

PRÉSENTATION
X-ADÈNE : préparation injectable *I.M.* ; boîte de 3 ampoules et 3 flacons 2,5 ml - Non remb. - Liste II

Laboratoires Biostabilex-Urap

COMPOSITION

	p. unité
Procaïne	100 mg
Thiamine chlorhydrate (vitamine B1)	6,65 mg
Riboflavine (vitamine B2)	1,35 mg
Nicotinamide (vitamine B3)	5,50 mg
Pantothénol (vitamine B5)	1,00 mg
Pyridoxine chlorydrate (vitamine B6)	2,00 mg
Désoxyribonucléate de sodium	60 mg

INDICATIONS
Ce médicament contient de la procaïne et des *vitamines* du groupe B.

Il est utilisé dans le *traitement d'appoint* de l'*artérite* et des retards de cicatrisation.

CONTRE-INDICATIONS
Ce médicament ne doit pas être utilisé dans les cas suivants :
- *allergie* à la procaïne,
- *intolérance* à la *vitamine* B1,
- *épilepsie*,
- enfant de moins de 10 ans,
- association avec les *sulfamides* et les médicaments contenant de la lévodopa ou de la prostigmine.

> **ATTENTION**
> Une prise de *vitamine* B6 supérieure à 2 g par jour peut entraîner des effets indésirables ; n'associez pas les médicaments ou les produits diététiques contenant des vitamines sans l'avis de votre médecin ou de votre pharmacien.
> Pour détecter une éventuelle *allergie*, il est conseillé de pratiquer un test cutané avec une petite quantité de médicament avant la première injection.

INTERACTIONS MÉDICAMENTEUSES
Ce médicament ne doit pas être associé aux *sulfamides*, aux médicaments contenant de la lévodopa seule (LARODOPA...) ou de la prostigmine : signalez tout autre traitement en cours à votre médecin ou à votre pharmacien.

GROSSESSE, ALLAITEMENT ET NOUVEAU-NÉ
Grossesse :

Par mesure de prudence, ce médicament est déconseillé pendant les premiers mois de la grossesse.

Allaitement :

Les données actuellement disponibles ne permettent pas de savoir si ce médicament passe dans le lait maternel.

MODE D'EMPLOI ET POSOLOGIE
La solution doit être injectée par *voie* intramusculaire.

Posologie usuelle :
- Adulte et enfant de plus de 10 ans : 1 injection par jour.

> Ce médicament n'est actif que sur les *symptômes* de l'*artérite*. Seule la pratique régulière de la marche peut retarder l'évolution de la maladie. Si vous êtes fumeur, la poursuite du tabagisme nuit à l'efficacité du traitement.

EFFETS INDÉSIRABLES POSSIBLES
Réaction allergique.

XANAX
alprazolam

PRÉSENTATION
XANAX 0,25 mg : comprimé sécable (blanc) ; boîte de 30 - Remb. 65 % - Liste I

XANAX 0,50 mg : comprimé sécable (rose) ; boîte de 30 - Remb. 65 % - Liste I

Laboratoires Upjohn

COMPOSITION

	p. comp. 0,25 mg	p. comp. 0,50 mg
Alprazolam		

INDICATIONS
C'est un *tranquillisant* de la famille des *benzodiazépines*.

Il est utilisé dans le traitement de l'anxiété lorsque celle-ci s'accompagne de troubles gênants.

CONTRE-INDICATIONS
Ce médicament ne doit pas être utilisé en cas d'*insuffisance respiratoire* grave.

> **ATTENTION**
> Des précautions sont nécessaires en cas de *myasthénie*, d'*insuffisance hépatique* ou d'*insuffisance respiratoire*.
> Utilisé seul, ce médicament n'est pas adapté au traitement des *états dépressifs*.
> Une prise prolongée ou des doses importantes de ce médicament, son asso-

ciation à des *sédatifs* ou à des boissons alcoolisées favorisent une *dépendance*. Respectez la *posologie* et la durée de traitement prescrites par votre médecin.

L'arrêt brutal de ce médicament expose à un *syndrome de sevrage* : réapparition de l'anxiété, agitation, irritabilité, insomnie, maux de tête, douleurs musculaires, tremblements, hallucinations. Il faut donc s'entourer de conseils médicaux pour diminuer progressivement les doses et espacer les prises, sur une période d'autant plus longue que le traitement a été prolongé.

Évitez les boissons alcoolisées : augmentation du risque de somnolence et de dépendance.

Conducteur : ce médicament peut être responsable d'une somnolence ou d'une baisse de la vigilance.

INTERACTIONS MÉDICAMENTEUSES

Ce médicament peut interagir avec d'autres médicaments, notamment les *sédatifs*. Signalez tout autre traitement en cours à votre médecin ou à votre pharmacien.

GROSSESSE, ALLAITEMENT ET NOUVEAU-NÉ

Grossesse et nouveau-né :

Par mesure de prudence, ce médicament est habituellement déconseillé pendant les 3 premiers mois de la grossesse. Toutefois, une grossesse survenant sous traitement ne justifie pas d'inquiétude particulière. Seul votre médecin peut apprécier le risque éventuel lié à l'utilisation de ce médicament dans votre cas.

Si le traitement est poursuivi jusqu'à l'accouchement, une surveillance médicale du *nouveau-né* est nécessaire.

Allaitement :

Ce médicament passe dans le lait maternel : l'allaitement est déconseillé.

MODE D'EMPLOI ET POSOLOGIE

Les comprimés doivent être avalés avec un peu d'eau.

Posologie usuelle :

Elle est strictement individuelle. Chez l'enfant, le traitement doit être de courte durée.

☛ Ce médicament vous a été prescrit dans une situation précise : ne le conseillez pas à une autre personne.

L'effet de ce médicament peut persister plus de 12 heures après sa prise.

Les *tranquillisants* ne sont pas la seule réponse à l'anxiété : une meilleure hygiène de vie, une consommation modérée d'excitants (y compris les boissons alcoolisées) permettent aussi de lutter efficacement contre l'excès de stress.

EFFETS INDÉSIRABLES POSSIBLES

Trous de mémoire, sensation d'ivresse, somnolence particulièrement chez la personne âgée, ralentissement des idées, ou, au contraire, excitation, irritabilité, idées confuses, hallucinations, fatigue, éruption cutanée.

XANTHIUM

théophylline

PRÉSENTATION

XANTHIUM 200 : gélule à *libération prolongée* (blanc) ; boîte de 30 - Remb. 65 % - Liste II

XANTHIUM 400 : gélule à *libération prolongée* (transparent) ; boîte de 30 - Remb. 65 % - Liste II

Laboratoires Galephar

COMPOSITION

	p. gél. L.P. 200 mg	p. gél. L.P. 400 mg
Théophylline		

INDICATIONS

Ce médicament est un bronchodilatateur qui contient de la théophylline. Il lutte contre la contraction anormale des muscles de la paroi des bronches et stimule la respiration.

Il est utilisé dans le traitement de l'*asthme* et de certaines maladies respiratoires.

CONTRE-INDICATIONS

Ce médicament ne doit pas être utilisé dans les cas suivants :
- enfant de moins de 15 ans,
- en association avec les médicaments contenant de l'énoxacine.

ATTENTION

Ce médicament n'est pas adapté en cas de crise d'*asthme*.

Des précautions sont nécessaires en cas d'*insuffisance cardiaque*, d'*insuffisance hépatique*, d'*insuffisance coronarienne*, d'*hyperthyroïdie*, d'*antécédent* de *convulsions*, d'obésité, d'*ulcère* de l'estomac ou du *duodénum*.

Le tabac interagit avec la théophylline, dont il diminue fortement l'efficacité, mais son arrêt peut conduire à un surdosage. Votre médecin adaptera la *posologie* en conséquence.

INTERACTIONS MÉDICAMENTEUSES

Ce médicament ne doit pas être associé aux médicaments contenant de l'énoxacine (ENOXOR...) : risque de surdosage en théophylline.

Il peut interagir avec d'autres médicaments. Signalez tout autre traitement en cours à votre médecin ou à votre pharmacien.

GROSSESSE, ALLAITEMENT ET NOUVEAU-NÉ

Grossesse et nouveau-né :

Lors de son utilisation en fin de grossesse, ce médicament peut provoquer une accélération du cœur et une agitation importante chez le *nouveau-né*.

Allaitement :

Les données actuellement disponibles ne permettent pas de savoir si ce médicament passe dans le lait maternel.

MODE D'EMPLOI ET POSOLOGIE

Les gélules doivent être avalées avec un verre d'eau, sans être croquées.

Posologie usuelle :

Elle est précise et strictement individuelle. Elle est adaptée progressivement par votre médecin en fonction des analyses de sang indiquant le taux de théophylline.

La *posologie* efficace la plus faible possible est toujours recherchée.

☛ Toute modification de la *posologie* expose à la survenue d'une crise d'*asthme* : veillez à ne jamais manquer de ce médicament.

Fumer, ou être exposé à la fumée des autres, nuit à l'efficacité du traitement.

Les excitants, tels que le thé ou le café, peuvent accroître certains effets indésirables de la théophylline et doivent être consommés avec modération.

EFFETS INDÉSIRABLES POSSIBLES

Les effets indésirables varient d'une personne à l'autre. Leur intensité peut traduire un surdosage et rendre nécessaire une adaptation de la *posologie* : consultez votre médecin.

Les plus fréquents sont : maux de tête, agitation, insomnie, accélération du cœur, *troubles digestifs*.

XANTURIC

allopurinol

PRÉSENTATION

XANTURIC 100 mg : capsule (jaune) ; boîte de 50 - Remb. 65 % - Liste I

XANTURIC 100 mg : capsule (jaune) ; boîte de 100 - Remb. 65 % - Liste I

Laboratoires Pharmafarm

COMPOSITION

	p. caps.
Allopurinol	100 mg

INDICATIONS

C'est un hypo-uricémiant : il diminue la production d'*acide urique*, abaisse son taux dans le sang et donc dans les urines.

Il est utilisé dans le traitement de l'excès d'*acide urique* et de ses conséquences : *goutte* et *lithiases* urinaires.

CONTRE-INDICATIONS

Ce médicament ne doit pas être utilisé en cas d'*allergie* à l'allopurinol.

ATTENTION

Ce médicament n'est pas un *traitement de la crise* de *goutte*. Paradoxalement, il peut provoquer des crises de goutte en début de traitement. Le médecin lui associe généralement de la colchicine pendant le premier mois de traitement.

Certains *antécédents* doivent être portés à la connaissance de votre médecin : maladie de *Lesch-Nyhan*, certaines maladies du sang, *insuffisance rénale*, *insuffisance hépatique*.

Des analyses de sang et d'urine sont nécessaires pour juger de l'efficacité du traitement.

INTERACTIONS MÉDICAMENTEUSES

Ce médicament peut interagir avec d'autres médicaments, notamment certaines *pénicillines* à spectre élargi (ampicilline). Signalez tout autre traitement en cours à votre médecin ou à votre pharmacien.

GROSSESSE, ALLAITEMENT ET NOUVEAU-NÉ

Grossesse :

L'effet de ce médicament pendant la grossesse est mal connu. Par mesure de prudence, son usage est déconseillé.

Allaitement :

Ce médicament passe dans le lait maternel : l'allaitement est déconseillé.

MODE D'EMPLOI ET POSOLOGIE

Les capsules doivent être avalées de préférence après les repas pour améliorer la tolérance digestive.

Posologie usuelle :

Elle est fonction du taux d'*acide urique*.

> Une crise de *goutte* peut être provoquée par un excès alimentaire mais aussi par un jeûne prolongé, une fatigue excessive, un stress, un traumatisme.
>
> Le traitement reste justifié même si le taux d'*acide urique* est normal pendant la crise de goutte.

EFFETS INDÉSIRABLES POSSIBLES

En début de traitement : crise de *goutte*, prévenue généralement par l'association de colchicine (voir ATTENTION).

Troubles digestifs (nausées, diarrhée, brûlures d'estomac), *allergie* cutanée : prévenez immédiatement votre médecin. Rares maux de tête et *vertiges*.

XATRAL
alfuzosine

PRÉSENTATION

XATRAL 2,5 mg : comprimé (blanc) ; boîte de 30 - Remb. 35 % - Liste I

XATRAL L.P. 5 mg : comprimé à *libération prolongée* (jaune) ; boîte de 56 - Remb. 35 % - Liste I

Laboratoires Synthélabo France

COMPOSITION

	p. comp.	p. comp. L.P.
Alfuzosine chlorhydrate	2,5 mg	5 mg

INDICATIONS

Ce médicament appartient à la famille des *alphabloquants*. Il lutte contre la contraction des *voies* urinaires.

Il est utilisé dans le traitement des troubles urinaires dus à un *adénome de la prostate*.

CONTRE-INDICATIONS

Ce médicament ne doit pas être utilisé en cas d'*antécédent* d'*hypotension orthostatique*.

> **ATTENTION**
>
> Une *hypotension orthostatique* peut survenir dans les heures qui suivent la prise du médicament : ce malaise peut être précédé de sensations de vertige ou de sueurs. Il est alors recommandé de s'allonger jusqu'à disparition des *symptômes*.
>
> Conducteur : ce médicament peut être responsable de vertiges.

INTERACTIONS MÉDICAMENTEUSES

Ce médicament peut interagir avec d'autres médicaments, notamment certains *antihypertenseurs*. Signalez tout autre traitement en cours à votre médecin ou à votre pharmacien.

MODE D'EMPLOI ET POSOLOGIE

Ce médicament peut être pris indifféremment au cours ou en dehors des repas ; les comprimés à *libération prolongée* doivent être avalés sans être croqués.

Posologie usuelle :

1 comprimé à 2,5 mg, 3 fois par jour, ou 1 comprimé à 5 mg, matin et soir (en commençant le soir).

> Du fait du risque d'*hypotension orthostatique*, évitez toute activité dangereuse en début de traitement.

EFFETS INDÉSIRABLES POSSIBLES

Troubles digestifs.

Hypotension orthostatique, sensations vertigineuses, malaises, somnolence.

Maux de tête, bouffées de chaleur.

Accélération du cœur, *palpitations*.

Bouche sèche.

Réactions allergiques cutanées.

Œdèmes.

XENID oral, rectal
diclofénac

PRÉSENTATION

XENID 25 mg : comprimé ; boîte de 30 - Remb. 65 % - Liste II

XENID 50 mg : comprimé ; boîte de 30 - Remb. 65 % - Liste II

XENID L.P. 100 mg : comprimé à *libération prolongée* ; boîte de 15 - Remb. 65 % - Liste II

XENID 25 mg Enfant : suppositoire ; boîte de 10 - Remb. 65 % - Liste II

XENID 100 mg Adulte : suppositoire ; boîte de 10 - Remb. 65 % - Liste II

Laboratoires Biogalénique

COMPOSITION

	p. comp.	p. comp.	p. comp. L.P.
Diclofénac, sel de sodium	25 mg	50 mg	100 mg

	p. suppos. Enf.	p. suppos. Ad.
Diclofénac, sel de sodium	25 mg	100 mg

INDICATIONS

Ce médicament est un *anti-inflammatoire* non stéroïdien (*AINS*). Il lutte contre l'*inflammation* et la douleur, fait baisser la fièvre et fluidifie le sang.

Il est utilisé chez l'adulte dans le *traitement symptomatique* :

- des *rhumatismes inflammatoires* ;
- de certaines *arthroses* ;
- des *arthrites*, des *tendinites*, des *lombalgies* ;
- des *sciatiques* et des *cruralgies* ;
- des règles douloureuses (comprimé à 50 mg).

Il est utilisé chez l'enfant dans le traitement des rhumatismes inflammatoires (comprimé et suppositoire dosés à 25 mg).

CONTRE-INDICATIONS

Ce médicament ne doit pas être utilisé dans les cas suivants :

- *allergie* aux *AINS*, y compris l'aspirine ;
- *ulcère* de l'estomac ou du *duodénum* ;
- *insuffisance hépatique*, *insuffisance rénale* graves ;
- *inflammation* récente du rectum (suppositoire) ;
- Enfant de moins de 15 ans (comprimé à 50 mg, comprimé et suppositoire à 100 mg) ;
- Enfant de moins de 1 an (comprimé à 25 mg et suppositoire Enfant) ;
- **grossesse** (3 derniers mois) ;
- **allaitement**.

> **ATTENTION**
>
> Tout traitement prolongé ou surdosage d'*AINS* expose à des effets indésirables graves.
>
> Tout *symptôme* pouvant faire craindre des complications (maux d'estomac, *allergie* cutanée) doit être signalé à votre médecin.
>
> Des précautions sont nécessaires chez la personne souffrant d'*antécédents* d'*ulcère* de l'estomac ou du *duodénum*, ou présentant un risque hémorragique, chez la personne âgée et chez la femme qui porte un stérilet.
>
> Conducteur : ce médicament peut provoquer parfois des étourdissements.

INTERACTIONS MÉDICAMENTEUSES

Ce médicament peut interagir avec d'autres médicaments, notamment :

- l'aspirine et les autres *anti-inflammatoires* non stéroïdiens : risque d'accroissement des effets indésirables ;
- les *anticoagulants* et les *antiagrégants plaquettaires* (TICLID...) : augmentation du risque hémorragique ;
- le *lithium* (TÉRALITHE, NEUROLITHIUM...) : augmentation du taux de lithium dans le sang.

Signalez tout autre traitement en cours à votre médecin ou à votre pharmacien.

GROSSESSE, ALLAITEMENT ET NOUVEAU-NÉ

Grossesse :

Des effets néfastes graves pour la mère et l'enfant à naître ont été mis en évidence lorsque ce médicament, comme tous les *AINS*, est utilisé au cours des 3 derniers mois de la grossesse : son usage est formellement contre-indiqué pendant cette période.

Pendant les 6 premiers mois, l'effet de ce médicament est mal connu : seul votre médecin peut évaluer le risque éventuel de son utilisation dans votre cas.

Allaitement :

Ce médicament passe dans le lait maternel : par mesure de prudence, il est contre-indiqué pendant l'allaitement.

MODE D'EMPLOI ET POSOLOGIE

Les comprimés doivent être pris de préférence au milieu des repas afin de limiter les effets digestifs indésirables. Ils doivent être avalés avec un verre d'eau sans être croqués ni écrasés.

Les comprimés à *libération prolongée* sont réservés au traitement de longue durée des affections de l'adulte.

Posologie usuelle :

- Adulte :
  - *traitement d'attaque* : 150 mg par jour (soit 2 comprimés à 25 mg ou 1 comprimé à 50 mg, 3 fois par jour) ;
  - *traitement d'entretien* : 75 à 100 mg (soit 1 comprimé à 25 mg et 1 comprimé à 50 mg ou 1 comprimé à *libération prolongée* ou 1 suppositoire à 100 mg), par jour.
- Enfant de plus de 10 kg et de plus de 1 an : 2 à 3 mg par kg et par jour, en 2 ou 3 prises.

> Ne dépassez pas la *posologie* ni la durée de traitement prescrites par votre médecin.
>
> Ce médicament vous a été prescrit dans une situation précise : ne le conseillez pas à un proche, ne le réutilisez pas sans avis médical.
>
> Les effets indésirables de ce médicament sur l'estomac peuvent survenir aussi bien avec les suppositoires qu'avec les comprimés.

EFFETS INDÉSIRABLES POSSIBLES

Troubles digestifs : *gastrite*, voire *ulcère* de l'estomac ou du *duodénum*, le plus souvent lors d'un traitement de longue durée ou à forte dose. Exceptionnellement : *hémorragie* du tube digestif (vomissements sanglants, selles noires ou plus souvent pertes de sang imperceptibles, responsables de l'apparition progressive d'une *anémie*).

Fatigue, insomnie, irritabilité, sensation de vertiges, maux de tête.

Allergie cutanée, *asthme*.

XENID gel

diclofénac

PRÉSENTATION

XENID 1 % : gel pour application locale ; tube 60 g - Remb. 35 % - Liste II

Laboratoires Biogalénique

COMPOSITION

	p. 100 g
Diclofénac, sel de sodium	1 g

INDICATIONS

Ce gel *antalgique* contient un *anti-inflammatoire* non stéroïdien (*AINS*). Il lutte localement contre l'*inflammation* et la douleur.

Il est utilisé dans le traitement des entorses et des *tendinites*.

CONTRE-INDICATIONS

Ce médicament ne doit pas être utilisé dans les cas suivants :
- *allergie* à l'aspirine ou aux *AINS* ;
- en application sur un *eczéma*, les *muqueuses*, les plaies ou la peau lésée ;
- enfant de moins de 15 ans.

GROSSESSE, ALLAITEMENT ET NOUVEAU-NÉ

L'effet de ce médicament pendant la grossesse ou l'allaitement est mal connu ; seul votre médecin peut évaluer le risque éventuel de son utilisation dans votre cas.

MODE D'EMPLOI ET POSOLOGIE

Le gel doit être appliqué en massage doux et prolongé.

Posologie usuelle :
- Adulte : 2 à 4 applications par jour.

> Se laver les mains après l'application. En cas de contact accidentel avec les yeux, rincer abondamment.

EFFETS INDÉSIRABLES POSSIBLES

Imposant l'arrêt du traitement : *allergie* cutanée (éruption de boutons, démangeaisons...).

XENID injectable

diclofénac

PRÉSENTATION

XENID 75 mg/3 ml : solution injectable *I.M.* ; boîte de 2 ampoules 3 ml - Remb. 65 % - Liste II

Laboratoires Biogalénique

COMPOSITION

	p. amp. inj.
Diclofénac, sel de sodium	75 mg
Sulfites	+

INDICATIONS

Ce médicament est un *anti-inflammatoire* non stéroïdien (*AINS*). Il lutte contre l'*inflammation* et la douleur, fait baisser la fièvre et fluidifie le sang.

Il est utilisé dans le traitement des douleurs inflammatoires aiguës lorsqu'un effet rapide est souhaité : *sciatique*, *lombalgie*, *colique néphrétique*, crise de *rhumatisme*.

CONTRE-INDICATIONS

Ce médicament ne doit pas être utilisé dans les cas suivants :
- *allergie* aux *AINS*, y compris l'aspirine ;
- *ulcère* de l'estomac ou du *duodénum* ;
- *insuffisance hépatique*, *insuffisance rénale* graves ;
- association à un traitement *anticoagulant* ;
- enfant de moins de 15 ans ;
- **grossesse** (3 derniers mois) ;
- **allaitement**.

> **ATTENTION**
>
> Tout traitement prolongé ou surdosage d'*AINS* expose à des effets indésirables graves.
>
> Tout symptôme pouvant faire craindre une complication (maux d'estomac, *allergie* cutanée) doit être signalé à votre médecin.
>
> Des précautions sont nécessaires chez la personne souffrant d'*antécédents* d'*ulcère* de l'estomac ou du *duodénum*, ou présentant un risque hémorragique, chez la personne âgée et chez la femme qui porte un stérilet.
>
> Conducteur : ce médicament peut provoquer parfois des étourdissements.

INTERACTIONS MÉDICAMENTEUSES

Ce médicament peut interagir avec d'autres médicaments, notamment :
- l'aspirine et les autres *anti-inflammatoires* non stéroïdiens : risque d'accroissement des effets indésirables ;
- les *anticoagulants* et les *antiagrégants plaquettaires* (TICLID...) : augmentation du risque hémorragique ;
- le *lithium* (TÉRALITHE, NEUROLITHIUM...) : augmentation du taux de lithium dans le sang.

Signalez tout autre traitement en cours à votre médecin ou à votre pharmacien.

GROSSESSE, ALLAITEMENT ET NOUVEAU-NÉ

Grossesse :

Des effets néfastes graves pour la mère et l'enfant à naître ont été mis en évidence lorsque ce médicament, comme tous les *AINS*, est utilisé au cours des 3 derniers mois de la grossesse : son usage est formellement contre-indiqué pendant cette période.

Pendant les 6 premiers mois, l'effet de ce médicament est mal connu : seul votre médecin peut évaluer le risque éventuel de son utilisation dans votre cas.

Allaitement :

Ce médicament passe dans le lait maternel : par mesure de prudence, il est contre-indiqué pendant l'allaitement.

MODE D'EMPLOI ET POSOLOGIE

Les injections doivent être faites exclusivement par *voie* intramusculaire.

Chez la personne pourvue d'une prothèse de hanche, l'injection doit être faite du côté opposé à celle-ci.

Posologie usuelle :
- Adulte : 1 ampoule par jour pendant 2 jours. Au-delà, le traitement peut se poursuivre avec les comprimés ou les suppositoires.

> Les effets indésirables de ce médicament sur l'estomac peuvent survenir aussi bien avec la solution injectable qu'avec les comprimés.

EFFETS INDÉSIRABLES POSSIBLES

Troubles digestifs : *gastrite*, voire *ulcère* de l'estomac ou du *duodénum*, le plus souvent lors d'un traitement de longue durée ou à forte dose.

Exceptionnellement : *hémorragie* du tube digestif (vomissements sanglants, selles noires, ou plus souvent pertes de sang imperceptibles, responsables de l'apparition progressive d'une *anémie*).

Fatigue, insomnie, irritabilité, sensation de vertige, maux de tête.

Allergie cutanée, *asthme*.

XITADIL
viquidil

PRÉSENTATION

XITADIL : gélule (bleu) ; boîte de 30 - Remb. 35 % - Liste II

Laboratoires Irex

COMPOSITION

	p. gél.
Viquidil chlorhydrate	100 mg

INDICATIONS

Ce médicament appartient à la famille des *vasodilatateurs*. Il augmente le débit sanguin cérébral.

Il est utilisé dans le *traitement symptomatique* :
- des troubles du comportement et de la mémoire,
- de certains *vertiges* et bourdonnements d'oreille.

GROSSESSE, ALLAITEMENT ET NOUVEAU-NÉ

L'effet de ce médicament pendant la grossesse ou l'allaitement est mal connu : seul votre médecin peut évaluer le risque éventuel de son utilisation dans votre cas.

MODE D'EMPLOI ET POSOLOGIE

Les gélules peuvent être prises avec un peu d'eau, au moment des repas.

Posologie usuelle :

1 gélule, 2 ou 3 fois par jour.

> Ne pas prendre ce médicament à jeun afin d'éviter d'éventuels *troubles digestifs*.

EFFETS INDÉSIRABLES POSSIBLES

Troubles digestifs : nausées.

XYLOCAÏNE VISQUEUSE
lidocaïne

PRÉSENTATION

XILOCAÏNE VISQUEUSE : gel pour anesthésie locale arôme fraise-framboise ; tube 100 g - Remb. 65 % - Liste II

Laboratoires Astra France

COMPOSITION

	p. 100 g
Lidocaïne chlorhydrate	2 g

INDICATIONS

Ce gel contient un *anesthésique* local. Il est efficace contre la douleur mais n'agit pas sur sa cause.

Il est utilisé pour :
- l'*anesthésie* locale qui précède les examens du tube digestif,
- le traitement des douleurs de la bouche et des gencives (aphte, *stomatite*...),
- le traitement des douleurs de l'estomac et de l'œsophage.

CONTRE-INDICATIONS

Ce médicament ne doit pas être utilisé dans les cas suivants :
- *allergie* aux *anesthésiques* locaux,
- *porphyries*.

> **ATTENTION**
> Ce médicament provoque une *anesthésie* de l'arrière-gorge et peut faciliter les fausses-routes (passage des aliments dans le larynx) : évitez de le prendre immédiatement avant un repas.
> Ce médicament doit être tenu hors de la portée des enfants.

GROSSESSE, ALLAITEMENT ET NOUVEAU-NÉ

L'effet de ce médicament pendant la grossesse ou l'allaitement est mal connu : seul votre médecin peut évaluer le risque éventuel de son utilisation dans votre cas.

MODE D'EMPLOI ET POSOLOGIE

Lésions de la bouche : le gel est appliqué en petite quantité sur les lésions ou réparti dans la bouche avec la langue. Éviter de boire dans l'heure qui suit l'application.

Douleurs du tube digestif : absorber le gel avant les repas ou au moment des douleurs, puis avaler rapidement un demi-verre d'eau pour éviter l'*anesthésie* de l'arrière-gorge (risque de fausse-route).

Posologie usuelle :

Douleurs du tube digestif :
- Adulte : 1 cuillère à dessert ou à soupe par prise, sans dépasser 3 prises par jour.
- Nourrisson et jeune enfant : se conformer à la prescription du médecin.

YOHIMBINE HOUDÉ
yohimbine

PRÉSENTATION

YOHIMBINE HOUDÉ : comprimé (bleu) ; boîte de 50 - Remb. 35 %

Laboratoires Houdé

COMPOSITION

	p. comp.
Yohimbine chlorhydrate	2 mg

INDICATIONS

C'est un médicament aux nombreuses propriétés, actif essentiellement sur le système cardio-vasculaire.

Il est utilisé dans le traitement de l'impuissance masculine et de l'*hypotension orthostatique*.

CONTRE-INDICATIONS

Ce médicament ne doit pas être utilisé en cas d'*insuffisance hépatique* ou d'*insuffisance rénale* graves.

> **ATTENTION**
> En cas d'*insuffisance hépatique* ou d'*insuffisance rénale*, ne pas prendre ce médicament sans avis médical.
> Ne pas dépasser les doses recommandées : risque de chute de la tension artérielle par inversion de l'effet du produit ou d'érection anormalement prolongée et douloureuse.

INTERACTIONS MÉDICAMENTEUSES

Ce médicament peut interagir avec d'autres médicaments, notamment ceux contenant de la clonidine (BARCLYD, CATAPRESSAN...). Signalez tout autre traitement en cours à votre médecin ou à votre pharmacien.

GROSSESSE, ALLAITEMENT ET NOUVEAU-NÉ

L'effet de ce médicament pendant la grossesse ou l'allaitement est mal connu : seul votre médecin peut évaluer le risque éventuel de son utilisation dans votre cas.

MODE D'EMPLOI ET POSOLOGIE

Les comprimés peuvent être pris avec un peu d'eau, à distance des repas.

Posologie usuelle :
- Impuissance masculine : 3 comprimés, 3 fois par jour.
- *Hypotension orthostatique* : 2 comprimés, 3 fois par jour.

EFFETS INDÉSIRABLES POSSIBLES

Ils apparaissent surtout pour les *posologies* élevées :
- nervosité, irritabilité, insomnie, tremblements, *vertiges*, *migraines* ;
- *troubles digestifs* ;
- érection prolongée et douloureuse.

YSE

PRÉSENTATION

YSE : comprimé (bleu) ; boîte de 50 - Non remb.

Laboratoires Chatelut

COMPOSITION

	p. comp.
Noix de kola, extrait	50 mg
Noix vomique, extrait	5 mg
Phosphure de zinc	2 mg

INDICATIONS

Ce médicament est un *psychostimulant*. Il contient une association de substances, notamment du zinc.

Il est utilisé dans le traitement de la fatigue intellectuelle et sexuelle, et des carences en zinc.

CONTRE-INDICATIONS

Ce médicament ne doit pas être utilisé en cas de *carence* en cuivre. Une absorption importante de zinc nuit à celle du cuivre (alimentaire ou contenu dans des médicaments).

GROSSESSE, ALLAITEMENT ET NOUVEAU-NÉ

L'effet de ce médicament pendant la grossesse ou l'allaitement est mal connu. L'évaluation du risque éventuel lié à son utilisation est individuelle : demandez conseil à votre pharmacien ou à votre médecin.

MODE D'EMPLOI ET POSOLOGIE

Les comprimés doivent être avalés avec un peu d'eau.

Posologie usuelle :

2 à 4 comprimés, 2 fois par jour, pendant 2 à 4 semaines.

> Une fatigue persistante ne doit pas vous conduire à augmenter les prises de ce médicament : consultez votre médecin

YSE GLUTAMIQUE

PRÉSENTATION

YSE GLUTAMIQUE : comprimé (orange) ; boîte de 50 - Non remb.

Laboratoires Chatelut

COMPOSITION

	p. comp.
Noix de kola, extrait	35 mg
Noix vomique, extrait	5 mg
Acide L-glutamique	200 mg
Phosphure de zinc	2 mg

INDICATIONS

Ce médicament est un *psychostimulant*. Il contient une association de substances, notamment un acide aminé et du zinc.

Il est utilisé dans le traitement de la fatigue physique ou intellectuelle, et des carences en zinc.

CONTRE-INDICATIONS

Ce médicament ne doit pas être utilisé en cas de *carence* en cuivre. Une absorption importante de zinc nuit à celle du cuivre (alimentaire ou contenu dans des médicaments).

GROSSESSE, ALLAITEMENT ET NOUVEAU-NÉ

L'effet de ce médicament pendant la grossesse ou l'allaitement est mal connu. L'évaluation du risque éventuel lié à son utilisation est individuelle : demandez conseil à votre pharmacien ou à votre médecin.

MODE D'EMPLOI ET POSOLOGIE

Les comprimés doivent être avalés avec un peu d'eau.

Posologie usuelle :

2 à 4 comprimés, 2 fois par jour, pendant 2 à 4 semaines.

> Une fatigue persistante ne doit pas vous conduire à augmenter les prises de ce médicament : consultez votre médecin.

YSOL 206

PRÉSENTATION

YSOL 206 : shampooing ; flacon 125 ml - Non remb.

YSOL 206 : shampooing ; flacon 250 ml - Non remb.

Laboratoires Rabi & Solabo

COMPOSITION

	p. 100 g
Acide acétique à 80 %	4,56 g
Camphre	0,76 g
Huile essentielle de citronnelle (type Java)	0,76 g

INDICATIONS

Ce médicament est destiné à détruire les poux de la tête ou du pubis, et leurs œufs (lentes).

> **ATTENTION**
>
> Rincez abondamment en cas de contact accidentel avec les yeux.

GROSSESSE, ALLAITEMENT ET NOUVEAU-NÉ

Ce médicament ne contient que des substances présumées sans danger pendant la grossesse ou l'allaitement. Néanmoins, ne l'utilisez pas de façon prolongée sans l'avis de votre pharmacien ou de votre médecin.

MODE D'EMPLOI ET POSOLOGIE

Frictionner les cheveux mouillés pendant plusieurs minutes. Rincer abondamment à l'eau tiède, puis démêler les cheveux au peigne fin.

Posologie usuelle :

Traitement curatif : 1 lavage, 1 à 3 fois à quelques jours d'intervalle.

Traitement préventif : 1 lavage par semaine.

> Pour éviter les récidives, il est nécessaire que l'entourage suive le même traitement.
>
> Les chapeaux, bonnets, écharpes doivent être désinfectés.
>
> Les lentes fixées à plus de 2 cm du cuir chevelu sont généralement mortes, et leur présence ne signifie pas que le traitement a échoué. Leur élimination peut être facilitée en démêlant les cheveux avec un peigne trempé dans de l'eau vinaigrée.

ZADITEN

kétotifène

PRÉSENTATION

ZADITEN : gélule (blanc) ; boîte de 60 - Remb. 65 % - Liste II

ZADITEN : solution buvable arôme fraise ; flacon 150 ml (30 mesurettes) - Remb. 65 % - Liste II

Laboratoires Sandoz

COMPOSITION

	p. gél.	p. mes.
Kétotifène	1 mg	1 mg

INDICATIONS

Ce médicament est un *antihistaminique* antiallergique.

Il est utilisé dans le *traitement préventif* de la crise d'*asthme* d'origine allergique.

> **ATTENTION**
>
> Ce médicament n'est pas destiné à traiter une crise d'*asthme* déclarée.
>
> Ce médicament n'est pas adapté au *nourrisson* de moins de 6 mois.
>
> L'efficacité de ce médicament est diminuée en cas d'infection bronchique. Signalez à votre médecin l'apparition de signes nouveaux (toux grasse, crachats colorés, fièvre...).
>
> Évitez les boissons alcoolisées : augmentation du risque de somnolence.
>
> Conducteur : ce médicament peut être responsable d'une baisse de la vigilance, particulièrement en début de traitement.

INTERACTIONS MÉDICAMENTEUSES

Ce médicament peut interagir avec d'autres médicaments. Signalez tout autre traitement en cours à votre médecin ou à votre pharmacien.

GROSSESSE, ALLAITEMENT ET NOUVEAU-NÉ

Ce médicament est déconseillé pendant la grossesse et l'allaitement.

MODE D'EMPLOI ET POSOLOGIE

Les gélules doivent être avalées avec un peu d'eau.

Posologie usuelle :

- Adulte et enfant de plus de 3 ans (plus de 12 kg) : 1 gélule ou 1 mesurette, matin et soir.
- Enfant de 6 mois à 3 ans (moins de 12 kg) : 1/2 mesurette, matin et soir.

EFFETS INDÉSIRABLES POSSIBLES

Somnolence, bouche sèche, exceptionnelles sensations de vertige, *troubles digestifs*.

ZAMOCILLINE

amoxicilline

PRÉSENTATION

ZAMOCILLINE 500 mg : gélule (vert) ; boîte de 12 - Remb. 65 % - Liste I

Laboratoires Zambon France

COMPOSITION

	p. gél.
Amoxicilline	500 mg

INDICATIONS

C'est un *antibiotique* qui appartient à la famille des *pénicillines* à spectre élargi, c'est-à-dire actives sur un plus grand nombre de *germes* que la pénicilline simple.

Ce médicament est utilisé dans le traitement de diverses maladies infectieuses, notamment celles des poumons, des bronches, du nez, de la gorge ou des oreilles, de l'appareil digestif ou urinaire, des *voies* génitales, des gencives et des dents.

CONTRE-INDICATIONS

Ce médicament ne doit pas être utilisé dans les cas suivants :
- *allergie* aux *pénicillines*,
- *mononucléose infectieuse*.

Ce médicament ne peut être utilisé qu'après avis médical en cas d'allergie aux *céphalosporines*.

ATTENTION

Des précautions sont nécessaires en cas d'*insuffisance rénale*.

Le médecin peut prescrire un prélèvement pour identifier le *germe* responsable de l'infection et tester sa sensibilité à l'*antibiotique*. Le résultat de cet examen peut être faussé en cas d'automédication préalable : ne prenez pas d'antibiotiques sans avis médical.

Des *antécédents* d'*allergie* à la *pénicilline* contre-indiquent l'usage de ce médicament. La survenue de toute manifestation allergique (boutons, *œdème*, malaise) impose l'arrêt immédiat du traitement : consultez votre médecin.

Une diminution de la fièvre ou une disparition des *symptômes* ne sont pas synonymes de guérison : la durée du traitement doit absolument être respectée pour éviter les rechutes.

INTERACTIONS MÉDICAMENTEUSES

Ce médicament peut interagir avec d'autres médicaments. Signalez tout autre traitement en cours à votre médecin ou à votre pharmacien.

GROSSESSE, ALLAITEMENT ET NOUVEAU-NÉ

Grossesse :

Les études scientifiques actuellement disponibles n'ont pas mis en évidence de problème particulier lors de l'utilisation chez la femme enceinte. Seul votre médecin peut apprécier la nécessité du traitement et son risque pendant la grossesse.

Allaitement :

Ce médicament passe dans le lait maternel.

MODE D'EMPLOI ET POSOLOGIE

Les gélules doivent être avalées avec un peu d'eau.

Les repas ne modifient pas l'absorption du médicament, qui peut donc être pris à n'importe quel moment de la journée.

Posologie usuelle :

Elle varie en fonction des indications.

À titre indicatif et pour des infections courantes :
- Adulte : 500 mg, matin et soir.

☛ L'éventuelle impression de fatigue n'est pas due à l'*antibiotique*, mais à l'infection elle-même.

L'odeur particulière des urines est normale et traduit l'élimination de l'antibiotique.

EFFETS INDÉSIRABLES POSSIBLES

Fréquents mais généralement bénins :
- *allergie* cutanée ;
- *troubles digestifs* : nausée, diarrhée ;
- *candidose*.

Rares mais parfois graves :
- œdème de *Quincke*,
- *choc* allergique (exceptionnel).

ZARONTIN

éthosuximide

PRÉSENTATION

ZARONTIN : capsule (jaune orangé) ; boîte de 50 - Remb. 65 % - Liste II

ZARONTIN : sirop arôme framboise ; flacon 200 ml - Remb. 65 % - Liste II

Laboratoires Parke-Davis

COMPOSITION

	p. caps.	p. c. à c.
Éthosuximide	250 mg	250 mg

INDICATIONS

C'est un antiépileptique qui appartient à la famille des *anticonvulsivants* non barbituriques.

Il est utilisé dans l'*épilepsie* pour prévenir les crises de petit mal.

ATTENTION

N'interrompez jamais votre traitement sans l'avis de votre médecin : risque de réapparition des crises.

Si vous souffrez d'*insuffisance hépatique* ou d'*insuffisance rénale*, prévenez votre médecin afin qu'il puisse adapter la *posologie*.

Des analyses de sang régulières sont nécessaires lors d'un traitement prolongé.

Diabétiques : le sirop contient du *sucre* (sacharose) en quantité notable.

Évitez les boissons alcoolisées : augmentation du risque de somnolence.

INTERACTIONS MÉDICAMENTEUSES

Ce médicament peut interagir avec d'autres médicaments. Signalez tout autre traitement en cours à votre médecin ou à votre pharmacien.

GROSSESSE, ALLAITEMENT ET NOUVEAU-NÉ

Grossesse et nouveau-né :

Si une grossesse survient sous traitement, consultez votre médecin. L'arrêt brutal de ce médicament expose à la réapparition de crises préjudiciables à la mère et à l'enfant à naître. Le médecin appréciera le risque éventuel lié à l'utilisation de ce médicament dans votre cas. Des examens particuliers permettent de vérifier l'absence d'anomalie chez l'enfant à naître.

Si le traitement est poursuivi jusqu'à l'accouchement, une surveillance médicale du *nouveau-né* est nécessaire.

Allaitement :

Les données scientifiques ne permettent pas de savoir si ce médicament passe dans le lait maternel : l'allaitement est déconseillé.

MODE D'EMPLOI ET POSOLOGIE

Ce médicament doit être pris au moment des repas.

Posologie usuelle :
- Adulte et enfant : la posologie est strictement individuelle. En début de traitement, elle est habituellement répartie en deux prises, matin et soir. Dès la disparition des crises, cette *posologie* peut être ramenée à une seule prise par jour.

☛ Afin d'éviter les oublis, il est recommandé de prendre ce médicament à heure fixe.

Veillez à ne jamais manquer de ce médicament ; lors de vos déplacements, munissez-vous d'une réserve ou d'une photocopie de votre ordonnance.

EFFETS INDÉSIRABLES POSSIBLES

Troubles digestifs en début de traitement.

Troubles de la *numération formule sanguine* justifiant des analyses de sang régulières.

Somnolence, maux de tête, étourdissements, irritabilité.

Éruption cutanée.

ZECLAR

clarithromycine

PRÉSENTATION

ZECLAR : comprimé (jaune) ; boîte de 10 - Remb. 65 % - Liste I

Laboratoires Abbott-France

COMPOSITION

	p. comp.
Clarithromycine	250 mg

INDICATIONS

C'est un *antibiotique* qui appartient à la famille des *macrolides*.

Il est utilisé dans le traitement des infections de la gorge, du nez, des bronches et de la peau...

CONTRE-INDICATIONS

Ce médicament ne doit pas être utilisé dans les cas suivants :
- *allergie* aux *macrolides*,
- association avec les médicaments contenant de l'ergotamine ou de la dihydroergotamine,
- grossesse.

ATTENTION

Des précautions sont nécessaires en cas d'*insuffisance hépatique* grave et d'*insuffisance rénale*.

Une diminution de la fièvre ou une disparition des troubles ne sont pas synonymes de guérison : la durée du traitement doit absolument être respectée pour éviter les rechutes.

INTERACTIONS MÉDICAMENTEUSES

Ce médicament ne doit pas être associé aux médicaments contenant de l'ergotamine ou de la dihydroergotamine : risque d'*ergotisme*.

Il peut interagir avec d'autres médicaments. Signalez tout autre traitement en cours à votre médecin ou à votre pharmacien.

GROSSESSE, ALLAITEMENT ET NOUVEAU-NÉ

Grossesse :

Ce médicament est récent : en l'absence de données suffisantes, il est contre-indiqué pendant la grossesse.

Allaitement :

Ce médicament passe dans le lait maternel : il est déconseillé pendant l'allaitement.

MODE D'EMPLOI ET POSOLOGIE

Ce médicament peut être pris indifféremment au cours ou en dehors des repas.

Posologie usuelle :

- Adulte : 1 ou 2 comprimés, matin et soir.

Cette *posologie* peut être augmentée dans le traitement de certaines infections liées au sida.

Le médecin prescrit parfois un prélèvement pour identifier le *germe* responsable de l'infection et tester sa sensibilité aux *antibiotiques*. Le résultat de cet examen peut être faussé en cas d'automédication préalable : ne prenez pas d'antibiotique sans avis médical.

L'éventuelle impression de fatigue n'est pas due à l'antibiotique, mais à l'infection elle-même.

EFFETS INDÉSIRABLES POSSIBLES

Troubles digestifs.

Réaction allergique cutanée.

ZÉDÈNE

PRÉSENTATION

ZÉDÈNE C 600 mg : comprimé (rose saumon) ; boîte de 15 - Non remb.

Laboratoires Lederle

COMPOSITION

	p. comp.
Acétate de dl alpha-tocophérol (vitamine E)	45 UI
Acide ascorbique (vitamine C)	600 mg
Thiamine (vitamine B1)	20 mg
Riboflavine (vitamine B2)	10 mg
Pyridoxine (vitamine B6)	10 mg
Cyanocobalamine (vitamine B12)	25 µg
Acide folique (vitamine B9)	0,4 mg
Nicotinamide (vitamine PP)	100 mg
Acide pantothénique (en sel de calcium)	25 mg
Cuivre	3 mg
Zinc	23,9 mg

INDICATIONS

Ce médicament contient des *vitamines* et de faibles quantités de cuivre et de zinc.

Il est utilisé dans la prévention ou la correction des troubles en rapport avec une alimentation carencée ou déséquilibrée.

CONTRE-INDICATIONS

La vitamine C ne doit pas être utilisée à une dose supérieure à 1 g par jour en cas d'*antécédents* de calculs des *voies* urinaires.

ATTENTION

Dans l'organisme, la *vitamine* C est dégradée en acide oxalique pouvant favoriser la formation de calculs dans les *voies* urinaires. Ne prenez de vitamine C ni en quantité importante ni pendant une longue durée, sans avis médical.

INTERACTIONS MÉDICAMENTEUSES

Ce médicament ne doit pas être associé aux médicaments contenant de la lévodopa seule (LARODOPA) : risque d'annulation des effets de la lévodopa par la *vitamine* B6.

GROSSESSE, ALLAITEMENT ET NOUVEAU-NÉ

Ce médicament ne contient que des substances présumées sans danger pendant la grossesse ou l'allaitement. Néanmoins, ne l'utilisez pas de façon prolongée sans l'avis de votre pharmacien ou de votre médecin.

MODE D'EMPLOI ET POSOLOGIE

Les comprimés doivent être avalés avec un verre d'eau, de préférence le matin.

Posologie usuelle :

1 comprimé par jour.

Une alimentation équilibrée et diversifiée apporte habituellement des quantités suffisantes de *vitamines*. Cependant, certaines circonstances peuvent justifier un apport supplémentaire : demandez conseil à votre médecin ou à votre pharmacien.

EFFETS INDÉSIRABLES POSSIBLES

Chez les personnes prédisposées : calculs des *voies* urinaires.

ZESTORETIC

lisinopril, hydrochlorothiazide

PRÉSENTATION

ZESTORETIC : comprimé sécable (blanc) ; boîte de 28 - Remb. 65 % - Liste I

Laboratoires Zeneca Pharma

COMPOSITION

	p. comp.
Lisinopril anhydre	20 mg
Hydrochlorothiazide	12,5 mg

INDICATIONS

Cet *antihypertenseur* contient deux substances :

- le lisinopril, un inhibiteur de l'*enzyme* de conversion. Cette enzyme est une substance naturellement présente dans l'organisme, responsable d'une contraction des artères qui augmente la tension artérielle et fatigue le cœur ;
- l'hydrochlorothiazide, un *diurétique* dont la structure chimique est proche de celle des *sulfamides*. Son action renforce celle du lisinopril.

Ce médicament est utilisé dans le traitement de l'*hypertension artérielle*.

CONTRE-INDICATIONS

Ce médicament ne doit pas être utilisé dans les cas suivants :

- *allergie* connue à l'un des constituants ou à la famille des *sulfamides*,
- *insuffisance rénale* grave,
- grossesse,
- allaitement.

ATTENTION

Si vous suiviez auparavant un traitement par *diurétique* ou un régime sans *sel*, la baisse de la tension artérielle peut être importante lors des premières prises : un malaise ou des étourdissements peuvent survenir ; il est préférable de choisir une période de repos et de prendre garde au risque de chute.

Des précautions sont nécessaires en cas d'*insuffisance hépatique* et chez la personne âgée.

Ce médicament peut être responsable d'une baisse de la *kaliémie* (taux de potassium dans le sang) qui peut être aggravée par l'usage immodéré de *laxatifs stimulants*. Des analyses de sang sont souvent prescrites par le médecin.

INTERACTIONS MÉDICAMENTEUSES

Ce médicament peut interagir avec d'autres médicaments, notamment certains *diurétiques*, ceux contenant du *lithium* et les *sels* de régime. Signalez tout autre traitement en cours à votre médecin ou à votre pharmacien.

GROSSESSE, ALLAITEMENT ET NOUVEAU-NÉ

Grossesse :

L'effet de ce médicament sur l'enfant à naître est mal connu. Quelques cas de complications ont été rapportés et son usage pendant la grossesse est contre-indiqué.

Allaitement :

Ce médicament passe dans le lait maternel : l'allaitement est contre-indiqué.

MODE D'EMPLOI ET POSOLOGIE

- Adulte : 1 comprimé par jour en 1 prise.

En cas d'*insuffisance rénale*, de traitement préalable par des *diurétiques* ou de régime sans *sel*, la *posologie* initiale est faible ; elle est augmentée progressivement par le médecin en fonction des effets du médicament.

Le traitement médicamenteux ne dispense pas de mesures simples pouvant faire baisser la tension artérielle : activité physique régulière, modération de la consommation de boissons alcoolisées, lutte contre le surpoids.

EFFETS INDÉSIRABLES POSSIBLES

Toux sèche, étourdissements, fatigue, maux de tête, *hypotension orthostatique*, *troubles digestifs*.

Élévation du taux de *sucre* ou d'*acide urique* dans le sang.

Baisse du taux de potassium dans le sang associée ou non à des crampes.

Rares réactions allergiques : œdème de *Quincke*, *allergie* cutanée.

ZESTRIL

lisinopril

PRÉSENTATION

ZESTRIL 5 mg : comprimé sécable (rose pâle) ; boîte de 28 - Remb. 65 % - Liste I

ZESTRIL 20 mg : comprimé sécable (rose foncé) ; boîte de 28 - Remb. 65 % - Liste I

Laboratoires Zeneca Pharma

COMPOSITION

	p. comp.	p. comp.
Lisinopril	5 mg	20 mg

INDICATIONS

Ce médicament appartient à la famille des inhibiteurs de l'*enzyme* de conversion (IEC). L'enzyme de conversion est une substance naturellement présente dans l'organisme ; elle est responsable d'une contraction des artères qui augmente la tension artérielle et fatigue le cœur.

Ce médicament est utilisé dans le traitement de l'*hypertension artérielle* et de l'*insuffisance cardiaque*.

CONTRE-INDICATIONS

Ce médicament ne doit pas être utilisé en cas de **grossesse** ou d'**allaitement.**

ATTENTION

Si vous suivez un traitement par *diurétique* ou un régime sans *sel*, la baisse de la tension artérielle peut être importante lors des premières prises : un malaise ou des étourdissements peuvent survenir ; il est préférable de choisir une période de repos et de prendre garde au risque de chute.

Les *sels* de régime contiennent souvent du *potassium* ; ne les utilisez pas sans avis médical pendant le traitement.

Des précautions sont nécessaires chez la personne âgée et celle atteinte d'*insuffisance rénale*.

INTERACTIONS MÉDICAMENTEUSES

Ce médicament peut interagir avec d'autres médicaments, notamment ceux contenant du *lithium*, certains *diurétiques* et les *sels* de régime. Signalez tout autre traitement en cours à votre médecin ou à votre pharmacien.

GROSSESSE, ALLAITEMENT ET NOUVEAU-NÉ

Grossesse :

L'effet de ce médicament sur l'enfant à naître est mal connu. Quelques accidents ayant été rapportés, son usage pendant la grossesse est contre-indiqué.

Allaitement :

Les données actuellement disponibles ne permettent pas de savoir si ce médicament passe dans le lait maternel : l'allaitement est contre-indiqué.

MODE D'EMPLOI ET POSOLOGIE

Ce médicament peut être pris indifféremment au cours ou en dehors des repas.

Posologie usuelle :

- Adulte : la posologie est variable en fonction des cas :
  - 20 mg par jour, en 1 seule prise, dans le traitement de l'*hypertension artérielle* ;
  - 5 à 20 mg par jour, en 1 prise, dans le traitement de l'*insuffisance cardiaque*.

En cas d'*insuffisance rénale*, de traitement préalable par des *diurétiques* ou de régime sans *sel*, la *posologie* initiale est faible ; elle est augmentée progressivement par le médecin en fonction des effets du médicament.

Le traitement médicamenteux ne dispense pas des mesures simples pouvant faire baisser la tension artérielle : activité physique régulière, modération de la consommation de boissons alcoolisées, lutte contre le surpoids.

EFFETS INDÉSIRABLES POSSIBLES

Toux sèche, *vertiges*, maux de tête, diarrhée, fatigue, *hypotension orthostatique*.

Rares réactions allergiques : œdème de *Quincke*, *allergie* cutanée.

ZINNAT

céfuroxime

PRÉSENTATION

ZINNAT 125 : comprimé (blanc) ; boîte de 8 - Remb. 65 % - Liste I

ZINNAT 125 : granulé pour suspension buvable ; boîte de 8 sachets - Remb. 65 % - Liste I

ZINNAT 125 mg/5 ml : granulé pour suspension buvable ; flacon 40 ml (8 cuillères-mesure) - Remb. 65 % - Liste I

ZINNAT 125 mg/5 ml : granulé pour suspension buvable ; flacon 80 ml (16 cuillères-mesure) - Remb. 65 % - Liste I

ZINNAT 250 : comprimé (blanc) ; boîte de 8 - Remb. 65 % - Liste I

Laboratoires Glaxo

COMPOSITION

	p. comp.	p. sachet
Céfuroxime	125 mg	125 mg
	p. c. mes.	p. comp.
Céfuroxime	125 mg	250 mg

INDICATIONS

Cet *antibiotique* appartient à la famille des *céphalosporines*, antibiotiques proches des *pénicillines*, qui sont actives sur un plus grand nombre de *germes* que la pénicilline simple.

Ce médicament est utilisé dans le traitement de diverses maladies infectieuses, notamment celles des poumons, des bronches, du nez, des *sinus*, de la gorge ou des oreilles.

CONTRE-INDICATIONS

Ce médicament ne doit pas être utilisé en cas d'*allergie* aux *céphalosporines*.

Dans tous les autres cas, le médecin est seul juge pour prescrire ce médicament, notamment en cas d'allergie aux *pénicillines*.

ATTENTION

Si vous souffrez d'*insuffisance rénale*, signalez-le à votre médecin afin qu'il puisse adapter la *posologie*.

Des *antécédents* d'*allergie* à une *céphalosporine* contre-indiquent l'usage de ce médicament. La survenue de toute manifestation allergique (boutons, *œdème*, malaise) impose l'arrêt immédiat du traitement ; de même, la survenue d'une diarrhée importante doit vous conduire à alerter votre médecin.

Une diminution de la fièvre ou une disparition des troubles ne sont pas synonymes de guérison : la durée du traitement doit absolument être respectée pour éviter les rechutes.

INTERACTIONS MÉDICAMENTEUSES

Ce médicament peut interagir avec d'autres médicaments. Signalez tout autre traitement en cours à votre médecin ou à votre pharmacien.

GROSSESSE, ALLAITEMENT ET NOUVEAU-NÉ

Grossesse :

Les études scientifiques actuellement disponibles n'ont pas mis en évidence de problème particulier lors de l'utilisation ponctuelle chez la femme enceinte. Cependant, seul votre médecin peut apprécier la nécessité du traitement et son risque pendant la grossesse.

Allaitement :

Ce médicament passe dans le lait maternel : l'arrêt de l'allaitement devra être envisagé.

MODE D'EMPLOI ET POSOLOGIE

Les granulés (en sachet) doivent être dilués dans un verre d'eau et la suspension reconstituée doit être absorbée immédiatement.

Granulés en flacon : ajouter de l'eau non gazeuse (minérale ou bouillie) jusqu'au trait de jauge. Agiter jusqu'à dissolution complète des granulés.

Ce médicament doit être pris de préférence dans la demi-heure qui suit le repas.

Posologie usuelle :

- Adulte : 500 mg, matin et soir.
- Enfant de plus de 5 ans : 20 à 30 mg par kg et par jour, répartis en 2 prises, sans

dépasser la dose adulte ; soit, pour un enfant de 20 kg : 1 comprimé dosé à 250 mg, matin et soir.

> Le médecin peut prescrire un prélèvement pour identifier le *germe* responsable de l'infection et tester sa sensibilité aux *antibiotiques*. Le résultat de cet examen peut être faussé en cas d'automédication préalable : ne prenez pas d'antibiotiques sans avis médical.
> L'éventuelle impression de fatigue n'est pas due à l'antibiotique, mais à l'infection elle-même.
> La suspension reconstituée peut être conservée 10 jours au maximum.

EFFETS INDÉSIRABLES POSSIBLES

Troubles digestifs : nausée et diarrhée.

Allergie cutanée, rares maux de tête.

Choc anaphylactique (exceptionnel).

Fièvre particulière due à l'*antibiotique* (très rare).

ZITHROMAX

azithromycine

PRÉSENTATION

ZITHROMAX : gélule ; boîte de 6 - Remb. 65 % - Liste I

Laboratoires Pfizer

COMPOSITION

	p. gél.
Azithromycine	250 mg

INDICATIONS

Cet *antibiotique* appartient à la famille des *macrolides*.

Il est utilisé dans le traitement des infections de la gorge, des bronches, et de certaines infections génitales.

CONTRE-INDICATIONS

Ce médicament ne doit pas être utilisé dans les cas suivants :
- *allergie* aux *macrolides*,
- association avec des médicaments contenant de l'ergotamine ou de la dihydroergotamine.

> **ATTENTION**
> Des précautions sont nécessaires en cas d'*insuffisance hépatique* grave.
> Une diminution de la fièvre ou une disparition des troubles ne sont pas synonymes de guérison : la durée du traitement doit absolument être respectée pour éviter les rechutes.

INTERACTIONS MÉDICAMENTEUSES

Ce médicament ne doit pas être associé aux médicaments contenant de l'ergotamine ou de la dihydroergotamine : risque d'*ergotisme*.

Il peut interagir avec d'autres médicaments. Signalez tout autre traitement en cours à votre médecin ou à votre pharmacien.

GROSSESSE, ALLAITEMENT ET NOUVEAU-NÉ

L'effet de ce médicament pendant la grossesse ou l'allaitement est mal connu : seul votre médecin peut évaluer le risque éventuel de son utilisation dans votre cas.

MODE D'EMPLOI ET POSOLOGIE

Ce médicament doit être pris 1 heure avant ou 2 heures après les repas.

Posologie usuelle :

Dans les infections de la gorge et des bronches : 2 gélules en 1 prise, le premier jour, puis 1 gélule par jour pendant 4 jours.

Dans les infections génitales : 4 gélules en 1 seule prise.

> Le médecin peut prescrire un prélèvement pour identifier le *germe* responsable de l'infection et tester sa sensibilité aux *antibiotiques*. Le résultat de cet examen peut être faussé en cas d'automédication préalable : ne prenez pas d'antibiotique sans avis médical.
> En cas d'infection génitale, votre partenaire peut être contaminé alors qu'il ne présente aucun *symptôme*. S'il n'est pas traité conjointement, une recontamination est possible.
> L'éventuelle fatigue n'est pas due à l'antibiotique, mais à l'infection elle-même.

EFFETS INDÉSIRABLES POSSIBLES

Troubles digestifs.

ZOCOR

simvastatine

PRÉSENTATION

ZOCOR 5 mg : comprimé sécable oblong (beige) ; boîte de 28 - Non remb. - Liste I

ZOCOR 20 mg : comprimé sécable (rose saumon) ; boîte de 28 - Remb. 65 % - Liste I

Laboratoires M.S.D.-Chibret

COMPOSITION

	p. comp.	p. comp.
Simvastatine	5 mg	20 mg

INDICATIONS

C'est un médicament qui appartient à la famille des *hypocholestérolémiants*. Il permet d'abaisser fortement le taux de *cholestérol* circulant dans le sang.

Il est utilisé dans le traitement des excès de cholestérol persistant malgré un régime adapté et assidu.

CONTRE-INDICATIONS

Ce médicament ne doit pas être utilisé dans les cas suivants :
- maladie du foie,
- grossesse,
- allaitement.

> **ATTENTION**
> Ce médicament peut être toxique pour le foie ou les muscles. Signalez à votre médecin toute fatigue anormale, perte d'appétit, douleur ou faiblesse musculaire. Des analyses de sang régulières permettent de vérifier que le médicament est bien supporté.

INTERACTIONS MÉDICAMENTEUSES

Ce médicament peut interagir avec d'autres médicaments, notamment les *anticoagulants*. Signalez tout autre traitement en cours à votre médecin ou à votre pharmacien.

GROSSESSE, ALLAITEMENT ET NOUVEAU-NÉ

Grossesse :

Les propriétés de ce médicament font envisager la possibilité d'un effet toxique pour l'enfant à naître. Par prudence, son usage est contre-indiqué pendant la grossesse. Une contraception efficace est recommandée pendant le traitement.

Allaitement :

Les données actuellement disponibles ne permettent pas de savoir si ce médicament passe dans le lait maternel. L'allaitement est contre-indiqué pendant le traitement.

MODE D'EMPLOI ET POSOLOGIE

Les comprimés doivent être avalés avec un peu d'eau, dans le quart d'heure précédant le repas.

Posologie usuelle :

- Adulte : 5 à 10 mg par jour, en une prise unique le soir. La dose maximale est de 40 mg par jour.

Le régime reste indispensable pendant toute la durée du traitement.

> Un régime pauvre en *cholestérol* et en graisses animales n'est pas simple à suivre : les erreurs sont fréquentes. Demandez conseil à votre médecin ou à un professionnel de la nutrition.

EFFETS INDÉSIRABLES POSSIBLES

Troubles digestifs : constipation, diarrhée, digestions difficiles.

Fatigue, maux de tête, réactions cutanées.

Rarement : douleurs musculaires.

ZOLTUM

oméprazole

PRÉSENTATION

ZOLTUM 20 mg : gélule *gastrorésistante* (rose et brun rougeâtre) ; boîte de 15 - Remb. 65 % - Liste II

Laboratoires Bellon

COMPOSITION

	p. gél.
Oméprazole	20 mg

INDICATIONS

C'est un antiulcéreux qui agit en diminuant la sécrétion acide de l'estomac indépendamment de la cause qui peut provoquer cette sécrétion.

Il est principalement utilisé dans le traitement des *ulcères* de l'estomac et du *duodénum*, des *inflammations* de l'œsophage dues au reflux des acides de l'estomac vers l'œsophage, et pour prévenir les rechutes de l'ulcère du duodénum. Il est aussi utilisé pour traiter certaines maladies rares.

CONTRE-INDICATIONS

Ce médicament ne doit pas être utilisé en cas d'**allaitement**.

ATTENTION

La disparition des douleurs ne signifie pas que l'*ulcère* est cicatrisé : la durée du traitement doit être respectée.

INTERACTIONS MÉDICAMENTEUSES

Ce médicament peut interagir avec d'autres, notamment certains *anticoagulants*, certains *anticonvulsivants* (phénytoïne), et les *benzodiazépines*. Signalez tout autre traitement en cours à votre médecin ou à votre pharmacien.

Si vous prenez des *pansements digestifs*, respectez un intervalle d'au moins 2 heures avec la prise de ce médicament.

GROSSESSE, ALLAITEMENT ET NOUVEAU-NÉ

Ce médicament est récent : en l'absence de données suffisantes, il est déconseillé de l'utiliser pendant la grossesse et particulièrement pendant le premier trimestre ; il est également contre-indiqué chez la femme qui allaite.

MODE D'EMPLOI ET POSOLOGIE

Ce médicament peut être pris indifféremment pendant ou en dehors des repas.

Posologie usuelle :

- Adulte : 1 gélule par jour.

La durée du traitement est généralement de plusieurs semaines.

☛ Ce médicament peut être pris à n'importe quel moment de la journée.

Si vous êtes fumeur, la poursuite du tabagisme nuit à l'efficacité du traitement.

Des mesures d'hygiène alimentaire sont à envisager : consultez votre médecin.

L'aspirine, les *anti-inflammatoires* et les *corticoïdes* peuvent être agressifs pour l'estomac : n'en prenez pas sans l'avis de votre médecin.

EFFETS INDÉSIRABLES POSSIBLES

Parfois : diarrhée ou constipation, douleurs abdominales, maux de tête, *vertiges*, éruption cutanée.

Rarement : confusion des idées, notamment chez la personne âgée ou chez l'insuffisant hépatique.

Un médicament périmé peut être dangereux. Faites régulièrement le tri dans votre armoire à pharmacie.

ZOVIRAX comprimé

aciclovir

PRÉSENTATION

ZOVIRAX : comprimé (blanc) ; boîte de 25 - Remb. 65 % - Liste I

Laboratoires Wellcome

COMPOSITION

	p. comp.
Aciclovir	200 mg

INDICATIONS

C'est un *antiviral* puissant, actif sur les *virus* de la famille de l'*herpès*. Il empêche la reproduction des virus dans les cellules infectées, mais ne peut détruire les virus cachés dans les ganglions nerveux, responsables des récurrences (récidives), que ce médicament ne peut éviter.

Il est utilisé dans le *traitement préventif* ou le *traitement curatif* de l'herpès.

ATTENTION

Des précautions sont nécessaires en cas d'*insuffisance rénale*.

GROSSESSE, ALLAITEMENT ET NOUVEAU-NÉ

L'effet de ce médicament pendant la grossesse ou l'allaitement est mal connu : seul votre médecin peut évaluer le risque éventuel de son utilisation dans votre cas.

MODE D'EMPLOI ET POSOLOGIE

Ce médicament doit être pris avec un verre d'eau.

Posologie usuelle :

- Adulte et enfant de plus de 2 ans : 1 comprimé, 4 ou 5 fois par jour.

☛ Lorsque ce médicament vous a été prescrit pour que vous puissiez traiter vous-même une poussée d'*herpès*, n'hésitez pas à commencer le traitement dès les premiers signes : il n'en sera que plus efficace.

EFFETS INDÉSIRABLES POSSIBLES

Rares réactions cutanées allergiques.

Troubles digestifs.

ZOVIRAX crème

aciclovir

PRÉSENTATION

ZOVIRAX : crème ; tube 2 g - Non remb. - Liste I

ZOVIRAX : crème ; tube 10 g - Remb. 65 % - Liste I

Laboratoires Wellcome

COMPOSITION

	p. 100 g
Aciclovir	5 g

INDICATIONS

Ce médicament est un *antiviral* puissant. Il bloque la multiplication du *virus* herpétique au sein des cellules infectées.

Il est utilisé dans le traitement de l'*herpès* de la peau, des lèvres ou des organes génitaux.

CONTRE-INDICATIONS

Cette crème ne doit pas être utilisée pour traiter un *herpès* sur l'œil ou à l'intérieur de la bouche ou du vagin.

ATTENTION

Ce médicament traite les poussées d'*herpès* mais n'élimine pas le *virus* de l'organisme. Il n'empêche donc pas la survenue d'autres crises.

GROSSESSE, ALLAITEMENT ET NOUVEAU-NÉ

Grossesse :

L'effet de ce médicament sur l'enfant à naître est mal connu. Seul votre médecin peut apprécier la nécessité du traitement et son risque pendant la grossesse.

Allaitement :

Ne pas appliquer ce médicament sur les seins pendant l'allaitement.

MODE D'EMPLOI ET POSOLOGIE

Le traitement doit être commencé dès les premiers *symptômes* annonçant une poussée d'*herpès*.

Posologie usuelle :

5 applications par jour. La durée du traitement varie de 5 à 10 jours.

☛ Une bonne hygiène locale reste indispensable.

Abstenez-vous de rapports sexuels jusqu'à la cicatrisation des lésions.

EFFETS INDÉSIRABLES POSSIBLES

Picotement, sensation de brûlure locale, rougeur, sécheresse de la peau.

ZOVIRAX pommade ophtalmique

aciclovir

PRÉSENTATION

ZOVIRAX : pommade ophtalmique ; tube 4,5 g - Remb. 65 % - Liste I

Laboratoires Wellcome

COMPOSITION

	p. 100 g
Aciclovir	3 g

INDICATIONS

Cette pommade ophtalmique contient un *antiviral* puissant, actif sur le *virus* herpétique.

Elle est utilisée dans le traitement des *kératites* dues au virus de l'*herpès*.

ATTENTION

La pommade peut être contaminée par l'œil infecté : évitez de mettre en contact l'extrémité du tube avec l'œil ; ne conservez pas ce médicament plus de 30 jours après une première utilisation.

GROSSESSE, ALLAITEMENT ET NOUVEAU-NÉ

L'effet de ce médicament pendant la grossesse ou l'allaitement est mal connu : seul votre médecin peut évaluer le risque éventuel de son utilisation dans votre cas.

MODE D'EMPLOI ET POSOLOGIE

Tirer la paupière inférieure vers le bas tout en regardant vers le haut et déposer l'équivalent d'un grain de riz de pommade entre la paupière et le globe oculaire (*cul-de-sac conjonctival*).

Posologie usuelle :

Une application, 5 fois par jour, jusqu'à 3 jours après la guérison constatée par votre ophtalmologiste.

Le port de lentilles de contact doit être immédiatement interrompu en cas d'infection oculaire et les lentilles ne doivent pas être réutilisées avant guérison complète.

La vision est troublée par l'application de la pommade. Ce trouble disparaît en quelques minutes.

L'application correcte du produit peut nécessiter une aide, notamment chez une personne handicapée ou âgée.

EFFETS INDÉSIRABLES POSSIBLES

Irritation ou réaction allergique locale.

ZYLORIC

allopurinol

PRÉSENTATION

ZYLORIC 100 : comprimé (blanc) ; boîte de 28 - Remb. 65 % - Liste I

ZYLORIC 200 : comprimé sécable (blanc) ; boîte de 28 - Remb. 65 % - Liste I

ZYLORIC 300 : comprimé (blanc) ; boîte de 28 - Remb. 65 % - Liste I

Laboratoires Wellcome

COMPOSITION

	p. comp.	p. comp.	p. comp.
Allopurinol	100 mg	200 mg	300 mg

INDICATIONS

C'est un hypo-uricémiant : il diminue la production d'*acide urique*, abaisse son taux dans le sang et donc dans les urines.

Il est utilisé dans le traitement de l'excès d'*acide urique* et de ses conséquences : *goutte* et *lithiases* urinaires.

CONTRE-INDICATIONS

Ce médicament ne doit pas être utilisé en cas d'*allergie* à l'allopurinol.

ATTENTION

Ce médicament n'est pas un *traitement de la crise* de *goutte*. Paradoxalement, il peut provoquer des crises de goutte en début de traitement. Le médecin lui associe généralement de la colchicine pendant le premier mois de traitement.

Certains *antécédents* doivent être portés à la connaissance de votre médecin : maladie de *Lesch-Nyhan*, certaines maladies du sang, *insuffisance rénale*, *insuffisance hépatique*.

Des analyses de sang et d'urine sont nécessaires pour juger de l'efficacité du traitement.

INTERACTIONS MÉDICAMENTEUSES

Ce médicament peut interagir avec d'autres médicaments, notamment certaines *pénicillines* à spectre élargi (ampicilline). Signalez tout autre traitement en cours à votre médecin ou à votre pharmacien.

GROSSESSE, ALLAITEMENT ET NOUVEAU-NÉ

Grossesse :

L'effet de ce médicament pendant la grossesse est mal connu. Par mesure de prudence, son usage est déconseillé.

Allaitement :

Ce médicament passe dans le lait maternel : l'allaitement est déconseillé.

MODE D'EMPLOI ET POSOLOGIE

Les comprimés doivent être avalés de préférence après les repas pour améliorer la tolérance digestive.

Posologie usuelle :

Elle est fonction du taux d'*acide urique*.

Une crise de *goutte* peut être provoquée par un excès alimentaire mais aussi par un jeûne prolongé, une fatigue excessive, un stress, un traumatisme.

Le traitement reste justifié même si le taux d'*acide urique* est normal pendant la crise de goutte.

EFFETS INDÉSIRABLES POSSIBLES

En début de traitement : crise de *goutte*, prévenue généralement par l'association de colchicine (voir ATTENTION).

Troubles digestifs (nausées, diarrhée, brûlures d'estomac). *Allergie* cutanée : prévenez immédiatement votre médecin.

Rarement : maux de tête et *vertiges*.

ZYMA-D2

vitamine D2

PRÉSENTATION

ZYMA-D2 80 000 UI : solution buvable arôme orange ; boîte de 1 ampoule 2 ml - Remb. 65 % - Liste II

ZYMA-D2 300 000 UI : solution buvable arôme orange ; boîte de 1 ampoule 3 ml - Remb. 65 % - Liste II

ZYMA-D2 GOUTTES BUVABLES : solution buvable arôme orange ; flacon 10 ml (333 gouttes) - Remb. 65 %

Laboratoires Zyma

COMPOSITION

	p. amp.	p. amp.	p. gte
Ergocalciférol (vitamine D2) .	80 000 UI	300 000 UI	300 UI

INDICATIONS

Ce médicament contient de la *vitamine* D, qui permet la fixation osseuse du calcium et dont la *carence* est responsable du *rachitisme*.

Il est utilisé chez le *nourrisson* et le jeune enfant pour prévenir les carences en vitamine D.

CONTRE-INDICATIONS

Ce médicament ne doit pas être utilisé dans les cas suivants :
- excès de calcium dans le sang et dans les urines,
- *antécédents* de calculs rénaux contenant du calcium,
- immobilisation prolongée.

ATTENTION

Un surdosage en *vitamine* D expose à des effets indésirables graves.

La vitamine D est présente dans de nombreux laits pour bébé et médicaments disponibles sans ordonnance : prenez l'avis de votre médecin ou de votre pharmacien pour éviter tout risque de surdosage.

MODE D'EMPLOI ET POSOLOGIE

Les gouttes de solution peuvent être prises pures ou diluées dans le lait du biberon ou du jus de fruit. Ne pas les mettre dans un liquide trop chaud ni les faire chauffer.

Posologie usuelle :

- Nourrisson : 4 à 8 gouttes par jour durant toute l'année, ou 1 ampoule de 80 000 *UI* tous les 2 mois.
- Enfant de 18 mois à 6 ans : 4 à 8 gouttes par jour pendant les mois d'hiver, ou 1 ampoule à 300 000 UI au début de l'hiver.

Les *carences* en *vitamine* D sont particulièrement fréquentes chez les jeunes enfants à peau sombre ou peu exposée au soleil ; en effet, la vitamine D est fabriquée par la peau sous l'influence des rayons *ultraviolets*.

La prévention du *rachitisme* par la vitamine D est mise en œuvre de façon systématique chez les *nourrissons* et les jeunes enfants.

Ce médicament doit être conservé à l'abri de la chaleur et de la lumière.

EFFETS INDÉSIRABLES POSSIBLES

Aucun effet indésirable n'est généralement constaté aux doses usuelles ; certains signes doivent cependant faire penser à un surdosage : perte de l'appétit, soif intense, nausées, vomissements. Prévenez d'urgence votre médecin.

ZYMAFLUOR
fluor

PRÉSENTATION

ZYMAFLUOR 1 mg : comprimé (jaune) ; boîte de 100 - Remb. 65 %

ZYMAFLUOR 1/4 mg : comprimé (blanc) ; boîte de 200 - Remb. 65 %

ZYMAFLUOR : solution buvable ; flacon compte-gouttes 20 ml - Non remb.

Laboratoires Zyma

COMPOSITION

	p. comp.	p. comp.	p. 20 ml
Fluorure de sodium	2,212 mg	0,553 mg	50 mg
Soit fluor élément	1 mg	0,25 mg	23 mg

INDICATIONS

Ce médicament contient du fluor, qui s'incorpore à l'émail des dents et augmente leur résistance aux caries.

Il est utilisé à titre systématique en *traitement préventif* de la carie dentaire, essentiellement chez l'enfant.

ATTENTION

L'apport total en fluor ne doit pas dépasser 2 mg par jour : risque de coloration de l'émail dentaire. Certaines eaux ou certains sels de table sont riches en fluor : prenez l'avis de votre médecin sur l'utilité de ce médicament dans votre cas.

Les laitages diminuent l'absorption de fluor : évitez de prendre ce médicament avec une boisson ou un aliment lactés.

Les dosages de ce médicament sont adaptés au *traitement préventif* de la carie dentaire ; ne le confondez pas avec d'autres médicaments plus fortement dosés en fluor (25 à 100 fois plus), destinés à traiter l'*ostéoporose*.

INTERACTIONS MÉDICAMENTEUSES

Ce médicament peut interagir avec d'autres médicaments ou aliments et boissons contenant du calcium ou du magnésium, notamment les *antiacides*. Signalez tout autre traitement en cours à votre médecin ou à votre pharmacien.

GROSSESSE, ALLAITEMENT ET NOUVEAU-NÉ

Ce médicament est parfois prescrit dès le 5e mois de la grossesse pour permettre son incorporation dans la dentition future de l'enfant à naître.

Bien que passant dans le lait maternel, le fluor doit être donné directement au *nouveau-né*.

MODE D'EMPLOI ET POSOLOGIE

Laisser fondre les comprimés dans la bouche après le brossage des dents.

Les comprimés peuvent également être avalés, croqués ou dissous dans un verre d'eau ou de jus de fruit.

La solution buvable peut être prise pure ou diluée dans un verre d'eau ou de jus de fruit.

En cas d'ingestion d'une boisson ou d'un aliment lactés, prendre ce médicament soit une demi-heure avant soit deux heures après.

Posologie usuelle :

- Femme enceinte à partir du 5e mois de grossesse : 4 comprimés à 1/4 mg, ou 1 comprimé à 1 mg, ou 16 gouttes par jour.
- Nourrisson et enfant jusqu'à 2 ans : 1 comprimé à 1/4 mg ou 4 gouttes par jour.
- Enfant de 2 à 4 ans : 2 comprimés à 1/4 mg ou 8 gouttes par jour.
- Enfant de 4 à 6 ans : 3 comprimés à 1/4 mg ou 12 gouttes par jour.
- Enfant de plus de 6 ans : 4 comprimés à 1/4 mg, ou 1 comprimé à 1 mg, ou 16 gouttes par jour.

☛ La solution buvable est plus adaptée à l'enfant de moins de 2 ans. La formation de l'émail dentaire débute 4 mois avant la naissance et se poursuit jusqu'à l'adolescence. Le fluor peut être pris pendant toute cette période. Il ne dispense pas du brossage soigneux et régulier des dents après chaque repas ou après consommation de sucreries.

ZYMIZINC
zinc

PRÉSENTATION

ZYMIZINC 10 mg : solution buvable ; boîte de 10 ampoules 10 ml - Non remb.

Laboratoires Aguettant

COMPOSITION

	p. amp.
Zinc gluconate	77,96 mg
Soit zinc	10 mg
Alcool	0,95 ml

INDICATIONS

Ce médicament contient du zinc, qui est un oligo-élément essentiel.

Il est utilisé en *traitement préventif* ou en *traitement curatif* des carences en zinc.

ATTENTION

Ce médicament contient de l'*alcool* en quantité notable.

Ce médicament ne convient pas à l'enfant.

INTERACTIONS MÉDICAMENTEUSES

Ce médicament peut interagir avec d'autres médicaments, notamment avec certains *pansements digestifs* et les médicaments contenant du calcium et du fer. Signalez tout autre traitement en cours à votre médecin ou à votre pharmacien.

Certains aliments peuvent gêner l'absorption du zinc par le tube digestif (pain complet, germe de soja, maïs...) et doivent être évités après la prise de ce médicament.

GROSSESSE, ALLAITEMENT ET NOUVEAU-NÉ

Ce médicament ne contient aucune substance connue pour être toxique pendant la grossesse ou l'allaitement ; il ne doit cependant pas être pris sans avis médical.

MODE D'EMPLOI ET POSOLOGIE

Les ampoules seront prises de préférence avant les repas.

Posologie usuelle :

- Adulte : 1 ampoule, 3 fois par jour pendant 20 à 30 jours.

EFFETS INDÉSIRABLES POSSIBLES

Rarement : *troubles digestifs*.

ZYMOPLEX
diméticone, enzyme digestive

PRÉSENTATION

ZYMOPLEX : capsule *gastrorésistante* (jaune pâle) ; boîte de 30 - Remb. 35 %

ZYMOPLEX : capsule *gastrorésistante* (jaune pâle) ; boîte de 90 - Remb. 35 %

Laboratoires S.C.A.T.

COMPOSITION

	p. caps.
Diméticone	225,5 mg
Mélange polyenzymatique	186,5 mg

INDICATIONS

C'est une association de substances qui contient un *pansement digestif* au silicone et des extraits de pancréas de porc. Le silicone protège le tube digestif en l'isolant de son contenu et les extraits de pancréas remplacent ou complètent une production insuffisante d'*enzymes pancréatiques* nécessaires à la digestion.

Ce médicament est utilisé dans le *traitement symptomatique* des digestions difficiles.

GROSSESSE, ALLAITEMENT ET NOUVEAU-NÉ

L'effet de ce médicament pendant la grossesse ou l'allaitement est mal connu. L'évaluation du risque éventuel lié à son utilisation est individuelle : demandez conseil à votre pharmacien ou à votre médecin.

MODE D'EMPLOI ET POSOLOGIE

Les capsules doivent être avalées avec le contenu d'un verre d'eau, sans être croquées, et prises de préférence avant les repas.

Posologie usuelle :

2 capsules, 2 ou 3 fois par jour.

☛ Une alimentation équilibrée, une mastication lente et l'élimination des aliments difficiles à digérer permettent souvent d'atténuer, voire de faire disparaître, les *troubles digestifs* qui ne sont pas liés à un *ulcère*.

ZYRTEC
cétirizine

PRÉSENTATION

ZYRTEC : comprimé sécable (blanc) ; boîte de 15 - Remb. 65 % - Liste II

Laboratoires UCB Pharma

COMPOSITION

	p. comp.
Cétirizine dichlorhydrate	10 mg

INDICATIONS

Ce médicament est un *antihistaminique* antiallergique ; il n'a pas d'effets *sédatifs* ni *atropiniques*.

Il est utilisé dans le *traitement symptomatique* de l'*allergie* (*rhinite*, *conjonctivite*, *urticaire*, œdème de *Quincke*).

CONTRE-INDICATIONS

Ce médicament ne doit pas être utilisé dans les cas suivants :
- *insuffisance hépatique* grave,
- enfant de moins de 12 ans.

GROSSESSE, ALLAITEMENT ET NOUVEAU-NÉ

Grossesse :

En l'absence de données suffisantes, ce médicament est déconseillé pendant la grossesse.

Allaitement :

Le passage de ce médicament dans le lait maternel est très faible.

MODE D'EMPLOI ET POSOLOGIE

Les comprimés doivent être avalés avec un verre d'eau.

Posologie usuelle :

- Adulte et enfant de plus de 12 ans : 1 comprimé par jour.

☛ Ce médicament agit sur les manifestations de l'*allergie* mais n'en supprime pas la cause. Si les *symptômes* persistent ou s'aggravent, n'hésitez pas à consulter votre médecin.

EFFETS INDÉSIRABLES POSSIBLES

Exceptionnellement : *troubles digestifs*, bouche sèche, *vertiges*.

VIDAL du particulier

LEXIQUE

A

accident thrombo-embolique
Obstruction brutale d'un vaisseau par un caillot de sang. Les accidents thrombo-emboliques les plus fréquents sont les *phlébites* et l'*embolie* pulmonaire.

accident vasculaire cérébral
Lésion du cerveau due à une *hémorragie* ou, au contraire, à l'obstruction brutale d'une artère. En fonction de la taille de la lésion, les conséquences sont plus ou moins graves : malaise passager, paralysie, coma.

accommodation
« Mise au point » de l'œil, permettant la vision nette de près. La presbytie est le trouble de l'accommodation le plus courant ; certains médicaments tels que l'atropine peuvent provoquer des troubles de l'accommodation, réversibles.

acide aminé
Les acides aminés sont les constituants élémentaires des protéines. Certains acides aminés, dits essentiels, ne peuvent être fabriqués par l'organisme et doivent donc être apportés par l'alimentation.

acide urique
Déchet du *métabolisme*, normalement éliminé par les reins. Son accumulation peut provoquer une crise de *goutte*. L'acide urique peut également former des calculs dans les *voies* urinaires.

acidocétose
Accumulation dans le sang de substances acides, qui peut s'observer après un jeûne chez l'enfant (haleine sentant l'acétone) ou en cas de complication du *diabète* sucré. La présence de ces substances toxiques (corps cétoniques) est détectée dans les urines.

acidose lactique
Complication exceptionnelle mais grave, souvent liée à l'emploi des *antidiabétiques* appartenant à la famille des biguanides. Elle consiste en l'accumulation d'acide lactique, responsable de crampes musculaires, de *troubles digestifs*, de fatigue, de respiration difficile... Ces *symptômes* ne doivent pas être confondus avec les crampes banales observées après un effort ou après la prise de certains *diurétiques*. L'acidose lactique est favorisée par une *insuffisance rénale*, par une *insuffisance hépatique* grave, par un surdosage en biguanides, par les boissons alcoolisées ou par un jeûne prolongé.

acné
Affection de la peau liée à une rétention de sébum formant des comédons (points noirs et microkystes). Ceux-ci sont le siège d'une prolifération de *bactéries* et deviennent des pustules.

Addison (maladie d')
Maladie rare due à un défaut de fonctionnement des glandes *surrénales*, qui sécrètent notamment la *cortisone*. Son traitement repose sur l'apport de cortisone.

adénome de la prostate
Augmentation du volume de la prostate, de nature bénigne, susceptible de provoquer un blocage des urines. Certains médicaments, notamment les *atropiniques*, peuvent en aggraver brutalement les *symptômes*.

adrénaline
Hormone sécrétée par les glandes *surrénales* ; elle a des propriétés multiples : accélération du cœur, augmentation de la force des battements, contraction des vaisseaux (à l'exception des *artères coronaires*, qu'elle dilate), relâchement des fibres musculaires des bronches et de l'intestin, dilatation de la pupille...

aérosol
Brouillard de fines particules liquides ou solides, destinées à être inhalées pour agir dans les *voies* respiratoires. Les aérosols sont obtenus à l'aide de flacons pressurisés ou d'appareils électriques spécialement destinés à cet usage et prescrits par le médecin.

agranulocytose
Disparition des *globules blancs* du sang. Cette affection grave empêche l'organisme de réagir contre les infections. Elle est due le plus souvent à la toxicité d'un médicament sur la moelle osseuse, où sont fabriqués les globules du sang.

AINS
Abréviation de : anti-inflammatoire non stéroïdien. Famille de médicaments *anti-inflammatoires* non dérivés de la *cortisone* (stéroïde), et dont le plus connu est l'aspirine.

alcool
Nom général désignant une famille de substances qui ont la propriété de pouvoir être mélangées avec l'eau et avec les corps gras. L'alcool le plus courant est l'alcool éthylique (éthanol), mais il existe de nombreux autres alcools : méthanol, butanol... Le degré d'une solution alcoolique correspond au volume d'alcool pur présent dans 100 ml de la solution. Un dénaturant d'odeur désagréable lui est souvent ajouté pour éviter qu'il soit bu. Contrairement à une croyance répandue, l'alcool à 70° (ou même à 60°) est un meilleur *antiseptique* que l'alcool à 90°.

algie vasculaire de la face
Douleur apparentée à la migraine, mais beaucoup plus vive et brève. Elle est souvent associée à un larmoiement et à une congestion nasale.

algodystrophie
Maladie caractérisée par une douleur et un *œdème* persistants, qui suivent généralement un traumatisme.

allergie
Réaction cutanée (démangeaison, boutons, gonflement) ou malaise général après contact avec une substance quelconque, utilisation d'un médicament, ou ingestion d'un aliment. Les principales formes d'allergie sont l'*eczéma*, l'*urticaire*, l'œdème de *Quincke* et le choc allergique (*choc anaphylactique*). L'allergie alimentaire peut également se traduire par des *troubles digestifs*.

alphabloquant
Les *récepteurs* alpha, présents notamment sur les vaisseaux sanguins et l'appareil urinaire, sont responsables de leur contraction. Un alphabloquant est une substance qui bloque ces récepteurs et provoque une dilatation par relâchement des fibres musculaires présentes dans leurs parois.

aménorrhée
Absence de règles. On distingue l'aménorrhée primaire (la femme n'a jamais eu de règles) de l'aménorrhée secondaire (les règles se sont arrêtées ou n'ont pas repris).

amibe
Parasite touchant habituellement l'intestin, transmis par l'eau et les aliments souillés. Les *troubles digestifs* provoqués par les amibes (amibiase) sont plus importants lorsque le *germe* provient d'un pays chaud.

aminoside
Famille d'*antibiotiques* particulièrement actifs sur les *staphylocoques*. Les aminosides injectables, surtout en cas de surdosage, peuvent être toxiques pour le rein ou pour l'*oreille interne*.

ammonium quaternaire
Famille d'*antiseptiques*, présents dans de nombreux médicaments d'usage local. Généralement bien supportés, ils peuvent cependant donner lieu à de rares *allergies*.

amphétamine
Substance excitante qui accroît artificiellement les capacités physiques et psychiques. Son emploi prolongé entraîne des effets indésirables parfois graves, une accoutumance et une *dépendance*.

anabolisant
Substance qui stimule artificiellement la croissance des tissus vivants, et notamment celle des muscles.

anatoxine
Forme neutralisée de certaines toxines sécrétées par des *bactéries* pathogènes (diphtérie, tétanos). Les anatoxines, inof-

fensives, sont utilisées dans les *vaccins* car elles permettent à l'organisme de s'immuniser contre la véritable toxine, responsable de la maladie.

anémie
Baisse du taux d'*hémoglobine* dans le sang, qui se traduit le plus souvent par une baisse du nombre des *globules rouges*. Le fer est indispensable à la synthèse de l'hémoglobine. Une *carence* en fer lors d'une grossesse, d'un régime végétarien, d'*hémorragies* abondantes ou répétées (règles) est une cause fréquente d'anémie. D'autres causes plus rares sont liées à des carences en *vitamines* du groupe B.

anémie hémolytique
Variété d'anémie due à une destruction des *globules rouges*.

anesthésie
Suppression de la sensibilité. L'anesthésie peut être :
- générale, le malade est endormi ;
- régionale, une région du corps est insensibilisée mais le malade est conscient (péridurale...) ;
- locale, seule une petite partie de la peau est insensibilisée.

anesthésique
Médicament qui procure une *anesthésie* générale, régionale ou locale.

angine de poitrine
Douleur oppressante due à une obstruction partielle des *artères coronaires*, qui irriguent le muscle cardiaque. Elle peut se manifester dans la poitrine, le bras gauche ou la mâchoire.

anorexie
Absence ou perte de l'appétit pouvant conduire à une dénutrition grave. L'anorexie mentale est d'origine psychologique : elle se caractérise par un refus de manger ou des vomissements provoqués volontairement et se manifeste particulièrement chez l'adolescent. Chez la jeune fille, elle s'accompagne d'une absence de règles.

anorexigène
Médicament capable de réduire la sensation de faim. Ces médicaments sont le plus souvent apparentés aux *amphétamines*.

antalgique
Médicament destiné à lutter contre la douleur. Les antalgiques agissent soit directement sur les centres de la douleur situés dans le cerveau, soit en bloquant la transmission de la douleur au cerveau.

antécédent
Affection guérie ou toujours en évolution. L'antécédent peut être personnel ou familial. Les antécédents constituent l'histoire de la santé d'une personne.

antiacide
Médicament qui neutralise l'acidité des sécrétions gastriques ou qui bloque les glandes responsables de la sécrétion d'acide.

antiagrégant plaquettaire
Médicament qui empêche les *plaquettes* de s'agglutiner et donc les caillots de se former. L'antiagrégant plaquettaire le plus ancien est l'aspirine prise à petite dose.

antiarythmique
Médicament indiqué dans les *troubles du rythme cardiaque*. La famille des antiarythmiques est divisée en classes I, II, III, IV en fonction du mode d'action de ces médicaments.

antiasthénique
Médicament qui lutte contre la fatigue.

antibiotique
Substance capable de tuer certaines *bactéries*. Le spectre d'un antibiotique est l'ensemble des bactéries sur lesquelles ce produit est habituellement actif. Contrairement aux bactéries, les *virus* sont toujours insensibles aux antibiotiques. Les premiers antibiotiques furent extraits de cultures de champignons : penicillium (*pénicilline*), streptomyces (streptomycine). Ils sont actuellement fabriqués industriellement. Les antibiotiques sont divisés en familles : pénicillines, *céphalosporines*, *macrolides*, *tétracyclines*, *sulfamides*, *aminosides*, lincosanides, phénicolés, polymyxines, quinolones, *imidazolés*...

anticoagulant
Médicament qui empêche le sang de coaguler, et donc les caillots de se former dans les vaisseaux sanguins. Il bloque la fabrication de certaines substances nécessaires à la coagulation. Il existe deux types d'anticoagulants : l'héparine et ses dérivés (employés uniquement en injection) et les anticoagulants oraux.

anticonvulsivant
Médicament utilisé pour traiter les *convulsions* et les différentes formes d'*épilepsie*. On distingue les *barbituriques* (apparentés au phénobarbital) des non-barbituriques, par leur mode d'action et les médicaments avec lesquels ils sont susceptibles d'interagir.

anticorps
Protéine sécrétée par certains *globules blancs*, destinée à neutraliser spécifiquement une substance étrangère ou un agent infectieux. Certains anticorps d'origine animale (sérum) ou humaine (gammaglobuline) sont utilisés en injection pour lutter contre des agents toxiques ou infectieux.

antidépresseur
Médicament destiné à lutter contre la *dépression*. Certains antidépresseurs sont également utilisés pour combattre les douleurs rebelles, l'*énurésie*... En fonction de leur mode d'action et de leurs effets indésirables, les antidépresseurs sont divisés en différentes familles, dont les principales sont les *IMAO*, les imipraminiques et les non-IMAO non imipraminiques...

antidiabétique
Médicament destiné à lutter contre le *diabète*. Il en existe deux catégories : les antidiabétiques oraux (*sulfamides hypoglycémiants* et biguanides, essentiellement) et l'*insuline*, qui ne s'utilise qu'en injection.

antiémétique
Médicament qui lutte contre les vomissements.

antifongique
Médicament capable de détruire les champignons microscopiques. Ceux-ci peuvent être présents sur la peau ou les *muqueuses* (tube digestif ou organes génitaux). Le champignon le plus courant est le Candida albicans.

antihistaminique
Médicament qui s'oppose aux différents effets de l'histamine. Deux types principaux existent : les antihistaminiques de type H1 (antiallergiques) et les antihistaminiques de type H2 (antiulcéreux gastriques). Certains antihistaminiques de type H1 sont *sédatifs*, d'autres n'altèrent pas la vigilance.

antihypertenseur
Médicament qui lutte contre l'excès de tension artérielle. Les principaux sont les *bêtabloquants*, les *diurétiques*, les *inhibiteurs calciques*, les inhibiteurs de l'*enzyme* de conversion et les *vasodilatateurs*.

antihypertenseur d'action centrale
Médicament qui fait baisser la tension artérielle en agissant sur les centres de régulation situés dans le cerveau.

anti-inflammatoire
Médicament destiné à lutter contre l'*inflammation*, soit dérivé de la *cortisone* (anti-inflammatoire stéroïdien), soit non dérivé de la cortisone (anti-inflammatoire non stéroïdien, *AINS*).

anti-œdémateux
Médicament qui s'oppose à la formation d'*œdèmes*.

antipyrétique
Médicament utilisé pour abaisser la température du corps lors des accès de fièvre.

antiseptique
Substance d'usage local qui détruit les *bactéries* et empêche leur prolifération. Certains antiseptiques sont également actifs sur les champignons microscopiques et les *virus*.

antispasmodique
Médicament destiné à lutter contre les spasmes. Ils agissent généralement en empêchant la contraction des fibres musculaires présentes dans la paroi de l'intestin ou des *voies* urinaires.

antithyroïdien
Médicament qui s'oppose à la formation des *hormones thyroïdiennes* ou à leur action.

antitussif
Médicament destiné à lutter contre la toux. Les plus puissants contiennent de la codéine ou de la codéthyline.

antiviral
Substance capable de lutter contre les *virus*.

antivitamine K
Famille d'*anticoagulants* oraux qui agissent en bloquant l'action de la *vitamine* K nécessaire à la formation des caillots. Ces médicaments fluidifient le sang en abaissant le *taux de prothrombine*.

anurie
Arrêt de production de l'urine par les reins, lié à une cause infectieuse, toxique ou médicamenteuse.

anxiolytique
Substance luttant contre le stress, l'angoisse, l'anxiété. Synonyme : *tranquillisant*.

aplasie médullaire
Destruction de la moelle osseuse, qui ne peut plus produire les cellules du sang : *globules rouges*, *globules blancs*, *plaquettes*.

artère coronaire
Artère irriguant le muscle du cœur (myocarde). Les artères coronaires forment une couronne autour du cœur, d'où leur nom. Le rétrécissement d'une artère coronaire ou de l'une de ses branches peut provoquer des crises d'*angine de poitrine* lors d'efforts. Une obstruction complète est responsable d'un *infarctus du myocarde*.

artérite
Maladie des artères, due le plus souvent à l'*athérosclérose*, qui provoque un épaississement de leurs parois, gênant la circulation du sang.

arthrite
Inflammation aiguë d'une articulation pouvant aboutir à sa destruction. Les principales causes d'arthrite, en dehors des infections, sont les dépôts de cristaux d'*acide urique* (*goutte*) ou de calcium (*chondrocalcinose*).

arthrose
Usure du cartilage, responsable de douleurs articulaires et d'une limitation des mouvements.

arythmie
Irrégularité du fonctionnement du cœur : voir *trouble du rythme cardiaque*.

ascite
Liquide parfois abondant, présent dans la cavité abdominale au cours de certaines maladies.

asthénie fonctionnelle
Fatigue générale sans maladie d'organes décelable. Elle peut survenir pendant la convalescence d'une maladie ou à l'occasion de stress divers.

asthme
Maladie caractérisée par une difficulté à respirer, se traduisant souvent par des sifflements. L'asthme, permanent ou survenant par crise, est dû à un spasme et à une *inflammation* des bronches.

athérome
Plaque jaunâtre déposée sur les parois d'une artère, essentiellement constituée de *cholestérol*, qui peut se calcifier (*athérosclérose*), ou se détacher et venir obstruer une petite artère (*embolie*).

athérosclérose
Vieillissement et rétrécissement des artères, dus à des dépôts de *cholestérol* et de calcium.

atonie intestinale
Diminution des contractions de l'intestin, à l'origine d'un ralentissement du transit, voire d'une constipation.

atopie
Prédisposition congénitale et souvent familiale à diverses manifestations allergiques : *asthme*, *rhinite* et *conjonctivite* allergique, *eczéma*. Le terme de « terrain » *atopique* est souvent employé à propos d'une personne souffrant d'*allergie*.

atopique
Relatif à l'*atopie*.

atrophie
Diminution du volume d'un organe ou d'un membre, due au vieillissement, à une maladie, ou à un défaut d'irrigation sanguine.

atrophique
Voir *atrophie*.

atropinique
Médicament dont les effets sont proches de ceux de l'atropine, substance contenue dans la *belladone*. Il lutte contre les spasmes et la diarrhée. Les effets indésirables de l'atropine sont les suivants : épaississement des sécrétions bronchiques, sécheresse de la bouche et des *muqueuses*, constipation, risque de blocage des urines et de crise de *glaucome* aigu par fermeture de l'angle chez les personnes prédisposées, trouble de l'*accommodation*, sensibilité anormale à la lumière par dilatation de la pupille.

attaque de panique
Crise d'anxiété intense associée à un sentiment de panique qui survient brutalement.

B

bactérie
Organisme microscopique qui peut provoquer des infections. Contrairement aux *virus*, les bactéries sont généralement sensibles aux *antibiotiques*.

bain de bouche
Mode de traitement local qui vise à laisser, au contact de lésions de la bouche ou des gencives, un médicament pur ou dilué dans de l'eau froide ou tiède. Le médicament doit être recraché.

barbiturique
Famille de puissants *sédatifs* apparentés au phénobarbital. Ils sont utilisés actuellement surtout comme *anticonvulsivants*, ou à faible dose comme *tranquillisants*.

Basedow (maladie de)
Maladie de la glande *thyroïde*, caractérisée par une augmentation de son volume (*goitre*), des yeux globuleux et des signes d'*hyperthyroïdie*.

belladone
Plante (Atropa belladonna) riche en substances *atropiniques*.

benzodiazépine
Famille de médicaments aux effets tranquillisants, *sédatifs* et *anticonvulsivants*. Ils favorisent la relaxation musculaire et l'endormissement. Pris à forte dose ou pendant une durée trop longue, ils entraînent une *dépendance*. Leur arrêt brutal expose à un *syndrome de sevrage*.

bêtabloquant
Famille de médicaments utilisés essentiellement en cardiologie. Ils bloquent l'action de l'*adrénaline* (et d'autres *hormones*

apparentées) sur le cœur, les vaisseaux et les bronches.

bêtalactamine
Famille d'*antibiotiques* qui comprend les dérivés de la *pénicilline* et les *céphalosporines*.

biotechnologie
Technologie appliquée au domaine biologique, grâce à laquelle des substances telles que l'*insuline* sont fabriquées par des cultures de *bactéries* puis purifiées.

blépharite
Inflammation ou infection du bord des paupières.

bloc auriculo-ventriculaire
Ralentissement ou blocage de la transmission de l'influx nerveux entre les oreillettes et les ventricules du cœur. Un bloc complet peut provoquer un ralentissement excessif du cœur et une perte de connaissance.

bronchiolite
Forme de bronchite, potentiellement grave, qui touche surtout les *nourrissons*. Elle est due à un virus qui provoque une *inflammation* des petites bronches (bronchioles).

bronchite chronique
Maladie des bronches se traduisant par une toux, des difficultés respiratoires et des mucosités de plus en plus difficiles à évacuer. Ces troubles, le plus souvent dus au tabac, deviennent définitifs après une certaine période d'évolution.

bronchospasme
Contraction anormale des bronches entraînant une respiration difficile et souvent sifflante. Le bronchospasme est l'un des facteurs responsables de l'*asthme*.

C

candidose
Multiplication anormale d'un champignon microscopique, Candida albicans le plus souvent. Il s'agit d'une complication fréquente et bénigne des traitements *antibiotiques*. Les principaux *symptômes* sont des *troubles digestifs*, une langue marron ou noire, des taches blanches sur le palais (muguet), des démangeaisons ou des brûlures de la vulve ou du gland.

cardiomyopathie
Maladie du muscle cardiaque. Dans la cardiomyopathie obstructive, l'épaississement du muscle cardiaque gêne l'écoulement du sang.

carence
Déficit concernant habituellement des nutriments, des *vitamines*, des sels minéraux... Une alimentation diversifiée est la meilleure prévention des carences.

cataplasme
Traitement local consistant en l'application d'une pâte sur la peau, recouverte ou non d'un pansement. Lorsque le cataplasme renferme de la farine de moutarde, il est appelé cataplasme sinapisé.

cataracte
Opacification progressive du cristallin. Elle peut être due au vieillissement, à une maladie ou à l'usage prolongé de certains médicaments comme les *corticoïdes*.

catarrhe tubaire
Affection responsable d'une sensation d'oreille bouchée par obstruction de la trompe d'Eustache, fin canal qui fait communiquer l'oreille moyenne avec les fosses nasales.

cathéter
Fin tuyau souple destiné à être placé en permanence dans une veine pour réaliser des injections ou des *perfusions*.

céphalosporine
Famille d'*antibiotiques* apparentée à la *pénicilline*. Les personnes allergiques à la pénicilline peuvent l'être également aux céphalosporines.

CH
Abréviation de : centésimale hahnemannienne. Elle correspond à la dilution au centième d'une substance homéopathique. 6 CH signifie que la substance (*teinture mère*) a été diluée au centième, six fois de suite.

chélateur
Substance qui se lie à une autre substance présente dans une solution et la rend insoluble. Le sel introduit dans les lave-vaisselle joue le rôle de chélateur du calcium et permet d'adoucir l'eau.

chéloïde
Qualifie une cicatrice volumineuse et inesthétique, survenant de façon imprévisible après une incision chirurgicale ou une plaie.

choc
Malaise brutal et grave avec chute de la pression artérielle. Les principales causes de choc sont les *allergies* (choc allergique ou anaphylactique), les troubles cardio-vasculaires graves (choc cardio-vasculaire) et les septicémies (choc septique).

choc anaphylactique
Choc d'origine allergique se manifestant par une baisse brutale de la tension artérielle, due à une dilatation extrême des vaisseaux sanguins. Il survient après un contact avec une substance allergisante (aliment, piqûre d'insecte, injection ou absorption de médicament). Contrairement à ce qui est observé lors des chocs de cause non allergique, les membres de la personne inanimée sont colorés et chauds, et non pâles et froids.

cholagogue
Médicament qui facilite l'évacuation de la bile, de la vésicule biliaire vers l'intestin.

cholérétique
Médicament qui stimule la production de la bile par le foie.

cholestérol
Principale graisse circulant dans le sang. En excès, le cholestérol est éliminé dans la bile, mais peut également s'accumuler dans les artères et former des plaques d'*athérome*.

chondrocalcinose
Maladie des articulations ressemblant à la *goutte*, mais due à des dépôts de cristaux de phosphate de calcium (et non pas d'*acide urique*) dans le cartilage.

chorée
Maladie neurologique se manifestant par des contractions et des mouvements musculaires anormaux.

cirrhose
Destruction progressive du foie consécutive à l'alcoolisme, mais également à certaines *hépatites* virales ou à des maladies rares.

coagulation intravasculaire disséminée
Contrairement à ce qu'indique son nom, c'est une *hémorragie* qui succède à la création de caillots multiples dans l'ensemble des vaisseaux de l'organisme, survenant notamment au cours ou dans les suites immédiates d'une opération, d'une infection ou de certaines maladies du sang.

colibacille
Bactérie normalement présente dans le tube digestif. Son nom scientifique est Escherichia coli. Elle peut être responsable d'infection urinaire ou intestinale.

colique néphrétique
Douleur aiguë du ventre ou du dos provoquée par un calcul qui obstrue les *voies urinaires*. Il s'agit généralement de calculs d'*acide urique* ou de sels de calcium.

colite
Inflammation d'une partie ou de la totalité du côlon. Elle peut être causée par une infection bactérienne ou parasitaire, par une maladie inflammatoire (maladie de *Crohn*), ou par un dérèglement de l'intestin (colite spasmodique).

collagène
Protéine fibreuse qui assure la cohésion des tissus vivants et notamment de la peau.

collapsus
Affaissement des parois d'un vaisseau sanguin lorsque la pression artérielle baisse brutalement. Par extension, chute rapide de la tension artérielle.

collapsus cardio-vasculaire
Maladie grave avec chute brutale de la tension artérielle lorsque le cœur ne remplit plus sa fonction de pompe (également appelé : choc cardiogénique).

collutoire
Médicament qui agit par contact sur l'arrière-gorge et les parois internes de la bouche. Il est administré par pulvérisation ou en badigeon.

coma
Trouble de la conscience, allant de la simple torpeur (coma léger) à la perte de connaissance complète (coma profond).

complexe
Nom donné à une association de plusieurs remèdes homéopathiques. En général, les dilutions employées sont basses : de 3 *DH* (décimale hahnemannienne) à 6 *CH* (centésimale hahnemannienne).

condylome
Tumeur bénigne de la peau ou des *muqueuses*, due à un *virus*. La transmission du virus se fait par *voie* sexuelle et est favorisée par une irritation locale.

conjonctive
Muqueuse transparente qui recouvre la paroi interne des paupières et la partie antérieure de l'œil.

conjonctivite
Inflammation du revêtement interne de la paupière (*conjonctive*), due à un corps étranger, à une *allergie*, à une infection ou à un produit irritant.

connectivite
Ensemble de maladies rares appelées également collagénoses : *lupus érythémateux* disséminé, périartérite noueuse, *sclérodermie*, dermatomyosite...

contention élastique
Traitement de l'*insuffisance veineuse* ou lymphatique : un bas élastique ou une bande maintient la jambe ou le bras pour empêcher le relâchement exagéré des vaisseaux et la formation des *œdèmes*. En fonction de la gravité de l'œdème, le médecin prescrit une contention faible, moyenne ou forte.

contraceptif
Qui s'oppose à la conception : contraceptif oral (pilule), local (stérilet, spermicide, diaphragme et préservatif).

convulsion
Contractions involontaires limitées à quelques muscles ou généralisées à tout le corps. Elles sont dues à une souffrance ou à une stimulation excessive du cerveau : fièvre, intoxication, manque d'oxygène, lésion du cerveau.

cornée
Partie centrale de l'œil, qui recouvre la pupille et l'iris.

corticoïde
Substance proche de la *cortisone*. Les corticoïdes naturels, nécessaires au fonctionnement de l'organisme, sont fabriqués par les glandes *surrénales*. Les corticoïdes de synthèse, dérivés chimiques de la cortisone, sont utilisés comme *anti-inflammatoires* puissants.

corticothérapie
Traitement par la *cortisone* ou par un de ses dérivés.

cortisone
Hormone sécrétée par les glandes *surrénales*. Elle participe à la régulation des *sucres*, des graisses et des protéines de l'organisme. Ses puissantes propriétés *anti-inflammatoires* sont utilisées en thérapeutique.

créatinine
Substance dosable dans le sang, dont l'élévation anormale traduit une *insuffisance rénale*.

Crohn (maladie de)
Inflammation de l'intestin, qui peut causer des *ulcères* et des rétrécissements. Elle devient souvent chronique et peut s'accompagner de diarrhées tenaces et de dénutrition.

cruralgie
Douleur de la cuisse, due à l'irritation des racines du nerf crural. Contrairement à la *sciatique*, la douleur crurale se situe sur la face antérieure de la cuisse et ne descend pas en dessous du genou.

cul-de-sac conjonctival
Espace formé par la traction vers le bas de la paupière inférieure, qui se décolle de l'œil et forme une cavité. C'est dans celle-ci que doivent être déposées les gouttes de collyre et les pommades ophtalmiques. Le médicament se répartit naturellement sur la totalité de l'œil. Il sera éliminé comme les larmes par le canal lacrymal, qui évacue les sécrétions oculaires vers le nez.

Cushing (syndrome ou maladie de)
Le syndrome de Cushing est dû à un excès de *cortisone* dans le sang. Il se manifeste essentiellement par une obésité du tronc et un épaississement de la face. L'excès de cortisone peut être dû à un traitement prolongé par un corticoïde, ou à une maladie de la glande *surrénale* (maladie de Cushing).

cushingoïde
Qualifie une personne qui semble atteinte de la maladie de *Cushing*.

cycline
Voir *tétracycline*.

cystine
Acide aminé riche en soufre. Il occupe une place importante dans le *métabolisme* de la peau, des cheveux et des ongles. Dans de très rares cas, la cystine peut être à l'origine de calculs urinaires.

cystite
Infection de la vessie se traduisant par des brûlures, des urines troubles et parfois sanglantes et une envie fréquente d'uriner.

D

décoction
Mode de préparation de certaines tisanes ; ce procédé permet d'extraire les substances contenues dans les plantes, en les mélangeant avec de l'eau. Ce mélange est ensuite porté à ébullition de façon prolongée. Cette technique est différente de l'*infusion* ou de la *macération*.

déficit immunitaire
Incapacité des systèmes de défense de l'organisme à accomplir leurs fonctions ; elle est due à la baisse des *globules blancs* ou des *anticorps* (*immunoglobulines*). Les causes les plus fréquentes de déficit immunitaire sont les anomalies génétiques, les traitements des cancers (chimiothérapie ou radiothérapie) et le sida.

dénutri
Qui présente une *carence* en éléments nutritifs par insuffisance d'apport alimentaire.

dépendance
Besoin psychique ou physique entraîné par la prise de certaines substances naturelles ou médicamenteuses. La personne dépendante est souvent conduite à augmenter les doses pour reproduire l'effet recherché. Cet état peut s'accompagner, à l'arrêt des prises, de *symptômes* variés, regroupés sous le terme de *syndrome de sevrage*.

dépression
Maladie nerveuse associant le plus souvent une inhibition, un sentiment de fatigue, d'inutilité, de culpabilité, de dégoût de soi. Le malade déprimé est généralement incapable de surmonter seul son trouble.

dépression respiratoire
Diminution, voire arrêt de la respiration par inhibition des centres nerveux qui commandent les mouvements d'inspiration et d'expiration.

dermatite
Synonyme de *dermite*.

dermatite atopique
Maladie de la peau allergique et congénitale, se traduisant essentiellement par des poussées d'*eczéma*.

dermatite herpétiforme
Maladie rare de la peau ressemblant à l'*herpès*.

dermatophyte
Champignon microscopique responsable d'infections cutanées : teigne, pied-d'athlète, onyxis (lésion des ongles)...

dermatophytie
Infection de la peau ou des ongles par un champignon microscopique (*dermatophyte*).

dermatose
Nom général donné aux maladies de la peau.

dermatose bulleuse
Maladie de la peau se traduisant par l'apparition de bulles remplies d'eau, semblables aux cloques qui se forment après une brûlure.

derme
Couche de la peau, située juste sous l'*épiderme*. Elle est riche en fins vaisseaux sanguins, appelés capillaires.

dermite
Inflammation de la peau.

dermite cortico-induite
Maladie de la peau consécutive à l'usage abusif de pommades ou de crèmes contenant des *corticoïdes*.

dermite séborrhéique
Maladie de la peau se traduisant par une rougeur et une desquamation touchant les régions pileuses et les ailes du nez.

dermocorticoïde
Préparation de *corticoïdes* pour usage local, destinée à soigner certaines maladies de la peau.

DH
Abréviation de : décimale hahnemannienne. Elle correspond à la dilution au dixième d'une substance homéopathique (soit 1 volume de substance pour 9 volumes d'eau). 6 DH signifie que la substance (*teinture mère*) a subi 6 dilutions successives au dixième.

diabète
Terme général désignant les maladies se traduisant par l'émission d'urines abondantes et par une soif intense. Employé seul, le mot diabète concerne généralement le diabète sucré, qui correspond à une perturbation de la régulation des *sucres* de l'organisme par l'*insuline*. Il se traduit par l'augmentation du *sucre* (glucose) dans le sang et par sa présence éventuelle dans les urines. Il existe deux sortes de diabète sucré : le diabète insulinodépendant, qui nécessite un traitement par l'insuline en injection, et le diabète non insulinodépendant, qui peut être traité par les *hypoglycémiants* oraux.

diabète insipide
Type de diabète dû à un déficit en *hormone* antidiurétique, la vasopressine, qui maintient constante la quantité d'eau contenue dans le corps. Cette hormone est sécrétée par l'*hypophyse*. Ce déficit peut être dû à un traumatisme crânien, à une infection, à une *tumeur* ou à une maladie héréditaire exceptionnelle touchant le rein.

dialyse
Procédé d'épuration du sang en cas d'*insuffisance rénale* grave, assurée essentiellement par l'emploi du rein artificiel.

digitalique
Famille de médicaments apparentés à la digitaline, substance issue de la digitale (plante commune). Les digitaliques, utilisés en cardiologie, ralentissent le cœur et renforcent ses contractions.

dilution homéopathique
Dilution d'une substance active obéissant aux règles homéopathiques. La solution obtenue après plusieurs dilutions successives ne contient qu'une quantité infime de la substance active initialement présente. Les propriétés d'un remède homéopathique sont étroitement liées à leur dynamisation (agitation de la solution entre chaque dilution). Les unités qui expriment les dilutions homéopathiques sont : *DH*,*CH* et K (korsakovienne).

dispositif transdermique
Système permettant l'absorption d'un médicament au travers de la peau : il assure la diffusion de la substance active vers les vaisseaux sanguins du *derme*. La substance circule ensuite dans le sang et peut agir comme si elle avait été avalée ou injectée. Ce dispositif est parfois appelé timbre ou Patch.

diurétique
Médicament permettant une élimination accrue d'eau par les reins. Le plus souvent, cette perte d'eau fait suite à la perte de *sels* provoquée par le médicament (salidiurétique).

diurétique de l'anse
Diurétique puissant qui agit sur un élément fonctionnel du rein, appelé anse de Henlé.

diverticule
Petite cavité en cul-de-sac développée au dépend d'un organe (le tube digestif le plus souvent). Un diverticule peut donner lieu à une *inflammation*.

diverticulose
Accumulation de *diverticules*.

dorsalgie
Douleur du dos.

draineur
Substance capable de stimuler ou de faciliter l'élimination des déchets produits par le *métabolisme* de l'organisme. Un draineur peut agir sur les reins, le foie ou le tube digestif.

duodénum
Partie de l'intestin dans laquelle pénètrent les aliments issus de l'estomac.

Dupuytren (maladie de)
Maladie se manifestant par une incapacité à étendre les deux derniers doigts de la main.

dyshidrose
Maladie apparentée à l'*eczéma*, touchant essentiellement la paume des mains et la plante des pieds.

dyskinésie
Trouble de la coordination des mouvements.

dyslexie
Difficulté dans l'apprentissage de la lecture, fréquemment rencontrée chez l'enfant.

E

ecchymose
Infiltration de sang dans la peau et les *muqueuses*, pouvant survenir spontanément ou le plus souvent après un traumatisme. Les ecchymoses sont communément appelées bleus.

échographie
Technique d'examen indolore utilisant les ultrasons et permettant d'obtenir une image des organes internes en deux ou trois dimensions.

eczéma
Maladie de la peau se manifestant par des boutons et de vives démangeaisons. L'eczéma peut être dû au contact avec une substance allergisante (eczéma de contact) ou être lié à une prédisposition génétique (eczéma atopique).

effet antabuse
Ensemble de *symptômes* désagréables provoqués par certains médicaments lorsqu'ils sont associés à la prise de boissons alcoolisées : bouffées de chaleur, rougeurs du visage, maux de tête, nausées, vomissements.

embolie
Obstruction d'une artère par un caillot ou une plaque d'*athérome* apportés par le courant sanguin. L'embolie pulmonaire est généralement due à un caillot formé dans une veine qui remonte vers le cœur et vient obstruer une artère pulmonaire.

emphysème
Maladie des poumons se traduisant par une dilatation de la cage thoracique et par des difficultés respiratoires. Elle peut être due au tabagisme, à une maladie génétique ou à l'inhalation prolongée de substances toxiques.

endocardite bactérienne
Infection des structures internes du cœur, et notamment des valves, pouvant aboutir à une *insuffisance cardiaque* grave.

endomètre
Revêtement interne de l'utérus dont la couche superficielle est renouvelée lors de chaque cycle menstruel. Les règles sont constituées du sang et des cellules éliminées lors de ce renouvellement.

endométriose
Prolifération anormale du revêtement interne de l'utérus (*endomètre*).

énurésie
Incontinence des urines, le plus souvent nocturne, sans lésion de l'appareil urinaire. L'énurésie primaire caractérise un enfant qui n'a jamais été propre et qui atteint un âge où le contrôle des sphincters devrait être acquis. L'énurésie secondaire survient chez un enfant qui était auparavant propre, ou chez un adulte.

enzyme
Substance capable d'activer une réaction chimique spécifique.

enzyme pancréatique
Enzymes sécrétées par le pancréas, qui facilitent et accélèrent la digestion.

épiderme
Couche externe de la peau (au-dessus du *derme*). Elle assure le renouvellement de la couche cornée, constituée de cellules mortes riches en kératine.

épiglottite
Infection grave de la gorge qui survient chez l'enfant et peut provoquer un étouffement. Elle est due à un *germe* particulier : Haemophilus influenzae type b. Elle est différente de la simple laryngite, qui peut également provoquer des difficultés respiratoires.

épilepsie
Maladie chronique survenant par crise, liée à une anomalie de l'activité électrique d'un groupe de cellules cérébrales. Ses manifestations, d'intensité variable, vont de la chute brutale de l'attention (absences ou petit mal) à la perte de conscience accompagnée de mouvements musculaires anormaux (*convulsions* ou grand mal).

ergot de seigle
Champignon parasite du seigle, dont la consommation accidentelle provoque une maladie appelée *ergotisme*. Les substances contenues dans ce champignon possèdent des propriétés vasoconstrictrices (contraction des vaisseaux) ou vasodilatatrices (dilatation des vaisseaux).

ergotisme
Ensemble des manifestations neurologiques et vasculaires liées à une intoxication par des dérivés de l'*ergot de seigle* : *convulsions*, douleur, pâleur et refroidissement inhabituels des extrémités des membres.

escarre
Plaie creusante de la peau et des muscles sous-jacents qui peut apparaître chez les malades alités ou les paraplégiques. Elle fait suite à un appui prolongé sur une même région cutanée qui provoque un défaut d'irrigation sanguine et la mort des tissus. Une croûte noire initiale tend à s'éliminer pour laisser place à une plaie profonde difficile à soigner. Les escarres peuvent être prévenues par des changements fréquents de position chez les malades alités.

estrogène
Famille d'*hormones* stimulant les organes sexuels féminins (utérus et glandes mammaires essentiellement). On écrit aussi : œstrogène.

état dépressif
État de souffrance morale associant une inhibition, une fatigue, un sentiment d'inutilité, d'autodépréciation. En l'absence de traitement, l'*état dépressif* risque d'évoluer vers une *dépression* grave avec une sensation d'incurabilité, de culpabilité et un dégoût de soi.

expectorant
Qui facilite l'élimination des mucosités (glaires) contenues dans les *voies* respiratoires.

extrasystole
Contraction du cœur survenant juste avant ou après une contraction normale, souvent perçue comme un choc dans la poitrine.

F

fécalome
Bouchon de selles dans le rectum ou le côlon. Il est à redouter chez les personnes âgées ou constipées ou celles qui restent longtemps alitées. Il expose à un risque d'obstruction du tube digestif.

fibrome
Tumeur bénigne de l'utérus pouvant être responsable de saignements en dehors des règles.

fissure anale
Petite crevasse du pourtour de l'anus, souvent peu ou pas visible, provoquant des douleurs vives pendant et après la selle.

flore digestive
Ensemble de *bactéries* qui sont normalement présentes dans le tube digestif et qui participent à la digestion.

flore vaginale
Ensemble des *bactéries* normalement présentes dans le vagin (flore de Döderlein). Elles ne provoquent aucun trouble et font obstacle aux champignons microscopiques ou aux autres *germes* qui pourraient être à l'origine d'une infection.

fonctionnel
Se dit d'un *symptôme* lorsqu'il est dû à une perturbation du fonctionnement d'un organe, sans que cette perturbation puisse être rattachée à une lésion de cet organe.

G

G6PD (déficit en)
Abréviation de : glucose-6-phosphate-déshydrogénase. Enzyme normalement présente dans le *globule rouge*. Son absence congénitale (déficit) est responsable d'une maladie nommée favisme ; elle contre-indique l'emploi de certains médicaments.

galactorrhée
Écoulement anormal de lait par le mamelon : trop abondant chez une femme qui allaite, ou survenant chez une femme en dehors de l'allaitement, voire chez un homme.

galactosémie

Maladie héréditaire rare du *nouveau-né*, entraînant la présence anormale dans le sang de galactose, sucre du lait.

gargarisme

Mode de traitement local qui vise à laisser au contact de l'arrière-gorge un médicament pur ou dilué dans de l'eau froide ou tiède. Il se pratique la tête penchée en arrière, une expiration continue empêchant le liquide de descendre dans les poumons. La solution utilisée ne doit pas être avalée.

gastrite

Inflammation de l'estomac favorisée par le stress, le tabac, l'alcool, et certains médicaments tels que l'aspirine ou les *anti-inflammatoires*.

gastrorésistant

Qualifie certains comprimés ou gélules dans lesquels la substance active est protégée de l'acidité de l'estomac.

germe

Terme général qui désigne tous les organismes microscopiques susceptibles de provoquer une infection : *bactéries*, *virus*, parasites, champignons.

glaire cervicale

Liquide incolore ou blanchâtre, et filant comme du blanc d'œuf, sécrété par le col de l'utérus au moment de l'ovulation. Elle facilite le passage des spermatozoïdes vers l'utérus. La modification de la glaire cervicale est un des modes d'action des *contraceptifs* oraux.

glaucome

Pression (*tension intraoculaire*) excessive des liquides contenus dans l'œil. Il en existe deux types : le glaucome à angle ouvert, le plus fréquent, et le glaucome à angle fermé, plus rare, susceptible d'être brutalement aggravé par certains médicaments (glaucome aigu).

globule blanc

Cellule présente dans le sang. Il en existe différents types :

- Les polynucléaires neutrophiles, qui augmentent lors des infections ; les polynucléaires éosinophiles, dont le nombre est élevé chez les personnes allergiques ou en cas de parasitose ; les polynucléaires basophiles, dont le rôle est mal connu.
- Les lymphocytes et monocytes, dont le nombre s'élève en cas d'infection virale ou d'atteinte de la moelle osseuse.

globule rouge

Cellule présente dans le sang (5 millions par cm^3) qui contient l'*hémoglobine*.

glucides

Famille de substances énergétiques contenant notamment les *sucres*. On distingue les glucides simples, ou rapides, des glucides complexes, ou lents, en fonction de la durée de leur digestion. Ils sont parfois appelés hydrates de carbone.

gluten

Constituant des céréales et de la farine, qui peut donner lieu chez de très rares personnes prédisposées à une intolérance digestive grave.

glycémie

Quantité de sucre présente dans un litre de sang. Elle varie habituellement entre 0,60 et 1,10 gramme par litre (3,3 mmol/l à 6 mmol/l) chez la personne à jeun. Le diagnostic de *diabète* doit être envisagé lorsque la glycémie dépasse 1,2 g/l (6,6 mmol/l).

glycosurie

Présence anormale de *sucre* dans les urines rencontrée chez les diabétiques.

goitre

Augmentation du volume de la glande *thyroïde*.

gonocoque

Bactérie responsable de la blennorragie, transmise par *voie* sexuelle.

goutte

Maladie se manifestant par une rougeur et une douleur vive touchant une articulation (celle du gros orteil le plus souvent), due à une accumulation de cristaux d'*acide urique*.

granulome annulaire

Variété d'*eczéma* se traduisant par des boutons roses groupés en anneau.

gynécomastie

Augmentation du volume des seins chez l'homme comme chez la femme, congénitale ou due à une maladie, à une *tumeur* ou à la prise de certains médicaments.

H

hématologique

Qui se rapporte au sang.

hémoglobine

Principal constituant des *globules rouges*, l'hémoglobine est une substance riche en fer qui assure la fixation de l'oxygène des poumons et sa redistribution dans les différents organes.

hémorragie

Perte de sang à partir d'une artère ou d'une veine. Une hémorragie peut être externe mais également interne, et passer inaperçue.

hémorroïde

Dilatation anormale d'une veine de l'anus ou du rectum, se développant soit à l'extérieur, soit à l'intérieur. Elle peut être à l'origine d'un saignement.

hémostatique

Médicament d'usage local, qui arrête les saignements.

hépatite

Inflammation du foie. Elle peut être due à un médicament, à un *virus*, à l'alcool, ou à une autre cause.

hernie hiatale

Glissement anormal d'un segment de l'estomac au-dessus du diaphragme. Cette anomalie anatomique rend possible le reflux de l'acidité de l'estomac vers l'œsophage. Elle provoque une sensation de brûlure.

herpès

Maladie infectieuse due au *virus* du même nom. Elle touche préférentiellement les lèvres et les organes génitaux. Les récidives sont fréquentes.

hirsutisme

Apparition anormale chez la femme d'une pilosité de type masculin.

histamine

Substance chimique naturellement fabriquée par l'organisme et douée de nombreuses propriétés : relâchement des petites artères, contraction des muscles de l'intestin et des bronches, sécrétion du suc gastrique, accélération du cœur et relâchement des contractions de l'utérus. L'histamine est au cœur de l'*inflammation*, notamment dans les *allergies*.

homéopathie

Mode de traitement fondé sur deux principes : l'usage de substances douées d'effets semblables aux *symptômes* de la maladie qu'elles sont destinées à combattre, et la dilution infinitésimale de ces substances.

hormone

Substance transportée par le sang, destinée à réguler l'activité de certaines glandes ou de certains organes.

hormone androgène

Famille d'*hormones* produites essentiellement par les testicules. Elles permettent le développement des caractères sexuels masculins.

hormone thyroïdienne
Famille d'*hormones* accélératrices du *métabolisme*, sécrétées par la glande *thyroïde*. Elles sont dosables dans le sang et sont appelées T3 et T4.

humeur
Dans son sens médical, l'humeur est plutôt synonyme de moral. Un trouble de l'humeur peut revêtir la forme d'une *dépression* ou d'une excitation euphorique, par exemple.

Huntington (chorée de)
Maladie rare, héréditaire, touchant certaines zones du cerveau. Elle se manifeste par des mouvements musculaires involontaires et des troubles du caractère.

hypercalcémie
Excès de calcium dans le sang, consécutif à une maladie ou à l'usage de certains médicaments (excès de *vitamine* D).

hypercalciurie
Augmentation anormale du calcium dans les urines.

hyperglycémie
Élévation anormale de la *glycémie* (taux de *sucre* dans le sang).

hyperkaliémie
Élévation anormale de la *kaliémie* (taux de *potassium* dans le sang) pouvant provoquer des troubles cardiaques.

hyperkératinisation
Épaississement anormal de la couche cornée de la peau (couche la plus externe de l'épiderme).

hyperparathyroïdie
Excès de fonctionnement des glandes *parathyroïdes* qui provoque des anomalies osseuses.

hyperplasie
Développement exagéré d'un tissu ou d'un organe.

hypertension artérielle
Excès de pression (tension) du sang dans les artères. Cette pression est assurée par la pompe cardiaque et est exprimée par deux "chiffres". Elle est maximale lors de la contraction du cœur ou systole (premier "chiffre") et minimale lors du repos cardiaque ou diastole (deuxième "chiffre"). Une hypertension artérielle se caractérise par une pression maximale (systolique) supérieure ou égale à 16, ou une pression minimale (diastolique) supérieure ou égale à 9,5. Un traitement est instauré lorsque ces chiffres sont dépassés ou pour des tensions plus faibles chez certaines personnes présentant des facteurs de risque cardio-vasculaire : hérédité, tabagisme, *diabète*, excès de *cholestérol*. Un traitement *antihypertenseur* permanent permet de limiter les altérations du système cardio-vasculaire dues à l'hypertension artérielle.

hypertension intracrânienne
Excès de pression à l'intérieur de la boîte crânienne. Tout hématome ou *œdème* du cerveau provoque une augmentation de la pression intracrânienne.

hyperthermie
Élévation anormale de la température corporelle pouvant être due à une maladie (fièvre), à un effort prolongé ou à certains médicaments.

hyperthyroïdie
Excès d'*hormones thyroïdiennes* se traduisant par une accélération du cœur, une mauvaise tolérance à la chaleur et une diarrhée chronique...

hypertonie
Tension excessive d'un muscle ou d'un groupe musculaire.

hypertrichose
Développement excessif des poils.

hyperuricémie
Excès d'*acide urique* dans le sang.

hypocalcémie
Baisse du taux de calcium dans le sang, consécutive à une maladie ou à l'usage de certains médicaments.

hypocholestérolémiant
Qui fait baisser le taux de *cholestérol* dans le sang.

hypoglycémiant
Médicament qui fait baisser la *glycémie* (taux de *sucre* dans le sang).

hypoglycémie
Baisse du taux de *sucre* dans le sang, pouvant provoquer des malaises.

hypokaliémie
Baisse du taux de *potassium* dans le sang pouvant provoquer des *troubles du rythme cardiaque*. La prise régulière de *laxatifs stimulants* ou de *diurétiques* est fréquemment responsable d'hypokaliémie.

hypolipidémiant
Médicament qui fait baisser le taux de graisse dans le sang : *cholestérol* et *triglycérides* essentiellement. Synonyme : hypolipémiant.

hypomanie
État d'excitation euphorique et désordonnée, d'exaltation, survenant le plus souvent dans le cadre de certains troubles nerveux graves.

hyponatrémie
Diminution du taux de sodium (sel) dans le sang.

hypophyse
Petite glande située à la base du cerveau. Elle sécrète des *hormones* qui stimulent diverses glandes de l'organisme.

hypotension orthostatique
Baisse de la tension artérielle survenant lors du passage de la position allongée à la position debout. Due le plus souvent à des médicaments, l'hypotension orthostatique se traduit par des étourdissements avec risque de chute, notamment chez les personnes âgées.

hypothalamus
Partie du cerveau assurant de multiples fonctions. Il sécrète des *hormones* destinées à agir sur d'autres glandes (notamment l'*hypophyse*) qui à leur tour sécréteront d'autres hormones qui agiront sur certains organes (ovaires, thyroïde...)

hypothyroïdie
Insuffisance de sécrétion des *hormones thyroïdiennes*. Elle se traduit par une diminution du pouls, un ralentissement des idées, une constipation et une crainte du froid...

I

I.D.
Abréviation de : intradermique.

I.M.
Abréviation de : intramusculaire.

IMAO
Abréviation de : inhibiteur de la mono-amine-oxydase. Famille de médicaments utilisés en neurologie (*dépression*, maladie de *Parkinson*). Ils sont divisés en deux types : les IMAO non sélectifs, qui donnent lieu à de nombreuses interactions médicamenteuses et alimentaires, et les IMAO sélectifs, pour lesquels ces inconvénients sont absents ou limités.

imidazolé
Famille chimique de médicaments qui regroupe des *antifongiques*, des *antibiotiques* et des antiparasitaires.

immunoglobuline
Anticorps sécrété par certains *globules blancs*, destiné à neutraliser spécifiquement une substance étrangère ou un agent infectieux. Les immunoglobulines d'origine humaine sont utilisées comme médicament ; elles sont alors purifiées et stérilisées. Synonyme : gammaglobulines.

impatiences

Sensation pénible située dans les jambes. Elles se manifestent, généralement lors du coucher, par un sentiment d'inconfort, un besoin irrépressible de bouger les jambes.

impétigo

Infection de la peau due à un streptocoque ou à un *staphylocoque*. Elle se manifeste par des plaques rouges, puis des vésicules et des croûtes.

impuissance

Érection impossible ou de qualité insuffisante.

infarctus du myocarde

Destruction d'une partie du muscle cardiaque (myocarde), privé de sang par obstruction de ses artères.

infiltration

Injection d'une substance médicamenteuse à proximité d'une région douloureuse ou inflammatoire. Les solutions injectables utilisées contiennent généralement des *anesthésiques* locaux ou des *corticoïdes*.

inflammation

Réaction naturelle de l'organisme contre un élément reconnu comme étranger. Elle se manifeste localement par une rougeur, une chaleur, une douleur ou un gonflement.

infusion

Mode de préparation de la plupart des tisanes ; ce procédé permet d'extraire les substances contenues dans les plantes en versant de l'eau bouillante sur celles-ci. Cette technique s'oppose à la *macération* et à la *décoction*.

inhibiteur calcique

Médicament capable d'inhiber la contraction des vaisseaux sanguins en bloquant l'entrée du calcium dans leurs parois. Il est utilisé principalement dans le traitement de l'*hypertension artérielle* et de l'*angine de poitrine*. Ce médicament n'a aucune influence sur la fixation osseuse du calcium.

INR

Abréviation de : International Normalised Ratio. Expression normalisée du *taux de prothrombine* permettant de limiter les variations de résultats d'un laboratoire à l'autre. L'INR est utilisé pour contrôler l'efficacité d'un traitement anticoagulant et varie de 1 (absence d'effet anticoagulant) à 5 (effet anticoagulant maximal et apparition d'un risque d'*hémorragie*).

insuffisance cardiaque

Incapacité du cœur à remplir sa fonction de pompe. Les principaux *symptômes* consistent en une fatigue et un essoufflement lors d'un effort.

insuffisance coronarienne

Incapacité partielle des artères du cœur (*artères coronaires*) à irriguer le muscle cardiaque. Des crises d'*angine de poitrine* peuvent survenir, le plus souvent lors d'un effort.

insuffisance hépatique

Incapacité du foie à remplir sa fonction, qui est essentiellement l'élimination de certains déchets, mais également la synthèse de nombreuses substances biologiques indispensables à l'organisme : albumine, *cholestérol* et facteurs de la coagulation (*vitamine* K...).

insuffisance médullaire

Atteinte de la moelle osseuse, qui devient incapable de produire les cellules du sang (*globules rouges*, *globules blancs*, *plaquettes*).

insuffisance rénale

Incapacité des reins à éliminer les déchets ou les substances médicamenteuses. Une insuffisance rénale avancée est compatible avec des urines d'abondance normale. Seuls une prise de sang et le dosage de la *créatinine* peuvent révéler cette maladie.

insuffisance respiratoire

Incapacité des poumons à oxygéner correctement le sang et à éliminer le gaz carbonique en excès.

insuffisance surrénale

Défaut de fonctionnement des glandes *surrénales*, qui sécrètent essentiellement la *cortisone*.

insuffisance veineuse

Incapacité des veines des jambes à faire remonter le sang vers le cœur.

insuline

Hormone sécrétée par le pancréas, lors des apports de *sucre*. Elle diminue le taux de sucre dans le sang et permet son utilisation par les organes. L'insuline sert au traitement de certains types de *diabète*. Elle est soit naturelle, d'origine animale, soit de synthèse et copiée sur l'insuline humaine.

intolérance

Effet indésirable, le plus souvent digestif, lors de la prise d'un médicament. L'irritation de l'estomac due à l'aspirine est une intolérance et non une *allergie*.

irrigation nasale

Technique d'utilisation de certains médicaments qui permet un contact étroit et prolongé avec les fosses nasales : renverser la tête en arrière et faire couler lentement la solution dans une narine. Dans le même temps, prononcer de façon répétée et rapide la syllabe « ké » pour empêcher la solution de couler dans la bouche. Laisser pendant quelques instants le médicament en contact avec les sécrétions, puis l'évacuer en penchant la tête en avant.

irrigation vaginale

Mode d'administration d'un médicament dans le vagin. La solution pure ou diluée est introduite à l'aide d'une canule reliée à une poire ou à la tubulure d'un récipient placé en hauteur.

I.V.

Abréviation de : intraveineuse.

K

kaliémie

Taux du *potassium* dans le sang. La baisse anormale de la kaliémie, surtout en dessous de 3 *mEq/l*, expose à des complications cardiaques.

kératite

Inflammation de la *cornée*. Elle peut être due à une maladie, à une infection ou à une irritation par un corps étranger ou une substance toxique.

L

laxatif de lest

Laxatif qui a la propriété de gonfler au contact de l'eau : il augmente le volume des selles et les rend moins dures. Il est dénué de toxicité.

laxatif lubrifiant

C'est un corps gras non absorbé par l'intestin qui facilite le transit et l'élimination des selles. Il est dénué de toxicité, mais son usage prolongé diminue l'absorption de certaines *vitamines* essentielles (A, D, E, K).

laxatif osmotique

Laxatif permettant de rendre les selles plus liquides en retenant l'eau dans le contenu de l'intestin. Il est dénué de toxicité.

laxatif stimulant

Laxatif puissant mais irritant pour le tube digestif, responsable d'une perte de sels minéraux *(potassium...)* par l'organisme. Son usage prolongé provoque une *dépendance* : il n'est plus possible d'aller à la selle sans médicament. À long terme, des lésions définitives de la paroi interne de l'intestin peuvent apparaître (maladie des laxatifs).

Lesch-Nyhan (maladie de)
Maladie métabolique liée à un déficit enzymatique qui entraîne une accumulation d'*acide urique* dans l'organisme et notamment dans le cerveau. Elle se traduit par des troubles graves du comportement.

levure
Champignon microscopique.

libération prolongée
Procédé de fabrication d'un médicament, qui permet une libération lente et progressive des substances actives dans l'organisme.

lichénification
Épaississement de la peau généralement bien délimité, accompagné ou non de démangeaisons.

liniment
Préparation liquide, plus ou moins épaisse, utilisée pour frictionner la peau.

lithiase
Concrétion (pierre) qui se forme dans les *voies* excrétrices de certains organes : voies urinaires, biliaires, salivaires. Synonyme : calcul.

lithium
Élément minéral proche du sodium, utilisé soit sous forme de traces (oligo-éléments) pour traiter les troubles légers du sommeil et la nervosité, soit à forte dose pour traiter les troubles graves de l'*humeur*. À dose élevée, il peut donner lieu à des interactions médicamenteuses.

lombalgie
Douleur de la partie basse du dos.

L.P.
Voir *libération prolongée*.

lucite
Réaction de la peau à une exposition au soleil due à une prédisposition ou à l'absorption de certains médicaments. Synonyme : *allergie* solaire.

lupus érythémateux
Maladie de peau provoquant une rougeur de la partie centrale du visage. Il en existe deux formes principales : lupus discoïde (uniquement cutané), et lupus disséminé (associé à des lésions des organes profonds).

lymphatique
Qui concerne la *lymphe*, liquide incolore circulant dans des vaisseaux spécifiques et dont l'accumulation provoque des *œdèmes*.

lymphe
Liquide incolore riche en protéines. Il circule sous la peau dans les vaisseaux *lymphatiques*.

lyophilisat
Poudre résultant du dessèchement rapide et brutal (à basse température et sous vide) d'une substance dissoute dans de l'eau (exemple : café soluble).

M

macération
Mode de préparation de certaines tisanes ; ce procédé permet d'extraire les substances contenues dans les plantes en les faisant tremper de façon prolongée dans de l'eau froide. Cette technique diffère de l'*infusion* ou de la *décoction*.

macrolide
Famille d'*antibiotiques*, largement utilisés, actifs sur de nombreux *germes*. Les macrolides peuvent donner lieu à des interactions médicamenteuses avec les dérivés de l'*ergot de seigle*.

maladie cœliaque
Maladie du *nourrisson* et du jeune enfant liée à une *intolérance* au *gluten* contenu notamment dans la farine (pain, pâtes...). Elle débute par une diarrhée aiguë avec des selles graisseuses. En l'absence de régime, elle risque d'évoluer vers une anémie, un retard de croissance physique et mental. La guérison est fréquente à 6 ou 7 ans. Il faut exclure le gluten du régime alimentaire.

maladie de l'oreillette
Atteinte d'une partie du cœur appelée oreillette, où sont localisés les centres de l'automatisme cardiaque. L'altération de ces centres peut être responsable de *troubles du rythme cardiaque*.

mastopathie
Terme désignant les anomalies et maladies de la glande mammaire.

mégacôlon
Dilatation d'une partie du gros intestin où s'accumulent gaz et matières fécales. Il s'accompagne fréquemment de constipation.

mélanine
Substance foncée qui assure la pigmentation de la peau, abondante chez les Noirs et plus rare chez les roux et les blonds. Sa sécrétion, stimulée par les rayons *ultraviolets*, les empêche de pénétrer dans les couches profondes de la peau.

méningite
Inflammation due le plus souvent à une infection des enveloppes externes du cerveau appelées méninges. Les méningites peuvent être dues à un *virus* ; leur évolution est le plus souvent favorable. Certaines *bactéries*, telles que le méningocoque, l'haemophilus..., peuvent être responsables de méningites graves susceptibles de laisser des séquelles. Il faut penser à une méningite en cas de mal de tête continu avec des nausées et un état de prostration inhabituel chez un enfant très fébrile : un examen médical urgent est alors nécessaire. Heureusement, dans la majorité des cas, il s'agit d'une banale grippe !

ménopause
Arrêt progressif des cycles menstruels qui survient chez la femme vers l'âge de 50 ans. La ménopause est due à une forte diminution de la sécrétion d'hormones par les ovaires. Elle peut également être la conséquence de l'ablation chirurgicale des ovaires.

mEq
Abréviation de : milliéquivalent. Unité de mesure des éléments minéraux, notamment dans le sang.

mésothérapie
Méthode de traitement qui consiste en des injections multiples et superficielles de substances médicamenteuses.

métabolisme
Ensemble des actions de transformation qu'effectue l'organisme, aboutissant à la création d'énergie ou à l'élaboration de substances diverses. On distingue l'anabolisme (métabolisme de fabrication) du catabolisme (métabolisme de dégradation).

microbe
Terme général qui désigne tous les organismes microscopiques susceptibles de provoquer une infection : *bactéries*, *virus*, parasites, champignons.

migraine
Mal de tête particulier, touchant généralement la moitié droite ou gauche de la tête, associé à une crainte de la lumière et du bruit et à des *troubles digestifs*.

modificateur de terrain
Substance qui n'est pas directement destinée à combattre une maladie mais à aider l'organisme à lutter contre elle.

mononucléose infectieuse
Maladie virale provoquant une angine blanche et une fatigue prolongée.

morphine
Substance extraite du pavot (opium), elle a des propriétés sédatives et *antalgiques* puissantes. L'usage de la morphine expose à un risque de *dépendance*.

morphinique
Substance apparentée à la *morphine*.

mucilage
Substance végétale formant une gelée au contact de l'eau. Elle est essentiellement utilisée dans le traitement de la constipation, mais également pour épaissir le contenu de l'estomac chez le *nourrisson* et en complément du régime dans le traitement des excès de poids.

mucoviscidose
Maladie héréditaire qui se manifeste essentiellement par un épaississement des sécrétions du pancréas et des bronches. Elle est diagnostiquée dès la naissance ou plus tardivement. L'évolution est variable selon les individus.

muqueuse
Tissu (membrane) qui tapisse les cavités et conduits du corps communiquant avec l'extérieur (tube digestif, appareil respiratoire, *voies* urinaires...).

myasthénie
Maladie des muscles se traduisant par une fatigabilité anormale à l'effort. Il existe des formes de myasthénie plus ou moins graves.

mycose
Affection due à des champignons microscopiques, favorisée par la prise d'*antibiotiques*.

mycosis fongoïde
Maladie de peau rare et grave, caractérisée par des lésions proches de l'*eczéma*.

mydriase
Augmentation anormale du diamètre de la pupille, qui ne réagit plus à la lumière et reste dilatée. Cet état provient d'une anomalie de l'œil ou de la prise de certains médicaments (*atropiniques...*).

myocardiopathie
Maladie du muscle cardiaque qui grossit anormalement. Elle est dite obstructive lorsqu'elle entraîne une gêne à la vidange du cœur.

myosis
Rétrécissement anormal du diamètre de la pupille, qui ne se dilate plus dans la pénombre. Cet état provient d'une anomalie de fonctionnement des nerfs de l'œil ou de la prise de certains médicaments.

N

néphrite
Maladie inflammatoire du rein.

neuroleptique
Famille de médicaments utilisés dans le traitement de certains troubles nerveux ou de *symptômes* divers : *troubles digestifs*, *ménopause...*

neuropathie
Nom générique donné aux affections des nerfs.

neurovégétatif
Qui concerne le système nerveux du même nom, responsable du bon fonctionnement de nos organes. Ce réseau complexe n'est pas contrôlé par la volonté et son dérèglement est la cause fréquente d'affections pénibles, mais généralement bénignes (*colite* spasmodique, *tétanie*, *palpitations...*).

névralgie
Douleur due à un traumatisme, à une inflammation ou à une lésion nerveuse.

névralgie cervicobrachiale
Douleur due à la compression d'un nerf résultant d'une *arthrose* cervicale. Elle est également appelée *sciatique* du bras.

névrite
Lésion d'un nerf pouvant être due à des maladies ou à des causes diverses : *diabète*, alcoolisme, intoxication, médicaments. Lorsque plusieurs nerfs sont atteints, le terme de *polynévrite* est employé. Certains médicaments peuvent léser le nerf optique (névrite optique) et provoquer des troubles de la vision.

nodule
Terme général désignant une formation sphérique anormalement présente dans l'organisme. Ce terme est purement descriptif et ne présume pas de l'origine de cette petite boule : kyste, ganglion, *tumeur* bénigne ou maligne.

noradrénaline
Substance proche de l'*adrénaline*.

nourrisson
Enfant de 1 à 30 mois. Un enfant de moins de 1 mois est un *nouveau-né*.

nouveau-né
Enfant de moins de 1 mois.

numération formule sanguine
La numération mesure le nombre des *globules rouges* (hématies), des *globules blancs* (leucocytes) et des *plaquettes* dans le sang. La formule sanguine précise le pourcentage des différents globules blancs : neutrophiles, éosinophiles, basophiles, lymphocytes, monocytes.

O

œdème
Accumulation d'eau ou de *lymphe* provoquant un gonflement localisé.

œsophagite
Inflammation de l'œsophage, due à un reflux de l'acidité de l'estomac. Une œsophagite peut également être provoquée par l'absorption de certains médicaments pris avec une quantité d'eau insuffisante.

oreille interne
Partie de l'oreille qui comprend les organes de l'audition et de l'équilibre. Elle transmet les sons au cerveau et est sensible aux changements de position.

ORL
Abrévation de : oto-rhino-laryngologie. Cette spécialité médicale concerne les maladies de l'oreille, du nez et de la gorge.

ostéoclaste
Cellule qui participe au renouvellement de l'os. Ce renouvellement est assuré par deux types de cellules : les ostéoclastes détruisent en permanence l'os ancien tandis que les ostéoblastes construisent de l'os neuf.

ostéomalacie
Déminéralisation du squelette par insuffisance de fixation du calcium et du phosphore sur l'os.

ostéoporose
Fragilisation des os, qui deviennent poreux et cassants.

otite
Inflammation ou infection de l'oreille. L'otite externe ne concerne que le conduit auditif. L'otite moyenne aiguë et l'otite séreuse chronique touchent la partie de l'oreille située derrière le tympan (oreille moyenne).

otosclérose
Variété d'*otite* chronique grave.

otospongiose
Variété d'*otite* chronique héréditaire grave.

P

Paget (maladie de)
Maladie caractérisée par un développement anormal et une déformation de certains os du squelette.

palpitations
Perception anormale de battements cardiaques irréguliers.

paludisme
Maladie tropicale due à un parasite (plasmodium) transmis par un moustique (anophèle femelle). Elle se traduit par une fièvre, des frissons et d'autres *symptômes* très divers. Toute fièvre élevée survenant dans le mois qui suit le retour d'un voyage en pays tropical doit faire suspecter un paludisme.

pancréatite
Inflammation ou infection du pancréas. Cette glande située derrière l'estomac sécrète des *enzymes* digestives, et l'*insuline* indispensable au *métabolisme* des *sucres*.

pansement digestif
Médicament destiné à protéger le tube digestif en tapissant la *muqueuse* d'un film protecteur et en diminuant l'acidité de l'estomac. Ce type de médicament peut gêner l'absorption d'autres médicaments.

parathyroïdes
Petites glandes groupées par paire en arrière de la glande *thyroïde*. Elles participent à la régulation du calcium et du phosphore de l'organisme grâce à une *hormone*, qu'elles sécrètent, la parathormone. Une diminution de parathormone entraîne une hypoparathyroïdie, un excès, une hyperparathyroïdie.

paresthésie
Sensation anormale de fourmillements.

Parkinson (maladie de)
Affection chronique du système nerveux liée à l'altération de certaines cellules du cerveau.

parkinsonien
Qui se rapporte à la maladie de *Parkinson*.

pellagre
Maladie de la peau due à une *carence* en *vitamines* du groupe B et plus particulièrement en vitamine PP. Elle est exceptionnelle en Europe.

pénicilline
Un des premiers *antibiotiques* découverts, puissant et généralement bien supporté ; il reste très utilisé malgré la possibilité d'*allergies*.

perfusion
Administration très lente d'une substance par voie intraveineuse. Le flacon est relié à la veine par un tuyau souple et transparent permettant de contrôler le débit. Synonyme : goutte-à-goutte.

pH
Mesure de l'acidité ou de l'alcalinité d'une substance. Elle varie de 1, pour un acide fort, à 14 pour une base (alcali) forte. L'eau pure est neutre ; son pH est de 7.

phanère
Terme désignant les ongles, les cheveux et les poils. Ils ont un constituant commun, la kératine.

pharyngite
Inflammation ou infection du *pharynx*.

pharynx
Partie postérieure de la cavité buccale, située derrière les amygdales.

phénylcétonurie
Maladie héréditaire qui se caractérise par l'absence d'une *enzyme* et qui conduit à l'accumulation dans le sang d'un produit toxique. Son dépistage est systématique à la naissance. Le traitement repose sur un régime alimentaire spécifique pendant la petite enfance.

phéochromocytome
Tumeur très rare des glandes *surrénales*, se manifestant principalement par des crises d'*hypertension artérielle*.

phlébite
Inflammation d'une veine profonde avec formation d'un caillot sanguin, touchant généralement les membres inférieurs. La gravité des phlébites tient à la possibilité d'un déplacement du caillot qui peut migrer jusqu'au cœur et venir ensuite obstruer une artère des poumons (*embolie* pulmonaire). Une paraphlébite, ou phlébite superficielle, est l'inflammation d'une veine superficielle ; elle est beaucoup moins préoccupante.

photosensibilisation
Sensibilité anormale de la peau à la lumière ou aux *ultraviolets*, due à un médicament ou à une substance naturelle ou chimique.

phytothérapie
Méthode de traitement fondée sur l'utilisation des plantes.

pityriasis versicolor
Infection de la peau due à un champignon microscopique. Elle se manifeste par des taches qui paraissent brunes sur une peau blanche et blanches sur une peau bronzée. Après traitement, seule une exposition au soleil permet de faire disparaître les taches.

plaquettes
Particules présentes dans le sang ; elles luttent contre les *hémorragies*.

plasma
Liquide dans lequel baignent les cellules du sang. Il contient de l'eau, des sels minéraux, des *sucres*, des graisses, des protéines.

polyarthrite rhumatoïde
Rhumatisme inflammatoire responsable de lésions articulaires, touchant notamment les mains.

polychondrite atrophiante
Maladie rare du cartilage, touchant surtout le nez et les oreilles.

polynévrite
Affection d'origine toxique ou infectieuse touchant plusieurs nerfs. L'acoolisme est la principale cause de polynévrite.

polyurie
Émission d'urines abondantes et (mais pas obligatoirement) fréquentes.

porphyrie
Maladie héréditaire rare due à un trouble du *métabolisme* d'une substance appelée porphyrine.

posologie
Quantité et répartition de la dose d'un médicament en fonction de l'âge, du poids et de l'état général du malade.

post-traumatique
Qui survient après un *choc*, un accident.

potassium
Élément minéral présent en grande quantité dans l'organisme (voir également *kaliémie*).

préménopause
Courte période qui précède la *ménopause* et se traduit par des cycles irréguliers et une baisse modérée de la sécrétion d'hormones par les ovaires.

priapisme
Érection anormalement prolongée et douloureuse.

progestatif
Substance dont l'action est plus ou moins proche de celle de la *progestérone*.

progestérone
Hormone sécrétée par l'ovaire pendant la seconde phase du cycle et pendant la grossesse. Elle favorise la fixation et le développement dans l'utérus de l'œuf fécondé. En revanche, certains dérivés de la progestérone sont utilisés comme *contraceptif*.

prolactine

Hormone sécrétée par l'*hypophyse*, qui provoque la montée de lait après l'accouchement. Sa sécrétion anormale en dehors de cette période peut entraîner chez la femme : troubles des règles, écoulement pathologique de lait par le mamelon, ou stérilité. Chez l'homme, un excès de prolactine provoque une augmentation du volume des seins ou une impuissance.

prostaglandine

Hormones produites par les cellules de nombreux organes (appareil génital, artères, bronches, reins...). Elles agissent localement et ne passent pas dans le sang. Leur action est puissante et rapide. Elles sont impliquées dans de nombreux phénomènes inflammatoires.

prostatite

Infection de la prostate.

prurigo

Nom générique donné à des maladies de la peau se traduisant par des boutons et des démangeaisons.

psoriasis

Maladie de la peau touchant surtout les coudes et les genoux, mais aussi les ongles et le cuir chevelu. Elle consiste en des plaques épaisses, rouges, et recouvertes d'une pellicule blanche adhérente. Le psoriasis peut être plus ou moins inflammatoire. Il se présente parfois sous forme de petits boutons disséminés (psoriasis en gouttes). Le psoriasis peut avoir l'aspect de pustules.

psychose

Maladie mentale que le malade n'est pas capable de reconnaître en tant que telle. Le psychotique n'est pas conscient de sa maladie, contrairement à la personne atteinte de névrose qui a la capacité de se rendre compte de l'existence d'un trouble.

psychostimulant

Médicament destiné à stimuler l'attention et la vigilance.

purpura

Taches cutanées rouges ou violacées dues à des petites *hémorragies* sous-cutanées.

puvathérapie

Mode de traitement de certaines maladies de la peau (*psoriasis*...) utilisant à la fois le rayonnement *ultraviolet* (UV A) et un médicament (psoralène) qui renforce son action.

Q

Quincke (œdème de)

Réaction allergique touchant généralement le visage. Elle se traduit par un gonflement parfois spectaculaire. Les paupières sont souvent les premières touchées. Dans les rares cas où l'*œdème* touche la gorge, des troubles respiratoires peuvent survenir et un traitement urgent est nécessaire.

R

rachitisme

Maladie de la croissance due à un déficit en *vitamine* D. Elle se traduit par une déformation des os et des cartilages et des troubles de l'état général. La vitamine D est fabriquée dans la peau à condition que celle-ci soit suffisamment exposée au soleil ; elle favorise l'absorption et la fixation du calcium et du phosphore, principaux constituants de l'os.

radiculalgie

Douleur liée à l'irritation d'une racine nerveuse.

Raynaud (syndrome, phénomène ou maladie de)

Troubles de la circulation sanguine des extrémités se traduisant par des fourmillements, un engourdissement et un changement de couleur transitoire des doigts ou des orteils.

récepteur

Structure moléculaire située dans la paroi des cellules, destinée à être stimulée par une substance spécifique, cette stimulation étant à l'origine d'une action elle aussi spécifique. L'*adrénaline*, par exemple, se fixe sur les récepteurs bêta du cœur et augmente le rythme cardiaque. Certains médicaments agissent en bloquant les récepteurs (exemple : les *bétabloquants*).

rectocolite hémorragique

Maladie inflammatoire du rectum et du côlon, qui évolue par poussées. Chaque poussée s'accompagne de fièvre, de selles glaireuses et sanglantes.

reflux gastro-œsophagien

Remontée du suc gastrique dans l'œsophage et dans l'arrière-gorge, favorisée par la position allongée après les repas, par le fait de se pencher en avant, par des vêtements qui compriment l'abdomen. Ce reflux est généralement dû à une *hernie hiatale* : glissement de l'estomac au-dessus du diaphragme.

régime restrictif

Régime ou règles diététiques visant à réduire ou à supprimer l'apport de certains aliments.

rétine

Tissu nerveux qui tapisse la face postérieure de l'œil et joue le rôle de capteur d'images.

rétinoïde

Famille de médicaments apparentés à la *vitamine* A, et utilisés en dermatologie.

révulsif

Substance destinée à provoquer un afflux de sang dans la peau à proximité d'un organe malade afin de le soulager (ventouses, sinapisme). Actuellement, ces procédés sont moins employés et le terme de révulsif concerne essentiellement des médicaments d'usage local qui provoquent une dilatation des vaisseaux sanguins de la peau.

rhinite

Inflammation ou infection du nez et des fosses nasales.

rhino-pharyngite

Inflammation de la partie haute du *pharynx*, située en arrière du nez et au-dessus du voile du palais. Son origine peut être virale ou bactérienne.

rhumatisme articulaire aigu

Complication des infections dues à un germe (streptocoque). Elle se traduit par des lésions cardiaques et articulaires.

rhumatisme inflammatoire

Contrairement à l'*arthrose*, le rhumatisme inflammatoire provoque une destruction rapide des articulations. Les principaux rhumatismes inflammatoires sont : la *polyarthrite rhumatoïde*, la pelvispondylite rhumatismale (*spondylarthrite ankylosante*), le rhumatisme psoriasique.

rosacée

Maladie de peau localisée sur le visage. Elle ne doit pas être traitée par des *dermocorticoïdes*.

S

salicylé

Famille de médicaments dont le plus connu est l'acide acétylsalicylique (aspirine).

S.C.

Abréviation de : sous-cutanée.

sciatique
Névralgie du nerf sciatique. Elle est souvent due à une hernie discale.

sclérodermie
Maladie rare du *collagène* entraînant un épaississement de la peau, des muscles et de certains organes profonds.

sclérose en plaques
Maladie grave du système nerveux évoluant par poussées.

séborrhée
Augmentation de la sécrétion de sébum, graisse naturelle sécrétée par des glandes de la peau (glandes sébacées), qui a pour effet de donner un aspect gras à la peau ou au cuir chevelu.

sédatif
Médicament qui apaise et qui peut provoquer une somnolence.

sel
Substance chimique dont la plus connue est le chlorure de sodium ou sel de table. Le sel de régime ne contient pas de sodium ; celui-ci est remplacé généralement par du *potassium*.

sérum physiologique
Eau salée (chlorure de sodium) à 9 g par litre, dont l'appellation actuelle est soluté physiologique. Cette concentration, qui se rapproche de celle du sang et de la *lymphe*, est parfaitement compatible avec les tissus biologiques. Le sérum physiologique est utilisé pour les lavages, les irrigations et les injections (dans ce dernier cas, il doit être stérile).

sinus
Cavités osseuses de la face communiquant avec les fosses nasales.

sinusite
Inflammation ou infection des sinus, cavités osseuses de la face communiquant avec les fosses nasales.

spasmophilie
Terme fréquemment employé pour qualifier un état associant diverses manifestations d'un dérèglement nerveux diffus.

spermogramme
Examen du sperme réalisé en laboratoire et permettant d'évaluer la fertilité de l'homme.

spondylarthrite ankylosante
Rhumatisme inflammatoire responsable de lésions articulaires atteignant surtout la colonne vertébrale et le bassin.

staphylocoque
Germe impliqué dans de nombreuses infections, notamment cutanées. Il n'est sensible qu'à certains *antibiotiques*.

stéroïde androgène
Hormone mâle fabriquée par les testicules et les glandes *surrénales*. Elle permet le développement des organes sexuels et de la pilosité de type masculin.

stomatite
Inflammation de la bouche et des gencives qui peut être due à une infection, mais aussi à certains médicaments qui se concentrent dans la salive.

strabisme
Défaut de convergence des yeux vers l'objet regardé.

sublingual
Voie d'administration d'une substance médicamenteuse qui permet une absorption rapide par les veines situées sous la langue. Le médicament doit être maintenu sous la langue suffisamment longtemps pour passer dans le sang (quelques minutes en général).

sucre
Terme général désignant différentes substances dont la plus répandue est le saccharose ; d'autres sucres peuvent être contenus dans les médicaments : glucose, fructose, lactose... Le glucose est le sucre utilisé par l'organisme ; il est le seul à circuler en quantité notable dans le sang. Les édulcorants (faux sucre) sont autorisés chez les diabétiques ou les personnes suivant un régime, et sont très peu caloriques.

sulfamide
Famille chimique représentée dans plusieurs classes de médicaments : *antibiotiques*, *antidiabétiques*, *diurétiques*... Les sulfamides peuvent être à l'origine d'*allergies*.

sulfamide hypoglycémiant
Médicament de la famille des *sulfamides*, qui abaisse le taux de glucose dans le sang (glycémie) en augmentant la sécrétion d'*insuline* par le pancréas.

sulfites
Substances contenant du soufre, utilisées comme conservateurs dans certains médicaments. Les sulfites peuvent provoquer des réactions allergiques chez les personnes prédisposées.

surrénale
Petite glande située au-dessus du rein, qui sécrète de nombreuses *hormones*, dont la *cortisone* et l'*adrénaline*.

symptôme
Trouble ressenti par une personne atteinte d'une maladie. Un même symptôme peut traduire des maladies différentes et une même maladie ne donne pas forcément les mêmes symptômes chez tous les malades.

syndrome
Ensemble de *symptômes* (signes) fréquemment associés ; il peut être présent dans des maladies différentes. Un syndrome grippal, par exemple, associe une fièvre élevée, des courbatures et un mal de tête.

syndrome de sevrage
Réaction due à la privation brutale d'une substance (médicaments, toxiques, alcool...), à laquelle l'organisme a été habitué. Certains médicaments pris pendant la grossesse peuvent provoquer cette réaction chez le *nouveau-né*.

syndrome du canal carpien
Sensation anormale touchant certains doigts de la main. Elle est due à une compression du nerf médian au niveau du poignet.

syndrome extrapyramidal
Ensemble de troubles neurologiques, se traduisant par des mouvements involontaires et une augmentation du tonus musculaire.

syndrome néphrotique
Ensemble de signes liés à une altération des reins, qui se traduit par des *œdèmes* et par la présence d'albumine dans les urines.

syndrome subjectif des traumatismes crâniens
Ensemble de *symptômes* qui apparaissent à la suite d'un traumatisme du crâne en l'absence de lésions du cerveau. Il s'agit essentiellement de maux de tête, de difficultés de concentration, de trous de mémoire. Ces troubles guérissent généralement spontanément en quelques semaines ou quelques mois.

synergistine
Famille d'*antibiotiques* particulièrement efficaces contre les *staphylocoques*.

système nerveux central
Ensemble formé par le cerveau et la moelle épinière.

T

tachycardie
Accélération du rythme des battements du cœur. Elle peut être due à une fièvre, à une *hyperthyroïdie*, à une maladie cardiaque, à l'action de certains médicaments...

taux de prothrombine
Abréviation : TP. Dosage sanguin permettant de mesurer l'efficacité du traitement *anticoagulant*. Le taux de prothrombine est normalement proche de 100 % ; lorsqu'il baisse, le risque de caillot dimi-

nue mais le risque d'*hémorragie* augmente. Le TP tend à être supplanté par l'*INR*, technique de mesure internationale standardisée.

teinture
Solution résultant de l'extraction par un solvant (l'alcool le plus souvent) des principes actifs d'une plante.

teinture mère
Solution résultant de la macération dans l'alcool d'une plante déshydratée, d'un animal (abeille...) ou d'un extrait animal (venin de serpent...). La teinture mère est la substance à partir de laquelle sont effectuées les opérations homéopathiques de dilution et de dynamisation.

télangiectasies
Petits vaisseaux dilatés apparaissant en transparence sous la peau.

tendinite
Inflammation des tendons, qui provoque une douleur lors de certains mouvements. Les tendinites les plus courantes affectent les tendons du coude (tennis-elbow) et le tendon d'Achille (tendinite d'Achille).

tension intraoculaire
Tension (pression) des liquides contenus dans l'œil. Elle peut augmenter dans certaines maladies comme le *glaucome*.

tétanie
Par analogie avec les symptômes du tétanos : crispation musculaire accompagnée de tremblements, survenant par crise. Ces crises peuvent être dues à un stress, ou, plus rarement, à un manque de calcium.

tétracycline
Famille d'*antibiotiques* utilisés notamment dans le traitement de l'*acné* et de certaines infections génitales.

thrombose
Formation d'un caillot dans une veine, une artère ou dans une des cavités du cœur.

thyroïde
Glande située à la base du cou, qui sécrète des *hormones* riches en iode.

torsades de pointes
Trouble du rythme cardiaque grave, favorisé par certains médicaments et par l'existence d'une *hypokaliémie*.

TP
Abréviation de : *taux de prothrombine*.

trachome
Maladie de l'œil particulière, fréquente dans les pays tropicaux, due à un germe (Chlamydia trachomatis).

traitement curatif
Traitement destiné à soigner une maladie déclarée, et qui vise la guérison. Dans la majorité des cas, le traitement curatif s'attaque à la cause de la maladie.

traitement d'appoint
Traitement qui complète l'action d'un traitement spécifique, mais ne permet généralement pas d'obtenir la guérison à lui seul.

traitement d'attaque
Traitement destiné à obtenir un effet rapide grâce à des doses élevées.

traitement d'entretien
Traitement destiné à conserver le bénéfice d'un *traitement d'attaque*. La dose la plus faible permettant de maintenir l'efficacité est recherchée pour limiter les effets indésirables.

traitement de fond
Synonyme de *traitement préventif*, dans le cadre des maladies évoluant par crises ou par poussées (*asthme*, migraine, rhumatismes, *psoriasis* ...).

traitement de la crise
Par opposition au *traitement de fond*, traitement bref et épisodique dans le cadre des maladies évoluant par crises ou par poussées.

traitement minute
Médicament utilisé en une seule prise, le plus souvent à forte dose, pour une action brève et immédiate permettant la guérison. Tous les traitements en prise unique ne sont pas des traitements minute : certains médicaments pris en une seule fois sont éliminés très lentement par l'organisme et restent actifs pendant plusieurs jours, voire plusieurs semaines.

traitement palliatif
Traitement qui tente d'atténuer les *symptômes* d'une maladie incurable.

traitement présomptif
Traitement destiné à soigner une maladie dont le diagnostic est probable mais qui doit être confirmé par des examens.

traitement préventif
Traitement destiné à prévenir une maladie (synonyme : traitement prophylactique), ou à limiter la fréquence des crises ou des poussées dans une maladie chronique (synonyme : *traitement de fond*).

traitement substitutif
Traitement qui apporte à l'organisme une substance qu'il ne peut plus produire en quantité suffisante.

traitement symptomatique
Traitement qui supprime ou atténue les *symptômes* d'une maladie sans s'attaquer à sa cause.

tranquillisant
Médicament luttant contre l'anxiété et le stress. Synonyme : *anxiolytique*. La majorité des tranquillisants appartiennent à la famille chimique des *benzodiazépines*.

transaminases
Enzymes dosées dans le sang, dont le taux s'élève lors de certaines *hépatites*. Elles figurent dans les analyses de sang sous le nom de SGOT et SGPT ou ASAT et ALAT.

transit intestinal
Parcours des aliments depuis leur ingestion jusqu'à leur élimination sous forme de selles.

trichomonas
Parasite microscopique responsable d'infections génitales chez l'homme comme chez la femme.

triglycérides
Graisses circulant dans le sang. Elles proviennent essentiellement de l'assimilation des corps gras, des *sucres* et de l'alcool.

troubles digestifs
Ensemble de *symptômes* traduisant une irritation ou un mauvais fonctionnement du tube digestif. Un ou plusieurs troubles peuvent être présents : nausées, vomissements, aérophagie, douleurs abdominales, brûlures d'estomac, ballonnements, flatulences, diarrhée ou constipation, etc. Les *antibiotiques* peuvent favoriser les *candidoses* souvent responsables des troubles digestifs.

trouble du rythme cardiaque
Anomalie grave ou bénigne de la fréquence des contractions du cœur. L'*extrasystole* est une contraction survenant juste avant ou après une contraction normale, souvent perçue comme un léger choc dans la poitrine. La fibrillation est une contraction irrégulière et désordonnée. D'autres troubles existent : *torsades de pointes*, *syndrome* de Wolf-Parkinson-White, maladie de Bouveret, tachysystolie, flutter et *bloc auriculo-ventriculaire*...

trouble lipidique
Anomalie, parfois héréditaire, de la synthèse ou de la répartition des graisses dans l'organisme.

trouble phobique
Manifestation de peur irraisonnée survenant toujours dans les mêmes circonstances ou les mêmes lieux pour une même personne. Le plus courant des troubles phobiques est le vertige : peur du vide, même lorsqu'il n'existe aucun risque de chute.

tuberculose
Maladie infectieuse due au bacille de Koch. Elle peut toucher tous les organes, notamment le poumon, l'os (mal de Pott), l'appareil urinaire ou génital, l'œil...

tumeur
Développement anormal de cellules de l'organisme. Les tumeurs bénignes repoussent les tissus voisins sans les altérer : verrues, grains de beauté, adénomes ; leur développement reste localisé. Les tumeurs malignes envahissent les tissus avoisinants et peuvent essaimer à distance (métastases).

tumeur de l'hypophyse
Tumeur le plus souvent bénigne qui se développe dans l'hypophyse, une glande située sous le cerveau. Cette tumeur peut perturber la sécrétion d'hormones par cette glande.

U

UI
Abréviation de : unité internationale. Unité de mesure normalisée qui indique l'activité d'une substance.

ulcération
Petit *ulcère.*

ulcère
Lésion creusante de la peau ou des *muqueuses.*

ultraviolet
Abréviation : UV. Les rayons ultraviolets sont des radiations émises naturellement par le soleil ou artificiellement par certaines lampes. On distingue les UV A et les UV B. Les UV B, de courte longueur d'onde, sont arrêtés dans les couches les plus externes de la peau. Il sont responsables de brûlures (coup de soleil). Les UV A, de longueur d'onde plus importante, pénètrent profondément et atteignent le derme. Ils induisent la pigmentation (bronzage). L'exposition intense et répétée aux UV cause un vieillissement prématuré de la peau et augmente le risque de cancer cutané.

urticaire
Éruption de boutons sur la peau dont l'origine est le plus souvent allergique. Les boutons ressemblent à des piqûres d'orties et leur couleur va du rose pâle au rouge.

V

vaccin
Solution injectable ou buvable destinée à immuniser l'organisme contre un *virus* ou une *bactérie.* Il existe plusieurs sortes de vaccins :
- Les vaccins vivants atténués : le *germe* contenu dans le vaccin est vivant mais incapable de provoquer la maladie (B.C.G., polio buvable, rougeole, rubéole, oreillons...).
- Les vaccins préparés à partir de fragments de germes tués : les parties les plus immunisantes du virus ou de la bactérie sont utilisées pour préparer le vaccin (vaccin polio injectable, antihépatite...).
- Les vaccins contenant des toxines neutralisées (inactivées) : dans le cas du tétanos, c'est une toxine sécrétée par le germe qui est responsable de la gravité de la maladie ; le vaccin permet l'immunisation contre cette toxine.

vaisseaux capillaires
Vaisseaux sanguins plus fins que des cheveux (d'où leur nom) qui irriguent les cellules.

vasculaire
Qui concerne les vaisseaux sanguins : artères et veines.

vasoconstricteur
Médicament qui provoque une contraction des vaisseaux sanguins, par opposition à *vasodilatateur.*

vasodilatateur
Médicament capable de dilater les vaisseaux sanguins (artère, veine), par opposition à *vasoconstricteur.*

veinotonique
Désigne un médicament qui a la propriété d'augmenter le tonus de la paroi veineuse.

vertiges
Symptôme qui peut désigner une instabilité (sens commun) ou, plus strictement : sensation de rotation de soi-même ou de l'environnement (sens médical).

vincamine
Substance vasodilatatrice extraite de la pervenche. Dans certains cas, elle peut être à l'origine d'un *trouble du rythme cardiaque* grave : *torsades de pointes.*

virilisation
Apparition de caractères sexuels masculins chez une femme : pilosité de type masculin, raucité de la voix...

virus
Organisme microscopique qui pénètre dans les cellules de l'organisme, où il se reproduit. Beaucoup plus petits que les *bactéries*, les *virus* sont insensibles aux *antibiotiques.* Ils peuvent parfois être détruits par des substances *antivirales.*

vitamine
Substance indispensable à la croissance et au bon fonctionnement de l'organisme. Les besoins en vitamine sont normalement assurés par une alimentation variée. Un apport supérieur aux besoins peut être néfaste. Dans les pays développés, les *carences* ne concernent quasiment que la vitamine D, chez l'enfant peu exposé au soleil.

vitiligo
Maladie de la peau se traduisant par des taches décolorées à contour net, à ne pas confondre avec le *pityriasis versicolor.*

voie
- Chemin (voie d'administration) utilisé pour administrer les médicaments : voie orale, sublinguale, sous-cutanée, intramusculaire, intraveineuse, intradermique, transdermique.
- Ensemble d'organes creux permettant le passage de l'air (voies respiratoires), des aliments (voies digestives), des urines (voies urinaires), de la bile (*voies biliaires*), etc.

voies biliaires
Voies excrétrices conduisant la bile du foie au *duodénum.* Elles comprennent le canal cholédoque et la vésicule biliaire, réservoir qui stocke la bile en excès entre les repas.

W

Willebrand (maladie de)
Maladie héréditaire du sang apparentée à l'hémophilie. Elle se manifeste dès l'enfance par une tendance à saigner facilement au moindre choc et par des *hémorragies* pouvant survenir spontanément.

Z

zona
Éruption douloureuse de boutons due à une réactivation du *virus* de la varicelle qui est resté dans un ganglion nerveux après cette maladie infantile.

VIDAL du particulier

LA SANTÉ AU QUOTIDIEN

L'ENFANT MALADE

- Angine
- Appendicite aiguë
- Bronchiolite du nourrisson
- Convulsions fébriles
- Coqueluche
- Coup de soleil
- Diarrhée (ou gastro-entérite) aiguë
- Ecchymoses (bleus) et bosses
- Eczéma du nourrisson
- Énurésie
- Fesses rouges du nourrisson
- Fièvre chez l'enfant
- Infection urinaire
- Laryngite
- Mononucléose infectieuse
- Oreillons
- Otite aiguë
- Plaie superficielle de la peau
- Pneumonie
- Rhino-pharyngite
- Roséole
- Rougeole
- Rubéole
- Scarlatine
- Troubles du sommeil de l'enfant
- Vaccinations
- Varicelle

LES ACCIDENTS À LA MAISON

- Morsures
- Corps étranger dans les bronches ou dans la trachée*
- Ingestion accidentelle d'un corps étranger
- Corps étranger dans le nez ou dans l'oreille
- Corps étranger dans le vagin
- Intoxications accidentelles
- Brûlures

* Les illustrations sont issues de Clipart Corel

L'ENFANT MALADE

Angine

Qu'est-ce qu'une angine ?

L'angine est une infection de la gorge localisée aux amygdales et dont l'origine peut être virale ou bactérienne. Chez le bébé, les angines sont surtout virales et accompagnent une rhino-pharyngite. À partir de 3 ans, la cause des angines peut être bactérienne et due, en particulier, au streptocoque.
L'angine se traduit par une fièvre élevée (39 à 40 °C), associée à des ganglions dans le cou et à une douleur de la gorge qui entraîne des difficultés pour avaler.
Même bien traitées, les angines peuvent récidiver. L' ablation chirurgicale des amygdales peut être utile en cas de récidives très fréquentes.

Comment traiter ?

Chez le bébé, les antibiotiques ne sont pas toujours nécessaires et le traitement est celui de la fièvre.
À partir de 3 ans, il est indispensable de prescrire un traitement antibiotique pendant 10 jours ; en l'absence de traitement antibiotique, des complications peuvent survenir, parmi lesquelles un abcès de l'amygdale, un rhumatisme articulaire, une atteinte rénale.

Appendicite aiguë

Qu'est-ce qu'une appendicite aiguë ?

L'appendicite aiguë est une infection de l'appendice.
L'enfant présente assez brutalement des douleurs du ventre situées généralement en bas et à droite, associées à des vomissements et à de la fièvre (38 à 38,5 °C). Il n'existe pas d'examen radiographique ou de laboratoire permettant de reconnaître avec certitude une appendicite. Le diagnostic est fait par le médecin.
L'appendicite aiguë n'est pas la seule cause des douleurs du ventre chez l'enfant : la diarrhée aiguë, l'infection urinaire, l'angine, la pneumonie provoquent également des douleurs abdominales.

Que faire ?

L'évolution d'une appendicite aiguë est favorable si l'enfant est opéré rapidement. Une appendicectomie est pratiquée : elle consiste à réaliser l'ablation chirurgicale de l'appendice.
En l'absence d'opération, et parfois d'emblée, l'appendicite évolue rapidement vers la péritonite : la paroi de l'appendice infecté se rompt et le pus se répand dans tout le ventre.

Bronchiolite du nourrisson

Qu'est-ce qu'une bronchiolite ?

La bronchiolite du nourrisson est une infection des bronches d'origine virale. Maladie contagieuse, fréquente en hiver, elle peut récidiver.
Le bébé présente un écoulement nasal, une toux et une fièvre d'importance variable. Puis la respiration devient rapide et sifflante. Le nourrisson est alors gêné pour terminer ses biberons. Habituellement, l'évolution sous traitement est favorable en une quinzaine de jours.
Des formes graves sont possibles, surtout chez le nourrisson et les enfants nés prématurément. Elles se traduisent notamment par des difficultés à alimenter le bébé et par une coloration bleue des lèvres et des ongles.

Comment traiter ?

Les cas sans gravité peuvent être soignés à domicile. Il est conseillé de traiter la fièvre avec du paracétamol, de laver le nez avec du sérum physiologique et de proposer des repas plus fréquents et de petit volume. La kinésithérapie respiratoire peut être prescrite si le bébé est encombré, pour l'aider à évacuer les sécrétions bronchiques.
Dans les cas plus graves et chez l'enfant fragile, l'hospitalisation est nécessaire.

Convulsions fébriles

Qu'est-ce qu'une convulsion fébrile ?

Certains enfants font des convulsions quand ils ont de la fièvre, et ce quelle que soit la cause de cette fièvre. Ces convulsions ne sont pas en relation avec une éventuelle anomalie du cerveau. Elles surviennent entre 6 mois et 5 ans et disparaissent par la suite sans laisser de séquelles.
Les convulsions fébriles se traduisent par un malaise brutal au cours d'une poussée de fièvre. Perte de connaissance avec regard fixe ou en l'air, raideur du corps, lèvres bleues et secousses des bras et des jambes en sont les principales caractéristiques.
Bien que très angoissante pour la famille, la crise ne dure que quelques minutes et l'enfant reprend entièrement connaissance, habituellement sans traitement. Ces crises brèves ne comportent pour l'enfant ni menace vitale ni risque de séquelles.
Le risque ultérieur d'apparition d'une épilepsie est très faible mais, dans 30 % des cas et le plus souvent dans l'année qui suit la première crise, l'enfant peut à nouveau présenter des convulsions en cas de fièvre.

Que faire ?

Dans les rares cas où le malaise se prolonge, les parents ont le temps d'appeler un médecin. En attendant son arrivée, il faut coucher l'enfant sur le côté pour éviter qu'il ne s'étouffe en cas de vomissements. Il ne faut jamais lui donner à boire ni le mettre dans un bain car il est inconscient. Il est également inutile de mettre un objet (telle qu'une cuillère) dans la bouche pour éviter que l'enfant n'avale sa langue : cela risque de le blesser.
Après un premier épisode de convulsions fébriles, le médecin insistera pour que la famille soit vigilante pour combattre la fièvre (aspirine, paracétamol, bain). Il pourra également prescrire du Valium, à donner en cas de fièvre. Il est très rare qu'un traitement antiépileptique continu soit nécessaire.

Coqueluche

Qu'est-ce que la coqueluche ?

Maladie d'origine bactérienne, fréquente pendant l'enfance en l'absence de vaccination, la coqueluche peut être grave chez le bébé. Contagieuse dès les premiers signes de la maladie et pendant environ 4 semaines, elle ne récidive que très rarement.
La maladie dure en moyenne un mois, malgré la mise en route du traitement. En conséquence, la durée de l'éviction scolaire est de 30 jours à partir du début de la maladie.

Les premiers signes de la coqueluche se manifestent 1 à 2 semaines après un contact avec un sujet malade. L'enfant présente une toux tenace et une fièvre (38 à 38,5 °C). Puis les quintes de toux, caractéristiques de la maladie, apparaissent : il s'agit d'une toux sous forme de secousses ininterrompues, pendant lesquelles les lèvres peuvent devenir bleues ; l'enfant reprend ensuite son souffle, mais bruyamment, en "chant du coq", avant de vomir des glaires et souvent des aliments. Les quintes de toux sont plus fréquentes la nuit.
Chez le bébé, les complications peuvent être graves : surinfection pulmonaire, déshydratation (en raison des vomissements répétés)...

Comment traiter et prévenir ?

Les médicaments contre la toux (antitussifs) sont peu efficaces dans ce cas et le traitement antibiotique est systématique. L'hospitalisation est nécessaire chez le bébé, en raison des risques d'asphyxie.
En France, la vaccination contre la coqueluche est recommandée en association avec la vaccination antitétanique, antidiphtérique et antipoliomyélitique. Elle comprend trois injections à partir de l'âge de 2 mois et un rappel 1 an plus tard. Habituellement bien supportée, elle peut cependant provoquer une fièvre élevée.

Coup de soleil

Effets du soleil sur la peau

Le rayonnement solaire contient des ultraviolets A (U.V. A) et des ultraviolets B (U.V. B). Les U.V. B, les plus dangereux, peuvent provoquer des coups de soleil, un vieillissement de la peau, des cancers cutanés. Moins dangereux, les U.V. A sont toutefois également responsables du vieillissement de la peau après des expositions répétées.
Le bronzage est un phénomène de mode mais il existe des risques sérieux à trop s'exposer au soleil.
Les nourrissons particulièrement fragiles risquent, en cas d'exposition au soleil, une déshydratation pouvant être mortelle.

Qu'est-ce qu'un coup de soleil ?

Le coup de soleil se caractérise par une rougeur de la peau qui s'accompagne d'une sensation de cuisson, voire de brûlure. Il peut être évité en prenant quelques précautions.
Le coup de soleil est particulièrement à redouter sur les peaux claires, chez les roux et les personnes qui présentent des taches de rousseur.
Malgré une faible exposition, il peut aussi survenir du fait de maladie (lupus, porphyrie...), de la prise de certains médicaments ou de l'application de produits photosensibilisants sur la peau (certaines pommades, les parfums...).

Que faire ?

En cas de coup de soleil, il faut aussitôt arrêter de s'exposer et appliquer des crèmes hydratantes jusqu'à ce que les sensations de cuisson disparaissent.
Si le coup de soleil est étendu et s'accompagne de cloques, de fièvre, de malaise, il est impératif de consulter un médecin.
Dans le cas d'un coup de soleil d'aspect inhabituel (localisation, intensité) ou survenu après une faible exposition, il est recommandé de voir un médecin, même si le coup de soleil ne paraît pas grave : il peut témoigner d'une sensibilité anormale au soleil, dont il faudra détecter la cause.

Prévenir avant tout

L'exposition au soleil doit se faire progressivement, d'autant plus lentement que le rayonnement est intense (au bord de la mer, en altitude) : un bronzage lent et progressif permet d'éviter les coups de soleil.
Les produits de protection solaire - souvent appelés "écrans"- sont le plus souvent des filtres qui absorbent une partie du rayonnement. Les filtres U.V. B correctement utilisés protégeront des coups de soleil mais laisseront pénétrer les U.V. A. Pour éviter les coups de soleil et le vieillissement cutané, utilisez des filtres à la fois U.V. B et U.V. A.

Un accident particulier : la photosensibilisation

La photosensibilisation se caractérise par le fait que certains médicaments pris par voie orale et certains produits appliqués sur la peau augmentent la sensibilité au soleil avec un risque important de coup de soleil.
Dans le cas de prise de médicaments, même d'un seul, ou d'utilisation de pommades, il est nécessaire de se renseigner auprès de son médecin pour savoir si l'exposition solaire est possible.

Le bronzage artificiel

L'utilisation des crèmes autobronzantes relève du domaine de la cosmétologie. Il s'agit de produits donnant une coloration brune à la peau, plus ou moins esthétique. Leur utilisation ne présente pas de danger mais il faut savoir que ces pigmentations ne protègent pas contre les U.V. et que les risques de coups de soleil et de vieillissement cutané restent entiers.
À base de canthaxanthine et de bêta-carotène, les "pilules" bronzantes donnent une coloration orangée à la peau. Elles n'offrent aucune protection contre les rayons U.V. Par ailleurs, leur utilisation prolongée (plus de 1 mois par an) peut entraîner des complications oculaires (dépôts de canthaxanthine sur la rétine).
Excepté le fait que l'exposition répétée aux U.V. A augmente le vieillissement cutané, l'utilisation des cabines U.V. A est sans grand danger. Seules les cabines contrôlées pour ne délivrer que des U.V. A (en excluant les U.V. B) peuvent être utilisées sans danger majeur. Il est recommandé de limiter le nombre de séances à une dizaine par an.

Diarrhée (ou gastro-entérite) aiguë

Qu'est-ce qu'une diarrhée aiguë ?

La diarrhée aiguë se manifeste par l'apparition soudaine de selles liquides et fréquentes. Elle peut s'accompagner de fièvre, de vomissements et de douleurs abdominales.
Elle est due à une infection intestinale, d'origine virale ou bactérienne (les selles peuvent alors être sanglantes). L'évolution est habituellement favorable. Cependant, la diarrhée aiguë peut être très grave chez le nourrisson, en raison du risque de déshydratation qui peut intervenir en quelques heures dans les cas de selles très abondantes. Elle provoque alors une perte de poids brutale et se caractérise notamment par des yeux enfoncés et une soif intense, responsable d'agitation.

Que faire ?

Si la diarrhée est peu abondante et qu'il n'y a pas d'autres signes, l'application de principes diététiques simples peut suffire : faire boire l'enfant, arrêter momentanément les laitages, les fruits et les légumes verts en les remplaçant par une alimentation antidiarrhéique (à base de riz et de carottes).

Dans tous les autres cas, il faut consulter un médecin, et le faire de façon urgente en cas de diarrhée abondante chez un nourrisson. Une hospitalisation peut être nécessaire dans les cas graves.
Le principal traitement de la diarrhée aiguë est la réhydratation. Elle s'effectue habituellement par la bouche à l'aide d'une préparation médicamenteuse (à base de sucre et de sel dissous dans l'eau), que l'enfant boit à la place de l'alimentation habituelle. En cas d'hospitalisation, il est parfois nécessaire de réhydrater l'enfant par une perfusion.
Les antibiotiques sont prescrits dans les rares cas de diarrhée bactérienne. Les médicaments ralentissant le transit intestinal peuvent être utiles chez l'enfant mais ils ne doivent pas être utilisés en automédication. Ils ne remplacent en aucun cas la réhydratation.
Après la réhydratation, qui dure en moyenne 24 heures, l'alimentation normale peut le plus souvent être reprise. L'enfant ne retrouve habituellement des selles et un appétit normaux qu'au bout de quelques jours.

Ecchymoses (bleus) et bosses

Qu'est-ce qu'une ecchymose ?

L'ecchymose est un processus normal qui se produit après un traumatisme. Parfois douloureuse, elle est sans gravité. Elle peut cependant traduire une blessure sous-jacente, par exemple une fracture.
L'ecchymose est due à l'épanchement de sang dans le derme à la suite de plaies des vaisseaux sanguins, elles-mêmes provoquées par un traumatisme ou un choc sans plaie ouverte. Une bosse peut apparaître si l'épanchement est important.
L'ecchymose disparaît spontanément en 8 jours. Mais avant, elle prend différentes couleurs rouge, bleu, vert, jaune, dues à la résorption de l'amas sanguin.

Que faire ?

Le traitement local se limite à des gestes simples : placer de la glace sur les lésions ou appliquer une crème adaptée.
Lorsque l'épanchement de sang est plus profond sous la peau, l'amas sanguin s'appelle hématome. En cas d'hématome volumineux, il faut prendre un avis médical.
Une consultation chez le médecin s'impose d'urgence lorsque des ecchymoses surviennent sans raison apparente ou pour des traumatismes mineurs. Elles traduisent en effet un trouble de la coagulation du sang.

Eczéma du nourrisson

Qu'est-ce que l'eczéma du nourrisson ?

L'eczéma du nourrisson est une maladie de la peau, fréquente et sans gravité, souvent mal acceptée par les familles en raison de son évolution prolongée. Bien qu'il s'agisse d'une maladie allergique, elle n'est habituellement pas en relation avec une cause extérieure (alimentaire ou autre).
La maladie apparaît vers l'âge de 6 mois, parfois plus tôt. Elle touche les joues, le front, le pli derrière les oreilles, les membres, notamment les plis du coude et du genou, la main et le pouce. Elle provoque toujours d'importantes démangeaisons, qui peuvent gêner le sommeil du bébé.
La peau est d'abord rouge, suintante, puis croûteuse. La maladie évolue par poussées, espacées de périodes où la peau est seulement sèche.
Les complications se caractérisent par une infection de la peau, due à une bactérie (le staphylocoque doré) ou, très rarement, à un virus (herpès).
Habituellement, l'eczéma guérit sans séquelles, avant l'âge de 4 ans.

Que faire ?

Le traitement limite l'extension des lésions et améliore le confort de l'enfant, mais il ne permet pas une guérison définitive.
Le traitement de la poussée comporte surtout des pommades corticoïdes. Bien dosé et correctement exécuté, il est sans danger. La pommade est appliquée en petites quantités, uniquement sur les zones les plus rouges (en évitant les fesses). Elle est utilisée une fois par jour, pendant environ 1 semaine. L'arrêt du traitement doit toujours être très progressif. Si la peau est infectée, le médecin pourra prescrire des savons antiseptiques, éventuellement des pommades antibiotiques, voire des antibiotiques par voie orale.
En dehors des poussées, la peau doit être seulement enduite de pommade grasse. Pour les bains, est conseillée une eau tiède avec une huile de bain et un savon doux. Il faut sècher l'enfant en le tamponnant. Les sous-vêtements doivent être en coton. Il n'y a aucun régime alimentaire à prescrire à l'enfant, et les vaccinations peuvent être pratiquées normalement.

Énurésie

Qu'est-ce que l'énurésie ?

À l'âge de 3 ans, la propreté urinaire de jour est acquise chez la plupart des enfants. 80 % d'entre eux sont également propres la nuit.
L'énurésie désigne une propreté urinaire non acquise après l'âge de 5 ans. Ce n'est pas une maladie mais un trouble fréquent et sans gravité.

Que faire ?

Il faut demander à l'enfant d'uriner avant de se coucher, lui apprendre dans la journée à contrôler le jet urinaire, le responsabiliser (par exemple en enlevant ses couches, en lui faisant tenir un calendrier des "nuits sèches ou humides"...).
En revanche, les régimes alimentaires, la suppression des boissons en fin de journée et les punitions (humiliantes et parfois traumatisantes) sont inutiles.
Si l'énurésie se prolonge et est mal tolérée par l'enfant et sa famille, une consultation chez le médecin s'impose. Celui-ci pourra proposer un des deux types de traitement existant actuellement : un médicament à prendre par voie nasale, le soir au coucher, et un système d'alarme nocturne qui réveille l'enfant en cas de fuite et qui le conditionne en lui apprenant à se contrôler. Ces traitements ne sont pas toujours efficaces ; une rechute à leur arrêt est possible.

Fesses rouges du nourrisson

Dans la plupart des cas, la rougeur des fesses du nourrisson est due à l'irritation de la peau dans des couches imperméables ; elle est fréquente et sans gravité.

Que faire ?

Les mesures à prendre sont surtout préventives afin d'éviter les conséquences du port des couches. Les enfants doivent être changés plusieurs fois par jour. Les fesses sont nettoyées avec de l'eau tiède et un savon doux. Elles sont rincées et doucement séchées. Il faut éviter les laits de toilette et les savons antiseptiques, irritants.
En cas de fesses rouges, il est conseillé par ailleurs d'appliquer sur les fesses une pommade protectrice qui isole la peau des urines et des selles. La couche superficielle de

cette pommade doit être rincée à chaque change. Si cela ne suffit pas, un avis médical s'impose. Des bains antiseptiques et une pommade antibiotique sont alors souvent prescrits.

Fièvre chez l'enfant

La fièvre est définie par une température supérieure à 38 °C.

La fièvre est un problème fréquent chez l'enfant et il s'avère indispensable de pouvoir mesurer précisément sa température. Il est donc insuffisant de toucher le front de l'enfant pour affirmer qu'il a de la fièvre ou encore d'utiliser les bandelettes cutanées, qui ne sont pas fiables. La meilleure méthode reste le thermomètre rectal.
La fièvre est définie par une température supérieure à 38 °C. Indépendamment de sa cause, elle comporte chez l'enfant des risques de convulsions fébriles (voir cette rubrique) et de déshydratation par transpiration excessive.
Les causes virales sont les plus fréquentes, en particulier l'hiver. Les antibiotiques sont alors le plus souvent inutiles car ils n'agissent ni sur les virus ni sur la fièvre. Les causes bactériennes sont plus rares et nécessitent un traitement antibiotique. Des examens radiographiques ou de laboratoire peuvent être nécessaires pour identifier le site de l'infection et la nature du microbe.

Comment combattre la fièvre ?

Dès que la fièvre dépasse 38,5 °C, les médicaments contre la fièvre doivent être utilisés. Ils contiennent le plus souvent de l'aspirine et du paracétamol. Ces médicaments ont des présentations adaptées à l'enfant : sachets de poudre (aspirine et paracétamol) et suppositoires (paracétamol). L'administration par voie orale est préférable mais les suppositoires peuvent rendre service en cas de refus de l'enfant ou en cas de vomissements.
Il est conseillé de faire boire l'enfant plus souvent que d'habitude. Les nourrissons, en particulier, doivent être vêtus légèrement et gardés à distance d'une source de chaleur, dans une pièce maintenue à environ 20 °C.
En cas d'échec de l'aspirine et du paracétamol, l'enfant peut éventuellement être baigné, dans une eau qui doit être de deux degrés inférieure à sa température. Toutefois, ces bains sont souvent mal supportés.
Un avis du médecin est indispensable si la fièvre persiste. Chez un enfant fébrile, l'apparition de taches cutanées, la somnolence, les convulsions, le teint gris et des frissons importants, les maux de tête et les vomissements, une fièvre supérieure à 39,5 °C, la gêne respiratoire sont les principaux signes de gravité qui doivent motiver un appel rapide du médecin.
Chez un bébé âgé de moins de 3 mois, toute fièvre impose une consultation chez le médecin.

Infection urinaire

Qu'est-ce qu'une infection urinaire ?

L'infection urinaire, qui se définit par la présence de bactéries en quantité anormale dans les urines, peut provoquer différentes maladies. La plus grave est l'infection du rein (la pyélonéphrite aiguë), qui se caractérise par une fièvre élevée (39 à 40 °C), des frissons, des douleurs dans la région lombaire et, plus rarement, des difficultés pour uriner. Il peut aussi s'agir, surtout chez la fille, d'une cystite (inflammation de la vessie) : l'enfant n'est pas fébrile mais ressent des brûlures lorsqu'elle urine. Avant l'âge de 2 ans, l'infection peut se traduire uniquement par de la fièvre, sans qu'aucun signe particulier ne laisse penser qu'il s'agit d'une infection urinaire.

Que faire ?

Le diagnostic repose dans tous les cas sur l'examen bactériologique des urines. Pour être tout à fait efficace, il doit être pratiqué avant tout traitement antibiotique et dans des conditions strictes. Ainsi, les prélèvements doivent se faire au laboratoire (et non au domicile des parents), après une désinfection locale soigneuse, suivie d'un rinçage. Chez le tout-petit, une poche de recueil autocollante doit être utilisée.
La présence d'une infection urinaire chez un enfant nécessite d'autres examens (échographie du rein, radiographie de la vessie...) afin d'en rechercher l'origine. Une anomalie peut être à l'origine de pyélonéphrite récidivante chez l'enfant, le reflux vésico-urétéral : l'urine qui a séjourné dans la vessie, et qui a pu être contaminée par des bactéries, remonte vers les reins et provoque l'infection. Normalement, la remontée d'urine (reflux) n'est pas possible. Cette anomalie peut disparaître avec la croissance mais il faut parfois avoir recours à la chirurgie.
Le traitement de l'infection urinaire nécessite l'emploi d'antibiotiques, administrés par la bouche en cas de cystite. Dans les cas de pyélonéphrite aiguë chez le nourrisson, les antibiotiques sont administrés au début par perfusion et une hospitalisation est souvent nécessaire.

Laryngite

La laryngite aiguë est une infection sans gravité du larynx (région basse de la gorge où se situent les cordes vocales). Habituellement d'origine virale, elle est fréquente chez le nourrisson. L'enfant présente une toux rauque, "aboyante". Puis, assez brutalement, la respiration devient difficile et bruyante. La température est peu élevée. La gêne respiratoire disparaît le plus souvent en quelques heures.
Il est conseillé de laisser l'enfant en position assise et d'humidifier l'air ambiant, par exemple en faisant évaporer de l'eau chaude dans la pièce. Si la gêne respiratoire reste importante après une demi-heure, il faut appeler le médecin, qui prescrira des corticoïdes pour un traitement de courte durée, les antibiotiques étant le plus souvent inutiles. Si la gêne respiratoire persiste, il pourra décider d'hospitaliser l'enfant.

Mononucléose infectieuse

La mononucléose infectieuse est une maladie d'origine virale sans gravité, qui s'accompagne d'une angine. Les signes sont les mêmes que ceux de l'angine mais ils sont plus intenses et durent plus longtemps.
Le traitement se limite à celui de la fièvre car les antibiotiques sont inopérants.

Oreillons

Qu'est-ce que les oreillons ?

Très fréquents pendant l'enfance en l'absence de vaccination, les oreillons sont une maladie d'origine virale, habituellement sans gravité. Les enfants atteints sont contagieux 6 à 7 jours avant l'apparition des signes et 4 à 9 jours après. L'éviction scolaire se justifie jusqu'à la guérison. Il n'y a pas de récidive.
Les premiers signes apparaissent environ 3 semaines après un contact avec une personne malade. L'enfant présente brutalement un gonflement douloureux de la région située juste au-dessous de l'oreille. Les deux côtés sont rapidement atteints et l'enfant présente alors un visage en forme de poire.

Ce gonflement correspond à une atteinte de la glande salivaire (la parotide). La température se situe entre 38 et 40 °C. Tous ces signes disparaissent en 4 à 10 jours. Les complications, rares, se caractérisent par une inflammation méningée sans gravité, une baisse de l'acuité auditive et une atteinte, exceptionnelle, des testicules ou du pancréas.

Comment traiter ou prévenir ?

Le traitement est limité à celui de la fièvre et des douleurs (aspirine ou paracétamol).
La vaccination contre les oreillons est recommandée en France chez tous les enfants à partir de 12 mois, associée à la vaccination contre la rougeole et la rubéole. Bien supportée dans la plupart des cas, elle peut très rarement provoquer, 2 à 3 semaines plus tard, une inflammation des parotides.

Otite aiguë

Qu'est-ce qu'une otite aiguë ?

D'origine bactérienne, parfois virale, l'otite aiguë est une infection de l'oreille, fréquente chez l'enfant. Sous traitement antibiotique, la guérison est rapide. Toutefois, en l'absence de traitement, des complications peuvent apparaître, particulièrement la propagation de l'infection au mastoïde (os situé en arrière de l'oreille). Même bien traitée, l'otite peut récidiver. En cas de récidives très fréquentes, une ablation des végétations peut être proposée par le médecin.
Chez l'enfant, l'otite, qui s'accompagne souvent d'une rhino-pharyngite, se traduit par une douleur persistante à l'oreille et par une fièvre d'importance variable. L'otite peut également se révéler par un écoulement de pus dans l'oreille. L'otite est difficile à reconnaître chez le bébé car celui-ci ne peut dire qu'il a mal à l'oreille. Il a de la fièvre et pleure, surtout la nuit.

Que faire ?

Le recours au médecin est toujours nécessaire. Le traitement antibiotique dure environ 10 jours. L'aspirine ou le paracétamol sont utilisés pour combattre la fièvre et la douleur. Une évacuation du pus, par ponction du tympan (paracentèse), peut être utile pour les otites très douloureuses ou traînantes. Le tympan cicatrise ensuite spontanément.

Plaie superficielle de la peau

La peau : l'épiderme et le derme

La peau, revêtement naturel du corps humain, joue un rôle important de protection. Elle est constituée par l'épiderme et le derme :
- l'épiderme est la couche superficielle de la peau. Son épaisseur varie selon l'endroit considéré. Ainsi, il est recouvert d'une couche cornée protectrice (composée de kératine), très épaisse sur la paume des mains et la plante des pieds, moins épaisse ailleurs, et absente sur les muqueuses, qui, en conséquence, sont plus fragiles (bouche, muqueuses génitales...). L'épiderme ne contient ni vaisseaux sanguins ni terminaisons nerveuses. Une lésion limitée à l'épiderme est donc indolore et n'entraîne pas de saignement.
- le derme constitue la partie profonde de la peau. Il est atteint si un saignement se produit lors d'une plaie. Une plaie qui parvient au derme expose à diverses complications, infectieuses essentiellement.

Que faire en cas de plaie ?

Il est important de s'assurer que la plaie est superficielle et de petite taille. Une plaie profonde ou étendue nécessite souvent une suture. Par ailleurs, une plaie minuscule peut être profonde (plaie par poinçon, par exemple).
Il faut commencer par nettoyer la peau avec de l'eau et du savon pour enlever les souillures (terre, poussière, etc.). Après rinçage, il faut appliquer un antiseptique et un pansement stérile. Il est nécessaire de renouveler l'opération tous les jours. De nombreux antiseptiques existent et il suffit de se conformer à la notice d'emploi.
La consultation chez le médecin s'impose dans les cas de plaies profondes ou localisées dans des zones sensibles (visage, main, oreille...) et si, après 2 ou 3 jours de soins, l'évolution de la plaie n'est pas satisfaisante. Elle s'impose également si les vaccinations antitétaniques et les rappels (tous les 5 à 10 ans) ne sont pas à jour. En effet, quelle que soit la taille de la plaie, le risque de contamination par le bacille du tétanos existe.

Les conséquences des plaies

La plaie met en contact le milieu extérieur septique (contenant des germes infectieux) et le derme (normalement stérile). Il existe donc un risque d'infection qui peut être grave et prendre la forme d'abcès, voire d'une dissémination de l'infection (septicémie). Dans certaines circonstances, des infections particulières peuvent survenir : rage, pasteurellose par morsure animale, tétanos, surtout en cas de plaie souillée de terre.
Les cicatrices n'existent que si le derme est atteint. La cicatrisation se réalise à partir des bords de la plaie et de la partie profonde des follicules pileux ; elle est de plus ou moins bonne qualité et peut laisser des marques inesthétiques.

Pneumonie

La pneumonie est une infection du poumon d'origine bactérienne. L'enfant présente brutalement une fièvre à 40 °C, qui s'accompagne de frissons et de fatigue. Si la toux est discrète, les douleurs du ventre sont en revanche fréquentes. La pneumonie guérit très rapidement sous traitement antibiotique, lequel doit être administré pendant 10 jours.

Rhino-pharyngite

Qu'est-ce qu'une rhino-pharyngite ?

D'origine virale, les rhino-pharyngites sont des infections du nez et de la gorge. L'enfant présente un écoulement nasal clair. Il éternue et tousse fréquemment. La fièvre peut être élevée. Sans gravité mais contagieuses, elles sont très fréquentes chez l'enfant, surtout en hiver. La guérison se produit normalement en quelques jours. La complication la plus fréquente est l'otite.
Les rhino-pharyngites récidivent fréquemment, surtout chez l'enfant qui séjourne dans des crèches. Il n'existe pas de traitement médical permettant d'éviter les récidives. Le problème se résout habituellement avec la croissance de l'enfant.

Que faire ?

En l'absence de prescription médicale, le traitement comporte surtout des mesures d'hygiène, dont le lavage du nez avec du sérum physiologique chez le bébé. Il faut veiller à ce que l'enfant plus grand se mouche régulièrement. La chambre du malade ne doit pas être chauffée à plus de 20 °C

et l'air n'y être pas trop sec. Il est préférable de ne pas fumer en présence de l'enfant. En cas de fièvre, l'aspirine ou le paracétamol sont utiles.
Le recours au médecin est nécessaire s'il existe des signes inquiétants, notamment une fièvre très élevée ou persistante, un mauvais état général, l'apparition d'autres signes que ceux de la rhino-pharyngite. Le médecin jugera de l'opportunité de prescrire des antibiotiques.

Roséole

Outre les fièvres éruptives que sont la rougeole, la rubéole, la varicelle et la scarlatine et qui font chacune l'objet d'une rubrique dans cette partie de l'ouvrage, de nombreux autres virus peuvent provoquer des éruptions. On peut particulièrement citer la roséole.
D'origine virale, la roséole est une maladie sans gravité, fréquente avant l'âge de 2 ans.
L'enfant présente brutalement une fièvre élevée, sans autre symptôme pendant 3 jours environ. La température baisse soudainement au quatrième jour et l'enfant présente alors une brève éruption de petites taches rosées sur le tronc, qui marque la guérison, sans séquelles. Le traitement se limite à celui de la fièvre.

Rougeole

Qu'est-ce que la rougeole ?

La rougeole est une fièvre éruptive d'origine virale, habituellement sans gravité. Très fréquente pendant l'enfance en l'absence de vaccination, elle est contagieuse 6 à 7 jours avant l'éruption et pendant la durée de celle-ci. Elle ne récidive pas. L'éviction scolaire se justifie jusqu'à la guérison complète.
Les premiers signes de la maladie apparaissent une dizaine de jours après un contact avec une personne malade. L'enfant a une fièvre élevée (39 à 40 °C) et ses yeux, rouges, coulent. Son nez coule également et il a une toux sèche et incessante, pendant 3 à 4 jours.
Apparaît ensuite l'éruption, qui commence derrière les oreilles puis atteint progressivement la face, le tronc et les membres. Elle est constituée de multiples petites taches rouges au contour irrégulier. Habituellement, il n'y a pas de démangeaisons.
Au bout de 48 heures, les taches pâlissent, pour disparaître progressivement en 6 à 7 jours sans laisser de cicatrices. La fièvre commence à baisser quand l'éruption a fini de s'étendre. La toux persiste pendant 1 à 2 semaines.
Parmi les complications, nous citerons l'otite, la conjonctivite, l'infection des bronches et des poumons, les convulsions.

Comment traiter ou prévenir ?

Le traitement comporte essentiellement des mesures d'hygiène. Il est recommandé de laver le nez et les yeux avec du sérum physiologique. En cas de fièvre élevée, le paracétamol ou l'aspirine sont utilisés. Les sirops antitussifs ont peu d'efficacité sur la toux qui accompagne la rougeole. Les antibiotiques ne sont utiles qu'en cas de complications.
La vaccination contre la rougeole est recommandée en France chez tous les enfants à partir de 12 mois, associée à la vaccination contre la rubéole et les oreillons. Elle doit être pratiquée à partir de 9 mois pour les enfants vivant en collectivité, avec un rappel 6 mois plus tard. Habituellement bien supportée, la vaccination peut provoquer, 5 à 12 jours plus tard, une fièvre parfois associée à une éruption modérée. Le vaccin contre la rougeole est fragile et il doit être conservé au réfrigérateur.

Rubéole

La rubéole est une fièvre éruptive d'origine virale. Cette maladie est sans gravité chez l'enfant. Très fréquente en l'absence de vaccination, elle passe souvent inaperçue. Elle peut provoquer une éruption peu marquée et des ganglions dans le cou. Les complications sont très rares. Il n'y a pas de traitement.
Contagieuse environ une semaine avant et une semaine après l'éruption, elle ne récidive pas. L'éviction scolaire se justifie jusqu'à la guérison.

Chez la femme enceinte

La rubéole peut provoquer une atteinte grave du fœtus, entraînant une cataracte, une surdité, une malformation cardiaque ou un retard mental chez l'enfant à naître.
La gravité de la rubéole chez une femme enceinte justifie une attitude préventive, à savoir la vaccination de tous les enfants à partir de 12 mois (associée à la vaccination contre la rougeole et les oreillons), avec un rappel chez la fille à 11 ans. Un examen systématique du sang doit être pratiqué en début de grossesse pour vérifier la protection contre la maladie.

Scarlatine

La scarlatine est une fièvre éruptive d'origine bactérienne, due à un streptocoque. Elle touche surtout l'enfant mais elle est actuellement rare. Cette maladie est contagieuse et la réadmission à l'école nécessite un certificat médical attestant que l'enfant a été correctement traité. La scarlatine récidive rarement.
La maladie commence par une angine avec une fièvre élevée, des vomissements, des difficultés pour avaler, des ganglions dans le cou. Puis, en 24 heures, apparaît l'éruption qui se caractérise par de grandes plaques écarlates sur le tronc et les membres.
Un traitement antibiotique doit être prescrit pendant 10 jours. En l'absence de traitement, des complications sont possibles (rhumatisme articulaire, atteinte rénale). Il n'y a pas de vaccin.

Troubles du sommeil de l'enfant

Le sommeil de l'enfant

Avec la croissance, le sommeil de l'enfant évolue en durée et en qualité. De dix-sept heures à la naissance, la durée du sommeil se réduit progressivement jusqu'à huit heures vers seize ans. Il existe cependant des différences notables entre les enfants : il y a de petits et de gros dormeurs.
Pendant les premières semaines de la vie, le sommeil survient par courtes périodes, rythmées par l'alimentation ; il n'y a pas de réelle alternance entre le jour et la nuit. Le sommeil de l'enfant, alors fragile et agité, laisse croire qu'il est éveillé. À partir de 3 mois, la plupart des enfants dorment huit à neuf heures de suite pendant la nuit sans qu'il soit nécessaire de les nourrir. Peu à peu, le sommeil s'organise en deux phases : la nuit et la sieste (cette habitude peut disparaître à partir de 2 ans).

Les troubles du sommeil

Ils sont fréquents et peuvent avoir un retentissement important au sein de la famille. Rarement le signe d'une maladie,

les troubles du sommeil sont parfois la conséquence de conflits familiaux. Dans la plupart des cas, ils peuvent être évités ou corrigés par des attitudes éducatives adaptées.
Les difficultés d'endormissement associées à des réveils multiples sont les troubles les plus fréquents. Les parents doivent apprendre à l'enfant à s'endormir seul dans son lit après le câlin du soir. D'autant plus facile à réaliser que l'enfant est jeune, cet apprentissage passe par une attitude ferme, à savoir laisser pleurer l'enfant tout seul dans sa chambre.
Les terreurs nocturnes surviennent habituellement au début de la nuit. L'enfant crie violemment mais il n'est pas vraiment réveillé. Il ne reconnaît pas ses parents. La bonne attitude est d'attendre qu'il s'apaise avant d'intervenir.
Les cauchemars surviennent surtout en fin de nuit. L'enfant, complètement réveillé, a peur de quelque chose qu'il a vu en rêve. Le rendormissement est difficile.
À l'endormissement ou au réveil, certains enfants sont en proie à des visions parfois effrayantes. Ces phénomènes sont banals et il suffit de rassurer l'enfant en lui expliquant leur caractère irréel.
Les somnifères ont une place très limitée dans le traitement des troubles du sommeil de l'enfant. En effet, dans une période de construction cérébrale, ils peuvent se révéler nocifs et provoquer durant la journée une somnolence ou une excitation inhabituelle.

Vaccinations

Les vaccins constituent un très grand progrès pour la santé des populations. Grâce à la vaccination, la variole, maladie autrefois très grave, a disparu. D'autres maladies, graves elles aussi, (le tétanos, la diphtérie, la poliomyélite...) ont presque disparu dans les pays où la population est vaccinée. Il est permis d'espérer des résultats comparables avec des vaccins plus récents (la rougeole, la rubéole, les oreillons, la méningite à haemophilus...).

La vaccination : une prévention

Les vaccins ont pour but de protéger l'individu contre certaines maladies infectieuses. Ils sont habituellement injectés dans l'épaule ou dans la cuisse. Le plus souvent, plusieurs vaccins sont mélangés dans la même seringue, ce qui permet de réduire le nombre d'injections. Les vaccins doivent être conservés au froid, mais jamais à une température inférieure à 0 °C.
Selon le vaccin, le produit injecté contient une bactérie tuée (coqueluche), une bactérie vivante atténuée (B.C.G.), un composant inactivé de la bactérie (diphtérie, tétanos, haemophilus influenzae b), un virus vivant atténué (rougeole, oreillons, rubéole, poliomyélite oral), un virus tué (poliomyélite injectable, grippe). Ce produit n'a pas la capacité de provoquer une maladie : il entraîne chez la personne vaccinée la production de substances qui lui permettront de se défendre ultérieurement si elle rencontre le microbe. Des injections de rappel sont souvent nécessaires pour entretenir cette capacité de défense.
Les vaccins actuels sont le plus souvent bien supportés. On observe fréquemment des réactions sans gravité autour du point d'injection, avec douleur et gonflement. Une poussée de fièvre survient souvent après certains vaccins (dans les 48 heures pour le vaccin contre la coqueluche ou dans les 5 à 12 jours pour le vaccin contre la rougeole). Les autres complications sont exceptionnelles.
Les contre-indications aux vaccinations recommandées sont rares. Les vaccins vivants atténués sont contre-indiqués en cas de grossesse et de maladie cancéreuse. Il est habituel de ne pas vacciner un enfant fébrile, mais l'eczéma, les traitements antibiotiques et les rhino-pharyngites bénignes ne contre-indiquent pas une vaccination.

Les vaccins obligatoires

Certains vaccins sont obligatoires en France. Ainsi, les vaccins contre la diphtérie, le tétanos et la poliomyélite sont obligatoires avant l'âge de 18 mois ; le B.C.G. avant l'âge de 6 ans ou à l'entrée en collectivité ; le vaccin contre la rougeole à 9 mois, uniquement pour les enfants fréquentant une collectivité.
D'autres vaccins sont seulement recommandés. Il s'agit des vaccins contre la rougeole, les oreillons, la rubéole, la coqueluche, l'haemophilus.

Le calendrier vaccinal

Les injections se font selon un calendrier vaccinal recommandé par le ministère de la Santé. Le dernier calendrier, édité en 1993, se présente de la façon suivante :
- à partir de 2 mois : 1re injection de diphtérie, tétanos, coqueluche, polio, haemophilus influenzae b ;
- à 3 mois : 2e injection de diphtérie, tétanos, coqueluche, polio, haemophilus influenzae b ;
- à 4 mois : 3e injection de diphtérie, tétanos, coqueluche, polio, haemophilus influenzae b ;
- à partir de 12 mois : rougeole, oreillons, rubéole ;
- entre 16 et 18 mois : diphtérie, tétanos, coqueluche, polio, haemophilus influenzae b (rappel) ;
- avant 6 ans : B.C.G. ;
- à 6 ans : diphtérie, tétanos, polio (2e rappel) ;
- entre 11 et 13 ans : diphtérie, tétanos, polio (3e rappel) et rappel de rubéole pour les filles.

Varicelle

Qu'est-ce que la varicelle ?

Fièvre éruptive habituellement sans gravité, la varicelle est une maladie d'origine virale, très fréquente pendant l'enfance. Elle est contagieuse 1 à 2 jours avant l'éruption et pendant la durée de celle-ci. Les récidives sont exceptionnelles. L'éviction scolaire se justifie jusqu'à la guérison.
L'éruption survient environ 2 semaines après un contact avec une personne malade. Elle commence par de petites taches rosées qui se transforment rapidement en vésicules (petites bulles contenant un liquide clair). Les vésicules sèchent en 48 heures et se transforment en croûtes, lesquelles se détachent au bout de quelques jours pour laisser une tache blanche qui disparaît sans cicatrice.
L'éruption peut toucher l'ensemble de la peau ainsi que la bouche et les régions génitales. Elle évolue en deux ou trois poussées séparées de quelques jours, et son importance varie de quelques dizaines à plusieurs centaines de vésicules. Les démangeaisons sont habituelles. En général peu élevée, la température est fonction de l'importance de l'éruption.
Les complications, rares, sont dues à l'infection des vésicules lorsque l'enfant se gratte, et provoquent parfois des troubles transitoires de l'équilibre.

Que faire ?

Le traitement comporte essentiellement des mesures d'hygiène qui consistent à prendre un bain quotidien et à tenir ses mains propres, avec des ongles coupés ras et brossés. Des savons antiseptiques peuvent être nécessaires pour les soins de la peau. En cas de fièvre, le paracétamol ou l'aspirine sont utiles. Si les démangeaisons sont importantes, on peut utiliser des antihistaminiques. Quant aux antibiotiques, ils ne sont nécessaires qu'en cas d'infection de la peau.
Il existe un vaccin contre la varicelle mais, en France, il n'est utilisé que chez certains enfants cancéreux.

LES ACCIDENTS À LA MAISON

Morsures

Des chiffres

Les 9 millions de chiens vivant dans les foyers français sont responsables de 400 000 morsures par an, soit plus de 1 000 par jour. C'est le chien appartenant à la famille qui en est le plus souvent responsable, et les enfants en sont les principales victimes.

Conséquences

Les morsures provoquent des plaies plus ou moins graves et peuvent inoculer des germes en profondeur. Le risque d'infection est important et justifie à lui seul une consultation urgente chez le médecin.

Que faire ?

La victime est souvent choquée et il est important de la rassurer et de la calmer. En cas de morsure grave ou de morsures multiples, l'appel d'un service d'urgence, le 15 (voir Annexes) est nécessaire ; celui-ci déclenchera les secours ou indiquera la conduite à tenir.
Le chien doit être maîtrisé ou capturé, avec prudence s'il s'agit d'un chien errant. Il devra faire l'objet d'une surveillance vétérinaire pour s'assurer qu'il n'est pas enragé, qu'il soit vacciné ou non.
Les morsures d'apparence superficielle peuvent être soignées dans l'immédiat à la maison : nettoyage à l'eau et au savon, rinçage soigneux et application d'un antiseptique (éviter l'alcool qui pique inutilement). Dans tous les cas, la morsure doit être rapidement examinée par un médecin, qui précisera le traitement et prendra des mesures contre le risque de tétanos (penser à emporter le carnet de santé ou de vaccinations).

Corps étranger dans les bronches ou dans la trachée

Des chiffres

Les jeunes enfants attrapent et mettent à la bouche des petits objets qui sont à leur portée. Ces petits objets (fragments de jouet, cacahuètes...) peuvent obstruer les voies respiratoires et provoquer un étouffement.
Ces accidents concernent plus de 700 enfants chaque année et justifient des mesures de prévention : ne donner à l'enfant que des jouets adaptés à son âge, en vérifiant notamment les mentions figurant sur l'emballage ; être vigilant lors des repas ou des apéritifs (les amuse-gueule présents sur les tables basses sont facilement accessibles). Ces accidents surviennent aussi chez l'adulte lorsqu'il rit ou qu'il est surpris en mangeant.

Que faire en cas d'accident ?

Deux situations principales sont rencontrées.

L'obstruction partielle

L'enfant devient rouge, il est brutalement pris de quintes de toux. Des tapes dans le dos peuvent l'aider à expulser le corps étranger. En cas d'échec, il faut laisser l'enfant assis et contacter un service médical d'urgence (le 15). Si la toux se calme mais que le corps étranger n'est pas expulsé, il faudra consulter un médecin qui prescrira éventuellement une radiographie : un objet de taille minime a pu obstruer une petite bronche, et il existe un risque d'infection pulmonaire.

L'obstruction totale

Dans de très rares cas, l'enfant ne tousse pas, il est incapable de parler et devient bleu. Ses yeux sont hagards et il ne parvient pas à reprendre sa respiration. L'urgence de la situation est extrême et justifie d'entreprendre les manœuvres salvatrices sans attendre l'arrivée des secours (demander à une tierce personne d'appeler le SAMU ou les pompiers).

Les manœuvres permettant d'expulser le corps étranger sont enseignées dans les cours de secourisme et doivent idéalement être exécutées par les personnes formées à leur pratique (penser éventuellement à un voisin). À défaut, inspirez-vous de la description suivante, pour un nourrisson. Placez la poitrine de l'enfant sur votre cuisse, à l'horizontale, laissez sa tête dépasser pour permettre l'évacuation du corps étranger. Frappez brutalement du plat de la main entre ses épaules, deux ou trois fois. Si ce geste ne suffit pas, l'exploration prudente de la bouche avec le doigt peut parfois permettre d'extraire le corps étranger ou de provoquer une toux salutaire, mais prenez garde à ne pas l'enfoncer plus profondément par une manœuvre maladroite.

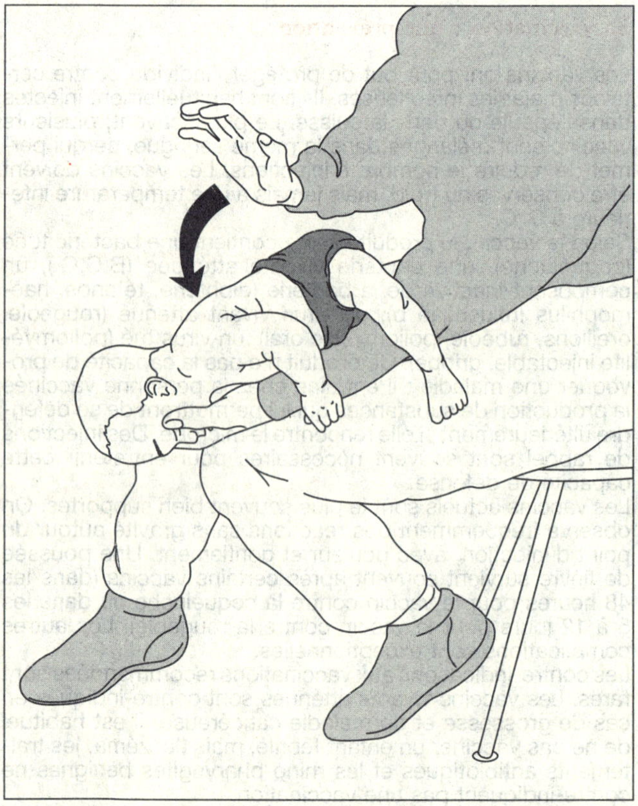

Chez le grand enfant ou l'adulte, la technique est différente : placez-vous debout derrière lui et ceinturez-le en plaçant les mains jointes au-dessus de son nombril, juste sous les côtes. Ramenez brutalement les mains et les bras vers vous et légèrement vers le haut, ce qui provoque une compression des poumons qui doit permettre l'expulsion du corps étranger. C'est la manœuvre de Heimlich.

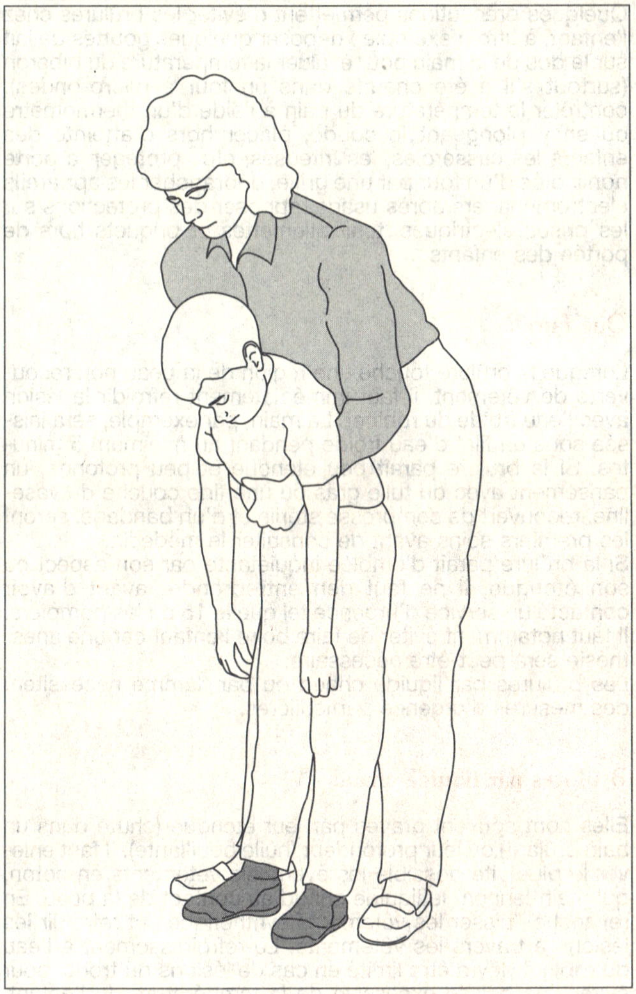

Ingestion accidentelle d'un corps étranger

Un accident fréquent mais peu inquiétant

Contrairement à l'obstruction des voies respiratoires par un corps étranger, l'ingestion accidentelle d'un objet, même pointu ou coupant, est peu inquiétante. Les médecins ont déjà répertorié plus de 130 objets différents avalés par des enfants : billes, pièces de monnaie, fragments de jouet, perles, clous, épingles... Ces objets cheminent dans le tube digestif sans provoquer de lésions et sont évacués avec les selles.
Dans seulement 2 % des cas, la progression de l'objet est bloquée dans l'œsophage. L'enfant a une respiration légèrement anormale (le corps étranger comprime la trachée), ou il éprouve des difficultés pour avaler. La douleur peut également le faire vomir ou pleurer.

Que faire ?

Il faut lui faire absorber de la mie de pain ou des aliments riches en fibres (asperges ou haricots verts hachés, confiture de rhubarbe, soupe de poireaux), qui vont enrober le corps étranger et faciliter son passage dans l'intestin. Il sera éliminé dans les selles dans un délai de 1 à 4 jours. Il est donc nécessaire de contrôler les selles. Des radiographies peuvent permettre de suivre le cheminement des objets tranchants ou coupants dans l'intestin.
En cas de difficulté respiratoire ou si l'enfant bave et paraît incapable d'avaler quoi que ce soit, il faut appeler un service médical d'urgence (centre 15, pompiers...).
Le corps étranger est bloqué dans l'œsophage ; une endoscopie pratiquée à l'hôpital ou en clinique permettra son extraction.
Un risque nouveau est apparu avec les piles boutons utilisées dans les montres ou les jouets. Sous l'effet des sucs digestifs, ces piles peuvent libérer des produits toxiques. En cas d'ingestion d'une telle pile, l'enfant doit être conduit à l'hôpital, où l'on tentera d'extraire la pile si elle se trouve encore dans une zone accessible.

Corps étranger dans le nez ou dans l'oreille

Un corps étranger peut être coincé dans le nez. Si le mouchage ne permet pas de l'éliminer, il faut, non pas tenter de l'extraire, mais consulter un médecin O.R.L., qui possède le matériel nécessaire. Il en est de même pour les corps étrangers dans l'oreille. Une haleine fétide ou une rhinite durable permettent parfois de découvrir un corps étranger dans les fosses nasales, dont l'inhalation était passée inaperçue.

Corps étranger dans le vagin

En cas de pertes vaginales persistantes, sales et malodorantes chez la petite fille, il faut penser à l'éventualité d'un corps étranger. Le médecin généraliste ou le gynécologue pourra l'identifier et l'extraire.

Intoxications accidentelles

Avant tout : les éviter

Médicaments
Les médicaments sont encore trop souvent laissés à la portée des enfants : dans une cuisine, une corbeille à fruits, sur une table de nuit, dans le réfrigérateur... Les dosages réservés aux adultes peuvent être toxiques pour les enfants. Certains médicaments ressemblent à des bonbons et possèdent un arôme attirant (fraise, banane). Il faut expliquer aux enfants en âge de le comprendre qu'un médicament est destiné à prévenir les maladies (fluor, vitamine D) ou à les traiter, et qu'il ne faut pas en prendre plus que nécessaire.
Il ne faut pas croire qu'un médicament vendu sans ordonnance est sans danger : l'aspirine, les décongestionnants, les sirops contre la toux sont autant d'exemples qui démontrent le contraire.
Produits ménagers
Tous les produits ménagers sont potentiellement toxiques ; il faut plus particulièrement faire attention à l'eau de Javel concentrée, aux produits contenant de la soude caustique (déboucheur, décape-four...), aux détergents (produits pour lave-vaisselle). Placez-les hors de portée des jeunes enfants et ne transvasez jamais l'eau de Javel en berlingot dans des bouteilles de boisson.
Végétaux
Outre les champignons vénéneux, il faut se méfier plus particulièrement du muguet, des marrons, du laurier-rose, de la digitale, de la grande ciguë, des graines de glycine, de cytise,

de mimosa du Japon, de pois de senteur, des baies rouges (arum, if, chèvrefeuille, houx), oranges (fusain d'Europe), noires (vigne vierge, lierre, troène, belladone), blanches (gui). Certaines plantes d'appartement peuvent également être toxiques : le dieffenbachia, le ficus (le suc des feuilles est irritant et allergisant), l'asparagus, le pommier d'amour (les fruits sont toxiques).

Alcool

Un coma éthylique peut survenir très vite chez un jeune enfant. Essayez d'évaluer la quantité et la nature des boissons alcoolisées ingérées. Ne laissez jamais à la portée des enfants des verres à apéritif à moitié pleins.

Que faire en cas d'accident ?

La première mesure à prendre est d'appeler le centre antipoison (voir liste en Annexes) en ayant à portée de main la boîte ou au moins le nom du médicament ou du produit ménager, ou un fragment du végétal absorbé, à défaut son nom. Le médecin du centre posera des questions précises (âge et poids de l'enfant, nature du médicament ou du toxique, quantité avalée, heure de l'absorption) et indiquera la marche à suivre. Hormis faire cracher ce qui pourrait rester dans la bouche, ne prenez aucune initiative malencontreuse sans son accord : ne donnez rien à boire à l'enfant, ne le faites pas vomir. S'il est inconscient, placez-le allongé sur le côté en dégageant bien sa tête, de façon que des vomissements éventuels ne puissent pénétrer dans ses poumons.
Si l'état de l'enfant est inquiétant (arrêt de la respiration par exemple), certaines manœuvres telles que le bouche-à-bouche peuvent être nécessaires en attendant les secours ; faites éventuellement appel à un voisin formé au secourisme.
Les symptômes qui suivent l'ingestion de champignons, même en quantité notable, peuvent survenir de quelques heures à 48 heures après l'absorption : vomissement, diarrhée, douleurs abdominales.

Brûlures

Des chiffres

Plus de 5 % des accidents survenant chez les enfants de moins de 1 an sont des brûlures, et 25 % des brûlures surviennent chez des enfants de 1 à 5 ans : 10 000 enfants de cet âge sont victimes de brûlures nécessitant un recours médical et 3 000 sont hospitalisés.

Principales causes

Chez l'enfant de 1 à 5 ans :
- 54 % des brûlures sont causées par un liquide chaud,
- 27 % par un objet chaud,
- 9 % par un produit chimique caustique,
- 4 % par une flamme,
- 4 % par l'électricité,
- 2 % par une autre source de chaleur.

Degré de gravité des brûlures

Classiquement, la gravité d'une brûlure est exprimée par son degré, qui traduit la profondeur de l'atteinte de la peau :
- premier degré : rougeur superficielle douloureuse sans cloque ; l'épiderme seul est touché.
- deuxième degré : douleur vive et apparition immédiate ou retardée d'une cloque ; l'épiderme est détruit et le derme est atteint. Le premier degré superficiel, où le derme est peu atteint et guérit rapidement, est habituellement distingué du deuxième degré profond, où le derme est très atteint et cicatrise lentement sous pansement.
- troisième degré : la partie brûlée est blanche ou gris-noir. Cette brûlure grave est indolore car les terminaisons nerveuses du derme sont détruites.

Cette classification ne traduit qu'imparfaitement la gravité d'une brûlure : il faut tenir compte de la localisation des lésions, de l'âge de l'enfant, et surtout de l'étendue de la région brûlée.

Avant tout : les éviter

Quelques précautions permettent d'éviter les brûlures chez l'enfant, à titre d'exemple : déposer quelques gouttes de lait sur le dos de la main pour évaluer la température du biberon (surtout s'il a été chauffé dans un four à micro-ondes), contrôler la température du bain à l'aide d'un thermomètre ou en y plongeant le coude, placer hors d'atteinte des enfants les casseroles, les friteuses, etc., protéger la porte non isolée d'un four par une grille, débrancher les appareils électroménagers après usage, apposer des protections sur les prises électriques, tenir allumettes et briquets hors de portée des enfants...

Que faire ?

Lorsque la brûlure touche une région de la peau non recouverte de vêtement, il faut immédiatement refroidir la lésion avec l'eau froide du robinet. La main, par exemple, sera laissée sous un filet d'eau froide pendant au minimum 5 minutes. Si la brûlure paraît peu étendue et peu profonde, un pansement avec du tulle gras ou une fine couche de vaseline, recouvert de compresse stérile et d'un bandage, seront les premiers soins avant de consulter le médecin.
Si la brûlure paraît d'emblée inquiétante par son aspect ou son étendue, il ne faut rien entreprendre avant d'avoir contacté un service d'urgence tel que le 15 ou les pompiers. Il faut notamment éviter de faire boire l'enfant car une anesthésie sera peut-être nécessaire.
Les brûlures par liquide chaud ou par flamme nécessitent des mesures d'urgence particulières.

Brûlures par liquide chaud

Elles sont souvent graves par leur étendue (chute dans un bain brûlant) ou leur profondeur (huile bouillante). Il faut enlever le plus vite possible les éventuels vêtements en coton, qui maintiennent le liquide chaud au contact de la peau. En revanche, laisser les vêtements synthétiques et refroidir les lésions à travers les vêtements. Le refroidissement à l'eau du robinet devra être limité en cas de lésions du tronc, pour éviter une baisse excessive de la température de l'enfant. Sauf en cas de lésion très peu étendue et superficielle, l'enfant devra être conduit à l'hôpital (spécialisé de préférence) ou un service d'urgence (le 15, les pompiers) devra être appelé.

Brûlures par flamme

Il faut éteindre les vêtements enflammés en couvrant les flammes avec un linge en tissu non synthétique. Chaque seconde compte et, en l'absence de linge disponible, il faut rouler l'enfant au sol, ce qui permet généralement d'éteindre les flammes.
La seconde étape urgente consiste à asperger l'enfant avec de l'eau. Il ne faut pas enlever les vêtements qui ont pu fondre au contact de la peau. En attendant les secours, il faut calmer l'enfant et le maintenir dans un linge propre.

Brûlures par l'électricité

Si l'enfant est toujours en contact avec la source de courant, il ne faut surtout pas le toucher mais couper le courant au disjoncteur ou débrancher l'appareil électrique en cause.
Si l'enfant est dans le coma et ne respire plus, il faut pratiquer des manœuvres de réanimation (massage cardiaque, bouche-à-bouche) ou trouver rapidement une personne qui en a la pratique.

Si l'enfant est seulement choqué, il faut le rassurer et se méfier de la bénignité apparente des lésions cutanées : le courant électrique provoque des lésions en profondeur, invisibles sous la peau. Une consultation chez le médecin est toujours nécessaire.

Brûlures par produit ménager caustique

Les accidents dus à l'ingestion de produits ménagers sont traités au chapitre "Intoxications". Les brûlures internes provoquées par l'ingestion de produits caustiques sont souvent gravissimes et il faut appeler un service d'urgence (le 15, les pompiers), en ne faisant surtout rien boire à l'enfant.
Les brûlures de la peau sont surtout dues aux acides ou à la soude caustique utilisés comme déboucheur, décapant, détartrant. L'eau de Javel concentrée, les antirouilles sont également agressifs pour la peau. Il faut rincer longuement la région touchée (peau, œil) à l'eau du robinet froide ou tiède. En cas de contact bref, la brûlure est souvent superficielle. Si le contact a été prolongé, ou si les lésions paraissent graves ou étendues, prenez conseil auprès d'un service d'urgence.

VIDAL du particulier

ANNEXES

Calendrier vaccinal

Dès le 1er mois	**B.C.G.**	La vaccination par le B.C.G. doit être pratiquée pour **l'entrée en collectivité.** La vaccination B.C.G. précoce est réservée aux enfants vivant dans un milieu à risques. L'épreuve tuberculinique doit être pratiquée 3 à 12 mois plus tard.
À partir de 2 mois	**Diphtérie, Tétanos, Coqueluche, Polio** (1re injection) *Haemophilus Influenzae b*(1) (1re injection)	Le vaccin **polio injectable** est recommandé, surtout pour les primo-vaccinations, en réservant le vaccin polio oral pour des situations épidémiques ou en rappel.
3 mois	**Diphtérie, Tétanos, Coqueluche, Polio** (2e injection) *Haemophilus Influenzae b* (2e injection)	Il est recommandé de pratiquer l'association diphtérie, tétanos, coqueluche, polio.
4 mois	**Diphtérie, Tétanos, Coqueluche, Polio** (3e injection) *Haemophilus Influenzae b* (3e injection)	
À partir de 12 mois	**Rougeole, Oreillons, Rubéole**	La vaccination associée **rougeole-oreillons-rubéole** est recommandée de façon indiscriminée pour les petits **garçons** et les petites **filles. La vaccination contre la rougeole** doit être pratiquée plus tôt, à partir de 9 mois pour les enfants vivant en collectivité, suivie d'une revaccination 6 mois plus tard en association avec les **oreillons** et la **rubéole.** En cas de menace d'épidémie dans une collectivité d'enfants, on peut vacciner tous les sujets supposés réceptifs, de plus de 9 mois. La vaccination immédiate peut être efficace si elle est faite moins de 3 jours après le contact.
16-18 mois	**Diphtérie, Tétanos, Coqueluche, Polio** (1er rappel) *Haemophilus Influenzae b* (rappel)	Lors du 1er rappel, on peut, si nécessaire, faire en un site d'injection séparé **la vaccination associée rougeole-oreillons-rubéole.**
Avant 6 ans	**B.C.G.**	La vaccination par le **B.C.G.** doit être pratiquée pour **l'entrée en collectivité.** L'épreuve tuberculinique doit être pratiquée 3 à 12 mois plus tard.

6 ans	**Diphtérie, Tétanos, Polio** (2e rappel) **Rougeole, Oreillons, Rubéole**	La vaccination associée **rougeole-oreillons-rubéole** est recommandée chez les enfants n'ayant **pas encore été vaccinés.** L'entrée à l'école est une bonne occasion de vacciner éventuellement le même jour que pour **diphtérie, tétanos, polio et/ou B.C.G.**
11–13 ans	**Diphtérie, Tétanos, Polio, Oreillons.**	Pour les garçons non vaccinés et n'ayant pas eu la maladie (oreillons).
	Rubéole.	Pour toutes les filles, en primo ou en revaccination.
	B.C.G.	Les sujets aux tests tuberculiniques négatifs, vérifiés notamment par **IDR,** seront vaccinés ou revaccinés.
16-21 ans	**Diphtérie, Tétanos, Polio. Rubéole** pour les jeunes femmes non vaccinées.	La vaccination contre la rubéole est recommandée, par exemple lors d'une visite de contraception ou prénuptiale ; la sérologie préalable et post-vaccinale n'est pas utile. Il est nécessaire de s'assurer de l'absence d'une grossesse débutante (1er mois) et d'éviter toute grossesse dans les 2 mois suivant la vaccination, en raison d'un risque tératogène théorique. Si la sérologie prénatale est **négative ou inconnue,** la vaccination devra être pratiquée immédiatement après l'accouchement, **avant la sortie de la maternité.**
	Épreuve tuberculinique suivie du B.C.G. en cas de négativité.	
21-60 ans	**Tétanos, Polio, Rubéole.**	Tous les 10 ans. Pour les femmes non vaccinées jusqu'à 45 ans.
À partir de 70 ans	**Tétanos, Polio**	Tous les 10 ans.
	Vaccination grippale	Annuelle.

(1) L'association en 2 sites séparés est recommandée sauf s'il s'agit d'une nouvelle présentation associant dans la même boîte le vaccin Hib et le vaccin quadruple D.T.C.P.

- Lorsqu'un retard est intervenu dans la réalisation du calendrier indiqué, il n'est pas nécessaire de recommencer tout le programme des vaccinations imposant des injections répétées. Il suffit de reprendre ce programme au stade où il a été interrompu et de compléter la vaccination en réalisant le nombre d'injections requis en fonction de l'âge.
- Un délai minimum de 4 semaines est requis entre chaque injection.
- Les vaccinations et leurs dates d'injection doivent être mentionnées sur un carnet de vaccination.

Direction générale de la santé
Bureau des maladies transmissibles
1, place Fontenoy, 75007 PARIS

Samu

Le Samu est accessible par téléphone en composant le 15, à l'exception des :

- départements et DOM-TOM suivants :

Alpes-Maritimes Tél : 93-92-55-55
Guadeloupe Tél : 91-39-39
Guyane Tél : 31-40-40
Martinique Tél : 75-15-75

- villes suivantes :

Laval (Mayenne) tél : 43-64-10-30
Nantes et ses environs (Loire-Atlantique) tél : 40-08-36-41
Pau (Pyrénées-Atlantiques) tél : 59-92-47-24

Centres anti-poison

ANGERS
Hôpital
49033 Angers Cedex 01
Tél : 41-48-21-21

BORDEAUX
Hôpital Pellegrin-Tripode
Place Amélie-Raba-Léon
33076 Bordeaux Cedex
Tél : 56-96-40-80

GRENOBLE
Hôpital Albert-Michallon
BP 217
38043 Grenoble Cedex 9
Tél : 76-42-42-42

LILLE
CHR
5, avenue Oscar-Lambret
59037 Lille Cedex
Tél : 20-54-55-56

LYON
Hôpital Édouard-Herriot
5, place d'Arsonval
69437 Lyon Cedex 3
Tél : 78-54-14-14

MARSEILLE
Hôpital Salvator
249, boulevard Sainte-Marguerite
13274 Marseille Cedex 9
Tél : 91-75-25-25

NANCY
Hôpital Central
29, avenue de Lattre-de-Tassigny
54035 Nancy Cedex
Tél : 83-85-26-26

PARIS
Hôpital Fernand-Widal
200, rue du Faubourg-Saint-Denis
75475 Paris Cedex 10
Tél : (1) 40-37-04-04

REIMS
Hôpital Maison-Blanche
51092 Reims Cedex
Tél : 26-78-79-20

RENNES
Hôpital Pontchaillou
Rue Henri-Le-Guilloux – Pavillon Clemenceau
35000 Rennes
Tél : 99-59-22-22/99-28-42-22

ROUEN
Hôpital Charles-Nicolle
1, rue de Germont
76031 Rouen Cedex
Tél : 35-88-44-00

STRASBOURG
Hôpitaux Universitaires
1, place de l'Hôpital
67000 Strasbourg
Tél : 88-37-37-37

TOULOUSE
Hôpital Purpan
Place du Dr-Baylac
31059 Toulouse Cedex
Tél : 61-49-33-33

TOURS
Hôpital Bretonneau
2, boulevard Tonnellé
37044 Tours Cedex
Tél : 47-64-64-64

Principaux centres de traitement des brûlés

BORDEAUX
Hôpital Pellegrin-Tripode
Place Amélie-Raba-Léon
33000 Bordeaux
Tél : 56-79-54-62

FREYMING-MERLEBACH
Hôpital Sainte-Élisabeth
57800 Freyming-Merlebach
Tél : 87-81-80-95

LILLE
Hôpital Claude-Huriez
Place Verdun
59037 Lille Cedex
Tél : 20-44-56-10

LYON
Hôpital Édouard-Herriot
5, Place d'Arsonval
69437 Lyon Cedex 03
Tél : 72-11-73-11

Hôpital Saint-Luc
6, rue Paulin
69365 Lyon Cedex 7
Tél : 78-61-88-88

MARSEILLE
Hôpital Nord (enfants de 0 à 5 ans)
Saint-Antoine
13015 Marseille
Tél : 91-96-86-65

Centre de brûlés (adultes)
145, boulevard Baille
13385 Marseille Cedex 05
Tél : 91-94-16-69

METZ
C.H.R. Metz Thionville
Hôpital du Bon Secours
57038 Metz Cedex 01
Tél : 87-55-31-35

MONTPELLIER
Hôpital Lapeyronie
191, avenue Doyen Gaston-Giraud
34059 Montpellier Cedex
Tél : 67-33-82-25

NANCY
C.H.U. de Nancy
Rue du Morvan
54511 Vandoeuvre-lès-Nancy
Tél : 83-15-30-30

NANTES
Hôpital Hôtel-Dieu
1, place Alexis-Ricordeau
44035 Nantes Cedex 01
Tél : 40-08-33-33

PARIS (et région parisienne)
Hôpital Cochin (adultes)
27, rue du Faubourg Saint-Jacques
75674 Paris Cedex 14
Tél : (1) 42-34-12-12

Hôpital Rothschild (adultes)
33, boulevard Picpus
75571 Paris Cedex 12
Tél : (1) 40-19-30-00

Hôpital Saint-Antoine (adultes)
184, rue du Faubourg Saint-Antoine
75571 Paris Cedex 12
Tél : (1) 49-28-20-00

Hôpital Trousseau (enfants)
26, avenue du Dr-Arnold-Netter
75571 Paris Cedex 12
Tél : (1) 43-46-13-90

CLAMART
Hôpital Percy
101, avenue Henri-Barbusse
92141 Clamart Cedex
Tél : (1) 46-45-21-04

SURESNES
Centre Médico-chirurgical Foch
40, rue Worth
92151 Suresnes Cedex
Tél : (1) 46-25-24-96

POITIERS
C.H.U. Jean-Bernard
350, avenue Jacques-Coeur
86035 Poitiers Cedex
Tél : 49-44-43-03

TOULON
Hôpital des armées
Saint-Anne
83800 Toulon Naval Cedex
Tél : 94-92-26-98

TOULOUSE
Hôpital de Rangueil (adultes)
Avenue Jean-Poulhes
31054 Toulouse Cedex
Tél : 61-32-27-43

Hôpital Purpan (enfants)
Place du Dr Baylac
31059 Toulouse Cedex
Tél : 61-77-22-87

TOURS
Hôpital Trousseau (adultes)
Route de Loches
37170 Chambray-les-Tours
Tél : 47-47-47-47

Centre de pédiatrie Gatien-de-Clocheville
44, boulevard Béranger
37004 Tours
Tél : 47-47-37-41

Centres de traitement et de prévention de l'alcoolisme

Haut Comité d'Étude et d'Information sur l'Alcoolisme (HCEIA)
17, rue Marguerite, 75017 Paris
Tél : (1) 42-67-19-41

Association Nationale de Prévention de l'Alcoolisme (ANPA)
20, rue Saint-Fiacre, 75002 Paris
Tél : (1) 42-33-51-04 Télécopie : 45-08-17-02 Minitel : 3615 ANPA

Société Française d'Alcoologie (SFA)
16, rue Picot, 75016 Paris
Tél : (1) 47-04-39-30

Fédération Française Interprofessionnelle pour le Traitement et la Prévention de l'Alcoolisme et autres Toxicomanies (FITPAT)
22, rue de Chabrol, 75010 Paris
Tél : (1) 44-79-05-63

La FITPAT regroupe 19 associations agissant en milieu professionnel :

- Amitié EDF-GDF
  17, rue Pasquier, 75008 Paris
  Tél : (1) 40-08-74-09 ou (1) 40-08-74-81
- Amitié Entraide Air-France
  Air-France, Direction du Matériel
  Orly Sud 124, 94396 Orly Aérogares
  Tél : (1) 46-75-59-76 ou (1) 46-75-81-83
- Amitié Police Entraide Liaison (Réseau APEL de l'ANAS)
  Château de Courbat-le-Liège, 37460 Montrésor
  Tél : 47-91-22-22
- Amitié Présence RATP, Centre J. Leroy
  7, rue d'Alésia, 75014 Paris
  Tél : (1) 45-89-11-56
- Amitié PTT
  206, rue du Faubourg Saint-Honoré, 75008 Paris
  Tél : (1) 42-25-20-40
- La Santé de la Famille - SNCF
  1, impasse Amsterdam, 75008 Paris
  Tél : (1) 48-74-34-41
- Amitié Communautaires et Municipaux (ACM)
  1, rue Adélaïde-Perrin, 69002 Lyon
  Tél : 78-37-40-47
- Amitié Municipale Prévention Travail Alcool du Pays de Lorient (AMTPA)
  Cité Allende, rue Colbert, BP 12, 56100 Lorient
  Tél : 97-64-64-61
- Amitié Peugeot Talbot Poissy (APTP) : Groupe PSA, Usine Talbot
  45, rue Jean-Pierre-Timbaud, 78307 Poissy Cedex
  Tél : (1) 39-71-33-91
- Amitié Peugeot Vesoul (APV) : Groupe PSA
  24, rue d'Echenoz, 70000 Vesoul
  Tél : 84-96-40-40, bip-4767
- CETACE
  CHR, 1, rue de la Porte Madelaine, 45000 Orléans
  Tél : 38-74-47-15
- Espérance et Amitié (ESPAM) : Renault Flins, Usine P. Lefaucheux
  BP 3, 78410 Aubergenville
  Tél : (1) 30-91-73-18
- GRAAL, Institut Géographique National (IGN)
  2 avenue Pasteur, 94160 Saint-Mandé
  Tél : (1) 43-98-80-00, poste 7308
- Objectif Sobriété des Municipaux Stéphanois (OSMS)
  28, rue Polignais, 42000 Saint-Etienne
  Tél : 77-37-97-80
- Santé Amitié Équipement du Doubs (SAED), DDE
  82, rue de Mathey, 25700 Valentigney
  Tél : 81-35-67-57 (M. J. Guillaume)
- Servair Sobriété Amitié
  15, rue des Vignes, 95707 Roissy-en-France
  Tél : (1) 48-62-18-50 (Infirmerie)
- Solidarité SIBF, Ets Bertrand Faure
  rue de Tabago, 44460 Saint-Nicolas-de-Redon
  Tél : 99-71-03-14
- Vie Nouvelle (VNV), DDE Phares et Balises
  8, rue du Commerce, 56019 Vannes
  Tél : 97-64-11-36 ou 97-21-90-38
- Renault Vie Nouvelle, Régie Nationale des Usines Renault DPR
  BP 6, 95611 Cergy Pontoise Cedex

Union Nationale des Personnels Municipaux et des Agents des Collectivités Locales pour la Prévention et le Traitement de la Maladie Alcoolique (UNPMC)
1, rue Adélaïde-Perrin, 69002 Lyon
Tél : 78-37-40-47

Regroupe :

- Santé Amitié Ville de Paris,
- Amitié Communautaires et Municipaux de Lyon,
- Comité d'Abstinence des Municipaux de Nantes,
- Amitié des Municipaux de Grenoble,
- Association Municipale Prévention Travail Alcool de Lorient.

Associations d'Anciens Malades Alcooliques

- Alcooliques Anonymes
  21, rue Trousseau, 75011 Paris
  Tél : (1) 48-06-43-68
- Croix Bleue
  47, rue de Clichy, 75009 Paris
  Tél : (1) 48-74-85-22 ou (1) 42-85-30-74
- Croix d'Or
  10, rue des Messageries, 75010 Paris
  Tél : (1) 47-70-34-18
- Fédération Nationale Joie et Santé
  35, rue Ampère, 94400 Vitry-sur-Seine
  Tél : 46-81-43-29
- Fédération Nationale Santé Abstinence Amitié, Les Amis de la Santé
  6, rue de Breuschwickershein, 67117 Ittenheim
  Tél : 88-69-12-46
- Les Bons Templiers
  7, rue Major-Martin, 1er étage, salle 7, 69001 Lyon
  Tél : 78-69-14-92 (de 13 à 14 h)
- Vie Libre
  8, impasse Dumur, 92110 Clichy
  Tél : (1) 47-39-40-80

Le HCEIA met à la disposition du public un livret « Adresses utiles » intéressant tous les départements avec remise à jour annuelle et assure un service MINITEL : 3614 Alco Info.
On peut consulter également par MINITEL : 3616 ALCO.

Associations de malades

Accidents du Travail
- Fédération nationale des accidentés du travail et des handicapés
  20, rue Tarentaise
  42029 Saint-Etienne Cedex
  Tél : 77-33-01-58

Aveugles
- Association Valentin Haüy pour le bien des aveugles
  5, rue Duroc, 75007 Paris
  Tél : (1) 44-49-27-27

Diabétiques
- Association française des diabétiques
  14, rue Clos, 75020 Paris
  Tél : (1) 40-09-24-25
- Aide aux jeunes diabétiques
  3, rue Gazan, 75014 Paris
  Tél : (1) 44-16-89-89

Handicapés
- Association de parents d'enfants inadaptés
  44, rue Blanche, 75009 Paris
  Tél : (1) 42-80-44-43
- Union nationale des associations pour handicapés
  66, rue Boissière, 75016 Paris
  Tél : (1) 45-00-93-11

Hémochromatose
- Association hémochromatose de France
  6, avenue F.-Roosevelt, 30000 Nîmes
  Tél : 66-64-52-22

Hémophiles
- Association des hémophiles
  6, rue Alexandre-Cabanel, 75015 Paris
  Tél : (1) 45-67-77-67

Infirmité motrice cérébrale
- Association nationale des infirmes moteurs cérébraux
  41, rue Duris, 75020 Paris
  Tél : (1) 43-49-22-33

Insuffisance rénale chronique
- Fédération nationale des associations d'insuffisants rénaux
  156, avenue Ledru-Rollin, 75011 Paris
  Tél : (1) 43-70-07-09

Lèpre
- Fondation Raoul Follereau
  31, rue de Dantzig, 75015 Paris
  Tél : (1) 48-28-72-42

Maladie d'Alzheimer et troubles apparentés
- Association France Alzheimer
  49, rue Mirabeau, 75016 Paris
  Tél : (1) 45-20-13-26

Maladie de Charcot-Marie-Tooth et neuropathies héréditaires
- Association CMT-France
  39, rue de la Forêt, 41200 Romorantin
  Tél : 54-76-39-62

Maladie de Crohn
- Association François Aupetit
  Hôpital Rothschild
  33, boulevard de Picpus, 75571 Paris Cedex 12
  Tél : (1) 40-19-34-25

Maladie de Parkinson
- Association France Parkinson
  37 bis, rue La Fontaine, 75016 Paris
  Tél : (1) 40-50-22-20

Mucoviscidose
- Association française de lutte contre la mucoviscidose
  Tour Ancône 82, bd Massena, 75013 Paris
  Tél : (1) 45-83-56-32

Myopathies
- Association française contre les myopathies
  13, place de Rungis, 75650 Paris Cedex 13
  Tél : (1) 44-16-27-27

Poliomyélite, paralysies et autres handicaps physiques
- Association d'entraide des polios et handicapés
  194, rue d'Alésia, 75014 Paris
  Tél : (1) 45-45-40-30
- Association des paralysés de France
  17, bd Auguste-Blanqui, 75013 Paris
  Tél : (1) 45-81-30-63

Polyarthrite rhumatoïde
- Association nationale de défense contre l'arthrite rhumatoïde
  BP 7207, 34086 Montpellier Cedex
  Tél : 67-33-77-97

Porteurs de valves cardiaques
- Association des porteurs de valves artificielles cardiaques
  46, rue de Ménilmontant, 75020 Paris
  Tél : (1) 46-36-41-89

Psoriasis
- Association pour la lutte contre le psoriasis
  1, rue des Bois, 95520 Osny
  Tél : (1) 30-22-29-17

Rétinopathie pigmentaire
- Association française Retinis Pigmentosa
  BP 62, 31771 Colomiers Cedex
  Tél : 61-30-20-50

Sclérose en plaques
- Ligue française contre la sclérose en plaques
  17, bd Auguste-Blanqui, 75013 Paris
  Tél : (1) 40-78-69-00
- Association française des sclérosés en plaques
  7, passage Bureau 75011 Paris
  Tél : (1) 40-24-24-71

  7, rue Pôle-Nord 75018 Paris
  Tél : (1) 42-55-18-80

Sclérose latérale amyotrophique
- Association pour la Recherche sur la sclérose latérale amyotrophique
  24 rue de la Charrière, 75011 Paris
  Tél : (1) 43-38-99-89

Surdité
- Association pour l'intégration des enfants déficients auditifs
  55, rue de Verneuil, 75017 Paris
  Tél : (1) 45-48-50-72

Stomisés
- Fédération des stomisés de France
  76, rue Balard, 75015 Paris
  Tél : (1) 45-58-41-27

Traumatisés crâniens
- Association des familles de traumatisés crâniens
  5, rue de l'Orme, 75019 Paris
  Tél : (1) 42-41-56-76

Photocomposition et impression :
MAURY IMPRIMEUR S.A., 45330 Malesherbes
Nº d'impression : K93/45031G - Dépôt légal : 1er trimestre 1995